# Denzinger

## Enchiridion symbolorum definitionum et declarationum de rebus fidei et morum

### Kompendium der Glaubensbekenntnisse und kirchlichen Lehrentscheidungen

# Henrici Denzinger

# Enchiridion symbolorum definitionum et declarationum de rebus fidei et morum

Quod emendavit, auxit,
in linguam germanicam transtulit et
adiuvante Helmuto Hoping edidit
**Petrus Hünermann**

Editio XXXVII
MCMXCI

Herder

Friburgi Brisgoviae · Basileae · Romae · Vindobonae

# Heinrich Denzinger

# Kompendium der Glaubensbekenntnisse und kirchlichen Lehrentscheidungen

Verbessert, erweitert,
ins Deutsche übertragen und
unter Mitarbeit von Helmut Hoping herausgegeben von
## Peter Hünermann

37. Auflage
1991

Herder

Freiburg im Breisgau · Basel · Rom · Wien

Die Deutsche Bibliothek – CIP-Einheitsaufnahme

**Kompendium der Glaubensbekenntnisse und kirchlichen
Lehrentscheidungen** / Heinrich Denzinger. Verb., erw., ins Dt. übertr. und un-
ter Mitarb. von Helmut Hoping hrsg. von Peter Hünermann. – 37. Aufl. –
Freiburg im Breisgau ; Basel ; Rom ; Wien : Herder, 1991
 Einheitssacht.: Enchiridion symbolorum et definitionum, quae de rebus fi-
dei et morum a conciliis oecumenicis et summis pontificibus emanarunt
 Parallelt.: Enchiridion symbolorum definitionum et declarationum de re-
bus fidei et morum
 ISBN 3-451-22442-9
NE: Denzinger, Heinrich [Begr.]; Hünermann, Peter [Hrsg.]; EST; PT

Texterfassung auf Datenträger durch den Herausgeber

© Verlag Herder Freiburg im Breisgau 1991
Imprimatur . – Freiburg im Breisgau, den 24. Juli 1991
Der Generalvikar: Dr. Bechtold
Satzherstellung: pagina GmbH, Tübingen
Druck und Einband: Freiburger Graphische Betriebe 1991
ISBN 3-451-22442-9

# INHALTSVERZEICHNIS

## Erster Teil

## GLAUBENSBEKENNTNISSE

### EINFACHE BEKENNTNISSE

### GEGLIEDERTE BEKENNTNISSE

#### I. Dreiteiliges trinitarisches Schema

##### A. WESTLICHE FORMELN

*APOSTOLISCHES GLAUBENSBEKENNTNIS*

Inhaltsverzeichnis

Inhaltsverzeichnis

## CORNELIUS: März 251 - Juni (Sept.?) 253

## STEPHAN I.: 12. (28.?) Mai 254 - 2. Aug. 257

## DIONYSIUS: 22. Juli 259 (260?) - 27. (26.?) Dez. 268

## MARCELLINUS: 30. Juni 295 (296?) - 25. Okt. (15. Jan.?) 304

## 1. Konzil von NIKAIA (1. ökum.): 19. Juni - 25. Aug. 325

## JULIUS I.: 6. Febr. 337 - 12. April 352

## LIBERIUS: 17. Mai 352 - 24. Sept. 366

## ZOSIMUS: 18. März 417 - 26. Dez. 418

## BONIFATIUS I.: 29. Dez. 418 - 4. Sept. 422

## CÖLESTIN I.: 10. Sept. 422 - 27. Juli 432

## Konzil von EPHESUS (3. ökum.): 22. Juni - Sept. 431

## XYSTUS (SIXTUS) III.: 31. Juli 432 – 19. (18.?) Aug. 440

## LEO I. DER GROSSE: 29. Sept. 440 – 10. Nov. 461

## Konzil von CHALKEDON (4. ökum.): 8. Okt. – Anfang Nov. 451

## SIMPLICIUS: 3. März 468 – 10. März 483

## FELIX III. (IV.): 12. Juli 526 - 22. Sept. 530

## BONIFATIUS II.: 22. Sept. 530 - 17. Okt. 532

## JOHANNES II.: 2. Jan. 533 - 8. Mai 535

## VIGILIUS: (29. März) 11. Nov. 537 - 7. Juni 555

## 2. Konzil von KONSTANTINOPEL (5. ökum.): 5. Mai - 2. Juni 553

## PELAGIUS I.: 16. April 556 - 3. (4.?) März 561

## JOHANNES III.: 17. Juli 561 – 13. Juli 574

## PELAGIUS II.: 26. Nov. 579 – 7. Febr. 590

## GREGOR I. DER GROSSE: 3. Sept. 590 – 12. März 604

## HONORIUS I.: 27. Okt. 625 – 12. Okt. 638

## JOHANNES IV.: 24. Dez. 640 – 12. Okt. 642

## MARTIN I.: 5. (?) Juli 649 – 17. Juni 653 (16. Sept. 655)

## GREGOR III.: 18. März 731 - 28. (29.?) Nov. 741

## ZACHARIAS: 10. (3.?) Dez. 741 - 22. (15.?) März 752

## STEPHAN II. (III.): 26. März 752 - 26. April 757

## HADRIAN I.: 9. Febr. 772 - 25. Dez. 795

## 2. Konzil von NIKAIA (7. ökum.): 24. Sept. - 23. Okt. 787

## LEO III.: 27. Dez. 795 - 12. Juni 816

## LEO IV.: 10. April 847 - 17. Juli 855

Inhaltsverzeichnis

## NIKOLAUS I.: 24. April 858 - 13. Nov. 867

## HADRIAN II.: 14. Dez. 867 - 14. Dez. 872

### 4. Konzil von KONSTANTINOPEL (8. ökum.): 5. Okt 869 - 28. Febr. 870

## JOHANNES VIII.: 14. Dez. 872 - 16. Dez. 882

## STEPHAN V. (VI.): Sept. 885 - 14. Sept. 891

## JOHANNES XV.: Aug. 985 - März 996

## LEO IX.: 12. Febr. 1049 - 19. April 1054

## NIKOLAUS II.: 6. Dez. 1058 - 27. Juli 1061

## ALEXANDER II.: 1. Okt. 1061 - 21. April 1073

## GREGOR VII.: 22. April 1073 - 25. Mai 1085

## URBAN II.: 12. März 1088 - 29. Juli 1099

## PASCHALIS II.: 14. Aug. 1099 - 21. Jan. 1118

## CALIXTUS II.: 2. Febr. 1119 - 13. Dez. 1124

### 1. Konzil im LATERAN (9. ökum.): 18. - 27. März (6. April ?) 1123

## INNOZENZ II.: 14. Febr. 1130 - 24. Sept. 1143

### 2. Konzil im LATERAN (10. ökum.): begonnen am 4. April 1139

## EUGEN III.: 15. Febr. 1145 – 8. Juli 1153

## ALEXANDER III.: 7. Sept. 1159 – 30. Aug. 1181

## 3. Konzil im LATERAN (11. ökum.): 5. – 19. (22.?) März 1179

## LUCIUS III.: 1. Sept. 1181 – 25. Nov. 1185

## URBAN III.: 25. Nov. 1185 – 19./20. Okt. 1187

## INNOZENZ III.: 8. Jan. 1198 – 16. Juli 1216

## 4. Konzil im LATERAN (12. ökum.): 11. – 30. Nov. 1215

## HONORIUS III.: 18. Juli 1216 – 18. März 1227

## GREGOR IX.: 19. März 1227 - 22. Aug. 1241

## INNOZENZ IV.: 25. Juni 1243 - 7. Dez. 1254

## 1. Konzil von LYON (13. ökum.): 28. Juni - 17. Juli 1245

## ALEXANDER IV.: 12. Dez. 1254 - 25. Mai 1261

## URBAN IV.: 29. Aug. 1261 - 2. Okt. 1264

## CLEMENS IV.: 5. Febr. 1265 - 29. Nov. 1268

## GREGOR X.: 1. Sept. 1271 - 10. Jan. 1276

## 2. Konzil von LYON (14. ökum.): 7. Mai - 17. Juli 1274

Inhaltsverzeichnis

## BONIFATIUS VIII.: 24. Dez. 1294 - 11. Okt. 1303

## BENEDIKT XI.: 22. Okt. 1303 - 7. Juli 1304

## CLEMENS V.: 5. Juni 1305 - 20. April 1314

### Konzil von VIENNE (15. ökum.): 16. Okt. 1311 - 6. Mai 1312

## JOHANNES XXII.: 7. Aug. 1316 - 4. Dez. 1334

## BENEDIKT XII.: 20. Dez. 1334 - 25. April 1342

## CLEMENS VI.: 7. Mai 1342 – 6. Dez. 1352

## URBAN V.: 28. Sept. 1362 – 19. Dez. 1370

## GREGOR XI.: 30. Dez. 1370 – 26./27. März 1378

## BONIFATIUS IX.: 2. Nov. 1389 – 1. Okt. 1404

## GREGOR XII.: 30. Nov. 1406 – 4. Juli 1415

## Konzil von KONSTANZ (16. ökum.): 5. Dez. 1414 – 22. April 1418

## MARTIN V.: 11. Nov. 1417 - 20. Febr. 1431

## EUGEN IV.: 3. März 1431 - 23. Febr. 1447

### Konzil von FLORENZ (17. ökum.): 26. Febr. 1439 - Aug. (?) 1445

## CALIXTUS III.: 8. April 1455 - 6. Aug. 1458

## PIUS II.: 19. Aug. 1458 - 14. Aug. 1464

## SIXTUS IV.: 9. Aug. 1471 - 12. Aug. 1484

Inhaltsverzeichnis

## INNOZENZ VIII.: 29. Aug. 1484 – 25. Juli 1492

## JULIUS II.: 31. Okt. 1503 – 21. Febr. 1513

## 5. Konzil im LATERAN (18. ökum.): 3. Mai 1512 – 16. März 1517

## LEO X.: 11. März 1513 – 1. Dez. 1521

## PAUL III.: 13. Okt. 1534 – 10. Nov. 1549

## Konzil von TRIENT (19. ökum.): 13. Dez. 1545 – 4. Dez. 1563

## JULIUS III.: 7. Febr. 1550 – 23. März 1555

# PIUS IV.: 25. Dez. 1559 - 9. Dez. 1565

# PIUS V.: 7. Jan. 1566 - 1. Mai 1572

# GREGOR XIII.: 13. Mai 1572 - 10. April 1585

# CLEMENS VIII.: 30. Jan. 1592 - 3. März 1605

## PAUL V.: 16. Mai 1605 – 28. Jan. 1621

## URBAN VIII.: 6. Aug. 1623 – 29. Juli 1644

## INNOZENZ X.: 15. Sept. 1644 – 7. Jan. 1655

## ALEXANDER VII.: 7. April 1655 – 22. Mai 1667

## INNOZENZ XI.: 21. Sept. 1676 – 12. Aug. 1689

Inhaltsverzeichnis

## CLEMENS XIII.: 6. Juli 1758 – 2. Febr. 1769

## CLEMENS XIV.: 19. Mai 1769 – 22. Sept. 1774

## PIUS VI.: 15. Febr. 1775 – 29. Aug. 1799

## PIUS VII.: 14. März 1800 – 20. Aug. 1823

## LEO XII.: 28. Sept. 1823 – 10. Febr. 1829

## PIUS VIII.: 31. März 1829 - 30. Nov. 1830

## GREGOR XVI.: 2. Febr. 1831 - 1. Juni 1846

## PIUS IX.: 16. Juni 1846 - 7. Febr. 1878

## 1. VATIKANISCHES Konzil (20. ökum.): 8. Dez. 1869 – 20. Okt. 1870

## LEO XIII.: 20. Febr. 1878 - 20. Juli 1903

Inhaltsverzeichnis

## PIUS X.: 4. Aug. 1903 - 20. Aug. 1914

## BENEDIKT XV.: 3. Sept. 1914 - 22. Jan. 1922

## PIUS XI.: 6. Febr. 1922 - 10. Febr. 1939

## PIUS XII.: 2. März 1939 - 9. Okt. 1958

## JOHANNES XXIII.: 28. Okt. 1958 – 3. Juni 1963

## 2. VATIKANISCHES Konzil (21. ökum.): 11. Okt. 1962 – 8. Dez. 1965

## PAUL VI.: 21. Juni 1963 – 6. Aug. 1978

## JOHANNES PAUL II.: seit 16. Okt. 1978

Inhaltsverzeichnis

# VORWORT

Mit der vorliegenden 37. Auflage erscheint der "Denzinger" in einer neuen zweisprachigen Ausgabe. Der Grund liegt vor allem darin, daß die lateinischen und griechischen Texte vielen Wissenschaftlern und insbesondere Laien, Studenten, Priestern, Diakonen und Mitarbeitern im pastoralen Dienst ohne Übersetzungshilfe nur noch schwer zugänglich sind. Die Vertrautheit mit der kirchlichen Lehrtradition zu fördern, ist das Ziel der vorliegenden Ausgabe, die gegenüber der 36. Auflage um eine Textauswahl aus lehramtlichen Dokumenten des 2. Vatikanischen Konzils und der nachkonziliaren Zeit ergänzt wurde.

An dieser Stelle möchte ich allen danken, die mir bei der Herausgabe des "neuen Denzinger" behilflich waren: Meinem Assistenten Herrn Dr. Helmut Hoping danke ich für die redaktionelle Mitarbeit und die Mühe der allgemeinen Assistenz. Herrn Matthias Bausenhart danke ich für den Entwurf der Übersetzung, der in drei Korrekturdurchgängen überprüft wurde. Herr Bausenhart wirkte auch bei der Bearbeitung der Dokumente, der Indizes und der Erstellung der Emendationen mit. Satz und Umbruch lagen in den Händen meines Assistenten Herrn Thomas Fliethmann.

Für die Mühen beim zweiten Korrekturdurchgang des Übersetzungsentwurfes danke ich den Herren Kollegen Professor Dr. Hermann Josef Vogt (Tübingen), Professor Dr. Helmut Riedlinger (Freiburg), Professor Dr. Elmar Salmann OSB (Rom) und Professor Dr. Philipp Schäfer (Passau). Für die Beratung bei der Auswahl der zu ergänzenden Texte bin ich Bischof Dr. Walter Kasper (Rottenburg-Stuttgart), Professor Dr. Alfons Auer (Tübingen), Professor Dr. Gerfried W. Hunold (Tübingen) und Professor Dr. Theodor Schneider (Mainz) zu Dank verpflichtet.

Die Überprüfung und Aktualisierung der Editions- und Literaturangaben in den Einleitungen und Fußnoten besorgte Herr Dirk Ansorge. Bei der Bearbeitung der Indizes wirkten die Herren Matthias Klinger, Michael Zöller und Gregor Klant mit. Die Eingabe der Texte und die Korrektur der Texteingabe besorgten Frau Maria Blittersdorf, Frau Stefanie Führer, Frau Gabriele Kaspar, Frau Renate Wieland und die Herren Johannes Brachtendorf, Ulrich Dickmann und Alexander Gabriel.

Mein Dank für mannigfache Beratungen gilt Herrn Professor Dr. Wilhelm Ott und Herrn Dr. Winfried Bader vom Zentrum für Datenverarbeitung der Universität Tübingen sowie Frau Hannelore Ott.

Der Deutschen Bischofkonferenz danke ich für einen namhaften Zuschuß zur Durchführung des Projektes, ebenso dem Ministerium für Wissenschaft und Kunst des Landes Baden-Württemberg. Herr Dr. Gerbert Brunner vom Verlag Herder in Freiburg hat sich um diese Ausgabe manche Verdienste erworben.

*Peter Hünermann*

# I. Einleitung

## 1. Zur Geschichte des "Denzinger"[1]

Als Heinrich Denzinger (1819-1883) nach Studien der Philologie, Mathematik, Philosophie und Theologie in Würzburg und Rom sowie einer dreijährigen Seelsorgertätigkeit zum Professor in Würzburg berufen wurde, leitete ihn die Idee der Wiederherstellung einer genuinen Theologie gegenüber dem theologischen Rationalismus seiner Zeit. Das 1854 erstmals veröffentlichte "Enchiridion symbolorum et definitionum quae de rebus fidei et morum a conciliis oecumenicis et summis pontificibus emanaverunt" entspricht diesem Anliegen. In seiner Einleitung schreibt Denzinger: "Unter den vielen Übeln, welche die ungünstige Lage den katholischen Lehrstätten eintrug, schadet dies den theologischen Studien am meisten, daß von vielen die sogenannten positiven Dokumente des Glaubens und der Sitte, die von der Autorität der Kirche besiegelt sind, entweder ignoriert oder vernachlässigt werden und zuviel dem eigenen Verstand vertraut wird."

Denzinger hat in seiner Erstausgabe des "Enchiridion" Texte aus 100 kirchlichen Dokumenten aufgenommen: Glaubenssymbole, konziliare Entscheidungen, Beschlüsse von Provinzsynoden und päpstliche Lehrerklärungen und Lehrschreiben bis zum Pontifikat Pius' IX. Denzinger wollte mit seiner Dokumentation die wesentlichen Stationen der kirchlichen Lehrentwicklung belegen. Anhand des "Enchiridion" hat Scheeben eine kommentierende Übersicht dieser Lehrentwicklung in seiner theologischen Erkenntnislehre vorgelegt[2].

Als Denzinger sein Werk publizierte, gab es schon eine Reihe älterer Handbücher, die jedoch aufgrund ihrer Auswahl den Anforderungen der Zeit nicht mehr entsprachen. Hitzfelder merkt in seiner Rezension des "Denzinger" in der "Tübinger Theologischen Quartalschrift" an: "Daß diese Sammlung nicht auf absolute Vollständigkeit Anspruch macht, bedarf kaum der Erinnerung; indes kann dem Verfasser das rühmende Zeugnis nicht versagt werden, daß er seinem Versprechen, einen möglichst vollständigen Conspectus der kirchlichen Lehre mit besonderer Rücksicht auf die Bedürfnisse der Gegenwart zu geben, in sehr befriedigender Weise nachgekommen ist"[3].

Die erste Auflage des "Denzinger" ist bereits chronologisch geordnet und besitzt u. a. einen systematischen Index. Die positive Aufnahme des Pius IX. gewidmeten Werkes macht innerhalb von 18 Monaten nach der Erstveröffentlichung zwei weitere Auflagen nötig. In ihnen werden die Randnummern eingeführt und eine Reihe neuer Texte aufgenommen. Bei der Erweiterung ist Denzinger von theologischen und kirchlichen Interessen seiner Zeit geleitet. Verstärkt werden Texte aufgenommen, die sich auf die Vorrangstellung des Römischen Bischofs beziehen und die Christologie, Ehefragen und die religiöse Erkenntnis betreffen. Bereits die 2. Auflage ist um ein Drittel des Umfanges erweitert. Die 4. Auflage von 1865 umfaßt u. a. umfangreiche Auszüge aus der Enzyklika "Quanta cura" Pius' IX. von 1864 und seinen "Syllabus". Die 5. Auflage von 1874 – die letzte von Denzinger selbst besorgte – enthält entscheidende Passagen des 1. Vatikanischen Konzils, allerdings lediglich im Vorwort. Die Texte des Trienter Konzils sind noch nicht berücksichtigt.

Von der 6. bis zur 9. Auflage (1888-1900) wird der "Denzinger" von Ignaz Stahl, Privatdozent und Honorarprofessor in Würzburg, betreut. Stahl nimmt in die 6. Auflage die Trienter Texte und die Konstitutionen des 1. Vatikanischen Konzils auf. Für die 7. Auflage von 1895 hat er viele Dokumente nochmals mit den Quellen verglichen und eine Reihe von Emendationen vorgenommen. Auffällig ist, daß in der Folge des 1. Vatikanischen Konzils eine größere Anzahl von päpstlichen Enzykliken aufgenommen wird. Die Zahl der Dokumente wächst auf 155 an. Die 8. und 9. Auflage (1899, 1900) weisen gegenüber der 7. Auflage nur geringfügige Veränderungen und Verbesserungen auf. Nach dem Tode Ignaz Stahls im Jahre 1905 übernimmt der Verlag Herder das Werk vom Verlag Oskar Stahel in Würzburg.

---

[1] Vgl. J. Schumacher, *Der "Denzinger". Geschichte und Bedeutung eines Buches in der Praxis der neueren Theologie* (FThSt 114; Freiburg 1974).

[2] M. J. Scheeben, *Handbuch der katholischen Dogmatik* I: *Theologische Erkenntnislehre*, hrsg. von M. Grabmann (Freiburg 1959³), Nr. 611-615.

[3] ThQ 36 (1854) 518f.

Von der 10. Auflage (1908) ab betreut Clemens Bannwart SJ den "Denzinger". Sein Mitarbeiter ist Johannes B. Umberg SJ. Bannwart unterzieht den "Denzinger" einer gründlichen Überarbeitung. Der Titel lautet jetzt "Enchiridion symbolorum, definitionum et declarationum de rebus fidei et morum". Die Dokumente werden nicht nur genauer der chronologischen Reihenfolge entsprechend eingeordnet, sondern insgesamt nach Pontifikaten gegliedert. Die historischen Titel werden durch stichwortartige Inhaltsangaben ergänzt. Quellenangaben, Auszeichnungen der Schriftzitate, entsprechende Stellennachweise, Verweise auf andere Texte und laufende Kolumnentitel erleichtern den Gebrauch. Hinzu kommen ein Personen- und Sachverzeichnis, ein Verzeichnis bibliographischer Abkürzungen sowie historische Anmerkungen in den Fußnoten.

Bannwart hat den ersten Teil des "Denzinger", der die Glaubensbekenntnisse umfaßt, aufgrund damaliger Forschungsarbeiten gänzlich umgearbeitet. Stärker noch zeigt sich seine Handschrift im zweiten Teil mit der Überschrift "Documenta Romanorum Pontificum et conciliorum". Im Gefolge der theologischen Entwicklung nach dem 1. Vatikanischen Konzil stehen für Bannwart die Verlautbarungen der Päpste noch vor denen der Konzilien.

A. Bellesheim rühmt in seiner Rezension den neuen "Denzinger" als eine "lückenlose Geschichte des Hl. Stuhles vom Standpunkte der Glaubens- und Sittenlehre"[4]. Zahlreiche neu aufgenommene Texte beziehen sich auf den Primat und das Lehramt des Papstes; ein weiterer Schwerpunkt ist die Auseinandersetzung mit dem Modernismus. Allein 34 Seiten umfaßt die Dokumentation der Enzyklika "Pascendi dominici gregis". Hinzu kommen eine Reihe historischer Dokumente, in denen Bannwart eine Bestätigung antimodernistischer Thesen sieht.

Eine besondere Aufmerksamkeit widmet Bannwart der Bearbeitung des systematischen Index. Während Denzinger für den Bereich der Dogmatik von drei Hauptabschnitten ausgeht ("von den Prinzipien des Glaubens und der Theologie", "von Gott, dem einen und dreifaltigen, wie er in sich ist", "von Gott, der nach außen wirkt"[5]), teilt Bannwart die Dogmatik in zehn Traktate ein: Offenbarung, Kirche, römischer Papst, der eine Gott, der dreifaltige Gott, Schöpfung, Erhöhung und Fall, Wiederherstellung, Rechtfertigung, Vollendung. Denzinger war in seiner Ordnung von Klee, Staudenmaier, Dieringer und Berlage abhängig; Bannwart orientiert sich demgegenüber an den dogmatischen Werken von Liebermann, Perrone und Franzelin. Bannwarts systematischer Index, der die Grundlage für die folgenden 21 Auflagen bildet, hat formgebend auf zahlreiche Dogmatiken bis zum 2. Vatikanischen Konzil gewirkt; er repräsentiert einen Typus der Theologie, der in der Folgezeit öfter als "Denzinger-Theologie" apostrophiert wird.

Die Auflagen von 1911, 1913 und 1921 (11.-13. Auflage) bringen lediglich geringfügige Ergänzungen, z. B. den Antimodernisteneid und die Verlautbarungen der Bibelkommission. Von der 14. bis zur 27. Auflage zeichnet Johannes B. Umberg SJ als Herausgeber. Er hatte bereits die 13. Auflage (1921) maßgeblich bearbeitet, ohne daß sein Name genannt wurde. Die hohe Zahl der Auflagen zwischen 1922 und 1951 erklärt sich durch die Praxis des Verlages, mehrere Auflagen in einem Druck zusammenzufassen. Die Auflagenhöhen belaufen sich zumeist auf über 10 000 Exemplare, abgesehen von einigen kleineren Auflagen in der unmittelbaren Nachkriegszeit.

Umberg perfektioniert den "Denzinger" kontinuierlich. Er ergänzt die zeitgenössischen Texte und fügt aus älterer Zeit vor allem Lehräußerungen zur Sakramentenlehre, seinem Spezialgebiet, hinzu. Gegenüber Bannwart, der die Moraltheologie aus dem systematischen Index herausgenommen hatte, gliedert Umberg diese von der 18. bis 20. Auflage wieder dort ein. Er ordnet sie allerdings nicht wie Denzinger nach den drei Pflichtenkreisen, sondern nach dem Dekalog. Das Personen- und Sachverzeichnis sowie das Verzeichnis der Bibelstellen werden von Umberg stark erweitert, der systematische Index ausgefeilt und spezifiziert. Zusätzlich arbeitet Umberg in den "Denzinger" Verweise auf den CIC/1917 ein.

---

[4]   Katholik 88/II (1908) 234.
[5]   H. Denzinger, *Enchiridion* (1854), 367 375 378.

Die 26. Auflage von 1947 umfaßt im Anhang eine Textsammlung, die Karl Rahner erstellte, der von der 28. Auflage (1952) bis zur 31. Auflage (1957) als Herausgeber firmiert. Die einzelnen Auflagen weisen nur wenige Änderungen auf. Der systematische Index wird von Rahner überarbeitet. In der 28. Auflage hatte Rahner um Vorschläge für eine geplante Neubearbeitung des "Denzinger" gebeten. Aufgrund dieses Vorhabens wurde der Text in den folgenden drei Auflagen nahezu unverändert abgedruckt.

Mit der 32. Auflage von 1963 legt Adolf Schönmetzer SJ einen gründlich umgearbeiteten "Denzinger" vor. Schönmetzer hat fast 150 Dokumente neu aufgenommen, etwa 100 andere Lehrtexte gekürzt oder erweitert, alle Papstansprachen und eine Reihe weiterer Dokumente ausgesondert. Er beruft sich dafür zum einen auf die Stellungnahmen von Fachgelehrten, zum anderen auf neue theologische Fragestellungen, die zugleich ein anderes Licht auf frühere Dokumente und Texte werfen. Generell ist das Ziel von Schönmetzer, das Enchiridion nicht nur für den theologischen Unterricht, sondern auch für eine weiterzielende wissenschaftliche Theologie brauchbarer zu machen. Zugleich wendet er sich gegen frühere Auswahlprinzipien, nach denen häufiger Texte deshalb nicht aufgenommen wurden, weil sie möglicherweise den Theologen Schwierigkeiten bereitet hätten. Schönmetzer wollte kein Buch "ad usum delphini" vorlegen.

Bei der 32. Auflage sind hervorzuheben: die grundlegende Neugestaltung des Teils über die Glaubenssymbole, die kurzen historischen Einleitungen zu den einzelnen Dokumenten, die Veränderung der Überschriften, die wiederum aus den Bezeichnungen der Dokumente bestehen, eine durchgängige neue Numerierung, eine gründliche Bearbeitung der Register, wobei insbesondere der systematische Index wesentlich erweitert wird und an die biblische Sprache sich anlehnende Überschriften erhält. Die Ekklesiologie wird nicht mehr wie bislang im Teil über die theologische Prinzipienlehre untergebracht, sondern erscheint als eigenständiger theologischer Traktat. Die Moral wird wiederum nach Pflichtenkreisen geordnet.

Hinsichtlich der inhaltlichen Neugestaltung ist besonders hervorzuheben, wie Schönmetzer papalistische Überspitzungen Bannwarts abträgt und Texte aufnimmt, die in der ökumenischen Diskussion wichtig werden, ebenso Dokumente, die von der Toleranz und der Freiheit des Menschen handeln und sich gegen Sklaverei, Folter und Gottesurteil richten.

G. Maron kritisiert in seiner Rezension im "Materialdienst des konfessionskundlichen Instituts Bensheim" das Faktum, daß Schönmetzer eine Reihe von Texten ausgesondert habe, die im Hinblick auf die Ökumene wegen ihrer Härte unangenehm gewesen seien[6]. Die Rezension von J.C. Fenton wirft Schönmetzer vor, er habe die Unfehlbarkeit des kirchlichen Lehramtes minimalisiert und sei zum Propagandisten einer bedauerlichen theologischen Zeitströmung geworden[7]. Diesen vereinzelten Stimmen steht eine breite Zustimmung gegenüber, was sich nicht zuletzt an den rasch aufeinander folgenden Auflagen (33. Auflage von 1965, 34. Auflage von 1967) mit ihren insgesamt 25 000 Exemplaren zeigt. Neu aufgenommen werden in diesen Auflagen Auszüge aus den Enzykliken "Mater et Magistra" und "Pacem in terris" von Johannes XXIII. und zwei Dokumente Pauls VI.

Die 35. und 36. Auflage bringen keine neuen Dokumente, sondern enthalten lediglich Emendationen. In der 35. Auflage kündigte Schönmetzer an, bald in einem eigenen Band die Dokumente des 2. Vatikanischen Konzils und neuere lehramtliche Dokumente herauszugeben. Dieses Vorhaben konnte Schönmetzer nicht mehr realisieren.

## 2. Zur vorliegenden zweisprachigen Ausgabe des "Denzinger"

1981 begann der Herausgeber mit der Vorbereitung einer neuen zweisprachigen Ausgabe des "Denzinger". Bei seinem Vorhaben wurde er von der Sorge angetrieben, daß durch das Fehlen einer solchen Ausgabe die Vertrautheit mit der kirchlichen Lehrtradition im ganzen Schaden nehmen könnte, weil viele Leser und Benützer mit den griechischen und lateinischen Texten des "Denzinger" heute Schwierigkeiten haben. Ein weiterer Anlaß war das Desiderat einer

---

[6]   Materialdienst des Konfessionskundlichen Instituts Bensheim 16 (1965) 99f.
[7]   AmER 148 (1963) 337–345.

Erweiterung des "Denzinger" durch eine Textauswahl der Dokumente des 2. Vatikanischen Konzils, neuerer römischer Lehrschreiben und Dokumente der im Gefolge des letzten Konzils abgehaltenen Synoden.

In Gesprächen mit dem Verlag Herder zeigte sich schnell, daß ein Neusatz des gesamten Buches durch den Verlag den Ladenpreis in eine unvertretbare Höhe getrieben hätte. So konzentrierte sich die Arbeit zunächst ganz auf die Übersetzung, die dem Text der 36. Auflage beigegeben werden sollte. Dieses Konzept wurde später aufgegeben. Im Verlauf der Arbeit entwickelten meine Mitarbeiter in Zusammenarbeit mit dem Zentrum für Datenverarbeitung der Universität Tübingen für das "Tübinger System von Textverarbeitungs-Programmen" (TUSTEP) ein Satzprogramm für eine neue, zweisprachige Ausgabe des "Denzinger".

Für diese neue Ausgabe wurden die Einleitungen und Überschriften, die Kolumnentitel und die Fußnoten überarbeitet und der Text der Dokumente in Zweifelsfällen anhand von kritischen Editionen überprüft und emendiert, ebenso die Quellen- und Literaturangaben, die zudem aktualisiert wurden. Für die Zeit von 1963 bis 1988 wurde eine Auswahl neuerer lehramtlicher Dokumente aufgenommen. Dies machte eine Bearbeitung der Register notwendig.

Es wurde darauf verzichtet, die Sammlung der lehramtlichen Dokumente der 34. bis 36. Auflage des "Denzinger" zu kürzen oder zu erweitern. Dabei leiteten den Herausgeber folgende Gesichtspunkte: Das Anknüpfen an diese Sammlung sollte die Wiederaufnahme der seit 1967 abgebrochenen Tradition des "Denzinger" erleichtern. Die Auswahl, die Schönmetzer zur Zeit des 2. Vatikanischen Konzils getroffen hat, entspricht mit ihren Ergänzungen der 33. und 34. Auflage noch weitgehend den Anforderungen der heutigen kirchlichen und theologischen Diskussion. Eine Neugestaltung der Sammlung setzt in der heutigen Situation der Theologie eine mehrjährige Zusammenarbeit eines internationalen Gremiums voraus. Für eine solche Arbeit sollte als Matrix eine zweisprachige Ausgabe vorliegen, die es aufgrund des elektronischen TUSTEP-Satzprogramms ermöglicht, nicht nur Dokumente einzufügen und bestehende zu kürzen bzw. zu streichen, sondern die Dokumente auch mit anderen Übersetzungen, etwa englischen oder französischen, zu kombinieren. Der Herausgeber beabsichtigt deswegen, nach Konsultationen der verschiedenen theologischen Experten und Gesellschaften ein internationales Arbeitsgremium zu bilden, das sich der doppelten Mühe unterzieht, zum einen die Auswahl der Dokumente des "Denzinger" der 36. Auflage zu überprüfen, zum anderen bei weiteren zweisprachigen Übersetzungen mitzuwirken.

Bei der Auswahl der neuaufgenommenen Texte aus den Pontifikaten der jüngsten Zeit wurde wie folgt verfahren: Ganz aufgenommen wurden die lehrhaften Teile der Konstitutionen des 2. Vatikanischen Konzils - mit Ausnahme der umfangreichen Konstitution "Lumen gentium" -, aus den Dekreten und Erklärungen nur die wichtigen dogmatischen und moraltheologischen Aussagen. Dies gilt auch für die nachkonziliaren Lehrdokumente. Aufgrund des gewandelten literarischen Genus der Enzykliken im Pontifikat Johannes Pauls II. - eine Anzahl von Enzykliken trägt einen meditativ-paränetischen Charakter - wurden nicht alle Enzykliken bei der Auswahl berücksichtigt.

## 3. Übersetzung und Bearbeitung der Dokumente

Die Übersetzung der Glaubensbekenntnisse und der Dokumente des kirchlichen Lehramtes ist von der Absicht geleitet, den deutschen Text dem Originaltext möglichst genau anzumessen. Das Ziel war nicht, einen glatten, gut lesbaren deutschen Text zu erstellen, sondern eine Übersetzung, die den Originaltext, auch für jene, die keine vertieften griechischen und lateinischen Sprachkenntnisse besitzen, verstehbar und interpretierbar macht. Der Benutzer der Ausgabe soll zum ursprünglichen Text geführt werden. So wurde Wert auf eine hohe Konstanz der Termini gelegt. Die Anwendung einer Vielfalt deutscher Worte, um Textnuancen wiederzugeben, wurde in der Regel vermieden. Gesucht wurden vielmehr Worte, die eine Wurzelnähe zum entsprechenden griechischen oder lateinischen Wort aufweisen. Ebenso wurde eine Treue zu den grammatischen Strukturen im Lateinischen und Griechischen angestrebt, soweit der deutsche Satzbau dies zuließ. Es sollte ein Text entstehen, der auf Schritt und Tritt seine

Dienstfunktion am Originaltext verrät und etwas von der Fremdheit der geschichtlichen Dokumente widerspiegelt. Als Folge ergaben sich gewisse Abweichungen vom kirchlich eingeschliffenen deutschen Sprachgebrauch. So wurde etwa "peccatum originale" mit Ursünde wiedergegeben. In einigen wenigen Fällen wurden griechische bzw. lateinische Ausdrücke beibehalten, so etwa das Wort "anathema", weil die übliche Übersetzung durch "Bann" die Bedeutungsbreite des Wortes allzu stark einengt.

Der neue "Denzinger" umfaßt neben griechischen und lateinischen auch spanische, englische, deutsche, italienische und französische Texte. Wo kritische Ausgaben vorlagen, wurden die Texte an ihnen, sonst anhand der Studienausgaben überprüft, und zwar in allen Fällen, in denen Zweifel am Text auftauchten. Insgesamt wurden rund 1000 Emendationen vorgenommen.

Der Text der Dokumente der 34. bis 36. Auflage weist an einer ganzen Reihe von Stellen Konjekturen auf, die zumeist von Eduard Schwartz übernommen wurden. Ein Teil dieser Konjekturen diente offensichtlich dazu, sprachliche bzw. theologische Schwierigkeiten mit den bezeugten Texten zu umgehen. Anstelle dieser Konjekturen wurde die am besten bezeugte Lesart in den Text aufgenommen. Damit stellt der neue "Denzinger" keine kritische Textausgabe dar – dazu wäre die Angabe der wichtigsten Varianten erforderlich gewesen; er bietet aber einen kritisch-gesichteten Text.

## 4. Gliederung der Dokumente

Die vorliegende 37. Auflage besitzt – der Tradition des "Denzinger" entsprechend – zwei Teile: Der erste Teil umfaßt die Glaubensbekenntnisse der alten Kirche (*1–76), der zweite Teil die Dokumente des kirchlichen Lehramtes (*101–4858). Die Texte des zweiten Teils folgen einer streng chronologischen Ordnung, die gegenüber einer systematischen Gliederung (vgl. die Ausführungen zu den wechselnden Gestaltungen des systematischen Index des "Denzinger") unübersehbare Vorteile bietet. Die Dokumente des kirchlichen Lehramtes werden jeweils den Pontifikaten der Römischen Bischöfe zugeordnet. Ihre Überschriften geben in der Regel den Titel der Dokumente und ihre jeweilige Entstehungszeit an.

Die Marginalien entsprechen bis *3997 denen der 36. Auflage. Die Dokumente "Piam et constantem" und "Sancta mater ecclesia" wurden hinter die Texte des 2. Vatikanischen Konzils eingeordnet, so daß sie mit neuen Marginalien versehen werden mußten: *4400 statt *3998, *4402–4407 statt *3999–3999e. Der Anhang der 36. Auflage ist in den laufenden Text unter Beibehaltung der Supplementärnummern eingefügt worden. Die Marginalien der Ausgaben vor 1963[32] auf dem Innenrand der Seiten sind zugunsten einer Konkordanz im Anhang weggefallen.

Wegen der Übersichtlichkeit hat Schönmetzer den Anfang wichtiger Dokumente mit leicht merkbaren Marginalien ausgezeichnet. In Fortführung dieser Tradition beginnen die Texte des 2. Vatikanischen Konzils mit *4001. So ergibt sich folgendes "Gerüst":

*125 ...... 1. Konzil von Nikaia
*150 ....... 1. Konzil von Konstantinopel
*250 ....... Konzil von Ephesus
*300 ....... Konzil von Chalkedon
*500 ....... Synode im Lateran gegen die Monotheleten
*550 ....... 3. Konzil von Konstantinopel
*600 ....... 2. Konzil von Nikaia
*700 ....... Glaubensbekenntnis Berengars von Tours
*800 ....... 4. Konzil im Lateran
*1000 ...... Konstitution "Benedictus Deus" Benedikts XII.
*1300 ...... Konzil von Florenz
*1500 ...... Konzil von Trient
*2001 ...... Konstitution "Cum occasione" gegen Cornelius Jansen
*2101 ...... Dekret gegen Irrtümer der Laxisten

*2301 ...... Dekret gegen Irrtümer der Jansenisten
*2600 ...... Konstitution "Auctorem fidei" gegen die Irrtümer der Synode von Pistoia
*2800 ...... Bulle "Ineffabilis Deus" über die Unbefleckte Empfängnis Mariens
*3000 ...... 1. Vatikanisches Konzil
*3401 ...... Dekret "Lamentabili" gegen die Irrtümer der Modernisten
*3700 ...... Enzyklika "Casti connubii" über die christliche Ehe
*3900 ...... Konstitution "Munificentissimus Deus" über die Aufnahme Mariens in den Himmel
*4001 ...... 2. Vatikanisches Konzil

## 5. Bearbeitung des Apparates

Schönmetzer kommt das große Verdienst zu, für die verschiedenen Dokumente des "Denzinger" knappe historische Enleitungen verfaßt zu haben, die gelegentlich auch theologische Verständnishilfen bieten. Dabei macht sich teilweise ein gewisses, wohl unabsichtliches apologetisches Interesse bemerkbar. Die Einleitungstexte wurden inhaltlich und sprachlich überarbeitet, ebenso die Kolumnentitel, die Überschriften und die Fußnoten. Die Editions- und Literaturangaben wurden überprüft und in vielen Fällen aktualisiert. Die neuaufgenommenen Texte wurden in der Regel mit entsprechenden Einleitungen versehen.

Die Register wurden überprüft und hinsichtlich der neu aufgenommenen Dokumente ergänzt. In das Verzeichnis der nach ihren Initien zitierten Dokumente des kirchlichen Lehramtes wurden auch die Initien lediglich erwähnter Schemata aufgenommen. Das Personen- und Sachverzeichnis umfaßt sowohl lateinische als auch deutsche Stichwörter. Bei Personen wurde das bisherige Prinzip beibehalten, d. h. es wurden die Namen nur solcher Personen aufgenommen, die an der entsprechenden Stelle von Bedeutung sind. Nicht aufgeführt wurden z. B. die nicht näher interessierenden Adressaten von Briefen Cyprians oder Augustins. Bei den Orten wurden wie bisher nur Orte von Konzilien bzw. Synoden und Herkunftsländer bzw. Orte von Glaubensbekenntnissen aufgeführt. Namen wurden zumeist in der gängigen deutschen Form angeführt. Die Bearbeitung des systematischen Index bereitete erhebliche Mühe. Insgesamt wurden alle Stellenangaben der Ausgabe von Adolf Schönmetzer berücksichtigt; sie wurden jedoch in neue Einteilungen eingefügt. Unverändert übernommen wurde der Abschnitt über einander widersprechende Aussagen kirchlicher Lehrdokumente. Der systematische Index mußte auf Grund der neuen theologischen Fragestellungen des 2. Vatikanischen Konzils und der nachkonziliaren Dokumente von Grund auf überarbeitet werden. Die vorgegebenen begrifflichen Einteilungen – etwa im Bereich der Ekklesiologie – erwiesen sich als unbrauchbar in bezug auf wesentliche Aussagen des 2. Vatikanischen Konzils, z. B. die Gründung der Kirche im Geheimnis der Trinität und den Begriff des Volkes Gottes.

Die lateinischen Übersetzungen griechischer Texte wurden nur beibehalten, wenn ihnen von ihrem Ursprung her ein eigener Stellenwert zukommt, wie z. B. bei den Texten der Lateransynode von 649.

Die Abkürzungen der biblischen Bücher folgen im griechischen und lateinischen Text der "Stuttgarter Vulgata"[8], sonst den Loccumer Richtlinien. Die Zählung der Psalmen entspricht im griechischen und lateinischen Text der Zählung in den entsprechenden Handschriften, im deutschen Text den hebräischen Handschriften.

Die offizielle und authentische Ausgabe der Akten des Apostolischen Stuhles sind seit 1904 die ASS (37 [1904/05]), die kurze Zeit später von den AAS abgelöst wurden (1 [1909]). Angaben in [...] bezeichnen die Originalpaginierung der ASS bzw. AAS. Die editorischen Verweise auf den CIC/1917 sind getilgt. Unmittelbar vor dem Text der Dokumente werden die Editionen und gegebenenfalls die Regesten angegeben.

Gehören Textüberschriften zum authentischen Text der Dokumente (so z. B. bei den Dokumenten des Konzils von Trient), werden sie in der Regel im lateinischen Original und in deutscher Übersetzung angeführt.

---

[8]   *Biblia Sacra,* iuxta Vulgatam versionem, adiuvantibus B. Fischer OSB e. a., recensuit et brevi apparatu instruxit R. Weber OSB (Stuttgart 1983³).

Auf einen Text wird innerhalb des Textteils mit Hilfe der entsprechenden Marginalie und einem vorangestellten Asteriskus (*) verwiesen. In den Registern erfolgt die Referenz durch einfache Angabe der Marginalie des Textes, auf den verwiesen wird. Die Fußnoten verweisen auf die Fundstellen von Zitaten, Paraphrasierungen und verurteilten Sätzen. Die Referenz erfolgt durch die Angabe der entsprechenden Marginalie des Textes, auf den sich die Fußnote jeweils bezieht. Zur Unterscheidung trägt die Marginalie der Fußnote zusätzlich zum Asteriskus eine Fußnotenziffer.

## II. Hinweise zum theologischen Gebrauch des "Denzinger"

Die folgenden Ausführungen zum theologischen Gebrauch des vorliegenden "Kompendiums" tragen notwendigerweise summarischen und einführenden Charakter. Sie können ein gründliches Studium der theologischen Erkenntnislehre und der dogmatischen Prinzipienlehre nicht ersetzen. Gleichwohl dürfte die folgende Skizze ihren Sinn darin haben, den theologisch-gebildeten Benutzer an frühere Studien zu erinnern und den Laien, der dieses Buch liest, vor falschen Vorstellungen zu bewahren.

### 1. Das Zeugnis der Kirche und die amtliche Verkündigung

Die gesamte Kirche ist von Jesus Christus mit der Fortführung seiner Sendung betraut, Zeugnis vom Evangelium abzulegen. Diesem Verkündigungsauftrag aller Gläubigen dienen die Amtsträger in der Kirche. Indem sie das Evangelium durch Predigt und Unterweisung wahren und es getreu auslegen, rüsten sie die Gemeinden und die einzelnen jeweils zu, im Glauben zu wachsen und ihrem Auftrag nachzukommen. Das amtliche Lehren ist so ein Teil des kirchlichen Gesamtzeugnisses.

Weil die amtliche Bezeugung des Glaubens im Namen Jesu Christi an die Kirche ergeht, geschieht sie autoritativ: "Wer euch hört, der hört mich" (Lk 10,16). Die Bischöfe sind allerdings keine Offenbarungsträger; sie sind Zeugen der von Jesus Christus und den Aposteln überlieferten Offenbarung und stehen unter dem Wort Gottes. Zugleich gilt: Das Volk Gottes, zu dessen Auferbauung sie bestellt sind, ist mit dem Wort Gottes bereits beschenkt, denn es glaubt. Daraus ergibt sich, daß in der Verkündigungssituation ein Verhältnis von Mündigen herrscht. Die Hörenden haben im Glauben das Recht und die Pflicht, sich ein Urteil über die amtliche Verkündigung in der Kirche zu bilden, um sie verantwortlich und gewissenhaft anzunehmen. Das Amen der Gemeinde auf das Gebet und die Homilie des Bischofs bzw. des Presbyters wurde in der Zeit der Patristik ausdrücklich als affirmierendes Urteil des gläubigen Volkes gewertet.

Das Hören, die Annahme der Offenbarung im Glauben, und das Bezeugen des Glaubens sind ermöglicht durch die Gabe des Heiligen Geistes. Dieser Geist, der die Lebensgemeinschaft der Glaubenden durch Christus mit dem Vater vermittelt, erschließt der Kirche immerfort neu die ursprüngliche Bekundung dieses Offenbarungs- und Erlösungsgeschehens, wie es in der apostolischen Kirche geglaubt wurde. Weil das gesamtkirchliche wie das amtliche Zeugnis sich auf das Evangelium beziehen, wie es in Schrift und apostolischer Tradition maßgeblich bezeugt ist, bilden das Zeugnis der Väter, das Wort der Bischöfe und Päpste, die Tradition der Kirche in ihrem Beten, ihrer Liturgie und ihrer gläubigen Praxis die zweitrangigen Quellen und Kriterien. Das eine Evangelium kann ja nur übermittelt werden, indem es ausgelegt und zugleich bewahrend abgegrenzt wird. Auslegung und bewahrende Abgrenzung aber dokumentieren sich gerade in den mannigfachen Gestalten, welche die Glaubensbezeugung annimmt. Dabei waltet eine innere Stufung der Normativität.

Die verschiedenen Bezeugungen des Evangeliums stehen grundsätzlich jedem in der Kirche in der gleichen Weise offen, dem Amtsinhaber nicht anders als dem Theologen oder dem Laien. Von ihnen her bemißt sich jedes konkrete Glaubenszeugnis, das amtliche ebenso wie das der einzelnen oder der Gemeinden. Dieses Bemessen kann kein einfacher Kontrollvorgang mit der Elle vorgegebener Formulierungen sein. Das Evangelium ist "das Wort des Le-

bens" (1 Joh 1,1), das zu einem "neuen Denken" und einem "neuen Wandel" freisetzt. Überlieferung des Glaubens, die in fundamentaler Weise immer auch Fortpflanzung von Sprachgemeinschaft ist, unterscheidet sich deshalb vom "Dienst am Buchstaben".

## 2. Authentisches Lehren

Die Aufgabe amtlicher Verkündigung ist verantwortungsvoll und schwierig. Die Grundwahrheiten des Glaubens müssen jeweils in das alltägliche Leben der einzelnen und der Familien, in die gesellschaftlichen und kulturellen Situationen hinein ausgelegt werden. Bei dieser je neu zu leistenden Konkretisierung kann es durchaus zu einseitigen Akzentsetzungen, Kurzschlüssen, Täuschungen und Irrtümern kommen. Weil die Offenbarung Gottes in Jesus Christus Anbruch und nicht Vollendung des Reiches Gottes ist, weil mit dem Geist allererst das Angeld und Unterpfand der künftigen Herrlichkeit gegeben ist, deswegen unterliegt die amtliche Verkündigung als Über-Setzung des Evangeliums in die verschiedenen Dimensionen des Lebens grundsätzlich den Bedingungen endlichen menschlichen Erkennens und begrenzter menschlicher Praxis. Dies bedeutet, daß die Bischöfe auf jene Hilfen, Sicherungsmechanismen und bewährte institutionelle Formen angewiesen sind, die menschliche Endlichkeit zur Beförderung ihres Erkennens und ihrer Praxis entfaltet hat. Auf der anderen Seite ist der Hörer als mündiger Christ gefordert, in der Verkündigung Wesentliches und Unwesentliches zu unterscheiden, die grundsätzliche Aussagetendenz und die Einzelheiten auseinanderzuhalten und die Verkündigung mit seinem gesamthaften Glaubensverständnis aufzunehmen. Das geistvolle Hören ist nicht weniger wichtig als das geistvolle Verkündigen und Lehren. Der Beistand, welcher der Kirche verheißen ist, bezieht sich auf beides und äußert sich u. a. im angemessenen Gebrauch der menschlichen Fähigkeiten und Vermögen auf seiten der Amtsträger wie der hörenden Gläubigen. Das Bleiben der Kirche in der Wahrheit besitzt sein Fundament in Jesus Christus, der als der erhöhte Herr in seinem Geist der Kirche gegenwärtig ist. Dieses von Gott geschenkte Bleiben aber ist jeweils vermittelt durch die "Torheit der Predigt", durch Mühen um rechtes Auslegen und Hören auf das Evangelium, durch Umkehr und Erneuerung.

Im breiten Strom der amtlichen Glaubensbezeugung nehmen Lehrentscheidungen einen besonderen Platz ein. Im Leben der einzelnen Gläubigen, in der Praxis und im Verständnis der Gemeinden bzw. der Regional- und Gesamtkirche können Mißstände und Gefährdungen des Glaubens auftauchen, die ein klares Urteil erheischen, ob die betreffende Auffassung oder Praxis mit dem Evangelium vereinbar ist oder nicht. Die Kompetenz zu solchen verbindlichen Lehrurteilen wird in der ganzen Tradition Papst und Bischöfen als den Hirten der Kirche zugeschrieben. Diese Kompetenz bezieht sich auf Fragen des Glaubens und der Sitte (fides et mores), weil es im Evangelium um das reale Leben in der Gnade Gottes geht. Bis zur Zeit des Trienter Konzils verstand man unter "mores" die kirchlichen Bräuche und Lebensformen, in der Neuzeit wird darunter meist die Sittenlehre im engeren Sinne verstanden.

Die Lehrentscheidungen stützen sich auf die oben summarisch skizzierten normativen Glaubenszeugnisse und sind für die Erarbeitung des angemessenen Glaubensverständnisses von besonderem Interesse, weil in ihnen - angesichts zugespitzter Fragestellungen - in der Regel wohlerwogene Urteile gefällt werden. Die vorliegende Sammlung besteht in ihrem zweiten Teil aus solchen Dokumenten. Diese Lehrentscheidungen dürfen nicht mit der allgemeinen Verkündigung des Evangeliums verwechselt werden. Sie treten - auch in ihrer Gesamtheit - nicht an die Stelle der Verkündigung, sondern ergänzen diese in spezifischer Hinsicht. Gerade so haben sie ihre Bedeutung für die schärfere Fassung des Evangeliums. Sie sind selbstverständlich von unterschiedlichem Gewicht, wechselnder Autorität und Verbindlichkeit.

Autorität und Verbindlichkeit bestimmen sich durch ein Bündel von Kriterien. Ein erstes Kriterium ergibt sich aus der Autorschaft. Es ist ein Unterschied, ob ein einzelner Bischof, die Gemeinschaft der Bischöfe, ein ökumenisches Konzil, eine Partikularsynode oder eine Bischofskonferenz, der Papst oder eine Kongregation der römischen Kurie die Lehrentscheidung treffen. Je umfassender die Leitungskompetenz ist, desto gewichtiger ist die Lehrentscheidung. Die höchste Leitungskompetenz in bezug auf die Gesamtkirche liegt beim Papst und der

Gemeinschaft der Bischöfe. Ein zweites Kriterium ergibt sich aus dem Adressatenkreis der Lehrentscheidung. Je umfassender der Adressatenkreis ist, desto größeres Gewicht kommt der betreffenden Lehrentscheidung zu. Ein drittes Kriterium ergibt sich aus der verhandelten Sache. Zentrale Sachverhalte des Glaubens und der Sitte sind von stärker peripheren oder etwa nur disziplinären Angelegenheiten zu unterscheiden. Wichtig ist viertens die Frage, aus welchen Quellen die Lehrentscheidung hergeleitet wird. Es kann sich um eine Wahrheit handeln, die in Schrift und Tradition ausdrücklich oder einschlußweise bezeugt ist, es kann sich um theologische Ableitungen handeln oder etwa um Konsequenzen aus allgemein einsichtigen – und somit philosophischen – sittlichen Prinzipien. Schließlich kann die Lehrentscheidung auf kirchlicher Überlieferung und festem Gebrauch fußen. Ein fünftes Kriterium bietet die Form, in der eine Lehrentscheidung vorgetragen wird. In der Form manifestiert sich, in welcher Weise die Lehrkompetenz ins Spiel gebracht wird. Eine Instruktion ist anders zu bewerten als ein Dekret, eine Enzyklika oder die Konstitution eines ökumenischen Konzils.

Um das Gewicht einer Lehrmeinung zu bestimmen, bedarf es sorgfältiger Klärungen, die sich an den genannten Kriterien orientieren und den geschichtlichen Wandel in den Formen der Autoritätsausübung und der Zuordnung bzw. Unterordnung der verschiedenen Autoritäten berücksichtigen. Zu den Regeln theologischer Hermeneutik gehört es, daß weder Einleitungen, Schlußformeln und einzelnen Argumenten noch Erklärungen und Zitaten, sondern lediglich dem Kern der Aussagen die eigentümliche Verbindlichkeit zuzuschreiben ist.

Die Lehrentscheidungen umschließen oftmals theologische Zensuren, mit denen die Verwerflichkeit einer Lehre bezeichnet wird. Vom späten Mittelalter ab, insbesondere im Zuge der Neuzeit, finden sich darüber hinaus auch theologische Qualifikationen, die den Gewißheitsgrad der Annehmbarkeit kirchlicher Lehren bezeichnen. Bis ins Hochmittelalter sind die alten Wertungen der Recht- und Irrgläubigkeit im Gebrauch. Zu beachten ist, daß die Verurteilungen (ἀναθεματίζομεν, damnamus etc.) nicht notwendigerweise den strikten Gegensatz zur Offenbarungslehre, sondern auch Verstöße gegen die Kirchlichkeit bezeichnen. Nicht jede verurteilte Lehre ist eine Häresie im strikten Sinn. Eine Differenzierung der Zensuren setzt mit der Wende zum 14. Jahrhundert ein. Mit dem steigenden Gewicht, welches die Frage der Vergewisserung im Bereich der neuzeitlichen Philosophie gewinnt, werden die theologischen Qualifikationen ausgearbeitet. Gebräuchliche Unterscheidungen sind: Eine Lehre ist "göttlichen Glaubens" (de fide divina), wenn sie ausdrücklich oder einschließlich zur Offenbarung gehört. Sie ist "göttlichen und katholischen Glaubens" (de fide divina et catholica), wenn sie darüber hinaus auch formal durch das kirchliche Lehramt zu glauben vorgelegt wird. "An den Glauben grenzend" (fidei proximum) ist ein Satz, der nach der übereinstimmenden Meinung der Theologen als geoffenbarte Wahrheit anzusehen ist und von der Kirche vertreten wird, ohne als geoffenbart vorgelegt zu sein. Eine wichtige weitere Qualifikation bezieht sich auf Wahrheiten, die zwar in der Offenbarung nicht formell enthalten sind, mit ihr aber in einem so engen Zusammenhang stehen, daß sie vom Lehramt als definitive Wahrheiten vorgelegt werden. Traditionellerweise spricht man hier von einer "Wahrheit kirchlichen Glaubens" (de fide ecclesiastica). Daneben gibt es unterschiedlich qualifizierte theologische Meinungen. Im Gebrauch der theologischen Zensuren und Qualifikationen hat sich das Lehramt am theologischen Sprachgebrauch der jeweiligen Epochen orientiert.

## 3. Unfehlbares Lehren

Dem fehlbaren Verkündigen und Lehren steht das unfehlbare Lehren, das dem Papst und der Gemeinschaft der Bischöfe zugeschrieben wird, nicht einfach wie ein völlig andersartiger Sachverhalt gegenüber. Beides gehört vielmehr eng zusammen und wurzelt in der Gabe des Geistes an die ganze Kirche, die sie in der Wahrheit hält und den allgemeinen Glaubenssinn des Volkes Gottes nicht von der Wahrheit abirren läßt. Der allgemeine Glaubenssinn des Volkes Gottes wird deshalb als "indefectibilis", als unversehrbar, bezeichnet. An dieser göttlichen Gabe der Gesamtkirche hat auch das Lehramt auf seine Weise teil. Das unfehlbare Lehren bildet die gleichsam implizite Spitze authentischen oder amtlichen Lehrens. Unfehlbares Lehren in Form des ordentlichen Lehramtes liegt dort vor, wo die über den Erdball

11

verstreuten Bischöfe übereinstimmend etwas als Glaubenswahrheit verkünden. Der Konsens bildet den Vergewisserungsgrund und die Bewährung der Wahrheit. Davon zu unterscheiden ist das unfehlbare Lehren des außerordentlichen Lehramtes. Das 1. Vatikanische Konzil begründet die Notwendigkeit einer solchen Kompetenz damit, daß in Fragen des Glaubens und der Sitte "Gefahren", ja "Schäden" auftreten können, die eine verläßliche Entscheidung darüber notwendig machen, ob die betreffende Auffassung oder die in Frage stehende Praxis sich im Rahmen des Evangeliums bewegen oder das Evangelium verfälschen. Es werden im 1. und im 2. Vatikanischen Konzil summarisch jene Quellen und Kriterien genannt, aus denen der Papst – gleiches gilt für die universalen Konzilien und die nicht-konziliar, aber in einem formell kollegialen Akt handelnde Gemeinschaft der Bischöfe – die Übereinstimmung oder Nichtübereinstimmung mit dem Glauben erheben kann. Es wird damit die Möglichkeit einer letzten Glaubensvergewisserung in der Kirche gelehrt, damit die Gesamtkirche als eine bewahrt werden und ihrem Fundament treu bleiben kann. Die Grundlage bildet die Zusage des Beistandes des Hl. Geistes.

Wenn von den unfehlbaren Definitionen gesagt wird, sie seien aus sich, nicht aus der Zustimmung der Kirche heraus "irreformabiles", so bedeutet dies: Die Sätze des Papstes bedürfen zu ihrer Verbindlichkeit nicht nachträglich der Zustimmung des Episkopats, ebensowenig wie die Definitionen eines legitimen Konzils nochmals von einer anderen Instanz her einer Zustimmung zur Verbindlichkeit bedürfen. Sie sind letztinstanzlich, so daß man einer solchen Entscheidung nicht an eine andere Instanz appellieren kann. Durch unfehlbare Lehrentscheidungen werden die einzelnen Gläubigen und die Kirche als Volk Gottes hinsichtlich des Evangeliums nicht in eine Täuschung oder einen Irrtum geführt. Diese Qualifikation bedeutet aber nicht, daß die Definitionen jeweils ideale, d.h. schlechthin gelungene Antworten auf Probleme des Glaubens und der Sitte darstellen, die später nicht nochmals aufgegriffen, erklärt, ja ergänzt werden könnten. Es gilt selbstverständlich, daß alle Definitionen interpretationsbedürftig sind; sie sind hinsichtlich ihres Sinnes durch Einordnung in das Gesamtverständnis des Glaubens und in den Zusammenhang der Glaubenstradition auszulegen.

Die so charakterisierte Möglichkeit einer Glaubensvergewisserung gilt allerdings nicht schlechthin, sondern im Hinblick auf einen definitionsfähigen und damit klar abgrenzbaren, in sich eindeutig bestimmbaren Sachverhalt des Glaubens. Das kirchliche Lehramt könnte nicht die Offenbarungswahrheit im ganzen definieren. Auch so zeigt sich nochmals die Außerordentlichkeit dieser Form des Lehrens.

### 4. Gefahren im Gebrauch des "Denzinger"

Yves Congar hat in einem berühmten Artikel[9] auf eine Reihe von Gefährdungen aufmerksam gemacht, die beim – oberflächlich-naiven, gedankenlosen – Gebrauch des "Denzinger" entstehen können:

– Die Aufreihung der Texte, die an sich von sehr verschiedenem Gewicht sind, kann den Eindruck erwecken, hier handle es sich um Paragraphen eines Gesetzbuches, die alle mehr oder minder gleich sind.

– Es kann die Vorstellung genährt werden, es gäbe für die Gläubigen "ein in seiner Art einziges Überwesen ..., *das Lehramt*, das sie überwacht, schulmeistert, korrigiert und das bestimmt, was vertreten werden darf und was nicht"[10]. Hier wird übersehen, daß es viele Weisen gibt, in denen der Glaube bewahrt und ausgelegt wird. Die Tradition nennt die Väter ebenso wie die Liturgie, die großen Theologen usw. Die lehramtlichen Dokumente bilden lediglich eine Form solcher bewahrenden Auslegung.

– Es gilt sich zu schützen vor der Meinung, die einzelnen theologischen Fachausdrücke besäßen in jedem Dokument genau den gleichen Sinn. Die Bedeutungsbreite eines und desselben Wortes variiert in den verschiedenen Zeiten oft beträchtlich. "Sacramentum" und "dogma" z. B. durchlaufen erhebliche Sinnverschiebungen.

---

[9]    *Über den rechten Gebrauch des "Denzinger"*, in: Situation und Aufgabe der Theologie heute (Paderborn 1971) 125–150.
[10]   Ebd. 141.

– Die Auswahl der Texte, wie sie im bisherigen "Denzinger" vorliegt, hat die lehramtlichen Zeugnisse von Partikular- und Provinzsynoden und von einzelnen Bischöfen stark zugunsten der päpstlichen Lehrdokumente in den Hintergrund gerückt. Dadurch kann ein irriges Bild vom ordentlichen Lehramt in der Fülle seiner Formen entstehen.

– Schließlich ist der Gesamtzusammenhang zu beachten, in dem alle Definitionen und Deklarationen lehramtlicher Art stehen. Diese sind Ausdruck gläubigen Lebens und sollen religiöses, geisterfülltes Leben fördern. So werden solche Texte erst dort in rechter Weise verstanden und angeeignet, wo sie nicht äußerlich, gleichsam "juridisch", als Vorschriften, sondern als Glaubenszeugnisse aufgenommen werden.

Der angemessene theologische Gebrauch des "Denzinger" führt gerade nicht zu einer sterilen "Denzinger-Theologie". Sie stellt vielmehr einen Mißbrauch dieser Textsammlung dar. Der reiche Nutzen des "Denzinger", von dem Congar spricht, beginnt dem zu sprudeln, der mit dieser Sammlung wahrhaft theologisch umgeht.

## III. Lesehinweise

### Darstellung von Textvarianten

Wenn in der abweichenden Lesart der Text e r w e i t e r t ist,
wird die Erweiterung in eckige Klammern (in Normalschrift) gesetzt; die Abkürzung für die Quelle des Vergleichstextes wird (falls nötig) kursiv vorangestellt.
  B e i s p i e l (vgl. *23): Ergänzt wird "huius":
carnis [*LOMoz:* huius] resurrectionem

Wenn in der abweichenden Lesart Text a u s g e l a s s e n wird,
wird der ausgelassene Text in der ersten Lesart kursiv ausgewiesen; es folgt das Zeichen [–!].
  B e i s p i e l (vgl. *15 und 22): Ausgelassen wird "a mortuis":
tertia die resurrexit *a mortuis* [–!]

Wenn sich in der abweichenden Lesart der Text ä n d e r t,
wird der Text in der ersten Lesart im Wortumfang der Variante kursiv ausgewiesen; die abweichende Lesart folgt in eckigen Klammern in Normalschrift.
  B e i s p i e l (vgl. *30): anstelle von "inferna" wird "inferos" gelesen:
descendit ad *inferna* [*Cat Brv:* inferos]

Wenn sich in der abweichenden Lesart die R e i h e n f o l g e der Wörter ä n d e r t,
werden die umzustellenden Wörter kursiv gesetzt und mit Hochzahlen gekennzeichnet; dieselben Zahlen finden sich dann in umgestellter Reihenfolge in eckigen Klammern.
  B e i s p i e l (vgl. *6): Es werden umgestellt "confitemur" und "credimus":
$^1$*confitemur* et $^2$*credimus* [$^{2-1}$]

Ein B e i s p i e l, in dem drei der oben erläuterten Fälle gemeinsam auftreten (vgl. *22):
sepultus [est], tertia die *a mortuis* [–!] resurrexit,
*assumptus est in caelos* [in caelum ascendit] ... =
H a u p t t e x t:
sepultus, tertia die a mortuis resurrexit,
assumptus est in caelos ...
V e r g l e i c h s t e x t:
sepultus est, tertia die resurrexit,
in caelum ascendit ...

## Zahlen und Ordnungszeichen

| | |
|---|---|
| *1000 | = Nummer, die bei Verweisen innerhalb des Textteiles einen Text dieses Werkes bezeichnet |
| 2400° | = Einem Dokument vorangestellte einführende Anmerkung |
| 3000°° | = Einführung in eine Textsammlung, der ersten einführenden Anmerkung vorangestellt |
| *1531[1] | = Fußnote zum Text der Marginalie 1531 |
| 1/I/I, 49 | = Zitierweise von Werken, die aus mehreren, nacheinander veröffentlichten Teilen bestehen (z. B. Band, Teilband, Teil, Faszikel). Die auf das Komma folgende Zahl bezeichnet die Seite, wenn nicht anderes vermerkt ist. |
| $116_{1\ 5-17}$ | = Seiten- und Zeilenangabe |
| 12a, 15b | = Seiten- und Spaltenangabe (links oder rechts) |
| 17C | = Seite oder Spalte mit Abschnittsangabe |
| 60f | = genannte und folgende Seite oder Nummer |
| Fol. 4r, Fol. 6v | = Folioblatt 4 recto, Folioblatt 6 verso. |
| [241] | = Seitenangabe der offiziellen Ausgabe der Dokumente des Apostolischen Stuhles (ASS ab 37 [1904/05] und AAS ab 1 [1909]). |

## Allgemeine Abkürzungen

| | | | | |
|---|---|---|---|---|
| a(rt). | = articulus | | doc. | = documentum |
| a. a. O. | = am angegebenen Ort | | dogmat. | = dogmatisch |
| al. | = alii | | Dok. | = Dokument |
| and. | = andere | | dt. | = deutsch |
| Anm. | = Anmerkung(en) | | dub. | = dubium, dubitatio |
| apost. | = apostolisch | | e. a. | = et alii |
| Appd. | = Appendix | | ebd. | = ebenda |
| art. | = articulus | | ed., Ed. | = edidit, editio |
| Art. | = Artikel | | Enzykl. | = Enzyklika |
| ass. | = assertio | | Erkl. | = Erklärung |
| Ausg. | = Ausgabe(n) | | ep. | = epistula |
| a. v. | = aliis verbis | | Erzb. | = Erzbischof |
| Bd. | = Band | | e(x). g(r). | = exempli gratia |
| c. | = capitulum, caput | | etc. | = et cetera |
| ca. | = circa | | expos. | = expositio |
| cf. | = confer, conferatur | | f | = folgend(e) |
| cit. | = citatus, -i etc. | | fasc. | = fasciculus |
| col. | = columna | | ff | = folgende |
| coll. | = collige | | Fol. | = Folioblatt |
| Coll. | = Collectio | | fundam. | = fundamentum |
| concl. | = conclusio | | gr(iech). | = griechisch |
| controv. | = controversia | | hist. | = historisch |
| coroll. | = corollarium | | hl. | = heilig |
| cs. | = causa | | hom. | = homilia |
| ctm. | = certamen | | hrsg. | = herausgegeben |
| dec. | = decisio | | ib(id). | = ibidem |
| ders. | = derselbe | | i. J. | = im Jahre / in den Jahren |
| diffic. | = difficultas | | Instr. | = Instruktion |
| disp. | = disputatio | | Jh. | = Jahrhundert |
| disq. | = disquisitio | | Kan. | = Kanon |
| dist. | = distinctio | | Kap. | = Kapitel |
| d. J. | = des Jahres / der Jüngere | | Kongr. | = Kongregation |

| | | | |
|---|---|---|---|
| Konst. | = Konstitution | sel. | = selig |
| l. | = liber / linea | Septg. | = Septuaginta |
| n. | = numerus | Sp. | = Spalte |
| NB. | = notabene | ss | = sequentes |
| N. F. | = Neue Folge | Suppl. | = Supplement |
| Nr. | = Nummer | syst. | = systematisch |
| nt. | = nota, adnotatio | t. | = tomus |
| p. | = pars / pagina | theol. | = theologisch |
| par. | = Parallelstelle(n) | tit. | = titulus |
| Pönit. | = Pönitentiarie | tract. | = tractatus |
| propos. | = propositio | u. | = und |
| Ps.-... | = Pseudo-... | u. a. | = und andere / unter ande- |
| q(u). | = quaestio | | rem |
| qc. | = quaestiuncula | usw. | = und so weiter |
| r | = recto (Vorderseite bei Fo- | v | = verso (Rückseite bei Fo- |
| | lio-Blättern) | | lio-Blättern) |
| Reg. | = Regesten / Register | v. | = von |
| resol. | = resolutio | vatikan. | = vatikanisch |
| resp. | = responsio | v(b). g(r). | = verbi gratia |
| s | = sequens | vgl. | = vergleiche |
| s. | = siehe / sanctus, -i etc. | vol. | = volumen |
| S. | = Seite / Sanctus, -i etc. | Z. | = Zeile |
| scl. | = scilicet | z. B. | = zum Beispiel |
| sect. | = sectio | | |

## *Bibliographische Abkürzungen*

| | |
|---|---|
| AAS | = *Acta Apostolicae Sedis* (Rom 1909ff) |
| AbhBayAk | = *Abhandlungen der Bayerischen Akademie der Wissenschaften*, Philoso-phisch-philologische und historische Klasse (München 1835ff) |
| ACColon | = *Acta et Decreta Concilii Provincii Coloniensis ... a. Dni. MDCCCLX ... celebrati* (Köln 1862) |
| ACOe | = *Acta Conciliorum Oecumenicorum*, hrsg. v. E. Schwartz (Straßburg 1914; Berlin – Leipzig 1922–1940); 2. Serie (Berlin 1988ff) |
| AmER | = *The American Ecclesiastical Review* (New York – Cincinatti 1889–1905; 1943ff) |
| AnBoll | = *Analecta Bollandiana* (Paris – Brüssel 1882ff) |
| AnE | = *Analecta Ecclesiastica* (Rom 1893–1911) |
| AnIP | = *Analecta Iuris Pontificii* (Rom 1855–1891) |
| Apoll | = *Apollinaris.* Commentarius iuris canonici (Vatikan 1928ff) |
| ArchFrPr | = *Archivum Fratrum Praedicatorum* (Rom 1931ff) |
| ArchHDLMA | = *Archives d'Histoire Doctrinale et Littéraire du Moyen-Âge* (Paris 1926ff) |
| ArchKKR | = *Archiv für Katholisches Kirchenrecht* (Mainz 1857ff) |
| ArchLKGMA | = *Archiv für Literatur- und Kirchengeschichte des Mittelalters* (Berlin 1885–1900) |
| ArchTGran | = *Archivo Teológico Granadino* (Granada 1938ff) |
| ASS | = *Acta Sanctae Sedis* (Rom 1865–1908) |
| ASyll | = *Acta Sancti Domini Nostri Pii IX., ex quibus excerptus est Syllabus* (Rom 1865) |
| ASyn | = *Acta Synodalia Sacrosancti Concilii Oecumenici Vaticani secundi* (Vatikan 1970–1980) |

BarAE = *Annales Ecclesiastici a Christo nato ad annum 1198*, hrsg. v. C. Baronius - O. Raynaldus - I. Laderchius (Lucca 1738ff); hrsg. v. A. Theiner (Barri-Ducis 1864ff)

BeitrGPhThMA = *Beiträge zur Geschichte der Philosophie und Theologie des Mittelalters* (Münster 1891ff)

BekSchELK = *Die Bekenntnisschriften der Evangelisch-Lutherischen Kirche* (Göttingen 1967[6])

BltLE = *Bulletin de Littérature Ecclésiastique* (Toulouse 1899ff)

BoeW = J.F. Boehmer - C. Will, *Regesta archiepiscoporum Maguntinensium* (Innsbruck 1877ff)

Bruns = H.Th. Bruns, *Canones Apostolorum et Conciliorum saec. IV - VII* (Berlin 1839)

BullCocq = *Bullarum, Privilegiorum ac Diplomatum Romanorum Pontificum amplissima collectio*, hrsg. v. C. Cocquelines (Rom 1739ff)

BullFr = *Bullarium Franciscanum*, Romanorum pontificum constitutiones, epistolas ac diplomata continens, hrsg. v. J.H. Sbaralea - K. Eubel (Rom 1759-1904; 1929-1949)

BullLux = *Magnum Bullarium Romanum* (Luxemburg 1727ff)

BullOP = *Bullarium Ordinis Praedicatorum*, hrsg. v. Th. Ripoll - A. Brémond (Rom 1729-1740)

BullRCt = *Bullarii Romani Continuatio* (Fortsetzung v. BullCocq), hrsg. v. A. Barbèri - R. Segreti (Rom 1835ff)

BullTau = *Bullarum, Diplomatum et Privilegiorum Romanorum Pontificum Turiensis editio*, hrsg. v. G. Tomassetti u. a. (Turin 1857-1872)

CaANQ = C.P. Caspari, *Alte und neue Quellen zur Geschichte des Taufsymbols und der Glaubensregel* (Christiania 1879)

CaKA = C.P. Caspari, *Ungedruckte, unbeachtete ... Quellen zur Geschichte des Taufsymbols und der Glaubensregel* (Christiania 1866ff)

CdICF = *Codicis Iuris Canonici Fontes*, hrsg. v. P. Gasparri - I. Serédi (Rom 1923-1939)

CdLuc = *El Codice Lucense de la Colección Canónica Hispana*, hrsg. v. C. García Goldáraz, Teil 1: *Reconstrucción* (Rom 1954)

CIC = *Codex Iuris Canonici* (Rom 1917; 1983)

CivCatt = *La Civiltà Cattolica* (Rom 1850ff)

ClPL = *Clavis Patrum Latinorum*, hrsg. v. E. Dekkers: *Sacris Erudiri*. Jaarboek voor Godsdienstwetenschappen 3 (Steenbrugge 1951; 1961[2])

CoDeDe = *Constitutiones, Decreta, Declarationes*, hrsg. v. Generalsekretariat des 2. Vatikanischen Konzils (Vatikan 1966)

COeD = *Conciliorum Oecumenicorum Decreta*, hrsg. vom Centro di Documentazione. Istituto per le Scienze Religiose, Bologna (Barcelona - Freiburg - Rom 1962[2]; 1973[3])

CollLac = *Acta et Decreta Sacrorum Conciliorum recentiorum. Collectio Lacensis* (Freiburg 1870-1890)

CollPF = *Collectanea S. Congregationis de Propaganda Fide* (Rom 1907[2])

CouE = *Epistolae Romanorum Pontificum a S. Clemente usque ad Innocentium III.*, hrsg. v. P. Coustant (unvollständig; Paris 1721)

CpChL = *Corpus Christianorum*, Series Latina (Turnholt 1953ff)

CpChL.CM = *Corpus Christianorum*, Continuatio Medievalis (Turnholt 1966ff)

CpRef = *Corpus Reformatorum* (Berlin 1834ff)

CSEL = *Corpus Scriptorum Ecclesiasticorum Latinorum* (Wien 1866ff)

CVis = *Concilios Visigóticos e Hispano-Romanos*, hrsg. v. J. Vives (Barcelona - Madrid 1963)

DALtg   = *Dictionnaire d'Archéologie Chrétienne et Liturgie* (Paris 1907–1953)

DenCh   = H. Denifle – E. Chatelain, *Chartularium Universitatis Parisiensis* (Paris 1889ff)

DivThomPl   = *Divus Thomas.* Commentarium de philosophia et theologia (Piacenza 1880ff)

DThC   = *Dictionnaire de Théologie Catholique* (Paris 1903ff)

DuPlA   = Ch. du Plessis d'Argentré, *Collectio iudiciorum de novis erroribus* qui ab initio XII saeculi ... usque ad a. 1713 in Ecclesia proscripti sunt et notati (Paris 1728[1]; 1755[2])

EnchB   = *Enchiridion Biblicum*, hrsg. v. der Päpstlichen Bibelkommission (Rom 1961[4])

EnglHR   = *English Historical Review* (London 1886ff)

EstEcl   = *Estudios Eclesiásticos* (Madrid 1922ff)

ÉtFranc   = *Études Franciscaines* (Paris 1899ff)

FlP   = *Florilegium Patristicum* (Bonn 1904–1941)

Frdb   = *Corpus Iuris Canonici*, hrsg. v. E.L. Friedberg (Leipzig 1879–1881[2])

FThSt   = *Freiburger Theologische Studien* (Freiburg 1910ff)

Funk   = F.X. Funk, *Patres Apostolici* (Tübingen 1901ff)

GChSch   = *Die Griechischen Christlichen Schriftsteller der ersten drei Jahrhunderte* (Berlin – Leipzig 1897ff)

Greg   = *Gregorianum* (Rom 1920ff)

Guibert   = J. de Guibert, *Documenta ecclesiastica christianae perfectionis studium spectantia* (Rom 1931)

HaC   = J. Hardouin, *Acta Conciliorum et Epistolae decretales ac Constitutiones Summorum Pontificum* ab anno 34 ad annum 1714 (Paris 1714–1715)

HJb   = *Historisches Jahrbuch der Görres-Gesellschaft* (Münster – München 1880ff)

Hn   = A. Hahn – G.L. Hahn, *Bibliothek der Symbole und Glaubensregeln der Alten Kirche* (Breslau 1897[3])

Irénikon   = *Irénikon* (Amay sur Meuse – Chevetogne 1926ff)

JR   = Ph. Jaffé, *Regesta Pontificum Romanorum*, hrsg. v. S. Löwenfeld – F. Kaltenbrunner – P. Ewald (Leipzig 1885–1888[2])

JThSt   = *The Journal of Theological Studies* (Oxford – London 1899ff)

Karmiris   = J.N. Karmiris, Τὰ δογματικὰ καὶ συμβολικὰ μνημεῖα τῆς Ὀρθοδόξου Καθολικῆς Ἐκκλησίας, Bd. 1 (Athen 1952)

Katholik   = *Der Katholik* (Straßburg – Mainz 1821–1918)

KlT   = *Kleine Texte für Vorlesungen und Übungen*, hrsg. v. H. Lietzmann (Bonn 1902ff)

KüA   = K. Künstle, *Antipriscilliana* (Freiburg 1905)

KüBS   = K. Künstle, *Eine Bibliothek der Symbole und theologischer Traktate zur Bekämpfung des Priscillianismus* (Mainz 1900)

LQF   = *Liturgiewissenschaftliche Quellen und Forschungen* (Münster 1957ff)

Ltzm   = *Symbole der Alten Kirche*, ausgewählt v. H. Lietzmann (KlT 17–18; Bonn 1914[2])

MaC   = *Sacrorum Conciliorum nova et amplissima collectio*, hrsg. v. J.D. Mansi (Florenz 1759–1827; Paris – Leipzig 1901–1927)

MGH   = *Monumenta Germaniae Historica* inde ab anno 500 usque ad annum 1500 (Hannover – Berlin 1826ff)

MigThC   = *Theologiae Cursus completus*, hrsg. v. J.-P. Migne (Paris 1838ff)

NArch   = *Neues Archiv der Gesellschaft für ältere deutsche Geschichtskunde* zur Beförderung einer Gesamtausgabe der Quellen deutscher Geschichte des Mittelalters (Hannover 1876–1936)

| | |
|---|---|
| NGWGött | = *Nachrichten der Gesellschaft der Wissenschaften in Göttingen* (Berlin 1884ff) |
| NKD | = *Nachkonziliare Dokumentation*, hrsg. vom Liturgischen Institut Trier (Trier 1967–1977) |
| NvRTh | = *Nouvelle Revue Théologique* (Louvain 1869–1940; 1945ff) |
| ÖstVJKTh | = *Österreichische Vierteljahrsschrift für Katholische Theologie* (Wien 1862–1874) |
| OrChrPer | = *Orientalia Christiana Periodica* (Rom 1935ff) |
| PerRMor | = *Periodica de Re Morali, Canonica, Liturgica* (Rom 1903ff) |
| PG | = *Patrologiae Cursus completus, Series Graeca*, hrsg. v. J.-P. Migne (Paris 1857ff) |
| PL | = *Patrologiae Cursus completus, Series Latina*, hrsg. v. J.-P. Migne (Paris 1844ff) |
| PoR | = A. Potthast, *Regesta Pontificum Romanorum* inde ab anno p. Christum 1198 ad annum 1304 (Berlin 1874ff) |
| PTS | = *Patristische Texte und Studien* (Berlin – New York 1964ff) |
| RBén | = *Revue Bénédictine* (Maredsous 1884ff) |
| RechScRel | = *Recherches de Science Religieuse* (Paris 1910–1940; 1946ff) |
| RechThAM | = *Recherches de Théologie Ancienne et Médiévale* (Louvain 1929–1940; 1946ff) |
| RHE | = *Revue d'Histoire Ecclésiastique* (Louvain 1900ff) |
| RHLRel | = *Revue d'Histoire et Littérature Religieuse* (Paris 1896–1907) |
| RHPhRel | = *Revue d'Histoire et Philosophie Religieuse* (Straßburg – Paris 1921ff) |
| RiTr | = *Canones et Decreta Concilii Tridentini* ex editione Romana a. MDCCCXXXIV repetiti, hrsg. v. E.L. Richter (Leipzig 1853) |
| RömQ | = *Römische Quartalschrift für christliche Altertumskunde und für Kirchengeschichte* (Rom – Freiburg 1887ff) |
| Routh | = M.J. Routh, *Reliquiae sacrae* sive auctorum fere iam perditorum 2$^i$ et 3$^i$ saeculi p. Christum natum quae supersunt (Oxford 1846ff) |
| SbBayAK | = *Sitzungsberichte der Bayerischen Akademie der Wissenschaften zu München*, philosophisch-historische Klasse (München 1860ff) |
| SbWienAK | = *Sitzungsberichte der Wiener Akademie der Wissenschaften*, philosophisch-historische Klasse (Wien 1848ff) |
| ScuolaCatt | = *La Scuola Cattolica* (Mailand 1873) |
| SGTr | = *Concilium Tridentinum*, Diariorum, Actorum, Epistularum, Tractatuum nova Collectio, hrsg. v. der Görres-Gesellschaft (Freiburg 1901ff) |
| SouChr | = *Sources Chrétiennes* (Paris 1941ff) |
| ST | = *Studi e Testi*. Biblioteca Apostolica Vaticana (Vatikanstadt 1900ff) |
| TD | = *Textus et Documenta*, Series theologica (Rom 1932ff) |
| TheiTr | = *Acta genuina Sacrosancti oecumenici Concilii Tridentini*, hrsg. v. A. Theiner (Zagreb – Leipzig 1874) |
| Thl | = A. Thiel, *Epistolae Romanorum Pontificum* ... A Sancto Hilario usque ad Pelagium II (unvollendet; Braunsberg 1868) |
| ThPrQ | = *Theologisch-Praktische Quartalschrift* (Linz 1848ff) |
| ThQ | = *Theologische Quartalschrift* (Tübingen 1819ff) |
| ThR | = *Theologische Revue* (Münster 1902ff) |
| TU | = *Texte und Untersuchungen zur Geschichte der altchristlichen Literatur* (Berlin – Leipzig 1882ff) |
| Turner | = *Ecclesiae Occidentalis Monumenta iuris antiquissima. Canonum et Conciliorum graecorum interpretationes latinae*, hrsg. v. C.H. Turner (Oxford 1899–1934) |
| VigChr | = *Vigiliae Christianae*. A Review of Early Christian Life and Language (Amsterdam 1947ff) |

Viva = D. Viva, *Damnatarum thesium theologica trutina*, Teile 1-3 in einem Band (Padua 1711[3])

ZKG = *Zeitschrift für Kirchengeschichte* (Gotha - Stuttgart 1876ff)

ZKTh = *Zeitschrift für Katholische Theologie* (Innsbruck 1877ff)

ZNTW = *Zeitschrift für die Neutestamentliche Wissenschaft und die Kunde der älteren Kirche* (Gießen 1900ff)

ZSavStKan = *Zeitschrift der Savigny-Stiftung für Rechtsgeschichte*, Kanonistische Abteilung (Weimar 1911-1944; 1947ff)

# Erster Teil

## GLAUBENSBEKENNTNISSE

Bei den Glaubensbekenntnissen, die dieses Handbuch aufführt, handelt es sich um feste wörtliche Formeln. Sie umfassen die wichtigsten Glaubenswahrheiten, wurden von der kirchlichen Autorität bestätigt und waren in der Regel zum öffentlichen Bekenntnis des Glaubens bestimmt.

Unberücksichtigt bleiben in dieser Sammlung Formeln, die von Kirchenschriftstellern nur vage angeführt werden oder noch keine feste Form aufweisen, sowie rein hypothetische oder unsichere Rekonstruktionen. Ebensowenig werden rein private Glaubensformeln aufgenommen.

Bekenntnisse, die auf einen feierlichen Akt des kirchlichen Lehramts zurückgehen und von solchem Lehrgehalt sind, daß man ihnen die gleiche Bedeutung wie den anderen Dokumenten dieses Lehramts beimessen kann, sind unter die "Dokumente des kirchlichen Lehramts", die den zweiten Teil dieses Handbuchs bilden, eingereiht. Außerdem ist ihre Entstehungszeit meist hinlänglich bekannt: Es handelt sich um die Synodalbekenntnisse und solche Glaubensbekenntnisse, die von den Päpsten vorgelegt oder angenommen wurden.

Diejenigen Bekenntnisse, deren Ursprung im Dunkeln liegt, da sie sich erst allmählich im kirchlichen Leben herausbildeten und in der Liturgie verwendet wurden, können nur schwer in die nach zeitlichen Gesichtspunkten gegliederte Sammlung der Dokumente aufgenommen werden; es ist deshalb sinnvoll, sie für sich zusammenzustellen. Dies hat den Vorteil, daß man die Bekenntnisse, die denselben Ursprung haben oder miteinander verwandt sind, leichter vergleichen kann.

## EINFACHE BEKENNTNISSE

*Die folgenden Bekenntnisse bestehen aus einer Reihe von Artikeln, die gleichgeordnet sind*

### 1: Brief der Apostel (äthiopische Fassung)

Es handelt sich um ein apokryphes Werk, das um 160–170 in Kleinasien geschrieben wurde. Es ist nur noch eine äthiopische Fassung erhalten. Der im Text versteckte Titel wurde von C. Schmidt entdeckt; zuvor wurde es fälschlicherweise für einen Teil des *Testamentum in Galilaea Domini Nostri Iesu Christi*, eines anderen apokryphen Werkes, gehalten.

*Ausg.:* C. Schmidt – I. Wajnberg, *Gespräche Jesu mit seinen Jüngern nach der Auferstehung. Ein katholisch-apostolisches Sendschreiben des 2. Jahrhunderts*, Kap. 5 (TU 43/III; Leipzig 1919) 32 / L. Guerrier, *Le Testament en Galilée de Notre Seigneur Jésus-Christ*, Kap. 16 (Patrologia Orientalis 9; Paris 1913) 192. – [In eckigen Klammern: spätere Hinzufügungen.]

[*Die fünf Brote des Mk 6,39 erzählten Wunders werden allegorisch gedeutet als ein Glaubensbekenntnis aus fünf Artikeln:*]    1

| | |
|---|---|
| in Patrem dominatorem universi, | An den Vater, den Herrscher über das All, |
| et in Iesum Christum [salvatorem nostrum], | und an Jesus Christus, [unseren Erlöser,] |
| et in Sanctum Spiritum [Paraclitum], | und an den Heiligen Geist, [den Beistand,] |
| et in sanctam Ecclesiam, | und an die heilige Kirche, |
| et in remissionem peccatorum. | und an die Vergebung der Sünden. |

### 2: Liturgischer Papyrus Dêr Balyzeh

Es handelt sich um ein in Oberägypten aufgefundenes Fragment des 6. Jahrhunderts, das die Liturgie des mittleren 4. Jahrhunderts enthält; das darin enthaltene Bekenntnis scheint aber viel älter zu sein. Der lückenhafte Text zwischen ΑΝΑΣΤΑΣΙ [...] ΑΓΙΑ wird von manchen so ergänzt: ἀνάστασι[ν, καὶ] ἁγία καθολικὴ ἐκκλησία. Anstelle dieser schwierigen Lesart ist wohl die von J.A. Jungmann (ZKTh 48 [1924] 465–471) vorgeschlagene und von C.H. Roberts übernommene Rekonstruktion vorzuziehen: ἀνάστασι[ν ἐν τῇ] ... . Vgl. die ähnlichen Konstruktionen *3f 60 62.

*Ausg.:* C.H. Roberts – B. Capelle, *An early euchologion: The Dêr-Balizeh Papyrus enlarged and re-edited* (Bibliothèque du Muséon 23; Löwen 1949) 32; photographische Reproduktionen, Taf. 6 / P. de Puniet, in: RBén 26 (1909) 42 / DALtg 2/II (1925) 1884 / Kelly 92 / Ltzm 26.

| | |
|---|---|
| Πιστεύω εἰς Θεὸν πατέρα παντοκράτορα | Ich glaube an Gott, den Vater, den Allmäch-   2 <br> tigen, |

καὶ εἰς τὸν μονογενῆ αὐτοῦ υἱὸν τὸν κύριον
ἡμῶν Ἰησοῦν Χριστόν
καὶ εἰς τὸ πνεῦμα τὸ ἅγιον
καὶ εἰς σαρκὸς ἀνάστασι[ν
ἐν τῇ] ἁγίᾳ καθολικῇ ἐκκλησίᾳ.

und an seinen einziggeborenen Sohn, unseren Herrn Jesus Christus,
und an den Heiligen Geist,
und an die Auferstehung des Fleisches,
in der heiligen katholischen Kirche.

### 3–5: Konstitutionen der ägyptischen Kirche, um 500

Sie gehen zurück auf die *Traditio apostolica* Hippolyts von Rom (vgl. *10) und liegen in koptischer (sahi-disch und bohairisch), äthiopischer und arabischer Fassung vor. Von diesen Versionen kommt die sahidische dem griechischen Originaltext Hippolyts am nächsten. Unter den Rezensionen befinden sich mehrere Be-kenntnisse sowohl der einfachen (*3–5) als auch der weiter entwickelten (*62f) Form.

*Ausg.:* W. Till – J. Leipoldt, *Der koptische Text der Kirchenordnung Hippolyts*, Kap. 46,11 (TU 58; Berlin 1954) 21; H. Duensing, *Der äthiopische Text der Kirchenordnung Hippolyts*, Kap. 34 39 (Abhandlungen der Akademie der Wissenschaften in Göttingen, Philologisch-historische Klasse, 3. Folge, Nr. 32; Göttingen 1946) 75 111; F. X. Funk, *Didascalia et Constitutiones Apostolorum* 2: *Testimonia et Scripturae propinquae: Constitutiones Ecclesiae Aegyptiacae*, c. 16,14 (Paderborn 1906) 110. Der lateinische Text *3–5 ist eine Übersetzung der deutschen Ausgaben von Till und Duensing; die im koptischen Text erhaltenen griechi-schen Ausdrücke sind in Klammern angeführt.

#### a) Koptische Fassung: Taufbekenntnis

3 Credo (πιστεύειν) in Deum unum verum, Patrem omnipotentem (παντοκράτωρ), et in Filium eius unigenitum (μονογενής) Iesum Christum (Χριστός) Dominum et sal-vatorem (σωτήρ) nostrum, et in Sanctum eius Spiritum (πνεῦμα) [omnia] vivificantem, trinitatem (τριάς) consubstantialem (ὁμο-ούσιος), deitatem unam, potestatem unam, regnum unum, fidem (πίστις) unam, baptismum (βάπτισμα) unum [*cf. Eph 4,5*] in sancta Ecclesia (ἐκκλησία) catholica (καθολική) apostolica (ἀποστολική), in vitam aeternam. Amen.

Ich glaube an den einen wahren Gott, den Vater, den Allmächtigen,
und an seinen einziggeborenen Sohn Jesus Christus, unseren Herrn und Erlöser,
und an seinen Heiligen Geist, der alles leben-dig macht,
die wesensgleiche Dreifaltigkeit,
eine Gottheit, eine Macht, eine Herr-schaft, einen Glauben, eine Taufe [*vgl. Eph 4,5*] in der heiligen katholischen und apostolischen Kirche;
an ein ewiges Leben. Amen.

#### b) Äthiopische Fassung in Frageform

4 Credis in unum Deum, Patrem omnipoten-tem, et in Filium eius unicum Iesum Christum, Dominum et salvatorem nostrum, et in Spiritum Sanctum vivificantem univer-sam creaturam, Trinitatem deitate aequalem, et unum Dominum, unum regnum, unam fi-dem, unum baptisma [*cf. Eph 4,5*] in sanc-ta catholica Ecclesia, et vitam aeternam?

Glaubst Du an den einen Gott, den Vater, den Allmächtigen,
und an seinen einzigen Sohn Jesus Christus, unseren Herrn und Erlöser,
und an den Heiligen Geist, der die gesamte Schöpfung lebendig macht,
die in ihrer Gottheit gleiche Dreifaltigkeit,
und ⟨an⟩ einen Herrn, eine Herrschaft, einen Glauben, eine Taufe [*vgl. Eph 4,5*] in der heiligen katholischen Kirche,
und an ein ewiges Leben?

#### c) Äthiopische Fassung in Aussageform

5 Credo in unum Deum Patrem, omnium do-minatorem,

Ich glaube an den einen Gott, den Vater, den Allmächtigen,

| | |
|---|---|
| et in unum Filium, Dominum Iesum Christum, | und an den einen Sohn, den Herrn Jesus Christus, |
| et in Sanctum Spiritum, | und an den Heiligen Geist, |
| et in resurrectionem carnis, | und an die Auferstehung des Fleisches, |
| et in sanctam unam catholicam Ecclesiam. | und an die heilige eine katholische Kirche. |

### 6: Taufbekenntnis der armenischen Kirche (Kleines Glaubensbekenntnis)

*Ausg.:* A. Ter-Mikelian, *Die armenische Kirche in ihren Beziehungen zur byzantinischen vom 4. bis zum 13. Jahrhundert* (Leipzig 1892) 27 (deutsche Übersetzung; sie liegt dem im folgenden angeführten lateinischen Text zugrunde). Einen [in eckigen Klammern zum Vergleich angeführten] bisweilen abweichenden (lateinischen) Text bietet I.A. Assemani, *Codex liturgicus Ecclesiae universae* (Rom 1749; wieder herausgegeben Paris-Leipzig 1902) 2,203f / Hn § 136. – Großes Glaubensbekenntnis der armenischen Kirche s. *48f.

Credimus in sanctissimam Trinitatem, in Patrem et Filium et Spiritum Sanctum,

in annuntiationem Gabrielis, [in conceptionem Mariae,] in nativitatem Christi, in baptismum, [in festivitatem (?),] in passionem [voluntariam], in crucifixionem, triduanam sepulturam, [beatam] resurrectionem, in deiformam ascensionem, in sessionem ad dexteram Patris, in terribilem [et gloriosum] adventum –
[1]*confitemur* et [2]*credimus* [2-1].

Wir glauben an die heiligste Dreifaltigkeit, an 6 den Vater und den Sohn und den Heiligen Geist,

an die Verkündigung Gabriels, [an die Empfängnis Mariens,] an die Geburt Christi, an die Taufe, [an das Fest (?),] an das [freiwillige] Leiden, an die Kreuzigung, das dreitägige Begrabensein, die [selige] Auferstehung, an den göttlichen Aufstieg, an das Sitzen zur Rechten des Vaters, an das furchtbare [und herrliche] Kommen –
*wir bekennen und glauben* [wir glauben und bekennen].

## GEGLIEDERTE BEKENNTNISSE

### I. Dreiteiliges trinitarisches Schema

Die grammatikalische Struktur der Bekenntnisse dieses Schemas entspricht der dreifachen Tauffrage nach dem Glauben an die göttliche Dreifaltigkeit. Sie bestehen aus drei Hauptteilen, bezogen auf die einzelnen göttlichen Personen. Schwierig ist die Zuordnung der Artikel, die den Glauben an die Kirche, an die Vergebung der Sünden, an die Auferstehung usw. ausdrücken. Sie schließen sich meist so an den Artikel über den Heiligen Geist an, daß die darin ausgesagten Wahrheiten als dem Heiligen Geist zugeeignet erscheinen könnten; eine solche Erklärung aber berücksichtigt nicht die geschichtliche Entwicklung. Wie aus den einfachen Bekenntnissen hinreichend deutlich wird, hatten diese Artikel zuvor einen eigenen Platz inne, der den Artikeln über die drei göttlichen Personen beigeordnet war. Nachdem die trinitarischen Abschnitte entwickelt und erweitert waren, wurde jene ursprüngliche Beiordnung entweder verwischt oder unterdrückt. Historisch betrachtet faßt man diese Abschnitte also besser als "Anhang" oder "Abschluß" eines dreiteiligen Bekenntnisses auf; dennoch wird der Text der Bekenntnisse im folgenden so dargeboten, wie es von der grammatikalischen Struktur erfordert wird.

### A. WESTLICHE FORMELN

#### *APOSTOLISCHES GLAUBENSBEKENNTNIS*

Mit diesem Namen wird eine bestimmte Glaubensformel bezeichnet, von der man viele Jahrhunderte lang annahm, sie sei von den Aposteln selbst verfaßt worden, und die deshalb höchstes Ansehen genoß. Die ältesten Spuren dieser Meinung findet man im ausgehenden 4. Jahrhundert: Vgl. den 390 an Papst Siricius geschickten Brief der Synode zu Mailand (deren Vorsitz der hl. Ambrosius innehatte), in dem zuerst der Name "Glaubensbekenntnis der Apostel" erwähnt wird (PL 16,1174); *Explanatio symboli* des hl. Ambrosius

(hrsg. von O. Faller: CSEL 73,10f / B. Botte: SouChr 25bis [Paris 1961²] 46–48 54 / PL 17,1093 1096); Rufinus von Aquileja, *Expositio in Symbolum* 2 (hrsg. von M. Simonetti: CpChL 20 [1961] 134 / PL 21,337), geschrieben um 404. Nach der Legende steuerte jeder der Apostel einen Artikel bei; vgl. z. B. die Texte PL 39,2189 ( = Pseudo-Augustinus, *Sermo* 240 [De symbolo]); 89,1034CD; Hn § 42f 66, (III) 92 99; Hn Anm. 87 zu § 42; C. F. Bühler: Speculum 28 (Cambridge/Massachusetts 1953) 335–339. Diese Auffassung begann im 15. Jahrhundert kritischen Argumenten zu weichen. Die älteste uns bekannte Fassung des apostolischen Glaubensbekenntnisses kann nicht früher als auf die letzten Jahrzehnte des 2. Jahrhunderts datiert werden.

Das Bekenntnis entwickelte sich in z w e i  F o r m e n : Die ältere römische Form – mit "R" bezeichnet –, wurde in Rom eingeführt und ist sowohl griechisch als auch lateinisch überliefert. Die jüngere Form ist der allgemein angenommene Text ("T"), der ungefähr im 7. Jahrhundert wahrscheinlich in Südgallien entstand und später auch in Rom eingeführt wurde. In der Folge übernahm auch die übrige lateinische Kirche die Form "T". Durch die Herausgabe des Römischen Katechismus (veröffentlicht 1566) und des Römischen Breviers (1568) wurde der Entwicklung ein Ende gesetzt.

*R o m , Anfang 3. Jahrhundert (Parallele oder verwandte Form von "R")*

### 10: Hippolyt von Rom: Traditio apostolica (lateinische Fassung)

Hippolyt von Rom (Presbyter, 217–235 Gegenbischof) schrieb um 215 oder 217 das Werk Ἀποστολικὴ παράδοσις (*Traditio apostolica*). Der griechische Originaltext ist verlorengegangen. Es gibt aber orientalische Zusammenstellungen von Kanones, in denen das Werk teilweise enthalten ist, wenn auch mehr oder weniger erweitert oder verstümmelt: die *Konstitutionen der ägyptischen Kirche*, die *Canones Hippolyti*, die *Constitutiones Apostolorum* VIII, und das *Testamentum Domini Nostri Iesu Christi* (vgl. *3–5 62–64 60f). Im Westen ist davon lediglich eine einzige lateinische Fassung erhalten, zwar fragmentarisch, aber glaubwürdig, nämlich im Veronenser Palimpsest LV 53 (um 400). Das darin enthaltene Glaubensbekenntnis bietet die Frageform, die älter ist als die Aussageformen. Der erste Teil des lückenhaften Bekenntnisses kann aus den *Canones Hippolyti* (*64) wiederhergestellt werden. Diese Fassung kann nicht von der älteren römischen Form, soweit sie uns bekannt ist (*11f), abgeleitet werden, sondern vielleicht aus einer vorhergehenden gemeinsamen Wurzel.

*Ausg.:* E. Hauler, *Didascaliae Apostolorum fragmenta Veronensia latina* (Leipzig 1900) 110f (Fragment LXXIII) / B. Botte, *La Tradition Apostolique de saint Hippolyte. Essai de reconstruction* (Münster 1963) 48 50 / SouChr 11bis (Paris 1984²) 84–86 / Kelly 95 / Ltzm 10f.

10 [Credis in Deum Patrem omnipotentem?]

Credis in Christum Iesum, Filium Dei,

qui natus est de Spiritu Sancto ex Maria virgine,
et crucifixus sub Pontio Pilato et mortuus est et sepultus, et resurrexit die tertia vivus a mortuis, et ascendit in caelis et sedit ad dexteram Patris, venturus iudicare vivos et mortuos?

Credis in Spiritu Sancto, et sanctam Ecclesiam et carnis resurrectionem?

[Glaubst Du an Gott, den allmächtigen Vater?]

Glaubst Du an Christus Jesus, den Sohn Gottes,

der geboren wurde vom Heiligen Geist aus Maria, der Jungfrau,
und der gekreuzigt wurde unter Pontius Pilatus und gestorben und begraben wurde, und auferstanden ist am dritten Tag lebend von den Toten, und hinaufgestiegen ist in die Himmel und zur Rechten des Vaters sitzt, der kommen wird, Lebende und Tode zu richten?

Glaubst Du an den Heiligen Geist und die heilige Kirche und die Auferstehung des Fleisches?

*R o m , 3. Jahrhundert ("ältere römische Form" = "R")*

### 11: Psalter des Königs Aethelstan

Es handelt sich um ein monastisches liturgisches Buch des beginnenden 9. Jahrhunderts, das nach dem eigentlichen Psalter ein in angelsächsischen Buchstaben transkribiertes griechisches Bekenntnis bietet. Das Bekenntnis gehört zu den ältesten Formen des Typus "R".

*Ausg.:* Hn § 18 / Ltzm 10 / CaUQ 3,5.

Vergleichstext [Abweichungen in eckigen Klammern]:

**Marcellus**, Bischof **von Ancyra** (Galatien/Kleinasien), appellierte, um sich gegen den Vorwurf der Häresie zu verteidigen, um 340 an den Papst. Seinem Brief an Julius I. fügte er das Taufbekenntnis des Papstes ein.

*Ausg.:* Bei Epiphanius von Salamis, *Contra haereses panaria*, haer. 72,3,1: hrsg. von K. Holl (GChSch) 3,258 / F. Oehler 2/I (Berlin 1861) 52 / PG 42,385D / E. Klostermann, *Die Fragmente Marcells* (GChSch: *Eusebius* 4 [Leipzig 1906], Anhang) 215$_{19-24}$ (Fragment 129) / Kelly 106 / Hn § 17. – Das Wort "πατέρα" ("Vater") scheint aus Unachtsamkeit ausgelassen und das Satzglied "ζωὴν αἰώνιον" ("ewiges Leben") durch Kontamination mit der orientalischen Fassung (vgl. *40-55) hinzugefügt worden zu sein.

Πιστεύω εἰς Θεὸν *πατέρα* [-!] παντοκράτορα·
καὶ εἰς Χριστὸν Ἰησοῦν, τὸν υἱὸν αὐτοῦ τὸν μονογενῆ, τὸν κύριον ἡμῶν,
τὸν γεννηθέντα ἐκ πνεύματος ἁγίου καὶ Μαρίας τῆς παρθένου,
τὸν ἐπὶ Ποντίου Πιλάτου σταυρωθέντα καὶ ταφέντα, καὶ τῇ τρίτῃ ἡμέρᾳ ἀναστάντα ἐκ τῶν νεκρῶν, ἀναβάντα εἰς τοὺς οὐρανούς, καὶ καθήμενον ἐν δεξιᾷ τοῦ πατρός, ὅθεν ἔρχεται *κρῖναι* [κρίνειν] ζῶντας καὶ νεκρούς·
καὶ εἰς *πνεῦμα ἅγιον* [τὸ ἅγιον πνεῦμα], ἁγίαν ἐκκλησίαν, ἄφεσιν ἁμαρτιῶν, σαρκὸς ἀνάστασιν [, ζωὴν αἰώνιον].

Ich glaube an Gott, *den Vater*, [-!] den All- 11
mächtigen,
und an Christus Jesus, seinen einziggeborenen Sohn, unseren Herrn,
der geboren wurde aus heiligem Geist und Maria, der Jungfrau,
der unter Pontius Pilatus gekreuzigt wurde und am dritten Tag auferstanden ist von den Toten, hinaufgestiegen ist in die Himmel und zur Rechten des Vaters sitzt, von wo er kommt, Lebende und Tote zu richten;
und an [den] heiligen Geist, die heilige Kirche, die Vergebung der Sünden, die Auferstehung des Fleisches [, das ewige Leben].

## 12: Codex Laudianus

Der Codex Laudianus graecus 35 (6./7. Jahrhundert), bekannt als Codex "E" der Apostelgeschichte, enthält am Ende (Blatt 226v) ein lateinisches Bekenntnis der Form "R".
*Ausg.:* Hn § 20 / CaUQ 3,5 / Kelly 105 / vgl. Ltzm 10.
Vergleichstext:
**Codex Swainson** (8. Jahrhundert) enthält ein nur wenig jüngeres lateinisches Bekenntnis [s. Text in eckigen Klammern].
*Ausg.:* C. Swainson, *The Nicene and Apostles' Creed* (London 1875) 161 /Hn § 23.
**Tyrannius Rufus** verweist in seinem *Commentarius in Symbolum Apostolorum* (geschrieben um 404) auf einige Unterschiede zwischen der römischen Fassung und der von Aquileja: M. Simonetti: CpChL 20 (1961) 140 152 177 / PL 21,344AB 356A 381A. Die genaue Fassung des römischen Bekenntnisses läßt sich daraus jedoch nicht ersehen.

Credo in Deum Patrem omnipotentem,
et in *Christo Iesu* [Iesum Christum], Filium eius unicum, Dominum nostrum,
qui natus est de Spiritu Sancto et Maria virgine,
qui sub Pontio Pilato crucifixus est et sepultus, tertia die resurrexit a mortuis, ascendit in *caelis* [caelos], *sedet* [sedit] ad dextera[m] Patris, *unde* [inde] venturus est iudicare vivos *et* [ac] mortuos;

et in *Spiritu Sancto* [Sp'um S'um], sancta[m] Ecclesia[m catholicam], remissione[m] peccatorum, carnis *resurrectionis* [resurrectionem].

Ich glaube an Gott, den allmächtigen Vater, 12
und an *Christus Jesus* [Jesus Christus], seinen einzigen Sohn, unseren Herrn,
der geboren wurde vom Heiligen Geist und Maria, der Jungfrau,
der unter Pontius Pilatus gekreuzigt und begraben wurde, am dritten Tag auferstanden ist von den Toten, hinaufgestiegen ist in die Himmel, zur Rechten des Vaters sitzt, von wo er kommen wird, Lebende und Tote zu richten;
und an den Heiligen Geist, die heilige [katholische] Kirche, die Vergebung der Sünden, die Auferstehung des Fleisches.

*Mailand, Ende 4. Jahrhundert (abgewandelte Form "R")*

### 13: Ambrosius, Bischof von Mailand: Explanatio Symboli

Diese *Explanatio* wurde wohl von einem Schreiber nach den Worten des hl. Ambrosius († 397) niedergeschrieben. Die Erklärung des Verfassers, er führe das römische Bekenntnis an (c. 7: Ausg. Faller 10), darf nicht zu eng gefaßt werden. Er beabsichtigt nur eine inhaltliche Wiedergabe des Bekenntnisses.

*Ausg.:* O. Faller: CSEL 73 (1955) 19\*: dort die Wiederherstellung des über die ganze Abhandlung verstreuten Bekenntnisses / B. Botte: SouChr 25bis (1980³) 46–58 / PL 17,1193–1196 / Kelly 171f / CaUQ 2,50–58 / CaANQ 201f 213–222.

| | |
|---|---|
| **13** Credo in Deum Patrem omnipotentem, | Ich glaube an Gott, den allmächtigen Vater, |
| et in Iesum Christum, Filium eius unicum, Dominum nostrum, | und an Jesus Christus, seinen einzigen Sohn, unseren Herrn, |
| qui natus de Spiritu Sancto ex Maria virgine, | der geboren wurde vom Heiligen Geist aus Maria, der Jungfrau, |
| sub Pontio Pilato passus, mortuus et sepultus, tertia die resurrexit a mortuis, ascendit ad caelos, sedet ad dexteram Patris, unde venturus est iudicare vivos et mortuos; | unter Pontius Pilatus gelitten hat, gestorben ist und begraben wurde, am dritten Tag auferstanden ist von den Toten, hinaufgestiegen ist zu den Himmeln, zur Rechten des Vaters sitzt, von wo er kommen wird, Lebende und Tote zu richten; |
| et in Spiritum Sanctum, sanctam Ecclesiam, remissionem peccatorum, carnis resurrectionem. | und an den Heiligen Geist, die heilige Kirche, die Vergebung der Sünden, die Auferstehung des Fleisches. |

### 14: Augustinus: Predigt 213 ( = Sermo Guelferbytanus 1) bei der Übergabe des Bekenntnisses

Der hl. Aurelius Augustinus, Bischof von Hippo (396–430), führt Bekenntnisse verschiedener Form an. Die Predigten 212–214 bieten, obwohl sie in Hippo gehalten wurden, die Mailänder Form, die Predigt 215 (*21) die Form von Hippo. Die Predigt 214 vom Jahr 391 oder 392 ist die älteste. Im *Liber de Fide et Symbolo* (CSEL 41,3–32 / PL 40 [1887] 181–196) bietet Augustinus nicht die genaue Form, wie er selbst angibt: *Retractationes* I 16 (and.17), n. 1 (A. Mutzenbecher: CpChL 57 [1984] 52₆₋₈ / CSEL 36,84₇₋₉ / PL 32,612). Die Predigt 213, die nach der ältesten Handschrift auch *Sermo Guelferbytanus* genannt wird, ist im folgenden als Haupttext angeführt, wobei die Unterschiede der Predigten 212 und 214 [in eckigen Klammern] angemerkt sind.

*Ausg.:* [Predigt 213]: G. Morin, in: Miscellanea Agostiniana 1 (Rom 1930) 441–450 / CaANQ 223–249. – [Predigten 212–214]: PL 38,1058–1072 / Kelly 171f / Hn § 33 / Ltzm 11.

| | |
|---|---|
| **14** Credo in Deum Patrem omnipotentem, | Ich glaube an Gott, den allmächtigen Vater, |
| et in Iesum Christum, Filium eius unicum, Dominum nostrum, | und an Jesus Christus, seinen einzigen Sohn, unseren Herrn, |
| qui natus est de Spiritu Sancto et ¹*virgine* ²*Maria* [212 214: ²⁻¹], | der geboren wurde vom Heiligen Geist und der *Jungfrau Maria* [212 214: Maria, der Jungfrau,] |
| [212 214: passus est] sub Pontio Pilato [,] crucifixus [212: est] et sepultus, *tertia die* [212: die tertio; 214: tertio die] resurrexit a mortuis, ascendit in caelum, sedet ad dexteram Patris, inde venturus [212 214: est] *iudicaturus* [212 214: iudicare] vivos et mortuos; | unter Pontius Pilatus [212 214: gelitten hat,] gekreuzigt und begraben wurde, am dritten Tag auferstanden ist von den Toten, hinaufgestiegen ist in den Himmel, zur Rechten des Vaters sitzt; von dort wird er kommen, Lebende und Tote zu richten; |
| et in Spiritum Sanctum, *in* [212 214: –!] sanctam Ecclesiam, remissionem peccatorum, carnis resurrectionem. | und an den Heiligen Geist, *an* [212 214: –!] die heilige Kirche, die Vergebung der Sünden, die Auferstehung des Fleisches. |

*Ravenna, 5. Jahrhundert (abgewandelte Form "R")*

## 15: Petrus Chrysologus: Predigten 57-62

In den Predigten 57-62 des Petrus Chrysologus, Bischof von Ravenna (433-458), wird das ganze Bekenntnis überliefert. Allerdings kommen geringfügige Abweichungen vor.

*Ausg.:* A. Olivar: CpChL 24 (1975) 314-355 312 / PL 52,357-375 / Kelly 172f / Hn § 35 / Ltzm 12.

Credo in Deum Patrem omnipotentem,
et in Christum Iesum, Filium eius unicum,
    Dominum nostrum,
      qui natus est de Spiritu Sancto ex Maria
        virgine,
      qui sub Pontio Pilato crucifixus est et se-
        pultus, tertia die resurrexit *a mortuis*
        [58 60 61: -!], ascendit in *caelos* [62: cae-
        lis], sedet ad dexteram Patris, inde
        venturus est iudicare vivos et mortuos.

*Credo* [60: Credimus] in Spiritum Sanctum,
    sanctam Ecclesiam [62: catholicam], re-
    missionem peccatorum, carnis resurrec-
    tionem, *vitam aeternam* [61: -!].

Ich glaube an Gott, den allmächtigen Vater, **15**
und an Christus Jesus, seinen einzigen Sohn,
    unseren Herrn,
      der geboren wurde vom Heiligen Geist
        aus Maria, der Jungfrau,
      der unter Pontius Pilatus gekreuzigt und
        begraben wurde, am dritten Tag aufer-
        standen ist *von den Toten* [58 60 61: -!],
        hinaufgestiegen ist in die Himmel, zur
        Rechten des Vaters sitzt; von dort wird
        er kommen, Lebende und Tote zu rich-
        ten.

*Ich glaube* [60: Wir glauben] an den Heiligen
    Geist, die heilige katholische Kirche,
    die Vergebung der Sünden, die Aufer-
    stehung des Fleisches, *das ewige Leben*
    [61: -!].

*Aquileja, Ende 4. Jahrhundert (abgewandelte Form "R")*

## 16: Tyrannius Rufinus: Expositio (bzw. Commentarius) in symbolum

Der Verfasser schreibt um 404. Bei der Auslegung seines heimatlichen Bekenntnisses von Aquileja legt er zugleich Rechenschaft über die wenigen Stellen ab, in denen es vom römischen abweicht. Die Formel vom Abstieg in die Unterwelt, zuvor nur bei Semiarianern verbreitet, kommt hier zum erstenmal in einem nicht-arianischen Bekenntnis vor.

*Ausg.:* M. Simonetti: CpChL 20 (1961) 133-182 / PL 21,335-381 / Kelly 172f / Hn § 36 / Ltzm 12.

Credo in Deo Patre omnipotente invisibili et
    impassibili,
et in Christo Iesu, unico Filio eius, Domino
    nostro,
      qui natus est de Spiritu Sancto ex Maria
        virgine,
      crucifixus sub Pontio Pilato et sepultus,
        descendit ad inferna, tertia die resurre-
        xit a mortuis, ascendit ad caelos, sedet
        ad dexteram Patris, inde venturus est
        iudicare vivos et mortuos;

et in Spiritu Sancto, sanctam Ecclesiam, re-
    missionem peccatorum, huius carnis re-
    surrectionem.

Ich glaube an Gott, den allmächtigen, un- **16**
    sichtbaren und leidensunfähigen Vater,
und an Christus Jesus, seinen einzigen Sohn,
    unseren Herrn,
      der geboren wurde vom Heiligen Geist
        aus Maria, der Jungfrau,
      unter Pontius Pilatus gekreuzigt und be-
        graben wurde, hinabgestiegen ist zur
        Unterwelt, am dritten Tag auferstanden
        ist von den Toten, hinaufgestiegen ist
        zu den Himmeln, zur Rechten des Va-
        ters sitzt; von dort wird er kommen,
        Lebende und Tote zu richten;

und an den Heiligen Geist, die heilige Kir-
    che, die Vergebung der Sünden, die
    Auferstehung des Fleisches.

27

*Florenz, 7. Jahrhundert (abgewandelte Form "R")*

## 17: Florentinisches Meßbuch und Sakramentar

Das Buch stammt aus dem 7. Jahrhundert und enthält eine Abhandlung über das Glaubensbekenntnis.
*Ausg.:* CaANQ 295–304 / Hn § 39. – *Reg.:* ClPL 1751.

17  Credo in Deum Patrem omnipotentem,
et in Iesum Christum, Filium eius unicum,
Dominum nostrum,
  natum de Spiritu Sancto et Maria virgine,

  sub Pontio Pilato crucifixus est et sepultus,
  tertia die resurrexit a mortuis, ascendit
  in caelum, sedet ad dexteram Patris,
  inde venturus est iudicare vivos et mortuos;

et in Spiritu Sancto, in sanctam Ecclesiam, in
  remissionem peccatorum, carnis resurrectionem.

Ich glaube an Gott, den allmächtigen Vater,
und an Jesus Christus, seinen einzigen Sohn,
unseren Herrn,
  geboren vom Heiligen Geist und Maria,
  der Jungfrau;

  unter Pontius Pilatus wurde er gekreuzigt
  und begraben, am dritten Tag ist er auferstanden von den Toten; er ist hinaufgestiegen in den Himmel und sitzt zur
  Rechten des Vaters; von dort wird er
  kommen, Lebende und Tote zu richten;

und an den Heiligen Geist, an die heilige Kirche, an die Vergebung der Sünden, die
  Auferstehung des Fleisches.

*Mösien bzw. Dakien, 4. Jahrhundert (erweiterte Form "R")*

## 19: Nicetas, Bischof von Remesiana: Auslegung des Bekenntnisses

Diese Auslegung findet sich im 5. Buch des fragmentarischen Werkes *Competentibus ad baptismum in-*
*structionis libelli VI*, das früher Nicetas, dem Bischof von Aquileja, zugeschrieben wurde, heute Nicetas,
dem Bischof von Remesiana (bzw. Romatiana/Obermösien, † nach 414).
  *Ausg.:* A. E. Burn, *Niceta of Remesiana. His Life and Works* (Cambridge 1905) 39–49 / CaKA 341–360 /
PL 52,865–874 / Kelly 174 / Hn § 40.

19  Credo in Deum Patrem omnipotentem [, caeli et terrae creatorem],

et in Filium eius Iesum Christum [Dominum
  nostrum (?)],
  natum ex Spiritu Sancto et ex virgine Maria,
  passum sub Pontio Pilato, crucifixum,
  mortuum, tertia die resurrexit vivus a
  mortuis, ascendit in caelos, sedet ad
  dexteram Patris, inde venturus iudicare
  vivos et mortuos,

et in Spiritum Sanctum, sanctam Ecclesiam
  catholicam, communionem sanctorum,
  remissionem peccatorum, carnis resurrectionem et vitam aeternam.

Ich glaube an Gott, den allmächtigen Vater,
  [den Schöpfer des Himmels und der Erde,]

und an seinen Sohn Jesus Christus, [unseren
  Herrn (?),]
  geboren aus dem Heiligen Geist und aus
  der Jungfrau Maria,
  gelitten unter Pontius Pilatus, gekreuzigt,
  gestorben; am dritten Tag ist er auferstanden lebend von den Toten; er ist
  hinaufgestiegen in die Himmel und
  sitzt zur Rechten des Vaters; von dort
  wird er kommen, Lebende und Tote zu
  richten;

und an den Heiligen Geist, die heilige katholische Kirche, die Gemeinschaft der
  Heiligen, die Vergebung der Sünden,
  die Auferstehung des Fleisches und das
  ewige Leben.

*Afrika, 5./6. Jahrhundert (abgewandelte Form "R")*

## 21: Augustinus: Predigt 215 bei der Ablegung des Bekenntnisses

Diese Fassung war höchstwahrscheinlich in Hippo Regius, dem Bischofssitz des hl. Augustinus, in Gebrauch (vgl. *14).
*Ausg.:* PL 38,1072–1076 / Kelly 175 / Hn § 47 / Ltzm 13.

| | |
|---|---|
| Credimus in Deum Patrem omnipotentem, universorum creatorem, regem saeculorum, immortalem et invisibilem. | Wir glauben an Gott, den allmächtigen Vater, 21 den Schöpfer von allem, den König der Zeiten, den Unsterblichen und Unsichtbaren. |
| Credimus et in Filium eius Dominum nostrum Iesum Christum | Wir glauben auch an seinen Sohn, unseren Herrn Jesus Christus, |
| natum de Spiritu Sancto ex virgine Maria, | geboren vom Heiligen Geist aus der Jungfrau Maria; |
| crucifixus sub Pontio Pilato, mortuus et sepultus est, tertia die resurrexit a mortuis, adscendit ad caelos, sedet ad dexteram Dei Patris, inde venturus est iudicare vivos et mortuos. | er ist unter Pontius Pilatus gekreuzigt worden, gestorben und begraben worden; am dritten Tag ist er auferstanden von den Toten; er sitzt zur Rechten Gottes, des Vaters; von dort wird er kommen, Lebende und Tote zu richten. |
| Credimus et in Spiritum Sanctum, remissionem peccatorum, resurrectionem carnis, vitam aeternam per sanctam Ecclesiam catholicam. | Wir glauben an den Heiligen Geist, die Vergebung der Sünden, das ewige Leben durch die heilige katholische Kirche. |

## 22: Pseudo-Augustinus [Quodvultdeus von Karthago]: Predigten über das Bekenntnis

Die afrikanische Fassung stellte G. Morin, a. unten a.O., aus vier pseudo-augustinischen Predigten (PL 40,637–652 651–660 659–668; 42,1117–1130; vgl. R. Braun: CpChL 60 [1976] 305–363) wieder her, die er Quodvultdeus, dem Bischof von Karthago (437 – um 453) zuschrieb.
*Ausg.:* G. Morin: RBén 31 (1914) 156–162; 35 (1923) 233–245.
Vergleichstext [Abweichungen in eckigen Klammern]:
**Fulgentius**, Bischof **von Ruspe** († 532). Sein Bekenntnis kann erschlossen werden aus den *Libri X contra Fabianum Arianum*, Fragment 36 (vgl. auch Fragment 32: CpChL 91A,831f, sowie *De fide*, c. 20: ebd., 751 / PL 65,699C).
*Ausg.:* J. Fraipont: CpChL 91A (1968) 854–860 / PL 65,822–827 / CaUQ 2,245–253 / Kelly 175f / Hn § 49. [Weniger bedeutende Varianten finden keine Berücksichtigung, da die Fassung nicht sicher genug ist].

| | |
|---|---|
| Credo in Deum Patrem omnipotentem, universorum creatorem, regem saeculorum, immortalem et invisibilem. | Ich glaube an Gott, den allmächtigen Vater, 22 den Schöpfer von allem, den König der Zeiten, den Unsterblichen und Unsichtbaren. |
| Credo et in *Filium eius* [-!] Iesum Christum [, Filium eius unicum, Dominum nostrum], | Ich glaube auch an *seinen Sohn* [-!] Jesus Christus, [seinen einzigen Sohn, unseren Herrn,] |
| qui natus est de Spiritu Sancto ex virgine Maria, | der geboren wurde vom Heiligen Geist aus der Jungfrau Maria, |
| [qui] crucifixus *est* [-!] sub Pontio Pilato et sepultus [est], tertia die *a mortuis* [-! (?)] resurrexit, *assumptus est in caelos* [in caelum ascendit], et *ad dexteram Patris sedet* [in dextera Dei sidet], inde venturus est iudicare vivos et mortuos. | [der] unter Pontius Pilatus gekreuzigt und begraben wurde, am dritten Tag *von den Toten* [-!(?)] auferstanden ist, *aufgenommen wurde in die Himmel* [in den Himmel hinaufgestiegen ist] und zur Rechten *des Vaters* [Gottes] sitzt; von dort wird er kommen, Lebende und Tote zu richten. |

Credo et in Spiritum Sanctum, remissionem peccatorum, carnis resurrectionem [et] *in* [-!] vitam aeternam per sanctam Ecclesiam.

Ich glaube auch an den Heiligen Geist, die Vergebung der Sünden, die Auferstehung des Fleisches *zum ewigen* [und das ewige] Leben durch die heilige Kirche.

*Spanien, 6./7. Jahrhundert (mittlere Form zwischen "R" und "T")*

### 23: Ildefons von Toledo: De cognitione baptismi

Das Bekenntnis des Erzbischofs Ildefons von Toledo (659–669) läßt sich den Kapiteln 36–83 dieses Werkes entnehmen.

*Ausg.:* PL 96,126–142 / Kelly 176 / Hn § 55 / Ltzm 13f (Kombination).

Vergleichstext [Abweichungen in eckigen Klammern, wobei die Siglen vorangestellt werden]:

**Martin von Braga** (Portugal) [= *MBr*], Abt und Bischof († 579), schrieb zwischen 572 und 574 eine Predigt, die vom Erstherausgeber *De correctione rusticorum*, mit einigen Handschriften jedoch besser *Epistula ad Polemium episcopum Asturicensem* genannt wird.

*Ausg.:* Cl. W. Barlow, *Martini episcopi Bracarensis Opera omnia* (New Haven 1950) 166f 196f / C. P. Caspari, *M. v. Bracaras Schrift De correctione rusticorum* (Christiania 1883) 26–28/ Hn § 54.

**Liber Ordinum mozarabicus** [= *LOMoz*] (7. Jahrhundert).

*Ausg.:* M. Férotin, *Le Liber Ordinum en usage dans l'Église wisigothique et mozarabe d'Espagne du Vᵉ au XIᵉ siècle* (*Monumenta Ecclesiae Liturgica 5*; Paris 1904) 185f / Kelly 177 / DALtg 12/I (1935) 447. – *Reg.:* ClPL 1930. – Der Text des Bekenntnisses im *Missale mixtum mozarabicum* (PL 85, 395A; Hn § 58; Ltzm 14), der von den anderen spanischen Fassungen an vielen Stellen abweicht, wird hier nicht berücksichtigt.

**Etherius** (Hetherius), Bischof **von Osma**, und sein Lehrer, der Priester **Beatus von Astorga** (Bieco von Liébana / Astorga), verfaßten 785 *Adversus Elipandum archiepiscopum Toletanum libri II* [= *Eth*]; die genaue Form des Bekenntnisses findet sich in Buch I, Kap. 22.

*Ausg.:* PL 96,906D / Hn § 56.

23  Credo [*MBr:* Credis ...?] in Deum Patrem omnipotentem,

et in Iesum Christum, Filium eius unicum, Deum et Dominum nostrum,

qui natus est de Spiritu Sancto *et* [*MBr:* ex] Maria virgine,

passus sub Pontio Pilato, crucifixus et sepultus, descendit ad inferna, tertia die resurrexit vivus a mortuis, ascendit in caelos, sedet ad dexteram *Dei Patris omnipotentis* [*MBr:* Patris], inde venturus [*LOMoz:* est] iudicare vivos et mortuos.

Credo [*MBr:* Credis ...?] in ¹Sanctum ²Spiritum [*MBr Eth:*²⁻¹], sanctam Ecclesiam catholicam, remissionem omnium peccatorum, carnis [*LOMoz:* huius] resurrectionem et vitam aeternam.

*Ich glaube* [*MBr:* Glaubst Du ...?] an Gott, den allmächtigen Vater,

und an Jesus Christus, seinen einzigen Sohn, unseren Gott und Herrn,

der geboren wurde vom Heiligen Geist *und* [*MBr:* aus] Maria, der Jungfrau,

gelitten hat unter Pontius Pilatus, gekreuzigt und begraben wurde, hinabgestiegen ist zur Unterwelt, am dritten Tag auferstanden ist lebend von den Toten, hinaufgestiegen ist in die Himmel, zur Rechten *Gottes, des allmächtigen Vaters,* [*MBr:* des Vaters] sitzt; von dort wird er kommen, Lebende und Tote zu richten.

*Ich glaube* [*MBr:* Glaubst Du ...?] an den Heiligen Geist, die heilige katholische Kirche, die Vergebung aller Sünden, die Auferstehung *des* [*LOMoz:* dieses] Fleisches und das ewige Leben.

*Südgallien, 6./7. Jahrhundert (mittlere Form "R"/"T")*

### 25-26: Fragmente eines älteren gallischen Bekenntnisses

[*25] **Cyprian**, Bischof **von Toulon**, Brief an Bischof Maximus von Genf, geschrieben zwischen 516 und 533.

*Ausg.:* W. Gundlach: MGH, Epistulae 3,435 / C. Wawra, in: ThQ 85 (1903) 589–594 / A. E. Burn, *Facsimiles of the Creeds from early manuscripts* (H. Bradshaw Society 36; London 1909) 3 und Tafeln I-III / Kelly 178 / Ltzm 15.

[*26] **Faustus**, Bischof **von Reji** (450–480), führt in seinem (früher Paschasius Diaconus zugeschriebenen) Werk *De Spiritu Sancto* I 2, ein Fragment an.

*Ausg.:* A. Engelbrecht: CSEL 21,103f / PL 62,11 / Hn § 61 / Burn, a. oben a.O. 3 / Kelly 178 / Ltzm 14f.

– Andere Faustus zugeschriebene Texte, mit denen man sein Bekenntnis oft ergänzt, nämlich die Predigten 9 und 10 (des Pseudo-Eusebius von Emesa) [hrsg. in: CaKA 1,315 328] und der *Tractatus de symbolo* [CaANQ 262], werden hier nicht berücksichtigt, da sie unecht sind.

Beide Fragmente stehen sich trotz des zeitlichen Abstandes aufgrund der Textstruktur und des Herkunftsortes so nahe, daß sie sich gegenseitig zu einem einzigen vollständigen Bekenntnis ergänzen.

Credo in Deum Patrem omnipotentem.

Credo et in Iesum Christum, Filium eius unigenitum, Dominum nostrum,
qui conceptus de Spiritu Sancto, natus ex
Maria virgine,
passus sub Pontio Pilato, crucifixus et sepultus, tertia die resurrexit a mortuis,
ascendit in caelos, sedet ad dexteram
Patris, inde venturus iudicaturus vivos
ac mortuos.

Credo et in Spiritum Sanctum, sanctam Ecclesiam, Sanctorum communionem, abremissa[m] peccatorum, carnis resurrectionem, vitam aeternam.

Ich glaube an Gott, den allmächtigen Vater. 25

Ich glaube auch an Jesus Christus, seinen einziggeborenen Sohn, unseren Herrn,
der, empfangen vom Heiligen Geist, geboren aus Maria, der Jungfrau,
gelitten unter Pontius Pilatus, gekreuzigt
und begraben, am dritten Tag auferstanden ist von den Toten, hinaufgestiegen ist in die Himmel, zur Rechten des
Vaters sitzt; von dort wird er kommen,
Lebende und Tote zu richten.

Ich glaube auch an den Heiligen Geist, die 26
heilige Kirche, die Gemeinschaft der
Heiligen, die Vergebung der Sünden,
die Auferstehung des Fleisches, das
ewige Leben.

*Gallien und Alemannien, 7./Anfang 8. Jahrhundert (anfängliche Form "T")*

## 27: Missale Gallicanum Vetus: Predigt [9 des Caesarius von Arles] über das Bekenntnis

Das *Missale Gallicanum Vetus* (Anfang 8. Jahrhundert) enthält zwei nur wenig voneinander abweichende Fassungen des Bekenntnisses, von denen hier nur die erste aus dem *Sermo de symbolo* des Caesarius von Arles († 543) angeführt wird (vgl. G. Morin, in: RBén 46 [1934] 178–189).

*Ausg.:* G. Morin, *Caesarii Arelatensis Sermones* 1 (Maretioli 1936) 48 / CpChL 103 (1953) 47f / L.C. Mohlberg, *Missale Gallicanum Vetus (Cod. Vat. Palat. lat. 493)* (Rerum ecclesiasticarum documenta, Series maior, Fontes 3; Rom 1958) 18, § 63,14 (die andere Fassung: 10, § 26,5) / J. Mabillon, *De liturgia Gallicana* III (Paris 1685 und 1729) 339 (die andere Fassung 348) / PL 72,349BC / Hn § 67 / Ltzm 15. – Ein anderes von Caesarius angeführtes Bekenntnis wird hier nicht berücksichtigt, weil es keine genaue Form hat: Pseudo-Augustinus, *Sermo 244 de symboli fide et bonis operibus* / Caesarius, Predigt 10: G. Morin, *Caesarii Arelatensis Sermones* 1,51–53 / CpChL 103 (1953) 51–53 / PL 39,2194f / Hn § 62.

Vergleichstext [Abweichungen in eckigen Klammern]:

Das **Missale Bobiense** (Bobbio, 7./ Anfang 8. Jahrhundert), früher *Sacramentarium Gallicanum* oder auch *Missale Vesontiense* (Besançon) genannt, bietet vier Fassungen des Bekenntnisses. Nur die erste wird hier zum Vergleich angeführt, ohne rein orthographische Unterschiede zu berücksichtigen.

*Ausg.:* E.A. Lowe, *The Bobbio Missal* (H. Bradshaw Society 58; London 1920) 56 (die übrigen Fassungen 56f 74f 181); J. Wickham Legg, Faksimile-Ausgabe (ebd., Bd. 53; London 1917) Blatt 88r / J. Mabillon, *Museum Italicum* 1 (Paris 1687 und 1724) 312 / PL 72,489A / Kelly 394 / Hn § 66 / Ltzm 15. – *Reg.:* CIPL 1924.

Credo in Deum Patrem omnipotentem, creatorem caeli et terrae.

Credo et in *Iesum Christum* [Iesu Christo],
Filium eius unigenitum sempiternum,
*qui conceptus est* [conceptum] de Spiritu
Sancto, *natus est* [natum] de Maria virgine,

Ich glaube an Gott, den allmächtigen Vater, 27
den Schöpfer des Himmels und der Erde.

Ich glaube auch an Jesus Christus, seinen
ewigen einziggeborenen Sohn,
*der empfangen wurde* [empfangen] vom
Heiligen Geist, *geboren wurde* [gebo-
ren] von Maria, der Jungfrau,

passus *est* [passum] sub Pontio Pilato, cru- | gelitten *hat* [gelitten] unter Pontius Pila-
cifix*us*, mortu*us* et sepult*us* [-um], de- | tus, gekreuzigt, gestorben und begra-
scendit ad inferna, tertia die resurrexit a | ben, hinabgestiegen zur Unterwelt; am
mortuis, ascendit ad caelos, sedit ad | dritten Tag ist er auferstanden von den
dexteram Dei Patris omnipotentis, inde | Toten, ist hinaufgestiegen zu den Him-
venturus iudicare vivos et mortuos. | meln, sitzt zur Rechten Gottes, des all-
| mächtigen Vaters; von dort wird er
| kommen, Lebende und Tote zu richten.

Credo in *Sanctum Spiritum* [Sancto Spiritu], | Ich glaube an den Heiligen Geist, die heilige
sanctam Ecclesiam catholicam, sancto- | katholische Kirche, die Gemeinschaft
rum communionem, remissionem pec- | der Heiligen, die Vergebung der Sün-
catorum, carnis resurrectionem, vitam | den, die Auferstehung des Fleisches,
aeternam. | das ewige Leben.

## 28: Pirmin: Textsammlung aus einzelnen kanonischen Büchern

Pirmin (oder eher Primin), aus Septimanien bzw. Gallia Narbonensis stammend, Missionsbischof, Gründer und Abt des Klosters Reichenau am Bodensee, veröffentlichte sein heimatliches Bekenntnis in seinem Werk *Scarapsus*, auch *Dicta Sancti Pirminii abbatis* genannt, verfaßt zwischen 718 und 724. Dieses Bekenntnis, zweimal in Aussageform (Kap. 10 und 28a), einmal in Frageform (Kap. 12: = *28) zitiert, bietet schon alle Elemente des allgemein angenommenen Textes ("T"). Es hat die Form des letzten Entwicklungsstadiums, die auch heute noch gültig ist.

*Ausg.:* G. Jecker, *Die Heimat des hl. Pirmin* (Beiträge zur Geschichte des alten Mönchtums ..., 13; Münster 1927) 41 43 62f / A.E. Burn, *Facsimiles of the Creeds* (H. Bradshaw Society 36; London 1909) 10 und Tafel X / CaKA 1,158 160 185 / PL 89,1034f 1046. Zu Kap. 10 vgl. auch Hn § 92 / Ltzm 15f. – Im lateinischen Text wird die originale Dialektform der Worte beibehalten.

28  Credis in Deum Patrem omnipotentem, crea- | Glaubst Du an Gott, den allmächtigen Vater,
torem caeli et terrae? | den Schöpfer des Himmels und der Er-
| de?

Credis et in Iesu Christum, Filium eius uni- | Glaubst Du auch an Jesus Christus, seinen
cum, Dominum nostrum, | einzigen Sohn, unseren Herrn,
qui conceptus est de Spiritu Sancto, natus | der empfangen wurde vom Heiligen Geist,
ex Maria virgine, | geboren aus Maria, der Jungfrau,
passus sub Pontio Pilato, crucifixus, mor- | gelitten unter Pontius Pilatus, gekreuzigt,
tuos et sepultos, discendit ad inferna, | gestorben und begraben, hinabgestie-
tertia die surrexit a mortuis, ascendit ad | gen ist zur Unterwelt, am dritten Tag
celos, sedit ad dexteram Dei Patris om- | auferstanden ist von den Toten, hinauf-
nipotentis, inde venturus iudicare vivos | gestiegen ist zu den Himmeln, zur
et mortuus? | Rechten Gottes, des allmächtigen Va-
| ters sitzt, von wo er kommen wird, Le-
| bende und Tote zu richten?

Credis in Spiritu Sancto, sancta Aecclesia ca- | Glaubst Du an den Heiligen Geist, die heili-
tholica, sanctorum communione, re- | ge katholische Kirche, die Gemein-
missione peccatorum, carnis ressurrec- | schaft der Heiligen, die Vergebung der
tionem, vitam aeternam? | Sünden, die Auferstehung des Flei-
| sches, das ewige Leben?

*Irland, Ende 7. Jahrhundert (abgewandelte Form "T")*

## 29: Antiphonale von Bangor

Die liturgische Handschrift entstand zwischen 680 und 691 im Kloster von Bangor (Ulster, Nordirland).
*Ausg.:* F. E. Warren, *The Liturgy and Ritual of the Celtic Church* (Oxford 1881) 189 / ders., Faksimile-Ausgabe (H. Bradshaw Society 4 10; London 1893 1895) Blatt 19 / CaUQ 2,284 / PL 72,597 / Kelly 395 / Hn § 76 / Ltzm 16. – *Reg.:* ClPL 1938.

Credo in Deum Patrem omnipotentem, invisibilem, omnium creaturarum visibilium et invisibilium conditorem.

Credo et in Ihesum Christum Filium eius unicum, dominum nostrum, Deum omnipotentem,
conceptum de Spiritu Sancto, natum de Maria virgine,
passum sub Pontio Pilato, qui crucifixus et sepultus discendit ad inferos, tertia die resurrexit a mortuis, ascendit in caelis seditque ad dexteram Dei Patris omnipotentis, exinde venturus iudicare vivos ac mortuos.

Credo et in Spiritum Sanctum, Deum omnipotentem, unam habentem substantiam cum Patre et Filio, sanctam esse Ecclesiam catholicam, abremissa peccatorum, sanctorum commonionem [!], carnis resurrectionem. Credo vitam post mortem et vitam aeternam in gloria Christi.

Haec omnia credo in Deum.

Ich glaube an Gott, den Allmächtigen, den 29 Unsichtbaren, den Erschaffer aller sichtbaren und unsichtbaren Geschöpfe.

Ich glaube auch an Jesus Christus, seinen einzigen Sohn, unseren Herrn, den allmächtigen Gott,
empfangen vom Heiligen Geist, geboren von Maria, der Jungfrau,
gelitten unter Pontius Pilatus, der, gekreuzigt und begraben, am dritten Tag auferstanden ist von den Toten, hinaufgestiegen ist in die Himmel und zur Rechten Gottes, des allmächtigen Vaters sitzt; von dort wird er kommen, Lebende und Tote zu richten.

Ich glaube auch an den Heiligen Geist, den allmächtigen Gott, der e i n e Substanz mit dem Vater und dem Sohn hat, daß die katholische Kirche heilig ist, die Vergebung der Sünden, die Gemeinschaft der Heiligen, die Auferstehung des Fleisches. Ich glaube ⟨an⟩ ein ewiges Leben nach dem Tod und das ewige Leben in der Herrlichkeit Christi.

Das alles ist mein Glaube an Gott.

*Gallien, Alemannien, 8. Jahrhundert und später, Rom, 10. Jahrhundert und später (Form "T")*

### 30: Römische Taufordnung (Ordo Romanus XI hrsg. Andrieu = VII hrsg. Mabillon)

Der Text des Bekenntnisses in diesem Ordo, ursprünglich nach Art der Zeremonienbücher nur mit den Anfangswörtern angezeigt, findet sich vom 9. Jahrhundert an in gallischen Handschriften vollausgeschrieben in einheimischer Form. Als im 10. Jahrhundert die alte römische liturgische Tradition abgebrochen war, übernahm Rom neben anderen Elementen der gallischen Liturgie auch diese Form des Bekenntnisses.
*Ausg.:* M. Andrieu, *Les Ordines Romani du haut moyen âge* 2 (Löwen 1948) 435 im Apparat.
Ve r g l e i c h s t e x t [Abweichungen in eckigen Klammern]:
**Alter Römischer Ordo** [= *ORA*], bei Andrieu Ordo 50, Mitte 10. Jahrhundert in Gallien oder Alemannien entstanden.
*Ausg.:* M. Hittorp, *De divinis catholicae Ecclesiae officiis ac ministeriis* (Köln 1568) 73 / *Maxima bibliotheca veterum patrum et antiquorum scriptorum ecclesiastica* 13 (Lyon 1677) 696 / Kelly 363 / Hn § 25.
**Pseudo-Augustinus: Predigten 240–242 über das Bekenntnis**: Ihr Ursprung ist unsicher. Sie bieten Bekenntnisse der Form "T", die leicht variieren. Die Predigt 240 stimmt vollständig mit dem Text des *Ordo Romanus XI* überein.
*Ausg.:* PL 39,2188–2193 / Hn § 42.
**Lateinisch-griechischer Psalter "papae Gregorii"** [= *PsG*]: Es handelt sich um eine Handschrift des 13. Jahrhunderts (Cambridge), die nicht nach einem Papst, sondern nach einem gewissen englischen Prior Gregorius benannt ist. Bei dem griechischen Text handelt es sich um eine Rückübersetzung aus dem Lateinischen.
*Ausg.:* CaUQ 3,11 / Hn § 24. – *Reg.:* M.R. James, *A Descriptive Catalogue of the MSS in the Library of Corpus Christi College, Cambridge* 2 (Cambridge 1912) 399–403 (Nr. 468).
**Römischer Katechismus** [= *Cat*]: 1564 auf Geheiß des Konzils von Trient abgefaßt, 1566 veröffentlicht.
**Römisches Brevier** [= *Brv*]: 1568 herausgegeben, "um die Verschiedenartigkeit des Betens aufzuheben" ("ad tollendam orandi varietatem"). Seine Form des Bekenntnisses wurde der ganzen lateinischen Kirche vorgeschrieben.

**30** (1) Credo in Deum Patrem omnipotentem, creatorem caeli et terrae,

(2) et in Iesum Christum, Filium eius unicum, Dominum nostrum, (3) qui conceptus est de Spiritu Sancto, natus ex Maria virgine, (4) passus sub Pontio Pilato, crucifixus, mortuus et sepultus, descendit ad *inferna* [*Cat Brv:* inferos], (5) tertia die resurrexit a mortuis, (6) ascendit ad caelos, sedet ad dexteram Dei Patris omnipotentis, (7) inde venturus *est* [*PsG:* -!] iudicare vivos et mortuos.

(8) Credo in Spiritum Sanctum, (9) [*Cat:* Credo] sanctam Ecclesiam catholicam, sanctorum communionem, (10) remissionem peccatorum, (11) carnis resurrectionem, (12) [*ORA:* et] vitam aeternam.

(1) Ich glaube an Gott, den allmächtigen Vater, den Schöpfer des Himmels und der Erde,

(2) und an Jesus Christus, seinen einzigen Sohn, unseren Herrn, (3) der empfangen wurde vom Heiligen Geist, geboren aus Maria, der Jungfrau, (4) gelitten unter Pontius Pilatus, gekreuzigt, gestorben und begraben, hinabgestiegen ist zur Unterwelt, (5) am dritten Tag auferstanden ist von den Toten, (6) hinaufgestiegen ist zu den Himmeln, zur Rechten Gottes, des allmächtigen Vaters sitzt; (7) von dort wird er kommen, Lebende und Tote zu richten.

(8) Ich glaube an den Heiligen Geist, (9) [*Cat:* ich glaube] die heilige katholische Kirche, die Gemeinschaft der Heiligen, (10) die Vergebung der Sünden, (11) die Auferstehung des Fleisches, (12) [*ORA:* und] das ewige Leben.

## *KURZE FRAGEFORMELN DES TAUFBEKENNTNISSES*

### 36: Sacramentarium Gelasianum

Es bietet die römische liturgische Praxis ungefähr des 6. Jahrhunderts. Seiner Taufformel (Buch I 44) wird ein höheres Alter zugeschrieben.
*Ausg.:* H. Wilson, *The Gelasian Sacramentary* (Oxford 1894) 86 / L.C. Mohlberg – L. Eizenhöfer, *Liber sacramentorum ... (Sacramentarium Gelasianum) (Cod. Vat. Reg. lat. 3/6 / Paris Bibl. Nat. 7193, 41/56)* (Rerum ecclesiasticarum Documenta, Series maior, Fontes 4; Rom 1981³) 74 / PL 74,1111C / Hn § 31e.
Vergleichstext [Abweichungen in eckigen Klammern]:
**Ordo Romanus XXVIII [= OR].**
*Ausg.:* M. Andrieu, *Les Ordines Romani du haut moyen âge* 3 (Löwen 1951) 406f. Seine Quelle ist die Taufordnung des *Sacramentarium Gellonense* (um 800, Gallien), hrsg. von A. Dumas – J. Deshusses: CpChL 159 (1981) 312-339.
**Manuale Ambrosianum** aus einer Handschrift des 11. Jahrhunderts [= *MA*].
*Ausg.:* M. Magistretti, *Monumenta veteris liturgiae Ambrosianae* 3 (Mailand 1905) 208 / Ltzm 11f.

**36** Credis in Deum Patrem omnipotentem [*OR MA:* creatorem caeli et terrae]?

Credis [*MA:* -!] et in Iesum Christum, Filium eius unicum, Dominum nostrum, natum et passum?

Credis et in Spiritum Sanctum, sanctam Ecclesiam [*OR MA:* catholicam], remissionem peccatorum, carnis resurrectionem [*OR MA:* vitam aeternam]?

Glaubst Du an Gott, den allmächtigen Vater [*OR MA:* , den Schöpfer des Himmels und der Erde]?

*Glaubst Du auch* [*MA:* und] an Jesus Christus, seinen einzigen Sohn, unseren Herrn, der geboren wurde und gelitten hat?

Glaubst Du auch an den Heiligen Geist, die heilige [*OR MA:* katholische] Kirche, die Vergebung der Sünden, die Auferstehung des Fleisches [*OR MA:* , das ewige Leben]?

# B. ÖSTLICHE FORMELN

Angeführt werden die Taufbekenntnisse der Kirchen von Syrien und Palästina, Kleinasien, Ägypten. Nicht berücksichtigt wird hier die Rekonstruktion der gewöhnlich "O" genannten Form (des Gegenstücks zur Form "R"), die nach Meinung einiger Forscher den östlichen Bekenntnissen zugrunde gelegen haben soll. Die Glaubensbekenntnisse der Konzilien von Nikaia und Konstantinopel werden im zweiten Teil aufgeführt: s. *125 und 150.

## LOKALE BEKENNTNISSE

Unter den angeführten Bekenntnissen bieten die Bekenntnisse von Cäsarea und Jerusalem (vielleicht auch das Bekenntnis des Macarius von Ägypten) eine *vor*-nizänische Form, obwohl die Textzeugen nicht älter sind als das Konzil von Nikaia. Den anderen Bekenntnissen sind einige Elemente der nizänischen Theologie hinzugefügt worden, ohne daß ihre Originalfassung deshalb stark verändert worden wäre.

### Cäsarea in Palästina, Ende 3. Jahrhundert

#### 40: Eusebius, Bischof von Cäsarea: Brief an seine Diözese, i. J. 325

Da Eusebius behauptet, er sei nach dieser Form getauft worden, kann sein Bekenntnis fast bis zur Mitte des 3. Jahrhunderts zurückdatiert werden. Das Konzil von Nikaia, dem er es zur Bestätigung vorgelegt hatte, übernahm daraus einiges für die Abfassung seines eigenen Bekenntnisses.

*Ausg.:* Den Text überliefern: Athanasius von Alexandrien, *De decretis Nicaenae synodi* 33 § 4 (hrsg. von H. G. Opitz, *Athanasius Werke* 2/1: *Apologien* [Berlin-Leipzig 1935] 29 / ders., 3/1: *Urkunden zur Geschichte des Arianischen Streites* 318–328 [ebd. 1934/5] 43, = Nr. 22); Theodoret von Cyrus, *Historia ecclesiae* I 12,4 (hrsg. von L. Parmentier [GChSch; Leipzig 1911] 49 / PG 82,940f); Sokrates, *Historia ecclesiae* I 8,38 (PG 67,69); Gelasius von Kyzikos, *Historia synodi Nicaenae* II 35,4 (hrsg. von G. Loeschke – M. Heinemann [GChSch; Leipzig 1918] 124); Kelly 181; Hn § 123.

| | |
|---|---|
| Πιστεύομεν εἰς ἕνα Θεὸν πατέρα παντοκρά-<br>τορα, τὸν τῶν ἁπάντων ὁρατῶν τε καὶ<br>ἀοράτων ποιητήν. | Wir glauben an ⟨den⟩ einen Gott, den Vater, 40<br>den Allmächtigen, den Schöpfer alles<br>Sichtbaren und Unsichtbaren. |

Πιστεύομεν εἰς ἕνα Θεὸν πατέρα παντοκράτορα, τὸν τῶν ἁπάντων ὁρατῶν τε καὶ
ἀοράτων ποιητήν.
Καὶ εἰς ἕνα κύριον Ἰησοῦν Χριστόν,
τὸν τοῦ Θεοῦ λόγον, Θεὸν ἐκ Θεοῦ, φῶς
ἐκ φωτός, ζωὴν ἐκ ζωῆς, υἱὸν μονογενῆ, πρωτότοκον πάσης κτίσεως, πρὸ
πάντων τῶν αἰώνων ἐκ τοῦ πατρὸς γεγεννημένον, δι' οὗ καὶ ἐγένετο τὰ πάντα,
τὸν διὰ τὴν ἡμετέραν σωτηρίαν σαρκωθέντα καὶ ἐν ἀνθρώποις πολιτευσάμενον, καὶ παθόντα, καὶ ἀναστάντα τῇ
τρίτῃ ἡμέρα, καὶ ἀνελθόντα πρὸς τὸν
πατέρα, καὶ ἥξοντα πάλιν ἐν δόξῃ κρῖναι ζῶντας καὶ νεκρούς.
Πιστεύομεν καὶ εἰς ἓν πνεῦμα ἅγιον.

Wir glauben an ⟨den⟩ einen Gott, den Vater, 40
den Allmächtigen, den Schöpfer alles
Sichtbaren und Unsichtbaren.
Und an ⟨den⟩ einen Herrn Jesus Christus,
das Wort Gottes, Gott aus Gott, Licht aus
Licht, Leben aus Leben, den einziggeborenen Sohn, den Erstgeborenen aller
Schöpfung, vor allen Zeiten aus dem
Vater gezeugt, durch den auch alles
wurde,
der um unseres Heils willen Fleisch wurde, unter Menschen lebte, gelitten hat,
am dritten Tag auferstanden ist, zum
Vater hinaufgestiegen ist und wiederum
kommen wird in Herrlichkeit, Lebende
und Tote zu richten.
Wir glauben auch an ⟨den⟩ einen heiligen
Geist.

### Jerusalem, Mitte 4. Jahrhundert

#### 41: Cyrill, Bischof von Jerusalem: Katechesen VI – XVIII, um 348

Der Text des Bekenntnisses muß aus einzelnen Stellen der Katechesen zusammengefügt werden. Deshalb wird er bisweilen auf unterschiedliche Weise wiederhergestellt. Analog zu "ἀνελθόντα" ("hinaufgestiegen") muß man wohl nach J. G. Davies (VigChr 9 [1955] 218–221) "κατελθόντα" ("herabsteigen") lesen. Cyrill lehnte den nizänischen Begriff "ὁμοούσιος" als sabellianisch ab.

*Ausg.:* PG 33,533f (vgl. PG 33,605–1060) / F.J.A. Hort, *Two dissertations* (Cambridge-London 1876) 142 / A.A. Stephenson, in: Studia Patristica 3 (TU 78; Berlin 1961) 307 308–313 / Kelly 182f / Hn § 124 / Ltzm 19.

41 Πιστεύομεν εἰς ἕνα Θεόν, πατέρα παντοκράτορα, ποιητὴν οὐρανοῦ καὶ γῆς,
ὁρατῶν τε πάντων καὶ ἀοράτων.

[Καὶ] εἰς ἕνα κύριον Ἰησοῦν Χριστόν,
τὸν υἱὸν τοῦ Θεοῦ τὸν μονογενῆ, τὸν ἐκ
τοῦ πατρὸς γεννηθέντα Θεὸν ἀληθινὸν πρὸ πάντων τῶν αἰώνων, δι' οὗ τὰ
πάντα ἐγένετο,
[τὸν κατελθόντα, τὸν σαρκωθέντα καὶ]
ἐνανθρωπήσαντα, [τὸν] σταυρωθέντα
[καὶ ταφέντα καὶ] ἀναστάντα [ἐκ
νεκρῶν] τῇ τρίτῃ ἡμέρᾳ, καὶ ἀνελθόντα εἰς τοὺς οὐρανούς, καὶ καθίσαντα
ἐκ δεξιῶν τοῦ πατρός, καὶ ἐρχόμενον
ἐν δόξῃ κρῖναι ζῶντας καὶ νεκρούς, οὗ
τῆς βασιλείας οὐκ ἔσται τέλος.
[Καὶ] εἰς ἓν ἅγιον πνεῦμα, τὸν παράκλητον,
τὸ λαλῆσαν ἐν τοῖς προφήταις, καὶ εἰς
ἓν βάπτισμα μετανοίας εἰς ἄφεσιν
ἁμαρτιῶν, καὶ εἰς μίαν ἁγίαν καθολικὴν ἐκκλησίαν, καὶ εἰς σαρκὸς ἀνάστασιν, καὶ εἰς ζωὴν αἰώνιον.

Wir glauben an ⟨den⟩ einen Gott, den Vater,
den Allmächtigen, den Schöpfer des
Himmels und der Erde, alles Sichtbaren und Unsichtbaren.
[Und] an ⟨den⟩ einen Herrn Jesus Christus,
Gottes einziggeborenen Sohn, den aus
dem Vater gezeugten wahren Gott vor
allen Zeiten, durch den alles wurde,

der [herabgestiegen ist, Fleisch und]
Mensch wurde, gekreuzigt [und begra-
ben] wurde, am dritten Tag auferstanden ist [von den Toten], hinaufgestiegen
ist in die Himmel, zur Rechten des Vaters sitzt und in Herrlichkeit kommt,
Lebende und Tote zu richten; sein
Reich wird kein Ende haben.
[Und] an ⟨den⟩ einen heiligen Geist, den Beistand, der gesprochen hat in den Propheten, an ⟨die⟩ Taufe der Umkehr zur
Vergebung der Sünden, an ⟨die⟩ eine
heilige katholische Kirche, an eine Auferstehung des Fleisches und an ein ewiges Leben.

*Kleinasien (Ort unsicher), Ende 4. Jahrhundert*

**42-45: Epiphanius, Bischof von Salamis: Ancoratus, i. J. 374**

In diesem Werk finden sich zwei Formen des Bekenntnisses. Die *kürzere Form* (Kap. 118,9–13), die sehr nahe an das Bekenntnis von Konstantinopel (*150) herankommt, ist von einem späteren Kopisten anstelle des ursprünglich von Epiphanius dort angeführten Bekenntnisses von Nikaia interpoliert worden: B.M. Weischer, *Qērellos IV 2: Traktate des Epiphanius von Zypern und des Proklos von Kyzikos* (Äthiopistische Forschungen 6; Wiesbaden 1979) 49–51. Die *längere Form* (Kap. 119,3–12) war entweder für den Gebrauch bei der Katechese oder als Taufsymbol für Häretiker bestimmt und ist eine von Epiphanius selbst erweiterte Form des nizänischen Bekenntnisses. Sie ist nicht einzig in ihrer Art, sondern besitzt im Bekenntnis *Hermeneia* (vgl. *46) und im größeren armenischen Bekenntnis (vgl. *48f) Fassungen, die ihr sehr ähnlich sind.
*Ausg.:* K. Holl, *Epiphanius* (GChSch) 1,146f [*kürzere Form*] und 148f [*längere Form*] / PG 43, 232C und 234f / Hn § 125f / Ltzm 19f und 21f. – Vgl. B.M. Weischer, in: Oriens Christianus 63 (1977) 33.

**a) Kürzere Form**

42 Πιστεύομεν εἰς ἕνα Θεόν, πατέρα παντοκράτορα, ποιητὴν οὐρανοῦ τε καὶ
γῆς, ὁρατῶν τε πάντων καὶ ἀοράτων.

Καὶ εἰς ἕνα κύριον Ἰησοῦν Χριστόν,
τὸν υἱὸν τοῦ Θεοῦ τὸν μονογενῆ, τὸν ἐκ
τοῦ πατρὸς γεννηθέντα πρὸ πάντων
τῶν αἰώνων, τουτέστιν ἐκ τῆς οὐσίας
τοῦ πατρός, φῶς ἐκ φωτός, Θεὸν ἀλη-

Wir glauben an ⟨den⟩ einen Gott, den Vater,
den Allmächtigen, den Schöpfer des
Himmels und der Erde, alles Sichtbaren und Unsichtbaren.
Und an ⟨den⟩ einen Herrn Jesus Christus,
Gottes einziggeborenen Sohn, aus dem
Vater gezeugt vor allen Zeiten, d. h. aus
dem Wesen des Vaters, Licht aus Licht,
gezeugt, nicht geschaffen, wesensgleich

ϑινὸν ἐκ Θεοῦ ἀληϑινοῦ, γεννηϑέντα οὐ ποιηϑέντα, ὁμοούσιον τῷ πατρί, δι' οὗ τὰ πάντα ἐγένετο, τά τε ἐν τοῖς οὐρανοῖς καὶ τὰ ἐν τῇ γῇ,

τὸν δι' ἡμᾶς τοὺς ἀνθρώπους καὶ διὰ τὴν ἡμετέραν σωτηρίαν κατελθόντα ἐκ τῶν οὐρανῶν καὶ σαρκωθέντα ἐκ πνεύματος ἁγίου καὶ Μαρίας τῆς παρθένου, καὶ ἐνανθρωπήσαντα, σταυρωθέντα τε ὑπὲρ ἡμῶν ἐπὶ Ποντίου Πιλάτου, καὶ παθόντα καὶ ταφέντα, καὶ ἀναστάντα τῇ τρίτῃ ἡμέρᾳ κατὰ τὰς γραφάς, καί ἀνελθόντα εἰς τοὺς οὐρανούς, καὶ καθεζόμενον ἐκ δεξιῶν τοῦ πατρός, καὶ πάλιν ἐρχόμενον μετὰ δόξης κρῖναι ζῶντας καὶ νεκρούς, οὗ τῆς βασιλείας οὐκ ἔσται τέλος.

Καὶ εἰς τὸ πνεῦμα τὸ ἅγιον, τὸ κύριον καὶ ζωοποιόν, τὸ ἐκ τοῦ πατρὸς ἐκπορευόμενον, τὸ σὺν πατρὶ καὶ υἱῷ συμπροσκυνούμενον καὶ συνδοξαζόμενον, τὸ λαλῆσαν διὰ τῶν προφητῶν· εἰς μίαν ἁγίαν καθολικὴν καὶ ἀποστολικὴν ἐκκλησίαν· ὁμολογοῦμεν ἓν βάπτισμα εἰς ἄφεσιν ἁμαρτιῶν, προσδοκῶμεν ἀνάστασιν νεκρῶν καὶ ζωὴν τοῦ μέλλοντος αἰῶνος, ἀμήν.

Τοὺς δὲ λέγοντας «ἦν ποτε ὅτε οὐκ ἦν» καὶ «πρὶν γεννηθῆναι οὐκ ἦν», ἢ ὅτι ἐξ οὐκ ὄντων ἐγένετο ἢ ἐξ ἑτέρας ὑποστάσεως ἢ οὐσίας φάσκοντας εἶναι ἢ ῥευστὸν ἢ ἀλλοιωτὸν τὸν τοῦ Θεοῦ υἱόν, τούτους ἀναθεματίζει ἡ καθολικὴ καὶ ἀποστολικὴ ἐκκλησία.

dem Vater, durch den alles geworden ist, was in den Himmeln und was auf der Erde ist,

der wegen uns Menschen und um unseres Heiles willen aus den Himmeln herabgestiegen und Fleisch geworden ist aus heiligem Geist und Maria, der Jungfrau, Mensch geworden ist, für uns gekreuzigt wurde unter Pontius Pilatus, gelitten hat, begraben wurde, am dritten Tag gemäß den Schriften auferstanden ist, in die Himmel hinaufgestiegen ist, zur Rechten des Vaters sitzt und wiederum kommt mit Herrlichkeit, Lebende und Tote zu richten; sein Reich wird kein Ende haben.

Und an den Heiligen Geist, den Herrn und Lebensspender, der aus dem Vater hervorgeht, der mit dem Vater und dem Sohne mitangebetet und mitverherrlicht wird und durch die Propheten gesprochen hat; an ⟨die⟩ eine heilige katholische und apostolische Kirche; wir bekennen ⟨die⟩ eine Taufe zur Vergebung der Sünden, wir erwarten eine Auferstehung der Toten und ein Leben der zukünftigen Zeit. Amen.

Die aber behaupten: "Es gab einmal eine **43** Zeit, als er nicht war", und: "Bevor er gezeugt wurde, war er nicht", oder er sei aus nichts geworden, oder die sagen, der Sohn Gottes sei aus einer anderen Hypostase oder Wesenheit, oder er sei verfließend oder veränderlich, diese belegt die katholische und apostolische Kirche mit dem Anathema.

## b) Längere Form

Πιστεύομεν εἰς ἕνα Θεὸν πατέρα παντοκράτορα, πάντων ὁρατῶν τε καὶ ἀοράτων ποιητήν·

καὶ εἰς ἕνα κύριον Ἰησοῦν Χριστόν,

τὸν υἱὸν τοῦ Θεοῦ, γεννηθέντα ἐκ Θεοῦ πατρὸς μονογενῆ, τουτέστιν ἐκ τῆς οὐσίας τοῦ πατρός, Θεὸν ἐκ Θεοῦ, φῶς ἐκ φωτός, Θεὸν ἀληθινὸν ἐκ Θεοῦ ἀληθινοῦ, γεννηθέντα οὐ ποιηθέντα, ὁμοούσιον τῷ πατρί, δι' οὗ τὰ πάντα ἐγένετο, τά τε ἐν τοῖς οὐρανοῖς καὶ τὰ ἐν τῇ γῇ, ὁρατά τε καὶ ἀόρατα,

Wir glauben an ⟨den⟩ einen Gott, den Vater, **44** den Allmächtigen, den Schöpfer alles Sichtbaren und Unsichtbaren;

und an ⟨den⟩ einen Herrn Jesus Christus,

den Sohn Gottes, als Einziggeborener aus Gott, dem Vater gezeugt, d. h. aus dem Wesen des Vaters, Gott aus Gott, Licht aus Licht, wahrer Gott aus wahrem Gott, gezeugt, nicht geschaffen, wesensgleich dem Vater, durch den alles geworden ist, was in den Himmeln und was auf der Erde ist, das Sichtbare und das Unsichtbare,

τὸν δι᾽ ἡμᾶς τοὺς ἀνθρώπους καὶ διὰ τὴν ἡμετέραν σωτηρίαν κατελθόντα καὶ σαρκωθέντα, τουτέστι γεννηθέντα τελείως ἐκ τῆς ἁγίας Μαρίας τῆς ἀειπαρθένου διὰ πνεύματος ἁγίου, ἐνανθρωπήσαντα, τουτέστι τέλειον ἄνθρωπον λαβόντα, ψυχὴν καὶ σῶμα καὶ νοῦν καὶ πάντα, εἴ τι ἐστὶν ἄνθρωπος, χωρὶς ἁμαρτίας, οὐκ ἀπὸ σπέρματος ἀνδρὸς οὐδὲ ἐν ἀνθρώπῳ, ἀλλ᾽ εἰς ἑαυτὸν σάρκα ἀναπλάσαντα εἰς μίαν ἁγίαν ἑνότητα· οὐ καθάπερ ἐν προφήταις ἐνέπνευσέ τε καὶ ἐλάλησε καὶ ἐνήργησεν, ἀλλὰ τελείως ἐνανθρωπήσαντα («ὁ γὰρ λόγος σὰρξ ἐγένετο», οὐ τροπὴν ὑποστὰς οὐδὲ μεταβαλὼν τὴν ἑαυτοῦ θεότητα εἰς ἀνθρωπότητα), εἰς μίαν συνενώσαντα ἑαυτοῦ ἁγίαν τελειότητά τε καὶ θεότητα (εἷς γάρ ἐστι κύριος Ἰησοῦς Χριστὸς καὶ οὐ δύο, ὁ αὐτὸς Θεός, ὁ αὐτὸς κύριος, ὁ αὐτὸς βασιλεύς), παθόντα δὲ τὸν αὐτὸν ἐν σαρκί, καὶ ἀναστάντα καὶ ἀνελθόντα εἰς τοὺς οὐρανοὺς ἐν αὐτῷ τῷ σώματι, ἐνδόξως καθίσαντα ἐν δεξιᾷ τοῦ πατρός, ἐρχόμενον ἐν αὐτῷ τῷ σώματι ἐν δόξῃ κρῖναι ζῶντας καὶ νεκρούς· οὗ τῆς βασιλείας οὐκ ἔσται τέλος·

καὶ εἰς τὸ ἅγιον πνεῦμα πιστεύομεν, τὸ λαλῆσαν ἐν νόμῳ καὶ κηρῦξαν ἐν τοῖς προφήταις καὶ καταβὰν ἐπὶ τὸν Ἰορδάνην, λαλοῦν ἐν ἀποστόλοις, οἰκοῦν ἐν ἁγίοις· οὕτως δὲ πιστεύομεν ἐν αὐτῷ, ὅτι ἐστὶ πνεῦμα ἅγιον, πνεῦμα Θεοῦ, πνεῦμα τέλειον, πνεῦμα παράκλητον, ἄκτιστον, ἐκ τοῦ πατρὸς ἐκπορευόμενον καὶ ἐκ τοῦ υἱοῦ λαμβανόμενον καὶ πιστευόμενον· πιστεύομεν εἰς μίαν καθολικὴν καὶ ἀποστολικὴν ἐκκλησίαν, καὶ εἰς ἓν βάπτισμα μετανοίας, καὶ εἰς ἀνάστασιν νεκρῶν καὶ κρίσιν δικαίαν ψυχῶν καὶ σωμάτων, καὶ εἰς βασιλείαν οὐρανῶν, καὶ εἰς ζωὴν αἰώνιον.

**45** Τοὺς δὲ λέγοντας, ὅτι ἦν ποτε, ὅτε οὐκ ἦν ὁ υἱὸς ἢ τὸ πνεῦμα τὸ ἅγιον, ἢ ὅτι ἐξ οὐκ ὄντων ἐγένετο ἢ ἐξ ἑτέρας ὑποστάσεως ἢ οὐσίας, φάσκοντας εἶναι τρεπτὸν ἢ ἀλλοιωτὸν

der wegen uns Menschen und um unseres Heiles willen herabgestiegen und Fleisch geworden ist, d. h. vollkommen geboren wurde aus der heiligen, allzeit jungfräulichen Maria durch heiligen Geist; er ist Mensch geworden, d. h. er nahm den vollkommenen Menschen an, Seele, Leib, Geist und alles, was nur der Mensch ist, außer der Sünde, nicht vom Samen eines Mannes und auch nicht in einem Menschen, sondern er hat in sich hinein Fleisch gebildet zu einer einzigen heiligen Einheit; nicht in der Weise, wie er in den Propheten atmete, redete und wirkte, sondern er ist vollkommen Mensch geworden ("denn das Wort ist Fleisch geworden", wobei es keiner Veränderung unterlag und auch seine Gottheit nicht in die Menschheit verwandelte); er hat ⟨ihn⟩ seiner einen heiligen Vollkommenheit und Gottheit hinzugeneigt (denn einer ist der Herr Jesus Christus und nicht zwei; derselbe ist Gott, derselbe Herr, derselbe König); derselbe aber hat im Fleisch gelitten und ist auferstanden und hinaufgestiegen in die Himmel in ebendiesem Leib; er sitzt in Herrlichkeit zur Rechten des Vaters und kommt in ebendiesem Leib in Herrlichkeit, Lebende und Tote zu richten; sein Reich wird kein Ende haben;

auch an den Heiligen Geist glauben wir, der gesprochen hat in den Propheten und herabgestiegen ist zum Jordan, der in ⟨den⟩ Aposteln redet und in ⟨den⟩ Heiligen wohnt; wir glauben aber in dem Sinne an ihn, daß er heiliger Geist ist, Geist Gottes, vollkommener Geist, tröstender Geist, ungeschaffen, der aus dem Vater hervorgeht, aus dem Sohn empfangen wird und an den geglaubt wird; wir glauben an ⟨die⟩ eine katholische und apostolische Kirche, an ⟨die⟩ eine Taufe der Umkehr, an eine Auferstehung der Toten und ein gerechtes Gericht über Seelen und Leiber, an ein Himmelreich und an ein ewiges Leben.

Die aber behaupten, es habe einmal eine Zeit gegeben, als der Sohn oder der Heilige Geist nicht waren, oder er sei aus nichts geworden, oder die sagen, der Sohn Gottes oder der Hei-

τὸν υἱὸν τοῦ Θεοῦ ἢ τὸ ἅγιον πνεῦμα, τούτους ἀναθεματίζει ἡ καθολικὴ καὶ ἀποστολικὴ ἐκκλησία, ἡ μήτηρ ὑμῶν τε καὶ ἡμῶν·
καὶ πάλιν ἀναθεματίζομεν τοὺς μὴ ὁμολογοῦντας ἀνάστασιν νεκρῶν καὶ πάσας τὰς
αἱρέσεις τὰς μὴ ἐκ ταύτης τῆς ὀρθῆς πίστεως
οὔσας.

lige Geist sei aus einer anderen Hypostase
oder Wesenheit, sei wandelbar oder veränderlich, diese belegt die katholische und apostolische Kirche, Eure und unsere Mutter, mit
dem Anathema; und wiederum belegen wir
die mit dem Anathema, welche keine Auferstehung der Toten bekennen, und alle Häresien, die nicht aus diesem rechten Glauben
sind.

## 46-47: [Pseudo?-] Athanasianische Ἑρμηνεία εἰς τὸ σύμβολον

Die *Hermeneia* bzw. die Auslegung zum Bekenntnis, von der Überlieferung Athanasius von Alexandrien
(† 373) zugeschrieben, wird ihm heute meist abgesprochen. Das Bekenntnis ist dem längeren Bekenntnis
des Epiphanius und dem ausführlicheren armenischen sehr ähnlich. Über die Frage, auf welche Weise diese
drei Bekenntnisse voneinander abhängen, gibt es unterschiedliche Auffassungen; die einen behaupten, die
*Hermeneia* sei vom Bekenntnis des Epiphanius abgeleitet und sei (vom 7. Jahrhundert an) die Grundlage
des größeren armenischen Bekenntnisses gewesen, andere kehren diese Reihenfolge der Abhängigkeit um
(vgl. *48°).
*Ausg.:* Hn § 127 / PG 26,1232 / CaUQ 1,2-4.

Πιστεύομεν εἰς ἕνα Θεόν, πατέρα παντοκράτορα, πάντων ὁρατῶν τε καὶ ἀοράτων ποιητήν.
Καὶ εἰς ἕνα κύριον Ἰησοῦν Χριστόν,
  τὸν υἱὸν τοῦ Θεοῦ, γεννηθέντα ἐκ τοῦ
  πατρός, Θεὸν ἐκ Θεοῦ, φῶς ἐκ φωτός,
  Θεὸν ἀληθινὸν ἐκ Θεοῦ ἀληθινοῦ, γεννηθέντα, οὐ ποιηθέντα, ὁμοούσιον τῷ
  πατρί, δι' οὗ τὰ πάντα ἐγένετο, τά τε ἐν
  τῷ οὐρανῷ καὶ τὰ ἐπὶ τῆς γῆς, ὁρατά
  τε καὶ ἀόρατα·
  τὸν δι' ἡμᾶς τοὺς ἀνθρώπους καὶ διὰ τὴν
  ἡμετέραν σωτηρίαν κατελθόντα,
  σαρκωθέντα, ἐνανθρωπήσαντα, τουτέστι γεννηθέντα τελείως ἐκ Μαρίας τῆς
  ἀειπαρθένου διὰ πνεύματος ἁγίου,
  σῶμα καὶ ψυχὴν καὶ νοῦν καὶ πάντα,
  ὅσα ἐστὶν ἀνθρώποις, χωρὶς ἁμαρτίας,
  ἀληθινῶς καὶ οὐ δοκήσει ἐσχηκότα·
  παθόντα, τουτέστι σταυρωθέντα, ταφέντα, καὶ ἀναστάντα τῇ τρίτῃ ἡμέρᾳ,
  καὶ ἀνελθόντα εἰς οὐρανοὺς ἐν αὐτῷ
  τῷ σώματι, ἐνδόξως καθίσαντα ἐν δεξιᾷ τοῦ πατρός, ἐρχόμενον ἐν αὐτῷ τῷ
  σώματι ἐν δόξῃ κρῖναι ζῶντας καὶ
  νεκρούς, οὗ τῆς βασιλείας οὐκ ἔσται
  τέλος.

Καὶ πιστεύομεν εἰς τὸ πνεῦμα τὸ ἅγιον, τὸ
  οὐκ ἀλλότριον πατρὸς καὶ υἱοῦ, ἀλλ'
  ὁμοούσιον ὂν πατρὶ καὶ υἱῷ, τὸ ἄκτιστον, τὸ τέλειον, τὸ παράκλητον, τὸ
  λαλῆσαν ἐν νόμῳ καὶ ἐν προφήταις
  καὶ ἐν [ἀποστόλοις καὶ] εὐαγγελίοις·

Wir glauben an ⟨den⟩ einen Gott, den Vater, **46**
  den Allmächtigen, den Schöpfer alles
  Sichtbaren und Unsichtbaren.
Und an ⟨den⟩ einen Herrn Jesus Christus,
  den Sohn Gottes, gezeugt aus dem Vater,
  Gott aus Gott, Licht aus Licht, wahrer
  Gott aus wahrem Gott, gezeugt, nicht
  geschaffen, wesensgleich dem Vater,
  durch den alles geworden ist, was im
  Himmel und was auf der Erde ist, das
  Sichtbare und das Unsichtbare;
  der wegen uns Menschen und um unseres
  Heiles willen herabgestiegen ist,
  Fleisch und Mensch geworden ist, d. h.
  vollkommen geboren wurde aus der allzeit jungfräulichen Maria durch heiligen Geist; Leib, Seele, Geist und alles,
  was die Menschen haben, außer der
  Sünde, hat er wahrhaftig und nicht
  dem Schein nach gehabt; er hat gelitten, d. h. er wurde gekreuzigt, wurde
  begraben, ist auferstanden am dritten
  Tag und ist hinaufgestiegen in ⟨die⟩
  Himmel in ebendiesem Leib; er sitzt in
  Herrlichkeit zur Rechten des Vaters
  und kommt in ebendiesem Leib in
  Herrlichkeit, Lebende und Tote zu richten; sein Reich wird kein Ende haben.
Wir glauben auch an den heiligen Geist, der
  nicht andersartig ist als der Vater und
  der Sohn, sondern dem Vater und dem
  Sohn wesensgleich ist, der ungeschaffen, vollkommen und Beistand ist, der
  gesprochen hat im Gesetz, in ⟨den⟩ Pro-

καταβὰν ἐπὶ τὸν Ἰορδάνην, *κηρυξόμενον* [κηρῦξαν] ἀποστόλοις, οἰκοῦν ἐν ἁγίοις. Καὶ πιστεύομεν εἰς μίαν μόνην ταύτην καθολικὴν *καὶ ἀποστολικὴν* [-!] ἐκκλησίαν, εἰς ἓν βάπτισμα μετανοίας καὶ ἀφέσεως ἁμαρτιῶν, εἰς ἀνάστασιν νεκρῶν, εἰς κρίσιν αἰώνιον ψυχῶν τε καὶ σωμάτων, εἰς βασιλείαν οὐρανῶν, καὶ ζωὴν αἰώνιον.

pheten und in ⟨den⟩ [Aposteln und] Evangelien; er ist herabgestiegen zum Jordan, *wird zu ⟨den⟩ Aposteln sprechen* [hat zu ⟨den⟩ Aposteln gesprochen] und wohnt in ⟨den⟩ Heiligen. Wir glauben auch an diese eine alleinige katholische *und apostolische* [-!] Kirche, an ⟨die⟩ eine Taufe der Umkehr und Vergebung der Sünden, an eine Auferstehung der Toten, an ein ewiges Gericht über Seelen und Leiber, an ein Himmelreich und ein ewiges Leben.

47 Τοὺς δὲ λέγοντας, ὅτι ἦν ποτε, ὅτε οὐκ ἦν ὁ υἱός, ἢ ἦν ποτε, ὅτε οὐκ ἦν τὸ ἅγιον πνεῦμα, ἢ ὅτι ἐξ οὐκ ὄντων ἐγένετο, ἢ ἐξ ἑτέρας ὑποστάσεως ἢ οὐσίας φάσκοντας εἶναι τὸν υἱὸν τοῦ Θεοῦ ἢ τὸ πνεῦμα τὸ ἅγιον, τρεπτὸν ἢ ἀλλοιωτόν, τούτους ἀναθεματίζομεν, ὅτι αὐτοὺς ἀναθεματίζει ἡ καθολικὴ μήτηρ ἡμῶν καὶ ἀποστολικὴ ἐκκλησία· καὶ ἀναθεματίζομεν πάντας τοὺς μὴ ὁμολογοῦντας ἀνάστασιν *σαρκὸς* [νεκρῶν] καὶ πᾶσαν αἵρεσιν, τουτέστι τοὺς μὴ ὄντας ἐκ ταύτης τῆς πίστεως τῆς ἁγίας καὶ μόνης καθολικῆς ἐκκλησίας.

Die aber behaupten, es habe einmal eine Zeit gegeben, als der Sohn nicht war, oder es habe einmal eine Zeit gegeben, als der Heilige Geist nicht war, oder er sei aus nichts geworden, oder die sagen, der Sohn Gottes oder der Heilige Geist sei aus einer anderen Hypostase oder Wesenheit, sei wandelbar oder veränderlich, diese belegen wir mit dem Anathema, weil sie unsere katholische Mutter und apostolische Kirche mit dem Anathema belegt; wir belegen auch alle mit dem Anathema, die keine Auferstehung *des Fleisches* [der Toten] bekennen, und jegliche Häresie, d. h. die, die nicht aus diesem Glauben der heiligen und einzigen katholischen Kirche sind.

## 48-49: Großes Glaubensbekenntnis der armenischen Kirche

Dieses Bekenntnis wurde nach A. Ter-Mikelian nicht bei der Taufe (wie die Kurzform *6), sondern im Rahmen der Meßliturgie verwendet. Sein Originaltext – zweifellos griechisch – liegt nicht mehr vor, kann jedoch ziemlich sicher durch die Rückübersetzung des armenischen Textes rekonstruiert werden. Geringfügige Abweichungen bei der Wiederherstellung rühren daher, daß die mit der Römischen Kirche unierten Armenier eine Form benützen, die sich an mehreren Stellen von jener der orthodoxen Armenier unterscheidet. So ist z. B. auch das "Filioque" eingefügt. Der im folgenden angeführte griechische Haupttext entspricht weitgehend jener griechischen Fassung, die aus der ziemlich wörtlichen deutschen Übersetzung des armenischen Textes von F.X. Steck, *Die Liturgie der katholischen Armenier* (Tübingen 1845) 43, erschlossen werden kann; [in eckigen Klammern] sind andere wichtigere Varianten, die von Ter-Mikelian und Hort vorgelegt wurden, beigefügt. – Über den Ursprung dieses Bekenntnisses gehen die Meinungen weit auseinander. Die einen behaupten, es sei älter als das längere Bekenntnis des Epiphanius (*44f) und sei schon um die Mitte des 4. Jahrhunderts aus Kappadozien nach Armenien eingeführt worden, andere halten es lediglich für eine jüngere und minderwertige Form der *Hermeneia* (*46f), die vom 7. Jahrhundert an in Armenien vorherrschend wurde: vgl. G. Winkler, *A Remarkable Shift in the 4th Century Creeds. An Analysis of the Armenian, Syriac and Greek Evidence*, in: Studia Patristica 17/III (Oxford 1982) 1396–1401.
*Ausg.:* A. Ter-Mikelian a. *6 a.O. 22–24 / F.J.A. Hort, a. *41 a.O., 120–123 146f ("*Cappadocian Creed*") / Hn § 137 (in den Anmerkungen die Fassung der unierten Armenier) / CaANQ 2,31–34 (eine bisweilen abwegige Rekonstruktion) / MaC 25,1269CD (mit späteren Elementen) / Nur eine lateinische Übersetzung bieten die *Acta Benedicti XII*, hrsg. von A. L. Tăutu (*Codex Iuris Canonici Orientalis*, Fontes III 8 [Vatikan 1958]) 228.

48 Πιστεύομεν εἰς ἕνα Θεόν, πατέρα παντοκράτορα, ποιητὴν οὐρανοῦ καὶ γῆς, ὁρατῶν τε καὶ ἀοράτων.

Wir glauben an ⟨den⟩ einen Gott, den Vater, den Allmächtigen, den Schöpfer des Himmels und der Erde, des Sichtbaren und Unsichtbaren.

Καὶ εἰς ἕνα κύριον Ἰησοῦν Χριστόν,

Und an ⟨den⟩ einen Herrn Jesus Christus,

40

τὸν υἱὸν Θεοῦ, [τὸν] γεννηθέντα ἐκ τοῦ [-!] πατρὸς μονογενῆ [τουτέστιν ἐκ τῆς οὐσίας τοῦ πατρός] *πρὸ πάντων τῶν αἰώνων* [-!], Θεὸν ἐκ Θεοῦ, φῶς ἐκ φωτός, Θεὸν ἀληθινὸν ἐκ Θεοῦ ἀληθινοῦ, γεννηθέντα οὐ ποιηθέντα, ὁμοούσιον τῷ πατρί, δι' οὗ τὰ πάντα ἐγένετο, *τὰ* [τε] *ἐν τῷ οὐρανῷ* [ἐν τοῖς οὐρανοῖς] καὶ τὰ *ἐν τῇ γῇ* [ἐπὶ τῆς γῆς], ὁρατά τε καὶ ἀόρατα,

τὸν δι' ἡμᾶς τοὺς ἀνθρώπους καὶ διὰ τὴν ἡμετέραν σωτηρίαν κατελθόντα ἐκ τῶν οὐρανῶν, σαρκωθέντα, ἐνανθρωπήσαντα [, γεννηθέντα] τελείως ἐκ Μαρίας τῆς ἁγίας παρθένου διὰ πνεύματος ἁγίου, *ἐξ ἧς ἀνέλαβεν σάρκα, νοῦν, ψυχὴν* [ἐκ ταύτης σῶμα καὶ ψυχὴν καὶ νοῦν] καὶ πάντα ὅσα ἐστὶν *ἐν ἀνθρώπῳ* [ἄνθρωπος], ἀληθῶς καὶ οὐ δοκήσει [ἐσχηκότα], παθόντα, σταυρωθέντα, ταφέντα, ἀναστάντα τῇ τρίτῃ ἡμέρᾳ, καὶ ἀνελθόντα εἰς *τὸν οὐρανὸν* [τοὺς οὐρανοὺς] ἐν αὐτῷ τῷ σώματι, καθίσαντα *ἐν δεξιᾷ* [ἐκ δεξιῶν] τοῦ πατρός, ἐρχόμενον ἐν αὐτῷ τῷ σώματι καὶ ἐν δόξῃ πατρὸς κρῖναι ζῶντας καὶ νεκρούς, οὗ τῆς βασιλείας οὐκ ἔσται τέλος.

[Καὶ] Πιστεύομεν εἰς τὸ πνεῦμα τὸ ἅγιον, τὸ ἄκτιστον, τὸ τέλειον, τὸ λαλῆσαν *διὰ τοῦ νόμου καὶ τῶν προφητῶν καὶ τῶν εὐαγγελιστῶν* [ἐν νόμῳ καὶ ἐν προφήταις καὶ ἐν εὐαγγελίοις], τὸ [-!] καταβὰν ἐπὶ τὸν Ἰορδάνην, κηρῦξαν *τὸν ἀπόστολον* [ἀποστόλοις] *καὶ* [-!] *οἰκῆσαν* [οἰκοῦν] ἐν ἁγίοις. [Καὶ] Πιστεύομεν εἰς μίαν μόνην καθολικὴν καὶ ἀποστολικὴν ἐκκλησίαν, εἰς ἓν βάπτισμα *εἰς μετάνοιαν* [μετανοίας], εἰς *πάρεσιν* [ἱλασμὸν(?)] καὶ ἄφεσιν ἁμαρτιῶν, εἰς ἀνάστασιν νεκρῶν, εἰς κρίσιν *τοῦ αἰῶνος* [αἰώνιον] ψυχῶν τε καὶ σωμάτων, εἰς βασιλείαν *τῶν* [-!] οὐρανῶν καὶ εἰς ζωὴν αἰώνιον.

Τοὺς δὲ λέγοντας «ἦν ποτε, ὅτε οὐκ ἦν ὁ υἱὸς *τοῦ Θεοῦ* [-!]», ἢ «ἦν ποτε, ὅτε οὐκ ἦν *τὸ πνεῦμα τὸ ἅγιον* [τὸ ἅγιον πνεῦμα]», ἢ ὅτι ἐξ οὐκ ὄντων *ἐγένοντο* [ἐγένετο], ἢ ἐξ ἑτέρας ὑποστάσεως ἢ οὐσίας φάσκοντας εἶ-

den Sohn Gottes, als Einziggeborener aus dem Vater gezeugt [das heißt aus dem Wesen des Vaters] *vor allen Zeiten* [-!], Gott aus Gott, Licht aus Licht, wahrer Gott aus wahrem Gott, gezeugt, nicht geschaffen, wesensgleich dem Vater, durch den alles geworden ist, was *im Himmel* [in den Himmeln] und was auf der Erde ist, das Sichtbare und Unsichtbare;

der wegen uns Menschen und um unseres Heiles willen herabgestiegen ist aus den Himmeln, Fleisch und Mensch geworden [und geboren worden] ist vollkommen aus der heiligen Jungfrau Maria durch den Heiligen Geist; aus *ihr* [dieser] hat er *Fleisch, Geist, Seele* [Leib, Seele, Geist] und alles, was *im Menschen* [der Mensch] ist, wahrhaftig und nicht dem Schein nach *angenommen* [besessen]; er hat gelitten, wurde gekreuzigt und begraben, ist auferstanden am dritten Tag und hinaufgestiegen in *den Himmel* [die Himmel] in ebendiesem Leibe; er sitzt zur Rechten des Vaters und kommt in ebendiesem Leib und in der Herrlichkeit des Vaters, Lebende und Tote zu richten; sein Reich wird kein Ende haben.

Wir glauben [auch] an den Heiligen Geist, den Ungeschaffenen und Vollkommenen, der gesprochen hat *durch das Gesetz, die Propheten und die Evangelisten* [im Gesetz, in ⟨den⟩ Propheten und in ⟨den⟩ Evangelien], der herabgestiegen ist zum Jordan, *den Apostel* ⟨?⟩ [zu den Aposteln] gesprochen hat und in ⟨den⟩ Heiligen *gewohnt hat* [wohnt]. Wir glauben [auch] an ⟨die⟩ eine alleinige katholische und apostolische Kirche, an ⟨die⟩ eine Taufe *zur Umkehr* [der Umkehr], an ⟨den⟩ *Nachlaß* [⟨die⟩ Sühne (?)] und die Vergebung der Sünden, an eine Auferstehung der Toten, an ein Gericht der Weltzeit über Seelen und Leiber, an ein Himmelreich und an ein ewiges Leben.

Die aber behaupten: "Es hat einmal eine Zeit **49** gegeben, als der Sohn *Gottes* [-!] nicht war"; oder: "Es hat einmal eine Zeit gegeben, als der Heilige Geist nicht war"; oder *sie seien* [er sei] aus nichts geworden, oder die sagen,

ναι τὸν υἱὸν τοῦ Θεοῦ ἢ *καὶ* [-!] τὸ πνεῦμα τὸ ἅγιον, *καὶ τρεπτοὺς ἢ ἀλλοιωτοὺς εἶναι αὐτούς* [τρεπτὸν ἢ ἀλλοιωτόν], τούτους ἀναθεματίζει ἡ καθολικὴ καὶ ἀποστολικὴ ἐκκλησία.

der Sohn Gottes oder *auch* [-!] der Heilige Geist seien aus einer anderen Hypostase oder Wesenheit und *sie seien* [er sei] wandelbar oder veränderlich, diese belegt die katholische und apostolische Kirche mit dem Anathema.

*Antiochien, Ende 4. Jahrhundert*

## 50: Taufbekenntnis aus Antiochien (Fragmente)

Von diesem Taufbekenntnis, das von dem Bekenntnis der Synode unterschieden werden muß, die 341 gegen Athanasius von Alexandrien abgehalten wurde, sind drei Fragmente bei den folgenden Autoren erhalten:

[A] **Eusebius**, (später) Bischof **von Dorylaion**, *Obtestatio contra Nestorium* (unter den Akten des Konzils von Ephesus 431).

*Ausg.:* ACOe 1/I/I, 102 / MaC 4,1009E / Kelly 184f.

[B] **Johannes Cassianus**, *De incarnatione Domini contra Nestorium* VI, c. 3, n. 2; c. 4, n. 2; c. 6-10. Er zitiert lateinisch.

*Ausg.:* M. Petschenig: CSEL 17,327 329 331-335 / PL 50,142-144 149f 153-158 / Kelly 183f.

[C] **Johannes Chrysostomus**, Homilie 40 zu 1 Kor (15,29), Nr. 1 2.

*Ausg.:* PG 61,348 349.

Der übrige griechische Text [in eckigen Klammern] ist eine Rekonstruktion. - Vgl. auch Hn § 130 / Ltzm 22f.

| | | | |
|---|---|---|---|
| 50 [Πιστεύομεν εἰς ἕνα καὶ μόνον ἀληθινὸν Θεόν, πατέρα παντοκράτορα, πάντων ὁρατῶν τε καὶ ἀοράτων ποιητήν. | [B:] Credo in unum et solum verum Deum, Patrem omnipotentem, creatorem omnium visibilium et invisibilium creaturarum. | [Wir glauben an ⟨den⟩ einen und alleinigen wahren Gott, den Vater, den Allmächtigen, den Schöpfer alles Sichtbaren und Unsichtbaren. | [B:] Ich glaube an den einen und alleinigen wahren Gott, den allmächtigen Vater, den Schöpfer aller sichtbaren und unsichtbaren Geschöpfe. |
| Καὶ εἰς τὸν κύριον ἡμῶν Ἰησοῦν Χριστόν, τὸν υἱὸν αὐτοῦ τὸν μονογενῆ καὶ πρωτότοκον πάσης κτίσεως, τὸν ἐξ αὐτοῦ γεννηθέντα πρὸ πάντων τῶν αἰώνων, οὐ ποιηθέντα,] | Et in Dominum nostrum Iesum Christum, Filium eius unigenitum et primogenitum totius creaturae, ex eo natum ante omnia saecula, et non factum, | Und an unseren Herrn Jesus Christus, seinen Sohn, den Einziggeborenen und Erstgeborenen aller Schöpfung, der vor allen Zeiten aus ihm gezeugt wurde, nicht geschaffen,] | Und an unseren Herrn Jesus Christus, seinen Sohn, den Einziggeborenen und Erstgeborenen aller Schöpfung, der vor allen Zeiten aus ihm geboren wurde und nicht geschaffen, |
| [A:] Θεὸν ἀληθινὸν ἐκ Θεοῦ ἀληθινοῦ, ὁμοούσιον τῷ πατρί, δι' οὗ καὶ οἱ αἰῶνες κατηρτίσθησαν καὶ τὰ πάντα ἐγένετο, | Deum verum ex Deo vero, homousion Patri, per quem et saecula compaginata sunt et omnia facta, | [A:] wahrer Gott aus wahrem Gott, wesensgleich dem Vater, durch den sowohl die Zeiten geordnet worden sind als auch alles geworden ist, | wahrer Gott aus wahrem Gott, wesensgleich dem Vater, durch den sowohl die Zeiten geordnet worden sind als auch alles geworden ist, |
| τὸν δι' ἡμᾶς [κατ]ελθόντα καὶ γεννηθέντα ἐκ Μαρίας τῆς ἁγίας [τῆς ἀει]παρθένου, καὶ | qui propter nos venit et natus est ex Maria virgine, et crucifixus sub Pontio Pilato, | der unsertwegen [herab-] gekommen ist und geboren wurde aus der heiligen Jungfrau [allzeit | der unsertwegen gekommen ist und geboren wurde aus Maria, der Jungfrau; er wurde gekreuzigt |

σταυρωθέντα ἐπὶ Ποντίου Πιλάτου,

jungfräulichen] Maria; er wurde gekreuzigt unter Pontius Pilatus

unter Pontius Pilatus

[καὶ ταφέντα καὶ ἀναστάντα τῇ τρίτῃ ἡμέρᾳ κατὰ τὰς γραφάς, καὶ ἀνελθόντα εἰς τοὺς οὐρανούς, καὶ πάλιν ἐρχόμενον κρῖναι ζῶντας καὶ νεκρούς ...]

et sepultus, et tertia die resurrexit secundum Scripturas, et ascendit in caelos, et iterum veniet iudicare vivos et mortuos ...

[und begraben und ist am dritten Tag auferstanden gemäß den Schriften; er ist hinaufgestiegen in die Himmel und kommt wiederum, Lebende und Tote zu richten ...]

und begraben und ist am dritten Tag auferstanden gemäß den Schriften, er ist hinaufgestiegen in die Himmel und wird wiederum kommen, Lebende und Tote zu richten ...

[C:] καὶ εἰς ἁμαρτιῶν ἄφεσιν, καὶ [εἰς] νεκρῶν ἀνάστασιν, καὶ εἰς ζωὴν αἰώνιον.

[C:] und an die Vergebung der Sünden, [an] eine Auferstehung der Toten und an ein ewiges Leben.

*Mopsuestia in Kilikien, Ende 4. Jahrhundert*

## 51: Theodor, Bischof von Mopsuestia: Katechesen I-X, zwischen 381 und 392

Die von Theodor verwendete Form wurde nach seinem eigenen Zeugnis unter dem Einfluß des Konzils von Konstantinopel und seines Bekenntnisses erweitert. Es wurde vor «πνεῦμα ἅγιον» das Wort «ἕν» ergänzt und alles, was nach «πνεῦμα ἅγιον» folgt, hinzugefügt.

*Ausg.*: Syrisch-französische Ausgabe von R. Tonneau – R. Devreesse, *Les homélies catéchétiques de Théodor de Mopsueste* (ST 145; Rom 1949); Rekonstruktionen des griechischen Bekenntnisses s. A. Rücker, *Ritus baptismi et Missae, quem descripsit Theodorus episcopus Mopsuestemus in sermonibus catecheticis* (Opuscula et textus historiam ecclesiae ... illustrantia, Series liturgica 2; Münster 1933) 43f, und J. Lebon, in: RHE 32 (1936) 836 / Kelly 187f.

Πιστεύομεν εἰς ἕνα Θεόν, πατέρα παντοκράτορα, πάντων ὁρατῶν τε καὶ ἀοράτων ποιητήν.
Καὶ εἰς ἕνα κύριον Ἰησοῦν Χριστόν,
τὸν υἱὸν τοῦ Θεοῦ τὸν μονογενῆ, τὸν πρωτότοκον πάσης κτίσεως, τὸν ἐκ τοῦ πατρὸς αὐτοῦ γεννηθέντα πρὸ πάντων τῶν αἰώνων, οὐ ποιηθέντα, Θεὸν ἀληθινὸν ἐκ Θεοῦ ἀληθινοῦ, ὁμοούσιον τῷ πατρὶ αὐτοῦ, δι' οὗ οἱ αἰῶνες κατηρτίσθησαν καὶ τὰ πάντα ἐγένετο,
τὸν δι' ἡμᾶς τοὺς ἀνθρώπους καὶ διὰ τὴν ἡμετέραν σωτηρίαν κατελθόντα ἐκ τῶν οὐρανῶν, καὶ σαρκωθέντα καὶ ἄνθρωπον γενόμενον, γεννηθέντα ἐκ Μαρίας τῆς παρθένου, καὶ σταυρωθέντα ἐπὶ Ποντίου Πιλάτου, ταφέντα καὶ ἀναστάντα τῇ τρίτῃ ἡμέρᾳ κατὰ τὰς γραφάς, ἀνελθόντα εἰς τοὺς οὐρανούς, καθεζόμενον ἐκ δεξιῶν τοῦ Θεοῦ, καὶ πάλιν ἐρχόμενον κρῖναι ζῶντας καὶ νεκρούς.

Wir glauben an ⟨den⟩ einen Gott, den Vater, 51 den Allmächtigen, den Schöpfer alles Sichtbaren und Unsichtbaren.
Und an ⟨den⟩ einen Herrn Jesus Christus,
den einziggeborenen Sohn Gottes, den Erstgeborenen aller Schöpfung, der aus seinem Vater vor allen Zeiten gezeugt wurde, nicht geschaffen, wahrer Gott aus wahrem Gott, wesensgleich seinem Vater, durch den die Zeiten geordnet worden sind und alles geworden ist,
der wegen uns Menschen und um unseres Heiles willen herabgestiegen ist aus den Himmeln und Fleisch und Mensch geworden ist; er wurde geboren aus Maria, der Jungfrau, und wurde gekreuzigt unter Pontius Pilatus; er ist begraben worden und auferstanden am dritten Tag gemäß den Schriften; er ist hinaufgestiegen in die Himmel, sitzt zur Rechten Gottes und kommt wiederum, Lebende und Tote zu richten.

Καὶ εἰς ἓν πνεῦμα ἅγιον, τὸ ἐκ τοῦ πατρὸς ἐκπορευόμενον, πνεῦμα ζωοποιόν· ὁμολογοῦμεν ἓν βάπτισμα, μίαν ἁγίαν ἐκκλησίαν καθολικήν, ἄφεσιν ἁμαρτιῶν, ἀνάστασιν σαρκὸς καὶ ζωὴν αἰώνιον.

Und an ⟨den⟩ einen heiligen Geist, der aus dem Vater hervorgeht, den lebenspendenden Geist; wir bekennen ⟨die⟩ eine Taufe, ⟨die⟩ eine heilige katholische Kirche, die Vergebung der Sünden, Auferstehung des Fleisches und ein ewiges Leben.

*Ägypten, Mitte 4. Jahrhundert*

### 55: Apophthegmen Macarius' des Großen

In einer Wiener Handschrift (9. Jahrhundert) der *Apophthegmata Patrum* und in den griechischen Pariser Handschriften 1627 und 1628 (13. und 14. Jahrhundert) der *Historia Lausiaca* des Palladius von Hellenopolis wird die Geschichte des hl. Macarius des Ägypters bzw. des Großen (um 300–390) überliefert, in der das Bekenntnis vorkommt. Seine Form ist vermutlich eine lokale ägyptische, ihr Kern vor-nizänisch. Nizänische Elemente wurden später hinzugefügt. Gegen Ende des Bekenntnisses tritt an die Stelle der offiziellen Form eine ziemlich freie Paraphrase. Während E. Preuschen diese Geschichte für einen echten Teil des 19. Kapitels der *Historia Lausiaca* hält, bestreitet dies C. Butler in seiner kritischen Ausgabe dieses Werkes (*The Lausiac History of Palladius* 2 [Cambridge 1904] 194f, Anm. 28). Weder er noch die späteren Herausgeber (A. Lucot [Paris 1912]; Ramón y Arrufat [Barcelona 1927]) bieten den Text des Bekenntnisses. *Ausg.:* PG 34,212D–213A; vgl. auch 51D [= Codex Vindobonensis] / E. Preuschen, *Palladius und Rufinus* (Gießen 1897) 127₄₋₁₃ [= Codex Parisinus] / Kelly 191 / Ltzm 25f. – Im folgenden wird als Haupttext der Codex Vindobonensis angeführt [in eckigen Klammern: Varianten des Codex Parisinus graecus 1628].

55 Πιστεύω εἰς ἕνα Θεόν, πατέρα παντοκράτορα.
Καὶ εἰς τὸν ὁμοούσιον αὐτοῦ λόγον, δι' οὗ ἐποίησε τοὺς αἰῶνας,
τὸν ἐπὶ συντελείᾳ τῶν αἰώνων εἰς ἀθέτησιν *τῆς* [-!] ἁμαρτίας ἐπιδημήσαντα ἐν σαρκί, *ἣν ἐκ τῆς ἁγίας παρθένου Μαρίας ἑαυτῷ ὑπεστήσατο* [σαρκωθέντα ἐκ τῆς ἁγίας παρθένου, καὶ]
τὸν [-!] σταυρωθέντα ὑπὲρ ἡμῶν, καὶ ἀποθανόντα *καὶ ταφέντα* [-!] καὶ ἀναστάντα τῇ τρίτῃ ἡμέρᾳ [καὶ ἀνελθόντα εἰς τοὺς οὐρανούς], καὶ *καθεζόμενον ἐν δεξιᾷ τοῦ πατρός* [καθίσαντα ἐκ δεξιῶν τοῦ Θεοῦ καὶ πατρός], καὶ πάλιν ἐρχόμενον *ἐν τῷ μέλλοντι αἰῶνι* [-!] κρῖναι ζῶντας καὶ νεκρούς.
Καὶ εἰς *τὸ* πνεῦμα τὸ ἅγιον [τὸ ἅγιον πνεῦμα], τὸ ὁμοούσιον τῷ πατρὶ καὶ τῷ [-!] λόγῳ *αὐτοῦ* [τοῦ Θεοῦ]. *Πιστεύωμεν* [!] *δὲ* [-!] καὶ εἰς ἀνάστασιν *ψυχῆς καὶ σώματος* [νεκρῶν], καθὼς *λέγει* [φησὶν] ὁ ἀπόστολος «[σπείρεται ἐν φθορᾷ, ἐγείρεται ἐν δόξῃ,] σπείρεται σῶμα ψυχικόν, ἐγείρεται σῶμα πνευματικόν» [*cf. 1 Cor 15,42–44*].

Ich glaube an ⟨den⟩ einen Gott, den Vater, den Allmächtigen.
Und an sein wesensgleiches Wort, durch das er die Zeiten geschaffen hat,
das, als die Zeiten erfüllt waren, um die Sünde hinwegzunehmen, im Fleische geweilt hat, *das es sich aus der heiligen Jungfrau Maria bereitet hat* [und Fleisch geworden ist aus der heiligen Jungfrau],
das für uns gekreuzigt wurde, gestorben ist, *begraben wurde,* [-!] am dritten Tag auferstanden ist, [hinaufgestiegen ist in die Himmel,] zur Rechten [Gottes und] des Vaters sitzt und wiederum kommt *in der künftigen Zeit* [-!], Lebende und Tote zu richten.

Und an den heiligen Geist, der wesensgleich ist dem Vater und *seinem Wort* [dem Wort Gottes]. *Wir wollen aber auch glauben* [Und] an eine Auferstehung *von Seele und Leib* [der Toten], wie der Apostel sagt: "[Gesät wird in Vergänglichkeit, auferweckt in Herrlichkeit,] gesät wird ein beseelter Leib, auferweckt ein geistiger Leib" [*vgl. 1 Kor 15,42–44*].

## IN ÖSTLICHEN KANONSAMMLUNGEN ENTHALTENE BEKENNTNISSE

### Syrien und Palästina

#### 60: Constitutiones Apostolorum, um 380

Diese griechische Sammlung pseudo-apostolischer Kanones wurde entweder in Syrien bzw. Palästina oder in Konstantinopel verfaßt. Zwar geht Buch VIII auf die *Traditio apostolica* des Hippolyt von Rom (vgl. *10) zurück, keinesfalls jedoch das in Buch VII, Kap. 41 enthaltene Bekenntnis, das offenbar in der Kirche des Verfassers verwendet wurde.

*Ausg.:* M. Metzger: SouChr 336 (Paris 1987) 98–100 / F.X. Funk, *Didascalia et Constitutiones Apostolorum* 1 (Paderborn 1905) 444–448 / J. Quasten, in: FlP 7/IV (1936) 13f / PG 1,1041C / Kelly 185f / Hn § 129 / Ltzm 23.

Καὶ πιστεύω καὶ βαπτίζομαι εἰς ἕνα ἀγέννητον μόνον ἀληθινὸν Θεὸν παντοκράτορα, τὸν πατέρα τοῦ Χριστοῦ,
κτίστην καὶ δημιουργὸν τῶν ἁπάντων,
ἐξ οὗ τὰ πάντα.
Καὶ εἰς τὸν κύριον Ἰησοῦν τὸν Χριστόν,
τὸν μονογενῆ αὐτοῦ υἱόν, τὸν πρωτότοκον πάσης κτίσεως, τὸν πρὸ αἰώνων
εὐδοκίᾳ τοῦ πατρὸς γεννηθέντα οὐ
κτισθέντα, δι' οὗ τὰ πάντα ἐγένετο τὰ
ἐν οὐρανοῖς καὶ ἐπὶ γῆς, ὁρατά τε καὶ
ἀόρατα,

τὸν ἐπ' ἐσχάτων τῶν ἡμερῶν κατελθόντα
ἐξ οὐρανῶν καὶ σάρκα ἀναλαβόντα, ἐκ
τῆς ἁγίας παρθένου Μαρίας γεννηθέντα, καὶ πολιτευσάμενον ὁσίως κατὰ
τοὺς νόμους τοῦ Θεοῦ καὶ πατρὸς αὐτοῦ, καὶ σταυρωθέντα ἐπὶ Ποντίου Πιλάτου, καὶ ἀποθανόντα ὑπὲρ ἡμῶν,
καὶ ἀναστάντα ἐκ νεκρῶν μετὰ τὸ
παθεῖν τῇ τρίτῃ ἡμέρᾳ, καὶ ἀνελθόντα
εἰς τοὺς οὐρανοὺς καὶ καθεσθέντα ἐν
δεξιᾷ τοῦ πατρός, καὶ πάλιν ἐρχόμενον
ἐπὶ συντελείᾳ τοῦ αἰῶνος μετὰ δόξης
κρῖναι ζῶντας καὶ νεκρούς, οὗ τῆς βασιλείας οὐκ ἔσται τέλος.
Βαπτίζομαι καὶ εἰς τὸ πνεῦμα τὸ ἅγιον, τουτέστι τὸν παράκλητον, τὸ ἐνεργῆσαν
ἐν πᾶσι τοῖς ἀπ' αἰῶνος ἁγίοις, ὕστερον δὲ ἀποσταλὲν καὶ τοῖς ἀποστόλοις
παρὰ τοῦ πατρὸς κατὰ τὴν ἐπαγγελίαν
τοῦ σωτῆρος ἡμῶν καὶ κυρίου Ἰησοῦ
Χριστοῦ, καὶ μετὰ τοὺς ἀποστόλους δὲ
πᾶσι τοῖς πιστεύουσιν ἐν τῇ ἁγίᾳ
καθολικῇ καὶ ἀποστολικῇ ἐκκλησίᾳ,
εἰς σαρκὸς ἀνάστασιν καὶ εἰς ἄφεσιν
ἁμαρτιῶν καὶ εἰς βασιλείαν οὐρανῶν
καὶ εἰς ζωὴν τοῦ μέλλοντος αἰῶνος.

Ich glaube an und lasse mich taufen auf 60
⟨den⟩ einen ungezeugten alleinigen
wahren Gott, den Allmächtigen, den
Vater Christi, den Schöpfer und Erschaffer von allem, aus dem alles ⟨ist⟩.
Und an den Herrn Jesus Christus,
seinen einziggeborenen Sohn, den Erstgeborenen aller Schöpfung, der vor den
Zeiten nach dem Willen des Vaters gezeugt wurde, nicht geschaffen, durch
den alles geworden ist, was in ⟨den⟩
Himmeln und auf Erden ist, das Sichtbare und das Unsichtbare;
er ist in den letzten Tagen herabgestiegen
aus den Himmeln und hat Fleisch
angenommen, wurde aus der heiligen
Jungfrau Maria geboren, lebte heilig
nach den Gesetzen seines Gottes und
Vaters, wurde gekreuzigt unter Pontius
Pilatus und ist für uns gestorben; er ist
auferstanden aus den Toten nach dem
Leiden am dritten Tag, hinaufgestiegen
in die Himmel, sitzt zur Rechten des
Vaters und kommt bei der Vollendung
der Zeit wiederum mit Herrlichkeit,
Lebende und Tote zu richten; sein
Reich wird kein Ende haben.
Ich lasse mich auch taufen auf den heiligen
Geist, d. h. den Beistand, der gewirkt
hat in allen Heiligen seit ewigen Zeiten,
später aber auch den Aposteln vom Vater gesandt wurde gemäß der Verheißung unseres Erlösers und Herrn Jesus
Christus, und nach den Aposteln auch
allen Gläubigen in der heiligen katholischen und apostolischen Kirche, auf
die Auferstehung des Fleisches, auf die
Vergebung der Sünden, auf das Himmelreich und auf das Leben der zukünftigen Zeit.

## 61: Testamentum Domini Nostri Jesu Christi

Es handelt sich um eine aus Hippolyt von Rom zusammengestellte Kompilation von Kanones und der Liturgie, die ungefähr im 5. Jahrhundert in Syrien entstanden ist. Buch II, Kap. 8 enthält ein Bekenntnis in Frageform.

> *Ausg.:* I. E. Rahmani, *Testamentum Domini Iesu Christi* (Mainz 1899) 128f / J. Quasten, in: FlP 7/V (1936) 36 (vgl. auch 7/II, 16 Anm.).

**61** Credis in Deum, Patrem omnipotentem?

Credis et in Christum Iesum, Filium Dei,

    qui ex Patre venit, qui a principio cum Patre est,

    qui ex Maria virgine per Spiritum Sanctum natus est,

    qui crucifixus est sub Pontio Pilato, mortuus est, resurrexit tertia die reviviscens ex mortuis, ascendit in caelum, sedet ad dexteram Patris, et venturus est ad iudicandos vivos et mortuos?

Credis et in Spiritum Sanctum, in Ecclesiam sanctam?

Glaubst Du an Gott, den allmächtigen Vater?

Glaubst Du auch an Christus Jesus, den Sohn Gottes,

    der aus dem Vater kommt, der von Anfang an zugleich mit dem Vater ist,

    der aus Maria, der Jungfrau, durch den Heiligen Geist geboren wurde,

    der gekreuzigt wurde unter Pontius Pilatus, gestorben ist, am dritten Tag auferstanden ist wieder lebend von den Toten, hinaufgestiegen ist in den Himmel, zur Rechten des Vaters sitzt und kommen wird, Lebende und Tote zu richten?

Glaubst Du auch an den Heiligen Geist, an die heilige Kirche?

## *Ägypten*

## 62–63: Konstitutionen der ägyptischen Kirche

Vgl. dazu *3°; dort auch die vollständigen Titel der Editionen.

> *Ausg.:* K o p t i s c h e Fassung: *Traditio apostolica* 16,16, bei Till-Leipoldt 20f (Funk 2,110); die koptische Fassung bietet jedoch keine Frageform; vgl. Hn § 139 (2. Teil). – Ä t h i o p i s c h e Fassung: *Traditio apostolica* 34, bei Duensing 56–59. – Der lateinische Text *62f ist eine Übersetzung der deutschen Ausgaben von Till und Duensing; die im koptischen Text erhaltenen griechischen Ausdrücke sind in Klammern angeführt.

### a) Koptische Fassung: Glaubensbekenntnis nach der Taufe

**62** Credis (πιστεύειν) in Dominum nostrum Iesum Christum (Χριστός), Filium unicum Dei Patris,

    quod mirabiliter propter nos homo factus est in unitate incomprehensibili per Spiritum (πνεῦμα) suum Sanctum ex Maria sancta virgine (παρϑένος) sine semine (σπέρμα) virili,

    quodque crucifixus est (σταυροῦν) pro nobis sub Pontio Pilato, mortuus est secundum suam voluntatem pro nostra salute simul, resurrexit tertia die, liberavit vinctos, ascendit in caelos, sedet ad dexteram Patris sui boni (ἀγαϑός) in excelsis, et iterum venit iudicare (κρίνειν) vivos et mortuos secundum (κατὰ) revelationem suam et regnum suum.

Du glaubst an unseren Herrn Jesus Christus, den einzigen Sohn Gottes, des Vaters,

    daß er auf wunderbare Weise unsertwegen in unfaßbarer Einheit Mensch geworden ist durch seinen Heiligen Geist aus Maria, der heiligen Jungfrau, ohne männlichen Samen,

    und daß er für uns gekreuzigt wurde unter Pontius Pilatus, gestorben ist gemäß seinem Willen zugleich für unser Heil, am dritten Tag auferstanden ist, die Gefesselten befreit hat, in die Himmel hinaufgestiegen ist, zur Rechten seines guten Vaters in den Höhen sitzt und wiederum kommt, Lebende und Tote zu richten gemäß seiner Offenbarung und seiner Herrschaft.

Et credis (πιστεύειν) in Spiritum (πνεῦμα) Sanctum, bonum (ἀγαθός) ac vivificantem, qui omnia purificat, in sancta Ecclesia (ἐκκλησία).

Und Du glaubst an den Heiligen Geist, den guten und lebenspendenden, der alles reinigt, in der heiligen Kirche.

### b) Äthiopische Fassung: Glaubensbekenntnis nach der Taufe

Credisne in nomen Iesu Christi, Domini nostri, Filii unici Dei Patris,

Glaubst Du an den Namen Jesu Christi, unseres Herrn, des einzigen Sohnes Gottes, des Vaters, 63

quod homo factus est miraculo incomprehensibili de Spiritu Sancto et ex virgine Maria sine semine virili,

daß er Mensch geworden ist durch ein unfaßbares Wunder vom Heiligen Geist und aus der Jungfrau Maria ohne männlichen Samen,

quodque crucifixus est in diebus Pontii Pilati, et mortuus est secundum suam voluntatem pro nostra salute simul, et resurrexit a mortuis tertia die, et liberavit vinctos et ascendit in caelos et sedit ad dexteram Patris, et veniet iudicare vivos et mortuos secundum revelationem suam et regnum suum?

und daß er gekreuzigt wurde in den Tagen des Pontius Pilatus, gestorben ist gemäß seinem Willen zugleich für unser Heil, am dritten Tag auferstanden ist von den Toten, die Gefesselten befreit hat, in die Himmel hinaufgestiegen ist, zur Rechten des Vaters sitzt und kommen wird, Lebende und Tote zu richten gemäß seiner Offenbarung und seiner Herrschaft?

Credisne in Spiritum Sanctum bonum, et qui purificat, et in sanctam Ecclesiam? Et credisne in resurrectionem carnis quae omnes homines manet, et in regnum caelorum et in aeternum iudicium?

Glaubst Du an den Heiligen Geist, den guten, der auch reinigt, und an die heilige Kirche? Und glaubst Du an die Auferstehung des Fleisches, die alle Menschen erwartet, an ein Himmelreich und an ein ewiges Gericht?

### 64: Canones Hippolyti

Bei dieser Sammlung von Kanones, die vielleicht schon Mitte des 4. Jahrhunderts erstellt wurde, handelt es sich um eine ägyptische Umarbeitung der *Traditio apostolica* Hippolyts von Rom (vgl. *10). Lediglich ihre arabische und äthiopische Übersetzung sind erhalten. Das unten angeführte Bekenntnis findet sich in der arabischen Übersetzung, Kanon 19.

*Ausg.:* H. Achelis, *Die ältesten Quellen des orientalischen Kirchenrechts* (TU 6; Leipzig 1891) 96f / D. B. Haneberg, *Canones S. Hippolyti arabice e codicibus Romanis* (München 1870) 76, Nr. 11 / vgl. J. Quasten, in: FlP 7/V (1936) 36 Anm. 2. – [In eckigen Klammern: Beifügungen jüngeren Datums].

Credisne in Deum, Patrem omnipotentem?
Credisne in Iesum Christum, Filium Dei,

Glaubst Du an Gott, den allmächtigen Vater? 64
Glaubst Du an Jesus Christus, den Sohn Gottes,

quem peperit Maria virgo ex Spiritu Sancto,
[qui venit ad salvandum genus humanum,]

den Maria, die Jungfrau, aus dem Heiligen Geist geboren hat,
[der gekommen ist, das Menschengeschlecht zu erretten,]

qui crucifixus est [pro nobis] sub Pontio Pilato, qui mortuus est et resurrexit a mortuis tertia die, et ascendit ad caelos, sedetque ad dexteram Patris, et veniet iudicaturus vivos et mortuos?

der [für uns] gekreuzigt wurde unter Pontius Pilatus, der gestorben, am dritten Tag von den Toten auferstanden und zu den Himmeln hinaufgestiegen ist, zur Rechten des Vaters sitzt und kommen wird, Lebende und Tote zu richten?

47

Credisne in Spiritum Sanctum [Paracletum, procedentem a Patre Filioque]?

Glaubst Du an den Heiligen Geist [, den Beistand, der vom Vater und vom Sohn hervorgeht]?

## II. Zweiteiliges trinitarisch-christologisches Schema

### 71-72: "Fides Damasi" genannte Formel

Diese Formel wurde früher Damasus I. oder Hieronymus zugeschrieben. Sie ist erst Ende des 5. Jahrhunderts entstanden, und zwar vermutlich in Südfrankreich (wie auch die Bekenntnisse *73f und 75f). Einige Teile scheinen anfangs gefehlt zu haben, vor allem die Worte "et Filio" ("und vom Sohne"), die sich auf das Hervorgehen des Hl. Geistes beziehen: vgl. A.E. Burn, a. unten a. O. 245, im Apparat zu Zeile 9 (er stützt sich auf Handschriften des 8.-10. Jahrhunderts).

*Ausg.:* KüA 47 / KüBS 10 43-45 / A.E. Burn, *An introduction to the Creeds and to the Te Deum* (London 1899) 245f / Hn § 200 / D. Vallarsi, *S. Eusebii Hieronymi Stridonensis presbyteri opera* 11 (Verona 1742) 145f (unter den unechten Werken). – [In eckigen Klammern: Abweichungen vom Originaltext nach Burn].

71    Credimus in unum Deum Patrem omnipotentem et in unum Dominum nostrum Iesum Christum Filium Dei et in [unum] Spiritum Sanctum Deum. Non tres Deos, sed Patrem et Filium et Spiritum Sanctum unum Deum colimus et confitemur: non sic unum Deum, quasi solitarium, nec eundem, qui ipse sibi Pater sit, ipse et Filius, sed Patrem esse qui genuit, et Filium esse qui genitus sit, Spiritu vero Sanctum non genitum neque ingenitum, non creatum neque factum, sed de Patre *et Filio* [-!] procedentem, Patri et Filio coaeternum et coaequalem et cooperatorem, quia scriptum est: "Verbo Domini caeli firmati sunt" id est, a Filio Dei, "et spiritu oris eius omnis virtus eorum" [*Ps 32,6*], et alibi: Emitte spiritum tuum et creabuntur et renovabis faciem terrae [*cf. Ps 103,30*]. Ideoque in nomine Patris et Filii et Spiritus Sancti unum confitemur Deum, quia [deus] nomen est potestatis *deus* [-!], non proprietatis. Proprium nomen est Patri Pater, et proprium nomen est Filio Filius, et proprium nomen est Spiritui Sancto Spiritus Sanctus. Et in hac Trinitate unum Deum credimus, quia ex uno Patre, quod est unius cum Patre naturae uniusque substantiae et unius potestatis. Pater Filium genuit, non voluntate, nec necessitate, sed natura.

Wir glauben an den einen Gott, den allmächtigen Vater, und an unseren einen Herrn Jesus Christus, den Sohn Gottes, und an den [einen] Gott Heiligen Geist. Nicht drei Götter, sondern Vater, Sohn und Heiligen Geist als e i n e n Gott verehren und bekennen wir: Nicht so ⟨bekennen wir⟩ den einen Gott, als ob er gleichsam für sich allein wäre, auch nicht, als ob er derselbe wäre, der sich selbst Vater ist, selbst auch Sohn, sondern daß der Vater der ist, der zeugte, und der Sohn der ist, der gezeugt wurde, der Heilige Geist aber weder gezeugt noch ungezeugt, weder erschaffen noch gemacht ist, sondern vom Vater *und Sohn* [-!] hervorgeht, dem Vater und dem Sohn gleich ewig, gleichartig und gleich wirkend ist, da geschrieben steht: "Durch das Wort des Herrn wurden die Himmel befestigt", d. h. vom Sohn Gottes, "und durch den Hauch seines Mundes ihre ganze Kraft" [*Ps 33,6*], und an anderer Stelle: Sende Deinen Geist aus, und sie werden erschaffen werden, und Du wirst das Antlitz der Erde erneuern [*vgl. Ps 104,30*]. Deshalb bekennen wir auch im Namen des Vaters und des Sohnes und des Heiligen Geistes e i n e n Gott, weil "Gott" der Name der Macht ist, nicht der Eigentümlichkeit. Der eigentümliche Name für den Vater ist "Vater", der eigentümliche Name für den Sohn ist "Sohn", und der eigentümliche Name für den Heiligen Geist ist "Heiliger Geist". Und in dieser Dreifaltigkeit glauben wir e i n e n Gott, weil aus e i n e m Vater ist, was einer Natur, einer Substanz und einer Macht mit dem Vater ist. Der Vater zeugte den Sohn weder dem Willen noch der Notwendigkeit, sondern der Natur nach.

Filius ultimo tempore ad nos salvandos et ad implendas scripturas descendit a Patre, qui nunquam desiit esse cum Patre, et conceptus est de Spiritu Sancto et natus ex *Maria* [-!] Virgine, carnem, animam et sensum, hoc est perfectum suscepit hominem, nec amisit, quod erat, sed coepit esse, quod non erat; ita tamen, ut perfectus in suis sit et verus in nostris. Nam qui Deus erat, homo natus est, et qui homo natus est, operatur ut Deus; et qui operatur ut Deus, ut homo moritur; et qui ut homo moritur, ut Deus *resurgit* [surgit]. Qui devicto mortis imperio cum ea carne, qua natus et passus et mortuus fuerat, resurrexit *tertia die* [-!], ascendit ad Patrem sedetque ad dextram eius in *gloria* [gloriam], quam semper habuit habetque. In huius morte et sanguine credimus emundatos nos ab eo resuscitandos die novissima in hac carne, qua nunc vivimus, et habemus spem nos consecuturos ab ipso aut vitam aeternam praemium boni meriti aut poenam pro peccatis aeterni supplicii. Haec lege, haec retine, huic fidei animam tuam subiuga. A Christo Domino et vitam consequeris et *praemium* [praemia].

Der Sohn stieg am Ende der Zeit vom Vater herab, um uns zu erlösen und die Schriften zu erfüllen, er, der niemals aufhörte, mit dem Vater zu sein; er wurde empfangen vom Heiligen Geist und geboren aus *Maria*, [-!] der Jungfrau, hat Fleisch, Seele und Verstand, d. h. den vollkommenen Menschen, angenommen; er verlor auch nicht das, was er war, sondern begann zu sein, was er nicht war; so ist er, wenn er auch vollkommen im Seinigen ist, dennoch auch wahrhaftig im Unsrigen. Denn er, der Gott war, wurde als Mensch geboren, und der als Mensch geboren wurde, wirkte als Gott; und der als Gott wirkt, stirbt als Mensch; und der als Mensch stirbt, aufersteht als Gott. Nach Überwindung der Todesherrschaft ist er mit dem Fleische, mit dem er geboren worden war, gelitten hatte und gestorben war, *am dritten Tag* [-!] auferstanden, zum Vater hinaufgestiegen und sitzt zu seiner Rechten in der Herrlichkeit, die er immer innehatte und innehat. Wir glauben, daß wir in seinem Tod und seinem Blut gereinigt wurden, um von ihm auferweckt zu werden am jüngsten Tag in diesem Fleisch, in dem wir jetzt leben; und wir haben die Erwartung, daß wir von ihm selbst entweder als Lohn für unser gutes Verdienst das ewige Leben oder für unsere Sünden die Strafe der ewigen Pein erlangen werden. Dies lies, dies halte fest, diesem Glauben unterwirf Deine Seele! ⟨So⟩ wirst Du vom Herrn Christus das Leben und den Lohn erlangen. 72

### 73-74: Bekenntnis "Clemens Trinitas"

Diese Formel wurde auch "Fides catholica Sancti Augustini episcopi" genannt (Codex Augiensis ⟨Reichenau⟩ XVIII, 9. Jahrhundert, hrsg. KüBS). Sie entstand im 5. oder 6. Jahrhundert in Südfrankreich und gelangte danach nach Spanien.
*Ausg.:* I. A. de Aldama, in: Greg 14 (1933) 487f / KüA 65f / KüBS 147f; vgl. 12. – *Reg.:* CIPL 1748.

Clemens Trinitas est una divinitas. Pater itaque et Filius et Spiritus Sanctus, unus fons, una substantia, una virtus, una potestas est. Patrem Deum, et Filium Deum, et Spiritum Sanctum Deum, non tres deos esse dicimus, sed unum piissime confitemur. Nam tres nominantes personas unam esse substantiam catholica atque apostolica profitemur voce. Itaque Pater et Filius et Spiritus Sanctus, et "tres unum sunt" [*cf. 1 Io 5,7*]. Tres, nec confusi, nec divisi, sed et distincte coniuncti et coniuncti distincti; uniti substantia, sed discreti nominibus, coniuncti natura, distincti personis, aequales divinitate, consimiles maiestate,

Die gnädige Dreifaltigkeit ist e i n e Gottheit. Deshalb sind der Vater und der Sohn und der Heilige Geist e i n e Quelle, e i n e Substanz, e i n e Kraft, e i n e Macht. Wir sagen nicht, daß Gott Vater und Gott Sohn und Gott Heiliger Geist drei Götter seien, sondern wir bekennen sie ganz rechtgläubig als Einen. Denn obwohl wir drei Personen nennen, bekennen wir mit katholischer und apostolischer Stimme, daß es e i n e Substanz ist. Deshalb: Vater, Sohn und Heiliger Geist, und "⟨diese⟩ drei sind, eins" [*vgl. 1 Joh 5,7*]. Drei, weder vermischt noch geteilt, sondern sowohl unterschieden verbunden als auch ver- 73

49

concordes trinitate, participes claritate. Qui ita unum sunt, ut tres quoque esse non dubitemus; ita tres sunt, ut separari a se non posse fateamur. Unde dubium non est, unius iniuriam omnium esse contumeliam, quia unius laus ad omnium pertinet gloriam.

bunden unterschieden; geeint in der Substanz, aber gesondert in den Namen, verbunden in der Natur, unterschieden in den Personen, gleich in der Gottheit, völlig ähnlich in der Erhabenheit, einig in der Dreifaltigkeit, teilhaftig der Herrlichkeit. Sie sind so eins, daß wir nicht zweifeln, daß sie auch drei sind; sie sind so drei, daß wir bekennen, daß sie nicht voneinander getrennt werden können. Deshalb ist die Beleidigung des Einen zweifellos eine Schmähung aller, weil der Lobpreis des Einen sich auf den Ruhm aller bezieht.

74    "Hoc enim fidei nostrae secundum evangelicam et apostolicam doctrinam principale est, Dominum nostrum Iesum Christum et Dei Filium a Patre nec honoris confessione, nec virtutis potestate, nec substantiae divinitate, nec intervallo temporis separari"[1]. Et ideo si quis Filium Dei, qui sicut vere Deus, ita verus homo absque peccato dumtaxat, vel de humanitate aliquid vel deitate minus dicit habuisse, profanus et alienus ab Ecclesia catholica atque apostolica iudicandus est.

"Dies nämlich ist gemäß der Lehre der Evangelien und der Apostel ein Hauptpunkt unseres Glaubens, daß unser Herr Jesus Christus und Sohn Gottes vom Vater weder durch die Bezeugung der Ehre noch durch die Macht seiner Kraft noch durch die Göttlichkeit der Substanz noch durch einen zeitlichen Abstand getrennt wird"[1]. Und wer deshalb sagt, dem Sohn Gottes, der sowohl wahrhaftig Gott als auch wahrer Mensch, lediglich frei von der Sünde, war, habe irgendetwas entweder an seiner Menschheit oder an seiner Gottheit gefehlt, der muß als gottlos und nicht zur katholischen und apostolischen Kirche gehörend angesehen werden.

## 75-76: Pseudo-Athanasianisches Bekenntnis "Quicumque"

In der Forschung hat sich die Ansicht durchgesetzt, daß der Verfasser dieses Bekenntnisses nicht Athanasius von Alexandrien ist, sondern unter den Theologen des Westens zu suchen ist. Zwar geben die meisten älteren Handschriften als Verfasser Athanasius, andere Papst Anastasius I. an. Da sie aber nicht hinter das 8. Jahrhundert zurückreichen, wird ihre Zuverlässigkeit zurecht angezweifelt. Die noch vorhandenen griechischen Texte sind Übersetzungen aus dem Lateinischen, nicht umgekehrt, und werden deshalb hier nicht angeführt. Von denjenigen, denen dieses Bekenntnis zugeschrieben wurde, kommen vor allem in Betracht: Hilarius von Poitiers, † um 367 (so M. Speroni); Ambrosius von Mailand, † 397 (H. Brewer, P. Schepens, A.E. Burn seit 1926), Nicetas von Remesiana, † um 414 (M. Cappuyns; vgl. *19); Honoratus von Arles, † 429 (Burn 1896); Vinzenz von Lérins, † vor 450 (G.D.W. Ommaney); Fulgentius von Ruspe, † 532 (I. Stiglmayr); Caesarius von Arles, † 543 (G. Morin vor 1932); Venantius Fortunatus, † 601 (L.A. Muratori). Die These von einem spanischen antipriscillianistischen Ursprung (K. Künstle) wird heute nicht mehr vertreten. Gegenwärtig herrscht die Auffassung vor, das Bekenntnis sei zwischen 430 und 500 in Südfrankreich, wahrscheinlich in der Provinz Arles, von einem unbekannten Autor verfaßt worden. Im Laufe der Zeit erlangte dieses Bekenntnis sowohl im Westen als auch im Osten eine solche Bedeutung, daß es im Mittelalter dem Apostolischen und dem Nizänischen Glaubensbekenntnis gleichgestellt und in der Liturgie verwendet wurde.

*Ausg.*: Liturgischer Text: *Römisches Brevier*, Sonntagsoffizium zur Prim (in den Ausgaben vor 1954). – Originaltext: C. H. Turner, in: JThSt 11 (1910) 407–411 / A. E. Burn, *An Introduction to the Creeds and to the Te Deum* (London 1899) 191–193 / ders., *The Athanasian Creed and its early Commentaries* (Texts and Studies 4/I: Cambridge 1896) 4–6 / ders., *Facsimiles of the Creeds* (H. Bradshaw Society 36; London 1909) Tafel XV-XXIV / KüA 232f / Hn §150 / Ltzm 16–18 / PL 88,585f (griechisch PG 28,1581A–1584C). – *Reg.*: ClPl 167. Im Folgenden wird als Haupttext der liturgische Text angeführt. Vergleichstext [Abweichungen in eckigen Klammern]: Originaltext.

---

*74    [1]    Hilarius von Poitiers, *De synodis* 61 (PL 10,522). Aber anstelle von "substantiae divinitate" ("durch die *Göttlichkeit* der Substanz") steht dort: "substantiae diversitate" ("durch die *Verschiedenheit* der Substanz").

(1) Quicumque vult salvus esse, ante omnia opus est, ut teneat catholicam fidem: (2) quam nisi *quisque* [quis] integram inviolatamque servaverit, absque dubio in aeternum peribit.

(3) Fides autem catholica haec est, ut unum Deum in Trinitate, et Trinitatem in unitate veneremur, (4) neque confundentes personas, neque substantiam separantes: (5) alia est enim persona Patris, alia [persona] Filii, alia [persona] Spiritus Sancti; (6) sed Patris et Filii et Spiritus Sancti una est divinitas, aequalis gloria, coaeterna maiestas.

(7) Qualis Pater, talis Filius, talis [et] Spiritus Sanctus: (8) increatus Pater, increatus Filius, increatus Spiritus Sanctus; (9) *immensus* [inmensus] Pater, immensus Filius, immensus Spiritus Sanctus; (10) aeternus Pater, aeternus Filius, aeternus Spiritus Sanctus; (11) et tamen non tres aeterni, sed unus aeternus; (12) sicut non tres increati nec tres immensi, sed unus *increatus* [inmensus] et unus *immensus* [increatus]. (13) Similiter omnipotens Pater, omnipotens Filius, omnipotens Spiritus Sanctus; (14) et tamen non tres omnipotentes, sed unus omnipotens. (15) Ita Deus Pater, Deus Filius, Deus Spiritus Sanctus; (16) et tamen non tres Dii, sed unus Deus. (17) Ita Dominus Pater, Dominus Filius, Dominus Spiritus Sanctus; (18) et tamen non tres Domini, sed unus *est* [-!] Dominus: (19) quia, sicut singillatim unamquamque personam [et] Deum *ac* [et] Dominum confiteri christiana veritate compellimur, (20) ita tres Deos aut Dominos dicere catholica religione prohibemur.

(21) Pater a nullo est factus nec creatus nec genitus; (22) Filius a Patre solo est, non factus nec creatus, sed genitus; (23) Spiritus Sanctus a Patre et Filio, non factus nec creatus nec genitus, sed procedens. (24) Unus ergo Pater, non tres Patres; unus Filius, non tres Filii; unus Spiritus Sanctus, non tres Spiritus Sancti. (25) *Et* [-!] in hac Trinitate nihil prius aut posterius, nihil maius aut minus,

(1) Wer auch immer gerettet sein will, der  75 muß vor allem den katholischen Glauben festhalten: (2) Wer diesen nicht unversehrt und unverletzt bewahrt, der wird zweifellos auf ewig zugrunde gehen.

(3) Der katholische Glaube aber besteht darin, daß wir den e i n e n Gott in der D r e i f a l t i g k e i t und die Dreifaltigkeit in der Einheit verehren, (4) indem wir weder die Personen vermischen noch die Substanz trennen: (5) Eine andere nämlich ist die Person des Vaters, eine andere die [Person] des Sohnes, eine andere die [Person] des Heiligen Geistes; (6) aber Vater, Sohn und Heiliger Geist besitzen e i n e Gottheit, gleiche Herrlichkeit, gleich ewige Erhabenheit.

(7) Wie der Vater, so der Sohn, so [auch] der Heilige Geist: (8) unerschaffen der Vater, unerschaffen der Sohn, unerschaffen der Heilige Geist; (9) unermeßlich der Vater, unermeßlich der Sohn, unermeßlich der Heilige Geist; (10) ewig der Vater, ewig der Sohn, ewig der Heilige Geist; (11) und dennoch nicht drei Ewige, sondern e i n Ewiger; (12) ebenso nicht drei Unerschaffene und auch nicht drei Unermeßliche, sondern e i n *Unerschaffener* [Unermeßlicher] und e i n *Unermeßlicher* [Unerschaffener]. (13) Ebenso allmächtig der Vater, allmächtig der Sohn, allmächtig der Heilige Geist; (14) und dennoch nicht drei Allmächtige, sondern e i n Allmächtiger. (15) So Gott der Vater, Gott der Sohn, Gott der Heilige Geist; (16) und dennoch nicht drei Götter, sondern e i n Gott. (17) So Herr der Vater, Herr der Sohn, Herr der Heilige Geist; (18) und dennoch nicht drei Herren, sondern *es ist* [-!] e i n Herr: (19) Denn wie wir durch die christliche Wahrheit geheißen werden, jede Person einzeln als Gott und Herrn zu bekennen, (20) so werden wir durch den katholischen Glauben daran gehindert, von drei Göttern oder Herrn zu sprechen.

(21) Der Vater wurde von niemand gemacht, noch erschaffen, noch gezeugt; (22) der Sohn ist vom Vater allein, nicht gemacht und auch nicht erschaffen, sondern gezeugt; (23) der Heilige Geist ⟨ist⟩ vom Vater und Sohn, nicht gemacht, noch erschaffen, noch gezeugt, sondern hervorgehend. (24) Ein Vater also, nicht drei Väter, ein Sohn, nicht drei Söhne, ein Heiliger Geist, nicht drei

(26) sed totae tres personae coaeternae sibi sunt et coaequales. (27) Ita ut per omnia, sicut iam supra dictum est, et *unitas in Trinitate et Trinitas in unitate* [Trinitas in unitate et unitas in Trinitate] veneranda sit. (28) Qui vult ergo salvus esse, ita de Trinitate sentiat.

**76**     (29) Sed necessarium est ad aeternam salutem, ut incarnationem quoque Domini nostri Iesu Christi fideliter credat. (30) Est ergo fides recta, ut credamus et confiteamur, quia Dominus noster Iesus Christus Dei Filius [et] Deus [pariter] et homo est: (31) Deus est ex substantia Patris ante saecula genitus, et homo est ex substantia matris in saeculo natus; (32) perfectus Deus, perfectus homo ex anima *rationali* [rationabili] et humana carne subsistens; (33) aequalis Patri secundum divinitatem, minor Patre secundum humanitatem; (34) qui, licet Deus sit et homo, non duo tamen, sed unus est Christus; (35) unus autem non conversione divinitatis in *carnem* [carne], sed assumptione humanitatis in *Deum* [Deo]; (36) unus omnino, non confusione substantiae, sed unitate personae. (37) Nam sicut anima *rationalis* [rationabilis] et caro unus est homo, ita Deus et homo unus est Christus. (38) Qui passus est pro salute nostra, *descendit* [discendit] ad inferos, *tertia die resurrexit* [surrexit] a mortuis, (39) ascendit ad caelos, *sedet* [sedit] ad dexteram Patris, inde venturus *est* [-!] iudicare vivos et mortuos. (40) Ad cuius adventum omnes homines resurgere habent *cum* [in] corporibus suis, et reddituri sunt de factis propriis rationem; (41) et qui bona egerunt, ibunt in vitam aeternam, qui *vero* [-!] mala, in ignem aeternum.

(42) Haec est fides catholica: quam nisi *quisque* [quis] fideliter firmiterque crediderit, salvus esse non poterit.

Heilige Geister. (25) *Und* [-!] in dieser Dreifaltigkeit ⟨ist⟩ nichts früher oder später, nichts größer oder kleiner, (26) sondern alle drei Personen sind untereinander gleich ewig und gleichartig, (27) so daß in allem, wie oben schon gesagt wurde, sowohl die *Einheit in der Dreifaltigkeit als auch die Dreifaltigkeit in der Einheit* [Dreifaltigkeit in der Einheit als auch die Einheit in der Dreifaltigkeit] zu verehren ist. (28) Wer also gerettet sein will, soll so über die Dreifaltigkeit denken.

(29) Notwendig zum ewigen Heil aber ist es, auch an die Fleischwerdung unseres Herrn Jesus Christus treu zu glauben. (30) Es ist also der rechte Glaube, daß wir glauben und bekennen, daß unser Herr Jesus Christus, der Sohn Gottes, *Gott und* [sowohl Gott als auch in gleicher Weise] Mensch ist: (31) Gott ist er, weil er aus der Substanz des Vaters vor den Zeiten gezeugt ist, und Mensch ist er, weil er aus der Substanz der Mutter in der Zeit geboren ist; (32) vollkommener Gott und vollkommener Mensch, bestehend aus vernunftbegabter Seele und menschlichem Fleisch; (33) dem Vater gleich in seiner Gottheit, geringer als der Vater in seiner Menschheit; (34) obwohl er Gott ist und Mensch, ist er dennoch nicht zwei, sondern ein Christus; (35) einer aber ist er nicht aufgrund einer Verwandlung seiner Gottheit *in Fleisch* [im Fleisch], sondern aufgrund der Aufnahme der Menschheit in Gott; (36) er ist ganz und gar einer nicht durch die Vermischung der Substanz, sondern in der Einheit der Person. (37) Denn wie der eine Mensch Seele und Fleisch ist, so ist der eine Christus Gott und Mensch. (38) Er hat gelitten für unser Heil, ist hinabgestiegen in die Unterwelt, *am dritten Tag* [-!] auferstanden von den Toten (39) und hinaufgestiegen in die Himmel; er sitzt zur Rechten des Vaters; von dort wird er kommen, Lebende und Tote zu richten. (40) Bei seiner Ankunft müssen alle Menschen *mit* [in] ihren Leibern auferstehen und Rechenschaft ablegen über ihre eigenen Taten; (41) und die Gutes getan haben, werden in das ewige Leben eingehen, die *aber* [-!] Böses ⟨getan haben⟩, ins ewige Feuer.

(42) Dies ist der katholische Glaube: Wer *auch immer* [-!] diesen nicht treu und standhaft glaubt, wird nicht gerettet werden können.

## Zweiter Teil

## DOKUMENTE
## DES KIRCHLICHEN LEHRAMTES

Die Regierungszeit etlicher römischer Bischöfe, vor allem des 1.–3. und 9.–10. Jahrhunderts, kann aufgrund der Quellenlage nicht genau bestimmt werden. Die Dauer des jeweiligen Pontifikats wird vor allem nach den Autoren L. Duchesne, Th. Mommsen, Ph. Jaffé und F. X. Seppelt angegeben. Berücksichtigt wurden auch neuere Lösungen. Wahrscheinliche Abweichungen sind beigefügt. Das *Annuario Pontificio*, zu dem A. Mercati von 1949 an ein Verzeichnis der Päpste beisteuerte, das gegenüber den früheren Ausgaben verbessert ist, wurde verglichen.

PETRUS: 30? – 67?
LINUS: 67? – 76 (79?)
ANACLET: 76 (80?) – 90 (88?)

## CLEMENS I. v. ROM: 92 (88?) – 101 (97?)

### 101–102: Brief «Διὰ τὰς αἰφνιδίους» an die Korinther, um 96

Anlaß des Schreibens war ein Aufruhr in der Gemeinde von Korinth, bei dem einige Presbyter zu Unrecht ihres Amtes beraubt worden waren. Der Text ist das früheste Zeugnis der Sorge der römischen Kirche um andere Ortskirchen. Der Verfasser erscheint nirgendwo ausdrücklich als Bischof von Rom, so erst Irenäus. Er dürfte der führende Mann des Presbyteriums gewesen sein.
　　*Ausg.* [*\*101; 102*]: K. Bihlmeyer – W. Schneemelcher, *Die Apostolischen Väter* 1 (Tübingen 1956²) 57f; 38 66 69 / J.A. Fischer, *Die apostolischen Väter* (Schriften des Urchristentums 1; Darmstadt 1981) 75–77 35 99 105 / F.X. Funk, *Patres Apostolici* 1 (Tübingen 1901) 150f; 108 172f 182 / J.B. Lightfoot, *The Apostolic Fathers* 1/II: *S. Clement of Rome* (London 1890) 121–129; 35 169–171 184 / H. Hemmer, *Les Pères Apostoliques* II. *Clement de Rome* (Paris 1909) 82–88; 18 118 130 / C.Th. Schaefer, in: FlP 44 (1941) 45–47; 13 63f 69. – *Reg.:* JR 9.

### Die Ordnung unter den Gliedern der Kirche

(c. 40, n. 1) ... ἐγκεκυφότες εἰς τὰ βάθη τῆς θείας γνώσεως, πάντα τάξει ποιεῖν ὀφείλομεν, ὅσα ὁ Δεσπότης ἐπιτελεῖν ἐκέλευσεν κατὰ καιροὺς τεταγμένους, (2) τάς τε προσφορὰς καὶ λειτουργίας ἐπιτελεῖσθαι, καὶ οὐκ εἰκῆ ἢ ἀτάκτως ἐκέλευσεν γίνεσθαι, ἀλλ᾿ ὡρισμένοις καιροῖς καὶ ὥραις. (3) Ποῦ τε καὶ διὰ τίνων ἐπιτελεῖσθαι θέλει, αὐτὸς ὥρισεν τῇ ὑπερτάτῃ αὐτοῦ βουλήσει, ἵν᾿ ὁσίως πάντα γινόμενα ἐν εὐδοκήσει εὐπρόσδεκτα εἴη τῷ θελήματι αὐτοῦ. (4) Οἱ οὖν τοῖς προστεταγμένοις καιροῖς ποιοῦντες τὰς προσφορὰς αὐτῶν εὐπρόσδεκτοί τε καὶ μακάριοι· τοῖς γὰρ νομίμοις τοῦ Δεσπότου ἀκολουθοῦντες οὐ διαμαρτάνουσιν. (5) Τῷ γὰρ ἀρχιερεῖ ἴδιαι λειτουργίαι δεδομέναι εἰσίν, καὶ τοῖς ἱερεῦσιν ἴδιος ὁ τόπος προστέτακται, καὶ λευίταις ἴδιαι διακονίαι ἐπίκειν-

(Kap. 40, Nr. 1) ... da wir Einblick erhalten **101** haben in die Tiefen der göttlichen Erkenntnis, müssen wir alles o r d n u n g s g e m ä ß tun, was der Herr zu verordneten Zeiten zu vollziehen gebot; (2) er gebot, daß Opfer und Gottesdienste vollzogen würden, und daß sie nicht aufs Geratewohl und ohne Ordnung geschähen, sondern zu bestimmten Zeiten und Stunden. (3) Wo und durch wen sie nach seinem Willen vollzogen werden sollten, hat er mit seinem höchsten Willen bestimmt, damit alles heilig geschehe und so seinem Willen in Wohlgefallen genehm sei. (4) Die also zu den verordneten Zeiten ihre Opfer darbringen, sind genehm und selig; denn den Geboten des Herrn folgend, gehen sie nicht fehl. (5) Denn dem Hohenpriester sind eigene amtliche Handlungen übertragen, den Priestern ist

ται· ὁ λαϊκὸς ἄνθρωπος τοῖς λαϊκοῖς προσ-τάγμασιν δέδεται.

(c. 41, n. 1) Ἕκαστος ἡμῶν, ἀδελφοί, «ἐν τῷ ἰδίῳ τάγματι» [*1 Cor 15,23*] *εὐαρεστείτω* [εὐχαριστείτω] τῷ Θεῷ ἐν ἀγαθῇ συνειδήσει ὑπάρχων, μὴ παρεκβαίνων τὸν ὡρισμένον τῆς λειτουργίας αὐτοῦ κανόνα, ἐν σεμνότη-τι ...

(c. 42, n. 1) Οἱ ἀπόστολοι ἡμῖν εὐηγγελί-σθησαν ἀπὸ τοῦ Κυρίου Ἰησοῦ Χριστοῦ, Ἰησοῦς ὁ Χριστὸς ἀπὸ τοῦ Θεοῦ ἐξεπέμφθη. (2) Ὁ Χριστὸς οὖν ἀπὸ τοῦ Θεοῦ, καὶ οἱ ἀπό-στολοι ἀπὸ τοῦ Χριστοῦ· ἐγένοντο οὖν ἀμ-φότερα εὐτάκτως ἐκ θελήματος Θεοῦ. (3) Παραγγελίας οὖν λαβόντες καὶ πληροφο-ρηθέντες διὰ τῆς ἀναστάσεως τοῦ Κυρίου ἡμῶν Ἰησοῦ Χριστοῦ καὶ πιστωθέντες ἐν τῷ λόγῳ τοῦ Θεοῦ, μετὰ πληροφορίας πνεύμα-τος ἁγίου ἐξῆλθον εὐαγγελιζόμενοι, τὴν βα-σιλείαν τοῦ Θεοῦ μέλλειν ἔρχεσθαι. (4) Κατὰ χώρας οὖν καὶ πόλεις κηρύσσοντες καθίστανον τὰς ἀπαρχὰς αὐτῶν, δοκιμά-σαντες τῷ πνεύματι, εἰς ἐπισκόπους καὶ δια-κόνους τῶν μελλόντων πιστεύειν.

ein eigener Platz zugewiesen und den Leviten obliegen eigene Dienste; der Laie ist an die Verordnungen für die Laien gebunden.

(Kap. 41, Nr. 1) Jeder von uns, Brüder, soll "in seiner eigenen Ordnung" [*1 Kor 15,23*] Gott *gefallen* [danksagen], mit gutem Gewis-sen, ohne die festgelegte Regel seines ⟨jewei-ligen⟩ Amtes zu überschreiten, in Würde ...

(Kap. 42, Nr. 1) Die Apostel empfingen für uns vom Herrn Jesus Christus die Froh-botschaft, Jesus, der Christus, wurde von Gott gesandt. (2) Christus also von Gott und die Apostel von Christus; beides geschah also wohlgeordnet nach dem Willen Gottes. (3) Als sie nun Weisungen empfangen hatten, durch die Auferstehung unseres Herrn Jesus Christus Gewißheit erlangt hatten und im Wort Gottes bestärkt worden waren, zogen sie mit der Fülle des Heiligen Geistes hinaus und verkündeten die Frohbotschaft, daß das Reich Gottes kommen werde. (4) In Ländern und Städten predigend, setzten sie nun ihre Erstlinge zu Bischöfen und Diakonen der künftigen Gläubigen ein, nachdem sie sie im Geiste geprüft hatten.

## Die Autorität der römischen Kirche

**102**    (c. 7, n. 1) Ὑμᾶς νουθετοῦντες ἐπιστέλ-λομεν ...

(c. 58, n. 2) Δέξασθε τὴν συμβουλὴν ἡμῶν, καὶ ἔσται ἀμεταμέλητα ὑμῖν.

(c. 59, n. 1) Ἐὰν δέ τινες ἀπειθήσωσιν τοῖς ὑπ' αὐτοῦ [*Χριστοῦ*] δι' ἡμῶν εἰρημέ-νοις, γινωσκέτωσαν, ὅτι παραπτώσει καὶ κινδύνῳ οὐ μικρῷ ἑαυτοὺς ἐνδήσουσιν· (2) ἡμεῖς δὲ ἀθῷοι ἐσόμεθα ἀπὸ ταύτης τῆς ἁμαρτίας.

(c. 63, n. 2) Χαρὰν γὰρ καὶ ἀγαλλίασιν ἡμῖν παρέξετε, ἐὰν ὑπήκοοι γενόμενοι τοῖς ὑφ' ἡμῶν γεγραμμένοις διὰ τοῦ ἁγίου Πνεύ-ματος ἐκκόψητε τὴν ἀθέμιτον τοῦ ζήλους ὑμῶν ὀργὴν κατὰ τὴν ἔντευξιν, ἣν ἐποιησά-μεθα περὶ εἰρήνης καὶ ὁμονοίας ἐν τῇδε τῇ ἐπιστολῇ.

(Kap. 7, Nr. 1) Um euch zurechtzuweisen, schreiben wir ...

(Kap. 58, Nr. 2) Nehmt unseren Rat an, und es wird euch nicht gereuen.

(Kap. 59, Nr. 1) Wenn aber welche dem von ihm [*Christus*] durch uns Gesagten nicht gehorchen, so sollen sie wissen, daß sie sich in nicht geringe Verfehlung und Gefahr ver-stricken werden; (2) wir aber werden an die-ser Sünde unschuldig sein.

(Kap. 63, Nr. 2) Denn Freude und Wonne werdet ihr uns bereiten, wenn ihr dem von uns durch den Heiligen Geist Geschriebenen gehorcht und den frevlerischen Zorn eurer Eifersucht vertreibt, gemäß der Bitte um Frieden und Eintracht, die wir in diesem Brief geäußert haben.

EVARISTUS: 101 (97?) – 105?
ALEXANDER I.: 105 (107?) – 115 (116?)
XYSTUS (SIXTUS) I.: 115 (116?) – 125?

TELESPHORUS: 125? - 136?
HYGINUS: 136? - 140?
PIUS I.: 140? - 155?
ANICET: 155? - 166
SOTER: 166? - 174 (175?)
ELEUTHER[I]US: 174 (175?) - 189?
VICTOR I.: 189 - 198 (199?)

## ZEPHYRINUS: 198 (199?) - 217

### 105: Dogmatische Erklärungen des Zephyrinus und des Calixtus

Sie werden in einer Argumentation gegen Calixtus durch Hippolyt von Rom in seinem (in der PG fälschlicherweise Origenes von Alexandrien zugeschriebenen) Werk *Philosophumena* bzw. *Refutatio omnium haeresium* IX 11, geschrieben nach 222, angeführt. Manche schreiben die zweite Erklärung "Nicht der Vater ist gestorben ..." statt Calixtus Zephyrinus zu. Da die Worte des Zephyrinus, so wie sie angeführt werden, eine große Ähnlichkeit mit dem modalistischen Glaubensbekenntnis haben, aufgrund dessen Noëtus von Smyrna um 200 verurteilt wurde, wird ihre Echtheit von manchen in Zweifel gezogen.
*Ausg.:* P. Wendland, *Hippolytus* 3 (GChSch; Leipzig 1916) 246$_{1-4}$ / PG 16 (III), 3380A.

### Das fleischgewordene Wort

Αὐτὸν δὲ τὸν Ζεφυρῖνον [*Κάλλιστος*] προάγων δημοσίᾳ ἔπειθε λέγειν· «Ἐγὼ οἶδα ἕνα Θεὸν Χριστὸν Ἰησοῦν, καὶ πλὴν αὐτοῦ ἕτερον οὐδένα γενητὸν καὶ παθητόν». ποτὲ δὲ [*Κάλλιστος*] λέγων· «Οὐχ ὁ Πατὴρ ἀπέθανεν, ἀλλὰ ὁ Υἱός». οὕτως ἄπαυστον τὴν στάσιν ἐν τῷ λαῷ διετήρησεν.

Zephyrinus selbst aber brachte er [*Calixtus*] dazu, öffentlich zu sagen: "Ich kenne nur einen Gott Christus Jesus, und außer ihm keinen anderen, der geboren wurde und leidensfähig war". Indem er [*Calixtus*] aber damals sagte: "Nicht der Vater ist gestorben, sondern der Sohn", erhielt er den Streit endlos im Volk aufrecht. 105

CALIXTUS I.: 217 (218?) - 222 (223?)
URBAN I.: 222? - 230
PONTIANUS: Juli/Aug. 230 - 28. Sept. 235
ANTERUS: 21. (22.?) Nov. 235 - 3. Jan. 236
FABIANUS: 10. Jan. 236 - 20. Jan. 250

## CORNELIUS: März 251 - Juni (Sept.?) 253

### 108: Brief "Quantam sollicitudinem" an Bischof Cyprian von Karthago, i. J. 251

Es handelt sich um ein Glaubensbekenntnis, das von Maximus, Urbanus und anderen Afrikanern, die aus dem Schisma des Novatian zurückkehrten, Papst Cornelius gegenüber abgelegt und von diesem Cyprian mitgeteilt wurde.
*Ausg.:* G. Mercati, *Le lettere di S. Cornelio papa*, in: Studi e Documenti di Storia e Diritto 20 (Rom 1899) 102$_{45-53}$ / W. Hartel: unter Cyprian, Brief 49, 2: CSEL 3/II, 611 / PL 3,744 / Routh 3,19 ( = Brief 2). - *Reg.:* JR 111.

## Die monarchische Verfassung der Kirche

108 "Nos ... Cornelium episcopum sanctissimae catholicae Ecclesiae, electum a Deo omnipotente et Christo Domino nostro scimus; nos errorem nostrum confitemur; imposturam passi sumus; circumventi sumus perfidia et loquacitate captiosa; nam etsi videbamur quasi quandam communicationem cum schismatico et haeretico homine habuisse, cor tamen nostrum semper in Ecclesia fuit, nec enim ignoramus, unum Deum esse, et unum Christum esse Dominum, quem confessi sumus, unum Spiritum Sanctum, unum episcopum in catholica Ecclesia esse debere [praepositum]".

"Wir ... wissen, daß Cornelius vom allmächtigen Gott und Christus, unserem Herrn, zum Bischof der heiligsten katholischen Kirche erwählt ⟨ist⟩; wir bekennen unseren Irrtum; wir sind einem Betrug erlegen; wir wurden von verfänglicher Treulosigkeit und Geschwätzigkeit umgarnt; denn auch wenn es den Anschein hatte, als ob wir eine gewisse Gemeinschaft mit dem schismatischen und häretischen Menschen gehabt hätten, so war unser Herz doch immer in der Kirche; wir wissen nämlich wohl, daß es e i n e n Gott gibt und daß es e i n e n Christus, den Herrn, gibt, den wir bekannt haben, e i n e n Heiligen Geist, daß e i n Bischof in der katholischen Kirche [Vorgesetzter] sein muß."

**109: Brief «Ἵνα δὲ γνῷς» an Bischof Fabius von Antiochien, i. J. 251**

Ein Auszug aus einem verlorenen Brief, der erhalten ist bei Eusebius von Cäsarea, *Historia ecclesiae* VI 43,11.
*Ausg.:* E. Schwartz, *Eusebius Werke* 2: Kirchengeschichte (GChSch) 618₁₃₋₁₉ / PL 3,765AB / PG 20,621A / Routh 3,23f. – *Reg.:* JR 106 mit Zusatz.

## Die kirchlichen Dienste und Stände

109 Ὁ ἐκδικητὴς [Νοουάτος] οὖν τοῦ εὐαγγελίου οὐκ ἠπίστατο ἕνα ἐπίσκοπον δεῖν εἶναι ἐν καθολικῇ ἐκκλησίᾳ; ἐν ᾗ οὐκ ἠγνόει (πῶς γάρ;) πρεσβυτέρους εἶναι τεσσαράκοντα ἕξ, διακόνους ἑπτά, ὑποδιακόνους ἑπτά, ἀκολούθους δύο καὶ τεσσαράκοντα, ἐξορκιστὰς δὲ καὶ ἀναγνώστας ἅμα πυλωροῖς δύο καὶ πεντήκοντα, χήρας σὺν θλιβομένοις ὑπὲρ τὰς χιλίας πεντακοσίας· οὓς πάντας ἡ τοῦ Δεσπότου χάρις καὶ φιλανθρωπία διατρέφει.

Der Beschützer des Evangeliums [*Novatian*] verstand nun ⟨etwa⟩ nicht, daß es e i n e n Bischof in der katholischen Kirche geben muß? In ihr gibt es, wie er wohl wußte (wie ⟨sollte er⟩ auch ⟨nicht⟩?), 46 Priester, 7 Diakone, 7 Subdiakone, 42 Akolythen, 52 Exorzisten, Lektoren und Ostiarier sowie über 1500 Witwen und Hilfsbedürftige. Sie alle ernährt die Gnade und Menschenfreundlichkeit des Herrn.

LUCIUS: 25. (26.?) Juni 253 – 5. März 254

## STEPHAN I.: 12. (28.?) Mai 254 – 2. Aug. 257

**110: Brief (Fragment) an Cyprian von Karthago, i. J. 256**

Die Worte Stephans I., die bei Cyprian, Brief (74) an Pompeius, erhalten sind, stellen eine Antwort auf Entscheidungen einer afrikanischen Synode (in der Osterzeit 256) dar, die die Gültigkeit der Häretikertaufe leugnete. Diesen stellt der Papst die römische Überlieferung entgegen. Darüber schreibt Eusebius von Cäsarea, *Historia ecclesiae* VII 3,1: "Stephan, überzeugt davon, m a n d ü r f e n i c h t s gegen die Überlieferung, die schon von Urzeiten an gegolten hatte, n e u e i n f ü h r e n, war sehr ungehalten darüber" ("Stephanus n i h i l adversus traditionem, quae iam inde ab ultimis temporibus obtinuerat, i n n o v a n d u m r a t u s, gravissime id tulit": Schwartz, a. *109 a. O., 638₈₋₁₀ / PG 20,642A).
*Ausg.:* W. Hartel: CSEL 3/II,799 (bei Cyprian, Brief 74) / PL 3,1774B–1175A. – *Reg.:* JR 125.

### Häretikertaufe

(c. 1) ... "Si qui ergo a quacumque haeresi venient ad vos, nihil innovetur nisi quod traditum est, ut manus illis imponatur in paenitentiam, cum ipsi haeretici proprie alterutrum ad se venientes non baptizent, sed communicent tantum."

(Kap. 1) ... "Wenn also welche von irgendeiner Häresie zu Euch kommen werden, 110 so soll nichts neu eingeführt werden, als was überliefert ist, ⟨nämlich⟩ daß man ihnen die Hand auflege zur Buße, da selbst die Häretiker gegenseitig die zu ihnen Kommenden nicht eigens taufen, sondern sie nur in ihre Gemeinschaft aufnehmen."

[*Diese Worte von Papst S t e p h a n lehnt Cyprian ab und fährt fort:*]

(c. 2) A quacumque haeresi venientem baptizari in ecclesia vetuit, id est omnium haereticorum baptismata iusta esse et legitima [*Stephanus*] iudicavit.

(Kap. 2) [*Stephan*] hat verboten, daß ein von irgendeiner Häresie Kommender in der Kirche getauft werde, das heißt, er urteilte, daß die Taufen aller Häretiker recht- und gesetzmäßig seien.

### 111: Brief (Fragment) an die Bischöfe Kleinasiens, i. J. 256

Die Worte Stephans werden von Bischof Firmilian von Cäsarea/Kappadozien im Brief an Cyprian von Karthago, Kap. 18, angeführt. Der Papst hatte den Bischöfen Kilikiens, Kappadoziens, Galatiens und der benachbarten Provinzen angedroht, er werde die Gemeinschaft mit ihnen aufgeben, da sie Häretiker wiedertauften.
*Ausg.:* W. Hartel: CSEL 3/II, 822 (bei Cyprian, Brief 75, 18); die hinzugefügten Stellen 813 815 821 / PL 3,1218A 1206B 1209 1210B 1217B. – *Reg.:* JR 126.

### Häretikertaufe

(c. 18) "Sed in multum ... proficit nomen Christi ad fidem et baptismi sanctificationem, ut quicumque et ubicumque in nomine Christi baptizatus fuerit, consequatur statim gratiam Christi."

(Kap. 18) "Aber der Name Christi hilft 111 viel ... zum Glauben und zur Heiligung durch die Taufe, so daß jeder, der irgendwo im Namen Christi getauft wurde, sogleich die Gnade Christi erlangt."

[*Firmilian schreibt in demselben Brief auch folgendes über die Entscheidung S t e p h a n s I.:*]

(c. 5) ... quod Stephanus dixit, quasi Apostoli eos qui ab haeresi veniunt, baptizari prohibuerint et hoc custodiendum posteris tradiderint ...

(Kap. 5) ... Stephan sagte dies, als ob die Apostel verboten hätten, daß die getauft werden, die von einer Irrlehre kommen, und dies den Nachkommen zur Beachtung überliefert hätten ...

(c. 8) ... Stephanus et qui illi consentiunt, contendunt dimissionem peccatorum et secundam nativitatem in haereticorum baptisma posse procedere, apud quos etiam ipsi confitentur Spiritum Sanctum non esse ...

(Kap. 8) ... Stephan und diejenigen, die ihm zustimmen, behaupten, die Vergebung der Sünden und die zweite Geburt könnten auch bei der Häretikertaufe erfolgen, bei denen, wie sie sogar selbst bekennen, der Heilige Geist nicht ist ...

(c. 9) ... non putant quaerendum esse, quis ille sit qui baptizaverit, eo quod qui baptizatus sit, gratiam consequi potuerit invocata Trinitate nominum Patris et Filii et Spiritus Sancti. ... dicunt eum qui quomodocumque foris baptizatur, mente et fide sua baptismi gratiam consequi posse.

(Kap. 9) ... sie meinen, man müsse nicht fragen, wer es sei, der getauft hat; denn wer getauft worden sei, habe durch die Anrufung der Dreifaltigkeit der Namen des Vaters und des Sohnes und des Heiligen Geistes die Gnade erlangen können. ... sie sagen, derjenige, der auf irgendeine Weise draußen getauft wird, könne durch seine Gesinnung und seinen Glauben die Gnade der Taufe erlangen.

(c. 17) ... Stephanus, qui per successionem cathedram Petri habere se praedicat, nullo adversus haereticos zelo excitatur, concedens illis non modicam, sed maximam gratiae potestatem, ut dicat eos et adseveret per baptismi sacramentum sordes veteris hominis abluere, antiqua mortis peccata donare, regeneratione caelesti filios Dei facere, ad aeternam vitam divini lavacri sanctificatione reparare.

(Kap. 17) ... Stephan, der sich rühmt, durch Nachfolge den Stuhl des Petrus innezuhaben, wird von keinem Eifer gegen die Häretiker angetrieben und gesteht ihnen keine geringe, sondern größte Gnadenvollmacht zu, so daß er sagt und versichert, durch das Sakrament der Taufe wüschen sie den Schmutz des alten Menschen ab, vergäben die alten Sünden des Todes, machten durch die himmlische Wiedergeburt Söhne Gottes und erneuerten durch die Heiligung des göttlichen Bades zum ewigen Leben.

XYSTUS (SIXTUS) II.: 30.? Aug. 257 – 6. Aug. 258

## DIONYSIUS: 22. Juli 259 (260?) – 27. (26.?) Dez. 268

### 112-115: Brief (Fragment) an Dionysius, den Bischof von Alexandrien, i. J. 262

Dieser Brief, der nicht vor Ende 260 geschrieben wurde, richtet sich gegen die Tritheisten und Sabellianer. Er ist teilweise erhalten bei Athanasius, *De decretis Nicaenae synodi* 26.
*Ausg.:* H. G. Opitz, *Athanasius Werke* 2/I (Berlin-Leipzig 1935) 22f / Ch. L. Feltoe, Διονυσίου Λείψανα. *The Letters and other remains of Dionysius of Alexandria* (London 1904) 177-182 / PG 25,461C-465A / Routh 3,373-377. – *Reg.:* JR 136.

### Dreifaltigkeit und Fleischwerdung

112      (c. 1) Ἑξῆς δ' ἂν εἰκότως λέγοιμι καὶ πρὸς τοὺς διαιροῦντας καὶ κατατέμνοντας καὶ ἀναιροῦντας τὸ σεμνότατον κήρυγμα τῆς ἐκκλησίας τοῦ Θεοῦ, τὴν μοναρχίαν, εἰς τρεῖς δυνάμεις τινὰς καὶ μεμερισμένας ὑποστάσεις καὶ θεότητας τρεῖς· πέπυσμαι γὰρ εἶναί τινας τῶν παρ' ὑμῖν κατηχούντων καὶ διδασκόντων τὸν θεῖον λόγον ταύτης ὑφηγητὰς τῆς φρονήσεως· οἳ κατὰ διάμετρον, ὡς ἔπος εἰπεῖν, ἀντίκεινται τῇ Σαβελλίου γνώμῃ· ὁ μὲν γὰρ βλασφημεῖ αὐτὸν τὸν υἱὸν εἶναι λέγων τὸν πατέρα, καὶ ἔμπαλιν· οἱ δὲ τρεῖς θεοὺς τρόπον τινὰ κηρύττουσιν, εἰς τρεῖς ὑποστάσεις ξένας ἀλλήλων παντάπασι κεχωρισμένας διαιροῦντες τὴν ἁγίαν μονάδα· ἡνῶσθαι γὰρ ἀνάγκη τῷ Θεῷ τῶν ὅλων τὸν θεῖον λόγον, ἐμφιλοχωρεῖν δὲ τῷ Θεῷ καὶ ἐνδιαιτᾶσθαι δεῖ τὸ ἅγιον πνεῦμα· ἤδη καὶ τὴν θείαν τριάδα εἰς ἕνα, ὥσπερ εἰς κορυφήν τινα, τὸν Θεὸν τῶν ὅλων τὸν παντοκράτορα λέγω, συγκεφαλαιοῦσθαί τε καὶ συνάγεσθαι πᾶσα ἀνάγκη. Μαρκίωνος γὰρ τοῦ ματαιόφρονος δίδαγμα εἰς τρεῖς ἀρχὰς τῆς μοναρχίας τομὴ καὶ διαίρεσις, παίδευμα ὂν διαβολικόν, οὐχὶ δὲ τῶν ὄντως μαθητῶν

(Kap. 1) Sodann werde ich aber mit Fug und Recht auch gegen die reden, welche die ehrwürdigste Verkündigung der Kirche Gottes, die Monarchie, in drei Kräfte, getrennte Hypostasen und drei Gottheiten zerteilen, zerschneiden und aufheben; ich habe nämlich erfahren, daß einige von denen, die bei Euch unterrichten und das göttliche Wort lehren, zu diesem Denken hinführen; diese sind der Meinung des Sabellius sozusagen diametral entgegengesetzt; denn der lästert, wenn er sagt, daß der Sohn selbst der Vater sei, und umgekehrt; diese aber verkünden gewissermaßen drei Götter, indem sie die heilige Einheit in drei einander völlig fremde abgetrennte Hypostasen zerteilen; es ist nämlich notwendig, daß das göttliche Wort dem Gott von allem geeint ist, und der Heilige Geist muß in Gott verweilen und ihm innewohnen; es ist also unbedingt notwendig, daß auch die göttliche Dreifaltigkeit in einem, wie in einem Gipfel, nämlich dem Gott von allem, dem Allmächtigen, zusammengefaßt und zusammengeführt wird. Denn die Lehre des törichten Markion, die Zerschneidung

τοῦ Χριστοῦ καὶ τῶν ἀρεσκομένων τοῖς τοῦ σωτῆρος μαθήμασιν. Οὗτοι γὰρ τριάδα μὲν κηρυττομένην ὑπὸ τῆς θείας γραφῆς σαφῶς ἐπίστανται, τρεῖς δὲ θεοὺς οὔτε παλαιὰν οὔτε καινὴν διαθήκην κηρύττουσαν.

und Zerteilung der Monarchie in drei Prinzipien, ist eine teuflische Unterweisung, nicht aber die der echten Jünger Christi und derer, die Gefallen haben an den Lehren des Erlösers. Denn diese wissen genau, daß von der göttlichen Schrift zwar eine Dreifaltigkeit verkündet wird, daß drei Götter aber weder das Alte noch das Neue Testament verkündet.

(c. 2) Οὐ μεῖον δ' ἄν τις καταμέμφοιτο καὶ τοὺς ποίημα τὸν υἱὸν εἶναι δοξάζοντας, καὶ γεγονέναι τὸν κύριον ὥσπερ ἕν τι τῶν ὄντως γενομένων νομίζοντας, τῶν θείων λογίων γέννησιν αὐτῷ τὴν ἁρμόττουσαν καὶ πρέπουσαν, ἀλλ' οὐχὶ πλάσιν τινὰ καὶ ποίησιν προσμαρτυρούντων. Βλάσφημον οὖν οὐ τὸ τυχόν, μέγιστον μὲν οὖν, χειροποίητον τρόπον τινὰ λέγειν τὸν κύριον. Εἰ γὰρ γέγονεν υἱός, ἦν ὅτε οὐκ ἦν· ἀεὶ δὲ ἦν, εἴ γε ἐν τῷ πατρί ἐστιν, ὡς αὐτός φησι [Io 14,10s], καὶ εἰ λόγος καὶ σοφία καὶ δύναμις ὁ Χριστός, ταῦτα γὰρ εἶναι τὸν Χριστὸν αἱ θεῖαι λέγουσι γραφαί [Io 1,14; 1 Cor 1,24], ὥσπερ ἐπίστασθε, ταῦτα δὲ δυνάμεις οὖσαι τοῦ Θεοῦ τυγχάνουσιν. Εἰ τοίνυν γέγονεν ὁ υἱός, ἦν ὅτε οὐκ ἦν ταῦτα· ἦν ἄρα καιρός, ὅτε χωρὶς τούτων ἦν ὁ Θεός· ἀτοπώτατον δὲ τοῦτο.

(Kap. 2) Nicht weniger aber wird man **113** auch die tadeln, welche glauben, der Sohn sei ein Geschöpf, und meinen, der Herr sei gemacht worden wie irgend eines von dem, was wirklich gemacht worden ist, obwohl doch die göttlichen Worte für ihn eine Zeugung, wie sie sich gebührt und geziemt, bezeugen, nicht aber irgendeine Formung und Erschaffung. Es ist also nicht irgendeine Lästerung, sondern die größte, den Herrn gewissermaßen handgemacht zu nennen. Denn wenn der Sohn gemacht worden ist, dann gab es einmal eine Zeit, in der er nicht war; er war aber immer, wenn er im Vater ist, wie er selbst sagt [*Joh 14,10f*], und wenn Christus das Wort, die Weisheit und die Kraft ist – denn daß Christus dies ist, sagen die göttlichen Schriften [*Joh 1,14; 1 Kor 1,24*], wie Ihr wißt –; dies aber sind eben Kräfte Gottes. Wenn nun der Sohn gemacht worden ist, dann gab es eine Zeit, in der dies nicht war; also gab es einen Zeitpunkt, zu dem Gott ohne dies war; das aber ist ganz unsinnig.

Καὶ τί ἂν ἐπὶ πλέον περὶ τούτων πρὸς ὑμᾶς διαλεγοίμην, πρὸς ἄνδρας πνευματοφόρους καὶ σαφῶς ἐπισταμένους τὰς ἀτοπίας τὰς ἐκ τοῦ ποίημα λέγειν τὸν υἱὸν ἀνακυπτούσας; Αἷς μοι δοκοῦσι μὴ προσεσχηκέναι τὸν νοῦν οἱ καθηγησάμενοι τῆς δόξης ταύτης, καὶ διὰ τοῦτο κομιδῇ τοῦ ἀληθοῦς διημαρτηκέναι, ἑτέρως ἢ βούλεται ταύτῃ ἡ θεία καὶ προφητικὴ γραφὴ τὸ «κύριος ἔκτισέ με ἀρχὴν ὁδῶν αὐτοῦ» [*Prv 8,22: Septg.*] ἐκδεξάμενοι. Οὐ μία γὰρ ἡ τοῦ «ἔκτισεν», ὡς ἴστε, σημασία. «Ἔκτισε» γὰρ ἐνταῦθα ἀκουστέον ἀντὶ τοῦ «ἐπέστησε τοῖς ὑπ' αὐτοῦ γεγονόσιν ἔργοις», γεγονόσι δὲ δι' αὐτοῦ τοῦ υἱοῦ. Οὐχὶ δέ γε τὸ «ἔκτισε» νῦν λέγοιτ' ἂν ἐπὶ τοῦ «ἐποίησε». Διαφέρει γὰρ τοῦ «ποιῆσαι» τὸ «κτίσαι». «Οὐκ αὐτὸς οὗτός σου πατὴρ ἐκτήσατό σε, καὶ ἐποίησέ σε καὶ ἔκτισέ σε;» [*Dt 32,6: Septg.*] τῇ ἐν τῷ δευτε-

Und was soll ich mich darüber noch mehr **114** Euch gegenüber äußern, gegenüber Männern, die voll des Geistes sind und genau wissen, welche Ungereimtheiten aufgrund der Aussage, der Sohn sei ein Geschöpf, auftauchen? Diese scheinen mir die führenden Köpfe dieser Ansicht nicht bedacht und deshalb ganz und gar die Wahrheit verfehlt zu haben, weil sie das "der Herr schuf mich als Anfang seiner Wege" [*Spr 8,22: Septg.*] anders aufgefaßt haben, als es die göttliche und prophetische Schrift an dieser Stelle will. Denn es gibt, wie Ihr wißt, nicht nur e i n e Bedeutung des "schuf". "Schuf" ist an dieser Stelle nämlich zu verstehen im Sinne von "stellte an die Spitze der von ihm gemachten Werke", gemacht aber durch den Sohn selbst. Das "schuf" wird hier jedoch nicht im Sinne von "machte" gesagt. Denn es gibt einen Un-

ρονομίῳ μεγάλῃ ᾠδῇ ὁ Μωσῆς φησι. Πρὸς οὓς καὶ εἴποι ἄν τις· Ὦ ῥιψοκίνδυνοι ἄνθρωποι, ποίημα «ὁ πρωτότοκος πάσης κτίσεως» [Col 1,15], «ἐκ γαστρὸς πρὸ ἑωσφόρου γεννηθείς» [Ps 109,3: Septg.], ὁ εἰπὼν ὡς σοφία, «πρὸ δὲ πάντων βουνῶν γεννᾷ με» [Prv 8,25: Septg.]; Καὶ πολλαχοῦ δὲ τῶν θείων λογίων γεγεννῆσθαι, ἀλλ᾽ οὐ γεγονέναι τὸν υἱὸν λεγόμενον εὕροι τις ἄν. Ὑφ᾽ ὧν καταφανῶς ἐλέγχονται τὰ ψεύδη περὶ τῆς τοῦ κυρίου γεννήσεως ὑπολαμβάνοντες, οἱ ποίησιν αὐτοῦ τὴν θείαν καὶ ἄρρητον γέννησιν λέγειν τολμῶντες.

115    (c. 3) Οὔτ᾽ οὖν καταμερίζειν χρὴ εἰς τρεῖς θεότητας τὴν θαυμαστὴν καὶ θείαν μονάδα, οὔτε ποιήσει κωλύειν τὸ ἀξίωμα καὶ τὸ ὑπερβάλλον μέγεθος τοῦ κυρίου. Ἀλλὰ πεπιστευκέναι εἰς Θεὸν πατέρα παντοκράτορα, καὶ εἰς Χριστὸν Ἰησοῦν τὸν υἱὸν αὐτοῦ καὶ εἰς τὸ ἅγιον πνεῦμα, ἡνῶσθαι δὲ τῷ Θεῷ τῶν ὅλων τὸν λόγον. «Ἐγὼ» γάρ φησι «καὶ ὁ πατὴρ ἕν ἐσμεν» [Io 10,30]· καὶ «ἐγὼ ἐν τῷ πατρί, καὶ ὁ πατὴρ ἐν ἐμοί» [Io 14,10]. Οὕτω γὰρ ἂν καὶ ἡ θεία τριὰς καὶ τὸ ἅγιον κήρυγμα τῆς μοναρχίας διασῴζοιτο.

terschied zwischen "schaffen" und "machen". "Hat nicht eben dieser dein Vater dich erworben, dich gemacht und dich geschaffen?" [Dtn 32,6: Septg.], sagt Moses in dem großen Gesang innerhalb des Deuteronomium. Zu ihnen könnte nun auch einer sagen: O ihr unbesonnenen Menschen, ein Geschöpf ⟨ist also⟩ "der Erstgeborene aller Schöpfung" [Kol 1,15], "der aus dem Schoß vor dem Morgenstern geboren wurde" [Ps 110,3: Septg.], der als Weisheit sagte: "Vor allen Hügeln aber zeugt er mich" [Spr 8,25: Septg.]? Man kann aber auch an vielen Stellen der göttlichen Worte gesagt finden, daß der Sohn gezeugt wurde, aber nicht, daß er gemacht wurde. Aufgrund dessen werden die, welche zu sagen wagen, seine göttliche und unaussprechliche Zeugung sei eine Schöpfung, eindeutig überführt, daß sie in bezug auf die Zeugung des Herrn Lügen vertreten.

(Kap. 3) Man darf also weder die bewundernswerte und göttliche Einheit in drei Gottheiten zerteilen noch durch eine ⟨angebliche⟩ Schöpfung die Würde und die jedes Maß übersteigende Größe des Herrn beeinträchtigen. Vielmehr muß man an den einen Gott, den Vater, den Allmächtigen, und an Jesus Christus, seinen Sohn, und an den Heiligen Geist glauben, und daß das Wort dem Gott von allem geeint ist. Denn er sagt: "Ich und der Vater sind eins" [Joh 10,30], und "ich ⟨bin⟩ im Vater und der Vater ⟨ist⟩ in mir" [Joh 14,10]. So dürfte nämlich sowohl die göttliche Dreifaltigkeit als auch die heilige Verkündigung der Monarchie gewahrt werden.

FELIX I: 5. (3.?) Jan. 269 - 30. Dez. 274
EUTYCHIANUS: 4. (3.?) Jan. 275 - 8. (7.?) Dez. 283
CAJUS: 17. (16.?) Dez. 283 - 22. April 295 (296?)

## MARCELLINUS: 30. Juni 295 (296?) - 25. Okt. (15. Jan.?) 304

### 117-121: Synode von ELVIRA (Spanien), 300-303?

In welchem Jahr die Synode von Elvira (heute eine Vorstadt von Granada) abgehalten wurde, ist unsicher. Nach L. Duchesne werden heute vorwiegend die Jahre 300-303 angenommen (and. 306-312, oder die Zeit Silvesters I.). Aufgrund der Akten steht nur der Eröffnungstag fest: 15. Mai. Ihr Kan. 33 scheint das älteste Zölibatsgesetz zu sein.

     Ausg.: Bruns 2,3 5-7 12 / MaC 2,7B-18C / HaC 1,251A-258C / PL 84,303-310 / CdLuc 383-393 / CVis 3 6f 15.

## Unauflöslichkeit der Ehe

Can. 9. Item femina fidelis, quae adulterum maritum reliquerit fidelem et alterum ducit, prohibeatur ne ducat; si duxerit, non prius accipiat communionem, nisi quem reliquerit prius de saeculo exierit; nisi forte necessitas infirmitatis dare compulerit.

Kan. 9. Ebenso soll einer gläubigen Frau, 117 die ihren gläubigen ehebrecherischen Mann verlassen hat und einen anderen heiratet, verboten werden, ⟨ihn⟩ zu heiraten; wenn sie ⟨ihn doch⟩ heiratet, soll sie nicht früher die Kommunion empfangen, als daß der, den sie verlassen hat, aus der Welt geschieden ist, es sei denn vielleicht, daß die Notlage einer Krankheit dazu drängte, ⟨sie⟩ zu reichen.

## Zölibat der Kleriker

Can. 27. Episcopus, vel quilibet alius clericus, aut sororem aut filiam virginem dicatam Deo tantum secum habeat; extraneam nequaquam habere placuit.

Kan. 27. Ein Bischof sowie jeder beliebige 118 andere Kleriker soll nur seine Schwester oder Tochter, wenn sie Gott geweihte Jungfrau ist, bei sich haben; es wurde beschlossen, daß er keinesfalls eine Fremde ⟨bei sich⟩ haben ⟨darf⟩.

Can. 33. Placuit in totum prohibere episcopis, presbyteris et diaconibus, vel omnibus clericis positis in ministerio, abstinere se a coniugibus suis et non generare filios: quicumque vero fecerit, ab honore clericatus exterminetur.

Kan. 33. Es wurde beschlossen, den Bi- 119 schöfen, Priestern und Diakonen sowie allen Klerikern, die den Dienst versehen, folgendes Verbot aufzuerlegen: Sie sollen sich von ihren Ehefrauen enthalten und keine Kinder zeugen: jeder aber, der ⟨es⟩ tut, soll aus der Ehrenstellung des Klerikers verjagt werden.

## Taufe und Firmung

Can. 38. Loco peregre navigantes aut si ecclesia in proximo non fuerit, posse fidelem, qui lavacrum suum integrum habet nec sit bigamus, baptizare in necessitate infirmitatis positum catechumenum, ita ut, si supervixerit, ad episcopum eum perducat, ut per manus impositionem perfici possit.

Kan. 38. Wenn man in einer fremden Ge- 120 gend auf Schiffsreise ist oder wenn keine Kirche in der Nähe ist, kann ein Gläubiger, der sein ⟨Tauf⟩bad nicht befleckt hat und kein Bigamist ist, einen Katechumenen, der sich in der Notlage einer Krankheit befindet, taufen, ⟨und zwar⟩ so, daß er ihn, wenn er überlebt, zum Bischof bringt, damit er durch die Handauflegung vervollkommnet werden kann.

Can. 77. Si quis diaconus regens plebem sine episcopo vel presbytero aliquos baptizaverit, episcopus eos per benedictionem perficere debebit; quod si ante de saeculo recesserint, sub fide, qua quis credidit, poterit esse iustus.

Kan. 77. Wenn ein das Volk leitender Dia- 121 kon ohne Bischof oder Priester irgendwelche getauft hat, wird der Bischof sie durch die Segnung vervollkommnen müssen; wenn sie aber zuvor aus der Welt geschieden sind, wird einer kraft des Glaubens, mit dem er geglaubt hat, gerechtfertigt sein können.

MARCELLUS I.: Mai/Juni 308 (307?) – 16. Jan. 309 (308?)
Nach Auffassung mancher Forscher ist dieser Papst mit Marcellinus identisch.
EUSEBIUS: 18. April 309 (310?) – 17. Aug. 309 (310?)

MILTIADES (MELCHIADES): 2. Juli 310 (311?) – 11. Jan. 314
SILVESTER I.: 31. Jan. 314 – 31. Dez. 335

## 123: 1. Synode von ARLES, begonnen am 1. Aug. 314

Sie befaßte sich hauptsächlich mit den Donatisten.
*Ausg.:* Turner 1/II/II (1939) 387f [= Kap. 9] / Ch. Munier: CpChL 148 (1963) 10f / Routh 4,306 308f [= Kap. 8] / Bruns 2,108 / MaC 2,472A. Derselbe Kanon wird auch im Synodalbrief an Papst Silvester angeführt: Turner ebd. / CSEL 26,208$_{10-15}$ / Ch. Munier: CpChL 148 (1963) 6 / KlT 122,21 (Nr. 16$_{52-57}$) / Gratian, *Decretum*, p. III, dist. 4, c. 109 (Frdb 1,1395).

### Häretikertaufe

123    Can. 9 (8). De Afris, quod propria lege sua utuntur, ut rebaptizent, placuit, ut si ad Ecclesiam aliquis de haeresi venerit, interrogent eum symbolum, et si perviderint eum in Patre et Filio et Spiritu Sancto esse baptizatum, manus ei tantum inponatur, ut accipiat Spiritum Sanctum; quod si interrogatus non responderit hanc Trinitatem, baptizetur.

Kan. 9 (8). Da sie ein ihnen eigenes Gesetz anwenden, nämlich wiederzutaufen, beschloß ⟨die Synode⟩ hinsichtlich der Afrikaner, daß sie, wenn einer von einer Häresie zur Kirche kommt, ihn nach dem Bekenntnis fragen sollen; und wenn sie erkennen, daß er auf den Vater und den Sohn und den Heiligen Geist getauft wurde, soll man ihm nur die Hand auflegen, damit er den Heiligen Geist empfange; wenn er auf Befragen aber nicht mit dieser Dreifaltigkeit antwortet, dann soll er getauft werden.

## 1. Konzil von NIKAIA (1. ökum.): 19. Juni – 25. Aug. 325

Dieses Konzil der "318 Väter", von Kaiser Konstantin dem Großen einberufen, verurteilte vor allem die Arianer. Eröffnet wurde es am 19. Juni (nicht am 20. Mai; vgl. E. Schwartz, in: Nachr. der Gesellsch. der Wissensch. Göttingen [1904] 398; Turner 1/I/II [1904] 105: "XIII Kal. Iul."). Es sind nur noch sein Glaubensbekenntnis, 20 Kanones und ein Synodalbrief erhalten.

### 125-126: Nizänisches Glaubensbekenntnis, 19. Juni 325

Es gehört zu den bedeutendsten Glaubensdefinitionen. Den besten Text bieten Eusebius von Cäsarea, Brief an seine Diözesanen (PG 20,1540BC); Athanasius von Alexandrien, Brief an Kaiser Jovian, Kap. 3 (PG 26,817B); *De decretis Nicaenae synodi* 37, § 2 (vgl. die unten angeführte Ausgabe von Opitz, 36); Basilius der Große, Brief 125, Kap. 2 (PG 32,548C). Spätere Zeugnisse können nicht mehr als ursprünglich gelten, so z. B. der Text des Konzils von Chalkedon (ACOe 2/I/II, 79$_{16-23}$). Durch das Vorbild des Konzils von Nikaia entstand die Gewohnheit, "Synodalbekenntnisse" aufzustellen.
    Unter den lateinischen Übersetzungen des Bekenntnisses ragen an Alter die Fassungen des Hilarius von Poitiers hervor, von denen die aus dem Werk *De synodis* 84 (PL 10,536A) (einschließlich des Anathematismus') im folgenden dem griechischen Text gegenübergestellt ist.
    *Ausg.:* [griechischer Text] I. Ortiz de Urbina, *El simbolo Niceno* (Madrid 1947) 21f / ders., in: OrChrPer 2 (1936) 342f / H. G. Opitz, *Athanasius Werke* 2/I (Berlin-Leipzig 1935) 30 36f / G.L. Dossetti, *Il simbolo di Nicea e di Constantinopoli* (Testi e ricerche di scienze religiose 2; Rom 1967) 226–237 / Hn § 142 / MaC 2,665C-E (vgl. 5,688B) / COeD$^3$ 52$_{2-19}$ / Kelly 215f / Ltzm 26f. – [lateinische Übersetzung] Die andere Übersetzung des Hilarius von Poitiers (außer der oben erwähnten) s. bei A. Feder: CSEL 65,150 / die meisten Übersetzungen aus den Sammlungen der Kanones bei Turner 1/I/II (1904) 106–109 [= die älteren]; 1/II/I (1913) 297–319 [= die späteren]; ebd. 320–324 eine reichhaltige Zusammenstellung der Varianten.

| [*Versio graeca*] | [*Versio latina*] | [*Griechische Fassung*] | [*Lateinische Fassung*] |
|---|---|---|---|
| 125 Πιστεύομεν εἰς ἕνα Θεόν, πατέρα παντοκράτορα, πάντων ὁρα- | Credimus in unum Deum, Patrem omnipotentem, | Wir glauben an ⟨den⟩ einen Gott, den Vater, den Allmächtigen, | Wir glauben an den einen Gott, den allmächtigen Vater, den |

τῶν τε καὶ ἀοράτων ποιητήν,

omnium visibilium et invisibilium factorem.

den Schöpfer alles Sichtbaren und Unsichtbaren,

Schöpfer alles Sichtbaren und Unsichtbaren.

καὶ εἰς ἕνα κύριον Ἰησοῦν Χριστόν, τὸν υἱὸν τοῦ Θεοῦ,

Et in unum Dominum nostrum Iesum Christum Filium Dei,

und an ⟨den⟩ einen Herrn Jesus Christus, den Sohn Gottes,

Und an unseren einen Herrn Jesus Christus, den Sohn Gottes,

γεννηθέντα ἐκ τοῦ Πατρὸς μονογενῆ, τουτέστιν ἐκ τῆς οὐσίας τοῦ Πατρός, Θεὸν ἐκ Θεοῦ, φῶς ἐκ φωτός, Θεὸν ἀληθινὸν ἐκ Θεοῦ ἀληθινοῦ, γεννηθέντα οὐ ποιηθέντα, ὁμοούσιον τῷ πατρί, δι' οὗ τὰ πάντα ἐγένετο, τά τε ἐν τῷ οὐρανῷ καὶ τὰ ἐν τῇ γῇ,

natum ex Patre unigenitum, hoc est de substantia Patris, Deum ex Deo, lumen ex lumine, Deum verum de Deo vero, natum, non factum, unius substantiae cum Patre (quod graece dicunt homousion), per quem omnia facta sunt, quae in caelo et in terra,

als Einziggeborener aus dem Vater gezeugt, das heißt aus dem Wesen des Vaters, Gott aus Gott, Licht aus Licht, wahrer Gott aus wahrem Gott, gezeugt, nicht geschaffen, wesensgleich dem Vater, durch den alles geworden ist, was im Himmel und was auf der Erde ist,

als Einziggeborener aus dem Vater geboren, das heißt aus der Substanz des Vaters, Gott aus Gott, Licht aus Licht, wahrer Gott aus wahrem Gott, geboren, nicht geschaffen, von e i n e r Substanz mit dem Vater (was man griechisch ὁμοούσιος nennt), durch den alles geworden ist, was im Himmel und auf der Erde ist,

τὸν δι' ἡμᾶς τοὺς ἀνθρώπους καὶ διὰ τὴν ἡμετέραν σωτηρίαν κατελθόντα καὶ σαρκωθέντα, ἐνανθρωπήσαντα, παθόντα, καὶ ἀναστάντα τῇ τρίτῃ ἡμέρᾳ, [καὶ] ἀνελθόντα εἰς τοὺς οὐρανούς, ἐρχόμενον κρῖναι ζῶντας καὶ νεκρούς,

qui propter nostram salutem descendit, incarnatus est et homo factus est et passus est, et resurrexit tertia die, et ascendit in caelos, venturus iudicare vivos et mortuos.

der wegen uns Menschen und um unseres Heiles willen herabgestiegen und Fleisch und Mensch geworden ist, gelitten hat und auferstanden ist am dritten Tage, hinaufgestiegen ist in die Himmel und kommt, Lebende und Tote zu richten,

der um unseres Heiles willen herabgestiegen und Fleisch und Mensch geworden ist, gelitten hat und auferstanden ist am dritten Tage, hinaufgestiegen ist in die Himmel und kommen wird, Lebende und Tote zu richten.

| καὶ εἰς τὸ ἅγιον πνεῦμα. | Et in Spiritum Sanctum. | und an den Heiligen Geist. | Und an den Heiligen Geist. |
|---|---|---|---|
| 126 Τοὺς δὲ λέγοντας· «ἦν ποτε ὅτε οὐκ ἦν», καὶ «πρὶν γεννηθῆναι οὐκ ἦν» καὶ ὅτι ἐξ οὐκ ὄντων ἐγένετο, ἢ ἐξ ἑτέρας ὑποστάσεως ἢ οὐσίας φάσκοντας εἶναι ἢ κτιστὸν [-!] ἢ τρεπτὸν ἢ ἀλλοιωτὸν τὸν υἱὸν τοῦ Θεοῦ, ἀναθεματίζει ἡ καθολικὴ ἐκκλησία. | Eos autem, qui dicunt "Erat, quando non erat" et "Antequam nasceretur, non erat" et "Quod de non exstantibus factus est" vel ex alia substantia aut essentia dicentes aut convertibilem aut demutabilem Deum, hos anathematizat catholica Ecclesia. | Die aber sagen: "Es gab einmal eine Zeit, als er nicht war", und "Bevor er gezeugt wurde, war er nicht", und "Er ist aus nichts geworden", oder die sagen, der Sohn Gottes sei aus einer anderen Hypostase oder Wesenheit, oder er sei *geschaffen oder* [-!] wandelbar oder veränderlich, diese belegt die katholische Kirche mit dem Anathema. | Die aber sagen: "Es gab einmal eine Zeit, als er nicht war", und "Bevor er geboren wurde, war er nicht", und "Er ist aus nichts geworden", oder die sagen, Gott sei aus einer anderen Substanz oder Wesenheit, oder er sei wandelbar oder veränderlich, diese belegt die katholische Kirche mit dem Anathema. |

## 127-129: Kanones

*Ausg.*: Bruns 1,16 19 18 / HaC 1,326D–330B (vgl. 431E–436A) / MaC 2,672B–673D (vgl. 896 900 904) / COeD$^3$ 9$_{27}$–12$_{37}$ / [Lateinische Texte:] Turner 1/I/II (1904) 122–133 140f 130–133 [= alte Sammlungen]; 262 267 272 [= Sammlung des Dionysius Exiguus] / PL 56,827C–830A. – Hier die Version des Dionysius.

[*Zu 128a:*] Einem Kastraten (Eunuchen) war zwar schon *Dtn 23,2* der Zutritt zur "Kirche des Herrn" versagt worden. Weil aber in der Schrift berichtet wird, daß Christus die Eunuchen lobt, "die sich selbst um des Himmelreiches willen entmannten" (*Mt 19,12*) und bei anderer Gelegenheit Selbstverstümmelung empfiehlt ("Wenn Dir ... zum Ärgernis ist, schneide ... ab": *Mt 5,29f; 18,8f; par.*), könnte es sonderbar erscheinen, eine solche in bester Absicht ausgeführte Handlung zu verurteilen und zu untersagen. Es gab auch manche, die die Worte Christi in einem buchstäblichen Sinne verstanden und die Kastration guthießen: so die Sekte der Valesianer, wenn man Epiphanius von Salamis glauben darf (*Panarion haeresium* 58,1: hrsg. von K. Holl [GChSch] 2,358 / PG 41,1009D–1011C; ihn wiederholt Augustinus, *De haeresibus* 37: hrsg. von R. Vander Plaetse - C. Beukers: CpChL 46 [1969] 306 / PL 42,32). Es ist auch bekannt, daß sich Origenes von Alexandrien in jugendlichem Alter entmannte (Eusebius von Cäsarea, *Historia ecclesiae* VI 8: hrsg. von E. Schwartz (GChSch) 2/II, 534 / PG 20,537AB). Der nizänische Kanon 1 scheint das erste kirchliche Verbot der Kastration zu sein. Die (pseudepigraphischen) *Canones Apostolorum*, deren Kanones 21–24 sich hierauf beziehen (Turner 1/I/I, 17f / Bruns 1,3f), sind nicht vor Ende des 4. Jahrhunderts entstanden. Eine Sammlung ähnlicher Verbote s. bei Gratian, *Decretum*, p. I, dist. 55, c. 4–5 7–9 (Frdb 1,216f).

Da bei der Kastration und Verstümmelung die Frage nach dem Recht des Menschen, über seinen Leib zu verfügen, berührt wird, sollen hier die Worte Pius' XII. angeführt werden, in denen er das in dieser Frage anzuwendende Ganzheitsprinzip hervorhebt (Ansprache an den 1. Internationalen Kongreß der Histopathologie des Nervensystems, 13. Sept. 1952: AAS 44 [1952] 782): "Da er [der Patient] Nutznießer und nicht Eigentümer ist, hat er nicht die uneingeschränkte Befugnis, Akte der Zerstörung oder der Verstümmelung anatomischer oder funktioneller Art zu setzen. Aber er kann aufgrund des Ganzheitsprinzips, seines Rechtes, von den Diensten des Organismus in seiner Gesamtheit Gebrauch zu machen, über die Einzelteile verfügen, um diese zu zerstören oder zu verstümmeln, wenn und in dem Maße, in dem es notwendig ist für das Wohl des Menschen in seiner Ganzheit, um seine Existenz zu garantieren oder um schwere und dauerhafte Schäden zu verhindern und natürlich wiedergutzumachen, die auf andere Weise weder vermieden noch wiedergutgemacht werden könnten." ("Parce qu'il [le patient] est usufruitier et non propriétaire, il n'a pas un pouvoir illimité de poser des actes de destruction ou de mutilation de caractère anatomique ou fonctionnel. Mais, en vertu du principe de totalité, de son droit d'utiliser les services de l'organisme comme un tout, il peut disposer des parties individuelles pour les détruire ou les mutiler, lorsque et dans la mesure où c'est nécessaire pour le bien de l'être dans son ensemble, pour assurer son existence, ou pour éviter, et naturellement pour réparer des dommages graves et durables, qui ne pourraient être autrement ni écartés ni réparés.")

*Ausg.:* MaC 2,668C / COeD³ 6₄₋₁₇ / bei Gelasius von Kyzikos, *Historia ecclesiae* II 32,1: hrsg. von G. Loeschke – M. Heinemann (GChSch) 112₃₋₁₀ / Turner 1/I/II, 112b.

### Häretikertaufe

η΄. Περὶ τῶν ὀνομαζόντων μὲν ἑαυτοὺς Καθαροὺς ποτε, προσερχομένων δὲ τῇ καθολικῇ καὶ ἀποστολικῇ ἐκκλησίᾳ, ἔδοξε τῇ ἁγίᾳ καὶ μεγάλῃ συνόδῳ, ὥστε χειροθετουμένους αὐτοὺς μένειν οὕτως ἐν τῷ κλήρῳ· πρὸ πάντων δὲ τοῦτο ὁμολογῆσαι αὐτοὺς ἐγγράφως προσήκει, ὅτι συνθήσονται καὶ ἀκολουθήσουσι τοῖς τῆς καθολικῆς καὶ ἀποστολικῆς ἐκκλησίας δόγμασιν· τουτέστι καὶ διγάμοις κοινωνεῖν καὶ τοῖς ἐν τῷ διωγμῷ παραπεπτωκόσιν. ...

8. Was die betrifft, die sich "Katharer" 127 ⟨ = "Reine"⟩ nennen, ⟨d. h. die Novatianer⟩, so beschloß das heilige und große Konzil, daß ihnen, wenn sie sich der katholischen und apostolischen Kirche anschließen wollen, die Hände aufgelegt werden und sie so im Klerus verbleiben sollen; vor allem aber sollen sie dies schriftlich bekennen, daß sie den Lehren der katholischen und apostolischen Kirche zustimmen und folgen werden: nämlich sowohl mit denen, die zum zweiten Male verheiratet sind, als auch mit denen, die in der Verfolgung gefallen waren, Gemeinschaft zu pflegen. ...

ιθ΄. Περὶ τῶν Παυλιανισάντων, εἶτα προσφυγόντων τῇ καθολικῇ ἐκκλησίᾳ, ὅρος ἐκτέθειται, ἀναβαπτίζεσθαι αὐτοὺς ἐξάπαντος· εἰ δέ τινες ἐν τῷ παρεληλυθότι χρόνῳ ἐν τῷ κλήρῳ ἐξητάσθησαν, εἰ μὲν ἄμεμπτοι καὶ ἀνεπίληπτοι φανεῖεν, ἀναβαπτισθέντες χειροτονείσθωσαν ὑπὸ τοῦ τῆς καθολικῆς ἐκκλησίας ἐπισκόπου. ...

19. Was die Paulianisten betrifft, die später 128 ihre Zuflucht zur katholischen Kirche nahmen, so ist die Bestimmung festgesetzt worden, daß sie auf jeden Fall wiedergetauft werden müssen; sollte sich aber herausstellen, daß einige in der Vergangenheit im Klerus waren, so sollen sie, wenn sie untadelig und einwandfrei erscheinen, nach ihrer Wiedertaufe vom Bischof der katholischen Kirche geweiht werden. ...

### Kastration

α΄. Εἴ τις ἐν νόσῳ ὑπὸ ἰατρῶν ἐχειρουργήθη, ἢ ὑπὸ βαρβάρων ἐξετμήθη, οὗτος μενέτω ἐν τῷ κλήρῳ· εἰ δέ τις ὑγιαίνων ἑαυτὸν ἐξέτεμε, τοῦτον καὶ ἐν τῷ κλήρῳ ἐξεταζόμενον πεπαῦσθαι προσήκει, καὶ ἐκ τοῦ δεῦρο μηδένα τῶν τοιούτων χρῆναι προσάγεσθαι· ὥσπερ δὲ τοῦτο πρόδηλον, ὅτι περὶ τῶν ἐπιτηδευόντων τὸ πρᾶγμα καὶ τολμώντων ἑαυτοὺς ἐκτέμνειν εἴρηται· οὕτως εἴ τινες ὑπὸ βαρβάρων ἢ δεσποτῶν εὐνουχίσθησαν, εὑρίσκοιντο δὲ ἄλλως ἄξιοι, τοὺς τοιούτους εἰς κλῆρον προσίεται ὁ κανών.

1. Wer während einer Krankheit von Ärz- 128a ten bei einer Behandlung oder von Barbaren verschnitten wurde, der soll im Klerus verbleiben; wer sich aber selbst verschnitt, obwohl er gesund war, der soll von der Zugehörigkeit zum Klerus ausgeschlossen werden, und von jetzt an darf kein solcher zugelassen werden; da aber dies klar ⟨ist⟩, daß sich das Gesagte auf die bezieht, die die Tat absichtlich begehen und sich vorsätzlich verschneiden, so läßt die Vorschrift diejenigen, die von Barbaren oder ihren Herren entmannt wurden, ansonsten aber als würdig befunden werden, zum Klerus zu.

### Wegzehrung für die Sterbenden

ιγ΄. Περὶ δὲ τῶν ἐξοδευόντων ὁ παλαιὸς καὶ κανονικὸς νόμος φυλαχθήσεται καὶ νῦν, ὥστε εἴ τις ἐξοδεύοι, τοῦ τελευταίου καὶ ἀναγκαιοτάτου ἐφοδίου μὴ ἀποστερεῖσθαι·

13. Was aber die Sterbenden betrifft, so 129 soll das alte und kanonische Gesetz auch jetzt beachtet werden, daß man dem, der im Sterben liegt, die letzte und notwendigste

εἰ δὲ ἀπογνωσθεὶς καὶ κοινωνίας πάλιν τυχών, πάλιν ἐν τοῖς ζῶσιν ἐξετασθῇ, μετὰ τῶν κοινωνούντων τῆς εὐχῆς μόνης ἔστω· καθόλου δὲ καὶ περὶ παντὸς οὕτινος ἐξοδεύοντος, αἰτοῦντος τοῦ μετασχεῖν εὐχαριστίας ὁ ἐπίσκοπος μετὰ δοκιμασίας ἐπιδότω [al.: μεταδιδότω τῆς προσφορᾶς].

Wegzehrung nicht vorenthalten darf; wenn er aber nach der Lossprechung und Wiedererlangung der Gemeinschaft wieder unter den Lebenden gefunden wird, so soll er zu denen gehören, die nur am Gebet teilnehmen; generell aber soll der Bischof auch bei jedem, der im Sterben liegt und danach verlangt, die Eucharistie zu empfangen, *sie mit ⟨der gehörigen⟩ Prüfung* [and.: die Opfergabe] darreichen.

## 130: Synodalbrief «Ἐπειδὴ τῆς» an die Ägypter

*Ausg.:* Bei Athanasius von Alexandrien, *De decretis Nicaenae synodi* 36 § 2–4: hrsg. von Opitz, a.a.O. 2/I, 35. – Bei Socrates, *Historia ecclesiae* I 9: PG 67,78C. – Bei Theodoret von Cyrus, *Historia ecclesiae* I 9,4f: hrsg. von L. Parmentier (GChSch) 39 / PG 82,928C. – Bei Gelasius von Kyzikos, *Historia ecclesiae* II 34,4f: hrsg. von G. Loeschke – M. Heinemann (GChSch) 121.

### Die Irrlehre des Arius

130    (c. 1, n. 2) Πρῶτον μὲν οὖν ἐξ ἁπάντων ἐξετάσθη τὰ κατὰ τὴν ἀσέβειαν καὶ τὴν παρανομίαν Ἀρείου καὶ τῶν σὺν αὐτῷ, ... καὶ παμψηφεὶ ἔδοξεν ἀναθεματισθῆναι τὴν ἀσεβῆ αὐτοῦ δόξαν, καὶ τὰ ῥήματα καὶ τὰ ὀνόματα τὰ βλάσφημα, οἷς ἐκέχρητο βλασφημῶν, τὸν Υἱὸν τοῦ Θεοῦ λέγων ἐξ οὐκ ὄντων, καὶ εἶναί ποτε ὅτε οὐκ ἦν· καὶ αὐτεξουσιότητι κακίας καὶ ἀρετῆς δεκτικὸν τὸν Υἱὸν τοῦ Θεοῦ λέγοντος, καὶ κτίσμα καὶ ποίημα ὀνομάζοντος, ἅπαντα ἀνεθεμάτισεν ἡ ἁγία σύνοδος, οὐδὲ ὅσον ἀκοῦσαι τῆς ἀσεβοῦς δόξης ἢ ἀπονοίας καὶ τῶν βλασφήμων ῥημάτων ἀνασχομένη.

(Kap. 1, Nr. 2) Als erstes also von allem wurde das untersucht, was mit der Gottlosigkeit und Verworfenheit des Arius und seiner Genossen zu tun hat, ... und es wurde einstimmig beschlossen, seine gottlose Lehre mit dem Anathema zu belegen, und ⟨ebenso⟩ die gotteslästerlichen Reden und Benennungen, die er bei seinen Gotteslästerungen verwendete, als er sagte, der Sohn Gottes ⟨sei⟩ aus nichts, und es habe einmal eine Zeit gegeben, als er nicht war; er sagte auch, der Sohn Gottes sei aufgrund des freien Willens fähig zur Schlechtigkeit und zur Tugend, und nannte ihn Geschöpf und Machwerk; das alles belegte das heilige Konzil, das es nicht ertrug, die gottlose Lehre bzw. Verrücktheit und die gotteslästerlichen Reden auch nur anzuhören, mit dem Anathema.

MARCUS: 18. Jan. – 7. Okt. 336

## JULIUS I.: 6. Febr. 337 – 12. April 352

### 132: Brief «Ἀνέγνων τὰ γράμματα» an die Antiochener, i. J. 341

*Ausg.:* CouE 385B / PL 8,906A / PG 25,305D–308A ( = Athanasius, *Apologia contra Arianos* 35; der Brief ist dort eingefügt) / MaC 2,1229E–1232A. – *Reg.:* JR 186.

### Der Vorrang des Römischen Stuhles

132    (22) ... Εἰ γὰρ καὶ ὅλως, ὡς φατέ, γέγονέ τι εἰς αὐτοὺς ἁμάρτημα, ἔδει κατὰ τὸν ἐκκλησιαστικὸν κανόνα, καὶ μὴ οὕτως γε-

(22) ... Denn auch wenn, wie ihr sagt, bei ihnen durchaus ein Vergehen vorlag, so hätte die Untersuchung gemäß der kirchlichen

γενῆσθαι τὴν κρίσιν. Ἔδει γραφῆναι πᾶσιν ἡμῖν, ἵνα οὕτως παρὰ πάντων ὁρισθῇ τὸ δίκαιον· ἐπίσκοποι γὰρ ἦσαν οἱ πάσχοντες, καὶ οὐχ αἱ τυχοῦσαι ἐκκλησίαι αἱ πάσχουσαι, ἀλλ' ὧν αὐτοὶ οἱ ἀπόστολοι δι' ἑαυτῶν καθηγήσαντο. Διὰ τί δὲ περὶ τῆς Ἀλεξανδρέων ἐκκλησίας μάλιστα οὐκ ἐγράφετο ἡμῖν; Ἦ ἀγνοεῖτε ὅτι τοῦτο ἔθος ἦν, πρότερον γράφεσθαι ἡμῖν, καὶ οὕτως ἔνθεν ὁρίζεσθαι τὰ δίκαια; Εἰ μὴν οὖν τι τοιοῦτον ἦν ὑποπτευθὲν εἰς τὸν ἐπίσκοπον τὸν ἐκεῖ, ἔδει πρὸς τὴν ἐνταῦθα ἐκκλησίαν γραφῆναι.

Rechtsvorschrift und nicht so vonstatten gehen dürfen. Es hätte an uns alle geschrieben werden müssen, damit so von allen entschieden worden wäre, was gerecht ist; denn die Betroffenen waren Bischöfe und die betroffenen Kirchen keine beliebigen, sondern solche, die die Apostel selbst persönlich leiteten. Weswegen aber wurde uns vor allem wegen der Kirche von Alexandrien nicht geschrieben? Oder wißt ihr nicht, daß dies Brauch war, daß zuerst uns geschrieben wird und so von hier aus entschieden wird, was gerecht ist? Wenn nun freilich ein derartiger Verdacht gegen den dortigen Bischof vorlag, hätte man an die hiesige Kirche schreiben müssen.

## 133-135: Synode von SERDIKA, um 343

Diese Synode war entweder im Herbst 343 oder schon i. J. 342 nach Serdika (Sofia/Bulgarien; zur Schreibweise "Serdika" statt "Sardika" s. Turner 1/II/III, 533) einberufen worden, wurde jedoch durch das Fehlen bzw. die Abreise vieler Bischöfe um ihren ökumenischen Charakter gebracht. Ihre Kanones werden in den Sammlungen in sehr verschiedener Reihenfolge aufgezählt; vgl. das Verzeichnis bei Turner 1/II/III, 442. Der lateinische Text ist in seiner heute vorliegenden Form nicht ursprünglich; gegen Turner und Schwartz überwiegt heute die Auffassung, daß die Originalsprache dieser Dekrete griechisch gewesen ist (vgl. G. v. Hankiewicz, in: ZSavStKan 2 [1912] 44-99).

*Ausg.:* Turner 1/II/III (1930) 455-457 [= nur lateinisch, mit kritischem Apparat]; 492-494 [= lateinisch und griechisch] / ders., in: JThSt 3 (1902) 396f [= Kan. 3 und 7 der *Prisca* des Dionysius Exiguus] / Bruns 1,90-94 [gr. und lat.] / MaC 3,7C-9C 23C-25A 32C-33C / HaC 1,637f 641f / PL 56,775B-777C; vgl. 832C-833C; 84,116.

## *Ordnung der Kirchen und Vorrang des Römischen Stuhles*

| [*Recensio latina*] | [*Recensio graeca*] | [*Lateinische Fassung*] | [*Griechische Fassung*] |
|---|---|---|---|
| ([Can. 3a] *Isidor.* can. 4) Osius episcopus dixit: Illud quoque *[suppl. e graeco:* necessario adiciendum est]*, ut episcopus de provincia ad aliam provinciam, in qua sunt episcopi, non transeat; nisi forte a fratribus suis invitatus, ne videamur ianuam caritatis clausisse. | γ. Ὅσιος ἐπίσκοπος εἶπεν· Καὶ τοῦτο προστεθῆναι ἀναγκαῖον, ἵνα μηδεὶς ἐπισκόπων ἀπὸ τῆς ἑαυτοῦ ἐπαρχίας εἰς ἑτέραν ἐπαρχίαν, ἐν ᾗ τυγχάνουσιν ὄντες ἐπίσκοποι, διαβαίνοι· εἰ μήτι παρὰ τῶν ἀδελφῶν τῶν ἑαυτοῦ κληθείη, διὰ τὸ μὴ δοκεῖν ἡμᾶς τὰς τῆς ἀγάπης ἀποκλείειν πύλας. | ([Kan. 3a] *Isidor:* Kan. 4) Bischof Osius sagte: Auch jenes [*aus dem Griechischen zu ergänzen:* ist notwendig hinzuzufügen], daß kein Bischof von einer Provinz in eine andere Provinz, in der es Bischöfe gibt, hinübergehe, es sei denn, er wäre von seinen Brüdern eingeladen worden, damit wir nicht den Anschein erwecken, wir hätten die Pforte für die Liebe verschlossen. | 3. Bischof Ossius 133 sagte: Auch dies ⟨ist⟩ notwendig hinzuzufügen, daß keiner der Bischöfe von seiner Provinz in eine andere Provinz, in der es Bischöfe gibt, hinübergehe, es sei denn, er wäre von seinen Brüdern eingeladen worden, damit wir nicht den Anschein erwecken, wir verschlössen die Pforten für die Liebe. |

Illud quoque providendum est: si in aliqua provincia forte aliquis episcopus contra fratrem suum episcopum litem habuerit, non ex his unus ex alia provincia advocet episcopos.

Καὶ τοῦτο δὲ ὡσαύτως προνοητέον, ὥστε ἐὰν ἔν τινι ἐπαρχίᾳ ἐπισκόπων τις ἄντικρυς ἀδελφοῦ ἑαυτοῦ καὶ συνεπισκόπου πρᾶγμα σχοίη, μηδέτερον ἐκ τούτων ἀπὸ ἑτέρας ἐπαρχίας ἐπισκόπους ἐπιγνώμονας ἐπικαλεῖσθαι.

Auch dafür ist Vorsorge zu treffen: wenn in einer Provinz ein Bischof mit seinem bischöflichen Amtsbruder Streit haben sollte, so soll keiner von diesen aus einer anderen Provinz Bischöfe zu Hilfe rufen.

Auch dafür aber ist ebenso Vorsorge zu treffen, daß, wenn in einer Provinz einer der Bischöfe mit seinem Bruder und Mitbischof Streit haben sollte, keiner von diesen beiden aus einer anderen Provinz Bischöfe als Schiedsrichter zu Hilfe rufen soll.

Quod si aliquis episcopus iudicatus fuerit in aliqua causa, et putat bonam causam habere, ut iterum iudicium renovetur, si vobis placet, sanctissimi Petri Apostoli memoriam honoremus: scribatur vel ab his, qui causam examinarunt, vel ab episcopis, qui in proxima provincia morantur, Romano episcopo; et si iudicaverit renovandum esse iudicium, renovetur, et det iudices. Si autem probaverit talem causam esse, ut ea non refricentur quae acta sunt, quae decreverit confirmata erunt. Si hoc omnibus placet? Synodus respondit: Placet.

Εἰ δὲ ἄρα τις ἐπισκόπων ἔν τινι πράγματι δόξῃ κατακρίνεσθαι, καὶ ὑπολαμβάνει ἑαυτὸν μὴ σαθρόν, ἀλλὰ καλὸν ἔχειν τὸ πρᾶγμα, ἵνα καὶ αὖθις ἡ κρίσις ἀνανεωθῇ εἰ δοκεῖ ὑμῶν τῇ ἀγάπῃ, Πέτρου τοῦ ἀποστόλου τὴν μνήμην τιμήσωμεν, καὶ γραφῆναι παρὰ τούτων τῶν κρινάντων ['Ιουλίῳ][1] τῷ ἐπισκόπῳ 'Ρώμης, ὥστε διὰ τῶν γειτνιώντων τῇ ἐπαρχίᾳ ἐπισκόπων, εἰ δέοι, ἀνανεωθῆναι τὸ δικαστήριον, καὶ ἐπιγνώμονας αὐτὸς παράσχοι. Εἰ δὲ μὴ συστῆναι δύναται, τοιοῦτον αὐτοῦ εἶναι τὸ πρᾶγμα, ὡς παλινδικίας χρῄζειν, τὰ ἅπαξ κεκριμένα μὴ ἀναλύεσθαι, τὰ δὲ ὄντα βέβαια τυγχάνειν.

Wenn aber ein Bischof in einer Sache verurteilt wurde und meint, er habe eine gute Sache, so daß noch einmal ein neues Urteil gefällt werden sollte, so wollen wir, wenn es Euch gefällt, das Andenken des heiligsten Apostels Petrus ehren: es soll entweder von denen, die die Sache geprüft haben, oder von den Bischöfen, die sich in der benachbarten Provinz befinden, an den Römischen Bischof geschrieben werden; und wenn er urteilt, daß ein neues Urteil gefällt werden soll, soll ein neues gefällt werden, und er soll Richter bestellen. Wenn er aber durch Prüfung erkennt, daß die Sache so beschaffen ist, daß das, was verhandelt wurde, nicht wieder aufgerollt zu werden braucht, wird, was er entschieden hat, bestätigt sein. Ob dies

Auch dafür aber ist ebenso Vorsorge zu treffen, daß, wenn in einer Provinz einer der Bischöfe mit seinem Bruder und Mitbischof Streit haben sollte, keiner von diesen beiden aus einer anderen Provinz Bischöfe als Schiedsrichter zu Hilfe rufen soll.

Wenn es sich aber zeigt, daß einer der Bischöfe in einer Sache verurteilt wird, und er meint, er habe keine fehlerhafte, sondern eine gute Sache, so daß noch einmal ein neues Urteil gefällt werden sollte, so wollen wir, wenn es Eurer Liebe richtig erscheint, das Andenken des Apostels Petrus ehren, und es soll von denen, die das Urteil gefällt haben, an [Julius,][1] den Bischof von Rom [,] geschrieben werden, damit durch die der Provinz benachbarten Bischöfe, falls nötig, ein neues Gericht gehalten werde, und er soll Schiedsrichter bestellen. Wenn aber nicht nachgewiesen werden kann, daß seine Sache so beschaffen ist, daß sie eine Wiederaufnahme des Verfahrens erfordert, so soll das einmal gefällte Urteil nicht aufgehoben werden,

---

**\*133** [1]  Der Name dieses Papstes ist eingeschoben.

allen gefällt? Die Synode antwortete: Ja.

sondern das vorliegende ⟨Urteil⟩ bestehen bleiben.

*(Isid.* 5) Gaudentius episcopus dixit: Addendum, si placet, huic sententiae, quam plenam sanctitatis protulisti: cum aliquis episcopus depositus fuerit eorum episcoporum iudicio, qui in vicinis commorantur locis, et proclamaverit agendum sibi esse negotium in urbe Roma, alter episcopus in eadem cathedra, post appellationem eius, qui videtur esse depositus, omnino non ordinetur loco ipsius, nisi causa fuerit iudicio Romani episcopi determinata.

δʹ. Γαυδέντιος ἐπίσκοπος εἶπεν· Εἰ δοκεῖ, ἀναγκαῖον προστεθῆναι ταύτη τῇ ἀποφάσει, ἥντινα ἀγάπης εἰλικρινοῦς πλήρη ἐξενήνοχας· ὥστε ἐάν τις ἐπίσκοπος καθαιρεθῇ τῇ κρίσει τούτων τῶν ἐπισκόπων φάσκη πάλιν ἑαυτῷ ἀπολογίας πρᾶγμα ἐπιβαλεῖν, μὴ πρότερον εἰς τὴν καθέδραν αὐτοῦ ἕτερον ὑποκαταστῆναι, ἐὰν μὴ ὁ τῆς Ῥωμαίων ἐπίσκοπος ἐπιγνοὺς περὶ τούτου, ὅρον ἐξενέγκῃ.

(*Isid.* 5) Bischof Gaudentius sagte: Wenn es gefällt, so ist dieser Entscheidung, die Ihr gefällt habt und die voll Heiligkeit ist, hinzuzufügen: wenn ein Bischof durch das Urteil jener Bischöfe, die sich in der Nachbarschaft befinden, abgesetzt wurde und erklärt hat, er müsse die Angelegenheit in der Stadt Rom vertreten, so soll nach der Appellation dessen, der abgesetzt zu sein scheint, überhaupt kein anderer Bischof an seiner Stelle in ebendiesen Bischofsstuhl eingesetzt werden, bevor die Sache durch das Urteil des Römischen Bischofs entschieden wurde.

4. Bischof Gaudentius sagte: Wenn es richtig erscheint, so ⟨ist es⟩ notwendig, dieser Entscheidung, die Du gefällt hast und die voll reiner Liebe ist, hinzuzufügen: wenn ein Bischof durch das Urteil jener Bischöfe, die sich in der Nachbarschaft befinden, abgesetzt wurde und erklärt, ihm gebühre noch einmal die Sache der Verteidigung, so soll kein anderer in seinen Bischofsstuhl eingesetzt werden, bevor der Bischof der Römer darüber entschieden und eine Bestimmung erlassen hat. **134**

([Can. 3b] *Isid.* 7) Osius episcopus dixit: Placuit autem, ut,

si episcopus accusatus fuerit, et iudicaverint congregati episcopi regionis ipsius, et de gradu suo deiecerint eum, et appellasse videatur, et confugerit ad beatissimum ecclesiae Romanae episcopum et voluerit audiri et iustum putaverit, [ut] renovetur exa-

εʹ. Ὅσιος ἐπίσκοπος εἶπεν· Ἤρεσεν, ἵνα

εἴ τις ἐπίσκοπος καταγγελθείη, καὶ συναθροισθέντες οἱ ἐπίσκοποι τῆς ἐνορίας τῆς αὐτῆς τοῦ βαθμοῦ αὐτὸν ἀποκινήσωσιν, καὶ ὥσπερ ἐκκαλεσάμενος καταφύγῃ ἐπὶ μακαριώτατον τῆς Ῥωμαίων ἐκκλησίας ἐπίσκοπον, καὶ βουληθείν αὐτοῦ διακοῦσαι,

([Kan. 3b] *Isid.* 7) Bischof Ossius sagte: Es gefiel aber, daß,

wenn ein Bischof angeklagt wurde und die versammelten Bischöfe derselben Gegend ihn verurteilt und seines Ranges enthoben haben, und es sich zeigt, daß er an den seligsten Bischof der Römischen Kirche appelliert und zu ihm seine Zuflucht genommen

5. Bischof Ossius sagte: Es gefiel, daß **135**

wenn ein Bischof angezeigt wurde und die versammelten Bischöfe derselben Gegend ihn seines Ranges enthoben haben, und er als Angeklagter seine Zuflucht zum seligsten Bischof der Kirche der Römer genommen hat, und ⟨dieser⟩ ihn hören will und

men;

scribere his episcopis dignetur, qui in finitima et propinqua provincia sunt, [ut] ipsi diligenter omnia requirant et iuxta fidem veritatis definiant.

Quod si qui rogat causam suam iterum audiri et deprecatione sua moverit episcopum Romanum, ut e latere suo presbyterum mittat, erit in potestate episcopi, quid velit aut quid aestimet: si decreverit mittendos esse, qui praesentes cum episcopis iudicent, habentes [eius] auctoritatem, a quo destinati sunt, erit in suo arbitrio. Si vero crediderit sufficere episcopos, ut negotio terminum imponant, faciet quod sapientissimo consilio suo iudicaverit.

δίκαιόν τε εἶναι νομίσῃ ἀνανεώσασθαι αὐτοῦ τὴν ἐξέτασιν τοῦ πράγματος·

γράφειν τούτοις τοῖς ἐπισκόποις κατ- αξιώσῃ, τοῖς ἀγχιστεύουσι τῇ ἐπαρχίᾳ, ἵνα αὐτοὶ ἐπιμελῶς καὶ μετὰ ἀκριβείας ἕκαστα διερευνήσωσιν καὶ κατὰ τὴν τῆς ἀληθείας πίστιν ψῆφον περὶ τοῦ πράγματος ἐξενέγκωσιν.

Εἰ δέ τις ἀξιοῖ καὶ πάλιν αὐτοῦ τὸ πρᾶγμα ἀκουσθῆναι, καὶ τῇ δεήσει τῇ ἑαυτοῦ τὸν Ῥωμαίων ἐπίσκοπον κινεῖν δόξῃ ἀπὸ τοῦ ἰδίου πλευροῦ πρεσβυτέρους ἀποστείλοι· εἶναι ἐν τῇ ἐξουσίᾳ αὐτοῦ τοῦ ἐπισκόπου, ὅπερ ἂν καλῶς ἔχειν δοκιμάσῃ καὶ [ἐὰν] ὁρίσῃ, δεῖν ἀποσταλῆναι τοὺς μετὰ τῶν ἐπισκόπων κρινοῦντας, ἔχοντάς τε τὴν αὐθεντίαν τούτου παρ' οὗ ἀπεστάλησαν, καὶ τοῦτο θετέον. Εἰ δὲ ἐξαρκεῖν νομίζοι πρὸς τὴν τοῦ πράγματος ἐπίγνωσιν καὶ ἀπόφασιν τοῦ ἐπισκόπου, ποιήσει ὅπερ ἂν τῇ ἐμφρονεστάτῃ αὐτοῦ βουλῇ καλῶς ἔχειν δόξῃ. Ἀπεκρίναντο

hat und gehört werden wollte, und ⟨der Römische Bischof⟩ es für gerechtfertigt hielt, daß die Prüfung erneut durchgeführt werde,
er sich herablasse, jenen Bischöfen zu schreiben, die in der angrenzenden und benachbarten Provinz sind, damit diese alles gewissenhaft untersuchen und gemäß der Glaubwürdigkeit der Wahrheit bestimmen.

Wenn aber einer verlangt, daß seine Sache noch einmal gehört werde, und mit seiner Bitte den Römischen Bischof bewegt, von seiner Seite einen Priester zu senden, soll es in der Gewalt des Bischofs stehen, was er will und was er für richtig hält: wenn er entscheidet, es seien welche zu senden, die zusammen mit den Bischöfen richten sollen und die Autorität [dessen] besitzen, von dem sie bestimmt wurden, so soll es in seinem Belieben stehen. Wenn er aber glaubt, es genügten die Bischöfe, um der Angelegenheit ein Ende zu setzen, soll er tun, was er in seinem weisesten Ratschluß ent-

meint, es sei gerechtfertigt, daß die Prüfung seiner Sache erneut durchgeführt werde,
er sich herablasse, jenen Bischöfen zu schreiben, die der Provinz benachbart sind, damit diese alle Einzelheiten gewissenhaft und mit Sorgfalt untersuchen und gemäß der Glaubwürdigkeit der Wahrheit ein Urteil über die Sache fällen.

Wenn aber einer verlangt, daß seine Sache noch einmal gehört werde, und es sich zeigt, daß er mit seiner Bitte den Bischof der Römer bewegt, von seiner Seite Priester zu senden, steht es in der Gewalt des Bischofs selbst, was er meint, daß richtig sei; und [wenn] er entscheidet, daß es nötig sei, welche zu senden, die zusammen mit den Bischöfen richten und die Autorität dessen besitzen, von dem sie gesandt wurden, so soll er auch dies bestimmen. Wenn er aber glaubt, ⟨die Bischöfe⟩ genügten zur Untersuchung der Sache und zum Urteil über den Bischof, soll er tun, was auch immer sei-

οἱ ἐπίσκοποι· Τὰ schieden hat.
λεχθέντα ἤρεσεν.

nem verständigsten Ratschluß richtig zu sein scheint. Die Bischöfe antworteten: Das Gesagte gefiel.

## 136: Brief der Synode von Serdika "Quod semper" an Papst Julius I., um 343

*Ausg.:* A. Feder: CSEL 65,127 / CouE 395 / MaC 3,40B / HaC 1,653C.

### Der Vorrang des Römischen Stuhles

Hoc enim optimum et valde congruentissimum esse videbitur, si ad caput, id est ad Petri Apostoli sedem, de singulis quibusque provinciis Domini referant sacerdotes.

Dies nämlich wird sich als das Beste und am meisten Angemessene erweisen, wenn aus allen einzelnen Provinzen die Priester des Herrn dem Haupt, das heißt, dem Stuhl des Apostels Petrus, Bericht erstatten. 136

# LIBERIUS: 17. Mai 352 - 24. Sept. 366

## 138-143: Akten von Papst Liberius in der Sache der Semiarianer, i. J. 357

Papst Liberius hat in der Verbannung das von der semiarianischen Synode verfaßte Bekenntnis unterschrieben und Athanasius, den Verfechter des nizänischen Glaubens, exkommuniziert. Vgl. Athanasius, *Historia Arianorum ad monachos* 41 (PG 25,741), Sozomenus, *Historia ecclesiae* IV 15 (J. Bidez - G.C. Hansen [GChSch] 158 / PG 67,1152). Weitere Zeugnisse sind Briefe des Liberius selbst, die unter den Fragmenten des Geschichtswerkes *Adversus Valentem et Ursacium* des Hilarius von Poitiers erhalten sind und deren Authentizität früher zu Unrecht bestritten wurde. Es erhebt sich von daher die Frage nach der Orthodoxie des Papstes Liberius. Die von ihm angenommenen Glaubensformeln vermeiden den nizänischen Begriff «ὁμοούσιον». Inhaltlich handelt es sich vor allem um die auf der 2. Synode zu Sirmium (Niederpannonien) 351 gegen Paulus von Samosata und Photinus festgelegte 1. sirmische Formel, die Liberius in seinem Exil zu Beröa i. J. 357 unterschreiben mußte. Diese Formel legte auch Hilarius von Poitiers, ein strenger Kritiker des Liberius, *De synodis* 39-62, wohlwollend im Sinne der Orthodoxie aus. Höchstwahrscheinlich hat Liberius, 358 nach Sirmium gebracht, auch die von der 4. Synode (nach Ostern 358) aufgestellte 3. sirmische Formel unterschrieben. Diese ist zusammengefügt aus der oben erwähnten 1. sirmischen Formel, aus der 2. Formel der ebenfalls semiarianischen Synode von Antiochien (Kirchweihsynode 341) und aus den 12 Anathematismen, die von der 4. Synode von Sirmium aus 19 Artikeln der semiarianischen Synode von Ancyra (vor Ostern 358) ausgewählt worden waren, wobei allerdings die besonders häresieverdächtigen Kanones 1-5 18 19 ausgelassen wurden; vgl. H.Chr. Brennecke, *Hilarius von Poitiers und die Bischofsopposition gegen Konstantius* 2: *Untersuchungen zur dritten Phase des Arianischen Streites (337-361)* (PTS 26; Berlin 1984) 265-297. Von diesen Formeln wird nur die 1. sirmische, von den übrigen nur die Fundstelle angeführt.
*Ausg.:* Briefe des Liberius [*138 141-143*]: A.L. Feder, *S. Hilarii Pictavii opera*, IV. *Collectanea antiariana Parisina*, ser. B III/1 VII/7-9 10 11: CSEL 65,155 167-173 / PL 10,679A-681A 688-695 (= Fragment IV VI/4-7 8-9 11) / BarAE, zum Jahr 352 Nr. 13; zum Jahr 357 Nr. 42-44. - *Reg.:* JR 207 217-219.
*Ausg.:* 1. sirmische Formel [*139f*]: Der griechische Originaltext ist überliefert bei Athanasius von Alexandrien, *De synodis* 27 (PG 26,736-740); lateinisch bei Hilarius von Poitiers, *De synodis* 38 (PL 10,509-512). Die Formel wird auch überliefert (griechisch) bei Sokrates, *Historia ecclesiae* II 30 (PG 67,280-285) und (lateinisch) bei Cassiodor-Epiphanius, *Historia ecclesiae tripartita* V 7 (CSEL 71,222-226); vgl. auch Hn § 160 / MaC 3,257A-260E / HaC 1,702.
*Ausg.:* 2. sirmische Formel: (a) 2. Formel von Antiochien (341): überliefert bei Athanasius von Alexandrien, *De synodis* 23 (PG 26,721f); bei Sokrates, *Historia ecclesiae* II 10 (PG 67,201f); bei Hilarius von Poitiers, *De synodis* 29f (PL 10,502A-503B); vgl. auch Hn § 154 / Ltzm 28f / MaC 2,1339C-1342C / HaC 1,610BC. - (b) Anathematismen: der griechische Originaltext bei Epiphanius von Konstantia bzw. Salamis, *Contra haereses panaria*, haer. 73, Kap. 10-11 (K. Holl, *Epiphanius* 3 [GChSch; Leipzig 1933] 280-284 / F. Oehler 2/I [Berlin 1861] 88-94 / PG 42,421-424 / Hn § 162). Epiphanius führt alle 19 Anathematismen von Ancyra an. Die 3. sirmische Formel übernahm die Anathematismen in folgender Reihenfolge: 6 8 7 9-17; lateinisch liegen sie vor bei Hilarius von Poitiers, *De synodis* 12-27 (PL 10,489-501 / MaC 3,267D-270A / HaC 1,707A-708C).

*Verurteilung des Athanasius und Glaubensbekenntnisse*

### a) Brief "Studens paci" an die Bischöfe des Ostens, im Frühjahr 357

138      Studens paci et concordiae Ecclesiarum, posteaquam litteras caritatis vestrae de nomine Athanasii et ceterorum factas ad nomen Iulii bonae memoriae episcopi accepi, secutus traditionem maiorum presbyteros urbis Romae Lucium, Paulum et Helianum e latere meo ad Alexandriam ad supradictum Athanasium direxi, ut ad urbem Romam veniret, ut in praesenti id, quod de Ecclesiae disciplina exstitit, in eum statueretur. Litteras etiam ad eundem per supradictos presbyteros dedi, quibus continebatur, quod si non veniret, sciret se alienum esse ab Ecclesiae Romanae communione. Reversi igitur presbyteri nuntiaverunt eum venire noluisse. Secutus denique litteras caritatis vestrae, quas de nomine supradicti Athanasii ad nos dedistis, sciatis his litteris, quas ad unanimitatem vestram dedi, me cum omnibus vobis et cum universis episcopis Ecclesiae catholicae pacem habere, supradictum autem Athanasium alienum esse a communione mea sive Ecclesiae Romanae et a consortio litterarum et ecclesiasticarum.

Im Bemühen um Frieden und Eintracht unter den Kirchen habe ich, nachdem ich den von Eurer Liebe an die Person des Bischofs Julius seligen Angedenkens über die Person des Athanasius und der anderen verfaßten Brief erhalten hatte, der Tradition der Vorfahren folgend, die römischen Presbyter Lucius, Paulus und Helianus von meiner Seite nach Alexandrien zu dem oben genannten Athanasius gesandt, er solle nach Rom kommen, damit in seiner Gegenwart das, was der Ordnung der Kirche entspricht, gegen ihn festgesetzt würde. Auch habe ich demselben durch die oben genannten Presbyter einen Brief übergeben lassen, der zum Inhalt hatte, daß er, wenn er nicht komme, sich im klaren darüber sein müsse, daß er von der Gemeinschaft mit der Römischen Kirche ausgeschlossen sei. Die Presbyter nun berichteten bei ihrer Rückkehr, er habe es abgelehnt zu kommen. Schließlich bin ich dem Brief Eurer Liebe gefolgt, den Ihr bezüglich der Person des oben genannten Athanasius an uns gerichtet habt, und Ihr sollt durch diesen Brief, den ich im Bemühen um Einmütigkeit mit Euch verfaßt habe, wissen, daß ich mit Euch allen und mit allen Bischöfen der katholischen Kirche Frieden habe, der oben genannte Athanasius aber ausgeschlossen ist von der Gemeinschaft mit mir bzw. der Römischen Kirche und vom kirchlichen Schriftverkehr.

### b) 1. Bekenntnis von Sirmium (351), von Liberius i. J. 357 unterschrieben

139 Πιστεύομεν εἰς ἕνα Θεόν, πατέρα παντοκράτορα, τὸν κτίστην καὶ ποιητὴν τῶν πάντων, ἐξ οὗ πᾶσα πατριὰ ἐν οὐρανῷ καὶ ἐπὶ γῆς ὀνομάζεται [*cf. Eph 3,15*]·
καὶ εἰς τὸν μονογενῆ αὐτοῦ υἱὸν τὸν κύριον ἡμῶν Ἰησοῦν τὸν Χριστόν,
τὸν πρὸ πάντων τῶν αἰώνων ἐκ τοῦ πατρὸς γεννηθέντα· Θεὸν ἐκ Θεοῦ, φῶς ἐκ φωτός, δι' οὗ ἐγένετο τὰ πάντα, τά τε ἐν τοῖς οὐρανοῖς καὶ τὰ ἐπὶ τῆς γῆς, τὰ ὁρατὰ καὶ τὰ ἀόρατα· Λόγον ὄντα καὶ σοφίαν, καὶ φῶς ἀληθινόν, καὶ ζωήν·

Wir glauben an ⟨den⟩ einen Gott, den Vater, den Allmächtigen, den Schöpfer und Erschaffer von allem, nach dem jede Vaterschaft im Himmel und auf Erden benannt wird [*vgl. Eph 3,15*];
und an seinen einziggeborenen Sohn, unseren Herrn Jesus Christus,
vor allen Zeiten aus dem Vater gezeugt, Gott aus Gott, Licht aus Licht, durch den alles geworden ist, was in den Himmeln und was auf der Erde ist, das Sichtbare und Unsichtbare; er ist das Wort, die Weisheit, das wahre Licht und das Leben;

τὸν ἐπ' ἐσχάτων τῶν ἡμερῶν δι' ἡμᾶς ἐν-
ανθρωπήσαντα· καὶ γεννηθέντα ἐκ τῆς
ἁγίας παρθένου, καὶ σταυρωθέντα, καὶ
ἀποθανόντα, καὶ ταφέντα· καὶ ἀναστάντα ἐκ νεκρῶν τῇ τρίτῃ ἡμέρᾳ, καὶ
ἀναληφθέντα εἰς οὐρανόν, καὶ
καθεσθέντα ἐν δεξιᾷ τοῦ πατρός· καὶ
ἐρχόμενον ἐπὶ συντελείᾳ τοῦ αἰῶνος
κρῖναι ζῶντας καὶ νεκρούς, καὶ ἀπο-
δοῦναι ἑκάστῳ κατὰ τὰ ἔργα αὐτοῦ·
οὗ ἡ βασιλεία, ἀκατάπαυστος οὖσα,
διαμένει εἰς τοὺς ἀπείρους αἰῶνας·
ἔσται γὰρ καθεζόμενος ἐν δεξιᾷ τοῦ
πατρός, οὐ μόνον ἐν τῷ αἰῶνι τούτῳ,
ἀλλὰ καὶ ἐν τῷ μέλλοντι·
καὶ εἰς τὸ πνεῦμα τὸ ἅγιον, τουτέστι τὸν
παράκλητον, ὅπερ ἐπαγγειλάμενος
τοῖς ἀποστόλοις, μετὰ τὴν εἰς οὐρανοὺς αὐτοῦ ἄνοδον ἀποστεῖλαι, διδάξαι καὶ ὑπομνῆσαι αὐτοὺς πάντα,
ἔπεμψε· δι' οὗ καὶ ἁγιάζονται αἱ τῶν
εἰλικρινῶς εἰς αὐτὸν πεπιστευκότων
ψυχαί.

1. Τοὺς δὲ λέγοντας ἐξ οὐκ ὄντων τὸν
υἱόν, ἢ ἐξ ἑτέρας ὑποστάσεως, καὶ μὴ ἐκ τοῦ
Θεοῦ, καὶ ὅτι ἦν χρόνος ἢ αἰών, ὅτε οὐκ ἦν,
ἀλλοτρίους οἶδεν ἡ ἁγία καὶ καθολικὴ
Ἐκκλησία.

2. Πάλιν οὖν ἐροῦμεν· Εἴ τις τὸν πατέρα
καὶ τὸν υἱὸν δύο λέγει Θεούς, ἀνάθεμα
ἔστω.

3. Καὶ εἴ τις, λέγων Θεὸν τὸν Χριστὸν
πρὸ αἰώνων υἱὸν τοῦ Θεοῦ, ὑπουργηκότα τῷ
πατρὶ εἰς τὴν τῶν ὅλων δημιουργίαν μὴ ὁμο-
λογοίη, ἀνάθεμα ἔστω.

4. Εἴ τις τὸν ἀγέννητον, ἢ μέρος αὐτοῦ ἐκ
Μαρίας λέγειν γεγενῆσθαι τολμᾷ, ἀνάθεμα
ἔστω.

5. Εἴ τις κατὰ πρόγνωσιν πρὸ Μαρίας λέγει τὸν υἱὸν εἶναι, καὶ μὴ πρὸ αἰώνων ἐκ τοῦ
πατρὸς γεγεννημένον πρὸς τὸν Θεὸν εἶναι,
καὶ δι' αὐτοῦ γεγενῆσθαι τὰ πάντα, ἀνάθεμα
ἔστω.

6. Εἴ τις τὴν οὐσίαν τοῦ Θεοῦ πλατύ-
νεσθαι, ἢ συστέλλεσθαι φάσκοι, ἀνάθεμα
ἔστω.

7. Εἴ τις πλατυνομένην τὴν οὐσίαν τοῦ
Θεοῦ τὸν υἱὸν λέγοι ποιεῖν, ἢ τὸν πλατυ-
σμὸν τῆς οὐσίας αὐτοῦ υἱὸν ὀνομάζοι, ἀνάθεμα ἔστω.

er ist in den letzten Tagen unsertwegen
Mensch geworden und wurde geboren
aus der heiligen Jungfrau, wurde gekreuzigt, ist gestorben und wurde begraben; und er ist auferstanden aus den
Toten am dritten Tag, ist aufgenommen
worden in den Himmel, sitzt zur Rechten des Vaters und kommt bei der Vollendung der Zeit, Lebende und Tote zu
richten und jedem nach seinen Werken
zu vergelten; sein Reich ist ohne Ende
und währt auf ewige Zeiten. Er wird
nämlich nicht nur in dieser Zeit zur
Rechten des Vaters sitzen, sondern
auch in der zukünftigen;
und an den Heiligen Geist, d. h. den Beistand, den er den Aposteln nach seinem
Aufstieg in die Himmel zu senden versprochen hatte und den er schickte, um
sie zu lehren und an alles zu mahnen;
durch ihn werden auch die Seelen der
aufrichtig an ihn Glaubenden geheiligt.

1. Die aber sagen, der Sohn sei aus nichts    140
oder aus einer anderen Hypostase und nicht
aus Gott, und daß es eine Zeit oder ein Zeitalter gegeben habe, als er nicht war: diese
sieht die heilige und katholische Kirche als
ausgeschlossen an.

2. Wiederum also sagen wir: Wer sagt, der
Vater und der Sohn seien zwei Götter, der sei
mit dem Anathema belegt.

3. Und wer zwar sagt, daß Christus als
Sohn Gottes vor den Zeiten Gott ist, aber
nicht bekennt, daß er dem Vater bei der Erschaffung von allem geholfen hat, der sei mit
dem Anathema belegt.

4. Wer zu sagen wagt, der Ungezeugte oder
ein Teil von ihm sei aus Maria geboren worden, der sei mit dem Anathema belegt.

5. Wer sagt, daß der Sohn dem Vorherwissen nach vor Maria sei, und nicht, daß er, vor
den Zeiten aus dem Vater gezeugt, bei Gott
ist und daß durch ihn alles geworden ist, der
sei mit dem Anathema belegt.

6. Wer sagt, das Wesen Gottes dehne sich
aus und ziehe sich zusammen, der sei mit
dem Anathema belegt.

7. Wer sagt, das ausgedehnte Wesen Gottes
mache den Sohn aus, oder wer die Ausdehnung seines Wesens Sohn nennt, der sei mit
dem Anathema belegt.

8. Εἴ τις ἐνδιάθετον ἢ προφορικὸν λόγον λέγει τὸν υἱὸν τοῦ Θεοῦ, ἀνάθεμα ἔστω.

9. Εἴ τις ἄνθρωπον μόνον λέγει τὸν ἐκ Μαρίας υἱόν, ἀνάθεμα ἔστω.

10. Εἴ τις Θεὸν καὶ ἄνθρωπον τὸν ἐκ Μαρίας λέγων, Θεὸν τὸν ἀγέννητον οὕτω νοεῖ, ἀνάθεμα ἔστω.

11. Εἴ τις τὸ «Ἐγὼ Θεὸς πρῶτος, καὶ ἐγὼ μετὰ ταῦτα, καὶ πλὴν ἐμοῦ οὐκ ἔστι Θεός» [Is 44,6], ἐπ' ἀναιρέσει εἰδώλων καὶ τῶν μὴ ὄντων θεῶν εἰρημένον, ἐπ' ἀναιρέσει τοῦ μονογενοῦς πρὸ αἰώνων Θεοῦ Ἰουδαϊκῶς ἐκλαμβάνοι, ἀνάθεμα ἔστω.

12. Εἴ τις τὸ «Ὁ Λόγος σὰρξ ἐγένετο» [Io 1,14] ἀκούων, τὸν Λόγον εἰς σάρκα μεταβεβλῆσθαι νομίζοι, ἢ τροπὴν ὑπομεμενηκότα ἀνειληφέναι τὴν σάρκα λέγοι, ἀνάθεμα ἔστω.

13. Εἴ τις, τὸν μονογενῆ υἱὸν τοῦ Θεοῦ ἐσταυρωμένον ἀκούων, τὴν θεότητα αὐτοῦ φθοράν, ἢ πάθος, ἢ τροπήν, ἢ μείωσιν, ἢ ἀναίρεσιν ὑπομεμενηκέναι λέγοι, ἀνάθεμα ἔστω.

14. Εἴ τις τὸ «Ποιήσωμεν ἄνθρωπον» [Gn 1,26], μὴ τὸν πατέρα πρὸς τὸν υἱὸν λέγειν, ἀλλ' αὐτὸν πρὸς ἑαυτὸν λέγοι τὸν Θεὸν εἰρηκέναι, ἀνάθεμα ἔστω.

15. Εἴ τις μὴ τὸν υἱὸν λέγοι τῷ Ἀβραὰμ ἑωρᾶσθαι [Gn 18,1-22], ἀλλὰ τὸν ἀγέννητον Θεόν, ἢ μέρος αὐτοῦ, ἀνάθεμα ἔστω.

16. Εἴ τις τῷ Ἰακὼβ μὴ τὸν υἱὸν ὡς ἄνθρωπον πεπαλαικέναι [Gn 32,25-31], ἀλλὰ τὸν ἀγέννητον Θεόν, ἢ μέρος αὐτοῦ λέγοι, ἀνάθεμα ἔστω.

17. Εἴ τις τὸ «Ἔβρεξε κύριος πῦρ παρὰ κυρίου» [Gn 19,24], μὴ ἐπὶ τοῦ πατρὸς καὶ τοῦ υἱοῦ ἐκλαμβάνοι, ἀλλ' αὐτὸν παρ' ἑαυτοῦ λέγει βεβρεχέναι, ἀνάθεμα ἔστω· ἔβρεξε γὰρ κύριος ὁ υἱὸς παρὰ κυρίου τοῦ πατρός.

8. Wer den Sohn das innere oder geäußerte Wort Gottes nennt, der sei mit dem Anathema belegt.

9. Wer den Sohn aus Maria einen bloßen Menschen nennt, der sei mit dem Anathema belegt.

10. Wer den aus Maria ⟨Geborenen⟩ Gott und Mensch nennt und damit den ungezeugten Gott meint, der sei mit dem Anathema belegt.

11. Wer das Wort "Ich ⟨bin⟩ Gott, der erste, und ich ⟨bin⟩ nach ⟨all⟩ diesem und außer mir ist kein Gott" [Jes 44,6], das gesprochen wurde zur Vernichtung der Idole und derer, die keine Götter sind, auf jüdische Weise im Sinne einer Aufhebung des vor den Zeiten Einziggeborenen Gottes auffaßt, der sei mit dem Anathema belegt.

12. Wer hört: "Das Wort ist Fleisch geworden" [Joh 1,14], und meint, das Wort sei in Fleisch verwandelt worden, oder sagt, sich einer Veränderung unterziehend habe es das Fleisch angenommen, der sei mit dem Anathema belegt.

13. Wer hört, daß der einziggeborene Sohn Gottes gekreuzigt wurde, und sagt, seine Gottheit sei einer Verderbnis oder einem Leiden oder einer Veränderung oder einer Verminderung oder einer Aufhebung unterlegen, der sei mit dem Anathema belegt.

14. Wer sagt, das "Laßt uns den Menschen machen" [Gen 1,26] habe nicht der Vater zum Sohn gesagt, sondern Gott habe selbst zu sich selbst gesprochen, der sei mit dem Anathema belegt.

15. Wer sagt, nicht der Sohn sei von Abraham gesehen worden [Gen 18,1-22], sondern der ungezeugte Gott oder ein Teil von ihm, der sei mit dem Anathema belegt.

16. Wer sagt, mit Jakob habe nicht der Sohn wie ein Mensch gerungen [Gen 32,25-31], sondern der ungezeugte Gott oder ein Teil von ihm, der sei mit dem Anathema belegt.

17. Wer das Wort "Der Herr ließ Feuer regnen vom Herrn" [Gen 19,24] nicht vom Vater und vom Sohn versteht, sondern sagt, er selbst habe von sich aus regnen lassen, der sei mit dem Anathema belegt; der Herr, der Sohn, ließ nämlich vom Herrn, dem Vater, regnen.

18. Εἴ τις, ἀκούων κύριον τὸν πατέρα, καὶ τὸν υἱὸν κύριον, καὶ κύριον τὸν πατέρα καὶ τὸν υἱόν, ἐπεὶ κύριος ἐκ κυρίου, δύο λέγει Θεούς, ἀνάθεμα ἔστω. Οὐ γὰρ συντάσσομεν υἱὸν τῷ πατρί, ἀλλ' ὑποτεταγμένον τῷ πατρί. Οὔτε γὰρ κατῆλθεν ἐπὶ Σόδομα ἄνευ βουλῆς τοῦ πατρός, οὔτε ἔβρεξεν ἀφ' ἑαυτοῦ, ἀλλὰ παρὰ κυρίου, αὐθεντοῦντος δηλαδὴ τοῦ πατρός; οὔτε κάθηται ἐκ δεξιῶν ἀφ' ἑαυτοῦ, ἀλλ' ἀκούει λέγοντος τοῦ πατρός: «Κάθου ἐκ δεξιῶν μου» [Ps 109,1].

19. Εἴ τις τὸν πατέρα, καὶ τὸν υἱόν, καὶ τὸ ἅγιον πνεῦμα ἕν πρόσωπον λέγει, ἀνάθεμα ἔστω.
20. Εἴ τις, τὸ πνεῦμα τὸ ἅγιον παράκλητον λέγων, τὸν ἀγέννητον λέγοι Θεόν, ἀνάθεμα ἔστω.
21. Εἴ τις, ὡς ἐδίδαξεν ἡμᾶς ὁ κύριος, μὴ ἄλλον λέγοι τὸν παράκλητον παρὰ τὸν υἱόν· εἴρηκε γάρ· «Καὶ ἄλλον παράκλητον πέμψει ὑμῖν ὁ πατήρ, ὃν ἐρωτήσω ἐγώ» [Io 14,16], ἀνάθεμα ἔστω.

22. Εἴ τις τὸ πνεῦμα τὸ ἅγιον μέρος λέγει τοῦ πατρός, ἢ τοῦ υἱοῦ, ἀνάθεμα ἔστω.

23. Εἴ τις τὸν πατέρα, καὶ τὸν υἱόν, καὶ τὸ ἅγιον πνεῦμα τρεῖς λέγοι Θεούς, ἀνάθεμα ἔστω.
24. Εἴ τις βουλήσει τοῦ Θεοῦ ὡς ἕν τῶν ποιημάτων γεγονέναι λέγοι τὸν υἱὸν τοῦ Θεοῦ, ἀνάθεμα ἔστω.

25. Εἴ τις μὴ θελήσαντος τοῦ πατρὸς γεγεννῆσθαι λέγοι τὸν υἱόν, ἀνάθεμα ἔστω. Οὐ γὰρ βιασθεὶς ὁ πατὴρ ὑπὸ ἀνάγκης φυσικῆς ἀχθείς, ὡς οὐκ ἤθελεν, ἐγέννησε τὸν υἱόν, ἀλλ' ἅμα τε ἠβουλήθη, καὶ ἀχρόνως καὶ ἀπαθῶς ἐξ ἑαυτοῦ αὐτὸν γεννήσας ἐπέδειξεν.

26. Εἴ τις ἀγέννητον καὶ ἄναρχον λέγοι τὸν υἱόν, ὡς δύο ἄναρχα καὶ δύο ἀγέννητα λέγων, καὶ δύο ποιῶν Θεούς, ἀνάθεμα ἔστω. Κεφαλὴ γάρ, ὅ ἐστιν ἀρχὴ τῶν πάντων, ὁ υἱός· κεφαλὴ δέ, ὅ ἐστιν ἀρχὴ τοῦ Χριστοῦ, ὁ Θεός; οὕτω γὰρ εἰς μίαν ἄναρχον τῶν ὅλων ἀρχὴν δι' υἱοῦ εὐσεβῶς τὰ πάντα ἀνάγομεν.

18. Wer hört, daß der Vater Herr und der Sohn Herr ist und Herr der Vater und der Sohn sind, und, weil der Herr vom Herrn ⟨regnen ließ⟩, von zwei Göttern redet, der sei mit dem Anathema belegt. Denn wir ordnen den Sohn dem Vater nicht bei, sondern ⟨sagen, daß er⟩ dem Vater untergeordnet ⟨ist⟩. Denn weder stieg er ohne den Willen des Vaters nach Sodom hinab noch ließ er von sich aus regnen, sondern vom Herrn, nämlich auf Veranlassung des Vaters; auch sitzt er nicht von sich aus zur Rechten, sondern er hört den Vater sagen: "Setze Dich zu meiner Rechten" [Ps 110,1].

19. Wer sagt, der Vater und der Sohn und der Heilige Geist seien e i n e Person, der sei mit dem Anathema belegt.
20. Wer sagt, wenn er den Heiligen Geist Beistand nennt, dieser sei der ungezeugte Gott, der sei mit dem Anathema belegt.
21. Wer nicht, wie uns der Herr gelehrt hat, sagt, daß der Beistand ein anderer ist als der Sohn – er sagte nämlich: "Und einen anderen Beistand wird Euch der Vater senden, den ich erbitten werde" [Joh 14,16] –, der sei mit dem Anathema belegt.

22. Wer sagt, der Heilige Geist sei ein Teil des Vaters oder des Sohnes, der sei mit dem Anathema belegt.

23. Wer den Vater und den Sohn und den Heiligen Geist drei Götter nennt, der sei mit dem Anathema belegt.
24. Wer sagt, der Sohn Gottes sei nach dem Willen Gottes wie eines der Geschöpfe gemacht worden, der sei mit dem Anathema belegt.

25. Wer sagt, der Sohn sei gegen den Willen des Vaters gezeugt worden, der sei mit dem Anathema belegt. Denn der Vater hat nicht gezwungen aufgrund natürlicher Notwendigkeit, ohne zu wollen, den Sohn gezeugt: sondern sobald er wollte, erwies er ihn als den aus ihm zeitlos und leidensunfähig Gezeugten.

26. Wer den Sohn ungezeugt und anfangslos nennt, indem er gleichsam von zwei Anfangslosen und zwei Ungezeugten redet und zwei Götter macht, der sei mit dem Anathema belegt. Die Quelle nämlich, die der Ursprung für alles ist, ist der Sohn; die Quelle aber, die der Ursprung für Christus ist, ist Gott; so führen wir nämlich durch den Sohn

in frommer Weise alles auf den einen anfangslosen Ursprung von allem zurück.

27. Καὶ πάλιν συνδιακριβοῦντες τοῦ χρι-
στιανισμοῦ τὴν ἔννοιαν λέγομεν, ὅτι· Εἴ τις
Χριστὸν Θεὸν υἱὸν τοῦ Θεοῦ προαιώνιον
ὄντα, καὶ ὑπουργηκότα τῷ πατρὶ εἰς τὴν τῶν
ὅλων δημιουργίαν μὴ λέγοι· ἀλλ' ἐξ οὗ ἐκ
Μαρίας ἐγεννήθη, ἐκ τότε καὶ Χριστὸν καὶ
υἱὸν κεκλῆσθαι, καὶ ἀρχὴν εἰληφέναι τοῦ
Θεὸν εἶναι, ἀνάθεμα ἔστω.

27. Und wiederum überprüfen wir zusammen sorgfältig das Verständnis der christlichen Lehre und sagen: Wer nicht sagt, daß
Gott Christus, der Sohn Gottes, vor den Zeiten war und dem Vater bei der Erschaffung
von allem geholfen hat, sondern sagt, erst seit
dem Zeitpunkt, als er aus Maria geboren
wurde, sei er sowohl Christus als auch Sohn
genannt worden und habe den Beginn des
Gottseins empfangen, der sei mit dem Anathema belegt.

## c) Brief "Pro deifico" an die Bischöfe des Ostens, im Frühjahr 357

[*Der einleitende Text des Hilarius von Poitiers:*] Nach all diesem, was er getan und versprochen hatte, machte
Liberius, in die Verbannung geschickt, alles zunichte, indem er den häretischen arianischen Verrätern
schrieb, die gegen den heiligen orthodoxen Bischof Athanasius ein ungerechtes Urteil fällten (Post haec
omnia, quae vel gesserat ver promiserat Liberius missus in exilium, universa in irritum deduxit scribens
praevaricatoribus Arianis haereticis, qui in sanctum Athanasium orthodoxum episcopum iniuste tulere
sententiam):

141    [*Liberii ep.:*] (1) Pro deifico timore sancta
fides vestra Deo cognita est et hominibus bonae voluntatis [*Lc 2,14*]. Sicut lex loquitur:
Iusta iudicate, filii hominum [*Ps 57,2*], ego
Athanasium non defendi, sed, quia susceperat illum bonae memoriae Iulius episcopus
decessor meus, verebar, ne forte in aliquo
praevaricator iudicarer. At ubi cognovi,
quando Deo placuit, iuste vos illum condem-
nasse, mox consensum commodavi sententiis
vestris. Litteras adaeque super nomine eius,
id est de condempnatione ipsius, per fratrem
nostrum Fortunatianum dedi perferendas ad
imperatorem Constantium. Itaque amoto
Athanasio a communione omnium nostrum,
cuius nec epistulia a me suscipienda sunt,
dico me pacem cum omnibus vobis et cum
universis episcopis Orientalibus seu per universas provincias pacem et unanimitatem habere.

[*Brief des Liberius:*] (1) Wegen der gottge-
schenkten Ehrfurcht: Euer heiliger Glaube
ist Gott und den Menschen guten Willens [*Lk
2,14*] bekannt. Wie das Gesetz sagt: Richtet
gerecht, ihr Menschenkinder [*Ps 58,2*], habe
ich Athanasius nicht verteidigt, sondern weil
ihn mein Vorgänger Bischof Julius seligen
Angedenkens aufgenommen hatte, fürchtete
ich in irgendeiner Sache als pflichtvergessen
zu gelten. Sobald ich aber erkannte, als es
Gott gefiel, daß ihr ihn zurecht verurteilt
habt, da bin ich bald zur Übereinstimmung
mit Euren Urteilen gelangt. Ebenso ließ ich
durch unseren Bruder Fortunatian Kaiser
Konstantius einen Brief bezüglich seiner Person, d. h. wegen seiner Verurteilung, überbringen. Nachdem also Athanasius von der
Gemeinschaft mit uns allen ausgeschlossen
ist und seine Sendschreiben von mir nicht
mehr in Empfang zu nehmen sind, sage ich,
daß ich mit Euch allen und mit allen Bischöfen des Ostens bzw. in allen Provinzen
Frieden und Einmütigkeit habe.

(2) Nam ut verius sciatis me veram fidem
per hanc epistulam meam proloqui, dominus
et frater meus communis Demofilus, quia
dignatus est pro sua benivolentia fidem vestram et catholicam exponere, quae Sirmio a
pluribus fratribus et coepiscopis nostris tractata, exposita et suscepta est (– haec¹ est perfidia Ariana, hoc ego notavi, non apostata,

(2) Damit Ihr jedoch noch genauer wißt,
daß ich in diesem meinem Brief den wahren
Glauben ausspreche: weil mein Herr und
Bruder Demophilus sich in seinem Wohlwollen herabgelassen hat, Euern katholischen
Glauben zu erläutern, der in Sirmium von
sehr vielen unserer Brüder und Mitbischöfe
behandelt und angenommen worden ist

Liberius sequentia: -) ab omnibus, qui in praesenti fuerunt, hanc ego libenti animo suscepi (- sanctus Hilarius illi anathema dicit: anathema tibi a me dictum, Liberi, et sociis tuis -), in nullo contradixi, consensum accommodavi; hanc sequor, haec a me tenetur. (- Iterum tibi anathema et tertio, praevaricator Liberi -). Sane petendam credidi sanctitatem vestram, quia iam pervidetis in omnibus me vobis consentaneum esse, dignemini communi consilio ac studio elaborare, quatenus de exilio dimittar et ad sedem, quae mihi divinitus credita est, revertar.

( - dies[1] ist arianische Treulosigkeit, dies habe ich angemerkt, nicht der Abtrünnige; Liberius das Folgende: - ) von allen, die zugegen waren, habe ich diesen ⟨Glauben⟩ ⟨deswegen⟩ bereitwillig angenommen ( - Der heilige Hilarius spricht das Anathema über ihn: Das Anathema ⟨sei⟩ auch von mir über Dich, Liberius, und Deine Genossen gesprochen - ), in keinem Punkt widersprochen und meine Zustimmung gegeben; diesem ⟨Glauben⟩ folge ich, dieser ⟨Glaube⟩ wird von mir festgehalten. ( - Ein zweites Mal ⟨sei⟩ Dir das Anathema und ein drittes Mal, Verräter Liberius! - ). So glaubte ich, Eure Heiligkeit bitten zu sollen, da Ihr nun klar seht, daß ich in allem einer Meinung mit Euch bin, Ihr möget Euch herablassen, mit gemeinsamem Vorgehen und Bemühen darauf hinzuwirken, daß ich aus der Verbannung entlassen werde und zu dem Stuhl, der mir von Gott anvertraut ist, zurückkehren darf.

## d) Brief "Quia scio" an Ursacius, Valens und Germinius, i. J. 357

(1) Quia scio, vos filios pacis esse, diligere etiam concordiam et unanimitatem Ecclesiae catholicae, idcirco non aliqua necessitate impulsus – Deo teste dico – sed pro bono pacis et concordiae, quae martyrio praeponitur, his litteris convenio vos, domini fratres carissimi. Cognoscat itaque prudentia vestra, Athanasium, qui Alexandrinae Ecclesiae episcopus fuit, [a me esse damnatum] priusquam ad comitatum sancti imperatoris secundum litteras Orientalium episcoporum [scriberem, quod] et ab Ecclesiae Romanae communione separatus est, sicuti teste est omne presbyterium Ecclesiae Romanae. Sola haec causa fuit, ut tardius viderer de nomine ipsius litteras ad fratres et coepiscopos nostros Orientales dare, ut legati mei, quos ab urbe Roma ad comitatum direxeram, seu episcopi, qui fuerant deportati, et ipsi una cum his, si fieri posset, de exilio revocarentur.

(1) Da ich weiß, daß Ihr Söhne des Friedens seid und auch die Eintracht und Einmütigkeit in der katholischen Kirche hochschätzt, deshalb wende ich mich mit diesem Brief an Euch, geliebteste Brüder im Herrn, nicht notgedrungen – ich rufe Gott als Zeugen an –, sondern um des Friedens und der Eintracht willen, die man dem Martyrium vorzieht. Eure Klugheit möge daher zur Kenntnis nehmen, daß Athanasius, der Bischof der Kirche von Alexandrien war, [von mir verurteilt worden ist,] bevor [ich] gemäß dem Brief der Bischöfe des Ostens an den Hof des heiligen Kaisers [schrieb, daß] er auch von der Gemeinschaft mit der Römischen Kirche ausgeschlossen wurde, wofür mir das gesamte Presbyterium der Römischen Kirche Zeuge ist. Dies war der alleinige Grund dafür, daß ich anscheinend erst ziemlich spät bezüglich seiner Person einen Brief an unsere Brüder und Mitbischöfe des Ostens schickte, damit meine Gesandten, die ich von der Stadt Rom an den Hof gesandt hatte, und ebenso die ⟨übrigen⟩ Bischöfe, die verbannt worden waren, und wir selbst zu-

142

---

*141   [1]   Diese Einschübe stammen nicht von Hilarius, sondern von einem Sammler oder Abschreiber dieser Briefe: vgl. A.L. Feder: SBWienAk 162/IV (1910) 123f.

(2) Et hoc autem scire vos volo, quod fratrem Fortunatianum petii, ut litteras meas ad clementissimum imperatorem [perferat, quas ad Orientales episcopos feci, ut scirent et ipsi una secum Athanasii communione me esse separatum. Quas credo quod pietas ipsius pro bono pacis gratulanter accipiet ... Pervideat caritas vestra haec me benigno et innocenti animo gessisse. Quapropter his litteris meis convenio vos et adiuro per Deum omnipotentem et Christum Iesum Filium eius, Deum et Dominum nostrum, ut dignemini ad clementissimum imperatorem][1] Constantium Augustum pergere et petere, ut bono pacis et concordiae, in qua pietas eius semper exsultat, me ad Ecclesiam mihi divinitus traditam iubeat reverti, ut temporibus ipsius Ecclesia Romana nullam sustineat tribulationem. ...

gleich mit diesen, wenn möglich, aus der Verbannung zurückgerufen würden.

(2) Ich will aber auch, daß Ihr wißt, daß ich den Bruder Fortunatian ersucht habe, meinen Brief dem gnädigsten Kaiser [zu überbringen, den ich an die Bischöfe des Ostens verfaßt habe, damit sie auch selbst wüßten, daß ich zusammen mit ihnen von der Gemeinschaft mit Athanasius getrennt bin. Ich glaube, daß ihn Seine Frömmigkeit um des Friedens willen mit Freuden aufnehmen wird ... Eure Liebe möge erkennen, daß ich dies mit wohlwollender und unschuldiger Gesinnung getan habe. Deshalb wende ich mich mit diesem meinem Brief an Euch und beschwöre Euch beim allmächtigen Gott und Christus Jesus, seinem Sohn, unserem Gott und Herrn, Ihr möget Euch dazu herablassen, beim gnädigsten Kaiser][1] Konstantius Augustus vorzusprechen und ihn zu ersuchen, er möge mich um des Friedens und der Eintracht willen, deren sich Seine Frömmigkeit immer erfreut, zu der Kirche, die mir von Gott anvertraut ist, zurückkehren lassen, damit die Römische Kirche zu seinen Lebzeiten keine Bedrängnis erleide. ...

### e) Brief "Non doceo" an Vincentius, i. J. 357

143   (2) Sanctitati tuae significandum credidi, me de contentione illa a nomine Athanasii recessisse et ad fratres et coepiscopos nostros Orientales litteras dedisse desuper eius nomine. Unde, quia Deo volente et pax nobis ubique est, dignaberis convenire episcopos cunctos Campaniae et haec illis insinuare. Ex ipsorum numero una cum epistula vestra de unanimitate nostra et pace ad clementissimum imperatorem scribite, de quo possim et ego de tristitia liberari. ... Cum omnibus episcopis Orientalibus pacem habemus et vobiscum. ...

(2) Deine Heiligkeit glaubte ich davon benachrichtigen zu sollen, daß ich mich in bezug auf jene Auseinandersetzung von der Person des Athanasius zurückgezogen und an unsere Brüder und Mitbischöfe des Ostens einen Brief bezüglich seiner Person gesandt habe. Deshalb mögest Du Dich, da auch wir nach Gottes Willen überall Frieden haben, dazu herablassen, alle Bischöfe Kampaniens aufzusuchen und ihnen dies zu verkünden. Laßt dem gnädigsten Kaiser aus ihren Reihen zusammen mit einem Brief von Euch ein Schreiben bezüglich der Einmütigkeit und des Friedens mit uns zukommen, durch das auch ich aus der Traurigkeit befreit werden kann. ... Wir haben mit allen Bischöfen des Ostens und mit Euch Frieden. ...

---

*142   [1]  Wegen des Homoioteleuton fehlt das in [...] Gesetzte in einigen Handschriften.

## DAMASUS I.: 1. Okt. 366 - 11. Dez. 384

### 144-147: Fragmente von Briefen an Bischöfe des Ostens, um 374

Diese drei Fragmente gehören nach E. Schwartz zu verschiedenen Briefen, die zwischen 372-378 geschrieben wurden. Nach M. Richard jedoch stammen sie aus ein und demselben Brief, der 374 abgesandt wurde (AnBoll 67 [1949] 201f, Anm. 3). Fragment *144f richtet sich gegen Marcellus von Ancyra und Apollinaris von Laodicea, deren Namen aber nicht genannt werden. *147 scheint die Antwort des Papstes auf Brief 243 Basilius' des Großen (PG 32,901-912) zu sein.

*Ausg.:* E. Schwartz, in: ZNTW 35 (1936) 20-23 / PL 13,350C-353C / MaC 3,460A-461D / CouE 495A500A.

### *Dreifaltigkeit*

Ea gratia, fratres, Jericho illa, quae figura est saecularium voluptatum, conclamata concidit nec resurgit, quia omnes uno ore unius virtutis, unius maiestatis, unius divinitatis, unius usiae dicimus Trinitatem, ita ut inseparabilem potestatem, tres tamen adseramus esse personas, nec redire in se aut minui, ... sed semper manere nec potentiae gradus quosdam ortusque tempora disparata nec prolativum Verbum, ut generationem ei demamus, nec inperfectum, ut ad personam aut Patris natura aut divinitatis ei plenitudo defuerit, nec dissimilem opere Filium nec dissimilem potestate aut per universa dissimilem nec subsistere aliunde, sed de Deo natum nec falsum, sed Deum verum de Deo vero esse generatum, lumen verum de vero lumine, ne minutum aut diversum putetur, quod Unigenitus habet splendorem lucis aeternae [*cf. Sap 7,26*], quia naturae ordine neque sine splendore lumen neque splendor potest esse sine lumine, imaginem quoque Patris, ut qui eum viderit, viderit et Patrem [*Io 14,9*]; eundem redemptionis nostrae gratia processisse de virgine, ut perfectus homo pro perfecto qui peccaverat homine nasceretur. Ergo, fratres, adseramus Dei Filium et perfectum hominem suscepisse.

Aus diesem Grunde, Brüder, stürzt jenes **144** Jericho, das das Urbild weltlicher Genüsse ist, unter Geschrei zusammen und steht nicht wieder auf, weil wir alle mit einem Munde sagen, daß die Dreifaltigkeit e i n e r Kraft, e i n e r Erhabenheit, e i n e r Gottheit und e i n e s Wesens ist, daß wir so behaupten, daß es zwar eine untrennbare Macht, jedoch drei Personen gibt, die nicht in sich zurückkehren oder vermindert werden, ... sondern immer bleiben; ⟨wir behaupten⟩ auch, daß es keine Stufen der Gewalt und keine verschiedenen Zeiten der Entstehung gibt, daß das Wort weder geäußert ist, so daß wir ihm die Zeugung wegnehmen, noch unvollkommen, so daß ihm für seine Person die Natur des Vaters oder die Fülle der Gottheit fehlte; ⟨wir behaupten⟩ auch, daß der Sohn weder im Wirken ungleich ist, daß er seine Existenz nicht anderswoher hat, sondern von Gott geboren und nicht als falscher, sondern als wahrer Gott vom wahren Gott gezeugt wurde, als wahres Licht vom wahren Licht, damit man es nicht als vermindert oder verschieden erachtet; denn der Eingeborene hat den Glanz des ewigen Lichtes [*vgl. Weish 7,26*], weil in der Ordnung der Natur weder das Licht ohne den Glanz noch der Glanz ohne das Licht sein kann; ⟨er ist⟩ auch das Abbild des Vaters, denn wer ihn gesehen hat, hat auch den Vater gesehen [*Joh 14,9*]; ebendieser ist um unserer Erlösung willen von der Jungfrau hervorgegangen, um als vollkommener Mensch für den vollkommenen Menschen, der gesündigt hatte, geboren zu werden. Wir behaupten also, Brüder, daß der Sohn Gottes auch den vollkommenen Menschen angenommen hat.

Spiritum quoque Sanctum increatum atque unius maiestatis, unius usiae, unius vir-

Wir bekennen auch, daß der Heilige Geist **145** ungeschaffen und e i n e r Erhabenheit, ei-

79

tutis cum Deo Patre et Domino nostro Iesu Christo fateamur. Neque enim creaturae dignus iniuriae est, qui emissus est, ut crearet, sicut propheta sanctus adstruxit dicens: "Emitte Spiritum tuum et creabuntur" [*Ps 103,30*]. Deinde alius item posuit: "Spiritus divinus, qui fecit me" [*cf. Iob 33,4*]. Non enim separandus est divinitate, qui in operatione ac peccatorum remissione conectitur.

nes Wesens und einer Kraft mit Gott, dem Vater, und unserem Herrn Jesus Christus ⟨ist⟩. Denn jener verdient nicht die Schmähung, Geschöpf zu sein, der ausgesandt wurde, um zu schaffen, wie der heilige Prophet versicherte, indem er sagte: "Sende Deinen Geist aus, und sie werden erschaffen werden" [*Ps 104,30*]. Später äußerte ein anderer ebenso: "Der göttliche Geist, der mich gemacht hat" [*vgl. Ijob 33,4*]. Denn man darf den nicht in bezug auf die Gottheit trennen, der im Wirken und in der Vergebung der Sünden verbunden ist.

## Die Fleischwerdung, gegen die Apollinaristen

**146**    Illud sane miramur, quod quidam inter nostros dicantur, quia licet de Trinitate piam intellegentiam habere videantur, de sacramento tamen salutis nostrae ... recta non sentiant. Adseruntur enim dicere, Dominum ac Salvatorem nostrum ex Maria virgine imperfectum, id est sine sensu hominem suscepisse. Heu quanta erit Arianorum in tali sensu vicinitas! Illi inperfectam divinitatem in Dei Filio dicunt, isti inperfectam humanitatem in hominis Filio mentiuntur. Quod si utique inperfectus homo susceptus est, inperfectum Dei munus est, inperfecta nostra salus, quia non est totus homo salvatus. Et ubi erit dictum illud dictum Domini: "Venit Filius hominis salvare quod perierat" [*Mt 18,11*]? Totus, id est in anima et corpore, in sensu atque in tota substantiae suae natura. Si ergo totus homo perierat, necesse fuit, ut id quod perierat, salvaretur; si autem sine sensu salvatus est, iam contra evangelii fidem invenietur, non totum, quod perierat, esse salvatum, cum alio loco ipse Salvator dicat: Irascimini mihi, quia totum hominem salvum feci [*cf. Io 7,23*]. Quid quod ipsius principalis delicti et totius perditionis summa in hominis sensu consistit. Primum enim hominis sensus eligendi boni malique si non perisset, non moreretur: quomodo ergo praesumeretur in finem salvari minime debuisse, quod ante omnes peccasse cognoscitur? Nos autem, qui integros et perfectos salvatos nos scimus, secundum catholicae Ecclesiae professionem perfectum Deum perfectum suscepisse hominem profitemur.

Wir wundern uns freilich darüber, daß man von einigen unter den Unsrigen sagt, daß sie, auch wenn sie in bezug auf die Dreifaltigkeit ein rechtgläubiges Verständnis zu haben scheinen, dennoch in bezug auf das Sakrament unseres Heils ... nicht richtig denken. Man behauptet nämlich, sie sagten, unser Herr und Erlöser habe aus der Jungfrau Maria einen unvollkommenen, d. h. einen Menschen ohne Geistigkeit angenommen. Ach, wie groß wird bei einer solchen Auffassung die Nachbarschaft zu den Arianern sein! Jene sagen, die Gottheit im Gottessohn sei unvollkommen, diese behaupten lügnerisch, die Menschheit im Menschensohn sei unvollkommen. Wenn nun allerdings der Mensch unvollkommen angenommen wurde, ist das Geschenk Gottes unvollkommen, unser Heil unvollkommen, weil nicht der ganze Mensch gerettet ist. Und wofür wird dann jenes Wort des Herrn gesagt sein: "Der Menschensohn kam, um zu retten, was zugrunde gegangen war" [*Mt 18,11*]? ⟨Und zwar⟩ als ganzer, das heißt, in der Seele und im Leib, in der Geistigkeit und in der ganzen Natur seiner Substanz. Wenn also der ganze Mensch zugrunde gegangen war, so war es notwendig, daß das, was zugrunde gegangen war, gerettet würde; wenn er aber ohne die Geistigkeit gerettet wurde, dann wird sich entgegen dem Glauben des Evangeliums herausstellen, daß das Ganze, was zugrunde gegangen war, gerettet wurde, da an einer anderen Stelle der Erlöser selbst sagt: Ihr zürnt mir, weil ich einen ganzen Menschen gesund gemacht habe [*vgl. Joh

*7,23*]. Ferner hat ja eben das ursprüngliche Vergehen und die ganze Verderbnis ihren Ort hauptsächlich in der Geistigkeit des Menschen. Denn wenn nicht zuerst der Sinn des Menschen, das Gute und Böse auszuwählen, zugrunde gegangen wäre, würde er nicht sterben: Wie wollte man also annehmen, es habe keineswegs ganz und gar gerettet werden müssen, von dem man erkennt, daß es vor allen gesündigt hat? Wir aber, die wir wissen, daß wir vollständig und vollkommen gerettet wurden, bekennen gemäß dem Bekenntnis der katholischen Kirche, daß der vollkommene Gott den vollkommenen Menschen angenommen hat.

### Der Heilige Geist und die Fleischwerdung des Wortes

Ut enim Nicaeni Concilii fidem inviolabilem per omnia retinentes sine simulatione verborum aut sensu corrupto coaeternae et unius essentiae Trinitatem credentes in nullo Spiritum Sanctum separamus, sed perfectum in omnibus, virtute, honore, maiestate, deitate, cum Patre conveneramur et Filio, ita etiam plenitudinem Dei Verbi, non prolativi, sed nati, neque in Patre remanentis, ut non sit, sed ex aeterno in aeternum subsistentis perfectum, id est integrum transgressorem adsumpsisse et salvasse confidimus.

Wie wir nämlich in allem den Glauben des Konzils von Nikaia ohne Wortverdrehung oder Sinnverfälschung unverletzlich festhalten, ⟨an⟩ die Dreifaltigkeit e i n e s gleich ewigen Wesens glauben und in nichts den Heiligen Geist trennen, sondern ihn mit dem Vater und dem Sohn vollkommen in allem, der Kraft, Ehre, Erhabenheit und Gottheit, mitverehren, so vertrauten wir auch, daß die Fülle Gottes, des Wortes, nicht des geäußerten, sondern des geborenen, auch nicht des im Vater zurückbleibenden, so daß er nicht ist, sondern des von Ewigkeit zu Ewigkeit existierenden, den vollkommenen, d. h. den vollständigen Sünder angenommen und gerettet hat. 147

**148: Brief "Per filium meum" an Bischof Paulinus von Antiochien, i. J. 375**

*Ausg.:* PL 13,356B–357A ( = Brief 3) / MaC 3,426AB / CouE 509B–510B. – *Reg.:* JR 235.

### Die Fleischwerdung des göttlichen Wortes

... Confitendus [est] ipse Sapientia, Sermo Filius Dei humanum suscepisse corpus, animam, sensum, id est integrum Adam, et, ut expressius dicam, totum veterem nostrum sine peccato hominem. Sicuti enim confitentes eum humanum corpus suscepisse, non statim ei et humanas vitiorum adiungimus passiones: ita et dicentes eum suscepisse et hominis animam et sensum, non statim dicimus et cogitationum eum humanarum subiacuisse peccato. Si qui autem dixerit, Verbum pro humano sensu in Domini carne versatum, hunc catholica Ecclesia anathematizat, necnon et

... Man muß bekennen, daß die Weisheit selbst, das Wort, der Sohn Gottes, den menschlichen Leib, die Seele und die Geistigkeit angenommen hat, d. h. den vollständigen Adam und, um es deutlicher auszudrücken, unseren ganzen alten Menschen ohne die Sünde. Wie wir nämlich, wenn wir bekennen, er habe den menschlichen Leib angenommen, ihm damit nicht auch menschliche lasterhafte Leidenschaften anhängen, so sagen wir auch, wenn wir sagen, er habe auch die Seele und die Geistigkeit des Menschen angenommen, damit nicht, er sei auch der 148

eos, qui duos in Salvatore filios confitentur, id est alium ante incarnationem, et alium post assumptionem carnis ex Virgine, et non eundem Dei Filium et ante et postea confitentur.

Sünde menschlicher Gedanken unterlegen. Wer aber sagt, das Wort habe anstelle der menschlichen Geistigkeit im Fleische des Herrn geweilt, den belegt die katholische Kirche mit dem Anathema, ebenso auch die, welche zwei Söhne im Erlöser bekennen, nämlich den einen vor der Fleischwerdung und den anderen nach der Annahme des Fleisches aus der Jungfrau, und nicht denselben Sohn Gottes sowohl vorher als auch nachher bekennen.

### 149: Brief «Ὅτι τῇ ἀποστολικῇ καθέδρᾳ» an die Bischöfe des Ostens, um 378

*Ausg.:* griechisch bei Theodoret von Cyrus, *Historia ecclesiae* V 10,2 4f: L. Parmentier (GChSch; 1911) $295_{14}$-$297_4$ / PG 82,1220A-C; – lateinische Übersetzung bei Cassiodor-Epiphanius, *Historia ecclesiae tripartita* IX 15,24f: W. Jacob – R. Hanslik: CSEL 71 (1952) 517f / PL 13,369B-371B ( = Brief 7).

### Verurteilung des Apollinarismus

149 Γινώσκετε τοίνυν ὅτι πάλαι τὸν Τιμόθεον τὸν βέβηλον, τὸν μαθητὴν τοῦ Ἀπολιναρίου τοῦ αἱρετικοῦ, μετὰ τοῦ ἀσεβοῦς αὐτοῦ δόγματος καθείλομεν, καὶ οὐδαμῶς πιστεύομεν αὐτοῦ τὰ λείψανα λόγῳ τινὶ τοῦ λοιποῦ ἰσχύειν. ... Ὁ γὰρ Χριστὸς ὁ υἱὸς τοῦ θεοῦ ὁ κύριος ἡμῶν τῷ γένει τῶν ἀνθρώπων διὰ τοῦ ἰδίου πάθους πληρεστάτην ἀπέδωκε τὴν σωτηρίαν, ἵνα ὅλον τὸν ἄνθρωπον ταῖς ἁμαρτίαις ἐνεχόμενον πάσης ἁμαρτίας ἐλευθερώσῃ. Τοῦτον εἴ τις ἤτοι ἀνθρωπότητος ἢ θεότητος ἔλαττον ἐσχηκέναι εἴποι, πνεύματος διαβόλου πεπληρωμένος τῆς γεέννης υἱὸν ἑαυτὸν ἀποδείκνυσι. Τί τοίνυν πάλιν παρ' ἐμοῦ ζητεῖτε τὴν καθαίρεσιν Τιμοθέου; Ὃς καὶ ἐνταῦθα κρίσει τῆς ἀποστολικῆς καθέδρας ... καθηρέθη ἅμα τῷ διδασκάλῳ αὐτοῦ Ἀπολιναρίῳ ...

Ihr sollt also wissen, daß wir schon längst den ruchlosen Timotheus, den Schüler des Häretikers Apollinaris, mitsamt seiner gottlosen Lehre verurteilt haben, und wir glauben keineswegs, daß seine Hinterlassenschaft künftig auf irgendeine Weise Einfluß hat. ... Christus nämlich, der Sohn Gottes, unser Herr, schenkte dem Menschengeschlecht durch sein eigenes Leiden das Heil in reichster Fülle, um den ganzen in Sünden verstrickten Menschen von jeder Sünde zu befreien. Wer sagt, er habe einen geringeren Anteil an der Gottheit oder an der Menschheit gehabt, der erweist sich selbst, voll des Geistes des Teufels, als Sohn der Hölle. Warum also verlangt Ihr wiederum von mir die Verurteilung des Timotheus? Er ist auch hier kraft der Entscheidung des Apostolischen Stuhles ... mitsamt seinem Lehrer Apollinaris verurteilt worden ...

## 1. Konzil von KONSTANTINOPEL (2. ökum.): Mai – 30. Juli 381

Die Synode der "150 Väter" definierte vor allem die Göttlichkeit des Heiligen Geistes gegen die Macedonianer (Pneumatomachen). Kan. 1 richtet sich gegen die Arianer jedweder Art: die Anhänger des Apollinaris von Laodicea, des Sabellius von Ptolemais, des Marcellus von Ancyra, des Photinus von Sirmium, des Eunomius von Kyzikos und des Eudoxius von Konstantinopel. Als "ökumenisch" wurde diese Synode schon in einem Brief der Lokalsynode von Konstantinopel (382) an Papst Damasus (bei Theodoret von Cyrus, *Historia ecclesiae* V 9,13: hrsg. von Parmentier [GChSch] 293 / PG 82,1217B) bezeichnet, als solche allgemein anerkannt wurde sie jedoch erst viel später. In der Westkirche, wo ihr 3. Kanon, der die Vorrechte eines Patriarchats für den Sitz des "Neuen Rom" beanspruchte, Anstoß erregte, wurde sie implizite, und zwar nur im Hinblick auf ihre Lehräußerungen, dadurch angenommen, daß Papst Vigilius das 2. Konzil von Konstantinopel (553) bestätigte.

## 150: Konstantinopolitanisches Glaubensbekenntnis

Vom ausgehenden 17. Jahrhundert an wird es unter dem Namen "Nicaeno-Constantinopolitanum" überliefert, so als ob es nur eine Fortentwicklung bzw. Erweiterung des Nizänischen Glaubensbekenntnisses wäre. Fraglich ist, ob es auf dem Konzil selbst verfaßt wurde oder ob es schon vorher existierte; letzteres kann man vermuten im Hinblick auf das im *Ancoratus* (geschrieben 374!) vorliegende kürzere Bekenntnis des Epiphanius (*42), das dem Konstantinopolitanischen Bekenntnis sehr ähnlich ist. Im 6. Jahrhundert wurde es im Osten größtenteils als Taufbekenntnis übernommen. Schon bald hatte es mehr Bedeutung als das Nizänische Bekenntnis, vor allem als es (zuerst von den Monophysiten in Antiochien um 480; in Konstantinopel vor 518) in die Meßliturgie eingeführt wurde. Als Glaubensbekenntnis der Messe erscheint es in der Kirche des Westens zuerst auf der 3. Synode von Toledo (589), Kan. 2 (MaC 9,992f). In diesem Bekenntnis findet sich auch – erstmals in einem lehramtlichen Dokument – das "Filioque", das aber wahrscheinlich erst nach Abschluß der Synode hinzugefügt wurde; vgl. *470°. Das "Filioque" verursachte vom 8. Jahrhundert an heftige theologische Auseinandersetzungen. Als die Verwendung dieses Zusatzes schon weit verbreitet war (vgl. die von F. J. Mone erforschte gallische Liturgie, die Synode von Friaul 791 und die Synode von Frankfurt 794), verlangte die Synode von Aachen 809 von Leo III., das "Filioque" solle von der gesamten Kirche in das Glaubensbekenntnis aufgenommen werden. Der Papst wies dies zurück, nicht weil er die Formel verwarf, sondern weil er sich scheute, dem überlieferten Bekenntnis etwas hinzuzufügen. Später erwirkte Kaiser Heinrich II. anläßlich seiner Krönung im Jahre 1014 von Benedikt VIII., daß in Rom während der Messe das Glaubensbekenntnis mit dem eingefügten "Filioque" gesungen wurde. Schließlich wurde es auf den ökumenischen Konzilien von Lyon II (1274) und Florenz (1439) sowohl von den Lateinern als auch von einigen Griechen anerkannt (vgl. *853 1302).

*Ausg.:* Den ältesten Text bietet das Konzil von Chalkedon, 3. Sitzung (andere fälschlicherweise 2. Sitzung; kritischer Text bei: G.L. Dossetti, a. *125 a.O., 244–250). Aber schon die Form des in der 5. Sitzung wiederholten Glaubensbekenntnisses weicht von der Originalform ab: ACOe 2/I/II, 80₃₋₁₆ / E. Schwartz, in: ZNTW 25 (1926) 49f / Hn § 144f / Karmiris 1,80 133 / MaC 3,565A-C / COeD³ 24 / Ltzm 36f. – Zur liturgischen Form der Römischen Kirche vgl.: *Ordo Romanus XI* (früher *VII*) (hrsg. von Andrieu, a. *30 a.O., 2,434f; *Sacramentarium Gelasianum* (hrsg. von L. Mohlberg – L. Eizenhöfer, a. *36 a.O., 48–50 / Wilson, a. *36 a.O., 53–55); *Missale Romanum*; als lateinischer Text wird im folgenden der liturgische Text nach dem *Missale Romanum* angeführt.

| [*Recensio graeca*] | [*Recensio latina*] | [*Griechische Fassung*] | [*Lateinische Fassung*] |
|---|---|---|---|
| Πιστεύομεν εἰς ἕνα Θεόν, πατέρα παντοκράτορα, ποιητὴν οὐρανοῦ καὶ γῆς, ὁρατῶν τε πάντων καὶ ἀοράτων· | Credo in unum Deum, Patrem omnipotentem, factorem caeli et terrae, visibilium omnium et invisibilium. | Wir glauben an ⟨den⟩ einen Gott, den Vater, den Allmächtigen, den Schöpfer des Himmels und der Erde, alles Sichtbaren und Unsichtbaren, | Ich glaube an den einen Gott, den allmächtigen Vater, den Schöpfer des Himmels und der Erde, alles Sichtbaren und Unsichtbaren. 150 |
| καὶ εἰς ἕνα κύριον Ἰησοῦν Χριστόν, τὸν υἱὸν τοῦ Θεοῦ τὸν μονογενῆ, τὸν ἐκ τοῦ πατρὸς γεννηθέντα πρὸ πάντων τῶν αἰώνων, φῶς ἐκ φωτός, Θεὸν ἀληθινὸν ἐκ Θεοῦ ἀληθινοῦ, γεννηθέντα οὐ ποιηθέντα, ὁμοούσιον τῷ πατρί, | Et in unum Dominum Iesum Christum, Filium Dei unigenitum, et ex Patre natum ante omnia saecula, Deum de Deo, lumen de lumine, Deum verum de Deo vero, genitum, non factum, consubstantialem Patri: per quem | und an ⟨den⟩ einen Herrn Jesus Christus, Gottes einziggeborenen Sohn, aus dem Vater gezeugt vor allen Zeiten, Licht aus Licht, wahrer Gott aus wahrem Gott, gezeugt, nicht geschaffen, wesensgleich dem Vater, durch den alles ge- | Und an den einen Herrn Jesus Christus, Gottes einziggeborenen Sohn, und aus dem Vater geboren vor allen Zeiten, Gott von Gott, Licht vom Lichte, wahrer Gott vom wahren Gott, gezeugt, nicht geschaffen, wesensgleich dem |

83

δι' οὗ τὰ πάντα ἐγένετο·

τὸν δι' ἡμᾶς τοὺς ἀνθρώπους καὶ διὰ τὴν ἡμετέραν σωτηρίαν κατελθόντα ἐκ τῶν οὐρανῶν καὶ σαρκωθέντα ἐκ πνεύματος ἁγίου καὶ Μαρίας τῆς παρθένου, καὶ ἐνανθρωπήσαντα, σταυρωθέντα τε ὑπὲρ ἡμῶν ἐπὶ Ποντίου Πιλάτου καὶ παθόντα καὶ ταφέντα καὶ ἀναστάντα τῇ τρίτῃ ἡμέρᾳ κατὰ τὰς γραφάς, καὶ ἀνελθόντα εἰς τοὺς οὐρανούς, καὶ καθεζόμενον ἐν δεξιᾷ τοῦ πατρός, καὶ πάλιν ἐρχόμενον μετὰ δόξης, κρῖναι ζῶντας καὶ νεκρούς· οὗ τῆς βασιλείας οὐκ ἔσται τέλος·

καὶ εἰς τὸ πνεῦμα τὸ ἅγιον, τὸ κύριον καὶ ζωοποιόν, τὸ ἐκ τοῦ πατρὸς ἐκπορευόμενον, τὸ σὺν πατρὶ καὶ υἱῷ συμπροσκυνούμενον καὶ συνδοξαζόμενον, τὸ λαλῆσαν διὰ

omnia facta sunt;

qui propter nos homines et propter nostram salutem descendit de caelis, et incarnatus est de Spiritu Sancto ex Maria virgine, et homo factus est, crucifixus etiam pro nobis sub Pontio Pilato, passus et sepultus est, et resurrexit tertia die secundum Scripturas, et ascendit in caelum, sedet ad dexteram Patris, et iterum venturus est cum gloria, iudicare vivos et mortuos: cuius regni non erit finis.

Et in Spiritum Sanctum, Dominum et vivificantem, qui ex Patre Filioque procedit, qui cum Patre et Filio simul adoratur et conglorificatur,

worden ist,

der wegen uns Menschen und um unseres Heiles willen aus den Himmeln herabgestiegen und Fleisch geworden ist aus heiligem Geist und Maria, der Jungfrau; und er ist Mensch geworden, wurde für uns gekreuzigt unter Pontius Pilatus, hat gelitten und wurde begraben; und er ist auferstanden am dritten Tag gemäß den Schriften, hinaufgestiegen in die Himmel und sitzt zur Rechten des Vaters; und er kommt wiederum mit Herrlichkeit, Lebende und Tote zu richten; sein Reich wird kein Ende haben;

und an den Heiligen Geist, den Herrn und Lebensspender, der aus dem Vater hervorgeht, der mit dem Vater und dem Sohne mitangebetet und mitverherrlicht wird,

Vater; durch ihn ist alles geworden; er ist wegen uns Menschen und um unseres Heiles willen von den Himmeln herabgestiegen und ist fleischgeworden vom Heiligen Geist aus Maria, der Jungfrau, und ist Mensch geworden; gekreuzigt wurde er sogar für uns unter Pontius Pilatus, hat gelitten und wurde begraben; und er ist auferstanden am dritten Tag gemäß den Schriften und hinaufgestiegen in den Himmel; er sitzt zur Rechten des Vaters und wird wiederum kommen mit Herrlichkeit, Lebende und Tote zu richten; sein Reich wird kein Ende haben.

Und an den Heiligen Geist, den Herrn und Lebensspender, der aus dem Vater und dem Sohne hervorgeht, der mit dem Vater und dem Sohne zugleich angebetet und mitver-

τῶν προφητῶν.
Εἰς μίαν ἁγίαν
καθολικὴν καὶ
ἀποστολικὴν
ἐκκλησίαν.
Ὁμολογοῦμεν
ἓν βάπτισμα
εἰς ἄφεσιν
ἁμαρτιῶν.
Προσδοκῶμεν
ἀνάστασιν νε-
κρῶν καὶ ζωὴν
τοῦ μέλλοντος
αἰῶνος. Ἀμήν.

qui locutus est
per prophetas.
Et unam sanc-
tam catholicam
et apostolicam
Ecclesiam.
Confiteor
unum baptis-
ma in remis-
sionem pecca-
torum. Et ex-
specto resur-
rectionem mor-
tuorum, et vi-
tam venturi
saeculi. Amen.

der durch die
Propheten ge-
sprochen hat.
An ⟨die⟩ eine
heilige katholi-
sche und apo-
stolische Kir-
che. Wir beken-
nen ⟨die⟩ eine
Taufe zur Ver-
gebung der
Sünden. Wir
erwarten ⟨die⟩
Auferstehung
der Toten und
⟨das⟩ Leben
der zukünfti-
gen Zeit.
Amen.

herrlicht wird,
der durch die
Propheten ge-
sprochen hat.
Und die eine
heilige katholi-
sche und apo-
stolische Kir-
che. Ich beken-
ne die eine
Taufe zur Ver-
gebung der
Sünden. Und
ich erwarte die
Auferstehung
der Toten und
das Leben der
kommenden
Zeit. Amen.

## 151: Kanones, 9. Juli 381

*Ausg.:* Bruns 1,20 21 / MaC 3,557E 566D / HaC 1,809A / Karmiris 1,135 / COeD³ 31₄₋₁₅; [*nur lateinisch:*]
Turner 2/III (1939) 409 411; vgl. PL 84,135C.

### *Verurteilung verschiedener Häresien*

α´) Μὴ ἀθετεῖσθαι τὴν πίστιν τῶν πατέρων τῶν τριακοσίων δεκαοκτώ, τῶν ἐν
Νικαίᾳ τῆς Βιθυνίας συνελθόντων· ἀλλὰ μένειν ἐκείνην κυρίαν, καὶ ἀναθεματισθῆναι
πᾶσαν αἵρεσιν· καὶ ἰδικῶς τὴν τῶν Εὐνο-
μιανῶν, εἴτ᾽ οὖν Ἀνομοίων· καὶ τὴν τῶν
Ἀρειανῶν, εἴτ᾽ οὖν Εὐδοξιανῶν· καὶ τὴν τῶν
Ἡμιαρειανῶν, εἴτ᾽ οὖν Πνευματομάχων· καὶ
τὴν τῶν Σαβελλιανῶν, καὶ τὴν τῶν Μαρκελ-
λιανῶν, καὶ τὴν τῶν Φωτεινιανῶν, καὶ τὴν
τῶν Ἀπολιναριστῶν.

1. Der Glaube der 318 Väter, die zu Nikaia  151
in Bithynien versammelt waren, soll nicht
aufgehoben werden; vielmehr soll er gültig
bleiben und jede Häresie mit dem Anathema
belegt werden, insbesondere die der Eunomianer bzw. Anomöer, die der Arianer bzw.
Eudoxianer, die der Semiarianer bzw. Pneumatomachen, die der Sabellianer, die der
Marcellianer, die der Photinianer und die der
Apollinaristen.

## 152–180: Synode von ROM, i. J. 382

### a) "Tomus Damasi" bzw. Glaubensbekenntnis an Bischof Paulinus von Antiochien

Nach P. Galtier (RechScRel 26 [1936] 385–418 563–578) entstand der *Tomus Damasi* aus Arbeiten der
Synode des Jahres 382 (nicht früher). Er umfaßt eine zweifache Reihe dogmatischer Kanones (1–8; 10–24),
die auch gesondert überliefert sind. Der auf das Schisma des Meletius von Antiochien anspielende Dis-
ziplinarkanon 9 wurde eingeschoben, und bisweilen ging das Nizänische Glaubensbekenntnis voraus. Verurteilt wird die Lehre des Diodor von Tarsus (Kan. 6), des Apollinaris von Laodicea (Kan. 7) und des
Marcellus von Ancyra (Kan. 8), allerdings ohne daß ihre Namen erwähnt würden. Der Originaltext war
lateinisch. Es steht aber nicht fest, ob der angeführte Text der ursprüngliche ist oder eine Rückübersetzung
aus dem griechischen Text Theodorets von Cyrus, *Historia ecclesiae* V 11,1–15. Er wird auch angeführt von
Arnobius d. J., *Conflictus* II 32.
    *Ausg.:* Turner 1/II/I (1913) 284–294 / PL 13,358B–364B ( = Brief 4); 56,686B–690B / MaC 3,481D–484A
(vgl. 486C–488B) / HaC 1,802B–803D; – bei Theodoret, *Historia ecclesiae* V 11, hrsg. von L. Parmentier
(GChSch) 297₁₅–302₁₅ / PG 82,1221B–1226B; – bei Arnobius: PL 53,319B–322C. – *Reg.:* JR 235 mit Zusätzen; ClPL 1633.

## Dreifaltigkeit und Fleischwerdung

**152**    Quia post Concilium Nicaenum is error inolevit, ut quidam ore sacrilego auderent dicere, Spiritum Sanctum factum esse per Filium:

Weil nach dem Konzil von Nikaia diese Irrlehre aufkam, daß einige mit gottlosem Munde zu behaupten wagten, der Heilige Geist sei durch den Sohn gemacht worden, ⟨fügten sie hinzu⟩:

**153**    (1.) Anathematizamus eos, qui non tota libertate proclamant, eum cum Patre et Filio unius potestatis esse atque substantiae.

(1.) Wir belegen mit dem Anathema die, welche nicht in aller Freimütigkeit verkünden, daß er mit dem Vater und dem Sohn e i n e r Macht und Substanz ist.

**154**    (2.) Anathematizamus quoque eos, qui Sabellii sequuntur errorem, eundem dicentes esse Patrem quem et Filium.

(2.) Wir belegen mit dem Anathema auch die, welche dem Irrtum des Sabellius folgen und sagen, der Vater sei derselbe wie der Sohn.

**155**    (3.) Anathematizamus Arium atque Eunomium, qui pari impietate, licet sermone dissimili, Filium et Spiritum Sanctum asserunt creaturas.

(3.) Wir belegen mit dem Anathema Arius und Eunomius, die in der gleichen Gottlosigkeit, wenn auch mit unterschiedlichen Worten, behaupten, der Sohn und der Heilige Geist seien Geschöpfe.

**156**    (4.) Anathematizamus Macedonianos, qui de Arii stirpe venientes, non perfidiam mutaverunt, sed nomen.

(4.) Wir belegen mit dem Anathema die Macedonianer, welche, der Wurzel des Arius entstammend, nicht die Gottlosigkeit, sondern ⟨nur⟩ den Namen geändert haben.

**157**    (5.) Anathematizamus Photinum, qui Ebionis haeresim instaurans, Dominum Iesum Christum tantum ex Maria confitetur.

(5.) Wir belegen mit dem Anathema den Photinus, der die Häresie des Ebion erneuert und bekennt, der Herr Jesus Christus ⟨stamme⟩ nur aus Maria.

**158**    (6.) Anathematizamus eos, qui duos asserunt Filios, unum ante saecula, et alterum post assumptionem carnis ex Virgine.

(6.) Wir belegen mit dem Anathema die, welche behaupten, ⟨es gebe⟩ zwei Söhne, den einen vor den Zeiten und den anderen nach der Annahme des Fleisches aus der Jungfrau.

**159**    (7.) Anathematizamus eos, qui pro hominis anima rationabili et intelligibili dicunt Dei Verbum in humana carne versatum, cum ipse Filius et Verbum Dei non pro anima rationabili et intelligibili in suo corpore fuerit, sed nostram (id est rationabilem et intelligibilem) sine peccato animam susceperit atque salvaverit.

(7.) Wir belegen mit dem Anathema die, welche sagen, das Wort Gottes habe anstelle der vernunft- und verstandesbegabten Seele des Menschen im menschlichen Fleisch geweilt, obwohl doch eben der Sohn und das Wort Gottes nicht anstelle der vernunft- und verstandesbegabten Seele in seinem Leib war, sondern unsere (d. h. die vernunft- und verstandesbegabte) Seele ohne Sünde angenommen und erlöst hat.

**160**    (8.) Anathematizamus eos, qui Verbum Filium Dei extensionem aut collectionem et a Patre separatum, insubstantivum et finem habiturum esse contendunt.

(8.) Wir belegen mit dem Anathema die, welche behaupten, das Wort, der Sohn Gottes, sei eine Ausdehnung oder Zusammenziehung und vom Vater getrennt, substanzlos und werde ein Ende haben.

**161**    (9.) Eos quoque, qui de ecclesiis ad ecclesias migraverunt, tamdiu a communione nostra habemus alienos, quamdiu ad eas redie-

(9.) Auch die, welche von Kirchen zu Kirchen wanderten, sehen wir solange als ausgeschlossen von der Gemeinschaft mit uns an,

rint civitates, in quibus primum sunt constituti. Quodsi alius, alio transmigrante, in loco viventis est ordinatus, tamdiu vacet sacerdotii dignitate, qui suam deseruit civitatem, quamdiu successor eius quiescat in Domino.

(10.) Si quis non dixerit semper Patrem, semper Filium, semper Spiritum Sanctum esse: haereticus est.

(11.) Si quis non dixerit Filium natum de Patre, id est de substantia divina ipsius: haereticus est.

(12.) Si quis non dixerit verum Deum Filium Dei, sicut verum Deum Patrem eius, et omnia posse et omnia nosse et Patri aequalem: haereticus est.

(13.) Si quis dixerit, quod in carne constitutus cum esset in terra, in caelis cum Patre non erat: haereticus est.

(14.) Si quis dixerit, quod in passione crucis dolorem sentiebat Deus, et non caro cum anima, quam induerat – forma servi, quam sibi acceperat [cf. Phil 2,7], sicut ait Scriptura – Filius Dei Christus: non recte sentit.

(15.) Si quis non dixerit, quod in carne sedet in dextera Patris, in qua venturus est iudicare vivos et mortuos: haereticus est.

(16.) Si quis non dixerit, Spiritum Sanctum de Patre esse vere ac proprie, sicut Filium, de divina substantia et Deum verum: haereticus est.

(17.) Si quis non dixerit, omnia posse Spiritum Sanctum et omnia nosse et ubique esse, sicut Filium et Patrem: haereticus est.

(18.) Si quis dixerit Spiritum Sanctum facturam, aut per Filium factum: haereticus est.

(19.) Si quis non dixerit, omnia per Filium et Spiritum Sanctum Patrem fecisse, id est visibilia et invisibilia: haereticus est.

bis sie zu den Städten zurückgekehrt sind, in denen sie zuerst eingesetzt wurden. Wenn aber jemand, falls ein anderer auswandert, noch zu dessen Lebzeiten an seiner Stelle geweiht wurde, so entbehrt der, welcher seine Stadt verlassen hat, solange der Würde des Priestertums, bis sein Nachfolger im Herrn ruht.

(10.) Wer nicht sagt, daß der Vater immer, 162 der Sohn immer und der Heilige Geist immer ist, der ist ein Häretiker.

(11.) Wer nicht sagt, daß der Sohn vom 163 Vater, das heißt, von seiner göttlichen Substanz geboren wurde, der ist ein Häretiker.

(12.) Wer nicht sagt, daß der Sohn Gottes 164 wahrer Gott ist, so wie sein Vater wahrer Gott ist, und daß er alles vermag und alles weiß und dem Vater gleich ist, der ist ein Häretiker.

(13.) Wer sagt, daß er, als er in der Ord 165 nung des Fleisches auf Erden weilte, nicht ⟨zugleich⟩ mit dem Vater in den Himmeln war, der ist ein Häretiker.

(14.) Wer sagt, daß beim Leiden am Kreuz 166 Gott den Schmerz spürte und nicht das Fleisch mitsamt der Seele, mit dem der Sohn Gottes, Christus, sich bekleidet hatte – die Knechtsgestalt, die er angenommen hatte [vgl. Phil 2,7], wie die Schrift sagt –, der hat nicht den rechten Glauben.

(15.) Wer nicht sagt, daß er in dem Fleisch 167 zur Rechten des Vaters sitzt, in dem er kommen wird, Lebende und Tote zu richten, der ist ein Häretiker.

(16.) Wer nicht sagt, daß der Heilige Geist 168 ebenso wie der Sohn wahrhaftig und im eigentlichen Sinne vom Vater, von der göttlichen Substanz und wahrer Gott ist, der ist ein Häretiker.

(17.) Wer nicht sagt, daß der Heilige Geist 169 ebenso wie der Sohn und der Vater alles vermag und alles weiß und überall ist, der ist ein Häretiker.

(18.) Wer sagt, der Heilige Geist sei ein 170 Geschöpf oder durch den Sohn gemacht, der ist ein Häretiker.

(19.) Wer nicht sagt, daß der Vater alles 171 durch den Sohn und den Heiligen Geist gemacht hat, d. h. das Sichtbare und das Unsichtbare, der ist ein Häretiker.

172      (20.) Si quis non dixerit, Patris et Filii et Spiritus Sancti unam divinitatem, potestatem, maiestatem, potentiam, unam gloriam, dominationem, unum regnum, atque unam voluntatem ac veritatem: haereticus est.

(20.) Wer nicht sagt, daß es nur eine Gottheit, Macht, Erhabenheit, Gewalt, nur eine Herrlichkeit, Herrschaft, nur ein Reich und nur einen Willen und eine Wahrheit des Vaters und des Sohnes und des Heiligen Geistes gibt, der ist ein Häretiker.

173      (21.) Si quis tres personas non dixerit veras Patris et Filii et Spiritus Sancti, aequales, semper viventes, omnia continentes visibilia et invisibilia, omnia potentes, omnia iudicantes, omnia vivificantes, omnia facientes, omnia salvantes: haereticus est.

(21.) Wer nicht sagt, daß es drei wahre Personen des Vaters und des Sohnes und des Heiligen Geistes gibt, die gleich sind, immer leben, alles Sichtbare und Unsichtbare umfassen, alles vermögen, alles richten, alles beleben, alles erschaffen und alles erhalten, der ist ein Häretiker.

174      (22.) Si quis non dixerit adorandum Sanctum Spiritum ab omni creatura sicut Filium et Patrem: haereticus est.

(22.) Wer nicht sagt, daß der Heilige Geist ebenso wie der Sohn und der Vater von jedem Geschöpf angebetet werden muß, der ist ein Häretiker.

175      (23.) Si quis de Patre et Filio bene senserit, de Spiritu autem non recte habuerit, haereticus est, quod omnes haeretici de Filio Dei et Spiritu Sancto male sentientes, in perfidia Iudaeorum et paganorum inveniuntur.

(23.) Wer in bezug auf den Vater und den Sohn richtig denkt, in bezug auf den Heiligen Geist aber nicht richtig denkt, der ist ein Häretiker; denn alle Häretiker, die in bezug auf den Sohn [Gottes] und den [Heiligen] Geist eine falsche Meinung haben, befinden sich in der Gottlosigkeit der Juden und Heiden.

176      (24.) Quod si quis partiatur, Patrem Deum dicens et Deum Filium eius et Deum Sanctum Spiritum, deos dici et non Deum propter unam divinitatem et potentiam, quam credimus et scimus Patris et Filii et Spiritus Sancti; subtrahens autem Filium aut Spiritum Sanctum, ita solum aestimet Deum Patrem dici, aut ita credit unum Deum: haereticus est in omnibus, immo Iudaeus, quod nomen deorum et angelis et sanctis omnibus a Deo est positum et donatum, de Patre autem et Filio et Spiritu Sancto propter unam et aequalem divinitatem non nomen deorum, sed Dei nobis ostenditur atque indicitur, ut credamus, quia in Patre et Filio et Spiritu Sancto solum baptizamur et non in archangelorum nominibus aut angelorum, quomodo haeretici, aut Iudaei, aut etiam pagani dementes.

(24.) Wer aber, wenn er den Vater Gott und seinen Sohn Gott und den Heiligen Geist Gott nennt, duldet, daß sie Götter genannt werden und nicht Gott wegen der einen Gottheit und Gewalt, von der wir glauben und wissen, daß sie dem Vater und dem Sohn und dem Heiligen Geist eigen ist, vielmehr den Sohn oder den Heiligen Geist herabsetzt und dementsprechend meint, nur der Vater werde Gott genannt, oder auf diese Weise ⟨an⟩ einen Gott glaubt, der ist in allem ein Häretiker, ja sogar ein Jude; denn der Name "Götter" wurde von Gott auch den Engeln und allen Heiligen beigelegt und geschenkt, vom Vater aber und Sohn und Heiligen Geist wird uns wegen der einen und gleichen Gottheit nicht der Name "Götter", sondern "Gott" zu glauben dargeboten und verkündet, weil wir nur auf den Vater und den Sohn und den Heiligen Geist getauft werden und nicht auf die Namen der Erzengel und Engel, wie dies Häretiker oder Juden oder auch Heiden in ihrem Wahnsinn tun.

177      Haec ergo est salus christianorum, ut credentes Trinitati, id est Patri et Filio et Spiritui Sancto, et in eam baptizati veram solam

Dies also ist das Heil der Christen, daß wir im Glauben an die Dreifaltigkeit, d. h. den Vater und den Sohn und den Heiligen Geist,

unam divinitatem et potentiam, maiestatem et substantiam eiusdem esse sine dubio credamus.

und auf sie getauft ohne Zweifel glauben, daß ihr e i n e alleinige wahre Gottheit und Gewalt, Erhabenheit und Wesenheit eigen ist.

## b) "Decretum Damasi"

Siehe die Vorbemerkung zum "Decretum Gelasianum" *350°. Auch wenn der Text nicht echt ist, hält man doch seine Grundaussagen für damasianisch. Vgl. den nur wenig älteren Schriftkanon der Synode von Laodicea, Kap. 60 (Bruns 1,79f / Turner 2/III, 388-392), in dem die Bücher *Jdt, Sir, 1-2 Makk, Offb* fehlen.
*Ausg.:* [**178-180*]: C. H. Turner, in: JThSt 1 (1900) 556-559 / E. v. Dobschütz, *Das Decretum Gelasianum ...* (TU 38/IV; Leipzig 1912) 3-5 21-28 [Abweichungen dieses Textes s. in eckigen Klammern zu *179f] / PL 19,787B-793A; 59,157A-159B. - [*nur* *178*]: PL 13,373f. - [*nur* *179f*]: BullTau 1,663f / EnchB Nr. 26f. - *Reg.:* JR 251 mit Zusätzen; vgl. 700.

### Der Heilige Geist

Prius agendum est de Spiritu septiformi, qui in Christo requiescit. Spiritus sapientiae: Christus Dei virtus et Dei sapientia [*1 Cor 1,24*]. Spiritus intellectus: Intellectum dabo tibi, et instruam te in via, in qua ingredieris [*Ps 31,8*]. Spiritus consilii: Et vocabitur nomen eius magni consilii angelus [*Is 9,6: Septg.*]. Spiritus virtutis: ut supra, Dei virtus et Dei sapientia [*1 Cor 1,24*]. Spiritus scientiae: Propter eminentiam Christi scientiae Iesu [*Eph 3,19; Phil 3,8*] apostoli. Spiritus veritatis: Ego via et vita et veritas [*Io 14,6*]. Spiritus timoris [Dei]: Initium sapientiae timor Domini [*Ps 110,10; Prv 9,10*].

Multiformis autem nominum Christi dispensatio: Dominus, quia spiritus; Verbum, quia Deus; Filius, quia unigenitus ex Patre; ... propheta, quia futura revelavit; "Spiritus enim Sanctus non est Patris tantummodo aut Filii tantummodo Spiritus, sed Patris et Filii Spiritus; scriptum est enim: Si quis dilexerit mundum, non est Spiritus Patris in illo [*cf. 1 Io 2,15; Rm 8,9*]; item scriptum est: Quisquis 'autem Spiritum Christi non habet, hic non est eius' [*Rm 8,9*]; nominato ita Patre et Filio intelligitur Spiritus"[1] Sanctus, de quo ipse Filius in Evangelio dicit, quia Spiritus Sanctus a Patre procedit [*Io 15,26*], et de meo accipiet et adnuntiabit vobis [*Io 16,14*].

Zunächst soll von dem siebenförmigen **178** Geist gehandelt werden, der auf Christus ruht. Der Geist der Weisheit: Christus ⟨ist⟩ die Kraft Gottes und die Weisheit Gottes [*1 Kor 1,24*]. Der Geist der Einsicht: Ich werde Dir Einsicht geben und Dich über den Weg aufklären, auf dem Du gehen wirst [*Ps 32,8*]. Der Geist des Rates: Und sein Name wird Bote des großen Rates genannt werden [*Jes 9,6: Septg.*]. Der Geist der Kraft: wie oben, Kraft Gottes und Weisheit Gottes [*1 Kor 1,24*]. Der Geist des Wissens: Wegen der überragenden Kenntnis Christi Jesu [*Eph 3,19; Phil 3,8*], des Gesandten. Der Geist der Wahrheit: Ich ⟨bin⟩ der Weg, das Leben und die Wahrheit [*Joh 14,6*]. Der Geist der Furcht [Gottes]: Der Anfang der Weisheit ⟨ist⟩ die Furcht des Herrn [*Ps 111,10; Spr 9,10*].

Vielförmig aber ist die Aufteilung der Namen Christi: Herr, weil Geist; Wort, weil Gott; Sohn, weil einziggeboren aus dem Vater; ... Prophet, weil er das Zukünftige offenbarte; "der Heilige Geist ist nämlich nicht nur der Geist des Vaters oder nur des Sohnes, sondern Geist des Vaters und des Sohnes; es steht nämlich geschrieben: Wer die Welt liebt, in dem ist nicht der Geist des Vaters [*vgl. 1 Joh 2,15; Röm 8,9*]; ebenso steht geschrieben: Wer 'aber den Geist Christi nicht hat, der gehört nicht zu ihm' [*Röm 8,9*]; durch die Nennung also des Vaters und des Sohnes wird der Heilige Geist erkannt"[1], von dem der Sohn selbst im Evangelium sagt: Der

---

*178    [1]    "Der Heilige Geist ... erkannt" ("Spiritus enim Sanctus ... intelligitur Spiritus") wird zitiert aus Augustinus, *In evangelium Iohannis tractatus* IX 7 (PL 35,1461 / R. Willems: CpChL 36 [1954] 94); da dieses Werk nicht vor 414 geschrieben wurde, spräche das Zitat gegen den damasianischen Ursprung des *Decretum*. E. Schwartz (ZNTW 29 [1930] 161-168) meint, daß es sich dabei um eine Interpolation handle.

Heilige Geist geht vom Vater aus [*Joh 15,26*],
und: Er wird von dem Meinen empfangen
und es Euch verkünden [*Joh 16,14*].

### Der Kanon der Hl. Schrift

**179** Nunc vero de Scripturis divinis agendum
est, quid universalis catholica recipiat Ecclesia et quid vitare debeat.
Incipit ordo Veteris Testamenti. Genesis liber unus; Exodus lib. 1; Leviticus
lib. 1; Numeri lib. 1; Deuteronomium lib. 1;
Iesu Nave lib. 1; Iudicum lib. 1; Ruth lib. 1;
Regum libri 4; *Paralypomenon* [Paralipomenon] libri 2; *Psalmi CL* [Psalterium] lib. 1;
*Salamonis* [Salomonis] libri 3: Proverbia
lib. 1, Ecclesiastes lib. 1, Cantica Canticorum
lib. 1; item Sapientia lib. 1, Ecclesiasticus
lib. 1.
Item ordo Prophetarum. Esaiae liber
unus; Hieremiae lib. 1, cum Cinoth id est Lamentationibus suis; Ezechiel[is] lib. 1; Danihel[is] lib. 1; Oseae lib. 1; Amos lib. 1; Micheae lib. 1; Iohel lib. 1; Abdiae lib. 1; Ionae
lib. 1; Naum lib. 1; *Ambacum* [Abbacuc]
lib. 1; Sophoniae lib. 1; Aggei lib. 1; Zachariae lib. 1; *Malacihel* [Malachiae] lib. 1.
Item ordo storiarum. Iob liber unus;
Tobiae lib. 1; *Esdrae* [Hesdrae] libri 2; Hester
lib. 1; *Iudit lib. 1* [-!]; Machabeorum libri 2.

**180** Item ordo Scripturarum Novi *et aeterni* [-!] Testamenti, quem sancta et catholica [Romana] suscipit [et veneratur] Ecclesia. Evangeliorum [libri 4:] secundum Matheum liber unus, sec. Marcum lib. 1, sec. Lucam lib. 1, sec. Iohannem lib. 1.

[Item Actuum apostolorum liber unus.]
Epistulae Pauli [apostoli] numero 14: ad
Romanos [ep.] una, ad Corinthios [ep.] duas,
ad Ephesios 1, ad Thessalonicenses 2, ad Galatas 1, ad Philippenses 1, ad Colosenses 1, ad
Timotheum 2, ad Titum 1, ad *Filimonem* [Philemonem] 1, ad Hebreos 1.
Item Apocalypsis Iohannis liber 1.

*Et Actus apostolorum liber 1* [-! *vd. supra*].

Item *epistulae canonicae* [can. ep.] numero 7: Petri apostoli epistulae 2, Iacobi apostoli
ep. 1, Iohannis apostoli ep. 1, alterius[1] Iohan

Nun aber ist von den göttlichen Schriften
zu handeln, was die allgemeine katholische
Kirche anerkennt und was sie meiden muß.
Zu Beginn die Ordnung des Alten Testamentes. 1 Buch Genesis; 1 Buch Exodus; 1 Buch Levitikus; 1 Buch Numeri; 1
Buch Deuteronomium; 1 Buch Josua; 1 Buch
Richter; 1 Buch Rut; 4 Bücher Könige ⟨= 2
Bücher Samuel, 2 Bücher Könige⟩; 2 Bücher
Chronik; 1 Buch *150 Psalmen* [Psalter]; 3 Bücher Salomos: 1 Buch Sprüche, 1 Buch Prediger ⟨= Kohelet⟩, 1 Buch Hohelied; ebenso
1 Buch Weisheit, 1 Buch Jesus Sirach.
Ebenso die Ordnung der Propheten.
1 Buch Jesaja; 1 Buch Jeremia, mit den Qinoth, d. h. seinen Klageliedern; 1 Buch
Ezechiel; 1 Buch Daniel; 1 Buch Hosea; 1
Buch Amos; 1 Buch Micha; 1 Buch Joël; 1
Buch Obadja; 1 Buch Jona; 1 Buch Nahum; 1
Buch Habakuk; 1 Buch Zefanja; 1 Buch Haggai; 1 Buch Sacharja; 1 Buch Maleachi.
Ebenso die Ordnung der Geschichtsbücher. 1 Buch Ijob; 1 Buch Tobit; 2 Bücher Esra ⟨= 1 Esra, 1 Nehemia⟩; 1 Buch
Ester; *1 Buch Judit*; [-!] 2 Bücher Makkabäer.

Ebenso die Ordnung der Schriften
des Neuen *und ewigen* [-!] Testamentes,
die die heilige und katholische [Römische]
Kirche anerkennt [und verehrt]. [4 Bücher]
Evangelien: 1 Buch nach Matthäus; 1 Buch
nach Markus; 1 Buch nach Lukas; 1 Buch
nach Johannes.
[Ebenso 1 Buch der Apostelgeschichte.]
14 Briefe des [Apostels] Paulus: 1 [Brief] an
die Römer, 2 [Briefe] an die Korinther, 1 an
die Epheser, 2 an die Thessalonicher, 1 an die
Galater, 1 an die Philipper, 1 an die Kolosser,
2 an Timotheus, 1 an Titus, 1 an Philemon, 1
an die Hebräer.
Ebenso 1 Buch der Offenbarung des Johannes.
*Und 1 Buch der Apostelgeschichte.* [-! *s.
oben*]
Ebenso 7 kanonische Briefe: 2 Briefe des
Apostels Petrus, 1 Brief des Apostels Jakobus,
1 Brief des Apostels Johannes, 2 Briefe eines

nis presbyteri ep. 2, Iudae zelotis apostoli
ep. 1.
Explicit canon Novi Testamenti.

anderen[1] Presbyters Johannes, 1 Brief des
Apostels Judas, des Eiferers.
Ende des Kanons des Neuen Testamentes.

## SIRICIUS: Dez. 384 (12. Jan. 385?) – 26. Nov. 399

**181–185: Brief "Directa ad decessorem" an Bischof Himerius von Tarragona, 10. Febr. 385**

*Ausg.:* [*181f; 183–185]: PL 13,1132C 1146A–1147A; 1133A–1134A 1135A–1136A 1138A-C 1139A / CouE 624B–631A / MaC 3,655D–661D / HaC 1,847C–849E. – *Reg.:* JR 255 mit Zusätzen.

### *Vorrang und Lehrautorität des Römischen Bischofs*

(Prooem. § 1) ... Consultationi tuae responsum competens non negamus, quia officii Nostri consideratione non est Nobis dissimulare, non est tacere libertas, quibus maior cunctis christianae religionis zelus incumbit. Portamus onera omnium qui gravantur; quin immo haec portat in Nobis beatus Apostolus Petrus, qui Nos in omnibus, ut confidimus, administrationis suae protegit et tuetur heredes. ...

(c. 15 § 20) Nunc fraternitatis tuae animum ad servandos canones et tenenda decretalia constituta magis ac magis incitamus, ut haec quae ad tua rescripsimus consulta, in omnium coepiscoporum nostrorum perferri facias notionem, et non solum eorum qui in tua sunt dioecesi constituti, sed etiam ad universos Carthaginenses ac Baeticos, Lusitanos atque Gallicios, vel eos qui vicinis tibi collimitant hinc inde provinciis, haec quae a Nobis sunt salubri ordinatione disposita, sub litterarum tuarum prosecutione mittantur. Et quamquam statuta Sedis Apostolicae vel canonum venerabilia definita nulli sacerdotum Domini ignorare sit liberum: utilius tamen et, pro antiquitate sacerdotii tui, dilectioni tuae esse admodum poterit gloriosum, si ea, quae ad te speciali nomine generaliter scripta sunt, per unanimitatis tuae sollicitudinem, in universorum fratrum nostrorum notitiam perferantur: quatenus et quae a Nobis non inconsulte, sed provide sub nimia cautela et deliberatione sunt salubriter constituta, inte-

(Vorrede § 1) ... Deiner Anfrage verweigern Wir nicht die gebührende Antwort, da Uns ja in Anbetracht Unseres Amtes nicht die Freiheit zusteht, ⟨etwas⟩ zu verheimlichen oder zu verschweigen, da Uns ein größerer Eifer für die christliche Religion als allen obliegt. Wir tragen die Lasten aller, die beschwert werden; mehr noch: es trägt diese in Uns der selige Apostel Petrus, der Uns in allem, wie Wir vertrauen, als Erben seines Dienstes beschützt und umsorgt. ... **181**

(Kap. 15, § 20) Nun spornen Wir den Vorsatz Deiner Brüderlichkeit, die Kanones zu beachten und die erlassenen Dekrete zu halten, mehr und mehr an, damit du veranlaßt, daß das, was Wir auf deine Anfragen hin zurückgeschrieben haben, zur Kenntnis aller unserer Mitbischöfe gebracht werde, und nicht nur derer, die sich in Deiner Provinz befinden; sondern das, was von Uns in heilsamer Anordnung festgelegt wurde, soll unter Beifügung Deines Schreibens auch an alle cartagenischen, baëtischen ⟨= andalusischen⟩, lusitanischen ⟨= portugiesischen⟩ und galizischen bzw. diejenigen ⟨Bischöfe⟩ geschickt werden, die rundum in den Dir benachbarten Provinzen angrenzen. Und obwohl es keinem Priester des Herrn freisteht, die Satzungen des Apostolischen Stuhles bzw. die ehrwürdigen Bestimmungen der Kanones nicht zu kennen, wird es dennoch recht nützlich und – angesichts des Alters Deines Priestertums – für Deine Liebe sehr ruhmvoll sein können, wenn das, was an Dich in be- **182**

---

*180  [1]  So Hieronymus von Stridon, der bei dieser Synode anwesend war; vgl. *De viris illustribus liber* 9 18 (PL 23,655 670). Viel später, in der Papst Hormisdas zugeschriebenen Fassung des *Decretum Gelasianum* (vgl. *350°) liest man bei der Wiederholung des Kanons der Schrift des *Decretum Damasi* an dieser Stelle: "3 Briefe des Apostels Johannes" (Thl 932), wie es schon die Synode von Karthago 397 festgesetzt hatte; vgl. *186.

merata permaneant et omnibus in posterum excusationibus aditus, qui iam nulli apud Nos patere poterit, obstruatur.

sonderem Namen allgemein geschrieben wurde, durch Deine Sorge um Einmütigkeit zur Kenntnis aller unserer Brüder gebracht wird: auf daß sowohl, was von Uns nicht unüberlegt, sondern umsichtig unter größter Vorsicht und Überlegung heilsam bestimmt wurde, unversehrt bleibe als auch allen Entschuldigungen künftig der Zutritt versperrt werde, der bei Uns keinem mehr wird offenstehen können.

## Häretikertaufe

**183**      (c. 1 § 2) [*Significasti*] ... baptizatos ab impiis Arianis plurimos ad fidem catholicam festinare et quosdam de fratribus nostris eosdem denuo baptizare velle: quod non licet, cum hoc fieri et Apostolus vetet [*cf. Eph 4,5; Hbr 6,4s?*] et canones contradicant et post cassatum Ariminense Concilium missa ad provincias a ven. mem. praedecessore meo L i b e r i o generalia decreta[1] prohibeant. Quos nos cum Novatianis aliisque haereticis, sicut est in synodo constitutum, per invocationem solam septiformis Spiritus episcopalis manus impositione catholicorum conventui sociamus, quod etiam totus Oriens Occidensque custodit; a quo tramite vos quoque posthac minime convenit deviare, si non vultis a nostro collegio synodali sententia separari.

(Kap. 1, § 2) [*Du hast mitgeteilt,*] ... daß sehr viele, die von den gottlosen Arianern getauft wurden, zum katholischen Glauben eilen und daß einige von unseren Brüdern ebendiese von neuem taufen wollen: das ist nicht erlaubt; denn daß dies geschieht, verbietet der Apostel [*vgl. Eph 4,5; Hebr 6,4f?*], widersprechen die Kanones und untersagen die von meinem Vorgänger L i b e r i u s ehrwürdigen Angedenkens nach der Ungültigkeitserklärung der Synode von Rimini an die Provinzen geschickten allgemeinen Dekrete[1]. Wir nehmen sie mitsamt den Novatianern und anderen Häretikern, wie es auf dem Konzil festgelegt wurde, allein unter Anrufung des siebenförmigen Geistes durch bischöfliche Handauflegung in die Gemeinschaft der Katholiken auf, was auch der ganze Osten und Westen beachtet; von diesem Pfad dürft auch ihr künftig keinesfalls abweichen, wenn ihr nicht durch Konzilsbeschluß von der Gemeinschaft mit uns getrennt werden wollt.

## Die Notwendigkeit der Taufe

**184**      (c. 2 § 3) Sicut sacram ergo paschalem reverentiam in nullo dicimus esse minuendam[1], ita infantibus qui necdum loqui poterunt per aetatem vel his, quibus in qualibet necessitate opus fuerit sacri unda baptismatis, omni volumus celeritate succurri, ne ad nostrarum perniciem tendat animarum, si negato desiderantibus fonte salutari exiens unusquisque de saeculo et regnum perdat et vitam. Quicumque etiam discrimen naufragii, hostilitatis incursum, obsidionis ambi-

(Kap. 2, § 3) Wie wir also sagen, daß die heilige Ehrerbietung gegenüber Ostern in keiner Weise geschmälert werden darf[1], so wollen wir, daß man den Kindern, die aufgrund ihres Alters noch nicht reden können, oder denen, die in irgendeiner Notlage dringend des Wassers der heiligen Taufe bedürfen, mit aller Schnelligkeit zu Hilfe eilt, damit es nicht zum Verderben unserer Seelen ausschlage, wenn denen, die danach verlangen, die Quelle des Heils verweigert wird und

---

*183   [1]    Diese Dekrete scheinen nicht mehr zu existieren.
*184   [1]    Es war die Mahnung vorausgegangen, daß die für die Taufe bestimmten liturgischen Zeiten, nämlich der Oster- und Pfingsttag, streng beachtet werden sollen.

guum vel cuiuslibet corporalis aegritudinis desperationem inciderint, et sibi unico credulitatis auxilio poposcerint subveniri, eodem quo poscunt momento temporis expetitae regenerationis praemia consequantur. Hactenus erratum in hac parte sufficiat; nunc praefatam regulam omnes teneant sacerdotes, qui nolunt ab apostolicae petrae, super quam Christus universalem construxit Ecclesiam, soliditate divelli.

ein jeder ⟨von ihnen⟩, wenn er aus der Welt scheidet, sowohl das ⟨Himmel⟩reich als auch das Leben verliert. Wer auch immer in die gefährliche Lage eines Schiffbruchs, in den Angriff eines Feindes, ins Ungewisse einer Belagerung oder in die Hoffnungslosigkeit irgendeiner leiblichen Krankheit gerät und danach verlangt, daß man ihm mit der einzigen Hilfe des Glaubens beistehe, der soll in demselben Augenblick, in dem er danach verlangt, den Schatz der erbetenen Wiedergeburt erhalten. Der bisherige Irrtum in diesem Bereich soll genügen; nunmehr sollen sich alle Priester an die eben genannte Regel halten, die nicht von der Festigkeit des apostolischen Felsens, auf dem Christus die gesamte Kirche erbaute, fortgerissen werden wollen.

### *Der Zölibat der Kleriker*

(c. 7 § 8) ... Plurimos enim sacerdotes Christi atque levitas, post longa consecrationis suae tempora, tam de coniugiis propriis quam etiam de turpi coitu sobolem didicimus procreasse et crimen suum hac praescriptione defendere, quia in Veteri Testamento sacerdotibus ac ministris generandi facultas legitur attributa.

[*Contra hoc argumentum obiicit Romanus Pontifex:*] (§ 9) Cur etiam procul a suis domibus, anno vicis suae, in templo habitare iussi sunt sacerdotes? Hac videlicet ratione, ne vel cum uxoribus possent carnale exercere commercium, ut conscientiae integritate fulgentes, acceptabile Deo munus offerent.

(§ 10) Unde et Dominus Iesus, cum nos suo illustrasset adventu, in Evangelio protestatur, quia Legem venerit implere, non solvere [*Mt 5,17*]. Et ideo Ecclesiae, cuius sponsus est, formam castitatis voluit splendore radiare, ut in die iudicii, cum rursus advenerit, "sine macula et ruga" [*Eph 5,27*] eam possit ... reperire. Quarum sanctionum omnes sacerdotes atque levitae insolubili lege constringimur, ut a die ordinationis nostrae sobrietati ac pudicitiae et corda nostra mancipemus et corpora, ut domino Deo nostro in his, quae quotidie offerimus, sacrificiis pla-

(Kap. 7, § 8) ... Wir haben nämlich erfahren, daß sehr viele Priester Christi und Leviten lange Zeit nach ihrer Weihe sowohl aus eigenen Ehen als auch aus schändlichem Beischlaf Nachkommenschaft gezeugt haben und ihr Vergehen mit dem Vorwand verteidigen, daß man im Alten Testament lese, den Priestern und Dienern ⟨sei⟩ die Erlaubnis zum Zeugen zugestanden. **185**

[*Gegen dieses Argument wendet der Papst ein:*] (§ 9) Warum wurden die Priester geheißen, im Jahre ihres Amtes sogar fern von ihren Häusern im Tempel zu wohnen? Aus diesem Grund nämlich, damit sie nicht einmal mit ihren Frauen fleischlichen Verkehr ausüben konnten, um in der Reinheit des Gewissens leuchtend ein Gott wohlgefälliges Opfer darzubringen.

(§ 10) Daher bezeugt auch der Herr Jesus, nachdem er uns mit seiner Ankunft erleuchtet hatte, im Evangelium, daß er gekommen sei, das Gesetz zu erfüllen, nicht aufzulösen [*Mt 5,17*]. Und deshalb wollte er, daß die Gestalt der Kirche, deren Bräutigam er ist, im Glanze der Keuschheit erstrahle, damit er sie am Tage des Gerichtes, wenn er wieder kommt, "ohne Makel und Runzel" [*Eph 5,27*] ... finden kann. Durch das unauflösliche Gesetz dieser Bestimmungen werden wir alle, Priester und Leviten, gebunden, auf daß wir vom Tage unserer Weihe an sowohl unsere

ceamus[1].

Herzen als auch Leiber der Enthaltsamkeit und Keuschheit überantworten, damit wir dem Herrn, unserem Gott, in den Opfern gefallen, die wir täglich darbringen[1].

## 186: 3. Synode von KARTHAGO, 28. Aug. 397

Kan. 47 dieser Synode bietet eine Aufzählung der kanonischen Bücher. Er entspricht der Überlieferung zufolge mit nur wenigen Änderungen Kan. 36 der am 8. Okt. 393 in Hippo Regius abgehaltenen Synode. Er wird fast unverändert auf der Synode von Karthago des Jahres 419 als Kan. 24 (and.: 29) wiederholt. Dort schließt er: "Dies soll auch unserem heiligen Bruder und Mitpriester Bonifatius, dem Bischof der Stadt Rom, bzw. anderen Bischöfen dieser Gegend zur Bestätigung dieses Kanons bekannt gemacht werden, da wir von den Vätern überliefert bekommen haben, daß so in der Kirche gelesen werden soll." ("Hoc etiam fratri et consacerdoti nostro sancto Bonifatio, urbis Romae episcopo, vel aliis earum partium episcopis pro confirmando isto canone innotescat, quia a Patribus ita accepimus in ecclesia legendum": CpChL 149,142$_{266-268}$).

*Ausg.:* Synode von *Hippo* des Jahres *393*, Kan. 36 [im folgenden angeführter Text]: Ch. Munier: CpChL 149 (1974) 43$_{194-204}$ / PL 56,428A–429A / MaC 3,924AB / EnchB Nr. 16–20. – *Synode von Karthago* des Jahres *397 (28. August)*, Kan. 47: Bruns 1,133 / MaC 3,891AB / HaC 1,968A. – *Synode von Karthago* des Jahres *419:*, Kan. 24: PL 56,871; vgl. 67,191AB / CpChL 149,142$_{256-265}$ / MaC 4,430AB.

### Der Kanon der Hl. Schrift

186    [*Placuit,*] ... ut praeter scripturas canonicas nihil in ecclesia legatur sub nomine divinarum Scripturarum. Sunt autem canonicae scripturae: Genesis, Exodus, Leviticus, Numeri, Deuteronomium, Iesu[s] Nave, Iudicum, Ruth, Regnorum libri quatuor, Paralipomenon libri duo, Iob, Psalterium Davidicum, Salomonis libri quinque, duodecim libri Prophetarum, Esaias, Ieremias, Daniel, Ezechiel, Tobias, Iudith, Hester, Hesdrae libri duo, Machabaeorum libri duo.

Novi autem Testamenti: Evangeliorum libri quatuor, Actus Apostolorum liber unus, Pauli Apostoli epistolae tredecim, eiusdem ad Hebraeos una, Petri duae, Ioannis tres [*cf.* *180*], Iacobi una, Iudae una, Apocalypsis Ioannis.

[*Additur in quodam cod.:*] ... ut de confirmando isto canone transmarina Ecclesia consulatur.

[*Es wurde beschlossen,*] ... daß außer den kanonischen Schriften nichts in der Kirche verlesen werden soll unter dem Namen "göttliche Schriften". Die kanonischen Schriften aber sind: Genesis, Exodus, Levitikus, Numeri, Deuteronomium, Josua, Richter, Rut, vier Bücher Könige ⟨= 2 Bücher Samuel, 2 Bücher Könige⟩, zwei Bücher Chronik, Ijob, Psalter Davids, fünf Bücher Salomos, zwölf Bücher der Propheten, Jesaja, Jeremia, Daniel, Ezechiel, Tobit, Judit, Ester, zwei Bücher Esra ⟨= 1 Esra, 1 Nehemia⟩, zwei Bücher Makkabäer.

⟨Die kanonischen Schriften⟩ des Neuen Testamentes aber ⟨sind⟩: vier Bücher Evangelien, ein Buch Apostelgeschichte, dreizehn Briefe des Apostels Paulus, einer desselben an die Hebräer, zwei des Petrus, drei des Johannes [*vgl.* *180*], einer des Jakobus, einer des Judas, die Offenbarung des Johannes.

[*In einer Handschrift wird hinzugefügt:*] ... wegen der Bestätigung dieses Kanons soll die überseeische Kirche befragt werden.

---

## ANASTASIUS I.: 27. Nov. 399 – 402 (19. Dez. 401?)

### 187-208: 1. Synode von TOLEDO, Sept. 400 (405?)

Es besteht Uneinigkeit über das Jahr dieser Synode und über den Ursprung des den Akten beigefügten antipriscillianistischen sog. "Symbolum Toletanum I". Nach I.A. de Aldama gibt es zwei Formen: eine kürzere, die der Synode von Toledo des Jahres 400 zugeschrieben werden muß, und eine längere, die auf der Synode von Toledo d. J. 447 gebilligt wurde [in eckigen Klammern: spätere Form]. Es handelt sich um den verloren geglaubten *Libellus in modum symboli* des Bischofs Pastor von Palencia. An die Stelle der Synode von Toledo d. J. 447 setzt C. García Goldáraz (CdLuc, Anm. zu 434$_8$) ein Concilium Celinense, das auf Verlangen Leos I. des Großen (Brief an Turribius von Astorga; vgl. *283-286) i. J. 447 in Galizien abgehalten wurde. Diese Hypothese wird von D. Ramos-Lisson – J. Orlandis, *Die Synoden auf der iberischen Halbinsel bis zum Einbruch des Islam (711)* [Konziliengeschichte, hrsg. von W. Brandmüller, Reihe A, Bd. 2; Paderborn 1981] 39-51 nicht mehr erwähnt.

*Ausg.: Die 20 Kanones:* Bruns 1,206f / MaC 3,1002AB / HaC 1,992 / CVis 24f / PL 84,332B / CdLuc 430. – *Bekenntnis:* I.A. de Aldama, *El símbolo Toledano I* (Analecta Gregoriana 7; Rom 1934) 30-37 / KüA 43$_1$-45$_{26}$ / KüBS 8-9 31-33 / Hn § 168 / MaC 3,1003AB / HaC 1,993A / PL 84,333f / Cl.W. Barlow, *Martini episcopi Bracarensis opera omnia* (New Haven 1950) 288-290 / CdLuc 431-434; vgl. 939f.

### a) Kapitel

#### Die Weihe des Chrisam

Can. 20. (1) Quamvis paene ubique custodiatur, ut absque episcopo chrisma nemo conficiat, tamen quia in aliquibus locis vel provinciis presbyteri dicuntur chrisma conficere, placuit, ex hac die nullum alium nisi episcopum chrisma conficere et per dioeceses destinare, ita ut de singulis ecclesiis ad episcopum ante diem Paschae diaconi destinentur aut subdiaconi, ut confectum chrisma ab episcopo destinatum ad diem Paschae possit occurrere. (2) Episcopum sane certum est omni tempore licere chrisma conficere, sine conscientia autem episcopi nihil penitus faciendum; statutum vero est diaconum non chrismare, sed presbyterum absente episcopo, praesente vero, si ab ipso fuerit praeceptum.

Kan. 20. (1) Obwohl fast überall beachtet **187** wird, daß außer dem Bischof niemand das Chrisam weiht, wurde dennoch, da in manchen Orten oder Provinzen dem Vernehmen nach Priester das Chrisam weihen, beschlossen, daß von diesem Tag an kein anderer außer dem Bischof das Chrisam weiht und für die Diözesen austeilt, und zwar in der Weise, daß von den einzelnen Kirchen vor dem Ostertag Diakone oder Subdiakone zum Bischof geschickt werden, damit das vom Bischof bereitete und verteilte Chrisam zum Ostertag zur Verfügung stehen kann. (2) Der Bischof freilich darf ohne Zweifel zu jeder Zeit Chrisam weihen, ohne Wissen des Bischofs aber darf überhaupt nichts geschehen; es ist aber festgelegt, daß der Diakon keine Chrisamsalbung spendet, sondern der Priester in Abwesenheit des Bischofs; in seiner Anwesenheit aber, wenn er von ihm beauftragt ist.

### b) "Symbolum Toletanum I (400)" und seine längere Form als "Libellus in modum symboli" des Bischofs Pastor von Palencia (447)

#### Glaubensbekenntnis gegen die Irrtümer der Priscillianer

Credimus in unum verum Deum, Patrem et Filium et Spiritum Sanctum, visibilium et invisibilium factorem, per quem creata sunt omnia in caelo et in terra. Hunc unum Deum et hanc unam esse *divini nominis* [divinae substantiae] Trinitatem. Patrem [autem] non

Wir glauben an den einen wahren Gott, **188** den Vater und den Sohn und den Heiligen Geist, den Schöpfer des Sichtbaren und des Unsichtbaren, durch den alles im Himmel und auf Erden erschaffen wurde. Dieser ist der eine Gott und dies ist die eine Dreifaltig-

esse ipsum Filium, sed habere Filium qui Pater non sit. Filium non esse Patrem, sed Filium Dei [de Patris] esse natura. Spiritum quoque *Paracletum* [Paraclitum] esse, qui nec Pater sit ipse, nec Filius, sed a Patre [Filioque] *procedat* [procedens]. Est ergo ingenitus Pater, genitus Filius, non genitus Paracletus, sed a Patre [Filioque] procedens. Pater est, cuius vox haec est audita de caelis: Hic est Filius meus dilectus, in quo bene complacui; *hunc* [ipsum] audite [*Mt 17,5; 2 Pt 1,17; cf. Mt 3,17*]. Filius est, qui ait: Ego a Patre exivi, et a Deo veni in hunc mundum [*cf. Io 16,28*].

*Paracletus ipse* [Paraclitus Spiritus] est, de quo Filius ait: Nisi abiero [ego] ad Patrem, Paracletus non veniet ad vos [*Io 16,7*]. Hanc Trinitatem personis distinctam, substantiam *unam* [unitam], *virtutem, potestatem, maiestatem* [virtute et potestate et maiestate] indivisibilem, indifferentem; praeter *illam* [hanc] nullam [credimus] divinam esse naturam, vel angeli vel spiritus vel virtutis alicuius, quae Deus esse credatur.

**189**    Hunc *igitur* [ergo] Filium Dei, Deum, natum a Patre ante omne omnino principium, sanctificasse *in utero beatae Mariae virginis* [uterum Mariae vg.], atque ex ea verum hominem, sine *viri* [virili] generatum semine, suscepisse; [duabus dumtaxat naturis, id est deitatis et carnis, in unam convenientibus omnino personam] id est Dominum [nostrum] Iesum Christum. *Non* [Nec] imaginarium corpus aut *forma sola compositum* [phantasmatis alicuius in eo fuisse], sed solidum [atque verum]: *Atque* [–!] hunc et esuriisse et sitiisse et doluisse et flevisse et *omnia corporis exitia sensisse* [omnes corporis iniurias pertulisse]. Postremo [a Iudaeis] crucifixum, *mortuum* [–!] et sepultum, [et] tertia die resurrexisse; conversatum postmodum cum discipulis [suis], quadragesima [post resurrectionem] die ad *caelos* [caelum] ascendisse. Hunc filium hominis etiam "Dei Filium" *appellari* [dici]; *Filium autem Dei "Deum", "filium hominis" non vocari* [Filium autem

keit *des göttlichen Namens* [der göttlichen Substanz]. Der Vater [aber] ist nicht der Sohn selbst, sondern er hat einen Sohn, der nicht der Vater ist. Der Sohn ist nicht der Vater, sondern er ist Sohn Gottes von [der] Natur [des Vaters]. Und der eine Geist ist der Beistand, der weder der Vater selbst ist noch der Sohn, sondern vom Vater [und vom Sohn] hervorgeht. Es ist also ungezeugt der Vater, gezeugt der Sohn, nicht gezeugt der Beistand, sondern vom Vater [und vom Sohn] hervorgehend. Der Vater ist es, dessen Stimme man so von den Himmeln herab hörte: Dieser ist mein geliebter Sohn, an dem ich Wohlgefallen gefunden habe; auf ihn hört [*Mt 17,5; 2 Petr 1,17; vgl. Mt 3,17*]. Der Sohn ist es, der sagt: Ich bin vom Vater ausgegangen und bin von Gott in diese Welt gekommen [*vgl. Joh 16,28*]. Der Beistand *selbst* [Geist] ist es, von dem der Sohn sagt: wenn ich nicht weggehe zum Vater, wird der Beistand nicht zu Euch kommen [*Joh 16,7*]. Diese in den Personen unterschiedene Dreifaltigkeit ⟨ist⟩ *eine unteilbare und unterschiedslose Substanz,* [eine geeinte Substanz, unteilbar und unterschiedslos in ihrer] Kraft, Macht und Erhabenheit; außer ihr gibt es [– so glauben wir –] keine göttliche Natur, entweder eines Engels oder eines Geistes oder einer Kraft, von der man glauben darf, sie sei Gott.

Dieser Sohn Gottes also, der als Gott vor jeglichem Anfang vom Vater geboren wurde, hat *im Schoß der seligen Jungfrau Maria* [den Schoß der Jungfrau Maria] geheiligt und aus ihr, ohne Samen eines Mannes gezeugt, einen wahren Menschen angenommen; [dabei kamen nämlich zwei Naturen, nämlich der Gottheit und des Fleisches, ganz zu e i n e r Person zusammen,] nämlich *im* [in unserem] Herrn Jesus Christus. [Und] er hatte keinen imaginären Leib oder *einen, der aus bloßer Form bestanden hätte* [den einer Erscheinung], sondern einen festen [und wahren]: *Und* [–!] er hat Hunger und Durst und Schmerz empfunden, geweint und alle *Verletzungen des Leibes gespürt* [Unbilden des Leibes ertragen]. Zuletzt wurde er [von den Juden] gekreuzigt, *ist gestorben*, [–!] wurde begraben und ist am dritten Tag auferstanden; danach verkehrte er mit seinen Jüngern und ist am vierzigsten Tag [nach der Auferstehung] *zu den Himmeln* [zum Himmel] hin-

Dei Deum hominis filium appellari].

Resurrectionem vero [futuram] humanae credimus *carnis* [carni]. Animam autem hominis non divinam esse substantiam aut Dei partem, sed creaturam [dicimus] divina voluntate *non prolapsam* [?] [creatam].

1. Si quis *ergo* [autem] dixerit *atque* [aut] crediderit, a Deo omnipotente mundum hunc factum non fuisse atque eius omnia instrumenta, anathema sit.

2. Si quis dixerit *atque* [vel] crediderit, Deum Patrem eundem *Filium esse* [esse Filium] vel Paracletum, anathema sit.

3. Si quis ... crediderit, *Deum* [Dei] Filium eundem esse Patrem vel Paracletum, anathema sit.

4. Si quis ... crediderit, Paracletum *Spiritum* [-!] vel Patrem esse vel Filium, anathema sit.

5. Si quis ... crediderit, *hominem Iesum Christum a Filio Dei assumptum non fuisse* [carnem tantum sine anima a Filio Dei fuisse susceptam], anathema sit.

6. Si quis ... crediderit, *Filium Dei Deum passum* [Christum innascibilem esse], anathema sit.

7. Si quis ... crediderit, *hominem Iesum Christum hominem impassibilem fuisse* [deitatem Christi convertibilem fuisse vel passibilem], anathema sit.

8. Si quis ... crediderit, alterum Deum esse priscae Legis, alterum Evangeliorum, anathema sit.

9. Si quis ... crediderit, ab altero Deo mundum *fuisse factum quam* [factum fuisse et non] ab eo, de quo scriptum est: In principio fecit Deus caelum et terram [*cf. Gn 1,1*], anathema sit.

aufgestiegen. Dieser Menschensohn wird auch Sohn Gottes genannt; der Sohn Gottes aber *wird "Gott", nicht* [, Gott, wird] "Menschensohn" genannt.

Wir glauben aber ⟨an⟩ *eine Auferstehung*  190 *des menschlichen Fleisches* [, daß es für das menschliche Fleisch eine Auferstehung geben wird]. Die Seele des Menschen aber ist keine göttliche Substanz oder Teil Gottes, sondern *ein Geschöpf, das nicht nach göttlichem Willen zu Fall gekommen ist* [wir nennen sie ein Geschöpf, das durch göttlichen Willen geschaffen wurde].

1. Wer *also* [aber] sagt *und* [oder] glaubt,  191 diese Welt und alle ihre Einrichtungen seien nicht vom allmächtigen Gott geschaffen worden, der sei mit dem Anathema belegt.

2. Wer sagt *und* [oder] glaubt, Gott Vater  192 sei derselbe wie der Sohn oder der Beistand, der sei mit dem Anathema belegt.

3. Wer sagt oder glaubt, *Gott* [Gottes] Sohn  193 sei derselbe wie der Vater oder der Beistand, der sei mit dem Anathema belegt.

4. Wer sagt oder glaubt, der Beistand *Geist*  194 [-!] sei entweder der Vater oder der Sohn, der sei mit dem Anathema belegt.

5. Wer sagt oder glaubt, *der Mensch Jesus*  195 *Christus sei vom Sohn Gottes nicht angenommen worden* [nur das Fleisch ohne eine Seele sei vom Sohn Gottes angenommen worden], der sei mit dem Anathema belegt.

6. Wer sagt oder glaubt, *der Sohn Gottes*  196 *habe als Gott gelitten* [Christus könne nicht geboren werden], der sei mit dem Anathema belegt.

7. Wer sagt oder glaubt, *der Mensch Jesus*  197 *Christus sei ein leidensunfähiger Mensch gewesen* [die Gottheit Christi sei veränderlich oder leidensfähig gewesen], der sei mit dem Anathema belegt.

8. Wer sagt oder glaubt, der Gott des alten  198 Gesetzes sei ein anderer als der Gott der Evangelien, der sei mit dem Anathema belegt.

9. Wer sagt oder glaubt, die Welt sei von  199 einem anderen Gott gemacht worden *als* [und nicht] von dem, über den geschrieben steht: Im Anfang erschuf Gott Himmel und Erde [*vgl. Gen 1,1*], der sei mit dem Anathema belegt.

200      10. Si quis … crediderit, corpora humana non *resurrectura* [resurgere] post mortem, anathema sit.

        10. Wer sagt oder glaubt, die menschlichen Leiber würden nach dem Tod nicht auferstehen, der sei mit dem Anathema belegt.

201      11. Si quis … crediderit, animam humanam Dei portionem vel Dei esse substantiam, anathema sit.

        11. Wer sagt oder glaubt, die menschliche Seele sei Teil Gottes oder Substanz Gottes, der sei mit dem Anathema belegt.

202      12. *Si quis aliquas scripturas, praeter quas catholica Ecclesia recipit, vel in auctoritate habendas esse crediderit vel fuerit veneratus* [Si quis … crediderit, alias scripturas, praeter quas Ecclesia catholica recipit, in auctoritate habendas vel esse venerandas], anathema sit.

        12. *Wer glaubt, außer den Schriften, die die katholische Kirche aufgenommen hat, seien noch irgendwelche für gültig zu erachten, oder ⟨solche⟩ verehrt* [Wer sagt oder glaubt, außer den Schriften, die die katholische Kirche aufnimmt, seien auch noch andere für gültig zu erachten oder zu verehren], der sei mit dem Anathema belegt.

203      [13. Si quis … crediderit, deitatis et carnis unam in Christo esse naturam, anathema sit.]

        [13. Wer sagt oder glaubt, es gebe in Christus eine einzige Natur der Gottheit und des Fleisches, der sei mit dem Anathema belegt.]

204      [14. Si quis … crediderit, esse aliquid, quod se extra divinam Trinitatem possit extendere, anathema sit.]

        [14. Wer sagt oder glaubt, es gebe etwas, das sich außerhalb der göttlichen Dreifaltigkeit erstrecken könne, der sei mit dem Anathema belegt.]

205      [15. Si quis astrologiae vel mathesiae [*sic!*] aestimat esse credendum, anathema sit.] [*cf. *460*]

        [15. Wer meint, man dürfe der Astrologie oder Mathematik [*sic!*] Glauben schenken, der sei mit dem Anathema belegt.] [*vgl. *460*]

206      [16. Si quis … crediderit, coniugia hominum, quae secundum legem divinam licita habentur, exsecrabilia esse, anathema sit.]

        [16. Wer sagt oder glaubt, die Ehen der Menschen, die nach dem göttlichen Gesetz gestattet sind, seien verabscheuungswürdig, der sei mit dem Anathema belegt.]

207      [17. Si quis … crediderit, carnes avium seu pecudum, quae ad escam datae sunt, non tantum pro castigatione corporum abstinendas, sed exsecrandas esse, anathema sit.]

        [17. Wer sagt oder glaubt, man müsse sich vom Fleisch der Vögel oder des Viehs, das zur Speise gegeben ist, nicht nur um der Züchtigung des Leibes willen enthalten, sondern es verabscheuen, der sei mit dem Anathema belegt.]

208      [18. Si quis in his erroribus Prisciliani sectam sequitur vel profitetur, ut aliud in salutari baptismi contra sedem sancti Petri faciat, anathema sit.]

        [18. Wer in diesen Irrtümern der Sekte Priscilians folgt oder ⟨diese⟩ bekennt, so daß er bei der Heilshandlung der Taufe gegen den Stuhl des heiligen Petrus etwas anderes tut, der sei mit dem Anathema belegt.]

## 209: Brief "Dat mihi" an Bischof Venerius von Mailand, um 401

Geschrieben Ende 400 oder 401 vor allem gegen den wiedererwachten Origenismus.
    *Ausg.:* J. van den Gheyn, in: RHLRel 4 (1899) 5f / J. Pitra, *Analecta novissima Spicilegii Solesmensis* 1 (Paris 1885) 463f (vgl. 20ff). – *Reg.:* JR 281 mit Zusätzen; ClPL 1639.

### Die Frage der Orthodoxie des Papstes Liberius

209      Dat mihi plurimum laetitiae illud Christi amore factum, quo divinitatis studio et alacritate succensa, integram fidem Apostolis

        Höchste Freude verleiht mir die durch Christi Liebe bewirkte Tatsache, daß das auf dem gesamten Erdkreis siegreiche Italien,

traditam locatamque a maioribus toto orbe victrix retinebat Italia, hoc quippe sub tempore, quo divae memoriae Constantius orbem victor obtinuit, nec potuit sordes suas immittere aliqua subreptione haeretica factio Ariana, Deo nostro, ut credimus, providente, ne illa sancta fides et impolluta in aliquo vitio blasphemiae maledicorum hominum contaminaretur, haec scilicet, quae a sanctis viris et in requie sanctorum iam collocatis episcopis tractata fuerat vel definita in Synodi conventu Nicaenae. Pro qua exilium libenter tulerunt, qui sancti tunc episcopi sunt probati, hoc est Dionysius inde Dei servus, divina instructione compositus, vel eius secuti exemplum sanctae recordationis, Ecclesiae Romanae Liberius episcopus, Eusebius quoque a Vercellis, Hilarius de Gallis, ut de plerisque taceam, quorum potuerit arbitrio residere cruci potius affigi, quam Deum Christum, quod Ariana cogebat haeresis, blasphemarent, aut Filium Dei Deum Christum dicerent creaturam Domini.

entbrannt von göttlichem Eifer und Bemühen, den von den Aposteln überlieferten und von den Vorfahren aufgestellten Glauben unversehrt bewahrte, zu der Zeit freilich, als Konstantius göttlichen Angedenkens siegreich über den Erdkreis herrschte, und daß die arianische Rotte keine Häresie einsickern lassen und so ihren Schmutz einführen konnte, weil unser Gott, wie wir glauben, dafür sorgte, daß jener heilige und unbefleckte Glaube nicht durch ein gotteslästerliches Verbrechen verruchter Menschen verunreinigt würde, der ⟨Glaube⟩ nämlich, welcher von heiligen Männern und schon in der Ruhe der Heiligen versammelten Bischöfen auf der Zusammenkunft des Konzils von Nikaia behandelt und definiert worden war. Für ihn ertrugen gerne Verbannung, die sich damals als heilige Bischöfe erwiesen, nämlich Dionysius, von daher Diener Gottes, ein durch göttliche Belehrung geschulter Mann, oder diejenigen heiligen Angedenkens, die seinem Beispiel folgten, Liberius, der Bischof der Römischen Kirche, auch Eusebius von Vercelli, Hilarius aus Gallien, um von den meisten zu schweigen, die sich dafür entschieden, sich eher ans Kreuz schlagen zu lassen, als Gott Christus, wozu die arianische Häresie nötigte, zu lästern oder den Sohn Gottes, Gott Christus, ein Geschöpf des Herrn zu nennen.

[*Es folgt die Verwerfung der von Rufinus ins Lateinische übersetzten Bücher des Origenes von Alexandrien: vgl *353.*]

## INNOZENZ I.: 21. (22.?) Dez. 402 (401?) – 12. März 417

### 211: Brief "Etsi tibi" an Bischof Victricius von Rouen, 15. Febr. 404

Die "Handauflegung" wird gewöhnlich als "Handauflegung zur Buße" verstanden. J. Macdonald legt sie als Wiederholung der Firmung derer aus, die in der Häresie geboren wurden: Studia Patristica 2 (TU 64; Berlin 1957) 49–53.
*Ausg.*: CouE 752A / PL 20,475B / MaC 3,1034D. – *Reg.*: JR 286 mit Zusätzen.

### Häretikertaufe

(c. 8 § 11) [*Expedit custodire*] ... ut venientes a Novatianis vel Montensibus per manus tantum impositionem suscipiantur, quia quamvis ab haereticis, tamen in Christi nomine sunt baptizati.

(Kap. 8, § 11) [*Es ist gut, zu beachten,*] ... daß die von den Novatianern bzw. Montanisten Kommenden nur durch Handauflegung aufgenommen werden; denn wenn auch von Häretikern, so sind sie doch im Namen Christi getauft worden.    **211**

## 212-213: Brief "Consulenti tibi" an Bischof Exsuperius von Toulouse, 20. Febr. 405

*Ausg.* [*212; 213]: H. Wurm, in: Apoll 12 (1939) 65–67; 74–78 / PL 20,498B–499A; 501A–502A ( = Brief 6) / MaC 3,1039C–1041A; 1040E–1041A. – [*nur *213*]: C. H. Turner, in: JThSt 13 (1912) 80–82 / EnchB Nr. 21f. – *Reg.:* JR 293 mit Zusätzen.

### Die Wiederversöhnung in der Todesstunde

**212**   (c. 2) ... Quaesitum est, quid de his observari oporteat, qui post baptismum omni tempore incontinentiae voluptatibus dediti, in extremo fine vitae suae paenitentiam simul et reconciliationem communionis exposcunt.

De his observatio prior durior, posterior interveniente misericordia inclinatior est. Nam consuetudo prior tenuit, ut concederetur eis paenitentia, sed communio negaretur. Nam cum illis temporibus crebrae persecutiones essent, ne communionis concessa facilitas homines de reconciliatione securos non revocaret a lapsu, merito negata communio est, concessa paenitentia, ne totum penitus negaretur: et duriorem remissionem fecit temporis ratio. Sed postquam Dominus noster pacem Ecclesiis suis reddidit, iam terrore depulso communionem dari abeuntibus placuit, et propter Domini misericordiam quasi viaticum profecturis, et ne Novatiani haeretici negantis veniam asperitatem et duritiam sequi videamur. Tribuitur ergo cum paenitentia extrema communio: ut homines huiusmodi vel in supremis suis, permittente Salvatore nostro, a perpetuo exitio vindicentur [*cf. *2638*].

(Kap. 2) ... Es wurde gefragt, was bei denen beachtet werden soll , die, nach der Taufe zu jeder Zeit den Lüsten der Unenthaltsamkeit ergeben, am äußersten Ende ihres Lebens zugleich die Buße und die Versöhnung in der Kommunion verlangen.

Für diese ist die frühere Vorschrift härter, die spätere unter Einwirkung der Barmherzigkeit entgegenkommender. Denn die frühere Gewohnheit hielt ⟨daran⟩ fest, daß ihnen die Buße gewährt, aber die Kommunion verweigert wurde. Denn da zu jenen Zeiten die Verfolgungen häufig waren, wurde, damit nicht die leichte Gewährung der Kommunion die wegen ihrer Wiederversöhnung unbesorgten Menschen vom Abfall nicht zurückhielte, die Kommunion mit Recht verweigert, die Buße ⟨jedoch⟩ gewährt, damit nicht das Ganze völlig verweigert würde: und die Zeitverhältnisse machten die Vergebung härter. Aber nachdem unser Herr seinen Kirchen den Frieden wiedergegeben hat und nunmehr der Schrecken vertrieben ist, hat man beschlossen, den von hinnen Gehenden die Kommunion zu reichen, sowohl wegen der Barmherzigkeit des Herrn, gleichsam als Wegzehrung für die Scheidenden, als auch damit wir nicht den Anschein erwecken, der Strenge und Härte des Häretikers Novatian zu folgen, der die Vergebung verweigerte. Es wird also zusammen mit der letzten Buße die Kommunion gewährt: damit solche Menschen noch an ihrem letzten Ende mit Erlaubnis unseres Erlösers vom immerwährenden Untergang befreit werden [*vgl. *2638*].

### Der Kanon der Hl. Schrift und die apokryphen Bücher

**213**   (c. 7) Qui vero libri recipiantur in canone, brevis adnexus ostendit. Haec sunt, quae desiderata moneri voce voluisti:

Moysen libri V, id est Genesis Exodi Levitici Numeri Deuteronomii, et Hiesu Nave I, Iudicum I, Regnorum libri IV, simul et Ruth, Prophetarum libri XVI, Solomonis libri V,

(Kap. 7) Welche Bücher aber in den Kanon aufgenommen werden, zeigt ein kurzer Anhang. Dies ist es, was Du Dir von Uns als Weisung erbeten hast:

5 Bücher Mose, nämlich Genesis, Exodus, Levitikus, Numeri, Deuteronomium, und 1 Josua, 1 Richter, 4 Bücher Könige ⟨ = 2 Bücher Samuel, 2 Bücher Könige⟩, zugleich

Psalterium.

Item historarum: Iob liber I, Tobiae I, Hester I, Iudith I, Machabeorum II, Hesdrae II, Paralypomenon II.

Item Novi Testamenti: Evangeliorum IV, Apostoli Pauli epistulae *XIII* [XIV], epistulae Iohannis III, epistulae Petri II, [epistula Iudae I,] epistula Iacobi I, Actus Apostolorum, Apocalypsis Iohannis.

Cetera autem, quae vel sub nomine Mathiae sive Iacobi minoris, vel sub nomine Petri et Iohannis, quae a quodam Leucio scripta sunt, [vel sub nomine Andreae, quae a Xenocaride et Leonida philosophis,] vel sub nomine Thomae, et si qua sunt alia, non solum repudianda, verum etiam noveris esse damnanda.

auch Rut, 16 Bücher der Propheten, 5 Bücher Salomos, der Psalter.

Ebenso die Geschichts⟨bücher⟩: 1 Buch Ijob, 1 Tobit, 1 Ester, 1 Judit, 2 Makkabäer, 2 Esra ⟨= 1 Esra, 1 Nehemia⟩, 2 Chronik.

Ebenso ⟨die Bücher⟩ des Neuen Testamentes: 4 Evangelien, *13* [14] Briefe des Apostels Paulus, 3 Briefe des Johannes, 2 Briefe des Petrus, [1 Brief des Judas,] 1 Brief des Jakobus, Apostelgeschichte, Offenbarung des Johannes.

Das übrige aber, was entweder unter dem Namen des Matthias bzw. Jakobus des Jüngeren oder unter dem Namen des Petrus und Johannes, was von einem gewissen Leukios geschrieben wurde, [oder unter dem Namen des Andreas, was von den Philosophen Xenocharides und Leonidas ⟨geschrieben wurde⟩,] oder unter dem Namen des Thomas, und wenn es sonst noch anderes gibt, ist, wie Du wissen sollst, nicht nur zu verwerfen, sondern auch zu verurteilen.

### 214: Brief "Magna me gratulatio" an Rufus und andere Bischöfe Mazedoniens, 13. Dez. 414

*Ausg.:* CouE 836BC / PL 20,533B ( = Brief 17) / MaC 3,1061E. – *Reg.:* JR 303.

### Die Form der Taufe

[*Es wird erklärt, warum nach den Kanones 8 und 19 von Nikaia (\*127f) zwar die zur Kirche kommenden Paulianisten, nicht aber die Novatianer zu taufen sind:*]

(c. 5 § 10) Quod idcirco distinctum esse ipsis duabus haeresibus, ratio manifesta declarat, quia Paulianistae in nomine Patris et Filii et Spiritus Sancti minime baptizant, et Novatiani iisdem nominibus tremendis venerandisque baptizant, nec apud istos de unitate potestatis divinae, hoc est Patris et Filii et Spiritus Sancti, quaestio aliquando commota est.

(Kap. 5, § 10) Daß es also diesen Unterschied zwischen diesen beiden Häresien gibt, macht die Vernunft offenkundig; denn die Paulianisten taufen keineswegs im Namen des Vaters und des Sohnes und des Heiligen Geistes, und die Novatianer taufen in ebendiesen furchterregenden und ehrwürdigen Namen; auch wurde bei diesen niemals die Einheit der göttlichen Macht, das heißt, des Vaters und des Sohnes und des Heiligen Geistes, in Frage gestellt. **214**

### 215-216: Brief "Si instituta ecclesiastica" an Bischof Decentius von Gubbio, 19. März 416

*Ausg.:* PL 20,554B-555A 559B-561A ( = Brief 25) / CouE 858A-859A 862B-864A / MaC 3,1029BC 1030E / Gratian, *Decretum*, p. III, dist. 4, c. 119 (Frdb 1,1398). – *Reg.:* JR 311 mit Zusätzen.

### Der Spender der Firmung

(c. 3 § 6) De consignandis vero infantibus manifestum est, non ab alio quam ab episcopo fieri licere. Nam presbyteri, licet secundi sint sacerdotes, pontificatus tamen apicem

(Kap. 3, § 6) Was aber die Firmung der Kinder betrifft, so ist es offenkundig, daß sie von keinem anderen als vom Bischof vollzogen werden darf. Denn Priester haben, auch **215**

non habent. Hoc autem pontificium solis deberi episcopis, ut vel consignent, vel Paracletum Spiritum tradant, non solum consuetudo
ecclesiastica demonstrat, verum et illa lectio
Actuum Apostolorum, quae asserit Petrum et
Ioannem esse directos, qui iam baptizatis traderent Spiritum Sanctum [cf. Act 8,14-17].
Nam presbyteris, sive extra episcopum, sive
praesente episcopo cum baptizant, chrismate
baptizatos ungere licet, sed quod ab episcopo
fuerit consecratum; non tamen frontem ex
eodem oleo signare, quod solis debetur episcopis, cum tradunt Spiritum Paracletum. Verba vero dicere non possum, ne magis prodere
videar, quam ad consultationem respondere.

wenn sie Priester zweiten Ranges sind, dennoch nicht die Würde des Hohenpriesteram-
tes. Daß diese hohepriesterliche Vollmacht
aber allein den Bischöfen zusteht, auf daß sie
sowohl firmen als auch den Beistand, den
Geist, übertragen, beweist nicht nur die
kirchliche Gewohnheit, sondern auch jener
Abschnitt der Apostelgeschichte, der berichtet, daß Petrus und Johannes gesandt wurden,
um den schon Getauften den Heiligen Geist
zu übertragen [vgl. Apg 8,14-17]. Denn Priestern ist es erlaubt, wenn sie - ob ohne Bischof oder in Anwesenheit des Bischofs - taufen, die Getauften mit Chrisam zu salben,
das jedoch vom Bischof geweiht wurde; nicht
jedoch, die Stirn mit demselben Öl zu bezeichnen, was allein den Bischöfen zusteht,
wenn sie den Geist, den Beistand, übertragen.
Die Worte aber kann ich nicht sagen, damit
ich nicht den Anschein erwecke, eher ⟨Ge-
heimnisse⟩ preiszugeben als auf die Anfrage
zu antworten.

## Krankensalbung

216　(c. 8 § 11) Sane quoniam de hoc sicut de
ceteris consulere voluit dilectio tua, adiecit
etiam filius meus Caelestinus diaconus in
epistola sua, esse a tua dilectione positum illud, quod in beati Apostoli Iacobi epistola
conscriptum est: "Si infirmus aliquis in vobis
est, vocet presbyteros, et orent super eum, ungentes eum oleo in nomine Domini: et oratio
fidei salvabit laborantem, et suscitabit illum
Dominus, et si peccatum fecit, remittet ei"
[Iac 5,14s]. Quod non est dubium de fidelibus
aegrotantibus accipi vel intelligi debere, qui
sancto oleo chrismatis perungi possunt, quod
ab episcopo confectum, non solum sacerdotibus, sed et omnibus uti Christianis licet in
sua aut in suorum necessitate ungendum.

(Kap. 8, § 11) Da Deine Liebe freilich deswegen wie wegen des übrigen um Rat fragen
wollte, fügte mein Sohn, der Diakon Cölestin, in seinem Brief auch an, von Deiner Liebe sei jenes angeführt worden, was im Brief
des seligen Apostels Jakobus geschrieben
steht: "Wenn ein Kranker unter euch ist, soll
er die Priester rufen, und sie sollen über ihn
beten und ihn mit Öl salben im Namen des
Herrn; und das Gebet des Glaubens wird den
Leidenden heilen, und der Herr wird ihn aufrichten; und wenn er eine Sünde begangen
hat, wird er sie ihm vergeben" [Jak 5,14f].
Dies muß zweifellos von den kranken Gläubigen aufgefaßt und verstanden werden, die
mit dem heiligen Öl des Chrisams gesalbt
werden können, das, vom Bischof geweiht,
nicht nur die Priester, sondern auch alle
Christen in eigener Not oder in der Not der
Ihrigen zum Salben benützen dürfen.

Ceterum illud superfluum esse videmus
adiectum, ut de episcopo ambigatur quod
presbyteris licere non dubium est. Nam idcirco presbyteris dictum est, quia episcopi oc-
cupationibus aliis impediti ad omnes langui-
dos ire non possunt. Ceterum si episcopus aut
potest aut dignum ducit aliquem a se visitan-

Im übrigen sehen Wir jenen Zusatz für
überflüssig an, daß für den Bischof in Frage
gestellt wird, was zweifelsohne den Priestern
erlaubt ist. Denn ⟨daß es⟩ den Priestern ⟨er-
laubt sei⟩, wurde deswegen gesagt, weil die
Bischöfe, durch andere Beschäftigungen beansprucht, nicht zu allen Kranken gehen

dum, et benedicere et tangere chrismate sine cunctatione potest, cuius est chrisma conficere. Nam paenitentibus istud infundi non potest, quia genus est sacramenti. Nam quibus reliqua sacramenta negantur, quomodo unum genus putatur posse concedi?

können. Wenn im übrigen ein Bischof entweder in der Lage ist oder es für angemessen hält, daß jemand von ihm besucht werde, so kann er, dessen Aufgabe es ist, das Chrisam zu weihen, ohne Bedenken sowohl segnen als auch mit dem Chrisam salben. Denn über die Büßenden kann es nicht gegossen werden, weil es zu den Sakramenten gehört. Denn welchen die übrigen Sakramente verweigert werden, wie sollte denen diese eine Art zugestanden werden können?

### 217: Brief "In requirendis" an die Bischöfe der Synode von Karthago, 27. Jan. 417

*Ausg.:* A. Goldbacher: CSEL 44,701–703 (bei Augustinus, Brief 181) / PL 20,582C–583B ( = Innozenz, Brief 29); 33,780 (bei Augustinus, Brief 181). – *Reg.:* JR 321.

*Der Vorrang des Römischen Stuhles*

(c. 1) In requirendis Dei rebus ... antiquae traditionis exempla servantes ... nostrae religionis vigorem non minus nunc in consulendo quam antea, cum pronuntiaretis, vera ratione firmastis, qui ad Nostrum referendum adprobastis esse iudicium, scientes, quid Apostolicae Sedi, cum omnes hoc loco positi ipsum sequi desideremus Apostolum, debeatur, a quo ipse episcopatus et tota auctoritas nominis huius emersit. Quem sequentes tam mala iam damnare novimus quam probare laudanda, velut id vero, quod Patrum instituta sacerdotali custodientes officio non censetis esse calcanda, quod illi non humana sed divina decrevere sententia, ut quicquid quamvis de disiunctis remotisque provinciis ageretur, non prius ducerent finiendum, nisi ad huius Sedis notitiam perveniret, ut tota huius auctoritate, iusta quae fuerit pronuntiatio, firmaretur, indeque sumerent ceterae Ecclesiae, velut de natali suo fonte aquae cunctae procederent et per diversas totius mundi regiones puri capitis incorruptae manarent, quid praecipere, quos abluere, quos velut caeno inemundabili sordidatos mundis digna corporibus unda vitaret.

(Kap. 1) Bei der Erforschung der Dinge  217
Gottes ... habt Ihr das Vorbild der alten Überlieferung beachtet ... und in wahrhafter Weise die Kraft unserer Religion nicht weniger jetzt, da Ihr um Rat fragt, als zuvor, da Ihr Entscheidungen fälltet, gestärkt, Ihr, die Ihr anerkannt habt, daß man auf Unser Urteil zurückgreifen muß, wohl wissend, was dem Apostolischen Stuhl geschuldet wird, da Wir alle, die Wir an diesen Platz gestellt sind, dem Apostel selbst nachzufolgen wünschen, aus dem das Bischofsamt selbst und die ganze Autorität dieses Namens hervorgegangen ist. Ihm nachfolgend wissen Wir sowohl das Schlechte sogleich zu verurteilen als auch das Lobenswerte zu billigen, wie etwa wahrhaftig jenes, daß Ihr voller Wachsamkeit im priesterlichen Amte meint, man dürfe die Anordnungen der Väter nicht mit Füßen treten; denn jene haben nicht mit menschlichem, sondern mit göttlichem Urteil entschieden, daß man alles, was in noch so entfernten und entlegenen Provinzen getan wird, nicht früher zu Ende bringe, als daß es zur Kenntnis dieses Stuhles gelangt, auf daß mit seiner ganzen Autorität bekräftigt werde, was eine gerechtfertigte Entscheidung war, und daraus die übrigen Kirchen schöpfen – so wie alle Wasser aus ihrem ursprünglichen Quell hervorgehen und durch die verschiedenen Gegenden der ganzen Welt reinen Quells unverdorben fluten –, was sie gebieten sollen, welche sie abwaschen sollen und welche, gleichsam mit nicht zu reinigendem Kot be-

schmutzt, das ⟨nur⟩ reiner Leiber würdige Wasser meiden soll.

## 218-219: Brief "Inter ceteras Ecclesiae Romanae" an Silvanus und die übrigen Väter der Synode von Mileve, 27. Jan. 417

*Ausg.:* bei Augustinus, Brief 182: A. Goldbacher: CSEL 44,716f 720 / PL 33,784f; 20,590AB 592AB (bei Innozenz, Brief 30); 56,468 470 ( = *Codex canonum ecclesiasticorum*). – *Reg.:* JR 322.

### Der Vorrang des Römischen Stuhles

**218**  (c. 2) Diligenter ergo et congrue apostolici consulitis honoris arcana, honoris, inquam, illius, quem "praeter illa, quae sunt extrinsecus, sollicitudo" manet "omnium Ecclesiarum" [*2 Cor 11,28*] super anxiis rebus quae sit tenenda sententia, antiquae scilicet regulae formam secuti, quam toto semper ab orbe mecum nostis servatam. ... Quid id etiam actione firmastis nisi scientes, quod per omnes provincias de apostolico fonte petentibus responsa semper emanent? Praesertim quotiens fidei ratio ventilatur, arbitror omnes fratres et coepiscopos nostros nonnisi ad Petrum, id est sui nominis et honoris auctorem referre debere, velut nunc rettulit vestra dilectio, quod per totum mundum possit Ecclesiis omnibus in commune prodesse. Fiant enim necesse est cautiores, cum inventores malorum ad duplicis relationem synodi sententiae nostrae statutis viderint ab ecclesiastica communione seiunctos.

(Kap. 2) Gewissenhaft also und angemessen fragt Ihr das apostolische Ehrenamt nach den Geheimnissen – das Ehrenamt desjenigen, sage ich, dem "außer den äußeren Dingen die Sorge um alle Kirchen" [*2 Kor 11,28*] bleibt –, welche Auffassung in zweifelhaften Fragen festzuhalten sei; dabei seid Ihr ja dem Vorbild der alten Regel gefolgt, die, wie Ihr wißt, stets vom ganzen Erdkreis mit mir beachtet wurde. ... Warum habt Ihr dies auch durch Euer Handeln bekräftigt, wenn nicht deshalb, weil Ihr wißt, daß in allen Provinzen denen, die darum ersuchen, stets aus dem apostolischen Quell Antworten erfließen? Insbesondere jedesmal dann, wenn die Sache des Glaubens erörtert wird, meine ich, daß alle unsere Brüder und Mitbischöfe nur bei Petrus, das heißt, dem Urheber seines Namens und Ehrenamtes, rückfragen dürfen, so wie Eure Liebe jetzt nach dem zurückgefragt hat, was auf der ganzen Welt allen Kirchen gemeinsam nützen kann. Sie müssen nämlich vorsichtiger werden, wenn sie sehen, daß die Erfinder des Bösen auf den Bericht der Doppelsynode hin durch die Festlegungen unseres Urteils von der kirchlichen Gemeinschaft abgetrennt ⟨sind⟩.

### Die Notwendigkeit der Taufe

**219**  (c. 5) ... parvulos aeternae vitae praemiis etiam sine baptismatis gratia posse donari, perfatuum est. Nisi enim manducaverint carnem Filii hominis et biberint sanguinem eius, non habebunt vitam in semet ipsis [*cf. Io 6,53s*]. Qui autem hanc eis sine regeneratione defendunt, videntur mihi ipsum baptismum velle cassare, cum praedicant hos habere, quod in eos creditur non nisi baptismate conferendum. Si ergo nihil volunt officere non renasci, fateantur necesse est nec regenerationis sacra fluenta prodesse. Verum, ut superfluorum hominum prava doctrina ce-

(Kap. 5) ... daß die kleinen Kinder auch ohne die Gnade der Taufe mit dem Lohn des ewigen Lebens beschenkt werden könnten, ist ganz töricht. Denn wenn sie nicht das Fleisch des Menschensohnes gegessen und sein Blut getrunken haben, werden sie das Leben nicht in sich haben [*vgl. Joh 6,53f*]. Die es aber für sie ohne Wiedergeburt beanspruchen, scheinen mir die Taufe selbst aufheben zu wollen, da sie verkünden, diese besäßen, was auf sie nach dem Glauben nur durch die Taufe übertragen werden kann. Wenn sie also behaupten, daß es keineswegs

leri veritatis possit ratione discingi, proclamat hoc Dominus in Evangelio dicens: Sinite
infantes et nolite eos prohibere venire ad me:
talium est enim regnum caelorum [*cf. Mt
19,14; Mc 10,14; Lc 18,16*].

schade, nicht wiedergeboren zu werden, dann
müssen sie auch offen sagen, daß die heiligen
Fluten der Wiedergeburt nichts nützen. Damit aber die verkehrte Lehre von Leuten, die
Überflüssiges in die Welt setzen, auf die
schnelle Weise der Wahrheit zunichte gemacht werden kann, verkündet der Herr
dies, wenn er im Evangelium sagt: Laßt die
Kinder und hindert sie nicht, zu mir zu kommen: denn solcher ist das Himmelreich [*vgl.
Mt 19,14; Mk 10,14; Lk 18,16*].

## ZOSIMUS: 18. März 417 – 26. Dez. 418

### 221: Brief "Quamvis Patrum" an die Synode von Karthago, 21. März 418

*Ausg.:* O. Guenther: CSEL 35,115f ( = *Collectio Avellana*, Brief 50) / PL 20,676A–677A ( = Zosimus, Brief
12) / MaC 4,366D–367A. – *Reg.:* JR 342.

### Die Lehrautorität des Römischen Bischofs

(n. 1) Quamvis Patrum traditio Apostolicae Sedi auctoritatem tantam tribuerit, ut de
eius iudicio disceptare nullus auderet, idque
per canones semper regulasque servaverit et
currens adhuc suis legibus ecclesiastica disciplina Petri nomini, a quo ipsa quoque descendit, reverentiam quam debet exsolvat: ...
(3) cum ergo tantae auctoritatis Petrus caput
sit et sequentia omnium maiorum statuta fir-
maverint, ut tam humanis quam divinis legibus disciplinisque omnibus firmetur Romana Ecclesia, cuius locum Nos regere, ipsius
quoque potestatem nominis obtinere non latet vos, sed nostis, fratres carissimi, et, quemadmodum sacerdotes, scire debetis: (4) tamen cum Nobis tantum esset auctoritatis, ut
nullus de Nostra possit retractare sententia,
nihil egimus, quod non ad vestram notitiam
Nostris ultro litteris referremus, dantes hoc
fraternitati et in commune consulentes, non
quia quid deberet fieri nesciremus aut fa-
ceremus aliquid, quod contra utilitatem Ecclesiae veniens displiceret, sed pariter vobiscum voluimus habere tractatum de illo [*Cae-
lestio accusato*].

(Nr. 1) Obwohl die Überlieferung der Vä-   221
ter dem Apostolischen Stuhl eine so große
Autorität zuerkannte, daß niemand sein Urteil in Frage zu stellen wagte, und dies durch
Kanones und Regeln immer sicher stellte
und die bis jetzt geltende kirchliche Disziplin
durch ihre Gesetze dem Namen des Petrus,
von dem sie auch selbst abstammt, die gebührende Verehrung erweist: ... (3) Obwohl also
Petrus der Quell solch großer Autorität ist
und die folgenden Entscheidungen aller Vorfahren bestätigten, daß durch alle sowohl
menschlichen als auch göttlichen Gesetze
und Gebräuche die Römische Kirche gestärkt werde – ⟨und⟩ es ist Euch nicht unbekannt, sondern Ihr habt es erfahren, geliebteste Brüder, und müßt es als Priester wissen,
daß Wir ihr Gebiet leiten und auch die Vollmacht seines Namens innehaben –: (4) obwohl Wir so große Autorität hätten, daß keiner über Unsere Entscheidung noch einmal
verhandeln könnte, haben Wir dennoch
nichts getan, was Wir nicht aus freien Stük-
ken durch Unseren Brief zu Eurer Kenntnis
gebracht hätten; Wir wollen dies der Brüderlichkeit einräumen und gemeinsam beraten,
nicht weil Wir nicht gewußt hätten, was getan
werden müßte, oder etwas getan hätten, was,
da es dem Nutzen der Kirche entgegentritt,
mißfiele, sondern Wir wollten zusammen mit
Euch über jenen [*den angeklagten Caelestius*]
verhandelt haben.

## 222-230: 15. (and. 16.) Synode von KARTHAGO, begonnen am 1. Mai 418

Von dieser Synode werden gewöhnlich 8 Kanones gegen die Pelagianer überliefert. In einigen Handschriften sind es 9, wobei als 3. Kanon ein anderer Text (*224) eingefügt ist. Diese Kanones wurden einst irrtümlicherweise der 2. Synode von Mileve (Numidien) d. J. 416 zugeschrieben: vgl. MaC 3,1071; PL 20,582B; F. Maassen, *Geschichte der Quellen und der Literatur des canonischen Rechts* 1 (Graz 1870) 167. Es sind die Kanones 109-116 der Sammlung der Kanones der Afrikanischen Kirche. Die Kanones 3-5 werden im *Indiculus*, c. 7 (*245), einem Kapitel, das fast sicher zur *Epistula tractoria* des Papstes Zosimus gehört, zitiert und sind daher von ihm ausdrücklich gebilligt. Dort wird als Kap. 3 nicht jener gesondert überlieferte Kan. 3' (*224) angeführt, sondern der gewöhnliche Text *225. Von den übrigen Kanones steht nicht fest, ob Zosimus sie gebilligt hat. Die Worte Augustins, *De natura et origine animae* II 12 n. 17 (CSEL 60,351 / PL 44,505), die manchmal zugunsten dieser Auffassung angeführt wurden, sind zu unbestimmt.

*Ausg.:* Bruns 1,188-191 / HaC 1,926E-930E; vgl. 1,1217D-1219B / MaC 3,811A-815D; vgl. 4,326C-329C / Hn § 169 / PL 56,486B-490A. - Teilweise, nämlich Kan. 1 2 6-8, wiedergegeben bei Bischof Brachiarius von Sevilla (zwischen 656-681), *De ecclesiasticis dogmatibus* 33-37 (PL 83,1235f, Anhang zu den Werken Isidors von Sevilla). - Kan. 3' [*224]: HaC 1,927B Anm. / PL 20,694C-695A / Hn § 169, Nr. III.

### *Ursünde*

222    Can. 1. Placuit omnibus episcopis … in sancta Synodo Carthaginensis Ecclesiae constitutis: ut quicumque dixerit, Adam primum hominem mortalem factum ita, ut, sive peccaret sive non peccaret, moreretur in corpore, hoc est de corpore exiret non peccati merito, sed necessitate naturae[1], anathema sit.

Kan. 1. Alle auf der heiligen Synode der Kirche von Karthago versammelten Bischöfe … haben beschlossen: Wer sagt, daß Adam, der erste Mensch, sterblich geschaffen (worden sei), so daß er, mochte er sündigen oder nicht sündigen, im Leibe gestorben wäre, das heißt, den Leib verlassen hätte nicht aufgrund der Sünde, sondern aus Naturnotwendigkeit[1], der sei mit dem Anathema belegt.

223    Can. 2. Item placuit, ut quicumque parvulos recentes ab uteris matrum baptizandos negat aut dicit in remissionem quidem peccatorum eos baptizari, sed nihil ex Adam trahere originalis peccati, quod lavacro regenerationis expietur, unde fit consequens, ut in eis forma baptismatis "in remissionem peccatorum" non vera, sed falsa intellegatur, anathema sit. Quoniam non aliter intellegendum est quod ait Apostolus: "Per unum hominem peccatum intravit in mundum (et per peccatum mors), et ita in omnes homines pertransiit, in quo omnes peccaverunt" [cf. *Rm 5,12*], nisi quemadmodum Ecclesia catholica ubique diffusa semper intellexit. Propter hanc enim regulam fidei etiam parvuli, qui nihil peccatorum in se ipsis adhuc committere potuerunt, ideo in peccatorum remissionem veraciter baptizantur, ut in eis regeneratione mundetur, quod generatione traxerunt.

Kan. 2. Ebenso haben sie beschlossen: Wer leugnet, daß kleine Kinder gleich vom Mutterleibe weg zu taufen sind, oder sagt, sie würden zwar zur Vergebung der Sünden getauft, aber zögen nichts von einer Ursünde aus Adam auf sich, was durch das Bad der Wiedergeburt gesühnt werde, woraus folgt, daß bei ihnen die Form der Taufe "zur Vergebung der Sünden" nicht als wahr, sondern als falsch verstanden wird, der sei mit dem Anathema belegt. Denn was der Apostel sagt: "Durch e i n e n Menschen ist die Sünde in die Welt gekommen (und durch die Sünde der Tod), und so ging sie auf alle Menschen über; in ihm haben alle gesündigt" [vgl. *Röm 5,12*], ist nicht anders zu verstehen, als wie es die überall verbreitete katholische Kirche immer verstanden hat. Wegen dieser Glaubensregel nämlich werden auch kleine Kinder, die bis dahin in sich selbst noch keine Sünde begehen konnten, deshalb wahrhaft zur Vergebung der Sünden getauft, damit in ihnen durch Wiedergeburt gereinigt werde, was sie sich durch Geburt zugezogen haben.

---

*222  [1]  Diesen und andere Sätze des Caelestius zitiert Marius Mercator, *Commonitorium super nomine Caelestii* 1 (ACOe 1/V, 66, Nr. 36 / PL 48,69A; 45,1686). Vgl. Augustinus, *De peccatorum meritis et remissione et de baptismo parvulorum* I 2, n. 2 (CSEL 60,3 / PL 44,109).

Can. 3'. Item placuit, ut si quis dicit, ideo dixisse Dominum: "In domo Patris mei mansiones multae sunt" [Io 14,2], ut intelligatur, quia in regno caelorum erit aliquis medius aut ullus alicubi locus, ubi beate vivant parvuli, qui sine baptismo ex hac vita migrarunt, sine quo in regnum caelorum, quod est vita aeterna, intrare non possunt, anathema sit. Nam cum Dominus dicat: Nisi quis renatus fuerit ex aqua et Spiritu Sancto, non intrabit in regnum caelorum [Io 3,5], quis catholicus dubitet participem fore diaboli eum, qui coheres esse non meruit Christi? Qui enim dextra caret, sinistram procul dubio partem incurret.

Kan. 3'. Ebenso haben sie beschlossen: **224** Wer sagt, der Herr habe deswegen gesagt: "Im Hause meines Vaters gibt es viele Wohnungen" [Joh 14,2], damit man ersehe, daß es im Himmelreich irgendeinen mittleren oder einen irgendwo ⟨befindlichen⟩ Ort geben wird, wo die kleinen Kinder selig leben, die ohne Taufe aus diesem Leben geschieden sind, ohne die sie nicht in das Himmelreich, welches das ewige Leben ist, eintreten können, der sei mit dem Anathema belegt. Denn da der Herr sagt: "Wer nicht wiedergeboren wurde aus Wasser und Heiligem Geist, wird nicht in das Himmelreich eintreten" [Joh 3,5]: welcher Katholik wird da zweifeln, daß derjenige ein Genosse des Teufels sein wird, der nicht verdiente, Miterbe Christi zu sein? Wer nämlich nicht auf der rechten Seite steht, wird ohne Zweifel auf die linke geraten.

*Gnade*

Can. 3. Item placuit, ut quicumque dixerit, gratiam Dei, qua iustificatur homo per Iesum Christum Dominum nostrum, ad solam remissionem peccatorum valere, quae iam commissa sunt, non etiam ad adiutorium, ut non committantur, anathema sit.

Kan. 3. Ebenso haben sie beschlossen: **225** Wer sagt, die Gnade Gottes, kraft derer der Mensch durch unseren Herrn Jesus Christus gerechtfertigt wird, tauge allein zur Vergebung der Sünden, die schon begangen wurden, nicht auch zur Hilfe, so daß sie nicht begangen werden, der sei mit dem Anathema belegt.

Can. 4. Item, quisquis dixerit, eandem gratiam Dei per Iesum Christum Dominum nostrum propter hoc tantum nos adiuvare ad non peccandum, quia per ipsam nobis revelatur et aperitur intellegentia mandatorum, ut sciamus, quid appetere, quid vitare debeamus, non autem per illam nobis praestari, ut quod faciendum cognoverimus, etiam facere diligamus atque valeamus, anathema sit. Cum enim dicat Apostolus: "Scientia inflat, caritas vero aedificat" [1 Cor 8,1], valde impium est, ut credamus, ad eam quae inflat nos habere gratiam Christi, et ad eam, quae aedificat, non habere, cum sit utrumque donum Dei, et scire, quid facere debeamus, et diligere, ut faciamus, ut aedificante caritate scientia nos non possit inflare. Sicut autem de Deo scriptum est: "Qui docet hominem scientiam" [Ps 93,10] ita etiam scriptum est: "Caritas ex Deo est" [1 Io 4,7].

Kan. 4. Ebenso: Wer sagt, ebendiese Gna- **226** de Gottes durch unseren Herrn Jesus Christus helfe uns nur deswegen, nicht zu sündigen, weil uns durch sie das Verständnis der Gebote enthüllt und eröffnet wird, so daß wir wissen, was wir erstreben, was wir meiden müssen, nicht aber, daß uns durch sie gewährt werde, daß wir das, was wir als zu tun erkannt haben, auch zu tun wünschen, der sei mit dem Anathema belegt. Da nämlich der Apostel sagt: "Wissen bläht auf, die Liebe aber baut auf" [1 Kor 8,1], wäre es recht gottlos zu glauben, zu dem, was aufbläht, hätten wir die Gnade Christi, und zu dem, was aufbaut, hätten wir ⟨sie⟩ nicht, obwohl doch beides ein Geschenk Gottes ist, sowohl zu wissen, was wir tun müssen, als auch zu wünschen, daß wir ⟨es⟩ tun, so daß durch die aufbauende Liebe das Wissen uns nicht aufblähen kann. Wie aber von Gott geschrieben steht: "Der den Menschen Wissen lehrt" [Ps

94,10], so steht auch geschrieben: "Die Liebe ist aus Gott" [1 Joh 4,7].

227    Can. 5. Item placuit, ut quicumque dixerit, ideo nobis gratiam iustificationis dari, ut, quod facere per liberum iubemur arbitrium, facilius possimus implere per gratiam, tamquam et si gratia non daretur, non quidem facile, sed tamen possimus etiam sine illa implere divina mandata, anathema sit. De fructibus enim mandatorum Dominus loquebatur, ubi non ait: sine me difficilius potestis facere, sed ait: "Sine me nihil potestis facere" [Io 15,5].

Kan. 5. Ebenso haben sie beschlossen: Wer sagt, die Gnade der Rechtfertigung werde uns deshalb gewährt, damit wir, was wir durch den freien Willen zu tun geheißen werden, durch die Gnade leichter erfüllen können, so als ob wir, auch wenn die Gnade nicht gewährt würde, zwar nicht leicht, aber dennoch auch ohne sie die göttlichen Gebote erfüllen könnten, der sei mit dem Anathema belegt. Von den Früchten der Gebote redete der Herr nämlich, wo er nicht sagt: Ohne mich könnt ihr ⟨es⟩ nur schwerlich tun, sondern sagt: "Ohne mich könnt ihr nichts tun" [Joh 15,5].

228    Can. 6. Item placuit, quod ait sanctus Ioannes Apostolus: "Si dixerimus, quia peccatum non habemus, nos ipsos seducimus, et veritas in nobis non est" [1 Io 1,8]: quisquis sic accipiendum putaverit, ut dicat propter humilitatem oportere dici, nos habere peccatum, non quia vere ita est, anathema sit. Sequitur enim Apostolus et adiungit: "Si autem confessi fuerimus peccata nostra, fidelis est et iustus, qui remittat nobis peccata et mundet nos ab omni iniquitate" [1 Io 1,9]. Ubi satis apparet, hoc non tantum humiliter, sed etiam veraciter dici. Poterat enim Apostolus dicere: "Si dixerimus: non habemus peccatum, nos ipsos extollimus, et humilitas in nobis non est". Sed cum ait: Nos ipsos decipimus, et veritas in nobis non est: satis ostendit eum, qui se dixerit non habere peccatum, non verum loqui, sed falsum.

Kan. 6. Ebenso haben sie beschlossen: Wer meint, was der heilige Apostel Johannes sagt: "Wenn wir sagen, daß wir keine Sünde haben, betrügen wir uns selbst, und die Wahrheit ist nicht in uns" [ 1 Joh 1,8], sei so aufzufassen, daß er sage, man müsse aus Demut sagen, wir hätten Sünde, nicht weil es wahrhaft so ist, der sei mit dem Anathema belegt. Der Apostel fährt nämlich fort und schließt an: "Wenn wir aber unsere Sünden bekannt haben, ist er treu und gerecht, so daß er uns die Sünden vergibt und uns von allem Unrecht reinigt" [1 Joh 1,9]. Hier wird hinlänglich deutlich, daß dies nicht nur demütig, sondern auch wahrhaft gesagt wird. Der Apostel hätte nämlich sagen können: "Wenn wir sagen: Wir haben keine Sünde, erheben wir uns selbst und die Demut ist nicht in uns". Da er aber sagt: "täuschen wir uns selbst und die Wahrheit ist nicht in uns", zeigt er hinlänglich, daß derjenige, der sagt, er habe keine Sünden, nicht wahr, sondern falsch redet.

229    Can. 7. Item placuit, ut quicumque dixerit, in oratione dominica ideo dicere sanctos: "Dimitte nobis debita nostra" [Mt 6,12], ut non pro seipsis hoc dicant, quia non est iam necessaria ista petitio, sed pro aliis qui sunt in suo populo peccatores, et ideo non dicere unumquemque sanctorum: "Dimitte mihi debita mea", sed "Dimitte nobis debita nostra", ut hoc pro aliis potius quam pro se iustus petere intellegatur, anathema sit. Sanctus enim et iustus erat Apostolus Iacobus, cum dicebat: "In multis enim offendimus omnes" [Iac 3,2]. Nam quare additum est "omnes", nisi ut ista

Kan. 7. Ebenso haben sie beschlossen: Wer sagt, im Gebet des Herrn sagten die Heiligen deshalb: "Vergib uns unsere Schuld" [Mt 6,12], nicht um dies für sich selbst zu sagen, weil diese Bitte nicht mehr nötig ist, sondern für andere, die in ihrem Volke Sünder sind, und deshalb sage jeder der Heiligen nicht: "Vergib mir meine Schuld", sondern: "Vergib uns unsere Schuld", damit man erkenne, daß der Gerechte dies mehr für andere als für sich erbittet, der sei mit dem Anathema belegt. Heilig und gerecht war nämlich der Apostel Jakobus, als er sagte: "In

sententia conveniret et Psalmo, ubi legitur: "Ne intres in iudicium cum servo tuo, quia non iustificabitur in conspectu tuo omnis vivens" [*Ps 142,2*]? Et in oratione sapientissimi Salomonis: "Non est homo qui non peccavit" [*3 Rg 8,46*]. Et in libro sancti Iob: "In manu omnis hominis signat, ut sciat omnis homo infirmitatem suam" [*Iob 37,7*]. Unde etiam Daniel sanctus et iustus, cum in oratione pluraliter diceret: "Peccavimus, iniquitatem fecimus" [*Dn 9,5 15*], et cetera quae ibi veraciter et humiliter confitetur: ne putaretur, quemadmodum quidam sentiunt, hoc non de suis, sed de populi sui potius dixisse peccatis, postea dixit: "Cum ... orarem et confiterer peccata mea et peccata populi mei" [*Dn 9,20*] Domino Deo meo, noluit dicere "peccata nostra", sed "peccata populi sui" dixit et "sua", quoniam futuros istos, qui tam male intellegerent, tamquam propheta praevidit.

vielem verfehlen wir uns nämlich alle" [*Jak 3,2*]. Denn weshalb wurde das "alle" hinzugefügt, wenn nicht ⟨deshalb⟩, damit dieser Satz auch mit dem Psalm übereinstimme, wo man liest: "Gehe nicht ins Gericht mit Deinem Knecht; denn kein Lebendiger wird vor Deinem Angesicht gerechtfertigt werden" [*Ps 143,2*]? Und im Gebet des höchst weisen Salomo: "Es ist kein Mensch, der nicht gesündigt hätte" [*1 Kön 8,46*]. Und im Buch des heiligen Ijob: "In jedes Menschen Hand zeichnet er sein Siegel, damit jeder Mensch seine Schwäche kenne" [*Ijob 37,7*]. Daher hat auch der heilige und gerechte Daniel, als er im Gebet in der Mehrzahl sagte: "Wir haben gesündigt, wir haben Unrecht getan" [*Dan 9,5 15*], und das übrige, was er dort wahrhaft und demütig bekennt, damit man nicht glaubte, wie manche meinen, er habe dies nicht von seinen, sondern vielmehr von den Sünden seines Volkes gesagt, hernach gesagt: "Als ich ... betete und meine Sünden und die Sünden meines Volkes bekannte" [*Dan 9,20*] dem Herrn, meinem Gott; er wollte nicht sagen: "unsere Sünden", sondern sagte: "die Sünden seines Volkes" und "seine", da er als Prophet jene Künftigen vorhersah, die ⟨ihn⟩ so übel verstehen würden.

Can. 8. Item placuit, ut quicumque ipsa verba dominicae orationis, ubi dicimus: "Dimitte nobis debita nostra" [*Mt 6,12*], ita volunt a sanctis dici, ut humiliter, non veraciter hoc dicatur, anathema sit. Quis enim ferat orantem et non hominibus, sed ipsi Domino mentientem, qui labiis sibi dicit dimitti velle, et corde dicit, quae sibi dimittantur, debita non habere?

Kan. 8. Ebenso haben sie beschlossen: **230** Wer behauptet, die Worte aus dem Gebet des Herrn, wo wir sagen: "Vergib uns unsere Schuld" [*Mt 6,12*], würden von den Heiligen so gesagt, daß dies demütig, nicht wahrhaft gesagt werde, der sei mit dem Anathema belegt. Wer könnte nämlich einen ertragen, der betet und nicht Menschen, sondern den Herrn selbst anlügt, der mit den Lippen sagt, er wolle, daß ihm vergeben werde, und im Herzen sagt, er habe keine Schuld, die ihm vergeben werden könnte?

## 231: "Epistula tractoria" an die Ostkirchen, zwischen Juni und August 418

Dieser Rundbrief war in den ganzen Orient geschickt worden: Ägypten, Konstantinopel, Thessalonike, Jerusalem. Trotzdem sind nur wenige Fragmente von ihm erhalten. Außer dem im folgenden angeführten Fragment werden zwei andere im *Indiculus* (*244f) angeführt. Der Name "Epistula tractoria" (= tractatoria, Abhandlung) wird überliefert von Marius Mercator, *Commonitorium super nomine Caelestii* 3,1 (ACO 1/V,68₂₁ / PL 48,90).

*Ausg.:* bei Augustinus, Brief 190 (A. Goldbacher: CSEL 57,159 / PL 20,693BC).– *Reg.:* JR 343.

### Die Ursünde

**231**    Fidelis Dominus in verbis suis [*Ps 144,13*] eiusque baptismus re ac verbis, id est opere, confessione et remissione vera peccatoram in omni sexu, aetate, condicione generis humani, eandem plenitudinem tenet. Nullus enim, nisi qui peccati servus est, liber efficitur, nec redemptus dici potest, nisi qui vere per peccatum fuerit ante captivus, sicut scriptum est: "Si vos Filius liberaverit, vere liberi eritis" [*Io 8,36*]. Per ipsum enim renascimur spiritaliter, per ipsum crucifigimur mundo. Ipsius morte mortis ab Adam omnibus nobis introductae atque transmissae universae animae, illud propagatione contractum chirographum [*cf. Col 2,14*] rumpitur, in quo nullus omnino natorum, antequam per baptismum liberetur, non tenetur obnoxius.

Der Herr ⟨ist⟩ getreu in seinen Worten [*Ps 145,13*], und seine Taufe enthält in der Sache und den Worten, nämlich durch die Handlung, das Bekenntnis und die wahre Vergebung der Sünden, dieselbe Fülle in jedem Geschlecht, Alter und Stand der menschlichen Gattung. Keiner nämlich wird frei, wenn er nicht Knecht der Sünde ist, oder kann erlöst genannt werden, wenn er nicht zuvor wahrhaft durch die Sünde gefangen war, wie geschrieben steht: "Wenn euch der Sohn befreit hat, werdet ihr wahrhaft frei sein" [*Joh 8,36*]. Durch ihn werden wir nämlich geistig wiedergeboren, durch ihn werden wir der Welt gekreuzigt. Durch seinen Tod wird jener durch Fortpflanzung zugezogene Schuldschein [*vgl. Kol 2,14*] des Todes zerrissen, der von Adam für uns alle eingeführt und auf jede Seele übertragen wurde; durch diesen ⟨Schuldschein⟩ wird ausnahmslos jeder Geborene, bevor er durch die Taufe befreit wird, in Knechtschaft gehalten.

## BONIFATIUS I.: 29. Dez. 418 – 4. Sept. 422

### 232: Brief "Retro maioribus" an Bischof Rufus von Thessalien, 11. März 422

*Ausg.:* C. Silva Tarouca, *Epistularum Romanorum Pontificum ad vicarios per Illyricum aliosque episcopos Collectio Thessalonicensis* (TD ser. theol. 23; Rom 1937) 33 ( = Brief 9) / PL 20,776A ( = Brief 13). – *Reg.:* JR 363.

### Der Vorrang des Römischen Stuhles

**232**    (c. 2) ... Ad synodum [*Corinthi*] ... talia scripta direximus, quibus universi fratres intellegant, ... de nostro non esse iudicio retractandum. Numquam etenim licuit de eo rursus, quod semel statuta est ab Apostolica Sede, tractari.

(Kap. 2) ... Wir haben an die Synode [*von Korinth*] ... ein solches Schreiben gerichtet, durch das alle Brüder erkennen sollen, ... daß über unser Urteil nicht nochmals verhandelt werden darf. Denn niemals war es erlaubt, über das, was einmal vom Apostolischen Stuhl festgelegt wurde, wiederum zu verhandeln.

### 233: Brief "Institutio" an die Bischöfe Thessaliens, 11. März 422

*Ausg.:* C. Silva Tarouca, a. *232 a. O., 34₄-35₁₄ ( = Brief 10) / CouE 1037 / PL 20,777 ( = Brief 14) / MaC 8,755CD. – *Reg.:* JR 364.

### Der Vorrang des Römischen Stuhles

**233**    (c. 1) Institutio universalis nascentis Ecclesiae de beati Petri sumpsit honore principium, in quo regimen eius et summa consi-

(Kap. 1) Die Einrichtung der entstehenden allgemeinen Kirche nahm ihren Ausgang von der Ehrenstellung des seligen

stit. Ex eius enim ecclesiastica disciplina per omnes Ecclesias, religionis iam crescente cultura, fonte manavit. Nicaenae synodi non aliud praecepta testantur: adeo ut non aliquid super eum ausa sit constituere, cum videret, nihil supra meritum suum posse conferri, omnia denique huic noverat Domini sermone concessa. Hanc ergo Ecclesiis toto orbe diffusis velut caput suorum certum est esse membrorum: a qua se quisquis abscidit, sit christianae religionis extorris, cum in eadem non ceperit esse compage.

Petrus, in dem ihre Leitung und Vollendung besteht. Aus seinem Quell nämlich floß, als die Verehrung der Religion schon wuchs, die kirchliche Ordnung in allen Kirchen. Die Gebote des Konzils von Nikaia bezeugen nichts anderes, so daß es nichts über ihn zu bestimmen wagte, da es sah, daß man über seinen Rang hinaus nichts stellen könne; schließlich wußte es, daß ihm alles durch das Wort des Herrn gewährt war. Diese ⟨Römische Kirche⟩ also ist mit Sicherheit für die auf dem ganzen Erdkreis verbreiteten Kirchen gleichsam das Haupt seiner Glieder; jeder, der sich von ihr absondert, sei aus der christlichen Religion fortgejagt, da er aufgehört hat, in ebendiesem Gefüge zu sein.

## 234-235: Brief "Manet beatum" an Rufus und die übrigen Bischöfe in Mazedonien usw., 11. März 422

*Ausg.:* C. Silva Tarouca, a. *232 a. O., 27₆-30₉₅ ( = Brief 8) / CouE 1039-1042 / PL 20,779B-782C ( = Brief 15) / MaC 8,756C-758A. - *Reg.:* JR 365.

### *Der Vorrang des Römischen Stuhles*

Manet beatum apostolum Petrum per sententiam dominicam universalis Ecclesiae ab hoc sollicitudo suscepta, quippe quam evangelio teste in se noverit esse fundatam. Nec umquam eius honor vacuus potest esse curarum, cum certum sit summam rerum ex eius deliberatione pendere. ... Absit hoc a Domini sacerdotibus, ut in hunc aliquis eorum cadat reatum, ut in nova quippiam usurpatione temptando, inimica sibi faciat scita maiorum, aemulum se illum specialiter habere cognoscens, apud quem Christus noster sacerdotii summam locavit, in cuius contumeliam quisquis insurgit, habitator caelestium non poterit esse regnorum. "Tibi", inquit, "dabo claves regni caelorum" [*Mt 16,19*], in quod nullus absque gratia ianitoris intrabit. ...

Es bleibt dem seligen Apostel Petrus durch **234** den Spruch des Herrn die von diesem übernommene Sorge um die gesamte Kirche, die ja, wie er weiß, nach dem Zeugnis des Evangeliums auf ihn gegründet ist. Und niemals kann seine Ehrenstellung frei von Sorgen sein, da es sicher ist, daß alle Dinge von seiner Überlegung abhängen. ... Fern liege es den Priestern des Herrn, daß einer von ihnen in eine solche Schuld falle, daß er, indem er in neuer Anmaßung etwas versucht, die Beschlüsse der Vorfahren mit sich verfeindet, obwohl er erkennt, daß er insbesondere jenen zum Gegenspieler hat, bei dem unser Christus die Fülle des Priestertums hinterlegte; keiner, der sich erhebt, ihn zu schmähen, wird ein Bewohner der himmlischen Reiche sein können. "Dir", sagt er, "werde ich die Schlüssel des Himmelreiches geben" [*Mt 16,19*], in das keiner ohne die Gunst des Türhüters eintreten wird. ...

Quoniam locus exigit, si placet, recensete canonum sanctiones, repperietis, quae sit post Ecclesiam Romanam secunda sedes, quaeve sit tertia. ... Nemo unquam apostolico culmini, de cuius iudicio non licet retractari, manus obvias audacter intulit, nemo in hoc rebellis exstitit nisi qui de se voluit iudicari.

Da es der Ort erfordert, so geht, wenn es **235** beliebt, die Bestimmungen der Kanones durch, und ihr werdet finden, welches nach der Römischen Kirche der zweite Stuhl ist und welches der dritte ist. ... Niemand hat jemals dreist Hand an die apostolische Hoheit gelegt, über deren Urteil man nicht nochmals

Servant Ecclesiae magnae praedictae per canones dignitates: Alexandrina et Antiochena [cf. Conc. Nicaen. I can. 6], habentes ecclesiastici iuris notitiam. Servant, inquam, statuta maiorum, in omnibus deferentes, et eius vicissitudinem recipientes gratiae, quam se in Domino, qui pax nostra est, Nobis debere cognoscunt.

verhandeln darf, niemand lehnte sich wider sie auf, wenn er nicht wollte, daß über ihn gerichtet werde. Die besagten großen Kirchen wahren durch die Kanones die Würden: die von Alexandrien und Antiochien [vgl. das 1. Konzil von Nikaia, Kan. 6]; denn sie haben Kenntnis vom kirchlichen Recht. Sie beachten, sage ich, die Satzungen der Vorfahren, indem sie in allem ⟨die Gunst⟩ erweisen – und ihrerseits diese Gunst empfangen – von der sie wissen, daß sie sie Uns im Herrn, der unser Friede ist, schulden.

Sed quia res postulat, adprobandum documentis est, maxime Orientalium Ecclesias in magnis negotiis, in quibus opus esset disceptatione maiore, Sedem semper consuluisse Romanam, et quotiens usus exegit, eius auxilium postulasse.

Aber weil es die Sache verlangt, soll mit Dokumenten bewiesen werden, daß vor allem die Kirchen der Orientalen in wichtigen Angelegenheiten, bei denen ein größerer Gedankenaustausch nötig war, stets den Römischen Stuhl um Rat gefragt und, so oft es erforderlich war, seine Hilfe erbeten haben.

[Es folgen Beispiele von Appellationen und Anfragen in der Sache des Athanasius und Petrus von Alexandrien, der Kirche von Antiochien, des Nektarius von Konstantinopel und der getrennten Orientalen zur Zeit Innozenz' I.]

## CÖLESTIN I.: 10. Sept. 422 – 27. Juli 432

### 236: Brief "Cuperemus quidem" an die Bischöfe der Provinzen Vienne und Narbonne, 26. Juli 428

*Ausg.*: CouE 1067C-E / PL 50,431BC ( = Brief 4); 84,687DE und 130,755CD ( = Dekretalensammlung) / MaC 4,465B-E / HaC 1,1259AB. – *Reg.*: ClPL 1650; JR 369.

#### Die Wiederversöhnung in der Stunde des Todes

**236** (2) Agnovimus paenitentiam morientibus denegari nec illorum desideriis annui, qui obitus sui tempore hoc animae suae cupiunt remedio subveniri. Horremus, fateor, tantae impietatis aliquem reperiri, ut de Dei pietate desperet, quasi non possit ad se quovis tempore concurrenti succurrere et periclitantem sub onere peccatorum hominem pondere, quo se ille expediri desiderat, liberare. Quid hoc, rogo, aliud est, quam morienti mortem addere, eiusque animam sua crudelitate, ne absoluta esse possit, occidere? Cum Deus ad subveniendum paratissimus, invitans ad paenitentiam sic promittat: Peccator, inquit, quacunque die conversus fuerit, peccata eius non imputabuntur ei [cf. Ez 33,16]. ... Cum ergo sit Dominus cordis inspector, quovis tempore non est deneganda paenitentia postulanti. ...

(2) Wir haben erfahren, daß Sterbenden die Buße verweigert und dem Sehnen derer nicht entsprochen wird, die zur Zeit ihres Hinscheidens wünschen, daß man ihrer Seele mit diesem Heilmittel zu Hilfe komme. Wir schaudern, gestehe ich, daß sich irgend jemand von solch großer Gottlosigkeit finde, daß er an der Milde Gottes verzweifelt, so als ob er nicht zu jeder Zeit dem, der zu ihm seine Zuflucht nimmt, zu Hilfe eilen und den unter der Last der Sünden gefährdeten Menschen von dem Gewicht befreien könnte, dessen entledigt zu werden sich jener sehnt. Was, frage ich, ist dies anderes, als dem Sterbenden noch einen Tod hinzuzufügen und seine Seele mit eigener Grausamkeit, damit sie nicht losgesprochen sein kann, zu töten? Denn Gott, stets bereit, zu Hilfe zu kommen, lädt zur Buße ein und verspricht folgendes:

An welchem Tag auch immer, sagt er, sich
der Sünder bekehrt hat, werden ihm seine
Sünden nicht ⟨mehr⟩ angerechnet werden
[*vgl. Ez 33,16*]. ... Da also der Herr der Her-
zenskenner ist, darf zu gar keiner Zeit einem,
der ⟨danach⟩ verlangt, die Buße verweigert
werden. ...

## 237: Brief "Apostolici verba" an die Bischöfe Galliens, Mai 431

Schon bald nach seinem Tode wurde Augustinus zu einer der größten Autoritäten der Kirche (vgl. *366
399). Die Autorität kaum eines Kirchenlehrers unterlag aber auch so großem Mißbrauch wie die Augustins
(vgl. den verurteilten 30. jansenistischen Satz *2330). Augustinus sagt über seine Autorität: "Ich wollte,
jeder nähme meine Meinungen so an, daß er mir nur in dem folgte, von dem er erkannt hat, daß ich mich
nicht irre. Denn deswegen verfasse ich Bücher, in denen ich die Überarbeitung meiner Werke auf mich
genommen habe, um zu zeigen, daß nicht einmal ich selbst mir in allem gefolgt bin" ("Neminem velim sic
amplecti omnia mea, ut me sequatur nisi in iis, in quibus me non errare perspexerit: nam propterea nunc
facio libros, in quibus opuscula mea retractanda suscepi, ut nec meipsum in omnibus me secutum fuisse
demonstrem"; *De dono perseverantiae* 21: PL 45,1027f).

*Ausg.:* PL 50,530A ( = Brief 21); 45,1756 (Augustins Werke, Anhang); 84,682A und 130,750BC (Dekretalensammlung) / MaC 4,455E / HaC 1,1254B. - *Reg.:* ClPL 1652; JR 381 mit Zusätzen.

### Die Autorität des Augustinus

| | |
|---|---|
| Cap. 2. Augustinum sanctae recordationis virum pro vita sua atque meritis in nostra communione semper habuimus, nec unquam hunc sinistrae suspicionis saltem rumor adspersit: quem tantae scientiae olim fuisse meminimus, ut inter magistros optimos etiam ante a meis semper decessoribus haberetur. | Kap. 2. Wir hatten Augustinus – einen Mann heiligen Angedenkens ob seines Lebens und seiner Verdienste – immer in unserer Gemeinschaft, und niemals fiel auch nur ein Schatten des Verdachts auf ihn: wir wissen noch sehr wohl, daß er seinerzeit ein solch großes Wissen hatte, daß er auch schon früher von meinen Vorgängern immer unter die besten Lehrer gerechnet wurde. |

237 (margin)

## 238-249: Pseudo-cölestinische Kapitel bzw. "Indiculus"

Dem oben angeführten Brief Cölestins I. sind gewöhnlich einige antipelagianische Kapitel beigefügt, die
man fälschlicherweise demselben Papst zuschreibt. Sie werden auch *Praeteritorum Sedis Apostolicae episcoporum auctoritates de gratia Dei et libero voluntatis arbitrio* (Lehrsätze früherer Bischöfe auf dem Apostolischen Stuhl über die Gnade Gottes und den freien Willen) genannt. Nach M. Cappuyns (RBén 41 [1929]
156-170) wurden sie zwischen 435 und 442 in Rom durch Prosper von Aquitanien zusammengestellt. Allgemeine Geltung erlangten sie, als sie um 500 von Dionysius Exiguus in seine Dekretalensammlung aufgenommen wurden.

*Ausg.:* P. und H. Ballerini, *S. Leonis I opera* 2 (Venedig 1756) 251-257 / PL 51,205-212 ( = Werke
Prospers von Aquitanien); 45,1756-1760 ( = Werke Augustins, Anhang); 50,531-537 ( = Cölestin I., Brief
22); 84,682-686 und 130,750-754 ( = Dekretalensammlung). - *Reg.:* ClPL 527.

### Die Gnade

| | |
|---|---|
| Quia nonnulli, qui catholico nomine gloriantur, in damnatis haereticorum sensibus seu pravitate sive imperitia demorantes, piissimis disputatoribus obviare praesumunt, et cum Pelagium atque Caelestium anathematizare non dubitent, magistris tamen nostris, tamquam necessarium modum excesserint, obloquuntur, eaque tantummodo sequi et probare profitentur, quae sacratissima beati | Einige, die sich des katholischen Namens rühmen, beharren – sei es aus Bosheit oder aus Unwissenheit – auf den verurteilten Auffassungen der Häretiker und wagen es, den frömmsten Denkern entgegenzutreten; und obwohl sie nicht zögern, Pelagius und Caelestius mit dem Anathema zu belegen, widersprechen sie dennoch unseren Lehrern, so als ob jene das notwendige Maß überschritten |

238 (margin)

Apostoli sedes Petri contra inimicos gratiae Dei per ministerium praesulum suorum sanxit et docuit, necessarium fuit diligenter inquirere, quid rectores Romanae Ecclesiae de haeresi, quae eorum temporibus exorta fuerat, iudicarint, et contra nocentissimos liberi arbitrii defensores quid de gratia Dei sentiendum esse censuerint; ita ut etiam Africanorum conciliorum quasdam sententias iungeremus, quas utique suas fecerunt apostolici antistites, cum probarunt.

Ut ergo plenius, qui in aliquo dubitant, instruantur, constitutiones sanctorum Patrum compendioso manifestamus *Indiculo*, quo, si quis non nimium est contentiosus, agnoscat omnium disputationum connexionem ex hac subditarum auctoritatum brevitate pendere, nullamque sibi contradictionis superesse rationem, si cum catholicis credat et dicat:

**239** Cap. 1. In praevaricatione Adae omnes homines, naturalem possibilitatem[1] et innocentiam perdidisse, et neminem de profundo illius ruinae per liberum arbitrium posse consurgere, nisi eum gratia Dei miserentis erexerit, pronuntiante beatae memoriae I n n o c e n t i o papa atque dicente in epistula ad Carthaginense concilium[2]: "Liberum enim arbitrium olim ille perpessus, dum suis inconsultius utitur bonis, cadens in praevaricationis profunda demersus est, et nihil, quemadmodum exinde surgere posset, invenit; suaque in aeternum libertate deceptus, huius ruinae iacuisset oppressu, nisi eum post Christi pro sua gratia relevasset adventus, qui per novae, regenerationis purificationem omne praeteritum vitium sui baptismatis lavacro purgavit."

hätten, und verkünden, lediglich das zu befolgen und anzuerkennen, was der heiligste Stuhl des seligen Apostels Petrus gegen die Feinde der Gnade Gottes durch den Dienst seiner Vorsteher festgesetzt und gelehrt hat; deshalb war es notwendig, sorgfältig zu untersuchen, welches Urteil die Leiter der Römischen Kirche über die Häresie, die zu ihren Zeiten entstanden war, gefällt haben und welche Auffassung über die Gnade Gottes ihrer Meinung nach gegen die äußerst schädlichen Verteidiger des freien Willens zu vertreten ist; ⟨und zwar⟩ in der Weise, daß wir auch bestimmte Entscheidungen afrikanischer Synoden anfügten; freilich nur die, welche die apostolischen Bischöfe zu den ihrigen machten, indem sie sie anerkannten.

Damit also noch vollständiger unterrichtet werden, die in irgendeinem Punkte zweifeln, teilen wir die Bestimmungen der heiligen Väter in einem kurzen Verzeichnis (*Indiculus*) mit, aufgrund dessen, wer nicht allzu streitsüchtig ist, anerkennen muß, daß der Zusammenhang aller Erörterungen von den knappen untenstehenden Erklärungen abhängt und daß ihm kein Grund für einen Widerspruch bleibt, wenn er mit den Katholiken glaubt und sagt:

Kap. 1. In der Übertretung Adams haben alle Menschen ihre natürliche Fähigkeit[1] und Unschuld verloren, und niemand kann sich aus der Tiefe jenes Sturzes durch den freien Willen erheben, wenn ihn nicht die Gnade des erbarmenden Gottes aufgerichtet hat, wie Papst I n n o z e n z seligen Angedenkens verkündet und im Brief an die Synode von Karthago sagt[2]: "Jener hatte nämlich einst die Entscheidungsfreiheit erlitten, als er seine Güter zu unbesonnen gebrauchte; er kam zu Fall und versank in die Tiefen der Übertretung und fand nichts, wie er sich von dort erheben könnte; und durch seine Freiheit auf ewig getäuscht, wäre er unter dem Druck dieses Sturzes darniedergelegen, wenn ihn nicht hernach die Ankunft Christi in seiner Gnade wiedererhoben hätte, der durch die Reinigung der neuen Wiedergeburt jede vergangene Schuld durch das Bad seiner Taufe getilgt hat."

---

**\*239** [1] Vgl. Augustinus, *De natura et gratia* 40, n. 47 (CSEL 60,268 / PL 44,270).
[2] Brief "*In requirendis*", 27. Jan. 417, Nr. 7 (CSEL 44,709f) = Nr. 6 (PL 20,586B).

Cap. 2. Neminem esse per semetipsum bonum, nisi participationem sui ille donet, qui solus est bonus. Quod in eisdem scriptis eiusdem pontificis sententia protestatur dicens[1]: "Numquid nos de eorum posthac rectum mentibus aestimemus, qui sibi se putant debere, quod boni sunt, nec illum considerant, cuius quotidie gratiam consequuntur, qui sine illo tantum se assequi posse confidunt?"

Cap. 3. Neminem etiam baptismatis gratia renovatum idoneum esse ad superandas diaboli insidias et ad vincendas carnis concupiscentias, nisi per quotidianum adiutorium Dei perseverantiam bonae conservationis acceperit. Quod eiusdem antistitis in eisdem paginis doctrina confirmat, dicens[1]: "Nam quamvis hominem redemisset a praeteritis ille peccatis, tamen sciens iterum posse peccare, ad reparationem sibi, quemadmodum posset illum et post ista corrigere, multa servavit, quotidiana praestans illi remedia, quibus nisi freti confisique nitamur, nullatenus humanos vincere poterimus errores. Necesse est enim, ut quo auxiliante vincimus, eo iterum non adiuvante vincamur."

Cap. 4. Quod nemo, nisi per Christum, libero bene utatur arbitrio, idem magister in epistula ad Milevitanum concilium [416] data praedicat dicens[1]: "Adverte tandem, o pravissimarum mentium perversa doctrina, quod primum hominem ita libertas ipsa decepit, ut, dum indulgentius frenis eius utitur, in praevaricationem praesumptione conciderit. Nec ex hac potuit erui, nisi ei providentia regenerationis statum pristinae libertatis Christi Domini reformasset adventus."

Kap. 2. Niemand ist durch sich selbst gut, 240 wenn nicht jener die Teilhabe an sich selbst schenkt, der allein gut ist. Das bezeugt die Aussage desselben Papstes in demselben Schreiben, die lautet[1]: "Sollen wir etwa künftig von den Auffassungen derer etwas für richtig erachten, die meinen, sie verdankten sich selbst, daß sie gut sind, und ihren Blick nicht auf jenen richten, dessen Gnade sie täglich erlangen, die darauf vertrauen, ohne ihn so Großes erreichen zu können?"

Kap. 3. Niemand, auch wenn er durch die 241 Gnade der Taufe erneuert wurde, ist fähig, die Nachstellungen des Teufels zu überwinden und die Begehrlichkeiten der Fleisches zu besiegen, wenn er nicht durch die tägliche Hilfe Gottes die Beharrlichkeit, sich im Guten zu bewahren, empfangen hat. Dies bestätigt die Lehre desselben Bischofs auf denselben Seiten, die lautet[1]: "Denn auch wenn er den Menschen von den vergangenen Sünden erlöst hat, so hat er sich doch im Wissen, daß er wiederum sündigen kann, vieles zur Wiederherstellung – wie er ihn ⟨nämlich⟩ auch danach zurechtbringen könnte – aufbewahrt und gewährt ihm tägliche Heilmittel; wenn wir uns nicht im festen Vertrauen auf sie stützen, werden wir die menschlichen Irrtümer in keiner Weise besiegen können. Denn mit wessen Hilfe wir siegen, ohne dessen Hilfe werden wir andererseits notwendigerweise besiegt."

Kap. 4. Daß niemand, außer durch Chri- 242 stus, den freien Willen gut gebraucht, verkündet derselbe Lehrer in einem an die Synode von Mileve [416] gerichteten Brief, indem er sagt[1]: "Nimm endlich wahr, o verworfenster Geister verkehrte Lehre, daß die Freiheit selbst den ersten Menschen so getäuscht hat, daß er, als er ihre Zügel nachlässig gebrauchte, voller Vermessenheit in die Übertretung stürzte. Und er hätte daraus nicht errettet werden können, wenn ihm nicht die Ankunft

---

**\*240** [1]  Ebd., Nr. 3 (CSEL 44,705f / PL 20,584B); hier der vollständige Text nach CSEL (im *Indiculus* entweder abgekürzt oder verstümmelt): "... und ihren Blick nicht auf jenen richten, dessen Gnade sie täglich erlangen? Aber gerade diese, die so beschaffen sind, erlangen keine Gnade Gottes, die darauf vertrauen, ohne ihn so Großes erreichen zu können, was kaum jene verdienen, die von ihm erbitten und empfangen" ("... nec illum considerant, cuius cotidie gratiam consequuntur? Sed iam isti, qui tales sunt, nullam Dei gratiam consequuntur, qui sine illo tantum se adsequi posse confidunt, quantum vix illi, qui ab illo postulant et accipiunt, promerentur").

**\*241** [1]  Ebd., Nr. 7 (CSEL 44,710f) = Nr. 6 (PL 20,586C).

**\*242** [1]  Brief *"Inter ceteras"*, 27. Jan. 417, Nr. 3 (CSEL 44,718f / PL 20,591A).

Christi, des Herrn, durch die Vorsehung der Wiedergeburt den Zustand früherer Freiheit wiederhergestellt hätte."

**243**     Cap. 5. Quod omnia studia et omnia opera ac merita Sanctorum ad Dei gloriam laudemque referenda sint; quia nemo aliunde ei placet, nisi ex eo, quod ipse donaverit. In quam nos sententiam dirigit beatae recordationis papae Z o s i m i regularis auctoritas, cum scribens ad totius orbis episcopos ait[1]: "Nos autem instinctu Dei (omnia enim bona ad auctorem suum referenda sunt, unde nascuntur) ad fratrum et coepiscoporum nostrorum conscientiam universa retulimus." Hunc autem sermonem sincerissimae veritatis luce radiantem tanto Afri episcopi honore venerati sunt, ut ita ad eundem virum scriberent: "Illud vero, quod in litteris, quas ad universas provincias curasti esse mittendas, posuisti dicens: 'Nos tamen instinctu Dei, etc.', sic accepimus dictum, ut illos, qui contra Dei adiutorium extollunt humani arbitrii libertatem, districto gladio veritatis velut cursim transiens amputares. Quid enim tam libero fecistis arbitrio, quam quod universa in nostrae humilitatis conscientiam retulistis. Et tamen instinctu Dei factum esse fideliter sapienterque vidistis, veraciter fidenterque dixistis. Ideo utique, quia 'praeparatur voluntas a Domino' [*Prv 8,35 Septg.; cf. *374*], et ut boni aliquid agant, paternis inspirationibus suorum ipse tangit corda filiorum. 'Quotquot enim Spiritu Dei aguntur, hi filii Dei sunt' [*Rm 8,14*]; ut nec nostrum deesse sentiamus arbitrium, et in bonis quibusque voluntatis humanae singulis motibus magis illius valere non dubitemus auxilium."

**244**     Cap. 6. Quod ita Deus in cordibus hominum atque in ipso libero operetur arbitrio, ut sancta cogitatio, pium consilium omnisque

Kap. 5. Alle Bemühungen, alle Werke und Verdienste der Heiligen sind auf Gottes Ehre und Lob zurückzuführen; denn niemand gefällt ihm anders als aufgrund dessen, was er selbst geschenkt hat. Auf diesen Grundsatz macht uns die richtungweisende Autorität von Papst Z o s i m u s seligen Angedenkens aufmerksam, wenn er in einem Schreiben an die Bischöfe des ganzen Erdkreises sagt[1]: "Wir aber haben auf Antrieb Gottes (alles Gute ist nämlich an seinen Urheber zurückzubinden, von dem es stammt) alles an das Einverständnis unserer Brüder und Mitbischöfe zurückgebunden." Dieses lichtstrahlende Wort aufrichtigster Wahrheit verehrten die afrikanischen Bischöfe aber mit einer solch großen Hochachtung, daß sie folgendermaßen an denselben Mann schrieben: "Jenes aber, was du in dem Schreiben, das du an alle Provinzen hast schicken lassen, geäußert hast, indem du sagtest: 'Wir jedoch haben auf Antrieb Gottes, usw.', haben wir in dem Sinne aufgefaßt, daß du jene, die gegen den Beistand Gottes die Freiheit des menschlichen Willens hervorheben, mit dem gezückten Schwert der Wahrheit gleichsam im Vorüberlaufen abschnittest. Was nämlich habt Ihr mit solch freiem Willen getan, wie daß Ihr alles an das Einverständnis unserer Niedrigkeit zurückgebunden habt? Und dennoch habt Ihr getreu und weise gesehen, habt wahrhaft und getrost gesagt, daß es auf Antrieb Gottes geschehen sei. Deshalb freilich, weil 'der Wille vom Herrn bereitet wird' [*Spr 8,35 Septg.; vgl. *374*] und er selbst die Herzen seiner Söhne mit seinen väterlichen Einhauchungen rührt, damit sie etwas Gutes tun. 'Alle nämlich, die vom Geist Gottes geführt werden, sind Söhne Gottes' [*Röm 8,14*]; so sind wir denn der Auffassung, daß einerseits unsere Entscheidungsfreiheit nicht fehlt, und zweifeln nicht, daß andererseits in allen einzelnen guten Regungen des menschlichen Willens seine Hilfe mehr vermag."

Kap. 6. Gott wirkt so in den Herzen der Menschen und im freien Willen selbst, daß ein heiliger Gedanke, ein frommer Ent-

---

**\*243**  [1]  *Epistula tractoria* (vgl. *231)

motus bonae voluntatis ex Deo sit, quia per illum aliquid boni possumus, "sine quo nihil possumus" [*Io 15,5*]. Ad hanc enim nos professionem idem doctor Zosimus instituit, qui, cum ad totius orbis episcopos de divinae gratiae opitulatione loqueretur[1]: "Quod ergo", ait, "tempus intervenit, quo eius non egeamus auxilio? In omnibus igitur actibus, causis, cogitationibus, motibus adiutor et protector orandus est. Superbum est enim, ut quidquam sibi humana natura praesumat, clamante Apostolo: 'Non est nobis colluctatio adversus carnem et sanguinem, sed contra principes et potestates aëris huius, contra spiritalia nequitiae in caelestibus' [*Eph 6,12*]. Et sicut ipse iterum dicit: 'Infelix ego homo, quis me liberabit de corpore mortis huius? Gratia Dei per Iesum Christum Dominum nostrum' [*Rm 7,24s*]. Et iterum: 'Gratia Dei sum id quod sum, et gratia eius in me vacua non fuit; sed plus illis omnibus laboravi: non ego autem, sed gratia Dei mecum' [*1 Cor 15,10*]."

schluß und jede Regung des guten Willens aus Gott ist, weil wir ⟨nur⟩ durch den etwas Gutes vermögen, "ohne den wir nichts vermögen" [*Joh 15,5*]. Zu diesem Bekenntnis leitet uns nämlich derselbe Lehrer Zosimus an, der, als er zu den Bischöfen des ganzen Erdkreises über die Hilfeleistung der göttlichen Gnade sprach, sagt[1]: "Was gibt es also für einen Zeitpunkt, zu dem wir seiner Hilfe nicht bedürften? Bei allen Handlungen, Angelegenheiten, Gedanken und Regungen ist deshalb der Helfer und Beschützer anzurufen. Hochmütig wäre es nämlich, wenn sich die menschliche Natur irgendetwas anmaßte, da doch der Apostel laut verkündet: 'Wir haben nicht gegen Fleisch und Blut zu ringen, sondern gegen die Fürsten und Mächte dieser Sphäre, gegen die Geister der Bosheit in den Himmeln' [*Eph 6,12*]. Und wie er wiederum sagt: 'Ich unseliger Mensch, wer wird mich vom Leibe dieses Todes befreien? Die Gnade Gottes durch unseren Herrn Jesus Christus' [*Röm 7,24f*]. Und wiederum: 'Durch die Gnade Gottes bin ich das, was ich bin, und seine Gnade war mir gegenüber nicht untätig, sondern ich habe mehr gearbeitet als all jene: doch nicht ich, sondern die Gnade Gottes mit mir' [*1 Kor 15,10*]."

Cap. 7. Illud etiam, quod intra C a r t h a - g i n e n s i s synodi [*a. 418*] decreta constitutum est, quasi proprium Apostolicae Sedis amplectimur, quod scilicet tertio capitulo definitum est: "Ut quicumque dixerit, gratiam Dei, qua iustificamur per Iesum Christum Dominum nostrum, ad solam remissionem peccatorum valere, quae iam commissa sunt, non etiam ad adiutorium, ut non committantur, anathema sit."

Kap. 7. Auch jenes, was in den Dekreten der S y n o d e v o n K a r t h a g o [*im Jahre 418*] bestimmt ist, anerkennen wir gleichsam als Eigentum des Apostolischen Stuhles, was nämlich im dritten Kapitel festgelegt ist: "Wer sagt, die Gnade Gottes, kraft derer wir durch unseren Herrn Jesus Christus gerechtfertigt werden, tauge allein zur Vergebung der Sünden, die schon begangen wurden, nicht auch zur Hilfe, so daß sie nicht begangen werden, der sei mit dem Anathema belegt." 245

Et iterum quarto capitulo: "Ut quisquis dixerit, gratiam Dei per Iesum Christum propter hoc tantum nos adiuvare ad non peccandum, quia per ipsam nobis revelatur et aperitur intelligentia mandatorum, ut sciamus, quid appetere et quid vitare debeamus, non autem per illam nobis praestari, ut quod faciendum cognovimus, etiam facere diliga-

Und wiederum im vierten Kapitel: "Wer sagt, die Gnade Gottes durch Jesus Christus helfe uns nur deswegen, nicht zu sündigen, weil uns durch sie das Verständnis der Gebote enthüllt und eröffnet wird, so daß wir wissen, was wir erstreben und was wir meiden müssen, nicht aber, daß uns durch sie gewährt werde, daß wir das, was wir als zu

---

**244 [1] Ein weiteres Fragment der *Epistula tractoria*. Höchstwahrscheinlich gehört zu diesem Brief auch das ganze folgende Kapitel 7 des *Indiculus*, in dem fast wörtlich die Kanones 3-5 der Synode von Karthago (*225-227) wiederholt werden.

mus atque valeamus, anathema sit. Cum enim dicat Apostolus: 'Scientia inflat, caritas vero aedificat' [*1 Cor 8,1*]: valde impium est, ut credamus, ad eam, quae inflat, nos habere gratiam Christi, et ad eam, quae aedificat, non habere, cum sit utrumque donum Dei, et scire, quid facere debeamus, et diligere, ut faciamus, ut aedificante caritate, scientia non possit inflare. Sicut autem de Deo scriptum est: 'Qui docet hominem scientiam' [*Ps 93,10*], ita scriptum est etiam: 'Caritas ex Deo est' [*1 Io 4,7*]".

tun erkannt haben, auch zu tun wünschen und vermögen, der sei mit dem Anathema belegt. Da nämlich der Apostel sagt: 'Wissen bläht auf, die Liebe aber baut auf' [*1 Kor 8,1*], wäre es recht gottlos zu glauben, zu dem, was aufbläht, hätten wir die Gnade Christi, und zu dem, was aufbaut, hätten wir ⟨sie⟩ nicht, obwohl doch beides ein Geschenk Gottes ist, sowohl zu wissen, was wir tun müssen, als auch zu wünschen, daß wir ⟨es⟩ tun, so daß durch die aufbauende Liebe das Wissen nicht aufblähen kann. Wie aber von Gott geschrieben steht: 'Der den Menschen Wissen lehrt' [*Ps 94,10*], so steht auch geschrieben: 'Die Liebe ist aus Gott' [*1 Joh 4,7*]".

Item quinto capitulo: "Ut quisquis dixerit, ideo nobis gratiam iustificationis dari, ut, quod facere per liberum arbitrium iubemur, facilius possimus implere per gratiam, tamquam etsi gratia non daretur, non quidem facile, sed tamen possimus etiam sine illa implere divina mandata, anathema sit. De fructibus enim mandatorum Dominus loquebatur, ubi non ait: Sine me difficilius potestis facere, sed ait: 'Sine me nihil potestis facere' [*Io 15,5*]".

Ebenso im fünften Kapitel: "Wer sagt, die Gnade der Rechtfertigung werde uns deshalb gewährt, damit wir, was zu tun wir durch den freien Willen geheißen werden, durch die Gnade leichter erfüllen können, so als ob wir, auch wenn die Gnade nicht gewährt würde, zwar nicht leicht, aber dennoch auch ohne sie die göttlichen Gebote erfüllen könnten, der sei mit dem Anathema belegt. Von den Früchten der Gebote redete der Herr nämlich, wo er nicht sagt: Ohne mich könnt ihr ⟨es⟩ nur schwerlich tun, sondern sagt: 'Ohne mich könnt ihr nichts tun' [*Joh 15,5*]".

**246**  Cap. 8¹. Praeter has autem beatissimae et Apostolicae Sedis inviolabiles sanctiones, quibus nos piissimi Patres, pestiferae novitatis elatione deiecta, et bonae voluntatis exordia et incrementa probabilium studiorum et in eis usque in finem perseverantiam ad Christi gratiam referre docuerunt, obsecrationum quoque sacerdotalium sacramenta respiciamus, quae ab Apostolis tradita in toto mundo atque in omni Ecclesia catholica uniformiter celebrantur, ut legem credendi lex statuat supplicandi².

Kap. 8¹. Außer diesen unverletzlichen Bestimmungen des seligsten und Apostolischen Stuhles, mit denen uns die sehr gottesfürchtigen Väter nach Niederwerfung der Überheblichkeit verderblicher Neuerung lehrten, die Anfänge des guten Willens, das Wachstum der anerkennenswerten Bemühungen und das Verharren in ihnen bis zum Ende auf die Gnade Christi zurückzuführen, wollen wir aber auch die Sakramente der priesterlichen Gebete berücksichtigen, die, von den Aposteln überliefert, auf der ganzen Welt und in der gesamten katholischen Kirche einheitlich feierlich dargebracht werden, damit die Regel des Betens die Regel des Glaubens bestimme².

Cum enim sanctarum plebium praesules mandata sibimet legatione fungantur, apud divinam clementiam humani generis agunt causam, et tota secum Ecclesia congemiscen-

Wenn nämlich die Vorsteher der heiligen Völker den ihnen anvertrauten Auftrag erfüllen, vertreten sie vor der göttlichen Güte die Sache des Menschengeschlechtes und bit-

---

*246  ¹  Dieses 8. Kapitel hängt eng zusammen mit Prosper von Aquitanien, *De vocatione omnium gentium* I 12 (PL 51,664CD).
² Ein Leitsatz, in dem die Liturgie als Quelle theologischer Erkenntnis hervorgehoben wird.

te, postulant et precantur, ut infidelibus donetur fides, ut idololatrae ab impietatis suae liberentur erroribus, ut Iudaeis ablato cordis velamine lux veritatis appareat, ut haeretici catholicae fidei perceptione resipiscant, ut schismatici spiritum redivivae caritatis accipiant, ut lapsis paenitentiae remedia conferantur, ut denique catechumenis ad regenerationis sacramenta perductis caelestis misericordiae aula reseretur.

Haec autem non perfunctorie neque inaniter a Domino peti rerum ipsarum monstrat effectus: quandoquidem ex omni errorum genere plurimos Deus dignatur attrahere, quos "erutos de potestate tenebrarum transferat in regnum Filii caritatis suae" [cf. Col 1,13], et "ex vasis irae faciat vasa misericordiae" [cf. Rm 9,22s]. Quod adeo totum divini operis esse sentitur, ut haec efficienti Deo gratiarum semper actio laudisque confessio pro illuminatione talium vel correctione referatur.

Cap. 9. Illud etiam, quod circa baptizandos in universo mundo sancta Ecclesia uniformiter agit, non otioso contemplamur intuitu. Cum sive parvuli sive iuvenes ad regenerationis veniunt sacramentum, non prius fontem vitae adeunt, quam exorcismis et exsufflationibus clericorum spiritus ab eis immundus abigatur; ut tunc vere appareat, quomodo princeps mundi huius mittatur foras [Io 12,31], et quomodo prius alligetur fortis [cf. Mt 12,29], et deinceps vasa eius diripiantur [cf. Mc 3,27], in possessionem translata victoris, qui "captivam ducit captivitatem" [Eph 4,8], et dat dona hominibus [Ps 67,19].

His ergo ecclesiasticis regulis et ex divina sumptis auctoritate documentis, ita adiuvante Domino confirmati sumus, ut omnium bonorum affectuum atque operum et omnium studiorum omniumque virtutum, quibus ab

ten und flehen unter Einstimmung der ganzen Kirche, daß den Ungläubigen der Glaube geschenkt werde, daß die Götzenanbeter von den Irrtümern ihrer Gottlosigkeit befreit werden, daß den Juden der Schleier des Herzens weggenommen werde und das Licht der Wahrheit aufscheine, daß die Häretiker durch die Annahme des katholischen Glaubens wieder zur Vernunft kommen, daß die Schismatiker den Geist neubelebter Liebe empfangen, daß den Gefallenen die Heilmittel der Buße zugewendet werden, daß schließlich den Katechumenen, die zu den Sakramenten der Wiedergeburt geführt werden, der Tempel himmlischer Barmherzigkeit erschlossen werde.

Daß dies aber nicht leichthin oder unnütz vom Herrn erbeten wird, zeigt das tatsächliche Ergebnis: denn Gott läßt sich herab, aus jeder Art von Irrtümern sehr viele an sich zu ziehen, um sie "der Macht der Finsternis zu entreißen und in das Reich des Sohnes seiner Liebe zu überführen" [vgl. Kol 1,13] und "aus Gefäßen des Zornes zu Gefäßen der Barmherzigkeit zu machen" [vgl. Röm 9,22f]. Man spürt so sehr, daß dies alles ein göttliches Werk ist, daß Gott, der dies bewirkt, stets Danksagung und Lobpreis für ihre Erleuchtung und Besserung dargebracht wird.

Kap. 9. Wir betrachten auch jenes mit 247 nicht müßigem Blick, was die heilige Kirche in bezug auf die Täuflinge auf der ganzen Welt einheitlich tut. Wenn Kinder oder Jugendliche zum Sakrament der Wiedergeburt kommen, treten sie nicht eher zur Quelle des Lebens, als durch die Exorzismen und Anhauchungen der Kleriker der unreine Geist aus ihnen vertrieben wird; so soll wahrhaft sichtbar werden, wie der Fürst dieser Welt hinausgeworfen wird [Joh 12,31] und wie der Starke zuerst gebunden [vgl. Mt 12,29] und danach seine Habe geplündert wird [vgl. Mk 3,27]; ⟨sie ist⟩ in den Besitz des Siegers überführt, der "die Gefangenschaft gefangen nimmt" [Eph 4,8] und den Menschen Gaben gibt [Ps 68,19].

Durch diese kirchlichen Regeln und die 248 aus göttlicher Autorität genommenen Zeugnisse sind wir also mit Hilfe des Herrn so bestärkt worden, daß wir Gott als Urheber aller guten Neigungen und Werke, aller Be-

initio fidei ad Deum tenditur, Deum profiteamur auctorem, et non dubitemus, ab ipsius gratia omnia hominis merita praeveniri, per quem fit, ut aliquid boni et velle incipiamus et facere [cf. Phil 2,13].

Quo utique auxilio et munere Dei non aufertur liberum arbitrium, sed liberatur, ut de tenebroso lucidum, de pravo rectum, de languido sanum, de imprudente sit providum. Tanta enim est erga omnes homines bonitas Dei, ut nostra velit esse merita, quae sunt ipsius dona, et pro his, quae largitus est, aeterna praemia sit donaturus[1]. Agit quippe in nobis, ut, quod vult, et velimus et agamus, nec otiosa in nobis esse patitur, quae exercenda, non negligenda, donavit, ut et nos cooperatores simus gratiae Dei. Ac si quid in nobis ex nostra viderimus remissione languescere, ad illum sollicite recurramus, qui sanat omnes languores nostros et redimit de interitu vitam nostram [Ps 102,3s], et cui quotidie dicimus: Ne inducas nos in tentationem, sed libera nos a malo [Mt 6,13].

249      Cap. 10. Profundiores vero difficilioresque partes incurrentium quaestionum, quas latius pertractarunt, qui haereticis restiterunt, sicut non audemus contemnere, ita non necesse habemus adstruere, quia ad confitendum gratiam Dei, cuius operi ac dignationi nihil penitus subtrahendum est, satis sufficere credimus, quidquid secundum praedictas regulas Apostolicae Sedis nos scripta docuerunt: ut prorsus non opinemur catholicum, quod apparuerit praefixis sententiis esse contrarium.

mühungen und aller Tugenden bekennen, mit denen man vom Anfang des Glaubens an zu Gott strebt, und nicht zweifeln, daß seine Gnade allen Verdiensten des Menschen zuvorkommt; durch ihn wird bewirkt, daß wir etwas Gutes sowohl zu wollen als auch zu tun beginnen [vgl. Phil 2,13].

Durch diese Hilfe und Gabe Gottes wird freilich der freie Wille nicht aufgehoben, sondern befreit, damit er aus einem finsteren zum leuchtenden werde, aus einem verkehrten zum geraden, aus einem kranken zum gesunden, aus einem unklugen zum umsichtigen. So groß ist nämlich die Güte Gottes gegen alle Menschen, daß er will, daß unsere Verdienste seien, was seine eigenen Geschenke sind, und für das, was er gewährt hat, ewigen Lohn schenken wird[1]. Er wirkt nämlich in uns, daß wir sowohl wollen als auch tun, was er will, und läßt nicht zu, daß in uns müßig ist, was er zum Vollzug, nicht zur Vernachlässigung geschenkt hat, damit auch wir Mitarbeiter der Gnade Gottes seien. Und wenn wir sehen, daß etwas in uns aufgrund unserer Nachlässigkeit krankt, wollen wir angelegentlich zu ihm unsere Zuflucht nehmen, der alle unsere Krankheiten heilt und unser Leben vom Untergang errettet [Ps 103,3f] und dem wir täglich sagen: Führe uns nicht in Versuchung, sondern befreie uns von dem Bösen [Mt 6,13].

Kap. 10. Die tiefergehenden und schwierigeren Teile der anfallenden Fragen aber, welche diejenigen breiter behandelt haben, die den Häretikern Widerstand leisteten, wagen wir weder zu verachten noch halten wir es für nötig, ⟨sie⟩ noch anzuführen; denn wir glauben, daß, um die Gnade Gottes zu bekennen, dessen Wirken und Herablassung nicht das Geringste entzogen werden darf, hinlänglich genügt, was uns die Schriften gemäß den vorher genannten Regeln des Apostolischen Stuhles gelehrt haben: so daß wir das für überhaupt nicht katholisch halten, was offensichtlich den vorangestellten Sätzen widerspricht.

---

*248   [1]    Augustinus, Brief 194 an den Presbyter Sixtus, Kap. 5, Nr. 19 (CSEL 57,190f / PL 33,880).

## Konzil von EPHESUS (3. ökum.): 22. Juni – Sept. 431

Das von Kaiser Theodosius II. einberufene Konzil verwarf vor allem die Häresie des Nestorius. Es verurteilte außerdem die Pelagianer (vgl. *267f) und die Messalianer bzw. Euchiten oder Enthusiasten, indem es den Synodalbrief der unter Sisinnius 426/27 abgehaltenen Synode von Konstantinopel billigte. (Vgl. ACOe 1/I/VII, 117f; lateinische Übersetzung ebd. 1/V, 354f). Die Synodalen waren im Streit um Nestorius so sehr in zwei Parteien gespalten, in Kyrillianer und in "Orientalen", daß sie ihre Sitzungen getrennt abhielten. Die 1. Sitzung der Kyrillianer wurde von Kyrill von Alexandrien als Gesamtsitzung des Konzils noch vor Eintreffen der päpstlichen Delegation und der antiochenischen Bischöfe auf den 22. Juni anberaumt. Unter Protest verlasen die Kaiserlichen Gesandten das Einladungsschreiben, womit sie das Konzil als eröffnet betrachteten. In der 1. Sitzung wurden der Brief Kyrills von Alexandrien «Καταφλυαροῦσι μέν» (vgl. *250f), der zweite jener drei Briefe, die er an Nestorius geschrieben hatte, und der Brief der Synode von Alexandrien «Τοῦ σωτῆρος», dem die 12 Anathematismen (vgl. *252-263) beigefügt sind, verlesen. Die anwesenden Väter stellten die Übereinstimmung des Briefes «Καταφλυαροῦσι μέν» mit dem Glauben von Nikaia fest (vgl. ACOe 1/I/II, 13-31; eine sehr abgekürzte lateinische Übersetzung ebd. 1/II, 39f). Von einer Bestätigung des anderen Briefes bzw. der Anathematismen sagen die Konzilsakten nichts. (Vgl. auch P. Galtier: RechScRel 23 (1933) 45-57.) Die überlieferten "Anti-Anathematismen" des Nestorius (hrsg. unter den Übersetzungen des Marius Mercator: ACOe 1/V/I, 71-84 / PL 48,909-923) sind nach E. Schwartz (SbBayAk, Philosophisch-philologisch und historische Klasse [1922] Heft 1) unecht. Die Entscheidungen der 1. Sitzung der Kyrillianer wurden von den Legaten des Papstes in der 2. und 3. Sitzung (10.-11. Juli) bestätigt. – Die bei MaC und HaC vorliegende Kennzeichnung der Sitzungen und Kanones mit Hilfe von Ziffern gibt es in der kritischen Ausgabe der ACOe nicht.

### 250-264: 1. Sitzung der Kyrillianer, 22. Juni 431

#### a) 2. Brief Kyrills von Alexandrien an Nestorius («Καταφλυαροῦσι μέν»)

Geschrieben zwischen dem 26. Jan. und dem 24. Febr. 430; auf dem Konzil verlesen und gebilligt.

*Ausg.:* ACOe 1/I/I, $26_{25}$-$28_{22}$; lateinische Übersetzungen: 1/II, $38_2$-$39_{10}$; 1/III, 21; 1/V/I, 50 / PG 77,45B-48BC ( = Kyrill, Brief 4) / MaC 4,1138 / HaC 1,1273E-1277A; 2,116D-117E / COeD³ $41_{22}$-$44_{10}$.

### *Die Fleischwerdung des Gottessohnes*

Οὐ γάρ φαμεν ὅτι ἡ τοῦ Λόγου φύσις μεταποιηθεῖσα γέγονε σάρξ· ἀλλ' οὐδὲ ὅτι εἰς ὅλον ἄνθρωπον μετεβλήθη, τὸν ἐκ ψυχῆς καὶ σώματος· ἐκεῖνο δὲ μᾶλλον, ὅτι σάρκα ἐψυχωμένην ψυχῇ λογικῇ ἑνώσας ὁ Λόγος ἑαυτῷ καθ' ὑπόστασιν, ἀφράστως τε καὶ ἀπερινοήτως γέγονεν ἄνθρωπος, καὶ κεχρημάτικεν υἱὸς ἀνθρώπου, οὐ κατὰ θέλησιν μόνην, ἢ εὐδοκίαν· ἀλλ' οὐδὲ ὡς ἐν προσλήψει προσώπου μόνου· καὶ ὅτι διάφοροι μὲν αἱ πρὸς ἑνότητα τὴν ἀληθινὴν συνενεχθεῖσαι φύσεις· εἷς δὲ ἐξ ἀμφοῖν Χριστὸς καὶ Υἱός· οὐχ ὡς τῆς τῶν φύσεων διαφορᾶς ἀνῃρημένης διὰ τὴν ἕνωσιν· ἀποτελεσασῶν δὲ μᾶλλον ἡμῖν τὸν ἕνα Κύριον καὶ Χριστὸν καὶ Υἱόν, θεότητός τε καὶ ἀνθρωπότητος, διὰ τῆς ἀφράστου καὶ ἀπορρήτου πρὸς ἑνότητα συνδρομῆς. ...

Denn wir sagen nicht, daß die Natur des **250** Wortes verwandelt wurde und Fleisch geworden ist; aber auch nicht, daß sie in einen ganzen Menschen aus Seele und Leib verwandelt wurde; vielmehr dies, daß das Wort, indem es das mit einer vernunftbegabten Seele beseelte Fleisch mit sich selbst der Hypostase nach einte, auf unaussprechliche und unbegreifliche Weise Mensch geworden und Menschensohn genannt worden ist, nicht allein seinem Willen oder Gutdünken entsprechend, aber auch nicht allein gleichsam in der Annahme einer Person; ferner behaupten wir, daß die Naturen, die sich zu einer wahrhaftigen Einheit verbunden haben, zwar verschieden ⟨sind⟩, Christus und der Sohn aber einer aus beiden ⟨ist⟩, nicht etwa weil der Unterschied der Naturen wegen der Einung aufgehoben worden wäre, sondern vielmehr weil die Gottheit und Menschheit durch die unaussprechliche und geheimnisvolle Verbindung zu einer Einheit uns den einen Herrn und Christus und Sohn gebildet haben. ...

251   Οὐ γὰρ πρῶτον ἄνθρωπος ἐγεννήθη κοι-
νὸς ἐκ τῆς ἁγίας Παρθένου· εἶθ' οὕτως κα-
ταπεφοίτηκεν ἐπ' αὐτὸν ὁ Λόγος· ἀλλ' ἐξ
αὐτῆς μήτρας ἐνωθεὶς ὑπομεῖναι λέγεται
γέννησιν σαρκικήν, ὡς τῆς ἰδίας σαρκὸς τὴν
γέννησιν οἰκειούμενος. ... Οὕτως τεθαρσή-
κασι, θεοτόκον εἰπεῖν τὴν ἁγίαν παρθένον,
οὐχ ὡς τῆς τοῦ Λόγου φύσεως ἤτοι τῆς
θεότητος αὐτοῦ τὴν ἀρχὴν τοῦ εἶναι λα-
βούσης ἐκ τῆς ἁγίας παρθένου, ἀλλ' ὡς
γεννηθέντος ἐξ αὐτῆς τοῦ ἁγίου σώματος
ψυχωθέντος λογικῶς, ᾧ καὶ καθ' ὑπόστασιν
ἐνωθεὶς ὁ Λόγος γεγεννῆσθαι λέγεται κατὰ
σάρκα.

Denn es ist nicht so, daß zuerst ein gewöhnlicher Mensch aus der heiligen Jungfrau geboren wurde und erst dann das Wort
auf ihn herabstieg; vielmehr wird von ihm
gesagt, daß es schon vom Mutterschoß her
geeint die fleischliche Geburt auf sich genommen hat, da es sich die Geburt seines eigenen Fleisches zu eigen machte. ... Und so
haben sie [die heiligen Väter] es getrost unternommen, die heilige Jungfrau Gottesgebärerin zu nennen, nicht etwa weil die Natur des
Wortes bzw. seine Gottheit den Anfang des
Seins aus der heiligen Jungfrau genommen
hätte, sondern weil der vernünftig beseelte
heilige Leib aus ihr geboren wurde; mit ihm
hat sich das Wort der Hypostase nach geeint,
und deshalb wird von ihm gesagt, es sei dem
Fleische nach geboren worden.

## b) 2. Brief Nestorius' an Kyrill («Τὰς μὲν καθ' ἡμῶν ὕβρεις»)

Dieser Brief, den Nestorius am 15. Juni 430 geschrieben hatte, wurde auf dem Konzil nach dem Brief Kyrills
verlesen. Ebenso pauschal wie über den Kyrill- Brief wurde über den Nestorius- Brief entschieden. Er wurde
verworfen, weil er dem Bekenntnis von Nikaia widerspreche. Aus dem verworfenen Text kann man kein
genaues Urteil über die Lehre des Nestorius gewinnen. Dazu vgl. seine Fragmente (F. Loofs, *Nestoriana*
[Halle/S. 1905]) und seinen im Exil verfaßten *Liber Heraclidis* (der syrische Text wurde herausgegeben von
P. Bedjan [Paris 1910]; französische Übersetzung von F. Nau [Paris 1910]; englische Übersetzung von G.R.
Driver – L. Hodgson [Oxford 1925]).
      *Ausg.*: ACOe 1/I/I, 29$_{27}$-32$_4$ ( = griechisch); 1/II, 41$_{25}$-43$_{15}$; 1/V/I, 47$_{21}$-49$_9$ ( = lateinische Übersetzun-
gen) / Loofs, a.a.O. 175$_5$-179$_{13}$ / MaC 4,893 / HaC 1,1277D-1281B / PG 77,52A-56B ( = Kyrill, Brief 5).

## Die Einung der Naturen in Christus

251a   (c. 3) Πιστεύω [πιστεύομεν] τοίνυν, φασί
[οἱ ἅγιοι Πατέρες], καὶ εἰς τὸν κύριον ἡμῶν
Ἰησοῦν Χριστὸν τὸν υἱὸν αὐτοῦ τὸν μονογενῆ. Σκόπησον ὅπως τὸ «κύριος» καὶ
«Ἰησοῦς» καὶ «Χριστός» καὶ «μονογενής»
καὶ «υἱός» πρότερον θέντες τὰ κοινὰ τῆς
θεότητος καὶ τῆς ἀνθρωπότητος ὡς θε-
μελίους ὀνόματα τότε τὴν τῆς ἐνανθρωπήσεως καὶ τῆς ἀναστάσεως καὶ τοῦ πάθους
ἐποικοδομοῦσι παράδοσιν, ἵνα τῶν ὀνο-
μάτων τῆς φύσεως ἑκατέρας κοινῶν τινων
σημαντικῶν προκειμένων μήτε τὰ τῆς υἱότητος καὶ κυριότητος τέμνηται μήτε τὰ τῶν
φύσεων ἐν τῷ τῆς υἱότητος μοναδικῷ συγ-
χύσεως ἀφανισμῷ κινδυνεύῃ.

(Kap. 3) *Ich glaube* [wir glauben] also, sa-
gen sie [die heiligen Väter], auch an unseren
Herrn Jesus Christus, seinen einziggeborenen
Sohn. Siehe, wie sie zuerst die ⟨Wörter⟩
"Herr" und "Jesus" und "Christus" und "einziggeboren" und "Sohn", die gemeinsamen
Namen für die Gottheit und für die Menschheit, gleichsam als Fundamente setzen und
dann erst die Überlieferung von der
Menschwerdung, der Auferstehung und vom
Leiden darauf aufbauen, damit durch das
Voranstellen der Namen, die jede der beiden
Naturen gemeinsam kennzeichnen, weder
das, was zur Sohnschaft und zur Herrschaft
gehört, zerschnitten wird, noch das, was zu
den Naturen gehört, in Gefahr gerät, sich in
der Einzigkeit der Sohnschaft zu vermischen
und zu verschwinden.

251b   (c. 4) Τούτου γὰρ αὐτοῖς παιδευτὴς ὁ
Παῦλος γεγένηται, ὃς τῆς ἐνανθρωπήσεως
τῆς θείας τὴν μνήμην ποιούμενος καὶ

(Kap. 4) Darin nämlich ist Paulus ihr Lehrer, der, wo er an die göttliche Menschwerdung erinnert und das, was mit dem Leiden

μέλλων τὰ τοῦ πάθους ἐπάγειν, πρότερον θεὶς τὸ «Χριστός», τὸ κοινόν, ὡς μικρῷ πρότερον ἔφην, τῶν φύσεων ὄνομα, προσάγει τὸν λόγον ἀμφωτέραις πρεπῴδη ταῖς φύσεσιν. Τί γάρ φησιν; «Τοῦτο φρονείσθω ἐν ὑμῖν ὃ καὶ ἐν Χριστῷ Ἰησοῦ, ὃς ἐν μορφῇ Θεοῦ ὑπάρχων οὐχ ἁρπαγμὸν ἡγήσατο τὸ εἶναι ἴσα Θεῷ. Ἀλλ'», ἵνα μὴ τὰ καθ' ἕκαστον λέγω, «ὑπήκοος ἐγένετο μέχρι θανάτου, θανάτου δὲ σταυροῦ» [*Phil 2,5s 8*]. Ἐπειδὴ γὰρ ἔμελλεν τοῦ θανάτου μεμνῆσθαι, ἵνα μὴ τὸν Θεὸν Λόγον ἐντεῦθέν τις παθητὸν ὑπολάβῃ, τίθησιν τὸ «Χριστός», ὡς τῆς ἀπαθοῦς καὶ παθητῆς οὐσίας ἐν μοναδικῷ προσώπῳ προσηγορίαν σημαντικήν, ὅπως καὶ ἀπαθὴς ὁ Χριστὸς καὶ παθητὸς ἀκινδύνως καλοῖτο, ἀπαθὴς μὲν θεότητι, παθητὸς δὲ τῇ τοῦ σώματος φύσει.

(c. 5) Πολλὰ λέγειν περὶ τούτου δυνάμενος καὶ πρῶτόν γε τὸ μηδὲ γεννήσεως ἐπὶ τῆς οἰκονομίας, ἀλλ' ἐνανθρωπήσεως τοὺς ἁγίους ἐκείνους μνημονεῦσαι πατέρας, τὴν τῆς βραχυλογίας ἐν προοιμίοις ὑπόσχεσιν χαλινοῦσαν τὸν λόγον αἰσθάνομαι καὶ πρὸς τὸ δεύτερον τῆς σῆς ἀγάπης κινοῦσαν κεφάλαιον, ἐν ᾧ τὴν μὲν τῶν φύσεων ἐπήνουν διαίρεσιν κατὰ τὸν τῆς ἀνθρωπότητος καὶ θεότητος λόγον καὶ τὴν τούτων εἰς ἑνὸς προσώπου [*sic!*] συνάφειαν καὶ τὸ τὸν Θεὸν λόγον δευτέρας ἐκ γυναικὸς μὴ φάσκειν δεδεῆσθαι γεννήσεως καὶ τοῦ πάθους ἄδεκτον ὁμολογεῖν τὴν θεότητα. Ὀρθόδοξα γὰρ ὡς ἀληθῶς τὰ τοιαῦτα καὶ ταῖς τῶν αἱρέσεων πασῶν περὶ τὰς δεσποτικὰς φύσεις ἐναντία κακοδοξίαις. Τὰ λοιπὰ δὲ εἰ μέν τινα σοφίαν κεκρυμμένην ἐπήγετο ταῖς τῶν ἀναγινωσκόντων ἀκοαῖς ἀκατάληπτον, τῆς σῆς ἐστιν ἀκριβείας εἰδέναι· ἐμοὶ γοῦν τὰ πρῶτα καταστρέφειν ἐδόκει. Τὸν γὰρ ἐν τοῖς πρώτοις ἀπαθῆ κηρυχθέντα καὶ δευτέρας γεννήσεως ἄδεκτον πάλιν παθητὸν καὶ νεόκτιστον οὐκ οἶδ' ὅπως εἰσῆγεν, ὡς τῶν κατὰ φύσιν τῷ Θεῷ λόγῳ προσόντων τῇ τοῦ ναοῦ συναφείᾳ διεφθαρμένων ἢ μικροῦ τινος τοῖς ἀνθρώποις νομιζομένου τοῦ τὸν ἀναμάρτητον ναὸν καὶ τῆς θείας ἀχώριστον φύσεως τὴν ὑπὲρ ἁμαρτωλῶν γέννησίν τε καὶ τελευτὴν ὑπομεῖναι ἢ πιστεύεσθαι τῆς δεσποτικῆς

zusammenhängt, aufgreifen will, zuerst das ⟨Wort⟩ "Christus" setzt, den, wie ich kurz zuvor sagte, gemeinsamen Namen der Naturen, und dann die den beiden Naturen zukommende Aussage hinzufügt. Was sagt er nämlich? "In Euch soll die Gesinnung herrschen, die auch in Christus Jesus war, der, obwohl er in Gottesgestalt war, sein Gottgleichsein nicht für eine Beute erachtete. Vielmehr", um mich nicht in Einzelheiten zu verlieren, "wurde er gehorsam bis zum Tod, ja, bis zum Tod am Kreuz" [*Phil 2,5f 8*]. Da er nämlich an den Tod erinnern wollte, setzt er, damit keiner aufgrund dessen vermute, Gott, das Wort, sei leidensfähig, das ⟨Wort⟩ "Christus" als die das leidensunfähige und das leidensfähige Wesen in einer einzigen Person kennzeichnende Benennung, damit Christus gefahrlos sowohl leidensunfähig als auch leidensfähig genannt werden könne, leidensunfähig in der Gottheit, leidensfähig aber in der Natur des Leibes.

(Kap. 5) Ich könnte noch vieles dazu sagen, und zwar an erster Stelle, daß jene heiligen Väter im Rahmen des Heilsgeschehens nicht etwa Zeugung, sondern Menschwerdung erwähnen; doch ich merke, daß das im Vorwort ⟨gegebene⟩ Versprechen zur Kürze der Rede Zügel auferlegt und zum zweiten Kapitel Deiner Liebe treibt, in dem ich die Unterscheidung der Naturen nach dem Begriff der Menschheit und Gottheit und ihre Verbindung zu einer Person lobenswert fand; ferner, daß nicht gesagt wird, Gott, das Wort, habe einer zweiten Geburt aus einer Frau bedurft, und daß bekannt wird, die Gottheit sei leidensunfähig. Denn dies ist wahrhaftig rechtgläubig und den Irrlehren aller Häresien über die Naturen des Herrn entgegengesetzt. Sollte das übrige aber irgendeine verborgene Weisheit, die den Ohren der Leser unfaßbar ist, vorgebracht haben, so ist das Wissen darum Deiner Spitzfindigkeit anheimgestellt; mir jedenfalls schien es das Vorangegangene über den Haufen zu werfen. Denn es führte den, von dem zuerst verkündet wurde, er sei leidensunfähig und keiner zweiten Geburt unterworfen, irgendwie wieder als leidensfähig und von neuem geschaffen ein, so als ob das, was Gott, dem Wort, seiner Natur nach zukommt, in der Verbindung mit dem Tempel zerstört wäre oder es

251c

οὐκ ὀφειλούσης φωνῆς πρὸς Ἰουδαίους
βοώσης· «Λύσατε τὸν ναὸν τοῦτον, καὶ ἐν
τρισὶν ἡμέραις ἐγερῶ αὐτόν» [Io 2,19], οὐ·
λύσατέ μου τὴν θεότητα καὶ ἐν τρισὶν ἡμέραις ἐγερθήσεται.

von den Menschen als etwas Geringes erachtet werde, daß der sündenlose und von der
göttlichen Natur untrennbare Tempel die Geburt und den Tod für die Sünder auf sich genommen hat, oder man der Stimme des
Herrn keinen Glauben schuldete, die den Juden zurief: "Reißt diesen Tempel ein und in
drei Tagen werde ich ihn aufrichten" [Joh
2,19], nicht: Reißt meine Gottheit ein und in
drei Tagen wird sie aufgerichtet werden.

**251d**    (c. 6) ... Πανταχοῦ τῆς θείας γραφῆς, ἡνί-
κα ἂν μνήμην τῆς δεσποτικῆς οἰκονομίας
ποιῆται, γέννησις ἡμῖν καὶ πάθος οὐ τῆς
θεότητος, ἀλλὰ τῆς ἀνθρωπότητος τοῦ Χριστοῦ παραδίδοται, ὡς καλεῖσθαι κατὰ ἀκρι-
βεστέραν προσηγορίαν τὴν ἁγίαν παρθένον
Χριστοτόκον, οὐ Θεοτόκον. Καὶ ἄκουε ταῦτα τῶν εὐαγγελίων βοώντων· «Βίβλος»,
φησίν, «γενέσεως, Ἰησοῦ Χριστοῦ υἱοῦ
Δαυὶδ υἱοῦ Ἀβραάμ» [Mt 1,1]. Δῆλον δὲ ὅτι
τοῦ Δαυὶδ υἱὸς ὁ Θεὸς Λόγος οὐκ ἦν. Δέχου
καὶ ἄλλην, εἰ δοκεῖ, μαρτυρίαν «Ἰακὼβ δὲ
ἐγέννησε τὸν Ἰωσὴφ τὸν ἄνδρα Μαρίας, ἐξ
ἧς ἐγεννήθη Ἰησοῦς ὁ λεγόμενος Χριστός»
[Mt 1,16]. Σκόπει πάλιν ἑτέραν ἡμᾶς δια-
μαρτυρομένην φωνήν· «Τοῦ δὲ Ἰησοῦ Χριστοῦ ἡ γέννησις οὕτως ἦν. Μνηστευθείσης
γὰρ τῆς μητρὸς αὐτοῦ Μαρίας τῷ Ἰωσήφ, εὑ-
ρέθη ἐν γαστρὶ ἔχουσα ἐκ πνεύματος ἁγίου»
[Mt 1,18]. Κτίσμα δὲ Πνεύματος τίς ἂν τὴν
τοῦ μονογενοῦς ὑπολάβοι θεότητα; Τί δεῖ
λέγειν καὶ τὸ «ἦν ἡ μήτηρ τοῦ Ἰησοῦ ἐκεῖ»
[Io 2,1]; καὶ πάλιν τὸ «σὺν Μαρίᾳ τῇ μητρὶ
τοῦ Ἰησοῦ» [Act 1,14] καὶ τὸ «τὸ ἐν αὐτῇ
γεννηθὲν ἐκ πνεύματός ἐστιν ἁγίου» [Mt
1,20] καὶ τὸ «λάβε τὸ παιδίον καὶ τὴν μητέ-
ρα αὐτοῦ καὶ φεῦγε εἰς Αἴγυπτον» [Mt 2,13]
καὶ τὸ «Περὶ τοῦ υἱοῦ αὐτοῦ τοῦ γενομένου
ἐκ σπέρματος Δαυὶδ κατὰ σάρκα» [Rm 1,3]
καὶ περὶ τοῦ πάθους αὖθις ὅτι «ὁ Θεὸς τὸν
ἑαυτοῦ υἱὸν πέμψας ἐν ὁμοιώματι σαρκὸς
ἁμαρτίας καὶ περὶ ἁμαρτίας κατέκρινε τὴν
ἁμαρτίαν ἐν τῇ σαρκί» [Rm 8,3] καὶ πάλιν
«Χριστὸς ἀπέθανεν ὑπὲρ τῶν ἁμαρτιῶν
ἡμῶν» [1 Cor 15,3] καὶ «Χριστοῦ παθόντος
σαρκί» [1 Pt 4,1] καὶ «Τοῦτό ἐστιν», οὐχ ἡ
θεότης μοῦ, ἀλλὰ «τὸ σῶμα τὸ ὑπὲρ ὑμῶν
κλώμενον» [1 Cor 11,24].

(Kap. 6) ... Überall in der göttlichen
Schrift, wo auch immer an das Heilshandeln
des Herrn erinnert wird, wird uns Geburt
und Leiden nicht der Gottheit, sondern der
Menschheit Christi überliefert, so daß die
heilige Jungfrau mit einem treffenderen Titel
Christusgebärerin, nicht Gottesgebärerin genannt wird. Höre dies auch von den Evangelien, die verkünden: "Buch", sagt es, "der
Abstammung Jesu Christi, des Sohnes Davids, des Sohnes Abrahams" [Mt 1,1]. Es ist
aber offensichtlich, daß der Sohn Davids
Gott, das Wort, nicht war. Nimm, wenns beliebt, noch einen anderen Beleg: "Jakob aber
zeugte Joseph, den Mann Mariens, aus der
geboren wurde Jesus, der Christus genannt
wird" [Mt 1,16]. Sieh wiederum ein anderes
Wort, das uns bestätigt: "Mit der Geburt Jesu
Christi aber verhielt es sich so: Als seine
Mutter Maria nämlich mit Joseph verlobt
war, da stellte es sich heraus, daß sie aus Heiligem Geist schwanger war" [Mt 1,18]. Wer
aber wird denn annehmen, daß die Gottheit
des Einziggeborenen ein Geschöpf des Geistes sei? Wozu soll man auch noch das ⟨Wort⟩
nennen: "Die Mutter Jesu war dort" [Joh
2,1]? Und wiederum: "Mit Maria, der Mutter
Jesu" [Apg 1,14], und: "Das in ihr Gezeugte
ist aus Heiligem Geist" [Mt 1,20], und:
"Nimm das Kind und seine Mutter und flie-
he nach Ägypten" [Mt 2,13], und: "Über seinen Sohn, der dem Fleisch nach aus dem Samen Davids stammt" [Röm 1,3], und wiederum über das Leiden: "Gott sandte seinen
Sohn in der Gestalt des Fleisches der Sünde
und um der Sünde willen und verurteilte im
Fleisch die Sünde" [Röm 8,3], und wiederum:
"Christus starb für unsere Sünden" [1 Kor
15,3], und: "Da Christus im Fleisch gelitten
hat" [1 Petr 4,1], und: "Dies ist", nicht meine
Gottheit, sondern "der Leib, der für Euch gebrochen wird" [1 Kor 11,24].

(c. 7) Καὶ ἄλλων μυρίων φωνῶν δια-
μαρτυρομένων τῶν ἀνθρώπων τὸ γένος μὴ
τὴν τοῦ υἱοῦ νομίζειν θεότητα πρόσφατον ἢ
πάθους σωματικοῦ δεκτικήν, ἀλλὰ τὴν
συνημμένην τῇ φύσει τῆς θεότητος σάρκα.
Ὅθεν καὶ κύριον τοῦ Δαυὶδ ἑαυτὸν ὁ Χριστὸς καὶ υἱὸν ὀνομάζει· «Τί γάρ», φησίν,
«ὑμῖν δοκεῖ περὶ τοῦ Χριστοῦ; τίνος υἱός
ἐστι; λέγουσιν αὐτῷ· τοῦ Δαυίδ. Ἀπεκρίθη
Ἰησοῦς καὶ εἶπεν αὐτοῖς· πῶς οὖν Δαυὶδ ἐν
πνεύματι κύριον αὐτὸν καλεῖ, λέγων· εἶπεν ὁ
κύριος τῷ κυρίῳ μου· κάθου ἐκ δεξιῶν μου»
[Mt 22,42-44]· ὡς υἱὸς ὢν πάντως τοῦ Δαυὶδ
κατὰ σάρκα, κατὰ δὲ τὴν θεότητα κύριος.
Εἶναι μὲν οὖν τῆς τοῦ υἱοῦ θεότητος τὸ
σῶμα ναὸν καὶ ναὸν κατ' ἄκραν τινὰ καὶ
θείαν ἡνωμένων συνάφειαν, ὡς οἰκειοῦσθαι
τὰ τούτου τὴν τῆς θεότητος φύσιν, ὁμολο-
γεῖσθαι καλὸν καὶ τῶν εὐαγγελικῶν παραδόσεων ἄξιον· τὸ δὲ δὴ τῷ τῆς οἰκειότητος
προστρίβειν ὀνόματι καὶ τὰς τῆς συνημ-
μένης σαρκὸς ἰδιότητας, γέννησιν λέγω καὶ
πάθος καὶ νέκρωσιν, ἢ πλανωμένης ἐστίν,
ἀδελφέ, καθ' Ἕλληνας διανοίας ἢ τὰ τοῦ
φρενοβλαβοῦς Ἀπολιναρίου καὶ Ἀρείου καὶ
τῶν ἄλλων νοσούσης αἱρέσεων, μᾶλλον δέ
τι κἀκείνων βαρύτερον. Ἀνάγκη γὰρ τῷ τῆς
οἰκειότητος τοὺς τοιούτους παρασυρομέ-
νους ὀνόματι καὶ γαλακτοτροφίας κοινω-
νὸν διὰ τὴν οἰκειότητα τὸν Θεὸν Λόγον
ποιεῖν καὶ τῆς κατὰ μικρὸν αὐξήσεως μέτ-
οχον καὶ τῆς ἐν τῷ τοῦ πάθους καιρῷ δειλίας
καὶ βοηθείας ἀγγελικῆς ἐνδεᾶ. Καὶ σιωπῶ
περιτομὴν καὶ θυσίαν καὶ ἱδρῶτας καὶ πει-
νᾶν, ἃ τῇ σαρκὶ μὲν ὡς δι' ἡμᾶς συμβάντα
προσκυνητὰ προσαπτόμενα ἐπὶ δὲ τῆς
θεότητος ταῦτα καὶ ψευδῆ λαμβανόμενα
καὶ ἡμῖν ὡς συκοφάνταις δικαίας κατακρίσεως αἴτια.

(Kap. 7) Noch unzählige andere Worte be- 251e
schwören das Menschengeschlecht, nicht zu
meinen, die Gottheit des Sohnes sei neu oder
für körperliches Leiden empfänglich, sondern das mit der Natur der Gottheit verbundene Fleisch. Deshalb nennt sich Christus sowohl Herr als auch Sohn Davids:
"Was", sagt er, "meint ihr denn über den
Christus? Wessen Sohn ist er? Sie sagen ihm:
Davids. Jesus antwortete und sprach zu ihnen: Wie kann David ihn denn im Geiste
'Herr' nennen, wenn er sagt: Der Herr sprach
zu meinem Herrn: Sitze zu meiner Rechten"
[Mt 22,42-44]; denn er war dem Fleische
nach vollkommen Sohn Davids, der Gottheit
nach aber ⟨sein⟩ Herr. Daß also der Leib
Tempel der Gottheit des Sohnes und zwar
Tempel im Sinne einer hervorragenden und
göttlichen Verbindung der geeinten ⟨Teile⟩
ist, so daß sich die Natur der Gottheit das,
was diesem gehört, zu eigen macht, ⟨dies⟩ zu
bekennen ist gut und der evangelischen
Überlieferung würdig; wenn man nun aber
dem Begriff der Aneignung auch die Eigentümlichkeiten des verbundenen Fleisches
anhängt, ich meine die Geburt, das Leiden
und das Sterben, so ist das, mein Bruder, Zeichen eines nach Art der Griechen in die Irre
gehenden Geistes oder eines, der an den Gedanken des verrückten Apollinaris, des Arius
und der anderen Häresien krankt, ja sogar
noch schwerwiegender als jene. Denn
zwangsläufig machen solche, verführt vom
Begriff der Aneignung, Gott, das Wort, wegen der Aneignung auch der Ernährung mit
Milch teilhaftig, und lassen es am allmähli-
chen Wachstum und an der Furcht im Augenblick des Leidens teilhaben und der Hilfe
durch den Engel bedürftig sein. Und ich
schweige von der Beschneidung, dem Opfern,
dem Schweiß und dem Hungern; wenn man
dies mit dem Fleische in Verbindung bringt,
ist es – da ihm dies ja unsertwegen widerfahren ist – anbetungswürdig; bei der Gottheit
aber wird dies fälschlicherweise angenommen und ist Ursache für unsere gerechte Verurteilung als Verleumder.

## c) Anathematismen Kyrills von Alexandrien, die dem Brief der Synode von Alexandrien «Τοῦ σωτῆρος ἡμῶν» an Nestorius ( = 3. Brief Kyrills an Nestorius) beigefügt waren

Der Brief ist Anfang November 430 abgefaßt und Nestorius am 30. Nov. übergeben worden.

*Ausg.:* ACOe 1/I/I, 40–42; lateinische Übersetzungen 1/II, 50f (*Collectio Veronensis*); 1/V/II, 242–244 / PG 77,120f (= Kyrill, Brief 17) / MaC 4,1081D–1084E / COeD³ 59₁₀-61₂₂ / Hn § 219.

### Die Einung der Naturen in Christus

252    α´. Εἴ τις οὐχ ὁμολογεῖ, Θεὸν εἶναι κατὰ ἀλήθειαν τὸν Ἐμμανουήλ, καὶ διὰ τοῦτο Θεοτόκον τὴν ἁγίαν παρθένον (γεγέννηκε γὰρ σαρκικῶς σάρκα γεγονότα τὸν ἐκ Θεοῦ λόγον)· ἀνάθεμα ἔστω.

253    β´. Εἴ τις οὐχ ὁμολογεῖ, σαρκὶ καθ᾽ ὑπό- στασιν ἡνῶσθαι τὸν ἐκ Θεοῦ πατρὸς λόγον, ἕνα τε εἶναι Χριστὸν μετὰ τῆς ἰδίας σαρκός, τὸν αὐτὸν δηλονότι Θεόν τε ὁμοῦ καὶ ἄν- θρωπον· ἀνάθεμα ἔστω.

254    γ´. Εἴ τις ἐπὶ τοῦ ἑνὸς Χριστοῦ διαιρεῖ τὰς ὑποστάσεις μετὰ τὴν ἕνωσιν, μόνῃ συν- άπτων αὐτὰς συναφείᾳ τῇ κατὰ τὴν ἀξίαν, ἤγουν αὐθεντίαν ἢ δυναστείαν, καὶ οὐχὶ δὴ μᾶλλον συνόδῳ τῇ καθ᾽ ἕνωσιν φυσικήν· ἀνάθεμα ἔστω.

255    δ´. Εἴ τις προσώποις δυσὶν ἢ γοῦν ὑπο- στάσεσιν τάς τε ἐν τοῖς εὐαγγελικοῖς καὶ ἀποστολικοῖς συγγράμμασι διανέμει φωνάς, ἢ ἐπὶ Χριστῷ παρὰ τῶν ἁγίων λεγομένας, ἢ παρ᾽ αὐτοῦ περὶ ἑαυτοῦ· καὶ τὰς μὲν ὡς ἀν- θρώπῳ παρὰ τὸν ἐκ Θεοῦ λόγον ἰδικῶς νοουμένῳ προσάπτει, τὰς δὲ ὡς θεοπρεπεῖς μόνῳ τῷ ἐκ Θεοῦ πατρὸς λόγῳ· ἀνάθεμα ἔστω.

256    ε´. Εἴ τις τολμᾷ λέγειν θεοφόρον ἄνθρω- πον τὸν Χριστόν, καὶ οὐχὶ δὴ μᾶλλον Θεὸν εἶναι κατὰ ἀλήθειαν, ὡς υἱὸν ἕνα καὶ φύσει, καθὸ γέγονε σὰρξ ὁ λόγος καὶ κεκοινώνηκε παραπλησίως ἡμῖν αἵματος καὶ σαρκός· ἀνάθεμα ἔστω.

257    ϛ´. Εἴ τις λέγει, Θεὸν ἢ δεσπότην εἶναι τοῦ Χριστοῦ τὸν ἐκ Θεοῦ πατρὸς λόγον καὶ οὐχὶ δὴ μᾶλλον τὸν αὐτὸν ὁμολογεῖ Θεόν τε ὁμοῦ καὶ ἄνθρωπον, ὡς γεγονότος σαρκὸς τοῦ λόγου κατὰ τὰς γραφάς· ἀνάθεμα ἔστω.

258    ζ´. Εἴ τίς φησιν, ὡς ἄνθρωπον ἐνηργῆσθαι παρὰ τοῦ Θεοῦ λόγου τὸν Ἰησοῦν καὶ τὴν τοῦ μονογενοῦς εὐδοξίαν περιῆφθαι, ὡς

1. Wer nicht bekennt, daß der Emmanuel wahrhaftig Gott und deshalb die heilige Jungfrau Gottesgebärerin ist (denn sie hat das Wort, das aus Gott ist und Fleisch wurde, dem Fleisch nach geboren), der sei mit dem Anathema belegt.

2. Wer nicht bekennt, daß das Wort, das aus Gott, dem Vater, ist, mit dem Fleisch der Hypostase nach geeint ist und daß Christus mit seinem eigenen Fleisch e i n e r ist, nämlich als derselbe zugleich Gott und Mensch, der sei mit dem Anathema belegt.

3. Wer bei dem einen Christus die Hypo- stasen nach der Einung zertrennt, indem er sie nur in einer Verbindung der Würde bzw. Macht oder Herrschaft nach verbindet und nicht vielmehr in einem Zusammenkommen im Sinne einer natürlichen Einung, der sei mit dem Anathema belegt.

4. Wer die Worte, die in den Evangelien und apostolischen Schriften enthalten sind oder von den Heiligen über Christus oder von ihm selbst über sich ausgesagt wurden, auf zwei Personen oder auch Hypostasen ver- teilt und die einen gewissermaßen einem ne- ben dem Wort, das aus Gott ist, getrennt ge- dachten Menschen zuschreibt, die anderen aber als Gott angemessen allein dem Wort, das aus Gott, dem Vater, ist, der sei mit dem Anathema belegt.

5. Wer zu behaupten wagt, Christus sei ein Mensch, der Gott ⟨in sich⟩ trägt, und nicht vielmehr wahrhaftig Gott als einziger und natürlicher Sohn, da ja das Wort Fleisch ge- worden ist und gleich uns Anteil an Blut und Fleisch gehabt hat, der sei mit dem Anathe- ma belegt.

6. Wer behauptet, das Wort, das aus Gott, dem Vater, ist, sei Gott oder Herr Christi, und nicht vielmehr bekennt, daß derselbe zu- gleich Gott und Mensch ist, da nach den Schriften das Wort Fleisch geworden ist, der sei mit dem Anathema belegt.

7. Wer behauptet, Jesus sei wie ein Mensch von Gott, dem Wort, zum Wirken befähigt worden und der Ruhm des Einziggeborenen

ἑτέρῳ παρ' αὐτὸν ὑπάρχοντι· ἀνάθεμα ἔστω.

η΄. Εἴ τις τολμᾷ λέγειν, τὸν ἀναληφθέντα ἄνθρωπον συμπροσκυνεῖσθαι δεῖν τῷ Θεῷ λόγῳ, καὶ συνδοξάζεσθαι, καὶ συγχρηματίζειν Θεόν, ὡς ἕτερον ἑτέρῳ (τὸ γὰρ «σὺν» ἀεὶ προστιθέμενον τοῦτο νοεῖν ἀναγκάσει) καὶ οὐχὶ δὴ μᾶλλον μιᾷ προσκυνήσει τιμᾷ τὸν Ἐμμανουὴλ καὶ μίαν αὐτῷ τὴν δοξολογίαν ἀνάπτει, καθὸ γέγονε σὰρξ ὁ λόγος· ἀνάθεμα ἔστω.

θ΄. Εἴ τίς φησιν τὸν ἕνα κύριον Ἰησοῦν Χριστὸν δεδοξάσθαι παρὰ τοῦ πνεύματος, ὡς ἀλλοτρίᾳ δυνάμει τῇ δι' αὐτοῦ χρώμενον, καὶ παρ' αὐτοῦ λαβόντα τὸ ἐνεργεῖν δύνασθαι κατὰ πνευμάτων ἀκαθάρτων, καὶ τὸ πληροῦν εἰς ἀνθρώπους τὰς θεοσημείας, καὶ οὐχὶ δὴ μᾶλλον ἴδιον αὐτοῦ τὸ πνεῦμά φησιν, δι' οὗ καὶ ἐνήργηκε τὰς θεοσημείας· ἀνάθεμα ἔστω.

ι΄. Ἀρχιερέα καὶ ἀπόστολον τῆς ὁμολογίας ἡμῶν [*cf. Hbr 3,1*] γεγενῆσθαι Χριστόν, ἡ θεία λέγει γραφή, προσκεκόμικε δὲ ὑπὲρ ἡμῶν ἑαυτὸν εἰς ὀσμὴν εὐωδίας τῷ θεῷ [*cf. Eph 5,2*] καὶ πατρί· εἴ τις τοίνυν ἀρχιερέα καὶ ἀπόστολον ἡμῶν γεγενῆσθαί φησιν οὐκ αὐτὸν τὸν ἐκ Θεοῦ λόγον, ὅτε γέγονε σὰρξ καὶ καθ' ἡμᾶς ἄνθρωπος, ἀλλ' ὡς ἕτερον παρ' αὐτὸν ἰδικῶς ἄνθρωπον ἐκ γυναικός· ἢ εἴ τις λέγει, καὶ ὑπὲρ ἑαυτοῦ προσενεγκεῖν αὐτὸν τὴν προσφοράν, καὶ οὐχὶ δὴ μᾶλλον ὑπὲρ μόνων ἡμῶν (οὐ γὰρ ἂν ἐδεήθη προσφορᾶς ὁ μὴ εἰδὼς ἁμαρτίαν)· ἀνάθεμα ἔστω.

ια΄. Εἴ τις οὐχ ὁμολογεῖ τὴν τοῦ κυρίου σάρκα ζωοποιὸν εἶναι, καὶ ἰδίαν αὐτοῦ τοῦ ἐκ Θεοῦ πατρὸς λόγου, ἀλλ' ὡς ἑτέρου τινὸς παρ' αὐτὸν συνημμένου μὲν αὐτῷ κατὰ τὴν ἀξίαν ἢ γοῦν ὡς μόνην θείαν ἐνοίκησιν ἐσχηκότος, καὶ οὐχὶ δὴ μᾶλλον ζωοποιόν, ὡς ἔφημεν, ὅτι γέγονεν ἰδία τοῦ λόγου, τοῦ τὰ πάντα ζωογονεῖν ἰσχύοντος· ἀνάθεμα ἔστω.

hafte gleichsam einem anderen, der neben ihm existiert, an, der sei mit dem Anathema belegt.

8. Wer zu behaupten wagt, der angenommene Mensch müsse mit Gott, dem Wort, mitangebetet, mitverherrlicht und Gott mitgenannt werden, wie einer mit einem andern (denn das immer hinzugesetzte "mit" wird zwingen, dies zu denken), und nicht vielmehr den Emmanuel mit e i n e r Anbetung ehrt und ihm e i n e n Lobpreis zuteil werden läßt, da ja das Wort Fleisch geworden ist, der sei mit dem Anathema belegt. **259**

9. Wer sagt, der eine Herr Jesus Christus sei vom Geist verherrlicht worden, in dem Sinne, daß er die Kraft, die durch ihn verliehen wurde, als eine fremde Kraft gebraucht und von ihm die Fähigkeit empfangen habe, unreinen Geistern entgegenzuwirken und den Menschen gegenüber die Gotteszeichen zu vollbringen, und nicht vielmehr sagt, daß der Geist ihm eigen war, durch den er auch die Gotteszeichen gewirkt hat, der sei mit dem Anathema belegt. **260**

10. Hoherpriester und Apostel unseres Bekenntnisses [*vgl. Hebr 3,1*] sei Christus geworden, sagt die Heilige Schrift; und er hat sich selbst für uns dem Gott und Vater hingegeben zu einem Wohlgeruch [*vgl. Eph 5,2*]; wer nun also sagt, nicht das Wort, das aus Gott ist, selbst sei unser Hoherpriester und Apostel geworden, als es Fleisch und Mensch wie wir geworden ist, sondern gleichsam ein anderer, neben ihm getrennt bestehender und aus der Frau geborener Mensch; oder wer behauptet, er habe das Opfer auch für sich selbst dargebracht und nicht vielmehr für uns allein (denn er, der die Sünde nicht kannte, hätte keines Opfers bedurft), der sei mit dem Anathema belegt. **261**

11. Wer nicht bekennt, daß das Fleisch des Herrn lebenspendend und dem Wort, das aus Gott, dem Vater, ist, selbst eigen ist, sondern sagt, es sei gleichsam irgendeinem andern neben ihm eigen, der mit ihm der Würde nach verbunden oder aber gleichsam nur im Besitz der göttlichen Einwohnung gewesen sei, und nicht vielmehr lebenspendend ist, wie wir sagten, weil es dem Wort eigen geworden ist, das mächtig ist, alles lebendig zu machen, der sei mit dem Anathema belegt. **262**

263 ιβ'. Εἴ τις οὐχ ὁμολογεῖ τὸν τοῦ Θεοῦ λόγον παθόντα σαρκί, καὶ ἐσταυρωμένον σαρκί, καὶ θανάτου γευσάμενον σαρκί, γεγονότα τε πρωτότοκον ἐκ τῶν νεκρῶν, καθὸ ζωή
τέ ἐστι καὶ ζωοποιὸς ὡς Θεός· ἀνάθεμα
ἔστω.

12. Wer nicht bekennt, daß das Wort Gottes im Fleisch gelitten hat, im Fleisch gekreuzigt wurde, im Fleisch den Tod gekostet hat
und der Erstgeborene aus den Toten geworden ist, da es ja als Gott Leben und Lebensspender ist, der sei mit dem Anathema belegt.

## d) Konzilsentscheid gegen Nestorius

*Ausg.:* ACOe 1/I/II,54; lateinische Übersetzungen: 1/II,65; 1/III,82f / MaC 4,1212CD / HaC 1,1421DE.

### Verurteilung des Nestorianismus

264 Πρὸς τοῖς ἄλλοις, μήτε ὑπακοῦσαι βου-
ληθέντος τοῦ τιμιωτάτου Νεστορίου τῇ
παρ' ἡμῶν κλήσει, μήτε μὴν τοὺς παρ' ἡμῶν
ἀποσταλέντας ἁγιωτάτους καὶ θεοσεβεστά-
τους ἐπισκόπους προσδεξαμένου, ἀναγκαίως ἐχωρήσαμεν ἐπὶ τὴν ἐξέτασιν τῶν
δυσσεβηθέντων αὐτῷ καὶ φωράσαντες αὐτόν, ἔκ τε τῶν ἐπιστολῶν αὐτοῦ καὶ ἐκ τῶν
συγγραμμάτων τῶν ἀναγνωσθέντων καὶ ἐκ
τῶν ἀρτίως παρ' αὐτοῦ ῥηθέντων κατὰ
τήνδε τὴν μητρόπολιν καὶ προσμαρτυ-
ρηθέντων δυσσεβῶς φρονοῦντα καὶ κηρύτ-
τοντα, ἀναγκαίως κατεπειχθέντες ἀπό τε
τῶν κανόνων καὶ ἐκ τῆς ἐπιστολῆς τοῦ ἁγιωτάτου πατρὸς ἡμῶν καὶ συλλειτουργοῦ Κε-
λεστίνου τοῦ ἐπισκόπου τῆς Ῥωμαίων
Ἐκκλησίας, δακρύσαντες πολλάκις ἐπὶ
ταύτην τὴν σκυθρωπὴν κατ' αὐτοῦ ἐχωρήσαμεν ἀπόφασιν·

Ὁ βλασφημηθεὶς τοίνυν παρ' αὐτοῦ Κύριος ἡμῶν Ἰησοῦς Χριστὸς ὥρισε διὰ τῆς
παρούσης ἁγιωτάτης συνόδου, ἀλλότριον
εἶναι τὸν αὐτὸν Νεστόριον τοῦ τε ἐπισκο-
πικοῦ ἀξιώματος καὶ παντὸς συλλόγου ἱε-
ρατικοῦ.

Da zu dem anderen hin der hochgeehrte
Nestorius weder unserer Ladung Folge leisten wollte noch auch die von uns gesandten
sehr heiligen und gottesfürchtigen Bischöfe
empfing, schritten wir notgedrungen zur Prüfung der von ihm stammenden Gottlosigkeiten; sowohl aufgrund seiner Briefe als auch
aufgrund der Schriften, die vorgelesen wurden, und aufgrund dessen, was neulich von
ihm in dieser Hauptstadt gesagt und durch
Zeugen bestätigt wurde, haben wir ihn überführt, daß er gottlos denkt und verkündet;
gedrängt sowohl von den Kanones als auch
vom Brief unseres heiligsten Vaters und
Amtsbruders Cölestin, des Bischofs der Römischen Kirche, kamen wir deshalb unter
vielen Tränen notgedrungen zu folgendem
betrüblichen Urteil gegen ihn:

Unser von ihm gelästerter Herr Jesus
Christus legte also durch das gegenwärtige
heiligste Konzil fest, daß derselbe Nestorius
sowohl von der Bischofswürde als auch von
jeder priesterlichen Versammlung ausgeschlossen ist.

## 265–266: 6. Sitzung der Kyrillianer, 22. Juli 431

*Ausg.:* ACOe 1/I/VII,105f; lateinische Übersetzungen: 1/II,69f; 1/III, 83f; 1/III,133 / MaC 4,1361D–1364B
/ HaC 1,1526D / COeD³ 65.

### Das Festhalten am nizänischen Glaubensbekenntnis

265 ... Ὥρισεν ἡ ἁγία σύνοδος, ἑτέραν πίστιν
μηδενὶ ἐξεῖναι προφέρειν ἢ γοῦν συγγράφειν ἢ συντιθέναι παρὰ τὴν ὁρισθεῖσαν
παρὰ τῶν ἁγίων πατέρων τῶν ἐν τῇ Νι-
καέων συνελθόντων σὺν ἁγίῳ πνεύματι. ...

... Das heilige Konzil legte fest, daß es keinem erlaubt sei, ein anderes Glaubensbekenntnis vorzubringen oder auch abzufassen
oder zusammenzustellen als das, welches von
den in Nikaia mit dem Heiligen Geist versammelten heiligen Vätern festgelegt wurde. ...

... Εἰ φωραθεῖέν τινες εἴτε ἐπίσκοποι εἴτε κληρικοί, εἴτε λαϊκοὶ ἢ φρονοῦντες ἢ διδάσκοντες τὰ ἐν τῇ προσκομισθείσῃ ἐκθέσει παρὰ Χαρισίου τοῦ πρεσβυτέρου περὶ τῆς ἐνανθρωπήσεως τοῦ μονογενοῦς υἱοῦ τοῦ Θεοῦ[1], ἢ γοῦν τὰ μιαρὰ καὶ διεστραμμένα Νεστορίου δόγματα ... ὑποκείσθωσαν τῇ ἀποφάσει τῆς ἁγίας ταύτης καὶ οἰκουμενικῆς συνόδου. ...

Wenn welche - seien es Bischöfe, Kleriker 266 oder Laien - überführt werden, daß sie das, was in der von dem Priester Charisius herbeigebrachten Darlegung über die Menschwerdung des einziggeborenen Sohnes Gottes[1] enthalten ist, oder auch die frevlerischen und verkehrten Lehren des Nestorius ... entweder denken oder lehren, so sollen sie dem Urteil dieses heiligen und ökumenischen Konzils unterliegen. ...

### 267-268: 7. Sitzung der Kyrillianer, 31. Aug. (?) 431: Synodalbrief

*Ausg.:* ACOe 1/I/III,27₂₃-28₁₀; lateinische Übersetzungen: 1/IV,243 / MaC 4,1471C-1473A / HaC 1,1621D-1624A / Bruns 1,24f / COeD³ 63f.

*Verurteilung des Pelagianismus*

α'. Εἴτε ὁ μητροπολίτης τῆς ἐπαρχίας ἀποστατήσας τῆς ἁγίας καὶ οἰκουμενικῆς συνόδου ... τὰ Κελεστίου ἐφρόνησεν ἢ φρονήσει, οὗτος κατὰ τῶν τῆς ἐπαρχίας ἐπισκόπων διαπράττεσθαί τι οὐδαμῶς δύναται, πάσης ἐκκλησιαστικῆς κοινωνίας ἐντεῦθεν ἤδη ὑπὸ τῆς συνόδου ἐκβεβλημένος καὶ ἀνενέργητος ὑπάρχων. ...

1. Wenn der Metropolit einer Provinz vom 267 heiligen und ökumenischen Konzil abgefallen ist ... und die Gedanken des Caelestius gedacht hat oder denken wird, so kann dieser überhaupt nichts gegen die Bischöfe der Provinz durchsetzen, da er schon von jetzt an durch das Konzil von jeder kirchlichen Gemeinschaft ausgeschlossen und amtsenthoben ist. ...

δ'. Εἰ δέ τινες ἀποστατήσαιεν τῶν κληρικῶν, καὶ τολμήσαιεν ἢ κατ᾽ ἰδίαν ἢ δημοσίᾳ τὰ Νεστορίου ἢ τὰ Κελεστίου φρονῆσαι, καὶ τούτους εἶναι καθῃρημένους, ὑπὸ τῆς ἁγίας συνόδου δεδικαίωται.

4. Wenn aber welche von den Klerikern 268 abfallen und es wagen, entweder privat oder öffentlich die Gedanken des Nestorius oder die des Caelestius zu denken, so ist vom heiligen Konzil beschlossen, daß auch diese abgesetzt sind.

## XYSTUS (SIXTUS) III.: 31. Juli 432 - 19. (18.?) Aug. 440

### 271-273: Einigungsformel zwischen Kyrill von Alexandrien und den Bischöfen der Kirche von Antiochien, Frühjahr 433

Durch diese Einigungsformel, durch Bischof Johannes von Antiochien, dem Sprecher der Orientalen, vorgeschlagen, wurden die nach dem Konzil von Ephesus fortdauernden christologischen Auseinandersetzungen beigelegt. Der Text findet sich in drei Dokumenten: [A'] Johannes von Antiochien, Brief «*Πρῴην ἐκ θεσπίσματος*» an Kyrill von Alexandrien; [B'] Kyrill von Alexandrien, Brief «*Εὐφραινέσθωσαν οἱ οὐρανοί*» an Johannes von Antiochien; [C'] Johannes von Antiochien, Brief «*Ἐπὶ καλῷ*» an Papst Xystus III. Der Papst gratulierte beiden zur Einigung. Eine ausdrückliche Billigung der Formel liegt nicht vor. (Vgl. Briefe vom 17. Sept. 433, hrsg. ACOe 1/II,107 108; vgl. JR 391f).

*Ausg.:* ACOe 1/I/IV,8f; lateinische Übersetzung 1/II,103 [= A']; 1/I/IV,17; lateinische Übersetzung 1/II,104f [= B']; 1/I/VII,159 (nur griechisch) [= C'] / PG 77,172B-173A [= A', = Kyrill, Brief 38]; 77,177B [= B', = Brief 39] / MaC 5,292A-C [= A']; 5,304E-305B [= B'] / Hn § 170 / HaC 1,1691E [= A']; 1,1704AB [= B']. [C' fehlt in PG MaC HaC].

---

**\*266** [1]   Vgl. ACOe 1/I/VII,97 / MaC 4,1348.

## Die zwei Naturen in Christus

271     Περὶ δὲ τῆς θεοτόκου παρθένου ὅπως καὶ φρονοῦμεν καὶ λέγομεν, τοῦ τε τρόπου τῆς ἐνανθρωπήσεως τοῦ υἱοῦ τοῦ Θεοῦ, ἀναγκαίως, οὐκ ἐν προσθήκης μέρει, ἀλλ’ ἐν πληροφορίας εἴδει, ὡς ἄνωθεν ἔκ τε τῶν θείων γραφῶν ἔκ τε τῆς παραδόσεως τῶν ἁγίων πατέρων παρειληφότες ἐσχήκαμεν, διὰ βραχέων ἐροῦμεν, οὐδὲν τὸ σύνολον προστιθέντες τῇ τῶν ἁγίων πατέρων τῶν ἐν Νικαίᾳ ἐκτεθείσῃ πίστει. Ὡς γὰρ ἔφθημεν εἰρηκότες, πρὸς πᾶσαν ἐξαρκεῖ καὶ εὐσεβείας γνῶσιν καὶ πάσης αἱρετικῆς κακοδοξίας ἀποκήρυξιν. Ἐροῦμεν δὲ οὐ κατατολμῶντες τῶν ἀνεφίκτων, ἀλλὰ τῇ ὁμολογίᾳ τῆς οἰκείας ἀσθενείας ἀποκλείοντες τοῖς ἐπιφύεσθαι βουλομένοις, ἐν οἷς τὰ ὑπὲρ ἄνθρωπον διασκεπτόμεθα.

272     Ὁμολογοῦμεν τοιγαροῦν τὸν κύριον ἡμῶν Ἰησοῦν Χριστὸν τὸν υἱὸν τοῦ θεοῦ τὸν μονογενῆ, θεὸν τέλειον καὶ ἄνθρωπον τέλειον ἐκ ψυχῆς λογικῆς καὶ σώματος, πρὸ αἰώνων μὲν ἐκ τοῦ πατρὸς γεννηθέντα κατὰ τὴν θεότητα, ἐπ’ ἐσχάτου δὲ τῶν ἡμερῶν τὸν αὐτὸν δι’ ἡμᾶς καὶ διὰ τὴν ἡμετέραν σωτηρίαν ἐκ Μαρίας τῆς παρθένου κατὰ τὴν ἀνθρωπότητα, ὁμοούσιον τῷ πατρὶ τὸν αὐτὸν κατὰ τὴν θεότητα καὶ ὁμοούσιον ἡμῖν κατὰ τὴν ἀνθρωπότητα. Δύο γὰρ φύσεων ἔνωσις γέγονεν· δι’ ὃ ἕνα Χριστόν, ἕνα υἱόν, ἕνα κύριον ὁμολογοῦμεν. Κατὰ ταύτην τὴν τῆς ἀσυγχύτου ἑνώσεως ἔννοιαν ὁμολογοῦμεν τὴν ἁγίαν παρθένον θεοτόκον διὰ τὸν θεὸν λόγον σαρκωθῆναι καὶ ἐνανθρωπῆσαι καὶ ἐξ αὐτῆς τῆς συλλήψεως ἑνῶσαι ἑαυτῷ τὸν ἐξ αὐτῆς ληφθέντα ναόν.

273     Τὰς δὲ εὐαγγελικὰς καὶ ἀποστολικὰς περὶ τοῦ κυρίου φωνὰς ἴσμεν τοὺς θεολόγους ἄνδρας τὰς μὲν κοινοποιοῦντας ὡς ἐφ’ ἑνὸς προσώπου, τὰς δὲ διαιροῦντας ὡς ἐπὶ δύο φύσεων, καὶ τὰς μὲν θεοπρεπεῖς κατὰ τὴν θεότητα τοῦ Χριστοῦ, τὰς δὲ ταπεινὰς κατὰ τὴν ἀνθρωπότητα αὐτοῦ παραδιδόντας.

Wie wir aber über die jungfräuliche Gottesgebärerin und über die Art der Menschwerdung des Gottessohnes denken und reden, wollen wir, da es notwendig ist, nicht als Hinzufügung, sondern im Sinne vollständiger Erklärung, so wie wir es von alters her aus den göttlichen Schriften und aus der Überlieferung der heiligen Väter empfangen haben, in Kürze erläutern, ohne dem Glauben, der von den heiligen Vätern in Nikaia dargelegt wurde, das Geringste hinzuzufügen. Wie wir nämlich schon gesagt haben, genügt er zu jeglicher Erkenntnis des rechten Glaubens und zur Widerlegung jeglichen häretischen Irrtums. Wir wollen aber reden, nicht als ob wir uns an das Unerreichbare heranwagten, sondern indem wir im Eingeständnis der eigenen Schwachheit die zurückweisen, die ⟨uns⟩ angreifen wollen ⟨für die Worte⟩, in denen wir das Übermenschliche erörtern.

Wir bekennen also, daß unser Herr Jesus Christus, der einziggeborene Sohn Gottes, vollkommener Gott und· vollkommener Mensch aus vernunftbegabter Seele und Leib, vor den Zeiten der Gottheit nach aus dem Vater gezeugt wurde, am Ende der Tage aber unsertwegen und um unseres Heiles willen der Menschheit nach aus Maria, der Jungfrau, geboren wurde, daß derselbe wesensgleich ist dem Vater der Gottheit nach und wesensgleich uns der Menschheit nach. Denn es geschah die Einung zweier Naturen; deshalb bekennen wir ⟨den⟩ einen Christus, ⟨den⟩ einen Sohn, ⟨den⟩ einen Herrn. Entsprechend diesem Verständnis von der unvermischten Einung bekennen wir die heilige Jungfrau als Gottesgebärerin, weil Gott, das Wort, Fleisch und Mensch geworden ist und schon von der Empfängnis an den Tempel, den er aus ihr empfing, mit sich geeint hat.

Was aber die Aussagen der Evangelien und Apostel über den Herrn betrifft, so wissen wir, daß die Theologen die einen gemeinsam beziehen, da sie ⟨die⟩ eine Person ⟨betreffen⟩, die anderen aber unterscheiden, da sie ⟨die⟩ zwei Naturen ⟨betreffen⟩, und daß sie die Gott geziemenden im Sinne der Gottheit Christi, die niedrigen aber im Sinne seiner Menschheit überliefern.

# LEO I. DER GROSSE: 29. Sept. 440 – 10. Nov. 461

## 280–281: Brief "Ut nobis gratulationem" an die Bischöfe in Kampanien, Picenum und Tuskien, 10. Okt. 443

*Ausg.:* H. Wurm: Apoll 12 (1939) 90f / PL 54,613A–614A ( = Brief 4) / BullCocq 1,29b / BullTau 1,47b / Gratian, *Decretum*, p. II, cs. 14, q. 4, c. 8 (and.7) (Frdb 1,737). – *Reg.:* JR 402.

### *Zinsnahme*

(c. 3) Nec hoc quoque praetereundum duximus, quosdam lucri turpis cupiditate captatos usurariam exercere pecuniam, et faenore velle ditescere, quod Nos non dicam in eos, qui sunt in clericali officio constituti, sed et in laicos cadere, qui christianos se dici cupiunt, condolemus. Quod vindicari acrius in eos qui fuerint confutati decernimus, ut omnis peccandi opportunitas adimatur.

(Kap. 3) Auch dies meinten Wir nicht **280** übergehen zu sollen, daß manche, von der Begierde nach schändlichem Gewinn gefangen, Zinsgeschäfte machen und durch Wucher reich werden wollen; daß dies, ich will nicht sagen, auf jene, die sich in einem klerikalen Amt befinden, sondern auch auf Laien zutrifft, die wollen, daß sie Christen genannt werden, bedauern Wir sehr. Wir bestimmen, daß gegen jene, die überführt wurden, schärfer vorgegangen werde, damit jede Gelegenheit zu sündigen entfernt werde.

(c. 4) Illud etiam duximus praemonendum, ut sicut non suo, ita nec alieno nomine aliquis clericorum exercere faenus adtemptet: indecens enim est, crimen suum commodis alienis impendere. Faenus autem hoc solum aspicere et exercere debemus, ut quod hic misericorditer tribuimus, ab eo Domino, qui multipliciter et in perpetuum mansura tribuet, recipere valeamus.

(Kap. 4) Auch daran meinten Wir erinnern **281** zu sollen, daß keiner von den Klerikern, wie nicht in eigenem, so auch nicht in fremdem Namen Zinsgeschäfte zu machen versuche: ungebührlich nämlich ist es, für fremde Vorteile eigenen Frevel zu begehen. Wir dürfen aber nur diesen Zins im Auge haben und betreiben, daß wir, was wir hier barmherzig gewähren, von dem Herrn zurückbekommen können, der vielfältig und auf ewig Bleibendes gewähren wird.

## 282: Brief "Quanta fraternitati" an Bischof Anastasius von Thessalien, i. J. 446 (?)

*Ausg.:* PL 54,676AB ( = Brief 14) / BullCocq 1,32bf / Bull Tau 1,53b–54a. – *Reg.:* JR 411.

### *Die kirchliche Hierarchie und Monarchie*

(c. 11) ... Connexio totius corporis unam sanitatem, unam pulchritudinem facit; et haec connexio totius quidem corporis unanimitatem requirit, sed praecipue exigit concordiam sacerdotum. Quibus cum dignitas sit communis, non est tamen ordo generalis: quoniam et inter beatissimos apostolos in similitudine honoris fuit quaedam discretio potestatis; et cum omnium par esset electio, uni tamen datum est, ut ceteris praeemineret. De qua forma episcoporum quoque orta est distinctio, et magna ordinatione provisum est, ne omnes sibi omnia vindicarent, sed essent in singulis provinciis singuli, quorum inter

(Kap. 11) ... Die Verbindung des ganzen **282** Leibes bewirkt e i n e Gesundheit, e i n e Schönheit; und diese Verbindung erfordert zwar die Einmütigkeit des ganzen Leibes, insbesondere aber verlangt sie die Eintracht der Priester. Obwohl diesen die Würde gemeinsam ist, so ist dennoch der Rang nicht allgemein: denn auch unter den seligsten Aposteln gab es bei gleicher Ehre einen gewissen Unterschied in der Vollmacht; und obwohl die Erwählung aller gleich war, wurde dennoch e i n e m verliehen, daß er die übrigen überrage. Aufgrund dieses Vorbildes ergab sich auch eine Unterscheidung der Bi-

fratres haberetur prima sententia, et rursus quidam in maioribus urbibus constituti sollicitudinem susciperent ampliorem, per quos ad unam Petri sedem universalis Ecclesiae cura conflueret et nihil usquam a suo capite dissideret.

schöfe, und in weiser Anordnung wurde dafür gesorgt, daß nicht alle alles für sich beanspruchen, sondern daß es in den einzelnen Provinzen einzelne gibt, deren Urteil unter den Brüdern für vorrangig gehalten werden soll, und daß manche wiederum, die in größeren Städten eingesetzt sind, eine umfangreichere Sorge auf sich nehmen; durch sie soll die gesamte Sorge um die Kirche zu dem einen Stuhl Petri hinfließen und nichts irgendwo von seinem Quell getrennt sein.

### 283-286: Brief "Quam laudabiliter" an Bischof Turribius von Astorga, 21. Juli 447

Der Brief antwortet auf ein verlorengegangenes Schreiben des Bischofs Tur[r]ibius von Astorga (Spanien). KüA 118 126 behauptet, dieser Brief sei von einem Fälscher erst nach der Synode von Braga des Jahres 563 (gestützt auf deren Anathematismen) verfaßt worden.

    *Ausg.:* BullCocq 1,33a–34b / BullTau 1,55a–57a / PL 54,679A–683C ( = Brief 15). – *Reg.:* JR 412.

### Die Irrtümer der Priscillianisten im allgemeinen

**283**   [*Impietas Priscillianistarum*] tenebris se etiam paganitatis immersit, ut per magicarum artium profana secreta et mathematicorum vana mendacia religionis fidem morumque rationem in potestate daemonum et in effectu siderum collocarent. Quod si et credi liceat et doceri, nec virtutibus praemium nec vitiis poena debebitur omniaque non solum humanarum legum, sed etiam divinarum constitutionum decreta solventur: quia neque de bonis neque de malis actibus ullum poterit esse iudicium, si in utramque partem fatalis necessitas motum mentis impellit, et quidquid ab hominibus agitur, non est hominum, sed astrorum. ...

[*Die Gottlosigkeit der Priscillianisten*] tauchte sogar in die Finsternis des Heidentums ein, so daß sie durch das unheilige geheime Treiben magischer Künste und die nichtigen Trügereien der Astrologen den Glauben der Religion und das Sittengesetz auf die Macht von Dämonen und auf die Wirkung von Sternen gründeten. Wenn man dies glauben und lehren dürfte, so wird weder für Tugenden Lohn noch für Vergehen Strafe geschuldet werden, und es werden alle Bestimmungen nicht nur der menschlichen Gesetze, sondern auch der göttlichen Anordnungen aufgelöst werden; denn es könnte wohl weder über gute noch über böse Taten irgendein Gericht geben, wenn eine schicksalhafte Notwendigkeit die Bewegung des Geistes nach beiden Seiten antreibt und alles, was von Menschen getan wird, nicht Sache der Menschen, sondern der Sterne ist. ...

Merito Patres nostri ... instanter egere, ut impius furor ab universa Ecclesia pelleretur: quando etiam mundi principes ita hanc sacrilegam amentiam detestati sunt, ut auctorem eius [*scl. Priscillianum*] cum plerisque discipulis legum publicarum ense prosternerent. Videbant enim omnem coniugiorum copulam solvi simulque divinum ius humanumque subverti, si huiusmodi hominibus usquam vivere cum tali professione licuisset. Profuit diu ista districtio ecclesiasticae lenitati, quae etsi sacerdotali contenta iudicio, cruentas refugit ultiones, severis tamen chri-

Zurecht haben unsere Väter ... nachdrücklich darauf hingewirkt, daß ⟨dieser⟩ gottlose Wahn von der ganzen Kirche vertrieben werde: Auch die Fürsten der Welt haben diesen ruchlosen Wahnsinn ja so sehr verabscheut, daß sie seinen Urheber [*Priscillian*] mitsamt seinen meisten Schülern durch das Schwert der staatlichen Gesetze niederstreckten. Sie sahen nämlich, daß das Band der Ehen ganz gelöst und in gleicher Weise göttliches und menschliches Recht umgestürzt würde, wenn man derartigen Menschen gestattet hätte, mit einem solchen Bekenntnis irgendwo zu le-

stianorum principum constitutionibus adiuvatur, dum ad spiritale nonnumquam recurrunt remedium, qui timent corporale supplicium. ...

ben. Lange Zeit war diese Strenge für die kirchliche Milde von Nutzen, die sich zwar mit dem priesterlichen Urteil begnügt und blutige Strafen meidet, jedoch von den strengen Bestimmungen christlicher Fürsten unterstützt wird, indem manchmal zum geistlichen Heilmittel ihre Zuflucht nehmen, die die leibliche Hinrichtung fürchten. ...

### Die göttliche Dreifaltigkeit, gegen die Modalisten

(c. 1) Primo itaque capitulo demonstratur, quam impie sentiant de Trinitate divina, qui et Patris et Filii et Spiritus Sancti unam atque eandem asserunt esse personam, tamquam idem Deus nunc Pater, nunc Filius, nunc Spiritus Sanctus nominetur; nec alius sit qui genuit, alius qui genitus est, alius qui de utroque processit; sed singularis unitas in tribus quidem vocabulis, sed non in tribus sit accipienda personis. Quod blasphemiae genus de Sabellii opinione sumpserunt, cuius discipuli etiam Patripassiani merito nuncupantur; quia si ipse est Filius qui et Pater, crux Filii Patris est passio; et quidquid in forma servi Filius Patri oboediendo sustinuit, totum in se Pater ipse suscepit.

(Kap. 1) Im ersten Kapitel wird also dargelegt, wie gottlos diejenigen über die göttliche Dreifaltigkeit denken, welche behaupten, die Person des Vaters und des Sohnes und des Heiligen Geistes sei ein und dieselbe, so als ob derselbe Gott bald Vater, bald Sohn, bald Heiliger Geist genannt würde; und es sei nicht einer, der gezeugt hat, ein anderer, der gezeugt wurde, ein anderer, der von beiden hervorgegangen ist; vielmehr müsse die einzigartige Einheit zwar in drei Bezeichnungen, aber nicht in drei Personen angenommen werden. Diese Art der Gotteslästerung übernahmen sie von der Auffassung des Sabellius, dessen Schüler zurecht auch Patripassianer genannt werden; denn wenn der Sohn derselbe ist wie der Vater, dann ist das Kreuz des Sohnes das Leiden des Vaters; und alles, was der Sohn in der Gestalt des Knechtes im Gehorsam gegenüber dem Vater ertragen hat, das hat der Vater selbst ganz in sich aufgenommen.    **284**

Quod catholicae fidei sine ambiguitate contrarium est, quae Trinitatem deitatis sic homousion confitetur, ut Patrem et Filium et Spiritum Sanctum sine confusione indivisos, sine tempore sempiternos, sine differentia credat aequales: quia unitatem in trinitate non eadem persona, sed eadem implet essentia. ...

Dies ist dem katholischen Glauben zweifellos entgegengesetzt, der die Dreifaltigkeit der Gottheit dergestalt als wesensgleich bekennt, daß er glaubt, daß der Vater und der Sohn und der Heilige Geist ohne Vermischung ungeteilt, ohne Zeit ewig und ohne Unterschied gleich ⟨sind⟩; denn die Einheit in der Dreifaltigkeit macht nicht dieselbe Person, sondern dasselbe Wesen vollständig. ...

### Die Natur der menschlichen Seele

(c. 5) Quinto capitulo refertur, quod animam hominis divinae asserant esse substantiae, nec a natura Creatoris sui condicionis nostrae distare naturam. Quam impietatem ... catholica fides damnat: sciens nullam tam sublimem tamque praecipuam esse facturam, cui Deus ipsa natura sit. Quod enim

(Kap. 5) Im fünften Kapitel wird ihre Auffassung wiedergegeben, die Seele des Menschen sei göttlichen Wesens und die Natur unserer Verfaßtheit unterscheide sich nicht von der Natur ihres Schöpfers. Diese Gottlosigkeit ... verurteilt der katholische Glaube; denn er weiß, daß es kein solch erhabenes    **285**

de ipso est, id est quod ipse, neque id aliud est quam Filius et Spiritus Sanctus. Praeter hanc autem summae Trinitatis unam consubstantialem et sempiternam atque incommutabilem deitatem nihil omnino creaturarum est, quod non in exordio sui ex nihilo creatum sit. ...

Nemo hominum veritas, nemo sapientia, nemo iustitia est; sed multi participes sunt veritatis et sapientiae atque iustitiae. Solus autem Deus nullius participatione indigus est: de quo quidquid digne utcumque sentitur, non qualitas est, sed essentia. Incommutabili enim nihil accedit, nihil deperit: quia esse illi quod est sempiternum, semper est proprium. Unde in se manens innovat omnia, et nihil accepit, quod ipse non dederit.

und solch vortreffliches Geschöpf gibt, für das Gott die eigene Natur ist. Was nämlich von ihm selbst ist, ist dasselbe wie er, und dies ist nichts anderes als der Sohn und der Heilige Geist. Außer dieser einen wesensgleichen, ewigen und unveränderlichen Gottheit der höchsten Dreifaltigkeit aber gibt es überhaupt nichts unter den Geschöpfen, was nicht an seinem Anfang aus nichts geschaffen wurde. ...

Keiner der Menschen ist die Wahrheit, keiner die Weisheit, keiner die Gerechtigkeit; aber viele haben teil an der Wahrheit, der Weisheit und der Gerechtigkeit. Allein Gott aber bedarf keiner Teilhabe an irgendetwas; alles, was von ihm wie auch immer angemessen geglaubt wird, ist nicht Qualität, sondern Wesen. Einem Unveränderlichen nämlich tritt nichts hinzu und geht nichts verloren; denn das Sein ist dem, was ewig ist, immer zu eigen. Daher erneuert er in sich verharrend alles und hat nichts empfangen, was er nicht selbst gegeben hat.

## Die Natur des Teufels

**286**    (c. 6) Sexta annotatio indicat eos dicere, quod diabolus numquam fuerit bonus, nec natura eius opificium Dei sit, sed eum ex chao et tenebris emersisse: quia scilicet nullum sui habeat auctorem, sed omnis mali ipse sit principium atque substantia: cum fides vera ... omnium creaturarum sive spiritualium sive corporalium bonam confiteatur substantiam, et mali nullam esse naturam: quia Deus, qui universitatis est conditor, nihil non bonum fecit. Unde et diabolus bonus esset, si in eo quod factus est permaneret. Sed quia naturali excellentia male usus est "et in veritate non stetit" [Io 8,44], non in contrariam transiit substantiam, sed a summo bono, cui debuit adhaerere, descivit, sicut ipsi qui talia asserunt, a veris in falsa proruunt et naturam in eo arguunt, in quo sponte delinquunt ac pro sua voluntaria perversitate damnantur. Quod utique in ipsis malum erit, et ipsum malum non erit substantia, sed poena substantiae.

(Kap. 6) Die sechste Bemerkung bezieht sich auf ihre Aussage, der Teufel sei niemals gut gewesen und seine Natur sei kein Werk Gottes, sondern er sei aus dem Chaos und der Finsternis aufgetaucht; denn er habe ja keinen Urheber seiner selbst, sondern sei selbst Ursprung und Substanz jeden Übels; dagegen bekennt der wahre Glaube ..., daß die Substanz aller geistigen und leiblichen Geschöpfe gut ist und daß es keine Natur des Bösen gibt; denn Gott, der der Schöpfer von allem ist, hat nichts gemacht, was nicht gut ist. Daher wäre auch der Teufel gut, wenn er in dem, als was er gemacht wurde, verbliebe. Aber weil er seine natürliche Vortrefflichkeit schlecht gebrauchte "und nicht in der Wahrheit stand" [Joh 8,44], ist er nicht in eine entgegengesetzte Substanz übergegangen, sondern ist vom höchsten Gut, dem er hätte anhangen sollen, abgefallen, so wie auch die, welche solches behaupten, selbst vom Wahren in Falsches stürzen und darin, worin sie sich absichtlich vergehen, der Natur die Schuld geben, und angesichts ihrer willentlichen Verkehrtheit verurteilt werden. Das Übel wird allerdings in ihnen selbst sein, und

das Übel selbst wird nicht die Substanz sein,
sondern Strafe für die Substanz.

## 290-295: Brief "Lectis dilectionis tuae" an Bischof Flavian von Konstantinopel ("Tomus [I] Leonis"), 13. Juni 449

In den christologischen Auseinandersetzungen der alten Kirche gilt dieser Brief als wichtiges, häufig ange-
führtes Lehrdokument. Er wird manchmal *Tomus I* genannt zur Unterscheidung von dem als *Tomus II*
bezeichneten Brief (165) an Kaiser Leon (vgl. *317f).
   *Ausg.:* C. Silva Tarouca, *Sancti Leonis Magni Tomus ad Flavianum episcopum Constantinopolitanum*
(TD ser. theol. 9; Rom 1932) 21-28 / ACOe 2/II/I, 25$_8$-29 / PL 54,757B-771A ( = Brief 28) / BullTau
Appendix 1,27a-31b. - *Reg.:* JR 423.

### Die Fleischwerdung des Wortes Gottes

(c. 2) Nesciens igitur [*Eutyches*], quid deberet de Verbi Dei incarnatione sentire ..., illam saltem communem et indiscretam confessionem sollicito recepisset auditu, qua fidelium universitas profitetur credere se "in
Deum Patrem omnipotentem et in Christum
Iesum Filium eius unicum Dominum nostrum, qui natus est de Spiritu Sancto et Maria virgine" [*Symb. Apostol.: *12*]. ...

Cum enim Deus et omnipotens Pater creditur, consempiternus eidem Filius demonstratur; in nullo a Patre differens, quia
de Deo Deus; de Omnipotente omnipotens;
de Aeterno natus est coaeternus; non posterior tempore, non inferior potestate, non dissimilis gloria, non divisus essentia.

Idem vero sempiterni Genitoris unigenitus sempiternus "natus est de Spiritu Sancto
et Maria virgine". Quae nativitas temporalis
illi nativitati divinae et sempiternae nihil minuit, nihil contulit, sed totum se reparando
homini qui erat deceptus inpendit, ut et mortem vinceret et diabolum qui mortis habebat
imperium sua virtute destrueret. Non enim
possemus superare peccati et mortis auctorem, nisi naturam nostram ille susciperet et
suam faceret, quem nec peccatum contaminare nec mors potuit detinere.

Conceptus quippe est de Spiritu Sancto
intra uterum virginis matris, quae illum ita
salva virginitate edidit, quemadmodum salva

(Kap. 2) In Unwissenheit also darüber, **290**
was er [*Eutyches*] über die Fleischwerdung
des Wortes Gottes denken sollte ..., hätte er
mit aufmerksamen Ohren wenigstens jenes
gemeinsame und undifferenzierte Bekenntnis annehmen sollen, in dem die Gesamtheit
der Gläubigen bekennt, sie glaube "an Gott,
den allmächtigen Vater, und an Christus Jesus, seinen einzigen Sohn, unseren Herrn,
der geboren wurde vom Heiligen Geist und
Maria, der Jungfrau" [*Apostolisches Glaubensbekenntnis: *12*]. ...

Indem man nämlich glaubt, daß der Vater
Gott und allmächtig ist, legt man dar, daß der
Sohn ihm gleich ewig ist, da er sich in nichts
vom Vater unterscheidet, weil er Gott von
Gott und allmächtig vom Allmächtigen ist;
da er vom Ewigen geboren ist, ist er gleich
ewig; nicht später in der Zeit, nicht geringer
in der Macht, nicht ungleich in der Herrlichkeit, nicht getrennt im Wesen.

Derselbe ewige Einziggeborene des ewigen **291**
Erzeugers aber "wurde geboren vom Heiligen
Geist und Maria, der Jungfrau". Diese zeitliche Geburt nahm jener göttlichen und ewigen Geburt nichts weg und fügte ihr nichts
hinzu; vielmehr gab er sich ganz der Wiederherstellung des Menschen, der verführt worden war, hin, um den Tod zu besiegen und
den Teufel, der die Herrschaft des Todes innehatte, mit seiner Kraft zu vernichten.
Denn wir könnten den Urheber der Sünde
und des Todes nicht überwinden, wenn nicht
der unsere Natur annähme und zu seiner
machte, den weder die Sünde beflecken noch
der Tod festhalten konnte.

Empfangen nämlich wurde er vom Heiligen Geist im Schoß der jungfräulichen Mutter, die ihn ebenso in unversehrter Jungfräu-

virginitate concepit. ...

**292**     An forte ideo [*Eutyches*] putavit Dominum nostrum Iesum Christum non nostrae esse naturae, quia missus ad beatam Mariam angelus ait: "Spiritus Sanctus superveniet in te, et virtus Altissimi obumbrabit tibi, ideoque quod nascitur ex te sanctum vocabitur Filius Dei" [*Lc 1,35*]. Ut quia conceptus virginis divini fuit operis, non de natura concipientis fuerit caro concepti. Sed non ita intelligenda est illa generatio singulariter mirabilis et mirabiliter singularis, ut per novitatem creationis proprietas remota sit generis: fecunditatem virgini Sanctus Spiritus dedit, veritas autem corporis sumpta de corpore est, et "aedificante sibi Sapientia domum" [*Prv 9,1*] "Verbum caro factum est, et habitavit in nobis" [*Io 1,14*], hoc est, in ea carne, quam sumpsit ex homine, et quam spiritus vitae rationalis animavit.

**293**     (c. 3) Salva igitur proprietate utriusque naturae et in unam coeunte personam, suscepta est a maiestate humilitas, a virtute infirmitas, ab aeternitate mortalitas, et ad resolvendum condicionis nostrae debitum natura inviolabilis naturae est unita passibili: ut, quod nostris remediis congruebat, unus atque idem "mediator Dei et hominum, homo Christus Iesus" [*1 Tim 2,5*] et mori posset ex uno, et mori non ex altero[1]. In integra ergo veri hominis perfectaque natura verus natus est Deus, totus in suis, totus in nostris – nostra autem dicimus quae in nobis ab initio Creator condidit et quae reparanda suscepit; nam illa, quae deceptor intulit et homo deceptus admisit, nullum habuerunt in salvatore vestigium ...

lichkeit gebar, wie sie ihn in unversehrter Jungfräulichkeit empfing. ...

Oder vielleicht glaubte er [*Eutyches*] auch deshalb, unser Herr Jesus Christus besäße nicht unsere Natur, weil der zur seligen Maria gesandte Engel sagt: "Heiliger Geist wird über Dich kommen und die Kraft des Höchsten wird Dich überschatten; und deshalb wird das Heilige, das aus Dir geboren wird, Sohn Gottes genannt werden" [*Lk 1,35*]. Wie wenn deswegen, weil die Empfängnis der Jungfrau ein göttliches Werk war, das Fleisch dessen, der empfangen wurde, nicht von der Natur derer gewesen wäre, die ihn empfing! Man darf aber jene einzigartig wunderbare und wunderbar einzigartige Zeugung nicht so verstehen, daß durch die Neuheit der Schöpfung die Eigentümlichkeit des Geschlechts beseitigt worden wäre: Der Heilige Geist verlieh der Jungfrau Fruchtbarkeit, die Wahrheit des Leibes aber wurde vom Leib genommen, und "als die Weisheit sich ein Haus erbaute" [*Spr 9,1*], "wurde das Wort Fleisch und wohnte unter uns" [*Joh 1,14*], d. h. in dem Fleisch, das es vom Menschen annahm und das der Geist vernunftbegabten Lebens beseelte.

(Kap. 3) Die Eigentümlichkeit beider Naturen blieb also unversehrt und vereinigte sich in e i n e r Person; und so wurde die Niedrigkeit von der Hoheit, die Schwäche von der Kraft, die Sterblichkeit von der Ewigkeit angenommen; und um die Schuld unserer Lage zu tilgen, einte sich die unverletzliche Natur mit der leidensfähigen Natur, damit, wie es unserer Heilung dienlich war, ein und derselbe "Mittler zwischen Gott und den Menschen, der Mensch Christus Jesus [*1 Tim 2,5*], aufgrund des einen sterben und aufgrund des anderen nicht sterben könne[1]. Der wahre Gott wurde also in der unversehrten und vollkommenen Natur eines wahren Menschen geboren, ganz in dem Seinigen und ganz in dem Unsrigen; – das Unsrige aber nennen wir das, was der Schöpfer von Anfang an in uns grundgelegt hat und was er auf sich genommen hat, um es wiederherzustellen; denn von dem, was der Verführer ein-

---

*293  [1]  "Salva igitur - ex altero" ("Die Eigentümlichkeit - nicht sterben könne") = Predigt 21,2 (PL 54,192A); vgl. Tertullian, *Adversus Praxean* 27,11 (E. Kroymann - E. Evans: CpChL 2 [1954] 1199 / CSEL 47,282₁).

Adsumpsit formam servi sine sorde peccati, humana augens, divina non minuens, quia exinanitio illa, qua se invisibilis visibilem praebuit ..., inclinatio fuit miserationis, non defectio potestatis[2].

(c. 4) Ingreditur ergo haec mundi infirma Filius Dei, de caelesti sede descendens et a paterna gloria non recedens, novo ordine, nova nativitate generatus. Novo ordine: quia invisibilis in suis, visibilis est factus in nostris, incomprehensibilis voluit comprehendi; ante tempora manens esse coepit ex tempore; universitatis Dominus servilem formam obumbrata maiestatis suae immensitate suscepit; impassibilis Deus non dedignatus est homo esse passibilis et immortalis mortis legibus subiacere[1]. Nova autem nativitate generatus: quia inviolata virginitas concupiscentiam nescivit, carnis materiam ministravit[2]. Assumpta est de matre Domini natura, non culpa[3]; nec in Domino Iesu Christo, ex utero virginis genito, quia nativitas est mirabilis, ideo nostri est natura dissimilis. Qui enim verus est Deus, idem verus est homo, et nullum est in hac unitate mendacium[4], dum invicem sunt et humilitas hominis et altitudo divinitatis. Sicut enim Deus non mutatur miseratione, ita homo non consumitur dignitate. Agit enim utraque forma cum alterius communione quod proprium est: Verbo scilicet operante quod Verbi est, et carne exsequente quod carnis est. Unum horum coruscat miraculis, aliud succumbit iniuriis. Et sicut Verbum ab aequalitate paternae gloriae non recedit, ita caro naturam nostri generis non relinquit.

führte und der verführte Mensch zuließ, davon fand sich im Erlöser keine Spur ...

Er nahm Knechtsgestalt an ohne den Schmutz der Sünde und erhöhte das Menschliche, ohne das Göttliche zu mindern, weil jene Entäußerung, in der sich der Unsichtbare sichtbar darbot ..., eine Herabneigung des Erbarmens, nicht ein Fehlen von Macht war.[2]

(Kap. 4) Der Sohn Gottes tritt also in diese **294** Schwächen der Welt ein; er steigt herab vom himmlischen Thron und verläßt doch nicht die Herrlichkeit des Vaters, gezeugt in einer neuen Ordnung, einer neuen Geburt. In einer neuen Ordnung, weil er, unsichtbar im Seinigen, sichtbar wurde im Unsrigen; der Unbegreifliche wollte begriffen werden; vor den Zeiten bleibend, begann er, in der Zeit zu sein; der Herr über das All verhüllte die Unermeßlichkeit seiner Hoheit und nahm Knechtsgestalt an; der leidensunfähige Gott war sich nicht zu schade, leidensfähiger Mensch zu sein, und der Unsterbliche, den Gesetzen des Todes zu unterliegen[1]. In einer neuen Geburt aber wurde er gezeugt, weil die unverletzte Jungfräulichkeit keine Begehrlichkeit kannte und den Stoff für sein Fleisch darreichte[2]. Angenommen wurde von der Mutter des Herrn die Natur, nicht die Schuld[3]; und obgleich seine Geburt wunderbar ist, ist deswegen die Natur im Herrn Jesus Christus, der aus dem Schoß der Jungfrau geboren wurde, uns nicht ungleich. Er, der wahrer Gott ist, ist nämlich ebenso wahrer Mensch; und es gibt in dieser Einheit keinen Trug[4], da die Niedrigkeit des Menschen und die Hoheit der Gottheit in Wechselbeziehung miteinander stehen. Wie nämlich Gott sich durch sein Erbarmen nicht verändert, so wird der Mensch durch die Würde nicht aufgezehrt. Denn jede der beiden Gestalten wirkt in Gemeinschaft mit der anderen, was ihr eigen ist: Dabei wirkt das Wort nämlich, was des Wortes ist, das Fleisch aber vollbringt, was des Fleisches ist. Das eine von diesen leuchtet in den Wundern, das andere

---

[2]   "In integro – defectio potestatis" ("Der wahre Gott – von Macht war") = Predigt 23,2 (PL 54,201 AB).

**\*294**   [1]   "Ingreditur – subiacere" ("Der Sohn Gottes – zu unterliegen") = Predigt 22,2 (PL 54,195A).
       [2]   Vgl. ebd. 3 (ebd. 196C).
       [3]   Vgl. ebd. (196CD).
       [4]   "Christo – mendacium" ("und obgleich – Trug") = Predigt 24,3 (PL 54,205C).

unterlegt den Schmähungen. Und wie das Wort nicht die Gleichheit mit der Herrlichkeit des Vaters verläßt, so verläßt auch das Fleisch nicht die Natur unseres Geschlechts.

295      ... Non eiusdem naturae est dicere: "Ego et Pater unum sumus" [*Io 10,30*] et dicere: "Pater maior me est" [*Io 14,28*]. Quamvis enim in Domino Iesu Christo Dei et hominis una persona sit, aliud tamen est, unde in utroque communis est contumelia, aliud, unde communis est gloria. De nostro enim illi est minor Patre humanitas, de Patre illi aequalis cum Patre divinitas.

... Es gehört nicht zur selben Natur, zu sagen: "Ich und der Vater sind eins" [*Joh 10,30*], und zu sagen: "Der Vater ist größer als ich" [*Joh 14,28*]. Denn obgleich im Herrn Jesus Christus e i n e Person Gottes und des Menschen ist, so ist es dennoch etwas anderes, woher die in beiden gemeinsame Schmach stammt, und wieder etwas anderes, woher die gemeinsame Herrlichkeit stammt. Von dem Unsrigen nämlich hat er die Menschheit, die geringer ist als der Vater, vom Vater die Gottheit, die dem Vater gleich ist.

### 296-299: Brief "Licet per nostros" an Julian von Kos, 13. Juni 449

*Ausg.:* C. Silva Tarouca, *Sancti Leonis Magni Epistulae contra Eutychis haeresim* (TD ser. theol. 15; Rom 1934) 14₁₂-₁₅ 15₃₉-17₁₀₅ / ACOe 2/IV, 6₁₅-₁₇ 7₆-8₂₂ / BullTau Appendix 1,41b 42b-44a / PL 54,803A-805A 805B-809A (= Brief 35) – *Reg.:* JR 429.

*Die Fleischwerdung des Sohnes Gottes*

296      (c. 1) ... Sancti Spiritus in Nobis atque in vobis una est eruditio eademque doctrina, quam quisque non recipit, non est membrum corporis Christi, nec potest eo capite gloriari, in quo naturam suam asserit non haberi. ...

(Kap. 1) ... In Uns und in Euch ist e i n e Unterweisung und dieselbe Lehre des Heiligen Geistes; wer diese nicht annimmt, ist kein Glied des Leibes Christi und kann sich nicht dieses Hauptes rühmen, in dem es, wie er behauptet, seine Natur nicht gibt. ...

297      (c. 2) ... Quod deitatis est, caro non minuit; quod carnis est, deitas non peremit. Idem enim et sempiternus ex Patre et temporalis ex matre, in sua virtute inviolabilis, in nostra infirmitate passibilis, in deitate Trinitatis cum Patre et Spiritu Sancto unius eiusdemque naturae, in susceptione autem hominis non unius substantiae, sed unius eiusdemque personae, ut idem esset dives in paupertate, omnipotens in abiectione, impassibilis in supplicio, immortalis in morte. Nec enim Verbum aut in carnem aut in animam aliqua sui parte conversum est, cum simplex et incommutabilis natura deitatis tota in sua sit semper essentia, nec damnum sui recipiens nec augmentum et sic adsumptam naturam beatificans, ut glorificata in glorificante permaneat. Cur autem inconveniens aut impossibile videatur, ut Verbum et caro atque anima unus Iesus Christus et unus Dei hominisque sit Filius, si caro et anima, quae dis-

(Kap. 2) ... Was zur Gottheit gehört, minderte das Fleisch nicht; was zum Fleisch gehört, zerstörte die Gottheit nicht. Derselbe nämlich ⟨war⟩ sowohl ewig aus dem Vater als auch zeitlich aus der Mutter, in seiner Kraft unverletzlich, in unserer Schwachheit leidensfähig, in der Gottheit der Dreifaltigkeit ein und derselben Natur mit dem Vater und dem Heiligen Geist, in der Annahme des Menschen aber nicht von e i n e r Substanz, sondern von ein und derselben Person, so daß derselbe reich in der Armut, allmächtig in der Demütigung, leidensunfähig in der Marter, unsterblich im Tod war. Denn das Wort verwandelte sich nicht mit irgendeinem Teil seiner selbst in Fleisch oder in Seele, weil die einfache und unveränderliche Natur der Gottheit immer in ihrem ganzen Wesen ist, weder Verlust noch Vermehrung ihrer selbst erfährt und die angenommene Natur so selig macht, daß sie als verherrlichte in der ver-

similium naturarum sunt, unam faciunt etiam sine Verbi incarnatione personam? ...

Nec Verbum igitur in carnem nec in Verbum caro mutata est, sed utrumque in uno manet et unus in utroque est, non diversitate divisus, non permixtione confusus, nec alter ex Patre, alter ex matre, sed idem aliter ex Patre ante omne principium, aliter de matre in fine saeculorum, ut esset "mediator Dei et hominum homo Iesus Christus", [*1 Tim 2,5*], in quo habitaret "plenitudo divinitatis corporaliter" [*Col 2,9*], quia adsumpti, non adsumentis provectio est, quod "Deus illum exaltavit ..." [*Phil 2,9-11*].

(c. 3) ... Arbitror [*Eutychen*] talia loquentem [*scl. ante incarnationem duas in Christo fuisse naturas, post incarnationem autem unam*] hoc habere persuasum, quod anima quam Salvator adsumpsit, prius in caelis sit commorata quam de Maria virgine nasceretur, eamque sibi Verbum in utero copularit. Sed hoc catholicae mentes auresque non tolerant, quia nihil secum Dominus de caelo veniens nostrae condicionis exhibuit. Nec animam enim quae anterior exstitisset, nec carnem quae non materni corporis esset, accepit: Natura quippe nostra non sic adsumpta est, ut prius creata post adsumeretur, sed ut ipsa adsumptione crearetur. Unde quod in Origene merito damnatum est [*cf. *209*], qui animarum, antequam corporibus insererentur, non solum vitas, sed et diversas fuisse asseruit actiones, necesse est ut etiam in isto, nisi maluerit sententiam abdicare, plectatur.

herrlichenden bleibt. Warum aber sollte es unangemessen oder unmöglich scheinen, daß das Wort und das Fleisch sowie die Seele der eine Jesus Christus und der eine Sohn Gottes und des Menschen ist, wenn das Fleisch und die Seele, die ungleiche Naturen besitzen, auch ohne die Fleischwerdung des Wortes e i n e Person bilden? ...

Weder wurde also das Wort in Fleisch noch das Fleisch in das Wort verwandelt, sondern beides bleibt in e i n e m und e i n e r ist in beidem, nicht durch Verschiedenheit geteilt, nicht durch Mischung vermengt, auch nicht der eine aus dem Vater, der andere aus der Mutter, sondern derselbe auf eine Weise aus dem Vater vor jedem Anfang, auf eine andere von der Mutter am Ende der Zeiten, damit "Mittler zwischen Gott und den Menschen der Mensch Jesus Christus" [*1 Tim 2,5*] sei, in dem "die Fülle der Gottheit leiblich" [*Kol 2,9*] wohne; denn es ist eine Rangerhöhung des Angenommenen, nicht des Annehmenden, daß "Gott jenen erhöht hat ..." [*Phil 2,9-11*].

(Kap. 3) ... Ich glaube, daß er [*Eutyches*], **298** wenn er solches sagt [*nämlich daß vor der Fleischwerdung in Christus z w e i Naturen gewesen seien, nach der Fleischwerdung aber e i n e*], davon überzeugt ist, daß die Seele, die der Erlöser angenommen hat, in den Himmeln weilte, bevor sie von Maria, der Jungfrau, geboren wurde, und daß das Wort sie im Schoß mit sich verbunden hat. Aber dies ertragen katholische Geister und Ohren nicht, weil der Herr, als er vom Himmel kam, nichts von unserer ⟨menschlichen⟩ Verfaßtheit aufwies. Weder hat er nämlich eine Seele, die vorher existiert hätte, noch Fleisch, das nicht vom Leib der Mutter wäre, angenommen. Unsere Natur wurde nämlich nicht so angenommen, daß sie zuerst geschaffen und danach angenommen wurde, sondern ⟨so⟩, daß sie in der Annahme selbst geschaffen wurde. Daher ist es notwendig, daß das, was bei Origenes zurecht verurteilt wurde [*vgl. *209*], der behauptete, die Seelen hätten, bevor sie in die Leiber eingefügt werden, nicht nur Leben, sondern es gingen auch verschiedene Handlungen von ihnen aus, auch bei diesem bestraft wird, wenn er es nicht vorziehen sollte, sich von seiner Meinung loszusagen.

299  Nativitas enim Domini secundum carnem, quamvis habeat quaedam propria, quibus humanae condicionis initia transcendat, sive quod solus [ex Sancto Spiritu] ab inviolata virgine sine concupiscentia est conceptus et natus, sive quod ita visceribus matris est editus, ut et fecunditas pareret et virginitas permaneret, non alterius tamen naturae erat eius caro quam nostrae, nec alio illi quam ceteris hominibus anima est inspirata principio, quae excelleret non diversitate generis, sed sublimitate virtutis. Nihil enim carnis suae habebat adversum, nec discordia desideriorum gignebat compugnantiam voluntatum, sensus corporei vigebant sine lege peccati, et veritas affectionum sub moderamine deitatis et mentis nec temptabatur illecebris nec cedebat iniuriis. Verus homo vero unitus est Deo, nec secundum exsistentem prius animam deductus e caelo nec secundum carnem creatus ex nihilo, eandem gerens in Verbi deitate personam et tenens communem nobiscum in corpore animaque naturam. Non enim esset Dei hominumque mediator, nisi idem Deus idemque homo in utroque et unus esset et verus.

Obwohl nämlich die Geburt des Herrn dem Fleische nach gewisse Eigentümlichkeiten hat, durch die sie die Anfänge der menschlichen Verfaßtheit übersteigt, sei es, weil er allein [aus dem Heiligen Geist] von der unversehrten Jungfrau ohne Begehrlichkeit empfangen und geboren wurde, sei es, weil er so aus dem Schoße der Mutter hervorgebracht wurde, daß sowohl die Fruchtbarkeit gebar als auch die Jungfräulichkeit fortdauerte, so war sein Fleisch dennoch nicht von anderer Natur als der unsrigen, und es wurde ihm nicht in einem anderen Anfang als den übrigen Menschen die Seele eingehaucht, die nicht durch einen Gattungsunterschied, sondern durch die Erhabenheit der Tugend hervorragte. Er hatte nämlich nichts, was seinem Fleisch widerstrebt hätte, und keine Uneinigkeit der Begierden erzeugte einen Widerstreit der Willen; die Sinne des Leibes blühten ohne das Gesetz der Sünde, und die Wahrheit der Empfindungen wurde unter der Anleitung der Gottheit und des Geistes weder von Verlockungen versucht, noch wich sie vor Schmähungen zurück. Der wahre Mensch wurde mit dem wahren Gott geeint; weder ist er der schon vorher existierenden Seele nach aus dem Himmel herabgebracht worden, noch ist er dem Fleische nach aus nichts geschaffen worden; denn er hat dieselbe Person in der Gottheit des Wortes und besitzt in Leib und Seele die mit uns gemeinsame Natur. Er wäre nämlich nicht der Mittler zwischen Gott und den Menschen, wenn nicht derselbe Gott und ebenso Mensch in beidem sowohl e i n e r als auch wahrhaftig wäre.

## Konzil von CHALKEDON (4. ökum.): 8. Okt. – Anfang Nov. 451

Das von Kaiser Markian einberufene Konzil bringt die christologischen Auseinandersetzungen der frühen Kirche zu einem gewissen Abschluß. Es verwirft den Monophysitismus. Eutyches, Archimandrit von Konstantinopel, war schon im Nov. 448 von einer Lokalsynode zu Konstantinopel unter Patriarch Flavian verurteilt worden. Auf der sogenannten "Räubersynode von Ephesus" ("latrocinium": Leo I. [ACOe 2/IV,51₄]) im Aug. 449 wurde er rehabilitiert. Theodoret von Cyrus wurde wegen seiner anti-kyrillianischen Schriften und Ibas von Edessa wegen seines Briefes an den Perser Maris als "Nestorianer" abgesetzt. Sie wurden vom Konzil zu Chalkedon (26.-27. Okt.; 9.-11. [and. 8.-10.] Sitzung) als rechtgläubig anerkannt. Ihre Rechtgläubigkeit wurde später im Dreikapitelstreit und in einigen Formulierungen von Glaubensbekenntnissen wiederum in Zweifel gezogen. (Vgl. *436f 472 und den *Liber Diurnus* formula 84 Codex Vaticanus = formula 65 Codex Claromontanus ⟨Clermont-Ferrand⟩ = formula 60 Codex Ambrosianus: hrsg. von H. Foerster [Bern 1958] 153 228 345; in dieser Formel wird ihre Verurteilung nicht dem 2. Konzil von Konstantinopel [i. J. 553], sondern irrtümlicherweise dem Konzil von Chalkedon zugeschrieben.) Die Beschlüsse des Konzils wurden von Leo I. in Briefen (114-117 bei Ballerini, PL 54,1027-1039; = *Collectio*

*Grimanica*, Brief 64 61–63, ACOe 2/IV, 70 67–69; JR 490–493) vom 21. März 453 bestätigt, ausgenommen den Beschluß über die Vorrechte des Patriarchenstuhls von Konstantinopel. Das Konzil von Chalkedon hatte den Kanon 3 des Konzils von Konstantinopel erneuert ("Kan. 28 von Chalkedon").

## 300–303: 5. Sitzung, 22. Okt. 451: Glaubensbekenntnis von Chalkedon

*Ausg.:* ACOe 2/I/II, 128–130; lateinische Übersetzung: 2/III/II, 136–138 / MaC 7,112C–116D / HaC 2,453D–456D / Hn § 146 / Ltzm 35f / COeD³ 84–87.

### Die zwei Naturen in Christus

[*Prooemium definitionis. Praemissis duobus symbolis Nicaeno et Constantinopolitano sequitur:*] Ἥρκει μὲν οὖν εἰς ἐντελῆ τῆς εὐσεβείας ἐπίγνωσίν τε καὶ βεβαίωσιν τὸ σοφὸν καὶ σωτήριον τοῦτο τῆς θείας χάριτος σύμβολον· περί τε γὰρ τοῦ πατρὸς καὶ τοῦ υἱοῦ καὶ τοῦ ἁγίου πνεύματος ἐκδιδάσκει τὸ τέλειον καὶ τοῦ κυρίου τὴν ἐνανθρώπησιν τοῖς πιστῶς δεχομένοις παρίστησιν. Ἀλλ' ἐπειδήπερ οἱ τῆς ἀληθείας ἀθετεῖν ἐπιχειροῦντες τὸ κήρυγμα διὰ τῶν οἰκείων αἱρέσεων τὰς κενοφωνίας ἀπέτεκον, οἱ μὲν ... τὴν θεοτόκος ἐπὶ τῆς παρθένου φωνὴν ἀπαρνούμενοι, οἱ δὲ σύγχυσιν καὶ κρᾶσιν εἰσάγοντες καὶ μίαν εἶναι φύσιν τῆς σαρκὸς καὶ τῆς θεότητος ἀνοήτως ἀναπλάττοντες καὶ παθητὴν τοῦ μονογενοῦς τὴν θείαν φύσιν τῇ συγχύσει τερατευόμενοι, διὰ τοῦτο πᾶσαν αὐτοῖς ἀποκλεῖσαι κατὰ τῆς ἀληθείας μηχανὴν βουλομένη ἡ παροῦσα νῦν αὕτη ἁγία καὶ μεγάλη καὶ οἰκουμενικὴ σύνοδος τὸ τοῦ κηρύγματος ἄνωθεν ἀσάλευτον ἐκδιδάσκουσα ὥρισεν προηγουμένως τῶν τιη΄ [= τριακοσίων ὀκτωκαίδεκα] ἁγίων πατέρων τὴν πίστιν μένειν ἀπαρεγχείρητον.

Καὶ διὰ μὲν τοὺς τῷ πνεύματι τῷ ἁγίῳ μαχομένους τὴν χρόνοις ὕστερον παρὰ τῶν ἐπὶ τῆς βασιλευούσης πόλεως ρν΄ [= ἑκατὸν πεντήκοντα] συνελθόντων πατέρων περὶ τῆς τοῦ πνεύματος οὐσίας παραδοθεῖσαν διδασκαλίαν κυροῖ, ἣν ἐκεῖνοι πᾶσιν ἐγνώρισαν οὐχ ὥς τι λεῖπον τοῖς προλαβοῦσιν ἐπεισάγοντες, ἀλλὰ τὴν περὶ τοῦ ἁγίου πνεύματος αὐτῶν ἔννοιαν κατὰ τῶν τὴν αὐτοῦ δεσποτείαν ἀθετεῖν πειρωμένων γραφικαῖς μαρτυρίαις τρανώσαντες· διὰ δὲ τοὺς τὸ τῆς οἰκονομίας παραφθείρειν ἐπιχειροῦντας μυστήριον καὶ ψιλὸν ἄνθρωπον εἶναι τὸν ἐκ τῆς ἁγίας παρθένου τεχθέντα Μαρίας ἀναιδῶς ληρῳδοῦντας τὰς τοῦ μακαρίου Κυρίλλου

[*Vorwort zur Definition. Im Anschluß an die beiden Bekenntnisse von Nikaia und Konstantinopel folgt:*] Es würde nun zwar zur vollständigen Erkenntnis und Festigung des rechten Glaubens dieses weise und heilsame Bekenntnis der göttlichen Gnade genügen; denn seine Lehre über den Vater und den Sohn und den Heiligen Geist ist vollkommen, und es stellt denen, die es gläubig annehmen, die Menschwerdung des Herrn dar. Da aber die, welche die Verkündigung der Wahrheit abzuschaffen versuchen, durch ihre eigenen Häresien die leeren Begriffe in die Welt setzten, die einen ... bei der Jungfrau den Begriff "Gottesgebärerin" ablehnen, die anderen eine Vermischung und Vermengung einführen, sich in ihrer Unvernunft einbilden, es gebe e i n e Natur des Fleisches und der Gottheit, und daherfabulieren, die göttliche Natur des Einziggeborenen sei durch die Vermischung leidensfähig, deswegen hat dieses hier versammelte heilige, große und allgemeine Konzil in der Absicht, ihnen jegliche Intrige gegen die Wahrheit unmöglich zu machen, und die von Anfang an unerschütterliche Verkündigung lehrend beschlossen, daß vornehmlich der Glaube der 318 heiligen Väter unangetastet bleibe. **300**

Auch bekräftigt es – was die Pneumatomachen betrifft – die einige Zeit später von den 150 in der Kaiserstadt versammelten Vätern verkündete Lehre über das Wesen des Geistes, die jene allen bekannt machten, nicht um etwas ⟨noch⟩ Fehlendes zusätzlich zu den früheren Lehren einzuführen, sondern um ihre Auffassung vom Heiligen Geist gegenüber denen, die sein Herrsein zu verwerfen versuchten, durch Zeugnisse aus der Schrift zu erklären; was aber die betrifft, die das Geheimnis des Heilsgeschehens zu zerstören versuchen und, ohne sich zu schämen, daherschwatzen, der aus der heiligen Jungfrau Maria Geborene sei ein bloßer Mensch,

τοῦ τῆς Ἀλεξανδρέων ἐκκλησίας γενομένου ποιμένος συνοδικὰς ἐπιστολὰς πρός τε Νεστόριον καὶ πρὸς τοὺς τῆς Ἀνατολῆς ἁρμοδίας οὔσας ἐδέξατο εἰς ἔλεγχον μὲν τῆς Νεστορίου φρενοβλαβείας ..., αἷς καὶ τὴν ἐπιστολὴν τοῦ τῆς μεγίστης καὶ πρεσβυτέρας Ῥώμης προέδρου τοῦ μακαριωτάτου καὶ ἁγιωτάτου ἀρχιεπισκόπου Λέοντος τὴν γραφεῖσαν πρὸς τὸν ἐν ἁγίοις ἀρχιεπίσκοπον Φλαβιανὸν ἐπ' ἀναιρέσει τῆς Εὐτυχοῦς κακονοίας [*290–295] ἅτε δὴ τῇ τοῦ μεγάλου Πέτρου ὁμολογίᾳ συμβαίνουσαν καὶ κοινήν τινα στήλην ὑπάρχουσαν κατὰ τῶν κακοδοξούντων εἰκότως συνήρμοσεν πρὸς τὴν τῶν ὀρθῶν δογμάτων βεβαίωσιν.

Τοῖς τε γὰρ εἰς υἱῶν δυάδα τὸ τῆς οἰκονομίας διασπᾶν ἐπιχειροῦσι μυστήριον παρατάττεται καὶ τοὺς παθητὴν τοῦ μονογενοῦς λέγειν τολμῶντας τὴν θεότητα τοῦ τῶν ἱερέων ἀπωθεῖται συλλόγου καὶ τοῖς ἐπὶ τῶν δύο φύσεων τοῦ Χριστοῦ κρᾶσιν ἢ σύγχυσιν ἐπινοοῦσιν ἀνθίσταται καὶ τοὺς οὐράνιον ἢ ἑτέρας τινὸς ὑπάρχειν οὐσίας τὴν ἐξ ἡμῶν ληφθεῖσαν αὐτῷ τοῦ δούλου μορφὴν παραπαίοντας ἐξελαύνει καὶ τοὺς δύο μὲν πρὸ τῆς ἑνώσεως φύσεις τοῦ κυρίου μυθεύοντας, μίαν δὲ μετὰ τὴν ἕνωσιν ἀναπλάττοντας ἀναθεματίζει.

301 [Definitio] Ἑπόμενοι τοίνυν τοῖς ἁγίοις πατράσιν, ἕνα καὶ τὸν αὐτὸν ὁμολογεῖν υἱὸν τὸν κύριον ἡμῶν Ἰησοῦν Χριστὸν συμφώνως ἅπαντες ἐκδιδάσκομεν, τέλειον τὸν αὐτὸν ἐν θεότητι, καὶ τέλειον τὸν αὐτὸν ἐν ἀνθρωπότητι, Θεὸν ἀληθῶς, καὶ ἄνθρωπον ἀληθῶς τὸν αὐτὸν ἐκ ψυχῆς λογικῆς καὶ σώματος, ὁμοούσιον τῷ πατρὶ κατὰ τὴν θεότητα, καὶ ὁμοούσιον ἡμῖν τὸν αὐτὸν κατὰ τὴν ἀνθρωπότητα, κατὰ πάντα ὅμοιον ἡμῖν χωρὶς ἁμαρτίας [cf. Hbr 4,15]· πρὸ αἰώνων μὲν ἐκ τοῦ πατρὸς γεννηθέντα κατὰ τὴν θεότητα, ἐπ' ἐσχάτων δὲ τῶν ἡμερῶν τὸν αὐτὸν δι' ἡμᾶς καὶ διὰ τὴν ἡμετέραν σωτηρίαν ἐκ Μαρίας τῆς παρθένου τῆς θεοτόκου κατὰ τὴν ἀνθρωπότητα·

302 ἕνα καὶ τὸν αὐτὸν Χριστὸν υἱὸν κύριον μονογενῆ ἐν δύο φύσεσιν¹ ἀσυγχύτως,

so billigte es die Synodalbriefe des seligen Kyrill, des ehemaligen Hirten der Kirche von Alexandrien, an Nestorius und an die Orientalen, die sich in Übereinstimmung befinden, zur Widerlegung des Unsinns des Nestorius ...; ihnen fügte es aus gutem Grund auch den Brief des Vorstehers des großen und alten Rom, des seligsten und heiligsten Erzbischofs Leo, bei, den er an den Erzbischof Flavian seligen Angedenkens zur Vernichtung der Irrlehre des Eutyches geschrieben hatte [*290–295], da er ja mit dem Bekenntnis des großen Petrus übereinstimmt und eine gemeinsame Stütze gegen die Irrgläubigen darstellt zur Festigung der rechten Lehren.

Es stellt sich nämlich denen entgegen, die versuchen, das Geheimnis des Heilsgeschehens in eine Zweiheit von Söhnen zu zerreißen, schließt die, welche zu behaupten wagen, die Gottheit des Einziggeborenen sei leidensfähig, aus der Versammlung der Priester aus, leistet denen, die in den zwei Naturen Christi eine Vermengung oder Vermischung ersinnen, Widerstand, verbannt die, welche in ihrem Wahnsinn behaupten, die von ihm aus uns angenommene Knechtsgestalt sei himmlisch oder irgendeiner anderen Natur, und belegt die, welche den Mythos von den zwei Naturen des Herrn vor der Einung erzählen und nach der Einung e i n e erdenken, mit dem Anathema.

[Definition] In der Nachfolge der heiligen Väter also lehren wir alle übereinstimmend, unseren Herrn Jesus Christus als ein und denselben Sohn zu bekennen: derselbe ist vollkommen in der Gottheit und derselbe ist vollkommen in der Menschheit; derselbe ist wahrhaft Gott und wahrhaft Mensch aus vernunftbegabter Seele und Leib; derselbe ist der Gottheit nach dem Vater wesensgleich und der Menschheit nach uns wesensgleich, in allem uns gleich außer der Sünde [vgl. Hebr 4,15]; derselbe wurde einerseits der Gottheit nach vor den Zeiten aus dem Vater gezeugt, andererseits der Menschheit nach in den letzten Tagen unsertwegen und um unseres Heiles willen aus Maria, der Jungfrau ⟨und⟩ Gottesgebärerin, geboren;

ein und derselbe ist Christus, der einziggeborene Sohn und Herr, der in zwei Natu-

ἀτρέπτως, ἀδιαιρέτως, ἀχωρίστως γνωριζόμενον, οὐδαμοῦ τῆς τῶν φύσεων διαφορᾶς
ἀνῃρημένης διὰ τὴν ἕνωσιν, σωζομένης δὲ
μᾶλλον τῆς ἰδιότητος ἑκατέρας φύσεως, καὶ
εἰς ἓν πρόσωπον καὶ μίαν ὑπόστασιν συντρεχούσης, οὐκ εἰς δύο πρόσωπα μεριζόμενον ἢ διαιρούμενον, ἀλλ' ἕνα καὶ τὸν αὐτὸν
υἱὸν μονογενῆ Θεὸν λόγον, κύριον Ἰησοῦν
Χριστόν, καθάπερ ἄνωθεν οἱ προφῆται περὶ
αὐτοῦ καὶ αὐτὸς ἡμᾶς Ἰησοῦς Χριστὸς ἐξε-
παίδευσεν, καὶ τὸ τῶν πατέρων ἡμῖν παραδέδωκε σύμβολον.

[*Sanctio*] Τούτων τοίνυν μετὰ πάσης
πανταχόθεν ἀκριβείας τε καὶ ἐμμελείας παρ'
ἡμῶν διατυπωθέντων, ὥρισεν ἡ ἁγία καὶ οἰκουμενικὴ σύνοδος, ἑτέραν πίστιν μηδενὶ
ἐξεῖναι προφέρειν, ἢ γοῦν συγγράφειν ἢ συν-
τιθέναι ἢ φρονεῖν ἢ διδάσκειν ἑτέρως ...

ren[1] unvermischt, unveränderlich, ungetrennt und unteilbar erkannt wird, wobei nirgends wegen der Einung der Unterschied der
Naturen aufgehoben ist, vielmehr die Eigentümlichkeit jeder der beiden Naturen gewahrt bleibt und sich in e i n e r Person und
e i n e r Hypostase vereinigt; der einziggeborene Sohn, Gott, das Wort, der Herr Jesus
Christus, ist nicht in zwei Personen geteilt
oder getrennt, sondern ist ein und derselbe,
wie es früher die Propheten über ihn und Jesus Christus selbst es uns gelehrt und das Bekenntnis der Väter es uns überliefert hat.

[*Sanktion*] Da dies also von uns in jeg- 303
licher Hinsicht mit aller Sorgfalt und Gewissenhaftigkeit festgesetzt wurde, beschloß das
heilige und ökumenische Konzil, daß keiner
einen anderen Glauben vortragen, niederschreiben, verfassen oder anders denken und
lehren darf ...

**304-305: 7. (15.) Sitzung: Kanones**

*Ausg.*: ACOe 2/I/II,158 [= *Kan. 2*] 161 [= *Kan. 14*]; lateinische Übersetzungen 2/III/III,93 95f; 2/II/II,33
37; 54 57; 87 90; 99 101; 106 108 (verschiedene Kanonessammlungen) / MaC 7,357D-360A 364D und an
anderen Stellen / HaC 2,601AB 607AB usw. / Bruns 1,25f 29 / COeD[3] 87f 93f. [*Kan. 2*]: Gratian, *Decretum*,
p. II, cs. 1; q. 1, c. 8 (Frdb 1,359f).

*Simonie*

Kan. 2. Εἴ τις ἐπίσκοπος ἐπὶ χρήμασι χειροτονίαν ποιήσαιτο καὶ εἰς πρᾶσιν καταγά-
γοι τὴν ἄπρατον χάριν καὶ χειροτονήσοι ἐπὶ
χρήμασιν ἐπίσκοπον ἢ χωρεπίσκοπον ἢ
πρεσβύτερον ἢ διάκονον ἢ ἕτερόν τινα τῶν
ἐν τῷ κλήρῳ καταριθμουμένων ἢ προβάλοι-
το ἐπὶ χρήμασιν οἰκονόμον ἢ ἔκδικον ἢ
παραμονάριον ἢ ὅλως τινὰ τοῦ κανόνος δι'
αἰσχροκέρδειαν οἰκείαν, ὁ τοῦτο ἐπι-
χειρήσας ἐλεγχθεὶς κινδυνευέτω περὶ τὸν οἰκεῖον βαθμὸν καὶ ὁ χειροτονούμενος μηδὲν
ἐκ τῆς κατ' ἐμπορίαν ὠφελείσθω χειροτονίας ἢ προβολῆς, ἀλλ' ἔστω ἀλλότριος τῆς
ἀξίας ἢ τοῦ φροντίσματος οὖπερ ἐπὶ χρήμασιν ἔτυχεν. Εἰ δέ τις καὶ μεσιτεύων φανείη

Kan. 2. Wenn ein Bischof um Geld eine 304
Weihe vorgenommen und die Gnade, die
nicht verkauft werden kann, zum Kaufgegen-
stand gemacht hat, und ⟨wenn er⟩ um Geld
einen Bischof, Landbischof, Priester, Diakon
oder irgendeinen anderen von denen, die
zum Klerus gezählt werden, geweiht oder einen Verwalter, Anwalt, Mesner oder überhaupt irgend jemand, der dem Kanon unterworfen ist, aus eigener schändlicher Ge-
winnsucht befördert hat, so soll er, wenn ihm
ein solcher Versuch nachgewiesen wurde, der
Gefahr für seine eigene Stellung unterliegen,
und derjenige, der geweiht wurde, soll aus
der Weihe oder Beförderung, die durch einen

---

*302 [1] Es ist zu lesen «ἐν δύο φύσεσιν» ("in zwei Naturen"), nicht «ἐκ δύο φύσεων» ("aus zwei Natu-
ren"), eine Variante, die in älteren, weniger kritischen Ausgaben des griechischen Textes geboten
wird, während alle lateinischen Übersetzungen bezeugen "i n zwei Naturen" ("i n duabus naturis"). Die andere Variante wäre, da sie auf Monophysitismus hindeutet, der Zielsetzung des Konzils genau entgegengesetzt. Andere außerkonziliare Zeugnisse der richtigen Lesart s. bei R.V.
Sellers, *The Council of Chalcedon* (London 1953) 120f Anm. 6; I. Ortiz de Urbina, *Das Symbol
von Chalkedon,* in: A. Grillmeier – H. Bacht (Hrsg.), *Das Konzil von Chalkedon* 1 (Würzburg
1959[2]) 391 Anm. 4 (zur Ausg. 1951[1] vgl. den Nachtrag in Bd. 3 [1954] 877).

τοῖς οὕτως αἰσχροῖς καὶ ἀθεμίτοις λήμμασιν, καὶ οὗτος εἰ μὲν κληρικὸς εἴη, τοῦ οἰκείου ἐκπιπτέτω βαθμοῦ· εἰ δὲ λαικὸς ἢ μονάζων, ἀναθεματιζέσθω.

Handel zustande kam, keinen Nutzen ziehen, sondern er sei der Würde und der Stellung enthoben, die er für Geld erlangte. Wenn es aber für die so schändlichen und ruchlosen Kaufgeschäfte einen Vermittler gab, so soll auch dieser, wenn es ein Kleriker sein sollte, seine eigene Stellung verlieren, wenn aber ein Laie oder Mönch, mit dem Anathema belegt werden.

### Mischehe und Empfang der Taufe in der Häresie

305      Kan. 14. Ἐπειδὴ ἔν τισιν ἐπαρχίαις συγκεχώρηται τοῖς ἀναγνώσταις καὶ ψάλταις γαμεῖν, ὥρισεν ἡ ἁγία σύνοδος μὴ ἐξεῖναι τινὰ αὐτῶν ἑτερόδοξον γυναῖκα λαμβάνειν· τοὺς δὲ ἤδη ἐκ τοιούτων γάμων παιδοποιήσαντας, εἰ μὲν ἔφθασαν βαπτίσαι τὰ ἐξ αὐτῶν τεχθέντα παρὰ τοῖς αἱρετικοῖς, προσάγειν αὐτὰ τῇ κοινωνίᾳ τῆς καθολικῆς ἐκκλησίας· μὴ βαπτισθέντα δὲ μὴ δύνασθαι ἔτι βαπτίζειν αὐτὰ παρὰ τοῖς αἱρετικοῖς μήτε μὴν συνάπτειν πρὸς γάμον αἱρετικῷ ἢ Ἰουδαίῳ ἢ Ἕλληνι, εἰ μὴ ἄρα ἐπαγγέλλοιτο μετατίθεσθαι εἰς τὴν ὀρθόδοξον πίστιν τὸ συναπτόμενον πρόσωπον τῷ ὀρθοδόξῳ. Εἰ δέ τις τοῦτον τὸν ὅρον παραβαίη τῆς ἁγίας συνόδου, κανονικῷ ὑποκείσθω ἐπιτιμίῳ.

Kan. 14. Da es in einigen Provinzen Lektoren und Sängern erlaubt ist, zu heiraten, beschloß das heilige Konzil, daß es niemandem von diesen erlaubt sein soll, eine irrgläubige Frau zu nehmen. Die aber aus einer solchen Ehe schon Kinder gezeugt haben, sollen, wenn sie die aus ihnen Geborenen zuvor bei den Häretikern taufen ließen, diese der Gemeinschaft der katholischen Kirche zuführen; nicht getaufte aber können sie nicht mehr bei den Häretikern taufen lassen; sie dürfen sie aber auch nicht mit einem Häretiker, Juden oder Heiden zur Ehe verbinden, es sei denn, die mit dem Rechtgläubigen zu verbindende Person verspräche, zum rechten Glauben überzuwechseln. Wer aber diese Bestimmung des heiligen Konzils übertritt, soll der kanonischen Strafe unterliegen.

## 306: Synodalbrief «Ἐπλήσθη χαρᾶς» an Papst Leo I., Anfang Nov. 451

*Ausg.:* griechischer Originaltext: ACOe 2/I/III, 116$_{20}$-117$_{2}$; lateinische Übersetzungen: 2/III/II,93$_{16-31}$ 96$_{14-29}$.

### Der Vorrang des Römischen Stuhles

306      ... Τί γὰρ πίστεως πρὸς εὐφροσύνην ἀνώτερον; ... ἣν αὐτὸς ἄνωθεν ἡμῖν ὁ σωτὴρ πρὸς σωτηρίαν παρέδωκε φήσας; «πορευθέντες μαθητεύσατε πάντα τὰ ἔθνη ...» [*Mt 28,19s*], ἣν αὐτὸς ὥσπερ χρυσῆν σειρὰν τῷ προστάγματι τοῦ θεμένου καταγομένην εἰς ἡμᾶς διεφύλαξας πᾶσι τῆς τοῦ μακαρίου Πέτρου φωνῆς ἑρμηνεὺς καθιστάμενος καὶ τῆς ἐκείνου πίστεως τοῖς πᾶσι τὸν μακαρισμὸν ἐφελκόμενος. Ὅθεν καὶ ἡμεῖς ὡς ἀρχηγῷ σοι τοῦ καλοῦ πρὸς ὠφέλειαν χρησάμενοι τῆς ἀληθείας τοῖς τῆς ἐκκλησίας τέκνοις τὸν κλῆρον ἐδείξαμεν, ... μιᾷ συμπνοίᾳ καὶ ὁμονοίᾳ τῆς πίστεως τὴν ὁμολογίαν γνωρίσαντες. Καὶ ἦμεν ἐν κοινῇ χορείᾳ, τοῖς πνευματικοῖς ὡς ἐν βασιλικοῖς δείπνοις ἐντρυφῶν

... Was nämlich verleiht mehr Freude als der Glaube? ... Ihn hat uns der Erlöser selbst von alters her zum Heile überliefert, indem er sagte: "Gehet hin und lehrt alle Völker ..." [*Mt 28,19f*], ihn hast Du selbst wie eine goldene Kette, die auf Geheiß des Gebieters bis auf uns herabgeführt wird, bewahrt, indem Du allen der Dolmetscher der Stimme des seligen Petrus warst und für alle die Seligpreisung seines Glaubens herbeiführtest. Indem daher auch wir uns Deiner als Führer zu diesem Gut mit Nutzen bedienten, zeigten wir den Kindern der Kirche das Erbe der Wahrheit ... und taten in einhelliger Übereinstimmung und Eintracht das Bekenntnis des Glaubens kund. Und wir waren in ge

τες ἐδέσμασιν, ἅπερ διὰ τῶν σῶν γραμμάτων[1] ὁ Χριστὸς τοῖς εὐωχουμένοις ηὐτρέ-
πισε, καὶ τὸν ἐπουράνιον νυμφίον ἐν ἡμῖν
ὁρᾶν ἐδοκοῦμεν ἐνδιαιτώμενον. Εἰ γὰρ ὅπου
εἰσὶ δύο ἢ τρεῖς συνηγμένοι εἰς τὸ αὐτοῦ
ὄνομα, ἐκεῖ ἔφη εἶναι ἐν μέσῳ αὐτῶν [cf. Mt
18,20], πόσην περὶ πεντακοσίους εἴκοσιν ἱε-
ρέας τὴν οἰκείωσιν ἐπεδείκνυτο, οἳ καὶ
πατρίδος καὶ πόνου τῆς εἰς αὐτὸν ὁμολογίας
τὴν γνῶσιν προέθηκαν; ὧν σὺ μὲν ὡς κεφαλὴ μελῶν ἡγεμόνευες ἐν τοῖς τὴν σὴν τά-
ξιν ἐπέχουσι τὴν εὐβουλίαν ἐπιδεικνύμε-
νος ...

meinsamem Chor, wie in kaiserlichem Fest-
mahl in geistigen Speisen schwelgend, die
Christus den Schmausenden durch Dein
Schreiben[1] zubereitete, und wir meinten, den
himmlischen Bräutigam unter uns speisen zu
sehen. Wenn nämlich, wo zwei oder drei in
seinem Namen versammelt sind, er dort, wie
er sagt, in ihrer Mitte ist [vgl. Mt 18,20], eine
wie große Vertrautheit zeigte er dann mit den
fünfhundertzwanzig Priestern, die das Verständnis des Bekenntnisses an ihn höher
stellten als Heimat und Mühsal? Sie hast Du
wie ein Haupt die Glieder in denen, die Deine Stelle einnahmen, angeleitet, indem Du
Deinen trefflichen Rat kundgetan hast ...

## 308-310: Brief "Sollicitudinis quidem tuae" an Bischof Theodor von Fréjus (Südfrankreich), 11. Juni 452

*Ausg.*: BullTau Appendix 1,102b 103a–104a / PL 54,1014A (= Brief 108) / MaC 6,209A–211A / Gratian, *Decretum*, p. II, cs. 26, q. 6, c. 10 (Frdb 1,1038f). – *Reg.*: JR 485.

### Das Sakrament der Buße

(c. 2) Multiplex misericordia Dei ita lapsi-
bus subvenit humanis, ut non solum per baptismi gratiam, sed etiam per paenitentiae medicinam spes vitae reparetur aeternae, ut qui
regenerationis dona violassent, proprio se iudicio condemnantes ad remissionem criminum pervenirent: sic divinae bonitatis praesidiis ordinatis, ut indulgentia Dei nisi supplicationibus sacerdotum. nequeat obtineri.
"Mediator enim Dei et hominum, homo
Christus Iesus" [1 Tim 2,5] hanc praepositis
Ecclesiae tradidit potestatem, ut et confitentibus actionem paenitentiae darent, et eosdem salubri satisfactione purgatos ad communionem sacramentorum per ianuam reconciliationis admitterent. ...

(Kap. 2) Die vielfältige Barmherzigkeit **308**
Gottes kommt den menschlichen Verfehlungen so zu Hilfe, daß nicht nur durch die Gnade der Taufe, sondern auch durch die Arznei
der Buße die Hoffnung auf das ewige Leben
wiederhergestellt wird, damit diejenigen,
welche die Gaben der Wiedergeburt verletzt
haben, wenn sie sich durch eigenen Richtspruch verurteilen, zur Vergebung der Vergehen gelangen: ⟨und zwar⟩ sind die Hilfen
der göttlichen Güte so eingerichtet, daß die
Vergebung Gottes nur auf die Fürbitten der
Priester erlangt werden kann. "Der Mittler
zwischen Gott und den Menschen, der
Mensch Christus Jesus" [1 Tim 2,5], hat nämlich den Vorstehern der Kirche diese Vollmacht übertragen, sowohl den Beichtenden
Bußleistung aufzuerlegen als auch sie, wenn
sie durch heilsame Genugtuung gereinigt
sind, durch die Tür der Wiederversöhnung
zur Kommunion der Sakramente zuzulassen. ...

(c. 4) His autem, qui in tempore necessitatis et in periculi urgentis instantia praesidium paenitentiae et mox reconciliationis im-
plorant, nec satisfactio interdicenda est nec

(Kap. 4) Denen aber, die in einer Notsi- **309**
tuation und bei unmittelbar drängender Gefahr die Hilfe der Buße und sogleich der Wiederversöhnung erflehen, darf weder die Ge-

---

**\*306** [1] Gemeint ist insbesondere der in der 2. und 4. Sitzung unter voller Zustimmung verlesene *"Tomus Leonis"* (*290–295; vgl. auch *300), außerdem der Brief (Nr. 93, PL) an das Konzil, der in der 16. Sitzung verlesen wurde.

reconciliatio deneganda: quia misericordiae Dei nec mensuras possumus ponere nec tempora definire, apud quem nullas patitur veniae moras vera conversio ...

nugtuung untersagt noch die Wiederversöhnung verweigert werden: denn wir können der Barmherzigkeit Gottes, bei dem eine wahre Bekehrung keine Verzögerungen der Verzeihung duldet, weder Maße auferlegen noch Zeiten vorschreiben ...

310     (c. 5) Unde oportet unumquemque christianum conscientiae suae habere iudicium, ne converti ad Deum de die in diem differat nec satisfactionis sibi tempus in fine vitae suae constituat, ... et cum posset pleniore satisfactione indulgentiam promereri, illius temporis angustias eligat, quo vix inveniat spatium vel confessio paenitentis vel reconciliatio sacerdotis. Verum, ut dixi, etiam talium necessitati ita auxiliandum est, ut et actio illis paenitentiae et communionis gratia, si eam etiam amisso vocis officio per indicia integri sensus postulant, non negetur. At si aliqua vi aegritudinis ita fuerint aggravati, ut, quod paulo ante poscebant, sub praesentia sacerdotis significare non valeant, testimonia eis fidelium circumstantium prodesse debebunt, ut simul et paenitentiae et reconciliationis beneficium consequantur ...

(Kap. 5) Daher soll ein jeder Christ das Urteil seines Gewissens beachten, damit er nicht von Tag zu Tag aufschiebe, sich zu Gott zu bekehren, und nicht die Zeit der Genugtuung auf das Ende seines Lebens anberaume, ... und, obwohl er mit einer umfassenderen Genugtuung die Vergebung verdienen könnte, die Bedrängnis jener Zeit erwähle, in der sowohl der Büßende für die Beichte als auch der Priester für die Wiederversöhnung kaum Gelegenheit findet. Aber auch der Notlage solcher ist, wie ich gesagt habe, so abzuhelfen, daß ihnen weder die Bußleistung noch die Gnade der Kommunion verweigert werde, wenn sie diese, auch nachdem die Stimme ihren Dienst versagt hat, durch Zeichen eines unversehrten Sinnes verlangen. Wenn sie aber durch den Einfluß einer Krankheit so niedergedrückt wurden, daß sie, was sie kurz zuvor verlangten, in Gegenwart des Priesters nicht zu verstehen geben können, so werden ihnen die Bezeugungen der umstehenden Gläubigen helfen müssen, damit sie zugleich die Wohltat der Buße und der Wiederversöhnung erlangen ...

**311-316: Brief "Regressus ad nos" an Bischof Nicetas von Aquileja, 21. März 458**

*Ausg.:* BullCocq 1,45b-46b / BullTau 1,78a-79a / PL 54,1136A-1139A ( = Brief 159) / MaC 6,331C-335A / HaC 1,1770B-1771D. - [*Kap. 1-4:*] Gratian, *Decretum*, p. II, cs. 34, q. 1 2, c. 1 (Frdb 1,1256f). - *Reg.:* JR 536.

### Die zweite Ehe von vermeintlichen Witwen

311     (c. 1) Cum ergo per bellicam cladem et per gravissimas hostilitatis incursus ita quaedam dicatis divisa esse coniugia, ut abductis in captivitatem viris feminae eorum remanserint destitutae, quae cum viros proprios aut interemptos putarent aut numquam a dominatione crederent liberandos, ad aliorum coniugium, solitudine cogente, transierint, cumque nunc, statu rerum auxiliante Domino in meliora converso, nonnulli eorum qui putabantur periisse, remeaverint, merito caritas tua videtur ambigere, quid de mulieribus, quae aliis iunctae sunt viris, a nobis debeat ordinari.

(Kap. 1) Da ihr also sagt, durch die Niederlage im Krieg und durch die schwersten Angriffe des Feindes seien einige Ehen so getrennt worden, daß, nachdem die Männer in die Gefangenschaft abgeführt worden waren, ihre Frauen verlassen zurückblieben, die, da sie ihre eigenen Männer entweder getötet wähnten oder glaubten, sie könnten niemals von der Fremdherrschaft befreit werden, gezwungen durch die Einsamkeit eine Ehe mit anderen eingingen, und weil nun, da sich der Stand der Dinge mit Hilfe des Herrn zum Besseren gekehrt hat, einige von denen, die man verloren glaubte, zurückgekehrt sind, ist

Sed quia novimus scriptum, quod a Deo iungitur mulier viro [*cf. Prv 19,14*] et iterum praeceptum agnovimus, ut quod Deus iunxit, homo non separet [*Mt 19,6*], necesse est, ut legitimarum foedera nuptiarum redintegranda credamus et, remotis malis quae hostilitas intulit, unicuique hoc quod legitime habuit reformetur, omnique studio procurandum est, ut recipiat unusquisque quod proprium est.

(c. 2) Nec tamen culpabilis iudicetur et tamquam alieni iuris pervasor habeatur, qui personam eius mariti, qui iam non esse existimabatur, assumpsit. Sic enim multa, quae ad eos qui in captivitatem ducti sunt pertinebant, in ius alienum transire potuerunt, et tamen plenum iustitiae est, ut eisdem reversis propria reformentur. Quodsi in mancipiis vel in agris aut etiam in domibus ac possessionibus rite servatur, quanto magis in coniugiorum redintegratione faciendum est, ut, quod bellica necessitate turbatum est, pacis remedio reformetur?

(c. 3) Et ideo, si viri post longam captivitatem reversi ita in dilectione suarum coniugum perseverent, ut eas cupiant in suum redire consortium, omittendum est et inculpabile iudicandum, quod necessitas intulit, et restituendum, quod fides poscit.

(c. 4) Si autem aliquae mulieres ita posteriorum virorum amore sunt captae, ut malint his cohaerere quam ad legitimum redire consortium, merito sunt notandae, ita ut etiam ecclesiastica communione priventur: quae de re excusabili contaminationem criminis elegerunt, ostendentes sibimet pro sua incontinentia placuisse, quod iusta remissio poterat expiare. ...

Deine Liebe offenbar zurecht unschlüssig, was wegen der Frauen, die mit anderen Männern verbunden sind, von uns angeordnet werden soll.

Aber weil wir geschrieben wissen, daß die Frau von Gott dem Manne verbunden wird [*vgl. Spr 19,14*], und wiederum das Gebot kennen, daß, was Gott verbunden hat, der Mensch nicht trennen darf [*Mt 19,6*], ist es notwendig, daß wir glauben, daß die rechtmäßigen Ehebündnisse wiederherzustellen sind, und nach Beseitigung der Übel, die der Feind zugefügt hat, einem jeden das zurückgegeben werde, was er rechtmäßig hatte; und es ist mit ganzem Eifer dafür zu sorgen, daß ein jeder erhalte, was sein eigen ist.

(Kap. 2) Jedoch soll nicht für tadelnswert **312** erachtet und als Eindringling in fremdes Recht angesehen werden, wer die Rolle jenes Ehemannes übernahm, von dem man glaubte, es gebe ihn nicht mehr. So konnte nämlich vieles, was denen gehörte, die in Gefangenschaft geführt wurden, in fremdes Recht übergehen, und dennoch entspricht es voll der Gerechtigkeit, daß es ihnen, wenn sie zurückgekehrt sind, wieder zu eigen gegeben wird. Wenn dies bei Eigentumsrechten und bei Ländereien oder auch bei Häusern und Besitztümern zurecht eingehalten wird, um wieviel mehr ist dann bei der Wiederherstellung von Ehen zu veranlassen, daß, was durch die Not des Krieges in Unordnung geriet, mit Hilfe des Friedens wieder in den alten Stand versetzt werde?

(Kap. 3) Und wenn deshalb Männer, nach **313** langer Gefangenschaft zurückgekehrt, so in Liebe zu ihren Gattinnen verharren, daß sie wünschen, diese möchten in die ⟨eheliche⟩ Gemeinschaft mit ihnen zurückkehren, so ist aufzugeben und für untadelig zu erachten, was die Not veranlaßte, und wiederherzustellen, was die Treue erfordert.

(Kap. 4) Wenn aber irgendwelche Frauen **314** so von Liebe zu ihren späteren Männern ergriffen sind, daß sie lieber diesen anhängen als zur rechtmäßigen ⟨Ehe⟩gemeinschaft zurückkehren wollen, so sind sie zurecht in der Weise zu rügen, daß sie auch der Gemeinschaft mit der Kirche beraubt werden: sie haben ⟨ja⟩ statt einer entschuldbaren Sache die Befleckung des Lasters erwählt, indem sie

zeigten, daß ihnen selbst in ihrer Unenthaltsamkeit gefiel, was wohlbegründete Vergebung hätte sühnen können. ...

### Die Unwiederholbarkeit der Taufe

315    (c. 6) His vero ..., qui ad iterandum baptismum vel metu coacti sunt vel errore tra-
ducti, et nunc se contra catholicae fidei sacramentum egisse cognoscunt, ea custodienda
est moderatio, qua in societatem nostram non
nisi per paenitentiae remedium et per impositionem episcopalis manus communionis recipiant unitatem. ...

(Kap. 6) Diejenigen aber ..., die entweder
durch Furcht gedrängt oder durch Irrtum
verleitet wurden, die Taufe zu wiederholen,
und jetzt erkennen, daß sie gegen das Sakrament des katholischen Glaubens gehandelt
haben, müssen die Regelung beachten, daß
sie nur durch das Heilmittel der Buße in unsere Gemeinschaft ⟨gelangen⟩ und durch die
bischöfliche Handauflegung die Einheit der
Gemeinschaft empfangen. ...

316    (c. 7) Nam hi, qui baptismum ab haereticis acceperunt, cum antea baptizati non fuissent, sola invocatione Spiritus Sancti per impositionem manuum confirmandi sunt, quia
formam tantum baptismi sine sanctificationis
virtute sumpserunt. Et hanc regulam, ut scitis, servandam in omnibus Ecclesiis praedicamus, ut lavacrum semel initum nulla iteratione violetur, dicente Apostolo: "Unus Dominus, una fides, unum baptisma" [Eph 4,5].
Cuius ablutio nulla iteratione temeranda est,
sed, ut diximus, sola sanctificatio Spiritus
Sancti invocanda est: ut quod ab haereticis
nemo accipit, a catholicis sacerdotibus consequatur.

(Kap. 7) Denn diejenigen, die die Taufe
von Häretikern empfangen haben, nachdem
sie zuvor nicht getauft worden waren, sind
allein unter Anrufung des Heiligen Geistes
durch Auflegung der Hände zu firmen, weil
sie nur die Form der Taufe ohne die Kraft der
Heiligung empfangen haben. Und wir verkünden, daß diese Regel, wie ihr wißt, in allen Kirchen beachtet werden muß, daß ⟨näm-
lich⟩ das einmal empfangene Bad ⟨der Taufe⟩
durch keine Wiederholung verletzt werde, da
der Apostel sagt: "Ein Herr, ein Glaube,
eine Taufe" [Eph 4,5]. Ihre Abwaschung
darf durch keine Wiederholung entweiht werden; vielmehr ist, wie wir sagten, allein die
Heiligung durch den Heiligen Geist anzurufen, damit man, was man von Häretikern
nicht empfängt, von katholischen Priestern
erhalte.

### 317-318: Brief "Promisisse me memini" an Kaiser Leon I., 17. Aug. 458

Der Brief wird auch "*Tomus II Leonis*" genannt (vgl. *290°). Die wichtigsten Aussagen des Briefes sind mit
nur wenigen Veränderungen dem Brief "*Sollicitudini meae*" Papst Leos an die Mönche Palästinas entnommen, der ungefähr im Juni 453 geschrieben wurde (ACOe 2/IV,159-163; angeführter Auszug: $161_{7-11\ 23-27}$
$162_{9-15}$ / PL 54,1061-1068 = Brief 124; JR 500).
    *Ausg.:* C. Silva Tarouca, *Sancti Leonis Magni Tomus ad Flavianum episcopum Constantinopolitanum ...
et ... Epistula ad Leonem I imperatorem (Epistula CLXV)* (TD ser. theol. 9; Rom 1932) 50-54 (Nr. 76-81
94-98 113-122) / ACOe 2/IV, $115_{30}$-$116_{1\ 13-17}$ $117_{8-18}$ (= *Collectio Grimanica*, Brief 104) / BullTau Appendix 1,173b-174a 175a / PL 54,1163B-1165A 1167AB (= Brief 165). – *Reg.:* JR 542.

### Die zwei Naturen in Christus

317    (c. 6) Licet ergo in uno Domino Iesu Christo, vero Dei atque hominis Filio, Verbi et
carnis una persona sit, quae inseparabiliter
atque indivise communes habeat actiones, intellegendae tamen sunt ipsorum operum qualitates, et sincera fidei contemplatione cer-

(Kap. 6) Wenn also auch in dem einen
Herrn Jesus Christus, dem wahren Gottes-
und Menschensohn, eine Person des Wortes
und des Fleisches ist, die untrennbar und ungeteilt gemeinsame Handlungen vollbringt,
so müssen dennoch die Eigenschaften der

nendum est, ad quae provehatur humilitas carnis, et ad quae inclinetur altitudo deitatis, quid sit, quod caro sine Verbo non agit, et quid sit, quod Verbum sine carne non effi-cit[1]. ...

Quamvis itaque ab illo initio, quo in utero Virginis Verbum caro factum est, nihil un-quam inter utramque formam divisionis ex-stiterit, et per omnia incrementa corporea unius personae fuerint totius temporis actio-nes, ea ipsa tamen, quae inseparabiliter facta sunt, nulla permixtione confundimus, sed quid cuius formae sit, ex operum qualitate sentimus. ...

(c. 8) Cum ergo unus sit Dominus Iesus Christus et verae deitatis veraeque humani-tatis in ipso una prorsus eademque persona sit, exaltationem tamen, qua illum, sicut Doc-tor gentium dicit, exaltavit Deus et donavit illi nomen, quod super omne nomen excellit [cf. Phil 2,9s], ad eandem intellegimus perti-nere formam, quae ditanda erat tantae glori-ficationis augmento. In forma quippe Dei ae-qualis erat Filius Patri, et inter Genitorem atque Unigenitum nulla erat in essentia dis-cretio, nulla in maiestate diversitas; nec per incarnationis mysterium aliquid decesserat Verbo, quod ei Patris munere redderetur. For-ma autem servi, per quam impassibilis deitas sacramentum magnae pietatis implevit, hu-mana humilitas est, quae in gloriam divinae potestatis evecta est, in tantam unitatem ab ipso conceptu Virginis deitate et humanitate conserta, ut nec sine homine divina, nec sine Deo agerentur humana.

Werke selbst ⟨richtig⟩ verstanden werden, und man kann mit echtem Glaubensver-ständnis sehen, wozu die Niedrigkeit des Flei-sches erhoben wird, und wozu sich die Ho-heit der Gottheit herabneigt, was es ist, was das Fleisch ohne das Wort nicht tut, und was es ist, was das Wort ohne das Fleisch nicht bewirkt[1]. ...

Obwohl es also von jenem Anfang an, als das Wort im Schoß der Jungfrau Fleisch ge-worden ist, niemals irgendeine Trennung zwi-schen den beiden Gestalten gegeben hat und durch alle Wachstumsstadien des Leibes hin-durch die Handlungen zu jeglicher Zeit von der einen Person ausgingen, so bringen wir dennoch das, was untrennbar getan wurde, nicht durch eine Vermischung durcheinan-der, sondern nehmen aufgrund der Beschaf-fenheit der Werke wahr, was zu welcher Ge-stalt gehört. ...

(Kap. 8) Obwohl also der Herr Jesus Chri-stus einer ist und in ihm gänzlich ein und dieselbe Person die der wahren Gottheit und die der wahren Menschheit ist, so erkennen wir dennoch, daß die Erhöhung, mit der ihn, wie der Lehrer der Völker sagt, Gott erhöhte und ihm einen Namen schenkte, der über je-den Namen herausragt [vgl. Phil 2,9f], sich auf eben die Gestalt bezieht, die durch den Zuwachs einer solch großen Verherrlichung bereichert werden sollte. In der Gestalt Got-tes nämlich war der Sohn dem Vater gleich, und es gab zwischen dem Erzeuger und dem Einziggeborenen keinen Unterschied im We-sen, keine Verschiedenheit in der Erhaben-heit; auch war dem Wort durch das Geheim-nis der Fleischwerdung nichts verlorengegan-gen, was ihm durch das Geschenk des Vaters hätte wiedergegeben werden müssen. Die Ge-stalt des Knechts aber, durch die die lei-densunfähige Gottheit das Geheimnis ihrer großen Barmherzigkeit erfüllte, ist die menschliche Niedrigkeit, die in die Herrlich-keit der göttlichen Macht erhoben wurde, wobei die Gottheit und die Menschheit schon bei der Empfängnis der Jungfrau selbst in ei-ner solch großen Einheit verwoben wurden, daß weder die göttlichen ⟨Werke⟩ ohne den Menschen noch die menschlichen ⟨Werke⟩ ohne Gott getan wurden.

**318**

---

*317   [1]   "Licet – efficit" ("Wenn also – bewirkt") = Predigt 64,4 (PL 54,360B).

## 319-320: Brief "Frequenter quidem" an Bischof Neo von Ravenna, 24. Okt. 458

*Ausg.:* BullCocq 1,43bf / BullTau 1,74ab / PL 54,1192A-1194B ( = Brief 166). - *Reg.:* JR 543.

### Die zweifelhafte und die von Häretikern gespendete Taufe

**319**     (1) ... Quorumdam fratrum suggestione comperimus, aliquos captivorum ad sedes suas libere redeuntes, qui scilicet in captivitatem illa aetate devenerint, quae nullius rei firmam potuerat habere notitiam, remedium quidem implorare baptismatis, sed utrum eiusdem mysterium baptismatis ac sacramenta perceperint, infantiae inscientia non posse reminisci, et ideo sub hoc latentis recordationis incerto animas suas in discrimen adduci, dum sub specie cautionis negatur his gratia, quae ideo non impenditur, quia putatur impensa. Cum itaque tribuere talibus dominici sacramenta mysterii non immerito quorumdam fratrum formido dubitaret, in synodali ut diximus coetu formam huiuscemodi consultationis accepimus ... .

In primis itaque providere debemus, ne dum speciem quamdam cautionis tenemus, damnum regenerandarum incidamus animarum. Quis enim ita sit suspicationibus suis deditus, ut verum esse definiat, quod, omni manifestatione cessante, ex opinione ambigua suspicatur?

Cum itaque baptizatum ṣe nec ille recordetur, qui regenerationis est cupidus, nec alter attestari de eo possit, qui nesciat consecratum, nihil est, in quo peccatum possit obrepere, cum in hac parte conscientiae suae nec ille reus sit, qui consecratur, nec ille, qui consecrat.

Scimus quidem inexpiabile esse facinus, quoties iuxta haereticorum damnata a sanctis Patribus instituta cogitur aliquis lavacrum, quod regenerandis semel tributum est, bis subire, apostolica reclamante doctrina, quae nobis unam praedicat in Trinitate deitatem, unam in fide confessionem, unum in baptismate sacramentum [*Eph 4,5*]. Sed in hoc nihil

(1) ... Aus der Nachricht einiger Brüder haben Wir erfahren, daß einige frei zu ihren Wohnsitzen zurückkehrende Gefangene – die nämlich in einem solchen Alter, das von nichts eine sichere Kenntnis gehabt haben konnte, in Gefangenschaft geraten sind – zwar das Heilmittel der Taufe erbitten, sich aber aufgrund der Unwissenheit des Kindesalters nicht erinnern können, ob sie das Geheimnis ebendieser Taufe und die Sakramente empfangen haben, und daß deshalb unter dieser Ungewißheit der verdeckten Erinnerung ihre Seelen in Gefahr gebracht werden, indem ihnen unter dem Anschein der Vorsicht die Gnade verweigert wird, die deshalb nicht gewährt wird, weil man meint, sie sei ⟨schon⟩ gewährt worden. Da deshalb die Scheu einiger Brüder nicht zu Unrecht zögerte, solchen die Sakramente des Geheimnisses des Herrn zu gewähren, haben Wir, wie Wir sagten, auf der Konzilsversammlung eine solche formelle Anfrage erhalten ... .

Zuallererst müssen wir uns deshalb vorsehen, daß wir nicht, indem wir an einem Anschein von Vorsicht festhalten, den Seelen, die wiedergeboren werden sollen, Schaden zufügen. Wer wird nämlich seinen Vermutungen so ergeben sein, daß er für sicher wahr erklärte, was, da es keinen Beweis mehr gibt, nur aufgrund zweifelhafter Meinung vermutet wird?

Wenn also weder jener, der die Wiedergeburt begehrt, sich erinnert, daß er getauft wurde, noch ein anderer Zeugnis von ihm geben kann, weil er nicht weiß, ob er geheiligt ist, so gibt es nichts, wobei sich eine Sünde einschleichen könnte; denn in diesem Punkt seines Gewissens ist weder jener schuldig, der geheiligt wird, noch jener, der heiligt.

Wir wissen zwar, daß es ein unsühnbares Verbrechen ist, wenn einer gemäß den von den heiligen Vätern verurteilten Bräuchen der Häretiker gezwungen wird, sich zweimal dem Bad zu unterziehen, das denen, die wiedergeboren werden sollen, einmal gewährt ist; denn dem widerspricht die apostolische Lehre, die uns e i n e Gottheit in der Dreifal-

simile formidatur, quoniam non potest in iterationis crimen venire, quod factum esse omnino nescitur. ...

(2) Quod si ab haereticis baptizatum quempiam fuisse constiterit, erga hunc nullatenus sacramentum regenerationis iteretur, sed hoc tantum, quod ibi defuit, conferatur: ut per episcopalem manus impositionem virtutem Sancti Spiritus consequatur.

tigkeit verkündet, ein Bekenntnis im Glauben, ein Sakrament in der Taufe [*Eph 4,5*]. Aber in diesem ⟨Fall⟩ steht nichts Ähnliches zu befürchten; denn es kann nicht der Vorwurf der Wiederholung erhoben werden, wenn man überhaupt nicht weiß, ob es geschehen ist. ...

(2) Wenn aber feststehen sollte, daß einer 320 von den Häretikern getauft wurde, so soll diesem gegenüber keinesfalls das Sakrament der Wiedergeburt wiederholt, sondern nur das, was dort gefehlt hat, gespendet werden: auf daß er durch die Handauflegung des Bischofs die Kraft des Heiligen Geistes erlange.

## 321–322: Brief "Epistolas fraternitatis" an Bischof Rusticus von Narbonne, i. J. 458 oder 459

*Ausg.:* BullCocq 1,28b / BullTau 1,45b / PL 54,1207BC ( = Brief 167). – *Reg.:* JR 544.

### *Die Verbindlichkeit der Ordensgelübde*

(Inquisitio 14) Propositum monachi proprio arbitrio aut voluntate susceptum deseri non potest absque peccato. Quod enim quis vovit Deo, debet et reddere [*Dt 23,21; Ps 49,14*]. Unde qui relicta singularitatis professione ad militiam vel ad nuptias devolutus est, publicae paenitentiae satisfactione purgandus est: quia etsi innocens militia et honestum potest esse coniugium, electionem meliorum deseruisse transgressio est.

(Frage 14) Der Vorsatz eines Mönches, der 321 aus eigenem Entschluß oder Willen gefaßt wurde, kann nicht ohne Sünde aufgegeben werden. Was einer nämlich Gott gelobt, muß er auch einlösen [*Dtn 23,21; Ps 50,14*]. Wer daher das Versprechen, allein zu bleiben, hinter sich gelassen hat und zu Kriegsdienst oder zur Ehe abgeglitten ist, ist durch die Genugtuung öffentlicher Buße zu reinigen: denn auch wenn der Kriegsdienst untadelig und die Ehe ehrenhaft sein kann, ist es eine Übertretung, die Wahl des Besseren aufgegeben zu haben.

(Inquisitio 15) Puellae, quae non coactae parentum imperio, sed spontaneo iudicio virginitatis propositum atque habitum susceperunt, si postea nuptias eligunt, praevaricantur, etiam si consecratio non accessit ...

(Frage 15) Wenn Mädchen, die nicht 322 durch Befehl der Eltern gezwungen, sondern aufgrund freiwilliger Entscheidung den Vorsatz und das Kleid der Jungfräulichkeit angenommen haben, hernach die Ehe erwählen, so sündigen sie, auch wenn ⟨noch⟩ keine Weihe hinzugekommen ist ...

## 323: Brief "Magna indignatione" an alle Bischöfe in Kampanien usw., 6. März 459

*Ausg.:* BullCocq 1,47a / BullTau 1,80a / PL 54,1210CD ( = Brief 168). – *Reg.:* JR 545.

### *Das geheime Bekenntnis*

(c. 2) Illam etiam contra apostolicam regulam praesumptionem, quam nuper agnovi a quibusdam illicita usurpatione committi, modis omnibus constituo submoveri. De paenitentia scilicet, quae a fidelibus postulatur, ne de singulorum peccatorum genere libello

(Kap. 2) Auch jene Dreistigkeit gegen die 323 apostolische Regel, die, wie ich neulich erfahren habe, von einigen in unerlaubter Anmaßung begangen wird, ist, so bestimme ich, auf alle Weise zu beseitigen. Bei der Buße nämlich, die von den Gläubigen erbeten wird, soll

scripta professio publice recitetur, cum reatus conscientiarum sufficiat solis sacerdotibus indicari confessione secreta. Quamvis enim plenitudo fidei videatur esse laudabilis, quae propter Dei timorem apud homines erubescere non veretur, tamen quia non omnium huiusmodi sunt peccata, ut ea, qui paenitentiam poscunt, non timeant publicare, removeatur tam improbabilis consuetudo, ne multi a paenitentiae remediis arceantur, dum aut erubescunt aut metuunt inimicis suis facta reserari, quibus possint legum constitutione percelli. Sufficit enim illa confessio, quae primum Deo offertur, tum etiam sacerdoti, qui pro delictis paenitentium precator accedit. Tunc enim demum plures ad paenitentiam poterunt provocari, si populi auribus non publicetur conscientia confitentis.

das in ein Büchlein geschriebene Bekenntnis über die Art der einzelnen Sünden nicht öffentlich verlesen werden; denn es genügt, daß die Schuld der Gewissen allein den Priestern in einem geheimen Bekenntnis angezeigt wird. Obwohl nämlich die Fülle des Glaubens lobenswert zu sein scheint, die sich nicht scheut, wegen der Furcht Gottes bei den Menschen Beschämung auf sich zu nehmen, so soll doch – denn die Sünden nicht aller sind derart, daß diejenigen, die nach der Buße verlangen, nicht fürchteten, diese zu veröffentlichen – der so unannehmbare Brauch abgeschafft werden, damit nicht viele von den Heilmitteln der Buße ferngehalten werden, solange sie sich entweder scheuen oder fürchten, daß ihren Feinden Taten eröffnet werden, für die sie nach der Gesetzesbestimmung bestraft werden können. Es genügt nämlich jenes Bekenntnis, das zuerst Gott dargebracht wird, dann auch dem Priester, der für die Vergehen der Büßenden als Fürsprecher hinzutritt. Erst dann nämlich werden manche zur Buße aufgefordert werden können, wenn das Gewissen des Bekennenden nicht vor den Ohren des Volkes eröffnet wird.

### 325–329: Statuta Ecclesiae Antiqua, Mitte oder Ende des 5. Jahrhunderts

Die Satzungen werden nach einer späteren Überlieferung auch *Statuta antiqua Orientis* genannt. Die Kanones dieser Sammlung stammen von verschiedenen Synoden und haben Ähnlichkeit mit den *Constitutiones Apostolorum*. Sie gehen nicht auf die angebliche 4. Synode von Karthago 398 zurück, sondern wurden Mitte oder Ende des 5. Jahrhunderts in der Gallia Narbonensis verfaßt. Sie werden nicht mehr auf Caesarius von Arles zurückgeführt, sondern eher auf Gennadius von Marseille und seinen *Liber ecclesiasticorum dogmatum*. (Vgl. C. Munier, a. unten a.O.)

*Ausg.*: C. Munier, *Les Statuta Ecclesiae Antiqua. Édition – Études critiques* (Bibliothèque de l'Institut de Droit Canonique de l'Université de Strasbourg 5; Paris 1960) 75–78 [ = *325] 95f [ = *326–329] / bei Caesarius von Arles: *Opera omnia* 2, hrsg. von G. Morin (Maretioli 1942) 90f 95 / C. Munier: CpChL 148 (1963) 164–166 181f / M. Andrieu, *Les Ordines Romani du Haut Moyen-Age* 3 (Spec. Sacr. Lov. 24; Löwen 1951) 616f 617f ( = Anhang zu *Ordo Romanus XXXIV*) / Bruns 1,140f 141 / PL 56,879A–880B 887C–888A / MaC 3,949D–950D 950E–951C / HaC 1,978C-E 979AB ( = "4. Synode von Karthago"). – *Reg.*: ClPL 1776.

### *Die Glaubensprüfung vor der Bischofsweihe*

**325**    Qui episcopus ordinandus est, antea examinetur, si ... in Scripturarum sensibus cautus, si in dogmatibus ecclesiasticis exercitatus, et ante omnia, si fidei documenta verbis simplicibus adserat, id est, Patrem et Filium et Spiritum Sanctum unum Deum esse confirmans, totamque in Trinitate deitatem coessentialem et consubstantialem et coaeternalem et coomnipotentem praedicans; si singulam quamque in Trinitate personam plenum

Wer zum Bischof geweiht werden soll, muß zuvor geprüft werden, ob ... er behutsam ist im Verständnis der Schriften, ob er tüchtig geübt ist in den kirchlichen Lehrsätzen, und vor allem, ob er die Lehren des Glaubens mit einfachen Worten bekennt, indem er nämlich bekräftigt, daß der Vater und der Sohn und der Heilige Geist ein Gott sind, und verkündet, daß die gesamte Gottheit in der Dreifaltigkeit wesensgleich, von gleicher Substanz,

Deum et totas tres personas unum Deum; si incarnationem divinam non in Patre neque in Spiritu Sancto factam, sed in Filio tantum credat, ut, qui erat in divinitate Dei Patris Filius, ipse fieret in homine hominis matris filius, Deus verus ex Patre, et homo verus ex matre, carnem ex matris visceribus habens, et animam humanam rationabilem, simul in eo ambae naturae, id est, homo et Deus, una persona, unus Filius, unus Christus, unus Dominus, creator omnium quae sunt, et auctor et dominus et *creator* [rector] cum Patre et Spiritu Sancto omnium creaturarum, qui passus est vera carnis passione, mortuus vera corporis sui morte, resurrexit vera carnis suae resurrectione et vera animae resumptione, in qua veniet iudicare vivos et mortuos.

Quaerendum est etiam ab eo, si Novi et Veteris Testamenti, id est, Legis et Prophetarum et Apostolorum unum eundemque credat auctorem et Deum; si diabolus non per condicionem, sed per arbitrium factus sit malus. Quaerendum etiam ab eo, si credat huius quam gestamus et non alterius carnis resurrectionem; si credat iudicium futurum et recepturos singulos pro his quae in hac carne gesserunt vel poenas vel gloriam; si nuptias non improbet; si secunda matrimonia non damnet; si carnium perceptionem non culpet; si paenitentibus reconciliatis communicet; si in baptismo omnia peccata, id est, tam illud originale contractum quam illa quae voluntarie admissa sunt, dimittantur; si extra Ecclesiam catholicam nullus salvetur.

Cum, in his omnibus examinatus, inventus fuerit plene instructus, tunc cum consensu clericorum et laicorum et conventu totius provinciae episcoporum ... ordinetur episcopus.

gleich ewig und gleich allmächtig ⟨ist⟩; ob er jede einzelne Person in der Dreifaltigkeit als vollkommenen Gott und alle drei Personen als e i n e n Gott ⟨bekennt⟩; ob er glaubt, daß die göttliche Fleischwerdung nicht im Vater und auch nicht im Heiligen Geist geschah, sondern nur im Sohn, so daß er, der in der Göttlichkeit Sohn Gottes, des Vaters, war, im Menschen Sohn des Menschen, der Mutter, wurde, wahrer Gott aus dem Vater und wahrer Mensch aus der Mutter, wobei er das Fleisch aus dem Schoße der Mutter hat und eine vernunftbegabte menschliche Seele; zugleich ⟨sind⟩ in ihm beide Naturen, nämlich Mensch und Gott, ⟨und ist er⟩ e i n e Person, e i n Sohn, e i n Christus, e i n Herr, der Schöpfer von allem, was ist, mit dem Vater und dem Heiligen Geist der Urheber, Herr und *Schöpfer* [Lenker] aller Geschöpfe, der gelitten hat im wahren Leiden des Fleisches, gestorben ist im wahren Tod seines Leibes, auferstanden ist in der wahren Auferstehung seines Fleisches und der wahren Wiederannahme der Seele, in der er kommen wird, Lebende und Tote zu richten.

Man soll ihn auch fragen, ob er glaubt, daß der Urheber und Gott des Neuen und Alten Testamentes, d. h. des Gesetzes, der Propheten und der Apostel, ein und derselbe ist; ob ⟨er glaubt, daß⟩ der Teufel nicht aufgrund seiner Veranlagung, sondern durch seine freie Entscheidung böse wurde. Man soll ihn auch fragen, ob er ⟨an⟩ die Auferstehung dieses Fleisches, das wir tragen, und nicht eines anderen glaubt; ob er an ein künftiges Gericht glaubt und daran, daß jeder einzelne für das, was er in diesem Fleisch getan hat, Strafen oder Herrlichkeit empfangen wird; ob er die Ehen nicht mißbilligt; ob er die zweiten Ehen nicht verurteilt; ob er den Genuß von Fleisch nicht tadelt; ob er mit wiederversöhnten Büßern Gemeinschaft hält; ob ⟨er glaubt, daß⟩ in der Taufe alle Sünden, d. h. sowohl die Urschuld als auch jene, die freiwillig begangen wurden, vergeben werden; ob ⟨er glaubt, daß⟩ außerhalb der katholischen Kirche keiner gerettet wird.

Wenn er in allen diesen Punkten geprüft und für vollkommen unterrichtet befunden wurde, dann soll er mit Zustimmung der Kleriker und Laien von den versammelten Bischöfen der ganzen Provinz ... zum Bischof geweiht werden.

153

## Die Handauflegung als äußeres Zeichen der Weihe

326          Recapitulatio ordinationis officialium Ecclesiae:

Can. 90 (2). Episcopus cum ordinatur, duo episcopi ponant et teneant Evangeliorum codicem super *cervicem* [caput] eius, et, uno super eum fundente benedictionem, reliqui omnes episcopi qui adsunt manibus suis caput eius tangant.

Zusammenfassung der Weihe der kirchlichen Würdenträger:

Kan. 90 (2). Wenn ein Bischof geweiht wird, so sollen zwei Bischöfe das Evangelienbuch auf *seinen Nacken* [sein Haupt] legen und es halten, und während einer über ihn den Segen spricht, sollen alle anderen anwesenden Bischöfe mit ihren Händen sein Haupt berühren.

327          Can. 91 (3). Presbyter cum ordinatur, episcopo *eum* [-!] benedicente et manus super caput eius tenente, etiam omnes presbyteri qui praesentes sunt manus suas iuxta manus episcopi super caput illius teneant.

Kan. 91 (3). Wenn ein Priester geweiht wird, sollen, während der Bischof *ihn* [-!] segnet und seine Hände auf sein Haupt legt, auch alle anwesenden Priester ihre Hände neben die Hände des Bischofs auf sein Haupt legen.

328          Can. 92 (4). Diaconus cum ordinatur, solus episcopus qui eum benedicit manus suas super caput eius ponat: quia non ad sacerdotium, sed ad ministerium[1] consecratur.

Kan. 92 (4). Wenn ein Diakon geweiht wird, soll nur der Bischof, der ihn segnet, seine Hände auf sein Haupt legen; denn er wird nicht zum Priestertum, sondern zum Dienst[1] geweiht.

329          Can. 93 (5). Subdiaconus cum ordinatur, quia manus impositionem non accipit, patenam de manu episcopi accipiat vacuam, et vacuum calicem. De manu vero archidiaconi accipiat urceolum cum aqua et manile et manutergium.

Kan. 93 (5). Wenn ein Subdiakon geweiht wird, soll er, da er keine Handauflegung erhält, aus der Hand des Bischofs die leere Patene und den leeren Kelch empfangen. Aus der Hand des Erzdiakons aber soll er das Kännchen mit Wasser, das Handwaschbecken und das Handtuch empfangen.

HILARUS: 19. Nov. 461 - 29. Febr. 468

# SIMPLICIUS: 3. März 468 - 10. März 483

### 330-342: Synode von ARLES, i. J. 473: Unterwerfungsschreiben des Priesters Lucidus

Über die Prädestinationslehre des Priesters Lucidus verhandelten zwei Synoden: Die Synode von Arles i. J. 473 und kurz danach die Synode von Lyon. Der schriftliche Widerruf war von Bischof Faustus von Reji verfaßt und an die 30 Synodalbischöfe Galliens geschickt worden. Lucidus mußte ihn unterschreiben.

*Ausg.:* bei Faustus von Reji, Brief 2: hrsg. von Aug. Engelbrecht, in: CSEL 21, 165₁₄-168₂ / hrsg. von Br. Krusch, in: MGH Auctores antiquissimi 8 (Berlin 1887) 290f ( = Anhang zu C. Sollius Apollinaris Sidonius, *Epistulae et carmina*, Brief 19); bei Bischof Hinkmar von Reims, *Liber de praedestinatione Dei et libero arbitrio* II 1: PL 125,81C-82C / J. Sirmond, *Historia Praedestinatiana*, in: PL 53,685D ( = Anhang zum *Praedestinatus*) / MaC 7,1010D-1012A / HaC 2,809B-810C.

---

**\*328**  [1]  Nämlich zum Diener des Bischofs oder des Priesters, was auch Kan. 57 (bzw. 37) bestimmt; vgl. die Quelle für diese Bestimmung, nämlich Hippolyt von Rom, *Traditio apostolica* 8: "Bei der Diakonenweihe soll nur der Bischof seine Hände auflegen, da er nicht zum Priestertum geweiht wird, sondern zum Diener des Bischofs, damit er das ausführt, was von ihm befohlen wird ..." ("in diacono ordinando solus episcopus imponat manus, propterea quia non in sacerdotio ordinatur, sed in ministerio episcopi, ut faciat ea quae ab ipso iubentur ..."); vgl. B. Botte, *Hippolyte de Rome* (SouChr 11bis; 1984³) 58; Ders., *Hippolyte de Rome* (LQF 39; Münster 1963) 22.

## Gnade und Vorherbestimmung

Correptio vestra salus publica, et sententia vestra medicina est. Unde et ego summum remedium duco, ut praeteritos errores accusando excusem, et salutifera confessione me diluam. Proinde iuxta praedicandi recentia statuta concilii, damno vobiscum sensum illum,

qui dicit humanae oboedientiae laborem divinae gratiae non esse iungendum;

qui dicit post primi hominis lapsum ex toto arbitrium voluntatis exstinctum;

qui dicit quod Christus Dominus et Salvator noster mortem non pro omnium salute susceperit;

qui dicit quod praescientia Dei hominem violenter compellat ad mortem, vel quod Dei pereant voluntate qui pereunt;

qui dicit quod post acceptum legitime baptismum in Adam moriatur quicumque deliquerit;

qui dicit alios deputatos ad mortem, alios ad vitam praedestinatos;

qui dicit ab Adam usque ad Christum nullos ex gentibus per primam Dei gratiam, id est per legem naturae, in adventum Christi esse salvatos eo quod liberum arbitrium ex omnibus in primo parente perdiderint;

qui dicit patriarchas ac prophetas vel summos quosque sanctorum, etiam ante redemptionis tempora in paradisi habitatione deguisse;

qui dicit ignes et inferna non esse.

Haec omnia quasi impia et sacrilegiis repleta condemno. Ita autem assero gratiam Dei, ut adnisum hominis et conatum gratiae semper adiungam, et libertatem voluntatis humanae non exstinctam, sed adtenuatam et infirmatam esse pronuntiem, et periclitari eum, qui salvus est, et eum qui periit, potuisse salvari.

Euer Tadel ist öffentliches Heil, und euer 330 Urteil Medizin. Daher halte auch ich es für das beste Heilmittel, mich durch Anklage der vergangenen Irrtümer zu entschuldigen und durch ein heilsames Bekenntnis reinzuwaschen. Deshalb verurteile ich entsprechend den jüngsten Erlassen der Synode zur Verkündigung mit euch jene Auffassung,

die besagt, die Mühe des menschlichen Gehorsams brauche sich nicht mit der göttlichen Gnade zu verbinden;

die besagt, nach dem Fall des ersten Men- 331 schen ⟨sei⟩ die Entscheidungsfreiheit des Willens gänzlich ausgelöscht;

die besagt, daß Christus, unser Herr und 332 Erlöser, nicht für das Heil aller den Tod auf sich genommen habe;

die besagt, daß das Vorherwissen Gottes 333 den Menschen gewaltsam dem Tode zutreibt, bzw. daß diejenigen, die zugrunde gehen, durch den Willen Gottes zugrunde gehen;

die besagt, daß jeder, der nach rechtmäßig 334 empfangener Taufe sündigt, in Adam sterbe;

die besagt, die einen ⟨seien⟩ zum Tode be- 335 stimmt, die anderen zum Leben vorherbestimmt;

die besagt, von Adam bis zu Christus sei 336 niemand von den Heidenvölkern durch die erste Gnade Gottes, das heißt, durch das Gesetz der Natur, im Hinblick auf die Ankunft Christi gerettet worden, weil sie im Stammvater den freien Willen gänzlich verloren hätten;

die besagt, die Patriarchen und Propheten 337 bzw. alle höchsten Heiligen seien schon vor den Zeiten der Erlösung in der Wohnung des Paradieses gewesen;

die besagt, Feuer und Unterwelt gebe es 338 nicht.

Dies alles verurteile ich als gottlos und 339 voll von Freveln. So aber behaupte ich die Gnade Gottes, daß ich die Anstrengung des Menschen und den Antrieb der Gnade immer verbinde und verkünde, daß die Freiheit des menschlichen Willens nicht ausgelöscht, sondern geschwächt und entkräftet ist, daß derjenige, der gerettet ist, in Gefahr schwebt

und derjenige, der zugrunde gegangen ist, hätte gerettet werden können.

**340**    Christum etiam, Deum et Salvatorem nostrum, quantum pertinet ad divitias bonitatis suae, pretium mortis pro omnibus obtulisse, et quia nullum perire velit, qui est Salvator omnium hominum, maxime fidelium, dives in omnibus qui invocant illum [*Rm 10,12*]. Et quia in tantis rebus conscientiae satisfaciendum, memini me ante dixisse, quod Christus pro his tantum, quos credituros praescivit, advenisset [*provocando ad Mt 20,28; 26,28; Hbr 9,27*]. Nunc vero sacrorum testimoniorum auctoritate, quae abunde per spatia divinarum inveniuntur Scripturarum, ex seniorum doctrinae ratione patefacta, libens fateor Christum etiam pro perditis advenisse, quia eodem nolente perierunt. Neque enim fas est circa eos solum, qui videntur esse salvati, immensae divitias bonitatis ac beneficia divina concludi. Nam si Christum his tantum remedia adtulisse dicimus, qui redempti sunt, videbimur absolvere non redemptos, quos pro redemptione contempta constat esse puniendos.

Auch hat Christus, unser Gott und Erlöser, was den Reichtum seiner Güte anbelangt, das Lösegeld des Todes für alle dargebracht; er will auch, daß keiner zugrunde gehe, er, der Erlöser aller Menschen ist, vor allem der Gläubigen, reich gegenüber allen, die ihn anrufen [*Röm 10,12*]. Und weil in so wichtigen Dingen dem Gewissen Genüge zu tun ⟨ist⟩, erinnere ich mich, zuvor gesagt zu haben, daß Christus nur für die gekommen sei, von denen er vorherwußte, daß sie glauben werden [*unter Berufung auf Mt 20,28; 26,28; Hebr 9,27*]. Jetzt aber bekenne ich gerne aufgrund der Autorität der heiligen Zeugnisse, die sich im Bereich der göttlichen Schriften überreich finden und aufgrund der Lehre der Alten erschlossen sind, daß Christus auch für die Verlorenen gekommen ist; denn sie gingen zugrunde gegen seinen Willen. Es ist nämlich nicht recht, daß der Reichtum unermeßlicher Güte und die göttlichen Wohltaten nur auf die eingeschränkt werden, die offensichtlich gerettet sind. Denn wenn wir sagen, Christus habe nur denen Heilmittel gebracht, die erlöst sind, werden wir den Eindruck erwecken, die nicht Erlösten freizusprechen, die bekanntlich für die Verschmähung der Erlösung zu bestrafen sind.

**341**    Assero etiam per rationem et ordinem saeculorum alios lege gratiae, alios lege Moysi, alios lege naturae, quam Deus in omnium cordibus scripsit [*cf. Rm 2,15*], in spe adventus Christi fuisse salvatos; nullos tamen ex initio mundi, ab originali nexu nisi intercessione sacri sanguinis absolutos.

Ich behaupte auch, daß durch die Ordnung und Reihe der Zeitalter hindurch die einen durch das Gesetz der Gnade, andere durch das Gesetz des Mose, wieder andere durch das Gesetz der Natur, das Gott in die Herzen aller geschrieben hat [*vgl. Röm 2,15*], in der Hoffnung auf die Ankunft Christi gerettet wurden, daß jedoch seit Anbeginn der Welt niemand von der ursprünglichen Schuldverkettung gelöst wurde außer durch die Vermittlung des heiligen Blutes.

**342**    Profiteor etiam aeternos ignes et infernales flammas factis capitalibus praeparatas, quia perseverantes in finem humanas culpas merito sequitur divina sententia, quam iuste incurrunt, qui haec non toto corde crediderint.

Ich bekenne auch, daß für Todsünden ewige Feuer und Flammen der Unterwelt bereitet ⟨sind⟩; denn den bis zum Ende fortbestehenden menschlichen Sünden folgt zurecht das göttliche Urteil, das sich diejenigen gerechterweise zuziehen, die dies nicht aus ganzem Herzen geglaubt haben.

Orate pro me, domini sancti et apostolici Patres! – Lucidus presbyter hanc epistolam manu propria subscripsi et, quae in ea

Betet für mich, heilige Herren und apostolische Väter! – Ich, der Priester Lucidus, habe diesen Brief mit eigener Hand unter-

adstruuntur, assero, et quae sunt damnata, damno.

schrieben, und was in ihm versichert wird, behaupte ich, und was verurteilt ist, verurteile ich.

### 343: Brief "Quantum presbyterorum" an Bischof Akazius von Konstantinopel, 10. Jan. 476

Es wird auf die Konzilien von Nikaia, Ephesus und Chalkedon angespielt. Die dort bekämpften Häretiker werden genannt. Über das 1. Konzil von Konstantinopel (381) wird geschwiegen.

*Ausg.:* O. Guenther: CSEL 35,131$_{12}$–132$_{24}$ ( = *Collectio Avellana*, Brief 58,3 6) / Thl 178f ( = Brief 2) / PL 58,41B–42B ( = Brief 5 / BullTau Appendix 1,207b–208b. – *Reg.:* JR 572.

*Die Autorität der Römischen Bischöfe und der ökumenischen Konzilien*

(§ 3 [c. 2]) Quia sanctae memoriae praedecessorum Nostrorum exstante doctrina, contra quam nefas est disputare, quisquis recte sapere videtur novis assertionibus non indiget edoceri, sed plana atque perfecta sunt omnia, quibus potest vel deceptus ab haereticis erudiri, vel in vinea Domini plantandus institui; implorata fide clementissimi principis vocem faciendae synodi fac respui. ... (6[3]) Hortor ergo, frater carissime, ut modis omnibus faciendae synodi perversorum conatibus resistatur, quae non alias semper indicta est, nisi cum aliquid in pravis sensibus novum aut in assertione dogmatum emersit ambiguum: ut in commune tractantibus, si qua esset obscuritas, sacerdotalis deliberationis illuminaret auctoritas; sicut primum Arii ac deinde Nestorii, postremum Dioscori atque Eutychis fieri coegit impietas. Et – quod misericordia Christi Dei nostri Salvatoris avertat – intimandum est, abominabile esse, contra sententias totius orbis Domini sacerdotum et principum utriusque rectorum damnatos restitui. ...

(§ 3 [Kap. 2]) Weil die Lehre Unserer Vorgänger heiligen Angedenkens, gegen die zu diskutieren nicht erlaubt ist, vorliegt und daher keiner, der bei rechtem Verstand zu sein scheint, mit neuen Erklärungen belehrt zu werden braucht, sondern alles klar und vollkommen ist, womit entweder ein von Häretikern Getäuschter unterwiesen oder einer, der im Weinberg des Herrn gepflanzt werden soll, unterrichtet werden kann, so flehe den Glauben des gütigsten Fürsten an und laß ihn den Vorschlag, ein Konzil abzuhalten, verwerfen. ... (6[3]) Ich fordere also dazu auf, liebster Bruder, daß auf alle Weisen den Versuchen verruchter Leute, ein Konzil abzuhalten, Widerstand geleistet werde; ein solches wurde stets nur dann einberufen, wenn in verkehrten Sinnen etwas Neues oder in der Erklärung der Glaubenslehren ⟨etwas⟩ Zweifelhaftes aufgetaucht ist; damit denjenigen, die zum gemeinsamen Nutzen eine etwaige Unklarheit behandeln, ⟨diese⟩ die Autorität priesterlicher Überlegung erhelle, so wie zuerst die Gottlosigkeit des Arius und dann die des Nestorius, zuletzt die des Dioskur und Eutyches zu verfahren zwang. Und es ist einzuschärfen, daß es abscheulich ist – was die Barmherzigkeit Christi, unseres Gottes und Erlösers, verhüte! –, gegen die Entscheidungen der Priester des Herrn aus dem ganzen Erdkreis und der beiden regierenden Fürsten Verurteilte zu rehabilitieren. ...

343

# FELIX II. (III.): 13. März 483 – 1. März 492

**345: Brief "Quoniam pietas" an Kaiser Zenon, 1. Aug. 484**

*Ausg.:* E. Schwartz, *Publizistische Sammlungen zum Acacianischen Schisma* (AbhBayAk Philosophisch-historische Abteilung N.F. 10; München 1934) 81₁₄–82₂₃ (*Collectio Berolinensis*, Brief 33) / Thl 247 249f ( = Brief 8) / BullTau Appendix 1,249a–250a. – *Reg.:* JR 601.

### Die Freiheit der Kirche

**345**  Cum apud barbaras etiam nationes atque ipsius deitatis ignaras in exsequendis negotiis vel humanis iure gentium semper legationis cuiuslibet habeatur sacrosancta libertas, notum est omnibus quanto magis ab imperatore Romano et christiano principe in rebus praesertim divinis oportuerit intemerata servari. ...

Puto autem quod pietas tua, quae etiam suis mavult vinci legibus quam reniti, caelestibus debeat parere decretis atque ita humanarum sibi rerum fastigium noverit esse commissum, ut tamen ea quae divina sunt, per dispensatores divinitus adtributos percipienda non ambigat; puto quod vobis sine ulla dubitatione sit utile, si Ecclesiam catholicam vestri tempore principatus sinatis uti legibus suis nec libertati eius quemquam permittatis obsistere, quae regni vobis restituit potestatem.

Certum est enim, hoc rebus vestris esse salutare, ut cum de causis agitur Dei, iuxta ipsius constitutum regiam voluntatem sacerdotibus Christi studeatis subdere, non praeferre, et sacrosancta per eorum praesules discere potius quam docere, Ecclesiae formam sequi, non huic humanitus sequenda iura praefigere neque eius sanctionibus velle dominari, cui Deus voluit clementiam tuam piae devotionis colla summittere, ne dum mensura caelestis dispositionis exceditur, eatur in contumeliam disponentis.

Da sogar bei barbarischen und der Gottheit unkundigen Nationen bei der Ausführung selbst menschlicher Angelegenheiten die Freiheit jedweder Gesandtschaft kraft des Völkerrechtes stets heilig gehalten wird, ist allen bekannt, um wieviel mehr sie vom Römischen Kaiser und christlichen Fürsten zumal in göttlichen Dingen unversehrt hätte gewahrt werden müssen. ...

Ich glaube aber, daß Deine Frömmigkeit, die auch lieber will, daß man durch ihre Gesetze gebunden wird, als daß man sich ihnen widersetzt, den himmlischen Beschlüssen gehorchen muß und weiß, daß ihr der Vorrang in menschlichen Belangen so anvertraut ist, daß sie dennoch nicht zweifelt, daß das, was göttlich ist, durch die von Gott bestimmten Verwalter anzunehmen ist; ich glaube, daß es für Euch ohne jeden Zweifel nützlich ist, wenn Ihr die katholische Kirche in der Zeit Eurer Herrschaft ihre Gesetze gebrauchen laßt und nicht erlaubt, daß irgend jemand ihrer Freiheit entgegentritt, die Euch die Vollmacht der Herrschaft wiederherstellt.

Es ist nämlich sicher, daß dies für Eure Belange heilsam ist, daß Ihr Euch, wenn es sich um Angelegenheiten Gottes handelt, gemäß seinem Gebote bemüht, den königlichen Willen den Priestern Christi unterzuordnen, nicht vorzuziehen, und das Hochheilige durch ihre Vorsteher mehr zu lernen als zu lehren, der Regel der Kirche zu folgen, ihr keine von Menschen zu befolgenden Satzungen aufzuerlegen und nicht über ihre Bestimmungen herrschen zu wollen, der sich Deine Milde nach Gottes Willen voll frommer Ergebenheit unterwerfen soll, damit es, wenn das Maß himmlischer Anordnung überschritten wird, nicht zur Schande des Anordnenden ausgehe.

## GELASIUS I.: 1. März 492 – 21. Nov. 496

### 347: Brief "Famuli vestrae pietatis" an Kaiser Anastasius I., i. J. 494

Der Brief ist das berühmteste Dokument der alten Kirche über die zwei Gewalten auf Erden.
*Ausg.:* E. Schwartz, a. \*345 a.O. 20$_{5-28}$ / Thl 350–352 ( = Brief 12, Nr. 2f) / BullTau Appendix 1,281ab / PL 59,42A–43A ( = Brief 8); vgl. Gratian, *Decretum*, p. I, dist. 96, c. 10 (Frdb 1,340). – *Reg.:* JR 632.

### *Die zweifache höchste Gewalt auf Erden*

(2) Duo sunt quippe, imperator auguste, quibus principaliter mundus hic regitur, a u c - t o r i t a s  s a c r a t a  p o n t i f i c i u m  et  r e g a l i s  p o t e s t a s, in quibus tanto gravius pondus est sacerdotum, quanto etiam pro ipsis regibus hominum in divino reddituri sunt examine rationem.

Nosti etenim, fili clementissime, quoniam licet praesedeas humano generi dignitate, rerum tamen praesulibus divinarum devotus colla submittis atque ab eis causas tuae salutis expetis, inque sumendis caelestibus sacramentis eisque, ut competit, disponendis subdi te debere cognoscis religionis ordine potius quam praeesse. Nosti itaque inter haec ex illorum te pendere iudicio, non illos ad tuam velle redigi voluntatem.

Si enim quantum ad ordinem publicae pertinet disciplinae, cognoscentes imperium tibi superna dispositione conlatum legibus tuis ipsi quoque parent religionis antistites, ne vel in rebus mundanis exclusae ...[1] videantur obviare sententiae, quo, oro te, decet affectu eis et convenit oboedire, qui praerogandis venerabilibus sunt attributi mysteriis?

Proinde, sicut non leve discrimen incumbit pontificibus siluisse pro divinitatis cultu quod congruit, ita his, quod absit, non mediocre periculum est, qui, cum debeant parere, despiciunt. Et si cunctis generaliter sacerdotibus recte divina tractantibus fidelium convenit corda submitti, quanto potius sedis il-

(2) Zwei sind es nämlich, von denen diese   **347** Welt vornehmlich regiert wird, die g e h e i l i g t e  A u t o r i t ä t  d e r  B i s c h ö f e  und die k ö n i g l i c h e  G e w a l t ; unter diesen wiegt die Last der Priester umso schwerer, als sie bei dem göttlichen Gericht auch für die Könige der Menschen selbst Rechenschaft ablegen werden.

Du weißt nämlich, gütigster Sohn, daß Du zwar durch Deine Würde dem Menschengeschlecht vorstehst, Du unterwirfst Dich jedoch demütig den Vorstehern der göttlichen Dinge und erbittest von ihnen die Ursachen Deines Heiles; und Du erkennst, daß Du beim Empfang der himmlischen Sakramente und ihrer gehörigen Verwaltung nach der Ordnung der Religion eher untertan sein mußt als vorstehen. Du weißt also, daß in diesem Bereich Du vom Urteil jener abhängst, aber nicht willst, daß jene Deinem Willen unterworfen sind.

Wenn nämlich, was die Ordnung der öffentlichen Verfassung angeht, auch die Vorsteher der Religion selbst erkennen, daß Dir die Herrschaft auf Anordnung von oben übertragen wurde, und deshalb Deinen Gesetzen gehorchen, um nicht einmal in den weltlichen Dingen den Anschein zu erwekken, sie widerstünden ...[1] einer ausgeschlossenen Entscheidung, mit welcher Hingabe, frage ich Dich, ziemt und gebührt es sich dann, denen zu gehorchen, die für die Austeilung der ehrwürdigen Geheimnisse bestimmt sind?

Wie daher die Bischöfe sich in einer nicht geringen Gefahr befinden, verschwiegen zu haben, was für die Verehrung der Gottheit angemessen ist, so besteht (was ferne sei!) für diejenigen eine nicht unerhebliche Gefahr, die es verachten zu gehorchen, obwohl sie es müßten. Und wenn es sich gebührt, daß sich

---

**\*347**   [1]    Schwartz setzt hier eine Lücke an, die er folgendermaßen ergänzt: "einer von Gott Dir erlaubten oder gehorchten" ("parere vel a Deo tibi permissae").

lius praesuli consensus est adhibendus, quem cunctis sacerdotibus et divinitas summa voluit praeminere et subsequens Ecclesiae generalis iugiter pietas celebravit?

(3) Ubi pietas tua evidenter advertit numquam quolibet penitus humano consilio elevare se quemquam posse illius privilegio vel confessioni, quem Christi vox praetulit universis, quem Ecclesia veneranda confessa semper est et habet devota primatem. Impeti possunt humanis praesumptionibus, quae divino sunt iudicio constituta, vinci autem quorumlibet potestate non possunt.

die Herzen der Gläubigen allgemein allen Priestern unterwerfen, die mit den göttlichen Dingen recht umgehen, um wieviel mehr ist dann dem Vorsteher jenes Stuhles Zustimmung zu erweisen, von dem sowohl die höchste Gottheit wollte als auch in der Folge ununterbrochen die Frömmigkeit der allgemeinen Kirche feierlich verkündete, daß er alle Priester überrage?

(3) Hierbei erkennt Deine Frömmigkeit deutlich, daß sich keiner jemals in irgendeiner rein menschlichen Absicht zum Vorrecht oder Bekenntnis dessen erheben kann, den das Wort Christi allen vorgezogen und den die ehrwürdige Kirche stets als Primas bekannt und verehrt hat und ehrfürchtig anerkennt. Angegriffen werden kann durch menschliche Vermessenheiten, was durch göttliche Entscheidungen bestimmt ist, besiegt werden aber kann es durch die Macht keines einzigen.

### 348: Synode von ROM: Akten der Lossprechung des Misenus, 13. Mai 495

Misenus, der Gesandte des Papstes, war zum Schismatiker Akazius abgefallen. Von der im Okt. 485 gegen ihn verhängten Exkommunikation wurde er auf der Synode von Rom 495 losgesprochen.
*Ausg.*: CSEL 35,484$_8$-485$_{20}$ ( = *Collectio Avellana*, Brief 103) / Thl 445f ( = Gelasius, Brief 30) / BarAE, zum Jahr 495 Nr. 17-18.

### Die Vollmacht der Kirche, Sünden zu vergeben

348 ... Cum nulli animae Deus omnipotens et misericors per ecclesiasticam pietatem quaerenti voluerit remedium denegari, non dubium est hoc ipso auctore Deo et divina conpunctione prodire, ut tunc de eius [*Miseni*] receptione tractetur, quando eam non protelanda quoque necessitas compellat impendi, nostro praeterea Salvatore beato Petro Apostolo prae ceteris deleganti: "Quaecumque ligaveris super terram, ligata erunt et in caelis, et quaecumque solveris super terram, erunt soluta et in caelis" [*Mt 16,19*], sicut et his verbis nihil constat exceptum, sic per apostolicae dispensationis officium et totum possit generaliter alligari et totum consequenter absolvi, praecipue cum ex hoc magis praeberi cunctis oporteat apostolicae miserationis exemplum, ut absolutione damnati, si resipiscant universi et ab errore se retrahant ... vinculis se damnationis ... non ambigant exuendos. ...

... Da der allmächtige und barmherzige Gott wollte, daß keiner Seele, die danach verlangt, durch die kirchliche Milde das Heilmittel verweigert werde, so besteht kein Zweifel, daß dies auf Veranlassung Gottes selbst und durch gottgegebene Gewissensbisse zum Vorschein gekommen ist, daß dann über seine [*des Misenus*] Wiederaufnahme verhandelt wird, wenn auch unaufschiebbare Notwendigkeit dazu drängt, sie zu gewähren; außerdem hat unser Erlöser dem seligen Apostel Petrus vor den übrigen aufgetragen: "Alles, was du auf der Erde gebunden hast, wird auch in den Himmeln gebunden sein, und alles, was du auf der Erde gelöst hast, wird auch in den Himmeln gelöst sein" [*Mt 16,19*]; wie auch feststeht, daß von diesen Worten nichts ausgenommen ⟨ist⟩, so kann durch das Amt der apostolischen Verwaltung sowohl alles allgemein gebunden als auch in der Folge alles gelöst werden, zumal wenn dadurch allen noch mehr ein Beispiel apostolischen Erbarmens gegeben werden soll,

damit alle Verurteilten, wenn sie wieder zu Verstand kommen und sich vom Irrtum zurückziehen, ... nicht daran zweifeln, daß sie durch die Lossprechung der Bande der Verurteilung ... ledig werden. ...

Proinde quantum permitente Domino possibilitatis humanae desideranti remedia praebeamus, totum, quod supra nostrae facultatis est modulum, divino iudicio relinquentes, non autem nobis poterunt imputare, cur praevaricationis offensam viventibus remittamus, quod Ecclesiae Deo largiente possibile est, qui nos etiam mortuis veniam praestare deposcunt, quod nobis possibile non esse manifestum est. Quia cum dictum sit "quae ligaveris super terram", quos ergo non esse iam constat super terram, non humano, sed suo iudicio reservavit, nec audet Ecclesia sibimet vindicare, quod ipsis beatis apostolis conspiciat non fuisse concessum, quia alia sit causa superstitum, alia defunctorum.

Soweit es mit Erlaubnis des Herrn in der Möglichkeit des Menschen ⟨steht⟩, wollen wir daher dem, der danach verlangt, Heilmittel gewähren und alles, was das kleine Maß unserer Möglichkeit übersteigt, dem göttlichen Urteil überlassen. Die verlangen, daß wir auch den Toten Verzeihung gewähren, was uns offensichtlich nicht möglich ist, werden uns aber nicht zur Last legen können, daß wir die Beleidigung der Übertretung Lebenden vergeben, was der Kirche durch Gottes Freizügigkeit möglich ist. Denn da gesagt ist: "was du auf Erden gebunden hast", hat er also diejenigen, von denen feststeht, daß sie nicht mehr auf Erden sind, nicht dem menschlichen, sondern seinem Urteil vorbehalten; und die Kirche wagt nicht, für sich zu beanspruchen, von dem sie sieht, daß es selbst den seligen Aposteln nicht gewährt wurde; denn die Sache der Fortlebenden ist eine andere als die der Verstorbenen.

### 349: Abhandlung "Ne forte" über das Band des Anathema, i. J. 495

*Ausg.:* E. Schwartz, a. *345 a.O. $10_{13}$–$11_2$ / Thl 562 ( = tract. IV) / PL 59,105A-C / MaC 8,90C-91A. – *Reg.:* ClPL 1672; JR 701.

*Die Vergebung der Sünden*

(5) Dixit Dominus, quod in Spiritum Sanctum peccantibus nec hic esset nec in futuro saeculo remittendum [*Mt 12,32*]. Quantos autem cognoscimus in Spiritum Sanctum delinquentes, sicut haereticos diversos ... ad fidem catholicam revertentes, et hic remissionem suae percepisse blasphemiae, et in futurum spem sumpsisse indulgentiae consequendae? Nec ideo non vera est Domini sententia, aut putabitur esse ullatenus resoluta, cum circa tales, si hoc esse permaneant, nunquam omnino solvenda persistat, effectis autem non talibus inesse non possit, quae non est talibus inrogata.

(5) Der Herr hat gesagt, daß denen, die **349** wider den Heiligen Geist sündigen, weder hier noch in der künftigen Welt vergeben werde [*Mt 12,32*]. Von wievielen aber sehen wir, die sich wider den Heiligen Geist vergangen haben, wie etwa verschiedene Häretiker ..., und die zum katholischen Glauben zurückgekehrt sind, daß sie sowohl hier Vergebung für ihre Lästerung empfangen haben als auch für die Zukunft Hoffnung geschöpft haben, Verzeihung zu erlangen? Deshalb ist aber das Urteil des Herrn nicht unwahr oder wird in irgendeiner Hinsicht als aufgehoben gelten; denn in bezug auf solche, die fortfahren, dies zu sein, bleibt es immerfort bestehen, ohne daß es irgendwie aufgehoben werden könnte, denen aber, die zu solchen wurden, die nicht so sind, kann es nicht anhaften, da es über solche nicht verhängt wurde.

Sicut etiam est consequenter et illud beati Ioannis Apostoli: Est peccatum ad mortem: non dico, ut oretur pro eo; et est peccatum non ad mortem: dico, ut oretur pro eo [*1 Io 5,16f*]. Est peccatum ad mortem in eodem peccato manentibus; est peccatum non ad mortem ab eodem peccato recedentibus. Nullum est quippe peccatum, pro quo aut non oret Ecclesia remittendo, aut quod, data sibi divinitus potestate, desistentibus ab eodem non possit absolvere, vel paenitentibus relaxare, cui dicitur: Quaecunque dimiseritis super terram ... [*cf. Io 20,23*]; "quaecunque solveritis super terram, soluta erunt et in caelo" [*Mt 18,18*]. In quibuscunque omnia sunt, quantacunque sint, et qualiacunque sint, veraci nihilominus eorum manente sententia, qua nunquam solvendus esse denuntiatur in eorum tenore consistens, non etiam ab hoc eodem post recedens.

So ist auch jenes ⟨Wort⟩ des seligen Apostels Johannes folgerichtig: Es gibt eine Sünde zum Tod: ich sage nicht, man soll für sie beten; und es gibt ein Sünde nicht zum Tod: ich sage, man soll für sie beten [*1 Joh 5,16f*]. Es gibt eine Sünde zum Tod für diejenigen, die in ebendieser Sünde bleiben; es gibt eine Sünde nicht zum Tod für diejenigen, die sich von ebendieser Sünde zurückziehen. Es gibt ja keine Sünde, für die die Kirche entweder nicht um Vergebung betete oder die sie nicht mit der ihr von Gott geschenkten Vollmacht denen, die von derselben ablassen, verzeihen oder denen, die Buße tun, nachlassen könnte; ⟨denn⟩ zu ihr wird gesagt: Alles, was ihr auf Erden vergeben habt ... [*vgl. Joh 20,23*]; "alles, was ihr auf Erden gelöst habt, wird auch im Himmel gelöst sein" [*Mt 18,18*]. Darin sind alle ⟨Sünden umgriffen⟩, wie groß sie auch immer sein mögen und wie beschaffen sie auch immer sein mögen, wobei nichtsdestoweniger das Urteil über sie wahrhaft bleibt, durch das verkündet wird, niemals werde gelöst, wer in ihrer Fortdauer verharrt, wohl aber, wer hernach noch von ebendieser abläßt.

### 350-354: "Decretum Gelasianum" bzw. Dekretalbrief über die Anerkennung und Nichtanerkennung von Büchern, Zeit unsicher

Von der Überlieferung werden alle oder einige Teile der Dokumentensammlung Damasus I. (*"Decretum Damasi"*) oder Gelasius I. (*"Decretum Gelasianum"*) zugeschrieben. Sie sollen auch von Papst Hormisdas (Dekretalbrief [125 Thl] *De scripturis divinis*, 13. Aug. 520) erweitert und überarbeitet worden sein. Es handelt sich um Dokumente unterschiedlicher Zeit, die Anfang des 6. Jahrhunderts entweder in Norditalien oder in Südfrankreich von einem Kleriker zusammengestellt wurden. Sie umfassen fünf Teile: I. Abhandlung über den Hl. Geist und über die Namen Christi [*178]; II. Kanon der Hl. Schrift [*179f]; III. Erklärung über den Vorrang des Römischen Stuhles und über die Patriarchatssitze [*350f]; IV. Erklärung über die Anerkennung der ökumenischen Konzilien [*352]; V. Dekret über die Anerkennung der Schriften von Kirchenvätern und über die Verwerfung apokrypher oder häretischer Werke [*353f]. Die Teile 1–2 können im wesentlichen auf Damasus I. zurückgeführt werden, von Teil 3 wird dies bezweifelt (C.H. Turner, E. Schwartz; andere beanspruchen auch diesen Teil für Damasus). Die Teile 4–5 sind sicher später als Damasus; sie werden Gelasius I. und Hormisdas zugeschrieben. Die Echtheit seines oben erwähnten Briefes ist jedoch umstritten.

*Ausg.:* [*350-354]: E. v. Dobschütz: TU 38/IV (Leipzig 1912) 7–13 29–60 / Thl 454–471 [= *Decretum Gelasianum*]; 932–938 [= Hormisdasbrief] / PL 59,159B–164B; vgl. 165–180 die Synopse / BullTau 1,122b–124b; vgl. 665–672 / BullCocq 1,71a–72a; vgl. 1,409–416 / MaC 8,147–152; vgl. 157–172. – [*nur *350f*]: Turner, in: JThSt 1 (1900) 560 / Turner 1/I/II, 155–158 / PL 13,374B–376A; 19,793A–794B. – *Reg.:* ClPL 1676; JR 700 mit Zusätzen.

### Der Vorrang des Römischen Stuhles

**350**   Post [has omnes[1]] propheticas et evangelicas atque apostolicas [quas superius deprompsimus[1]] scripturas, quibus Ecclesia catholica per gratiam Dei fundata est, etiam

Nach [all diesen[1]] prophetischen, evangelischen und apostolischen Schriften, [die wir weiter oben angeführt haben[1],] auf die die katholische Kirche durch die Gnade Gottes

---

*350   [1]   Zusatz in jenen Handschriften, in denen der Kanon der Hl. Schrift vorausgeht.

illud intimandum putavimus, quod, quamvis universae per orbem catholicae diffusae Ecclesiae unus thalamus Christi sit, sancta tamen Romana Ecclesia nullis synodicis constitutis ceteris Ecclesiis praelata sit, sed evangelica voce Domini et Salvatoris primatum obtenuit: Tu es Petrus, inquiens, et super hanc petram aedificabo Ecclesiam meam, et portae inferi non praevalebunt adversus eam, et tibi dabo claves regni caelorum, et quaecumque ligaveris super terram, erunt ligata et in caelo, et quaecumque solveris super terram, erunt soluta et in caelo [*Mt 16,18s*].

gegründet ist, meinten wir auch jenes betonen zu sollen, daß zwar der gesamten über den Erdkreis hin verbreiteten katholischen Kirche das eine Brautgemach Christi zusteht, die heilige Römische Kirche aber nicht aufgrund irgendwelcher Konzilsbeschlüsse den übrigen Kirchen vorangestellt ist, sondern aufgrund des Wortes des Herrn und Erlösers im Evangelium den Primat erlangt hat; denn er sagte: Du bist Petrus, und auf diesen Felsen werde ich meine Kirche bauen, und die Pforten der Unterwelt werden keine Gewalt über sie haben, und ich werde dir die Schlüssel des Himmelreiches geben, und alles, was du auf der Erde gebunden hast, wird auch im Himmel gebunden sein, und alles, was du auf der Erde gelöst hast, wird auch im Himmel gelöst sein [*Mt 16,18f*].

Addita est etiam societas beatissimi Pauli Apostoli, vasis electionis, qui non diverso, sicut haeretici garriunt, sed uno tempore, uno eodemque die gloriosa morte cum Petro in urbe Roma sub Caesare Nerone agonizans coronatus est; et pariter supradictam sanctam Romanam Ecclesiam Christo Domino consecrarunt aliisque omnibus urbibus in universo mundo sua praesentia atque venerando triumpho praetulerunt.

Hinzu kam noch die Gemeinschaft mit dem seligsten Apostel Paulus, dem Gefäß der Erwählung, der nicht zu verschiedener, wie die Häretiker schwatzen, sondern zur selben Zeit, an ein und demselben Tag in einem glorreichen Tode zusammen mit Petrus in der Stadt Rom unter dem Kaiser Nero kämpfend bekränzt wurde; und in gleicher Weise haben sie die oben genannte heilige Römische Kirche Christus, dem Herrn, geweiht und ihr durch ihre Gegenwart und durch ⟨ihren⟩ ehrwürdigen Triumph den Vorzug vor allen anderen Städten auf der ganzen Welt gegeben.

Est ergo prima Petri Apostoli sedes Romana Ecclesia non habens maculam neque rugam nec aliquid eiusmodi [*Eph 5,27*]. Secunda autem sedes apud Alexandriam beati Petri nomine a Marco eius discipulo atque evangelista consecrata est … . Tertia vero sedes apud Antiochiam beatissimi Apostoli Petri habetur honorabilis, eo quod illic, priusquam Romam venisset habitavit et illic primum nomen Christianorum novellae gentis exortum est [*cf. Act 11,26*].

Der erste Sitz des Apostels Petrus ist also **351** die Römische Kirche, die keinen Makel, keine Runzel und nichts Derartiges hat [*Eph 5,27*]. Der zweite Sitz aber wurde im Namen des seligen Petrus von seinem Schüler Markus, dem Evangelisten, bei Alexandrien geweiht … . Als dritter aber wird der Sitz des seligsten Apostels Petrus bei Antiochien in Ehren gehalten, weil er dort, bevor er nach Rom kam, gewohnt hat und dort erstmals der Name "Christen" für das neue Geschlecht entstanden ist [*vgl. Apg 11,26*].

### Die Autorität der ökumenischen Konzilien

Et quamvis aliud fundamentum nullus possit ponere praeter id, quod positum est, qui est Christus Iesus [*cf. 1 Cor 3,11*], tamen ad aedificationem sancta id est Romana Ecclesia post illas Veteris vel Novi Testamenti,

Und obwohl keiner ein anderes Fundament **352** legen kann außer dem, das gelegt ist, welches Christus Jesus ist [*vgl. 1 Kor 3,11*], verbietet die heilige, das heißt Römische Kirche dennoch nicht, daß nächst jenen Schrif-

quas regulariter suscipimus, etiam has suscipi non prohibet Scripturas, id est: Sanctam Synodum Nicaenam ...; [sanctam Synodum Constantinopolitanam, ... in qua Macedonius haereticus debitam damnationem excepit[1];] s. Synodum Ephesinam ...; s. Synodum Calchedonensem. ... [Sed et si qua sunt concilia a s. Patribus hactenus instituta, post istorum quattuor auctoritatem et custodienda et recipienda decrevimus[1].]

ten des Alten bzw. Neuen Testamentes, die wir ordnungsgemäß aufnehmen, auch folgende zur Erbauung aufgenommen werden, nämlich: das heilige Konzil von Nikaia ...; [das heilige Konzil von Konstantinopel, ... auf dem der Häretiker Macedonius die verdiente Verurteilung empfangen hat;[1]] das heilige Konzil von Ephesus ...; das heilige Konzil von Chalkedon. ... [Aber auch etwaige Synoden, die von den heiligen Vätern bis heute abgehalten wurden, sind, wie wir entschieden haben, nächst der Autorität dieser vier sowohl zu beachten als auch anzunehmen[1].]

### Anzunehmende Bücher

**353**   Item opuscula beati Caecilii Cypriani martyris, Carthag. episcopi. Item opuscula ... [*Eodem modo allegantur Gregor. Naz., Basilius M., Athtanas. Alex., Iohannes Chrysost., Theophilus Alex., Cyrill. Alex., Hilarius Pict., Ambros., Augustin., Hieronym., Prosper Aquit.*] Item epistolam beati Leonis papae ad Flavianum C'politanum episcopum destinatam; de cuius textu quispiam si usque ad unum iota disputaverit, et non eam in omnibus venerabiliter receperit, anathema sit. Item opuscula atque tractatus omnium orthodoxorum Patrum, qui in nullo a sanctae Ecclesiae Romanae consortio deviarunt, ... legendos decernimus.

Ebenso die Werke des seligen Martyrers Caecilius Cyprian, des Bischofs von Karthago. Ebenso die Werke ... [*In derselben Weise werden angeführt Gregor von Nazianz, Basilius der Große, Athanasius von Alexandrien, Johannes Chrysostomus, Theophilus von Alexandrien, Kyrill von Alexandrien, Hilarius von Poitiers, Ambrosius, Augustinus, Hieronymus, Prosper von Aquitanien.*] Ebenso der an Bischof Flavian von Konstantinopel gerichtete Brief des seligen Papstes Leo; jeder, der in bezug auf seinen Text auch nur über ein einziges Jota diskutiert und ihn nicht in allen ⟨Teilen⟩ ehrfürchtig annimmt, der sei mit dem Anathema belegt. Ebenso entscheiden wir, daß die Werke und Abhandlungen aller rechtgläubigen Väter, die in nichts von der Gemeinschaft der heiligen Römischen Kirche abgewichen sind, ... zu lesen sind.

Item decretales epistolas, quas beatissimi papae diversis temporibus ab urbe Roma pro diversorum Patrum consultatione dederunt, venerabiliter suscipiendas esse.

Ebenso, daß die Dekretalbriefe, die die seligsten Päpste zu verschiedenen Zeiten von der Stadt Rom zur Beratung verschiedener Väter geschrieben haben, ehrfürchtig aufzunehmen sind.

Item gesta sanctorum martyrum ... . Sed ideo secundum antiquam consuetudinem singulari cautela in sancta Romana Ecclesia non leguntur, quia et eorum, qui conscripsere, nomina penitus ignorantur, et ab infidelibus et idiotis superflua aut minus apta quam rei ordo fuerit, esse putantur ... . Propter quod, ... ne vel levis subsannandi oriretur occasio, in sancta Romana Ecclesia non leguntur. Nos tamen cum praedicta Ecclesia et omnes

Ebenso die Geschichten der heiligen Martyrer ... . Aber sie werden deshalb alter Gewohnheit gemäß in einzigartiger Vorsicht in der heiligen Römischen Kirche nicht gelesen, weil die Namen derer, die ⟨sie⟩ verfaßt haben, völlig unbekannt sind und sie von Ungläubigen und Unkundigen für überflüssig oder weniger angemessen, als es der Sachverhalt war, gehalten werden ... . Deswegen werden sie, ... damit sich nicht einmal die ge-

---

  [1]   Zweifellos nicht vor dem Ende des Akazianischen Schismas (i. J. 519) eingefügt.

martyres et eorum gloriosos agones, qui Deo magis quam hominibus noti sunt, omni devotione veneramur.

Item vitas Patrum, Pauli, Antonii, Hilarionis et omnium eremitarum, quas tamen vir beatissimus Hieronymus descripsit, cum omni honore suscipimus.

[*Continuando seriem librorum monetur:*] cum haec ad catholicorum manus pervenerint, beati Pauli Apostoli praecedat sententia: "Omnia probate, quod bonum est, tenete" [*1 Th 5,21*]. Item Rufinus vir religiosus plurimos ecclesiastici operis edidit libros, nonnullas etiam Scripturas interpretatus est. Sed quoniam venerabilis Hieronymus eum in aliquibus de arbitrii libertate notavit, illa sentimus, quae praedictum beatum Hieronymum sentire cognoscimus; et non solum de Rufino, sed etiam de universis, quos vir saepius memoratus zelo Dei et fidei religione reprehendit. – Item Origenis nonnulla opuscula, quae vir beatissimus Hieronymus non repudiat, legenda suscipimus. Reliqua autem omnia cum auctore suo dicimus renuenda. ...

ringste Gelegenheit zum Spott ergebe, in der heiligen Römischen Kirche nicht gelesen. Dennoch verehren wir mit aller Ehrerbietung mitsamt der eben genannten Kirche sowohl alle Martyrer als auch deren glorreiche Todeskämpfe, die Gott mehr bekannt sind als den Menschen.

Ebenso nehmen wir die Lebensbeschreibungen der Väter, des Paulus, Antonius, Hilarion und aller Eremiten, aber nur, die der seligste Hieronymus verfaßt hat, mit aller Ehrfurcht auf.

[*Bei der Fortsetzung der Reihe der Bücher wird gemahnt:*] wenn dies in die Hände von Katholiken gelangt, soll der Satz des seligen Apostels Paulus vorangehen: "Prüft alles; was gut ist, behaltet" [*1 Thess 5,21*]. Ebenso hat Rufinus, ein religiöser Mann, sehr viele Bücher eines kirchlichen Werkes herausgegeben, auch einige Schriften ausgelegt. Aber weil der ehrwürdige Hieronymus ihn in manchem wegen der Freiheit des Willens rügte, ist das unsere Überzeugung, was wir als Überzeugung des eben genannten seligen Hieronymus erkennen; und ⟨das gilt⟩ nicht nur bei Rufinus, sondern auch bei allen, die der ⟨schon⟩ öfter erwähnte Mann im Eifer für Gott und in der Frömmigkeit des Glaubens tadelt. – Ebenso nehmen wir manche Werke des Origenes, die der seligste Hieronymus nicht verwirft, als lesbar auf. Alles übrige aber, sagen wir, ⟨ist⟩ mitsamt seinem Verfasser zu verwerfen. ...

### Nicht anzunehmende Bücher

Cetera, quae ab haereticis sive schismaticis conscripta vel praedicata sunt, nullatenus recipit catholica et apostolica Romana Ecclesia.

Das übrige, was von Häretikern oder 354 Schismatikern verfaßt oder verkündet wurde, nimmt die katholische und apostolische Römische Kirche keineswegs an.

[*Es folgt eine lange Reihe von "Apokryphen", sowohl im engeren Sinne, d. h. pseudokanonischen, als auch im weiteren Sinne, d. h. mit einer Häresie belasteten Büchern.*]

Haec et his similia, quae ... haeresiarchae ... docuerunt vel conscripserunt, quorum nomina minime retinentur, non solum repudiata, verum etiam ab omni Romana catholica et apostolica Ecclesia eliminata atque cum suis auctoribus auctorumque sequacibus sub anathematis insolubili vinculo in aeternum confitemur esse damnata.

Dies und dem Ähnliches, was ... die Häretiker ... lehrten oder verfaßten, deren Namen überhaupt nicht ⟨in Erinnerung⟩ behalten werden, ist, so erklären wir, nicht nur verworfen, sondern auch von der ganzen Römischen katholischen und apostolischen Kirche verbannt und mitsamt seinen Urhebern und den Anhängern der Urheber unter dem unlösbaren Band des Anathema auf ewig verurteilt.

**355: Abhandlung "Necessarium quoque" gegen Eutyches und Nestorius, Zeit unsicher**

*Ausg.:* E. Schwartz, a. *345 a.O., $87_{8-12}$ / Thl 532f ( = tract. III). – *Reg.:* JR 670; ClPL 1673.

## Die zwei Naturen in Christus

**355**    (c. 4) Quamvis enim unus atque idem sit Dominus Iesus Christus, et totus Deus homo et totus homo Deus, et quicquid est humanitatis, Deus homo suum faciat, et quicquid est Dei, homo Deus habeat: tamen ut hoc permaneat sacramentum nec possit ex aliqua parte dissolvi, sic totus homo permanet esse quod Deus est, ut totus Deus permaneat esse quod homo est ...

(Kap. 4) Zwar ist nämlich der Herr Jesus Christus ein und derselbe, sowohl als Mensch ganzer Gott als auch als Gott ganzer Mensch, und macht sich der Gott-Mensch alles, was der Menschheit ⟨eigen⟩ ist, zu eigen und hat der Mensch-Gott alles, was Gottes ist; gleichwohl ist er, damit dieses Sakrament fortbestehe und nicht von irgendeiner Seite aufgelöst werden könne, so als ganzer Mensch fortwährend, was Gott ist, daß er als ganzer Gott fortwährend ist, was der Mensch ist ...

## ANASTASIUS II.: 24. Nov. 496 – 17. (19.?) Nov. 498

**356: Brief "Exordium pontificatus mei" an Kaiser Anastasius I., Ende 496**

*Ausg.:* Thl 620–623 ( = Brief 1) / BullCocq 1,74b–75a / BullTau 1,128b–129a / vgl. Gratian, *Decretum,* p. I, dist. 19, c. 8 (Frdb 1,63). – *Reg.:* JR 744 mit Zusätzen.

## Die Gültigkeit der von Schismatikern gespendeten Sakramente

**356**    (c. 7) Secundum Ecclesiae catholicae consuetudinem sacratissimum serenitatis tuae pectus agnoscat, quod nullum de his, vel quos baptizavit Acacius[1] vel quos sacerdotes sive levitas secundum canones ordinavit, ulla eos ex nomine Acacii portio laesionis attingat, quo forsitan per iniquum tradita sacramenti gratia minus firma videatur. Nam et baptismum ... sive ab adultero vel a fure fuerit datum, ad percipientem munus pervenit illibatum: quia vox illa, quae per columbam sonuit, omnem maculam humanae pollutionis excludit, qua declaratur ac dicitur: "Hic est qui baptizat ..." [*Lc 3,16*][2]. Nam si visibilis solis istius radii, cum per loca foetidissima transeunt, nulla contactus inquinatione maculantur, multo magis illius, qui istum visibilem fecit, virtus nulla ministri indignitate constringitur. ...

(Kap. 7) Gemäß dem Brauch der katholischen Kirche möge Deine geheiligtste Durchlauchtheit erkennen, daß keinen von denen, die Akazius[1] getauft oder die er gemäß den Kanones zu Priestern oder Leviten geweiht hat, aufgrund des Namens des Akazius irgendein Anteil an der Schädigung trifft, so daß vielleicht die durch einen Ungerechten übertragene Gnade des Sakramentes weniger stark schiene. Denn auch wenn die Taufe ... von einem Ehebrecher oder von einem Dieb gespendet wurde, gelangt sie als ungeschmälertes Geschenk zum Empfänger: denn jene Stimme, die durch die Taube sprach, schließt jeden Makel menschlicher Befleckung aus, ⟨jene,⟩ durch die erklärt und gesagt wird: "Er ist es, der tauft ..." [*Lk 3,16*][2]. Denn wenn die Strahlen dieser sichtbaren Sonne, obwohl sie durch die stinkendsten Orte hindurchgehen, von keiner Verunreinigung durch Berührung befleckt werden, so wird noch viel mehr die Kraft jener ⟨Sonne⟩, die diese sichtbare gemacht hat, durch keine Unwürdigkeit des Spenders eingeschränkt. ...

---

*355   [1]   Patriarch von Konstantinopel (472–489), Urheber des Akazianischen Schismas (484–519).
      [2]   Vgl. Augustinus, *Contra epistulam Parmeniani* II 10, n. 22; 11, n. 23 (CSEL $51,71_{10f}$ $73_{22}$ / PL 43,66 67).

(c. 9, al. 8) Ideo ergo et hic ... male bona ministrando sibi tantum nocuit. Nam inviolabile sacramentum, quod per illum datum est, aliis perfectionem suae virtutis obtinuit.

(Kap. 9, and. 8) Deshalb also hat auch dieser ..., als er in übler Weise Gutes spendete, nur sich geschadet. Denn das unverletzliche Sakrament, das durch jenen verliehen wurde, bewahrte für die anderen die Vollkommenheit seiner Kraft.

### 357-359: Brief "In prolixitate epistolae" an Bischof Laurentius von Lignido (Illyrien), i. J. 497

Dieser Brief wird fälschlicherweise auch Gelasius I. zugeschrieben. Die angeführte Glaubensformel findet sich auch im fragmentarisch erhaltenen Brief Anastasius' II. an Ursicinus aus dem Jahre 497 (Thl 627f = Brief 4).

*Ausg.:* O. Guenther: CSEL 35,226$_1$-228$_9$ ( = *Collectio Avellana*, Brief 81) / Thl 625f ( = Anastasius, Brief 3) / PL 59,20A-21B ( = Gelasius, Brief 2). – *Reg.:* JR 746.

*Glaubensbekenntnis*

Confitemur ergo, Dominum nostrum Iesum Christum Filium Dei unigenitum ante omnia quidem saecula sine principio ex Patre natum secundum deitatem, in novissimis autem diebus de sancta virgine Maria eundem incarnatum et perfectum hominem ex anima rationali et corporis susceptione, homousion Patri secundum deitatem et homousion nobis secundum humanitatem. Duarum enim naturarum perfectarum unitas facta est ineffabiliter. Propter quod unum Christum eundem Filium Dei et hominis unigenitum a Patre et primogenitum ex mortuis confitemur, scientes quod quidem coaeternus suo Patri secundum divinitatem, secundum quam opifex est omnium, et dignatus est post consensionem sanctae Virginis, cum dixit ad angelum "Ecce ancilla Domini, fiat mihi secundum verbum tuum" [*Lc 1,38*], ineffabiliter sibi ex ipsa aedificari templum et istud sibi univit, quod non coaeternum de sua substantia e caelo detulit corpus, sed ex massa nostrae substantiae, hoc est ex Virgine. Hoc accipiens et sibi uniens non Deus Verbum in carne versus est neque ut phantasma apparens, sed inconvertibiliter et incommutabiliter suam conservavit essentiam, primitias naturae nostrae sibi univit. Nam principium Deus Verbum has nostrae naturae primitias per multam sibi bonitatem unire dignatus est: qui non permixtus, sed in utrisque substantiis unus et ipse visus secumdum quod scriptum est: "Solvite templum istud, et in tribus diebus resuscitabo illud" [*Io 2,19*]. Solvitur enim Christus Iesus secundum meam substantiam, quam suscepit, et solutum suscitat proprium templum, hoc ipse secundum divinam sub-

Wir bekennen also, daß unser Herr Jesus 357 Christus, der einziggeborene Sohn Gottes, der Gottheit nach zwar vor allen Zeiten ohne Anfang aus dem Vater geboren wurde, derselbe aber in den letzten Tagen von der heiligen Jungfrau Maria Fleisch wurde und vollkommener Mensch aus vernunftbegabter Seele und der Annahme der Leibes, wesensgleich dem Vater der Gottheit nach und wesensgleich uns der Menschheit nach. Denn aus zwei vollkommenen Naturen entstand auf unaussprechliche Weise die Einheit. Deswegen bekennen wir den einen Christus sowohl als Sohn Gottes als auch des Menschen, als Einziggeborenen vom Vater und als Erstgeborenen aus den Toten; denn wir wissen, daß er ja gleich ewig mit seinem Vater ist der Gottheit nach, mit der er der Schöpfer von allem ist, daß er sich nach der Zustimmung der heiligen Jungfrau, als sie zum Engel sagte: "Siehe die Magd des Herrn, mir geschehe nach Deinem Wort" [*Lk 1,38*], dazu herabgelassen hat, sich auf unaussprechliche Weise aus ihr einen Tempel zu erbauen, und diesen mit sich geeint hat; diesen Leib hat er nicht als gleich ewig aus seiner Substanz vom Himmel herabgebracht, sondern aus dem Stoff unserer Substanz, das heißt, aus der Jungfrau. Indem er diesen annahm und mit sich einte, wurde Gott, das Wort, nicht in Fleisch verwandelt; auch erschien er nicht wie ein Trugbild, sondern er bewahrte unwandelbar und unveränderlich sein Wesen und einte die Erstlinge unserer Natur mit sich. Denn der Anfang, Gott, das Wort, hat sich in seiner großen Güte dazu herabgelassen, diese Erstlinge unserer Natur mit sich zu einen; er

stantiam, secundum quam et omnium artifex est.

zeigte sich nicht vermischt, sondern in beiden Substanzen als ein und derselbe, so wie geschrieben steht: "Reißt diesen Tempel ein, und in drei Tagen werde ich ihn wieder aufrichten" [*Joh 2,19*]. Eingerissen wird Christus Jesus nämlich meiner Substanz nach, die er angenommen hat, und er richtet seinen eigenen eingerissenen Tempel auf, und zwar der göttlichen Substanz nach, mit der er auch der Schöpfer von allem ist.

**358**    Numquam autem post resurrectionem unitionis nostrae naturae discessit a proprio templo nec discedere potest propter ineffabilem suam benignitatem, sed est ipse Dominus Iesus Christus et passibilis et impassibilis, passibilis secundum humanitatem, impassibilis secundum divinitatem. Suscitavit igitur suum templum Deus Verbum et in se naturae nostrae resurrectionem et renovationem operatus est. Et hanc Dominus Christus, postquam resurrexit a mortuis, discipulis ostendebat dicens: "Palpate me et videte, quoniam spiritus carnem et ossa non habet, quemadmodum me videtis habere" [*Lc 24,39*]. Non dixit "quemadmodum me dicitis *esse*", sed "*habere*", ut et qui habet et qui habetur considerans, non permixtionem, non conversionem, non mutationem, sed unitatem factam respicias. Propterea et fixuras clavorum et punctionem lanceae demonstravit et cum discipulis manducavit, ut per omnia resurrectionem nostrae naturae in se renovatam doceret, et, quia secundum beatam divinitatis substantiam inconvertibilis, incommutabilis, impassibilis, immortalis, nullius indigens, perficiens omnes passiones, et permisit proprio inferri templo, quod virtute propria suscitavit, et per propriam perfectionem templi sui renovationem nostrae naturae operatus est.

Niemals aber nach der Auferstehung unserer ⟨mit ihm⟩ geeinten Natur trennte er sich von seinem Tempel und kann sich auch nicht ⟨davon⟩ trennen wegen seiner unaussprechlichen Güte; vielmehr ist der Herr Jesus Christus selbst sowohl leidensfähig als auch leidensunfähig, leidensfähig der Menschheit nach, leidensunfähig der Gottheit nach. Gott, das Wort, hat also seinen Tempel aufgerichtet und hat in sich die Auferstehung und Erneuerung unserer Natur bewirkt. Und diese zeigte der Herr Christus, nachdem er von den Toten auferstanden war, seinen Jüngern, als er sagte: "Berührt mich und seht: denn ein Geist hat nicht Fleisch und Knochen, wie ihr seht, daß ich habe" [*Lk 24,39*]. Er sagte nicht: "wie ihr sagt, daß ich *bin*", sondern "*habe*", damit man sowohl bedenke, wer hat, als auch, wer gehabt wird, und darauf achte, daß keine Vermischung, keine Verwandlung, keine Veränderung, sondern eine Einheit zustande kam. Deswegen zeigte er auch die Wundmale der Nägel und den Stich der Lanze und aß mit den Jüngern, um in allem zu zeigen, wie in ihm unsere Natur auferstanden und erneuert ist; und weil er der seligen Substanz der Gottheit nach unwandelbar, unveränderlich, leidensunfähig, unsterblich und keiner Sache bedürftig ⟨ist⟩, vollbrachte er alle Leiden und ließ zu, daß sie seinem Tempel zugefügt wurden, den er aus eigener Kraft aufgerichtet hat; und durch die eigene Vervollkommnung seines Tempels bewirkte er die Erneuerung unserer Natur.

**359**    Qui autem dicunt subtilem hominem Christum aut passibilem Deum aut in carne versum aut non counitum habuisse corpus aut de caelo hoc detulisse aut phantasma esse aut mortalem dicentes Deum Verbum indiguisse, ut a Patre resuscitaretur, aut sine ani-

Die aber behaupten, Christus sei ein einfacher Mensch, oder Gott sei leidensfähig, oder er habe sich in Fleisch verwandelt, oder er habe keinen mit ⟨sich⟩ geeinten Leib gehabt, oder er habe diesen vom Himmel herabgebracht, oder er sei eine Erscheinung,

ma corpus aut sine sensu hominem suscepisse aut duas substantias Christi secundum permixtionem confusas unam factam fuisse substantiam et non confitentes Dominum nostrum Iesum Christum duas esse naturas inconfusas, unam autem personam, secundum quod unus Christus, unus idem Filius, istos anathematizat catholica et apostolica Ecclesia.

oder – indem sie Gott, das Wort, sterblich nennen – er habe es nötig gehabt, vom Vater auferweckt zu werden, oder er habe einen Leib ohne Seele oder einen Menschen ohne Geistigkeit angenommen, oder die zwei Substanzen Christi seien in einer Vermischung vermengt worden und zu e i n e r Substanz geworden, und nicht bekennen, daß unser Herr Jesus Christus zwei unvermischte Naturen, aber e i n e Person ist, dementsprechend e i n Christus und ebenso e i n Sohn, die belegt die katholische und apostolische Kirche mit dem Anathema.

### 360-361: Brief "Bonum atque iucundum" an die Bischöfe Galliens, 23. Aug. 498

*Ausg.:* Thl 634-636 ( = Brief 6) / J. Tosi: ÖstVJKTh 5 (1866) 556-559 / BullTau Appendix 1,342b-344b. – *Reg.:* JR 751 mit Zusätzen.

#### Der Ursprung der Seelen und die Ursünde

(c. 1 § 2) [*Asserunt quidam haeretici*] quod humano generi parentes, ut ex materiali faece tradunt corpora, ita etiam vitalis animae spiritum tribuant. ... ( § 4) Quomodo ergo contra divinam sententiam carnali nimis intellectu animam ad Dei imaginem factam putant hominum permixtione diffundi atque insinuari, cum ab illo, qui ab initio hoc fecit, actio ipsa hodieque non desinat, sicut ipse dixit: "Pater meus adhuc operatur, et ego operor" [*cf. Io 5,17*]? ...

(Kap. 1 § 2) [*Einige Häretiker behaupten,*] 360 daß die Eltern dem Menschengeschlecht, wie sie ihm aus stofflicher Absonderung die Leiber übertragen, so auch den Geist der lebenskräftigen Seele verleihen. ... (§ 4) Wie also meinen sie mit allzu fleischlichem Verstande entgegen der göttlichen Aussage, daß die nach dem Abbild Gottes gemachte Seele durch die Vermischung von Menschen weiterverbreitet und eingepflanzt werde, obwohl doch von jenem, der dies von Anfang an gemacht hat, das Tätigsein auch heute nicht aufhört, wie er selbst gesagt hat: "Mein Vater wirkt bis jetzt, und ich wirke" [*vgl. Joh 5,17*]? ...

(§ 5) Cum et illud debeant intelligere quod scriptum est: "Qui vivit in aeternum, creavit omnia simul" [*Sir 18,1*]. Si igitur, antequam Scriptura per species singulas in singulis quibusque creaturis ordinem rationemque disponeret, "potentialiter", quod negari non potest, "et causaliter in opere pertinente ad creanda omnia simul, a quibus consummatis in die septimo requievit, nunc autem visibiliter in opere pertinente ad temporum cursum usque nunc operatur"[1]: sanae igitur doctrinae acquiescant, quod ille indat animas, qui "vocat ea, quae non sunt, tanquam sint" [*cf. Rm 4,17*].

(§ 5) Denn auch jenes müssen sie zur Kenntnis nehmen, was geschrieben steht: "Der auf ewig lebt, hat alles zugleich geschaffen" [*Sir 18,1*]. Wenn er also, bevor die Schrift durch die einzelnen Gattungen in all den einzelnen Geschöpfen Ordnung und System einführte, "potentiell", was nicht geleugnet werden kann, "und ursächlich in einem Werk, welches sich auf ⟨die Erschaffung von allem zugleich⟩ erstreckt, ⟨von dessen Vollendung er am siebten Tag ruhte, jetzt aber sichtbar in einem Werk, welches sich auf⟩ den Zeitenlauf bis jetzt ⟨erstreckt⟩"[1]: so sollen sie der gesunden Lehre beipflichten, daß jener die Seelen eingibt, der "das, was nicht ist, ruft, so daß es sei" [*vgl. Röm 4,17*].

---

**\*360** [1] Augustinus, *De Genesi ad litteram* VI 4, n. 5 (CSEL 28/I,175$_{24}$ / PL 34,341).

**361** (c. 4 § 13) Qua putant fortasse pie ac bene se dicere, ut animas merito dicant a parentibus tradi, cum sint peccatis implicitae, haec ab ipsis sapienti debent separatione discerni: quod ab illis nihil aliud potest tradi, quam quod ab ipsorum mala praesumptione commissum est, id est, culpa poenaque peccati, quam per traducem secuta progenies evidenter ostendit, ut pravi homines distortique nascantur. In quo solo utique Deus nullam communionem habere perspicue cernitur, qui ne in hanc necessitatem calamitatis inciderent, genito mortis terrore prohibuit atque praedixit. Itaque per traducem, quod a parentibus traditur, evidenter apparet, et quid ab initio usque ad finem vel operatus sit Deus vel operetur ostenditur.

(Kap. 4 § 13) Insofern sie vielleicht meinen, sie redeten fromm und gut, so daß sie zurecht sagten, die Seelen würden von den Eltern übertragen, da sie in Sünden verstrickt seien, muß von ihnen dies in weiser Trennung unterschieden werden: daß von jenen nichts anderes übertragen werden kann, als was von ihrer eigenen üblen Vermessenheit begangen wurde, das heißt, die Schuld und Strafe der Sünde, welche die Nachkommenschaft durch Übertragung empfing und deutlich zeigt, so daß verderbte und mißgebildete Menschen geboren werden. Daran allein hat, wie man klar sieht, Gott überhaupt keinen Anteil, der sie durch den Schrecken des Todes davon abhielt, in dieses unheilvolle Verhängnis zu geraten, und es ihnen vorhersagte. Deshalb kommt durch Übertragung deutlich zum Vorschein, was von den Eltern übertragen wird, und es zeigt sich, was vom Anfang an bis zum Ende Gott entweder gewirkt hat oder wirkt.

## SYMMACHUS: 22. Nov. 498 – 19. Juli 514

### 362: Brief "Ad augustae memoriae" an Kaiser Anastasius I., zwischen 506 und 512

Dieser Brief trägt auch den Titel "Verteidigung gegen Anastasius". Verfaßt wurde er zwischen 506 und 512. *Ausg.:* E. Schwartz, a. *345 a.O. 154₃₁-155₁₄ / Thl 703f ( = Brief 10) / PL 62,68C–69A / BullTau Appendix 1,355b–356a. – *Reg.:* JR 761.

*Die zweifache höchste Gewalt auf Erden*

**362** (8) Conferamus autem honorem imperatoris cum honore pontificis: inter quos tantum distat, quantum ille rerum humanarum curam gerit, iste divinarum. Tu, imperator, a pontifice baptismum accipis, sacramenta sumis, orationem poscis, benedictionem speras, paenitentiam rogas. Postremo tu humana administras, ille tibi divina dispensat. Itaque ut non dicam superior, certe aequalis honor est. ...

(8) Wir wollen aber die Ehrenstellung des Kaisers mit der Ehrenstellung des Bischofs vergleichen; zwischen ihnen besteht ein solch großer Abstand, als jener für die menschlichen Dinge Sorge trägt, dieser für die göttlichen. Du, Kaiser, empfängst vom Bischof die Taufe, erhältst die Sakramente, forderst das Gebet, erhoffst die Segnung, erbittest die Buße. Schließlich verwaltest Du das Menschliche, jener gewährt Dir das Göttliche. Deshalb ist die Ehrenstellung, um nicht zu sagen: höher, so doch sicherlich gleich. ...

Sit istud in mundo iudicium spectante Deo et angelis eius, spectaculum omni saeculo simus, quo aut sacerdotes bonae vitae aut imperator religiosae modestiae consequantur exemplum, quia his praecipue duobus officiis regitur humanum genus, et non

Es sei unter den Blicken Gottes und seiner Engel dieses Gericht in der Welt, seien wir der ganzen Welt ein Schauspiel, auf daß dadurch entweder die Priester für ein gutes Leben oder der Kaiser für religiöse Bescheidenheit Beispielhaftigkeit erreichen; denn haupt-

debeat aliquis eorum exsistere, quo valeat of-
fendi divinitas, maxime cum uterque honor
videatur esse perpetuus atque ita humano generi ex alterutro consulatur.


Precor, imperator, pace tua dixerim, me-
mento te hominem, ut possis uti concessa tibi
divinitus potestate, quia etiam si haec sub humano provenerint iudicio, sub divino necesse
est ut discutiantur examine.


Fortassis dicturus es, scriptum esse: omni
potestati nos subditos esse debere [cf. Tit 3,1].
Nos quidem potestates humanas suo loco suscipimus, donec contra Deum suas non eri-
gant voluntates. Ceterum si omnis potestas a
Deo est, magis ergo quae rebus est praestituta
divinis. Defer Deo in nobis, et nos deferimus
Deo in te.

sächlich durch diese zwei Ämter wird das
Menschengeschlecht regiert, und keiner von
ihnen darf so sein, daß dadurch die Gottheit
beleidigt werden könnte, zumal da beide Eh-
renstellungen offensichtlich immerwährend
sind und so von jedem der beiden für das
Menschengeschlecht gesorgt wird.

Ich bitte Dich, Kaiser – sei mir nicht böse! –, gedenke, daß Du ein Mensch ⟨bist⟩, auf
daß Du die Dir von Gott verliehene Vollmacht gebrauchen kannst; denn auch wenn
dies nach menschlichem Urteil geschehen ist,
muß es ⟨doch⟩ in göttlichem Gericht geprüft
werden.

Vielleicht wirst Du sagen, es stehe geschrieben: wir müssen jeder Gewalt untertan
sein [vgl. Tit 3,1]. Wir anerkennen freilich die
menschlichen Gewalten an ihrem Platz, solange sie nicht ihren Willen gegen Gott erheben. Wenn im übrigen jede Gewalt von
Gott ist, so noch mehr, die den göttlichen
Dingen vorangestellt ist. Erweise Gott in uns
⟨die Ehre⟩, und wir erweisen Gott in Dir ⟨die
Ehre⟩.


## HORMISDAS: 20. Juli 514 – 6. Aug. 523

### 363-365: "Libellus fidei" von Papst Hormisdas, nach Konstantinopel geschickt am 11. Aug. 515

Dieses Glaubensbekenntnis war für den aus dem Akazianischen Schisma zurückkehrenden Klerus be-
stimmt. Von mehreren Fassungen, die nur wenig voneinander abweichen, wird diejenige angeführt, die
Hormisdas seinen Gesandten am 11. Aug. 515 übergab. Sie wurde in Konstantinopel am 18. März 517
unterzeichnet. An diesen Haupttext kommt ein anderer nahe heran, der dem Brief "*Inter ea quae*" an die
Bischöfe Spaniens vom 2. April 517 beigefügt wurde [Abweichungen in eckigen Klammern]. Vgl. auch die
Formel im Brief des Patriarchen Johannes von Konstantinopel an Hormisdas vom 22. April 519 (*Collectio
Avellana*, Brief 159). Am 16. März 536 haben Kaiser Justinian und Patriarch Menas von Konstantinopel
(*Collectio Avellana*, Briefe 89 90), und später auch das 4. Konzil von Konstantinopel (1. Sitzung) eine solche
Formel unterschrieben.
*Ausg.:* O. Guenther: CSEL 35,520$_{28}$–522$_5$ (= *Collectio Avellana*, Brief 116b) / Thl 754f (= Brief 7,
Kap. 9). – Die zweite Formel, nämlich die dem Brief an die Bischöfe Spaniens beigefügte: Thl 795f / W.
Haacke, *Die Glaubensformel des Papstes Hormisdas im Acacianischen Schisma* (Analecta Gregoriana 20;
Rom 1939) 10–13. Vgl. auch CSEL 35,608$_{15-20}$ 338$_{21}$–339$_1$ 340$_{24}$–341$_2$ 800$_{13}$–801$_1$. – *Reg.:* ClPL 1684; JR 788.

### Glaubensbekenntnis gegen christologische Irrtümer

(1) Prima salus est rectae fidei regulam
custodire et a constitutis Patrum nullatenus
deviare. Et quia non potest Domini nostri
Iesu Christi praetermitti sententia dicentis:
"Tu es Petrus et super hanc petram aedificabo
Ecclesiam meam" [Mt 16,18], haec, quae dic-
ta sunt, rerum probantur effectibus, quia in
Sede Apostolica immaculata est semper ca-

(1) Der Anfang des Heiles ist, die Regel **363**
des rechten Glaubens zu beachten und
keinesfalls von den Bestimmungen der Väter
abzuweichen. Und weil der Spruch unseres
Herrn Jesus Christus nicht übergangen werden kann, der sagt: "Du bist Petrus, und auf
diesen Felsen werde ich meine Kirche
bauen" [Mt 16,18], wird das, was gesagt wur-

tholica servata religio.

de, durch die tatsächlichen Wirkungen erwiesen; denn beim Apostolischen Stuhl wurde stets die katholische Religion unversehrt bewahrt.

**364**      (2) De *hac ergo* [qua] spe et fide separari minime cupientes et Patrum sequentes *in omnibus* [-!] constituta, anathematizamus omnes haereses, praecipue Nestorium haereticum, qui quondam Constantinopolitanae fuit urbis episcopus, damnatum in Concilio Epheseno a Caelestino papa urbis Romae et a *sancto* [venerabili viro] Cyrillo Alexandrinae civitatis antistite; *una cum isto* [similiter] anathematizantes Eutychen et Dioscorum Alexandrinum in sancta Synodo, quam sequimur et amplectimur, Chalcedonensi damnatos [, quae secuta s. Concilium Nicaenum fidem apostolicam praedicavit].

(2) Von dieser Hoffnung und diesem Glauben wollen wir uns *also* [-!] keinesfalls trennen, und wir folgen den Bestimmungen der Väter *in allem* [-!]; deshalb belegen wir alle Häresien mit dem Anathema, vor allem den Häretiker Nestorius, der einst Bischof der Stadt Konstantinopel war und auf dem Konzil von Ephesus von Cölestin, dem Papst der Stadt Rom, und *vom heiligen* [von dem ehrwürdigen Manne] Kyrill, dem Bischof der Stadt Alexandrien, verurteilt wurde; *zusammen mit diesem* [ebenso] belegen wir mit dem Anathema Eutyches und Dioskur von Alexandrien, die auf dem heiligen Konzil von Chalkedon, dem wir folgen und das wir anerkennen [und das, dem hl. Konzil von Nikaia folgend, den apostolischen Glauben verkündete], verurteilt wurden.

(3) *His Timotheum adiicientes parricidam* [Detestamur et T. parr.], Aelurum cognomento, et discipulum quoque ipsius atque sequacem in omnibus Petrum Alexandrinum; *itemque* [-!] condemnamus [etiam] et anathematizamus Acacium Constantinopolitanum quondam episcopum ab Apostolica Sede damnatum, eorum complicem atque sequacem, vel qui in eorum communionis societate permanserint: quia [Acacius] quorum se communioni miscuit, ipsorum similem meruit in damnatione sententiam. Petrum nihilominus Antiochenum *damnantes* [damnamus] cum sequacibus suis et omnium supra scriptorum.

(3) *Diesen fügen wir* [Wir verabscheuen auch] den Verräter Timotheus mit dem Beinamen Ailuros und auch seinen Schüler und Anhänger in allem, Petrus von Alexandrien, *hinzu* [-!]; *und ebenso* [wir] verurteilen *wir* [auch] und belegen mit dem Anathema Akazius, den vom Apostolischen Stuhl verurteilten ehemaligen Bischof von Konstantinopel, ihren Verbündeten und Anhänger, bzw. ⟨diejenigen⟩, die in der Verbindung mit ihrer Gemeinschaft verblieben sind: denn *er* [Akazius] verdiente in der Verurteilung den gleichen Spruch wie sie selbst, in deren Gemeinschaft er sich begab. Ebenso verurteilen wir Petrus von Antiochien mitsamt seinen Anhängern und ⟨den Anhängern⟩ aller oben Genannten.

**365**      (4) *Quapropter* [-!] suscipimus [autem] et probamus epistolas beati Leonis papae universas, quas de christiana religione conscripsit. *Unde* [-!], sicut praediximus, sequentes in omnibus Apostolicam Sedem et praedicantes eius omnia constituta, [. Et ideo] spero, ut in una communione vobiscum, quam Sedes Apostolica praedicat, esse merear, in qua est integra et verax christianae religionis [et perfecta] soliditas: *promittentes* [promittens] etiam [in sequenti tempore] sequestratos a communione Ecclesiae catholicae, id est

(4) *Deswegen* [Wir] nehmen *wir* [aber] an und billigen alle Briefe des seligen Papstes Leo, die er über die christliche Religion verfaßt hat. Wie wir vorher sagten, folgen wir in allem dem Apostolischen Stuhl und verkünden alle seine Bestimmungen; [und] deshalb hoffe ich, daß ich in der einen Gemeinschaft mit Euch, die der Apostolische Stuhl verkündet, zu sein verdiene, in der die unversehrte und wahre [und vollkommene] Festigkeit der christlichen Religion ist: *wir versprechen auch* [ich verspreche], daß [künftig] die Namen de-

521 Hormisdas: Brief an Kaiser Justin *367–369

non consentientes Sedi Apostolicae, eorum nomina inter sacra non recitanda esse mysteria. [Quodsi in aliquo a professione mea deviare tentavero, his, quos damnavi, complicem me mea sententia esse profiteor.] (5) Hanc autem professionem meam [ego] manu *propria* [mea] subscripsi et tibi Hormisdae sancto et venerabili papae urbis Romae *obtuli* [direxi] ...

rer, die von der Gemeinschaft mit der katholischen Kirche getrennt sind, das heißt, nicht mit dem Apostolischen Stuhl übereinstimmen, während der heiligen Geheimnisse nicht verlesen werden. [Wenn ich aber versuche, in irgendeinem Punkte von meinem Bekenntnis abzuweichen, so bekenne ich, daß ich meinem eigenen Urteil nach ein Verbündeter derer bin, die ich verurteilt habe.] (5) Dieses mein Bekenntnis aber habe ich mit eigener Hand unterschrieben und Dir, Hormisdas, dem heiligen und ehrwürdigen Papst der Stadt Rom, *übergeben* [gesandt] ...

### 366: Brief "Sicut ratione" an den afrikanischen Bischof Possessor, 13. Aug. 520

Possessor, ein in der Verbannung lebender Bischof, hatte das Urteil des Papstes über die Gnadenlehre des Faustus von Reji erbeten (*Collectio Avellana*, Brief 230 / Thiel [= Hormisdas, Brief 115] / PL 63,489f). Die in der Antwort des Papstes erwähnten "Kapitel" sind wohl dieselben, von denen im Vorwort der Synode von Orange die Rede ist: vgl. *370.
*Ausg.*: ACOe 4/II,46 / O. Guenther: CSEL 35,700$_{15-21}$ (= *Collectio Avellana*, Brief 231) / Thiel 930 (= Hormisdas, Brief 124) / PL 63,493A (= Hormisdas, Brief 70). – *Reg.*: JR 850.

*Autoritäten in Fragen der Gnadenlehre*

(c. 5) De arbitrio tamen libero et gratia Dei quid Romana, hoc est catholica, sequatur et servet Ecclesia, licet et variis libris beati Augustini, et maxime ad Hilarium et Prosperum, abunde possit agnosci, tamen et in scriniis ecclesiasticis expressa *Capitula* continentur, quae, si ibi desunt et necessaria creditis, destinabimus, quamquam qui diligenter Apostoli dicta consideret, quid sequi debeat, evidenter agnoscat.

(Kap. 5) Was die Römische, das heißt die 366 katholische Kirche jedoch in bezug auf den freien Willen und die Gnade Gottes befolgt und beachtet, kann man zwar aus verschiedenen Büchern des seligen Augustinus, und zwar vor allem an Hilarius und Prosper, überreich erkennen; jedoch befinden sich auch in den kirchlichen Archiven einschlägige *Kapitel*, die Wir, wenn sie dort nicht vorhanden sind und ihr ⟨sie⟩ für notwendig haltet, schicken werden, obwohl, wer die Worte des Apostels sorgfältig betrachtet, deutlich erkennt, was er befolgen muß.

### 367–369: Brief "Inter ea quae" an Kaiser Justin, 26. März 521

*Ausg.*: O. Guenther: CSEL 35,718$_{18}$–720$_{22}$ (= *Collectio Avellana*, Brief 236); Thiel 961–963 (= Brief 137,3); PL 63,513D–515A (= Brief 79). – *Reg.*: JR 857.

*Die göttliche Dreifaltigkeit*

(c. 7) Nam si Trinitas Deus, hoc est Pater et Filius et Spiritus Sanctus, Deus autem unus, specialiter Legislatore dicente: "Audi Israel, Dominus Deus tuus Deus unus est" [*Dt 6,4*]: qui aliter habet, necesse est aut divinitatem in multa dividat aut specialiter passionem ipsi essentiae Trinitatis impingat et ... hoc est aut plures deos more profanae gentilitatis inducere aut sensibilem poenam ad eam naturam, quae aliena est ab omni passio-

(Kap. 7) Denn wenn die Dreifaltigkeit 367 Gott ⟨ist⟩, das heißt Vater, Sohn und Heiliger Geist, Gott aber e i n e r ⟨ist⟩, insbesondere da der Gesetzgeber sagt: "Höre Israel, der Herr, Dein Gott, ist e i n Gott" [*Dtn 6,4*], so teilt der, welcher eine andere Auffassung vertritt, notwendigerweise die Gottheit in viele ⟨Teile⟩ oder heftet insbesondere das Leiden dem Wesen der Dreifaltigkeit selbst an; und ... das heißt, entweder nach Art des gottlosen Hei-

ne, transferre.

(c. 8) Unum est sancta Trinitas, non multiplicatur numero, non crescit augmento nec potest aut intellegentia comprehendi aut hoc quod Deus est discretione seiungi. Quis ergo illi secreto aeternae impenetrabilisque substantiae, quod neque ulla vel invisibilium creaturarum potuit investigare natura, profanam divisionem temptet ingerere et divini arcana mysterii revocare ad calculum moris humani? Adoremus Patrem et Filium et Spiritum Sanctum, indistinctam distincte, incomprehensibilem et inenarrabilem substantiam Trinitatis, ubi etsi admittit numerum ratio personarum, unitas tamen non admittit essentiae, ita tamen, ut servemus divinae propria naturae, servemus propria unicuique personae, ut nec personis divinitatis singularitas denegetur nec ad essentiam hoc, quod est proprium nominum, transferatur.

(c. 9) Magnum est sanctae et incomprehensibile mysterium Trinitatis: Deus Pater, Deus Filius, Deus Spiritus Sanctus, Trinitas indivisa, et tamen notum est, quia proprium est Patris, ut generaret Filium; proprium Filii Dei, ut ex Patre Patri nasceretur aequalis, notum etiam, quid sit proprium Spiritus Sancti.

(Kap. 8) Eins ist die heilige Dreifaltigkeit; sie wird nicht vervielfacht durch die Zahl, wächst nicht durch Vermehrung, noch kann sie durch Erkenntniskraft erfaßt beziehungsweise das, was Gott ist, durch Unterscheidung getrennt werden. Wer könnte also versuchen, jenem Geheimnis der ewigen und undurchdringlichen Substanz, die keine Natur – nicht einmal unsichtbarer Geschöpfe – erforschen konnte, eine gottlose Teilung zuzufügen und die Unerforschlichkeit des göttlichen Mysteriums auf eine Berechnung nach Menschenart zurückzuführen? Wir wollen den Vater und den Sohn und den Heiligen Geist anbeten, die unterschieden ununterschiedene, unbegreifliche und unaussagbare Substanz der Dreifaltigkeit; auch wenn die Vernunft darin eine Zahl von Personen zuläßt, so läßt die Einheit doch keine ⟨Zahl⟩ des Wesens zu; wie wir die Eigentümlichkeiten der göttlichen Natur wahren, so wollen wir auch die Eigentümlichkeiten für jede einzelne Person wahren, damit weder den Personen die Einzigkeit der Gottheit abgesprochen werde noch das, was den Namen eigen ist, auf das Wesen übertragen werde.

(Kap. 9) Groß und unbegreiflich ist das Geheimnis der heiligen Dreifaltigkeit: Gott Vater, Gott Sohn, Gott Heiliger Geist, ungeteilte Dreifaltigkeit; und dennoch ist bekannt, daß es die Eigentümlichkeit des Vaters ist, daß er den Sohn zeugte, die Eigentümlichkeit des Sohnes Gottes, daß er aus dem Vater dem Vater gleich geboren wurde, auch bekannt, was die Eigentümlichkeit des Heiligen Geistes ist.

## Die Fleischwerdung des göttlichen Wortes

368    (c. 10) Proprium autem Filii Dei, ut ... in novissimis temporibus Verbum caro fieret et habitaret in nobis [cf. Io 1,14], ita intra viscera sanctae Mariae virginis genitricis Dei unitis utrisque sine aliqua confusione naturis, ut qui ante tempora erat Filius Dei, fieret Filius hominis et nasceretur ex tempore hominis more, matris vulvam natus aperiens et virginitatem matris deitatis virtute non solvens.

(Kap. 10) Die Eigentümlichkeit des Sohnes Gottes aber ⟨ist⟩, daß ... in den letzten Zeiten das Wort Fleisch wurde und unter uns wohnte [vgl. Joh 1,14], wobei sich die beiden Naturen ohne irgendeine Vermischung im Schoß der heiligen Jungfrau und Gottesgebärerin Maria so einten, daß er, der vor den Zeiten Sohn Gottes war, Sohn des Menschen wurde und in der Zeit nach Art des Menschen geboren wurde, indem er bei der Ge-

(c. 11) Dignum plane Deo nascente mysterium, ut servaret partum sine corruptione, qui conceptum fecit esse sine semine, servans quod ex Patre erat, et repraesentans quod ex matre suscepit. ...

(c. 12) Idem enim Deus et homo, non, ut ab infidelibus dicitur, sub quartae introductione personae, sed ipse Dei Filius Deus et homo, idem virtus et infirmitas, humilitas et maiestas, redimens et venditus, in cruce positus et caeli regna largitus, ita nostrae infirmitatis ut possit interimi, ita ingenitae potentiae ne posset morte consumi.

(c. 13) Sepultus est iuxta id, quod homo voluit nasci, et iuxta id, quod Patri erat similis, resurrexit: patiens vulnerum et salvator aegrorum, unus defunctorum et vivificator obeuntium, ad inferna descendens et a Patris gremio non recedens. Unde et animam, quam pro communi condicione posuit, pro singulari virtute et admirabili potentia mox resumpsit.

burt den Schoß der Mutter öffnete und die Jungfräulichkeit der Mutter kraft der Gottheit nicht versehrte.

(Kap. 11) Ganz und gar würdig der Geburt Gottes ⟨ist⟩ das Geheimnis, daß er, der gemacht hat, daß er ohne Same empfangen wurde, die Geburt vor Verletzung bewahrte, wobei er wahrte, was er aus dem Vater war, und darstellte, was er aus der Mutter angenommen hatte. ...

(Kap. 12) Derselbe nämlich ⟨ist⟩ Gott und 369 Mensch, nicht, wie von den Ungläubigen behauptet wird, unter Einführung einer vierten Person, sondern der Sohn Gottes selbst ⟨ist⟩ Gott und Mensch, derselbe Kraft und Schwachheit, Niedrigkeit und Erhabenheit, loskaufend und verkauft, ans Kreuz gehenkt und das Himmelreich gewährend, so in unserer Schwachheit, damit er getötet werden kann, so in der ungeborenen Macht, damit er durch den Tod nicht vernichtet werden konnte.

(Kap. 13) Er wurde begraben, weil er als Mensch geboren werden wollte, und weil er dem Vater gleich war, ist er auferstanden: Dulder der Wunden und Retter der Leidenden, einer der Verstorbenen und Lebendigmacher der Sterbenden, in die Unterwelt hinabsteigend und vom Schoß des Vaters nicht weichend. Daher hat er auch die Seele, die er aufgrund der ⟨mit uns⟩ gemeinsamen Daseinsbedingung hingab, aufgrund seiner einzigartigen Kraft und seiner bewundernswerten Macht bald wieder angenommen.

JOHANNES I.: 13. Aug. 523 – 18. Mai 526

## FELIX III. (IV.): 12. Juli 526 – 22. Sept. 530

### 370-397: 2. Synode von ORANGE, begonnen am 3. Juli 529

Um seine Gnadenlehre gegen die auf der Synode von Valence versammelten Gegner durch die Autorität des Papstes zu stützen, erbat sich Erzbischof Caesarius von Arles diese "wenigen Kapitel". Darunter sind nicht nur die "Kanones" im engeren Sinne zu verstehen, nämlich Kap. 1–8 (die immer mit "Si quis ..."/"Wer ..." beginnen), sondern auch die von Prosper von Aquitanien Mitte des 5. Jahrhunderts in Rom zusammengestellten *Sententiae ex Augustino delibatae*, nämlich Kap. 9–25. (Vgl. M. Cappuyns, *L'origine des "Capitula" d'Orange*, in: RechThAM 6 [1934] 121–142.) Die "Kanones" sind einem *Syllabus Treverensis* ( = Trier) entnommen, dessen Kap. 3–10 den Kanones von Orange völlig entsprechen. M. Cappuyns führt sie zurück auf Johannes Maxentius, den Anführer skythischer theopaschitischer Mönche. (Vgl. dessen *Libellus*: hrsg. ACOe 4/II, 9f; den Brief derselben Mönche an die afrikanischen Bischöfe, Kap. 6–8: PL 65,447B–451C; die Antwort des Fulgentius, den *Liber ad Petrum Diaconum* 12ff: PL 65,466A–469B). Die Synode wurde von Bonifatius II. bestätigt (*398–400). Als Provinzialsynode blieb sie vielen unbekannt und geriet vom 8. Jahr

hundert ab in Vergessenheit. Erst durch die Diskussionen des Konzils von Trient wurde sie wieder in Erinnerung gerufen.

*Ausg.:* G. Morin, *Caesarii Arelatensis Opera varia* (*Opera omnia* 2; Maretioli 1942) 70–77 / C. Munier: CpChL 148 (1963) 55–63 / F. Maassen: MGH Leges III, = Concilia 1 (1893) 46–52 / Bruns 2,176–182 / MaC 8,711D–717A.

## a) Vorwort

**370**

... Pervenit ad nos, esse aliquos, qui de gratia et libero arbitrio per simplicitatem minus caute et non secundum fidei catholicae regulam sentire velint. Unde id nobis, secundum admonitionem et auctoritatem Sedis Apostolicae, iustum ac rationabile visum, ut pauca capitula ab Apostolica nobis Sede transmissa, quae ab antiquis Patribus de sanctarum Scripturarum voluminibus in hac praecipue causa collecta sunt, ad docendos eos, qui aliter quam oportet sentiunt, ab omnibus observanda proferre et manibus nostris subscribere deberemus. ...

... Uns kam zu Ohren, es gebe welche, die in ihrer Einfalt über die Gnade und den freien Willen ziemlich unvorsichtig und nicht entsprechend der Richtschnur des katholischen Glaubens denken wollen. Daher schien es uns – entsprechend der Ermahnung und Weisung des Apostolischen Stuhles – richtig und vernünftig, die wenigen Kapitel, die uns vom Apostolischen Stuhl übersandt wurden und die von den alten Vätern vor allem deshalb aus den Büchern der heiligen Schriften gesammelt wurden, um die zu belehren, die anders denken, als es sich gehört, anführen und mit eigenen Händen unterschreiben zu sollen, damit sie von allen beachtet werden. ...

## b) Kanones

### *Die Ursünde*

**371**

Can. 1. Si quis per offensam praevaricationis Adae non totum, id est secundum corpus et animam, "in deterius" dicit hominem "commutatum"[1], sed animae libertate illaesa durante, corpus tantummodo corruptioni credit obnoxium, Pelagii errore deceptus adversatur Scripturae dicenti: "Anima, quae peccaverit, ipsa morietur" [*Ez 18,20*]; et: "Nescitis, quoniam, cui exhibetis vos servos ad oboediendum, servi estis eius, cui oboeditis?" [*Rm 6,16*]; et: "A quo quis superatur, eius et servus addicitur" [*cf. 2 Pt 2,19*].

Kan. 1. Wer sagt, der Mensch sei durch die Beleidigung der Übertretung Adams nicht ganz, d. h. dem Leib und der Seele nach, "zum Schlechteren gewandelt worden"[1], sondern glaubt, die Freiheit der Seele habe unversehrt fortbestanden und lediglich der Leib sei der Verderbnis verfallen, der stellt sich – vom Irrtum des Pelagius getäuscht – gegen die Schrift, die sagt: "Die Seele, die gesündigt hat, wird selbst sterben" [*Ez 18,20*]; und: "Wißt ihr nicht, daß ihr Sklaven dessen seid, dem ihr gehorcht, wenn ihr euch jemandem als Sklaven zum Gehorsam verpflichtet?" [*Röm 6,16*]; und: "Von wem einer überwältigt wird, dem wird er auch als Sklave zugesprochen" [*vgl. 2 Petr 2,19*].

**372**

Can. 2. Si quis soli Adae praevaricationem suam, non et eius propagini asserit nocuisse, aut certe mortem tantum corporis quae poena peccati est, non autem et peccatum, quod mors est animae, per unum hominem in omne genus humanum transiisse testatur, iniustitiam Deo dabit contradicens

Kan. 2. Wer behauptet, die Übertretung Adams habe nur ihm, nicht auch seiner Nachkommenschaft geschadet, oder versichert, jedenfalls sei nur der Tod des Leibes, der die Strafe für die Sünde ist, nicht aber auch die Sünde, die der Tod der Seele ist, durch e i n e n Menschen auf das ganze

---

*371 [1] Augustinus, *De nuptiis et concupiscentia* II 34, n. 57 (CSEL 42,315 / PL 44,471).

Apostolo dicenti: "Per unum hominem peccatum intravit in *mundum* [mundo], et per
peccatum mors, et ita in omnes homines
[mors] pertransiit, in quo omnes peccaverunt"
[*cf. Rm 5,12*][1].

menschliche Geschlecht übergegangen, der
wird Gott ein Unrecht zuschreiben, da er
dem Apostel widerspricht, der sagt: "Durch
e i n e n Menschen ist die Sünde in die Welt
gekommen, und durch die Sünde der Tod,
und so ging *er* [der Tod] auf alle Menschen
über; in ihm haben alle gesündigt" [*vgl. Röm
5,12*][1].

## Die Gnade

Can. 3. Si quis invocatione humana gratiam Dei dicit posse conferri, non autem
ipsam gratiam facere, ut invocetur a nobis,
contradicit Isaiae prophetae vel Apostolo
idem dicenti: "Inventus sum a non quaerentibus me; palam apparui his, qui me non inter-
rogabant" [*Rm 10,20; cf. Is 65,1*]

Kan. 3. Wer sagt, die Gnade Gottes könne 373
aufgrund menschlichen Flehens verliehen
werden, nicht aber, die Gnade selbst bewirke,
daß sie von uns angerufen wird, der widerspricht dem Propheten Jesaja bzw. dem Apostel, der dasselbe sagt: "Ich wurde von denen
gefunden, die mich nicht suchten; ich wurde
denen offenbar, die nicht nach mir fragten"
[*Röm 10,20; vgl. Jes 65,1*].

Can. 4. Si quis, ut a peccato purgemur,
voluntatem nostram Deum exspectare contendit[1], non autem, ut etiam purgari velimus,
per Sancti Spiritus infusionem et operationem in nos fieri confitetur, resistit ipsi Spiritui Sancto per Salomonem dicenti: "Praeparatur voluntas a Domino" [*Prv 8,35
Septg.*][2], et Apostolo salubriter praedicanti:
"Deus est, qui operatur in vobis et velle et
perficere pro bona voluntate" [*cf. Phil 2,13*].

Kan. 4. Wer behauptet, Gott warte auf un- 374
seren Willen, damit wir von der Sünde gereinigt werden[1], aber nicht bekennt, es geschehe
durch die Eingießung und das Wirken des
Heiligen Geistes in uns, daß wir auch gereinigt werden wollen, der widerstreitet dem
Heiligen Geist selbst, der durch Salomo sagt:
"Der Wille wird vom Herrn bereitet" [*Spr
8,35 Septg.*][2], und dem Apostel, der zu unserem Heil verkündet: "Gott ist es, der in uns
sowohl das Wollen als auch das Vollbringen
nach ⟨seinem⟩ Wohlgefallen bewirkt" [*vgl.
Phil 2,13*].

Can. 5. Si quis, sicut augmentum, ita
etiam initium fidei ipsumque credulitatis affectum, quo in eum credimus, qui iustificat
impium, et ad [re]generationem sacri baptismatis pervenimus, non per gratiae donum, id
est per inspirationem Spiritus Sancti corri-
gentem voluntatem nostram ab infidelitate
ad fidem, ab impietate ad pietatem, sed naturaliter nobis inesse dicit, apostolicis dogmatibus adversarius approbatur, beato Paulo
dicente: "Confidimus, quia qui coepit in vobis bonum opus, perficiet usque in diem Iesu
Christi" [*cf. Phil 1,6*]; et illud: "Vobis datum

Kan. 5. Wer sagt, wie das Wachstum, so sei 375
auch der Anfang des Glaubens und selbst die
Neigung zur Gläubigkeit – durch die wir an
den glauben, der den Sünder rechtfertigt, und
zur [Wieder]Geburt der heiligen Taufe gelangen – nicht durch das Geschenk der Gnade
– d. h. durch die Einhauchung des Heiligen
Geistes, die unseren Willen von der Ungläubigkeit zum Glauben, von der Gottlosigkeit
zur Frömmigkeit lenkt –, sondern von Natur
aus in uns, der erweist sich als Gegner der
Lehren der Apostel, da der selige Paulus sagt:
"Wir vertrauen darauf, daß der, der das gute

---

**372** [1]  Vgl. Augustinus, *Contra duas epistulas Pelagianorum* IV 4, n. 4–7 (CSEL 60,524–528 / PL
44,611–614).

**374** [1]  Dies richtet sich gegen Faustus von Reji; vgl. sein Werk *De gratia* I 18 (CSEL 21,56₅f), = I 19 (PL
58,812D).

[2]  So übersetzt die Septg. fälschlich den hebräischen Text, der von der Vulgata richtig wiedergegeben
ist: "er wird Heil schöpfen vom Herrn" ("hauriet salutem a Domino").

est pro Christo non solum, ut in eum credatis, verum etiam, ut pro illo patiamini" [*cf. Phil 1,29*]; et: "Gratia salvi facti estis per fidem, et hoc non ex vobis: Dei enim donum est" [*cf. Eph 2,8*]. Qui enim fidem, qua in Deum credimus, dicunt esse naturalem, omnes eos, qui ab Ecclesia Christi alieni sunt, quodammodo fideles esse definiunt[1].

**376**      Can. 6. Si quis sine gratia Dei credentibus, volentibus, desiderantibus, conantibus, laborantibus, orantibus, vigilantibus, studentibus, petentibus, quaerentibus, pulsantibus nobis misericordiam dicit conferri divinitus, non autem, ut credamus, velimus, vel haec omnia, sicut oportet, agere valeamus, per infusionem et inspirationem Sancti Spiritus in nobis fieri confitetur, et aut humilitati, aut oboedientiae humanae subiungit gratiae adiutorium, nec, ut oboedientes et humiles simus, ipsius gratiae donum esse consentit, resistit Apostolo dicenti: "Quid habes, quod non accepisti?" [*1 Cor 4,7*]; et: "Gratia Dei sum id, quod sum" [*1 Cor 15,10*][1].

**377**      Can. 7. Si quis per naturae vigorem bonum aliquid, quod ad salutem pertinet vitae aeternae, cogitare, ut expedit, aut eligere, sive salutari, id est evangelicae praedicationi consentire posse confirmat absque illuminatione et inspiratione Spiritus Sancti, qui dat omnibus suavitatem in consentiendo et credendo veritati, haeretico fallitur spiritu, non intelligens vocem Dei in Evangelio dicentis: "Sine me nihil potestis facere" [*Io 15,5*]; et illud Apostoli: "Non quod idonei simus cogitare aliquid a nobis quasi ex nobis, sed sufficientia nostra ex Deo est" [*2 Cor 3,5*][1].

Werk in euch begonnen hat, es vollenden wird bis zum Tage Jesu Christi" [*vgl. Phil 1,6*]; und jenes ⟨Wort⟩: "Euch ist, was Christus betrifft, nicht nur verliehen, daß ihr an ihn glaubt, sondern auch, daß ihr für ihn leidet" [*vgl. Phil 1,29*]; und: "Aus Gnade seid ihr gerettet worden durch den Glauben, und dies nicht aus euch: Es ist nämlich das Geschenk Gottes" [*vgl. Eph 2,8*]. Wer nämlich sagt, der Glaube, mit dem wir an Gott glauben, sei natürlich, der behauptet, daß alle die, die nicht zur Kirche Christi gehören, gewissermaßen Gläubige seien[1].

Kan. 6. Wer sagt, wenn wir – ohne die Gnade Gottes – glauben, wollen, uns sehnen, uns anstrengen, uns abmühen, bitten, wachen, streben, verlangen, suchen und anklopfen, dann würde uns von Gott Barmherzigkeit verliehen, nicht aber bekennt, es geschehe durch die Eingießung und Einhauchung des Heiligen Geistes in uns, daß wir glauben, wollen, bzw. alles das zu tun vermögen, wie es sich gehört; und ⟨wer⟩ den Beistand der Gnade von der Demut und dem Gehorsam des Menschen abhängig macht, aber nicht zustimmt, daß es ein Geschenk der Gnade selbst ist, daß wir gehorsam und demütig sind, der widersetzt sich dem Apostel, der sagt: "Was hast du, das du nicht empfangen hast?" [*1 Kor 4,7*]; und: "Durch die Gnade Gottes bin ich das, was ich bin" [*1 Kor 15,10*][1].

Kan. 7. Wer behauptet, man könne durch die Kraft der Natur und ohne die Erleuchtung und Einhauchung des Heiligen Geistes – der allen die Freude verleiht, der Wahrheit zuzustimmen und zu glauben – irgendetwas Gutes, das für das Heil des ewigen Lebens Bedeutung hat, in geeigneter Weise denken oder erwählen, oder der heilsamen Verkündigung – d. h. der des Evangeliums – zustimmen, der wird durch häretischen Geist getäuscht und versteht nicht die Stimme Gottes, der im Evangelium sagt: "Ohne mich könnt ihr nichts tun" [*Joh 15,5*]; und jenes ⟨Wort⟩ des Apostels: "Nicht daß wir fähig wären, irgendetwas von uns aus zu denken, als

---

**\*375**  [1]    Dieser Kanon ist gleichsam eine Zusammenfassung von Augustinus, *De praedestinatione Sanctorum* (PL 44,959–992).

**\*376**  [1]    Vgl. Augustinus, *De dono perseverantiae* 23, n. 64 (PL 45,1032); Prosper von Aquitanien, *De gratia Dei et libero arbitrio contra Collatorem* (PL 51,220f, = c. 2, n. 4–5; PL 45,1804f, = c. 2, n. 6–7).

ob es aus uns wäre; vielmehr stammt unsere Fähigkeit aus Gott" [*2 Kor 3,5*][1].

Can. 8. Si quis alios misericordia, alios vero per liberum arbitrium, quod in omnibus, qui de praevaricatione primi hominis nati sunt, constat esse vitiatum, ad gratiam baptismi posse venire contendit, a recta fide probatur alienus. Is enim non omnium liberum arbitrium per peccatum primi hominis asserit infirmatum, aut certe ita laesum putat, ut tamen quidam valeant sine revelatione Dei mysterium salutis aeternae per semetipsos posse conquirere. Quod quam sit contrarium, ipse Dominus probat, qui non aliquos, sed neminem ad se posse venire testatur, nisi "quem Pater attraxerit" [*cf. Io 6,44*], sicut et Petro dicit. "Beatus es, Simon Bar-Jona, quia caro et sanguis non revelavit tibi, sed Pater meus, qui in caelis est" [*Mt 16,17*]; et Apostolus: "Nemo potest dicere Dominum Iesum nisi in Spiritu Sancto" [*cf. 1 Cor 12,3*][1].

Kan. 8. Wer behauptet, die einen könnten **378** aufgrund der Barmherzigkeit, andere aber durch den freien Willen – der bekanntlich in allen verdorben ist, die seit der Übertretung des ersten Menschen geboren wurden – zur Gnade der Taufe gelangen, der erweist sich als dem rechten Glauben fremd. Er behauptet nämlich, daß der freie Wille nicht bei allen durch die Sünde des ersten Menschen geschwächt worden sei, oder meint wenigstens, er sei ⟨nur⟩ so verletzt worden, daß dennoch einige fähig seien, das Geheimnis des ewigen Heiles ohne die Offenbarung Gottes durch sich selbst erwerben zu können. Wie sehr dies widersprüchlich ist, bezeugt der Herr selbst, der versichert, nicht irgendwelche, sondern niemand könne zu ihm kommen, außer "wen der Vater gezogen hat" [*vgl. Joh 6,44*], so wie er auch dem Petrus sagt: "Selig bist du, Simon Bar-Jona; denn nicht Fleisch und Blut haben dir ⟨das⟩ geoffenbart, sondern mein Vater, der in den Himmeln ist" [*Mt 16,17*]; und der Apostel: "Niemand kann sagen: 'Herr Jesus', außer im Heiligen Geist" [*vgl. 1 Kor 12,3*][1].

Can. 9. "De adiutorio Dei. Divini est muneris, cum et recte cogitamus, et pedes nostros a falsitate et iniustitia continemus; quoties enim bona agimus, Deus in nobis atque nobiscum, ut operemur, operatur"[1].

Kan. 9. "Der Beistand Gottes. Es ist ein **379** göttliches Geschenk, wenn wir recht denken und unsere Füße von Falschheit und Ungerechtigkeit zurückhalten; sooft wir nämlich Gutes tun, wirkt Gott in uns und mit uns, damit wir wirken"[1].

Can. 10. De adiutorio Dei. Adiutorium Dei etiam renatis ac sanatis semper est implorandum, ut ad finem bonum pervenire, vel in bono possint opere perdurare[1].

Kan. 10. Der Beistand Gottes. Auch Wiedergeborene und Geheilte müssen immer **380** den Beistand Gottes erflehen, um zum guten Ziel gelangen bzw. im guten Werk verharren zu können[1].

Can. 11. "De obligatione votorum. Nemo quidquam Domino recte voveret, nisi ab ipso acceperit quod voveret"[1], sicut legitur: Et

Kan. 11. "Die Verbindlichkeit von Gelüb- **381** den. Niemand würde dem Herrn etwas zurecht geloben, hätte er nicht das, was er ge-

---

*377   [1]   Vgl. Augustinus, *De gratia Christi et de peccato originali* 25, n. 26 – 26, n. 27 (CSEL 42,145-148 / PL 44,373f).

*378   [1]   Vgl. Prosper von Aquitanien, *Contra Collatorem* (PL 51,225BC 267f, = c. 5, n. 1; c. 19; PL 45,1806f 1829, = c. 5, n. 13; c. 19, n. 55 [Sechste Definition]).

*379   [1]   Von hier bis zu Kan. 25 (ausgenommen Kan. 10, dessen Quelle nicht genau nachgewiesen werden kann) werden ausgewählte Sätze aus Prosper von Aquitanien, *Sententiae ex operibus S. Augustini delibatae*, angeführt; es möge hier genügen, ihre Nummern anzugeben; die einzelnen Stellen der Quelle lassen sich leicht finden in PL 51,427-496; dasselbe Werk als Anhang zu den Werken Augustins in PL 45,1859-1898. Die oben angeführte Stelle ist Sent. 22.

*380   [1]   Hängt zusammen mit Prosper von Aquitanien, *Contra Collatorem* 11-12 (PL 51,242-247; 45,1815-1817).

quae de manu tua accepimus, damus tibi [*1 Par 29,14*].

382 Can. 12. "Quales nos diligat Deus. Tales nos amat Deus, quales futuri sumus ipsius dono, non quales sumus nostro merito"[1].

383 Can. 13. De reparatione liberi arbitrii. Arbitrium voluntatis in primo homine infirmatum, nisi per gratiam baptismi non potest reparari; "quod amissum, nisi a quo potuit dari, non potest reddi. Unde Veritas ipsa dicit: 'Si vos Filius liberaverit, tunc vere liberi eritis' [*Io 8,36*]"[1].

384 Can. 14. "Nullus miser de quantacumque miseria liberatur, nisi qui Dei misericordia praevenitur"[1], sicut dicit Psalmista: "Cito anticipet nos misericordia tua Domine" [*Ps 78,8*]; et illud: "Deus meus, misericordia eius praeveniet me" [*Ps 58,11*].

385 Can. 15. "Ab eo, quod formavit Deus, mutatus est Adam, sed in peius per iniquitatem suam. Ab eo, quod operata est iniquitas, mutatur fidelis, sed in melius per gratiam Dei. Illa ergo mutatio fuit praevaricatoris primi, haec secundum Psalmistam 'mutatio est dextrae Excelsi' [*cf. Ps 76,11*]"[1].

386 Can. 16. "Nemo ex eo, quod videtur habere, glorietur, tamquam non acceperit, aut ideo se putet accepisse, quia littera extrinsecus vel, ut legeretur, apparuit, vel, ut audiretur, sonuit. Nam sicut Apostolus dicit: 'Si per legem iustitia, ergo Christus gratis mortuus est' [*Gal 2,21*]; 'ascendens in altum captivavit captivitatem, dedit dona hominibus' [*cf. Eph 4,8; cf. Ps 67,19*]. Inde habet, quicumque habet; quisquis autem se inde habere negat, aut

lobt, von ihm empfangen"[1], so wie man liest: "Und was wir von Deiner Hand empfangen haben, geben wir Dir" [*1 Chr 29,14*].

Kan. 12. "Wie uns Gott liebt. Gott liebt uns so, wie wir durch sein Geschenk sein werden, nicht wie wir durch unser Verdienst sind"[1].

Kan. 13. Die Wiederherstellung des freien Willens. Die im ersten Menschen geschwächte Willensfreiheit kann nur durch die Gnade der Taufe wiederhergestellt werden; "was verloren ist, kann nur von dem zurückgegeben werden, von dem es gegeben werden konnte. Daher sagt die Wahrheit selbst: 'Wenn euch der Sohn befreit hat, dann werdet ihr wahrhaft frei sein' [*Joh 8,36*]"[1].

Kan. 14. "Kein Unglücklicher wird vom Unglück – wie groß es auch immer sein mag – befreit, wenn ihm nicht die Barmherzigkeit Gottes zuvorkommt"[1], so wie der Psalmist sagt: "Schnell möge uns, Herr, Deine Barmherzigkeit zuvorkommen" [*Ps 79,8*]; und jenes ⟨Wort⟩: "Mein Gott, seine Barmherzigkeit wird mir zuvorkommen" [*Ps 59,11*].

Kan. 15. "Von dem weg, was Gott gebildet hat, hat Adam sich geändert, aber zum Schlechteren durch seine Bosheit. Von dem weg, was die Bosheit bewirkt hat, ändert sich der Gläubige, aber zum Besseren durch die Gnade Gottes. Jenes also war die Veränderung des ersten Sünders, dieses ist nach dem Psalmisten 'die Veränderung der Rechten des Erhabenen' [*vgl. Ps 77,11*]"[1].

Kan. 16. "Niemand soll sich aufgrund dessen, was er zu haben scheint, rühmen, so als ob er ⟨es⟩ nicht empfangen habe, oder meinen, er habe ⟨es⟩ deshalb empfangen, weil ein Buchstabe von außen erschien, um gelesen zu werden, oder ertönte, um gehört zu werden. Denn wie der Apostel sagt: 'Wenn durch das Gesetz Gerechtigkeit ⟨kommt⟩, dann ist Christus vergeblich gestorben' [*Gal 2,21*]; 'hinaufsteigend in die Höhe nahm er die Ge-

---

*381  [1]  Sent. 54 (bei Prosper liest man: "De *oblatione* votorum" ["Die *Ablegung* von Gelübden"]!: Augustinus, *De civitate Dei* XVII 4,7 (B. Dombart – A. Kalb: CpChL 48 [1955] 559 / CSEL 40/II,216 / PL 41,530).
*382  [1]  Sent. 56.
*383  [1]  Sent. 152: aus Augustinus, *De civitate Dei* XIV 11,1 (CpChL 48,432 / CSEL 40/II,28 / PL 41,418).
*384  [1]  Sent. 212 (and. 211).
*385  [1]  Sent. 226 (and. 225): aus Augustinus, *Enarrationes in Psalmos* 68 [zu Vers 1], Sermo 1,2 (E. Dekkers – J. Fraipont: CpChL 39 [1956] 902 / PL 36,841).

vere non habet, aut id, 'quod habet, auferetur ab eo' [*Mt 25,29*]"[1].

fangenschaft gefangen und gab den Menschen Gaben' [*vgl. Eph 4,8; vgl. Ps 68,19*]. Von dort her hat, wer auch immer hat; jeder aber, der behauptet, er habe nicht von dorther, hat entweder in Wahrheit nicht, oder das, 'was er hat, wird von ihm weggenommen werden' [*Mt 25,29*]"[1].

Can. 17. "De fortitudine christiana. Fortitudinem Gentilium mundana cupiditas, fortitudinem autem Christianorum Dei caritas facit, quae 'diffusa est in cordibus nostris', non per voluntatis arbitrium, quod est a nobis, sed 'per Spiritum Sanctum, qui datus est nobis' [*Rm 5,5*]"[1].

Kan. 17. "Die christliche Tapferkeit. Die 387 Tapferkeit der Heiden bewirkt die weltliche Begierde, die Tapferkeit der Christen aber die Liebe Gottes, die 'eingegossen ist in unsere Herzen', nicht durch eine Willensentscheidung, die von uns kommt, sondern 'durch den Heiligen Geist, der uns verliehen wurde' [*Röm 5,5*]"[1].

Can. 18. "Nullis meritis gratiam praeveniri. Debetur merces bonis operibus, si fiant; sed gratia, quae non debetur, praecedit, ut fiant"[1].

Kan. 18. "Man kann der Gnade durch kei- 388 ne Verdienste zuvorkommen. Guten Werken, wenn sie geschehen, wird Lohn geschuldet; aber Gnade, die nicht geschuldet wird, kommt zuvor, damit sie geschehen"[1].

Can. 19. "Neminem nisi Deo miserante salvari. Natura humana, etiamsi in illa integritate, in qua est condita, permaneret, nullo modo se ipsam, creatore suo non adiuvante, servaret; unde cum sine Dei gratia salutem non possit custodire, quam accepit, quomodo sine Dei gratia poterit reparare, quod perdidit?"[1].

Kan. 19. "Keiner kann gerettet werden, 389 wenn sich Gott nicht erbarmt. Auch wenn die menschliche Natur in jener Unversehrtheit, in der sie erschaffen wurde, verharrte, würde sie sich keinesfalls ohne die Hilfe des Schöpfers retten; wenn sie deshalb ohne die Gnade Gottes das Heil, das sie empfangen hat, nicht behüten kann, wie sollte sie ohne die Gnade Gottes wiederherstellen können, was sie verloren hat?"[1].

Can. 20. "Nihil boni hominem posse sine Deo. Multa Deus facit in homine bona, quae non facit homo; nulla vero facit homo bona, quae non Deus praestat, ut faciat homo"[1].

Kan. 20. "Der Mensch vermag nichts Gu- 390 tes ohne Gott. Gott tut viel Gutes im Menschen, das der Mensch nicht tut; der Mensch aber tut nichts Gutes, das Gott nicht verleiht, damit es der Mensch tue"[1].

Can. 21. "De natura et gratia. Sicut iis, qui volentes in lege iustificari et a gratia exciderunt, verissime dicit Apostolus: 'Si ex lege iustitia est, ergo Christus gratis mortuus est' [*Gal 2,21*], sic iis, qui gratiam, quam commendat et percipit fides Christi, putant esse naturam, verissime dicitur: Si per naturam iustitia est 'ergo Christus gratis mortuus est'.

Kan. 21. "Natur und Gnade. So wie der 391 Apostel denen, die im Gesetz gerechtfertigt werden wollten und aus der Gnade herausfielen, völlig zurecht sagt: 'Wenn aus dem Gesetz Gerechtigkeit kommt, dann ist Christus vergeblich gestorben' [*Gal 2,21*], so wird denen, die meinen, die Gnade – die der Glaube an Christus empfiehlt und empfängt – sei

---

*386  [1]  Sent. 260 (and. 259): aus Augustinus, *De Spiritu et littera* 29, n. 50 (CSEL 60,205 / PL 44,231).
*387  [1]  Sent. 297 (and. 295): aus Augustinus, *Contra secundam Iuliani responsionem imperfectum opus* I 83 (PL 45,1104).
*388  [1]  Sent. 299 (and. 297): aus Augustinus, *Contra secundam Iuliani responsionem imperfectum opus* I 133 (PL 45,1133).
*389  [1]  Sent. 310 (and. 308): aus Augustinus, Brief 186, Kap. 11, Nr. 37 (CSEL 57,77 / PL 33,830).
*390  [1]  Sent. 314 (and. 312): aus Augustinus, *Contra duas epistulas Pelagianorum* II 9 (and. 8), n. 21 (CSEL 60,482 / PL 44,586).

Iam hic enim erat lex, et non iustificabat: iam hic erat et natura, et non iustificabat. Ideo Christus non gratis mortuus est, ut et lex per illum impleretur, qui dixit: 'Non veni legem solvere, sed adimplere' [Mt 5,17], et natura per Adam perdita per illum repararetur, qui dixit, venisse se 'quaerere et salvare, quod perierat' [Lc 19,10]"[1].

Natur, völlig zurecht gesagt: Wenn die Gerechtigkeit durch die Natur kommt, 'dann ist Christus vergeblich gestorben'. Das Gesetz war nämlich schon da und rechtfertigte nicht; auch die Natur war schon da und rechtfertigte nicht. Deshalb ist Christus nicht vergeblich gestorben, damit einerseits das Gesetz durch den erfüllt würde, der gesagt hat: 'Ich bin nicht gekommen, das Gesetz aufzulösen, sondern zu erfüllen' [Mt 5,17], andererseits die durch Adam verdorbene Natur durch den wiederhergestellt würde, der gesagt hat, er sei gekommen, 'zu suchen und zu retten, was verlorengegangen war' [Lk 19,10]"[1].

**392**    Can. 22. "De his, quae hominum propria sunt. Nemo habet de suo nisi mendacium et peccatum. Si quid autem habet homo veritatis atque iustitiae, ab illo fonte est, quem debemus sitire in hac eremo, ut ex eo quasi guttis quibusdam irrorati non deficiamus in via"[1].

Kan. 22. "Was den Menschen eigen ist. Jeder hat aus dem Seinigen nur Lüge und Sünde. Wenn ein Mensch aber etwas Wahrheit und Gerechtigkeit hat, so stammt es aus jener Quelle, nach der wir in dieser Wüste dürsten müssen, um – aus ihr gleichsam wie mit einigen Tropfen benetzt – auf dem Weg nicht zu verschmachten"[1].

**393**    Can. 23. "De voluntate Dei et hominis. Suam voluntatem homines faciunt, non Dei, quando id agunt, quod Deo displicet; quando autem id faciunt, quod volunt, ut divinae serviant voluntati, quamvis volentes agant quod agunt, illius tamen voluntas est, a quo et praeparatur et iubetur, quod volunt"[1].

Kan. 23."Der Wille Gottes und des Menschen. Wenn die Menschen das tun, was Gott mißfällt, dann vollziehen sie ihren, nicht Gottes Willen; wenn sie aber das vollziehen, was sie wollen, um dem göttlichen Willen zu dienen, so ist es, auch wenn sie willentlich tun, was sie tun, dennoch der Wille dessen, von dem vorbereitet und befohlen wird, was sie wollen"[1].

**394**    Can. 24. "De palmitibus vitis. Ita sunt in vite palmites, ut viti nihil conferant, sed inde accipiant unde vivant: sic quippe vitis est in palmitibus, ut vitale alimentum subministret iis, non sumat ab iis. Ac per hoc et manentem in se habere Christum, et manere in Christo, discipulis prodest utrumque, non Christo. Nam praeciso palmite, potest de viva radice alius pullulare; qui autem praecisus est, sine radice non potest vivere [cf. Io 15,5-8]"[1].

Kan. 24. "Die Rebzweige des Weinstocks. Die Rebzweige sind so am Weinstock, daß sie dem Weinstock nichts nützen, sondern von dort empfangen, wovon sie leben: denn der Weinstock ist so in den Rebzweigen, daß er ihnen die lebensnotwendige Nahrung darreicht, nicht von ihnen aufnimmt. Und deshalb nützt auch beides, sowohl Christus bleibend in sich zu haben als auch in Christus zu bleiben, den Jüngern, nicht Christus. Denn wenn ein Rebzweig abgeschnitten wurde, kann von der lebendigen Wurzel ein anderer hervorsprossen; wer aber abgeschnitten ist, der kann ohne die Wurzel nicht leben [vgl.

---

*391  [1]   Sent. 317 (and. 315): aus Augustinus, *De gratia et libero arbitrio* 13, n. 25 (PL 44,896).
*392  [1]   Sent. 325 (and. 323): aus Augustinus, *In evangelium Iohannis*, tract. 5,1 [*zu Joh 1,33*] (R. Willems: CpChL 36 [1954] 40 / PL 35,1414).
*393  [1]   Sent. 340 (and. 338): aus Augustinus, *In evangelium Iohannis*, tract. 19,19 [*zu Joh 5,19-30*] (R. Willems: CpChL 36 [1954] 202 / PL 35,1555).

*Joh 15,5-8]*"[1].

Can. 25. "De dilectione, qua diligimus Deum. Prorsus donum Dei est diligere Deum. Ipse ut diligeretur dedit, qui non dilectus diligit. Displicentes amati sumus, ut fieret in nobis unde placeremus. Diffundit enim caritatem in cordibus nostris Spiritus [*Rm 5,5*] Patris et Filii, quem cum Patre amamus et Filio"[1].

Kan. 25. "Die Liebe, mit der wir Gott lieben. Gott zu lieben, ist ganz und gar ein Geschenk Gottes. Er, der ungeliebt liebt, verlieh, daß er geliebt werde. Ohne zu gefallen, wurden wir geliebt, damit in uns geschehe, weshalb wir gefallen. Denn es goß Liebe in unsere Herzen ein der Geist [*Röm 5,5*] des Vaters und des Sohnes, den wir mit dem Vater und dem Sohne lieben"[1]. **395**

### c) Schlußwort, von Bischof Caesarius von Arles verfaßt

*Gnade, menschliche Mitwirkung und Vorherbestimmung*

Ac sic secundum supra scriptas sanctarum Scripturarum sententias vel antiquorum Patrum definitiones hoc Deo propitiante et praedicare debemus et credere, quod per peccatum primi hominis ita inclinatum et attenuatum fuerit liberum arbitrium, ut nullus postea aut diligere Deum sicut oportuit, aut credere in Deum aut operari propter Deum quod bonum est, possit, nisi eum gratia misericordiae divinae praevenerit. Unde et Abel iusto et Noe et Abraham et Isaac et Iacob, et omni antiquorum Sanctorum multitudini illam praeclaram fidem, quam in ipsorum laude praedicat Apostolus Paulus [*Hbr 11*], non per bonum naturae, quod prius in Adam datum fuerat, sed per gratiam Dei credimus fuisse collatam.

Quam gratiam etiam post adventum Domini omnibus, qui baptizari desiderant, non in libero arbitrio haberi, sed Christi novimus simul et credimus largitate conferri, secundum illud, quod iam saepe dictum est et praedicat Paulus Apostolus: "Vobis donatum est pro Christo, non solum, ut in eum credatis, sed etiam, ut pro eo patiamini" [*Phil 1,29*]; et illud: "Deus, qui coepit in vobis bonum opus, perficiet usque in diem Domini nostri" [*Phil 1,6*]; et illud: "Gratia salvi facti estis per fidem, et hoc non ex vobis: Dei enim donum est" [*Eph 2,8*]; et quod de se ipso ait Apostolus: "Misericordiam consecutus sum, ut fidelis essem" [*1 Cor 7,25; 1 Tim 1,13*]; non dixit:

Und so müssen wir gemäß den oben niedergeschriebenen Sätzen der heiligen Schriften bzw. Bestimmungen der alten Väter mit Gottes Huld dies verkünden und glauben, daß der freie Wille durch die Sünde des ersten Menschen so gebeugt und geschwächt wurde, daß hernach keiner Gott lieben, wie es sich gehörte, an Gott glauben oder Gottes wegen wirken kann, was gut ist, wenn ihm nicht die Gnade der göttlichen Barmherzigkeit zuvorkommt. Daher wurde – so glauben wir – dem gerechten Abel, Noach, Abraham, Isaak, Jakob und der ganzen Schar der alten Heiligen jener vortreffliche Glaube, den der Apostel Paulus in ihrem Lobpreis rühmt [*Hebr 11*], nicht durch ein Gut der Natur, das früher in Adam geschenkt worden war, sondern durch die Gnade Gottes verliehen. **396**

Diese Gnade liegt – so wissen und glauben wir zugleich – auch nach der Ankunft des Herrn allen, die getauft werden wollen, nicht im freien Willen, sondern wird durch die Großzügigkeit Christi verliehen, gemäß jenem schon oft angeführten ⟨Wort⟩, das der Apostel Paulus verkündet: "Euch ist, was Christus betrifft, nicht nur verliehen, daß ihr an ihn glaubt, sondern auch, daß ihr für ihn leidet" [*Phil 1,29*]; und jenes ⟨Wort⟩: "Gott, der das gute Werk in euch begonnen hat, wird es vollenden bis zum Tage unseres Herrn" [*Phil 1,6*]; und jenes ⟨Wort⟩: "Aus Gnade seid ihr gerettet worden durch den Glauben, und dies nicht aus euch: Es ist näm-

---

**\*394** [1]　Sent. 368 (and. 366): aus Augustinus, *In evangelium Iohannis*, tract. 81,1 [*zu Joh 15,4-7*] (CpChL 36,530 / PL 35,1841).
**\*395** [1]　Sent. 372 (and. 370): aus Augustinus, *In evangelium Iohannis*, tract. 102,5 [*zu Joh 16,23-28*] (CpChL 36,597 / PL 35,1898).

"quia eram", sed: ut essem. Et illud: "Quid habes, quod non accepisti?" [*1 Cor 4,7*]. Et illud: "Omne datum bonum, et omne donum perfectum desursum est, descendens a Patre luminum" [*Iac 1,17*]. Et illud: "Nemo habet quidquam, nisi illi datum fuerit desuper" [*Io 3,27*]. Innumerabilia sunt sanctarum Scripturarum testimonia, quae possint ad probandam gratiam proferri, sed brevitatis studio praetermissa sunt, quia et revera, cui pauca non sufficiunt, plura non proderunt.

**397**    Hoc etiam secundum fidem catholicam credimus, quod post acceptam per baptismum gratiam omnes baptizati, Christo auxiliante et cooperante, quae ad salutem animae pertinent, possint et debeant, si fideliter laborare voluerint, adimplere. Aliquos vero ad malum divina potestate praedestinatos esse, non solum non credimus, sed etiam, si sunt, qui tantum mali credere velint, cum omni detestatione illis anathema dicimus.

Hoc etiam salubriter profitemur et credimus, quod in omni opere bono non nos incipimus, et postea per Dei misericordiam adiuvamur, sed ipse nobis nullis praecedentibus bonis meritis et fidem et amorem sui prius inspirat, ut et baptismi sacramenta fideliter requiramus, et post baptismum cum ipsius adiutorio ea, quae sibi sunt placita, implere possimus. Unde manifestissime credendum est, quod et illius latronis, quem Dominus ad paradisi patriam revocavit [*Lc 23,43*], et Cornelii centurionis, ad quem angelus Domini missus est [*Act 10,3*], et Zachaei, qui ipsum Dominum suscipere meruit [*Lc 19,6*], illa tam admirabilis fides non fuit de natura, sed divinae gratiae largitate donata.

lich das Geschenk Gottes" [*Eph 2,8*]; und was der Apostel von sich selbst sagt: "Ich erlangte die Barmherzigkeit, gläubig zu sein" [*1 Kor 7,25; 1 Tim 1,13*]; er sagte nicht: "weil ich war", sondern: "zu sein". Und jenes ⟨Wort⟩: "Was hast du, das du nicht empfangen hast?" [*1 Kor 4,7*]. Und jenes ⟨Wort⟩: "Jede gute Gabe und jedes vollkommene Geschenk kommt von oben, steigt herab vom Vater der Lichter" [*Jak 1,17*]. Und jenes ⟨Wort⟩: "Niemand hat etwas, wenn es ihm nicht von oben gegeben worden ist" [*Joh 3,27*]. Es gibt unzählige Zeugnisse der heiligen Schriften, die zum Beweis der Gnade vorgebracht werden könnten, jedoch im Bemühen um Kürze weggelassen wurden; denn wem die wenigen nicht genügen, dem werden sicher auch mehr nicht nützen.

Wir glauben gemäß dem katholischen Glauben auch dies, daß alle Getauften nach dem Empfang der Taufgnade mit Christi Hilfe und Mitwirkung erfüllen können und müssen, was zum Seelenheil gehört, wenn sie sich gläubig bemühen wollen. Daß aber irgendwelche durch göttliche Macht zum Bösen vorherbestimmt seien, das glauben wir nicht nur nicht, sondern, wenn es welche gibt, die so Übles glauben wollen, so sagen wir diesen auch mit ganzer Abscheu: Anathema!

Wir verkünden und glauben zu unserem Heil auch dies, daß bei jedem guten Werk nicht wir beginnen und danach durch die Barmherzigkeit Gottes unterstützt werden, sondern er selbst uns zuerst – ohne daß irgendwelche guten Verdienste vorausgegangen wären – den Glauben und die Liebe zu sich einhaucht, damit wir gläubig das Sakrament der Taufe erstreben und nach der Taufe mit seiner Hilfe das, was ihm gefällt, erfüllen können. Daher muß man ganz offensichtlich glauben, daß der so bewunderungswürdige Glaube jenes Räubers, den der Herr zur Heimat des Paradieses zurückgerufen hat [*Lk 23,43*], des Hauptmanns Kornelius, zu dem der Engel des Herrn geschickt wurde [*Apg 10,3*], und des Zachäus, der den Herrn selbst aufnehmen durfte [*Lk 19,6*], nicht von Natur aus, sondern durch die Großzügigkeit der göttlichen Gnade geschenkt war.

## BONIFATIUS II.: 22. Sept. 530 – 17. Okt. 532

**398–400: Brief "Per filium nostrum" an Bischof Caesarius von Arles, 25. Jan. 531**

*Ausg.:* G. Morin, a. *370° a.O. 67–69 / C. de Clercq: CpChL 148A (1963) 66–68 / vgl. auch die (teilweise verbesserungsbedürftigen) Ausgaben PL 65,31C–33B; 45,1790f / MaC 8,735D–736D.

### Bestätigung der 2. Synode von Orange

(c. 1) ... Petitioni tuae, quam laudabili fidei sollicitudine concepisti, catholicum non distulimus dare responsum. Indicas enim, quod aliqui episcopi Galliarum, cum cetera iam bona ex Dei acquieverint gratia provenire, fidem tantum, qua in Christo credimus, naturae esse velint, non gratiae; et hominibus ex Adam, quod dici nefas est, in libero arbitrio remansisse, non etiam nunc in singulis misericordiae divinae largitate conferri; postulans ut pro ambiguitate tollenda, confessionem vestram, qua vos e diverso fidem rectam in Christo, totiusque bonae voluntatis initium, iuxta catholicam veritatem per praevenientem Dei gratiam singulorum definitis sensibus inspirari, auctoritate Sedis Apostolicae firmaremus.

(c. 2) Atque ideo, cum de hac re multi Patres, et prae ceteris beatae recordationis Augustinus episcopus, sed et maiores nostri Apostolicae Sedis antistites ita ratione probentur disseruisse latissima, ut nulli ulterius deberet esse ambiguum, fidem quoque nobis ipsam venire de gratia: supersedendum duximus responsione multiplici; maxime cum secundum eas, quas ex Apostolo direxisti sententias, quibus dicit: "Misericordiam consecutus sum, ut fidelis essem" [*1 Cor 7,25*], et alibi: Vobis datum est pro Christo, non solum ut in eum credatis, verum etiam ut pro eo patiamini [*Phil 1,29*], evidenter appareat, fidem, qua in Christo credimus, sicut et omnia bona singulis hominibus ex dono supernae venire gratiae, non ex humanae potestate naturae.

(Kap. 1) ... Wir haben es nicht aufgeschoben, Deinem Ansuchen, das Du mit lobenswerter Sorge um den Glauben verfaßt hast, eine katholische Antwort zu geben. Du berichtest nämlich, daß einige Bischöfe Galliens zwar zustimmen, daß alle übrigen Güter aus der Gnade Gottes erwachsen, jedoch behaupten, nur der Glaube, mit dem wir an Christus glauben, käme aus der Natur, nicht aus der Gnade; er sei auch den Menschen seit Adam – was zu sagen ein Frevel ist – im ⟨Vermögen vom⟩ freien Willen verblieben und werde nicht auch jetzt noch in den einzelnen durch die Großzügigkeit der göttlichen Barmherzigkeit verliehen; Du forderst, Wir sollten – um die Unsicherheit zu beseitigen – Euer Bekenntnis, in dem Ihr im Gegenteil bestimmt, daß der rechte Glaube an Christus und der Anfang jeglichen guten Willens gemäß der katholischen Wahrheit durch die zuvorkommende Gnade Gottes den Sinnen der einzelnen eingehaucht werden, mit der Autorität des Apostolischen Stuhles bestätigen. **398**

(Kap. 2) Und weil sich nun viele Väter, und vor den anderen Bischof Augustinus seligen Angedenkens, aber auch Unsere Vorgänger als Bischöfe auf dem Apostolischen Stuhl erwiesenermaßen in ausführlichster Weise so darüber ausgelassen haben, daß künftig keinem zweifelhaft sein dürfte, daß uns auch der Glaube selbst von der Gnade zukommt: so meinten Wir, auf eine vielteilige Antwort verzichten zu können; zumal da nach den Sätzen, die Du aus dem Apostel angeführt hast – in denen er sagt: "Ich erlangte die Barmherzigkeit, gläubig zu sein" [*1 Kor 7,25*], und an anderer Stelle: "Euch ist, was Christus betrifft, nicht nur verliehen, daß ihr an ihn glaubt, sondern auch, daß ihr für ihn leidet" [*Phil 1,29*] –, vollkommen klar wird, daß der Glaube, mit dem wir an Christus glauben, so wie auch alle Güter den einzelnen Menschen aufgrund des Geschenks der himmlischen Gnade, nicht aufgrund der Macht der menschlichen Natur zukommen. **399**

Quod etiam Fraternitatem tuam, habita collatione cum quibusdam sacerdotibus Galliarum, iuxta fidem gaudemus sensisse catholicam: in his scilicet, in quibus uno, sicut indicasti, consensu definierunt fidem, qua in Christo credimus, gratia divinitatis praeveniente conferri; adiicientes etiam, nihil esse prorsus secundum Deum boni, quod sine Dei quis gratia aut velle, aut incipere, aut operari, aut perficere possit, dicente ipso Salvatore nostro: "Sine me nihil potestis facere" [Io 15,5]. Certum est enim atque catholicum, quia in omnibus bonis, quorum caput est fides, nolentes nos adhuc misericordia divina praeveniat, ut velimus, insit in nobis cum volumus, sequatur etiam ut in fide duremus, sicut David propheta dicit: "Deus meus, misericordia eius praeveniet me" [Ps 58,11]; et iterum: "Misericordia mea cum ipso est" [Ps 88,25]; et alibi: "Misericordia eius subsequitur me" [Ps 22,6]. Similiter et beatus Paulus dicit: "Aut quis prior dedit ei, et retribuetur illi? Quoniam ex ipso, et per ipsum, et in ipso sunt omnia" [Rm 11,35s];

**400**      Unde nimis eos, qui contra sentiunt, admiramur, usque eo vetusti erroris adhuc reliquiis praegravari, ut ad Christum non credant Dei beneficio, sed naturae veniri; et ipsius naturae bonum, quod Adae peccato noscitur depravatum, auctorem nostrae fidei dicant magis esse quam Christum; nec intelligant se dominicae reclamare sententiae dicenti: "Nemo venit ad me, nisi datum fuerit illi a Patre meo" [Io 6,44]; sed et beato Paulo simul obsistere clamanti ad Hebraeos: "Curramus ad propositum nobis certamen, aspicientes in auctorem fidei et consummatorem Iesum Christum" [Hbr 12,1s]. Quae cum ita sint, invenire non possumus, quid ad credendum in Christo, sine Dei gratia, humanae deputent voluntati; cum Christus auctor consummatorque sit fidei. – (c. 3) Quapropter ... supra scriptam confessionem vestram consentaneam catholicis Patrum regulis approbamus.

Wir freuen uns, daß dies auch Du in Deiner brüderlichen Gesinnung auf der mit einigen Priestern Galliens abgehaltenen Versammlung entsprechend dem katholischen Glauben gedacht hast: darin nämlich, worin sie einstimmig – wie Du berichtet hast – definiert haben, daß der Glaube, mit dem wir an Christus glauben, durch die zuvorkommende Gnade der Gottheit verliehen wird; sie fügten auch noch hinzu, daß es nach Gott überhaupt nichts Gutes gibt, das einer ohne die Gnade Gottes wollen, anfangen, wirken oder vollenden könnte, da unser Erlöser selbst sagt: "Ohne mich könnt ihr nichts tun" [Joh 15,5]. Denn es ist sicher und katholisch, daß uns bei allen Gütern, deren wichtigstes der Glaube ist, auch wenn wir noch nicht wollen, die göttliche Barmherzigkeit zuvorkommt, daß wir wollen, in uns ist, wenn wir wollen, und sogar nachfolgt, damit wir im Glauben verharren, so wie der Prophet David sagt: "Mein Gott, seine Barmherzigkeit wird mir zuvorkommen" [Ps 59,11]; und wiederum: "Meine Barmherzigkeit ist mit ihm" [Ps 89,25]; und an anderer Stelle: "Seine Barmherzigkeit folgt mir nach" [Ps 23,6]. In ähnlicher Weise sagt auch der selige Paulus: "Oder wer gab ihm zuerst, und ihm wird vergolten werden? Denn alles ist aus ihm und durch ihn und in ihm" [Röm 11,35f].

Daher wundern Wir uns gar sehr, daß die, die entgegengesetzt denken, bis heute noch von den Überresten des alten Irrtums belastet werden, so daß sie glauben, man käme zu Christus nicht durch die Wohltat Gottes, sondern der Natur; und sagen, das Gut der Natur selbst, das – wie man weiß – durch die Sünde Adams verdorben wurde, sei eher der Urheber unseres Glaubens als Christus; und nicht einsehen, daß sie dem Satz des Herrn widersprechen, der besagt: "Niemand kommt zu mir, wenn es ihm nicht von meinem Vater verliehen wurde" [Joh 6,44]; aber auch, daß sie zugleich dem seligen Paulus widerstreiten, der den Hebräern zuruft: "Wir wollen zu dem uns bestimmten Wettkampf eilen, indem wir auf den Urheber und Vollender des Glaubens Jesus Christus schauen" [Hebr 12,1f]. Da dies so ist, können Wir nicht finden, was sie zum Glauben an Christus ohne die Gnade Gottes dem menschlichen Willen zuschreiben wollen, da Christus der Urheber und Vollender

des Glaubens ist. - (Kap. 3) Deswegen ... bestätigen Wir Euer oben geschriebenes Bekenntnis als mit den katholischen Grundsätzen der Väter übereinstimmend.

# JOHANNES II.: 2. Jan. 533 - 8. Mai 535

## 401-402: Brief "Olim quidem" an die Senatoren von Konstantinopel, März 534

Einige skythische Mönche unter der Führung des Maxentius waren Anhänger der Formel "Unus de [bzw.
ex] Trinitate passus est" ("Einer von [bzw. aus] der Dreifaltigkeit hat gelitten"). Die Formel konnte als
Ableger des Trishagion des Monophysiten Petrus Fullo erscheinen, der den liturgischen Ruf «ἅγιος ὁ θεός,
ἅγιος ἰσχυρός, ἅγιος ἀθάνατος» ("heiliger Gott, heiliger Starker, heiliger Unsterblicher") nicht nur auf
Christus, sondern auf die gesamte Dreifaltigkeit bezogen hatte, so daß der um 435 eingeführte Zusatz «ὁ
σταυρωθεὶς δι'ἡμᾶς» ("der für uns gekreuzigt wurde") auf Theopaschitismus hindeutete. Um sich gegen
diesen Verdacht zu verteidigen, wandten sich die Mönche an Papst Hormisdas. Er fällte kein endgültiges
Urteil, sondern ermahnte sie, mit der Christologie des Konzils von Chalkedon und des Tomus Leos I.
zufrieden zu sein. Später nahm sie Kaiser Justinian gegen die Akoimeten, Mönche aus Konstantinopel, in
Schutz und erwirkte von Johannes II., daß er die Formel der Skythen billigte und die Akoimeten verurteilte
(Johannes II., Brief "Inter claras" an Kaiser Justinian, 25. März 534: CSEL 35,320-328 / PL 66,17-20). Im
Sinne der Idiomenkommunikation kann die Formel gerechtfertigt werden. Auf die drei Fragen, die Justi-
nian in seinem Brief an Johannes II. (vgl. Collectio Avellana, Briefe 84 91: CSEL 35,322-325 344-347)
vorgelegt hatte, antwortet der Papst in dem Brief an die Senatoren von Konstantinopel.
     Ausg.: ACOe 4/II,206-210 / PL 66,20C-23C / MaC 8,803E-806D / HaC 2,1150C-1152E / BullTau
Appendix 1,496a-500a. - Reg.: ClPL 1692; JR 885.

*Idiomenkommunikation*

[*Iustinianus imperator*] de his tribus quaestionibus orta certamina fuisse significavit: [I]
Utrum "unus ex Trinitate" Christus et Deus
noster dici possit, hoc est una de tribus personis sanctae Trinitatis sancta persona. [II] An
Deus Christus carne pertulerit impassibilis
deitate. [III] An proprie et veraciter Mater
Domini Dei nostri Christi Maria semper virgo debeat appellari. ...

[*De adagio "Unus de Trinitate passus est".*] Unum enim ex sancta Trinitate
Christum esse, hoc est unam de tribus sanctae Trinitatis personis sanctam esse personam
sive subsistentiam, quam Graeci hypostasim
dicunt, in his exemplis evidenter ostendimus
[*allegantur inter alia Gn 3,22; 1 Cor 8,6;
Symbolum Nicaenum*].

[*De Christo "Deo carne passo".*]
Deum vero carne passum his nihilominus ro-
boremus exemplis [*Dt 28,66; Io 14,6; Mal
3,8; Act 3,15; 20,28; 1 Cor 2,8; Cyrillus Alexandrinus, Anathematismus 12; Leo I, Tomus*

[*Kaiser Justinian*] hat mitgeteilt, daß über   **401**
folgende drei Fragen Streitigkeiten ausge-
brochen sind: [I.] Ob unser Christus und Gott
"einer aus der Dreifaltigkeit" genannt werden kann, d. h. e i n e heilige Person von den
drei Personen der heiligen Dreifaltigkeit. [II.]
Ob der Gott Christus, der seiner Gottheit
nach leidensunfähig ist, im Fleisch gelitten
hat. [III.] Ob die immerwährende Jungfrau
Maria im eigentlichen Sinn und wahrhaftig
Mutter unseres Herrn ⟨und⟩ Gottes Christus
genannt werden soll. ...

[*Der Ausdruck "Einer von der
Dreifaltigkeit hat gelitten".*] Daß
nämlich Christus e i n e r aus der heiligen
Dreifaltigkeit ist, das heißt, e i n e heilige Person bzw. Subsistenz - was die Griechen Hypostase nennen - von den drei Personen der
heiligen Dreifaltigkeit ist, zeigen wir eindeutig an folgenden Beispielen auf [*angeführt
werden u.a. Gen 3,22; 1 Kor 8,6; das Bekenntnis von Nikaia*].

[*Christus als "Gott, der im Fleisch
gelitten hat".*] Daß Gott aber im Fleisch
gelitten hat, wollen wir trotzdem durch folgende Beispiele bekräftigen [*Dtn 28,66; Joh
14,6; Mal 3,8; Apg 3,15; 20,28; 1 Kor 2,8;*

*ad Flavianum etc.*].

[*De titulo "Mater Dei"*.] Gloriosam vero sanctam semper virginem Mariam proprie et veraciter Dei genitricem matremque Dei Verbi ex ea incarnati ab hominibus catholicis confiteri recte docemus. Proprie namque et veraciter idem ipse ultimis temporibus incarnatus, ex sancta et gloriosa Virgine matre nasci dignatus est. Propterea ergo, quia proprie et veraciter Dei Filius ex ea incarnatus et natus est, ideo proprie et veraciter matrem Dei ex ea incarnati et nati esse confitemur, et, ne Dominus Iesus per honorificentiam vel gratiam nomen Dei accepisse credatur, sicut Nestorius sentit insulsus: veraciter autem ideo, ne in phantasmate aut aliquo modo non veram sumpsisse carnem credatur ex virgine, sicut asseruit impius Eutyches.

**402**   [*Summarium christologiae.*] His igitur evidenter ostensum est, ... quid speraverit imperator, quid Romana sequatur et colat Ecclesia, scilicet Christum Dominum nostrum unum esse, ut saepe diximus, sanctae Trinitatis, ex duabus naturis cognoscendum, hoc est in deitate et humanitate perfectum, non antea exsistente carne et postea unita Verbo, sed in ipso Deo Verbo initium, ut esset, accipiente. Ideo enim quia Verbi ex materno corpore caro sumpsit initium, salva proprietate et veritate utriusque naturae, hoc est divinitatis atque humanitatis [*cf. *293*], Dei Filium Dominum nostrum Iesum Christum catholice confitemur, omni posthac commutatione vel confusione submota. Neque enim naturas in eo aliter agnoscimus, nisi differentias intellegentes et confitentes divinitatis atque humanitatis. Sed nec duas personas in Christo intellegimus per id quod dicimus duas naturas, ut adunationis divisionem facere videamur et sit, quod absit, quaternitas, non trinitas, sicut Nestorius sentit

*Kyrill von Alexandrien, Anathema 12; Leo I., Tomus ad Flavianum; u.a.*].

[*Der Titel "Mutter Gottes"*.] Mit Fug und Recht aber lehren wir, daß die glorreiche ⟨und⟩ heilige immerwährende Jungfrau Maria im eigentlichen Sinn und wahrhaftig von den katholischen Menschen als Gottesgebärerin und Mutter des aus ihr fleischgewordenen Gottes, des Wortes, bekannt wird. Denn im eigentlichen Sinn und wahrhaftig hat er selbst sich in den letzten Zeiten bei der Fleischwerdung dazu herabgelassen, aus der heiligen und glorreichen Jungfrau-Mutter geboren zu werden. Deswegen also, weil der Sohn Gottes im eigentlichen Sinn und wahrhaftig aus ihr fleischgeworden und geboren worden ist, deshalb bekennen wir, daß ⟨sie⟩ im eigentlichen Sinn und wahrhaftig Mutter des aus ihr fleischgewordenen und geborenen Gottes ist, und zwar damit man nicht glaubt, der Herr Jesus habe den Namen Gottes durch Ehrerweisung oder Gnade empfangen, wie der abgeschmackte Nestorius meint; "wahrhaftig" aber deshalb, damit man nicht glaubt, er habe in einer Erscheinung oder irgendwie nicht wahres Fleisch aus der Jungfrau angenommen, wie der gottlose Eutyches verkündete.

[*Zusammenfassung der Christologie*.] Damit ist also klar dargelegt, ... was der Kaiser erwartete, woran sich die Römische Kirche hält und was sie in Ehren hält, nämlich daß unser Herr Christus, wie wir oft gesagt haben, einer der heiligen Dreifaltigkeit ist, aus zwei Naturen zu erkennen, nämlich vollkommen in der Gottheit und Menschheit, wobei das Fleisch nicht vorher existierte und sich nachher mit dem Wort vereinte, sondern in Gott, dem Wort, selbst seinen Anfang zum Sein nahm. Deswegen nämlich, weil das Fleisch des Wortes aus dem Mutterleib unter Wahrung der Eigentümlichkeit und Wahrhaftigkeit beider Naturen, nämlich der Gottheit und Menschheit [*vgl. *293*], seinen Anfang nahm, bekennen wir auf katholische Weise unseren Herrn Jesus Christus als Sohn Gottes, so daß hinfort jede Veränderung oder Vermischung beseitigt ist. Wir erkennen nämlich die Naturen in ihm nur, wenn wir die Unterschiede der Gottheit und Menschheit beachten und bekennen. Aber

insanus, nec confundimus easdem unitas naturas, cum unam personam Christi confitemur, ut Eutyches impius credit. Tomum vero
papae Leonis omnesque epistolas nec non et
quattuor synodos, Nicaenam, Constantinopolitanam et Ephesenam primam et Calchi-
donensem, sicut Romana hactenus suscepit et
veneratur Ecclesia, sequimur, amplectimur
atque servamus.

weder erkennen wir dadurch, daß wir von
den zwei Naturen sprechen, zwei Personen in
Christus, so daß wir eine Trennung der Vereinigung vorzunehmen scheinen und es, was
ferne sei, eine Vierfaltigkeit, nicht eine Dreifaltigkeit gibt, wie der wahnsinnige Nestorius
meint, noch vermischen wir dieselben vereinten Naturen, wenn wir die eine Person Christi bekennen, wie der gottlose Eutyches
glaubt. So wie die Römische Kirche aber bis
jetzt den *Tomus* Papst Leos und alle Briefe
sowie auch die vier Konzilien von Nikaia,
Konstantinopel, das erste von Ephesus und
das von Chalkedon angenommen hat und
verehrt, so folgen wir ihnen, halten uns an sie
und beachten sie.

AGAPET I.: 13. Mai 535 - 22. April 536
SILVERIUS: 1. (8.?) Juni 536 - 11. Nov. 537

## VIGILIUS: (29. März) 11. Nov. 537 - 7. Juni 555

Auf Veranlassung der Kaiserin Theodora wurde Papst Silverius abgesetzt und am 29. März Vigilius zu
seinem Nachfolger erklärt. Erst als Silverius am 11. Nov. abgedankt hatte, war Vigilius legitimiert.

### 403-411: Edikt des Kaisers Justinian an Patriarch Menas von Konstantinopel, veröffentlicht auf der Synode von Konstantinopel, i. J. 543

Gegen Mönche aus Jerusalem, die Lehren des Origenes verbreiteten, verfaßte Justinian, der sich als Theologe auf dem Kaiserthron verstand, aus dem Werk des Origenes *De principiis* unter anderem die folgenden 9
Anathematismen, mit denen er seinen *Adversus Origenem liber* bzw. sein *Edictum* (geschrieben zwischen
Ende 542 und Anfang 543) schloß. Justinians Anathematismen wurden 543 auf der Synode von Konstantinopel proklamiert. Papst Vigilius scheint sie anläßlich seines Aufenthaltes in Konstantinopel (547-555)
bestätigt zu haben, wie bei Cassiodor, *De institutionibus divinarum litterarum* 1 (PL 70,1111D), angedeutet
wird. Außerdem wird eine Reihe von 15 Anathematismen derselben Synode zugeschrieben (MaC 9,396-400
/ Hn § 175 / P. Koetschau, a. unten a. O., S. CXXI-CXXIII: nur die Anathematismen 1-6). Sie werden hier
nicht berücksichtigt.
     *Ausg.:* ACOe 3,213f / P. Koetschau, *Origenes' Werke* 5 (GChSch; Leipzig 1913): *De principiis*, S. CVIIf /
PG 86,989 / PL 69,221A-D / MaC 9,533A-D / HaC 3,279C-E.

### Anathematismen gegen Origenes

α΄. Εἴ τις λέγει ἢ ἔχει, προϋπάρχειν τὰς
τῶν ἀνθρώπων ψυχάς, οἷα πρώην νόας οὔσας καὶ ἁγίας δυνάμεις· κόρον δὲ λαβούσας
τῆς θείας θεωρίας, καὶ πρὸς τὸ χεῖρον τρα-
πείσας, καὶ διὰ τοῦτο ἀποψυγείσας μὲν τῆς
τοῦ Θεοῦ ἀγάπης, ἐντεῦθεν δὲ ψυχὰς ὀνο-
μασθείσας, καὶ τιμωρίας χάριν εἰς [τὰ]
σώματα καταπεμφθείσας, ἀνάθεμα ἔστω.

1. Wer sagt oder daran festhält, die Seelen **403**
der Menschen hätten präexistiert, indem sie
ehedem Geister und heilige Kräfte gewesen
seien, seien aber der göttlichen Anschauung
überdrüssig geworden, hätten sich zum
Schlechteren gewandt, seien deshalb in der
Liebe zu Gott erkaltet (ψύχω), aus diesem
Grunde Seelen (ψυχή) genannt und zur Strafe in [die] Leiber hinabgesandt worden, der
sei mit dem Anathema belegt.

β΄. Εἴ τις λέγει ἢ ἔχει, τὴν τοῦ Κυρίου
ψυχὴν προϋπάρχειν, καὶ ἡνωμένην γεγενῆ-

2. Wer sagt oder daran festhält, die Seele **404**
des Herrn habe präexistiert und sei mit Gott,

189

σθαι τῷ Θεῷ λόγῳ πρὸ τῆς ἐκ παρθένου σαρκώσεώς τε καὶ γεννήσεως, ἀνάθεμα ἔστω.

405    γʹ. Εἴ τις λέγει ἢ ἔχει, πρῶτον πεπλάσθαι τὸ σῶμα τοῦ Κυρίου ἡμῶν Ἰησοῦ Χριστοῦ ἐν τῇ μήτρᾳ τῆς ἁγίας παρθένου, καὶ μετὰ ταῦτα ἑνωθῆναι αὐτῷ τὸν Θεὸν λόγον, καὶ τὴν ψυχὴν ὡς προϋπάρξασαν, ἀνάθεμα ἔστω.

406    δʹ. Εἴ τις λέγει ἢ ἔχει, πᾶσι τοῖς οὐρανίοις τάγμασιν ἐξομοιωθῆναι τὸν τοῦ Θεοῦ λόγον, γενόμενον τοῖς Χερουβὶμ Χερουβίμ, καὶ τοῖς Σεραφὶμ Σεραφίμ, καὶ πάσαις ἁπλῶς ταῖς ἄνω δυνάμεσιν ἐξομοιωθέντα, ἀνάθεμα ἔστω.

407    εʹ. Εἴ τις λέγει ἢ ἔχει, ἐν τῇ ἀναστάσει σφαιροειδῆ τὰ τῶν ἀνθρώπων ἐγείρεσθαι σώματα, καὶ οὐχ ὁμολογεῖ ὀρθίους ἡμᾶς ἐγείρεσθαι, ἀνάθεμα ἔστω.

408    ϛʹ. Εἴ τις λέγει ἢ ἔχει, οὐρανὸν καὶ ἥλιον καὶ σελήνην καὶ ἀστέρας καὶ ὕδατα τὰ ὑπεράνω τῶν οὐρανῶν ἐμψύχους καὶ *λογικὰς* [ὑλικὰς][1] εἶναί τινας δυνάμεις, ἀνάθεμα ἔστω.

409    ζʹ. Εἴ τις λέγει ἢ ἔχει, ὅτι ὁ δεσπότης Χριστὸς ἐν τῷ μέλλοντι αἰῶνι σταυρωθήσεται ὑπὲρ δαιμόνων, καθὰ καὶ ὑπὲρ ἀνθρώπων, ἀνάθεμα ἔστω.

410    ηʹ. Εἴ τις λέγει ἢ ἔχει, ἢ πεπερασμένην εἶναι τὴν τοῦ Θεοῦ δύναμιν, καὶ τοσαῦτα αὐτὸν δημιουργῆσαι, ὅσων[ὅσον] περιδράξασθαι *καὶ νοεῖν ἠδύνατο, ἢ τὰ κτίσματα συναΐδια εἶναι τῷ Θεῷ* [–!], ἀνάθεμα ἔστω.

411    θʹ. Εἴ τις λέγει ἢ ἔχει, πρόσκαιρον εἶναι τὴν τῶν δαιμόνων καὶ ἀσεβῶν ἀνθρώπων κόλασιν, καὶ τέλος κατά τινα χρόνον αὐτὴν ἕξειν, ἤγουν ἀποκατάστασιν ἔσεσθαι δαιμόνων, ἢ ἀσεβῶν ἀνθρώπων, ἀνάθεμα ἔστω.

dem Wort, vor der Fleischwerdung und Geburt aus der Jungfrau geeint worden, der sei mit dem Anathema belegt.

3. Wer sagt oder daran festhält, der Leib unseres Herrn Jesus Christus sei zuerst im Schoß der heiligen Jungfrau geformt worden, und danach seien Gott, das Wort, und die Seele, die ja vorher existierte, mit ihm geeint worden, der sei mit dem Anathema belegt.

4. Wer sagt oder daran festhält, das Wort Gottes sei allen himmlischen Ordnungen ähnlich geworden, indem es den Cherubim ein Cherub und den Seraphim ein Seraph wurde, kurz, indem es allen oberen Kräften ähnlich wurde, der sei mit dem Anathema belegt.

5. Wer sagt oder daran festhält, bei der Auferstehung würden die Leiber der Menschen kugelförmig auferweckt, und nicht bekennt, daß wir aufrecht erweckt werden, der sei mit dem Anathema belegt.

6. Wer sagt oder daran festhält, der Himmel, die Sonne, der Mond, die Sterne und die Gewässer, die oberhalb der Himmel sind, seien irgendwelche beseelten und *vernunftbegabten* [stofflichen][1] Kräfte, der sei mit dem Anathema belegt.

7. Wer sagt oder daran festhält, daß der Herr Christus, wie für die Menschen, so in der kommenden Weltzeit auch für die Dämonen gekreuzigt werden wird, der sei mit dem Anathema belegt.

8. Wer sagt oder daran festhält, entweder die Macht Gottes sei begrenzt und er habe soviel geschaffen, wie er umfassen *und denken* [–!] konnte, *oder die Geschöpfe seien gleich ewig wie Gott,* [–!] der sei mit dem Anathema belegt.

9. Wer sagt oder daran festhält, die Strafe der Dämonen und gottlosen Menschen sei zeitlich und sie werde nach einer bestimmten Zeit ein Ende haben, bzw. es werde eine Wiederherstellung von Dämonen oder gottlosen Menschen geben, der sei mit dem Anathema belegt.

---

*408  [1]  Entgegen allen griechischen Handschriften ist hier «λογικάς» = vernunftbegabt zu lesen: vgl. Origenes, *De principiis* I 7 (P. Koetschau: GChSch Origenes 5 [1913] 85–94); dies wird bekräftigt von einer syrischen Übersetzung des *Edictum*.

## 412-415: Brief "Dum in sanctae" an das gesamte Volk Gottes, 5. Febr. 552

Der Papst, der vor dem Kaiser nach Chalkedon geflohen war, setzt sich mit diesem Brief den monophysitischen Bestrebungen des Kaisers entgegen.
*Ausg.:* E. Schwartz, Vigiliusbriefe (SbBayAk, Philosophisch-historische Abteilung 1940, Heft 2) $5_{27}$-$8_{14}$ / PL 69,56B-57D / MaC 9,53A-54D. - *Reg.:* JR 931.

### Glaubensbekenntnis des Papstes Vigilius

Sciant igitur universi nos illam fidem praedicare, tenere ac defendere, quam ab Apostolis traditam et per successores eorum inviolabiliter custoditam reverenda Nicaena synodus CCCXVIII patrum Sancto Spiritu sibi revelante suscipiens redegit in symbolum ac deinde tres aliae sanctae synodi, id est Constantinopolitana ... Ephesena ... Calchidonensis ... ediderunt.

Hinc est quod Dominus noster contra errorum huiusmodi feritatem pastorale caelitus armavit officium, quod beatissimo Petro apostolo trina praeceptione commendans ait: "Pasce oves meas" [*Io 21,15*]. Et recte illi pascendarum est cura commissa, cuius fidei praeclara confessio Domini est ore laudata. ... eundem ipsum [*Christum*] hominis esse filium Deique sub mirabili interrogationis responsionisque brevitate confessus est "Tu es Christus filius Dei vivi" [*Mt 16,16*], sacratissimae scilicet mysterium incarnationis eius aperiens, dum in unitate personae, servata geminae proprietate naturae, homo idemque Deus esset, quod ex matre semper virgine sumpsit in tempore, et quod natus ex patre est ante saecula, permaneret.

Inconfuse autem et indivise atque inconvertibiliter et substantialiter uniens sibi carnem Deus Verbum Emmanuel noster, qui lege et prophetis adnuntiantibus exspectabatur, advenit: "Verbum ergo caro factum est et habitavit in nobis" [*Io 1,14*], totus in suis, totus in nostris, adsumens ex vulva carnem cum anima rationali et intellectuali. ...

Humanitatis sumpsit initium, ut nos aeternitatis suae faceret coheredes; nostrae con-

Es sollen also alle wissen, daß Wir jenen **412** Glauben verkünden, festhalten und verteidigen, der von den Aposteln überliefert und durch ihre Nachfolger unversehrt bewahrt wurde, den das ehrwürdige nizänische Konzil der 318 Väter mit der Erleuchtung des Heiligen Geistes annahm und in die Form des Bekenntnisses brachte und den danach die drei anderen heiligen Konzilien, nämlich von Konstantinopel ... Ephesus ... Chalkedon ... veröffentlichten.

So kommt es, daß unser Herr gegen das **413** Ungestüm derartiger Irrtümer vom Himmel her das Hirtenamt ausrüstete, das er dem seligsten Apostel Petrus durch die dreimalige Aufforderung übertrug, indem er sagte: "Weide meine Schafe" [*Joh 21,15*]. Und zurecht wurde die Sorge um ihre Weide dem anvertraut, dessen vortreffliches Glaubensbekenntnis durch den Mund des Herrn gelobt wurde. ... er hat in bewundernswerter Kürze von Frage und Antwort bekannt, daß ein und derselbe [*Christus*] Menschen- und Gottessohn ist: "Du bist Christus, der Sohn des lebendigen Gottes" [*Mt 16,16*], und hat so das Geheimnis seiner heiligsten Fleischwerdung eröffnet, da er ja in der Einheit der Person unter Wahrung der Eigentümlichkeit der zwiefachen Natur zugleich Mensch und Gott war und das, was er in der Zeit aus der allzeit jungfräulichen Mutter angenommen hat, und als was er vor den Zeiten aus dem Vater geboren wurde, blieb.

Indem er aber unvermischt, ungeteilt, unwandelbar und substanzhaft Fleisch mit sich einte, kam Gott, das Wort, unser Emmanuel, der aufgrund der Ankündigung des Gesetzes und der Propheten erwartet wurde. "Das Wort ist also Fleisch geworden und hat unter uns gewohnt" [*Joh 1,14*], ganz in dem Seinigen, ganz in dem Unsrigen, weil er aus dem Mutterschoß Fleisch mitsamt der vernunft- und verstandesbegabten Seele annahm. ...

Er nahm einen Anfang in der Menschheit, um uns zu Miterben seiner Ewigkeit zu ma-

sors dignatus est esse naturae, ut nos suae immortalitatis faceret esse participes; pauper factus est, cum esset dives, ut eius inopia ditaremur [*cf. 2 Cor 8,9*]; omnia quae nostra sunt, evacuato noxarum nostrarum chirographo condonavit [*cf. Col 2,13s*] ... id peragens ..., ut "mediator Dei et hominum homo Christus Iesus" [*1 Tim 2,5*] maledicto quo primus homo terrenus mortis vinculis tenebatur, adstrictus, secundus homo caelestis [*1 Cor 15,47*], dum mortem morte calcaret, absolveret.

chen; er ließ sich dazu herab, das Los unserer Natur zu teilen, um uns seiner Unsterblichkeit teilhaftig zu machen; er wurde arm, obwohl er reich war, damit wir durch sein Armsein reich würden [*vgl. 2 Kor 8,9*]; er entwertete den Schuldschein für unsere Vergehen und verzieh alles, was unser ist [*vgl. Kol 2,13f*] ..., um zu erreichen ..., daß "der Mittler zwischen Gott und den Menschen, der Mensch Christus Jesus" [*1 Tim 2,5*], ⟨uns⟩ von dem Fluch, in dem der erste, irdische Mensch, in die Bande des Todes verstrickt, festgehalten wurde, als zweiter, himmlischer Mensch [*1 Kor 15,47*] befreit, indem er den Tod durch den Tod niedertritt.

**414** Passus est pro nobis Dei Filius, crucifixus carne est, mortuus carne est et die tertio resurrexit, ut divina inpassibili permanente natura et carnis nostrae veritate servata unius eiusdemque Domini Dei nostri Iesu Christi et passiones et miracula fateamur, ut glorificationem Capitis nostri totius Ecclesiae corpus aspiciens, quales primitias in Capite nostro, id est in Christo Deo ac Domino, intueretur ex mortuis, tales in his qui eius membra sunt, in futurae gloriae praestoletur adventum. Ipse igitur Redemptor noster sedet ad dexteram Patris, unus idemque sine confusione utriusque naturae, sine divisione personae et ex duabus atque in duabus creditus permanensque naturis, inde venturus iudicare vivos et mortuos.

Der Sohn Gottes hat für uns gelitten, wurde im Fleisch gekreuzigt, ist im Fleisch gestorben und am dritten Tag auferstanden, damit wir, da seine leidensunfähige göttliche Natur fortdauerte und die Wahrheit unseres Fleisches gewahrt wurde, sowohl die Leiden als auch die Wunder ein und desselben Herrn, unseres Gottes Jesus Christus, bekennen, damit der Leib der gesamten Kirche im Blick auf die Verherrlichung unseres Hauptes das, was er bei unserem Haupt, nämlich bei Christus, dem Gott und Herrn, als Erstlingsgabe aus den Toten sah, dies auch bei denen, die seine Glieder sind, für das Kommen der künftigen Herrlichkeit erwarte. Unser Erlöser selbst also sitzt zur Rechten des Vaters als ein und derselbe ohne Vermischung der beiden Naturen, ohne Teilung der Person und, so glauben wir, aus zwei und in zwei Naturen fortbestehend; von dort wird er kommen, Lebende und Tote zu richten.

**415** Pater autem cum eodem unigenito Filio et Spiritu Sancto unus est in deitate et aequalis indiscretaeque naturae. Huius fidei plenitudinem Dominus noster post resurrectionem mandavit Apostolis dicens: "Ite, docete omnes gentes, baptizantes eos in nomine Patris et Filii et Spiritus Sancti" [*Mt 28,19*]. "In nomine", inquit, dixit non in nominibus, ut in quibus una virtus, una potestas, una deitas, una aeternitas, una gloria, una omnipotentia, una beatitudo, una operatio est unaque natura, unius quoque nominis exsistat integritas. Nihil in deitate quippe discretum est, cum tantum personarum proprietas manifesta distinctione signetur. Totum ergo quod

Der Vater aber ist mit ebendiesem einziggeborenen Sohn und dem Heiligen Geist einer in der Gottheit und von gleicher und ununterschiedener Natur. Die Fülle dieses Glaubens hat unser Herr nach der Auferstehung den Aposteln anbefohlen, indem er sagte: "Gehet hin, lehrt alle Völker und tauft sie im Namen des Vaters und des Sohnes und des Heiligen Geistes" [*Mt 28,19*]. "Im Namen", sagt er, er sagte nicht: "In den Namen", damit, in denen e i n e Kraft, e i n e Macht, e i n e Gottheit, e i n e Ewigkeit, e i n e Herrlichkeit, e i n e Allmächtigkeit, e i n e Seligkeit, ein Wirken und e i n e Natur ist, auch der e i n e Name unangetastet bleibt. Denn

Trinitas est, permanet consubstantialis et indiscreta divinitas.

nichts in der Gottheit ist unterschieden, weil
nur die offensichtliche Eigentümlichkeit der
Personen durch die Unterscheidung bezeichnet wird. Alles also, was die Dreifaltigkeit ist,
bleibt wesensgleiche und ununterschiedene
Gottheit.

**416–420: Konstitution (I) "Inter innumeras sollicitudines" über die "Drei Kapitel" an Kaiser Justinian, 14. Mai 553**

Unter den "Drei Kapiteln" versteht man die Schrift *Contra impium Apollinarium libri III* T h e o d o r s von Mopsuestia, die Schriften (*Pentalogus*) T h e o d o r e t s von Cyrus gegen Kyrill von Alexandrien und den Brief des I b a s von Edessa an den Perser Maris. Kaiser Justinian forderte die Verurteilung dieser "nesto-rianischen Schriften". In einer ersten Konstitution belegte der Papst 56 Aussagen Theodors von Mopsuestia mit dem Anathema, ohne allerdings seine Person zu verurteilen. Er verteidigte die Rechtgläubigkeit des Theodoret und des Ibas und fügte allgemein gehaltene Anathematismen gegen nestorianische Irrlehren an. In einer zweiten Konstitution, "*Dominus noster et Salvator*", vom 23. Febr. 554 (ACOe 4/II,138–168; PL 69,143–178) gab der Papst auf Druck Justinians nach und verurteilte alle "Drei Kapitel".

*Ausg.:* O. Guenther: CSEL 35,295₁₈–296₁₆ ( = *Collectio Avellana*, Brief 83) / PL 69,104 / MaC 9,97E–98C / Hn § 228. – *Reg.:* JR 935.

*Verurteilung der Irrlehren des Nestorianismus über die Menschheit Christi*

1. Si quis servata inconvertibilitate natu-rae divinae non confitetur Verbum carnem factum et ex ipsa conceptione de utero Vir-ginis humanae naturae sibi secundum subsis-tentiam unisse principia, sed tamquam cum exsistenti iam homine fuerit Deus Verbum, ut per hoc non sancta Virgo vere Dei genitrix esse credatur, sed verbo tenus appelletur, ana-thema sit.

1. Wer nicht bekennt, daß das Wort unter **416** Wahrung der Unveränderlichkeit der göttli-chen Natur Fleisch geworden ist und von der Empfängnis im Schoß der Jungfrau an mit sich der Hypostase nach die Prinzipien der menschlichen Natur geeint hat, sondern ⟨sagt⟩, daß Gott, das Wort, gleichsam mit ei-nem schon existierenden Menschen gewesen sei, so daß man dadurch nicht glaubt, daß die heilige Jungfrau wahrhaftig Gottesgebärerin ist, sondern nur dem Wort nach ⟨so⟩ genannt wird, der sei mit dem Anathema belegt.

2. Si quis secundum subsistentiam unita-tem naturarum in Christo factam denegat, sed seorsum existenti homini tamquam uni iustorum inhabitare Deum Verbum, et non ita confitetur naturarum secundum subsis-tentiam unitatem, ut Deus Verbum cum adsumpta carne una permanserit permaneat-que subsistentia sive persona, anathema sit.

2. Wer die in der Hypostase vollzogene **417** Einigung der Naturen in Christus leugnet und sagt, Gott, das Wort, wohne in einem für sich existierenden Menschen wie in einem der Gerechten, und die Einheit der Naturen in der Hypostase nicht so bekennt, daß Gott, das Wort, mit dem angenommenen Fleisch e i n e Hypostase bzw. Person blieb und bleibt, der sei mit dem Anathema belegt.

3. Si quis voces evangelicas et apostolicas in uno Christo ita dividit, ut etiam natura-rum in ipso unitarum divisionem introducat, anathema sit.

3. Wer die evangelischen und apostoli- **418** schen Aussagen, die sich auf den einen Chri-stus beziehen, so zerteilt, daß er auch eine Trennung der in ihm geeinten Naturen ein-führt, der sei mit dem Anathema belegt.

4. Si quis unum Iesum Christum verum Dei et eundem verum hominis Filium futu-rorum ignorantiam aut diei ultimi iudicii ha-buisse dicit et tanta scire potuisse, quanta ei deitas quasi alteri cuidam inhabitans revela-

4. Wer sagt, der eine Jesus Christus, zu- **419** gleich wahrer Gottes- und wahrer Men-schensohn, habe vom Zukünftigen oder vom Tag des Jüngsten Gerichts keine Kenntnis ge-habt und habe nur soviel wissen können, wie

bat, anathema sit.

420　5. Si quis illud Apostoli, quod est in epistula ad Hebraeos [5,7s] dictum, quod experimento cognovit oboedientiam et cum clamore forti et lacrimis preces supplicationesque obtulit ad eum, qui salvum illum posset a morte facere, tamquam nudo deitate Christo deputans, qui laboribus virtutis perfectus sit, ut ex hoc duos introducere Christos vel duos Filios videatur, et non unum eundemque credit Christum Dei et hominis Filium ex duabus et in duabus naturis inseparabilibus indivisisque confitendum atque adorandum, anathema sit.

ihm die Gottheit als eine gleichsam einem anderen innewohnende offenbarte, der sei mit dem Anathema belegt.

5. Wer meint, jenes Wort des Apostels, das im Brief an die Hebräer [5,7f] steht, nämlich daß er durch Erfahrung den Gehorsam lernte und mit lautem Schreien und unter Tränen dem Bitten und Gebete entgegenbrachte, der ihn vom Tod erretten konnte, sei von dem gleichsam seiner Gottheit entblößten Christus gesagt, der durch die Anstrengungen der Tugend vollkommen geworden sei, so daß er aufgrund dessen zwei Christusse oder zwei Söhne einzuführen scheint, und nicht glaubt, daß man ein und denselben Christus, den Gottes- und Menschensohn, aus zwei und in zwei untrennbaren und ungeteilten Naturen bekennen und anbeten muß, der sei mit dem Anathema belegt.

## 2. Konzil von KONSTANTINOPEL (5. ökum.): 5. Mai - 2. Juni 553

Das Konzil wurde von Kaiser Justinian einberufen, um durch die Verurteilung der wichtigsten Theologen der antiochenischen Schule (vgl. *416°) die Monophysiten für sich zu gewinnen. Papst Vigilius, der mit Gewalt aus Rom fortgeschafft worden war, weigerte sich, am Konzil teilzunehmen. Schließlich gab er dem Drängen des Kaisers nach und bestätigte das Konzil im Brief vom 8. Dez. 553 an Patriarch Eutychius von Konstantinopel (PL 69,121C–128A / MaC 9,413–420) und in der oben erwähnten 2. Konstitution vom 23. Febr. 554 (*416°). Die 14 Anathematismen dieses Konzils stammen größtenteils aus dem i. J. 551 verfaßten zweiten Edikt Justinians. Diese «Ὁμολογία πίστεως» enthält 13 Anathematismen und richtet sich gegen die "Drei Kapitel" (Hrsg. v. E. Schwartz, Drei dogmatische Schriften Justinians [AbhBayAk, Philosophischhistorische Abteilung, N.F., Heft 18, München 1939] 90–95 / MaC 9,537C–582A / HaC 3,287B–329A / PL 69,225C–268B).

### 421–438: 8. Sitzung, 2. Juni 553: Kanones

*Ausg.:* ACOe 4/I,240–244 griechisch; 215–220 lateinisch / MaC 9,375D–388C / HaC 3,193D–201B / Hn § 148 / COeD³ 114–122.

*Anathematismen über die "Drei Kapitel"*

421　α΄. Εἴ τις οὐχ ὁμολογεῖ πατρὸς καὶ υἱοῦ καὶ ἁγίου πνεύματος μίαν φύσιν ἤτοι οὐσίαν, μίαν τε δύναμιν, καὶ ἐξουσίαν, τριάδα ὁμοούσιον, μίαν θεότητα ἐν τρισὶν ὑποστάσεσιν ἤγουν προσώποις προσκυνουμένην· ὁ τοιοῦτος ἀνάθεμα ἔστω.

Εἷς γὰρ Θεὸς καὶ πατήρ, ἐξ οὗ τὰ πάντα, καὶ εἷς κύριος Ἰησοῦς Χριστός, δι᾿ οὗ τὰ πάντα, καὶ ἐν πνεῦμα ἅγιον, ἐν ᾧ τὰ πάντα.

422　β΄. Εἴ τις οὐχ ὁμολογεῖ, τοῦ Θεοῦ λόγου εἶναι τὰς δύο γεννήσεις, τήν τε πρὸ αἰώνων

1. Wer nicht ⟨die⟩ eine Natur bzw. Wesenheit, ⟨die⟩ eine Kraft und Macht, ⟨die⟩ eine wesensgleiche Dreifaltigkeit und ⟨die⟩ eine Gottheit des Vaters, des Sohnes und des Heiligen Geistes bekennt, die in drei Hypostasen bzw. Personen angebetet wird, der sei mit dem Anathema belegt.

Denn ⟨es ist⟩ ein Gott und Vater, aus dem alles ⟨ist⟩, ein Herr Jesus Christus, durch den alles ⟨ist⟩, und ein Heiliger Geist, in dem alles ⟨ist⟩.

2. Wer nicht bekennt, daß es zwei Geburten Gottes, des Wortes, gibt, die eine vor den

ἐκ τοῦ πατρός, ἀχρόνως καὶ ἀσωμάτως, τήν τε ἐπ᾽ ἐσχάτων τῶν ἡμερῶν, τοῦ αὐτοῦ κατελθόντος ἐκ τῶν οὐρανῶν, καὶ σαρκωθέντος ἐκ τῆς ἁγίας ἐνδόξου θεοτόκου καὶ ἀειπαρθένου Μαρίας, καὶ γεννηθέντος ἐξ αὐτῆς· ὁ τοιοῦτος ἀνάθεμα ἔστω.

γ΄. Εἴ τις λέγει, ἄλλον εἶναι τοῦ Θεοῦ λόγον τὸν θαυματουργήσαντα, καὶ ἄλλον τὸν Χριστὸν τὸν παθόντα, ἢ τὸν Θεὸν λόγον συνεῖναι λέγει τῷ Χριστῷ γενομένῳ ἐκ γυναικός [cf. *Gal 4,4*], ἢ ἐν αὐτῷ εἶναι ὡς ἄλλον ἐν ἄλλῳ,

ἀλλ᾽ οὐχ ἕνα καὶ τὸν αὐτὸν κύριον ἡμῶν Ἰησοῦν Χριστόν, τὸν τοῦ Θεοῦ λόγον, σαρκωθέντα καὶ ἐνανθρωπήσαντα, καὶ τοῦ αὐτοῦ τά τε θαύματα καὶ τὰ πάθη, ἅπερ ἑκουσίως ὑπέμεινε σαρκί· ὁ τοιοῦτος ἀνάθεμα ἔστω.

δ΄. Εἴ τις λέγει, κατὰ χάριν, ἢ κατὰ ἐνέργειαν, ἢ κατὰ ἰσοτιμίαν ἢ κατὰ αὐθεντίαν, ἢ ἀναφοράν, ἢ σχέσιν, ἢ δύναμιν τὴν ἕνωσιν τοῦ Θεοῦ λόγου πρὸς ἄνθρωπον γεγενῆσθαι· ἢ κατὰ εὐδοκίαν, ὡς ἀρεσθέντος τοῦ Θεοῦ λόγου τοῦ ἀνθρώπου, ἀπὸ τοῦ εὖ καὶ καλῶς δόξαι αὐτῷ περὶ αὐτοῦ, καθὼς Θεόδωρος μαινόμενος λέγει·

ἢ κατὰ ὁμωνυμίαν, καθ᾽ ἣν οἱ Νεστοριανοὶ τὸν Θεὸν λόγον Ἰησοῦν καὶ Χριστὸν καλοῦντες, καὶ τὸν ἄνθρωπον κεχωρισμένως Χριστὸν καὶ υἱὸν ὀνομάζοντες, καὶ δύο πρόσωπα προφανῶς λέγοντες, κατὰ μόνην τὴν προσηγορίαν, καὶ τιμὴν καὶ ἀξίαν, καὶ προσκύνησιν, καὶ ἐν πρόσωπον, καὶ ἕνα Χριστὸν ὑποκρίνονται λέγειν·

ἀλλ᾽ οὐχ ὁμολογεῖ τὴν ἕνωσιν τοῦ Θεοῦ λόγου πρὸς σάρκα ἐμψυχωμένην ψυχῇ λογικῇ καὶ νοερᾷ, κατὰ σύνθεσιν ἤγουν καθ᾽ ὑπόστασιν γεγενῆσθαι, καθὼς οἱ ἅγιοι πατέρες ἐδίδαξαν· καὶ διὰ τοῦτο μίαν αὐτοῦ τὴν ὑπόστασιν, ὅ ἐστιν ὁ κύριος Ἰησοῦς Χριστός, εἷς τῆς ἁγίας τριάδος· ὁ τοιοῦτος ἀνάθεμα ἔστω.

Πολυτρόπως γὰρ νοουμένης τῆς ἑνώσεως, οἱ μὲν τῇ ἀσεβείᾳ Ἀπολλιναρίου καὶ Εὐτυχοῦς ἀκολουθοῦντες, τῷ ἀφανισμῷ τῶν συνελθόντων προκείμενοι, τὴν κατὰ

---

Zeiten aus dem Vater, zeitlos und leiblos, die andere in den letzten Tagen, als er selbst aus den Himmeln herabgestiegen ist, fleischgeworden ist aus der heiligen glorreichen Gottesgebärerin und immerwährenden Jungfrau Maria und aus ihr geboren wurde, der sei mit dem Anathema belegt.

3. Wer sagt, ein anderer sei das Wort Gottes, das Wunder gewirkt hat, und ein anderer der Christus, der gelitten hat, oder sagt, Gott, das Wort, sei mit dem aus der Frau geborenen Christus [*vgl. Gal 4,4*] zusammen oder sei in ihm wie einer in einem anderen, **423**

aber leugnet, daß unser Herr Jesus Christus, das Wort Gottes, das Fleisch und Mensch wurde, ein und derselbe ⟨ist⟩, und daß die Wunder und die Leiden, die er freiwillig im Fleisch auf sich nahm, demselben angehören, der sei mit dem Anathema belegt.

4. Wer sagt, die Einung Gottes, des Wortes, mit dem Menschen sei geschehen der Gnade nach, oder dem Wirken, oder der Gleichheit der Ehre nach, oder der Machtvollkommenheit nach, oder durch Beziehung oder Verhältnis, oder der Kraft nach, oder aus Wohlwollen, so als ob Gott, das Wort, am Menschen Gefallen gefunden hätte, weil er ihm gut und wohl gefiel, wie Theodor in seinem Unverstand sagt; **424**

oder ⟨wer sagt, diese Einung sei geschehen⟩ durch die Gleichnamigkeit, so wie die Nestorianer Gott, das Wort, Jesus und Christus nennen und den Menschen getrennt als Christus und Sohn bezeichnen und so offensichtlich von zwei Personen reden, während sie nur der Bezeichnung, Ehre, Würde und Anbetung nach heuchlerisch von e i n e r Person und von e i n e m Christus reden,

aber leugnet, daß die Einung Gottes, des Wortes, mit dem durch eine vernunft- und verstandesbegabte Seele beseelten Leib durch Zusammensetzung oder in der Hypostase geschehen ist, wie die heiligen Väter lehrten, und daß es deswegen e i n e Hypostase desselben ⟨gibt⟩, die der Herr Jesus Christus ist, einer der heiligen Dreifaltigkeit, der sei mit dem Anathema belegt.

Da nämlich die Einung auf vielfältige Weise verstanden werden kann, setzen sich die Anhänger der Gottlosigkeit des Apollinaris und des Eutyches für das Verschwinden **425**

σύγχυσιν τὴν ἕνωσιν πρεσβεύουσιν. Οἱ δὲ τὰ Θεοδώρου καὶ Νεστορίου φρονοῦντες, τῇ διαιρέσει χαίροντες, σχετικὴν τὴν ἕνωσιν ἐπεισάγουσιν· ἡ μέντοι ἁγία τοῦ Θεοῦ ἐκκλησία, ἑκατέρας αἱρέσεως τὴν ἀσέβειαν ἀποβαλλομένη, τὴν ἕνωσιν τοῦ Θεοῦ λόγου πρὸς τὴν σάρκα κατὰ σύνθεσιν ὁμολογεῖ· ὅπερ ἐστὶ καθ᾽ ὑπόστασιν. Ἡ γὰρ κατὰ σύνθεσιν ἕνωσις, ἐπὶ τοῦ κατὰ Χριστὸν μυστηρίου, οὐ μόνον ἀσύγχυτα τὰ συνελθόντα διαφυλάττει, ἀλλ᾽ οὐδὲ διαίρεσιν ἐπιδέχεται.

**426**    ε΄. Εἴ τις τὴν μίαν ὑπόστασιν τοῦ κυρίου ἡμῶν Ἰησοῦ Χριστοῦ οὕτως ἐκλαμβάνει, ὡς ἐπιδεχομένην πολλῶν ὑποστάσεων σημασίαν, καὶ διὰ τούτου εἰσάγειν ἐπιχειρεῖ ἐπὶ τοῦ κατὰ Χριστὸν μυστηρίου δύο ὑποστάσεις, ἤτοι δύο πρόσωπα, καὶ τῶν παρ᾽ αὐτοῦ εἰσαγομένων δύο προσώπων, ἓν πρόσωπον λέγει κατὰ ἀξίαν, καὶ τιμήν, καὶ προσκύνησιν, καθάπερ Θεόδωρος καὶ Νεστόριος μαινόμενοι συνεγράψαντο· καὶ συκοφαντεῖ τὴν ἁγίαν ἐν Χαλκηδόνι σύνοδον, ὡς κατὰ ταύτην τὴν ἀσεβῆ ἔννοιαν χρησαμένην τῷ τῆς μιᾶς ὑποστάσεως ῥήματι·

ἀλλὰ μὴ ὁμολογεῖ τὸν τοῦ Θεοῦ λόγον σαρκὶ καθ᾽ ὑπόστασιν ἑνωθῆναι, καὶ διὰ τοῦτο μίαν αὐτοῦ τὴν ὑπόστασιν, ἤτοι ἓν πρόσωπον· οὕτως τε καὶ τὴν ἁγίαν ἐν Χαλκηδόνι σύνοδον μίαν ὑπόστασιν τοῦ κυρίου ἡμῶν Ἰησοῦ Χριστοῦ ὁμολογῆσαι· ὁ τοιοῦτος ἀνάθεμα ἔστω.

Οὔτε γὰρ προσθήκην προσώπου, ἤγουν ὑποστάσεως ἐπεδέξατο ἡ ἁγία τριὰς καὶ σαρκωθέντος τοῦ ἑνὸς τῆς ἁγίας τριάδος Θεοῦ λόγου.

**427**    ϛ΄. Εἴ τις καταχρηστικῶς, ἀλλ᾽ οὐκ ἀληθῶς θεοτόκον λέγει τὴν ἁγίαν ἔνδοξον ἀειπαρθένον Μαρίαν· ἢ κατὰ ἀναφοράν, ὡς ἀνθρώπου ψιλοῦ γεννηθέντος, ἀλλ᾽ οὐχὶ τοῦ Θεοῦ λόγου σαρκωθέντος καὶ γεννηθέντος ἐξ αὐτῆς, ἀναφερομένης δὲ κατ᾽ ἐκείνους τῆς τοῦ ἀνθρώπου γεννήσεως ἐπὶ τὸν Θεὸν λόγον ὡς συνόντα τῷ ἀνθρώπῳ γενομένῳ· καὶ συκοφαντεῖ τὴν ἁγίαν ἐν Χαλκηδόνι σύνοδον, ὡς κατὰ ταύτην τὴν ἀσεβῆ ἐπινοηθεῖσαν παρὰ Θεοδώρου ἔννοιαν θεοτόκον τὴν

dessen ein, was zusammengekommen ist, und vertreten eine Einung durch Vermischung. Die Anhänger Theodors und des Nestorius aber freuen sich an der Trennung und führen eine bezügliche Einung ein; die heilige Kirche Gottes jedoch verwirft die Gottlosigkeit beider Häresien und bekennt die Einung Gottes, des Wortes, mit dem Fleisch durch Zusammensetzung, d. h. in der Hypostase. Denn die Einung durch Zusammensetzung bewahrt im Geheimnis Christi nicht nur das, was zusammengekommen ist, unvermischt, sondern läßt auch keine Trennung zu.

5. Wer ⟨den Ausdruck⟩ "eine Hypostase unseres Herrn Jesus Christus" so versteht, als ob sie die Bedeutung von vielen Hypostasen annehmen könnte, und dadurch im Geheimnis Christi zwei Hypostasen bzw. zwei Personen einzuführen versucht, und, nachdem von ihm zwei Personen eingeführt worden sind, von einer Person der Würde, Ehre und Anbetung nach spricht, wie dies Theodor und Nestorius in ihrem Unverstand geschrieben haben, und das heilige Konzil in Chalkedon verleumdet, es habe in diesem gottlosen Sinne den Ausdruck "eine Hypostase" verwendet,

aber leugnet, daß sich das Wort Gottes in der Hypostase mit dem Fleisch geeint hat und es deshalb eine Hypostase bzw. eine Person desselben ⟨gibt⟩, und daß in diesem Sinne auch das heilige Konzil in Chalkedon eine Hypostase unseres Herrn Jesus Christus bekannt hat, der sei mit dem Anathema belegt.

Denn wenn auch der eine der heiligen Dreifaltigkeit, Gott, das Wort, fleischgeworden ist, so hat die heilige Dreifaltigkeit doch keine Hinzufügung einer Person bzw. Hypostase erfahren.

6. Wer sagt, die heilige, glorreiche, allzeit jungfräuliche Maria sei im uneigentlichen Sinn, aber nicht wahrhaftig Gottesgebärerin, oder der Beziehung nach – so als ob ein bloßer Mensch aus ihr geboren worden, nicht aber Gott, das Wort, aus ihr fleischgeworden und geboren worden wäre, die Geburt des Menschen aber, wie jene sagen, sich auf Gott, das Wort, beziehe, insofern es mit dem geborenen Menschen zusammen ist –, und das heilige Konzil in Chalkedon verleumdet,

παρθένον εἰποῦσαν·

ἢ εἴ τις ἀνθρωποτόκον αὐτὴν καλεῖ ἢ χριστοτόκον, ὡς τοῦ Χριστοῦ μὴ ὄντος Θεοῦ·

ἀλλὰ μὴ κυρίως, καὶ κατὰ ἀλήθειαν θεοτόκον αὐτὴν ὁμολογεῖ, διὰ τὸ τὸν πρὸ τῶν αἰώνων ἐκ τοῦ πατρὸς γεννηθέντα Θεὸν λόγον ἐπ’ ἐσχάτων τῶν ἡμερῶν ἐξ αὐτῆς σαρκωθῆναι, οὕτω τε εὐσεβῶς καὶ τὴν ἁγίαν ἐν Χαλκηδόνι σύνοδον θεοτόκον αὐτὴν ὁμολογῆσαι, ὁ τοιοῦτος ἀνάθεμα ἔστω.

ζ´. Εἴ τις ἐν δύο φύσεσι λέγων, μὴ ὡς ἐν θεότητι καὶ ἀνθρωπότητι τὸν ἕνα κύριον ἡμῶν Ἰησοῦν Χριστὸν γνωρίζεσθαι ὁμολογεῖ, ἵνα διὰ τούτου σημάνῃ τὴν διαφορὰν τῶν φύσεων, ἐξ ὧν ἀσυγχύτως ἡ ἄφραστος ἕνωσις γέγονεν· οὔτε τοῦ λόγου εἰς τὴν τῆς σαρκὸς μεταποιηθέντος φύσιν, οὔτε τῆς σαρκὸς πρὸς τὴν τοῦ λόγου φύσιν μεταχωρησάσης (μένει γὰρ ἑκάτερον, ὅπερ ἐστὶ τῇ φύσει, καὶ γενομένης τῆς ἑνώσεως καθ’ ὑπόστασιν), ἀλλ’ ἐπὶ διαιρέσει τῇ ἀνὰ μέρος, τὴν τοιαύτην λαμβάνει φωνὴν ἐπὶ τοῦ κατὰ Χριστὸν μυστηρίου·

ἢ τὸν ἀριθμὸν τῶν φύσεων ὁμολογῶν ἐπὶ τοῦ αὐτοῦ ἑνὸς κυρίου ἡμῶν Ἰησοῦ τοῦ Θεοῦ λόγου σαρκωθέντος, μὴ τῇ θεωρίᾳ μόνῃ τὴν διαφορὰν τούτων λαμβάνει, ἐξ ὧν καὶ συνετέθη, οὐκ ἀναιρουμένην διὰ τὴν ἕνωσιν (εἷς γὰρ ἐξ ἀμφοῖν, καὶ δι’ ἑνὸς ἀμφότερα), ἀλλ’ ἐπὶ τούτῳ κέχρηται τῷ ἀριθμῷ, ὡς κεχωρισμένας καὶ ἰδιοϋποστάτους ἔχει τὰς φύσεις, ὁ τοιοῦτος ἀνάθεμα ἔστω.

η´. Εἴ τις ἐκ δύο φύσεων θεότητος καὶ ἀνθρωπότητος ὁμολογῶν τὴν ἕνωσιν γεγενῆσθαι, ἢ μίαν φύσιν τοῦ Θεοῦ λόγου σεσαρκωμένην λέγων, μὴ οὕτως αὐτὰ λαμβάνῃ, καθάπερ καὶ οἱ ἅγιοι πατέρες ἐδίδαξαν, ὅτι ἐκ τῆς θείας φύσεως καὶ τῆς ἀνθρωπίνης, τῆς ἑνώσεως καθ’ ὑπόστασιν γενομένης, εἷς Χριστὸς ἀπετελέσθη· ἀλλ’ ἐκ τῶν τοιούτων φωνῶν μίαν φύσιν, ἤτοι οὐσίαν θεότητος καὶ σαρκὸς τοῦ Χριστοῦ εἰσάγειν

es habe in diesem gottlosen, von Theodor erfundenen Sinne die Jungfrau Gottesgebärerin genannt;

oder wer sie Menschengebärerin oder Christusgebärerin nennt, so als ob Christus nicht Gott wäre,

aber leugnet, daß sie im eigentlichen Sinn und wahrhaftig Gottesgebärerin ist, weil Gott, das Wort, das vor den Zeiten aus dem Vater gezeugt worden war, in den letzten Tagen aus ihr fleischgeworden ist, und daß in diesem frommen Sinn sie auch das heilige Konzil in Chalkedon als Gottesgebärerin bekannt hat, der sei mit dem Anathema belegt.

7. Wer den Ausdruck "in zwei Naturen" **428** nicht in dem Sinne verwendet, daß er damit bekennt, daß unser e i n e r Herr Jesus Christus in der Gottheit und Menschheit erkannt wird, um dadurch den Unterschied der Naturen anzuzeigen, aus denen die unaussprechliche Einung unvermischt entstanden ist, ohne daß das Wort in die Natur des Fleisches verwandelt wurde oder das Fleisch in die Natur des Wortes überging (denn beides bleibt, was es seiner Natur nach ist, auch wenn die Einung in der Hypostase eingetreten ist), sondern diesen Ausdruck in bezug auf das Geheimnis Christi im Sinne einer Trennung der Teile versteht;

oder ⟨wer⟩ die Zahl der Naturen in eben unserem einen Herrn Jesus Christus, dem fleischgewordenen Gott, dem Wort, bekennt und dabei den Unterschied der ⟨Teile⟩, aus denen er zusammengesetzt ist, nicht bloß theoretisch betrachtet, ohne daß er ⟨ = der Unterschied⟩ wegen der Einung aufgehoben wird (denn einer ⟨ist⟩ aus beiden und beide ⟨sind⟩ durch einen), sondern die Zahl nur dazu verwendet, um die Naturen zu trennen und zu eigenen Hypostasen zu machen, der sei mit dem Anathema belegt.

8. Wer die Ausdrücke "aus zwei Naturen, **429** der Gottheit und der Menschheit, ist die Einung geschehen" oder "e i n e fleischgewordene Natur Gottes, des Wortes" nicht so versteht, wie auch die heiligen Väter gelehrt haben, nämlich daß aus der göttlichen und der menschlichen Natur durch die Einung in der Hypostase e i n Christus vollkommen gemacht wurde, sondern aufgrund dieser Ausdrücke e i n e Natur bzw. Wesenheit der Gott-

ἐπιχειρεῖ, ὁ τοιοῦτος ἀνάθεμα ἔστω.

430    Καϑ' ὑπόστασιν γὰρ λέγοντες τὸν μονογενῆ λόγον ἡνῶσϑαι, οὐκ ἀνάχυσίν τινα τὴν
εἰς ἀλλήλους [-ας] τῶν φύσεων πεπρᾶχϑαι
φαμέν· μενούσης δὲ μᾶλλον ἑκατέρας ὅπερ
ἐστίν, ἡνῶσϑαι σαρκὶ νοοῦμεν τὸν λόγον.
Διὸ καὶ εἷς ἐστιν ὁ Χριστός, Θεὸς καὶ ἄν-
ϑρωπος, ὁ αὐτὸς ὁμοούσιος τῷ πατρὶ κατὰ
τὴν ϑεότητα, καὶ ὁμοούσιος ἡμῖν ὁ αὐτὸς
κατὰ τὴν ἀνϑρωπότητα· ἐπίσης γὰρ καὶ τοὺς
ἀνὰ μέρος διαιροῦντας, ἤτοι τέμνοντας, καὶ
τοὺς συγχέοντας τὸ τῆς ϑείας οἰκονομίας
μυστήριον τοῦ Χριστοῦ, ἀποστρέφεται καὶ
ἀναϑεματίζει ἡ τοῦ Θεοῦ ἐκκλησία.

431    ϑʹ. Εἴ τις προσκυνεῖσϑαι ἐν δυσὶ φύσεσι
λέγει τὸν Χριστόν, ἐξ οὗ δύο προσκυνήσεις
εἰσάγονται, ἰδίᾳ τῷ Θεῷ λόγῳ καὶ ἰδίᾳ τῷ
ἀνϑρώπῳ·
    ἢ εἴ τις ἐπὶ ἀναιρέσει τῆς σαρκός, ἢ ἐπὶ
συγχύσει τῆς ϑεότητος καὶ τῆς ἀνϑρωπότη-
τος, ἢ μίαν φύσιν ἤγουν οὐσίαν τῶν συν-
ελϑόντων τερατευόμενος, οὕτω προσκυνεῖ
τὸν Χριστόν, ἀλλ' οὐχὶ μιᾷ προσκυνήσει τὸν
Θεὸν λόγον σαρκωϑέντα μετὰ τῆς ἰδίας αὐτοῦ σαρκὸς προσκυνεῖ, καϑάπερ ἡ τοῦ Θεοῦ
ἐκκλησία παρέλαβεν ἐξ ἀρχῆς, ὁ τοιοῦτος
ἀνάθεμα ἔστω.

432    ιʹ. Εἴ τις οὐχ ὁμολογεῖ, τὸν ἐσταυρωμένον σαρκὶ κύριον ἡμῶν Ἰησοῦν Χριστὸν εἶναι Θεὸν ἀληϑινὸν καὶ κύριον τῆς δόξης καὶ
ἕνα τῆς ἁγίας τριάδος· ὁ τοιοῦτος ἀνάθεμα
ἔστω.

433    ιαʹ. Εἴ τις μὴ ἀναϑεματίζει Ἄρειον, Εὐνόμιον, Μακεδόνιον, Ἀπολλινάριον, Νεστόριον, Εὐτυχέα καὶ Ὠριγένην, μετὰ τῶν
ἀσεβῶν αὐτῶν συγγραμμάτων, καὶ τοὺς ἄλ-
λους πάντας αἱρετικούς, τοὺς κατακριϑέντας
ὑπὸ τῆς ἁγίας καϑολικῆς καὶ ἀποστολικῆς
ἐκκλησίας καὶ τῶν προειρημένων ἁγίων τετ-
τάρων συνόδων, καὶ τοὺς τὰ ὅμοια τῶν
προειρημένων αἱρετικῶν φρονήσαντας ἢ
φρονοῦντας, καὶ μέχρι τέλους τῇ οἰκείᾳ ἀσεβείᾳ ἐμμείναντας· ὁ τοιοῦτος ἀνάθεμα ἔστω.

heit und des Fleisches Christi einzuführen versucht, der sei mit dem Anathema belegt.

Wenn wir nämlich sagen, das einziggebo-rene Wort habe sich "in der Hypostase" ver-einigt, so sagen wir damit nicht, daß ir-gendeine Vermischung der Naturen untereinander stattgefunden habe, sondern verstehen es so, daß sich das Wort mit dem Fleisch ver-einigt hat, indem beide ⟨Naturen⟩ blieben, was sie sind. Deshalb gibt es auch e i n e n Christus, Gott und Mensch, derselbe wesens-gleich dem Vater der Gottheit nach und der-selbe wesensgleich uns der Menschheit nach; in gleicher Weise nämlich verwirft die Kirche Gottes sowohl die, welche das Geheimnis des göttlichen Heilsgeschehens in Christus in Teile zertrennen oder zerschneiden, als auch die, welche es vermischen, und belegt sie mit dem Anathema.

9. Wer behauptet, Christus werde in zwei Naturen angebetet, woraus zwei Anbetungen folgen, eine eigene für Gott, das Wort, und eine eigene für den Menschen;
oder wer, um das Fleisch aufzuheben oder um die Gottheit und die Menschheit zu ver-mischen, von e i n e r Natur oder Wesenheit dessen, was zusammengekommen ist, daher-phantasiert und in diesem Sinne Christus an-betet, aber nicht mit e i n e r Anbetung den fleischgewordenen Gott, das Wort, mitsamt seinem ihm eigenen Fleisch anbetet, wie es die Kirche Gottes von Anfang an überliefert bekommen hat, der sei mit dem Anathema belegt.

10. Wer leugnet, daß unser im Fleisch ge-kreuzigter Herr Jesus Christus wahrer Gott und Herr der Herrlichkeit und einer der hei-ligen Dreifaltigkeit ist, der sei mit dem Ana-thema belegt.

11. Wer Arius, Eunomius, Macedonius, Apollinaris, Nestorius, Eutyches und Origenes mitsamt ihren gottlosen Schriften nicht mit dem Anathema belegt, und ⟨ebenso⟩ alle anderen Häretiker, die von der heiligen ka-tholischen und apostolischen Kirche und den vorher genannten vier heiligen Konzilien verurteilt worden sind, sowie die, welche die gleiche Gesinnung wie die vorher genannten Häretiker hatten oder haben und bis zum Tod in ihrer Gottlosigkeit verharrten, der sei mit dem Anathema belegt.

ιβ΄. Εἴ τις ἀντιποιεῖται Θεοδώρου τοῦ ἀσεβοῦς τοῦ Μοψουεστίας, τοῦ εἰπόντος, ἄλλον εἶναι τὸν Θεὸν λόγον, καὶ ἄλλον τὸν Χριστὸν ὑπὸ παθῶν ψυχῆς καὶ τῶν τῆς σαρκὸς ἐπιθυμιῶν ἐνοχλούμενον, καὶ τῶν χειρόνων κατὰ μικρὸν χωριζόμενον, καὶ οὕτως ἐκ προκοπῆς ἔργων βελτιωθέντα, καὶ ἐκ πολιτείας ἄμωμον καταστάντα, ὡς ψιλὸν ἄνθρωπον βαπτισθῆναι εἰς ὄνομα πατρὸς καὶ υἱοῦ καὶ ἁγίου πνεύματος, καὶ διὰ τοῦ βαπτίσματος τὴν χάριν τοῦ ἁγίου πνεύματος λαβεῖν, καὶ υἱοθεσίας ἀξιωθῆναι· καὶ κατ᾽ ἰσότητα βασιλικῆς εἰκόνος εἰς πρόσωπον τοῦ Θεοῦ λόγου προσκυνεῖσθαι· καὶ μετὰ τὴν ἀνάστασιν ἄτρεπτον ταῖς ἐννοίαις καὶ ἀναμάρτητον παντελῶς γενέσθαι.

Καὶ πάλιν εἰρηκότος τοῦ αὐτοῦ ἀσεβοῦς Θεοδώρου, τὴν ἔνωσιν τοῦ Θεοῦ λόγου πρὸς τὸν Χριστὸν τοιαύτην γεγενῆσθαι, οἵαν ὁ ἀπόστολος ἐπὶ ἀνδρὸς καὶ γυναικός· «ἔσονται οἱ δύο εἰς σάρκα μίαν» [Eph 5,31].

Καὶ πρὸς ταῖς ἄλλαις ἀναριθμήτοις αὐτοῦ βλασφημίαις, τολμήσαντος εἰπεῖν, ὅτι μετὰ τὴν ἀνάστασιν ἐμφυσήσας ὁ κύριος τοῖς μαθηταῖς καὶ εἰπών· «λάβετε πνεῦμα ἅγιον» [Io 20,22], οὐ δέδωκεν αὐτοῖς πνεῦμα ἅγιον, ἀλλὰ σχήματι μόνον ἐνεφύσησε.

Οὗτος δὲ καὶ τὴν ὁμολογίαν τοῦ Θωμᾶ τὴν ἐπὶ τῇ ψηλαφήσει τῶν χειρῶν καὶ τῆς πλευρᾶς τοῦ κυρίου, μετὰ τὴν ἀνάστασιν, τὸ «ὁ κύριός μου καὶ ὁ Θεός μου» [Io 20,28] εἶπε, μὴ εἰρῆσθαι περὶ τοῦ Χριστοῦ παρὰ τοῦ Θωμᾶ, ἀλλ᾽ ἐπὶ τῷ παραδόξῳ τῆς ἀναστάσεως ἐκπλαγέντα τὸν Θωμᾶν ὑμνῆσαι τὸν Θεὸν ἐγείραντα τὸν Χριστόν.

Τὸ δὲ χεῖρον, καὶ ἐν τῇ τῶν πράξεων τῶν ἀποστόλων γενομένῃ παρ᾽ αὐτοῦ δῆθεν ἑρμηνείᾳ συγκρίνων ὁ αὐτὸς Θεόδωρος τὸν Χριστὸν Πλάτωνι, καὶ Μανιχαίῳ, καὶ Ἐπικούρῳ, καὶ Μαρκίωνι, λέγει, ὅτι, ὥσπερ ἐκείνων ἕκαστος εὐράμενος οἰκεῖον δόγμα, τοὺς αὐτῷ μαθητεύσαντας πεποίηκε καλεῖσθαι Πλατωνικοὺς καὶ Μανιχαίους καὶ Ἐπικουρείους καὶ Μαρκιωνιστάς, τὸν ὅμοιον τρόπον καὶ τοῦ Χριστοῦ εὐραμένου δόγμα, ἐξ αὐτοῦ Χριστιανοὺς καλεῖσθαι.

12. Wer den gottlosen Theodor von **434** Mopsuestia verteidigt, der sagt, ein anderer sei Gott, das Wort, und ein anderer der von Leiden der Seele und den Begierden des Fleisches belästigte Christus, der sich nach und nach von den Unvollkommeneren getrennt habe und so aufgrund des Fortschritts in den Werken besser und aufgrund seiner Lebensweise untadelig geworden sei; ferner, daß er als bloßer Mensch getauft worden sei auf den Namen des Vaters und des Sohnes und des Heiligen Geistes, durch die Taufe die Gnade des Heiligen Geistes empfangen habe, der Annahme an Sohnes Statt für würdig befunden worden sei, gleich dem Bild eines Kaisers im Hinblick auf die Person Gottes, des Wortes, verehrt werde und erst nach der Auferstehung unveränderlich in seinen Gedanken und vollkommen sündenlos geworden sei.

Und wiederum sagte derselbe gottlose Theodor, die Einung Gottes, des Wortes, mit Christus sei so geschehen, wie der Apostel bei Mann und Frau sagt: "Sie werden zwei in einem Fleisch sein" [Eph 5,31].

Neben seinen anderen unzähligen Gotteslästerungen hat er auch zu sagen gewagt, daß der Herr, als er nach der Auferstehung seine Jünger anhauchte und sagte: "Empfanget heiligen Geist" [Joh 20,22], ihnen keinen heiligen Geist verlieh, sondern sie nur zeichenhaft anhauchte.

Dieser aber sagte auch, daß das Bekenntnis des Thomas bei der Betastung der Hände und der Seite des Herrn nach der Auferstehung, nämlich das "Mein Herr und mein Gott" [Joh 20,28], von Thomas nicht in bezug auf Christus gesagt worden sei, sondern daß Thomas voller Staunen über das Wunder der Auferstehung Gott gepriesen habe, der Christus auferweckte.

Was aber noch schlimmer ist: Derselbe **435** Theodor vergleicht auch in dem offensichtlich von ihm stammenden Kommentar zur Apostelgeschichte Christus mit Platon, Manichäus, Epikur und Markion, wenn er sagt, auf dieselbe Weise, wie jeder von ihnen, indem er seine eigene Lehre erfunden habe, seinen Schülern die Namen Platoniker, Manichäer, Epikureer und Markioniten verschafft habe, so habe auch Christus eine Lehre erfunden und die Christen würden deshalb nach ihm benannt.

Εἴ τις τοίνυν ἀντιποιεῖται τοῦ εἰρημένου ἀσεβεστάτου Θεοδώρου, καὶ τῶν ἀσεβῶν αὐτοῦ συγγραμμάτων, ἐν οἷς τάς τε εἰρημένας καὶ ἄλλας ἀναριθμήτους βλασφημίας ἐξέχει, κατὰ τοῦ μεγάλου Θεοῦ καὶ σωτῆρος ἡμῶν Ἰησοῦ Χριστοῦ· ἀλλὰ μὴ ἀναθεματίζει αὐτόν, καὶ τὰ ἀσεβῆ αὐτοῦ συγγράμματα, καὶ πάντας τοὺς δεχομένους, ἢ καὶ ἐκδικοῦντας αὐτόν, ἢ λέγοντας ὀρθοδόξως αὐτὸν ἐκθέσθαι, καὶ τοὺς γράψαντας ὑπὲρ αὐτοῦ καὶ τὰ αὐτὰ ἐκείνῳ φρονήσαντας ἢ καὶ τοὺς γράφοντας ὑπὲρ αὐτοῦ καὶ τῶν ἀσεβῶν αὐτοῦ συγγραμμάτων, καὶ τοὺς τὰ ὅμοια φρονοῦντας, ἢ φρονήσαντας πώποτε, καὶ μέχρι τέλους ἐμμείναντας τῇ τοιαύτῃ *ἀσεβείᾳ* [αἱρέσει], ἀνάθεμα ἔστω.

**436**    ιγ´. Εἴ τις ἀντιποιεῖται τῶν ἀσεβῶν συγγραμμάτων Θεοδωρίτου, τῶν κατὰ τῆς ἀληθοῦς πίστεως, καὶ τῆς ἐν Ἐφέσῳ πρώτης καὶ ἁγίας συνόδου καὶ τοῦ ἐν ἁγίοις Κυρίλλου, καὶ τῶν δώδεκα αὐτοῦ κεφαλαίων [*cf. *252-263*], καὶ πάντων ὧν συνεγράψατο ὑπὲρ Θεοδώρου καὶ Νεστορίου τῶν δυσσεβῶν, καὶ ὑπὲρ ἄλλων τῶν τὰ αὐτὰ τοῖς προειρημένοις Θεοδώρῳ καὶ Νεστορίῳ φρονούντων, καὶ δεχομένων αὐτούς, καὶ τὴν αὐτῶν ἀσέβειαν, καὶ δι' αὐτῶν ἀσεβεῖς καλεῖ τοὺς τῆς ἐκκλησίας διδασκάλους, τοὺς καθ' ὑπόστασιν τὴν ἕνωσιν τοῦ Θεοῦ λόγου φρονοῦντας·

καὶ εἴπερ οὐκ ἀναθεματίζει τὰ εἰρημένα ἀσεβῆ συγγράμματα, καὶ τοὺς τὰ ὅμοια τούτοις φρονήσαντας ἢ φρονοῦντας, καὶ πάντας δὲ τοὺς γράψαντας κατὰ τῆς ὀρθῆς πίστεως, ἢ τοῦ ἐν ἁγίοις Κυρίλλου καὶ τῶν δώδεκα αὐτοῦ κεφαλαίων, καὶ ἐν τῇ τοιαύτῃ ἀσεβείᾳ τελευτήσαντας· ὁ τοιοῦτος ἀνάθεμα ἔστω.

**437**    ιδ´. Εἴ τις ἀντιποιεῖται τῆς ἐπιστολῆς τῆς λεγομένης παρὰ Ἴβα γεγράφθαι πρὸς Μάρην τὸν Πέρσην, τῆς ἀρνουμένης μὲν τὸν Θεὸν λόγον ἐκ τῆς ἁγίας θεοτόκου καὶ ἀειπαρθένου Μαρίας σαρκωθέντα, ἄνθρωπον γεγενῆσθαι· λεγούσης δὲ ψιλὸν ἄνθρωπον ἐξ αὐτῆς γενηθῆναι, ὃν ναὸν ἀποκαλεῖ· ὡς ἄλλον εἶναι τὸν Θεὸν λόγον, καὶ ἄλλον τὸν ἄνθρωπον· καὶ τὸν ἐν ἁγίοις Κύριλλον τὴν ὀρθὴν τῶν χριστιανῶν πίστιν κηρύξαντα διαβαλλούσης ὡς αἱρετικόν, καὶ ὁμοίως

Wer also den besagten durch und durch gottlosen Theodor und seine gottlosen Schriften, in denen er die angeführten und unzähligen andere Lästerungen über unseren großen Gott und Erlöser Jesus Christus ausgießt, verteidigt und nicht vielmehr ihn und seine gottlosen Schriften mit dem Anathema belegt, sowie auch alle, die ihm zustimmen oder ihn auch verteidigen oder behaupten, seine Schriftauslegung sei rechtgläubig, und auch die, welche für ihn geschrieben haben und dieselbe Meinung wie er vertraten, oder auch die für ihn und seine gottlosen Schriften schreiben und dieselbe Meinung vertreten oder jemals vertreten haben und bis zum Tod in dieser *Gottlosigkeit* [Häresie] verharrten, der sei mit dem Anathema belegt.

13. Wer die gottlosen Schriften Theodorets verteidigt, die gegen den wahren Glauben, die erste heilige Synode in Ephesus, den unter den Heiligen ⟨weilenden⟩ Kyrill und seine zwölf Kapitel [*vgl. *252-263*] gerichtet sind, und alles, was er zugunsten der gottlosen Theodor und Nestorius geschrieben hat und zugunsten anderer, die dieselbe Auffassung wie die gerade genannten Theodor und Nestorius vertreten und ihnen und ihrer Gottlosigkeit zustimmen, und um ihretwillen die Lehrer der Kirche, die die Einung Gottes, des Wortes, in der Hypostase vertreten, als gottlos bezeichnet;

und wer die erwähnten gottlosen Schriften nicht mit dem Anathema belegt, ⟨sowie⟩ auch die, welche dieselbe Auffassung wie diese vertraten oder vertreten, aber auch alle, die gegen den rechten Glauben oder gegen den unter den Heiligen ⟨weilenden⟩ Kyrill und seine zwölf Kapitel geschrieben haben und in dieser Gottlosigkeit bis zum Tode verharrten, der sei mit dem Anathema belegt.

14. Wer den Brief verteidigt, von dem man sagt, er sei von Ibas an den Perser Maris geschrieben worden, und der leugnet, daß der aus der heiligen Gottesgebärerin und immerwährenden Jungfrau Maria fleischgewordene Gott, das Wort, Mensch geworden ist, der vielmehr behauptet, ein bloßer Mensch sei aus ihr geboren worden, den er Tempel nennt, so daß Gott, das Wort, ein anderer ist als der Mensch, und den unter den Heiligen ⟨weilenden⟩ Kyrill, der den rechten Glauben

Ἀπολλιναρίῳ τῷ δυσσεβεῖ γράψαντα· καὶ μεμφομένης τὴν ἐν Ἐφέσῳ πρώτην ἁγίαν σύνοδον, ὡς χωρὶς ζητήσεως Νεστόριον καθελοῦσαν· καὶ τὰ δώδεκα κεφάλαια τοῦ ἐν ἁγίοις Κυρίλλου [*252-263] ἀσεβῆ καὶ ἐναντία τῇ ὀρθῇ πίστει ἀποκαλεῖ ἡ αὐτὴ ἀσεβὴς ἐπιστολή, καὶ ἐκδικεῖ Θεόδωρον καὶ Νεστόριον καὶ τὰ ἀσεβῆ αὐτῶν δόγματα καὶ συγγράμματα·

εἴ τις τοίνυν τῆς εἰρημένης ἐπιστολῆς ἀντιποιεῖται, καὶ μὴ ἀναθεματίζει αὐτήν, καὶ τοὺς ἀντιποιουμένους αὐτῆς, καὶ λέγοντας, αὐτὴν ὀρθὴν εἶναι, ἢ μέρος αὐτῆς, καὶ γράψαντας καὶ γράφοντας ὑπὲρ αὐτῆς, ἢ τῶν περιεχομένων αὐτῇ ἀσεβειῶν, καὶ τολμῶντας ταύτην ἐκδικεῖν ἢ τὰς περιεχομένας αὐτῇ ἀσεβείας ὀνόματι τῶν ἁγίων πατέρων, ἢ τῆς ἁγίας ἐν Χαλκηδόνι συνόδου, καὶ τούτοις μέχρι τέλους ἐμμείναντας· ὁ τοιοῦτος ἀνάθεμα ἔστω.

Τούτων τοίνυν οὕτως ὁμολογηθέντων, ἃ καὶ παρελάβομεν ἐκ τῆς θείας γραφῆς, καὶ τῆς τῶν ἁγίων πατέρων διδασκαλίας, καὶ τῶν ὁρισθέντων περὶ τῆς μιᾶς καὶ τῆς αὐτῆς πίστεως παρὰ τῶν προειρημένων ἁγίων τεσσάρων συνόδων, γενομένης δὲ καὶ παρ' ἡμῶν τῆς ἐπὶ τοῖς αἱρετικοῖς, καὶ τῆς αὐτῶν ἀσεβείας, πρόσγε καὶ τῆς τῶν ἐκδικησάντων ἢ ἐκδικούντων τὰ εἰρημένα τρία κεφάλαια, καὶ ἐναπομεινάντων ἢ ἀπομενόντων τῇ οἰκείᾳ πλάνῃ, κατακρίσεως, εἴ τις ἐπιχειρήσοι ἐναντία τοῖς παρ' ἡμῶν εὐσεβῶς διατυποθεῖσι παραδοῦναι, ἢ διδάξαι, ἢ γράψαι, εἰ μὲν ἐπίσκοπος εἴη, ἢ ἐν κλήρῳ ἀναφερόμενος, ὁ τοιοῦτος ἀλλότρια ἱερέων καὶ τῆς ἐκκλησιαστικῆς καταστάσεως πράττων, γυμνωθήσεται τῆς ἐπισκοπῆς, ἢ τοῦ κλήρου, εἰ δὲ μοναχός, ἢ λαϊκός, ἀναθεματισθήσεται.

der Christen verkündet hat, verleumdet, als sei er ein Häretiker gewesen und habe genauso wie der gottlose Apollinaris geschrieben, und die erste heilige Synode in Ephesus tadelt, so als ob sie Nestorius ohne Untersuchung verurteilt hätte; und zwar nennt derselbe gottlose Brief die zwölf Kapitel des unter den Heiligen ⟨weilenden⟩ Kyrill [*252-263] gottlos und dem rechten Glauben entgegengesetzt und verteidigt Theodor und Nestorius und ihre gottlosen Lehren und Schriften;

wer also den besagten Brief verteidigt und ihn nicht mit dem Anathema belegt, samt denen, die ihn verteidigen und sagen, er selbst oder ein Teil von ihm sei richtig, und die zu seinen Gunsten oder ⟨zugunsten⟩ der darin enthaltenen Gottlosigkeiten geschrieben haben und schreiben, und die es wagen, diesen ⟨Brief⟩ oder die darin enthaltenen Gottlosigkeiten im Namen der heiligen Väter oder des heiligen Konzils in Chalkedon zu verteidigen, und die bis zum Tod darin verharrten, der sei mit dem Anathema belegt.

So haben wir uns also zu dem bekannt, **438** was wir aus der göttlichen Schrift, der Lehre der heiligen Väter und den Bestimmungen der vorher genannten vier heiligen Konzilien über ein und denselben Glauben übernommen haben; wir haben aber auch die Häretiker und ihre Gottlosigkeit verurteilt, zudem aber auch diejenigen, welche die besagten Drei Kapitel verteidigten oder verteidigen und in ihrem Irrtum verharrten oder verharren; wer versuchen sollte, etwas dem von uns in frommer Weise Festgesetzten Gegenteiliges zu überliefern, zu lehren oder zu schreiben, der soll, wenn er Bischof ist oder zum Klerus gehört, da er etwas tut, was sich für Priester und den kirchlichen Stand nicht gehört, des bischöflichen oder geistlichen Amtes entkleidet werden; wenn er aber Mönch oder Laie ist, so soll er mit dem Anathema belegt werden.

## PELAGIUS I.: 16. April 556 – 3. (4.?) März 561

**441-443: Brief "Humani generis" an König Childebert I., 3. Febr. 557**

Nach dem heutigen Stand der Forschung umfaßt die *"Fides Pelagii"* Teile des Briefes *"Humani generis"* (*441-443; = Brief 7,6-16 in der Ausgabe von Gassó) und des Briefes *"Vas electionis"* (*444; = Brief 11,6-11 ebd.). In diesem zweiten Brief scheint die *Fides* zum erstenmal als Ganzes vorgelegen zu haben. Durch das Glaubensbekenntnis suchte Pelagius I. dem Vorwurf zu begegnen, er sei in seiner Wankelmütigkeit im Dreikapitelstreit vom Glauben von Chalkedon abgefallen. Zunächst war er ein eifriger Verteidiger der "Drei Kapitel" und half Papst Vigilius bei der Abfassung seiner 1. Konstitution (*416-420), ergriff aber, als ihm nach dessen Tod von Justinian die Papstwürde angeboten wurde, sofort die Partei des Kaisers.

*Ausg.:* P.M. Gassó – C.M. Batlle, *Pelagii I papae Epistulae quae supersunt* (Scripta et Documenta [hrsg. von der Abtei Montserrat] 8; Barcelona 1956) 22–25 ( = Brief 7) / W. Gundlach, MGH Epistulae III (1892) 78₁₈-79₄₀ ( = *Epistulae Arelatenses* 54) / PL 69,407D-410D ( = Brief 15) / MaC 9,728D-730B / J.B. Pitra, *Spicilegium Solesmense* 4 (Paris 1858) S. XIIIff (fälschlicherweise Papst Vigilius zugeschrieben) / Hn § 229. – *Reg.:* JR 946.

### *"Fides Pelagii"*

**441**

[*De Trinitate divina.*] Credo igitur in unum Deum, Patrem et Filium et Spiritum Sanctum: Patrem scilicet omnipotentem, sempiternum, ingenitum; Filium vero, ex eiusdem Patris substantia vel natura genitum, ante omne omnino vel temporis vel aevi cuiusquam initium, *id est* [de omnipotente] omnipotentem, aequalem, consempiternum et consubstantialem Genitori; Spiritum quoque Sanctum, omnipotentem, utrique, Patri scilicet ac Filio, aequalem, consempiternum atque consubstantialem; qui ex Patre intemporaliter procedens, Patris est Filiique Spiritus; hoc est, tres personas sive tres subsistentias unius essentiae sive naturae, unius virtutis, unius operationis, unius beatitudinis atque unius potestatis; ut trina sit unitas, et una sit Trinitas, iuxta vocis dominicae veritatem, dicentis: "Ite, docete omnes gentes, baptizantes eos in nomine Patris et Filii et Spiritus Sancti" [*Mt 28,19*]. "In nomine", inquit, non "nominibus", ut et unum Deum per indistinctum divinae essentiae nomen ostenderet et personarum discretionem suis demonstratam proprietatibus edoceret [*cf. *415*]; quia dum tribus unum deitatis nomen est, aequalitas ostenditur personarum, et rursus aequalitas personarum nihil extraneum, nihil accedens in eis permittit intelligi: ita ut et unusquisque eorum verus perfectusque sit Deus, et omnes tres simul unus verus perfectusque sit Deus, videlicet ex plenitudine divinitatis nihil minus in singulis, nihil amplius intellegatur in tribus.

[*Die göttliche Dreifaltigkeit.*] Ich glaube also an den einen Gott, den Vater und den Sohn und den Heiligen Geist: an den Vater nämlich, der allmächtig, ewig und ungezeugt ist; ⟨an⟩ den Sohn aber, der aus der Substanz bzw. Natur ebendieses Vaters gezeugt wurde vor einem jeglichen Anfang irgendeiner Zeit oder Ewigkeit, d. h. [vom Allmächtigen] allmächtig, gleichartig, gleich ewig und wesensgleich dem Vater; auch ⟨an⟩ den Heiligen Geist, der allmächtig und beiden, nämlich dem Vater und dem Sohn, gleichartig, gleich ewig und wesensgleich ist; der aus dem Vater zeitlos hervorgeht, er ist der Geist des Vaters und des Sohnes; also ⟨an⟩ drei Personen bzw. drei Hypostasen einer Wesenheit bzw. Natur, einer Kraft, eines Wirkens, einer Seligkeit und einer Macht; so ist die Einheit dreifach und die Dreifaltigkeit eine, gemäß der Wahrheit des Herrenwortes, das besagt: "Gehet hin, lehret alle Völker und tauft sie im Namen des Vaters und des Sohnes und des Heiligen Geistes" [*Mt 28,19*]. "Im Namen", sagt er, nicht: "⟨in den⟩ Namen", um sowohl den einen Gott durch den ununterschiedenen Namen des göttlichen Wesens deutlich zu machen als auch die durch ihre Eigentümlichkeiten erwiesene Unterschiedenheit der Personen zu zeigen [*vgl. *415*]; denn darin, daß die drei einen Namen der Gottheit haben, zeigt sich die Gleichheit der Personen, und die Gleichheit der Personen wiederum läßt nicht zu, daß in ihnen irgendetwas Fremdes oder irgendetwas Hinzutretendes erkannt wird, so daß sowohl jeder einzelne von ihnen wahrer

und vollkommener Gott ist, als auch alle drei zugleich e i n wahrer und vollkommener Gott ist; das heißt: Aus der Fülle der Göttlichkeit wird in den einzelnen nichts weniger, in den dreien nichts mehr erkannt.

[*De Filio Dei incarnato.*] Ex hac autem sancta et beatissima atque consubstantiali Trinitate credo atque confiteor unam personam, id est Filium Dei, pro salute humani generis novissimis temporibus descendisse de caelo, nec patriam sedem nec mundi gubernacula relinquentem, et superveniente in beata virgine Maria Sancto Spiritu atque obumbrante ei virtute Altissimi, eundem Verbum ac Filium Dei in utero eiusdem sanctae virginis Mariae clementer ingressum et de carne eius sibi unisse carnem anima rationali et intellectuali animatam; nec ante creatam esse carnem, et postea supervenisse Filium Dei, sed, sicut scriptum est, "sapientia aedificante sibi domum" [*Prv 9,1*] mox carnem in utero Virginis, mox Verbi Dei carnem factam exindeque sine ulla permutatione aut conversione Verbi carnisque naturae, Verbum ac Filium Dei factum hominem, unum in utraque natura, divina scilicet et humana, Christum Iesum Deum verum eundemque verum hominem processisse, id est natum esse, servata integritate maternae virginitatis: quia sic eum Virgo permanens genuit, quemadmodum Virgo concepit. Propter quod eandem beatam virginem Mariam Dei genitricem verissime confitemur: peperit enim incarnatum Dei Verbum.

[*Der fleischgewordene Sohn Gottes.*] Aus dieser heiligen und seligsten und wesensgleichen Dreifaltigkeit aber, so glaube und bekenne ich, ist e i n e Person, nämlich der Sohn Gottes, für das Heil des Menschengeschlechtes in den letzten Zeiten vom Himmel herabgestiegen, ohne den Thron des Vaters und die Leitung der Welt zu verlassen; und als der Heilige Geist auf die selige Jungfrau Maria herabkam und die Kraft des Höchsten sie überschattete, da ist eben dieses Wort und der Sohn Gottes in den Schoß derselben heiligen Jungfrau Maria gnädig eingegangen und hat Fleisch von ihrem Fleisch mit sich geeint, das mit einer vernunft- und verstandesbegabten Seele beseelt war; und es ist auch nicht so, daß das Fleisch vorher geschaffen worden und nachher der Sohn Gottes über ⟨es⟩ gekommen wäre, sondern wie geschrieben steht: "Als die Weisheit sich ein Haus erbaute" [*Spr 9,1*], wurde sogleich das Fleisch im Schoß der Jungfrau, sogleich das Fleisch des Wortes Gottes; und daher wurde das Wort und der Sohn Gottes ohne jegliche Veränderung oder Umwandlung der Natur des Wortes und des Fleisches Mensch, e i n e r in beiden Naturen, nämlich der göttlichen und der menschlichen, und ⟨so⟩ ist Christus Jesus als wahrer Gott und derselbe als wahrer Mensch hervorgegangen, d. h. geboren worden, wobei die Jungfräulichkeit der Mutter unversehrt bewahrt wurde: Denn sie gebar ihn, indem sie Jungfrau blieb, so, wie sie ihn als Jungfrau empfangen hat. Deswegen bekennen wir dieselbe selige Jungfrau Maria auf das wahrhaftigste als Gottesgebärerin: Denn sie hat das fleischgewordene Wort Gottes geboren.

442

Est ergo unus atque idem Iesus Christus verus Filius Dei et idem ipse verus filius hominis, perfectus in deitate, et idem ipse perfectus in humanitate, utpote totus in suis et idem ipse totus in nostris [*cf. *293*]; sic per secundam nativitatem sumens ex homine matre quod non erat, ut non desisteret esse quod per primam, qua ex Patre natus est, erat. Propter quod eum ex duabus et in duabus,

Ein und derselbe Jesus Christus ist also wahrer Gottessohn und derselbe wahrer Menschensohn, vollkommen in der Gottheit und derselbe vollkommen in der Menschheit, da er ganz in dem Seinigen und derselbe ganz in dem Unsrigen ⟨ist⟩ [*vgl. *293*]; er hat durch die zweite Geburt aus der menschlichen Mutter das, was er nicht war, in der Weise angenommen, daß er nicht aufhörte zu

manentibus indivisis inconfusisque credimus
esse naturis: indivisis quidem, quia et post
adsumptionem naturae nostrae unus Christus
Filius Dei permansit et permanet: inconfusis
autem, quia sic in unam personam atque
subsistentiam adunatas credimus esse naturas, ut utriusque proprietate servata, neutra
converteretur in alteram. Ac propterea, sicut
saepe diximus, unum eundemque Christum
esse verum Filium Dei, et eundem ipsum verum filium hominis confitemur, consubstantialem Patri secundum deitatem, et consubstantialem nobis eundem secundum humanitatem, per omnia nobis similem absque
peccato; passibilem carne, eundem ipsum in-
passibilem deitate.

Quem sub Pontio Pilato sponte pro salute
nostra passum esse carne confitemur, crucifixum carne, mortuum carne, resurrexisse
tertia die, glorificata et incorruptibili eadem
carne, et ... ascendisse in caelos; sedere etiam
ad dexteram Patris.

**443**  [*De consummatione mundi.*] Quem
credo et confiteor ... sicut ascendit in caelos,
ita venturum iudicare vivos et mortuos. Omnes enim homines ab Adam usque ad consummationem saeculi natos et mortuos cum
ipso Adam eiusque uxore, qui non ex aliis
parentibus nati sunt, sed alter de terra, altera
autem de costa viri [*cf. Gn 2,7 22*] creati
sunt, tunc resurrecturos esse confiteor et ad-
stare "ante tribunal Christi, ut recipiat unusquisque propria corporis, prout gessit, sive
bona sive mala" [*Rm 14,10; 2 Cor 5,10*]; et
iustos quidem per largissimam gratiam Dei,
utpote "vasa misericordiae in gloriam praeparata" [*cf. Rm 9,23*], aeternae vitae praemiis donaturum, in societate videlicet angelorum absque ullo iam lapsus sui metu sine
fine victuros; iniquos autem arbitrio voluntatis propriae "vasa irae apta in interitum"
[*Rm 9,22*] permanentes, qui viam Domini
aut non agnoverunt aut cognitam diversis
capti praevaricationibus reliquerunt, in poenis aeterni atque inexstinguibilis ignis, ut
sine fine ardeant, iustissimo iudicio traditu-

sein, was er durch die erste, in der er aus dem
Vater geboren wurde, war. Deswegen glauben
wir, daß er aus zwei und in zwei bleibenden
ungeteilten und unvermischten Naturen ist,
und zwar in ungeteilten, weil der eine Christus auch nach der Annahme unserer Natur
Sohn Gottes blieb und bleibt: in unvermischten aber, weil wir glauben, daß die Naturen
so in einer Person und Hypostase geeint wurden, daß unter Wahrung der Eigentümlichkeit beider keine von beiden sich in die andere verwandelte. Und deswegen bekennen
wir, wie wir oft gesagt haben, daß ein und
derselbe Christus wahrer Gottessohn und
derselbe wahrer Menschensohn ist, wesensgleich dem Vater der Gottheit nach und derselbe wesensgleich uns der Menschheit nach,
in allem uns gleich außer der Sünde; leidensfähig im Fleisch, derselbe leidensunfähig in
der Gottheit.

Er hat, so bekennen wir, unter Pontius Pilatus aus freiem Willen für unser Heil gelitten im Fleisch, wurde gekreuzigt im Fleisch,
ist gestorben im Fleisch, ist auferstanden am
dritten Tag in demselben verherrlichten und
unverweslichen Fleisch und ... ist hinaufgestiegen in die Himmel, um auch zur Rechten
des Vaters zu sitzen.

[*Die Vollendung der Welt.*] Er wird,
so glaube und bekenne ich ..., wie er in die
Himmel hinaufgestiegen ist, so auch kommen, Lebende und Tote zu richten. Alle Menschen nämlich, die von Adam bis zur Vollendung der Welt geboren wurden und gestorben
sind, mitsamt Adam selbst und seiner Frau,
die nicht aus anderen Eltern geboren wurden, sondern ⟨von denen⟩ der eine aus Erde,
die andere aber aus der Rippe des Mannes
[*vgl. Gen 2,7 22*] geschaffen wurde, sie werden dann, so bekenne ich, auferstehen und
hintreten "vor den Richterstuhl Christi, damit ein jeder seinen Lohn empfange für das,
was er im Leib Gutes oder Böses getan hat"
[*Röm 14,10; 2 Kor 5,10*]; und die Gerechten
freilich wird er als "zur Herrlichkeit vorbereitete Gefäße des Erbarmens" [*vgl. Röm
9,23*] durch die überaus reiche Gnade Gottes
mit den Belohnungen des ewigen Lebens beschenken, und sie werden alsdann in der Gemeinschaft der Engel ohne jegliche Furcht,
sie könnten wieder zu Fall kommen, ohne
Ende leben; die Ungerechten aber, die auf-

rum.

grund der Entscheidung ihres eigenen Willens als "zum Untergang bestimmte Gefäße des Zornes" [*Röm 9,22*] verharren, die den Weg des Herrn entweder nicht erkannten oder ihn zwar erkannten, ihn aber, von allerlei Übertretungen verlockt, wieder verließen, die wird er durch sein überaus gerechtes Urteil den Strafen des ewigen und unauslöschlichen Feuers überantworten, damit sie ohne Ende brennen.

Haec est igitur fides mea et spes, quae in me dono misericordiae Dei est, pro qua maxime paratos esse debere beatus Petrus Apostolus praecipit ad respondendum omni poscenti nos rationem [*cf. 1 Pt 3,15*].

Dies ist also mein Glaube und meine Hoffnung, die in mir durch das Geschenk der Barmherzigkeit Gottes wohnt; für sie müssen wir, wie uns der selige Apostel Petrus vorschreibt, vor allem bereit sein, jedem Antwort zu geben, der von uns Rechenschaft fordert [*vgl. 1 Petr 3,15*].

## 444: Rundschreiben "Vas electionis" an das gesamte Volk Gottes, um 557

Dieser Brief, der den zweiten Teil der "*Fides Pelagii*" enthält, hat den gleichen Zweck wie der oben angeführte Brief. Die Abfassungszeit ist umstritten: Gassó (S. 36) gibt die Zeit zwischen 16. April 557 und Anfang Jan. 559 an, gegen Duchesne, Devreesse und andere, die behaupten, er sei schon am Tag der Konsekration des Papstes, dem 16. April 556, geschrieben worden.

*Ausg.:* Gassó-Batlle, a. *441° a.O. 38f ( = Brief 11) / W. Gundlach, MGH Epistulae III (1892) 82₂₃-83₁₅ ( = *Epistulae Arelatenses* 56) / PL 69,399D-400C ( = Brief 6) / MaC 9,720A-D / Pitra, a. *441° a.O., S. XIV-XV. – *Reg.:* JR 938.

### *Die Autorität der ökumenischen Konzilien*

De sanctis vero quattuor conciliis, id est Nicaeno trecentorum decem et octo [*Patrum*], Constantinopolitano centum quinquaginta, Epheseno primo[1] ducentorum, sed et [de] Calchedonensi sexcentorum triginta, ita me protegente divina misericordia sensisse et usque ad terminum vitae meae sentire toto animo et tota virtute profiteor, ut eas in sanctae fidei defensione et damnationibus haeresum atque haereticorum, utpote Sancto firmatas Spiritu, omnimoda devotione custodiam; quarum firmitatem, quia universalis Ecclesiae firmitas est, ita me tueri ac defendere profiteor, sicut eas decessores meos defendisse non dubium est. In quibus illum maxime et sequi et imitari desidero, quem Calchedonensis synodi auctorem novimus exstitisse [*Leo I pp.*], qui suo congruens nomini eius se membrum, qui de tribu Iuda leo exstitit [*cf. Apc 5,5*], vivacissima fidei sollicitudine evidenter ostendit. Similem igitur suprascriptis synodis reverentiam me semper exhibiturum esse confido, et

Ich bekenne, daß ich über die heiligen vier 444 Konzilien, nämlich das von Nikaia der dreihundertachtzehn [*Väter*], das von Konstantinopel der einhundertfünfzig, das erste von Ephesus[1] der zweihundert, aber auch [über] das von Chalkedon der sechshundertdreißig unter dem Schutz der göttlichen Barmherzigkeit so gedacht habe und bis zum Ende meines Lebens aus ganzem Herzen und mit ganzer Kraft denke, daß ich sie in der Verteidigung des heiligen Glaubens und den Verurteilungen der Häresien und Häretiker – da sie ja durch den Heiligen Geist bestätigt wurden – mit völliger Ergebenheit bewahre; ich bekenne, daß ich ihre Festigkeit, da sie die Festigkeit der gesamten Kirche ist, so schütze und verteidige, wie sie meine Vorgänger zweifelsohne verteidigt haben. Dabei will ich vor allem jenem folgen und nacheifern, von dem wir wissen, daß er Urheber des Konzils von Chalkedon gewesen ist [*Papst Leo I.*], der sich in Übereinstimmung mit seinem Namen

---

*444 [1] Er unterscheidet als 2. Konzil von Ephesus das "Latrocinium" ("Räubersynode"; Leo I.: ACOe 2/IV,51₄ / PL 54,943B), das im Aug. 449 zugunsten des Eutyches abgehalten wurde.

quicumque ab eisdem quattuor conciliis absoluti sunt, me esse orthodoxos habiturum, nec umquam in vita mea ... aliquid de sanctae et verae praedicationis eorum auctoritate minuere.

durch seinen äußerst lebendigen Eifer für den Glauben klar als Glied jenes Löwen erwies, der aus dem Stamme Juda hervortrat [*vgl. Offb 5,5*]. Ich bin also überzeugt, daß ich den oben erwähnten Konzilien stets die gleiche Verehrung erweisen werde, daß ich alle, die von ebendiesen vier Konzilien losgesprochen wurden, für rechtgläubig erachten werde und niemals in meinem Leben ... etwas von der Autorität ihrer heiligen und wahren Verkündigung wegnehme.

Sed et canones, quos Sedes Apostolica suscipit, sequor et veneror ... . Epistolas etiam beatae recordationis papae Caelestini ... et Agapiti pro defensione fidei catholicae et pro firmitate suprascriptarum quattuor synodorum et contra haereticos ... me custodire profiteor, et omnes, quos ipsi damnaverunt, habere damnatos, et quos ipsi receperunt, praecipue venerabiles episcopos Theodoretum et Ibam, me inter orthodoxos venerari.

Ich befolge und verehre aber auch die Kanones, die der Apostolische Stuhl anerkennt ... . Ich bekenne, daß ich auch die Briefe Papst Cölestins seligen Angedenkens ... und Agapets für die Verteidigung des katholischen Glaubens, für die Gültigkeit der oben erwähnten vier Konzilien und gegen die Häretiker ... achte und alle, die sie verurteilt haben, für verurteilt erachte, und daß ich diejenigen, die sie anerkannt haben, hauptsächlich die ehrwürdigen Bischöfe Theodoret und Ibas, unter den Rechtgläubigen verehre.

**445: Brief "Admonemus ut" an Bischof Gaudentius von Volterra, zwischen Sept. 558 und 2. Febr. 559**

*Ausg.:* Gassó-Batlle, a. *441° a.O. 65f ( = Brief 21); Gratian, *Decretum*, p. III, dist. 4, c. 30 82 (Frdb 1,1370 1389) ( = Pseudo-Gelasius). – *Reg.:* JR 980; P. Ewald, in: NArch 5 (1880) 539f ( = *Collectio Britannica*, Pelagius, Brief 8).

*Die Form der Taufe*

**445**    De haereticis [*ad catholicam fidem reversuris, de quibus*] ... Nos consulendos esse duxisti, ... utrum baptizandi sint an tantummodo reconciliandi, haec tuam volumus observantiam custodire ...: ... quia i n n o m i n e solummodo C h r i s t i una etiam mersione se asserunt baptizari, evangelicum vero praeceptum ... nos admonet, i n n o m i n e T r i n i t a t i s, trina etiam mersione sanctum baptisma unicuique tribuere, dicente Domino nostro discipulis suis: "Ite, baptizate omnes gentes in nomine Patris et Filii et Spiritus Sancti" [*Mt 28,19*], si re vera hi de praefatis haereticis ... solummodo se in nomine Domini baptizatos fuisse forsitan confitentur, sine cuiusquam dubitationis ambiguo eos ad catholicam fidem venientes sanctae Trinitatis nomine baptizabis. Sin vero ... manifesta confessione claruerit, quod in Trinitatis fuerint nomine baptizati, sola reconciliationis inpensae gratia catholicae sociare fidei matu-

Wegen der Häretiker [*, die zum katholischen Glauben zurückkehren wollen, wegen derer*] ... Du meintest, Uns um Rat fragen zu sollen, ... ob sie getauft oder lediglich wiederversöhnt werden sollen, wollen Wir, daß Deine Ehrerbietung folgendes bewahre ...: ... sie behaupten, sie würden lediglich i m N a m e n C h r i s t i sowie unter einmaligem Eintauchen getauft, das Gebot des Evangeliums aber ... ermahnt uns, einem jeden die heilige Taufe i m N a m e n d e r D r e i f a l t i g k e i t sowie unter dreimaligem Eintauchen zu spenden, da unser Herr seinen Jüngern sagt: "Gehet hin, tauft alle Völker im Namen des Vaters und des Sohnes und des Heiligen Geistes" [*Mt 28,19*]; wenn daher tatsächlich diese von den besagten Häretikern ... bekennen sollten, sie seien lediglich im Namen des Herrn getauft worden, so sollst Du sie, wenn sie zum katholischen Glauben kommen, ohne die Ungewißheit irgendeines Zweifels

rabis ...

im Namen der Dreifaltigkeit taufen. Wenn sich aber ... durch ein offenes Bekenntnis klar zeigt, daß sie im Namen der Dreifaltigkeit getauft wurden, so sollst Du Dich beeilen, ⟨sie⟩ allein durch die Gnade der gewährten Wiederversöhnung dem katholischen Glauben zuzugesellen ...

## 446: Brief "Adeone te" an Bischof [Johannes], Anfang 559

*Ausg.:* Gassó-Batlle, a. 441° a.O., 111f ( = Brief 39) / S. Löwenfeld, *Epistulae Pontificum Romanorum ineditae* (Leipzig 1885) 15f ( = Nr. 28; = *Collectio Britannica*, Pelagius, Brief 26). – *Reg.:* JR 998 mit Zusätzen; P. Ewald, in: NArch 5 (1880) 547.

### *Die Notwendigkeit der Einheit mit dem Apostolischen Stuhl*

Adeone te in summo sacerdotii gradu positum catholicae fefellit veritas matris, ut non statim schismaticum te conspiceres, cum a Sedibus Apostolicis recessisses? Adeone populis ad praedicandum positus non legeras super Apostolorum principem a Christo Deo nostro Ecclesiam esse fundatam, et ita fundamentum ut portae adversus ipsam inferi praevalere non possent [*cf. Mt 16,18*]? Quod si legeras, ubinam praeter ipsum esse credebas Ecclesiam, in quo uno omnes scilicet Apostolicae Sedes sunt, quibus pariter, sicut illi, qui claves acceperat, ligandi solvendique potestas indulta est? Sed idcirco uni primum, quod daturus erat, etiam omnibus dedit, ut, secundum beati Cypriani martyris id ipsum exponentis sententiam, una esse monstretur Ecclesia[1]. Quo ergo tu, carissime iam in Christo, ab ista divisus errabas, vel quam salutis tuae tenebas spem?

War Dir, der Du auf der höchsten Stufe des Priestertums stehst, die Wahrheit der katholischen Mutter so sehr entzogen, daß Du Dich nicht sogleich als schismatisch gewahrtest, als Du von den Apostolischen Stühlen abgefallen warst? Hattest Du, der Du eingesetzt bist, um den Völkern zu predigen, so wenig gelesen, daß die Kirche von Christus, unserem Gott, auf den Apostelfürsten gegründet wurde, und zwar so als Fundament, daß die Pforten der Unterwelt keine Gewalt über sie haben können [*vgl. Mt 16,18*]? Wenn Du es gelesen hattest, wo denn anders, glaubtest Du, sei die Kirche, als in dem allein, in dem ja alle Apostolischen Stühle sind, denen ebenso wie jenem, der die Schlüssel empfangen hatte, die Vollmacht gewährt wurde, zu binden und zu lösen? Vielmehr hat er deswegen, was er zunächst e i n e m geben wollte, auch allen gegeben, damit sich gemäß der Aussage des ebendies auslegenden seligen Martyrers Cyprian zeige, daß die Kirche e i n e ist[1]. Wohin also bist Du, nunmehr Geliebtester in Christus, von dieser getrennt, geirrt, oder welche Hoffnung auf Dein Heil hattest Du?

446

## 447: Brief "Relegentes autem" an den Patrizier Valerian, März oder Anfang April 559

*Ausg.:* Gassó-Batlle, a. 441° a.O., 158 ( = Brief 59) / PL 69,413B / teilweise: Gratian, *Decretum*, p. I, dist. 17, c. 4 (Frdb 1,51). – *Reg.:* JR 1018; P. Ewald, in: NArch 5 (1880) 553–555 ( = *Collectio Britannica*, Pelagius, Brief 46).

---

**\*446** [1] Vgl. Cyprian, *De catholicae Ecclesiae unitate* 4 (M. Bévenot: CpChL 3 [1972] 251f / CSEL 3,212f).

## Der Papst als Ausleger der Konzilsdekrete

447    Nec licuit aliquando nec licebit, particularem synodum ad diiudicandum generalem synodum congregari. Sed quotiens aliqua de universali synodo aliquibus dubitatio nascitur, ad recipiendam de eo quod non intellegunt rationem aut sponte ii qui salutem animae suae desiderant, ad Apostolicas Sedes pro percipienda ratione conveniunt, aut, si forte ... ita obstinati et contumaces exstiterint ut doceri non velint, eos ab eisdem Apostolicis Sedibus aut attrahi ad salutem quoquomodo necesse est, aut, ne aliorum perditio esse possint, secundum canones[1] per saeculares opprimi potestates.

Weder war es einmal erlaubt noch wird es erlaubt sein, daß sich eine Teilsynode versammelt, um ein Urteil über ein allgemeines Konzil zu fällen. Sondern jedesmal, wenn jemandem irgendein Zweifel wegen eines allgemeinen Konzils auftaucht – um über das, was sie nicht verstehen, Aufschluß zu erhalten –, kommen entweder diejenigen, die für ihre Seele das Heil ersehnen, von sich aus zu den Apostolischen Stühlen, um Aufschluß zu erhalten, oder ⟨aber⟩ es ist notwendig, daß sie von ebendiesen Apostolischen Stühlen entweder auf jede mögliche Weise zum Heil gezogen werden, wenn sie ... so hartnäckig und widerspenstig sein sollten, daß sie nicht belehrt werden wollen, oder gemäß den Kanones[1] durch die weltlichen Gewalten niedergehalten werden, damit sie nicht für andere ein Verderben sein können.

## JOHANNES III.: 17. Juli 561 – 13. Juli 574

**451-464: 1. Synode von BRAGA (Portugal), begonnen am 1. Mai 561: Anathematismen gegen die Priscillianisten u. a.**

Sie wird irrtümlicherweise auch als 2. Synode von Braga gezählt. Nach Übernahme des Bekenntnisses und der Kanones der 1. Synode von Toledo (*188–208) fügte sie die folgenden Kapitel an.
*Ausg.:* Bruns 2,30f / MaC 9,774C–775A / HaC 3,348B–349D / KüA 36–38 / Hn § 176 / CdLuc 823–825 / CVis 67–69.

## Die Dreifaltigkeit und Christus

451    1. Si quis Patrem et Filium et Spiritum Sanctum non confitetur tres personas unius esse substantiae et virtutis ac potestatis, sicut catholica et apostolica Ecclesia docet, sed unam tantum dicit et solitariam esse personam, ita ut ipse sit Pater qui Filius, ipse etiam sit Paraclitus Spiritus, sicut Sabellius et Priscillianus dixerunt, anathema sit.

1. Wer nicht bekennt, daß der Vater und der Sohn und der Heilige Geist drei Personen e i n e r Substanz, Kraft und Macht sind, wie die katholische und apostolische Kirche lehrt, sondern sagt, daß sie nur e i n e und eine einsame Person seien, so daß der Vater derselbe wäre wie der Sohn und auch der Beistand, der Geist, derselbe wäre, wie Sabellius und Priscillian sagten, der sei mit dem Anathema belegt.

452    2. Si quis extra sanctam Trinitatem alia nescio quae divinitatis nomina introducit, dicens quod in ipsa divinitate sit trinitas trinitatis, sicut Gnostici et Priscillianus dixerunt, anathema sit.

2. Wer außer der heiligen Dreifaltigkeit noch irgendwelche andere Namen der Gottheit einführt, indem er sagt, daß in der Gottheit selbst eine Dreifaltigkeit der Dreifaltigkeit sei, wie die Gnostiker und Priscillian sagten, der sei mit dem Anathema belegt.

---

*447    [1]    Synode von Antiochien 341, Kan. 5, zitiert auf dem Konzil von Chalkedon, 4. Sitzung (ACOe 2/I/II,118, Nr. 90 griechisch; 2/III/II, 124 lateinische Übersetzung).

3. Si quis dicit, Filium Dei Dominum nostrum, antequam ex Virgine nasceretur, non fuisse, sicut Paulus Samosatenus et Photinus et Priscillianus dixerunt, anathema sit.

3. Wer sagt, der Sohn Gottes, unser Herr, sei, bevor er aus der Jungfrau geboren wurde, nicht gewesen, wie Paulus von Samosate, Photinus und Priscillian sagten, der sei mit dem Anathema belegt. **453**

4. Si quis natalem Christi secundum carnem non vere honorat, sed honorare se simulat, ieiunans in eodem die et in Dominico, quia Christum in vera hominis natura natum esse non credit, sicut Cerdon, Marcion, Manichaeus et Priscillianus dixerunt, anathema sit.

4. Wer den Geburtstag Christi dem Fleische nach nicht wahrhaft verehrt, sondern nur so tut, als ob er ihn verehre, und an diesem Tag und am Sonntag fastet, weil er nicht glaubt, daß Christus in der wahren Natur des Menschen geboren wurde, wie Kerdon, Markion, Manichäus und Priscillian sagten, der sei mit dem Anathema belegt. **454**

### Die Schöpfung und Lenkung der Welt

5. Si quis animas humanas vel angelos ex Dei credit substantia exstitisse, sicut Manichaeus et Priscillianus dixerunt, anathema sit.

5. Wer glaubt, die menschlichen Seelen oder die Engel seien aus der Substanz Gottes entstanden, wie Manichäus und Priscillian sagten, der sei mit dem Anathema belegt. **455**

6. Si quis animas humanas dicit prius in caelesti habitatione peccasse et pro hoc in corpora humana in terra deiectas, sicut Priscillianus dixit, anathema sit.

6. Wer sagt, die menschlichen Seelen hätten früher in der himmlischen Wohnung gesündigt und seien dafür in menschliche Leiber auf die Erde herabgestürzt worden, wie Priscillian sagte, der sei mit dem Anathema belegt. **456**

7. Si quis dicit, diabolum non fuisse prius bonum angelum a Deo factum, nec Dei opificium fuisse naturam eius, sed dicit eum ex chao et tenebris emersisse nec aliquem sui habere auctorem, sed ipsum esse principium atque substantiam mali, sicut Manichaeus et Priscillianus dixerunt, anathema sit.

7. Wer sagt, der Teufel sei nicht früher ein von Gott geschaffener guter Engel gewesen und seine Natur sei kein Werk Gottes gewesen, sondern sagt, er sei aus dem Chaos und der Finsternis aufgetaucht und habe keinen Urheber seiner selbst, sondern sei selbst das Prinzip und die Substanz des Bösen, wie Manichäus und Priscillian sagten, der sei mit dem Anathema belegt. **457**

8. Si quis credit, quia aliquantas in mundo creaturas diabolus fecerit et tonitrua et fulgura et tempestates et siccitates ipse diabolus sua auctoritate faciat, sicut Priscillianus dixit, anathema sit.

8. Wer glaubt, daß der Teufel einige Geschöpfe in der Welt gemacht hat und daß der Teufel selbst aus eigener Macht Donner, Blitz, Unwetter und Dürre macht, wie Priscillian sagte, der sei mit dem Anathema belegt. **458**

9. Si quis animas et corpora humana fatalibus stellis credit adstringi, sicut pagani et Priscillianus dixerunt, anathema sit.

9. Wer glaubt, die menschlichen Seelen und Leiber seien Schicksalssternen unterworfen, wie die Heiden und Priscillian sagten, der sei mit dem Anathema belegt. **459**

10. Si quis duodecim signa de sideribus, quae mathematici observare solent, per singula animae vel corporis membra disposita credunt et nominibus Patriarcharum adscripta dicunt, sicut Priscillianus dixit, anathema sit.

10. Wer glaubt, daß die zwölf Sternzeichen, welche die Astrologen zu beobachten pflegen, in bezug auf die einzelnen Glieder der Seele bzw. des Leibes angeordnet sind, und sagt, sie seien den Namen der Patriarchen zugeteilt, wie Priscillian sagte, der sei mit dem Anathema belegt. **460**

461    11. Si quis coniugia humana damnat et procreationem nascentium perhorrescit, sicut Manichaeus et Priscillianus dixerunt, anathema sit.

462    12. Si quis plasmationem humani corporis diaboli dicit esse figmentum, et conceptiones in uteris matrum operibus dicit daemonum figurari, propter quod et resurrectionem carnis non credit, sicut Manichaeus et Priscillianus dixerunt, anathema sit.

463    13. Si quis dicit, creationem universae carnis non opificium Dei, sed malignorum esse angelorum, sicut Manichaeus et Priscillianus dixerunt, anathema sit.

464    14. Si quis immundos putat cibos carnium, quos Deus in usus hominum dedit, et, non propter afflictionem corporis sui, sed quasi immunditiam putans, ita ab eis abstineat, ut ne olera cocta cum carnibus praegustet, sicut Manichaeus et Priscillianus dixerunt, anathema sit.

11. Wer die menschlichen Ehen verurteilt und die Zeugung von Kindern verabscheut, wie Manichäus und Priscillian sagten, der sei mit dem Anathema belegt.

12. Wer sagt, die Bildung des menschlichen Leibes sei ein Machwerk des Teufels, und sagt, die Empfängnis im Schoße der Mütter käme durch das Werk von Dämonen zustande, und deswegen auch nicht an die Auferstehung des Fleisches glaubt, wie Manichäus und Priscillian sagten, der sei mit dem Anathema belegt.

13. Wer sagt, die Schöpfung des gesamten Fleisches sei kein Werk Gottes, sondern ⟨ein Werk⟩ böswilliger Engel, wie Manichäus und Priscillian sagten, der sei mit dem Anathema belegt.

14. Wer die Fleischspeisen, die Gott zum Gebrauch der Menschen verliehen hat, für unrein hält und nicht wegen der Züchtigung seines Leibes, sondern weil er es gleichsam für Unreinheit erachtet, sich ihrer so enthält, daß er nicht einmal von Gemüse, das mit Fleisch gekocht wurde, kostet, wie Manichäus und Priscillian sagten, der sei mit dem Anathema belegt.

BENEDIKT I.: 2. Juni 575 - 30. Juli 579

## PELAGIUS II.: 26. Nov. 579 - 7. Febr. 590

### 468-469: Brief "Dilectionis vestrae" an die schismatischen Bischöfe Istriens, i. J. 585 oder 586

*Ausg.:* ACOe 4/II,110₂₇-111₂₆ / L.M. Hartmann: MGH Epistulae II 447₃₉-448₃₄ / PL 72,713B-714C ( = Brief 4) / MaC 9,898A-899A. - *Reg.:* JR 1055.

*Die Notwendigkeit der Einheit mit dem Römischen Stuhl*

468    Ubi namque sit Ecclesia constituta, licet ipsius Domini voce in sancto evangelio sit apertum, quid tamen beatus Augustinus eiusdem dominicae memor sententiae definierit, audiamus. In his namque, ait, esse Dei Ecclesiam constitutam, qui Sedibus Apostolicis per successionem praesulum praesidere noscuntur, et quicumque ab earumdem Sedium se communione vel auctoritate suspenderit, esse in schismate demonstratur. Et post alia: "Positus foris, etiam pro Christi nomine mortuus eris; *Inter membra Christi patere pro*

Auch wenn nämlich aufgrund des Wortes des Herrn selbst im heiligen Evangelium offensichtlich ist, worauf die Kirche gegründet ist, so wollen wir dennoch hören, was der selige Augustinus eingedenk ebendieses Spruches des Herrn näher bestimmt hat. Auf jenen nämlich, sagt er, sei die Kirche Gottes gegründet, von denen man erkennt, daß sie mittels der Nachfolge der Vorsteher auf den Apostolischen Stühlen den Vorsitz führen; und jeder, der sich von der Gemeinschaft oder Autorität ebendieser Stühle losgemacht

*Christo haerens corpori; pugna pro capite* [Inter membra Christi non numeraberis; patere pro Christo; haerens corpori pugna pro capite]"[1].

hat, befindet sich, wie gezeigt wird, im Schisma. Und nach anderem: "Draußen stehend wirst Du auch für den Namen Christi gestorben sein. *Unter den Gliedern Christi leide für Christus, dem Leibe anhangend; kämpfe für das Haupt* [Unter die Glieder Christi wirst Du nicht gezählt werden; leide für Christus; dem Leibe anhangend, kämpfe für das Haupt]"[1].

Sed et beatus Cyprianus ... inter alia sic dicit: "Exordium ab unitate proficiscitur, et primatus Petro datur, ut una Christi Ecclesia et cathedra monstretur"[1]; et pastores sunt omnes, sed grex unus ostenditur, qui ab Apostolis unanimi consensione pascatur.

Aber auch der selige Cyprian ... sagt unter **469** anderem folgendes: "Der Anfang geht von der Einheit aus, und der Primat wird Petrus gegeben, damit die Kirche Christi und die Lehrkanzel als eines erwiesen werde"[1]; und Hirten sind sie alle, aber die Herde wird als e i n e gezeigt, die von den Aposteln in einmütiger Übereinstimmung geweidet werden soll.

Et post pauca: "Hanc Ecclesiae unitatem qui non tenet, tenere se fidem credit? Qui cathedram Petri, super quam Ecclesia fundata est [*cf. Mt 16,18*], deserit et resistit, in Ecclesia se esse confidit?"[2] ...

Und wenig danach: "Wer diese Einheit der Kirche nicht festhält, glaubt der, er halte den Glauben fest? Wer den Stuhl Petri, auf den die Kirche gegründet ist [*vgl. Mt 16,18*], verläßt und sich ⟨ihm⟩ widersetzt, vertraut der darauf, er sei in der Kirche?"[2] ...

"Cum Deo manere non possunt, qui esse in Ecclesia Dei unanimiter noluerunt: ardeant licet flammis et ignibus traditi, vel obiecti bestiis animam suam ponant: non erit illa fidei corona, sed poena perfidiae, nec exitus gloriosus, sed desperationis interitus. Occidi talis potest, coronari non potest"[3]. ...

"In Verbindung mit Gott können nicht bleiben, die nicht einmütig in der Kirche Gottes sein wollten; auch wenn sie, Flammen und Feuern übergeben, verbrennen oder, wilden Tieren vorgeworfen, ihr Leben opfern: es wird nicht jene Krone des Glaubens sein, sondern die Strafe für die Treulosigkeit, und nicht ein ruhmvoller Ausgang, sondern ein Untergang der Verzweiflung. Getötet werden kann ein solcher, gekrönt werden kann er nicht"[3]. ...

"Peius schismatis crimen est quam quod hi, qui sacrificaverunt; qui tamen in paenitentia criminis constituti Deum plenissimis satisfactionibus deprecantur. Illic Ecclesia quaeritur et rogatur; hic Ecclesiae repugnatur. Illic qui lapsus est, sibi tantum nocuit; hic qui schisma facere conatur, multos secum trahendo decipit. Illic animae unius est dam-

"Das Vergehen des Schismas ist noch schlimmer als das, welches jene ⟨begangen haben⟩, die ⟨den heidnischen Göttern⟩ opferten; diese bitten doch wenigstens, in Buße für ihr Vergehen befindlich, Gott mit reichsten Genugtuungen um Vergebung. Dort sucht und bittet man die Kirche; hier widersetzt man sich der Kirche. Dort hat, wer gefallen

---

[1]  Quelle unsicher.
**\*469**  [1]  Cyprian von Karthago, *De catholicae Ecclesiae unitate* 4; anstelle von "et primatus ... monstretur" ("und der Primat ... erwiesen werde") haben die ältesten Handschriften Cyprians nur: "ut ecclesia Christi una monstretur" ("damit die Kirche Christi als e i n e erwiesen werde") (M. Bévenot: CpChL 3 [1972] 252 / CSEL 3,213$_{4f}$ / vgl. PL 4,515A); zur Frage des Einschubs vgl. M. Bévenot, *St. Cyprian's De unitate chap. 4 in the light of the manuscripts* (Analecta Gregoriana, ser. theol. 11; Rom 1937), Anhang: Skeleton texts, familia VII.
  [2]  Ebd. 4; gegenüber "cathedram ... deserit" ("den Stuhl ... verläßt") ist der ursprüngliche Text: "Ecclesiae renititur" ("der Kirche widerstrebt") (CpChL 3,252 / CSEL 3,213$_{8f}$ / PL 4,516A).
  [3]  Ebd. 14 (CpChL 3,260$_{363f}$ / CSEL 3,223$_{5-10}$ / PL 4,527A).

num; hic periculum plurimorum. Certe peccasse se hic intellegit et lamentatur et plangit; ille tumens in peccato suo et ipsis sibi delictis placens, a matre filios segregat, oves a pastore sollicitat, Dei sacramenta disturbat, et cum lapsus semel peccaverit, hic quotidie peccat. Postremo lapsus martyrium postmodum consecutus, potest regni promissa percipere; hic, si extra Ecclesiam fuerit occisus, ad Ecclesiae non potest praemia pervenire"[4].

ist, nur sich geschadet; hier zieht, wer ein Schisma zu bewirken sucht, viele mit sich und täuscht sie. Dort geht es um den Schaden einer Seele; hier um die Gefahr für sehr viele. Dieser sieht wenigstens ein, daß er gesündigt hat, und jammert und trauert; jener trennt, sich seiner Sünde brüstend und sich in seinen Fehlern gefallend, die Kinder von der Mutter, treibt die Schafe vom Hirten weg in die Irre, zerstört die Geheimnisse Gottes, und während der Gefallene einmal gesündigt hat, sündigt dieser täglich. Schließlich kann der Gefallene, wenn er hernach das Martyrium erlangt hat, die Verheißungen des ⟨Himmel⟩reiches empfangen; dieser kann, wenn er außerhalb der Kirche getötet wurde, nicht zu den Belohnungen der Kirche gelangen"[4].

## 470: 3. Synode von TOLEDO, begonnen am 8. Mai 589: Bekenntnis König Reccareds

Neben diesem Bekenntnis sind 23 gegen die arianische Irrlehre erlassene Anathematismen und das in das Konstantinopolitanische Bekenntnis eingefügte "Filioque" bemerkenswert, das sich in den Akten dieser Synode zum erstenmal findet (MaC 9,981D / HaC 3,472A); es scheint jedoch eingeschoben zu sein, da es in einigen älteren Handschriften fehlt, z. B. im Codex Lucensis (9. Jh.): vgl. J. Orlandis – D. Ramos-Lisson, *Die Synoden auf der iberischen Halbinsel bis zum Einbruch des Islam (711)* (Konziliengeschichte, Reihe A: Darstellungen; Paderborn 1981) 109f, bes. Anm. 54.

*Ausg.:* MaC 9,978C–979A / HaC 3,469D–470A / Hn § 177 / CVis 109 / CdLuc 449₂₃–450₆.

### Die göttliche Dreifaltigkeit

470    Confitemur esse Patrem, qui genuerit ex sua substantia Filium sibi coaequalem et coaeternum, non tamen ut ipse idem sit *natus et genitor* [natus ingenitus], sed persona alius sit Pater, qui genuit, alius sit Filius, qui fuerit generatus, unius tamen uterque substantiae divinitate subsistat: Pater, ex quo sit Filius, ipse vero ex nullo sit alio; Filius, qui habeat Patrem, sed sine initio et sine diminutione in ea, quia Patri coaequalis et coaeternus est, divinitate subsistat. Spiritus aeque Sanctus confitendus a nobis et praedicandus est a Patre et a Filio procedere et cum Patre et Filio unius esse substantiae; tertiam vero in Trinitate Spiritus Sancti esse personam, qui tamen communem habeat cum Patre et Filio divinitatis essentiam. Haec enim sancta Trinitas unus est Deus, Pater et Filius et Spiritus Sanctus, cuius bonitate, *omnis* [hominis] licet bona sit condita *creatura* [natura], per assumptam tamen a Filio humani habitus formam a damnata progenie reformamur ad beatitudinem pristinam.

Wir bekennen, daß es einen Vater gibt, der aus seiner Substanz den ihm gleichartigen und gleichewigen Sohn gezeugt hat, nicht jedoch ⟨so⟩, daß derselbe *geboren und Zeuger* [geboren ⟨und⟩ ungezeugt] ist, sondern ⟨daß⟩ der Person nach ein anderer der Vater ist, der gezeugt hat, ein anderer der Sohn ist, der gezeugt wurde, beide jedoch der Gottheit nach von einer Substanz sind: der Vater, aus dem der Sohn ist, ist selbst aber aus keinem anderen; der Sohn, der einen Vater hat, existiert jedoch ohne Anfang und ohne Verminderung in dieser Gottheit, weil er dem Vater gleichartig und gleichewig ist. In gleicher Weise müssen wir bekennen und verkünden, daß der Heilige Geist vom Vater und vom Sohne hervorgeht und mit dem Vater und dem Sohne von einer Substanz ist; die dritte Person in der Dreifaltigkeit aber ist die des Heiligen Geistes, der jedoch das Wesen der Gottheit mit dem Vater und dem Sohne gemeinsam hat. Diese heilige Dreifaltigkeit ist nämlich ein Gott, Vater und Sohn und Hei-

---

⁴ Ebd. 19 (CpChL 3,263₄₆₃₋₄₇₇ / CSEL 3,227₉₋₂₈ / PL 4,530CD; es wird ziemlich frei zitiert).

liger Geist; durch seine Güte wurde zwar *je-des Geschöpf* [die Natur des Menschen] gut erschaffen, durch die vom Sohn angenommene Gestalt des menschlichen Äußeren jedoch werden wir aus dem verworfenen Geschlecht zur früheren Glückseligkeit wiederhergestellt.

## GREGOR I. DER GROSSE: 3. Sept. 590 – 12. März 604

### 472: Brief "Consideranti mihi" an die Patriarchen, Febr. 591

*Ausg.:* P. Ewald, *Gregorii I papae Registrum epistolarum*: MGH Epistulae I (Berlin 1887) 36$_{19}$-37$_1$ ( = *Registrum epistolarum* I 24) / D. Norberg: CpChL 140 [1982] 32 ( = *Registrum epistolarum* I 24) / PL 77,478A-C ( = *Registrum epistolarum* I 25) / Gratian, *Decretum*, p. I, dist. 15, c. 2 (Frdb 1,35f). – *Reg.:* JR 1092.

*Die Autorität der ökumenischen Konzilien*

... Sicut sancti Evangelii quattuor libros, sic quattuor concilia suscipere et venerari me fateor: Nicaenum scilicet, in quo perversum Arii dogma destruitur; Constantinopolitanum quoque, in quo Eunomii et Macedonii error convincitur, Ephesenum etiam primum, in quo Nestorii impietas iudicatur, Chalcedonense vero, in quo Eutychis Dioscorique pravitas reprobatur, tota devotione complector, integerrima approbatione custodio: quia in his, velut in quadrato lapide, sanctae fidei structura consurgit et cuiuslibet vitae atque actionis exsistat, quisquis eorum soliditatem non tenet, etiam si lapis esse cernitur, tamen extra aedificium iacet.

Quintum quoque concilium pariter veneror, in quo Epistola quae Ibae dicitur erroris plena reprobatur, Theodorus [*Mopsuestenus*] personam Mediatoris Dei et hominum in duabus subsistentiis separans ad impietatis perfidiam cecidisse convincitur, scripta quoque Theodoreti, per quae beati Cyrilli fides reprehenditur, ausu dementiae prolata refutantur[1].

... So wie die vier Bücher des heiligen **472** Evangeliums, so bekenne ich, daß ich die vier Konzilien annehme und verehre: Ich umfasse nämlich mit ganzer Ehrfurcht und bewahre mit uneingeschränkter Zustimmung das von Nikaia, auf dem die verkehrte Lehre des Arius zunichte gemacht wird, auch das von Konstantinopel, auf dem der Irrtum des Eunomius und des Macedonius widerlegt wird, sowie das erste von Ephesus, auf dem die Gottlosigkeit des Nestorius gerichtet wird, und das von Chalkedon, auf dem die Verkehrtheit des Eutyches und des Dioskur verworfen wird: Denn auf diesen erhebt sich wie auf einem viereckigen Stein der Bau des heiligen Glaubens und möge ⟨der Bau⟩ jedweden Lebens und jedweder Handlung bestehen; jeder, der sich nicht an ihre Festigkeit hält, liegt, auch wenn er als ein Stein angesehen wird, doch außerhalb des Gebäudes.

Auch verehre ich ebenso das fünfte Konzil, auf dem der von Irrtum volle sogenannte Brief des Ibas verworfen wird, Theodor [*von Mopsuestia*], der die Person des Mittlers zwischen Gott und den Menschen in zwei Hypostasen trennt, überführt wird, in den Frevel der Gottlosigkeit verfallen zu sein, sowie die in einem Unterfangen des Wahnsinns vorgetragenen Schriften Theodorets zurückgewiesen werden, durch die der Glaube des seligen Kyrill getadelt wird[1].

---

**\*472**   [1]   Vgl. das schwankende Urteil über Theodoret und Ibas auf dem Konzil von Chalkedon, bei Vigilius und Pelagius I. (\*300°° 416° 444).

Cunctas vero quae praefata veneranda concilia personas respuunt, respuo, quas venerantur, amplector, quia dum universali sunt consensu constituta, se et non illa destruit, quisquis praesumit aut solvere quos religant aut ligare quos solvunt. Quisquis ergo aliud sapit, anathema sit.

Alle Personen aber, die die vorgenannten ehrwürdigen Konzilien verwerfen, verwerfe ich, die sie verehren, anerkenne ich; denn da sie in allgemeinem Einverständnis gegründet sind, vernichtet sich und nicht jene, wer immer es wagt, entweder zu lösen, die sie binden, oder zu binden, die sie lösen. Wer immer also anders denkt, soll mit dem Anathema belegt werden.

### 473: Brief "O quam bona" an Bischof Virgilius von Arles, 12. Aug. 595

Ganz ähnliche Briefe über die Simonie richtete Gregor I. an die Bischöfe in Griechenland und in Epirus (*Registrum epistolarum* V 63 und VI 7 MGH, = V 58 und VI 8 *Editio Maurina*, PL; JR 1379 1383).

    *Ausg.:* MGH Epistulae I 369₁₁₋₂₅ ( = *Registrum epistolarum* V 58) / CpChL 140,355f ( = *Registrum epistolarum* V 58) / PL 77,783B–784A ( = *Registrum epistolarum* V 53) / BullTau 1,164ab / BullCocq 1,98b. – Gratian, *Decretum*, p. II, cs. 1, q. 1, c. 117 (Frdb 1,403f) führt den Brief JR 1379 an. – *Reg.:* JR 1374.

*Simonie*

473    ... Agnovi quod in Galliarum vel Germaniae partibus nullus ad sacrum ordinem sine commodi datione perveniat. Quod si ita est, flens dico, gemens denuntio, quia cum sacerdotalis ordo intus cecidit, foris quoque diu stare non poterit. Scimus quippe ex Evangelio, quid Redemptor noster per semetipsum fecerit, quia ingressus templum cathedras vendentium columbas evertit [*cf. Mt 21,12*]. Columbas enim vendere est de Spiritu Sancto, quem Deus omnipotens consubstantialem sibi per impositionem manuum hominibus tribuit, commodum temporale percipere. Ex quo, ut praedixi, malo iam innuitur, quid sequatur, quia qui in templo Dei columbas vendere praesumpserunt, eorum, Deo iudice, cathedrae ceciderunt.

... Ich habe erfahren, daß im Gebiet von Gallien und Germanien keiner ohne Gewährung eines Vorteils zur heiligen Weihe gelangt. Wenn das so ist, sage ich unter Tränen, verkünde unter Seufzen, daß der priesterliche Stand, wenn er innerlich gefallen ist, auch draußen nicht lange wird Bestand haben können. Wir wissen ja aus dem Evangelium, was unser Erlöser persönlich getan hat, daß er in den Tempel trat und die Stühle der Taubenverkäufer umwarf [*vgl. Mt 21,12*]. Tauben verkaufen heißt nämlich, vom Heiligen Geist, den der allmächtige Gott als ihm wesensgleich durch die Auflegung der Hände den Menschen verleiht, zeitlichen Vorteil zu empfangen. Was aus diesem, wie ich vorher gesagt habe, Übel folgt, wird schon angedeutet; denn die sich erdreisteten, im Tempel Gottes Tauben zu verkaufen, deren Stühle sind nach Gottes Richtspruch gefallen.

Qui videlicet error in subditis cum augmento propagatur. Nam ipse quoque, qui pretio ad sacrum *honorem* [ordinem] perducitur, iam in ipsa provectus sui radice vitiatus, paratior est aliis venumdare quod emit. Et ubi est quod scriptum est: "Gratis accepistis, gratis date" [*Mt 10,8*]?

Dieser Irrtum nimmt nämlich zu und verbreitet sich bei den Untergebenen. Denn auch derjenige, der um Lohn zur heiligen *Ehre* [Weihe] geführt wird, ist, schon in der Wurzel seiner Beförderung selbst verdorben, eher bereit, anderen zu verkaufen, was er gekauft hat. Und wo bleibt, was geschrieben steht: "Umsonst habt ihr empfangen, umsonst gebt" [*Mt 10,8*]?

Et cum prima contra sanctam Ecclesiam simoniaca haeresis sit exorta, cur non perpenditur, cur non videtur, quia eum, quem quis cum pretio ordinat, provehendo agit, ut haereticus fiat?

Und nachdem als erste Häresie gegen die heilige Kirche die Simonie entstanden ist, warum wird nicht erwogen, warum wird nicht gesehen, daß man, indem man den befördert, den man gegen Lohn weiht, bewirkt, daß er ein Häretiker wird?

## 474-476: Brief "Sicut aqua" an Patriarch Eulogius von Alexandrien, Aug. 600

*Ausg.:* L.M. Hartmann: MGH Epistulae II ( Berlin 1899) $257_{9\text{-}25\,35}$–$258_{13}$ ( = *Registrum epistolarum* X 21) / D. Norberg: CpChL 140A [1982] 853–855 ( = *Registrum epistolarum* X 21) / PL 77,1097A–1098C ( = *Registrum epistolarum* X 39). – *Reg.:* JR 1790.

### Das Wissen Christi (gegen die Agnoëten)

De eo ..., quod scriptum est, quia "diem et horam neque Filius neque angeli sciunt" [*cf. Mc 13,32*], omnino recte vestra sanctitas sensit, quoniam non ad eundem Filium iuxta hoc quod *caput* est, sed iuxta *corpus* eius quod nos sumus, est certissime referendum. Qua de re multis in locis ... Augustinus eo sensu utitur[1].

Dicit quoque et aliud, quod de eodem Filio possit intelligi, quia omnipotens Deus aliquando more loquitur humano, sicut ad Abraham dicit: "Nunc cognovi, quia times Deum" [*cf. Gn 22,12*], non quia se Deus tunc timeri cognoverit, sed quia tunc eundem Abraham fecit agnoscere, quia Deum timeret. Sicut enim nos diem laetum dicimus, non quod ipse dies laetus sit, sed quia nos laetos facit, ita et omnipotens Filius nescire se dicit diem, quem nesciri facit, non quod ipse nesciat, sed quia hunc sciri minime permittat.

Unde et Pater solus dicitur scire, quia consubstantialis ei Filius ex eius natura, qua est super angelos, habet ut hoc sciat, quod angeli ignorant. Unde et hoc intelligi subtilius potest, quia incarnatus Unigenitus factusque pro nobis homo perfectus *in* natura quidem humanitatis novit diem et horam iudicii, sed tamen hunc non *ex* natura humanitatis novit. Quod ergo *in* ipsa novit, non *ex* ipsa novit, quia Deus homo factus diem et horam iudicii per deitatis suae potentiam novit. ...

Was ... die Schriftstelle betrifft, daß "weder **474** der Sohn noch die Engel den Tag und die Stunde wissen" [*vgl. Mk 13,32*], so war Eure Heiligkeit völlig zurecht der Auffassung, daß sie sicherlich nicht auf ebendiesen Sohn, insofern er *Haupt* ist, sondern gemäß seinem *Leib*, der wir sind, zu beziehen ist. ... Augustinus macht an vielen Stellen in bezug auf diese Sache von diesem Sinngehalt Gebrauch[1].

Er sagt auch noch etwas anderes, was man bei demselben Sohn feststellen könne, ⟨nämlich⟩ daß der allmächtige Gott manchmal auf menschliche Weise redet, so wie er zu Abraham sagt: "Jetzt habe ich erkannt, daß du Gott fürchtest" [*vgl. Gen 22,12*], nicht weil Gott damals erkannt hätte, daß er gefürchtet wird, sondern weil er damals denselben Abraham erkennen ließ, daß er Gott fürchtet. So wie wir nämlich einen Tag froh nennen, nicht weil der Tag selbst froh wäre, sondern weil er uns froh macht, so sagt auch der allmächtige Sohn, er wisse den Tag nicht, den er dem Wissen entzieht, nicht weil er ⟨ihn⟩ selbst nicht wüßte, sondern weil er überhaupt nicht zuläßt, daß man ihn weiß.

Daher heißt es auch, der Vater allein wisse **475** ⟨ihn⟩, weil der ihm wesensgleiche Sohn aus seiner Natur, durch die er über den Engeln steht, hat, daß er das weiß, was die Engel nicht kennen. Von daher kann man auch dies genauer verstehen, daß der fleischgewordene und für uns vollkommener Mensch gewordene Einziggeborene zwar *in* der Natur der Menschheit den Tag und die Stunde des Gerichtes kannte, aber diesen dennoch nicht *aus* der Natur der Menschheit kannte. Was er also *in* ihr kennt, kennt er nicht *aus* ihr, weil der Mensch gewordene Gott den Tag und die Stunde des Gerichtes durch das Vermögen seiner Gottheit kennt. ...

---

*474 [1] Vgl. z. B. Augustinus, *Enarrationes in Psalmos* 6 [zu Vers 1] (E. Dekkers - J. Fraipont: CpChL 38 [1956] 27); *De diversis quaestionibus LXXXIII libri*, q. 60 65 (A. Mutzenbecher: CpChL 44A [1975] 119 147–149 / PL 40,48 59f); *De Trinitate* I 12 (W.J. Mountain - Fr. Glorie: CpChL 50 [1968] 61–68 / PL 42,836–840).

Itaque scientiam, quam ex humanitatis natura non habuit, ex qua cum angelis creatura fuit, hanc se cum angelis, qui creaturae sunt, habere denegavit. Diem ergo et horam iudicii scit Deus et homo; sed ideo, quia Deus est homo.

Deshalb sagte er, er habe mitsamt den Engeln, die Geschöpfe sind, dieses Wissen nicht, das er nicht aus der Natur der Menschheit hatte, aufgrund derer er mitsamt den Engeln Geschöpf war. Den Tag und die Stunde des Gerichtes weiß also der Gott und Mensch; aber deshalb, weil Gott Mensch ist.

476    Res autem valde manifesta est, quia quisquis Nestorianus non est, Agnoita esse nullatenus potest. Nam qui ipsam Dei Sapientiam fatetur incarnatam, qua mente valet dicere: esse aliquid, quod Dei Sapientia ignoret? Scriptum est: "In principio erat Verbum, et Verbum erat apud Deum, et Deus erat Verbum. Omnia per ipsum facta sunt" [*Io 1,1 3*]. Si omnia, procul dubio etiam dies iudicii et hora. Quis ergo ita desipiat, ut dicere praesumat, quia Verbum Patris fecit quod ignorat? Scriptum quoque est: Sciens Iesus, quia omnia dedit ei Pater in manus [*Io 13,3*]. Si omnia, profecto et iudicii diem et horam. Quis ergo ita stultus est, ut dicat, quia accepit Filius in manibus quod nescit?

Die Tatsache ist aber ganz offensichtlich, daß einer, der kein Nestorianer ist, in keiner Hinsicht Agnoët sein kann. Denn wer bekennt, daß die Weisheit Gottes selbst fleischgeworden ⟨ist⟩, in welchem Sinne kann der sagen, es gäbe etwas, was die Weisheit Gottes nicht kennt? Es steht geschrieben: "Im Anfang war das Wort, und das Wort war bei Gott, und das Wort war Gott. Alles ist durch es geworden" [*Joh 1,1 3*]. Wenn alles, dann zweifellos auch der Tag und die Stunde des Gerichts. Wer also wäre so töricht, daß er zu sagen wagte, das Wort des Vaters habe gemacht, was es nicht kennt? Es steht auch geschrieben: Jesus wußte, daß ihm der Vater alles in die Hände gegeben hat [*Joh 13,3*]. Wenn alles, dann fürwahr auch den Tag und die Stunde des Gerichts. Wer also ist so dumm, daß er sagt, der Sohn habe mit seinen Händen empfangen, was er nicht weiß?

De eo vero loco, in quo mulieribus de Lazaro dicit: "Ubi posuistis eum?" [*Io 11,34*], ipsa specialiter sensimus, quae sensistis, quia si negant scisse Dominum, ubi fuerat Lazarus sepultus, atque ideo requisisse, procul dubio compelluntur fateri quia nescivit Dominus, in quibus locis se Adam et Eva post culpam absconderant, cum in paradiso dixit: "Adam, ubi es?" [*cf. Gn 3,9*], aut cum Cain corripit dicens: "Ubi est Abel frater tuus?" [*Gn 4,9*]. Qui si nesciebat, cur protinus adiunxit: "Sanguis fratris tui de terra clamat ad me"?

Was aber die Stelle betrifft, in der er den Frauen in bezug auf Lazarus sagt: "Wohin habt ihr ihn gelegt?" [*Joh 11,34*], so haben Wir genau dasselbe gedacht, was Ihr gedacht habt, ⟨nämlich⟩ wenn sie sagen, der Herr habe nicht gewußt, wo Lazarus begraben war, und habe deshalb gefragt, daß sie dann zweifellos genötigt sind einzugestehen, daß der Herr nicht wußte, an welchen Plätzen sich Adam und Eva nach ihrer Sünde verborgen hatten, als er im Paradies sagte: "Adam, wo bist Du?" [*vgl. Gen 3,9*], oder als er Kain zur Rede stellte und sagte: "Wo ist Dein Bruder Abel?" [*Gen 4,9*]. Wenn er es nicht wußte, warum fügte er dann sogleich hinzu: "Das Blut Deines Bruders schreit von der Erde zu mir"?

### 477: Brief "Litterarum tuarum primordia" an Bischof Serenus von Marseille, Okt. 600

Vorausgegangen war im Juli 599 ein kürzerer Brief an Bischof Serenus in der gleichen Angelegenheit (*Registrum epistolarum* IX 208 MGH, = IX 105 PL).

*Ausg.:* MGH Epistulae II 270₇₋₁₆ 271₁₅₋₁₉ (= *Registrum epistolarum* XI 10) / CpChL 140A,873–875 (= *Registrum epistolarum* XI 13) / PL 77,1128BC 1129C (= *Registrum epistolarum* XI 13) / Gratian, *Decretum*, p. III, dist. 3, c. 27 (Frdb 1,1360). – *Reg.:* JR 1800.

## Das Recht der Gläubigen, Heiligenbilder zu verehren

Perlatum ... ad Nos fuerat, quod ... Sanctorum imagines sub hac quasi excusatione, ne adorari debuissent, confregeris. Et quidem quia eas adorari vetuisses, omnino laudamus; fregisse vero reprehendimus. ... Aliud est enim, picturam adorare, aliud, per picturae historiam quid sit adorandum, addiscere. Nam quod legentibus scriptura, hoc idiotis praestat pictura cernentibus, quia in ipsa ignorantes vident quid sequi debeant, in ipsa legunt qui litteras nesciunt; unde et praecipue gentibus pro lectione pictura est. ...

Uns war ... berichtet worden, Du habest ... **477** Heiligenbilder mit der vorgeblichen Entschuldigung, sie dürften nicht angebetet werden, zerbrochen. Und zwar heißen Wir durchaus für gut, daß Du verboten hast, daß sie angebetet werden; daß Du sie aber zerbrochen hast, tadeln Wir. ... Es ist nämlich etwas anderes, ein Bild anzubeten, als durch das, was das Bild erzählt, zu lernen, was anzubeten ist. Denn was für die, die lesen können, Schrift ist, das leistet für die schauenden Ungebildeten das Bild, weil in ihm Unkundige sehen, wonach sie trachten sollen, in ihm lesen, die die Buchstaben nicht kennen; daher steht auch vornehmlich für die Völker anstelle des Lesens das Bild. ...

Si quis imagines facere voluerit, minime prohibe, adorare vero imagines omnimodis devita. Sed hoc sollicite fraternitas tua admoneat, ut ex visione rei gestae ardorem compunctionis percipiant et in adoratione solius omnipotentis sanctae Trinitatis humiliter prosternantur.

Wenn einer Bilder herstellen will, untersage es keinesfalls; Bilder anzubeten aber vermeide in jeder Weise. Vielmehr soll Deine Brüderlichkeit angelegentlich dazu ermahnen, daß sie aufgrund des Anschauens der Begebenheit die Glut der Reue empfangen und sich in der Anbetung der alleinigen, allmächtigen, heiligen Dreifaltigkeit demütig niederwerfen.

## 478–479: Brief "Quia caritati nihil" an die Bischöfe Iberiens (Georgien), um den 22. Juni 601

*Ausg.* [*478; 479*]: MGH Epistulae II 325$_{10-25}$ 327$_{4-12}$ 326$_{27}$–327$_4$ ( = *Registrum epistolarum* XI 52) / CpChL 140A,952–955 ( = *Registrum epistolarum* XI 52) / PL 77,1205A–1206A 1207A 1207D–1208B ( = *Registrum epistolarum* XI 67). – [Nur *478*]: Gratian, *Decretum*, p. III, dist. 4, c. 44 84 (Frdb 1,1380 1390). – *Reg.*: JR 1844.

## Taufe und heilige Weihen von Häretikern

Ab antiqua Patrum institutione didicimus, ut quilibet apud haeresim in Trinitatis nomine baptizantur, cum ad sanctam Ecclesiam redeunt, aut unctione chrismatis aut impositione manus aut sola professione fidei ad sinum matris Ecclesiae revocentur. Unde Arianos per impositionem manus Occidens, per unctionem vero sancti chrismatis ad ingressum Ecclesiae catholicae Oriens reformat. Monophysitas vero et alios ex sola vera confessione recipit, quia sanctum baptisma, quod sunt apud haereticos consecuti, tunc in eis vires emundationis accipit, cum vel illi per impositionem manus Spiritum Sanctum acceperint vel isti per professionem verae fidei sanctae et universalis Ecclesiae visceribus fuerint uniti.

Wir haben von der alten Anweisung der **478** Väter gelernt, daß alle, die bei einer Häresie im Namen der Dreifaltigkeit getauft werden, wenn sie zur heiligen Kirche zurückkehren, entweder durch Salbung mit Chrisam oder durch Auflegung der Hand oder durch das bloße Bekenntnis des Glaubens zum Schoß der Mutter Kirche zurückgerufen werden sollen. Daher erneuert der Westen die Arianer durch Auflegung der Hand, der Osten aber durch Salbung mit heiligem Chrisam für den Eintritt in die katholische Kirche. Monophysiten aber und andere nimmt sie allein aufgrund des wahren Bekenntnisses auf, weil die heilige Taufe, die sie bei den Häretikern erlangten, in ihnen dann die Kräfte der Reinigung empfängt, wenn entweder jene

217

Hi vero haeretici, qui in Trinitatis nomine minime baptizantur, sicut sunt Bonosiaci et Catafrigae, quia et illi Christum Dominum non credunt et isti Sanctum Spiritum perverso sensu esse quendam pravum hominem Montanum credunt, ... cum ad sanctam Ecclesiam veniunt, baptizantur, quia baptisma non fuit, quod in errore positi in sanctae Trinitatis nomine minime perceperunt. Nec potest hoc ipsum iteratum dici baptisma, quod, sicut dictum est, in Trinitatis nomine non erat datum. ...

Die Häretiker aber, die nicht im Namen der Dreifaltigkeit getauft werden – wie etwa die Bonosianer und Kataphryger, weil sowohl jene nicht ⟨an⟩ den Herrn Christus glauben als auch diese verkehrterweise glauben, der Heilige Geist sei ein verworfener Mensch namens Montanus –, ... werden, wenn sie zur heiligen Kirche kommen, getauft, weil es keine Taufe war, was sie, als sie sich noch im Irrtum befanden, nicht im Namen der heiligen Dreifaltigkeit empfangen haben. Auch kann man ebendies keine wiederholte Taufe nennen, weil sie – wie gesagt – nicht im Namen der Dreifaltigkeit gespendet worden war. ...

Absque ulla dubitatione eos [scl. Nestorianos reversos] Sanctitas vestra, servatis eis propriis ordinibus, in suo coetu recipiat, ut, dum ... per mansuetudinem nullam eis contrarietatem vel difficultatem de propriis suis ordinibus facitis, eos ab antiqui hostis ore rapiatis.

Ohne jedes Zögern soll Eure Heiligkeit sie [die bekehrten Nestorianer] unter Wahrung ihrer Weihen in ihre Gemeinde aufnehmen, damit Ihr sie, indem ... Ihr ihnen durch Eure Güte keine Ablehnung oder Schwierigkeit wegen ihrer eigenen Weihen macht, vom Schlunde des alten Feindes wegreißt.

### Der Zeitpunkt der hypostatischen Einung

479      Non autem prius in utero Virginis caro concepta est, et postmodum divinitas venit in carne; sed mox Verbum venit in uterum, mox Verbum, servata propriae virtute naturae, factum est caro. ... Nec ante conceptus et postmodum unctus est; sed hoc ipsum de Spiritu Sancto, ex carne Virginis concipi a Sancto Spiritu ungui fuit.

Es ist aber nicht zuerst das Fleisch im Schoß der Jungfrau empfangen worden und die Gottheit danach in das Fleisch gekommen; sondern sobald das Wort in den Schoß kam, wurde das Wort unter Wahrung der Kraft der eigenen Natur Fleisch. ... Auch wurde er nicht zuvor empfangen und danach gesalbt; sondern vom Heiligen Geist aus dem Fleische der Jungfrau empfangen zu werden war dasselbe wie vom Heiligen Geist gesalbt zu werden.

## 480: Brief "Qui sincera" an Bischof Paschasius von Neapel, Nov. 602

*Ausg.:* MGH Epistulae II 383 ( = *Registrum epistolarum* XIII 15) / CpChL 140A,1013f ( = *Registrum epistolarum* XIII 13) / PL 77,1267C–1268B ( = *Registrum epistolarum* XIII 12) / Gratian, *Decretum*, p. I, dist. 45, c. 3 (Frdb 1,160f). – *Reg.:* JR 1879.

### Die Toleranz gegenüber der religiösen Überzeugung anderer

480      Qui sincera intentione extraneos ad christianam religionem, ad fidem cupiunt rectam adducere, blandimentis debent, non asperitatibus, studere, ne quorum mentem reddita

Wer in aufrichtiger Absicht Außenstehende zur christlichen Religion, zum rechten Glauben führen möchte, muß sich mit einnehmenden, nicht mit harten Worten darum

plana ratio poterat provocare, pellat procul adversitas. Nam quicumque aliter agunt et eos sub hoc velamine a consueta ritus sui volunt cultura suspendere, suas illi magis quam Dei probantur causas attendere. Iudaei siquidem Neapolim habitantes questi Nobis sunt asserentes, quod quidam eos a quibusdam feriarum suarum solemnibus irrationabiliter nitantur arcere, ne illis sit licitum, festivitatum suarum solemnia colere, sicut eis nunc usque et parentibus eorum longis retro temporibus licuit observare vel colere. Quod si ita se veritas habet, supervacuae rei videntur operam adhibere. Nam quid utilitatis est, quando, etsi contra longum usum fuerint vetiti, ad fidem illis et conversionem nihil proficit? Aut cur Iudaeis, qualiter caeremonias suas colere debeant, regulas ponimus, si per hoc eos lucrari non possumus?

Agendum ergo est, ut ratione potius et mansuetudine provocati sequi nos velint, non fugere, ut eis ex eorum Codicibus ostendentes quae dicimus ad sinum matris Ecclesiae Deo possimus adiuvante convertere. Itaque fraternitas tua eos monitis quidem, prout potuerit Deo adiuvante, ad convertendum accendat et de suis illos solemnitatibus inquietari denuo non permittat, sed omnes festivitates feriasque suas, sicut hactenus ... tenuerunt, liberam habeant observandi celebrandique licentiam.

bemühen, daß nicht die, deren Geist die Angabe einer klaren Begründung hätte herbeirufen können, Feindseligkeit weit fort treibt. Denn alle, die anders handeln und sie unter diesem Deckmantel von der gewohnten Pflege ihres Ritus abbringen wollen, von denen wird deutlich, daß sie mehr ihre eigenen Sachen als die Gottes betreiben. Es haben sich nämlich Juden, die in Neapel wohnen, bei Uns beklagt und behauptet, daß einige sich unvernünftigerweise darum bemühten, sie an bestimmten Feiern ihrer Feste zu hindern und es ihnen ja nicht zu erlauben, die Feiern ihrer Festlichkeiten so zu begehen, wie es ihnen bis jetzt und ihren Vorfahren vor langen Zeiten erlaubt war, sie zu beachten oder zu begehen. Wenn es sich aber in Wahrheit so verhält, so scheinen sie ihre Mühe auf etwas Überflüssiges zu verwenden. Denn was bringt es für einen Nutzen, wenn es, auch wenn man es ihnen entgegen langdauernder Gewohnheit verbietet, ihnen für den Glauben und die Bekehrung nichts nützt? Oder warum setzen wir für die Juden Regeln fest, wie sie ihre Feierlichkeiten begehen sollen, wenn wir sie dadurch nicht gewinnen können?

Man muß also bewirken, daß sie vielmehr, durch Milde und Vernunft herbeigerufen, uns folgen, nicht fliehen wollen, damit wir sie, indem wir ihnen aus ihren Schriften beweisen, was wir sagen, mit Gottes Hilfe zum Schoß der Mutter Kirche bekehren können. Deshalb soll Deine Brüderlichkeit sie mit Ermahnungen, soweit sie es mit Gottes Hilfe vermag, zur Bekehrung anfeuern und nicht noch einmal zulassen, daß sie wegen ihrer Feierlichkeiten beunruhigt werden; vielmehr sollen sie die uneingeschränkte Erlaubnis haben, alle ihre Feierlichkeiten und Feste so zu beachten und zu feiern, wie sie es bisher ... hielten.

SABINIAN: 13. Sept. 604 – 22. Febr. 606
BONIFATIUS III.: 19. Febr. – 12. Nov. 607
BONIFATIUS IV.: 25. Aug. 608 – 8. Mai 615
DEUSDEDIT (ADEODATUS I.): 19. Okt. 615 – 8. Nov. 618
BONIFATIUS V.: 23. Dez. 619 – 25. Okt. 625

# HONORIUS I.: 27. Okt. 625 – 12. Okt. 638

**485–486: 4. Synode von TOLEDO, begonnen am 5. Dez. 633: Kapitel**

Das Bekenntnis dieser Synode hängt vor allem von den Bekenntnissen *"Fides Damasi"* und *"Quicumque"* (*71f 75f) ab.

     *Ausg.* [*485; 486]: Bruns 1,221; 1,228 / MaC 10,615C–616B; 10,624AB / HaC 3,578E–579C; 3,584C / CdLuc 498f; 511 / CVis 187f; 198. – [*nur *485*]: Hn § 179. – [*nur *486*]: EnchB Nr. 34.

## *Trinitarisch-christologisches Bekenntnis*

**485**    (cap. 1) Secundum divinas Scripturas et doctrinam, quam a sanctis Patribus accepimus, Patrem et Filium et Spiritum Sanctum unius deitatis atque substantiae confitemur; in personarum diversitate trinitatem credentes, in divinitate unitatem praedicantes, nec personas confundimus nec substantiam separamus. Patrem a nullo factum vel genitum dicimus, Filium a Patre non factum sed genitum asserimus, Spiritum vero Sanctum nec creatum nec genitum, sed procedentem ex Patre et Filio profitemur, ipsum autem Dominum nostrum Iesum Christum Filium Dei et creatorem omnium, ex substantia Patris ante saecula genitum, descendisse ultimo tempore pro redemptione mundi a Patre, qui numquam desiit esse cum Patre; incarnatus est enim ex Spiritu Sancto et sancta gloriosa Dei genitrice virgine Maria et natus ex ipsa solus; idem Christus Dominus Iesus unus de sancta Trinitate anima et carne perfectum sine peccato suscipiens hominem, manens quod erat, assumens quod non erat, aequalis Patri secundum divinitatem, minor Patri secundum humanitatem, habens in una persona duarum naturarum proprietates; naturae enim in illo duae, Deus et homo, non autem duo filii et dii duo, sed idem una persona in utraque natura; perferens passionem et mortem pro nostra salute, non in virtute divinitatis, sed in infirmitate humanitatis, descendit ad inferos, ut sanctos, qui ibidem tenebantur, erueret, devictoque mortis imperio resurrexit; assumptus deinde in caelos venturus est in futuro ad iudicium vivorum et mortuorum; cuius morte et sanguine mundati remissionem peccatorum consecuti sumus, resuscitandi ab eo in die novissima in ea qua nunc vivimus carne et in ea qua resurrexit idem Dominus forma, percepturi ab ipso, alii pro iustitiae meritis vitam aeternam, alii pro peccatis supplicii aeterni sententiam.

(Kap. 1) Gemäß den göttlichen Schriften und der Lehre, die wir von den heiligen Vätern empfangen haben, bekennen wir, daß der Vater und der Sohn und der Heilige Geist von e i n e r Gottheit und Substanz ⟨sind⟩; indem wir in der Verschiedenheit der Personen die Dreifaltigkeit glauben und in der Gottheit die Einheit verkünden, vermischen wir weder die Personen noch trennen wir die Substanz. Wir sagen, daß der Vater von niemand gemacht oder gezeugt ⟨wurde⟩, wir behaupten, daß der Sohn vom Vater nicht gemacht, sondern gezeugt ⟨wurde⟩, vom Heiligen Geist aber verkünden wir, daß er weder geschaffen noch gezeugt, sondern aus dem Vater und dem Sohn hervorgehend ⟨ist⟩; unser Herr Jesus Christus selbst aber, der Sohn Gottes und Schöpfer von allem, wurde vor den Zeiten aus der Substanz des Vaters gezeugt; am Ende der Zeit ist er für die Erlösung der Welt vom Vater herabgestiegen, er, der niemals aufgehört hat, mit dem Vater zu sein; er ist nämlich fleischgeworden aus dem Heiligen Geist und der heiligen, glorreichen Gottesgebärerin und Jungfrau Maria und allein er ist aus ihr geboren worden; derselbe Herr Christus Jesus, e i n e r von der heiligen Dreifaltigkeit, hat den in Seele und Fleisch vollständigen Menschen ohne Sünde angenommen, wobei er blieb, was er war, und annahm, was er nicht war; gleich dem Vater in der Gottheit und geringer als der Vater in der Menschheit, hatte er in e i n e r Person die Eigentümlichkeiten zweier Naturen; in ihm ⟨waren⟩ nämlich zwei Naturen, Gott und Mensch, nicht aber zwei Söhne und zwei Götter, sondern derselbe ⟨war⟩ e i n e Person in beiden Naturen; er erduldete Leiden und Tod für unser Heil, nicht in der Kraft der Gottheit, sondern in der Schwachheit der Menschheit; er stieg hinab in die Unterwelt, um die Heiligen, die ebendort festgehalten wurden, herauszuführen, und nachdem er

die Herrschaft des Todes besiegt hatte, ist er auferstanden; danach wurde er in die Himmel aufgenommen und wird in der Zukunft wiederkommen zum Gericht über Lebende und Tote; durch seinen Tod und sein Blut gereinigt, haben wir die Vergebung der Sünden erlangt, um von ihm am Jüngsten Tag in dem Fleisch auferweckt zu werden, in dem wir jetzt leben, und in der Gestalt, in der der Herr auferstanden ist; die einen werden von ihm für die Verdienste der Gerechtigkeit das ewige Leben erhalten, die anderen für ihre Sünden die Verurteilung zur ewigen Pein.

Haec est catholicae Ecclesiae fides, hanc confessionem conservamus atque tenemus, quam quisquis firmissime custodierit perpetuam salutem habebit.

Dies ist der Glaube der katholischen Kirche, dieses Bekenntnis bewahren wir und halten wir fest; jeder, der es ganz fest bewahrt, wird das ewige Heil haben.

### Die Offenbarung des Johannes als Buch der Hl. Schrift

(cap. 17) Apocalypsim librum multorum conciliorum auctoritas et synodica sanctorum praesulum Romanorum decreta Iohannis Evangelistae esse perscribunt et inter divinos libros recipiendum constituerunt. Et quia plurimi sunt, qui eius auctoritatem non recipiunt eumque in ecclesia Dei praedicare contemnunt, si quis eum deinceps aut non receperit aut a Pascha usque ad Pentecosten Missarum tempore in ecclesia non praedicaverit, excommunicationis sententiam habebit.

(Kap. 17) Die Autorität vieler Synoden **486** und die Synodaldekrete der heiligen römischen Vorsteher schreiben das Buch der Apokalypse dem Evangelisten Johannes zu und haben bestimmt, daß es unter die göttlichen Bücher aufzunehmen ist. Und weil es sehr viele gibt, die seine Autorität nicht anerkennen und es verschmähen, es in der Kirche Gottes zu verkünden, wird, wer es künftig entweder nicht anerkennt oder von Ostern bis Pfingsten während der Messen in der Kirche nicht verkündet, exkommuniziert werden.

### 487: Brief "Scripta fraternitatis" an Patriarch Sergius von Konstantinopel, i. J. 634

Anläßlich dieses und des folgenden Briefes stellt sich die Frage nach der Rechtgläubigkeit Honorius' I., den das 3. Konzil von Konstantinopel in seiner 13. Sitzung vom 28. März 681 mit dem Anathema belegte (*550f). Der Brief *Scripta fraternitatis* wurde in der 12. Sitzung des Konzils verlesen, der folgende in der 13. Sitzung, und zwar im lateinischen Originaltext; ob es sich bei dem uns erhaltenen Text um den lateinischen Originaltext (so H. Quentin, *Note sur les originaux latins des lettres des papes Honorius, S. Agathon, et Léon II. relatives a Monothélisme* [Rom 1920]) oder um eine Rückübersetzung aus dem Griechischen handelt, ist umstritten. Der griechische Text des Briefes ist herausgegeben von G. Kreuzer, *Die Honoriusfrage ...* (Päpste und Papsttum 8; Stuttgart 1975) 32–46 (hier 33–42).

*Ausg.:* MaC 11,538D–542D / HaC 3,1319B–1322D / PL 80,471B–473C ( = Brief 4). – *Reg.:* JR 2018.

### Die zwei Willen und Tätigkeiten in Christus

Duce Deo perveniemus usque ad mensuram rectae fidei, quam apostoli veritatis Scripturarum sanctarum funiculo extenderunt: Confitentes Dominum Iesum Christum, mediatorem Dei et hominum [*cf. 1 Tim 2,5*], operatum divina media humanitate Verbo Dei naturaliter [*gr.:* καθ᾽ ὑπόστασιν] uni-

Durch die Führung Gottes werden wir **487** zum Maß des rechten Glaubens gelangen, den die Apostel der Wahrheit durch die Richtschnur der heiligen Schriften ausgebreitet haben, bekennend, daß der Herr Jesus Christus, der Mittler zwischen Gott und den Menschen [*vgl. 1 Tim 2,5*], das Göttliche ge-

ta, eundemque operatum humana ineffabiliter atque singulariter assumpta carne *discrete*
[*gr.:* ἀδιαιρέτως], inconfuse atque inconvertibiliter plena divinitate ..., ut nimirum stupenda mente mirabiliter manentibus utrarumque naturarum differentiis cognoscatur
[*caro passibilis divinitati*] uniri. ...

Unde et unam voluntatem fatemur Domini nostri Iesu Christi, quia profecto a divinitate assumpta est nostra natura, non culpa; illa profecto, quae ante peccatum creata
est, non quae post praevaricationem vitiata.
Christus enim ... sine peccato conceptus de
Spiritu Sancto etiam absque peccato est partus de sancta et immaculata Virgine Dei genitrice, nullum experiens contagium vitiatae
naturae. ... Nam lex alia in membris, aut voluntas diversa non fuit vel contraria Salvatori, quia super legem natus est humanae condicionis. ...

Quia Dominus Iesus Christus, Filius ac
Verbum Dei, "per quem facta sunt omnia" [*Io
1,3*], ipse sit unus operator divinitatis atque
humanitatis, plenae sunt sacrae litterae luculentius demonstrantes. Utrum autem propter
opera divinitatis et humanitatis, una an geminae operationes debeant derivatae dici vel
intelligi, ad nos ista pertinere non debent; reliquentes ea grammaticis, qui solent parvulis
exquisita derivando nomina venditare. Nos
enim non unam operationem vel duas Dominum Iesum Christum eiusque Sanctum
Spiritum sacris litteris percepimus, sed multiformiter cognovimus operatum.

wirkt hat mittels der Menschheit, die mit
dem Wort Gottes naturhaft [*gr.:* der Hypostase nach] geeint war, und daß derselbe das
Menschliche gewirkt hat durch das Fleisch,
das auf unaussprechliche und einzigartige
Weise angenommen und [*gr.:* un-] geschieden, unvermischt und unwandelbar von der
Gottheit erfüllt war ..., so daß offensichtlich
mit erstauntem Geist erkannt wird, daß sich
[*das leidensfähige Fleisch mit der Gottheit*]
eint, während die Unterschiede beider Naturen auf wunderbare Weise bleiben. ...

Daher bekennen wir auch e i n e n Willen
unseres Herrn Jesus Christus, weil in der Tat
unsere Natur, nicht ⟨unsere⟩ Schuld, von der
Gottheit angenommen wurde, jene ⟨Natur⟩
nämlich, die vor dem Sündenfall erschaffen
wurde, nicht die nach der Übertretung verdorbene. Christus nämlich ..., der ohne Sünde vom Heiligen Geist empfangen wurde,
wurde auch ohne Sünde von der heiligen und
unbefleckten Jungfrau ⟨und⟩ Gottesgebärerin
geboren, ohne irgendeine Berührung mit der
verdorbenen Natur erfahren zu haben. ...
Denn es war in seinen Gliedern kein anderes
Gesetz und auch kein Wille, der verschieden
oder dem Erlöser entgegengesetzt war, da er
frei vom Gesetz der menschlichen Daseinsbedingung geboren wurde. ...

Daß der Herr Jesus Christus, Sohn und
Wort Gottes, "durch den alles geworden ist"
[*Joh 1,3*], selbst der eine Wirkende der Gottheit und Menschheit ist, das zeigen die gesamten heiligen Schriften deutlich. Ob man
aber wegen der Werke der Gottheit und der
Menschheit von e i n e r oder von zwei abgeleiteten Tätigkeiten reden und denken soll,
das soll für uns nicht von Belang sein; wir
überlassen das den Grammatiklehrern, die
den Kinderchen durch Ableitung gewonnene
Begriffe zu verkaufen pflegen. Wir nämlich
haben aus den heiligen Schriften nicht gelernt, daß der Herr Jesus Christus und sein
Heiliger Geist e i n e oder zwei Tätigkeiten
⟨habe⟩, sondern wir haben erkannt, daß er
vielgestaltig gewirkt hat.

**488: Brief "Scripta dilectissimi filii" an Sergius von Konstantinopel, i. J. 634**

Nach C. Silva Tarouca ist der Brief unecht: Greg 12 (1931) 44-46.
   *Ausg.:* MaC 11,579D-582A / HaC 3,1351E-1354B / PL 80,475A-C (= Brief 5). – *Reg.:* JR 2024 mit
Zusätzen.

222

### Die zwei Tätigkeiten in Christus

... Quantum ad dogma ecclesiasticum pertinet, quae tenere vel praedicare debemus propter simplicitatem hominum et amputandas inextricabiles quaestionum ambages ..., non unam vel duas operationes in mediatore Dei et hominum definire, sed utrasque naturas in uno Christo unitate naturali copulatas, cum alterius communicatione operantes atque operatrices confiteri debemus, et divinam quidem, quae Dei sunt, operantem, et humanam, quae carnis sunt, exsequentem: non divise, neque confuse, aut convertibiliter, Dei naturam in hominem et humanam in Deum conversam edocentes: sed naturarum differentias integras confitentes. ...

Auferentes ergo ... scandalum novellae adinventionis, non nos oportet unam vel duas operationes definientes praedicare; sed pro una, quam quidam dicunt, operatione oportet nos unum operatorem Christum Dominum in utrisque naturis veridice confiteri: et pro duabus operationibus, ablato geminae operationis vocabulo, ipsas potius duas naturas, id est divinitatis et carnis assumptae, in una persona unigeniti Dei Patris inconfuse, indivise, atque inconvertibiliter nobiscum praedicare propria operantes.

... Was die kirchliche Lehre betrifft, ⟨d. h. **488** das,⟩ was wir festhalten bzw. verkünden sollen, so dürfen wir wegen der Einfältigkeit der Menschen und um den undurchdringbaren Wirren der Streitigkeiten ein Ende zu setzen ..., nicht e i n e oder zwei Tätigkeiten im Mittler zwischen Gott und den Menschen festsetzen, sondern müssen bekennen, daß jede der beiden Naturen, in dem einen Christus in natürlicher Einheit verbunden, in Verbindung mit der jeweils anderen wirkt und wirkkräftig ist, und zwar daß die göttliche das, was Gottes ist, wirkt, und die menschliche das, was des Fleisches ist, ausführt: Wir lehren, daß – nicht getrennt noch vermischt oder wandelbar – die Natur Gottes sich in den Menschen und die menschliche in Gott verwandelt hat, sondern bekennen, daß die Unterschiede der Naturen unversehrt sind. ...

Wollen wir also ... das Ärgernis der neuen Erfindung beseitigen, so dürfen wir nicht e i n e oder zwei Tätigkeiten festsetzen und verkünden, sondern anstelle der einen Tätigkeit, die manche behaupten, müssen wir den einen in beiden Naturen Wirkenden, Christus, den Herrn, wahrhaftig bekennen; und anstelle der zwei Tätigkeiten muß man den Begriff der doppelten Tätigkeit beseitigen und vielmehr mit uns verkünden, daß die zwei Naturen selbst, nämlich die der Gottheit und die des angenommenen Fleisches, in der einen Person des Einziggeborenen Gottes, des Vaters, unvermischt, ungeteilt und unwandelbar das ihnen Eigene wirken.

**490-493: 6. Synode von TOLEDO, begonnen am 9. Jan. 638**

*Ausg.:* Bruns 1,250f / MaC 10,661D-663B / HaC 3,601D-603A ( = Kap. 1) / Hn § 180 / CdLuc 553₈-555₈ / CVis 233-235.

### Die Dreifaltigkeit und der Sohn Gottes, der fleischgewordene Erlöser

Credimus et confitemur sacratissimam et omnipotentissimam Trinitatem, Patrem et Filium et Spiritum Sanctum, unum Deum solum non solitarium, unius essentiae, virtutis, potestatis, maiestatis uniusque naturae, discretam inseparabiliter personis, indiscretam essentialiter substantia deitatis creatricem omnium creaturarum; Patrem ingenitum, increatum, fontem et originem totius divinita-

Wir glauben und bekennen, daß die heilig- **490** ste und allmächtigste Dreifaltigkeit, der Vater und der Sohn und der Heilige Geist, nur e i n Gott ⟨ist, aber⟩ kein einsamer, von e i - n e r Wesenheit, Kraft, Macht, Erhabenheit und e i n e r Natur, untrennbar unterschieden in den Personen, wesenhaft ununterschieden in der Substanz der Gottheit, die Schöpferin aller Geschöpfe; der Vater ⟨ist⟩, ungezeugt

tis; Filium a Patre intemporaliter ante omnem creaturam sine initio genitum, non creatum; nam nec Pater umquam sine Filio nec Filius exsistit sine Patre, sed tamen Filius Deus de Patre Deo, non Pater Deus de Filio Deo, Pater Filii non Deus de Filio; ille autem Filius Patris et Deus de Patre, per omnia coaequalis Patri, Deus verus de Deo vero; Spiritum vero Sanctum neque genitum neque creatum, sed de Patre Filioque procedentem utriusque esse Spiritum; ac per hoc substantialiter unum sunt, quia et unus ab utroque procedit. In hac autem Trinitate tanta est unitas substantiae, ut pluralitate careat et aequalitatem teneat, nec minor in singulis quam in omnibus, nec maior in omnibus quam in singulis maneat personis.

**491** Ex his igitur tribus divinitatis personis solum Filium fatemur ad redemptionem humani generis propter culparum debita, quae per inoboedientiam Adae originaliter et nostro libero arbitrio contraxeramus, resolvenda, a secreto Patris arcanoque prodiisse, et hominem sine peccato de sancta semper virgine Maria assumpsisse, ut idem Filius Dei Patris esset filius hominis, Deus perfectus et homo perfectus, ut homo et Deus esset unus Christus naturis in duabus, in persona unus, ne quaternitas trinitati accederet, si in Christo persona geminata esset. Ergo a Patre et Spiritu Sancto inseparabiliter discretus est persona, ab homine autem assumpto natura; item cum eodem homine unus exstat persona, cum Patre et Spirito Sancto natura, ac sicut diximus, ex duabus naturis et una persona unus est Dominus noster Iesus Christus, in forma divinitatis aequalis Patri, in forma servi minor Patre; hinc enim est vox eius in Psalmo [*21,11*]: "De ventre matris meae Deus meus es tu". Natus itaque a Deo sine matre, natus a virgine sine patre solus, "Verbum caro factum est et habitavit in nobis" [*Io 1,14*]; et cum tota cooperata sit Trinitas formationem suscepti hominis, quoniam inseparabilia sunt opera Trinitatis, solus tamen accepit hominem in singularitate personae, non in unitate divinae naturae, in id quod est proprium Filii, non quod commune Trinitati; nam si na-

und ungeschaffen, Quell und Ursprung der ganzen Gottheit; der Sohn ⟨wurde⟩ vom Vater zeitlos vor jedem Geschöpf ohne Anfang gezeugt, nicht geschaffen; denn weder ist der Vater jemals ohne den Sohn noch der Sohn ohne den Vater, aber dennoch ist der Sohn von Gott Vater her Gott, nicht der Vater von Gott Sohn her Gott, der Vater des Sohnes nicht Gott vom Sohn; dieser aber ⟨ist⟩ Sohn des Vaters und Gott vom Vater, in allem dem Vater gleich, wahrer Gott vom wahren Gott; der Heilige Geist aber ist weder gezeugt noch geschaffen, sondern vom Vater und Sohn hervorgehender Geist von beiden; und dadurch sind sie substanzhaft eins, weil auch e i n e r von beiden hervorgeht. In dieser Dreifaltigkeit aber herrscht eine so große Einheit der Substanz, daß sie frei ist von Mehrzahl und die Gleichheit bewahrt, und weder in den einzelnen Personen geringer als in allen noch in allen größer als in den einzelnen bleibt.

Von diesen drei Personen der Gottheit also, so bekennen wir, ist allein der Sohn zur Erlösung des Menschengeschlechts, um die Sündenschulden zu tilgen, die wir uns am Anfang durch den Ungehorsam Adams und durch unseren freien Willen zugezogen hatten, aus dem Geheimnis und der Verborgenheit des Vaters hervorgetreten und hat den Menschen ohne Sünde von der heiligen, allzeit jungfräulichen Maria angenommen, so daß derselbe Sohn Gottes, des Vaters, auch Menschensohn ist, vollkommener Gott und vollkommener Mensch, so daß der eine Christus Mensch und Gott in zwei Naturen ist, e i n e r in der Person, damit nicht zur Dreifaltigkeit eine Vierheit hinzutrete, wenn in Christus die Person verdoppelt wäre. Also ist er vom Vater und vom Heiligen Geist untrennbar unterschieden durch die Person, vom angenommenen Menschen aber durch die Natur; ebenso ist er mit eben diesem Menschen e i n e r in der Person, mit dem Vater und dem Heiligen Geist in der Natur, und unser Herr Jesus Christus ist, wie wir gesagt haben, aus zwei Naturen und in e i n e r Person e i n e r, in der Gestalt der Gottheit dem Vater gleich, in der Gestalt des Knechtes geringer als der Vater; von daher nämlich ist sein Wort im Psalm [*22,11*] ⟨zu verstehen⟩: "Vom Schoße meiner Mutter an bist Du mein Gott." Er allein also wurde geboren von Gott

turam hominis Deique alteram in altera con-
fudisset, tota Trinitas corpus assumpsisset,
quoniam constat naturam Trinitatis esse
unam, non tamen personam.

ohne Mutter, geboren von der Jungfrau ohne
Vater, und "das Wort ist Fleisch geworden
und hat unter uns gewohnt" [*Joh 1,14*]; und
obwohl die gesamte Dreifaltigkeit die Gestaltung des angenommenen Menschen gemeinsam wirkte – da ja die Werke der Dreifaltigkeit untrennbar sind –, so hat dennoch
er allein den Menschen in der Einzigkeit der
Person, nicht in der Einheit der göttlichen
Natur, in das aufgenommen, was dem Sohn
eigen ist, nicht was der Dreifaltigkeit gemeinsam ist; denn wenn er die Natur des
Menschen und Gottes gegenseitig vermischt
hätte, so hätte die gesamte Dreifaltigkeit den
Leib angenommen, da ja bekanntlich die Natur der Dreifaltigkeit e i n e ist, nicht jedoch
die Person.

Hic igitur Dominus Iesus Christus missus
a Patre, suscipiens quod non erat, nec amit-
tens quod erat, inviolabilis de suo, mortalis
de nostro, venit in hunc mundum peccatores
salvos facere et credentes iustificare, facien-
sque mirabilia, traditus est propter delicta nostra, mortuus est propter expiationem nostram, resurrexit propter iustificationem nostram, cuius livore sanati [*Is 53,5*], cuius morte Deo Patri reconciliati, cuius resurrectione
sumus resuscitati; quem etiam venturum in
fine exspectamus saeculorum et cum resurrectione omnium aequissimo suo iudicio redditurum iustis praemia et impiis poenas.

Dieser Herr Jesus Christus also wurde **492**
vom Vater gesandt; indem er annahm, was er
nicht war, ohne zu verlieren, was er war, unverletzlich aufgrund des Seinigen, sterblich
aufgrund des Unsrigen, kam er in diese Welt,
um die Sünder zu erretten und die Glaubenden zu rechtfertigen; und er tat Wunder, wurde wegen unserer Vergehen überliefert und
ist gestorben um unserer Entsühnung willen;
er ist auferstanden um unserer Rechtfertigung willen; durch seine Wunde sind wir geheilt [*Jes 53,5*], durch seinen Tod mit Gott,
dem Vater versöhnt und durch seine Auferstehung auferweckt; wir erwarten auch, daß
er am Ende der Zeiten kommen wird und zugleich mit der Auferstehung aller nach seinem gerechtesten Urteil den Gerechten ihre
Belohnungen und den Gottlosen ihre Strafen
zuteilen wird.

Ecclesiam quoque catholicam credimus
sine macula in opere et absque ruga [*cf. Eph
5,23-27*] in fide corpus eius esse, regnumque
habituram cum Capite suo omnipotente
Christo Iesu, postquam hoc corruptibile induerit incorruptionem et mortale immortalitatem [*1 Cor 15,53*] "ut sit Deus omnia in omnibus" [*ib. 15,28*].

Wir glauben auch, daß die katholische Kir- **493**
che ohne Makel im Werk und ohne Runzel
[*vgl. Eph 5,23-27*] im Glauben sein Leib ist,
und daß sie die Herrschaft innehaben wird
mit ihrem Haupt, dem allmächtigen Christus
Jesus, nachdem dieses Verwesliche Unverweslichkeit und ⟨dieses⟩ Sterbliche Unsterblichkeit angezogen hat [*1 Kor 15,53*], "damit
Gott alles in allem sei" [*ebd. 15,28*].

Hac fide corda purificantur [*cf. Act 15,9*],
hac haereses exstirpantur, in hac omnis Ecclesia collocata iam in regno caelesti et degens
in saeculo praesenti gloriatur, et non est in
alia fide salus: "Nec enim nomen aliud est
sub caelo datum hominibus, in quo oporteat

Durch diesen Glauben werden die Herzen
gereinigt [*vgl. Apg 15,9*], durch ihn werden
die Häresien ausgerottet, in ihm ist die ganze
Kirche schon im Himmelreich angesiedelt
und rühmt sich, solange sie in der gegenwärtigen Zeit verweilt; und in einem anderen

nos salvos fieri" [*Act 4,12*].

Glauben ist kein Heil: "Es ist nämlich den Menschen unter dem Himmel auch kein anderer Name gegeben, in dem wir gerettet werden sollen" [*Apg 4,12*].

SEVERINUS: 28. Mai – 2. Aug. 640

## JOHANNES IV.: 24. Dez. 640 – 12. Okt. 642

### 496–498: Brief "Dominus qui dixit" an Kaiser Konstantin III. (Verteidigung für Papst Honorius), Frühjahr 641

Es handelt sich um eine Rückübersetzung aus dem Griechischen; das lateinische Original ist verloren.

*Ausg.:* PL 80,603B–606B; 129,562C–565C ( = Anastasius Bibliothecarius, *Collectanea ad Iohannem diaconum*) / MaC 10,683B–685E / HaC 3,611A–613C. – *Reg.:* ClPL 1729; JR 2042.

*Die Bedeutung der Worte des Honorius über die zwei Willen*

**496**      Sergius rev. mem. patriarcha praedicto sanctae record. Romanae urbis pontifici [*Honorio*] significavit, quod quidam in Redemptore nostro Domino Iesu Christo duas contrarias dicerent voluntates; quo praefatus papa comperto rescripsit ei, quia Salvator noster, sicut esset monadicus unus, ita et mirabiliter super omne genus hominum conceptus et natus esset. Ex sancta quoque ipsius incarnata dispensatione docebat, quia Redemptor noster, sicut esset Deus perfectus, ita esset et homo perfectus: ut, quam primus homo per praevaricationem amisit, sine aliquo peccato natus primae imaginis nobilem originem renovaret. Natus ergo est secundus Adam nullum habens nascendo vel cum hominibus conversando peccatum; etenim Verbum caro factum in similitudine carnis peccati omnia nostra suscepit, nullum reatus vitium ferens ex traduce praevaricationis exortum. ...

Ergo unus et solus est sine peccato mediator Dei et hominum homo Christus Iesus [*cf. 1 Tim 2,5*], qui in mortuis liber conceptus et natus est. In dispensatione itaque sanctae carnis suae duas numquam habuit contrarias voluntates, nec repugnavit voluntati mentis eius voluntas carnis ipsius. ...

Patriarch Sergius ehrwürdigen Angedenkens hat den genannten Bischof von Rom [*Honorius*] heiligen Angedenkens davon benachrichtigt, daß manche zwei entgegengesetzte Willen in unserem Herrn und Erlöser Jesus Christus behaupteten; nachdem der genannte Papst dies erfahren hatte, schrieb er ihm zurück, daß unser Erlöser, so wie er eine einzige Einheit bilde, so auch auf wunderbare Weise über jegliche Menschenart hinaus empfangen und geboren worden sei. Auch aufgrund seines heiligen Heilshandelns im Fleische lehrte er, daß unser Erlöser, so wie er vollkommener Gott sei, so auch vollkommener Mensch sei, um, ohne irgendeine Sünde geboren, den edlen Urzustand des ersten Ebenbildes, den der erste Mensch durch die Übertretung verloren hat, wiederherzustellen. Er wurde also als zweiter Adam geboren, der keine Sünde hatte durch die Geburt oder den Umgang mit den Menschen; denn das in der Ähnlichkeit mit dem Fleisch der Sünde Fleisch gewordene Wort nahm all das Unsrige an, ohne irgendeine aus der Vererbung der Übertretung entstandene Sündenschuld zu tragen. ...

Also ist der eine und alleinige Mittler ohne Sünde zwischen Gott und den Menschen der Mensch Christus Jesus [*vgl. 1 Tim 2,5*], der inmitten der Toten frei empfangen und geboren wurde. Er hatte also im Heilshandeln seines heiligen Fleisches niemals zwei entgegengesetzte Willen, noch stand der

Unde scientes, quod nullum in eo, cum nasceretur et conversaretur, esset omnino peccatum, decenter dicimus et veraciter confitemur, unam voluntatem in sanctae ipsius dispensationis humanitate, et non duas contrarias mentis et carnis praedicamus, secundum quod quidam haeretici velut in puro homine delirare noscuntur.

Secundum hunc igitur modum ... [*Honorius papa Sergio*] scripsisse dignoscitur, quia in Salvatore nostro duae voluntates contrariae, id est in membris ipsius [*cf. Rm 7,23*], penitus non consistunt, quoniam nihil vitii traxit ex praevaricatione primi hominis. ...

Sed ne quis nonnumquam minus intellegens [*Honorium*] reprehendat, quamobrem de humana tantum natura et non etiam de divina natura docere sciatur: ... debet qui super hoc ambigit scire, quoniam ad hoc facta est responsio ad iam dicti patriarchae interrogationem. Praeterea et hoc fieri solet, ut scilicet ubi est vulnus, ibi medicinale occurrat auxilium. Nam et beatus Apostolus hoc saepe fecisse dignoscitur, se secundum auditorum consuetudinem praeparans; et aliquando quidem de suprema natura docens, de humana penitus tacet; aliquando vero de humana dispensatione disputans, mysterium divinitatis eius non tangit. ...

Praedictus ergo decessor meus docens de mysterio incarnationis Christi dicebat, non fuisse in eo, sicut in nobis peccatoribus, mentis et carnis contrarias voluntates. Quod quidam ad proprium sensum convertentes, divinitatis eius et humanitatis unam eum voluntatem docuisse suspicati sunt, quod veritati omnimodis est contrarium.

---

Wille seines Fleisches im Widerspruch mit dem Willen seines Geistes. ...

Da wir also wissen, daß in ihm, als er geboren wurde und ⟨mit den Menschen⟩ verkehrte, überhaupt keine Sünde war, erklären wir, wie es sich gehört, und bekennen wahrhaftig e i n e n Willen in der Menschheit seines heiligen Heilshandelns und verkünden nicht zwei entgegengesetzte ⟨Willen⟩ des Geistes und des Fleisches wie in einem bloßen Menschen, so wie das offenbar einige Häretiker daherphantasieren.

Auf diese Weise also hat ... [*Papst Honorius dem Sergius*] offensichtlich geschrieben, **497** daß in unserem Erlöser zwei entgegengesetzte Willen, d. h. in seinen Gliedern [*vgl. Röm 7,23*], überhaupt nicht vorhanden sind, da er ja aus der Übertretung des ersten Menschen keinerlei Schaden auf sich zog. ...

Damit jedoch kein Unverständiger [*Honorius*] irgendwann tadle, weshalb er offensichtlich nur von der menschlichen Natur und nicht auch von der göttlichen Natur spreche, ... so muß, wer darüber streitet, wissen, daß die Antwort ja auf eben die Anfrage des schon erwähnten Patriarchen erfolgte. Auch sonst pflegt dies zu geschehen, daß nämlich dort, wo die Wunde ist, medizinische Hilfe geleistet wird. Denn auch der selige Apostel hat dies offensichtlich oft getan, wenn er sich auf die Gewohnheit der Zuhörer einstellte; einmal nämlich, wenn er von der höchsten Natur spricht, schweigt er von der menschlichen völlig; ein andermal aber, wenn er vom menschlichen Heilshandeln redet, berührt er das Geheimnis seiner Göttlichkeit nicht. ...

Mein vorher genannter Vorgänger also **498** sagte in seiner Lehre über das Geheimnis der Menschwerdung Christi, es seien in ihm nicht, wie in uns Sündern, entgegengesetzte Willen des Geistes und des Fleisches gewesen. Dies haben einige zu ihrer eigenen Auffassung verdreht und vermutet, er habe e i n e n Willen seiner Gottheit und Menschheit gelehrt, was der Wahrheit ganz und gar entgegengesetzt ist.

---

THEODOR I.: 24. Nov. 642 – 14. Mai 649

## MARTIN I.: 5.(?) Juli 649 - 17. Juni 653 (16. Sept. 655)

(Verbannt am 17. Juni 653, gestorben am 16. Sept. 655; noch zu seinen Lebzeiten, am 10. Aug. 654, wurde Eugen I. zum Nachfolger gewählt.)

### 500-522: Synode im LATERAN, 5.-31. Okt. 649

Sie wurde abgehalten gegen die Monotheleten. Ihre Akten liegen sowohl auf lateinisch als auch auf griechisch vor. Bei dem lateinischen Text handelt es sich wahrscheinlich um die Übersetzung einer griechischen Vorlage, die im wesentlichen auf Maximus Confessor zurückgeht (R. Riedinger, in: Paradosis 27 [Fribourg 1982] 111-121). Im folgenden werden der lateinische und der griechische Text angeführt. Vorbild für die wichtigen Kanones 10 und 11 war die von Maximus Confessor in der *Disputatio cum Pyrrho Constantinopolitano* im Jahre 645 geprägte Formel: "Derselbe war seinen beiden Naturen nach willensbegabt und handlungsfähig zu unserem Heil" («κατ' ἄμφω ... τὰς αὐτοῦ φύσεις θελητικὸς ἦν ὁ αὐτὸς καὶ ἐνεργητικὸς τῆς ἡμῶν σωτηρίας»: PG 91,289C; vgl. auch 320C).

*Ausg.* [*Bekenntnis; Kanones*]: ACOe, 2. Ser., 1,364-387 / MaC 10,1149DE (gr.) 1150DE (lat.); 10,1151B-1162A / HaC 3,920E-921A 919E; 922B-925D / Hn § 181 und Anm. zu S. 238.

### 5. Sitzung, 31. Okt. 649

#### a) Glaubensbekenntnis

*Die zwei Willen und Tätigkeiten in Christus*

[*Das Bekenntnis ist fast nur eine Wiederholung des Bekenntnisses von Chalkedon (*301f); ihm wurde jedoch der im folgenden angeführte Abschnitt eingefügt, und zwar nach den Worten:*] der einziggeborene Sohn, Gott, das Wort, der Herr Jesus Christus, ist nicht in zwei Personen geteilt oder getrennt, sondern ist ein und derselbe / οὐκ εἰς δύο πρόσωπα μεριζόμενον ἢ διαιρούμενον, ἀλλ' ἕνα καὶ τὸν αὐτὸν υἱὸν μονογενῆ Θεὸν λόγον, κύριον Ἰησοῦν Χριστόν, / non in duas personas partitum aut divisum, sed unum eundemque Filium et unigenitum Deum Verbum Dominum Iesum Christum:

| [*Versio latina*] | [*Versio graeca*] | [*Lateinische Fassung*] | [*Griechische Fassung*] |
|---|---|---|---|
| **500** et duas eiusdem sicuti naturas unitas inconfuse, ita et duas naturales voluntates, divinam et humanam, in approbatione perfecta et indiminuta eundem veraciter esse perfectum Deum et hominem perfectum secundum veritatem, eundem atque unum Dominum nostrum et Deum Iesum Christum, utpote volentem et operantem divine et humane nostram salutem, | καὶ τούτου δύο καθάπερ τὰς φύσεις ἠνωμένας ἀσυγχύτως, ἀδιαιρέτως, οὕτω καὶ δύο τὰ κατὰ φύσιν θελήματα θεῖόν τε καὶ ἀνθρώπινον, καὶ δύο τὰς φυσικὰς ἐνεργείας, θείαν τε καὶ ἀνθρωπίνην, εἰς πίστωσιν ἐντελῆ καὶ ἀπαράλειπτον, τοῦ, Θεὸν φύσει τέλειον ἀληθῶς, μόνης δίχα τῆς ἁμαρτίας, τὸν αὐτὸν καὶ ἕνα κύριον ἡμῶν καὶ Θεὸν Ἰησοῦν Χριστὸν ὑπάρχειν, ὡς θελοντά τε καὶ ἐνεργοῦντα θεϊκῶς ἅμα καὶ ἀνθρωπικῶς τὴν ἡμῶν σωτηρίαν, | und wie ⟨wir⟩ seine zwei unvermischt geeinten Naturen ⟨bekennen⟩, so auch seine zwei natürlichen Willen, den göttlichen und den menschlichen, um vollkommen und uneingeschränkt zu bekräftigen, daß ein und derselbe, unser Herr und Gott Jesus Christus, ebenso wahrhaftig vollkommener Gott und wahrhaftig vollkommener Mensch ist, weil er auf göttliche Weise und menschliche Weise unser Heil wollte und wirkte, | und wie ⟨wir⟩ seine zwei unvermischt und ungetrennt geeinten Naturen ⟨bekennen⟩, so auch seine zwei natürlichen Willen, den göttlichen und den menschlichen, und seine zwei natürlichen Tätigkeiten, die göttliche und die menschliche, um vollkommen und uneingeschränkt zu bekräftigen, daß ein und derselbe, unser Herr und Gott Jesus Christus, wahrhaftig seiner Natur nach vollkommener Gott ist, ausgenommen allein die Sünde, weil er zugleich auf gött- |

liche Weise und menschliche Weise unser Heil wollte und wirkte,

[*danach wird das Bekenntnis von Chalkedon fortgesetzt:*] wie früher die Propheten über ihn ... / καθάπερ ἄνωθεν οἱ προφῆται περὶ αὐτοῦ ... / sicut superius prophetae de eo ...

## b) Kanones

### *Verurteilung von Irrtümern in bezug auf die Dreifaltigkeit und Christus*

**Can. 1.** Si quis secundum sanctos Patres non confitetur proprie et veraciter Patrem et Filium et Spiritum Sanctum, trinitatem in unitate et unitatem in trinitate, hoc est, unum Deum in tribus subsistentiis consubstantialibus et aequalis gloriae, unam eandemque trium deitatem, naturam, substantiam, virtutem, potentiam, regnum, imperium, voluntatem, operationem, inconditam, sine initio, incomprehensibilem, immutabilem, creatricem omnium et protectricem, condemnatus sit.

α΄. Εἴ τις οὐχ ὁμολογεῖ κατὰ τοὺς ἁγίους πατέρας κυρίως καὶ ἀληθῶς πατέρα καὶ υἱὸν καὶ πνεῦμα ἅγιον, τριάδα ἐν μονάδι, καὶ μονάδα ἐν τριάδι, τουτέστιν ἕνα Θεὸν ἐν τρισὶν ὑποστάσεσιν ὁμοουσίοις καὶ ὁμοδόξοις, μίαν καὶ τὴν αὐτὴν τῶν τριῶν θεότητα, φύσιν, οὐσίαν, δύναμιν, κυριότητα, βασιλείαν, ἐξουσίαν, θέλησιν, ἐνέργειαν, δεσποτείαν, ἄκτιστον, ἄναρχον, ἄπειρον, ἀναλλοίωτον, δημιουργικὴν τῶν ὄντων, καὶ προνοητικήν, καὶ συνεκτικήν, εἴη κατάκριτος.

**Kan. 1:** Wer nicht gemäß den heiligen Vätern im eigentlichen Sinne und wahrhaftig den Vater und den Sohn und den Heiligen Geist bekennt, die Dreifaltigkeit in der Einheit und die Einheit in der Dreifaltigkeit, das heißt, den einen Gott in drei wesensgleichen und gleich ruhmreichen Hypostasen, ein und dieselbe Gottheit der drei, ⟨eine⟩ Natur, Substanz, Kraft, Macht, Königtum, Gewalt, Willen, Tätigkeit, die ungeschaffen, ohne Anfang, unbegreiflich, unveränderlich die Schöpferin und Beschützerin von allem ist, der sei verurteilt.

**Kan. 1:** Wer nicht gemäß den heiligen Vätern im eigentlichen Sinne und wahrhaftig den Vater und den Sohn und den Heiligen Geist bekennt, die Dreifaltigkeit in der Einheit und die Einheit in der Dreifaltigkeit, das heißt, ⟨den⟩ einen Gott in drei wesensgleichen und gleich ruhmreichen Hypostasen, ein und dieselbe Gottheit der drei, ⟨eine⟩ Natur, Wesenheit, Kraft, Macht, Königtum, Gewalt, Willen, Tätigkeit, Herrschaft, die ungeschaffen, anfangslos, unendlich, unveränderlich die Schöpferin, Fürsorgerin und Erhalterin des Seienden ist, der sei verurteilt. **501**

**Can. 2.** Si quis secundum sanctos Patres non confitetur proprie et secundum veritatem ipsum unum sanctae et consubstantialis et venerandae Trinitatis Deum Verbum e caelo descendisse, et incarnatum ex Spiritu

β΄. Εἴ τις οὐχ ὁμολογεῖ κατὰ τοὺς ἁγίους πατέρας κυρίως καὶ ἀληθῶς αὐτὸν τὸν ἕνα τῆς ἁγίας καὶ ὁμοουσίου καὶ προσκυνητῆς τριάδος Θεὸν λόγον κατελθόντα ἐκ τῶν οὐρανῶν, καὶ σαρκωθέντα ἐκ

**Kan. 2:** Wer nicht gemäß den heiligen Vätern im eigentlichen Sinne und der Wahrheit entsprechend bekennt, daß Einer der heiligen, wesensgleichen und verehrungswürdigen Dreifaltigkeit, Gott, das Wort, selbst, aus

**Kan. 2:** Wer nicht gemäß den heiligen Vätern im eigentlichen Sinne und wahrhaftig bekennt, daß der Eine der heiligen, wesensgleichen und verehrungswürdigen Dreifaltigkeit, Gott, das Wort, selbst, aus den **502**

**Spalte 1 (Latein)**

Sancto et Maria semper virgine, et hominem factum, crucifixum carne, propter nos sponte passum sepultumque, et resurrexisse tertia die, et ascendisse in caelos, atque sedentem in dextera Patris, et venturum iterum cum gloria paterna cum assumpta ab eo atque animata intellectualiter carne eius, iudicare vivos et mortuos, condemnatus sit.

**503**   Can. 3. Si quis secundum sanctos Patres non confitetur proprie et secundum veritatem Dei genitricem sanctam semperque virginem et immaculatam Mariam, utpote ipsum Deum Verbum specialiter et veraciter, qui a Deo Patre ante omnia saecula natus est, in ultimis saeculorum absque semine concepisse ex Spiritu Sancto, et incorruptibiliter eam genuisse, indissolubili permanente et post partum eiusdem virginitate, condemnatus sit.

**Spalte 2 (Griechisch)**

πνεύματος ἁγίου, καὶ Μαρίας τῆς παναγίας ἀειπαρθένου καὶ ἐνανθρωπήσαντα, σταυρωθέντα τε καὶ σαρκὶ δι' ἡμᾶς καὶ τὴν ἡμῶν σωτηρίαν ἑκουσίως, καὶ παθόντα καὶ ταφέντα καὶ ἀναστάντα τῇ τρίτῃ ἡμέρᾳ, καὶ ἀνελθόντα εἰς τοὺς οὐρανούς, καὶ καθήμενον ἐν δεξιᾷ τοῦ πατρός, καὶ ἥξοντα πάλιν σὺν τῇ πατρικῇ αὐτοῦ δόξῃ, μεθ' ἧς προσείληφε νοερῶς ἐψυχωμένης σαρκὸς κρῖναι ζῶντας καὶ νεκρούς, εἴη κατάκριτος.

γʹ. Εἴ τις οὐχ ὁμολογεῖ κατὰ τοὺς ἁγίους πατέρας κυρίως καὶ ἀληθῶς θεοτόκον τὴν ἁγίαν ἀειπάρθενον ἄχραντον Μαρίαν ὡς αὐτὸν κυρίως καὶ ἀληθῶς τὸν ἐκ Θεοῦ πατρὸς γεννηθέντα πρὸ πάντων τῶν αἰώνων Θεὸν λόγον ἐπ' ἐσχάτων τῶν αἰώνων ἀσπόρως συλλαβοῦσαν ἐκ πνεύματος ἁγίου, καὶ ἀφθόρως γεννήσασαν ἀλύτου μεινάσης αὐτῆς καὶ μετὰ τόκον τῆς παρθενίας, εἴη κατάκριτος.

**Spalte 3 (Deutsch)**

dem Himmel herabgestiegen ist und fleischgeworden ist aus dem Heiligen Geist und Maria, der immerwährenden Jungfrau, Mensch geworden ist, im Fleisch gekreuzigt wurde, unsertwegen freiwillig gelitten hat und begraben wurde, am dritten Tag auferstanden ist und in die Himmel hinaufgestiegen ist, zur Rechten des Vaters sitzt und in der Herrlichkeit des Vaters mit seinem Fleisch, das von ihm angenommen wurde und vernünftig beseelt ist, wiederum kommen wird, Lebende und Tote zu richten, der sei verurteilt.

Kan. 3: Wer nicht gemäß den heiligen Vätern im eigentlichen Sinne und der Wahrheit entsprechend die heilige, allzeit jungfräuliche und unbefleckte Maria als Gottesgebärerin bekennt, da sie ja eigentlich und wahrhaftig Gott, das Wort, selbst, der vor allen Zeiten von Gott, dem Vater, geboren wurde, am Ende der Zeiten ohne Samen aus dem Heiligen Geist empfangen und unverletzlich geboren hat, wobei ihre Jungfrauschaft auch nach seiner Geburt unzer-

**Spalte 4 (Deutsch)**

Himmeln herabgestiegen ist und fleischgeworden ist aus Heiligem Geist und Maria, der allheiligen immerwährenden Jungfrau, Mensch geworden ist, im Fleisch unsertwegen und um unseres Heiles willen freiwillig gekreuzigt wurde, gelitten hat und begraben wurde, am dritten Tag auferstanden ist und in die Himmel hinaufgestiegen ist, zur Rechten des Vaters sitzt und in der Herrlichkeit seines Vaters mit dem vernünftig beseelten Fleisch, das er angenommen hat, wiederum kommen wird, Lebende und Tote zu richten, der sei verurteilt.

Kan. 3: Wer nicht gemäß den heiligen Vätern im eigentlichen Sinne und wahrhaftig die heilige, allzeit jungfräuliche und unbefleckte Maria als Gottesgebärerin bekennt, da sie ja im eigentlichen Sinne und wahrhaftig Gott, das Wort, selbst, der vor allen Zeiten aus Gott, dem Vater, geboren wurde, in den letzten Zeiten ohne Samen aus Heiligem Geist empfangen und unversehrt geboren hat, wobei ihre Jungfrauschaft auch nach seiner Geburt unzerstört blieb, der

störbar blieb, der sei
verurteilt.

sei verurteilt.

Can. 4. Si quis se-
cundum sanctos Pa-
tres non confitetur
proprie et secundum
veritatem ipsius et
unius Domini nostri
et Dei Iesu Christi
duas nativitates, tam
ante saecula ex Deo
et Patre incorporali-
ter et sempiternali-
ter, quamque de
sancta virgine sem-
per Dei genitrice
Maria corporaliter in
ultimis saeculorum,
atque unum eundem-
que Dominum nos-
trum et Deum Ie-
sum Christum con-
substantialem Deo et
Patri secundum dei-
tatem, et consub-
stantialem homini et
matri secundum hu-
manitatem, atque
eundem passibilem
carne, et impassibi-
lem deitate, circum-
scriptum corpore, in-
circumscriptum dei-
tate, eundem in-
conditum et condi-
tum, terrenum et
caelestem, visibilem
et intellegibilem, ca-
pabilem et incapabi-
lem, ut toto homine
eodemque et Deo to-
tus homo reformare-
tur, qui sub peccato
cecidit, condemnatus
sit.

δ΄. Εἴ τις οὐχ ὁμο-
λογεῖ κατὰ τοὺς
ἁγίους πατέρας κυ-
ρίως καὶ ἀληθῶς τοῦ
αὐτοῦ καὶ ἑνὸς κυ-
ρίου ἡμῶν καὶ Θεοῦ
Ἰησοῦ Χριστοῦ τὰς
δύο γεννήσεις ὑπ-
άρχειν, τήν τε πρὸ
αἰώνων ἐκ τοῦ Θεοῦ
καὶ πατρὸς ἀσω-
μάτως, καὶ ἀϊδίως,
καὶ τὴν ἐκ τῆς ἁγίας
ἀειπαρθένου Μα-
ρίας σαρκικῶς ἐπ᾽
ἐσχάτων τῶν αἰώ-
νων καὶ τὸν αὐτὸν
καὶ ἕνα κύριον ἡμῶν
καὶ Θεὸν Ἰησοῦν
Χριστὸν ὁμοούσιον
τῷ Θεῷ καὶ πατρὶ
κατὰ τὴν θεότητα,
καὶ ὁμοούσιον τῇ
παρθένῳ καὶ μητρὶ
κατὰ τὴν ἀνθρωπό-
τητα, καὶ τὸν αὐτὸν
παθητὸν σαρκί, ἀπα-
θῆ θεότητι, περιγρα-
πτὸν σώματι, ἀπερί-
γραπτον πνεύματι,
τὸν αὐτὸν ἄκτιστον
καὶ κτιστόν, ἐπί-
γειον καὶ οὐράνιον,
ὁρώμενον καὶ νοού-
μενον, χωρητὸν καὶ
ἀχώρητον, ἵνα ὅλῳ
ἀνθρώπῳ τῷ αὐτῷ
καὶ Θεῷ, ὅλος ἄν-
θρωπος ἀναπλασθῇ
ὁ πεσὼν ὑπὸ τὴν
ἁμαρτίαν, εἴη κατά-
κριτος.

Kan. 4: Wer nicht
gemäß den heiligen
Vätern im eigentli-
chen Sinne und der
Wahrheit entspre-
chend zwei Gebur-
ten ein und dessel-
ben, unseres Herrn
und Gottes Jesus
Christus, bekennt,
sowohl vor den Zei-
ten aus Gott und
dem Vater ohne Leib
und ewig als auch
von der heiligen, all-
zeit jungfräulichen
Gottesgebärerin Ma-
ria im Leib am Ende
der Zeiten, und ⟨wer
nicht bekennt, daß⟩
ein und derselbe,
unser Herr und Gott
Jesus Christus, we-
sensgleich dem Gott
und Vater gemäß der
Gottheit und wesens-
gleich dem Men-
schen und der Mut-
ter gemäß der
Menschheit ⟨ist⟩,
und daß derselbe lei-
densfähig im Fleisch
und leidensunfähig
in der Gottheit, be-
grenzt im Leib und
unbegrenzt in der
Gottheit, derselbe
ungeschaffen und ge-
schaffen, irdisch und
himmlisch, sichtbar
und geistig erkenn-
bar, faßbar und un-
faßbar ⟨ist⟩, damit
durch den einen, der
ganzer Mensch und
Gott ist, der ganze
Mensch wiederherge-
stellt werde, der unter
der Sünde gefallen
ist, der sei verurteilt.

Kan. 4: Wer nicht  504
gemäß den heiligen
Vätern im eigentli-
chen Sinne und
wahrhaft bekennt,
daß es zwei Gebur-
ten ein und dessel-
ben, unseres Herrn
und Gottes Jesus
Christus, gibt, so-
wohl die vor den Zei-
ten aus Gott und
dem Vater ohne Leib
und ewig, als auch
die aus der heiligen,
allzeit jungfräuli-
chen Maria im
Fleisch in den letz-
ten Zeiten, und ⟨wer
nicht bekennt, daß⟩
ein und derselbe,
unser Herr und Gott
Jesus Christus, we-
sensgleich dem Gott
und Vater gemäß der
Gottheit und wesens-
gleich der Jungfrau
und Mutter gemäß
der Menschheit ⟨ist⟩,
und daß derselbe lei-
densfähig im Fleisch,
leidensunfähig in der
Gottheit, begrenzt
im Leib, unbegrenzt
im Geist, derselbe
ungeschaffen und ge-
schaffen, irdisch und
himmlisch, sichtbar
und geistig erkenn-
bar, faßbar und un-
faßbar ⟨ist⟩, damit
durch den einen, der
ganzer Mensch und
Gott ist, der ganze
Mensch wiederher-
gestellt werde, der
unter die Sünde ge-
fallen ist, der sei ver-
urteilt.

**505** Can. 5. Si quis secundum sanctos Patres non confitetur proprie et secundum veritatem unam naturam Dei Verbi incarnatam, per hoc quod incarnata dicitur nostra substantia perfecte in Christo Deo et indiminute, absque tantummodo peccato significata, condemnatus sit.

ε′. Εἴ τις οὐχ ὁμολογεῖ κατὰ τοὺς ἁγίους πατέρας κυρίως καὶ ἀληθῶς μίαν φύσιν τοῦ Θεοῦ λόγου σεσαρκωμένην, διὰ τοῦ σεσαρκωμένην εἰπεῖν, τῆς καθ᾽ ἡμᾶς οὐσίας ἐντελῶς ἐν αὐτῷ Χριστῷ τῷ Θεῷ, καὶ ἀπαραλείπτως, μόνης δίχα τῆς ἁμαρτίας σημαίνειν, εἴη κατάκριτος.

Kan. 5: Wer nicht gemäß den heiligen Vätern in eigentlichen Sinne und der Wahrheit entsprechend die eine Natur Gottes, des Wortes, als fleischgeworden bekennt, deswegen, weil man sagt, daß unsere Substanz vollkommen und unvermindert in Christus, dem Gott, fleischgeworden ist, wobei sie lediglich ohne Sünde zu verstehen ist, der sei verurteilt.

Kan. 5: Wer nicht gemäß den heiligen Vätern im eigentlichen Sinne und wahrhaftig bekennt, daß ⟨der Ausdruck⟩ "eine fleischgewordene Natur Gottes, des Wortes," durch die Aussage "fleischgeworden" das uns gemäße Wesen vollkommen und unvermindert in Christus, dem Gott, selbst, außer allein der Sünde, bezeichnet, der sei verurteilt.

**506** Can. 6. Si quis secundum sanctos Patres non confitetur proprie et secundum veritatem, ex duabus et in duabus naturis substantialiter unitis inconfuse et indivise unum eundemque esse Dominum et Deum Iesum Christum, condemnatus sit.

ϛ′. Εἴ τις οὐχ ὁμολογεῖ κατὰ τοὺς ἁγίους πατέρας κυρίως καὶ ἀληθῶς ἐκ δύο φύσεων, θεότητος καὶ ἀνθρωπότητος, καὶ ἐν δυσὶ φύσεσι, θεότητι καὶ ἀνθρωπότητι, καθ᾽ ὑπόστασιν ἡνωμένας ἀσυγχύτως καὶ ἀδιαιρέτως τὸν αὐτὸν καὶ ἕνα κύριον ἡμῶν καὶ Θεὸν Ἰησοῦν Χριστὸν ὑπάρχειν, εἴη κατάκριτος.

Kan. 6: Wer nicht gemäß den heiligen Vätern im eigentlichen Sinne und der Wahrheit entsprechend bekennt, daß aus zwei und in zwei Naturen, die substanzhaft geeint sind, unvermischt und ungetrennt ein und derselbe Herr und Gott Jesus Christus ist, der sei verurteilt.

Kan. 6: Wer nicht gemäß den heiligen Vätern im eigentlichen Sinne und wahrhaftig bekennt, daß aus zwei Naturen, Gottheit und Menschheit, und in zwei Naturen, Gottheit und Menschheit, die in der Hypostase unvermischt und ungetrennt geeint sind, ein und derselbe, unser Herr und Gott Jesus Christus, ist, der sei verurteilt.

**507** Can. 7. Si quis secundum sanctos Patres non confitetur proprie et secundum veritatem substantialem differentiam naturarum inconfuse et indivise in eo salvatam, condemnatus sit.

ζ′. Εἴ τις οὐχ ὁμολογεῖ κατὰ τοὺς ἁγίους πατέρας κυρίως καὶ ἀληθῶς τὴν κατ᾽ οὐσίαν τῶν φύσεων διαφορὰν μετὰ τὴν ἄφραστον ἕνωσιν ἐξ ὧν ὁ εἷς καὶ μόνος ὑπάρχει Χριστὸς ἀσυγχύτως καὶ ἀδιαιρέτως ἐν αὐτῷ σωζομένην, εἴη κατάκριτος.

Kan. 7: Wer nicht gemäß den heiligen Vätern im eigentlichen Sinne und der Wahrheit entsprechend bekennt, daß der substanzhafte Unterschied der Naturen unvermischt und ungetrennt in ihm gewahrt ist, der sei verurteilt.

Kan. 7: Wer nicht gemäß den heiligen Vätern im eigentlichen Sinne und wahrhaftig bekennt, daß nach der unaussprechlichen Einung der wesenhafte Unterschied der Naturen, aus denen der eine und alleinige Christus besteht, unvermischt und ungetrennt in ihm gewahrt ist, der sei verurteilt.

Can. 8. Si quis secundum sanctos Patres non confitetur proprie et secundum veritatem naturarum substantialem unitionem indivise et inconfuse in eo cognitam, condemnatus sit.

η. Εἴ τις οὐχ ὁμολογεῖ κατὰ τοὺς ἁγίους πατέρας κυρίως καὶ ἀληθῶς τὴν κατὰ σύνθεσιν ἤτοι καθ᾿ ὑπόστασιν τῶν φύσεων ἕνωσιν ἐξ ὧν ὁ εἷς καὶ μόνος ὑπάρχει Χριστὸς ἀδιαιρέτως ἐν αὐτῷ καὶ ἀσυγχύτως γνωριζομένην, εἴη κατάκριτος.

Kan. 8: Wer nicht gemäß den heiligen Vätern im eigentlichen Sinne und der Wahrheit entsprechend bekennt, daß die substanzhafte Einung der Naturen ungetrennt und unvermischt in ihm erkannt wird, der sei verurteilt.

Kan. 8: Wer nicht 508 gemäß den heiligen Vätern im eigentlichen Sinne und wahrhaftig bekennt, daß die Einung der Naturen in der Zusammensetzung bzw. in der Hypostase, aus denen der eine und alleinige Christus besteht, ungetrennt und unvermischt in ihm erkannt wird, der sei verurteilt.

Can. 9. Si quis secundum sanctos Patres non confitetur proprie et secundum veritatem naturales proprietates deitatis eius et humanitatis indiminute in eo et sine deminoratione salvatas, condemnatus sit.

θ. Εἴ τις οὐχ ὁμολογεῖ κατὰ τοὺς ἁγίους πατέρας κυρίως καὶ ἀληθῶς τὰς φυσικὰς ἰδιότητας τῆς θεότητος τοῦ Χριστοῦ καὶ τῆς ἀνθρωπότητος ἀνελλιπῶς ἐν αὐτῷ καὶ ἀμειώτως σωζομένας εἰς πίστωσιν ἀληθῆ, τοῦ, τὸν αὐτὸν Θεὸν τέλειον καὶ ἄνθρωπον τέλειον κατὰ φύσιν ὑπάρχειν, εἴη κατάκριτος.

Kan. 9: Wer nicht gemäß den heiligen Vätern im eigentlichen Sinne und der Wahrheit entsprechend bekennt, daß die natürlichen Eigentümlichkeiten seiner Gottheit und Menschheit unvermindert und ohne Verringerung in ihm gewahrt sind, der sei verurteilt.

Kan. 9: Wer nicht 509 gemäß den heiligen Vätern im eigentlichen Sinne und wahrhaftig bekennt, daß die natürlichen Eigentümlichkeiten der Gottheit Christi und der Menschheit unvermindert und unverringert in ihm gewahrt sind zur wahrhaften Beglaubigung dessen, daß derselbe der Natur nach vollkommener Gott und vollkommener Mensch ist, der sei verurteilt.

Can. 10. Si quis secundum sanctos Patres non confitetur proprie et secundum veritatem duas unius eiusdemque Christi Dei nostri voluntates cohaerenter unitas, divinam et humanam, ex hoc quod per utramque eius naturam voluntarius naturaliter idem consistit nostrae salutis, condemnatus sit.

ι. Εἴ τις οὐκ ὁμολογεῖ κατὰ τοὺς ἁγίους πατέρας κυρίως καὶ ἀληθῶς, δύο τοῦ αὐτοῦ καὶ ἑνὸς Χριστοῦ τοῦ Θεοῦ τὰ θελήματα συμφυῶς ἡνωμένα θεῖόν τε καὶ ἀνθρώπινον διὰ τὸ καθ᾿ ἑκατέραν αὐτοῦ φύσιν θελητικὸν κατὰ φύσιν τὸν αὐτὸν ὑπάρχειν τῆς ἡμῶν σωτηρίας, εἴη κατάκριτος.

Kan. 10: Wer nicht gemäß den heiligen Vätern im eigentlichen Sinne und der Wahrheit entsprechend zwei miteinander verbundene und geeinte Willen ein und desselben Christus, unseres Gottes, bekennt, einen göttlichen und einen menschlichen, deswegen, weil derselbe durch jede seiner beiden Naturen auf natürliche Weise

Kan. 10: Wer 510 nicht gemäß den heiligen Vätern im eigentlichen Sinne und wahrhaftig zwei miteinander verbundene und geeinte Willen ein und desselben Christus, des Gottes, bekennt, einen göttlichen und einen menschlichen, weil derselbe mit jeder seiner beiden Naturen naturgemäß unser Heil will, der sei verurteilt.

511 Can. 11. Si quis secundum sanctos Patres non confitetur proprie et secundum veritatem duas unius eiusdemque Christi Dei nostri operationes cohaerenter unitas, divinam et humanam, ab eo quod per utramque eius naturam operator naturaliter idem exsistit nostrae salutis, condemnatus sit.

512 Can. 12. Si quis secundum scelerosos haereticos unam Christi Dei nostri voluntatem confitetur et unam operationem, in peremptionem sanctorum Patrum confessionis, et abnegationem eiusdem Salvatoris nostri dispensationis, condemnatus sit.

513 Can. 13. Si quis secundum scelerosos haereticos in Christo Deo in unitate substantialiter salvatis et a sanctis Patribus nostris pie praedicatis duabus voluntatibus et duabus operationibus, divina et humana, contra doctrinam Patrum, et unam voluntatem atque unam operatio-

ια. Εἴ τις οὐχ ὁμολογεῖ κατὰ τοὺς ἁγίους πατέρας κυρίως καὶ ἀληθῶς δύο τοῦ αὐτοῦ καὶ ἑνὸς Χριστοῦ τοῦ Θεοῦ τὰς ἐνεργείας συμφυῶς ἡνωμένας, θείαν καὶ ἀνθρωπίνην διὰ τὸ καθ’ ἑκατέραν αὐτοῦ φύσιν ἐνεργητικὸν τὸν αὐτὸν ὑπάρχειν τῆς σωτηρίας ἡμῶν, εἴη κατάκριτος.

ιβ. Εἴ τις ὁμολογεῖ κατὰ τοὺς ἐναγεῖς αἱρετικοὺς τῆς τε θεότητος καὶ τῆς ἀνθρωπότητος τοῦ Χριστοῦ μίαν φύσιν, ἢ μίαν θέλησιν, ἢ μίαν ἐνέργειαν, εἰς ἀνατροπὴν μὲν τῆς τῶν ἁγίων πατρῶν ὁμολογίας, ἀθέτησιν δὲ τῆς αὐτοῦ τοῦ σωτῆρος ἡμῶν οἰκονομίας, εἴη κατάκριτος.

ιγ. Εἴ τις κατὰ τοὺς ἐναγεῖς αἱρετικοὺς ταῖς ἐπὶ Χριστοῦ τοῦ Θεοῦ καθ’ ἕνωσιν οὐσιωδῶς σωζομέναις, καὶ τοῖς ἁγίοις πατράσιν ἡμῶν εὐσεβῶς κηρυττομέναις δύο θελήσεσι καὶ δύο ἐνεργείαις, θείᾳ τε καὶ ἀνθρωπίνῃ, ἐπιδιατάττεται συνομολογεῖν αὐταῖς παρὰ

unser Heil will, der sei verurteilt.

Kan. 11: Wer nicht gemäß den heiligen Vätern im eigentlichen Sinne und der Wahrheit entsprechend zwei miteinander verbundene und geeinte Tätigkeiten ein und desselben Christus, unseres Gottes, bekennt, eine göttliche und eine menschliche, deswegen, weil derselbe durch jede seiner beiden Naturen auf natürliche Weise der Bewirker unseres Heiles ist, der sei verurteilt.

Kan. 12: Wer im Sinne der ruchlosen Häretiker einen Willen und eine Tätigkeit Christi, unseres Gottes, bekennt und damit das Bekenntnis der heiligen Väter austilgt und das Heilshandeln eben unseres Erlösers leugnet, der sei verurteilt.

Kan. 13: Wer im Sinne der ruchlosen Häretiker, obwohl zwei Willen und zwei Tätigkeiten - die göttliche und die menschliche - in Christus, dem Gott, in der Einheit substanzhaft gewahrt sind und von unseren heiligen Vätern in frommer Weise verkündet wurden,

Kan. 11: Wer nicht gemäß den heiligen Vätern im eigentlichen Sinne und wahrhaftig zwei miteinander verbundene und geeinte Tätigkeiten ein und desselben Christus, des Gottes, bekennt, eine göttliche und eine menschliche, weil derselbe mit jeder seiner beiden Naturen unser Heil wirkt, der sei verurteilt.

Kan. 12: Wer im Sinne der ruchlosen Häretiker eine Natur, einen Willen oder eine Tätigkeit der Gottheit und der Menschheit Christi bekennt und damit das Bekenntnis der heiligen Väter auf den Kopf stellt und das Heilshandeln eben unseres Erlösers beseitigt, der sei verurteilt.

Kan. 13: Wer im Sinne der ruchlosen Häretiker zusätzlich zu den zwei Willen und zwei Tätigkeiten - der göttlichen und der menschlichen -, die in Christus, dem Gott, in der Einheit wesenhaft gewahrt sind und von unseren heiligen Vätern in frommer Weise verkündet werden,

nem confitetur, condemnatus sit.

τὴν ἐκείνων διδασκαλίαν καὶ μίαν θέλησιν, καὶ μίαν ἐνέργειαν, εἴη κατάκριτος.

dennoch gegen die Lehre der Väter auch e i n e n Willen und e i n e Tätigkeit bekennt, der sei verurteilt.

gebietet, zugleich mit ihnen gegen die Lehre von jenen auch e i n e n Willen und e i n e Tätigkeit zu bekennen, der sei verurteilt.

Can. 14. Si quis secundum scelerosos haereticos cum una voluntate et una operatione, quae ab haereticis impie confitetur, et duas voluntates pariterque et operationes, hoc est, divinam et humanam, quae in ipso Christo Deo in unitate salvantur, et a sanctis Patribus orthodoxe in ipso praedicantur, denegat et respuit, condemnatus sit.

ιδ΄. Εἴ τις κατὰ τοὺς ἐναγεῖς αἱρετικοὺς τῇ μιᾷ θελήσει καὶ τῇ μιᾷ ἐνεργείᾳ τῇ παρ' αὐτῶν τῶν αἱρετικῶν ἐπὶ Χριστοῦ τοῦ Θεοῦ δυσσεβῶς ὁμολογουμένῃ, καὶ τὰς δύο θελήσεις καὶ τὰς δύο ἐνεργείας, τὴν θείαν καὶ τὴν ἀνθρωπίνην, τὰς ἐπ' αὐτοῦ Χριστοῦ καὶ τοῦ Θεοῦ καθ' ἕνωσιν φυσικῶς σωζομένας, καὶ ἐκ τῶν ἁγίων πατρῶν ὀρθοδόξως ἐπ' αὐτοῦ κηρυττομένας συνεξαρνεῖται καὶ συναποβάλλεται, εἴη κατάκριτος.

Kan. 14: Wer im Sinne der ruchlosen Häretiker zugleich mit dem einen Willen und der einen Tätigkeit, die von den Häretikern auf gottlose Weise bekannt wird, auch die zwei Willen und ebenso auch die ⟨zwei⟩ Tätigkeiten, das heißt, die göttliche und die menschliche, die in Christus, dem Gott, selbst in der Einheit gewahrt und von den heiligen Vätern rechtgläubig in ihm verkündet werden, leugnet und verwirft, der sei verurteilt.

Kan. 14: Wer im Sinne der ruchlosen Häretiker zugleich mit dem einen Willen und der einen Tätigkeit, die von ebendiesen Häretikern in Christus, dem Gott, auf gottlose Weise bekannt wird, auch die zwei Willen und die zwei Tätigkeiten, die göttliche und die menschliche, die in ebendiesem Christus und Gott in der Einheit auf natürliche Weise gewahrt und von den heiligen Vätern rechtgläubig in ihm verkündet werden, leugnet und verwirft, der sei verurteilt.   514

Can. 15. Si quis secundum scelerosos haereticos deivirilem operationem, quod Graeci dicunt θεανδρικήν, unam operationem insipienter suscipit, non autem duplicem esse confitetur secundum sanctos Patres, hoc est divinam et humanam, aut ipsam deivirilis quae posita est, novam vocabuli dictionem unius esse designativam, sed non utriusque mirificae

ιε΄. Εἴ τις κατὰ τοὺς ἐναγεῖς αἱρετικοὺς τὴν θεανδρικὴν ἐνέργειαν, μίαν ἀνοήτως ἐκδέχεται, ἀλλ' οὐχὶ διπλῆν αὐτὴν ὁμολογεῖ κατὰ τοὺς ἁγίους πατέρας, τουτέστι, θείαν καὶ ἀνθρωπίνην, ἢ τὴν ἐπ' αὐτῇ τῇ θεανδρικῇ καινὴν ῥῆσιν, μιᾶς εἶναι σημαντικὴν ἐνεργείας, ἀλλ' οὐχὶ τῆς ἑκατέρων

Kan. 15: Wer im Sinne der ruchlosen Häretiker die gottmenschliche Tätigkeit, was die Griechen θεανδρική nennen, törichterweise für e i n e Tätigkeit hält, nicht aber gemäß den heiligen Vätern bekennt, daß sie eine zweifache ist, das heißt, eine göttliche und eine menschliche, oder ⟨wer meint,⟩ eben dieser neu eingeführte Begriff "gott-

•

Kan. 15: Wer im Sinne der ruchlosen Häretiker die gottmenschliche Tätigkeit törichterweise für e i n e hält, sie aber nicht gemäß den heiligen Vätern als eine zweifache bekennt, das heißt, als eine göttliche und eine menschliche, oder ⟨wer meint,⟩ eben dieser neu eingeführte Begriff "gottmenschlich" bezeichne e i n e Tätigkeit, weise aber nicht   515

et gloriosae unitionis demonstrativam, condemnatus sit.

παραδόξου καὶ ὑπερφυοῦς ἑνώσεως δηλωτικήν, εἴη κατάκριτος.

menschlich" bezeichne e i n e ⟨Tätigkeit⟩, weise aber nicht auf die wunderbare und glorreiche Einung von beiden hin, der sei verurteilt.

auf die wunderbare und übernatürliche Einung von beiden hin, der sei verurteilt.

**516**      Can. 16. Si quis secundum scelerosos haereticos in peremptione salvatis in Christo Deo essentialiter in unitione, et sanctis Patribus pie praedicatis duabus voluntatibus et duabus operationibus, hoc est, divina et humana, dissensiones et divisiones insipienter mysterio dispensationis eius innectit, et propterea evangelicas et apostolicas de eodem Salvatore voces non uni eidemque personae et essentialiter tribuit eidem ipsi Domino et Deo nostro Iesu Christo secundum beatum Cyrillum, ut ostendatur Deus esse et homo idem naturaliter, condemnatus sit.

ιϛ΄. Εἴ τις κατὰ τοὺς ἐναγεῖς αἱρετικοὺς ἐπ’ ἀναιρέσει τῶν ἐπὶ Χριστοῦ τοῦ Θεοῦ καθ’ ἕνωσιν σωζομένων οὐσιωδῶς καὶ τοῖς ἁγίοις πατράσιν εὐσεβῶς κηρυττομένων, δύο θελήσεων καὶ δύο ἐνεργειῶν, θείας καὶ ἀνθρωπίνης, διχονοίας καὶ διαιρέσεις ἀφρόνως τῷ κατ’ αὐτῶν μυστηρίῳ προστρίβεται, καὶ διὰ τοῦτο τὰς εὐαγγελικὰς καὶ ἀποστολικὰς περὶ αὐτοῦ τοῦ σωτῆρος φωνάς, οὐχ ἑνὶ καὶ τῷ αὐτῷ τῷ κυρίῳ ἡμῶν καὶ Θεῷ Ἰησοῦ Χριστῷ κατὰ Κύριλλον τὸν ἀοίδιμον εἰς πίστωσιν τοῦ Θεὸν εἶναι φύσει καὶ ἄνθρωπον ἀληθῶς τὸν αὐτόν, εἴη κατάκριτος.

Kan. 16: Wer im Sinne der ruchlosen Häretiker zur Aufhebung der zwei Willen und zwei Tätigkeiten, das heißt, der göttlichen und der menschlichen, die in Christus, dem Gott, in der Einung wesenhaft gewahrt sind und von den heiligen Vätern in frommer Weise verkündet wurden, mit dem Geheimnis seines Heilshandelns törichterweise Widersprüche und Teilungen verknüpft und deswegen die Aussagen der Evangelien und der Apostel über eben den Erlöser nicht ein und derselben Person und wesenhaft demselben Herrn, unserem Gott Jesus Christus, zuschreibt gemäß dem seligen Kyrill, so daß deutlich wird, daß derselbe von Natur aus Gott und Mensch ist, der sei verurteilt.

Kan. 16: Wer im Sinne der ruchlosen Häretiker zur Aufhebung der zwei Willen und zwei Tätigkeiten, der göttlichen und der menschlichen, die in Christus, dem Gott, in der Einung wesenhaft gewahrt sind und von den heiligen Vätern in frommer Weise verkündet werden, dem diesbezüglichen Geheimnis törichterweise Widersprüche und Teilungen zuschreibt und deswegen die Aussagen der Evangelien und der Apostel über eben den Erlöser nicht ein und demselben, unserem Herrn und Gott Jesus Christus, gemäß dem berühmten Kyrill zur Beglaubigung dessen, daß derselbe von Natur aus Gott und wahrhaft Mensch ist, ⟨zuschreibt⟩, der sei verurteilt.

**517**      Can. 17. Si quis secundum sanctos Patres non confitetur proprie et secundum veritatem omnia, quae tradita sunt et praedicata sanctae catholicae et aposto-

ιζ΄. Εἴ τις οὐχ ὁμολογεῖ κατὰ τοὺς ἁγίους πατέρας κυρίως καὶ ἀληθῶς πάντα τὰ παραδοθέντα καὶ κηρυχθέντα τῇ ἁγίᾳ τοῦ Θεοῦ καθολικῇ καὶ

Kan. 17: Wer nicht gemäß den heiligen Vätern im eigentlichen Sinne und der Wahrheit entsprechend alles, was der heiligen katholischen und apostoli-

Kan. 17: Wer nicht gemäß den heiligen Vätern im eigentlichen Sinne und wahrhaftig alles, was der heiligen katholischen und apostolischen Kirche Gottes

236

licae Dei Ecclesiae, perindeque a sanctis Patribus et venerandis universalibus quinque Conciliis usque ad unum apicem verbo et mente, condemnatus sit.

ἀποστολικῇ ἐκκλησίᾳ παρ' αὐτῶν τε τῶν ἁγίων πατρῶν, καὶ τῶν ἐγκρίτων οἰκουμενικῶν πέντε συνόδων, ἄχρι μιᾶς κεραίας λόγῳ καὶ διανοίᾳ, εἴη κατάκριτος.

schen Kirche Gottes sowohl von den heiligen Vätern als auch den verehrungswürdigen fünf allgemeinen Konzilien überliefert wurde, bis zum letzten Häkchen in Wort und Geist bekennt, der sei verurteilt.

sowohl von den heiligen Vätern selbst als auch den anerkannten fünf ökumenischen Konzilien überliefert und verkündet wurde, bis zum letzten Häkchen in Wort und Geist bekennt, der sei verurteilt.

Can. 18. Si quis secundum sanctos Patres consonanter nobis pariterque fide non respuit et anathematizat anima et ore omnes, quos respuit et anathematizat nefandissimos haereticos cum omnibus impiis eorum conscriptis usque ad unum apicem sancta Dei Ecclesia catholica et apostolica, hoc est, sanctae et universales quinque Synodi et consonanter omnes probabiles Ecclesiae Patres,

ιη΄. Εἴ τις κατὰ τοὺς ἁγίους πατέρας συμφώνως ἡμῖν καὶ ὁμοδόξως οὐκ ἀποβάλλεται καὶ ἀναθεματίζει ψυχῇ τε καὶ στόματι πάντας, οὓς ἀποβάλλεται καὶ ἀναθεματίζει δυσωνύμους αἱρετικοὺς μετὰ πάντων τῶν συγγραμμάτων ἄχρι μιᾶς κεραίας ἡ ἁγία τοῦ Θεοῦ καθολικὴ καὶ ἀποστολικὴ ἐκκλησία, ταὐτὸν δὲ λέγειν αἱ ἅγιαι καὶ οἰκουμενικαὶ πέντε σύνοδοι, καὶ αὐτοὶ πάντες ὁμόφρονες, οἱ ἔγκριτοι τῆς ἐκκλησίας πατέρες,

Kan. 18: Wer nicht gemäß den heiligen Vätern in Übereinstimmung mit uns und in gleichem Glauben mit Seele und Mund alle verwirft und mit dem Anathema belegt, welche die heilige katholische und apostolische Kirche Gottes – das heißt, die fünf heiligen und allgemeinen Konzilien und in Übereinstimmung ⟨damit⟩ alle anerkannten Väter der Kirche – mitsamt allen ihren gottlosen Schriften bis zum letzten Häkchen als ruchloseste Häretiker verwirft und mit dem Anathema belegt,

**518** Kan. 18: Wer nicht gemäß den heiligen Vätern in Übereinstimmung mit uns und in gleichem Glauben mit Seele und Mund alle verwirft und mit dem Anathema belegt, welche die heilige katholische und apostolische Kirche Gottes – das heißt, die fünf heiligen und ökumenischen Konzilien und alle gleich denkenden anerkannten Väter der Kirche – mitsamt allen Schriften bis zum letzten Häkchen als ruchlose Häretiker verwirft und mit dem Anathema belegt,

– id est, Sabellium, Arium, Eunomium, Macedonium, Apollinarem, Polemonem, Eutychen, Dioscurum, Timotheum Aelurum, Severum, Theodosium, Colluthum, Themistium, Paulum Samosatenum, Diodorum, Theodorum, Nestorium, Theodulum Persam, Orige-

– ἤτοι Σαβέλλιον, Ἄρειον, Εὐνόμιον, Μακεδόνιον, Ἀπολλινάριον, Πολέμωνα, Εὐτυχέα, Διόσκορον, Τιμόθεον τὸν Αἴλουρον, Σεβῆρον, Θεοδόσιον, Κόλλουθον, Θεμίστιον, Παῦλον τὸν Σαμοσατέα, Διόδωρον, Θεόδωρον, Νεστόριον, Θεόδουλον τὸν Πέρσην, Ὠριγένην,

– nämlich Sabellius, Arius, Eunomius, Macedonius, Apollinaris, Polemon, Eutyches, Dioskur, Timotheus Ailuros, Severus, Theodosius, Colluthus, Themistius, Paulus von Samosate, Diodor, Theodor, Nestorius, den Perser Theodulus, Origenes, Didymus, Evagrius

**519** – nämlich Sabellius, Arius, Eunomius, Macedonius, Apollinaris, Polemon, Eutyches, Dioskur, Timotheus Ailuros, Severus, Theodosius, Colluthus, Themistius, Paulus von Samosate, Diodor, Theodor, Nestorius, den Perser Theodulus, Origenes, Didymus, Evagrius

nem, Didymum, Evagrium, et compendiose omnes reliquos haereticos ...[1] –

**520** si quis igitur ... impiissima haereseos illorum dogmata et ea, quae pro illis aut in definitione eorum a quolibet impie conscripta sunt, et denominatos haereticos, Theodorum dicimus, Cyrum et Sergium, Pyrrhum et Paulum, non respuit et anathematizat, ... aut si quis aliquem de his, qui ab illis vel similibus eorum ... depositi sunt aut condemnati, utpote similia eis minime credentem, sed sanctorum Patrum nobiscum confitentem doctrinam, uti condemnatum habet aut omnino depositum, sed non arbitratur ... pium et orthodoxum et catholicae Ecclesiae propugnatorem, ... illos autem impios atque detestabilia eorum pro hoc iudicia vel sententias vacuas et invalidas atque infirmas, magis autem profanas et exsecrabiles vel reprobabiles arbitratur, huiusmodi condemnatus sit.

Δίδυμον, Εὐάγριον, καὶ ἁπλῶς τοὺς ἄλους ἅπαντας αἱρετικούς ...[1] –

εἴ τις οὖν ... τὰ δυσσεβῆ τῆς αὐτῶν αἱρέσεως δόγματα, καὶ τὰ ὑπὲρ αὐτῶν, ἢ πρὸς ἐκδίκησιν αὐτῶν τινι τῶν πάντων ἀσεβῶς γεγραμμένα, καὶ αὐτοὺς τοὺς εἰρημένους αἱρετικούς, Θεόδωρον φαμὲν καὶ Κῦρον Σέργιον τε καὶ Πύρρον καὶ Παῦλον οὐκ ἀποβάλλεται καὶ ἀναθεματίζει ..., ἢ εἴ τις τινὰ τῶν παρ' αὐτῶν, ἢ τῶν τὰ ὅμοια αὐτοῖς φρονούντων ... καθαιρεθέντων ἢ κατακριθέντων, ὡς μὴ τὰ αὐτῶν φρονοῦντα, ἀλλὰ τὰ τῶν ἁγίων πατρῶν σὺν ἡμῖν ὁμολογοῦντα, καθῃρημένον ἔχει τὸ σύνολον ἢ κατακεκριμένον, ἀλλ' οὐχὶ ... εὐσεβῆ καὶ ὀρθόδοξον ἡγῆται, καὶ τῆς καθολικῆς ἐκκλησίας ὑπέρμαχον ..., ἐκείνους δὲ τοὺς δυσσεβεῖς καὶ τὰς ἀνόμους αὐτῶν περὶ τούτου κρίσεις, ἤτοι ψήφους ἑώλους καὶ ἀκύρους καὶ ἀβεβαίους ὁρίζεται, μᾶλλον δὲ βεβήλους καὶ ἐπαράτους καὶ ἀποβλήτους, ὁ τοιοῦ-

wer also ... die äußerst gottlosen Lehren ihrer Häresie und das, was für sie oder zu ihrer Erklärung von wem auch immer auf gottlose Weise geschrieben wurde, und die genannten Häretiker, nämlich Theodor, Cyrus und Sergius, Pyrrhus und Paulus, nicht verwirft und mit dem Anathema belegt, ... oder wer einen von denen, die von jenen oder von jenen Nahestehenden ... abgesetzt oder verurteilt wurden, da er keineswegs das gleiche wie sie glaubt, sondern mit uns die Lehre der heiligen Väter bekennt, für verurteilt oder gar abgesetzt hält und ihn nicht vielmehr ... für einen frommen und rechtgläubigen Streiter für die katholische Kirche hält, ... ⟨statt dessen⟩ aber jene Gottlosen ⟨dafür⟩ hält und ihre verabscheuungswürdigen diesbezüglichen Entscheidungen bzw. ihre nichtigen, ungültigen und unver-

wer also ... die gottlosen Lehren ihrer Häresie und das, was für sie oder zu ihrer Verteidigung von wem auch immer auf gottlose Weise geschrieben wurde, und die genannten Häretiker selbst, nämlich Theodor, Cyrus, Sergius, Pyrrhus und Paulus, nicht verwirft und mit dem Anathema belegt, ... oder wer einen von denen, die von jenen oder von solchen, die Ähnliches denken wie jene, ... abgesetzt oder verurteilt wurden, da er nicht das Ihrige denkt, sondern mit uns die Lehre der heiligen Väter bekennt, durchaus für abgesetzt oder verurteilt hält und ihn nicht vielmehr ... für einen frommen und rechtgläubigen Streiter für die katholische Kirche hält, ... ⟨statt dessen⟩ aber jene Gottlosen ⟨dafür⟩ hält und ihre ungerechten diesbezüglichen Entscheidungen bzw. ihre abgeschmackten, ungültigen und unver-

---

**\*519** [1] Es werden außerdem erwähnt die Monotheleten Theodor von Pharan, Cyrus von Alexandrien, Sergius, der Patriarch von Konstantinopel, und seine Nachfolger Pyrrhus und Paulus, ferner das "Ekthesis" genannte Edikt des Kaisers Heraklius, das von Sergius i. J. 638 zugunsten des Monotheletismus verfaßt wurde, und der "Typos" Konstantins III. (auch Konstans II. genannt), in dem die "Ekthesis" zwar widerrufen, den Vertretern der dyotheletischen Lehre aber Schweigen auferlegt wurde.

τος εἴη κατάκριτος.

bindlichen, ja, mehr noch, unheiligen und verfluchenswerten bzw. verwerflichen Beschlüsse, ein solcher sei verurteilt.

bindlichen, ja, mehr noch, unheiligen und verfluchenswerten bzw. verwerflichen Beschlüsse, ein solcher sei verurteilt.

**Can. 19.** Si quis ea, quae scelerosi haeretici sapiunt, indubitanter professus atque intellegens, per inanem proterviam dicit, haec pietatis esse dogmata, quae tradiderunt ab initio speculatores et ministri verbi, hoc est dicere, sanctae et universales quinque Synodi, calumnians utique ipsos sanctos Patres et memoratas sanctas quinque Synodos, in deceptione simplicium, vel susceptione suae profanae perfidiae, huiusmodi condemnatus sit.

ιθ. Εἴ τις τὰ τῶν ἐναγῶν αἱρετικῶν ὁμολογουμένως φρονῶν καὶ δοξάζων ἐκ προπετοῦς ἀνοίας ταῦτα λέγει τῆς εὐσεβείας ὑπάρχειν τὰ δόγματα, ἃ παραδεδώκασιν οἱ ἀπ' ἀρχῆς αὐτόπται καὶ ὑπηρέται τοῦ λόγου γενόμενοι, ταυτὸν δὲ λέγειν αἱ ἅγιαι καὶ οἰκουμενικαὶ πέντε σύνοδοι, συκοφαντῶν αὐτούς τε τοὺς ἁγίους πατέρας, καὶ αὐτὰς τὰς ἁγίας οἰκουμενικὰς πέντε συνόδους εἰς ἀπάτην τῶν ἀκεραιοτέρων, ἤτοι παραδοχὴν τῆς ἑαυτοῦ βεβήλου κακοπιστίας, ὁ τοιοῦτος εἴη κατάκριτος.

**Kan. 19:** Wer das, was die ruchlosen Häretiker vertreten, anerkanntermaßen verkündet und denkt und in aufgeblasener Frechheit sagt, dies seien die Lehren der Frömmigkeit, welche die Beobachter und Diener des Wortes – das heißt, die fünf heiligen und allgemeinen Konzilien von Anfang an überliefert haben, und derart gar die heiligen Väter selbst und die erwähnten heiligen fünf Konzilien verleumdet, um die Arglosen zu täuschen oder seine eigene verruchte Niederträchtigkeit in Schutz zu nehmen, ein solcher sei verurteilt.

**Kan. 19:** Wer das, was die ruchlosen Häretiker vertreten, anerkanntermaßen denkt und lehrt und in voreiligem Unverstand sagt, dies seien die Lehren der Frömmigkeit, welche die Beobachter und Diener des Wortes – das heißt, die fünf heiligen und ökumenischen Konzilien – von Anfang an überliefert haben, und derart die heiligen Väter selbst und die erwähnten fünf heiligen ökumenischen Konzilien selbst verleumdet, um die Arglosen zu täuschen oder seinen eigenen verruchten Irrglauben in Schutz zu nehmen, ein solcher sei verurteilt.   521

**Can. 20.** Si quis secundum scelerosos haereticos quocumque modo ... terminos removens illicite, quos posuerunt firmius sancti catholicae Ecclesiae Patres, id est sanctae et universales quinque Synodi, novitates temere exquirere, et fidei alterius expositiones, aut libellos, aut epistolas, aut conscripta, aut subscriptiones, aut testimo-

κ. Εἴ τις κατὰ τοὺς ἐναγεῖς αἱρετικούς, καθ' οἷον δήποτε τρόπον ... ὅρια μετακινῶν ἀθεμίτως, ἃ ἔθεντο παγίως οἱ ἅγιοι τῆς καθολικῆς ἐκκλησίας πατέρες, ταυτὸν δὲ λέγειν αἱ ἅγιαι καὶ οἰκουμενικαὶ πέντε σύνοδοι, καινοτομίας τολμηρῶς ἐπινοεῖ, καὶ πίστεως ἑτέρας ἐκθέσεις, ἢ τύπους, ἢ νόμους, ἢ ὅρους, ἢ λιβέλλους, ἢ

**Kan. 20:** Wer im Sinne der ruchlosen Häretiker auf welche Weise auch immer ... unerlaubtermaßen die Grenzsteine verrückt, welche die heiligen Väter der katholischen Kirche – das heißt, die fünf heiligen und allgemeinen Konzilien – unumstößlich festgesetzt haben, und leichtfertig Neuerungen ausdenkt und eines anderen Glau-

**Kan. 20:** Wer im Sinne der ruchlosen Häretiker auf welche Weise auch immer ... unerlaubtermaßen die Grenzsteine verrückt, welche die heiligen Väter der katholischen Kirche – das heißt, die fünf heiligen und ökumenischen Konzilien – unumstößlich festgesetzt haben, und leichtfertig Neuerungen ausdenkt und eines an-   522

nia falsa, aut synodos, aut gesta monumentorum, aut ordinationes vacuas ecclesiasticae regulae incognitas aut loci servaturas incongruas et irrationabiles, et compendiose, si quid aliud impiissimis haereticis consuetum est agere, per diabolicam operationem tortuose et callide agit contra pias orthodoxorum catholicae Ecclesiae, hoc est dicere, paternas eius et synodales praedicationes, ad eversionem sincerissimae in Dominum Deum nostrum confessionis, et usque in finem sine paenitentia permanet haec impie agens, huiusmodi in saecula saeculorum condemnatus sit, "et dicat omnis populus: fiat, fiat" [*Ps 105,48*].

ἀναφοράς, ἢ ἐπιστολάς, ἢ συγγραφάς, ἢ ὑπογραφάς, ἢ μαρτυρίας ψευδεῖς, ἢ συνόδους, ἢ πράξεις ὑπομνημάτων, ἢ χειροτονίας ἑώλους καὶ τῷ ἐκκλησιαστικῷ κανόνι μὴ ἐγνωσμένας, ἢ τοποτηρησίας, ἤγουν τοποτηρητὰς ἀθέσμους καὶ ἀκανονίστους, καὶ ἁπλῶς εἴτιπερ ἄλλο τοῖς ἀσεβέσιν αἱρετικοῖς εἴθισται πράττειν, ἐκ διαβολικῆς ἐνεργείας σκολιῶς καὶ πανούργως ποιεῖ κατὰ τῶν εὐσεβῶν καὶ ὀρθοδόξων τῆς καθολικῆς ἐκκλησίας, ταὐτὸν δὲ λέγειν τῶν πατρικῶν αὐτῆς καὶ συνοδικῶν κηρυγμάτων, πρὸς ἀνατροπὴν τῆς εἰλικρινοῦς εἰς τὸν κύριον ἡμῶν καὶ Θεὸν Ἰησοῦν Χριστὸν ὁμολογίας καὶ μέχρι τέλους ἀμετανοήτως διατελεῖ τὰ τοιαῦτα δυσσεβῶς ἐνεργῶν, ὁ τοιοῦτος εἰς τοὺς αἰῶνας τῶν αἰώνων εἴη κατάκριτος· «καὶ ἐρεῖ πᾶς λαός· γένοιτο, γένοιτο» [*Ps 105,48*].

bens Darlegungen oder Bücher oder Briefe oder Schriften oder Unterschriften oder falsche Zeugnisse oder Synoden oder Verhandlungsprotokolle oder nichtige Weihen, die der kirchlichen Regel unbekannt sind, oder Stellvertretungen, die unangemessen und unbegründet sind, und überhaupt, wer etwas anderes, was die höchst gottlosen Häretiker zu tun pflegen, durch teuflisches Wirken auf krummen Wegen und verschlagen gegen die frommen Verkündigungen der Rechtgläubigen der katholischen Kirche – das heißt, ihrer Väter und Synoden – tut, um das aufrichtige Bekenntnis zum Herrn, unserem Gott, zu zerstören, und bis zu seinem Ende ohne Reue in diesem gottlosen Tun verharrt, ein solcher sei in alle Ewigkeiten verurteilt, "und das ganze Volk soll sagen: so soll es geschehen, so soll es geschehen" [*Ps 106, 48*].

deren Glaubens Darlegungen oder Formeln oder Gesetze oder Bestimmungen oder Bücher oder Berichte oder Briefe oder Schriften oder Unterschriften oder falsche Zeugnisse oder Synoden oder Verhandlungsprotokolle oder nichtige Weihen, die dem kirchlichen Kanon unbekannt sind, oder Stellvertretungen bzw. Stellvertreter, die ungesetzlich sind und im Widerspruch zum Kanon stehen, und überhaupt, wer etwas anderes, was die gottlosen Häretiker zu tun pflegen, durch sein teuflisches Wirken auf krummen Wegen und verschlagen gegen die frommen und rechtgläubigen Verkündigungen der katholischen Kirche – das heißt, ihrer Väter und Synoden – tut, um das aufrichtige Bekenntnis zu unserem Herrn und Gott Jesus Christus zu zerstören, und bis zu seinem Ende ohne Reue in diesem gottlosen Tun verharrt, ein solcher sei in alle Ewigkeiten verurteilt, "und das ganze Volk wird sagen: so soll es geschehen, so soll es geschehen" [*Ps 106,48*].

EUGEN I.: 10. Aug. 654 - 2. (3.?) Juni 657
VITALIAN: 30. Juli 657 - 27. Jan. 672

## ADEODATUS II.: 11. April 672 - 17. (16.?) Juni 676

**525-541: 11. Synode von TOLEDO, begonnen am 7. Nov. 675: Glaubensbekenntnis**

Dieses Bekenntnis, das früher Eusebius von Vercelli zugeschrieben wurde (PL 12,959-968), ist nach J. Madoz von der Synode selbst ausgearbeitet worden, wobei als Hauptquellen die Bekenntnisse der 4. und 6. Synode von Toledo (633 und 638) dienten; vgl. *485 490-493. Die von einigen vertretene Auffassung, diese Synode sei von Innozenz III. bestätigt worden, beruht auf einer falschen Erklärung des Wortes "authenticum"; vgl. H. Lennerz: ZKTh 48 (1924) 322-324.

*Ausg.:* J. Madoz, *Le symbole du XI^e concile de Tolède* (Löwen 1938) 16-26 / KüA 74-83 / Hn § 182 / MaC 11,132E-137B / HaC 3,1020A-1023E / CdLuc 643-650; vgl. 971-974: Anhang der Varianten / CVis 346-354.

### Die göttliche Dreifaltigkeit

(1) Confitemur et credimus sanctam atque ineffabilem Trinitatem, Patrem et Filium et Spiritum Sanctum, unum Deum naturaliter esse unius substantiae, unius naturae, unius quoque maiestatis atque virtutis.

(2) Et Patrem quidem non genitum, non creatum, sed ingenitum profitemur. Ipse enim a nullo originem ducit, ex quo et Filius nativitatem et Spiritus Sanctus processionem accepit. Fons ergo ipse et origo est totius divinitatis. (3) Ipse quoque *Pater est essentiae suae, qui de ineffabili substantia Filius* [Pater, essentia quidem ineffabilis, substantiae suae Filium] ineffabiliter genuit nec tamen aliud quam quod ipse est, genuit: Deus Deum, lux lucem; ab ipso est ergo "omnis paternitas in caelo et in terra" [*Eph 3,15*].

(4) Filium quoque de substantia Patris sine initio ante saecula natum, nec tamen factum esse fatemur: quia nec Pater sine Filio, nec Filius aliquando exstitit sine Patre. (5) Et tamen non sicut Filius de Patre, ita Pater de Filio, quia non Pater a Filio, sed Filius a Patre generationem accepit. Filius ergo Deus de Patre, Pater autem Deus, sed non de Filio; Pater quidem Filii, non Deus de Filio: ille autem Filius Patris et Deus de Patre. Aequalis tamen per omnia Filius Deo Patri: quia nec

(1) Wir bekennen und glauben, daß die **525** heilige und unaussprechliche Dreifaltigkeit, der Vater und der Sohn und der Heilige Geist, ihrer Natur nach ein Gott ist, von einer Substanz, einer Natur, auch einer Erhabenheit und Kraft.

(2) Und wir bekennen, daß der Vater nicht gezeugt und nicht geschaffen, sondern ungezeugt ⟨ist⟩. Er leitet seinen Ursprung nämlich von niemandem her, er, aus dem sowohl der Sohn die Geburt als auch der Heilige Geist das Hervorgehen empfing. Er ist also die Quelle und der Ursprung der ganzen Gottheit. (3) *Er ist auch der Vater seines Wesens, er, der von seiner unaussprechlichen Substanz auf unaussprechliche Weise den Sohn zeugte und dennoch nichts anderes, als was er selbst ist, zeugte* [Er, der Vater, nämlich sein unaussprechliches Wesen, zeugte auch auf unaussprechliche Weise den Sohn seiner Substanz und zeugte dennoch nichts anderes, als was er selbst ist]: Gott ⟨zeugte⟩ Gott, Licht das Licht; von ihm also ist "jede Vaterschaft im Himmel und auf Erden" [*Eph 3,15*].

(4) Wir bekennen auch, daß der Sohn **526** von der Substanz des Vaters ohne Anfang vor den Zeiten geboren, jedoch nicht gemacht wurde: denn weder war der Vater irgendwann ohne den Sohn, noch der Sohn ohne den Vater. (5) Und dennoch ⟨ist⟩ nicht, wie der Sohn vom Vater, so der Vater vom Sohn, weil nicht der Vater vom Sohn, sondern der Sohn vom Vater die Zeugung empfing. Der Sohn ist also Gott vom Vater, der Vater aber Gott, jedoch nicht vom Sohn; ⟨er ist⟩ nämlich Vater des

nasci coepit aliquando, nec desiit.

(6) Hic etiam unius cum Patre substantiae creditur, propter quod et ὁμοούσιος Patri dicitur, hoc est eiusdem cum Patre substantiae; ὅμος enim graece unum, οὐσία vero substantia dicitur, quod utrumque coniunctum sonat 'una substantia'. Nec enim de nihilo, neque de aliqua alia substantia, sed de Patris utero, id est, de substantia eius idem Filius genitus vel natus esse credendus est.

(7) Sempiternus ergo Pater, sempiternus et Filius. Quod si semper Pater fuit, semper habuit Filium, cui Pater esset: et ob hoc Filium de Patre natum sine initio confitemur, (8) Nec enim eundem Filium Dei, pro eo, quod de Patre sit genitus, "desectae naturae portiunculam"[1] nominamus; sed perfectum Patrem, perfectum Filium sine diminutione, sine desectione genuisse asserimus, quia solius divinitatis est inaequalem Filium non habere.

(9) Hic etiam Filius Dei natura est Filius, non adoptione[2], quem Deus Pater nec voluntate nec necessitate genuisse credendus est; quia nec ulla in Deo necessitas capit [al. cadit], nec voluntas sapientiam praevenit.

**527**      (10) Spiritum quoque Sanctum, qui est tertia in Trinitate persona, unum atque aequalem cum Deo Patre et Filio credimus esse Deum, unius substantiae, unius quoque esse naturae: non tamen genitum vel creatum, sed ab utrisque procedentem, amborum esse Spiritum. (11) Hic etiam Spiritus Sanctus nec ingenitus nec genitus creditur: ne aut si ingenitum dixerimus, duos Patres dicamus, aut si genitum, duos Filios praedicare monstremur: qui tamen nec Patris tantum nec Filii

Sohnes, nicht Gott vom Sohn: jener aber ist Sohn des Vaters und Gott vom Vater. Dennoch ist der Sohn in allem Gott, dem Vater, gleich; denn weder begann seine Geburt irgendwann, noch hörte sie auf.

(6) Dieser, so unser Glaube, ist auch von e i n e r Substanz mit dem Vater; deshalb wird er auch dem Vater ὁμοούσιος genannt, das heißt, von derselben Substanz mit dem Vater; ὅμος heißt nämlich griechisch "eins", οὐσία aber "Substanz", was, wenn man beides verbindet, "e i n e Substanz" bedeutet. Der Sohn nämlich, so muß man glauben, wurde weder von nichts noch von irgendeiner anderen Substanz gezeugt bzw. geboren, sondern vom Schoß des Vaters, das heißt, von seiner Substanz.

(7) Ewig ⟨ist⟩ also der Vater, ewig auch der Sohn. Wenn er aber immer Vater war, dann hatte er immer den Sohn, dem er Vater war: und deshalb bekennen wir, daß der Sohn vom Vater ohne Anfang geboren wurde. (8) Jedoch nennen wir denselben Sohn Gottes deswegen, weil er vom Vater gezeugt wurde, nicht ⟨etwa⟩ "Teil einer zertrennten Natur"[1]; sondern wir behaupten, daß der vollkommene Vater einen vollkommenen Sohn ohne Verminderung und ohne Zertrennung gezeugt hat, weil es allein der Gottheit zukommt, keinen ungleichen Sohn zu haben.

(9) Dieser Sohn Gottes ist auch von Natur Sohn, nicht durch Adoption[2], er, den Gott, der Vater, so muß man glauben, weder aus Willen noch aus Notwendigkeit gezeugt hat; denn weder gibt es in Gott irgendeine Notwendigkeit, noch geht der Wille der Weisheit voraus.

(10) Wir glauben auch, daß der H e i l i g e G e i s t, der die dritte Person in der Dreifaltigkeit ist, ein und derselbe Gott mit Gott, dem Vater, und dem Sohn ist, von e i n e r Substanz, auch e i n e r Natur: gleichwohl ist er nicht gezeugt oder geschaffen, sondern hervorgehend von beiden und beider Geist. (11) Dieser Heilige Geist ist auch, so unser Glaube, weder ungezeugt noch gezeugt, damit man uns nicht nachweist, wir würden, wenn wir ihn ungezeugt nennen, von zwei

---

*526   [1]   Vgl. Vigilius von Thapsus, *Contra Arianos, Sabellianos et Photinianos dialogus* II 13 (PL 62,206A).
       [2]   So gegen die *Bonosianer*, die den Sohn Gottes in seiner g ö t t l i c h e n Natur nur als "Adoptivsohn" bekannten, während die späteren "Adoptianer" dies von der m e n s c h l i c h e n Natur behaupten.

tantum, sed simul Patris et Filii Spiritus dicitur. (12) Nec enim de Patre procedit in Filium, vel de Filio procedit ad sanctificandam creaturam, sed simul ab utrisque processisse monstratur; quia caritas sive sanctitas amborum esse agnoscitur. (13) Hic igitur Spiritus Sanctus missus ab utrisque sicut Filius [a Patre] creditur; sed minor a Patre et Filio non habetur, sicut Filius propter assumptam carnem minorem se Patre et Spiritu Sancto esse testatur.

(14) Haec est sanctae Trinitatis relata narratio: quae non triplex, sed Trinitas et dici et credi debet. Nec recte dici potest, ut in uno Deo sit Trinitas, sed unus Deus Trinitas. (15) In relativis vero personarum nominibus Pater ad Filium, Filius ad Patrem, Spiritus Sanctus ad utrosque refertur: quae cum relative tres personae dicantur, una tamen natura vel substantia creditur. (16) Nec sicut tres personas, ita tres substantias praedicamus, sed unam substantiam, tres autem personas. (17) Quod enim Pater est, non ad se, sed ad Filium est; et quod Filius est, non ad se, sed ad Patrem est; similiter et Spiritus Sanctus non ad se, sed ad Patrem et Filium relative refertur: in eo quod Spiritus Patris et Filii praedicatur. (18) Item cum dicimus: Deus, non ad aliquid dicitur, sicut Pater ad Filium vel Filius ad Patrem vel Spiritus Sanctus ad Patrem et Filium, sed ad se specialiter dicitur Deus.

(19) Nam et si de singulis personis interrogemur, Deum necesse est fateamur. Deus ergo Pater, Deus Filius, Deus Spiritus Sanctus

Vätern reden, oder wenn wir ihn gezeugt nennen, zwei Söhne verkünden; gleichwohl wird er nicht nur der Geist des Vaters und nicht nur der Geist des Sohnes, sondern zugleich der Geist des Vaters und des Sohnes genannt. (12) Denn weder geht er vom Vater aus in den Sohn, noch geht er vom Sohn aus, um die Schöpfung zu heiligen, sondern es wird erwiesen, daß er zugleich von beiden hervorgegangen ist; denn er wird als die Liebe oder Heiligkeit beider erkannt. (13) Dieser Heilige Geist also, so unser Glaube, wurde von beiden gesandt, so wie der Sohn [vom Vater]; aber er wird nicht für geringer als der Vater und der Sohn erachtet, etwa so, wie der Sohn bezeugt, er sei wegen des angenommenen Fleisches geringer als der Vater und der Heilige Geist.

(14) Dies ist die Darstellung der heiligen **528** Dreifaltigkeit: Sie darf nicht dreifach, sondern muß Dreifaltigkeit genannt und ⟨als solche⟩ geglaubt werden. Es kann nicht richtig sein, zu sagen, in dem einen Gott sei die Dreifaltigkeit, sondern der eine Gott ist die Dreifaltigkeit. (15) Mit den Namen der Personen aber, die eine Beziehung ausdrücken, wird der Vater auf den Sohn, der Sohn auf den Vater und der Heilige Geist auf beide bezogen: Obwohl sie im Hinblick auf ihre Beziehung drei Personen genannt werden, sind sie, so unser Glaube, doch eine Natur bzw. Substanz. (16) Und wir verkünden nicht, wie drei Personen, so drei Substanzen, sondern eine Substanz, aber drei Personen. (17) Was nämlich "Vater" ist, ist es nicht in bezug auf sich, sondern in bezug auf den Sohn; und was "Sohn" ist, ist es nicht in bezug auf sich, sondern in bezug auf den Vater; ähnlich wird auch der Heilige Geist nicht auf sich bezogen, sondern auf den Vater und den Sohn, indem er Geist des Vaters und des Sohnes genannt wird. (18) Ebenso wird, wenn wir "Gott" sagen, dies nicht in bezug auf irgendetwas gesagt, so wie der Vater in bezug auf den Sohn oder der Sohn auf den Vater oder der Heilige Geist auf den Vater und den Sohn bezogen wird, sondern "Gott" wird im besonderen in bezug auf sich gesagt.

(19) Denn auch wenn man uns über die **529** einzelnen Personen fragt, müssen wir sie als Gott bekennen. Also wird der Vater Gott, der

243

singulariter dicitur: nec tamen tres dii, sed unus est Deus. (20) Item et Pater omnipotens et Filius omnipotens et Spiritus Sanctus omnipotens singulariter dicitur: nec tamen tres omnipotentes, sed unus omnipotens, sicut et unum lumen, unumque principium praedicatur. (21) Singulariter ergo, et unaquaeque persona plenus Deus et totae tres personae unus Deus confitetur [sic!] et creditur: una illis vel indivisa atque aequalis Deitas, maiestas sive potestas, nec minoratur in singulis, nec augetur in tribus; quia nec minus aliquid habet, cúm unaquaeque persona Deus singulariter dicitur, nec amplius, cum totae tres personae unus Deus enuntia[n]tur.

**530**    (22) Haec ergo sancta Trinitas, quae unus et verus est Deus, nec recedit a numero, nec capitur numero. In relatione enim personarum numerus cernitur; in divinitatis vero substantia, quid numeratum sit, non comprehenditur. Ergo [in] hoc solum numerum insinuant, quod ad invicem sunt; et in hoc numero carent, quod ad se sunt. (23) Nam ita huic sanctae Trinitati unum naturale convenit nomen, ut in tribus personis non possit esse plurale. Ob hoc ergo credimus illud in sacris litteris dictum: "Magnus Dominus noster et magna virtus eius et sapientiae eius non est numerus" [Ps 146,5].

(24) Nec quia tres has personas esse diximus unum Deum, eundem esse Patrem quem Filium, vel esse Filium eum, qui est Pater, aut eum, qui Spiritus Sanctus est, vel Patrem vel Filium dicere poterimus. (25) Non enim ipse est Pater qui Filius, nec Filius ipse qui Pater, nec Spiritus Sanctus ipse qui est vel Pater vel Filius; cum tamen ipsum sit Pater quod Filius, ipsum Filius quod Pater, ipsum Pater et Filius quod Spiritus Sanctus: id est, natura unus Deus. (26) Cum enim dicimus non ipsum esse Patrem quem Filium, ad personarum distinctionem refertur. Cum autem dicimus ipsum esse Patrem quod Filium,

Sohn Gott und der Heilige Geist Gott, ⟨jeweils⟩ einzeln, genannt: und dennoch gibt es nicht drei Götter, sondern einen Gott. (20) Ebenso wird auch der Vater allmächtig, der Sohn allmächtig und der Heilige Geist allmächtig, ⟨jeweils⟩ einzeln, genannt: und dennoch gibt es nicht drei Allmächtige, sondern einen Allmächtigen, so wie man auch von einem Licht und von einem Urgrund spricht. (21) Also ist nach unserem Bekenntnis und Glauben sowohl jede Person einzeln vollkommener Gott als auch alle drei Personen ein Gott: Sie haben die eine, ungeteilte und gleiche Gottheit, Erhabenheit und Macht, die weder in den einzelnen verringert wird, noch in den dreien vermehrt wird; denn sie hat nichts weniger, wenn jede Person einzeln Gott genannt wird, und nichts mehr, wenn alle drei Personen als ein Gott verkündet werden.

(22) Diese heilige Dreifaltigkeit, die der eine und wahre Gott ist, entzieht sich also weder der Zahl, noch wird sie durch die Zahl erfaßt. In der Beziehung der Personen nämlich erkennt man die Zahl; in der Substanz der Gottheit aber wird nicht etwas erfaßt, was gezählt wäre. Allein darin also, daß sie aufeinander bezogen sind, deuten sie auf die Zahl hin; und darin, daß sie auf sich bezogen sind, entbehren sie der Zahl. (23) Denn dieser heiligen Dreifaltigkeit kommt so ein ihre Natur betreffender Name zu, daß er bei drei Personen nicht in der Mehrzahl gebraucht werden kann. Deshalb glauben wir auch jenes Wort in den heiligen Schriften: "Groß ist unser Herr und groß seine Kraft, und für seine Weisheit gibt es keine Zahl" [Ps 147,5].

(24) Wir werden aber nicht, weil wir sagten, diese drei Personen seien ein Gott, sagen können, daß der Vater derselbe wie der Sohn sei, oder daß der Sohn der sei, welcher der Vater ist, oder daß der, welcher der Heilige Geist ist, der Vater oder der Sohn sei. (25) Denn der Vater ist nicht derselbe wie der Sohn, noch ist der Sohn derselbe wie der Vater, noch ist der Heilige Geist derselbe wie der Vater oder der Sohn; gleichwohl ist der Vater dasselbe wie der Sohn, der Sohn dasselbe wie der Vater, der Vater und der Sohn dasselbe wie der Heilige Geist, nämlich von Natur ein Gott. (26) Wenn wir nämlich sagen,

ipsum Filium quod Patrem, ipsum Spiritum Sanctum quod Patrem et Filium, ad naturam, qua Deus est, vel substantiam pertinere monstratur, quia substantia unum sunt: personas enim distinguimus, non deitatem separamus.

der Vater sei nicht derselbe wie der Sohn, so bezieht sich das auf den Unterschied der Personen. Wenn wir aber sagen, der Vater sei dasselbe wie der Sohn, der Sohn sei dasselbe wie der Vater und der Heilige Geist sei dasselbe wie der Vater und der Sohn, so bezieht sich das offensichtlich auf die Natur, aufgrund derer er Gott ist, bzw. die Substanz; denn sie sind der Substanz nach eins: Wir unterscheiden nämlich die Personen, trennen nicht die Gottheit.

(27) Trinitatem igitur in personarum distinctione agnoscimus; unitatem propter naturam vel substantiam profitemur. Tria ergo ista unum sunt, natura scilicet, non persona. (28) Nec tamen tres istae personae separabiles aestimandae sunt, cum nulla ante aliam, nulla post aliam, nulla sine alia vel exstitisse, vel quidpiam operasse aliquando credatur. (29) Inseparabiles enim inveniuntur et in eo quod sunt, et in eo quod faciunt: quia inter generantem Patrem et generatum Filium vel procedentem Spiritum Sanctum nullum fuisse credimus temporis intervallum, quo aut genitor genitum aliquando praecederet, aut genitus genitori deesset, aut procedens Spiritus Patre vel Filio posterior appareret. (30) Ob hoc ergo inseparabilis et inconfusa haec Trinitas a nobis et praedicatur et creditur. Tres igitur personae istae dicuntur, iuxta quod maiores definiunt, ut agnoscantur, non ut separentur. (31) Nam si attendamus illud, quod Scriptura sancta dicit de Sapientia: "Splendor est lucis aeternae" [*Sap 7,26*]: sicut splendorem luci videmus inseparabiliter inhaerere, sic confitemur Filium a Patre separari non posse. (32) Tres ergo illas unius atque inseparabilis naturae personas sicut non confundimus, ita separabiles nullatenus praedicamus.

(27) Die Dreifaltigkeit also erkennen wir **531** im Unterschied der Personen, die Einheit verkünden wir wegen der Natur bzw. der Substanz. Diese drei also sind eins, nämlich der Natur nach, nicht der Person nach. (28) Gleichwohl dürfen diese drei Personen nicht als trennbar angesehen werden, da, so unser Glaube, keine vor der anderen, keine nach der anderen, keine ohne die andere jemals gewesen ist oder irgendetwas gewirkt hat. (29) Als untrennbar nämlich werden sie befunden sowohl in dem, was sie sind, als auch in dem, was sie tun: denn zwischen dem Vater, der zeugt, und dem Sohn, der gezeugt wurde, und dem Heiligen Geist, der hervorgeht, hat es, so glauben wir, keinen Zeitabstand gegeben, um den der Erzeuger einmal dem Gezeugten vorangegangen ist oder der Gezeugte dem Erzeuger fehlte oder der vom Vater und vom Sohn hervorgehende Geist später erschien. (30) Deshalb also wird diese Dreifaltigkeit von uns untrennbar und unvermischt genannt und geglaubt. Man redet also entsprechend der Lehre der Vorfahren von diesen drei Personen, damit sie ⟨als solche⟩ anerkannt, nicht damit sie getrennt werden. (31) Denn wenn wir das beachten wollen, was die heilige Schrift über die Weisheit sagt: "Sie ist der Glanz des ewigen Lichtes" [*Weish 7,26*]: So wie wir sehen, daß der Glanz dem Licht untrennbar innewohnt, so bekennen wir, daß der Sohn nicht vom Vater getrennt werden kann. (32) Wie wir also diese drei Personen einer einzigen und untrennbaren Natur nicht vermischen, so sagen wir, daß sie auf keine Weise trennbar sind.

(33) Quando quidem ita nobis hoc dignata est ipsa Trinitas evidenter ostendere, ut etiam in his nominibus, quibus voluit sigillatim personas agnosci, unam sine altera non per-

(33) Denn die Dreifaltigkeit selbst hat sich **532** herabgelassen, uns dies so deutlich zu zeigen, daß sie auch in diesen Namen, in denen nach ihrem Willen die Personen einzeln erkannt

mittat intelligi: nec enim Pater absque Filio cognoscitur, nec sine Patre Filius invenitur. (34) Relatio quippe ipsa vocabuli personalis personas separari vetat, quas etiam, dum non simul nominat, simul insinuat. Nemo autem audire potest unumquodque istorum nominum, in quo non intelligere cogatur et alterum. (35) Cum igitur haec tria sint unum et unum tria, est tamen unicuique personae manens sua proprietas. Pater enim aeternitatem habet sine nativitate, Filius aeternitatem cum nativitate, Spiritus vero Sanctus processionem sine nativitate cum aeternitate[1].

werden sollen, nicht zuläßt, daß die eine ohne die andere verstanden wird: Denn weder wird der Vater ohne den Sohn erkannt, noch findet man den Sohn ohne den Vater. (34) Die Bezüglichkeit der Personenbezeichnung selbst verbietet es ja, die Personen zu trennen: Denn wenn sie sie auch nicht zugleich nennt, so weist sie doch zugleich auf sie hin. Niemand aber kann einen von diesen Namen hören, ohne gezwungen zu werden, den anderen mitzuverstehen. (35) Obwohl also diese drei eins sind und das Eine drei, so bleibt doch jeder einzelnen Person ihre Eigentümlichkeit. Der Vater nämlich hat die Ewigkeit ohne Geburt, der Sohn die Ewigkeit mit Geburt, der Heilige Geist aber das Hervorgehen ohne Geburt mit Ewigkeit[1].

## Die Fleischwerdung

533	(36) De his tribus personis solam Filii personam pro liberatione humani generis hominem verum sine peccato de sancta et immaculata Maria Virgine credimus assumpsisse, de qua novo ordine novaque nativitate est genitus; novo ordine, quia invisibilis divinitate, visibilis monstratur in carne; nova autem nativitate est genitus, quia intacta virginitas et virilem coitum nescivit et foecundatam per Spiritum Sanctum carnis materiam ministravit. (37) Qui partus Virginis nec ratione colligitur, nec exemplo monstratur; quod si ratione colligitur, non est mirabile; si exemplo monstratur, non erit singulare[1]. (38) Nec tamen Spiritus Sanctus Pater esse credendus est Filii, pro eo quod Maria eodem Spiritu Sancto obumbrante concepit: ne duos patres Filii videamur asserere, quod utique nefas est dici.

(36) Wir glauben, daß von diesen drei Personen allein die Person des Sohnes für die Befreiung des Menschengeschlechts einen wahren Menschen ohne Sünde von der heiligen und unbefleckten Jungfrau Maria angenommen hat, von der er in einer neuen Ordnung und in einer neuen Geburt geboren wurde; in einer neuen Ordnung, weil der in seiner Gottheit Unsichtbare sich im Fleisch sichtbar zeigt; in einer neuen Geburt aber wurde er geboren, weil die unberührte Jungfräulichkeit keinen Verkehr mit einem Manne kannte und ⟨ihm⟩ die durch den Heiligen Geist befruchtete Materie des Fleisches zur Verfügung stellte. (37) Diese Jungfrauengeburt kann weder von der Vernunft erfaßt noch an einem Beispiel gezeigt werden; denn wenn sie von der Vernunft erfaßt werden könnte, wäre sie nicht wunderbar; wenn sie an einem Beispiel gezeigt werden könnte, wäre sie nicht einzigartig[1]. (38) Gleichwohl darf man nicht deshalb, weil Maria, vom Heiligen Geist überschattet, empfing, glauben, eben der Heilige Geist sei der Vater des Sohnes, damit es nicht den Anschein hat, wir nähmen zwei Väter des Sohnes an, was zu behaupten allerdings frevlerisch wäre.

534	(39) In quo mirabili conceptu, aedificante sibi Sapientia domum [cf. Prv 9,1], "Verbum caro factum est et habitavit in nobis" [Io

(39) In dieser wunderbaren Empfängnis, in der sich die Weisheit ein Haus erbaute [vgl. Spr 9,1], "ist das Wort fleischgeworden und

---

*532	[1]	Vgl. Isidor von Sevilla, Differentiae II 3, n. 7 (PL 83,71B).
*533	[1]	Vgl. Augustinus, Brief 137, Kap. 2, Nr. 8 (CSEL 44,107$_{10f}$ / PL 33,519).

*1,14*]. Nec tamen Verbum ipsum ita in carne conversum atque mutatum est, ut desisteret Deus esse, qui homo esse voluisset; sed ita Verbum caro factum est, ut non tantum ibi sit Verbum Dei et hominis caro, sed etiam rationalis hominis anima; atque hoc totum et Deus dicatur propter Deum et homo propter hominem.

(40) In quo Dei Filio duas credimus esse naturas; unam divinitatis, alteram humanitatis, quas ita in se una Christi persona univit, ut nec divinitas ab humanitate, nec humanitas a divinitate possit aliquando seiungi. (41) Unde perfectus Deus, perfectus et homo in unitate personae unus est Christus; nec tamen, quia duas diximus in Filio esse naturas, duas causabimus in eo esse personas; ne Trinitati, quod absit, accedere videatur quaternitas. (42) Deus enim Verbum non accepit personam hominis, sed naturam, et in aeternam personam divinitatis temporalem accepit substantiam carnis.

(43) Item cum unius substantiae credamus esse Patrem et Filium et Spiritum Sanctum, non tamen dicimus, ut huius Trinitatis unitatem Maria Virgo genuerit, sed tantummodo Filium, qui solus naturam nostram in unitate personae suae assumpsit. (44) Incarnationem quoque huius Filii Dei tota Trinitas operasse credenda est, quia inseparabilia sunt opera Trinitatis. Solus tamen Filius formam servi accepit [*cf. Phil 2,7*] in singularitate personae, non in unitate divinae naturae, in id quod est proprium Filii, non quod commune Trinitati: (45) quae forma illi ad unitatem personae coaptata est, id est ut Filius Dei et Filius hominis unus sit Christus. Item idem Christus in his duabus naturis, tribus exstat substantiis: Verbi, quod ad solius Dei essentiam referendum est, corporis et animae, quod ad verum hominem pertinet.

hat unter uns gewohnt" [*Joh 1,14*]. Gleichwohl wurde das Wort nicht so in Fleisch verwandelt und verändert, daß der, welcher Mensch sein wollte, aufhörte, Gott zu sein; sondern das Wort wurde so Fleisch, daß dort nicht nur das Wort Gottes und das Fleisch des Menschen ist, sondern auch die vernunftbegabte Seele des Menschen; und dieses Ganze muß sowohl Gottes wegen Gott genannt werden als auch des Menschen wegen Mensch.

(40) Wir glauben, daß in diesem Sohn Gottes zwei Naturen sind, die eine der Gottheit, die andere der Menschheit, welche die eine Person Christi so in sich einte, daß weder irgendwann die Gottheit von der Menschheit noch die Menschheit von der Gottheit getrennt werden kann. (41) Daher ist der eine Christus in der Einheit der Person vollkommener Gott und vollkommener Mensch; gleichwohl werden wir, weil wir sagten, im Sohn seien zwei Naturen, deswegen nicht behaupten, es seien in ihm zwei Personen, damit nicht zur Dreifaltigkeit, was ferne sei, eine Vierheit hinzuzutreten scheine. (42) Gott, das Wort, hat nämlich nicht die Person des Menschen angenommen, sondern die Natur, und in die ewige Person der Gottheit hat er die zeitliche Substanz des Fleisches aufgenommen.

(43) Desgleichen sagen wir, auch wenn wir **535** glauben, daß der Vater und der Sohn und der Heilige Geist von e i n e r Substanz sind, dennoch nicht, daß die Jungfrau Maria die Einheit dieser Dreifaltigkeit geboren habe, sondern nur den Sohn, der allein unsere Natur in der Einheit seiner Person angenommen hat. (44) Die Fleischwerdung dieses Sohnes Gottes, so muß man weiter glauben, hat die ganze Dreifaltigkeit gewirkt, da die Werke der Dreifaltigkeit untrennbar sind. Gleichwohl hat allein der Sohn in der Einzigkeit der Person, nicht in der Einheit der göttlichen Natur, die Knechtsgestalt aufgenommen [*vgl. Phil 2,7*] in das, was dem Sohn eigen ist, nicht in das, was der Dreifaltigkeit gemeinsam ist: (45) Diese Gestalt wurde ihm zur Einheit der Person verbunden, so daß nämlich der Sohn Gottes und der Sohn des Menschen der eine Christus ist. Ebenso besteht derselbe Christus in diesen zwei Naturen aus drei Substanzen: der des Wortes, das

allein auf das Wesen Gottes zu beziehen ist, der des Leibes und der der Seele, was zum wahren Menschen gehört.

**536** (46) Habet igitur in se geminam substantiam divinitatis suae et humanitatis nostrae. (47) Hic tamen per hoc quod de Deo Patre sine initio prodiit, natus tantum; nam neque factus, neque praedestinatus accipitur; per hoc tamen quod de Maria Virgine natus est, et natus et factus et praedestinatus esse credendus est. (48) Ambae tamen in illo generationes mirabiles, quia et de Patre ante saecula sine matre est genitus, et in fine saeculorum de matre sine patre est generatus; qui tamen secundum quod Deus est, creavit Mariam, secundum quod homo, creatus est a Maria: ipse et pater Mariae matris et filius.

(49) Item per hoc quod Deus, est aequalis Patri; per hoc quod homo, minor est Patre. (50) Item et maior et minor seipso esse credendus est: in forma enim Dei etiam ipse Filius se ipso maior est, propter humanitatem assumptam, qua divinitas maior est; in forma autem servi se ipso minor est, id est, humanitate, quae minor divinitate accipitur. (51) Nam sicut per assumptam carnem non tantum a Patre, sed a seipso minor accipitur, ita secundum divinitatem, qua est aequalis Patri, et ipse et Pater maior est homine, quem sola Filii persona assumpsit.

**537** (52) Item in eo, quod quaeritur, utrum posset Filius sic aequalis et minor esse Spiritu Sancto, sicut Patri nunc aequalis, nunc minor Patre creditur esse, respondemus: Secundum formam Dei aequalis est Patri et Spiritui Sancto, secundum formam servi minor est et a Patre et a Spiritu Sancto: quia nec Spiritus Sanctus nec Deus Pater, sed sola Filii persona suscepit carnem, per quam minor esse creditur illis personis duabus. (53) Item hic Filius a Deo Patre et Spiritu Sancto inseparabiliter discretus creditur esse persona, ab homine

(46) Er hat also in sich die zwiefache Substanz seiner Gottheit und unserer Menschheit. (47) Insofern er nun von Gott, dem Vater, ohne Anfang hervorging, ist er, so muß man glauben, nur geboren – denn er wird weder als gemacht noch als vorherbestimmt aufgefaßt –, insofern er jedoch von der Jungfrau Maria geboren wurde, ist er sowohl geboren als auch gemacht und vorherbestimmt. (48) Gleichwohl sind beide Geburten in ihm wunderbar, weil er sowohl vom Vater vor den Zeiten ohne Mutter gezeugt wurde als auch am Ende der Zeiten von der Mutter ohne Vater geboren wurde; gleichwohl hat er, insofern er Gott ist, Maria geschaffen und wurde, insofern er Mensch ist, von Maria geschaffen; Er selbst ist sowohl der Vater als auch der Sohn der Mutter Maria.

(49) Ebenso ist er dadurch, daß er Gott ist, dem Vater gleich; dadurch, daß er Mensch ist, ist er geringer als der Vater. (50) Ebenso muß man glauben, daß er sowohl größer als auch geringer als er selbst ist: In der Gestalt Gottes nämlich ist auch der Sohn selbst wegen der angenommenen Menschheit, im Vergleich zu der die Gottheit größer ist, größer als er selbst; in der Gestalt des Knechtes aber, d. h. in der Menschheit, die geringer als die Gottheit angesetzt wird, ist er geringer als er selbst. (51) Denn wie er durch das angenommene Fleisch nicht nur geringer als der Vater, sondern ⟨auch⟩ als er selbst angesetzt wird, so ist in der Gottheit, durch die er dem Vater gleich ist, sowohl er selbst als auch der Vater größer als der Mensch, den allein die Person des Sohnes angenommen hat.

(52) Desgleichen werden wir, wenn man fragt, ob der Sohn genauso gleich und geringer als der Heilige Geist sein könne, wie er nach unserem Glauben bald dem Vater gleich, bald geringer als der Vater ist, antworten: In der Gestalt Gottes ist er dem Vater und dem Heiligen Geist gleich, in der Gestalt des Knechtes ist er kleiner als der Vater und als der Heilige Geist: Denn weder der Heilige Geist noch Gott, der Vater, sondern allein die Person des Sohnes hat Fleisch angenommen, durch das er nach unserem Glauben geringer

autem assumpto natura. Item cum homine exstat persona; cum Patre vero et Spiritu Sancto natura divinitatis sive substantia.

(54) Missus tamen Filius non solum a Patre, sed a Spiritu Sancto missus esse credendus est: in eo quod ipse per prophetam dicit: "Et nunc Dominus misit me et Spiritus eius" [cf. Is 48,16]. (55) A seipso quoque missus accipitur: pro eo quod inseparabilis non solum voluntas, sed operatio totius Trinitatis agnoscitur. (56) Hic enim, qui ante saecula unigenitus est vocatus, temporaliter primogenitus factus est: unigenitus propter deitatis substantiam, primogenitus propter assumptae carnis naturam.

ist als diese zwei Personen. (53) Desgleichen ist nach unserem Glauben dieser Sohn von Gott, dem Vater, und dem Heiligen Geist untrennbar unterschieden durch die Person, vom angenommenen Menschen aber durch die Natur. Desgleichen existiert er mit dem Menschen in der Person; mit dem Vater aber und dem Heiligen Geist in der Natur bzw. Substanz der Gottheit.

(54) Gleichwohl wurde, so muß man glauben, der Sohn nicht nur vom Vater, sondern ⟨auch⟩ vom Heiligen Geist gesandt; denn er selbst sagt ja durch den Propheten: "Und nun hat mich der Herr gesandt und sein Geist" [vgl. Jes 48,16]. (55) Auch von sich selbst, so nehmen wir an, wurde er gesandt; denn nicht nur der Wille, sondern ⟨auch⟩ das Wirken der ganzen Dreifaltigkeit ist, wie wir erkennen, untrennbar. (56) Er also, der vor den Zeiten Einziggeborener genannt wurde, wurde in der Zeit Erstgeborener: Einziggeborener wegen der Substanz der Gottheit, Erstgeborener wegen der Natur des angenommenen Fleisches. **538**

### Die Erlösung

(57) In qua suscepti hominis forma iuxta evangelicam veritatem sine peccato conceptus, sine peccato natus, sine peccato mortuus creditur, qui solus pro nobis "peccatum est factus" [cf. 2 Cor 5,21], id est, sacrificium pro peccatis nostris. (58) Et tamen passionem ipsam, salva divinitate sua, pro delictis nostris sustinuit, mortique adiudicatus et cruci veram carnis mortem excepit, tertio quoque die virtute propria sua suscitatus e sepulchro surrexit.

(57) In dieser Gestalt des angenommenen Menschen, so unser Glaube, ist er gemäß der Wahrheit der Evangelien ohne Sünde empfangen worden, ohne Sünde geboren worden und ohne Sünde gestorben, er, der allein für uns "zur Sünde wurde" [vgl. 2 Kor 5,21], das heißt, zum Opfer für unsere Sünden. (58) Und trotzdem hat er, ohne daß seine Gottheit versehrt worden wäre, für unsere Vergehen das Leiden ausgehalten, wurde zum Tod am Kreuz verurteilt und übernahm den wahren Tod des Fleisches; und am dritten Tag ist er, durch seine eigene Kraft erweckt, aus dem Grab erstanden. **539**

### Das Los des Menschen nach dem Tod

(59) Hoc ergo exemplo Capitis nostri confitemur veram fieri resurrectionem carnis omnium mortuorum. (60) Nec in aërea vel qualibet alia carne (ut quidam delirant) surrecturos nos credimus, sed in ista, qua vivimus, consistimus et movemur. (61) Peracto huius sanctae resurrectionis exemplo idem Dominus noster atque Salvator paternam ascendendo sedem repetiit, de qua numquam

(59) Wir bekennen nun, daß nach diesem Beispiel unseres Hauptes die wahre Auferstehung des Fleisches aller Toten geschieht. (60) Wir glauben, daß wir weder in einem luftförmigen noch in irgendeinem anderen Fleisch (wie manche daherphantasieren) auferstehen werden, sondern in dem, in dem wir leben, bestehen und uns bewegen. (61) Nachdem er das Beispiel dieser heiligen Auferste- **540**

per divinitatem discessit. (62) Illic ad dexteram Patris sedens, exspectatur in finem saeculorum iudex omnium vivorum et mortuorum.

(63) Inde cum sanctis omnibus veniet ad faciendum iudicium, reddere unicuique mercedis propriae debitum, prout quisque gesserit in corpore positus sive bonum, sive malum [cf. 2 Cor 5,10]. (64) Ecclesiam sanctam catholicam pretio sui sanguinis comparatam cum eo credimus in perpetuum regnaturam. (65) Intra cuius gremium constituti unum baptisma credimus et confitemur in remissionem omnium peccatorum. (66) Sub qua fide et resurrectionem mortuorum veraciter credimus et futuri saeculi gaudia exspectamus. (67) Hoc tantum orandum nobis est et petendum, ut, cum peracto finitoque iudicio tradiderit Filius regnum Deo Patri [cf. 1 Cor 15,24], participes nos efficiat regni sui, ut per hanc fidem, qua illi inhaesimus, cum illo sine fine regnemus.

**541**      (68) Haec est confessionis nostrae fides exposita, per quam omnium haereticorum dogma perimitur, per quam fidelium corda mundantur, per quam etiam ad Deum gloriose acceditur. ...

hung vollbracht hatte, nahm unser Herr und Erlöser durch den Aufstieg wieder den Thron des Vaters ein, von dem er in seiner Gottheit niemals gewichen ist. (62) Dort sitzt er zur Rechten des Vaters und wird zum Ende der Zeiten als Richter über alle Lebenden und Toten erwartet.

(63) Von dort wird er mit allen Heiligen kommen, um Gericht zu halten und einem jeden seinen verdienten Lohn zu verleihen für das, was er im Leib Gutes oder Böses getan hat [vgl. 2 Kor 5,10]. (64) Wir glauben, daß die heilige katholische Kirche, die er um den Preis seines Blutes erworben hat, mit ihm in Ewigkeit herrschen wird. (65) In ihrem Schoß weilend glauben und bekennen wir die eine Taufe zur Vergebung aller Sünden. (66) In diesem Glauben vertrauen wir wahrhaftig auf die Auferstehung der Toten und erwarten die Freuden der kommenden Zeit. (67) Nur dies müssen wir erbitten und erflehen, daß der Sohn, wenn er nach Abschluß und Vollendung des Gerichts das Reich Gott, dem Vater, übergibt [vgl. 1 Kor 15,24], uns teilhaben läßt an seinem Reich, auf daß wir durch diesen Glauben, in dem wir ihm anhangen, mit ihm ohne Ende herrschen.

(68) Dies ist die Darlegung unseres Glaubensbekenntnisses, durch das die Lehre aller Häretiker vernichtet wird, durch das die Herzen der Gläubigen gereinigt werden, durch das man auch glorreich zu Gott gelangt ...

DONUS: 2. Nov. 676 – 11. April 678

## AGATHO: 27. Juni 678 – 10. Jan. 681

### 542-545: Brief "Consideranti mihi" an die Kaiser, 27. März 680

Am selben Tag wurden zwei Briefe, der eine im Namen des Papstes selbst geschrieben (*542-545), der andere als Synodalbrief (*546-548), an Konstantin IV. Pogonatus gesandt. Beide wurden auf dem 3. Konzil von Konstantinopel in der 4. Sitzung (15. Nov. 680) verlesen und von den Konzilsvätern gebilligt. Dem Kaiser wurde die Annahme in der 18. Sitzung mit folgenden Worten empfohlen: "Der höchste Apostelfürst kämpfte mit uns zusammen; denn wir hatten in seinem Nachahmer und Thronnachfolger einen Gönner, der uns brieflich das göttliche Geheimnis erläuterte. Jene alte Stadt Rom ließ Dir ein von Gott geschriebenes Bekenntnis zukommen ... und durch Agatho sprach Petrus, und zusammen mit dem allmächtigen Mitregenten entschiedst Du, frommer Kaiser, der Du von Gott bestimmt bist" ("Summus nobiscum concertabat Apostolorum princeps; illius enim imitatorem et sedis successorem habuimus fautorem et divini sacramenti illustrantem per litteras. Confessionem tibi a Deo scriptam illa Romana antiqua civitas obtulit ... et per Agathonem Petrus loquebatur, et cum omnipotenti corregnatore pius imperator simul decernebas tu, qui a Deo decretus es"; MaC 11,666CD / HaC 3,1422E-1423A).

*Ausg.:* MaC 11,238C–239B 243CE / HaC 3,1078E–1079C 1083B-D / PL 87,1165D–1168B 1172C–1173A ( = Brief 1) / Hn § 236. – *Reg.:* JR 2109.

### Die göttliche Dreifaltigkeit

Hic igitur status est evangelicae atque apostolicae fidei regularisque traditionis, ut confitentes sanctam et inseparabilem Trinitatem, id est Patrem et Filium et Spiritum Sanctum, unius esse deitatis, unius naturae et substantiae sive essentiae, unius eam praedicemus et naturalis voluntatis virtutis, operationis, dominationis, maiestatis, potestatis et gloriae. Et quidquid de eadem sancta Trinitate essentialiter dicitur, singulari numero tamquam de una natura trium consubstantialium personarum comprehendamus regulari ratione hoc instituti.

Dies also ist der Bestand des evangelischen **542** und apostolischen Glaubens und der verbindlichen Überlieferung, daß wir bekennen, daß die heilige und untrennbare Dreifaltigkeit, das heißt, der Vater und der Sohn und der Heilige Geist, von e i n e r Gottheit, e i n e r Natur und Substanz bzw. Wesenheit ist, und auch verkünden, daß sie e i n e s natürlichen Willens, e i n e r Kraft, Tätigkeit, Herrschaft, Erhabenheit, Macht und Herrlichkeit sind. Und was immer von derselben heiligen Dreifaltigkeit wesenhaft gesagt wird, wollen wir, durch die verbindliche Lehre darin unterrichtet, in der Einzahl gleichsam von der einen Natur der drei wesensgleichen Personen verstehen.

### Das fleischgewordene Wort Gottes

Cum vero de uno earumdem trium personarum ipsius sanctae Trinitatis, Filio Dei, Deo Verbo, et de mysterio adorandae eius secundum carnem dispensationis confitemur, omnia duplicia unius eiusdemque Domini Salvatoris nostri Iesu Christi secundum evangelicam traditionem asserimus, id est, duas eius naturas praedicamus, divinam scilicet et humanam, ex quibus et in quibus etiam post admirabilem atque inseparabilem unitionem subsistit. Et unamquamque eius naturam, proprietatem naturalem habere confitemur, et habere divinam omnia quae divina sunt et humanam omnia quae humana sunt absque ullo peccato. Et utrasque unius eiusdem Dei Verbi incarnati, id est, humanati, inconfuse, inseparabiliter, immutabiliter esse cognoscimus, sola intelligentia, quae unita sunt, discernente, propter confusionis dumtaxat errorem. Aequaliter enim et divisionis et commistionis detestamur blasphemiam.

Wenn wir aber über den Einen derselben **543** drei Personen eben dieser heiligen Dreifaltigkeit, den Sohn Gottes, Gott, das Wort, und über das Geheimnis seines anbetungswürdigen Heilshandelns im Fleisch unser Bekenntnis belegen, so erklären wir gemäß der evangelischen Überlieferung alles, was zu ein und demselben Herrn, unserem Erlöser Jesus Christus gehört, auf zweifache Weise, das heißt, wir verkünden seine zwei Naturen, nämlich die göttliche und die menschliche, aus denen und in denen er auch nach seiner wunderbaren und untrennbaren Einung existiert. Wir bekennen auch, daß jede einzelne seiner Naturen ihre natürliche Eigentümlichkeit hat: Die göttliche hat alles, was göttlich ist, und die menschliche alles, was menschlich ist, außer jeglicher Sünde. Und wir erkennen, daß beide ⟨Naturen⟩ ein und demselben fleischgewordenen Gott, dem Wort, das heißt dem Menschgewordenen, unvermischt, untrennbar und unveränderlich gehören, wobei nur der Verstand unterscheidet, was geeint ist – nämlich wegen des Irrtums der Vermischung. Denn in gleicher Weise verwerfen wir die Gotteslästerung sowohl der Teilung als auch der Vermischung.

Cum duas autem naturas duasque naturales voluntates et duas naturales operationes

Wenn wir aber zwei Naturen sowie zwei **544** natürliche Willen und zwei natürliche Tätig-

confitemur in uno Domino nostro Iesu Christo, non contrarias eas nec adversas ad alterutram dicimus ... nec tamquam separatas in duabus personis vel subsistentiis, sed duas dicimus eundemque Dominum nostrum Iesum Christum, sicut naturas, ita et naturales in se voluntates et operationes habere, divinam scilicet et humanam: divinam quidem voluntatem et operationem habere ex aeterno cum coessentiali Patre communem; humanam temporaliter ex nobis cum nostra natura susceptam. ...

keiten in unserem einen Herrn Jesus Christus bekennen, so sagen wir weder, daß sie einander zuwider oder entgegengesetzt seien ..., noch, daß sie gleichsam getrennt in zwei Personen bzw. Hypostasen seien, sondern wir sagen, daß derselbe Jesus Christus, unser Herr, wie zwei Naturen so auch zwei natürliche Willen und Tätigkeiten in sich hat, nämlich die göttliche und die menschliche: Und zwar hat er den göttlichen Willen und die göttliche Tätigkeit von Ewigkeit her gemeinsam mit dem wesensgleichen Vater, die menschliche zeitlich aus uns angenommen, zugleich mit unserer Natur. ...

**545**  Porro apostolica Christi Ecclesia ... ex proprietatibus naturalibus unamquamque harum Christi naturarum perfectam esse cognoscit, et quidquid ad proprietates naturarum pertinet, duplicia omnia confitetur, quia ipse Dominus noster Iesus Christus et Deus perfectus est et homo perfectus est et ex duabus et in duabus naturis ... .

Fernerhin erkennt die apostolische Kirche Christi ... aufgrund der natürlichen Eigentümlichkeiten, daß jede einzelne dieser Naturen Christi vollkommen ist, und bekennt alles, was sich auf die Eigentümlichkeiten der Naturen bezieht, als zweifach gegeben, weil unser Herr Jesus Christus selbst sowohl vollkommener Gott als auch vollkommener Mensch ist, sowohl aus zwei als auch in zwei Naturen ... .

Consequenter itaque ... duas etiam naturales voluntates in eo et duas naturales operationes esse confitetur et praedicat. Nam si personalem quisquam intelligat voluntatem, dum tres personae in sancta Trinitate dicuntur, necesse est, ut et tres voluntates personales et tres personales operationes (quod absurdum est et nimis profanum) dicerentur. Sin autem, quod fidei christianae veritas continet, naturalis voluntas est, ubi una haec natura dicitur sanctae et inseparabilis Trinitatis, consequenter et una naturalis voluntas et una naturalis operatio intelligenda est. Ubi vero in una persona Domini nostri Iesu Christi Mediatoris Dei et hominum [*cf. 1 Tim 2,5*] duas naturas, id est divinam et humanam, confitemur, in quibus et post admirabilem adunationem consistit, sicut duas unius eiusdemque naturas, ita et duas naturales voluntates duasque naturales operationes eius regulariter confitemur.

Folgerichtig also ... bekennt und verkündet sie, daß auch zwei natürliche Willen und zwei natürliche Tätigkeiten in ihm sind. Denn wenn jemand den Willen personal versteht, so müßte man, da ja von drei Personen in der heiligen Dreifaltigkeit die Rede ist, auch von drei personalen Willen und drei personalen Tätigkeiten (was absurd und überaus gottlos ist) reden. Wenn aber, was die Wahrheit des christlichen Glaubens zum Inhalt hat, der Wille natürlich ist, so muß man, wo von dieser einen Natur der heiligen und untrennbaren Dreifaltigkeit die Rede ist, folgerichtig auch e i n e n natürlichen Willen und e i n e natürliche Tätigkeit erkennen. Wo wir aber in der einen Person unseres Herrn Jesus Christus, des Mittlers zwischen Gott und den Menschen [*vgl. 1 Tim 2,5*], zwei Naturen, nämlich die göttliche und die menschliche bekennen, in denen er auch nach der wunderbaren Einung existiert, bekennen wir wie zwei Naturen ein und desselben so auch seine zwei natürlichen Willen und seine zwei natürlichen Tätigkeiten.

**546-548: Synode von ROM: Synodalbrief "Omnium bonorum spes" an die Kaiser, 27. März 680**

Vgl. *542°. H. Quentin behauptet, der lateinische Text sei keine Rückübersetzung aus dem Griechischen, sondern der Originaltext (a. *487° a.O. 6). Der griechische Text des Briefes ist herausgegeben von G. Kreuzer, a. *487° a.O., 32–46 (hier 33–42).
*Ausg.:* MaC 11,290A–291D / HaC 3,1119A–1122A / PL 87,1220C–1221D; (= Brief 3) / Hn § 184. – *Reg.:* JR 2110.

### Die göttliche Dreifaltigkeit

Credentes in Deum Patrem ... et in Filium eius ... et in Spiritum Sanctum, Dominum et vivificatorem, ex Patre procedentem, cum Patre et Filio coadorandum et conglorificandum: Trinitatem in unitate, et unitatem in Trinitate, unitatem quidem essentiae, Trinitatem vero personarum sive subsistentiarum; Deum Patrem confitentes, Deum Filium, Deum Spiritum Sanctum, non tres deos, sed unum Deum, Patrem et Filium et Spiritum Sanctum; non trium nominum subsistentiam, sed trium subsistentiarum unam substantiam; quorum una essentia sive substantia vel natura, id est, una deitas, una aeternitas, una potestas, unum imperium, una gloria, una adoratio, una essentialis eiusdem sanctae et inseparabilis Trinitatis voluntas et operatio, quae omnia condidit, dispensat et continet.

⟨Wir⟩ glauben an Gott, den Vater ... und an seinen Sohn ... und an den Heiligen Geist, den Herrn und Lebensspender, der aus dem Vater hervorgeht und mit dem Vater und dem Sohn mitangebetet und mitverherrlicht werden muß: Die Dreifaltigkeit in der Einheit und die Einheit in der Dreifaltigkeit, und zwar die Einheit des Wesens, die Dreifaltigkeit aber der Personen bzw. Hypostasen; ⟨wir⟩ bekennen Gott, den Vater, Gott, den Sohn, Gott, den Heiligen Geist, nicht drei Götter, sondern e i n e n Gott, den Vater und den Sohn und den Heiligen Geist; nicht die Hypostase dreier Namen, sondern e i n e Substanz dreier Hypostasen; ihnen ⟨eignet⟩ e i n e Wesenheit bzw. Substanz oder Natur, das heißt, e i n e Gottheit, e i n e Ewigkeit, e i n e Macht, e i n e Herrschaft, e i n e Herrlichkeit, e i n e Anbetung, e i n wesenshafter Wille und e i n e wesenhafte Tätigkeit derselben heiligen und untrennbaren Dreifaltigkeit, die alles erschuf, ordnet und erhält. **546**

### Das fleischgewordene Wort Gottes

Confitemur autem unum eiusdem sanctae coessentialis Trinitatis, Deum Verbum, qui ante saecula de Patre natus est, in ultimis saeculorum temporibus pro nobis nostraque salute descendisse de caelis, et incarnatum de Spiritu Sancto et sancta, immaculata semperque virgine gloriosa Maria, domina nostra, vere et proprie Dei genitrice, secundum carnem scilicet ex ea natum et vere hominem factum, eundem Deum verum eundemque hominem verum, Deum quidem ex Deo Patre, hominem autem ex virgine matre, incarnatum ex ea carne animam habente rationalem et intellectualem; consubstantialem eundem Deo Patri secundum Deitatem, consubstantialemque nobis eundem ipsum secundum humanitatem, et per omnia similem nobis absque solo peccato, crucifixum pro no-

Wir bekennen aber, daß Einer derselben heiligen wesensgleichen Dreifaltigkeit, Gott, das Wort, der vor den Zeiten vom Vater gezeugt wurde, in den letzten Weltzeiten für uns und unser Heil von den Himmeln herabgestiegen ist und fleischgeworden ist vom Heiligen Geist und der heiligen, unbefleckten und allzeit jungfräulichen glorreichen Maria, unserer Herrin, der wahrhaften und eigentlichen Gottesgebärerin, dem Fleische nach, nämlich aus ihr, geboren wurde und wahrhaft Mensch wurde; derselbe ist wahrer Gott und derselbe ist wahrer Mensch, und zwar Gott aus Gott, dem Vater, Mensch aber aus der jungfräulichen Mutter, fleischgeworden aus diesem Fleisch, das eine vernunft- und verstandesbegabte Seele hatte; derselbe ist wesensgleich Gott, dem Vater, der Gott- **547**

bis sub Pontio Pilato, passum sepultumque et resurgentem ...

heit nach und derselbe ist wesensgleich uns der Menschheit nach und ist uns in allem gleich außer allein der Sünde; er wurde für uns gekreuzigt unter Pontius Pilatus, hat gelitten, wurde begraben und ist auferstanden ...

**548**      Unum quippe eundemque Dominum nostrum Iesum Christum, Filium Dei unigenitum, ex duabus et in duabus substantiis inconfuse, incommutabiliter, indivise, inseparabiliter subsistere cognoscimus, nusquam sublata differentia naturarum propter unitionem, sed potius salva proprietate utriusque naturae et in unam personam unamque subsistentiam concurrente, non in dualitatem personarum dispertitum vel diversum, neque in unam compositam naturam confusum: sed unum eundemque Filium unigenitum, Deum Verbum, Dominum nostrum Iesum Christum[1], neque alium in alio, neque alium et alium, sed eundem ipsum in duabus naturis, id est, in Deitate et humanitate, et post subsistentialem adunationem cognoscimus: quia neque Verbum in carnis naturam conversum est, neque caro in Verbi naturam transformata est: permansit enim utrumque, quod naturaliter erat: differentiam quippe adunatarum in eo naturarum sola contemplatione discernimus, ex quibus inconfuse, inseparabiliter et incommutabiliter est compositus: unus enim ex utrisque et per unum utraque, quia simul sunt et altitudo deitatis et humilitas carnis, servante utraque natura etiam post adunationem sine defectu proprietatem suam, et "operante utraque forma cum alterius communione quod proprium habet: Verbo operante quod Verbi est, et carne exsequente quod carnis est: quorum unum coruscat miraculis, aliud succumbit iniuriis" [*294].

Unde consequenter, sicut duas naturas, sive substantias, id est deitatem et humanitatem, inconfuse, indivise, incommutabiliter eum habere veraciter confitemur, ita quoque

Wir erkennen also, daß ein und derselbe Jesus Christus, unser Herr, der einziggeborene Sohn Gottes, aus zwei und in zwei Substanzen unvermischt, unveränderlich, ungeteilt und untrennbar existiert, wobei nirgends wegen der Einung der Unterschied der Naturen aufgehoben ist, sondern vielmehr die Eigentümlichkeit beider Naturen gewahrt bleibt und zu e i n e r Person und e i n e r Hypostase zusammenkommt; er ist nicht in eine Zweiheit der Personen geteilt oder getrennt, noch ist er in e i n e zusammengesetzte Natur vermischt; sondern wir erkennen, daß ein und derselbe einziggeborene Sohn, Gott, das Wort, unser Herr Jesus Christus[1], weder einer in einem anderen noch einer und ein anderer ⟨ist⟩, sondern derselbe in zwei Naturen, das heißt, in der Gottheit und Menschheit, auch nach der hypostatischen Einung: Denn weder wurde das Wort in die Natur des Fleisches verwandelt, noch wurde das Fleisch in die Natur des Wortes umgeformt: Es blieb nämlich beides, was es von Natur aus war; den Unterschied der in ihm geeinten Naturen, aus denen er unvermischt, untrennbar und unveränderlich zusammengesetzt ist, erkennen wir ja nur durch die Überlegung: E i n e r nämlich aus beiden und beide durch e i n e n, weil sowohl die Hoheit der Gottheit als auch die Niedrigkeit des Fleisches zugleich sind, wobei beide Naturen auch nach der Einung ihre Eigentümlichkeit unvermindert bewahren und "jede der beiden Gestalten in der Gemeinschaft mit der anderen wirkt, was ihr eigen ist: Dabei wirkt das Wort, was des Wortes ist, das Fleisch aber vollbringt, was des Fleisches ist: Das eine von diesen leuchtet in den Wundern, das andere unterliegt den Schmähungen" [*294].

Wie wir also bekennen, daß er wahrhaftig zwei Naturen bzw. Substanzen, daß heißt die Gottheit und die Menschheit, unvermischt, ungeteilt und unveränderlich hat, so beken-

---

**\*548**    [1]   "Unum quippe – Christum" ("Wir erkennen – Christus") ist mit wenigen Änderungen dem Bekenntnis von Chalkedon entnommen; vgl. *302.

254

et duas naturales voluntates et duas naturales operationes habere, utpote perfectum Deum et perfectum hominem, unum eundemque ipsum Dominum Iesum Christum [ *\*501-522*] pietatis nos regula instruit, quia hoc nos apostolica atque evangelica traditio, sanctorumque Patrum magisterium, quos sancta apostolica atque catholica Ecclesia et venerabiles Synodi suscipiunt, instituisse monstratur.

nen wir folgerichtig auch, daß er sowohl zwei natürliche Willen als auch zwei natürliche Tätigkeiten hat, da uns ja die Regel der Frömmigkeit lehrt, daß ein und derselbe Herr Jesus Christus vollkommener Gott und vollkommener Mensch ist [ *\*501-522*]; denn es wird uns gezeigt, daß dies die apostolische und evangelische Überlieferung und die Lehre der heiligen Väter festgesetzt haben, die die heilige apostolische und katholische Kirche und die verehrungswürdigen Synoden anerkennen.

## 3. Konzil von KONSTANTINOPEL (6. ökum.): 7. Nov. 680 – 16. Sept. 681

Einberufen vom Kaiser, verurteilte es die Monotheleten und Papst Honorius; vgl. \*487f. Da es im "Trullos", d. h. im Sitzungssaal des kaiserlichen Palastes, abgehalten wurde, wird es auch als "Trullanische Synode" bezeichnet; diese Bezeichnung wird aber meistens für die im Jahre 692 dort abgehaltene Synode ("Quinisextum") verwendet. Leo II. hat in mehreren Briefen die Entscheidungen dieses Konzils anerkannt; vgl. \*561° 563. In der "Fides papae" des *Liber diurnus Romanorum pontificum* (formula 84 Codex Vaticanus) wird folgende Verurteilung des Honorius zum Bekenntnis vorgelegt: "[Die Konzilsväter] haben aber die Urheber der neuen Lehre, Sergius und Pyrrhus, ... zusammen mit Honorius, der ihren niederträchtigen Behauptungen seine Gunst gewährte, ... mit dem Band des immerwährenden Anathema gefesselt" ("[Patres Concilii] auctores vero novi dogmatis Sergium, Pyrrhum ... una cum Honorio, qui pravis eorum adsertionibus fomentum impendit, ... nexu perpetuae anathematis devinxerunt"; hrsg. von H. Foerster [Bern 1958] 155 zu Fol. 78v. Vgl. die Paralleltexte S. 230₃f 12f und 349).

*Ausg.* [*\*550-552; 553-559*]: MaC 11,553D-556C; 636C-640C / HaC 3,1331D-1334A; 1397E-1401D. – [*nur \*553-559*] : Hn § 149 / COeD³ 124-130.

### 550-552: 13. Sitzung, 28. März 681

*Verurteilung der Monotheleten und des Papstes Honorius I.*

Ἀνακρίναντες τὰς ὡς ἀπὸ Σεργίου τοῦ γενομένου πατριάρχου ταύτης τῆς θεοφυλάκτου καὶ βασιλίδος πόλεως γραφείσας δογματικὰς ἐπιστολὰς πρός τε Κῦρον τὸν τηνικαῦτα γενόμενον ἐπίσκοπον τοῦ Φάσιδος, καὶ Ὀνώριον τὸν γενόμενον πάπαν τῆς πρεσβυτέρας Ῥώμης, ὡσαύτως δὲ καὶ τὴν ἀπ' ἐκείνου, τουτέστιν Ὀνωρίου, πρὸς αὐτὸν Σέργιον ἀντιγραφεῖσαν ἐπιστολὴ [cf. *\*487*]· καὶ ταύτας εὑρηκότες πάντῃ ἀλλοτρίας τυγχανούσας τῶν ἀποστολικῶν διδαγμάτων καὶ τῶν ὁρισθέντων ὑπὸ τῶν ἁγίων συνόδων καὶ πάντων τῶν ἐκκρίτων ἁγίων πατέρων, ἑπομένας δὲ ταῖς τῶν αἱρετικῶν ψευδοδιδασκαλίαις, ταύτας πάντῃ ἀποβαλλόμεθα καὶ ὡς ψυχοφθόρους βδελυττόμεθα.

Ὧν δέ, τουτέστι τῶν αὐτῶν, τὰ ἀσεβῆ ἀποστρεφόμεθα δόγματα, τούτων καὶ τὰ ὀνόματα ἐκ τῆς ἁγίας τοῦ Θεοῦ ἐκκλησίας

Nachdem wir die dogmatischen Briefe untersucht haben, die von Sergius, dem ehemaligen Patriarchen dieser dem Schutz Gottes anvertrauten Kaiserstadt, sowohl an Cyrus, den damaligen Bischof von Phasis, als auch an Honorius, den ehemaligen Papst von Altrom, geschrieben wurden, ebenso aber auch den Brief, der von jenem, nämlich Honorius, an ebendiesen Sergius zurückgeschrieben wurde [*vgl. \*487*], und nachdem wir gefunden haben, daß diese den apostolischen Lehren und den Bestimmungen der heiligen Konzilien und aller anerkannten heiligen Väter völlig widersprechen, sich vielmehr den falschen Lehren der Häretiker anschließen, verwerfen wir diese völlig und verabscheuen sie als für die Seele schädlich. **550**

Von denen wir aber die gottlosen Lehren **551** zurückweisen, d. h. von eben diesen, von denen müssen nach unserem Beschluß auch die

ἐκβληθῆναι ἐκρίναμεν, τουτέστι Σεργίου ... τοῦ ἀρξαμένου περὶ τοῦ τοιούτου ἀσεβοῦς συγγράφεσθαι δόγματος, Κύρου τοῦ Ἀλεξανδρείας, Πύρρου, Παύλου καὶ Πέτρου καὶ αὐτῶν προεδρευσάντων ἐν τῷ θρόνῳ τῆς θεοφυλάκτου ταύτης πόλεως καὶ τὰ ὅμοια ἐκείνοις φρονησάντων· εἶτα δὲ καὶ Θεοδώρου τοῦ τῆς Φαρὰν γενομένου ἐπισκόπου· ὧν πάντων προγεγραμμένων προσώπων ἐπεμνήθη ἐν τῇ πρὸς τὸν ... βασιλέα ἀναφορᾷ [cf. *542-545] Ἀγάθων ὁ ἁγιώτατος καὶ τρισμακάριστος τῆς πρεσβυτέρας Ῥώμης πάπας, καὶ ἀπεβάλλετο ὡς ἐναντίως τῆς ὀρθοδόξου ἡμῶν πίστεως φρονήσαντας, οὓς καὶ ἀναθέματι καθυποβληθῆναι ὁρίζομεν.

Namen aus der heiligen Kirche Gottes verbannt werden, nämlich der des Sergius ..., der begonnen hat, über diese gottlose Lehre zu schreiben, der des Cyrus von Alexandrien, des Pyrrhus, des Paulus und Petrus und derer, die ihr Bischofsamt am Sitz dieser dem Schutz Gottes anvertrauten Stadt versahen und das gleiche wie jene dachten; dann aber auch ⟨der Name⟩ Theodors, des ehemaligen Bischofs von Pharan; alle diese vorgenannten Personen hat Agatho, der heiligste und dreimal seligste Papst Altroms, in seinem Schreiben an den ... Kaiser [*542-545] erwähnt und verworfen, da sie Auffassungen vertreten, die unserem rechten Glauben entgegengesetzt sind; wir legen fest, daß diese auch dem Anathema unterworfen werden.

552    Πρὸς τούτοις δὲ συνεκβληθῆναι ἐκ τῆς ἁγίας τοῦ Θεοῦ ἐκκλησίας καὶ συναναθεματισθῆναι συνείδομεν καὶ Ὀνώριον, τὸν γενόμενον πάπαν τῆς πρεσβυτέρας Ῥώμης διὰ τὸ εὑρηκέναι ἡμᾶς διὰ τῶν γενομένων παρ' αὐτοῦ γραμμάτων πρὸς Σέργιον κατὰ πάντα τῇ ἐκείνου γνώμῃ ἐξακολουθήσαντα καὶ τὰ αὐτοῦ ἀσεβῆ κυρώσαντα δόγματα.

Zusammen mit diesen aber soll, so beschlossen wir, auch Honorius, der ehemalige Papst Altroms, aus der heiligen Kirche Gottes ausgestoßen und mit dem Anathema belegt werden, weil wir in dem Brief, der von ihm an Sergius verfaßt wurde, fanden, daß er in allem dessen Auffassung folgte und seine gottlosen Lehren bekräftigte.

## 553-559: 18. Sitzung, 16. Sept. 681

### Definition über die zwei Willen und Tätigkeiten in Christus

553    Ἥτις παροῦσα ἁγία καὶ οἰκουμενικὴ σύνοδος πιστῶς δεξαμένη καὶ ὑπτίαις χερσὶν ἀσπασαμένη τήν τε τοῦ ἁγιωτάτου καὶ μακαριωτάτου πάπα τῆς πρεσβυρέρας Ῥώμης Ἀγάθωνος γενομένην ἀναφορὰν πρὸς τὸν εὐσεβέστατον καὶ πιστότατον ἡμῶν βασιλέα Κωνσταντῖνον, τὴν ἀποβαλλομένην ὀνομαστὶ τοὺς κηρύξαντας καὶ διδάξαντας, ὡς προδεδήλωται, ἓν θέλημα καὶ μίαν ἐνέργειαν ἐπὶ τῆς ἐνσάρκου οἰκονομίας Χριστοῦ τοῦ ἀληθινοῦ Θεοῦ ἡμῶν [cf. *542-545]· ὡσαύτως δὲ προσηκαμένη καὶ τὴν ἐκ τῆς ὑπὸ τὸν αὐτὸν ἁγιώτατον πάπαν ἱερᾶς συνόδου τῶν ἑκατὸν εἴκοσι πέντε θεοφιλῶν ἐπισκόπων ἑτέραν συνοδικὴν ἀναφορὰν πρὸς τὴν αὐτοῦ θεόσοφον γαληνότητα [cf. *546-548], οἷά τε συμφωνούσας τῇ τε ἁγίᾳ ἐν Χαλκηδόνι συνόδῳ [cf. *300-306] καὶ τῷ τόμῳ τοῦ πανιέρου καὶ μακαριωτάτου πάπα τῆς αὐτῆς πρεσβυτέρας Ῥώμης Λέοντος, τῷ σταλέντι πρὸς Φλαυιανόν, τὸν

Das hier versammelte heilige und ökumenische Konzil nahm gläubig auf und begrüßte mit ausgebreiteten Händen sowohl das von Agatho, dem heiligsten und seligsten Papst Altroms, an unseren frömmsten und gläubigsten Kaiser Konstantin gerichtete Schreiben, das diejenigen namentlich verwirft, welche – wie zuvor erkärt wurde – einen Willen und eine Tätigkeit im Heilshandeln des fleischgewordenen Christus, unseres wahren Gottes, verkündet und gelehrt haben [vgl. *542-545]; ebenso aber billigte sie auch das andere synodale Schreiben, das von der heiligen Synode der 125 von Gott geliebten Bischöfe, die unter demselben heiligsten Papst stattfand, an Seine von Gottes Weisheit erfüllte Majestät gerichtet wurde [vgl. *546-548]; denn sie sehen im Einklang sowohl mit dem heiligen Konzil in Chalkedon [vgl. *300-306] als auch mit dem Tomus Leos, des ganzheiligen und seligsten Papstes dessel-

ἐν ἁγίοις [cf. *290-295], ὃν καὶ στήλην ὀρθοδοξίας ἡ τοιαύτη σύνοδος ἀπεκάλεσεν.

Ἔτι μὴν καὶ ταῖς συνοδικαῖς ἐπιστολαῖς ταῖς γραφείσαις παρὰ τοῦ μακαρίου Κυρίλλου κατὰ Νεστορίου τοῦ δυσσεβοῦς πρὸς τοὺς τῆς ἀνατολῆς ἐπισκόπους· ἑπομένη τε ταῖς τε ἁγίαις καὶ οἰκουμενικαῖς πέντε συνόδοις, καὶ τοῖς ἁγίοις καὶ ἐγκρίτοις πατράσι, καὶ συμφώνως ὁρίζουσα ὁμολογεῖ τὸν κύριον ἡμῶν Ἰησοῦν Χριστόν, τὸν ἀληθινὸν Θεὸν ἡμῶν, τὸν ἕνα τῆς ἁγίας ὁμοουσίου καὶ ζωαρχικῆς Τριάδος, τέλειον ἐν θεότητι, καὶ τέλειον τὸν αὐτὸν ἐν ἀνθρωπότητι, Θεὸν ἀληθῶς, καὶ ἄνθρωπον ἀληθῶς, αὐτὸν ἐκ ψυχῆς λογικῆς καὶ σώματος· ὁμοούσιον τῷ πατρὶ κατὰ τὴν θεότητα, καὶ ὁμοούσιον ἡμῖν τὸν αὐτὸν κατὰ τὴν ἀνθρωπότητα· κατὰ πάντα ὅμοιον ἡμῖν χωρὶς ἁμαρτίας [cf. Hbr 4,15]·

Τὸν πρὸ αἰώνων μὲν ἐκ τοῦ πατρὸς γεννηθέντα κατὰ τὴν θεότητα, ἐπ’ ἐσχάτων δὲ τῶν ἡμερῶν τὸν αὐτὸν δι’ ἡμᾶς καὶ διὰ τὴν ἡμετέραν σωτηρίαν ἐκ πνεύματος ἁγίου καὶ Μαρίας τῆς παρθένου, τῆς κυρίως καὶ κατὰ ἀλήθειαν Θεοτόκου, κατὰ τὴν ἀνθρωπότητα· ἕνα καὶ τὸν αὐτὸν Χριστὸν υἱὸν κύριον μονογενῆ ἐν δύο φύσεσιν ἀσυγχύτως, ἀτρέπτως, ἀχωρίστως, ἀδιαιρέτως γνωριζόμενον, οὐδαμοῦ τῆς τῶν φύσεων διαφορᾶς ἀνῃρημένης διὰ τὴν ἕνωσιν, σῳζομένης δὲ μᾶλλον τῆς ἰδιότητος ἑκατέρας φύσεως, καὶ εἰς ἓν πρόσωπον, καὶ μίαν ὑπόστασιν συντρεχούσης, οὐκ εἰς δύο πρόσωπα μεριζόμενον ἢ διαιρούμενον, ἀλλ’ ἕνα καὶ τὸν αὐτὸν υἱὸν μονογενῆ Θεοῦ λόγον κύριον Ἰησοῦν Χριστόν, καθάπερ ἄνωθεν οἱ προφῆται περὶ αὐτοῦ, καὶ αὐτὸς ἡμᾶς Ἰησοῦς ὁ Χριστὸς ἐξεπαίδευσε, καὶ τὸ τῶν ἁγίων πατέρων ἡμῖν παραδέδωκε σύμβολον[1].

Καὶ δύο φυσικὰς θελήσεις ἤτοι θελήματα ἐν αὐτῷ, καὶ δύο φυσικὰς ἐνεργείας ἀδιαιρέτως, ἀτρέπτως, ἀμερίστως, ἀσυγχύτως κατὰ τὴν τῶν ἁγίων πατέρων διδα-

ben Altrom, der an den unter den Heiligen weilenden Flavian geschickt wurde [vgl. *290-295], den ebendieses Konzil auch "Säule der Rechtgläubigkeit" nannte.

Zudem stehen sie auch im Einklang mit 554 den Synodalbriefen, die von dem seligen Kyrill gegen den gottlosen Nestorius an die Bischöfe des Orients geschrieben wurden; in der Nachfolge der fünf heiligen und ökumenischen Konzilien und der heiligen und anerkannten Väter definiert ⟨das Konzil⟩ übereinstimmend und bekennt: Unser Herr Jesus Christus, unser wahrer Gott, der Eine der heiligen, wesensgleichen und lebenspendenden Dreifaltigkeit, ist vollkommen in der Gottheit und ebenso auch vollkommen in der Menschheit; er ist wahrhaft Gott und wahrhaft Mensch aus vernunftbegabter Seele und Leib; derselbe ist der Gottheit nach dem Vater wesensgleich und der Menschheit nach uns wesensgleich, in allem uns gleich außer der Sünde [vgl. Hebr 4,15].

Derselbe wurde einerseits der Gottheit 555 nach vor den Zeiten aus dem Vater gezeugt, andererseits der Menschheit nach in den letzten Tagen unsertwegen und um unseres Heiles willen aus Heiligem Geist und Maria, der Jungfrau, der wirklichen und wahrhaftigen Gottesgebärerin; ein und derselbe ist Christus, der einziggeborene Sohn und Herr, der in zwei Naturen unvermischt, unveränderlich, unteilbar und ungetrennt erkannt wird, wobei nirgends wegen der Einung der Unterschied der Naturen aufgehoben ist, vielmehr die Eigentümlichkeit jeder der beiden Naturen gewahrt bleibt und sich in e i n e r Person und e i n e r Hypostase vereinigt; der einziggeborene Sohn, das Wort Gottes, der Herr Jesus Christus, ist nicht in zwei Personen geteilt oder getrennt, sondern ist ein und derselbe, wie es früher die Propheten über ihn· und Jesus Christus selbst es uns gelehrt und das Bekenntnis der heiligen Väter es· uns überliefert hat[1].

Ebenso verkünden wir gemäß der Lehre 556 der heiligen Väter, daß sowohl zwei natürliche Weisen des Wollens bzw. Willen als auch zwei natürliche Tätigkeiten ungetrennt, un-

---

*555   [1]    Von «τέλειον ἐν θεότητι» ("vollkommen in der Gottheit" [*554]) bis hierher fast wörtlich der Definition von Chalkedon (*301f) entnommen.

σκαλίαν ὁσαύτως κηρύττομεν· καὶ δύο μὲν φυσικὰ θελήματα οὐκ ὑπεναντία, μὴ γένοιτο, καθὼς οἱ ἀσεβεῖς ἔφησαν αἱρετικοί, ἀλλ' ἑπόμενον τὸ ἀνθρώπινον αὐτοῦ θέλημα, καὶ μὴ ἀντιπίπτον, ἢ ἀντιπαλαῖον, μᾶλλον μὲν οὖν καὶ ὑποτασσόμενον τῷ θείῳ αὐτοῦ καὶ πανσθενεῖ θελήματι· ἔδει γὰρ τὸ τῆς σαρκὸς θέλημα κινηθῆναι, ὑποταγῆναι δὲ τῷ θελήματι τῷ θεϊκῷ κατὰ τὸν πάνσοφον Ἀθανάσιον¹· ὥσπερ γὰρ ἡ αὐτοῦ σάρξ, σὰρξ τοῦ Θεοῦ λόγου λέγεται καὶ ἔστιν, οὕτω καὶ τὸ φυσικὸν τῆς σαρκὸς αὐτοῦ θέλημα ἴδιον τοῦ Θεοῦ λόγου λέγεται καὶ ἔστι, καθά φησιν αὐτός· «ὅτι καταβέβηκα ἐκ τοῦ οὐρανοῦ, οὐχ ἵνα ποιῶ τὸ θέλημα τὸ ἐμόν, ἀλλὰ τὸ θέλημα τοῦ πέμψαντός με πατρός» [Io 6,38], ἴδιον λέγων θέλημα αὐτοῦ τὸ τῆς σαρκός, ἐπεὶ καὶ ἡ σὰρξ ἰδία αὐτοῦ γέγονεν· ὃν γὰρ τρόπον ἡ παναγία καὶ ἄμωμος ἐψυχωμένη αὐτοῦ σὰρξ θεοθεῖσα οὐκ ἀνῃρέθη, ἀλλ' ἐν τῷ ἰδίῳ αὐτῆς ὅρῳ τε καὶ λόγῳ διέμεινεν, οὕτω καὶ τὸ ἀνθρώπινον αὐτοῦ θέλημα θεωθὲν οὐκ ἀνῃρέθη, σέσωσται δὲ μᾶλλον, κατὰ τὸν θεολόγον Γρηγόριον λέγοντα· «τὸ γὰρ ἐκείνου θέλειν, τὸ κατὰ τὸν σωτῆρα νοούμενον οὐδὲ ὑπεναντίον Θεῷ, θεωθὲν ὅλον².»

**557** Δύο δὲ φυσικὰς ἐνεργείας ἀδιαιρέτως, ἀτρέπτως, ἀμερίστως, ἀσυγχύτως ἐν αὐτῷ τῷ κυρίῳ ἡμῶν Ἰησοῦ Χριστῷ τῷ ἀληθινῷ Θεῷ ἡμῶν δοξάζομεν, τουτέστι θείαν ἐνέργειαν καὶ ἀνθρωπίνην ἐνέργειαν κατὰ τὸν θεηγόρον Λέοντα τρανέστατα φάσκοντα· «ἐνεργεῖ γὰρ ἑκατέρα μορφὴ μετὰ τῆς θατέρου κοινωνίας ὅπερ ἴδιον ἔσχηκε, τοῦ μὲν λόγου κατεργαζομένου τοῦτο ὅπερ ἐστὶ τοῦ λόγου, τοῦ δὲ σώματος ἐκτελοῦντος ἅπερ ἐστὶ τοῦ σώματος» [*294]. Οὐ γὰρ δήπου μίαν δώσομεν φυσικὴν τὴν ἐνέργειαν Θεοῦ καὶ ποιήματος, ἵνα μήτε τὸ ποιηθὲν εἰς τὴν θείαν ἀναγάγωμεν οὐσίαν, μήτε μὴν τῆς θείας φύσεως τὸ ἐξαίρετον εἰς τὸν τοῖς γεννητοῖς πρέποντα καταγάγωμεν τόπον·

veränderlich, unteilbar und unvermischt in ihm sind; und die zwei natürlichen Willen sind einander nicht entgegengesetzt – das sei ferne! –, wie die ruchlosen Häretiker behaupteten; vielmehr ist sein menschlicher Wille folgsam und widerstrebt und widersetzt sich nicht, sondern ordnet sich seinem göttlichen und allmächtigen Willen unter; denn der Wille des Fleisches mußte sich regen, sich aber nach dem allweisen Athanasius¹ dem göttlichen Willen unterordnen; denn wie sein Fleisch Fleisch des Wortes Gottes genannt wird und ist, so wird auch der natürliche Wille seines Fleisches als dem Wort Gottes eigen bezeichnet und ist es, wie er selbst sagt: "Denn ich bin herabgestiegen aus dem Himmel, nicht um meinen eigenen Willen zu tun, sondern den Willen des Vaters, der mich gesandt hat" [Joh 6,38]; dabei nannte er den Willen des Fleisches seinen eigenen Willen, da auch das Fleisch ihm eigen geworden ist; denn wie sein ganzheiliges und makelloses beseeltes Fleisch trotz seiner Vergöttlichung nicht aufgehoben wurde, sondern in der ihm eigenen Abgrenzung und dem ihm eigenen Begriff verblieb, so wurde auch sein menschlicher Wille trotz seiner Vergöttlichung nicht aufgehoben, sondern ist vielmehr gewahrt, wie der Gottesgelehrte Gregor sagt: "Denn sein Wollen, verstanden in bezug auf den Erlöser, ist Gott nicht entgegengesetzt, da es ganz vergöttlicht ist"².

Wir preisen aber zwei natürliche Tätigkeiten ungetrennt, unveränderlich, unteilbar und unvermischt in unserem selben Herrn Jesus Christus, unserm wahren Gott, d. h. eine göttliche Tätigkeit und eine menschliche Tätigkeit, wie es der Gottesverkünder Leo aufs deutlichste sagt: "Denn jede der beiden Gestalten wirkt in Gemeinschaft mit der anderen, was ihr eigen ist; dabei verrichtet das Wort, was des Wortes ist, der Leib aber vollbringt, was des Leibes ist" [*294]. Denn keineswegs werden wir zugeben, daß es e i n e natürliche Tätigkeit Gottes und des Geschöpfes gibt, damit wir weder das Geschaffene in das göttliche Wesen emporheben noch das Auserlesene der göttlichen Natur auf den

---

**\*556**  ¹  Athanasius von Alexandrien, *Tractatus in illud "Nunc anima mea turbata est"* [*Joh 12,27*] (verloren).
       ²  Gregor von Nazianz, *Oratio* 30,12 (PG 36,117C).

ἑνὸς γὰρ καὶ τοῦ αὐτοῦ τά τε θαύματα καὶ τὰ πάθη γινώσκομεν κατ' ἄλλο καὶ ἄλλο τῶν, ἐξ ὧν ἐστι, φύσεων, καὶ ἐν αἷς τὸ εἶναι ἔχει, ὡς ὁ θεσπέσιος ἔφησε Κύριλλος[1].

Πάντοθεν γοῦν τὸ ἀσύγχυτον καὶ ἀδιαί-ρετον φυλάττοντες, συντόμῳ φωνῇ τὸ πᾶν ἐξαγγέλλομεν· ἕνα τῆς ἁγίας Τριάδος καὶ μετὰ σάρκωσιν τὸν κύριον ἡμῶν Ἰησοῦν Χριστὸν τὸν ἀληθινὸν Θεὸν ἡμῶν εἶναι πι-στεύοντες, φάμεν δύο αὐτοῦ τὰς φύσεις ἐν τῇ μιᾷ αὐτοῦ διαλαμπούσας ὑποστάσει, ἐν ᾗ τά τε θαύματα, καὶ τὰ παθήματα δι' ὅλης αὐτοῦ τῆς οἰκονομικῆς ἀναστροφῆς, οὐ κατὰ φαντασίαν, ἀλλὰ ἀληθῶς ἐπεδείξατο, τῆς φυσικῆς ἐν αὐτῇ τῇ μιᾷ ὑποστάσει δια-φορᾶς γνωριζομένης τῷ μετὰ τῆς θατέρου κοινωνίας ἑκατέραν φύσιν θέλειν τε καὶ ἐνεργεῖν τὰ ἴδια καθ' ὃν δὴ λόγον καὶ δύο φυσικὰ θελήματά τε καὶ ἐνεργείας δοξάζο-μεν πρὸς σωτηρίαν τοῦ ἀνθρωπίνου γένους καταλλήλως συντρέχοντα.

Τούτων τοίνυν μετὰ πάσης πανταχόθεν ἀκριβείας τε καὶ ἐμμελείας παρ' ἡμῶν δια-τυπωθέντων, ὁρίζομεν ἑτέραν πίστιν μηδενὶ ἐξεῖναι προφέρειν, ἤγουν συγγράφειν ἢ συν-τιθέναι ἢ φρονεῖν ἢ διδάσκειν ἑτέρως· τοὺς δὲ τολμῶντας ἢ συντιθέναι πίστιν ἑτέραν ἢ προκομίζειν ἢ διδάσκειν, ἢ παραδιδόναι ἕτε-ρον σύμβολον τοῖς ἐθέλουσιν ἐπιστρέφειν εἰς ἐπίγνωσιν τῆς ἀληθείας ἐξ Ἑλληνισμοῦ ἢ ἐξ Ἰουδαϊσμοῦ, ἢ γοῦν ἐξ αἱρέσεως οἵας οὖν, ἢ καινοφωνίαν, ἤτοι λέξεως ἐφεύρεσιν πρὸς ἀνατροπὴν εἰσάγειν τῶν νυνὶ παρ' ἡμῶν δι-ορισθέντων· τούτους, εἰ μὲν ἐπίσκοποι εἶεν, ἢ κληρικοί, ἀλλοτρίους εἶναι τοὺς ἐπισκόπους τῆς ἐπισκοπῆς καὶ τοὺς κληρικοὺς τοῦ κλήρου· εἰ δὲ μονάζοντες εἶεν ἢ λαϊκοί, ἀναθεματίζεσθαι αὐτούς.

Platz herabziehen, der dem Geschaffenen ge-bührt; denn wir erkennen sowohl die Wun-der als auch die Leiden ein und desselben je nach der Verschiedenheit seiner Naturen, aus denen er ist und in denen er das Sein hat, wie der gotterfüllte Kyrill sagte[1].

Da wir nun also allseits das Unvermischte **558** und Ungetrennte bewahren, verkünden wir das Ganze mit einem knappen Satz: Im Glauben, daß unser Herr Jesus Christus, unser wahrer Gott, auch nach der Fleischwerdung Einer der heiligen Dreifaltig-keit ist, behaupten wir seine zwei Naturen, die in seiner einen Hypostase aufleuchten, in der er sowohl die Wunder als auch die Leiden während seines gesamten heilschaffenden Wandels nicht scheinbar, sondern wahrhaftig offenbar machte; dabei wird der natürliche Unterschied in dieser einen Hypostase daran erkannt, daß jede der beiden Naturen in Ge-meinschaft mit der anderen das ihr Eigene will und wirkt; in diesem Sinne also preisen wir auch die zwei natürlichen Willen und Tä-tigkeiten, die zum Heil des Menschenge-schlechts wechselseitig zusammenkommen.

Da dies also von uns in jeglicher Hinsicht **559** mit aller Sorgfalt und Gewissenhaftigkeit festgesetzt wurde, beschließen wir, daß kei-ner einen anderen Glauben vortragen, nie-derschreiben, verfassen oder anders denken und lehren darf; die es aber wagen, einen an-deren Glauben zu verfassen, hervorzuholen, zu lehren, oder denen, die sich vom Heiden-tum, Judentum oder irgendeiner Häresie zur Anerkennung der Wahrheit bekehren wollen, ein anderes Bekenntnis zu übergeben; oder ⟨die es wagen,⟩ einen neuen Ausdruck bzw. einen neuerfundenen Begriff einzuführen, um das, was jetzt von uns festgesetzt worden ist, umzustoßen: Diese sind, wenn es sich um Bischöfe oder Kleriker handeln sollte, ausge-schlossen: die Bischöfe vom Episkopat und die Kleriker vom Klerus; wenn es sich aber um Mönche oder Laien handeln sollte, so werden sie mit dem Anathema belegt.

---

**\*557** [1] Die Worte scheinen in ziemlich freiem Stil den Lehrgehalt vor allem des Synodalbriefes an Ne-storius, Nr. 8–9 (ACOe 1/I/I, 38), seiner Anathematismen 4 und 9 (\*255 260), des Briefes an Johannes von Antiochien (\*271–273), der *Scholia de incarnatione Unigeniti* (*Florilegium Cyrillia-num* 112f: ACOe 1/V/I, 229) und des *Thesaurus de Trinitate* (PG 75,388) wiederzugeben. Ähn-lichkeit haben sie auch mit dem 3. Anathematismus des 2. Konzils von Konstantinopel (\*423).

## LEO II.: 17. Aug. 682 – 3. Juli 683

### 561-563: Brief "Regi regum" an Kaiser Konstantin IV., etwa Aug. 682

Nachdem die Gesandten des Papstes aus Konstantinopel nach Rom zurückgekehrt waren, schickte Leo II. außer dem unten angeführten Brief an den Kaiser auch Briefe an die Bischöfe Spaniens ("*Cum diversa sint*") und an Ervig, den König von Spanien ("*Cum unus exstet*") (MaC 11,1050E-1053B 1055E-1058C / PL 96,413A-415C 418B-420D / CdLuc 350-354 357-361. – JR 2119 2120), in denen er das 3. Konzil von Konstantinopel anerkennt. In ihnen erwähnt er auch die Verurteilung des Honorius: "Die aber als Feinde gegen die Reinheit der apostolischen Überlieferung aufgetreten waren, ... wurden mit der Verurteilung bestraft, nämlich Theodor von Pharan ... mitsamt Honorius, der die Flamme der häretischen Lehre nicht, wie es sich für die apostolische Autorität gehört hätte, gleich zu Beginn ausgelöscht, sondern durch seine Nachlässigkeit auch noch begünstigt hatte" ("Qui vero adversum apostolicae traditionis puritatem perduelliones exstiterant, ... condemnatione mulctati sunt: i. e. Theodorus Pharan ... cum Honorio, qui flammam haeretici dogmatis non, ut decuit Apostolicam auctoritatem, incipientem exstinxit, sed negligendo confovit") (Brief an die Bischöfe Spaniens); "zusammen mit ihnen Honorius von Rom, der zustimmte, daß die unbefleckte Regel der apostolischen Überlieferung, die er von seinen Vorgängern empfangen hatte, befleckt wurde" ("una cum eis Honorius Romanus, qui immaculatam apostolicae traditionis regulam, quam a praedecessoribus suis accepit, maculari consensit") (Brief an Ervig).

*Ausg.:* MaC 11,727D-731D / HaC 3,1471C-1475B / PL 96,404B-408B ( = Brief 3). – *Reg.:* JR 2118.

*Bestätigung der Entscheidungen des 3. Konzils von Konstantinopel*
*gegen die Monotheleten und Papst Honorius I.*

**561** Cognovimus enim, quod sancta et universalis et magna sexta Synodus [*Constantinopolitana III*] eadem, quae et universum concilium assidens huic Sanctae Sedi Apostolicae [*Romanum a. 680*] ... senserit, ... atque concorditer nobiscum confessa est:

Unum esse de sancta et inseparabili Trinitate nostrum Dominum Iesum Christum, ex duabus et in duabus naturis inconfuse, inseparabiliter, indivise consistentem, ut vere Deum perfectum et hominem perfectum eumdem ipsum, salvaque proprietate uniuscuiusque in eo convenientium naturarum, eumdem ipsum divina operatum ut Deum et humana inseparabiliter operatum ut hominem, absque solo peccato: et duas idcirco naturales voluntates duasque naturales operationes eum habere veraciter praedicavit, per quae principaliter et naturarum eius veritas demonstratur, usque ad cognoscendam profecto differentiam, quarum sunt naturarum, ex quibus et in quibus unus idemque Dominus noster Iesus Christus consistit; per quae revera probavimus, hanc sanctam ... sextam Synodum ... apostolicam praedicationem inoffenso pede fuisse secutam, sanctorumque et universalium quinque conciliorum definitionibus in omnibus consentientem, nihil super statuta orthodoxae fidei augentem aut minuentem, sed regiam et evangelicam semitam rectissime gradientem, et in his atque per eos

Wir haben nämlich erfahren, daß das heilige, allgemeine und große sechste Konzil [*das 3. von Konstantinopel*] ebenso wie die gesamte um diesen Heiligen Apostolischen Stuhl versammelte Synode [*von Rom, i. J. 680*] ... gedacht ... und in Übereinstimmung mit uns bekannt hat:

Daß unser Herr Jesus Christus Einer von der heiligen und untrennbaren Dreifaltigkeit ist, der aus zwei und in zwei Naturen unvermischt, untrennbar und ungeteilt besteht; daß er als ein und derselbe wahrhaftig vollkommener Gott und ebenso vollkommener Mensch ist unter Wahrung der Eigentümlichkeit jeder der beiden in ihm zusammenkommenden Naturen; daß ein und derselbe das Göttliche wirkte als Gott und das Menschliche untrennbar wirkte als Mensch, außer allein der Sünde; ⟨das Konzil⟩ verkündete wahrhaftig, daß er deshalb auch zwei natürliche Willen und zwei natürliche Tätigkeiten habe, durch die hauptsächlich auch die Wahrheit seiner Naturen erwiesen wird, damit man nämlich klar den Unterschied erkenne, zu welchen Naturen sie gehören, aus denen und in denen ein und derselbe, unser Herr Jesus Christus, besteht; aufgrund dessen haben wir in der Tat anerkannt, daß dieses heilige ... sechste Konzil ... der apostolischen Verkündigung, ohne zu straucheln, gefolgt ist, in allen Punkten mit den Festlegungen der fünf heiligen und allgemeinen Konzilien

sacrorum dogmatum lima et probabilium catholicae Ecclesiae Patrum doctrina servata est ...

übereinstimmt und nirgends über die Bestimmungen des rechten Glaubens hinaus etwas hinzufügte oder wegnahm, sondern geradewegs den königlichen und evangelischen Pfad beschritten hat; in ihnen und durch sie wurde die Ausarbeitung der heiligen Lehrsätze und die Lehre der anerkannten Väter der katholischen Kirche bewahrt ...

Et quia [*Synodus Constantinopolitana*] definitionem rectae fidei ... plenissime praedicavit, quam et Apostolica Sedes beati Petri Apostoli ... veneranter suscepit, idcirco et Nos, et per Nostrum officium haec veneranda Sedes Apostolica concorditer ac unanimiter his quae definita sunt ab ea, consentit et beati Petri auctoritate confirmat ...

Und weil [*das Konzil von Konstantinopel*] **562** die Bestimmung des rechten Glaubens ... in reichster Fülle verkündet hat, die auch der Apostolische Stuhl des seligen Apostels Petrus ... in Ehrfurcht angenommen hat, deshalb stimmen sowohl Wir als auch durch Unser Amt dieser ehrwürdige Apostolische Stuhl einträchtig und einmütig dem, was von ihm festgelegt wurde, zu und bekräftigen es durch die Autorität des seligen Petrus ...

Pariterque anathematizamus novi erroris inventores, id est Theodorum Pharanitanum episcopum, Cyrum Alexandrinum, Sergium, Pyrrhum ... necnon et H o n o r i u m, qui hanc apostolicam Ecclesiam non apostolicae traditionis doctrina lustravit, sed *profana proditione immaculatam fidem subvertere conatus est* [*graeca recensio:* τῇ βεβήλῳ προδοσίᾳ μιανθῆναι τὴν ἄσπιλον παρεχώρησε].

Und in gleicher Weise belegen wir die Erfinder der neuen Irrlehre mit dem Anathema, **563** nämlich Theodor, den Bischof von Pharan, Cyrus von Alexandrien, Sergius, Pyrrhus ... und ebenso auch H o n o r i u s, der diese apostolische Kirche nicht durch die Lehre der apostolischen Überlieferung reinigte, sondern *versuchte, in unheiligem Verrat den unbefleckten Glauben umzustürzen* [*griechische Fassung:* zuließ, daß die unbefleckte ⟨Kirche⟩ durch unheiligen Verrat befleckt wurde].

## BENEDIKT II.: 26. Juni 684 – 8. Mai 685

**564: 14. Synode von TOLEDO, 14.–20. Nov. 684**

König Ervig entsprach dem Wunsch Papst Leos II. (vgl. den *561° erwähnten Brief) und berief diese Synode ein, damit sie die Beschlüsse, die vom 3. Konzil von Konstantinopel gegen die Monotheleten gefaßt wurden, bestätige.

*Ausg.:* Bruns 1,351f / PL 84,508A–509A / MaC 11,1089C–1090C / HaC 3,1755C–1756B / CdLuc 732f / CVis 445f.

*Die Eigentümlichkeiten der beiden Naturen in Christus*

(c. 8) At nunc nos ... [*fidelibus*] praedicamus, brevi admodum definitione collecta, ut in una enim Christi Filii Dei persona duarum naturarum individuas proprietates agnosant, sicut indivisas atque inseparabiles, ita inconfusas et inconvertibiles permanere, unam deitatis, alteram hominis, unam qua ex Deo Patre est genitus, alteram qua ex Maria virgine generatus. Utraque ergo ei generatio

(Kap. 8) Nun aber ... verkünden wir [*den* **564** *Gläubigen*], in aller Kürze zusammengefaßt, sie sollen nämlich anerkennen, daß die unteilbaren Eigentümlichkeiten der beiden Naturen in der einen Person Christi, des Sohnes Gottes, wie ungeteilt und untrennbar so unvermischt und unwandelbar fortbestehen, die eine der Gottheit, die andere des Menschen, die eine, in der er aus Gott, dem Vater, ge-

plena, utraque perfecta, nihil minus ex deitate habens, nihil imperfectum ex humanitate suscipiens, non naturarum geminatione divisus, non persona geminatus, sed plenus Deus plenusque homo absque omni peccato in singularitate personae unus est Christus.

Unus igitur in utraque natura consistens et divinitatis signis effulget et humanitatis passionibus subiacet. Nec enim alter ex Patre, alter ex matre est genitus, cum tamen aliter de Patre, aliter de matre sit natus: ipse tamen in utroque naturarum genere non divisus, sed unus idemque et Dei et hominis filius; ipse vivit moriens, ipse moritur vivens; ipse impassibilis patiens, ipse passioni non subiacens nec deitate succumbens nec humanitate passioni se subtrahens; habens ex deitatis natura non posse mori, habens ex humanitatis substantia et nolle et posse mori; ex una immortalis habetur, ex altera mortalium condicione resolvitur; habens in aeterna divinitatis voluntate quo susceptum hominem sumeret, habens in suscepti hominis voluntate, ut humana voluntas Deo subdita esset. Unde et ipse dicit ad Patrem: "Pater, non mea voluntas, sed tua fiat" [*Lc 22,42*], alteram videlicet ostendens voluntatem divinitatis qua susceptus est homo, alteram hominis qua oboediendum est Deo.

(c. 9) Et ideo secundum harum duarum differentiam naturarum, duarum quoque inseparabilium proprietates praedicandae sunt voluntatum et operum.

(c. 10) ... Si quis igitur Iesu Christo Dei Filio ex utero Mariae virginis nato aliquid aut divinitatis imminuit aut de suscepta hu-

zeugt ist, die andere, in der er aus Maria, der Jungfrau, geboren ist. Jede seiner beiden Geburten also ist vollständig, jede vollkommen; er hat nichts weniger aus der Gottheit, er nimmt nichts unvollkommen an aus der Menschheit; er ist nicht durch die Verdopplung der Naturen geteilt, nicht in der Person verdoppelt, sondern als vollständiger Gott und vollständiger Mensch ohne jegliche Sünde ist er in der Einzigkeit der Person der eine Christus.

Als e i n e r also in beiden Naturen bestehend strahlt er in den Zeichen der Gottheit auf und unterliegt den Leiden der Menschheit. Es wurde nämlich nicht ein anderer aus dem Vater als aus der Mutter gezeugt, obwohl er anders vom Vater als von der Mutter geboren ist: Gleichwohl ist er in beiden Naturarten nicht geteilt, sondern als ein und derselbe sowohl Gottes- als auch Menschensohn; er selbst lebt, obwohl er stirbt, und stirbt, obwohl er lebt; er selbst ist leidensunfähig, obwohl er leidet; er unterliegt dem Leiden nicht; weder in der Gottheit ⟨ihm⟩ unterworfen noch in der Menschheit sich dem Leiden entziehend; aufgrund der Natur der Gottheit hat er das Nicht-Sterben-Können, aufgrund der Substanz der Menschheit hat er sowohl das Nicht-Sterben-Wollen als auch das Sterben-Können; aufgrund der einen Daseinsbedingung wird er für unsterblich gehalten, aufgrund der anderen, der der Sterblichen, scheidet er hin; er hat es im ewigen Willen der Gottheit, vom angenommenen Menschen Gebrauch zu machen; er hat es im Willen des angenommenen Menschen, daß der menschliche Wille Gott unterworfen sei. Daher sagt er auch selbst zum Vater: "Vater, nicht mein Wille, sondern der Deine geschehe" [*Lk 22,42*], und zeigt so, daß der eine der Wille der Gottheit ist, durch den der Mensch angenommen wurde, der andere der des Menschen, in dem man Gott gehorchen muß.

(Kap. 9) Und deshalb muß man auch entsprechend dem Unterschied dieser beiden Naturen die Eigentümlichkeiten zweier untrennbarer Willen und Handlungen verkünden.

(Kap. 10) ... Wer also Jesus Christus, dem Sohn Gottes, der aus dem Schoß der Jungfrau Maria geboren wurde, entweder etwas von

manitate subducit, excepta sola lege peccati, et eum non verum Deum hominemque perfectum in una persona subsistentem sincerissime credit, anathema sit.

der Gottheit wegnimmt oder von der angenommenen Menschheit entzieht, ausgenommen allein das Gesetz der Sünde, und nicht aufrichtig glaubt, daß er als wahrer Gott und vollkommener Mensch in e i n e r Person existiert, der sei mit dem Anathema belegt.

JOHANNES V.: 23. Juli 685 – 2. Aug. 686
KONON: 21. Okt. 686 – 21. Sept. 687

## SERGIUS I.: 15. Dez. 687 – 8. Sept. 701

**566-567: 15. Synode von TOLEDO, begonnen am 11. Mai 688: Apologie Julians**

Die 14. Synode von Toledo (684) hatte ein Werk Julians, des Erzbischofs von Toledo und Primas von Spanien († 690), angenommen, das den Titel *Apologia fidei verae* (geschrieben gegen die Monotheleten) trug. In ihm kamen zwei Lehrsätze vor, die Benedikt II. beanstandete, nämlich erstens, daß der Wille den Willen gezeugt habe, so wie auch die Weisheit die Weisheit, und zweitens, daß es in Christus drei Substanzen gäbe. Julian aber blieb bei seinen gerügten Auffassungen und schrieb eine zweite Apologie, den *Liber responsionis fidei nostrae*. Daß dieser in die Akten der 15. Synode von Toledo aufgenommen wurde, konnte er als ihr Vorsitzender leicht erreichen. Papst Sergius I. soll dieser Erklärung Julians zugestimmt haben. Entgegen den spanischen Vätern weisen die späteren Synodalen der Synode von Frankfurt den zweiten Lehrsatz Julians zurück (*613). Man muß zugeben, daß es weder zwingender Logik noch kirchlicher Gewohnheit entspricht, wenn man eine vollständige Substanz (die göttliche Natur) und zwei unvollständige Substanzen (die Seele und den Leib der menschlichen Natur) durch einfaches Zusammenzählen gleichsam auf dieselbe Seinsstufe stellt.
*Ausg.:* MaC 12,10E–12D / HaC 3,1761B–1762D / PL 96,525A–529B / CdLuc 741–746 / CVis 453–456.

*Erklärung über die göttliche Dreifaltigkeit und über die Fleischwerdung*

(1) ... Invenimus, quod in libro illo *Responsionis fidei nostrae*, quem per Petrum regionarium Romanae Ecclesiae miseramus, id primum capitulum iam dicto papae [*Benedicto II*] incaute visum fuisset a nobis positum, ubi nos secundum divinam essentiam diximus: "Voluntas genuit voluntatem, sicut et sapientia sapientiam"; quod vir ille in incuriosa lectionis transcursione praeteriens existimavit, haec ipsa nomina iuxta relativum, aut secundum comparationem humanae mentis nos posuisse: et ideo ipsa renotatione sua ita nos admonere iussus est, dicens: "Naturali ordine cognoscimus, quia verbum ex mente originem ducit, sicut ratio et voluntas, et converti non possunt, ut dicatur: quia sicut verbum et voluntas de mente procedit, ita et mens de verbo aut voluntate"; et ex ista comparatione visum est Romano Pontifici, voluntatem ex voluntate non posse dici.

(1) ... Wir haben erfahren, daß in jenem **566** *Liber responsionis fidei nostrae*, den wir durch den Regionar Petrus der Römischen Kirche geschickt hatten, dem genannten Papst [*Benedikt II.*] das erste Kapitel von uns unvorsichtig aufgestellt worden zu sein schien, wo wir in bezug auf das göttliche Wesen sagten: "Der Wille zeugte den Willen, so wie auch die Weisheit die Weisheit"; das hat jener Mann bei einem unsorgfältigen Lesedurchgang übergangen, und deshalb meinte er, wir hätten diese Ausdrücke im relativen Sinn oder im Sinn eines Vergleichs mit dem menschlichen Geist verwendet; und deshalb wurde er veranlaßt, uns in seiner Erwiderung folgendermaßen zu ermahnen: "Wir erkennen in der natürlichen Ordnung, daß das Wort aus dem Geist entspringt, wie ⟨auch⟩ Vernunft und Wille; und sie können nicht umgekehrt werden, so daß man sagen könnte: So wie das Wort und der Wille aus dem Geist hervorgehen, so auch der Geist aus dem Wort oder Willen"; und aufgrund

dieses Vergleiches meinte der Römische Bischof, man könne nicht 'Willen aus Willen' sagen.

Nos autem non secundum hanc comparationem humanae mentis, nec secundum relativum, sed secundum essentiam diximus: Voluntas ex voluntate, sicut et sapientia ex sapientia. Hoc enim est Deo esse, quod velle: hoc velle, quod sapere. Quod tamen de homine dici non potest. Aliud quippe est homini id, quod est sine velle, et aliud velle etiam sine sapere. In Deo autem non est ita, quia simplex ita natura est, et ideo hoc est illi esse, quod velle, quod sapere. ...

Wir aber haben nicht im Sinne dieses Vergleichs mit dem menschlichen Geist und nicht im relativen Sinn, sondern in bezug auf das Wesen gesagt: Der Wille aus dem Willen, so wie auch die Weisheit aus der Weisheit. Für Gott ist Sein und Wollen nämlich dasselbe, dasselbe Wollen und Wissen. Dies kann man jedoch vom Menschen nicht sagen. Etwas anderes nämlich ist für den Menschen das, was er ist ohne Wollen, und etwas anderes auch Wollen ohne Wissen. In Gott aber ist es nicht so, weil die Natur so einfach ist; und deshalb ist für ihn Sein und Wollen und Wissen dasselbe. ...

**567** (4) Ad secundum quoque retractandum capitulum transeuntes, quo idem Papa incaute nos dixisse putavit, t r e s  s u b s t a n t i a s  i n  C h r i s t o  Dei Filio profiteri: sicut nos non pudebit, quae sunt vera defendere, ita forsitan quosdam pudebit, quae vera sunt ignorare. Quis enim nesciat, unumquemque hominem duabus constare substantiis, animae scilicet et corporis? [*Provocatur ad 2 Cor 4,16 et Ps 62,2*] ...

(4) Um nun auch zur Behandlung des zweiten Kapitels überzugehen, in dem wir, wie derselbe Papst glaubte, unvorsichtigerweise gesagt hätten, wir würden d r e i  S u b s t a n z e n  i n  C h r i s t u s , dem Sohn Gottes, bekennen: so wie wir uns nicht schämen werden, das, was wahr ist, zu verteidigen, so werden sich vielleicht manche schämen, das, was wahr ist, nicht zu wissen. Denn wer wüßte nicht, daß jeder einzelne Mensch aus zwei Substanzen besteht, nämlich der Seele und des Leibes? [*Verweis auf 2 Kor 4,16 und Ps 63,2*] ...

(5) Contra quam regulam invenimus item in Scripturis aut carne plerumque nominata totum hominem posse intelligi aut anima sola interdum nominata totius hominis perfectionem agnosci. Quapropter natura divina humanae sociata naturae possunt et tres proprie et duae tropice appellari substantiae. Sed aliud est, cum per proprietatem totus homo exprimitur, aliud, cum a parte totus intelligitur. Est enim quidam modus locutionis, qui frequenter in Scripturis divinis positus invenitur, quo significatur a parte totum: hic etiam tropus apud grammaticos "synecdoche" dicitur.

(5) Entgegen dieser Regel finden wir ebenso in den Schriften, daß der ganze Mensch verstanden werden kann, wenn gewöhnlich das Fleisch genannt wird, oder die Vollkommenheit des ganzen Menschen begriffen wird, wenn manchmal nur die Seele genannt wird. Deshalb können die menschliche Natur und die göttliche Natur, die miteinander verbunden sind, sowohl im eigentlichen Sinne als drei als auch im bildlichen Sinne als zwei Substanzen bezeichnet werden. Es ist aber etwas anderes, wenn durch die Eigentümlichkeit der ganze Mensch ausgedrückt wird, und etwas anderes, wenn von einem Teil her der ganze Mensch verstanden wird. Es gibt nämlich eine Redeweise, die man in den göttlichen Schriften oft verwendet findet, bei der von einem Teil her das Ganze bezeichnet wird: Auch wird dieser bildliche Ausdruck bei den Grammatikern "Synekdoche" genannt.

**568-575: 16. Synode von TOLEDO, begonnen am 2. Mai 693: Glaubensbekenntnis**

Dieses Bekenntnis hängt größtenteils vom Bekenntnis der 11. Synode von Toledo (*525-541) ab. In *573 wird die *566 angeführte Auffassung Julians von Toledo verteidigt.

*Ausg.:* J. Madoz, *El símbolo del concilio XVI de Toledo* (Estudios Onienses I 3; Madrid 1946) 22-29 / MaC 12,64D-68D / HaC 3,1789E-1793C / CdLuc 772₂₆-779 / CVis 489-496.

*Die göttliche Dreifaltigkeit*

(art. 1) Credimus et confitemur omnium creaturarum, quae trinis rerum machinis continentur, auctricem atque conservatricem individuam Trinitatem: (2) id est Patrem, qui est totius fons et origo divinitatis; Filium, qui est plena imago Dei propter expressam in se paternae claritatis unionem, ante omnium saeculorum eventum ex Patris intimo ineffabiliter genitus; Spiritum vero Sanctum ex Patre Filioque absque aliquo initio procedentem.

(3) Qui tres, quamquam personarum secernantur distinctione, numquam tamen separantur potentiae maiestate: inseparabilis nempe aequalitatis eorum insinuatur divinitas. Et tamen, quamvis Pater genuerit Filium, nec ideo Filius sit idem qui Pater, neque Pater sit ipse qui Filius, sed nec Spiritus Sanctus Pater sit Filiusque, sed tantum Patris Filiique Spiritus eidem Patri et Filio etiam ipse coaequalis. (4) Nequaquam in hac sancta Trinitate quicquam creatum servum famulumque convenit credi, nec adventitium vel subintroductum tamquam ei aliquando acciderit, quod constet eam aliquando minime habuisse, condecet autumari. ...

(6) Quarum tamen personarum, quamvis in hoc, quod ad se sunt, nulla possit separabilitas inveniri, in hoc vero, quod ad distinctionem adtinet, sunt quaedam, quae specialius unicuique possint pertinere personae: scilicet, quod Pater a nullo originem sumpsit, Filius Patre generante exsistit, Spiritus quoque Sanctus ex Patris Filiique unione procedit. ...

(10) Et ista dicentes non personarum confundimus proprietates, nec unionem sub-

(Art. 1) Wir glauben und bekennen als Urheberin und Erhalterin aller Geschöpfe, die im dreifachen Weltenbau enthalten sind, die unteilbare Dreifaltigkeit: (2) nämlich den Vater, der Quelle und Ursprung der ganzen Gottheit ist; den Sohn, der das vollständige Bild Gottes wegen der in ihm zum Ausdruck gekommenen Einheit mit der Herrlichkeit des Vaters ist, vor dem Entstehen aller Zeiten aus dem Innersten des Vaters auf unaussprechliche Weise gezeugt; und den Heiligen Geist, der aus dem Vater und dem Sohn ohne irgendeinen Anfang hervorgeht. **568**

(3) Obwohl diese drei durch die Unterscheidung der Personen gesondert werden, werden sie dennoch niemals in der Erhabenheit der Macht getrennt: ihre Gottheit wird nämlich als von untrennbarer Gleichheit bekannt gemacht. Und obwohl der Vater den Sohn zeugte, ist deshalb dennoch weder der Sohn derselbe wie der Vater, noch ist der Vater derselbe wie der Sohn; aber auch der Heilige Geist ist nicht der Vater und der Sohn, sondern nur Geist des Vaters und des Sohnes und selbst dem Vater und dem Sohne gleich. (4) Keineswegs darf man glauben, daß in dieser heiligen Dreifaltigkeit irgendetwas geschaffen, Knecht und Diener ⟨ist⟩; auch darf man nicht behaupten, daß ihr irgendetwas Hinzugekommenes oder insgeheim Eingeführtes, von dem feststeht, daß sie es einmal nicht gehabt hat, gleichsam einmal zugefallen sei. ... **569**

(6) Obwohl bei diesen Personen in dem, was sie in bezug auf sich sind, keine Trennbarkeit gefunden werden kann, gibt es dennoch aber in dem, was den Unterschied anbelangt, etwas, was jede einzelne Person im besonderen betreffen kann, nämlich, daß der Vater von niemand einen Anfang nahm, daß der Sohn existiert, weil der Vater zeugt, und daß der Heilige Geist aus der Einheit des Vaters und des Sohnes hervorgeht. ...

(10) Und wenn wir dies sagen, so vermischen wir nicht die Eigentümlichkeiten der

265

stantiae separamus; nihil etiam in eadem sancta Trinitate maius aut minus credere oportet nihilque etiam imperfectum atque mutabile. ...

570    (12) Idcirco sunt quaedam, quae in hac sancta Trinitate indiscrete oporteat confiteri. In hoc etenim, quod ad se sunt Pater et Filius et Spiritus Sanctus, indiscrete unus Deus credendus est Pater cum Filio et Spiritu Sancto. Quod vero ad relativum adtinet, discrete personarum trium est praedicanda proprietas, Evangelista praedicante: Ite, docete omnes gentes in nomine Patris et Filii et Spiritus Sancti [cf. Mt 28,19]. Relativum etenim dicitur, quod una ad aliam persona referatur; nam quando dicitur Pater, Filii nihilominus persona signatur, et cum dicitur Filius, Pater ei sine dubio inesse monstratur.

(13) At nunc, quoniam Spiritus Sancti vocabulum, quo non tota Trinitas significatur, sed tertia quae est in Trinitate persona, quomodo secundum relativum ad Patris Filiique referatur personam, nequaquam apertissime pateat pro eo scilicet, quia sicut dicimus Spiritum Sanctum Patris, non consequenter dicimus Patrem Spiritus Sancti, ne Filius Spiritus Sanctus intellegatur; in aliis tamen vocabulis, quibus eiusdem Sancti Spiritus signatur persona, ad relativum pertinere dinoscitur. (14) Igitur "donum" specialiter Spiritum Sanctum accipimus, quae in sancta praenoscitur Trinitate tertia esse persona pro eo quod a Patre Filioque, cum quibus unius essentiae per omnia creditur, fidelibus condonetur: quapropter cum dicitur "donum donatoris" et "donator doni", relativum haud dubie declaratur: quod etiam de ipso vocabulo Spiritus Sancti inculpabiliter est credendum.

Personen, noch trennen wir die Einheit der Substanz; auch darf man nicht glauben, daß etwas in dieser heiligen Dreifaltigkeit größer oder geringer, und auch nicht, daß etwas unvollkommen oder veränderlich ⟨sei⟩. ...

(12) Deshalb gibt es etwas, was man in dieser heiligen Dreifaltigkeit ungesondert bekennen muß. In dem nämlich, was der Vater und der Sohn und der Heilige Geist ⟨je⟩ für sich sind, muß der Vater mit dem Sohne und dem Heiligen Geiste ungesondert als e i n Gott geglaubt werden. Was aber die Beziehung anbelangt, so muß die Eigentümlichkeit der drei Personen gesondert verkündet werden, wie der Evangelist verkündet: Gehet hin, lehrt alle Völker im Namen des Vaters und des Sohnes und des Heiligen Geistes [vgl. Mt 28,19]. Von "Beziehung" nämlich wird gesprochen, insofern sich eine Person auf die andere bezieht; denn wenn man "Vater" sagt, wird trotzdem die Person des Sohnes bezeichnet, und wenn man "Sohn" sagt, wird dargetan, daß der Vater ihm zweifellos innewohnt.

(13) Nun ist aber beim Wort "Heiliger Geist", mit dem nicht die gesamte Dreifaltigkeit bezeichnet wird, sondern die dritte Person, die in der Dreifaltigkeit ist, ja keineswegs ganz klar, wie es sich im relativen Sinn auf die Person des Vaters und des Sohnes bezieht, deswegen nämlich, weil wir nicht, so wie wir vom Heiligen Geist des Vaters reden, entsprechend vom Vater des Heiligen Geistes reden, damit man nicht den Heiligen Geist als Sohn verstehe; bei anderen Wörtern jedoch, mit denen die Person des Heiligen Geistes bezeichnet wird, wird deutlich, daß sie die Beziehung enthalten. (14) Insbesondere als "Gabe" fassen wir also den Heiligen Geist auf, von dem man weiß, daß er die dritte Person in der heiligen Dreifaltigkeit ist, ⟨und zwar⟩ deswegen, weil er vom Vater und Sohn, mit denen er nach dem Glauben in allem e i n e s Wesens ist, den Gläubigen geschenkt wird; wenn man deshalb von der "Gabe des Gebers" und vom "Geber der Gabe" redet, so wird zweifellos der relative Sinn erklärt; das muß man auch von dem Wort "Heiliger Geist" selbst – um Tadel zu entgehen – glauben.

## Christus, der fleischgewordene Sohn Gottes

(16) Unde, licet inseparabilia sint opera Trinitatis, tamen fideliter profitemur ..., quod non tota Trinitas susceperit carnem, sed solus Filius Dei, qui est ante saecula ex Dei Patris substantia genitus, in fine saeculorum de virgine Maria evangelio est teste enixus, qui ait: "Verbum caro factum est et habitavit in nobis" [*Io 1,14*]. ... (18) ... Angeli oraculum, cum Spiritum Sanctum superventurum in ea dicit, et virtutem Altissimi, qui est Dei Patris Filius, obumbraturum eam praemonuit [*cf. Lc 1,35*], eiusdem Filii carni totam Trinitatem cooperatricem esse monstravit. (19) Quae scilicet virgo sicut ante conceptionem obtinuit virginitatis pudorem, ita post partum nullam sensit integritatis corruptionem; nam virgo concepit, virgo peperit, et post partum incorruptelae pudorem sine interceptione obtinuit. ...

(22) Ipse vero Dei Filius ab ingenito Patre genitus, a vero verus, a perfecto perfectus, ab uno unus, a toto totus, Deus sine initio, perfectum hominem de sancta et inviolata Maria semper virgine adsumpsisse est manifestus. (23) Cui etiam, sicut hominis perfectionem adscribimus, ita duas ei voluntates inesse, unam divinitatis suae, aliam humanitatis nostrae, nihilominus credimus: (24) quod etiam per quatuor Evangelistarum oracula eiusdem Redemptoris nostri affatu evidentissime declaratur; sic enim fatus est dicens: "Pater mi, si possibile est, transeat a me calix iste; verumtamen non sicut ego volo, sed sicut tu" vis [*Mt 26,39*]; et iterum: Non veni voluntatem meam facere, sed voluntatem eius, qui misit me [*cf. Io 6,38*] ...

(25) Quibus etiam adlocutionibus demonstrat suam voluntatem ad hominem retulisse se adsumptum, Patris ad divinitatem,

(16) Daher bekennen wir, wenn auch die **571** Werke der Dreifaltigkeit untrennbar sind, dennoch gläubig ..., daß nicht die ganze Dreifaltigkeit Fleisch angenommen hat, sondern nur der Sohn Gottes, der vor den Zeiten aus der Substanz Gottes, des Vaters, gezeugt und am Ende der Zeiten von der Jungfrau Maria geboren wurde nach dem Zeugnis des Evangeliums, das sagt: "Das Wort ist Fleisch geworden und hat unter uns gewohnt" [*Joh 1,14*]. ... (18) ... Das Verheißungswort des Engels, als er sagt, Heiliger Geist werde über sie kommen, und ankündigte, die Kraft des Höchsten, der der Sohn Gottes, des Vaters, ist, werde sie überschatten [*vgl. Lk 1,35*], zeigte, daß die ganze Dreifaltigkeit mit dem Fleisch des Sohnes mitwirkt. (19) Wie die Jungfrau nämlich vor der Empfängnis die Scham der Jungfräulichkeit bewahrte, so wurde nach der Geburt ihre Unversehrtheit nicht verletzt; denn sie empfing als Jungfrau, gebar als Jungfrau und bewahrte nach der Geburt ohne Unterbrechung die Scham der Unverderbtheit, ohne daß sie ihr weggenommen wurde. ...

(22) Daß aber der Sohn Gottes selbst, vom **572** ungezeugten Vater gezeugt, vom Wahren wahr, vom Vollkommenen vollkommen, vom Einen einer, vom Ganzen ganz, Gott ohne Anfang, einen vollkommenen Menschen von der heiligen und unversehrten allezeit jungfräulichen Maria angenommen hat, ist offenbar. (23) Wie wir ihm die Vollkommenheit des Menschen zuschreiben, so glauben wir nichtsdestoweniger, daß ihm auch zwei Willen innewohnen, der eine seiner Gottheit, der andere unserer Menschheit; (24) dies wird auch durch die Worte der vier Evangelisten beim Reden unseres Erlösers ganz offensichtlich gemacht; denn er sprach folgendermaßen: "Mein Vater, wenn es möglich ist, so soll dieser Kelch an mir vorübergehen; doch nicht wie ich will, sondern wie Du" willst [*Mt 26,39*]; und an anderer Stelle: Ich bin nicht gekommen, meinen Willen zu tun, sondern den Willen dessen, der mich gesandt hat [*vgl. Joh 6,38*] ...

(25) Durch diese Reden zeigt er auch, daß er seinen Willen auf den angenommenen Menschen bezogen hat, den des Vaters aber

in qua est idem unus et aequalis cum Patre: quippe quantum ad divinitatis adtinet unitatem, non est alia voluntas Patris, alia Filii; una enim est voluntas, ubi una persistit divinitas. Quantum autem ad hominis naturam adsumpti alia est voluntas deitatis suae, alia etiam humanitatis nostrae. (26) Proinde in hoc quod ait: "Non sicut ego volo, sed sicut tu" [Mt 26,39], patule ostendit non velle id fieri quod voluntate humani loquebatur affectus, sed propter quod ad terras paterna voluntate descenderat, cuius tamen Patris voluntas nequaquam contraria Filii voluntati exstitit, quia quibus est divinitas una, non potest esse voluntas diversa; et ubi in natura nihil potest diversitatis accidere, ibi nihilominus enumerantur generaliter aliqua numerosa.

573    (27) Igitur huius voluntatis sanctae vocabulum, quamvis per comparativam similitudinem Trinitatis, qua dicitur memoria, intellegentia et voluntas, ad personam Sancti referatur Spiritus, secundum hoc autem, quod ad se dicitur, substantialiter praedicatur. (28) Nam voluntas Pater, voluntas Filius, voluntas Spiritus Sanctus, quemadmodum Deus est Pater, Deus est Filius, Deus est Spiritus Sanctus, et multa alia similia, quae secundum substantiam dici ab his, qui catholicae fidei veridici cultores exsistunt, nulla ratione ambigitur. (29) Et sicut est catholicum dici Deum de Deo, lumen de lumine, lucem de luce, ita verae fidei est proba adsertio, voluntatem dici de voluntate, sicut sapientiam de sapientia, essentiam de essentia: et veluti Deus Pater genuit Filium Deum, ita voluntas Pater genuit Filium voluntatem. (30) Itaque quamquam secundum essentiam Pater voluntas, Filius voluntas, Spiritus Sanctus voluntas, non tamen secundum relativum unus esse credendus est, quoniam alius est Pater qui refertur ad Filium, alius Filius qui refertur ad Patrem, alius Spiritus Sanctus qui pro eo quod de Patre Filioque procedit, ad Patrem Filiumque refertur: non aliud, sed alius; quia quibus est unum esse in deitatis natura, his est in personarum distinctione specialis proprietas. ...

auf die Gottheit, in der derselbe eins und gleich ist mit dem Vater: denn was die Einheit mit der Gottheit betrifft, ist der Wille des Vaters kein anderer als der des Sohnes; es ist nämlich ein Wille, wo es eine Gottheit gibt. Was aber die Natur des angenommenen Menschen ⟨betrifft⟩, so ist der Wille seiner Gottheit ein anderer als der unserer Menschheit. (26) Deshalb zeigt er in diesem seinem Wort: "Nicht wie ich will, sondern wie Du" [Mt 26,39], deutlich, daß er nicht will, daß das geschehe, was er nach dem Willen des menschlichen Empfindens sagte, sondern das, weswegen er nach dem Willen des Vaters auf die Erde herabgestiegen war; der Wille seines Vaters ist jedoch dem Willen des Sohnes keineswegs entgegengesetzt: Denn die, welche eine Gottheit haben, können keinen verschiedenen Willen haben; und wo in der Natur keine Verschiedenheit eintreten kann, dort können trotzdem allgemein irgendwelche Anzahlen aufgezählt werden.

(27) Deshalb wird dieses Wort "heiliger Wille" zwar aufgrund einer vergleichbaren Ähnlichkeit, derzufolge die Dreifaltigkeit Gedächtnis, Verstand und Wille genannt wird, auf die Person des Heiligen Geistes bezogen, insofern man es aber an sich gebraucht, wird es substanzhaft ausgesagt. (28) Denn der Vater ⟨ist⟩ Wille, der Sohn Wille, der Heilige Geist Wille, ebenso wie der Vater Gott ist, der Sohn Gott ist, der Heilige Geist Gott ist, und vieles andere Ähnliche, was von denen, die wahrhafte Verehrer des katholischen Glaubens sind, ohne jeden Zweifel im Sinne der Substanz gesagt wird. (29) Und wie es katholisch ist, zu sagen: "Gott von Gott", "Licht vom Licht", "Lichtglanz vom Lichtglanz", so ist es eine rechte Behauptung des katholischen Glaubens, zu sagen: "Wille vom Willen, so wie Weisheit von Weisheit, Wesen vom Wesen": und wie Gott, der Vater, Gott, den Sohn, zeugte, so zeugte der Wille, der Vater, den Willen, den Sohn. (30) Und obwohl dem Wesen nach der Vater Wille, der Sohn Wille, der Heilige Geist Wille ⟨ist⟩, so darf man dennoch nicht glauben, daß sie im relativen Sinn einer sind; denn ein anderer ist der Vater, der sich auf den Sohn bezieht, ein anderer der Sohn, der sich auf den Vater bezieht, ein anderer der Heilige Geist, der sich deswegen, weil er vom Vater und Sohne her-

vorgeht, auf den Vater und den Sohn bezieht: nicht etwas anderes, sondern ein anderer; denn sie, die das Einssein in der Natur der Gottheit haben, sie haben eine besondere Eigentümlichkeit im Unterschied der Personen. ...

### Die Auferstehung der Toten

(35) Exemplum nobis sua resurrectione impendens, sicut ille vivificans nos post duos dies tertio vivus resurrexit a mortuis, sic nos etiam in huius saeculi fine resurrecturos usquequaque credamus. Non in aeria, vel in phantasticae visionis umbra, ut quorumdam improbanda opinio praestruit[1], sed in veridicae carnis substantia, in qua nunc sumus et vivimus, ac tempore iudicii coram Christo et sanctis angelis eius adstantes unusquisque referet corporis sui propria, prout gessit, sive bonum, sive malum [cf. 2 Cor 5,10], recepturus ab eo aut pro propriis actibus interminabilis beatitudinis regnum, aut pro suis sceleribus perpetuae damnationis interitum.

(35) Wie er uns durch seine Auferstehung **574** ein Beispiel gegeben hat und, uns lebendig machend, nach zwei Tagen am dritten lebend von den Toten auferstanden ist, so wollen wir jederzeit glauben, daß auch wir am Ende dieser Zeit auferstehen werden, nicht in einem luftigen Schemen oder im Schemen einer eingebildeten Erscheinung, wie es die verwerfliche Meinung gewisser Leute behauptet[1], sondern in der Substanz des wahrhaften Fleisches, in dem wir jetzt sind und leben; und zur Zeit des Gerichtes werden wir vor Christus und seinen heiligen Engeln dastehen und ein jeder wird das, was er im Leib Gutes oder Böses getan hat, berichten [vgl. 2 Kor 5,10] und von ihm entweder für seine Taten das Reich der unbegrenzten Seligkeit oder für seine Untaten den Untergang der ewigen Verdammnis empfangen.

### Die Erhabenheit und Notwendigkeit der Kirche Christi

(36) Huius etenim fidei Ecclesia sancta catholica, baptismatis aqua abluta, Christi sanguine pretioso redempta, quae neque in fide habet rugam neque maculosi perfert operis notam [cf. Eph 5,23–27], insignibus pollet, virtutibus claret, Sanctique Spiritus donis referta coruscat. (37) Quae etiam cum Iesu Christo Domino nostro capite suo, cuius corpus esse nequaquam ambigitur, est perenniter regnatura, atque omnes, qui nunc in ea minime consistunt sive constiterint aut ab ea recesserunt sive recesserint aut peccata in ea relaxari diffidentiae malo negaverint, nisi paenitudinis ope ad eam redierint et quaeque Nicaena synodus ..., Constantinopolitanus conventus ..., Epheseni primi concilii amplecti auctoritas sanxit atque Chalcedone sanctorum unanimitas vel reliquorum conciliorum sive etiam omnium venerabilium Patrum in

(36) Die heilige katholische Kirche, die **575** diesen Glauben hat, durch das Wasser der Taufe reingewaschen, durch das kostbare Blut Christi erlöst, die weder im Glauben eine Runzel hat noch den Makel eines befleckten Werkes trägt [vgl. Eph 5,23–27], ist nämlich reich an Auszeichnungen, glänzt durch Tugenden und leuchtet voll der Gaben des Heiligen Geistes. (37) Sie wird auch mit ihrem Haupt, unserem Herrn Jesus Christus, dessen Leib sie völlig ohne Zweifel ist, immerdar herrschen; und alle, die jetzt nicht in ihr stehen bzw. gestanden sein werden, von ihr abgefallen sind bzw. abgefallen sein werden oder im Übel des Unglaubens geleugnet haben, daß in ihr die Sünden nachgelassen werden, die werden, wenn sie nicht mit Hilfe der Buße zu ihr zurückkehren und alle Aussagen ohne jeglichen Makel des Zweifels

---

**\*574**  [1]  Gegen Patriarch Eutychius von Konstantinopel; vgl. Gregor I. der Große, *Moralia* XIV 56, n. 72 (M. Adriaen: CpChL 143A [1979] 743f / PL 75,1077f).

fide sana recte viventium edicta custodire praecipiunt, absque aliquo dubietatis naevo non crediderint, perpetuae damnationis sententia ulciscentur atque in fine saeculi cum diabolo eiusque sociis ignivomis rogis cremabuntur.

glauben, die das Konzil von Nikaia ..., die Zusammenkunft von Konstantinopel ... und die Autorität des ersten Konzils von Ephesus anzunehmen beschloß, und die der einheitliche Wille der heiligen Väter in Chalkedon oder der anderen Konzilien oder auch aller ehrwürdigen Väter, die im gesunden Glauben recht lebten, zu beachten vorschreibt, durch die Verurteilung zur ewigen Verdammnis bestraft und am Ende der Zeit mit dem Teufel und seinen Genossen auf feuerspeienden Scheiterhaufen verbrannt werden.

JOHANNES VI.: 30. Okt. 701 - 11. Jan. 705
JOHANNES VII.: 1. März 705 - 18. Okt. 707
SISINNIUS: 15. Jan. - 4. Febr. 708
KONSTANTIN I.: 25. März 708 - 9. April 715

## GREGOR II.: 19. Mai 715 - 11. Febr. 731

### 580: Brief "Desiderabilem mihi" an Bonifatius, 22. Nov. 726

*Ausg.:* M. Tangl, *Die Briefe des hl. Bonifatius und Lullus*: MGH Epistulae selectae I (Berlin 1916) 46 (= Brief 26) / E. Dümmler, *S. Bonifatii et Lulli epistolae*: MGH Epistulae III (Berlin 1892) 276$_{27-32}$ (= Brief 26: die Numerierung der Briefe in den Ausg. von Tangl und Dümmler stimmen stets überein / Ph. Jaffé, *Monumenta Moguntina* (Bibliotheca rerum Germanicarum III; Berlin 1866) 90 / PL 89,525CD. – *Reg.:* JR 2174; BoeW 1,4, Nr. 20.

#### *Form und Spender der Taufe*

580     Quosdam baptizatos absque interrogatione symboli ab adulteris et indignis presbyteris fassus es. In his tua dilectio teneat antiquum morem Ecclesiae: quia, quisquis in nomine Patris et Filii et Spiritus Sancti baptizatus est, rebaptizari liceat minime; non enim in nomine baptizantis, sed in nomine Trinitatis huius gratiae donum percepit. Et teneatur, quod Apostolus dicit: Unus Deus, una fides, unum baptisma [*cf. Eph 4,5*]. Doctrinam vero spiritualem talibus studiosius ut impertias demandamus.

Du hast mitgeteilt, daß einige ohne Abfragen des Bekenntnisses von ehebrecherischen und unwürdigen Priestern getauft worden seien. Bei diesen soll Deine Liebe den alten Brauch der Kirche festhalten: denn wer im Namen des Vaters und des Sohnes und des Heiligen Geistes getauft wurde, darf keinesfalls wiedergetauft werden; er hat nämlich das Geschenk dieser Gnade nicht im Namen des Taufenden, sondern im Namen der Dreifaltigkeit empfangen. Und es soll festgehalten werden, was der Apostel sagt: Ein Gott, ein Glaube, eine Taufe [*vgl. Eph 4,5*]. Wir tragen Dir aber auf, solchen noch eifriger geistliche Belehrung zu erteilen.

### 581: Brief «Τὰ γράμματα» an Kaiser Leon III., zwischen 726 und 730

Dieser Brief, früher irrtümlich Gregor III. zugeschrieben, ist wenigstens seiner Substanz nach echt (E. Caspar). Er ist gerichtet an Leon III., den Isaurier, mit dem Beinamen "der Bilderstürmer".
    *Ausg.:* E. Caspar, *Papst Gregor II. und der Bilderstreit*, in: ZKG 52 (1933) 77$_{156-171}$ (nur griechisch) / MaC 12,966A-C (gr.); 965 (lat.) / HaC 4,8AB; 7AB / BarAE, zum Jahr 726 Nr. 28.

*Die Verehrung heiliger Bilder*

Καὶ λέγεις, ὅτι πέτρας καὶ τοίχους καὶ σανίδια προσκυνοῦμεν. Οὐχ, ὡς λέγεις, ἐστί, βασιλεῦ, ἀλλ' εἰς ὑπόμνησιν ἡμῶν καὶ εἰς διέγερσιν καὶ τὸν νοῦν ἡμῶν τὸν παχὺν καὶ χονδρὸν ἄνω ἀναφέροντα, δι' ὧν τὰ ὀνόματα καὶ δι' ὧν ἡ ἐπίκλησις καὶ δι' ὧν οἱ χαρακτῆρες· καὶ οὐκ ὡς θεούς, ὡς λέγεις σύ. Μὴ γένοιτο. Οὐ γὰρ ἔχομεν τὰς ἐλπίδας εἰς αὐτά. Καὶ εἰ μέν ἐστιν εἰκὼν τοῦ Κυρίου, λέγομεν· Κύριε Ἰησοῦ Χριστὲ Υἱὲ τοῦ Θεοῦ, βοήθησον καὶ σῶσον ἡμᾶς. Εἰ δὲ τῆς ἁγίας αὐτοῦ μητρός, λέγομεν· ἁγία θεοτόκε, μήτηρ τοῦ Κυρίου, πρέσβευε εἰς τὸν Υἱόν σου τὸν ἀληθινὸν Θεὸν ἡμῶν εἰς τὸ σῶσαι τὰς ψυχὰς ἡμῶν. Εἰ δὲ μάρτυρος· ἅγιε Στέφανε πρωτομάρτυς, ὁ ἐκχύσας τὸ αἷμα ὑπὲρ Χριστοῦ ὡς ἔχων παρρησίαν· πρέσβευε ὑπὲρ ἡμῶν. Καὶ ἐπὶ παντὸς μάρτυρος μαρτυρήσαντος οὕτως λέγομεν, τοιαύτας εὐχὰς ἀναπέμπομεν δι' αὐτῶν. Καὶ οὐκ ἔστιν, ὡς λέγεις, βασιλεῦ, θεοὺς τοὺς μάρτυρας ὀνομάζοντες.

581 Und Du behauptest, daß wir Steine, Wände und Tafeln anbeten. Es ist nicht so, wie Du sagst, Kaiser, sondern zu unserer Erinnerung und zur Aufrüttelung, und weil unser träger und roher Geist emporgehoben wird durch diejenigen, ⟨um⟩ deren Namen, deren Anrufung und deren Abbilder ⟨es sich handelt⟩; und nicht als Götter, wie Du sagst. Das sei ferne! Denn wir setzen die Hoffnung nicht darauf. Und wenn es ein Bild des Herrn ist, sagen wir: Herr, Jesus Christus, Sohn Gottes, komm uns zu Hilfe und rette uns. Wenn aber seiner heiligen Mutter, sagen wir: heilige Gottesgebärerin, Mutter des Herrn, lege Fürsprache ein bei deinem Sohn, unserem wahren Gott, um unsere Seelen zu retten. Wenn aber eines Martyrers: heiliger Erzmartyrer Stephanus, der du ⟨dein⟩ Blut für Christus vergossen hast, weil du freimütig geredet hast: Lege Fürsprache für uns ein. Und bei jedem Martyrer, der das Martyrium erlitten hat, sagen wir so, schicken wir solche Gebete durch sie empor. Und es ist nicht so, wie Du sagst, Kaiser, daß wir dabei die Martyrer als Götter bezeichnen.

# GREGOR III.: 18. März 731 – 28. (29.?) Nov. 741

## 582–583: Brief "Magna nos habuit" an Bischof Bonifatius, um 732

*Ausg.:* Tangl: MGH Epistulae selectae I 50f ( = Brief 28) / Dümmler: MGH Epistulae III 279₂₃f ₃₄f [= *583*] / Jaffé, *Monumenta Moguntina* 93 / PL 89,577BC / Gratian, *Decretum*, p. III, dist. 4, c. 52 (Frdb 1,1382) [= *582*]; ebd. p. II, cs. 13, q. 2, c. 21 (Frdb 1,728) [= *583*]. – *Reg.:* JR 2239; BoeW 1,4, Nr. 21.

*Die Taufe mit zweifelhafter Gültigkeit*

Eosdemque, quos a paganis baptizatos esse asseruisti, si ita habetur, ut denuo baptizes in nomine Trinitatis, mandamus. ... Nam et eos, qui se dubitant fuisse baptizatos an non, vel qui a presbytero Iovi mactanti et immolaticias carnes vescenti, ut baptizentur praecipimus.

582 Und was diejenigen betrifft, von denen Du gesagt hast, sie seien von Heiden getauft worden, so gebieten wir, daß Du sie, wenn es sich so verhält, von neuem im Namen der Dreifaltigkeit taufst. ... Doch wir befehlen auch, daß die getauft werden, die im Zweifel sind, ob sie getauft wurden oder nicht, oder die von einem Priester, der Jupiter Schlachtopfer darbringt und das Opferfleisch ißt, ⟨getauft wurden⟩.

## Meßopfer für Verstorbene

583      Pro obeuntibus quippe consuluisse dinosceris, si liceat oblationes offerre. Sancta sic tenet Ecclesia, ut quisque pro suis mortuis vere christianis offerat oblationes atque presbyter eorum faciat memoriam. Et quamvis omnes peccatis subiaceamus, congruit, ut sacerdos pro mortuis catholicis memoriam faciat et intercedat. Non tamen pro impiis, quamvis christiani fuerint, tale quid agere licebit.

Du hast ja offenbar nachgefragt, ob man für Verstorbene Gaben darbringen dürfe. Die heilige Kirche hält es so, daß jeder für seine wahrhaft christlichen Toten Gaben darbringen und der Priester ihrer gedenken kann. Und obwohl wir alle den Sünden unterliegen, ist es angemessen, daß der Priester der verstorbenen Katholiken gedenkt und Fürbitte für sie hält. Dies wird man jedoch nicht für Gottlose tun dürfen, auch wenn sie Christen waren.

## ZACHARIAS: 10. (3.?) Dez. 741 – 22. (15.?) März 752

### 586: Brief "Suscipientes sanctissimae fraternitatis" an Erzbischof Bonifatius von Mainz, 5. Nov. 744

Er ist die Antwort auf einen verlorenen Brief des Bonifatius.

*Ausg.:* Tangl: MGH Epistulae selectae I 107 ( = Brief 58) / Dümmler: MGH Epistulae III 315$_{24-38}$ / Jaffé, *Monumenta Moguntina* 135 ( = Brief 49) / PL 89,928BC ( = Brief 6). – *Reg.:* JR 2271; BoeW 1,10, Nr. 47.

## Simonie

586      (§ 2) Repperimus [*in Bonifatii litteris ad papam*] ..., quod talia a te nobis referantur, quasi Nos corruptores simus canonum et Patrum rescindere traditiones quaeramus, ac per hoc, quod absit, cum nostris clericis in simoniacam haeresim incidamus, accipientes et compellentes quorum pallia tribuimus, ut nobis praemia largiantur, expetentes ab illis pecunias. ... [*Admonetur Bonifatius, ne tale quid iterum scribat*], quia fastidiosum a Nobis et iniuriosum suscipitur, dum illud Nobis ingeritur quod Nos omnino detestamur. Absit enim a Nobis et a Nostris clericis, ut donum, quod per Spiritus Sancti gratiam suscepimus, pretio venumdemus ... anathematizantes namque omnes, quicumque ausi fuerint donum Sancti Spiritus pretio venumdare.

(§ 2) Wir haben gefunden [*in einem Brief des Bonifatius an den Papst*] ..., daß Uns solches von Dir mitgeteilt wird, so als ob Wir Verderber der Kanones wären und die Überlieferungen der Väter aufzuheben suchten und dadurch – was ferne sei! – mitsamt unseren Klerikern in die simonistische Häresie verfielen, weil Wir ⟨Belohnungen⟩ annähmen und die aufforderten, denen Wir Pallien verleihen, daß sie Uns Belohnungen gewähren, indem Wir Geld von ihnen fordern. ... [*Bonifatius wird ermahnt, er solle so etwas nicht wieder schreiben*], weil es von Uns als überheblich und beleidigend aufgefaßt wird, wenn Uns das angehängt wird, was Wir ganz und gar verabscheuen. Ferne sei nämlich von Uns und von Unseren Klerikern, daß Wir eine Gabe, die Wir durch die Gnade des Heiligen Geistes empfangen haben, um Geld verkaufen ... Wir belegen nämlich alle mit dem Anathema, die es wagen sollten, eine Gabe des Heiligen Geistes um Geld zu verkaufen.

## 587: Synode von ROM, 3. Sitzung, 25. Okt. 745

Der aus Schottland stammende Priester Clemens war von Bonifatius in Rom unter folgende Anklage gestellt worden: "Er führt das Judentum ein: er behauptet nämlich, es sei einem Christen erlaubt, wenn er will, die Witwe seines verstorbenen Bruders zur Frau zu nehmen. Er widerstreitet dem Glauben der heiligen Väter und sagt, daß Christus, der Sohn Gottes, als er in die Unterwelt hinabstieg, alle, die die Unterwelt gefangen hielt, von dort befreit habe, die Gläubigen und die Ungläubigen, die Verehrer Gottes genauso wie die Götzenanbeter. Auch behauptet er viele andere haarsträubende Dinge über die Vorherbestimmung Gottes, die dem katholischen Glauben entgegengesetzt sind" ("Iudaismum inducens iustum esse iudicat Christiano, ut, si voluerit, viduam fratris defuncti accipiat uxorem. Qui contra fidem sanctorum Patrum contendit dicens, quod Christus Filius Dei descendens ad inferos omnes quos inferni carcer detinuit, inde liberasset, credulos et incredulos, laudatores Dei simul et cultores idolorum. Et multa alia horribilia de praedestinatione Dei contraria fidei catholicae adfirmat"; hrsg. von M. Tangl: MGH Epistulae selectae I 112$_{19-25}$). – Einen ähnlichen Irrtum, nämlich daß Christus, als er in die Unterwelt hinabstieg, alle von dort gerettet habe, die ihn als Gott bekannten, hatte schon Gregor I. verworfen, indem er denen das Heil absprach, die nur einen toten Glauben hatten (Brief "Memor bonitatis" an den Presbyter Georg, Mai 567: MGH Epistulae I 458, = Registrum epistolarum VII 15 / PL 77,869f; JR 1461).

*Ausg.:* Tangl: MGH Epistulae selectae I 118 ( = Brief 59) / Dümmler: MGH Epistulae III 321$_{34-39}$ / PL 89,835D. – *Reg.:* A. Werminghoff: NArch 24 (1899) 466f; BoeW 1,13, Nr. 58.

### Das Hinabsteigen Christi in die Unterwelt

... Clemens, qui per suam stultitiam sanctorum Patrum statuta respuit vel omnia synodalia acta, inferens etiam Christianis iudaismum, dum praedicet fratris defuncti accipere uxorem, insuper et Dominum Iesum Christum descendentem ad inferos omnes pios et impios exinde praedicat abstraxisse, ab omni sit sacerdotali officio nudatus et anathematis vinculo obligatus.

... Clemens, der in seiner Torheit die Satzungen der heiligen Väter und alle Synodalakten verwirft, der auch für die Christen das Judentum einführt, indem er verkündet, ⟨man dürfe die Witwe⟩ des verstorbenen Bruders zur Frau nehmen, und der überdies auch verkündet, der Herr Jesus Christus habe, als er in die Unterwelt hinabstieg, alle Frommen und Gottlosen von dort herausgezogen, soll von jeglichem priesterlichen Amte entblößt und in die Bande des Anathema geschlagen sein. 587

## 588: Brief "Virgilius et Sedonius" an Erzbischof Bonifatius von Mainz, 1. Juli 746 (745?)

*Ausg.:* Tangl: MGH Epistulae selectae I 141 ( = Brief 68) / Dümmler: MGH Epistulae III 336$_{19-25}$ / Jaffé, *Monumenta Moguntina* 167f ( = Brief 58) / PL 89,929C ( = Brief 7) / Gratian, *Decretum*, p. III, dist. 4, c. 86 (Frdb 1,1390). – *Reg.:* JR 2276; A. Brackmann, *Germania Pontificia* 1/I (Berlin 1910) 7, Nr. 1; BoeW 1,15, Nr. 66.

### Die zur Taufe erforderliche Absicht und Form

Retulerunt quippe, quod fuerit in eadem provincia sacerdos, qui latinam linguam penitus ignorabat et, dum baptizaret, nesciens latini eloquii, infringens linguam diceret: "Baptizo te in nomine Patria et Filia et Spiritus Sancti". Ac per hoc tua reverenda fraternitas consideravit rebaptizare. Sed ... si ille qui baptizavit, non errorem introducens aut haeresim, sed pro sola ignorantia Romanae locutionis infringendo linguam, ut supra fati sumus, baptizans dixisset, non possumus consentire, ut denuo baptizentur ...

Sie haben nämlich berichtet, daß es in ebendieser Provinz einen Priester gegeben habe, der die lateinische Sprache überhaupt nicht kannte und, wenn er taufte, unkundig der lateinischen Aussprache, die Sprache verdrehend sagte: "Baptizo te in nomine Patria et Filia et Spiritus Sancti". Und deswegen zog deine ehrwürdige Brüderlichkeit in Betracht, ⟨die von ihm Getauften⟩ wiederzutaufen. Aber ... wenn jener, der getauft hat, nicht, um einen Irrtum oder eine Häresie einzuführen, sondern nur aus Unkenntnis der römischen Rede die Sprache verdrehend bei der Taufe gesprochen hätte, wie wir oben sagten, 588

so können wir nicht zustimmen, daß sie von neuem getauft werden ...

### 589: Brief "Sacris liminibus" an Erzbischof Bonifatius von Mainz, 1. Mai 748

*Ausg.:* Tangl: MGH Epistulae selectae I 173$_{19-26}$ 175$_{3-8}$ (= Brief 80) / Dümmler: MGH Epistulae III 357$_{10-24}$ 358$_{9-13}$ / Jaffé, *Monumenta Moguntina* 186f (= Brief 66) / PL 89,943D 944C (= Brief 11) / Gratian, *Decretum,* p. III, dist. 4, c. 83 (Frdb 1,1389f). – *Reg.:* JR 2286 mit Zusätzen; BoeW 1,16f, Nr. 70.

#### Die zur Taufe erforderliche Absicht und Form

589     In illa [*Anglorum synodo*] tale decretum et iudicium firmissime praeceptum et diligenter demonstratum esse dignoscitur, ut quicumque sine invocatione Trinitatis lotus fuisset, quod sacramentum regenerationis non haberet. Quod omnino verum est; quia si mersus in fonte baptismatis quis fuerit sine invocatione Trinitatis, perfectus non est, nisi fuerit in nomine Patris et Filii et Spiritus Sancti baptizatus. ... Hoc quoque observari in supradicta synodo sacerdotes, ut, qui vel unam de Trinitate personam in baptismo non nominaret, illud baptismum esse non posse, quod pro certo verum est, quia qui unum ex sancta Trinitate confessus non fuerit, perfectus Christianus esse non potest.

Auf jener [*Synode der Engländer*] wurde offenbar auch dieser Beschluß und Entscheid unumstößlich geboten und sorgfältig bewiesen, daß, wer ohne Anrufung der Dreifaltigkeit abgewaschen wurde, das Sakrament der Wiedergeburt nicht habe. Dies ist durchaus wahr; denn wenn einer ohne Anrufung der Dreifaltigkeit in den Taufbrunnen getaucht wurde, ist er nicht vollendet, wenn er nicht im Namen des Vaters und des Sohnes und des Heiligen Geistes getauft wurde. ... Auch dies wollten die Priester auf der obengenannten Synode beachtet wissen, daß, wenn einer bei der Taufe auch nur e i n e Person aus der Dreifaltigkeit nicht nennt, dies keine Taufe sein kann, was sicherlich wahr ist; denn wer e i n e n aus der heiligen Dreifaltigkeit nicht bekannt hat, kann kein vollkommener Christ sein.

(STEPHAN II.: 23. – 25. März 752)
(Er ist schon vor dem Tag seiner Weihe gestorben und wird deshalb nach altem Brauch nicht unter die Päpste gezählt.)

## STEPHAN II. (III.): 26. März 752 – 26. April 757

#### 592: Antworten aus Quiercy (Oise), i. J. 754

Sie wurden einem in Frankreich gelegenen Kloster gegeben, als der Papst in Quiercy weilte. Bemerkenswert sind auch die Antworten über Ehen und ihre unvollständige Scheidung.
*Ausg.:* PL 89,1027BC / MaC 12,561D / HaC 3,1988AB. – *Reg.:* JR 2315.

#### Die Form der Taufe

592     (Resp. XIV.) De illo presbytero, qui baptizavit isto modo sic rustice: In nomine Patris mergo et Filii mergo et Spiritus Sancti mergo, et ipse presbyter nescit, si episcopus fuit qui eum benedixit: hic, qui ordinationem suam ignorat, omnino abiiciendus est ...; infantes vero illi, quos baptizavit, licet rustice, quia in nomine sanctae Trinitatis sunt baptizati, in eo

(Antwort 14). Was jenen Priester betrifft, der auf diese Weise so tölpelhaft taufte: Im Namen des Vaters tauche ich ein und des Sohnes tauche ich ein und des heiligen Geistes tauche ich ein, und selbst als Priester nicht weiß, ob es ein Bischof war, der ihn weihte: Dieser, der nichts von seiner Weihe weiß, ist unbedingt abzusetzen ...; jene Kin-

permaneant baptismo.

der aber, die er – wenn auch auf tölpelhafte Weise – taufte, sollen, da sie im Namen der heiligen Dreifaltigkeit getauft wurden, in dieser Taufe verbleiben.


PAUL I.: 29. Mai 757 – 28. Juni 767
STEPHAN III. (IV.): 7. Aug. 768 – 24. Jan. 772

## HADRIAN I.: 9. Febr. 772 – 25. Dez. 795

### 595-596: Brief "Institutio universalis" an die spanischen Bischöfe, zwischen 785 und 791

Eine Abschrift des Briefes ist erhalten im *Codex Carolinus* (Brief 95 MGH / Brief 83 PL). Der Text über die Vorherbestimmung (*596) wird wörtlich wiederholt in dem Brief Hadrians I. "*Audientes orthodoxam*" an Bischof Egila von Elvira (Granada) (MGH Epistulae III 644-647 = *Codex Carolinus*, Brief 96 / PL 98,343; vgl. JR 2445). Er ist einem verlorenen Werk des Fulgentius von Ruspe, seinem Brief an Eugippius, entnommen.

*Ausg.* [*595; 596]: W. Gundlach: MGH Epistulae III 637₃₃₋₃₇; 642₄₋₂₆ / PL 98,376AB; 383B-384A. – *Reg.:* JR 2479.

### Der Irrtum der Adoptianer

... De partibus vestris pervenit ad nos lugubre capitulum, quod quidam episcopi ibidem degentes, videlicet Eliphandus et Ascaricus cum aliis eorum consentaneis, Filium Dei adoptivum confiteri non erubescunt, quod nullus quamlibet haeresiarcha talem blasphemiam ausus est oblatrare, nisi perfidus ille Nestorius, qui purum hominem Dei confessus est Filium. ...

... Von Eurer Gegend gelangte die betrübliche Nachricht zu uns, einige ebenda lebende Bischöfe – nämlich Elipandus und Ascaricus mit ihren anderen Gesinnungsgenossen – würden sich nicht schämen, den Sohn Gottes als Adoptivsohn zu bekennen, wo es doch noch kein Anführer einer Häresie wagte, irgendeine derartige Lästerung auszustoßen, es sei denn jener ruchlose Nestorius, der den Sohn Gottes als bloßen Menschen bekannte. ... **595**

### Die Vorherbestimmung

Illud autem, quod alii ex ipsis dicunt, quod praedestinatio ad vitam sive ad mortem in Dei sit potestate et non nostra; isti dicunt "Ut quid conamur vivere, quod in Dei est potestate?"; alii iterum dicunt: "Ut quid rogamus Deum, ne vincamur tentatione, quod in nostra est potestate, quasi libertate arbitrii?"

Jenes aber, was andere aus ihren Reihen sagen, ⟨nämlich⟩ daß die Vorherbestimmung zum Leben bzw. zum Tod in der Macht Gottes und nicht in unserer stehe; diese sagen: "Wozu versuchen wir zu leben, wo es doch in der Macht Gottes steht?"; andere wiederum sagen: "Wozu bitten wir Gott, daß wir nicht von der Versuchung überwältigt werden, wo es doch gleichsam durch die Freiheit des Willens in unserer Macht steht?" **596**

Revera enim nullam rationem reddere vel accipere valent, ignorantes beati Fulgentii episcopi ad Eugipium presbyterum contra sermonem cuiusdam Pelagiani opuscula directa ...: "Opera ergo misericordiae ac iustitiae praeparavit Deus in aeternitate incom-

In Wahrheit können sie nämlich keine Begründung angeben oder entgegennehmen, weil sie die gegen die Rede eines Pelagianers gerichteten Schriften des seligen Bischofs Fulgentius an den Presbyter Eugippius nicht kennen ...: "Gott bereitete also in der Ewig-

mutabilitatis suae ...; praeparavit ergo iustificandis hominibus merita; praeparavit iisdem glorificandis et praemia; malis vero non praeparavit voluntates malas aut opera mala, sed praeparavit eis iusta et aeterna supplicia. Haec est aeterna praedestinatio futurorum operum Dei, quam, sicut nobis apostolica doctrina semper insinuari cognoscimus, sic etiam fiducialiter praedicamus."

keit seiner Unveränderlichkeit Werke der Barmherzigkeit und Gerechtigkeit ...; er bereitete also den zu rechtfertigenden Menschen Verdienste; er bereitete denselben zu ihrer Verherrlichung auch Belohnungen; den Bösen aber bereitete er nicht böse Willen oder böse Werke, sondern er bereitete ihnen gerechte und ewige Qualen. Dies ist die ewige Vorherbestimmung der künftigen Werke Gottes, welche wir ebenso voll Vertrauen verkünden, wie wir erkennen, daß sie uns von der apostolischen Lehre immer dargelegt wird."

## 2. Konzil von NIKAIA (7. ökum.): 24. Sept. – 23. Okt. 787

Auf Betreiben der Kaiserin Irene wurde die Bilderstürmerei, die im Byzantinischen Reich schon von Leon III. i. J. 726 entfacht worden war, mit der Zeit zurückgedrängt und die Lehre der Kirche über die heiligen Bilder feierlich auf diesem Konzil erklärt. Aufgrund der unglücklichen lateinischen Übersetzung kam es dazu, daß seine Lehre von der Synode zu Frankfurt bekämpft wurde.

### 600–603: 7. Sitzung, 13. Okt. 787

Die in der 7. Sitzung verfaßte Definition wurde in der 8. Sitzung vom 23. Okt. feierlich veröffentlicht.
   *Ausg.:* MaC 13,377C–380B / COeD³ 135₃₆–137₃₄ / HaC 4,456A-D.

*Ausg.:* MaC 13,377C–380B / COeD$^3$ 135$_{36}$–137$_{34}$ / HaC 4,456A-D.

### Definition über die heiligen Bilder

**600**    ... Τὴν βασιλικὴν ὥσπερ ἐρχόμενοι τρίβον, ἐπακολουθοῦντες τῇ θεηγόρῳ διδασκαλίᾳ τῶν ἁγίων πατέρων ἡμῶν, καὶ τῇ παραδόσει τῆς καθολικῆς ἐκκλησίας· τοῦ γὰρ ἐν αὐτῇ οἰκήσαντος ἁγίου πνεύματος εἶναι ταύτην γινώσκομεν· ὁρίζομεν σὺν ἀκριβείᾳ πάσῃ καὶ ἐμμελείᾳ, παραπλησίως τῷ τύπῳ τοῦ τιμίου καὶ ζωοποιοῦ σταυροῦ ἀνατίθεσθαι τὰς σεπτὰς καὶ ἁγίας εἰκόνας, τὰς ἐκ χρωμάτων καὶ ψηφῖδος καὶ ἑτέρας ὕλης ἐπιτηδείως ἐχούσης, ἐν ταῖς ἁγίαις τοῦ Θεοῦ ἐκκλησίαις, ἐν ἱεροῖς σκεύεσι καὶ ἐσθῆσι, τοίχοις τε καὶ σανίσιν, οἴκοις τε καὶ ὁδοῖς· τῆς τε τοῦ κυρίου καὶ Θεοῦ καὶ σωτῆρος ἡμῶν Ἰησοῦ Χριστοῦ εἰκόνος, καὶ τῆς ἀχράντου δεσποίνης ἡμῶν τῆς ἁγίας Θεοτόκου, τιμίων τε ἀγγέλων, καὶ πάντων ἁγίων καὶ ὁσίων ἀνδρῶν.

... Gleichsam den königlichen Pfad schreitend und folgend der gottkündenden Lehre unserer heiligen Väter und der Überlieferung der katholischen Kirche – denn wir wissen, daß diese vom Heiligen Geist, der in ihr wohnt, stammt – beschließen wir mit aller Sorgfalt und Gewissenhaftigkeit, in den heiligen Kirchen Gottes, auf den heiligen Geräten und Gewändern, Wänden und Tafeln, Häusern und Wegen, ebenso wie die Darstellung des kostbaren und lebendigmachenden Kreuzes die ehrwürdigen und heiligen Bilder – seien sie aus Farben, Stein oder sonst einem geeigneten Material – anzubringen; ⟨dies gilt⟩ für das Bild unseres Herrn und Gottes und Erlösers Jesus Christus, unserer unbefleckten Herrin, der heiligen Gottesgebärerin, der ehrwürdigen Engel und aller heiligen und frommen Menschen.

**601**    Ὅσῳ γὰρ συνεχῶς δι' εἰκονικῆς ἀνατυπώσεως ὁρῶνται, τοσοῦτον καὶ οἱ ταύτας θεώμενοι διανίστανται πρὸς τὴν τῶν πρωτοτύπων μνήμην τε καὶ ἐπιπόθησιν, καὶ ταύταις ἀσπασμὸν καὶ τιμητικὴν προσκύνησιν ἀπονέμειν, οὐ μὴν τὴν κατὰ πίστιν ἡμῶν

Je häufiger sie nämlich durch eine bildliche Darstellung angeschaut werden, desto häufiger werden auch diejenigen, die diese betrachten, emporgerichtet zur Erinnerung an die Urbilder und zur Sehnsucht nach ihnen, und dazu, daß sie diesen einen Gruß

ἀληθινὴν λατρείαν, ἣ πρέπει μόνῃ τῇ θείᾳ φύσει· ἀλλ’ ὃν τρόπον τῷ τύπῳ τοῦ τιμίου καὶ ζωοποιοῦ σταυροῦ καὶ τοῖς ἁγίοις εὐαγγελίοις, καὶ τοῖς λοιποῖς ἱεροῖς ἀναθήμασι, καὶ θυμιαμάτων καὶ φώτων προσαγωγὴν πρὸς τὴν τούτων τιμὴν ποιεῖσθαι, καθὼς καὶ τοῖς ἀρχαίοις εὐσεβῶς εἴθισται. «Ἡ γὰρ τῆς εἰκόνος τιμὴ ἐπὶ τὸ πρωτότυπον διαβαίνει»[1], καὶ ὁ προσκυνῶν τὴν εἰκόνα προσκυνεῖ ἐν αὐτῇ τοῦ ἐγγραφομένου τὴν ὑπόστασιν.

Οὕτω γὰρ κρατύνεται ἡ τῶν ἁγίων πατέρων ἡμῶν διδασκαλία, εἴτουν παράδοσις τῆς καθολικῆς ἐκκλησίας, τῆς ἀπὸ περάτων εἰς πέρατα δεξαμένης τὸ εὐαγγέλιον· οὕτω τῷ ἐν Χριστῷ λαλήσαντι Παύλῳ [cf. 2 Cor 2,17] καὶ πάσῃ τῇ θείᾳ ἀποστολικῇ ὁμηγύρει καὶ πατρικῇ ἁγιότητι ἐξακολουθοῦμεν κρατοῦντες τὰς παραδόσεις [cf. 2 Th 2,15], ἃς παρειλήφαμεν· οὕτω τοὺς ἐπινικίους τῇ ἐκκλησίᾳ προφητικῶς κατεπάδομεν ὕμνους· «Χαῖρε σφόδρα, θύγατερ Σίων, κήρυσσε, θύγατερ Ἰερουσαλήμ· τέρπου καὶ εὐφραίνου ἐξ ὅλης τῆς καρδίας σου· περιεῖλε κύριος ἐκ σοῦ τὰ ἀδικήματα τῶν ἀντικειμένων σοι, λελύτρωσαι ἐκ χειρὸς ἐχθρῶν σου· κύριος βασιλεὺς ἐν μέσῳ σου· οὐκ ὄψει κακὰ οὐκέτι» [So 3,14s: Septg.] καὶ εἰρήνη ἐπὶ σοὶ εἰς τὸν αἰῶνα χρόνον.

Τοὺς οὖν τολμῶντας ἑτέρως φρονεῖν ἢ διδάσκειν ἢ κατὰ τοὺς ἐναγεῖς αἱρετικοὺς τὰς ἐκκλησιαστικὰς παραδόσεις ἀθετεῖν, καὶ καινοτομίαν τινὰ ἐπινοεῖν, ἢ ἀποβάλλεσθαί τι ἐκ τῶν ἀνατεθειμένων τῇ ἐκκλησίᾳ, εὐαγγέλιον, ἢ τύπον τοῦ σταυροῦ, ἢ εἰκονικὴν ἀναζωγράφησιν, ἢ ἅγιον λείψανον μάρτυρος· ἢ ἐπινοεῖν σκολιῶς καὶ πανούργως πρὸς τὸ ἀνατρέψαι ἕν τι τῶν ἐνθέσμων παραδόσεων τῆς καθολικῆς ἐκκλησίας· ἔτι γε μὴν ὡς κοινοῖς χρῆσθαι τοῖς ἱεροῖς κειμηλίοις ἢ τοῖς εὐαγέσι μοναστηρίοις· ἐπισκόπους μὲν ὄντας ἢ κληρικοὺς καθαιρεῖσθαι προστάσσομεν, μονάζοντας δὲ ἢ λαϊκοὺς τῆς κοινωνίας ἀφορίζεσθαι.

und achtungsvolle Verehrung zuwenden, nicht jedoch die nach unserem Glauben wahre Anbetung, die allein der göttlichen Natur zukommt, sondern so, wie man der Darstellung des kostbaren und lebendigmachenden Kreuzes, den heiligen Evangelien und den übrigen heiligen geweihten Gegenständen Weihrauch und Lichter zu ihrer Verehrung darbringt, wie es auch bei den Alten fromme Gewohnheit gewesen ist. "Denn die Verehrung des Bildes geht über auf das Urbild"[1], und wer das Bild verehrt, verehrt in ihm die Person des darin Abgebildeten.

**602** Denn so wird die Lehre unserer heiligen Väter und die Überlieferung der katholischen Kirche bekräftigt, die vom ⟨einen⟩ Ende ⟨der Erde⟩ bis zum ⟨anderen⟩ Ende das Evangelium angenommen hat; so folgen wir Paulus, der in Christus gesprochen hat [vgl. 2 Kor 2,17], der ganzen göttlichen Schar der Apostel und der Heiligkeit der Väter, indem wir die Überlieferungen festhalten [vgl. 2 Thess 2,15], die wir empfangen haben; so singen wir der Kirche prophetisch die Siegeshymnen: "Sei vielmals gegrüßt, Tochter Sion, verkünde, Tochter Jerusalem, freue Dich und frohlocke aus Deinem ganzen Herzen: Hinweggenommen hat der Herr aus Dir die Unrechtstaten Deiner Widersacher, Du bist befreit aus der Hand Deiner Feinde; der Herr ⟨ist⟩ König in Deiner Mitte; Du wirst kein Unheil mehr schauen" [Zef 3,14f: Septg.] und Friede ⟨herrscht⟩ in Dir in Ewigkeit.

**603** Die es nun wagen, anders zu denken oder zu lehren; oder im Sinne der ruchlosen Häretiker die kirchlichen Überlieferungen abzulehnen und irgendeine Neuerung auszudenken; oder irgendetwas von dem wegzuwerfen, was der Kirche geweiht wurde, ein Evangelienbuch, eine Abbildung des Kreuzes, eine bildliche Darstellung oder eine heilige Martyrerreliquie; oder auf krummen Wegen und verschlagen ⟨etwas⟩ auszuhecken, um auch nur einen Punkt der verbindlichen Überlieferungen der katholischen Kirche zu untergraben; oder aber auch die Kirchenschätze oder die geheiligten Klöster zu gewöhnlichen Zwecken zu verwenden; so bestimmen wir, wenn es sich um Bischöfe oder

---

**\*601**  [1]  Basilius der Große, *De Spiritu Sancto* 18, n. 45 (B. Pruche [SouChr 17bis; Paris 1968²] 406₁₉f / PG 32,149C); dies gilt als "klassische Stelle" für die Verehrung der heiligen Bilder.

Kleriker handelt, sie abzusetzen, wenn aber um Mönche oder Laien, sie aus der Gemeinschaft auszuschließen.

## 604–609: 8. Sitzung, 23. Okt. 787

*Ausg.* [*604; 605-609*]: MaC 13,419E–421A; 416A-C / HaC 4,488CD; 484C-E. [*604; 606-609*]: COeD³ 140₁₈₋₄₂; 137₂₈–138₃.

### Die Wahlen zu den heiligen Ämtern

**604**   Πᾶσαν ψῆφον γινομένην παρὰ ἀρχόντων ἐπισκόπου ἢ πρεσβυτέρου ἢ διακόνου ἄκυρον μένειν κατὰ τὸν κανόνα [*Canones Apostolorum 30*] τὸν λέγοντα· Εἴ τις ἐπίσκοπος κοσμικοῖς ἄρχουσι χρησάμενος, δι' αὐτῶν ἐγκρατὴς ἐκκλησίας γένηται, καθαιρείσθω καὶ ἀφοριζέσθω, καὶ οἱ κοινωνοῦντες αὐτῷ πάντες. Δεῖ γὰρ τὸν μέλλοντα προβιβάζεσθαι εἰς ἐπισκοπὴν ὑπὸ ἐπισκόπων ψηφίζεσθαι, καθὼς παρὰ τῶν ἁγίων πατέρων τῶν ἐν Νικαίᾳ ὥρισται ἐν τῷ κανόνι [*can. 4*] τῷ λέγοντι· Ἐπίσκοπον προσήκει μάλιστα μὲν ὑπὸ πάντων τῶν ἐν τῇ ἐπαρχίᾳ καθίστασθαι. Εἰ δὲ δυσχερὲς εἴη τὸ τοιοῦτο, ἢ διὰ κατεπείγουσαν ἀνάγκην, ἢ διὰ μῆκος ὁδοῦ, ἐξ ἅπαντος τρεῖς ἐπὶ τὸ αὐτὸ συναγομένους, συμψήφων γινομένων καὶ τῶν ἀπόντων καὶ συντιθεμένων διὰ γραμμάτων, τότε τὴν χειροτονίαν ποιεῖσθαι, τὸ δὲ κῦρος τῶν γινομένων δίδοσθαι καθ' ἑκάστην ἐπαρχίαν τῷ μητροπολίτῃ.

Jede von ⟨weltlichen⟩ Herrschern ausgehende Wahl eines Bischofs, Priesters oder Diakons soll ungültig bleiben nach dem Kanon [*Canones Apostolorum 30*], der besagt: Wenn sich ein Bischof weltlicher Herrscher bedient und durch sie sich einer Kirche bemächtigt, so soll er abgesetzt und ausgeschlossen werden, sowie alle, die mit ihm verkehren. Denn wer zum bischöflichen Rang erhoben werden soll, muß von Bischöfen gewählt werden, wie es von den heiligen Vätern in Nikaia in dem Kanon [*Kan. 4*] bestimmt worden ist, der besagt: Ein Bischof soll am besten von allen ⟨Bischöfen⟩ in der Provinz eingesetzt werden. Sollte dies aber wegen drängender Notwendigkeit oder wegen der Länge des Weges schwierig sein, so sollen sich auf alle Fälle drei am selben Ort versammeln, und wenn auch die abwesenden einverstanden sind und durch Briefe zustimmen, dann soll die Weihe vollzogen werden; die Bestätigung des Geschehens soll aber in jeder Provinz dem Metropoliten überlassen werden.

### Über die Bilder, die Menschheit Christi und die kirchliche Überlieferung

**605**   Ἡμεῖς τὰς σεπτὰς εἰκόνας ἀποδεχόμεθα· ἡμεῖς τοὺς μὴ οὕτως ἔχοντας τῷ ἀναθέματι καθυποβάλλομεν ...

Wir nehmen die ehrwürdigen Bilder an; wir unterwerfen die, die es nicht so halten, dem Anathema ...

**606**   Εἴ τις Χριστὸν τὸν Θεὸν ἡμῶν περιγραπτὸν οὐχ ὁμολογεῖ κατὰ τὸ ἀνθρώπινον, ἀνάθεμα ἔστω. ...

Wer nicht bekennt, daß Christus, unser Gott, seiner Menschheit nach umgrenzt ist, der sei mit dem Anathema belegt. ...

**607**   Εἴ τις τὰς εὐαγγελικὰς ἐξηγήσεις τὰς στηλογραφικῶς γινομένας οὐ προσίεται, ἀνάθεμα ἔστω.

Wer die Auslegungen der Evangelien mit Hilfe von Bildern nicht zuläßt, der sei mit dem Anathema belegt.

**608**   Εἴ τις οὐκ ἀσπάζεται ταύτας εἰς ὄνομα τοῦ Κυρίου οὔσας καὶ τῶν ἁγίων αὐτοῦ, ἀνάθεμα ἔστω.

Wer diese ⟨Bilder⟩, die den Namen des Herrn und seiner Heiligen tragen, nicht grüßt, der sei mit dem Anathema belegt.

**609**   Εἴ τις πᾶσαν παράδοσιν ἐκκλησιαστικὴν ἔγγραφον ἢ ἄγραφον ἀθετεῖ, ἀνάθεμα ἔστω. ...

Wer die gesamte kirchliche Überlieferung, ob geschrieben oder ungeschrieben, verwirft, der sei mit dem Anathema belegt. ...

## 610-611: Brief "Si tamen licet" an die Bischöfe Spaniens, zwischen 793 und 794

*Ausg.* [*610; 611]: A. Werminghoff: MGH Leges III, = Concilia 2/I (1904) $123_{6-9}$; $123_{15-39}$ / MaC 13,865D-866D / HaC 4,866B-867A. - *Reg.:* JR 2482.

### Die Irrlehre des Adoptianismus

Materia autem causalis perfidiae inter cetera reicienda de adoptione Iesu Christi Filii Dei secundum carnem falsis argumentationibus digesta, perfidorum verborum ibi stramina incomposito calamo legebantur. Hoc catholica Ecclesia numquam credidit, numquam docuit, numquam male credentibus assensum praebuit. ...

Die Begründung für die Irrlehre von der **610** Adoption Jesu Christi, des Sohnes Gottes, dem Fleische nach ist wie anderes zu verwerfen, weil sie sich auf falsche Beweisgänge stützt; es war dort die Spreu irrgläubiger Worte zu lesen, mit plumper Feder ⟨zusammengeschrieben⟩. Dies hat die katholische Kirche niemals geglaubt, niemals gelehrt und niemals hat sie denen, die ⟨dies⟩ fälschlich glaubten, ihre Zustimmung gewährt. ...

Ipse enim [*Christus*] de se innotuit, cuius filius esset, cum Patris nomen se asserit hominibus adnuntiasse. Ait enim: "Manifestavi nomen tuum hominibus, quos dedisti mihi de mundo" [*Io 17,6*]. Nomen paternum tunc manifestavit hominibus, cum se Patris Filium verum et non putativum, proprium innotuit et non adoptivum. Sed notandum quod dicitur: "hominibus, quos dedisti mihi". Non enim isti ex illis hominibus, quos ei Pater dederat et immo quos ille cum Patre ante mundi constitutionem elegerat, qui eum adoptivum et non proprium Filium confiterentur, quasi alienus aliquando a Patre fuerit aut per carnis extraneus ab eo factus esset adsumptionem, cum, ut Verbum caro fieret, una exstiterit Patris Filiique voluntas, sicut scriptum est: "Ut facerem voluntatem tuam; Deus meus, volui" [*Ps 39,9*].

Er selbst nämlich [*Christus*] hat von sich **611** bekundet, wessen Sohn er ist, wenn er sagt, er habe den Menschen den Namen des Vaters verkündet. Er sagt nämlich: "Ich habe deinen Namen den Menschen geoffenbart, die Du mir von der Welt gegeben hast" [*Joh 17,6*]. Den Namen des Vaters hat er den Menschen damals geoffenbart, als er sich als wahren Sohn des Vaters und nicht als vermeintlichen, als eigenen und nicht als adoptierten bekannt machte. Aber man muß bemerken, daß gesagt wird: "den Menschen, die Du mir gegeben hast". Zu den Menschen, die ihm der Vater gegeben hatte, ja, die er mit dem Vater vor der Erschaffung der Welt erwählt hatte, gehören aber nicht die, die ihn als Adoptivsohn und nicht als eigenen Sohn bekannten, so als ob er einmal dem Vater fremd gewesen wäre oder durch die Annahme des Fleisches sich von ihm entfernt hätte, wo es doch e i n Wille des Vaters und des Sohnes war, daß das Wort Fleisch werde, wie geschrieben steht: "Daß ich deinen Willen tue, mein Gott, wollte ich" [*Ps 40,9*].

Hinc alias dicit: "Ascendo ad Patrem meum et Patrem vestrum" [*Io 20,17*]. Distincte enim dixit "meum" et "vestrum", eius videlicet non per gratiam, sed per naturam, noster vero per gratiam adoptionis. Porro numquam non fuit Filius, quia numquam non fuit Pater. Semper eum et ubique distincte Patrem suum appellat. "Pater" inquit "meus usque modo operatur, et ego operor" [*Io 5,17*], et rursus: "Pater, clarifica Filium tuum, ut Filius tuus clarificet te" [*Io 17,1*], et: "Pater meus quod dedit mihi, maius omnibus est"

Daher sagt er an einer anderen Stelle: "Ich steige hinauf zu meinem Vater und zu eurem Vater" [*Joh 20,17*]. Er sagte nämlich ausdrücklich "meinem" und "eurem", seiner nämlich nicht durch Gnade, sondern durch Natur, unserer aber durch die Gnade der Adoption. Ferner war niemals der Sohn nicht, weil niemals der Vater nicht war. Immer und überall nennt er ihn ausdrücklich seinen Vater. "Mein Vater", sagt er, "wirkt bis jetzt, und ich wirke" [*Joh 5,17*]; und wiederum: "Vater, verherrliche Deinen Sohn, damit

[*Io 10,29*].

Quodsi secundum eorum callidam ter- giversationem cuncta, quae protulimus, ad divinitatem tantummodo Filii Dei referenda opinantur, dicant, ubi umquam communi af- fectu dixerit nobiscum "Pater noster". "Scit enim" inquit "Pater vester, quid vobis opus sit" [*Mt 6,8*]. Non ait "noster", quasi nobis- cum adoptatus per gratiam. Et alibi "Estote ergo et vos perfecti, sicut et Pater vester cae- lestis perfectus est" [*Mt 5,48*]. Cur non dixit "noster"? Quia aliter noster et aliter suus. Hinc rursus ait: "Si vos, cum sitis mali, nostis bona dare filiis vestris, quanto magis Pater vester de caelo dabit spiritum bonum pe- tentibus se?" [*Lc 11,13*] et cetera. Hinc Pau- lus, vas electionis, ait: "Proprio Filio suo non pepercit Deus, sed pro nobis omnibus tradidit illum" [*Rm 8,32*]. Scimus enim, quia non est traditus secundum divinitatem, sed secun- dum id quod homo verus erat.

Dein Sohn Dich verherrliche" [*Joh 17,1*]; und: "Was mir mein Vater gegeben hat, ist größer als alles" [*Joh 10,29*].

Wenn sie aber in ihrer verschlagenen Aus- flucht meinen, alles, was wir vorgebracht ha- ben, dürfe nur auf die Gottheit des Sohnes Gottes bezogen werden, so sollen sie sagen, wo er jemals in gemeinsamer Empfindung mit uns "Unser Vater" gesagt hat. "Euer Va- ter", sagt er, "weiß nämlich, was für euch nö- tig ist" [*Mt 6,8*]. Er sagt nicht "unser", als ob er mit uns durch Gnade adoptiert worden wäre. Und an anderer Stelle: "Auch ihr sollt also vollkommen sein, wie auch euer himm- lischer Vater vollkommen ist" [*Mt 5,48*]. War- um sagte er nicht "unser"? Weil er auf andere Weise der unsere und auf andere Weise der seine 〈ist〉. Dann sagt er wiederum: "Wenn ihr, obwohl ihr böse seid, euren Kindern Gu- tes zu geben wißt, um wieviel mehr wird dann euer Vater vom Himmel den guten Geist denen geben, die ihn darum bitten?" [*Lk 11,13*] usw. Dann sagt Paulus, das Gefäß der Erwählung: "Gott hat seinen eigenen Sohn nicht geschont, sondern hat ihn für uns alle hingegeben" [*Röm 8,32*]. Wir wissen nämlich, daß er nicht seiner Gottheit nach hingegeben wurde, sondern dem entspre- chend, daß er wahrer Mensch war.

## 612-615: Synode von FRANKFURT (Main), etwa Juni 794

König Karl der Große wünschte, daß diese Synode als ökumenisch anerkannt und dem 2. Konzil von Nikaia (vgl. *600) gleichgestellt werde. Er sorgte deshalb dafür, daß zwei Gesandte des Apostolischen Stuh- les geschickt wurden. In ihrer Gegenwart wurde die Irrlehre der Adoptianer, die schon die Synode von Regensburg i. J. 792 unter dem Vorsitz Karls des Großen verworfen hatte, wiederum verurteilt. Voraus ging ein zugunsten des Adoptianismus verfaßter Brief der Bischöfe Spaniens und Galiziens an die Bischöfe des Frankenreiches, den Erzbischof Elipandus von Toledo i. J. 792/3 geschrieben hatte (MGH Concilia 2/I, 111-119 / PL 101, 1321D-1331B). Dieser Brief wird im Brief der Frankfurter Synode ausführlich widerlegt. Außerdem verwirft die Synode von Frankfurt aufgrund einer falschen Übersetzung der Beschlüsse des 2. Konzils von Nikaia die Verehrung der Bilder (Kapitulare, Kan. 2; Ausg. wie zu *615; *Libri Carolini de imaginibus*: MGH Concilia 2, Suppl. / PL 98,989-1248); aber Hadrian I. stellte sich hinter das 2. Konzil von Nikaia (PL 89,1247-1292).

*Ausg.* [*Synodalbrief*]: A. Werminghoff: MGH Leges III, = Concilia 2/I, 144$_{4-9}$ 149$_{16-32}$ 150$_{1f}$ 152$_{2-6}$ / PL 101,1332C 1337C-1338B 1340B / MaC 13,884E-885A 890B-891A 893B / HaC 4,883DE 888D-889B 891B. - [*Kapitulare*, Kan. 1]: MGH ebd. 165$_{21-25}$ / MaC 13,909C / HaC 4,904C / PL 97,191B. - *Reg.*: A. Werminghoff, in: NArch 24 (1899) 472f.

### a) Synodalbrief der Bischöfe des Frankenreiches an die Bischöfe Spaniens

#### Widerlegung des Adoptianismus

612      ... Invenimus enim in libelli vestri prin- cipio scriptum, quod posuistis vos: "Confite- mur et credimus Deum Dei Filium ante om- nia tempora sine initio ex Patre genitum,

... Wir haben nämlich am Anfang Eures Briefes Eure Behauptung geschrieben gefun- den: "Wir bekennen und glauben, daß Gott, der Sohn Gottes, vor allen Zeiten ohne An-

coaeternum et consubstantialem, non adoptione, sed genere". Item post pauca eodem loco legebatur: "Confitemur et credimus eum factum ex muliere, factum sub lege [*cf. Gal 4,4*], non genere esse Filium Dei, sed adoptione, non natura, sed gratia". Ecce serpens inter pomifera paradisi latitans ligna, ut incautos quosque decipiat. ...

Quod etiam in sequentibus adiunxistis, in professione Nicaeni symboli non invenimus dictum, "in Christo duas naturas et tres substantias" [*cf. \*567*], et "homo deificus" et "Deus humanatus". Quid est natura hominis, nisi anima et corpus? Vel quid est inter naturam et substantiam, ut tres substantias necesse sit nobis dicere, et non magis simpliciter, sicut sancti Patres dixerunt, confiteri Dominum nostrum Iesum Christum Deum verum et verum hominem in una persona?

Mansit vero persona Filii in sancta Trinitate, cui personae humana accessit natura, ut esset una persona, Deus et homo, non homo deificus et humanatus Deus, sed Deus homo et homo Deus: propter unitatem personae unus Dei Filius, et idem hominis Filius, perfectus Deus, perfectus homo.

Perfectus homo non est nisi anima et corpore ..., nec negamus et nos, Christo haec tria veraciter inesse, divinitatem scilicet, animam et corpus. Sed quia vere Deus et homo dicitur, in Dei nomine totum quod Dei est designatur, in hominis vero totum quicquid hominis est intelligitur. Ideo sufficit, in eo unam perfectam divinitatis et alteram perfectam humanitatis confiteri substantiam. ... Consuetudo ecclesiastica solet in Christo duas substantias nominare, Dei videlicet et hominis. ...

fang aus dem Vater gezeugt ⟨wurde⟩, gleich ewig und wesensgleich, nicht durch Adoption, sondern der Art nach". Ebenso las man kurz danach an derselben Stelle: "Wir bekennen und glauben, daß er, geschaffen aus der Frau, geschaffen unter dem Gesetz [*vgl. Gal 4,4*], nicht der Art nach Sohn Gottes ist, sondern durch Adoption, nicht von Natur, sondern durch Gnade". Siehe da, die Schlange, die sich zwischen den Obstbäumen des Paradieses verborgen hält, um alle Unvorsichtigen zu täuschen. ...

Auch was ihr im folgenden hinzugefügt **613** habt, das haben wir im Glaubensbekenntnis von Nikaia nicht gesagt gefunden, ⟨nämlich⟩ "zwei Naturen und drei Substanzen in Christus" [*vgl. \*567*], "gotterfüllter Mensch" und "vermenschlichter Gott". Was ist die Natur des Menschen, wenn nicht Seele und Leib? Oder was für ein Unterschied besteht zwischen "Natur" und "Substanz", so daß wir von drei Substanzen reden müßten und nicht vielmehr einfach, wie die heiligen Väter sagten, unseren Herrn Jesus Christus als wahren Gott und wahren Menschen in e i n e r Person bekennen?

Es verblieb aber die Person des Sohnes in der heiligen Dreifaltigkeit; zu dieser Person kam die menschliche Natur hinzu, so daß e i n e Person ist, Gott und Mensch, nicht gotterfüllter Mensch und vermenschlichter Gott, sondern Gott Mensch und Mensch Gott: wegen der Einheit der Person e i n Sohn Gottes und derselbe Sohn des Menschen, vollkommener Gott, vollkommener Mensch.

Vollkommen ist der Mensch nur mit Seele und Leib ...; auch wir leugnen nicht, daß in Christus diese drei wahrhaftig sind, nämlich Gottheit, Seele und Leib. Aber weil er wahrhaft Gott und Mensch genannt wird, wird im Namen "Gott" alles bezeichnet, was Gottes ist, im ⟨Namen⟩ "Mensch" aber wird alles verstanden, was des Menschen ist. Deshalb genügt es, in ihm die eine vollkommene Substanz der Gottheit und die andere vollkommene Substanz der Menschheit zu bekennen. ... Die kirchliche Gewohnheit pflegt in Christus zwei Substanzen zu benennen, nämlich die Gottes und die des Menschen. ...

614    Si ergo Deus verus est, qui de Virgine natus est, quomodo tunc potest adoptivus esse vel servus? Deum enim nequaquam audetis confiteri servum vel adoptivum: et si eum propheta servum nominasset, non tamen ex condicione servitutis, sed ex humilitatis oboedientia, qua factus est Patri "oboediens usque ad mortem" [*Phil 2,8*].

Wenn also wahrer Gott ist, der von der Jungfrau geboren wurde, wie kann er dann Adoptivsohn oder Knecht sein? Denn ihr wagt es keineswegs, Gott als Knecht oder Adoptivsohn zu bezeichnen; wenn ihn auch der Prophet Knecht genannt hat, so dennoch nicht aufgrund des Loses der Knechtschaft, sondern aufgrund des Gehorsams der Demut, durch den er dem Vater "bis zum Tod gehorsam" [*Phil 2,8*] wurde.

### b) Kapitulare der Synode

*Verurteilung der Adoptianer*

615    Can. 1. ... In primordio capitulorum exortum est de impia ac nefanda haeresi Eliphandi, Toletanae sedis episcopi, et Felicis, Orgellitanae, eorumque sequacibus, qui male sentientes in Dei Filio asserebant adoptionem: quam omnes qui supra sanctissimi Patres et respuentes una voce contradixerunt atque hanc haeresim funditus a sancta Ecclesia eradicandam statuerunt.

Kan. 1 ... Am Anfang der Kapitel wurde begonnen mit der gottlosen und verruchten Häresie des Bischofs Elipandus von Toledo und des Felix von Urgel und ihren Anhängern, die im falschen Glauben beim Sohn Gottes eine Adoption behaupteten: ihr widersprachen alle oben ⟨erwähnten⟩ heiligsten Väter in einstimmiger Ablehnung und beschlossen, daß diese Häresie von der heiligen Kirche gründlich mit der Wurzel ausgerissen werden müsse.

## LEO III.: 27. Dez. 795 – 12. Juni 816

### 616–619: Synode von FRIAUL, 796 oder 797: Glaubensbekenntnis

Abgehalten unter der Leitung des Patriarchen Paulinus von Aquileja in Friaul (Venetien).
*Ausg.* [*616-618; 619]:* A. Werminghoff: MGH Leges III, = Concilia 2/I, $187_{24}$–$188_5$; $188_{19-34}$ / PL 99,293B–294A; 294CD / MaC 13,842E–843C; 843E–844B. – *Reg.:* A. Werminghoff, in: NArch 24 (1899) 474.

*Die göttliche Dreifaltigkeit*

616    [*Post Symbolum Constantinopolitanum sequitur:*] Sanctam autem, perfectam, inseparabilem et ineffabilem veramque Trinitatem, id est Patrem et Filium et Spiritum Sanctum, individuam confiteor in unitate naturae, quia trinus et unus est Deus: trinus nimirum per distinctionem personarum; unus vero per substantiam inseparabilem deitatis. Has igitur tres personas ... non putativas vel quasi suspicabiles tantum, sed veras, subsistentes, coaeternas, coaequales credimus et consubstantiales. ...

[*Nach dem Bekenntnis von Konstantinopel folgt:*] Ich bekenne aber die heilige, vollkommene, untrennbare, unaussprechliche und wahre Dreifaltigkeit, d. h. Vater, Sohn und Heiligen Geist, unteilbar in der Einheit der Natur, weil Gott dreifach und e i n e r ist: dreifach nämlich durch den Unterschied der Personen, e i n e r aber durch die untrennbare Substanz der Gottheit. Wir glauben also, daß diese drei Personen ... nicht nur scheinbare oder gleichsam vermeintliche, sondern wahrhaftige, existierende, gleich ewige, gleichartige und wesensgleiche ⟨sind⟩. ...

Nam Pater verus Deus, vere et proprie Pater est, qui genuit ex se, id est ex sua substantia, intemporaliter et sine initio verum Filium, coaeternum, consubstantialem et coaequalem sibi.

Et Filius verus Deus, vere et proprie est Filius, qui ante omnia saecula genitus est de Patre intemporaliter et absque ullo initio. ... Et numquam fuit Pater sine Filio, nec Filius sine Patre. ...

Spiritus namque Sanctus verus Deus, vere et proprie Spiritus Sanctus est: non genitus nec creatus, sed ex Patre Filioque intemporaliter et inseparabiliter procedens. Consubstantialis, coaeternus et aequalis Patri Filioque semper est, erat et erit. Et numquam fuit Pater aut Filius sine Spiritu Sancto, nec Spiritus Sanctus sine Patre et Filio.

Et idcirco inseparabilia sunt semper opera Trinitatis, et nihil est in sancta Trinitate diversum aliquid aut dissimile vel inaequale: non divisum naturaliter, non confusum personaliter, nihil maius aut minus, non anterior, non posterior, non inferior, non superior; sed una et aequalis potestas, par gloria, sempiterna et coaeterna consubstantialisque maiestas. ...

Denn der Vater ist als wahrer Gott wahr- 617 haftig und im eigentlichen Sinne Vater, der aus sich, d. h. aus seiner Substanz, zeitlos und ohne Anfang den wahren Sohn zeugte, der ihm gleich ewig, wesensgleich und gleichartig ist.

Und der Sohn ist als wahrer Gott wahrhaftig und im eigentlichen Sinne Sohn, der vor allen Zeiten zeitlos und ohne jeglichen Anfang vom Vater gezeugt ist. ... Und niemals war der Vater ohne den Sohn noch der Sohn ohne den Vater. ...

Und der Heilige Geist ist als wahrer Gott wahrhaftig und im eigentlichen Sinne Heiliger Geist: Er ist nicht gezeugt noch geschaffen, sondern zeitlos und untrennbar aus dem Vater und dem Sohn hervorgehend. Er ist immer, war immer und wird immer sein wesensgleich, gleich ewig und gleichartig dem Vater und dem Sohn. Und niemals war der Vater oder der Sohn ohne den Heiligen Geist noch der Heilige Geist ohne den Vater und den Sohn.

Und deshalb sind die Werke der Dreifal- 618 tigkeit immer untrennbar, und es gibt in der heiligen Dreifaltigkeit nichts Verschiedenes, Unähnliches oder Ungleiches; nichts ist in den Naturen getrennt, nichts in den Personen vermischt, nichts größer oder kleiner; nicht früher, nicht später, nicht geringer, nicht höher, sondern e i n e und gleichartig ⟨ist⟩ die Macht, gleich die Herrlichkeit, immerwährend, gleich ewig und wesensgleich die Erhabenheit. ...

## *Christus, der natürliche Sohn, nicht der Adoptivsohn Gottes*

De hac autem ineffabili Trinitate sola Verbi persona, id est Filius, ... descendit de caelis, unde numquam recesserat. Incarnatus est de Spiritu Sancto et ex semper virgine Maria verus homo factus est, verusque permanet Deus.

Nec obfuit humana et temporalis nativitas divinae illi et intemporali nativitati, sed in una Christi Iesu persona verus Dei verusque hominis Filius, non alter hominis Filius, alter Dei, sed unus idemque Dei hominisque Filius, in utraque natura, divina scilicet et humana, Deus verus et homo verus, non puta-

Von dieser unaussprechlichen Dreifaltig- 619 keit aber stieg allein die Person des Wortes Gottes, d. h. der Sohn, ... von den Himmeln herab, von denen er sich niemals entfernt hatte. Er ist fleischgeworden vom Heiligen Geist und wurde wahrer Mensch aus der allzeit jungfräulichen Maria, und bleibt wahrer Gott.

Und die menschliche und zeitliche Geburt stand jener göttlichen und zeitlosen Geburt nicht entgegen, sondern in der einen Person Christi Jesu ⟨ist⟩ der wahre Gottes- und der wahre Menschensohn; es ist nicht ein anderer Menschensohn, ein anderer Gottessohn, sondern ein und derselbe ist Gottes- und

tivus Dei Filius, sed verus; non adoptivus, sed proprius, quia numquam fuit propter hominem quem adsumpsit a Patre alienus.

Solus enim sine peccato natus est homo, quoniam solus est incarnatus de Spiritu Sancto et immaculata Virgine novus homo. Consubstantialis Deo Patri in sua, id est divina; consubstantialis etiam matri, sine sorde peccati, in nostra, id est humana natura. Et ideo in utraque natura proprium eum et non adoptivum Dei Filium confitemur, quia inconfusibiliter et inseparabiliter adsumpto homine unus idemque est Dei et hominis Filius. Naturaliter Patri secundum divinitatem, naturaliter matri secundum humanitatem; proprius tamen Patri in utroque ...

Menschensohn, in beiden Naturen, nämlich der göttlichen und der menschlichen, wahrer Gott und wahrer Mensch; ⟨er ist⟩ nicht scheinbarer Sohn Gottes, sondern wahrer, nicht adoptierter, sondern eigener, weil er niemals wegen des Menschen, den er angenommen hat, dem Vater fremd war.

Er allein nämlich wurde als Mensch ohne Sünde geboren, weil er allein als neuer Mensch vom Heiligen Geist und der unbefleckten Jungfrau Fleisch wurde. ⟨Er ist⟩ wesensgleich Gott, dem Vater, in seiner, d. h. der göttlichen, wesensgleich auch der Mutter, ohne den Schmutz der Sünde, in unserer, d. h. der menschlichen Natur. Und deshalb bekennen wir ihn in beiden Naturen als eigentlichen und nicht als Adoptivsohn Gottes, weil ein und derselbe nach der Annahme des Menschen unvermischbar und untrennbar Gottes- und Menschensohn ist. ⟨Er ist⟩ natürlicher ⟨Sohn⟩ dem Vater der Gottheit nach, natürlicher ⟨Sohn⟩ der Mutter der Menschheit nach, jedoch eigentlicher ⟨Sohn⟩ dem Vater in beidem ...

STEPHAN IV. (V.): 22. Juni 816 – 24. Jan. 817
PASCHALIS I.: 25. Jan. 817 – 11. Febr. 824
EUGEN II.: Febr./Mai 824 – Aug. 827
VALENTIN: Aug. – Sept. 827
GREGOR IV.: Sept.(?) 827 – Jan. 844
SERGIUS II.: Jan. 844 – 27. Jan. 847

## LEO IV.: 10. April 847 – 17. Juli 855

**620: Synode von PAVIA, i. J. 850**

*Ausg.:* W. Hartmann: MGH Leges IV, = Concilia 3 (1984) 223₁₅₋₂₉ / MaC 14,932E–933B / HaC 5,27A-C.

### Das Sakrament der Krankensalbung

620   (8) Illud quoque salutare sacramentum, quod commendat Iacobus Apostolus dicens: "Infirmatur quis in vobis? ... remittetur ei" [*Iac 5,14s*], solerti praedicatione populis innotescendum est: magnum sane ac valde appetendum mysterium, per quod, si fideliter poscitur, et peccata remittuntur, et consequenter corporalis salus restituitur. ... Hoc tamen sciendum, quia, si is, qui infirmatur, publicae paenitentiae mancipatus est, non potest huius mysterii consequi medicinam, nisi

(8) Auch jenes heilsame Sakrament, das der Apostel Jakobus empfiehlt, indem er sagt: "Ist einer unter euch krank? ... wird ihm vergeben werden" [*Jak 5,14f*], ist den Völkern durch geschickte Predigt bekanntzumachen: ⟨es ist⟩ nämlich ein großes und sehr erstrebenswertes Geheimnis, durch das, wenn es gläubig erbeten wird, sowohl die Sünden vergeben werden als auch in der Folge die leibliche Gesundheit wiederhergestellt wird. ... Man muß aber wissen, daß ein Kranker,

prius reconciliatione percepta communionem corporis et sanguinis Christi meruerit. Cui enim reliqua sacramenta interdicta sunt, hoc uno nulla ratione uti conceditur.

der der öffentlichen Buße überantwortet ist, die Arznei dieses Geheimnisses nicht erhalten kann, wenn er nicht zuvor nach erlangter Wiederversöhnung die Kommunion des Leibes und Blutes Christi empfangen hat. Wem nämlich die übrigen Sakramente untersagt sind, dem wird in keiner Weise erlaubt, dieses eine in Anspruch zu nehmen.

## 621-624: Synode von QUIERCY, Mai 853

Die Synode wurde unter Vorsitz des Erzbischofs Hinkmar von Reims in Quiercy (Oise) abgehalten. Sie richtet sich gegen die Lehre des Mönches Gottschalk von Orbais von der doppelten Vorherbestimmung. Gottschalk war schon 848 von einer Synode zu Mainz und 849 in Quiercy verurteilt worden.

*Ausg.:* W. Hartmann, a. *620° a.O. 297$_{7-32}$ / MaC 14,920D-921C / HaC 5,18C-19B / PL 125,63C-64A; des weiteren werden einzelne Kapitel angeführt und erklärt in Hinkmars *De praedestinatione Dei et libero arbitrio posterior dissertatio*: PL 125,129D-130A ( = Kap. 1) 183C ( = Kap. 2) 211C ( = Kap. 3) 282B ( = Kap. 4). – *Reg.:* NArch 26/III (1901) 619.

### *Der freie Wille des Menschen und die Vorherbestimmung*

Cap. 1. Deus omnipotens hominem sine peccato rectum cum libero arbitrio condidit, et in paradiso posuit, quem in sanctitate iustitiae permanere voluit. Homo libero arbitrio male utens peccavit et cecidit, et factus est 'massa perditionis'[1] totius humani generis. Deus autem bonus et iustus elegit ex eadem massa perditionis secundum praescientiam suam quos per gratiam praedestinavit [*Rm 8,29s; Eph 1,11*] ad vitam, et vitam illis praedestinavit aeternam: ceteros autem, quos iustitiae iudicio in massa perditionis reliquit, perituros praescivit, sed non ut perirent praedestinavit; poenam autem illis, quia iustus est, praedestinavit aeternam. Ac per hoc unam Dei praedestinationem tantummodo dicimus, quae aut ad donum pertinet gratiae aut ad retributionem iustitiae.

Kap. 1. Der allmächtige Gott schuf den 621 Menschen ohne Sünde rechtschaffen mit freiem Willen und stellte ihn ins Paradies; er wollte, daß er in der Heiligkeit der Gerechtigkeit verbleibe. Der Mensch aber, der den freien Willen schlecht gebrauchte, sündigte und fiel, und er wurde zur 'Masse des Verderbens'[1] des ganzen Menschengeschlechts. Der gute und gerechte Gott aber erwählte aus ebendieser Masse des Verderbens gemäß seinem Vorherwissen die, welche er aus Gnade zum Leben vorherbestimmte [*Röm 8,29f; Eph 1,11*], und bestimmte für sie das ewige Leben vorher; von den übrigen aber, die er nach dem Ratschluß seiner Gerechtigkeit in der Masse des Verderbens zurückließ, wußte er im voraus, daß sie zugrunde gehen würden, aber er bestimmte nicht vorher, daß sie zugrunde gehen sollten: er bestimmte diesen aber, weil er gerecht ist, die ewige Strafe vorher. Und deshalb reden wir lediglich von e i n e r Vorherbestimmung Gottes, die sich entweder auf das Geschenk der Gnade erstreckt oder auf die Vergeltung in Gerechtigkeit.

Cap. 2. Libertatem arbitrii in primo homine perdidimus, quam per Christum Dominum nostrum recepimus: et habemus liberum arbitrium ad bonum, praeventum et adiutum gratia, et habemus liberum arbitrium ad malum, desertum gratia. Liberum

Kap. 2. Die Freiheit des Willens haben wir 622 im ersten Menschen verloren und sie durch unseren Herrn Jesus Christus wieder empfangen; einerseits haben wir den freien Willen zum Guten, dem die Gnade vorausgeht und hilft, andererseits haben wir den freien

---

*621    [1]    Vgl. Augustinus, Brief 190, Kap. 3, Nr. 9 (CSEL 57,144 / PL 33,859f); *De dono perseverantiae* 14, n. 35 (PL 45,1014).

autem habemus arbitrium, quia gratia liberatum et gratia de corrupto sanatum.

Willen zum Bösen, der von der Gnade verlassen ist. Wir haben aber den freien Willen, weil er durch die Gnade von der Verderbnis geheilt ⟨wurde⟩.

623    Cap. 3. Deus omnipotens "omnes homines" sine exceptione "vult salvos fieri" [1 Tim 2,4], licet non omnes salventur. Quod autem quidam salvantur, salvantis est donum: quod autem quidam pereunt, pereuntium est meritum.

Kap. 3. Der allmächtige Gott "will, daß alle Menschen" ohne Ausnahme "gerettet werden" [1 Tim 2,4]; gleichwohl werden nicht alle gerettet. Daß aber manche gerettet werden, ist das Geschenk dessen, der rettet; daß aber manche zugrunde gehen, ist die Schuld derer, die zugrunde gehen.

624    Cap. 4. Christus Iesus Dominus noster, sicut nullus homo est, fuit vel erit, cuius natura in illo assumpta non fuerit, ita nullus est, fuit vel erit homo, pro quo passus non fuerit; licet non omnes passionis eius mysterio redimantur. Quod vero omnes passionis eius mysterio non redimuntur, non respicit ad magnitudinem et pretii copiositatem, sed ad infidelium et ad non credentium ea fide, "quae per dilectionem operatur" [Gal 5,6], respicit partem; quia poculum humanae salutis, quod confectum est infirmitate nostra et virtute divina, habet quidem in se, ut omnibus prosit: sed si non bibitur, non medetur.

Kap. 4. So wie es keinen Menschen gibt, gegeben hat oder geben wird, dessen Natur nicht in unserem Herrn Jesus Christus angenommen war, so gibt es keinen Menschen, hat es keinen gegeben und wird es keinen geben, für den er nicht gelitten hat; gleichwohl werden nicht alle durch das Geheimnis seines Leidens erlöst. Daß aber nicht alle durch das Geheimnis seines Leidens erlöst werden, bezieht sich nicht auf die Größe und Fülle des Lösegeldes, sondern bezieht sich auf den Anteil der Ungläubigen und derer, die nicht mit dem Glauben glauben, "der durch die Liebe wirkt" [Gal 5,6]; denn der Kelch des menschlichen Heiles, der durch unsere Schwachheit und die göttliche Kraft bereitet wurde, hat es zwar in sich, daß er allen nützt; wenn er aber nicht getrunken wird, heilt er nicht.

### 625-633: Synode von VALENCE, 8. Jan. 855

Anlaß zu dieser Synode gaben Streitigkeiten über die Lehre von der Vorherbestimmung. Die Vorherbestimmung einzig zum glückseligen Leben verteidigten die Synodalen der Synode von Quiercy unter Führung Hinkmars (*621-624). Die doppelte Vorherbestimmung im Sinne eines strengen Augustinismus verfochten unter anderen Florus von Lyon (vgl. PL 119,101f), Prudentius von Troyes und Bischof Remigius von Lyon. Prudentius von Troyes verwarf zwar die irrige Auffassung des Johannes Scotus Eriugena (vgl. sein 851 geschriebenes Werk De praedestinatione), setzte aber den Kapiteln der Synode von Quiercy "Gegenkapitel" entgegen. Bischof Remigius von Lyon hatte den Vorsitz auf der Synode von Valence inne, die in ähnlicher Weise die Synode von Quiercy bekämpfte. Nachdem man die Differenzen hinsichtlich der Terminologie beigelegt hatte und der Irrtum der Gegner Hinkmars in bezug auf dessen Auffassung beseitigt war, strichen die Teilnehmer an der Synode von Valence auf der Synode von Langres 859 aus dem Kan. 4 von Valence jene [*631 in eckigen Klammern eingeschlossenen] Worte, die gegen die Synode von Quiercy gerichtet waren. Danach versöhnten sich die beiden Parteien 860 auf der Synode von Toul und nahmen den Synodalbrief Hinkmars und die Kapitel sowohl von Quiercy als auch von Valence an.
    Ausg.: W. Hartmann, a. *620° a.O. 352₁₆-356₂₆ / MaC 15,3B-7A / HaC 5,89A-91C. – Reg.: NArch 26/III (1901) 621.

### Die Vorherbestimmung

625    Can. 1. ... Novitates vocum et praesumptivas garrulitates, unde potius inter fratres contentionum et scandalorum fomes excitari potest, quam aedificatio ulla timoris Dei

Kan. 1. ... Neuerungen in den Ausdrücken und vorlaute Geschwätzigkeiten, aus denen eher der Zunder von Streitereien und Ärgernissen unter Brüdern entfacht werden als ir-

succrescere, cum studio omni devitamus. Indubitanter autem doctoribus pie et recte tractantibus verbum veritatis, ipsisque sacrae Scripturae lucidissimis expositoribus, id est Cypriano, Hilario, Ambrosio, Hieronymo, Augustino, ceterisque in catholica pietate quiescentibus, reverenter auditum et obtemperanter intellectum submittimus, et pro viribus, quae ad salutem nostram scripserunt, amplectimur. Nam de praescientia Dei, et de praedestinatione, et de quaestionibus aliis, in quibus fratrum animi non parum scandalizati probantur, illud tantum firmissime tenendum esse credimus, quod ex maternis Ecclesiae visceribus nos hausisse gaudemus.

Can. 2. "Deum praescire et praescisse aeternaliter et bona, quae boni erant facturi, et mala, quae mali sunt gesturi"[1], quia vocem Scripturae dicentis habemus: "Deus aeterne, qui absconditorum es cognitor, qui nosti omnia antequam fiant" [*Dn 13,42*], fideliter tenemus; et placet tenere, "bonos praescisse omnino per gratiam suam bonos futuros, et per eandem gratiam aeterna praemia accepturos: malos praescisse per propriam malitiam malos futuros, et per suam iustitiam aeterna ultione damnandos"[2]: ut secundum Psalmistam: "Quia potestas Dei est, et Domini misericordia, ut reddat unicuique secundum opera sua" [*Ps 61,12s*], et sicut apostolica doctrina se habet: "His quidem, qui secundum patientiam boni operis gloriam et honorem et incorruptionem quaerunt, vitam aeternam: his autem, qui ex contentione, et qui non acquiescunt veritati, credunt autem iniquitati, ira et indignatio, tribulatio et angustia in omnem animam hominis operantis malum" [*Rm 2,7–10*].

gendeine Erbauung in der Furcht Gottes erwachsen kann, meiden wir mit ganzem Eifer. Zweifellos aber unterwerfen wir den Lehrern, die das Wort der Wahrheit fromm und recht behandeln, und den besonders lichtvollen Erklärern der heiligen Schrift, das heißt, Cyprian, Hilarius, Ambrosius, Hieronymus, Augustinus und den anderen in katholischer Frömmigkeit Ruhenden ehrfürchtig das Gehör und gehorsam den Verstand und nehmen nach Kräften an, was sie zu unserem Heile geschrieben haben. Denn was das Vorherwissen Gottes, die Vorherbestimmung und die anderen Fragen betrifft, bei denen die Herzen der Brüder offenbar nicht wenig Anstoß genommen haben, so glauben wir, daß nur das unumstößlich festzuhalten ist, was wir zu unserer Freude aus dem mütterlichen Schoß der Kirche geschöpft haben.

Kan. 2. Wir halten gläubig fest, daß "Gott 626 im voraus weiß und von Ewigkeit vorhergewußt hat sowohl das Gute, das die Guten tun werden, als auch das Böse, das die Bösen tun werden"[1], da wir das Wort der Schrift haben, die sagt: "Ewiger Gott, der du das Verborgene kennst, der du alles weißt, noch bevor es geschieht" [*Dan 13,42*]; wir finden es auch richtig, festzuhalten, "daß er ganz und gar vorhergewußt hat, daß die Guten durch seine Gnade gut sein werden und durch dieselbe Gnade ewige Belohnungen empfangen werden; und daß er vorhergewußt hat, daß die Bösen durch ihre eigene Bosheit böse sein werden und durch seine Gerechtigkeit mit ewiger Vergeltung zu bestrafen sind"[2]; wie nach dem Psalmisten: "Weil Gott die Macht hat und der Herr die Barmherzigkeit, einem jeden nach seinen Werken zu vergelten" [*Ps 62,12f*], und wie sich die apostolische Lehre verhält: "⟨Und⟩ zwar denen, die in der Beharrlichkeit des guten Werkes nach Ruhm, Ehre und Unvergänglichkeit streben, mit dem ewigen Leben; denen aber, die sich widersetzen und der Wahrheit nicht gehorchen, sondern auf die Ungerechtigkeit vertrauen, Zorn und Ungnade, Trübsal und Bedrängnis über jede menschliche Seele, die Böses tut" [*Röm 2,7–10*].

---

*626  [1]  Florus von Lyon, *Sermo de praedestinatione* (PL 119,96D–97A).
     [2]  Ebd. (97B).

In eodem sensu idem alibi: "In revelatione", inquit, "Domini nostri Iesu Christi de caelo cum angelis virtutis eius, in igne flammae dantis vindictam his, qui non noverunt Deum, et qui non oboediunt evangelio Domini nostri Iesu Christi, qui poenas dabunt in interitu aeternas, ... cum venerit glorificari in Sanctis suis et admirabilis fieri in omnibus, qui crediderunt" [2 Th 1,7-10].

In demselben Sinne sagt derselbe an anderer Stelle: "In der Offenbarung unseres Herrn Jesus Christus vom Himmel her mit den Engeln seiner Macht, der in Feuerflammen Vergeltung übt an denen, die Gott nicht kennen und die dem Evangelium unseres Herrn Jesus Christus nicht gehorchen; sie werden ewige Strafen im Verderben verbüßen, ... wenn er kommt, in seinen Heiligen verherrlicht zu werden und in allen bewundert zu werden, die geglaubt haben" [2 Thess 1,7-10].

627    Nec prorsus ulli malo praescientiam Dei imposuisse necessitatem, ut aliud esse non posset, sed quod ille futurus erat ex propria voluntate, sicuti Deus, qui novit omnia antequam fiant, praescivit ex sua omnipotenti et incommutabili maiestate. "Nec ex praeiudicio eius aliquem, sed ex merito propriae iniquitatis credimus condemnari"[1]. "Nec ipsos malos ideo perire, quia boni esse non potuerunt; sed quia boni esse noluerunt, suoque vitio in massa damnationis vel merito originali vel etiam actuali permanserunt"[2].

Des weiteren hat das Vorherwissen Gottes auch keinem Bösen Notwendigkeit auferlegt, so daß er nicht anders sein konnte, sondern er wußte als Gott, der alles weiß, noch bevor es geschieht, aufgrund seiner allmächtigen und unveränderlichen Erhabenheit im voraus, was jener aus eigenem Willen sein werde. "Wir glauben auch nicht, daß jemand aufgrund seiner ⟨= Gottes⟩ Vorverurteilung verurteilt wird, sondern aufgrund seiner eigenen Ungerechtigkeit"[1]. "Diese Bösen gehen auch nicht deshalb zugrunde, weil sie nicht hätten gut sein können, sondern weil sie nicht gut sein wollten und durch ihr Laster in der Masse der Verdammnis entweder durch ursprüngliches oder auch tathaftes Verschulden verblieben"[2].

628    Can. 3. Sed et de praedestinatione Dei placuit, et fideliter placet, iuxta auctoritatem apostolicam, quae dicit: "An non habet potestatem figulus luti ex eadem massa facere aliud vas in honorem, aliud vero in contumeliam?" [Rm 9,21] ubi et statim subiungit: "Quod si volens Deus ostendere iram et notam facere potentiam suam, sustinuit in multa patientia vasa irae aptata sive praeparata in interitum, ut ostenderet divitias gratiae suae in vasa misericordiae, quae praeparavit in gloriam" [Rm 9,22s]: fidenter fatemur praedestinationem electorum ad vitam, et praedestinationem impiorum ad mortem: in electione tamen salvandorum misericordiam Dei praecedere meritum bonum: in damnatione autem periturorum meritum malum praecedere iustum Dei iudicium. "Praedestinatione autem Deum ea tantum statuisse, quae ipse vel gratuita misericordia vel iusto iudicio fac-

Kan. 3. Aber auch was die Vorherbestimmung Gottes betrifft, haben wir einen Beschluß gefaßt und halten ihn gläubig fest, gemäß der apostolischen Autorität, die sagt: "Hat etwa der Töpfer keine Macht über den Ton, aus derselben Masse das eine Gefäß zur Ehre zu machen, das andere aber zur Schande?" [Röm 9,21], wo er auch gleich anfügt: "Wenn aber Gott, der seinen Zorn zeigen und seine Macht kundtun wollte, in großer Geduld die zum Untergang gestimmten bzw. im voraus bereiteten Gefäße des Zorns ertrug, um den Reichtum seiner Gnade gegenüber den Gefäßen der Barmherzigkeit zu zeigen, die er im voraus zur Herrlichkeit bereitete" [Röm 9,22f]: so bekennen wir gläubig die Vorherbestimmung der Erwählten zum Leben und die Voherbestimmung der Gottlosen zum Tode; bei der Erwählung derer, die gerettet werden sollen, geht jedoch die Barm-

---

*627   [1]   Vgl. ebd. (99B).
       [2]   Ebd. (100A).

turus erat"[1] secundum Scripturam dicentem: "Qui fecit, quae futura sunt" [*Is 45,11: Septg.*]: in malis vero ipsorum malitiam praescivisse, quia ex ipsis est, non praedestinasse, quia ex illo non est.

Poenam sane malum meritum eorum sequentem, uti Deum, qui omnia prospicit, praescivisse et praedestinasse, quia iustus est, apud quem est, ut sanctus Augustinus[1] ait, de omnibus omnino rebus tam fixa sententia quam certa praescientia. Ad hoc siquidem facit Sapientis dictum: "Parata sunt derisoribus iudicia, et mallei percutientes stultorum corporibus" [*Prv 19,29*].

De hac immobilitate praescientiae et praedestinationis Dei, per quam apud eum futura iam facta sunt, etiam apud Ecclesiasten bene intelligitur dictum: "Cognovi, quod omnia opera, quae fecit Deus, perseverent in perpetuum. Non possumus his addere nec auferre, quae fecit Deus, ut timeatur" [*Ecl 3,14*]. "Verum aliquos ad malum praedestinatos esse divina potestate", videlicet ut quasi aliud esse non possint, "non solum non credimus, sed etiam si sunt, qui tantum mali credere velint, cum omni detestatione", sicut Arausica Synodus, "illis anathema dicimus" [*\*397*].

Can. 4. Item de re d e m p t i o n e sanguinis Christi, propter nimium errorem, qui de hac causa exortus est, ita ut quidam, sicut eorum scripta indicant, etiam pro illis impiis, qui a mundi exordio usque ad passionem Domini in sua impietate mortui aeterna damnatione puniti sunt, effusum eum definiant, contra illud propheticum: "Ero mors tua, o mors, morsus tuus ero, inferne" [*Os 13,14*]: illud

herzigkeit Gottes dem Verdienst voraus; bei der Verurteilung derer aber, die zugrunde gehen werden, geht die Schuld dem gerechten Urteil Gottes voraus. "Gott hat aber durch Vorherbestimmung nur das festgelegt, was er selbst entweder durch seine gnädige Barmherzigkeit oder durch sein gerechtes Urteil tun wollte"[1], gemäß der Schrift, die sagt: "Er hat getan, was sein wird" [*Jes 45,11: Septg.*]; bei den Bösen aber hat er ihre Bosheit vorhergewußt, weil sie aus ihnen selbst stammt, nicht vorherbestimmt, weil sie nicht aus ihm stammt.

**629** Die Strafe freilich, die ihrer Schuld folgt, hat er als Gott, der alles vorhersieht, vorhergewußt und vorherbestimmt, weil er gerecht ist; bei ihm ist, wie der heilige Augustinus[1] sagt, von schlechthin allen Dingen sowohl ein festgesetzter Urteilsspruch als auch ein sicheres Vorherwissen. Dazu paßt ja der Spruch des Weisen: "Bereitet sind den Spöttern die Urteile, und zerschmetternde Hämmer den Leibern der Toren" [*Spr 19,29*].

Von dieser Unveränderlichkeit des Vorherwissens und der Vorherbestimmung Gottes, durch die bei ihm das Künftige schon geschehen ist, wird auch der Spruch beim Prediger gut verstanden: "Ich habe erkannt, daß alle Werke, die Gott getan hat, auf ewig fortdauern. Wir können dem nicht hinzufügen und von dem nichts wegnehmen, was Gott getan hat, damit man ihn fürchte" [*Koh 3,14*]. "Daß aber irgendwelche durch göttliche Macht zum Bösen vorherbestimmt seien", nämlich so, daß sie gleichsam nicht anders sein können, "das glauben wir nicht nur nicht, sondern, wenn es welche gibt, die so Übles glauben wollen, so sagen wir diesen auch" – wie die Synode von Orange – "mit ganzem Abscheu: Anathema!" [*\*397*].

**630** Kan. 4. Desgleichen was die E r l ö s u n g durch das Blut Christi betrifft: Aufgrund des überaus großen Irrtums, der wegen dieser Sache entstanden ist, so daß manche, wie ihre Schriften belegen, entgegen jenem Prophetenwort: "Ich werde dein Tod sein, o Tod, ich werde dein Verdruß sein, Unterwelt" [*Hos 13,14*], behaupten, es sei auch für jene Gottlosen vergossen worden, die vom Anfang der

---

**\*628**   [1]   Vgl. ebd. (99D).
**\*629**   [1]   Vgl. Augustinus, *De praedestinatione sanctorum* 17,34 (PL 44,986).

nobis simpliciter et fideliter tenendum ac docendum placet iuxta evangelicam et apostolicam veritatem, quod pro illis hoc datum pretium teneamus, de quibus ipse Dominus noster dicit: "Sicut Moyses exaltavit serpentem in deserto, ita exaltari oportet Filium hominis, ut omnis, qui credit in ipso, non pereat, sed habeat vitam aeternam. Sic enim Deus dilexit mundum, ut Filium suum unigenitum daret: ut omnis, qui credit in eum, non pereat, sed habeat vitam aeternam" [*Io 3,14-16*], et Apostolus: "Christus", inquit, "semel oblatus est ad multorum exhaurienda peccata" [*Hbr 9,28*].

Welt an bis zum Leiden des Herrn in ihrer Gottlosigkeit gestorben und mit der ewigen Verdammnis bestraft wurden, ⟨wegen dieses Irrtums also⟩ ist unser Beschluß, daß man gemäß der evangelischen und apostolischen Wahrheit jenes aufrichtig und gläubig festhalten und lehren muß, daß wir dieses Lösegeld als nur für jene hingegeben festhalten sollen, von denen unser Herr selbst sagt: "So wie Moses die Schlange in der Wüste erhöht hat, so muß der Menschensohn erhöht werden, damit jeder, der an ihn glaubt, nicht zugrunde gehe, sondern das ewige Leben habe. So sehr hat Gott nämlich die Welt geliebt, daß er seinen einziggeborenen Sohn dahingab, damit jeder, der an ihn glaubt, nicht zugrunde gehe, sondern das ewige Leben habe" [*Joh 3,14-16*]; und der Apostel sagt: "Christus wurde ein für allemal geopfert, um die Sünden vieler hinwegzunehmen" [*Hebr 9,28*].

**631**     Porro capitula [- quattuor, quae a concilio fratrum nostrorum minus prospecte suscepta sunt, propter inutilitatem vel etiam noxietatem, et errorem contrarium veritati: sed et alia -] XIX syllogismis ineptissime conclusa et, licet iactetur, nulla saeculari litteratura nitentia, in quibus commentum diaboli potius quam argumentum aliquod fidei deprehenditur, a pio auditu fidelium penitus explodimus, et ut talia et similia caveantur per omnia, auctoritate Spiritus Sancti interdicimus: novarum etiam rerum introductores, ne districtius feriantur, castigandos esse censemus.

Auch die [- vier Kapitel, die von der Synode unserer Brüder ziemlich unvorsichtig angenommen wurden, wegen ihrer Nutzlosigkeit bzw. sogar Schädlichkeit und des der Wahrheit entgegengesetzten Irrtums; aber auch die anderen -] 19 Kapitel, die durch Schlußfolgerungen völlig unangemessen erschlossen wurden und - mag er sich ⟨dessen⟩ auch brüsten - auf keinerlei weltlicher Sprachwissenschaft beruhen, in denen man eher auf die Erdichtung des Teufels als auf irgendeinen Beweis des Glaubens stößt, entfernen wir gänzlich vom frommen Gehör der Gläubigen und verbieten sie mit der Autorität des Heiligen Geistes, damit sie ⟨ = die Gläubigen⟩ in allem vor solchem und ähnlichem behütet werden; wir sind auch der Meinung, daß diejenigen, die Neuerungen einführen, zu züchtigen sind, damit sie nicht noch strenger bestraft werden.

**632**     Can. 5. Item firmissime tenendum credimus, quod omnis multitudo fidelium "ex aqua et Spiritu Sancto" [*Io 3,5*] regenerata, ac per hoc veraciter Ecclesiae incorporata, et iuxta doctrinam apostolicam in morte Christi baptizata [*Rm 6,3*], in eius sanguine sit a peccatis suis abluta: quia nec in eis potuit esse vera regeneratio, nisi fieret et vera redemptio: cum in Ecclesiae sacramentis nihil sit cassum, nihil ludificatorium, sed prorsus totum verum, et ipsa sui veritate ac sinceri-

Kan. 5. Desgleichen glauben wir, daß man unumstößlich festhalten muß, daß die ganze Menge der Gläubigen, die "aus Wasser und Heiligem Geist" [*Joh 3,5*] wiedergeboren, dadurch wahrhaft der Kirche einverleibt und nach der apostolischen Lehre auf den Tod Christi getauft wurde [*Röm 6,3*], in seinem Blut von ihren Sünden abgewaschen wurde; denn es hätte in ihnen keine wahre Wiedergeburt stattfinden können, wenn nicht auch eine wahre Erlösung geschehen wäre; in den

tate subnixum.

Ex ipsa tamen multitudine fidelium et redemptorum alios salvari aeterna salute, quia per gratiam Dei in redemptione sua fideliter permanent, ipsius Domini sui vocem in corde ferentes: "Qui ... perseveraverit usque in finem, hic salvus erit" [*Mt 10,22 et 24,13*]: alios, quia noluerunt permanere in salute fidei, quam initio acceperunt, redemptionisque gratiam potius irritam facere prava doctrina vel vita, quam servare elegerunt, ad plenitudinem salutis et ad perceptionem aeternae beatitudinis nullo modo pervenire. [*Provocatur ad Rm 6,3; Gal 3,27; Hbr 10,22s 26 28s.*]

Can. 6. Item de g r a t i a, per quam salvantur credentes, et sine qua rationalis creatura numquam beate vixit, et de l i b e r o a r b i t r i o per peccatum in primo homine infirmato, sed per gratiam Domini Iesu fidelibus eius redintegrato et sanato, idipsum constantissimi et fide plena fatemur, quod sanctissimi Patres auctoritate sacrarum Scripturarum nobis tenendum reliquerunt, quod Africana [*\*222*], quod Arausica [*\*370-397*] Synodus professa est, quod beatissimi Pontifices Apostolicae Sedis [*\*238-249*] catholica fide tenuerunt: sed et de n a t u r a e t g r a t i a, in aliam partem nullo modo declinare praesumentes.

Ineptas autem quaestiunculas, et aniles pene fabulas [*1 Tim 4,7*], Scotorumque pultes puritati fidei nauseam inferentes, quae periculosissimis et gravissimis temporibus, ad cumulum laborum nostrorum, usque ad scissionem caritatis miserabiliter et lacrimabiliter succreverunt, ne mentes christianae inde corrumpantur et excidant a simplicitate et castitate fidei, quae est in Christo [*2 Cor 11,3*] Iesu, penitus respuimus, et ut fraterna caritas cavendo a talibus auditum castiget, Domini Christi amore monemus.

Sakramenten der Kirche gibt es nämlich nichts Unnützes, nichts Täuschendes, sondern alles ist völlig wahr und auf seine Wahrheit und Aufrichtigkeit selbst gestützt.

Aus dieser Menge der Gläubigen und Erlösten werden jedoch die einen mit ewigem Heil gerettet, weil sie durch die Gnade Gottes in seiner Erlösung gläubig verbleiben und das Wort ihres Herrn selbst im Herzen tragen: "Wer ... bis ans Ende ausgeharrt hat, der wird gerettet werden" [*Mt 10,22 und 24,13*]; die anderen, die nicht im Heil des Glaubens verbleiben wollten, das sie anfangs empfangen haben, und es vorzogen, die Gnade der Erlösung lieber durch eine verkehrte Lehre oder ein verkehrtes Leben unwirksam zu machen als zu bewahren, gelangen auf keine Weise zur Fülle des Heiles und zum Empfang der ewigen Glückseligkeit. [*Als Belege werden angeführt Röm 6,3; Gal 3,27; Hebr 10,22f 26 28f.*]

Kan. 6. Auch in bezug auf die G n a d e, **633** durch die die Gläubigen gerettet werden und ohne die die vernunftbegabte Schöpfung niemals glückselig gelebt hat, und in bezug auf den f r e i e n W i l l e n, der durch die Sünde im ersten Menschen geschwächt wurde, aber durch die Gnade des Herrn Jesus seinen Gläubigen wiederhergestellt und geheilt wurde, bekennen wir aufs standhafteste und voller Glauben ebendies, was uns die heiligsten Väter mit der Autorität der heiligen Schriften zur Bewahrung hinterließen, was die afrikanische Synode [*\*222*] und was die Synode von Orange [*\*370-397*] verkündete und was die seligsten Bischöfe des Apostolischen Stuhles [*\*238-249*] mit katholischem Glauben festhielten; aber auch in bezug auf die N a t u r u n d G n a d e wagen wir es keineswegs, in eine andere Richtung abzuweichen.

Die albernen Spitzfindigkeiten aber und Altweibergeschichten [*1 Tim 4,7*], sowie den Brei der Anhänger des Skotus, der der Reinheit des Glaubens Übelkeit bereitet, was in äußerst gefährlichen und schwierigen Zeiten, um unsere Mühsale noch zu steigern, beklagens- und bejammernswerterweise bis zur Spaltung der Liebe angewachsen ist, verwerfen wir völlig, damit die christlichen Gemüter nicht von dort her verdorben werden und von der Lauterkeit und Reinheit des Glaubens, die in Christus Jesus ist [*2 Kor 11,3*],

abweichen; und wir mahnen in der Liebe des Herrn Christus, daß die brüderliche Liebe, indem sie sich vor solchem hütet, ihr Gehör zügelt.

## BENEDIKT III.: Juli 855 – 17. April 858

## NIKOLAUS I.: 24. April 858 – 13. Nov. 867

### 635-637: Synode von ROM, 862

Die angeführten Artikel werden auch der Synode von Rom des Jahres 863 zugeschrieben, jedoch wohl irrtümlicherweise. Die beiden ersten Artikel sind auch getrennt für sich überliefert als Einschub im Brief Nikolaus' I. "*Quae apud Constantinopolitanam urbem*" an die Bischöfe Asiens und Libyens vom 13. Nov. 866 (so MGH) und in seinem Brief "*His ita se habentibus*" an Kaiser Michael aus dem Jahre 863 (so die älteren Ausgaben).

*Ausg.* [*Kap. 1-2, and. 7-8*]: E. Perels: MGH Epistulae VI (1925) $560_{34}$-$561_5$ ( = Brief 98) / MaC 15,182E-183A; 611A-612A; 658E-659A / HaC 5,140E-141A / PL 119,795AB; 855BC. – [*Kap. 9, and. 4*]: MaC 15,659B / PL 119,795B. – *Reg.:* NArch 26/III (1901) 630; JR nach 2692.

### Die Irrlehre der Theopaschiten

**635**    Cap. 1 (7). Veraciter quidem credendum est et omnimodis profitendum, quia Dominus noster Iesus Christus Deus et Dei Filius passionem crucis tantummodo secundum carnem sustinuit, deitate autem impassibilis mansit, ut apostolica docet auctoritas et sanctorum Patrum luculentissime doctrina ostendit.

Kap. 1 (7). Man muß freilich wahrhaftig glauben und in jeder Hinsicht bekennen, daß unser Herr und Gott und Sohn Gottes Jesus Christus das Leiden des Kreuzes nur dem Fleische nach erduldete, in der Gottheit aber leidensunfähig blieb, wie die apostolische Autorität lehrt und die Lehre der heiligen Väter vortrefflich zeigt.

**636**    Cap. 2 (8). Hi autem, qui aiunt, quia Redemptor noster et Dominus Iesus Christus et Dei Filius passionem crucis secundum deitatem sustinuit, quod impium est et catholicis mentibus exsecrabile, anathema sint.

Kap. 2 (8). Die aber, welche behaupten, daß unser Erlöser und Herr und Sohn Gottes Jesus Christus das Leiden des Kreuzes seiner Gottheit nach erduldete, seien, da es gottlos ist und für katholisches Verständnis verabscheuungswürdig, mit dem Anathema belegt.

### Die Wirkung der Taufe

**637**    Cap. 9 (4). Omnibus enim, qui dicunt, quod hi, qui sacrosancti fonte baptismatis credentes in Patrem et Filium Sanctumque Spiritum renascuntur, non aequaliter originali abluantur delicto, anathema sit.

Kap. 9 (4). Alle nämlich, die sagen, daß jene nicht gleichzeitig von der Urschuld reingewaschen würden, die an den Vater und den Sohn und den Heiligen Geist glaubend durch das Wasser der hochheiligen Taufe wiedergeboren werden, seien mit dem Anathema belegt.

### 638-642: Brief "Proposueramus quidem" an Kaiser Michael, 28. Sept. 865

Geschrieben in der Sache des schismatischen Photius.

*Ausg.:* E. Perels: MGH Epistulae VI (1925) $465_{15f}$ $466_{22f}$ [ = *638*]; $470_{4-7}$ $471_{12-15}$ [ = *639*]; $474_{33}$-$475_{10}$ [ = *640*]; $480_{25-29}$ $481_{7-14}$ [ = *641*]; $485_{30}$-$486_{15}$ [ = *642*]; ( = Brief 88) / PL 119,938D-960D ( = Brief 86). – *Reg.:* JR 2796 mit Zusätzen.

## Die Unabhängigkeit der Kirche und des Apostolischen Stuhles

... Neque ab Augusto neque ab omni clero neque a regibus neque a populo iudex iudicabitur[1]. ... "Prima Sedes non iudicabitur a quoquam"[2]. ...

Ubinam legistis, imperatores antecessores vestros in synodalibus conventibus interfuisse, nisi forsitan in quibus de fide tractatum est, quae universalis est, quae omnium communis est, quae non solum ad clericos, verum etiam ad laicos et ad omnes omnino pertinet Christianos? ... Quanto magis ad potioris auctoritatis iudicium tenditur querimonia, tanto adhuc amplius maius culmen petendum est, quousque gradatim perveniatur ad eam Sedem, cuius causa aut a se, negotiorum meritis exigentibus, in melius commutatur, aut solius Dei sine quaestione reservatur arbitrio.

Porro si Nos non audieritis, restat, ut sitis apud Nos necessario, quales Dominus noster Iesus Christus hos haberi praecepit, qui Ecclesiam Dei audire contempserint, praesertim cum Ecclesiae Romanae privilegia, Christi ore in beato Petro firmata, in Ecclesia ipsa disposita, antiquitus observata et a sanctis universalibus synodis celebrata atque a cuncta Ecclesia iugiter venerata, nullatenus possint minui, nullatenus infringi, nullatenus commutari, quoniam fundamentum quod Deus posuit, humanus non valet amovere conatus, et quod Deus statuit, firmum validumque consistit. ... Ista igitur privilegia huic sanctae Ecclesiae a Christo donata, a synodis non donata, sed iam solummodo celebrata et venerata, ... Nos cogunt Nosque compellunt, "omnium habere sollicitudinem ecclesiarum" Dei [cf. 2 Cor 11,28]. ...

... Weder vom Kaiser noch vom ganzen **638** Klerus, noch von Königen, noch vom Volk wird der Richter gerichtet werden[1]. ... "Der erste Sitz wird von niemandem gerichtet werden"[2]. ...

Wo habt Ihr denn gelesen, daß Eure vor- **639** hergehenden Kaiser an Synodalzusammenkünften teilgenommen hätten, außer vielleicht, auf denen vom Glauben gehandelt wurde, der allgemein ist, der allen gemeinsam ist, der nicht nur die Kleriker, sondern auch die Laien und überhaupt alle Christen angeht? ... Je mehr sich eine Beschwerde an das Urteil einer höheren Autorität richtet, desto mehr muß man sich an eine noch höhere Instanz wenden, bis man schließlich Schritt für Schritt zu dem Sitz gelangt, dessen Rechtsangelegenheit entweder von ihm selbst, wenn es die Bedeutung der Angelegenheit erfordert, zum Besseren verändert wird oder ohne Verhör allein dem Entscheid Gottes vorbehalten wird.

Ferner: Wenn Ihr nicht auf Uns hört, so **640** ergibt sich, daß Ihr für Uns notwendig ⟨solche⟩ seid, für die nach dem Gebot unseres Herrn Jesus Christus diejenigen erachtet werden sollen, die es verschmähen, auf die Kirche Gottes zu hören, zumal da die Vorrechte der Römischen Kirche, durch den Mund Christi im seligen Petrus bestärkt, in der Kirche selbst angeordnet, von alters her beachtet, von den heiligen allgemeinen Konzilien gerühmt und von der ganzen Kirche beständig verehrt, keinesfalls verringert, keinesfalls beeinträchtigt, keinesfalls verändert werden können; denn das Fundament, das Gott legte, vermag menschliches Unterfangen nicht zu beseitigen, und was Gott aufgestellt hat, steht stark und fest da. ... Jene Vorrechte also, die dieser heiligen Kirche von Christus geschenkt, von den Konzilien ⟨jedoch⟩ nicht geschenkt, sondern lediglich alsbald gerühmt und verehrt wurden ..., zwingen Uns und treiben Uns an, "Sorge für alle

---

**\*638** [1] Dieser Satz wird als Aussage Papst Silvesters I. zitiert; vgl. die unechte Konstitution Papst Silvesters I. bzw. die Kap. 3 und 20 der angeblichen 2. Synode von Rom (PL 8,833D [834D] und 840CD). Sie sind aufgenommen in Gratian, *Decretum*, p. II, cs. 9, q. 3, c. 13 (Frdb 1,610).

[2] Aus den Akten einer angeblichen Synode von Sinuessa (Latinum), die das Werk eines Fälschers um das Jahr 500 sind; vgl. ClPL 1679. Vgl. auch den *Liber pontificalis*: hrsg. von L. Duchesne 1 (Paris 1886) 72 162f und LXXIV-LXXV.

641 Quoniam, cum secundum canones, ubi est maior auctoritas, iudicium inferiorum sit deferendum, ad dissolvendum scilicet vel ad roborandum: patet profecto Sedis Apostolicae, cuius auctoritate maior non est, iudicium a nemine fore retractandum [cf. *232], "neque cuiquam de eius liceat iudicare iudicio. Siquidem ad illam de qualibet mundi parte canones appellari voluerunt; ab illa autem nemo sit appellare permissus"[1]. ...

Ergo de iudicio Romani praesulis non retractando, quia nec mos exigit, quod diximus comprobato, non negamus eiusdem Sedis sententiam posse in melius commutari, cum aut sibi subreptum aliquid fuerit, aut ipsa pro consideratione aetatum vel temporum seu gravium necessitatum dispensatorie quiddam ordinare decreverit, quoniam et egregium Apostolum Paulum quaedam fecisse dispensatorie legimus, quae postea reprobasse dinoscitur; quando tamen illa, Romana videlicet Ecclesia, discretissima consideratione fieri delegerit, non quando ipsa, quae bene sunt diffinita, retractari renuerit. ...

642 Vos autem, quaesumus, nolite praeiudicium Dei Ecclesiae irrogare: illa quippe nullum imperio vestro praeiudicium infert, cum magis pro stabilitate ipsius aeternam divinitatem exoret et pro incolumitate vestra et perpetua salute iugi devotione precetur. Nolite, quae sua sunt, usurpare; nolite, quae ipsi soli commissa sunt, velle surripere, scientes, quia tanto nimirum a sacris debet omnis mundanarum rerum administrator esse remotus, quanto quemlibet ex catalogo clericorum et militantium Deo nullis convenit negotiis saecularibus implicari.

Kirchen" Gottes "zu tragen" [vgl. 2 Kor 11,28]. ...

Denn da nach den Kanones das Urteil niedrigerer ⟨Instanzen dahin⟩ zu überweisen ist, wo eine größere Autorität ist, um ⟨es⟩ nämlich aufzuheben oder zu bekräftigen: so ist es in der Tat offensichtlich, daß das Urteil des Apostolischen Stuhles, über dessen Autorität hinaus es keine größere gibt, von niemandem neu erörtert werden darf [vgl. *232], "und daß es keinem erlaubt ist, über sein Urteil zu urteilen. Denn die Kanones wollten, daß man an ihn aus jedem beliebigen Teil der Welt appelliere; von ihm aber zu appellieren soll niemandem erlaubt sein"[1]. ...

Ist also, was wir über das nicht mehr zu erörternde – denn auch der Brauch erfordert es so – Urteil des Römischen Bischofs gesagt haben, anerkannt, so leugnen Wir nicht, daß die Auffassung ebendieses Sitzes zum Besseren verändert werden kann, da entweder ihm etwas entgangen ist oder er selbst in Anbetracht der Zeiten und Umstände bzw. dringender Erfordernisse etwas ausnahmsweise anzuordnen beschloß – denn auch der treffliche Apostel Paulus hat, wie wir lesen, manches ausnahmsweise getan, was er später bekanntlich verworfen hat –; jedoch ⟨nur dann,⟩ wenn jene, nämlich die Römische Kirche, nach eingehendster Untersuchung Anweisung gegeben hat, daß es geschehe, nicht wenn sie selbst es abgelehnt hat, daß das, was gut definiert ist, neu erörtert werde. ...

Ihr aber, bitten Wir, tut der Kirche Gottes keinen Schaden an: denn sie fügt Eurem Reich ja keinen Schaden zu, da sie vielmehr die ewige Gottheit für seinen Bestand anfleht und für Eure Unversehrtheit und Euer immerwährendes Heil in steter Ergebenheit bittet. Beansprucht nicht, was ihr gehört; wollt nicht, was ihr allein anvertraut ist, an Euch reißen; denn Ihr wißt, daß jeder Verwalter der weltlichen Dinge zweifellos in dem Maße von den heiligen entfernt sein muß, in dem es sich gebührt, daß jeder beliebige aus der Reihe der Kleriker und für Gott Kriegsdienst Leistenden sich in keine weltlichen Angelegenheiten verwickelt.

---

*641 [1] Gelasius I., Brief "Valde mirati" an die Bischöfe Dardaniens (Serbien), 1. Febr. 495, n. 5 (Thl 399).

Denique hi, quibus tantum humanis rebus et non divinis praeesse permissum est, quomodo de his, per quos divina ministrantur, iudicare praesumant, penitus ignoramus. Fuerunt haec ante adventum Christi, ut quidam typice reges simul et sacerdotes exsisterent; quod sanctum Melchisedech fuisse sacra prodit historia [*cf. Gn 14,18*], quodque in membris suis diabolus imitatus, utpote qui semper quae divino cultui conveniunt sibimet tyrannico spiritu vindicare contendit, ut pagani imperatores iidem et "maximi pontifices" dicerentur. Sed cum ad verum ventum est eundem regem atque pontificem, ultra sibi nec imperator iura pontificatus arripuit, nec pontifex nomen imperatorium usurpavit.

Quoniam idem "Mediator Dei et hominum homo Christus Iesus" [*1 Tim 2,5*] sic actibus propriis ei dignitatibus distinctis officia potestatis utriusque discrevit, propria volens medicinali humilitate sursum efferri, non humana superbia rursus in inferna demergi, ut et christiani imperatores pro aeterna vita pontificibus indigerent, et pontifices pro cursu temporalium tantummodo rerum imperialibus legibus uterentur: quatenus spiritalis actio carnalibus distaret incursibus, et ideo militans Deo minime se negotiis saecularibus implicaret [*cf. 2 Tim 2,4*], ac vicissim non ille rebus divinis praesidere videretur, qui esset negotiis saecularibus implicatus: ut et modestia utriusque ordinis curaretur, ne extolleretur utroque suffultus, et competens qualitatibus actionum specialiter professio aptaretur.

Schließlich wissen Wir überhaupt nicht, wie diejenigen, denen nur erlaubt ist, den menschlichen Dingen, und nicht den göttlichen vorzustehen, über jene, durch die das Göttliche verwaltet wird, zu richten wagen. Dies gab es vor der Ankunft Christi, daß manche vorbildlich zugleich Könige und Priester waren; die heilige Geschichte überliefert, daß dies der heilige Melchisedeck gewesen sei [*vgl. Gen 14,18*], und dies hat der Teufel in seinen Gliedern nachgeahmt, der ja stets, was dem göttlichen Kult gebührt, in tyrannischem Geiste für sich selbst zu beanspruchen versucht, so daß die heidnischen Kaiser zugleich auch "Oberpriester" genannt wurden. Aber sobald man zum wahren König und Oberpriester zugleich gekommen war, maßte sich weder der Kaiser weiterhin die Rechte des Pontifikates an noch beanspruchte der Oberpriester den kaiserlichen Namen.

Denn derselbe "Mittler zwischen Gott und den Menschen, der Mensch Christus Jesus" [*1 Tim 2,5*], trennte die Aufgaben der beiden Gewalten – in der Ansicht, daß ⟨sie⟩ durch eigene heilsame Demut nach oben emporgehoben, nicht durch menschlichen Hochmut wiederum in die Tiefen hinabgesenkt würden – so durch eigene Handlungen und unterschiedliche Würden, daß sowohl die christlichen Kaiser für das ewige Leben der Oberpriester bedurften als auch die Oberpriester für den Lauf der lediglich zeitlichen Dinge sich der kaiserlichen Gesetze bedienten: damit die geistliche Handlung fern von fleischlichen Angriffen sei und deshalb der für Gott Kriegsdienst Leistende sich keinesfalls in weltliche Angelegenheiten verwickle [*vgl. 2 Tim 2,4*] und andererseits man nicht jenen den Vorsitz über die göttlichen Dinge führen sehe, der in weltliche Angelegenheiten verwickelt ist: auf daß sowohl für die Bescheidenheit der beiden Stände Sorge getragen werde, damit sie sich nicht, auf beides gestützt, erheben, als auch das entsprechende Geschäft der Beschaffenheit der Handlungen besonders angepaßt werde.

**643-648: Antworten "Ad consulta vestra" an die Bulgaren, 13. Nov. 866**

Es handelt sich um Antworten an die Gesandtschaft Fürst Bogoris' von Bulgarien, der mit seinem Volk den christlichen Glauben angenommen hatte.

*Ausg.:* E. Perels: MGH Epistulae VI (1925) 570–599 ( = Brief 99) / MaC 15,403B–429B / HaC 5,355A–384B / PL 119,980C–1015B ( = Brief 97). – *Reg.:* JR 2812 mit Zusätzen.

### Die wesentliche Form der Ehe

**643**      Cap. 3. ... Sufficiat secundum leges solus eorum consensus, de quorum coniunctionibus agitur; qui consensus si solus in nuptiis forte defuerit, cetera omnia, etiam cum ipso coitu celebrata, frustrantur, Ioanne Chrysostomo magno doctore testante, qui ait: "Matrimonium non facit coitus, sed voluntas"[1].

Kap. 3. ... Nach den Gesetzen soll allein die Einwilligung derer genügen, um deren Verbindung es sich handelt; wenn bei Hochzeiten allein diese Einwilligung fehlen sollte, so ist alles übrige, auch wenn es mit dem Beischlaf selbst begangen wurde, vergebens, wie der große Lehrer Johannes Chrysostomus bezeugt, der sagt: "Die Ehe macht nicht der Beischlaf, sondern der Wille"[1].

### Form und Spender der Taufe

**644**      Cap. 15. Interrogatis, utrum homines illi, qui hoc ab illo [*pseudopresbytero*] baptisma receperunt, Christiani sint an iterum baptizari debeant. Sed si in nomine summae ac individuae Trinitatis baptizati fuere, Christiani profecto sunt, et eos, a quocumque Christiano baptizati sunt, iterato baptizari non convenit; quoniam ... "baptismum ... sive ab adultero vel a fure fuerit datum, ad percipientem munus pervenit illibatum" [*356] ... .

Kap. 15. Ihr fragt, ob jene Menschen, die diese Taufe von jenem [*falschen Priester*] empfangen haben, Christen seien oder wiederum getauft werden müßten. Wenn sie aber im Namen der höchsten und ungeteilten Dreifaltigkeit getauft wurden, sind sie tatsächlich Christen, und es geht nicht an, daß sie, von was für einem Christen sie auch immer getauft wurden, abermals getauft werden; denn ... "ob die Taufe ... von einem Ehebrecher oder von einem Dieb gespendet wurde, sie gelangt als ungeschmälertes Geschenk zum Empfänger" [*356] ... .

Et ideo malus bona ministrando non aliis, sed sibi detrimenti cumulum ingerit, ac per hoc certum est, quia quos ille Graecus baptizavit, nulla portio laesionis attingit, propter illud: "Hic est qui baptizat" [*Io 1,33*], id est Christus, et iterum: "Deus incrementum dat" [*1 Cor 3,7*], subauditur: et non homo.

Und deshalb fügt der Böse, wenn er Gutes spendet, nicht anderen, sondern sich eine Menge Schaden zu, und deswegen ist es sicher, daß ⟨die⟩, welche jener Grieche getauft hat, kein Anteil an der Verletzung trifft, wegen jenes ⟨Wortes⟩: "Er ist es, der tauft" [*Joh 1,33*], das heißt Christus, und wiederum: "Gott gibt Wachstum" [*1 Kor 3,7*]; man hört unterschwellig mit: und nicht der Mensch.

**645**      Cap. 71. Non potest aliquis, quantumcumque pollutus sit, sacramenta divina pulluere, quae purgatoria cunctarum remedia contagionum exsistunt. Nec potest solis radius per cloacas et latrinas transiens aliquid exinde contaminationis attrahere; proinde qualiscumque sacerdos sit, quae sancta sunt coinquinare non potest; idcirco ab eo, usquequo episcoporum iudicio reprobetur, communio percipienda est: quoniam mali bona ministrando se tantummodo laedunt, et cerea fax

Kap. 71. Keiner, so sehr er auch verunreinigt sein mag, kann die göttlichen Sakramente verunreinigen, die reinigende Heilmittel aller Befleckungen sind. Auch kann sich ein Sonnenstrahl, der durch Kloaken und Gossen hindurchgeht, von dort keine Befleckung zuziehen; daher kann kein Priester, wie beschaffen er auch immer sein mag, besudeln, was heilig ist; deshalb soll man von ihm bis zu dem Zeitpunkt, an dem er durch das Urteil der Bischöfe verworfen wird, die Kom-

---

**\*643**  [1]  Pseudo-Johannes Chrysostomus, *Opus imperfectum in Matthaeum*, hom. 32,9 (PG 56,802); vgl. *Digesta* L 17, Rechtsregel 30 (P. Krüger - Th. Mommsen [Berlin 1908[11]] 921).

accensa sibi quidem detrimentum praestat, aliis vero lumen in tenebris administrat ... . Sumite igitur intrepide ab omni sacerdote Christi mysteria, quoniam omnia in fide purgantur.

Cap. 104. A quodam Iudaeo, nescitis utrum christiano an pagano, multos in patria vestra baptizatos asseritis, et quid de his sit agendum consulitis. Hi profecto, si in nomine sanctae Trinitatis vel tantum in nomine Christi, sicut in Actibus Apostolorum [2,38; 19,5] legimus, baptizati sunt (unum quippe idemque est, ut sanctus exponit Ambrosius[1]), constat eos non esse denuo baptizandos: sed primum, utrum christianus aut paganus ipse Iudaeus exstiterit, vel si postmodum factus fuerit christianus, investigandum est, quamvis non praetereundum esse credamus, quid beatus de baptismo dicat Augustinus[2]: "Iam satis" inquit "ostendimus ad baptismum, qui verbis evangelicis consecratur, non pertinere cuiusquam vel dantis vel accipientis errorem, sive de Patre sive de Filio sive de Spiritu Sancto aliter sentiat quam doctrina caelestis insinuat", et iterum: "Sunt etiam quidam ex eo numero, qui adhuc nequiter vivant aut etiam in haeresibus vel in gentilium superstitionibus iaceant, et tamen etiam illic 'novit Dominus, qui sunt eius' [2 Tim 2,19]. Namque in illa ineffabili praescientia multi, qui foris videntur, intus sunt".

Et alio loco: "Etiam corde tardiores, quantum existimo, intelligunt baptisma Christi nulla perversitate hominis sive dantis sive accipientis posse violari"; et rursus: "Potest tamen" ait "tradere separatus, sicut potest habere separatus, sed quam perniciose tradere; ille autem cui tradit potest salubriter accipere, si ipse non separatus accipiat".

munion empfangen: denn wenn die Bösen Gutes spenden, schaden sie nur sich, und eine angezündete Wachsfackel bringt sich zwar Verlust, anderen aber spendet sie Licht in der Finsternis ... . Nehmt also unverzagt von jedem Priester Christi die Geheimnisse an, weil alles im Glauben gereinigt wird.

Kap. 104. Ihr sagt, in Eurer Heimat ⟨seien⟩ **646** viele von einem Juden – ihr wißt nicht, ob Christ oder Heide – getauft ⟨worden⟩, und fragt, was mit diesen zu tun sei. Wenn diese tatsächlich im Namen der heiligen Dreifaltigkeit oder nur im Namen Christi, wie wir in der Apostelgeschichte [2,38; 19,5] lesen, getauft wurden (⟨dies⟩ ist nämlich ein und dasselbe, wie der heilige Ambrosius darlegt[1]), so steht fest, daß sie nicht von neuem zu taufen sind: aber zunächst ist zu untersuchen, ob dieser Jude Christ oder Heide war oder ob er später Christ geworden ist; gleichwohl glauben wir, daß man nicht übergehen darf, was der selige Augustinus über die Taufe sagt[2]: "Wir haben", sagt er, "schon zur Genüge gezeigt, daß für die Taufe, die durch die Worte des Evangeliums geheiligt wird, der Irrtum eines Spendenden oder Empfangenden keine Bedeutung hat, ob er über den Vater oder über den Sohn oder über den Heiligen Geist anders denkt, als es die himmlische Lehre nahelegt", und wiederum: "Es gibt auch manche aus dieser Anzahl, die bisher nichtsnutzig leben oder sogar in Häresien oder im Aberglauben der Heiden verharren, und dennoch 'kennt der Herr' auch dort 'die Seinen' [2 Tim 2,19]. Denn in jenem unaussprechlichen Vorherwissen sind viele, die draußen zu sein scheinen, drinnen".

Und an anderer Stelle: "Auch die im Geiste Langsameren verstehen, wie ich meine, daß die Taufe Christi durch keine Verkehrtheit des spendenden oder empfangenden Menschen verletzt werden kann"; und wieder: "Es kann jedoch", sagt er, "ein ⟨von der Kirche⟩ Getrennter weitergeben, wie ⟨ja auch⟩ ein Getrennter haben kann – aber wie verderblich weitergeben; jener aber, dem er weitergibt, kann heilsam empfangen, wenn er selbst nicht als Getrennter empfängt".

---

**\*646**   [1]    Vgl. Ambrosius, *De Spiritu Sancto* I 3, n. 42–44 (PL 16,713B–715A). Zur Auslegung dieses Satzes vgl. O. Faller, *Die Taufe im Namen Jesu bei Ambrosius*: Festschrift *75 Jahre Stella Matutina* I (Feldkirch/Vorarlberg 1931) 139–150; G. Bareille: DThC 2/I (1905) 184.
        [2]    Es folgen 4 Stellen aus Augustinus, *De baptismo contra Donatistas* IV 15, n. 22; V 27, n. 38; VI 5, n. 7 (CSEL 51,247 295 297 302 / PL 43,168 196 197 200).

## Keine Anwendung von Zwang bei der Annahme des Glaubens

**647**   Cap. 41. De iis autem, qui christianitatis bonum suscipere renuunt, ... nihil aliud scribere possumus vobis, nisi ut eos ad fidem rectam monitis, exhortationibus et ratione illos potius quam vi, quod vane sapiant, convincatis. ...

Porro illis violentia, ut credant, nullatenus inferenda est. Nam omne quod ex voto non est, bonum esse non potest [*affertur Ps 53,8; 118,108; 27,7*]; ultronea quippe Deus obsequia et exhiberi tantum ab ultroneis praecipit: nam si vim inferre voluisset, nullus omnipotentiae illius resistere potuisset.

Kap. 41. In bezug auf diejenigen aber, die sich weigern, das Gut des Christentums anzunehmen, ... können Wir Euch nichts anderes schreiben, als daß Ihr sie zum rechten Glauben mehr durch Ermahnungen, Ermunterungen und Belehrung als durch Gewalt überzeugen sollt, daß sie eitel denken. ...

Ferner darf ihnen, damit sie glauben, keinesfalls Gewalt angetan werden. Denn alles, was nicht aus eigener Absicht kommt, kann nicht gut sein [*angeführt wird Ps 54,8; 119,108; 28,7*]; Gott gebietet nämlich, daß freiwilliger Gehorsam, und nur von Freiwilligen geleistet werde: Denn hätte er Gewalt anwenden wollen, hätte seiner Allmacht keiner widerstehen können.

## Das Geständnis eines Verbrechens darf nicht durch Folter erpreßt werden

**648**   Cap. 86. Si fur vel latro deprehensus fuerit, et negaverit quod ei impingitur, asseritis apud vos, quod iudex caput eius verberibus tundat et aliis stimulis ferreis, donec veritatem depromat, ipsius latera pungat; quam rem nec divina lex nec humana prorsus admittit, cum non invita, sed spontanea debeat esse confessio, nec sit violenter elicienda, sed voluntarie proferenda; denique, si contigerit vos etiam illis poenis illatis nihil de his, quae passo in crimen obiiciuntur, penitus invenire, nonne saltem tunc erubescitis, et quam impie iudicetis agnoscitis?

Similiter autem, si homo criminatus, talia passus sustinere non valens, dixerit se perpetrasse quod non perpetravit: ad quem, rogo, tantae impietatis magnitudo revolvitur nisi ad eum, qui hunc talia cogit mendaciter confiteri? Quamvis non confiteri noscatur, sed loqui, qui hoc ore profert, quod corde non tenet! ...

Porro cum liber homo crimine fuerit appetitus, nisi iam pridem repertus est alicuius sceleris reus, aut tribus testibus convictus poenae succumbit, aut si convinci non potuerit, ad Evangelium sacrum, quod sibi obici-

Kap. 86. Ihr sagt, daß bei Euch, wenn ein Dieb oder Räuber ergriffen wurde und er geleugnet hat, was ihm zur Last gelegt wird, der Richter seinen Kopf mit Ruten schlage und seine Seiten mit anderen eisernen Stacheln steche, bis er die Wahrheit heraushole; dies läßt weder das göttliche noch das menschliche Gesetz in irgendeiner Weise zu, da ein Geständnis nicht ungewollt, sondern freiwillig sein muß und nicht gewaltsam herauszulocken, sondern willentlich vorzubringen ist; wenn es schließlich geschieht, daß Ihr auch nach Anwendung jener Qualen überhaupt nichts von dem findet, was dem Gefolterten zum Vorwurf gemacht wird, errötet Ihr nicht wenigstens dann und erkennt, wie gottlos Ihr richtet?

Ebenso aber, wenn ein beschuldigter Mensch, der solches erlitten und es nicht ertragen kann, sagt, er habe begangen, was er nicht begangen hat: auf wen, frage ich, fällt die Wucht solch großer Gottlosigkeit zurück, wenn nicht auf den, der diesen zwingt, solches lügnerisch zu gestehen? Gleichwohl weiß man, daß nicht gesteht, sondern redet, wer das mit dem Munde vorbringt, was er nicht im Sinne hat! ...

Wenn ferner ein freier Mensch wegen eines Verbrechens belangt wurde und – falls er nicht schon früher irgendeines Vergehens für schuldig befunden wurde oder, durch drei Zeugen überführt, der Strafe unterliegt, oder

tur, minime commisisse iurans absolvitur, et deinceps huic negotio finis imponitur, quemadmodum crebro dictus Apostolus gentium attestatur: "Omnis" inquiens "controversiae eorum finis ad confirmationem est iuramentum" [*Hbr 6,16*][1].

falls er nicht überführt werden konnte - beim heiligen Evangelium, das ihm entgegengehalten wird, schwört, er habe ⟨es⟩ keineswegs begangen, so wird er freigesprochen und hernach dieser Angelegenheit ein Ende gesetzt, wie der häufig erwähnte Völkerapostel bezeugt, wenn er sagt: "Als Ende jedes Streites unter ihnen dient zur Bekräftigung der Schwur" [*Hebr 6,16*][1].

## HADRIAN II.: 14. Dez. 867 - 14. Dez. 872

## 4. Konzil von KONSTANTINOPEL (8. ökum.): 5. Okt 869 - 28. Febr. 870

Das Konzil wurde versammelt, um die Angelegenheit des Photius zu entscheiden, der i. J. 859 ein Schisma hervorgerufen hatte. Der ursprüngliche griechische Text der Akten ist zwar verloren. Es liegt aber die von Anastasius, dem Bibliothekar, verfaßte vollständige Übersetzung sowie eine abgekürzte griechische Fassung vor. Jene bietet 27 Kanones, diese nur 14 Kanones. Sie entsprechen sich etwa folgendermaßen: Kan. 1-8 griechisch (= 1-8 lateinisch); 9-10 (= 10-11); 11 (= 14); 12 (= 17); 13 (= 21); 14 (= 27). Das Konzil wurde nur in der lateinischen Kirche als ökumenisches anerkannt, und zwar nicht vor dem 12. Jahrhundert.

*Ausg.*: MaC 16,160A-174D (lateinisch); 397D-405C (griechisch) / HaC 5,899A-909C; 1097D-1104D / COeD³ 166-182 / PL 129,150B-160A.

### 650-664: 10. Sitzung, 28. Febr. 870: Kanones

*Die Überlieferung als Richtschnur des Glaubens*

| [*Vs. Anastasii Bibliothecarii*] | [*Recensio graeca abbreviata*] | [*Übersetzung des Bibliothekars Anastasius*] | [*Abgekürzte griechische Fassung*] |
|---|---|---|---|
| Can. 1. Per aequam et regiam divinae iustitiae viam inoffense incedere volentes, veluti quasdam lampades semper lucentes et illuminantes gressus nostros, qui secundum Deum sunt, sanctorum Patrum definitiones et sensus retinere debemus. | α΄. Τὴν εὐθεῖαν καὶ βασιλικὴν ὁδὸν τῆς θείας δικαιοσύνης ἀπροσκόπτως βαδίζειν ἐθέλοντες, οἶόν τινας πυρσοὺς ἀειλαμπεῖς τοὺς τῶν ἁγίων πατέρων ὅρους κρατεῖν ὀφείλομεν· | Kan. 1. Wenn wir auf der geraden und königlichen Straße der göttlichen Gerechtigkeit, ohne Anstoß zu nehmen, einherschreiten wollen, müssen wir gleichsam als immer leuchtende und unsere Schritte erhellende Fackeln die Definitionen und Auffas- | 1. Wenn wir die gerade und königliche Straße der göttlichen Gerechtigkeit, ohne Anstoß zu nehmen, beschreiten wollen, müssen wir gleichsam als immer leuchtende Fackeln die Definitionen der heiligen Väter beibehalten; |

650

---

**\*648**  [1]  Diese Bestimmung steht in deutlichem Gegensatz zu der von Innozenz IV. eingeführten Gesetzgebung gegen Irrlehrer. Vgl. seine Konstitution *"Cum adversus"* vom 22. Febr. 1244 (BullTau 3,503b-505a), in der er die überharten Gesetze Kaiser Friedrichs II. bekräftigt, sowie die Konstitution *"Ad exstirpanda"* vom 15. Mai 1252 (BullTau 3,552b-558b), die in ihrem 25. Gesetz gebietet, was Nikolaus I. zurückweist, nämlich die gefangenen Irrlehrer "unter Vermeidung von Gliederzerstückelung und Todesgefahr zu zwingen, ... ihre Irrtümer zu bekennen und andere anzuklagen ...", so wie Diebe und Räuber gezwungen werden" ("cogere citra membri diminutionem et mortis periculum ... errores suos fateri et accusare alios ..., sicut coguntur fures et latrones") (ebd. 556a).

sungen derer, die in Gott ⟨unsere⟩ heiligen Väter sind, beibehalten.

**651** Quapropter et has ut "secunda eloquia" secundum magnum et sapientissimum Dionysium[1] arbitrantes et existimantes, etiam de eis cum divino David promptissime canamus: "Mandatum Domini lucidum illuminans oculos" [*Ps 18,9; citatur et Ps 118,105; Prv 6,23; Is 26,9: Septg.*]. ... Luci enim veraciter assimilatae sunt divinorum canonum hortationes et dehortationes, secundum quod discernitur melius a peiore et expediens atque proficuum ab eo, quod non expedire, sed et obesse dignoscitur.

Deswegen halten und erachten wir auch diese gemäß dem großen und überaus weisen Dionysius[1] für "zweite Worte" ⟨Gottes⟩, singen auch im Blick auf sie bereitwilligst mit dem göttlichen David: "Das lichtvolle Gebot des Herrn erhellt die Augen" [*Ps 19,9; zitiert wird auch Ps 119,105; Spr 6,23; Jes 26,9: Septg.*]. ... Dem Lichte wahrhaft ähnlich sind nämlich die Mahnungen und Abmahnungen der göttlichen Kanones, wonach man das Bessere vom Schlechteren und das Nützliche und Förderliche von dem unterscheidet, was sich nicht als nützlich, sondern sogar als schädlich erweist.

**652** Igitur regulas, quas sanctae catholicae et apostolicae Ecclesiae tam a sanctis famosissimis Apostolis quam ab orthodoxorum universalibus necnon et localibus conciliis vel etiam a quolibet deiloquo Patre ac magistro Ecclesiae traditae sunt, servare ac custodire profitemur;

τοιγαροῦν τοὺς ἐν τῇ καθολικῇ καὶ ἀποστολικῇ ἐκκλησίᾳ παραδοθέντας θεσμοὺς παρά τε τῶν ἁγίων καὶ πανευφήμων ἀποστόλων, παρά τε ὀρθοδόξων συνόδων οἰκουμενικῶν τε καὶ τοπικῶν ἢ καὶ πρός τινος θεηγόρου πατρὸς διδασκάλου τῆς ἐκκλησίας τηρεῖν καὶ φυλάττειν

Wir bekennen deshalb, die Regeln, die der heiligen katholischen und apostolischen Kirche sowohl von den heiligen und hochberühmten Aposteln als auch von den allgemeinen wie auch lokalen Synoden der Rechtgläubigen oder auch von einem beliebigen aus Gott redenden Vater und

wir bekennen deshalb, die Satzungen, die in der katholischen und apostolischen Kirche sowohl von den heiligen und hochberühmten Aposteln als auch von den rechtgläubigen ökumenischen wie auch lokalen Synoden oder auch von einem aus Gott redenden Vater und Lehrer der Kirche

---

*651   [1]   Vgl. Pseudo-Dionysius Areopagita, *De ecclesiastica hierarchia* 1, n. 4 und 5 (PG 3,375–378).

ὁμολογοῦμεν·

his et propriam vitam et mores regentes et omnem sacerdotii catalogum, sed et omnes, qui Christiano censentur vocabulo, poenis et damnationibus et e diverso receptionibus ac iustificationibus, quae per illas prolatae sunt et definitae, subiici canonice decernentes;

Lehrer der Kirche überliefert wurden, zu beachten und zu bewahren;

wir richten an ihnen unseren eigenen Lebenswandel aus und beschließen kanonisch, daß der ganze Stand des Priestertums, aber auch alle, die dem christlichen Namen zugerechnet werden, den Strafen und Verurteilungen und andererseits den Anerkennungen und Rechtfertigungen unterliegen, die durch jene ⟨Regeln⟩ vorgelegt und festgesetzt wurden;

überliefert wurden, zu beachten und zu bewahren;

tenere quippe traditiones, quas accepimus sive per sermonem sive per epistolam [*cf. 2 Th 2,15*] Sanctorum, qui antea fulserunt, Paulus admonet aperte, magnus Apostolus.

κρατεῖν γὰρ τὰς παραδόσεις, ἃς παρελάβομεν εἴτε διὰ λόγου, εἴτε δι' ἐπιστολῶν [*cf. 2 Thess 2,15*] τῶν προγενεστέρως διαλαμψάντων ἁγίων, παρεγγυᾷ διαρρήδην Παῦλος ὁ μέγας ἀπόστολος.

denn der große Apostel Paulus mahnt ausdrücklich, die Überlieferungen festzuhalten, die wir mündlich oder brieflich [*vgl. 2 Thess 2,15*] von den Heiligen empfangen haben, die vordem leuchteten.

denn der große Apostel Paulus mahnt ausdrücklich, die Überlieferungen festzuhalten, die wir mündlich oder brieflich [*vgl. 2 Thess 2,15*] von den Heiligen empfangen haben, die vordem leuchteten.

### Die Verehrung der heiligen Bilder

Can. 3. Sacram imaginem Domini nostri Iesu Christi et omnium Liberatoris et Salvatoris, aequo honore cum libro sanctorum Evangeliorum adorari decernimus.

γ΄. Τὴν ἱερὰν εἰκόνα τοῦ κυρίου ἡμῶν Ἰησοῦ Χριστοῦ ὁμοτίμως τῇ βίβλῳ τῶν ἁγίων εὐαγγελίων προσκυνεῖσθαι θεσπίζομεν.

Kan. 3. Wir bestimmen, daß das heilige Bild unseres Herrn Jesus Christus, des Befreiers und Erlösers aller, mit der gleichen Ehrfurcht verehrt werde wie das Buch der heiligen Evangelien.

3. Wir bestimmen, daß das heilige Bild unseres Herrn Jesus Christus mit der gleichen Ehrfurcht verehrt werde wie das Buch der heiligen Evangelien.  **653**

Sicut enim per syllabarum eloquia, quae in libro feruntur, salutem consequemur omnes, ita

Ὥσπερ γὰρ διὰ τῶν ἐμφερομένων ἐν αὐτῇ συλλαβῶν τῆς σωτηρίας ἐπιτυγχάνουσιν ἅπαντες,

Wie wir nämlich alle durch die Worte, die Silbe für Silbe im Buche stehen, das Heil erlangen wer-

Wie nämlich alle durch die Worte, die in ihm stehen, das Heil erlangen, so ziehen durch die bild-  **654**

301

per colorum imaginariam operationem et sapientes et idiotae cuncti ex eo, quod in promptu est, perfruuntur utilitate; quae enim in syllabis sermo, haec et scriptura, quae in coloribus est, praedicat et commendat;

et dignum est, ut secundum congruentiam rationis et antiquissimam traditionem propter honorem, quia ad principalia ipsa referuntur, etiam derivative iconae honorentur et adorentur aeque ut sanctorum sacer Evangeliorum liber atque typus pretiosae crucis.

οὕτω διὰ τῆς τῶν χρωμάτων εἰκονουργίας καὶ σοφοὶ καὶ ἰδιῶται πάντες τῆς ὠφελείας ἐκ τοῦ προχείρου παραπολαύουσιν· ἅπερ γὰρ ὁ ἐν συλλαβῇ λόγος, ταῦτα καὶ ἡ ἐν χρώμασι γραφὴ καταγγέλλει τε καὶ παρίστησιν.

den, so ziehen durch die bildnerische Gestaltung der Farben alle Gebildeten und Laien aus dem, was sie vor Augen haben, Nutzen; was nämlich die Rede in Silben, das verkündet und empfiehlt auch die Schrift, die in Farben besteht;

und es gehört sich, daß – entsprechend der Übereinstimmung mit der Vernunft und der uralten Überlieferung hinsichtlich der Verehrung – auch die Bilder, weil sie sich auf die ursprünglichen Dinge selbst beziehen, abgeleiteterweise geehrt und ebenso verehrt werden wie das ehrwürdige Buch der heiligen Evangelien und die Nachbildung des kostbaren Kreuzes.

nerische Gestaltung der Farben alle Gebildeten und Laien aus dem, was sie vor Augen haben, Nutzen; denn was die Rede in Silben, das verkündet und stellt auch das Gemälde in Farben dar.

**655** Si quis ergo non adorat iconam Salvatoris Christi, non videat formam eius, quando veniet in gloria paterna glorificari et glorificare sanctos suos [*cf. 2 Th 1,10*]; sed alienus sit a communione ipsius et claritate;

Εἴ τις οὖν οὐ προσκυνεῖ τὴν εἰκόνα τοῦ σωτῆρος Χριστοῦ, μὴ ἴδῃ ἐν τῇ δευτέρᾳ παρουσίᾳ τὴν τούτου μορφήν.

Wer also das Bild des Erlösers Christus nicht verehrt, soll seine Gestalt nicht sehen, wenn er in der Herrlichkeit des Vaters kommen wird, verherrlicht zu werden und seine Heiligen zu verherrlichen [*vgl. 2 Thess 1,10*]; sondern ferne sei er von der Gemeinschaft mit ihm und seinem Glanze;

Wer also das Bild des Erlösers Christus nicht verehrt, soll bei der zweiten Ankunft seine Gestalt nicht sehen.

**656** similiter autem et imaginem intemeratae matris eius et Dei genitricis Mariae; insuper et iconas sanc-

Ὁμοίως δὲ καὶ τὴν εἰκόνα τῆς ἀχράντου μητρὸς αὐτοῦ καὶ τὰς εἰκόνας τῶν ἁγίων ἁγ-

ebenso aber auch das Bild seiner unbefleckten Mutter und Gottesgebärerin Maria; zudem malen

Ebenso aber ehren und verehren wir auch das Bild seiner unbefleckten Mutter und die Bilder der

torum Angelorum depingimus, quemadmodum eos figurat verbis divina Scriptura; sed et laudabilissimorum Apostolorum, Prophetarum, martyrum et sanctorum virorum, simul et omnium Sanctorum, et honoramus et adoramus.

γέλων, καθὼς αὐτοὺς χαρακτηρίζει διὰ τῶν λογίων ἡ ἁγία γραφή, καὶ προσέτι τῶν ἁγίων πάντων καὶ τιμῶμεν καὶ προσκυνοῦμεν·

wir auch Bilder der heiligen Engel, wie sie die göttliche Schrift durch Worte darstellt; aber wir ehren und verehren auch ⟨die Bilder⟩ der hochgelobten Apostel, Propheten, Martyrer und heiligen Männer, zugleich auch aller Heiligen.

heiligen Engel, wie sie die heilige Schrift durch Worte darstellt, und zudem ⟨die Bilder⟩ aller Heiligen;

Et qui sic se non habent, anathema sint a Patre et Filio et Spiritu Sancto.

καὶ οἱ μὴ οὕτως ἔχοντες ἀνάθεμα ἔστωσαν.

Und wer sich nicht so verhält, soll vom Vater und Sohn und Heiligen Geist mit dem Anathema belegt werden.

und wer sich nicht so verhält, soll mit dem Anathema belegt werden.

## Die Einzigkeit der menschlichen Seele

Can. 11. Veteri et Novo Testamento unam animam rationabilem et intellectualem habere hominem docente et omnibus deiloquis Patribus et magistris Ecclesiae eandem opinionem asseverantibus: in tantum impietatis quidam, malorum inventionibus dantes operam, devenerunt, ut duas eum habere animas impudenter dogmatizare et quibusdam irrationabilibus conatibus ... propriam haeresim confirmare pertentent.

ι΄. (10) Τῆς παλαιᾶς τε καὶ καινῆς διαθήκης μίαν ψυχὴν λογικήν τε καὶ νοερὰν διδασκούσης ἔχειν τὸν ἄνθρωπον, καὶ πάντων τῶν θεηγόρων πατέρων καὶ διδασκάλων τῆς ἐκκλησίας τὴν αὐτὴν δόξαν κατεμπεδούντων, εἰσί τινες οἱ δύο ψυχὰς ἔχειν αὐτὸν δοξάζοντες, καί τισιν ἀσυλλογίστοις ἐπιχειρήμασι τὴν ἰδίαν κρατύνουσιν αἵρεσιν·

Kan. 11. Obwohl das Alte und Neue Testament lehrt, der Mensch habe eine vernunft- und verstandesbegabte Seele, und alle aus Gott redenden Väter und Lehrer der Kirche ebendiese Meinung bekräftigen, sind manche, die ihre Mühe auf Erfindungen übler Dinge verwenden, zu einem solchen Maß an Gottlosigkeit gelangt, daß sie versuchen, schamlos zu lehren, er habe zwei Seelen, und durch irgendwelche widersinnige Versuche ... die eigene Häresie zu stützen.

10. Obwohl das **657** Alte und Neue Testament lehrt, der Mensch habe eine vernunft- und verstandesbegabte Seele, und alle aus Gott redenden Väter und Lehrer der Kirche ebendiese Meinung bekräftigen, gibt es manche, die lehren, er habe zwei Seelen, und mit irgendwelchen widersinnigen Beweisen ihre eigene Häresie stützen.

Itaque sancta haec et universalis Synodus ... talis impietatis inventores et patratores et his si-

ἡ τοίνυν ἁγία καὶ οἰκουμενικὴ αὕτη σύνοδος τοὺς τῆς τοιαύτης ἀσεβείας γεννήτορας

Deshalb belegt dieses heilige und allgemeine Konzil ... die Erfinder und Verbreiter einer sol-

Dieses heilige und **658** ökumenische Konzil belegt deshalb mit lauter Stimme die Urheber einer sol-

milia sentientes magna voce anathematizat,

καὶ τοὺς ὁμοφρονοῦντας αὐτοῖς ἀναθεματίζει μεγαλοφώνως·

chen Gottlosigkeit und diejenigen, die ebenso wie diese denken, mit lauter Stimme mit dem Anathema,

chen Gottlosigkeit und diejenigen, die ebenso wie diese denken, mit dem Anathema;

et definit atque promulgat, neminem prorsus habere vel servare quoquo modo statuta huius impietatis auctorum.

und bestimmt und verkündet, daß überhaupt niemand in irgendeiner Weise die Lehrschriften der Urheber dieser Gottlosigkeit habe oder aufbewahre.

Si autem quis contraria gerere praesumpserit huic sanctae et magnae Synodo, anathema sit et a fide atque cultura Christianorum alienus.

εἰ δέ τις τὰ ἐναντία τοῦ λοιποῦ τολμήσει λέγειν, ἀνάθεμα ἔστω.

Wer es aber wagen sollte, diesem heiligen und großen Konzil Entgegengesetztes zu tun, der sei mit dem Anathema belegt und vom Glauben und Kult der Christen ferne.

wer es aber künftig wagen sollte, das Gegenteil zu sagen, der sei mit dem Anathema belegt.

### Die Freiheit in der Leitung der Kirche

**659**   Can. 12. Apostolicis et synodicis canonibus promotiones et consecrationes episcoporum et potentia et praeceptione principum factas penitus interdicentibus, concordantes definimus et sententiam nos quoque proferimus, ut, si quis episcopus per versutiam vel tyrannidem principum huiusmodi dignitatis consecrationem susceperit, deponatur omnimodis, utpote qui non ex voluntate Dei et ritu ac decreto ecclesiastico, sed ex voluntate carnalis sensus ex hominibus et per homines Dei domum possidere voluit vel consensit.

Kan. 12. [liegt griechisch nicht vor] Da die apostolischen und die synodalen Kanones Beförderungen und Weihen von Bischöfen, die durch die Macht und auf Geheiß von Fürsten erfolgten, grundsätzlich untersagen, bestimmen wir einmütig und verkünden auch wir den Beschluß, daß ein Bischof, wenn er durch die Verschlagenheit oder Tyrannei von Fürsten die Weihe zu einer solchen Stellung empfangen hat, unter allen Umständen abgesetzt werden soll, da er ja nicht nach dem Willen Gottes sowie dem kirchlichen Ritus und Beschluß, sondern nach dem Willen einer fleischlichen Gesinnung von Menschen und durch Menschen das Haus Gottes in Besitz nehmen wollte bzw. ⟨damit⟩ einverstanden war.

**660**   Can. 17. Illud autem tamquam perosum quiddam ab auribus nostris repulimus, quod a quibusdam imperitis dicitur, non posse synodum absque principali praesentia ce-

ιβ'. (12) ῏Ηλθεν εἰς τὰς ἡμῶν ἀκοάς, τὸ μὴ δύνασθαι ἄνευ ἀρχοντικῆς παρουσίας σύνοδον γενέσθαι. Οὐδαμοῦ δὲ οἱ θεῖοι κανόνες συνέρχεσθαι κοσμικοὺς ἄρχοντας ἐν

Kan. 17 [lat.]. Jenes aber haben wir als etwas sehr Verhaßtes von unseren Ohren vertrieben, was von manchen Unkundigen gesagt wird, ⟨nämlich⟩ daß eine Synode ohne die

12. [gr.] Es kam zu unseren Ohren, daß eine Synode ohne die Anwesenheit des Fürsten nicht stattfinden könne. Nirgends aber bestimmen die göttlichen Kanones, daß weltli-

lebrari: cum nusquam sacri canones convenire saeculares principes in conciliis sanxerint, sed solos antistites. Unde nec interfuisse illos synodis, exceptis conciliis universalibus, invenimus: neque enim fas est, saeculares principes spectatores fieri rerum, quae sacerdotibus Dei nonnumquam eveniunt ... .

ταῖς συνόδοις νομοθετοῦσιν, ἀλλὰ μόνους τοὺς ἐπισκόπους· ὅθεν οὐδὲ πλὴν τῶν οἰκουμενικῶν συνόδων τὴν παρουσίαν αὐτῶν γεγενημένην εὑρίσκομεν. Οὐδὲ γὰρ θεμιτόν ἐστι γίνεσθαι θεατὰς τοὺς κοσμικοὺς ἄρχοντας τῶν τοῖς ἱερεῦσι τοῦ Θεοῦ συμβαινόντων πραγμάτων.

Anwesenheit des Fürsten nicht gefeiert werden könne: denn nirgends haben die heiligen Kanones bestimmt, daß weltliche Fürsten auf den Synoden zusammenkommen, sondern allein die Bischöfe. Daher haben wir auch nicht gefunden, daß sie an Synoden – ausgenommen die allgemeinen Konzilien – teilgenommen hätten: es ist nämlich auch nicht recht, daß die weltlichen Fürsten Zuschauer bei Dingen werden, die bisweilen den Priestern Gottes begegnen. ...

che Fürsten auf den Synoden zusammenkommen, sondern allein die Bischöfe; daher finden wir auch nicht, daß ihre Anwesenheit – außer auf den ökumenischen Konzilien – gegeben war. Es ist nämlich auch nicht recht, daß die weltlichen Fürsten Zuschauer bei Dingen werden, die den Priestern Gottes begegnen.

*Der römische Vorrang unter den Patriarchatssitzen*

Can. 21. Dominicum sermonem, quem Christus sanctis Apostolis et discipulis suis dixit, quia: "Qui vos recipit, me recipit" [*Mt 10,40*]; "et qui vos spernit, me spernit" [*Lc 10,16*], ad omnes etiam, qui post eos secundum ipsos facti sunt Summi Pontifices et pastorum principes in Ecclesia catholica dictum esse credentes, definimus, neminem prorsus mundi potentium quemquam eorum, qui patriarchalibus sedibus praesunt, inhonorare aut movere a proprio throno tentare, sed omni reverentia et honore dignos iudicare; praecipue quidem sanctissimum Papam senioris Romae, deinceps autem Constantinopoleos patriarcham, deinde vero Alexandriae ac Antiochiae atque Hierosolymorum; sed nec alium quemcunque conscriptiones contra sanctissimum Papam senioris Romae ac verba complicare et componere sub occasione quasi diffamatorum quorundam criminum; quod et nuper Photius fecit et multo ante Dioscorus.

Kan. 21. [*liegt griechisch nicht vor*] Im **661** Glauben, daß das Herrenwort, das Christus seinen heiligen Aposteln und Jüngern gesagt hat, nämlich: "Wer euch aufnimmt, nimmt mich auf" [*Mt 10,40*]; "und wer euch verachtet, verachtet mich" [*Lk 10,16*], auch zu allen gesagt wurde, die nach ihnen und in ihrem Sinne in der katholischen Kirche oberste Bischöfe und Oberhirten wurden, bestimmen wir, daß überhaupt niemand von den Mächtigen der Welt irgendeinen von denen, die Patriarchatssitzen vorstehen, entehre oder von ihrem Thron zu entfernen versuche, sondern ⟨sie⟩ für jeglicher Achtung und Ehrfurcht würdig halte; und zwar vor allem den heiligsten Papst des älteren Rom, danach aber den Patriarchen von Konstantinopel, dann aber von Alexandrien, Antiochien und Jerusalem; aber auch kein anderer soll Aufzeichnungen und Reden gegen den heiligsten Papst des älteren Rom verfassen und zusammenstellen unter dem Vorwand, bestimmte Vergehen gleichsam ruchbar zu machen, was sowohl neulich Photius getan hat als auch lange zuvor Dioskur.

**662** Quisquis autem tanta iactantia et audacia usus fuerit, ut secundum Photium vel Dioscorum in scriptis vel sine scriptis iniurias quasdam contra sedem Petri, Apostolorum principis, moveat, aequalem et eandem quam illi condemnationem recipiat.

ιγʹ. (13) Εἴ τις τοσαύτῃ τόλμῃ χρήσαιτο, ὥστε κατὰ τὸν Φώτιον καὶ Διόσκορον ἐγγράφως ἢ ἀγράφως παροινίας τινὰς κατὰ τῆς καθέδρας Πέτρου, τοῦ κορυφαίου τῶν ἀποστόλων, κινεῖν, τὴν αὐτὴν ἐκείνοις δεχέσθω κατάκρισιν·

Wer aber eine solch große Vermessenheit und Dreistigkeit besitzt, daß er wie Photius oder Dioskur schriftlich oder ungeschrieben irgendwelche Beledigungen wider den Stuhl Petri, des Apostelfürsten, vorbringt, der soll die gleiche und dieselbe Verurteilung wie jene empfangen.

13. Wer eine solch große Dreistigkeit besitzt, daß er wie Photius und Dioskur schriftlich oder ungeschrieben irgendwelche Unverschämtheiten wider den Stuhl Petri, des Apostelfürsten, vorbringt, der soll dieselbe Verurteilung wie jene empfangen.

**663** Si vero quis aliqua saeculi potestate fruens vel potens, pellere tentaverit praefatum Apostolicae cathedrae Papam aut aliorum triarcharum quemquam, anathema sit.

Wenn aber einer, der irgendwelche Macht der Welt genießt oder besitzt, versuchen sollte, den vorher genannten Papst des Apostolischen Stuhles oder irgendeinen der anderen Patriarchen zu vertreiben, so sei er mit dem Anathema belegt.

**664** Porro si Synodus universalis fuerit congregata, et facta fuerit etiam de sancta Romanorum Ecclesia quaevis ambiguitas et controversia, oportet venerabiliter et cum convenienti reverentia de proposita quaestione sciscitari et solutionem accipere aut proficere aut profectum facere, non tamen audacter sententiam dicere contra Summos senioris Romae Pontifices.

εἰ δὲ συγκροτηθείσης συνόδου οἰκουμενικῆς γένηταί τις καὶ περὶ τῆς ἐκκλησίας τῶν Ῥωμαίων ἀμφιβολία, ἔξεστιν εὐλαβῶς καὶ μετὰ τῆς προσηκούσης αἰδοῦς διαπυνθάνεσθαι περὶ τοῦ προκειμένου ζητήματος καὶ δέχεσθαι τὴν λύσιν καὶ ἢ ὠφελεῖσθαι, ἢ ὠφελεῖν, μὴ μέντοι θρασέως ἀποφέρεσθαι κατὰ τῶν τῆς πρεσβυτέρας Ῥώμης ἱεραρχῶν.

Ferner: wenn ein allgemeines Konzil versammelt wurde und sich auch in bezug auf die heilige Kirche der Römer irgendein Zweifel und Streit ergeben hat, dann gehört es sich, ehrerbietig und mit der gebührenden Ehrfurcht Untersuchungen über die vorliegende Frage anzustellen und die Lösung anzunehmen, entweder Hilfe zu bekommen oder zu helfen, nicht jedoch dreist ein Urteil zu fällen wider die Päpste des älteren Rom.

Wenn aber ein ökumenisches Konzil versammelt wurde und sich auch in bezug auf die Kirche der Römer Zweifel ergeben hat, so steht es frei, behutsam und mit der gebührenden Ehrfurcht Untersuchungen über die vorliegende Frage anzustellen, die Lösung anzunehmen und entweder Hilfe zu bekommen oder zu helfen, nicht jedoch dreist Klage zu erheben wider die Bischöfe des älteren Rom.

## JOHANNES VIII.: 14. Dez. 872 – 16. Dez. 882

### 668: Brief "Unum est" an die Fürsten Sardiniens, um Sept. 873

*Ausg.:* E. Caspar, *Fragmenta registri Johannis VIII*, Nr. 27: MGH Epistulae VII (Berlin 1928) 289$_{2-10}$ / S. Löwenfeld, *Epistolae Pontificum Romanorum ineditae* (Leipzig 1885) 28, Nr. 50 ( = *Collectio Britannica*, 26). – *Reg.:* JR 2983; P. Ewald, in: NArch 5 (1879) 306, Nr. 26.

*Die Sklaverei von Menschen ist zu beseitigen*

Unum est, unde vos modicum paterno more debeamus monere; quod nisi emendaveritis, grande peccatum incurritis, et ob hoc, sicut speratis, non lucra, sed magis vobis dam[p]na augebitis. Igitur Graecorum studiis, sicut didicimus, multi a paganis captivi sublati in vestris partibus venundantur et a vestratibus empti sub iugo servitutis tenentur; cum constet pium et sanctum esse, veluti Christianos decet, ut, cum eos vestrates ab ipsis Graecis emerint, pro amore Christi liberos esse dimittant, et non ab hominibus, sed ab ipso Domino nostro Iesu Christo mercedem accipiant. Unde vos exhortamur et paterno amore praecipimus, ut, cum captivos aliquos ab ipsis redemeritis, pro salute animae vestrae liberos eos abire sinatis.

Eines gibt es, weswegen Wir Euch in väterlicher Weise ziemlich nachhaltig ermahnen müssen; wenn Ihr dies nicht verbessert, zieht Ihr Euch eine große Sünde zu und werdet Euch deswegen nicht, wie Ihr hofft, die Vorteile, sondern vielmehr die Schäden vergrößern. Wie Wir erfahren haben, werden also auf das Betreiben von Griechen hin viele, die von Heiden als Gefangene entführt wurden, in Eurer Gegend verkauft und, nachdem sie von Euren Landsleuten gekauft wurden, unter dem Joch der Sklaverei gehalten, obwohl doch feststeht, daß es fromm und heilig ist, wie es sich für Christen schickt, daß Eure Landsleute, wenn sie sie von den Griechen gekauft haben, sie um der Liebe Christi willen freilassen und nicht von Menschen, sondern von unserem Herrn Jesus Christus selbst den Lohn empfangen. Daher ermahnen Wir Euch und gebieten mit väterlicher Liebe, daß Ihr, wenn Ihr irgendwelche Gefangenen von ihnen gekauft habt, sie zum Heil Eurer Seele frei fortgehen laßt.

**668**

MARINUS I.: 16. Dez. 882 – 15. Mai 884
HADRIAN III.: 17. Mai 884 – Sept. 885

## STEPHAN V. (VI.): Sept. 885 – 14. Sept. 891

### 670: Brief "Consuluisti de infantibus" an Erzbischof Ludbert von Mainz, zwischen 887 und 888

Den Anlaß zu dieser Anfrage bot Ludbert (bzw. Liutbert) vielleicht der Kan. 35 der Wormser Synode d. J. 868 (MaC 15,876A).
*Ausg.:* E. Caspar: *Fragmenta registri Stephani V*, Nr. 25: MGH Epistulae VII (Berlin 1928) 347$_{21}$–348$_8$ / Ph. Jaffé, *Monumenta Moguntina* (vgl. *580°) 335, Nr. 13 / PL 129,797B-D / MaC 18,25D / Gratian, *Decretum*, p. II, cs. 2, q. 5, c. 20 (Frdb 1,462f). Teilweise zitiert wird dieser Brief von Alexander III. bei der Verwerfung von Prüfungen mit Hilfe von glühendem Eisen und ähnlichem in dem Brief "*Constituti a Domino*" an den Erzbischof von Uppsala, 10. Sept. 1171 bzw. 1172 (BullTau 2,736ab / BullCocq 2,412a / PL 200,859A). – *Reg.:* P. Ewald, in: NArch 5 (1879) 406, Nr. 24; JR 3443; BoeW 1,82, Nr. 64.

## Verwerfung von Gottesurteilen

670    Consuluisti de infantibus, qui in uno lecto cum parentibus dormientes mortui reperiuntur, utrum ferro candente aut aqua fervente seu alio quolibet examine parentes se purificare debeant eos non oppressisse. Monendi namque sunt et protestandi parentes, ne tam tenellos secum in uno collocent lecto, ne negligentia qualibet proveniente suffocentur vel opprimantur, unde ipsi homicidii rei inveniantur. Nam ferri candentis vel aquae ferventis examinatione confessionem extorqueri a quolibet sacri non censent canones; et quod sanctorum Patrum documento sancitum non est, superstitiosa adinventione non est praesumendum.

Spontanea enim confessione vel testium approbatione publicata delicta, habito prae oculis Dei timore, commissa sunt regimini nostro iudicare; occulta vero et incognita illius sunt iudicio relinquenda, "qui solus novit corda filiorum hominum" [cf. 3 Rg 8,39].

Hi autem qui probantur vel confitentur talis reatus se noxios, tua eos castiget moderatio, quia si conceptum in utero qui per abortum deleverit, homicida est, quanto magis qui unius saltem diei puerulum peremerit, homicidam se esse excusare nequibit?

Du hast angefragt wegen der kleinen Kinder, die, in einem Bett mit den Eltern schlafend, tot aufgefunden werden, ob die Eltern sich mit Hilfe des glühenden Eisens oder des siedenden Wassers oder irgendeiner anderen Prüfung reinwaschen sollen, sie nicht erdrückt zu haben. Die Eltern sind nämlich zu ermahnen und zu beschwören, daß sie so zarte ⟨Kinder⟩ nicht zu sich in ein Bett legen, damit sie nicht, wenn irgendeine Unvorsichtigkeit unterläuft, erstickt oder erdrückt und sie selbst deshalb des Mordes für schuldig befunden werden. Denn daß mit Hilfe der Prüfung des glühenden Eisens oder des siedenden Wassers von irgend jemand ein Geständnis herausgefoltert wird, billigen die heiligen Kanones nicht; und was durch die Lehre der heiligen Väter nicht festgelegt wurde, soll man sich nicht durch eine abergläubische Erfindung herausnehmen.

Durch freiwilliges Bekenntnis oder den Nachweis von Zeugen bekanntgewordene Vergehen wurden nämlich – da man die Furcht Gottes vor Augen hatte – unserer Leitung zur Aburteilung anvertraut; Verborgenes aber und Unbekanntes ist dem Urteil dessen zu überlassen, "der allein die Herzen der Menschenkinder kennt" [vgl. 1 Kön 8,39].

Diejenigen aber, denen nachgewiesen wird oder die bekennen, daß sie eines solchen Vergehens schuldig ⟨sind⟩, die soll Deine Herrschaft bestrafen; denn wenn ein Mörder ist, wer eine Leibesfrucht im Schoße durch Abtreibung vernichtet hat, um wieviel mehr wird sich ⟨jener⟩ nicht entschuldigen können, ein Mörder zu sein, der ein kleines Kind von wenigstens einem Tag getötet hat?

FORMOSUS: 6. Okt. 891 – 4. April 896
BONIFATIUS VI.: April 896
STEPHAN VI. (VII.): Mai 896 – Aug. 897
ROMANUS: Aug. – Nov. 897
THEODOR II.: Dez. 897
JOHANNES IX.: Jan. 898 – Jan. 900
BENEDIKT IV.: Jan. (Febr.?) 900 – Juli 903
LEO V.: Juli – Sept. 903
SERGIUS III.: 29. Jan. 904 – 14. April 911
ANASTASIUS III.: April 911 – Juni 913
LANDO: Juli 913 – Febr. 914
JOHANNES X.: März 914 – Mai 928

LEO VI.: Mai – Dez. 928
STEPHAN VII. (VIII.): Dez. 928 – Febr. 931
JOHANNES XI.: Febr./März 931 – Dez. 935
LEO VII.: 3. Jan. 936 – 13. Juli 939
STEPHAN VIII. (IX.): 14. Juli 939 – Okt. 942
MARINUS II.: 30. Okt. 942 – Mai 946
AGAPET II.: 10. Mai 946 – Dez. 955
JOHANNES XII.: 16. Dez. 955 – 14. Mai 964
(Wegen der Absetzung Johannes' XII. [4. Dez. 963] und Benedikts V.
[23. Juni 964] ist die Reihe der Päpste gespalten. Da umstritten ist,
welcher Papst jeweils rechtmäßig ist, werden beide ausgewiesen.)
LEO VIII.: 6. (4.?) Dez. 963 – 1. März 965
BENEDIKT V.: 22. Mai 964 – 4. Juli 966
JOHANNES XIII.: 1. Okt. 965 – 6. Sept. 972
BENEDIKT VI.: 19. Jan. 973 – Juni 974
BENEDIKT VII.: Okt. 974 – 10. Juli 983
JOHANNES XIV.: Dez. 983 – 20. Aug. 984

## JOHANNES XV.: Aug. 985 – März 996

**675: Enzyklika "Cum conventus esset" an die Bischöfe und Äbte Frankreichs und Deutschlands, 3. Febr. 993**

Es handelt sich um den ältesten Heiligsprechungsprozeß der Kirche, in dem auf einer Synode im Lateran am 31. Jan 993 Bischof Ulrich von Augsburg/Lech († 973) der Zahl der Heiligen hinzugefügt wurde.
*Ausg.:* BullTau 1,460a / BullCocq 1,288b / MaC 19,170E–171A / HaC 6/I,727CD / PL 137,845D–846A. – *Reg.:* A. Brackmann, *Germania Pontificia* 2/I (Berlin 1923) 30f, Nr.6; JR 3848.

### Heiligenverehrung

(2) ... Communi consilio decrevimus, memoriam illius, id est sancti Udalrici episcopi, affectu piissimo, devotione fidelissima venerandam: quoniam sic adoramus et colimus reliquias martyrum et confessorum, ut eum, cuius martyres et confessores sunt, adoremus; honoramus servos, ut honor redundet in Dominum, qui dixit: "Qui vos recipit, me recipit" [*Mt 10,40*]: ac proinde nos qui fiduciam nostrae iustitiae non habemus, illorum precibus et meritis apud clementissimum Deum iugiter adiuvemur, quia divina saluberrima praecepta, et sanctorum canonum ac venerabilium Patrum instabant efficaciter documenta omnium ecclesiarum pio considerationis intuitu, immo apostolici moderaminis annisu, utilitatum commoditatem atque firmitatis perficere integritatem, quatenus memoria Udalrici iam praefati venerabilis episcopi divino cultui dicata exsistat, et in laudibus Dei devotissime persolvendis semper valeat proficere.

(2) ... Auf gemeinsamen Rat hin haben wir **675** beschlossen, daß das Andenken jenes, nämlich des heiligen Bischofs Ulrich, mit liebevollster Zuneigung und gläubigster Frömmigkeit verehrt werden soll: Denn so beten wir zu den Reliquien der Martyrer und Bekenner und so verehren wir sie, daß wir zu dem, dessen ⟨Blut⟩zeugen und Bekenner sie sind, beten; wir verehren die Diener, damit die Ehre überströme auf den Herrn, der gesagt hat: "Wer euch aufnimmt, nimmt mich auf" [*Mt 10,40*], und daher wir, die wir kein Vertrauen in unsere Gerechtigkeit haben, durch ihre Fürbitten und Verdienste beim gütigsten Gott immerdar Beistand hätten; denn die sehr heilsamen göttlichen Gebote und die Lehren der heiligen Kanones und der ehrwürdigen Väter drängten – in frommem Blick auf die Erwägung aller Kirchen, aber auch durch das Bemühen der apostolischen Leitung – nachdrücklich darauf, die angemessenen Vorteile und das ganze Maß an Festigkeit zu erlangen, damit das Andenken des schon vorher er-

wähnten ehrwürdigen Bischofs Ulrich dem Gottesdienst zugewiesen sei und bei der ehrfürchtigsten Darbringung der Lobpreisungen Gottes stets dienlich sein könne.

GREGOR V.: 3. Mai 996 – 18. Febr. 999
SILVESTER II.: 2. April 999 – 12. Mai 1003
JOHANNES XVII.: Juni – Dez. 1003
JOHANNES XVIII.: Jan. 1004 – Juli 1009
SERGIUS IV.: 31. Juli 1009 – 12. Mai 1012
BENEDIKT VIII.: 18. Mai 1012 – 9. April 1024
JOHANNES XIX.: April/Mai 1024 – 1032
BENEDIKT IX.: 1032 – 1044
(Im Jahre 1044 zum erstenmal abgesetzt; nachdem er später, 1045 und 1047, den Stuhl zum zweiten- und drittenmal wiedererlangt hatte, wurde er erneut abgesetzt.)
SILVESTER III.: 20. Jan. – 10. Febr. 1045
BENEDIKT IX.: 10. April – 1. Mai 1045
GREGOR VI.: 5. Mai 1045 – 20. Dez. 1046
CLEMENS II.: 25. Dez. 1046 – 9. Okt. 1047
BENEDIKT IX.: 8. Nov. 1047 – 17. Juli 1048
DAMASUS II.: 17. Juli – 9. Aug. 1048

## LEO IX.: 12. Febr. 1049 – 19. April 1054

### 680-686: Brief "Congratulamur vehementer" an Petrus, den Patriarchen von Antiochien, 13. April 1053

Petrus von Antiochien hatte von Leo IX. ein Glaubensbekenntnis erbeten und ihm sein eigenes übersandt. Eine ähnliche Sammlung von Glaubensartikeln ist in den *Statuta Ecclesiae Antiqua* (*325) enthalten.
    *Ausg.:* PL 143,771C–773A / C. Will, *Acta et scripta quae de controversiis Ecclesiae Graecae et Latinae saeculi XI compositae exstant* (Leipzig 1861) 170f / MaC 19,662B–663C / HaC 6/I,953C–954D. – *Reg.:* JR 4297 mit Zusätzen.

### *Glaubensbekenntnis*

**680**    Firmiter ... credo sanctam T r i n i t a t e m, Patrem et Filium et Spiritum Sanctum, unum Deum omnipotentem esse, totamque in Trinitate deitatem coessentialem et consubstantialem, coaeternam et coomnipotentem, uniusque voluntatis, potestatis et maiestatis: creatorem omnium creaturarum, ex quo omnia, per quem omnia, in quo omnia [*Rm 11,36*], quae sunt in caelo et in terra, visibilia et invisibilia, Credo etiam singulas quasque in sancta Trinitate personas unum Deum verum, plenum et perfectum.

Ich glaube ... fest, daß die heilige D r e i f a l t i g k e i t, der Vater und der Sohn und der Heilige Geist, e i n allmächtiger Gott ist, und daß die ganze Gottheit in der Dreifaltigkeit wesensgleich und substanzgleich, gleich ewig und gleich allmächtig, e i n e s Willens, e i n e r Macht und e i n e r Erhabenheit ist, Schöpfer aller Geschöpfe, aus dem alles, durch den alles und in dem alles ⟨ist⟩ [*Röm 11,36*], was im Himmel und auf der Erde ist, das Sichtbare und das Unsichtbare. Ich glaube auch, daß die einzelnen Personen in der heiligen Dreifaltigkeit e i n wahrer, vollständiger und vollkommener Gott ⟨sind⟩.

**681**    Credo quoque ipsum Dei Patris F i l i u m, Verbum Dei aeternaliter natum ante omnia tempora de Patre, consubstantialem, coom-

Ich glaube auch, daß der S o h n Gottes, des Vaters, das Wort Gottes, der ewig vor allen Zeiten vom Vater geboren wurde und

nipotentem et coaequalem Patri per omnia in divinitate, temporaliter natum de Spiritu Sancto ex Maria semper virgine, cum anima rationali: duas habentem nativitates, unam ex Patre aeternam, alteram ex matre temporalem: duas voluntates et operationes habentem: Deum verum et hominem verum: proprium in utraque natura atque perfectum: non commixtionem atque divisionem passum, non adoptivum, neque phantasticum: unicum et unum Deum, Filium Dei in duabus naturis, sed in unius personae singularitate: impassibilem et immortalem divinitate, sed in humanitate pro nobis et pro nostra salute passum vera carnis passione et sepultum, ac resurrexisse a mortuis die tertia vera carnis resurrectione: propter quam confirmandam cum discipulis, nulla indigentia cibi, sed sola voluntate et potestate, comedisse: die quadragesimo post resurrectionem cum carne, qua surrexit, et anima ascendisse in caelum et sedere in dextera Patris, inde decimo die misisse Spiritum Sanctum, et inde, sicut ascendit, venturum iudicare vivos et mortuos, et redditurum unicuique secundum opera sua.

Credo etiam Spiritum Sanctum, plenum et perfectum verumque Deum, a Patre et Filio procedentem, coaequalem et coessentialem et coomnipotentem et coaeternum per omnia Patri et Filio, per prophetas locutum.

Hanc sanctam et individuam Trinitatem non tres Deos, sed in tribus personis et in una natura sive essentia unum Deum omnipotentem, aeternum, invisibilem et incommutabilem ita credo et confiteor, ut Patrem ingenitum, Filium unigenitum, Spiritum Sanctum nec genitum nec ingenitum, sed a Patre et Filio procedentem, veraciter praedicem.

dem Vater in allem in der Gottheit wesensgleich, gleich allmächtig und gleichartig ist, selbst zeitlich mit einer vernunftbegabten Seele vom Heiligen Geist aus Maria, der immerwährenden Jungfrau, geboren wurde, zwei Geburten hat, eine ewige aus dem Vater, eine andere zeitliche aus der Mutter; er hat zwei Willen und Tätigkeiten; er ist wahrer Gott und wahrer Mensch, in beiden Naturen ein Eigener und Vollkommener; er erlitt keine Vermischung und Teilung, war nicht Adoptivsohn noch Phantasiegebilde; er, der einzige und eine Gott, ist Sohn Gottes in zwei Naturen, jedoch in der Einzigkeit e i n e r Person; er ist leidensunfähig und unsterblich in der Gottheit, hat aber in der Menschheit für uns und für unser Heil gelitten im wahren Leiden des Fleisches, wurde begraben und ist am dritten Tag auferstanden von den Toten in der wahren Auferstehung des Fleisches; um sie zu bestätigen, hat er mit seinen Jüngern gegessen, nicht aufgrund irgendeines Bedürfnisses nach Speise, sondern allein aufgrund seines Willens und seiner Macht; am vierzigsten Tag nach der Auferstehung ist er mit dem Fleisch, in dem er auferstanden ist, und der Seele in den Himmel hinaufgestiegen und sitzt zur Rechten des Vaters; von dort hat er am zehnten Tag den Heiligen Geist gesandt und von dort wird er, so wie er hinaufgestiegen ist, kommen, Lebende und Tote zu richten, und er wird einem jeden nach seinen Werken vergelten.

Ich glaube auch ⟨an⟩ den Heiligen **682** Geist; ⟨er ist⟩ vollständiger, vollkommener und wahrer Gott; er geht vom Vater und Sohn hervor; er ist in allem dem Vater und dem Sohn gleichartig, wesensgleich, gleich allmächtig und gleich ewig; er hat gesprochen durch die Propheten.

Diese heilige und unteilbare Dreifaltig- **683** keit, nicht drei Götter, sondern in drei Personen und in e i n e r Natur bzw. Wesenheit e i n e n allmächtigen, ewigen, unsichtbaren und unveränderlichen Gott, glaube und bekenne ich so, daß ich wahrhaftig verkünde, daß der Vater ungezeugt ist, der Sohn einziggeboren ist und der Heilige Geist weder gezeugt noch ungezeugt, sondern vom Vater und Sohn hervorgehend ist.

**684**    [*Varia:*] Credo sanctam, catholicam et apostolicam, unam esse veram Ecclesiam, in qua unus datur baptismus et vera omnium remissio peccatorum. Credo etiam veram resurrectionem eiusdem carnis, quam nunc gesto, et vitam aeternam.

**685**    Credo etiam Novi et Veteris Testamenti, legis et Prophetarum et Apostolorum unum esse auctorem, Deum et Dominum omnipotentem. Deum praedestinasse solummodo bona, praescivisse autem bona malaque. Gratiam Dei praevenire et subsequi hominem credo et profiteor, ita tamen, ut liberum arbitrium rationali creaturae non denegem. Animam non esse partem Dei, sed ex nihilo creatam, et absque baptismate originali peccato obnoxiam, credo et praedico.

**686**    Porro anathematizo omnem haeresim extollentem se adversus sanctam Ecclesiam catholicam, pariterque eum, quicunque aliquas scripturas praeter eas, quas catholica Ecclesia recipit, in auctoritate habendas esse crediderit vel veneratus fuerit.

Quattuor Concilia omnimode recipio et velut quattuor evangelia veneror: quia per quattuor partes mundi universalis Ecclesia, in his tanquam in quadro lapide, fundata consistit [*cf. *472*]. ... Pari modo recipio et veneror reliqua tria Concilia. ... Quidquid supradicta septem sancta et universalia Concilia senserunt et collaudaverunt, et sentio et collaudo, et quoscunque anathematizaverunt, anathematizo.

[*Verschiedenes:*] Ich glaube, daß die heilige, katholische und apostolische ⟨Kirche⟩ die eine wahre Kirche ist, in der die eine Taufe und die wahre Vergebung aller Sünden gewährt wird. Ich glaube auch ⟨an⟩ die wahre Auferstehung eben dieses Fleisches, das ich jetzt an mir trage, und das ewige Leben.

Ich glaube auch, daß der allmächtige Gott und Herr der eine Urheber des Neuen und Alten Testamentes, des Gesetzes, der Propheten und der Apostel ist, und daß Gott nur das Gute vorherbestimmt hat, aber das Gute und Schlechte vorhergewußt hat. Ich glaube und bekenne, daß die Gnade Gottes dem Menschen vorausgeht und nachfolgt, jedoch so, daß ich dem vernunftbegabten Geschöpf den freien Willen nicht abspreche. Ich glaube und verkünde, daß die Seele kein Teil Gottes, sondern aus nichts geschaffen und ohne Taufe der Ursünde unterworfen ist.

Fernerhin belege ich jede Häresie mit dem Anathema, die sich gegen die heilige katholische Kirche erhebt, und ebenso jeden, der glaubt, man müsse irgendwelche Schriften außer denen, die die katholische Kirche anerkennt, als verbindlich ansehen, oder ⟨solche Schriften⟩ verehrt.

Die vier Konzilien erkenne ich in jeder Hinsicht an und verehre sie wie die vier Evangelien; denn die allgemeine Kirche steht in den vier Teilen der Welt festgegründet auf diesen wie auf einem viereckigen Stein [*vgl. *472*]. ... In gleicher Weise anerkenne und verehre ich die übrigen drei Konzilien. ... Was auch immer die obengenannten sieben heiligen und allgemeinen Konzilien vertreten und für gut geheißen haben, das vertrete auch ich und heiße es für gut, und wen auch immer sie mit dem Anathema belegt haben, den belege auch ich mit dem Anathema.

### 687-688: Brief "Ad splendidum nitentis" an Petrus Damiani, i. J. 1054

Petrus Damiani hatte ein Leo IX. gewidmetes Werk mit dem Titel *Liber Gomorrhianus* geschrieben (PL 145,159-190), in dem er gegen das "höchst säuische Leben" ("vitam spurcissimam") mancher Kleriker strengste Strafen forderte. Leo IX., der dieser Forderung zustimmte, hinterließ mit diesem Brief ein für die damalige Zeit äußerst seltenes Dokument des kirchlichen Lehramtes über geschlechtliche Verirrungen.

*Ausg.:* MaC 19,686A-C / PL 145,159D-160C (der Brief ist dem Werk des Petrus Damiani vorangestellt). –
*Reg.:* JR 4311.

## Die Schlechtigkeit geschlechtlicher Verirrungen

... Oportet, sicut desideras, Apostolicam Nostram interponamus auctoritatem, quatenus scrupulosam legentibus auferamus dubietatem, et constet omnibus certum, Nostro iudicio placuisse quaecumque continet ipse libellus [*Gomorrhianus*] diabolico igni velut aqua oppositus. Igitur ne caenosae libidinis impunita licentia pervagetur, necesse est Apostolicae severitatis congrua reprehensione refellatur, et tamen aliquod tentamentum in austeritate ponatur.

Ecce omnes illi, qui quavis quattuor generum[1] quae dicta sunt foeditate polluuntur, prospecta aequitatis censura ab omnibus immaculatae Ecclesiae gradibus tam sacrorum canonum quam Nostro iudicio depelluntur. Sed Nos humanius agentes eos qui vel propriis manibus vel inter se egerunt semen, vel etiam inter femora profuderunt, et non longo usu nec cum pluribus, si voluptatem refrenaverint et digna paenitudine probrosa commissa luerint, admitti ad eosdem gradus, in quibus in scelere manentes, non permanentes, fuerant, divinae miserationi confisi, volumus atque etiam iubemus; ablata aliis spe recuperationis sui ordinis, qui vel per longa tempora secum sive cum aliis vel cum pluribus, brevi licet tempore, quolibet duorum foeditatis genere, quae descripseras, maculati vel, quod est horrendum dictu et auditu, in terga prolapsi sunt. Contra quod Nostrum Apostolicae sanctionis decretum si quis ausus fuerit vel iudicare vel latrare, ordinis sui se noverit periculo agere.

... Es ist angebracht, daß Wir, wie Du **687** wünschst, Unsere Apostolische Autorität einsetzen, damit Wir den Lesern ängstlichen Zweifel fortnehmen und für alle sicher feststeht, daß Unserem Urteil alles gefallen hat, was diese Schrift [*der Liber Gomorrhianus*] enthält, die dem teuflischen Feuer wie Wasser entgegengesetzt ist. Damit sich also nicht die Willkür schmutziger Begierde ungestraft verbreite, ist es notwendig, daß sie mit dem angemessenen Tadel Apostolischer Strenge zurückgewiesen und gleichwohl ein Versuch ⟨mit ihnen⟩ in herber Zucht unternommen werde.

Siehe, all jene, die sich durch irgendeine **688** Abscheulichkeit der vier Arten[1], die genannt wurden, beflecken, werden sowohl nach dem Urteil der heiligen Kanones als auch nach Unserem durch die vorgesehene Zensur der Billigkeit von allen Stufen der unbefleckten Kirche vertrieben. Da Wir aber recht milde verfahren, wollen Wir und gebieten auch im Vertrauen auf die göttliche Erbarmung, daß diejenigen, die entweder mit eigenen Händen oder untereinander den Samen zum Ausstoß brachten oder auch zwischen Schenkeln ausströmen ließen, und nicht in langer Gewohnheit sowie nicht mit mehreren, wenn sie die Lust gezügelt und durch eine angemessene Buße die schändlichen Taten gesühnt haben, zu denselben Stufen zugelassen werden, auf denen sie, im Frevel verweilend, nicht für immer verweilend, gewesen waren; den anderen soll die Hoffnung auf Wiedererlangung ihrer Stellung genommen sein, die sich entweder lange Zeit über mit sich oder mit anderen oder mit mehreren – wenn auch nur kurze Zeit – wie auch immer mit einer der zwei Arten abscheulichen Verhaltens, die Du beschrieben hattest, befleckt oder – was schauderhaft zu sagen und zu hören ist – sich auf die Rücken ⟨anderer⟩ geschoben haben. Wer es wagen sollte, gegen dieses Unser Dekret Apostolischer Strafbestimmung entweder zu urteilen oder anzubellen, soll wissen, daß er unter Gefährdung seiner Stellung handelt.

---

**\*688**   [1]   Petrus Damiani unterscheidet "vier unterschiedliche Weisen" (Kap. 1: PL 145,161C): "die einen verfehlen sich nämlich wider die Natur mit sich selbst, andere mit den Händen anderer, andere zwischen den Schenkeln, andere schließlich durch den Vollzug des Aktes" ("alii siquidem secum, alii aliorum manibus, alii inter femora, alii denique consummato actu contra delinquunt").

STEPHAN IX. (X.): 3. Aug. 1057 – 29 März 1058
VICTOR II.: 16. April 1055 – 28. Juli 1057
STEPHAN IX. (X.): 3. Aug. 1057 – 29. März 1058

## NIKOLAUS II.: 6. Dez. 1058 – 27. Juli 1061

**690: Synode von ROM, i. J. 1059**

Berengar von Tours war schon zuvor auf mehreren Synoden verurteilt worden: 1050 auf Synoden in Rom und Vercelli, 1051 in Paris, 1054 auf einer Synode in Tours. Die im folgenden angeführte, auf der Synode in Rom 1059 unterschriebene Formel hatte Kardinal Humbert von Silva Candida verfaßt. Schon bald fiel Berengar von diesem Glauben aber wieder ab, so daß er 1078 und 1079 vor Gregor VII. erneut ein Glaubenbekenntnis ablegen mußte (vgl. *700).

*Ausg.:* MaC 19,900A-C / HaC 6/I, 1064CD / PL 150,410D–411A ( = Lanfranc von Canterbury, *Liber de corpore et sanguine Domini adversus Berengarium Turonensem* 2) / Gratian, *Decretum*, p. III, dist. 2, c. 42 (Frdb 1,1328f).

*Das Berengar vorgeschriebene Bekenntnis des Glaubens an die Eucharistie*

**690**    Ego Berengarius ... cognoscens veram et apostolicam fidem, anathematizo omnem haeresim, praecipue eam, de qua hactenus infamatus sum: quae adstruere conatur, panem et vinum, quae in altari ponuntur, post consecrationem solummodo sacramentum, et non verum corpus et sanguinem Domini nostri Iesu Christi esse, nec posse sensualiter, nisi in solo sacramento, manibus sacerdotum tractari vel frangi vel fidelium dentibus atteri. Consentio autem sanctae Romanae Ecclesiae et Apostolicae Sedi, et ore et corde profiteor de sacramento dominicae mensae eam fidem me tenere, quam dominus et venerabilis papa Nicolaus et haec sancta Synodus auctoritate evangelica et apostolica tenendam tradidit mihique firmavit: scilicet panem et vinum, quae in altari ponuntur, post consecrationem non solum sacramentum, sed etiam verum corpus et sanguinem Domini nostri Iesu Christi esse, et sensualiter, non solum sacramento, sed in veritate, manibus sacerdotum tractari et frangi et fidelium dentibus atteri, iurans per sanctam et homousion Trinitatem et per haec sacrosancta Christi evangelia. Eos vero, qui contra hanc fidem venerint, cum dogmatibus et sectatoribus suis, aeterno anathemate dignos esse pronuntio.

Ich, Berengar, ... erkenne den wahren und apostolischen Glauben und belege jede Häresie mit dem Anathema, insbesondere jene, deretwegen ich bisher beschuldigt wurde: sie wagt zu behaupten, das Brot und der Wein, die auf den Altar gelegt werden, seien nach der Konsekration lediglich ein Sakrament und nicht der wahre Leib und das wahre Blut unseres Herrn Jesus Christus; auch könnten sie nicht sinnenhaft – es sei denn allein im Sakrament – mit den Händen der Priester berührt oder gebrochen oder mit den Zähnen der Gläubigen zerrieben werden. Ich stimme aber der heiligen Römischen Kirche und dem Apostolischen Stuhl zu und bekenne mit Mund und Herz, daß ich in bezug auf das Sakrament des Herrenmahles jenen Glauben festhalte, den der Herr und ehrwürdige Papst Nikolaus und diese heilige Synode kraft evangelischer und apostolischer Autorität festzuhalten überliefert und mir bestätigt hat: daß nämlich das Brot und der Wein, die auf den Altar gelegt werden, nach der Konsekration nicht nur ein Sakrament, sondern auch der wahre Leib und das wahre Blut unseres Herrn Jesus Christus sind und sinnenhaft – nicht nur im Sakrament, sondern in Wahrheit – mit den Händen der Priester berührt und gebrochen und mit den Zähnen der Gläubigen zerrieben werden; ⟨dies⟩ beschwöre ich bei der heiligen und wesensgleichen Dreifaltigkeit und bei diesen hochheiligen Evangelien Christi. Diejenigen aber, die gegen diesen Glauben auftreten, sind so

verkünde ich, mitsamt ihren Lehren und Anhängern des ewigen Anathemas würdig.

### 691-694: Synode im LATERAN, April 1060

Bei der Beurteilung der Simonie, die schon auf dem Konzil von Chalkedon, Kap. 2 (\*304) und in den
*Canones Apostolorum* 30 bekämpft wurde, kam vom 10. Jahrhundert an eine neue Überlegung hinzu, die
immer mehr Gewicht erhielt: die Frage, ob Weihen von Simonisten gültig seien oder nicht. Stimmführer
derer, die dies verneinten, war damals Kardinal Humbert von Silva Candida, der großen Einfluß auf
Leo IX. hatte. Auf der anderen Seite verteidigte insbesondere Petrus Damiani die Gültigkeit, wobei er sich
auf das von Augustinus ausgebildete und bei der Häretikertaufe angewandte Prinzip berief. Die Dokumente
der Päpste in dieser Sache widerstreiten einander. Entsprechend ist die Handauflegung bei der Wiederaufnahme von Simonisten hinsichtlich der Frage zu beurteilen, ob sie ein reiner Ritus der Wiederversöhnung
(so vermutlich \*694) oder eine Weihe ist.
 *Ausg.* [*\*691-694*]: L. Weiland: MGH Constitutiones et Acta publica imperatorum et regum ( = Leges IV)
1 (Hannover 1893) 550f. - [*\*691-693, wiederholt auf der Lateransynode 1063*]: MaC 19,899B-D 1024D-
1025A. - [*\*694*]: MaC 19,906BC / HaC 6/I, 1063D-1064A 1138E-1139B; 1068BC. - [*\*691 und 693; 694*]:
Gratian, *Decretum*, p. II, cs. 1, q. 1, c. 109f; c. 107 (Frdb 1,401 400).

*Simonistische Weihen*

Dominus papa Nicolaus synodo in basilica Constantiniana praesidens dixit: (§ 1) Erga
simoniacos nullam misericordiam in dignitate servanda habendam esse decernimus; sed
iuxta canonum sanctiones et decreta sanctorum Patrum eos omnino damnamus, ac de-
ponendos esse apostolica auctoritate sancimus.

(§ 2) De iis autem, qui non per pecuniam,
sed gratis sunt a simoniacis ordinati, quia
quaestio a longo tempore est diutius ventila-
ta, omnem nodum dubietatis absolvimus: ita
ut super hoc capitulo neminem deinceps ambigere permittamus. ... Eos, qui usque modo
gratis sunt a simoniacis consecrati, ... in acceptis ordinibus manere permittimus ... .

Ita tamen auctoritate sanctorum Apostolorum Petri et Pauli omnimodis interdicimus,
ne aliquando aliquis successorum Nostrorum
ex hac Nostra permissione regulam sibi vel
alicui assumat vel praefigat: quia non hoc
auctoritas antiquorum Patrum iubendo aut
concedendo promulgavit, sed temporis nimia
necessitas permittendum a Nobis extorsit.

(§ 3) De cetero autem si quis hinc in posterum ab eo, quem simoniacum esse non dubitat, se consecrari permiserit, et consecrator
et consecratus non disparem damnationis

Der Herr Papst Nikolaus, der der Synode **691**
in der konstantinischen Basilika vorsaß, sagte: (§ 1) Wir entscheiden, daß gegenüber Simonisten hinsichtlich der Bewahrung ihrer
Stellung keine Barmherzigkeit zu üben ist;
vielmehr verurteilen wir sie völlig gemäß den
Sanktionen der Kanones und den Dekreten
der heiligen Väter und bestimmen kraft apostolischer Autorität, daß sie abzusetzen sind.

(§ 2) Was aber die betrifft, die nicht für **692**
Geld, sondern unentgeltlich von Simonisten
geweiht wurden – denn ⟨diese⟩ Frage wurde
schon seit geraumer Zeit länger erörtert –, so
lösen wir jeden Knoten von Zweifel auf, so
daß Wir nicht zulassen, daß künftig noch irgend jemand in bezug auf dieses Kapitel
Zweifel hegt. ... Wir erlauben, daß diejenigen,
die bis jetzt unentgeltlich von Simonisten geweiht wurden, ... in den empfangenen Weihen bleiben ... .

So jedoch untersagen Wir kraft der Autorität der heiligen Apostel Petrus und Paulus
auf alle Weise, daß keiner Unserer Nachfolger einmal aufgrund dieser Unserer Erlaubnis für sich oder irgend jemand eine Regel
ableite oder aufstelle: denn dies hat nicht die
Autorität der alten Väter durch Geheiß oder
Zugeständnis verkündet, sondern die allzu
große Not der Zeit hat uns abgerungen, es zu
erlauben.

(§ 3) Wenn sich im übrigen aber einer von **693**
nun an künftig von jemandem weihen läßt,
von dem er nicht zweifelt, daß er ein Simo-
nist ist, so soll sowohl der Weihende als auch

315

sententiam subeat, sed uterque depositus paenitentiam agat et privatus a propria dignitate persistat.

**694**      (§ 5) Nicolaus episcopus episcopis omnibus: Statuimus decretum de simoniaca tripartita haeresi, id est de simoniacis simoniace ordinatoribus vel ordinatis, et de simoniacis simoniace a non simoniacis, et simoniacis non simoniace a simoniacis:

Simoniaci simoniace ordinati vel ordinatores secundum ecclesiasticos canones a proprio gradu decidant. Simoniaci quoque simoniace a non simoniacis ordinati similiter ab officio male accepto removeantur. Simoniacos autem non simoniace a simoniacis ordinatos misericorditer per manus impositionem pro temporis necessitate concedimus in officio permanere.

der Geweihte keinem ungleichen Urteilsspruch unterliegen, sondern beide sollen, ihres Amtes enthoben, Buße tun und ihrer eigenen Würde beraubt bleiben.

(§ 5) Bischof Nikolaus an alle Bischöfe: Wir haben ein Dekret über die dreigeteilte simonistische Häresie erlassen, nämlich über Simonisten, die auf simonistische Weise weihen oder geweiht wurden, über Simonisten, die auf simonistische Weise von Nicht-Simonisten ⟨geweiht wurden⟩, und Simonisten, die nicht auf simonistische Weise von Simonisten ⟨geweiht wurden⟩:

Simonisten, die auf simonistische Weise geweiht wurden oder weihen, sollen gemäß den kirchlichen Kanones ihre eigene Stellung einbüßen. Auch Simonisten, die auf simonistische Weise von Nicht-Simonisten geweiht wurden, sollen ebenso aus dem in übler Weise erlangten Amt entfernt werden. Simonisten aber, die nicht auf simonistische Weise von Simonisten geweiht wurden, dürfen, wie wir angesichts der Not der Zeit barmherzig zugestehen, durch Handauflegung im Amte bleiben.

## ALEXANDER II.: 1. Okt. 1061 – 21. April 1073

### 695: Brief "Super causas" an Bischof Reinald von Como, i. J. 1063

*Ausg.:* MaC 19,983BC / PL 146,1406C-1407A ( = Brief 122); 161,695B ( = Ivo von Chartres, *Decretum*, p. X, c. 15). – *Reg.:* JR 4505; P. Ewald, in: NArch 5 (1880) 337 ( = Alexander, Brief 49).

*Verwerfung von Gottesurteilen*

**695**      Super causas *Guillandi* [Gissandi] presbyteri tui de morte episcopi sui, praedecessoris tui, infamati, in medium consuluimus. ... Si certi accusatores defuerint, tunc dictante iustitia, sine omni controversia, presbyter quaecumque ob hoc iniuste amisit, ac sacerdotium accipiat et integra beneficia, purgationem tamen antea, duobus sibi sacerdotibus iunctis, ubi accusator cessaverit, eumdem ex se praebere tuo committimus arbitrio.

Vulgarem denique ac nulla canonica sanctione fultam legem, ferventis scilicet sive frigidae aquae ignitique ferri contactum aut

Über die Angelegenheit Deines Priesters *Guillandus* [Gisandus], der der Tötung seines Bischofs, Deines Vorgängers, verdächtigt wurde, haben Wir öffentlich beraten. ... Wenn zuverlässige Ankläger fehlen, dann soll der Priester auf Geheiß der Gerechtigkeit ohne jede Auseinandersetzung alles, was er deswegen zu Unrecht verloren hat, sowohl das Priesteramt als auch die vollständigen Pfründen ⟨wieder⟩ erhalten; Deinem Gutdünken überlassen Wir es jedoch, daß ebendieser zuvor zwei ihm verbundenen Priestern, wenn ein Ankläger ausgeblieben ist, von sich aus eine Rechtfertigung liefert.

Schließlich wollen Wir, daß Du das volkstümliche und durch keine kanonische Strafbestimmung gestützte Gesetz, nämlich die

cuiuslibet popularis inventionis (quia fabricante haec sunt omnino ficta invidia) nec ipsum exhibere nec aliquo te modo volumus postulare, immo apostolica auctoritate prohibemus firmissime.

Berührung kochenden bzw. eiskalten Wassers und glühenden Eisens oder irgendeiner Erfindung des Volkes (denn dies sind gänzlich Erdichtungen, wobei Mißgunst am Werk ist) weder selbst anwendest noch in irgendeiner Weise forderst, ja, Wir verbieten es sogar kraft apostolischer Autorität nachdrücklichst.

## 698: Brief "Licet ex" an Fürst Landulf von Benevent, i. J. 1065

*Ausg.:* S. Löwenfeld, a. *668° a.O. 52 Nr. 105 ( = *Collectio Britannica*, Brief 39). – *Reg.:* JR 4581; P. Ewald, in: NArch 5 (1880) 336 ( = Alexander, Brief 39).

*Toleranz gegenüber der religiösen Überzeugung anderer*

Licet ex devotionis studio non dubitamus procedere, quod nobilitas tua Iudaeos ad christianitatis cultum disponit adducere, tamen quia id inordinato videris studio agere, necessarium duximus, admonendo tibi litteras nostras dirigere. Dominus enim noster Iesus Christus nullum legitur ad sui servitium violenter coegisse, sed humili exhortatione, reservata unicuique proprii arbitrii libertate, quoscumque ad vitam praedestinavit aeternam non iudicando, sed proprium sanguinem fundendo ab errore revocasse. ...

Item beatus Gregorius, ne eadem gens ad fidem violentia trahatur, in quadam sua epistola interdicit[1].

Auch wenn Wir nicht daran zweifeln, daß **698** aus dem Eifer der Frömmigkeit hervorgeht, daß Euer Hochwohlgeboren anordnet, die Juden zum Kult der Christenheit hinzuführen, hielten Wir es dennoch, weil Du dies in ungebührlichem Eifer zu betreiben scheinst, für notwendig, Dir zur Ermahnung Unseren Brief zu senden. Unser Herr Jesus Christus hat nämlich, wie man liest, keinen gewaltsam zu seinem Dienst gezwungen, sondern durch demütige Ermahnung – wobei einem jeden die Freiheit der eigenen Entscheidung vorbehalten blieb – alle, die er zum ewigen Leben vorherbestimmte, nicht durch Richten, sondern durch Vergießen seines eigenen Blutes vom Irrtum zurückgerufen. ...

Desgleichen untersagt der selige Gregor in einem seiner Briefe, daß ebendieses Volk mit Gewalt zum Glauben gezerrt werde[1].

## GREGOR VII.: 22. April 1073 – 25. Mai 1085

## 700: Synode von ROM: Glaubensbekenntnis Berengars von Tours, 11. Febr. 1079

Vgl. *690. – *Ausg.:* E. Caspar, *Das Register Gregors VII.* 2 (Berlin 1923) 426f ( = Gregor, Register VI 17a) / MaC 20,524DE / HaC 6/I,1585B / PL 148,811CD ( = 6. Synode von Rom); 150,411BC ( = Lanfranc von Canterbury, *Liber de corpore et sanguine Domini* 2). – *Reg.:* JR nach 5102.

---

**\*698**  [1]  Mehrere Briefe Gregors I. in dieser Sache können angeführt werden: vgl. insbesondere *480; außerdem die Briefe *"Scribendi"* an die Bischöfe Virgilius von Arles und Theodor von Marseille vom 3. Juni 591 und *"Supplicaverunt"* an die Bischöfe Bacaudas und Agnellus vom Sept. oder Okt. 591 (MGH Epistulae I 71f 105 / PL 77,509–511 457). Nicht alle Päpste sind dieser Auffassung gefolgt. Zu den betrüblichsten Dokumenten gehört die Konstitution Pauls IV. *"Cum nimis absurdum"* vom 14. Juli 1555, mit der er unter anderem in Rom das "Ghetto" der Juden einrichtete (BullTau 6,498f). Mit dieser Auffassung Gregors I. läßt sich nicht vereinbaren, daß Juden gezwungen wurden, ihnen predigenden Theologen zuzuhören (vgl. Gregor XIII., *"Sancta Mater"*, 1. Sept. 1584: BullTau 8, 487f).

## Die eucharistische Gegenwart Christi

**700**      Ego Berengarius corde credo et ore confiteor, panem et vinum, quae ponuntur in altari, per mysterium sacrae orationis et verba nostri Redemptoris substantialiter converti in veram et propriam ac vivificatricem carnem et sanguinem Iesu Christi Domini nostri et post consecrationem esse verum Christi corpus, quod natum est de Virgine et quod pro salute mundi oblatum in cruce pependit, et quod sedet ad dexteram Patris, et verum sanguinem Christi, qui de latere eius effusus est, non tantum per signum et virtutem sacramenti, sed in proprietate naturae et veritate substantiae. Sicut in hoc Brevi continetur et ego legi et vos intelligitis, sic credo, nec contra hanc fidem ulterius docebo. Sic me Deus adiuvet et haec sancta Dei Evangelia.

Ich, Berengar, glaube von Herzen und bekenne mit dem Mund, daß das Brot und der Wein, die auf den Altar gelegt werden, durch das Geheimnis des heiligen Gebetes und die Worte unseres Erlösers substanzhaft in das wahre, eigene und lebendigmachende Fleisch und Blut unseres Herrn Jesus Christus verwandelt werden und nach der Konsekration der wahre Leib Christi, der von der Jungfrau geboren wurde, der, für das Heil der Welt geopfert, am Kreuze hing und der zur Rechten des Vaters sitzt, und das wahre Blut Christi sind, das aus seiner Seite vergossen wurde, nicht nur durch das Zeichen und die Kraft des Sakramentes, sondern in der Eigentlichkeit der Natur und der Wahrheit der Substanz. Wie es in diesem Breve enthalten ist, ich es gelesen habe und Ihr es versteht, so glaube ich und werde künftig nicht mehr gegen diesen Glauben lehren. So ⟨wahr⟩ mir Gott helfe und diese heiligen Evangelien Gottes.

VICTOR III.: 24. Mai 1086 – 16. Sept. 1087

## URBAN II.: 12. März 1088 – 29. Juli 1099

**701: Brief "Debent subditi" an Bischof Petrus von Pistoia und Abt Rusticus von Vallombrosa, i. J. 1088**

Dieser Brief ist ein wichtiges Dokument in der Frage der "Reordination" bzw. "Wiederweihe". Erzbischof Wezelo (bzw. Guezelo und anders) von Mainz, der selbst von Häretikern geweiht worden war, konnte nach Auffassung Papst Urbans keine Weihen gültig erteilen. Deshalb wurde die Dai[m]bert von Wezelo gespendete Weihe als ungültig betrachtet. Der Papst selbst erteilte ihm schließlich die Diakonatsweihe.

*Ausg.:* S. Löwenfeld, a. *668° a.O. 61f ( = *Collectio Britannica*, Urban, Brief 30) / PL 161,1148CD ( = Ivo von Chartres, *Panormia* III 81) / Ph. Jaffé, *Monumenta Moguntina* (vgl. *580°) 373, Nr. 30 / Gratian, *Decretum*, p. 1, cs. 1, q. 7, c. 24 (Frdb 1,436f). – *Reg.:* JR 5383; P. Ewald, in: NArch 5 (1880) 360f, Nr.30; BoeW 1,223, Nr. 22 (vgl. Nr. 6 und 7).

## Die Ungültigkeit der von einem Simonisten empfangenen Weihe

**701**      ... Daibertum a Guezelone licet simoniaco non simoniace eiusdem confessione reperimus in diaconum ordinatum, et beati Innocentii papae sententia constat declaratum, quod Guezelon haereticus, quem constat ab haereticis ordinatum, quia nihil habuit, dare nihil potuit ei, cui manus imposuit. Nos igitur tanti Pontificis auctoritate firmati, Damasi papae testimonio roborati, qui ait: "Reiterari oportere, quod male actum est", Daibertum, ab haereticis corpore et spiritu

... Daibert wurde, wie Wir durch sein Geständnis erfahren haben, zwar vom Simonisten Guezelo, ⟨aber⟩ nicht auf simonistische Weise zum Diakon geweiht, und durch den Spruch des seligen Papstes Innozenz wurde bekanntlich erklärt, daß Guezelo als Häretiker, der bekanntlich von Häretikern geweiht wurde, weil er nichts hatte, dem nichts geben konnte, dem er die Hände auflegte. Durch die Autorität dieses so großen Papstes bestärkt und durch das Zeugnis des Papstes Da-

digressum atque utilitati Ecclesiae pro viribus insudantem, ex integro, Ecclesiae necessitate ingruente, diaconum constituimus. Quod non reiterationem existimari censemus, sed tantum integram diaconii dationem, quoniam quidem, ut praediximus, qui nihil habuit, nihil dare potuit.

masus bestätigt, der sagt: "Man muß wiederholen, was falsch gemacht wurde", setzen Wir also Daibert, der sich von den Häretikern nach Leib und Geist abgewandt hat und sich nach Kräften zum Nutzen der Kirche abrackert, ganz von neuem als Diakon ein, da die Not der Kirche drängt. Dies darf, so meinen Wir, nicht als Wiederholung angesehen werden, sondern nur als uneingeschränkte Verleihung des Diakonats, da ja, wie Wir vorhin sagten, wer nichts hatte, nichts geben konnte.

### 702: Brief "Gaudemus filii" an Lanzo, Rudolf u. a., 1. Febr. 1091

Der Trierer Erzdiakon Poppo, der designierte Nachfolger Bischof Hermanns von Metz, war vom schismatischen Trierer Erzbischof Egelbert, der zur Partei des Gegenpapstes Clemens III. und Kaiser Heinrichs IV. gehörte, zum Diakon geweiht worden.
*Ausg.:* MaC 20,706A / PL 151,327CD ( = Brief 47). – *Reg.:* JR 5442.

*Die Ungültigkeit der von einem Simonisten empfangenen Weihe*

Illud sane omni modo requirendum est, utrum [*Poppo*] per manus Trevirensis illius dicti archiepiscopi simoniace fuerit in diaconem ordinatus. Quidquid enim ab eo extraordinarie indigneque suscepit, Nos Sancti Spiritus iudicio irritum esse censemus, ut eosdem ordines ab aliquo sortiatur episcopo catholico praesenti auctoritate praecipimus. Talis enim ordinator, cum nihil habuerit, dare nihil potuit.

Jenes freilich ist unbedingt zu untersu- 702 chen, ob [*Poppo*] durch die Hände jenes besagten Trierer Erzbischofs auf simonistische Weise zum Diakon geweiht wurde. Alles nämlich, was er von ihm in außerordentlicher Weise und unwürdig empfangen hat, halten Wir nach dem Urteil des Heiligen Geistes für ungültig, und Wir gebieten kraft der ⟨in uns⟩ gegenwärtigen Autorität, daß er ebendiese Weihen von irgendeinem katholischen Bischof empfange. Ein solcher Weihespender nämlich konnte, da er nichts hatte, nichts geben.

### 703: Synode von BENEVENT, begonnen am 18. März 1091

*Ausg.:* MaC 20,738E / vgl. Gratian, *Decretum*, p. I, dist. 60, c. 4 (Frdb 1,227). – *Reg.:* JR nach 5444.

*Der sakramentale Charakter des Diakonats*

Can. 1. Nullus deinceps in episcopum eligatur, nisi qui in sacris ordinibus religiose inventus est. Sacros autem ordines dicimus diaconatum ac presbyteratum. Hos siquidem solos primitiva legitur Ecclesia habuisse; super his solum praeceptum habemus Apostoli.

Kan. 1. Keiner darf künftig zum Bischof 703 erwählt werden, wenn er sich nicht in den heiligen Weihen fromm befunden hat. Heilige Weihen aber nennen wir den Diakonat und das Priesteramt. Diese nämlich allein hat, wie man liest, die Urkirche gehabt; für sie allein haben wir ein Gebot des Apostels.

# PASCHALIS II.: 14. Aug. 1099 – 21. Jan. 1118

## 704: Synode im LATERAN, Fastenzeit 1102

Die Synode, auf der Bischöfe aus Italien und Deutschland vertreten waren, verhandelte über den Gottesfrieden und über Kaiser Heinrich IV., den Gegenspieler des Papstes im Investiturstreit. Sie schrieb allen Metropoliten der Westkirche das folgende Formular vor.
*Ausg.:* MaC 20,1147CD / HaC 6/II, 1863A.

### Der Gehorsam gegenüber der Kirche

704    Anathematizo omnem haeresim et praecipue eam, quae statum praesentis Ecclesiae perturbat, quae docet et adstruit: anathema contemnendum et Ecclesiae ligamenta spernenda esse. Promitto autem oboedientiam Apostolicae Sedis Pontifici Domino Paschali eiusque successoribus sub testimonio Christi et Ecclesiae, affirmans quod affirmat, damnans quod damnat sancta et universalis Ecclesia.

Ich belege jede Häresie und vor allem diejenige mit dem Anathema, die den Zustand der gegenwärtigen Kirche in Unordnung bringt, die lehrt und behauptet, man solle sich über ein Anathema hinwegsetzen und die Bindungen von seiten der Kirche mißachten. Ich verspreche aber dem Bischof des Apostolischen Stuhles, dem Herrn Paschalis und seinen Nachfolgern unter der Zeugenschaft Christi und der Kirche Gehorsam, indem ich bejahe, was die heilige und allgemeine Kirche bejaht, und verurteile, was sie verurteilt.

## 705: Synode von GUASTALLA, 22. Okt. 1106

Vom Papst selbst in Guastalla (zwischen Verona und Mantua) abgehalten.
*Ausg.:* L. Weiland: MGH Constitutiones et Acta publica imperatorum et regum ( = Leges IV) 1 (Hannover 1893) 565 / MaC 20,1209E–1210D / HaC 6/II, 1883A.

### Häretische und simonistische Weihen

705    (4) Per multos iam annos regni Teutonici latitudo ab Apostolicae Sedis unitate divisa est. In quo nimirum schismate tantum periculum factum est, ut, quod eum dolore dicimus, vix pauci sacerdotes aut clerici catholici in tanta terrarum latitudine reperiantur. Tot igitur filiis in hac strage iacentibus, christianae pacis necessitas exigit, ut super hos materna Ecclesiae viscera aperiantur.

(4) Schon viele Jahre hindurch ist das ausgedehnte deutsche Reich von der Einheit des Apostolischen Stuhles getrennt. In diesem Schisma ist freilich die Gefahr so groß geworden, daß man – das sagen wir mit Schmerzen – in so ausgedehnten Ländern kaum noch wenige katholische Priester oder Kleriker findet. Da also so viele Söhne in dieser Verheerung darniederliegen, erfordert es die Notwendigkeit des christlichen Friedens, daß sich das mütterliche Herz der Kirche über sie auftue.

Patrum itaque nostrorum exemplis et script[ur]is instructi, qui diversis temporibus Novatianos, Donatistas et alios haereticos in suis ordinibus susceperunt: praefati regni episcopos in schismate ordinatos, nisi aut invasores aut simoniaci aut criminosi comprobentur, in officio episcopali suscipimus. Id ipsum de clericis cuiuscumque ordinis constituimus, quos vita scientiaque commendat.

Durch die Beispiele und Schriften unserer Väter belehrt, die zu verschiedenen Zeiten Novatianer, Donatisten und andere Häretiker in ihren Ämtern aufgenommen haben, nehmen wir deshalb die im Schisma geweihten Bischöfe des vorher genannten Reiches im bischöflichen Amte auf, wenn sie sich nicht als Eindringlinge, Simonisten oder Verbrecher erweisen. Dasselbe bestimmen wir in bezug auf die Kleriker jedweden Standes, die Leben und Bildung empfehlen.

## 706-708: Synode im LATERAN, 7. März 1110

Kan. 10 dieser Synode umfaßt die Kap. 1, 2 und 4 der vom 1.-7. März 1095 unter Vorsitz Urbans II. abgehaltenen Synode von Piacenza. Kan. 15 entspricht Kap. 13 der Synode von 1095.
　　*Ausg. [alles als Synode im Lateran]:* J. von Pflugk-Harttung, *Acta Pontificum Romanorum inedita* 2 (Stuttgart 1884) 197f (Nr. 238). - [*nur *706*]: Weiland, a. *705° a.O. 569₃f ( = Kan. 4 der Lateransynode) / MaC 21,9A. - [**707f, als Synode von Piacenza*]: Weiland, a.a.O. 561₁₃₋₂₃ 563₈f / MaC 20,805A-C 806D.

### Beraubung Schiffbrüchiger und Simonie

Can. 9 (*al.* 4). Quicumque res naufragorum diripiunt, ut raptores et fratrum necatores ab Ecclesiae liminibus excludantur.

Kan. 9 (*and.* 4). Wer die Habe Schiffbrüchiger raubt, soll als Räuber und Brudermörder von den Pforten der Kirche ausgeschlossen werden. **706**

Can. 10 (1). Quae de simoniacis statuta sunt, Nos quoque Sancti Spiritus iudicio ex apostolica auctoritate firmamus. (2) Quidquid igitur vel in sacris ordinibus vel in ecclesiasticis rebus data vel promissa pecunia, acquisitum est, Nos irritum esse et nullas umquam vires obtinere censemus. (4) Qui vero scienter se a simoniacis consecrari, immo exsecrari passi sunt, eorum consecrationem omnino irritam decernimus.

Kan. 10 (*Synode von Piacenza* 1). Was über die Simonisten festgelegt wurde, bekräftigen auch Wir nach dem Urteil des Heiligen Geistes aufgrund apostolischer Autorität. (2) Alles also, was bei heiligen Weihen oder in kirchlichen Angelegenheiten erlangt wurde, indem Geld gegeben oder versprochen wurde, ist, wie wir beschließen, ungültig und hat niemals irgendwelche Rechtskraft. (4) Wer aber wissentlich geduldet hat, von Simonisten geweiht, oder besser gesagt: entweiht zu werden, dessen Weihe erklären wir für völlig ungültig. **707**

Can. 15 (13). Illud quoque praecipimus, quod pro chrismate, baptismo et sepultura nihil umquam exigatur.

Kan. 15 (*Synode von Piacenza* 13). Auch jenes gebieten wir, daß für Chrisam, Taufe und Begräbnis niemals etwas gefordert werde. **708**

GELASIUS II.: 24. Jan. 1118 - 28. Jan. 1119

## CALIXTUS II.: 2. Febr. 1119 - 13. Dez. 1124

## 1. Konzil im LATERAN (9. ökum.): 18.-27. März (6. April ?) 1123

Das Konzil hat unter anderem Gesetze gegen die Laieninvestitur und für eine Reform des Klerus verabschiedet. Sein ökumenischer Charakter wird vielfach in Zweifel gezogen, Akten fehlen. Die nur in Kanonessammlungen überlieferten Gesetze handeln vor allem von der Laieninvestitur. Dabei beansprucht Kan. 4 (and. 8-9; *712) Freiheit für die Kirche.
　　*Ausg.:* L. Weiland, a. *705° a.O. 575 / MaC 21,282B-E / HaC 6/II,1111C-E / COeD³ 190f.

### 710-712: Kanones, 27. März 1123

### Simonie, Zölibat, Investitur

Can. 1. "Sanctorum Patrum exempla sequentes" et officii nostri debita innovantes, "ordinari quemquam per pecuniam in Ecclesia Dei vel promoveri, auctoritate Sedis Apostolicae modis omnibus prohibemus. Si quis

Kan. 1. "Dem Beispiel der heiligen Väter folgend" und die Pflichten unseres Amtes erneuernd, "verbieten wir kraft der Autorität des Apostolischen Stuhles auf jede Weise, daß irgend jemand in der Kirche Gottes ge- **710**

vero in Ecclesia ordinationem vel promotionem taliter acquisierit, acquisita prorsus careat dignitate"[1].

**711**    Can. 3 (*al.* 7). Presbyteris, diaconibus vel subdiaconibus concubinarum et uxorum contubernia penitus interdicimus et aliarum mulierum cohabitationem, praeter quas Synodus Nicaena [*can. 3*][1] propter solas necessitudinum causas habitare permisit, videlicet matrem, sororem, amitam vel materteram aut alias huiusmodi, de quibus nulla valeat iuste suspicio oriri[2].

**712**    Can. 4 (*al.* 8). Praeterea iuxta beatissimi Stephani papae sanctionem[1] statuimus, ut laici, quamvis religiosi sint, nullam tamen de ecclesiasticis rebus aliquid disponendi habeant facultatem; sed secundum *Apostolorum Canones* [*can. 38, al. 39*][2] omnium negotiorum ecclesiasticorum curam episcopus habeat et ea velut Deo contemplante dispenset. (*Al.* can. 9) Si quis ergo principum aut laicorum aliorum dispensationem vel donationem rerum sive possessionum ecclesiasticarum sibi vindicaverit, ut sacrilegus iudicetur.

gen Geld geweiht oder befördert werde. Wer aber in der Kirche eine Weihe oder Beförderung auf eine solche Weise erlangt hat, soll der erlangten Würde völlig verlustig gehen"[1].

Kan. 3 (*and.* 7). Priestern, Diakonen und Subdiakonen untersagen wir strengstens das Zusammenleben mit Konkubinen und Ehefrauen sowie das Zusammenwohnen mit anderen Frauen, außer denen, welchen das Konzil von Nikaia [*Kan. 3*][1] allein aus Gründen verwandtschaftlicher Beziehungen zu wohnen erlaubte, nämlich der Mutter, der Schwester, der Tante väterlicher- und mütterlicherseits oder anderen solchen, deretwegen kein begründeter Verdacht entstehen kann[2].

Kan. 4 (*and.* 8). Außerdem legen wir entsprechend der Verordnung des seligsten Papstes Stephan[1] fest, daß Laien, auch wenn sie Ordensleute sind, dennoch keine Verfügungsgewalt über kirchliche Güter haben; vielmehr soll gemäß den *Canones Apostolorum* [*Kan. 38, and. 39*][2] der Bischof die Sorge für alle kirchlichen Angelegenheiten haben und sie verwalten, wie wenn Gott zuschaute. (*And.* Kan. 9) Wer also von den Fürsten oder anderen Laien die Verwaltung und Übertragung kirchlicher Güter oder Besitztümer für sich beansprucht, soll als Religionsfrevler angesehen werden.

HONORIUS II.: 15. Dez. 1124 – 13. Febr. 1130

## INNOZENZ II.: 14. Febr. 1130 – 24. Sept. 1143

### 2. Konzil im LATERAN (10. ökum.): begonnen am 4. April 1139

Es beendete das Schisma Anaklets II. und verurteilte die Irrtümer der Petrobrusianer (Anhänger des Wanderpredigers Petrus von Bruys) und Arnolds von Brescia. Sein ökumenischer Charakter ist umstritten.
*Ausg.*: MaC 21,526C–532C / HaC 6/II,1208B–1212C / COeD³ 197 200 202. – [*nur *717*]: Gratian, *Decretum*, p. II, cs. 33, dist. 5, c. 8 (Frdb 1,1242).

---

*710  ¹   Synode von Toulouse, im Juli 1119 unter dem Vorsitz Calixtus' II. abgehalten, Kan. 1 (MaC 21,226CD).
*711  ¹   Kan. 3 von Nikaia (Turner 1/I/II [1904] 116f; vgl. die Synode von Elvira, Kan. 27 [*118]).
      ²   Diese Bestimmung richtet sich auch gegen die Irrlehre der Nikolaiten, die prinzipiell behaupteten, der Zölibat könne unmöglich beachtet werden und schade den Sitten.
*712  ¹   Pseudo-Isidor: Zweiter Brief Stephans, Kap. 12 (P. Hinschius, *Decretales Pseudo-Isidorianae* [Leipzig 1863] 186).
      ²   *Canones Apostolorum* 38 (39) (Turner 1/I/I [1899] 26 / Bruns 1,6).

## 715–718: Kanones

### *Simonie und Zinsnahme*

**Can. 2.** Si quis praebendam, vel prioratum, seu decanatum, aut honorem, vel promotionem aliquam ecclesiasticam, seu quodlibet sacramentum ecclesiasticum, utpote chrisma vel oleum sanctum, consecrationes altarium vel ecclesiarum, interveniente exsecrabili ardore avaritiae p e r p e c u n i a m acquisivit: honore male acquisito careat, et emptor atque venditor et interventor nota infamiae percellantur. Et nec pro pastu, nec sub obtentu alicuius consuetudinis ante vel post a quoquam aliquid exigatur, vel ipse dare praesumat: quoniam simoniacum est; sed libere et absque imminutione aliqua, collata sibi dignitate atque beneficio perfruatur[1].

**Kan. 2.** Wer eine Pfründe, ein Priorat, ein 715 Dekanat, ein Ehrenamt, irgendeine kirchliche Beförderung oder ein beliebiges kirchliches Sakrament, wie etwa Chrisam oder heiliges Öl, Weihen von Altären oder Kirchen, aus verabscheuungswürdiger glühender Habgier d u r c h G e l d erworben hat: der soll das zu Unrecht erworbene Ehrenamt verlieren, und Käufer, Verkäufer und Vermittler sollen mit dem Mal der Ehrlosigkeit geschlagen werden. Auch darf man weder für Nahrung noch unter dem Vorwand irgendeiner Gewohnheit davor oder danach von irgend jemand etwas fordern, noch soll ⟨einer⟩ selbst ⟨etwas⟩ zu geben wagen: denn ⟨dies⟩ ist simonistisch; vielmehr soll er frei und ohne irgendeine Schmälerung die ihm übertragene Würde und Pfründe genießen[1].

**Can. 13.** Porro detestabilem et probrosam, divinis et humanis legibus per Scripturam in Veteri et in Novo Testamento abdicatam, illam, inquam, insatiabilem f o e n e r a t o r u m rapacitatem damnamus, et ab omni ecclesiastica consolatione sequestramus, praecipientes, ut nullus archiepiscopus, nullus episcopus vel cuiuslibet ordinis abbas, seu quivis in ordine et clero, nisi cum summa cautela usurarios recipere praesumat, sed in tota vita infames habeantur et, nisi resipuerint, christiana sepultura priventur[1].

**Kan. 13.** Ferner verurteilen wir die ab- 716 scheuliche und schändliche, von göttlichen und menschlichen Gesetzen durch die Schrift im Alten und im Neuen Testament verworfene, jene, sage ich, unersättliche Raffgier der G e l d v e r l e i h e r und schließen sie von jedem kirchlichen Troste aus; wir gebieten, daß kein Erzbischof, kein Bischof oder Abt irgendeines Ordens oder irgendeiner im Orden und Klerus, es sei denn mit höchster Vorsicht, Zinsnehmer aufzunehmen wage, sondern daß sie im ganzen Leben als ehrlos gelten und, wenn sie nicht wieder zu Verstand gekommen sind, des christlichen Begräbnisses beraubt werden[1].

### *Falsche Buße und die Existenz der Sakramente*

**Can. 22.** "Sane quia inter cetera unum est, quod sanctam maxime perturbat Ecclesiam, falsa videlicet paenitentia, confratres nostros et presbyteros admonemus, ne f a l s i s p a e-

**Kan. 22.** "Weil es fürwahr unter anderem 717 eines gibt, was die heilige Kirche im höchsten Grad verwirrt, nämlich die falsche Buße, ermahnen wir unsere Mitbrüder und die Prie-

---

**\*715** [1] Damit soll verhindert werden, daß einer, um der Gefahr der Simonie zu entgehen, anstelle des eigentlichen Verkaufs eine Provision fordert.

**\*716** [1] Diese Sanktion scheinen viele als ein nur für Geldverleiher geltendes Verbot aufgefaßt zu haben, so daß man beim Aufnehmen von Geld gegen Zins davon befreit werden könne. Dies verbot Alexander III. (Gregor IX., *Decretales*, l. V, tit. 19, c. 4; Frdb 2,812f), selbst wenn dies geschieht, um in der Gefangenschaft der Sarazenen festgehaltene Gläubige freizukaufen. Ebenso wies der Papst (c. 5) die Einschränkung zurück, nur jene Zinsen seien zu erstatten, die man n a c h dem Dekret des Laterankonzils empfangen habe. Schließlich bestimmte er (c. 9), daß selbst Erben und Fremde zur Rückerstattung verpflichtet seien. Vgl. auch in demselben Titel 19 die Dekrete Innozenz' III., der auf die Beachtung dieser Kanones drängt.

nitentiis laicorum animas decipi et in infernum pertrahi patiantur. Falsam autem paenitentiam esse constat, cum spretis pluribus, de uno solo paenitentia agitur: aut cum sic agitur de uno, ut non discedatur ab alio. Unde scriptum est: 'Qui totam legem observaverit, offendat autem in uno, factus est omnium reus' [*Iac 2,10*]: scilicet quantum ad vitam aeternam. Sicut enim, si peccatis esset omnibus involutus, ita, si in uno tantum maneat, aeternae vitae ianuam non intrabit.

Falsa etiam fit paenitentia, cum paenitens ab officio vel curiali vel negotiali non recedit, quod sine peccato agi nulla ratione praevalet; aut si odium in corde gestetur, aut si offenso cuilibet non satisfiat, aut si offendenti offensus non indulgeat, aut si arma quis contra iustitiam gerat"[1].

**718**    Can. 23. "Eos autem, qui religiositatis speciem simulantes, Domini corporis et sanguinis sacramentum, baptisma puerorum, sacerdotium et ceteros ecclesiasticos ordines et legitimarum damnant foedera nuptiarum, tanquam haereticos ab Ecclesia Dei pellimus et damnamus et per potestates exteras coerceri praecipimus. Defensores quoque ipsorum eiusdem damnationis vinculo innodamus"[1].

ster, nicht zu dulden, daß die Seelen der Laien durch falsche Bußen getäuscht und in die Hölle gezogen werden. Um eine falsche Buße aber handelt es sich bekanntlich, wenn man unter Vernachlässigung von mehrerem nur für eines Buße tut, oder wenn man so für eines ⟨Buße⟩ tut, daß man von etwas anderem nicht abläßt. Daher steht geschrieben: 'Wer das ganze Gesetz beachtet hat, aber in einem fehlt, ist an allem schuldig geworden' [*Jak 2,10*]: nämlich in bezug auf das ewige Leben. Wie nämlich einer, der in alle Sünden verstrickt wäre, so wird einer, der nur in einer verbleibt, die Pforte des ewigen Lebens nicht durchschreiten.

Falsch wird die Buße auch, wenn der Büßende von einem Amt bei Hofe oder in einem Geschäft nicht zurücktritt, das in keiner Weise ohne Sünde versehen werden kann; oder wenn man Haß im Herzen trägt, oder wenn man irgendeinem Beleidigten nicht Genüge leistet, oder wenn der Beleidigte dem Beleidiger nicht verzeiht, oder wenn einer mit Waffen gegen die Gerechtigkeit vorgeht"[1].

Kan. 23. "Diejenigen aber, die sich heuchlerisch mit dem Schein von Religiosität umgeben und das Sakrament des Leibes und Blutes des Herrn, die Taufe der Kinder, das Priestertum und die übrigen kirchlichen Weihen sowie die rechtmäßigen Eheschließungen verurteilen, verstoßen wir als Häretiker aus der Kirche Gottes, verurteilen sie und gebieten, daß sie durch die äußeren Gewalten gezüchtigt werden. Auch ihre Verteidiger binden wir mit dem Band derselben Verurteilung"[1].

### 721-739: Synode von SENS, begonnen am 2. Juni 1140 (1141?)

Peter Abaelard (auch Baiolard und anders) war schon von der Synode von Soissons 1121 wegen verschiedener Irrtümer gerügt worden; seine Abhandlung *De unitate et trinitate divina* wurde verurteilt. Die Synode von Sens, die entweder am 2./3. Juni 1140 oder am 26. Mai 1141 abgehalten wurde, forderte ihn auf, eine von Bernhard von Clairvaux zusammengestellte Reihe von Aussagen aus seinen Werken zu widerrufen, ohne daß ihm die Möglichkeit gegeben wurde, sie zu erläutern. Abaelard legte deshalb Berufung beim Papst ein und schrieb eine nur fragmentarisch erhaltene *Apologia* (Codex Latinus Monacensis 28363: hrsg. von P. Ruf und M. Grabmann, a. unten a.O. 10–18), in der die 19 von der Synode verurteilten Sätze erklärt werden. Die von der Synode nach Rom geschickte Liste der Irrtümer Peter Abaelards liegt sowohl in einer älteren [vgl. den im folgenden angeführten Text] als auch in einer jüngeren Fassung vor. Die Zählung weicht dabei geringfügig voneinander ab.

---

**\*717** [1]    Aus der 1089 unter Urban II. abgehaltenen Synode von Amalfi, Kan. 16 (MaC 20,724CD). Was "falsche Buße" ist, wird auch in Kan. 5 der unter Gregor VII. abgehaltenen 5. Synode von Rom beschrieben (MaC 20,510AB / Gratian, *Decretum*, p. II, cs. 33, dist. 5, c. 6: Frdb 1,1241).

**\*718** [1]    Fast wörtlich aus der 1119 unter Calixtus II. abgehaltenen Synode von Toulouse (MaC 21,234AB). Der Kanon richtet sich insbesondere gegen Petrus von Bruys.

Daneben werden 14 *Capitula haeresum Petri Abaelardi* überliefert (E.M. Buytaert: CpChL.CM 12 [1969] 473-480 / PL 182,1049-1054). Es handelt sich dabei nicht um eine gekürzte Liste der von der Synode verurteilten Sätze, sondern um eine private Sammlung (vgl. E.M. Buytaert, a.a.O. 458-467; J. Rivière, a. unten a. O.). Die *Capitula* stimmen nur teilweise mit den 19 Sätzen des offiziellen Textes überein: die Kap. 3 4 5 7 8 10 11 14 entsprechen den Sätzen 6 3 4 7 8 13 9-10 14; in gewisser Hinsicht stimmen Kapitel und Sätze 1 2 12 überein; Kap. 13 spielt auf die Sätze 16 und 19 an. Die übrigen Kapitel (6 und 9) haben mit den Sätzen der Synode nichts zu tun. Bemerkenswert ist Kap. 9: "Der Leib des Herrn fällt nicht auf den Boden" ("Quod corpus Domini non cadit in terram").

Auf die Zusendung der 19 Sätze und des Briefes (Nr. 190) bzw. des *Tractatus contra quaedam capitula errorum Abaelardi ad Innocentium II* Bernhards von Clairvaux (*Sancti Bernardi Opera* 8, hrsg. von J. Leclercq - H.M. Rochais [Rom 1977] 17-40 / PL 182,1053-1072) antwortete der Papst in dem Brief "*Testante Apostolo*" an Bischof Heinrich von Sens vom 16. Juli 1140 (1141?): "Die Kapitel, die Uns von Euch umsichtig zugestellt wurden, und alle Lehren dieses Peter haben Wir kraft der heiligen Kanones mitsamt ihrem Urheber verurteilt und ihm als Häretiker beständiges Schweigen auferlegt" ("Destinata Nobis a vestra discretione capitula et universa ipsius Petri dogmata sanctorum canonum auctoritate cum suo auctore damnavimus, eique tamquam haeretico perpetuum silentium imposuimus"; BullCocq 2,250bf / BullTau 2,450a / PL 179,517A; vgl. JR 8148).

*Ausg.:* P. Ruf - M. Grabmann, *Ein neuaufgefundenes Bruchstück der Apologia Abaelards* (SbBayAk Philosophisch-historische Abteilung 1930, Heft 5) 10f / J. Rivière, *Les "capitula" d' Abélard condamnés au Concile de Sens*, in: RechThAM 5 (1933) 16f / MaC 21,568C-570A / *Sancti Bernardi Opera* 8,39f / HaC 6/II,1224E / DuPlA 1/I,21a.

## *Irrtümer des Peter Abaelard*

1. Quod Pater sit plena potentia, Filius quaedam potentia Spiritus Sanctus nulla potentia.

1. Der Vater ist volle Macht, der Sohn eine bestimmte Macht, der Heilige Geist keine Macht.   **721**

2. Quod Spiritus Sanctus non sit de substantia Patris, immo anima mundi.

2. Der Heilige Geist ist nicht von der Substanz des Vaters, sondern die Seele der Welt.   **722**

3. Quod Christus non assumpsit carnem, ut nos a iugo diaboli liberaret.

3. Christus hat nicht Fleisch angenommen, um uns vom Joch des Teufels zu befreien.   **723**

4. Quod neque Deus et homo, neque haec persona quae Christus est, sit tertia persona in Trinitate.

4. Weder der Gott-und-Mensch noch diese Person, die Christus ist, ist die dritte Person in der Dreifaltigkeit.   **724**

5. Quod liberum arbitrium per se sufficiat ad aliquod bonum.

5. Der freie Wille ist an sich hinreichend zu etwas Gutem.   **725**

6. Quod ea solummodo potest Deus facere, quae facit, vel dimittere, quae dimittit, vel eo modo tantum, vel eo tempore, et non alio.

6. Gott kann lediglich das tun, was er tut, oder zulassen, was er zuläßt, oder nur auf die Weise oder zu der Zeit und nicht anders.   **726**

7. Quod Deus nec debeat nec possit mala impedire.

7. Gott darf und kann das Böse nicht hindern.   **727**

8. Quod non contraximus culpam ex Adam, sed poenam tantum.

8. Wir haben uns aus Adam nicht die Schuld, sondern nur die Strafe zugezogen.   **728**

9. Quod non peccaverunt, qui Christum ignorantes crucifixerunt.

9. Diejenigen, die – ohne es zu wissen – Christus kreuzigten, haben nicht gesündigt.   **729**

10. Quod non sit culpae adscribendum, quicquid fit per ignorantiam.

10. Allem, was aus Unwissenheit geschieht, ist keine Schuld zuzuschreiben.   **730**

11. Quod in Christo non fuerit spiritus timoris Domini.

11. In Christus war nicht der Geist der Furcht des Herrn.   **731**

12. Quod potestas ligandi atque solvendi Apostolis tantum data sit, et non successoribus eorum.

12. Die Vollmacht zu binden und zu lösen wurde nur den Aposteln verliehen, und nicht ihren Nachfolgern.   **732**

733      13. Quod propter opera nec melior nec peior efficiatur homo.

13. Wegen der Werke wird der Mensch weder besser noch schlechter.

734      14. Quod ad Patrem, quia ab alio non est, proprie vel specialiter attineat omnipotentia, non etiam sapientia et benignitas.

14. Zum Vater gehört, weil er von keinem anderen ist, im eigentlichen und besonderen Sinne die Allmacht, nicht auch die Weisheit und Güte.

735      15. Quod etiam castus timor excludatur a futura vita.

15. Auch die fromme Furcht wurde vom künftigen Leben ausgeschlossen.

736      16. Quod diabolus immittat suggestiones per appositionem lapidum vel herbarum.

16. Der Teufel schickt Eingebungen durch Hinzufügung von Steinen und Kräutern.

737      17. Quod adventus in fine saeculi posset attribui Patri.

17. Die Ankunft am Ende der Zeit könnte dem Vater zugeschrieben werden.

738      18. Quod anima Christi per se non descendit ad inferos, sed per potentiam tantum.

18. Die Seele Christi stieg durch sich selbst nicht zur Unterwelt hinab, sondern nur durch ihre Macht.

739      19. Quod neque opus neque voluntas neque concupiscentia neque delectatio, quae movet eam, peccatum sit, nec debemus eam velle exstingui.

19. Weder das Werk noch der Wille noch die Begierde noch die Lust, die sie bewegt, ist Sünde, und wir dürfen nicht wollen, daß sie ausgelöscht werde.

## 741: Brief "Apostolicam Sedem" an den Bischof von Cremona, Zeit unsicher

*Ausg.:* PL 179,624D–625A / Gregor IX., *Decretales*, l. III, tit. 43, c. 2 (Frdb 2,648; hier Innozenz III. zugeschrieben). – *Reg.:* JR 8272.

### *Die Begierdetaufe*

741      Presbyterum, quem sine unda baptismatis extremum diem clausisse significasti, quia in sanctae matris Ecclesiae fide et Christi nominis confessione perseveravit, ab originali peccato solutum et caelestis patriae gaudium esse adeptum asserimus incunctanter. Lege super octavum librum Augustini *de civitate Dei*[1], ubi inter cetera legitur: "Baptismus invisibiliter ministratur, quem non contemptus religionis, sed terminus necessitatis excludit". Librum etiam beati Ambrosii *de obitu Valentiniani*[2] idem asserentis revolve. Sopitis ergo quaestionibus, doctorum Patram sententias teneas, et in ecclesia tua iuges preces hostiasque Deo offerri iubeas pro presbytero memorato.

Der Priester, von dem Du berichtet hast, daß er ohne das Wasser der Taufe den letzten Tag beschlossen habe, ist, so behaupten Wir ohne Zögern, da er im Glauben der heiligen Mutter Kirche und im Bekenntnis des Namens Christi verharrte, von der Ursünde erlöst und hat die Freude der himmlischen Heimat erlangt. Lies außerdem das achte Buch Augustins *De civitate Dei*[1], wo man unter anderem liest: "Die Taufe wird unsichtbar gespendet, welche nicht die Verachtung der Religion, sondern die Schranke der Not ausschließt". Schlage auch das Buch des seligen Ambrosius *De obitu Valentiniani*[2] auf, der dasselbe behauptet. Sind die Fragen also zur Ruhe gekommen, so halte die Auffassungen der gelehrten Väter fest und laß in Deiner Kirche Gott beständig Gebete und Opfer für den erwähnten Priester darbringen.

---

*741  [1]   Stimmt der Sache nach mit Augustinus, *De civitate Dei* XIII 7 (B. Dombart – A. Kalb: CpChL 48 [1955] 389f / CSEL 40/I,622f / PL 41,381) überein; zu zitieren wäre gewesen: Augustinus, *De baptismo contra Donatistas* IV 22, n. 29 (CSEL 51,257$_{14}$ / PL 43,173).
     [2]   Ambrosius, *De obitu Valentiani* 51 (CSEL 73,354 / PL 16,1374BC).

CÖLESTIN II.: 26. Sept. 1143 – 8. März 1144
LUCIUS II.: 12. März 1144 – 15. Febr. 1145

## EUGEN III.: 15. Febr. 1145 – 8. Juli 1153

### 745: Synode von REIMS, begonnen am 21. März 1148

Nach der Auflösung der von Eugen III. selbst geleiteten Synode begann am 29. März 1148 ein Konsistorium, in dem man die Angelegenheit Gilberts de la Porrée verhandelte. Dem Bischof von Poitiers wurden die folgenden in 4 Kapiteln zusammengefaßten Irrtümer zum Vorwurf gemacht:
   1) Die göttliche Wesenheit, Substanz und Natur, die Gottheit genannt wird, die Güte, Weisheit und Größe Gottes und alles Ähnliche, ist nicht Gott, sondern die Form, durch die Gott ist. (Quod divina essentia, substantia et natura, quae dicitur divinitas, bonitas, sapientia, magnitudo Dei, et quaeque similia, non sit Deus, sed forma, qua est Deus.)
   2) Die drei Personen, der Vater und der Sohn und der Heilige Geist, sind weder ein Gott noch eine Substanz noch irgendein eines. (Quod nec unus Deus nec una substantia nec unum aliquid sint tres personae, Pater et Filius et Spiritus Sanctus.)
   3) Die drei Personen sind durch drei Einheiten drei und durch drei Eigentümlichkeiten unterschieden, die nicht das sind, was die Personen selbst sind; sie sind vielmehr drei ewige Dinge, die sich der Zahl nach sowohl gegenseitig voneinander als auch von der göttlichen Substanz unterscheiden. (Quod tres personae tribus unitatibus sint tria, et distinctae proprietatibus tribus, quae non hoc sint quod ipsae personae, sed sint tria aeterna, differentia numero tam a se invicem quam a substantia divina.)
   4) Die göttliche Natur ist nicht Fleisch geworden und hat nicht die menschliche Natur angenommen. (Quod divina natura non sit incarnata nec naturam humanam susceperit.)
   Gilbert erreichte durch seine scharfsinnige Verteidigung, daß der Papst diese Kapitel nicht als Häresie verurteilte; lediglich zum ersten Kapitel merkte er das an, was unten als Text angeführt und vom Geschichtsschreiber Otto von Freising überliefert wird.
   Nachdem die Synode bereits aufgelöst war, stellten die Gegner Gilberts unter Führung Bernhards von Clairvaux unter anderem ein Glaubensbekenntnis gegen Gilbert zusammen, um vom Papst eine Verurteilung zu erzwingen, was aber nicht gelang. Dieses Bekenntnis wurde weder in die Synodalakten noch in die Regesten des Papstes aufgenommen und ist deshalb kein offizielles Dokument des kirchlichen Lehramtes.
   *Ausg.:* Otto von Freising, *Gesta Friderici imperatoris* I 57 in der Ausg. von G.H. Pertz: MGH Scriptores (Folianten) 20 (Hannover 1868) 384₃₂₋₃₄; = Kap. 61 in der Ausg. von G. Waitz: MGH Scriptores rerum Germanicarum in usum scholarum XIV (Hannover – Leipzig 1912³) 87 / MaC 21,726E. – Die Gilbert zugeschriebenen Kapitel s. PL 185,617A.

*Die göttliche Dreifaltigkeit*

"De primo tantum [*capitulo*] Romanus Pontifex diffinivit, ne aliqua ratio in theologia inter naturam et personam divideret, neve Deus divina essentia diceretur ex sensu ablativi tantum, sed etiam nominativi."

"Nur in bezug auf das erste [*Kapitel*] traf **745** der Römische Bischof eine Entscheidung, damit kein Begriff in der Theologie eine Trennung zwischen Natur und Person bewirke und damit man von Gott als "göttlichem Wesen" nicht nur im Sinne eines Ablativs, sondern auch ⟨im Sinne⟩ eines Nominativs rede."

ANASTASIUS IV.: 12. Juli 1153 – 3. Dez. 1154
HADRIAN IV.: 4. Dez. 1154 – 1. Sept. 1159

## ALEXANDER III.: 7. Sept. 1159 – 30. Aug. 1181

### 747: Synode von TOURS, begonnen am 19. Mai 1163

Auf dieser Synode hatte Alexander III. selbst den Vorsitz. Außer der Diskussion über die Christologie des Petrus Lombardus (vgl. *749f), über die jedoch nichts entschieden wurde, verdient das Verbot einer verdeckten Art von Zinsnahme Erwähnung, die den Namen *vadium* (bzw. *vadimonium*) *mortuum* ("*Tote Bürgschaftsleistung*", französisch: *mortgage*) trägt; der Vertragsmißbrauch heißt *Antichresis*, d. h. *Nutzungspfand*. Dem Gläubiger wird eine ertragbringende Sache (z. B. Landgut, Weinberg) zum Pfand gegeben, und zwar so, daß alle während der gesamten Zeit der Verpfändung hervorgebrachten Erträge dem Gläubiger zugestanden werden, auch nachdem sie den Wert des geliehenen Kapitals erreicht oder überschritten haben, während nach der Synode die Gerechtigkeit erfordert, daß die Erträge auf das geliehene Kapital angerechnet werden.

    *Ausg.:* MaC 21,1176DE / HaC 6/II,1597AB / Gregor IX., *Decretales*, l. V, tit. 19, c. 1 (Frdb 2,811); Ebd. c. 2 wird das Verbot einer verdeckten Art von Zinsnahme auch für Laien ausgesprochen.

### *Zinsnahme*

**747**    (Cap. 2) Plures clericorum, et quod maerentes dicimus, eorum quoque qui praesens saeculum professione vocis et habitu reliquerunt, dum communes usuras, quasi manifestius damnatas, exhorrent, commodata pecunia indigentibus possessiones eorum in pignus accipiunt, et provenientes fructus percipiunt ultra sortem.

Idcirco generalis Concilii decrevit auctoritas, ut nullus amodo constitutus in clero vel hoc vel aliud genus usurae exercere praesumat. Et si quis hactenus alicuius possessionem data pecunia sub hac specie vel condicione in pignus acceperit, si sortem suam, deductis expensis, de fructibus iam perceperit, absolute possessionem restituat debitori. Si autem aliquid minus habet, eo recepto, possessio libere ad dominum revertatur.

Quodsi post huiusmodi constitutum in clero quisquam exstiterit qui detestandis usurarum lucris insistat, ecclesiastici officii periculum patiatur, nisi forte Ecclesiae beneficium fuerit, quod redimendum ei hoc modo de manu laici videatur.

(Kap. 2) Mehreren von den Klerikern, und, was Wir unter Trauer sagen, auch von denen, die die gegenwärtige Welt durch Gelübde und Ordenskleid zurückgelassen haben, schrecken zwar vor den gängigen Zinsnahmen, da sie gleichsam deutlicher verurteilt sind, zurück, nehmen aber, nachdem sie Bedürftigen Geld geliehen haben, ihre Besitztümer zum Pfand und eignen sich die hervorgehenden Früchte über das ⟨geliehene⟩ Kapital hinaus an.

Deshalb hat die Autorität der allgemeinen Synode beschlossen, daß sich von nun an keiner, der sich im Klerus befindet, unterstehen darf, diese oder eine andere Art von Zinsgeschäft auszuüben. Und wenn einer bisher den Besitz irgend jemandes, nachdem er ihm unter dieser Bedingung oder Voraussetzung Geld gegeben hatte, zum Pfand genommen hat, soll er, wenn er sein ⟨geliehenes⟩ Kapital nach Abzug der Auslagen schon aus den Früchten erhalten hat, dem Schuldner den Besitz uneingeschränkt zurückerstatten. Wenn er aber einen Fehlbetrag hat, soll, nachdem er diesen erhalten hat, der Besitz frei zum Herrn zurückkehren.

Wenn es aber nach dieser Bestimmung im Klerus jemanden geben sollte, der auf den abscheulichen Zinsgewinnen beharrt, soll er Gefahr für sein kirchliches Amt laufen, sofern es nicht etwa eine Pfründe der Kirche war, die er auf diese Weise aus der Hand eines Laien zurückkaufen zu sollen meinte.

### 748: Brief "Ex litteris tuis" an den in Ikonion residierenden Sultan, i. J. 1169

Der Brief ist eine Belehrung über den katholischen Glauben, den der Seldschukenfürst angeblich annehmen wollte.

*Ausg.:* PL 207,1077A–1078A (unter den Werken des Petrus von Blois) / MaC 21,898AB.

### Der nach dem Tod unverweste Leib Mariens

[*Maria*] concepit nempe sine pudore, peperit sine dolore, et hinc migravit sine corruptione, iuxta verbum angeli, immo Dei per angelum, ut plena, non semiplena, gratiae esse probaretur et Deus Filius eius antiquum quod pridem docuit mandatum fideliter adimpleret, videlicet patrem et matrem honore praevenire, et ne caro Christi virginea, quae de carne matris virginis assumpta fuerat, a tota discreparet.

[*Maria*] empfing nämlich ohne Schande, **748** gebar ohne Schmerz und ging von hier ohne Verwesung, gemäß dem Wort des Engels, oder besser ⟨dem Wort⟩ Gottes durch den Engel, damit es sich erweise, daß sie voll, nicht halbvoll der Gnade ist und Gott, ihr Sohn, getreulich erfülle, was er einst als altes Gebot lehrte, nämlich Vater und Mutter mit Ehre zuvorzukommen, und damit nicht das jungfräuliche Fleisch Christi, das vom Fleisch der jungfräulichen Mutter angenommen worden war, sich ganz von ihr unterscheide.

### 749: Brief "Cum in nostra" an Erzbischof Wilhelm von Sens, 28. Mai 1170

Wie P. Glorieux (*Miscellanea Lombardiana* [Novara 1957] 137–147) nachgewiesen hat, ist von Petrus Lombardus der ihm vorgeworfene "christologische Nihilismus" nicht ausdrücklich gelehrt worden; allerdings hat seine wenig glückliche Anwendung der "Sic et non"-Methode Abaelards Anlaß zum Argwohn gegeben.

*Ausg.:* DenCh 1,4 (Nr. 3) / PL 200,685BC ( = Brief 744) / MaC 22,239AB. – *Reg.:* JR 11806.

### Der Irrtum des Petrus Lombardus in bezug auf die Menschheit Christi

Cum in Nostra esses olim praesentia constitutus, tibi viva voce iniunximus, ut suffraganeis tuis Parisius tibi ascitis ad abrogationem pravae doctrinae Petri quondam Parisiensis episcopi, qua dicitur quod C h r i s t u s s e c u n d u m q u o d e s t h o m o, n o n e s t a l i q u i d, omnino intenderes et efficacem operam adhiberes. Inde siquidem est, quod fraternitati tuae per Apostolica scripta mandamus, quatenus ... suffraganeos tuos Parisius convoces et una cum illis et aliis viris religiosis et prudentibus praescriptam doctrinam studeas penitus abrogare et a magistris et scholaribus ibidem in theologia studentibus Christum sicut perfectum Deum, sic et perfectum hominem ex anima et corpore consistentem praecipias edoceri.

Als Du einst in Unserer Gegenwart einge- **749** setzt wurdest, haben Wir Dir mündlich aufgetragen, Du sollest Deine Suffraganbischöfe in Paris bei Dir versammeln und mit allem Nachdruck auf die Abschaffung der verkehrten Lehre des Petrus, des ehemaligen Bischofs von Paris, hinwirken, in der gesagt wird, daß C h r i s t u s, i n s o f e r n e r M e n s c h i s t, k e i n E t w a s s e i, und Dich wirksam darum bemühen. Daher kommt es also, daß Wir Deiner Brüderlichkeit durch Apostolische Schreiben auftragen, daß Du ... Deine Suffraganbischöfe nach Paris zusammenrufst und zusammen mit ihnen und anderen religiösen und klugen Männern die eben beschriebene Lehre gänzlich abzuschaffen suchst und vorschreibst, daß von den Professoren und Studenten, die sich dort mit der Theologie befassen, Christus, so wie als vollkommener Gott, so auch als vollkommener Mensch gelehrt wird, der aus Seele und Leib besteht.

329

## 750: Brief "Cum Christus" an Erzbischof Wilhelm von Reims, 18. Febr. 1177

Es handelt sich um einen Brief in derselben Sache wie *749, der an denselben, inzwischen auf einen anderen Sitz (Reims) versetzten Bischof geschickt wurde.
*Ausg.:* DenCh 1,8f (Nr. 9) / MaC 21,1081CD / Gregor IX., *Decretales*, l. V, tit. 7, c. 7 (Frdb 2,779). – *Reg.:* JR 12785.

### Der Irrtum in bezug auf die Menschheit Christi

750     Cum Christus perfectus Deus perfectus sit homo, mirum est, qua temeritate quisquam audet dicere, quod Christus non sit aliquid secundum quod est homo. Ne autem tanta possit in Ecclesia Dei abusio suboriri vel error induci, fraternitati tuae per Apostolica scripta mandamus, quatenus ... auctoritate Nostra sub anathemate interdicas, ne quis de cetero dicere audeat, Christum non esse aliquid secundum quod homo, quia sicut verus Deus, ita verus est homo ex anima rationali et humana carne subsistens.

Da Christus, der vollkommene Gott, vollkommener Mensch ist, ist es erstaunlich, mit welcher Leichtfertigkeit jemand zu sagen wagt, daß Christus kein Etwas sei, insofern er Mensch ist. Damit aber in der Kirche Gottes keine solch große Verhöhnung entstehen bzw. ein Irrtum eingeführt werden kann, tragen Wir Deiner Brüderlichkeit durch Apostolische Schreiben auf, daß Du ... auf Unser Geheiß hin unter Androhung des Anathema untersagst, daß einer künftig zu sagen wagt, Christus sei kein Etwas, insofern er Mensch ⟨ist⟩, weil er, so wie er wahrer Gott ⟨ist⟩, so wahrer Mensch ist, aus vernunftbegabter Seele und menschlichem Fleische bestehend.

## 3. Konzil im LATERAN (11. ökum.): 5. – 19. (22.?) März 1179

Es gab Gesetze heraus, die das seit 1159 andauernde und erst 1180 endgültig behobene Schisma betrafen, und sich gegen Mängel der Kirchenordnung und gegen die Häresien jener Zeit, insbesondere gegen die Häresien der Albigenser richteten. Akten liegen nicht vor.

### 751: 3. Sitzung, 19. oder 22. März: Kapitel

*Ausg.:* MaC 22,224B / HaC 6/II,1678C / Gregor IX., *Decretales*, l. III, tit. 35, c. 2 (Frdb 2,596) / COeD[3] 217.

### Simonie

751     Cap. 10. Monachi non pretio recipiantur in monasterio. ... Si quis autem exactus pro sua receptione aliquid dederit, ad sacros ordines non ascendat. Is autem, qui acceperit, officii sui privatione mulctetur[1].

Kap. 10. Mönche dürfen nicht gegen Geld in ein Kloster aufgenommen werden. ... Wer aber, nachdem er vertrieben wurde, für seine Wiederaufnahme etwas gegeben hat, darf nicht zu den heiligen Weihen aufsteigen. Derjenige aber, der ⟨etwas⟩ angenommen hat, soll mit dem Entzug seines Amtes bestraft werden[1].

## 753: Brief "In civitate tua" an den Erzbischof von Genua, Zeit unsicher

*Ausg.:* MaC 22,343DE / Gregor IX., *Decretales*, l. V, tit. 19, c. 6 (Frdb 2,813). – *Reg.:* JR 13965.

---

*751   [1]    So schon die Synode von Amalfi 1089 unter Urban II., Kan. 7 (MaC 20,723C).

## Unerlaubter Verkaufsvertrag

In civitate tua dicis saepe contingere, quod quidam piper, seu cinnamomum, seu alias merces comparant, quae tunc ultra quinque libras non valent, et promittunt se illis, a quibus illas merces accipiunt, sex libras statuto termino soluturos. Licet autem contractus huiusmodi ex tali forma non possit censeri nomine usurarum, nihilominus tamen venditores peccatum incurrunt, nisi dubium sit, merces illas plus minusve solutionis tempore valituras: et ideo cives tui saluti suae bene consulerent, si a tali contractu cessarent, cum cogitationes hominum omnipotenti Deo nequeant occultari.

Du sagst, in Deiner Stadt käme es oft vor, 753 daß einige Pfeffer, Zimt oder andere Waren anschaffen, die zu diesem Zeitpunkt nicht mehr als fünf Pfund wert sind, und versprechen, sie würden jenen, von denen sie jene Waren erhalten, zu einem festgelegten Zeitpunkt sechs Pfund zahlen. Aber auch wenn ein derartiger Vertrag aufgrund einer solchen Form nicht als Zinsnahme bezeichnet werden kann, so ziehen sich die Verkäufer nichtsdestoweniger doch eine Sünde zu, es sei denn, es bestünde ein Zweifel, ob jene Waren zum Zeitpunkt der Bezahlung mehr oder weniger wert sein werden: und deshalb würden Deine Mitbürger für ihr Heil wohl sorgen, wenn sie von einem solchen Vertrag Abstand nähmen; denn die Gedanken der Menschen können dem allmächtigen Gott nicht verborgen werden.

**754: Brief "Ex publico instrumento" an den Bischof von Brescia, Zeit unsicher**

*Ausg.:* MaC 22,284E–285B / Gregor IX., *Decretales*, l. III, tit. 32, c. 7 (Frdb 2,581). – *Reg.:* JR 13787.

## Das Band der Ehe

Quia praefata mulier, licet a praefato viro desponsata fuerit, adhuc tamen, sicut asserit, ab ipso est incognita, fraternitati tuae per apostolica scripta praecipiendo mandamus, quatenus, si praedictus vir mulierem ipsam carnaliter non cognoverit, et eadem mulier, sicut ex parte tua Nobis proponitur, ad religionem transire voluerit, recepta ab ea sufficienti cautione, quod vel ad religionem transire vel ad virum suum redire infra duorum mensium spatium debeat, ipsam contradictione et appellatione cessante a sententia [*excommunicationis*], qua tenetur, absolvas ita, quod, si ad religionem transierit, uterque restituat alteri, quod ab eo noscitur recepisse, et vir ipse, ea religionis habitum assumente, ad alia vota licentiam habeat transeundi. Sane quod Dominus in Evangelio dicit, non licere viro, nisi ob causam fornicationis uxorem suam dimittere [*Mt 5,32; 19,9*], intelligendum est, secundum interpretationem sacri eloquii, de his, quorum matrimonium carnali copula est consummatum, sine qua matrimonium consummari non potest, et ideo, si praedicta mulier non fuit a viro suo cognita, licitum est ei ad religionem transire.

Weil besagte Frau zwar von besagtem 754 Manne geheiratet wurde, bisher jedoch, wie sie behauptet, von ihm nicht erkannt wurde, tragen Wir Deiner Brüderlichkeit, durch apostolische Schreiben gebietend, auf, daß Du, wenn besagter Mann diese Frau fleischlich nicht erkannt hat und dieselbe Frau, wie Uns von Deiner Seite unterbreitet wird, in einen Orden eintreten will, nachdem Du von ihr hinreichende Gewähr erhalten hast, daß sie binnen eines Zeitraumes von zwei Monaten entweder in einen Orden eintreten oder zu ihrem Mann zurückkehren muß, sie unter Aussetzung von Widerspruch und Berufung vom Urteil [*der Exkommunikation*], durch das sie gebunden wird, so freisprichst, daß, wenn sie in einen Orden eintritt, beide dem jeweils anderen zurückerstatten, was sie offenkundig von ihm erhalten haben, und der Mann selbst, wenn sie das Ordenskleid nimmt, die Möglichkeit hat, eine andere Ehe einzugehen. Denn was der Herr im Evangelium sagt, daß es dem Manne nicht erlaubt sei, seine Frau zu entlassen, es sei denn, aufgrund von Unzucht [*Mt 5,32; 19,9*], ist nach der Auslegung des heiligen Wortes von denen

zu verstehen, deren Ehe durch die fleischliche Verbindung vollzogen wurde, ohne die eine Ehe nicht vollzogen werden kann; und wenn deshalb besagte Frau von ihrem Manne nicht erkannt wurde, ist es erlaubt, in einen Orden einzutreten.

**755-756: Brief (Fragmente) "Verum post" an den Erzbischof von Salerno, Zeit unsicher**

*Ausg.* [*755 756]: MaC 22,283AB; 288BC / Gregor IX., *Decretales*, l. III, tit. 32, c. 2; l. IV, tit. 4, c. 3 (Frdb 2,579 681). – *Reg.:* JR 14091.

### Die Wirkung des Ehekonsenses

755    Post consensum legitimum de praesenti licitum est alteri, altero etiam repugnante, eligere monasterium, sicut Sancti quidem de nuptiis vocati fuerunt, dummodo carnalis commixtio non intervenerit inter eos: et alteri remanenti, si commonitus continentiam servare noluerit, licitum est ad secunda vota transire; quia cum non fuissent una caro simul effecti, satis potest unus ad Deum transire, et alter in saeculo remanere.

Nach dem rechtmäßigen gegenwartsbezogenen Konsens ist es dem einen erlaubt, auch wenn sich der andere widersetzt, das Kloster zu erwählen, wie ja auch Heilige von der Hochzeit weg berufen wurden, solange nur kein fleischlicher Verkehr zwischen ihnen stattgefunden hat: und wenn der andere, der zurückbleibt, trotz Ermahnung keine Enthaltsamkeit üben will, so ist es ihm erlaubt, eine zweite Ehe einzugehen; denn da sie nicht zusammen ein Fleisch geworden waren, kann der eine durchaus zu Gott übertreten und der andere in der Welt zurückbleiben.

756    Si [inter virum et mulierem] legitimus consensus ... interveniat de praesenti, ita quidem, ut unus alterum in suo mutuo consensu verbis consuetis expresse recipiat, ... sive sit iuramentum interpositum sive non, non licet mulieri alii nubere. Et si nupserit, etiamsi carnalis copula sit secuta, ab eo separari debet, et, ut ad primum redeat, ecclesiastica districtione compelli, quamvis alii aliter sentiant, et aliter etiam a quibusdam praedecessoribus nostris sit aliquando iudicatum.

Wenn [zwischen einem Mann und einer Frau] ein rechtmäßiger gegenwartsbezogener Konsens ... eintritt, und zwar so, daß einer den anderen in gegenseitigem Einverständnis mit den üblichen Worten ausdrücklich zu seinem ⟨Ehegatten⟩ annimmt, ... ob nun dabei ein Schwur abgelegt wurde oder nicht, so ist es der Frau nicht erlaubt, einen anderen zu heiraten. Und wenn sie geheiratet hat, so muß sie, auch wenn eine fleischliche Verbindung folgte, von ihm getrennt und mit kirchlicher Strenge dazu gebracht werden, zum ersten zurückzukehren, auch wenn andere anders denken und auch von einigen Unserer Vorgänger einmal anders geurteilt wurde.

**757-758: Brief (Fragmente) an Bischof Pontius von Clermont (?), Zeit unsicher**

*Ausg.:* Gregor IX., *Decretales*, l. III, tit. 42, c. 1-2 (Frdb 2,644). – [nur *757]: MaC 21,1101B [zweite Form]. – *Reg.:* JR 14200.

### Die Form der Taufe

757    Si quis sane puerum ter in aqua immerserit in nomine Patris et Filii et Spiritus Sancti, Amen, et non dixerit: "Ego baptizo te

Wenn einer freilich ein Kind dreimal ins Wasser eintaucht im Namen des Vaters und des Sohnes und des Heiligen Geistes, Amen,

in nomine Patris et Filii et Spiritus Sancti, Amen", non est puer baptizatus.

De quibus dubium est, an baptizati fuerint, baptizantur his verbis praemissis: "Si baptizatus es, non te baptizo; sed, si nondum baptizatus es, ego te baptizo, etc."

und nicht sagt: "Ich taufe dich im Namen des Vaters und des Sohnes und des Heiligen Geistes, Amen", so ist das Kind nicht getauft.

Diejenigen aber, bei denen Zweifel besteht, ob sie getauft wurden, werden – folgende Worte vorausgeschickt – getauft: "Wenn du getauft bist, taufe ich dich nicht; aber wenn du noch nicht getauft bist, taufe ich dich, usw." **758**

## LUCIUS III.: 1. Sept. 1181 – 25. Nov. 1185

### 760-761: Synode von VERONA, Ende Okt. – Anfang Nov. 1184

Der Papst selbst saß der Synode vor. Das im folgenden angeführte Anathema wird in mehreren Bullen des 13. Jahrhunderts wiederholt (vgl. z. B. PoR 8445 9675 10043).

   *Ausg.:* MaC 22,477A-C / HaC 6/II,1878D-E / BullTau 3,20b-21a / BullCocq 3,9b f / Gregor IX., *Decretales*, l. V, tit. 7, c. 9 (Frdb 2,780). – *Reg.:* JR 15109.

*Verurteilung der Irrtümer von Laien-Sekten über die Vollmacht der Hierarchie*

... Omnem haeresim, quocumque nomine censeatur, per huius Constitutionis seriem auctoritate apostolica condemnamus: In primis ergo Catharos et Patarinos et eos qui se Humiliatos vel Pauperes de Lugduno, falso nomine, mentiuntur, Passaginos, Iosepinos, Arnaldistas, perpetuo decernimus anathemati subiacere.

Et quoniam nonnulli sub specie pietatis ... auctoritatem sibi vindicant praedicandi ..., omnes, qui vel prohibiti vel non missi, praeter auctoritatem ab Apostolica Sede vel episcopo loci susceptam publice vel privatim praedicare praesumpserint, et universos, qui de sacramento corporis et sanguinis Domini nostri Iesu Christi vel de baptismate seu de peccatorum confessione, matrimonio vel reliquis ecclesiasticis sacramentis aliter sentire aut docere non metuunt, quam sacrosancta Romana Ecclesia praedicat et observat, et generaliter quoscumque eadem Romana Ecclesia vel singuli episcopi per dioeceses suas cum consilio clericorum vel clerici ipsi, Sede vacante, cum consilio, si oportuerit, vicinorum episcoporum haereticos iudicaverint, pari vinculo perpetui anathematis innodamus.

... Wir verurteilen kraft apostolischer Autorität aufgrund dieser Konstitution jede Häresie, mit welchem Namen sie auch immer bezeichnet werden mag: Vor allem entscheiden wir also, daß die Katharer und Patariner und diejenigen, die sich mit falschem Namen lügnerisch Humiliaten oder Arme von Lyon ⟨ = Waldenser⟩ nennen, Passagier, Josephiner und Arnoldisten dem immerwährenden Anathema unterliegen. **760**

Und weil manche unter dem Anschein von Frömmigkeit ... für sich die Autorität beanspruchen, zu predigen ..., binden wir alle mit dem gleichen Band des immerwährenden Anathema, die entweder verbotenermaßen oder nicht gesandt, ohne vom Apostolischen Stuhl oder Ortsbischof eine Ermächtigung erhalten zu haben, öffentlich oder privat zu predigen wagen, und alle, die sich nicht fürchten, über das Sakrament des Leibes und Blutes unseres Herrn Jesus Christus oder über die Taufe oder über die Beichte der Sünden, die Ehe oder die übrigen kirchlichen Sakramente anders zu denken oder zu lehren, als es die hochheilige Römische Kirche predigt und beachtet, sowie allgemein alle, die ebendiese Römische Kirche oder die einzelnen Bischöfe in ihren Diözesen mit dem Rat der Kleriker oder die Kleriker selbst, wenn der Stuhl unbesetzt war, falls erforderlich, mit dem Rat der benachbarten Bischöfe für häretisch beurteilt haben. **761**

**762: Brief "Dilectae in Christo" an Bischof Simon von Meaux, Zeit unsicher**

*Ausg.:* S. Löwenfeld, *Epistulae Pontificum Romanorum ineditae* (Leipzig 1885) 220 (Nr. 364) / MaC 21,1102D–1103A (Alexander III. zugeschrieben). – *Reg.:* JR 14017.

### Kastration

**762** ... Priorissa et conventus de Colonantia a Sede Apostolica quaesierunt, si iuvenis quidam, conversus earum, genitalibus destitutus, in presbyterum possit de permissione canonum ordinari.

Nos itaque in hoc articulo distinctionem volentes canonicam observari, fraternitati tuae per Apostolica scripta mandamus, quatenus inquiras diligentius veritatem, si ab hostibus sectus fuerit vel a medicis aut nesciens carnis vitio reluctari ipse sibi manum iniecerit. Priores enim admittunt canones [*cf. *128a*], si alias idonei sint, tertium velut homicidam sui statuunt puniendum.

... Priorin und Konvent von Colonantia haben den Apostolischen Stuhl gefragt, ob ein junger Mann, ein Laienbruder von ihnen, der seiner Geschlechtsorgane beraubt ist, mit Erlaubnis der Kanones zum Priester geweiht werden kann.

Im Willen, daß in dieser Frage die kanonische Unterscheidung beachtet werde, tragen Wir deshalb Deiner Brüderlichkeit durch Apostolische Schreiben auf, daß Du die Wahrheit recht sorgfältig erforschest, ob er von Feinden oder von Ärzten verschnitten wurde oder, weil er sich dem Laster des Fleisches nicht zu widersetzen wußte, selbst Hand an sich gelegt hat. Die ersteren nämlich lassen die Kanones zu [*vgl. *128a*], wenn sie ansonsten geeignet sind, der dritte ist, so legen sie fest, als Mörder seiner selbst zu bestrafen.

## URBAN III.: 25. Nov. 1185 – 19./20. Okt. 1187

**764: Brief "Consuluit nos" an einen Priester aus Brescia, Zeit unsicher**

*Ausg.:* Gregor IX., *Decretales*, l. V, tit. 19, c. 10 (Frdb 2,814). – *Reg.:* JR 15726.

### Zinsnahme

**764** Consuluit Nos tua devotio, an ille in iudicio animarum quasi usurarius debeat iudicari, qui non alias mutuo traditurus, eo proposito mutuam pecuniam credit, ut, licet omni conventione cessante, plus tamen sorte recipiat; et utrum eodem reatu criminis involvatur, qui, ut vulgo dicitur, non aliter parabolam iuramenti concedit, donec, quamvis sine exactione, emolumentum aliquod inde percipiat; et an negotiator poena consimili debeat condemnari, qui merces suas longe maiore pretio distrahit, si ad solutionem faciendam prolixioris temporis dilatio prorogetur, quam si ei in continenti pretium persolvatur.

Deine Ehrerbietung hat Uns gefragt, ob jener im Gericht der Seelen als Zinsnehmer beurteilt werden müsse, der, da er andernfalls nicht leihen würde, in dem Vorsatz Geld leiht, daß er, auch wenn jegliche Übereinkunft fehlt, dennoch mehr als das ⟨geliehene⟩ Kapital erhalte; und ob derselben Strafwürdigkeit verfalle, wer, wie man gemeinhin sagt, nicht anders die Zustimmung zu einem Eid gewährt, als bis er, wenn auch ohne ⟨ausdrückliche⟩ Forderung, daraus irgendeinen Vorteil erzielt; und ob ein Händler mit der gleichen Strafe verurteilt werden müsse, der seine Waren um einen weit höheren Preis verkauft, wenn die Zeitspanne bis zur Erledigung der Bezahlung ziemlich weit ausgedehnt wird, als wenn ihm der Kaufpreis sogleich bezahlt wird.

Verum quia, quid in his casibus tenendum sit, ex evangelio Lucae manifeste cognoscitur, in quo dicitur: "Date mutuum, nihil inde sperantes" [*Lc 6,35*]: huiusmodi homines pro intentione lucri, quam habent, cum omnis usura et superabundantia prohibeatur in lege, iudicandi sunt male agere, et ad ea, quae taliter sunt accepta, restituenda in animarum iudicio efficaciter inducendi.

Weil man aber, woran man sich in diesen Fällen zu halten hat, aus dem Evangelium des Lukas deutlich erfährt, in dem gesagt wird: "Leiht, ohne irgend etwas daraus zu erhoffen" [*Lk 6,35*], ⟨deshalb⟩ muß man urteilen, daß solche Menschen wegen der Absicht auf Gewinn, die sie haben – denn jede Zinsnahme und Mehrleistung bei Rückerstattung wird im Gesetz verboten –, böse handeln, und sie sind im Gericht der Seelen wirksam zu veranlassen, das, was auf solche Weise erworben wurde, zu erstatten.

GREGOR VIII.: 21. Okt. – 17. Dez. 1187
CLEMENS III.: 19. Dez. 1187 – März 1191
CÖLESTIN III.: 30. März 1191 – 8. Jan. 1198

## INNOZENZ III.: 8. Jan. 1198 – 16. Juli 1216

### 766: Brief "Cum apud sedem" an Erzbischof Ymbertus von Arles, 15. Juli 1198

*Ausg.:* PL 214,304CD ( = Briefe I 333); Gregor IX., *Decretales*, l. IV, tit. 1, c. 23 (vgl. 25) (Frdb 2,669f). – *Reg.:* PoR 329.

#### Die sakramentale Form der Ehe

Consuluisti Nos, utrum mutus et surdus alicui possint matrimonialiter copulari. Ad quod fraternitati tuae taliter respondemus, quod, cum prohibitorium sit edictum de matrimonio contrahendo, ut quicunque non prohibetur, per consequentiam admittatur, et sufficiat ad matrimonium solus consensus illorum, de quorum quarumque coniunctionibus agitur: videtur, quod, si talis velit contrahere, sibi non possit vel debeat denegari, cum, quod verbis non potest, signis valeat declarare.

Du hast Uns gefragt, ob ein Stummer und **766** ein Tauber sich mit jemandem ehelich verbinden könnten. Darauf antworten Wir Deiner Brüderlichkeit folgendermaßen: da die Verordnung über die Eheschließung eine verbietende ist, so daß jeder, dem es nicht verboten wird, folgerichtig zugelassen wird, und zur Ehe allein das Einverständnis jener genügt, um deren Verbindung es sich handelt: ⟨so⟩ ist es offenkundig, daß, wenn ein solcher ⟨die Ehe⟩ schließen will, es ihm nicht verwehrt werden kann oder muß; denn was er mit Worten nicht kann, vermag er mit Zeichen zu erklären.

### 767: Brief "Sicut universitatis" an Konsul Acerbus von Florenz, 30. Okt. 1198

*Ausg.:* PL 216,1186AB ( = Innozenz, *Decretales*, Prima collectio, tit. 2) / PL 214,377AB ( = Briefe I 401). – *Reg.:* PoR 403.

#### Die zweifache höchste Gewalt auf Erden

Sicut universitatis conditor Deus duo magna luminaria in firmamento caeli constituit, luminare maius, ut praeesset diei, et luminare minus, ut praeesset nocti, sic ad firmamentum universalis Ecclesiae, quae caeli nomine nuncupatur, duas magnas instituit dignitates:

So wie Gott, der Schöpfer des Alls, zwei **767** große Lichter am Firmament des Himmels befestigte, das größere Licht, damit es dem Tage vorstehe, und das kleinere Licht, damit es der Nacht vorstehe, so hat er an das Firmament der allgemeinen Kirche, die mit dem

maiorem, quae quasi diebus animabus praeesset, et minorem, quae quasi noctibus praeesset corporibus, quae sunt pontificalis auctoritas et regalis potestas.

Porro sicut luna lumen suum a sole sortitur, quae revera minor est illo quantitate simul et qualitate, situ pariter et effectu, sic regalis potestas ab auctoritate pontificali suae sortitur dignitatis splendorem; cuius conspectui quanto magis inhaeret, tanto maiori lumine decoratur, et quo plus ab eius elongatur aspecto, eo plus deficit in splendore.

Namen "Himmel" benannt wird, zwei große Ehrenstellen gesetzt; die größere, die – gleichsam als den Tagen – den Seelen vorstehen sollte, und die kleinere, die – gleichsam als den Nächten – den Leibern vorstehen sollte, welche sind die bischöfliche Autorität und die königliche Gewalt.

Ferner: so wie der Mond sein Licht von der Sonne erhält und er in Wahrheit sowohl der Größe als auch der Beschaffenheit, ebenso der Lage und der Wirkung nach kleiner ist als jene, so erhält die königliche Gewalt von der päpstlichen Autorität den Glanz ihrer Würde; je mehr sie ihrem Anblick anhängt, von desto größerem Lichte wird sie geziert, und je mehr sie sich von ihrem Anblick entfernt, desto mehr verliert sie an Glanz.

### 768-769: Brief "Quanto te magis" an Bischof Ugo von Ferrara, 1. Mai 1199

*Ausg.:* PL 214,588D–589B ( = Briefe II 50); 216,1267D–1268B / Gregor IX., *Decretales*, l. IV, tit. 19, c. 7 (Frdb 2,722f). – *Reg.:* PoR 684.

### Das Band der Ehe und das Paulinische Privileg

**768**    Tua Nobis fraternitas suis litteris intimavit, quod altero coniugum ad haeresim transeunte, qui relinquitur, ad secunda vota desiderat convolare et filios procreare, quod utrum possit fieri de iure, per tuas Nos duxisti litteras consulendos.

Nos igitur consultationi tuae de communi fratrum Nostrorum consilio respondentes distinguimus, licet quidam praedecessor Noster [*Caelestinus III*] sensisse aliter videatur, an ex duobus infidelibus alter ad fidem catholicam convertatur, vel ex duobus fidelibus alter labatur in haeresim vel decidat in gentilitatis errorem. Si enim alter infidelium coniugum ad fidem catholicam convertatur, altero vel nullo modo, vel saltem non sine blasphemia divini nominis, vel ut eum pertrahat ad mortale peccatum, ei cohabitare volente: qui relinquitur, ad secunda, si voluerit, vota transibit; et in hoc casu intelligimus, quod ait Apostolus: "Si infidelis discedit, discedat: frater enim vel soror non est servituti subiectus in huiusmodi" [*1 Cor 7,15*]. Et canonem etiam, in quo dicitur: Quod "contumelia creatoris solvit ius matrimonii circa eum, qui relinquitur"[1].

Deine Brüderlichkeit hat Uns durch ihr Schreiben mitgeteilt, daß, da der eine der Gatten zur Häresie übergeht, derjenige, der verlassen wird, zu einem zweiten Ehebunde zu schreiten und Kinder zu zeugen wünscht; ob dies von Rechts wegen geschehen kann, meintest Du Uns durch Dein Schreiben um Rat fragen zu sollen.

Deine Anfrage auf den gemeinsamen Rat Unserer Brüder hin beantwortend, unterscheiden Wir nun, auch wenn einer Unserer Vorgänger [*Cölestin III.*] anders gedacht zu haben scheint, ob von zwei Ungläubigen der eine sich zum katholischen Glauben bekehrt oder ob von zwei Gläubigen der eine in eine Häresie gerät oder in den Irrtum des Heidentums verfällt. Wenn sich nämlich einer der ungläubigen Gatten zum katholischen Glauben bekehrt, während der andere entweder auf keine Weise oder wenigstens nicht ohne Lästerungen des göttlichen Namens, oder um ihn zur Todsünde zu verleiten, mit ihm zusammenleben will, so soll derjenige, der verlassen wird, wenn er will, zu einem zweiten Ehebunde schreiten; und für diesen Fall verstehen Wir, was der Apostel sagt: "Wenn sich ein Ungläubiger trennt, mag er sich trennen: der Bruder oder die Schwester

ist nämlich in einem solchen Fall keiner Verpflichtung unterworfen" [*1 Kor 7,15*]; und auch den Kanon, in dem gesagt wird: "Die Schmähung des Schöpfers löst die Rechtskraft der Ehe für den auf, der verlassen wird"[1].

Si vero alter **fidelium** coniugum vel labatur in haeresim vel transeat ad gentilitatis[1] errorem, non credimus, quod in hoc casu is, qui relinquitur, vivente altero possit ad secundas nuptias convolare, licet in hoc casu maior appareat contumelia creatoris. Nam etsi matrimonium verum quidem inter infideles exsistat, non tamen est ratum: inter fideles autem verum quidem et ratum exsistit: quia sacramentum fidei, quod semel est admissum, numquam amittitur, sed ratum efficit coniugii sacramentum, ut ipsum in coniugibus illo durante perduret.

Wenn aber einer der **gläubigen** Gatten **769** entweder in eine Häresie gerät oder zum Irrtum des Heidentums[1] übergeht, so glauben Wir nicht, daß in diesem Fall derjenige, der verlassen wird, solange der andere lebt, zu einer zweiten Eheschließung schreiten kann, auch wenn in diesem Fall offensichtlich eine größere Schmähung des Schöpfers vorliegt. Denn wenn es auch zwischen Ungläubigen unstreitig eine wahre Ehe gibt, so ist sie doch nicht besiegelt; zwischen Gläubigen aber ist sie unstreitig wahr und besiegelt: denn das Sakrament des Glaubens ⟨= die Taufe⟩, das einmal gespendet wurde, geht niemals verloren, sondern macht das Sakrament der Ehe besiegelt, so daß es in den Gatten andauert, solange jenes dauert.

## 770-771: Brief "Cum ex iniuncto" an die Einwohner von Metz, 12. Juli 1199

*Ausg.:* PL 214,695C–697A ( = Briefe II 141); 216,1210B–1211D / Gregor IX., *Decretales*, l. V, tit. 7, c. 12 (Frdb 2,785f) / BullTau 3,159a–160b / BullCocq 3,91. – *Reg.:* PoR 780.

### Die Notwendigkeit des Lehramtes der Kirche für die Auslegung der Hl. Schrift

Significavit Nobis venerabilis frater Noster episcopus Metensis per litteras suas, quod tam in dioecesi quam urbe Metensi laicorum et mulierum multitudo non modica, tracta quodammodo desiderio Scripturarum, Evangelia, Epistolas Pauli, Psalterium, Moralia Iob et plures alios libros sibi fecit in Gallico sermone transferri; ... [*quo vero factum est,*] ut secretis conventionibus talia inter se laici et mulieres eructare praesumant et sibi invicem praedicare: qui etiam aspernantur eorum consortium, qui se similibus non immiscent .... Quidam etiam ex eis simplicitatem sacerdotum suorum fastidiunt; et cum ipsis per eos verbum salutis proponitur, se melius habere in libellis suis et prudentius se posse id eloqui, submurmurant in occulto.

Unser ehrwürdiger Bruder, der Bischof **770** von Metz, teilte Uns in seinem Schreiben mit, daß sowohl in der Diözese wie in der Stadt Metz eine nicht unbedeutende Menge von Laien und Frauen, gewissermaßen von dem Verlangen nach den Schriften gezogen, sich die Evangelien, die Briefe des Paulus, den Psalter, die Moralia Iob ⟨Gregors des Großen⟩ und mehrere andere Bücher in französische Sprache übertragen ließ; ... [*so geschah es aber,*] daß in geheimen Zusammenkünften Laien und Frauen solches untereinander auszukotzen und sich gegenseitig zu predigen wagen: sie verschmähen auch den Umgang mit denen, die sich nicht an Ähnlichem beteiligen .... Manche von ihnen verschmähen auch die Einfachheit ihrer Priester; und wenn ihnen durch diese das Wort des Heiles vorgetragen wird, murren sie im

---

**\*768** [1] Vgl. Gratian, *Decretum*, p. II, cs. 28, q. 2, c. 2 (Frdb 1,1090).
**\*769** [1] Auf diesen Fall hatte Cölestin III. das Paulinische Privileg angewandt.

Licet autem desiderium intelligendi divinas Scripturas et secundum eas studium adhortandi reprehendendum non sit, sed potius commendandum, in eo tamen apparent merito arguendi, quod tales occulta conventicula sua celebrant, officium sibi praedicationis usurpant, sacerdotum simplicitatem eludunt et eorum consortium aspernantur qui talibus non inhaerent. Deus enim ... in tantum odit opera tenebrarum, ut [*Apostolis*] ... praeceperit dicens: "Quod dico vobis in tenebris, dicite in lumine, et quod in aure auditis, praedicate super tecta" [*Mt 10,27*]; per hoc manifeste denuntians, quod evangelica praedicatio non in occultis conventiculis, sicut haeretici faciunt, sed in ecclesia iuxta morem catholicum est publice proponenda. ...

771    Arcana vero fidei sacramenta non sunt passim omnibus exponenda, cum non passim ab omnibus possint intelligi, sed eis tantum qui ea fideli possunt concipere intellectu. Propter quod simplicioribus inquit Apostolus: "Quasi parulis in Christo lac potum dedi vobis, non escam" [*1 Cor 3,2*]. ...

Tanta est enim divinae Scripturae profunditas, ut non solum simplices et illiterati, sed etiam prudentes et docti non plene sufficiant ad ipsius intelligentiam indagandam. Propter quod dicit Scriptura: "Quia multi defecerunt scrutantes scrutinio" [*Ps 63,7*]. Unde recte fuit olim in lege divina statutum, ut bestia, quae montem [*Sinai*] tetigerit, lapidetur [*cf. Hbr 12,20; Ex 19,12s*], ne videlicet simplex aliquis vel et indoctus praesumat ad sublimitatem Scripturae sacrae pertingere vel eam aliis praedicare. Scriptum est enim: "Altiora te ne quaesieris" [*Sir 3,22*]. Propter quod dicit Apostolus: "Non plus sapere quam oporteat sapere, sed sapere ad sobrietatem" [*Rm 12,3*].

Verborgenen, sie hätten in ihren Schriften Besseres und sie könnten es klüger ausdrükken.

Wenn aber auch das Verlangen, die göttlichen Schriften zu verstehen, und das Bemühen, ihnen gemäß zu ermahnen, nicht zu tadeln, sondern vielmehr zu empfehlen ist, so sind diese dennoch offenbar darin zurecht zu tadeln, daß sie ihre verborgenen Zusammenkünfte abhalten, sich das Amt der Verkündigung anmaßen, die Einfachheit der Priester verspotten und den Umgang mit denen verschmähen, die sich mit solchem nicht befassen. Gott ... haßt nämlich die Werke der Finsternis so sehr, daß er [*den Aposteln*] ... gebot und sagte: "Was ich euch in der Finsternis sage, das sagt im Licht, und was ihr im Ohr hört, das verkündet über die Dächer" [*Mt 10,27*]; dadurch tut er deutlich kund, daß die Verkündigung des Evangeliums nicht in verborgenen Zusammenkünften, wie es die Häretiker tun, sondern gemäß dem katholischen Brauch in der Kirche öffentlich vorzutragen ist. ...

Die verborgenen Geheimnisse des Glaubens aber sind nicht überall allen darzulegen, weil sie nicht überall von allen verstanden werden können, sondern nur denen, die sie in gläubigem Verständnis erfassen können. Deswegen sagt der Apostel den Einfältigeren: "Wie kleinen Kindern in Christus habe ich euch Milch zu trinken gegeben, nicht feste Speise" [*1 Kor 3,2*]. ...

So groß ist nämlich die Tiefe der göttlichen Schrift, daß nicht nur die Einfältigen und Ungebildeten, sondern auch die Klugen und Gelehrten nicht ganz dazu fähig sind, ihren Sinngehalt aufzuspüren. Deswegen sagt die Schrift: "Denn viele Forschende sind beim Forschen ermattet" [*Ps 64,7*]. Daher war einst im göttlichen Gesetz zurecht festgesetzt worden, daß ein Tier, das den Berg [*Sinai*] berührt hat, gesteinigt werde [*vgl. Hebr 12,20; Ex 19,12f*], damit sich nämlich kein Einfältiger oder auch Ungelehrter unterstehe, an die Erhabenheit der heiligen Schrift zu rühren oder sie anderen zu verkünden. Es steht nämlich geschrieben: "Suche nicht, was zu hoch ist für dich" [*Sir 3,22*]. Deswegen sagt der Apostel: "Sinnt nicht auf mehr, als zu sinnen recht ist, sondern sinnt auf Besonnenheit" [*Röm 12,3*].

Sicut enim multa sunt membra corporis, omnia vero membra non eundem actum habent, ita multi sunt ordines in Ecclesia, sed non omnes idem habent officium, quia secundum Apostolum "alios quidem Dominus dedit apostolos, alios prophetas, alios autem doctores etc." [*Eph 4,11*]. Cum igitur doctorum ordo sit quasi praecipuus in Ecclesia, non debet sibi quisquam indifferenter praedicationis officium usurpare.

Wie es nämlich viele Glieder des Leibes gibt, aber nicht alle Glieder dieselbe Tätigkeit haben, so gibt es viele Stände in der Kirche, aber nicht alle haben dasselbe Amt, weil nach dem Apostel "der Herr die einen als Apostel, die anderen als Propheten, andere aber als Lehrer gegeben hat usw." [*Eph 4,11*]. Nun ist aber der Stand der Lehrer gleichsam der wichtigste in der Kirche, und deshalb darf sich keiner unterschiedslos das Amt der Verkündigung anmaßen.

### 772-773: Konstitution "Licet perfidia Iudaeorum", 15. Sept. 1199

Die Konstitution ist gleichsam die "Magna Charta" der Toleranz gegen die Juden. Vorausgegangen waren allerdings die im Text erwähnten Päpste und das 3. Konzil im Lateran (1179), wo es im Kap. 26 heißt: Die Juden sollen von den Christen "allein aus Menschlichkeit unterstützt werden" ("pro sola humanitate foveri": COeD³ 224₆ / MaC 22,321D; vgl. auch den – nicht eigentlich zum Laterankonzil gehörenden – Anhang, Kap. 1: MaC 22,355E–356C; JR 13973). Wiederholt und bestätigt wurde die Konstitution von Honorius III. (7. Nov. 1217: PoR 5616), Gregor IX. (3. Mai 1235: PoR 9893), Innozenz IV. (22. Okt. 1246 und 5. Juli 1247: PoR 12315 12596) und anderen.
    *Ausg.:* PL 214,864C–865B ( = Briefe II 302). – *Reg.:* PoR 834.

*Toleranz gegenüber Menschen anderen Glaubens*

Licet perfidia Iudaeorum sit multipliciter improbanda, quia tamen per eos fides nostra veraciter comprobatur, non sunt a fidelibus graviter opprimendi ... . Sicut ergo Iudaeis non debet esse licentia in synagogis suis, ultra quam permissum est lege, praesumere, ita in his, quae sunt illis concessa, nullum debent praeiudicium sustinere.

Nos ergo, licet in sua magis velint duritia perdurare quam vaticinia prophetarum et Legis arcana cognoscere atque ad christianae fidei notitiam pervenire, quia tamen Nostrae postulant defensionis auxilium, ex christianae pietatis mansuetudine, praedecessorum Nostrorum felicis memoriae Calixti [*II*], Eugenii [*III*], Alexandri [*III*], Clementis [*III*] et Caelestini [*III*] Romanorum Pontificum vestigiis inhaerentes, ipsorum petitionem admittimus eisque protectionis Nostrae clypeum indulgemus.

Statuimus enim, ut nullus Christianus invitos vel nolentes eos ad baptismum per violentiam venire compellat; sed si eorum quilibet sponte ad Christianos fidei causa confugerit, postquam voluntas eius fuerit patefacta, sine qualibet efficiatur calumnia Chri-

Zwar ist die Treulosigkeit der Juden vielfach zu verwerfen; weil jedoch durch sie unser Glaube wahrhaft bestätigt wird, dürfen sie von den Gläubigen nicht schwer unterdrückt werden ... . Wie es also den Juden nicht erlaubt sein darf, sich in ihren Synagogen über das hinaus, was gesetzlich erlaubt ist, etwas herauszunehmen, so dürfen sie in dem, was ihnen zugestanden ist, keinen Schaden erleiden. **772**

Wenn sie also auch lieber in ihrer Verhärtung verharren wollen als die Weissagungen der Propheten und die Geheimnisse des Gesetzes erkennen und zur Kenntnis des christlichen Glaubens gelangen, so treten Wir, da sie dennoch die Hilfe Unserer Verteidigung erbitten, aufgrund der Sanftmut der christlichen Frömmigkeit in die Fußstapfen Unserer Vorgänger seligen Angedenkens, der Römischen Bischöfe Calixtus [*II.*], Eugen [*III.*], Alexander [*III.*], Clemens [*III.*] und Cölestin [*III.*], schenken ihrem Gesuch Gehör und gewähren ihnen den Schild Unseres Schutzes.

Wir ordnen nämlich an, daß kein Christ **773** sie mit Gewalt nötige, widerstrebend oder gegen ihren Willen zur Taufe zu kommen; wenn aber einer von ihnen freiwillig um des Glaubens willen seine Zuflucht zu den Christen nimmt, so soll er, nachdem sein Wille

stianus. Veram quippe christianitatis fidem habere non creditur, qui ad Christianorum baptisma non spontaneus sed invitus cognoscitur pervenire. Nullus etiam Christianus sine potestatis terrae iudicio personas eorum nequiter laedere vel res eorum violenter auferre praesumat aut bonas quas hactenus in ea, in qua habitant regione, habuerint consuetudines immutare. Praeterea, in festivitatum suarum celebratione quisquam fustibus vel lapidibus eos ullatenus non perturbet, nec aliquis ab eis indebita servitia exigere vel extorquere contendat nisi ea, quae ipsi praeteritis facere temporibus consueverunt. Ad haec, malorum hominum pravitati et avaritiae obviantes, decernimus, ut nemo coemeterium Iudaeorum mutilare audeat vel minuere, sive obtentu pecuniae corpora effodere iam humata.

eröffnet worden ist, ohne jede Schmähung Christ werden. Denn man glaubt nicht, daß ⟨jener⟩ den wahren Glauben der Christenheit hat, von dem man weiß, daß er nicht aus eigenem Willen, sondern widerwillig zur Taufe der Christen kommt. Auch soll sich kein Christ unterstehen, ohne ein landesherrliches Urteil ihre Personen leichtfertig zu verletzen oder ihre Sachen gewaltsam fortzuschaffen oder die guten Bräuche zu verändern, die sie bisher in der Gegend, in der sie wohnen, hatten. Außerdem soll sie keiner in irgendeiner Hinsicht bei der Feier ihrer Feste mit Knüppeln oder Steinen stören, und keiner soll von ihnen ungeschuldete Dienste einzufordern oder zu erpressen versuchen außer jenen, die sie selbst in der Vergangenheit zu tun pflegten. Zudem bestimmen Wir, um der Schlechtigkeit und Habgier böser Menschen zu begegnen, daß keiner es wage, einen Judenfriedhof zu schänden oder herabzusetzen oder, um zu Geld zu kommen, schon beerdigte Leiber auszugraben.

... [*Excommunicantur ii, qui hoc decretum violant.*] Eos autem dumtaxat huius protectionis praesidio volumus communiri, qui nihil machinari praesumpserint in subversionem fidei christianae.

... [*Es werden diejenigen exkommuniziert, die dieses Dekret verletzen.*] Wir wollen aber, daß lediglich diejenigen durch die Deckung dieses Schutzes gesichert werden, die sich nicht unterstehen, irgendwelche Ränke zum Umsturz des christlichen Glaubens zu schmieden.

## 774-775: Brief "Apostolicae Sedis primatus" an den Patriarchen von Konstantinopel, 12. Nov. 1199

Dieses Dokument ist nicht nur ein Zeugnis vom Vorrang des Römischen Bischofs, sondern auch ein herausragendes Beispiel mittelalterlicher Argumentation in dieser Sache aus der Feder eines der bedeutendsten Päpste jener Zeit. Eine ähnliche Lehre vertrat Innozenz III. in einem Brief vom 23. Nov. 1199 an Gregor, den Katholikos der Armenier, und in einem Brief vom 24. Nov. 1199 an Leon, den König der Armenier (PL 214,776D-778B; 779A-780B; PoR 871 878).

*Ausg.:* PL 214,758D-761B (= Briefe II 209); 216,1186C-1188D. – *Reg.:* PoR 862.

### Der Vorrang des Römischen Stuhles

774    Apostolicae Sedis primatus, quem non homo, sed Deus, immo verius Deus homo constituit, multis quidem et evangelicis et apostolicis testimoniis comprobatur, a quibus postmodum constitutiones canonicae processerunt, concorditer asserentes sacrosanctam Ecclesiam in beato Petro Apostolorum principe consecratam quasi magistram et matrem ceteris praeeminere. Hic enim ... audire promeruit: "Tu es Petrus ... tibi dabo claves regni caelorum" [*Mt 16,18s*].

Der Primat des Apostolischen Stuhles, den nicht ein Mensch, sondern Gott, richtiger vielmehr der Gott-Mensch einsetzte, wird in der Tat durch viele Zeugnisse sowohl der Evangelien als auch der Apostel bestätigt, aus denen in der Folge die kanonischen Bestimmungen hervorgingen, die übereinstimmend aussagen, daß die hochheilige im seligen Apostelfürsten Petrus geweihte Kirche gleichsam als Lehrerin und Mutter die übrigen überrage. Er nämlich verdiente es, ... zu

Nam licet primum et praecipuum Ecclesiae fundamentum sit unigenitus Dei Filius Iesus Christus, iuxta quod dicit Apostolus: "Quia fundamentum positum est, praeter quod aliud poni non potest, quod est Christus Iesus" [*1 Cor 3,11*], secundum tamen et secundarium Ecclesiae fundamentum est Petrus, etsi non tempore primus, auctoritate tamen praecipuus inter ceteros, de quibus Paulus Apostolus inquit: "Iam non estis hospites et advenae, sed estis cives sanctorum et domestici Dei, superaedificati supra fundamentum Apostolorum et Prophetarum" [*Eph 2,20*]. ...

Huius etiam primatum Veritas per se ipsam expressit, cum inquit ad eum: "Tu vocaberis Cephas" [*Io 1,42*]: quod etsi 'Petrus' interpretetur, 'caput' tamen exponitur, ut sicut caput inter cetera membra corporis, velut in quo viget plenitudo sensuum, obtinet principatum, sic et Petrus inter Apostolos et successores ipsius inter universos Ecclesiarum praelatos praerogativa praecellerent dignitatis, vocatis sic ceteris in partem sollicitudinis, ut nihil eis de potestatis plenitudine deperiret. Huic Dominus oves suas pascendas vocabulo tertio repetito commisit, ut alienus a grege dominico censeatur, qui eum etiam in successoribus suis noluerit habere pastorem. Non enim inter has et illas oves distinxit, sed simpliciter inquit: "Pasce oves meas" [*Io 21,17*], ut omnes omnino intelligantur ei esse commissae.

... [*Explicatur allegorice Io 21,7:*] Cum enim mare mundum designet [*iuxta Ps 103,25*] ..., per hoc, quod Petrus se misit in mare, privilegium expressit pontificii singularis, per quod universum orbem susceperat gubernandum, ceteris Apostolis ut vehiculo navis contentis, cum nulli eorum universus fuerit orbis commissus, sed singulis singulae provinciae vel Ecclesiae potius deputatae.

hören: "Du bist Petrus ... ich werde dir die Schlüssel des Himmelreiches geben" [*Mt 16,18f*].

Denn wenn auch das erste und vorzügliche Fundament der Kirche der einziggeborene Sohn Gottes Jesus Christus ist, gemäß der Aussage des Apostels: "Denn es ist ein Fundament gelegt, außer dem ein anderes nicht gelegt werden kann, welches Christus Jesus ist" [*1 Kor 3,11*], so ist doch das zweite und zweitrangige Fundament der Kirche Petrus, wenn auch nicht der Zeit nach der erste, so doch der Autorität nach vorrangig unter den übrigen, von denen der Apostel Paulus sagt: "Ihr seid nicht mehr Fremdlinge und Beisassen, sondern ihr seid Mitbürger der Heiligen und Hausgenossen Gottes, auferbaut auf das Fundament der Apostel und Propheten" [*Eph 2,20*]. ...

Seinen Primat hat auch die Wahrheit durch sich selbst ausgesprochen, als sie zu ihm sagte: "Du wirst Kephas genannt werden" [*Joh 1,42*]: auch wenn dies als 'Petrus' ⟨ = 'Fels'⟩ übersetzt wird, wird es doch als 'Haupt' erklärt, so daß, wie das Haupt unter den übrigen Gliedern des Leibes, da ja in ihm die Fülle der Sinne lebt, den Vorrang innehat, so auch Petrus unter den Aposteln und seine Nachfolger unter allen Kirchenvorstehern durch den Vorrang an Würde herausragen, wobei die übrigen so zur Teilnahme an der Sorge berufen sind, daß ihnen nichts von der Fülle ihrer Vollmacht verloren geht. Ihm hat der Herr durch das dreifach wiederholte Wort seine Schafe zur Weide anvertraut, so daß, wer ihn nicht auch in seinen Nachfolgern zum Hirten haben will, als der Herde des Herrn fremd erachtet wird. Er unterschied nämlich nicht zwischen diesen und jenen Schafen, sondern sagte einfach: "Weide meine Schafe" [*Joh 21,17*], auf daß man erkenne, daß ihm schlechthin alle anvertraut sind.

... [*Joh 21,7 wird allegorisch erklärt:*] Da nämlich das Meer die Welt bezeichnet [*nach Ps 104,25*] ..., hat Petrus dadurch, daß er sich ins Meer warf, das Vorrecht der einzigartigen päpstlichen Gewalt zum Ausdruck gebracht, durch das er die Leitung des gesamten Erdkreises übernommen hatte, wobei die übrigen Apostel wie in einem Schiffsgefährt enthalten waren, da keinem von ihnen der ge-

... [*Simile argumentum allegoricum deducitur ex Mt 14,28-31:*] Per hoc quod Petrus super aquas maris incessit, super universos populos se potestatem accepisse monstravit.

775　　Pro eo Dominus se orasse fatetur, inquiens in articulo passionis: "Ego pro te rogavi, Petre, ut non deficiat fides tua. Et tu aliquando conversus, confirma fratres tuos" [*Lc 22,32*], ex hoc innuens manifeste, quod successores ipsius a fide catholica nullo umquam tempore deviarent, sed revocarent magis alios et confirmarent etiam haesitantes, per hoc sic ei confirmandi alios potestatem indulgens, ut aliis necessitatem imponeret obsequendi. ...

Huic praeterea dictum ... legisti: "Quodcumque ligaveris super terram, erit ligatum et in caelis; et quodcumque solveris super terram, erit solutum et in caelis" [*Mt 16,19*]. Quod si omnibus etiam Apostolis simul dictum esse reperias, non tamen aliis sine ipso, sed ipsi sine aliis attributam esse cognosces ligandi et solvendi a Domino facultatem, ut quod non alii sine ipso, ipse sine aliis posset ex privilegio sibi collato a Domino et concessa plenitudine potestatis. ...

[*Petrus*] vidit caelum apertum et descendens vas quoddam velut linteum magnum quattuor initiis in terram de caelo submitti, quod omnia quadrupedia et serpentia terrae ac caeli volatilia continebat [*Act 10,9-12*]. ... Et vox ad eum est facta secundo: "Quod Deus purificavit, tu commune ne dixeris". Per quod innuitur manifeste, quod Petrus praelatus fuerit populis universis, cum vas illud orbem, et universitas contentorum in eo universas significet tam Iudaeorum quam gentium nationes. ...

samte Erdkreis anvertraut worden war, sondern jedem einzelnen einzelne Provinzen oder vielmehr bestimmte Kirchen.

... [*Ein ähnlicher allegorischer Beweis wird abgeleitet aus Mt 14,28-31:*] Dadurch, daß Petrus über die Wasser des Meeres einherschritt, zeigte er, daß er die Vollmacht über alle Völker empfangen habe.

Daß er für ihn gebetet habe, bekennt der Herr, als er im Augenblick des Leidens sagt: "Ich habe für dich gebetet, Petrus, daß dein Glaube nicht versage. Und du, wenn du einmal bekehrt bist, stärke deine Brüder" [*Lk 22,32*]; damit deutete er offensichtlich an, daß seine Nachfolger zu gar keiner Zeit vom katholischen Glauben abweichen, sondern vielmehr andere zurückrufen und auch Zweifelnde bestärken, wobei er ihm dadurch so die Vollmacht gewährte, andere zu bestärken, daß er den anderen die Notwendigkeit auferlegte, zu gehorchen. ...

Ihm wurde, wie Du ... gelesen hast, außerdem gesagt: "Alles, was du auf der Erde gebunden hast, wird auch in den Himmeln gebunden sein; und alles, was du auf der Erde gelöst hast, wird auch in den Himmeln gelöst sein" [*Mt 16,19*]. Wenn Du aber findest, daß dies auch allen Aposteln zugleich gesagt wurde, so doch nicht den anderen ohne ihn selbst; vielmehr wirst du erkennen, daß ihm selbst ohne die anderen vom Herrn die Vollmacht erteilt wurde, zu binden und zu lösen, so daß er, was die anderen nicht ohne ihn selbst ⟨vermochten⟩, er selbst aufgrund des ihm vom Herrn übertragenen Vorrechts und der gewährten Fülle der Macht ohne die anderen vermochte. ...

[*Petrus*] sah den Himmel offen und ein Gefäß herabkommen, daß gleich einem großen Leintuch an vier Enden vom Himmel auf die Erde herabgelassen wurde, das alle vierfüßigen und kriechenden Tiere der Erde und Vögel des Himmels enthielt [*Apg 10,9-12*]. ... Und eine Stimme sprach zu ihm ein zweites Mal: "Was Gott rein gemacht hat, nenne du nicht gemein". Dadurch wird offensichtlich angedeutet, daß Petrus allen Völkern vorangestellt wurde, da jenes Gefäß den Erdkreis und die Gesamtheit des in ihm Enthaltenen alle Völker sowohl der Juden als auch der Heiden versinnbildlicht. ...

**776: Brief "Ex parte tua" an den Bischof von Modena, i. J. 1200**

*Ausg.:* Gregor IX., *Decretales*, l. IV, tit. 4, c. 5 (Frdb 2,681f) / PL 216,1264AB. – *Reg.:* PoR 1238.

### Die sakramentale Form der Ehe

In matrimoniis de cetero contrahendis illud te volumus observare, ut, postquam inter legitimas personas consensus legitimus intervenerit de praesenti, qui sufficit in talibus iuxta canonicas sanctiones, et, si solus defuerit, cetera, etiam cum ipso coitu celebrata, frustrantur, si personae iunctae legitime cum aliis postea de facto contrahant, quod prius de iure factum fuerat, non poterit irritari.

Wir wollen, daß Du bei Ehen, die künftig 776 geschlossen werden, jenes beachtest, daß – nachdem zwischen rechtmäßigen Personen ein rechtmäßiger gegenwartsbezogener Konsens eingetreten ist (der in solchen Fällen gemäß den kanonischen Bestimmungen genügt; und wenn er allein fehlt, wird alles andere, auch wenn es selbst mit dem Beischlaf begangen wurde, aufgehoben) –, wenn rechtmäßig verbundene Personen später mit anderen tatsächlich ⟨die Ehe⟩ schließen, was früher rechtlich geschehen war, nicht ungültig gemacht werden kann.

**777-779: Brief "Gaudemus in Domino" an den Bischof von Tiberias, Anfang 1201**

*Ausg.:* Gregor IX., *Decretales*, l. IV, tit. 19, c. 8 (Frdb 2,723f) / PL 216,1269C–1271A. – *Reg.:* PoR 1325.

### Die Ehen von Heiden und das Paulinische Privileg

Utrum pagani uxores accipientes in secundo vel tertio vel ulteriore gradu sibi coniunctas sic coniuncti debeant post conversionem suam insimul remanere vel ab invicem separari, edoceri per scriptum Apostolicum postulasti.

Super quo fraternitati tuae taliter respondemus, quod, cum sacramentum coniugii apud fideles et infideles exsistat, quemadmodum ostendit Apostolus dicens: "Si quis frater infidelem habet uxorem, et haec consentit habitare cum eo, non illam dimittat" [*cf. 1 Cor 7,12*]; et in praemissis gradibus a paganis quoad eos matrimonium licite sit contractum, qui constitutionibus canonicis non arctantur (Quid enim ad nos, secundum Apostolum eundem, "de his, qui foris sunt, iudicare?" [*cf. 1 Cor 5,12*]): in favorem praesertim christianae religionis et fidei, a cuius perceptione per uxores se deseri timentes viri possunt facile revocari, fideles huiusmodi matrimonialiter copulati libere possunt et licite remanere coniuncti, cum per sacramentum baptismi non solvantur coniugia, sed crimina dimittantur.

Ob Heiden, die im zweiten, dritten 777 oder einem weiteren Grad mit ihnen verwandte Frauen nehmen, so verwandt nach ihrer Bekehrung zusammenbleiben oder voneinander getrennt werden müßten: darüber wolltest Du durch ein Apostolisches Schreiben belehrt werden.

Diesbezüglich antworten Wir Deiner Brüderlichkeit folgendermaßen: da es das Sakrament der Ehe bei Gläubigen und Ungläubigen gibt, wie der Apostel zeigt, wenn er sagt: "Wenn ein Bruder eine ungläubige Frau hat und diese einverstanden ist, mit ihm zusammenzuleben, soll er sie nicht entlassen" [*vgl. 1 Kor 7,12*]; und ⟨weil⟩ in den vorgenannten ⟨Verwandtschafts⟩graden von Heiden bei ⟨all⟩ jenen die Ehe erlaubtermaßen geschlossen wurde, die durch kanonische Bestimmungen nicht gebunden werden (Was nämlich ⟨geht es⟩ uns an, gemäß demselben Apostel, "über die, die draußen sind, zu richten?" [*vgl. 1 Kor 5,12*]): ⟨deswegen also⟩ können insbesondere zur Begünstigung der christlichen Religion und des christlichen Glaubens, von dessen Annahme die Männer durch die Frauen, die befürchten, verlassen zu werden, leicht abgebracht werden können, solche ehelich verbundenen Gläubigen frei

und erlaubtermaßen verbunden bleiben, da durch das Sakrament der Taufe nicht Ehen aufgelöst, sondern Sünden vergeben werden.

778    Quia vero pagani circa plures insimul feminas affectum dividunt coniugalem, utrum post conversionem omnes, vel quam ex omnibus retinere valeant, non immerito dubitatur. Verum absonum hoc videtur et inimicum fidei christianae, cum ab initio una costa in unam feminam sit conversa, et Scriptura divina testetur, quod "propter hoc relin¬ quet homo patrem et matrem et adhaerebit uxori suae, et erunt duo in carne una" [*Eph 5,31; Gn 2,24; cf. Mt 19,5*]; non dixit: "tres vel plures", sed "duo"; nec dixit: "adhaerebit uxoribus", sed: "uxori". Nec ulli unquam licuit insimul plures uxores habere, nisi cui fuit divina revelatione concessum, quae mos quandoque, interdum etiam fas censetur, per quam sicut Iacob a mendacio, Israelitae a furto, et Samson ab homicidio, sic et Patriarchae et alii viri iusti, qui plures leguntur simul habuisse uxores, ab adulterio excusantur.

Weil aber Heiden die eheliche Zuneigung unter mehrere Frauen zugleich aufteilen, ist man nicht zu Unrecht unschlüssig, ob sie nach der Bekehrung alle, oder welche von allen sie behalten können. Aber dies scheint dem christlichen Glauben zu widersprechen und feindlich zu sein, da gleich am Anfang eine Rippe in eine Frau verwandelt wurde und die göttliche Schrift bezeugt, daß "deswegen der Mensch Vater und Mutter verlassen und seiner Frau anhangen wird; und sie werden zwei in einem Fleisch sein" [*Eph 5,31; Gen 2,24; vgl. Mt 19,5*]; er sagte nicht: "drei oder mehrere", sondern: "zwei"; und er sagte nicht: "er wird Frauen anhangen", sondern: "der Frau". Und niemandem war es jemals erlaubt, zugleich mehrere Frauen zu haben, wenn es ihm nicht durch göttliche Offenbarung zugestanden war, die bisweilen für Sitte, manchmal auch für Recht gehalten wird und durch die, so wie Jakob vom Trug, die Israeliten vom Diebstahl und Samson vom Mord, so auch die Patriarchen und andere gerechte Männer, die, wie man liest, mehrere Frauen zugleich gehabt haben, vom Ehebruch entschuldigt werden.

Sane veridica haec sententia probatur etiam de testimonio Veritatis testantis in Evangelio: "Quicunque dimiserit uxorem suam, nisi ob fornicationem, et aliam duxerit, moechatur" [*Mt 19,9; cf. Mc 10,11*]. Si ergo uxore dimissa duci alia de iure non potest, fortius et ipsa retenta: per quod evidenter apparet, pluralitatem in utroque sexu, cum non ad imparia iudicentur, circa matrimonium reprobandam.

Als gewiß wahrhaft wird diese Auffassung auch durch das Zeugnis der Wahrheit erwiesen, die im Evangelium bezeugt: "Jeder, der seine Frau entläßt, es sei denn wegen Unzucht, und eine andere heiratet, begeht Ehebruch" [*Mt 19,9; vgl. Mk 10,11*]. Da also, wenn die Frau entlassen wurde, von Rechts wegen keine andere geheiratet werden kann, und umso mehr, wenn sie behalten wurde: so kommt dadurch klar zum Vorschein, daß eine Vielzahl bei beiden Geschlechtern (denn sie werden nicht ungleich beurteilt) in bezug auf die Ehe zu verwerfen ⟨ist⟩.

779    Qui autem secundum ritum suum legitimam repudiavit uxorem, cum tale repudium Veritas in Evangelio reprobaverit, numquam ea vivente licite poterit aliam, etiam ad fidem Christi conversus, habere, nisi post conversionem ipsius illa renuat cohabitare cum ipso, aut etiamsi consentiat, non tamen absque contumelia creatoris, vel ut eum pertrahat ad mortale peccatum, in quo casu restitutionem

Wer aber seine nach seinem Ritus rechtmäßige Frau verstoßen hat, wird, da die Wahrheit im Evangelium eine solche Verstoßung verworfen hat, solange diese lebt, niemals erlaubtermaßen eine andere haben können, auch wenn er sich zum Glauben an Christus bekehrt hat, außer wenn jene es nach seiner Bekehrung ablehnt, mit ihm zusammenzuleben, oder auch wenn sie einver-

petenti, quamvis de iniusta spoliatione constaret, restitutio negaretur: quia secundum Apostolum frater aut soror non est in huiusmodi subiectus servituti [cf. 1 Cor 7,15].

Quod si conversum ad fidem et illa conversa sequatur, antequam propter causas praedictas legitimam ille ducat uxorem, eam recipere compelletur. Quamvis quoque secundum evangelicam veritatem, qui duxerit dimissam, moechatur [Mt 19,9]: non tamen dimissor poterit obicere fornicationem dimissae, pro eo, quod nupsit alii post repudium, nisi alias fuerit fornicata.

standen ist, jedoch nicht ohne Schmähung des Schöpfers, oder um ihn zur Todsünde zu verleiten; in diesem Fall würde der um Wiedereinsetzung Nachsuchenden, auch wenn über die ungerechte Beraubung Gewißheit bestünde, die Wiedereinsetzung verweigert: denn nach dem Apostel ist der Bruder oder die Schwester in einem solchen Fall keiner Verpflichtung unterworfen [vgl. 1 Kor 7,15].

Wenn aber einem zum Glauben Bekehrten auch jene bekehrt nachfolgt, bevor jener wegen der vorgenannten Gründe eine rechtmäßige Frau heiratet, so muß er genötigt werden, diese wiederaufzunehmen. Zwar begeht nach der Wahrheit des Evangeliums auch, wer eine Entlassene heiratet, Ehebruch [Mt 19,9]: jedoch wird der Entlassende der Entlassenen nicht deshalb Unzucht vorwerfen können, weil sie nach der Verstoßung einen anderen geheiratet hat, wenn sie nicht anderweitig Unzucht getrieben hat.

## 780-781: Brief "Maiores Ecclesiae causas" an Erzbischof Ymbertus von Arles, Ende 1201

Ausg.: Gregor IX., Decretales, l. III, tit. 42, c. 3 (Frdb 2,644-646). - Reg.: PoR 1479.

### Die Wirkung der Taufe, vor allem die Prägung

... Asserunt enim, parvulis inutiliter baptisma conferri. ... Respondemus, quod baptisma circumcisioni successit. ... Unde, sicut anima circumcisi de populo suo non peribat [cf. Gn 17,14], sic, qui ex aqua fuerit et Spiritu sancto renatus, regni caelorum introitum obtinebit [cf. Io 3,5]. ...

Etsi originalis culpa remittebatur per circumcisionis mysterium, et damnationis periculum vitabatur, non tamen perveniebatur ad regnum caelorum, quod usque ad mortem Christi fuit omnibus obseratum; sed per sacramentum baptismi Christi sanguine rubricati culpa remittitur, et ad regnum caelorum etiam pervenitur, cuius ianuam Christi sanguis fidelibus suis misericorditer reservavit. Absit enim, ut universi parvuli pereant, quorum quotidie tanta multitudo moritur, quin et ipsis misericors Deus, qui neminem vult perire, aliquod remedium procuraverit ad salutem. ...

... Sie behaupten nämlich, den kleinen **780** Kindern werde die Taufe nutzlos gespendet. ... Wir antworten, daß die Taufe an die Stelle der Beschneidung getreten ist. ... Wie daher die Seele des Beschnittenen aus ihrem Volke nicht verlorenging [vgl. Gen 17,14], so wird, wer aus Wasser und heiligem Geist wiedergeboren wurde, den Eintritt ins Himmelreich erlangen [vgl. Joh 3,5]. ...

Auch wenn die Urschuld durch das Geheimnis der Beschneidung vergeben und die Gefahr der Verurteilung vermieden wurde, gelangte man dennoch nicht zum Himmelreich, das bis zum Tode Christi allen verschlossen war; aber durch das Sakrament der durch Christi Blut geröteten Taufe wird die Schuld vergeben und man gelangt auch zum Himmelreich, dessen Pforte das Blut Christi seinen Gläubigen barmherzig aufschloß. Ferne sei nämlich, daß alle kleinen Kinder zugrunde gehen, von denen täglich eine solche große Menge stirbt, ohne daß der barmherzige Gott, der will, daß niemand zugrunde gehe, auch für sie irgendein Mittel zum Heil besorgt hat. ...

Quod opponentes inducunt, fidem aut caritatem aliasque virtutes parvulis, utpote non consentientibus, non infundi, a plerisque non conceditur absolute ..., aliis asserentibus, per virtutem baptismi parvulis quidem culpam remitti, sed gratiam non conferri; nonnullis vero dicentibus, et dimitti peccatum, et virtutes infundi, habentibus illas quoad habitum [cf. *904], non quoad usum, donec perveniant ad aetatem adultam. ...

Dicimus distinguendum, quod peccatum est duplex: originale scilicet et actuale: originale, quod absque consensu contrahitur, et actuale, quod committitur cum consensu. Originale igitur, quod sine consensu contrahitur, sine consensu per vim remittitur sacramenti; actuale vero, quod cum consensu contrahitur, sine consensu minime relaxatur. ... Poena originalis peccati est carentia visionis Dei, actualis vero poena peccati est gehennae perpetuae cruciatus. ...

**781** Id est religioni christianae contrarium, ut semper invitus et penitus contradicens ad recipiendam et servandam Christianitatem aliquis compellatur. Propter quod inter invitum et invitum, coactum et coactum alii non absurde distinguunt, quod is, qui terroribus atque suppliciis violenter attrahitur, et, ne detrimentum incurrat, baptismi suscipit sacramentum, talis quidem sicut et is, qui ficte ad baptismum accedit, characterem suscipit Christianitatis impressum et ipse tamquam conditionaliter volens, licet absolute non velit, cogendus est ad observantiam fidei christianae. ...

Ille vero, qui numquam consentit, sed penitus contradicit, nec rem nec characterem suscipit sacramenti, quia plus est expresse contradicere, quam minime consentire: sicut nec ille notam alicuius reatus incurrit, qui contradicens penitus et reclamans thurificare idolis cogitur violenter.

Was die Gegner anführen, nämlich daß der Glaube oder die Liebe und andere Tugenden den kleinen Kindern, da sie ja nicht zustimmen, nicht eingegossen würden, wird von den meisten nicht bedingungslos zugegeben ...; andere behaupten, kraft der Taufe werde den kleinen Kindern zwar die Schuld vergeben, aber keine Gnade mitgeteilt; manche aber sagen, sowohl die Sünde werde vergeben als auch die Tugenden eingegossen, sie hätten diese jedoch hinsichtlich der ⟨eingegossenen⟩ Anlage [vgl. *904], nicht hinsichtlich des Gebrauchs, bis sie ins Erwachsenenalter gelangten. ...

Wir sagen: man muß unterscheiden, daß es eine zweifache Sünde gibt: nämlich die ursprüngliche und die tathafte: ursprünglich, weil man sie sich ohne Zustimmung zuzieht, und tathaft, weil man sie mit Zustimmung begeht. Die ursprüngliche also wird, da man sie sich ohne Zustimmung zuzieht, ohne Zustimmung kraft des Sakramentes vergeben; die tathafte aber wird, da man sie sich mit Zustimmung zuzieht, keineswegs ohne Zustimmung vergeben. ... Die Strafe für die Ursünde ist das Entbehren der Schau Gottes, die Strafe für die tathafte Sünde aber ist die Marter der ewigen Hölle. ...

Es ist der christlichen Religion entgegengesetzt, daß einer gegen seinen beständigen Willen und trotz nachhaltigen Widerspruchs genötigt wird, das Christentum anzunehmen und zu bewahren. Deswegen unterscheiden andere nicht unverständig zwischen unfreiwillig und unfreiwillig, gezwungen und gezwungen, weil derjenige, der unter Schrecken und Strafen gewaltsam herbeigeschleppt wird und, um keinen Schaden zu erleiden, das Sakrament der Taufe empfängt, als solcher zwar ebenso wie derjenige, der heuchlerisch zur Taufe tritt, die Prägung des Christentums eingeprägt erhält und als unter Bedingungen Wollender – auch wenn er nicht unbedingt will – zu Beobachtung des christlichen Glaubens zu zwingen ist . ...

Jener aber, der niemals zustimmt, sondern nachhaltig widerspricht, empfängt weder die Prägung noch die Sache des Sakramentes; denn ausdrücklich widersprechen ist mehr als keineswegs zustimmen: ebenso zieht sich auch jener nicht das Mal irgendeiner Strafwürdigkeit zu, der, obwohl er nachhaltig wi-

derspricht und sich widersetzt, gewaltsam gezwungen wird, den Götzen Weihrauchopfer
darzubringen.

Dormientes autem et amentes, si prius
quam amentiam incurrerent aut dormirent,
in contradictione persisterent: quia in eis intellegitur contradictionis propositum perdurare, etsi fuerint sic immersi, characterem
non suscipiunt sacramenti; secus autem si
prius catechumeni exstitissent et habuissent
propositum baptizandi; unde tales in necessitatis articulo consuevit Ecclesia baptizare.
Tunc ergo characterem sacramentalis imprimit operatio, cum obicem voluntatis contrariae non invenit obsistentem.

Die Schlafenden aber und Wahnsinnigen,
die, bevor sie dem Wahnsinn verfallen oder
einschlafen, im Widerspruch verharren würden, empfangen die Prägung des Sakramentes nicht, weil man erkennt, daß in ihnen der
Vorsatz des Widerspruchs fortdauert, auch
wenn sie so eingetaucht worden sind; anders
aber, wenn sie zuvor Katechumenen gewesen
wären und Vorsatz gehabt hätten, sich taufen
zu lassen; daher pflegt die Kirche solche im
Augenblick höchster Not zu taufen. Dann
also prägt die sakramentale Handlung die
Prägung ein, wenn sie nicht auf das entgegen-
tretende Hindernis eines sich widersetzenden
Willens trifft.

## 782–784: Brief "Cum Marthae circa" an Erzbischof Johannes von Lyon, 29. Nov. 1202

*Ausg.:* PL 214,1119A–1122B ( = Briefe V 121) / Gregor IX., *Decretales*, l. III, tit. 41, c. 6 (Frdb 2,637–639). –
*Reg.:* PoR 1779.

### Die sakramentale Form der Eucharistie

Quaesivisti siquidem, quis formae verborum, quam ipse Christus expressit, cum in
corpus et sanguinem suum panem transsub-
stantiavit et vinum, illud in canone Missae,
quo Ecclesia utitur generalis, adiecerit, quod
nullus Evangelistarum legitur expressisse. ...
In canone Missae sermo iste videlicet "mysterium fidei" verbis ipsis interpositus invenitur. ...

Sane multa tam de verbis quam de factis
dominicis invenimus ab Evangelistis omissa,
quae Apostoli vel supplevisse verbo vel facto
expressisse leguntur. ...

Ex eo autem verbo, de quo movit tua fraternitas quaestionem, videlicet "mysterium
fidei", munimentum erroris quidam trahere
putaverunt, dicentes in sacramento altaris
non esse corporis Christi et sanguinis veritatem, sed imaginem tantum, et speciem et figuram, pro eo, quod Scriptura interdum commemorat, id, quod in altari suscipitur, esse
sacramentum et mysterium et exemplum.
Sed tales ex eo laqueum erroris incurrunt,
quod nec auctoritates Scripturae convenien-

Du hast ja gefragt, wer der Form der Wor-      782
te, die Christus selbst ausgedrückt hat, als er
Brot und Wein in seinen Leib und sein Blut
wesenhaft verwandelte, jenes ⟨Wort⟩ im
Meßkanon, das die gesamte Kirche ge-
braucht, hinzufügte, das, wie man liest, kei-
ner der Evangelisten ausgedrückt hat. ... Im
Meßkanon findet sich dieses Wort, nämlich
"Geheimnis des Glaubens", in ebendiese
Worte eingeschoben. ...

Wir finden freilich vieles sowohl von den
Worten als auch von den Taten des Herrn von
den Evangelisten ausgelassen, was die Apostel, wie man liest, entweder mündlich ergänzt oder durch ihr Tun ausgedrückt haben. ...

Aus jenem Wort aber, dessentwegen Deine Brüderlichkeit die Frage stellte, nämlich
dem "Geheimnis des Glaubens", meinten
manche eine Stütze für den Irrtum abzuleiten, indem sie sagten, im Altarssakrament sei
nicht die Wahrheit des Leibes und Blutes
Christi, sondern nur ein Abbild und eine Gestalt und Figur, deswegen, weil die Schrift
bisweilen erwähnt, daß das, was auf dem Altar empfangen wird, ein Sakrament, Geheimnis und Beispiel sei. Aber solche verfangen

ter intelligunt, nec sacramenta Dei suscipiunt reverenter, Scripturas et virtutem Dei pariter nescientes [cf. Mt 22,29]. ...

Dicitur tamen "mysterium fidei", quoniam et aliud ibi creditur, quam cernatur, et aliud cernitur, quam credatur. Cernitur enim species panis et vini, et creditur veritas carnis et sanguinis Christi, ac virtus unitatis et caritatis. ...

sich deshalb im Fallstrick des Irrtums, weil sie weder die Weisungen der Schrift angemessen verstehen noch die Sakramente Gottes ehrfürchtig aufnehmen, da sie die Schriften und die Kraft Gottes in gleicher Weise verkennen [vgl. Mt 22,29]. ...

Es wird jedoch "Geheimnis des Glaubens" gesagt, weil dort sowohl etwas anderes geglaubt wird, als gesehen wird, als auch etwas anderes gesehen wird, als geglaubt wird. Gesehen wird nämlich die Gestalt des Brotes und Weines, und geglaubt wird die Wahrheit des Fleisches und Blutes Christi sowie die Kraft der Einheit und der Liebe. ...

### Die Elemente der Eucharistie

783    Distinguendum est tamen subtiliter inter tria, quae sunt in hoc sacramento discreta, videlicet formam visibilem, veritatem corporis et virtutem spiritualem. Forma est panis et vini, veritas carnis et sanguinis, virtus unitatis et caritatis. Primum est 'sacramentum et non res'. Secundum est 'sacramentum et res'. Tertium est 'res et non sacramentum'. Sed primum est sacramentum geminae rei. Secundum autem est sacramentum unius, et alterius res exsistit. Tertium vero est res gemini sacramenti. Credimus igitur, quod formam verborum, sicut in canone reperitur, et a Christo Apostoli, et ab ipsis eorum acceperint successores. ...

Genau auseinanderzuhalten ist jedoch dreierlei, das in diesem Sakrament unterschieden ist, nämlich die sichtbare Gestalt, die Wahrheit des Leibes und die geistige Kraft. Die Gestalt ist die des Brotes und des Weines, die Wahrheit die des Fleisches und des Blutes, die Kraft die der Einheit und der Liebe. Das erste ist 'Sakrament und nicht Sache'. Das zweite ist 'Sakrament und Sache'. Das dritte ist 'Sache und nicht Sakrament'. Jedoch ist das erste Sakrament einer doppelten Sache. Das zweite aber ist Sakrament des einen und ist Sache des anderen. Das dritte aber ist Sache eines doppelten Sakramentes. Wir glauben also, daß die Form der Worte, wie sie sich im Kanon findet, sowohl die Apostel von Christus als auch ihre Nachfolger von ihnen empfangen haben. ...

### Das im Meßopfer dem Wein beigemischte Wasser

784    Quaesivisti etiam, utrum aqua cum vino in sanguinem convertatur. Super hoc autem opiniones apud scholasticos variantur. Aliquibus enim videtur, quod, cum de latere Christi duo praecipua fluxerint sacramenta, redemptionis in sanguine ac regenerationis in aqua, in illa duo vinum et aqua, quae commiscetur in calice, divina virtute mutantur. ... Alii vero tenent, quod aqua cum vino transsubstantiatur in sanguinem, cum in vinum transeat mixta vino. ... Praeterea potest dici, quod aqua non transit in sanguinem, sed remanet prioris vini accidentibus circumfusa. ...

Du hast auch gefragt, ob das Wasser mitsamt dem Wein in Blut verwandelt werde. Darüber aber sind die Meinungen bei den Scholastikern verschieden. Einige nämlich meinen, daß, da aus der Seite Christi die zwei vorzüglichen Sakramente flossen, ⟨nämlich⟩ das der Erlösung im Blute und das der Wiedergeburt im Wasser, der Wein und das Wasser, die im Kelch gemischt werden, mit göttlicher Kraft in jene beiden verwandelt würden. ... Andere aber behaupten, daß das Wasser mitsamt dem Wein wesenhaft in Blut verwandelt werde, da es, vermischt mit Wein, in Wein übergehe. ... Außerdem kann gesagt werden, daß das Wasser nicht in Blut über-

Illud autem est nefarium opinari, quod quidam dicere praesumpserunt, aquam videlicet in phlegma converti. ...

Verum inter opiniones praedictas illa probabilior iudicatur, quae asserit, aquam cum vino in sanguinem transmutari [*cf. \*798*].

gehe, sondern von den Akzidentien des früheren Weines umflossen bleibe. ...

Jenes aber ist ruchlos zu glauben, was zu sagen sich manche anmaßten, daß nämlich das Wasser in Schleim verwandelt werde. ...

Aber unter den vorgenannten Meinungen wird jene für wahrscheinlicher erachtet, die behauptet, das Wasser werde mitsamt dem Wein in Blut verwandelt [*vgl. \*798*].

## 785: Brief "Cum venisset" an Erzbischof Basilius von Tarnovo (Bulgarien), 25. Febr. 1204

Das ausgesprochene Verbot einer Spendung der Firmung durch Priester ist lediglich kirchenrechtlicher Art, wie aus dem mehrfach belegten Brauch deutlich wird, dies dem einfachen Priester zu erlauben, allerdings unter Verwendung von Öl, das vom Bischof gesegnet wurde; vgl. \*1318 2588. Ein ähnliches Verbot für die Priester des lateinischen (!) Ritus findet sich bei Innozenz III., Brief an seinen Stellvertreter in Konstantinopel "*Quanto de benignitate*", 16. Nov. 1199 (PL 214,772BC; PoR 868).
*Ausg.:* PL 215,285CD ( = Briefe VII 3); Gregor IX., *Decretales*, l. I, tit. 15, c. 1, § 7 (Frdb 2,133). – *Reg.:* PoR 2138.

### Der Spender der Firmung

Per frontis chrismationem manus impositio designatur, quae alio nomine dicitur confirmatio, quia per eam Spiritus Sanctus ad augmentum datur et robur. Unde cum ceteras unctiones simplex sacerdos vel presbyter valeat exhibere, hanc non nisi summus sacerdos, id est episcopus, debet conferre, quia de solis Apostolis legitur, quorum vicarii sunt episcopi, quod per manus impositionem Spiritum Sanctum dabant [*cf. Act 8,14-25*].

Durch die Salbung der Stirn wird die **785** Handauflegung bezeichnet, die mit anderem Namen Firmung genannt wird, weil durch sie der Heilige Geist zu Wachstum und Stärke verliehen wird. Während daher der einfache Priester bzw. Presbyter die übrigen Salbungen vorzunehmen vermag, darf diese nur der höchste Priester, das heißt, der Bischof, vollziehen, weil man allein von den Aposteln liest, deren Stellvertreter die Bischöfe sind, daß sie durch Handauflegung den Heiligen Geist verliehen [*vgl. Apg 8,14-25*].

## 786: Brief "Ex parte tua" an Erzbischof Andreas von Lund, 12. Jan. 1206

*Ausg.:* PL 215,774A / Gregor IX., *Decretales*, l. III, tit. 32, c. 14 (Frdb 2,584). – *Reg.:* PoR 2651.

### Die Auflösung einer gültigen Ehe durch Profeß

Nos nolentes a praedecessorum Nostrorum vestigiis in hoc articulo subito declinare, qui respondere consulti, antequam matrimonium sit per carnalem copulam consummatum, licere alteri coniugum, reliquo etiam inconsulto, ad religionem transire, ita quod reliquus extunc legitime poterit alteri copulari: hoc ipsum tibi consulimus observandum.

Wir wollen in dieser Frage nicht plötzlich **786** von den Spuren Unserer Vorgänger abweichen, die auf Anfrage antworteten, bevor die Ehe durch die fleischliche Verbindung vollzogen wurde, sei es dem einen der Gatten – auch ohne den anderen zu fragen – erlaubt, in einen Orden einzutreten, so daß sich der andere in der Folge rechtmäßig mit einem anderen wird verbinden können: deshalb raten Wir Dir, eben dies zu beachten.

**787: Brief "Non ut apponeres" an Erzbischof Thorias von Trondheim (Norwegen), 1. März 1206**

*Ausg.:* PL 215,813A ( = Briefe IX 5) / Gregor IX., *Decretales*, l. III, tit. 42, c. 5 (Frdb 2,647). – *Reg.:* PoR 2696.

### Die Materie der Taufe

787 Postulasti, utrum parvuli sint pro Christianis habendi, quos, in articulo mortis constitutos, propter aquae penuriam et absentiam sacerdotis, aliquorum simplicitas in caput ac pectus ac inter scapulas pro baptismo salivae conspersione linivit. Respondemus, quod cum in baptismo duo semper, videlicet "verbum et elementum"[1], necessario requirantur, iuxta quod de verbo Veritas ait: "Euntes in mundum universum, baptizate omnes gentes in nomine Patris et Filii et Spiritus sancti" [*Mc 16,15; Mt 28,19*], eademque dicat de elemento: "Nisi quis renatus fuerit ex aqua et Spiritu sancto, non intrabit in regnum caelorum" [*Io 3,5*], dubitare non debes, illos veram non habere baptismum, in quibus non solum utrumque praedictorum, sed eorum alterum est omissum.

Du hast angefragt, ob kleine Kinder für Christen zu halten seien, die in Todesgefahr befindlich wegen des Fehlens von Wasser und der Abwesenheit eines Priesters die Einfältigkeit einiger auf Haupt und Brust und zwischen die Schulter statt der Taufe mit Spritzern aus Speichel beschmierte. Wir antworten: da in der Taufe immer zwei ⟨Dinge⟩, nämlich "Wort und Element"[1], notwendig erforderlich sind, gemäß dem, was die Wahrheit über das Wort spricht: "Gehet hin in alle Welt und tauft alle Völker im Namen des Vaters und des Sohnes und des heiligen Geistes" [*Mk 16,15; Mt 28,19*], und dieselbe über das Element sagt: "Wer nicht aus Wasser und heiligem Geist wiedergeboren wurde, wird nicht ins Himmelreich eintreten" [*Joh 3,5*], darfst Du nicht zweifeln, daß nicht nur jene keine wahre Taufe haben, bei denen beide vorgenannten ⟨Dinge⟩, sondern ⟨auch jene, bei denen⟩ eines dieser beiden unterlassen wurde.

**788: Brief "Debitum officii pontificalis" an Bischof Bertolt (bzw. Bertrand) von Metz, 28. Aug. 1206**

*Ausg.:* PL 215,986A ( = Briefe IX 159) / Gregor IX., *Decretales*, l. III, tit. 42, c. 4 (Frdb 2,646f). – *Reg.:* PoR 2875.

### Der Spender der Taufe und die Begierdetaufe

788 Sane per tuas Nobis litteras intimasti, quod quidam Iudaeus in mortis articulo constitutus, cum inter Iudaeos tantum exsisteret, in aquam seipsum immersit dicendo: "Ego baptizo me in nomine Patris et Filii et Spiritus Sancti". Nunc autem quaeris, utrum idem Iudaeus in devotione christianae fidei perseverans debeat baptizari.

Nos autem fraternitati tuae taliter respondemus, quod, cum inter baptizantem et baptizatum debeat esse discretio, sicut ex verbis Domini colligitur evidenter, dicentis Apostolis: "Baptizate omnes gentes in nomine Patris et Filii et Spiritus sancti" [*Mt 28,19*],

Du hast Uns durch Dein Schreiben wohlweislich mitgeteilt, daß ein in Todesgefahr befindlicher Jude, da er nur unter Juden lebte, sich selbst in Wasser getaucht und dabei gesagt hat: "Ich taufe mich im Namen des Vaters und des Sohnes und des Heiligen Geistes". Nun fragst Du aber, ob ebendieser Jude, der in der Frömmigkeit des christlichen Glaubens verharrt, getauft werden müsse.

Wir aber antworten Deiner Brüderlichkeit folgendermaßen: da zwischen dem Taufenden und dem Getauften ein Unterschied sein muß, wie aus den Worten des Herrn klar geschlossen wird, der den Aposteln sagt: "Tauft im Namen des Vaters und des Sohnes und des

---

*787 [1] Augustinus, *In evangelium Iohannis*, tract. 80,3 (R. Willems: CpChL 36 [1954] 529 / PL 35,1840).

memoratus Iudaeus est denuo ab alio baptizandus, ut ostendatur, quod alius est, qui baptizatur, et alius, qui baptizat ... .

Quamvis, si talis continuo decessisset, ad patriam protinus evolasset propter sacramenti fidem, etsi non propter fidei sacramentum.

Heiligen Geistes" [*Mt 28,19*], muß der erwähnte Jude nochmals von einem anderen getauft werden, damit gezeigt wird, daß ein anderer ist, der getauft wird, und ein anderer, der tauft ... .

Trotzdem wäre er, wenn er sogleich dahingeschieden wäre, sofort zur Heimat enteilt wegen seines Glaubens an das Sakrament, wenn auch nicht wegen des Sakramentes des Glaubens.

### 789: Brief "De homine qui" an die Leiter der römischen Bruderschaft, 22. Sept. 1208

*Ausg.:* PL 215,1463C-1464A ( = Briefe XI 146) / Gregor IX., *Decretales*, l. III, tit. 41, c. 7 (Frdb 2,640). – *Reg.:* PoR 3503.

*Vorgetäuschte Meßfeier*

Quaesivistis enim a Nobis, quid de incauto presbytero videatur, qui cum se sciat in mortali crimine constitutum, missarum sollemnia, quae non potest propter necessitatem quamlibet intermittere, propter sui facinoris conscientiam dubitat celebrare ... peractisque ceteris circumstantiis missam celebrare se fingit, et suppressis verbis, quibus conficitur corpus Christi, panem et vinum tantummodo pure sumit ... .

Cum ergo falsa sint abicienda remedia, quae veris sunt periculis graviora: licet is, qui pro sui criminis conscientia reputat se indignum, ab huiusmodi sacramento reverenter debeat abstinere ac ideo peccet graviter, si se ingerat irreverenter ad illud, gravius tamen procul dubio videtur offendere, qui sic fraudulenter illud praesumpserit simulare; cum ille culpam vitando, dum facit, in solius misericordis Dei manum incidat, iste vero culpam faciendo, dum vitat, non solum Deo, cui non veretur illudere, sed et populo, quem decipit, se adstringat.

Ihr habt Uns nämlich gefragt, was Wir von 789 einem unvorsichtigen Priester halten, der, da er weiß, daß er sich in einer Todsünde befindet, im Bewußtsein seines Vergehens zögert, ein Hochamt zu feiern, das er aus irgendeiner Notwendigkeit nicht unterlassen kann ..., nach Vollzug der übrigen Umstände vortäuscht, er feiere eine Messe, und nach Unterdrückung der Worte, durch die der Leib Christi hergestellt wird, lediglich einfach Brot und Wein zu sich nimmt ... .

Da also falsche Heilmittel zu verwerfen sind, die schlimmer sind als die wirklichen Gefahren, ⟨gilt⟩: Obwohl derjenige, der sich im Bewußtsein seines Vergehens für unwürdig hält, sich von diesem Sakrament ehrfürchtig enthalten muß, und deshalb schwer sündigt, wenn er sich ehrfurchtslos dazu anschickt, scheint sich ⟨derjenige⟩ jedoch zweifellos schwerer zu vergehen, der es wagt, dieses so betrügerisch vorzutäuschen; denn jener fällt durch das Meiden der Schuld, indem er sie begeht, allein in die Hand des barmherzigen Gottes, dieser aber macht sich schuldfällig durch das Begehen der Schuld, indem er sie meidet, nicht nur gegenüber Gott, den zu verspotten er sich nicht scheut, sondern auch gegenüber dem Volk, das er betrügt.

### 790-797: Brief "Eius exemplo" an den Erzbischof von Tarragona, 18. Dez. 1208

Dieser Brief enthält die Bekenntnisformel des Durandus von Osca bzw. Huesca (Aragonien), eines i. J. 1207 zur katholischen Kirche zurückgekehrten Waldensers. Die Formel wird wiederholt in einem Brief an den Erzbischof von Tarragona und seine Suffraganbischöfe vom 12. Mai 1210 (PL 216,274D) und, leicht gekürzt, in einem Brief vom 14. Juni 1210 (PL 216,289C-293A; PoR 4014), in dem die Bekehrung des Bernhard Prim von den Waldensern bekanntgegeben wird. Aufgrund der Forschungen A. Dondaines und J. Leclercqs steht

heute fest, daß schon Waldes selbst auf einer Synode von Lyon zwischen 1179 und 1181 nach einer ähnlichen Formel in Gegenwart des Kardinallegaten Heinrich, des Bischofs von Albano, geschworen hat; diese Bekenntnisformel (hrsg. von A. Dondaine, in: ArchFrPr 16 [1946] 231f / K.-V. Selge, *Die ersten Waldenser* 2 [Berlin 1967] 3-6) gab zweifellos das Muster für die späteren ab.

*Ausg.:* PL 215,1510C–1513A ( = Briefe XI 196). – *Reg.:* PoR 3571.

### Das den Waldensern vorgeschriebene Glaubensbekenntnis

**790**    Pateat omnibus fidelibus, quod ego Durandus de Osca ... et omnes fratres nostri corde credimus, fide intelligimus, ore confitemur et simplicibus verbis affirmamus:

Patrem et Filium et Spiritum Sanctum tres personas esse, unum Deum totamque Trinitatem coessentialem et consubstantialem et coaeternalem et omnipotentem, et singulas quasque in Trinitate personas plenum Deum, sicut in "Credo in Deum" [*Symbolum Apostolicum *30*], in "Credo in unum Deum" [*Symbolum Constantinopolitanum *150*] et in "Quicumque vult" [*Symbolum pseudo-Athanasianum *75s*] continetur.

Patrem quoque et Filium et Spiritum Sanctum unum Deum, de quo nobis sermo, esse creatorem, factorem, gubernatorem et dispositorem omnium corporalium et spiritualium, visibilium et invisibilium, corde credimus et ore confitemur.

Novi et Veteris Testamenti unum eundemque auctorem credimus esse Deum, qui in Trinitate, ut dictum est, permanens, de nihilo cuncta creavit; Iohannemque Baptistam ab eo missum esse sanctum et iustum et in utero matris suae Spiritu Sancto repletum.

**791**    Incarnationem divinitatis non in Patre neque in Spiritu Sancto factam, sed in Filio tantum, corde credimus et ore confitemur; ut qui erat in divinitate Dei Patris Filius, Deus verus ex Patre, esset in humanitate hominis filius, homo verus ex matre, veram carnem habens ex visceribus matris et animam humanam rationabilem, simul utriusque naturae, id est Deus et homo, una persona, unus Filius, unus Christus, unus Deus cum Patre et Spiritu Sancto, omnium auctor et rector, natus ex virgine Maria vera carnis nativitate; manducavit et bibit, dormivit et fatigatus ex itinere quievit, passus est vera carnis suae passione, mortuus vera corporis

Allen Gläubigen soll bekannt werden, daß ich, Durandus von Osca, ... und alle unsere Brüder von Herzen glauben, im Glauben erkennen, mit dem Mund bekennen und mit einfachen Worten bekräftigen:

Der Vater und der Sohn und der Heilige Geist sind drei Personen, e i n Gott, die ganze D r e i f a l t i g k e i t ist wesensgleich, substanzgleich, gleich ewig und allmächtig, und jede einzelne Person in der Dreifaltigkeit ist vollständiger Gott, so wie es im "Ich glaube an Gott" [*Apostolisches Bekenntnis, *30*], in "Ich glaube an den einen Gott" [*Bekenntnis von Konstantinopel, *150*] und im "Wer auch immer ⟨gerettet werden⟩ will" [*Pseudo-Athanasianisches Bekenntnis, *75f*] enthalten ist.

Auch glauben wir von Herzen und bekennen mit dem Mund, daß der Vater und der Sohn und der Heilige Geist, der eine Gott, von dem wir reden, der Schöpfer, Erschaffer, Leiter und Lenker ist von allem Körperlichen und Geistigen, Sichtbaren und Unsichtbaren.

Wir glauben, daß der Urheber des Neuen und Alten Testamentes ein und derselbe ist: Gott, der, wie gesagt, in der Dreifaltigkeit bleibend, alles aus nichts erschuf; und daß Johannes der Täufer von ihm gesandt wurde: heilig, gerecht und im Schoß seiner Mutter vom Heiligen Geist erfüllt.

Wir glauben von Herzen und bekennen mit dem Mund, daß die F l e i s c h w e r d u n g der Gottheit nicht im Vater und nicht im Heiligen Geist geschehen ist, sondern nur im Sohne, so daß er, der in der Gottheit Sohn Gottes, des Vaters, wahrer Gott aus dem Vater war, in der Menschheit Sohn des Menschen, wahrer Mensch aus der Mutter war; er hatte wahres Fleisch aus dem Schoße der Mutter und eine vernunftbegabte menschliche Seele, zugleich von beiden Naturen, das heißt, Gott und Mensch, e i n e Person, e i n Sohn, e i n Christus, e i n Gott mit dem Vater und dem Heiligen Geist, Urheber und Lenker von allem, geboren aus der Jungfrau Ma-

sui morte, et resurrexit vera carnis suae resurrectione et vera animae ad corpus resumptione; in qua postquam manducavit et bibit, ascendit in caelum, sedet ad dexteram Patris et in eadem venturus est iudicare vivos et mortuos.

Corde credimus et ore confitemur unam Ecclesiam non haereticorum, sed sanctam Romanam catholicam, apostolicam, extra quam neminem salvari credimus.

Sacramenta quoque, quae in ea celebrantur, inaestimabili atque invisibili virtute Spiritus Sancti cooperante, licet a peccatore sacerdote ministrentur, dum Ecclesia eum recipit, in nullo reprobamus, nec ecclesiasticis officiis vel benedictionibus ab eo celebratis detrahimus, sed benevolo animo tamquam a iustissimo amplectimur, quia non nocet malitia episcopi vel presbyteri neque ad baptismum infantis neque ad Eucharistiam consecrandam nec ad cetera ecclesiastica officia subditis celebrata.

Approbamus ergo baptismum infantium, qui si defuncti fuerint post baptismum, antequam peccata committant, fatemur eos salvari et credimus; et in baptismate omnia peccata, tam illud originale peccatum contractum quam illa, quae voluntarie commissa sunt, dimitti credimus.
Confirmationem ab episcopo factam, id est impositionem manuum, sanctam et venerande esse accipiendam censemus.

Sacrificium, id est panem et vinum, post consecrationem esse verum corpus et verum sanguinem Domini nostri Iesu Christi, firmiter et indubitanter corde puro credimus et simpliciter verbis fidelibus affirmamus, in quo nihil a bono maius nec a malo minus perfici credimus sacerdote; quia non

ria durch eine wahre Geburt des Fleisches; er aß und trank, schlief und ruhte, vom Weg ermüdet; er hat gelitten durch wahres Leiden seines Fleisches, ist gestorben im wahren Tod seines Leibes und ist auferstanden in der wahren Auferstehung seines Fleisches und in der wahren Wiederannahme der Seele zum Leib; in ihm ⟨dem Fleisch⟩ ist er, nachdem er gegessen und getrunken hatte, in den Himmel hinaufgestiegen, sitzt zur Rechten des Vaters und er wird in ihm kommen, Lebende und Tote zu richten.

**792** Wir glauben von Herzen und bekennen mit dem Mund die eine Kirche nicht der Häretiker, sondern die heilige, Römische, katholische und apostolische, außerhalb derer, wir wir glauben, niemand gerettet wird.

**793** Wir verwerfen auch in keiner Hinsicht die Sakramente, die in ihr unter Mitwirkung der unschätzbaren und unsichtbaren Kraft des Heiligen Geistes gefeiert werden, selbst wenn sie von einem sündigen Priester gespendet werden, solange ihn die Kirche zuläßt; auch verunglimpfen wir nicht die von ihm vollzogenen kirchlichen Verrichtungen bzw. Segnungen, sondern nehmen sie wie vom Gerechtesten wohlwollenden Herzens an; denn die Schlechtigkeit eines Bischofs oder Priesters schadet weder bei der Taufe eines Kindes noch bei der Konsekration der Eucharistie, noch bei den übrigen kirchlichen Verrichtungen, die für die Untergebenen vollzogen werden.

**794** Wir billigen also die Taufe der Kinder; wir bekennen und glauben, daß sie, wenn sie nach der Taufe sterben, bevor sie Sünden begehen, gerettet werden; wir glauben auch, daß in der Taufe alle Sünden, sowohl die zugezogene Ursünde als auch jene, die willentlich begangen wurden, vergeben werden.
Wir meinen, daß die vom Bischof vollzogene Firmung, das heißt, die Auflegung der Hände, heilig ist und ehrfürchtig empfangen werden muß.
Wir glauben fest und ohne Zweifel mit reinem Herzen und bekräftigen aufrichtig mit gläubigen Worten, daß das Opfer, das heißt, Brot und Wein, nach der Konsekration der wahre Leib und das wahre Blut unseres Herrn Jesus Christus ist; dabei wird, so glauben wir, von einem guten Priester nichts

in merito consecrantis, sed in verbo efficitur Creatoris et in virtute Spiritus Sancti. Unde firmiter credimus et confitemur, quod quantumcumque quilibet honestus, religiosus, sanctus et prudens sit, non potest nec debet Eucharistiam consecrare nec altaris Sacrificium conficere, nisi sit presbyter, a visibili et tangibili episcopo regulariter ordinatus. Ad quod officium tria sunt, ut credimus, necessaria: scilicet certa persona, id est presbyter ab episcopo, ut praediximus, ad illud proprie officium constitutus, et illa sollemnia verba, quae a sanctis Patribus in canone sunt expressa, et fidelis intentio proferentis; ideoque firmiter credimus et fatemur, quod quicumque sine praecedenti ordinatione episcopali, ut praediximus, credit et contendit, se posse sacrificium Eucharistiae facere, haereticus est et perditionis Core et suorum complicum est particeps atque consors [*Nm 16*], et ab omni sancta Romana Ecclesia segregandus.

Peccatoribus vere paenitentibus v e n i a m concedi a Deo credimus et eis libentissime communicamus.

Unctionem infirmorum cum oleo consecrato veneramur.

Coniugia carnalia esse contrahenda, secundum Apostolum [*cf. 1 Cor 7*] non negamus, ordinarie vero contracta disiungere omnino prohibemus. Hominem quoque cum sua coniuge salvari credimus et fatemur, nec etiam secunda et ulteriora matrimonia condemnamus.

**795**      Carnium perceptionem minime culpamus. Non condemnamus iuramentum, imo credimus puro corde, quod cum veritate et iudicio et iustitia licitum sit iurare. [*Additum a. 1210:* De potestate saeculari asserimus, quod sine peccato mortali potest i u d icium sanguinis exercere, dummodo ad inferendam vindictam non odio, sed iudicio, non incaute, sed consulte procedat.]

mehr und von einem schlechten nichts weniger vollbracht; denn nicht durch das Verdienst dessen, der konsekriert, sondern durch das Wort des Schöpfers und durch die Kraft des Heiligen Geistes wird es bewirkt. Daher glauben wir fest und bekennen, daß keiner, mag er auch noch so ehrenwert, religiös, heilig und klug sein, die Eucharistie konsekrieren oder das Opfer des Altares vollziehen kann und darf, wenn er nicht Priester ist, der von einem sichtbaren und berührbaren Bischof vorschriftsmäßig geweiht wurde. Zu dieser Amtshandlung ist, wie wir glauben, dreierlei notwendig, nämlich eine bestimmte Person, das heißt, ein vom Bischof, wie wir eben sagten, eigens zu dieser Amtshandlung bestellter Priester, jene feierlichen Worte, die von den heiligen Vätern im Kanon ausgedrückt wurden und die gläubige Absicht dessen, der ⟨sie⟩ vorträgt; und deshalb glauben wir fest und bekennen, daß jeder, der ohne vorhergehende Weihe durch einen Bischof, wie wir eben sagten, glaubt und behauptet, er könne das Opfer der Eucharistie vollziehen, ein Häretiker ist, Teilhaber und Mitgenosse der Verkommenheit des Korach und seiner Komplizen ist [*Num 16*] und von der ganzen heiligen Römischen Kirche abgesondert werden muß.

Wir glauben, daß Sündern, die wahrhaft bereuen, von Gott V e r z e i h u n g gewährt wird und wir pflegen mit größter Freude Gemeinschaft mit ihnen.

Die K r a n k e n s a l b u n g mit geweihtem Öl halten wir in Ehren.

Daß fleischliche E h e n geschlossen werden dürfen, bestreiten wir gemäß dem Apostel [*vgl. 1 Kor 7*] nicht, rechtmäßig geschlossene aber zu trennen, verbieten wir strikt. Wir glauben und bekennen, daß ein Mann auch mit seiner Frau gerettet werden ⟨kann⟩, und wir verurteilen auch nicht zweite und weitere Ehen.

Den G e n u ß von F l e i s c h mißbilligen wir nicht im geringsten. Wir verurteilen den S c h w u r nicht, wir glauben im Gegenteil mit reinem Herzen, daß es erlaubt ist, entsprechend der Wahrheit, Einsicht und Gerechtigkeit zu schwören. [*Im Jahre 1210 hinzugefügt:* Was die weltliche Gewalt betrifft, so erklären wir, daß sie ohne Todsünde ein B l u t urteil vollstrecken kann, solange sie zum

[Vollzug der Strafe nicht aufgrund von Haß, sondern aufgrund eines richterlichen Urteils, nicht unvorsichtig, sondern überlegt schreitet.]

Praedicationem necessariam valde et laudabilem esse credimus, tamen ex auctoritate vel licentia Summi Pontificis vel praelatorum permissione illam credimus exercendam. In omnibus vero locis, ubi manifesti haeretici manent et Deum et fidem sanctae Romanae Ecclesiae abdicant et blasphemant, credimus, quod disputando et exhortando modis omnibus secundum Deum debeamus illos confundere et eis verbo Dominico, veluti Christi et Ecclesiae adversariis, fronte usque ad mortem libera contraire.

Wir glauben, daß die Verkündigung 796 sehr notwendig und lobenswert ist, wir glauben jedoch, daß sie im Auftrag bzw. mit Einwilligung des Papstes oder mit Erlaubnis der Vorsteher ausgeübt werden muß. An allen Orten aber, wo offensichtliche Häretiker wohnen und Gott und den Glauben der heiligen Römischen Kirche verleugnen und lästern, glauben wir, daß wir diese nach dem Willen Gottes durch Gespräche und Mahnung auf alle möglichen Arten erschüttern und ihnen als Gegnern Christi und der Kirche mit dem Wort des Herrn mit freimütiger Stirn bis zum Tode entgegentreten müssen.

Ordines vero ecclesiasticos et omne quod in sancta Romana Ecclesia sancitum legitur aut canitur, humiliter collaudamus et fideliter veneramur.

Die kirchlichen Weihen aber und alles, was in der heiligen Römischen Kirche als festgesetzt verlesen oder gesungen wird, billigen wir demütig und verehren wir gläubig.

Diabolum non per condicionem, sed per arbitrium malum factum esse credimus.

Wir glauben, daß der Teufel nicht durch 797 seine Anlage, sondern durch seinen freien Willen böse wurde.

Corde credimus et ore confitemur huius carnis quam gestamus, et non alterius, resurrectionem.

Wir glauben von Herzen und bekennen mit dem Mund die Auferstehung dieses Fleisches, das wir tragen, und nicht eines anderen.

Iudicium quoque per Iesum Christum futurum et singulos pro iis quae in hac carne gesserunt, recepturos vel poenas vel praemia, firmiter credimus et affirmamus.

Wir glauben fest und bekräftigen, daß es auch ein Gericht durch Jesus Christus geben wird und daß die einzelnen für das, was sie in diesem Fleische getan haben, entweder Strafen oder Belohnungen empfangen werden.

Eleemosynas sacrificium ceteraque beneficia fidelibus posse prodesse defunctis credimus.

Wir glauben, daß Almosen, das Meßopfer und andere Wohltaten den verstorbenen Gläubigen nützen können.

Remanentes in saeculo et sua possidentes, eleemosynas et cetera beneficia ex rebus suis agentes, praecepta Domini servantes salvari fatemur et credimus. Decimas, primitias et oblationes ex praecepto Domini credimus clericis persolvendas.

Die in der Welt zurückbleiben und Eigentum besitzen, werden – so bekennen und glauben wir – gerettet, wenn sie Almosen und andere Wohltaten aus ihrem Vermögen geben und die Gebote des Herrn beachten. Wir glauben, daß den Klerikern nach der Vorschrift des Herrn die Zehnten, Erstlingsgaben und Spenden entrichtet werden müssen.

**798: Brief "In quadam nostra" an Bischof Ugo von Ferrara, 5. März 1209**

*Ausg.:* PL 216,16B–17D / Gregor IX., *Decretales*, l. III, tit. 41, c. 8 (Frdb 2,640f). – *Reg.:* PoR 3684.

*Das dem Meßwein beigemischte Wasser*

798    In quadam Nostra decretali epistola [ *784]
asseris te legisse, illud fuisse nefarium opinari, quod quidam dicere praesumpserunt, in
sacramento videlicet Eucharistiae aquam in
phlegma converti; nam de latere Christi non
aquam, sed humorem aquaticum mentiuntur
exiisse. Licet autem hoc magnos et authenti-
cos viros sensisse recenseas, quorum opinionem dictis et scriptis hactenus es secutus, ex
quo tamen Nos in contrarium sentimus, Nostrae compelleris sententiae consentire. ...

Du sagst, Du habest in einem Unserer
Dekretalbriefe [ *784] gelesen, es sei ruchlos
gewesen zu glauben, was zu sagen sich manche anmaßten, nämlich daß im Sakrament
der Eucharistie das Wasser in Schleim verwandelt werde; denn sie behaupten
fälschlicherweise, aus der Seite Christi sei
nicht Wasser, sondern eine wässerige Flüssigkeit herausgetreten. Wenn Du aber auch an-
führst, dies hätten große und zuverlässige
Männer gemeint, deren Auffassung Du bis
jetzt in Wort und Schrift gefolgt bist, so wirst
Du Dich dennoch aufgrund dessen, weswegen Wir gegenteiliger Auffassung sind, genötigt sehen, Unserer Auffassung zuzustimmen. ...

Nam si non fuisset aqua, sed phlegma,
quod de latere Salvatoris exivit, ille, qui vidit
et testimonium veritati perhibuit [*cf. Io
19,35*], profecto non "aquam", sed "phlegma", dixisset. ...

Denn wenn es nicht Wasser gewesen wäre,
sondern Schleim, was aus der Seite des Erlösers heraustrat, hätte jener, der es sah und
Zeugnis für die Wahrheit ablegte [*vgl. Joh
19,35*] sicherlich nicht "Wasser", sondern
"Schleim" gesagt. ...

Restat igitur, ut qualiscumque fuerit illa
aqua, sive naturalis sive miraculosa, sive de
novo divina virtute creata sive de compo-
nentibus ex parte aliqua resoluta procul dubio vera fuit.

Es bleibt also übrig, daß jenes Wasser, wie
es auch immer beschaffen war, ob natürlich
oder wunderbar, ob von neuem durch göttliche Kraft geschaffen oder von Bestandteilen
aus irgendeinem Teil herausgelöst, zweifellos
wahres ⟨Wasser⟩ war.

**799: Brief "Licet apud" an Bischof Heinrich von Straßburg, 9. Jan. 1212**

Auch in mehreren anderen Briefen hat Innozenz III. Gottesurteile und Duelle verworfen; vgl. die zwei
Briefe an den Erzbischof von Besançon vom 13. Nov. 1202 und 22. März 1208 (PL 214,1106A-C; 215,1372C;
PoR 1759 3342), den Brief an einen Richter in Torres (Sardinien) vom 3. Juli 1204 (PL 215,394C; PoR 2268)
und den Brief an einen Stiftsherrn in Bourges vom Jahre 1208 (PL 215,1381CD; PoR 3585), ebenso das 4.
Konzil im Lateran, Kap. 18 (MaC 22,1007AB).
    *Ausg.:* PL 216,502CD ( = Briefe XIV 138); 217,214CD ( = Supplement, Brief 166). – *Reg.:* A. Hessel –
M. Krebs, *Regesten der Bischöfe von Strassburg* 2 (Innsbruck 1928) Nr. 785; PoR 4358.

*Die Gottesurteile*

799    Licet apud iudices saeculares vulgaria
exerceantur iudicia, ut aquae frigidae vel ferri candentis sive duelli, huiusmodi tamen iudicia Ecclesia non admisit, cum scriptum sit
in lege divina: "Non tentabis Dominum
Deum tuum" [*Dt 6,16; Mt 4,7*].

Wenn auch bei weltlichen Richtern volkstümliche Urteilsfindungen vollzogen werden,
wie die des kalten Wassers, des glühenden
Eisens oder des Zweikampfs, so läßt die Kirche dennoch derartige Urteilsfindungen
nicht zu; denn es steht im göttlichen Gesetz
geschrieben: "Du wirst den Herrn, Deinen
Gott, nicht versuchen" [*Dtn 6,16; Mt 4,7*].

## 4. Konzil im LATERAN (12. ökum.): 11. – 30. Nov. 1215

Das Konzil verabschiedete in drei feierlichen Sitzungen (11., 20., 30. Nov.) Beschlüsse zur Wiedergewinnung des Heiligen Landes, für eine Reform der Kirche und gegen die unten genannten Irrlehren.

### 800–802: Kap. 1. Der katholische Glaube

*Ausg.:* MaC 22,981f / HaC 7,15–17 / BarAE, zum Jahr 1215 Nr. 8–10 / Gregor IX., *Decretales*, l. I, tit. 1, c. 1 (Frdb 2,5f) / COeD³ 230f.

*Definition gegen die Albigenser und Katharer*

Firmiter credimus et simpliciter confitemur, quod unus solus est verus Deus, aeternus, immensus et incommutabilis, incomprehensibilis, omnipotens et ineffabilis, Pater et Filius et Spiritus Sanctus: tres quidem personae, sed una essentia, substantia seu natura simplex omnino: Pater a nullo, Filius a Patre solo, ac Spiritus Sanctus pariter ab utroque: absque initio, semper ac sine fine: Pater generans, Filius nascens, et Spiritus Sanctus procedens: consubstantiales et coaequales et coomnipotentes et coaeterni: unum universorum principium: creator omnium visibilium et invisibilium, spiritualium et corporalium: qui sua omnipotenti virtute simul ab initio temporis utramque de nihilo condidit creaturam, spiritualem et corporalem, angelicam videlicet et mundanam: ac deinde humanam, quasi communem ex spiritu et corpore constitutam. Diabolus enim et alii daemones a Deo quidem natura creati sunt boni, sed ipsi per se facti sunt mali. Homo vero diaboli suggestione peccavit.

Haec sancta Trinitas, secundum communem essentiam individua, et secundum personales proprietates discreta, primo per Moysen et sanctos Prophetas aliosque famulos suos, iuxta ordinatissimam dispositionem temporum, doctrinam humano generi tribuit salutarem.

Et tandem unigenitus Dei Filius Iesus Christus, a tota Trinitate communiter incarnatus, ex Maria semper Virgine Spiritus Sancti cooperatione conceptus, verus homo factus, ex anima rationali et humana carne compositus, una in duabus naturis persona,

**800**   Wir glauben fest und bekennen aufrichtig, daß nur e i n e r der wahre, ewige, unermeßliche und unveränderliche, unbegreifliche, allmächtige und unaussprechliche Gott ist, der V a t e r, S o h n, und H e i l i g e G e i s t: zwar drei Personen, aber e i n e Wesenheit, Substanz oder gänzlich einfache Natur: der Vater ⟨ist⟩ von keinem, der Sohn allein vom Vater und der Heilige Geist in gleicher Weise von beiden: ohne Anfang, immerwährend und ohne Ende: der Vater zeugt, der Sohn wird geboren und der Heilige Geist geht hervor: wesensgleich, gleichartig, gleich allmächtig und gleich ewig: e i n Anfang von allem: der Schöpfer alles Sichtbaren und Unsichtbaren, des Geistigen und des Körperlichen: er schuf in seiner allmächtigen Kraft vom Anfang der Zeit an aus nichts zugleich beide Schöpfungen, die geistige und die körperliche, nämlich die der Engel und die der Welt: und danach die menschliche, die gewissermaßen zugleich aus Geist und Körper besteht. Der Teufel nämlich und die anderen Dämonen wurden zwar von Gott ihrer Natur nach gut geschaffen, sie wurden aber selbst durch sich böse. Der Mensch aber sündigte aufgrund der Eingebung des Teufels.

Diese heilige Dreifaltigkeit, dem gemeinsamen Wesen nach unteilbar und den Eigentümlichkeiten der Personen nach unterschieden, hat zuerst durch Moses, die heiligen Propheten und ihre anderen Knechte nach wohlgefügter Anordnung der Zeiten dem Menschengeschlecht die Heilslehre mitgeteilt.

**801**   Und schließlich hat der einziggeborene Sohn Gottes, J e s u s C h r i s t u s, – von der ganzen Dreifaltigkeit gemeinsam als Fleisch hervorgebracht, aus Maria, der immerwährenden Jungfrau, unter Mitwirkung des Heiligen Geistes empfangen, wahrer Mensch ge-

viam vitae manifestius demonstravit. Qui cum secundum divinitatem sit immortalis et impassibilis, idem ipse secundum humanitatem factus est passibilis et mortalis: quin etiam pro salute humani generis in ligno crucis passus et mortuus, descendit ad infernos, resurrexit a mortuis et ascendit in caelum: sed descendit in anima, et resurrexit in carne: ascenditque pariter in utroque: venturus in fine saeculi, iudicaturus vivos et mortuos, et redditurus singulis secundum opera sua, tam reprobis quam electis: qui omnes cum suis propriis resurgent corporibus, quae nunc gestant, ut recipiant secundum opera sua, sive bona fuerint sive mala, illi cum diabolo poenam perpetuam, et isti cum Christo gloriam sempiternam.

worden, aus vernunftbegabter Seele und menschlichem Fleisch zusammengesetzt, eine Person in zwei Naturen – den Weg des Lebens noch deutlicher gezeigt: Er wurde, obwohl er der Gottheit nach unsterblich und leidensunfähig ist, zugleich der Menschheit nach leidensfähig und sterblich: Er hat sogar für das Heil des Menschengeschlechtes am Holz des Kreuzes gelitten und ist gestorben, hinabgestiegen in die Unterwelt, auferstanden von den Toten und hinaufgestiegen in den Himmel: hinabgestiegen aber ist er in der Seele und auferstanden im Fleisch: Und hinaufgestiegen ist er in beidem zugleich: Er wird kommen am Ende der Zeit, um Lebende und Tote zu richten und jedem einzelnen nach seinen Werken zu vergelten, sowohl den Verworfenen als auch den Erwählten: Sie alle werden mit ihren eigenen Leibern auferstehen, die sie jetzt tragen, damit jene mit dem Teufel die ewige Strafe und diese mit Christus die immerwährende Herrlichkeit empfangen, je nach ihren Werken, ob sie gut waren oder schlecht.

**802**     Una vero est fidelium universalis Ecclesia, extra quam nullus omnino salvatur[1], in qua idem ipse sacerdos est sacrificium Iesus Christus, cuius corpus et sanguis in sacramento altaris sub speciebus panis et vini veraciter continentur, transsubstantiatis pane in corpus, et vino in sanguinem potestate divina: ut ad perficiendum mysterium unitatis accipiamus ipsi de suo, quod accepit ipse de nostro. Et hoc utique sacramentum nemo potest conficere, nisi sacerdos, qui rite fuerit ordinatus, secundum claves Ecclesiae, quas ipse concessit Apostolis eorumque successoribus Iesus Christus.

Sacramentum vero baptismi (quod ad Dei invocationem et individuae Trinitatis, videlicet Patris, et Filii, et Spiritus Sancti, consecratur in aqua) tam parvulis, quam adultis in forma Ecclesiae a quocunque rite collatum proficit ad salutem.

Es gibt aber eine allgemeine Kirche der Gläubigen, außerhalb derer überhaupt keiner gerettet wird[1], in der der Priester selbst zugleich das Opfer ist, Jesus Christus, dessen Leib und Blut im Sakrament des Altars unter den Gestalten von Brot und Wein wahrhaft enthalten sind, wenn durch göttliche Macht das Brot in den Leib und der Wein in das Blut wesenhaft verwandelt sind: damit wir selbst zur Vollendung des Geheimnisses der Einheit von dem Seinigen empfangen, was er selbst von dem Unsrigen empfangen hat. Und dieses Sakrament kann freilich nur ein Priester vollziehen, der gültig geweiht wurde entsprechend den Schlüsseln der Kirche, die Jesus Christus selbst den Aposteln und ihren Nachfolgern gewährte.

Das Sakrament der Taufe aber (das unter Anrufung Gottes und der unteilbaren Dreifaltigkeit, nämlich des Vaters und des Sohnes und des Heiligen Geistes, im Wasser geheiligt wird) gereicht sowohl Kindern als auch Erwachsenen, von wem auch immer es in der Form der Kirche in rechter Weise gespendet wurde, zum Heil.

---

**\*802**  [1]    Cyprian von Karthago, Brief (73) an Jubaian, Kap. 21 (CSEL 3/II, 795$_{3f}$; PL 3,1169A): "Salus extra Ecclesiam non est" ("Außerhalb der Kirche gibt es kein Heil"; vgl. \*3866–3873).

Et si post susceptionem baptismi quisquam prolapsus fuerit in peccatum, per veram potest semper pae nite ntiam reparari. Non solum autem virgines et continentes, verum etiam coniugati, per rectam fidem et operationem bonam placentes Deo, ad aeternam merentur beatitudinem pervenire.

Und wenn jemand nach dem Empfang der Taufe in Sünde gefallen ist, so kann er immer durch wahre Buße erneuert werden. Aber nicht nur Jungfrauen und Enthaltsame, sondern auch Verheiratete verdienen es, zur ewigen Seligkeit zu gelangen, wenn sie durch rechten Glauben und gutes Tun Gott gefallen.

### 803-808: Kap. 2. Die Irrlehre Joachims von Fiore

Der Zisterzienserabt Joachim von Fiore († 1202) hatte in seinem verlorengegangenen Werk *De unitate Trinitatis* die unten angeführten, den *Sententiae*, l. I, dist. 5, entnommenen Worte des Petrus Lombardus bekämpft. Drei andere Werke Joachims, *Concordia Novi et Veteris Testamenti*, *Expositio in Apocalypsim* und *Psalterium decem chordarum*, die von seinen Schülern unter dem gemeinsamen Titel *Evangelium aeternum* herausgegeben wurden und die Lehre von den drei Zeiten des Vaters, des Sohnes und des Heiligen Geistes enthalten, kamen später in Verruf, nachdem der Minorit Gerhard von Borgo San Donnino seinen *Liber introductorius in Evangelium aeternum* geschrieben (1254) und der Ausgabe der Werke Joachims als Kommentar beigefügt hatte. Pariser Theologen exzerpierten 1254 aus diesen Werken 31 Irrlehren (DenCh 1,272-275). Alexander IV. begnügte sich damit, die *Concordia* Joachims mitsamt dem *Liber introductorius* zu verurteilen (23. Okt. 1255).

Ferner wurde auf dem Konzil die Irrlehre des Pariser Theologen Almarich bzw. Amalrich von Bena (Bène bei Chartres) verworfen; eine Auflistung seiner Irrlehren bei DenCh 1,71f (Nr. 12); DuPlA 1/I (1724) 126b-131b. Almarich vertrat unter anderem folgende Thesen:

1) Daß Gott alles ist. – 2) Daß jeder Christ gehalten sei zu glauben, er sei ein Glied Christi, und keiner könne gerettet werden, der dies nicht glaube, genausowenig wie wenn er nicht glaubte, daß Christus geboren wurde, gelitten hat, oder andere Glaubensartikel. – 3) Daß den in der Liebe Feststehenden keine Sünde angerechnet werde.

[1] Quod Deus est omnia. – 2) Quod quilibet Christianus teneatur credere se esse membrum Christi, nec aliquem posse salvari qui hoc non crederet, non minus quam si non crederet Christum esse natum et passum vel alios fidei articulos. – 3) Quod in caritate constitutis nullum peccatum imputetur.]

*Ausg.*: DenCh 1,81 (Nr. 22) [\*808] / MaC 22,982A-986D / HaC 7,17-19 / Gregor IX. *Decretales*, l. I, tit. 1, c. 2 (Frdb 2,6f) / COeD³ 231-233.

### Die Dreifaltigkeit

Damnamus ergo et reprobamus libellum seu tractatum, quem Abbas Ioachim edidit contra Magistrum Petrum Lombardum, de unitate seu essentia Trinitatis, appellans ipsum haereticum et insanum pro eo, quod in suis dixit *Sententiis*: "Quoniam quaedam summa res est Pater, et Filius, et Spiritus Sanctus, et illa non est generans, neque genita, neque procedens."

Unde asserit, quod ille non tam Trinitatem, quam quaternitatem astruebat in Deo, videlicet tres personas, et illam communem essentiam quasi quartam; manifeste protestans, quod nulla res est, quae sit Pater et Filius et Spiritus Sanctus; nec est essentia, nec substantia, nec natura: quamvis concedat, quod Pater et Filius et Spiritus Sanctus sunt una essentia, una substantia unaque natura. Verum unitatem huiusmodi non veram et propriam, sed quasi collectivam et similitu-

**803** Wir verurteilen also und verwerfen das Buch bzw. die Abhandlung, die Abt Joachim gegen Magister Petrus Lombardus über die Einheit bzw. das Wesen der Dreifaltigkeit herausgegeben hat; er nennt ihn Häretiker und wahnsinnig, weil er in seinen *Sententiae* sagt: "Denn eine höchste Wirklichkeit ist Vater und Sohn und Heiliger Geist, und diese zeugt nicht, noch wurde sie gezeugt, noch geht sie hervor."

Daher behauptet er, daß jener nicht so sehr eine Dreifaltigkeit, als ⟨vielmehr⟩ eine Vierfaltigkeit in Gott errichtet habe, nämlich drei Personen und jenes gemeinsame Wesen gleichsam als vierte; er erklärt deutlich, daß es keine Wirklichkeit gebe, die Vater, Sohn und Heiliger Geist sei, auch kein Wesen, keine Substanz und keine Natur; gleichwohl räumt er ein, daß Vater, Sohn und Heiliger Geist ein Wesen, eine Substanz und eine Natur sind. Er gesteht aber, daß eine der-

dinariam esse fatetur, quemadmodum dicuntur multi homines unus populus, et multi fideles una Ecclesia iuxta illud: "Multitudinis credentium erat cor unum et anima una" [*Act 4,32*]; et: "Qui adhaeret Deo, unus spiritus est" [*1 Cor 6,17*] cum illo; item: "Qui ... plantat, et qui rigat, unum sunt" [*1 Cor 3,8*]; et: Omnes "unum corpus sumus in Christo" [*Rm 12,5*]; rursus in libro Regum: "Populus meus et populus tuus unum sunt" [*3 Rg 22,5: Vulgata; cf. Rt 1,16*].

Ad hanc autem suam sententiam astruendam illud potissimum verbum inducit, quod Christus de fidelibus inquit in Evangelio: "Volo, Pater, ut sint unum in nobis, sicut et nos unum sumus, ut sint consummati in unum" [*Io 17,22s*]. Non enim, ut ait, fideles Christi sunt unum, id est quaedam una res, quae communis sit omnibus, sed hoc modo sunt unum, id est una Ecclesia, propter catholicae fidei unitatem, et tandem unum regnum, propter unionem indissolubilis caritatis, quemadmodum in canonica Ioannis Apostoli epistola legitur: Quia "tres sunt, qui testimonium dant in caelo, Pater, et Filius, et Spiritus Sanctus: et hi tres unum sunt" [*1 Io 5,7*], statimque subiungitur: "Et tres sunt, qui testimonium dant in terra: Spiritus, aqua et sanguis: et hi tres unum sunt" [*1 Io 5,8*], sicut in quibusdam codicibus invenitur.

**804**   Nos autem, sacro approbante Concilio, credimus et confitemur cum Petro Lombardo, quod una quaedam summa res est, incomprehensibilis quidem et ineffabilis, quae veraciter est Pater, et Filius, et Spiritus Sanctus; tres simul personae, ac singillatim quaelibet earundem: et ideo in Deo solummodo Trinitas est, non quaternitas; quia quaelibet trium personarum est illa res, videlicet substantia, essentia seu natura divina: quae sola est universorum principium, praeter quod aliud inveniri non potest: et illa res non est generans, neque genita, nec procedens, sed est Pater, qui generat, et Filius, qui gignitur, et Spiritus Sanctus, qui procedit: ut distinctiones sint in personis, et unitas in natura.

artige Einheit keine wahre und eigentliche, sondern eine gleichsam kollektive und in der Ähnlichkeit begründete sei, so wie viele Menschen e i n Volk genannt würden und viele Gläubige e i n e Kirche gemäß dem Wort: "Die Menge der Gläubigen war e i n Herz und e i n e Seele" [*Apg 4,32*]; und: "Wer Gott anhängt, ist e i n Geist" [*1 Kor 6,17*] mit ihm; ebenso: "Der pflanzt und der gießt, sind eins" [*1 Kor 3,8*]; und: Wir alle "sind e i n Leib in Christus" [*Röm 12,5*]; im Buch der Könige wiederum: "Mein Volk und Dein Volk sind eins" [*1 Kön 22,5: Vulgata; vgl. Rut 1,16*].

Um aber diese seine Auffassung zu untermauern, führt er vor allem jenes Wort an, das Christus im Evangelium von den Gläubigen sagt: "Ich will, Vater, daß sie eins seien in uns, so wie auch wir eins sind, damit sie vollendet seien in eins" [*Joh 17,22f*]. Die Gläubigen Christi sind nämlich, wie er sagt, nicht eins, das heißt, e i n e Wirklichkeit, die allen gemeinsam ist, sondern sie sind dergestalt eins, das heißt, e i n e Kirche, wegen der Einheit des katholischen Glaubens, und schließlich e i n Reich wegen der Einigung der unauflöslichen Liebe, wie man in dem kanonischen Brief des Apostels Johannes liest: Denn "drei sind es, die Zeugnis ablegen im Himmel, der Vater und der Sohn und der Heilige Geist: und diese drei sind eins" [*1 Joh 5,7*]; und sogleich wird hinzugefügt: "Und drei sind es, die Zeugnis ablegen auf der Erde: der Geist, das Wasser und das Blut: und diese drei sind eins" [*1 Joh 5,8*], wie man es in einigen Handschriften findet.

Wir aber glauben und bekennen unter Zustimmung des heiligen Konzils mit Petrus Lombardus, daß es e i n e höchste Wirklichkeit gibt, und zwar eine unbegreifliche und unaussprechliche, die wahrhaftig Vater und Sohn und Heiliger Geist ist; drei Personen zugleich und eine jede von ihnen: Und deshalb gibt es in Gott lediglich eine Dreifaltigkeit, keine Vierfaltigkeit; denn jede der drei Personen ist jene Wirklichkeit, d. h. göttliche Substanz, Wesenheit oder Natur: Sie allein ist der Ursprung von allem, außer dem man keinen anderen finden kann: Und jene Wirklichkeit zeugt nicht, noch wurde sie gezeugt, noch geht sie hervor; vielmehr ist es der Vater, der zeugt, und der Sohn, der gezeugt wird, und der Heilige Geist, der her-

Licet igitur "alius sit Pater, alius Filius, alius Spiritus Sanctus, non tamen aliud"[1]: sed id, quod est Pater, est Filius, et Spiritus Sanctus idem omnino; ut secundum orthodoxam et catholicam fidem consubstantiales esse credantur. Pater enim ab aeterno Filium generando, suam substantiam ei dedit, iuxta quod ipse testatur: "Pater quod dedit mihi, maius omnibus est" [*Io 10,29*].

Ac dici non potest, quod partem substantiae suae illi dederit, et partem ipse sibi retinuerit, cum substantia Patris indivisibilis sit, utpote simplex omnino. Sed nec dici potest, quod Pater in Filium transtulerit suam substantiam generando, quasi sic dederit eam Filio, quod non retinuerit ipsam sibi; alioquin desiisset esse substantia. Patet ergo, quod sine ulla diminutione Filius nascendo substantiam Patris accepit, et ita Pater et Filius habent eandem substantiam: et sic eadem res est Pater et Filius, nec non et Spiritus Sanctus ab utroque procedens.

Cum vero Veritas pro fidelibus suis orat ad Patrem: "Volo", inquiens, "ut ipsi sint unum in nobis, sicut et nos unum sumus" [*Io 17,22*]: hoc nomen "unum" pro fidelibus quidem accipitur, ut intelligatur unio caritatis in gratia, pro personis vero divinis, ut attendatur identitatis unitas in natura, quemadmodum alibi Veritas ait: "Estote perfecti, sicut et Pater vester caelestis perfectus est" [*Mt 5,48*], ac si diceret manifestius: "Estote perfecti" perfectione gratiae, "sicut Pater vester caelestis perfectus est" perfectione naturae, utraque videlicet suo modo: quia inter creatorem et creaturam non potest tanta similitudo notari, quin inter eos maior sit dissimilitudo notanda.

vorgeht: die Unterschiede liegen also in den Personen und die Einheit in der Natur.

Wenn also auch "ein anderer der Vater **805** ist, ein anderer der Sohn, ein anderer der Heilige Geist, so ⟨sind sie⟩ dennoch nicht etwas anderes"[1]: vielmehr ist das, was der Vater ist, gänzlich der Sohn und ebenso der Heilige Geist; man glaubt also gemäß dem rechten und katholischen Glauben, daß sie wesensgleich sind. Der Vater nämlich gab dem Sohn, indem er ihn von Ewigkeit zeugte, seine Substanz, wie er selbst bezeugt: "Was mir der Vater gegeben hat, ist größer als alles" [*Joh 10,29*].

Man kann nun nicht sagen, daß er ihm einen Teil seiner Substanz gegeben und einen Teil für sich selbst zurückbehalten habe; denn die Substanz des Vaters ist unteilbar, da sie ja ganz und gar einfach ⟨ist⟩. Man kann aber auch nicht sagen, daß der Vater in der Zeugung seine Substanz auf den Sohn übertragen habe, als ob er sie so dem Sohn gegeben hätte, daß er sie nicht für sich zurückbehalten hätte; sonst hätte er aufgehört, Substanz zu sein. Es ist also klar, daß der Sohn in der Geburt ohne irgendeine Verminderung die Substanz des Vaters empfangen hat und der Vater und der Sohn dementsprechend dieselbe Substanz haben: Und so ist dieselbe Wirklichkeit Vater und Sohn und ebenso Heilige Geist, der von beiden hervorgeht.

Wenn aber die Wahrheit für ihre Gläubi- **806** gen zum Vater betet und sagt: "Ich will, daß sie eins seien in uns, so wie auch wir eins sind" [*Joh 17,22*], so wird zwar dieser Ausdruck "eins" für die Gläubigen gebraucht, damit die Einigung der Liebe in der Gnade verstanden werde, für die göttlichen Personen aber, damit die Einheit der Identität in der Natur erkannt werde; ebenso sagt die Wahrheit an einer anderen Stelle: "Ihr sollt vollkommen sein, wie auch euer himmlischer Vater vollkommen ist" [*Mt 5,48*], als ob sie noch deutlicher sagte: "Ihr sollt vollkommen sein" durch die Vollkommenheit der Gnade, "wie euer himmlischer Vater vollkommen ist" durch die Vollkommenheit der Natur, beides nämlich auf seine Weise: Denn zwischen dem Schöpfer und dem Geschöpf kann

---

**\*805**   [1]    Vgl. Gregor von Nazianz, Brief (101) an Cledonius I 20–21 (P. Galley: SouChr 208 [1974] 44–46 / PG 37,180AB).

Si quis igitur sententiam vel doctrinam praefati Ioachim in hac parte defendere vel approbare praesumpserit, tamquam haereticus ab omnibus confutetur.

807    In nullo tamen propter hoc Florensi monasterio, cuius ipse Ioachim exstitit institutor, volumus derogari: quoniam ibi et regularis est institutio, et observantia salutaris: maxime, cum ipse Ioachim omnia scripta sua Nobis assignari mandaverit, Apostolicae Sedis iudicio approbanda seu etiam corrigenda, dictans epistolam[1], quam propria manu subscripsit, in qua firmiter confitetur, se illam fidem tenere, quam Romana tenet Ecclesia, quae disponente Domino cunctorum fidelium mater est et magistra.

808    Reprobamus etiam et condemnamus perversissimum dogma impii Almarici, cuius mentem sic pater mendacii excaecavit, ut eius doctrina non tam haeretica censenda sit, quam insana.

man keine so große Ähnlichkeit feststellen, daß zwischen ihnen keine noch größere Unähnlichkeit festzustellen wäre.

Wer sich also anmaßen sollte, die Auffassung bzw. Lehre des vorgenannten Joachim in diesem Punkte zu verteidigen oder zu billigen, der soll von allen als häretisch abgewiesen werden.

Wir wünschen jedoch, daß dem Kloster von Fiore, dessen Gründer Joachim selbst war, deswegen in keiner Hinsicht Nachteile entstehen – denn die dortige Lehre entspricht der Regel und der Lebensstil ist heilsam –, um so mehr, da Joachim selbst die Weisung gegeben hat, Uns alle seine Schriften vorzulegen, damit sie durch das Urteil des Apostolischen Stuhls bestätigt oder auch berichtigt würden, und einen Brief[1] diktierte, den er mit eigener Hand unterschrieben hat, in dem er fest bekennt, er halte den Glauben fest, den die Römische Kirche festhält, die nach Anordnung des Herrn die Mutter und Lehrerin aller Gläubigen ist.

Wir verwerfen und verurteilen auch die völlig verkehrte Lehre des gottlosen Almarich, dessen Geist der Vater der Lüge so verblendet hat, daß man seine Lehre weniger als häretisch denn als unsinnig erachten muß.

**809: Kap. 3. Über die Häretiker [Waldenser]**

*Ausg.:* MaC 22,990A / HaC 7,22C / Gregor IX., *Decretales*, l. V, tit. 7, c. 13, § 6 (Frdb 2,788) / COeD[3] 234f.

## Die Notwendigkeit der Missio canonica

809    Quia vero "nonnulli sub specie pietatis, virtutem eius (iuxta quod ait Apostolus) abnegantes [*cf. 2 Tim 3,5*], auctoritatem sibi vindicant praedicandi, cum idem Apostolus dicat: 'Quomodo praedicabunt, nisi mittantur?' [*Rm 10,15*], omnes, qui prohibiti vel non missi, praeter auctoritatem ab Apostolica Sede vel catholico episcopo loci susceptam, publice vel privatim praedicationis officium usurpare praesumpserint" [*761*], excommunicationis vinculo innodentur: et nisi quantocius resipuerint, alia competenti poena plectantur.

Weil aber "manche unter dem Anschein von Frömmigkeit, sich von ihrer Kraft ⟨aber⟩ (wie der Apostel sagt) lossagend [*vgl. 2 Tim 3,5*], für sich die Autorität beanspruchen, zu predigen, obwohl derselbe Apostel sagt: 'Wie sollen sie predigen, wenn sie nicht gesandt werden?' [*Röm 10,15*], ⟨deshalb⟩ sollen alle, die verbotenermaßen oder nicht gesandt, ohne vom Apostolischen Stuhl oder dem katholischen Ortsbischof eine Ermächtigung erhalten zu haben, öffentlich oder privat das Amt der Predigt sich anzumaßen wagen" [*761*], mit dem Band der Exkommunikation gebunden werden: Und wenn sie nicht schleunigst wieder Vernunft annehmen, sollen sie mit einer anderen geeigneten Strafe bestraft werden.

---

*807  [1]   Die *Protestatio* Joachims von Fiore, geschrieben im Jahre 1200 (DuPlA 1/I,121ab).

## 810: Kap. 4. Der Hochmut der Griechen gegenüber den Lateinern

Schon im Brief vom 23. Okt. 867 an die im Reiche Karls des Kahlen amtierenden Bischöfe (PL 119,1152D-1161A; JR 2879) hatte sich Nikolaus I. über die Griechen beklagt wegen ihrer Verachtung der sakramentalen Riten der lateinischen Kirche.

*Ausg.:* MaC 22,989f / HaC 7,21–23 / Gregor IX., *Decretales*, l. III, tit. 42, c. 6 (Frdb 2,647f) / COeD³ 235f.

### *Die Verachtung der sakramentalen Riten der lateinischen Kirche*

Licet Graecos, in diebus nostris ad oboedientiam Sedis Apostolicae revertentes, fovere ac honorare velimus, mores ac ritus eorum, in quantum cum Domino possumus, sustinendo, in his tamen illis deferre nec volumus nec debemus, quae periculum generant animarum et ecclesiasticae derogant honestati. Postquam enim Graecorum ecclesia cum quibusdam complicibus et fautoribus suis ab oboedientia Sedis Apostolicae se subtraxit, in tantum Graeci coeperunt abominari Latinos, quod inter alia, quae in derogationem eorum impie committebant, si quando sacerdotes Latini super eorum celebrassent altaria, non prius ipsi sacrificare volebant in illis, quam ea tamquam per hoc inquinata lavissent; baptizatos etiam a Latinis ipsi Graeci rebaptizare ausu temerario praesumebant: et adhuc, sicut accepimus, quidam hoc agere non verentur.

Volentes ergo tantum scandalum ab Ecclesia Dei amovere, sacro suadente Concilio districte praecipimus, ut talia de cetero non praesumant, conformantes se tamquam oboedientiae filii sacrosanctae Romanae Ecclesiae matri suae, ut sit "unum ovile et unus pastor" [*Io 10,16*].

Si quis autem quid tale praesumpserit, excommunicationis mucrone percussus ab omni officio et beneficio ecclesiastico deponatur.

**810** Auch wenn Wir die Griechen, die in unseren Tagen zum Gehorsam gegenüber dem Apostolischen Stuhl zurückkehren, fördern und ehren wollen, indem Wir ihre Bräuche und Riten, soweit Wir es mit dem Herrn können, unterstützen, wollen und dürfen Wir ihnen dennoch nicht in dem beipflichten, was Gefahr für die Seelen erzeugt und der Ehrbarkeit der Kirche Abbruch tut. Nachdem sich nämlich die Kirche der Griechen mitsamt einigen ihrer Verbündeten und Anhänger dem Gehorsam gegenüber dem Apostolischen Stuhl entzogen hatte, begannen die Griechen, die Lateiner so sehr zu verabscheuen, daß unter anderem, was sie in gottloser Weise zu ihrer Verunglimpfung begingen, wenn einmal lateinische Priester auf ihren Altären zelebriert hatten, sie selbst nicht eher das Opfer auf ihnen darbringen wollten, als daß sie sie, so als ob sie dadurch befleckt worden seien, abgewaschen hatten; auch wagten die Griechen in leichtfertigem Unterfangen, von Lateinern Getaufte wiederzutaufen: Und bis heute scheuen sich, wie Wir gehört haben, manche nicht, dies zu tun.

In der Absicht, dieses so große Ärgernis aus der Kirche Gottes zu entfernen, gebieten Wir deshalb auf Anraten des heiligen Konzils streng, daß sie solches künftighin nicht mehr wagen und sich als Söhne des Gehorsams der hochheiligen Römischen Kirche, ihrer Mutter, anpassen sollen, damit "eine Hürde und ein Hirt" [*Joh 10,16*] sei.

Wer aber etwas Derartiges wagt, soll mit dem Schwert der Exkommunikation getroffen und von jedem kirchlichen Amt und jeder kirchlichen Pfründe abgesetzt werden.

## 811: Kap. 5. Die Würde der Patriarchen

*Ausg.:* MaC 22,989–922 / HaC 7,23f / Gregor IX., *Decretales*, l. V, tit. 33, c. 23 (Frdb 2,866) / COeD³ 236.

### Der Vorrang des Römischen Stuhles

**811**    Antiqua patriarchalium sedium privilegia renovantes, sacra universali Synodo approbante, sancimus, ut post Romanam Ecclesiam, quae disponente Domino super omnes alias ordinariae potestatis obtinet principatum, utpote mater universorum Christi fidelium et magistra, Constantinopolitana primum, Alexandrina secundum, Antiochena tertium, Hierosolymitana quartum locum obtineant.

Die alten Vorrechte der Patriarchalstühle erneuernd, legen Wir mit Zustimmung des heiligen allgemeinen Konzils fest, daß nach der Römischen Kirche, die auf Anordnung des Herrn als Mutter und Lehrerin aller Christgläubigen den Vorrang der ordentlichen Vollmacht über alle anderen innehat, die konstantinopolitanische den ersten, die alexandrinische den zweiten, die antiochenische den dritten und die Jerusalemer den vierten Rang innehaben.

**812-814: Kap. 21. Die Ablegung der Beichte, ihre Geheimhaltung durch den Priester und der Empfang der Kommunion an Ostern**

*Ausg.:* MaC 22,1007E–1010C / HaC 7,35f / Gregor IX., *Decretales*, l. V, tit. 38, c. 12 (Frdb 2,887) / COeD[3] 245.

### Das Gebot der jährlichen Beichte und der Osterkommunion

**812**    Omnis utriusque sexus fidelis, postquam ad annos discretionis pervenerit, omnia sua solus peccata saltem semel in anno fideliter confiteatur proprio sacerdoti, et iniunctam sibi paenitentiam pro viribus studeat adimplere, suscipiens reverenter ad minus in Pascha Eucharistiae sacramentum, nisi forte de consilio proprii sacerdotis ob aliquam rationabilem causam ad tempus ab eius perceptione duxerit abstinendum: alioquin et vivens ab ingressu ecclesiae arceatur et moriens christiana careat sepultura. Unde hoc salutare statutum frequenter in ecclesiis publicetur, ne quisquam ignorantiae caecitate velamen excusationis assumat.

Jeder Gläubige beiderlei Geschlechts soll, nachdem er in die Jahre der Unterscheidung gelangt ist, wenigstens einmal im Jahr all seine Sünden allein dem eigenen Priester getreu beichten, die ihm auferlegte Buße nach Kräften zu erfüllen suchen und zumindest an Ostern ehrfürchtig das Sakrament der Eucharistie empfangen, sofern er nicht etwa auf Anraten des eigenen Priesters aus irgendeinem vernünftigen Grunde meint, auf eine bestimmte Zeit von seinem Empfang absehen zu sollen: andernfalls soll er sowohl lebend am Betreten der Kirche gehindert werden als auch sterbend des christlichen Begräbnisses entbehren. Daher soll diese heilsame Bestimmung oftmals in den Kirchen veröffentlicht werden, damit keiner aufgrund der Blindheit der Unwissenheit für sich den Deckmantel einer Entschuldigung beanspruche.

Si quis autem alieno sacerdoti voluerit iusta de causa sua confiteri peccata, licentiam prius postulet et obtineat a proprio sacerdote, cum aliter ille ipsum non possit absolvere vel ligare.

Wer aber seine Sünden aus triftigem Grund einem fremden Priester beichten will, der soll zuerst vom eigenen Priester die Erlaubnis erbitten und erhalten, da andernfalls jener ihn nicht lossprechen oder binden kann.

### Verpflichtungen des Beichtvaters

**813**    Sacerdos autem sit discretus et cautus, ut more periti medici superinfundat vinum et oleum [*cf. Lc 10,34*] vulneribus sauciati, diligenter inquirens et peccatoris circumstan-

Der Priester aber sei besonnen und vorsichtig, damit er nach Art eines erfahrenen Arztes Wein und Öl [*vgl. Lk 10,34*] über die Wunden des Verletzten gieße; er erforsche

tias et peccati, quibus prudenter intelligat, quale debeat ei praebere consilium et cuiusmodi remedium adhibere, diversis experimentis utendo ad sanandum aegrotum.

Caveat autem omnino, ne verbo aut signo aut alio quovis modo aliquatenus prodat peccatorem: sed si prudentiore consilio indiguerit, illud absque ulla expressione personae caute requirat, quoniam qui peccatum in paenitentiali iudicio sibi detectum praesumpserit revelare, non solum a sacerdotali officio deponendum decernimus, verum etiam ad agendam perpetuam paenitentiam in arctum monasterium detrudendum.

sorgsam die Umstände sowohl des Sünders als auch der Sünde, damit er durch sie klug erkenne, welchen Rat er ihm geben und was für ein Heilmittel er anwenden muß, indem er verschiedene Versuche anstellt, um den Kranken zu heilen.

Er hüte sich aber sehr, durch ein Wort, ein **814** Zeichen oder auf eine beliebige andere Weise den Sünder in irgendeiner Hinsicht zu verraten: wenn er aber klügeren Rates bedarf, soll er diesen ohne irgendeine Erwähnung der Person vorsichtig einholen: denn wer eine ihm im Beichtgericht enthüllte Sünde zu offenbaren wagt, der soll gemäß unserem Beschluß nicht nur vom priesterlichen Amte abgesetzt, sondern auch, um immerwährende Buße zu tun, in ein strenges Kloster verstoßen werden.

**815: Kap. 22. Die Kranken sollen eher für die Seele als für den Leib sorgen**

Erörtert werden vor allem sexuelle Akte, die zur Heilung insbesondere psychischer Krankheiten angeraten wurden. So Claudius Galen, *De venereis* (*Opera omnia*, hrsg. von K.G. Kühn, Bd. 5 [Leipzig 1823] 912f); *De locis affectis* V 5 (ebd. Bd. 8 [1824] 417f). Vgl. das Lob über den Yorker Erzbischof Thomas († 1114) in den *Gesta S. Anselmi* (*Acta Sanctorum*, April, Bd. 2 [Antwerpen 1675] 949aC, Anm. h) und bei Eadmer, *Historia Novorum* (PL 159,483CD, Fußnote).
*Ausg.:* MaC 22,1011A / HaC 7,38C / Gregor IX., *Decretales*, l. V, tit. 38, c. 13 (Frdb 2,888) / COeD³ 246.

*Unerlaubte Mittel zur Wiederherstellung der Gesundheit*

... Ceterum cum anima sit multo pretiosior corpore, sub interminatione anathematis prohibemus, ne quis medicorum pro corporali salute aliquid aegroto suadeat, quod in periculum animae convertatur.

... Da die Seele im übrigen viel wertvoller **815** als der Leib ist, verbieten wir unter Androhung des Anathema, daß ein Arzt einem Kranken etwas für das leibliche Wohl rät, was in eine Gefahr für die Seele umschlägt.

**816: Kap. 41. Die Forderung des guten Glaubens bei Ersitzung**

*Ausg.:* MaC 22,1027AB / HaC 7,50C / Gregor IX., *Decretales*, l. II, tit. 26, c. 20 (Frdb 2,393) / COeD³ 253.

*Der zur Ersitzung erforderliche gute Glaube*

Quoniam "omne quod non est ex fide, peccatum est" [*Rm 14,23*], synodali iudicio diffinimus, ut nulla valeat absque bona fide praescriptio tam canonica quam civilis, cum generaliter sit omni constitutioni atque consuetudini derogandum, quae absque mortali peccato non potest observari. Unde oportet, ut, qui praescribit, in nulla temporis parte rei habeat conscientiam alienae.

Da "alles, was nicht aus Glaube ist, Sünde **816** ist" [*Röm 14,23*], legen wir durch Konzilsentscheid fest, daß weder eine kirchliche noch eine staatliche Ersitzung ohne guten Glauben gültig ist, da allgemein jede Verordnung und Gewohnheit abzuschaffen ist, die ohne Todsünde nicht beachtet werden kann. Daher darf, wer etwas durch Ersitzung erwirbt, zu keinem Zeitpunkt das Wissen haben, daß es sich um eine fremde Sache handelt.

**817: Kap. 51. Das Verbot heimlicher Eheschließungen**

*Ausg.:* MaC 22,1038DE / HaC 7,58B / Gregor IX., *Decretales*, l. IV, tit. 3, c. 3 (Frdb 2,680) / COeD³ 258.

### *Unerlaubtheit heimlicher Ehen*

817     Praedecessorum Nostrorum inhaerendo vestigiis, clandestina coniugia penitus inhibemus; prohibentes etiam, ne quis sacerdos talibus interesse praesumat. Quare specialem quorumdam locorum consuetudinem ad alia generaliter prorogando statuimus, ut, cum matrimonia fuerint contrahenda, in ecclesiis per presbyteros publice proponantur, competenti termino praefinito, ut infra illum, qui voluerit et valuerit, legitimum impedimentum opponat. Et ipsi presbyteri nihilominus investigent, utrum aliquod impedimentum obsistat. ...

In die Fußstapfen Unserer Vorgänger tretend, verbieten Wir heimliche Eheschließungen völlig; Wir verbieten auch, daß sich ein Priester unterstehe, an solchen ⟨Eheschließungen⟩ teilzunehmen. Deshalb weiten wir die besondere Gewohnheit bestimmter Gegenden allgemein auf die anderen aus und bestimmen, daß, wenn Ehen geschlossen werden sollen, sie in den Kirchen durch die Priester öffentlich angekündigt werden sollen; dabei soll ein angemessener Termin festgesetzt werden, bis zu dem, wer will und kann, ein rechtmäßiges Hindernis entgegenstellen soll. Nichtsdestoweniger sollen auch die Priester selbst nachforschen, ob sich ein Hindernis entgegenstellt. ...

**818–819: Kap. 62. Reliquien von Heiligen**

*Ausg.:* MaC 22,1049AB / HaC 7,65AB / Gregor IX., *Decretales*, l. III, tit. 45, c. 2; V, 38, 14 (Frdb 2,650 889) / COeD³ 263f.

### *Unehrenhafter Umgang mit Reliquien*

818     Cum ex eo, quod quidam Sanctorum reliquias exponunt venales et eas passim ostendunt, christianae religioni detractum sit saepius, ne in posterum detrahatur, praesenti decreto statuimus, ut antiquae reliquiae amodo extra capsam nullatenus ostendantur nec exponantur venales. Inventas autem de novo nemo publice venerari praesumat, nisi prius auctoritate Romani Pontificis fuerint approbatae. Praelati vero de cetero non permittant illos, qui ad eorum ecclesias causa venerationis accedunt, vanis figmentis aut falsis decipi documentis, sicut et in plerisque locis occasione quaestus fieri consuevit.

Weil dadurch, daß manche Leute Heiligenreliquien zum Verkauf anbieten und diese allüberall zeigen, die christliche Religion öfter herabgewürdigt wurde, bestimmen Wir, damit sie künftig nicht herabgewürdigt werde, durch das vorliegende Dekret, daß die alten Reliquien von nun an keinesfalls mehr außerhalb des Reliquiars gezeigt oder zum Verkauf angeboten werden dürfen. Neugefundene aber soll niemand öffentlich zu verehren wagen, wenn sie nicht zuvor durch die Autorität des Römischen Bischofs anerkannt wurden. Die Vorsteher aber sollen fortan nicht erlauben, daß jene, die um der Verehrung willen zu ihren Kirchen kommen, mit leeren Erdichtungen oder falschen Dokumenten getäuscht werden, wie es auch an sehr vielen Orten wegen der günstigen Gelegenheit zum Gelderwerb zu geschehen pflegt.

### Mißbrauch bei Ablässen

... Quia per indiscretas et superfluas indulgentias, quas quidem ecclesiarum praelati facere non verentur, et claves Ecclesiae contemnuntur et paenitentialis satisfactio enervatur, decernimus, ut, cum dedicatur basilica, non extendatur indulgentia ultra annum ...; ac deinde in anniversario dedicationis tempore 40 dies de iniunctis paenitentiis indulta remissio non excedat. Hunc quoque dierum numerum indulgentiarum litteris praecipimus moderari, quae pro quibuslibet causis aliquoties conceduntur, cum Romanus Pontifex, qui plenitudinem obtinet potestatis, hoc in talibus moderamen consueverit observare.

... Weil durch unterschiedslose und über- **819** flüssige Ablässe, die nämlich die Vorsteher der Kirchen zu gewähren sich nicht scheuen, sowohl die Schlüssel der Kirche verachtet werden als auch die mit der Buße verbundene Genugtuung geschwächt wird, beschließen Wir, daß, wenn eine Basilika geweiht wird, der Ablaß nicht über ein Jahr ausgedehnt werde ...; und danach soll am Jahrestag der Weihe der gewährte Ablaß 40 Tage von den auferlegten Bußen nicht übersteigen. Diese Zahl an Tagen werde auch, so gebieten Wir, den Ablaßbriefen als Maß gesetzt, die für irgendwelche Anlässe mehrmals gewährt werden; denn der Römische Bischof, der die Fülle der Gewalt innehat, pflegt in solchen Dingen dieses Maß zu beachten.

## 820: Kap. 63. Simonie

*Ausg.:* MaC 22,1051BC / HaC 7,66E–67A / Gregor IX., *Decretales*, l. V, tit. 3, c. 39 (Frdb 2,765) / COeD³ 264.

... In plerisque locis et a plurimis personis quasi columbas in templo vendentibus fiunt exactiones et extorsiones turpes et pravae pro consecrationibus episcoporum, benedictionibus abbatum et ordinibus clericorum: estque taxatum, quantum sit isti vel illi quantumve alteri vel alii persolvendum; et, ad cumulum damnationis maioris, quidam turpitudinem et pravitatem huiusmodi nituntur defendere per consuetudinem longo tempore observatam.

Tantum igitur abolere volentes abusum, consuetudinem huiusmodi, quae magis dicenda est corruptela, penitus reprobamus: firmiter statuentes, ut pro iis sive conferendis sive collatis nemo aliquid quocumque praetextu exigere ac extorquere praesumat. Alioquin et qui receperit et qui dederit huiusmodi pretium omnino damnatum, cum Giezi [*cf. 4 Rg 5,20–27*] et Simone [*cf. Act 8,9–24*] condemnetur.

... Vielerorts und von sehr vielen Personen, **820** die gleichsam Tauben im Tempel verkaufen, werden schändliche und verwerfliche Forderungen erhoben und Erpressungen gemacht für Konsekrationen von Bischöfen, Segnungen von Äbten und Weihen von Klerikern: und es ist festgelegt, wieviel diesem oder jenem und wieviel dem einen oder anderen zu zahlen ist; und zum Übermaß eines noch größeren Schadens bemühen sich einige, eine solche Schändlichkeit und Verworfenheit durch die lange Zeit über gepflegte Gewohnheit ⟨auch noch⟩ zu verteidigen.

In der Absicht, diesen so großen Mißbrauch abzuschaffen, verwerfen Wir deshalb völlig diese Gewohnheit, die man eher Bestechung nennen müßte, und legen unumstößlich fest, daß keiner, um diese ⟨Weihen⟩ entweder zu übertragen oder übertragen zu bekommen, irgendetwas unter welchem Vorwand auch immer zu fordern und zu erpressen wage. Andernfalls soll, sowohl wer einen derartigen ganz und gar verfluchten Kaufpreis empfängt als auch wer ihn gibt, zusammen mit Giezi [*vgl. 2 Kön 5,20–27*] und Simon [*vgl. Apg 8,9–24*] verurteilt werden.

## HONORIUS III.: 18. Juli 1216 – 18. März 1227

**822: Brief "Perniciosus valde" an Erzbischof Olaf von Uppsala, 13. Dez. 1220**

*Ausg.:* Gregor IX., *Decretales*, l. III, tit. 41, c. 13 (Frdb 2,643). – *Reg.:* PoR 6441.

### Das beim Meßopfer dem Wein beigemischte Wasser

**822** Perniciosus valde, sicut audivimus, in tuis partibus inolevit abusus, videlicet, quod in maiore quantitate de aqua ponitur in sacrificio quam de vino: cum secundum rationabilem consuetudinem Ecclesiae generalis plus in ipso sit de vino quam de aqua ponendum. Ideoque fraternitati tuae per Apostolica scripta mandamus, quatenus id non de cetero facias nec in tua provincia fieri patiaris.

Wie Wir gehört haben, kam in Deiner Gegend ein sehr verderblicher Mißbrauch auf, nämlich daß beim ⟨Meß⟩opfer Wasser in größerer Menge als Wein verwendet wird: Denn nach dem wohlbegründeten Brauch der gesamten Kirche ist bei ihm mehr Wein als Wasser zu verwenden. Und deshalb gebieten Wir Deiner Brüderlichkeit durch Apostolische Schreiben, daß Du dies künftig nicht mehr tust und nicht zuläßt, daß es in Deiner Provinz getan wird.

## GREGOR IX.: 19. März 1227 – 22. Aug. 1241

**824: Brief "Ab Aegyptiis argentea" an die Pariser Theologen, 7. Juli 1228**

Einige ältere Ausgaben bieten einen verstümmelten Text, der mit den Worten "Tacti dolore" beginnt.
*Ausg.:* DenCh 1,114–116 (Nr. 59) / L. Auvray, *Les registres de Grégoire IX*, Bd. I (Paris 1896) 117–120 (Nr. 203). – *Reg.:* PoR 8231; Auvray, wie oben.

### Die Beibehaltung der theologischen Terminologie und Überlieferung

**824** ... Et quidem theologicus intellectus quasi vir habet praeesse cuilibet facultati et quasi spiritus in carnem dominium exercere ac eam in viam dirigere rectitudinis, ne aberret. ...

Sane tacti dolore cordis intrinsecus [*cf. Gn 6,6*] amaritudine repleti sumus absynthii [*cf. Lam 3,15*], quod ... quidam apud vos ... "positos a Patribus terminos" [*cf. Prv 22,28*] profana transferre satagunt novitate; caelestis paginae intellectum, sanctorum Patrum studiis certis expositionum terminis limitatae, quos transgredi non solum est temerarium, sed profanum, ad doctrinam philosophicam naturalium inclinando, ad ostentationem scientiae, non profectum aliquem auditorum, ut sic videantur non theodocti seu theologi, sed theophanti.

... Auch der theologische Verstand hat gleichsam als Mann jedem beliebigem Vermögen vorzustehen und gleichsam als Geist die Herrschaft über das Fleisch auszuüben und es auf den Weg der Geradheit zu leiten, damit es nicht abirre. ...

Wir sind fürwahr von Schmerz im Herzen innerlich berührt [*vgl. Gen 6,6*], von der Bitterkeit des Wermuts erfüllt [*vgl. Klgl 3,15*], daß ... einige bei Euch ... eifrig damit beschäftigt sind, "die von den Vätern aufgestellten Grenzsteine" [*vgl. Spr 22,28*] durch gottlose Neuerung zu verrücken; denn sie biegen das Verständnis der himmlischen Schrift, die aufgrund der Bemühungen der heiligen Väter von festen Grenzsteinen der Auslegung begrenzt ist, die zu überschreiten nicht nur leichtfertig, sondern gottlos ist, zur philosophischen Lehre von den natürlichen Dingen hin, um ihr Wissen zur Schau zu stellen, nicht um den Hörern irgendwie zu nützen, auf daß sie so nicht als Gottesgelehrte bzw. Theologen, sondern als Gottesverleumder erscheinen.

Cum enim theologiam secundum appro-batas traditiones Sanctorum exponere de-beant et non carnalibus armis, sed "Deo po-tentibus destruere omnem altitudinem extol-lentem se adversus scientiam Dei, et capti-vum in obsequium Christi omnem reducere intellectum" [*2 Cor 10,4s*]: ipsi doctrinis va-riis et peregrinis abducti [*cf. Hbr 13,9*] redi-gunt caput in caudam [*cf. Dt 28,13 44*] et an-cillae cogunt famulari reginam, videlicet do-cumentis terrenis caeleste, quod est gratiae, tribuendo naturae.

Profecto, scientiae naturalium plus debito insistentes, ad infirma et egena elementa mundi ... reversi et eis denuo servientes [*cf. Gal 4,9*] tamquam imbecilles in Christo, "lac-te, non solido cibo" [*Hbr 5,12*] vescuntur, et videntur cor nequaquam gratia stabilisse [*cf. Hbr 13,9*]; propter quod "spoliati gratuitis et in suis naturalibus vulnerati"[1], ad memoriam non reducunt illud Apostoli ...: "Profanas vo-cum novitates et falsi nominis scientiae opi-niones devita, quam quidam appetentes exci-derunt a fide" [*1 Tim 6,20s*]. ...

Et dum fidem conantur plus debito ratio-ne adstruere naturali, nonne illam reddunt quodammodo inutilem et inanem? Quoniam "fides non habet meritum, cui humana ratio praebet experimentum"[2]. Credit denique in-tellecta natura, sed fides ex sui virtute gratui-ta intelligentia credita comprehendit, quae audax et improba penetrat, quo naturalis ne-quit attingere intellectus.

Obwohl sie nämlich die Gotteslehre ge-mäß den anerkannten Überlieferungen der Heiligen auslegen müssen und nicht mit fleischlichen Waffen, sondern ⟨mit solchen, die⟩ "mächtig vor Gott sind, jede Hoheit nie-derzureißen, die sich wider die Erkenntnis Gottes erhebt, und jeden Gedanken gefan-gen in den Gehorsam gegenüber Christus zu führen" [*2 Kor 10,4f*], machen sie, von bunt-schillernden und fremden Lehren verführt [*vgl. Hebr 13,9*], das Haupt zum Schwanz [*vgl. Dtn 28,13 44*] und zwingen die Königin, der Magd zu dienen, nämlich das Himmlische den irdischen Lehren, indem sie, was zur Gnade gehört, der Natur zuweisen.

In der Tat: Sich mehr als gebührend mit der Erkenntnis der natürlichen Dinge be-schäftigend, zu den schwachen und dürftigen Elementen der Welt ... zurückgekehrt und ih-nen von neuem dienend [*vgl. Gal 4,9*], ernäh-ren sie sich als Schwächlinge in Christus "von Milch, nicht von fester Speise" [*Hebr 5,12*], und scheinen ihr Herz keineswegs durch die Gnade gestärkt zu haben [*vgl. Hebr 13,9*]; deswegen rufen sie, "der Gnaden⟨ga-ben⟩ beraubt und in ihren natürlichen ⟨Ga-ben⟩ verwundet"[1], nicht jenes ⟨Wort⟩ des Apostels in ihr Gedächtnis zurück ...: "Meide gottlose Neuerungen der Ausdrücke und die Meinungen der fälschlich so heißenden Er-kenntnis; manche, die nach ihr Verlangen trugen, sind vom Glauben abgefallen" [*1 Tim 6,20f*]. ...

Und wenn sie den Glauben mehr als ge-bührend mit der natürlichen Vernunft zu stützen versuchen, machen sie ihn dann nicht gewissermaßen unnütz und leer? Denn "⟨der⟩ Glaube hat kein Verdienst, dem die menschliche Vernunft den Beweis liefert"[2]. Die Natur glaubt ja das Erkannte, aber der Glaube erfaßt aus eigener Kraft durch gna-denhafte Einsicht das Geglaubte, ⟨der Glau-be,⟩ der kühn und verwegen durchdringt, wo-hin die natürliche Erkenntnis nicht gelangen kann.

---

**\*824** [1] Petrus Lombardus, *Sententiae*, l. II, dist. 25, c. 7; angedeutet bei Ambrosius von Mailand, *Expo-sitio evangelii secundum Lucam* VII 73, = zu Lk 10,30 (M. Adriaen: CpChL 14 [1957] 238f / CSEL 32/IV,312f / PL 15,1806A); bei Augustinus, *Quaestiones evangeliorum* II, q. 19 (A. Mutzenbecher: CpChL 44B [1980] 62f / PL 35,1340); Beda Venerabilis, *In Lucae evangelium expositio* III 10 (D. Hurst: CpChL 120 [1960] 222 / PL 92,468D).
[2] Gregor I. der Große, *In Evangelia homiliae*, l. II, hom. 26, n. 1 (PL 76,1197C).

## 825: Brief "Consultationi tuae" an den Erzbischof von Bari, 12. Nov. 1231

*Ausg.:* Gregor IX., *Decretales*, l. I, tit. 11, c. 16 (Frdb 2,124) / BarAE, zum Jahr 1231 Nr. 30. – *Reg.:* PoR 8832.

### Die in der Weihe empfangene sakramentale Prägung

825 Consultationi tuae taliter respondemus, quod eos, qui extra tempora statuta sacros ordines receperunt, characterem non est dubium recepisse, quos pro transgressione huiusmodi, primo eis paenitentia imposita competenti, sustinere poteris in susceptis ordinibus ministrare.

Auf Deine Anfrage antworten Wir folgendermaßen: Diejenigen, die die heiligen Weihen außerhalb der festgelegten Zeiten empfangen haben, haben zweifellos die Prägung empfangen; nachdem ihnen für diese Übertretung zunächst eine angemessene Buße auferlegt wurde, wirst Du dulden können, daß sie ihren Dienst den empfangenen Weihen gemäß ausüben.

## 826: Brief "Presbyter et diaconus" an Bischof Olaf von Lund, 9. Dez. 1232

*Ausg.:* Gregor IX., *Decretales*, l. I, tit. 16, c. 3 (Frdb 2,135). – *Reg.:* PoR 9056; Auvray, a. *824 a.O., 581, Nr. 988.

### Materie und Form der Weihe

826 Presbyter et diaconus cum ordinantur, manus impositionem tactu corporali, ritu ab Apostolis introducto [*cf. 1 Tim 4,14; 5,22; 2 Tim 1,6; Act 6,6*], recipiunt; quod si omissum fuerit, non est aliquatenus iterandum, sed statuto tempore ad huiusmodi ordines conferendos, caute supplendum quod per errorem exstitit praetermissum. Suspensio autem manuum debet fieri, cum oratio super caput effunditur ordinandi.

Wenn ein Priester und ein Diakon geweiht werden, empfangen sie die Handauflegung durch leibliche Berührung, gemäß dem von den Aposteln eingeführten Ritus [*vgl. 1 Tim 4,14; 5,22; 2 Tim 1,6; Apg 6,6*]; wenn es aber unterlassen wurde, ist es nicht irgendwie zu wiederholen, sondern zu der für die Spendung solcher Weihen festgelegten Zeit ist behutsam zu ergänzen, was irrtümlich unterlassen wurde. Die Aufhebung der Hände aber muß erfolgen, wenn das Gebet über das Haupt des zu Weihenden verrichtet wird.

## 827: Fragmentarisches Dekret "Si condiciones", zwischen 1227 und 1234

*Ausg.:* Gregor IX., *Decretales*, l. IV, tit. 5, c. 7 (Frdb 2,684) / MaC 23,141A ( = Fragment Nr. 104). – *Reg.:* PoR 9664.

### Die Ungültigkeit einer bedingten Ehe

827 Si condiciones contra substantiam coniugii inserantur, puta, si alter dicat alteri: "contraho tecum, si generationem prolis evites", vel: "donec inveniam aliam honore vel facultatibus digniorem", aut: "si pro quaestu adulterandam te tradas": matrimonialis contractus, quantumcumque sit favorabilis, caret effectu; licet aliae condiciones appositae in matrimonio, si turpes aut impossibiles fuerint, debeant propter eius favorem pro non adiectis haberi.

Wenn Bedingungen gegen die Substanz der Ehe eingefügt werden, z. B. wenn der eine zum anderen sagt: "ich schließe mit dir ⟨die Ehe⟩, wenn du die Zeugung von Nachkommenschaft vermeidest", oder: "bis ich eine andere finde, die an Ehre und Vermögen würdiger ist", oder: "wenn du dich der gewerblichen Prostitution widmest": ⟨dann⟩ entbehrt der Ehevertrag, so willkommen er auch sein mag, der Wirkung; andere bei der Ehe hinzugefügte Bedingungen jedoch müssen, wenn sie schändlich oder unmöglich

sind, zu ihrem Vorteil für nicht hinzugesetzt erachtet werden.

## 828: Brief "Naviganti vel" an Bruder R., zwischen 1227 und 1234

*Ausg.:* Gregor IX., *Decretales*, l. V, tit. 19, c. 19 (Frdb 2,816) / MaC 23,131E–132A ( = Fragment Nr. 69). – *Reg.:* PoR 9678.

### *Zinsnahme*

Naviganti vel eunti ad nundinas certam mutuans pecuniae quantitatem, eo quod suscipit in se periculum, recepturus aliquid ultra sortem usurarius [*non?*] est censendus.

Ille quoque, qui dat X solidos, ut alio tempore totidem sibi grani, vini et olei mensurae reddantur: quae, licet tunc plus valeant, utrum plus vel minus solutionis tempore fuerint valiturae, verisimiliter dubitatur: non debet ex hoc usurarius reputari.

Ratione huius dubii etiam excusatur, qui pannos, granum, vinum, oleum vel alias merces vendit, ut amplius, quam tunc valeant, in certo termino recipiat pro eisdem, si tamen ea tempore contractus non fuerat venditurus.

Wer jemandem, der zu Wasser oder zu **828** Land zu einem Markt reist, eine bestimmte Menge Geld leiht und dafür, daß er Gefahr auf sich nimmt, noch etwas über das ⟨geliehene⟩ Kapital hinaus zurückerhalten will, ist [*nicht?*] als Zinsnehmer anzusehen.

Auch jener, der 10 Solidi ⟨ = Goldmünzen⟩ gibt, damit ihm zu anderer Zeit ebensoviele Maße Korn, Wein und Öl zurückgegeben werden, bei denen man, auch wenn sie zu diesem Zeitpunkt mehr wert sind, mit einiger Wahrscheinlichkeit zweifelt, ob sie zum Zeitpunkt der Bezahlung mehr oder weniger wert sein werden, muß deswegen nicht für einen Zinsnehmer gehalten werden.

Aufgrund dieses Zweifels wird auch entschuldigt, wer Tücher, Korn, Wein, Öl und andere Waren verkauft, um an einem bestimmten Termin für dieselben ⟨Waren⟩ mehr zu empfangen, als sie zu diesem Zeitpunkt ⟨des Vertrages⟩ wert sind, jedoch ⟨nur⟩, wenn er nicht zum Zeitpunkt des Vertrages im Begriffe war, sie ⟨anderweitig⟩ zu verkaufen.

## 829: Brief "Cum sicut ex" an Erzbischof Sigurd von Trondheim (Norwegen), 8. Juli 1241

*Ausg.:* BarAE, zum Jahr 1241 Nr. 42 / Chr.C.A. Lange – C.R. Unger, *Diplomatarium Norvegicum* 1/I (Christiania 1847) 21, Nr. 26. – *Reg.:* PoR 11048.

### *Die Materie der Taufe*

Cum, sicut ex tua relatione didicimus, nonnunquam propter aquae penuriam infantes terrae tuae contingat in cerevisia baptizari: tibi tenore praesentium respondemus, quod cum secundum doctrinam evangelicam oporteat ex aqua et Spiritu Sancto renasci [*cf. Io 3,5*], non debent reputari rite baptizati, qui in cerevisia baptizantur.

Da es, wie wir aus Deinem Bericht erfah- **829** ren haben, manchmal vorkommt, daß Kinder Deines Landes in Ermangelung von Wasser in Bier getauft werden, antworten wir Dir mit dem vorliegenden ⟨Schreiben⟩: da man nach der Lehre des Evangeliums aus Wasser und Heiligem Geist wiedergeboren werden muß [*vgl. Joh 3,5*], dürfen nicht für ordnungsgemäß getauft erachtet werden, die in Bier getauft werden.

CÖLESTIN IV.: 25. Okt. - 10. Nov. 1241

## INNOZENZ IV.: 25. Juni 1243 - 7. Dez. 1254

## 1. Konzil von LYON (13. ökum.): 28. Juni - 17. Juli 1245

Sieht man von der vorbereitenden Sitzung am 26. Juni ab, wurde dieses Konzil in drei feierlichen Sitzungen (28. Juni, 5. und 17. Juli) durchgeführt. Es verabschiedete Dekrete gegen Kaiser Friedrich II., gegen die Sarazenen und zur Wiedergewinnung des Heiligen Landes, aber keine dogmatischen Beschlüsse.

### 830-839: Brief "Sub catholicae professione" an den Bischof von Tusculum, den Legaten des Apostolischen Stuhles bei den Griechen, 6. März 1254

*Ausg.:* CollLac 2,446C-448C / BullTau 3,581a-583a / BullLux 1,100b-101b / BullCocq 3/I,340b-341b / MaC 23,579D-582C. - *Reg.:* PoR 15265; E. Berger, *Les registres d'Innocent IV* 3 (Paris 1897) 381, Nr. 7338.

*Den Griechen einzuschärfende Riten und Lehren*

**830**   § 3 (al. § 4). 1. Circa haec itaque sic deliberatio Nostra resedit, ut Graeci eiusdem regni in unctionibus, quae circa baptisma fiunt, morem Ecclesiae Romanae teneant et observent.

2. Ritus vero seu consuetudo, quam habere dicuntur, ungendi per totum baptizandorum corpora, si tolli sine scandalo, vel removeri non potest, cum, sive fiat sive non, quantum ad baptismi efficaciam vel effectum non multum referat, toleretur.

3. Nec refert etiam, utrum in frigida, vel calida aqua baptizent, cum parem vim et effectum in utraque baptismum habere asseverare dicantur.

**831**   4 (§ 5). Soli autem episcopi consignent chrismate in frontibus baptizatos, quia huius unctio non debet nisi per episcopos exhiberi. Quoniam soli Apostoli, quorum vices gerunt episcopi, per manus impositionem, quam confirmatio vel frontis chrismatio repraesentat, Spiritum Sanctum tribuisse leguntur [*cf. Act 8,14-25*].

5. Singuli quoque episcopi in suis ecclesiis, in die Coenae Domini, possunt, secundum formam Ecclesiae, chrisma conficere, ex balsamo quidem et oleo olivarum. Nam Spiritus Sancti donum in chrismatis unctione confertur. Et columba utique, quae ipsum designat Spiritum, olivae ramum ad arcam le-

§ 3 (and. § 4). 1. Diesbezüglich kam deshalb Unsere Überlegung zu dem Entschluß, daß die Griechen ebendieses Reiches ⟨ = Zypern⟩ bei den Salbungen, die im Zusammenhang mit der Taufe vollzogen werden, den Brauch der Römischen Kirche festhalten und beachten sollen.

2. Wenn aber der Ritus bzw. die Gewohnheit, die sie angeblich haben, ⟨nämlich⟩ die Leiber der Täuflinge ganz zu salben, nicht ohne Ärgernis aufgehoben oder beseitigt werden kann, so soll sie geduldet werden, da es, was die Wirksamkeit oder Wirkung der Taufe betrifft, nicht viel ausmacht, ob es gemacht wird oder nicht.

3. Und es ist auch belanglos, ob sie in kaltem oder warmem Wasser taufen, da sie ja angeblich versichern, die Taufe habe in beidem die gleiche Kraft und Wirkung.

4 (§ 5). Allein die Bischöfe aber sollen die Getauften an der Stirn mit dem Chrisam bezeichnen, da die Salbung mit diesem nur von Bischöfen gespendet werden darf. Denn allein die Apostel, deren Stelle die Bischöfe einnehmen, haben, wie man liest, durch die Auflegung der Hand, die die Firmung bzw. die Salbung der Stirn darstellt, den Heiligen Geist verliehen [*vgl. Apg 8,14-25*].

5. Die einzelnen Bischöfe können auch in ihren Kirchen am Tag des Abendmahles des Herrn gemäß der Form der Kirche das Chrisam zubereiten, nämlich aus Balsam und Olivenöl. Denn in der Salbung mit Chrisam wird die Gabe des Heiligen Geistes übertragen. Und die Taube, die den Geist selbst be-

gitur retulisse. Sed si suum antiquum ritum in hoc Graeci potius servare voluerint, videlicet quod patriarcha una cum archiepiscopis et episcopis eius suffraganeis, et archiepiscopi cum suffraganeis suis, simul chrisma conficiant, in tali eorum consuetudine tolerentur.

6. Nullus autem per sacerdotes vel confessores pro satisfactione paenitentiae unctione aliqua solummodo inungatur.

7. Infirmis vero iuxta verbum Iacobi Apostoli [*Iac 5,14s*] unctio exhibeatur extrema.

8 (§ 6). Porro in appositione aquae, sive frigidae, sive calidae, vel tepidae, in altaris sacrificio, suam si velint consuetudinem Graeci sequantur, dummodo credant et asserant, quod servata canonis forma, conficiatur pariter de utraque.

9. Sed Eucharistiam in die Coenae Domini consecratam usque ad annum, praetextu infirmorum, ut de illa videlicet ipsos communicent, non reservent. Liceat tamen eis, pro infirmis ipsis, corpus Christi conficere, ac per quindecim dies, et non longiori temporis spatio, conservare; ne per diutinam ipsius reservationem, alteratis forsitan speciebus, reddatur minus habile ad sumendum: licet veritas et efficacia semper eadem omnino remaneat, nec ulla umquam diuturnitate, seu volubilitate temporis evanescat.

18 (§ 14). De fornicatione autem, quam solutus cum soluta committit, quin sit mortale peccatum, non est aliquatenus ambigendum, cum tam fornicarios, quam adulteros a regno Dei Apostolus asserat alienos [*cf. 1 Cor 6,9s*].

19 (§ 15). Ad haec volumus et expresse praecipimus, quod episcopi Graeci septem ordines secundum morem Ecclesiae Romanae de cetero conferant, cum hucusque

zeichnet, hat ja, wie man liest, einen Ölzweig zur Arche zurückgebracht. Aber wenn die Griechen darin lieber ihren alten Brauch beibehalten wollen, nämlich daß der Patriarch zusammen mit den Erzbischöfen und seinen Suffraganbischöfen und die Erzbischöfe mit ihren Suffraganen zugleich das Chrisam zubereiten, so sollen sie in dieser ihrer Gewohnheit geduldet werden.

6. Keiner aber soll von Priestern oder **832** Beichtvätern anstelle der Genugtuung bei der Buße lediglich mit einer Salbung gesalbt werden.

7. Kranken aber soll gemäß dem Wort des **833** Apostels Jakobus [*Jak 5,14f*] die Letzte Ölung gespendet werden.

8 (§ 6). Ferner sollen die Griechen bei der **834** Hinzufügung des Wassers – ob kalt, warm oder lauwarm – beim Opfer des Altares, wenn sie wollen, ihrer Gewohnheit folgen, solange sie nur glauben und bekennen, daß es bei Wahrung der Form des Kanons aus beidem in gleicher Weise hergestellt wird.

9. Aber die am Tage des Abendmahles des Herrn konsekrierte Eucharistie sollen sie nicht das Jahr über vorgeblich für die Kranken, um ihnen nämlich davon die Kommunion zu reichen, aufbewahren. Gleichwohl soll es ihnen erlaubt sein, für ebendiese Kranken den Leib Christi herzustellen und fünfzehn Tage lang – und nicht über einen längeren Zeitraum – aufzubewahren, damit sich nicht durch lange Aufbewahrung desselben die Gestalten vielleicht verändern und er weniger geeignet zum Empfangen wird: wenn auch die Wahrheit und Wirksamkeit stets völlig dieselbe bleibt und niemals vergeht wegen einer langen Dauer oder der Flüchtigkeit der Zeit.

18 (§ 14). Was aber Unzucht betrifft, die **835** ein Lediger mit einer Ledigen begeht, so ist keinesfalls daran zu zweifeln, daß sie eine Todsünde ist, da der Apostel versichert, daß sowohl Unzüchtige als auch Ehebrecher vom Reich Gottes ausgeschlossen seien [*vgl. 1 Kor 6,9f*].

19 (§ 15). Zudem wollen und gebieten Wir **836** ausdrücklich, daß die griechischen Bischöfe künftig gemäß dem Brauch der Römischen Kirche sieben Weihen spenden, da sie bis-

tres de minoribus circa ordinandos neglexisse, vel praetermisisse dicantur. Illi tamen, qui iam sunt taliter ordinati per eos, propter nimiam ipsorum multitudinem, in sic susceptis ordinibus tolerentur.

**837**    20 (§ 16). Quia vero secundum Apostolum, mulier mortuo viro ab ipsius est lege soluta, ut nubendi cui vult in Domino liberam habeat facultatem [*cf. Rm 7,2; 1 Cor 7,39*], secundas, et tertias, ac ulteriores etiam nuptias Graeci non reprehendant aliquatenus, nec condemnent, sed potius illas approbent inter personas, quae alias licite ad invicem matrimonio iungi possunt.

21. Secundo tamen nubentes presbyteri nullatenus benedicant.

**838**    [*De sorte defunctorum*] 23 (§ 18). Denique cum Veritas in Evangelio asserat, quod si quis in Spiritum Sanctum blasphemiam dixerit, neque in hoc saeculo, neque in futuro dimittetur ei [*cf. Mt 12,32*]; per quod datur intellegi quasdam culpas in praesenti, quasdam vero in futuro saeculo relaxari, et Apostolus dicat, quod "uniuscuiusque opus, quale sit, ignis probabit", et "cuius opus arserit, detrimentum patietur; ipse autem salvus erit; sic tamen quasi per ignem" [*1 Cor 3,13 15*], et ipsi Graeci vere ac indubitanter credere ac affirmare dicantur, animas illorum, qui, suscepta paenitentia, ea non peracta, vel qui sine mortali peccato, cum venialibus tamen et minutis decedunt, purgari post mortem, et posse suffragiis Ecclesiae adiuvari: Nos, quia locum purgationis huiusmodi dicunt non fuisse sibi ab eorum doctoribus certo et proprio nomine indicatum, illum quidem iuxta traditiones et auctoritates sanctorum Patrum "Purgatorium" nominantes volumus, quod de cetero apud ipsos isto nomine appelletur. Illo enim transitorio igne peccata utique, non tamen criminalia seu capitalia, quae prius per paenitentiam non fuere remissa, sed parva et minuta purgantur, quae post mortem etiam gravant, si in vita fuerint relaxata.

her angeblich drei von den niederen bei den Weihekandidaten außer acht gelassen oder übergangen haben. Jene jedoch, die schon in dieser Weise durch sie geweiht wurden, sollen wegen ihrer allzu großen Anzahl in den so empfangenen Weihen geduldet werden.

20 (§ 16). Weil aber gemäß dem Apostel eine Frau nach dem Tode des Mannes von seinem Gesetze entbunden ist, so daß sie die freie Möglichkeit hat, im Herrn zu heiraten, wen sie will [*vgl. Röm 7,2; 1 Kor 7,39*], sollen die Griechen zweite, dritte und auch weitere Heiraten in keiner Weise tadeln oder verurteilen, sondern sie sollen diese vielmehr zwischen Personen anerkennen, die ansonsten erlaubtermaßen miteinander in der Ehe verbunden werden können.

21. Zum zweitenmal Heiratende sollen die Priester jedoch keinesfalls segnen.

[*Das Los der Verstorbenen*] 23 (§ 18). Weil schließlich die Wahrheit im Evangelium versichert: Wer wider den Heiligen Geist eine Lästerung ausspricht, dem wird weder in dieser Welt noch in der künftigen vergeben werden [*vgl. Mt 12,32*] – wodurch zu verstehen gegeben wird, daß manche Sünden in der gegenwärtigen, manche aber in der künftigen Welt vergeben werden –, und der Apostel sagt: "Wie beschaffen das Werk eines jeden ist, wird das Feuer erproben", und: "wessen Werk gebrannt hat, der wird Schaden erleiden; er selbst aber wird gerettet sein; so jedoch wie durch Feuer hindurch" [*1 Kor 3,13 15*], und die Griechen selbst angeblich wahrhaft und ohne Zweifel glauben und bekennen, daß die Seelen jener, die, nachdem sie die Buße aufgenommen, sie aber nicht vollendet haben, oder die ohne Todsünde, jedoch mit verzeihlichen und geringfügigen ⟨Sünden⟩ dahinscheiden, nach dem Tod gereinigt werden und man ihnen durch die Fürbitten der Kirche helfen kann: ⟨deshalb und⟩ weil sie sagen, der Ort dieser Reinigung sei ihnen von ihren Lehrern nicht mit einem bestimmten und eigenen Namen bezeichnet worden, wollen Wir, die Wir diesen ⟨Ort⟩ ja gemäß den Überlieferungen und Autoritäten der heiligen Väter "Reinigungsort" nennen, daß er künftig bei ihnen selbst mit diesem Namen bezeichnet werde. In jenem vorübergehenden Feuer werden näm-

lich zwar Sünden, jedoch keine verbrecheri-schen bzw. zum Tode führenden, die zuvor nicht durch die Buße vergeben wurden, son-dern kleine und geringfügige gereinigt, die nach dem Tode auch dann belasten, wenn sie im Leben vergeben wurden.

24 (§ 19). Si quis autem absque paeniten-tia in peccato mortali decedit, hic procul du-bio aeternae gehennae ardoribus perpetuo cruciatur.

24 (§ 19). Wer aber ohne Buße in einer 839 Todsünde dahinscheidet, der wird ohne Zwei-fel auf immer von den Gluten der ewigen Hölle gepeinigt.

25 (§ 20). Animae vero parvulorum post baptismi lavacrum, et adultorum etiam in ca-ritate decedentium, qui nec peccato, nec ad satisfactionem aliquam pro ipso tenentur, ad patriam protinus transvolant sempiternam.

25 (§ 20). Die Seelen der kleinen Kinder nach dem Bad der Taufe aber, und auch der in Liebe dahinscheidenden Erwachsenen, die weder durch eine Sünde noch zu einer Ge-nugtuung für sie gehalten sind, fliegen so-gleich in die ewige Heimat hinüber.

## ALEXANDER IV.: 12. Dez. 1254 - 25. Mai 1261

### 840-844: Konstitution "Romanus Pontifex de summi", 5. Okt. 1256

Als zwischen der Universität Paris und den aufkommenden Bettelorden (OP, OFM) ein Streit um das Recht zu lehren entbrannt war, griff Wilhelm von St.-Amour in seiner 1255 erschienenen Abhandlung *De periculis novissimorum temporum* die Lebensweise der Bettelmönche scharf an. Die in dieser Konstitution ausge-sprochene Verurteilung seines Werkes wurde mehrmals wiederholt: vgl. die Briefe: *"Veri solis"* an König Ludwig XII. von Frankreich, 17. Okt. 1256; *"Non sine multa"* an die Bischöfe Frankreichs, Burgunds usw., 19. Okt. 1256; *"Quidam Scripturae"* an die Bischöfe von Tours, Rouen und Paris, 21. Okt. 1256, und öfter (DenCh 1,333-338 353 = Nr. 289-292 308; vgl. PoR 16585 16589f 16808).
   *Ausg.:* DenCh 1,331-333 (Nr. 288) / BullTau 3,645b-646a. - *Reg.:* PoR 16565.

*Irrtümer des Wilhelm von St. Amour über die Bettelmönche*

[*Libello Guilelmi*] studiose perlecto et ma-ture et districte examinato, Nobisque de hoc plenaria facta relatione ab eis, quod in ipso quaedam perversa et reproba,

[*Die Schrift Wilhelms*] wurde von ihnen 840 eifrig durchgelesen und reiflich und streng geprüft, und Uns wurde darüber vollständig Bericht erstattet; weil Wir erfahren haben, daß in ihr offensichtlich einiges Verkehrte und Verwerfliche enthalten ist

contra potestatem et auctoritatem Roma-ni Pontificis et coepiscoporum suorum,

gegen die Vollmacht und Autorität des Rö-mischen Bischofs und seiner Mitbischöfe,

et nonnulla contra illos, qui propter Deum sub artissima paupertate mendicant, mundum cum suis opibus voluntaria inopia superantes;

und gegen jene, die um Gottes willen un- 841 ter strengster Armut betteln und so die Welt mit ihren Besitztümern in freiwilliger Mittel-losigkeit überwinden;

alia vero contra eos, qui salutem anima-rum zelantes ardenter, et sacris studiis pro-curantes, multos in Ecclesia Dei operantur spirituales profectus, et magnum faciunt ibi fructum;

anderes aber gegen diejenigen, die, für das 842 Heil der Seelen glühenden Eifer zeigend und für die heiligen Studien Sorge tragend, viele geistliche Fortschritte in der Kirche Gottes wirken und dabei reiche Frucht bringen;

quaedam autem contra salutarem paupe-rum seu mendicantium religiosorum statum, sicut sunt dilecti filii Fratres Praedicatores, et

manches aber gegen den heilsamen Stand 843 der armen bzw. bettelnden Mönche, als da sind unsere geliebten Söhne, die Prediger-

Minores, qui vigore spiritus, saeculo cum suis divitiis derelicto, ad solam caelestem patriam tota intentione suspirant;

necnon et alia plura inconvenientia, digna utique confutatione ac confusione perpetua, manifeste comperimus contineri;

**844**      quodque etiam idem libellus magni scandali seminarium, et multae turbationis materia existebat, et inducebat etiam dispendium animarum, cum retraheret a devotione solita, et consueta eleemosynarum largitione, ac a conversione, et religionis ingressu fideles:

Nos libellum eumdem, qui sic incipit: "Ecce videntes clamabunt foris", quique secundum ipsius titulum *Tractatus brevis de periculis novissimorum temporum* nuncupatur, tamquam iniquum, scelestum et exsecrabilem, et institutiones ac documenta in eo tradita, utpote prava, falsa et nefaria, de Fratrum Nostrorum consilio, auctoritate Apostolica reprobamus et in perpetuum condemnamus ...

und Minderbrüder, die in der Kraft des Geistes die Welt mit ihren Reichtümern hinter sich lassen und sich mit ganzer Kraft allein nach der himmlischen Heimat sehnen;

sowie auch mehreres andere Unziemliche, das durchaus der Zurückweisung und ewiger Schmach wert ist;

und weil ebendiese Schrift auch Pflanzstätte großen Anstoßes und Gegenstand vieler Verwirrung war und auch Schaden für die Seelen stiftete, da sie die Gläubigen von der gewohnten Frömmigkeit und dem vertrauten Spenden von Almosen sowie von der Umkehr und dem Eintritt in einen Orden abhielt:

⟨deshalb⟩ verwerfen Wir auf Anraten Unserer Brüder kraft Apostolischer Autorität und verurteilen auf immer ebendiese Schrift, die folgendermaßen beginnt: "Ecce videntes clamabunt foris", und die ihrem Titel nach *Tractatus brevis de periculis novissimorum temporum* genannt wird, als unbillig, frevlerisch und verabscheuungswürdig, und die in ihr vorgetragenen Weisungen und Lehren als verkehrt, falsch und ruchlos ...

## URBAN IV.: 29. Aug. 1261 - 2. Okt. 1264

### 846-847: Bulle "Transiturus de hoc mundo", 11. Aug. 1264

Mit dieser an alle Bischöfe der Kirche gerichteten Konstitution wurde das Fronleichnamsfest eingeführt.
*Ausg.:* BullTau 3,705b–706b / BullCocq 3/I,415 / MaC 23,1077B–1078D / vollständig angeführt auch in der Konstitution "*Si Dominum*" Clemens' V. (*Constitutiones*, l. III, tit. 16, c. 1; Frdb 2,1175f). – *Reg.:* PoR 18998.

### *Die Eucharistie als Gedächtnis Christi*

**846**      In institutione quidem huius sacramenti dixit ipse Apostolis: "Hoc facite in meam commemorationem" [*Lc 22,19*], ut praecipuum et insigne memoriale sui amoris eximii, quo nos dilexit, esset nobis hoc praecelsum et venerabile sacramentum. Memoriale, inquam, mirabile ..., in quo innovata sunt signa et mirabilia immutata, in quo habetur omne delectamentum ..., in quo utique vitae suffragium consequimur et salutis. Hoc est memoriale ... salvificum, in quo gratam redemptionis nostrae recensemus memoriam, in quo a malo retrahimur et in bono confortamur et ad virtutum et gratiarum proficimus incrementa, in quo profecto profici-

Bei der Einsetzung dieses Sakramentes nun sagte er den Aposteln: "Tut dies zu meinem Gedächtnis" [*Lk 22,19*], damit uns dieses erhabene und ehrwürdige Sakrament ein hervorragendes und ausgezeichnetes Gedenkzeichen seiner außerordentlichen Liebe sei, mit der er uns liebte. Ein wunderbares Gedenkzeichen, sage ich ..., in dem die Zeichen erneuert sind und die Wundertaten verwandelt ⟨erstehen⟩, in dem jede Freude enthalten ist ..., in dem wir sicherlich Hilfe für das Leben und das Heil erlangen. Dies ist das ... heilsame Gedächtniszeichen, in dem wir das dankbare Gedächtnis unserer Erlösung begehen, in dem wir vor dem Bösen zurück-

mus ipsius corporali praesentia Salvatoris.

Alia namque, quorum memoriam agimus, spiritu menteque complectimur, sed non propter hoc realem eorum praesentiam obtinemus. In hac vero sacramentali Christi commemoratione Iesus Christus praesens sub alia quidem forma, in propria vero substantia est nobiscum. Adscensurus enim in caelum dixit Apostolis et eorum sequacibus: "Ecce ego vobiscum sum omnibus diebus usque ad consummationem saeculi" [*Mt 28,20*], benigna ipsos promissione confortans, quod remaneret et esset cum eis etiam praesentia corporali.

gehalten und im Guten bestärkt werden und fortschreiten im Wachstum von Tugenden und Gnaden, in dem wir in der Tat fortschreiten aufgrund der leiblichen Gegenwart des Erlösers selbst.

Andere ⟨Dinge⟩ nämlich, deren Gedächtnis wir begehen, umfassen wir mit Geist und Sinn, aber besitzen deswegen nicht ihre wirkliche Gegenwart. In diesem sakramentalen Gedenken Christi aber ist Jesus Christus bei uns gegenwärtig, zwar unter anderer Gestalt, aber in der eigenen Substanz. Bevor er nämlich in den Himmel aufstieg, sagte er den Aposteln und ihren Nachfolgern: "Siehe, ich bin bei euch alle Tage bis zur Vollendung der Zeit" [*Mt 28,20*] und stärkte sie mit der gütigen Verheißung, daß er auch in leiblicher Gegenwart bei ihnen bleibe und sei.

### Die Eucharistie als Speise der Seele

... Transcendens omnem plenitudinem largitatis, omnem modum dilectionis excedens, attribuit se in cibum. O singularis et admiranda liberalitas, ubi donator venit in donum, et datum est idem penitus cum datore! ...

Dedit igitur nobis se in pabulum, ut, quia per mortem homo corruerat, et per cibum relevaretur ad vitam. ... Gustus sauciavit, et gustus sanavit. Vide, quia, unde vulnus est ortum, prodiit et medela, et, unde mors subiit, exinde vita evenit. De illo siquidem gustu dicitur: "Quacumque die comederis, morte morieris" [*Gn 2,17*]; de isto vero legitur: "Si quis comederit ex hoc pane, vivet in aeternum" [*Io 6,52*]. ...

Decens quoque liberalitas exstitit et conveniens operatio, ut Verbum Dei aeternum, quod rationabilis creaturae cibus est et refectio, factum caro, se rationabili creaturae carni et corpori, homini videlicet, in edulium largiretur. ... Hic panis sumitur, sed vere non consumitur; manducatur, sed non transmutatur, quia in edentem minime transformatur, sed, si digne recipitur, sibi recipiens conformatur.

... Jede Fülle der Großzügigkeit übersteigend, jedes Maß der Liebe überschreitend, verteilte er sich zur Speise. O einzigartige und bewundernswerte Freigebigkeit, da der Schenker zum Geschenk wurde und die Gabe völlig gleich mit dem Geber ist! ... **847**

Er gab sich uns also zur Nahrung, damit der Mensch, weil er durch den Tod gestürzt war, auch durch eine Speise wieder zum Leben erhoben werde. ... Der Genuß verwundete und der Genuß heilte. Siehe, denn woraus die Wunde entstand, trat auch das Heilmittel hervor, und woraus der Tod sich einschlich, daraus ging auch das Leben hervor. Von jenem Genuß nämlich wird gesagt: "Am Tage, da du ⟨davon⟩ ißt, wirst du des Todes sterben" [*Gen 2,17*]; von diesem aber liest man: "Wer von diesem Brot gegessen hat, wird auf ewig leben" [*Joh 6,52*]. ...

Es war auch eine geziemende Freigebigkeit und eine angemessene Handlung, daß das ewige Wort Gottes, das Speise und Erquickung der vernunftbegabten Kreatur ist, nachdem es Fleisch geworden, sich dem vernunftbegabten Fleisch und Leib der Kreatur, nämlich dem Menschen, als Essen gab. ... Dieses Brot wird verzehrt, aber wahrhaft nicht aufgezehrt; es wird gegessen, aber nicht umgewandelt; denn es wird keineswegs in den Essenden umgeformt, sondern, wenn es würdig empfangen wird, wird ihm der Empfangende gleichgestaltet.

## CLEMENS IV.: 5. Febr. 1265 – 29. Nov. 1268

### 849: Brief "Quanto sincerius" an Erzbischof Maurinus von Narbonne, 28. Okt. 1267

*Ausg.:* DenCh 1,470 (Nr. 417; vgl. die Antwort des Maurinus ebd., Nr. 418) / E. Martène, *Thesaurus novus anecdotorum* 2 (Paris 1717) 536E–537B (Nr. 549). – *Reg.:* PoR 20154.

### Die wirkliche Gegenwart Christi in der Eucharistie

**849** [*Pervenit ad Nostrum auditum quod tu ...*] dixisti corpus Domini nostri Iesu Christi sanctissimum essentialiter in altari non esse, sed tantum sicut signatum sub signo, et hanc celebrem esse opinionem Parisius adiecisti. Repsit autem hic sermo ... et ad Nos postremo perveniens scandalizavit Nos plurimum, nec facile Nobis exstitit credere talia te dixisse, quae haeresim continent manifestam et illius sacramenti derogant veritati, in quo fides eo negotiatur utilius, quo sensum superat, intellectum captivat et suis legibus subiicit rationem. ...

Firmiter teneas, quod communiter tenet Ecclesia ..., sub speciebus scilicet panis et vini post sacra verba iuxta ritum Ecclesiae ore sacerdotis prolata, esse vere, realiter et essentialiter corpus et sanguinem Domini nostri Iesu Christi, licet localiter sit in caelo.

[*Es gelangte zu Unserem Gehör, daß Du ...*] gesagt hast, der heiligste Leib unseres Herrn Jesus Christus sei nicht wesenhaft auf dem Altar, sondern nur wie das Bezeichnete unter einem Zeichen, und hinzugefügt hast, dies sei eine vielgehörte Meinung in Paris. Diese Aussage verbreitete sich aber ..., und als sie schließlich zu Uns gelangte, bereitete sie Uns größtes Ärgernis; und es fiel Uns nicht leicht zu glauben, daß Du solches gesagt habest, was eine offenkundige Häresie enthält und der Wahrheit jenes Sakramentes Abbruch tut, in dem der Glaube dadurch nützlicher vollzogen wird, daß er den Sinn übersteigt, den Verstand gefangen nimmt und die Vernunft seinen Gesetzen unterwirft. ...

Halte unumstößlich fest, was die Kirche gemeinsam festhält ..., daß nämlich unter den Gestalten von Brot und Wein nach den gemäß dem Ritus der Kirche durch den Mund des Priesters vorgetragenen heiligen Worten wahrhaft, wirklich und wesenhaft der Leib und das Blut unseres Herrn Jesus Christus sind, auch wenn er dem Orte nach im Himmel ist.

## GREGOR X.: 1. Sept. 1271 – 10. Jan. 1276

## 2. Konzil von LYON (14. ökum.): 7. Mai – 17. Juli 1274

Gegenstand der Beratungen war unter anderem die Union mit den Griechen. Der *850 zurückgewiesene Vorwurf, die Römische Kirche lehre, der Vater und der Sohn seien zwei unterschiedliche Prinzipien des Heiligen Geistes, wurde bald darauf von manchen Orientalen wiederholt. Im Brief *"Etsi Christus salvator"* vom 4. März 1443 wurde er von Eugen IV. erneut zurückgewiesen (G. Hofmann: TD s. th. 22 [1951²] 45–47, Nr. 10 / MaC 31B, 1751E–1752E). In der 4. Sitzung wurde das Glaubensbekenntnis des griechischen Kaisers Michael Palaiologos aus seinem Brief *"Quoniam missi sunt"* vor dem Papst verlesen. Diese Bekenntnisformel war dem Kaiser schon 1267 von Clemens IV. zur Unterzeichnung vorgelegt worden (vgl. *"Magnitudinis tuae litteras"*, hrsg. von E. Martène – U. Durand, *Veterum scriptorum et monumentorum ... collectio* 7 [Paris 1733] 204–206; vgl. auch Gregor X., Brief *"Qui miseratione"* vom 24. Okt. 1272 [MaC 24,42–49]). Diese Formel wurde den zur katholischen Kirche übertretenden Griechen von Urban VI. am 1. Aug. 1385 vorgeschrieben. Ein ähnliches Bekenntnis veröffentlichten Patriarch Johannes XI. Bekkos von Konstantinopel und seine Synodalen im April 1277 (MaC 24,186E–190B / PG 141,945D–950A).

**850: 2. Sitzung, 18. Mai 1274: Konstitution über die höchste Dreifaltigkeit und den katholischen Glauben**

*Ausg.:* MaC 24,81B-D / HaC 7,705A-C / Bonifatius VIII., *Decretales* (*"Liber sextus"*), l. I, tit. 1, c. 1 (Frdb 2,937) / COeD³ 314. – *Reg.:* PoR 20950.

### Das Hervorgehen des Heiligen Geistes

Fideli ac devota professione fatemur, quod Spiritus Sanctus aeternaliter ex Patre et Filio, non tanquam ex duobus principiis, sed tanquam ex uno principio, non duabus spirationibus, sed unica spiratione procedit; hoc professa est hactenus, praedicavit et docuit, hoc firmiter tenet, praedicat, profitetur et docet sacrosancta Romana Ecclesia, mater omnium fidelium et magistra; hoc habet orthodoxorum Patrum atque Doctorum, Latinorum pariter et Graecorum incommutabilis et vera sententia.

Sed quia nonnulli propter irrefragabilis praemissae veritatis ignorantiam in errores varios sunt prolapsi, Nos huiusmodi erroribus viam praecludere cupientes, sacro approbante Concilio, damnamus et reprobamus, qui negare praesumpserint, aeternaliter Spiritum Sanctum ex Patre et Filio procedere, sive etiam temerario ausu asserere, quod Spiritus Sanctus ex Patre et Filio, tanquam ex duobus principiis, et non tanquam ex uno, procedat.

In treuem und andächtigem Bekenntnis 850 bekennen Wir, daß der Heilige Geist von Ewigkeit her aus dem Vater und dem Sohne, nicht als aus zwei Prinzipien, sondern als aus e i n e m Prinzip, nicht durch zwei Hauchungen, sondern durch eine einzige Hauchung hervorgeht; dies hat die hochheilige Römische Kirche, die Mutter und Lehrerin aller Gläubigen, bis heute bekannt, verkündet und gelehrt, dies hält sie unerschütterlich fest, verkündet, bekennt und lehrt sie; dies enthält die unveränderliche und wahre Auffassung der rechtgläubigen Väter und Lehrer, der lateinischen ebenso wie der griechischen.

Weil aber einige aus Unkenntnis der eben genannten unverbrüchlichen Wahrheit in mannigfaltige Irrtümer geraten sind, wollen Wir solchen Irrtümern den Weg versperren und verurteilen und verwerfen mit Zustimmung des heiligen Konzils diejenigen, die sich unterstehen zu leugnen, der Heilige Geist gehe von Ewigkeit her aus dem Vater und dem Sohne hervor, oder auch in leichtfertigem Unterfangen zu behaupten, daß der Heilige Geist aus dem Vater und dem Sohne als aus zwei Prinzipien und nicht als aus e i n e m hervorgehe.

**851–861: 4. Sitzung, 6. Juli 1274, Brief des Kaisers Michael an Papst Gregor**

*Ausg.:* MaC 24,70A–74A / HaC 7,694C–698A / BullTau 4,26b–28a / BullCocq 3/II,12a–13a.

### Glaubensbekenntnis des Kaisers Michael Palaiologos

[*Professio generalis*] Credimus sanctam T r i n i t a t e m , Patrem et Filium et Spiritum Sanctum, unum Deum omnipotentem totamque in Trinitate deitatem, coessentialem et consubstantialem, coaeternam et coomnipotentem, unius voluntatis, potestatis et maiestatis, creatorem omnium creaturarum, a quo omnia, in quo omnia, per quem omnia, quae sunt in caelo et in terra, visibilia, invisibilia, corporalia et spiritualia. Credimus singulam quamque in Trinitate personam unum verum Deum, plenum et perfectum.

[*Allgemeines Bekenntnis*] Wir glau- 851 ben ⟨an⟩ die heilige D r e i f a l t i g k e i t , den Vater und den Sohn und den Heiligen Geist, den einen allmächtigen Gott, und daß die ganze Gottheit in der Dreifaltigkeit wesensgleich und substanzgleich, gleich ewig und gleich allmächtig, e i n e s Willens, e i n e r Macht und e i n e r Erhabenheit ⟨ist⟩, Schöpfer aller Geschöpfe, von dem alles, in dem alles und durch den alles ⟨ist⟩, was im Himmel und auf der Erde ist, das Sichtbare und das Unsichtbare, das Körperliche und das Geistige. Wir glauben, daß jede einzelne Per-

son in der Dreifaltigkeit der eine wahre, vollständige und vollkommene Gott ⟨ist⟩.

852 Credimus ipsum Filium Dei, Verbum Dei, aeternaliter natum de Patre, consubstantialem, coomnipotentem et aequalem per omnia Patri in divinitate, temporaliter natum de Spiritu Sancto et Maria semper Virgine, cum anima rationali; duas habentem nativitates, unam ex Patre nativitatem aeternam, alteram ex matre temporalem: Deum verum et hominem verum, proprium in utraque natura atque perfectum, non adoptivum, nec phantasticum, sed unum et unicum Filium Dei, in duabus et ex duabus naturis, divina scilicet et humana, in unius personae singularitate, impassibilem et immortalem divinitate, sed in humanitate pro nobis et salute nostra passum vera carnis passione, mortuum et sepultum, et descendisse ad inferos, ac tertia die resurrexisse a mortuis vera carnis resurrectione, die quadragesima post resurrectionem cum carne, qua resurrexit, et anima ascendisse in caelum et sedere ad dextram Dei Patris, inde venturum iudicare vivos et mortuos, et redditurum unicuique secundum opera sua, sive bona fuerint sive mala.

Wir glauben, daß der Sohn Gottes, das Wort Gottes, der ewig vom Vater geboren wurde und dem Vater in allem in der Gottheit wesensgleich, gleich allmächtig und gleichartig ist, selbst zeitlich mit einer vernunftbegabten Seele vom Heiligen Geist und Maria, der immerwährenden Jungfrau, geboren wurde, zwei Geburten hat, eine ewige Geburt aus dem Vater, eine andere zeitliche aus der Mutter; er ist wahrer Gott und wahrer Mensch, in beiden Naturen ein Eigener und Vollkommener; er war nicht Adoptivsohn noch Phantasiegebilde; vielmehr ist er, der eine und einzige Sohn Gottes, in zwei und aus zwei Naturen, nämlich der göttlichen und menschlichen, in der Einzigkeit e i n e r Person; er ist leidensunfähig und unsterblich in der Gottheit, hat aber in der Menschheit für uns und unser Heil gelitten im wahren Leiden des Fleisches, ist gestorben, wurde begraben, ist hinabgestiegen in die Unterwelt und am dritten Tag auferstanden von den Toten in der wahren Auferstehung des Fleisches; am vierzigsten Tag nach der Auferstehung ist er mit dem Fleisch, in dem er auferstanden ist, und der Seele in den Himmel hinaufgestiegen und sitzt zur Rechten Gottes, des Vaters; von dort wird er kommen, Lebende und Tote zu richten, und er wird einem jeden nach seinen Werken vergelten, je nachdem sie gut oder schlecht waren.

853 Credimus et Spiritum Sanctum, plenum et perfectum verumque Deum ex Patre Filioque procedentem, coaequalem et consubstantialem et coomnipotentem et coaeternum per omnia Patri et Filio. Credimus hanc sanctam Trinitatem non tres Deos, sed unicum Deum omnipotentem, aeternum et invisibilem et incommutabilem.

Wir glauben auch ⟨an⟩ den Heiligen Geist; ⟨er ist⟩ vollständiger, vollkommener und wahrer Gott; er geht aus dem Vater und dem Sohn hervor; er ist in allem dem Vater und dem Sohn gleichartig, wesensgleich, gleich allmächtig und gleich ewig. Wir glauben, daß diese heilige Dreifaltigkeit nicht drei Götter, sondern ein einziger allmächtiger, ewiger, unsichtbarer und unveränderlicher Gott ⟨ist⟩.

854 Credimus sanctam catholicam et apostolicam unam esse veram Ecclesiam, in qua unum datur sanctum baptisma et vera omnium remissio peccatorum. Credimus etiam veram resurrectionem huius carnis, quam nunc gestamus, et vitam aeternam. Credimus etiam Novi et Veteris Testa-

Wir glauben, daß es e i n e wahre heilige katholische und apostolische K i r c h e gibt, in der die eine heilige Taufe und die wahre Vergebung aller Sünden gewährt wird. Wir glauben auch ⟨an⟩ die wahre Auferstehung dieses Fleisches, das wir jetzt tragen, und das ewige Leben. Wir glauben auch, daß

menti, Legis, ac Prophetarum et Apostolorum, unum esse auctorem Deum ac Dominum omnipotentem.

[*Additio specialis contra errores Orientalium*] Haec est vera fides catholica, et hanc in supradictis articulis tenet et praedicat sacrosancta Romana Ecclesia. Sed propter diversos errores, a quibusdam ex ignorantia et ab aliis ex malitia introductos, dicit et praedicat:

Eos, qui post baptismum in peccata labuntur, non rebaptizandos, sed per veram paenitentiam suorum consequi veniam peccatorum.

[*De sorte defunctorum*] Quod si vere paenitentes in caritate decesserint, antequam dignis paenitentiae fructibus de commissis satisfecerint et omissis: eorum animas poenis purgatoriis seu catharteriis, sicut nobis frater Iohannes [*Parastron O. F. M.*] explanavit, post mortem purgari: et ad poenas huiusmodi relevandas prodesse eis fidelium vivorum suffragia, Missarum scilicet sacrificia, orationes et eleemosynas et alia pietatis officia, quae a fidelibus pro aliis fidelibus fieri consueverunt secundum Ecclesiae instituta.

Illorum autem animas, qui post sacrum baptisma susceptum nullam omnino peccati maculam incurrerunt, illas etiam, quae post contractam peccati maculam, vel in suis manentes corporibus, vel eisdem exutae, prout superius dictum est, sunt purgatae, mox in caelum recipi.

Illorum autem animas, qui in mortali peccato vel cum solo originali decedunt, mox in infernum descendere, poenis tamen disparibus puniendas.

Eadem sacrosancta Ecclesia Romana firmiter credit et firmiter asseverat, quod nihilominus in die iudicii omnes homines ante tribunal Christi cum suis corporibus comparebunt, reddituri de propriis factis rationem

der allmächtige Gott und Herr der eine Urheber des Neuen und Alten Testamentes, des Gesetzes, der Propheten und der Apostel ist.

[*Besondere Hinzufügung gegen die Irrtümer der Orientalen*] Dies ist der 855 wahre katholische Glaube, und diesen hält fest und verkündet die hochheilige Römische Kirche in den oben genannten Sätzen. Aber wegen verschiedener Irrtümer, die von einigen aus Unwissenheit und von anderen aus Bosheit eingeführt wurden, sagt und verkündet sie:

Diejenigen, die nach der Taufe in Sünden verfallen, dürfen nicht wieder getauft werden, sondern erlangen durch wahre Buße Vergebung ihrer Sünden.

[*Das Los der Verstorbenen*] Wenn 856 sie aber in wahrer Buße in der Liebe verschieden sind, ohne zuvor durch würdige Früchte der Buße für das Begangene und Unterlassene Genugtuung geleistet zu haben, so werden ihre Seelen, wie uns der Bruder Johannes [*Parastron OFM*] erklärte, nach dem Tod durch Reinigungs- bzw. Läuterungsstrafen gereinigt: Und zur Milderung derartiger Strafen nützen ihnen die Fürbitten der lebenden Gläubigen, nämlich Meßopfer, Gebete, Almosen und andere Werke der Frömmigkeit, die von den Gläubigen entsprechend den Anordnungen der Kirche für andere Gläubige gewöhnlich verrichtet werden.

Die Seelen derer aber, die nach dem Emp- 857 fang der heiligen Taufe überhaupt keiner Sündenschuld verfallen sind, sowie jene, die nach einer zugezogenen Sündenschuld entweder noch in ihren Leibern verweilend, oder nachdem sie ebendies abgelegt haben, wie weiter oben gesagt wurde, gereinigt wurden, werden sogleich in den Himmel aufgenommen.

Die Seelen derer aber, die in einer Todsün- 858 de oder allein mit der Ursünde verscheiden, steigen alsbald in die Hölle hinab, werden jedoch mit ungleichen Strafen bestraft.

Dieselbe hochheilige Römische Kirche 859 glaubt fest und behauptet fest, daß nichtsdestoweniger am Tage des Gerichtes alle Menschen mit ihren Leibern vor dem Richterstuhl Christi erscheinen werden, um über

[*cf. Rm 14,10s*].

**860** Tenet etiam et docet eadem sancta Romana Ecclesia, septem esse ecclesiastica s a c r a m e n t a, unum scilicet baptisma, de quo dictum est supra; aliud est sacramentum confirmationis, quod per manuum impositionem episcopi conferunt, chrismando renatos; aliud est paenitentia, aliud Eucharistia, aliud sacramentum ordinis, aliud est matrimonium, aliud extrema unctio, quae secundum doctrinam beati Iacobi infirmantibus adhibetur.

Sacramentum Eucharistiae ex azymo conficit eadem Romana Ecclesia, tenens et docens, quod in ipso sacramento panis vere transsubstantiatur in corpus et vinum in sanguinem Domini nostri Iesu Christi.

De matrimonio vero tenet, quod nec unus vir plures uxores simul, nec una mulier permittitur habere plures viros. Soluto vero legitimo matrimonio per mortem coniugum alterius, secundas et tertias deinde[1] nuptias successive licitas esse dicit, si impedimentum canonicum aliud ex causa aliqua non obsistat.

**861** Ipsa quoque sancta Romana Ecclesia summum et plenum p r i m a t u m et principatum super universam Ecclesiam catholicam obtinet; quem se ab ipso Domino in beato Petro Apostolorum principe sive vertice, cuius Romanus Pontifex est successor, cum potestatis plenitudine recepisse veraciter et humiliter recognoscit. Et sicut prae ceteris tenetur fidei veritatem defendere: sic et si quae de fide subortae fuerint quaestiones, suo debent iudicio definiri. Ad quam potest gravatus quilibet super negotiis ad ecclesiasticum forum pertinentibus appellare: et in omnibus causis ad examen ecclesiasticum spectantibus ad ipsius potest iudicium recurri: et eidem omnes ecclesiae sunt subiectae, ipsarum praelati oboedientiam et reverentiam sibi dant. Ad hanc autem sic potestatis plenitudo consistit, quod ecclesias ceteras ad sollicitudinis partem ad-

ihre Taten Rechenschaft abzulegen [*vgl. Röm 14,10f*].

Dieselbe heilige Römische Kirche hält auch fest und lehrt, daß es sieben kirchliche S a k r a m e n t e gibt, nämlich die eine Taufe, von der oben die Rede war; ein anderes ist das Sakrament der Firmung, das die Bischöfe durch Auflegung der Hände spenden, indem sie die Wiedergeborenen salben; ein anderes die Buße, ein anderes die Eucharistie, ein anderes das Sakrament der Weihe, ein anderes die Ehe, ein anderes die Letzte Ölung, die nach der Lehre des seligen Jakobus Kranken gespendet wird.

Das Sakrament der Eucharistie bringt dieselbe Römische Kirche aus ungesäuertem Brot dar, indem sie festhält und lehrt, daß in eben diesem Sakrament das Brot wahrhaft wesenhaft verwandelt wird in den Leib und der Wein in das Blut unseres Herrn Jesus Christus.

Bezüglich der Ehe aber hält sie fest, daß weder e i n Mann zugleich mehrere Frauen noch e i n e Frau ⟨zugleich⟩ mehrere Männer haben darf. Ist aber eine rechtmäßige Ehe durch den Tod eines der Ehegatten gelöst, so sagt sie, daß dann nacheinander eine zweite und dritte Ehe[1] erlaubt ist, wenn dem nicht aus irgendeinem Grund ein anderes kirchenrechtliches Hindernis entgegensteht.

Eben diese heilige Römische Kirche hat auch den höchsten und vollen P r i m a t und die Herrschaft über die gesamte katholische Kirche inne; sie ist sich in Wahrheit und Demut bewußt, daß sie diesen ⟨Primat⟩ vom Herrn selbst im seligen Petrus, dem Fürst bzw. Haupt der Apostel, dessen Nachfolger der Römische Bischof ist, zusammen mit der Fülle der Macht empfangen hat. Und wie sie vor den anderen gehalten ist, die Wahrheit des Glaubens zu verteidigen, so müssen auch eventuell auftauchende Fragen bezüglich des Glaubens durch ihr Urteil entschieden werden. An sie kann jeder beliebige, der eine Beschwerde hat in Angelegenheiten, die die kirchliche Gerichtsbarkeit betreffen, Berufung einlegen; und in allen Rechtsfragen, die der kirchlichen Prüfung unterliegen, kann man ihr Urteil einholen; und ihr sind alle

---

**\*860** [1] So in der vom Kaiser unterzeichneten Fassung; in der Fassung Clemens' IV. (1267) liest man: "tertias et deinceps nuptias" ("dritte und folgende Ehe").

mittit; quarum multas et patriarchales praecipue diversis privilegiis eadem Romana Ecclesia honoravit, sua tamen observata praerogativa tum in generalibus conciliis, tum in aliquibus aliis semper salva.

Kirchen unterstellt, ihre Vorsteher erweisen ihr Gehorsam und Ehrfurcht. Die Fülle der Macht steht ihr aber so zu, daß sie die anderen Kirchen an ihrer Sorge teilhaben läßt; viele von ihnen, vor allem Patriarchatskirchen, hat dieselbe Römische Kirche mit verschiedenen Privilegien geehrt, wobei jedoch ihr Vorrang sowohl in den allgemeinen Konzilien als auch in einigen anderen ⟨Dingen⟩ immer unversehrt gewahrt blieb.

INNOZENZ V.: 21. Jan. – 22. Juni 1276
HADRIAN V.: 11. Juli – 18. Aug. 1276
JOHANNES XXI.: 8. Sept. 1276 – 20. Mai 1277
NIKOLAUS III.: 25. Nov. 1277 – 22. Aug. 1280
MARTIN IV.: 22. Febr. 1281 – 28. März 1285
HONORIUS IV.: 2. April 1285 – 3. April 1287
NIKOLAUS IV.: 22. Febr. 1288 – 4. April 1292
COELESTIN V.: 5. Juli – 13. Dez. 1294

## BONIFATIUS VIII.: 24. Dez. 1294 – 11. Okt. 1303

### 866: Bulle "Saepe sanctam Ecclesiam", 1. Aug. 1296

Die Bulle verurteilt eine Laienverbindung, die sich "Brüder des hohen oder neuen Geistes" nannte. Sie verkündete einen extremen Quietismus und lehnte jede äußerliche Kirchenordnung ab. Eine ausführliche Darstellung ihrer Auffassungen bildet die um 1260–1262 verfaßte *Determinatio* des Albertus Magnus. In ihr werden 97 in der Diözese Augsburg gesammelte Irrtümer aufgezählt (vgl. Guibert Nr. 198–216).
*Ausg.:* BullTau 4,134b–135a / BullCocq 3/II,81b. – *Reg.:* PoR 24378.

*Irrtümer der Laiensekte der Brüder des neuen Geistes*

Accepimus namque, quod nonnullae personae se contra sanctam catholicam Ecclesiam erigentes, etiam sexus feminei, dogmatizant se ligandi et solvendi claves habere, paenitentias audiunt et a peccatis absolvunt, conventicula non solum diurna faciunt, sed nocturna, in quibus de suis pravitatibus conferunt, ... et praedicare praesumunt; tonsura clericali contra ritum Ecclesiae abutentes, Spiritum Sanctum se dare per impositionem manuum mentiuntur; et exhibendam [*supple: reverentiam? oboedientiam?*] soli Deo et non alteri cuiuscumque fuerit condicionis, dignitatis et status. Efficaciores etiam illas orationes affirmant, quae a nudatis toto corpore offeruntur; ... et in dicta sancta Ecclesia ligandi atque solvendi fore abnegant potestatem ... . Quapropter huiusmodi sectam ... damnatam et haereticam nuntiamus.

Wir haben nämlich vernommen, daß einige Personen – auch weiblichen Geschlechts –, sich gegen die heilige katholische Kirche erhebend, lehren, sie hätten die Schlüssel, zu binden und zu lösen, Beichten hören und von Sünden lossprechen, nicht nur am Tage, sondern ⟨auch⟩ nachts Versammlungen abhalten, in denen sie über ihre Verkehrtheiten beraten, ... und sich zu predigen erdreisten; die klerikale Tonsur entgegen dem Ritus der Kirche mißbrauchend, geben sie vor, sie verliehen durch die Auflegung der Hände den Heiligen Geist; und [*ergänze: Ehrfurcht? Gehorsam?*] dürfe allein Gott erwiesen werden und keinem anderen, welcher Stellung, welcher Würde und welchen Standes er auch immer sei. Sie behaupten auch, jene Gebete ⟨seien⟩ wirksamer, die von am ganzen Leib Entblößten dargebracht werden; ... und sie leugnen, daß es in der genannten Kirche die Vollmacht, zu binden und zu lösen, gibt ... .

866

Deswegen erklären wir diese Sekte ... für verurteilt und häretisch.

### 868: Bulle "Antiquorum habet", 22. Febr. 1300

Mit dieser Bulle wurde die erste Feier eines "Heiligen Jahres" angekündigt, mit der ein vollständiger Ablaß
verbunden war. Ein solcher Nachlaß aller Sündenstrafen war aber nichts Neues. Schon die 1095 von Urban
II. einberufene Synode von Clermont hatte festgelegt (Kap. 2), daß jedem, der "allein aus Frömmigkeit,
nicht um Ehre oder Geld zu erlangen, zur Befreiung der Kirche Gottes nach Jerusalem ausgezogen ist,
dieser Weg als vollständige Buße angerechnet werde" ("pro sola devotione, non pro honoris vel pecuniae adeptione, ad liberandam Ecclesiam Dei Ierusalem profectus fuerit, iter illud pro omni paenitentia reputetur"; MaC 20,816E). Schon Alexander II. scheint um 1063 den gegen die Sarazenen kämp-
fenden christlichen Soldaten einen ähnlichen vollständigen Ablaß gewährt zu haben (vgl. S. Löwenfeld,
*Epistulae Pontificum Romanorum ineditae* 43 [Nr. 82]).

　　*Ausg.:* BullTau 4,156b–157a / *Extravagantes communes*, l. V, tit. 9, c. 1 (Frdb 2,1303f). – *Reg.:* PoR
24917.

*Ablässe*

**868**　　Antiquorum habet fida relatio, quod accedentibus ad honorabilem basilicam principis Apostolorum de Urbe concessae sunt
magnae remissiones et indulgentiae peccatorum.

　　Nos igitur ... huiusmodi remissiones et indulgentias omnes et singulas ratas et gratas
habentes, ipsas auctoritate Apostolica confirmamus et approbamus ... .

　　Nos de omnipotentis Dei misericordia et
eorundem Apostolorum eius meritis et auctoritate confisi, de fratrum Nostrorum consilio et Apostolicae plenitudine potestatis omnibus ... ad basilicas ipsas accedentibus reverenter, vere paenitentibus et confessis ... in
huiusmodi praesenti et quolibet centesimo se-
cuturo annis non solum plenam et largiorem,
immo plenissimam omnium suorum conce-
demus et concedimus veniam peccatorum.

　　Ein glaubwürdiger Bericht der Alten besagt, daß denen, die zu der ehrwürdigen Basilika des Apostelfürsten in der Stadt kamen,
reiche Nachlässe und Ablässe der Sünden gewährt wurden.

　　Wir nun ..., die Wir solche Nachlässe und
Ablässe samt und sonders für gültig und willkommen halten, bestätigen und billigen diese
kraft Apostolischer Autorität ... .

　　Im Vertrauen auf die Barmherzigkeit des
allmächtigen Gottes und die Verdienste und
die Autorität ebendieser seiner Apostel, auf
den Rat Unserer Mitbrüder hin und kraft der
Fülle Apostolischer Vollmacht werden Wir
gewähren und gewähren Wir allen, die ... in
diesem gegenwärtigen und in jedem folgenden hundertsten Jahr ehrfürchtig zu diesen
Basiliken kommen, wahrhaft Buße tun und
gebeichtet haben ..., nicht nur volle und
reichliche, sondern sogar vollste Vergebung
aller ihrer Sünden.

### 870–875: Bulle "Unam sanctam", 18. Nov. 1302

Anlaß der Bulle war die Auseinandersetzung zwischen dem Papst und König Philipp IV. von Frankreich
über die Frage, welche Rechte dem König gegenüber den zeitlichen Gütern des Klerus zustünden. Da die
Bulle für den Papst uneingeschränkte und direkte Vollmacht gegenüber den Königen auch in bezug auf
Zeitliches beansprucht, sorgte sie für große Aufregung und erregte vielfach Anstoß. Es fehlt in der Bulle
jene Unterscheidung, die Bonifatius VIII. selbst am 24. Juni 1302 in Gegenwart der Gesandten Frankreichs
ausdrücklich gemacht hat: der König sei wie jeder andere Gläubige der geistlichen Vollmacht des Papstes
lediglich "im Hinblick auf die Sünde" ("ratione peccati") unterworfen. Bei derselben Gelegenheit
beteuerte der Papst, er werde zu Unrecht angegriffen, so als ob "Wir dem König geboten hätten, er solle
anerkennen, die Königsherrschaft (stamme) von Uns. Vierzig Jahre sind es, daß Wir im Recht erfahren sind,
und Wir wissen, daß von Gott zwei Gewalten eingerichtet wurden; wer also darf oder kann glauben, daß in
Unserem Kopf so großer Unverstand ist oder war? Wir sagen, daß Wir in nichts die Rechtsvollmacht des
Königs beanspruchen wollen, und so hat es Unser Bruder aus Porto gesagt" ("Nos mandavimus regi, quod
recognosceret regnum a Nobis. Quadraginta anni sunt, quod Nos sumus experti in iure, et scimus, quod duae
sunt potestates ordinatae a Deo; quis ergo debet credere vel potest, quod tanta fatuitas, tanta insipientia sit
vel fuerit in capite Nostro? Dicimus quod in nullo volumus usurpare iurisdictionem regis, et sic frater
Noster Portuensis dixit"). Der Bruder aus Porto ist nämlich Kardinal Matthäus von Acquasparta OFM, der

diese Bulle vermutlich verfaßt hat (vgl. J.B. Lo Grasso, a. unten a.O., Nr. 489; die Worte des Matthäus von Acquasparta ebd. Nr. 488).

Die sogenannte Zwei-Schwerter-Theorie, die – oft im Anschluß an Bernhard von Clairvaux, *De consideratione ad Eugenium III*, l. IV, c. 3 (*Opera* 3, hrsg. von J. Leclercq – H.M. Rochais [Rom 1963] 453–455 / PL 182,776C) – angeführt wird, stammt aus der Patristik. Die Definition im Schlußsatz der Bulle (*875) ist im Lichte der voraufgehenden und nachfolgenden Kirchenlehre auszulegen. Thomas von Aquin hebt in dem Textzusammenhang, aus dem dieser Schlußsatz entnommen ist, auf die Heilsnotwendigkeit der Kirche ab (*Contra errores Graecorum* 32, Parmaer Ausg. 15 [1865] 257a / in der Ausg. von Mandonnet, *Opuscula omnia* 3 [Paris 1927] 325 / Ausg. Marietti, *Opuscula theologica* 1 [Turin] 328, Nr. 1077). Die Strenge dieser Bulle lockerte Clemens V. in dem Breve *"Meruit"* vom 1. Febr. 1306 (hrsg. von Lo Grasso, a. unten a.O., Nr. 498; Frdb 2,1300). Ihre Definition wurde auf dem 5. Laterankonzil bestätigt: 11. Sitzung, 19. Dez. 1516 (MaC 3,968E).

*Ausg.:* J.B. Lo Grasso, *Ecclesia et Status: De mutuis officiis et iuribus fontes selecti* (Rom 1952[2]), Nr. 491–497: dies ist die erste kritische Ausgabe dieser Bulle. Da der Originaltext verloren ist, stützt sie sich auf ein in den Regesten Bonifatius' VIII. erhaltenes Exemplar: Vatikanisches Archiv, Register der Römischen Bischöfe, Bd. 50 (Jahre 7–9), Fol. 387 / *Extravagantes communes*, l. I, tit. 8, c. 1 (Frdb 2,1245). – *Reg.:* PoR 25189.

## Die Einzigkeit der Kirche

Unam sanctam Ecclesiam catholicam et ipsam apostolicam urgente fide credere cogimur et tenere, nosque hanc firmiter credimus et simpliciter confitemur, extra quam nec salus est nec remissio peccatorum ...; quae unum corpus mysticum repraesentat, cuius corporis caput Christus, Christi vero Deus. In qua "unus Dominus, una fides et unum baptisma" [*Eph 4,5*]. Una nempe fuit diluvii tempore arca Noe, unam Ecclesiam praefigurans, quae in uno cubito consummata unum, Noe videlicet, gubernatorem habuit et rectorem, extra quam omnia subsistentia super terram legimus fuisse deleta.

Hanc autem veneramur et unicam, dicente Domino in Propheta: "Erue a framea, Deus, animam meam, et de manu canis unicam meam" [*Ps 21,21*]. Pro anima enim, id est pro se ipso, capite simul oravit et corpore, quod corpus unicam scilicet Ecclesiam nominavit, propter sponsi, fidei, sacramentorum et caritatis Ecclesiae unitatem. Haec est "tunica" illa Domini "inconsutilis" [*Io 19,23*], quae scissa non fuit, sed sorte provenit.

Igitur Ecclesiae unius et unicae unum corpus, unum caput, non duo capita quasi monstrum, Christus videlicet et Christi vicarius Petrus Petrique successor, dicente Domino ipsi Petro: "Pasce oves meas" [*Io 21,17*]. "Meas", inquit, et generaliter, non singulari-

Eine heilige katholische und ebenso apostolische Kirche zu glauben und festzuhalten, werden wir auf Drängen des Glaubens gezwungen, und diese glauben wir fest und bekennen wir aufrichtig, außerhalb derer weder Heil noch Vergebung der Sünden ist ...; sie stellt den einen mystischen Leib dar, und dieses Leibes Haupt ⟨ist⟩ Christus, ⟨das Haupt⟩ Christi aber ⟨ist⟩ Gott. In ihr ⟨ist⟩ "ein Herr, ein Glaube und eine Taufe" [*Eph 4,5*]. Eine Arche Noachs gab es nämlich zur Zeit der Sintflut, die die eine Kirche vorausbildete; in einer Elle vollendet hatte sie einen Führer und Lenker, nämlich Noach; außerhalb dieser wurden, wie wir lesen, alle Wesen auf der Erde vernichtet. **870**

Diese verehren wir aber auch als einzige; denn der Herr sagt im Propheten: "Rette vor dem Schwert, Gott, meine Seele, und aus der Gewalt des Hundes meine einzige" [*Ps 22,21*]. Für die Seele nämlich, das heißt, für sich selbst, zugleich das Haupt und den Leib hat er gebetet, den Leib, den er einzige, nämlich Kirche, nannte wegen der Einheit des Bräutigams, des Glaubens, der Sakramente und der Liebe der Kirche. Diese ist jenes "nahtlose Gewand" [*Joh 19,23*] des Herrn, das nicht zerrissen wurde, sondern durch das Los zufiel. **871**

Die eine und einzige Kirche ⟨hat⟩ also einen Leib, ein Haupt, nicht zwei Häupter wie eine Mißgeburt, nämlich Christus und den Stellvertreter Christi, Petrus, und den Nachfolger des Petrus; denn der Herr sagt zu Petrus selbst: "Weide meine Schafe" [*Joh* **872**

ter has vel illas: per quod commisisse sibi intelligitur universas. Sive ergo Graeci sive alii se dicant Petro eiusque successoribus non esse commissos: fateantur necesse est se de ovibus Christi non esse, dicente Domino in Ioanne, "unum ovile, unum et unicum esse pastorem" [*Io 10,16*].

*21,17*]. "Meine", sagt er, und zwar allgemein, nicht einzeln diese oder jene: daraus ersieht man, daß ihm alle anvertraut wurden. Wenn also Griechen oder andere sagen, sie seien Petrus und seinen Nachfolgern nicht anvertraut worden, dann müssen sie gestehen, daß sie nicht zu den Schafen Christi gehören; denn der Herr sagt bei Johannes: "es gibt eine Hürde, einen und nur einen Hirten" [*Joh 10,16*].

## Die geistliche Vollmacht der Kirche

873     In hac eiusque potestate duos esse gladios, spiritualem videlicet et temporalem, evangelicis dictis instruimur [*Adducuntur Lc 22,38 et Mt 26,52*]. ...

Uterque ergo est in potestate Ecclesiae, spiritualis scilicet gladius et materialis. Sed is quidem *pro* Ecclesia, ille vero *ab* Ecclesia exercendus. Ille sacerdotis, is manu regum et militum, sed ad nutum et patientiam sacerdotis. Oportet autem gladium esse sub gladio, et temporalem auctoritatem spirituali subiici potestati. ... Spiritualem et dignitate et nobilitate terrenam quamlibet praecellere potestatem, oportet tanto clarius nos fateri, quanto spiritualia temporalia antecellunt. ... Nam Veritate testante, spiritualis potestas terrenam potestatem instituere habet, et iudicare[1], si bona non fuerit. ...

Ergo si deviat terrena potestas, iudicabitur a potestate spirituali; sed, si deviat spiritualis minor, a suo superiore; si vero suprema, a solo Deo, non ab homine poterit iudicari, testante Apostolo: "Spiritualis homo iudicat omnia, ipse autem a nemine iudicatur" [*1 Cor 2,15*].

874     Est autem haec auctoritas, etsi data sit homini et exerceatur per hominem, non humana, sed potius divina potestas, ore divino Petro data, sibique suisque successoribus in ipso Christo, quem confessus fuit petra fir-

Durch die Aussagen der Evangelien werden wir belehrt, daß in dieser ihrer Gewalt zwei Schwerter sind, nämlich das geistliche und das zeitliche. [*Angeführt werden Lk 22,38 und Mt 26,52*]. ...

Beide also sind in der Gewalt der Kirche, nämlich das geistliche Schwert und das materielle. Jedoch ist dieses *für* die Kirche, jenes aber *von* der Kirche zu handhaben. Jenes ⟨in der Hand⟩ des Priesters, dieses in der Hand der Könige und Soldaten, aber auf die Zustimmung und Duldung des Priesters hin. Es gehört sich aber, daß ein Schwert unter dem anderen ist und die zeitliche Autorität sich der geistlichen Gewalt unterwirft. ... Daß die geistliche Gewalt jedwede irdische sowohl an Würde als auch an Adel überragt, müssen wir umso deutlicher bekennen, je mehr das Geistliche das Zeitliche überragt. ... Denn wie die Wahrheit bezeugt, muß die geistliche Gewalt die irdische Gewalt einsetzen und richten[1], wenn sie nicht gut war. ...

Wenn also die irdische Gewalt abirrt, dann wird sie von der geistlichen Gewalt gerichtet werden; wenn aber eine niedrigere geistliche abirrt, dann von ihrer höheren; wenn aber die höchste, dann wird sie allein von Gott, nicht vom Menschen gerichtet werden können, wie der Apostel bezeugt: "Der geistliche Mensch richtet alles, selbst aber wird er von niemandem gerichtet" [*1 Kor 2,15*].

Diese Autorität ist aber, auch wenn sie einem Menschen verliehen wurde und durch einen Menschen ausgeübt wird, keine menschliche, sondern vielmehr eine göttliche Gewalt, die Petrus aus göttlichem Munde

---

\*873    [1]    Hugo von St. Victor, *De sacramentis* lib. II, p. II, c. 4, n. 4 (PL 176,418C).

mata, dicente Domino ipsi Petro: "Quodcumque ligaveris" etc. [*Mt 16,19*]. Quicumque igitur huic potestati a Deo sic ordinatae "resistit, Dei ordinationi resistit" [*Rm 13,2*], nisi duo, sicut Manichaeus, fingat esse principia, quod falsum et haereticum iudicamus, quia, testante Moyse, non in principiis, sed "in principio caelum Deus creavit et terram" [*Gn 1,1*].

verliehen und ihm und seinen Nachfolgern in Christus selbst, den er als Fels bekannt hat, bestätigt wurde, als der Herr zu Petrus selbst sagte: "Alles, was du gebunden hast" usw. [*Mt 16,19*]. Wer immer sich also dieser von Gott so angeordneten Gewalt "widersetzt, widersetzt sich der Anordnung Gottes" [*Röm 13,2*], wenn er nicht – wie Manichäus – erdichtet, daß es zwei Anfänge gebe, was wir als falsch und häretisch beurteilen; denn, so bezeugt Moses, nicht in den Anfängen, sondern "im Anfang erschuf Gott Himmel und Erde" [*Gen 1,1*].

Porro subesse Romano Pontifici omni humanae creaturae declaramus, dicimus, diffinimus omnino esse de necessitate salutis.

Wir erklären, sagen und definieren nun aber, daß es für jedes menschliche Geschöpf unbedingt notwendig zum Heil ist, dem Römischen Bischof unterworfen zu sein. **875**

# BENEDIKT XI.: 22. Okt. 1303 – 7. Juli 1304

## 880: Konstitution "Inter cunctas sollicitudines", 17. Febr. 1304

Das Dekret des 4. Laterankonzils, Kap. 21 (*812), verpflichtete die Gläubigen, wenigstens einmal im Jahr dem e i g e n e n P f a r r e r zu beichten, ansonsten war die Wahl des Beichtvaters frei. Martin IV. hatte durch die Bulle "*Ad fructus uberes*" vom 13. Dez. 1281 den Bettelorden das Recht gewährt, unabhängig von der Erlaubnis des Ordinarius Beichten zu hören. Etliche Pfarrer verlangten, bei den Bettelmönchen abgelegte Beichten vor dem Pfarrer zu wiederholen. Bonifatius VIII. widerrief das von Martin IV. verliehene Privileg ("*Super cathedram*", 18. Febr. 1300), Benedikt XI. aber, selbst Dominikaner, erneuerte es durch diese Bulle. Er empfiehlt allerdings die Wiederholung der Beichte. Schon kurz danach wurde die Konstitution auf Betreiben des Konzils von Vienne ("*Dudum a Bonifacio*", 6. Mai 1312) wiederum außer Kraft gesetzt. Damit hörte der Streit aber nicht auf: vgl. *921–924.

*Ausg.:* Ch. Grandjean, *Les registres de Benoît XI* (Paris 1905) 718, Nr. 1170 / *Extravagantes communes*, l. V, tit. 7, c. 1 (Frdb 2,1298f). – *Reg.:* Grandjean, wie oben; PoR 25370.

### Die Wiederholung der Beichte

... Licet ... de necessitate non sit, iterum eadem confiteri peccata, tamen, quia propter erubescentiam, quae magna est paenitentiae pars, ut eorundem peccatorum iteretur confessio, reputamus salubre: districte iniungimus, ut Fratres [*Praedicatores et Minores*] ipsi confitentes attente moneant, et in suis praedicationibus exhortentur, quod suis sacerdotibus saltem semel confiteantur in anno, asserendo, id ad animarum profectum procul dubio pertinere.

... Auch wenn ... es nicht notwendig ist, dieselben Sünden nochmals zu beichten, so gebieten Wir dennoch streng – denn wegen der Beschämung, die ein großer Teil der Buße ist, erachten Wir es für heilsam, daß das Bekenntnis derselben Sünden wiederholt werde –, daß die [*Prediger- und Minder-*] Brüder selbst die Beichtenden angelegentlich ermahnen und in ihren Predigten auffordern, daß sie ihren Priestern wenigstens einmal im Jahr beichten, indem sie erklären, dies gehöre zweifellos zum Fortschritt der Seelen. **880**

# CLEMENS V.: 5. Juni 1305 – 20. April 1314

## Konzil von VIENNE (15. ökum.): 16. Okt. 1311 – 6. Mai 1312

Die Akten dieses Konzils sind großenteils verlorengegangen. Vor allem drei Ziele gab Clemens V. diesem Konzil vor: (1) das Urteil über die Templer, die aufgrund der am 22. März 1312 in der Versammlung vorgetragenen und am 3. April in der 2. Sitzung feierlich verkündeten Bulle "*Vox in excelso*" (hrsg. von C.J. von Hefele, in: ThQ 48 [1866] 63–76) aufgehoben wurden; (2) Hilfeleistungen für das Heilige Land; (3) eine Reform der kirchlichen Disziplin, insbesondere in bezug auf die Armut der Bettelmönche. Darüberhinaus wurden auch dogmatische Irrtümer der Spiritualen verworfen.

### 891-908: 3. Sitzung, 6. Mai 1312

#### a) Konstitution "Ad nostrum qui"

Die Gemeinschaften der Begarden und Beginen waren schon auf mehreren Synoden in Deutschland (z. B. den Trierer Synoden von 1227 und 1310 sowie den Mainzer Synoden von 1259 und 1310) der Häresie verdächtigt worden. Einige waren durch die Lehren der Brüder des freien Geistes (vgl. *866) beeinflußt.
    *Ausg.: Clementinae* [= Clemens V., *Constitutiones*], l. V, tit. 3, c. 3 (Frdb 2,1183) / MaC 25,410A-D / HaC 7,1358E-1359B / COeD$^3$ 383$_{27}$-384$_6$.

*Irrtümer der Begarden und Beginen über den Stand der Vollkommenheit*

**891**    (1) Quod homo in vita praesenti tantum et talem perfectionis gradum potest acquirere, quod reddetur penitus impeccabilis et amplius in gratia proficere non valebit: nam, ut dicunt, si quis semper posset proficere, posset aliquis Christo perfectior inveniri.

(1) Der Mensch kann im gegenwärtigen Leben einen so hohen und so beschaffenen Grad an Vollkommenheit erreichen, daß er zuinnerst sündenlos wird und keine Fortschritte in der Gnade mehr machen kann: denn, wie sie sagen, wenn einer immer Fortschritte machen könnte, könnte man auf einen treffen, der vollkommener als Christus ist.

**892**    (2) Quod ieiunare non oportet hominem nec orare, postquam gradum perfectionis huiusmodi fuerit assecutus; quia tunc sensualitas est ita perfecte spiritui et rationi subiecta, quod homo potest libere corpori concedere quidquid placet.

(2) Der Mensch braucht nicht zu fasten oder zu beten, nachdem er einen derartigen Grad an Vollkommenheit erreicht hat; denn dann ist die Sinnlichkeit so vollkommen dem Geist und der Vernunft unterworfen, daß der Mensch dem Leib alles frei zugestehen kann, was ihm gefällt.

**893**    (3) Quod illi, qui sunt in praedicto gradu perfectionis et spiritu libertatis, non sunt humanae subiecti oboedientiae, nec ad aliqua praecepta Ecclesiae obligantur; quia, ut asserunt, "ubi spiritus Domini, ibi libertas" [*2 Cor 3,17*].

(3) Jene, die sich in dem vorgenannten Grad der Vollkommenheit und dem Geist der Freiheit befinden, sind nicht menschlichem Gehorsam unterworfen und an keine Gebote der Kirche gebunden; denn, wie sie behaupten, "wo Geist Gottes, dort Freiheit" [*2 Kor 3,17*].

**894**    (4) Quod homo potest ita finalem beatitudinem secundum omnem gradum perfectionis in praesenti assequi, sicut eam in vita obtinebit beata.

(4) Der Mensch kann in der Gegenwart so die endgültige Seligkeit nach jedem Grad der Vollkommenheit erlangen, wie er sie im seligen Leben innehaben wird.

**895**    (5) Quod quaelibet intellectualis natura in se ipsa naturaliter est beata, quodque anima non indiget lumine gloriae, ipsam elevante ad Deum videndum et eo beate fruendum.

(5) Jede vernünftige Natur ist in sich selbst von Natur aus selig, und die Seele bedarf nicht des Lichtes der Herrlichkeit, das sie dazu erhebt, Gott zu schauen und ihn selig zu genießen.

(6) Quod se in actibus exercere virtutum est hominis imperfecti, et perfecta anima licentiat a se virtutes.

(7) Quod mulieris osculum, cum ad hoc natura non inclinet, est mortale peccatum; actus autem carnalis, cum ad hoc natura inclinet, peccatum non est, maxime cum tentatur exercens.

(8) Quod in elevatione corporis Iesu Christi non debent assurgere nec eidem reverentiam exhibere: asserentes, quod esset imperfectionis eisdem, si a puritate et altitudine suae contemplationis tantum descenderent, quod circa ministerium seu sacramentum Eucharistiae aut circa passionem humanitatis Christi aliqua cogitarent.

[*Censura:*] Nos sacro approbante Concilio sectam ipsam cum praemissis erroribus damnamus et reprobamus omnimo inhibentes districtius, ne quis ipsos de cetero teneat, approbet vel defendat.

(6) Sich in Tugendakten zu üben, ist Sache **896** des unvollkommenen Menschen, und die vollkommene Seele weist die Tugenden von sich.

(7) Der Kuß einer Frau ist, da die Natur **897** nicht dazu neigt, eine Todsünde; der fleischliche Akt aber ist, da die Natur dazu neigt, keine Sünde, vor allem wenn der, der ihn ausübt, versucht wird.

(8) Beim Emporheben des Leibes Jesu **898** Christi dürfen sie nicht aufstehen und ihm ihre Verehrung erweisen: denn sie behaupten, daß es für sie ein Zeichen von Unvollkommenheit wäre, wenn sie von der Reinheit und Höhe ihrer Kontemplation so weit herabstiegen, daß sie irgendwie an die Ausspendung bzw. das Sakrament der Eucharistie oder an das Leiden der Menschheit Christi dächten.

[*Zensur:*] Wir verurteilen und verwerfen **899** mit Zustimmung des heiligen Konzils gänzlich die Sekte selbst mitsamt den vorausgeschickten Irrtümern und verbieten strengstens, daß jemand diese künftig festhalte, billige oder verteidige.

## b) Konstitution "Fidei catholicae"

Einige Lehren des Petrus Johannis Olivi (Olieu) OFM, des Führers der Spiritualen, wurden schon 1274 auf Geheiß seines Ordensgenerals überprüft. Dabei hat man seine unter Anklage gestellten Werke verbrannt. 1282/83 wurden seine Schriften erneut von 7 Pariser Lehrern mit einer Zensur belegt. Diese bezeichneten 34 Sätze als "übel klingend" und "gefährlich" und verfaßten dagegen 22 Lehrsätze, die Petrus unterschreiben mußte. Er beteuerte seine Treue zur Kirche und starb am 14. März 1298. Der Streit um seine Auffassungen ging jedoch weiter, bis das Konzil von Vienne den bei der päpstlichen Kurie 1309 begonnenen Prozeß zu Ende führte.

Olivis Auffassung über die Seitenwunde Christi (\*901) findet sich in seiner *Postilla in Johannem* (nicht in ihrer ursprünglichen Fassung erhalten: alle anstößigen Stellen sind ausgemerzt; so wurde auch die von der Zensur betroffene Stelle unterschlagen; vgl. F. Ehrle, in: ArchLKGMA 3 [1887] 489–491). Zur Lehre über die menschliche Seele (\*902) vgl. seine *Quaestiones in Sententias*, l. II, q. 51 56 59 (hrsg. von B. Jansen, Bd. 2 [Quaracchi 1924] 104–126 136–198 [vgl. 302–304 518–568]). Zur Wirkung der Taufe (\*903f) vgl. die *Quaestio de merito Christi* (Codex Vaticanus Burghesianus 173, Fol. 54-60).

*Ausg.:* Clementinae, l. I, tit. 1, c. 1 (Frdb 2,1133f) / MaC 25,410E-411D / HaC 7,1359C-1360A / COeD³ 360f.

### Petrus Johannis Olivi zugeschriebene Irrtümer

[*De duabus naturis Christi.*] Fidei catholicae fundamento, praeter quod, teste Apostolo, nemo potest aliud ponere [*cf. 1 Cor 3,11*], firmiter inhaerentes, aperte cum sancta matre Ecclesia confitemur, unigenitum Dei Filium in iis omnibus, in quibus Deus Pater exsistit, una cum Patre aeternaliter subsistentem, partes nostrae naturae simul unitas, ex quibus ipse in se verus Deus exsistens fieret

[*Die zwei Naturen Christi.*] In fester **900** Verbundenheit mit dem Fundament des katholischen Glaubens, außer dem nach dem Zeugnis des Apostels niemand ein anderes legen kann [*vgl. 1 Kor 3,11*], bekennen wir mit der heiligen Mutter Kirche offen, daß der einziggeborene Sohn Gottes, der in allem, worin Gott, der Vater, existiert, zusammen mit dem Vater ewig ist, die zugleich geeinten

verus homo, humanum videlicet corpus passibile et animam intellectivam seu rationalem, ipsum corpus vere per se et essentialiter informantem, assumpsisse ex tempore in virginali thalamo ad unitatem suae hypostasis et personae.

901    [*De vulnere lateris Christi.*] Et quod in hac assumpta natura ipsum Dei Verbum pro omnium operanda salute non solum affigi cruci et in ea mori voluit, sed etiam emisso iam spiritu perforari lancea sustinuit latus suum, ut exinde profluentibus undis aquae et sanguinis [*cf. Io 19,34*] formaretur unica et immaculata ac virgo sancta mater Ecclesia, coniux Christi, sicut de latere primi hominis soporati Eva sibi in coniugium est formata [*cf. Gn 2,21s*], ut sic certae figurae primi et veteris Adae, qui secundum Apostolum "est forma futuri" [*Rm 5,14*], in nostro novissimo Adam [*cf. 1 Cor 15,45*], id est Christo, veritas responderet.

Haec est, inquam, veritas, illius praegrandis aquilae vallata testimonio, quam propheta vidit Ezechiel [*cf. Ez 1,4-28*] animalibus ceteris evangelicis transvolantem, beati Iohannis videlicet, Apostoli et Evangelistae, qui sacramenti huius rem gestam narrans et ordinem in Evangelio suo dixit: "Ad Iesum autem cum venissent, ut viderunt eum iam mortuum, non fregerunt eius crura, sed unus militum lancea latus eius aperuit, et continuo exivit sanguis et aqua; et qui vidit, testimonium perhibuit, et verum est testimonium eius, et ille scit, quia vera dicit, ut et vos credatis" [*Io 19,33-35*].

Nos igitur ad tam praeclarum testimonium ac sanctorum Patrum et Doctorum communem sententiam apostolicae considerationis, ad quam dumtaxat haec declarare pertinet, aciem convertentes, sacro approbante Concilio, declaramus, praedictum Apostolum et Evangelistam Ioannem rectum

[*Die Seitenwunde Christi.*] Und in dieser angenommenen Natur wollte das Wort Gottes selbst, um das Heil aller zu bewirken, nicht nur ans Kreuz geschlagen werden und an diesem sterben, sondern es ertrug auch, daß seine Seite – nachdem es den Geist schon ausgehaucht hatte – von der Lanze durchbohrt werde, damit durch die daraus hervorströmenden Fluten von Wasser und Blut [*vgl. Joh 19,34*] die einzige, unbefleckte und jungfräuliche heilige Mutter Kirche gebildet würde, die Gemahlin Christi, so wie von der Seite des ersten Menschen im Schlafe Eva ihm zur Gemahlin gebildet wurde [*vgl. Gen 2,21f*], damit so der bestimmten Gestalt des ersten alten Adam, der nach dem Apostel "das Urbild des künftigen ist" [*Röm 5,14*], in unserem jüngsten Adam [*vgl. 1 Kor 15,45*], das heißt, Christus, die Wahrheit entspreche.

Dies ist – sage ich – die Wahrheit, gesichert durch das Zeugnis jenes gewaltigen Adlers, den der Prophet Ezechiel [*vgl. Ez 1,4-28*] über den übrigen Tieren der Evangelien fliegen sah, nämlich des seligen Johannes, des Apostels und Evangelisten, der, als er das Geschehen und die Reihenfolge dieses Sakramentes erzählte, in seinem Evangelium sagte: "Als sie aber zu Jesus gekommen waren und sahen, daß er schon tot war, zerbrachen sie seine Gebeine nicht, sondern einer der Soldaten öffnete mit der Lanze seine Seite, und sogleich trat Blut und Wasser hervor; und der es sah, legte Zeugnis ab, und sein Zeugnis ist wahr, und jener weiß, daß er Wahres sagt, damit auch ihr glaubt" [*Joh 19,33-35*].

Wir richten also das Augenmerk der apostolischen Betrachtung – der es allein zukommt, dies zu erklären – auf das so herrliche Zeugnis und die gemeinsame Auffassung der heiligen Väter und Lehrer und erklären mit Zustimmung des heiligen Konzils, daß der eben erwähnte Apostel und Evangelist Jo-

in praemissis factae rei ordinem tenuisse, narrando, quod Christo "iam mortuo unus militum lancea latus eius aperuit".

hannes in dem eben Geschilderten die rechte Reihenfolge des Geschehens eingehalten hat, als er erzählte, daß, als Christus "schon tot war, einer der Soldaten mit der Lanze seine Seite öffnete".

[*De anima ut forma corporis.*] Porro doctrinam omnem seu positionem temere asserentem, aut vertentem in dubium, quod substantia animae rationalis seu intellectivae vere ac per se humani corporis non sit forma, velut erroneam ac veritati catholicae inimicam fidei, praedicto sacro approbante Concilio reprobamus: definientes, ut cunctis nota sit fidei sincerae veritas ac praecludatur universis erroribus aditus, ne subintrent, quod quisquis deinceps asserere, defendere seu tenere pertinaciter praesumpserit, quod anima rationalis seu intellectiva non sit forma corporis humani per se et essentialiter, tamquam haereticus sit censendus.

[*Die Seele als Form des Leibes.*] **902** Ferner verwerfen Wir mit Zustimmung des eben erwähnten heiligen Konzils jede Lehre bzw. Auffassung als irrig und der Wahrheit des katholischen Glaubens widerstreitend, die leichtfertig leugnet oder in Zweifel zieht, daß die Substanz der vernunft- bzw. verstandesbegabten Seele wahrhaftig und durch sich die Form des menschlichen Leibes ist: damit allen die Wahrheit des reinen Glaubens bekannt sei und allen Irrtümern, die sich einschleichen könnten, der Zutritt verschlossen werde, definieren Wir, daß jeder, der sich künftig untersteht, zu behaupten, zu verteidigen oder hartnäckig daran festzuhalten, daß die vernunft- bzw. verstandesbegabte Seele nicht durch sich und wesenhaft die Form des menschlichen Leibes sei, als Häretiker anzusehen ist.

[*De effectu baptismi.*] Ad hoc baptisma unicum baptizatos omnes in Christo regenerans est, sicut unus Deus ac fides unica [*cf. Eph 4,5*] ab omnibus fideliter confitendum, quod celebratum in aqua in nomine Patris et Filii et Spiritus Sancti credimus esse tam adultis quam parvulis communiter perfectum remedium ad salutem.

[*Die Wirkung der Taufe.*] Was aber **903** diese einzige Taufe betrifft, die alle Getauften in Christus wiedergebiert, so muß – ebenso wie e i n Gott und ein einziger Glaube [*vgl. Eph 4,5*] – von allen gläubig bekannt werden, daß sie, gefeiert im Wasser im Namen des Vaters und des Sohnes und des Heiligen Geistes, nach unserem Glauben in gleicher Weise sowohl für die Erwachsenen als auch für die kleinen Kinder das vollkommene Mittel zum Heil ist.

Verum quia quantum ad effectum baptismi in parvulis reperiuntur doctores quidam theologi opiniones contrarias habuisse, quibusdam ex ipsis dicentibus, per virtutem baptismi parvulis quidem culpam remitti, sed gratiam non conferri, aliis econtra asserentibus, quod et culpa iisdem in baptismo remittitur, et virtutes ac informans gratia infunduntur quoad habitum [*cf. *780*], etsi non pro illo tempore quoad usum:

Nun finden sich aber gewisse theologische **904** Lehrer, die hinsichtlich der Wirkung der Taufe in kleinen Kindern entgegengesetzte Auffassungen vertreten; einige von ihnen sagen, kraft der Taufe werde den kleinen Kindern zwar die Schuld vergeben, aber keine Gnade verliehen; andere hingegen behaupten, daß ihnen in der Taufe sowohl die Schuld vergeben werde als auch Tugenden und die formgebende Gnade eingegossen würden hinsichtlich der ⟨eingegossenen⟩ Anlage [*vgl. *780*], wenn auch nicht für jene Zeit hinsichtlich des Gebrauchs:

Nos autem attendentes generalem efficaciam mortis Christi, quae per baptisma applicatur pariter omnibus baptizatis, opinio-

Wir aber richten unser Augenmerk auf die allgemeine Wirkung des Todes Christi, die durch die Taufe allen Getauften gleicherma-

nem secundam, quae dicit, tam parvulis quam adultis conferri in baptismo informantem gratiam et virtutes, tamquam probabiliorem, et dictis Sanctorum et doctorum modernorum theologiae magis consonam et concordem, sacro approbante Concilio duximus eligendam.

ßen zukommt, und meinen mit Zustimmung des heiligen Konzils die zweite Auffassung – die besagt, sowohl den kleinen Kindern als auch den Erwachsenen würden in der Taufe die formgebende Gnade und Tugenden verliehen – als die wahrscheinlichere und mit den Aussagen der Heiligen und der modernen Lehrer der Theologie mehr übereinstimmende und zusammengehende vorziehen zu sollen.

### c) Konstitution "Ex gravi ad Nos"

*Ausg.: Clementinae*, l. V, tit. 5, c. 1 (Frdb 2,1184) / MaC 25,411DE / HaC 7,1360A / COeD$^3$ 384f.

*Zinsnahme*

906     ... Si quis in illum errorem inciderit, ut pertinaciter affirmare praesumat, exercere usuras non esse peccatum, decernimus eum velut haereticum puniendum.

... Wer in jenen Irrtum verfällt, daß er sich erdreistet, hartnäckig zu behaupten, Zins zu nehmen sei keine Sünde, der ist, so Unser Beschluß, als Häretiker zu bestrafen.

### d) Konstitution "Exivi de paradiso"

Das 6. Kapitel der von Honorius III. bestätigten Regel des hl. Franziskus bestimmt, sowohl privates als auch gemeinschaftliches Eigentum sei unter Wahrung des einfachen "Gebrauches" der Dinge auszuschließen. Den Streit unter den Minderbrüdern um die Auslegung versucht die Bulle beizulegen. Getadelt wird vor allem Petrus Johannis Olivi, der die spiritualistische Auffassung der Ordensarmut vertreten hatte: "Es ist häretisch zu sagen, im Gelübde der evangelischen Armut werde der arme Gebrauch nicht eingeschlossen" ("Haereticum est dicere, in voto paupertatis evangelicae usum pauperem non includi"; Codex Vaticanus Burghesianus 358 Fol. 193rb).

    *Ausg.: Clementinae*, l. V, tit. 11, c. 1 (Frdb 2,1198f) / BullFr 5,85 / COeD$^3$ 400$_{16-31}$.

*Irrtum über die Verpflichtung des Gelübdes der (franziskanischen) Armut*

908     ... Succrevit non parum scrupulosa quaestio inter fratres, videlicet: utrum ex suae professione regulae obligentur ad arctum et tenuem sive pauperem usum rerum; quibusdam ex ipsis credentibus et dicentibus quod, sicut quoad dominium rerum habent ex voto abdicationem arctissimam, ita ipsis quoad usum arctitudo maxima et exilitas est indicta; aliis in contrarium asserentibus, quod ex professione sua ad nullum usum pauperem qui non exprimatur in regula obligantur, licet teneantur ad usum moderatum temperantiae, sicut et magis ex condecenti, quam ceteri christiani.

... Es kam eine recht ängstliche Frage unter den Brüdern auf, nämlich: ob sie aufgrund der Verpflichtung auf ihre Regel zu einem strengen und geringen bzw. armen Gebrauch der Dinge verpflichtet seien; einige von ihnen glauben und sagen, daß ihnen, so wie sie in bezug auf den Besitz an Dingen aufgrund des Gelübdes strengsten Verzicht ⟨zu üben⟩ hätten, so in bezug auf den Gebrauch größte Strenge und Dürftigkeit auferlegt sei; andere behaupten im Gegensatz dazu, daß sie aufgrund ihres Gelübdes zu keinem armen Gebrauch, der nicht ausdrücklich in der Regel stehe, verpflichtet seien, auch wenn sie zu einem maßvollen und bescheidenen Gebrauch gehalten seien, sowie auch gebührenderweise mehr als die übrigen Christen.

Volentes itaque conscientiarum praedictorum fratrum providere quieti et his altercationibus finem dare, declarando dicimus,

In der Absicht, für die Beruhigung des Gewissens der besagten Brüder zu sorgen und diesen Auseinandersetzungen ein Ende

quod fratres Minores ex professione suae regulae specialiter obligantur ad arctos usus seu pauperes, qui in ipsorum regula continentur, et eo obligationis modo, sub quo continet seu ponit regula dictos usus. Dicere autem, sicut aliqui asserere perhibentur, quod haereticum sit, tenere usum pauperem includi vel non includi sub voto evangelicae paupertatis, praesumptuosum et temerarium iudicamus.

zu setzen, sagen und erklären Wir deshalb, daß die Minderbrüder aufgrund der Verpflichtung auf ihre Regel in besonderer Weise zu dem strengen bzw. armen Gebrauch verpflichtet sind, der in ihrer Regel enthalten ist, und ⟨zwar⟩ in der Weise der Verpflichtung, unter welche die Regel besagten Gebrauch faßt bzw. stellt. Zu sagen aber, wie manche angeblich erklären, daß es häretisch sei, zu behaupten, der arme Gebrauch werde unter dem Gelübde der evangelischen Armut eingeschlossen oder nicht eingeschlossen, beurteilen Wir als vermessen und leichtfertig.

## JOHANNES XXII.: 7. Aug. 1316 – 4. Dez. 1334

### 910–916: Konstitution "Gloriosam Ecclesiam", 23. Jan. 1318

Die Minderbrüder hatten sich über der Auslegung der Regel des hl. Franziskus vom armen Gebrauch der Dinge gespalten. Die "Konventualen" ließen gemeinschaftliches Eigentum, gesicherte Einkünfte und Immobilienbesitz zu, die "Spiritualen" verwarfen dies. Einige der Spiritualen zogen sich 1294 mit Billigung Cölestins V. aus der Kommunität zurück und gründeten eine eigene Kongregation "Arme Einsiedler", im Volksmund auch "Fratizellen" genannt. Die Aufhebung der Dekrete Cölestins V. durch Bonifatius VIII. (8. April 1295) beraubte sie ihrer Unabhängigkeit. Sie verweigerten die Wiedervereinigung, die Clemens V. ("*Exivi de paradiso*", 6. Mai 1312 [vgl. *908]) und Johannes XXII. ("*Sancta Romana Ecclesia*", 30. Dez. 1317) verlangten. Weil sie ihre Regel und Auslegung mit dem Evangelium selbst gleichstellten, bezeichneten sie Johannes XXII., der einige Milderungen zugestand, als einen Feind des Evangeliums, der folglich jegliche Jurisdiktions- und Weihevollmacht verloren habe. Ihre Irrtümer sind wenigstens teilweise der vom Papst am 8. Febr. 1326 verurteilten *Postilla super Apocalypsim* des Petrus Johannes Olivi entnommen. Da sie noch nicht herausgegeben ist, kann an ihrer Stelle (nach J. Koch, ThQ 113 [1932] 145–147) auf Auszüge von acht Zensoren zurückgegriffen werden, die 1319/20 ein Votum über die *Postilla* abfaßten. Dieses Votum wurde herausgegeben von St. Baluzi – I.D. Mansi, *Miscellanea* 2 (Lucca 1761) 258–270. Zu Satz 1 vgl. das Votum, Art. 5 7 9 17; vgl. 12 18f; zu Satz 5 vgl. ebd. Art. 3f 9 16 22.
*Ausg.:* BullTau 4,263b–266a / BullCocq 3/II,162a–163b / BullFr 5,139–141 (Nr. 302) / DuPlA 1/I,291ab.

### *Die Kirche und die Sakramente, gegen die Fratizellen*

§ 12. ... Praedicti temeritatis atque impietatis filii, ut habet fide digna relatio, ad eam sunt mentis inopiam devoluti, quod adversus praeclarissimam et saluberrimam christianae fidei veritatem impie sentiunt, sacramenta Ecclesiae veneranda contemnunt et in gloriosum Ecclesiae Romanae primatum, cunctis nationibus percellendum, ab ipso conterendi citius impetu caeci furoris impingunt.

§ 12. ... Die besagten Söhne der Leichtfertigkeit und Gottlosigkeit sind, wie glaubwürdige Angaben berichten, zu einer solchen Geistesarmut herabgesunken, daß sie wider die vortrefflichste und heilsamste Wahrheit des christlichen Glaubens gottlos denken, die ehrwürdigen Sakramente der Kirche verachten und, vom Verlangen nach schneller Austilgung ⟨getrieben⟩, voll blinder Wut darauf drängen, den glorreichen Primat der Römischen Kirche bei allen Nationen zu erschüttern. **910**

(1) § 14. Primus itaque error, qui de istorum officina tenebrosa prorumpit, duas fingit ecclesias, unam carnalem, divitiis pressam, effluentem divitiis, sceleribus maculatam, cui Romanum praesulem aliosque inferiores praelatos dominari asserunt; aliam spiritua-

(1) § 14. Der erste Irrtum also, der aus ihrer finsteren Werkstatt hervorbricht, erdichtet zwei Kirchen, die eine fleischlich, von Reichtümern bedrückt, in Reichtümern überfließend und von Missetaten befleckt: über diese, so behaupten sie, herrschten der **911**

lem, frugalitate mundam, virtute decoram, paupertate succinctam, in qua ipsi soli eorumque complices continentur, cui etiam ipsi spiritualis vitae merito, si qua fides est adhibenda mendaciis, principantur.

Römische Bischof und andere niedrigere Vorsteher; die andere geistlich, durch Enthaltsamkeit rein, durch Tugend schicklich und mit Armut umgürtet; in ihr befinden sich allein sie selbst und ihre Gefährten, und sie selbst stehen ihr auch durch das Verdienst eines geistlichen Lebens, wenn man den Lügen irgendwie Glauben schenken darf, vor.

912      (2) § 16. Secundus error, quo praedictorum insolentium conscientia maculatur, venerabiles Ecclesiae sacerdotes aliosque ministros sic iurisdictionis et ordinis clamitat auctoritate desertos, ut nec sententias ferre, nec sacramenta conficere, nec subiectum populum instruere valeant vel docere, illos fingentes omni ecclesiastica potestate privatos, quos a sua perfidia viderint alienos: quia apud ipsos solos (ut ipsi somniant) sicut spiritualis vitae sanctitas, sic auctoritas perseverat, in qua re Donatistarum sequuntur errorem ...

(2) § 16. Der zweite Irrtum, durch den das Gewissen besagter unverschämter Menschen befleckt wird, verkündet laut, daß die ehrwürdigen Priester und anderen Diener der Kirche so der Jurisdiktions- und Weihevollmacht entbehrten, daß sie weder Urteile fällen noch Sakramente vollziehen, noch das untergebene Volk unterweisen und belehren könnten; sie fabulieren, daß jene ohne jede kirchliche Vollmacht ⟨seien⟩, von denen sie sehen, daß sie mit ihrer Treulosigkeit nichts zu tun haben: denn bei ihnen allein bestehe (wie sie faseln) wie die Heiligkeit des geistlichen Lebens so die Autorität fort; darin folgen sie dem Irrtum der Donatisten ...

913      (3) § 18. Tertius istorum error in Waldensium errore coniurat, quoniam et ii et illi in nullum eventum asserunt fore iurandum, dogmatizantes mortalis criminis contagione pollui et poena teneri, quos contigerit iuramenti religione constringi.

(3) § 18. Ihr dritter Irrtum verschwört sich mit dem Irrtum der Waldenser; denn sowohl diese als auch jene behaupten, man dürfe auf keinen Fall schwören, und lehren, daß ⟨diejenigen⟩ vom Makel einer Todsünde befleckt wären und der Strafe verfallen seien, bei denen es zuträfe, daß sie an eine Eidesverpflichtung gebunden sind.

914      (4) § 20. Quarta huiusmodi impiorum blasphemia de praedictorum Waldensium venenato fonte prorumpens, sacerdotes rite etiam et legitime secundum formam Ecclesiae ordinatos, quibuslibet tamen criminibus pressos, non posse conficere vel conferre ecclesiastica sacramenta confingit.

(4) § 20. Die vierte Lästerung dieser Gottlosen, die aus der vergifteten Quelle besagter Waldenser hervorbricht, erdichtet, daß Priester, die zwar ordnungsgemäß und rechtmäßig entsprechend der Form der Kirche geweiht, jedoch mit irgendwelchen Verbrechen belastet sind, die kirchlichen Sakramente nicht vollziehen oder spenden könnten.

915      (5) § 22. Quintus error sic istorum hominum mentes obcaecat, ut Evangelium Christi in se solis hoc in tempore asserant esse completum, quod hactenus (ut ipsi somniant) obtectum fuerat, immo prorsus exstinctum.

(5) § 22. Der fünfte Irrtum blendet den Geist dieser Menschen so, daß sie behaupten, das Evangelium Christi sei in ihnen allein in dieser Zeit erfüllt; bisher war es (wie sie faseln) verdeckt, ja sogar völlig ausgelöscht gewesen.

916      § 24. Multa sunt alia, quae isti praesumptuosi homines contra coniugii venerabile sacramentum garrire dicuntur, multa, quae de cursu temporum et fine saeculi somniant, multa, quae de Antichristi adventu, quem ia-

§ 24. Vieles andere gibt es noch, was diese vermessenen Menschen gegen das ehrwürdige Sakrament der Ehe daherschwatzen sollen, vieles, was sie über den Lauf der Zeiten und das Ende der Welt faseln, vieles, was sie

miam instare asserunt, flebili vanitate divulgant. Quae omnia, quia partim haeretica, partim insana, partim fabulosa cognoscimus, damnanda potius cum suis auctoribus, quam stilo prosequenda aut refellenda censemus. ...

über die Ankunft des Antichristen, die, wie sie behaupten, schon unmittelbar bevorstehe, mit beweinenswerter Lügenhaftigkeit unters Volk bringen. Dies alles ⟨ist⟩, wie wir meinen, da wir es für teils häretisch, teils ungesund, teils erdichtet erkennen, eher mitsamt seinen Urhebern zu verurteilen als schriftlich zu schildern oder zu widerlegen. ...

### 921-924: Konstitution "Vas electionis", 24. Juli 1321

Im Streit um die Befugnis, Beichten zu hören, vertrat Johannes de Polliaco (Pouilly), Lehrer an der Universität Paris, gegen die Bettelmönche das exklusive Recht der Pfarrer. Er wurde bei der päpstlichen Kurie zu Avignon angeklagt. Seinem Irrtum liegt ein falsches Verständnis von Kirche zugrunde. Die mißbilligten Sätze entstammen seiner Avignoneser Antwort auf Artikel, die ihm vorgeworfen wurden: Satz 1 = Antwort auf Art. 3; Satz 2 und 3 = Antwort auf Art. 4; den Text bietet J. Koch, in: ThQ 113 (1932) 148f. Sein Widerrufspapier ist herausgegeben bei DenCh 2,245 (Nr. 799). Dieselben Irrtümer, die ein Jahrhundert später wieder aufkamen, hat Eugen IV. in der Konstitution *"Gregis nobis"* vom 16. Jan. 1447 erneut verurteilt (BullTau 5,85f).

*Ausg.:* DenCh 2,243f (Nr. 798) / *Extravagantes communes*, l. V, tit. 3, c. 2 (Frdb 2,1291) / MaC 25,576E –577A.

*Irrtümer des Johannes de Polliaco über die Rechtsvollmacht gegenüber Beichtenden*

(1) Quod confessi fratribus, habentibus licentiam generalem audiendi confessiones, tenentur eadem peccata, quae confessi fuerant, iterum confiteri proprio sacerdoti.

(1) Wer Brüdern gebeichtet hat, die eine allgemeine Erlaubnis, Beichten zu hören, besitzen, ist verpflichtet, dieselben Sünden, die er gebeichtet hatte, ein zweites Mal dem eigenen Priester zu beichten. **921**

(2) Quod stante Statuto [*Concilii Lateranensis IV, \*812*] *"Omnis utriusque sexus"* edito in concilio generali ita Romanus Pontifex non potest facere, quod parochiani non teneantur confiteri omnia peccata sua semel in anno proprio sacerdoti, quem dicit esse parochialem curatum; immo nec Deus posset hoc facere: quia, ut dicebat, implicat contradictionem.

(2) Solange die auf dem allgemeinen Konzil erlassene Bestimmung [*des 4. Konzils im Lateran, \*812*] *"Omnis utriusque sexus"* steht, kann der Römische Bischof nicht bewirken, daß Pfarrangehörige nicht verpflichtet sind, alle ihre Sünden einmal im Jahr dem eigenen Priester zu beichten, der seiner Aussage nach der Seelsorger der Pfarrei ist; ja, nicht einmal Gott könnte dies bewirken, da es, wie er sagte, einen Widerspruch in sich schließt. **922**

(3) Quod Papa non potest dare generalem potestatem audiendi confessiones, immo nec Deus, quin confessus habenti generalem licentiam teneatur iterum confiteri suo proprio sacerdoti, quem dicit esse (ut praemittitur) parochialem curatum.

(3) Der Papst kann keine allgemeine Vollmacht zum Hören von Beichten verleihen, ja, nicht einmal Gott, ohne daß derjenige, der jemand gebeichtet hat, der eine allgemeine Erlaubnis besitzt, verpflichtet wäre, ein zweites Mal seinem eigenen Priester zu beichten, der seiner Aussage nach (wie vorausgeschickt) der Seelsorger der Pfarrei ist. **923**

[*Censura:*] ... Comperimus, praemissos articulos doctrinam non sanam, sed periculosam multum et veritati contrariam continere. Quos etiam articulos omnes et singulos idem magister Ioannes ... revocavit ... . Omnes articulos et quemlibet eorum tamquam falsos et erroneos et a doctrina sana devios

[*Zensur:*] ... Wir haben erkannt, daß die vorausgeschickten Artikel eine nicht gesunde, sondern sehr gefährliche und der Wahrheit entgegengesetzte Lehre zum Inhalt haben. Diese Artikel hat derselbe Magister Johannes ... auch samt und sonders widerrufen ... . Wir verurteilen und verwerfen auf **924**

auctoritate Apostolica damnamus et reprobamus de fratrum Nostrorum consilio ...,
doctrinam ipsis contrariam veram esse et catholicam asserentes ...

Anraten Unserer ... Brüder alle Artikel und
einen jeden von ihnen kraft Apostolischer
Autorität als falsch, irrig und von der gesunden Lehre abweichend und versichern, daß
die ihnen entgegengesetzte Lehre wahr und
katholisch ist ...

### 925-926: Brief "Nequaquam sine dolore" an die Armenier, 21. Nov. 1321

Bei dem angeführten Text handelt es sich um eine fast wörtliche Wiederholung aus dem Glaubensbekenntnis des Michael Palaiologos [*857-858]; bemerkenswert ist jedoch die Hinzufügung "und verschiedenen
Orten" ("ac locis disparibus"; *926), durch die der L i m b u s angedeutet wird. Einige ältere Ausgaben bieten
einen Text, der dies bestätigt. Sie fahren nämlich nach den Worten "werden jedoch mit ungleichen Strafen
und Orten bestraft" ("poenis tamen ac locis disparibus puniendas") fort: "die Seelen der Kinder werden
nämlich im Limbus mit der Strafe des Verlustes ⟨der ewigen Seligkeit⟩, nicht der Sinne belegt" ("nimirum
puerorum animas poena damni, non sensus, in limbo afficiendas"); aber dies ist eine später in den Text der
Bulle eingefügte Randbemerkung, wie aus der Ausgabe F. Segarras deutlich wird.
*Ausg.:* F. Segarra, in: EstEcl 5 (1926) 441 / BarAE, zum Jahr 1321 Nr. 11.

### Das Los der Verstorbenen

925 [*Docet Romana Ecclesia*] ... illorum vero
animas, qui post sacramentum baptismatis
susceptum nullam omnino peccati maculam
incurrerunt, illas etiam, quae post contractam
peccati maculam vel in suis manentes corporibus vel eisdem exutae sunt purgatae, in caelum mox recipi.

[*Die Römische Kirche lehrt:*] ... Die Seelen
derer aber, die sich nach dem Empfang des
Taufsakramentes überhaupt keine Sündenbefleckung zugezogen haben, sowie jene, die
nach einer Sündenbefleckung entweder noch
in ihren Leibern verweilend oder nachdem
sie sie schon ausgezogen haben, gereinigt
wurden, werden sogleich in den Himmel
aufgenommen.

926 Illorum autem animas, qui in mortali peccato vel cum solo originali decedunt, mox in
infernum descendere, poenis tamen ac locis
disparibus puniendas.

Die Seelen derer aber, die in einer Todsünde oder nur mit der Ursünde verscheiden,
steigen alsbald in die Hölle hinab, werden jedoch mit ungleichen Strafen und Orten bestraft.

### 930-931: Konstitution "Cum inter nonnullos", 12. Nov. 1323

Die Behauptung, die in dieser Bulle verworfen wird, wurde zuerst i. J. 1321 vom Inquisitor Johannes de
Belna OP als häretisch gerügt. Gegen seine Zensur wurde von Franziskanerspiritualen beim Papst Berufung
eingelegt, indem man sich vor allem auf das Dekret *"Exiit qui seminat"* Nikolaus' III. vom 14. Aug. 1279
berief, wo man liest: "Wir sagen, daß eine derartige Lossagung vom Eigentum an allen Dingen sowohl privat
als auch gemeinschaftlich um Gottes willen verdienstvoll und heilig ist: auch C h r i s t u s  l e h r t e  sie durch
sein W o r t  u n d  b e k r ä f t i g t e  sie d u r c h  sein B e i s p i e l, als er den Weg der Vollkommenheit wies"
("Dicimus quod abdicatio proprietatis huiusmodi omnium rerum tam in speciali quam in communi propter
Deum meritoria est et sancta: quam et C h r i s t u s, viam ostendens perfectionis, verbo d o c u i t  e t  e x e m p l o
f i r m a v i t"); Bonifatius VIII., *Decretales* [= *"Liber Sextus"*], l. V, tit. 12, c. 3 [Frdb 2,1109-1121 / BullFr
3,407AB]).
    Das 1322 in Perugia abgehaltene Generalkapitel des Minderbrüderordens verteidigte diesen Satz. Die
erbitterte Diskussion über die evangelische und vollkommene Armut Christi und der Minderbrüder führte
zu mehreren Erklärungen Johannes' XXII., unter denen die im folgenden angeführte Bulle durch die Verbindlichkeit ihrer Lehre herausragt. Der heftige Streit ging weiter. Johannes XXII. verteidigte in den Bullen
"*Quia quorundam*" vom 10. Nov. 1324 und "*Quia vir reprobus*" vom 16. Nov. 1329 seine Auffassung gegen
den Vorwurf der Irrlehre.
    *Ausg.:* Johannes XXII., *Extravagantes communes*, tit. 14, c. 4 (Frdb 2,1229f) / DuPlA 1/I (1724) 295b-
296a / BullFr 5,256-259.

## Irrtum der Spiritualen über die Armut Christi

Cum inter nonnullos viros scholasticos saepe contingat in dubium revocari, utrum pertinaciter affirmare, Redemptorem nostrum ac Dominum Iesum Christum eiusque Apostolos in speciali non habuisse aliqua nec in communi etiam, haereticum sit censendum, diversa et adversa etiam sentientibus circa illud:

Nos,
     huic concertationi finem imponere cupientes,
assertionem huiusmodi pertinacem

     – cum Scripturae sacrae, quae in plerisque locis ipsos nonnulla habuisse asserit, contradicat expresse,
ipsamque Scripturam sacram, per quam utique fidei orthodoxae probantur articuli, quoad praemissa fermentum aperte supponat continere mendacii,

ac per consequens,
     quantum in ea est, eius in totum fidem evacuans,
     fidem catholicam reddat,
     eius probationem adimens,

     dubiam et incertam –
deinceps erroneam fore censendam et haereticam, de fratrum Nostrorum consilio hoc perpetuo declaramus edicto.

Rursus in posterum pertinaciter affirmare, quod Redemptori nostro praedicto eiusque Apostolis, iis quae ipsos habuisse Scriptura sacra testatur, nequaquam ius ipsis utendi competierit, nec illa vendendi seu donandi ius habuerint aut ex ipsis alia acquirendi, quae tamen ipsos de praemissis fecisse Scriptura sacra testatur seu ipsos potuisse facere supponit expresse;

cum talis assertio ipsorum usum et gesta evidenter includat, in praemissis non iusta

Da es bei manchen theologischen Lehrern **930** oftmals geschieht, daß in Zweifel gezogen wird, ob es für häretisch zu erachten sei, hartnäckig zu behaupten, unser Erlöser und Herr Jesus Christus und seine Apostel hätten weder privat noch auch gemeinschaftlich irgendetwas besessen, und sie darüber Verschiedenes und sogar Widersprüchliches denken:
erklären Wir
     im Wunsche, diesem Streit ein Ende aufzuerlegen,
gemäß dem Rat Unserer Brüder durch diesen allgemein gültigen Erlaß, daß diese hartnäckige Behauptung
     – da sie der heiligen Schrift, die an sehr vielen Stellen behauptet, sie hätten manches besessen, ausdrücklich widerspricht und offen unterstellt, die heilige Schrift selbst, durch die ja die Artikel des rechten Glaubens beglaubigt werden, enthalte hinsichtlich des vorher Gesagten den Gärstoff der Lüge,
und in der Folge,
     indem sie ihre Glaubwürdigkeit im ganzen, soviel in ihr ist, vernichtet,
den katholischen Glauben
     dadurch, daß sie seine Beglaubigung hinwegnimmt,
zweifelhaft und unsicher macht –
künftig für irrig und häretisch erachtet werden soll.

Wiederum: ⟨ob es für häretisch zu erach- **931** ten sei,⟩ künftig hartnäckig zu behaupten, daß unserem vorgenannten Erlöser und seinen Aposteln keineswegs ein Verfügungsrecht an dem, was sie nach dem Zeugnis der heiligen Schrift besessen haben, zugestanden sei, und daß sie nicht das Recht gehabt hätten, es zu verkaufen bzw. zu verschenken oder mit ihm anderes zu erwerben, was sie doch mit dem vorher Genannten nach dem Zeugnis der heiligen Schrift getan haben bzw. was sie, wie sie ausdrücklich unterstellt, hätten tun können;
da eine solche Behauptung, in ihren Voraussetzungen nicht gerechtfertigt, offensichtlich ihre ⟨d. h. Jesu Christi und der Apostel⟩ Gewohnheit und ihre Handlungen einschließt

- quod utique de usu, gestis seu factis Redemptoris nostri Dei Filii sentire nefas est, sacrae Scripturae contrarium et doctrinae catholicae inimicum –

assertionem ipsam pertinacem, de fratrum Nostrorum consilio, deinceps erroneam fore censendam merito ac haereticam declaramus.

- dies jedenfalls von der Gewohnheit, den Handlungen oder Taten unseres Erlösers, des Sohnes Gottes, zu denken, ist ein Frevel, der heiligen Schrift entgegengesetzt und der katholischen Lehre feindlich –,

erklären Wir gemäß dem Rat Unserer Brüder, daß diese hartnäckige Behauptung künftig zurecht für irrig und häretisch erachtet werden soll.

### 941-946: Konstitution "Licet iuxta doctrinam" an den Bischof von Worcester, 23. Okt. 1327

Diese Bulle verwirft Irrtümer eines extremen Regalismus, die im *Defensor pacis* des Pariser Magisters Marsilius von Padua enthalten sind. Das Werk wurde im Juni 1324 beendet, aber erst 1326 veröffentlicht. Ob Johannes de Janduno Mitverfasser des Werkes ist, steht nicht sicher fest. Die Sätze der Bulle geben die Irrtümer nicht wörtlich, sondern nur dem Sinn nach wieder. Sie werden zweimal aufgezählt, einmal im Hauptteil der Bulle und ein wenig verändert am Ende der Bulle. In dieser letzten Form sind sie verurteilt. Der folgende Text bietet daher diese zweite Fassung. Zu den einzelnen Sätzen sind die entsprechenden Stellen der Quelle angemerkt. Vgl. die kritischen Ausgaben von R. Scholz (MGH Fontes iuris Germanici, in usum scholarum separatim editi [Hannover 1932]) und C.W. Prévité-Orton (Cambridge 1928). Auf Geheiß Benedikts XII. wurde der *Defensor pacis* erneut einer Prüfung unterzogen, die Clemens VI. i. J. 1343 beendete, indem er 240 Thesen verwarf.

*Ausg.:* DuPlA 1/I (1724) 304b-309b; vgl. 397b / BarAE, zum Jahr 1327 Nr. 29-33.

### *Irrtümer des Marsilius von Padua über die Verfassung der Kirche*

**941**　　(1) Quod illud, quod de Christo legitur in Evangelio beati Matthaei [*Mt 17,27*], quod ipse solvit tributum Caesari, quando staterem sumptum ex ore piscis illis qui petebant didrachma iussit dari, hoc fecit non condescensive e liberalitate suae pietatis, sed necessitate coactus[1].

(1) Jenes, was man von Christus im Evangelium des seligen Matthäus [*Mt 17,27*] liest, ⟨nämlich⟩ daß er dem Kaiser Steuer gezahlt habe, als er jenen, die eine Doppeldrachme verlangten, einen aus dem Maul eines Fisches genommenen Stater zu geben hieß, das tat er nicht herablassend aus der Freigebigkeit seiner Frömmigkeit, sondern durch Notwendigkeit gezwungen[1].

**942**　　(2) Quod beatus Petrus Apostolus non fuit plus caput Ecclesiae quam quilibet aliorum Apostolorum, nec habuit plus auctoritatis, quam habuerunt alii Apostoli, et quod Christus nullum caput dimisit Ecclesiae, nec aliquem fecit vicarium suum[1].

(2) Der selige Apostel Petrus war nicht mehr Haupt der Kirche als alle anderen Apostel, und er hatte nicht mehr Autorität, als die anderen Apostel hatten; und: Christus hinterließ der Kirche kein Haupt, und er machte niemanden zu seinem Stellvertreter[1].

**943**　　(3) Quod ad Imperatorem spectat, corrigere Papam et punire, ac instituere et destituere[1].

(3) Dem Kaiser steht es zu, den Papst zurechtzuweisen, zu bestrafen, einzusetzen und abzusetzen[1].

**944**　　(4) Quod omnes sacerdotes, sive sit Papa, sive archiepiscopus, sive sacerdos simplex quicumque, sunt aequalis auctoritatis et iurisdictionis ex institutione Christi; sed quod unus habet plus alio, hoc est secundum quod Imperator concessit plus vel minus et, sicut concessit, revocare potest[1].

(4) Alle Priester, ob es der Papst, ein Erzbischof oder ein beliebiger einfacher Priester ist, sind aufgrund der Anordnung Christi von gleicher Autorität und Rechtsvollmacht. Was aber einer mehr als der andere hat, das entspricht dem, was der Kaiser mehr oder weniger gewährt hat und, wie er es gewährt hat,

---

**\*941**　[1]　Vgl. dictio II, c. 4, § 10–11 (Scholz 168–172).
**\*942**　[1]　Vgl. d. II, c. 15, § 3–4; c. 16, § 5 8 9; c. 22, § 5; c. 28 (Scholz 327–329 340–346 423f 528–575).
**\*943**　[1]　Vgl. d. II, c. 8, § 7 9; c. 21, § 5; c. 22, § 11; d. III, c. 2, § 41 (Scholz 225–231 406–408 430 611).

(5) Quod Papa vel tota Ecclesia simul sumpta nullum hominem quantumcumque sceleratum potest punire punitione coactiva, nisi Imperator daret eis auctoritatem[1].

[*Censura: Articulos praedictos*] ... velut sacrae Scripturae contrarios et fidei catholicae inimicos, haereticos, seu haereticales et erroneos, necnon et praedictos Marsilium et Ioannem haereticos, immo haeresiarchas fore manifestos et notorios sententialiter declaramus.

widerrufen kann[1].

(5) Der Papst oder die ganze Kirche zu- 945 sammen genommen kann keinen Menschen, so verbrecherisch er auch sein mag, durch eine zwangsweise Bestrafung bestrafen, wenn der Kaiser ihnen nicht die Vollmacht verleiht[1].

[*Zensur: Die vorgenannten Artikel*] ... er- 946 klären Wir in der Form eines Urteils als der heiligen Schrift entgegengesetzt und dem katholischen Glauben feind, häretisch bzw. häresieähnlich und irrig, sowie auch, daß die besagten Marsilius und Johannes Häretiker, ja sogar offensichtliche und notorische Erzhäretiker sind.

### 950-980: Konstitution "In agro dominico", 27. März 1329

Meister Eckhart OP (lateinisch neben Echardus auch Ekkardus [so er selbst], Aychardus u.a.) mußte wegen seiner Lehren zum ersten Mal am 26. Sept. 1326 auf Geheiß des Kölner Erzbischofs Heinrich von Virneburg Rede und Antwort stehen. Zunächst wurden ihm 49 Artikel vorgehalten, danach 59 andere. Die Akten dieser Anklage wurden herausgegeben von A. Daniels, in: BeitrGPhThMA 23/V (1923) und von G. Théry, in: ArchHDLMA 1 (1926) 157-268. Die Berufung Eckharts an den Papst (13. Febr. 1327) wurde von seinen Gegnern verhindert; dennoch wurde seine Angelegenheit vor die Avignoner Kurie gebracht. Davon liegt ein Avignoner theologisches Gutachten (im folgenden "Av.G." abgekürzt) vor (hrsg. von F. Pelster, in: BeitrGPhThMA Supplement III, = *Aus der Geisteswelt des Mittelalters* 2 [Münster 1935] 1109-1124), in dem alle jene Sätze (freilich in einer anderen Reihenfolge, wie im folgenden mit "vgl. Av.G." angemerkt wird) behandelt werden, die später, nachdem Eckhart gestorben war, in der Bulle Johannes' XXII. verurteilt wurden. Der Papst begnügte sich damit, dem Kölner Erzbischof am 15. April 1329 eine Abschrift dieser Bulle zu übersenden, um sie lediglich innerhalb seiner Diözese und Kirchenprovinz zu veröffentlichen.

    *Ausg.:* M.H. Laurent, *Autour du procès de Maître Eckhart. Les documents des Archives Vaticanes,* Dok.VIII, in: DivThomPl 39 (1936) 436-444 / H. Denifle, in: ArchLKGMA 2 (1886) 636-640 / DuPlA 1/I, 312b-314a.

    Um die Quellenforschung der Sätze dieser Bulle haben sich neben H. Denifle (ArchLKGMA 2 [1886] 684) hauptsächlich J. Koch (ThQ 113 [1932] 152-156; ArchFrPr 30 [1960] 52) und M.H. Laurent OP (in der oben angeführten Ausgabe) verdient gemacht. Die Stellenangabe der Sätze erfolgt im allgemeinen nach der Ausgabe *Meister Eckhart. Die deutschen und lateinischen Werke,* hrsg. im Auftrag der Dt. Forschungsgemeinschaft (Stuttgart-Berlin 1936ff; die Ausgabe ist noch nicht abgeschlossen [im folgenden abgekürzt nach ihren Abteilungen: *Die deutschen Werke* = DW; *Die lateinischen Werke* = LW]).

Aa' = *Expositio libri Genesis,* 1. Ausgabe (hrsg. von K. Weiss: LW 1 [1937ff]) [Zu Satz 1 3].
Ab' = *Liber parabolarum Genesis* bzw. *Expositio libri Genesis,* 2. Ausgabe (hrsg. von K. Weiss: LW 1) [16f].
B' = *Expositio libri Exodi* (hrsg. von K. Weiss: LW 2 [1954]) [23].
C' = *Expositio libri Sapientiae* (hrsg. von J. Koch: LW 2 [1958ff / G. Théry, *Le commentaire de maître Eckhart sur le livre de Sagesse,* in: ArchHDLMA 3 [1928] 321-443; 4 [1929] 233-394) [19].
D' = *Expositio sancti Evangelii secundum Johannem* (hrsg. von K. Christ - J. Koch: LW 3 [1936ff]) [2 4-7 18 25].
E' = "*Benedictus*"bzw. "*Buch der göttlichen Tröstung*" mit angehängter Predigt *Vom edeln Menschen* (hrsg. von J. Quint: DW 5 [1952ff]) [13(?) 14 20(?) 24].
Fa' = Predigt "*Iusti vivent in aeternum*" (hrsg. von J. Quint: DW 1 [Stuttgart 1936ff, Nr. 6) [8-10 22].
Fb' = Predigt "*In hoc apparuit*" (DW 1, Nr. 5a) [11].
Fc' = Predigt "*Surge, illuminare, Iherusalem*" (DW 1, Nr. 14) [21].
Fd' = Predigt "*Omne datum optimum*" (DW 1, Nr. 4) [26].
Fe' = Predigt "*Quasi stella matutina*" (DW 1, Nr. 9) [Anhang 2].
Ff' = Predigt "*Vidi supra montem*" (DW 1, Nr. 13) [Anhang 1].
Fg' = Predigt "*Sant Paulus sprichet: 'întuot iu'*" (DW 1, Nr. 24) [12].
G' = *Reden der Unterscheidung* (hrsg. von J. Quint: DW 5 [1961] / E. Diederichs [Bonn 1925[7]]) [15].

---

**\*944**   [1]    Vgl. d. II, c. 15, § 4; c. 16, § 5; d. III, c. 2, § 17 (Scholz 328f 340-342 606).
**\*945**   [1]    Vgl. d. II, c. 5, § 4-6; d. III, c. 2, § 7 14 15 16 18 30; vgl. auch d. I, c. 19, § 12 (Scholz 182-192 604-608; 135f).

### Irrtümer Eckharts über die Beziehung Gottes zur Welt und zum Menschen

**950**      Ex inquisitione ... auctoritate ... Coloniensis archiepiscopi prius facta et tandem auctoritate Nostra in Romana curia renovata comperimus, evidenter constare per confessionem[1] eiusdem Ekardi, quod ipse praedicavit, dogmatizavit et scripsit viginti sex articulos, tenorem qui sequitur continentes:

Aufgrund der Untersuchung, die ... auf Veranlassung ... des Kölner Erzbischofs früher durchgeführt und schließlich auf Unsere Veranlassung in der Römischen Kurie erneut vorgenommen wurde, haben Wir in Erfahrung gebracht, daß durch das Bekenntnis[1] desselben Eckhart klar feststeht, daß er selbst sechsundzwanzig Artikel gepredigt, gelehrt und geschrieben hat, die folgenden Wortlaut haben:

**951**      (1) Interrogatus quandoque, quare Deus mundum non prius produxerit, respondit tunc, sicut nunc, quod Deus non potuit primo[1] producere mundum, quia res non potest agere, antequam sit; unde quam cito Deus fuit, tam cito mundum creavit[2].

(1) Einmal gefragt, weshalb Gott die Welt nicht früher hervorgebracht habe, antwortete er damals wie heute, daß Gott die Welt nicht zuerst[1] hervorbringen konnte, weil eine Sache nicht handeln kann, bevor sie ist; sobald daher Gott war, sobald erschuf er die Welt[2].

**952**      (2) Item concedi potest mundum fuisse ab aeterno[1].

(2) Ebenso: Man kann einräumen, daß die Welt von Ewigkeit her war[1].

**953**      (3) Item simul et semel, quando Deus fuit, quando Filium sibi coaeternum per omnia coaequalem Deum genuit, etiam mundum creavit[1].

(3) Ebenso: Zugleich und mit einem Male, als Gott war, als er den ihm gleichewigen Sohn, den in allem gleichen Gott, zeugte, hat er auch die Welt erschaffen[1].

**954**      (4) Item in omni opere, etiam malo, malo, inquam, tam poenae quam culpae, manifestatur et relucet aequaliter gloria Dei[1].

(4) Ebenso: In jedem Werk, auch dem schlechten – dem schlechten, sage ich, sowohl der Strafe als auch der Schuld ⟨nach⟩ – offenbart sich und erstrahlt in gleicher Weise die Herrlichkeit Gottes[1].

**955**      (5) Item vituperans quempiam vituperio ipso peccato vituperii laudat Deum, et quo plus vituperat et gravius peccat, amplius Deum laudat[1].

(5) Ebenso: Wer jemanden mit einer Schmähung schmäht, lobt Gott durch eben diese Sünde der Schmähung, und je mehr er schmäht, und je schwerer er sündigt, desto mehr lobt er Gott[1].

**956**      (6) Item Deum ipsum quis blasphemando Deum laudat[1].

(6) Ebenso: Wenn einer Gott selbst lästert, lobt er Gott[1].

**957**      (7) Item quod petens hoc aut hoc, malum petit et male, quia negationem boni et negationem Dei petit, et orat Deum sibi negari[1].

(7) Ebenso: Wer dieses oder jenes erbittet, erbittet Schlechtes und schlecht, weil er die Verweigerung des Guten und die Verweigerung Gottes erbittet und betet, daß Gott sich ihm verweigere[1].

---

**\*950**    [1]   Nämlich vor dem Avignoner Gerichtshof (vgl. Av.G.).
**\*951**    [1]   Bei Eckhart richtig: "prius" ("früher").
         [2]   Aa'1,1 (LW 1,50$_{25}$; 1,190$_{5-9}$ / Denifle: ArchLKGMA 2 [1886] 474 553$_{11-15}$); vgl. Av.G.; aber die Argumentation ("weil ...") ist Eckhart fremd.
**\*952**    [1]   D'1,38 (LW 3,181$_7$ / vgl. Denifle, wie oben, 636f); vgl. Av.G. 2.
**\*953**    [1]   Aa'1,1 (LW 1,190$_{11f}$; vgl. 1,51$_{2ff}$ / Denifle 474 553$_{15-18}$); vgl. Av.G. 3.
**\*954**    [1]   D'9,3 (LW 3, Nr. 494 / Denifle 637); vgl. Av.G. 7.
**\*955**    [1]   D'9,3 (LW 3, Nr. 494 / Denifle 637); vgl. Av.G. 8.
**\*956**    [1]   D'9,3 (LW 3, Nr. 494 / Denifle 637); vgl. Av.G. 9.
**\*957**    [1]   D'16,23 (LW 3, Nr. 611 / Denifle 637f); vgl. Av.G. 14.

(8) Qui non intendunt res, nec honores, nec utilitatem, nec devotionem internam, nec sanctitatem, nec praemium, nec regnum caelorum, sed omnibus his renuntiaverunt, etiam quod suum est, in illis hominibus honoratur Deus[1].

(9) Ego nuper cogitavi, utrum ego vellem aliquid recipere a Deo vel desiderare: ego volo de hoc valde bene deliberare, quia ubi ego essem accipiens a Deo, ibi essem ego sub eo vel infra eum, sicut unus famulus vel servus, et ipse sicut dominus in dando, et sic non debemus esse in aeterna vita[1].

(10) Nos transformamur totaliter in Deum et convertimur in eum; simili modo sicut in sacramento panis convertitur in corpus Christi, sic ego convertor in eum, quod ipse operatur me suum esse unum, non simile. Per viventem Deum verum est, quod ibi nulla est distinctio[1].

(11) Quidquid Deus Pater dedit Filio suo unigenito in humana natura, hoc totum dedit mihi. Hic nihil excipio, nec unionem nec sanctitatem, sed totum dedit mihi sicut sibi[1].

(12) Quidquid dicit sacra Scriptura de Christo, hoc etiam totum verificatur de omni bono et divino homine[1].

(13) Quidquid proprium est divinae naturae, hoc totum proprium est homini iusto et divino; propter hoc iste homo operatur, quidquid Deus operatur, et creavit una cum Deo caelum et terram, et est generator Verbi aeterni, et Deus sine tali homine nesciret quidquam facere[1].

(14) Bonus homo debet sic conformare voluntatem suam voluntati divinae, quod ipse velit quidquid Deus vult. Quia Deus vult

(8) Die nicht nach Vermögen, nicht nach Ehren, nicht nach Nutzen, nicht nach innerer Andacht, nicht nach Heiligkeit, nicht nach Lohn und nicht nach dem Himmelreich trachten, sondern all dem entsagt haben, auch ⟨dem⟩, was das Ihrige ist, in diesen Menschen wird Gott geehrt[1]. **958**

(9) Ich überlegte neulich, ob ich etwas von Gott annehmen oder begehren wollte: ich will darüber sehr gut nachdenken; denn wo ich ein von Gott Annehmender wäre, dort wäre ich unter ihm oder tiefer als er, wie ein Diener oder Knecht, und er beim Geben wie ein Herr, und so sollen wir nicht sein im ewigen Leben[1]. **959**

(10) Wir werden vollständig in Gott umgestaltet und in ihn verwandelt; auf ähnliche Weise, wie im Sakrament das Brot in den Leib Christi verwandelt wird, so werde ich in ihn verwandelt, weil er mich wirkt zu seinem einen Sein, nicht zu einem ähnlichen. Beim lebendigen Gott ist es wahr, daß da kein Unterschied ist[1]. **960**

(11) Alles, was Gott, der Vater, seinem einziggeborenen Sohn in der menschlichen Natur gegeben hat, das hat er alles mir gegeben. Hier nehme ich nichts aus, weder die Einheit noch die Heiligkeit, sondern er hat mir alles gegeben wie ihm[1]. **961**

(12) Alles, was die heilige Schrift über Christus sagt, das bewahrheitet sich auch alles an jedem guten und göttlichen Menschen[1]. **962**

(13) Alles, was der göttlichen Natur eigen ist, das ist alles dem gerechten und göttlichen Menschen eigen; deswegen wirkt ein solcher Mensch alles, was Gott wirkt, und er hat zusammen mit Gott Himmel und Erde erschaffen und ist Zeuger des ewigen Wortes, und Gott wüßte ohne einen solchen Menschen nichts zu tun[1]. **963**

(14) Der gute Mensch muß seinen Willen dem göttlichen Willen so angleichen, daß er alles will, was Gott will. Weil Gott in gewis- **964**

---

**\*958** [1] Fa' (DW 1,100$_{4-6}$); vgl. Kölner Sätze, 2. Reihe, 35; vgl. Av.G. 15.
**\*959** [1] Fa' (DW 1,112$_{6-9}$); vgl. Kölner Sätze, 2. Reihe, 40; vgl. Av.G. 16.
**\*960** [1] Fa' (DW 1,110$_8$-111$_{2\,6-7}$); vgl. Av.G. 20.
**\*961** [1] Vielleicht Fb' (DW 1,77$_{11-17}$); vgl. Av.G. 21.
**\*962** [1] Vgl. Fg' (DW 1,421$_1$-422$_1$); vgl. Av.G. 22.
**\*963** [1] Es scheint sich entweder um eine Predigt oder um eine Zusammenfassung von E' zu handeln (zum ersten Teil vgl. DW 5,43$_{19}$); vgl. Av.G. 23.

aliquo modo me pecasse, nollem ego, quod ego peccata non commisissem, et haec est vera paenitentia[1].

965   (15) Si homo commisisset mille peccata mortalia, si talis homo esset recte dispositus, non deberet velle se ea non commisisse[1].

966   (16) Deus proprie non praecipit actum exteriorem[1].

967   (17) Actus exterior non est proprie bonus nec divinus, nec operatur ipsum Deus proprie neque parit[1].

968   (18) Afferamus fructum actuum non exteriorum, qui nos bonos non faciunt, sed actuum interiorum, quos Pater in nobis manens facit et operatur[1].

969   (19) Deus animas amat, non opus extra[1].

970   (20) Quod bonus homo est unigenitus Filius Dei[1].

971   (21) Homo nobilis est ille unigenitus Filius Dei, quem Pater aeternaliter genuit[1].

972   (22) Pater generat me suum filium et eundem filium. Quidquid Deus operatur, hoc est unum; propter hoc generat ipse me suum filium sine omni distinctione[1].

973   (23) Deus est unus omnibus modis et secundum omnem rationem, ita ut in ipso non sit invenire aliquam multitudinem in intellectu vel extra intellectum[1]. Qui enim duo videt vel distinctionem videt, Deum non videt, Deus enim unus est extra numerum et supra numerum, nec ponit in unum cum aliquo[2]. Sequitur [scilicet loco posteriore]: nulla igitur distinctio in ipso Deo esse potest aut intelligi[3].

ser Weise will, daß ich gesündigt habe, wollte ich nicht, daß ich keine Sünden begangen hätte, und das ist wahre Buße[1].

(15) Wenn ein Mensch tausend Todsünden begangen hätte, so dürfte er, wenn ein solcher Mensch recht eingestellt wäre, nicht wollen, er hätte sie nicht begangen[1].

(16) Gott gebietet nicht eigentlich den äußeren Akt[1].

(17) Der äußere Akt ist nicht eigentlich gut oder göttlich, noch wirkt ihn Gott eigentlich oder bringt ihn hervor[1].

(18) Wir wollen nicht die Frucht äußerer Akte bringen, die uns nicht gut machen, sondern innerer Akte, die der Vater, in uns bleibend, tut und wirkt[1].

(19) Gott liebt die Seelen, nicht das Werk außen[1].

(20) Der gute Mensch ist der einziggeborene Sohn Gottes[1].

(21) Der edle Mensch ist jener einziggeborene Sohn Gottes, den der Vater von Ewigkeit her gezeugt hat[1].

(22) Der Vater zeugt mich als seinen Sohn und als denselben Sohn. Alles, was Gott wirkt, das ist eins; deswegen zeugt er mich als seinen Sohn ohne jeden Unterschied[1].

(23) Gott ist e i n e r auf alle Weisen und in jeder Hinsicht, so daß es nicht möglich ist, in ihm irgendeine Vielzahl zu finden, in der Vernunft oder außerhalb der Vernunft[1]. Wer nämlich zwei sieht oder einen Unterschied sieht, sieht nicht Gott; Gott ist nämlich e i n e r außerhalb der Zahl und über der Zahl, und er setzt ⟨sich⟩ nicht in eins mit irgendetwas[2]. Es folgt [nämlich an einer späteren Stelle]: also kann kein Unterschied in Gott selbst sein oder eingesehen werden[3].

---

*964   [1]   E' (DW 5,22₅₋₈ ₁₀); vgl. Av.G. 28.
*965   [1]   Vgl. G' (DW 5,233₄₋₆ / Diederichs 20₃₂₋₃₇); vgl. Av.G. 27.
*966   [1]   Ab' (LW 1, Nr. [zu Ab'] 165 / Denifle 638); vgl. Av.G. 10.
*967   [1]   Ab' (LW 1, Nr. [zu Ab'] 165 / Denifle 638); vgl. Av.G. 11.
*968   [1]   D' 18,16 (LW 3, Nr. 646 / Denifle 638); vgl. Av.G. 12.
*969   [1]   C' 11,27 (LW 2, Nr. [zu C'] 226 / Théry: ArchHDLMA 4 [1929] 320₄); vgl. Av.G. 13.
*970   [1]   Vielleicht E' (DW 5,44₁₉ ₂₆); vgl. Av.G. 17.
*971   [1]   Fc' (DW 1,239₄f); vgl. Av.G. 18.
*972   [1]   Fa' (DW 1,109₆f 110₁f); vgl. Av.G. 19.
*973   [1]   "Deus est unus – extra intellectum" ("Gott ist e i n e r – außerhalb der Vernunft"): Maimonides, Dux neutrorum (Paris 1520) Fol. 18v₁₆₋₁₉.
       [2]   Bei Eckhart liest man: "nec potest in numerum poni cum aliquo" ("und er kann nicht in eine Zahl mit irgendetwas gebracht werden").
       [3]   B' 15,3 (LW 2,65₂₋₆ 66₆ / Denifle 638); vgl. Av.G. 24.

(24) Omnis distinctio est a Deo aliena, neque in natura neque in personis; probatur: quia natura ipsa est una et hoc unum, et quaelibet persona est una et idipsum unum, quod natura[1].

(25) Cum dicitur: "Simon, diligis me plus his?" [*Io 21,15*], sensus est, id est plus quam istos, et bene quidem, sed non perfecte. In primo enim et secundo et plus et minus et gradus est et ordo, in uno autem nec gradus est nec ordo. Qui igitur diligit Deum plus quam proximum, bene quidem, sed nondum perfecte[1].

(26) Omnes creaturae sunt unum purum nihil: non dico, quod sint quid modicum vel aliquid, sed quod sint unum purum nihil[1].

Obiectum praeterea exstitit dicto Ekardo, quod praedicaverat alios duos articulos sub his verbis:

(1) Aliquid est in anima, quod est increatum et increabile; si tota anima esset talis, esset increata et increabilis, et hoc est intellectus[1].

(2) Quod Deus non est bonus neque melior neque optimus; ita male dico, quandocumque voco Deum bonum, ac si ego album vocarem nigrum[1].

[*Censura:*] ... Quia ... invenimus primos quindecim memoratos articulos et duos etiam alios ultimos tam ex suorum sono verborum quam ex suarum connexione sententiarum errorem seu labem haeresis continere, alios vero undecim, quorum primus incipit "Deus non praecipit" etc. [*prop. 16*], reperimus nimis male sonare et multum esse temerarios de haeresique suspectos, licet cum multis expositionibus et suppletionibus sensum catholicum formare valeant vel habere:

(24) Jeder Unterschied ist Gott fremd, sowohl in der Natur als auch in den Personen; Beweis: Denn die Natur selbst ist e i n e und dieses Eine, und jede Person ist e i n e und eben dieses Eine, das die Natur ⟨ist⟩[1].          974

(25) Wenn gesagt wird: "Simon, liebst du mich mehr als diese?" [*Joh 21,15*], so ist der Sinn: das heißt, mehr als ⟨du⟩ diese ⟨liebst⟩, und zwar gut, aber nicht vollkommen. Denn im "Ersten" und "Zweiten" und "Mehr" und "Weniger" ist sowohl Abstufung als auch Rangordnung, im Einen aber ist weder Abstufung noch Rangordnung. Wer also Gott mehr als den Nächsten liebt, ⟨liebt⟩ zwar gut, aber noch nicht vollkommen[1].          975

(26) Alle Geschöpfe sind ein reines Nichts: Ich sage nicht, daß sie etwas Unbedeutendes oder irgend etwas seien, sondern daß sie ein reines Nichts sind[1].          976

Außerdem wurde besagtem Eckhart vorgeworfen, daß er noch zwei andere Artikel mit diesen Worten gepredigt hatte:

(1) Es ist etwas in der Seele, das unerschaffen und unerschaffbar ist; wenn die ganze Seele so beschaffen wäre, wäre sie unerschaffen und unerschaffbar; und dies ist die Vernunft[1].          977

(2) Gott ist nicht gut noch besser, noch am besten; wenn ich Gott gut nenne, rede ich so falsch, wie wenn ich weiß schwarz nennen würde[1].          978

[*Zensur:*] ... Weil Wir ... gefunden haben, daß die ersten fünfzehn erwähnten Artikel und auch die anderen letzten zwei sowohl ihrem Wortlaut als auch dem Zusammenhang ihrer Sätze nach einen Irrtum bzw. den Makel einer Häresie enthalten, die anderen elf aber, deren erster beginnt: "Gott gebietet nicht" usw. [*Satz 16*], nach unserem Befinden allzu übel klingen und sehr leichtfertig und der Häresie vedächtig sind, auch wenn sie mit vielen Erklärungen und Ergänzungen einen katholischen Sinn bilden oder haben können:          979

---

**\*974**  [1]  E' (DW 5,114$_{21}$–115$_3$); vgl. Av.G. 25.
**\*975**  [1]  D' 21,15 (LW 3, Nr. 728 / Denifle 639); vgl. Av.G. 26.
**\*976**  [1]  Fd' (DW 1,69$_8$–70$_1$); vgl. Av.G. 6.
**\*977**  [1]  Ff' (DW 1,220$_{4-5}$); vgl. Av.G. 4.
**\*978**  [1]  Fe' (DW 1,148$_{5-7}$); vgl. Av.G. 5.

ne articuli huiusmodi seu contenta in eis corda simplicium, apud quos praedicati fuerunt, ultra inficere valeant, ...

Nos ... praefatos quindecim primos articulos et duos alios ultimos tamquam haereticos, dictos vero alios undecim tamquam male sonantes, temerarios, et suspectos de haeresi, ac nihilominus libros quoslibet seu opuscula eiusdem Ekardi, praefatos articulos seu eorum aliquem continentes, damnamus et reprobamus expresse. ...

**980**     Porro ... volumus notum esse, quod, prout constat per publicum instrumentum inde confectum, praefatus Ekardus in fine vitae suae fidem catholicam profitens praedictos viginti sex articulos, quos se praedicasse confessus exstitit, necnon quaecumque alia per eum scripta et docta ..., quae possent generare in mentibus fidelium sensum haereticum vel erroneum ac verae fidei inimicum, quantum ad illum sensum revocavit ac etiam reprobavit ..., determinationi Apostolicae Sedis et Nostrae tam se quam scripta sua et dicta omnia summittendo[1].

damit diese Artikel bzw. das in ihnen Enthaltene nicht die Herzen der Einfachen, bei denen sie gepredigt wurden, weiterhin anstekken kann, ...

verurteilen und verwerfen Wir ausdrücklich ... die vorgenannten fünfzehn ersten Artikel und die anderen letzten zwei als häretisch, die besagten anderen elf aber als übel klingend, leichtfertig und der Häresie verdächtig, sowie um nichts weniger alle Bücher bzw. Schriften desselben Eckhart, die die vorher genannten Artikel bzw. einen von ihnen enthalten. ...

Ferner wollen Wir, daß ... es bekannt sei, daß – wie durch eine öffentliche Urkunde, die davon angefertigt wurde, feststeht – besagter Eckhart am Ende seines Lebens, als er den katholischen Glauben bekannte, die vorher genannten sechsundzwanzig Artikel, die er seinem Bekenntnis zufolge gepredigt hat, sowie alles andere von ihm Geschriebene und Gelehrte ..., das in den Herzen der Gläubigen einen häretischen oder irrigen und dem wahren Glauben feindlichen Sinn erzeugen könnte, soweit es jenen Sinn betrifft, widerrufen und auch verworfen hat ..., indem er sowohl sich als auch alle seine Schriften und Aussagen der Bestimmung des Apostolischen Stuhles und der Unseren unterwarf[1].

## 990-991: Bulle "Ne super his", 3. Dez. 1334

Entgegen der schon damals gängigen theologischen Auffassung vertrat Johannes XXII. die Meinung, die "unter dem Altare" Gottes (vgl. Offb 6,9) weilenden Seelen der Verstorbenen besäßen lediglich die Anschauung der menschlichen Natur Christi und erlangten erst nach dem allgemeinen Weltgericht die volle Seligkeit. Vor allem in drei Predigten trug er diese Auffassung vor: am 1. Nov. und 15. Dez. 1331 und am 5. Jan. 1332. Die zwei ersten wurden herausgegeben von Mariano Prados SJ, in: ArchTGran 23 [1960] 155-184; die Handschriften siehe bei DenCh 2,414. In der zweiten Predigt erklärt der Papst, die Schau Gottes werde als Lohn (nach Augustinus, *Enarrationes in Psalmos* 90, sermo 2, n. 13 [CpChL 39,1277$_{13-15}$ / PL 37,1170A]) nur dem in der Auferstehung aus Leib und Seele geeinten Menschen als Subjekt geschuldet, nicht aber schon der vom Leib getrennten Seele. In der 3. Predigt behauptet er, sowohl die Dämonen als auch die verworfenen Menschen würden erst nach dem allgemeinen Gericht die ewige Strafe der Hölle antreten. Zur Unterstützung seiner Auffassung verfaßte Johannes XXII. i. J. 1333 ebenfalls eine Schrift.
König Philipp VI. von Frankreich veranlaßte eine Untersuchung. Sie begann am 19. Dez. 1333. Daraufhin berief auch der Papst eine Kommission von Kardinälen und Theologen, die den Papst dazu bewegte, am 3. Jan. 1334 im Konsistorium zu erklären, er werde seine Meinung widerrufen, wenn sie der allgemeinen Lehre der Kirche entgegenstehe. Am 3. Dez. 1334, einen Tag vor seinem Tode, widerrief er in Gegenwart des Kardinalskollegiums feierlich seine Auffassung mit den in dieser Bulle überlieferten Worten. Die Bulle wurde von seinem Nachfolger Benedikt XII. veröffentlicht.
*Ausg.:* DenCh 2,440f (Nr. 987) / ein ziemlich abweichender Text bei DuPlA 1/I (1724) 320b-321a / MaC 25,568E-569C / HaC 7,1405B-D.

---

\*980   [1]   Eckhart hatte zwar am ·13. Febr. 1327 in Köln öffentlich erklärt, er werde alles widerrufen, was man in seinen Aussagen und Schriften für irrig befinde (vgl. Laurent, in: DivThomPl 39 [1936] 344-346, Dok. V / Denifle, in: ArchLKGMA 2 [1886] 630-633); aber die Worte der Bulle scheinen sich auf einen nicht näher bekannten späteren Widerruf zu beziehen.

*Widerruf Johannes' XXII. – Die Seligkeit der Heiligen*

Ne super his, quae de animabus purgatis separatis a corporibus (an citra resumptionem corporum divinam essentiam illa visione, videlicet quam vocat facialem Apostolus, videant) tam per Nos quam per nonnullos alios in praesentia Nostra recitando sacram Scripturam ac originalia dicta Sanctorum vel alias ratiocinando saepius dicta sunt, aliter quam per Nos dicta et intellecta fuerint et intelligantur ac dicantur, auribus valeant fidelium inculcari, ecce quod Nostram intentionem, quam cum sancta Ecclesia catholica circa haec habemus et habuimus, serie praesentium ut sequitur declaramus.

Fatemur siquidem et credimus, quod animae purgatae separatae a corporibus sunt in caelo, caelorum regno et paradiso et cum Christo in consortio angelorum congregatae et vident Deum de communi lege ac divinam essentiam facie ad faciem clare, in quantum status et condicio compatitur animae separatae.

Si vero alia vel aliter circa materiam huiusmodi per Nos dicta fuerint quoquomodo, illa in habitu fidei catholicae diximus ac recitando et conferendo dixisse asserimus et volumus esse dicta. Insuper si qua alia sermocinando, conferendo, dogmatizando, docendo seu alio quovis modo diximus circa ea quae fidem concernunt catholicam, sacram Scripturam aut bonos mores, ea in quantum sunt consona fidei catholicae, determinationi Ecclesiae, sacrae Scripturae ac bonis moribus, approbamus, alias autem illa haberi volumus pro non dictis, et ea minime approbamus, sed in quantum essent a praemissis fide catholica, determinatione Ecclesiae, sacra Scriptura vel bonis moribus aut aliquo ipsorum dissonantia, reprobamus et nihilominus omnia dicta et scripta Nostra de quacumque materia ubicumque et in quocumque loco ac in quocumque statu, quem habemus vel habuerimus hactenus, submittimus determinationi Ecclesiae ac successorum Nostrorum.

Damit sich nicht in bezug auf das, was **990** über die von den Leibern getrennten gereinigten Seelen (ob sie vor der Wiederannahme der Leiber das göttliche Wesen in jener Schau, die nämlich der Apostel die von Angesicht zu Angesicht nennt, schauen) sowohl von Uns als auch von manchen anderen in Unserer Gegenwart durch Zitieren der heiligen Schrift und der ursprünglichen Aussagen der Heiligen oder durch anderweitige Schlußfolgerungen öfter gesagt wurde, den Ohren der Gläubigen anderes einprägen könne, als von Uns gesagt und verstanden wurde und verstanden und gesagt wird, siehe, so erklären Wir nun im Rahmen des vorliegenden ⟨Schreibens⟩ Unsere Meinung, die Wir mitsamt der heiligen katholischen Kirche diesbezüglich haben und hatten, wie folgt.

Wir bekennen also und glauben, daß die **991** von den Leibern getrennten gereinigten Seelen im Himmel, Himmelreich und Paradies und mit Christus in der Gemeinschaft der Engel versammelt sind und nach allgemeiner Anordnung Gott und das göttliche Wesen von Angesicht zu Angesicht klar sehen, soweit es der Zustand und die Verfassung der getrennten Seele gestattet.

Wenn aber in bezug auf diesen Gegenstand von Uns in irgendeiner Weise anderes oder anders gesagt worden sein sollte, so haben Wir dies in der Haltung katholischen Glaubens gesagt, behaupten, es so vortragend und erörternd gesagt zu haben, und wollen es so gesagt sein lassen. Zudem: Wenn Wir in bezug auf das, was den katholischen Glauben, die heilige Schrift oder die guten Sitten betrifft, in Predigt, Erörterung, Lehre, Unterricht oder irgendeiner anderen Weise etwas anderes gesagt haben, so billigen Wir dies, insofern es mit dem katholischen Glauben, der Bestimmung der Kirche, der heiligen Schrift und den guten Sitten im Einklang ist, andernfalls aber wollen Wir, daß es für nicht gesagt gehalten werde und billigen es keineswegs, sondern mißbilligen es, insofern es nicht im Einklang wäre mit dem vorher Erwähnten, ⟨nämlich⟩ dem katholischen Glauben, der Bestimmung der Kirche, der heiligen Schrift oder den guten Sitten oder einem von ihnen; und ebenso unterwerfen Wir alles von Uns

über was für einen Gegenstand auch immer
wo auch immer und an welchem Ort auch
immer sowie in welchem Stand auch immer,
den Wir innehaben oder bisher innehatten,
Gesagte und Geschriebene der Bestimmung
der Kirche und Unserer Nachfolger.

## BENEDIKT XII.: 20. Dez. 1334 - 25. April 1342

### 1000-1002: Konstitution "Benedictus Deus", 29. Jan. 1336

Zum Anlaß dieser Definition vgl. *990°. Benedikt XII. hatte schon als Kardinal ein umfangreiches Werk *De statu animarum sanctarum ante generale iudicium* (Archivum Vaticanum latinum 4006, Fol. 16A–218B; vgl. J.-M. Vidal, in: RHE 6 [1905] 788) verfaßt. Er verteidigte gegen seinen Vorgänger die gängige theologische Auffassung in dieser Frage. Bevor er sie definierte, beauftragte er ein Theologengremium mit der eingehenden Untersuchung des Problems.

*Ausg.:* BullTau 4,346b–347a / BullCocq 3/II,214ab / DuPlA 1/I (1724) 321b–322a / Benedikt XII., *Acta*, hrsg. von A.L. Tăutu (*Codex Iuris Canonici Orientalis*, Fontes III 8; Vatikan 1958) 12f.

### Das Los des Menschen nach dem Tod

**1000** [*Visio Dei beatifica.*] Hac in perpetuum valitura Constitutione auctoritate Apostolica diffinimus:

quod secundum communem Dei ordinationem animae sanctorum omnium, qui de hoc mundo ante Domini Nostri Iesu Christi passionem decesserunt, nec non sanctorum Apostolorum, martyrum, confessorum, virginum et aliorum fidelium defunctorum post sacrum ab eis Christi baptisma susceptum, in quibus nihil purgabile fuit, quando decesserunt, nec erit, quando decedent etiam in futurum, vel si tunc fuerit aut erit aliquid purgabile in eisdem, cum post mortem suam fuerint purgatae,

ac quod animae puerorum eodem Christi baptismate renatorum et baptizandorum cum fuerint baptizati, ante usum liberi arbitrii decedentium,

mox post mortem suam et purgationem praefatam in illis, qui purgatione huiusmodi indigebant, etiam ante resumptionem suorum corporum et iudicium generale post ascensionem Salvatoris Domini nostri Iesu Christi in caelum, fuerunt, sunt et erunt in caelo, caelorum regno et paradiso caelesti cum Christo, sanctorum Angelorum consortio congregatae,

[*Die seligmachende Schau Gottes.*] Durch diese auf immer geltende Konstitution definieren Wir kraft Apostolischer Autorität:

daß nach allgemeiner Anordnung Gottes die Seelen aller Heiligen, die vor dem Leiden unseres Herrn Jesus Christus aus dieser Welt geschieden sind, sowie ⟨die Seelen⟩ der heiligen Apostel, Martyrer, Bekenner, Jungfrauen und anderer Gläubiger, die nach der von ihnen empfangenen heiligen Taufe Christi verstorben sind, in denen es nichts zu reinigen gab, als sie dahinschieden, noch geben wird, wenn sie auch künftig dahinscheiden werden, oder wenn es in ebendiesen damals etwas zu reinigen gab oder geben wird, wenn sie nach ihrem Tod gereinigt wurden,

und daß die Seelen der Kinder, die durch dieselbe Taufe Christi wiedergeboren wurden, und der noch zu Taufenden, nachdem sie getauft wurden, wenn sie vor dem Gebrauch des freien Willens dahinscheiden,

sogleich nach ihrem Tod und besagter Reinigung bei jenen, die einer solchen Reinigung bedurften, auch vor der Wiederannahme ihrer Leiber und dem allgemeinen Gericht nach dem Aufstieg unseres Erlösers und Herrn Jesus Christus in den Himmel im Himmel, Himmelreich und himmlischen Paradies mit Christus in der Gemeinschaft der heiligen Engel versammelt waren, sind und sein werden,

ac post Domini Iesu Christi passionem et mortem viderunt et vident divinam essentiam visione intuitiva et etiam faciali, nulla mediante creatura in ratione obiecti visi se habente, sed divina essentia immediate se nude, clare et aperte eis ostendente,

quodque sic videntes eadem divina essentia perfruuntur,
necnon quod ex tali visione et fruitione eorum animae, qui iam decesserunt, sunt vere beatae et habent vitam et requiem aeternam, et etiam illorum, qui postea decedent, eandem divinam videbunt essentiam ipsaque perfruentur ante iudicium generale;

ac quod visio huiusmodi divinae essentiae eiusque fruitio actus fidei et spei in eis evacuant, prout fides et spes propriae theologicae sunt virtutes;

quodque, postquam inchoata fuerit vel erit talis intuitiva ac facialis visio et fruitio in eisdem, eadem visio et fruitio sine aliqua intermissione seu evacuatione praedictae visionis et fruitionis continuata exstitit et continuabitur usque ad finale iudicium et ex tunc usque in sempiternum.

[*Infernum. – Iudicium generale.*]
Diffinimus insuper,
quod secundum Dei ordinationem communem animae decedentium in actuali peccato mortali mox post mortem suam ad inferna descendunt, ubi poenis infernalibus cruciantur,
et quod nihilominus in die iudicii omnes homines "ante tribunal Christi" cum suis corporibus comparebunt, reddituri de factis propriis rationem, "ut referat unusquisque propria corporis, prout gessit, sive bonum sive malum" [*2 Cor 5,10*].

und nach dem Leiden und Tod des Herrn Jesus Christus das göttliche Wesen in einer unmittelbaren Schau und auch von Angesicht zu Angesicht geschaut haben und schauen – ohne Vermittlung eines Geschöpfes, das sich als geschauter Gegenstand darböte; vielmehr zeigt sich ihnen das göttliche Wesen unmittelbar unverhüllt, klar und offen –,
und daß die so Schauenden ebendieses göttliche Wesen genießen,
sowie daß aufgrund dieser Schau und dieses Genusses die Seelen derer, die schon dahingeschieden sind, wahrhaft selig sind und das ewige Leben und die ewige Ruhe haben, und auch ⟨die Seelen⟩ jener, die später dahinscheiden werden, ebendieses göttliche Wesen vor dem allgemeinen Gericht schauen und es genießen werden;

und daß diese Schau des göttlichen Wesens und sein Genuß die Akte des Glaubens und der Hoffnung in ihnen schwinden lassen, insofern Glaube und Hoffnung eigentliche theologische Tugenden sind;
und daß, nachdem diese unmittelbare Schau von Angesicht zu Angesicht und dieser Genuß in ebendiesen angefangen hat oder haben wird, ebendiese Schau und ebendieser Genuß ohne irgendeine Unterbrechung oder Verminderung besagter Schau und besagten Genusses ununterbrochen besteht und fortgesetzt wird bis zum Endgericht und von dann bis in Ewigkeit. **1001**

[*Hölle. – Allgemeines Gericht.*] Wir **1002** definieren zudem,
daß nach allgemeiner Anordnung Gottes die Seelen der in einer aktuellen Todsünde Dahinscheidenden sogleich nach ihrem Tod zur Hölle hinabsteigen, wo sie mit den Qualen der Hölle gepeinigt werden,
und daß nichtsdestoweniger am Tage des Gerichts alle Menschen "vor dem Richterstuhl Christi" mit ihren Leibern erscheinen werden, um Rechenschaft für ihre eigenen Taten abzulegen, "damit ein jeder seinen Lohn empfange für das, was er im Leib Gutes oder Böses getan hat" [*2 Kor 5,10*].

## 1006–1020: Schreiben "Cum dudum" an die Armenier, Aug. 1341

Die Bedeutung dieses Dokumentes liegt in der Klärung der katholischen Lehre. Das Schreiben geht auf eine Untersuchung zurück, die ohne offiziellen Auftrag angefertigt wurde. Die in ihm enthaltenen 117 Anklagepunkte können der armenischen Kirche nicht als ganzer angelastet werden. Die Armenier erhoben gegen das Schreiben Einspruch und versammelten sich 1345 (1344?) auf einer Synode bei Sis, um die Artikel

einzeln zu widerlegen: vgl. MaC 25,1185–1270; dort auch der Text der Artikel. – Im lateinischen Text wird anstelle der gebräuchlichen Form "Armenii" die von der Quelle übernommene Form "Armeni" beibehalten.

*Ausg.:* Tăutu, a. *1000° a.O. 121–143 / E. Martène, *Veterum scriptorum et monumentorum amplissima collectio* 7 (Paris 1733) 318B–385B / BarAE, zum Jahr 1341 Nr. 50–69.

### Den Armeniern vorgeworfene Irrtümer

**1006**    4. Item quod Armeni dicunt et tenent, quod peccatum primorum parentum personale ipsorum tam grave fuit, quod omnes eorum filii ex semine eorum propagati usque ad Christi passionem merito dicti peccati personalis ipsorum damnati fuerunt et in inferno post mortem detrusi, non propter hoc, quod ipsi ex Adam aliquod peccatum originale contraxerint, cum dicant pueros nullum omnino habere originale peccatum, nec ante Christi passionem nec post; sed dicta damnatio ante Christi passionem eos sequebatur ratione gravitatis peccati personalis, quod commiserunt Adam et Eva, transgrediendo divinum praeceptum eis datum: sed post Domini passionem, in qua peccatum primorum parentum deletum fuit, pueri, qui nascuntur ex filiis Adam, non sunt damnationi addicti, nec in inferno ratione dicti peccati sunt detrudendi, quia Christus totaliter peccatum primorum parentum delevit in sua passione.

4. Desgleichen sagen die Armenier und halten fest, daß die persönliche Sünde der ersten Eltern selbst so schwer war, daß alle ihre Kinder, die aus ihrem Samen fortgepflanzt wurden, bis hin zum Leiden Christi aufgrund ihrer erwähnten persönlichen Sünde verdammt und nach dem Tod in die Hölle hinabgestoßen wurden, nicht deswegen, weil sie sich selbst aus Adam irgendeine Ursünde zugezogen hätten – sie sagen nämlich, die Kinder hätten überhaupt keine Ursünde, weder vor dem Leiden Christi noch danach –, sondern die erwähnte Verdammnis ereilte sie vor dem Leiden Christi aufgrund der Schwere der persönlichen Sünde, die Adam und Eva begingen, indem sie das ihnen gegebene göttliche Gebot übertraten; nach dem Leiden des Herrn aber, in dem die Sünde der ersten Eltern vernichtet wurde, sind die Kinder, die aus den Söhnen Adams geboren werden, der Verdammnis nicht anheimgegeben und müssen nicht aufgrund der erwähnten Sünde in die Hölle hinabgestoßen werden, weil Christus in seinem Leiden die Sünde der ersten Eltern vollständig vernichtete.

**1007**    5. Item quod quidam magister Armenorum vocatus Mechitriz, qui interpretatur paraclitus, de novo introduxit et docuit, quod anima humana filii propagatur ab anima patris sui, sicut corpus a corpore, et angelus etiam unus ab alio; quia cum anima humana rationalis exsistens, et angelus exsistens intellectualis naturae, sint quaedam lumina spiritualia, ex se ipsis propagant alia lumina spiritualia. ...

5. Desgleichen hat ein Lehrer der Armenier namens Mechitriz, was übersetzt Beistand heißt, von neuem eingeführt und gelehrt, daß die menschliche Seele des Kindes von der Seele seines Vaters fortgepflanzt wird, so wie der Leib vom Leib und auch ein Engel vom anderen; denn da die vernunftbegabt existierende menschliche Seele und der in einer geistigen Natur existierende Engel gewissermaßen geistige Lichter sind, pflanzen sie aus sich selbst andere geistige Lichter fort. ...

**1008**    6. Item dicunt Armeni, quod animae puerorum, qui nascuntur ex christianis parentibus post Christi passionem, si moriantur antequam baptizentur, vadunt ad paradisum terrestrem, in quo fuit Adam ante peccatum; animae vero puerorum, qui nascuntur ex parentibus non christianis post Christi passionem et moriuntur sine baptismo, vadunt ad

6. Desgleichen sagen die Armenier, daß die Seelen der Kinder, die nach dem Leiden Christi von christlichen Eltern geboren werden, wenn sie sterben, bevor sie getauft werden, zum irdischen Paradies wandern, in dem Adam vor der Sünde war; die Seelen der Kinder aber, die nach dem Leiden Christi von nichtchristlichen Eltern geboren werden und

loca, ubi sunt animae parentum ipsorum.

8. Item Armeni dicunt quod animae puerorum baptizatorum et animae multum perfectorum hominum post generale iudicium intrabunt in regnum caelorum, ubi carebunt omni malo poenali huius vitae .... Non tamen videbunt Dei essentiam, quia nulla creatura eam videre potest; sed videbunt claritatem Dei, quae ab eius essentia emanat, sicut lux solis emanat a sole et tamen non est sol. ...

17. Item quod Armeni communiter tenent, quod in alio saeculo non est purgatorium animarum, quia, ut dicunt, si christianus confiteatur peccata sua, omnia peccata eius et poenae peccatorum ei dimittuntur. Nec etiam ipsi orant pro defunctis, ut eis in alio saeculo peccata dimittantur, sed generaliter orant pro omnibus mortuis, sicut pro beata Maria, Apostolis ...

18. Item quod Armeni credunt et tenent, quod Christus descendit de caelo et incarnatus fuit propter hominum salutem non pro eo, quod filii propagati ex Adam et Eva post peccatum eorum ex eis contrahant originale peccatum, a quo per Christi incarnationem et mortem salventur, cum nullum tale peccatum dicant esse in filiis Adae: sed dicunt, quod Christus propter salutem hominum est incarnatus et passus, quia per suam passionem filii Adam, qui dictam passionem praecesserunt, fuerunt liberati ab inferno, in quo erant non ratione originalis peccati quod in eis esset, sed ratione gravitatis peccati personalis primorum parentum. Credunt etiam, quod Christus propter salutem puerorum, qui nati fuerunt post eius passionem, incarnatus fuit et passus, quia per suam passionem destruxit totaliter infernum. ...

ohne Taufe sterben, wandern an die Orte, wo die Seelen ihrer Eltern sind.

8. Desgleichen sagen die Armenier, daß **1009** die Seelen der getauften Kinder und die Seelen der sehr vollkommenen Menschen nach dem allgemeinen Gericht in das Himmelreich eintreten werden, wo sie von jedem zur Strafe dienenden Übel dieses Lebens frei sein werden .... Sie werden jedoch nicht das Wesen Gottes schauen, weil kein Geschöpf dieses schauen kann; sondern sie werden den Glanz Gottes schauen, der von seinem Wesen ausströmt, so wie das Licht der Sonne von der Sonne ausströmt und dennoch nicht die Sonne ist. ...

17. Desgleichen halten die Armenier all- **1010** gemein fest, daß es keinen Reinigungsort der Seelen in der anderen Welt gibt; denn wenn, wie sie sagen, ein Christ seine Sünden bekennt, so werden ihm alle seine Sünden und die Strafen für die Sünden vergeben. Sie beten auch nicht für die Verstorbenen, damit ihnen in der anderen Welt die Sünden vergeben werden, sondern sie beten allgemein für alle Toten, wie z. B. für die selige Maria, die Apostel ...

18. Desgleichen glauben die Armenier **1011** und halten fest, daß Christus nicht deswegen vom Himmel herabgestiegen und für das Heil der Menschen fleischgeworden ist, weil sich die aus Adam und Eva fortgepflanzten Kinder nach deren Sünde aus ihnen die Ursünde zuzögen, von der sie durch die Fleischwerdung und den Tod Christi errettet werden – denn sie sagen, daß es keine solche Sünde in den Kindern Adams gebe –; sondern sie sagen, daß Christus für das Heil der Menschen fleischgeworden ist und gelitten hat, weil durch sein Leiden die Kinder Adams, die dem erwähnten Leiden vorausgingen, von der Hölle befreit wurden, in der sie nicht aufgrund der Ursünde waren, die etwa in ihnen wäre, sondern aufgrund der Schwere der persönlichen Sünde der ersten Eltern. Sie glauben auch, daß Christus für das Heil der Kinder, die nach seinem Leiden geboren wurden, fleischgeworden ist und gelitten hat, weil er durch sein Leiden die Hölle vollständig zerstörte. ...

**1012**   19. ... In tantum dicunt, quod ... concupiscentia carnis est peccatum et malum, quod parentes etiam christiani, quando matrimonialiter concumbunt, committunt peccatum ..., quia actum matrimonialem dicunt esse peccatum et etiam matrimonium. ...

19. ... Sie behaupten so sehr, daß die ... Begierde des Fleisches eine Sünde und ein Übel sei, daß sogar christliche Eltern, wenn sie ehelich zusammen schlafen, eine Sünde begehen ...; denn sie sagen, der eheliche Akt und sogar die Ehe sei eine Sünde. ...

**1013**   40. ... Alii vero dicunt, quod episcopi et presbyteri Armenorum nihil faciunt ad peccatorum remissionem nec principaliter nec ministerialiter, sed solus Deus peccata remittit: nec episcopi vel presbyteri adhibentur ad faciendam dictam peccatorum remissionem, nisi quia ipsi acceperunt potestatem loquendi a Deo et ideo, cum absolvunt, dicunt: "Deus dimittat tibi peccata tua"; vel: "Ego dimitto tibi peccata tua in terra et Deus dimittat tibi in caelis".

40. ... Andere aber sagen, daß die Bischöfe und Priester der Armenier nichts zur Vergebung der Sünden beitragen, weder ursprünglich noch kraft ihres Amtes, sondern daß allein Gott die Sünden vergibt; die Bischöfe und Priester werden zum Vollzug der erwähnten Vergebung der Sünden nur herangezogen, weil sie von Gott die Vollmacht, so zu sprechen, empfangen haben und deshalb, wenn sie lossprechen, sagen: "Gott möge dir deine Sünden vergeben"; oder "Ich vergebe dir deine Sünden auf Erden und Gott möge sie dir in den Himmeln vergeben".

**1014**   42. Item Armeni dicunt et tenent, quod sola Christi passio sine omni alio Dei dono, etiam gratificante, sufficit ad peccatorum remissionem: nec dicunt, quod ad peccatorum remissionem faciendam requiratur gratia Dei gratificans, vel iustificans, nec quod in sacramentis novae legis detur gratia gratificans.

42. Desgleichen sagen die Armenier und halten fest, daß allein das Leiden Christi ohne jedes andere – auch wohlgefällig machende – Geschenk Gottes zur Vergebung der Sünden hinreicht; sie sagen aber nicht, daß, um die Vergebung der Sünden zu bewirken, die wohlgefällig machende bzw. rechtfertigende Gnade Gottes erforderlich sei, und auch nicht, daß in den Sakramenten des neuen Bundes die wohlgefällig machende Gnade verliehen werde.

**1015**   49. Item dicunt, quod si aliquis ... accipiat tertiam [*uxorem*], vel quartam et deinceps, non potest absolvi per eorum ecclesiam, quia dicunt, quod tale matrimonium fornicatio est. ...

49. Desgleichen sagen sie, daß einer, wenn ... er eine dritte [*Frau*] nimmt, oder eine vierte und so weiter, durch ihre Kirche nicht losgesprochen werden kann; denn sie sagen, daß eine solche Ehe Unzucht ist. ...

**1016**   58. Item quod Armeni dicunt et tenent, quod ad hoc, quod sit baptismus verus, ista tria requiruntur, scilicet aqua, chrisma ... et Eucharistia; ita quod, si aliquis baptizaret in aqua aliquem dicendo: "Ego te baptizo in nomine Patris et Filii et Spiritus Sancti, Amen", et postea non inungeretur dicto chrismate, non esset baptismus. Si etiam non daretur ei Eucharistiae sacramentum, baptizatus non esset. ...

58. Desgleichen sagen die Armenier und halten fest, daß dafür, daß eine Taufe wahr sei, folgende drei Dinge erforderlich sind, nämlich Wasser, Chrisam ... und die Eucharistie, so daß es keine Taufe wäre, wenn einer einen im Wasser taufen und dabei sagen würde: "Ich taufe dich im Namen des Vaters und des Sohnes und des Heiligen Geistes, Amen", und er würde danach nicht mit dem erwähnten Chrisam gesalbt. Auch wenn ihm das Sakrament der Eucharistie nicht gereicht würde, wäre er nicht getauft. ...

**1017**   66. Item omnes Armeni communiter dicunt et tenent, quod per verba posita in eorum canone Missae, quando dicitur per sa-

66. Desgleichen sagen und halten alle Armenier gemeinhin fest, daß durch die Worte, die in ihrem Meßkanon stehen, wenn durch

cerdotem "Accepit panem et gratias agens fregit et dedit suis sanctis electis et recumbentibus discipulis dicens: Accipite et manducate ex hoc omnes, hoc est Corpus meum ...; similiter et calicem accipiens ... dicens: Accipite et bibite ex hoc omnes, hic est Sanguis meus ... in remissionem peccatorum" non conficitur nec ipsi conficere intendunt Corpus et Sanguinem Christi, sed solum dicunt verba recitative, recitando scilicet quod Dominus fecit, quando sacramentum instituit. Et post dicta verba dicit sacerdos multas orationes positas in eorum canone, et post dictas orationes venit ad locum, ubi sic in eorum canone dicitur: "Adoramus, supplicamus et petimus a te, benigne Deus, mitte in nobis et in hoc propositum donum coessentialem tibi Spiritum Sanctum, per quem panem benedictum Corpus veraciter efficies Domini nostri et Salvatoris Iesu Christi" – et dicta verba dicit sacerdos ter, deinde dicit sacerdos super calicem et vinum benedictum: "Sanguinem veraciter efficies Domini Nostri Salvatoris Iesu Christi", et per haec verba [*sic dictae "Epiclesis"*] credunt, quod conficiantur Corpus Christi et Sanguis. ...

67. Item quod Armeni non dicunt, quod post dicta verba consecrationis panis et vini sit facta transsubstantiatio panis et vini in verum corpus Christi et sanguinem, quod natum fuit de Virgine Maria et passum et resurrexit; sed tenent, quod illud sacramentum sit exemplar vel similitudo aut figura veri corporis et sanguinis Domini: ... propter quod ipsi sacramentum Altaris non vocant corpus et sanguinem Domini, sed hostiam vel sacrificium vel communionem. ...

68. Item Armeni dicunt et tenent, quod si presbyter vel episcopus ordinatus committat fornicationem, etiam in secreto, perdit potestatem conficiendi et ministrandi omnia sacramenta. ...

den Priester gesagt wird: "Er nahm das Brot und sagte Dank, brach es, reichte es seinen heiligen erwählten und zu Tische liegenden Jüngern und sprach: Nehmet und esset alle davon, das ist mein Leib ...; in gleicher Weise nahm er auch den Kelch ... und sprach: Nehmet und trinket alle daraus, das ist mein Blut ... zur Vergebung der Sünden", der Leib und das Blut Christi nicht zustande gebracht werden und sie auch nicht die Absicht haben, sie zustande zu bringen, sondern die Worte nur vortragsweise sagen, indem sie nämlich vortragen, was der Herr getan hat, als er das Sakrament einsetzte. Und nach den erwähnten Worten spricht der Priester viele Gebete, die in ihrem Kanon stehen, und nach den erwähnten Gebeten kommt er an die Stelle, wo es in ihrem Kanon folgendermaßen heißt: "Wir beten dich an, flehen zu dir und bitten dich, gütiger Gott, sende auf uns und auf diese dargebrachte Gabe den dir wesensgleichen Heiligen Geist, durch den du das gesegnete Brot wahrhaft zum Leib unseres Herrn und Erlösers Jesus Christus machen wirst" – und die erwähnten Worte spricht der Priester dreimal, danach spricht der Priester über den Kelch und den gesegneten Wein: "⟨...⟩ wahrhaft zum Blut unseres Herrn und Erlösers Jesus Christus machen wirst", und sie glauben, daß durch diese Worte [*der sogenannten "Epiklese"*] der Leib und das Blut Christi zustande kommen. ...

67. Desgleichen sagen die Armenier nicht, **1018** daß nach den erwähnten Worten der Konsekration von Brot und Wein eine Wesensverwandlung des Brotes und des Weines in den wahren Leib und das wahre Blut Christi geschehen sei, der geboren wurde von der Jungfrau Maria, gelitten hat und auferstanden ist, sondern sie halten fest, daß dieses Sakrament ein Abbild bzw. eine Verähnlichung oder ein Bildnis des wahren Leibes und Blutes des Herrn sei: ... deshalb nennen sie das Altarsakrament nicht Leib und Blut des Herrn, sondern Hostie, Opfer oder Kommunion. ...

68. Desgleichen sagen die Armenier und **1019** halten fest, daß ein geweihter Priester oder Bischof, wenn er Unzucht treibt – auch insgeheim –, die Vollmacht verliert, alle Sakramente zu vollziehen und zu spenden. ...

**1020**    70. Item Armeni non dicunt nec tenent, quod sacramentum Eucharistiae digne susceptum operetur in suscipiente peccatorum remissionem, vel poenarum debitarum peccato relaxationem, vel quod per ipsum detur gratia Dei vel eius augmentum: sed solum dicunt, quod ... corpus Christi intrat in eius corpus et in ipsum convertitur, sicut et alia alimenta convertuntur in alimentato. ...

70. Desgleichen sagen die Armenier nicht und halten nicht fest, daß das würdig empfangene Sakrament der Eucharistie in dem, der es empfängt, die Vergebung der Sünden oder den Nachlaß der für die Sünde geschuldeten Strafen bewirke, oder daß durch es die Gnade Gottes oder ihre Vermehrung verliehen werde, sondern sie sagen nur, daß ... der Leib Christi in seinen Leib eintritt und sich in ihn selbst verwandelt, so wie auch andere Nahrungsmittel sich in dem verwandeln, der ernährt wurde. ...

## CLEMENS VI.: 7. Mai 1342 - 6. Dez. 1352

### 1025-1027: Jubiläumsbulle "Unigenitus Dei Filius", 27. Jan. 1343

Von Bonifatius VIII. wurde der Brauch eingeführt, ein mit vollkommenem Ablaß ausgestattetes Jubiläumsjahr alle hundert Jahre zu feiern. (vgl. *868). Clemens VI. ließ dieses Jubiläum alle fünfzig Jahre feiern. Mit dieser Bulle erklärte er das Jahr 1350 zum Jubiläumsjahr. Bei dieser Gelegenheit legt er zum ersten Mal die vom 13. Jahrhundert an von den Theologen ausgearbeitete Lehre vom Gnadenschatz der Kirche als Grundlage der Ablässe dar.

*Ausg.:* Clemens VI., *Acta*, hrsg. von A.L. Tăutu (*Codex Iuris Canonici Orientalis, Fontes* III 9; Vatikan 1960) 246f / *Extravagantes communes*, l. V, tit. 9, c. 2 (Frdb 2,1304).

*Der Schatz der Verdienste Christi, der von der Kirche auszuteilen ist*

**1025**    Unigenitus Dei Filius ... "factus nobis a Deo sapientia, iustitia, sanctificatio et redemptio" [*1 Cor 1,30*], "non per sanguinem hircorum aut vitulorum, sed per proprium sanguinem introivit semel in sancta, aeterna redemptione inventa" [*Hbr 9,12*]. Non enim corruptibilibus auro et argento, sed sui ipsius agni incontaminati et immaculati pretioso sanguine nos redemit [*cf. 1 Pt 1,18s*], quem in ara crucis innocens immolatus non guttam sanguinis modicam, quae tamen propter unionem ad Verbum pro redemptione totius humani generis suffecisset, sed copiose velut quoddam profluvium noscitur effudisse ita, ut "a planta pedis usque ad verticem capitis nulla sanitas" [*Is 1,6*] inveniretur in ipso.

Der einziggeborene Sohn Gottes ..., "uns von Gott zur Weisheit, Gerechtigkeit, Heiligung und Erlösung geworden" [*1 Kor 1,30*], "trat nicht durch Blut von Böcken und Rindern, sondern durch sein eigenes Blut ein für allemal in das Heiligtum ein und erwirkte ewige Erlösung" [*Hebr 9,12*]. Denn nicht mit vergänglichen ⟨Dingen⟩, mit Gold und Silber, sondern mit seinem eigenen, des unversehrten und unbefleckten Lammes kostbarem Blut, erlöste er uns [*vgl. 1 Petr 1,18f*]; er hat bekanntlich, auf dem Altar des Kreuzes unschuldig geopfert, nicht nur einen Tropfen Blut - der gleichwohl wegen der Einung mit dem Wort für die Erlösung des ganzen Menschengeschlechts genügt hätte -, sondern in reichem Maße gleichsam einen Strom vergossen, so daß man "von der Fußsohle bis zum Scheitel des Hauptes nichts Heiles" [*Jes 1,6*] an ihm fand.

Quantum ergo exinde, ut nec supervacua, inanis aut superflua tantae effusionis miseratio redderetur, thesaurum militanti Ecclesiae acquisivit, volens suis thesaurizare filiis pius Pater, ut sic sit "infinitus thesaurus hominibus, quo qui usi sunt, Dei amicitiae

Einen solch großen Schatz hat er also deshalb für die streitende Kirche erworben, damit nicht das Erbarmen eines solchen großen Blutvergießens unnütz, vergeblich und überflüssig würde; als guter Vater wollte er seinen Kindern Schätze ansammeln, damit so "die

participes sunt effecti" [*Sap 7,14*].

Quem quidem thesauram ... per beatum Petrum caeli clavigerum, eiusque successores, suos in terris vicarios, commisit fidelibus salubriter dispensandum, et pro piis ac rationabilibus causis, nunc pro totali, nunc pro partiali remissione poenae temporalis pro peccatis debitae, tam generaliter, quam specialiter (prout cum Deo expedire cognoscerent), vere paenitentibus et confessis misericorditer applicandum.

Ad cuius quidem thesauri cumulum beatae Dei Genitricis omniumque electorum a primo iusto usque ad ultimum merita adminiculum praestare noscuntur; de cuius consumptione seu minutione non est aliquatenus formidandum, tam propter infinita Christi (ut praedictum est) merita, quam pro eo, quod quanto plures ex eius applicatione trahuntur ad iustitiam, tanto magis accrescit ipsorum cumulus meritorum.

Menschen einen unerschöpflichen Schatz besäßen und die, die ihn gebrauchten, Anteil an der Freundschaft Gottes erhielten" [*Weish 7,14*].

**1026** Diesen Schatz nun ... hat er zur heilsamen Austeilung an die Gläubigen durch den seligen Petrus, den Schlüsselträger des Himmels, und dessen Nachfolger, seine Stellvertreter auf Erden, hinterlassen und zur barmherzigen Zuwendung für alle, die wahrhaft Reue empfinden und gebeichtet haben, aus gerechten und vernünftigen Gründen, bald für einen vollständigen, bald für einen teilweisen Nachlaß der für die Sünden geschuldeten zeitlichen Strafe, sowohl allgemein als auch im besonderen (je nachdem sie es mit Gott als dienlich erkennen).

**1027** Zum Übermaß dieses Schatzes leisten nun bekanntlich die Verdienste der seligen Gottesgebärerin und aller Erwählten vom ersten Gerechten bis zum letzten einen Beitrag; um sein Aufbrauchen bzw. seine Verminderung ist nicht im geringsten zu fürchten, sowohl wegen der unbegrenzten Verdienste Christi (wie vorher gesagt wurde), als auch deswegen, weil das Übermaß der Verdienste selbst umso mehr anwächst, je mehr ⟨Menschen⟩ aufgrund seiner Zuwendung zur Gerechtigkeit gezogen werden.

## 1028-1049: Widerruf des Nikolaus von Autrecourt, 25. Nov. 1347

Nikolaus von Autrecourt vertrat Thesen, die der scholastischen und aristotelischen Philosophie entgegengesetzt waren. 1342 begann der Prozeß an der päpstlichen Kurie in Avignon. Der Kardinallegat Wilhelm, Titular von Quattro Coronati, ließ Nikolaus' Bücher i. J. 1346 als "viel Falsches, Gefährliches, Vermessenes, Verdächtiges, Irriges und Häretisches" enthaltend ("multa falsa, periculosa, praesumptuosa, suspecta et erronea et haeretica continentes") vor vesammelter Universität verbrennen. 60 Sätze mußte Nikolaus als irrig, falsch, zweifelhaft, vermessen und verdächtig widerrufen. Es gibt zwei Widerrufspapiere, zu denen noch die *Articuli missi de Parisiis* hinzukommen (alle hrsg. bei DenCh 2,576-579 579-583 583-587). 1350 wurde Nikolaus Domdekan in Metz.
*Ausg.:* DenCh 2,580-584 (Nr. 1124) / DuPlA 1/I (1724) 355a-357a (verstümmelter Text).

### *Philosophische Irrtümer Nikolaus' von Autrecourt*

1. ... Quod de rebus per apparentia naturalia quasi nulla certitudo potest haberi; illa tamen modica potest in brevi haberi tempore, si homines convertant intellectum suum ad res, et non ad intellectum Aristotelis et commentatoris.

**1028** 1. ... Von den Dingen kann man mittels der natürlichen Erscheinungen nahezu keine Gewißheit haben; man kann sie jedoch in kurzer Zeit in bescheidenem Maße haben, wenn die Menschen ihren Verstand den Sachen zuwenden und nicht dem Verstand des Aristoteles und ⟨seines⟩ Kommentators ⟨= Averroes⟩.

1029    2. ... Quod non potest evidenter evidentia praedicta ex una re inferri vel concludi alia res, vel ex non-esse unius non-esse alterius.

2. ... Es kann nicht evident aufgrund der eben erwähnten Evidenz aus einer Sache eine andere Sache abgeleitet oder geschlossen werden, oder aus dem Nicht-Sein der einen das Nicht-Sein der anderen.

1030    3. ... Quod propositiones: "Deus est", "Deus non est", penitus idem significant, licet alio modo.

3. ... Die Sätze "Gott ist" und "Gott ist nicht" bezeichnen völlig dasselbe, wenn auch auf andere Weise.

1031    9. ... Quod certitudo evidentiae non habet gradus.

9. ... Die Gewißheit der Evidenz hat keine Abstufungen.

1032    10. ... Quod de substantia materiali alia ab anima nostra non habemus certitudinem evidentiae.

10. ... Von einer materialen Substanz, die etwas anderes als unsere Seele ist, haben wir nicht die Gewißheit der Evidenz.

1033    11. ... Quod excepta certitudine fidei non erat alia certitudo nisi certitudo primi principii vel quae in primum principium potest resolvi.

11. ... Außer der Gewißheit des Glaubens gab es keine andere Gewißheit als die Gewißheit des ersten Prinzips oder diejenige, die auf das erste Prinzip zurückgeführt werden kann.

1034    14. ... Quod nescimus evidenter, quod alia a Deo possint esse causa alicuius effectus - quod aliqua causa causet efficienter, quae non sit Deus - quod aliqua causa efficiens naturalis sit vel esse possit.

14. ... Wir wissen nicht evident, daß etwas anderes als Gott Ursache irgendeiner Wirkung sein kann – daß irgendeine Ursache wirksam verursacht, die nicht Gott ist – daß es irgendeine natürliche Wirkursache gibt oder geben kann.

1035    15. ... Quod nescimus evidenter, utrum aliquis effectus sit vel esse possit naturaliter productus.

15. ... Wir wissen nicht evident, daß irgendeine Wirkung natürlich hervorgebracht ist oder sein kann.

1036    17. ... Quod nescimus evidenter, quod in aliqua productione concurrat subiectum.

17. ... Wir wissen nicht evident, daß in irgendeiner Hervorbringung ein Subjekt mitwirkt.

1037    21. ... Quod quacumque re demonstrata nullus scit evidenter, quin excedat nobilitate omnes alias.

21. ... Ist irgendeine Sache bewiesen, so weiß keiner evident, daß sie nicht alle anderen an Vorzüglichkeit übertrifft.

1038    22. ... Quod quacumque re demonstrata nullus scit evidenter, quin ipsa sit Deus, si per Deum intelligamus ens nobilissimum.

22. ... Ist irgendeine Sache bewiesen, so weiß keiner evident, daß sie nicht Gott ist, wenn wir unter Gott das vorzüglichste Seiende verstehen.

1039    25. ... Quod aliquis nescit evidenter, quin ista possit rationabiliter concedi: "Si aliqua res est producta, Deus est productus".

25. ... Keiner weiß evident, daß folgendes nicht vernünftigerweise zugestanden werden kann: "Wenn irgendeine Sache hervorgebracht ist, ist Gott hervorgebracht".

1040    26. ... Quod non potest evidenter ostendi, quin quaelibet res sit aeterna.

26. ... Es kann nicht evident gezeigt werden, daß nicht jede beliebige Sache ewig ist.

1041    30. ... Quod istae consequentiae non sunt evidentes: "Actus intelligendi est: ergo intellectus est. Actus volendi est: igitur voluntas est".

30. ... Diese Folgerungen sind nicht evident: "Es gibt einen Akt des Verstehens, also gibt es einen Verstand. Es gibt einen Akt des Wollens, also gibt es einen Willen".

31. ... Quod non potest evidenter ostendi, quin omnia, quae apparent, sint vera.

32. ... Quod Deus et creatura non sunt aliquid.

39. ... Quod universum est perfectissimum secundum se et secundum omnes panes suas, et quod nulla imperfectio potest esse in toto nec in partibus, et propter hoc oportet tam totum quam partes esse aeterna nec transire de non-esse in esse, nec e converso, quia ad istud sequitur necessario in universo vel in partibus eius imperfectio.

40. ... Quod quidquid est in universo, est melius ipsum quam non ipsum.

42. ... Quod praemiatio bonorum et punitio malorum per hoc fit, quia quando corpora atomalia segregantur, remanet quidam spiritus, qui dicitur intellectus, et alius, qui dicitur sensus, et isti spiritus, sicut in bono se habebant in optima dispositione, sic se habebunt infinities secundum quod illa individua infinities congregabuntur, et sic in hoc bonus praemiabitur, malus autem punietur, quia infinities, quando iterabitur congregatio suorum atomalium, habebit semper suam malam dispositionem. Vel potest, dicit [*Nicolaus de U.*], aliter poni, quia illi duo spiritus bonorum, quando dicitur corrumpi suppositum eorum, fiunt praesentes alteri supposito constituto ex atomis perfectioribus. Et tunc, cum tale suppositum sit maioris flexionis et perfectionis, idcirco intelligibilia magis quam prius veniunt ad eos.

43. ... Quod esse corruptibile includit repugnantiam et contradictionem.

53. ... Quod hoc est primum principium et non aliud: "Si aliquid est, aliquid est".

58. ... Quod Deus potest praecipere rationali creaturae quod habeat ipsum odio, et ipsa oboediens plus meretur quam si ipsum diligeret ex praecepto, quoniam hoc faceret cum maiori conatu et magis contra propriam

31. ... Es kann nicht evident gezeigt werden, daß nicht alles, was erscheint, wahr ist. **1042**

32. ... Gott und die Schöpfung sind nicht etwas. **1043**

39. ... Das All ist in sich und in all seinen **1044** Teilen ganz vollkommen, und es kann weder im Ganzen noch in Teilen eine Unvollkommenheit geben, und deswegen müssen sowohl das Ganze als auch die Teile ewig sein und dürfen weder vom Nicht-Sein in das Sein übergehen noch umgekehrt, weil daraus notwendigerweise Unvollkommenheit im All oder in seinen Teilen folgt.

40. ... Alles, was im All ist, ist besser es **1045** selbst als nicht es selbst.

42. ... Die Belohnung der Guten und die **1046** Bestrafung der Bösen geschieht dadurch, daß, wenn die atomaren Körper getrennt werden, ein gewisser Geist übrigbleibt, der Verstand genannt wird, und ein anderer, der Sinn genannt wird; und wie sich diese Geister im Guten in bester Verfassung befanden, so werden sie sich unendliche Male befinden, entsprechend der Tatsache, daß jene Atome unendliche Male zusammentreffen werden; und so wird darin der Gute belohnt, der Böse aber bestraft werden, weil er unendliche Male, wenn sich das Zusammentreffen seiner Atome wiederholen wird, immer seine schlechte Verfassung haben wird. Oder man kann, sagt er [*Nikolaus von Autrecourt*], anders annehmen, daß jene zwei Geister der Guten, wenn man sagt, daß ihre ⟨substantiale⟩ Grundlage zerstört werde, einer anderen ⟨substantialen⟩ Grundlage gegenwärtig werden, die aus vollkommeneren Atomen zusammengesetzt ist. Und dann kommt deswegen, weil eine solche ⟨substantiale⟩ Grundlage von größerer Biegsamkeit und Vollkommenheit ist, das verstandesmäßig Einsehbare mehr als früher zu ihnen.

43. ... Das Zerstörbar-Sein birgt einen Wi- **1047** derstreit und Widerspruch in sich.

53. ... Dies ist das erste Prinzip und kein **1048** anderes: "Wenn etwas ist, ist etwas".

58. ... Gott kann einem vernunftbegabten **1049** Geschöpf gebieten, daß es ihn hassen soll, und wenn es gehorcht, macht es sich mehr verdient, als wenn es ihn aufgrund eines Gebotes liebte; denn es täte dies mit größerer

inclinationem.

Anstrengung und mehr gegen die eigene Neigung.

## 1050-1085: Brief "Super quibusdam" an Mekhithar (= Consolator), den Katholikos der Armenier, 29. Sept. 1351

Clemens VI. wollte, bevor er die von den Armeniern gegen den Sultan erbetene Hilfe gewährte, die Reinheit ihres Glaubens prüfen und hatte ihnen ein Glaubensbekenntnis zur Annahme gesandt. Da ihn die Antwort der armenischen Hierarchie nicht ganz befriedigte, forderte der Papst mit diesem Brief weitere Glaubensaussagen.

*Ausg.:* Tăutu, a. *1025° a.O. 302-315 / BarAE, zum Jahr 1351 Nr. 3 8 12 15 (Theiner 25,502f 505-508).

### Der Vorrang des Römischen Stuhles

**1050** In primo igitur capitulo responsionis tuae ... quaerimus: 1., si creditis tu et ecclesia Armenorum, quae tibi obedit, omnes illos, qui in baptismo eandem fidem catholicam receperunt, et postmodum a communione fidei eiusdem Ecclesiae Romanae, quae una sola catholica est, recesserunt vel recedent in futurum, esse schismaticos et haereticos, si pertinaciter divisi a fide ipsius Romanae Ecclesiae perseverent.

Im ersten Kapitel Deiner Antwort also ... fragen Wir: 1., ob Ihr glaubt, Du und die Kirche der Armenier, die Dir gehorcht, daß all jene, die in der Taufe denselben katholischen Glauben empfingen und sich später von der Gemeinschaft des Glaubens mit derselben Römischen Kirche, die die eine alleinige katholische ist, entfernt haben oder sich künftig entfernen werden, Schismatiker und Häretiker sind, wenn sie hartnäckig in der Trennung vom Glauben dieser Römischen Kirche verharren.

**1051** 2. petimus, si creditis tu et Armeni tibi obedientes, quod nullus homo viatorum extra fidem ipsius Ecclesiae et obedientiam Pontificum Romanorum poterit finaliter salvus esse.

2. fragen Wir, ob Ihr glaubt, Du und die Armenier, die Dir gehorchen, daß kein Mensch im Stand der Pilgerschaft außerhalb des Glaubens dieser Kirche und des Gehorsams gegenüber den Römischen Bischöfen am Ende gerettet werden kann.

**1052** In secundo vero capitulo ... quaerimus: 1., si credidisti, credis vel credere es paratus cum ecclesia Armenorum, quae tibi obedit, quod beatus Petrus plenissimam potestatem iurisdictionis acceperit super omnes fideles Christianos a Domino Iesu Christo: et quod omnis potestas iurisdictionis, quam in certis terris et provinciis et diversis partibus orbis specialiter et particulariter habuerunt Iudas Thaddaeus et ceteri Apostoli, subiecta fuerit plenissime auctoritati et potestati, quam super quoscumque in Christum credentes in omnibus partibus orbis beatus Petrus ab ipso Domino Iesu Christo accepit: et quod nullus Apostolus vel quicumque alius super omnes Christianos nisi solus Petrus plenissimam potestatem accepit.

Im zweiten Kapitel aber ... fragen Wir: 1., ob Du mitsamt der Kirche der Armenier, die Dir gehorcht, geglaubt hast, glaubst oder zu glauben bereit bist, daß der selige Petrus vom Herrn Jesus Christus die vollständigste Jurisdiktionsvollmacht über alle gläubigen Christen empfangen hat; und daß jegliche Jurisdiktionsvollmacht, die Judas Thaddäus und die übrigen Apostel in bestimmten Ländern und Provinzen und verschiedenen Teilen des Erdkreises im speziellen und besonderen innehatten, vollständig der Autorität und Vollmacht unterworfen war, die der selige Petrus über alle, die an Christus glauben, in allen Teilen des Erdkreises vom Herrn Jesus Christus selbst empfangen hat; und daß kein Apostel oder irgendein anderer außer Petrus die volle Vollmacht über alle Christen empfangen hat.

**1053** 2., si credidisti, tenuisti vel credere ac tenere paratus es cum Armenis tibi subiectis,

2., ob Du mitsamt den Armeniern, die Dir untergeben sind, geglaubt und festgehalten

quod omnes Romani Pontifices, qui beato Petro succedentes canonice intraverunt et canonice intrabunt, ipsi beato Petro Romano Pontifici successerint et succedent in eadem plenitudine, iurisdictione potestatis, quam ipse beatus Petrus accepit a Domino Iesu Christo super totum et universum corpus Ecclesiae militantis.

hast bzw. zu glauben und festzuhalten bereit bist, daß alle Römischen Bischöfe, die in der Nachfolge des seligen Petrus ⟨ihr Amt⟩ rechtmäßig angetreten haben und rechtmäßig antreten werden, dem seligen Römischen Bischof Petrus selbst in derselben Fülle und Jurisdiktionsvollmacht nachgefolgt sind und nachfolgen werden, die der selige Petrus selbst vom Herrn Jesus Christus über den ganzen und gesamten Leib der streitenden Kirche empfangen hat.

3., si credidistis et creditis tu et Armeni tibi subiecti, Romanos Pontifices qui fuerunt, et Nos qui sumus Pontifex Romanus, ac illos qui in posterum successive erunt, tamquam legitimos et potestate plenissimos Christi vicarios, omnem potestativam iurisdictionem, quam Christus ut caput conforme in humana vita habuit, immediate ab ipso Christo super totum ac universum corpus militantis Ecclesiae accepisse.

3., ob Ihr geglaubt habt und glaubt, Du **1054** und die Armenier, die Dir untergeben sind, daß die, die Römische Bischöfe waren, Wir, die Wir der Römische Bischof sind, und jene, die es künftig nacheinander sein werden, als rechtmäßige und in der Vollmacht vollständigste Stellvertreter Christi die gesamte zur Vollmacht gehörende Jurisdiktion, die Christus als gleichförmiges Haupt im menschlichen Leben innehatte, unmittelbar von Christus selbst über den ganzen und gesamten Leib der streitenden Kirche empfangen haben.

4., si credidisti et credis, quod omnes Romani Pontifices qui fuerunt, Nos qui sumus, et alii qui erunt in posterum, ex plenitudine potestatis et auctoritatis praemissae potuerunt, possumus et poterunt immediate per Nos et eos de omnibus tamquam de iurisdictione Nostra ac eorum subditis iudicare et ad iudicandum quoscumque voluerimus ecclesiasticos iudices constituere et delegare.

4., ob Du geglaubt hast und glaubst, daß **1055** alle, die Römische Bischöfe waren, Wir, die Wir es sind, und die anderen, die es künftig sein werden, es aufgrund der Fülle der zuvor behandelten Vollmacht und Autorität vermochten, vermögen und vermögen werden, unmittelbar durch Uns selbst und sich über alle – als über solche, die Unserer und ihrer Jurisdiktion unterworfen sind – Recht zu sprechen und zum Richten alle die zu kirchlichen Richtern einzusetzen und zu beauftragen, die Wir wollen.

5., si credidisti et credis, quod in tantum fuerit, sit et erit suprema et praeeminens auctoritas et iuridica potestas Romanorum Pontificum qui fuerunt, Nostri qui sumus, et illorum qui in posterum erunt, ut a nemine iudicari potuerint, potuerimus neque in posterum poterunt; sed soli Deo iudicandi servati fuerint, servemur et servabuntur: et quod a sententiis et iudiciis Nostris non potuerit neque possit nec poterit ad aliquem iudicem alium appellari.

5., ob Du geglaubt hast und glaubst, daß **1056** die oberste und hervorragende Autorität und richterliche Vollmacht von denen, die Römische Bischöfe waren, von Uns, die Wir es sind, und von jenen, die es künftig sein werden, so groß war, ist und sein wird, daß sie und Wir von niemandem gerichtet werden konnten, können und auch künftig nicht können; sondern daß sie und Wir aufbewahrt wurden, aufbewahrt werden und künftig aufbewahrt werden, um allein von Gott gerichtet zu werden; und daß es weder möglich war noch möglich ist noch möglich sein wird, von Unseren Entscheidungen und Urteilen weg bei irgendeinem anderen Richter Berufung einzulegen.

1057    6., si credidisti et adhuc credis, plenitudinem potestatis Romani Pontificis se extendere in tantum, quod patriarchas, catholicon, archiepiscopos, episcopos, abbates et quoscumque praelatos alios de dignitatibus, in quibus fuerint constituti, possit ad alias dignitates maioris vel minoris iurisdictionis transferre, vel exigentibus eorum criminibus ipsos degradare et deponere, excommunicare et Satanae tradere [*cf. 1 Cor 5,5*].

6., ob Du geglaubt hast und auch jetzt noch glaubst, daß die Fülle der Vollmacht des Römischen Bischofs sich so weit ausdehnt, daß er Patriarchen, den Katholikos, Erzbischöfe, Bischöfe, Äbte und welche anderen Vorsteher auch immer von den Würden, in die sie eingesetzt waren, in andere Würden mit größerer oder geringerer Jurisdiktion versetzen bzw., wenn es ihre Vergehen erfordern, sie degradieren und absetzen, exkommunizieren und dem Satan überliefern [*vgl. 1 Kor 5,5*] kann.

1058    7., si credidisti et adhuc credis, pontificalem auctoritatem non posse nec debere subici cuicumque imperiali et regali aut alteri saeculari potestati, quantum ad institutionem iudicialem, correctionem vel destitutionem.

7., ob Du geglaubt hast und auch jetzt noch glaubst, daß die päpstliche Autorität in bezug auf die richterliche Einsetzung, Zurechtweisung oder Absetzung keiner kaiserlichen und königlichen oder einer anderen weltlichen Gewalt unterworfen werden kann und darf.

1059    8., si credidisti et credis, Romanum Pontificem solum posse sacros generales canones condere, plenissimam indulgentiam dare visitantibus limina Apostolorum Petri et Pauli vel ad Terram Sanctam accedentibus, aut quibuscumque fidelibus vere et plene paenitentibus et confessis.

8., ob Du geglaubt hast und glaubst, daß der Römische Bischof allein heilige allgemeine Kanones erlassen und denen, die die Grabstätten der Apostel Petrus und Paulus besuchen oder zum Heiligen Land pilgern, oder allen Gläubigen, die wahrhaft und vollkommen Reue empfinden und gebeichtet haben, einen vollkommenen Ablaß gewähren kann.

1060    9., si credidisti et credis, omnes, qui se contra fidem Romanae Ecclesiae erexerunt et in finali impaenitentia mortui fuerunt, damnatos fuisse et ad perpetua infernorum supplicia descendisse.

9., ob Du geglaubt hast und glaubst, daß alle, die sich gegen den Glauben der Römischen Kirche erhoben haben und am Ende ohne Reue gestorben sind, verdammt wurden und zur ewigen Pein der Hölle hinabgestiegen sind.

1061    10., si credidisti et adhuc credis, Romanum Pontificem circa administrationem sacramentorum Ecclesiae, salvis semper illis, quae sunt de integritate et necessitate sacramentorum, posse diversos ritus ecclesiarum Christi tolerare, et etiam concedere, ut serventur.

10., ob Du geglaubt hast und auch jetzt noch glaubst, daß der Römische Bischof in bezug auf die Spendung der Sakramente der Kirche, wenn jeweils jene Dinge gewahrt sind, die zur Unversehrtheit und Notwendigkeit der Sakramente gehören, verschiedene Riten der Kirchen Christi dulden und auch zugestehen kann, daß man sie beibehält.

1062    11., si credidisti et credis, Armenos, qui Romano Pontifici in diversis partibus orbis obediunt et formas et ritus Romanae Ecclesiae in administratione sacramentorum et in ecclesiasticis officiis, ieiuniis et aliis caerimoniis studiose et cum devotione observant, bene agere et illa agendo vitam aeternam mereri.

11., ob Du geglaubt hast und glaubst, daß die Armenier, die dem Römischen Bischof in verschiedenen Teilen des Erdkreises gehorchen und die Formen und Riten der Römischen Kirche bei der Spendung der Sakramente und bei den kirchlichen Offizien, Fastzeiten und anderen Feierlichkeiten eifrig und mit Ehrfurcht beachten, gut daran tun

12., si credidisti et credis, neminem de dignitate episcopali ad archiepiscopalem, patriarchalem vel catholicon posse transferri auctoritate propria, nec etiam auctoritate cuiuscumque principis saecularis, sive rex fuerit sive imperator, vel quicumque alius fultus qualicumque potestate et dignitate terrena.

13., si credidisti et adhuc credis, solum Romanum Pontificem, dubiis emergentibus circa fidem catholicam, posse per determinationem authenticam, cui sit inviolabiliter adhaerendum, finem imponere, et esse verum et catholicum quidquid ipse auctoritate clavium sibi traditarum a Christo determinat esse verum, et quod determinat esse falsum et haereticum, sit censendum.

14., si credidisti et credis, Novum et Vetus Testamentum in omnibus libris, quos Romanae Ecclesiae nobis tradidit auctoritas, veritatem indubiam per omnia continere. ...

### Der Reinigungsort

... Quaerimus, si credidisti et credis, purgatorium esse, ad quod descendunt animae decedentium in gratia, quae nondum per completam paenitentiam de suis satisfecerunt peccatis.

Item si credidisti et credis, quod igne crucientur ad tempus, et quod mox purgatae, etiam citra diem iudicii, ad veram et aeternam beatitudinem perveniant, quae in faciali Dei visione et dilectione consistit.

### Materie und Spender der Firmung

... Responsiones dedisti, quae Nos inducunt, ut a te sequentia requiramus:
1. de consecratione chrismatis, si credis, quod per nullum sacerdotem, qui non est episcopus, chrisma potest rite et debite consecrari.

und sich, indem sie dies tun, das ewige Leben verdienen.

12., ob Du geglaubt hast und glaubst, daß **1063** niemand kraft eigener Autorität oder auch kraft der Autorität irgendeines weltlichen Fürsten, sei er nun König oder Kaiser oder irgendein anderer, gestützt auf irgendeine irdische Vollmacht und Würde, von der Würde eines Bischofs in die eines Erzbischofs, eines Patriarchen oder eines Katholikos versetzt werden kann.

13., ob Du geglaubt hast und auch jetzt **1064** noch glaubst, daß allein der Römische Bischof, wenn Zweifel über den katholischen Glauben auftauchen, durch seine authentische Entscheidung, der man sich unumstößlich anschließen muß, ein Ende setzen kann, und daß all das wahr und katholisch ist, was er selbst kraft der Autorität der ihm von Christus übergebenen Schlüssel als wahr bestimmt, und das, was er als falsch und häretisch bestimmt, so anzusehen ist.

14., ob Du geglaubt hast und glaubst, daß **1065** das Neue und Alte Testament in allen Büchern, die uns die Autorität der Römischen Kirche überliefert hat, in allem die unzweifelhafte Wahrheit enthält. ...

... Wir fragen, ob Du geglaubt hast und **1066** glaubst, daß es einen Reinigungsort gibt, an den die Seelen der in der Gnade Sterbenden hinabsteigen, die noch nicht durch vollständige Buße für ihre Sünden Genugtuung geleistet haben.

Desgleichen, ob Du geglaubt hast und **1067** glaubst, daß sie nur eine Zeitlang vom Feuer gepeinigt werden und, sobald sie gereinigt sind, auch vor dem Tage des Gerichts zur wahren und ewigen Seligkeit gelangen, die in der Schau Gottes von Angesicht zu Angesicht und in der Liebe besteht.

... Du hast Antworten gegeben, die Uns **1068** veranlassen, Dich folgendes zu fragen:
1. in bezug auf die Weihe des Chrisams, ob Du glaubst, daß das Chrisam durch keinen Priester, der nicht Bischof ist, in der rechten und gebührenden Weise geweiht werden kann.

419

1069    2., si credis, quod sacramentum confirmationis per alium quam per episcopum non potest ex officio ordinarie ministrari.

2., ob Du glaubst, daß das Sakrament der Firmung von keinem anderen als vom Bischof von Amts wegen ordentlich gespendet werden kann.

1070    3., si credis, quod solum per Romanum Pontificem, plenitudinem potestatis habentem, possit dispensatio sacramenti confirmationis presbyteris, qui non sunt episcopi, committi.

3., ob Du glaubst, daß allein vom Römischen Bischof, der die Fülle der Vollmacht innehat, Priestern, die keine Bischöfe sind, die Erlaubnis gewährt werden kann, das Sakrament der Firmung zu spenden.

1071    4., si credis, quod chrismati per quoscumque sacerdotes, qui non sunt episcopi neque a Romano Pontifice super hoc commissionem seu concessionem aliquam receperunt, iterum per episcopum vel episcopos sint chrismandi.

4., ob Du glaubst, daß diejenigen, die von irgendwelchen Priestern gesalbt wurden, die keine Bischöfe sind und vom Römischen Bischof keinen Auftrag und keine Erlaubnis dafür bekommen haben, noch einmal von einem Bischof oder ⟨mehreren⟩ Bischöfen gesalbt werden müssen.

*Lehren, die speziellen Irrtümern der Armenier entgegengesetzt sind*

1072    Post praedicta omnia, mirari cogimur vehementer, quod in quadam epistola, quae incipit *"Honorabilibus in Christo Patribus"*, subtrahis de LIII primis capitulis capitula XIV:
1. Quod Spiritus Sanctus procedit a Patre et Filio.

Nach all dem Vorausgeschickten müssen Wir Uns sehr wundern, daß Du in einem Brief, der mit *"Honorabilibus in Christo Patribus"* beginnt, von den ersten 53 Kapiteln 14 Kapitel unterschlägst:
1. Der Heilige Geist geht vom Vater und Sohn hervor.

1073    3. Quod parvuli ex primis parentibus contrahunt originale peccatum.

3. Die kleinen Kinder ziehen sich die Ursünde aus den ersten Eltern zu.

1074    6. Quod animae ex toto purgatae separatae a suis corporibus manifeste Deum vident.

6. Die vollständig gereinigten Seelen schauen, getrennt von ihren Leibern, Gott deutlich.

1075    9. Quod animae decedentium in mortali peccato in infernum descendant.

9. Die Seelen derer, die in einer Todsünde sterben, steigen in die Hölle hinab.

1076    12. Quod baptismus deleat originale et actuale peccatum.

12. Die Taufe vernichtet die Ursünde und die aktuelle Sünde.

1077    13. Quod Christus non destruxit descendendo ad inferos inferiorem infernum.

13. Christus hat durch sein Hinabsteigen in die Unterwelt nicht die untere Hölle vernichtet.

1078    15. Quod angeli a Deo fuerunt creati boni.

15. Die Engel sind von Gott gut erschaffen worden.

1079    30. Quod effusio sanguinis animalium nullam operatur remissionem peccatorum.

30. Das Vergießen von Tierblut bewirkt keine Vergebung der Sünden.

1080    32. Quod non iudicent comestores piscium et olei in diebus ieiuniorum.

32. Man soll die nicht verurteilen, die an Fasttagen Fische und Öl verzehren.

1081    39. Quod in Ecclesia catholica baptizati, si efficiantur infideles et postmodum convertantur, non sunt iterum baptizandi.

39. Wenn in der katholischen Kirche Getaufte ungläubig werden und sich später bekehren, sind sie nicht noch einmal zu taufen.

40. Quod parvuli ante octavum diem possunt baptizari, et quod baptismus non potest esse in liquore alio quam in vera aqua.

42. Quod corpus Christi post verba consecrationis sit idem numero quod corpus natum de Virgine et immolatum in cruce.

45. Quod nullus, etiam sanctus, corpus Christi potest conficere, nisi sit sacerdos.

46. Quod est de necessitate salutis, confiteri proprio sacerdoti vel de licentia eius, omnia peccata mortalia perfecte et distincte.

40. Die kleinen Kinder können vor dem achten Tag getauft werden, und die Taufe kann in keiner anderen Flüssigkeit stattfinden als in wahrem Wasser. **1082**

42. Der Leib Christi ist nach den Worten der Konsekration der Zahl nach derselbe wie der Leib, der von der Jungfrau geboren und am Kreuz geopfert wurde. **1083**

45. Keiner, auch kein Heiliger, kann den Leib Christi zustande bringen, wenn er nicht Priester ist. **1084**

46. Für das Heil ist es notwendig, seinem eigenen Priester oder mit seiner Erlaubnis alle Todsünden vollständig und gesondert zu beichten. **1085**

INNOZENZ VI.: 18. Dez. 1352 – 12. Sept. 1362

## URBAN V.: 28. Sept. 1362 – 19. Dez. 1370

**1087-1097: Widerruf, der Dionysius Foullechat durch die Konstitution "Ex supernae clementiae" vom 23. Dez. 1368 auferlegt wurde**

Dionysius Foullechat (bzw. Soulechat) OFM hatte bei seiner Auslegung der Sentenzenbücher über die evangelische Vollkommenheit und über die Armut Thesen vertreten, die den Dekreten Johannes' XXII. widersprachen. 1363 wurde an der Pariser Universität zum Widerruf aufgefordert, legte jedoch beim Papst Berufung ein. Der Papst zwang ihn zweimal zum Widerruf: am 31. Jan. 1365 in Avignon und am 12. April 1369 in Paris. Der zweite Widerruf wurde wegen neuer Erklärungen des Dionysius angeordnet und kam auf Betreiben des Kardinals Johannes, des ehemaligen Bischofs von Beauvais, zustande (den Text s. DenCh 3 [1894] 183f [Nr. 1350]).
*Ausg.:* DenCh 3,117–119 (Nr. 1298); 185 (Nr. 1352) / einen ungenauen Text bietet: DuPlA 1/I (1724) 384b–386a / BarAE, zum Jahr 1368 Nr. 17 (Theiner 26,159f).

*Irrtümer über den Stand der Vollkommenheit und über die Armut*

### a) Erster Widerruf (31. Jan. 1365)

(Art. 4, conclusio 3) Quod haec benedicta, immo superbenedicta lex et dulcissima, videlicet lex amoris ... omnem aufert proprietatem et dominium ...
– revoco tamquam falsam, erroneam et haereticam, quia Christus et Apostoli illam legem perfectissime tenuerunt, et multi alii statuum diversorum legem hanc ... tenuerunt ..., qui proprietatem et dominium habuerunt. ...
(Correlarium 1) Quod haec lex desponsat duo pronomina possessiva, videlicet "meum" et "tuum". ...
(Corr. 2) Quod non minus facit omnia communia perfecta caritas quam extrema necessitas. ...

(Art. 4, Schluß 3) Daß dieses gelobte, ja sogar hochgelobte und lieblichste Gesetz, nämlich das Gesetz der Liebe, ... jegliches Eigentum und Verfügungsrecht beseitigt ... **1087**
– widerrufe ich als falsch, irrig und häretisch, weil Christus und die Apostel dieses Gesetz aufs vollkommenste hielten und viele andere verschiedener Stände dieses Gesetz ... hielten ..., die Eigentum und Verfügungsgewalt hatten. ...
(Zusatz 1) Daß dieses Gesetz die zwei Possessivpronomina, nämlich "mein" und "dein", vermählt. ... **1088**
(Zusatz 2) Daß die vollkommene Liebe nicht weniger alles gemeinsam macht als die äußerste Not. ...

– Dico nunc, quod ista duo correlaria, ut sequuntur ex praedicta conclusione, sunt falsa. ...

**1089**     (Corr. 4) Quod hanc legem dedit Christus discipulis suis principaliter ad actualiter exsequendum, non solum habitualiter. ...

– Istud correlarium intelligendo hanc legem amoris ut auferentem omnem proprietatem et dominium, sicut conclusio dicit, sic intellectum reputo falsum, erroneum et haereticum et contra determinationem Ecclesiae. ...

**1090**     (Concl. 4) Quod actualis abdicatio cordialis voluntatis et temporalis potestatis, dominii seu auctoritatis, statum perfectissimum ostendit et efficit. ...

– Istam universaliter intellectam reputo falsam, erroneam et haereticam ...

**1091**     (Corr. 1) Quod Christus non abdicasse huiusmodi possessionem et ius in temporalibus, non habetur ex nova lege, immo potius oppositum ... [cf. Mt 8,20].

(Corr. 2) Quod hanc legem pro regula perfectionis Christus docuit et exemplo firmavit. ...

– Ista duo correlaria revoco tamquam falsa, erronea et haeretica, et contra determinationem decretalis domini Ioannis papae [XXII], quae incipit: "Quia quorumdam"[1].

**1092**     (Corr. 4) Quod abdicatio rerum temporalium secundum animi praeparationem nullam aut valde imperfectam et fragilem ostendit et efficit perfectionem. ...

– Istum articulum revoco tamquam falsum et scandalosum.

**1093**     Respondendo ad quemdam baccalaureum [dicentem] ... quod Christus talia non abdicavit, illud negavi, et dixi, quod Christus nihil sibi retinuit.

– Ista duo dicta revoco tamquam falsa et haeretica, quia Christus loculos habuit propter infirmos, a fidelibus oblata conservans ...

– Ich sage nun, daß diese beiden Zusätze, wie sie sich aus dem oben genannten Schluß ergeben, falsch sind. ...

(Zusatz 4) Daß Christus seinen Jüngern dieses Gesetz hauptsächlich gab, damit sie es handelnd, nicht nur durch ihre Grundhaltung ausführten. ...

– Diesen Zusatz – wenn man dieses Gesetz der Liebe so versteht, daß es jedes Eigentum und Verfügungsrecht beseitigt, wie der Schluß besagt – halte ich, wenn man ihn so versteht, für falsch, irrig und häretisch und gegen die Bestimmung der Kirche. ...

(Schluß 4) Daß die tatsächliche Lossagung vom Willen des Herzens und von zeitlicher Macht, von Verfügungsgewalt bzw. Autorität, den vollkommensten Zustand darstellt und bewirkt. ...

– Diesen ⟨Schluß⟩ halte ich – allgemein verstanden – für falsch, irrig und häretisch ...

(Zusatz 1) Daß Christus sich nicht von derartigem Besitz und dem Recht auf zeitliche Güter losgesagt habe, hat man nicht aus dem neuen Gesetz, vielmehr eher das Gegenteil ... [vgl. Mt 8,20].

(Zusatz 2) Daß Christus dieses Gesetz als Regel der Vollkommenheit lehrte und durch sein Beispiel bekräftigte. ...

– Diese beiden Zusätze widerrufe ich als falsch, irrig und häretisch und gegen die Bestimmung des Dekretale des Herrn Papstes Johannes [XXII.], das beginnt: "Quia quorumdam"[1].

(Zusatz 4) Daß die Lossagung von zeitlichen Gütern, die sich auf die Vorbereitung des Geistes bezieht, keine oder eine sehr unvollkommene und brüchige Vollkommenheit darstellt und bewirkt. ...

– Diesen Artikel widerrufe ich als falsch und anstößig.

In der Antwort an einen Baccalaureus, [der sagte,] ... Christus habe sich von solchen Dingen nicht losgesagt, habe ich dies verneint und behauptet, Christus habe nichts für sich zurückbehalten.

– Diese beiden Aussagen widerrufe ich als falsch und häretisch, weil Christus wegen der Kranken Geldbeutel hatte und das, was ihm

---

*1091 [1]   Konstitution "Quia quorumdam mentes", 10. Nov. 1324: Johannes XXII., Extravagantes communes, tit. 14, c. 5 (Frdb 2,1230–1236).

(Correl. ultimum) Quod non plus curavit Christus de temporalibus quam faciunt divites de pauperibus. ...
- Nunc dico quod Christus de temporalibus curavit, quia non omnia abdicavit ...

von den Gläubigen geschenkt wurde, aufbewahrte ...

(Letzter Zusatz) Daß Christus sich nicht **1094** mehr um zeitliche Güter kümmerte, als es die Reichen um die Armen tun. ...
- Jetzt sage ich, daß Christus sich um zeitliche Güter kümmerte, weil er sich nicht von allem lossagte ...

### b) Sätze, die für den zweiten Widerruf (12. April 1369) hinzugefügt wurden

Quod Christus in morte sua omnia simpliciter abdicavit.
- Istam reputo tamquam falsam, erroneam et haereticam.

Quod quando corpus [*Christi*] in sepulcro mansit, ibi caritas abstulit ab eo omnem proprietatem et dominium.
- Istam revoco tamquam falsam, erroneam et haereticam.

Quod tunc vacavit sedes generalis Domini usque ad diem istam ...
- revoco tamquam falsam et erroneam.

Daß Christus sich in seinem Tod von einfach allem losgesagt hat. **1095**
- Diesen ⟨Satz⟩ halte ich für falsch, irrig und häretisch.

Daß, als der Leib [*Christi*] im Grabe war, **1096** dort die Liebe von ihm jedes Eigentum und Verfügungsrecht weggenommen hat.
- Diesen ⟨Satz⟩ widerrufe ich als falsch, irrig und häretisch.

Daß damals der allgemeine Thron des **1097** Herrn bis zu diesem Tage unbesetzt war ...
- widerrufe ich als falsch und irrig.

## GREGOR XI.: 30. Dez. 1370 - 26./27. März 1378

### 1101-1103: Brief der Inquisitionskardinäle an die Erzbischöfe von Tarragona und Saragossa, 8. Aug. 1371

Die im folgenden angeführten theologischen Auffassungen wurden u. a. von Petrus Lombardus (*Sententiae*, l. IV, dist. 13), Innozenz III. (*De mysterio Missae* III 11) und Bonaventura (*Sententiae*, l. IV, dist. 13, a. 2, q. 1) vertreten, später aber fast völlig aufgegeben. Als Petrus de Bonageta und Johannes de Latone sie wieder aufgriffen, wurden sie bei der Inquisition angezeigt. Diese entschied unter Gregor XI., daß es unter Strafe der Exkommunikation verboten sei, jene Sätze öffentlich zu lehren.
*Ausg.:* DuPlA 1/I (1724) 390b.

### *Irrtümer des Petrus de Bonageta und des Johannes de Latone über die Eucharistie*

1. Quod si hostia consecrata cadat seu proiciatur in cloacam, lutum seu aliquem turpem locum, quod, speciebus remanentibus, sub eis esse desinit corpus Christi et redit substantia panis.

1. Wenn eine geweihte Hostie in eine **1101** Kloake, in Kot oder irgendeinen schändlichen Ort fällt oder geworfen wird, so hört, auch wenn die Gestalten verbleiben, der Leib Christi auf, unter ihnen zu sein, und es kehrt die Substanz des Brotes zurück.

2. Quod si hostia consecrata a mure corrodatur seu a bruto sumatur, quod, remanentibus dictis speciebus, sub eis desinit esse corpus Christi et redit substantia panis.

2. Wenn eine geweihte Hostie von einer **1102** Maus zernagt oder von einem Tier gefressen wird, so hört, auch wenn die erwähnten Gestalten verbleiben, der Leib Christi auf, unter ihnen zu sein, und es kehrt die Substanz des Brotes zurück.

**1103**    3. Quod si hostia consecrata a iusto vel a peccatore sumatur, quod, dum species dentibus teritur, Christus ad caelum rapitur et in ventrem hominis non traicitur.

3. Wenn eine geweihte Hostie von einem Gerechten oder von einem Sünder gegessen wird, so wird Christus, wenn die Gestalt mit den Zähnen zerrieben wird, zum Himmel entführt, und er wird nicht in den Magen des Menschen befördert.

### 1110-1116: Bulle "Salvator humani generis" an den Erzbischof von Riga und seine Suffraganen, 8. April 1374

Der Sachsenspiegel des Eike von Repgow, zunächst lateinisch verfaßt (nach 1221, verloren), danach in die niederdeutsche Sprache übersetzt (zwischen Juli 1224 und 1228; vgl. K.A. Eckhardt, *Lehnrecht* [1956] 127-129), gilt als das bedeutendste Rechtsbuch des deutschen Mittelalters. Es übte vor allem in Süddeutschland großen Einfluß aus (Schwabenspiegel). Da aber einige seiner Prinzipien im Gegensatz zur christlichen Lehre standen, drängte Johannes Klenkok OESA den Papst, 14 Artikel zu mißbilligen. Gregor XI. entsprach dem Anliegen mit dieser an den Erzbischof von Riga und seine Suffraganbischöfe von Livland und Preußen gerichteten Bulle. In derselben Sache wandte er sich mit einem Brief vom 15. Okt. 1374 (MaC 23,157-162) auch an Kaiser Karl IV.

*Ausg.:* BullTau 4,575a-576a / BullCocq 3/II,360b-361a / MaC 23,160 ·(fälschlicherweise unter Gregor IX. aufgeführt).

Die Stellen der Sätze werden im folgenden angegeben nach K.A. Eckhardt, *Sachsenspiegel*: [Bd. 1] *Landrecht*; [Bd. 2] *Lehnrecht* (Germanenrechte, N.F., Land- und Lehnrechtsbücher; Göttingen – Berlin – Frankfurt/M. 1955; 1956) [= GR]; und nach dems., *Land- und Lehnrecht* (Fontes iuris Germanici antiqui, Neue Serie 1/I u. 1/II, aus den MGH gesondert herausgegeben; Hannover 1933) [= MGH].

*Im "Sachsenspiegel" enthaltene irrige Rechtsprinzipien*

**1110**    Universis Christi fidelibus per Apostolica scripta mandamus, quod ipsis scriptis seu legibus reprobatis de cetero non utantur ...:

Allen Christgläubigen gebieten Wir durch Apostolische Schreiben, daß sie diese verworfenen Schriften bzw. Gesetze künftig nicht mehr gebrauchen ...:

(Art. 1) Quidquid homo fecerit extra iudicium, quantumcumque hoc sit notorium, se liberare poterit per suum iuramentum, nec contra talem valet aliquod testimonium[1].

(Art. 1) Was immer ein Mensch außerhalb des Gerichtes getan haben mag, so offenkundig es auch sein mag, ⟨davon⟩ wird er sich durch seinen ⟨Unschulds⟩eid befreien können; und gegen diesen richtet kein Zeugnis etwas aus[1].

**1111**    (6) Quod si quis fuerit interfectus in spolio vel furto, pro quo consanguineus interfecti se praebeat ad duellum, talis per duellum repellit omne testimonium, nec talis mortuus tunc sine duello poterit convinci[1].

(6) Wenn einer bei einem Diebstahl oder Raub getötet wurde und sich ein Verwandter des Getöteten für ihn zum Duell erbietet, so weist dieser durch das Duell jedes Zeugnis zurück; und dieser Tote wird dann nicht ohne Duell überführt werden können[1].

**1112**    (7) Quod si duo dictant in iudicio simul contrarias sententias, tunc quicumque talium habuerit maiorem sequelam, talis sententiam obtinebit[1].

(7) Wenn zwei vor Gericht zugleich entgegengesetzte Aussagen machen, dann wird, wer auch immer von diesen die größere Gefolgschaft hat, dieser ⟨seine⟩ Aussage zur Geltung bringen[1].

**1113**    (8) Quod quicumque fuerit appellatus ad duellum secundum istius libri formam, talis non potest negare duellum, nisi sic appellans

(8) Wer auch immer nach der Bestimmung dieses Buches zum Duell aufgefordert wurde, der kann das Duell nicht verweigern, es sei

---

**\*1110** [1]  *Landrecht* I 18 § 2 (= Art. 10 GR 1,83 / = Art. 9 MGH 30).
**\*1111** [1]  Ebd. I 64 (= Art. 44 GR 1,125f / = Art. 45 MGH 56).
**\*1112** [1]  Vgl. ebd. I 18 § 3; II 12 § 8a; III 21 § 1 (= Art. 10 55 128 GR 1,83f 138f 207 / = Art. 9 58 123 MGH 30 67 118); vgl. *Lehnrecht*, Art. 40 § 1 (= Art. 246 GR 2,61).

minus bene natus fuerit quam appellatus[1].

(9) Quod quicumque perdidit ius suum ratione furti vel spolii, talis incusatus secundo de furto vel spolio non potest se liberare iuramento, sed electionem habet ad ferrum ignitum aut aquam bullientem vel ad duellum. Huius quidem articuli pars ultima, quae ad ferrum ignitum etc. electionem concedit, est erronea[1].

(12) Quod heres non tenetur de furto vel spolio perpetrato per illum, cui succedit in hereditate, respondere: quod erroneum est saltem in foro conscientiae[1].

[*Censura: Scripta damnantur tamquam*] falsa, temeraria, iniqua et iniusta et in quibusdam haeretica et schismatica et contra bonos mores exsistentia periculosaque animabus.

denn, der so Auffordernde wäre weniger wohl geboren als der Aufgeforderte[1].

(9) Wer auch immer sein Recht wegen **1114** Diebstahls oder Raubes verloren hat, der kann sich, wenn er zum zweiten Mal eines Diebstahls oder Raubes angeklagt wurde, nicht durch einen ⟨Unschulds⟩eid befreien, sondern er hat die Wahl zwischen dem glühenden Eisen, dem kochenden Wasser und dem Duell. Und zwar ist der letzte Teil dieses Artikels irrig, der die Wahl zwischen dem glühenden Eisen usw. zuläßt[1].

(12) Ein Erbe ist nicht gehalten, für den **1115** Diebstahl oder Raub zu haften, der von jenem begangen wurde, dem er in der Erbschaft nachfolgt: dies ist zumindest im Forum des Gewissens irrig[1].

[*Zensur: Die Schriften werden ver-* **1116** *urteilt als*] falsch, leichtfertig, unbillig, ungerecht, in manchem häretisch, schismatisch, gegen die guten Sitten gerichtet und gefährlich für die Seelen.

## 1121-1139: Irrtümer John Wyclifs, verurteilt in dem Brief "Super periculosis" an die Bischöfe von Canterbury und London, 22. Mai 1377

John Wyclif (auch Wiclif, Wiclef) wurde im Februar 1377 von Bischof William Courtnay von London wegen verschiedener Irrtümer in bezug auf die kirchliche Vollmacht angeklagt. Da die Verhandlung ohne Ergebnis blieb, wurden aus seinen Vorlesungen (an der Universität Oxford) und Schriften (vor allem *De civili dominio*) 19 ausgewählte Sätze an den Papst gesandt, der sie als irrig zurückwies. Wyclif verteidigte sie in seiner *Protestatio* bzw. *Declarationes* genannten Schrift (hrsg. von R. Vaughan, a. unten a.O. 432-437 / Th. Walsingham, a. unten a.O. 357-362).

    *Ausg.:* MaC 26,565E-566D / HaC 7,1870E-1871C / DuPlA 1/II,3ab / R. Vaughan, *The life and opinions of John de Wycliffe* 1 [London 1831²] 432-437 / Th. Walsingham, *Historia Anglicana*, hrsg. von H.Th. Riley, 1 [London 1863] 357-362.

    Die Stellen der Sätze werden, soweit sie sich in dem Werk *De civili dominio* (geschrieben um 1376) finden, im folgenden nach der Ausgabe der Wyclif-Society angegeben: Bd. 1 = Buch I, hrsg. von R.L. Poole (London 1885); Bd. 2 = Buch II und Bd. 3-4 = Buch III: hrsg. von J. Loserth (London 1900-1904).

### *Irrtümer John Wyclifs in bezug auf die Verfügung über zeitliche Dinge*

1. Totum genus humanum concurrentium, citra Christum, non habet potestatem simpliciter ordinandi, ut Petrus et omne genus suum dominetur politice in perpetuum super mundum[1].

2. Deus non potest dare homini pro se et heredibus suis in perpetuum civile dominium[1].

1. Das ganze Menschengeschlecht in sei- **1121** ner Gesamtheit, Christus ausgenommen, hat nicht die Vollmacht, schlechthin anzuordnen, daß Petrus und sein ganzes Geschlecht auf ewig politisch über die Welt herrschen sollen[1].

2. Gott kann keinem Menschen für sich **1122** und seine Erben auf ewig weltliche Herrschaft geben[1].

---

**\*1113** [1]     Vgl. *Landrecht* I 63 § 3 (= Art. 43 GR 1,122 / = Art. 45 MGH 54f).
**\*1114** [1]     Ebd. I 39 (= Art. 25 GR 1,102 / = Art. 23 MGH 41).
**\*1115** [1]     Vgl. ebd. I 6 § 2; II 17 § 1 (= Art. 6 62 GR 1,78 148 und 149, Apparat / = Art. 7 66 MGH 25 73).
**\*1121** [1]     I 35 (1,251₁₉₋₂₁).
**\*1122** [1]     I 35 (1,252₁₇f).

1123    3. Chartae humanitatis adinventae de hereditate civili perpetua sunt impossibiles[1].

1124    4. Quilibet exsistens in gratia gratifice et fideliter, nedum habet ius, sed in re habet omnia dona Dei[1].

1125    5. Homo potest solum ministratorie dare tam naturali filio quam imitationis in schola Christi, tam temporale dominium quam aeternum[1].

1126    6. Si Deus est, domini temporales possunt legitime ac meritorie auferre bona fortunae ab Ecclesia delinquente[1].

1127    7. Numquid Ecclesia est in tali statu vel non, non est meum discutere, sed dominorum temporalium examinare et, posito casu, confidenter agere et sub poena damnationis aeternae eius temporalia auferre[1].

1128    8. Scimus quod non est possibile, quod vicarius Christi pure ex bullis suis vel ex illis cum voluntate et consensu suo et sui collegii quemquam habilitet vel inhabilitet[1].

1129    9. Non est possibile hominem excommunicari, nisi prius et principaliter excommunicetur a se ipso[1].

1130    10. Nemo ad sui deteriorationem excommunicatur, suspenditur vel aliis censuris cruciatur nisi in causa Dei[1].

1131    11. Maledictio vel excommunicatio non ligat simpliciter, nisi quantum fertur in adversarium legis Christi[1].

3. Urkunden der Menschheit, die im Blick auf eine ewige bürgerliche Erbschaft erfunden wurden, sind unmöglich[1].

4. Jeder, der sich wohlgefällig und getreu in der Gnade befindet, hat nicht nur das Recht, sondern hat tatsächlich alle Gaben Gottes[1].

5. Der Mensch kann sowohl dem natürlichen Sohn als auch ⟨dem Sohn⟩ der Nachahmung in der Schule Christi sowohl zeitliche als auch ewige Herrschaft nur zu Lehen geben[1].

6. Wenn ein Gott ist, dann können die zeitlichen Herren der Kirche rechtmäßig und verdienstvoll Vermögensgüter entziehen, wenn sie sich verfehlt[1].

7. Ob nun die Kirche in einem solchen Zustand ist oder nicht, dies zu diskutieren ist nicht meine Aufgabe; vielmehr obliegt es den zeitlichen Herren, dies zu prüfen und gegebenenfalls zuversichtlich zu handeln und unter Strafe der ewigen Verdammnis ihre zeitlichen ⟨Güter⟩ zu entziehen[1].

8. Wir wissen, daß es nicht möglich ist, daß der Stellvertreter Christi lediglich aufgrund seiner Bullen oder aufgrund dieser mit Willen und Zustimmung seiner selbst und seines Kollegiums irgend jemanden ⟨zur Herrschaft⟩ befähigt oder unfähig macht[1].

9. Kein Mensch kann exkommuniziert werden, wenn er nicht zuvor und hauptsächlich von sich selbst exkommuniziert wird[1].

10. Niemand wird zu seiner Verschlechterung exkommuniziert, suspendiert oder mit anderen Zensuren gemartert, es sei denn in einer Angelegenheit Gottes[1].

11. Fluch oder Exkommunikation binden nicht schlechthin, sondern nur, wenn sie gegen einen Gegner des Gesetzes Christi verhängt werden[1].

---

*1123 [1]   I 35 (1,252$_{24-26}$).
*1124 [1]   I 1 (1,1$_{16-18}$).
*1125 [1]   I 35 (1,253$_{3-5}$).
*1126 [1]   I 37 (1,267$_{12-14}$); zugleich auch zu Satz 17 (*1137) vgl. II 1 (2,1$_{4-6}$ 2$_{13-18}$); 2 (2,13); 3 (2,23-26); 4 (2,33$_{19f}$); 5 (2,42); 8 (2,76-80); 10 (2,97-101 112f); III 2 (3,27f); 14 (3,259 263); 17 (3,346); 20 (4,404). Vgl. auch den Konstanzer Satz 16 (*1166).
*1127 [1]   Vgl. I 37 (1,269$_{12-17}$, Anmerkung).
*1128 [1]   I 35 (1,255$_{24-27}$); vgl. 44 (1,410).
*1129 [1]   I 38 (1,274$_{15f}$).
*1130 [1]   I 38 (1,276$_{7-9}$).
*1131 [1]   I 38 (1,275$_{22-24}$).

12. Non est exemplificata potestas a Christo suis discipulis excommunicandi subditos, praecipue propter negationem temporalium, sed e contra[1].

13. Discipuli Christi non habent potestatem coacte exigere temporalia per censuras[1].

14. Non est possibile de potentia Dei absoluta, quod si papa vel alius praetendat se quovis modo solvere vel ligare, eo ipso solvit et ligat[1].

15. Credere debemus quod solum tunc solvit vel ligat, quando se conformat legi Christi[1].

16. Hoc debet catholice credi: quilibet sacerdos rite ordinatus habet potestatem sufficienter sacramenta quaelibet conferendi, et per consequens quemlibet contritum a peccato quolibet absolvendi[1].

17. Licet regibus, auferre temporalia a viris ecclesiasticis, ipsis abutentibus habitualiter[1].

18. Sive domini temporales sive sancti papae sive Caput Ecclesiae, qui est Christus, dotaverint Ecclesiam bonis fortunae vel gratiae, et excommunicaverint eius temporalia auferentes, licet tamen propter condicionem implicitam delicto proportionabili eam temporalibus spoliare[1].

19. Ecclesiasticus, immo Romanus Pontifex, potest legitime a subditis et laicis corripi, etiam accusari[1].

12. Von Christus wurde seinen Jüngern nicht die Vollmacht, Untergebene zu exkommunizieren, in Gleichnissen ausgelegt, vor allem ⟨nicht⟩ wegen der Verweigerung zeitlicher ⟨Güter⟩, sondern im Gegenteil[1]. **1132**

13. Die Jünger Christi haben keine Vollmacht, durch Zensuren zeitliche ⟨Güter⟩ zwangsweise einzutreiben[1]. **1133**

14. Es ist der absoluten Macht Gottes nach nicht möglich, daß der Papst oder ein anderer, wenn er vorgibt, er löse oder binde in beliebiger Weise, eben dadurch löst und bindet[1]. **1134**

15. Wir müssen glauben, daß er nur dann löst oder bindet, wenn er sich dem Gesetz Christi anpaßt[1]. **1135**

16. Dies muß katholisch geglaubt werden: jedweder ordnungsgemäß geweihte Priester hat die Vollmacht, alle Sakramente hinlänglich zu spenden und folglich jedweden Reuigen von jedweder Sünde loszusprechen[1]. **1136**

17. Königen ist es erlaubt, Kirchenmännern zeitliche ⟨Güter⟩ zu entziehen, wenn sie diese gewohnheitsmäßig mißbrauchen[1]. **1137**

18. Sei es, daß zeitliche Herren, heilige Päpste oder das Haupt der Kirche, das Christus ist, die Kirche mit Vermögens- oder Gnadengütern ausgestattet und diejenigen exkommuniziert haben, die ihre zeitlichen ⟨Güter⟩ wegnehmen, so ist es dennoch wegen der darin enthaltenen Bedingung erlaubt, sie aufgrund einer entsprechenden Verfehlung zeitlicher ⟨Güter⟩ zu berauben[1]. **1138**

19. Ein Kirchenmann, ja selbst der Römische Bischof, kann von Untergebenen und Laien rechtmäßig getadelt, ja angeklagt werden[1]. **1139**

## URBAN VI.: 8. April 1378 – 15. Okt. 1389

---

**\*1132** [1] I 38 (1,277_{29}-278_2).
**\*1133** [1] I 38 (1,279_{4f}). Vgl. I 40 und 42 (1,309 336).
**\*1134** [1] Vgl. I 38 (1,283_2, Anmerkung).
**\*1135** [1] I 38 (1,284_{19-21}). Vgl. III 19 (4,389_{29-31}).
**\*1136** [1] I 38 (1,284_{23}-285_2).
**\*1137** [1] I 39 (1,289_{30}-290_1). Vgl. die zu Satz 6 (\*1126) angegebenen Stellen.
**\*1138** [1] II 4 (2,26_{27-32}). Vgl. I 39 (1,285-288).
**\*1139** [1] II 9 (2,94_{34-36}); angedeutet I 39 (1,291); vgl. III 2 (3,28_{23-27}).

## BONIFATIUS IX.: 2. Nov. 1389 - 1. Okt. 1404

**1145-1146: Päpstliche Bullen, betreffend das Vorrecht des Klosters St. Osyth in Essex, die höheren Weihen zu spenden, i. J. 1400 und 1403**

Es liegen zwei Bullen vor. Durch die erste von ihnen wird einem Abt das – bis dahin noch nicht gekannte – Vorrecht gewährt, die höheren Weihen, auch die Priesterweihe, zu spenden. Durch die andere Bulle wird dieses Privileg drei Jahre später auf Betreiben des Londoner Bischofs Robert Braybrook widerrufen. Aufgrund dieser Bullen stellte sich die Frage, ob der Priester außerordentlicher Spender der Priesterweihe sein kann, wie es für das Sakrament der Firmung allgemein feststeht. Die römische Praxis scheint dies zu bestätigen (vgl. auch *1290 1435). Dabei ist zu berücksichtigen, daß die Frage nach der Sakramentalität der Bischofsweihe lange Zeit kontrovers war. Das 2. Vatikanische Konzil lehrt, daß die Bischofsweihe die Fülle des Sakramentes verleiht (LG 21; *4145); die hier anstehende Frage wird nicht geklärt. Zu beachten ist der Trienter Anathematismus der 23. Sitzung, Kan. 7 (*1777).

Die Echtheit der Bullen, um die es sich hier handelt, kann kaum in Zweifel gezogen werden, da ihr Register im Vatikanischen Archiv, Registrum Latinum 81 Fol. 264 (*1145) und ebd., Registrum Latinum 108 Fol. 132 (*1146), aufbewahrt wird.

*Ausg.:* E. Beck, *Two Bulls of Boniface IX for the Abbot of St. Osyth,* in: EnglHR 26 (1911) 125–127 / PerRMor 12 (1924) 18f / NvRTh 76 (1954) 364f. – *Reg.: Calendar of entries in the papal registers relating to Great Britain and Ireland: Papal Letters* 5 (Jahre 1396–1404), hrsg. von W.H. Bliss – J.A. Twemlow (London 1904) 334 534f.

### Weihevollmacht für Priester

**a) Bulle "Sacrae religionis", 1. Febr. 1400**

**1145**    Sacrae religionis, sub qua dilecti filii abbas et Conventus monasterii Apostolorum Petri et Pauli ac sanctae Osithae Virginis et Martyris in Essexia Ordinis sancti Augustini Londoniensis dioecesis devotum et sedulum exhibent Altissimo famulatum, promereretur honestas, ut votis eorum ..., quantum cum Deo possumus, favorabiliter annuamus. Hinc est quod Nos, ipsorum abbatis et Conventus in hac parte supplicationibus inclinati,

Die Ehrenhaftigkeit der heiligen Frömmigkeit, mit der die geliebten Söhne, der Abt und der Konvent des Klosters der Apostel Petrus und Paulus und der heiligen Jungfrau und Martyrin Osyth in Essex vom Orden des heiligen Augustinus in der Diözese London dem Höchsten ihren andächtigen und eifrigen Dienst erweisen, verdient es, daß Wir ihren Wünschen ..., soweit Wir es mit Gott vermögen, huldvoll zustimmen. Daher kommt es, daß Wir, den Bitten des Abtes und des Konventes in diesem Punkte geneigt, ebendiesem Abt, seinen Nachfolgern und ihren Chorherren kraft Apostolischer Autorität aufgrund des vorliegenden ⟨Schreibens⟩ bewilligen,

ut idem abbas et successores sui in perpetuum abbates eiusdem monasterii pro tempore exsistentes omnibus et singulis Canonicis praesentibus et futuris professis eiusdem monasterii omnes minores necnon subdiaconatus, diaconatus et presbyteratus ordines statutis a iure temporibus conferre libere et licite valeant et quod dicti Canonici sic per dictos abbates promoti in sic susceptis ordinibus libere et licite ministrare possint, quibuscumque constitutionibus Apostolicis et aliis contrariis in contrarium editis quibuscumque quacumque firmitate roboratis

daß ebendieser Abt und seine Nachfolger auf ewig, die Äbte ebendieses Klosters, für die Dauer ihrer Amtszeit allen und den einzelnen Chorherren ebendieses Klosters, die gegenwärtig oder künftig die Profeß abgelegt haben, alle niederen ⟨Weihen⟩ sowie die Weihen des Subdiakonats, des Diakonats und des Priestertums zu den vom Recht festgelegten Zeiten frei und erlaubtermaßen spenden können und daß die besagten Chorherren, die so durch die besagten Äbte befördert wurden, in den so empfangenen Weihen frei und erlaubtermaßen ih-

nequaquam obstantibus,
eisdem abbati et successoribus suis ac eorum Canonicis auctoritate Apostolica tenore praesentium indulgemus.

Ipsis abbati et Conventui de uberioris dono gratiae concedentes et eadem auctoritate decernentes, quod

si forsan imposterum gratias aut indulgentias seu privilegia vel alias quascumque concessiones seu Litteras Apostolicas de huiusmodi ordinibus conferendis vel suscipiendis aut de alia quacumque materia seu re per Sedem Apostolicam vel praedicta auctoritate imperpetuum vel ad certum tempus praedictis abbati et Conventui vel aliis quibuscumque in partibus Angliae vel alibi concessa per eandem Sedem in genere vel in specie revocari, restringi aut minui contigerit,

per hoc praesens indulgentia nullatenus revocetur, restringatur aut in aliquo quomodolibet minuatur. Sed praesentes Litterae, nisi de ipsis plena et expressa de verbo ad verbum mentio habeatur, in omni sui permaneant roboris firmitate, constitutionibus ... concessis et contrariis non obstantibus quibuscumque.

ren Dienst tun können, ohne daß irgendwelche Apostolischen Konstitutionen und irgendwelche anderen im Gegensatz ⟨dazu⟩ herausgegebenen gegensätzlichen ⟨Verlautbarungen⟩ – durch welche Beglaubigung auch immer bekräftigt – in irgendeiner Weise entgegenstünden.

Wir gewähren dem Abt und dem Konvent als noch reicheres Gnadengeschenk und entscheiden kraft ebendieser Autorität, daß,

wenn es künftig einmal geschehen sollte, daß Gnadenerweise, Bewilligungen, Vorrechte oder irgendwelche anderen Vergünstigungen bzw. Apostolische Schreiben über Spendung und Empfang solcher Weihen oder über irgendeine andere Materie bzw. Sache, die durch den Apostolischen Stuhl oder kraft vorgenannter Autorität nicht auf immer oder auf eine bestimmte Zeit dem vorgenannten Abt und Konvent oder irgendwelchen anderen im Gebiet Englands oder anderswo gewährt wurde, durch ebendiesen Stuhl im allgemeinen oder im besonderen widerrufen, eingeschränkt oder verringert werden,

dadurch die vorliegende Bewilligung in keiner Hinsicht widerrufen, eingeschränkt oder in irgendeiner beliebigen Weise verringert werde. Vielmehr soll das vorliegende Schreiben, wenn es nicht vollständig und ausdrücklich wortwörtlich erwähnt wird, in der ganzen Kraft seiner Gültigkeit verbleiben, ohne daß irgendwelche gewährten Konstitutionen ... und gegenteilige ⟨Verlautbarungen⟩ entgegenstünden.

### b) Bulle "Apostolicae Sedis", 6. Febr. 1403

Apostolicae Sedis providentia circumspecta nonnumquam concessa seu ordinata per eam cassat, revocat et annullat, prout ... praesertim cathedralium ac praelatorum illis praesidentium statui id conspicit utiliter expedire. Dudum siquidem Nos ad dilectorum filiorum abbatis et Conventus monasterii sanctae Osithae Ordinis sanctae Augustini Londoniensis dioecesis petitionis instantiam,

Die umsichtige Vorsorge des Apostolischen Stuhles kassiert, widerruft und annulliert bisweilen durch sie Gewährtes und Angeordnetes, sofern sie erkennt, daß es für die Stellung ... insbesondere der Kathedralen und der ihnen vorstehenden Prälaten von großem Nutzen ist. Vor kurzem meinten Wir nämlich, auf das dringliche Ersuchen der geliebten Söhne, des Abtes und des Konventes des Klosters der heiligen Osyth vom Orden des heiligen Augustinus in der Diözese London hin ebendiesem Abt und seinen Nachfolgern kraft Apostolischer Autorität als besonderen Gnadenerweis durch ein anderes

1146

[1] ut ipse abbas et successores sui abbates dicti monasterii, qui essent pro tempore mitra, anulo et omnibus aliis pontificalibus insigniis libere uti, quodque in dicto monasterio et prioratibus eidem monasterio subiectis ac parochialibus et aliis ecclesiis ad ipsos ... pertinentibus, quamvis ipsis pleno iure non subessent, benedictionem sollemnem post Missarum, Vesperorum et Matutinorum sollemnia, dummodo in benedictione huiusmodi aliquis antistes vel Sedis Apostolicae legatus praesens non esset, elargiri possent per quasdam primo,

[2] et deinde, ut abbas et successores praefati omnibus et singulis Canonicis praesentibus et futuris Professis eiusdem monasterii omnes minores necnon subdiaconatus, diaconatus et presbyteratus ordines statutis a iure temporibus conferre libere et licite valerent, felicis recordationis Alexandri papae IV praedecessoris Nostri quae incipit "Abbates"[1] et aliis quibuscumque constitutionibus Apostolicis contrariis nequaquam obstantibus,
eisdem abbati et successoribus auctoritate Apostolica de speciali gratia per quasdam alias Litteras Nostras [*1145] duximus indulgendum, prout in praedictis Litteris plenius continetur.

Cum autem, sicut exhibita Nobis nuper pro parte venerabilis Fratris Nostri Roberti episcopi Londoniensis petitio continebat, monasterium praefatum, in quo idem episcopus ius obtinet patronatus, per quosdam ipsius episcopi praedecessores ... fundatum exstiterit ac Litterae et indulta huiusmodi in gravem ipsius episcopi et iurisdictionis suae ordinariae ac Ecclesiae Londoniensis laesionem vergere dignoscantur, pro parte eiusdem episcopi Nobis fuit humiliter supplicatum, ut suae et eiusdem Ecclesiae indemnitati consulere in praemissis de benignitate Apostolica dignaremur. Nos super his ... providere volentes,

Schreiben von Uns [*1145] bewilligen zu sollen - wie in besagtem Schreiben ausführlicher festgehalten wird -,
[1] zunächst, daß der Abt selbst und seine Nachfolger, die Äbte des besagten Klosters, für die Dauer ihrer Amtszeit Mitra, Ring und alle anderen bischöflichen Würdezeichen frei benützen und daß sie in dem besagten Kloster und den ebendiesem Kloster unterworfenen Prioraten sowie den zu ihnen ... gehörenden Pfarr- und anderen Kirchen - auch wenn sie ihnen nicht mit vollem Recht unterliegen sollten - gelegentlich nach der Feier von Messen, Vespern und Metten den feierlichen Segen spenden können, sofern bei einem solchen Segen kein Bischof oder Legat des Apostolischen Stuhles anwesend sein sollte,
[2] und sodann, daß der Abt und die besagten Nachfolger allen und den einzelnen Chorherren ebendieses Klosters, die gegenwärtig oder künftig die Profeß abgelegt haben, alle niederen ⟨Weihen⟩ sowie die Weihen des Subdiakonats, des Diakonats und des Priestertums zu den vom Recht festgelegten Zeiten frei und erlaubtermaßen spenden können, ohne daß ⟨die Konstitution⟩ Unseres Vorgängers seligen Angedenkens, Papst Alexanders IV., die ⟨mit dem Wort⟩ "Abbates" beginnt[1], und irgendwelche anderen gegenteiligen Apostolischen Konstitutionen in irgendeiner Weise entgegenstünden.

Da aber, wie der Inhalt eines Uns neulich von seiten Unseres Ehrwürdigen Bruders, des Bischofs Robert von London, eingereichten Gesuches besagt, das besagte Kloster, in dem ebendieser Bischof das Patronatsrecht innehat, von bestimmten Vorgängern des Bischofs selbst ... gegründet wurde und solche Schreiben und Bewilligungen offensichtlich zu einer schweren Schädigung des Bischofs selbst, seiner ordentlichen Rechtsvollmacht und der Kirche von London führen, wurden Wir von seiten ebendieses Bischofs demütig gebeten, Wir sollten Uns in Apostolischer Güte herablassen, für die Schadlosigkeit seiner selbst

---

*1146 [1]     Bonifatius VIII., *Decretales* ("*Liber Sextus*"), l. V, tit. 7, c. 3 (Frdb 2,1084); PoR 18116.

huiusmodi supplicationibus inclinati Litteras et indulta huiusmodi auctoritate Apostolica ex certa scientia tenore praesentium revocamus, cassamus et irritamus ac nullius esse volumus roboris vel momenti.

und ebendieser Kirche in dem Vorausgeschickten Sorge zu tragen. In der Absicht, dafür ... Vorsorge zu treffen, und diesen Bitten geneigt, widerrufen, kassieren und annullieren Wir kraft Apostolischer Autorität aus sicherer Einsicht aufgrund des vorliegenden 〈Schreibens〉 diese Schreiben und Bewilligungen und wollen, daß sie ohne Gültigkeit und Bedeutung seien.

INNOZENZ VII.: 17. Okt. 1404 - 6. Nov. 1406

## GREGOR XII.: 30. Nov. 1406 - 4. Juli 1415

## Konzil von KONSTANZ (16. ökum.): 5. Dez. 1414 - 22. April 1418

Kaiser Sigismund hatte sich zusammen mit Johannes XXIII. darum bemüht, ein ökumenisches Konzil nach Konstanz zu versammeln (Einberufungsbulle: BullTau 4,462-464). Das Hauptverdienst dieses Konzils ist, daß es das Schisma dreier Päpste beendete: Gregor XII. wurde bewegt, freiwillig zu verzichten (4. Juli 1415), Johannes XXIII. und Benedikt XIII. wurden abgesetzt (29. Mai 1415 und 26. Juni 1417). An ihrer Stelle wurde am 11. Nov. 1417 Papst Martin V. gewählt.

    Die Synodalen hatten schon von Beginn an für das Konzil einen ökumenischen Charakter beansprucht, wobei sie sich auf das in der 4. und 5. Sitzung aufgestellte Prinzip der Obergewalt des Konzils stützten: "Diese im Heiligen Geiste rechtmäßig versammelte, ein allgemeines Konzil darstellende und die streitende katholische Kirche vertretende Synode hat ihre Vollmacht unmittelbar von Christus; jeder beliebige, welchen Standes und welcher Würde auch immer, auch wenn es die päpstliche sein sollte, ist gehalten, ihr in dem zu gehorchen, was den Glauben und die Ausrottung des genannten Schismas betrifft ..." ("ipsa Synodus in Spiritu Sancto congregata legitime, generale concilium faciens, Ecclesiam catholicam militantem repraesentans, potestatem a Christo immediate habet, cui quilibet cuiuscumque status vel dignitatis, etiam si papalis exsistat, oboedire tenetur in iis quae pertinent ad fidem et exstirpationem dicti schismatis ..."; MaC 27,585B 590D / COeD³ 408₁₀₋₁₄ 409₂₂₋₂₆).

    Martin V. verpflichtete die Gläubigen, das Konzil als ein allgemeines anzuerkennen (*1247-1248). In welchem Umfang er dessen Dekrete bestätigt hat, ist umstritten. In der letzten (45.) Sitzung vom 22. April 1418 erklärte der Papst "alles, was auf dem Konzil nach Art eines Konzils in bezug auf den Inhalt des Glaubens ausgeführt wurde" ("omnia gesta in Concilio conciliariter circa materiam fidei"), für gültig (MaC 27,1199B / COeD³ 450f, Anm. 4). Außer den in der Bulle *"In eminentis apostolicae"* vom 1. Sept. 1425 (vgl. *1247°) angeführten Dekreten wurde auch die Konstitution *"Frequens generalium conciliorum"* der 39. Sitzung vom 9. Okt. 1417 (MaC 27,1159B-E / COeD³ 438-443) ausdrücklich gebilligt, wie aus dem Brief Eugens IV. *"Ad ea ex debito"* an den Römischen Kaiser Friedrich III. vom 5. Febr. 1447 (1446 nach Zeitrechnung der Kurie) (hrsg. von G. Hofmann, *Concilium Florentinum* 1/III [Rom 1946] 111f / A. Mercati, *Raccolta di concordati* 1 [Rom 1954²] 168f) hervorgeht; diese Konstitution legte unter anderem die Verfahrensweise zur Beilegung von Schismen fest: da allein die Autorität eines allgemeinen Konzils die Frage der Rechtmäßigkeit entscheiden kann, muß, wenn ein Schisma von Päpsten entstanden ist, sich jeder von ihnen dem Konzil stellen.

## 1151-1195: 8. Sitzung, 4. Mai 1415: Dekret, von Papst Martin V. am 22. Febr. 1418 bestätigt

Die auf dem Konstanzer Konzil in der 8. Sitzung verurteilten und in der Bulle *"Inter cunctas"* vom 22. Febr. 1418 wiederholten Sätze John Wyclifs wurden teilweise schon auf zwei Londoner Synoden (MaC 26,695E-697B; 817A-819A) verworfen. Die Londoner Synode d. J. 1382 ("Erdbebensynode") verurteilte 24 Sätze, die fast wörtlich mit den Konstanzer Sätzen 1-24 übereinstimmen; ferner rügte 1396 eine Londoner Synode 18 weitere Sätze aus dem *Trialogus* (1383 geschrieben). Eine gegen Ende d. J. 1412 abgehaltene römische Synode ächtete die Schriften John Wyclifs, namentlich den *Dialogus* und den *Trialogus*, nachdem eigens dazu eine Untersuchung angestellt worden war (BullTau 4,661f / MaC 27,505-508; vgl. 1217-1220 / HaC 8,203f; vgl. 920-923). Überliefert wird auch eine kurze Zensur sowie eine ausführliche Verurteilung der 45 Artikel Wyclifs durch die Theologen des Konstanzer Konzils (hrsg. von H. von der Hardt, a. unten a.O. 3,168-211 212-335).

    *Ausg.:* MaC 27,632C-634B [= *Text der Sitzung*]; 1207E-1209B [= *Text der Bulle*] / HaC 8,299E-301C; 909E-911D / H. von der Hardt, *Magnum oecumenicum Constantiense Concilium* 4 (Frankfurt/M.-Leipzig

1699) 153-155 1523-1525 / BullTau 4,669b-671a / BullLux 1,290b-291a / DuPlA 1/II,49a-50b / COeD³ 411-413.

Die verurteilten Sätze geben nur selten die Worte Wyclifs genau wieder. In der Regel vergröbern sie den Sinn, den sie bei Wyclif haben. Ihre Fundstellen werden im folgenden gemäß der Werkausgabe der Wyclif-Society angegeben:

De civili dominio, geschrieben um 1376; vgl. *1121°;
Dialogus sive Speculum ecclesiae militantis (1379): hrsg. von A.W. Pollard (London 1886);
De eucharistia tractatus maior (1379): hrsg. von J. Loserth (London 1892);
Tractatus de potestate papae (1379): hrsg. von J. Loserth (London 1907);
De ordine christiano (um 1380), in: Opera minora, hrsg. von J. Loserth (London 1913);
Tractatus de blasphemia (1381): hrsg. von M.H. Dziewicki (London 1893);
De mendaciis Fratrum (1382), in: John Wiclif's Polemical Works in Latin, hrsg. von R. Buddensieg, Bd. 2 (London 1883);
Trialogus, cum Supplemento Trialogi (1383): hrsg. G. Lechler (Oxford 1869).

## Irrtümer John Wyclifs

**1151**  1. Substantia panis materialis et similiter substantia vini materialis remanent in sacramento altaris¹.

1. Die materielle Substanz des Brotes und ebenso die materielle Substanz des Weines verbleiben im Altarsakrament¹.

**1152**  2. Accidentia panis non manent sine subiecto in eodem sacramento.

2. Die Akzidentien des Brotes bleiben nicht ohne Subjekt in ebendiesem Sakrament.

**1153**  3. Christus non est in eodem sacramento identice et realiter in propria praesentia corporali¹.

3. Christus ist in ebendiesem Sakrament nicht identisch und wirklich in eigener leiblicher Gegenwart¹.

**1154**  4. Si episcopus vel sacerdos exsistat in peccato mortali, non ordinat, non consecrat, non conficit, non baptizat¹.

4. Wenn sich ein Bischof oder Priester in einer Todsünde befindet, dann weiht er nicht, konsekriert er nicht, vollzieht er nicht ⟨das Sakrament⟩ und tauft er nicht¹.

**1155**  5. Non est fundatum in Evangelio, quod Christus Missam ordinaverit.

5. Es ist nicht im Evangelium begründet, daß Christus die Messe angeordnet habe.

**1156**  6. Deus debet oboedire diabolo¹.

6. Gott muß dem Teufel gehorchen¹.

**1157**  7. Si homo fuerit debite contritus, omnis confessio exterior est sibi superflua et inutilis¹.

7. Wenn ein Mensch gebührend reuig ist, so ist jede äußere Beichte für ihn überflüssig und unnütz¹.

**1158**  8. Si Papa sit praescitus et malus, et per consequens membrum diaboli, non habet potestatem super fideles sibi ab aliquo datam, nisi forte a Caesare¹.

8. Wenn der Papst ein ⟨von Gott als verloren⟩ Vorhergewußter und Böser und folglich ein Glied des Teufels ist, dann hat er keine Vollmacht über die Gläubigen, die ihm von irgend jemand verliehen wäre, es sei denn vielleicht vom Kaiser¹.

---

**\*1151** ¹ Sehr viele Stellen, die auch für Satz 2 (*1152) und indirekt (insofern die Vollmacht des Priesters zur Wesensverwandlung geleugnet wird) für Satz 5 (*1155) Bedeutung haben, in De eucharistia, vor allem Kap. 2-5 9; Trialogus IV 2-6 27 36.

**\*1153** ¹ Trialogus IV 7 (Le. 266); vgl. ebd. Kap. 8 (Le. 269f); vgl. De eucharistia, Kap. 2 4 7 9 (Los. 53; 100 112; 190-192 227f; 291-293).

**\*1154** ¹ Wird ebenso wie Satz 15 (vgl. die zu *1165 angegebenen Stellen) aus der Theorie abgeleitet, nach der das Recht auf Besitz so der Gnade untergeordnet ist, daß einem sündigen Menschen nicht das Recht, sondern nur der Gebrauch der Dinge zusteht.

**\*1156** ¹ Der Satz ist Wyclif in dieser Form völlig fremd; er ist eine ironische Schlußfolgerung: ein unwürdiger Papst ist nach Wyclif der Teufel und Antichrist; wenn Gott kraft Mt 16,19 für gültig erklären würde, was der Papst löst oder bindet, würde er dem Teufel gehorchen.

**\*1157** ¹ Angedeutet in De potestate papae, Kap. 11 (Los. 314).
**\*1158** ¹ Angedeutet in Trialogus IV 32 (Le. 358f).

9. Post Urbanum VI non est aliquis recipiendus in Papam, sed vivendum est more Graecorum sub legibus propriis[1].

10. Contra Scripturam sacram est, quod viri ecclesiastici habeant possessiones[1].

11. Nullus praelatus debet aliquem excommunicare, nisi prius sciat eum excommunicatum a Deo: et qui sic excommunicat, fit ex hoc haereticus vel excommunicatus[1].

12. Praelatus excommunicans clericum, qui appellavit ad regem vel ad concilium regni, eo ipso traditor est regis et regni[1].

13. Illi, qui dimittunt praedicare sive audire verbum Dei propter excommunicationem hominum, sunt excommunicati, et in Dei iudicio traditores Christi habebuntur[1].

14. Licet alicui diacono vel presbytero praedicare verbum Dei absque auctoritate Sedis Apostolicae sive episcopi catholici[1].

15. Nullus est dominus civilis, nullus est praelatus, nullus est episcopus, dum est in peccato mortali [cf. *1230][1].

16. Domini temporales possunt ad arbitrium suum auferre bona temporalia ab Ecclesia, possessionatis habitualiter delinquentibus, id est ex habitu, non solum actu delinquentibus[1].

17. Populares possunt ad suum arbitrium dominos delinquentes corrigere[1].

18. Decimae sunt purae eleemosynae, et possunt parochiani propter peccata suorum praelatorum ad libitum suum eas auferre[1].

9. Nach Urban VI. ist keiner als Papst anzuerkennen, sondern man muß nach Art der Griechen unter eigenen Gesetzen leben[1].   1159

10. Gegen die heilige Schrift ist es, daß Kirchenmänner Besitztümer haben[1].   1160

11. Kein Vorsteher darf jemanden exkommunizieren, wenn er nicht zuvor weiß, daß er von Gott exkommuniziert ⟨wurde⟩: und wer so exkommuniziert, wird aufgrund dessen häretisch oder exkommuniziert[1].   1161

12. Ein Vorsteher, der einen Kleriker exkommuniziert, der an den König oder an eine Synode des Königreiches appelliert hat, ist eben dadurch ein Verräter des Königs und des Königreiches[1].   1162

13. Jene, die wegen einer Exkommunikation von Menschen aufhören, das Wort Gottes zu verkünden oder zu hören, sind exkommuniziert und werden beim Gericht Gottes für Verräter Christi gehalten werden[1].   1163

14. Einem Diakon oder Priester ist es erlaubt, ohne die Ermächtigung des Apostolischen Stuhles oder eines katholischen Bischofs das Wort Gottes zu verkünden[1].   1164

15. Keiner ist ein weltlicher Herr, keiner ist Vorsteher, keiner ist Bischof, solange er sich in einer Todsünde befindet [vgl. *1230][1].   1165

16. Zeitliche Herren können der Kirche nach ihrem Belieben zeitliche Güter entziehen, wenn die Besitzer sich gewohnheitsmäßig verfehlen, das heißt, wenn sie sich aus Gewohnheit, nicht nur tatsächlich verfehlen[1].   1166

17. Leute aus dem Volk können nach Belieben Herren, die sich verfehlen, zurechtweisen[1].   1167

18. Die Zehnten sind reine Almosen, und die Pfarrangehörigen können sie wegen der Sünden ihres Vorstehers nach ihrem Belieben   1168

**\*1159** [1]   *Supplementum Trialogi*, Kap. 8 (Le. 446).
**\*1160** [1]   Vgl. *Dialogus*, Kap. 3-7 (Poll. 5-14); vgl. *Trialogus* IV 15 17 (Le. 298f; 303ff).
**\*1161** [1]   Folgt aus *De civili dominio* I 38 (Poole 1,274-285).
**\*1162** [1]   Vgl. *De blasphemia*, Kap. 7 (Dzw. 109-110).
**\*1163** [1]   Vgl. *De civili dominio* I 38 (Poole 1,275).
**\*1164** [1]   Vgl. *De mendaciis Fratruma* (Buddensieg 405$_{6-7}$).
**\*1165** [1]   S. Satz 4 (*1154); vgl. *De civili dominio* I 3 (Poole 1,16-25); II 10 12 16 (Los. 2,105$_{32-34}$; 139$_{10f}$; 210-213 217); III 2 (Los. 3,25$_{12-33}$).
**\*1166** [1]   *Trialogus* IV 37 (Le. 377); vgl. *De potestate papae*, Kap. 8 (Los. 181$_{30}$), und die zu *1126 angemerkten Stellen.
**\*1167** [1]   *Trialogus* IV 37 (Le. 377); vgl. *De civili dominio* II 2 (Los. 2,11).

entziehen[1].

**1169**    19. Speciales orationes, applicatae uni personae per praelatos vel religiosos, non plus prosunt eidem, quam generales, ceteris paribus[1].

**1170**    20. Conferens eleemosynam Fratribus est excommunicatus eo facto[1].

**1171**    21. Si aliquis ingreditur religionem privatam qualemcumque, tam possessionatorum quam mendicantium, redditur ineptior et inhabilior ad observationem mandatorum Dei[1].

**1172**    22. Sancti, instituentes religiones privatas, sic instituendo peccaverunt[1].

**1173**    23. Religiosi viventes in religionibus privatis non sunt de religione christiana[1].

**1174**    24. Fratres tenentur per laborem manuum victum acquirere, et non per mendicitatem[1]. - *[Censura in utroque textu ibi addita:]* Prima pars est scandalosa et praesumptuosa, pro quanto sic generaliter et indistincte loquitur; et secunda erronea, pro quanto asserit mendicitatem fratribus non licere.

**1175**    25. Omnes sunt simoniaci, qui se obligant orare pro aliis, eis in temporalibus subvenientibus[1].

**1176**    26. Oratio praesciti nulli valet[1].

**1177**    27. Omnia de necessitate absoluta eveniunt[1].

**1178**    28. Confirmatio iuvenum, clericorum ordinatio, locorum consecratio reservantur Papae et episcopis propter cupiditatem lucri temporalis et honoris[1].

19. Besondere Gebete, die einer Person durch Vorsteher oder Ordensleute zugewendet werden, nützen nicht mehr als allgemeine, solange das übrige gleich ist[1].

20. Wer den Brüdern ⟨= Bettelmönchen⟩ ein Almosen gewährt, ist durch diese Tat exkommuniziert[1].

21. Wer in irgendeinen privaten Orden eintritt, sowohl der Besitzenden als auch der Bettelnden, wird ungeeigneter und unfähiger zur Beachtung der Gebote Gottes[1].

22. Die Heiligen, die private Orden stifteten, sündigten durch diese Stiftung[1].

23. Ordensleute, die in privaten Orden leben, gehören nicht zur christlichen Religion[1].

24. Die Brüder sind gehalten, durch ihrer Hände Arbeit den Lebensunterhalt zu erwerben, und nicht durch Bettelei[1]. - *[Zensur, die in beiden Texten hier angefügt ist:]* Der erste Teil ist anstößig und vermessen, insofern er so allgemein und unterschiedslos spricht; und der zweite ⟨ist⟩ irrig, insofern er behauptet, den Brüdern sei die Bettelei nicht erlaubt.

25. Alle sind simonistisch, die sich verpflichten, für andere zu beten, die ihnen in zeitlichen Dingen helfen[1].

26. Das Gebet eines ⟨von Gott als verloren⟩ Vorhergewußten hat für niemanden einen Wert[1].

27. Alles geschieht aus unbedingter Notwendigkeit[1].

28. Die Firmung der jungen Leute, die Weihe der Kleriker und die Weihe von Orten werden dem Papst und den Bischöfen vorbehalten wegen der Begierde nach zeitlichem Gewinn und Ehre[1].

---

**\*1168** [1]   Vgl. *De civili dominio* I 37 (Poole 1,265-274); III 22 (Los. 4,454f); *Supplementum Trialogi*, Kap. 3 (Le. 420).

**\*1169** [1]   Vgl. *De civili dominio* III 22 (Los. $4,478_{15-29}$); *Dialogus*, Kap. 22 23 (Poll. 44; 46f); *Trialogus* IV 38 (Le. 380f).

**\*1170** [1]   S. Satz 34 (\*1184).

**\*1171** [1]   Vgl. *De civili dominio* III 2 (Los. $3,15_{23-25}$ $16_{17-19}$); s. auch Satz 35 (\*1185).

**\*1172** [1]   Vgl. *Trialogus* IV 35 (Le. 361f); *De blasphemia*, Kap. 15 (Dzw. $229_{19-21}$).

**\*1173** [1]   Vgl. *Trialogus* IV 33 (Le. 362f).

**\*1174** [1]   Vgl. *Trialogus* IV 28 29 (Le. 341-344; 348).

**\*1175** [1]   Vgl. *Trialogus* IV 30 (Le. 349ff); *Dialogus*, Kap. 22 (Poll. 43-45; $44_{31}$).

**\*1176** [1]   Vgl. *Dialogus*, Kap. 22 23 (Poll. $45_{9-11}$; $47_{6-9}$); *Trialogus* IV 30 (Le. 350).

**\*1177** [1]   *Trialogus* III 8 (Le. 154); vgl. Kap. 12 13 (Le. 286; 289f); vgl. *Dialogus*, Kap. 23 (Poll. $46_{6f}$); s. auch *De blasphemia*, Kap. 11 (Dzw. 166, Anm.).

**\*1178** [1]   *Dialogus*, Kap. 24 (Poll. $50_{19-23}$); in bezug auf die Firmung vgl. auch *Trialogus* IV 14 (Le. 294f).

29. Universitates, studia, collegia, graduationes, et magisteria in iisdem sunt vana gentilitate introducta; tantum prosunt Ecclesiae, sicut diabolus[1].

30. Excommunicatio Papae vel cuiuscumque praelati non est timenda, quia est censura antichristi[1].

31. Peccant fundantes claustra, et ingredientes sunt viri diabolici[1].

32. Ditare clerum est contra regulam Christi[1].

33. Silvester papa et Constantinus imperator errarunt Ecclesiam dotando[1].

34. Omnes de ordine mendicantium sunt haeretici, et dantes eis eleemosynas sunt excommunicati[1].

35. Ingredientes religionem aut aliquem ordinem eo ipso inhabiles sunt ad observanda divina praecepta [cf. *1171], et per consequens ad perveniendum ad regnum caelorum, nisi apostataverint ab iisdem[1].

36. Papa cum omnibus clericis suis possessionem habentibus sunt haeretici, eo quod possessiones habent, et consentientes eis, omnes videlicet domini saeculares et ceteri laici[1].

37. Ecclesia Romana est synagoga satanae [cf. Apc 2,9], nec Papa est proximus et immediatus vicarius Christi et Apostolorum[1].

38. Decretales epistolae sunt apocryphae, et seducunt a fide Christi, et clerici sunt stul-

29. Universitäten, Studienhäuser, Kollegien, die Verleihung akademischer Grade und die Lehrämter in ebendiesen wurden aus eitler heidnischer Gesinnung eingeführt; sie nützen der Kirche so viel wie der Teufel[1]. **1179**

30. Die Exkommunikation durch den Papst oder irgendeinen Vorsteher ist nicht zu fürchten, da sie eine Zensur des Antichristen ist[1]. **1180**

31. Es sündigen, die Klöster gründen, und die eintreten, sind teuflische Männer[1]. **1181**

32. Den Klerus zu bereichern, ist wider die Vorschrift Christi[1]. **1182**

33. Papst Silvester und Kaiser Konstantin irrten, als sie die Kirche ⟨mit Vermögen⟩ ausstatteten[1]. **1183**

34. Alle vom Orden der Bettelmönche sind Häretiker, und die ihnen Almosen geben, sind exkommuniziert[1]. **1184**

35. Die in eine religiöse Gemeinschaft oder einen Orden Eintretenden sind eben dadurch unfähig, die göttlichen Gebote zu beachten [vgl. *1171] und folglich zum Himmelreich zu gelangen, wenn sie von ebendiesen nicht abfallen[1]. **1185**

36. Der Papst samt all seinen Klerikern, die Besitz haben, sind deshalb Häretiker, weil sie Besitztümer haben, und ⟨mit ihnen alle,⟩ die ihnen zustimmen, nämlich alle weltlichen Herren und übrigen Laien[1]. **1186**

37. Die Römische Kirche ist die Synagoge des Satans [vgl. Offb 2,9], und der Papst ist nicht der nächste und unmittelbare Stellvertreter Christi und der Apostel[1]. **1187**

38. Dekretalbriefe sind unecht und führen vom Glauben an Christus weg, und Kleriker, **1188**

---

**\*1179** [1]   *Dialogus*, Kap. 26 (Poll. 53$_{25-28}$).

**\*1180** [1]   Vgl. *Dialogus*, Kap. 27 (Poll. 56$_{15-23}$); *De potestate papae*, Kap. 10 12 (Los. 239f; 355).

**\*1181** [1]   Vgl. *Dialogus*, Kap. 28 (Poll. 59$_{1-4 \; 17-26}$); *Supplementum Trialogi*, Kap. 7 (Le. 439ff); *De civili dominio* III 22 (Los. 4,473f).

**\*1182** [1]   Vgl. *Trialogus* III 17 (Le. 186f); *Supplementum Trialogi*, Kap. 2 (Le. 412ff); *Dialogus*, Kap. 29 36 (Poll. 62$_{20f}$; 84$_{12}$ 85$_{21}$).

**\*1183** [1]   Vgl. *Trialogus* III 20; IV 17 18 (Le. 196; 306; 310); *Supplementum Trialogi*, Kap. 1 2 (Le. 407f; 413); *Dialogus*, Kap. 4 30 (Poll. 7$_{22}$-8$_3$; 63$_{17-21}$); *De civili dominio* III 21 22 (Los. 4,445; 473$_{14-17}$).

**\*1184** [1]   Vgl. *Trialogus* IV 34 (Le. 365); außerdem allenthalben seine polemischen Schriften gegen die "Sekten".

**\*1185** [1]   Vgl. *Trialogus* IV 39 (Le. 385f); angedeutet im *Dialogus*, Kap. 26 (Poll. 55).

**\*1186** [1]   Vgl. *Trialogus* IV 18 (Le. 307-311); *Dialogus*, Kap. 3 4 7 17 35 (Poll. 6f; 8$_{12-15}$; 14$_{5-8}$; 34$_{17-19}$; 82f); *De civili dominio* III 14 23 (Los. 3,261; 4,498).

**\*1187** [1]   Vgl. *Trialogus* III 17 (Le. 186); IV 22 (Le. 325); *Dialogus*, Kap. 4 20 (Pol. 8$_{15f}$; 41$_{12}$); *De potestate papae*, Kap. 8 (Los. 165$_{3f}$); *De ordine christiano*, Kap. 3 (Los. 133$_{25}$).

ti, qui student eis[1].

**1189**      39. Imperator et domini saeculares sunt seducti a diabolo, ut Ecclesiam ditarent bonis temporalibus[1].

**1190**      40. Electio Papae a cardinalibus a diabolo est introducta[1].

**1191**      41. Non est de necessitate salutis credere, Romanam Ecclesiam esse supremam inter alias ecclesias. – [*Censura:*] Error est, si per Romanam Ecclesiam intelligatur universalis Ecclesia aut concilium generale, aut pro quanto negaret primatum Summi Pontificis super alias Ecclesias particulares.

**1192**      42. Fatuum est credere indulgentiis Papae et episcoporum[1].

**1193**      43. Iuramenta illicita sunt, quae fiunt ad corroborandum humanos contractus et commercia civilia[1].

**1194**      44. Augustinus, Benedictus et Bernardus damnati sunt, nisi paenituerint de hoc, quod habuerunt possessiones et instituerunt et intraverunt religiones: et sic, a Papa usque ad ultimum religiosum, omnes sunt haeretici[1].

**1195**      45. Omnes religiones indifferenter introductae sunt a diabolo[1].

die sie studieren, sind dumm[1].

39. Der Kaiser und die weltlichen Herren wurden vom Teufel verführt, die Kirche mit zeitlichen Gütern zu bereichern[1].

40. Die Wahl des Papstes durch die Kardinäle wurde vom Teufel eingeführt[1].

41. Es ist nicht heilsnotwendig, zu glauben, daß die Römische Kirche die höchste unter den anderen Kirchen ist. – [*Zensur:*] Ist ein Irrtum, wenn unter Römischer Kirche die allgemeine Kirche oder ein allgemeines Konzil verstanden wird, oder insofern er den Primat des Papstes über die anderen Teilkirchen leugnete.

42. Es ist albern, den Ablässen des Papstes und der Bischöfe zu glauben[1].

43. Unerlaubt sind Schwüre, die abgelegt werden, um menschliche Verträge und bürgerliche Geschäfte zu bekräftigen[1].

44. Augustinus, Benedikt und Bernhard sind verdammt, wenn sie nicht dafür Buße getan haben, daß sie Besitztümer hatten, Orden stifteten und in sie eintraten; und so sind vom Papst bis zum letzten Ordensmann alle Häretiker[1].

45. Alle Orden wurden unterschiedslos vom Teufel eingeführt[1].

[Zensur, für alle 45 Artikel summarisch gegeben: s. *1251; vgl. auch *1225]

**1198-1200: 13. Sitzung, 15. Juni 1415: Dekret "Cum in nonnullis", von Papst Martin V. am 1. Sept. 1425 bestätigt**

Dieses Dekret wird in den Konstitutionen "*In eminentis*" vom 1. Sept. 1425 (BarAE, zum Jahr 1425 Nr. 18 / Theiner 28,27) und "*Apostolicae sedis praecellens*" vom 25. Jan. 1426 (BullTau 4,726f) wiederholt. *Ausg.:* MaC 27,727C–728A / HaC 8,381B-E / v.d. Hardt, a. *1151° a.O., 4,333f / COeD³ 418₂₇–419₂₂.

*Dekret über die Kommunion allein unter der Gestalt des Brotes*

**1198**      Cum in nonnullis mundi partibus quidam temerarie asserere praesumant, populum christianum debere sacrum Eucharistiae sacramentum sub utraque panis et vini specie

Da in einigen Teilen der Welt manche sich unterstehen, leichtfertig zu behaupten, daß das christliche Volk das heilige Sakrament der Eucharistie unter den beiden Gestalten

---

**\*1188**  ¹   Vgl. *Trialogus* IV 6 (Le. 262f); *Dialogus*, Kap. 7 13 (Poll. 14₁₇₋₂₁; 26₆).
**\*1189**  ¹   *Trialogus* IV 18 (Le. 310); *De potestate papae*, Kap. 12 (Los. 317) und allenthalben; s. auch die Sätze 32 und 33 (\*1182f).
**\*1190**  ¹   Vgl. *Supplementum Trialogi*, Kap. 4 9 (Le. 426; 450f); *Dialogus*, Kap. 11 (Poll. 22₁₅₋₂₃).
**\*1192**  ¹   Vgl. *Trialogus* IV 32 (Le. 359); *Dialogus*, Kap. 13 (Poll. 25₁₃₋₁₆).
**\*1193**  ¹   Vgl. *Dialogus*, Kap. 13 (Poll. 26₁₁₋₁₃)
**\*1194**  ¹   Vgl. *Dialogus*, Kap. 15 32 (Poll. 31₈₋₉; 76₄); *Supplementum Trialogi*, Kap. 1 (Le. 409); *De potestate papae*, Kap. 10 (Los. 240); *De blasphemia*, Kap. 15 (Dzw. 229₂₉).
**\*1195**  ¹   Vgl. *Dialogus*, Kap. 21 (Poll. 42₈); *Trialogus* IV 32 34 (Le. 360; 366f); *Supplementum Trialogi*, Kap. 7 (Le. 440).

suscipere, et non solum sub specie panis, sed etiam sub specie vini populum laicum passim communicent, etiam post coenam vel alias non ieiunum, et communicandum esse pertinaciter asserant contra laudabilem Ecclesiae consuetudinem rationabiliter approbatam, quam tamquam sacrilegam damnabiliter reprobare conantur:

hinc est, quod hoc praesens Concilium ... declarat, decernit et diffinit, quod licet Christus post coenam instituerit et suis discipulis administraverit sub utraque specie panis et vini hoc venerabile sacramentum, tamen hoc non obstante sacrorum canonum auctoritas laudabilis et approbata consuetudo Ecclesiae servavit et servat, quod huiusmodi sacramentum non debet confici post coenam, neque a fidelibus recipi non ieiunis, nisi in casu infirmitatis aut alterius necessitatis a iure vel Ecclesia concesso vel admisso.

Et sicut haec consuetudo ad evitandum aliqua pericula et scandala rationabiliter introducta est, sic potuit simili aut maiori ratione introduci aut rationabiliter observari, quod, licet in primitiva Ecclesia huiusmodi sacramentum reciperetur a fidelibus sub utraque specie, tamen postea a conficientibus sub utraque specie et a laicis tantummodo sub specie panis suscipiatur, cum firmissime credendum sit et nullatenus dubitandum, integrum Christi corpus et sanguinem tam sub specie panis quam sub specie vini veraciter contineri. Unde, cum huiusmodi consuetudo ab Ecclesia et sanctis Patribus rationabiliter introducta et diutissime observata sit, habenda est pro lege, quam non licet reprobare aut sine Ecclesiae auctoritate pro libito mutare.

Quapropter dicere, quod hanc consuetudinem aut legem observare sit sacrilegum aut illicitum, censeri debet erroneum, et pertina-

des Brotes und des Weines empfangen müsse, und das Laienvolk nicht nur unter der Gestalt des Brotes, sondern auch unter der Gestalt des Weines allenthalben kommunizieren lassen, auch nach dem Mahl oder ansonsten nicht nüchtern, und hartnäckig behaupten, daß man entgegen dem vernünftigerweise anerkannten lobenswerten Brauch der Kirche, den sie in verdammenswerter Weise als gottlos zu verwerfen wagen, kommunizieren müsse:

daher kommt es, daß dieses gegenwärtige Konzil ... erklärt, entscheidet und definiert, daß Christus zwar dieses ehrwürdige Sakrament unter den beiden Gestalten des Brotes und des Weines nach dem Mahl eingesetzt und seinen Jüngern gespendet hat, die lobenswerte Autorität der heiligen Kanones und der anerkannte Brauch der Kirche jedoch, ohne daß dies entgegenstünde, festgehalten hat und festhält, daß dieses Sakrament nicht nach dem Mahl vollzogen und nur von nüchternen Gläubigen empfangen werden darf, es sei denn im Falle einer Krankheit oder einer anderen Notlage, der vom Recht oder der Kirche zugestanden oder erlaubt ist.

Und so wie dieser Brauch vernünftiger- **1199** weise eingeführt wurde, um bestimmte Gefahren und Ärgernisse zu vermeiden, so konnte aus ähnlichem oder noch besserem Grunde eingeführt oder vernünftigerweise beachtet werden, daß, auch wenn in der Urkirche dieses Sakrament von den Gläubigen unter beiden Gestalten empfangen wurde, es dennoch hernach von den Vollziehenden unter beiden Gestalten und von den Laien lediglich unter der Gestalt des Brotes empfangen werde; denn man muß ganz fest glauben und darf keinesfalls zweifeln, daß der Leib und das Blut Christi vollständig sowohl unter der Gestalt des Brotes als auch unter der Gestalt des Weines wahrhaft enthalten sind. Weil daher dieser Brauch von der Kirche und den heiligen Vätern vernünftigerweise eingeführt und schon sehr lange beachtet wurde, ist er für ein Gesetz zu halten, das man nicht verwerfen oder ohne die Autorität der Kirche nach Belieben verändern darf.

Zu sagen, daß dieser Brauch oder dieses **1200** Gesetz zu beachten gottlos oder unerlaubt sei, muß deswegen für irrig gehalten werden,

citer asserentes oppositum praemissorum
tamquam haeretici arcendi sunt ...

und die hartnäckig das Gegenteil des Vorausgeschickten behaupten, sind als Häretiker
fernzuhalten.

**1201-1230: 15. Sitzung, 6. Juli 1415: Dekret, von Papst Martin V. am 22. Febr. 1418 bestätigt**

Jan Hus machte sich weitgehend die Auffassungen John Wyclifs zu eigen und verteidigte ihn (vgl. *1225). Mehrere Sätze haben daher große Ähnlichkeit mit Aussagen Wyclifs: zu Satz 7 vgl. *De ordine christiano*, Kap. 2 (s. *1151°; Loserth 132); vgl. ebd. zu Satz 28-29, Kap. 3 am Ende (Los. 135); Satz 2 stammt wörtlich aus *De fide catholica*, Kap. 5 (in: John Wyclif, *Opera minora*, hrsg. von J. Loserth [London 1913] 114₃₁₋₃₃); die Sätze 3 5 6 21 sind gleichbedeutend mit ebd., Kap. 5 (Los. 111-114); zu Satz 11 vgl. ebd., Kap. 6 (Los. 118f). Hus vertrat hingegen niemals den Irrtum Wyclifs über die Eucharistie, der ihm bisweilen zur Last gelegt wurde.

Dem Konzil waren aus Jan Hus' Buch *De Ecclesia* (geschrieben i. J. 1413) 26, aus seinem Buch gegen Stefan Palecz 7 und aus seinem Buch gegen Stanislaus von Znojma (Znaim) 6 Sätze vorgelegt worden; ihre Anzahl wurde danach verringert, so daß in die Konzilsakten und in die Bulle *"Inter cunctas"* (22. Febr. 1418) Art. 1-19 aus *De Ecclesia*, Art. 20-25 und 30 aus der Schrift gegen Palecz und Art. 26-29 aus der Schrift gegen Stanislaus von Znojma – teilweise wörtlich – aufgenommen wurden. Die Texte lassen, im Zusammenhang gelesen, öfter eine positive Auslegung zu. Noch am selben Tag, an dem die Sitzung abgehalten wurde, ist Hus verbrannt worden.

Im folgenden wird der Text der Sitzung angeführt. Der Text der Bulle unterscheidet sich von diesem nur unwesentlich.

*Ausg.:* MaC 27,754A-755D [= *Sitzung*]; 1209C-1211A [= *Bulle*] / HaC 8,410C-412C; 911D-913D / COeD³ 429-431 / v.d. Hardt, a. *1151° a.O. 4,407-412; 4,1525-1527. Vgl. auch die leicht abgewandelten Artikel, die Hieronymus von Prag in der 19. Sitzung vom 23. Sept. 1415 zum Widerruf vorgelegt wurden (v.d. Hardt, ebd. 4,509-514).

*Irrtümer Jan Hus'*

**1201**　　1. Unica est sancta universalis Ecclesia, quae est praedestinatorum universitas. Et infra sequitur: Universalis sancta Ecclesia tantum est una, sicut tantum unus est numerus omnium praedestinatorum¹.

1. Eine einzige ist die heilige allgemeine Kirche, die die Gesamtheit der Vorherbestimmten ist. Und weiter unten folgt: Die allgemeine heilige Kirche ist nur e i n e, so wie die Zahl aller Vorherbestimmten nur e i n e ist¹.

**1202**　　2. Paulus numquam fuit membrum diaboli, licet fecit quosdam actus actibus ecclesiae malignantium consimiles¹.

2. Paulus war niemals ein Glied des Teufels, auch wenn er manche Taten beging, die den Taten der Kirche der Bösen ganz ähnlich waren¹.

**1203**　　3. Praesciti non sunt partes Ecclesiae, cum nulla pars eius finaliter excidat ab ea, eo quod praedestinationis caritas, quae ipsam ligat, non excidit [*cf. 1 Cor 13,8*]¹.

3. Die ⟨von Gott als verloren⟩ Vorhergewußten sind nicht Teile der Kirche, da kein Teil derselben am Ende aus ihr herausfällt; denn die Liebe der Vorherbestimmung, die sie verbindet, hört nicht auf [*vgl. 1 Kor 13,8*]¹.

**1204**　　4. Duae naturae, divinitas et humanitas, sunt unus Christus¹.

4. Die zwei Naturen, Gottheit und Menschheit, sind der eine Christus¹.

---

*1201 ¹ *De ecclesia*, Kap. 1 C (S. Harrison Thomson, *Magistri Johannis Hus Tractatus de Ecclesia* [Cambridge 1956] 3); vgl. ebd., Kap. 2 A und D (Thomson 8 10) und häufiger.

*1202 ¹ Ebd., Kap. 3 H (Thomson 18); vgl. Kap. 4 H (Th. 27f).

*1203 ¹ Ebd., Kap. 3 F (Th. 15); vgl. auch Kap. 4 D (Th. 23). Hus unterscheidet die Vorhergewußten *in* der Kirche und die Vorhergewußten *aus* der Kirche; das erste gesteht er zu, das zweite lehnt er ab.

*1204 ¹ Ebd., Kap. 4 B (Th. 21): ein verstümmelter Artikel, bei dem nicht mehr klar wird, was eigentlich beanstandet wurde; man muß nämlich nach "... sunt unus Christus" ("... sind der eine Christus") hinzufügen: "qui est caput unicum sponsae suae universalis Ecclesiae, quae est praedestinatorum universitas" ("der das einzige Haupt seiner Braut, der allgemeinen Kirche, ist, die die Gesamtheit der Vorherbestimmten ist"). Hus ersetzte den gewohnten Begriff von "Allgemeiner Kirche" ("Ecclesia universalis"), in der der Papst das Haupt ist, durch einen anderen Begriff, in dem sowohl die triumphierende als auch die "schlafende" ( = am Reinigungsort zur Sühne leidende) Kirche mit erfaßt wird; daher ist allein Christus das Haupt der allgemeinen Kirche, und zwar das äußere Haupt als Gott, das innere als Mensch, der Papst aber wird praktisch ausgeschieden.

5. Praescitus, etsi aliquando est in gratia secundum praesentem iustitiam, tamen numquam est pars sanctae Ecclesiae; et praedestinatus semper manet membrum Ecclesiae, licet aliquando excidat a gratia adventitia, sed non a gratia praedestinationis[1].

5. Auch wenn der ⟨von Gott als verloren⟩ **1205** Vorhergewußte zuweilen nach der gegenwärtigen Gerechtigkeit in der Gnade ist, so ist er dennoch niemals ein Teil der heiligen Kirche; und der Vorherbestimmte bleibt stets ein Glied der Kirche: auch wenn er zuweilen aus der zukommenden Gnade herausfällt, so doch nicht aus der Gnade der Vorherbestimmung[1].

6. Sumendo Ecclesiam pro convocatione praedestinatorum, sive fuerint in gratia, sive non secundum praesentem iustitiam, isto modo Ecclesia est articulus fidei[1].

6. Sofern man die Kirche als Versamm- **1206** lung der Vorherbestimmten auffaßt, ob sie nun nach der gegenwärtigen Gerechtigkeit in der Gnade sein mögen oder nicht, ist die Kirche ein Glaubensartikel[1].

7. Petrus non est nec fuit caput Ecclesiae sanctae catholicae[1].

7. Petrus ist nicht und war nicht das Haupt **1207** der heiligen katholischen Kirche[1].

8. Sacerdotes quomodolibet criminose viventes, sacerdotii polluunt potestatem, et sicut filii infideles sentiunt infideliter de septem sacramentis Ecclesiae, de clavibus, officiis, censuris, moribus, caeremoniis, et sacris rebus Ecclesiae, veneratione reliquiarum, indulgentiis et ordinibus[1].

8. Priester, die in irgendeiner Weise laster- **1208** haft leben, beflecken die Vollmacht des Priestertums, und wie ungläubige Söhne denken sie ungläubig über die sieben Sakramente der Kirche, über die Schlüssel, Ämter, Zensuren, Sitten, Zeremonien und heiligen Dinge der Kirche, Reliquienverehrung, Ablässe und Weihen[1].

9. Papalis dignitas a Caesare inolevit, et Papae praefectio et institutio a Caesaris potentia emanavit[1].

9. Die päpstliche Würde erwuchs vom **1209** Kaiser, und der Vorrang und die Einsetzung des Papstes entsprang der Vollmacht des Kaisers[1].

10. Nullus sine revelatione assereret rationabiliter de se vel alio, quod esset caput ecclesiae particularis, nec Romanus Pontifex est caput Romanae Ecclesiae[1].

10. Keiner würde ohne eine Offenbarung **1210** vernünftigerweise von sich oder einem anderen behaupten, daß er das Haupt einer Teilkirche sei; auch der Römische Bischof ist nicht das Haupt der Römischen Kirche[1].

11. Non oportet credere, quod iste, quicumque est Romanus Pontifex, sit caput cuiuscumque particularis ecclesiae sanctae, nisi Deus eum praedestinaverit[1].

11. Man darf nicht glauben, daß derjenige, **1211** der gerade Römischer Bischof ist, das Haupt irgendeiner heiligen Teilkirche sei, wenn Gott ihn nicht vorherbestimmt hat[1].

12. Nemo gerit vicem Christi vel Petri, nisi sequatur eum in moribus: cum nulla alia sequela sit pertinentior, nec aliter recipiat a

12. Niemand vertritt die Stelle Christi **1212** oder Petri, wenn er ihm nicht in den Sitten nachfolgt: denn keine andere Nachfolge ist

---

**\*1205** [1]　Ebd., Kap. 4 H (Th. 28) [zum 1. Teil des Satzes]; vgl. im übrigen Kap. 4 D H; Kap. 5 D (Th. 23 27 34).
**\*1206** [1]　Ebd., Kap. 7 C (Th. 45); vgl. Kap. 5 F G (Th. 35-37).
**\*1207** [1]　Ebd., Kap. 9 G (Th. 65); vgl. Kap. 7 G; 9 B (Th. 51f; 58).
**\*1208** [1]　Ebd., Kap. 11 D (Th. 93).
**\*1209** [1]　Ebd., Kap. 15 E (Th. 122); vgl. Kap. 13 C; 15 D (Th. 104 122).
**\*1210** [1]　Ebd., Kap. 13 G (Th. 107).
**\*1211** [1]　Ebd., Kap. 13 G (Th. 107); vgl. Kap. 13 H (Th. 108).

Deo procuratoriam potestatem; quia ad illud officium vicariatus requiritur et morum conformitas et instituentis auctoritas[1].

angemessener, und nicht anders empfängt er von Gott die stellvertretende Vollmacht; denn zu diesem Stellvertreteramt wird sowohl die Gleichförmigkeit der Sitten als auch die Autorität des Einsetzenden erfordert[1].

1213      13. Papa non est verus et manifestus successor Apostolorum principis Petri, si vivit moribus contrariis Petro: et si quaerit avaritiam, tunc est vicarius Iudae Iscarioth. Et pari evidentia Cardinales non sunt veri et manifesti successores collegii aliorum Apostolorum Christi, nisi vixerint more Apostolorum, servantes mandata et consilia Domini nostri Iesu Christi[1].

13. Der Papst ist nicht der wahre und offenbare Nachfolger des Apostelfürsten Petrus, wenn er in Sitten lebt, die Petrus entgegengesetzt sind: Und wenn er auf Habsucht sinnt, dann ist er der Stellvertreter des Judas Iskariot. Und in gleicher Offensichtlichkeit sind die Kardinäle nicht die wahren und offenbaren Nachfolger des Kollegiums der anderen Apostel Christi, wenn sie nicht nach Art der Apostel leben und die Gebote und Ratschläge unseres Herrn Jesus Christus beachten[1].

1214      14. Doctores ponentes, quod aliquis per censuram ecclesiasticam emendandus, si corrigi noluerit, saeculari iudicio est tradendus, pro certo sequuntur in hoc pontifices, scribas et pharisaeos, qui Christum non volentem eis oboedire in omnibus, dicentes: "Nobis non licet interficere quemquam" [Io 18,31], ipsum saeculari iudicio tradiderunt; et tales sunt homicidae graviores quam Pilatus[1].

14. Doktoren, die behaupten, daß ein durch eine kirchliche Zensur zu Bessernder, wenn er sich nicht berichtigen lassen will, dem weltlichen Gericht zu übergeben sei, folgen darin gewiß den Hohenpriestern, Schriftgelehrten und Pharisäern, die Christus, weil er ihnen nicht in allem gehorchen wollte, mit den Worten: "Uns ist es nicht erlaubt, jemanden zu töten" [Joh 18,31], dem weltlichen Gericht übergaben; und solche sind schlimmere Mörder als Pilatus[1].

1215      15. Oboedientia ecclesiastica est oboedientia secundum adinventionem sacerdotum Ecclesiae praeter expressam auctoritatem Scripturae[1].

15. Der kirchliche Gehorsam ist ein Gehorsam gemäß der Erfindung der Priester der Kirche, jenseits der ausdrücklichen Autorität der Schrift[1].

1216      16. Divisio immediata humanorum operum est: quod sunt vel virtuosa vel vitiosa, quia si homo est vitiosus et agit quidquam, tunc agit vitiose; et si est virtuosus et agit quidquam, tunc agit virtuose; quia sicut vitium, quod crimen dicitur seu mortale peccatum, inficit universaliter actus hominis vitiosi, sic virtus vivificat omnes actus hominis virtuosi[1].

16. Die unmittelbare Einteilung der menschlichen Werke ist, daß sie entweder tugendhaft oder lasterhaft sind; denn wenn der Mensch lasterhaft ist und etwas tut, dann handelt er lasterhaft; und wenn er tugendhaft ist und etwas tut, dann handelt er tugendhaft; denn so wie das Laster, das Vergehen oder Todsünde genannt wird, die Handlungen des lasterhaften Menschen allgemein vergiftet, so belebt die Tugend alle Handlungen des tugendhaften Menschen[1].

1217      17. Sacerdotes Christi viventes secundum legem eius, et habentes Scripturae notitiam et

17. Die Priester Christi, die nach seinem Gesetz leben und Kenntnis der Schrift und

---

*1212 [1]   Ebd., Kap. 14 C (Th. 112).
*1213 [1]   Ebd., Kap. 14 G (Th. 115).
*1214 [1]   Ebd., Kap. 16 H (Th. 139).
*1215 [1]   Ebd., Kap. 17 H (Th. 156); vgl. Kap. 16 B-G (Th. 132–138).
*1216 [1]   Ebd., Kap. 19 D (Th. 176).

affectum ad aedificandum populum, debent praedicare non obstante praetensa excommunicatione. Et infra: Quod si Papa vel aliquis praelatus mandat sacerdoti sic disposito non praedicare, non debet subditus oboedire[1].

18. Quilibet praedicantis officium de mandato accipit, qui ad sacerdotium accedit; et illud mandatum debet exsequi, praetensa excommunicatione non obstante[1].

19. Per censuras ecclesiasticas excommunicationis, suspensionis et interdicti ad sui exaltationem clerus populum laicalem sibi suppeditat, avaritiam multiplicat, malitiam protegit, et viam praeparat antichristo. Signum autem evidens est, quod ab antichristo tales procedunt censurae, quas vocant in suis processibus fulminationes, quibus clerus principalissime procedit contra illos, qui denudant nequitiam antichristi, quam clerus pro se maxime usurpavit[1].

20. Si Papa est malus et praesertim, si est praescitus, tunc ut Iudas Apostolus est diabolus, fur, et filius perditionis, et non est caput sanctae militantis Ecclesiae, cum nec sit membrum eius[1].

21. Gratia praedestinationis est vinculum, quo corpus Ecclesiae et quodlibet eius membrum iungitur Christo capiti insolubiliter[1].

22. Papa vel praelatus malus et praescitus est aequivoce pastor, et vere fur et latro[1].

das Verlangen haben, das Volk zu erbauen, müssen predigen, ungeachtet einer angeblichen Exkommunikation. Und weiter unten: Wenn aber der Papst oder irgendein Vorsteher einem so eingestellten Priester gebietet, nicht zu predigen, so darf der Untergebene nicht gehorchen[1].

18. Jeder, der das Priestertum übernimmt, 1218 empfängt durch Auftrag das Amt des Predigers; und dieser Auftrag muß ausgeführt werden, ungeachtet einer angeblichen Exkommunikation[1].

19. Durch die kirchlichen Zensuren der 1219 Exkommunikation, der Suspension und des Interdikts unterwirft sich der Klerus das Laienvolk zu seiner eigenen Erhöhung, vermehrt die Habsucht, beschützt die Schlechtigkeit und bereitet dem Antichristen den Weg. Es ist aber ein offensichtliches Zeichen, daß vom Antichristen solche Zensuren hervorgehen, die sie in ihren Prozessen ⟨Bann⟩strahlen nennen, mit denen der Klerus hauptsächlich gegen jene vorgeht, die die Bosheit des Antichristen bloßstellen, die der Klerus vor allem für sich in Anspruch nahm[1].

20. Wenn der Papst schlecht ist, und vor 1220 allem, wenn er ein ⟨von Gott als verloren⟩ Vorhergewußter ist, dann ist er wie der Apostel Judas ein Teufel, Dieb und Sohn des Verderbens, und er ist nicht das Haupt der heiligen streitenden Kirche, da er auch kein Glied derselben ist[1].

21. Die Gnade der Vorherbestimmung ist 1221 das Band, durch das der Leib der Kirche und jedwedes Glied derselben mit Christus, dem Haupte, unlösbar verbunden wird[1].

22. Ein schlechter und ⟨von Gott als verloren⟩ vorhergewußter Papst oder Vorsteher 1222 ist nur dem Namen nach Hirte und in Wahrheit ein Dieb und Räuber[1].

---

**\*1217** [1]   Ebd., Kap. 20 H (Th. 190f); vgl. Kap. 18 K L (Th. 164–166).
**\*1218** [1]   Ebd., Kap. 20 H (Th. 191).
**\*1219** [1]   Ebd., Kap. 23 G (Th. 225); vgl. Kap. 22–23 (Th. 209–237).
**\*1220** [1]   *Responsio ad scripta magistri Stephani Palecz* (in: *Iohannis Hus et Hieronymi Pragensis Confessorum Christi Historia et Monumenta* [Nürnberg 1558; im folgenden abgekürzt: Nbg.] 1, Fol. 225v ff).
**\*1221** [1]   Ebd. (Nbg. 1, Fol. 257r).
**\*1222** [1]   Ebd. (Nbg. 1, Fol. 258r).

1223    23. Papa non debet dici 'Sanctissimus', etiam secundum officium; quia alias rex deberet etiam dici sanctissimus secundum officium, et tortores et praecones dicerentur sancti, immo etiam diabolus deberet dici sanctus, cum sit officiarius Dei[1].

23. Der Papst darf nicht 'heiligster' genannt werden, auch ⟨nicht⟩ dem Amt nach; denn andernfalls müßte auch der König dem Amt nach 'heiligster' genannt werden, und Folterknechte und Herolde würden 'heilig' genannt, ja sogar der Teufel müßte 'heilig' genannt werden, da er ein Amtsinhaber Gottes ist[1].

1224    24. Si Papa vivat Christo contrarie, etiamsi ascenderet per ritam et legitimam electionem secundum constitutionem humanam vulgatam, tamen aliunde ascenderet quam per Christum, dato etiam quod intraret per electionem a Deo principaliter factam; nam Iudas Iscariothes rite et legitime est electus a Deo Christo Iesu ad episcopatum, et tamen ascendit aliunde in ovile ovium[1].

24. Wenn ein Papst Christus zuwider lebt, dann würde er, auch wenn er durch eine ordnungsgemäße und rechtmäßige Wahl nach allgemein verbreiteter menschlicher Satzung aufstiege, dennoch anderswoher aufsteigen als durch Christus, auch gesetzt den Fall, daß er aufgrund einer ursprünglich von Gott getroffenen Wahl ⟨in seine Stellung⟩ einträte; denn Judas Iskariot wurde von Gott Christus Jesus ordnungsgemäß und rechtmäßig zum Bischofsamt erwählt, und dennoch stieg er anderswoher in die Hürde der Schafe ein[1].

1225    25. Condemnatio 45 articulorum Iohannis Wicleff, per doctores facta, est irrationabilis et iniqua et male facta: ficta est causa per eos allegata, videlicet ex eo quod 'nullus eorum sit catholicus, sed quilibet eorum aut est haereticus, aut erroneus, aut scandalosus'[1].

25. Die durch die Doktoren erfolgte Verurteilung der 45 Artikel John Wyclifs ist unvernünftig, unbillig und übel geschehen: Erdichtet ist der von ihnen angeführte Grund, nämlich daß 'keiner von ihnen katholisch sei, sondern ein jeder von ihnen entweder häretisch oder irrig oder anstößig sei'[1].

1226    26. Non eo ipso, quod electores, vel maior pars eorum consenserint viva voce secundum ritum hominum in personam aliquam, eo ipso illa persona est legitime electa, vel eo ipso est verus et manifestus successor vel vicarius Petri Apostoli, vel alterius Apostoli in officio ecclesiastico: unde, sive electores bene vel male elegerint, operibus electi debemus credere: nam eo ipso, quo quis copiosius operatur meritorie ad profectum Ecclesiae, habet a Deo ad hoc copiosius facultatem[1].

26. Nicht schon dadurch, daß die Wähler oder ein größerer Teil von ihnen sich mündlich gemäß dem Brauch der Menschen auf eine Person geeinigt haben, ist jene Person rechtmäßig gewählt oder ist sie ein wahrer und offenbarer Nachfolger oder Stellvertreter des Apostels Petrus oder eines anderen Apostels in einem kirchlichen Amt: ob daher die Wähler gut oder schlecht gewählt haben, den Werken des Gewählten müssen wir glauben: Denn je mehr einer verdienstvoll zum Nutzen der Kirche wirkt, desto mehr hat er von Gott die Ermächtigung dazu[1].

1227    27. Non est scintilla apparentiae, quod oporteat esse unum caput in spiritualibus regens Ecclesiam, quod semper cum Ecclesia ipsa militante conversetur et conservetur[1].

27. Es gibt keinen Funken von Einsichtigkeit, daß es e i n die Kirche in geistlichen Dingen leitendes Haupt geben müsse, das stets mit der streitenden Kirche selbst zusam-

---

*1223 [1]    Ebd. (Nbg. 1, Fol. 258v).
*1224 [1]    Ebd. (Nbg. 1, Fol. 259r); vgl. *De ecclesia*, Kap. 5 F G; 14 G (Th. 35-37 115).
*1225 [1]    *Responsio ad scripta Stephani Palecz* (Nbg. 1, Fol. 260r); vgl. *De ecclesia*, Kap. 23 [Buchstabe] 0 (Th. 236); *Defensio quorumdam articolorum Iohannis Wicleff* (geschrieben i. J. 1412) Nbg. 1, Fol. 111r-117r; *Responsio ad scripta Stanislai de Znojma* (Nbg. 1, Fol. 265v); darin verteidigt Hus aber ausdrücklich nur Wyclifs Konstanzer Sätze 4 13 15 16 18 32 33.
*1226 [1]    *Responsio ad scripta Stanislai de Znojma*, Kap. 2 (Nbg. 1, Fol. 271rv).

menlebt und erhalten wird[1].

28. Christus sine talibus monstruosis capitibus per suos veraces discipulos sparsos per orbem terrarum melius suam Ecclesiam regularet[1].

29. Apostoli et fideles sacerdotes Domini strenue in necessariis ad salutem regularunt Ecclesiam, antequam Papae officium foret introductum: sic facerent, deficiente per summe possibile Papa, usque ad diem iudicii[1].

30. Nullus est dominus civilis, nullus est praelatus, nullus est episcopus, dum est in peccato mortali [cf. *1165][1].

28. Christus würde seine Kirche ohne solche ungeheuerlichen Häupter durch seine über den Erdkreis hin verstreuten wahren Jünger besser leiten[1]. **1228**

29. Die Apostel und gläubigen Priester des Herrn leiteten die Kirche tatkräftig in den heilsnotwendigen Dingen, bevor das Amt des Papstes eingeführt wurde: Sie würden es, wenn es – was höchst möglich ist – keinen Papst gäbe, bis zum Tage des Gerichts tun[1]. **1229**

30. Keiner ist ein weltlicher Herr, keiner ist Vorsteher, keiner ist Bischof, solange er sich in einer Todsünde befindet [vgl. *1165][1]. **1230**

## 1235: 15. Sitzung, 6. Juli 1415: Dekret "Quilibet tyrannus"

Auf Geheiß Herzog Johannes' von Burgund war Herzog Ludwig von Orléans am 23. Nov. 1407 getötet worden. Jean Petit, Magister an der Universität Paris, hatte dieses Verbrechen am 8. März 1408 als rechtmäßigen Tyrannenmord feierlich verteidigt. Als die Partei der Orléans nach dem Tode Jean Petits 1413 in Paris an die Macht kam, wurden von einer Pariser Synode 9 Thesen aus Petits *Iustificatio ducis Burgundiae* verurteilt. Da Petits Anhänger an Rom appellierten, wurde die Sache vor das Konstanzer Konzil gebracht (MaC 28,757-760: Text der Thesen). Das Konzil hob die Pariser Entscheidung auf und legte einen abgemilderten Beschluß vor. Von seiten Martins V. fehlt eine ausdrückliche Bestätigung. Eine Verurteilung des Tyrannenmordes findet sich jedoch in der Konstitution "*Cura dominici gregis*" Pauls V. vom 24. Jan. 1615 (BullTau 12,296).
*Ausg.:* MaC 27,765E-766A / COeD[3] 432₈₋₁₉ / v.d. Hardt, a. *1151° a.O. 4,439f.

### Irriger Satz über den Tyrannenmord

"Quilibet tyrannus potest et debet licite et meritorie occidi per quemcumque vasallum suum vel subditum, etiam per clanculares insidias, et subtiles blanditias et adulationes, non obstante quocumque praestito iuramento seu confoederatione facta cum eo, non exspectata sententia vel mandato iudicis cuiuscumque" ... erroneam esse in fide et in moribus, ipsamque tamquam haereticam, scandalosam, et ad fraudes, deceptiones, mendacia, proditiones, periuria viam dantem reprobat et condemnat. Declarat insuper, decernit et diffinit, quod pertinaciter doctrinam hanc perniciosissimam asserentes sunt haeretici.

⟨Der Satz:⟩ "Jeder beliebige Tyrann kann **1235** und muß erlaubtermaßen und verdienstvollerweise von einem jeden seiner Vasallen oder Untertanen getötet werden, auch durch heimliche Hinterhalte und feingesponnene Schmeicheleien und Kriechereien, trotz irgendeines geleisteten Eides oder eines mit ihm abgeschlossenen Bündnisses, ohne daß das Urteil oder der Auftrag irgendeines Richters abgewartet würde", ... ist irrig im Glauben und in den Sitten; und ⟨das Konzil⟩ verwirft und verurteilt ihn als häretisch, anstößig und den Weg zu Täuschung, Lug, Trug, Verrat und Meineid bereitend. Außerdem erklärt, entscheidet und definiert es, daß diejenigen, die diese äußerst verderbliche Lehre hartnäckig vertreten, Häretiker sind.

---

**\*1227** [1] Ebd., Kap. 5 (Nbg. 1, Fol. 277r).
**\*1228** [1] Ebd., Kap. 5 (Nbg. 1, Fol. 277v); vgl. *De ecclesia*, Kap. 15 A (Thomson 119).
**\*1229** [1] *Responsio ad scripta Stanislai de Znojma*, Kap. 8 (Nbg. 1, Fol. 283v); vgl. *De ecclesia*, Kap. 15 A C D H (Th. 119 121 127).
**\*1230** [1] *De decimis* (Nbg. 1, Fol. 128r), bei der Verteidigung des 15. Konstanzer Satzes Wyclifs (*1165); vgl. die *Responsio ad scripta Stephani Palecz* (Nbg. 1, Fol. 256r).

Fortsetzung des Konzils von KONSTANZ unter MARTIN V.:

## MARTIN V.: 11. Nov. 1417 - 20. Febr. 1431

### 1247-1279: Bulle "Inter cunctas", 22. Febr. 1418

Die an alle Hierarchen und Inquisitoren gerichtete Bulle enthält 1. die 45 Artikel John Wyclifs, 2. die 30 Artikel Jan Hus', 3. einen Fragebogen für Wyclifiten und Hussiten, der sich mit folgenden Worten an die vorangehenden Artikel anschließt: "Ein jeder aber, der der vorausgeschickten Artikel verdächtig ist oder dabei ertappt wurde, daß er sie behauptete, soll in der im folgenden beschriebenen Weise befragt werden" ("Super praemissis autem articulis quilibet de eis suspectus seu in eorum assertione deprehensus iuxta modum interrogetur infra scriptum"). Dieselben Dekrete werden zusammen mit anderen (z. B. dem Dekret über die Kommunion unter einer Gestalt) in der Bulle Martins V. *"In eminentis apostolicae"* vom 1. Sept. 1425 wiederholt (vgl. MaC 27,1215-1220).

*Ausg.:* MaC 27,1211B-1213B / HaC 8,914A-916C / v.d. Hardt, a. *1151° a.O. 4,1527-1259 / BullTau 4,673a-675a / BullCocq 3/II,424a-425b.

### *Fragebogen für Wyclifiten und Hussiten*

**1247**     5. Item, utrum credat, teneat et asserat, quod quodlibet Concilium generale, et etiam Constantiense, universalem Ecclesiam repraesentet[1].

5. Ebenso, ob er glaube, festhalte und behaupte, daß ein jedes allgemeine Konzil, und auch das Konstanzer, die allgemeine Kirche darstelle[1].

**1248**     6. Item, utrum credat, quod illud, quod sacrum Concilium Constantiense, universalem Ecclesiam repraesentans, approbavit et approbat in favorem fidei, et ad salutem animarum, quod hoc est ab universis Christi fidelibus approbandum et tenendum: et quod condemnavit et condemnat esse fidei vel bonis moribus contrarium, hoc ab iisdem esse tenendum pro condemnato, credendum et asserendum.

6. Ebenso, ob er glaube, daß das, was das heilige Konstanzer Konzil, die allgemeine Kirche darstellend, zugunsten des Glaubens und zum Heil der Seelen gebilligt hat und billigt, daß dies von allen Christgläubigen zu billigen und festzuhalten sei: Und was es verurteilt hat und verurteilt, daß es dem Glauben oder den guten Sitten entgegengesetzt sei, daß dies von ebendiesen als verurteilt festzuhalten, zu glauben und zu behaupten sei.

**1249**     7. Item, utrum credat, quod condemnationes Iohannis Wicleff, Iohannis Hus et Hieronymi de Praga, factae de personis eorum, libris et documentis per sacrum generale Constantiense Concilium, fuerint rite et iuste factae, et a quolibet catholico pro talibus tenendae et firmiter asserendae.

7. Ebenso, ob er glaube, daß die Verurteilungen John Wyclifs, Jan Hus' und Hieronymus' von Prag, die durch das heilige allgemeine Konstanzer Konzil in bezug auf ihre Personen, Schriften und Lehren vollzogen wurden, ordnungsgemäß und zurecht vollzogen worden seien und von einem jeden Katholiken als solche festgehalten und unerschütterlich behauptet werden müßten.

**1250**     8. Item, utrum credat, teneat, asserat, Iohannem Wicleff de Anglia, Iohannem Hus de Bohemia et Hieronymum de Praga fuisse haereticos et pro haereticis nominandos ac deputandos, et libros et doctrinas eorum fuisse et esse perversos, propter quos et quas, et eorum pertinacias, per sacrum Concilium Constantiense pro haereticis sunt condemnati.

8. Ebenso, ob er glaube, festhalte und behaupte, daß John Wyclif aus England, Jan Hus aus Böhmen und Hieronymus von Prag Häretiker gewesen seien und als Häretiker bezeichnet und erachtet werden müßten, und daß ihre Bücher und Lehren verkehrt gewesen seien und seien, deretwegen und wegen ihrer Hartnäckigkeit sie durch das heilige Konstanzer Konzil als Häretiker verurteilt wurden.

---

*1247 [1]   Vgl. die Vorbemerkungen über die Gültigkeit der Dekrete dieses Konzils: *1151°°.

11. Item, specialiter litteratus interrogetur, utrum credat, sententiam sacri Constantiensis Concilii super quadraginta quinque Iohannis Wicleff, et Iohannis Hus triginta articulis superius descriptis latam, fore veram et catholicam: scilicet, quod supradicti quadraginta quinque articuli Ioannis Wicleff et Iohannis Hus triginta non sunt catholici, sed quidam ex eis sunt notorie haeretici, quidam erronei, alii temerarii et seditiosi, alii piarum aurium offensivi.

12. Item, utrum credat et asserat, quod in nullo casu sit licitum iurare.

13. Item, utrum credat, quod ad mandatum iudicis iuramentum de veritate dicenda, vel quodlibet aliud ad causam opportunum, etiam pro purificatione infamiae faciendum, sit licitum.

14. Item, utrum credat, quod periurium scienter commissum, ex quacumque causa vel occasione, pro conservatione vitae corporalis propriae vel alterius, etiam in favorem fidei, sit mortale peccatum.

15. Item, utrum credat, quod deliberato animo contemnens ritum Ecclesiae, caeremonias exorcismi et catechismi, aquae baptismatis consecratae, peccet mortaliter.

16. Item, utrum credat, quod post consecrationem sacerdotis in sacramento altaris sub velamento panis et vini non sit panis materialis et vinum materiale, sed idem per omnia Christus, qui fuit in cruce passus et sedet ad dexteram Patris.

17. Item, utrum credat et asserat, quod facta consecratione per sacerdotem, sub sola specie panis tantum, et praeter speciem vini, sit vera caro Christi et sanguis et anima et deitas et totus Christus, ac idem corpus absolute et sub unaqualibet illarum specierum singulariter.

11. Ebenso soll insbesondere ein Gebildeter gefragt werden, ob er glaube, daß das vom Heiligen Konstanzer Konzil gefällte Urteil über die weiter oben niedergeschriebenen fünfundvierzig Artikel John Wyclifs und dreißig Jan Hus' wahr und katholisch sei: das heißt, daß die obengenannten fünfundvierzig Artikel John Wyclifs und dreißig Jan Hus' nicht katholisch seien, sondern einige von ihnen offenkundig häretisch seien, einige irrig, andere leichtfertig und aufrührerisch, andere fromme Ohren verletzend. 1251

12. Ebenso, ob er glaube und behaupte, daß es in keinem Falle erlaubt sei, zu schwören. 1252

13. Ebenso, ob er glaube, daß es erlaubt sei, auf Geheiß des Richters einen Schwur, daß man die Wahrheit sage, oder jeden beliebigen anderen der Sache angemessenen ⟨Schwur⟩ abzulegen, auch um sich von übler Nachrede reinzuwaschen. 1253

14. Ebenso, ob er glaube, daß ein aus welchem Grund oder Anlaß auch immer wissentlich begangener Meineid für die Erhaltung des eigenen leiblichen Lebens oder das eines anderen, auch zugunsten des Glaubens, eine Todsünde sei. 1254

15. Ebenso, ob er glaube, daß, wer in wohlüberlegter Absicht den Ritus der Kirche, die Zeremonien des Exorzismus, des Katechismus und der Taufwasserweihe verachtet, tödlich sündige. 1255

16. Ebenso, ob er glaube, daß nach der Konsekration des Priesters im Altarsakrament unter dem Schleier des Brotes und des Weines nicht materielles Brot und materieller Wein seien, sondern der in allem selbe Christus, der am Kreuze gelitten hat und zur Rechten des Vaters sitzt. 1256

17. Ebenso, ob er glaube und behaupte, daß nach dem Vollzug der Konsekration durch den Priester nur allein unter der Gestalt des Brotes – auch ohne die Gestalt des Weines – das wahre Fleisch und Blut Christi sei, seine wahre Seele und Gottheit und der ganze Christus, und ebendieser Leib unmittelbar und unter einer jeden jener Gestalten einzeln. 1257

**1258**  18. Item, utrum credat, quod consuetudo communicandi personas laicales sub specie panis tantum, ab Ecclesia universali observata, et per sacrum Concilium Constantiae approbata, sit servanda sic, quod non liceat eam reprobare aut sine Ecclesiae auctoritate pro libito immutare. Et quod dicentes pertinaciter oppositum praemissorum, tamquam haeretici vel sapientes haeresim, sint arcendi et puniendi.

**1259**  19. Item, utrum credat, quod christianus contemnens susceptionem sacramentorum confirmationis, vel extremae unctionis, aut solemnizationis matrimonii, peccet mortaliter.

**1260**  20. Item, utrum credat, quod christianus ultra contritionem cordis, habita copia sacerdotis idonei, soli sacerdoti de necessitate salutis confiteri teneatur, et non laico seu laicis quantumcumque bonis et devotis.

**1261**  21. Item, utrum credat, quod sacerdos in casibus sibi permissis possit peccatorem confessum et contritum a peccatis absolvere, et sibi paenitentiam iniungere.

**1262**  22. Item, utrum credat, quod malus sacerdos cum debita materia et forma et cum intentione faciendi, quod facit Ecclesia, vere conficiat, vere absolvat, vere baptizet, vere conferat alia sacramenta.

**1263**  23. Item, utrum credat, quod beatus Petrus fuerit vicarius Christi, habens potestatem ligandi et solvendi super terram.

**1264**  24. Item, utrum credat, quod Papa canonice electus, qui pro tempore fuerit, eius nomine proprio expresso, sit successor beati Petri, habens supremam auctoritatem in Ecclesia Dei.

**1265**  25. Item, utrum credat, auctoritatem iurisdictionis Papae, archiepiscopi et episcopi in solvendo et ligando esse maiorem auctoritate simplicis sacerdotis, etiam si curam animarum habeat.

18. Ebenso, ob er glaube, daß der von der allgemeinen Kirche beobachtete und durch das heilige Konzil von Konstanz gebilligte Brauch, Laien die Kommunion nur unter der Gestalt des Brotes zu reichen, so zu beachten sei, daß es nicht erlaubt ist, ihn zu verwerfen oder ohne die Erlaubnis der Kirche nach Belieben zu verändern. Und daß diejenigen, die hartnäckig das Gegenteil des Vorausgeschickten sagen, als häretisch oder nach Häresie riechend fernzuhalten und zu bestrafen seien.

19. Ebenso, ob er glaube, daß ein Christ, der den Empfang der Sakramente der Firmung, der Letzten Ölung oder der feierlichen Eheschließung verschmäht, tödlich sündige.

20. Ebenso, ob er glaube, daß ein Christ über die Reue des Herzens hinaus, wenn ein geeigneter Priester zu Verfügung steht, heilsnotwendig gehalten sei, allein dem Priester zu beichten, und nicht einem Laien oder 〈mehreren〉 Laien, wie gut und fromm sie auch immer sein mögen.

21. Ebenso, ob er glaube, daß ein Priester in den ihm erlaubten Fällen einen Sünder, der gebeichtet und Reue erweckt hat, von den Sünden lossprechen und ihm eine Buße auferlegen könne.

22. Ebenso, ob er glaube, daß ein schlechter Priester mit der gebührenden Materie und Form und mit der Absicht, zu tun, was die Kirche tut, wahrhaft 〈die Wandlung〉 vollziehe, wahrhaft losspreche, wahrhaft taufe und wahrhaft die anderen Sakramente erteile.

23. Ebenso, ob er glaube, daß der selige Petrus der Stellvertreter Christi gewesen sei, ausgestattet mit der Vollmacht, auf Erden zu binden und zu lösen.

24. Ebenso, ob er glaube, daß der kanonisch gewählte jeweilige Papst nach Verkündigung seines Eigennamens der Nachfolger des seligen Petrus sei, ausgestattet mit der höchsten Autorität in der Kirche Gottes.

25. Ebenso, ob er glaube, daß die Jurisdiktionsvollmacht des Papstes, des Erzbischofes und des Bischofes beim Lösen und Binden größer sei als die Vollmacht des einfachen Priesters, auch wenn er Seelsorger ist.

26. Item, utrum credat, quod Papa omnibus Christianis vere contritis et confessis ex causa pia et iusta possit concedere indulgentias in remissionem peccatorum, maxime pia loca visitantibus et ipsis manus suas porrigentibus adiutrices.

27. Et utrum credat, quod ex tali concessione visitantes ecclesias ipsas et manus adiutrices eis porrigentes huiusmodi indulgentias consequi possint.

28. Item, utrum credat, quod singuli episcopi suis subditis secundum limitationem sacrorum canonum huiusmodi indulgentias concedere possint.

29. Item, utrum credat et asserat, licitum esse Sanctorum reliquias et imagines a Christi fidelibus venerari.

30. Item, utrum credat, religiones ab Ecclesia approbatas, a sanctis Patribus rite et rationabiliter introductas.

31. Item, utrum credat, quod Papa vel alius praelatus, propriis nominibus Papae pro tempore expressis, vel ipsorum vicarii, possint suum subditum ecclesiasticum sive saecularem propter inoboedientiam sive contumaciam excommunicare, ita quod talis pro excommunicato sit habendus.

32. Item, utrum credat, quod inoboedientia sive contumacia excommunicatorum crescente, praelati vel eorum vicarii in spiritualibus habeant potestatem aggravandi et reaggravandi, interdictum ponendi et brachium saeculare invocandi; et quod illis censuris per inferiores sit oboediendum.

33. Item, utrum credat, quod Papa vel alii praelati et eorum vicarii in spiritualibus habeant potestatem sacerdotes et laicos inoboedientes et contumaces excommunicandi, ab officio, beneficio, ingressu ecclesiae et administratione ecclesiasticorum sacramentorum suspendendi.

26. Ebenso, ob er glaube, daß der Papst **1266** allen Christen, die wahrhaft Reue erweckt und gebeichtet haben, aus frommem und gerechtem Grunde Ablässe zur Vergebung der Sünden gewähren könne, vor allem denen, die fromme Orte besuchen und ihnen ihre helfenden Hände darbieten.

27. Und ob er glaube, daß diejenigen, die **1267** aufgrund einer solchen Gewährung Kirchen besuchen und ihnen ihre helfenden Hände darbieten, derartige Ablässe erlangen könnten.

28. Ebenso, ob er glaube, daß die einzel- **1268** nen Bischöfe ihren Untergebenen innerhalb der Grenzen der heiligen Kanones derartige Ablässe gewähren könnten.

29. Ebenso, ob er glaube und behaupte, **1269** daß es erlaubt sei, daß die Reliquien und Bilder der Heiligen von den Christgläubigen verehrt werden.

30. Ebenso, ob er glaube, daß die von der **1270** Kirche anerkannten Orden von den heiligen Vätern zurecht und vernünftigerweise eingeführt worden seien.

31. Ebenso, ob er glaube, daß der Papst **1271** oder ein anderer Vorsteher nach Verkündigung der Eigennamen des jeweiligen Papstes oder ihre Stellvertreter ihren kirchlichen oder weltlichen Untergebenen wegen Ungehorsams oder Widerspenstigkeit exkommunizieren könnten, so daß ein solcher für exkommuniziert zu halten ist.

32. Ebenso, ob er glaube, daß bei einem **1272** Anwachsen des Ungehorsams oder der Widerspenstigkeit der Exkommunizierten die Vorsteher oder ihre Stellvertreter in geistlichen Dingen die Vollmacht hätten, zu verschärfen und nochmals zu verschärfen, ein Interdikt zu verhängen und den weltlichen Arm anzurufen; und daß diesen Zensuren durch die Untergebenen zu gehorchen sei.

33. Ebenso, ob er glaube, daß der Papst **1273** oder andere Vorsteher und ihre Stellvertreter in geistlichen Dingen die Vollmacht hätten, ungehorsame und widerspenstige Priester und Laien zu exkommunizieren und vom Amt, von der Pfründe, dem Betreten der Kirche und der Spendung der kirchlichen Sakramente zu suspendieren.

1274   34. Item, utrum credat, quod liceat personis ecclesiasticis absque peccato huius mundi habere possessiones et bona temporalia.

34. Ebenso, ob er glaube, daß es kirchlichen Personen ohne Sünde erlaubt sei, Besitztümer dieser Welt und zeitliche Güter zu haben.

1275   35. Item, utrum credat, quod laicis ipsa ab eis auferre potestate propria non liceat; immo quod sic auferentes, tollentes et invadentes bona ipsa ecclesiastica sint tamquam sacrilegi puniendi, etiam si male viverent personae ecclesiasticae bona huiusmodi possidentes.

35. Ebenso, ob er glaube, daß es Laien nicht erlaubt sei, ihnen diese aus eigener Vollmacht zu entziehen; daß sie vielmehr, wenn sie die kirchlichen Güter so entziehen, wegnehmen und besetzen, als Religionsfrevler zu bestrafen seien, auch wenn die kirchlichen Personen, die diese Güter besitzen, übel leben würden.

1276   36. Item, utrum credat, quod huiusmodi ablatio et invasio, cuicumque sacerdoti, etiam male viventi, temere vel violenter facta vel illata, inducat sacrilegium.

36. Ebenso, ob er glaube, daß ein solcher Entzug und eine solche Besetzung, welchem Priester auch immer – auch einem übel lebenden – sie leichtfertig und gewaltsam angetan oder zugefügt wurde, einen Religionsfrevel mit sich bringe.

1277   37. Item, utrum credat, quod liceat laicis utriusque sexus, viris scilicet et mulieribus, libere praedicare verbum Dei.

37. Ebenso, ob er glaube, daß es den Laien beiderlei Geschlechts, nämlich Männern und Frauen, erlaubt sei, das Wort Gottes frei zu verkünden.

1278   38. Item, utrum credat, quod singulis sacerdotibus libere liceat praedicare verbum Dei, ubicumque, quandocumque et quibuscumque placuerit, etiam si non sint missi.

38. Ebenso, ob er glaube, daß es den einzelnen Priestern erlaubt sei, das Wort Gottes frei zu verkünden, wo, wann und wem immer sie wollen, auch wenn sie nicht beauftragt wurden.

1279   39. Item, utrum credat, quod omnia peccata mortalia, et specialiter manifesta, sint publice corrigenda et exstirpanda.

39. Ebenso, ob er glaube, daß alle Todsünden, und insbesondere die offensichtlichen, öffentlich zurechtzuweisen und auszurotten seien.

### 1290: Bulle "Gerentes ad vos" an den Abt des Zisterzienserklosters Altzelle in Sachsen, 16. Nov. 1427

Das Original der Bulle befindet sich in Dresden (Staatsarchiv von Sachsen, Nr. 6043), eine Abschrift im Vatikanischen Archiv, Registrum Latinum 271 Fol. 203r. Es handelt sich bei dem in dieser Bulle gewährten Vorrecht um ein ähnliches Vorrecht wie in den Dokumenten *1145–1146 und *1435.

*Ausg.:* K.A. Fink, *Zur Spendung der höheren Weihen durch den Priester*, in: ZSavStKan 63 (Kan. Abt. 32; 1949) 506–508 / wiederholt in: NvRTh 76 (1954) 366.

### Weihevollmacht für Priester

1290   Gerentes ad vos et monasterium vestrum paternae dilectionis affectum, ad commoda vestra libenter intendimus ac petitionibus vestris illis praesertim, quibus dispendiis vestris occurritur, facilem impertimur assensum. Hinc est quod Nos volentes vos et monasterium ipsum praerogativa gratiae prosequi et honoris tibi fili abbas, quotiens hoc hinc ad quinquennium opportunum fuerit, singulas

Euch und Eurem Kloster gegenüber das Gefühl väterlicher Liebe empfindend, bemühen Wir Uns gerne um Eure Vorteile und gewähren Euren Gesuchen, insbesondere jenen, mit denen Euren Einbußen begegnet wird, bereitwillige Zustimmung. Daher kommt es, daß Wir in der Absicht, Euch und das Kloster selbst mit einem Gnaden- und Ehrenvorrecht auszustatten, Dir, mein Sohn

ecclesias ad tuam et tuorum Conventus collationem, provisionem, praesentationem seu quamvis aliam dispositionem communiter et divisim pertinentes ac membra dicti monasterii in dioecesi Misnensi consistentia eorumque cimeteria, sanguine vel semine polluta reconciliandi necnon singulis monachis eiusdem monasterii ac personis tibi abbati subiectis omnes etiam sacros ordines conferendi, dioecesani loci licentia super hoc minime requisita, constitutionibus et ordinationibus Apostolicis ceterisque contrariis nequaquam obstantibus, auctoritate Apostolica tenore praesentium licentiam concedimus et etiam facultatem.

Abt, kraft Apostolischer Autorität aufgrund des vorliegenden ⟨Schreibens⟩ die Erlaubnis und auch Berechtigung gewähren, sooft dies von nun an auf einen Zeitraum von fünf Jahren hin angebracht sein wird, die einzelnen Kirchen, die insgesamt und teilweise zu Deinem und des Konventes der Deinen Übertragungs-, Verleihungs-, Vorschlags- oder einem beliebigen anderen Verfügungsrecht gehören, und die in der Diözese Meißen befindlichen Glieder des genannten Klosters und ihre Friedhöfe, die durch Blut oder Samen befleckt wurden, wiederzuversöhnen sowie einzelnen Mönchen ebendieses Klosters und Personen, die Dir als Abt untergeben sind, auch alle heiligen Weihen zu spenden, ohne daß dafür die Erlaubnis des Ortsbischofs erforderlich wäre und die Apostolischen Konstitutionen und Anordnungen sowie die übrigen gegenteiligen ⟨Verlautbarungen⟩ in irgendeiner Weise entgegenstünden.

## EUGEN IV.: 3. März 1431 – 23. Febr. 1447

## Konzil von FLORENZ (17. ökum.): 26. Febr. 1439 – Aug. (?) 1445

Das in Florenz abgehaltene Konzil wird zusammen mit den Konzilien von Basel und Ferrara, deren Fortsetzung es ist, als 17. ökumenisches Konzil gezählt. Am 23. Juli 1431 war das Konzil in Basel eröffnet worden; aber schon am 18. Dez. 1431 verlegte es Eugen IV. durch die Bulle *"Quoniam alto"* nach Bologna. Die Synodalen blieben größtenteils in Basel, zogen die Bereitschaft des Papstes zur Reform in Zweifel und wiederholten in der 2. Sitzung vom 15. Febr. 1432 das Konstanzer Dekret *"Frequens"* von der Obergewalt des Konzils über den Papst (vgl. *1151°°). Durch den Widerstand der in Basel versammelten Kirchenfürsten gezwungen, zog Eugen IV. in der Bulle *"Dudum sacrum"* vom 15. Dez. 1433 seine Dekrete gegen das Konzil von Basel zurück und erkannte seine Rechtmäßigkeit an (MaC 29,78C–79D). Die ersten 25 Sitzungen dieses Konzils besitzen folglich ökumenische Geltung.

Im Streit um die Frage, an welchem Ort mit den Griechen über die Wiedervereinigung verhandelt werden sollte, verlegte Eugen IV. das Konzil am 18. Sept. 1437 in der Konstitution *"Doctoris gentium"* (hrsg. von G. Hofmann, *Epistolae pontificiae ad Concilium Florentinum spectantes* [s. unten], Nr. 88) nach Ferrara. Die Mehrzahl der Synodalen aber setzte das Konzil in Basel bis zum Jahre 1448 fort. Sie setzen Eugen IV. am 24. Juni 1439 ab und wählten Amadeus VIII. von Savoyen am 5. Nov. 1439 zum Oberhaupt der Kirche. Durch die Wahl eines Gegenpapstes wurde das Schisma vollzogen.

In Ferrara tagte das Konzil vom 8. Jan. 1438 an. Nach 16 Sitzungen wurde es nach Florenz verlegt, wo am 26. Febr. 1439 die 1. allgemeine Sitzung stattfand. Nach schwierigen Verhandlungen wurde das Dekret über die Union mit den Griechen am 28. Juni 1439 abgefaßt, am 5. Juli unterschrieben und am Tag darauf veröffentlicht. Am 22. Nov. 1439 folgte die Union mit den Armeniern. Das Dekret für die Jakobiten (die Bulle spricht seltsamerweise immer von Jakobinern), das die Union mit den Kopten besiegelte, wurde am 4. Febr. 1442 herausgegeben. Das Konzil wurde am 26. April 1443 nach Rom in den Lateran verlegt und beschloß in zwei Sitzungen (30. Sept. 1444 und 7. Aug. 1445) die Union mit weiteren Orientalen: den Syrern Mesopotamiens, den Chaldäern und den Maroniten Zyperns.

### 1300–1308: Bulle über die Union mit den Griechen "Laetentur caeli", 6. Juli 1439

Das Dekret für die Griechen wird mit wenigen Zusätzen bzw. Auslassungen von Benedikt XIV. in der Konstitution *"Etsi pastoralis"* für die Italo-Griechen vom 26. Mai 1742 (§ 1) wiederholt.
*Ausg.:* G. Hofmann, *Concilium Florentinum: Documenta et scriptores*, series A, Bd. 1: *Epistolae pontificiae ad Concilium Florentinum spectantes* II (Rom 1944) 71–73 (Nr. 176) / G. Hofmann, *Documenta Concilii Florentini de unione Orientalium*: I. *De unione Graecorum* (TD ser. theol. 18; Rom 1935) 14–17 /

MaC 31A,1030D–1034A, vgl. 31B,1696D–1698A / HaC 9,422B–423B, vgl. 9,986B–987B / BullTau 5,41ab / BullCocq 3/III,25b–26b / COeD$^3$ 526$_{31}$–528$_{42}$.

## Dekret für die Griechen

**1300**    [*De processione Spiritus Sancti.*] In nomine igitur Sanctae Trinitatis, Patris et Filii et Spiritus Sancti, hoc sacro universali approbante Florentino Concilio, diffinimus, ut haec fidei veritas ab omnibus Christianis credatur et suscipiatur, sicque omnes profiteantur, quod Spiritus Sanctus ex Patre et Filio aeternaliter est, et essentiam suam suumque esse subsistens habet ex Patre simul et Filio, et ex utroque aeternaliter tamquam ab uno principio et unica spiratione procedit [*cf. Concilium Lugdunense II: \*850*];

**1301**    declarantes, quod id, quod sancti Doctores et Patres dicunt, ex Patre per Filium procedere Spiritum Sanctum, ad hanc intelligentiam tendit, ut per hoc significetur, Filium quoque esse secundum Graecos quidem causam, secundum Latinos vero principium subsistentiae Spiritus Sancti, sicut et Patrem.

Et quoniam omnia, quae Patris sunt, Pater ipse unigenito Filio suo gignendo dedit, praeter esse Patrem, hoc ipsum quod Spiritus Sanctus procedit ex Filio, ipse Filius a Patre aeternaliter habet, a quo etiam aeternaliter genitus est.

**1302**    Diffinimus insuper, explicationem verborum illorum "Filioque" veritatis declarandae gratia, et inaminente tunc necessitate, licite ac rationabiliter Symbolo fuisse appositam.

**1303**    Item, in azymo sive fermentato pane triticeo corpus Christi veraciter confici; sacerdotesque in altero ipsum Domini corpus conficere debere, unumquemque scilicet iuxta suae Ecclesiae sive occidentalis sive orientalis consuetudinem.

[*Das Hervorgehen des Heiligen Geistes.*] Im Namen also der Heiligen Dreifaltigkeit, des Vaters und des Sohnes und des Heiligen Geistes, bestimmen wir unter Zustimmung dieses heiligen allgemeinen Konzils von Florenz, daß folgende Glaubenswahrheit von allen Christen geglaubt und angenommen werden soll, und daß alle so bekennen sollen, daß der Heilige Geist aus dem Vater und dem Sohne von Ewigkeit her ist, sein Wesen und sein in sich ständiges Sein zugleich aus dem Vater und dem Sohne hat und aus beiden von Ewigkeit her als aus e i n e m Prinzip und durch eine einzige Hauchung hervorgeht [*vgl. 2. Konzil von Lyon: \*850*];

dabei erklären wir, daß das, was die heiligen Lehrer und Väter sagen, ⟨nämlich⟩ daß der Heilige Geist aus dem Vater durch den Sohn hervorgehe, auf ein solches Verständnis hinausläuft, daß dadurch bedeutet wird, daß auch der Sohn gemäß den Griechen Ursache, gemäß den Lateinern aber Prinzip des Daseins des Heiligen Geistes ist, so wie auch der Vater.

Und weil der Vater selbst alles, was des Vaters ist, seinem einziggeborenen Sohn in der Zeugung gab, außer dem Vatersein, hat der Sohn selbst eben dieses, daß der Heilige Geist aus dem Sohn hervorgeht, von Ewigkeit her vom Vater, von dem er auch von Ewigkeit her gezeugt ist.

Wir bestimmen überdies, daß die Erläuterung jener Worte, ⟨nämlich⟩ das "Filioque", zum Zwecke der Verdeutlichung der Wahrheit und aufgrund einer damals bestehenden dringenden Notwendigkeit erlaubtermaßen und vernünftigerweise dem Bekenntnis beigefügt worden ist.

Ebenso ⟨bestimmen wir⟩, daß der Leib Christi mit ungesäuertem wie mit gesäuertem Weizenbrot wahrhaft zustande gebracht wird, und daß die Priester den Leib des Herrn selbst in dem einen oder dem anderen ⟨Brote⟩ zustandebringen müssen, nämlich jeder nach der Gewohnheit seiner Kirche, sei es der westlichen oder der östlichen.

[*De sorte defunctorum.*] Item, si vere paenitentes in Dei caritate decesserint, antequam dignis paenitentiae fructibus de commissis satisfecerint et omissis, eorum animas poenis purgatoriis post mortem purgari: et ut a poenis huiusmodi releventur, prodesse eis fidelium vivorum suffragia, Missarum scilicet sacrificia, orationes et eleemosynas, et alia pietatis officia, quae a fidelibus pro aliis fidelibus fieri consueverunt secundum Ecclesiae instituta.

Illorumque animas, qui post baptisma susceptum nullam omnino peccati maculam incurrerunt, illas etiam, quae post contractam peccati maculam, vel in suis corporibus, vel eisdem exutae corporibus, prout superius dictum est, sunt purgatae, in caelum mox recipi et intueri clare ipsum Deum trinum et unum, sicuti est, pro meritorum tamen diversitate alium alio perfectius.

Illorum autem animas, qui in actuali mortali peccato vel solo originali decedunt, mox in infernum descendere, poenis tamen disparibus puniendas [*cf. *856-858*].

[*Ordo sedium patriarchalium; primatus Romanus*] Item diffinimus, sanctam Apostolicam Sedem, et Romanum Pontificem, in universum orbem tenere primatum, et ipsum Pontificem Romanum successorem esse beati Petri principis Apostolorum et verum Christi vicarium, totiusque Ecclesiae caput et omnium Christianorum patrem ac doctorem exsistere; et ipsi in beato Petro pascendi, regendi ac gubernandi universalem Ecclesiam a Domino nostro Iesu Christo plenam potestatem traditam esse, quemadmodum etiam in gestis oecumenicorum Conciliorum et in sacris canonibus continetur.

Renovantes insuper ordinem traditum in canonibus ceterorum venerabilium patriarcharum, ut patriarcha Constantinopolitanus secundus sit post sanctissimum Romanum

[*Das Los der Verstorbenen.*] Ebenso 1304 ⟨bestimmen wir⟩, daß die Seelen derer, die in wahrer Buße in der Liebe Gottes verschieden sind, ohne zuvor durch würdige Früchte der Buße für das Begangene und Unterlassene Genugtuung geleistet zu haben, nach dem Tod durch Reinigungsstrafen gereinigt werden; und zur Milderung derartiger Strafen nützen ihnen die Fürbitten der lebenden Gläubigen, nämlich Meßopfer, Gebete, Almosen und andere Werke der Frömmigkeit, die von den Gläubigen entsprechend den Anordnungen der Kirche für andere Gläubige gewöhnlich verrichtet werden.

Und die Seelen derer, die nach dem Emp- 1305 fang der Taufe überhaupt keiner Sündenschuld verfallen sind, sowie jene, die nach einer zugezogenen Sündenschuld entweder noch in ihren Leibern oder, nachdem sie ebendiese Leiber abgelegt haben, wie weiter oben gesagt wurde, gereinigt wurden, werden sogleich in den Himmel aufgenommen und schauen den dreifaltigen und einen Gott selbst in Klarheit, so wie er ist, aufgrund der Verschiedenheit der Verdienste jedoch der eine vollkommener als der andere.

Die Seelen derer aber, die in einer aktuel- 1306 len Todsünde oder allein in der Ursünde verscheiden, steigen alsbald in die Hölle hinab, werden jedoch mit ungleichen Strafen bestraft [*vgl. *856-858*].

[*Die Rangordnung der Patriarchatssitze; der römische Primat.*] Ebenso bestimmen wir, daß der heilige Apostolische Stuhl und der Römische Bischof den Primat über den gesamten Erdkreis innehat und der Römische Bischof selbst der Nachfolger des seligen Apostelfürsten Petrus und der wahre Stellvertreter Christi, das Haupt der ganzen Kirche und der Vater und Lehrer aller Christen ist; und ihm ist von unserem Herrn Jesus Christus im seligen Petrus die volle Gewalt übertragen worden, die gesamte Kirche zu weiden, zu leiten und zu lenken, wie es auch in den Akten der ökumenischen Konzilien und in den heiligen Kanones festgehalten wird.

Wir erneuern überdies die in den Kanones 1308 überlieferte Rangordnung der übrigen ehrwürdigen Patriarchen, daß ⟨nämlich⟩ der Patriarch von Konstantinopel der zweite ist

Pontificem, tertius vero Alexandrinus, quartus autem Antiochenus, et quintus Hierosolymitanus, salvis videlicet privilegiis omnibus et iuribus eorum.

nach dem heiligsten Römischen Bischof, der dritte aber der von Alexandrien, der vierte aber der von Antiochien und der fünfte der von Jerusalem, selbstverständlich unter Wahrung aller ihrer Privilegien und Rechte.

### 1309: Dekret "Moyses vir Dei" gegen das Konzil von Basel, 4. Sept. 1439

Als die Synodalen, die nach der Verlegung des Konzils nach Ferrara in Basel geblieben waren, erkannten, daß Papst Eugen IV. seine Haltung nicht änderte, stellten sie in der 33. Sitzung vom 16. Mai 1439 drei Lehrsätze von der Oberhoheit des allgemeinen Konzils über den Papst auf (MaC 29,178B–179B / Johannes de Segovia, a. unten a.O. XIV 37, S. 278) und setzten in der folgenden Sitzung vom 24. Juni 1439 den Papst ab (MaC 29,179C–181B / Johannes de Segovia, a. unten a.O. XV 15, S. 325–327). Darauf antwortete Eugen IV. mit diesem Dekret.

*Ausg.:* G. Hofmann, *Concilium Florentinum* ... (vgl. *1300°) 1/II, 104$_{9-19}$ 105$_{31-38}$ / MaC 31b, 1718D–1719A 1720BC / HaC 9,1006E–1007A 1008BC / Johannes de Segovia, *Historia gestorum generalis Synodi Basiliensis* (Concilium Basileense: Scriptores 3/I [Wien 1886] XV 27, S. 384–386 / COeD$^3$ 532$_{1-12}$ 533$_{33-42}$.

### Die Abhängigkeit des allgemeinen Konzils vom Papst

**1309**    [*Synodales Concilii Basileensis*] ... tres propositiones quas fidei veritates vocant, quasi Nos et omnes principes ac praelatos et alios fideles et devotos Apostolicae Sedis haereticos facerent, protulerunt, quarum tenor sequitur in haec verba:

"Veritas de potestate concilii generalis universam Ecclesiam repraesentantis supra papam et quemlibet alterum declarata per Constanciense et hoc Basiliense generalia concilia, est veritas fidei catholicae.

Veritas haec, quod papa concilium generale universalem Ecclesiam repraesentans actu legitime congregatum super declaratis in praefata veritate, aut aliquo sine eius consensu nullatenus auctoritate potest dissolvere, aut ad aliud tempus prorogare, aut de loco ad locum transferre, est veritas catholica.

Veritatibus praedictis pertinaciter repugnans est censendus haereticus."

[*Reprobatio:*] ... ipsasque propositiones superius descriptas iuxta pravum ipsorum Basiliensium intellectum quem facto demonstrant, veluti sano sacrae Scripturae et sanctorum Patrum et ipsius Constanciensis Concilii sensui contrarium necnon praefatam assertam declarationis seu privationis sententiam cum omnibus inde secutis et quae in futurum sequi possent, tamquam impias et

[*Die Synodalen des Baseler Konzils*] ... stellten, so als ob sie Uns, alle Fürsten und Vorsteher und die anderen Gläubigen und dem Apostolischen Stuhl treu Ergebenen zu Häretikern machen wollten, drei Lehrsätze auf, die sie Glaubenswahrheiten nennen; ihr Wortlaut ist folgendermaßen:

"Die durch das Konstanzer und dieses Baseler allgemeine Konzil erklärte Wahrheit von der Gewalt des allgemeinen Konzils, das die gesamte Kirche repräsentiert, über den Papst und jeden anderen ist katholische Glaubenswahrheit.

Diese Wahrheit, daß der Papst das tatsächlich rechtmäßig versammelte allgemeine Konzil, das die gesamte Kirche repräsentiert, wegen der Erklärungen in der zuvor genannten Wahrheit ohne dessen Zustimmung aufgrund seiner Autorität keinesfalls auflösen, auf einen anderen Zeitpunkt verschieben oder von einem Ort zum anderen verlegen kann, ist katholische Wahrheit.

Wer sich den vorgenannten Wahrheiten hartnäckig widersetzt, muß als Häretiker betrachtet werden."

[*Verwerfung:*] ... und eben diese oben beschriebenen Lehrsätze ⟨verurteilen Wir⟩ entsprechend ihrer verkehrten, von den Baselern vertretenen Bedeutung, die sie durch ihr Tun darlegen, als dem gesunden Sinn der heiligen Schrift, der heiligen Väter und des Konstanzer Konzils selbst entgegengesetzt; auch den vorher erwähnten Beschluß der Erklärung bzw. Absetzung mitsamt allem, was dar-

scandalosas necnon in manifestam Dei Ecclesiae scissuram ac omnis ecclesiastici ordinis et christiani principatus confusionem tendentes, ipso sacro approbante Concilio damnamus et reprobamus, ac damnatas et reprobatas nuntiamus.

aus folgt und in Zukunft folgen könnte, verurteilen und verwerfen Wir unter Zustimmung des heiligen Konzils selbst als gottlos, anstößig und zur offensichtlichen Spaltung der Kirche Gottes und zum Durcheinander jeglicher kirchlichen Ordnung und christlichen Herrschaft treibend und erklären sie für verurteilt und verworfen.

### 1310-1328: Bulle über die Union mit den Armeniern "Exsultate Deo", 22. Nov. 1439

Neben den unten erwähnten alten Glaubensdokumenten enthält diese Bulle eine Unterweisung über die Sakramente; es handelt sich dabei größtenteils um einen Auszug aus Thomas von Aquin, *De articulis fidei et Ecclesiae sacramentis* (P. Mandonnet, *Sancti Thomae Aquinatis Opuscula omnia* 3 [Paris 1927] 11-18 / Parmaer Ausg. 16 [1865] 119-122). Die Gültigkeit der Unterweisung war lange umstritten, vor allem wegen ihrer Aussage, die Übergabe der Geräte sei die Materie des Weihesakraments (vgl. \*1326), während die historischen Tatsachen lehren, daß bis zum 9. Jahrhundert sowohl in der Kirche des Westens als auch in der des Ostens nur die Handauflegung gebräuchlich war. Diese galt bei bestimmten Orientalen unangefochten zu allen Zeiten, wie etliche Päpste einräumen: vgl. z. B. Clemens VIII., Instruktion *"Presbyteri graeci"*, 31. Aug. 1595 (BullTau 10,213); Urban VIII., Breve *"Universalis Ecclesiae"*, 23. Nov. 1624 (BullLux 4,172ab); Benedikt XIV., Konstitution *"Etsi pastoralis"*, 26. Mai 1742 (BullLux 16,98b-100b); Leo XIII., Bulle *"Orientalium dignitas"*, 30. Nov. 1894 (ASS 27 [1894/95] 257-264). Pius XII. legte, ohne sich auf die historische Auseinandersetzung einzulassen, in der Konstitution *"Sacramentum ordinis"* vom 30. Nov. 1947 (\*3857-3861) fest, daß die Auflegung der Hände die einzige zur Gültigkeit der Weihe erforderliche Materie ist.

*Ausg.:* G. Hofmann, *Concilium Florentinum* ... (vgl. \*1300°) 1/II, 128-131 134 (Nr. 224) / ders., *Documenta* ... (vgl. \*1300°): II. *De unione Armeniorum* (TD ser. theol. 19; Rom 1935) 30-42 / A. Balgy, *Historia doctrinae catholicae inter Armenios unionisque eorum cum Ecclesia Romana in Concilio Florentino* (Wien 1878) 110-117 124 (der armenische Text ebd. 132-155) / MaC 31A,1054B-1060C / HaC 9,437D-442B / BullTau 5,48a-51b / BullCocq 3/III, 30b-33a / COeD³ 540-555.

### Dekret für die Armenier

[*Es werden angeführt: 1. das Bekenntnis von Konstantinopel, mit dem eingefügten "Filioque" (\*150); 2. die Definition des Konzils von Chalkedon über die zwei Naturen in Christus (\*301-303); 3. die Definition des 3. Konzils von Konstantinopel über die zwei Willen Christi (\*557f); 4. das Dekret über die Autorität des Konzils von Chalkedon und Leos des Großen.*]

Quinto, ecclesiasticorum s a c r a m e n t o- r u m veritatem pro ipsorum Armenorum tam praesentium quam futurorum faciliore doctrina sub hac brevissima redigimus formula. Novae Legis septem sunt sacramenta: videlicet baptismus, confirmatio, Eucharistia, paenitentia, extrema unctio, ordo et matrimonium, quae multum a sacramentis different Antiquae Legis. Illa enim non causabant gratiam, sed eam solum per passionem Christi dandam esse figurabant: haec vero nostra et continent gratiam, et ipsam digne suscipientibus conferunt.

Fünftens bringen wir die Wahrheit der **1310** kirchlichen S a k r a m e n t e für die leichtere Unterrichtung sowohl der jetzigen als auch der künftigen Armenier selbst auf folgende knappste Formel. Es gibt sieben Sakramente des Neuen Bundes, nämlich Taufe, Firmung, Eucharistie, Buße, Letzte Ölung, Weihe und Ehe, die sich sehr von den Sakramenten des Alten Bundes unterscheiden. Diese nämlich bewirkten die Gnade nicht, sondern zeigten nur an, daß sie durch das Leiden Christi gegeben werden sollte; diese unsrigen aber enthalten die Gnade und verleihen sie denen, die sie würdig empfangen.

Horum quinque prima ad spiritualem uniuscuiusque hominis in seipso perfectionem, duo ultima ad totius Ecclesiae regimen multiplicationemque ordinata sunt. Per baptismum enim spiritualiter renascimur; per

Von diesen sind die fünf ersten zur geist- **1311** lichen Vollkommenheit jedes Menschen in sich selbst und die beiden letzten zur Leitung und Mehrung der ganzen Kirche eingerichtet worden. Durch die Taufe nämlich werden wir

confirmationem augemur in gratia, et roboramur in fide; renati autem et roborati nutrimur divina Eucharistiae alimonia. Quod si per peccatum aegritudinem incurrimus animae, per paenitentiam spiritualiter sanamur: spiritualiter etiam et corporaliter, prout animae expedit, per extremam unctionem; per ordinem vero Ecclesia gubernatur et multiplicatur spiritualiter, per matrimonium corporaliter augetur.

geistlich wiedergeboren; durch die Firmung wachsen wir in der Gnade und werden im Glauben gestärkt; wiedergeboren aber und gestärkt, werden wir von der göttlichen Speise der Eucharistie genährt. Wenn wir uns aber durch die Sünde eine Krankheit der Seele zugezogen haben, dann werden wir durch die Buße geistlich geheilt: geistlich auch und leiblich, insofern es der Seele nützt, durch die Letzte Ölung; durch die Weihe aber wird die Kirche gelenkt und geistig gemehrt, durch die Ehe wächst sie leiblich.

1312    Haec omnia sacramenta tribus perficiuntur, videlicet rebus tamquam materia, verbis tamquam forma, et persona ministri conferentis sacramentum cum intentione faciendi, quod facit Ecclesia: quorum si aliquod desit, non perficitur sacramentum.

Alle diese Sakramente werden durch dreierlei vollzogen, nämlich durch die Dinge als Materie, die Worte als Form und die Person des Spenders, der das Sakrament erteilt in der Absicht, zu tun, was die Kirche tut; wenn irgendetwas von diesen fehlt, kommt das Sakrament nicht zustande.

1313    Inter haec sacramenta tria sunt: baptismus, confirmatio et ordo, quae characterem, id est, spirituale quoddam signum a ceteris distinctivum, imprimunt in anima indelebile. Unde in eadem persona non reiterantur. Reliqua vero quattuor characterem non imprimunt, et reiterationem admittunt.

Unter diesen Sakramenten gibt es drei, die Taufe, die Firmung und die Weihe, die der Seele eine unzerstörbare Prägung einprägen, das heißt, ein geistliches Zeichen, das ⟨sie⟩ von den übrigen unterscheidet. Daher können sie bei derselben Person nicht wiederholt werden. Die übrigen vier aber prägen keine Prägung ein und lassen eine Wiederholung zu.

1314    Primum omnium sacramentorum locum tenet sanctum baptisma, quod vitae spiritualis ianua est: per ipsum enim membra Christi ac de corpore efficimur Ecclesiae. Et cum per primum hominem mors introierit in universos [cf. Rm 5,12], nisi ex aqua et Spiritu renascamur, non possumus ut inquit Veritas, in regnum caelorum introire [cf. Io 3,5].

Den ersten Platz unter allen Sakramenten hat die heilige Taufe inne, die das Tor zum geistlichen Leben ist: Durch sie werden wir nämlich zu Gliedern Christi und dem Leib der Kirche zugehörig. Und da durch den ersten Menschen der Tod in alle einzog [vgl. Röm 5,12], können wir, wie die Wahrheit sagt, nicht ins Himmelreich eingehen, ohne aus Wasser und Geist wiedergeboren zu werden [vgl. Joh 3,5].

Materia huius sacramenti est aqua vera et naturalis: nec refert, frigida sit an calida.

Die Materie dieses Sakramentes ist wahres und natürliches Wasser, gleichgültig, ob es kalt ist oder warm.

Forma autem est: "Ego te baptizo in nomine Patris et Filii et Spiritus Sancti". Non tamen negamus, quin et per illa verba: "Baptizetur talis servus Christi in nomine Patris et Filii et Spiritus Sancti", vel "Baptizatur manibus meis talis in nomine Patris et Filii et Spiritus Sancti", verum perficiatur baptisma; quoniam cum principalis causa, ex qua baptisma virtutem habet, sit sancta Trinitas, instrumentalis autem sit minister, qui tradit ex

Die Form aber ist: "Ich taufe Dich im Namen des Vaters und des Sohnes und des Heiligen Geistes". Wir bestreiten jedoch nicht, daß auch durch jene Worte: "Es soll der Diener Christi N. getauft werden im Namen des Vaters und des Sohnes und des Heiligen Geistes", oder: "Es wird durch meine Hände N. getauft im Namen des Vaters und des Sohnes und des Heiligen Geistes", die Taufe wahrhaft zustande kommt; denn da die

terius sacramentum, si exprimitur actus, qui per ipsum exercetur ministrum, cum sanctae Trinitatis invocatione, perficitur sacramentum.

Minister huius sacramenti est sacerdos, cui ex officio competit baptizare. In causa autem necessitatis non solum sacerdos vel diaconus, sed etiam laicus vel mulier, immo etiam paganus et haereticus baptizare potest, dummodo formam servet Ecclesiae et facere intendat, quod facit Ecclesia.

Huius sacramenti effectus est remissio omnis culpae originalis et actualis, omnis quoque poenae, quae pro ipsa culpa debetur. Propterea baptizatis nulla pro peccatis praeteritis iniungenda est satisfactio: sed morientes, antequam culpam aliquam committant, statim ad regnum caelorum et Dei visionem perveniunt.

Secundum sacramentum est confirmatio; cuius materia est chrisma confectum ex oleo, quod nitorem significat conscientiae, et balsamo, quod odorem significat bonae famae, per episcopum benedicto.

Forma autem est: "Signo te signo crucis, et confirmo te chrismate salutis, in nomine Patris et Filii et Spiritus Sancti".

Ordinarius minister est episcopus. Et cum ceteras unctiones simplex sacerdos valeat exhibere, hanc non nisi episcopus debet conferre, quia de solis Apostolis legitur, quorum vicem tenent episcopi, quod per manus impositionem Spiritum Sanctum dabant, quemadmodum Actuum Apostolorum lectio manifestat. "Cum enim audissent", inquit, "Apostoli, qui erant Hierosolymis, quia recepisset Samaria verbum Dei, miserunt ad eos Petrum et Ioannem. Qui cum venissent, oraverunt pro eis, ut acciperent Spiritum Sanctum; nondum enim in quemquam illorum venerat, sed baptizati tantum erant in nomi-

Hauptursache, aus der die Taufe ihre Kraft hat, die heilige Dreifaltigkeit ist, die werkzeugliche ⟨Ursache⟩ aber der Spender ist, der das Sakrament äußerlich übermittelt, so kommt, wenn die Handlung, die durch den Spender selbst ausgeführt wird, zusammen mit der Anrufung der heiligen Dreifaltigkeit zum Ausdruck gebracht wird, das Sakrament zustande.

Der Spender dieses Sakramentes ist der 1315 Priester, dem es von Amts wegen zukommt, zu taufen. Im Notfall aber kann nicht nur ein Priester oder Diakon, sondern auch ein Laie oder eine Frau, ja sogar ein Heide und Häretiker taufen, sofern er nur die Form der Kirche wahrt und die Absicht hat zu tun, was die Kirche tut.

Die Wirkung dieses Sakramentes ist die 1316 Vergebung aller ursprünglichen und tathaften Schuld sowie jeder Strafe, die für die Schuld selbst geschuldet wird. Deswegen darf Getauften für vergangene Sünden keine Genugtuung auferlegt werden; vielmehr gelangen sie, wenn sie sterben, bevor sie irgendeine Schuld begehen, sofort ins Himmelreich und zur Schau Gottes.

Das zweite Sakrament ist die Firmung; 1317 ihre Materie ist das Chrisam, zubereitet aus Öl, das den Glanz des Gewissens versinnbildlicht, und durch den Bischof geweihten Balsam, der den Duft eines guten Rufes versinnbildlicht.

Die Form aber ist: "Ich bezeichne dich mit dem Zeichen des Kreuzes und stärke dich mit dem Chrisam des Heiles im Namen des Vaters und des Sohnes und des Heiligen Geistes".

Der ordentliche Spender ist der Bischof. 1318 Und obwohl ein einfacher Priester die übrigen Salbungen vorzunehmen vermag, so kann diese doch nur ein Bischof vollziehen; denn allein von den Aposteln, deren Stellvertretung die Bischöfe innehaben, liest man, daß sie durch Handauflegung den Heiligen Geist gaben, wie der Text der Apostelgeschichte offenbar macht. Er besagt: "Als nämlich die Apostel, die in Jerusalem waren, gehört hatten, daß Samaria das Wort Gottes angenommen habe, schickten sie Petrus und Johannes zu ihnen. Als diese gekommen waren, beteten sie für sie, damit sie den Heiligen

ne Domini Iesu. Tunc imponebant manus super illos, et accipiebant Spiritum Sanctum" [*Act 8,14-17*]. Loco autem illius manus impositionis in Ecclesia datur confirmatio. Legitur tamen aliquando per Apostolicae Sedis dispensationem ex rationabili et urgente admodum causa simplicem sacerdotem chrismate per episcopum confecto hoc administrasse confirmationis sacramentum.

1319   Effectus autem huius sacramenti est, quia in eo datur Spiritus Sanctus ad robur, sicut datus est Apostolis in die Pentecostes, ut videlicet Christianus audacter Christi confiteatur nomen. Ideoque in fronte, ubi verecundiae sedes est, confirmandus inungitur, ne Christi nomen confiteri erubescat et praecipue crucem eius, quae Iudaeis quidem est scandalum, gentibus autem stultitia [*cf. 1 Cor 1,23*] secundum Apostolum; propter quod signo crucis signatur.

1320   Tertium est Eucharistiae sacramentum, cuius materia est panis triticeus, et vinum de vite, cui ante consecrationem aqua modicissima admisceri debet. Aqua autem ideo admiscetur, quoniam iuxta testimonia sanctorum Patrum ac Doctorum Ecclesiae pridem in disputatione exhibita creditur, ipsum Dominum in vino aqua permixto hoc instituisse sacramentum.

Deinde, quia hoc convenit dominicae passionis repraesentationi. Inquit enim beatus Alexander[1] Papa, quintus [*successor*] a beato Petro: "In sacramentorum oblationibus, quae intra Missarum solemnia Domino offeruntur, panis tantum et vinum aqua permixtum in sacrificium offerantur. Non enim debet in calice Domini aut vinum solum aut aqua sola offerri, sed utrumque permixtum, quia utrumque, id est, sanguis et aqua, ex latere Christi profluxisse legitur [*cf. Io 19,34*]".

Geist empfingen; denn er war noch auf keinen von ihnen gekommen, sondern sie waren nur getauft auf den Namen des Herrn Jesus. Dann legten sie ihnen die Hände auf und sie empfingen den Heiligen Geist" [*Apg 8,14-17*]. Anstelle dieser Handauflegung aber wird in der Kirche die Firmung gespendet. Man liest jedoch, daß hin und wieder mit Erlaubnis des Apostolischen Stuhls aus einem vernünftigen und sehr dringenden Grund ein einfacher Priester mit Chrisam, das durch den Bischof bereitet wurde, dieses Sakrament der Firmung gespendet habe.

Die Wirkung aber dieses Sakraments ist, daß in ihm der Heilige Geist zur Stärkung gegeben wird, so wie er den Aposteln am Pfingsttag gegeben wurde, damit nämlich der Christ mutig den Namen Christi bekenne. Und deshalb wird der Firmling auf der Stirn, wo der Sitz der Furchtsamkeit ist, gesalbt, damit er nicht erröte, den Namen Christi und vor allem sein Kreuz zu bekennen, das nach dem Apostel den Juden ein Ärgernis ist, den Heiden aber eine Torheit [*vgl. 1 Kor 1,23*]; deswegen wird er mit dem Zeichen des Kreuzes bezeichnet.

Das dritte ist das Sakrament der Eucharistie, deren Materie das Weizenbrot und der Wein vom Weinstock ist, dem vor der Konsekration ein klein wenig Wasser beigemischt werden muß. Das Wasser aber wird deshalb beigemischt, weil man den schon zuvor in der Diskussion angeführten Zeugnissen der heiligen Väter und Lehrer der Kirche nach glaubt, daß der Herr selbst dieses Sakrament im Wein, der mit Wasser vermischt war, eingesetzt hat.

Ferner, weil dies der Vergegenwärtigung des Leidens des Herrn entspricht. Der selige Papst Alexander[1], der fünfte [*Nachfolger*] vom seligen Petrus an, sagt nämlich: "Beim Darbringen der heiligen Gaben, die dem Herrn im Rahmen der Meßfeier dargebracht werden, sollen nur Brot und Wein, der mit Wasser vermischt ist, zum Opfer dargebracht werden. Denn im Kelch des Herrn darf weder bloßer Wein noch bloßes Wasser dargebracht werden, sondern beides gemischt;

---

*1320  [1]  Pseudo-Alexander I., Brief an alle Rechtgläubigen, Kap. 9, bei Gratian, *Decretum* p. III, dist. 2, c. 1 (Frdb 1,1314), aus Pseudo-Isidor (P. Hinschius, *Decretales Pseudo-Isidorianae* ... [Leipzig 1863] 99).

Tum etiam, quod convenit ad significandum huius sacramenti effectum, qui est unio populi christiani ad Christum. Aqua enim populum significat, secundum illud Apocalypsis: Aquae multae, populi multi [cf. Apc 17,15]. Et Iulius[2] Papa, secundus [successor] post beatum Silvestrum, ait: "Calix dominicus iuxta canonum praeceptum vino et aqua permixtus debet offerri, quia videmus in aqua populum intelligi, in vino vero ostendi sanguinem Christi. Ergo cum in calice vinum et aqua miscetur, Christo populus adunatur, et fidelium plebs ei, in quem credit, copulatur et iungitur."

Cum ergo tam sancta Romana Ecclesia a beatissimis Apostolis Petro et Paulo edocta, quam reliquae omnes Latinorum Graecorumque ecclesiae, in quibus omnis sanctitatis et doctrinae lumina claruerunt, ab initio nascentis Ecclesiae sic servaverint et modo servent, inconveniens admodum videtur, ut alia quaevis regio ab hac universali et rationabili discrepet observantia. Decernimus igitur, ut etiam ipsi Armeni se cum universo orbe christiano conforment, eorumque sacerdotes in calicis oblatione paululum aquae, prout dictum est, vino admisceant.

Forma huius sacramenti sunt verba Salvatoris, quibus hoc confecit sacramentum; sacerdos enim in persona Christi loquens hoc conficit sacramentum. Nam ipsorum verborum virtute substantia panis in corpus Christi, et substantia vini in sanguinem convertuntur, ita tamen, quod totus Christus continetur sub specie panis et totus sub specie vini. Sub qualibet quoque parte hostiae consecratae et vini consecrati, separatione facta, totus est Christus.

denn beides, das heißt, Blut und Wasser, ist, wie man liest, aus der Seite Christi herausgeflossen [vgl. Joh 19,34]".

Dann auch, weil es geeignet ist, die Wirkung dieses Sakramentes zu versinnbildlichen, die die Einung des christlichen Volkes mit Christus ist. Das Wasser nämlich versinnbildlicht das Volk gemäß jenem Wort der Apokalypse: Viele Wasser, viele Völker [vgl. Offb 17,15]. Und Papst Julius[2], der zweite [Nachfolger] nach dem seligen Silvester, sagt: "Der Kelch des Herrn muß nach der Vorschrift der Kanones mit Wein und Wasser vermischt dargebracht werden, weil wir sehen, daß unter dem Wasser das Volk verstanden wird, im Wein aber das Blut Christi gezeigt wird. Indem also im Kelch Wein und Wasser gemischt wird, wird das Volk mit Christus geeint und die Menge der Gläubigen mit dem, an den sie glaubt, verknüpft und verbunden."

Da also sowohl die von den seligsten Aposteln Petrus und Paulus belehrte heilige römische Kirche als auch alle übrigen Kirchen der Lateiner und Griechen, in denen die Leuchten aller Heiligkeit und Lehre erglänzten, von Beginn der entstehenden Kirche an ⟨dies⟩ so beachteten und jetzt noch beachten, scheint es ganz und gar unangemessen zu sein, daß irgendeine andere Gegend von diesem allgemeinen und vernünftigen Brauch abweicht. Wir beschließen also, daß sich auch die Armenier selbst dem gesamten christlichen Erdkreis anpassen und ihre Priester bei der Darbringung des Kelches, wie gesagt, ein klein wenig Wasser dem Wein beimischen.

Die Form dieses Sakramentes sind die **1321** Worte des Erlösers, mit denen er dieses Sakrament vollzog; der Priester vollzieht dieses Sakrament nämlich, indem er in der Person Christi spricht. Denn kraft der Worte selbst wird die Substanz des Brotes in den Leib Christi und die Substanz des Weines in das Blut verwandelt, jedoch so, daß Christus in der Gestalt des Brotes ganz enthalten ist und ganz in der Gestalt des Weines. Auch in jedem beliebigen Teil der konsekrierten Hostie und des konsekrierten Weines ist nach der Teilung Christus ganz.

---

[2]  Pseudo-Julius I., Brief an die Bischöfe Ägyptens, bei Gratian, Decretum p. III, dist. 2, c. 7 (Frdb 1,1316); vgl. die 4. Synode von Braga i. J. 675, Kap. 2 (MaC 11,155E).

1322    Huius sacramenti e f f e c t u s, quem in anima operatur digne sumentis, est adunatio hominis ad Christum. Et quia per gratiam homo Christo incorporatur et membris eius unitur, consequens est, quod per hoc sacramentum in sumentibus digne gratia augeatur; omnemque effectum, quem materialis cibus et potus quoad vitam agunt corporalem, sustentando, augendo, reparando et delectando, sacramentum hoc quoad vitam operatur spiritualem, in quo, ut inquit Urbanus [*IV*] Papa [*\*846*] gratam Salvatoris nostri recensemus memoriam, a malo retrahimur, confortamur in bono, et ad virtutum et gratiarum proficimus incrementum.

Die W i r k u n g dieses Sakramentes, die es in der Seele dessen vollbringt, der es würdig empfängt, ist die Einung des Menschen mit Christus. Und weil durch die Gnade der Mensch Christus einverleibt und seinen Gliedern geeint wird, folgt daraus, daß durch dieses Sakrament bei denen, die es würdig empfangen, die Gnade vermehrt wird; jede Wirkung, die materielle Speise und Trank für das leibliche Leben mit sich bringen, indem sie ⟨es⟩ erhalten, vermehren, wiederherstellen und erfreuen, vollbringt dieses Sakrament für das geistliche Leben; in ihm begehen wir, wie Papst Urban [*IV.; \*846*] sagt, das dankbare Gedächtnis unseres Erlösers, werden vor dem Bösen zurückgehalten, im Guten bestärkt und machen Fortschritte beim Wachstum von Tugenden und Gnaden.

1323    Quartum sacramentum est p a e n i t e n t i a, cuius quasi m a t e r i a sunt actus paenitentis, qui in tres distinguuntur partes. Quarum prima est cordis contritio; ad quam pertinet, ut doleat de peccato commisso, cum proposito non peccandi de cetero. Secunda est oris confessio; ad quam pertinet, ut peccator omnia peccata, quorum memoriam habet, suo sacerdoti confiteatur integraliter. Tertia est satisfactio pro peccatis secundum arbitrium sacerdotis; quae quidem praecipue fit per orationem, ieiunium et eleemosynam.

Das vierte Sakrament ist die B u ß e, deren M a t e r i e gleichsam die Akte des Büßenden sind, bei denen drei Teile unterschieden werden. Von diesen ist der erste die Reue des Herzens; dazu gehört, daß man über die begangene Sünde Schmerz empfindet, mit dem Vorsatz, fortan nicht zu sündigen. Der zweite ist das Bekenntnis des Mundes; dazu gehört, daß der Sünder alle Sünden, deren er sich erinnert, seinem Priester vollständig bekennt. Der dritte ist die Genugtuung für die Sünden nach dem Ermessen des Priesters; sie geschieht freilich vor allem durch Beten, Fasten und Almosen.

F o r m a huius sacramenti sunt verba absolutionis, quae sacerdos profert, cum dicit: "Ego te absolvo". M i n i s t e r huius sacramenti est sacerdos habens auctoritatem absolvendi vel ordinariam vel ex commissione superioris. E f f e c t u s huius sacramenti est absolutio a peccatis.

Die F o r m dieses Sakramentes sind die Worte der Lossprechung, die der Priester vorträgt, wenn er sagt: "Ich spreche Dich los". Der S p e n d e r dieses Sakramentes ist der Priester, der entweder von Amts wegen oder aufgrund des Auftrags seines Vorgesetzten die Vollmacht hat, loszusprechen. Die W i r k u n g dieses Sakramentes ist die Lossprechung von den Sünden.

1324    Quintum sacramentum est e x t r e m a u n c t i o, cuius m a t e r i a est oleum olivae per episcopum benedictum. Hoc sacramentum nisi infirmo, de cuius morte timetur, dari non debet; qui in his locis ungendus est: in oculis propter visum, in auribus propter auditum, in naribus propter odoratum, in ore propter gustum vel locutionem, in manibus propter tactum, in pedibus propter gressum, in renibus propter delectationem ibidem vigentem.

Das fünfte Sakrament ist die L e t z t e Ö l u n g, deren M a t e r i e durch den Bischof gesegnetes Olivenöl ist. Dieses Sakrament darf nur einem Kranken gespendet werden, dessen Tod befürchtet wird; er ist an folgenden Stellen zu salben: an den Augen wegen des Sehens, an den Ohren wegen des Hörens, an der Nase wegen des Riechens, am Mund wegen des Schmeckens bzw. des Sprechens, an den Händen wegen des Tastens, an den

Forma huius sacramenti est haec: "Per istam sanctam unctionem et suam piissimam misericordiam indulgeat tibi Dominus, quicquid deliquisti per visum", et similiter in aliis membris.

Minister huius sacramenti est sacerdos. Effectus vero est mentis sanatio et, in quantum animae expedit, ipsius etiam corporis. De hoc sacramento inquit beatus Iacobus Apostolus: "Infirmatur quis in vobis? Inducat presbyteros Ecclesiae, ut orent super eum, ungentes eum oleo in nomine Domini; et oratio fidei salvabit infirmum, et alleviabit eum Dominus, et si in peccatis sit, dimittentur ei" [*Iac 5,14s*].

Sextum est sacramentum ordinis, cuius materia est illud, per cuius traditionem confertur ordo: sicut presbyteratus traditur per calicis cum vino et patenae cum pane porrectionem; diaconatus vero per libri Evangeliorum dationem; subdiaconatus vero per calicis vacui cum patena vacua superposita traditionem; et similiter de aliis per rerum ad ministeria sua pertinentium assignationem.

Forma sacerdotii talis est: "Accipe potestatem offerendi sacrificium in Ecclesia pro vivis et mortuis, in nomine Patris et Filii et Spiritus Sancti". Et sic de aliorum ordinum formis, prout in Pontificali Romano late continetur. Ordinarius minister huius sacramenti est episcopus. Effectus augmentum gratiae, ut quis sit idoneus Christi minister.

Septimum est sacramentum matrimonii, quod est signum coniunctionis Christi et Ecclesiae secundum Apostolum dicentem: "Sacramentum hoc magnum est: ego autem dico in Christo et in Ecclesia" [*Eph 5,32*]. Causa efficiens matrimonii regulariter est mutuus censensus per verba de praesenti expressus.

Füßen wegen des Gehens, an den Nieren wegen der Lust, die sich dort regt.

Die Form dieses Sakramentes ist folgende: "Durch diese heilige Salbung und seine gütigste Barmherzigkeit vergebe dir der Herr alles, was du durch das Gesicht gefehlt hast", und ähnlich bei den anderen Gliedern.

Der Spender dieses Sakramentes ist der **1325** Priester. Die Wirkung aber ist die Heilung des Geistes und, insoweit es der Seele nützt, auch des Leibes selbst. Über dieses Sakrament sagt der selige Apostel Jakobus: "Ist einer unter euch krank? Er lasse die Ältesten der Kirche kommen, damit sie über ihn beten und ihn im Namen des Herrn mit Öl salben; und das Gebet des Glaubens wird den Kranken heilen und der Herr wird ihn aufrichten; und wenn er in Sünden ist, werden sie ihm vergeben werden" [*Jak 5,14f*].

Das sechste ist das Sakrament der Weihe, **1326** deren Materie das ist, durch dessen Übergabe die Weihe gespendet wird: So wird das Priestertum übertragen durch die Darreichung des Kelches mit Wein und der Patene mit Brot; das Diakonat aber durch das Geben des Evangelienbuches, das Subdiakonat aber durch das Übergeben des leeren Kelches mit der daraufgelegten leeren Patene; und ähnlich bei den anderen durch die Zuweisung der Dinge, die zu ihren Diensten gehören.

Die Form der Priesterweihe ist folgende: "Empfange die Vollmacht, das Opfer für Lebende und Tote in der Kirche darzubringen, im Namen des Vaters und des Sohnes und des Heiligen Geistes". Und so bei den Formen der anderen Weihen, wie es im Pontificale Romanum ausführlich festgehalten wird. Der ordentliche Spender dieses Sakramentes ist der Bischof. Die Wirkung ist die Vermehrung der Gnade, damit man ein geeigneter Diener Christi sei.

Das siebte ist das Sakrament der Ehe, die **1327** nach dem Wort des Apostels das Zeichen der Verbindung Christi und der Kirche ist: "Dieses Geheimnis ist groß: ich rede aber im Hinblick auf Christus und im Hinblick auf die Kirche" [*Eph 5,32*]. Die Wirkursache der Ehe ist normalerweise das durch gegenwartsbezogene Worte ausgedrückte gegenseitige Einverständnis.

Assignatur autem triplex bonum matrimonii. Primum est proles suscipienda et educanda ad cultum Dei. Secundum est fides, quam unus coniugum alteri servare debet. Tertium indivisibilitas matrimonii, propter hoc quod significat indivisibilem coniunctionem Christi et Ecclesiae. Quamvis autem ex causa fornicationis liceat tori separationem facere, non tamen aliud matrimonium contrahere fas est, cum matrimonii vinculum legitime contracti perpetuum sit.

Es wird aber ein dreifaches Gut der Ehe angeführt. Das erste ist, Nachkommenschaft zu empfangen und zur Verehrung Gottes zu erziehen. Das zweite ist die Treue, die der eine der Gatten dem anderen wahren muß. Das dritte ist die Untrennbarkeit der Ehe, deswegen, weil sie die untrennbare Verbindung Christi und der Kirche versinnbildlicht. Obwohl man aber aufgrund von Unzucht eine Trennung des Bettes vornehmen darf, ist es dennoch nicht erlaubt, eine andere Ehe zu schließen, da das Band einer rechtmäßig geschlossenen Ehe immerwährend ist.

[Es folgen: 6. das Pseudo-Athanasianische Bekenntnis (*75-76); 7. das Unionsdekret mit den Griechen (*1300-1308); 8. ein Dekret darüber, daß gewisse Feste gemeinsam mit der römischen Kirche zu feiern sind; danach wird das Ganze abgeschlossen mit den Worten:]

1328   His omnibus explicatis praedicti Armenorum oratores nomine suo et sui patriarchae et omnium Armenorum, hoc saluberrimum synodale decretum cum omnibus suis capitulis, declarationibus, diffinitionibus, traditionibus, praeceptis et statutis omnemque doctrinam in ipso descriptam necnon quicquid tenet et docet sancta Sedes Apostolica et Romana Ecclesia, cum omni devotione et obedientia acceptant, suscipiunt et amplectuntur. Illos quoque Doctores et sanctos Patres, quos Ecclesia Romana approbat, ipsi reverenter suscipiunt. Quascunque vero personas et quicquid ipsa Ecclesia Romana reprobat et damnat, ipsi pro reprobatis et damnatis habent.

Nachdem dies alles entfaltet ist, nehmen die vorgenannten Sprecher der Armenier in ihrem eigenen Namen, in dem ihres Patriarchen und aller Armenier mit aller Ergebenheit und Willfährigkeit dieses höchst heilsame Konzilsdekret mit allen seinen Kapiteln, Erklärungen, Bestimmungen, Überlieferungen, Vorschriften und Festlegungen und die ganze in ihm beschriebene Lehre, sowie alles, was der heilige Apostolische Stuhl und die römische Kirche festhalten und lehren, an, sie nehmen es entgegen und erkennen es an. Sie nehmen auch jene Lehrer und heiligen Väter, die die römische Kirche anerkennt, selbst ehrerbietig an. Alle Personen aber und alles, was dieselbe römische Kirche verwirft und verurteilt, erachten sie selbst für verworfen und verurteilt.

### 1330-1353: Bulle über die Union mit den Kopten und Äthiopiern "Cantate Domino", 4. Febr. 1442 (1441 nach florentinischer Zeitrechnung)

Ausg.: G. Hofmann, Concilium Florentinum ... (vgl. *1300°) 1/III (Rom 1944) 47-51 62 (Nr. 258) / ders., Documenta ... (vgl. *1300°) III. De unione Coptorum, Syrorum, Chaldaeorum Maronitarumque Cypri (TD ser. theol. 22; Rom 1951²) 32-38 40 / MaC 31B,1735D-1741E / HaC 9,1023A-1028D / BullTau 5,59b-64b / BullCocq 3/III, 37bff / COeD³ 570$_{20}$-582$_7$.

### Dekret für die Jakobiten

1330   Sacrosancta Romana Ecclesia, Domini et Salvatoris nostri voce fundata, firmiter credit, profitetur et praedicat, unum verum Deum omnipotentem, incommutabilem et aeternum, Patrem et Filium et Spiritum Sanctum, unum in essentia, trinum in personis: Patrem ingenitum, Filium ex

Die hochheilige römische Kirche, durch das Wort unseres Herrn und Erlösers gegründet, glaubt fest, bekennt und verkündet den einen wahren, allmächtigen, unveränderlichen und ewigen Gott, den Vater und den Sohn und den Heiligen Geist, eins im Wesen, dreifaltig in den Personen; der

Patre genitum, Spiritum Sanctum ex Patre et Filio procedentem. Patrem non esse filium aut Spiritum Sanctum; Filium non esse Patrem aut Spiritum Sanctum; Spiritum Sanctum non esse Patrem aut Filium: sed Pater tantum Pater est, Filius tantum Filius est, Spiritus Sanctus tantum Spiritus Sanctus est. Solus Pater de substantia sua genuit Filium, solus Filius de solo Patre est genitus, solus Spiritus Sanctus simul de Patre procedit et Filio. Hae tres personae sunt unus Deus, et non tres dii: quia trium est una substantia, una essentia, una natura, una divinitas, una immensitas una aeternitas, omniaque sunt unum, ubi non obviat relationis oppositio[1].

Vater ⟨ist⟩ ungezeugt, der Sohn aus dem Vater gezeugt, der Heilige Geist aus dem Vater und dem Sohne hervorgehend. Der Vater ist nicht der Sohn oder der Heilige Geist; der Sohn ist nicht der Vater oder der Heilige Geist; der Heilige Geist ist nicht der Vater oder der Sohn; vielmehr ist nur der Vater Vater, nur der Sohn ist Sohn, nur der Heilige Geist ist Heiliger Geist. Allein der Vater zeugte von seiner Substanz den Sohn, allein der Sohn wurde allein vom Vater gezeugt, allein der Heilige Geist geht zugleich vom Vater und Sohn hervor. Diese drei Personen sind e i n Gott und nicht drei Götter: denn die drei haben e i n e Substanz, e i n Wesen, e i n e Natur, e i n e Gottheit, e i n e Unermeßlichkeit, e i n e Ewigkeit, und alles ist eins, wo sich keine Gegensätzlichkeit der Beziehung entgegenstellt[1].

"Propter hanc unitatem Pater est totus in Filio, totus in Spiritu Sancto; Filius totus est in Patre, totus in Spiritu Sancto; Spiritus Sanctus totus est in Patre, totus in Filio. Nullus alium aut praecedit aeternitate, aut excedit magnitudine, aut superat potestate. Aeternum quippe et sine initio est, quod Filius de Patre exstitit; et aeternum ac sine initio est, quod Spiritus Sanctus de Patre Filioque procedit"[1]. Pater quidquid est aut habet, non habet ab alio, sed ex se, et est principium sine principio. Filius quidquid est aut habet, habet a Patre, et est principium de principio: Spiritus Sanctus quidquid est aut habet, habet a Patre simul et Filio. Sed Pater et Filius non duo principia Spiritus Sancti, sed unum principium, sicut Pater et Filius et Spiritus Sanctus non tria principia creaturae, sed unum principium.

"Wegen dieser Einheit ist der Vater ganz 1331 im Sohn, ganz im Heiligen Geist; der Sohn ist ganz im Vater, ganz im Heiligen Geist; der Heilige Geist ist ganz im Vater, ganz im Sohn. Keiner geht dem anderen an Ewigkeit voran, überragt ⟨ihn⟩ an Größe oder übertrifft ⟨ihn⟩ an Macht. Denn ewig und ohne Anfang ist, daß der Sohn aus dem Vater entstand; und ewig und ohne Anfang ist, daß der Heilige Geist vom Vater und Sohn hervorgeht"[1]. Alles, was der Vater ist oder hat, hat er nicht von einem anderen, sondern aus sich, und er ist Ursprung ohne Ursprung. Alles, was der Sohn ist oder hat, hat er vom Vater, und er ist Ursprung vom Ursprung. Alles, was der Heilige Geist ist oder hat, hat er zugleich vom Vater und Sohn. Aber der Vater und der Sohn ⟨sind⟩ nicht zwei Ursprünge des Heiligen Geistes, sondern e i n Ursprung, so wie der Vater und der Sohn und der Heilige Geist nicht drei Ursprünge der Schöpfung ⟨sind⟩, sondern e i n Ursprung.

Quoscumque ergo adversa et contraria sentientes damnat, reprobat et anathematizat et a Christi corpore, quod est Ecclesia, alienos esse denuntiat. Hinc damnat Sabellium personas confundentem et ipsarum distinctio-

Alle also, die Gegenteiliges und Entgegen- 1332 gesetztes denken, verurteilt und verwirft sie und belegt sie mit dem Anathema; und sie zeigt an, daß sie nicht zum Leib Christi, der die Kirche ist, gehören. Daher verurteilt sie

---

**\*1330** [1]   Dieses grundlegende Prinzip trinitarischer Theologie wurde wohl zum erstenmal formuliert von Anselm von Canterbury, *De processione Spiritus Sancti* 1 (F.S. Schmitt, *Sancti Anselmi Cantuariensis Opera Omnia* 2 [Edinburgh 1946] 180₂₄-181₄ 181₂₋₄), = Kap. 2 (PL 158,288C).
**\*1331** [1]   Vgl. Fulgentius von Ruspe, *De fide seu de regula fidei ad Petrum* 1, n. 4 (J. Fraipont: CpChL 91A [1968] 714 / PL 65,674AB).

nem realem penitus auferentem. Damnat Arianos, Eunomianos, Macedonianos solum Patrem Deum verum esse dicentes, Filium autem et Spiritum Sanctum in creaturarum ordine collocantes. Damnat et quoscumque alios, gradus seu inaequalitatem in Trinitate facientes.

1333     Firmissime credit, profitetur et praedicat, unum verum Deum Patrem et Filium et Spiritum Sanctum, esse omnium visibilium et invisibilium c r e a t o r e m, qui quando voluit, bonitate sua universas, tam spiritales quam corporales, condidit creaturas, bonas quidem, quia a summo bono factae sunt, sed mutabiles, quia de nihilo factae sunt, nullamque mali asserit esse naturam, quia omnis natura, in quantum natura est, bona est.

1334     Unum atque e u n d e m Deum Ve t e r i s et N o v i Te s t a m e n t i, hoc est, Legis et Prophetarum atque Evangelii profitetur auctorem, quoniam eodem Spiritu Sancto inspirante utriusque Testamenti Sancti locuti sunt, quorum libros suscipit et veneratur, qui titulis sequentibus continentur:

1335     Quinque Moysi id est Genesi, Exodo, Levitico, Numeris, Deuteronomio; Iosue, Iudicum, Ruth, Quatuor Regum, Duobus Paralipomenon, Esdra, Neemia, Tobia, Iudith, Hester, Iob, Psalmis David, Parabolis, Ecclesiaste, Canticis Canticorum, Sapientia, Ecclesiastico, Isaya, Ieremia, Baruch, Ezechiele, Daniele, Duodecim Prophetis Minoribus id est Osee, Iohele, Amos, Abdia, Iona, Michea, Naum, Abachuc, Sophonia, Ageo, Zacharia, Malachia; Duobus Machabaeorum, Quatuor Evangeliis, Mathaei, Marci, Lucae, Iohannis; Quatuordecim Epistolis Pauli, Ad Romanos, Duabus ad Corinthios, Ad Galatas, Ad Ephesios, Ad Philipenses, Duabus ad Thessalonicenses, Ad Colocenses, Duabus ad Timotheum, Ad Titum, Ad Philemonem, Ad Hebraeos; Petri duabus; Tribus Iohannis; Una Iacobi; Una Iudae; Actibus Apostolorum et Apocalypsi Iohannis.

den Sabellius, der die Personen vermischt und ihre wirkliche Verschiedenheit völlig aufhebt. Sie verurteilt die Arianer, Eunomianer und Macedonianer, die sagen, nur der Vater sei wahrer Gott, dem Sohn aber und dem Heiligen Geist einen Platz in der Reihe der Geschöpfe zuweisen. Sie verurteilt auch alle anderen, die Abstufungen oder Ungleichheit in der Dreifaltigkeit annehmen.

Sie glaubt ganz fest, bekennt und verkündet, daß der eine wahre Gott, der Vater und der Sohn und der Heilige Geist, der S c h ö p f e r alles Sichtbaren und Unsichtbaren ist; als er wollte, schuf er in seiner Güte alle Geschöpfe, sowohl die geistigen als auch die leiblichen; ⟨sie sind⟩ zwar gut, weil sie vom höchsten Gut gemacht wurden, aber veränderlich, weil sie aus nichts gemacht wurden; und sie erklärt, daß es keine Natur des Bösen gibt, weil jede Natur, insoweit sie Natur ist, gut ist.

Sie bekennt ein und d e n s e l b e n G o t t als Urheber d e s A l t e n und d e s N e u e n B u n d e s, das heißt, des Gesetzes und der Propheten sowie des Evangeliums; denn die Heiligen beider Bünde haben unter Einhauchung desselben Heiligen Geistes gesprochen; sie nimmt ihre Bücher an und verehrt sie; sie werden unter folgenden Titeln erfaßt:

Fünf ⟨Bücher⟩ Mose, nämlich Genesis, Exodus, Levitikus, Numeri, Deuteronomium; Josua, Richter, Rut, vier ⟨Bücher⟩ Könige ⟨ = 2 Bücher Samuel, 2 Bücher Könige⟩, zwei Paralipomena ⟨ = Chronik⟩, Esra, Nehemia, Tobias, Judit, Ester, Ijob, Psalmen Davids, Sprüche, Ecclesiastes ⟨ = Kohelet⟩, Hohelied, Weisheit, Ecclesiasticus ⟨ = Jesus Sirach⟩, Jesaja, Jeremia, Baruch, Ezechiel, Daniel, die zwölf kleineren Propheten, nämlich Hosea, Joël, Amos, Obadja, Jona, Micha, Nahum, Habakuk, Zefanja, Haggaj, Sacharja, Maleachi; zwei ⟨Bücher⟩ Makkabäer, vier Evangelien des Matthäus, Markus, Lukas, Johannes; vierzehn Briefe des Paulus, an die Römer, zwei an die Korinther, an die Galater, an die Epheser, an die Philipper, zwei an die Thessalonicher, an die Kolosser, zwei an Timotheus, an Titus, an Philemon, an die Hebräer; zwei ⟨Briefe⟩ des Petrus; drei des Johannes; einer des Jakobus; einer des Judas; die Apostelgeschichte und die Offenbarung des Johannes.

Propterea Manichaeorum anathematizat insaniam, qui duo prima principia posuerunt, unum visibilium, aliud invisibilium; et alium Novi Testamenti Deum, alium Veteris esse dixerunt.

Firmiter credit, profitetur et praedicat, unam ex Trinitate personam, verum Deum, Dei Filium ex Patre genitum, Patri consubstantialem et coaeternum, in plenitudine temporis, quam divini consilii inscrutabilis altitudo disposuit, propter salutem humani generis veram hominis integramque naturam ex immaculato utero Mariae Virginis assumpsisse et sibi in unitatem personae copulasse tanta unitate, ut quidquid ibi Dei est, non sit ab homine separatum, et quidquid est hominis, non sit a deitate divisum, sitque unus et idem indivisus, utraque natura in suis proprietatibus permanente, Deus et homo, Dei Filius et hominis filius, "aequalis Patri secundum divinitatem, minor Patre secundum humanitatem" [*Symbolum pseudo-Athanasium: *76*], immortalis et aeternus ex natura divinitatis, passibilis et temporalis ex condicione assumptae humanitatis.

Firmiter credit, profitetur et praedicat, Dei Filium in assumpta humanitate ex Virgine vere natum, vere passum, vere mortuum et sepultum, vere ex mortuis resurrexisse, in caelum ascendisse, sedereque ad dexteram Patris, et venturum in fine saeculorum ad vivos mortuosque iudicandos.

Anathematizat autem, exsecratur et damnat omnem haeresim contraria sapientem. Et primo damnat Ebionem, Cerinthum, Marcionem, Paulum Samosatenum, Photinum omnesque similiter blasphemantes, qui percipere non valentes unionem personalem humanitatis ad Verbum, Iesum Christum Dominum nostrum verum Deum esse negaverunt, ipsum purum hominem confitentes, qui divinae gratiae participatione maiore, quam sanctioris vitae merito suscepisset, divinus

Deswegen belegt sie mit dem Anathema **1336** den Wahnsinn der Manichäer, die zwei erste Ursprünge behaupteten, den einen für das Sichtbare, den anderen für das Unsichtbare; sie sagten auch, daß der Gott des Neuen Bundes ein anderer sei als der des Alten.

Sie glaubt fest, bekennt und verkündet, **1337** daß e i n e Person aus der Dreifaltigkeit, der wahre Gott, der aus dem Vater gezeugte S o h n Gottes, dem Vater wesensgleich und gleich ewig, in der Fülle der Zeit, die die unerforschliche Erhabenheit des göttlichen Ratschlusses festlegte, wegen des Heiles des Menschengeschlechtes aus dem unbefleckten Schoß des Jungfrau Maria die wahre und unversehrte Natur des Menschen angenommen und in so großer Einheit mit sich zur Einheit der Person verbunden hat, daß alles, was da Gottes ist, nicht vom Menschen geschieden ist, und alles, was des Menschen ist, nicht von der Gottheit abgeteilt ist, und daß ein und derselbe ungeteilt – indem beide Naturen in ihren Eigentümlichkeiten fortdauern – Gott und Mensch ist, Sohn Gottes und Sohn des Menschen, "gleich dem Vater der Gottheit nach, geringer als der Vater der Menschheit nach" [*Pseudo-Athanasianisches Bekenntnis: *76*], unsterblich und ewig aufgrund der Natur der Gottheit, leidensfähig und zeitlich aufgrund der Daseinsbedingungen der angenommenen Menschheit.

Sie glaubt fest, bekennt und verkündet, **1338** daß der Sohn Gottes in der angenommenen Menschheit wahrhaft aus der Jungfrau geboren wurde, wahrhaft gelitten hat, wahrhaft gestorben ist und begraben wurde, wahrhaft von den Toten auferstanden ist, in den Himmel hinaufgestiegen ist, zur Rechten des Vaters sitzt und am Ende der Zeiten kommen wird, um Lebende und Tote zu richten.

Sie belegt aber mit dem Anathema, ver- **1339** flucht und verurteilt jede Häresie, die Entgegengesetztes vertritt. Und zuerst verurteilt sie Ebion, Kerinthus, Markion, Paulus von Samosate, Photinus und alle auf ähnliche Weise Lästernden, die die Einung der Menschheit mit dem Wort in der Person nicht begreifen konnten und leugneten, daß unser Herr Jesus Christus wahrer Gott ist; bekannten ihn als bloßen Menschen, der aufgrund einer größeren Teilhabe an der göttli-

homo diceretur.

chen Gnade, die er durch das Verdienst eines heiligeren Lebens empfangen habe, ein göttlicher Mensch genannt werde.

**1340**    Anathematizat etiam Manichaeum cum sectatoribus suis, qui Dei Filium non verum corpus, sed phantasticum sumpsisse somniantes, humanitatis in Christo veritatem penitus sustulerunt.

Sie belegt mit dem Anathema auch Manichäus mitsamt seinen Anhängern, die sich einbildeten, der Sohn Gottes habe keinen wahren Leib, sondern einen scheinbaren angenommen, und dadurch die Wahrheit der Menschheit in Christus völlig aufgehoben haben.

**1341**    Nec non Valentinum asserentem, Dei Filium nihil de Virgine Matre cepisse, sed corpus caeleste sumpsisse, atque ita transisse per uterum Virginis, sicut per aquaeductum defluens aqua transcurrit.

Ebenso Valentinus, der behauptete, der Sohn Gottes habe nichts von der jungfräulichen Mutter empfangen, sondern habe einen himmlischen Leib angenommen und sei so durch den Schoß der Jungfrau hindurchgegangen, wie herabfließendes Wasser durch eine Wasserleitung hindurchläuft.

**1342**    Arium etiam, qui asserens, corpus ex Virgine assumptum anima caruisse, voluit loco animae fuisse deitatem.

Auch Arius, der behauptete, der aus der Jungfrau angenommene Leib habe keine Seele gehabt, und der Meinung war, an Stelle der Seele sei die Gottheit gewesen.

**1343**    Apollinarem quoque, qui intelligens, si anima corpus informans negetur in Christo, humanitatem veram ibidem non fuisse, solam posuit animam sensitivam, sed deitatem Verbi vicem rationalis animae tenuisse.

Auch Apollinaris, der zwar einsah, daß, wenn man die dem Leib Form gebende Seele in Christus leugnet, dort keine wahre Menschheit war, jedoch nur eine sinnliche Seele ansetzte; die Gottheit des Wortes aber habe den Platz der vernunftbegabten Seele innegehabt.

**1344**    Anathematizat etiam Theodorum Mopsuestenum atque Nestorium asserentes, humanitatem Dei Filio unitam esse per gratiam et ob id duas in Christo esse personas, sicut duas fatentur esse naturas, cum intelligere non valerent, unionem humanitatis ad Verbum hypostaticam exstitisse, et propterea negarent Verbi subsistentiam accepisse. Nam secundum hanc blasphemiam non Verbum caro factum est, sed Verbum per gratiam habitavit in carne, hoc est, non Dei Filius homo factus est, sed magis Dei Filius habitavit in homine.

Sie belegt mit dem Anathema auch Theodor von Mopsuestia und Nestorius, die behaupteten, die Menschheit sei durch Gnade mit dem Sohn Gottes geeint worden und deshalb gebe es zwei Personen in Christus, wie sie bekennen, daß es zwei Naturen gibt, weil sie nicht einsehen konnten, daß die Einheit der Menschheit mit dem Wort hypostatisch ist, und deswegen leugneten, daß sie die Hypostase des Wortes erhalten hat. Denn nach dieser Gotteslästerung ist das Wort nicht Fleisch geworden, sondern das Wort hat durch Gnade im Fleisch gewohnt: Das heißt, der Sohn Gottes ist nicht Mensch geworden, sondern der Sohn Gottes hat vielmehr im Menschen gewohnt.

**1345**    Anathematizat etiam, exsecratur et damnat Eutychen archimandritam, qui cum intelligeret, iuxta Nestorii blasphemiam veritatem incarnationis excludi, et propterea oportere, quod ita Dei Verbo unita esset humanitas, ut deitatis et humanitatis una esset eademque

Sie belegt mit dem Anathema, verflucht und verurteilt auch den Archimandriten Eutyches; weil er ⟨zwar⟩ einsah, daß nach der Gotteslästerung des Nestorius die Wahrheit der Fleischwerdung ausgeschlossen wird und die Menschheit deswegen so mit dem Wort

persona, ac etiam capere non posset, stante pluralitate naturarum, unitatem personae, sicut deitatis et humanitatis in Christo unam posuit esse personam, ita unam asseruit esse naturam, volens ante unionem dualitatem fuisse naturarum, sed in unam naturam in assumptione transiisse, maxima blasphemia et impietate concedens aut humanitatem in deitatem, aut deitatem in humanitatem esse conversam.

Anathematizat etiam, exsecratur et damnat Macarium Antiochenum omnesque similia sapientes, qui, licet vere de naturarum dualitate et personae unitate sentiret, tamen circa Christi operationes enormiter oberravit dicens, in Christo utriusque naturae unam fuisse operationem unamque voluntatem. Hos omnes cum haeresibus suis anathematizat sacrosancta Romana Ecclesia, affirmans in Christo duas esse voluntates duasque operationes.

Firmiter credit, profitetur et docet, neminem umquam ex viro feminaque conceptum a diaboli dominatu fuisse liberatum, nisi per fidem[1] mediatoris Dei et hominum Iesu Christi [*cf. 1 Tim 2,5*] Domini nostri, qui sine peccato conceptus, natus et mortuus, humani generis hostem, peccata nostra delendo, solus sua morte prostravit, et regni caelestis introitum, quem primus homo peccato proprio cum omni successione perdiderat, reseravit, quem aliquando venturum omnia Veteris Testamenti sacra sacrificia, sacramenta, ceremoniae praesignarunt.

Gottes geeint sein muß, daß ein und dieselbe Person der Gottheit und Menschheit ist, ⟨weil er⟩ aber bei bestehender Mehrzahl der Naturen auch nicht die Einheit der Person fassen konnte, so behauptete er, wie er annahm, daß es e i n e Person der Gottheit und Menschheit in Christus gebe, ⟨auch⟩ daß es e i n e Natur gebe, und war der Meinung, daß es vor der Einung eine Zweiheit der Naturen gegeben habe; sie sei aber in der Annahme in e i n e Natur übergegangen; so räumte er mit größter Lästerung und Gottlosigkeit ein, daß entweder die Menschheit in die Gottheit oder die Gottheit in die Menschheit verwandelt wurde.

**1346** Sie belegt mit dem Anathema, verflucht und verurteilt auch Macarius von Antiochien und alle, die Ähnliches denken; wenn er auch die wahre Auffassung in bezug auf die Zweiheit der Naturen und die Einheit der Person vertrat, so irrte er dennoch bei den Tätigkeiten Christi gewaltig, als er sagte, es habe in Christus e i n e Tätigkeit und e i n e n Willen der beiden Naturen gegeben. Alle diese mitsamt ihren Häresien belegt die hochheilige römische Kirche mit dem Anathema und bekräftigt, daß es in Christus zwei Willen und zwei Tätigkeiten gibt.

**1347** Sie glaubt fest, bekennt und lehrt, daß keiner, der aus Mann und Frau empfangen wurde, jemals von der Herrschaft des Teufels befreit wurde, es sei denn durch den Glauben[1] an den Mittler zwischen Gott und den Menschen, unseren Herrn Jesus Christus [*vgl. 1 Tim 2,5*], der, ohne Sünde empfangen, geboren und gestorben, den Feind des Menschengeschlechtes, indem er unsere Sünden vernichtete, allein durch seinen Tod niedergestreckt und den Eingang zum Himmelreich, den der erste Mensch durch eigenes Verschulden mitsamt seiner ganzen Nachkommenschaft verloren hatte, aufgeschlossen hat; daß er einmal kommen werde, das haben alle heiligen Opfer, Sakramente und Zeremonien des Alten Testamentes angedeutet.

---

*1347 [1]  Sowohl der Originaltext der Bulle als auch Fulgentius von Ruspe, *De fide seu de regula fidei ad Petrum* 26, n. 69 (J. Fraipont - C. Lambot: CpChL 91A [1968] 753 / PL 65,701A [= n. 67]), woraus diese Worte entnommen sind; andere bieten statt "fidem" mit dem Konzil von Trient (*1513) "meritum" ("durch den Verdienst ... Christi").

**1348**    Firmiter credit, profitetur et docet, legalia Veteris Testamenti, seu Mosaicae legis, quae dividuntur in ceremonias, sacra sacrificia, sacramenta, quia significandi alicuius futuri gratia fuerant instituta, licet divino cultui illa aetate congruerunt, significato per illa Domino nostro Iesu Christo adveniente cessasse, et Novi Testamenti sacramenta coepisse. Quemcumque etiam post passionem in legalibus spem ponentem et illis velut ad salutem necessariis se subdentem, quasi Christi fides sine illis salvare non posset, peccasse mortaliter. Non tamen negat a Christi passione usque ad promulgatum Evangelium illa potuisse servari, dum tamen minime ad salutem necessaria crederentur, sed post promulgatum Evangelium sine interitu salutis aeternae asserit non posse servari.

Omnes ergo post illud tempus circumcisionis et sabbati reliquorumque legalium observatores alienos a Christi fide denuntiat et salutis aeternae minime posse esse participes, nisi aliquando ab iis erroribus resipiscant. Omnibus igitur, qui christiano nomine gloriantur, praecipit omnino, quocumque tempore, vel ante vel post baptismum, a circumcisione cessandum; quoniam sive quis in ea spem ponat, sive non, sine interitu salutis aeternae observari omnino non potest.

**1349**    Circa pueros vero propter periculum mortis, quod potest saepe contingere, cum ipsis non possit alio remedio subveniri, nisi per sacramentum baptismi, per quod eripiuntur a diaboli dominatu et in Dei filios adoptantur, admonet, non esse per quadraginta aut octoginta dies seu aliud tempus iuxta quorundam observantiam sacrum baptisma differendum, sed quamprimum commode fieri potest, debere conferri, ita tamen, quod mortis imminente periculo mox sine ulla di-

Sie glaubt fest, bekennt und lehrt, daß die Gesetzesbräuche des Alten Testamentes bzw. des mosaischen Gesetzes, die man in Zeremonien, heilige Opfer und Sakramente einteilt, weil sie eingesetzt worden waren, um auf einen Künftigen hinzudeuten, zwar zu jener Zeit dem göttlichen Kult angemessen waren, bei der Ankunft unseres Herrn Jesus Christus aber, auf den dadurch hingedeutet worden war, aufgehört und die Sakramente des Neuen Testaments angefangen haben. Jeder, der auch noch nach dem Leiden ⟨Christi⟩ seine Hoffnung auf Gesetzesbräuche setzt und sich ihnen gleichsam als heilsnotwendig unterwirft, so als ob der Glaube an Christus ohne diese nicht retten könnte, hat tödlich gesündigt. Sie bestreitet jedoch nicht, daß sie vom Leiden Christi an bis zur Verkündigung des Evangeliums beibehalten werden konnten, solange man sie allerdings nicht im geringsten für heilsnotwendig erachtete; nach der Verkündigung des Evangeliums aber, so erklärt sie, können sie ohne Verlust des ewigen Heiles nicht beibehalten werden.

Sie zeigt also an, daß alle, die nach diesem Zeitpunkt die Beschneidung, den Sabbat und die übrigen Gesetzesbräuche beachten, vom Glauben an Christus ausgeschlossen sind und keineswegs des ewigen Heiles teilhaftig sein können, es sei denn, sie kämen einmal von ihren Irrtümern weg wieder zur Einsicht. Allen also, die sich des christlichen Namens rühmen, schreibt sie mit allem Nachdruck vor, zu jeder Zeit, sei es vor oder nach der Taufe, von der Beschneidung Abstand zu nehmen; denn ob einer seine Hoffnung darauf setzt oder nicht: ohne Verlust des ewigen Heiles kann ⟨der Gesetzesbrauch der Beschneidung⟩ überhaupt nicht eingehalten werden.

Was aber die Kinder betrifft, so mahnt sie wegen der Todesgefahr, die oft eintreten kann – da ihnen mit keinem anderen Heilmittel geholfen werden kann, außer durch das Sakrament der Taufe, durch das sie der Herrschaft des Teufels entrissen und zu Kindern Gottes angenommen werden –, daß die heilige Taufe nicht nach der Gewohnheit bestimmter Leute über vierzig oder achtzig Tage bzw. einen anderen Zeitraum hin aufgeschoben werden darf, sondern daß sie, sobald

latione baptizentur, etiam per laicum vel mulierem, in forma Ecclesiae, si desit sacerdos, quemadmodum in decreto Armenorum plenius continetur [*1315].

sie auf angemessene Weise vollzogen werden kann, gespendet werden muß, jedoch so, daß sie bei drohender Todesgefahr sogleich ohne jeglichen Verzug getauft weden, auch von einem Laien oder einer Frau, in der Form der Kirche, wenn kein Priester da ist, wie es im Dekret für die Armenier ausführlicher festgehalten wird [*1315].

Firmiter credit, profitetur et praedicat, omnem creaturam Dei bonam[1], "nihilque reiciendum, quod cum gratiarum actione percipitur" [1 Tim 4,4], quia, iuxta verbum Domini, "non quod intrat in os, coinquinat hominem" [Mt 15,11], illamque Mosaicae legis ciborum mundorum et immundorum differentiam ad ceremonialia asserit pertinere, quae surgente Evangelio transierunt et efficacia esse desierunt. Illam etiam Apostolorum prohibitionem "ab immolatis simulacrorum et sanguine et suffocato" [Act 15,29] dicit illi tempori congruisse, quo ex Iudaeis atque gentilibus, qui antea diversis ceremoniis moribusque vivebant, una surgebat Ecclesia, ut cum Iudaeis etiam gentiles aliquid communiter observarent, et in unum Dei cultum fidemque conveniendi praeberetur occasio et dissensionis materia tolleretur, cum Iudaeis propter antiquam consuetudinem sanguis et suffocatum abominabilia viderentur et esu immolatitii poterant arbitrari gentiles ad idololatriam redituros. Ubi autem eo usque propagata est christiana religio, ut nullus in ea Iudaeus carnalis appareat, sed omnes ad Ecclesiam transeuntes in eosdem ritus Evangelii ceremoniasque conveniant, credentes "omnia munda mundis" [Tit 1,15], illius apostolicae prohibitionis causa cessante, etiam cessavit effectus.

Sie glaubt fest, bekennt und verkündet, **1350** daß jedes Geschöpf Gottes gut[1] "und nichts verwerflich ⟨ist⟩, was unter Danksagung genommen wird" [1 Tim 4,4], weil nach dem Wort des Herrn "nicht das, was in den Mund hineingeht, den Menschen verunreinigt" [Mt 15,11], und sie erklärt, daß jene Unterscheidung des mosaischen Gesetzes zwischen reinen und unreinen Speisen zu den Zeremonialgesetzen gehört, die mit dem Aufkommen des Evangeliums untergegangen sind und aufgehört haben, wirksam zu sein. Sie sagt, daß auch jenes Verbot der Apostel "von Götzenopfern, Blut und Ersticktem" [Apg 15,29] für jene Zeit angemessen war, als aus Juden und Heiden, die zuvor mit verschiedenen Zeremonien und Sitten lebten, die eine Kirche im Entstehen war, damit auch die Heiden mit den Juden etwas gemeinsam beobachteten, die Gelegenheit, sich auf einen Gottesdienst und Glauben zu einigen, geboten und ein Gegenstand der Uneinigkeit aufgehoben würde; denn den Juden erschien aus alter Gewohnheit Blut und Ersticktes als verabscheuungswürdig, und sie konnten im Falle des Essens von Götzenopferfleisch meinen, die Heiden würden zum Götzendienst zurückkehren. Sobald aber die christliche Religion bis zu dem Punkt verbreitet war, daß in ihr kein Jude dem Fleisch nach mehr auftrat, sondern sich alle, die zur Kirche übergingen, auf dieselben Riten und Bräuche des Evangeliums einigten und glaubten, daß "den Reinen alles rein" [Tit 1,15] ⟨sei⟩, da hörte, weil die Ursache für jenes Verbot der Apostel aufhörte, auch die Wirkung auf.

Nullam itaque cibi naturam condemnandam esse denuntiat, quem societas admittit humana, nec inter animalia discernendum per quemcumque, sive virum sive mulierem,

Deshalb verkündet sie, daß keine Natur einer Speise, die die menschliche Gemeinschaft zuläßt, verurteilt werden darf; auch darf von niemandem, ob Mann oder Frau,

---

*1350 [1]    Vgl. Fulgentius von Ruspe, *De fide seu de regula fidei ad Petrum* 42, n. 85 (J. Fraipont – C. Lambot: CpChL 91A [1968] 758 / PL 65,704CD [= n. 83]).

et quocumque genere mortis intereant, quamvis pro salute corporis, pro virtutis exercitio, pro regulari et ecclesiastica disciplina possint et debeant multa non negata dimitti, quia, iuxta Apostolum, "omnia licent, sed non omnia expediunt" [*1 Cor 6,12; 10,23*].

ein Unterschied zwischen den Tieren gemacht werden, gleichgültig, durch welche Todesart sie umkommen, wenn auch für die Gesundheit des Leibes, für die Übung der Tugend und für die klösterliche und kirchliche Zucht auf vieles, was nicht verboten ist, verzichtet werden kann und soll, weil nach dem Apostel "alles erlaubt ist, aber nicht alles nützt" [*1 Kor 6,12; 10,23*].

1351    Firmiter credit, profitetur et praedicat, "nullos extra catholicam Ecclesiam exsistentes, non solum paganos"[1], sed nec Iudaeos aut haereticos atque schismaticos, aeternae vitae fieri posse participes, sed in ignem aeternum ituros, "qui paratus est diabolo et angelis eius" [*Mt 25,41*], nisi ante finem vitae eidem fuerint aggregati, tantumque valere ecclesiastici corporis unitatem, ut solum in ea manentibus ad salutem ecclesiastica sacramenta proficiant, et ieiunia, eleemosynae ac cetera pietatis officia et exercitia militiae christianae praemia aeterna parturiant. "Neminemque, quantascumque eleemosynas fecerit, etsi pro Christi nomine sanguinem effuderit, posse salvari, nisi in catholicae Ecclesiae gremio et unitate permanserit"[2].

Sie glaubt fest, bekennt und verkündet, daß "niemand, der sich außerhalb der katholischen Kirche befindet, nicht nur ⟨keine⟩ Heiden"[1], sondern auch keine Juden oder Häretiker und Schismatiker, des ewigen Lebens teilhaft werden können, sondern daß sie in das ewige Feuer wandern werden, "das dem Teufel und seinen Engeln bereitet ist" [*Mt 25,41*], wenn sie sich nicht vor dem Lebensende ihr angeschlossen haben, und daß die Einheit mit dem Leib der Kirche eine solch große Bedeutung hat, daß nur denen, die in ihr verharren, die Sakramente der Kirche zum Heil gereichen und Fasten, Almosen und die übrigen Werke der Frömmigkeit und Übungen des christlichen Kriegsdienstes ewige Belohnungen zeitigen. "Und niemand kann, wenn er auch noch so viele Almosen gibt und für den Namen Christi sein Blut vergießt, gerettet werden, wenn er nicht im Schoß und in der Einheit der katholischen Kirche bleibt"[2].

[*Es folgen die Dekrete für die Griechen und die Armenier.*]

1352    Verum quia in suprascripto decreto Armenorum non est explicata forma verborum, quibus in consecratione corporis et sanguinis Domini sacrosancta Romana Ecclesia, Apostolorum Petri et Pauli doctrina et auctoritate firmata, semper uti consuevit, illam praesentibus duximus inserendam. In consecratione corporis Domini hac utitur forma verborum: "Hoc est enim corpus meum"; sanguinis vero: "Hic est enim calix sanguinis mei, novi et aeterni testamenti, mysterium fidei, qui pro vobis et pro multis effundetur in remissionem peccatorum".

Weil aber in dem eben aufgeführten Dekret für die Armenier nicht die Form der Worte ausdrücklich genannt wurde, die die hochheilige römische Kirche, durch die Lehre und die Autorität der Apostel Petrus und Paulus gestärkt, bei der Konsekration des Leibes und des Blutes des Herrn immer zu gebrauchen gewohnt war, meinten wir, sie an dieser Stelle einfügen zu sollen. Bei der Konsekration des Leibes des Herrn verwendet sie folgende Form der Worte: "Das ist nämlich mein Leib"; ⟨bei der⟩ des Blutes aber: "Das ist nämlich der Kelch meines Blutes, des neuen und ewigen Bundes, Geheimnis des Glaubens, das für Euch und für viele vergossen werden wird zur Vergebung der Sünden".

---

*1351  [1]  Fulgentius von Ruspe, *De fide seu de regula fidei ad Petrum* 38, n. 81 (CpChL 91A,757 / PL 65,704A [= n. 79]).
    [2]  Ebd. 39, n. 82 (CpChL 91A,757 / PL 65,704B [= n. 80]).

Panis vero triticeus, in quo sacramentum conficitur, an eo die, an antea decoctus sit, nihil omnino refert; dummodo enim panis substantia maneat, nullatenus dubitandum est, quin post praedicta verba consecrationis corporis a sacerdote cum intentione conficiendi prolata, mox in verum Christi corpus transsubstantietur.

Ob aber das Weizenbrot, in dem das Sakrament zustande kommt, am gleichen Tag oder schon vorher gebacken wurde, spielt überhaupt keine Rolle; solange nämlich nur die Substanz des Brotes bleibt, ist nicht im geringsten daran zu zweifeln, daß es nach den vorgenannten Worten der Konsekration des Leibes, die vom Priester mit der Absicht, zu wandeln, geäußert wurden, sogleich in den wahren Leib Christi wesenhaft verwandelt wird.

Quoniam nonnullos asseritur q u a r t a s n u p t i a s tamquam condemnatas respuere, ne peccatum, ubi non est, esse putetur, cum secundum Apostolum mortuo viro mulier sit ab eius lege soluta, et nubendi, cui vult, in Domino habeat facultatem [*cf. Rm 7,2; 1 Cor 7,39*], nec distinguat, mortuo primo, secundo vel tertio, declaramus non solum secundas ac tertias, sed et quartas atque ulteriores, si aliquod canonicum impedimentum non obstet, licite contrahi posse. Commendatiores tamen dicimus, si ulterius a coniugio abstinentes in castitate permanserint, quia, sicut virginitatem viduitati, ita nuptiis castam viduitatem laude ac merito praeferendam esse censemus.

Da man sagt, daß einige Leute eine v i e r - **1353** t e E h e als verurteilt ansehen und mißbilligen, erklären wir, damit man nicht glaube, es gebe eine Sünde, wo es keine gibt: Weil nach dem Apostel die Frau nach dem Tod des Mannes vom Vertrag mit ihm gelöst ist und im Herrn die Möglichkeit hat, zu heiraten, wen sie will [*vgl. Röm 7,2; 1 Kor 7,39*], und es auch keinen Unterschied macht, ob der erste, zweite oder dritte gestorben ist, deswegen können nicht nur eine zweite und dritte, sondern auch eine vierte und weitere, wenn kein kanonisches Hindernis entgegensteht, erlaubtermaßen geschlossen werden. Empfehlenswerter jedoch, sagen wir, ist es für sie, wenn sie fürderhin von einer Ehe absehen und in Keuschheit verharren; denn wir meinen, daß, wie die Jungfräulichkeit dem Witwenstand, so auch ein keuscher Witwenstand der Ehe mit Fug und Recht vorzuziehen ist.

NIKOLAUS V.: 6. März 1447 – 24./25. März 1455

## CALIXTUS III.: 8. April 1455 – 6. Aug. 1458

**1355-1357: Konstitution "Regimini universalis" an den Bischof von Magdeburg, Naumburg und Halberstadt, 6. Mai 1455**

Diese Konstitution ist die Bestätigung der Bulle "*Regimini universalis*" vom 2. Juli 1425, die von Martin V. in derselben Sache an die Bischöfe von Trier, Lübeck und Olmütz gerichtet wurde (*Extravagantes communes* l. III, tit. 5, c. 1: Frdb 2,1269–1271).

*Ausg.:* Extravagantes communes, l. III, tit. 5, c. 2 (Frdb 2,1271f).

### *Zinsnahme und Rentenvertrag*

... Nobis nuper exhibita petitio continebat,

quod licet a tanto tempore, cuius contrarii memoria non exsistit, in diversis Alemanniae partibus, pro communi hominum utilitate, inter habitatores et incolas partium

... Ein Uns neulich vorgelegtes Gesuch be- **1355** sagte,

daß zwar seit so langer Zeit, an deren Gegenteil keine Erinnerung mehr besteht, in verschiedenen Gegenden Deutschlands für den gemeinsamen Nutzen der Men-

earundem talis inoleverit hactenusque observata fuerit ... consuetudo,

    quod ipsi habitatores et incolae, sive illi ex eis, quibus id pro suis statu et indemnitatibus expedire visum fuerit, super eorum bonis, domibus, agris, praediis, possessionibus et hereditatibus annuos marcarum, florenorum, seu grossorum monetae in partibus illis currentis reditus seu census vendentes, pro singulis ex marcis florenis sive grossis huiusmodi ab eis, qui illas vel illos, sive reditus sive census ipsos emerint, certum competens pretium in numerata pecunia secundum temporis qualitatem, prout ipsi vendentes et ementes in contractibus super his inter se firmaverunt, et recipere soliti fuere, illa ex domibus, terris, agris, praediis, possessionibus et hereditatibus praedictis, qui in huiusmodi contractibus expressi fuerunt, praedictorum solutione reditum et censuum efficaciter obligantes, in illorum vendentium favorem,

hoc adiecto,
    quod ipsi pro rata, qua huiusmodi per eos receptam dictis ementibus restituerent in toto vel in parte pecuniam, a solutione redituum seu censuum huiusmodi restitutam pecuniam contingentium liberi forent penitus et immunes,
    sed iidem ementes, etiamsi bona, domus, terrae, agri, possessiones et hereditates huiusmodi processu temporis ad omnimodae destructionis sive desolationis reducerentur opprobrium, pecuniam ipsam etiam agendo repetere non valerent.

**1356**    Apud aliquos tamen haesitationis versatur scrupulus, an huiusmodi contractus liciti sint censendi. Unde nonnulli, illos usurarios fore praetendentes, occasionem quaerunt reditus et census huiusmodi ab eis debitos non solvendi. ...

schen unter den Bewohnern und Ansässigen ebendieser Gegenden ein solcher ... Brauch gewachsen und bis heute beachtet worden ist,
    daß die Bewohner und Ansässigen bzw. jene von ihnen, denen dies für ihre Lage und Schadloshaltung nützlich zu sein schien, gewohnt waren, von ihren Gütern, Häusern, Äckern, Grundstükken, Besitztümern und Erbschaften die jährlichen Einkünfte bzw. Renten an Mark, Gulden oder Heller, der in jenen Gegenden gängigen Währung, zu verkaufen und für diese einzelnen Mark, Gulden oder Heller von denen, die diese oder jene, ob als Einkünfte oder als Renten, gekauft haben, einen bestimmten angemessenen Kaufpreis in barer Münze gemäß dem Verhältnis der Zeit, wie es die Verkäufer und Käufer selbst in den Verträgen diesbezüglich miteinander vereinbarten, zu erhalten, wobei sie jene von den vorgenannten Häusern, Ländereien, Äckern, Grundstükken, Besitztümern und Erbschaften, die in diesen Verträgen genau beschrieben wurden, durch die Zahlung der vorgenannten Einkünfte und Renten zugunsten jener Verkäufer wirksam belasteten;

es wurde noch dies hinzugefügt,
    daß sie gemäß dem Anteil, in dem sie besagten Käufern dieses von ihnen erhaltene Geld ganz oder teilweise zurückerstatten, von der Zahlung dieser das erstattete Geld betreffenden Einkünfte bzw. Renten völlig frei und ledig seien,
    ebendiese Käufer aber, auch wenn diese Güter, Häuser, Ländereien, Äcker, Besitztümer und Erbschaften im Laufe der Zeit schmählich zur allseitigen Zerstörung bzw. Verödung herabgewirtschaftet wurden, das Geld selbst auch auf dem Klageweg nicht zurückfordern könnten.

    Bei einigen jedoch hält sich Zögern und Bedenken, ob solche Verträge als erlaubt anzusehen seien. Daher suchen manche, die vorgeben, jene seien Zinsnehmer, nach einer Gelegenheit, solche von ihnen geschuldeten Einkünfte und Renten nicht zu bezahlen. ...

Nos igitur ... ad omne super his ambiguitatis tollendum dubium, praefatos contractus
licitos iurique conformes et vendentes eosdem ad ipsorum solutionem censuum et re-
dituum iuxta dictorum contractuum tenores,
remoto contradictionis obstaculo, efficaciter
teneri, auctoritate Apostolica praesentium serie declaramus.

Um jeden diesbezüglichen Zweifel der 1357
Ungewißheit zu beseitigen, erklären Wir deshalb ... kraft Apostolischer Autorität aufgrund des vorliegenden ⟨Schreibens⟩, daß die
vorgenannten Verträge erlaubt und rechts-
konform ⟨sind⟩ und daß ebendiese Verkäufer, da das Hindernis des Widerspruchs beseitigt ist, zur Zahlung der Renten und Einkünfte entsprechend dem Wortlaut besagter Verträge nachhaltig verpflichtet sind.

## PIUS II.: 19. Aug. 1458 - 14. Aug. 1464

### 1361-1369: Verurteilte Sätze des Zaninus de Solcia im Brief "Cum sicut accepimus", 14. Nov. 1459

Zaninus de Solcia, ein Domherr aus Bergamo, vertrat Anschauungen, die Pius II. als "äußerst verderbliche
Irrtümer" ("perniciosissimos errores") bezeichnete, die "gegen die Lehren der heiligen Väter" ("contra sanc-
torum Patrum dogmata") verstoßen. Obwohl Zaninus de Solcia vor dem Inquisitor und dem päpstlichen
Untersuchungsrichter widerrief, wurde er auf Geheiß dieser Bulle, deren Bedeutung vor allem im dis-
ziplinären Bereich liegt, zu dauernder Verwahrungshaft in ein Kloster eingewiesen.
   *Ausg.:* DuPlA 1/II, 254a / BarAE, zum Jahr 1459 Nr. 31 (Theiner 29,192).

### *Irrtümer des Zaninus de Solcia*

(1) Mundum naturaliter consumi et finiri
debere, humiditatem terrae et aëris calore solis consumente, ita ut elementa accendantur.

(1) Die Welt müsse von Natur aus zerstört 1361
und beendet werden, indem die Hitze der
Sonne die Feuchtigkeit der Erde und der Luft
verzehrt, so daß die Elemente in Brand geraten.

(2) Et omnes Christianos salvandos esse.

(2) Und: Alle Christen müßten gerettet 1362
werden.

(3) Deum quoque alium mundum ab isto
creasse, et in eius tempore multos alios viros
et mulieres exstitisse, et per consequens
Adam primum hominem non fuisse.

(3) Auch: Gott habe noch eine andere 1363
Welt als diese geschaffen, und in deren Zeit
habe es viele andere Männer und Frauen gegeben, und folglich sei Adam nicht der erste
Mensch gewesen.

(4) Item Iesum Christum non pro redemptione ob amorem humani generis, sed
stellarum necessitate passum et mortuum esse.

(4) Desgleichen: Jesus Christus habe nicht 1364
gelitten und sei nicht gestorben für die Erlösung aus Liebe zum Menschengeschlecht,
sondern aufgrund des Geschicks der Sterne.

(5) Item Iesum Christum, Moysen et Ma-
hometem mundum pro suarum libito voluntatum rexisse.

(5) Desgleichen: Jesus Christus, Moses 1365
und Mohammed hätten die Welt nach dem
Belieben ihrer Willen geleitet.

(6) Necnon eundem Dominum nostrum
Iesum illegitimum, et in hostia consecrata
non quoad humanitatem, sed divinitatem
dumtaxat exsistere.

(6) Ebenso: Dieser unser Herr Jesus ⟨sei⟩ 1366
unehelich, und er sei in der konsekrierten
Hostie nicht der Menschheit, sondern lediglich der Gottheit nach da.

(7) Extra matrimonium luxuriam non
esse peccatum, nisi legum positivarum prohibitione, easque propterea minus bene dis-

(7) Ausschweifung außerhalb der Ehe sei 1367
Sünde nur kraft Verbot positiver Gesetze,
und deshalb hätten sie ⟨die Sache⟩ weniger

posuisse, et sola prohibitione ecclesiastica se fraenari, quominus Epicuri opinionem ut veram sectaretur.

gut geregelt, und allein durch das kirchliche Verbot werde er davon abgehalten, der Auffassung Epikurs als der wahren zu folgen.

**1368**     (8) Praeterea rem auferre alienam non esse peccatum mortale etiam domino invito.

(8) Außerdem: Eine fremde Sache wegzunehmen sei – auch wenn es gegen den Willen des Besitzers ist – keine Todsünde.

**1369**     (9) Legem denique Christianam per successionem alterius legis finem habituram, quemadmodum Lex Moysi per Legem Christi terminata fuit.

(9) Schließlich: Das christliche Gesetz werde durch die Nachfolge eines anderen Gesetzes ebenso ein Ende haben, wie das Gesetz des Mose durch das Gesetz Christi beendet worden ist.

### 1375: Bulle "Exsecrabilis", 18. Jan. 1460 (nach florentinischer Zeitrechnung 1459)

In der Auseinandersetzung um die "konziliare Theorie" ist diese Bulle von Bedeutung. Ihr Verfasser, Pius II. (Enea Silvio de' Piccolomini), war, bevor er zum Priester geweiht wurde, als entschiedener Verfechter des Konziliarismus sowie des (damals schon schismatischen) Konzils von Basel hervorgetreten: vgl. sein i. J. 1440 herausgegebenes *Libellum dialogorum de generalis concilii auctoritate*. Seine frühere Auffassung hat er in dieser Bulle und anderen Dokumenten ausdrücklich widerrufen. Am bekanntesten ist seine Bitte, die er in der Bulle "*In minoribus agentes*" an die Universität Köln (der er sein oben erwähntes *Libellum* gewidmet hatte) vom 26. April 1463 gerichtet hat: "Aeneas verwerft, Pius nehmt an!" ("Aeneam reicite, Pium recipite!"; BullTau 5,175a / BullCocq 3/III, 101b / HaC 9,1452C). Vorher hatte er den Konziliarismus schon in der Bulle "*Infructuosas palmites*" vom 2. Nov. 1460 (BarAE, zum Jahr 1460 Nr. 35 / Theiner 29,232f) verurteilt. Die Verurteilung der Appellation vom Papst an ein allgemeines Konzil wurde auch in den alten *Codex iuris canonici* aufgenommen: im Kan. 2332 werden die Appellierenden als "der Häresie verdächtig" ("haeresis suspecti") erklärt. – Bei der Angabe des Tages der (zu Mantua erfolgten) Veröffentlichung der Bulle "*Exsecrabilis*" weichen die Handschriften voneinander ab; vgl. L. v. Pastor, *Geschichte der Päpste* 2 (Freiburg 1923⁵⁻⁷) 80, Anm. 2.

*Ausg.*: BullTau 5,149b–150a / BullCocq 3/III, 97b–98a.

### Die Appellation vom Papst an ein allgemeines Konzil

**1375**     Exsecrabilis et pristinis temporibus inauditus tempestate nostra inolevit abusus, ut a Romano Pontifice, Iesu Christi vicario, cui dictum est in persona beati Petri: "Pasce oves meas" [*Io 21,17*], et: "Quodcumque ligaveris super terram, erit ligatum et in caelis" [*Mt 16,19*], nonnulli spiritu rebellionis imbuti, non sanioris cupiditate iudicii, sed commissi evasione peccati ad futurum concilium provocare praesumant. ... Volentes igitur hoc pestiferum virus a Christi Ecclesia procul pellere ..., huiusmodi provocationes damnamus et tamquam erroneas ac detestabiles reprobamus.

In unserer stürmischen Zeit kam der verfluchenswerte und in früheren Zeiten noch nicht dagewesene Mißbrauch auf, daß manche, vom Geiste des Aufruhrs erfüllt, nicht weil sie ein gesünderes Urteil begehrten, sondern damit sie einer begangenen Sünde entrännen, vom Römischen Bischof, dem Stellvertreter Jesu Christi, dem in der Person des seligen Petrus gesagt wurde: "Weide meine Schafe" [*Joh 21,17*], und: "Alles, was du auf der Erde gebunden hast, wird auch in den Himmeln gebunden sein" [*Mt 16,19*], an ein künftiges Konzil Berufung einzulegen wagen. ... In der Absicht, dieses verderbliche Gift von der Kirche Christi weit fortzutreiben ..., verurteilen wir deshalb derartige Berufungen und verwerfen sie als irrig und verabscheuungswürdig.

### 1385: Bulle "Ineffabilis summi providentia Patris", 1. Aug. 1464

Anläßlich einer zu Ostern 1462 in Brescia gehaltenen Ansprache von Jacobus de Marchia OFM entbrannte zwischen Dominikanern und Franziskanern ein Streit über die Frage, ob das vergossene Blut Christi bis zur Auferstehung von der Gottheit getrennt gewesen sei (so Jacobus im Anschluß an die von Franziskanern allgemein vertretene Lehre) oder nicht (so in der Regel die Dominikaner). Die Auffassung der Franziskaner

wurde von Jakob von Brescia als Häresie bezeichnet. Der Papst wollte sich mit keiner der beiden Parteien verfeinden und legte deshalb beiden Schweigen auf. Vgl. aber die Zensur zu *2663!

*Ausg.:* BullTau 5,181ab / BullCocq 3/III, 116ab / BullOP 3 (Rom 1731) 434.

### Das Blut Christi in den drei Tagen des Todes

... Auctoritate Apostolica tenore praesentium statuimus et ordinamus, quod nulli Fratrum praedictorum [*Minorum et Praedicatorum*] deinceps liceat de supradicta dubietate disputare, praedicare, vel publice aut private verbum facere, seu aliis suadere, quod videlicet haereticum vel peccatum sit tenere vel credere, sanguinem ipsum sacratissimum (ut praemittitur) triduo passionis eiusdem Domini nostri Iesu Christi ab ipsa divinitate quomodolibet fuisse vel non fuisse divisum vel separatum, donec super dubietatis huiusmodi decisione quid tenendum sit, fuerit per Nos et Sedem Apostolicam definitum.

... Kraft apostolischer Autorität setzen Wir **1385** aufgrund des vorliegenden ⟨Schreibens⟩ fest und ordnen an, daß es künftig keinem der vorgenannten Brüder [*Minderbrüder und Predigerbrüder*] erlaubt sei, über die oben genannte zweifelhafte Frage zu disputieren, zu predigen oder öffentlich oder privat zu sprechen bzw. anderen zuzureden, es sei offensichtlich häretisch bzw. Sünde, festzuhalten oder zu glauben, daß das heiligste Blut (wie vorausgeschickt wird) in den drei Tagen des Leidens ebendieses unseres Herrn Jesus Christus von der Gottheit auf welche Weise auch immer getrennt bzw. geschieden gewesen sei oder nicht gewesen sei, solange, bis durch eine betreffende Entscheidung dieser zweifelhaften Frage durch Uns und den Apostolischen Stuhl bestimmt wurde, was man festhalten muß.

PAUL II.: 30. Aug. 1464 – 26. Juli 1471

## SIXTUS IV.: 9. Aug. 1471 – 12. Aug. 1484

### 1391-1396: Sätze des Petrus de Rivo, verurteilt in der Bulle "Ad Christi vicarii" vom 3. Jan. 1474: Widerrufspapier

Petrus de Rivo, Magister an der Universität Löwen, vertrat i. J. 1465 mit einem *Quodlibet* Meinungen, gegen die Magister derselben Universität, der Universität Paris als auch Francesco della Rovere, der künftige Papst Sixtus IV. – er schrieb einen *Tractatus de futuris contingentibus* –, Partei ergriffen. Als Petrus de Rivo nach Rom reiste, um sich zu rechtfertigen, mußte er 5 Sätze zurücknehmen. Sie liegen in einem Widerrufspapier vor, das ihm am 19. März 1473 von den Richtern abgefordert wurde. Als Petrus zu neuen Auslegungen Zuflucht nahm, folgte die Verurteilungsbulle.

*Ausg.:* DuPlA 1/II, 279b .

### Irrtümer über die Wahrheit künftiger Geschehnisse

(1) Elisabeth Luc. 1, cum loquitur beatae Mariae Virgini dicens: "Beata quae credidisti, quoniam perficientur in te, quae dicta sunt tibi a Domino" [*Lc 1,45*], innuere videtur, illas propositiones, scilicet "Paries filium et vocabis nomen eius Iesum; hic erit magnus" etc. [*Lc 1,31s*], nondum habere veritatem.

(1) Wenn Elisabet Lk 1 spricht und der se- **1391** ligen Jungfrau Maria sagt: "Selig, die du geglaubt hast, weil in dir vollendet werden wird, was dir vom Herrn gesagt wurde" [*Lk 1,45*], scheint sie anzudeuten, daß jene Sätze, nämlich: "Du wirst einen Sohn gebären und seinen Namen Jesus nennen; dieser wird groß sein" usw. [*Lk 1,31f*], noch keine Wahrheit haben.

(2) Item Luc. ult. Christus post resurrectionem dicens: "Necesse est impleri omnia,

(2) Desgleichen: Wenn am Ende von Lk **1392** Christus nach der Auferstehung sagt: "Alles

quae scripta sunt in lege Moysis et Prophetis et Psalmis de me" [*Lc 24,44*], videtur innuisse, quod tales propositiones vacuae erant veritatis.

muß erfüllt werden, was im Gesetz des Mose, den Propheten und Psalmen über mich geschrieben steht" [*Lk 24,44*], scheint er angedeutet zu haben, daß solche Sätze ⟨zuvor⟩ ohne Wahrheit waren.

1393      (3) Item ad Hebr. 10, ubi Apostolus inquit: "Umbram habens lex futurorum bonorum" et "non ipsam imaginem rerum" [*Hbr 10,1*], innuere videtur, quod propositiones Veteris Legis, quae erant de futuro, nondum habebant determinatam veritatem.

(3) Desgleichen scheint Hebr 10, wo der Apostel sagt: "Das Gesetz hat den Schatten der künftigen Güter" und "nicht das Abbild der Dinge selbst" [*Hebr 10,1*], anzudeuten, daß die Sätze des Alten Gesetzes, die zukunftsgerichtet waren, noch keine bestimmte Wahrheit hatten.

1394      (4) Item, quod non sufficit ad veritatem propositionis de futuro, quod res erit, sed requiritur, quod inimpedibiliter erit.

(4) Desgleichen, daß es zur Wahrheit eines Satzes über die Zukunft nicht genügt, daß eine Sache sein wird, sondern erforderlich ist, daß sie unverhinderlich sein wird.

1395      (5) Item necesse est dicere alterum duorum: aut quod in articulis fidei de futuro non est praesens et actualis veritas, aut quod significatum eorum per potentiam divinam non potuit impediri.

(5) Desgleichen muß man eines von beidem sagen: entweder, daß in Glaubensartikeln über die Zukunft keine gegenwärtige und aktuelle Wahrheit ist, oder, daß das von ihnen Bezeichnete durch die göttliche Macht nicht verhindert werden konnte.

1396      [*Censura:*] scandalosae et a catholicae fidei semita deviae.

[*Zensur:*] anstößig und vom Pfade des katholischen Glaubens abweichend.

## 1398: Bulle "Salvator noster" zugunsten der Kirche des hl. Petrus zu Saintes, 3. Aug. 1476

Im Unterschied zu den übrigen bis dahin erlassenen Ablaßbullen wird hier die Zuwendung eines vollkommenen Ablasses für Verstorbene durch Fürbitte gewährt. Da diese Bewilligung eine falsche und mißbräuchliche Auslegung erfuhr, erläuterte Sixtus IV. in einer anderen Bulle (*1405–1407) ihren Sinn. R. Peraudi, Domherr von Saintes und päpstlicher Kommissar für die Gewährung dieser Ablässe, schrieb zu der Bulle "*Salvator noster*" eine *Summaria declaratio*, auf die sich die späteren Instruktionen über die Ablässe stützen.

*Ausg.: Archives historiques de la Saintonge et de l'Aunis* 10 (1882) 64 / N. Paulus, in: HJb 21 (1900) 649f, Anm. 4 / ders., *Geschichte des Ablasses im Mittelalter* 3 (Paderborn 1923) 382, Anm. 3.

### Ablässe für die Verstorbenen

1398      Et ut animarum salus eo tempore potius procuretur, quo magis aliorum egent suffragiis et quo minus sibi ipsis proficere valent, auctoritate Apostolica de thesauro Ecclesiae animabus in purgatorio exsistentibus succurrere volentes, quae per caritatem ab hac luce Christo unitae decesserunt ac quae, dum viverent, sibi ut huiusmodi indulgentia suffragaretur, meruerunt, paterno cupientes affectu, quantum cum Deo possumus, de divina misericordia confisi ac de plenitudine potestatis concedimus pariter ac indulgemus, ut si qui parentes, amici aut ceteri Christi fideles pietate commoti pro ipsis animabus purgatorio igni pro expiatione poenarum eisdem se-

Und um für das Heil der Seelen vor allem in der Zeit Sorge zu tragen, in der sie mehr ⟨denn je⟩ der Fürbitten anderer bedürfen und in der sie weniger ⟨denn je⟩ sich selbst helfen können, wollen wir kraft Apostolischer Autorität mit dem Schatz der Kirche den am Reinigungsort weilenden Seelen zu Hilfe eilen, die, durch die Liebe mit Christus geeint, von diesem Lichte geschieden sind und die zu ihren Lebzeiten verdienten, daß ihnen ein derartiger Ablaß zugute komme, und gewähren und verleihen zugleich – soweit wir es mit Gott können – aus dem Verlangen väterlicher Zuneigung und im Vertrauen auf die göttliche Barmherzigkeit und

cundum divinam iustitiam debitarum expositis, durante dicto decennio pro reparatione ecclesiae Xanctonensis certam pecuniarum quotam aut valorem iuxta decani et capituli dictae ecclesiae aut nostri collectoris ordinationem dictam ecclesiam visitando dederint aut per nuntios ab eisdem deputandos durante dicto decennio miserint, volumus ipsam plenariam remissionem per modum suffragii [cf. *1405s] ipsis animabus purgatorii, pro quibus dictam quotam pecuniarum aut valorem persolverint, ut praefertur, pro relaxatione poenarum valere ac suffragari.

auf die Fülle der Macht: Wenn Eltern, Freunde oder andere Christgläubige, von Frömmigkeit bewegt, unmittelbar für die Seelen, die am Reinigungsort zur Sühnung der Strafen, die ihnen nach der göttlichen Gerechtigkeit zustehen, dem Feuer ausgesetzt sind, während des erwähnten Zeitraums von zehn Jahren für die Wiederherstellung der Kirche zu Saintes einen bestimmten Geldbetrag oder einen Wert entsprechend der ergangenen Anordnung des Dekans und des Kapitels der erwähnten Kirche oder unseres Sammlers beim Besuch der Kirche geben oder durch Boten, die von denselben zu bestimmen sind, während des erwähnten Zeitraums von zehn Jahren senden, so setzen wir fest, daß dieser vollkommene Ablaß auf die Weise der Fürsprache [vgl. *1405f] unmittelbar für die Seelen des Reinigungsortes, für die sie – wie vorausgeschickt – den erwähnten Geldbetrag oder Wert entrichtet haben, für den Nachlaß der Strafen Gültigkeit hat und ihnen zugute kommt.

## 1400: Konstitution "Cum praeexcelsa", 27. Febr. 1477 (1476 nach Zeitrechnung der Kurie)

Die Lehre von der Unbefleckten Empfängnis Mariens, die vor allem von den Skotisten vertreten wurde, war vom Restkonzil in Basel verkündet worden. In der 36. Sitzung vom 17. Sept. 1439 erklärten die Synodalen:
"Wir definieren, daß jene Lehre, die besagt, die glorreiche Jungfrau und Gottesgebärerin Maria sei durch das Zuvorkommen und Wirken der einzigartigen Gnade des göttlichen Willens niemals der Ursünde unterworfen, sondern stets von der ursprünglichen und aktuellen Schuld unberührt, heilig und unbefleckt gewesen, von allen Katholiken als fromm und mit dem kirchlichen Brauch, dem katholischen Glauben, der rechten Vernunft und der hl. Schrift übereinstimmend gutzuheißen ist ... und daß es fortan keinem erlaubt ist, entgegengesetzt zu predigen bzw. zu lehren" ("Nos doctrinam illam disserentem gloriosam Virginem Dei genitricem Mariam, praeveniente et operante divini numinis gratia singulari, numquam subiacuisse originali peccato, sed immunem semper fuisse ab originali et actuali culpa sanctamque et immaculatam, tamquam piam et consonam cultui ecclesiastico, fidei catholicae, rectae rationi et s. Scripturae, ab omnibus catholicis approbandam ... definimus nullique de cetero licitum esse in contrarium praedicare seu docere"; MaC 29,183BC).
Nikolaus von Pornussio OP und Vincenzo Bandello OP hatten während des Pontifikates von Sixtus IV. scharfe Angriffe gegen diese Lehre gerichtet. Indem Sixtus IV. (aus dem Orden der Minderbrüder) mit dieser Konstitution das von Leonardo von Nogarola zu Ehren der Unbefleckten Empfängnis Mariens verfaßte Meßformular und Offizium "Sicut lilium" billigte und mit Ablässen ausstattete, sprach er sich zugleich zugunsten der freien Annahme der skotistischen Auffassung aus. Zum zweiten Male machte er sich zum Anwalt dieser Auffassung in der Konstitution "Grave nimis", die in zwei nur wenig voneinander abweichenden Fassungen vorliegt: die frühere – i. J. 1482 herausgegeben – ist nur gegen die Prediger in der Lombardei gerichtet; die spätere – vom 4. Sept. 1483 (vgl. *1425f) – allgemein gegen die Prediger, welche die Vertreter der Unbefleckten Empfängnis verurteilten. Endgültig durchsetzen konnte sich diese Auffassung erst durch die Konstitution Clemens' XI. "Commissi nobis divinitus" vom 6. Dez. 1708, in der vorgeschrieben wird, das Fest der Unbefleckten Empfängnis Mariens überall zu feiern (BullTau 21,338ab). Die Definition erfolgte 1854 durch Pius IX. (*2800–2804).
Ausg.: Ch. Sericoli, Immaculata B. M. V. Conceptio iuxta Xysti IV Constitutiones (Bibliotheca Mariana Medii Aevi, Textus et Disquisitiones 5; Sibenici-Rom 1945) 153f [kritische Ausg.] / Extravagantes communes, l. III, tit. 12, c. 1 (Frdb 2,1285) / HaC 9,1493E–1494E.

## Die Unbefleckte Empfängnis Mariens

**1400**     Cum praeexcelsa meritorum insignia, quibus regina caelorum, Virgo Dei genitrix gloriosa, sedibus praelata aethereis, sideribus quasi stella matutina praerutilat, devotae considerationis indagine perscrutamur ...: dignum, quin potius debitum reputamus, universos Christi fideles, ut omnipotenti Deo (cuius providentia eiusdem Virginis humilitatem ab aeterno respiciens, pro reconcilianda suo auctori humana natura lapsu primi hominis aeternae morti obnoxia, eam sui Unigeniti habitaculum Sancti Spiritus praeparatione constituit, ex qua carnem nostrae mortalitatis pro redemptione populi sui assumeret, et immaculata Virgo nihilominus post partum remaneret) de ipsius immaculatae Virginis mira conceptione gratias et laudes referant, et instituta propterea in Dei Ecclesia Missas et alia divina officia dicant, et illis intersint, indulgentiis et peccatorum remissionibus invitare, ut exinde fiant eiusdem Virginis meritis et intercessione divinae gratiae aptiores.

Wenn wir die ganz hervorragenden Zierden der Verdienste, mit denen die Himmelskönigin, die glorreiche Jungfrau und Gottesgebärerin, an ätherischen Stätten thronend, gleichsam als Morgenstern vor den Gestirnen erglänzt, in demütig betrachtender Erwägung durchforschen ...; ⟨so⟩ erachten wir es für angemessen, ja vielmehr für unabdingbar, alle Christgläubigen mit Ablässen und Sündenvergebungen einzuladen, dem allmächtigen Gott (dessen Vorsehung von Ewigkeit her auf die Niedrigkeit dieser Jungfrau schaute und sie – um die menschliche Natur, die durch den Fall des ersten Menschen dem ewigen Tod verfallen war, mit ihrem Schöpfer wieder zu versöhnen – durch die Vorbereitung des heiligen Geistes zur Wohnstätte seines Einziggeborenen bestimmte, daß er aus ihr das Fleisch unserer Sterblichkeit für die Erlösung seines Volkes annehme und sie nichtsdestoweniger nach der Geburt unbefleckte Jungfrau bliebe) für die wunderbare Empfängnis der unbefleckten Jungfrau Dank und Lob darzubringen, die deswegen in der Kirche Gottes eingerichteten Messen und anderen göttlichen Offizien zu lesen und an ihnen teilzunehmen, damit sie dadurch aufgrund der Verdienste dieser Jungfrau und ihrer Fürsprache der göttlichen Gnade würdiger werden.

### 1405-1407: Enzyklika "Romani Pontificis provida", 27. Nov. 1477

Vgl. *1398. – *Ausg.:* E. Amort, *De origine, progressu, valore ac fructu indulgentiarum* ... 2 (Augsburg 1735) 292b–293b / teilweise genauer angeführt bei N. Paulus, *Geschichte des Ablasses im Mittelalter* 3, Paderborn 1923, 384 / W. Köhler, *Dokumente zum Ablaßstreit von 1517* (Tübingen 1934²) 39f (Nr. 25).

### Der Sinn der Worte "per modum suffragii" ("auf die Weise der Fürbitte")

**1405**     Cum itaque superioribus mensibus Nobis relatum esset, in publicatione indulgentiae per Nos alias ecclesiae Xanctonensi concessae [*1398], plura scandala et discrimina fuisse exorta praedicantesque ... occasione dictae indulgentiae, quam animabus in purgatorio exsistentibus per modum suffragii concessimus, nonnullos scripta Nostra male interpretantes publice asseruisse atque asserere, non esse ultra opus, pro animabus ipsis orare aut pia suffragia facere. Ex quo quam plurimi a bene agendo retrahebantur.

Uns wurde also in den letzten Monaten berichtet, bei der Veröffentlichung des Ablasses, der von Uns bei anderer Gelegenheit der Kirche von Saintes gewährt wurde [*1398], seien mehrere Ärgernisse und Gefahren entstanden, und einige Prediger ..., die Unser Schreiben falsch auslegten, hätten anläßlich des erwähnten Ablasses, den Wir den am Reinigungsort weilenden Seelen auf die Weise der Fürbitte gewährt haben, öffentlich behauptet und würden noch behaupten, es sei nicht mehr nötig, für diese Seelen zu beten oder fromme Fürbitten einzulegen. Auf-

Nos scandalis et erroribus huiusmodi ex pastorali officio obviare volentes per Brevia Nostra ad diversos illarum partium praelatos scripsimus, ut Christi fidelibus declarent, ipsam plenam indulgentiam pro animabus exsistentibus in purgatorio per modum suffragii per Nos fuisse concessam, non ut per indulgentiam praedictam Christi fideles ipsi a piis et bonis operibus revocarentur, sed ut illa in modum suffragii animarum saluti prodesset; perindeque ea indulgentia proficeret, acsi devotae orationes piaeque eleemosynae pro earundem animarum salute dicerentur et offerrentur.

Nuper vero non sine gravi animi Nostri displicentia intelleximus, nonnullos minus recte et longe aliter quam intentio Nostra fuerit aut sit, huiusmodi verba interpretatos esse. ... Non enim Nos ... ad supradictos praelatos scripsimus et declaravimus, supradictam indulgentiam plenariam animabus in purgatorio exsistentibus, acsi fierent pro eisdem devotae orationes piaeque eleemosynae efficerentur, videre prodesse, non quod intenderemus, prout nec intendimus, neque etiam inferre vellemus, indulgentiam non plus proficere aut valere quam eleemosynae et orationes, aut eleemosynas et orationes tantum proficere tantumque valere quantum indulgentia per modum suffragii, cum sciamus orationes et eleemosynas et indulgentiam per modum suffragii longe distare; sed eam "perinde" valere diximus, id est, per eum modum, "ac si" id est per quem orationes et eleemosynae valent. Et quoniam orationes et eleemosynae valent tamquam suffragia animabus impensa, Nos, quibus plenitudo potestatis ex alto est attributa, de thesauro universalis Ecclesiae, qui ex Christi Sanctorumque eius meritis constat, Nobis commisso, auxilium et suffragium animabus purgatorii afferre cupientes supradictam concessimus indulgentiam, ita tamen, ut fideles ipsi pro eisdem animabus suffragium darent, quod ipsae defunctorum animae per se nequeant adimplere. Haec in scriptis Nostris sensimus et sentimus ...

grund dessen wurden sehr viele vom guten Tun zurückgehalten.

In der Absicht, solchen Ärgernissen und Irrtümern aufgrund des Hirtenamtes entgegenzutreten, haben Wir deshalb durch Unsere Brevia an verschiedene Vorsteher jener Gegend geschrieben, sie sollten den Christgläubigen erklären, daß dieser vollkommene Ablaß für die am Reinigungsort weilenden Seelen von Uns auf die Weise der Fürbitte gewährt worden sei, nicht damit die Christgläubigen selbst durch den eben erwähnten Ablaß von frommen und guten Werken zurückgehalten würden, sondern damit er auf die Weise der Fürbitte dem Heil der Seele nütze und dieser Ablaß ebenso nützlich sei, wie wenn für das Heil dieser Seelen andächtige Gebete und fromme Almosen gesprochen und gespendet würden.

**1406** Neulich aber haben Wir nicht ohne schweres Mißfallen Unseres Herzens erfahren, daß manche diese Worte weniger richtig und ganz anders, als es Unsere Absicht war oder ist, ausgelegt haben. ... Wir haben nämlich nicht ... an die obengenannten Vorsteher geschrieben und erklärt, daß der obengenannte vollkommene Ablaß den am Reinigungsort weilenden Seelen ⟨ebenso⟩ zu nützen scheine, wie wenn für sie andächtige Gebete verrichtet und fromme Almosen gespendet würden; nicht daß Wir beabsichtigten oder etwa beabsichtigen oder auch einführen wollten, der Ablaß nütze oder vermöge nicht mehr als Almosen und Gebete, oder Almosen und Gebete würden soviel nützen und soviel vermögen wie ein Ablaß auf die Weise der Fürbitte, da Wir ja wissen, daß Gebete und Almosen weit von einem Ablaß auf die Weise der Fürbitte entfernt sind; sondern Wir sagten, er gelte "ebenso", das heißt, auf jene Weise, "wie wenn", das heißt, auf welche ⟨Weise⟩ Gebete und Almosen gelten. Und weil Gebete und Almosen als den Seelen zugewendete Fürbitten gelten, haben Wir, denen die Fülle der Macht aus der Höhe verliehen ist, in der Absicht, vom Schatz der allgemeinen Kirche, der aus den Verdiensten Christi und seiner Heiligen besteht und Uns anvertraut wurde, den Seelen am Reinigungsort Hilfe und Unterstützung zuteil werden zu lassen, den obengenannten Ablaß gewährt, jedoch so, daß die Gläubigen selbst für diese

**1407**      Ut igitur sanctum et laudabile desiderium hoc Nostrum a nullo potest iure damnari, etiam intentio et sana mens, quae non nisi ad apertum bonum intendit, impugnari per ambiguitatis medium non debet, cum secundum theologicae disciplinae rationem quaecumque propositio dubium intellectum in se continens semper in eo sensu sit accipienda, in quo vera redditur locutio.

Quamobrem ... praesentium tenore motu proprio decernimus et declaramus, in quibuscumque scriptis Nostris semper Nostrae intentionis fuisse et nunc esse: ipsam plenariam indulgentiam per modum suffragii animabus in purgatorio exsistentibus concessam sic valere et suffragari, quemadmodum communis Doctorum schola eas valere et suffragari concedit.

Seelen Fürbitte einlegen, die die Seelen der Verstorbenen durch sich selbst nicht vollziehen können. Diese Auffassung vertraten und vertreten Wir in Unserem Schreiben ...

Wie also dieser Unser heiliger und lobenswerter Wunsch von niemand zurecht verurteilt werden kann, so darf auch die Absicht und gesunde Auffassung, die ausschließlich auf ein offensichtliches Gut hinzielt, nicht mittels Zweideutigkeit angefochten werden, da nach der Regel der theologischen Lehre jeder Satz, der eine zweifelhafte Bedeutung in sich enthält, immer in dem Sinne aufzufassen ist, in dem sich eine wahre Aussage ergibt.

Deshalb ... entscheiden und erklären Wir aus eigenem Antrieb aufgrund des vorliegenden ⟨Schreibens⟩, daß es in allen Unseren Schreiben immer Unsere Absicht gewesen ist und ⟨auch⟩ jetzt ist, daß dieser vollkommene Ablaß, der den am Reinigungsort weilenden Seelen auf die Weise der Fürbitte gewährt wurde, so gelte und zugute komme, wie die allgemeine Schulmeinung der Gelehrten einräumt, daß sie gelten und zugute kommen.

### 1411-1419: Sätze des Petrus von Osma, verurteilt in der Bulle "Licet ea quae de nostro mandato", 9. Aug. 1479

In dem verlorenen Werk *De confessione* des Petrus Martínez von Osma, Magister zu Salamanca, wurden irrige Thesen über die Beichte, die Ablässe und die Vollmacht des Römischen Bischofs vertreten. Diese Thesen wurden am 15. Dez. 1476 vom Kapitularvikar von Saragossa und am 24. Mai 1479 von Theologen, die unter Erzbischof Alfonso Carillo von Toledo in Alcalá de Henares versammelt waren, mit einer Zensur belegt. Sixtus IV. machte sich ihr Urteil in seiner Bulle zu eigen. Von den 11 Sätzen von Alcalá werden drei nicht genannt (nämlich 7 10 11: erwähnenswert ist Satz 7: "Die Kirche der Stadt Rom kann irren" / "Ecclesia urbis Romae errare potest"); die übrigen Sätze werden mit geringfügigen Abweichungen und in anderer Reihenfolge angeführt. Den Text der Sätze von Alcalá s. bei M. Menéndez y Pelayo, *Historia de los heterodoxos españoles* 2 (*Obras completas*, Edicion nacional, Bd. 36; Santander 1947) 381f, Anm. Petrus von Osma widerrief seine Irrtümer, bevor die Bulle veröffentlicht wurde.
*Ausg.:* BullTau 5,265a / BullCocq 3/III, 171b / DuPlA 1/II, 301b.

### *Irrtümer über die sakramentale Beichte und die Ablässe*

**1411**      (1) Confessionem peccatorum in specie, ex universalis Ecclesiae realiter statuto, non divino iure compertam fore.

(1) Die Beichte der Sünden im einzelnen ⟨rührt⟩ in Wirklichkeit aus einer Satzung der allgemeinen Kirche ⟨her und⟩ ist nicht kraft göttlichen Rechtes bekannt.

**1412**      (2) Peccata mortalia quoad culpam et poenam alterius saeculi absque confessione, sola cordis contritione,

(2) Todsünden werden in bezug auf Schuld und Strafe in der anderen Welt ohne Beichte, allein durch die Reue des Herzens ausgelöscht,

**1413**      (3) pravas vero cogitationes sola displicentia deleri.

(3) verkehrte Gedanken aber allein durch Mißfallen.

(4) Quod confessio secreta sit, necessario non exigi.

(5) Non peracta paenitentia, confitentes absolvi non debere.

(6) Romanum Pontificem purgatorii poenam remittere

(7) et super his, quae universalis Ecclesia statuit, dispensare non posse.

(8) Sacramentum quoque paenitentiae, quantum ad collationem gratiae, naturae, non autem institutionis Novi vel Veteris Testamenti exsistere.

[*Censura:*] Pro potioris cautelae suffragio, omnes et singulas propositiones praedictas falsas, sanctae catholicae fidei contrarias, erroneas et scandalosas et ab evangelica veritate penitus alienas, sanctorum quoque Patrum decretis et aliis Apostolicis constitutionibus contrarias fore ac manifestam haeresim continere ... declaramus.

(4) Daß die Beichte geheim sei, ist nicht 1414 notwendig erforderlich.

(5) Ohne vorherigen Vollzug der Buße 1415 dürfen die Beichtenden nicht losgesprochen werden.

(6) Der Römische Bischof kann nicht die 1416 Strafe des Reinigungsortes nachlassen

(7) und von dem, was die allgemeine Kir- 1417 che festgesetzt hat, befreien.

(8) Auch ist das Sakrament der Buße, was 1418 die Verleihung der Gnade betrifft, ⟨ein Sakrament⟩ der Natur, nicht aber der Einsetzung des Neuen oder Alten Testamentes.

[*Zensur:*] Um eine verstärkte Vorsichts- 1419 maßnahme zu treffen, erklären Wir ..., daß die vorgenannten Sätze samt und sonders falsch, dem heiligen katholischen Glauben entgegengesetzt, irrig und anstößig und der Wahrheit des Evangeliums völlig fremd sowie auch den Dekreten der heiligen Väter und anderen Apostolischen Konstitutionen entgegengesetzt sind und eine offenkundige Häresie enthalten.

**1425-1426: Konstitution "Grave nimis", 4. Sept. 1483**

Vgl. *1400. – *Ausg.:* Ch. Sericoli, a. *1400° a.O. 159f / *Extravagantes communes*, l. III, tit. 12, c. 2 (Frdb 2,1286) / HaC 9,1495C-1496B.

### Die Unbefleckte Empfängnis Mariens

Sane cum sancta Romana Ecclesia de intemeratae semperque Virginis Mariae conceptione publice festum solemniter celebret, et speciale ac proprium super hoc officium ordinaverit, nonnulli, ut accepimus, diversorum ordinum praedicatores in suis sermonibus ad populum publice per diversas civitates et terras affirmare hactenus non erubuerunt, et quotidie praedicare non cessant, omnes illos, qui tenent aut asserunt, eandem gloriosam et immaculatam Dei genitricem absque originalis peccati macula fuisse conceptam, mortaliter peccare, vel esse haereticos, eiusdem immaculatae conceptionis officium celebrantes, audientesque sermones illorum, qui eam sine huiusmodi macula conceptam esse affirmant, peccare graviter.

Obwohl die hl. römische Kirche ja öffent- 1425 lich und feierlich das Fest von der Empfängnis der unversehrten und immerwährenden Jungfrau Maria begeht und ein besonderes und eigenes Offizium dafür verordnet hat, haben – wie Wir hörten – manche Prediger verschiedener Orden sich bisher nicht geschämt, in ihren Predigten ans Volk öffentlich in verschiedenen Städten und Landstrichen zu behaupten, und säumen nicht, täglich zu predigen, all jene sündigten tödlich bzw. seien Häretiker, die ⟨daran⟩ festhalten oder erklären, daß ebendiese glorreiche und unbefleckte Gottesgebärerin ohne den Makel der Ursünde empfangen worden sei, und sie sündigten schwer, wenn sie das Offizium ebendieser Unbefleckten Empfängnis feiern und die Predigten jener hören, die behaupten, sie sei ohne einen derartigen Makel empfangen worden.

**1426**    ... Nos igitur huiusmodi temerariis ausibus ... obviare volentes, motu proprio, non ad alicuius Nobis super hoc oblatae petitionis instantiam, sed de Nostra mera deliberatione et certa scientia, huiusmodi assertiones praedicatorum eorundem et aliorum quorumlibet qui affirmare praesumerent, eos, qui crederent aut tenerent, eandem Dei genitricem ab originalis peccati macula in sua conceptione praeservatam fuisse, propterea alicuius haeresis labe pollutos fore vel mortaliter peccare, aut huiusmodi officium conceptionis celebrantes seu huiusmodi sermones audientes alicuius peccati reatum incurrere, utpote falsas et erroneas et a veritate penitus alienas, editosque desuper libros praedictos, id continentes, quoad hoc auctoritate Apostolica tenore praesentium reprobamus et damnamus; ... simili poenae ac censurae subiicientes eos, qui ausi fuerint asserere, contrariam opinionem tenentes, videlicet gloriosam Virginem Mariam cum originali peccato fuisse conceptam, haeresis crimen vel peccatum incurrere mortale, cum nondum sit a Romana Ecclesia et Apostolica Sede decisum ...

... In der Absicht, solchen leichtfertigen Vorwitzigkeiten ... entgegenzutreten, verwerfen und verurteilen Wir also – aus eigenem Antrieb, nicht auf Veranlassung irgendeines Gesuchs, das in dieser Sache an Uns herangetragen wurde, sondern nur aufgrund Unserer Erwägung und sicheren Gewißheit – solche Behauptungen ebendieser Prediger und beliebiger anderer, die sich anmaßen zu behaupten, diejenigen, die glauben oder festhalten, daß die Gottesgebärerin in ihrer Empfängnis vom Makel der Ursünde bewahrt worden sei, würden deswegen mit dem Makel einer Häresie befleckt bzw. sündigten tödlich, oder wenn sie dieses Offizium der Empfängnis feiern bzw. solche Predigten hören, dann zögen sie sich die Schuld einer Sünde zu; ⟨solche Aussagen also verwerfen und verurteilen Wir⟩ in diesem Punkte kraft Apostolischer Autorität aufgrund des vorliegenden ⟨Schreibens⟩ als falsch, irrig und von der Wahrheit völlig abweichend und überdies die vorgenannten Bücher, die mit diesem Inhalt herausgegeben wurden; ... gleicher Strafe und Zensur unterwerfen Wir auch diejenigen, die zu behaupten wagen, die Vertreter der entgegengesetzten Meinung, nämlich daß die glorreiche Jungfrau Maria mit der Ursünde empfangen worden sei, zögen sich das Vergehen einer Häresie bzw. eine Todsünde zu, weil ⟨die Frage⟩ noch nicht von der römischen Kirche und dem Apostolischen Stuhl entschieden ist ...

## INNOZENZ VIII.: 29. Aug. 1484 – 25. Juli 1492

**1435: Bulle "Exposcit tuae devotionis" an Jean de Cirey, den Abt des Klosters Cîteaux, Diözese Châlon-sur-Saône, 9. April 1489**

Durch diese Bulle wird den Äbten von Cîteaux und den vier wichtigsten Tochterklöstern La Ferté, Pontigny, Clairvaux und Morimond das Vorrecht gewährt, die Subdiakonats- und Diakonatsweihe zu spenden. Dieses Vorrecht ist bescheidener als jenes in den *1145f 1290 angeführten Bullen. Die Kurzfassung der Bulle findet sich im Vatikanischen Archiv, armaria 54, t. 8, fol. 295. Der Abt Jean de Cirey publizierte diesen Entscheid in den *Collecta quorumdam privilegiorum Ordinis Cisterciensis* (Dijon 1491). Die Zisterzienser nahmen das Vorrecht bis zum ausgehenden 18. Jh. in Anspruch. Das *Rituale Cisterciense ex libro usuum, definitionibus Ordinis et Caeremoniali episcoporum collectum* VIII 17–18 (zuletzt 1949 hrsg. von Westmalle, S. 402–412) enthielt den Ordo der Subdiakonats- und Diakonatsweihe.

*Ausg.:* L. Meschet, *Privilèges de l'Ordre de Cîteaux* (Paris 1713) 135 / R. Köndig, *Elenchus privilegiorum regularium tam mendicantium quam non mendicantium, maxime Cisterciensium* (Köln 1713; 1779[2]) 391f / wiederholt bei Pio de Langogne, *De Bulla Innocentiana seu de potestate papae commitendi simplici presbytero subdiaconatus collationem*, in: ÉtFranc 6 (1901) 131–133; C. Baisi, *Il ministro straordinario degli ordini sacramentali* (Rom 1935) 13–15; H. Lennerz, *De sacramento Ordinis* (Rom 1953[2]) 148f; J. Beyer, in: NvRTh 76 (1954) 361f.

## Der Umfang der priesterlichen Weihevollmacht

... Cum itaque sicut exhibita Nobis nuper pro parte tua petitio continebat, ex privilegiis et indultis Apostolicis tibi et aliorum quatuor monasteriorum praedictorum abbatibus pro tempore exsistentibus, ut,

... Wie ein Uns neulich von Deiner Seite 1435 eingereichtes Gesuch besagte, wurde Dir und den Äbten der anderen vier vorgenannten Klöster für die Dauer ihrer Amtszeit aufgrund Apostolischer Vorrechte und Bewilligungen ... gewährt ..., daß die Genehmigungen gelten,

omnes ordines minores personis Ordinis eiusdem intra monasteria praedicta conferre ac pallas altaris et alia ornamenta ecclesiastica benedicere ac mitra et anulo et aliis pontificalibus insigniis uti, nec non in ipsis et aliis monasteriis et prioratibus illis subiectis, ac in parochialibus et aliis ecclesiis ad eos communiter vel divisim pertinentibus, quamvis eis pleno iure non subessent, benedictionem sollemnem, post Missarum, Vesperarum et Matutinarum sollemnia, dummodo in benedictione huiusmodi aliquis antistes vel Apostolicae Sedis legatus praesens non foret, elargiri, ...

obtenta valerent, ... concessum fuerit ...:

Personen ebendieses Ordens innerhalb der vorgenannten Klöster alle niederen Weihen zu spenden, Altarpallen und andere kirchliche Geräte zu segnen, Mitra, Ring und andere bischöfliche Standesabzeichen zu benützen sowie in den eigenen Klöstern und anderen ihnen untergeordneten Klöstern und Prioraten und in Pfarr- und anderen Kirchen, die zu ihnen insgesamt oder teilweise gehören – auch wenn sie ihnen nicht mit vollem Recht unterstehen sollten –, nach der Feier von Messen, Vespern und Metten den feierlichen Segen zu spenden, sofern bei einem solchen Segen kein Bischof oder Legat des Apostolischen Stuhles anwesend sein sollte ...:

Nos qui Ordinem ipsum prae ceteris in visceribus gerimus charitatis et illum intendimus non minoribus gratiis et privilegiis quam praedecessores Nostri fecerunt, decorare, tuis in hac parte supplicationibus inclinati, tibi et successoribus tuis, ac dictis abbatibus aliorum quatuor monasterium praedictorum nunc et pro tempore exsistentibus, ut de cetero perpetuis futuris temporibus,

Wir, die Wir diesen Orden vor den übrigen in zärtlicher Liebe umhegen und ihn mit nicht geringeren Gnadenerweisen und Vorrechten auszustatten beabsichtigen, als es Unsere Vorgänger getan haben, Deinen Bitten in diesem Punkt geneigt, gewähren deshalb also kraft Apostolischer Autorität und aus sicherer Einsicht aufgrund des vorliegenden ⟨Schreibens⟩ als besonderes Gnadengeschenk Dir, Deinen Nachfolgern und den genannten Äbten der anderen vier vorgenannten Klöster, für jetzt und für die Dauer ihrer Amtszeit, daß ihr und sie fortan in Zukunft immerdar frei und erlaubtermaßen

praedicta et quaecumque alia vestimenta ac ornamenta ecclesiastica ... benedicere, et calices consecrare ... ac altaria ... in quibuslibet locis dicti Ordinis, chrismate sacro prius ab aliquo catholico antistite recepto consecrare, et etiam benedictionem sollemnem post Missarum, Vesperarum et Matutinarum sollemnia ... elargiri, ac, ne monachi dicti Ordinis pro suscipiendis Subdiaconatus et Diaconatus ordinibus extra claustrum hinc inde discurrere cogantur, tibi et successoribus tuis, ut quibus-

die vorgenannten und alle anderen kirchlichen Gewänder und Geräte ... segnen, Kelche weihen ..., Altäre ... an allen beliebigen Orten des besagten Ordens mit zuvor von irgendeinem katholischen Bischof empfangenem heiligem Chrisam weihen, auch nach der Feier der Messen, Vespern und Metten ... den feierlichen Segen spenden und, damit die Mönche des besagten Ordens nicht gezwungen werden, für den Empfang der Weihen des Subdiakonats und des Diakonats außerhalb des Klosters

cumque dicti Ordinis monachis, aliis vero quatuor abbatibus praefatis ac eorum successoribus, ut suorum monasteriorum praedictorum religiosis, quos ad id idoneos repereritis, Subdiaconatus et Diaconatus ordines huiusmodi alias rite conferre, ...

libere et licite possitis et possunt, auctoritate Apostolica et ex certa scientia tenore praesentium de speciali dono gratiae indulgemus.

hierhin und dorthin zu laufen, Dir und Deinen Nachfolgern, daß ihr allen Mönchen des besagten Ordens, den anderen vier vorgenannten Äbten aber und ihren Nachfolgern, daß sie den Ordensleuten ihrer vorgenannten Klöster, die ihr dafür geeignet findet, diese anderen Weihen des Subdiakonats und des Diakonats im übrigen ordnungsgemäß spenden ...

könnt und können.

ALEXANDER VI.: 11. Aug. 1492 - 18. Aug. 1503
PIUS III.: 22 Sept. - 18. Okt. 1503

## JULIUS II.: 31. Okt. 1503 - 21. Febr. 1513

## 5. Konzil im LATERAN (18. ökum.): 3. Mai 1512 - 16. März 1517

Das Konzil versuchte vor allem, die gallikanischen Streitigkeiten beizulegen. Nachdem sich König Ludwig XII. von Frankreich i. J. 1513 mit dem Apostolischen Stuhl versöhnt hatte und seine Nation von der 8. Sitzung an auf dem Konzil vertreten war, gelang es, die Pragmatische Sanktion von Bourges (vgl. *1445) durch ein Konkordat zu ersetzen. Außerdem erließ das Konzil Dekrete im Bereich des Glaubens und der Sitten (*1440-1444).

Fortsetzung des 5. Konzils im LATERAN unter Leo X.:

## LEO X.: 11. März 1513 - 1. Dez. 1521

**1440-1441: 8. Sitzung, 19. Dez. 1513: Bulle "Apostolici regiminis"**

Mit dieser Bulle wird die dem Averroismus nahestehende Lehre abgelehnt, die Unsterblichkeit der menschlichen Seele lasse sich durch die Vernunft nicht beweisen, sondern müsse geglaubt werden. Diese Lehre wurde vor allem von Pietro Pomponazzi in der (im Sept. 1516 abgeschlossenen) Abhandlung *De immortalitate animae* vertreten (hrsg. von Gianfranco Morra [Bologna 1954]; *Abhandlung über die Unsterblichkeit der Seele. Tractatus de immortalitate animae*, hrsg. von B. Moisisch; Philosophische Bibliothek 434 [Hamburg 1990]).
*Ausg.:* Mac 32,842A-D / HaC 9,1719C-1720A / BullTau 5,601b-602a / BullCocq 3/III, 393ab / COeD$^3$ 605$_{11}$-606$_2$.

*Lehre über die menschliche Seele, gegen die Neu-Aristoteliker*

1440    Cum ... zizaniae seminator, antiquus humani generis hostis [*cf. Mt 13,25*], nonnullos perniciosissimos errores, a fidelibus semper explosos, in agro Domini superseminare et augere sit ausus, de natura praesertim animae rationalis, quod videlicet mortalis sit, aut unica in cunctis hominibus, et nonnulli temere philosophantes, secundum saltem philosophiam verum id esse asseverent:

Da ... der Sämann des Unkrauts, der alte Feind des Menschengeschlechts [*vgl. Mt 13,25*] es wagte, einige äußerst verderbliche Irrtümer, die von den Gläubigen stets verworfen wurden, über den Acker des Herrn auszustreuen und wachsen zu lassen, vor allem über die Natur der vernunftbegabten Seele, daß sie nämlich sterblich sei oder eine einzige in allen Menschen, und manche, die

contra huiusmodi pestem opportuna remedia adhibere cupientes, hoc sacro approbante Concilio damnamus et reprobamus omnes asserentes, animam intellectivam mortalem esse, aut unicam in cunctis hominibus, et haec in dubium vertentes,

cum illa non solum vere per se et essentialiter humani corporis forma exsistat, sicut in canone felicis recordationis Clementis papae V praedecessoris Nostri in Viennensi Concilio edito continetur [*902], verum et immortalis, et pro corporum quibus infunditur multitudine singulariter multiplicabilis, et multiplicata, et multiplicanda sit. ...

Cumque verum vero minime contradicat, omnem assertionem veritati illuminatae fidei contrariam omnino falsam esse definimus [cf. *3017]; et, ut aliter dogmatizare non liceat, districtius inhibemus: omnesque huiusmodi erroris assertionibus inhaerentes veluti damnatissimas haereses seminantes per omnia ut detestabiles et abominabiles haereticos et infideles, catholicam fidem labefactantes, vitandos et puniendos fore decernimus.

leichtfertig philosophieren, behaupten, dies sei - wenigstens philosophisch gesehen - wahr:
verurteilen und verwerfen Wir in der Absicht, gegen diese Pest geeignete Heilmittel anzuwenden, mit Zustimmung dieses heiligen Konzils alle, die behaupten, die vernunftbegabte Seele sei sterblich oder eine einzige in allen Menschen, und diese ⟨beiden Sachverhalte⟩ in Zweifel ziehen;
denn sie ist nicht nur wahrhaft durch sich und wesenhaft die Form des menschlichen Leibes, wie es in dem auf dem Konzil von Vienne herausgegebenen Kanon Unseres Vorgängers Clemens V. seligen Angedenkens festgehalten wird [*902], sondern auch unsterblich, und entsprechend der Vielzahl der Leiber, denen sie eingegossen wird, ist sie einzeln vervielfältigbar und muß sie vervielfältigt werden. ...

Und da das Wahre dem Wahren nicht im **1441** geringsten widerspricht, definieren Wir, daß jede der Wahrheit des erleuchteten Glaubens entgegengesetzte Behauptung völlig falsch ist [vgl. *3017]; und damit es nicht erlaubt sei, andere Lehrsätze aufzustellen, gebieten Wir noch entschiedener Einhalt: und Wir entscheiden, daß alle Anhänger der Behauptungen dieses Irrtums als Verbreiter von Häresien, die aufs schärfste verurteilt sind, in allem wie abscheuliche und greuliche Häretiker und Ungläubige, die den katholischen Glauben wankend machen, gemieden und bestraft werden sollen.

### 1442-1444: 10. Sitzung, 4. Mai 1515: Bulle "Inter multiplices"

Es waren schon mehrere päpstliche Dekrete zugunsten der "Montes pietatis" (Pfandhäuser) ergangen: H. Holzapfel, *Die Anfänge der Montes pietatis (1462-1515)* (Veröffentl. aus dem Kirchenhistorischen Seminar München, hrsg. v. A. Knöpfler, Bd. 11; München 1903) 10-12, zählt 17 Dekrete auf, deren erstes "*Cum dilecti*" (3. Juni 1463) von Pius II. zugunsten der Stiftung von Orvieto stammt. Es gab aber Bedenken gegen die Art und Weise, wie sich diese Pfandhäuser schadlos hielten.

*Ausg.*: MaC 32,905E-907A / HaC 9,1773D-1774E / BullTau 5,622a-623b / BullCocq 3/III, 408b-409a / COeD³ 626₁₇-627₃₀. - *Reg.*: J. Hergenröther, *Regesta Leonis X* (Freiburg 1884) Nr. 15297.

### Zinsnahme und die "Montes pietatis"

Nonnullis enim magistris et doctoribus dicentibus eos montes non esse licitos, in quibus aliquid ultra sortem pro libra, decurso certo tempore, per ministros huius montis ab ipsis pauperibus, quibus mutuum datur, exigitur, et propterea ab usurarum crimine ... mundos non evadere, cum Dominus noster,

Einige Magister und Lehrer sagen näm- **1442** lich, diejenigen Anstalten seien nicht erlaubt, in denen durch die Angestellten dieser Anstalt von den Armen selbst, denen ein Darlehen gewährt wird, nach Ablauf einer bestimmten Zeit noch etwas über das jeweils geliehene Kapital hinaus gefordert wird, und

Luca Evangelista testante [*Lc 6,34s*], aperto nos praecepto obstrinxerit, ne ex dato mutuo quidquam ultra sortem sperare debeamus. Ea enim propria est usurarum interpretatio, quando videlicet ex usu rei, quae non germinat, nullo labore, nullo sumptu nullove periculo lucrum fetusque conquiri studetur. ...

deswegen blieben sie nicht frei vom Vergehen der Zinsnahme ..., da unser Herr, wie der Evangelist Lukas bezeugt [*Lk 6,34f*], uns durch ein eindeutiges Gebot verpflichtet hat, wir dürften aus dem gewährten Darlehen nichts über das geliehene Kapital hinaus erhoffen. Dies ist nämlich die eigentliche Bedeutung von Zinsnahme, wenn man nämlich aus dem Gebrauch einer Sache, die keinen Ertrag bringt, ohne Arbeit, ohne Aufwand und ohne Risiko Gewinn und Zuwächse zu erzielen sucht. ...

**1443**    Aliis vero pluribus magistris et doctoribus ... conclamantibus pro tanto bono tamque rei publicae pernecessario, modo ratione mutui nihil petatur neque speretur; pro indemnitate tamen eorumdem montium, impensarum videlicet ministrorum eorumdem ac rerum omnium ad illorum necessariam conservationem pertinentium, absque montium huiusmodi lucro, idque moderatum et necessarium ab his, qui ex huiusmodi mutuo commodum suscipiunt, licite ultra sortem exigi et capi posse nonnihil licere, cum regula iuris habeat, quod qui commodum sentit, onus quoque sentire debeat[1], praesertim si Apostolica accedat auctoritas. Quam quidem sententiam a felicis recordationis Paulo II, Sixto IV, Innocentio VIII, Alexandro VI et Iulio II Romanis Pontificibus praedecessoribus Nostris probatam ... esse ostendunt.

Sehr viele andere Magister und Lehrer aber ... sprechen sich für dieses so große und für das Gemeinwesen so überaus nützliche Gut aus, sofern nur nichts aufgrund des Darlehens gefordert oder erhofft wird; für die Schadloshaltung ebendieser Anstalten jedoch, nämlich der Aufwendungen für ihre Angestellten und alle Dinge, die zu ihrer notwendigen Erhaltung gehören, könne und dürfe ohne Gewinn für diese Anstalten, und zwar in bescheidenem Maße und nur, soweit notwendig, von denen, die aus einem solchen Darlehen einen Vorteil ziehen, erlaubtermaßen etwas über das geliehene Kapital hinaus gefordert und genommen werden; denn eine Rechtsregel besagt, daß, wer einen Vorteil erfährt, auch eine Belastung erfahren muß[1], zumal wenn die Apostolische Autorität hinzukommt. Und sie zeigen, daß diese Auffassung von Unseren Vorgängern seligen Angedenkens, den Römischen Bischöfen Paul II., Sixtus IV., Innozenz VIII., Alexander VI. und Julius II., gebilligt ... wurde.

**1444**    Nos super hoc ... opportune providere volentes, alterius quidem partis, iustitiae zelum, ne vorago aperiretur usurarum, alterius, pietatis et veritatis amorem, ut pauperibus subveniretur, utriusque vero partis studium commendantes, ... sacro approbante Concilio, declaramus et definimus, montes pietatis antedictos per respublicas institutos et auctoritate Sedis Apostolicae hactenus probatos et confirmatos,

In der Absicht, diesbezüglich ... in angemessener Weise Vorsorge zu treffen, bei der einen Partei den Eifer für die Gerechtigkeit, damit sich nicht der Schlund der Zinsnahme auftue, bei der anderen die Liebe zur Barmherzigkeit und Wahrheit, damit den Armen geholfen werde, bei beiden Parteien aber ihr Bemühen lobend, ... erklären und definieren Wir mit Zustimmung des heiligen Konzils, daß die vorgenannten durch die Gemeinwesen errichteten und kraft der Autorität des Apostolischen Stuhles bisher gebilligten und bestätigten "Montes pietatis",

in quibus pro eorum impensis et indemnitate aliquid moderatum ad solas mini-

in denen für ihre Aufwendungen und ihre Schadloshaltung ein bescheidenes Entgelt

---

*1443 [1]    *Regulae iuris*, in: Bonifatius VIII., *Liber Sextus Decretalium* V Appendix, regula 55 (Frdb 2,1123).

strorum impensas et aliarum rerum ad illorum conservationem, ut praefertur, pertinentium, pro eorum indemnitate dumtaxat, ultra sortem absque lucro eorundem montium recipitur,

neque speciem mali praeferre nec peccandi incentivum praestare neque ullo pacto improbari, quin immo meritorium esse ac laudari et probari debere tale mutuum et minime usurarium putari ... .

Omnes autem ..., qui contra praesentis declarationis et sanctionis formam de cetero praedicare seu disputare verbo vel scriptis ausi fuerint, excommunicationis latae sententiae poenam ... incurrere volumus ...

allein für die Aufwendungen wegen der Angestellten und anderer Dinge, die, wie vorausgeschickt, zu ihrer Erhaltung gehören, lediglich für ihre Schadloshaltung über das geliehene Kapital hinaus ohne Gewinn für ebendiese Anstalten genommen wird,

weder den Anschein des Bösen an den Tag legen noch einen Anreiz zur Sünde bieten, noch in irgendeiner Weise mißbilligt werden dürfen, ja, daß ein solches Darlehen vielmehr verdienstvoll ist, gelobt und gebilligt werden muß und keineswegs als zinsnehmerisch erachtet werden darf ... .

Alle ... aber, die künftig entgegen der Fassung der vorliegenden Erklärung und Sanktion mündlich oder schriftlich zu predigen oder zu disputieren wagen sollten, verfallen, so Unser Wille, ... der Tatstrafe der Exkommunikation ...

## 1445: 11. Sitzung, 19. Dez. 1516: Bulle "Pastor aeternus gregem"

Auf Anregung König Karls VII. von Frankreich hatte die im Mai/Juni 1438 vereinte Klerikerversammlung von Bourges 23 vom Baseler Konzil inspirierte Artikel verfaßt, die insbesondere den Konziliarismus vertraten. Am 7. Juni 1438 unterschrieb der König diese "Pragmatische Sanktion von Bourges", die vornehmlich den Interessen des königlichen Senats und der Universität Paris entsprach. Nachdem der Streit zwischen den Päpsten, die die Sanktion nie anerkannten, und Frankreich unter Ludwig XII. beigelegt worden war, erkannte dessen Nachfolger Franz I. die im folgenden angeführte Bulle Leos X. an. In ihr wird die "Pragmatische Sanktion" für ungültig erklärt und die Bulle "*Unam sanctam*" Bonifatius' VIII. (*870–875) bestätigt, "jedoch unbeschadet der Erklärung '*Meruit*' Clemens' V." ("sine tamen praeiudicio Declarationis Clementis V '*Meruit*'"), die diese abschwächte.

*Ausg.:* MaC 32,967C-E / HaC 9,1828D–1829A / BullTau 5,661ab / BullCocq 3/III, 431b / COeD³ 642₁₀₋₂₆.

### Die Beziehung zwischen Papst und Konzil

... Nos a tam nefariae Sanctionis [*pragmaticae Bituricensis*] et contentorum in ea revocatione retrahi aut desistere salva conscientia ... non posse aut debere censemus.

Nec illud Nos movere debet, quod Sanctio ipsa et in ea contenta in Basileensi Concilio edita et, ipso Concilio instante, a Bituricensi Congregatione recepta et acceptata fuerunt, cum ea omnia post translationem eiusdem Basileensis Concilii per felicis memoriae Eugenium papam IV ... [*Ferraram 18. Sept. 1437*] factam, a Basileensi Conciliabulo ... facta extiterint ac propterea nullum robur habere potuerint, cum etiam solum Romanum Pontificem pro tempore exsistentem tamquam auctoritatem super omnia concilia habentem, conciliorum indicendorum, trans-

... Wir meinen, vom Widerruf der so niederträchtigen [*Pragmatischen*] Sanktion [*von Bourges*] und des in ihr Enthaltenen nicht guten Gewissens ... zurückgehalten werden oder absehen zu können oder zu dürfen.

Auch jenes darf Uns nicht rühren, daß die Sanktion selbst und das in ihr Enthaltene auf dem Baseler Konzil herausgegeben und auf Drängen des Konzils selbst von der Versammlung zu Bourges angenommen und anerkannt wurde, da all das nach der durch Eugen IV. seligen Angedenkens ... erfolgten Verlegung ebendieses Baseler Konzils [*nach Ferrara, am 18. Sept. 1437*] sich als vom Baseler Winkelkonzil ... verabschiedet herausstellte und deswegen keine Gültigkeit haben konnte, da ferner nicht nur aufgrund des Zeugnisses der heiligen Schrift, der Aussagen der hei-

1445

ferendorum ac dissolvendorum plenum ius et potestatem habere, nedum ex sacrae Scripturae testimonio, dictis sanctorum Patrum ac aliorum Romanorum Pontificum etiam, praedecessorum Nostrorum, sacrorumque canonum decretis, sed propria etiam eorundem conciliorum confessione manifeste constet ...

ligen Väter und auch anderer Römischer Bischöfe, Unserer Vorgänger, sowie der Dekrete der heiligen Kanones, sondern auch des eigenen Bekenntnisses ebendieser Konzilien unzweifelhaft feststeht, daß allein der Römische Bischof für die Dauer seiner Amtszeit kraft der ihm eigenen Autorität über alle Konzilien das volle Recht und die Vollmacht hat, Konzilien einzuberufen, zu verlegen und aufzulösen ...

### 1447-1449: Dekret "Cum postquam" an Cajetan de Vio, den Legaten des Papstes, 9. Nov. 1518

Das Ablaßwesen in Deutschland, das an schweren Auswüchsen litt, hatte Martin Luther zur Veröffentlichung von 95 Thesen über die Ablässe am 31. Okt. 1517 (Weimarer Ausg. 1 [1883] 229-238) veranlaßt. Als Antwort darauf will diese Bulle die kirchliche Lehre über die Ablässe darlegen. Ihre Lehrautorität hebt Leo X. in einem Begleitbrief *"An die Schweizer"* vom 30. April 1519 hervor (hrsg. von L.R. Schmidlin, *Bernhardin Sanson, der Ablaßprediger in der Schweiz 1518-1519* [Solothurn 1898] 30f):
"Die Vollmacht des Römischen Bischofs bei der Gewährung solcher Ablässe gemäß der wahren Festlegung durch die Römische Kirche, die, wie Wir beschlossen haben, von allen festgehalten und verkündet werden muß ..., wie Ihr aus dem Schreiben selbst, das Wir Euch zur Unterzeichnung senden, vollständig ersehen und angelegentlich beachten sollt. ... Der wahren Festlegung durch die heilige Römische Kirche und diesen Heiligen Stuhl, der keine Irrtümer zuläßt, sollt ihr treu anhangen" ("Romani Pontificis potestatem in huiusmodi indulgentiarum concessione iuxta Romanae Ecclesiae veram definitionem, quam ab omnibus teneri et praedicari debere ... decrevimus, prout ex ipsis litteris, quas vobis consignari mandamus, plene videre et servare curabitis. ... Verae determinationi sanctae Romanae Ecclesiae et huius Sanctae Sedis, quae non permittit errores, firmiter adhaerebitis").
Kardinal Cajetan de Vio, für den diese Bulle bestimmt war, hat den wesentlichen Teil des Textes i. J. 1522 seinem Kommentar zu Thomas von Aquin, *Summa theologiae* III, q. 48, a. 5 (Editio Leonina 11 [1903] 469) eingefügt.
*Ausg.:* bei Cajetan, siehe oben / J. Le Plat, *Monumentorum ad historiam Concilii Tridentini spectantium amplissima collectio* 2 (Löwen 1782) 23f / wiederholt bei N. Paulus, in: ZKTh 37 (1913) 395f / W. Köhler, *Dokumente zum Ablaßstreit von 1517* (Tübingen-Leipzig 1902) 158f (Nr. 36).

### *Ablässe*

1447    ... Ne de cetero quisquam ignorantiam doctrinae Romanae Ecclesiae circa huiusmodi indulgentias et illarum efficaciam allegare aut ignorantiae huiusmodi praetextu se excusare, aut protestatione conficta se iuvare, sed ut ipsi de notorio mendacio ut culpabiles convinci et merito damnari possint, per praesentes tibi significandum duximus, Romanam Ecclesiam, quam reliquae tamquam matrem sequi tenentur, tradidisse:

... Damit künftig keiner mehr Unkenntnis der Lehre der Römischen Kirche in bezug auf solche Ablässe und ihre Wirksamkeit geltend machen oder sich unter dem Vorwand einer solchen Unkenntnis entschuldigen oder sich durch eine erdichtete Bekundung helfen ⟨kann⟩, sondern damit sie wegen offenkundiger Lüge als strafbar überführt und zurecht verurteilt werden können, meinten Wir, Dir durch das vorliegende ⟨Schreiben⟩ kundtun zu sollen, daß die Römische Kirche, der als Mutter zu folgen die übrigen gehalten sind, ⟨folgendes⟩ überliefert hat:

1448    Romanum Pontificem, Petri clavigeri successorem et Iesu Christi in terris vicarium, potestate clavium, quarum est aperire regnum caelorum tollendo illius in Christi fidelibus impedimenta (culpam scilicet et poenam pro actualibus peccatis debitam, culpam quidem mediante sacramento paenitentiae, poenam vero temporalem pro actualibus pec-

Der Römische Bischof, der Nachfolger des Schlüsselträgers Petrus und Stellvertreter Jesu Christi auf Erden, kann kraft der Vollmacht der Schlüssel, die dazu dienen, das Himmelreich aufzuschließen, indem sie seine Hindernisse in den Christgläubigen beseitigen (nämlich die Schuld und die für die aktuellen Sünden geschuldete Strafe, und zwar

catis secundum divinam iustitiam debitam mediante ecclesiastica indulgentia), posse pro rationabilibus causis concedere eisdem Christi fidelibus, qui caritate iungente membra sunt Christi, sive in hac vita sint, sive in purgatorio, indulgentias ex superabundantia meritorum Christi et Sanctorum; ac tam pro vivis quam pro defunctis Apostolica auctoritate indulgentiam concedendo, thesaurum meritorum Iesu Christi et Sanctorum dispensare, per modum absolutionis indulgentiam ipsam conferre, vel per modum suffragii illam transferre consuevisse.

Ac propterea omnes, tam vivos quam defunctos, qui veraciter omnes indulgentias huiusmodi consecuti fuerint, a tanta temporali poena, secundum divinam iustitiam pro peccatis suis actualibus debita liberari, quanta concessae et acquisitae indulgentiae aequivalet.

Et ita ab omnibus teneri et praedicari debere sub excommunicationis latae sententiae poena ... auctoritate Apostolica earumdem tenore praesentium decernimus.

die Schuld mittels des Sakramentes der Buße, die für die aktuellen Sünden gemäß der göttlichen Gerechtigkeit geschuldete zeitliche Strafe aber mittels des kirchlichen Ablasses), aus vernünftigen Gründen ebendiesen Christgläubigen, die durch das Band der Liebe Glieder Christi sind – ob sie nun in diesem Leben seien oder am Reinigungsort –, aus dem Überfluß der Verdienste Christi und der Heiligen Ablässe gewähren; und indem er kraft Apostolischer Autorität sowohl für Lebende wie für Verstorbene einen Ablaß gewährt, pflegt er den Schatz der Verdienste Jesu Christi und der Heiligen auszuteilen und auf die Weise der Lossprechung den Ablaß selbst zu gewähren oder auf die Weise der Fürbitte ihn zu übertragen.

Und deswegen werden alle, sowohl Lebende wie Verstorbene, die wahrhaft alle diese Ablässe erlangt haben, von einem solch großen Maß der zeitlichen Strafe, wie sie sie gemäß der göttlichen Gerechtigkeit für ihre aktuellen Sünden schulden, befreit, wie es dem gewährten und erworbenen Ablaß entspricht.

Und Wir entscheiden kraft Apostolischer **1449** Autorität aufgrund ebendieses vorliegenden ⟨Schreibens⟩, daß es so unter Tatstrafe der Exkommunikation ... von allen festgehalten und verkündet werden muß.

## 1451-1492: Bulle "Exsurge Domine", 15. Juni 1520

Martin Luther, der mit seinen 95 Thesen (vgl. \*1447°) viel Widerhall fand, wurde schon im Nov. 1517 in Rom angeklagt und vorgeladen. Kurz darauf betraute Leo X. Kardinal Cajetan de Vio mit der Aufgabe, Luther zum Widerruf zu bewegen. Weder ihre Zusammenkunft im Okt. 1518 in Augsburg noch die im Juni-Juli 1519 in Leipzig abgehaltene Disputation zwischen Johannes Eck, dem bedeutendsten Verteidiger des Katholizismus, und den Reformatoren Luther und Karlstadt erbrachten eine Einigung. Nach der Rückberufung Johannes Ecks nach Rom wurde der Prozeß gegen Luther eröffnet (Jan.-April 1520). Es lagen u. a. die Voten der Universitäten Köln und Löwen vor (DuPlA 1/II [1728] 358-361; vgl. die *Responsio Lutheriana* d. J. 1520, Weimarer Ausg. 6 [1888] 170-195). Da Luther von seinen Lehren nicht abrückte und die Bulle "*Exsurge Domine*" am 10. Dez. 1520 öffentlich verbrannte, wurde er am 3. Jan. 1521 durch die Bulle "*Decet Romanum Pontificem*" exkommuniziert (BullTau 5,761a-764a / BullCocq 3/III, 493b-495b).

*Ausg.:* BullTau 5,750a-752a / BullCocq 3/III, 488b-489b / MaC 32,1051C-1053D / HaC 9,1893A-1895A / DuPlA 1/II, 362b-364b.

Die Sätze der Bulle geben die Worte Luthers meist genau wieder; die Angabe ihrer Fundstellen besorgte vor allem H. Roos, *Die Quellen der Bulle "Exsurge Domine"*, in: J. Auer – H. Volk (Hrsgg.), *Theologie in Geschichte und Gegenwart* (Festschrift M. Schmaus; München 1957) 909-926. Der Einfachheit halber werden die Quellen der einzelnen Sätze mit Siglen bezeichnet; es folgen (in Klammern) die Stellen in der kritischen Ausgabe *D. Martin Luthers Werke* (Weimar 1883ff). Die Siglen bedeuten im einzelnen:

A'  = *Resolutiones disputationum de indulgiarum virtute* (1518) [zu Satz 1 3 10 18 20-22 26 28 32-35 39].
B'  = *Disputatio et excusatio F. Martini Luther adversus criminationes D. Johannis Eccii* (1519) [2].
C'  = *Disputatio pro declaratione virtutis indulgentiarum* (1517) [4 17 38].
D'  = *Ein Sermon von Ablass und Gnade* (1517/1518) [5 18].
E'  = *Sermo de poenitentia* (1518) [6-9 11f 14].
F'  = *Ein Sermon von dem Sakrament der Busse* (1519) [13].
G'  = *Instructio pro confessione peccatorum* (1519) [15].

H'  = *Ein Sermon vom Sakrament des Leichnams Christi und von den Bruderschaften* (1519) [16].
I'  = *Verklärung etlicher Artikel in dem Sermon von dem heiligen Sakrament* (1520) [16].
K'  = *Disputatio I. Eccii et M. Lutheri Lipsiae habita* (1519) [18 30 37 40].
L'  = *Resolutiones Lutherianae super propositionibus suis Lipsiae disputatis* (1519) [19 27 29 31].
M'  = *Sermo de virtute excommunicationis* (1518) [23].
N'  = *Ein Sermo von dem Bann* (1520) [24].
O'  = *Disputatio Heidelbergae habita* (1518) [36].
P'  = *(Grosser) Sermon von dem Wucher* (1520) [41].
Q'  = *Contra malignum J. Eccii iudicium* (1519) [25].
R'  = *Resolutio super Propositiones XIII de potestate papae* (1519) [25].

## Irrtümer Martin Luthers

**1451**    1. Haeretica sententia est, sed usitata, sacramenta Novae Legis iustificantem gratiam illis dare, qui non ponunt obicem[1].

1. Häretisch, aber gebräuchlich ist die Auffassung, die Sakramente des Neuen Bundes verliehen jenen die Rechtfertigungsgnade, die keinen Riegel vorschieben[1].

**1452**    2. In puero post baptismum negare remanens peccatum, est Paulum et Christum simul conculcare[1].

2. Im Kind nach der Taufe die verbleibende Sünde zu leugnen, heißt Paulus und Christus zugleich mit Füßen treten[1].

**1453**    3. Fomes peccati, etiamsi nullum adsit actuale peccatum, moratur exeuntem a corpore animam ab ingressu caeli[1].

3. Auch wenn keine aktuelle Sünde da ist, hindert der Zunder der Sünde die aus dem Leib heraustretende Seele am Betreten des Himmels[1].

**1454**    4. Imperfecta caritas morituri fert secum necessario magnum timorem, qui se solo satis est facere poenam purgatorii, et impedit introitum regni[1].

4. Die unvollkommene Liebe des Sterbenden bringt notwendig eine große Furcht mit sich, die durch sich allein genügt, die Strafe des Reinigungsortes zu bewirken, und das Betreten des ⟨Himmel⟩reiches verhindert[1].

**1455**    5. Tres esse partes paenitentiae: contritionem, confessionem et satisfactionem, non est fundatum in sacra Scriptura nec antiquis sanctis christianis doctoribus[1].

5. Daß es drei Teile der Buße gebe, ⟨nämlich⟩ Reue, Beichte und Genugtuung, ist weder in der heiligen Schrift noch bei den alten heiligen christlichen Lehrern begründet[1].

**1456**    6. Contritio, quae paratur per discussionem, collationem et detestationem peccatorum, qua quis recogitat annos suos in amaritudine animae suae [cf. Is 38,15], ponderando peccatorum gravitatem, multitudinem, foeditatem, amissionem aeternae beatitudinis, ac aeternae damnationis acquisitionem, haec contritio facit hypocritam, immo magis peccatorem[1].

6. Reue, die durch Erforschung, Zusammenstellung und Verabscheuung der Sünden gewonnen wird, in der man seine Jahre in der Bitterkeit seiner Seele überdenkt [vgl. Jes 38,15], indem man die Schwere, Vielzahl und Häßlichkeit seiner Sünden, den Verlust der ewigen Seligkeit und den Erwerb der ewigen Verdammnis erwägt, diese Reue macht ⟨den Menschen⟩ zum Heuchler, ja noch mehr, zum Sünder[1].

**1457**    7. Verissimum est proverbium et omnium doctrina de contritionibus huc usque data praestantius: 'De cetero non facere, summa paenitentia: optima paenitentia, nova vita'[1].

7. Ganz wahr und vortrefflicher als die bisher über die Reue gegebene Lehre aller ist das Sprichwort: '⟨Es⟩ künftig nicht tun, ⟨ist⟩ die höchste Buße: Die beste Buße ⟨ist⟩ ein

---

*1451 [1] A', Conclusio VII (1,544$_{35-38}$).
*1452 [1] B' (2,160$_{34f}$).
*1453 [1] A', Conclusio XXIV (1,572$_{10-14}$).
*1454 [1] C' und A', Conclusio XXIV (1,234$_{3-6}$ und 1,572$_{15}$).
*1455 [1] D' (1,243$_{4-11}$).
*1456 [1] E' (1,319$_{10-17}$).

neues Leben'[1].

8. Nullo modo praesumas confiteri peccata venialia, sed nec omnia mortalia, quia impossibile est, ut omnia mortalia cognoscas. Unde in primitiva Ecclesia solum manifesta mortalia confitebantur[1].

8. Unterstehe dich keinesfalls, verzeihliche Sünden zu beichten, ja, nicht einmal alle Todsünden; denn es ist unmöglich, daß du alle Todsünden erkennst. Daher wurden in der Urkirche nur die offenkundigen Todsünden gebeichtet[1].   **1458**

9. Dum volumus omnia pure confiteri, nihil aliud facimus, quam quod misericordiae Dei nihil volumus relinquere ignoscendum[1].

9. Solange wir schlechthin alles beichten wollen, tun wir nichts anderes, als daß wir der Barmherzigkeit Gottes nichts zum Verzeihen übriglassen wollen[1].   **1459**

10. Peccata non sunt ulli remissa, nisi remittente sacerdote credat sibi remitti; immo peccatum maneret, nisi remissum crederet: non enim sufficit remissio peccati et gratiae donatio, sed oportet etiam credere esse remissum[1].

10. Keinem sind die Sünden vergeben, wenn er nicht bei der Vergebung durch den Priester glaubt, daß ihm vergeben werde; vielmehr bliebe die Sünde, wenn er nicht glaubte, daß sie vergeben sei: Es genügt nämlich nicht die Vergebung der Sünde und die Schenkung der Gnade, sondern man muß auch glauben, daß sie vergeben sei[1].   **1460**

11. Nullo modo confidas absolvi propter tuam contritionem, sed propter verbum Christi: "Quodcumque solveris" etc. [*Mt 16,19*]. Hinc, inquam, confide, si sacerdotis obtinueris absolutionem, et crede fortiter te absolutum, et absolutus vere eris, quidquid sit de contritione[1].

11. Vertraue keinesfalls darauf, wegen deiner Reue losgesprochen zu werden, sondern wegen des Wortes Christi: "Alles, was du gelöst hast" usw. [*Mt 16,19*]. Deshalb, sage ich, vertraue, wenn du die Lossprechung des Priesters erlangt hast, und glaube fest, daß du losgesprochen seiest, und du wirst wahrhaft losgesprochen sein, was immer auch mit der Reue sein mag[1].   **1461**

12. Si per impossibile confessus non esset contritus, aut sacerdos non serio, sed ioco absolveret, si tamen credat se absolutum, verissime est absolutus[1].

12. Wenn – den unmöglichen Fall angenommen – der Beichtende nicht reuig wäre oder der Priester nicht ernsthaft, sondern im Scherz lossprächе, dann ist er, wenn er dennoch glaubt, daß er losgesprochen sei, ganz wahrhaftig losgesprochen[1].   **1462**

13. In sacramento paenitentiae ac remissione culpae non plus facit Papa aut episcopus, quam infimus sacerdos: immo, ubi non est sacerdos, aeque tantum quilibet Christianus, etiamsi mulier aut puer esset[1].

13. Im Sakrament der Buße und der Vergebung der Schuld tut ein Papst oder Bischof nicht mehr als der geringste Priester: Ja, wo es keinen Priester gibt, ⟨tut⟩ ein jeglicher Christ ebensoviel, auch wenn er eine Frau oder ein Kind wäre[1].   **1463**

14. Nullus debet sacerdoti respondere, se esse contritum, nec sacerdos requirere[1].

14. Niemand ist verpflichtet, dem Priester zu antworten, er sei reuig, noch darf der Priester ⟨danach⟩ fragen[1].   **1464**

---

**\*1457** [1] E' (1,321$_{2-4}$).
**\*1458** [1] E' (1,322$_{22-25}$).
**\*1459** [1] E' (1,323$_{4-6}$).
**\*1460** [1] A', Conclusio VII (1,543$_{14f\,22-24}$).
**\*1461** [1] E' (1,323$_{23-28}$).
**\*1462** [1] E' (1,323$_{32-34}$).
**\*1463** [1] F' (2,716$_{25-28}$).
**\*1464** [1] E' (1,322$_{16f}$).

1465    15. Magnus est error eorum, qui ad sacramenta Eucharistiae accedunt huic innixi,
quod sint confessi, quod non sint sibi conscii
alicuius peccati mortalis, quod praemiserint
orationes suas et praeparatoria: omnes illi iudicium sibi manducant et bibunt. Sed si credant et confidant, se gratiam ibi consecuturos, haec sola fides facit eos puros et dignos[1].

1466    16. Consultum videtur, quod Ecclesia in
communi Concilio statueret, laicos sub utraque specie communicandos: nec Bohemi
communicantes sub utraque specie sunt haeretici, sed schismatici[1].

1467    17. Thesauri Ecclesiae, unde Papa dat indulgentias, non sunt merita Christi et Sanctorum[1].

1468    18. Indulgentiae sunt piae fraudes fidelium, et remissiones bonorum operum; et
sunt de numero eorum, quae licent, et non de
numero eorum, quae expediunt [*cf. 1 Cor
6,12; 10,23*][1].

1469    19. Indulgentiae his, qui veraciter eas consequuntur, non valent ad remissionem poenae pro peccatis actualibus debitae apud divinam iustitiam[1].

1470    20. Seducuntur credentes indulgentias
esse salutares et ad fructum spiritus utiles[1].

1471    21. Indulgentiae necessariae sunt solum
publicis criminibus, et proprie conceduntur
duris solummodo et impatientibus[1].

1472    22. Sex generibus hominum indulgentiae
nec sunt necessariae nec utiles: videlicet mortuis seu morituris, infirmis, legitime impeditis, his, qui non commiserunt crimina, his,
qui crimina commiserunt, sed non publica,
his, qui meliora operantur[1].

15. Groß ist der Irrtum derer, die zu den
Sakramenten der Eucharistie hinzutreten im
Vertrauen darauf, daß sie gebeichtet hätten,
daß sie sich keiner Todsünde bewußt seien,
daß sie ihre Gebete und Vorbereitungen vorausgeschickt hätten: all jene essen und trinken sich das Gericht. Aber wenn sie glauben
und vertrauen, sie würden dort Gnade erlangen, dann macht allein dieser Glaube sie rein
und würdig[1].

16. Es scheint ratsam, daß die Kirche in
einem gemeinsamen Konzil verordnete, den
Laien unter beiden Gestalten die Kommunion zu reichen; und die Böhmen, die unter
beiden Gestalten kommunizieren, sind keine
Häretiker, sondern Schismatiker[1].

17. Die Schätze der Kirche, aus denen der
Papst die Ablässe erteilt, sind nicht die Verdienste Christi und der Heiligen[1].

18. Die Ablässe sind fromme Täuschungen der Gläubigen und Nachlässe der guten
Werke; und sie gehören zur Anzahl der Dinge, die erlaubt sind, und nicht zur Anzahl der
Dinge, die nützen [*vgl. 1 Kor 6,12; 10,23*][1].

19. Ablässe wirken sich für diejenigen, die
sie wahrhaft erlangen, nicht auf den Nachlaß
der bei der göttlichen Gerechtigkeit für die
aktuellen Sünden geschuldeten Strafe aus[1].

20. Betrogen werden, die glauben, die Ablässe seien heilsam und zum Vorteil des Geistes nützlich[1].

21. Ablässe sind nur für öffentliche Vergehen notwendig und werden eigentlich nur
Hartherzigen und Unduldsamen gewährt[1].

22. Für sechs Arten von Menschen sind
Ablässe weder notwendig noch nützlich:
nämlich für Tote bzw. Sterbende, für Kranke,
für rechtmäßig Verhinderte, für diejenigen,
die keine Vergehen begangen haben, für diejenigen, die Vergehen begangen haben, aber
keine öffentlichen, für diejenigen, die Besseres tun[1].

---

*1465 [1]  G' (1,264$_{9-15}$).
*1466 [1]  H' und I' (2,742$_{24-26}$ und 6,80$_{36f}$).
*1467 [1]  C' (1,236$_{10f\ 14f}$).
*1468 [1]  K' (2,353$_{13}$; vgl. 349$_{16f}$ 356$_{38}$) und A', Conclusio XX (1,570$_{2f}$) und D' (1,246$_{15-19}$).
*1469 [1]  L' (2,429$_{5-7}$).
*1470 [1]  A', Conclusio XXXII (1,587$_{24-26}$).
*1471 [1]  A', Conclusio XIII (1,552$_{24f}$ 553$_{30f}$).
*1472 [1]  A', Conclusio XIII (1,552$_{19-22}$).

23. Excommunicationes sunt tantum externae poenae nec privant hominem communibus spiritualibus Ecclesiae orationibus[1].

24. Docendi sunt Christiani plus diligere excommunicationem quam timere[1].

25. Romanus Pontifex, Petri successor, non est Christi vicarius super omnes totius mundi ecclesias ab ipso Christo in beato Petro institutus[1].

26. Verbum Christi ad Petrum: "Quodcumque solveris super terram" etc. [*Mt 16,19*] extenditur dumtaxat ad ligata ab ipso Petro[1].

27. Certum est, in manu Ecclesiae aut Papae prorsus non esse statuere articulos fidei, immo nec leges morum seu bonorum operum[1].

28. Si Papa cum magna parte Ecclesiae sic vel sic sentiret, nec etiam erraret; adhuc non est peccatum aut haeresis, contrarium sentire, praesertim in re non necessaria ad salutem, donec fuerit per Concilium universale alterum reprobatum, alterum approbatum[1].

29. Via nobis facta est enervandi auctoritatem Conciliorum, et libere contradicendi eorum gestis, et iudicandi eorum decreta, et confidenter confitendi quidquid verum videtur, sive probatum fuerit, sive reprobatum a quocumque Concilio[1].

30. Aliqui articuli Iohannis Hus condemnati in Concilio Constantiensi sunt christianissimi, verissimi et evangelici, quos nec universalis Ecclesia posset damnare[1].

31. In omni opere bono iustus peccat[1].

23. Exkommunikationen sind nur äußere Strafen und berauben den Menschen nicht der gemeinsamen geistlichen Gebete der Kirche[1]. **1473**

24. Die Christen sind zu lehren, die Exkommunikation mehr zu lieben als zu fürchten[1]. **1474**

25. Der Römische Bischof, der Nachfolger Petri, ist nicht der von Christus selbst im seligen Petrus eingesetzte Statthalter Christi über alle Kirchen der ganzen Welt[1]. **1475**

26. Das Wort Christi zu Petrus: "Alles, was du auf der Erde gelöst hast" usw. [*Mt 16,19*], erstreckt sich lediglich auf das von Petrus selbst Gebundene[1]. **1476**

27. Es ist sicher, daß es überhaupt nicht in der Hand der Kirche oder des Papstes liegt, Glaubensartikel aufzustellen, ja, nicht einmal Gesetze für die Sitten bzw. guten Werke[1]. **1477**

28. ⟨Auch⟩ wenn der Papst mit einem großen Teil der Kirche so oder so dächte und auch nicht irrte, ist es solange keine Sünde oder Häresie, das Gegenteil zu denken – vor allem in einer Sache, die nicht heilsnotwendig ist –, bis durch ein allgemeines Konzil das eine verworfen und das andere anerkannt wurde[1]. **1478**

29. Uns ist der Weg ⟨frei⟩ gemacht, die Autorität der Konzilien zu entkräften, ihren Ausführungen frei zu widersprechen, ihre Dekrete zu beurteilen und zuversichtlich alles zu bekennen, was wahr scheint, ob es nun von was für einem Konzil auch immer gebilligt oder verworfen wurde[1]. **1479**

30. Einige Artikel Jan Hus', die auf dem Konstanzer Konzil verurteilt wurden, sind ganz christlich, höchst wahr und evangelisch; nicht einmal die gesamte Kirche könnte sie verurteilen[1]. **1480**

31. Der Gerechte sündigt in jedem guten Werke[1]. **1481**

---

**\*1473** [1]    M' (1,639$_{19f\ 33f}$).
**\*1474** [1]    N' (6,70$_{29f}$).
**\*1475** [1]    Vgl. ungefähr Q' (2,628$_5$) und R' (2,225$_{35f}$).
**\*1476** [1]    A', Conclusio V (1,536$_{20-22}$).
**\*1477** [1]    L' (2,427$_{8-10}$).
**\*1478** [1]    A', Conclusio XXVI (1,583$_{5-8}$).
**\*1479** [1]    L' (2,406$_{1f}$ 404$_{15-17}$).
**\*1480** [1]    K' (2,279$_{11-13}$).
**\*1481** [1]    L' (2,416$_{35f}$).

**1482**  32. Opus bonum optime factum est veniale peccatum[1].

**1483**  33. Haereticos comburi est contra voluntatem Spiritus[1].

**1484**  34. Proeliari adversus Turcas est repugnare Deo visitanti iniquitates nostras per illos[1].

**1485**  35. Nemo est certus, se non semper peccare mortaliter, propter occultissimum superbiae vitium[1].

**1486**  36. Liberum arbitrium post peccatum est res de solo titulo; et dum facit, quod in se est, peccat mortaliter[1].

**1487**  37. Purgatorium non potest probari ex sacra Scriptura, quae sit in canone[1].

**1488**  38. Animae in purgatorio non sunt securae de earum salute, saltem omnes: nec probatum est ullis aut rationibus aut Scripturis, ipsas esse extra statum merendi vel augendae caritatis[1].

**1489**  39. Animae in purgatorio peccant sine intermissione, quamdiu quaerunt requiem et horrent poenas[1].

**1490**  40. Animae ex purgatorio liberatae suffragiis viventium minus beantur, quam si per se satisfecissent[1].

**1491**  41. Praelati ecclesiastici et principes saeculares non male facerent, si omnes saccos mendicitatis delerent[1].

**1492**  [*Censura:*] Praefatos omnes et singulos articulos seu errores tamquam, ut praemittitur, respective haereticos, aut scandalosos, aut falsos, aut piarum aurium offensivos, vel simplicium mentium seductivos, et veritati catholicae obviantes, damnamus, reprobamus, atque omnino reicimus.

32. Das bestens getane gute Werk ist eine verzeihliche Sünde[1].

33. Daß Häretiker verbrannt werden, ist gegen den Willen des Geistes[1].

34. Gegen die Türken zu kämpfen heißt, sich Gott zu widersetzen, der durch jene unsere Missetaten heimsucht[1].

35. Niemand ist sicher, daß er nicht stets tödlich sündigt wegen des tief verborgenen Lasters des Stolzes[1].

36. Der freie Wille nach der Sünde ist nur dem Namen nach etwas; und solange er tut, was in ihm ist, sündigt er tödlich[1].

37. Der Reinigungsort kann aus der heiligen Schrift, die im Kanon ist, nicht bewiesen werden[1].

38. Die Seelen am Reinigungsort sind ihres Heiles nicht sicher, wenigstens ⟨nicht⟩ alle: auch ist weder durch Vernunftgründe noch durch die Schriften bewiesen, daß sie außerstande seien, sich Verdienste zu erwerben oder die Liebe zu vermehren[1].

39. Die Seelen am Reinigungsort sündigen ohne Unterlaß, solange sie Ruhe suchen und vor den Strafen schaudern[1].

40. Die aus dem Reinigungsort befreiten Seelen werden durch die Fürbitten der Lebenden weniger selig, als wenn sie durch sich Genugtuung geleistet hätten[1].

41. Die kirchlichen Vorsteher und weltlichen Fürsten würden nicht schlecht handeln, wenn sie alle Bettelsäcke vernichteten[1].

[*Zensur:*] Die vorgenannten Artikel bzw. Irrtümer verurteilen, mißbilligen und verwerfen Wir samt und sonders ganz und gar als, wie vorausgeschickt wird, – je nachdem – häretisch oder anstößig oder falsch oder fromme Ohren verletzend oder einfache Gemüter verführend und der katholischen Wahrheit widerstrebend.

---

**\*1482** [1]  A', Conclusio LVIII (1,608$_{10f}$).
**\*1483** [1]  A', Conclusio LXXX (1,625$_4$ 624$_{35-38}$).
**\*1484** [1]  A', Conclusio V (1,535$_{35-39}$).
**\*1485** [1]  A', Conclusio XIII (1,553$_{13f}$).
**\*1486** [1]  O' (1,354$_{5f}$).
**\*1487** [1]  K' (2,324$_{10-12}$).
**\*1488** [1]  C' (1,234$_{13f\ 11f}$).
**\*1489** [1]  A', Conclusio XVIII (1,562$_{15f}$).
**\*1490** [1]  K' (2,340$_{39}$–341$_1$).
**\*1491** [1]  P' (6,42$_{12f}$).

HADRIAN VI.: 9. Jan. 1522 - 14. Sept. 1523
CLEMENS VII.: 19. Nov. 1523 - 25. Sept. 1534

## PAUL III.: 13. Okt. 1534 - 10. Nov. 1549

**1495: Breve "Pastorale officium" an den Erzbischof von Toledo, 29. Mai 1537**

Eine Abordnung von Dominikanern hatte in Rom darüber Klage geführt, daß die spanischen Kolonisten die Eingeborenen Mittelamerikas in die Sklaverei führten, und den Papst veranlaßt, für ihre allgemeinen Rechte einzutreten. Paul III. veröffentlichte das Breve *"Pastorale officium"* über das Recht auf Freiheit und Eigentum, gerichtet an Kardinal Juan de Tavera, den Erzbischof von Toledo, und ein zweites Breve *"Veritas ipsa"* am 2. Juni 1537, in dem er die Exkommunikation androhte. Zwar nahm er diese Strafbestimmung auf Drängen der spanischen Regierung am 19. Juni 1538 wieder zurück. Er bereitete jedoch durch seine Stellungnahmen den Weg für die am 20. Nov. 1542 von Kaiser Karl V. unterzeichnete neue Gesetzgebung, mit der den Rechten der Eingeborenen in einer dem christlichen Geiste angemesseneren Weise Rechnung getragen werden sollte.

*Ausg.:* J. Margraf, *Kirche und Sklaverei seit der Entdeckung Amerikas* (Tübingen 1865) 218f (ebd. 219f das Breve *"Veritas ipsa"*); *Colección de documentos inéditos relativos al descubrimiento, conquista y organización de las antiguas posesiones españolas de América y Oceanía* 7 (Madrid 1867) 414 (ebd. das Breve *"Veritas ipsa"*).

### *Das Recht des Menschen auf Freiheit und Eigentum*

Ad Nostrum siquidem pervenit auditum, quod ... Carolus [*V*] Romanorum imperator ... ad reprimendos eos, qui cupiditate aestuantes contra humanum genus inhumanum gerunt animum, publico edicto omnibus sibi subiectis prohibuit, ut quisquam Occidentales aut Meridionales Indos in servitutem redigere aut eos bonis suis privare praesumat.

Hos igitur attendentes Indos ipsos, licet extra gremium Ecclesiae exsistant, non tamen sua libertate aut rerum suarum dominio privatos vel privandos esse, cum homines ideoque fidei et salutis capaces sint, non servitute delendos, sed praedicationibus et exemplis ad vitam invitandos fore,

ac praeterea Nos talium impiorum tam nefarios ausus reprimere et ne iniuriis et damnis exasperati ad Christi fidem amplectendam duriores efficiantur providere cupientes

circumspectioni tuae ... mandamus, quatenus ... universis et singulis uniuscuiusque dignitatis ... exsistentibus sub excommunicationis latae sententiae poena ... districtius inhibeas,

Es gelangte nämlich zu Unseren Ohren, **1495** daß ... Karl [*V*.], der Kaiser der Römer, ... um diejenigen zurückzudrängen, die, vor Begierde kochend, gegen die menschliche Gattung eine unmenschliche Gesinnung in sich tragen, in einem öffentlichen Erlaß allen ihm Unterworfenen verboten hat, daß sich einer unterstehe, die West- oder Südinder in die Sklaverei zu führen oder sie ihrer Güter zu berauben.

Da Wir also die Absicht haben, daß diese Inder, auch wenn sie sich außerhalb des Schoßes der Kirche befinden, dennoch nicht ihrer Freiheit oder der Herrschaft über ihren Besitz beraubt oder zu berauben seien, da sie Menschen und deshalb fähig zum Glauben und zum Heil sind, daß sie nicht durch Sklaverei vernichtet, sondern durch Predigten und Beispiele zum Leben eingeladen werden sollen,

und da Wir außerdem die so ruchlosen Unterfangen solch gottloser ⟨Menschen⟩ zurückzudrängen und Vorsorge zu treffen wünschen, daß sie nicht, durch Ungerechtigkeiten und Nachteile verbittert, weniger geneigt werden, den Glauben an Christus anzunehmen,

tragen Wir Deiner Umsicht ... auf, daß Du ... allen und den einzelnen jedweden Ranges ... unter der Tatstrafe der Exkommunikation ... strengstens verbietest, sich in irgendeiner

ne praefatos Indos quomodolibet in servitutem redigere aut eos bonis suis spoliare quoquomodo praesumant.

Weise zu unterstehen, die vorgenannten Inder in einer beliebigen Weise in die Knechtschaft zu führen oder sie ihrer Güter zu berauben.

## 1497: Konstitution "Altitudo divini consilii", 1. Juni 1537

Dieses Dekret ist für die "Westindischen Gebiete" bestimmt; schon am 2. Juli 1524 hatte eine Versammlung von Franziskanermissionaren ("Primera Junta de México") über diese Frage verhandelt.
*Ausg.:* CdICF 9,140 (Nr. 81) / CollPF² 1,30 (Anm. 1 zu Nr. 114).

### *Privilegium fidei*

1497    Super eorum [*Indorum Occidentalium*]
vero matrimonium hoc observandum decernimus, ut, qui ante conversionem plures iuxta eorum mores habebant uxores, et non recordantur quam primo acceperint, conversi
ad fidem, unam ex illis accipiant, quam voluerint, et cum ea matrimonium contrahant
per verba de praesenti, ut moris est; qui vero
recordantur, quam primo acceperint, aliis dimissis, eam retineant.

In bezug auf ihre [*der Indianer*] Ehe aber
entscheiden Wir, daß folgendes zu beachten
ist: Wer vor der Bekehrung gemäß ihren Sitten mehrere Frauen hatte und sich nicht erinnert, welche er zuerst genommen hat, soll,
wenn er sich zum Glauben bekehrt hat, e i n e
von diesen nehmen, die er will, und mit ihr
durch die gegenwartsbezogenen Worte die
Ehe schließen, wie es Sitte ist; wer sich aber
erinnert, welche er zuerst genommen hat, soll
die anderen entlassen und diese behalten.

## Konzil von TRIENT (19. ökum.): 13. Dez. 1545 – 4. Dez. 1563

Die reformatorische Bewegung in Deutschland forderte ein Reformkonzil der Kirche. Clemens VII. widersetzte sich jedoch der seit 1529 auch von Kaiser Karl V. verlangten Einberufung eines Allgemeinen
Konzils. Nach dem Scheitern einer Verständigung auf dem Augsburger Reichstag (1530) lud Paul III. am
2. Juni 1536 auf Druck des Kaisers zum Allgemeinen Konzil nach Mantua ein. Der Krieg zwischen Karl V.
und Franz I. von Frankreich verhinderte jedoch die für den 23. Mai vorgesehene Eröffnung. Der Papst
ordnete am 8. Okt. 1536 die Verlegung des Konzils nach Vicenza an. Das Vorhaben scheiterte an der geringen Zahl der Teilnehmer. Nach Kriegsende berief der Papst am 22. Mai 1542 wegen des Scheiterns des
Regensburger Religionsgespräches von 1541 das Konzil nach Trient ein. Doch ein neuer Krieg zwischen
Karl V. und Franz I. erzwang die Suspension des Konzils. Nach dem Frieden von Crépy (Sept. 1544) war der
Weg frei für eine erneute Einberufung am 30. Nov. 1544 mit der Bulle *"Laetare Ierusalem"*. Erst am 13. Dez.
1545 wurde das Konzil eröffnet; anwesend waren nur Katholiken. Vor dem Herannahen des seit Juli 1546
geführten Schmalkaldischen Krieges vertagte sich das Konzil am 11. März 1547 nach Bologna. Julius III.
verfügte am 14. Nov. 1550 durch die Bulle *"Cum ad tollenda"* die Rückkehr des Konzils nach Trient, wo am
1. Mai 1551 die zweite Trienter Sitzungsperiode eröffnet wurde. Einigungsverhandlungen mit den ab Jan.
1552 in Trient anwesenden Protestanten kamen zum Erliegen, als sich das Konzil am 28. April 1552 wegen
des Aufstandes des Kurfürsten Moritz von Sachsen erneut suspendierte. Nach mannigfachen politischen
Wirren verfügte Pius IV. am 29. Nov. 1560 mit der Bulle *"Ad ecclesiae regimen"* die Fortsetzung des Konzils,
dessen dritte Trienter Sitzungsperiode am 18. Jan. 1562 eröffnet wurde. Die Beratungen fanden am 4. Dez.
1563 in Trient ihren feierlichen Abschluß. Interpretation und Durchführung der von Pius IV. am 26. Jan.
1564 mit der Bulle *"Benedictus Deus"* (*1847–1850) bestätigten Beschlüsse des Konzils wurden am 2. Aug.
1564 einer Kardinalskongregation anvertraut. Ihre Dekrete und Statuten bildeten bis 1917 die Grundlage
des kanonischen Rechtes. Weitreichende Wirkung entfalteten die Konzilsdekrete über den von Pius V.
herausgegebenen Katechismus (1566), das Römische Brevier (1568) und das Römische Meßbuch (1572). Die
Arbeiten der einzelnen Sitzungsperioden:

## 1. Trienter Periode: 1.–8. Sitzung, Dez. 1545 – März 1547

Besonders zu nennen sind: die 4. Sitzung (8. April 1546) mit dem Dekret über die hl. Schrift und die Überlieferungen; die 5. Sitzung (17. Juni 1546) mit dem Dekret über die Ursünde; die 6. Sitzung (13. Jan. 1547) mit dem Dekret über die Rechtfertigung; die 7. Sitzung (3. März 1547) mit dem Dekret über die Sakramente im allgemeinen, die Taufe und die Firmung; die 8. Sitzung (11. März 1547) mit dem Beschluß, das Konzil nach Bologna zu verlegen.

## Bologneser Periode: 9.–10. Sitzung, März 1547 – (Febr. 1548) Sept. 1549

Diskussionen über das Sakrament der Buße, über die Letzte Ölung, die Weihe und die Ehe; kein verbindliches Dekret. Im Februar 1548 wird das Konzil vorläufig, am 13. Sept. 1549 formell und definitiv suspendiert.

## 2. Trienter Periode: 11.–16. Sitzung, Mai 1551 – April 1552

Julius III. versammelt von neuem die Synodalen auf den 1. Mai 1551 nach Trient. Besonders zu nennen sind: die 13. Sitzung (11. Okt. 1551) mit dem Dekret über die Eucharistie; die 14. Sitzung (25. Nov. 1551) mit dem Dekret über die Buße und die Letzte Ölung. Am 28. April 1552 wird das Konzil wiederum suspendiert.

## 3. Trienter Periode: 17.–25. Sitzung, Jan. 1562 – Dez. 1563

Das Konzil wird von Pius IV. am 29. Nov. 1560 zum dritten Mal auf Ostern, den 16. April 1561, nach Trient einberufen; erste feierliche Sitzung (d. h. die 17.) erst am 18. Jan. 1562. Erwähnenswert sind: die 21. Sitzung (16. Juli 1562) mit dem Dekret über den Empfang der Eucharistie (Kommunion); die 22. Sitzung (17. Sept. 1562) mit dem Dekret über das hl. Meßopfer; die 23. Sitzung (15. Juli 1563) mit dem Dekret über das Sakrament der Weihe; die 24. Sitzung (11. Nov. 1563) mit dem Dekret über die Ehe; die 25. Sitzung (3. und 4. Dez. 1563) mit den Dekreten über den Reinigungsort, die Verehrung der Heiligen, die heiligen Bilder und die Ablässe. Mit dieser Sitzung wurde das Konzil beendet.

## 1500: 3. Sitzung, 4. Febr. 1546: Dekret über das Glaubensbekenntnis

*Ausg.:* SGTr 4,579f / RiTr 10 / MaC 33,19B-D / HaC 10,19E–20B / COeD³ 662.

Haec sacrosancta oecumenica et generalis Tridentina Synodus,
   in Spiritu Sancto legitime congregata, in ea praesidentibus eisdem tribus Apostolicae Sedis legatis,
   magnitudinem rerum tractandarum considerans, praesertim earum, quae duobus illis capitibus de exstirpandis haeresibus et moribus reformandis continentur, quorum causa praecipue est congregata,

... Symbolum fidei, quo sancta Romana Ecclesia utitur, tamquam principium illud, in quo omnes, qui fidem Christi profitentur, necessario conveniunt, ac fundamentum firmum et unicum, contra quod portae inferi numquam praevalebunt [*cf. Mt 16,18*], totidem verbis, quibus in omnibus ecclesiis legitur, exprimendum esse censuit.

Dieses hochheilige ökumenische und allgemeine Konzil von Trient,    **1500**
   im Heiligen Geiste rechtmäßig versammelt unter dem Vorsitz der nämlichen drei Legaten des Apostolischen Stuhles,
   die Wichtigkeit der zu behandelnden Dinge erwägend, vor allem derer, die in jenen zwei Hauptzielen, Häresien auszurotten und die Sitten zu erneuern, enthalten sind, deretwegen es sich hauptsächlich versammelt hat,

... meinte, das Glaubensbekenntnis, das die heilige Römische Kirche gebraucht, als jenen Ursprung, in dem alle, die den Glauben an Christus bekennen, notwendig zusammenfinden, und ⟨als jenes⟩ feste und einzige Fundament, über das die Pforten der Unterwelt niemals Gewalt haben werden [*vgl. Mt 16,18*], mit denselben Worten, mit denen es in allen Kirchen gelesen wird, ausdrücken zu sollen.

[*Es folgt das nizäno-konstantinopolitanische Bekenntnis: \*150.*]

## 1501–1508: 4. Sitzung, 8. April 1546

### a) Dekret über die Annahme der heiligen Bücher und der Überlieferungen

Zur Zeit des Konzils wurde die Kanonizität folgender Bücher der Hl. Schrift wiederholt bezweifelt: Tob, Jdt, Weish, Sir, 1–2 Makk, Hebr, 2 Petr, Jak, 2–3 Joh, Jud, Offb, bestimmte Teile von Dan.

*Ausg.*: SGTr 5,91 / RiTr 11f / MaC 33,22A-E / HaC 10,22C–23B / COeD³ 663f / EnchB Nr. 57–60. – Vgl. den Entwurf des Dekrets: SGTr 5,31f / TheiTr 1,66.

**1501**
Sacrosancta oecumenica et generalis Tridentina Synodus,
in Spiritu Sancto legitime congregata, ...

hoc sibi perpetuo ante oculos proponens, ut sublatis erroribus puritas ipsa Evangelii in Ecclesia conservetur, quod promissum ante per Prophetas in Scripturis sanctis Dominus noster Iesus Christus Dei Filius proprio ore primum promulgavit, deinde per suos Apostolos tamquam fontem omnis et salutaris veritatis et morum disciplinae omni creaturae praedicari iussit [*cf. Mc 16,15*];

perspiciensque, hanc veritatem et disciplinam contineri in libris scriptis et sine scripto traditionibus, quae ab ipsius Christi ore ab Apostolis acceptae, aut ab ipsis Apostolis Spiritu Sancto dictante quasi per manus traditae ad nos usque pervenerunt,

orthodoxorum Patrum exempla secuta, omnes libros tam Veteris quam Novi Testamenti, cum utriusque unus Deus sit auctor, nec non traditiones ipsas, tum ad fidem, tum ad mores pertinentes, tamquam vel oretenus a Christo, vel a Spiritu Sancto dictatas et continua successione in Ecclesia catholica conservatas, pari pietatis affectu ac reverentia suscipit et veneratur.

Sacrorum vero librorum indicem huic decreto adscribendum censuit, ne cui dubitatio suboriri possit, quinam sint, qui ab ipsa Synodo suscipiuntur. Sunt vero infra scripti.

**1502**
Testamenti Veteris: Quinque Moisis, id est Genesis, Exodus, Leviticus, Numeri, Deuteronomium; Iosue, Iudicum, Ruth, qua-

Das hochheilige ökumenische und allgemeine Konzil von Trient,
im Heiligen Geiste rechtmäßig versammelt, ...

sich immerdar das Ziel vor Augen haltend, daß nach Aufhebung der Irrtümer des Evangeliums Reinheit selbst in der Kirche bewahrt werde, das, einst durch die Propheten in den heiligen Schriften verheißen, unser Herr Jesus Christus, der Sohn Gottes, zuerst mit eigenem Munde verkündete und danach durch seine Apostel als die Quelle aller heilsamen Wahrheit und Sittenlehre jedem Geschöpf predigen ließ [*vgl. Mk 16,15*];

und erkennend, daß diese Wahrheit und Lehre in geschriebenen Büchern und ungeschriebenen Überlieferungen enthalten sind, die, von den Aposteln aus dem Munde Christi selbst empfangen oder von den Aposteln selbst auf Diktat des Heiligen Geistes gleichsam von Hand zu Hand weitergegeben, bis auf uns gekommen sind, folgt dem Beispiel der rechtgläubigen Väter und nimmt an und verehrt mit dem gleichen Gefühl der Dankbarkeit und der gleichen Ehrfurcht alle Bücher sowohl des Alten als auch des Neuen Testamentes, da der eine Gott Urheber von beiden ist, sowie auch die Überlieferungen – sowohl die, welche zum Glauben, als auch die, welche zu den Sitten gehören – als entweder wörtlich von Christus oder vom Heiligen Geiste diktiert und in beständiger Folge in der katholischen Kirche bewahrt.

Es meinte aber, diesem Dekret ein Verzeichnis der heiligen Bücher beifügen zu sollen, damit keinem ein Zweifel kommen könne, welche es sind, die von diesem Konzil angenommen werden. Es sind aber die im folgenden aufgeführten.

Altes Testament: Fünf ⟨Bücher⟩ Mose, nämlich Genesis, Exodus, Levitikus, Numeri, Deuteronomium; Josua, Richter, Rut,

tuor Regum, duo Paralipomenon, Esdrae primus et secundus, qui dicitur Nehemias, Tobias, Iudith, Esther, Iob, Psalterium Davidicum centum quinquaginta psalmorum, Parabolae, Ecclesiastes, Canticum Canticorum, Sapientia, Ecclesiasticus, Isaias, Ieremias cum Baruch, Ezechiel, Daniel, duodecim Prophetae minores, id est Osea, Ioel, Amos, Abdias, Ionas, Michaeas, Nahum, Habacuc, Sophonias, Aggaeus, Zacharias, Malachias; duo Machabaeorum primus et secundus.

vier ⟨Bücher⟩ Könige ⟨ = 2 Bücher Samuel, 2 Bücher Könige⟩, zwei Paralipomena ⟨ = Chronik⟩, Esra – erstes und zweites ⟨Buch⟩, das Nehemia genannt wird, Tobias, Judit, Ester, Ijob, der davidische Psalter mit einhundertfünfzig Psalmen, Sprüche, Ecclesiastes ⟨ = Kohelet bzw. Prediger⟩, Hohelied, Weisheit, Ecclesiasticus ⟨ = Jesus Sirach⟩, Jesaja, Jeremia mit Baruch, Ezechiel, Daniel, die zwölf kleineren Propheten, nämlich Hosea, Joël, Amos, Obadja, Jona, Micha, Nahum, Habakuk, Zefanja, Haggai, Sacharja, Maleachi; zwei ⟨Bücher⟩ Makkabäer, das erste und zweite.

Testamenti Novi: Quatuor Evangelia, secundum Matthaeum, Marcum, Lucam, Ioannem; Actus Apostolorum a Luca Evangelista conscripti, quatuordecim epistolae Pauli Apostoli, ad Romanos, duae ad Corinthios, ad Galatas, ad Ephesios, ad Philippenses, ad Colossenses, duae ad Thessalonicenses, duae ad Timotheum, ad Titum, ad Philemonem, ad Hebraeos; Petri Apostoli duae, Ioannis Apostoli tres, Iacobi Apostoli una, Iudae Apostoli una, et Apocalypsis Ioannis Apostoli.

Neues Testament: Vier Evangelien, 1503 nach Matthäus, Markus, Lukas, Johannes; die vom Evangelisten Lukas verfaßte Apostelgeschichte, vierzehn Briefe des Apostels Paulus, an die Römer, zwei an die Korinther, an die Galater, an die Epheser, an die Philipper, an die Kolosser, zwei an die Thessalonicher, zwei an Timotheus, an Titus, an Philemon, an die Hebräer; zwei ⟨Briefe⟩ des Apostels Petrus, drei des Apostels Johannes, einer des Apostels Jakobus, einer des Apostels Judas und die Offenbarung des Apostels Johannes.

Si quis autem libros ipsos integros cum omnibus suis partibus, prout in Ecclesia catholica legi consueverunt et in veteri vulgata latina editione habentur, pro sacris et canonicis non susceperit, et traditiones praedictas sciens et prudens contempserit: anathema sit.

Wer aber diese Bücher nicht vollständig 1504 mit allen ihren Teilen, wie sie in der katholischen Kirche gelesen zu werden pflegen und in der alten lateinischen Vulgata-Ausgabe enthalten sind, als heilig und kanonisch anerkennt und die vorher erwähnten Überlieferungen wissentlich und absichtlich verachtet: der sei mit dem Anathema belegt.

Omnes itaque intelligant, quo ordine et via ipsa Synodus post iactum fidei confessionis fundamentum sit progressura, et quibus potissimum testimoniis ac praesidiis in confirmandis dogmatibus et instaurandis in Ecclesia moribus sit usura.

Alle sollen deshalb erkennen, in welcher 1505 Ordnung und auf welchem Wege dieses Konzil nach der Errichtung des Fundamentes des Glaubensbekenntnisses fortschreiten wird und welcher Zeugnisse und Hilfen es sich bei der Festigung der Glaubenslehren und der Erneuerung der Sitten in der Kirche hauptsächlich bedienen wird.

## b) Dekret über die Vulgata-Ausgabe der Bibel und die Auslegungsweise der Heiligen Schrift

*Ausg.:* SGTr 5,91f / RiTr 12 / MaC 33,22E–23C / HaC 10,23B-E / COeD[3] 664f / EnchB Nr. 61–63.

Insuper eadem sacrosancta Synodus considerans, non parum utilitatis accedere posse Ecclesiae Dei, si ex omnibus latinis editionibus, quae circumferuntur sacrorum librorum,

Erwägend, daß der Kirche Gottes nicht 1506 wenig an Nutzen zuteil werden könne, wenn bekannt wird, welche von allen lateinischen Ausgaben, die von den heiligen Büchern im

quaenam pro authentica habenda sit, innotescat:

statuit et declarat, ut haec ipsa vetus et vulgata editio, quae longo tot saeculorum usu in ipsa Ecclesia probata est, in publicis lectionibus, disputationibus, praedicationibus et expositionibus pro authentica habeatur, et quod nemo illam reicere quovis praetextu audeat vel praesumat [cf. *3825].

**1507**  Praeterea ad coercenda petulantia ingenia decernit, ut nemo, suae prudentiae innixus, in rebus fidei et morum, ad aedificationem doctrinae christianae pertinentium, sacram Scripturam ad suos sensus contorquens, contra eum sensum, quem tenuit et tenet sancta mater Ecclesia, cuius est iudicare de vero sensu et interpretatione Scripturarum sanctarum, aut etiam contra unanimem consensum Patrum ipsam Scripturam sacram interpretari audeat, etiamsi huiusmodi interpretationes nullo umquam tempore in lucem edendae forent. ...

**1508**  Sed et impressoribus modum in hac parte, ut par est, imponere volens ... statuit, ut posthac sacra Scriptura, potissimum vero haec ipsa vetus et Vulgata editio quam emendatissime imprimatur, nullique liceat imprimere vel imprimi facere quosvis libros de rebus sacris sine nomine auctoris, neque illos in futurum vendere aut etiam apud se retinere, nisi primum examinati probatique fuerint ab Ordinario ...

Umlauf sind, für authentisch zu halten ist,

beschließt und erklärt dasselbe hochheilige Konzil überdies, daß diese alte Vulgata-Ausgabe, die durch den langen Gebrauch so vieler Jahrhunderte in der Kirche anerkannt ist, bei öffentlichen Lesungen, Disputationen, Predigten und Auslegungen als authentisch gelten soll, und daß niemand wagen oder sich unterstehen soll, diese unter irgendeinem Vorwand zu verwerfen [vgl. *3825].

Außerdem beschließt es, um leichtfertige Geister zu zügeln, daß niemand wagen soll, auf eigene Klugheit gestützt in Fragen des Glaubens und der Sitten, soweit sie zum Gebäude christlicher Lehre gehören, die heilige Schrift nach den eigenen Ansichten zu verdrehen und diese selbe heilige Schrift gegen jenen Sinn, den die heilige Mutter Kirche festgehalten hat und festhält, deren Aufgabe es ist, über den wahren Sinn und die Auslegung der heiligen Schriften zu urteilen, oder auch gegen die einmütige Übereinstimmung der Väter auszulegen, auch wenn diese Auslegungen zu gar keiner Zeit für die Veröffentlichung bestimmt sein sollten. ...

In der Absicht aber, auch den Druckern in diesem Bereich, wie es sich ziemt, Mäßigung aufzuerlegen, ... bestimmt es, daß künftig die heilige Schrift, vor allem aber diese alte Vulgata-Ausgabe so fehlerfrei wie möglich gedruckt werde, und daß es keinem erlaubt sei, irgendwelche Bücher über die heiligen Dinge ohne den Namen des Autors zu drucken bzw. drucken zu lassen, noch diese künftig zu verkaufen oder auch bei sich zu lagern, wenn sie nicht zuerst vom Ordinarius geprüft und gebilligt wurden ...

### 1510–1516: 5. Sitzung, 17. Juni 1546: Dekret über die Ursünde

Die Beratung über die Ursünde begann am 24. Mai 1546. Am selben Tag schlug Kardinal Pedro Pacheco von Jaen vor, die Unbefleckte Empfängnis Mariens zu definieren (vgl. SGTr 5,166₃₁₋₃₃; 5,199₁₀). Den Anlaß für das Dekret bot vor allem Luthers Auffassung vom Zusammenhang zwischen Ursünde und Begehrlichkeit sowie die Praxis der Wiedertäufer. Von den vorbereitenden Arbeiten empfiehlt es sich, den am 5. Juni vorgelegten Entwurf (SGTr 5,196f / TheiTr 1,130a–131a) mit dem endgültigen Dekret zu vergleichen.
*Ausg.:* SGTr 5,238–240 / RiTr 13–15 / MaC 33,27A–29B / HaC 10,27C–29C / COeD³ 665–667.

**1510**  Ut fides nostra catholica, "sine qua impossibile est placere Deo" [Hbr 11,6], purgatis erroribus in sua sinceritate integra et illibata permaneat, et ne populus christianus "omni vento doctrinae circumferatur" [Eph 4,14],

Damit unser katholischer Glaube, "ohne den es unmöglich ist, Gott zu gefallen" [Hebr 11,6], von Irrtümern gereinigt in seiner unversehrten und unverletzten Reinheit fortbestehe und das christliche Volk nicht "von jedem Wind der Lehre umhergetrieben werde" [Eph 4,14]

cum serpens ille antiquus [cf. Apc 12,9; 20,2], humani generis perpetuus hostis, inter plurima mala, quibus Ecclesia Dei his nostris temporibus perturbatur, etiam de peccato originali eiusque remedio non solum nova, sed etiam vetera dissidia excitaverit:

sacrosancta oecumenica et generalis Tridentina Synodus ...

iam ad revocandos errantes et nutantes confirmandos accedere volens,

sacrarum Scripturarum et sanctorum Patrum ac probatissimorum conciliorum testimonia et ipsius Ecclesiae iudicium et consensum secuta, haec de ipso peccato originali statuit, fatetur ac declarat:

1. Si quis non confitetur, primum hominem Adam, cum mandatum Dei in paradiso fuisset transgressus, statim sanctitatem et iustitiam, in qua constitutus fuerat, amisisse incurrisseque per offensam praevaricationis huiusmodi iram et indignationem Dei atque ideo mortem, quam antea illi comminatus fuerat Deus, et cum morte captivitatem sub eius potestate, "qui mortis" deinde "habuit imperium, hoc est diaboli" [Hbr 2,14], totumque Adam per illam praevaricationis offensam secundum corpus et animam in deterius commutatum fuisse [cf. *371]: anathema sit.

2. "Si quis Adae praevaricationem sibi soli et non eius propagini asserit nocuisse", acceptam a Deo sanctitatem et iustitiam, quam perdidit, sibi soli et non nobis etiam eum perdidisse; aut inquinatum illum per inoboedientiae peccatum "mortem" et poenas "corporis tantum in omne genus humanum transfudisse, non autem et peccatum, quod mors est animae": anathema sit, "cum contradicat Apostolo dicenti: 'Per unum hominem peccatum intravit in mundum, et per peccatum mors, et ita in omnes homines mors pertransiit, in quo omnes peccaverunt' [Rm 5,12]" [*372].

– denn jene alte Schlange [vgl. Offb 12,9; 20,2], der beständige Feind des Menschengeschlechtes, hat neben sehr vielen Übeln, durch die die Kirche Gottes in diesen unseren Zeiten verwirrt wird, auch über die Ursünde und ihr Heilmittel nicht nur neue, sondern auch alte Streitereien entfacht –, beschließt, bekennt und erklärt das hochheilige ökumenische und allgemeine Konzil von Trient ...

in der Absicht, nunmehr daran zu gehen, die Irrenden zurückzurufen und die Wankenden zu stützen, den Zeugnissen der heiligen Schriften, der heiligen Väter und der voll anerkannten Konzilien sowie dem Urteil und der Übereinstimmung der Kirche selbst folgend, folgendes über ebendiese Ursünde:

1. Wer nicht bekennt, daß Adam, der erste 1511 Mensch, nachdem er das Gebot Gottes im Paradiese übertreten hatte, sogleich die Heiligkeit und Gerechtigkeit, in die er eingesetzt worden war, verloren und sich durch den Verstoß dieser Übertretung den Zorn und die Ungnade Gottes und deshalb den Tod zugezogen hat, den ihm Gott zuvor angedroht hatte, und mit dem Tod die Knechtschaft unter der Gewalt dessen, "der" danach "die Herrschaft des Todes innehatte, das heißt des Teufels" [Hebr 2,14] und daß der ganze Adam durch jenen Verstoß der Übertretung dem Leib und der Seele nach zum Schlechteren gewandelt worden ist [vgl. *371]: der sei mit dem Anathema belegt.

2. "Wer behauptet, die Übertretung Adams 1512 habe nur ihm und nicht seiner Nachkommenschaft geschadet", die von Gott empfangene Heiligkeit und Gerechtigkeit, die er verloren hat, habe er nur für sich und nicht auch für uns verloren; oder er habe, befleckt durch die Sünde des Ungehorsams, "nur den Tod" und die Strafen "des Leibes auf das ganze menschliche Geschlecht übertragen, nicht aber auch die Sünde, die der Tod der Seele ist": der sei mit dem Anathema belegt, "da er dem Apostel widerspricht, der sagt: 'Durch e i n e n Menschen ist die Sünde in die Welt gekommen, und durch die Sünde der Tod, und so ging der Tod auf alle Menschen über; in ihm haben alle gesündigt' [Röm 5,12]" [*372].

**1513**   3. Si quis hoc Adae peccatum, quod origine unum est et propagatione, non imitatione transfusum omnibus inest unicuique proprium, vel per humanae naturae vires, vel per aliud remedium asserit tolli, quam per meritum unius mediatoris Domini nostri Iesu Christi [cf. *1347], qui nos Deo reconciliavit in sanguine suo [cf. Rm 5,9s], "factus nobis iustitia, sanctificatio et redemptio" [1 Cor 1,30]; aut negat, ipsum Christi Iesu meritum per baptismi sacramentum, in forma Ecclesiae rite collatum, tam adultis quam parvulis applicari: anathema sit.

Quia "non est aliud nomen sub caelo datum hominibus, in quo oporteat nos salvos fieri" [Act 4,12]. Unde illa vox: "Ecce agnus Dei, ecce qui tollit peccata mundi" [Io 1,29]. Et illa: "Quicumque baptizati estis, Christum induistis" [Gal 3,27].

**1514**   4. "Si quis parvulos recentes ab uteris matrum baptizandos negat", etiam si fuerint a baptizatis parentibus orti, "aut dicit, in remissionem quidem peccatorum eos baptizari, sed nihil ex Adam trahere originalis peccati, quod regenerationis lavacro necesse sit expiari" ad vitam aeternam consequendam, "unde fit consequens, ut in eis forma baptismatis in remissionem peccatorum non vera, sed falsa intelligatur: anathema sit.

Quoniam non aliter intelligendum est id, quod dicit Apostolus: 'Per unum hominem peccatum intravit in mundum, et per peccatum mors, et ita in omnes homines mors pertransiit, in quo omnes peccaverunt' [Rm 5,12], nisi quemadmodum Ecclesia catholica ubique diffusa semper intellexit. Propter hanc enim regulam fidei", ex traditione Apostolorum, "etiam parvuli, qui nihil peccatorum in semetipsis adhuc committere potuerunt, ideo in remissionem peccatorum veraciter baptizantur, ut in eis regeneratione mundetur, quod generatione contraxerunt" [*223]. "Nisi enim quis renatus fuerit ex aqua et Spiritu Sancto, non potest introire in reg-

3. Wer behauptet, diese Sünde Adams, die ihrem Ursprung nach eine ist und, durch Fortpflanzung, nicht durch Nachahmung übertragen, allen – einem jeden eigen – innewohnt, werde entweder durch die Kräfte der menschlichen Natur oder durch ein anderes Heilmittel hinweggenommen als durch das Verdienst des einen Mittlers, unseres Herrn Jesus Christus [vgl. *1347], der – "uns zur Gerechtigkeit, Heiligung und Erlösung geworden" [1 Kor 1,30] – uns in seinem Blute mit Gott wiederversöhnt hat [vgl. Röm 5,9f], oder leugnet, daß das Verdienst Christi Jesu selbst durch das in der Form der Kirche rechtmäßig gespendete Sakrament der Taufe sowohl Erwachsenen als auch kleinen Kindern zugewendet wird: der sei mit dem Anathema belegt.

Denn "es ist den Menschen kein anderer Name unter dem Himmel gegeben, in dem wir gerettet werden sollen" [Apg 4,12]. Daher jenes Wort: "Siehe, das Lamm Gottes, siehe, das die Sünden der Welt hinwegnimmt" [Joh 1,29]. Und jenes: "Ihr alle, die ihr getauft seid, ihr habt Christus angezogen" [Gal 3,27].

4. "Wer leugnet, daß kleine Kinder gleich vom Mutterleibe weg zu taufen sind", auch wenn sie von getauften Eltern stammen, "oder sagt, sie würden zwar zur Vergebung der Sünden getauft, aber zögen nichts von einer Ursünde aus Adam auf sich, was durch das Bad der Wiedergeburt gesühnt werden müßte", um das ewige Leben zu erlangen, "woraus folgt, daß bei ihnen die Form der Taufe zur Vergebung der Sünden nicht richtig, sondern falsch verstanden wird: der sei mit dem Anathema belegt.

Denn das, was der Apostel sagt: 'Durch einen Menschen ist die Sünde in die Welt gekommen, und durch die Sünde der Tod, und so ging der Tod auf alle Menschen über; in ihm haben alle gesündigt' [Röm 5,12], ist nicht anders zu verstehen, als wie es die überall verbreitete katholische Kirche immer verstanden hat. Wegen dieser Glaubensregel nämlich werden", nach der Überlieferung der Apostel, "auch kleine Kinder, die bis dahin in sich selbst noch keine Sünde begehen konnten, deshalb wahrhaft zur Vergebung der Sünden getauft, damit in ihnen durch Wiedergeburt gereinigt werde, was sie sich durch Geburt zugezogen haben" [*223]. "Wer

num Dei" [*Io 3,5*].

nämlich nicht aus Wasser und Heiligem Geist wiedergeboren wurde, kann nicht in das Reich Gottes eingehen" [*Joh 3,5*].

5. Si quis per Iesu Christi Domini nostri gratiam, quae in baptismate confertur, reatum originalis peccati remitti negat, aut etiam asserit, non tolli totum id, quod veram et propriam peccati rationem habet, sed illud dicit tantum radi[1] aut non imputari: anathema sit.

5. Wer leugnet, daß durch die Gnade unseres Herrn Jesus Christus, die in der Taufe übertragen wird, die Strafwürdigkeit der Ursünde vergeben wird, oder auch behauptet, es werde nicht all das, was den wahren und eigentlichen Charakter von Sünde besitzt, hinweggenommen, sondern sagt, es werde nur abgekratzt[1] oder nicht angerechnet: der sei mit dem Anathema belegt. **1515**

In renatis enim nihil odit Deus, quia "nihil est damnationis iis" [*Rm 8,1*], qui vere "consepulti sunt cum Christo per baptisma in mortem" [*Rm 6,4*], qui "non secundum carnem ambulant" [*Rm 8,1*], sed veterem hominem exuentes et novum, qui secundum Deum creatus est, induentes [*cf. Eph 4,22-24; Col 3,9s*], innocentes, immaculati, puri, innoxii ac Deo dilecti filii effecti sunt, "heredes quidem Dei, coheredes autem Christi" [*Rm 8,17*], ita ut nihil prorsus eos ab ingressu caeli remoretur.

In den Wiedergeborenen nämlich haßt Gott nichts, weil "denen nichts zur Verurteilung gereicht" [*Röm 8,1*], die wahrhaft "mitbegraben sind mit Christus durch die Taufe auf den Tod" [*Röm 6,4*], die "nicht dem Fleische gemäß wandeln" [*Röm 8,1*], sondern den alten Menschen ausziehend und den neuen, der Gott gemäß geschaffen wurde, anziehend [*vgl. Eph 4,22-24; Kol 3,9f*], unschuldig, unbefleckt, rein, schuldlos und Gottes geliebte Söhne geworden sind, "nämlich Erben Gottes und Miterben Christi" [*Röm 8,17*], so daß sie überhaupt nichts vom Eintritt in das Himmelreich zurückhält.

Manere autem in baptizatis concupiscentiam vel fomitem, haec sancta Synodus fatetur et sentit; quae cum ad agonem relicta sit, nocere non consentientibus et viriliter per Christi Iesu gratiam repugnantibus non valet. Quin immo "qui legitime certaverit, coronabitur" [*2 Tim 2,5*]. Hanc concupiscentiam, quam aliquando Apostolus "peccatum" [*cf. Rm 6,12-15; 7,7 14-20*] appellat, sancta Synodus declarat, Ecclesiam catholicam numquam intellexisse, peccatum appellari, quod vere et proprie in renatis peccatum sit, sed quia ex peccato est et ad peccatum inclinat. Si quis autem contrarium senserit: anathema sit.

Daß aber in den Getauften die Begehrlichkeit bzw. der Zündstoff bleibt, bekennt und verspürt dieses heilige Konzil; da sie für den Kampf zurückgelassen ist, kann sie denen, die ⟨ihr⟩ nicht zustimmen und mit Hilfe der Gnade Christi Jesu mannhaft widerstehen, nicht schaden. Vielmehr wird sogar, "wer recht gekämpft hat, den Kranz erhalten" [*2 Tim 2,5*]. Daß diese Begehrlichkeit – die der Apostel bisweilen "Sünde" [*vgl. Röm 6,12-15; 7,7 14-20*] nennt – Sünde genannt wird, hat die katholische Kirche, so erklärt das heilige Konzil, niemals ⟨dahingehend⟩ verstanden, daß sie in den Wiedergeborenen wahrhaft und eigentlich Sünde wäre, sondern daß sie aus der Sünde ist und zur Sünde geneigt macht. Wer aber das Gegenteil denkt: der sei mit dem Anathema belegt.

6. Declarat tamen haec ipsa sancta Synodus, non esse suae intentionis, comprehendere in hoc decreto, ubi de peccato originali agitur, beatam et immaculatam Virginem Mariam Dei genitricem, sed observandas esse constitutiones felicis recordationis Sixti Pa-

6. Dasselbe heilige Konzil erklärt jedoch, daß es nicht in seiner Absicht liegt, in diesem Dekret, wo über die Ursünde gehandelt wird, die selige und unbefleckte Jungfrau und Gottesgebärerin Maria miteinzubegreifen, sondern daß die Konstitutionen Papst Sixtus' IV. **1516**

---

**\*1515** [1]   Vgl. Augustinus, *Contra duas epistulas Pelagianorum* I 13, n. 26 (CSEL 60,445 / PL 44,562).

501

pae IV, sub poenis in eis constitutionibus contentis, quas innovat [ *1400 1425s].

seligen Angedenkens zu beachten sind unter
den in diesen Konstitutionen enthaltenen
Strafen, die sie erneuert [ *1400 1425f].

### 1520-1583: 6. Sitzung, 13. Jan. 1547: Dekret über die Rechtfertigung

Die Diskussion über die Rechtfertigung begann am 22. Juni 1546 (SGTr 5,261 / TheiTr 1,159). Am 24. Juli,
23. Sept. und 5. Nov. wurde jeweils ein Entwurf des Dekrets vorgelegt (SGTr 5,384 420 634–641 / TheiTr
1,203–209 220–225 280–285). Weitere Änderungen kamen später hinzu. In dem Dekret werden vor allem
Lehren Luthers über die Rechtfertigung und das Zusammenwirken des Menschen mit der Gnade zurückgewiesen, ferner Auffassungen Johannes Calvins über die Vorherbestimmung (vgl. Kan. 6 17), aber auch die
entgegengesetzten Irrtümer des Jovinian und Pelagius, die die Notwendigkeit der Gnade zum Erlangen und
Bewahren der Rechtfertigung leugneten (vgl. Kan. 1–3 22f).

*Ausg.*: SGTr 5,791–799 / RiTr 23–33 / MaC 33,32D–43E / COeD³ 671–681.

*Vorwort*

**1520**     Cum hoc tempore, non sine multarum
animarum iactura et gravi ecclesiasticae unitatis detrimento, erronea quaedam dissemi-
nata sit de iustificatione doctrina: ad laudem
et gloriam omnipotentis Dei, Ecclesiae tranquillitatem et animarum salutem sacrosancta
oecumenica et generalis Tridentina synodus
... exponere intendit omnibus Christifidelibus
veram sanamque doctrinam ipsius iustificationis, quam "sol iustitiae" [*Mal 4,2*] Christus
Iesus, "fidei nostrae auctor et consummator"
[*Hbr 12,2*], docuit, Apostoli tradiderunt et catholica Ecclesia, Spiritu Sancto suggerente,
perpetuo retinuit; districtius inhibendo, ne
deinceps audeat quisquam aliter credere,
praedicare aut docere, quam praesenti decreto statuitur ac declaratur.

Da in dieser Zeit – nicht ohne den Verlust
vieler Seelen und schweren Schaden für die
kirchliche Einheit – eine irrige Lehre über die
Rechtfertigung ausgesät wurde: So beabsichtigt das hochheilige ökumenische und allgemeine Konzil von Trient zum Lob und zur
Ehre des allmächtigen Gottes, zur Beruhigung der Kirche und zum Heil der Seelen ...
allen Christgläubigen die wahre und gesunde
Lehre von der Rechtfertigung darzulegen,
wie sie "die Sonne der Gerechtigkeit" [*Mal
4,2*], Christus Jesus, "der Urheber und Vollender unseres Glaubens" [*Hebr 12,2*] lehrte,
die Apostel überlieferten und die katholische
Kirche durch die Eingebung des Heiligen
Geistes fortwährend bewahrte; und sie verbietet aufs strengste, daß jemand künftig anders zu glauben, predigen oder lehren wagt,
als durch das vorliegende Dekret festgesetzt
und erklärt wird.

#### Cap. 1. De naturae et legis ad iustificandos homines imbecillitate

#### Kap. 1. Das Unvermögen der Natur und des Gesetzes zur Rechtfertigung der Menschen

**1521**     Primum declarat sancta Synodus, ad iustificationis doctrinam probe et sincere intelligendam oportere, ut unusquisque agnoscat
et fateatur, quod, cum omnes homines in
praevaricatione Adae innocentiam perdidis-
sent [*cf. Rm 5,12; 1 Cor 15,22; *239*], "facti
immundi" [*Is 64,6*] et (ut Apostolus inquit)
"natura filii irae" [*Eph 2,3*], quemadmodum
in decreto de peccato originali exposuit, usque adeo servi erant peccati [*cf. Rm 6,20*] et
sub potestate diaboli ac mortis, ut non modo
gentes per vim naturae [*can. 1*], sed ne Iudaei
quidem per ipsam etiam litteram Legis Moysi
inde liberari aut surgere possent, tametsi in

Zuerst erklärt das heilige Konzil, daß es
zum rechten und aufrichtigen Verständnis
der Lehre von der Rechtfertigung gehört, daß
ein jeder anerkennt und bekennt: Nachdem
alle Menschen in der Übertretung Adams die
Unschuld verloren hatten [*vgl. Röm 5,12;
1 Kor 15,22; *239*], "unrein geworden" [*Jes
64,6*] und (wie der Apostel sagt) "von Natur
Kinder des Zorns" [*Eph 2,3*], waren sie – wie
es im Dekret über die Ursünde dárlegte – so
sehr Sklaven der Sünde [*vgl. Röm 6,20*] und
unter der Macht des Teufels und des Todes,
daß nicht nur die Heiden ⟨nicht⟩ durch die
Kraft der Natur [*Kan. 1*], sondern nicht ein-

eis liberum arbitrium minime exstinctum [*can. 5*] esset, viribus licet attenuatum et inclinatum [*cf. \*378*].

mal die Juden selbst sogar durch den Buchstaben des Gesetzes des Mose davon befreit werden und sich erheben konnten; gleichwohl war in ihnen der freie Wille keineswegs ausgelöscht worden [*Kan. 5*], auch wenn er in seinen Kräften geschwächt und gebeugt war [*vgl. \*378*].

## Cap. 2. De dispensatione et mysterio adventus Christi

Quo factum est, ut caelestis Pater, "Pater misericordiarum et Deus totius consolationis" [*2 Cor 1,3*], Christum Iesum [*can. 1*] Filium suum, et ante Legem et Legis tempore multis sanctis Patribus declaratum ac promissum [*cf. Gn 49,10 18*], cum venit beata illa "plenitudo temporis" [*Eph 1,10; Gal 4,4*], ad homines miserit, ut et Iudaeos, "qui sub Lege erant, redimeret" [*Gal 4,5*], et "gentes, quae non sectabantur iustitiam, iustitiam apprehenderent" [*Rm 9,30*], atque omnes "adoptionem filiorum reciperent" [*Gal 4,5*]. Hunc, "proposuit Deus propitiatorem per fidem in sanguine ipsius" [*Rm 3,25*], "pro peccatis nostris, non solum autem pro nostris, sed etiam pro totius mundi" [*1 Io 2,2*].

## Kap. 2. Der Heilsplan und das Geheimnis der Ankunft Christi

So geschah es, daß der himmlische Vater, **1522** "der Vater der Erbarmungen und der Gott allen Trostes" [*2 Kor 1,3*], als jene selige "Fülle der Zeit" [*Eph 1,10; Gal 4,4*] kam, seinen Sohn Christus Jesus [*Kan. 1*], der sowohl vor dem Gesetz als auch zur Zeit des Gesetzes vielen heiligen Vätern kundgetan und verheißen worden war [*vgl. Gen 49,10 18*], zu den Menschen sandte, damit er die Juden, "die unter dem Gesetze waren, erlöse" [*Gal 4,5*], "die Heiden, die nicht nach Gerechtigkeit trachteten, Gerechtigkeit erlangten" [*Röm 9,30*] und alle "die Annahme an Kindes Statt empfingen" [*Gal 4,5*]. Ihn "setzte Gott als Versöhner ein, durch den Glauben, in seinem Blute" [*Röm 3,25*], "für unsere Sünden, aber nicht nur für unsere, sondern auch für die der ganzen Welt" [*1 Joh 2,2*].

## Cap. 3. Qui per Christum iustificantur

Verum etsi ille "pro omnibus mortuus est" [*2 Cor 5,15*], non omnes tamen mortis eius beneficium recipiunt, sed ii dumtaxat, quibus meritum passionis eius communicatur. Nam sicut revera homines, nisi ex semine Adae propagati nascerentur, non nascerentur iniusti, cum ea propagatione per ipsum, dum concipiuntur, propriam iniustitiam contrahant: ita nisi in Christo renascerentur, numquam iustificarentur [*can. 2 et 10*], cum ea renascentia per meritum passionis eius gratia, qua iusti fiunt, illis tribuatur. Pro hoc beneficio Apostolus gratias nos semper agere hortatur Patri, "qui dignos nos fecit in partem sortis sanctorum in lumine, et eripuit de potestate tenebrarum, transtulitque in regnum Filii dilectionis suae, in quo habemus redemptionem et remissionem peccatorum" [*Col 1,12-14*].

## Kap. 3. Wer durch Christus gerechtfertigt wird

Wenn er aber auch "für alle gestorben ist" **1523** [*2 Kor 5,15*], so empfangen doch nicht alle die Wohltat seines Todes, sondern nur diejenigen, denen Anteil am Verdienst seines Leidens gewährt wird. Denn so wie die Menschen tatsächlich, wenn sie nicht als Abkömmlinge aus dem Samen Adams geboren würden, nicht als Ungerechte geboren würden – denn durch diese Abstammung ziehen sie sich durch ihn, wenn sie empfangen werden, die eigene Ungerechtigkeit zu –: so würden sie, wenn sie nicht in Christus wiedergeboren würden, niemals gerechtfertigt werden [*Kan. 2 und 10*]; denn durch diese Wiedergeburt wird ihnen durch das Verdienst seines Leidens Gnade zuteil, aufgrund derer sie gerecht werden. Für diese Wohltat – so ermahnt uns der Apostel – sollen wir dem Vater immer Dank sagen, "der uns würdig machte für die Teilhabe am Erbe der Heiligen im

Licht, der Macht der Finsternis entriß und in das Reich des Sohnes seiner Liebe versetzte, in dem wir die Erlösung und die Vergebung der Sünden haben [*Kol 1,12-14*].

### *Cap. 4. Insinuatur descriptio iustificationis impii, et modus eius in statu gratiae*

### *Kap. 4. Skizziert wird die Beschreibung der Rechtfertigung des Gottlosen und ihre Art und Weise in der Gnadenordnung*

**1524**    Quibus verbis iustificationis impii descriptio insinuatur, ut sit translatio ab eo statu, in quo homo nascitur filius primi Adae, in statum gratiae et "adoptionis filioram" [*Rm 8,15*] Dei, per secundum Adam Iesum Christum Salvatorem nostrum; quae quidem translatio post Evangelium promulgatum sine lavacro regenerationis [*can. 5 de baptismo*] aut eius voto fieri non potest, sicut scriptum est: "Nisi quis renatus fuerit ex aqua et Spiritu Sancto, non potest introire in regnum Dei" [*Io 3,5*].

Mit diesen Worten wird die Beschreibung der Rechtfertigung des Gottlosen skizziert, ⟨nämlich⟩ daß sie eine Überführung ist von dem Stand, in dem der Mensch als Sohn des ersten Adam geboren wird, in den Stand der Gnade und "der Annahme unter die Söhne" [*Röm 8,15*] Gottes, durch den zweiten Adam, unseren Erlöser Jesus Christus; diese Überführung kann freilich nach der Verkündigung des Evangeliums nicht ohne das Bad der Wiedergeburt [*Kan. 5 über die Taufe*] oder den Wunsch danach erfolgen, so wie geschrieben steht: "Wer nicht aus Wasser und Heiligem Geist wiedergeboren wurde, kann nicht in das Reich Gottes eingehen" [*Joh 3,5*].

### *Cap. 5. De necessitate praeparationis ad iustificationem in adultis, et unde sit*

### *Kap. 5. Die Notwendigkeit der Vorbereitung auf die Rechtfertigung bei Erwachsenen, und woher sie kommt*

**1525**    Declarat praeterea, ipsius iustificationis exordium in adultis a Dei per Christum Iesum praeveniente gratia [*can. 3*] sumendum esse, hoc est, ab eius vocatione, qua nullis eorum exsistentibus meritis vocantur, ut qui per peccata a Deo aversi erant, per eius excitantem atque adiuvantem gratiam ad convertendum se ad suam ipsorum iustificationem, eidem gratiae libere [*can. 4 et 5*] assentiendo et cooperando, disponantur, ita ut, tangente Deo cor hominis per Spiritus Sancti illuminationem, neque homo ipse nihil omnino agat, inspirationem illam recipiens, quippe qui illam et abicere potest, neque tamen sine gratia Dei movere se ad iustitiam coram illo libera sua voluntate possit [*can. 3*]. Unde in sacris Litteris cum dicitur: "Convertimini ad me, et ego convertar ad vos" [*Za 1,3*], libertatis nostrae admonemur; cum respondemus: "Converte nos, Domine, ad te, et convertemur" [*Lam 5,21*], Dei nos gratia praeveniri confitemur.

Es erklärt außerdem, daß diese Rechtfertigung bei Erwachsenen ihren Anfang von Gottes zuvorkommender Gnade durch Christus Jesus [*Kan. 3*] nehmen muß, das heißt, von seinem Ruf, durch den sie – ohne daß ihrerseits irgendwelche Verdienste vorlägen – gerufen werden, so daß sie, die durch ihre Sünden von Gott abgewandt waren, durch seine erweckende und helfende Gnade darauf vorbereitet werden, sich durch freie Zustimmung und Mitwirkung mit dieser Gnade [*Kan. 4 und 5*] zu ihrer eigenen Rechtfertigung zu bekehren; wenn also Gott durch die Erleuchtung des Heiligen Geistes das Herz des Menschen berührt, tut der Mensch selbst, wenn er diese Einhauchung aufnimmt, weder überhaupt nichts – er könnte sie ja auch verschmähen –, noch kann er sich andererseits ohne die Gnade Gottes durch seinen freien Willen auf die Gerechtigkeit vor ihm zubewegen [*Kan. 3*]. Wenn daher in der heiligen Schrift gesagt wird: "Kehrt um zu mir, und ich werde zu euch umkehren" [*Sach 1,3*], werden wir an unsere Freiheit erinnert;

wenn wir antworten: "Kehre uns um, Herr, zu dir, und wir werden umkehren" [*Klgl 5,21*], bekennen wir, daß uns die Gnade Gottes zuvorkommt.

### Cap. 6. Modus praeparationis

Disponuntur autem ad ipsam iustitiam [*can. 7 et 9*], dum excitati divina gratia et adiuti, fidem ex auditu [*cf. Rm 10,17*] concipientes, libere moventur in Deum, credentes, vera esse, quae divinitus revelata et promissa sunt [*can. 12-14*], atque illud in primis, a Deo iustificari impium per gratiam eius, "per redemptionem, quae est in Christo Iesu" [*Rm 3,24*], et dum, peccatores se esse intelligentes, a divinae iustitiae timore, quo utiliter concutiuntur [*can. 8*], ad considerandam Dei misericordiam se convertendo, in spem eriguntur, fidentes, Deum sibi propter Christum propitium fore, illumque tamquam omnis iustitiae fontem diligere incipiunt ac propterea moventur adversus peccata per odium aliquod et detestationem [*can. 9*], hoc est, per eam paenitentiam, quam ante baptismum agi oportet [*cf. Act 2,38*]; denique dum proponunt suscipere baptismum, inchoare novam vitam et servare divina mandata.

De hac dispositione scriptum est: "Accedentem ad Deum oportet credere, quia est et quod inquirentibus se remunerator sit" [*Hbr 11,6*], et: "Confide, fili, remittuntur tibi peccata tua" [*Mt 9,2; Mc 2,5*], et: "Timor Domini expellit peccatum" [*Sir 1,27*], et: "Paenitentiam agite, et baptizetur unusquisque vestrum in nomine Iesu Christi in remissionem peccatorum vestrorum, et accipietis donum Spiritus Sancti" [*Act 2,38*], et: "Euntes ergo docete omnes gentes, baptizantes eos in nomine Patris et Filii et Spiritus Sancti, docentes eos servare quaecumque mandavi vobis" [*Mt 28,19s*], denique: "Praeparate corda vestra Domino" [*1 Sm 7,3*].

### Kap. 6. Die Weise der Vorbereitung

Vorbereitet aber werden sie zu dieser Gerechtigkeit [*Kan. 7 und 9*], indem sie, durch die göttliche Gnade erweckt und unterstützt, den Glauben aufgrund des Hörens [*vgl. Röm 10,17*] annehmen und sich Gott aus freien Stücken zuwenden, glaubend, daß wahr ist, was von Gott geoffenbart und verheißen ist [*Kan. 12-14*], und vor allem dies, daß der Gottlose von Gott durch seine Gnade gerechtfertigt wird, "durch die Erlösung, die in Christus Jesus ist" [*Röm 3,24*]; ferner indem sie sich – wenn sie erkennen, daß sie Sünder sind, und sich von der Furcht vor der göttlichen Gerechtigkeit, durch die sie heilsam erschüttert werden [*Kan. 8*], zur Besinnung auf die Barmherzigkeit Gottes bekehren – zur Hoffnung aufrichten im Vertrauen darauf, daß Gott ihnen um Christi willen gnädig sein werde, ihn als Quelle aller Gerechtigkeit zu lieben beginnen und sich deswegen mit einem gewissen Maß an Haß und Abscheu gegen die Sünden wenden [*Kan. 9*], das heißt, durch jene Buße, die man vor der Taufe tun muß [*vgl. Apg 2,38*], schließlich indem sie sich vornehmen, die Taufe zu empfangen, ein neues Leben zu beginnen und die göttlichen Gebote zu beachten.      **1526**

Über diese Vorbereitung steht geschrieben: "wer sich Gott nahen will, muß glauben, daß er ist und daß er denen, die ihn suchen, ein Vergelter ist" [*Hebr 11,6*]; und: "Hab Vertrauen, mein Sohn, deine Sünden werden dir vergeben" [*Mt 9,2; Mk 2,5*]; und "Die Furcht des Herrn vertreibt die Sünde" [*Sir 1,27*]; und: "Tut Buße, und ein jeder von euch soll getauft werden im Namen Jesu Christi zur Vergebung eurer Sünden, und ihr werdet die Gabe des Heiligen Geistes empfangen" [*Apg 2,38*]; und: "Gehet also hin und lehrt alle Völker, tauft sie im Namen des Vaters und des Sohnes und des Heiligen Geistes und lehrt sie, alles zu halten, was ich euch aufgetragen habe" [*Mt 28,19f*]; schließlich: "Bereitet eure Herzen für den Herrn" [*1 Sam 7,3*].      **1527**

*Cap. 7. Quid sit iustificatio impii, et quae eius causae*

*Kap. 7. Was das Wesen der Rechtfertigung des Gottlosen ist und welches ihre Ursachen sind*

**1528**    Hanc dispositionem seu praeparationem iustificatio ipsa consequitur, quae non est sola peccatorum remissio [*can. 11*], sed et sanctificatio et renovatio interioris hominis per voluntariam susceptionem gratiae et donorum, unde homo ex iniusto fit iustus et ex inimico amicus, ut sit "heres secundum spem vitae aeternae" [*Tit 3,7*].

Dieser Zurüstung bzw. Vorbereitung folgt die Rechtfertigung selbst, die nicht nur Vergebung der Sünden ist [*Kan. 11*], sondern auch Heiligung und Erneuerung des inneren Menschen durch die willentliche Annahme der Gnade und der Gaben, aufgrund derer der Mensch aus einem Ungerechten ein Gerechter und aus einem Feind ein Freund wird, so daß er "Erbe gemäß der Hoffnung auf ewiges Leben" [*Tit 3,7*] ist.

**1529**    Huius iustificationis c a u s a e sunt: f i - n a l i s quidem gloria Dei et Christi ac vita aeterna; e f f i c i e n s vero misericors Deus, qui gratuito abluit et sanctificat [*cf. 1 Cor 6,11*] signans et ungens [*cf. 2 Cor 1,21s*] "Spiritu promissionis Sancto, qui est pignus hereditatis nostrae" [*Eph 1,13s*]; m e r i t o r i a autem dilectissimus Unigenitus suus, Dominus noster Iesus Christus, qui "cum essemus inimici" [*Rm 5,10*], "propter nimiam caritatem, qua dilexit nos" [*Eph 2,4*], sua sanctissima passione in ligno crucis nobis iustificationem meruit [*can. 10*], et pro nobis Deo Patri satisfecit; i n s t r u m e n t a l i s item sacramentum baptismi, quod est "sacramentum fidei"[1], sine qua nulli umquam contigit iustificatio.

Die U r s a c h e n dieser Rechtfertigung sind: nämlich die Z w e c k u r s a c h e die Ehre Gottes und Christi sowie das ewige Leben; die W i r k u r s a c h e aber der barmherzige Gott, der umsonst abwäscht und heiligt [*vgl. 1 Kor 6,11*], indem er "mit dem Heiligen Geist der Verheißung" siegelt und salbt [*vgl. 2 Kor 1,21f*], "der das Pfand unseres Erbes ist" [*Eph 1,13f*]; V e r d i e n s t u r s a c h e aber ⟨ist⟩ sein vielgeliebter Einziggeborener, unser Herr Jesus Christus, der uns, "als wir Feinde waren" [*Röm 5,10*], "wegen der übergroßen Liebe, mit der er uns liebte" [*Eph 2,4*], durch sein heiligstes Leiden am Holz des Kreuzes Rechtfertigung verdiente [*Kan. 10*] und Gott, dem Vater, für uns Genugtuung leistete; ebenso ⟨ist⟩ I n s t r u m e n t a l u r s a c h e das Sakrament der Taufe, das das "Sakrament des Glaubens"[1] ist, ohne den keinem jemals Rechtfertigung zuteil wird.

Demum unica f o r m a l i s causa est iustitia Dei, non qua ipse iustus est, sed qua nos iustos facit[2] [*can. 10 et 11*], qua videlicet ab eo donati renovamur spiritu mentis nostrae [*cf. Eph 4,23*], et non modo reputamur, sed vere iusti nominamur et sumus [*cf. 1 Io 3,1*], iustitiam in nobis recipientes unusquisque suam, secundum mensuram, quam Spiritus Sanctus partitur singulis prout vult [*cf. 1 Cor 12,11*], et secundum propriam cuiusque dispositionem et cooperationem.

Schließlich ist die einzige F o r m a l u r s a c h e die Gerechtigkeit Gottes, nicht ⟨jene⟩, durch die er selbst gerecht ist, sondern ⟨die⟩, durch die er uns gerecht macht[2] [*Kan. 10 und 11*], mit der von ihm beschenkt wir nämlich im Geiste unseres Gemütes erneuert werden [*vgl. Eph 4,23*] und nicht nur ⟨als gerecht⟩ gelten, sondern wahrhaft gerecht heißen und sind [*vgl. 1 Joh 3,1*], indem wir die Gerechtigkeit – ein jeder die seine – in uns aufnehmen nach dem Maß, das der Heilige Geist den einzelnen zuteilt, wie er will [*vgl. 1 Kor 12,11*], und nach der eigenen Vorbereitung und Mitwirkung eines jeden.

---

**\*1529** [1]   Ambrosius von Mailand, *De Spiritu Sancto* I 3, n. 42 (PL 16 [1866] 743A); Augustinus, Brief 98 an Bischof Bonifatius, Kap. 9f (CSEL 34/II,531₉ ₁₂ ₂₀ 532₁₂ / PL 33,364); Innozenz III., s. \*769 788.
     [2]   Vgl. Augustinus, *De Trinitate* XIV 12, n. 15 (W.J. Mountain - Fr. Glorie: CpChL 50A [1968] 442f / PL 42,1048).

Quamquam enim nemo possit esse iustus, nisi cui merita passionis Domini nostri Iesu Christi communicantur, id tamen in hac impii iustificatione fit, dum eiusdem sanctissimae passionis merito per Spiritum Sanctum caritas Dei diffunditur in cordibus [cf. Rm 5,5] eorum, qui iustificantur, atque ipsis inhaeret [can. 11]. Unde in ipsa iustificatione cum remissione peccatorum haec omnia simul infusa accipit homo per Iesum Christum, cui inseritur: fidem, spem et caritatem.

Nam fides, nisi ad eam spes accedat et caritas, neque unit perfecte cum Christo, neque corporis eius vivum membrum efficit. Qua ratione verissime dicitur, fidem sine operibus mortuam et otiosam esse [cf. Iac 2,17 20; can. 19], et "in Christo Iesu neque circumcisionem aliquid valere, neque praeputium, sed fidem, quae per caritatem operatur" [Gal 5,6; cf. 6,15].

Hanc fidem ante baptismi sacramentum ex Apostolorum traditione catechumeni ab Ecclesia petunt, cum petunt "fidem vitam aeternam praestantem"[1], quam sine spe et caritate fides praestare non potest. Unde et statim verbum Christi audiunt: "Si vis ad vitam ingredi, serva mandata"[2] [Mt 19,17; can. 18-20]. Itaque veram et christianam iustitiam accipientes, eam ceu primam stolam [cf. Lc 15,22] pro illa, quam Adam sua inobedientia sibi et nobis perdidit, per Christum Iesum illis donatam, candidam et immaculatam iubentur statim renati conservare, ut eam perferant ante tribunal Domini nostri Iesu Christi et habeant vitam aeternam[3].

Denn es kann zwar niemand gerecht sein, **1530** ohne daß ihm Anteil an den Verdiensten des Leidens unseres Herrn Jesus Christus verliehen wird; doch das geschieht in dieser Rechtfertigung des Gottlosen dadurch, daß aufgrund des Verdienstes dieses heiligsten Leidens durch den Heiligen Geist die Liebe Gottes in die Herzen derer ausgegossen wird [vgl. Röm 5,5], die gerechtfertigt werden, und ihnen einwohnt [Kan. 11]. Daher erhält der Mensch in der Rechtfertigung selbst zusammen mit der Vergebung der Sünden durch Jesus Christus, dem er eingegliedert wird, zugleich alles dies eingegossen: Glaube, Hoffnung und Liebe.

Denn wenn zum Glauben nicht Hoffnung **1531** und Liebe hinzutreten, eint er weder vollkommen mit Christus, noch macht er zu einem lebendigen Glied seines Leibes. Aus diesem Grunde wird völlig zurecht gesagt, daß Glaube ohne Werke tot und müßig sei [vgl. Jak 2,17 20; Kan. 19], und daß "bei Christus Jesus weder die Beschneidung noch das Unbeschnittensein etwas gelte, sondern der Glaube, der durch die Liebe wirkt" [Gal 5,6; vgl. 6,15].

Diesen Glauben erbitten die Katechumenen vor dem Sakrament der Taufe nach der Überlieferung der Apostel von der Kirche, wenn sie "den Glauben, der das ewige Leben verbürgt"[1], erbitten, das der Glaube ohne Hoffnung und Liebe nicht verbürgen kann. Daher hören sie auch sogleich das Wort Christi: "Wenn du zum Leben eingehen willst, halte die Gebote"[2] [Mt 19,17; Kan. 18-20]. Deshalb werden sie, wenn sie die wahre und christliche Gerechtigkeit empfangen, sogleich als Wiedergeborene geheißen, diese gleichsam als bestes Kleid [vgl. Lk 15,22], das ihnen durch Christus Jesus anstelle von jenem geschenkt wurde, das Adam durch seinen Ungehorsam sich und uns verlor, leuchtend und makellos zu bewahren, damit sie es vor den Richterstuhl unseres Herrn Jesus Christus tragen und das ewige Leben haben[3].

---

*1531 [1]   *Rituale Romanum*, Taufordnung Nr. 1.
[2]   Ebd. Nr. 2.
[3]   Ebd. Nr. 24.

*Cap. 8. Quo modo intelligatur, impium per fidem et gratis iustificari*

*Kap. 8. Die Bedeutung der Aussage, daß der Gottlose durch den Glauben und umsonst gerechtfertigt wird*

1532    Cum vero Apostolus dicit, iustificari hominem "per fidem" [*can. 9*], et "gratis" [*Rm 3,22 24*], ea verba in eo sensu intelligenda sunt, quem perpetuus Ecclesiae catholicae consensus tenuit et expressit, ut scilicet per fidem ideo iustificari dicamur, quia "fides est humanae salutis initium"[1], fundamentum et radix omnis iustificationis, "sine qua impossibile est placere Deo" [*Hbr 11,6*] et ad filiorum eius consortium pervenire; gratis autem iustificari ideo dicamur, quia nihil eorum, quae iustificationem praecedunt, sive fides, sive opera, ipsam iustificationis gratiam promeretur; "si enim gratia est, iam non ex operibus; alioquin (ut idem Apostolus inquit) gratia iam non est gratia" [*Rm 11,6*].

Wenn aber der Apostel sagt, der Mensch werde "durch den Glauben" [*Kan. 9*] und "umsonst" [*Röm 3,22 24*] gerechtfertigt, so sind diese Worte in dem Sinne zu verstehen, den die katholische Kirche in beständiger Übereinstimmung festhielt und zum Ausdruck brachte, nämlich daß deshalb gesagt wird, wir würden durch den Glauben gerechtfertigt, weil "der Glaube der Anfang des menschlichen Heiles ist"[1], die Grundlage und Wurzel jeder Rechtfertigung, "ohne den es unmöglich ist, Gott zu gefallen" [*Hebr 11,6*] und zur Gemeinschaft seiner Kinder zu gelangen; daß wir aber umsonst gerechtfertigt würden, wird deshalb gesagt, weil nichts von dem, was der Rechtfertigung vorhergeht, ob Glaube oder Werke, die Gnade der Rechtfertigung selbst verdient; "wenn sie nämlich Gnade ist, dann nicht mehr aufgrund von Werken; sonst wäre (wie derselbe Apostel sagt) Gnade nicht mehr Gnade" [*Röm 11,6*].

*Cap. 9. Contra inanem haereticorum fiduciam*

*Kap. 9. Gegen das eitle Vertrauen der Häretiker*

1533    Quamvis autem necessarium sit credere, neque remitti, neque remissa umquam fuisse peccata, nisi gratis divina misericordia propter Christum: nemini tamen fiduciam et certitudinem remissionis peccatorum suorum iactanti et in ea sola quiescenti peccata dimitti vel dimissa esse dicendum est, cum apud haereticos et schismaticos possit esse, immo nostra tempestate sit et magna contra Ecclesiam catholicam contentione praedicetur vana haec et ab omni pietate remota fiducia [*can. 12*].

Obwohl man aber glauben muß, daß Sünden nur umsonst, allein durch die göttliche Barmherzigkeit um Christi willen vergeben werden und immer vergeben wurden, so muß man doch sagen, daß keinem die Sünden vergeben werden oder vergeben wurden, der sich mit dem Vertrauen und der Gewißheit in bezug auf die Vergebung seiner Sünden brüstet und sich allein damit zufriedengibt; denn dieses eitle und von jeder Frömmigkeit entfernte Vertrauen kann sich auch bei Häretikern und Schismatikern finden, ja in unserer stürmischen Zeit findet es sich und wird in erbittertem Kampf gegen die katholische Kirche gepredigt [*Kan. 12*].

1534    Sed neque illud asserendum est, oportere eos, qui vere iustificati sunt, absque ulla omnino dubitatione apud semetipsos statuere, se esse iustificatos, neminemque a peccatis absolvi ac iustificari, nisi eum, qui certo credat, se absolutum et iustificatum esse, atque hac

Man darf aber auch nicht behaupten, daß diejenigen, die wahrhaft gerechtfertigt wurden, völlig ohne jeden Zweifel bei sich selbst feststellen müßten, sie seien gerechtfertigt, und daß nur der von den Sünden losgesprochen und gerechtfertigt werde, der fest glaubt,

---

*1532 [1]   Fulgentius von Ruspe, *De fide liber ad Petrum*, Prologus, n. 1 (J. Fraipont – C. Lambot: CpChL 91A [1968] 711₉f / PL 65,671 / PL 40,753 [Pseudo-Augustinus]).

sola fide absolutionem et iustificationem perfici [*can. 14*], quasi qui hoc non credit, de Dei promissis deque mortis et resurrectionis Christi efficacia dubitet. Nam sicut nemo pius de Dei misericordia, de Christi merito deque sacramentorum virtute et efficacia dubitare debet: sic quilibet, dum seipsum suamque propriam infirmitatem et indispositionem respicit, de sua gratia formidare et timere potest [*can. 13*], cum nullus scire valeat certitudine fidei, cui non potest subesse falsum, se gratiam Dei esse consecutum.

er sei losgesprochen und gerechtfertigt worden, und daß allein durch diesen Glauben die Lossprechung und Rechtfertigung vollendet werde [*Kan. 14*], so als ob, wer dies nicht glaubt, an den Verheißungen Gottes und an der Wirksamkeit des Todes und der Auferstehung Christi zweifelte. Denn so wie kein Gottesfürchtiger an der Barmherzigkeit Gottes, am Verdienst Christi und an der Kraft und Wirksamkeit der Sakramente zweifeln darf: so kann jeder, wenn er auf sich selbst und seine eigene Schwachheit und Unzulänglichkeit schaut, sich um seine Gnade ängstigen und fürchten [*Kan. 13*]; denn keiner vermag mit der Sicherheit des Glaubens, dem kein Trug zugrundeliegen kann, zu wissen, daß er die Gnade Gottes erlangt hat.

### Cap. 10. De acceptae iustificationis incremento

Sic ergo iustificati et "amici Dei" ac "domestici" [*Io 15,15; Eph 2,19*] facti, "euntes de virtute in virtutem" [*Ps 83,8*], "renovantur (ut Apostolus inquit) de die in diem" [*2 Cor 4,16*], hoc est, mortificando membra carnis suae [*cf. Col 3,5*] et exhibendo ea arma iustitiae in sanctificationem [*cf. Rm 6,13 19*] per observationem mandatorum Dei et Ecclesiae: in ipsa iustitia per Christi gratiam accepta, cooperante fide bonis operibus [*cf. Iac 2,22*], crescunt atque magis iustificantur [*can. 24 et 32*], sicut scriptum est: "Qui iustus est, iustificetur adhuc" [*Apc 22,11*], et iterum: "Ne verearis usque ad mortem iustificari" [*Sir 18,22*], et rursus: "Videtis, quoniam ex operibus iustificatur homo et non ex fide tantum" [*Iac 2,24*]. Hoc vero iustitiae incrementum petit sancta Ecclesia, cum orat: "Da nobis, Domine, fidei, spei et caritatis augmentum"[1].

### Kap. 10. Das Wachstum der empfangenen Rechtfertigung

Die so also Gerechtfertigten und zu "Freunden Gottes" sowie "Hausgenossen" [*Joh 15,15; Eph 2,19*] Gewordenen "schreiten von Tugend zu Tugend" [*Ps 84,8*] und "werden (wie der Apostel sagt) von Tag zu Tag erneuert" [*2 Kor 4,16*], indem sie nämlich die Glieder ihres Fleisches abtöten [*vgl. Kol 3,5*] und sie zu Waffen der Gerechtigkeit für die Heiligung [*vgl. Röm 6,13 19*], durch die Beachtung der Gebote Gottes und der Kirche; in dieser durch Christi Gnade empfangenen Gerechtigkeit wachsen sie – wobei der Glaube mit den guten Werken zusammenwirkt [*vgl. Jak 2,22*] – und werden noch mehr gerechtfertigt [*Kan. 24 und 32*], wie geschrieben steht: "Wer gerecht ist, werde weiterhin gerechtfertigt" [*Offb 22,11*]; und wiederum: "Scheue dich nicht, bis zum Tode gerechtfertigt zu werden" [*Sir 18,22*]; und wieder: "Ihr seht, daß der Mensch aufgrund von Werken gerechtfertigt wird, und nicht nur aufgrund des Glaubens" [*Jak 2,24*]. Diesen Zuwachs an Gerechtigkeit aber erbittet die heilige Kirche, wenn sie betet: "Gib uns, Herr, Wachstum des Glaubens, der Hoffnung und der Liebe"[1].

1535

---

*1535 [1] *Missale Romanum* (1962), Oration [Tagesgebet] am 13. Sonntag nach Pfingsten.

*Cap. 11. De observatione mandatorum, deque illius necessitate et possibilitate*

**1536**      Nemo autem, quantumvis iustificatus, liberum se esse ab observatione mandatorum [*can. 20*] putare debet; nemo temeraria illa et a Patribus sub anathemate prohibita voce uti, Dei praecepta homini iustificato ad observandum esse impossibilia [*can. 18 et 22; cf. *397*]. "Nam Deus impossibilia non iubet, sed iubendo monet, et facere quod possis, et petere quod non possis"[1], et adiuvat ut possis; "cuius mandata gravia non sunt" [*1 Io 5,3*], cuius "iugum suave est et onus leve" [*Mt 11,30*]. Qui enim sunt filii Dei, Christum diligunt: qui autem diligunt eum, (ut ipsemet testatur) servant sermones eius [*cf. Io 14,23*], quod utique cum divino auxilio praestare possunt.

**1537**      Licet enim hac mortali vita quantumvis sancti et iusti in levia saltem et quotidiana, quae etiam venialia [*can. 23*] dicuntur, peccata quandoque cadant, non propterea desinunt esse iusti. Nam iustorum illa vox est et humilis et verax: "Dimitte nobis debita nostra" [*Mt 6,12; cf. *229s*].

Quo fit, ut iusti ipsi eo magis se obligatos ad ambulandum in via iustitiae sentire debeant, quo "liberati iam a peccato, servi autem facti Deo" [*Rm 6,22*], "sobrie et iuste et pie viventes" [*Tit 2,12*], proficere possunt per Christum Iesum, per quem accessum habuerunt in gratiam istam [*cf. Rm 5,2*]. Deus namque sua gratia semel iustificatos "non deserit, nisi ab eis prius deseratur"[1].

**1538**      Itaque nemo sibi in sola fide [*can. 9 19 20*] blandiri debet, putans fide sola se heredem esse constitutum hereditatemque consecuturum, etiamsi Christo non compatiatur, ut et glorificetur [*cf. Rm 8,17*]. Nam et Christus ipse (ut inquit Apostolus), "cum esset Filius Dei, didicit ex his, quae passus est, oboedien-

---

*Kap. 11. Die Beachtung der Gebote und ihre Notwendigkeit und Möglichkeit*

Niemand aber, wie sehr er auch gerechtfertigt sein mag, darf meinen, er sei frei von der Beachtung der Gebote [*Kan. 20*], niemand jenes leichtfertige und von den Vätern unter ⟨Androhung des⟩ Anathema verbotene Wort benützen, die Vorschriften Gottes seien für einen gerechtfertigten Menschen unmöglich zu beobachten [*Kan. 18 und 22; vgl. *397*]. "Denn Gott befiehlt nichts Unmögliches, sondern wenn er befiehlt, dann mahnt er, zu tun, was man kann, und zu erbitten, was man nicht kann"[1], und er hilft, daß man kann; "seine Gebote sind nicht schwer" [*1 Joh 5,3*], sein "Joch ist sanft und ⟨seine⟩ Last leicht" [*Mt 11,30*]. Die nämlich Söhne Gottes sind, lieben Christus: Die aber ihn lieben, bewahren (wie er selbst bezeugt) seine Worte [*vgl. Joh 14,23*], was sie zumal mit göttlicher Hilfe leisten können.

Denn wenn auch in diesem sterblichen Leben noch so Heilige und Gerechte zuweilen wenigstens in leichte und alltägliche Sünden, die man auch verzeihliche [*Kan. 23*] nennt, fallen, so hören sie deswegen doch nicht auf, Gerechte zu sein. Denn den Gerechten kommt jenes demütige und wahrhaftige Wort zu: "Vergib uns unsere Schulden" [*Mt 6,12; vgl. *229f*].

Daher müssen sich die Gerechten umso mehr verpflichtet fühlen, auf dem Wege der Gerechtigkeit zu wandeln, da sie, "befreit von der Sünde, aber nun Knechte Gottes geworden" [*Röm 6,22*], "nüchtern, gerecht und fromm lebend" [*Tit 2,12*], Fortschritte machen können durch Christus Jesus, durch den sie Zugang zu dieser Gnade hatten [*vgl. Röm 5,2*]. Denn Gott "verläßt" die durch seine Gnade einmal Gerechtfertigten "nicht, wenn er nicht zuvor von ihnen verlassen wird"[1].

Deshalb darf sich niemand allein im Glauben [*Kan. 9 19 20*] schmeicheln und meinen, allein aufgrund des Glaubens sei er als Erbe eingesetzt und werde die Erbschaft erlangen, auch wenn er nicht mit Christus leidet, um auch verherrlicht zu werden [*vgl. Röm 8,17*]. Denn auch Christus selbst (wie

---

*1536 [1]   Augustinus, *De natura et gratia* 43, n. 50 (CSEL 60,270$_{20-22}$ / PL 44,271).
*1537 [1]   Vgl. ebd. 26, n. 29 (CSEL 60,255$_3$ / PL 44,261).

tiam, et consummatus factus est omnibus obtemperantibus sibi causa salutis aeternae" [*Hbr 5,8s*].

Propterea Apostolus ipse monet iustificatos dicens: "Nescitis, quod ii, qui in stadio currunt, omnes quidem currunt, sed unus accipit bravium? Sic currite, ut comprehendatis. Ego igitur sic curro, non quasi in incertum, sic pugno, non quasi aërem verberans, sed castigo corpus meum et in servitutem redigo, ne forte, cum aliis praedicaverim, ipse reprobus efficiar" [*1 Cor 9,24–27*]. Item princeps Apostolorum Petrus:. "Satagite, ut per bona opera certam vestram vocationem et electionem faciatis; haec enim facientes non peccabitis aliquando" [*2 Pt 1,10*].

Unde constat, eos orthodoxae religionis doctrinae adversari, qui dicunt, iustum in omni bono opere saltem venialiter peccare [*can. 25; cf. *1481s*], aut (quod intolerabilius est) poenas aeternas mereri; atque etiam eos, qui statuunt, in omnibus operibus iustos peccare, si in illis, suam ipsorum socordiam excitando et sese ad currendum in stadio cohortando, cum hoc, ut in primis glorificetur Deus, mercedem quoque intuentur aeternam [*can. 26 31*], cum scriptum sit: "Inclinavi cor meum ad faciendas iustificationes tuas propter retributionem" [*Ps 118,112*], et de Moyse dicat Apostolus, quod "aspiciebat in remuneratione" [*Hbr 11,26*].

### Cap. 12. Praedestinationis temerariam praesumptionem cavendam esse

Nemo quoque, quamdiu in hac mortalitate vivitur, de arcano divinae praedestinationis mysterio usque adeo praesumere debet, ut certo statuat, se omnino esse in numero praedestinatorum[1] [*can. 15*], quasi verum esset, quod iustificatus aut amplius peccare non possit [*can. 23*], aut, si peccaverit, certam sibi resipiscentiam promittere debeat. Nam, nisi ex speciali revelatione, sciri non potest, quos

der Apostel sagt), "obwohl er Sohn Gottes war, lernte aus dem, was er litt, Gehorsam und wurde, zur Vollendung gebracht, für alle, die ihm gehorchen, Ursache des ewigen Heiles" [*Hebr 5,8f*].

Deswegen ermahnt der Apostel selbst die Gerechtfertigten und sagt: "Wißt ihr nicht, daß die, welche in der Rennbahn laufen, zwar alle laufen, aber ⟨nur⟩ einer den Preis erhält? Lauft so, daß ihr ⟨ihn⟩ erlangt. Ich also laufe so, nicht gleichsam ins Ungewisse; ich kämpfe so, nicht gleichsam die Luft schlagend; sondern ich züchtige und knechte meinen Leib, damit ich nicht, während ich anderen predige, selbst verworfen werde" [*1 Kor 9,24–27*]. Ebenso der Apostelfürst Petrus: "Bemüht euch, um durch gute Werke eure Berufung und Erwählung sicherzustellen; denn wenn ihr dies tut, werdet ihr niemals fehlen" [*2 Petr 1,10*].

Daher steht fest, daß diejenigen der rechtgläubigen Religionslehre widerstreiten, die sagen, der Gerechte sündige in jedem guten Werke wenigstens läßlich [*Kan. 25; vgl. *1481f*] oder (was noch unerträglicher ist) verdiene ewige Strafen; und auch die, die behaupten, die Gerechten sündigten in allen Werken, wenn sie in ihnen – ihre eigene Schlaffheit anspornend und sich zum Lauf in der Rennbahn ermunternd – zusammen mit dem Hauptzweck, daß Gott verherrlicht werde, auch den ewigen Lohn im Blick haben [*Kan. 26 31*]; denn es steht geschrieben: "Ich habe mein Herz geneigt gemacht, deine Satzungen zu erfüllen wegen der Entgeltung" [*Ps 119,112*], und von Mose sagt der Apostel, daß "er auf die Belohnung blickte" [*Hebr 11,26*].    **1539**

### Kap. 12. Man muß sich vor der leichtfertigen Vermutung der Vorherbestimmung hüten

Auch darf niemand, solange in dieser Sterblichkeit gelebt wird, so weitgehende Vermutungen über das verborgene Geheimnis der göttlichen Vorherbestimmung anstellen, daß er mit Sicherheit behauptet, er gehöre in jeder Hinsicht zu der Zahl der Vorherbestimmten[1] [*Kan. 15*], so als ob es wahr wäre, daß ein Gerechtfertigter entweder nicht mehr sündigen könne [*Kan. 23*], oder,    **1540**

---

*1540 [1]   Vgl. Augustinus, *De correptione et gratia* 15, n. 46 (PL 44,944).

Deus sibi elegerit [*can. 16*].

wenn er gesündigt hat, sich eine sichere Sinneswandlung versprechen solle. Denn ohne eine besondere Offenbarung kann man nicht wissen, wen Gott sich auserwählt hat [*Kan. 16*].

### Cap. 13. De perseverantiae munere

1541    Similiter de perseverantiae munere [*can. 16*], de quo scriptum est: "Qui perseveraverit usque in finem, hic salvus erit" [*Mt 10,22; 24,13*] (quod quidem aliunde haberi non potest, nisi ab eo, qui potens est eum, qui stat, statuere [*cf. Rm 14,4*], ut perseveranter stet, et eum, qui cadit, restituere), nemo sibi certi aliquid absoluta certitudine polliceatur, tametsi in Dei auxilio firmissimam spem collocare et reponere omnes debent. Deus enim, nisi ipsi illius gratiae defuerint, sicut coepit opus bonum, ita perficiet [*cf. Phil 1,6*], operans velle et perficere [*cf. Phil 2,13; can. 22*].

Verumtamen qui se existimant stare, videant, ne cadant [*cf. 1 Cor 10,12*], et cum timore ac tremore salutem suam operentur [*cf. Phil 2,12*], in laboribus, in vigiliis, in eleemosynis, in orationibus et oblationibus, in ieiuniis et castitate [*cf. 2 Cor 6,5s*]. Formidare enim debent, scientes, quod in spem [*cf. 1 Pt 1,3*] gloriae et nondum in gloriam renati sunt, de pugna, quae superest cum carne, cum mundo, cum diabolo, in qua victores esse non possunt, nisi cum Dei gratia Apostolo obtemperent dicenti: "Debitores sumus non carni, ut secundum carnem vivamus. Si enim secundum carnem vixeritis, moriemini. Si autem spiritu facta carnis mortificaveritis, vivetis" [*Rm 8,12s*].

### Kap. 13. Die Gabe der Beharrlichkeit

Ebenso soll sich niemand – auch wenn alle ihre ganz feste Hoffnung auf die Hilfe Gottes gründen und setzen müssen – mit absoluter Gewißheit etwas Sicheres versprechen in bezug auf die Gabe der Beharrlichkeit [*Kan. 16*], von der geschrieben steht: "Wer ausgeharrt hat bis ans Ende, der wird gerettet werden" [*Mt 10,22; 24,13*] (Man kann es freilich nirgendwoher erlangen, außer von dem, der "mächtig ist, den, der steht, zu stützen" [*Röm 14,4*], damit er beharrlich stehe, und den, der fällt, wiederaufzurichten). Denn wenn sie sich nicht selbst seiner Gnade versagt haben, wird Gott das gute Werk so vollenden, wie er es begonnen hat [*vgl. Phil 1,6*], indem er das Wollen und das Vollbringen wirkt [*vgl. Phil 2,13; Kan. 22*].

Die jedoch meinen, sie stünden, sollen zusehen, daß sie nicht fallen [*vgl. 1 Kor 10,12*], und mit Furcht und Zittern ihr Heil wirken [*vgl. Phil 2,12*] in Mühen, in Wachen, in Almosen, in Gebeten und Opfern, in Fasten und Keuschheit [*vgl. 2 Kor 6,5f*]. Im Bewußtsein, daß sie zur Hoffnung [*vgl. 1 Petr 1,3*] auf die Herrlichkeit und noch nicht zur Herrlichkeit wiedergeboren sind, müssen sie sich nämlich fürchten wegen des Kampfes, den es noch zu bestehen gilt mit dem Fleisch, mit der Welt und mit dem Teufel; in ihm können sie nur Sieger sein, wenn sie mit Gottes Gnade dem Apostel gehorchen, der sagt: "Schuldner sind wir nicht dem Fleische, um nach dem Fleische zu leben. Wenn ihr nämlich nach dem Fleische gelebt habt, werdet ihr sterben. Wenn ihr aber durch den Geist die Taten des Fleisches abgetötet habt, werdet ihr leben" [*Röm 8,12f*].

### Cap. 14. De lapsis et eorum reparatione

1542    Qui vero ab accepta iustificationis gratia per peccatum exciderunt, rursus iustificari poterunt [*can. 29*], cum excitante Deo per paenitentiae sacramentum merito Christi

### Kap. 14. Die Gefallenen und ihre Wiederaufrichtung

Die aber durch die Sünde von der empfangenen Gnade der Rechtfertigung abfielen, werden wieder gerechtfertigt werden können [*Kan. 29*], wenn sie sich auf Anregung Gottes

amissam gratiam recuperare procuraverint. Hic enim iustificationis modus est lapsi reparatio, quam "secundam post naufragium deperditae gratiae tabulam"[1] sancti Patres apte nuncuparunt. Etenim pro iis, qui post baptismum in peccata labuntur, Christus Iesus sacramentum instituit paenitentiae, cum dixit: "Accipite Spiritum Sanctum; quorum remiseritis peccata, remittuntur eis, et quorum retinueritis, retenta sunt" [*Io 20,22s*].

Unde docendum est, christiani hominis paenitentiam post lapsum multo aliam esse a baptismali, eaque contineri non modo cessationem a peccatis, et eorum detestationem, aut "cor contritum et humiliatum" [*Ps 50,19*], verum etiam et eorundem sacramentalem confessionem, saltem in voto et suo tempore faciendam, et sacerdotalem absolutionem, itemque satisfactionem per ieiunium, eleemosynas, orationes et alia pia spiritualis vitae exercitia, non quidem pro poena aeterna, quae vel sacramento vel sacramenti voto una cum culpa remittitur, sed pro poena temporali [*can. 30*], quae (ut sacrae Litterae docent) non tota semper, ut in baptismo fit, dimittitur illis, qui gratiae Dei, quam acceperunt, ingrati Spiritum Sanctum contristaverunt [*cf. Eph 4,30*] et templum Dei violare [*cf. 1 Cor 3,17*] non sunt veriti.

De qua paenitentia scriptum est: "Memor esto, unde excideris, age paenitentiam, et prima opera fac" [*Apc 2,5*], et iterum: "Quae secundum Deum tristitia est, paenitentiam in salutem stabilem operatur" [*2 Cor 7,10*], et

darum bemüht haben, durch das Sakrament der Buße aufgrund des Verdienstes Christi die verlorene Gnade wiederzuerlangen. Diese Weise der Rechtfertigung nämlich ist die Wiederaufrichtung des Gefallenen, die die heiligen Väter treffend "die zweite ⟨Rettungs⟩planke nach dem Schiffbruch der verlorenen Gnade"[1] genannt haben. Denn für die, die nach der Taufe in Sünden fallen, hat Christus Jesus das Sakrament der Buße eingesetzt, indem er sagte: "Empfanget den Heiligen Geist; denen ihr die Sünden vergebt, denen werden sie vergeben, und denen ihr sie behaltet, sind sie behalten" [*Joh 20,22f*].

Daher muß man lehren, daß die Buße eines Christenmenschen nach dem Fall ganz anders beschaffen ist als die bei der Taufe, und daß in ihr nicht nur das Ablassen von den Sünden und der Abscheu vor ihnen, oder "ein zerknirschtes und gedemütigtes Herz" [*Ps 51,19*] enthalten sind, sondern auch ihr sakramentales Bekenntnis – wenigstens der Wunsch, es zu gegebener Zeit abzulegen –, die Lossprechung durch den Priester und ebenso die Genugtuung durch Fasten, Almosen, Gebete und andere fromme Übungen des geistlichen Lebens, zwar nicht anstelle der ewigen Strafe, die durch das Sakrament oder den Wunsch nach dem Sakrament zusammen mit der Schuld erlassen wird, aber anstelle der zeitlichen Strafe [*Kan. 30*], die (wie die heilige Schrift lehrt) denen nicht immer ganz – wie es in der Taufe geschieht – erlassen wird, die – undankbar gegenüber der Gnade Gottes, die sie empfangen haben – den Heiligen Geist betrübten [*vgl. Eph 4,30*] und sich nicht scheuten, den Tempel Gottes zu entweihen [*vgl. 1 Kor 3,17*].

Über diese Buße steht geschrieben: "Denke daran, woraus du gefallen bist; tu Buße und verrichte die ersten Werke" [*Offb 2,5*]; und wiederum: "Was Betrübnis im Sinne Gottes ist, bewirkt Buße zu beständigem Hei-

1543

---

*1542 [1]    Tertullian, *De paenitentia* 4,2; vgl. 12,9: "De duabus humanae salutis plancis" ("Die zwei Planken des menschlichen Heils"): CpChL 1 [1954] 326₁₀; 340₃₅f / FlP 10,14 28 / PL 1,1343B 1360A); Hieronymus von Stridon, Brief 84 an Pammachius und Oceanus, Kap. 6 (CSEL 55,128₅f / PL 22,748), Ders., Brief 130 an Demetriades, Kap. 9 (CSEL 56,189₄f / PL 22,1115), von dort aufgenommen in Gratian, *Decretum*, p. II, cs. 33, q. 3, c. 72 (Frdb 1,1179) und in Petrus Lombardus, *Sententiae*, l. IV, dist. 14, c. 1-2 (Specilegium Bonaventur. 5 [Grottaferrata 1981] 315-318); Hieronymus von Stridon, *Commentarii in Isaiam* [3,8-9] II (M. Adriaen: CpChL 73 [1963] 51₂₁f / PL 24 [1865] 66C); Pacianus von Barcelona, Brief 1 an Sempronianus (bzw. Sympromannus), Kap. 5 (PL 13,1056A); Pseudo-Ambrosius ( = Nicetas von Remesiana?), *De lapsu virginis consecratae* 8, n. 38 (PL 16 [1866] 395B).

rursus: "Paenitentiam agite" [*Mt 3,2; 4,17*], et: "Facite fructus dignos paenitentiae" [*Mt 3,8; Lc 3,8*].

le" [*2 Kor 7,10*]; und wieder: "Tut Buße" [*Mt 3,2; 4,17*]; und: "Bringt würdige Früchte der Buße" [*Mt 3,8; Lk 3,8*].

*Cap. 15. Quolibet mortali peccato amitti gratiam, sed non fidem*

*Kap. 15. Durch jede Todsünde wird die Gnade verloren, nicht der Glaube*

**1544**  Adversus etiam hominum quorumdam callida ingenia, qui "per dulces sermones et benedictiones seducunt corda innocentium" [*Rm 16,18*], asserendum est, non modo infidelitate [*can. 27*], per quam et ipsa fides amittitur, sed etiam quocumque alio mortali peccato, quamvis non amittatur fides [*can. 28*], acceptam iustificationis gratiam amitti: divinae legis doctrinam defendendo, quae a regno Dei non solum infideles excludit, sed et fideles quoque fornicarios, adulteros, molles, masculorum concubitores, fures, avaros, ebriosos, maledicos, rapaces [*cf. 1 Cor 6,9s*], ceterosque omnes, qui letalia committunt peccata, a quibus cum divinae gratiae adiumento abstinere possunt et pro quibus a Christi gratia separantur [*can. 27*].

Auch muß gegen den verschlagenen Sinn gewisser Leute, die "durch süße Reden und fromme Sprüche die Herzen der Arglosen verführen" [*Röm 16,18*], gesagt werden, daß nicht nur durch Unglauben [*Kan. 27*], durch den auch der Glaube selbst verloren wird, sondern auch durch jede beliebige andere Todsünde zwar nicht der Glaube verloren wird [*Kan. 28*], aber doch die empfangene Gnade der Rechtfertigung verloren wird; dadurch wird die Lehre des göttlichen Gesetzes verteidigt, das vom Reich Gottes nicht nur die Ungläubigen ausschließt, sondern auch die gläubigen Unzüchtigen, Ehebrecher, Lüstlinge, Päderasten, Diebe, Geizhälse, Trunkenbolde, Lästerer und Räuber [*vgl. 1 Kor 6,9f*], und alle anderen, die Todsünden begehen, von denen sie sich mit Hilfe der göttlichen Gnade enthalten können und für die sie von Christi Gnade getrennt werden [*Kan. 27*].

*Cap. 16. De fructu iustificationis, hoc est, de merito bonorum operum, deque ipsius meriti ratione*

*Kap. 16. Die Frucht der Rechtfertigung, das heißt, das Verdienst der guten Werke und die Eigenart dieses Verdienstes*

**1545**  Hac igitur ratione iustificatis hominibus, sive acceptam gratiam perpetuo conservaverint, sive amissam recuperaverint, proponenda sunt Apostoli verba: Abundate in omni opere bono, "scientes, quod labor vester non est inanis in Domino" [*1 Cor 15,58*]; "non enim iniustus est Deus, ut obliviscatur operis vestri et dilectionis, quam ostenditis in nomine ipsius" [*Hbr 6,10*], et: "Nolite amittere confidentiam vestram, quae magnam habet remunerationem" [*Hbr 10,35*]. Atque ideo bene operantibus "usque in finem" [*Mt 10,22; 24,13*] et in Deo sperantibus proponenda est vita aeterna, et tamquam gratia filiis Dei per Christum Iesum misericorditer promissa, et "tamquam merces"[1] ex ipsius Dei promissione bonis ipsorum operibus et meritis fideliter reddenda [*can. 26 et 32*]. Haec est enim illa

Aus diesem Grunde also muß man den gerechtfertigten Menschen, ob sie nun die empfangene Gnade ständig bewahrt oder ob sie die verlorene wiedererlangt haben, die Worte des Apostels vor Augen halten: Seid überreich an jedem guten Werke und "wißt, daß eure Mühe nicht vergebens ist im Herrn" [*1 Kor 15,58*]; "denn Gott ist nicht ungerecht, so daß er eure Mühe und Liebe vergäße, die ihr in seinem Namen gezeigt habt" [*Hebr 6,10*]; und: "Verliert nicht eure Zuversicht, die reichen Lohn bringt" [*Hebr 10,35*]. Und deshalb muß denen, die "bis ans Ende" [*Mt 10,22; 24,13*] gute Werke tun und auf Gott hoffen, das ewige Leben vorgestellt werden sowohl als Gnade, die den Kindern Gottes durch Christus Jesus barmherzig verheißen wurde, als auch "als Lohn"[1], der nach der

---

**\*1545** [1]  Vgl. Augustinus, *De gratia et libero arbitrio* 8, n. 20 (PL 44,893).

corona iustitiae, quam post suum certamen et cursum repositam sibi esse aiebat Apostolus, a iusto iudice sibi reddendam, non solum autem sibi, sed et omnibus, qui diligunt adventum eius [*2 Tim 4,7s*].

Cum enim ille ipse Christus Iesus tamquam caput in membra [*cf. Eph 4,15*] et tamquam vitis in palmites [*cf. Io 15,5*] in ipsos iustificatos iugiter virtutem influat, quae virtus bona eorum opera semper antecedit, comitatur et subsequitur, et sine qua nullo pacto Deo grata et meritoria esse possent [*can. 2*]: nihil ipsis iustificatis amplius deesse credendum est, quominus plene illis quidem operibus, quae in Deo sunt facta, divinae legi pro huius vitae statu satisfecisse, et vitam aeternam suo etiam tempore (si tamen in gratia decesserint [*cf. Apc 14,13*]) consequendam vere promeruisse censeantur [*can. 32*], cum Christus Salvator noster dicat: "Si quis biberit ex aqua, quam ego dabo ei, non sitiet in aeternum, sed fiet in eo fons aquae salientis in vitam aeternam" [*Io 4,14*].

Ita neque propria nostra iustitia tamquam ex nobis [*cf. 2 Cor 3,5*] propria statuitur, neque ignoratur aut repudiatur iustitia Dei [*cf. Rm 10,3*]; quae enim iustitia nostra dicitur, quia per eam nobis inhaerentem iustificamur [*can. 10 et 11*], illa eadem Dei est, quia a Deo nobis infunditur per Christi meritum.

Neque vero illud omittendum est, quod, licet bonis operibus in sacris Litteris usque adeo tribuatur, ut etiam qui uni ex minimis suis potum aquae frigidae dederit, promittat Christus, eum non esse sua mercede cariturum [*cf. Mt 10,42; Mc 9,41*], et Apostolus testetur, "id quod in praesenti est momentaneum et leve tribulationis nostrae, supra modum in sublimitate aeternum gloriae pondus

Verheißung Gottes selbst, für ihre guten Werke und Verdienste getreu zu erstatten ist [*Kan. 26 und 32*]. Dies ist nämlich jener Kranz der Gerechtigkeit, von dem der Apostel sagte, er sei für ihn zurückgelegt, damit er ihm nach seinem Kampf und Lauf vom gerechten Richter verliehen werde, aber nicht nur ihm, sondern auch allen, die seine Ankunft lieben [*vgl. 2 Tim 4,7f*].

Denn Christus Jesus selbst läßt wie das 1546 Haupt in die Glieder [*vgl. Eph 4,15*] und wie der Weinstock in die Rebzweige [*vgl. Joh 15,5*] in die Gerechtfertigten selbst immerdar Kraft einströmen, eine Kraft, die ihren guten Werken immer vorangeht, sie begleitet und ihnen nachfolgt, und ohne die sie auf keine Weise Gott gefällig und verdienstvoll sein könnten [*Kan. 2*]; deshalb muß man glauben, den Gerechtfertigten fehle nichts mehr dazu, um sie als solche zu betrachten, die durch diese Werke, die in Gott getan wurden, dem göttlichen Gesetze angesichts des Zustandes dieses Lebens völlig Genüge geleistet und wahrhaft verdient haben, auch das ewige Leben zu gegebener Zeit (sofern sie nur in der Gnade verstorben sind [*vgl. Offb 14,13*]) zu erlangen [*Kan. 32*]; denn Christus, unser Erlöser, sagt: "Wer von dem Wasser trinkt, das ich ihm geben werde, wird in Ewigkeit nicht dürsten, sondern es wird in ihm zu einem Quell von Wasser werden, das aufsprudelt zu ewigem Leben" [*Joh 4,14*].

So wird weder unsere eigene Gerechtig- 1547 keit gleichsam als eigene aus uns [*vgl. 2 Kor 3,5*] hingestellt, noch wird die Gerechtigkeit Gottes verkannt oder zurückgewiesen [*vgl. Röm 10,3*]; die Gerechtigkeit nämlich, die unsere genannt wird, weil wir durch sie, wenn sie uns innewohnt, gerechtfertigt werden [*Kan. 10 und 11*], ebendieselbe ist die Gerechtigkeit Gottes, weil sie uns von Gott durch das Verdienst Christi eingegossen wird.

Man darf aber auch folgendes nicht außer 1548 acht lassen: Wenn auch den guten Werken in der heiligen Schrift so hohe Bedeutung beigemessen wird, daß Christus sogar verspricht, wenn jemand e i n e m von seinen Geringsten einen Trunk frischen Wassers gegeben hat, werde er seines Lohnes nicht entbehren [*vgl. Mt 10,42; Mk 9,41*], und der Apostel bezeugt, daß "das, was gegenwärtig

operari in nobis" [*2 Cor 4,17*]: absit tamen, ut christianus homo in se ipso vel confidat vel glorietur et non in Domino [*cf. 1 Cor 1,31; 2 Cor 10,17*], cuius tanta est erga omnes homines bonitas, ut eorum velit esse merita [*can. 32*], quae sunt ipsius dona [*cf. *248*].

**1549**     Et quia "in multis offendimus omnes" [*Iac 3,2; can. 23*], unusquisque sicut misericordiam et bonitatem, ita severitatem et iudicium ante oculos habere debet, neque se ipsum aliquis, etiam si nihil sibi conscius fuerit, iudicare, quoniam omnis hominum vita non humano iudicio examinanda et iudicanda est, sed Dei, qui "illuminabit abscondita tenebrarum, et manifestabit consilia cordium, et tunc laus erit unicuique a Deo" [*1 Cor 4,4s*], "qui", ut scriptum est, "reddet unicuique secundum opera sua" [*Rm 2,6*].

**1550**     Post hanc catholicam de iustificatione doctrinam [*can. 33*], quam nisi quisque fideliter firmiterque receperit; iustificari non poterit, placuit sanctae Synodo hos canones subiungere, ut omnes sciant, non solum quid tenere et sequi, sed etiam quid vitare et fugere debeant.

in unserer Bedrängnis vorübergehend und geringfügig ist, in uns übermäßig in der Erhabenheit ein ewiges Gewicht an Herrlichkeit wirke" [*2 Kor 4,17*], so sei es dennoch ferne, daß ein Christenmensch in sich selbst sein Vertrauen setze oder sich in sich selbst rühme und nicht im Herrn [*vgl. 1 Kor 1,31; 2 Kor 10,17*], dessen Güte gegenüber allen Menschen so groß ist, daß er will, daß ihre Verdienste seien [*Kan. 32*], was seine eigenen Geschenke sind [*vgl. *248*].

Und weil "wir alle in vielem fehlen" [*Jak 3,2; Kan. 23*], muß ein jeder einerseits Barmherzigkeit und Güte, andererseits Strenge und Gericht vor Augen haben, und keiner darf über sich selbst urteilen, auch wenn er sich keiner Schuld bewußt ist; denn das gesamte Leben der Menschen ist nicht mit menschlichem Urteil zu prüfen und zu beurteilen, sondern mit dem Gottes, der "das im Dunkel Verborgene ans Licht bringen und die Pläne der Herzen offenbar machen wird; und dann wird einem jeden Lob zuteil werden von Gott" [*1 Kor 4,4f*], "der", wie geschrieben steht, "einem jeden nach seinen Werken vergelten wird" [*Röm 2,6*].

Das heilige Konzil beschloß, nach dieser katholischen Lehre über die Rechtfertigung [*Kan. 33*], die jeder gläubig und fest annehmen muß, um gerechtfertigt zu werden, die folgenden Kanones anzuschließen, damit alle wissen, nicht nur, was sie festhalten und befolgen, sondern auch, was sie meiden und fliehen müssen.

## Kanones über die Rechtfertigung

**1551**     Can. 1. Si quis dixerit, hominem suis operibus, quae vel per humanae naturae vires, vel per Legis doctrinam fiant, absque divina per Christum Iesum gratia posse iustificari coram Deo: anathema sit [*cf. *1521*].

**1552**     Can. 2. Si quis dixerit, ad hoc solum divinam gratiam per Christum Iesum dari, ut facilius homo iuste vivere ac vitam aeternam promereri possit, quasi per liberum arbitrium sine gratia utrumque, sed aegre tamen et difficulter possit: anathema sit [*cf. *1524s*].

Kan. 1. Wer sagt, der Mensch könne durch seine Werke, die durch die Kräfte der menschlichen Natur oder vermittels der Lehre des Gesetzes getan werden, ohne die göttliche Gnade durch Christus Jesus vor Gott gerechtfertigt werden: der sei mit dem Anathema belegt [*vgl. *1521*].

Kan. 2. Wer sagt, die göttliche Gnade werde durch Christus Jesus allein dazu geschenkt, daß der Mensch leichter gerecht leben und das ewige Leben verdienen könne, so als ob er durch den freien Willen ohne Gnade beides – wenn auch nur mühsam und schwer – könnte: der sei mit dem Anathema belegt [*vgl. *1524f*].

Can. 3. Si quis dixerit, sine praeveniente Spiritus Sancti inspiratione atque eius adiutorio hominem credere, sperare et diligere aut paenitere posse, sicut oportet, ut ei iustificationis gratia conferatur: anathema sit [cf. *1525].

Can. 4. Si quis dixerit, liberum hominis arbitrium a Deo motum et excitatum nihil cooperari assentiendo Deo excitanti atque vocanti, quo ad obtinendam iustificationis gratiam se disponat ac praeparet, neque posse dissentire, si velit, sed velut inanime quoddam nihil omnino agere mereque passive se habere: anathema sit [cf. *1525].

Can. 5. Si quis liberum hominis arbitrium post Adae peccatum amissum et exstinctum esse dixerit, aut rem esse de solo titulo, immo titulum sine re, figmentum denique a satana invectum in Ecclesiam: anathema sit [cf. *1521 1525 1486].

Can. 6. Si quis dixerit, non esse in potestate hominis vias suas malas facere, sed mala opera ita ut bona Deum operari, non permissive solum, sed etiam proprie et per se, adeo ut sit proprium eius opus non minus proditio Iudae quam vocatio Pauli: anathema sit.

Can. 7. Si quis dixerit, opera omnia, quae ante iustificationem fiunt, quacumque ratione facta sint, vere esse peccata vel odium Dei mereri, aut quanto vehementius quis nititur se disponere ad gratiam, tanto eum gravius peccare: anathema sit [cf. *1526].

Can. 8. Si quis dixerit, gehennae metum, per quem ad misericordiam Dei de peccatis dolendo confugimus vel a peccando abstinemus, peccatum esse aut peccatores peiores facere: anathema sit [cf. *1526 1456].

Can. 9. Si quis dixerit, sola fide impium iustificari, ita ut intelligat, nihil aliud requiri,

Kan. 3. Wer sagt, der Mensch könne ohne **1553** die zuvorkommende Einhauchung des Heiligen Geistes und seine Hilfe glauben, hoffen und lieben, oder Buße tun, wie es nötig ist, daß ihm die Gnade der Rechtfertigung verliehen wird: der sei mit dem Anathema belegt [vgl. *1525].

Kan. 4. Wer sagt, der von Gott bewegte **1554** und erweckte freie Wille des Menschen wirke durch seine Zustimmung zu der Erweckung und dem Ruf Gottes nichts dazu mit, sich auf den Empfang der Rechtfertigungsgnade zuzurüsten und vorzubereiten, und er könne nicht widersprechen, wenn er wollte, sondern tue wie etwas Lebloses überhaupt nichts und verhalte sich rein passiv: der sei mit dem Anathema belegt [vgl. *1525].

Kan. 5. Wer sagt, der freie Wille des Menschen sei nach der Sünde Adams verloren **1555** und ausgelöscht worden, oder es gehe nur um eine Bezeichnung, ja, eine Bezeichnung ohne Inhalt, schließlich um eine vom Satan in die Kirche eingeführte Erdichtung: der sei mit dem Anathema belegt [vgl. *1521 1525 1486].

Kan. 6. Wer sagt, es stehe nicht in der **1556** Macht des Menschen, seine Wege schlecht zu machen, sondern Gott wirke die schlechten Werke so wie die guten, nicht nur, indem er sie zuläßt, sondern auch im eigentlichen Sinne und durch sich, so daß der Verrat des Judas nicht weniger sein eigenes Werk ist als die Berufung des Paulus: der sei mit dem Anathema belegt.

Kan. 7. Wer sagt, alle Werke, die vor der **1557** Rechtfertigung geschehen, gleichgültig, auf welche Weise sie geschehen sind, seien in Wahrheit Sünden bzw. verdienten den Haß Gottes; oder je angestrengter sich einer bemühe, sich auf die Gnade vorzubereiten, desto schwerer sündige er: der sei mit dem Anathema belegt [vgl. *1526].

Kan. 8. Wer sagt, die Furcht vor der Hölle, **1558** durch die wir unsere Zuflucht zur Barmherzigkeit Gottes nehmen, indem wir über die Sünden Schmerz empfinden, oder uns vom Sündigen enthalten, sei Sünde oder mache die Sünder noch schlechter: der sei mit dem Anathema belegt [vgl. *1526 1456].

Kan. 9. Wer sagt, der Gottlose werde allein **1559** durch den Glauben gerechtfertigt, so daß er

quo ad iustificationis gratiam consequendam cooperetur, et nulla ex parte necesse esse, eum suae voluntatis motu praeparari atque disponi: anathema sit [cf. *1532 1538 1465 1460s].

⟨darunter⟩ versteht, es werde nichts anderes erfordert, wodurch er zur Erlangung der Rechtfertigungsgnade mitwirke, und es sei keineswegs notwendig, daß er sich durch seine eigene Willensregung vorbereite und zurüste: der sei mit dem Anathema belegt [vgl. *1532 1538 1465 1460f].

**1560** Can. 10. Si quis dixerit, homines sine Christi iustitia, per quam nobis meruit, iustificari, aut per eam ipsam formaliter iustos esse: anathema sit [cf. *1523 1529].

Kan. 10. Wer sagt, die Menschen würden ohne die Gerechtigkeit Christi, durch die er für uns Verdienste erwarb, gerechtfertigt oder seien formal durch eben diese gerecht: der sei mit dem Anathema belegt [vgl. 1523 1529].

**1561** Can. 11. Si quis dixerit, homines iustificari vel sola imputatione iustitiae Christi, vel sola peccatorum remissione, exclusa gratia et caritate, quae in cordibus eorum per Spiritum Sanctum diffundatur [cf. Rm 5,5] atque illis inhaereat, aut etiam gratiam, qua iustificamur, esse tantum favorem Dei: anathema sit [cf. *1528-1531 1545s].

Kan. 11. Wer sagt, die Menschen würden entweder allein durch die Anrechnung der Gerechtigkeit Christi oder allein durch die Vergebung der Sünden ohne die Gnade und Liebe gerechtfertigt, die in ihren Herzen durch den Heiligen Geist ausgegossen wird [vgl. Röm 5,5] und ihnen einwohnt; oder auch, die Gnade, durch die wir gerechtfertigt werden, sei nur die Gunst Gottes: der sei mit dem Anathema belegt [vgl. *1528-1531 1545f].

**1562** Can. 12. Si quis dixerit, fidem iustificantem nihil aliud esse quam fiduciam divinae misericordiae peccata remittentis propter Christum, vel eam fiduciam solam esse, qua iustificamur: anathema sit [cf. *1533s].

Kan. 12. Wer sagt, der rechtfertigende Glaube sei nichts anderes als das Vertrauen in die göttliche Barmherzigkeit, die um Christi willen die Sünden vergibt; oder es sei allein dieses Vertrauen, durch das wir gerechtfertigt werden: der sei mit dem Anathema belegt [vgl. *1533f].

**1563** Can. 13. Si quis dixerit, omni homini ad remissionem peccatorum assequendam necessarium esse, ut credat certo et absque ulla haesitatione propriae infirmitatis et indispositionis, peccata sibi esse remissa: anathema sit [cf. *1533s 1460-1464].

Kan. 13. Wer sagt, um die Vergebung der Sünden zu erlangen, sei es für jeden Menschen notwendig, fest und ohne jeden Zweifel wegen der eigenen Schwachheit und Unzulänglichkeit zu glauben, daß ihm die Sünden vergeben sind: der sei mit dem Anathema belegt [vgl. *1533f 1460-1464].

**1564** Can. 14. Si quis dixerit, hominem a peccatis absolvi ac iustificari ex eo, quod se absolvi ac iustificari certo credat, aut neminem vere esse iustificatum, nisi qui credit se esse iustificatum, et hac sola fide absolutionem et iustificationem perfici: anathema sit [cf. ut supra].

Kan. 14. Wer sagt, der Mensch werde deshalb von seinen Sünden losgesprochen und gerechtfertigt, weil er fest glaube, er werde losgesprochen und gerechtfertigt; oder in Wahrheit sei nur der gerechtfertigt, der glaubt, er sei gerechtfertigt, und allein durch diesen Glauben werde die Lossprechung und Rechtfertigung vollendet: der sei mit dem Anathema belegt [vgl. wie oben].

**1565** Can. 15. Si quis dixerit, hominem renatum et iustificatum teneri ex fide ad credendum, se certo esse in numero praedestinatorum: anathema sit [cf. *1540].

Kan. 15. Wer sagt, der wiedergeborene und gerechtfertigte Mensch sei aufgrund des Glaubens gehalten, zu glauben, er gehöre sicher zur Zahl der Voherbestimmten: der sei mit dem Anathema belegt [vgl. *1540].

Can. 16. Si quis magnum illud usque in finem perseverantiae donum [cf. *Mt 10,22; 24,13*] se certo habiturum absoluta et infallibili certitudine dixerit, nisi hoc ex speciali revelatione didicerit: anathema sit [cf. *\*1540s*].

Kan. 16. Wer mit absoluter und unfehlbarer Sicherheit sagt, er werde jene große Gabe der Beharrlichkeit bis zum Ende [vgl. *Mt 10,22; 24,13*] sicher haben, ohne daß er dies aus einer besonderen Offenbarung erfahren hätte: der sei mit dem Anathema belegt [vgl. *\*1540f*].    **1566**

Can. 17. Si quis iustificationis gratiam non nisi praedestinatis ad vitam contingere dixerit, reliquos vero omnes, qui vocantur, vocari quidem, sed gratiam non accipere, utpote divina potestate praedestinatos ad malum: anathema sit.

Kan. 17. Wer sagt, die Gnade der Rechtfertigung werde nur den zum Leben Vorherbestimmten zuteil, alle übrigen aber, die gerufen werden, würden zwar gerufen, aber nicht die Gnade empfangen, da sie ja durch die göttliche Macht zum Bösen vorherbestimmt seien: der sei mit dem Anathema belegt.    **1567**

Can. 18. Si quis dixerit, Dei praecepta homini etiam iustificato et sub gratia constituto esse ad observandum impossibilia: anathema sit [cf. *\*1536*].

Kan. 18. Wer sagt, die Gebote Gottes seien auch für einen gerechtfertigten und unter der Gnade stehenden Menschen unmöglich zu beobachten: der sei mit dem Anathema belegt [vgl. *\*1536*].    **1568**

Can. 19. Si quis dixerit, nihil praeceptum esse in Evangelio praeter fidem, cetera esse indifferentia, neque praecepta, neque prohibita, sed libera, aut decem praecepta nihil pertinere ad Christianos: anathema sit [cf. *\*1536s*].

Kan. 19. Wer sagt, im Evangelium sei nichts vorgeschrieben außer dem Glauben, das übrige sei gleichgültig, weder vorgeschrieben noch verboten, sondern frei; oder die zehn Gebote hätten keine Bedeutung für die Christen: der sei mit dem Anathema belegt [vgl. *\*1536f*].    **1569**

Can. 20. Si quis hominem iustificatum et quantumlibet perfectum dixerit non teneri ad observantiam mandatorum Dei et Ecclesiae, sed tantum ad credendum, quasi vero Evangelium sit nuda et absoluta promissio vitae aeternae, sine condicione observationis mandatorum: anathema sit [cf. *\*1536s*].

Kan. 20. Wer von einem gerechtfertigten und noch so vollkommenen Menschen sagt, er sei nicht gehalten zur Beobachtung der Gebote Gottes und der Kirche, sondern nur zum Glauben, so als ob das Evangelium die bloße und unbedingte Verheißung des ewigen Lebens sei, ohne die Bedingung, die Gebote zu beobachten: der sei mit dem Anathema belegt [vgl. *\*1536f*].    **1570**

Can. 21. Si quis dixerit, Christum Iesum a Deo hominibus datum fuisse ut redemptorem, cui fidant, non etiam ut legislatorem, cui obediant: anathema sit.

Kan. 21. Wer sagt, Christus Jesus sei von Gott den Menschen geschenkt worden als Erlöser, dem sie vertrauen sollen, nicht auch als Gesetzgeber, dem sie gehorchen sollen: der sei mit dem Anathema belegt.    **1571**

Can. 22. Si quis dixerit, iustificatum vel sine speciali auxilio Dei in accepta iustitia perseverare posse, vel cum eo non posse: anathema sit [cf. *\*1541*].

Kan. 22. Wer sagt, der Gerechtfertigte könne ohne die besondere Hilfe Gottes in der empfangenen Gerechtigkeit verharren, oder er könne ⟨es⟩ mit ihr nicht: der sei mit dem Anathema belegt [vgl. *\*1541*].    **1572**

Can. 23. Si quis hominem semel iustificatum dixerit amplius peccare non posse[1], ne-

Kan. 23. Wer sagt, ein einmal gerechtfertigter Mensch könne nicht mehr sündigen[1]    **1573**

---

**\*1573** [1]   Angespielt wird auf den Irrtum Jovinians, der Begarden und der Beginen: vgl. SGTr 5,449₂₆.

que gratiam amittere, atque ideo eum, qui labitur et peccat, numquam vere fuisse iustificatum; aut contra, posse in tota vita peccata omnia etiam venialia vitare, nisi ex speciali Dei privilegio, quemadmodum de beata Virgine tenet Ecclesia: anathema sit [cf. *1537 1549].

oder die Gnade verlieren, und deshalb sei der, der fällt und sündigt, niemals wahrhaft gerechtfertigt gewesen; oder umgekehrt, er könne im ganzen Leben alle Sünden, auch die verzeihlichen, meiden, wenn nicht aufgrund eines besonderen Vorrechtes von Gott, wie es die Kirche in bezug auf die selige Jungfrau festhält: der sei mit dem Anathema belegt [vgl. *1537 1549].

**1574**    Can. 24. Si quis dixerit, iustitiam acceptam non conservari atque etiam non augeri coram Deo per bona opera, sed opera ipsa fructus solummodo et signa esse iustificationis adeptae, non etiam ipsius augendae causam: anathema sit. [cf. *1535].

Kan. 24. Wer sagt, die empfangene Gerechtigkeit werde durch gute Werke vor Gott nicht bewahrt und auch nicht vermehrt, sondern diese Werke seien lediglich die Früchte und Zeichen der erlangten Rechtfertigung, nicht auch die Ursache ihrer Vermehrung: der sei mit dem Anathema belegt [vgl. *1535].

**1575**    Can. 25. Si quis in quolibet bono opere iustum saltem venialiter peccare dixerit, aut (quod intolerabilius est) mortaliter, atque ideo poenas aeternas mereri, tantumque ob id non damnari, quia Deus ea opera non imputet ad damnationem: anathema sit. [cf. *1539 1481s].

Kan. 25. Wer sagt, der Gerechte sündige in jedem guten Werke wenigstens verzeihlich oder (was noch unerträglicher ist) tödlich, und verdiene deswegen ewige Strafen; und er werde nur deshalb nicht verurteilt, weil Gott diese Werke nicht zur Verurteilung anrechnet; der sei mit dem Anathema belegt [vgl. *1539 1481f].

**1576**    Can. 26. Si quis dixerit, iustos non debere pro bonis operibus, quae in Deo fuerint facta [cf. Io 3,21], exspectare et sperare aeternam retributionem a Deo per eius misericordiam et Iesu Christi meritum, si bene agendo et divina mandata custodiendo usque in finem perseveraverint [cf. Mt 10,22; 24,13]: anathema sit [cf. *1538s].

Kan. 26. Wer sagt, die Gerechten dürften für ihre guten Werke, die in Gott getan wurden [vgl. Joh 3,21], keine ewige Entgeltung von Gott durch seine Barmherzigkeit und das Verdienst Jesu Christi erwarten und erhoffen, wenn sie im guten Tun und in der Bewahrung der göttlichen Gebote bis ans Ende ausgeharrt haben [vgl. Mt 10,22; 24,13]: der sei mit dem Anathema belegt [vgl. *1538f].

**1577**    Can. 27. Si quis dixerit, nullum esse mortale peccatum nisi infidelitatis, aut nullo alio quantumvis gravi et enormi praeterquam infidelitatis peccato semel acceptam gratiam amitti: anathema sit [cf. *1544].

Kan. 27. Wer sagt, es gebe keine Todsünde außer dem Unglauben, oder man verliere die einmal empfangene Gnade durch keine andere noch so schwere und große Sünde außer dem Unglauben: der sei mit dem Anathema belegt [vgl. *1544].

**1578**    Can. 28. Si quis dixerit, amissa per peccatum gratia simul et fidem semper amitti, aut fidem, quae remanet, non esse veram fidem, licet non sit viva [cf. Iac 2,26], aut eum, qui fidem sine caritate habet, non esse Christianum: anathema sit [cf. ut supra].

Kan. 28. Wer sagt, wenn die Gnade durch die Sünde verloren ist, werde immer zugleich auch der Glaube verloren; oder der Glaube, der zurückbleibt, sei kein wahrer Glaube, wenn er auch nicht lebendig ist [vgl. Jak 2,26]; oder wer den Glauben ohne Liebe hat, der sei kein Christ: der sei mit dem Anathema belegt [vgl. wie oben].

**1579**    Can. 29. Si quis dixerit, eum, qui post baptismum lapsus est, non posse per Dei gratiam

Kan. 29. Wer sagt, der nach der Taufe Gefallene könne nicht durch Gottes Gnade wie-

resurgere; aut posse quidem, sed sola fide, amissam iustitiam recuperare sine sacramento paenitentiae, prout sancta Romana et universalis Ecclesia, a Christo Domino et eius Apostolis edocta, hucusque professa est, servavit et docuit: anathema sit [cf. *1542s].

Can. 30. Si quis post acceptam iustificationis gratiam cuilibet peccatori paenitenti ita culpam remitti et reatum aeternae poenae deleri dixerit, ut nullus remaneat reatus poenae temporalis, exsolvendae vel in hoc saeculo vel in futuro in purgatorio, antequam ad regna caelorum aditus patere possit: anathema sit [cf. *1543].

Can. 31. Si quis dixerit, iustificatum peccare, dum intuitu aeternae mercedis bene operatur: anathema sit [cf. *1539].

Can. 32. Si quis dixerit, hominis iustificati bona opera ita esse dona Dei, ut non sint etiam bona ipsius iustificati merita, aut ipsum iustificatum bonis operibus, quae ab eo per Dei gratiam et Iesu Christi meritum (cuius vivum membrum est) fiunt, non vere mereri augmentum gratiae, vitam aeternam et ipsius vitae aeternae (si tamen in gratia decesserit) consecutionem, atque etiam gloriae augmentum: anathema sit [cf. *1548 1545–1550].

Can. 33. Si quis dixerit, per hanc doctrinam catholicam de iustificatione, a sancta Synodo hoc praesenti decreto expressam, aliqua ex parte gloriae Dei vel meritis Iesu Christi Domini nostri derogari, et non potius veritatem fidei nostrae, Dei denique ac Christi Iesu gloriam illustrari: anathema sit.

Kan. 30. Wer sagt, jeder reuige Sünder **1580** werde nach Empfang der Rechtfertigungsgnade so die Schuld vergeben und die Strafwürdigkeit für die ewige Strafe getilgt, daß keine Strafwürdigkeit für eine zeitliche Strafe übrig bleibt, die entweder in dieser Zeit oder künftig im Reinigungsort zu bezahlen ist, bevor der Zutritt zum Himmelreich offenstehen kann: der sei mit dem Anathema belegt [vgl. *1543].

Kan. 31. Wer sagt, der Gerechtfertigte sün- **1581** dige, wenn er im Blick auf den ewigen Lohn gut handelt: der sei mit dem Anathema belegt [vgl. *1539].

Kan. 32. Wer sagt, die guten Werke des ge- **1582** rechtfertigten Menschen seien so Gaben Gottes, daß sie nicht auch die guten Verdienste des Gerechtfertigten selbst sind; oder der Gerechtfertigte erlange mit den guten Werken, die von ihm durch Gottes Gnade und das Verdienst Jesu Christi (dessen lebendiges Glied er ist) getan werden, in Wahrheit nicht die Vermehrung der Gnade, das ewige Leben und (sofern er nur in der Gnade gestorben ist) den Eintritt in dieses ewige Leben, wie auch die Vermehrung der Herrlichkeit: der sei mit dem Anathema belegt [vgl. *1548 1545–1550].

Kan. 33. Wer sagt, durch diese katholische **1583** Lehre über die Rechtfertigung, die vom heiligen Konzil in diesem vorliegenden Dekret formuliert wurde, werde in irgendeiner Hinsicht der Ehre Gottes oder den Verdiensten unseres Herrn Jesus Christus Abbruch getan, und es werde nicht vielmehr die Wahrheit unseres Glaubens und schließlich die Ehre Gottes und Christi Jesu ins Licht gesetzt: der sei mit dem Anathema belegt.

## 1600-1630: 7. Sitzung, 3. März 1547: Dekret über die Sakramente

Mit der Arbeit an diesem Dekret wurde am 17. Jan. 1547 begonnen. Der Entwurf lag am 26. Febr. vor (SGTr 5,835-839; 984 / TheiTr 1,383-385; 456). Die Irrtümer über die Sakramente, die in den Dekreten dieser und der folgenden Sitzungen verurteilt werden, sind in erster Linie Martin Luthers *De captivitate Babylonica ecclesiae praeludium* von 1520 entnommen (Weimarer Ausg. 6, 497-573); ferner der *Confessio Augustana*, die von einer Kommission lutherischer Theologen ausgearbeitet und auf dem 1530 abgehaltenen Reichstag zu Augsburg dem Kaiser überreicht wurde (BekSchELK 44-137 / CpRef 26,263-336), Art. 9-13 22-25; schließlich der von Philipp Melanchthon 1530 verfaßten *Apologia Confessionis Augustanae*, deren erweiterte Ausgabe von 1531 besondere Bedeutung erlangte (BekSchELK 141-404 / CpRef 27,419-646); vgl. ebd. dieselben Artikel.

*Ausg.:* SGTr 5,994-996 / RiTr 40-42 47 / MaC 33,51E-55B / HaC 10,51D-55A / COeD³ 684-686.

### Vorwort

**1600** Ad consummationem salutaris de iustificatione doctrinae, quae in praecedenti proxima sessione uno omnium patrum consensu promulgata fuit, consentaneum visum est, de sanctissimis Ecclesiae sacramentis agere, per quae omnis vera iustitia vel incipit, vel coepta augetur, vel amissa reparatur.

Propterea sacrosancta oecumenica et generalis Tridentina Synodus ...

ad errores eliminandos, et exstirpandas haereses, quae circa ipsa sanctissima sacramenta hac nostra tempestate, tum de damnatis olim a Patribus nostris haeresibus suscitatae, tum etiam de novo adinventae sunt, quae catholicae Ecclesiae puritati et animarum saluti magnopere officiunt:

sanctarum Scripturarum doctrinae, apostolicis traditionibus atque aliorum conciliorum et Patrum consensui inhaerendo,

hos praesentes canones statuendos et decernendos censuit, reliquos, qui supersunt ad coepti operis perfectionem, deinceps (divino Spiritu adiuvante) editura.

Zur Vollendung der heilsamen Lehre über die Rechtfertigung, die in der vorhergehenden letzten Sitzung in einhelliger Übereinstimmung aller Väter verkündet wurde, schien es angebracht, von den heiligsten Sakramenten der Kirche zu handeln, durch die jede wahre Gerechtigkeit entweder anfängt oder, wenn sie angefangen hat, vermehrt wird, oder, wenn sie verloren wurde, wiederhergestellt wird.

Deswegen meinte das hochheilige ökumenische und allgemeine Konzil von Trient ...,

um Irrtümer zu entfernen und Häresien auszurotten, die in bezug auf die heiligsten Sakramente in dieser unserer stürmischen Zeit sowohl im Anschluß an einst von unseren Vätern verurteilte Häresien erweckt als auch von neuem erfunden wurden, und die der Reinheit der katholischen Kirche und dem Heil der Seelen großen Schaden zufügen:

im Anschluß an die Lehre der heiligen Schriften, die apostolischen Überlieferungen und die übereinstimmende Auffassung der anderen Konzilien und der Väter

diese vorliegenden Kanones aufstellen und beschließen zu sollen und die restlichen, die noch übrig sind zur Vollendung des begonnenen Werkes, danach (mit Hilfe des göttlichen Geistes) herauszugeben.

### Kanones über die Sakramente im allgemeinen

**1601** Can. 1. Si quis dixerit, sacramenta novae Legis non fuisse omnia a Iesu Christo Domino nostro instituta, aut esse plura vel pauciora, quam septem, videlicet baptismum, confirmationem, Eucharistiam, paenitentiam, extremam unctionem, ordinem et

Kan. 1. Wer sagt, die Sakramente des Neuen Bundes seien nicht alle von unserem Herrn Jesus Christus eingesetzt; oder: es gebe mehr oder weniger als sieben, nämlich Taufe, Firmung, Eucharistie, Buße, Letzte Ölung, Weihe und Ehe; oder auch: eines von diesen

matrimonium, aut etiam aliquod horum septem non esse vere et proprie sacramentum: anathema sit.

Can. 2. Si quis dixerit, ea ipsa novae Legis sacramenta a sacramentis antiquae Legis non differre, nisi quia caeremoniae sunt aliae et alii ritus externi: anathema sit.

Can. 3. Si quis dixerit, haec septem sacramenta ita esse inter se paria, ut nulla ratione aliud sit alio dignius: anathema sit.

Can. 4. Si quis dixerit, sacramenta novae Legis non esse ad salutem necessaria, sed superflua, et sine eis aut eorum voto per solam fidem homines a Deo gratiam iustificationis adipisci [cf. *1559], licet omnia singulis necessaria non sint: anathema sit.

Can. 5. Si quis dixerit, haec sacramenta propter solam fidem nutriendam instituta fuisse: anathema sit.

Can. 6. Si quis dixerit, sacramenta novae Legis non continere gratiam, quam significant, aut gratiam ipsam non ponentibus obicem non conferre [cf. *1451], quasi signa tantum externa sint acceptae per fidem gratiae vel iustitiae, et notae quaedam christianae professionis, quibus apud homines discemuntur fideles ab infidelibus: anathema sit.

Can. 7. Si quis dixerit, non dari gratiam per huiusmodi sacramenta semper et omnibus, quantum est ex parte Dei, etiamsi rite ea suscipiant, sed aliquando et aliquibus: anathema sit.

Can. 8. Si quis dixerit, per ipsa novae Legis sacramenta ex opere operato non conferri gratiam, sed solam fidem divinae promissionis ad gratiam consequendam sufficere: anathema sit.

---

sieben sei nicht wahrhaft und im eigentlichen Sinne Sakrament: der sei mit dem Anathema belegt.

Kan. 2. Wer sagt, eben diese Sakramente des Neuen Bundes unterschieden sich nicht von den Sakramenten des Alten Bundes, außer daß die Zeremonien und die äußeren Riten andere sind: der sei mit dem Anathema belegt.    **1602**

Kan. 3. Wer sagt, diese sieben Sakramente seien so untereinander gleich, daß in keiner Hinsicht das eine würdiger sei als das andere: der sei mit dem Anathema belegt.    **1603**

Kan. 4. Wer sagt, die Sakramente des Neuen Bundes seien nicht zum Heil notwendig, sondern überflüssig, und die Menschen erlangten ohne sie oder den Wunsch nach ihnen allein durch den Glauben von Gott die Gnade der Rechtfertigung [vgl. *1559] – auch wenn nicht alle für jeden notwendig sind –: der sei mit dem Anathema belegt.    **1604**

Kan. 5. Wer sagt, diese Sakramente seien nur eingesetzt worden, um den Glauben zu nähren: der sei mit dem Anathema belegt.    **1605**

Kan. 6 Wer sagt, die Sakramente des Neuen Bundes enthielten nicht die Gnade, die sie bezeichnen, oder verliehen denen, die keinen Riegel vorschieben, diese Gnade nicht [vgl. *1451], so als ob sie nur äußere Zeichen der durch den Glauben empfangenen Gnade und Gerechtigkeit und bestimmte Kennzeichen des christlichen Bekenntnisses seien, durch die sich bei den Menschen die Gläubigen von den Ungläubigen unterscheiden: der sei mit dem Anathema belegt.    **1606**

Kan. 7. Wer sagt, die Gnade werde durch diese Sakramente, soweit es an Gott liegt, nicht immer und allen – auch wenn sie diese in der gebührenden Weise empfangen – geschenkt, sondern manchmal und manchen: der sei mit dem Anathema belegt.    **1607**

Kan. 8. Wer sagt, durch diese Sakramente des Neuen Bundes werde die Gnade nicht aufgrund der vollzogenen ⟨sakramentalen⟩ Handlung verliehen, sondern zur Erlangung der Gnade genüge allein der Glaube an die göttliche Verheißung: der sei mit dem Anathema belegt.    **1608**

**1609**     Can. 9. Si quis dixerit, in tribus sacramentis, baptismo scilicet, confirmatione et ordine, non imprimi characterem in anima, hoc est signum quoddam spirituale et indelebile, unde ea iterari non possunt: anathema sit.

**1610**     Can. 10. Si quis dixerit, Christianos omnes in verbo et omnibus sacramentis administrandis habere potestatem: anathema sit.

**1611**     Can. 11. Si quis dixerit, in ministris, dum sacramenta conficiunt et conferunt, non requiri intentionem, saltem faciendi quod facit Ecclesia: anathema sit [cf. *1262].

**1612**     Can. 12. Si quis dixerit, ministrum in peccato mortali exsistentem, modo omnia essentialia, quae ad sacramentum conficiendum aut conferendum pertinent, servaverit, non conficere aut conferre sacramentum: anathema sit [cf. *1154].

**1613**     Can. 13. Si quis dixerit, receptos et approbatos Ecclesiae catholicae ritus in sollemni sacramentorum administratione adhiberi consuetos aut contemni, aut sine peccato a ministris pro libito omitti, aut in novos alios per quemcumque ecclesiarum pastorem mutari posse: anathema sit.

Kan. 9. Wer sagt, in den drei Sakramenten, nämlich der Taufe, Firmung und Weihe, werde der Seele keine Prägung eingeprägt, das heißt ein geistliches und unauslöschliches Zeichen, weshalb sie nicht wiederholt werden können: der sei mit dem Anathema belegt.

Kan. 10. Wer sagt, alle Christen hätten die Vollmacht zum Wort und zur Spendung aller Sakramente: der sei mit dem Anathema belegt.

Kan. 11. Wer sagt, bei den Spendern sei, wenn sie die Sakramente vollziehen und spenden, nicht die Absicht erforderlich, wenigstens zu tun, was die Kirche tut: der sei mit dem Anathema belegt [vgl. *1262].

Kan. 12. Wer sagt, ein in einer Todsünde befindlicher Spender vollziehe oder erteile, selbst wenn er alles Wesentliche, was für den Vollzug oder die Erteilung des Sakramentes wichtig ist, beachtet, das Sakrament nicht: der sei mit dem Anathema belegt [vgl. *1154].

Kan. 13. Wer sagt, die überkommenen und anerkannten Riten der katholischen Kirche, die bei der feierlichen Spendung der Sakramente gewöhnlich angewendet werden, könnten entweder verachtet oder ohne Sünde von den Spendern nach Belieben ausgelassen oder durch jeden beliebigen Hirten der Kirchen in neue, andere geändert werden: der sei mit dem Anathema belegt.

*Kanones über das Sakrament der Taufe*

**1614**     Can. 1. Si quis dixerit, baptismum Ioannis habuisse eandem vim cum baptismo Christi: anathema sit.

**1615**     Can. 2. Si quis dixerit, aquam veram et naturalem non esse de necessitate baptismi, atque ideo verba illa Domini nostri Iesu Christi: "Nisi quis renatus fuerit ex aqua et Spiritu Sancto" [Io 3,5] ad metaphoram aliquam detorserit: anathema sit.

**1616**     Can. 3. Si quis dixerit, in Ecclesia Romana (quae omnium ecclesiarum mater est et magistra) non esse veram de baptismi sacramento doctrinam: anathema sit.

**1617**     Can. 4. Si quis dixerit, baptismum, qui etiam datur ab haereticis in nomine Patris et Filii et Spiritus Sancti, cum intentione facien-

Kan. 1. Wer sagt, die Taufe des Johannes habe dieselbe Kraft gehabt wie die Taufe Christi: der sei mit dem Anathema belegt.

Kan. 2. Wer sagt, für die Taufe sei kein wahres und natürliches Wasser vonnöten, und daher jene Worte unseres Herrn Jesus Christus: "Wer nicht aus Wasser und Heiligem Geist wiedergeboren wurde" [Joh 3,5] zu einer Metapher verdreht: der sei mit dem Anathema belegt.

Kan. 3. Wer sagt, in der Römischen Kirche (die die Mutter und Lehrerin aller Kirchen ist) sei nicht die wahre Lehre vom Sakrament der Taufe: der sei mit dem Anathema belegt.

Kan. 4. Wer sagt, die Taufe, die auch von Häretikern im Namen des Vaters und des Sohnes und des Heiligen Geistes mit der Ab-

di quod facit Ecclesia, non esse verum baptismum: anathema sit.

Can. 5. Si quis dixerit, baptismum liberum esse, hoc est non necessarium ad salutem: anathema sit [cf. *1524].

Can. 6. Si quis dixerit, baptizatum non posse, etiamsi velit, gratiam amittere, quantumcumque peccet, nisi nolit credere: anathema sit [cf. *1544].

Can. 7. Si quis dixerit, baptizatos per baptismum ipsum solius tantum fidei debitores fieri, non autem universae legis Christi servandae: anathema sit.

Can. 8. Si quis dixerit, baptizatos liberos esse ab omnibus sanctae Ecclesiae praeceptis, quae vel scripta vel tradita sunt, ita ut ea observare non teneantur, nisi se sua sponte illis summittere voluerint: anathema sit.

Can. 9. Si quis dixerit, ita revocandos esse homines ad baptismi suscepti memoriam, ut vota omnia, quae post baptismum fiunt, vi promissionis in baptismo ipso iam factae irrita esse intelligant, quasi per ea et fidei, quam professi sunt, detrahatur, et ipsi baptismo: anathema sit.

Can. 10. Si quis dixerit, peccata omnia, quae post baptismum fiunt, sola recordatione et fide suscepti baptismi vel dimitti vel venialia fieri: anathema sit.

Can. 11. Si quis dixerit, verum et rite collatum baptismum iterandum esse illi, qui apud infideles fidem Christi negaverit, cum ad paenitentiam convertitur: anathema sit.

Can. 12. Si quis dixerit, neminem esse baptizandum nisi ea aetate, qua Christus baptizatus est, vel in ipso mortis articulo: anathema sit.

Can. 13. Si quis dixerit, parvulos eo, quod actum credendi non habent, suscepto baptis-

sicht, zu tun, was die Kirche tut, gespendet wird, sei keine wahre Taufe: der sei mit dem Anathema belegt.

Kan. 5. Wer sagt, die Taufe sei frei, das **1618** heißt, nicht notwendig zum Heil: der sei mit dem Anathema belegt [vgl. *1524].

Kan. 6. Wer sagt, der Getaufte könne, **1619** auch wenn er wolle, nicht die Gnade verlieren, soviel er auch sündige, wenn er nur glauben wolle: der sei mit dem Anathema belegt [vgl. *1544].

Kan. 7. Wer sagt, die Getauften würden **1620** durch die Taufe nur allein zum Glauben verpflichtet, nicht aber zur Beachtung des gesamten Gesetzes Christi: der sei mit dem Anathema belegt.

Kan. 8. Wer sagt, die Getauften seien von **1621** allen Geboten der heiligen Kirche, die geschrieben oder überliefert sind, frei, so daß sie nicht gehalten seien, sie zu beachten, wenn sie sich ihnen nicht freiwillig unterwerfen wollen: der sei mit dem Anathema belegt.

Kan. 9. Wer sagt, die Menschen seien so **1622** zum Gedenken an die empfangene Taufe zurückzuführen, daß sie einsehen, daß alle Gelübde, die nach der Taufe abgelegt werden, kraft des in der Taufe selbst schon abgelegten Versprechens ungültig seien, so als ob durch sie sowohl dem Glauben, den sie bekannt haben, als auch der Taufe selbst Abbruch getan werde: der sei mit dem Anathema belegt.

Kan. 10. Wer sagt, alle Sünden, die nach **1623** der Taufe getan werden, würden allein durch die Erinnerung und den Glauben der empfangenen Taufe vergeben oder zu verzeihlichen: der sei mit dem Anathema belegt.

Kan. 11. Wer sagt, die wahre und recht- **1624** mäßig erteilte Taufe müsse bei jemandem, der vor den Ungläubigen den Glauben an Christus verleugnet hat, wiederholt werden, wenn er zur Buße umkehrt: der sei mit dem Anathema belegt.

Kan. 12. Wer sagt, man dürfe nur in dem **1625** Alter getauft werden, in dem Christus getauft wurde, oder im Augenblick des Todes selbst: der sei mit dem Anathema belegt.

Kan. 13. Wer sagt, die kleinen Kinder **1626** dürften deshalb, weil sie keinen Akt des

mo inter fideles computandos non esse, ac propterea, cum ad annos discretionis pervenerint, esse rebaptizandos, aut praestare omitti eorum baptisma, quam eos non actu proprio credentes baptizari in sola fide Ecclesiae: anathema sit.

Glaubens besitzen, nach dem Empfang der Taufe nicht unter die Gläubigen gerechnet werden, und sie müßten deswegen, wenn sie in die Jahre der Unterscheidung gekommen sind, wieder getauft werden, oder es sei besser, daß ihre Taufe unterlassen werde, als daß sie, die nicht mit einem eigenen Akt glauben, allein im Glauben der Kirche getauft würden: der sei mit dem Anathema belegt.

**1627**     Can. 14. Si quis dixerit, huiusmodi parvulus baptizatos, cum adoleverint, interrogandos esse, an ratum habere velint, quod patrini eorum nomine, dum baptizarentur, polliciti sunt, et ubi se nolle responderint, suo esse arbitrio relinquendos nec alia interim poena ad christianam vitam cogendos, nisi ut ab Eucharistiae aliorumque sacramentorum perceptione arceantur, donec resipiscant: anathema sit.

Kan. 14. Wer sagt, solche kleinen getauften Kinder müßten, wenn sie herangewachsen sind, gefragt werden, ob sie anerkennen wollen, was die Paten in ihrem Namen, als sie getauft wurden, versprochen haben, und wenn sie antworteten, sie wollten nicht, müßten sie ihrem eigenen Gutdünken überlassen werden und dürften inzwischen mit keiner anderen Strafe zum christlichen Leben gezwungen werden, als daß sie vom Empfang der Eucharistie und der anderen Sakramente ferngehalten werden, bis sie wieder Vernunft annehmen: der sei mit dem Anathema belegt.

### Kanones über das Sakrament der Firmung

**1628**     Can. 1. Si quis dixerit, confirmationem baptizatorum otiosam caeremoniam esse et non potius verum et proprium sacramentum, aut olim nihil aliud fuisse, quam catechesim quandam, qua adolescentiae proximi fidei suae rationem coram Ecclesia exponebant: anathema sit.

Kan. 1. Wer sagt, die Firmung der Getauften sei eine müßige Zeremonie und nicht vielmehr ein wahres und eigentliches Sakrament, oder sie sei einst nichts anderes gewesen als eine Art Katechese, in der die Heranwachsenden vor der Kirche Rechenschaft über ihren Glauben ablegten: der sei mit dem Anathema belegt.

**1629**     Can. 2. Si quis dixerit, iniurios esse Spiritui Sancto eos, qui sacro confirmationis chrismati virtutem aliquam tribuunt: anathema sit.

Kan. 2. Wer sagt, diejenigen seien ungerecht gegen den Heiligen Geist, die dem heiligen Chrisam der Firmung irgendeine Kraft zuschreiben: der sei mit dem Anathema belegt.

**1630**     Can. 3. Si quis dixerit, sanctae confirmationis ordinarium ministrum non esse solum episcopum, sed quemvis simplicem sacerdotem: anathema sit [cf. *1318].

Kan. 3. Wer sagt, der ordentliche Spender der heiligen Firmung sei nicht allein der Bischof, sondern jeder beliebige einfache Priester: der sei mit dem Anathema belegt [vgl. *1318].

Fortsetzung des Konzils von TRIENT unter JULIUS III.

## JULIUS III.: 7. Febr. 1550 - 23. März 1555

**1635-1661: 13. Sitzung, 11. Okt. 1551: Dekret über das Sakrament der Eucharistie**

Im März 1547 wurde damit begonnen, häresieverdächtige Sätze über die Eucharistie zu untersuchen. Sie stammen meist aus den *1600° angegebenen Werken; außerdem werden berücksichtigt Johann Oecolampadius, *De genuina verborum Domini "Hoc est corpus meum" iuxta vetustissimos authores expositione liber* (Basel 1525) [vor allem zu Kan. 1 und 8], und Ulrich Zwingli, *De vera et falsa religione* (1525; CpRef 90,773-820); *Subsidium sive Coronis de eucharistia* (1525; CpRef 91,462-504); *Eine klare Unterrichtung vom Nachtmahl Christi* (1526; CpRef 91,789-862).

Nach der Verlegung des Konzils nach Bologna wurde vom 9. bis 31. Mai über die verschiedenen Entwürfe der Kanones beraten (SGTr 5,1007-1012; 6,123ff / TheiTr 1,466ff; die Bologneser Periode ausgelassen). Die Synodalen nahmen im Sept. 1551 in Trient die Diskussion der Kapitel wieder auf (SGTr 7,111ff / TheiTr 1,488ff); am 2. und 9. Okt. wurden Entwürfe für die Kanones vorgelegt (SGTr 7,178f 187 / TheiTr 1,520 525).

*Ausg.:* SGTr 7,200-204 / RiTr 62-67 / MaC 33,80C-84B / HaC 10,79A-84C / COeD³ 693-698.

### Vorwort

Sacrosancta oecumenica et generalis Tridentina Synodus ..., etsi in eum finem non absque peculiari Spiritus Sancti ductu et gubernatione convenerit, ut veram et antiquam de fide et sacramentis doctrinam exponeret, et ut haeresibus omnibus et aliis gravissimis incommodis, quibus Dei Ecclesia misere nunc exagitatur et in multas ac varias partes scinditur, remedium afferret, hoc praesertim iam inde a principio in votis habuit, ut stirpitus, convelleret zizania exsecrabilium errorum et schismatum, quae inimicus homo his nostris calamitosis temporibus in doctrina fidei, usu et cultu sacrosanctae Eucharistiae superseminavit [*cf. Mt 13,25*], quam alioqui Salvator noster in Ecclesia sua tamquam symbolum reliquit eius unitatis et caritatis, qua Christianos omnes inter se coniunctos et copulatos esse voluit.

Itaque eadem sacrosancta Synodus,

sanam et sinceram illam de venerabili hoc et divino Eucharistiae sacramento doctrinam tradens, quam semper catholica Ecclesia ab ipso Iesu Christo Domino nostro et eius Apostolis erudita, atque a Spiritu Sancto illi omnem veritatem in dies suggerente [*cf. Io 14,26*] edocta retinuit et ad finem usque saeculi conservabit,

omnibus Christi fidelibus interdicit, ne posthac de sanctissima Eucharistia aliter credere,

Auch wenn sich das hochheilige und allgemeine Konzil von Trient ... nicht ohne die besondere Führung und Leitung des Heiligen Geistes zu dem Zweck versammelt hat, die wahre und alte Lehre über den Glauben und die Sakramente darzulegen und für alle Häresien und andere äußerst schwerwiegende Unannehmlichkeiten, von denen die Kirche Gottes heute elend geplagt und in viele verschiedene Teile zerspalten wird, ein Heilmittel beizubringen, so hat sie ⟨doch⟩ schon von Anfang an vor allem beabsichtigt, das Unkraut verabscheuungswürdiger Irrtümer und Spaltungen mit Stumpf und Stiel auszureißen, die der feindliche Mensch in diesen unseren unheilvollen Zeiten in Glaubenslehre, Gebrauch und Verehrung der hochheiligen Eucharistie aussäte [*vgl. Mt 13,25*], die unser Erlöser ansonsten in seiner Kirche als Zeichen ihrer Einheit und Liebe hinterließ, durch die alle Christen nach seinem Willen untereinander verbunden und verknüpft sein sollen. **1635**

Deshalb untersagt dasselbe hochheilige Konzil,

jene gesunde und echte Lehre über dieses ehrwürdige und göttliche Sakrament der Eucharistie überliefernd, die die katholische Kirche - von unserem Herrn Jesus Christus selbst und seinen Aposteln unterrichtet sowie vom Heiligen Geist, der ihr alle Wahrheit täglich eingibt [*vgl. Joh 14,26*], belehrt - immer festgehalten hat und bis zum Ende der Zeit bewahren wird, allen Christgläubigen, es künftig zu wagen, über die heiligste Eucharistie anders zu glau-

docere aut praedicare audeant, quam ut est hoc praesenti decreto explicatum atque definitum.

ben, zu lehren oder zu predigen, als wie es in diesem vorliegenden Dekret erklärt und festgelegt ist.

*Cap. 1. De reali praesentia Domini nostri Iesu Christi in sanctissimo Eucharistiae sacramento*

*Kap. 1. Die wirkliche Gegenwart unseres Herrn Jesus Christus im heiligsten Sakrament der Eucharistie*

**1636**    Principio docet sancta Synodus et aperte ac simpliciter profitetur, in almo sanctae Eucharistiae sacramento post panis et vini consecrationem Dominum nostrum Iesum Christum verum Deum atque hominem vere, realiter ac substantialiter [*can. 1*] sub specie illarum rerum sensibilium contineri. Neque enim haec inter se pugnant, ut ipse Salvator noster semper ad dextram Patris in caelis assideat iuxta modum exsistendi naturalem, et ut multis nihilominus aliis in locis sacramentaliter praesens sua substantia nobis adsit, ea exsistendi ratione, quam etsi verbis exprimere vix possumus, possibilem tamen esse Deo [*cf. Mt 19,26; Lc 18,27*], cogitatione per fidem illustrata assequi possumus et constantissime credere debemus.

Zu Beginn lehrt das heilige Konzil und bekennt offen und ehrlich, daß im segensreichen Sakrament der heiligen Eucharistie nach der Konsekration von Brot und Wein unser Herr Jesus Christus als wahrer Gott und Mensch wahrhaft, wirklich und substanzhaft [*Kan. 1*] unter der Gestalt jener sinnenfälligen Dinge enthalten ist. Es widerstreitet sich nämlich nicht, daß eben unser Erlöser entsprechend der natürlichen Daseinsweise immer zur Rechten des Vaters in den Himmeln sitzt, und daß er nichtsdestoweniger an vielen anderen Orten in seiner Substanz sakramental gegenwärtig bei uns ist, in einer Daseinsweise, die wir zwar kaum mit Worten ausdrücken können, von der wir jedoch mit Hilfe der durch den Glauben erleuchteten Überlegung erfassen können und unerschütterlich glauben müssen, daß sie Gott möglich ist [*vgl. Mt 19,26; Lk 18,27*].

**1637**    Ita enim maiores nostri omnes, quotquot in vera Christi Ecclesia fuerunt, qui de sanctissimo hoc sacramento disseruerunt, apertissime professi sunt, hoc tam admirabile sacramentum in ultima Coena Redemptorem nostrum instituisse, cum post panis vinique benedictionem se suum ipsius corpus illis praebere ac suum sanguinem disertis ac perspicuis verbis testatus est; quae verba a sanctis Evangelistis commemorata [*cf. Mt 26,26-29; Mc 14,22-25; Lc 22,19s*], et a divo Paulo postea repetita [*1 Cor 11,24s*], cum propriam illam et apertissimam significationem prae se ferant, secundum quam a Patribus intellecta sunt, indignissimum sane flagitium est, ea a quibusdam contentiosis et pravis hominibus ad fictitios et imaginarios tropos, quibus veritas carnis et sanguinis Christi negatur, contra universum Ecclesiae sensum detorqueri, quae, tamquam "columna et firmamentum veritatis" [*1 Tim 3,15*], haec ab impiis hominibus excogitata commenta velut satanica detestata est, grato semper et memori animo praestantissimum hoc Christi benefi-

So haben nämlich alle unsere Vorfahren, die in der wahren Kirche Christi lebten und die über dieses heiligste Sakrament Erörterungen anstellten, ganz offen bekannt, daß unser Erlöser dieses so wunderbare Sakrament beim letzten Abendmahl eingesetzt hat, als er nach der Segnung von Brot und Wein mit klaren und deutlichen Worten bezeugte, daß er ihnen seinen eigenen Leib und sein Blut hingebe; da diese Worte, die von den heiligen Evangelisten berichtet [*vgl. Mt 26,26-29; Mk 14,22-25; Lk 22,19f*] und später vom göttlichen Paulus wiederholt wurden [*vgl. 1 Kor 11,24f*], jene eigentümliche und ganz offensichtliche Bedeutung an den Tag legen, in der sie von den Vätern verstanden wurden, ist es fürwahr eine höchst abscheuliche Niederträchtigkeit, wenn sie von bestimmten streitsüchtigen und verdorbenen Menschen gegen die allgemeine Auffassung der Kirche zu erdichteten und bildhaften Redeweisen verdreht werden, in denen die Wahrheit des Fleisches und des Blutes Christi geleugnet wird; als "Säule und Stütze der

cium agnoscens.

Wahrheit" [*1 Tim 3,15*] hat sie ⟨= die Kirche⟩ diese von gottlosen Menschen ausgedachten Erdichtungen als satanisch verabscheut und immer mit dankbarem und gedenkendem Herzen diese ganz vorzügliche Wohltat Christi anerkannt.

### Cap. 2. De ratione institutionis sanctissimi huius sacramenti

Ergo Salvator noster, discessurus ex hoc mundo ad Patrem, sacramentum hoc instituit, in quo divitias divini sui erga homines amoris velut effudit, "memoriam faciens mirabilium suorum" [*Ps 110,4*], et in illius sumptione colere nos sui memoriam [*cf. Lc 22,19; 1 Cor 11,24*] praecepit suamque annuntiare mortem, donec ipse ad iudicandum mundum veniat [*cf. 1 Cor 11,26*].

Sumi autem voluit sacramentum hoc tamquam spiritualem animarum cibum [*cf. Mt 26,26*], quo alantur et confortentur [*can. 5*] viventes vita illius, qui dixit: "Qui manducat me, et ipse vivet propter me" [*Io 6,57*], et tamquam antidotum, quo liberemur a culpis quotidianis et a peccatis mortalibus praeservemur.

Pignus praeterea id esse voluit futurae nostrae gloriae et perpetuae felicitatis, adeoque symbolum unius illius corporis, cuius ipse caput [*cf. 1 Cor 11,3; Eph 5,23*] exsistit, cuique nos, tamquam membra, arctissima fidei, spei et caritatis conexione adstrictos esse voluit, ut idipsum omnes diceremus, nec essent in nobis schismata [*cf. 1 Cor 1,10*].

### Cap. 3. De excellentia sanctissimae Eucharistiae super reliqua sacramenta

Commune hoc quidem est sanctissimae Eucharistiae cum ceteris sacramentis, "symbolum esse rei sacrae et invisibilis gratiae formam visibilem"[1]; verum illud in ea excellens et singulare reperitur, quod reliqua sacra-

### Kap. 2. Die Weise der Einsetzung dieses heiligsten Sakramentes

Als unser Erlöser im Begriff war, aus dieser Welt zum Vater wegzugehen, hat er also dieses Sakrament eingesetzt, in dem er gleichsam den Reichtum seiner göttlichen Liebe gegenüber den Menschen ausgoß, "eine Erinnerung an seine Wunder schaffend" [*Ps 111,4*]; und er gebot, wir sollten in seinem Genuß sein Gedächtnis begehen [*vgl. Lk 22,19; 1 Kor 11,24*] und seinen Tod verkünden, bis er selbst kommt, um die Welt zu richten [*vgl. 1 Kor 11,26*].    **1638**

Er wollte aber, daß dieses Sakrament genossen werde als geistliche Speise der Seelen [*vgl. Mt 26,26*], mit der die Lebenden durch das Leben desjenigen genährt und gestärkt werden sollen [*Kan. 5*], der gesagt hat: "Wer mich ißt, wird auch selbst leben durch mich" [*Joh 6,57*], und als Gegenmittel, durch das wir von der täglichen Schuld befreit und vor Todsünden bewahrt werden sollen.

Außerdem wollte er, daß es ein Unterpfand unserer künftigen Herrlichkeit und immerwährenden Seligkeit sei und insofern ein Zeichen jenes einen Leibes, dessen Haupt er selbst ist [*vgl. 1 Kor 11,3; Eph 5,23*] und dem wir nach seinem Willen als Glieder durch das engste Band des Glaubens, der Hoffnung und der Liebe verbunden sein sollen, auf daß wir alle dasselbe sagen und unter uns keine Spaltungen seien [*vgl. 1 Kor 1,10*].

### Kap. 3. Die Erhabenheit der heiligsten Eucharistie über die anderen Sakramente

Zwar ist es der heiligsten Eucharistie mit   **1639** den übrigen Sakramenten gemeinsam, daß sie "ein Zeichen für eine heilige Sache und die sichtbare Gestalt der unsichtbaren Gnade ist"[1]; aber in ihr findet sich jenes Erhabene

---

*1639 [1]   Vgl. Gratian, *Decretum*, p. III, dist. 2, c. 32 (Frdb 1,1324); vgl. Augustinus, *Quaestiones in Heptateuchum* III 84 [zu *Lev 21*] (J. Fraipont: CpChL 33 [1958] 228 / CSEL 28/II,305 / PL 34,712); ähnlich in *De civitate Dei* X 5 (B. Dombart – A. Kalb: CpChL 47 [1955] 277 / CSEL 40/I, 452₁₈f / PL 41,282).

menta tunc primum sanctificandi vim habent, cum quis illis utitur: at in Eucharistia ipse sanctitatis auctor ante usum est [*can. 4*].

und Einzigartige, daß die übrigen Sakramente erst dann die Kraft zu heiligen haben, wenn sie einer gebraucht; in der Eucharistie aber ist der Urheber der Heiligkeit selbst vor dem Gebrauch [*Kan. 4*].

**1640**     Nondum enim Eucharistiam de manu Domini Apostoli susceperant [*cf. Mt 26,26; Mc 14,22*], cum vere tamen ipse affirmaret corpus suum esse, quod praebebat; et semper haec fides in Ecclesia Dei fuit, statim post consecrationem verum Domini nostri corpus verumque eius sanguinem sub panis et vini specie una cum ipsius anima et divinitate exsistere: sed corpus quidem sub specie panis et sanguinem sub vini specie ex vi verborum, ipsum autem corpus sub specie vini et sanguinem sub specie panis animamque sub utraque, vi naturalis illius conexionis et concomitantiae, qua partes Christi Domini, qui iam ex mortuis resurrexit non amplius moriturus [*cf. Rm 6,9*], inter se copulantur, divinitatem porro propter admirabilem illam eius cum corpore et anima hypostaticam unionem [*can. 1 et 3*].

Die Apostel hatten nämlich die Eucharistie noch nicht aus der Hand des Herrn empfangen [*vgl. Mt 26,26; Mk 14,22*], als er selbst dennoch wahrhaft versicherte, es sei sein Leib, den er darbot; und stets war dieser Glaube in der Kirche Gottes, daß sogleich nach der Konsekration der wahre Leib unseres Herrn und sein wahres Blut unter der Gestalt des Brotes und des Weines zusammen mit seiner Seele und Gottheit da sei: und zwar der Leib unter der Gestalt des Brotes und das Blut unter der Gestalt des Weines kraft der Worte, derselbe Leib aber unter der Gestalt des Weines und das Blut unter der Gestalt des Brotes und die Seele unter beiden kraft jener natürlichen Verknüpfung und Begleitung, durch die die Teile Christi, des Herrn, der schon von den Toten auferstanden ist und nicht mehr sterben wird [*vgl. Röm 6,9*], untereinander verbunden sind, die Gottheit jedoch wegen jener wunderbaren hypostatischen Einung mit seinem Leib und seiner Seele [*Kan. 1 und 3*].

**1641**     Quapropter verissimum est, tantundem sub alterutra specie atque sub utraque contineri. Totus enim et integer Christus sub panis specie et sub quavis ipsius speciei parte, totus item sub vini specie et sub eius partibus exsistit [*can. 3*].

Deswegen ist es ganz wahr, daß ebensoviel unter einer der beiden Gestalten wie unter beiden enthalten ist. Ganz und unversehrt ist nämlich Christus unter der Gestalt des Brotes und unter jedwedem Teil ebendieser Gestalt, ganz ebenso unter der Gestalt des Weines und unter seinen Teilen [*Kan. 3*].

### Cap. 4. De Transsubstantiatione

### Kap. 4. Die Wesensverwandlung

**1642**     Quoniam autem Christus redemptor noster corpus suum id, quod sub specie panis offerebat [*cf. Mt 26,26-29; Mc 14,22-25; Lc 22,19s; 1 Cor 11,24-26*], vere esse dixit, ideo persuasum semper in Ecclesia Dei fuit, idque nunc denuo sancta haec Synodus declarat: per consecrationem panis et vini conversionem fieri totius substantiae panis in substantiam corporis Christi Domini nostri, et totius substantiae vini in substantiam sanguinis eius. Quae conversio convenienter et proprie a sancta catholica Ecclesia transsubstantiatio est appellata [*can. 2*].

Weil aber Christus, unser Erlöser, sagte, das, was er unter der Gestalt des Brotes darbrachte [*vgl. Mt 26,26-29; Mk 14,22-25; Lk 22,19f; 1 Kor 11,24-26*], sei wahrhaft sein Leib, deshalb hat in der Kirche Gottes stets die Überzeugung geherrscht, und dieses heilige Konzil erklärt es jetzt von neuem: durch die Konsekration des Brotes und Weines geschieht eine Verwandlung der ganzen Substanz des Brotes in die Substanz des Leibes Christi, unseres Herrn, und der ganzen Substanz des Weines in die Substanz seines Blutes. Diese Wandlung wurde von der heiligen katholischen Kirche treffend und im eigent-

lichen Sinne Wesensverwandlung genannt [*Kan. 2*].

*Cap. 5. De cultu et veneratione huic sanctissimo sacramento exhibenda*

*Kap. 5. Der Kult und die Verehrung, die diesem heiligsten Sakrament zu erweisen sind*

Nullus itaque dubitandi locus relinquitur, quin omnes Christi fideles pro more in catholica Ecclesia semper recepto latriae cultum, qui vero Deo debetur, huic sanctissimo sacramento in veneratione exhibeant [*can. 6*]. Neque enim ideo minus est adorandum, quod fuerit a Christo Domino, ut sumatur [*cf. Mt 26,26-29*], institutum. Nam illum eundem Deum praesentem in eo adesse credimus, quem Pater aeternus introducens in orbem terrarum dicit: "Et adorent eum omnes Angeli Dei" [*Hbr 1,6; ex Ps 96,7*], quem Magi procidentes adoraverunt [*cf. Mt 2,11*], quem denique in Galilaea ab Apostolis adoratum fuisse Scriptura testatur [*cf. Mt 28,17; Lc 24,52*].

Es bleibt daher kein Platz mehr für einen Zweifel, ob alle Christgläubigen diesem heiligsten Sakrament bei der Verehrung gemäß dem in der katholischen Kirche stets gepflegten Brauche den Kult der Gottesverehrung, der dem wahren Gott geschuldet wird, erweisen sollen [*Kan. 6*]. Es ist nämlich deswegen nicht weniger anzubeten, weil es von Christus, dem Herrn, eingesetzt wurde, um genossen zu werden [*vgl. Mt 26,26-29*]. Denn wir glauben, daß eben jener Gott in ihm gegenwärtig ist, von dem der ewige Vater, als er ihn in den Erdkreis einführt, sagt: "Und anbeten sollen ihn alle Engel Gottes" [*Hebr 1,6; aus Ps 97,7*], den die Weisen niederfallend anbeteten [*vgl. Mt 2,11*], von dem schließlich die Schrift bezeugt, daß er in Galiläa von den Aposteln angebetet wurde [*vgl. Mt 28,17; Lk 24,52*].    **1643**

Declarat praeterea sancta Synodus, pie et religiose admodum im Dei Ecclesiam inductum fuisse hunc morem, ut singulis annis peculiari quodam et festo die praecelsum hoc et venerabile sacramentum singulari veneratione ac solemnitate celebraretur, utque in processionibus reverenter et honorifice illud per vias et loca publica circumferretur[1].

Das heilige Konzil erklärt außerdem, daß   **1644** in sehr frommer und religiöser Gesinnung der Brauch in der Kirche Gottes eingeführt wurde, daß dieses erhabene und ehrwürdige Sakrament in jedem Jahr an einem eigenen Festtag mit besonderer Verehrung und Festlichkeit gefeiert wird, und daß es in Prozessionen ehrfürchtig und ehrenvoll durch öffentliche Straßen und Plätze herumgetragen wird[1].

Aequissimum est enim, sacros aliquos statutos esse dies, cum Christiani omnes singulari ac rara quadam significatione gratos et memores testentur animos erga communem Dominum et Redemptorem pro tam ineffabili et plane divino beneficio, quo mortis eius victoria et triumphus repraesentatur. Atque sic quidem oportuit victricem veritatem de mendacio et haeresi triumphum agere, ut eius adversarii, in conspectu tanti splendoris et in tanta universae Ecclesiae laetitia positi, vel debilitati et fracti tabescant, vel pudore affecti et confusi aliquando resipiscant.

Es ist nämlich höchst richtig, daß einige heilige Tage festgelegt sind, an denen alle Christen durch eine besondere und gewissermaßen seltene Kundgebung ihre dankbare und erkenntliche Gesinnung gegenüber dem gemeinsamen Herrn und Erlöser bezeugen angesichts der so unaussprechlichen und eindeutig göttlichen Wohltat, durch die der Sieg und Triumph seines Todes dargestellt wird. Und zwar sollte die siegreiche Wahrheit einen solchen Triumph über Lüge und Häresie feiern, daß ihre Gegner, in den Anblick eines so großen Glanzes und in eine so große Freude der gesamten Kirche versetzt, entweder entkräftet und gebrochen dahinschwinden

---

**\*1644** [1]    Das Fronleichnamsfest wurde i. J. 1264 eingeführt: vgl. *846°.

oder von Scham erfüllt und verwirrt irgendwann einmal wieder zur Einsicht kommen.

## Cap. 6. De asservando sacrae Eucharistiae sacramento et ad infirmos deferendo

### Kap. 6. Die Aufbewahrung des Sakramentes der heiligen Eucharistie und seine Überbringung zu den Kranken

**1645**     Consuetudo asservandi in sacrario sanctam Eucharistiam adeo antiqua est, ut eam saeculum etiam Nicaeni Concilii agnoverit. Porro deferri ipsam sacram Eucharistiam ad infirmos, et in hunc usum diligenter in ecclesiis conservari, praeterquam quod cum summa aequitate et ratione coniunctum est, tum multis in conciliis praeceptum invenitur, et vetustissimo catholicae Ecclesiae more est observatum. Quare sancta haec Synodus retinendum omnino salutarem hunc et necessarium morem statuit [can. 7].

Die Gepflogenheit, die heilige Eucharistie an heiligem Ort aufzubewahren, ist so alt, daß sie sogar schon die Zeit des Konzils von Nikaia kannte. Ferner: diese heilige Eucharistie zu den Kranken zu bringen und zu diesem Zweck sorgfältig in den Kirchen aufzubewahren, findet sich – abgesehen davon, daß es mit höchster Billigkeit und Vernünftigkeit verbunden ist – auch auf vielen Konzilien als Gebot und wurde nach ältestem Brauch der katholischen Kirche beachtet. Deshalb legte dieses heilige Konzil fest, daß dieser durchaus heilsame und notwendige Brauch beizubehalten ist [Kan. 7].

## Cap. 7. De praeparatione, quae adhibenda est, ut digne quis sacram Eucharistiam percipiat

### Kap. 7. Die Vorbereitung, die anzuwenden ist, damit einer die heilige Eucharistie würdig empfange

**1646**     Si non decet ad sacras ullas functiones quempiam accedere nisi sancte, certe, quo magis sanctitas et divinitas caelestis huius sacramenti viro christiano comperta est, eo diligentius cavere ille debet, ne absque magna reverentia et sanctitate [can. 11] ad id percipiendum accedat, praesertim cum illa plena formidinis verba apud Apostolum legamus: "Qui manducat et bibit indigne, iudicium sibi manducat et bibit, non diiudicans corpus Domini" [1 Cor 11,29]. Quare communicare volenti revocandum est in memoriam eius praeceptum: "Probet autem seipsum homo" [1 Cor 11,28].

Wenn es sich nicht ziemt, daß einer zu irgendwelchen heiligen Verrichtungen anders hinzutrete als heilig, so muß sich sicherlich, je mehr die Heiligkeit und Göttlichkeit dieses himmlischen Sakramentes einem christlichen Manne bekannt ist, jener umso gewissenhafter davor hüten, ohne große Ehrfurcht und Heiligkeit [Kan. 11] zu seinem Empfang hinzutreten, zumal da wir bei dem Apostel jene schreckensvollen Worte lesen: "Wer unwürdig ißt und trinkt, ißt und trinkt sich das Gericht, wenn er nicht den Leib des Herrn unterscheidet" [1 Kor 11,29]. Deshalb muß sich derjenige, der kommunizieren will, sein Gebot ins Gedächtnis zurückrufen: "Es prüfe aber der Mensch sich selbst" [1 Kor 11,28].

**1647**     Ecclesiastica autem consuetudo declarat, eam probationem necessariam esse, ut nullus sibi conscius peccati mortalis, quamtumvis sibi contritus videatur, absque praemissa sacramentali confessione ad sacram Eucharistiam accedere debeat.

Quod a Christianis omnibus, etiam ab iis sacerdotibus, quibus ex officio incubuerit celebrare, haec sancta Synodus perpetuo servandum esse decrevit, modo non desit illis copia confessoris. Quod si necessitate urgente

Die kirchliche Gepflogenheit aber erklärt, daß diese Prüfung notwendig ist, so daß keiner, der sich einer Todsünde bewußt ist, so sehr er sich auch reuevoll erscheinen mag, ohne vorausgeschickte sakramentale Beichte zur heiligen Eucharistie hinzutreten darf.

Dieses heilige Konzil beschloß, daß dies von allen Christen, auch von denjenigen Priestern, denen es von Amts wegen obliegt, zu zelebrieren, immerfort beachtet werden muß, sofern ihnen nicht die Gelegenheit

sacerdos absque praevia confessione celebraverit, quam primum [cf. *2058] confiteatur.

fehlt, einen Beichtvater ⟨zu erreichen⟩. Wenn ein Priester aber aufgrund dringender Notwendigkeit ohne vorangehende Beichte zelebriert, soll er möglichst bald [vgl. *2058] beichten.

*Cap. 8. De usu admirabilis huius sacramenti*

*Kap. 8. Der Gebrauch dieses wunderbaren Sakramentes*

Quoad usum autem recte et sapienter Patres nostri tres rationes hoc sanctum sacramentum accipiendi distinxerunt. Quosdam enim docuerunt *sacramentaliter* dumtaxat id sumere, ut peccatores; alios tantum *spiritualiter,* illos nimirum, qui voto propositum illum caelestem panem edentes, fide viva, "quae per dilectionem operatur" [Gal 5,6], fructum eius et utilitatem sentiunt; tertios porro *sacramentaliter simul et spiritualiter* [can. 8]; ii autem sunt, qui ita se prius probant et instruunt, ut vestem nuptialem induti ad divinam hanc mensam accedant [cf. Mt 22,11s].

In bezug auf den Gebrauch aber haben **1648** unsere Väter richtig und klug drei Weisen, dieses heilige Sakrament zu empfangen, unterschieden. Sie lehrten nämlich, daß manche es lediglich *sakramental* genießen als Sünder; andere nur *geistlich*, nämlich jene, die, jenes vor Augen gestellte himmlische Brot dem Verlangen nach essend, mit lebendigem Glauben, "der durch die Liebe wirkt" [Gal 5,6], seine Frucht und seinen Nutzen verspüren; die dritten aber *zugleich sakramental und geistlich* [Kan. 8]; es sind aber diejenigen, die sich zuvor so prüfen und herrichten, daß sie, mit dem Hochzeitsgewande angetan, zu diesem göttlichen Tische hinzutreten [vgl. Mt 22,11f].

In sacramentali autem sumptione semper in Ecclesia Dei mos fuit, ut laici a sacerdotibus communionem acciperent, sacerdotes autem celebrantes se ipsos communicarent [can. 10]; qui mos tamquam ex traditione apostolica descendens iure ac merito retineri debet.

Beim sakramentalen Empfang aber war es in der Kirche Gottes immer Brauch, daß die Laien die Kommunion von den Priestern empfangen, die zelebrierenden Priester aber sich selbst die Kommunion reichen [Kan. 10]; diese Sitte muß als aus apostolischer Überlieferung herrührend mit Fug und Recht beibehalten werden.

Demum autem paterno affectu admonet sancta Synodus, hortatur, rogat et obsecrat "per viscera misericordiae Dei nostri" [Lc 1,78], ut omnes et singuli, qui christiano nomine censentur, in hoc "unitatis signo", in hoc "vinculo caritatis"[1], in hoc concordiae symbolo iam tandem aliquando conveniant et concordent, memoresque tantae maiestatis et tam eximii amoris Iesu Christi Domini nostri, qui dilectam animam suam in nostrae salutis pretium, et carnem suam nobis dedit ad manducandum [cf. Io 6,48-58], haec sacra mysteria corporis et sanguinis eius ea fidei constantia et firmitate, ea animi devotione, ea pietate et cultu credant et venerentur, ut panem illum supersubstantialem [cf. Mt 6,11] frequenter suscipere possint, et is vere eis sit

Schließlich aber ermahnt, ermuntert, bittet und beschwört das heilige Konzil mit väterlicher Zuneigung "beim Innigsten der Barmherzigkeit unseres Gottes" [Lk 1,78], daß alle und jeder einzelne, die zum christlichen Namen gerechnet werden, in diesem "Zeichen der Einheit", in diesem "Band der Liebe"[1], in diesem Symbol der Eintracht nun endlich einmal zusammenfinden und übereinstimmen und eingedenk der so großen Erhabenheit und so außerordentlichen Liebe unseres Herrn Jesus Christus, der seine geliebte Seele zum Lösegeld unseres Heiles und sein Fleisch uns zu essen gab [vgl. Joh 6,48-58], diese heiligen Geheimnisse seines Leibes und Blutes mit solcher Beständigkeit und Festigkeit des Glaubens, solcher Erge-

---

**1649** **1649**

*1649 [1]   Vgl. Augustinus, *In Evangelium Iohannis*, tract. 26,13 (R. Willems: CpChL 36 [1954] 266₂₇ / PL 35,1613).

animae vita et perpetua sanitas mentis, cuius vigore confortati [cf. *3 Rg 19,8*] ex huius miserae, peregrinationis itinere ad caelestem patriam pervenire valeant, eundem "panem Angelorum" [*Ps 77,25*], quem modo sub sacris velaminibus edunt, absque ullo velamine manducaturi.

benheit des Herzens, solcher Frömmigkeit und Beflissenheit glauben und verehren, daß sie jenes überwesenhafte Brot [*vgl. Mt 6,11*] häufig empfangen können und ihnen jener wahrhaft Leben der Seele und immerwährende Gesundheit des Geistes ist, durch dessen Kraft gestärkt [*vgl. 1 Kön 19,8*] sie von der Reise dieser elenden Pilgerschaft zur himmlischen Heimat gelangen können, um dasselbe "Brot der Engel" [*Ps 78,25*], das sie nun unter heiligen Schleiern verzehren, ohne jeden Schleier zu essen.

**1650**    Quoniam autem non est satis veritatem dicere, nisi detegantur et refellantur errores: placuit sanctae Synodo hos canones subiungere, ut omnes, iam agnita doctrina catholica, intelligant quoque, quae ab illis haereses caveri vitarique debeant.

Weil es aber nicht genügt, die Wahrheit zu sagen, ohne daß die Irrtümer aufgedeckt und zurückgewiesen werden, beschloß das heilige Konzil, folgende Kanones anzufügen, damit alle, nachdem sie schon die katholische Lehre kennengelernt haben, auch innewerden, vor welchen Häresien sie sich vorsehen und hüten müssen.

### Kanones über das Sakrament der Eucharistie

**1651**    Can. 1. Si quis negaverit, in sanctissimae Eucharistiae sacramento contineri vere, realiter et substantialiter, corpus et sanguinem una cum anima et divinitate Domini nostri Iesu Christi ac proinde totum Christum; sed dixerit, tantummodo esse in eo ut in signo vel figura, aut virtute: anathema sit [cf. *1636 1640*].

Kan. 1. Wer leugnet, daß im Sakrament der heiligsten Eucharistie wahrhaft, wirklich und substanzhaft der Leib und das Blut zusammen mit der Seele und Gottheit unseres Herrn Jesus Christus und daher der ganze Christus enthalten ist, vielmehr sagt, er sei lediglich wie in einem Zeichen bzw. Abbild oder der Wirkkraft nach in ihm: der sei mit dem Anathema belegt [*vgl. *1636 1640*].

**1652**    Can. 2. Si quis dixerit, in sacrosancto Eucharistiae sacramento remanere substantiam panis et vini una cum corpore et sanguine Domini nostri Iesu Christi, negaveritque mirabilem illam et singularem conversionem totius substantiae panis in corpus et totius substantiae vini in sanguinem, manentibus dumtaxat speciebus panis et vini, quam quidem conversionem catholica Ecclesia aptissime transsubstantiationem appellat: anathema sit [cf. *1642*].

Kan. 2. Wer sagt, im hochheiligen Sakrament der Eucharistie verbliebe zusammen mit dem Leib und Blut unseres Herrn Jesus Christus die Substanz des Brotes und des Weines, und jene wunderbare und einzigartige Verwandlung der ganzen Substanz des Brotes in den Leib und der ganzen Substanz des Weines in das Blut, wobei lediglich die Gestalten von Brot und Wein bleiben, leugnet – und zwar nennt die katholische Kirche diese Wandlung sehr treffend Wesensverwandlung –: der sei mit dem Anathema belegt [*vgl. *1642*].

**1653**    Can. 3. Si quis negaverit, in venerabili sacramento Eucharistiae sub unaquaque specie et sub singulis cuiusque speciei partibus separatione facta totum Christum contineri: anathema sit [cf. *1641*].

Kan. 3. Wer leugnet, daß im ehrwürdigen Sakrament der Eucharistie unter jeder der beiden Gestalten und – nach erfolgter Trennung – unter den einzelnen Teilen jeder Gestalt der ganze Christus enthalten ist: der sei mit dem Anathema belegt [*vgl. *1641*].

Can. 4. Si quis dixerit, peracta consecratione in admirabili Eucharistiae sacramento non esse corpus et sanguinem Domini nostri Iesu Christi, sed tantum in usu, dum sumitur, non autem ante vel post, et in hostiis seu particulis consecratis, quae post communionem reservantur vel supersunt, non remanere verum corpus Domini: anathema sit [cf. *1639s].

Kan. 4. Wer sagt, nach erfolgter Konsekration sei im wunderbaren Sakrament der Eucharistie nicht der Leib und das Blut unseres Herrn Jesus Christus, sondern nur beim Gebrauch, wenn er genossen wird, nicht aber davor oder danach, und in den Hostien bzw. den konsekrierten Teilchen, die nach der Kommunion aufbewahrt werden bzw. übrigbleiben, verbleibe nicht der wahre Leib des Herrn: der sei mit dem Anathema belegt [vgl. *1639f]. **1654**

Can. 5. Si quis dixerit, vel praecipuum fructum sanctissimae Eucharistiae esse remissionem peccatorum, vel ex ea non alios effectus provenire: anathema sit [cf. *1638].

Kan. 5. Wer sagt, die hauptsächliche Frucht der heiligsten Eucharistie sei die Vergebung der Sünden, oder aus ihr gingen keine anderen Wirkungen hervor: der sei mit dem Anathema belegt [vgl. *1638]. **1655**

Can. 6. Si quis dixerit, in sancto Eucharistiae sacramento Christum unigenitum Dei Filium non esse cultu latriae etiam externo adorandum, atque ideo nec festiva peculiari celebritate venerandum, neque in processionibus secundum laudabilem et universalem Ecclesiae sanctae ritum et consuetudinem solemniter circumgestandum, vel non publice, ut adoretur, populo proponendum, et eius adoratores esse idololatras: anathema sit [cf. *1643s].

Kan. 6. Wer sagt, im heiligen Sakrament der Eucharistie sei Christus, der einziggeborene Sohn Gottes, nicht auch mit dem äußeren Kult der Gottesverehrung anzubeten und daher weder durch eine besondere festliche Feier zu verehren noch gemäß der lobenswerten und allgemeinen Sitte und Gepflogenheit der heiligen Kirche in Prozessionen feierlich herumzutragen, oder nicht öffentlich dem Volke vor Augen zu stellen, damit er angebetet werde, und seine Anbeter seien Götzendiener: der sei mit dem Anathema belegt [vgl. *1643f]. **1656**

Can. 7. Si quis dixerit, non licere sacram Eucharistiam in sacrario reservari, sed statim post consecrationem adstantibus necessario distribuendam; aut non licere, ut illa ad infirmos honorifice deferatur: anathema sit [cf. *1645].

Kan. 7. Wer sagt, es sei nicht erlaubt, die heilige Eucharistie an heiligem Ort aufzubewahren, sondern sie müsse sogleich nach der Konsekration den Anwesenden ausgeteilt werden; oder es sei nicht erlaubt, daß sie ehrenvoll zu den Kranken gebracht werde: der sei mit dem Anathema belegt [vgl. *1645]. **1657**

Can. 8. Si quis dixerit, Christum in Eucharistia exhibitum spiritualiter tantum manducari, et non etiam sacramentaliter ac realiter: anathema sit [cf. *1648].

Kan. 8. Wer sagt, man esse den in der Eucharistie dargereichten Christus nur geistlich und nicht auch sakramental und wirklich: der sei mit dem Anathema belegt [vgl. *1648]. **1658**

Can. 9. Si quis negaverit, omnes et singulos Christi fideles utriusque sexus, cum ad annos discretionis pervenerint, teneri singulis annis saltem in Paschate ad communicandum iuxta praeceptum sanctae matris Ecclesiae: anathema sit [cf. *812].

Kan. 9. Wer leugnet, daß alle und jeder einzelne Christgläubige beiderlei Geschlechts, sobald sie in die Jahre der Unterscheidung gekommen sind, gehalten sind, in jedem Jahr wenigstens an Ostern gemäß dem Gebot der heiligen Mutter Kirche zu kommunizieren: der sei mit dem Anathema belegt [vgl. *812]. **1659**

Can. 10. Si quis dixerit, non licere sacerdoti celebranti se ipsum communicare:

Kan. 10. Wer sagt, es sei dem zelebrierenden Priester nicht erlaubt, sich selbst die **1660**

anathema sit [cf. *1648].

**1661**    Can. 11. Si quis dixerit, solam fidem esse sufficientem praeparationem ad sumendum sanctissimae Eucharistiae sacramentum [cf. *1646]: anathema sit.

Et, ne tantum Sacramentum indigne atque ideo in mortem et condemnationem sumatur, statuit atque declarat ipsa sancta Synodus, illis, quos conscientia peccati mortalis gravat, quantumcumque etiam se contritos existiment, habita copia confessoris necessario praemittendam esse confessionem sacramentalem.

Si quis autem contrarium docere, praedicare vel pertinaciter asserere, seu etiam publice disputando defendere praesumpserit, eo ipso excommunicatus exsistat [cf. *1647].

Kommunion zu reichen: der sei mit dem Anathema belegt [vgl. *1648].

Kan. 11. Wer sagt, allein der Glaube sei eine hinreichende Vorbereitung für den Genuß des Sakramentes der heiligsten Eucharistie [vgl. *1646]: der sei mit dem Anathema belegt.

Und damit ein so großes Sakrament nicht unwürdig und daher zum Tod und zur Verurteilung genossen werde, bestimmt und erklärt dieses heilige Konzil, daß diejenigen, die das Bewußtsein einer Todsünde niederdrückt, so sehr sie sich auch für reuevoll halten, sofern ein Beichtvater verfügbar ist, notwendig eine sakramentale Beichte vorausschicken müssen.

Wer sich aber untersteht, das Gegenteil zu lehren, zu predigen bzw. hartnäckig zu behaupten oder auch in der öffentlichen Diskussion zu verteidigen, soll eben dadurch exkommuniziert sein [vgl. *1647].

**1667-1719: 14. Sitzung, 25. Nov. 1551**

Die Synodalen hatten in Bologna mehrere Entwürfe für die Dekrete über die Sakramente der Buße und der Letzten Ölung verfaßt (SGTr 6,7–90 192–288 307–321). In Trient nahmen sie die Beratungen darüber am 15. Okt. 1551 wieder auf (SGTr 7,233–287 / TheiTr 1,531–581) und verfaßten Mitte November einen Entwurf der Lehre und der Kanones (SGTr 7,324–327 / TheiTr 1,582–590), der wenige Tage später in die Form des endgültigen Dekrets gebracht wurde.
    *Ausg.:* SGTr 7,343–357 [ = *Lehre*]; 357–359 [ = *Kanones*] / RiTr 75–87 / MaC 33,91C–99B; 99C–102C / HaC 10,89D–97D; 97D–100D / COeD³ 703–711; 711–713.

**a) Lehre über das Sakrament der Buße**

*Vorwort*

**1667**    Sacrosancta oecumenica et generalis Tridentina Synodus ..., quamvis in decreto de iustificatione [cf. *1542s 1579] multus fuerit de paenitentiae sacramento propter locorum cognationem necessaria quadam ratione sermo interpositus: tanta nihilominus circa illud nostra hac aetate diversorum errorum est multitudo, ut non parum publicae utilitatis retulerit, de eo exactiorem et pleniorem definitionem tradidisse, inqua, demonstratis et convulsis Spiritus Sancti praesidio universis erroribus, catholica veritas perspicua et illustris fieret; quam nunc sancta haec synodus Christianis omnibus perpetuo servandam proponit.

Obwohl im Dekret über die Rechtfertigung [vgl. *1542f 1579] zwischendurch wegen der Verwandtschaft der Sachgebiete gewissermaßen notwendigerweise oft vom Sakrament der Buße die Rede war, gibt es in dieser unserer Zeit doch eine solche Fülle verschiedener Irrtümer darüber, daß das hochheilige ökumenische und allgemeine Konzil von Trient ... es als einen nicht geringen Nutzen für die Öffentlichkeit erachtete, darüber eine genauere und vollständigere Bestimmung zu geben, in der mit dem Beistand des Heiligen Geistes alle Irrtümer aufgezeigt und vernichtet und die katholische Wahrheit klar und deutlich werden soll; diese ⟨Bestimmung⟩ legt dieses heilige Konzil nunmehr allen Christen zu immerwährender Bewahrung vor.

## Cap. 1. De necessitate et institutione sacramenti paenitentiae

Si ea in regeneratis omnibus gratitudo erga Deum esset, ut iustitiam in baptismo ipsius beneficio et gratia susceptam constanter tuerentur, non fuisset opus, aliud ab ipso baptismo sacramentum ad peccatorum remissionem esse institutum [*can. 2*]. Quoniam autem "Deus, dives in misericordia" [*Eph 2,4*], "cognovit figmentum nostrum" [*Ps 102,14*], illis etiam vitae remedium contulit, qui sese postea in peccati servitutem et daemonis potestatem tradidissent, sacramentum videlicet paenitentiae [*can. 1*], quo lapsis post baptismum beneficium mortis Christi applicatur.

Fuit quidem paenitentia universis hominibus, qui se mortali aliquo peccato inquinassent, quovis tempore ad gratiam et iustitiam assequendam necessaria, illis etiam, qui baptismi sacramento ablui petivissent, ut perversitate abiecta et emendata tantam Dei offensionem cum peccati odio et pio animi dolore detestarentur. Unde Propheta ait: "Convertimini et agite paenitentiam ab omnibus iniquitatibus vestris; et non erit vobis in ruinam iniquitas" [*Ez 18,30*]. Dominus etiam dixit: "Nisi paenitentiam egeritis, omnes similiter peribitis" [*Lc 13,3*]. Et princeps Apostolorum Petrus peccatoribus baptismo initiandis paenitentiam commendans dicebat: "Paenitentiam agite, et baptizetur unusquisque vestrum" [*Act 2,38*].

Porro nec ante adventum Christi paenitentia erat sacramentum, nec est post adventum illius cuiquam ante baptismum. Dominus autem sacramentum paenitentiae tunc praecipue instituit, cum a mortuis excitatus insufflavit in discipulos suos, dicens: "Accipite Spiritum Sanctum; quorum remiseritis peccata, remittuntur eis, et quorum retinueritis, retenta sunt" [*Io 20,22s*].

Quo tam insigni facto et verbis tam perspicuis potestatem remittendi et retinendi peccata, ad reconciliandos fideles post baptis-

## Kap. 1. Die Notwendigkeit und die Einsetzung des Bußsakramentes

**1668** Wenn die Dankbarkeit gegenüber Gott in allen Wiedergeborenen so wäre, daß sie die in der Taufe durch seine Wohltat und Gnade empfangene Gerechtigkeit beständig bewahrten, wäre es nicht nötig gewesen, ein anderes Sakrament als die Taufe selbst zur Vergebung der Sünden einzusetzen [*Kan. 2*]. Weil aber "Gott, reich an Barmherzigkeit" [*Eph 2,4*], "weiß, wie wir gebildet sind" [*Ps 103,14*], verlieh er auch denen das Heilmittel des Lebens, die sich hernach in die Knechtschaft der Sünde und die Macht des Teufels ausgeliefert hatten, nämlich das Sakrament der Buße [*Kan. 1*], in dem den nach der Taufe Gefallenen die Wohltat des Todes Christi zugewandt wird.

**1669** Zwar war die Buße für alle Menschen, die sich mit einer Todsünde befleckt hatten, zu jeder Zeit für die Erlangung von Gnade und Gerechtigkeit notwendig, sogar für jene, die danach verlangt hatten, durch das Sakrament der Taufe abgewaschen zu werden, um ihre Verkehrtheit abzulegen und zu berichtigen und die so große Beleidigung Gottes mit Haß auf die Sünde und frommem Seelenschmerz zu verabscheuen. Daher sagt der Prophet: "Bekehrt euch und tut Buße von allen euren Missetaten; und die Missetat wird euch nicht zum Unheil gereichen" [*Ez 18,30*]. Auch der Herr sagte: "Wenn ihr nicht Buße tut, werdet ihr alle in gleicher Weise zugrundegehen" [*Lk 13,3*]. Und der Apostelfürst Petrus empfahl den Sündern, die die Taufe empfangen sollten, die Buße und sagte: "Tut Buße, und ein jeder von euch soll getauft werden" [*Apg 2,38*].

**1670** Jedoch war die Buße weder vor der Ankunft Christi ein Sakrament noch ist sie es nach seiner Ankunft für irgendjemand vor der Taufe. Der Herr aber hat das Sakrament der Buße vor allem damals eingesetzt, als er, von den Toten erweckt, seine Jünger anhauchte und sagte: "Empfanget den Heiligen Geist; denen ihr die Sünden vergebt, denen werden sie vergeben, und denen ihr sie behaltet, sind sie behalten" [*Joh 20,22f*].

Daß durch diese so hervorstechende Handlung und die so klaren Worte den Aposteln und ihren rechtmäßigen Nachfolgern

mum lapsos, Apostolis et eorum legitimis successoribus fuisse communicatam, universorum Patrum consensus semper intellexit [can. 3], et Novatianos remittendi potestatem olim pertinaciter negantes, magna ratione Ecclesia catholica tamquam haereticos explosit atque condemnavit.

Quare verissimum hunc illorum verborum Domini sensum sancta haec Synodus probans et recipiens, damnat eorum commentitias interpretationes, qui verba illa ad potestatem praedicandi verbum Dei et Christi Evangelium annuntiandi contra huiusmodi sacramenti institutionem falso detorquent.

*Cap. 2. De differentia sacramenti paenitentiae et baptismi*

**1671**    Ceterum hoc sacramentum multis rationibus a baptismo differre dignoscitur [can. 2]. Nam praeterquam quod materia et forma, quibus sacramenti essentia perficitur, longissime dissidet: constat certe, baptismi m i n i s- t r u m iudicem esse non oportere, cum Ecclesia in neminem iudicium exerceat, qui non prius in ipsam per baptismi ianuam fuerit ingressus. "Quid enim mihi", inquit Apostolus, "de iis, qui foris sunt, iudicare?" [*1 Cor 5,12*].

Secus est de domesticis fidei [*cf. Gal 6,10*], quos Christus Dominus lavacro baptismi sui corporis membra [*cf. 1 Cor 12,13*] semel effecit. Nam hos, si se postea crimine aliquo contaminaverint, non iam repetito baptismo ablui, cum id in Ecclesia catholica nulla ratione liceat, sed ante hoc tribunal tamquam reos sisti voluit, ut per sacerdotum sententiam non semel, sed quoties ab admissis peccatis ad ipsum paenitentes confugerint, possent liberari.

**1672**    Alius praeterea est baptismi, et alius paenitentiae. f r u c t u s. Per baptismum enim Christum induentes [*cf. Gal 3,27*] nova pror-

zur Wiederversöhnung der nach der Taufe gefallenen Gläubigen die Vollmacht mitgeteilt wurde, Sünden zu vergeben und zu behalten, war immer die übereinstimmende Auffassung aller Väter [*Kan. 3*]; und die Novatianer, die die Vollmacht zu vergeben einst hartnäckig leugneten, hat die katholische Kirche mit gutem Grund als häretisch verworfen und verurteilt.

Deshalb billigt und anerkennt dieses heilige Konzil diesen wahrhaftigsten Sinn jener Worte des Herrn und verurteilt die erlogenen Auslegungen derer, die jene Worte gegen die Einsetzung eines solchen Sakramentes fälschlicherweise zur Vollmacht, das Wort Gottes zu predigen und das Evangelium Christi zu verkünden, verdrehen.

*Kap. 2. Der Unterschied von Buß- und Taufsakrament*

Im übrigen unterscheidet sich dieses Sakrament offensichtlich in vielfacher Hinsicht von der Taufe [*Kan. 2*]. Denn abgesehen davon, daß die Materie und Form, durch die das Wesen des Sakramentes zustandekommt, nicht im geringsten übereinstimmen, steht sicherlich fest, daß der S p e n d e r der Taufe kein Richter sein muß, da die Kirche gegenüber niemandem die Gerichtsbarkeit ausübt, der nicht vorher durch die Pforte der Taufe in sie eingetreten ist. "Was nämlich ⟨geht es⟩ mich ⟨an⟩", sagt der Apostel, "über die, die draußen sind, zu richten?" [*1 Kor 5,12*].

Anders steht es mit den Hausgenossen des Glaubens [*vgl. Gal 6,10*], die Christus, der Herr, durch das Bad der Taufe einmal zu Gliedern seines Leibes [*vgl. 1 Kor 12,13*] gemacht hat. Er wollte nämlich, daß diese, wenn sie sich hernach mit irgendeiner Schuld verunreinigen, nicht mehr mit einer wiederholten Taufe abgewaschen - was ja in der katholischen Kirche auf keine Weise erlaubt ist -, sondern gleichsam als Angeklagte vor diesen Richterstuhl gestellt würden, damit sie durch den Spruch der Priester nicht ⟨nur⟩ einmal, sondern sooft sie von den begangenen Sünden reumütig ihre Zuflucht zu ihm nehmen, befreit werden könnten.

Außerdem ist die F r u c h t der Taufe eine andere als die der Buße. Indem wir nämlich durch die Taufe Christus anziehen [*vgl. Gal*

sus in illo efficimur creatura, plenam et integram peccatorum omnium remissionem consequentes; ad quam tamen novitatem et integritatem per sacramentum paenitentiae, sine magnis nostris fletibus et laboribus, divina id exigente iustitia, pervenire nequaquam possumus, ut merito paenitentia "laboriosus quidam baptismus" a sanctis Patribus dictus fuerit[1]. Est autem hoc sacramentum paenitentiae lapsis post baptismum ad salutem necessarium, ut nondum regeneratis ipse baptismus [*can. 6*].

3,27], werden wir zu einer völlig neuen Schöpfung in ihm und erlangen die volle und uneingeschränkte Vergebung aller Sünden; zu dieser Neuheit und Unversehrtheit können wir jedoch durch das Sakrament der Buße – da die göttliche Gerechtigkeit dies erfordert – lediglich unter vielen Tränen und Mühen gelangen, so daß die Buße von den heiligen Vätern zurecht "gewissermaßen eine mühevolle Taufe" genannt wurde[1]. Dieses Sakrament der Buße ist aber für die nach der Taufe Gefallenen zum Heil notwendig, wie für die noch nicht Wiedergeborenen die Taufe selbst [*Kan. 6*].

### Cap. 3. De partibus et fructu huius paenitentiae

Docet praeterea sancta Synodus, sacramenti paenitentiae f o r m a m , in qua praecipue ipsius vis sita est, in illis ministri verbis positam esse: Ego te absolvo, etc.; quibus quidem de Ecclesiae sanctae more preces quaedam laudabiliter adiunguntur, ad ipsius tamen formae essentiam nequaquam spectant, neque ad ipsius sacramenti administrationem sunt necessariae.

Sunt autem quasi m a t e r i a huius sacramenti ipsius paenitentis actus, nempe contritio, confessio et satisfactio [*can. 4*]. Qui quatenus in paenitente ad integritatem sacramenti, ad plenamque et perfectam peccatorum remissionem ex Dei institutione requiruntur, hac ratione paenitentiae partes dicuntur.

Sane vero r e s  e t  e f f e c t u s huius sacramenti, quantum ad eius vim et efficaciam pertinet, reconciliatio est cum Deo, quam interdum in viris piis et cum devotione hoc sacramentum percipientibus conscientiae pax ac serenitas cum vehementi spiritus consolatione consequi solet.

Haec de partibus et effectu huius sacramenti sancta Synodus tradens simul eorum sententias damnat, qui paenitentiae partes in-

### Kap. 3. Die Bestandteile und die Frucht dieser Buße

Außerdem lehrt das heilige Konzil, daß 1673 die F o r m des Bußsakramentes, in der vor allem seine Kraft liegt, in jenen Worten des Spenders gelegen ist: Ich spreche dich los, usw.; diesen ⟨Worten⟩ werden zwar nach dem Brauch der heiligen Kirche lobenswerterweise noch einige Gebete hinzugefügt; diese gehören jedoch keineswegs zum Wesen der Form selbst und sind für die Spendung des Sakramentes selbst nicht notwendig.

Gleichsam die M a t e r i e dieses Sakramentes aber sind die Akte des Büßenden selbst, nämlich Reue, Bekenntnis und Genugtuung [*Kan. 4*]. Insofern diese nach Gottes Anordnung beim Büßenden zur Unversehrtheit des Sakramentes und zur vollständigen und vollkommenen Vergebung der Sünden erforderlich sind, werden sie aufgrund dessen Bestandteile der Buße genannt.

Was nun aber die Kraft und Wirksamkeit 1674 dieses Sakramentes betrifft, so ist sein G e - h a l t und seine W i r k u n g die Wiederversöhnung mit Gott, der bisweilen bei frommen Menschen, die dieses Sakrament andachtsvoll empfangen, Friede und Heiterkeit des Gewissens, verbunden mit starker Tröstung des Geistes, zu folgen pflegt.

Indem das heilige Konzil dies über die Be- 1675 standteile und die Wirkung dieses Sakramentes lehrt, verurteilt es zugleich die Auffassun-

---

*1672 [1]    Gregor von Nazianz, *Oratio* 39,17 (PG 36,356A); Johannes von Damaskus, *De fide orthodoxa* IV 9 (PG 94,1124C / B. Kotter: PTS 12 [Schriften 2] 185), = Kap. 82$_{90f}$ (in der Ausg. von E.M. Buytaert, *S. John Damascene: De fide orthodoxa, Versions of Burgundio and Cerbanus* [New York 1955]).

539

cussos conscientiae terrores et fidem esse contendunt [*can. 4*].

gen derer, die behaupten, dem Gewissen eingejagte Schrecken und der Glaube seien Bestandteile der Buße [*Kan. 4*].

## Cap. 4. De contritione

## Kap. 4. Die Reue

**1676**    Contritio, quae primum locum inter dictos paenitentis actus habet, animi dolor ac detestatio est de peccato commisso, cum proposito non peccandi de cetero. Fuit autem quovis tempore ad impetrandam veniam peccatorum hic contritionis motus necessarius, et in homine post baptismum lapso ita demum praeparat ad remissionem peccatorum, si cum fiducia divinae misericordiae et voto praestandi reliqua coniunctus sit, quae ad rite suscipiendum hoc sacramentum requiruntur.

Die Reue, die den ersten Platz unter den genannten Akten des Büßenden innehat, ist der Seelenschmerz und der Abscheu über die begangene Sünde, verbunden mit dem Vorsatz, fortan nicht zu sündigen. Zu jeder Zeit aber war diese Empfindung der Reue notwendig, um Verzeihung für die Sünden zu erlangen, und im Menschen, der nach der Taufe gefallen ist, bereitet sie so erst auf die Vergebung der Sünden vor, wenn sie mit dem Vertrauen auf die göttliche Barmherzigkeit und dem Verlangen verbunden ist, das übrige zu verrichten, was zum ordnungsgemäßen Empfang dieses Sakramentes erforderlich ist.

Declarat igitur sancta Synodus, hanc contritionem non solum cessationem a peccato et vitae novae propositum et inchoationem, sed veteris etiam odium continere, iuxta illud: "Proicite a vobis omnes iniquitates vestras, in quibus praevaricati estis, et facite vobis cor novum et spiritum novum" [*Ez 18,31*].

Das heilige Konzil erklärt also, daß diese Reue nicht nur das Ablassen von der Sünde und den Vorsatz und Beginn eines neuen Lebens, sondern auch den Haß auf das alte umfaßt, gemäß jenem ⟨Wort⟩: "Werft alle eure Missetaten von euch, in denen ihr gesündigt habt, und schafft euch ein neues Herz und einen neuen Geist" [*Ez 18,31*].

Et certe, qui illos Sanctorum clamores consideraverit: "Tibi soli peccavi, et malum coram te feci" [*Ps 50,6*]; "Laboravi in gemitu meo; lavabo per singulas noctes lectum meum" [*Ps 6,7*]; "Recogitabo tibi omnes annos meos in amaritudine animae meae" [*Is 38,15*], et alios huius generis, facile intelliget, eos ex vehementi quodam anteactae vitae odio et ingenti peccatorum detestatione manasse.

Und wer jene Seufzer der Heiligen betrachtet: "Gegen dich allein habe ich gesündigt und Böses vor dir getan" [*Ps 51,6*]; "Ich habe mich erschöpft in meinem Stöhnen; benetzen will ich ⟨mit Tränen⟩ Nacht für Nacht mein Bett" [*Ps 6,7*]; "Überdenken will ich vor dir alle meine Jahre in der Bitterkeit meiner Seele" [*Jes 38,15*], und andere derartige ⟨Seufzer⟩, der wird sicherlich leicht einsehen, daß diese einem heftigen Haß auf das vorher geführte Leben und einem gewaltigen Abscheu vor den Sünden entströmten.

**1677**    Docet praeterea, etsi c o n t r i t i o n e m hanc aliquando caritate p e r f e c t a m esse contingat hominemque Deo reconciliare, priusquam hoc sacramentum actu suscipiatur, ipsam nihilominus reconciliationem ipsi contritioni sine sacramenti voto, quod in illa includitur, non esse adscribendam.

Es lehrt außerdem: auch wenn diese R e u e manchmal kraft der Liebe v o l l k o m m e n sein und den Menschen mit Gott wiederversöhnen sollte, bevor dieses Sakrament tatsächlich empfangen wird, so ist die Wiederversöhnung selbst dennoch nicht der Reue an sich ohne das Verlangen nach dem Sakrament, das in ihr enthalten ist, zuzuschreiben.

**1678**    Illam vero contritionem i m p e r f e c t a m [*can. 5*], quae a t t r i t i o dicitur, quoniam vel ex turpitudinis peccati consideratione vel ex

Was aber jene u n v o l l k o m m e n e Reue [*Kan. 5*] betrifft, die die F u r c h t r e u e genannt wird, da man sie im allgemeinen aus der Be-

gehennae et poenarum metu communiter concipitur, si voluntatem peccandi excludat cum spe veniae, declarat non solum non facere hominem hypocritam et magis peccatorem [cf. *1456], verum etiam donum Dei esse et Spiritus Sancti impulsum, non adhuc quidem inhabitantis, sed tantum moventis, quo paenitens adiutus viam sibi ad iustitiam parat. Et quamvis sine sacramento paenitentiae per se ad iustificationem perducere peccatorem nequeat, tamen eum ad Dei gratiam in sacramento paenitentiae impetrandam disponit. Hoc enim timore utiliter concussi Ninivitae ad Ionae praedicationem plenam terroribus paenitentiam egerunt et misericordiam a Domino impetrarunt [cf. Ion 3].

Quamobrem falso quidam calumniantur catholicos scriptores, quasi tradiderint, sacramentum paenitentiae absque bono motu suscipientium gratiam conferre, quod numquam Ecclesia Dei docuit nec sensit. Sed et falso docent contritionem esse extortam et coactam, non liberam et voluntariam [can. 5].

## Cap. 5. De confessione

Ex institutione sacramenti paenitentiae iam explicata universa Ecclesia semper intellexit, institutam etiam esse a Domino integram peccatorum confessionem [cf. Iac 5,16; 1 Io 1,9; Lc 5,14; 17,14], et omnibus post baptismum lapsis iure divino necessariam exsistere [can. 7], quia Dominus noster Iesus Christus, e terris ascensurus ad caelos, sacerdotes sui ipsius vicarios reliquit [cf. Mt 16,19; 18,18; Io 20,23], tamquam praesides et iudices, ad quos omnia mortalia crimina deferantur, in quae Christi fideles ceciderint, quo pro potestate clavium remissionis aut retentionis peccatorum sententiam pronuntient. Constat enim, sacerdotes iudicium hoc incognita causa exercere non potuisse, neque aequitatem quidem illos in poenis iniungendis servare potuisse, si in genere dumtaxat, et non potius in specie ac singillatim sua ipsi

trachtung der Schändlichkeit der Sünde oder aus der Furcht vor der Hölle und vor Strafen empfängt, so erklärt es, daß sie, wenn sie – verbunden mit der Hoffnung auf Verzeihung – den Willen zum Sündigen ausschließt, nicht nur den Menschen nicht zum Heuchler und noch mehr zum Sünder macht [vgl. *1456], sondern sogar ein Geschenk Gottes und ein Antrieb des Heiligen Geistes – obzwar er noch nicht innewohnt, sondern nur bewegt – ist, mit dessen Hilfe der Büßende sich den Weg zur Gerechtigkeit bahnt. Und obwohl sie an sich den Sünder ohne das Sakrament der Buße nicht zur Rechtfertigung führen kann, so macht sie ihn doch dazu bereit, die Gnade Gottes im Sakrament der Buße zu erlangen. Durch diese Furcht zu ihrem Nutzen erschüttert, taten nämlich die Bewohner von Ninive auf die schreckensvolle Predigt des Jona hin Buße und erlangten vom Herrn Barmherzigkeit [vgl. Jona 3].

Deshalb verleumden gewisse Leute zu Unrecht die katholischen Schriftsteller, so als ob sie lehrten, das Sakrament der Buße bewirke Gnade ohne den guten Antrieb derer, die es empfangen, was die Kirche Gottes niemals gelehrt oder geglaubt hat. Sie lehren aber auch zu Unrecht, die Reue sei erpreßt und erzwungen, nicht frei und willentlich [Kan. 5].

## Kap. 5. Das Bekenntnis

Aus der schon erläuterten Einsetzung des **1679** Bußsakramentes hat die gesamte Kirche immer ersehen, daß vom Herrn auch das vollständige Bekenntnis der Sünden eingesetzt wurde [vgl. Jak 5,16; 1 Joh 1,9; Lk 5,14; 17,14], und daß es für alle nach der Taufe Gefallenen nach göttlichem Recht notwendig ist [Kan. 7], weil unser Herr Jesus Christus, als er von der Erde zu den Himmeln hinaufstieg, die Priester als seine eigenen Stellvertreter zurückließ [vgl. Mt 16,19; 18,18; Joh 20,23], als Vorsteher und Richter, vor die alle Todsünden gebracht werden sollen, in die die Christgläubigen gefallen sind, damit sie aufgrund ihrer Schlüsselgewalt den Urteilsspruch der Vergebung oder Behaltung der Sünden verkünden. Es steht nämlich fest, daß die Priester dieses Gericht ohne Kenntnis des Tatbestandes nicht ausüben können,

peccata declarassent.

und daß sie auch keine Gerechtigkeit bei der Auferlegung von Strafen wahren können, wenn ⟨die Leute⟩ ihre Sünden lediglich im allgemeinen, und nicht vielmehr gesondert und im einzelnen darlegen.

**1680**      Ex his colligitur, oportere a paenitentibus omnia peccata mortalia, quorum post diligentem sui discussionem conscientiam habent, in confessione recenseri, etiamsi occultissima illa sint et tantum adversus duo ultima decalogi praecepta commissa [*cf. Ex 20,17; Dt 5,21; Mt 5,28*], quae nonnumquam animum gravius sauciant, et periculosiora sunt iis, quae in manifesto admittuntur. Nam venialia, quibus a gratia Dei non excludimur et in quae frequentius labimur, quamquam recte et utiliter citraque omnem praesumptionem in confessione dicantur [*can. 7*], quod piorum hominum usus demonstrat: taceri tamen citra culpam multisque aliis remediis expiari possunt. Verum, cum universa mortalia peccata, etiam cogitationis, homines "irae filios" [*Eph 2,3*] et Dei inimicos reddant, necessum est omnium etiam veniam cum aperta et verecunda confessione a Deo quaerere.

Daraus ergibt sich, daß von den Büßenden alle Todsünden, derer sie sich nach gewissenhafter Selbsterforschung bewußt sind, im Bekenntnis aufgeführt werden müssen, auch wenn sie ganz im Verborgenen und nur gegen die zwei letzten Vorschriften der Zehn Gebote begangen wurden [*vgl. Ex 20,17; Dtn 5,21; Mt 5,28*]; manchmal verwunden diese die Seele schwerer und sind gefährlicher als die, welche ganz offen begangen werden. Denn obwohl die verzeihlichen, durch die wir nicht von der Gnade Gottes ausgeschlossen werden und in die wir häufiger fallen, zurecht, mit Nutzen und ohne jede Vermessenheit im Bekenntnis genannt werden können [*Kan. 7*], was der Brauch frommer Menschen bezeugt, so können sie dennoch ohne Schuld verschwiegen und durch viele andere Heilmittel gesühnt werden. Da aber alle Todsünden, auch die des Gedankens, die Menschen zu "Kindern des Zornes" [*Eph 2,3*] und Feinden Gottes machen, ist es notwendig, auch für alle mit einem offenen und ehrfürchtigen Bekenntnis von Gott Verzeihung zu erbitten.

Itaque dum omnia, quae memoriae occurrunt, peccata Christi fideles confiteri student, procul dubio omnia divinae misericordiae ignoscenda exponunt [*can. 7*]. Qui vero secus faciunt et scienter aliqua retinent, nihil divinae bonitati per sacerdotem remittendum proponunt. "Si enim erubescat aegrotus vulnus medico detegere, quod ignorat medicina non curat"[1].

Indem die Christgläubigen also alle Sünden, die ⟨ihnen⟩ ins Gedächtnis kommen, zu bekennen trachten, legen sie zweifellos alle der göttlichen Barmherzigkeit vor, damit sie verziehen werden [*Kan. 7*]. Wer aber anders handelt und wissentlich etwas zurückhält, legt der göttlichen Güte nichts zur Vergebung durch den Priester vor. "Wenn sich nämlich der Kranke schämt, dem Arzt seine Wunde zu entblößen, so heilt die Arznei nicht, was sie nicht kennt"[1].

**1681**      Colligitur praeterea, etiam eas circumstantias in confessione explicandas esse, quae speciem peccati mutant [*can. 7*], quod sine illis peccata ipsa nec a paenitentibus integre exponantur, nec iudicibus innotescant, et fieri nequeat, ut de gravitate criminum recte censere possint et poenam, quam oportet, pro illis paenitentibus impo-

Es ergibt sich außerdem, daß auch jene Umstände im Bekenntnis auszuführen sind, welche die Art der Sünde verändern [*Kan. 7*], weil ohne sie die Sünden selbst weder von den Büßenden vollständig dargelegt noch den Richtern bekannt werden und sie unmöglich über die Schwere der Sünden richtig urteilen und die gehörige Strafe für

---

**\*1680** [1]    Hieronymus von Stridon, *Commentarii in Ecclesiasten* [zu Kap. 10,11] (M. Adriaen: CpChL 72 [1959] 338$_{195f}$ / PL 23 [1865] 1152A).

nere. Unde alienum a ratione est docere, circumstantias has ab hominibus otiosis excogitatas fuisse, aut unam tantum circumstantiam confitendam esse, nempe peccasse in fratrem[1].

Sed et impium est, confessionem, quae hac ratione fieri praecipitur, impossibilem dicere [*can. 8*], aut carnificinam illam conscientiarum appellare[1]; constat enim, nihil aliud in Ecclesia a paenitentibus exigi, quam ut, postquam quisque diligentius se excusserit et conscientiae suae sinus omnes et latebras exploraverit, ea peccata confiteatur, quibus se Dominum et Deum suum mortaliter offendisse meminerit; reliqua autem peccata, quae diligenter cogitanti non occurrunt, in universum eadem confessione inclusa esse intelliguntur; pro quibus fideliter cum Propheta dicimus: "Ab occultis meis munda me, Domine" [*Ps 18,13*]. Ipsa vero huiusmodi confessionis difficultas ac peccata detegendi verecundia gravis quidem videri posset, nisi tot tantisque commodis et consolationibus levaretur, quae omnibus digne ad hoc sacramentum accedentibus per absolutionem certissime conferuntur.

Ceterum, quoad modum confitendi secreto apud solum sacerdotem, etsi Christus non vetuerit, quin aliquis in vindictam suorum scelerum et sui humiliationem, cum ob aliorum exemplum tum ob Ecclesiae offensae aedificationem, delicta sua publice confiteri possit: non est tamen hoc divino praecepto mandatum, nec satis consulte humana aliqua lege praeciperetur, ut delicta, praesertim secreta, publica essent confessione aperienda [*can. 6*].

diese Büßenden auferlegen können. Daher ist es unvernünftig zu lehren, diese Umstände seien von müßigen Menschen ausgedacht worden, oder es sei nur e i n Umstand zu bekennen, nämlich gegen den Bruder gesündigt zu haben[1].

Es ist aber auch gottlos, das Bekenntnis, **1682** von dem vorgeschrieben wird, daß es auf diese Weise abgelegt wird, unmöglich zu nennen [*Kan. 8*] oder es als Folter der Gewissen zu bezeichnen[1]; bekanntlich wird nämlich in der Kirche von den Büßenden nichts anderes gefordert, als daß sich ein jeder sehr sorgfältig untersucht und alle Falten und Verstecke seines Gewissens erforscht und danach die Sünden bekennt, an die er sich erinnert, daß er mit ihnen seinen Herrn und Gott tödlich beleidigt hat; die übrigen Sünden aber, die einem, auch wenn man sorgfältig überlegt, nicht einfallen, sind offensichtlich im ganzen in diesem Bekenntnis eingeschlossen; was sie betrifft, so sagen wir gläubig mit dem Propheten: "Von meinen verborgenen ⟨Sünden⟩ reinige mich, Herr" [*Ps 19,13*]. Die Schwierigkeit dieses Bekenntnisses aber selbst und die Scheu, die Sünden aufzudecken, könnten wohl schwer scheinen, wenn sie nicht durch so viele und so große Vorteile und Tröstungen erleichtert würden, die allen, die würdig zu diesem Sakrament herantreten, durch die Lossprechung ganz sicher verliehen werden.

Was im übrigen die W e i s e d e s g e h e i - **1683** m e n B e k e n n t n i s s e s allein beim Priester betrifft: wenn auch Christus nicht verboten hat, daß einer zur Strafe für seine Verbrechen und zu seiner Erniedrigung – sowohl wegen des Beispiels für andere als auch wegen der Erbauung der verletzten Kirche – seine Vergehen öffentlich bekennen kann, so ist dies dennoch nicht durch göttliches Gebot geheißen, und es könnte durch kein menschliches Gesetz hinlänglich begründet vorgeschrieben werden, daß die Vergehen, vor allem die geheimen, in einem öffentlichen Bekenntnis zu eröffnen wären [*Kan. 6*].

---

**\*1681** [1]    Vgl. M. Luther, *De captivitate Babylonica Ecclesiae*: De sacramento paenitentia (Weimarer Ausg. 6,548₁₀).

**\*1682** [1]    Vgl. M. Luther, Predigt zum Psalmsonntag 1524 (Weimarer Ausg. 15,484₁₀–485₂); Ph. Melanchton, *Apologia Confessionis Augustanae* (1531), Art. 11, Nr. 7 (BeKSchELK 251₁₈ ₅₁f / CpRef 27,536); ders., *Loci communes theologici*, aetas IIᵃ (CpRef 21,493); J. Calvin, *Institutio Christianae religionis* (1536), Kap. 5 (CpRef 29,158).

Unde cum a sanctissimis et antiquissimis Patribus magno unanimique consensu secreta confessio sacramentalis, qua ab initio Ecclesia sancta usa est et modo etiam utitur, fuerit semper commendata, manifeste refellitur inanis eorum calumnia, qui eam a divino mandato alienam et inventum humanum esse, atque a Patribus in Concilio Lateranensi [*IV*] congregatis initium habuisse, docere non verentur [*can. 8*]; neque enim per Lateranense Concilium Ecclesia statuit, ut Christi fideles confiterentur, quod iure divino necessarium et institutum esse intellexerat, sed ut **praeceptum confessionis saltem semel in anno** ab omnibus et singulis, cum ad annos discretionis pervenissent, impleretur. Unde iam in universa Ecclesia cum ingenti animarum fidelium fructu observatur mos ille salutaris confitendi sacro illo et maxime acceptabili tempore Quadragesimae, quem morem haec sancta Synodus maxime probat et amplectitur tamquam pium et merito retinendum [*can. 8; cf. *812*].

Weil daher von den heiligsten und ältesten Vätern in großer und einmütiger Übereinstimmung immer das geheime sakramentale Bekenntnis – das in der heiligen Kirche von Anfang an Brauch war und auch jetzt noch Brauch ist – empfohlen wurde, wird offensichtlich die eitle Verleumdung derer widerlegt, die sich nicht scheuen zu lehren, es habe nichts mit einem göttlichen Gebot zu tun, sei eine menschliche Erfindung und sei von den auf dem [4.] Laterankonzil versammelten Vätern eingeführt worden [*Kan. 8*]; die Kirche hat durch das Laterankonzil nämlich nicht beschlossen, daß die Christgläubigen das Bekenntnis ablegen sollten – was sie als nach göttlichem Recht notwendig und angeordnet ⟨immer schon⟩ erkannt hatte –, sondern daß **die Vorschrift des Bekenntnisses wenigstens einmal im Jahr** von allen und jedem erfüllt werde, sobald er in das Alter der Unterscheidung gekommen ist. Daher wird nun in der gesamten Kirche mit gewaltigem Nutzen für die Seelen der Gläubigen der heilsame Brauch beachtet, in jener heiligen und höchst willkommenen Fastenzeit das Bekenntnis abzulegen, ein Brauch, den dieses heilige Konzil mit Nachdruck als fromm und mit Fug und Recht beizubehalten billigt und gutheißt [*Kan. 8; vgl. *812*].

### *Cap. 6. De ministro huius sacramenti et absolutione*

### *Kap. 6. Der Spender dieses Sakramentes und die Lossprechung*

**1684**  Circa ministrum autem huius sacramenti declarat sancta Synodus, falsas esse et a veritate Evangelii penitus alienas doctrinas omnes, quae ad alios quosvis homines praeter episcopos et sacerdotes [*can. 10*] clavium ministerium perniciose extendunt, putantes verba illa Domini: "Quaecumque alligaveritis super terram, erunt ligata et in caelo, et quaecumque solveritis super terram, erunt soluta et in caelo" [*Mt 18,18*], et: "Quorum remiseritis peccata, remittuntur eis, et quorum retinueritis, retenta sunt" [*Io 20,23*], ad omnes Christi fideles indifferenter et promiscue contra institutionem huius sacramenti ita fuisse dicta, ut quivis potestatem habeat remittendi peccata, publica quidem per correptionem, si correptus acquieverit, secreta vero per spontaneam confessionem cuicumque

Was aber den Spender dieses Sakramentes angeht, so erklärt das heilige Konzil, daß alle Lehren falsch sind und mit der Wahrheit des Evangeliums überhaupt nichts zu tun haben, die das Schlüsselamt verderblicherweise auf irgendwelche andere Menschen außer den Bischöfen und Priestern [*Kan. 10*] ausdehnen und meinen, jene Worte des Herrn: "Alles, was ihr auf der Erde gebunden habt, wird auch im Himmel gebunden sein, und alles, was ihr auf der Erde gelöst habt, wird auch im Himmel gelöst sein" [*Mt 18,18*], und: "Denen ihr die Sünden vergebt, denen werden sie vergeben, und denen ihr die Sünden behaltet, sind sie behalten" [*Joh 20,23*], seien entgegen der Einsetzung dieses Sakramentes unterschiedslos und gemeinsam zu allen Christgläubigen so gesagt worden, daß jeder belie-

factam.

Docet quoque, etiam sacerdotes, qui peccato mortali tenentur, per virtutem Spiritus Sancti in ordinatione collatam tamquam Christi ministros functionem remittendi peccata exercere, eosque prave sentire, qui in malis sacerdotibus hanc potestatem non esse contendunt.

Quamvis autem absolutio sacerdotis alieni beneficii sit dispensatio, tamen non est solum nudum ministerium vel annuntiandi Evangelium vel declarandi remissa esse peccata, sed ad instar actus iudicialis, quo ab ipso velut a iudice sententia pronuntiatur [can. 9].

Atque ideo non debet paenitens adeo sibi de sua ipsius fide blandiri, ut, etiamsi nulla illi adsit contritio, aut sacerdoti animus serio agendi et vere absolvendi desit, putet tamen se propter suam solam fidem vere et coram Deo esse absolutum. Nec enim fides sine paenitentia remissionem ullam peccatorum praestaret, nec is esset nisi salutis suae negligentissimus, qui sacerdotem ioco se absolventem cognosceret, et non alium serio agentem sedulo requireret [cf. *1462].

### Cap. 7. De casuum reservatione

Quoniam igitur natura et ratio iudicii illud exposcit, ut sententia in subditos dumtaxat feratur, persuasum semper in Ecclesia Dei fuit et verissimum esse Synodus haec confirmat, nullius momenti absolutionem eam esse debere, quam sacerdos in eum profert, in quem ordinariam aut subdelegatam non habet iurisdictionem.

Magnopere vero ad christiani populi disciplinam pertinere sanctissimis Patribus nostris visum est, ut atrociora quaedam et gra-

bige die Vollmacht habe, Sünden zu vergeben, und zwar öffentliche durch Zurechtweisung, wenn der Zurechtgewiesene gehorcht, geheime aber durch ein freiwilliges, vor irgend jemand abgelegtes Bekenntnis.

Ebenso lehrt es, daß auch Priester, die sich in einer Todsünde befinden, durch die in der Weihe verliehene Kraft des Heiligen Geistes als Diener Christi die Funktion, Sünden zu vergeben, ausüben, und daß die eine verkehrte Auffassung haben, die behaupten, bei schlechten Priestern gebe es diese Vollmacht nicht.

**1685** Obwohl aber die Lossprechung des Priesters die Ausspendung einer fremden Wohltat ist, so ist sie dennoch nicht nur der bloße Dienst, das Evangelium zu verkünden oder zu erklären, daß die Sünden vergeben sind: vielmehr ⟨wird sie vollzogen⟩ nach Art eines richterlichen Aktes, durch den von ihm selbst als von einem Richter der Urteilsspruch verkündet wird [Kan. 9].

Und deshalb darf der Büßende sich nicht so sehr wegen seines eigenen Glaubens schmeicheln, daß er meint, auch wenn er keine Reue hat oder dem Priester die Absicht fehlt, ernsthaft zu handeln und wahrhaft loszusprechen, so sei er dennoch allein wegen seines Glaubens wahrhaft und vor Gott losgesprochen. Denn Glaube ohne Buße würde keine Vergebung der Sünden gewährleisten, und der würde sein Heil schwer vernachlässigen, der erkennt, daß ein Priester ihn im Scherz losspricht, und nicht nachdrücklich einen anderen sucht, der ernsthaft handelt [vgl. *1462].

### Kap. 7. Die Reservation von Fällen

**1686** Da es nun die Natur und das Wesen der richterlichen Tätigkeit erfordert, daß ein Urteil nur gegen solche, die ⟨ihr⟩ unterworfen sind, gefällt werden kann, herrschte in der Kirche Gottes immer die Überzeugung und bekräftigt dieses Konzil, daß es völlig richtig ist, daß die Lossprechung keine Geltung haben darf, die ein Priester gegenüber dem ausspricht, über den er keine ordentliche oder übertragene Jurisdiktion hat.

**1687** Unsere heiligsten Väter aber waren der Ansicht, daß es für die Disziplin des christlichen Volkes von großer Bedeutung sei, daß

viora crimina non a quibusvis, sed a summis dumtaxat sacerdotibus absolverentur. Unde merito Pontifices Maximi, pro suprema potestate sibi in Ecclesia universa tradita, causas aliquas criminum graviores suo potuerunt peculiari iudicio reservare.

Neque dubitandum est, quando omnia, quae a Deo sunt, ordinata sunt [cf. *Rm 13,1*], quin hoc idem episcopis omnibus in sua cuique dioecesi, in aedificationem tamen, non in destructionem [cf. *2 Cor 10,8; 13,10*] liceat pro illis in subditos tradita supra reliquos inferiores sacerdotes auctoritate, praesertim quoad illa, quibus excommunicationis censura annexa est. Hanc autem delictorum reservationem consonum est divinae auctoritati non tantum in externa politia[1], sed etiam coram Deo vim habere [*can. 11*].

**1688**   Verumtamen pie admodum, ne hac ipsa occasione aliquis pereat, in eadem Ecclesia Dei custoditum semper fuit, ut nulla sit reservatio in articulo mortis, atque ideo omnes sacerdotes quoslibet paenitentes a quibusvis peccatis et censuris absolvere possunt; extra quem articulum sacerdotes cum nihil possint in casibus reservatis, id unum paenitentibus persuadere nitantur, ut ad superiores et legitimos iudices pro beneficio absolutionis accedant.

*Cap. 8. De satisfactionis necessitate et fructu*

**1689**   Demum quoad satisfactionem, quae ex omnibus paenitentiae partibus, quemadmodum a Patribus nostris christiano populo fuit perpetuo tempore commendata, ita una maxime nostra aetate summo pietatis praetextu impugnatur ab iis, qui speciem pietatis habent, virtutem autem eius abnegarunt [cf. *2 Tim 3,5*], sancta Synodus declarat, falsum

von gewissen furchtbareren und schwereren Vergehen nicht durch irgendwelche, sondern nur durch die höchsten Priester losgesprochen werde. Daher konnten die Päpste aufgrund der ihnen in der gesamten Kirche übertragenen höchsten Vollmacht mit Fug und Recht einige gewichtigere Fälle von Vergehen ihrer besonderen Rechtsprechung vorbehalten.

Es ist auch nicht daran zu zweifeln – da ja alles, was von Gott ist, geordnet ist [*vgl. Röm 13,1*] –, daß dasselbe allen Bischöfen in ihrer jeweiligen Diözese – jedoch zur Erbauung, nicht zum Niederreißen [*vgl. 2 Kor 10,8; 13,10*] – gestattet ist aufgrund der ihnen über die übrigen niederen Priester hinaus in bezug auf die Untergebenen übertragenen Vollmacht, vor allem was jene ⟨Vergehen⟩ betrifft, mit denen die Strafe der Exkommunikation verbunden ist. Diese Reservation von Vergehen ist aber nicht nur in der äußeren Gerichtsbarkeit[1] in Übereinstimmung mit der göttlichen Autorität, sondern hat auch vor Gott Geltung [*Kan. 11*].

Damit jedoch keiner aus eben diesem Anlaß zugrunde gehe, ist in derselben Kirche Gottes immer mit großer Gewissenhaftigkeit beachtet worden, daß es keine Reservation im Augenblick des Todes gebe und deshalb alle Priester alle beliebigen Büßenden von allen möglichen Sünden und Strafen lossprechen können; da die Priester, diesen Augenblick ausgenommen, in den vorbehaltenen Fällen nichts vermögen, sollen sie alle Kraft allein darauf verwenden, die Büßenden zu überreden, für die Wohltat der Lossprechung an die höheren und gesetzmäßigen Richter heranzutreten.

*Kap. 8. Die Notwendigkeit und Frucht der Genugtuung*

Was schließlich die Genugtuung betrifft, die einerseits von unseren Vätern dem christlichen Volk zu jeder Zeit empfohlen worden ist, andererseits in unserer Zeit am meisten von allen Bestandteilen der Buße unter dem erhabenen Vorwand der Frömmigkeit von denen angegriffen wird, die den Anschein der Frömmigkeit haben, sich aber von ihrer

*1687 [1]   Vgl. Ph. Melanchthon, *Apologia Confessionis Augustanae* 13 (BekSchELK 291 / CpRef 27,569).

omnino esse et a verbo Dei alienum, culpam a Domino numquam remitti, quin universa etiam poena condonetur [*can. 12 et 15*]. Perspicua enim et illustria in sacris Litteris exempla [*cf. Gn 3,16-19; Nm 12,14s; 20,11s; 2 Sm 12,13s*] reperiuntur, quibus praeter divinam traditionem hic error quam manifestissime revincitur.

Sane et divinae iustitiae ratio exigere videtur, ut aliter ab eo in gratiam recipiantur, qui ante baptismum per ignorantiam deliquerint; aliter vero, qui semel a peccati et daemonis servitute liberati, et accepto Spiritus Sancti dono, scientes templum Dei violare [*cf. 1 Cor 3,17*] et Spiritum Sanctum contristare [*cf. Eph 4,30*] non formidaverint.

Et divinam clementiam decet, ne ita nobis absque ulla satisfactione peccata dimittantur, ut, occasione accepta, peccata leviora putantes, velut iniurii et contumeliosi Spiritui Sancto [*cf. Hbr 10,29*], in graviora labamur, thesaurizantes nobis iram in die irae [*cf. Rm 2,5; Iac 5,3*]. Procul dubio enim magnopere a peccato revocant, et quasi freno quodam coercent hae satisfactoriae poenae, cautioresque et vigilantiores in futurum paenitentes efficiunt; medentur quoque peccatorum reliquiis, et vitiosos habitus male vivendo comparatos contrariis virtutum actionibus tollunt.

Neque vero securior ulla via in Ecclesia Dei umquam existimata fuit ad amovendam imminentem a Domino poenam, quam ut haec paenitentiae opera [*cf. Mt 3,2 8; 4,17; 11,21*] homines cum vero animi dolore frequentent.
Accedit ad haec, quod, dum satisfaciendo patimur pro peccatis, Christo Iesu, qui pro peccatis nostris satisfecit [*cf. Rm 5,10; 1 Io 2,1s*], ex quo omnis nostra sufficientia est [*cf. 2 Cor 3,5*], conformes efficimur, certissimam

Kraft losgesagt haben [*vgl. 2 Tim 3,5*], so erklärt das heilige Konzil, daß es völlig falsch ist und mit dem Wort Gottes nichts zu tun hat, daß die Schuld vom Herrn niemals vergeben werde, ohne daß auch die gesamte Strafe erlassen werde [*Kan. 12 und 15*]. Es finden sich nämlich in der heiligen Schrift klare und deutliche Beispiele [*vgl. Gen 3,16-19; Num 12,14f; 20,11f; 2 Sam 12,13f*], durch die – abgesehen von der göttlichen Überlieferung – dieser Irrtum ganz offensichtlich widerlegt wird.

In der Tat scheint auch das Wesen der göttlichen Gerechtigkeit zu erfordern, daß diejenigen anders von ihm in die Gnade aufgenommen werden, die vor der Taufe aus Unwissenheit gefehlt haben, als die, welche sich – einmal von der Knechtschaft der Sünde und des Teufels befreit – auch nach dem Empfang der Gabe des Heiligen Geistes nicht fürchteten, wissentlich den Tempel Gottes zu entweihen [*vgl. 1 Kor 3,17*] und den Heiligen Geist zu betrüben [*vgl. Eph 4,30*].
Auch für die göttliche Milde ziemt es sich, daß uns die Sünden nicht so ohne jede Genugtuung vergeben werden, daß wir bei gegebener Gelegenheit die Sünden für geringfügiger erachten, den Heiligen Geist schmähen [*vgl. Hebr 10,29*] und beleidigen und so in noch schwerere fallen und uns den Zorn anhäufen am Tage des Zornes [*vgl. Röm 2,5; Jak 5,3*]. Denn zweifellos halten diese genugtuenden Strafen sehr von der Sünde zurück, halten ⟨uns⟩ gewissermaßen im Zaum und machen die Büßenden für die Zukunft vorsichtiger und wachsamer; sie heilen auch die Überreste der Sünden und beseitigen die durch einen schlechten Lebenswandel erworbenen fehlerhaften Gewohnheiten durch die entgegengesetzten Betätigungen der Tugenden.

Es wurde aber auch niemals in der Kirche Gottes ein Weg für sicherer erachtet, die vom Herrn drohende Strafe abzuwenden, als daß die Menschen mit wahrem Seelenschmerz diese Werke der Buße [*vgl. Mt 3,2 8; 4,17; 11,21*] häufig verrichten.
Hinzu kommt, daß wir dadurch, daß wir in der Genugtuung für die Sünden leiden, Christus Jesus, der für unsere Sünden Genugtuung geleistet hat [*vgl. Röm 5,10; 1 Joh 2,1f*], aus dem alle unsere Fähigkeit stammt [*vgl. 2*

1690

quoque inde arrham habentes, quod, si compatimur, et conglorificabimur [*cf. Rm 8,17*].

**1691**    Neque vero ita nostra est satisfactio haec, quam pro peccatis nostris exsolvimus, ut non sit per Christum Iesum; nam qui ex nobis tamquam ex nobis nihil possumus, eo cooperante, qui nos confortat, omnia possumus [*cf. Phil 4,13*]. Ita non habet homo, unde glorietur; sed omnis gloriatio [*cf. 1 Cor 1,31; 2 Cor 10,17; Gal 6,14*] nostra in Christo est, in quo vivimus [*cf. Act 17,28*], in quo meremur, in quo satisfacimus, facientes "fructus dignos paenitentiae" [*Lc 3,8; Mt 3,8*], qui ex illo vim habent, ab illo offeruntur Patri, et per illum acceptantur a Patre [*can. 13s*].

**1692**    Debent ergo sacerdotes Domini, quantum spiritus et prudentia suggesserit, pro qualitate criminum et paenitentium facultate, salutares et convenientes satisfactiones iniungere, ne, si forte peccatis conniveant et indulgentius cum paenitentibus agant, levissima quaedam opera pro gravissimis delictis iniungendo, alienorum peccatorum participes efficiantur [*cf. 1 Tim 5,22*]. Habeant autem prae oculis, ut satisfactio, quam imponunt, non sit tantum ad novae vitae custodiam et infirmitatis medicamentum, sed etiam ad praeteritorum peccatorum vindictam et castigationem: nam claves sacerdotum non ad solvendum dumtaxat, sed et ad ligandum concessas [*cf. Mt 16,19; 18,18; Io 20,23; can. 15*] etiam antiqui Patres et credunt et docent.

Nec propterea existimarunt, sacramentum paenitentiae esse forum irae vel poenarum; sicut nemo umquam catholicus sensit, ex huiusmodi nostris satisfactionibus vim meriti et satisfactionis Domini nostri Iesu Christi vel obscurari vel aliqua ex parte imminui; quod dum Novatores intelligere volunt, ita optimam paenitentiam novam vitam esse docent [*cf. \*1457*], ut omnem satisfactio-

*Kor 3,5*], gleichförmig werden und daher auch ein ganz sicheres Pfand haben, daß wir, wenn wir mitleiden, auch mitverherrlicht werden [*vgl. Röm 8,17*].

Diese Genugtuung, die wir für unsere Sünden ableisten, ist aber auch nicht so die unsrige, daß sie nicht durch Christus Jesus wäre; denn wir, die wir aus uns als aus uns ⟨allein⟩ nichts vermögen, vermögen mit der Mitwirkung dessen, der uns stärkt, alles [*vgl. Phil 4,13*]. So hat der Mensch nichts, dessen er sich rühmen könnte; vielmehr ist unser ganzes Rühmen [*vgl. 1 Kor 1,31; 2 Kor 10,17; Gal 6,14*] in Christus, in dem wir leben [*vgl. Apg 17,28*], in dem wir uns Verdienste erwerben, in dem wir Genugtuung leisten, indem wir "würdige Früchte der Buße" bringen [*Lk 3,8; Mt 3,8*], die aus ihm ihre Kraft haben, von ihm dem Vater dargebracht werden und durch ihn vom Vater angenommen werden [*Kan. 13f*].

Die Priester des Herrn müssen also in dem Maße, in dem es ihnen der Geist und die Klugheit eingeben, mit Rücksicht auf die Beschaffenheit der Vergehen und die Fähigkeit der Büßenden heilsame und angemessene Genugtuungen auferlegen, damit sie nicht, wenn sie vielleicht Nachsicht mit den Sünden haben und recht gnädig mit den Büßenden umgehen, einige sehr leichte Werke für schwerste Vergehen auferlegen und so mitschuldig an fremden Sünden werden [*vgl. 1 Tim 5,22*]. Sie sollen aber vor Augen haben, daß die Genugtuung, die sie auferlegen, nicht nur zum Schutz des neuen Lebens und zur Arznei für die Schwachheit gereichen soll, sondern auch zur Strafe und Züchtigung für vergangene Sünden: denn daß die Schlüssel der Priester nicht nur zum Lösen, sondern auch zum Binden überlassen wurden [*vgl. Mt 16,19; 18,18; Joh 20,23; Kan. 15*], glauben und lehren auch die alten Väter.

Sie waren deshalb aber nicht der Ansicht, das Sakrament der Buße sei ein Ort des Zornes oder der Strafen; ebenso hat niemals ein Katholik geglaubt, daß aufgrund dieser unserer Genugtuungen die Kraft des Verdienstes und der Genugtuung unseres Herrn Jesus Christus verdunkelt oder irgendwie verringert werde; indem die Neuerer dies erkennen wollen, lehren sie, die beste Buße sei ein

nis vim et usum tollant [*can. 13*].

neues Leben [*vgl. \*1457*], so daß sie alle Kraft und allen Nutzen der Genugtuung beseitigen [*Kan. 13*].

### Cap. 9. De operibus satisfactionis

Docet praeterea, tantam esse divinae munificentiae largitatem, ut non solum poenis sponte a nobis pro vindicando peccato susceptis, aut sacerdotis arbitrio pro mensura delicti impositis, sed etiam (quod maximum amoris argumentum est) temporalibus flagellis a Deo inflictis et a nobis patienter toleratis apud Deum Patrem per Christum Iesum satisfacere valeamus [*can. 13*].

### Kap. 9. Die Werke der Genugtuung

Es lehrt außerdem, daß die Großzügigkeit **1693** der göttlichen Wohltätigkeit so groß ist, daß wir nicht nur durch die Strafen, die wir willentlich von uns aus zur Ahndung für die Sünde auf uns genommen haben, oder die durch die Entscheidung des Priesters nach dem Ausmaß des Vergehens verhängt wurden, sondern auch (was der größte Beweis der Liebe ist) durch die zeitlichen Plagen, die von Gott auferlegt und von uns geduldig ertragen werden, bei Gott, dem Vater, durch Christus Jesus Genugtuung leisten können [*Kan. 13*].

## b) Lehre über das Sakrament der Letzten Ölung

### *Vorwort*

Visum est autem sanctae Synodo, praecedenti doctrinae de paenitentia adiungere ea, quae sequuntur de sacramento extremae unctionis, quod non modo paenitentiae, sed et totius christianae vitae, quae perpetua paenitentia esse debet, consummativum existimatum est a Patribus[1].

Primum itaque circa illius institutionem declarat et docet, quod clementissimus Redemptor noster, qui servis suis quovis tempore voluit de salutaribus remediis adversus omnia omnium hostium tela esse prospectum, quemadmodum auxilia maxima in sacramentis aliis praeparavit, quibus Christiani conservare se integros, dum viverent, ab omni graviore spiritus incommodo possint, ita extremae unctionis sacramento finem vitae tamquam firmissimo quodam praesidio munivit [*can. 1*]. Nam etsi adversarius noster occasiones per omnem vitam quaerat et captet, ut devorare [*cf. 1 Pt 5,8*] animas nostras quoquo modo possit, nullum tamen tempus est, quo vehementius ille omnes suae versutiae nervos intendat ad perdendos nos penitus, et a fiducia etiam, si possit, divinae misericordiae deturbandos, quam cum impendere nobis exi-

Dem heiligen Konzil schien es aber rich- **1694** tig, an die vorausgehende Lehre über die Buße das Folgende über das Sakrament der Letzten Ölung anzuschließen, das von den Vätern als Vollendung nicht nur der Buße, sondern auch des ganzen christlichen Lebens, das eine fortwährende Buße sein soll, angesehen wurde[1].

Zuerst erklärt und lehrt es deshalb in bezug auf seine Einsetzung, daß unser gütigster Erlöser, der wollte, daß seine Diener zu jeder Zeit mit wirksamen Heilmitteln gegen alle Waffen aller Feinde versorgt seien, so wie er in den anderen Sakramenten sehr große Hilfen bereitet hat, mit denen sich die Christen zu ihren Lebzeiten von jedem schwereren Schaden des Geistes unversehrt bewahren können, so durch das Sakrament der Letzten Ölung das Ende des Lebens gewissermaßen mit einem äußerst starken Schutz umwallt hat [*Kan. 1*]. Denn wenn auch unser Gegner das ganze Leben hindurch Gelegenheiten sucht und ergreift, um unsere Seelen irgendwie verschlingen zu können [*vgl. 1 Petr 5,8*], so gibt es doch keinen Zeitpunkt, an dem er alle Kräfte seiner Verschlagenheit stärker anspannt, um uns von Grund auf zu verderben

---

\***1694** [1]  Vgl. Thomas von Aquin, *Summa contra gentiles* IV 73 (Editio Leonina 15,234a$_{18}$; Parmaer Ausg. 5,365b).

tum vitae prospicit.

und nach Möglichkeit sogar vom Vertrauen in die göttliche Barmherzigkeit abzubringen, als wenn er voraussieht, daß uns das Ende des Lebens bevorsteht.

### Cap. 1. De institutione sacramenti extremae unctionis

**1695**    Instituta est autem sacra haec unctio infirmorum tamquam vere et proprie sacramentum Novi Testamenti a Christo Domino nostro, apud Marcum quidem insinuatum [cf. Mc 6,13], per Iacobum autem Apostolum ac Domini fratrem fidelibus commendatum ac promulgatum [can. 1]. "Infirmatur", inquit, "quis in vobis? Inducat presbyteros Ecclesiae, et orent super eum, ungentes eum oleo in nomine Domini; et oratio fidei salvabit infirmum, et alleviabit eum Dominus; et, si in peccatis sit, dimittentur ei" [Iac 5,14s].

Quibus verbis, ut ex apostolica traditione per manus accepta Ecclesia didicit, docet materiam, formam, proprium ministrum et effectum huius salutaris sacramenti. Intellexit enim Ecclesia, materiam esse oleum ab episcopo benedictum; nam unctio aptissime Spiritus Sancti gratiam, qua invisibiliter anima aegrotantis inungitur, repraesentat; formam deinde esse illa verba: "Per istam unctionem" etc.

### Cap. 2. De effectu huius sacramenti

**1696**    Res porro et effectus huius sacramenti illis verbis explicatur: "Et oratio fidei salvabit infirmum, et alleviabit eum Dominus; et, si in peccatis sit, dimittentur ei" [Iac 5,15]. Res etenim haec gratia est Spiritus Sancti, cuius unctio delicta, si qua sint adhuc expianda, ac peccati reliquias abstergit, et aegroti animam alleviat et confirmat [can. 2], magnam in eo divinae misericordiae fiduciam excitando, qua infirmus sublevatus et morbi incommoda ac labores levius fert, et tentationibus daemonis calcaneo insidiantis [cf. Gn 3,15] facilius resistit, et sanitatem corporis interdum, ubi saluti animae expedierit, consequitur.

### Kap. 1. Die Einsetzung des Sakramentes der Letzten Ölung

Diese heilige Salbung der Kranken aber wurde von Christus, unserem Herrn, als wahrhaftes und eigentliches Sakrament des Neuen Testamentes eingesetzt, und zwar bei Markus angedeutet [vgl. Mk 6,13], durch Jakobus aber, den Apostel und Bruder des Herrn, den Gläubigen empfohlen und verkündet [Kan. 1]. "Ist einer", sagt er, "unter euch krank? Er lasse die Ältesten der Kirche kommen, und sie sollen über ihn beten und ihn im Namen des Herrn mit Öl salben; und das Gebet des Glaubens wird den Kranken heilen, und der Herr wird ihn aufrichten; und wenn er in Sünden ist, werden sie ihm vergeben werden" [Jak 5,14f].

Mit diesen Worten, wie sie die Kirche aus apostolischer Überlieferung – von Generation zu Generation überkommen – gelernt hat, lehrt er die Materie, die Form, den eigentlichen Spender und die Wirkung dieses heilsamen Sakramentes. Die Kirche ersah nämlich ⟨daraus⟩, daß die Materie das vom Bischof gesegnete Öl sei; denn die Salbung stellt am angemessensten die Gnade des Heiligen Geistes dar, mit der die Seele des Kranken unsichtbar gesalbt wird; daß sodann die Form folgende Worte seien: "Durch diese Salbung" usw.

### Kap. 2. Die Wirkung dieses Sakramentes

Ferner wird der Gehalt und die Wirkung dieses Sakramentes mit folgenden Worten erklärt: "Und das Gebet des Glaubens wird den Kranken heilen, und der Herr wird ihn aufrichten; und wenn er in Sünden ist, werden sie ihm vergeben werden" [Jak 5,15]. Der Gehalt nämlich ist diese Gnade des Heiligen Geistes, dessen Salbung die Vergehen – falls noch welche zu sühnen sind – und Überreste der Sünde hinwegnimmt und die Seele des Kranken aufrichtet und stärkt [Kan. 2], indem sie in ihm großes Vertrauen auf die göttliche Barmherzigkeit weckt, durch das getröstet der Kranke die Unannehmlichkeiten

und Mühen der Krankheit leichter trägt, den Versuchungen des Teufels, der seiner Ferse nachstellt [*vgl. Gen 3,15*] leichter widersteht und bisweilen, wenn es dem Heil der Seele nützt, Heilung des Leibes erlangt.

*Cap. 3. De ministro huius sacramenti et tempore, quo dari debeat*

Iam vero, quod attinet ad praescriptionem eorum, qui et suscipere et ministrare hoc sacramentum debent, haud obscure fuit illud etiam in verbis praedictis traditum. Nam et ostenditur illic, proprios huius sacramenti ministros esse Ecclesiae presbyteros [*can. 4*], quo nomine eo loco non aetate seniores aut primores in populo intelligendi veniunt, sed aut episcopi aut sacerdotes ab ipsis rite ordinati per "impositionem manuum presbyterii" [*1 Tim 4,14; can. 4*].

Declaratur etiam, esse hanc unctionem infirmis adhibendam, illis vero praesertim, qui tam periculose decumbunt, ut in exitu vitae constituti videantur, unde et sacramentum exeuntium nuncupatur. Quod si infirmi post susceptam hanc unctionem convaluerint, iterum huius sacramenti subsidio iuvari poterunt, cum in aliud simile vitae discrimen inciderint.

Quare nulla ratione audiendi sunt, qui contra tam apertam et dilucidam Apostoli Iacobi sententiam [*cf. Iac 5,14s*] docent, hanc unctionem vel figmentum esse humanum vel ritum a Patribus acceptum, nec mandatum Dei nec promissionem gratiae habentem [*can. 1*]; et qui illam iam cessasse asserunt, quasi ad gratiam curationum dumtaxat in primitiva Ecclesia referenda esset; et qui dicunt, ritum et usum, quem sancta Romana Ecclesia in huius sacramenti administratione observat, Iacobi Apostoli sententiae repugnare atque ideo in alium commutandum esse; et denique, qui hanc extremam unctionem a fidelibus sine peccato contemni posse affir-

*Kap. 3. Der Spender dieses Sakramentes und der Zeitpunkt, zu dem es gespendet werden soll*

Was nun aber die Bestimmung über diejenigen anbelangt, die dieses Sakrament empfangen und spenden sollen, so wurde auch das in den vorher erwähnten Worten keineswegs dunkel überliefert. Denn es wird dort auch gezeigt, daß die eigentlichen Spender dieses Sakramentes die Presbyter der Kirche sind [*Kan. 4*]; unter diesem Namen dürfen an dieser Stelle nicht die Ältesten dem Lebensalter nach oder die Vornehmsten im Volke verstanden werden, sondern entweder die Bischöfe oder die Priester, die von ihnen ordnungsgemäß durch "Auflegung der Hände des Presbyteriums" [*1 Tim 4,14*] geweiht wurden [*Kan. 4*]. **1697**

Es wird auch erklärt, daß diese Salbung bei Kranken anzuwenden sei, vor allem aber bei denen, die so gefährlich darniederliegen, daß sie sich schon am Ende des Lebens zu befinden scheinen, weshalb sie auch das Sakrament der Sterbenden genannt wird. Wenn die Kranken aber nach dem Empfang dieser Salbung gesund geworden sind, so wird ihnen wiederum mit der Stütze dieses Sakramentes geholfen werden können, wenn sie in eine andere ähnlich lebensgefährliche Lage geraten sind. **1698**

Deshalb darf man in keiner Weise auf die hören, die entgegen der so offensichtlichen und klaren Aussage des Apostels Jakobus [*vgl. Jak 5,14f*] lehren, diese Salbung sei eine menschliche Erfindung bzw. ein von den Vätern überkommener Ritus, der weder einen Auftrag Gottes noch die Verheißung der Gnade besitze [*Kan. 1*]; und die behaupten, sie habe schon aufgehört, so als ob sie nur auf die Heilungsgnade in der Urkirche zu beziehen wäre; und die sagen, der Ritus und Brauch, den die heilige Römische Kirche bei der Spendung dieses Sakramentes beobachtet, widerstreite der Auffassung des Apostels Jakobus und sei deshalb in einen anderen **1699**

mant [can. 3].

Haec enim omnia manifestissime pugnant cum perspicuis tanti Apostoli verbis. Nec profecto Ecclesia Romana, aliarum omnium mater et magistra, aliud in hac administranda unctione, quantum ad ea, quae huius sacramenti substantiam perficiunt, observat, quam quod beatus Iacobus praescripsit. Neque vero tanti sacramenti contemptus absque ingenti scelere et ipsius Spiritus Sancti iniuria esse posset.

1700     Haec sunt, quae de paenitentiae et extremae unctionis sacramentis haec sancta oecumenica Synodus profitetur et docet, atque omnibus Christi fidelibus credenda et tenenda proponit. Sequentes autem canones inviolabiliter servandos esse tradit, et asserentes contrarium perpetuo damnat et anathematizat.

umzuändern; schließlich ⟨darf man⟩ auch ⟨auf die nicht hören⟩, die behaupten, diese Letzte Ölung könne von den Gläubigen ohne Sünde verachtet werden [Kan. 3].

Dies alles steht nämlich ganz offensichtlich im Widerspruch mit den deutlichen Worten des so großen Apostels. Und tatsächlich beobachtet die Römische Kirche, die Mutter und Lehrerin aller anderen, bei der Spendung dieser Salbung – soweit es das betrifft, was die Substanz dieses Sakramentes ausmacht – nichts anderes, als was der selige Jakobus vorgeschrieben hat. Die Verachtung dieses so großen Sakramentes aber wäre notwendig mit einem gewaltigen Vergehen und Unrecht wider den Heiligen Geist selbst verbunden.

Dies ist es, was dieses heilige ökumenische Konzil über die Sakramente der Buße und der Letzten Ölung verkündet und lehrt und allen Christgläubigen vorlegt, damit sie es glauben und festhalten. Sie lehrt aber, daß die folgenden Kanones unumstößlich beachtet werden müssen und verurteilt und belegt auf ewig mit dem Anathema, die Entgegengesetztes behaupten.

### c) Kanones zu beiden Lehren

#### Kanones über das Sakrament der Buße

1701     Can. 1. Si quis dixerit, in catholica Ecclesia paenitentiam non esse vere et proprie sacramentum pro fidelibus, quoties post baptismum in peccata labuntur, ipsi Deo reconciliandis, a Christo Domino nostro institutum: anathema sit [cf. *1668-1670].

Kan. 1. Wer sagt, in der katholischen Kirche sei die Buße nicht wahrhaft und eigentlich ein von Christus, unserem Herrn, eingesetztes Sakrament, um die Gläubigen, sooft sie nach der Taufe in Sünden fallen, mit Gott wiederzuversöhnen: der sei mit dem Anathema belegt [vgl. *1668-1670].

1702     Can. 2. Si quis sacramenta confundens, ipsum baptismum paenitentiae sacramentum esse dixerit, quasi haec duo sacramenta distincta non sint, atque ideo paenitentiam non recte "secundam post naufragium tabulam" appellari[1]: anathema sit [cf. *1671s 1542].

Kan. 2. Wer die Sakramente vermischt und sagt, die Taufe selbst sei das Sakrament der Buße, so als ob diese zwei Sakramente nicht unterschieden seien, und die Buße werde deshalb zu Unrecht "die zweite ⟨Rettungs⟩planke nach dem Schiffbruch" genannt[1]: der sei mit dem Anathema belegt [vgl. *1671f 1542].

1703     Can. 3. Si quis dixerit, verba illa Domini Salvatoris: "Accipite Spiritum Sanctum; quorum remiseritis peccata, remittuntur eis; et quorum retinueritis, retenta sunt" [Io 20,22s],

Kan. 3. Wer sagt, jene Worte des Herrn und Erlösers: "Empfanget den Heiligen Geist; denen ihr die Sünden vergebt, denen werden sie vergeben; und denen ihr sie be-

---

*1702 [1]     Gegen J. Calvin: vgl. seine Institutio religionis christianae (1539[2]) 19, Nr. 17 (CpRef 29,1078).

non esse intelligenda de potestate remittendi et retinendi peccata in sacramento paenitentiae, sicut Ecclesia catholica ab initio semper intellexit; detorserit autem, contra institutionem huius sacramenti, ad auctoritatem praedicandi Evangelium: anathema sit [cf. *1670].

haltet, sind sie behalten" [Joh 20,22f], seien nicht von der Vollmacht zu verstehen, im Sakrament der Buße Sünden zu vergeben und zu behalten, wie es die katholische Kirche von Anfang an immer aufgefaßt hat, sie vielmehr - entgegen der Einsetzung dieses Sakramentes - zur Vollmacht, das Evangelium zu verkünden, verdreht: der sei mit dem Anathema belegt [vgl. *1670].

Can. 4. Si quis negaverit[1], ad integram et perfectam peccatorum remissionem requiri tres actus in paenitente quasi materiam sacramenti paenitentiae, videlicet contritionem, confessionem et satisfactionem, quae tres paenitentiae partes dicuntur; aut dixerit, duas tantum esse paenitentiae partes, terrores scilicet incussos conscientiae agnito peccato, et fidem conceptam ex Evangelio vel absolutione, qua credit quis sibi per Christum remissa peccata: anathema sit [cf. *1673 1675].

Kan. 4. Wer leugnet[1], daß zur vollständigen und vollkommenen Vergebung der Sünden drei Akte beim Büßenden gleichsam als Materie des Bußsakramentes erforderlich sind, nämlich die Reue, das Bekenntnis und die Genugtuung, welche die drei Bestandteile der Buße genannt werden; oder sagt, es gebe nur zwei Bestandteile der Buße, nämlich die dem Gewissen nach Erkenntnis der Sünde eingejagten Schrecken und der aufgrund des Evangeliums oder der Lossprechung empfangene Glaube, mit dem man glaubt, daß einem durch Christus die Sünden vergeben sind: der sei mit dem Anathema belegt [vgl. *1673 1675].     **1704**

Can. 5. Si quis dixerit, eam contritionem, quae paratur per discussionem, collectionem et detestationem peccatorum, qua quis recogitat annos suos in amaritudine animae suae [Is 38,15], ponderando peccatorum suorum gravitatem, multitudinem, foeditatem, amissionem aeternae beatitudinis, et aeternae damnationis incursum, cum proposito melioris vitae, non esse verum et utilem dolorem, nec praeparare ad gratiam, sed facere hominem hypocritam et magis peccatorem; demum illam esse dolorem coactum et non liberum ac voluntarium: anathema sit [cf. *1676 1456].

Kan. 5. Wer sagt, die Reue, die durch Erforschung, Sammlung und Verabscheuung der Sünden gewonnen wird, in der man seine Jahre in der Bitterkeit seiner Seele überdenkt [vgl. Jes 38,15], indem man die Schwere, Vielzahl und Häßlichkeit seiner Sünden, den Verlust der ewigen Seligkeit und das Andringen der ewigen Verdammnis - verbunden mit dem Vorsatz eines besseren Lebens - erwägt, ⟨diese Reue also⟩ sei kein wahrer und nützlicher Schmerz und bereite nicht für die Gnade vor, sondern mache den Menschen zum Heuchler und noch mehr zum Sünder; schließlich, sie sei ein erzwungener und kein freier und willentlicher Schmerz: der sei mit dem Anathema belegt [vgl. *1676 1456].     **1705**

Can. 6. Si quis negaverit, confessionem sacramentalem vel institutam vel ad salutem necessariam esse iure divino[1]; aut dixerit, modum secrete confitendi soli sacerdoti, quem Ecclesia catholica ab initio semper

Kan. 6. Wer leugnet, daß das sakramentale Bekenntnis nach göttlichem Recht eingesetzt oder zum Heil notwendig ist[1]; oder sagt, die Weise des geheimen Bekenntnisses allein vor dem Priester, die die katholische Kirche von     **1706**

---

*1704 [1]   So die *Confessio Augustana*, Art. 12 (BekSchELK 66f / CpRef 26,279); Ph. Melanchthon, *Apologia Confessionis Augustanae*, Art. 12 (BekSchELK 257f / CpRef 27,540); ders., *Disputatio de partibus paenitentiae*, Nr. 3–6 (CpRef 12,506), und *Loci communes*, aetas II[a], Kapitel über die Sünde gegen den Heiligen Geist (CpRef 21,489f).

*1706 [1]   Vgl. M. Luther, *Contra malignum Ecci iudicium ... defensio* (1519), Art. 7 (Weimarer Ausg. 2,645); J. Calvin, *Institutio religionis Christianae* (1539²) 9, Nr. 22 (CpRef 29,700).

observavit et observat, alienum esse ab institutione et mandato Christi, et inventum esse humanum: anathema sit [cf. *1679–1684].

**1707**    Can. 7. Si quis dixerit, in sacramento paenitentiae ad remissionem peccatorum necessarium non esse iure divino confiteri omnia et singula peccata mortalia, quorum memoria cum debita et diligenti praemeditatione habeatur, etiam occulta, et quae sunt contra duo ultima decalogi praecepta, et circumstantias, quae peccati speciem mutant; sed eam confessionem tantum esse utilem ad erudiendum et consolandum paenitentem, et olim observatam fuisse tantum ad satisfactionem canonicam imponendam; aut dixerit, eos, qui omnia peccata confiteri student, nihil relinquere velle divinae misericordiae ignoscendum; aut demum non licere confiteri peccata venialia[1]: anathema sit [cf. ut supra].

**1708**    Can. 8. Si quis dixerit, confessionem omnium peccatorum, qualem Ecclesia servat, esse impossibilem, et traditionem humanam a piis abolendam; aut ad eam non teneri omnes et singulos utriusque sexus Christi fideles iuxta magni Concilii Lateranensis constitutionem, semel in anno, et ob id suadendum esse Christi fidelibus, ut non confiteantur tempore Quadragesimae: anathema sit [cf. *1682s].

**1709**    Can. 9. Si quis dixerit, absolutionem sacramentalem sacerdotis non esse actum iudicialem, sed nudum ministerium pronuntiandi et declarandi, remissa esse peccata confitenti, modo tantum credat se esse absolutum, aut[1] sacerdos non serio, sed ioco absolvat; aut dixerit non requiri confessionem paenitentis, ut sacerdos ipsum absolvere possit: anathema

Anfang an immer beobachtet hat und noch beobachtet, habe nichts mit der Einsetzung und dem Auftrag Christi zu tun und sei eine menschliche Erfindung: der sei mit dem Anathema belegt [vgl. *1679–1684].

Kan. 7. Wer sagt, beim Sakrament der Buße sei es zur Vergebung der Sünden nicht nach göttlichem Recht notwendig, die Todsünden samt und sonders zu bekennen, an die man sich nach gehöriger und sorgfältiger vorheriger Überlegung erinnert, auch die verborgenen und diejenigen, die gegen die zwei letzten Vorschriften der Zehn Gebote gerichtet sind, mitsamt den Umständen, die die Art der Sünde verändern; sondern dieses Bekenntnis sei nur zur Erziehung und Tröstung des Büßenden nützlich und sei einst nur in Gebrauch gewesen, um eine kanonische Genugtuung aufzuerlegen; oder sagt, wer alle Sünden zu bekennen trachte, wolle der göttlichen Barmherzigkeit nichts zum Verzeihen übriglassen; oder schließlich, man dürfe keine verzeihlichen Sünden bekennen[1]: der sei mit dem Anathema belegt [vgl. wie oben].

Kan. 8. Wer sagt, das Bekenntnis aller Sünden, wie es die Kirche festhält, sei unmöglich und eine menschliche Überlieferung, die von frommen Menschen abgeschafft werden müsse; oder es seien nicht die Christgläubigen beiderlei Geschlechts samt und sonders nach der Bestimmung des großen Laterankonzils einmal im Jahr dazu verpflichtet, und deshalb müsse man den Christgläubigen raten, in der Fastenzeit nicht zu beichten: der sei mit dem Anathema belegt [vgl. *1682f].

Kan. 9. Wer sagt, die sakramentale Lossprechung des Priesters sei kein richterlicher Akt, sondern ein bloßer Dienst der Verkündigung und Erklärung; die Sünden seien dem Bekennenden vergeben, wenn er nur glaubt, er sei losgesprochen, oder[1] der Priester nicht ernsthaft, sondern im Scherz losspricht; oder sagt, das Bekenntnis des Büßenden sei nicht

---

*1707 [1]    Vgl. M. Luther, *Confitendi ratio* (1520) 9 (Weimarer Ausg. 6,163f). Vgl. auch die Pariser Zensur der Artikel Luthers (1521), Tit. III über die Beichte, Sätze 5–6 (Weimarer Ausg. 8,278f).

*1709 [1]    Lies auch "etiamsi" ("auch wenn"; vgl. E. David, in: RömQ 34 [1926] 75–82; SGTr 7,358, Anm. 3); im Entwurf (Kap. 10, TheiTr 1,592a) steht: "... credat, se esse absolutum, *etiam si contritus non sit* aut sacerdos non serio, sed ioco absolvat" ("... glaubt, er sei losgesprochen, *auch wenn er nicht voll Reue ist* oder der Priester nicht ernsthaft, sondern im Scherz losspricht").

sit [*cf.* *\*1685 1462*].

Can. 10. Si quis dixerit, sacerdotes, qui in peccato mortali sunt, potestatem ligandi et solvendi non habere; aut non solos sacerdotes esse ministros absolutionis, sed omnibus et singulis Christi fidelibus esse dictum: "Quaecumque ligaveritis super terram, erunt ligata et in caelo, et quaecumque solveritis super terram, erunt soluta et in caelo" [*Mt 18,18*]; et "Quorum remiseritis peccata, remittuntur eis, et quorum retinueritis, retenta sunt" [*Io 20,23*], quorum verborum virtute quilibet[1] absolvere possit peccata, publica quidem per correptionem dumtaxat, si correptus acquieverit, secreta vero per spontaneam confessionem: anathema sit [*cf.* *\*1684*].

Can. 11. Si quis dixerit, episcopos non habere ius reservandi sibi casus, nisi quoad externam politiam, atque ideo casuum reservationem non prohibere, quominus sacerdos a reservatis vere absolvat: anathema sit [*cf.* *\*1687*].

Can. 12. Si quis dixerit, totam poenam simul cum culpa remitti semper a Deo, satisfactionemque paenitentium non esse aliam quam fidem, qua apprehendunt Christum pro eis satisfecisse: anathema sit [*cf.* *\*1689*].

Can. 13. Si quis dixerit, pro peccatis, quoad poenam temporalem, minime Deo per Christi merita satisfieri poenis ab eo inflictis et patienter toleratis vel a sacerdote iniunctis, sed neque sponte susceptis, ut ieiuniis, orationibus, eleemosynis vel aliis etiam pietatis operibus, atque ideo optimam paenitentiam esse tantum novam vitam: anathema sit [*cf.* *\*1690-1692*].

erforderlich, damit ihn der Priester lossprechen kann: der sei mit dem Anathema belegt [*vgl.* *\*1685 1462*].

Kan. 10. Wer sagt, Priester, die sich in einer Todsünde befinden, hätten nicht die Vollmacht, zu binden und zu lösen; oder nicht nur die Priester seien Spender der Lossprechung, sondern allen und jedem Christgläubigen sei gesagt: "Alles, was ihr auf der Erde gebunden habt, wird auch im Himmel gebunden sein, und alles, was ihr auf der Erde gelöst habt, wird auch im Himmel gelöst sein" [*Mt 18,18*]; und: "Denen ihr die Sünden vergebt, denen werden sie vergeben, und denen ihr sie behaltet, sind sie behalten" [*Joh 20,23*], so daß kraft dieser Worte jeder beliebige[1] ⟨von⟩ Sünden lossprechen könne, und zwar ⟨von⟩ öffentlichen nur durch Zurechtweisung, wenn der Zurechtgewiesene gehorcht, ⟨von⟩ geheimen aber durch ein freiwilliges Bekenntnis: der sei mit dem Anathema belegt [*vgl.* *\*1684*].    **1710**

Kan. 11. Wer sagt, die Bischöfe hätten kein Recht, sich Fälle vorzubehalten, außer in bezug auf die äußere Gerichtsbarkeit, und deshalb hindere die Reservation von Fällen nicht, daß ein Priester von vorbehaltenen ⟨Fällen⟩ wahrhaft losspricht: der sei mit dem Anathema belegt [*vgl.* *\*1687*].    **1711**

Kan. 12. Wer sagt, zugleich mit der Schuld werde von Gott immer die ganze Strafe erlassen, und es gebe keine andere Genugtuung der Büßenden als den Glauben, mit dem sie annehmen, daß Christus für sie Genugtuung geleistet hat: der sei mit dem Anathema belegt [*vgl.* *\*1689*].    **1712**

Kan. 13. Wer sagt, für die Sünden werde – was die zeitliche Strafe betrifft – Gott keineswegs aufgrund der Verdienste Christi Genüge geleistet durch Strafen, die von ihm verhängt und geduldig ertragen oder vom Priester auferlegt werden, aber auch nicht ⟨durch Strafen⟩, die man freiwillig auf sich nimmt, wie Fasten, Gebete, Almosen oder auch andere Werke der Frömmigkeit, und die beste Buße sei deshalb nur ein neues Leben: der sei mit dem Anathema belegt [*vgl.* *\*1690-1692*].    **1713**

---

**\*1710** [1]    Vgl. M. Luther, *Grund und Ursach aller Artikel D. Martin Luthers* (Weimarer Ausg. 7,380-385); *De captivitate Babylonica Ecclesiae*: De sacramento paenitentiae (Weimarer Ausg. 6,547).

**1714**     Can. 14. Si quis dixerit, satisfactiones, quibus paenitentes per Christum Iesum peccata redimunt, non esse cultus Dei, sed traditiones hominum, doctrinam de gratia et verum Dei cultum atque ipsum beneficium mortis Christi obscurantes: anathema sit [cf. *1692].

Kan. 14. Wer sagt, die Werke der Genugtuung, mit denen die Büßenden durch Christus Jesus ihre Sünden abzahlen, seien keine Verehrung Gottes, sondern Überlieferungen von Menschen, die die Lehre von der Gnade, die wahre Verehrung Gottes und die Wohltat des Todes Christi selbst verdunkeln: der sei mit dem Anathema belegt [vgl. *1692].

**1715**     Can. 15. Si quis dixerit, claves Ecclesiae esse datas tantum ad solvendum, non etiam ad ligandum, et propterea sacerdotes, dum imponunt poenas confitentibus, agere contra finem clavium et contra institutionem Christi; et fictionem esse, quod, virtute clavium sublata poena aeterna, poena temporalis plerumque exsolvenda remaneat: anathema sit [cf. *1692].

Kan. 15. Wer sagt, die Schlüssel seien der Kirche nur zum Lösen, nicht auch zum Binden gegeben worden, und deswegen handelten die Priester, wenn sie den Bekennenden Strafen auferlegen, gegen den Zweck der Schlüssel und gegen die Einsetzung Christi; und es sei eine Einbildung, daß – nach Aufhebung der ewigen Strafe kraft der Schlüssel – meist noch eine zeitliche Strafe zu verbüßen bleibe: der sei mit dem Anathema belegt [vgl. *1692].

## Kanones über die Letzte Ölung

**1716**     Can. 1. Si quis dixerit, extremam unctionem non esse vere et proprie sacramentum a Christo Domino nostro institutum [cf. Mc 6,13] et a beato Iacobo Apostolo promulgatum [cf. Iac 5,14s], sed ritum tantum acceptum a Patribus[1], aut figmentum humanum: anathema sit [cf. *1695 1699].

Kan. 1. Wer sagt, die Letzte Ölung sei nicht wahrhaft und eigentlich als Sakrament von Christus, unserem Herrn, eingesetzt [vgl. Mk 6,13] und vom seligen Apostel Jakobus verkündet worden [vgl. Jak 5,14f], sondern sei nur ein von den Vätern überkommener Ritus[1] oder eine menschliche Erfindung: der sei mit dem Anathema belegt [vgl. *1695 1699].

**1717**     Can. 2. Si quis dixerit, sacram infirmorum unctionem non conferre gratiam, nec remittere peccata, nec alleviare infirmos, sed iam cessasse, quasi olim tantum fuerit gratia curationum: anathema sit [cf. *1699 1696].

Kan. 2. Wer sagt, die heilige Salbung der Kranken verleihe keine Gnade, vergebe keine Sünden und richte die Kranken nicht auf, sondern sie habe schon aufgehört, so als ob sie nur die einstige Heilungsgnade gewesen wäre: der sei mit dem Anathema belegt [vgl. *1699 1696].

**1718**     Can. 3. Si quis dixerit, extremae unctionis ritum et usum, quem observat sancta Romana Ecclesia, repugnare sententiae beati Iacobi Apostoli, ideoque eum mutandum, posseque a Christianis absque peccato contemni: anathema sit [cf. *1699].

Kan. 3. Wer sagt, der Ritus und Brauch der Letzten Ölung, den die heilige Römische Kirche beobachtet, widerstreite der Auffassung des seligen Apostels Jakobus, er sei deshalb zu ändern und könne von den Christen ohne Sünde verachtet werden: der sei mit dem Anathema belegt [vgl. *1699].

**1719**     Can. 4. Si quis dixerit, presbyteros Ecclesiae, quos beatus Iacobus adducendos esse ad infirmum inungendum hortatur, non esse sacerdotes ab episcopo ordinatos, sed aetate

Kan. 4. Wer sagt, die Presbyter der Kirche, die nach der Ermahnung des seligen Jakobus zur Salbung des Kranken herangezogen werden sollen, seien nicht die vom Bischof ge-

---

\*1716 [1]   Vgl. Ph. Melanchthon, *Apologia Confessionis Augustana* 13 (BekSchELK 293 / CpRef 27,570); J. Calvin, *Institutio religionis Christianae* 19, Nr. 18-21 (CpRef 29,1078-1081).

seniores in quavis communitate, ob idque proprium extremae unctionis ministrum non esse solum sacerdotem: anathema sit [*cf. \*1697*].

weihten Priester, sondern die dem Lebensalter nach Ältesten in jeder Gemeinde, und deshalb sei der eigentliche Spender der Letzten Ölung nicht allein der Priester: der sei mit dem Anathema belegt [*vgl. \*1697*].

---

MARCELLUS II.: 9. April – 1. Mai 1555
PAUL IV.: 23. Mai 1555 – 18. Aug. 1559
(Um die Reihe der tridentinischen Dokumente nicht zu unterbrechen, wird ein nicht zum Konzil gehörendes Dokument dieses Papstes erst \*1880 angeführt.)

Fortsetzung und Abschluß des Konzils von TRIENT unter PIUS IV.:

## PIUS IV.: 25. Dez. 1559 – 9. Dez. 1565

**1725-1734: 21. Sitzung, 16. Juli 1562: Lehre und Kanones über die Kommunion unter beiderlei Gestalten und die Kommunion der kleinen Kinder**

Am 6. Juni 1562 begann man, die Artikel über den Empfang der Eucharistie bzw. über die Kommunion unter nur einer Gestalt und über die Kinderkommunion zu diskutieren (SGTr 8,528ff / TheiTr 2,7ff); eine Zusammenfassung der Voten s. in SGTr 8,614ff und TheiTr 2,35ff. Am 24. Juni wurde ein Entwurf von 4 Kanones über den Empfang der Eucharistie und von 2 Artikeln über die Gewährung des Laienkelches vorgelegt (SGTr 8,618 / TheiTr 2,39). Hinzu kam ein Entwurf über die Lehre (SGTr 8,653f / TheiTr 2,45f), der später umgestaltet wurde (SGTr 8,685). Auch die Kanones wurden nochmals überarbeitet. In der 21. Sitzung wurde ein Dekret eingebracht, in dem die Frage der Gewährung des Laienkelches unentschieden blieb; nachdem diese Frage nochmals behandelt worden war, verzichteten die Synodalen schließlich auf eine Klärung und verabschiedeten auf der 22. Sitzung (17. Sept. 1562) das Dekret über die Gewährung des Kelches (\*1760), in dem die Entscheidung dem Papst überlassen wird.
*Ausg.:* SGTr 8,698-700 / RiTr 109-111 / MaC 33,121E-123E / COeD³ 726f.

*Vorwort*

Sacrosancta oecumenica et generalis Tridentina Synodus ..., cum de tremendo et sanctissimo Eucharistiae sacramento varia diversis in locis errorum monstra nequissimi daemonis artibus circumferantur, ob quae in nonnullis provinciis multi a catholicae Ecclesiae fide atque obedientia videantur discessisse: censuit, ea, quae ad communionem sub utraque specie et parvulorum pertinent, hoc loco exponenda esse. Quapropter cunctis Christifidelibus interdicit, ne posthac de iis aliter vel credere vel docere vel praedicare audeant, quam est iis decretis explicatum atque definitum.

Da in bezug auf das ehrfurchtgebietende **1725** und heiligste Sakrament der Eucharistie durch die Ränke des niederträchtigen Dämons in verschiedenen Gegenden vielfältige Ungeheuer von Irrtümern umgehen, deretwegen in manchen Provinzen viele vom Glauben der katholischen Kirche und vom Gehorsam abgewichen zu sein scheinen, vertrat das hochheilige ökumenische und allgemeine Konzil von Trient ... die Auffassung, das, was mit der Kommunion unter beiderlei Gestalten und mit der Kommunion der kleinen Kinder zu tun hat, an dieser Stelle darlegen zu sollen. Deswegen untersagt es allen Christgläubigen, es künftig zu wagen, darüber anders zu glauben, zu lehren oder zu predigen, als es in diesen Dekreten erklärt und festgelegt ist.

| | |
|---|---|
| *Cap. 1. Laicós et clericos non conficientes non adstringi iure divino ad communionem sub utraque specie* | *Kap. 1. Laien und Kleriker, die nicht das Meßopfer darbringen, sind nicht durch göttliches Recht zur Kommunion unter beiderlei Gestalten verpflichtet* |

1726    Itaque sancta ipsa Synodus a Spiritu Sancto, qui Spiritus est sapientiae et intellectus, Spiritus consilii et pietatis [*cf. Is 11,2*], edocta atque ipsius Ecclesiae iudicium et consuetudinem secuta, declarat ac docet, nullo divino praecepto laicos et clericos non conficientes obligari ad Eucharistiae sacramentum sub utraque specie sumendum, neque ullo pacto salva fide dubitari posse, quin illis alterius speciei communio ad salutem sufficiat.

Und so erklärt und lehrt das heilige Konzil selbst, vom Heiligen Geist, der der Geist der Weisheit und des Verstandes, der Geist des Rates und der Frömmigkeit ist [*vgl. Jes 11,2*], belehrt und dem Urteil und Brauch der Kirche selbst folgend, daß Laien und die Kleriker, die nicht das Meßopfer darbringen, durch kein göttliches Gebot dazu verpflichtet sind, das Sakrament der Eucharistie unter beiderlei Gestalten zu empfangen, und daß man auf keine Weise unbeschadet des Glaubens daran zweifeln kann, daß ihnen die Kommunion einer der beiden Gestalten zum Heil genügt.

1727    Nam etsi Christus Dominus in ultima Coena venerabile hoc sacramentum in panis et vini speciebus instituit et Apostolis tradidit [*cf. Mt 26,26-29; Mc 14,22-25; Lc 22,19s; 1 Cor 11,24s*]: non tamen illa institutio et traditio eo tendunt, ut omnes Christi fideles statuto Domini ad utramque speciem accipiendam adstringantur [*can. 1 et 2*].

Denn auch wenn Christus, der Herr, beim letzten Abendmahle dieses ehrwürdige Sakrament in den Gestalten von Brot und Wein einsetzte und den Aposteln überlieferte [*vgl. Mt 26,26-29; Mk 14,22-25; Lk 22,19f; 1 Kor 11,24f*], so zielen diese Einsetzung und Überlieferung doch nicht darauf, daß alle Christgläubigen durch das Gebot des Herrn zum Empfang von beiden Gestalten verpflichtet würden [*Kan. 1 und 2*].

Sed neque ex sermone illo apud Ioannem sexto recte colligitur, utriusque speciei communionem a Domino praeceptam esse [*can. 3*], utcumque iuxta varias sanctorum Patrum et Doctorum interpretationes intelligatur. Namque qui dixit: "Nisi manducaveritis carnem Filii hominis, et biberitis eius sanguinem, non habebitis vitam in vobis" [*Io 6,54*], dixit quoque: "Si quis manducaverit ex hoc pane, vivet in aeternum" [*Io 6,52*]. Et qui dixit: "Qui manducat meam carnem, et bibit meum sanguinem, habet vitam aeternam" [*Io 6,55*], dixit etiam: "Panis, quem ego dabo, caro mea est pro mundi vita" [*Io 6,52*]; et denique qui dixit: "Qui manducat meam carnem, et bibit meum sanguinem, in me manet, et ego in illo" [*Io 6,57*], dixit nihilominus: "Qui manducat hunc panem, vivet in aeternum" [*Io 6,58*].

Aber auch aus jener Rede bei Johannes im sechsten Kapitel wird nicht zurecht geschlossen, daß die Kommunion beider Gestalten vom Herrn vorgeschrieben worden sei [*Kan. 3*], wie immer sie auch nach den verschiedenen Auslegungen der heiligen Väter und Lehrer verstanden wird. Denn der sagte: "Wenn ihr nicht das Fleisch des Menschensohnes gegessen und sein Blut getrunken habt, werdet ihr nicht das Leben in euch haben" [*Joh 6,54*], sagte auch: "Wer von diesem Brote gegessen hat, wird in Ewigkeit leben" [*Joh 6,52*]. Und der sagte: "Wer mein Fleisch ißt und mein Blut trinkt, hat das ewige Leben" [*Joh 6,55*], sagte auch: "Das Brot, das ich euch geben werde, ist mein Fleisch für das Leben der Welt" [*Joh 6,52*]; und schließlich: der sagte: "Wer mein Fleisch ißt und mein Blut trinkt, der bleibt in mir und ich in ihm" [*Joh 6,57*], sagte nichtsdestoweniger: "Wer dieses Brot ißt, wird in Ewigkeit leben" [*Joh 6,58*].

*Cap. 2. Ecclesiae potestas circa dispensationem sacramenti Eucharistiae*

Praeterea declarat, hanc potestatem perpetuo in Ecclesia fuisse, ut in sacramentorum dispensatione, salva illorum substantia, ea statueret vel mutaret, quae suscipientium utilitati seu ipsorum sacramentorum venerationi, pro rerum, temporum et locorum varietate, magis expedire iudicaret. Id autem Apostolus non obscure visus est innuisse, cum ait: "Sic nos existimet homo ut ministros Christi et dispensatores mysteriorum Dei" [*1 Cor 4,1*]; atque ipsum quidem hac potestate usum esse, satis constat, cum in multis aliis, tum in hoc ipso sacramento, cum ordinatis nonnullis circa eius usum, "Cetera", inquit, "cum venero, disponam" [*1 Cor 11,34*].

Quare agnoscens sancta mater Ecclesia hanc suam in administratione sacramentorum auctoritatem, licet ab initio christianae religionis non infrequens utriusque speciei usus fuisset, tamen progressu temporis latissime iam mutata illa consuetudine, gravibus et iustis causis adducta, hanc consuetudinem sub altera specie communicandi approbavit et pro lege habendam decrevit, quam reprobare aut sine ipsius Ecclesiae auctoritate pro libito mutare non licet [*can. 2*].

*Cap. 3. Totum et integrum Christum ac verum sacramentum sub qualibet specie sumi*

Insuper declarat, quamvis Redemptor noster, ut antea dictum est, in suprema illa Coena hoc sacramentum in duabus speciebus instituerit et Apostolis tradiderit: tamen fatendum esse, etiam sub altera tantum specie totum atque integrum Christum verumque sacramentum sumi, ac propterea, quod ad fructum attinet, nulla gratia necessaria ad salutem eos defraudari, qui unam speciem solam accipiunt [*can. 3*].

*Kap. 2. Die Vollmacht der Kirche bei der Verwaltung des Sakramentes der Eucharistie*

Außerdem erklärt es: Stets lag bei der Kirche die Vollmacht, bei der Verwaltung der Sakramente – unbeschadet ihrer Substanz – das festzulegen oder zu verändern, was nach ihrem Urteil dem Nutzen derer, die sie empfangen, bzw. der Verehrung der Sakramente selbst entsprechend der Verschiedenartigkeit von Umständen, Zeiten und Gegenden zuträglicher ist. Dies aber scheint der Apostel nicht unklar angedeutet zu haben, wenn er sagt: "So soll man uns ansehen als Diener Christi und Verwalter der Geheimnisse Gottes" [*1 Kor 4,1*]; und es steht hinlänglich fest, daß er selbst diese Vollmacht sowohl in vielen anderen Dingen als auch in eben diesem Sakrament ausübte; denn nach einigen Anordnungen in bezug auf seinen Empfang sagt er: "Das übrige werde ich regeln, wenn ich gekommen bin" [*1 Kor 11,34*]. **1728**

Deshalb hat die heilige Mutter Kirche, dieser ihrer Autorität in der Verwaltung der Sakramente eingedenk, da zwar vom Anfang der christlichen Religion an der Gebrauch beider Gestalten nicht selten gewesen war, sich diese Gewohnheit jedoch, veranlaßt durch gewichtige und gerechte Gründe, im Laufe der Zeit schon weithin geändert hat, diese Gewohnheit, unter einer der beiden Gestalten zu kommunizieren, gebilligt und beschlossen, sie als Gesetz anzusehen; sie zu verwerfen oder ohne die Autorität der Kirche selbst nach Belieben zu verändern, ist nicht erlaubt [*Kan. 2*].

*Kap. 3. Unter jeder Gestalt wird der ganze, unversehrte Christus und das wahre Sakrament empfangen*

Überdies erklärte es: Wenn auch unser Erlöser, wie vorher gesagt wurde, bei jenem letzten Abendmahle dieses Sakrament in zwei Gestalten eingesetzt und den Aposteln überliefert hat, so ist dennoch zu bekennen, daß auch unter lediglich einer der beiden Gestalten der ganze, unversehrte Christus und das wahre Sakrament empfangen wird, und daß deswegen, was die Frucht betrifft, diejenigen um keine heilsnotwendige Gnade betrogen werden, die nur eine Gestalt empfangen [*Kan. 3*]. **1729**

*Cap. 4. Parvulos non obligari ad communionem sacramentalem*

**1730**     Denique eadem sancta Synodus docet, parvulos usu rationis carentes nulla obligari necessitate ad sacramentalem Eucharistiae communionem [*can. 4*], siquidem per baptismi lavacrum regenerati [*cf. Tit 3,5*] et Christo incorporati adeptam iam filiorum Dei gratiam in illa aetate amittere non possunt.

Neque ideo tamen damnanda est antiquitas, si eum morem in quibusdam locis aliquando servavit. Ut enim sanctissimi illi Patres sui facti probabilem causam pro illius temporis ratione habuerunt, ita certe eos nulla salutis necessitate id fecisse sine controversia credendum est.

*Kap. 4. Die kleinen Kinder sind nicht zur sakramentalen Kommunion verpflichtet*

Schließlich lehrt dasselbe heilige Konzil: Die kleinen Kinder, die ihren Verstand noch nicht gebrauchen können, sind durch keine ⟨Heils⟩notwendigkeit zur sakramentalen Kommunion der Eucharistie verpflichtet [*Kan. 4*], da sie ja, durch das Bad der Taufe wiedergeboren [*vgl. Tit. 3,5*] und Christus eingegliedert, die schon empfangene Gnade der Kinder Gottes in diesem Alter nicht verlieren können.

Jedoch ist deswegen auch nicht die alte Zeit zu verurteilen, wenn sie einstmals in bestimmten Gegenden diesen Brauch pflegte. Wie nämlich jene heiligsten Väter für jene Zeit einen anerkennenswerten Grund für ihr Vorgehen hatten, so ist ohne Widerspruch zu glauben, daß sie dies sicherlich ohne ⟨Unterstellung einer⟩ Heilsnotwendigkeit getan haben.

*Kanones über die Kommunion unter beiderlei Gestalten und die Kommunion der kleinen Kinder*

**1731**     Can. 1. Si quis dixerit, ex Dei praecepto vel ex necessitate salutis omnes et singulos Christi fideles utramque speciem sanctissimi Eucharistiae sacramenti sumere debere: anathema sit [*cf. *1726s*].

**1732**     Can. 2. Si quis dixerit, sanctam Ecclesiam catholicam non iustis causis et rationibus adductam fuisse, ut laicos atque etiam clericos non conficientes sub una panis tantummodo specie communicaret, aut in eo errasse: anathema sit [*cf. *1728*].

**1733**     Can. 3. Si quis negaverit, totum et integrum Christum, omnium gratiarum fontem et auctorem, sub una panis specie sumi, quia, ut quidam falso asserunt, non secundum ipsius Christi institutionem sub utraque specie sumatur: anathema sit [*cf. *1726s*].

**1734**     Can. 4. Si quis dixerit, parvulis, antequam ad annos discretionis pervenerint, necessariam esse Eucharistiae communionem: anathema sit [*cf. *1730*].

Kan. 1. Wer sagt, nach dem Gebote Gottes oder aus Heilsnotwendigkeit müßten die Christgläubigen samt und sonders beide Gestalten des heiligsten Sakramentes der Eucharistie empfangen: der sei mit dem Anathema belegt [*vgl. *1726f*].

Kan. 2. Wer sagt, die heilige katholische Kirche sei nicht durch gerechte Gründe und Erwägungen dazu veranlaßt worden, Laien und auch den Klerikern, die nicht ⟨das Meßopfer⟩ darbringen, lediglich unter der einen Gestalt des Brotes die Kommunion zu reichen, oder sie habe sich darin geirrt: der sei mit dem Anathema belegt [*vgl. *1728*].

Kan. 3. Wer leugnet, daß unter der einen Gestalt des Brotes der ganze und unversehrte Christus, die Quelle und der Urheber aller Gnaden, empfangen wird, weil er – wie manche fälschlicherweise behaupten – nicht gemäß der Einsetzung Christi selbst unter beiderlei Gestalten empfangen werde: der sei mit dem Anathema belegt [*vgl. *1726f*].

Kan. 4. Wer sagt, für die kleinen Kinder sei, bevor sie in die Jahre der Unterscheidung gekommen sind, die Kommunion der Eucharistie ⟨heils⟩notwendig: der sei mit dem Anathema belegt [*vgl. *1730*].

**1738-1760: 22. Sitzung, 17. Sept. 1562**

### a) Lehre und Kanones über das Meßopfer

In Bologna begannen die Konzilstheologen im Aug. 1547, häretische Aussagen über die Messe und das Weihesakrament zu überprüfen (SGTr 6,321-391); die wichtigsten Quellen waren die *1600° aufgeführten Werke. In Trient setzten die Theologen diese Arbeit im Dez. 1551 fort (SGTr 7,375ff). Im Jan. 1552 wurden Entwürfe der Kanones und der Lehre über die Messe und das Weihesakrament ausgearbeitet (SGTr 7,460f 483-489), die aber nicht zu Ende diskutiert werden konnten, da das Konzil unterbrochen wurde. Erst am 19. Juli 1562 wurde dieses Thema mit der Vorlage von 13 Artikeln über die Messe wiederaufgegriffen (SGTr 8,719 / TheiTr 2,58). Am 6. Aug. und 5. Sept. wurden jeweils neue Entwürfe vorgelegt (SGTr 8,751-755 909-912 / TheiTr 2,74-76 116-118).

*Ausg.:* SGTr 8,959-962 / RiTr 124-127 / MaC 33,128C-132B / HaC 10,126A-129E / COeD³ 732-736.

*Vorwort*

Sacrosancta oecumenica et generalis Tridentina Synodus ..., ut vetus, absoluta atque omni ex parte perfecta de magno Eucharistiae mysterio in sancta catholica Ecclesia fides atque doctrina retineatur et in sua puritate, propulsatis erroribus atque haeresibus, conservetur: de ea, quatenus verum et singulare sacrificium est, Spiritus Sancti illustratione edocta, haec, quae sequuntur, docet, declarat et fidelibus populis praedicanda decernit.

Damit die alte, unbedingte und in jeder **1738** Hinsicht vollkommene Glaubenslehre über das große Geheimnis der Eucharistie in der heiligen katholischen Kirche beibehalten und nach Abwehr von Irrtümern und Häresien in ihrer Reinheit bewahrt werde, lehrt und erklärt das hochheilige ökumenische und allgemeine Konzil von Trient ..., durch die Erleuchtung des Heiligen Geistes belehrt, über sie, insofern sie das wahre und einzigartige Opfer ist, und bestimmt zur Verkündigung für die gläubigen Völker folgendes:

*Kap. 1. Die Einsetzung des Meßopfers*

Quoniam sub priori Testamento (teste Apostolo Paulo) propter Levitici sacerdotii imbecillitatem consummatio non erat, oportuit (Deo Patre misericordiarum ita ordinante) sacerdotem alium "secundum ordinem Melchisedech" [*Ps 109,4; Hbr 5,6 10; 7,11 17; cf. Gn 14,18*] surgere, Dominum nostrum Iesum Christum, qui posset omnes, quotquot sanctificandi essent, consummare [*cf. Hbr 10,14*] et ad perfectum adducere.

Da es (nach dem Zeugnis des Apostels **1739** Paulus) unter dem ersten Bunde wegen der Ohnmacht des levitischen Priestertums keine Vollendung gab, geziemte es sich (da Gott, der Vater der Erbarmungen, es so anordnete), daß ein anderer Priester "nach der Ordnung des Melchisedek" [*Ps 110,4; Hebr 5,6 10; 7,11 17; vgl. Gen 14,18*] erstehe, unser Herr Jesus Christus, der alle, die geheiligt werden sollten, vollenden [*vgl. Hebr 10,14*] und zur Vollkommenheit führen könnte.

Is igitur Deus et Dominus noster, etsi semel se ipsum in ara crucis, morte intercedente, Deo Patri oblaturus erat [*cf. Hbr 7,27*], ut aeternam *illis* [illic] redemptionem operaretur: quia tamen per mortem sacerdotium eius exstinguendum non erat [*cf. Hbr 7,24*],

in Coena novissima, "qua nocte tradebatur" [*1 Cor 11,23*],

ut dilectae sponsae suae Ecclesiae visibile (sicut hominum natura exigit) relinqueret sacrificium, quo cruentum illud semel in

Dieser unser Gott und Herr also hat zwar **1740** sich selbst ein für allemal auf dem Altar des Kreuzes durch den eintretenden Tod Gott, dem Vater, opfern wollen [*vgl. Hebr 7,27*], um *für jene* [daselbst] ewige Erlösung zu wirken; weil jedoch sein Priestertum durch den Tod nicht ausgelöscht werden sollte [*vgl. Hebr 7,24*],

hat er beim letzten Abendmahle, "in der Nacht, da er verraten wurde" [*1 Kor 11,23*],

um seiner geliebten Braut, der Kirche, ein sichtbares (wie es die Natur des Menschen erfordert) Opfer zu hinterlassen, durch

cruce peragendum repraesentaretur eiusque memoria in finem usque saeculi permaneret, atque illius salutaris virtus in remissionem eorum, quae a nobis quotidie
committuntur, peccatorum applicaretur:

sacerdotem secundum ordinem Melchisedech se in aeternum [cf. Ps 109,4; Hbr 5,6;
7,17] constitutum declarans,
corpus et sanguinem suum sub speciebus
panis et vini Deo Patri obtulit ac sub earundem rerum symbolis Apostolis (quos tunc
Novi Testamenti sacerdotes constituebat), ut
sumerent, tradidit, et eisdem eorumque in sacerdotio successoribus, ut offerrent, praecepit
per haec verba: "Hoc facite in meam commemorationem" [Lc 22,19; 1 Cor 11,24], etc.,
uti semper catholica Ecclesia intellexit et docuit [can. 2].

**1741**    Nam celebrato veteri Pascha, quod in memoriam exitus de Aegypto multitudo filiorum Israel immolabat [cf. Ex 12], novum instituit Pascha, se ipsum ab Ecclesia per sacerdotes sub signis visibilibus immolandum
in memoriam transitus sui ex hoc mundo ad
Patrem, quando per sui sanguinis effusionem
nos redemit "eripuitque de potestate tenebrarum et in regnum suum transtulit" [Col
1,13].

**1742**    Et haec quidem illa munda oblatio est,
quae nulla indignitate aut malitia offeren-
tium inquinari potest, quam Dominus per
Malachiam nomini suo, quod magnum futurum esset in gentibus, in omni loco mundam
offerendam praedixit [cf. Mal 1,11], et quam
non obscure innuit Apostolus Paulus Corin-
thiis scribens, cum dicit, non posse eos, qui
participatione mensae daemoniorum polluti
sint, mensae Domini participes fieri [cf.
1 Cor 10,21], per mensam altare utrobique
intelligens. Haec denique illa est, quae per
varias sacrificiorum, naturae et Legis tempore [cf. Gn 4,4; 8,20; 12,8; 22,1-19; Ex: pas-
sim], similitudines figurabatur, utpote quae
bona omnia per illa significata veluti illorum
omnium consummatio et perfectio complectitur.

das jenes blutige ⟨Opfer⟩, das einmal am
Kreuze dargebracht werden sollte, vergegenwärtigt werden, sein Gedächtnis bis
zum Ende der Zeit fortdauern und dessen
heilbringende Kraft für die Vergebung der
Sünden, die von uns täglich begangen werden, zugewandt werden sollte,
sich auf ewig als Priester nach der Ordnung des Melchisedek [vgl. Ps 110,4; Hebr
5,6; 7,17] eingesetzt erklärend,
seinen Leib und sein Blut unter den Gestalten von Brot und Wein Gott, dem Vater, dargebracht und sie unter den Zeichen derselben
Dinge den Aposteln (die er damals als Priester des neuen Bundes einsetzte) dargereicht,
damit sie sie empfingen, und ihnen und ihren
Nachfolgern im priesterlichen Amte durch
folgende Worte geboten, daß sie sie darbräch-
ten: "Tut dies zu meinem Gedächtnis" [Lk
22,19; 1 Kor 11,24], usw., wie es die katholische Kirche immer verstanden und gelehrt
hat [Kan. 2].

Denn nach der Feier des alten Pascha, das
die Schar der Kinder Israels zum Gedenken
an den Auszug aus Ägypten opferte [vgl. Ex
12], setzte er das neue Pascha ein, sich selbst,
der von der Kirche durch die Priester unter
den sichtbaren Zeichen geopfert werden sollte zum Gedenken an seinen Hinübergang aus
dieser Welt zum Vater, als er uns durch das
Vergießen seines Blutes erlöste, "der Macht
der Finsternis entriß und in sein Reich versetzte" [Kol 1,13].

Und dies ist nun jenes reine Opfer, das
durch keine Unwürdigkeit oder Schlechtigkeit derer, die es darbringen, verunreinigt
werden kann, von dem der Herr durch Maleachi vorhergesagt hat, daß es seinem Namen, der groß sein werde unter den Völkern,
an jedem Ort als reines Opfer dargebracht
werde [vgl. Mal 1,11], und auf das der Apostel Paulus in seinem Brief an die Korinther
unzweideutig anspielt, wenn er sagt, es könnten diejenigen, die durch die Teilhabe am
Tisch der Dämonen befleckt seien, nicht am
Tisch des Herrn teilhaben [vgl. 1 Kor 10,21],
wobei er unter Tisch beidemal den Altar versteht. Dies ist schließlich jenes ⟨Opfer⟩, das
durch die mannigfaltigen Gleichnisse von
Opfern zur Zeit der Natur und des Gesetzes
[vgl. Gen 4,4; 8,20; 12,8; 22,1-19; Ex: überall]

vorgebildet wurde, da es ja alle Güter, die durch jene bezeichnet wurden, als deren aller Vollendung und Vervollkommnung umfaßt.

## Kap. 2. Das sichtbare Opfer als Sühnemittel für Lebende und Verstorbene

Et quoniam in divino hoc sacrificio, quod in Missa peragitur, idem ille Christus continetur et incruente immolatur, qui in ara crucis semel se ipsum cruente obtulit [cf. Hbr 9,14 27]: docet sancta Synodus, sacrificium istud vere propitiatorium esse [can. 3], per ipsumque fieri, ut, si cum vero corde et recta fide, cum metu ac reverentia, contriti ac paenitentes ad Deum accedamus, "misericordiam consequamur et gratiam inveniamus in auxilio opportuno" [Hbr 4,16]. Huius quippe oblatione placatus Dominus, gratiam et donum paenitentiae concedens, crimina et peccata etiam ingentia dimittit. Una enim eademque est hostia, idem nunc offerens sacerdotum ministerio, qui se ipsum tunc in cruce obtulit, sola offerendi ratione diversa.

Cuius quidem oblationis (cruentae, inquam) fructus per hanc incruentam uberrime percipiuntur: tantum abest, ut illi per hanc quovis modo derogetur [can. 4]. Quare non solum pro fidelium vivorum peccatis, poenis, satisfactionibus et aliis necessitatibus, sed et pro defunctis in Christo, nondum ad plenum purgatis, rite iuxta Apostolorum traditionem offertur [can. 3].

Und weil in diesem göttlichen Opfer, das **1743** in der Messe vollzogen wird, jener selbe Christus enthalten ist und unblutig geopfert wird, der auf dem Altar des Kreuzes ein für allemal sich selbst blutig opferte [vgl. Hebr 9,14 27]: so lehrt das heilige Konzil, daß dieses Opfer wahrhaft ein Sühnopfer ist [Kan. 3] und daß wir durch es, wenn wir mit aufrichtigem Herzen und rechtem Glauben, mit Scheu und Ehrfurcht, reuevoll und bußfertig zu Gott hintreten, "Barmherzigkeit erlangen und Gnade finden in der Hilfe zur rechten Zeit" [Hebr 4,16]. Durch seine Darbringung versöhnt, gewährt der Herr nämlich Gnade und das Geschenk der Buße und vergibt auch noch so große Vergehen und Sünden. Denn die Opfergabe ist ein und dieselbe; derselbe, der sich selbst damals am Kreuze opferte, opfert jetzt durch den Dienst der Priester; allein die Weise des Opferns ist verschieden.

Die Früchte jenes Opfers nun (nämlich des blutigen) werden überreich durch dieses unblutige ⟨Opfer⟩ empfangen: weit entfernt, daß jenem durch dieses in irgendeiner Weise Abbruch getan würde [Kan. 4]! Deshalb wird es nicht nur für die Sünden, Strafen, zur Genugtuung und für andere Nöte der lebenden Gläubigen, sondern auch für die in Christus Verstorbenen, die noch nicht vollständig gereinigt sind, nach der Überlieferung der Apostel rechtmäßig dargebracht [Kan. 3].

## Kap. 3. Messen zu Ehren von Heiligen

Et quamvis in honorem et memoriam Sanctorum nonnullas interdum Missas Ecclesia celebrare consueverit, non tamen illis sacrificium offerri docet, sed Deo soli, qui illos coronavit [can. 5]. Unde "nec sacerdos dicere solet: Offero tibi sacrificium, Petre et Paule"[1], sed, Deo de illorum victoriis gratias agens, eorum patrocinia implorat, "ut ipsi pro nobis intercedere dignentur in caelis, quorum memoriam facimus in terris"[2].

Und obwohl die Kirche bisweilen einige **1744** Messen zu Ehren und zum Gedächtnis der Heiligen zu feiern pflegt, lehrt sie doch nicht, daß ihnen das Opfer dargebracht werde, sondern Gott allein, der jene krönte [Kan. 5]. Daher "pflegt der Priester auch nicht zu sagen: Ich bringe dir das Opfer dar, Petrus und Paulus"[1], sondern er sagt Gott für ihre Siege Dank und fleht ihren Beistand an, "damit sie, deren wir auf Erden gedenken, sich herablas-

---

*1744 [1]    Vgl. Augustinus, *Contra Faustum Manichaeum* XX 21 (CSEL 25,562$_{14}$ / PL 42,384).

sen, für uns in den Himmeln Fürsprache einzulegen"[2].

## Kap. 4. Der Kanon der Messe

1745    Et cum sancta sancte administrari conveniat, sitque hoc omnium sanctissimum sacrificium: Ecclesia catholica, ut digne reve-
renterque offerretur ac perciperetur, sacrum
canonem multis ante saeculis instituit, ita ab
omni errore purum [can. 6], ut nihil in eo
contineatur, quod non maxime sanctitatem
ac pietatem quandam redoleat mentesque of-
ferentium in Deum erigat. Is enim constat
cum ex ipsis Domini verbis, tum ex Apostolorum traditionibus ac sanctorum quoque
Pontificum piis institutionibus.

Und da Heiliges heilig verwaltet werden
soll und dieses Opfer das Heiligste von allem
ist, hat die katholische Kirche, damit es würdig und ehrfürchtig dargebracht und empfangen werde, vor vielen Jahrhunderten den heiligen Kanon eingeführt, der so von allem Irrtum rein ist [Kan. 6], daß nichts in ihm enthalten ist, das nicht in höchstem Maße den
Duft einer gewissen Heiligkeit und Frömmigkeit verströmen läßt und die Gemüter derer,
die es darbringen, zu Gott emporrichtet. Er
besteht nämlich sowohl aus den Worten des
Herrn selbst als auch aus den Überlieferungen der Apostel und ferner den frommen
Einrichtungen heiliger Päpste.

## Kap. 5. Die Zeremonien beim Meßopfer

1746    Cumque natura hominum ea sit, ut non
facile queat sine adminiculis exterioribus ad
rerum divinarum meditationem sustolli,
propterea pia mater Ecclesia ritus quosdam,
ut scilicet quaedam submissa voce [can. 9],
alia vero elatiore in Missa pronuntiarentur,
instituit; caeremonias item adhibuit [can. 7],
ut mysticas benedictiones, lumina, thymia-
mata, vestes aliaque id genus multa ex apostolica disciplina et traditione, quo et maiestas tanti sacrificii commendaretur, et mentes
fidelium per haec visibilia religionis et pietatis signa ad rerum altissimarum, quae in
hoc sacrificio latent, contemplationem exci-
tarentur.

Und da die Natur der Menschen so beschaffen ist, daß sie sich nicht leicht ohne äußere Hilfsmittel zur Betrachtung der göttlichen Dinge erheben kann, deswegen hat die
gütige Mutter Kirche bestimmte Riten eingeführt, nämlich daß in der Messe einiges mit
leiser [Kan. 9], anderes aber mit lauter Stimme gesprochen werden soll; desgleichen verwandte sie aufgrund der apostolischen Lehre
und Überlieferung Zeremonien [Kan. 7], wie
geheimnisvolle Segnungen, Lichter, Weihrauch, Gewänder und vieles andere Derartige; einerseits sollte dadurch die Erhabenheit
dieses so großen Opfers hervorgehoben werden, andererseits sollten die Gemüter der
Gläubigen durch diese sichtbaren Zeichen
der Religion und Frömmigkeit zur Betrachtung der höchsten Dinge, die in diesem Opfer
verborgen liegen, angeregt werden.

## Kap. 6. Die Messe, in der allein der Priester kommuniziert

1747    Optaret quidem sacrosancta Synodus, ut
in singulis Missis fideles adstantes non solum
spirituali affectu, sed sacramentali etiam Eucharistiae perceptione communicarent, quo
ad eos sanctissimi huius sacrificii fructus uberior proveniret; nec tamen, si id non semper
fiat, propterea Missas illas, in quibus solus sa-

Zwar wünschte das hochheilige Konzil,
daß in den einzelnen Messen die anwesenden
Gläubigen nicht nur in geistigem Verlangen,
sondern auch im sakramentalen Empfang
der Eucharistie kommunizierten, damit sich
die Frucht dieses heiligsten Opfers noch reicher für sie erweise; wenn dies nicht immer

---

[2]    *Missale Romanum* (1962), Meßordnung, nach der Händewaschung.

cerdos sacramentaliter communicat, ut privatas et illicitas damnat [*can. 8*], sed probat atque commendat, si quidem illae quoque Missae vere communes censeri debent, partim quod in eis populus spiritualiter communicet, partim vero, quod a publico Ecclesiae ministro non pro se tantum, sed pro omnibus fidelibus qui ad Corpus Christi pertinent, celebrentur.

geschieht, so verurteilt sie jedoch deswegen jene Messen, in denen allein der Priester sakramental kommuniziert, nicht als privat und unerlaubt [*Kan. 8*], sondern billigt und empfiehlt sie; denn auch diese Messen müssen als wahrhaft allgemein angesehen werden, einerseits, weil in ihnen das Volk geistigerweise kommuniziert, andererseits aber, weil sie vom öffentlichen Diener der Kirche nicht nur für sich, sondern für alle Gläubigen, die zum Leibe Christi gehören, gefeiert werden.

### Kap. 7. Das Wasser, das dem Wein beigemischt wird

Monet deinde sancta Synodus, praeceptum esse ab Ecclesia sacerdotibus, ut aquam vino in calice offerendo miscerent [*can. 9*], tum quod Christum Dominum ita fecisse credatur, tum etiam quia e latere eius aqua simul cum sanguine exierit [*cf. Io 19,34*], quod sacramentum hac mixtione recolitur. Et cum "aquae" in Apocalypsi beati Ioannis populi dicantur [*cf. Apc 17,1 15*], ipsius populi fidelis cum capite Christo unio repraesentatur.

Weiter erinnert das heilige Konzil daran, **1748** daß es den Priestern von der Kirche vorgeschrieben ist, dem Wein bei der Opferung des Kelches Wasser beizumischen [*Kan. 9*], sowohl weil Christus, der Herr, es so getan hat, wie man glaubt, als auch weil aus seiner Seite zugleich mit dem Blut Wasser hervortrat [*vgl. Joh 19,34*] und jenes Geheimnisses durch diese Vermischung gedacht wird. Und weil die Völker in der Offenbarung des seligen Johannes "Wasser" genannt werden [*vgl. Offb 17,1 15*], wird die Vereinigung des gläubigen Volkes selbst mit Christus, dem Haupt, dargestellt.

### Kap. 8. Ablehnung der Volkssprache in der Messe; Erklärung ihrer Geheimnisse

Etsi Missa magnam contineat populi fidelis eruditionem, non tamen expedire visum est Patribus, ut vulgari passim lingua celebraretur [*can. 9*]. Quamobrem, retento ubique cuiusque ecclesiae antiquo et a sancta Romana Ecclesia, omnium ecclesiarum matre et magistra, probato ritu, ne oves Christi esuriant, neve parvuli panem petant et non sit, qui frangat eis [*cf. Lam 4,4*]: mandat sancta Synodus pastoribus et singulis curam animarum gerentibus, ut frequenter inter Missarum celebrationem vel per se vel per alios, ex his, quae in Missa leguntur, exponant atque inter cetera sanctissimi huius sacrificii mysterium aliquod declarent, diebus praesertim Dominicis et festis.

Auch wenn die Messe einen großen Bil- **1749** dungswert für das gläubige Volk besitzt, so schien es den Vätern doch nicht nützlich zu sein, daß sie allerorten in der Volkssprache gefeiert werde [*Kan. 9*]. Deshalb soll überall der alte und von der heiligen Römischen Kirche, der Mutter und Lehrerin aller Kirchen, gebilligte Ritus einer jeden Kirche beibehalten werden; und damit die Schafe Christi nicht hungern, noch die kleinen Kinder um Brot bitten und niemand da ist, der es ihnen bricht [*vgl. Klgl 4,4*]: gebietet das heilige Konzil den Hirten und allen, die für die Seelen Sorge tragen, während der Meßfeier entweder selbst oder durch andere häufig etwas von dem, was in der Messe gelesen wird, zu erläutern und unter anderem ein Geheimnis dieses heiligsten Opfers zu erklären, vor allem an Sonn- und Feiertagen.

## Kap. 9. Vorbemerkung zu den folgenden Kanones

**1750**    Quia vero adversus veterem hanc in sacrosancto Evangelio, Apostolorum traditionibus sanctorumque Patrum doctrina fundatam fidem hoc tempore multi disseminati sunt errores, multaque a multis docentur et disputantur: sacrosancta Synodus, post multos gravesque his de rebus mature habitos tractatus, unanimi patrum omnium consensu, quae huic purissimae fidei sacraeque doctrinae adversantur, damnare et a sancta Ecclesia eliminare per subiectos hos canones constituit.

Weil aber gegen diesen alten Glauben, der im hochheiligen Evangelium, den Überlieferungen der Apostel und der Lehre der heiligen Väter gegründet ist, in dieser Zeit viele Irrtümer ausgesät wurden und von vielen vieles gelehrt und diskutiert wird: so beschloß das hochheilige Konzil – nach reiflicher Behandlung und vielfacher und ernsthafter Beschäftigung mit diesen Dingen – in einmütiger Übereinstimmung aller Väter, durch die folgenden Kanones zu verurteilen und aus der heiligen Kirche auszuscheiden, was dieser reinsten und heiligen Glaubenslehre widerstreitet.

## Kanones über das Meßopfer

**1751**    Can. 1. Si quis dixerit, in Missa non offerri Deo verum et proprium sacrificium, aut quod offerri non sit aliud quam nobis Christum ad manducandum dari: anathema sit.

Kan. 1. Wer sagt, in der Messe werde Gott kein wahres und eigentliches Opfer dargebracht, oder daß die Opferhandlung nichts anderes sei, als daß uns Christus zur Speise gegeben werde: der sei mit dem Anathema belegt.

**1752**    Can. 2. Si quis dixerit, illis verbis: "Hoc facite in meam commemorationem" [*Lc 22,19; 1 Cor 11,24*], Christum non instituisse Apostolos sacerdotes, aut non ordinasse, ut ipsi aliique sacerdotes offerrent corpus et sanguinem suum: anathema sit [*cf. *1740*].

Kan. 2. Wer sagt, mit den Worten: "Tut dies zu meinem Gedächtnis" [*Lk 22,19; 1 Kor 11,24*], habe Christus die Apostel nicht als Priester eingesetzt, oder er habe nicht angeordnet, daß sie selbst und die anderen Priester seinen Leib und sein Blut opferten: der sei mit dem Anathema belegt [*vgl. *1740*].

**1753**    Can. 3. Si quis dixerit, Missae sacrificium tantum esse laudis et gratiarum actionis, aut nudam commemorationem sacrificii in cruce peracti, non autem propitiatorium; vel soli prodesse sumenti; neque pro vivis et defunctis, pro peccatis, poenis, satisfactionibus et aliis necessitatibus offerri debere: anathema sit [*cf. *1743*].

Kan. 3. Wer sagt, das Meßopfer sei lediglich ein Lob- und Dankopfer oder ein bloßes Gedächtnis des am Kreuze vollzogenen Opfers, nicht aber ein Sühnopfer; oder es nütze allein dem, der es empfängt; und man dürfe es auch nicht für Lebende und Verstorbene, für Sünden, Strafen, zur Genugtuung und für andere Nöte darbringen: der sei mit dem Anathema belegt [*vgl. *1743*].

**1754**    Can. 4. Si quis dixerit[1], blasphemiam irrogari sanctissimo Christi sacrificio in cruce peracto per Missae sacrificium, aut illi per hoc derogari: anathema sit [*cf. *1743*].

Kan. 4. Wer sagt[1], dem am Kreuze vollbrachten heiligsten Opfer Christi werde durch das Meßopfer eine Lästerung zugefügt, oder es werde jenem durch dieses Abbruch getan: der sei mit dem Anathema belegt [*vgl. *1743*].

**1755**    Can. 5. Si quis dixerit, imposturam esse, Missas celebrari in honorem Sanctorum et

Kan. 5. Wer sagt, es sei eine Verfälschung, daß Messen zu Ehren von Heiligen, und um

---

*1754 [1]   Vgl. Urban Rieger, *Responsio ad duos libros primum et tertium de Missa Iohannis Eccii* (Augsburg 1529) Fol. H. 8v.

pro illorum intercessione apud Deum obtinenda, sicut Ecclesia intendit: anathema sit [*cf. *1744*].

Can. 6. Si quis dixerit, canonem Missae errores continere ideoque abrogandum esse: anathema sit [*cf. *1745*].

Can. 7. Si quis dixerit, caeremonias, vestes et externa signa, quibus in Missarum celebratione Ecclesia catholica utitur, irritabula impietatis esse magis quam officia pietatis: anathema sit [*cf. *1746*].

Can. 8. Si quis dixerit, Missas, in quibus solus sacerdos sacramentaliter communicat, illicitas esse ideoque abrogandas: anathema sit [*cf. *1747*].

Can. 9. Si quis dixerit, Ecclesiae Romanae ritum, quo submissa voce pars canonis et verba consecrationis proferuntur, damnandum esse; aut lingua tantum vulgari Missam celebrari debere; aut aquam non miscendam esse vino in calice offerendo, eo quod sit contra Christi institutionem: anathema sit [*cf. *1746 1748s*].

ihre Fürsprache bei Gott zu erlangen, gefeiert werden, wie es die Kirche behauptet: der sei mit dem Anathema belegt [*vgl. *1744*].

Kan. 6. Wer sagt, der Kanon der Messe 1756 enthalte Irrtümer und sei deshalb abzuschaffen: der sei mit dem Anathema belegt [*vgl. *1745*].

Kan. 7. Wer sagt, die Zeremonien, Gewän- 1757 der und äußeren Zeichen, deren sich die katholische Kirche in der Meßfeier bedient, seien eher Reizmittel zur Gottlosigkeit als Dienste an der Frömmigkeit: der sei mit dem Anathema belegt [*vgl. *1746*].

Kan. 8. Wer sagt, die Messen, in denen 1758 allein der Priester sakramental kommuniziert, seien unerlaubt und deshalb abzuschaffen: der sei mit dem Anathema belegt [*vgl. *1747*].

Kan. 9. Wer sagt, der Ritus der Römischen 1759 Kirche, daß ein Teil des Kanons und die Worte der Konsekration mit leiser Stimme gesprochen werden, sei zu verurteilen; oder die Messe dürfe nur in der Volkssprache gefeiert werden; oder man dürfe dem Wein bei der Opferung des Kelches deshalb kein Wasser beimischen, weil das gegen die Einsetzung Christi sei: der sei mit dem Anathema belegt [*vgl. *1746 1748f*].

## b) Dekret über die Bitte um Gewährung des Kelches

Vgl. *1725° – *Ausg.:* SGTr 8,968 und 952f / RiTr 172 / MaC 33,137CD / COeD³ 717 / TheiTr 2,128b.

Insuper cum eadem sacrosancta Synodus superiori sessione duos articulos alias propositos et tum nondum discussos, videlicet:

An rationes, quibus sancta catholica Ecclesia adducta fuit, ut communicaret laicos atque etiam non celebrantes sacerdotes sub una panis specie, ita sint retinendae, ut nulla ratione calicis usus cuiquam sit permittendus, – et:

An, si honestis et christianae caritati consentaneis rationibus concedendus alicui vel nationi vel regno calicis usus videtur, sub aliquibus condicionibus concedendus sit, et quaenam illae sint,

Des weiteren hat dasselbe hochheilige 1760 Konzil in der vergangenen Sitzung zwei bei anderer Gelegenheit vorgelegte und damals noch nicht diskutierte Artikel, nämlich:
Ob die Gründe, durch die die heilige katholische Kirche veranlaßt wurde, den Laien und auch den nicht zelebrierenden Priestern ⟨nur⟩ unter der einen Gestalt des Brotes die Kommunion zu reichen, so beizubehalten sind, daß auf keinen Fall irgend jemand der Gebrauch des Kelches erlaubt werden darf, – und:
Wenn es aus ehrenvollen und mit der christlichen Liebe übereinstimmenden Gründen richtig scheint, einem Volk oder Reich den Gebrauch des Kelches zu gewähren, ob er dann unter irgendwelchen Bedingungen zu gewähren sei und welche diese seien,

in aliud tempus, oblata sibi occasione, examinandos atque diffiniendos reservaverit: nunc eorum, pro quibus petitur, saluti optimum consultum volens, decrevit, integrum negotium ad Sanctissimum Dominum esse referendum, prout praesenti decreto refert; qui pro sua singulari prudentia id efficiat, quod utile rei publicae christianae et salutare petentibus usum calicis fore iudicaverit.

für später, wenn sich ihm Gelegenheit bietet, zur Prüfung und Entscheidung aufgehoben; jetzt beschloß es in bester Absicht und Bemühung um das Heil derer, für die er erbeten wird, ⟨diese⟩ Angelegenheit vollständig dem Heiligsten Herrn zu übertragen, soweit es für das vorliegende Dekret wichtig ist; er soll nach Maßgabe seiner einzigartigen Klugheit das ins Werk setzen, was nach seinem Urteil dem christlichen Gemeinwesen nützlich und denen, die den Gebrauch des Kelches erbitten, heilsam sein wird.

## 1763-1778: 23. Sitzung, 15. Juli 1563: Lehre und Kanones über das Sakrament der Weihe

Die Prüfung der entsprechenden häretischen Sätze (vgl. die *1600° angeführten Werke) und die Abfassung erster Entwürfe für die Kanones waren schon in Bologna vom 26. April 1547 an (SGTr 6,97 308) und wiederum in Trient vom 3. Dez. 1551 bis 21. Jan. 1552 (SGTr 7,375–489; Entwürfe ebd. 460f 483–489) erfolgt. Die Synodalen knüpften am 18. Sept. 1562 an ihre Vorarbeiten an (SGTr 9,5 / TheiTr 2,133) und erstellten neue Entwürfe für die Kanones. Am 13. Okt. und 3. Nov. 1562 setzten sie den Kanones eine Lehre über das Sakrament der Weihe voran (SGTr 9,38–41 105–107; weitere Fassungen ebd. 226–241 / TheiTr 2,151–153 155f).

*Ausg.:* SGTr 9,620–622 / RiTr 172–174 / MaC 33,138B–140D / HaC 10,135D–138A / COeD³ 742–744.

1763     Vera et catholica doctrina de sacramento ordinis ad condemnandos errores nostri temporis, a sancta Synodo Tridentina decreta et publicata sessione [sub Pio IV] septima.

Die wahre und katholische Lehre über das Sakrament der Weihe, um die Irrtümer unserer Zeit zu verurteilen, vom heiligen Konzil von Trient beschlossen und veröffentlicht in der [unter Pius IV.] siebten Sitzung.

### Kap. 1. Die Einsetzung des Priestertums des Neuen Bundes

1764     Sacrificium et sacerdotium ita Dei ordinatione coniuncta sunt, ut utrumque in omni lege exstiterit. Cum igitur in Novo Testamento sanctum Eucharistiae sacrificium visibile ex Domini institutione catholica Ecclesia acceperit: fateri etiam oportet, in ea novum esse visibile et externum sacerdotium [can. 1], in quod vetus translatum est [cf. Hbr 7,12]. Hoc autem ab eodem Domino Salvatore nostro institutum esse [can. 3], atque Apostolis eorumque successoribus in sacerdotio potestatem traditam consecrandi, offerendi et ministrandi corpus et sanguinem eius, nec non et peccata dimittendi et retinendi, sacrae Litterae ostendunt, et catholicae Ecclesiae traditio semper docuit [can. 1].

Opfer und Priestertum sind nach Gottes Anordnung so verbunden, daß es in jedem Bunde beides gibt. Da also die katholische Kirche im Neuen Testament das heilige Opfer der Eucharistie aufgrund der Einsetzung des Herrn sichtbar empfangen hat, muß man auch bekennen, daß es in ihr ein neues sichtbares und äußeres Priestertum gibt [Kan. 1], in welches das alte überführt wurde [vgl. Hebr 7,12]. Daß dieses aber von demselben Herrn, unserem Erlöser, eingesetzt wurde [Kan. 3], und daß den Aposteln und ihren Nachfolgern im Priestertum die Vollmacht übergeben wurde, seinen Leib und sein Blut zu konsekrieren, darzubringen und auszuteilen sowie auch die Sünden zu vergeben und zu behalten, das zeigt die heilige Schrift und hat die Überlieferung der katholischen Kirche immer gelehrt [Kan. 1].

## Kap. 2. Die sieben Weihen

Cum autem divina res sit tam sancti sacerdotii ministerium, consentaneum fuit, quo dignius et maiore cum veneratione exerceri posset, ut in Ecclesiae ordinatissima dispositione plures et diversi essent ministrorum ordines, qui sacerdotio ex officio deservirent, ita distributi, ut, qui iam clericali tonsura insigniti essent, per minores ad maiores ascenderent [can. 2].

Nam non solum de sacerdotibus, sed et de diaconis sacrae Litterae apertam mentionem faciunt [cf. Act 6,5; 21,8; 1 Tim 3,8–13; Phil 1,1] et, quae maxime in illorum ordinatione attendenda sunt, gravissimis verbis docent; et ab ipso Ecclesiae initio sequentium ordinum nomina atque uniuscuiusque eorum propria ministeria, subdiaconi scilicet, acolythi, exorcistae, lectoris et ostiarii in usu fuisse cognoscuntur, quamvis non pari gradu. Nam subdiaconatus ad maiores ordines a Patribus et sacris Conciliis refertur, in quibus et de aliis inferioribus frequentissime legimus.

Da aber der Dienst des so heiligen Priestertums etwas Göttliches ist, war es, damit er würdiger und mit größerer Ehrfurcht versehen werden könne, folgerichtig, daß es in der höchst geordneten Gliederung der Kirche mehrere und verschiedene Weihestände der Diener gebe, die dem Priestertum von Amts wegen dienen sollten, ⟨und zwar⟩ so verteilt, daß diejenigen, die schon mit dem Zeichen der klerikalen Tonsur ausgezeichnet wurden, durch die niederen zu den höheren aufsteigen [Kan. 2].   **1765**

Denn die heilige Schrift erwähnt nicht nur die Priester, sondern auch die Diakone ausdrücklich [vgl. Apg 6,5; 21,8; 1 Tim 3,8–13; Phil 1,1] und lehrt mit sehr gewichtigen Worten, was man vor allem bei ihrer Weihe beachten muß; und schon von Anbeginn der Kirche an waren bekanntlich die Namen der folgenden Weihegrade und die besonderen Dienste eines jeden von ihnen in Gebrauch, nämlich des Subdiakons, des Akolythen ⟨= Altardiener⟩, des Exorzisten ⟨= Beschwörer⟩, des Lektors ⟨= Vorleser⟩ und des Ostiariers ⟨= Türhüter⟩, wenn auch nicht in gleichem Rang. Denn der Subdiakonat wird von den Vätern und den heiligen Konzilien zu den höheren Weihen gerechnet; bei ihnen lesen wir auch sehr häufig von den anderen, niederen ⟨Weihen⟩.

## Kap. 3. Die Sakramentalität der Weihe

Cum Scripturae testimonio, apostolica traditione et Patrum unanimi consensu perspicuum sit, per sacram ordinationem, quae verbis et signis exterioribus perficitur, gratiam conferri: dubitare nemo debet, ordinem esse vere et proprie unum ex septem sanctae Ecclesiae sacramentis [can. 3]. Inquit enim Apostolus: "Admoneo te, ut resuscites gratiam Dei, quae est in te per impositionem manuum mearum. Non enim dedit nobis Deus spiritum timoris, sed virtutis et dilectionis et sobrietatis" [2 Tim 1,6s; cf. 1 Tim 4,14].

Da aufgrund des Zeugnisses der Schrift, **1766** der apostolischen Überlieferung und der einmütigen Übereinstimmung der Väter deutlich ist, daß durch die heilige Weihe, die durch äußere Worte und Zeichen vollzogen wird, Gnade übertragen wird, darf niemand zweifeln, daß die Weihe wahrhaft und im eigentlichen Sinne eines von den sieben Sakramenten der heiligen Kirche ist [Kan. 3]. Der Apostel sagt nämlich: "Ich ermahne dich, daß du die Gnade Gottes wiedererweckst, die in dir ist durch die Auflegung meiner Hände. Denn Gott gab uns nicht den Geist der Furcht, sondern der Kraft, Liebe und Besonnenheit" [2 Tim 1,6f; vgl. 1 Tim 4,14].

## Kap. 4. Die kirchliche Hierarchie und die Weihe

**1767** Quoniam vero in sacramento ordinis, sicut et in baptismo et confirmatione, character imprimitur [can. 4], qui nec deleri nec auferri potest: merito sancta Synodus damnat eorum sententiam, qui asserunt, Novi Testamenti sacerdotes temporariam tantummodo potestatem habere, et semel rite ordinatos iterum laicos effici posse, si verbi Dei ministerium non exerceant [can. 1].

Quod si quis omnes Christianos promiscue Novi Testamenti sacerdotes esse, aut omnes pari inter se potestate spirituali praeditos affirmet: nihil aliud facere videtur quam ecclesiasticam hierarchiam, quae est "ut castrorum acies ordinata" [cf. Ct 6,3 9], confundere [can. 6], perinde ac si, contra beati Pauli doctrinam, omnes Apostoli, omnes Prophetae, omnes Evangelistae, omnes Pastores, omnes sint Doctores [cf. 1 Cor 12,29; Eph 4,11].

**1768** Proinde sancta Synodus declarat, praeter ceteros ecclesiasticos gradus episcopos, qui in Apostolorum locum successerunt, ad hunc hierarchicum ordinem praecipue pertinere, et positos (sicut idem Apostolus ait) a Spiritu Sancto "regere Ecclesiam Dei" [Act 20,28], eosque presbyteris superiores esse, ac sacramentum confirmationis conferre, ministros Ecclesiae ordinare, atque alia pleraque peragere ipsos posse, quarum functionum potestatem reliqui inferioris ordinis nullam habent [can. 7].

**1769** Docet insuper sancta Synodus, in ordinatione episcoporum, sacerdotum et ceterorum ordinum nec populi nec cuiusvis saecularis potestatis et magistratus consensum sive vocationem sive auctoritatem ita requiri, ut sine ea irrita sit ordinatio; quin potius decernit, eos, qui tantummodo a populo aut saeculari potestate ac magistratu vocati et instituti ad haec ministeria exercenda ascendunt, et qui ea propria temeritate sibi sumunt, omnes non Ecclesiae ministros, sed fures et latrones, per ostium non ingressos [cf. Io 10,1], habendos esse [can. 8].

Da aber im Sakrament der Weihe, wie auch in der Taufe und Firmung, eine Prägung eingeprägt wird [Kan. 4], die weder zerstört noch entfernt werden kann, verurteilt das heilige Konzil zurecht die Auffassung derer, die behaupten, die Priester des Neuen Testamentes besäßen lediglich eine zeitlich beschränkte Vollmacht und könnten, einmal rechtmäßig geweiht, wiederum zu Laien werden, wenn sie den Dienst am Wort Gottes nicht versehen [Kan. 1].

Wenn einer aber versichert, alle Christen seien unterschiedslos Priester des Neuen Testamentes, oder alle seien mit untereinander gleicher geistlicher Vollmacht ausgestattet, so tut er offenbar nichts anderes, als die kirchliche Hierarchie, die "wie die geordnete Schlachtreihe eines Heeres" [vgl. Hld 6,3 9] ist, durcheinanderzubringen [Kan. 6], gerade so als ob – entgegen der Lehre des seligen Paulus – alle Apostel, alle Evangelisten, alle Hirten, alle Lehrer seien [vgl. 1 Kor 12,29; Eph 4,11].

Daher erklärt das heilige Konzil, daß außer den übrigen kirchlichen Graden hauptsächlich die Bischöfe, die auf die Stelle der Apostel nachgerückt sind, zu dieser hierarchischen Ordnung gehören, daß sie (wie derselbe Apostel sagt) vom Heiligen Geist eingesetzt sind, "die Kirche Gottes zu lenken" [Apg 20,28], daß sie höher stehen als die Priester und das Sakrament der Firmung spenden, Diener der Kirche weihen und die meisten anderen Dinge selbst vollziehen können, zu deren Verrichtung die übrigen mit einer niedrigeren Weihe keine Vollmacht haben [Kan. 7].

Überdies lehrt das heilige Konzil, daß bei der Weihe von Bischöfen, Priestern und den übrigen Weiheständen die Zustimmung, Berufung oder Autorität weder des Volkes noch irgendeiner weltlichen Macht und Behörde in der Weise erforderlich ist, daß die Weihe ohne sie ungültig wäre, ja, es beschließt vielmehr, daß all jene, die lediglich vom Volk oder einer weltlichen Macht und Behörde berufen und eingesetzt, zur Verrichtung dieser Dienste aufsteigen, sowie alle, die sich diese aus eigener Leichtfertigkeit anmaßen, nicht für Diener der Kirche, sondern für Diebe

und Räuber, die nicht durch die Tür eingetreten sind [*vgl. Joh 10,1*], gehalten werden sollen [*Kan. 8*].

Haec sunt, quae generatim sacrae Synodo visum est Christifideles de sacramento ordinis docere. His autem contraria certis et propriis canonibus in hunc, qui sequitur, modum damnare constituit, ut omnes, adiuvante Christo, fidei regula utentes, in tot errorum tenebris catholicam veritatem facilius agnoscere et tenere possint.

Das ist es, was das heilige Konzil meinte, 1770 die Christgläubigen über das Sakrament der Weihe allgemein lehren zu sollen. Das dem Entgegengesetzte aber beschloß es durch bestimmte und eigene Kanones auf die folgende Weise zu verurteilen, damit alle, sich der Richtschnur des Glaubens bedienend, mit Christi Hilfe in der Finsternis so vieler Irrtümer die katholische Wahrheit leichter erkennen und festhalten können.

## Kanones über das Sakrament der Weihe

Can. 1. Si quis dixerit, non esse in Novo Testamento sacerdotium visibile et externum, vel non esse potestatem aliquam consecrandi et offerendi verum corpus et sanguinem Domini, et peccata remittendi et retinendi, sed officium tantum et nudum ministerium praedicandi Evangelium, vel eos, qui non praedicant, prorsus non esse sacerdotes: anathema sit [*cf. \*1764 1767*].

Kan. 1. Wer sagt, es gebe im Neuen Te 1771 stament kein sichtbares und äußeres Priestertum, oder es gebe keine Vollmacht, den wahren Leib und das Blut des Herrn zu konsekrieren und darzubringen sowie die Sünden zu vergeben und zu behalten, sondern nur das Amt und den bloßen Dienst, das Evangelium zu verkünden, oder diejenigen, die nicht predigen, seien überhaupt keine Priester: der sei mit dem Anathema belegt [*vgl. \*1764 1767*].

Can. 2. Si quis dixerit, praeter sacerdotium non esse in Ecclesia catholica alios ordines, et maiores et minores, per quos velut per gradus quosdam in sacerdotium tendatur: anathema sit [*cf. \*1765*].

Kan. 2. Wer sagt, in der katholischen Kir 1772 che gebe es außer dem Priestertum keine anderen Weihen, weder höhere noch niedere, durch die man gleichsam wie über Stufen auf das Priestertum zugeht: der sei mit dem Anathema belegt [*vgl. \*1765*].

Can. 3. Si quis dixerit, ordinem sive sacram ordinationem non esse vere et proprie sacramentum a Christo Domino institutum, vel esse figmentum quoddam humanum, excogitatum a viris rerum ecclesiasticarum imperitis, aut esse tantum ritum quendam eligendi ministros verbi Dei et sacramentorum: anathema sit [*cf. \*1766*].

Kan. 3. Wer sagt, der Weihestand bzw. die 1773 heilige Ordination sei nicht wahrhaft und im eigentlichen Sinne ein von Christus, dem Herrn, eingesetztes Sakrament, oder sie sei eine menschliche Erfindung, ausgedacht von Männern, die kirchlicher Dinge unkundig waren, oder sie sei nur ein Ritus, Diener des Wortes Gottes und der Sakramente auszuwählen: der sei mit dem Anathema belegt [*vgl. \*1766*].

Can. 4. Si quis dixerit, per sacram ordinationem non dari Spiritum Sanctum, ac proinde frustra episcopos dicere: "Accipe Spiritum Sanctum"; aut per eam non imprimi characterem; vel eum, qui sacerdos semel fuit, laicum rursus fieri posse: anathema sit [*cf. \*1767*].

Kan. 4. Wer sagt, durch die heilige Weihe 1774 werde nicht der Heilige Geist verliehen, und daher sagten die Bischöfe vergebens: Empfange den Heiligen Geist; oder durch sie werde keine Prägung eingeprägt; oder derjenige, der einmal Priester war, könne wieder Laie werden: der sei mit dem Anathema belegt [*vgl. \*1767*].

1775    Can. 5. Si quis dixerit, sacram unctionem, qua Ecclesia in sancta ordinatione utitur, non tantum non requiri, sed contemnendam et perniciosam esse, similiter et alias ceremonias: anathema sit.

Kan. 5. Wer sagt, die heilige Salbung, die die Kirche bei der heiligen Weihe gebraucht, sei nicht nur nicht erforderlich, sondern verwerflich und verderblich, ebenso auch die anderen Zeremonien: der sei mit dem Anathema belegt.

1776    Can. 6. Si quis dixerit, in Ecclesia catholica non esse hierarchiam, divina ordinatione institutam, quae constat ex episcopis, presbyteris et[1] ministris: anathema sit [cf. *1768].

Kan. 6. Wer sagt, in der katholischen Kirche gebe es keine durch göttliche Anordnung eingesetzte Hierarchie, die aus Bischöfen, Priestern und[1] Dienern besteht: der sei mit dem Anathema belegt [vgl. *1768].

1777    Can. 7. Si quis dixerit, episcopos non esse presbyteris superiores; vel non habere potestatem confirmandi et ordinandi, vel eam, quam habent, illis esse cum presbyteris communem; vel ordines ab ipsis collatos sine populi vel potestatis saecularis consensu aut vocatione irritos esse; aut eos, qui nec ab ecclesiastica et canonica potestate rite ordinati nec missi sunt, sed aliunde veniunt, legitimos esse verbi et sacramentorum ministros: anathema sit [cf. *1768s].

Kan. 7. Wer sagt, die Bischöfe stünden nicht höher als die Priester; oder sie besäßen keine Vollmacht, zu firmen und zu weihen, oder die, die sie besitzen, sei ihnen mit den Priestern gemeinsam; oder von ihnen gespendete Weihen seien ohne Zustimmung oder Berufung des Volkes oder der weltlichen Macht ungültig; oder diejenigen, die weder von der kirchlichen und kanonischen Macht rechtmäßig geweiht noch beauftragt wurden, sondern anderswoher kommen, seien rechtmäßige Diener des Wortes und der Sakramente: der sei mit dem Anathema belegt [vgl. *1768f].

1778    Can. 8. Si quis dixerit, episcopos, qui auctoritate Romani Pontificis assumuntur, non esse legitimos et veros episcopos, sed figmentum humanum: anathema sit.

Kan. 8. Wer sagt, Bischöfe, die kraft der Autorität des Römischen Bischofs aufgenommen werden, seien keine rechtmäßigen und wahren Bischöfe, sondern eine menschliche Erfindung: der sei mit dem Anathema belegt.

### 1797-1816: 24. Sitzung, 11. Nov. 1563

Mit den Vorbereitungen für die Dekrete dieser Sitzung wurde in Bologna begonnen. Vom 26. April 1547 an berieten die Synodalen über die Lehre von der Ehe, vom 29. Aug. bis 6. Sept. 1547 über die heimlichen Ehen (SGTr 6,98 407-435). Ein Entwurf für die Kanones (SGTr 6,445-447) wurde vom 9. Sept. an diskutiert. Vierzehn Jahre später wurden in Trient am 6. Dez. 1562 häresieverdächtige Sätze zur Prüfung vorgelegt. Sie stammen zumeist aus den schon mehrfach angeführten Büchern: M. Luther, *De captivitate Babylonica ecclesiae praeludium*: De matrimonio (Weimarer Ausg. 6,550-560); *Confessio Augustana*, Art. 23 (BekSchELK 86-91 / CpRef 26,294-297); Ph. Melanchthon, *Apologia Confessionis Augustanae*, Art. 13 (BekSchELK 291-296 / CpRef 26,570f). Entwürfe für die Kanones und das Reformdekret "Tametsi" wurden am 20. Juli, 7. Aug. und 5. Sept. 1563 vorgelegt (SGTr 9,639 682-685 760-765 / TheiTr 2,313 335 387). Zur Gültigkeit des Dekretes "Tametsi" in Deutschland vgl. *3385.
    *Ausg.:* SGTr 9,966-968 (Das Dekret "Tametsi" folgt unmittelbar auf die Kanones) / RiTr 214-217 / MaC 33,149E-151E / HaC 10,147A-150A / COeD³ 753-756.

### a) Lehre und Kanones über das Sakrament der Ehe

1797    Matrimonii perpetuum indissolubilemque nexum primus humani generis parens divini Spiritus instinctu pronuntiavit,

Das immerwährende und unauflösliche Band der Ehe hat der erste Vater des Menschengeschlechtes auf Antrieb des gött-

---

*1776 [1]    Am Vortag der Sitzung wurde das Wort "aliis" ("anderen") vor "ministris" ("Dienern") gestrichen: vgl. SGTr 9,622 Anm. 1; 3,690₂₇ 691₃₃ (Tagebuch Gabriel Paleottis).

572

cum dixit: "Hoc nunc os ex ossibus meis, et caro de carne mea. Quamobrem relinquet homo patrem suum et matrem, et adhaerebit uxori suae, et erunt duo in carne una" [*Gn 2,23s; cf. Mt 19,5; Eph 5,31*].

Hoc autem vinculo d u o s t a n t u m m o d o copulari et coniungi, Christus Dominus apertius docuit, cum postrema illa verba, tamquam a Deo prolata, referens dixit: "Itaque iam non sunt duo, sed una caro" [*Mt 19,6*], statimque eiusdem nexus firmitatem, ab Adamo tanto ante pronuntiatam, his verbis confirmavit: "Quod ergo Deus coniunxit, homo non separet" [*Mt 19,6; Mc 10,9*].

Gratiam vero, quae naturalem illum amorem perficeret, et indissolubilem unitatem confirmaret, coniugesque sanctificaret, ipse Christus, venerabilium sacramentorum institutor atque perfector, sua nobis passione promeruit. Quod Paulus Apostolus innuit, dicens: "Viri, diligite uxores vestras, sicut Christus dilexit Ecclesiam, et se ipsum tradidit pro ea" [*Eph 5,25*], mox subiungens: "Sacramentum hoc magnum est; ego autem dico, in Christo et in Ecclesia" [*Eph 5,32*].

Cum igitur matrimonium in lege evangelica veteribus connubiis per Christum gratia praestet: merito i n t e r Novae Legis s a c r a m e n t a a n n u m e r a n d u m sancti Patres nostri, Concilia et universalis Ecclesiae traditio semper docuerunt; adversus quam impii homines huius saeculi insanientes, non solum perperam de hoc venerabili sacramento senserunt, sed de more suo, praetextu Evangelii libertatem carnis introducentes, multa ab Ecclesiae catholicae sensu et ab Apostolorum temporibus probata consuetudine aliena, scripto et verbo asseruerunt, non sine magna Christifidelium iactura.

Quorum temeritati sancta et universalis Synodus cupiens occurrere, insigniores prae-

lichen Geistes verkündet, als er sagte: "Dies ⟨ist⟩ nun Bein von meinen Gebeinen und Fleisch von meinem Fleisch. Deshalb wird der Mann seinen Vater und die Mutter verlassen und wird seiner Frau anhangen, und sie werden zwei in e i n e m Fleische sein" [*Gen 2,23f; vgl. Mt 19,5; Eph 5,31*].

**1798** Daß durch dieses Band aber l e d i g l i c h z w e i verknüpft und verbunden werden, lehrte Christus, der Herr, noch klarer, als er jene letzten Worte als von Gott verkündet wiederholte und sagte: "Deshalb sind s i e nicht mehr zwei, sondern e i n Fleisch" [*Mt 19,6*], und sogleich die von Adam schon so lange zuvor verkündete Festigkeit dieses Bandes mit folgenden Worten bekräftigte: "Was also Gott verbunden hat, soll der Mensch nicht trennen" [*Mt 19,6; Mk 10,9*].

**1799** Die G n a d e aber, die jene natürliche Liebe vervollkommnen, die unauflösliche Einheit festigen und die Gatten heiligen sollte, hat Christus selbst, der Stifter und Vollender der ehrwürdigen Sakramente, durch sein Leiden für uns verdient. Dies deutet der Apostel Paulus an, wenn er sagt: "Männer, liebt eure Frauen, wie Christus die Kirche geliebt und sich selbst für sie hingegeben hat" [*Eph 5,25*], und alsbald anschließt: "Dieses Geheimnis ist groß: ich rede aber im Hinblick auf Christus und im Hinblick auf die Kirche" [*Eph 5,32*].

**1800** Da also die Ehe im Gesetz des Evangeliums durch Christus die alten ehelichen Verbindungen an Gnade übertrifft, haben unsere heiligen Väter, die Konzilien und die gesamte Überlieferung der Kirche zurecht immer gelehrt, daß sie u n t e r d i e S a k r a m e n t e des Neuen Bundes z u z ä h l e n sei; entgegen dieser Überlieferung haben gottlose Menschen dieser Zeit in ihrem Unverstand nicht nur eine falsche Auffassung von diesem ehrwürdigen Sakrament vertreten, sondern, nach ihrer Art unter dem Vorwand des Evangeliums die Freiheit des Fleisches einführend, nicht ohne großen Schaden für die Christgläubigen vieles schriftlich und mündlich behauptet, was der Auffassung der katholischen Kirche und dem seit den Zeiten der Apostel bewährten Brauch fremd ist.

In der Absicht, ihrer Leichtfertigkeit entgegenzutreten, meinte das heilige und allge-

dictorum schismaticorum haereses et errores, ne plures ad se trahat perniciosa eorum contagio, exterminandos duxit, hos in ipsos haereticos eorumque errores decernens anathematismos.

meine Konzil, die wichtigeren Häresien und Irrtümer der vorher genannten Schismatiker, damit ihr verderblicher Einfluß nicht noch mehr ⟨Leute⟩ an sich ziehe, aus dem Wege räumen zu sollen, indem sie diese Anathematismen gegen die Häretiker selbst und ihre Irrtümer beschließt.

## Kanones über das Sakrament der Ehe

**1801**    Can. 1. Si quis dixerit, matrimonium non esse vere et proprie unum ex septem Legis evangelicae sacramentis, a Christo Domino institutum, sed ab hominibus in Ecclesia inventum, neque gratiam conferre: anathema sit [cf. *1800].

Kan. 1. Wer sagt, die Ehe sei nicht wahrhaft und im eigentlichen Sinne eines von den sieben Sakramenten des Gesetzes des Evangeliums, das von Christus, dem Herrn, eingesetzt wurde, sondern es sei von Menschen in der Kirche erfunden worden und verleihe keine Gnade: der sei mit dem Anathema belegt [vgl. *1800].

**1802**    Can. 2. Si quis dixerit, licere Christianis plures simul habere uxores, et hoc nulla lege divina esse prohibitum [cf. Mt 19,9]: anathema sit [cf. *1798].

Kan. 2. Wer sagt, den Christen sei es erlaubt, mehrere Frauen zugleich zu haben, und dies sei durch kein göttliches Gesetz verboten [vgl. Mt 19,9]: der sei mit dem Anathema belegt [vgl. *1798].

**1803**    Can. 3. Si quis dixerit, eos tantum consanguinitatis et affinitatis gradus, qui Levitico [18,6-18] exprimuntur, posse impedire matrimonium contrahendum, et dirimere contractum; nec posse Ecclesiam in nonnullis illorum dispensare, aut constituere, ut plures impediant et dirimant: anathema sit [cf. *2659].

Kan. 3. Wer sagt, nur diejenigen Grade an Verwandtschaft und Schwägerschaft, die im ⟨Buche⟩ Levitikus [18,6-18] ausdrücklich erwähnt werden, könnten die Eheschließung hindern und die geschlossene ⟨Ehe⟩ trennen; auch könne die Kirche nicht bei einigen von ihnen eine besondere Erlaubnis erteilen oder festlegen, daß noch mehr ⟨Grade⟩ hindern und trennen: der sei mit dem Anathema belegt [vgl. *2659].

**1804**    Can. 4. Si quis dixerit, Ecclesiam non potuisse constituere impedimenta matrimonium dirimentia vel in iis constituendis errasse: anathema sit.

Kan. 4. Wer sagt, die Kirche habe keine trennenden Ehehindernisse festlegen können oder habe sich bei ihrer Festlegung geirrt: der sei mit dem Anathema belegt.

**1805**    Can. 5. Si quis dixerit, propter haeresim, aut molestam cohabitationem, aut affectatam absentiam a coniuge dissolvi posse matrimonii vinculum: anathema sit.

Kan. 5. Wer sagt, das Band der Ehe könne wegen Häresie, Schwierigkeiten im Zusammenleben oder vorsätzlicher Abwesenheit vom Gatten aufgelöst werden: der sei mit dem Anathema belegt.

**1806**    Can. 6. Si quis dixerit, matrimonium ratum, non consummatum, per solemnem religionis professionem alterius coniugum non dirimi: anathema sit.

Kan. 6. Wer sagt, eine gültige, nicht vollzogene Ehe werde durch das feierliche Ordensgelübde eines der beiden Gatten nicht getrennt: der sei mit dem Anathema belegt.

**1807**    Can. 7. Si quis dixerit, Ecclesiam errare[1], cum docuit et docet, iuxta evangelicam et

Kan. 7. Wer sagt, die Kirche irre[1], wenn sie lehrte und lehrt, gemäß der Lehre des Evan-

---

*1807 [1]    Diese mildere Form der Verurteilung wurde mit Blick auf die Griechen gewählt, die einer entgegengesetzten Praxis folgten, die Lehre der lateinischen Kirche aber nicht verwarfen. – Auf den Kanon spielt Pius XI. in der Enzyklika "Casti connubii" vom 31. Dez. 1930 an: "Wenn aber

apostolicam doctrinam [*cf. Mt 5,32; 19,9; Mc 10,11s; Lc 16,18; 1 Cor 7,11*], propter adulterium alterius coniugum matrimonii vinculum non posse dissolvi, et utrumque, vel etiam innocentem, qui causam adulterio non dedit, non posse, altero coniuge vivente, aliud matrimonium contrahere, moecharique eum, qui dimissa adultera aliam duxerit, et eam, quae dimisso adultero alii nupserit: anathema sit.

Can. 8. Si quis dixerit, Ecclesiam errare, cum ob multas causas separationem inter coniuges quoad thorum, seu quoad cohabitationem, ad certum incertumve tempus, fieri posse decernit: anathema sit.

Can. 9. Si quis dixerit, clericos in sacris ordinibus constitutos, vel regulares castitatem solemniter professos, posse matrimonium contrahere, contractumque validum esse, non obstante lege Ecclesiastica vel voto, et oppositum nil aliud esse, quam damnare matrimonium; posseque omnes contrahere matrimonium, qui non sentiunt se castitatis (etiamsi eam voverint) habere donum: anathema sit. Cum Deus id recte petentibus non deneget, nec patiatur, nos supra id, quod possumus, tentari [*cf. 1 Cor 10,13*].

Can. 10. Si quis dixerit, statum coniugalem anteponendum esse statui virginitatis vel caelibatus, et non esse melius ac beatius, manere in virginitate aut caelibatu, quam iungi matrimonio [*cf. Mt 19,11s; 1 Cor 7,25s 38 40*]: anathema sit.

Can. 11. Si quis dixerit, prohibitionem solemnitatis nuptiarum certis anni temporibus

geliums und des Apostels [*vgl. Mt 5,32; 19,9; Mk 10,11f; Lk 16,18; 1 Kor 7,11*] könne das Band der Ehe wegen Ehebruchs eines der beiden Gatten nicht aufgelöst werden, und keiner von beiden, nicht einmal der Unschuldige, der keinen Anlaß zum Ehebruch gegeben hat, könne, solange der andere Gatte lebt, eine andere Ehe schließen, und derjenige, der eine Ehebrecherin entläßt und eine andere heiratet, und diejenige, die einen Ehebrecher entläßt und einen anderen heiratet, begingen Ehebruch: der sei mit dem Anathema belegt.

Kan. 8. Wer sagt, die Kirche irre, wenn sie **1808** erklärt, eine Trennung zwischen den Gatten in bezug auf Bett bzw. in bezug auf Zusammenwohnen, auf bestimmte oder unbestimmte Zeit, sei aus vielen Gründen möglich: der sei mit dem Anathema belegt.

Kan. 9. Wer sagt, Kleriker, die in den heiligen **1809** Weihen stehen, oder Ordensleute, die feierlich Keuschheit gelobt haben, könnten eine Ehe schließen, und der Vertrag sei gültig, trotz Kirchengesetz oder Gelübde, und der entgegengesetzte Standpunkt sei nichts anderes, als die Ehe zu verurteilen; und alle könnten eine Ehe schließen, die nicht fühlen, daß sie die Gabe der Keuschheit (auch wenn sie diese gelobt haben) besitzen: der sei mit dem Anathema belegt. Denn Gott verweigert ⟨sie⟩ denen nicht, die recht darum bitten, und duldet nicht, daß wir über das hinaus versucht werden, was wir können [*vgl. 1 Kor 10,13*].

Kan. 10. Wer sagt, der Ehestand sei dem **1810** Stand der Jungfräulichkeit oder des Zölibates vorzuziehen, und es sei nicht besser und seliger, in der Jungfräulichkeit und dem Zölibat zu bleiben, als sich in der Ehe zu verbinden [*vgl. Mt 19,11f; 1 Kor 7,25f 38 40*]: der sei mit dem Anathema belegt.

Kan. 11. Wer sagt, das Verbot einer feierlichen **1811** Hochzeit zu bestimmten Zeiten des

---

die Kirche nicht irrte noch irrt, wenn sie dies lehrte und lehrt, und es deshalb ganz sicher ist, daß die Ehe nicht einmal wegen Ehebruchs aufgelöst werden kann, so ist es offensichtlich, daß die übrigen um so viel schwächerern Scheidungsgründe, die man anzuführen pflegt, noch viel weniger gelten und für vollkommen nichtig zu erachten sind" ("Quod si non erravit neque errat Ecclesia, cum haec docuit ac docet, ideoque certum omnino est, matrimonium ne ob adulterium quidem dissolvi posse, in comperto est, reliquas tanto debiliores, quae afferri solent, divortiorum causas multo minus valere nihilique prorsus esse faciendas"; AAS 1930 (AAS 22 [1930] 574).

superstitionem esse tyrannicam, ab ethnicorum superstitione profectam; aut benedictiones et alias ceremonias, quibus Ecclesia in illis utitur, damnaverit: anathema sit.

Jahres sei tyrannischer Aberglaube, der vom Aberglauben der Heiden herrühre; oder die Segnungen und anderen Zeremonien, die die Kirche dabei gebraucht, verurteilt: der sei mit dem Anathema belegt.

**1812**    Can. 12. Si quis dixerit, causas matrimoniales non spectare ad iudices ecclesiasticos: anathema sit [cf. *2598 2659].

Kan. 12. Wer sagt, Eheangelegenheiten gehörten nicht vor kirchliche Richter: der sei mit dem Anathema belegt [vgl. *2598 2659].

### b) Kanones über eine Reform der Ehe: Dekret "Tametsi"

**1813**    Cap. 1. [*Motivum et tenor legis*] Tametsi dubitandum non est, clandestina matrimonia, libero contrahentium consensu facta, rata et vera esse matrimonia, quamdiu Ecclesia ea irrita non fecit, et proinde iure damnandi sint illi, ut eos sancta Synodus anathemate damnat, qui ea vera ac rata esse negant, quique falso affirmant, matrimonia a filiis familias sine consensu parentum contracta irrita esse, et parentes ea rata vel irrita facere posse[1]: nihilominus sancta Dei Ecclesia ex iustissimis causis illa semper detestata est atque prohibuit.

Kap. 1. [*Beweggrund und Inhalt des Gesetzes*] Auch wenn nicht daran zu zweifeln ist, daß heimliche Ehen, die in freiem Einverständnis der Partner geschlossen wurden, gültige und wahre Ehen sind, solange die Kirche sie nicht ungültig gemacht hat, und daher zurecht jene zu verurteilen sind, wie sie das heilige Konzil mit dem Anathema verurteilt, die leugnen, daß sie wahr und gültig sind, und die fälschlicherweise behaupten, Ehen, die von den Kindern ohne die Zustimmung der Familien geschlossen wurden, seien ungültig, und die Eltern könnten sie gültig oder ungültig machen[1]: so hat die heilige Kirche Gottes sie nichtsdestoweniger aus äußerst triftigen Gründen immer verabscheut und verboten.

**1814**    Verum, cum sancta Synodus animadvertat, prohibitiones illas propter hominum inoboedientiam iam non prodesse, et gravia peccata perpendat, quae ex eisdem clandestinis coniugiis ortum habent, praesertim vero eorum, qui in statu damnationis permanent, dum priore uxore, cum qua clam contraxerant, relicta, cum alia palam contrahunt, et cum ea in perpetuo adulterio vivunt; cui malo cum ab Ecclesia, quae de occultis non iudicat, succurri non possit, nisi efficacius aliquod remedium adhibeatur, idcirco sacri Lateranensis Concilii [*IV*] sub Innocentio III celebrati [cf. *817] vestigiis inhaerendo praecipit, ut in posterum, antequam matrimonium contrahatur, ter a proprio contrahentium parocho tribus continuis diebus festivis in ecclesia inter Missarum solemnia publice denuntietur, inter quos matrimonium sit contrahendum; quibus denuntiationibus factis, si nullum legitimum opponatur impedimentum, ad celebrationem matrimonii in facie

Da aber das heilige Konzil feststellt, daß jene Verbote wegen des Ungehorsams der Menschen nichts mehr nützen, und die schweren Sünden erwägt, die in ebendiesen heimlichen Ehen ihren Ursprung haben, vor allem aber ⟨die Sünden⟩ derer, die im Zustand der Verurteilung bleiben, wenn sie, nachdem sie ihre frühere Frau, mit der sie heimlich ⟨die Ehe⟩ geschlossen hatten, verlassen haben, mit einer anderen öffentlich ⟨die Ehe⟩ schließen und mit dieser in fortwährendem Ehebruch leben; da diesem Übel von der Kirche, die über Verborgenes nicht urteilt, ohne Anwendung eines wirksameren Heilmittels nicht Abhilfe geschaffen werden kann, tritt es in die Fußstapfen des unter Innozenz III. gefeierten [4.] heiligen Konzils im Lateran [vgl. *817] und gebietet, daß künftig, bevor die Ehe geschlossen wird, dreimal vom eigenen Pfarrer der ⟨Ehe⟩schließenden an drei aufeinanderfolgenden Festtagen in der Kirche während der Meßfeier öffentlich ver-

---

**\*1813** [1]   So z. B. M. Luther, *De abroganda missa privata* III (Weimarer Ausg. 8,466₉₋₁₃).

Ecclesiae procedatur, ubi parochus, viro et muliere interrogatis, et eorum mutuo consensu intellecto, vel dicat: "Ego vos in matrimonium coniungo, in nomine Patris et Filii et Spiritus Sancti", vel aliis utatur verbis, iuxta receptum uniuscuiusque provinciae ritum.

[Restrictio legis] Quod si aliquando probabilis fuerit suspicio, matrimonium malitiose impediri posse, si tot praecesserint denuntiationes: tunc vel una tantum denuntiatio fiat, vel saltem parocho et duobus vel tribus testibus praesentibus matrimonium celebretur; deinde ante illius consummationem denuntiationes in ecclesia fiant, ut, si aliqua subsunt impedimenta, facilius detegantur, nisi Ordinarius ipse expedire iudicaverit, ut praedictae denuntiationes remittantur, quod illius prudentiae et iudicio sancta Synodus relinquit.

[Sanctio] Qui aliter quam praesente parocho, vel alio sacerdote de ipsius parochi seu Ordinarii licentia, et duobus vel tribus testibus matrimonium contrahere attentabunt: eos sancta Synodus ad sic contrahendum omnino inhabiles reddit, et huiusmodi contractus irritos et nullos esse decernit, prout eos praesenti decreto irritos facit et annullat.

kündet werde, von wem die Ehe geschlossen werden soll; sind diese Verkündigungen erfolgt, schreite man, wenn sich kein rechtmäßiges Hindernis entgegenstellt, im Angesicht der Kirche zur Feier der Ehe, wo der Pfarrer, nachdem er Mann und Frau gefragt und sich ihres gegenseitigen Einverständnisses vergewissert hat, entweder sage: "Ich verbinde euch zur Ehe, im Namen des Vaters und des Sohnes und des Heiligen Geistes", oder andere Worte gebrauche, entsprechend dem üblichen Ritus einer jeden Provinz.

[Einschränkung des Gesetzes] Sollte **1815** aber einmal begründeter Verdacht bestehen, eine Ehe könne in böser Absicht verhindert werden, wenn so viele Verkündigungen vorausgegangen sind: dann soll entweder nur e i n e Verkündigung erfolgen oder die Ehe wenigstens in Gegenwart des Priesters und zweier oder dreier Zeugen gefeiert werden; danach sollen vor ihrem Vollzug die Verkündigungen in der Kirche erfolgen, damit, wenn irgendwelche Hindernisse vorliegen, sie leichter aufgedeckt werden, es sei denn, der Ordinarius selbst erachtet es für zweckmäßig, daß die eben genannten Verkündigungen erlassen werden, was das heilige Konzil seiner Klugheit und seinem Urteil überläßt.

[Sanktion] Diejenigen, die versuchen **1816** werden, eine Ehe anders zu schließen als in Gegenwart des Pfarrers oder – mit Erlaubnis des Pfarrers bzw. des Ordinarius – eines anderen Priesters und zweier oder dreier Zeugen: die erklärt das heilige Konzil für völlig ⟨rechts⟩unfähig, auf diese Weise ⟨eine Ehe⟩ zu schließen, und es erklärt, daß solche ⟨Ehe⟩schlüsse ungültig und nichtig sind, wie es sie im vorliegenden Dekret ungültig macht und für nichtig erklärt.

**1820-1835: 25. Sitzung, 3. und 4. Dez. 1563**

**a) Dekret über den Reinigungsort, 3. Dez. 1563**

Das Problem des Reinigungsortes wurde – zusammen mit den Ablässen – zum erstenmal vom 19. Juni bis 25. Juli 1547 in Bologna behandelt (SGTr 6,223-299). Ende Nov. 1563 nahmen es die Konzilsväter wieder auf und formulierten in höchster Eile das Dekret, um das Konzil möglichst bald zu beenden (SGTr 9,1069-1076 / TheiTr 2,499-501).
    *Ausg.:* SGTr 9,1077 / RiTr 391 / MaC 33,170D-171A / HaC 10,167CD / COeD³ 774.

**1820**  Cum catholica Ecclesia, Spiritu Sancto edocta, ex sacris Litteris et antiqua Patrum traditione in sacris Conciliis et novissime in hac oecumenica Synodo docuerit, purgatorium esse [cf. *1580], animasque ibi detentas fidelium suffragiis, potissimum vero acceptabili altaris sacrificio iuvari [cf. *1743 1753]: praecipit sancta Synodus episcopis, ut sanam de purgatorio doctrinam, a sanctis Patribus et sacris Conciliis traditam, a Christifidelibus credi, teneri, doceri et ubique praedicari diligenter studeant.

Apud rudem vero plebem difficiliores ac subtiliores quaestiones, quaeque ad aedificationem non faciunt, et ex quibus plerumque nulla fit pietatis accessio, a popularibus concionibus secludantur. Incerta item, vel quae specie falsi laborant, evulgari ac tractari non permittant. Ea vero, quae ad curiositatem quandam aut superstitionem spectant, vel turpe lucrum sapiunt, tamquam scandala et fidelium offendicula prohibeant. ...

Da die katholische Kirche, vom Heiligen Geist belehrt, aufgrund der heiligen Schriften und der alten Überlieferung der Väter auf den heiligen Konzilien und zuletzt auf diesem ökumenischen Konzil gelehrt hat, es gebe einen Reinigungsort [vgl. *1580], und den dort festgehaltenen Seelen werde durch die Fürbitten der Gläubigen, vor allem aber durch das wohlgefällige Opfer des Altares geholfen [vgl. *1743 1753]: so gebietet das heilige Konzil den Bischöfen, sorgsam darum bemüht zu sein, daß die von den heiligen Vätern und den heiligen Konzilien überlieferte gesunde Lehre vom Reinigungsort von den Christgläubigen geglaubt, festgehalten, gelehrt und überall verkündet werde.

Von den volkstümlichen Predigten vor dem ungebildeten Volk aber sollen die eher schwierigen und spitzfindigen Fragen, die zur Erbauung nichts beitragen und aus denen meist kein Zuwachs an Frömmigkeit entsteht, ausgeschlossen werden. Desgleichen sollen sie nicht zulassen, daß Unsicheres bzw. was am Schein der Falschheit krankt, unters Volk gebracht und behandelt wird. Das aber, was zu einer gewissen Neugierde oder zum Aberglauben gehört oder nach schändlichem Gewinn schmeckt, sollen sie als Ärgernis und Anstoß für die Gläubigen verbieten. ...

**b) Dekret über die Anrufung, die Verehrung und die Reliquien der Heiligen und über die heiligen Bilder, 3. Dez. 1563**

*Ausg.:* SGTr 9,1077-1079 / RiTr 392f / MaC 33,171A-172C / COeD³ 774-776.

**1821**  Mandat sancta Synodus omnibus episcopis et ceteris docendi munus curamque sustinentibus, ut iuxta catholicae et apostolicae Ecclesiae usum, a primaevis christianae religionis temporibus receptum, sanctorumque Patrum consensionem et sacrorum conciliorum decreta: imprimis de Sanctorum intercessione, invocatione, reliquiarum honore, et legitimo imaginum usu fideles diligenter instruant, docentes eos, Sanctos, una cum Christo regnantes, orationes suas pro hominibus Deo offerre; bonum atque utile esse, suppliciter eos invocare et ob beneficia impetranda a Deo per Filium eius Iesum Christum Dominum nostrum, qui solus noster Redemptor et Salvator est, ad eorum orationes, opem auxiliumque confugere; illos vero, qui negant, Sanctos, aeterna felicitate

Das heilige Konzil trägt allen Bischöfen und allen anderen, die das Amt und die Aufgabe zu lehren haben, auf, sie sollen – entsprechend dem Brauch der katholischen und apostolischen Kirche, der von den ersten Zeiten der christlichen Religion überliefert ist, der übereinstimmenden Auffassung der heiligen Väter und den Beschlüssen der heiligen Konzilien – die Gläubigen vor allem über die Fürsprache und Anrufung der Heiligen, die Verehrung der Reliquien und den rechtmäßigen Gebrauch der Bilder sorgsam unterrichten und sie lehren: Die Heiligen, die zusammen mit Christus herrschen, bringen ihre Gebete für die Menschen Gott dar; es ist gut und nützlich, sie flehentlich anzurufen und zu ihren Gebeten, ihrem Beistand und ihrer Hilfe Zuflucht zu nehmen,

in caelo fruentes, invocandos esse; aut qui asserunt, vel illos pro hominibus non orare, vel eorum, ut pro nobis etiam singulis orent, invocationem esse idololatriam, vel pugnare cum verbo Dei, adversarique honori unius mediatoris Dei et hominum Iesu Christi [*cf. 1 Tim 2,5*]; vel stultum esse, in caelo regnantibus voce vel mente supplicare: impie sentire.

Sanctorum quoque martyrum et aliorum cum Christo viventium sancta corpora, quae viva membra fuerunt Christi et templum Spiritus Sancti [*cf. 1 Cor 3,16; 6,15 19; 2 Cor 6,16*], ab ipso ad aeternam vitam suscitanda et glorificanda, a fidelibus veneranda esse, per quae multa beneficia a Deo hominibus praestantur: ita ut affirmantes, Sanctorum reliquiis venerationem atque honorem non deberi, vel eas aliaque sacra monumenta a fidelibus inutiliter honorari, atque eorum opis impetrandae causa Sanctorum memorias frustra frequentari: omnino damnandos esse, prout iampridem eos damnavit et nunc etiam damnat Ecclesia.

Imagines porro Christi, Deiparae Virginis et aliorum Sanctorum, in templis praesertim habendas et retinendas, eisque debitum honorem et venerationem impertiendam, non quod credatur inesse aliqua in iis divinitas vel virtus, propter quam sint colendae, vel quod ab eis sit aliquid petendum, vel quod fiducia in imaginibus sit figenda, veluti olim fiebat a gentibus, quae in idolis spem suam collocabant [*cf. Ps 134,15-17*]: sed quoniam honos, qui eis exhibetur, refertur ad prototypa, quae illae repraesentant: ita ut per imagines, quas osculamur et coram quibus caput aperimus et procumbimus, Christum adoremus, et Sanctos, quorum illae similitudinem gerunt, veneremur. Id quod Conciliorum, praesertim vero secundae Nicaenae Synodi, decretis contra imaginum oppugnatores

um von Gott durch seinen Sohn Jesus Christus, unseren Herrn, der allein unser Erlöser und Erretter ist, Wohltaten zu erwirken; jene aber, die leugnen, daß die Heiligen, die sich der ewigen Glückseligkeit im Himmel erfreuen, anzurufen sind; oder die behaupten, sie würden für die Menschen nicht beten, oder ihre Anrufung, damit sie für uns auch einzeln beten, sei Götzendienst, oder sie stehe im Widerspruch mit dem Wort Gottes und widerstreite der Ehre des einen Mittlers zwischen Gott und den Menschen, Jesu Christi [*vgl. 1 Tim 2,5*]; oder es sei töricht, die im Himmel Herrschenden mit Herz und Mund anzuflehen: die denken gottlos.

Auch die heiligen Leiber der heiligen **1822** Martyrer und anderer, die mit Christus leben, die lebendige Glieder Christi und ein Tempel des Heiligen Geistes [*vgl. 1 Kor 3,16; 6,15 19; 2 Kor 6,16*] waren und von ihm ⟨einmal⟩ zum ewigen Leben auferweckt und verherrlicht werden, sind von den Gläubigen zu verehren, wodurch den Menschen von Gott viele Wohltaten erwiesen werden; deshalb sind die, die behaupten, man schulde den Reliquien der Heiligen keine Verehrung und Ehrbezeugung, oder sie und andere heilige Denkmale würden von den Gläubigen nutzlos verehrt, und das Gedenken der Heiligen zur Erwirkung ihrer Hilfe würde vergebens begangen, ganz und gar zu verurteilen, wie sie die Kirche schon früher verurteilt hat und auch jetzt verurteilt.

Ferner soll man die Bilder Christi, der **1823** jungfräulichen Gottesgebärerin und anderer Heiliger vor allem in den Kirchen haben und behalten und ihnen die schuldige Ehre und Verehrung erweisen, nicht weil man glaubte, in ihnen sei irgendeine Gottheit oder Kraft, deretwegen sie zu verehren seien, oder weil man von ihnen irgendetwas erbitten könnte, oder weil man Vertrauen in Bilder setzen könnte, wie es einst von Heiden getan wurde, die ihre Hoffnung auf Götzenbilder setzten [*vgl. Ps 135,15-17*]: sondern weil die Ehre, die ihnen erwiesen wird, sich auf die Urbilder bezieht, die jene darstellen, so daß wir durch die Bilder, die wir küssen und vor denen wir das Haupt entblößen und niederfallen, Christus anbeten und die Heiligen, deren Bildnis sie tragen, verehren. Dies wurde von den Be-

est sancitum [cf. *600-603].

**1824**   Illud vero diligenter doceant episcopi, per historias mysteriorum nostrae redemptionis, picturis vel aliis similitudinibus expressas, erudiri et confirmari populum in articulis fidei commemorandis et assidue recolendis; tum vero ex omnibus sacris imaginibus magnum fructum percipi, non solum quia admonetur populus beneficiorum et munerum, quae a Christo sibi collata sunt, sed etiam, quia Dei per Sanctos miracula et salutaria exempla oculis fidelium subiciuntur, ut pro iis Deo gratias agant, ad Sanctorumque imitationem vitam moresque suos component, excitenturque ad adorandum ac diligendum Deum, et ad pietatem colendam. Si quis autem his decretis contraria docuerit aut senserit: anathema sit.

**1825**   In has autem sanctas et salutares observationes si qui a b u s u s irrepserint: eos prorsus aboleri sancta Synodus vehementer cupit, ita ut nullae falsi dogmatis imagines et rudibus periculosi erroris occasionem praebentes statuantur.

Quod si aliquando historias et narrationes sacrae Scripturae, cum id indoctae plebi expediet, exprimi et figurari contigerit: doceatur populus, non propterea divinitatem figurari, quasi corporeis oculis conspici, vel coloribus aut figuris exprimi possit. Omnis porro superstitio in Sanctorum invocatione, reliquiarum veneratione et imaginum sacro usu tollatur, omnis turpis quaestus eliminetur, omnis denique lascivia vitetur ... .

Haec ut fidelius observentur, statuit sancta Synodus, nemini licere, ullo in loco ... ullam insolitam ponere vel ponendam curare

schlüssen der Konzilien, vor allem aber des zweiten Konzils von Nikaia, gegen die Bilderstürmer bei Strafandrohung festgelegt [vgl. *600-603].

Folgendes aber sollen die Bischöfe sorgsam lehren: Durch die in Gemälden oder anderen Abbildungen ausgedrückten Geschichten der Geheimnisse unserer Erlösung wird das Volk darin erzogen und bestärkt, sich der Glaubensartikel zu erinnern und sie unermüdlich zu verehren; dann aber wird aus allen heiligen Bildern ein großer Nutzen gezogen, nicht nur, weil das Volk an die Wohltaten und Geschenke erinnert wird, die ihm von Christus erwiesen wurden, sondern auch, weil den Gläubigen durch die Heiligen Gottes Wunder und heilsame Beispiele vor Augen geführt werden, so daß sie Gott für diese Dank sagen, ihr Leben und ihre Sitten auf die Nachahmung der Heiligen ausrichten und dazu angespornt werden, Gott anzubeten und zu lieben und die Frömmigkeit zu pflegen. Wer aber diesen Beschlüssen Entgegengesetztes lehrt oder denkt, der sei mit dem Anathema belegt.

Sollten sich aber in diese heiligen und heilsamen Beobachtungen irgendwelche Mißbräuche eingeschlichen haben, so wünscht das heilige Konzil nachdrücklich, daß diese völlig abgeschafft werden, so daß keine Bilder einer falschen Lehre oder solche, die den Ungebildeten Gelegenheit zu einem gefährlichen Irrtum geben, aufgestellt werden.

Sollte es aber einmal geschehen, daß die Geschichten und Erzählungen der heiligen Schrift, wenn dies dem ungelehrten Volke nützt, dargestellt und abgebildet werden, so soll das Volk belehrt werden, daß die Gottheit nicht deswegen abgebildet werde, weil sie mit den Augen des Leibes erblickt oder durch Farben oder Figuren dargestellt werden könnte. Ferner soll jeder Aberglaube bei der Anrufung der Heiligen, der Verehrung der Reliquien und dem heiligen Gebrauch der Bilder beseitigt, jeder schändliche Gelderwerb ausgeschaltet und schließlich jede Mutwilligkeit gemieden werden ... .

Damit dies treuer beachtet wird, legt das heilige Konzil fest, daß es niemandem erlaubt sei, an irgendeinem Platz ... irgendein

imaginem, nisi ab episcopo approbata fuerit. Nulla etiam admittenda esse nova miracula, nec novas reliquias recipiendas nisi eodem recognoscente et approbante episcopo.

ungewohntes Bild aufzustellen oder aufstellen zu lassen, ohne daß es vom Bischof gebilligt wurde. Auch dürfen keine neuen Wunder zugelassen oder neue Reliquien aufgenommen werden, ohne daß ebendieser Bischof davon weiß und seine Zustimmung gibt.

## c) Dekret über eine allgemeine Reform, 3. Dez. 1563

*Ausg.:* SGTr 9,1093 / RiTr 467 / MaC 33,192B-D / HaC 10,188E-189A / COeD[3] 795.

### Duell

Cap. 19. Detestabilis duellorum usus, fabricante diabolo introductus, ut cruenta corporum morte animarum etiam perniciem lucretur, ex christiano orbe penitus exterminetur. Imperator, reges ... et quocumque alio nomine domini temporales, qui locum ad monomachiam in terris suis inter Christianos concesserint, eo ipso sint excommunicati ... .

Kap. 19. Der abscheuliche Brauch der **1830** Duelle, eingeführt auf Betreiben des Teufels, damit er durch den blutigen Tod der Leiber auch das Verderben der Seelen gewinne, soll aus dem christlichen Erdkreis mit Stumpf und Stiel ausgerottet werden. Der Kaiser, die Könige ... und die zeitlichen Herren – welchen anderen Namen sie auch immer tragen mögen –, die in ihrem Gebiet einen Platz zum Einzelkampf unter Christen einräumen, sollen eben dadurch exkommuniziert sein ... .

Qui vero pugnam commiserint, et qui eorum patrini vocantur, excommunicationis ... ac perpetuae infamiae poenam incurrant et ut homicidae iuxta sacros canones puniri debeant, et, si in ipso conflictu decesserint, perpetuo careant ecclesiastica sepultura[1].

Diejenigen aber, die den Kampf unternommen haben, und diejenigen, die ihre Sekundanten genannt werden, sollen der Strafe der Exkommunikation ... und ewigen Ehrlosigkeit verfallen und müssen als Mörder nach den heiligen Kanones bestraft werden; und wenn sie in diesem Kampf gestorben sind, so sollen sie auf immer ohne kirchliches Begräbnis bleiben[1].

## d) Dekret über die Ablässe, 4. Dez. 1563

Vgl. *1820° – *Ausg.:* SGTr 9,1105 / RiTr 468 / MaC 33,193E-194A / HaC 10,190C-D / COeD[3] 796f.

Cum potestas conferendi indulgentias a Christo Ecclesiae concessa sit, atque huiusmodi potestate divinitus sibi tradita [*cf. Mt 16,19; 18,18*] antiquissimis etiam temporibus illa usa fuerit: sacrosancta Synodus indulgentiarum usum, christiano populo maxime salutarem et sacrorum conciliorum auctoritate probatum, in Ecclesia retinendum esse docet et praecipit, eosque anathemate damnat, qui aut inutiles esse asserunt, vel eas concedendi in Ecclesia potestatem esse negant.

Da der Kirche von Christus die Vollmacht **1835** zugestanden wurde, Ablässe zu gewähren, und jene diese ihr von Gott übertragene Vollmacht [*vgl. Mt 16,19; 18,18*] auch in ältesten Zeiten gebrauchte, so lehrt und gebietet das hochheilige Konzil, daß der Gebrauch von Ablässen, der für das christliche Volk äußerst heilsam und durch die Autorität der heiligen Konzilien gebilligt ist, in der Kirche beibehalten werden soll; und es verurteilt die mit dem Anathema, die entweder behaupten, sie seien unnütz, oder sagen, es stehe nicht in der Macht der Kirche, sie zu gewähren.

In his tamen concedendis moderationem ... adhiberi cupit, ne nimia facilitate ecclesi-

Sie wünscht jedoch, daß man sich beim Gewähren von diesen ⟨Ablässen⟩ der Mäßi-

---

**\*1830** [1]   Vgl. Gregor IX., *Decretales* l. 5, tit. 13, c. 1–2 (Frdb 2,804).

astica disciplina enervetur. Abusus vero, qui in his irrepserunt et quorum occasione hoc indulgentiarum nomen ab haereticis blasphematur, emendatos et correctos cupiens: praesenti decreto generaliter statuit, pravos quaestus omnes pro his consequendis ... omnino abolendos esse.

gung ... befleißige, damit nicht durch allzu große Willfährigkeit die kirchliche Ordnung geschwächt werde. Da sie aber die Mißbräuche, die sich darin eingeschlichen haben und anläßlich derer der Ruf der Ablässe von Häretikern geschmäht wird, verbessert und korrigiert wünscht, setzt sie durch das vorliegende Dekret allgemein fest, daß alle unrechten Gewinne für ihre Erlangung ... vollständig abzuschaffen sind.

**1847-1850: Bestätigungsbulle des Konzils von Trient "Benedictus Deus", 26. Jan. 1564 (1563 nach Zeitrechnung der Kurie)**

Außer diesem definitiven Text der Bestätigungsbulle liegen auch noch andere Fassungen vor: vgl. SGTr 9,1156-1159.

*Ausg.:* SGTr 9,1152-1154 / TheiTr 2,515a-516a / BullTau 7,244b-246a / BullCocq 4/II, 168a-169a / RiTr 481f / MaC 33,216B-217E / HaC 10,195A-196D.

### Die Abhängigkeit eines ökumenischen Konzils vom Papst

**1847**    Tandem consecuti sumus, quod nec diurnis nec nocturnis curis elaborare destitimus quodque "a Patre luminum" [*Iac 1,17*] assidue precati sumus. Cum enim eam in urbem undique ex christiani nominis nationibus convenisset – Nostris convocata litteris et sua etiam ipsorum pietate excitata – episcoporum et aliorum insignium praelatorum maxima et oecumenico concilio digna frequentia, ... Nobis adeo concilii libertati faventibus, ut etiam de rebus Sedi Apostolicae proprie reservatis liberum ipsi Concilio arbitrium per litteras ad legatos Nostros scriptas[1] ultro permiserimus, quae de sacramentis et aliis rebus, quae quidem necessariae visae sint, tractanda, diffinienda et statuenda restabant ad confutandas haereses, ad tollendos abusus et emendandos mores, a sacrosancta Synodo summa libertate diligentiaque tractata et accurate ac mature admodum definita, explicata, statuta sunt. ...

Endlich haben Wir erreicht, was durch Unsere Bemühungen sowohl bei Tage als auch bei Nacht auszuarbeiten Wir nicht abgelassen haben und was "wir vom Vater der Lichter" [*Jak 1,17*] beharrlich erflehten. Nachdem nämlich – durch Unser Schreiben zusammengerufen und auch durch ihre eigene Frömmigkeit angetrieben – eine überaus große und eines ökumenischen Konzils würdige Anzahl von Bischöfen und anderen bedeutenden Prälaten von überall her aus den Nationen christlichen Namens in diese Stadt zusammengekommen war, ... zeigten Wir Uns der Freiheit des Konzils so sehr gewogen, daß Wir durch Briefe an Unsere Legaten[1] dem Konzil selbst die freie Entscheidung auch über Dinge, die eigentlich dem Apostolischen Stuhl vorbehalten sind, aus freien Stücken zugestanden; und so wurde, was in bezug auf die Sakramente und andere Dinge, die notwendig erschienen, noch zu behandeln, zu bestimmen und festzulegen blieb, um Häresien zunichte zu machen, Mißbräuche zu beseitigen und die Sitte zu verbessern, vom hochheiligen Konzil in höchster Freiheit und Gewissenhaftigkeit behandelt und sorgfältig und durchaus treffend bestimmt, erläutert und festgelegt. ...

**1848**    Cum autem ipsa sancta Synodus, pro sua erga Sedem Apostolicam reverentia, antiquorum etiam conciliorum vestigiis inhaerens,

Da aber das heilige Konzil selbst infolge seiner Ehrfurcht gegenüber dem Apostolischen Stuhl sowie den Spuren der alten Kon-

---

*1847 [1]    Pius IV., Briefe an die Legaten, 16. Juni 1563 und 14. Aug. 1563.

decretorum suorum omnium, quae Nostro et praedecessorum Nostrorum tempore facta sunt, confirmationem a Nobis petierit, decreto de ea re in publica sessione facto[1], Nos

... postulatione ipsius Synodi cognita, habita super hac re cum venerabilibus Fratribus Nostris sanctae Romanae ecclesiae cardinalibus deliberatione matura, Sanctique Spiritus in primis auxilio invocato,

cum ea decreta omnia catholica et populo christiano utilia ac salutaria esse cognovissemus,

ad Dei omnipotentis laudem, de eorumdem Fratrum Nostrorum consilio et assensu, in consistorio Nostro secreto illa omnia et singula auctoritate Apostolica hodie confirmavimus et ab omnibus Christifidelibus suscipienda ac servanda esse decrevimus ...

Ad vitandum praeterea perversionem et confusionem, quae oriri posset, si unicuique liceret, prout ei liberet, in decreta Concilii commentarios et interpretationes suas edere, Apostolica auctoritate inhibemus omnibus ..., ne quis sine auctoritate Nostra audeat ullos commentarios, glossas, annotationes, scholia ullumve omnino interpretationis genus super ipsius Concilii decretis quocumque modo edere aut quidquam quocumque nomine, etiam sub praetextu maioris decretorum corroborationis aut exsecutionis aliove quaesito colore statuere.

Si cui vero in eis aliquid obscurius dictum et statutum fuisse eamque ob causam interpretatione aut decisione aliqua egere visum fuerit: ascendat ad locum, quem Dominus elegit, ad Sedem videlicet Apostolicam, omnium fidelium magistram, cuius auctoritatem etiam ipsa sancta Synodus tam reverenter agnovit[1]. Nos enim difficultates et controversias, si quae ex eis decretis ortae fuerint, no-

zilien folgend durch ein in öffentlicher Sitzung über diese Sache erlassenes Dekret[1] von Uns die Bestätigung aller seiner Dekrete erbat, die zu Unserer und zur Zeit Unserer Vorgänger erlassen wurden, so haben Wir,

nachdem Wir ... vom Ersuchen des Konzils Kenntnis erhalten, darüber mit Unseren ehrwürdigen Brüdern, den Kardinälen der heiligen Römischen Kirche, reifliche Überlegung angestellt und vor allem die Hilfe des Heiligen Geistes angerufen hatten,

und nachdem Wir erkannt hatten, daß alle diese Dekrete katholisch und für das christliche Volk nützlich und heilsam sind,

diese zum Lob des allmächtigen Gottes auf Anraten und Zustimmung ebendieser Unserer Brüder hin in Unserem geheimen Konsistorium allesamt und einzeln kraft Apostolischer Autorität heute bestätigt und beschlossen, daß sie von allen Christgläubigen anzunehmen und zu beachten sind ...

Um ferner Verdrehung und Verwirrung zu **1849** vermeiden, die entstehen könnte, wenn es einem jeden erlaubt wäre, wie es ihm beliebt, seine eigenen Kommentare und Auslegungen zu den Dekreten des Konzils herauszugeben, gebieten Wir kraft Apostolischer Autorität allen ...: Keiner soll ohne Unsere Ermächtigung wagen, irgendwelche Kommentare, Erklärungen, Anmerkungen, Erläuterungen oder überhaupt irgendeine Art von Auslegung über die Dekrete dieses Konzils in welcher Weise auch immer herauszugeben oder irgend etwas in welchem Namen auch immer – auch unter dem Vorwand einer größeren Bekräftigung oder Ausführung der Dekrete oder ⟨unter⟩ einem anderen erhabenen Anstrich – festzulegen.

Wenn es aber jemandem scheint, daß in **1850** ihnen etwas zu unklar gesagt und festgelegt worden ist und es deswegen einer Auslegung oder Entscheidung bedarf, so soll er zu dem Ort emporsteigen, den der Herr erwählt hat, nämlich zum Apostolischen Stuhl, dem Lehrer aller Gläubigen, dessen Autorität auch das heilige Konzil selbst so ehrfürchtig anerkannt hat[1]. Wir behalten Uns nämlich die

---

*1848 [1]   25. Sitzung, 4. Dez. 1563 (SGTr 9,1108f).
*1850 [1]   7. Sitzung, Reformdekret, Vorwort; 25. Sitzung, Reformdekret, Kap. 21 (SGTr 5,997$_{15}$; 9,1094$_{30}$).

bis declarandas et decidendas, quemadmodum ipsa quoque sancta Synodus decrevit, re-
servamus ...

Klärung und Entscheidung etwaiger Schwierigkeiten und Streitigkeiten, die sich aufgrund dieser Dekrete ergeben sollten, vor,
wie es auch das heilige Konzil selbst beschlossen hat ...

### 1851–1861: "Tridentinische Regeln" für das Verbot von Büchern, bestätigt in der Konstitution "Dominici gregis custodiae" vom 24. März 1564

Die Regeln wurden von 22 Trienter Synodalen ausgearbeitet, die beauftragt worden waren, einen neuen
Index verbotener Bücher zu verfassen. Pius IV. hatte in dem Breve "*Cum magnus iam*" vom 14. Jan. 1562
(SGTr 8,306ff) die Erstellung eines solchen Verzeichnisses angeordnet. Nach einer Diskussion in der Ge-
neralversammlung am 30. Jan. 1562 begnügten sich die Väter damit, den Index Pauls IV. auf den neuesten
Stand zu bringen (Dekrete vom 17. und 26. Febr. 1562). Die mit der Indexrevision betrauten Bischöfe hatten
ihr Werk bei Beendigung des Konzils noch nicht abgeschlossen. Daher erscheinen weder der tridentinische
Index noch die folgenden Regeln in den Konzilsakten. Sie wurden erst durch die Bulle "*Dominici gregis
custodiae*" (BullTau 7,281f) veröffentlicht.
    *Ausg.*: RiTr 609–612 / MaC 33,228E–231A / HaC 10,207D–210E / sehr viele Ausgaben des Index vor
der Revision durch Leo XIII. i. J. 1900; die erste lautet: *Index librorum prohibitorum, cum Regulis confectis
per Patres a Tridentina Synodo delectos, auctoritate Sanctissimi Domini Nostri Pii IV Pontificis Maximi
comprobatus* (Rom 1564).

**1851**        Regula I: Libri omnes, quos ante annum MDXV aut Summi Pontifices aut
Concilia oecumenica damnarunt, et in hoc
Indice non sunt, eodem modo damnati esse
censeantur, sicut olim damnati fuerunt.

Regel 1: Alle Bücher, die vor dem
Jahr 1515 entweder Päpste oder ökumenische Konzilien verurteilt haben und nicht in
diesem Index stehen, sollen in derselben Weise als verurteilt angesehen werden, wie sie
einst verurteilt wurden.

**1852**        Regula II: Haeresiarcharum libri,
tam eorum, qui post praedictum annum
haereses invenerunt vel suscitarunt, quam
qui haereticorum capita aut duces sunt vel
fuerunt ..., omnino prohibentur. Aliorum autem haereticorum libri, qui de religione quidem ex professo tractant, omnino damnantur. Qui vero de religione non tractant, a
theologis catholicis iussu episcoporum et in-
quisitorum examinati et approbati permittuntur. ...

Regel 2: Die Bücher von Erzhäreti-
kern, sowohl solchen, die nach dem
vorgenannten Jahr Häresien erfanden
oder ins Leben riefen, als auch ⟨solchen⟩, die
Häupter und Führer von Häretikern sind
oder waren ..., werden ganz und gar verboten.
Die Bücher anderer Häretiker aber, die ausdrücklich von der Religion handeln, werden
ganz und gar verurteilt. Die aber nicht von
der Religion handeln, werden, wenn sie von
katholischen Theologen auf Geheiß der Bischöfe und Inquisitoren geprüft und gebilligt
wurden, zugelassen. ...

**1853**        Regula III: Versiones scriptorum
etiam ecclesiasticorum, quae hactenus
editae sunt a damnatis auctoribus, modo nihil
contra sanam doctrinam contineant, permittuntur.
    Librorum autem Veteris Testamenti
versiones viris tantum doctis et piis iudicio
episcopi concedi poterunt, modo huiusmodi
versionibus tamquam elucidationibus vulgatae editionis ad intelligendam sacram Scripturam, non autem tamquam sano textu utantur.

Regel 3: Übersetzungen auch kirchlicher Schriftsteller, die bis heute von
verurteilten Autoren herausgegeben wurden,
werden, sofern sie nichts gegen die gesunde
Lehre enthalten, zugelassen.
    Übersetzungen von Büchern des Al-
ten Testamentes aber werden nach dem
Ermessen des Bischofs nur gelehrten und
frommen Männern erlaubt werden können,
sofern sie diese Übersetzungen als Erläuterungen der Vulgata-Ausgabe, um die heilige
Schrift zu verstehen, nicht aber als gesunden
Text benützen.

Versiones vero Novi Testamenti ab auctoribus primae classis[1] huius indicis factae nemini concedantur, quia utilitatis parum, periculi vero plurimum lectoribus ex earum lectione manare solet. Si quae vero annotationes cum huiusmodi quae permittuntur versionibus vel cum vulgata editione circumferuntur, expunctis locis suspectis a facultate theologica alicuius Universitatis catholicae aut Inquisitione generali, permitti eisdem poterunt, quibus et versiones. ...

Regula IV: Cum experimento manifestum sit, si sacra Biblia vulgari lingua passim sine discrimine permittantur, plus inde ob hominum temeritatem detrimenti quam utilitatis oriri, hac in parte iudicio episcopi aut inquisitoris stetur, ut cum consilio parochi vel confessarii Bibliorum a catholicis auctoribus versorum lectionem in vulgari lingua eis concedere possint, quos intellexerint ex huiusmodi lectione non damnum, sed fidei atque pietatis augmentum capere posse ...

Regula V: Libri illi, qui haereticorum auctorum opera interdum prodeunt, in quibus nulla vel pauca de suo apponunt, sed aliorum dicta colligunt, cuiusmodi sunt lexica, concordantiae, apophthegmata ..., si quae habeant, quae purgatione indigeant, illis episcopi ... consilio sublatis aut emendatis, permittantur.

Regula VI: Libri vulgari idiomate de controversiis inter catholicos et haereticos nostri temporis disserentes non passim permittantur, sed idem de iis servetur, quod de bibliis vulgari lingua scriptis statutum est.

Übersetzungen des Neuen Testamentes aber, die von Autoren der ersten Klasse[1] dieses Index angefertigt sind, sollen niemandem erlaubt werden, weil für ihre Leser aus ihrer Lektüre wenig an Nutzen, aber sehr viel an Gefahr zu strömen pflegt. Wenn aber Aufzeichnungen mit solchen Übersetzungen, die zugelassen werden, oder mit der Vulgata-Ausgabe im Umlauf sind, werden sie, wenn die verdächtigen Stellen von der theologischen Fakultät einer katholischen Universität oder der allgemeinen Inquisition getilgt wurden, denselben erlaubt werden können, denen auch die Übersetzungen ⟨erlaubt sind⟩. ...

Regel 4: Da durch die Erfahrung offensichtlich ist, daß, wenn die heilige Bibel in der Volkssprache allenthalben ohne Unterschied zugelassen wird, daraus wegen des Leichtsinns der Menschen mehr Schaden als Nutzen erwächst, soll es in diesem Fall im Ermessen des Bischofs oder des Inquisitors stehen, daß sie auf Zuraten des Pfarrers oder des Beichtvaters denen die Lektüre der von katholischen Autoren übersetzten Bibel in der Volkssprache erlauben können, bei denen sie gemerkt haben, daß sie aus dieser Lektüre keinen Schaden, sondern Wachstum des Glaubens und der Frömmigkeit ziehen können ... **1854**

Regel 5: Jene Bücher, die bisweilen dem Fleiß häretischer Autoren entspringen, in denen sie nichts oder nur wenig von dem Ihrigen hinzufügen, sondern die Aussagen anderer sammeln, wozu Lexika, Konkordanzen, Spruchsammlungen ... gehören: wenn sie etwas haben, was der Reinigung bedarf, sollen sie, nachdem dies auf Anraten des Bischofs ... entfernt oder verbessert wurde, zugelassen werden. **1855**

Regel 6: Bücher, die in der Volkssprache von Auseinandersetzungen zwischen Katholiken und Häretikern unserer Zeit handeln, sollen nicht allenthalben zugelassen werden, sondern man soll bei ihnen dasselbe beachten, was bei der in der Volkssprache geschriebenen Bibel festgesetzt wurde. **1856**

---

**\*1853** [1]  Im Index Pius' IV. werden Werke und Autoren entsprechend der größeren oder geringeren Gefahr der Verführung in drei Klassen eingeteilt; in der ersten werden – nur durch Aufzählung der Namen der Autoren – alle ihre Werke als verdächtig verboten.

Qui vero de ratione bene vivendi, contemplandi, confitendi ac similibus argumentis vulgari sermone conscripti sunt, si sanam doctrinam contineant, non est, cur prohibeantur. ...

⟨Was⟩ aber ⟨die Bücher betrifft⟩, die über die Weise des rechten Lebens, Betrachtens, Beichtens und ähnliche Inhalte in der Volkssprache verfaßt wurden, so gibt es, wenn sie die gesunde Lehre enthalten, keinen Grund, warum sie verboten werden sollten. ...

1857     Regula VII: Libri, qui res lascivas seu obscoenas ex professo tractant, narrant aut docent, cum non solum fidei, sed et morum, qui huiusmodi librorum lectione facile corrumpi solent, ratio habenda sit, omnino prohibentur. ...

Regel 7: Bücher, die ausdrücklich unzüchtige oder obszöne Dinge behandeln, erzählen oder lehren, werden, da nicht nur auf den Glauben, sondern auch auf die Sitten achtzugeben ist, die durch die Lektüre solcher Bücher leicht verdorben zu werden pflegen, ganz und gar verboten. ...

Antiqui vero ab ethnicis conscripti propter sermonis elegantiam et proprietatem permittuntur: nulla tamen ratione pueris praelegendi erunt.

Die von den Heiden verfaßten alten ⟨Bücher⟩ aber werden wegen der Eleganz und Eigentümlichkeit der Sprache zugelassen: auf keinen Fall wird man sie jedoch Knaben vorlesen dürfen.

1858     Regula VIII: Libri, quorum principale argumentum bonum est, in quibus tamen obiter aliqua inserta sunt, quae ad haeresim seu impietatem, divinationem seu superstitionem spectant, a catholicis theologis ... expurgati concedi possunt. ...

Regel 8: Bücher, deren Hauptinhalt gut ist, in denen jedoch gelegentlich etwas eingefügt ist, was zu Häresie oder Gottlosigkeit, Weissagung oder Aberglauben neigt, können, wenn sie von katholischen Theologen ... gereinigt wurden, zugelassen werden. ...

1859     Regula IX: Libri omnes et scripta geomantiae, hydromantiae, aëromantiae, pyromantiae, oneiromantiae, chiromantiae, necromantiae, sive inquibus continentur sortilegia, veneficia, auguria, auspicia, incantationes artis magicae, prorsus reiiciuntur.

Regel 9: Alle Bücher und Schriften der Erdwahrsagerei, Wasserwahrsagerei, Luftwahrsagerei, Feuerwahrsagerei, Traumdeutung, Handlesekunst, Totenwahrsagerei oder in denen von Zaubereien, Giftmischereien, Weissagungen, Vogelschauen oder Zauberformeln der magischen Kunst die Rede ist, werden ganz und gar verworfen.

Episcopi vero diligenter provideant, ne astrologiae iudiciariae libri, tractatus, indices legantur vel habeantur, qui de futuris contingentibus successibus, fortuitisve casibus aut iis actionibus, quae ab humana voluntate pendent, certi aliquid eventurum affirmare audent. ...

Die Bischöfe sollen aber sorgsam darauf achten, daß keine Bücher, Abhandlungen oder Verzeichnisse der urteilenden Astrologie gelesen oder besessen werden, die in bezug auf künftig eintretende Glücksfälle, etwaige Unglücksfälle oder solche Handlungen, die vom menschlichen Willen abhängen, zu behaupten wagen, es werde sich etwas Bestimmtes ereignen. ...

1860     Regula X: In librorum aliarumve scripturarum impressione servetur, quod in Concilio Lateranensi [V] sub Leone X, sessione X, statutum est[1].

Regel 10: Beim Druck von Büchern oder anderen Schriften soll beachtet werden, was auf dem [5.] Laterankonzil unter Leo X., 10. Sitzung, festgelegt wurde[1].

[*Es folgen besondere Disziplinarvorschriften für Schriftsteller, Verleger und Bibliotheken.*]

---

*1860 [1]     Leo X., "*Inter sollicitudines*", 4. Mai 1515 (BullTau 5,625–628).

Ad extremum vero omnibus fidelibus praecipitur, ne quis audeat contra harum regularum praescriptum aut huius indicis prohibitionem libros aliquos legere aut habere. Quod si quis libros haereticorum vel cuiusvis auctoris scripta, ob haeresim vel ob falsi dogmatis suspicionem damnata atque prohibita, legerit sive habuerit, statim in excommunicationis sententiam incurrat. ...

Zum Schluß aber wird allen Gläubigen **1861** geboten, daß es keiner wage, entgegen der Vorschrift dieser Regeln oder dem Verbot dieses Index irgendwelche Bücher zu lesen oder zu besitzen. Wer aber Bücher von Häretikern oder Schriften eines beliebigen Autors, die wegen Häresie oder des Verdachts einer falschen Lehre verurteilt und verboten sind, liest oder besitzt, soll sogleich dem Urteilsspruch der Exkommunikation verfallen. ...

## 1862–1870: Bulle "Iniunctum nobis", 13. Nov. 1564

Entsprechend dem 2. Kapitel des Dekretes über eine allgemeine Reform (SGTr 9,1086) legte Pius IV. in den am gleichen Tage veröffentlichten Konstitutionen "*Iniunctum nobis*" und "*In sacrosancta beati Petri*" den Text eines umfassenden Glaubensbekenntnisses vor. Kraft des Dekretes der Konzilskongregation vom 20. Jan. 1877 (ASS 10 [1877] 74) sind die Worte über das 1. Vatikanische Konzil hinzuzufügen: vgl. *1869 [in eckigen Klammern].

*Ausg.:* RiTr 575f / MaC 33,220B–222C / HaC 10,199D–201B / BullTau 7,327b–328b / BullCocq 4/II, 204b–205a.

### *Trienter Glaubensbekenntnis*

Ego N. firma fide credo et profiteor omnia et singula, quae continentur in S y m b o l o f i d e i [*Constantinopolitano: cf. *150*], quo sancta Romana Ecclesia utitur, videlicet:

Credo in unum Deum Patrem omnipotentem, factorem caeli et terrae, visibilium omnium et invisibilium; et in unum Dominum Iesum Christum, Filium Dei unigenitum, et ex Patre natum ante omnia saecula, Deum de Deo, lumen de lumine, Deum verum de Deo vero, genitum non factum, consubstantialem Patri; per quem omnia facta sunt; qui propter nos homines et propter nostram salutem descendit de caelis, et incarnatus est de Spiritu Sancto ex Maria Virgine, et homo factus est; crucifixus etiam pro nobis sub Pontio Pilato, passus et sepultus est; et resurrexit tertia die secundum Scripturas, et ascendit in caelum, sedet ad dexteram Patris, et iterum venturus est cum gloria iudicare vivos et mortuos, cuius regni non erit finis; et in Spiritum Sanctum Dominum et vivificantem, qui ex Patre Filioque procedit; qui cum Patre et Filio simul adoratur et conglorificatur; qui locutus est per Prophetas; et unam sanctam catholicam et apostolicam Ecclesiam. Confiteor unum baptisma in remissionem peccatorum, et exspecto resurrectionem mortuorum, et vitam venturi saeculi. Amen.

Ich, N.N., glaube und bekenne mit festem **1862** Glauben alles und jedes einzelne, was im G l a u b e n s b e k e n n t n i s [*von Konstantinopel: vgl. *150*] enthalten ist, welches die heilige Römische Kirche benutzt, nämlich:

Ich glaube an den einen Gott, den allmächtigen Vater, den Schöpfer des Himmels und der Erde, alles Sichtbaren und Unsichtbaren; und an den einen Herrn Jesus Christus, Gottes einziggeborenen Sohn, und aus dem Vater geboren vor allen Zeiten, Gott von Gott, Licht vom Lichte, wahrer Gott vom wahren Gott, gezeugt, nicht geschaffen, wesensgleich dem Vater; durch ihn ist alles geworden; er ist wegen uns Menschen und um unseres Heiles willen von den Himmeln herabgestiegen und ist fleischgeworden vom Heiligen Geist aus Maria, der Jungfrau, und ist Mensch geworden; gekreuzigt wurde er sogar für uns unter Pontius Pilatus, hat gelitten und wurde begraben; und er ist auferstanden am dritten Tag gemäß den Schriften und hinaufgestiegen in den Himmel; er sitzt zur Rechten des Vaters und wird wiederum kommen mit Herrlichkeit, Lebende und Tote zu richten; sein Reich wird kein Ende haben; und an den Heiligen Geist, den Herrn und Lebensspender, der aus dem Vater und dem Sohne hervorgeht, der mit dem Vater und dem Sohne zugleich angebetet und mitverherrlicht wird, der durch die Propheten ge-

sprochen hat; und die eine heilige katholische und apostolische Kirche. Ich bekenne die eine Taufe zur Vergebung der Sünden und erwarte die Auferstehung der Toten und das Leben der kommenden Zeit. Amen.

1863    Apostolicas et ecclesiasticas t r a d i t i o n e s reliquasque eiusdem Ecclesiae observationes et c o n s t i t u t i o n e s firmissime admitto et amplector. Item sacram S c r i p t u r a m iuxta eum sensum, quem tenuit et tenet sancta mater Ecclesia, cuius est iudicare de vero sensu et interpretatione sacrarum Scripturarum, admitto, nec eam umquam, nisi iuxta unanimem consensum Patrum accipiam et interpretabor.

Die apostolischen und kirchlichen Ü b e r l i e f e r u n g e n und übrigen Bräuche und B e s t i m m u n g e n der Kirche anerkenne und halte ich ganz fest. Ebenso anerkenne ich die heilige S c h r i f t gemäß jenem Sinn, den die heilige Mutter Kirche festgehalten hat und festhält, deren Aufgabe es ist, über den wahren Sinn und die Auslegung der heiligen Schriften zu urteilen, und werde sie niemals anders auffassen und auslegen als gemäß der einmütigen Übereinstimmung der Väter.

1864    Profiteor quoque septem esse vere et proprie s a c r a m e n t a Novae Legis a Iesu Christo Domino nostro instituta atque ad salutem humani generis, licet non omnia singulis, necessaria, scilicet baptismum, confirmationem, Eucharistiam, paenitentiam, extremam unctionem, ordinem et matrimonium, illaque gratiam conferre, et ex his baptismum, confirmationem et ordinem sine sacrilegio reiterari non posse. Receptos quoque et approbatos Ecclesiae catholicae ritus in supradictorum omnium sacramentorum solemni administratione recipio et admitto.

Ich bekenne auch, daß es wahrhaft und im eigentlichen Sinne sieben S a k r a m e n t e des Neuen Bundes gibt, die von unserem Herrn Jesus Christus eingesetzt und zum Heile des Menschengeschlechtes – wenn auch nicht alle für jeden – notwendig sind, nämlich Taufe, Firmung, Eucharistie, Buße, Letzte Ölung, Weihe und Ehe, daß sie Gnade verleihen und daß von ihnen Taufe, Firmung und Weihe nicht ohne Frevel wiederholt werden können. Ich anerkenne und billige auch die anerkannten und gutgeheißenen Riten der katholischen Kirche bei der feierlichen Spendung aller obengenannten Sakramente.

1865    Omnia et singula, quae de peccato originali et de i u s t i f i c a t i o n e in sacrosancta Tridentina Synodo definita et declarata fuerunt, amplector et recipio.

Alles und jedes einzelne, was auf dem hochheiligen Konzil von Trient über die Ursünde und über die R e c h t f e r t i g u n g definiert und erklärt wurde, halte ich fest und anerkenne ich.

1866    Profiteor pariter in M i s s a offerri Deo verum, proprium et propitiatorium sacrificium pro vivis et defunctis, atque in sanctissimo E u c h a r i s t i a e sacramento esse vere, realiter et substantialiter corpus et sanguinem una cum anima et divinitate Domini nostri Iesu Christi, fierique conversionem totius substantiae panis in corpus, et totius substantiae vini in sanguinem, quam conversionem catholica Ecclesia transsubstantiationem appellat. Fateor etiam sub altera tantum specie totum atque integrum Christum verumque sacramentum sumi.

Gleichfalls bekenne ich, daß in der M e s s e Gott ein wahres, eigentliches und sühnendes Opfer für Lebende und Verstorbene dargebracht wird, daß im heiligsten Sakrament der E u c h a r i s t i e wahrhaft, wirklich und wesenhaft der Leib und das Blut zusammen mit der Seele und Gottheit unseres Herrn Jesus Christus gegenwärtig sind, und daß eine Wandlung der ganzen Brotsubstanz in den Leib und der ganzen Weinsubstanz in das Blut geschieht; diese Wandlung nennt die katholische Kirche Wesensverwandlung. Ich bekenne, daß man auch unter lediglich einer der beiden Gestalten den ganzen und unversehrten Christus und das wahre Sakrament zu sich nimmt.

Constanter teneo purgatorium esse, animasque ibi detentas fidelium suffragiis iuvari; similiter et Sanctos una cum Christo regnantes venerandos atque invocandos esse, eosque orationes Deo pro nobis offerre, atque eorum reliquias esse venerandas.

Firmiter assero, imagines Christi ac Deiparae semper Virginis, nec non aliorum Sanctorum, habendas et retinendas esse, atque eis debitum honorem ac venerationem impertiendam; indulgentiarum etiam potestatem a Christo in Ecclesia relictam fuisse, illarumque usum christiano populo maxime salutarem esse affirmo.

Sanctam catholicam et apostolicam Romanam Ecclesiam omnium ecclesiarum matrem et magistram agnosco; Romanoque Pontifici, beati Petri Apostolorum principis successori ac Iesu Christi vicario, veram oboedientiam spondeo ac iuro.

Cetera item omnia a sacris canonibus et oecumenicis Conciliis, ac praecipue a sacrosancta Tridentina Synodo [et ab oecumenico Concilio Vaticano], tradita, definita ac declarata [praesertim de Romani Pontificis Primatu et infallibili magisterio], indubitanter recipio atque profiteor; simulque contraria omnia, atque haereses quascumque ab Ecclesia damnatas et reiectas et anathematizatas ego pariter damno, reicio et anathematizo.

Hanc veram catholicam fidem, extra quam nemo salvus esse potest, quam in praesenti sponte profiteor et veraciter teneo, eandem integram et immaculatam usque ad extremum vitae spiritum constantissime, Deo adiuvante, retinere et confiteri atque a meis subditis vel illis, quorum cura ad me in munere meo spectabit, teneri, doceri et praedicari, quantum in me erit, curaturum, ego idem N. spondeo, voveo ac iuro: sic me Deus adiuvet, et haec sancta Dei Evangelia.

Ich halte standhaft fest, daß es einen **1867** Reinigungsort gibt und daß den dort festgehaltenen Seelen durch die Fürbitten der Gläubigen geholfen wird; ebenso auch, daß man die zusammen mit Christus herrschenden Heiligen verehren und anrufen soll, daß sie Gott Gebete für uns darbringen, und daß man ihre Reliquien verehren soll.

Ich behaupte fest, daß man die Bilder Christi und der allzeit jungfräulichen Gottesgebärerin sowie anderer Heiliger haben und beibehalten und ihnen die gebührende Ehre und Verehrung erweisen soll; ich versichere auch, daß die Vollmacht zu Ablässen von Christus in der Kirche hinterlassen wurde und ihr Gebrauch für das christliche Volk höchst heilsam ist.

Ich anerkenne die heilige katholische und **1868** apostolische Römische Kirche als Mutter und Lehrerin aller Kirchen; und ich gelobe und schwöre dem Römischen Bischof, dem Nachfolger des seligen Apostelfürsten Petrus und Stellvertreter Jesu Christi, wahren Gehorsam.

Ebenso anerkenne und bekenne ich ohne **1869** Zweifel alles übrige, was von den heiligen Kanones und ökumenischen Konzilien, und zwar hauptsächlich vom hochheiligen Konzil von Trient [und vom ökumenischen Vatikanischen Konzil] überliefert, definiert und erklärt wurde [, vor allem in bezug auf den Primat und das unfehlbare Lehramt des Römischen Bischofs]; und alles, was ⟨dem⟩ entgegengesetzt ist, sowie alle Häresien, die von der Kirche verurteilt, verworfen und mit dem Anathema belegt wurden, verurteile, verwerfe und belege ich gleichfalls mit dem Anathema.

Ich, N.N., gelobe, verspreche und schwöre, **1870** daß ich diesen wahren katholischen Glauben, außerhalb dessen niemand gerettet werden kann, den ich gegenwärtig aus freiem Willen bekenne und wahrhaft festhalte, mit Gottes Hilfe ganz standhaft bis zum letzten Lebenshauch unversehrt und makellos bewahre und bekenne, und daß ich, soweit es bei mir liegen wird, dafür sorgen werde, daß er von meinen Untergebenen oder jenen, deren Sorge mir in meinem Amte anvertraut sein wird, festgehalten, gelehrt und verkündet wird: so ⟨wahr⟩ mir Gott helfe und diese heiligen Evangelien Gottes.

[*Lehrdokument PAULS IV., das nicht zum Konzil gehört und deshalb erst hier angeführt wird:*]

## 1880: Konstitution "Cum quorumdam hominum", 7. Aug. 1555

Die Bulle richtet sich gegen die in Italien entstandene Sekte der Unitarier. Pius V. (Konstitution "*Romanus Pontifex*", 1. Okt. 1568: BullTau 7,222f) und Clemens VIII. (Breve "*Dominici gregis divina*", 3. Febr. 1603: BullTau 11,1a–2b) bestätigten diese Bulle.
   *Ausg.:* BullTau 6,500b–501a / BullCocq 4/I, 322b.

### Dreifaltigkeit und Fleischwerdung

**1880**   [*Cupientes*] admonere omnes et singulos, qui hactenus asseruerunt, dogmatizarunt vel crediderunt, Deum omnipotentem non esse trinum in personis et incomposita omnino indivisaque unitate substantiae et unum unamet simplici divinitatis essentia; aut Dominum nostrum non esse Deum verum eiusdem substantiae per omnia cum Patre et Spiritu Sancto; aut eundem secundum carnem non esse conceptum in utero beatissimae semperque Virginis Mariae de Spiritu Sancto, sed sicut ceteros homines ex semine Ioseph; aut eundem Dominum ac Deum nostrum Iesum Christum non subiisse acerbissimam crucis mortem, ut nos a peccatis et ab aeterna morte redimeret et Patri ad vitam aeternam reconciliaret; aut eandem beatissimam Virginem Mariam non esse veram Dei matrem, nec perstitisse semper in virginitatis integritate, ante partum scilicet, in partu et perpetuo post partum, ex parte omnipotentis Dei Patris et Filii et Spiritus Sancti Apostolica auctoritate requirimus et monemus ...

[*In der Absicht,*] alle und die einzelnen zu ermahnen, die bisher behaupteten, lehrten oder glaubten, daß der allmächtige Gott nicht dreifaltig sei in den Personen, von gänzlich unzusammengesetzter und ungeteilter Einheit der Substanz und e i n e r in dem einen einfachen Wesen der Gottheit; oder daß unser Herr nicht als wahrer Gott in allem derselben Substanz sei mit dem Vater und dem Heiligen Geist; oder daß derselbe dem Fleische nach im Schoß der seligsten und immerwährenden Jungfrau Maria nicht vom Heiligen Geist, sondern wie die übrigen Menschen aus dem Samen Josephs empfangen worden sei; oder daß derselbe, unser Herr und Gott Jesus Christus, nicht den bittersten Kreuzestod auf sich genommen habe, um uns von den Sünden und vom ewigen Tod zu erlösen und mit dem Vater zum ewigen Leben zu versöhnen; oder daß dieselbe seligste Jungfrau Maria nicht wahre Gottesmutter sei und nicht immer in der Unversehrtheit der Jungfräulichkeit verblieben sei, nämlich vor der Geburt, in der Geburt und fortwährend nach der Geburt, verlangen und mahnen Wir anstelle des allmächtigen Gottes, des Vaters und des Sohnes und des Heiligen Geistes, aufgrund der apostolischen Autorität ...

## PIUS V.: 7. Jan. 1566 – 1. Mai 1572

### 1901–1980: Bulle "Ex omnibus afflictionibus", 1. Okt. 1567

Michael Bajus (de Bay) vertrat zusammen mit Jan Hessels und Antoine Sablons OFM augustinische Thesen, die das Mißfallen anderer Franziskaner erregten und der Sorbonne zur Beurteilung übersandt wurden. Diese tadelte am 27. Juni 1560 die vorgelegten 18 Sätze; Bajus verteidigte sie in seinen *Annotationes* (vgl. unten unter der Sigle A'). Als sich die Streitigkeiten ausweiteten, versuchte Pius IV. vergeblich, beiden Parteien Schweigen aufzuerlegen. 1563 veröffentlichte Bajus ein Buch, das unter anderem die im folgenden mit den Siglen B', C' und D' bezeichneten drei Schriften enthält. Im Nov. 1564 folgte ein weiteres Buch, das die mit E', Fa' und Fb' bezeichneten Schriften umfaßt. Aus diesen und anderen – schriftlich nicht vorliegenden – Quellen wurden verschiedene Sätze ausgewählt und 1565 sowohl in Alcalá de Henares als auch in Salamanca mit Zensuren belegt. Die Universität Löwen appellierte daraufhin an Rom. Bajus hatte inzwischen eine erweiterte Auflage des 1563 herausgegebenen Buches veröffentlicht und so Anlaß zu verschie-

denen Untersuchungen gegeben. Die neuen Abhandlungen sind im folgenden mit G', H', J' und K' bezeichnet. Am 20. Juni 1567 verwarf die Universität Alcalá 40 aus diesem Werk ausgewählte Sätze. Der Text der Verurteilungen von Alcalá und Salamanca aus den Jahren 1565 und 1567 ist angeführt bei E. van Eijl, in: RHE 48 [1953] 733-739 755-763 742-749.

Pius V. fügte einen Teil dieser Sätze seiner Bulle ein, die er in nichtöffentlicher Form der Universität Löwen und Bajus zustellte. Im Dez. 1567 widerrief Bajus. Doch bald darauf drängte er auf eine Revision und sandte eine Verteidigung seiner Lehre an den Papst. Pius V. wiederholte am 13. Mai 1569 in einem Breve die Verurteilung der Sätze. Am 20. Juni 1569 schwor Bajus seinen Irrtümern erneut ab. Da die Diskussionen nicht abflauten, kam es 1579 in Rom zum Prozeß gegen die Bajaner. Am 29. Jan. 1580 (1579 nach Zeitrechnung der Kurie) veröffentlichte Gregor XIII. die Bulle "Provisionis nostrae", in der er weite Teile der Bulle "Ex omnibus afflictionibus" Pius' V. anführte. Schließlich wurde auf Veranlassung des Apostolischen Nuntius Giovanni Bonomini von Johannes Lensaeus, Magister in Löwen, 1586 die Doctrina eius quam certorum articulorum damnatio postulare visa est, brevis ... explicatio verfaßt (hrsg. von G. Gerberon, a. unten a. O., pars 2, 161-181 / H. Lennerz, in: TD ser. theol. 24, 42-72). Sie bot die für die weiteren Untersuchungen von der Fakultät zu Löwen anerkannte positive Lehrgrundlage.

Ausg.: E. van Eijl, Les censures des Universités d'Alcalá et de Salamanque et la censure du pape Pie V contre Michel Baius (1565-1567), in: RHE 48 (1953) 767-775; vgl. dazu einige wenige, von demselben Herausgeber mitgeteilte Korrekturen in: RHE 50 (1955) 499, Anm. 1; diese Ausgabe ist die einzige kritische Ausgabe nach der Originalbulle, die aufbewahrt ist in Mecheln, Archives de l'archevêché, Abteilung Documenta pontificia, Jahr 1567 / [G. Gerberon,] Michaelis Baii celeberrimi in Lovaniensi Academia theologi opera, ... studio A.P. Theologi [Pseudonym] (Köln [= Fehlangabe; tatsächlich Amsterdam] 1696), pars 2: Baiana 49-57 / DuPlA 3/II (1728) 109b-114b.

Die Sätze sind in der Originalbulle selbst ohne Nummern; die Theologen haben sie entweder in 76 bzw. 79 Sätze eingeteilt. Die Zählung von 76 Sätzen ist zwar von Bajus, von Lensaeus und Robert Bellarmin (der Bajus widerlegte) übernommen worden; die Zählung von 79 Sätzen aber ist gebräuchlicher, weswegen sie im folgenden als Hauptzählung geboten wird, während die des Bajus [in eckigen Klammern] hinzugefügt wird.

Die im folgenden angefügte Quellenangabe zu den einzelnen Sätzen fußt auf der Untersuchung Édouard van Eijls, in der er den Text der Bulle erläutert hat: RHE 48 (1953) 719-776. Allerdings gibt es Sätze, deren Quelle von Eijls nicht angegeben werden konnte, weil sie noch nicht schriftlich herausgegeben worden war (so die Sätze 65-79) oder weil es sich um frei formulierte Schlußfolgerungen aus den Prämissen des Bajus' handelt (so die Sätze 61-64).

A'  = Bajus, Annotationes in Sorbonae censuram (hrsg. von G. Gerberon, Michaelis Baii ... opera [wie oben bei den Ausg. der Bulle], pars 2: Baiana 8-32 / H. Lennerz, Opuscula duo de doctrina Baiana, in: TD ser. theol. 24 [Rom 1938] 4-41) [zu den Sätzen 66 67 72 73; vgl. auch 18 25 27f 32f 39].

B'  = De libero hominis arbitrio eiusque potestate liber 1 (Löwen 1563) (hrsg., wie auch die übrigen Werke des Bajus, von G. Gerberon, a.a.O. pars 1), 74-88 [zu 39-41; vgl. 37 66].

Ca', Cb' = De iustitia [Ca'] et iustificatione [Cb'] libri 2 (Löwen 1563), 103-146 147-152 [zu 42f; 44].

D'  = De sacrificio liber 1 (Löwen 1563), 153-167 [zu 45].

E'  = De operum meritis libri 2 (Löwen 1564/65), 25-44 [zu 1-20].

Fa', Fb' = De prima hominis iustitia [Fa'] et virtutibus impiorum [Fb'] libri 2 (Löwen 1564/65), 45-73 [zu 21-24 26; 25 27-30].

G'  = De charitate (Löwen 1566), 89-102 [zu 31-38].

H'  = De peccato originis (Löwen 1566), 1-24 [zu 46-58].

J'  = De indulgentiis (Löwen 1566), 196-204 [zu 59f].

K'  = De oratione pro defunctis (Löwen 1566), 205-211 [zu 56-58].

## Irrtümer des Michael Bajus über die Natur des Menschen und über die Gnade

1. Nec angeli nec primi hominis adhuc integri merita recte vocantur gratia[1].

1. Weder die Verdienste des Engels noch die des noch unversehrten ersten Menschen werden zu Recht Gnade genannt[1].          **1901**

2. Sicut opus malum ex natura sua est mortis aeternae meritorium, sic bonum opus ex natura sua est vitae aeternae meritorium[1].

2. Wie das böse Werk aufgrund seiner Natur den ewigen Tod verdient, so verdient das gute Werk aufgrund seiner Natur das ewige Leben[1].          **1902**

---

**\*1901** [1]  E' I 4.
**\*1902** [1]  E' II 2, Titel.

**1903**    3. Et bonis angelis et primo homini, si in statu illo perseverasset usque ad ultimum vitae, felicitas esset merces, et non gratia[1].

3. Sowohl für die guten Engel als auch für den ersten Menschen wäre, wenn sie in jenem Zustand bis zum Ende des Lebens ausgeharrt hätten, die Glückseligkeit Lohn und nicht Gnade[1].

**1904**    4. Vita aeterna homini integro et angelo promissa fuit intuitu bonorum operum, et bona opera ex lege naturae ad illam consequendam per se sufficiunt[1].

4. Das ewige Leben wurde dem unversehrten Menschen und dem Engel im Hinblick auf die guten Werke verheißen, und die guten Werke reichen aufgrund des Gesetzes der Natur durch sich hin, um es zu erlangen[1].

**1905**    5. In promissione facta angelo et primo homini continetur naturalis iustitiae constitutio, qua pro bonis operibus, sine alio respectu, vita aeterna iustis promittitur[1].

5. In der Verheißung, die dem Engel und dem ersten Menschen gegeben wurde, ist die Bestimmung zur natürlichen Gerechtigkeit enthalten, durch die den Gerechten für die guten Werke – ohne eine andere Rücksicht – das ewige Leben verheißen wird[1].

**1906**    6. Naturali lege constitutum fuit homini, ut, si in oboedientia perseveraret, ad eam vitam pertransiret, in qua mori non posset[1].

6. Durch das natürliche Gesetz war dem Menschen bestimmt, daß er, wenn er im Gehorsam ausharre, zu jenem Leben übergehe, in dem er nicht sterben kann[1].

**1907**    7. Primi hominis integri merita fuerunt primae creationis munera; sed iuxta modum loquendi Scripturae sacrae non recte vocantur gratia; quo fit, ut tantum merita, non etiam gratia, debeant nuncupari[1].

7. Die Verdienste des unversehrten ersten Menschen waren Geschenke der ersten Schöpfung; aber nach der Redeweise der heiligen Schrift werden sie zu Unrecht Gnade genannt; deshalb dürfen sie nur Verdienste, nicht ⟨aber⟩ auch Gnade genannt werden[1].

**1908**    8. In redemptis per gratiam Christi nullum inveniri potest bonum meritum, quod non sit gratis indigno collatum[1].

8. In den durch die Gnade Christi Erlösten kann kein gutes Verdienst gefunden werden, das nicht ohne Gegenleistung einem Unwürdigen verliehen worden wäre[1].

**1909**    9. Dona concessa homini integro et angelo, forsitan non improbanda ratione, possunt dici gratia; sed quia, secundum usum Scripturae, nomine gratiae ea tantum munera intelliguntur, quae per Iesum male merentibus et indignis conferuntur, ideo neque merita neque merces, quae illis redditur, gratia dici debet[1].

9. Die Geschenke, die dem unversehrten Menschen und dem Engel zugestanden wurden, können vielleicht aus einem nicht zu verwerfenden Grunde Gnade genannt werden; aber weil gemäß dem Brauch der Schrift unter dem Namen "Gnade" nur jene Geschenke verstanden werden, die durch Jesus solchen, die es nicht verdienen, und Unwürdigen verliehen werden, deshalb dürfen weder die Verdienste noch der Lohn, der jenen gewährt wird, Gnade genannt werden[1].

**1910**    10. Solutionem poenae temporalis, quae peccato dimisso saepe remanet, et corporis re-

10. Die Lösung von der zeitlichen Strafe, die nach der Sündenvergebung oft zurück-

---

**\*1903** [1]    E' I 1 3 4.
**\*1904** [1]    E' I 2.
**\*1905** [1]    E' I 2.
**\*1906** [1]    E' I 3; vgl. 2 9.
**\*1907** [1]    E' I 4.
**\*1908** [1]    E' I 4.
**\*1909** [1]    E' I 4.

surrectionem proprie nonnisi meritis Christi adscribendam esse[1].

11. Quod pie et iuste in hac vita mortali usque in finem vitae conversati vitam consequimur aeternam, id non proprie gratiae Dei, sed ordinationi naturali statim initio creationis constitutae iusto Dei iudicio deputandum est; neque in hac retributione bonorum ad Christi meritum respicitur, sed tantum ad primam institutionem generis humani, in qua lege naturali constitutum est, ut iusto Dei iudicio oboedientiae mandatorum vita aeterna reddatur[1].

12. Pelagii sententia est: opus bonum, citra gratiam adoptionis factum, non est regni caelestis meritorium[1].

13. Opera bona, a filiis adoptionis facta, non accipiunt rationem meriti ex eo, quod fiunt per spiritum adoptionis inhabitantem corda filiorum Dei, sed tantum ex eo, quod sunt conformia legi, quodque per ea praestatur oboedientia legi[1].

14. Opera bona iustorum non accipiunt in die iudicii extremi ampliorem mercedem, quam iusto Dei iudicio mererentur accipere[1].

15. Docet rationem meriti non consistere in eo, quod, qui bene operatur, habeat gratiam et inhabitantem Spiritum Sanctum, sed in eo solum, quod oboedit divinae legi, quam sententiam saepius repetit et multis rationibus probat fere toto libro[1].

16. In eodem libro saepius repetit quod non est vera legis oboedientia, quae fit sine caritate[1].

bleibt, und die Auferstehung des Leibes sei eigentlich nur den Verdiensten Christi zuzuschreiben[1].

11. Daß wir das ewige Leben erlangen, wenn wir in diesem sterblichen Leben bis ans Lebensende fromm und gerecht gewandelt sind, dies ist nicht eigentlich der Gnade Gottes, sondern der nach dem gerechten Urteil Gottes sogleich beim Beginn der Schöpfung bestimmten natürlichen Ordnung zuzuschreiben; auch wird bei dieser Belohnung der Guten nicht auf das Verdienst Christi Rücksicht genommen, sondern nur auf die erste Einrichtung des Menschengeschlechts, in der durch das natürliche Gesetz bestimmt wurde, daß nach dem gerechten Urteil Gottes für den Gehorsam gegenüber ⟨seinen⟩ Geboten das ewige Leben gewährt wird[1]. **1911**

12. Pelagianisch ist die Auffassung: Das gute Werk, das noch ohne die Gnade der Adoption getan wird, verdient nicht das Himmelreich[1]. **1912**

13. Die guten Werke, die von den Adoptivsöhnen getan werden, empfangen das Wesen des Verdienstes nicht daraus, daß sie durch den Geist der Adoption getan werden, der in den Herzen der Kinder Gottes wohnt, sondern nur daraus, daß sie dem Gesetz gleichförmig sind, und daß durch sie dem Gesetz Gehorsam geleistet wird[1]. **1913**

14. Die guten Werke der Gerechten empfangen am Tage des Jüngsten Gerichts keinen größeren Lohn, als sie nach dem gerechten Urteil Gottes zu empfangen verdienten[1]. **1914**

15. Er lehrt: Das Wesen des Verdienstes besteht nicht darin, daß, wer gut handelt, die Gnade und den einwohnenden Heiligen Geist besitzt, sondern allein darin, daß er dem göttlichen Gesetz gehorcht. Diese Auffassung wiederholt er öfter und tut sie auf viele Weisen fast im ganzen Buch dar[1]. **1915**

16. In demselben Buch wiederholt er öfter: Es gibt keinen wahren Gehorsam gegenüber dem Gesetz, der ohne Liebe geleistet wird[1]. **1916**

---

**\*1910** [1]  E' I 9.
**\*1911** [1]  E' I 9.
**\*1912** [1]  E' II 4, Titel.
**\*1913** [1]  E' II 1; vgl. 7.
**\*1914** [1]  E' II 9.
**\*1915** [1]  E' II 1.
**\*1916** [1]  E' II 1.

**1917**    17. Dicit sentire cum Pelagio, qui dicunt, esse necessarium ad rationem meriti, ut homo per gratiam adoptionis sublimetur ad statum deificum[1].

17. Er sagt: Es vertritt die Auffassung des Pelagius, wer sagt, zum Wesen des Verdienstes gehöre notwendig, daß der Mensch durch die Gnade der Annahme an Kindes Statt zu einem göttlichen Stand erhoben werde[1].

**1918**    18. Dicit opera catechumenorum, ut fidem et paenitentiam ante remissionem peccatorum factam, esse vitae aeternae merita; quam vitam non consequentur catechumeni, nisi prius praecedentium delictorum impedimenta tollantur[1].

18. Er sagt: Die Werke der Katechumenen, wie Glaube und vor der Vergebung der Sünden getätigte Reue, sind Verdienste für das ewige Leben; dieses Leben werden die Katechumenen nicht erlangen, wenn nicht zuvor die Hindernisse der vorangehenden Vergehen weggeräumt werden[1].

**1919**    19. Videtur insinuare quod opera iustitiae et temperantiae, quae Christus fecit, ex dignitate personae operantis non traxerunt maiorem valorem[1].

19. Er scheint anzudeuten: Die Werke der Gerechtigkeit und der Mäßigung, die Christus getan hat, haben aufgrund der Würde der handelnden Person keinen größeren Wert erhalten[1].

**1920**    20. Nullum est peccatum ex natura sua veniale, sed omne peccatum meretur poenam aeternam[1].

20. Es gibt keine Sünde, die aufgrund ihrer Natur verzeihlich wäre, sondern jede Sünde verdient ewige Strafe[1].

**1921**    21. Humanae naturae sublimatio et exaltatio in consortium divinae naturae debita fuit integritati primae condicionis, et proinde naturalis dicenda est, et non supernaturalis[1].

21. Die Erhebung und Erhöhung der menschlichen Natur zur Teilhabe an der göttlichen Natur war der Unversehrtheit des Urzustandes geschuldet und muß deshalb natürlich und nicht übernatürlich genannt werden[1].

**1922**    22. Cum Pelagio sentiunt, qui textum Apostoli ad Romanos secundo: "Gentes, quae legem non habent, naturaliter ea, quae legis sunt, faciunt" [Rm 2,14] intelligunt de gentibus fidei gratiam non habentibus[1].

22. Die Auffassung des Pelagius vertritt, wer den Text des Apostels an die Römer im zweiten ⟨Kapitel⟩: "Die Heiden, die das Gesetz nicht haben, tun von Natur aus das, was das Gesetz gebietet" [Röm 2,14] in bezug auf die Heiden versteht, die die Gnade des Glaubens nicht haben[1].

**1923**    23. Absurda est sententia eorum, qui dicunt, hominem ab initio, dono quodam supernaturali et gratuito, supra condicionem naturae suae fuisse exaltatum, ut fide, spe et caritate Deum supernaturaliter coleret[1].

23. Widersinnig ist die Auffassung derer, die sagen, der Mensch sei von Anfang an – gewissermaßen durch ein übernatürliches und gnadenhaftes Geschenk – über die Daseinsbedingung seiner Natur hinaus erhöht gewesen, um Gott durch Glaube, Hoffnung und Liebe auf übernatürliche Weise zu ehren[1].

---

**\*1917** [1]  E' II 4.
**\*1918** [1]  E' II 6; vgl. A' propos. 11.
**\*1919** [1]  E' II 7.
**\*1920** [1]  E' II 8.
**\*1921** [1]  Fa' 1 4 5 6.
**\*1922** [1]  Fa' 6.
**\*1923** [1]  Fa' 7.

24. A vanis et otiosis hominibus, secundum insipientiam philosophorum, excogitata est sententia, hominem ab initio sic constitutum, ut per dona naturae superaddita fuerit largitate conditoris sublimatus et ad Dei filium adoptatus, et ad Pelagianismum reicienda est illa sententia[1].

24. Von eitlen und müßigen Menschen ist 1924 – gemäß dem Unverstand der Philosophen – die Auffassung ausgedacht worden, der Mensch ⟨sei⟩ von Anfang an so eingerichtet ⟨gewesen⟩, daß er durch Geschenke, die der Natur noch hinzugefügt worden seien, aufgrund der Großzügigkeit des Schöpfers erhoben und zum Sohn Gottes angenommen worden sei; und diese Auffassung ist auf den Pelagianismus zurückzuführen[1].

25. Omnia opera infidelium sunt peccata, [26.] et philosophorum virtutes sunt vitia[1].

25. Alle Werke der Ungläubigen sind Sünden, [26.] und die Tugenden der Philosophen sind Laster[1]. 1925

26. [27.] Integritas primae creationis non fuit indebita humanae naturae exaltatio, sed naturalis eius condicio, quam sententiam repetit et probat per plura capitula[1].

26. [27.] Die Unversehrtheit der ersten 1926 Schöpfung war keine ungeschuldete Erhöhung der menschlichen Natur, sondern ihre natürliche Daseinsbedingung; diese Auffassung wiederholt und bekräftigt er in mehreren Kapiteln[1].

27. [28.] Liberum arbitrium, sine gratiae Dei adiutorio, nonnisi ad peccandum valet[1].

27. [28.] Der freie Wille taugt ohne die Hilfe der Gnade Gottes nur zum Sündigen[1]. 1927

28. [29.] Pelagianus est error, dicere, quod liberum arbitrium valet ad ullum peccatum vitandum[1].

28. [29.] Es ist ein pelagianischer Irrtum, 1928 zu sagen, daß der freie Wille die Kraft hat, irgendeine Sünde zu vermeiden[1].

29. [30A.] Non solum "fures" ii sunt et "latrones", qui Christum viam et "ostium" veritatis et vitae negant, sed etiam quicumque "aliunde" quam per ipsum in viam iustitiae (hoc est ad aliquam iustitiam) "conscendi" [*cf. Io 10,1*] posse dicunt[1],

29. [30A.] "Diebe" und "Räuber" sind 1929 nicht allein diejenigen, die Christus als Weg und "Tür" der Wahrheit und des Lebens verleugnen, sondern auch alle, die sagen, man könne "anderswoher" als durch ihn auf den Weg der Gerechtigkeit (das heißt, zu irgendeiner Gerechtigkeit) "gelangen" [*vgl. Joh 10,1*][1],

30. [30B.] aut tentationi ulli, sine gratiae ipsius adiutorio, resistere hominem posse, sic ut in eam non inducatur aut ab ea non superetur[1].

30. [30B.] oder der Mensch könne ir- 1930 gendeiner Versuchung ohne die Hilfe der Gnade selbst widerstehen, so daß er nicht in sie geführt oder nicht von ihr überwältigt werde[1].

31. Caritas perfecta et sincera, quae est ex "corde puro et conscientia bona et fide non ficta" [*1 Tim 1,5*], tam in catechumenis quam in paenitentibus potest esse sine remissione peccatorum[1].

31. Die vollkommene und aufrechte Liebe, die aus "reinem Herzen, gutem Gewissen und ungeheucheltem Glauben" [*1 Tim 1,5*] kommt, kann sowohl in den Katechumenen als auch in den Büßenden sein ohne Vergebung der Sünden[1]. 1931

**1932**    32. Caritas illa, quae est plenitudo legis, non est semper coniuncta cum remissione peccatorum[1].

32. Jene Liebe, die die Erfüllung des Gesetzes ist, ist nicht immer mit der Vergebung der Sünden verbunden[1].

**1933**    33. Catechumenus iuste, recte et sancte vivit, et mandata Dei observat, ac legem implet per caritatem, ante obtentam remissionem peccatorum, quae in baptismi lavacro demum percipitur[1].

33. Der Katechumene lebt gerecht, recht und heilig, hält die Gebote Gottes und erfüllt das Gesetz durch die Liebe, bevor er die Vergebung der Sünden erlangt, die erst im Bad der Taufe empfangen wird[1].

**1934**    34. Distinctio illa duplicis amoris, naturalis videlicet, quo Deus amatur ut auctor naturae, et gratuiti, quo Deus amatur ut beatificator, vana est et commentitia et ad illudendum sacris Litteris et plurimis veterum testimoniis excogitata[1].

34. Jene Unterscheidung der zweifachen Liebe, nämlich der natürlichen, mit der Gott als der Urheber der Natur geliebt wird, und der gnadenhaften, mit der Gott als Seligmacher geliebt wird, ist eitel, frei erfunden und ausgedacht, um die heilige Schrift und die vielfachen Zeugnisse der Alten zu verspotten[1].

**1935**    35. Omne, quod agit peccator vel servus peccati, peccatum est[1].

35. Alles, was ein Sünder oder Knecht der Sünde tut, ist Sünde[1].

**1936**    36. Amor naturalis, qui ex viribus naturae exoritur, ex sola philosophia per elationem praesumptionis humanae, cum iniuria crucis Christi defenditur a nonnullis doctoribus[1].

36. Die natürliche Liebe, die aus den Kräften der Natur entsteht, wird von manchen Lehrern allein aufgrund der Philosophie durch die Überhebung menschlicher Vermessenheit zur Schmach des Kreuzes Christi verteidigt[1].

**1937**    37. Cum Pelagio sentit, qui boni aliquid naturalis, hoc est, quod ex naturae solis viribus ortum ducit, agnoscit[1].

37. Die Auffassung des Pelagius vertritt, wer irgendein natürliches Gut, das heißt, das allein aus den Kräften der Natur entsteht, anerkennt[1].

**1938**    38. Omnis amor creaturae rationalis aut vitiosa est cupiditas, qua mundus diligitur, quae a Iohanne prohibetur, aut laudabilis illa caritas, qua per Spiritum Sanctum in corde diffusa [*cf. Rm 5,5*] Deus amatur[1].

38. Jede Liebe eines vernunftbegabten Geschöpfes ist entweder lasterhafte Begierde, mit der die Welt geliebt wird und die von Johannes verboten wird, oder jene lobenswerte Liebe, die durch den Heiligen Geist im Herzen ausgegossen ist [*vgl. Röm 5,5*] und mit der Gott geliebt wird[1].

**1939**    39. Quod voluntarie fit, etiam si necessario fiat, libere tamen fit[1].

39. Was willentlich getan wird, wird, auch wenn es notwendigerweise getan wird, dennoch frei getan[1].

**1940**    40. In omnibus suis actibus peccator servit dominanti cupiditati[1].

40. In allen seinen Taten dient der Sünder der herrschenden Begierde[1].

---

**\*1932** [1]  G' 7; vgl. A' propos. 10.
**\*1933** [1]  G' 7; vgl. A' propos. 11.
**\*1934** [1]  G' 4.
**\*1935** [1]  Folgt aus G' 5; Bellarmin berichtet, Bajus habe diesen Satz nicht als seinen anerkannt.
**\*1936** [1]  G' 5.
**\*1937** [1]  Nur dem Sinn nach: G' 5; vgl. B' 10.
**\*1938** [1]  G' 6.
**\*1939** [1]  B' 7; vgl. A' propos. 8.
**\*1940** [1]  B' 6. Nach Bellarmin behauptete Bajus, daß auch dieser Satz nicht der seinige sei.

41. Is libertatis modus, qui est a necessitate, sub libertatis nomine non reperitur in Scripturis, sed solum nomen libertatis a peccato[1].

41. Jene Art von Freiheit, die ⟨eine Freiheit⟩ von Nötigung ist, findet sich unter dem Namen "Freiheit" nicht in den Schriften, sondern nur der Name der Freiheit von der Sünde[1]. **1941**

42. Iustitia, qua iustificatur per fidem impius, consistit formaliter in oboedientia mandatorum, quae est operum iustitia, non autem in gratia aliqua animae infusa, qua adoptatur homo in filium Dei et secundum interiorem hominem renovatur ac divinae naturae consors efficitur, ut, sic per Spiritum Sanctum renovatus, deinceps bene vivere et Dei mandatis oboedire possit[1].

42. Die Gerechtigkeit, durch die der Gottlose vermittels des Glaubens gerechtfertigt wird, besteht formal im Gehorsam gegenüber den Geboten, der Gerechtigkeit aufgrund von Werken ist, nicht aber in irgendeiner der Seele eingegossenen Gnade, durch die der Mensch zum Sohn Gottes adoptiert, gemäß dem inneren Menschen erneuert und der göttlichen Natur teilhaftig wird, damit er – so durch den Heiligen Geist erneuert – künftig gut leben und den Geboten Gottes gehorchen könne[1]. **1942**

43. In hominibus paenitentibus ante sacramentum absolutionis et in catechumenis ante baptismum est vera iustificatio, separata tamen a remissione peccatorum[1].

43. In den reuigen Menschen vor dem Sakrament der Lossprechung und in den Katechumenen vor der Taufe ist wahre Rechtfertigung, jedoch getrennt von der Vergebung der Sünden[1]. **1943**

44. Operibus plerisque, quae a fidelibus fiunt, ut mandatis Dei pareant, cuiusmodi sunt oboedire parentibus, depositum reddere, ab homicidio, a furto, a fornicatione abstinere, iustificantur quidem homines, quia sunt legis oboedientia et vera legis iustitia; non tamen iis obtinent incrementa virtutum[1].

44. Durch die meisten Werke, die von den Gläubigen getan werden, um den Geboten Gottes zu gehorchen – wie nämlich den Eltern zu gehorchen, ein hinterlegtes Gut zurückzugeben, sich von Mord, von Diebstahl und von Unzucht zu enthalten –, werden die Menschen zwar gerechtfertigt, weil sie Gesetzesgehorsam und wahre Gesetzesgerechtigkeit sind; sie erlangen durch diese jedoch kein Wachstum der Tugenden[1]. **1944**

45. Sacrificium Missae non alia ratione est sacrificium, quam generali illa, qua "omne opus, quod fit, ut sancta societate Deo homo inhaereat"[1].

45. Das Meßopfer ist auf keine andere Weise Opfer als auf jene allgemeine, durch die "jedes Werk, das getan wird, damit der Mensch Gott in heiliger Gemeinschaft anhange" ⟨, ein Opfer ist⟩[1]. **1945**

46. [46A.] Ad rationem et definitionem peccati non pertinet voluntarium, nec definitionis quaestio est, sed causae et originis, utrum omne peccatum debeat esse voluntarium[1].

46. [46A.] Zum Wesen und zur Definition der Sünde gehört nicht das Willentliche, und es ist keine Frage der Definition, sondern der Ursache und des Ursprungs, ob jede Sünde willentlich sein muß[1]. **1946**

---

**\*1941** [1]　B' 7.
**\*1942** [1]　Ca' 5.
**\*1943** [1]　Ca' 7; vgl. 6.
**\*1944** [1]　Cb' 5.
**\*1945** [1]　D' 5; vgl. 2 und 6. – Zitiert wird Augustinus, *De civitate Dei* X 6 (B. Dombart – A. Kalb: CpChL 47 [1955] 278$_{1f}$ / CSEL 40,454$_{25f}$ / PL 41,283).
**\*1946** [1]　H' 7.

1947  47. [46B.] Unde peccatum originis vere habet rationem peccati sine ulla relatione ac respectu ad voluntatem, a qua originem habuit[1].

1948  48. [47A.] Peccatum originis est habituali parvuli voluntate voluntarium, et habitualiter dominatur parvulo eo quod non gerit contrarium voluntatis arbitrium[1].

1949  49. [47B.] Et ex habituali voluntate dominante fit, ut parvulus decedens sine regenerationis sacramento, quando usum rationis consecutus erit, actualiter Deum odio habeat, Deum blasphemet et legi Dei repugnet[1].

1950  50. [48.] Prava desideria, quibus ratio non consentit, et quae homo invitus patitur, sunt prohibita praecepto: "Non concupisces" [*Ex 20,17*][1].

1951  51. [49.] Concupiscentia sive lex membrorum, et prava eius desideria, quae inviti sentiunt homines, sunt vera legis inoboedientia[1].

1952  52. [50.] Omne scelus eius est condicionis, ut suum auctorem et omnes posteros eo modo inficere possit, quo infecit prima transgressio[1].

1953  53. [51.] Quantum est ex vi transgressionis, tantum meritorum malorum a generante contrahunt, qui cum minoribus nascuntur vitiis, quam qui cum maioribus[1].

1954  54. [52.] Definitiva haec sententia, Deum homini nihil impossibile praecepisse, falso tribuitur Augustino, cum Pelagii sit[1].

47. [46B.] Deshalb hat die Ursünde wahrhaft das Wesen der Sünde ohne irgendeine Beziehung und Rücksicht auf den Willen, aus dem sie entstand[1].

48. [47A.] Die Ursünde ist aufgrund des anlagemäßigen Wollens des Kindes willentlich und beherrscht das Kind anlagemäßig dadurch, daß es keine entgegengesetzte Willensentscheidung zuläßt[1].

49. [47B.] Und aus dem beherrschenden anlagemäßigen Willen ergibt sich, daß das Kind, das ohne das Sakrament der Wiedergeburt stirbt, wenn es den Gebrauch der Vernunft erlangt hat, in der Tat Gott haßt, Gott lästert und dem Gesetz Gottes widerstreitet[1].

50. [48.] Die verkehrten Wünsche, denen die Vernunft nicht zustimmt und die der Mensch gegen seinen Willen erleidet, sind durch das Gebot "Du sollst nicht begehren" [*Ex 20,17*] verboten[1].

51. [49.] Die Begierde bzw. das Gesetz der Glieder und ihre verkehrten Wünsche, die die Menschen gegen ihren Willen verspüren, sind wahrer Ungehorsam gegenüber dem Gesetz[1].

52. [50.] Jede böse Tat ist von solcher Beschaffenheit, daß sie ihren Urheber und alle Nachkommen auf solche Weise vergiften kann, wie die erste Übertretung vergiftete[1].

53. [51.] Wieviel an bösen Verdiensten aufgrund des Ausmaßes der Übertretung vorhanden ist, soviel ziehen sich von ihrem Erzeuger zu, die mit kleineren Fehlern geboren werden ebenso wie die mit größeren[1].

54. [52.] Jener entscheidende Satz, Gott habe dem Menschen nichts Unmögliches geboten, wird fälschlicherweise Augustinus zugeschrieben; denn er stammt von Pelagius[1].

---

*1947 [1]  H' 7.
*1948 [1]  H' 7; vgl. 10.
*1949 [1]  H' 7.
*1950 [1]  H' 11.
*1951 [1]  H' 15; vgl. 11 16.
*1952 [1]  H' 13.
*1953 [1]  H' 6.
*1954 [1]  H' 12. – Dieser Satz findet sich bei Augustinus, *De peccatorum meritis et remissione et de baptismo parvulorum* II 6, n. 7: "Aufgrund dieser und unzähliger anderer derartiger Zeugnisse kann ich nicht daran zweifeln, daß Gott dem Menschen nichts Unmögliches geboten hat und daß für Gott nichts unmöglich ist, um zu helfen und dazu beizutragen, daß geschieht, was er befiehlt. Und deswegen kann der Mensch, wenn er will, mit Gottes Hilfe, ohne Sünde sein" ("His atque huismodi aliis innumerabilibus testimoniis dubitare non possum, nec Deum aliquid impossibile homini praecepisse nec Deo ad opitulandum et adiuvandum, quo fiat quod iubet, impossibile aliquid

55. [53.] Deus non potuisset ab initio talem creare hominem, qualis nunc nascitur[1].

56. [54A.] In peccato duo sunt, actus et reatus; transeunte autem actu, nihil manet, nisi reatus sive obligatio ad poenam[1].

57. [54B.] Unde in sacramento baptismi aut sacerdotis absolutione proprie reatus peccati dumtaxat tollitur, et ministerium sacerdotum solum liberat a reatu[1].

58. [55.] Peccator paenitens non vivificatur ministerio sacerdotis absolventis, sed a solo Deo, qui, paenitentiam suggerens et inspirans, vivificat eum et resuscitat: ministerio autem sacerdotis solum reatus tollitur[1].

59. [56.] Quando per eleemosynas aliaque paenitentiae opera Deo satisfacimus pro poenis temporalibus, non dignum pretium Deo pro peccatis nostris offerimus, sicut quidam errantes autumant (nam alioqui essemus, saltem aliqua ex parte, redemptores); sed aliquid facimus, cuius intuitu Christi satisfactio nobis applicatur et communicatur[1].

60. [57.] Per passiones Sanctorum in indulgentiis communicatas non proprie redimuntur nostra delicta; sed per communionem caritatis nobis eorum passiones impertiuntur, ut digni simus, qui pretio sangui-

55. [53.] Gott hätte nicht von Anfang an **1955** einen solchen Menschen erschaffen können, wie er jetzt geboren wird[1].

56. [54A.] In der Sünde gibt es zweierlei, **1956** die Tat und die Strafwürdigkeit; ist aber die Tat vorüber, so verbleibt nichts außer der Strafwürdigkeit bzw. der Strafverpflichtung[1].

57. [54B.] Daher wird im Sakrament der **1957** Taufe oder in der Lossprechung durch den Priester eigentlich nur die Strafwürdigkeit der Sünde aufgehoben, und die Amtshandlung der Priester befreit allein von der Strafwürdigkeit[1].

58. [55.] Der reuige Sünder wird nicht **1958** durch die Amtshandlung des lossprechenden Priesters lebendig gemacht, sondern allein von Gott, der ihm Reue gewährt und einhaucht und ihn so lebendig macht und wiedererweckt; durch die Amtshandlung des Priesters aber wird nur die Strafwürdigkeit aufgehoben[1].

59. [56.] Wenn wir durch Almosen und andere Werke der Buße Gott Genugtuung leisten für die zeitlichen Strafen, bringen wir **1959** Gott keinen angemessenen Gegenwert für unsere Sünden dar, wie manche irrtümlich behaupten (denn sonst wären wir – wenigstens teilweise – Erlöser), sondern tun etwas, im Hinblick auf das uns die Genugtuung Christi zugewendet und mitgeteilt wird[1].

60. [57.] Durch die in den Ablässen mit- **1960** geteilten Leiden der Heiligen werden unsere Vergehen nicht eigentlich losgekauft; vielmehr werden uns ihre Leiden durch die Gemeinschaft der Liebe zuteil, auf daß wir wür-

---

esse. Ac per hoc potest homo, si velit, esse sine peccato adiutus a Deo": CSEL 60,78$_{14-18}$ / PL 44,155). Unmittelbar danach, c. 7, n. 8, fügt Augustinus hinzu: "Wenn aber gefragt wird, ob das, was ich an *zweiter* Stelle angeführt habe, ⟨auch tatsächlich⟩ ist, so glaube ich nicht, daß es ist" ("Si autem, quod *secundo* loco posueram, quaeratur, utrum sit, esse non credo"). Bajus glaubte, daß der *ganze* oben angeführte Satz (nicht nur sein letztes Glied) von diesem Zweifel betroffen ist und er deshalb im Sinne des Pelagius geäußert worden sei.

Es gibt aber auch noch eine andere Stelle bei Augustinus, die das Konzil von Trient selbst (6. Sitzung, Kap. 11: vgl. \*1536) in einem Bajus entgegengesetzten Sinne ausgelegt hat, nämlich *De natura et gratia* 43, n. 50: "Gott befiehlt also nichts Unmögliches, sondern befehlend mahnt er, zu tun, was man kann, und zu erbitten, was man nicht kann" ("Non igitur Deus impossibilia iubet, sed iubendo admonet et facere quod possis et petere quod non possis": CSEL 60,270$_{20-22}$ / PL 44,271).

**\*1955** [1] H' 5.
**\*1956** [1] H' 14; K' 4.
**\*1957** [1] H' 16; vgl. K' 4.
**\*1958** [1] H' 16; vgl. K' 4.
**\*1959** [1] J' 8.

nis Christi a poenis pro peccatis debitis liberemur[1].

**1961**   61. [58.] Celebris illa doctorum distinctio, divinae legis mandata bifariam impleri, altero modo, quantum ad praeceptorum operum substantiam tantum, altero, quantum ad certum quendam modum, videlicet, secundum quem valeant operantem perducere ad regnum aeternum (hoc est ad modum meritorium), commentitia est et explodenda.

**1962**   62. [59.] Illa quoque distinctio, qua opus dicitur bifariam bonum, vel quia ex obiecto et omnibus circumstantiis rectum est et bonum (quod moraliter bonum appellari consuevit), vel quia est meritorium regni aeterni, eo quod fit a vivo Christi membro per Spiritum caritatis, reicienda putatur.

**1963**   63. [60.] Similiter et illa distinctio duplicis iustitiae, alterius, quae fit per Spiritum caritatis inhabitantem, alterius, quae fit ex inspiratione quidem Spiritus Sancti cor ad paenitentiam excitantis, sed nondum cor inhabitantis et in eo caritatem diffundentis, qua divinae legis iustificatio impleatur, odiosissime et pertinacissime reicitur.

**1964**   64. [61.] Denique et illa distinctio duplicis vivificationis, alterius, qua vivificatur peccator, dum ei paenitentia et vitae novae propositum et inchoatio per Dei gratiam inspiratur, alterius, qua vivificatur, qui vere iustificatur et palmes vivus in vite Christo efficitur, pariter commentitia est et Scripturis minime congruens.

**1965**   65. [62.] Non nisi Pelagiano errore admitti potest usus aliquis liberi arbitrii bonus sive non malus, et gratiae Christi iniuriam facit,

dig seien, durch das Lösegeld des Blutes Christi von den für die Sünden geschuldeten Strafen befreit zu werden[1].

61. [58.] Jene berühmte Unterscheidung der Gelehrten, die Gebote des göttlichen Gesetzes würden auf zweifache Weise erfüllt, zum einen auf eine Weise, die nur den Kern der vorgeschriebenen Werke betrifft, zum anderen, die jene gewisse Weise betrifft, nach der sie nämlich den, der die Werke tut, zum ewigen Reich zu führen vermögen (d. h. auf die Weise des Verdienstes), ist erfunden und zu verwerfen.

62. [59.] Auch jene Unterscheidung, durch die ein Werk auf zweifache Weise gut genannt wird, einerseits, weil es aufgrund des Gegenstandes und aller Umstände recht und gut ist (was man gewöhnlich 'moralisch gut' nennt), andererseits, weil es dadurch für das ewige Reich verdienstlich ist, daß es von einem lebendigen Glied Christi durch den Geist der Liebe getan wird, wird für verwerflich erachtet.

63. [60.] Gleichfalls wird auch jene Unterscheidung einer doppelten Gerechtigkeit, einer, die durch den einwohnenden Geist der Liebe geschieht, und einer anderen, die zwar aufgrund der Einhauchung des Heiligen Geistes geschieht, der das Herz zur Reue erweckt, wobei er aber noch nicht im Herzen wohnt und in ihm die Liebe ausgießt, durch die die Rechtfertigung des göttlichen Gesetzes erfüllt wird, mit größtem Abscheu und aufs hartnäckigste verworfen.

64. [61.] Schließlich ist auch jene Unterscheidung einer doppelten Lebendigmachung, einer, durch die der Sünder lebendiggemacht wird, indem ihm durch die Gnade Gottes die Reue und der Vorsatz und Anfang eines neuen Lebens eingehaucht wird, und einer anderen, durch die lebendiggemacht wird, wer wahrhaft gerechtfertigt und zum lebendigen Rebzweig am Weinstock Christus wird, gleichfalls erfunden und mit den Schriften nicht im geringsten übereinstimmend.

65. [62.] Nur aufgrund eines pelagianischen Irrtums kann irgendein guter bzw. nicht böser Gebrauch des freien Willens

---

*1960 [1]   J' 8.

qui ita sentit et docet[1].

66. [63.] Sola violentia repugnat libertati hominis naturali[1].

67. [64.] Homo peccat etiam damnabiliter in eo, quod necessario facit[1].

68. [65.] Infidelitas pure negativa in his, in quibus Christus non est praedicatus, peccatum est.

69. [66.] Iustificatio impii fit formaliter per oboedientiam legis, non autem per occultam communicationem et inspirationem gratiae, quae per eam iustificatos faciat implere legem[1].

70. [67.] Homo exsistens in peccato mortali, sive in reatu aeternae damnationis, potest habere veram caritatem; et caritas etiam perfecta potest consistere cum reatu aeternae damnationis.

71. [68.] Per contritionem, etiam caritate perfectam et cum voto suscipiendi sacramentum coniunctam, non remittitur crimen, extra casum necessitatis aut martyrii, sine actuali susceptione sacramenti.

72. [69.] Omnes omnino iustorum afflictiones sunt ultiones peccatorum ipsorum; unde et Iob et martyres, quae passi sunt, propter peccata sua passi sunt[1].

73. [70.] Nemo, praeter Christum, est absque peccato originali; hinc Beata Virgo mortua est propter peccatum ex Adam contractum, omnesque eius afflictiones in hac vita sicut et aliorum iustorum fuerunt ultiones peccati actualis vel originalis[1].

zugestanden werden, und der Gnade Christi tut unrecht, wer so denkt und lehrt[1].

66. [63.] Allein die Gewalt widerstreitet der natürlichen Freiheit des Menschen[1].  **1966**

67. [64.] Der Mensch sündigt auch in verdammenswerter Weise in dem, was er notwendig tut[1].  **1967**

68. [65.] Der rein negative ⟨auf Unkenntnis beruhende⟩ Unglaube bei denen, bei denen Christus nicht verkündet wurde, ist Sünde.  **1968**

69. [66.] Die Rechtfertigung des Gottlosen geschieht formal durch den Gehorsam gegenüber dem Gesetz, nicht aber durch die verborgene Mitteilung und Einhauchung der Gnade, die bewirkt, daß die durch sie Gerechtfertigten das Gesetz erfüllen[1].  **1969**

70. [67.] Der Mensch, der in der Todsünde bzw. in der Strafwürdigkeit der ewigen Verdammnis lebt, kann die wahre Liebe haben; und auch die vollkommene Liebe kann zusammen mit der Strafwürdigkeit der ewigen Verdammnis bestehen.  **1970**

71. [68.] Durch die Reue, auch wenn sie durch die Liebe vollkommen und mit dem Wunsch, das Sakrament zu empfangen, verbunden ist, wird die Untat – außer im Falle einer Notlage oder des Martyriums – ohne den tatsächlichen Empfang des Sakraments nicht vergeben.  **1971**

72. [69.] Alle Drangsale der Gerechten sind ganz und gar Strafen für ihre eigenen Sünden; daher haben auch Ijob und die Martyrer, die gelitten haben, wegen ihrer Sünden gelitten[1].  **1972**

73. [70.] Niemand außer Christus ist ohne Ursünde; daher ist die Selige Jungfrau wegen der aus Adam zugezogenen Sünde gestorben, und alle ihre Drangsale in diesem Leben, sowie auch die der anderen Gerechten, waren Strafen für eine aktuelle Sünde oder die Ursünde[1].  **1973**

---

**\*1965** [1]   Vgl. B' 1 10 11; Fb' 8.
**\*1966** [1]   A' propos. 2, zweiter Teil; vgl. B' 4–7.
**\*1967** [1]   Vgl. A' propos. 5.
**\*1969** [1]   Vgl. Fa' 5.
**\*1972** [1]   A' propos. 16.
**\*1973** [1]   A' propos. 16.

**1974**     74. [71.] Concupiscentia in renatis relapsis in peccatum mortale, in quibus iam dominatur, peccatum est, sicut et alii habitus pravi[1].

74. [71.] Die Begierde in den Wiedergeborenen, die wieder in Todsünde gefallen sind und in denen sie nun herrscht, ist Sünde, sowie auch die anderen schlechten Anlagen[1].

**1975**     75. [72.] Motus pravi concupiscentiae sunt, pro statu hominis vitiati, prohibiti praecepto: "Non concupisces" [*Ex 20,17*]; unde homo eos sentiens, et non consentiens, transgreditur praeceptum: "Non concupisces", quamvis transgressio in peccatum non deputetur[1].

75. [72.] Die verkehrten Regungen der Begierde sind – angesichts des Zustandes des gefallenen Menschen – durch die Vorschrift "Du sollst nicht begehren" [*Ex 20,17*] verboten; daher übertritt der Mensch, der sie verspürt, auch wenn er ihnen nicht beistimmt, das Gebot "Du sollst nicht begehren", obwohl die Übertretung nicht zur Sünde angerechnet wird[1].

**1976**     76. [73.] Quamdiu aliquid concupiscentiae carnalis in diligente est, non facit praeceptum: "Diliges Dominum Deum tuum ex toto corde tuo" [*Dt 6,5; Mt 22,37*][1].

76. [73.] Solange etwas von fleischlicher Begierde im Liebenden ist, erfüllt er nicht das Gebot: "Du sollst den Herrn, deinen Gott, lieben aus deinem ganzen Herzen" [*Dtn 6,5; Mt 22,37*][1].

**1977**     77. [74.] Satisfactiones laboriosae iustificatorum non valent expiare de condigno poenam temporalem restantem post culpam condonatam[1].

77. [74.] Die mühevollen Genugtuungen der Gerechtfertigten vermögen die nach Vergebung der Schuld übrigbleibende zeitliche Strafe nicht aufgrund ihres ⟨eigenen⟩ Wertes abzubüßen[1].

**1978**     78. [75.] Immortalitas primi hominis non erat gratiae beneficium, sed naturalis condicio.

78. [75.] Die Unsterblichkeit des ersten Menschen war kein Geschenk der Gnade, sondern seine natürliche Daseinsbedingung.

**1979**     79. [76.] Falsa est doctorum sententia, primum hominem potuisse a Deo creari et institui sine iustitia naturali.

79. [76.] Falsch ist die Auffassung der Gelehrten, der erste Mensch hätte von Gott ohne natürliche Gerechtigkeit geschaffen und eingesetzt werden können.

**1980**     [*Censura:*] Quas quidem sententias stricto coram Nobis examine ponderatas, quamquam nonnullae aliquo pacto sustineri possent

in rigore et proprio verborum sensu ab assertoribus intento[1]

[*Zensur:*] Diese Sätze nun wurden in Unserer Gegenwart in einer genauen Untersuchung abgewogen; obwohl einige irgendwie aufrechterhalten werden könnten

im strengen und eigentlichen, von ihren Vertretern beabsichtigten Sinn der Worte[1]

---

**\*1974** [1]   Vgl. H' 17; *Baiana* 122.
**\*1975** [1]   Vgl. H' 2 12.
**\*1976** [1]   Vgl. *Baiana* 122 146.
**\*1977** [1]   Vgl. J' 8; *Baiana* 123.
**\*1980** [1]   Die Originalbulle verrät weder durch die Interpunktion noch auf eine andere Weise, ob die oben der größeren Übersichtlichkeit wegen vom Kontext abgezogene Wortfolge "in rigore – intento" ("im strengen – Worte") mit der vorhergehenden Phrase "quamquam – substineri possent" ("obwohl – aufrechterhalten werden könnten") [= 1. *Interpretation*] oder mit den folgenden Worten "haereticas ..." ("verurteilen, ...") [= 2. *Interpretation*] zu verbinden ist; mit anderen Worten: ob ein K o m m a nach "intento" ("Worte") [= *1. Interpretation*] oder nach "sustineri possent" ("aufrechterhalten werden könnten") [= *2. Interpretation*] der Trennung halber einzusetzen ist. Da aber von dieser Frage abhängt, in welchem Sinne die Sätze des Bajus verurteilt werden, kam es zu einer Auseinandersetzung über das sogenannte C o m m a P i a n u m. Wenn die *1. Interpretation* gilt, werden die Sätze verurteilt, *wie sie dastehen* bzw. *in sich*: diese Interpretation beanspruchen die Bajaner für sich; wenn die 2. *Interpretation* gültig ist, werden die Sätze *im Sinne des Verfassers* verurteilt, wie es z. B. ausdrücklich von den Sätzen Jansens feststeht (vgl. *2012 2020): diese Interpretation ziehen selbstverständlich die Gegner der Bajaner vor, unter denen Juan Martinez de Ripalda herausragt, der ein Hauptwerk gegen Bajus geschrieben hat: *Adversus articulos olim a*

haereticas, erroneas, suspectas, temerarias, scandalosas et in pias aures offensionem immittentes respective, ac quaecumque super iis verbo scriptoque emissa, praesentium auctoritate damnamus, circumscribimus et abolemus.

verurteilen, bestimmen und verwerfen Wir sie und alles, was über sie mündlich und schriftlich verlautbart wurde, kraft des vorliegenden ⟨Schreibens⟩ als – je nachdem – häretisch, irrig, verdächtig, leichtfertig, anstößig und gegenüber frommen Ohren verletzend.

## 1981-1982: Konstitution "In eam pro nostro", 28. Jan. 1571

Unter Wechselgeschäften wird der gewinnbringende Tauschhandel mit Schuldverschreibungen verstanden. In sogenannten trockenen oder erdichteten, d. h. ungedeckten Wechseln sah man eine Zinsnahme.

*Ausg.:* Clemens VIII., *Decretales, quae vulgo nuncupantur Liber Septimus Decretalium Clementis VIII* [ein i. J. 1598 vollendetes Werk, das aber niemals Rechtsgültigkeit erlangte, hrsg. von F. Sentis (Freiburg/Brsg. 1870) 170f ( = lib. V, Tit. 13) / BullTau 7,884b / BullCocq 4/III, 145b.

### *Wechselgeschäfte*

Primum igitur damnamus ea omnia cambia, quae *ficta* [sicca] nominantur et ita confinguntur, ut contrahentes ad certas nundinas seu ad alia loca cambia celebrare simulent, ad quae loca ii, qui pecuniam recipiunt, litteras quidem suas cambii tradunt, sed non mittuntur, vel ita mittuntur, ut transacto tempore, unde processerant, inanes referantur, aut etiam nullis huiusmodi litteris traditis, pecunia ibi denique cum interesse reposcitur, ubi contractus fuerat celebratus: nam inter dantes et recipientes usque a principio ita convenerat, vel certe talis intentio erat, neque quisquam est, qui in nundinis, aut locis supradictis, huiusmodi litteris receptis solutionem faciat.

Zunächst also verurteilen Wir all jene **1981** Wechsel, die *erdichtet* [trocken] genannt und so erdichtet werden, daß die Vertragschließenden an bestimmten Märkten oder an anderen Orten so tun, als schlössen sie Wechselgeschäfte ab; diejenigen, die Geld empfangen, händigen an diesen Orten zwar ihre Wechselbriefe aus, sie werden aber nicht ⟨formal⟩ ausgegeben, oder sie werden so ausgegeben, daß sie nach Ablauf der Zeit, in der sie gegolten hatten, vergebens zurückgegeben werden; oder das Geld wird auch ohne die Aushändigung solcher Briefe schließlich dort mit Gewinn zurückgefordert, wo der Vertrag abgeschlossen worden war: denn zwischen Gebern und Empfängern war es von Anfang an so vereinbart worden oder gab es doch wenigstens eine solche Absicht, und es ist keiner, der sie auf den Märkten oder an den obengenannten Orten einlösen würde, nachdem er in den Besitz solcher Briefe gelangt ist.

Cui malo simile etiam illud est, cum pecuniae sive depositi sive alio nomine ficti cambii traduntur, ut postea eodem in loco vel alibi cum lucro restituantur.

Diesem Übel ähnlich ist auch jenes, wenn erdichtete Wechsel auf Geld oder auf eine Hinterlassenschaft oder unter einem anderen Namen ausgehändigt werden, damit sie später an demselben Ort oder anderswo mit Gewinn zurückerstattet werden.

---

*Pio V et Gregorio XII et novissime ab Urbano VIII P.P. damnatos libri 2; Ad disputationes de ente supernaturali Appendix et tomus III* (Köln 1648); ebd. S. 7f (sect. II, n. 11) behauptet de Ripalda, Kardinal de Lugo habe in einem Autograph desjenigen Kardinals, der auf Geheiß Pius' V. die Bulle verfaßt hatte, eine mit der *2. Interpretation* übereinstimmende Interpunktion gefunden. Wenigstens von den Zeiten Jansens an, der die Irrtümer des Bajus wiederholte, wurde die *2. Interpretation* zur allgemeinen; es sprechen jedoch gute Gründe dafür, daß ursprünglich die *1. Interpretation* beabsichtigt gewesen war; vgl. E. van Eijl, in: RHE 50 (1955) 499–542. Man vergleiche auch die den Sätzen Eckharts auferlegte Zensur Johannes' XXII. (*979): "licet cum multis expositionibus ..." ("wenn auch mit vielen Darlegungen ...").

**1982**    Sed et in ipsis cambiis, quae r e a l i a appellantur, interdum, ut ad nos perfertur, campsores praestitutum solutionis terminum, lucro ex tacita vel expressa conventione recepto seu etiam tantummodo promisso, differunt. Quae omnia nos usuraria esse declaramus et, ne fiant, districtius prohibemus.

Aber auch bei jenen Wechseln, die w i r k - l i c h e genannt werden, verschieben die Wechsler bisweilen, wie Uns hinterbracht wird, den vorher vereinbarten Termin der Einlösung, wenn aufgrund stillschweigender oder ausdrücklicher Übereinkunft Gewinn empfangen oder auch nur versprochen wurde. Wir erklären, daß dies alles zinsnehmerisch ist und verbieten strengstens, daß es geschehe.

### 1983: Konstitution "Romani Pontificis", 2. Aug. 1571

*Ausg.:* CollPF² 1,493f, Anm. 1 zu Nr. 848.

### *Privilegium fidei*

**1983**    Cum ... Indis in sua infidelitate manentibus plures permittantur uxores, quas ipsi etiam levissimis de causis repudiant, hinc factum est quod recipientibus baptismum permissum sit permanere cum ea uxore, quae simul cum marito baptizata exsistit; et quia saepenumero contingit illam non esse primam coniugem, unde tam ministri [*sacramentorum*] quam episcopi gravissimis scrupulis torquentur, existimantes illud non esse verum matrimonium; sed quia durissimum est separare eos ab uxoribus, cum quibus ipsi Indi baptismum susceperunt, maxime quia difficillimum foret primam coniugem reperire: ideo Nos,

Weil ... den in ihrer Ungläubigkeit verharrenden Indern mehrere Frauen erlaubt werden, die sie selbst aus den geringfügigsten Anlässen verstoßen, deshalb geschah es, daß ihnen, wenn sie die Taufe empfingen, erlaubt wurde, bei der Frau zu bleiben, die zusammen mit dem Gatten getauft wurde; und weil es oftmals zutrifft, daß diese nicht die erste Gattin ist, daher werden sowohl die Spender [*der Sakramente*] als auch die Bischöfe von schwersten Bedenken gequält, da sie meinen, es sei keine wahre Ehe; aber weil es äußerst hart wäre, sie von den Frauen zu trennen, mit denen die Inder die Taufe empfangen haben, und weil es insbesondere äußerst schwierig wäre, die erste Gattin zu finden: deshalb erklären Wir

     statui dictorum Indorum paterno affectu benigne consulere atque ipsos episcopos et ministros ab huiusmodi scrupulis eximere volentes,

     in der Absicht, der Lage besagter Inder mit väterlicher Zuneigung gütig Rechnung zu tragen und die Bischöfe und ⟨Sakramenten⟩spender von solchen Bedenken zu befreien,

motu proprio et ex certa scientia Nostra ac Apostolicae potestatis plenitudine, ut Indi, sicut praemittitur, baptizati et in futurum baptizandi cum uxore, quae cum ipsis fuerit baptizata et baptizabitur, remanere valeant, tamquam cum uxore legitima, aliis dimissis, Apostolica auctoritate, tenore praesentium, declaramus, matrimoniumque huiusmodi inter eos legitime consistere.

aus eigenem Antrieb und aufgrund Unseres sicheren Wissens und der Fülle Apostolischer Vollmacht kraft Apostolischer Autorität aufgrund des vorliegenden ⟨Schreibens⟩, daß Inder, die, wie vorausgeschickt, getauft wurden und künftig getauft werden sollen, bei der Frau, die mit ihnen getauft wurde und getauft werden wird, als bei der rechtmäßigen Frau bleiben können, nachdem sie die anderen entlassen haben, und daß eine solche Ehe zwischen ihnen rechtmäßig besteht.

## GREGOR XIII.: 13. Mai 1572 - 10. April 1585

### 1985-1987: Dekret für die Griechisch-Russische Kirche, i. J. 1575

Es entstand anläßlich der Verhandlungen über eine Union mit der Griechisch-Russischen Kirche.
*Ausg.:* BullTau 8,133a–134a / BullCocq 4/III, 311ab.

*Das für die Griechen vorgeschriebene Glaubensbekenntnis*

Ego N. firma fide credo et profiteor omnia et singula, quae continentur in Symbolo fidei, quo sancta Romana Ecclesia utitur, videlicet: Credo in unum Deum ... [*ut in Symbolo Constantinopolitano, \*150*].

Credo etiam, suscipio atque profiteor ea omnia, quae sacra oecumenica Synodus Florentina super unione occidentalis et orientalis Ecclesiae definivit et declaravit, videlicet quod Spiritus Sanctus a Patre et Filio aeternaliter est; et essentiam suam suumque esse subsistens habet ex Patre simul et Filio, et ex utroque aeternaliter, tamquam ab uno principio et unica spiratione procedit; cum id, quod sancti Doctores et Patres dicunt, ex Patre per Filium procedere Spiritum Sanctum, ad hanc intelligentiam tendat, ut per hoc significetur, Filium quoque esse secundum Graecos quidem causam, secundum Latinos vero principium subsistentiae Spiritus Sancti, sicut et Patrem. Cumque omnia quae Patris sunt, ipse Pater unigenito Filio suo gignendo dederit, praeter esse Patrem, hoc ipsum quod Spiritus Sanctus procedit ex Filio, ipse Filius a Patre aeternaliter habet, a quo aeternaliter etiam genitus est.

Illamque verborum illorum "Filioque" explicationem, veritatis declarandae gratia, et imminente tunc necessitate, licite ac rationabiliter Symbolo fuisse appositam. ...

Ich, N.N., glaube mit festem Glauben und **1985** bekenne samt und sonders, was im Glaubensbekenntnis enthalten ist, das die heilige Römische Kirche gebraucht, nämlich: Ich glaube an den einen Gott ... [*wie im Konstantinopolitanischen Bekenntnis, \*150*].

Ich glaube auch, nehme an und bekenne **1986** all das, was das heilige ökumenische Konzil von Florenz über die Union der westlichen und östlichen Kirche festgelegt und erklärt hat, nämlich daß der Heilige Geist aus dem Vater und dem Sohne von Ewigkeit her ist, sein Wesen und sein in sich ständiges Sein zugleich aus dem Vater und dem Sohne hat und aus beiden von Ewigkeit her als aus einem Prinzip und durch eine einzige Hauchung hervorgeht; denn das, was die heiligen Lehrer und Väter sagen, ⟨nämlich⟩ daß der Heilige Geist aus dem Vater durch den Sohn hervorgehe, zielt auf jenes Verständnis hin, daß dadurch bezeichnet werden soll, daß auch der Sohn gemäß den Griechen Ursache, gemäß den Lateinern aber Prinzip des Daseins des Heiligen Geistes ist, so wie auch der Vater. Und weil der Vater selbst alles, was des Vaters ist, seinem einziggeborenen Sohn in der Zeugung gab, außer dem Vatersein, hat der Sohn selbst eben dieses, daß der Heilige Geist aus dem Sohn hervorgeht, von Ewigkeit her vom Vater, von dem er auch von Ewigkeit her gezeugt ist.

Und ⟨ich glaube, daß⟩ die Erläuterung jener Worte, ⟨nämlich⟩ das "Filioque", zum Zwecke der Verdeutlichung der Wahrheit und aufgrund einer damals bestehenden dringenden Notwendigkeit erlaubtermaßen und vernünftigerweise dem Bekenntnis beigefügt worden ist. ...

[*Es folgt der Text aus dem Unionsdekret für die Griechen \*1303 1307 des Konzils von Florenz.*]

Insuper profiteor ac recipio alia omnia, quae ex decretis sacrae oecumenicae generalis Synodi Tridentinae sacrosancta Romana et Apostolica Ecclesia, etiam ultra contenta in

Überdies bekenne ich und nehme alles an- **1987** dere an, was die hochheilige Römische und Apostolische Kirche aufgrund der Dekrete des heiligen ökumenischen, allgemeinen

supradictis fidei Symbolis, profitenda ac recipienda proposuit atque praescripsit, ut sequitur. Apostolicas ... [*et cetera omnia, ut in Professione fidei Tridentina *1863–1870*].

Konzils von Trient, auch über das in den obengenannten Glaubensbekenntnissen Enthaltene hinaus, wie folgt, zu bekennen und anzunehmen vorgelegt und vorgeschrieben hat. Die apostolischen ... [*und alles übrige, wie im Trienter Glaubensbekenntnis *1863–1870*].

## 1988: Konstitution "Populis ac nationibus", 25. Jan. 1585

*Ausg.:* CollPF² 1,256, Anm. 1 zu Nr. 400.

### Paulinisches Privileg

**1988**    Populis ac nationibus nuper ex gentilitatis errore ad fidem catholicam conversis expedit indulgere circa libertatem contrahendi matrimonia, ne homines, continentiae servandae minime assueti, propterea minus libenter in fide persistant, et alios illorum exemplo ab eius perceptione deterreant.

Quoniam igitur saepe contingit multos utriusque sed praecipue virilis sexus infideles, post contracta gentili ritu matrimonia, ... ab hostibus captos, a patriis finibus et propriis coniugibus in remotissimas regiones exterminari, adeo ut tam ipsi, captivique, qui in patria remanent, si postea ad fidem convertantur, coniuges infideles tam longo locorum intervallo disiunctos, an sine contumelia Creatoris secum cohabitare velint, ut par est, monere nequeant, vel quia interdum ad hostiles et barbaras provincias ne nuntiis quidem accessus pateat, vel quia ignorent prorsus in quas regiones fuerint transvecti, vel quia itineris longitudo magnam afferat difficultatem: idcirco Nos,

attendentes huiusmodi connubia inter infideles contracta, vera quidem, non tamen adeo rata censeri, ut necessitate suadente dissolvi non possint,

... locorum Ordinariis et parochis ... concedimus facultatem dispensandi [*super interpellatione*] cum quibuscumque utrius-

Es ist dienlich, mit den jüngst aus dem Irrtum des Heidentums zum katholischen Glauben bekehrten Völkern und Nationen in bezug auf die Freiheit der Eheschließung Nachsicht zu üben, damit die Menschen, nicht daran gewöhnt, Enthaltsamkeit zu wahren, nicht deswegen weniger gern im Glauben verharren und andere durch deren Beispiel von seinem Empfang abschrecken.

Weil es also oft zutrifft, daß viele Ungläubige beiderlei, aber vor allem männlichen Geschlechts nach der im heidnischen Ritus vollzogenen Eheschließung ... von Feinden gefangen, von ihren Heimatländern und ihren eigenen Gatten weg in entlegenste Gegenden entführt werden, so daß sowohl die Gefangenen selbst als auch diejenigen, die in der Heimat zurückbleiben, wenn sie sich hernach zum Glauben bekehren, den durch eine so große räumliche Entfernung getrennten ungläubigen Gatten nicht, wie es angemessen ist, zu bedenken geben können, ob sie ohne Schmähung des Schöpfers mit ihnen zusammenleben wollen, oder weil bisweilen zu feindlichen und fremden Provinzen nicht einmal Boten der Zugang offensteht, oder weil sie überhaupt nicht wissen, in welche Gegenden sie verschleppt wurden, oder weil die Länge der Reise große Schwierigkeit mit sich bringt: deshalb räumen Wir

unter Berücksichtigung, daß solche zwischen Ungläubigen geschlossenen Ehen zwar für wahr, nicht jedoch für so sehr gültig gehalten werden, daß sie nicht aufgrund drängender Notwendigkeit gelöst werden könnten,

... den Ortsordinarien und Pfarrern ... die Möglichkeit ein, alle die besagten Gegenden bewohnenden und später zum Glauben be-

que sexus Christifidelibus incolis dictarum regionum et serius ad fidem conversis, qui ante baptisma susceptum matrimonium contraxerunt, ut eorum quilibet, superstite coniuge infideli, et eius consensu minime requisito, aut responso non exspectato, matrimonia cum quovis fideli alterius etiam ritus contrahere et in facie Ecclesiae sollemnizare et in eis postea carnali copula consummatis quoad vixerint remanere licite valeant: dummodo constet etiam summarie et extraiudicialiter, coniugem, ut praefertur, absentem moneri legitime non posse, aut monitum intra tempus in eadem monitione praefixum suam voluntatem non significasse; quae quidem matrimonia, etiamsi postea innotuerit coniuges priores infideles suam voluntatem iuste impeditos declarare non potuisse, et ad fidem etiam tempore transacti secundi matrimonii conversos fuisse, nihilominus rescindi numquam debere, sed valida et firma prolemque inde suscipiendam legitimam fore decernimus.

kehrten Christgläubigen beiderlei Geschlechts, die vor dem Empfang der Taufe eine Ehe geschlossen haben, [*von der Anfrage*] zu dispensieren, so daß alle von ihnen, auch wenn der ungläubige Gatte noch am Leben ist und seine Zustimmung keineswegs eingeholt oder eine Antwort nicht abgewartet wurde, Ehen mit jedem beliebigen Gläubigen – auch eines anderen Ritus – schließen und im Angesicht der Kirche feierlich begehen und in ihnen hernach, nachdem sie durch die fleischliche Verbindung vollzogen wurden, solange sie leben, erlaubtermaßen verbleiben können: sofern nur auch summarisch und außergerichtlich feststeht, daß der Gatte, der, wie vorausgeschickt, abwesend ist, nicht rechtmäßig ermahnt werden kann oder der Ermahnte innerhalb der bei ebendieser Ermahnung vorher festgelegten Zeit seinen Willen nicht bekundet hat; und zwar bestimmen Wir, daß diese Ehen, auch wenn später bekannt wird, daß die ungläubigen früheren Gatten ihren Willen – durch einen triftigen Grund gehindert – nicht erklären konnten und sich sogar zum Zeitpunkt der zweiten Eheschließung zum Glauben bekehrt hatten, nichtsdestotrotz niemals aufgehoben werden dürfen, sondern gültig und beständig sind und die daraus empfangene Nachkommenschaft rechtmäßig ist.

SIXTUS V.: 24. April 1585 – 27. Aug. 1590
URBAN VII.: 15. – 27. Sept. 1590
GREGOR XIV.: 5. Dez. 1590 – 17. Okt. 1591
INNOZENZ IX.: 29. Okt. – 30. Dez. 1591

## CLEMENS VIII.: 30. Jan. 1592 – 3. März 1605

### 1989: Dekret an alle Ordensoberen, 26. Mai 1593

*Ausg.:* Viva 3,174b.

### *Wahrung des Beichtgeheimnisses*

(c. 4) Tam Superiores pro tempore exsistentes quam confessarii, qui postea ad superioritatis gradum fuerint promoti, caveant diligentissime, ne ea notitia, quam de aliorum peccatis in confessione habuerunt, ad ex-

(Kap. 4) Sowohl die jeweils amtierenden **1989** Oberen als auch die Beichtväter, die später in den Rang eines Oberen befördert werden, sollen sich sorgsamst hüten, die Kenntnis, die sie von den Sünden anderer in der Beichte

teriorem gubernationem utantur. Atque ita per quoscumque Regularium Superiores, quicumque illi sint, observari mandamus.

hatten, zur äußeren Leitung zu gebrauchen. Und Wir gebieten, daß es so von welchen Ordensoberen auch immer, wer sie auch immer sein mögen, beachtet werde.

## 1990-1992: Instruktion "Presbyteri Graeci", 30. Aug. 1595

In dieser Instruktion über die Riten der Italo-Griechen wird den Priestern untersagt, im Anschluß an die Taufe die Firmung zu spenden. Benedikt XIV. erkannte in der Konstitution *"Etsi pastoralis"* (*2522) eine solche unmittelbar nach der Taufe gespendete Firmung nicht an. Er begründete dies in seinem Werk *De synodo dioecesana* VII 8, n. 7, folgendermaßen: "Wie auch immer es im übrigen um diese schwierige und sehr verwickelte Auseinandersetzung bestellt sein mag: für alle steht unzweifelhaft fest, daß eine allein aufgrund der Beauftragung eines Bischofs von einem einfachen lateinischen Priester gespendete Firmung nunmehr ungültig sein wird, weil der Apostolische Stuhl dieses Recht einzig sich vorbehielt" ("Ceterum quidquid sit de hac difficili et valde implexa controversia, omnibus in confesso est, irritam nunc fore confirmationem a simplici presbytero Latino ex sola episcopi delegatione collatam, quia Sedes Apostolica id iuris sibi unice reservavit"). Clemens XIV. aber stattete die Priester mit einer solchen Erlaubnis aus, sofern sie nur Chrisam gebrauchen, das von einem Bischof gesegnet wurde (vgl. *2588).

*Ausg.:* BullTau 10,211b-212a / BullLux 3,52ab.

### Die Befugnis, Chrisam zu segnen und zu firmen

1990    Presbyteri Graeci baptizatos chrismate in fronte non consignent, et ideo ab ipsis in ordine baptismi apud eorum Euchologium praetermittantur, quae sequuntur post illa verba ... "Et post orationem", etc., ubi habetur forma huius consignationis ...

Griechische Priester sollen Getaufte nicht mit Chrisam an der Stirn bezeichnen, und deshalb soll von ihnen in der Taufordnung bei ihrem Euchologion ausgelassen werden, was nach jenen Worten ... "Und nach dem Gebet", usw., folgt, wo sich die Form dieser Bezeichnung findet ...

1991    § 1. Episcopi Latini infantes seu alios baptizatos a presbyteris Graecis de facto chrismate in fronte consignatos confirment, et tutius videtur, ut cum cautela et sub condicione id faciant, videlicet: N., si es confirmatus, ego te non confirmo; sed si non es confirmatus, ego consigno te signo crucis et confirmo te chrismate salutis in nomine Patris et Filii et Spiritus Sancti; praesertim vero, cum verisimiliter dubitari potest, quod ab episcopis Graecis fuerint baptizati.

§ 1. Die lateinischen Bischöfe sollen Kinder oder andere Getaufte, die von griechischen Priestern tatsächlich mit Chrisam an der Stirn bezeichnet wurden, firmen, und es scheint sicherer, daß sie es mit Vorbehalt und bedingungsweise tun, nämlich: N.N., wenn du gefirmt bist, firme ich dich nicht; wenn du aber nicht gefirmt bist, bezeichne ich dich mit dem Zeichen des Kreuzes und firme dich mit dem Chrisam des Heiles im Namen des Vaters und des Sohnes und des Heiligen Geistes; insbesondere aber, wenn mit einiger Wahrscheinlichkeit bezweifelt werden kann, daß sie von griechischen Bischöfen getauft wurden.

1992    § 3. ... Non sunt cogendi presbyteri Graeci, olea sancta praeter chrisma ab episcopis Latinis dioecesanis accipere, cum huiusmodi olea ab eis in ipsa oleorum et sacramentorum exhibitione, ex vetere ritu, conficiantur seu benedicantur. Chrisma autem quod non nisi ab episcopo, etiam iuxta eorum ritum, benedici potest, cogantur accipere.

§ 3. ... Griechische Priester dürfen nicht gezwungen werden, heilige Öle außer dem Chrisam von lateinischen Diözesanbischöfen zu empfangen, da derartige Öle von ihnen nach altem Ritus bei der Anwendung der Öle und Sakramente selbst hergestellt bzw. gesegnet werden. Das Chrisam aber zu empfangen, das auch nach ihrem Ritus nur vom Bischof gesegnet werden kann, sollen sie gezwungen werden.

**1994: Dekret des Hl. Offiziums, 20. Juni 1602**

Vor dem Trienter Konzil war die Auffassung verbreitet, die sakramentale Lossprechung nach einem brieflich oder sonstwie dem abwesenden Priester übermittelten Sündenbekenntnis sei gültig. Robert Bellarmin beruft sich auf einige Vertreter: vgl. X.-M. Bachelet, *Auctarium Bellarminianum* (Paris 1913) 113. Später wurde diese These vor allem unter Berufung auf Thomas, *Summa theologiae III*, bestritten. Die Studienordnung der Gesellschaft Jesu hielt bis zum Jahre 1586 in diesem Punkt die Lehrfreiheit aufrecht: "Die Unsrigen sollen nicht gezwungen werden zu lehren ... Das einem Abwesenden durch Boten oder durch Brief gespendete Sakrament der Buße ist nicht gültig" ("Non cogantur Nostri docere ... Paenitentiae sacramentum absenti per nuntium seu per litteras collatum non est validum"; *Monumenta Germaniae paedagogica* 5: *Ratio studiorum ...*, hrsg. von G.M. Pachtler, Bd. II [Berlin 1887] 205 210).

*Ausg.:* DuPlA 3/II, 171b / F. Sentis, *Clementis VIII Decretales* [s. *1981] 184 ( = l. V, tit. 18) / BullTau 10,855b.

*Beichte und Lossprechung eines Abwesenden*

Sanctissimus Dominus ... hanc propositionem, scilicet

"licere per litteras seu internuntium confessario absenti peccata sacramentaliter confiteri et ab eodem absente absolutionem obtinere",

uti falsam, temerariam et scandalosam damnavit ac prohibuit, praecepitque, ne deinceps ista propositio publicis privatisve lectionibus, concionibus et congressibus doceatur, neve umquam tamquam aliquo casu probabilis defendatur, imprimatur aut ad praxim quovis modo deducatur.

Der Heiligste Herr ... hat den folgenden **1994** Satz, nämlich

"daß es erlaubt sei, durch Brief oder Boten einem abwesenden Beichtvater die Sünden sakramental zu beichten und von ebendiesem Abwesenden die Lossprechung zu erlangen",

als falsch, leichtfertig und anstößig verurteilt und verboten, und er hat geboten, daß dieser Satz künftig in keinen öffentlichen oder privaten Lesungen, Vorträgen und Versammlungen gelehrt und niemals als in irgendeinem Fall wahrscheinlich verteidigt, gedruckt oder in irgendeiner Weise in die Praxis umgesetzt werde.

**1995: Dekret des Hl. Offiziums, 7. Juni 1603**

Vgl. *1994°. Francisco Suárez wollte die Gültigkeit der Beichte "ex distanti" ("aus der Entfernung") retten, indem er die Kopula "et" zwischen dem Satzglied von der Beichte und jenem von der Lossprechung im *1994 angeführten Dekret Clemens' VIII. "nicht trennend, sondern verknüpfend" ("non divisive, sed complexive") auffaßte (*De sacramento paenitentiae*, disp. XXI, sect. 4, n. 10, hrsg. von C. Berton, Bd. 22 [Paris 1877] 465; vgl. auch disp. XIX, sect. 3, n. 10, in der Ausg. von Berton ebd. 418f). Verurteilt wäre dann nur jene Sakramentenspendung, in der das Sündenbekenntnis *und* die Lossprechung in Abwesenheit erfolgten. Suárez berief sich insbesondere auf einen Fall, den Leo der Große in seinem Brief an Bischof Theodor von Frejus behandelt (*310). Das Hl. Offizium verwarf dieses Argument. Die Entscheidung wurde am 24. Jan. 1622 anläßlich einer Anfrage, die der Großinquisitor von Portugal zugunsten der suarezianischen Unterscheidung an das Hl. Offizium richtete, bestätigt (AnIP, 6. Reihe = Bd. 3/II [Rom 1863] 2186).

*Ausg.:* R. de Scorraille, *François Suárez de la Compagnie de Jésus* 2 (Paris 1913) 111 (aus der in Rom, Bibliotheca Angelica, Handschrift 862, Fol. 433, aufbewahrten Handschrift Suárez' hrsg.); ebd. 110-114 auch andere Dekrete in derselben Sache. Vgl. auch die *Defensio* von Suárez: I. v. Döllinger - F.H. Reusch, *Geschichte der Moralstreitigkeiten ...* 2 (Nördlingen 1889) 266-274.

*Beichte und Lossprechung eines Abwesenden*

*Qu.:* An doctrina Patris Suárez, contenta in tomo IV *Commentariorum* suorum *in 3am Partem D. Thomae* disp. 21, sect. 4, ubi post publicationem decreti a Sanctissimo Domino nostro anno elapso de mense Iunii emanati, circa materiam confessionis sacramentalis, de eadem materia ac de sensu dicti decreti dis-

*Frage:* Ist die Lehre des Paters Suárez, die **1995** im 4. Band seiner *Commentarii in 3am Partem D. Thomae*, disp. 21, sect. 4, enthalten ist, wo er nach der Veröffentlichung des von Unserem Heiligsten Herrn im vergangenen Jahr im Monat Juni ergangenen Dekretes in bezug auf die Materie der sakramentalen Beichte

putat, sit aperte contraria dispositioni eiusdem decreti?

*Resp.:* Cum verba praecitati decreti clare ac ex ipsorum forma ostendant, Sanctissimum damnasse non solum sententiam asserentem licere ab absente sacerdote absolutionem obtinere, sed etiam licere confessario absenti peccata sacramentaliter confiteri,

verbumque "licere" ex adiunctis aliis dilucide contrahatur ad significandum illicitum quod est contra institutionem et essentiam sacramenti (ut ipsemet Suárez veritate coactus fatetur),

merumque figmentum sit, nullum habens in verbis decreti verisimile fundamentum, dicere quod ibi damnatur tota illa hypothetica solum copulatim, videlicet per modum unius, debueritque eadem hypothetica damnanda concipi cum particula copulativa, et non disiunctiva, ut ex proprietate sermonis utrumque membrum subiiceret censurae ac damnationi, et non tantum unum vel aliud,

et inanis sit praetextus arguere ab eo casu, dum super solis signis datis paenitentiae, relatis sacerdoti advenienti, datur iamiam morituro absolutio, ad confessionem peccatorum absenti sacerdoti factam, cum omnino diversam contineat difficultatem:

ideo praefati domini censuerunt praedictam P. Suárez doctrinam aperte pugnare cum definitione Sanctissimi.

über ebendiese Materie und den Sinn des besagten Dekretes Überlegungen anstellt, der Anordnung ebendieses Dekretes offen entgegengesetzt?

*Antwort:* Da die Worte des vorgenannten Dekretes klar und aufgrund ihrer Form zeigen, daß der heiligste ⟨Vater⟩ nicht nur die Auffassung verurteilt hat, die behauptet, es sei erlaubt, von einem abwesenden Priester die Lossprechung zu erlangen, sondern auch, es sei erlaubt, einem abwesenden Beichtvater die Sünden sakramental zu beichten,

und ⟨da⟩ das Wort "es ist erlaubt" aufgrund anderer Nebenumstände deutlich dazu beigezogen wird, um als unerlaubt zu bezeichnen, was gegen die Einsetzung und das Wesen des Sakramentes ist (wie Suárez selbst, von der Wahrheit genötigt, gesteht),

und ⟨da⟩ es eine reine Erdichtung ist, die keine wahrscheinliche Grundlage in den Worten des Dekretes hat, zu sagen, daß dort jene ganze Hypothese nur verbunden verurteilt werde, nämlich in der Weise e i n e r ⟨Hypothese⟩, und ebendiese verwerfliche Hypothese mit einer verbindenden Partikel und nicht ⟨mit⟩ einer disjunktiven hätte aufgefaßt werden müssen, so daß nach dem eigentlichen Wortlaut beide Glieder der Zensur und Verurteilung unterlägen, nicht nur das eine oder das andere,

und ⟨da⟩ es ein nichtssagender Vorwand ist, von jenem Fall, da allein auf das Geben von Zeichen der Buße hin, die dem hinzukommenden Priester berichtet wurden, dem schon im Sterben Liegenden die Lossprechung erteilt wird, auf die einem abwesenden Priester abgelegte Beichte der Sünden zu schließen – denn er enthält eine völlig andere Schwierigkeit –:

deshalb kamen die vorgenannten Herren zu dem Schluß, daß die besagte Lehre des P. Suárez in offenem Widerspruch mit der Festlegung des heiligsten ⟨Vaters⟩ stehe.

LEO XI.: 1. – 27. April 1605

## PAUL V.: 16. Mai 1605 – 28. Jan. 1621

### 1997: Formel zur Beendigung der Disputationen über die Gnadenhilfen, an die Generaloberen des Predigerordens und der Gesellschaft Jesu gesandt am 5. Sept. 1607

Der sogenannte Gnadenstreit bildete die wichtigste innerkatholische Auseinandersetzung um die Gnade im 16./17. Jahrhundert. Die Theologen des Predigerordens verstanden Gnade nicht nur als Bedingung, sondern als Ursache der menschlichen Zustimmung im Sinne einer physischen Vorherbestimmung ("praedeterminatio physica"). Die Theologen der Gesellschaft Jesu lehrten im allgemeinen, die Gnade werde dem Menschen stets im gleichen Maße angeboten, wobei Gott durch "scientia media" um die freien Entscheidungen des Menschen wisse. Eine wichtige Rolle spielte dabei das Werk des Luis de Molina SJ *Liberi arbitrii cum gratiae donis, divina praescientia, providentia, praedestinatione et reprobatione concordia* (kritische Ausg. von J. Rabeneck [Oña-Madrid 1953]). Es wurde zuerst 1588 in Lissabon, dann 1595 in Antwerpen herausgegeben. Seine Gegner bekämpften es aufs schärfste. Clemens VIII. setzte im Nov. 1597 eine Untersuchungskommission ein, deren Zensuren die *Concordia* beinahe unterlegen wäre; sie wurde jedoch nicht verurteilt. Paul V. erlaubte zunächst, über die physische Vorherbestimmung zu disputieren, unterhielt aber auch Kontakte zu Molinisten (z.B. Franz von Sales). Er unterband den Streit schließlich nach mehr als 120, zwischen den Jahren 1598–1607 abgehaltenen Kongregationen und Sitzungen. Über die darin erzielten Ergebnisse gebot er Schweigen zu wahren. Den Generalen des Predigerordens und der Gesellschaft Jesu trug er auf, die im folgenden angeführte Formel im Orden bekannt zu geben. Der Papst verbot in einem Dekret des Hl. Offiziums vom 1. Dez. 1611, Abhandlungen über die Gnadenhilfen, auch in Form von Thomas-Kommentaren, ohne vorhergehende Prüfung durch die Hl. Inquisition zu drucken. Dieses Dekret bestätigte Urban VIII. (Dekrete des Hl. Offiziums vom 22. Mai 1625 und 1. Aug. 1641) bei Androhung des Entzugs der Lehr- und Predigterlaubnis sowie der dem Papst vorbehaltenen Exkommunikation. – Vgl. auch *1997a.

*Ausg.:* Theodorus Eleutherus (Pseudonym, = L. Meyer SJ), *Historia controversiarum de divinae gratiae auxiliis* (Antwerpen 1705) 724a / A. Le Blanc (Pseudonym, = Jacques-Hyacinthe Serry OP), *Historia Congregationum de auxiliis divinae gratiae*, Löwen (1700), Addenda, S.166 zu S.706; Antwerpen (1709) 587f / G. Schneemann SJ, *Controversiarum de divinae gratiae liberique arbitrii Concordia initia et progressus* (Freiburg 1881) 292f.

#### Die Lehrfreiheit in Fragen der Gnadenhilfen

In negotio de auxiliis facta est potestas a Summo Pontifice cum disputantibus tum consultoribus redeundi in patrias aut domus suas: additumque est, fore, ut Sua Sanctitas declarationem et determinationem, quae exspectabatur, opportune promulgaret. Verum ab eodem Sanctissimo Domino serio admodum vetitum est, in quaestione hac pertractanda ne quis partem suae oppositam aut qualificaret aut censura quapiam notaret. ... Quin optat etiam, ut verbis asperioribus amaritiem animi significantibus invicem abstineant.

In der Angelegenheit der ⟨Gnaden⟩hilfen **1997** wurde vom Papst sowohl den Disputierenden als auch den Ratgebern die Erlaubnis erteilt, in ihre Heimat oder nach Hause zurückzukehren: und es wurde hinzugefügt, daß Seine Heiligkeit die Erklärung und Festlegung, die erwartet wurde, zu geeigneter Zeit veröffentlichen werde. Jedoch wurde von demselben Heiligsten Herrn ganz ernsthaft verboten, daß einer bei der Behandlung dieser Frage die seiner eigenen entgegengesetzte Partei entweder beurteile oder mit irgendeiner Zensur belege. ... Ja, er wünscht sogar, daß sie sich gegenseitig zu barscher Worte enthalten, die von Bitterkeit des Herzens zeugen.

#### 1997a: Ansprache an den Gesandten König Philipps III. von Spanien, 26. Juli 1611

Zusammen mit dem Bericht über die abschließende Kongregation, die sich mit dem Gnadenstreit beschäftigte, wurde auch das Manuskript einer an den Gesandten König Philipps III. von Spanien gerichteten Ansprache Pauls V. gefunden, die sich eingehend mit der Lehrfreiheit in Fragen der Gnadenhilfen beschäftigt. Die bisweilen mit dem Lateinischen vermischte altitalienische Schreibweise ist im folgenden beibehalten.

*Ausg.:* G. Schneemann SJ, a. *1997° a.O. 295f.

## Die Lehrfreiheit in Fragen der Gnadenhilfen

**1997a**   ... Che si è sopraseduto in esso per tre ragioni:

La prima per accertare bene et perchè il tempo insegna et mostra la verità delle cose, come quello che è gran giudice et censore delle cose.

La seconda perchè si l'una et l'altra parte conviene nella sostanza con la verità cattolica, cioè che Dio con la efficacia della sua grazia ci fa fare et facit de nolentibus volentes et flectit et immutat hominum voluntates, del che ci è questione, ma solo sono discrepanti nel modo, perchè i Dominicani dicono che predetermina la nostra volontà fisice, hoc est realiter et efficienter, et i Gesuiti tengono che lo fa congrue et moraliter, opinioni che l'una et l'altera si possono defendere.

La terza perchè in questi tempi in che ci sono tante heresie conviene molto conservare et mantenere la riputazione et credito di queste due religioni, e con discreditare una può seguire gran danno.

Se si dicesse che converra sapere qual fede si ha da tenere in questa materia, si risponde che sia da seguitare et tenere la dottrina del Concilio Tridentino nella sessione VI de iustificatione che è chiara et dilucida et in che consiste l'errore et heresia dei Pelagiani et Semipelagiani et quello di Calvino et insegna la dottrina cattolica che è necessario che il libero arbitrio sia mosso, eccitato et adjuvato dalla gratia di Iddio et può liberamente assentire et dissentire et non entra in questa questione del modo che opera la gratia, la quale fu tocca dal Concilio et fu lasciata come inutile et non necessaria, imitando in ciò Celestino primo, che avendo difinito alcuni questioni o proposizioni in questa materia disse, che alcune altre difficilioris et subtilioris [*naturae*] sicuti non audebat condemnare ita et nolebat adstruere [*cf. *249*].

... Man habe dabei [*nämlich bei der Entscheidung in der Frage der Gnadenhilfen*] aus drei Gründen abgewartet:

Erstens, um ganz sicher zu gehen, und weil die Zeit die Wahrheit der Dinge lehrt und zeigt, da sie ja eine große Richterin und Beurteilerin der Dinge ist.

Zweitens, weil die eine und die andere Partei im wesentlichen mit der katholischen Wahrheit übereinstimmt, nämlich daß Gott uns mit der Wirksamkeit seiner Gnade zum Handeln bringt, aus Nicht-Wollenden Wollende macht und die Willen der Menschen lenkt und verändert – worum es in dieser Frage geht –, sie sich aber nur in der Weise unterscheiden; denn die Dominikaner sagen, daß er unseren Willen physisch, d. h. wirklich und wirksam, vorherbestimme, und die Jesuiten halten fest, daß er dies angemessen und moralisch tue, Meinungen, von denen die eine und die andere verteidigt werden kann.

Drittens, weil es in diesen Zeiten, in denen es so viele Häresien gibt, sehr wichtig ist, das Ansehen und die Glaubwürdigkeit dieser beiden Orden zu bewahren und zu erhalten, und daraus, daß man einen in Mißkredit bringt, großer Schaden folgen kann.

Wenn aber gesagt werden sollte, es sei gut zu wissen, welchen Glauben man in dieser Sache festzuhalten habe, so wird geantwortet, es sei der Lehre des Trienter Konzils auf der 6. Sitzung über die Rechtfertigung zu folgen und an ihr festzuhalten, die klar und deutlich ist, sowohl worin der Irrtum und die Häresie der Pelagianer und Semipelagianer und jener Calvins bestehen, als auch die katholische Lehre aufzeigt, daß es notwendig ist, daß der freie Wille von der Gnade Gottes bewegt, erweckt und unterstützt werde und frei zustimmen oder nicht zustimmen kann; und es trat nicht in diese Frage nach der Weise ein, in der die Gnade wirkt; diese wurde vom Konzil berührt und wurde als unnütz und nicht notwendig liegengelassen; darin ahmte es Cölestin I. nach, der, nachdem er einige Fragen bzw. Sätze in dieser Sache definiert hatte, sagte, daß er einige andere von schwierigerer und ausgeklügelterer [*Natur*] weder zu verurteilen wagte noch behaupten wollte [*vgl. *249*].

GREGOR XV.: 9. Febr. 1621 – 8. Juli 1623

## URBAN VIII.: 6. Aug. 1623 – 29. Juli 1644

**1998: Dekret des Hl. Offiziums, 23. Juli 1639**

*Ausg.:* AnE 2 (1894) 408, Nr. 120. – Vgl. *2552f.

*Die gegen den Willen der Eltern gespendete Kindertaufe*

Circa baptismum datum Alegretae annorum trium circiter filiae hebraeae ... invitis parentibus, ... [*cardinales*] censuerunt parvulam puellam esse vere baptizatam, concurrente materia, forma et intentione, baptismum probari unico teste, et quamvis filii Hebraeorum non possint invitis parentibus baptizari, si tamen de facto baptizentur, valet baptismus et character imprimitur; filiam baptizatam penes Christianos alendam; mulierem baptizantem acriter monendam, ut in posterum caveat a similibus; notificandum vero populo, non licere invitis parentibus filios Hebraeorum baptizare, quia, licet finis sit bonus, media autem non licita, potissimum stante Bulla Iulii III imponente poenam 1000 ducatorum et suspensionis baptizantibus filios Hebraeorum invitis parentibus.

Was aber die der hebräischen Tochter **1998** Alegreta ⟨im Alter von⟩ ungefähr drei Jahren ... gegen den Willen der Eltern gespendete Taufe betrifft, ... so hielten [*die Kardinäle*] dafür, daß das kleine Mädchen wahrhaft getauft sei, wenn Materie, Form und Absicht zusammentreffen, und die Taufe durch einen einzigen Zeugen beglaubigt werde; und wenn die Kinder der Hebräer auch nicht gegen den Willen der Eltern getauft werden dürfen, so gilt, wenn sie dennoch tatsächlich getauft werden, die Taufe, und die Prägung wird eingeprägt; die getaufte Tochter ist bei Christen aufzuziehen; die taufende Frau ist scharf zu ermahnen, daß sie sich künftig vor Ähnlichem hüte; dem Volke aber ist bekanntzumachen, daß es nicht erlaubt ist, gegen den Willen der Eltern die Kinder der Hebräer zu taufen; denn auch wenn der Zweck gut ist, so sind doch die Mittel nicht erlaubt, insbesondere da die Bulle Julius' III. Bestand hat, die denen eine Strafe von 1000 Dukaten sowie Amtsenthebung auferlegt, die Kinder der Hebräer gegen den Willen der Eltern taufen.

## INNOZENZ X.: 15. Sept. 1644 – 7. Jan. 1655

**1999: Dekret des Hl. Offiziums, 24. Jan. 1647**

Mit diesem Dekret wird eine Irrlehre des Jansenisten Martin de Barcos verworfen, die dieser im Vorwort zu dem Buch seines Freundes Antoine Arnauld *De la fréquente communion* (französische Ausgabe 1644, lateinische Ausgabe 1647) vertreten hatte. Martin de Barcos verfaßte zwei gleichfalls verurteilte Werke, mit denen er seine Auffassung verteidigte: *Traité de l'autorité de Saint Pierre et S. Paul qui réside dans le pape, successeur de ces deux apôtres* (Paris 1645); *La grandeur de l'Église Romaine établie sur l'autorité de S. Pierre et Paul* (1646).
*Ausg.:* DuPlA 3/II, 248ab.

*Irrtum über das zweifache Haupt der Kirche*

Sanctissimus Dominus ... propositionem hanc:
"S. Petrus et S. Paulus sunt duo Ecclesiae principes, qui unicum efficiunt", vel: "sunt duo Ecclesiae catholicae coryphaei ac supre-

Der Heiligste Herr hat ... folgenden Satz: **1999**
"Der hl. Petrus und der hl. Paulus sind die zwei Fürsten der Kirche, die einen einzigen ausmachen", bzw.: "sie sind die zwei Ober-

mi duces summa inter se unitate coniuncti",
vel: "sunt geminus universalis Ecclesiae ver-
tex, qui in unum divinissime coaluerunt",
vel: "sunt duo Ecclesiae summi pastores ac
praesides, qui unicum caput constituunt",

ita explicatam, ut ponat omnimodam aequalitatem inter S. Petrum et S. Paulum sine sub-
ordinatione et subiectione S. Pauli ad
S. Petrum in potestate suprema et regimine
universalis Ecclesiae,

haereticam censuit et declaravit.

häupter und höchsten Führer der katholischen Kirche, die in größter Einheit miteinander verbunden sind", bzw.: "sie sind die
doppelte Spitze der allgemeinen Kirche, die
auf ganz wunderbare Weise zu einer zusam-
mengewachsen sind", bzw.: "sie sind die zwei
höchsten Hirten und Vorsteher der Kirche,
die ein einziges Haupt bilden",
so ausgelegt, daß er eine allseitige Gleichheit
zwischen dem hl. Petrus und dem hl. Paulus
unterstellt, ohne Unterordnung und Unterwerfung des hl. Paulus unter den hl. Petrus in
der höchsten Vollmacht und Leitung der allgemeinen Kirche,
für häretisch erachtet und erklärt.

## 2001-2007: Konstitution "Cum occasione" an alle Gläubigen, 31. Mai 1653

Die in der Bulle genannten Irrtümer sind dem Hauptwerk Cornelius Jansens (Bischof von Ypern) *Augustinus, seu doctrina sancti Augustini de humanae naturae sanitate, aegritudine, medicina adversus Pelagianos
et Massilienses* entnommen, an dem er 22 Jahre gearbeitet hatte und das 1640 – zwei Jahre nach seinem
Tod – in Löwen herauskam. Es wurde von Urban VIII. in der Bulle "*In eminenti ecclesiae*" (unterzeichnet
am 6. März 1642, veröffentlicht am 19. Juni 1643) verboten, in erster Linie, weil dieses Werk entgegen den
Dekreten Pauls V. und Urbans VIII. (vgl. *1997°) herausgegeben worden war. Hinzu kam, so die Bulle, "daß
in ebendiesem Buche viele von Unseren Vorgängern einst ... verurteilte Sätze enthalten sind und unter
großem Ärgernis für die Katholiken und großer Verachtung der Autorität des erwähnten Stuhles entgegen
den eben genannten Verurteilungen und Verboten verteidigt werden" ("in eodem libro multas ex propositionibus a praedecessoribus Nostris olim ... damnatas contineri et magno cum catholicorum scandalo et
auctoritatis dictae Sedis contemptu contra praefatas damnationes et prohibitiones defendi") (DuPlA 3/II,
245b).
    Die Jansenisten behaupteten, die Bulle sei erschlichen (vgl. *2331). In der folgenden Auseinandersetzung
wurde das Buch Jansens vom Römischen Gerichtshof untersucht (April 1651 bis Mai 1653). Der Bericht des
Hl. Offiziums wurde herausgegeben von A. Schill, in: Katholik 63/II [1883,II] 287-299 472-494. Fünf schon
in Paris herausgefilterte Sätze wurden verurteilt. Diese Sätze sind – außer dem ersten – dem *Augustinus*
nicht wörtlich entnommen, sondern aus seinen Prinzipien abgeleitet. Konstitutionen gegen die Jansenisten:
vgl. *2010-2012 2020 2390 2400-2502.
    *Ausg.*: BullTau 15,720a-721a / BullCocq 6/III, 248b-249a / DuPlA 3/II, 261b-262a.

### Irrtümer des Cornelius Jansen über die Gnade

**2001**    1. Aliqua Dei praecepta hominibus iustis
volentibus et conantibus, secundum praesentes quas habent vires, sunt impossibilia; deest
quoque illis gratia, qua possibilia fiant [*cf.
*1954*][1].

**2002**    2. Interiori gratiae in statu naturae lapsae
numquam resistitur[1].

**2003**    3. Ad merendum et demerendum in statu
naturae lapsae non requiritur in homine libertas a necessitate, sed sufficit libertas a
coactione[1].

1. Manche Gebote Gottes sind für die gerechten Menschen, auch wenn sie wollen und
es versuchen, mit den Kräften, die sie gegenwärtig haben, unerfüllbar; es fehlt ihnen
auch die Gnade, durch die sie erfüllbar würden [*vgl. *1954*][1].

2. Der inneren Gnade wird im Zustand
der gefallenen Natur niemals widerstanden[1].

3. Für Verdienst und Mißverdienst ist im
Zustand der gefallenen Natur beim Menschen nicht die Freiheit von Notwendigkeit
erforderlich, sondern es genügt die Freiheit
von Zwang[1].

---

**\*2001** [1]   Cornelius Jansen, *Augustinus,* Bd. 3: *De gratia Christi* III 13.
**\*2002** [1]   Vgl. ebd. II 4 24 25.
**\*2003** [1]   Vgl. Bd. 2: *De statu naturae lapsae* IV 24; Bd. 3: *De gratia Christi* VI 24; VIII 19.

4. Semipelagiani admittebant praevenientis gratiae interioris necessitatem ad singulos actus, etiam ad initium fidei; et in hoc erant haeretici, quod vellent eam gratiam talem esse, cui posset humana voluntas resistere vel obtemperare[1].

5. Semipelagianum est dicere, Christum pro omnibus omnino hominibus mortuum esse aut sanguinem fudisse[1].

[*Censura:*] *Propos. 1:* temerariam, impiam, blasphemam, anathemate damnatam et haereticam declaramus et uti talem damnamus. - *2:* haereticam ... - *3:* haereticam ... - *4:* falsam et haereticam ... - *5:* falsam, temerariam, scandalosam, et intellectam eo sensu, ut Christus pro salute dumtaxat praedestinatorum mortuus sit, impiam, blasphemam, contumeliosam, divinae pietati derogantem et haereticam ...

Non intendentes tamen per hanc declarationem et definitionem super praedictis quinque propositionibus factam approbare ullatenus alias opiniones, quae continentur in praedicto libro Cornelii Iansenii.

4. Die Semipelagianer gaben die Notwendigkeit der zuvorkommenden inneren Gnade für die einzelnen Akte, auch für den Anfang des Glaubens, zu; und sie waren darin häretisch, daß sie behaupteten, diese Gnade sei eine solche, der der menschliche Wille widerstehen oder gehorchen könne[1]. **2004**

5. Es ist semipelagianisch zu sagen, daß Christus für schlechthin alle Menschen gestorben sei oder sein Blut vergossen habe[1]. **2005**

[*Zensur:*] *Satz 1:* erklären Wir für leichtfertig, gottlos, lästerlich, durch das Anathema verurteilt und häretisch und verurteilen ihn als solchen. - *2:* häretisch ... - *3:* häretisch ... - *4:* falsch und häretisch ... - *5:* falsch, leichtfertig, anstößig, und in dem Sinne verstanden, daß Christus lediglich für das Heil der Vorherbestimmten gestorben sei, gottlos, lästerlich, schändlich, der göttlichen Barmherzigkeit abträglich und häretisch ... **2006**

Damit beabsichtigen Wir jedoch nicht, durch diese über die vorher erwähnten fünf Sätze ergangene Erklärung und Definition in irgendeiner Hinsicht andere Meinungen zu billigen, die in dem vorher erwähnten Buch des Cornelius Jansen enthalten sind. **2007**

## 2008: Dekret des Hl. Offiziums, 23. April 1654

Einige Gegner der Molinisten, wie Jacques-Hyacinthe Serry OP (*Historia Congregationum de auxiliis divinae gratiae*, Löwen [1700], Addenda 159–165; Antwerpen [1709], Addenda 155–160), gaben vor, Paul V. habe eine Bulle ("*Gregis dominici*") gegen die Lehre Molinas vorbereitet, sie allerdings nicht veröffentlicht. Es handelte sich dabei aber lediglich um einen Entwurf des Erzbischofs von Armagh (Irland), Peter Lombard of Waterford.
*Ausg.:* Th. Eleutherus, a. *1997 a.O., 707a / J.-H. Serry, a. *1997 a.O., Löwen (1700) XLIII; Antwerpen (1709) XXXIV.

### Die Lehrfreiheit in Fragen der Gnadenhilfen

... Cum tam Romae quam alibi circumferantur quaedam asserta, acta, manuscripta et forsitan typis excussa Congregationum habitarum coram felicis recordationis Clemente VIII et Paulo V super quaestione de auxiliis divinae gratiae tam sub nomine Francisci Pegnae, olim Rotae Romanae decani, quam Fratris Thomae de Lemos Ord. Praed. aliorumque praelatorum et theologorum, qui ut asseritur, praedictis interfuerunt Congregationibus, necnon quoddam autographum seu exemplar assertae Constitutionis eiusdem

... Da sowohl in Rom als auch anderswo bestimmte Behauptungen und handschriftliche und möglicherweise gedruckte Akten der unter Clemens VIII. und Paul V. seligen Angedenkens über die Frage der göttlichen Gnadenhilfen abgehaltenen Kongregationen im Umlauf sind, sowohl unter dem Namen des Francesco Pegna, des einstigen Dekans der römischen Rota, als auch des Br. Thomas de Lemos OP und anderer Prälaten und Theologen, die, wie behauptet wird, an den vorgenannten Kongregationen teilnahmen, **2008**

---

*2004 [1]  Vgl. Bd. 1: *De haeresi Pelagiana* VIII 6; Bd. 3: *De gratia Christi* II 15.
*2005 [1]  Vgl. Bd. 3: *De gratia Christi* III 21; vgl. auch 20.

Pauli V super definitione praedictae quaestionis de auxiliis, ac damnationis sententiae seu sententiarum Ludovici Molinae Soc. Iesu: eadem Sanctitas sua praesenti hoc decreto declarat ac decernit, praedictis assertis, actis, tam pro sententia Fratrum Ord. S. Dominici quam Ludovici Molinae aliorumque Soc. Iesu religiosorum, et autographo sive exemplari praedictae assertae Constitutionis Pauli V nullam omnino esse fidem adhibendam; neque ab alterutra parte seu a quocumque alio allegari posse vel debere: sed super quaestione praedicta observanda esse decreta Pauli V et Urbani VIII suorum praedecessorum [*cf. *1997°*].

sowie auch ein bestimmtes Autograph bzw. Original einer angeblichen Konstitution ebendieses Pauls V. über eine Definition der vorgenannten Frage der ⟨Gnaden⟩hilfen und einer Verurteilung der Auffassung bzw. der Auffassungen Luis de Molinas SJ: ⟨deshalb also⟩ erklärt und entscheidet ebendiese Seine Heiligkeit kraft dieses vorliegenden Dekretes, daß den vorgenannten Behauptungen und Akten – sowohl zugunsten der Auffassung der Brüder des Ordens des hl. Dominikus als auch des Luis de Molina und anderer Angehöriger der Gesellschaft Jesu – sowie dem Autograph bzw. Original der vorgenannten angeblichen Konstitution Pauls V. überhaupt kein Glaube beizumessen sei; auch könnten und dürften sie von keiner der beiden Parteien oder von irgendeinem anderen angeführt werden; vielmehr seien in bezug auf die vorgenannte Frage die Dekrete seiner Vorgänger Paul V. und Urban VIII. zu beachten [*vgl. *1997°*].

# ALEXANDER VII.: 7. April 1655 – 22. Mai 1667

## 2010-2012: Konstitution "Ad sanctam beati Petri sedem", 16. Okt. 1656

Nachdem die fünf Sätze Jansens verurteilt worden waren, unterschieden seine Anhänger unter Führung Antoine Arnaulds zwischen der "quaestio facti" und der "quaestio iuris": die Verurteilung betreffe nur eine fiktive Häresie, nicht aber die wirkliche Auffassung Jansens. Die Pariser Sorbonne verwahrte sich gegen diese Unterstellung und schloß Arnauld aus dem Lehrkörper aus. Auf Bitten der Bischöfe Frankreichs lehnte Alexander VII. in der angeführten Bulle diese Unterscheidung ab.

*Ausg.:* DuPlA 3/II, 281b (445ab) / BullTau 16, 247a / BullCocq 6/IV, 151ab.

*Urteil der Kirche über den Sinn der Worte Cornelius Jansens*

2010    § 5. Cum ... nonnulli iniquitatis filii praedictas quinque propositiones vel in libro praedicto eiusdem Cornelii Iansenii non reperiri, sed ficte et pro arbitrio compositas esse, vel non in sensu ab eodem intento damnatas fuisse asserere magno cum Christi fidelium scandalo non reformident,

§ 5. Da ... einige Söhne der Ungerechtigkeit unter großem Ärgernis für die Christgläubigen nicht davor zurückschrecken zu behaupten, die vorher genannten fünf Sätze fänden sich entweder nicht in dem vorher genannten Buch desselben Cornelius Jansen, sondern seien scheinbar und nach Belieben zusammengestellt, oder sie seien nicht in dem von demselben beabsichtigten Sinne verurteilt worden,

2011    § 6. Nos, qui omnia quae hac in re gesta sunt sufficienter et attente perspeximus, utpote qui [*qua cardinalis et commissarius*] ... omnibus illis congressibus interfuimus, in quibus Apostolica auctoritate eadem causa discussa est, ea profecto diligentia, qua maior desiderari non posset, quamcumque dubita-

§ 6. bestätigen, billigen und erneuern Wir, die Wir alles, was in dieser Angelegenheit vorgefallen ist, hinreichend und aufmerksam zur Kenntnis genommen haben – denn Wir haben ja [*als Kardinal und Beauftragter*] ... an all jenen Versammlungen teilgenommen, in denen kraft Apostolischer Autorität

tionem super praemissis in posterum auferre volentes, ... praeinsertam Innocentii praedecessoris Nostri constitutionem, declarationem et definitionem harum serie confirmamus, approbamus et innovamus,

ebendiese Angelegenheit diskutiert wurde, ⟨und zwar⟩ sicherlich mit einer solchen Sorgfalt, wie man sie größer nicht wünschen könnte –, in der Absicht, jedweden Zweifel über das Vorausgeschickte künftighin zu beseitigen, ... die vorher eingefügte Konstitution, Erklärung und Definition Unseres Vorgängers Innozenz in dieser Reihenfolge

et quinque illas propositiones ex libro praememorati Cornelii Iansenii episcopi Iprensis, cui titulus est *Augustinus,* excerptas ac in sensu ab eodem Cornelio Iansenio intento damnatas fuisse, declaramus et definimus, ac uti tales, inusta scilicet eadem singulis nota, quae in praedicta declaratione et definitione unicuique illarum singillatim inuritur, iterum damnamus.

und erklären und definieren, daß jene **2012** fünf Sätze aus dem Buch des vorher erwähnten Bischofs Cornelius Jansen von Ypern, das den Titel *Augustinus* trägt, entnommen und in dem von demselben Cornelius Jansen beabsichtigten Sinne verurteilt worden sind, und verurteilen sie wiederum als solche, indem Wir nämlich den einzelnen ⟨Sätzen⟩ dasselbe Mal einbrennen, das in der vorher genannten Erklärung und Definition einem jeden von ihnen einzeln eingebrannt wird.

### 2013: Antwort des Hl. Offiziums, 11. Febr. 1661

Auf dieses Dekret nimmt Benedikt XIV. Bezug in der Konstitution "*Sacramentum paenitentiae*" vom 1. Juni 1741.

    *Ausg.:* F.M. Cappello, *Tractatus canonico-moralis de sacramentis* 2: *De poenitentia* (Turin-Rom 1953[6]), 440 (Nr. 437), Anm. 39 / NvRTh 8 (1876) 357.

#### *Keine materiale Geringfügigkeit in geschlechtlichen Dingen*

*Qu.:* An confessarius sollicitando propter parvitatem materiae sit denuntiandus?

*Frage:* Ist in Rücksicht auf die Unbedeu- **2013** tendheit der Materie ein Beichtvater, der ⟨zur Sünde gegen die Keuschheit⟩ verführt, anzuzeigen?

*Resp.:* Cum in rebus venereis non detur parvitas materiae, et, si daretur, in re praesenti non dari [*detur?*], censuerunt esse denuntiandum, et opinionem contrariam non esse probabilem.

*Antwort:* Da es in geschlechtlichen Dingen keine Unbedeutendheit der Materie gibt und, wenn es sie gäbe, es sie im vorliegenden Fall nicht gibt, waren sie der Ansicht, daß Anzeige zu erstatten sei und die gegenteilige Meinung nicht wahrscheinlich sei.

### 2015-2017: Breve "Sollicitudo omnium ecclesiarum", 8. Dez. 1661

Auf Bitten König Philipps IV. von Spanien gab Alexander VII. dieses Breve heraus. Da er auch die Freiheit der entgegengesetzten Auffassung gewahrt wissen wollte, bestätigte er die Bulle "*Grave nimis*" Sixtus' IV. (\*1425f), die Konstitution "*Regis pacifici*" Pauls V. vom 6. Juli 1616 (BullTau 12,356-359) und das Dekret Gregors XV. vom 24. Mai 1622 (BullTau 12,688-690).

    *Ausg.:* BullTau 16,739b-740b / BullCocq 6/V, 182a-183a.

#### *Die Unbefleckte Empfängnis Mariens*

§ 1. Vetus est Christi fidelium erga eius beatissimam matrem Virginem Mariam pietas sentientium, eius animam in primo instanti creationis atque infusionis in corpus fuisse speciali Dei gratia et privilegio, intuitu

§ 1. Alt ist die Ehrerbietung der Gläubi- **2015** gen Christi gegenüber seiner seligsten Mutter, der Jungfrau Maria, die meinen, ihre Seele sei im ersten Augenblick der Erschaffung und Eingießung in den Leib durch die be-

meritorum Iesu Christi eius filii, humani generis Redemptoris, a macula peccati originalis praeservatam immunem, atque in hoc sensu eius conceptionis festivitatem sollemni ritu colentium et celebrantium; crevitque horum numerus post editas a felicis recordationis Sixto papa IV ... constitutiones [*1400 1425 a Concilio Tridentino innovatas: *1516]. ... Aucta rursus et propagata fuit pietas haec, ... ita ut, accedentibus quoque plerisque celebrioribus academiis ad hanc sententiam, iam fere omnes catholici eam complectantur.

sondere Gnade und Bevorzugung Gottes im Hinblick auf die Verdienste ihres Sohnes Jesus Christus, des Erlösers des menschlichen Geschlechtes, von dem Makel der Ursünde unversehrt bewahrt worden, und in diesem Sinne das Fest ihrer Empfängnis mit feierlichem Ritus begehen und feiern; und die Zahl dieser wuchs nach der Herausgabe der ... Konstitutionen Papst Sixtus' IV. seligen Angedenkens [*1400 1425, vom Trienter Konzil erneuert: *1516]. ... Diese Ehrerbietung vermehrte und verbreitete sich wiederum, ... so daß, da sich auch die meisten berühmteren Hochschulen dieser Auffassung nähern, schon fast alle Katholiken sie vertreten.

**2016**     § 2. Et quia ex occasione contrariae assertionis in contionibus, lectionibus, conclusionibus et actibus publicis, quod nempe eadem beatissima Virgo Maria fuerit concepta cum peccato originali, oriebantur in populo christiano cum magna Dei offensa scandala, iurgia et dissensiones, recolendae memoriae Paulus papa V etiam praedecessor Noster vetuit horum opinionem praefatae sententiae contrariam publice doceri aut praedicari. Quam prohibitionem piae memoriae Gregorius papa XV similiter praedecessor Noster ad privata etiam colloquia extendit, mandans insuper in favorem eiusdem sententiae, ut in sacrosanctae Missae sacrificio ac divino Officio celebrandis tam publice quam privatim non alio quam "conceptionis" nomine uti quicumque debeant.

§ 2. Und weil sich anläßlich der entgegengesetzten Behauptung bei Predigten, Lesungen, Beweisführungen und öffentlichen Veranstaltungen, daß nämlich ebendiese seligste Jungfrau Maria mit der Ursünde empfangen worden sei, im christlichen Volke unter schwerer Beleidigung Gottes Ärgernisse, Zänkereien und Auseinandersetzungen erhoben, hat Papst Paul V. ehrwürdigen Angedenkens, auch Unser Vorgänger, verboten, daß die der vorgenannten Auffassung entgegengesetzte Meinung dieser ⟨Autoren⟩ öffentlich gelehrt oder verkündet werde. Dieses Verbot hat Papst Gregor XV. seligen Angedenkens, ebenfalls Unser Vorgänger, auch auf private Unterredungen ausgedehnt; überdies gebot er zugunsten ebendieser Auffassung, daß man bei der Feier des hochheiligen Meßopfers und des göttlichen Offiziums sowohl öffentlich als auch privat keinen anderen Namen als den der "Empfängnis" gebrauchen dürfe.

**2017**     § 4. Nos, considerantes quod sancta Romana Ecclesia de intemeratae semperque Virginis Mariae Conceptione festum sollemniter celebrat et speciale ac proprium super hoc Officium olim ordinavit ...

volentesque laudabili huic pietati et devotioni et festo ac cultui ... favere, ...

[Decreta] edita in favorem sententiae asserentis, animam beatae Mariae Virginis in sui creatione et in corpus infusione Spiritus Sancti gratia donatam et a peccato originali praeservatam fuisse ... innovamus.

§ 4. In Anbetracht der Tatsache, daß die heilige Römische Kirche feierlich das Fest von der Empfängnis der unversehrten und immerwährenden Jungfrau Maria begeht und einst ein besonderes und eigenes Offizium dafür vorgeschrieben hat, ...
und in der Absicht, diese lobenswerte Frömmigkeit und Ehrerbietung sowie das Fest und die Verehrung ... zu fördern, ...
erneuern Wir [die Dekrete], die zugunsten der Auffassung herausgegeben wurden, die behauptet, die Seele der seligen Jungfrau Maria sei bei ihrer Erschaffung und Eingießung in den Leib mit der Gnade des Heiligen Geistes

beschenkt und von der Ursünde bewahrt worden ...

## 2020: Konstitution "Regiminis apostolici", 15. Febr. 1665 (1664 nach Zeitrechnung der Kurie)

Um den Widerstand der Jansenisten zu brechen, erbat sich König Ludwig XIV. von Frankreich vom Papst ein Formular, das von allen kirchlichen Personen und Lehrern unterschrieben werden sollte, nachdem eine andere von der Klerusversammlung 1657 vorgelegte Unterwerfungserklärung unwirksam geblieben war. Alexander VII. erließ ein innerhalb von drei Monaten zu unterzeichnendes Formular.
*Ausg.:* DuPlA 3/II, 315b (446b) / BullTau 17,336b / BullCocq 6/VI 52b-53a.

### *Das den Jansenisten vorgelegte Unterwerfungsformular*

"Ego N. Constitutioni Apostolicae Innocentii X, datae die 31. Maii 1653, et Constitutioni Alexandri VII, datae die 16. Octobris 1656, Summorum Pontificum, me subicio, et quinque propositiones ex Cornelii Iansenii libro, cui nomen *Augustinus,* excerptas, et in sensu ab eodem auctore intento, prout illas per dictas Constitutiones Sedes Apostolica damnavit, sincero animo reicio ac damno, et ita iuro: Sic me Deus adiuvet, et haec sancta Dei evangelia."

"Ich, N.N., unterwerfe mich der am 31. **2020** Mai 1653 gegebenen Apostolischen Konstitution Papst Innozenz' X. und der am 16. Oktober 1656 gegebenen Konstitution Papst Alexanders VII. und verwerfe und verurteile mit aufrichtigem Herzen die fünf Sätze, die dem Buch des Cornelius Jansen, das den Namen *Augustinus* ⟨trägt⟩, entnommen sind, auch in dem von demselben Autor beabsichtigten Sinne, wie sie der Apostolische Stuhl durch die genannten Konstitutionen verurteilt hat, und so schwöre ich: So ⟨wahr⟩ mir Gott helfe und diese heiligen Evangelien Gottes."

## 2021-2065: 45 Sätze, verurteilt in den Dekreten des Hl. Offiziums vom 24. Sept. 1665 und 18. März 1666

Die veränderten Sitten und eine freizügige Lebensweise vor allem des Adels führten zur Ausbildung von Morallehren, die sich an den Zeitgeist anpaßten. Seelenführer, die diese Lehren übernahmen, wurden "Benignisten" oder "Laxisten" genannt. Angriffe gegen diese Lehren wurden vor allem von den Jansenisten vorgetragen. Dabei hatten sie zugleich ihre dogmatischen Gegner im Blick. Die neuen Lehren wurden so vor allem in Belgien und Frankreich bekämpft. Die Universität Löwen betrieb die römische Verurteilung; sie gab zweimal eine Liste von Sätzen, die mit einer Zensur belegt waren, heraus: am 30. März (zugleich auch am 26. April) 1653 (DuPlA 3/II, 267a-268a) und am 4. Mai 1657 (DuPlA 3/II, 285a-288a). Ihre Zensuren wurden größtenteils wörtlich in die römischen Verurteilungen von 1665, 1666 und 1679 aufgenommen. Die Universität Paris leistete ihren Beitrag, indem sie Werke wichtiger "Laxisten" mit Zensuren belegte.
Die Sätze werden dem Wortlaut nach verurteilt. In den Dekreten werden ihre Autoren nicht genannt, weil die Sätze oft aus dem Kontext gerissen, manchmal auch um Elemente erweitert sind, die sich im Original nicht finden, so daß man meist von einem fiktiven Autor reden muß. Nicht selten ist der Autor zu entschuldigen, weil er sich veralteter, in früheren Zeiten durchaus gebräuchlicher Argumentationsweisen bediente. Es genügt deshalb, die Autoren anzuführen, denen ein Satz zugeschrieben wird. Anhand der angegebenen Stellen ist zu entscheiden, mit welchem Recht dies geschieht.
*Ausg.:* BullTau 17,387b-389a [ = *Sätze 1-28*]; 17,427b-428a [ = *Sätze 29-45*] / BullCocq 6/VI, 85ab; 110ab / DuPlA 3/II, 321a-324a / BullLux 6, Appendix 1a-2b / Viva 1 am Anfang (ohne Seitenangabe).

### *Irrtümer einer laxeren Morallehre*

#### a) Sätze 1-28 des Dekrets vom 24. Sept. 1665

1. Homo nullo umquam vitae suae tempore tenetur elicere actum fidei, spei et caritatis ex vi praeceptorum divinorum ad eas virtutes pertinentium[1].

1. Der Mensch ist zu gar keiner Zeit seines **2021** Lebens kraft der göttlichen Gebote, die sich auf diese Tugenden erstrecken, gehalten, einen Akt des Glaubens, der Hoffnung und der

Liebe zu erwecken[1].

**2022**    2. Vir equestris ad duellum provocatus potest illud acceptare, ne timiditatis notam apud alios incurrat[1].

2. Ein zum Duell herausgeforderter Edelmann kann dieses annehmen, um sich nicht bei anderen die Rüge der Furchtsamkeit zuzuziehen[1].

**2023**    3. Sententia asserens, Bullam "Coenae"[1] solum prohibere absolutionem haeresis et aliorum criminum, quando publica sunt, et id non derogare facultati Tridentini[2], in qua de occultis criminibus sermo est, anno 1629, 18. Iulii in Consistorio sacrae Congregationis Eminentissimorum Cardinalium visa et tolerata est.

3. Die Auffassung, die Bulle "*Coenae*"[1] verbiete die Lossprechung von Häresie und anderen Vergehen nur, wenn sie öffentlich sind, und dies tue der Vollmacht⟨sregelung⟩ des Tridentinums[2] keinen Abbruch, in der von verborgenen Vergehen die Rede ist, wurde im Jahre 1629 am 18. Juli auf der Versammlung der heiligen Kongregation der Hochwürdigsten Kardinäle gebilligt und geduldet.

**2024**    4. Praelati regulares possunt in foro conscientiae absolvere quoscumque saeculares ab haeresi occulta et ab excommunicatione propter eam incursa[1].

4. Höhere Ordensobere können im Forum des Gewissens ⟨= Beichte⟩ alle Weltleute von verborgener Häresie und von der Exkommunikation, die sie sich deretwegen zugezogen haben, lossprechen[1].

**2025**    5. Quamvis evidenter tibi constet, Petrum esse haereticum, non teneris denuntiare, si probare non possis[1].

5. Auch wenn es für dich augenscheinlich feststeht, daß Petrus häretisch ist, bist du nicht gehalten, es anzuzeigen, wenn du es nicht beweisen kannst[1].

**2026**    6. Confessarius, qui in sacramentali confessione tribuit paenitenti chartam postea legendam, in qua ad venerem incitat, non censetur sollicitasse in confessione, ac proinde non est denuntiandus[1].

6. Wenn ein Beichtvater in der sakramentalen Beichte dem Beichtenden ein Papier gibt, damit er es nachher lese, in dem er zur geschlechtlichen Liebe auffordert, so wird nicht angenommen, er habe in der Beichte verführt, und daher ist er nicht anzuzeigen[1].

---

**\*2021** [1]   Tommaso Tamburini SJ, *Explicatio decalogi* (Lyon 1659 und weitere Ausg.) II 3, § 2, n. 2, und II 1, § 1, n. 10.

**\*2022** [1]   Vgl. Mateo de Moya SJ, der unter dem Pseudonym Amadeus Guimenius ein heftig angefochtenes Buch schrieb, das i. J. 1666 auf den Index gesetzt und am 16. Sept. 1680 von Innozenz XI. wiederum verurteilt wurde: *Adversus quorumdam expostulationes contra nonnullos Iesuitarum opiniones morales* (Bamberg 1657) 57; der Pariser Zensur d. J. 1665 (DuPlA 3/I,108–114) liegt die Lyoner Ausgabe von 1664 (dort 89, n. 5) zugrunde. Angesichts des äußerst seltenen Falles stimmt Paul Laymann SJ, *Theologia moralis* (Lyon 1643) III, tract. 3, c. 3, n. 3, zu; eine gewisse Ähnlichkeit der Auffassung s. bei den zu \*2130 erwähnten Autoren.

**\*2023** [1]   Die Bulle "*Coena*" bzw. "*In coena Domini*" wurde so genannt, weil sie jedes Jahr gewöhnlich am Gründonnerstag in den Hauptkirchen öffentlich verlesen wurde. Sie enthielt verschiedene dem Papst vorbehaltene Zensuren, die schon von Alexander VI. gesammelt (BullTau 5,394–397) und im Laufe der Zeit vermehrt wurden; vgl. z. B. Paul III., Konstitution "*Consueverunt Romani Pontifices*", 13. April 1536 (BullTau 6,218–224).

       [2]   Vgl. Konzil von Trient, 24. Sitzung, Dekret über die Reformation, Kan. 6 (SGTr 9,981$_{36-39}$): dort wird den Bischöfen ausdrücklich die Vollmacht zugestanden, von einer verborgenen Häresie loszusprechen.

**\*2024** [1]   Vgl. Étienne Bauny SJ, *Theologia moralis* I: *De sacramentis ac personis sacris* (Paris 1640; auf den Index gesetzt), tract. 4: *De absolutione*, q. 32; vgl. Bruno Chassaing OFMRec, *Privilegia regularium, quibus aperte demonstratur regulares ab omni Ordinariorum potestate exemptos esse ...* (Paris 1654[3]; auf den Index gesetzt am 29. März 1661) I, tract. 5, c. 3, propos. 3.

**\*2025** [1]   Vgl. Étienne Bauny SJ, *Theologia moralis* II: *De censuris ecclesiasticis* (Paris 1642), tract. 3, disp. 4, q. 18.

**\*2026** [1]   Das Gebot, Verführer in der sakramentalen Beichte anzuzeigen, wurde erlassen von Gregor XV., "*Universi dominici gregis*", 30. Aug. 1622 (BullTau 12,729f); vgl. besonders § 7. Der verworfene Satz wird vor allem Thomas Hurtado CCRRMM zugeschrieben: vgl. seinen *Tractatus varii reso-*

7. Modus evadendi obligationem denuntiandae sollicitationis est, si sollicitatus confiteatur cum sollicitante: hic potest ipsum absolvere absque onere denuntiandi[1].

8. Duplicatum stipendium potest sacerdos pro eadem Missa licite accipere, applicando petenti partem etiam specialissimam fructus ipsimet celebranti correspondentem, idque post decretum Urbani VIII[1].

9. Post decretum Urbani potest sacerdos, cui Missae celebrandae traduntur, per alium satisfacere, collato illi minori stipendio, alia pane stipendii sibi retenta[1].

10. Non est contra iustitiam, pro pluribus sacrificiis stipendium accipere, et sacrificium unum offerre. Neque etiam est contra fidelitatem, etiamsi promittam promissione, etiam iuramento firmata, danti stipendium, quod pro nullo alio offeram.

11. Peccata in confessione omissa seu oblita ob instans periculum vitae aut ob aliam causam, non tenemur in sequenti confessione exprimere[1].

12. Mendicantes possunt absolvere a casibus episcopis reservatis, non obtenta ad id episcoporum facultate[1].

7. Eine Möglichkeit, der Verpflichtung, **2027** eine Verführung anzuzeigen, zu entgehen, ist, wenn der Verführte bei dem Verführer die Sünden beichtet: dieser kann ihn ohne die Bürde der Anzeige lossprechen[1].

8. Ein Priester kann erlaubtermaßen ein **2028** doppeltes Stipendium für dieselbe Messe annehmen, indem er dem Bittsteller auch den ganz besonderen Teil der Frucht zuwendet, der dem Zelebranten selbst zusteht, und zwar nach dem Dekret Urbans VIII[1].

9. Nach dem Dekret Urbans kann ein **2029** Priester, dem Messen zu feiern aufgetragen werden, dem durch einen anderen Genüge tun, wenn er diesem ein kleineres Stipendium zukommen läßt und den anderen Teil des Stipendiums für sich zurückbehält[1].

10. Es ist nicht wider die Gerechtigkeit, **2030** für mehrere Meßopfer ein Stipendium anzunehmen und ⟨nur⟩ ein einziges Meßopfer darzubringen. Und es ist auch nicht wider die Gewissenhaftigkeit, selbst wenn ich dem, der das Stipendium gibt, verspreche und dieses Versprechen sogar mit einem Schwur bekräftige, daß ich ⟨das Meßopfer⟩ für keinen anderen darbringe.

11. Wir sind nicht gehalten, die wegen dro- **2031** hender Lebensgefahr oder aus einem anderen Grund in der Beichte ausgelassenen oder vergessenen Sünden in der folgenden Beichte ausdrücklich zu erwähnen[1].

12. Bettelmönche können von Fällen los- **2032** sprechen, die den Bischöfen vorbehalten sind, ohne dazu die Vollmacht der Bischöfe empfangen zu haben[1].

---

*lutionum moralium* (Lyon 1651; das Werk wurde am 10. Juni 1659 verboten, "bis es korrigiert wird") I, tract. 4, c. 5, resol. 6; c. 6, resol. 8: dort auch Satz 7.

**\*2027** [1]   Vgl. Thomas Hurtado, a. oben a.O.

**\*2028** [1]   Urban VIII., Dekret "*Cum saepe contingat*", 21. Juni 1625 (BullTau 13,336–340); s. § 2 und 4. Dieses Dekret, von der Kongregation des Hl. Konzils am 25. Jan. 1659 mit Zustimmung des Papstes erneuert, findet sich in erweiterter Form auch bei Innozenz XII., Konstitution "*Nuper a congregatione*", 23. Dez. 1697 (BullTau 20,806–819). Vor dem Dekret Urbans VIII. wurde (z. B. von Cajetan de Vio, Domingo de Soto und Melchior Cano) die Auffassung vertreten, ein doppeltes Stipendium von verschiedenen Personen könne vom Priester an jedem Tag für ein und dieselbe Messe in Empfang genommen werden, wenn er dessen zu einem angemessenen Lebensunterhalt seiner eigenen Person bedarf. Nach dem Dekret Urbans VIII. war Thomas Hurtado bemüht, diesen Satz zu verteidigen: a. *2026 a.O. I, tract. 2, c. 4, resol. 17, n. 187f; vgl. Moya, a. *2022 a.O. (Ausg. von 1657) 86.

**\*2029** [1]   Vgl. Moya, a. *2022 a.O. (Ausg. von 1664) 127, n. 3.

**\*2031** [1]   Aus der Löwener Zensur d. J. 1653, Satz 12.

**\*2032** [1]   Vgl. Chassaing, a. *2024 a.O. I, tract. 5, c. 3, propos. 6: "probabiliter sustineri posset" ("es könnte wahrscheinlich geduldet werden").

**2033**    13. Satisfacit praecepto annuae confessionis, qui confitetur regulari episcopo praesentato, sed ab eo iniuste reprobato[1].

13. Dem Gebot der jährlichen Beichte tut Genüge, wer einem Ordensgeistlichen beichtet, der einem Bischof vorgeschlagen, von diesem aber zu Unrecht abgelehnt wurde[1].

**2034**    14. Qui facit confessionem voluntarie nullam, satisfacit praecepto Ecclesiae [*cf. *2155*].

14. Wer absichtlich eine nichtige Beichte ablegt, tut dem Gebot der Kirche Genüge [*vgl. *2155*].

**2035**    15. Paenitens propria auctoritate substituere sibi alium potest, qui loco ipsius paenitentiam adimpleat.

15. Der Büßende kann aus eigener Vollmacht für sich einen anderen als Vertreter einsetzen, der anstelle seiner selbst die Buße erfüllt.

**2036**    16. Qui beneficium curatum habent, possunt sibi eligere in confessarium simplicem sacerdotem non approbatum ab Ordinario[1].

16. Wer eine Seelsorgepfründe besitzt, kann sich einen vom Ordinarius nicht zugelassenen einfachen Priester zum Beichtvater auswählen[1].

**2037**    17. Est licitum religioso vel clerico, calumniatorem gravia crimina de se vel de sua religione spargere minantem occidere, quando alius modus defendendi non suppetit: uti suppetere non videtur, si calumniator sit paratus vel ipsi religioso, vel eius religioni publice et coram gravissimis viris praedicta impingere, nisi occidatur[1].

17. Einem Ordensmann oder Kleriker ist es erlaubt, einen Verleumder, der schwere Vergehen von ihm oder von seiner Ordensgemeinschaft zu verbreiten droht, zu töten, wenn keine andere Weise der Verteidigung zur Verfügung steht: z. B. steht sie offensichtlich nicht zur Verfügung, wenn der Verfolger bereit ist, dem Ordensmann selbst oder seiner Ordensgemeinschaft öffentlich und vor den gewichtigsten Männern das eben Erwähnte anzuhängen, wenn er nicht getötet wird[1].

**2038**    18. Licet interficere falsum accusatorem, falsos testes ac etiam iudicem, a quo iniqua certo imminet sententia, si alia via non potest innocens damnum evitare[1].

18. Es ist erlaubt, einen falschen Ankläger, falsche Zeugen und sogar einen Richter, von dem mit Sicherheit ein ungerechter Urteilsspruch droht, zu töten, wenn ein Unschuldiger auf keinem anderen Weg Schaden vermeiden kann[1].

**2039**    19. Non peccat maritus occidens propria auctoritate uxorem in adulterio deprehensam[1].

19. Der Ehemann sündigt nicht, wenn er aus eigener Vollmacht seine beim Ehebruch ertappte Frau tötet[1].

---

*2033 [1]  Dieser Satz kann aus der Auffassung abgeleitet werden, daß ein Ordenspriester, der vom Bischof ohne triftigen Grund nicht zugelassen wurde, trotzdem gültig losspricht; diese Auffassung vertrat der "Navarrus" genannte Martin de Azpilcueta, *Enchiridion sive Manuale confessariorum et paenitentium* (Salamanca 1557, spanisch; Rom 1588 und weitere Ausg.) 27, n. 264f, auf den sich Antonio de Escobar y Mendoza SJ beruft: *Theologia moralis* (Lyon 1646 und weitere Ausg.) tract. II, lib. 16, sect. 2, c. 17, problema 46.

*2036 [1]  Moya, a. *2022 a.O. (Ausg. von 1657) 157.

*2037 [1]  Der Satz ist weitgehend der Löwener Zensur d. J. 1653, Satz 7, entnommen; Francesco Amico SJ, *Cursus theologicus iuxta scholasticam huius temporis S. I. methodum* (Douai 1640²) V, disp. 36, n. 118, bringt ihn als Diskussionsbeispiel vor; dennoch wird er von der Löwener Zensur am 6. Sept. 1649 ausgewählt.

*2038 [1]  Aus der Löwener Zensur d. J. 1657, Satz 5. Vgl. Domingo Báñez OP, *De iustitia et iure*, q. 46, art. 7, dub. 4, concl. 2; Kardinal Juan de Lugo SJ, *De iustitia*, disp. 10, sect. 7, n. 165; Antonio Diana CCRRMM, *Resolutiones morales*, VIII, tract. 7, resol. 52; Escobar, a. *2033 a.O. IV, l. 32, sect. 2, c. 5, problema 5, u. a. Autoren.

*2039 [1]  Moya, a. *2022 a.O. (Ausg. von 1657) 68.

20. Restitutio a Pio V[1] imposita beneficiatis non recitantibus non debetur in conscientia ante sententiam declaratoriam iudicis, eo quod sit poena.

20. Die Rückerstattung, die von Pius V.[1] den Pfründeninhabern, die das ⟨Offizium⟩ nicht rezitieren, auferlegt wurde, ist, da es sich um eine Strafe handelt, vor dem Feststellungsurteil des Richters keine Gewissenspflicht. **2040**

21. Habens capellaniam collativam, aut quodvis aliud beneficium ecclesiasticum, si studio litterarum vacet, satisfacit suae obligationi, si officium per alium recitet.

21. Wer eine ihm übertragene Kaplanei oder irgendeine andere kirchliche Pfründe besitzt, kommt, wenn er sich dem Studium der Wissenschaften widmet, seiner Verpflichtung nach, wenn er das Offizium von einem anderen rezitieren läßt. **2041**

22. Non est contra iustitiam, beneficia ecclesiastica non conferre gratis: quia collator conferens illa beneficia ecclesiastica pecunia interveniente non exigit illam pro collatione beneficii, sed veluti pro emolumento temporali, quod tibi conferre non tenebatur[1].

22. Es ist nicht wider die Gerechtigkeit, kirchliche Pfründen nicht unentgeltlich zu verleihen; denn wenn ein Verleiher diese kirchlichen Pfründen verleiht und dabei Geld im Spiel ist, so fordert er es nicht für die Verleihung der Pfründe, sondern gleichsam für den zeitlichen Nutzen, den er dir nicht hätte übertragen müssen[1]. **2042**

23. Frangens ieiunium Ecclesiae, ad quod tenetur, non peccat mortaliter, nisi ex contemptu vel inoboedientia hoc faciat, puta quia non vult se subicere praecepto[1].

23. Wer das Fasten der Kirche bricht, zu dem er verpflichtet ist, sündigt nicht tödlich, wenn er dies nicht aufgrund von Verachtung oder Ungehorsam tut, so z. B., weil er sich dem Gebot nicht unterwerfen will[1]. **2043**

24. Mollities, sodomia et bestialitas sunt peccata eiusdem speciei infimae; ideoque sufficit dicere in confessione, se procurasse pollutionem[1].

24. Knabenliebe, Homosexualität und Unzucht mit Tieren sind Sünden derselben untersten Gattungsbestimmung; und deshalb genügt es, in der Beichte zu sagen, man habe sich eine Pollution verschafft[1]. **2044**

25. Qui habuit copulam cum soluta, satisfacit confessionis praecepto dicens: Commisi cum soluta grave peccatum contra castitatem, non explicando copulam[1].

25. Wer Verkehr mit einer Geschiedenen hatte, tut dem Gebot der Beichte Genüge, wenn er sagt: Ich habe mit einer Geschiedenen eine schwere Sünde wider die Keuschheit begangen, ohne den Verkehr ausdrücklich anzuführen[1]. **2045**

---

*2040 [1] Pius V., Konstitution "*Ex proximo Lateranensi*", 20. Sept. 1571 (BullTau 7,942f), bestätigte das vom 5. Laterankonzil in der 9. Sitzung verabschiedete Gesetz. Dieses faßte z. B. Pedro de Soto OP als reines Strafgesetz auf.

*2042 [1] Vincenzo Candido OP, *Illustriores disquisitiones morales* I, disq. 18, art. 39, dub. 3 am Ende (Lyon 1638) 206; Moya, a. *2022 a.O. (Ausg. von 1657) 79.

*2043 [1] Der Satz wird Petrus de Palude OP († i. J. 1342), *Commentarius in sententias* IV, dist. 15, a. 1, concl. 2, und Franciscus de Zabarella († i. J. 1417), *Commentarius in Decretales* t. II, tit. 46, c. 2 über die Beachtung des Fastens, zugeschrieben.

*2044 [1] Der erste Teil des Satzes war unter den Theologen jener Zeit allgemein anerkannt; die Grundlage bot Thomas von Aquin, *Summa theologiae* II-II, q. 154, a. 11-12 (Editio Leonina 10,243f 247f); vgl. Cajetan de Vio, Kommentar zu q. 154, a. 11, ad dub. 2 (Editio Leonina 10,245). Den zweiten Teil des Satzes hatte Juan Caramuel de Lobkowicz SOCist geschlossen, später aber zurückgenommen; vgl. seine Werke *Theologia moralis fundamentalis* (Frankfurt 1651 und weitere Ausg.) II, fundam. 57, q. 6, und *Theologia moralis ad prima eaque clarissima principia reducta* (Löwen 1645) IV, n. 1669.

*2045 [1] Aus der Pariser Zensur: Moya, a. *2022 a.O. (Ausg. von 1664) 208, propos. 13; Caramuel, *Theologia moralis fundamentalis*, fundam. 25, n. 484 (in den Ausg. vor 1656).

**2046**    26. Quando litigantes habent pro se opiniones aeque probabiles, potest iudex pecuniam accipere pro ferenda sententia in favorem unius prae alio[1].

26. Wenn im Rechtsstreit Stehende gleichermaßen wahrscheinliche Rechtsauffassungen für sich haben, kann der Richter dafür, daß er seinen Spruch zugunsten des einen gegen den anderen fällt, Geld annehmen[1].

**2047**    27. Si liber sit alicuius iunioris et moderni, debet opinio censeri probabilis, dum non constet, reiectam esse a Sede Apostolica tamquam improbabilem[1].

27. Wenn es sich um die Schrift irgendeines Jüngeren und Modernen handelt, muß man die Auffassung als wahrscheinlich ansehen, solange nicht feststeht, daß sie vom Apostolischen Stuhl als verwerflich zurückgewiesen wurde[1].

**2048**    28. Populus non peccat, etiamsi absque ulla causa non recipiat legem a principe promulgatam[1].

28. Das Volk sündigt nicht, auch wenn es ohne jeden Grund ein vom Fürsten verkündetes Gesetz nicht annimmt[1].

## b) Sätze 29–45 des Dekrets vom 18. März 1666

**2049**    29. In die ieiunii qui saepius modicum quid comedit, etiamsi notabilem quantitatem in fine comederit, non frangit ieiunium.

29. Wer an einem Fasttag öfter ein bißchen ißt, bricht, auch wenn er schließlich eine ansehnliche Menge gegessen hat, das Fasten nicht.

**2050**    30. Omnes officiales, qui in republica corporaliter laborant, sunt excusati ab obligatione ieiunii, nec debent se certificare, an labor sit compatibilis cum ieiunio[1].

30. Alle Beamten, die im Staat körperlich arbeiten, sind von der Verpflichtung zum Fasten entbunden und müssen sich nicht vergewissern, ob die Arbeit mit dem Fasten zu vereinbaren ist[1].

**2051**    31. Excusantur absolute a praecepto ieiunii omnes illi, qui iter agunt equitando, utcumque iter agunt, etiamsi iter necessarium non sit, et etiamsi iter unius diei conficiant[1].

31. Vom Fastengebot werden alle jene uneingeschränkt entbunden, die zu Pferd eine Reise unternehmen, wie auch immer sie die Reise unternehmen, selbst wenn die Reise nicht notwendig ist und selbst wenn sie die Reise an einem einzigen Tag vollenden[1].

**2052**    32. Non est evidens, quod consuetudo non comedendi ova et lacticinia in Quadragesima obliget[1].

32. Es ist nicht offensichtlich, daß die Gewohnheit, in der Fastenzeit keine Eier und Milchprodukte zu essen, verpflichtend ist[1].

**2053**    33. Restitutio fructuum ob omissionem Horarum suppleri potest per quascumque eleemosynas, quas antea beneficiarius de fructibus sui beneficii fecerit[1].

33. Die Erstattung der Früchte aufgrund der Unterlassung des Stundengebetes kann durch irgendwelche Almosen erfüllt werden, die der Pfründeninhaber zuvor von den

---

**\*2046** [1]   Aus der Pariser Zensur: Moya, a. \*2022 a.O. (Ausg. von 1664) 113, propos. 11; vgl. die Löwener Zensur, Art. 11, und die Zensur der Synode von Namur d. J. 1659, Art. 13.

**\*2047** [1]   Vgl. Moya, a. \*2022 a.O. (Ausg. von 1664) 27, n. 1, und 191, n. 4 (Pariser Zensur); in demselben Sinn: Vincenzo Figliucci SJ, *Morales quaestiones de christianis officiis et casibus conscientiae* (Lyon 1622) II, tract. 21, c. 4, n. 134, restrictio in n. 136.

**\*2048** [1]   Escobar, a. \*2033 a.O. I, l. 5, sect. 2, c. 14, problema 13.

**\*2050** [1]   Diana, a. \*2038 a.O. VIII, tract. 7, resol. 56, und IV, tract. 4, resol. 130; Juan Machado de Chaves, *Perfecto confesor y cura de almas* (Barcelona 1641) II, l. 6, p. 8, doc. 5.

**\*2051** [1]   Diana, a. \*2038 a.O. XI, tract. 2, resol. 57 und 21 § 3.

**\*2052** [1]   Vgl. Moya, a. \*2022 a.O. (Ausg. von 1657) 105. Dieser Brauch geht zurück auf einen unechten Brief Gregors I., des Großen, der aufgenommen wurde in Gratians *Decretum*, p. I, dist. 4, c. 6, § 2 (Frdb 1,6).

Früchten seiner Pfründe gewährt hat[1].

34. In die Palmarum recitans officium paschale satisfacit praecepto[1].

34. Wer am Palmsonntag das Osteroffizium liest, tut dem Gebot Genüge[1]. **2054**

35. Unico officio potest quis satisfacere duplici praecepto pro die praesenti et crastino[1].

35. Man kann mit einem einzigen Offizium dem zweifachen Gebot für den gegenwärtigen und den darauffolgenden Tag Genüge tun[1]. **2055**

36. Regulares possunt in foro conscientiae uti privilegiis suis, quae sunt expresse revocata per Concilium Tridentinum.

36. Die Ordensleute können im Forum des Gewissens ⟨= Beichte⟩ ihre Privilegien benützen, die durch das Konzil von Trient ausdrücklich widerrufen wurden. **2056**

37. Indulgentiae concessae regularibus et revocatae a Paulo V hodie sunt revalidatae[1].

37. Die den Ordensleuten zugestandenen Ablässe, die von Paul V. widerrufen wurden, sind heute wieder gültig[1]. **2057**

38. Mandatum Tridentini, factum sacerdoti sacrificanti ex necessitate cum peccato mortali, confitendi "quamprimum" [cf. *1647], est consilium, non praeceptum[1].

38. Die Anweisung des Tridentinums, die dem Priester gegeben wurde, der aufgrund einer Notlage mit einer Todsünde das Opfer darbringt, "baldmöglichst" zu beichten [vgl. *1647], ist ein Rat, kein Gebot[1]. **2058**

39. Illa particula "quamprimum" intelligitur, cum sacerdos suo tempore confitebitur.

39. Unter jener Partikel "baldmöglichst" ist zu verstehen, daß der Priester zu seiner Zeit beichten wird. **2059**

40. Est probabilis opinio, quae dicit, esse tantum veniale osculum habitum ob delectationem carnalem et sensibilem, quae ex osculo oritur, secluso periculo consensus ulterioris et pollutionis.

40. Es ist eine wahrscheinliche Meinung, daß ein Kuß, der wegen des fleischlichen und sinnlichen Vergnügens gegeben wurde, das aus dem Kuß entsteht, ohne daß damit die Gefahr einer weitergehenden Einwilligung und Pollution gegeben wäre, nur eine läßliche ⟨Sünde⟩ sei. **2060**

41. Non est obligandus concubinarius ad eiciendam concubinam, si haec nimis utilis esset ad oblectamentum concubinarii, vulgo "regalo", dum, deficiente illa nimis aegre ageret vitam, et aliae epulae taedio magno concubinarium afficerent, et alia famula nimis difficile inveniretur[1].

41. Ein Liebhaber darf nicht dazu verpflichtet werden, seine Geliebte hinauszuwerfen, wenn diese allzu nützlich für die Lust des Liebhabers – volkstümlich "regalo" ⟨span. = Annehmlichkeit⟩ ⟨genannt⟩ – wäre, während er, wenn sie fehlte, das Leben allzu bekümmert fristen würde, andere Schmausereien den Liebhaber mit tiefem Ekel erfüllten und eine andere Dienerin sich allzu schwer finden ließe[1]. **2061**

---

*2053 [1]  Vgl. Diana, a. *2038 a.O. IX., tract. 9, resol. 23.
*2054 [1]  Caramuel, *Theologia moralis fundamentalis* (Frankfurt 1651) fundam. 53, n. 1100; er hat den Satz aber bald zurückgenommen: vgl. die Lyoner Ausgabe desselben Werkes d. J. 1675f, fundam. 53, n. 2491.
*2055 [1]  Bei Caramuel a. *2055 a.O., fundam. 31, n. 502, zur Diskussion gestellt; später (Lyoner Ausg.: n. 764) wurde aber die richtige Lösung beigefügt.
*2057 [1]  Um die Überfülle von Ablässen, die den kirchlichen Orden gewährt worden waren, zu beschneiden, widerrief Paul V. in der Konstitution "*Romanus Pontifex*" vom 23. Mai 1606 (BullTau 11,315–318) alle früheren Ablässe und ersetzte sie durch eine geringere Anzahl an neuen.
*2058 [1]  Vgl. Enrique de Villalobos OMin, *Summa de la teologia moral y canonica* (Salamanca 1623) I, tract. 7, diffic. 37, n. 7.
*2061 [1]  Juan Sánchez, *Selectae et practicae disputationes de rebus in administratione sacramentorum praesertim eucharistiae et paenitentiae passim occurentibus* (Madrid 1624; auf den Index gesetzt am 3. Dez. 1642), disp. 10, n. 20; ebenso die Löwener Zensur d. J. 1657, Satz 2.

**2062**    42. Licitum est mutuanti, aliquid ultra sortem exigere, si se obliget ad non repetendam sortem usque ad certum tempus[1].

42. Dem Verleiher ist es erlaubt, noch etwas zusätzlich zum ausgeliehenen Geld zu fordern, wenn er sich verpflichtet, das ausgeliehene Geld bis zu einem bestimmten Zeitpunkt nicht zurückzuverlangen[1].

**2063**    43. Annuum legatum pro anima relictum non durat plus quam per decem annos.

43. Die für die Seele hinterlassene Stiftung für den Jahrtag dauert nicht länger als zehn Jahre.

**2064**    44. Quoad forum conscientiae, reo correcto eiusque contumacia cessante, cessant censurae[1].

44. Was das Forum des Gewissens ⟨= Beichte⟩ betrifft, so verlieren, wenn der Angeklagte zurechtgewiesen wurde und seine Widerspenstigkeit gewichen ist, die Zensuren ihre Gültigkeit[1].

**2065**    45. Libri prohibiti "donec expurgentur", possunt retineri usque dum adhibita diligentia corrigantur[1].

[*Censura:*] ut minimum scandalosae.

45. Bücher, die verboten sind, "bis sie gereinigt werden", können so lange behalten werden, bis sie sorgfältig korrigiert werden[1].

[*Zensur:*] Zumindest anstößig.

## 2070: Dekret des Hl. Offiziums, 5. Mai 1667

Der Erzbischof von Mecheln (1637) und der Bischof von Namur (1659) hatten die Beichtväter in Pastoralinstruktionen ermahnt, sie sollten sich nicht mit der Furchtreue der Beichtenden begnügen, von der im 4. Kap. der 14. Sitzung des Trienter Konzils (*1678) die Rede ist. Als 1661 in Gent der Katechismus eines anonymen Jesuiten veröffentlicht wurde, der den Attritionismus vertrat, verlangten die Genter Pfarrer mit Zustimmung der Löwener Universität ein Einschreiten Alexanders VII. und des Kardinals Pietro Sforza Pallavicini SJ, der als Kontritionist bekannt war. Das Dekret forderte Mäßigung in dieser Auseinandersetzung.

*Ausg.:* DuPlA 3/II, 324b–325a.

### *Lehrfreiheit in bezug auf die Furchtreue*

**2070**    Cum acceperit non sine gravi animi moerore Scholasticos quosdam acrius nec absque fidelium scandalo inter se contendere, an illa attritio, quae concipitur ex metu gehennae, excludens voluntatem peccandi, cum spe veniae, ad impetrandam gratiam in sacramento paenitentiae requirat insuper aliquem actum dilectionis Dei, asserentibus quibusdam, negantibus aliis, et invicem adversam sententiam censurantibus,

Da sie nicht ohne schwere Trauer im Herzen erfahren hat, daß gewisse Scholastiker ziemlich heftig und nicht ohne Ärgernis für die Gläubigen miteinander streiten, ob jene Furchtreue, die man aufgrund der Furcht vor der Hölle empfängt und die den Willen zum Sündigen ausschließt, verbunden mit der Hoffnung auf Verzeihung, um Gnade zu erlangen, beim Sakrament der Buße noch überdies irgendeinen Akt der Liebe Gottes erfordert – so behaupten manche, andere leugnen es, und sie belegen wechselseitig die entgegengesetzte Auffassung mit Zensuren –,

Sanctitas Sua ... praecipit ... ut, si deinceps de materia attritionis praefatae scribent vel libros aut scripturas edent vel docebunt vel praedicabunt vel alio quovis modo paeniten-

gebietet Seine Heiligkeit ..., daß, wenn sie künftig über die Materie der vorgenannten Furchtreue schreiben, Bücher oder Schriften herausgeben, lehren, predigen oder auf eine

---

*2062 [1]   Vgl. Moya, a. *2022 a.O. (Ausg. von 1664) 160, n. 7; 158, propos. 1 (Pariser Zensur).
*2064 [1]   Vgl. Diana, a. *2038 a.O. V, tract. 10, resol. 25.
*2065 [1]   Pierre Marchant OFMRec, *Tribunal sacramentale et invisibile animarum in hac vita mortali* (Gent 1642 und weitere Ausg.) II, tract. 2, tit. 2, sect. 4, q. 3, dub. 5.

tes aut scholares ceterosve erudient, non audeant alicuius theologicae censurae alteriusve iniuriae aut contumeliae nota taxare alterutram sententiam, sive negantem necessitatem aliqualis dilectionis Dei in praefata attritione ex metu gehennae concepta, quae hodie inter scholasticos communior videtur, sive asserentem dictae dilectionis necessitatem, donec ab hac Sancta Sede fuerit aliquid hac in re definitum.

beliebige andere Weise Beichtende, Schüler oder andere unterrichten werden, sie es nicht wagen sollen, eine der beiden Auffassungen – ob sie nun die Notwendigkeit einer irgendwie beschaffenen Liebe Gottes bei der vorgenannten aufgrund der Furcht vor der Hölle empfangenen Furchtreue leugnet, was heute unter den Scholastikern mehr verbreitet zu sein scheint, oder ob sie die Notwendigkeit besagter Liebe behauptet – mit der Rüge irgendeiner theologischen Zensur oder einer anderen Beleidigung oder Schmähung zu tadeln, bis von diesem Heiligen Stuhl in dieser Sache etwas definiert worden ist.

CLEMENS IX.: 20. Juni 1667 – 9. Dez. 1669
CLEMENS X.: 29. April 1670 – 22. Juli 1676

## INNOZENZ XI.: 21. Sept. 1676 – 12. Aug. 1689

### 2090-2095: Dekret der Hl. Konzilskongregation "Cum ad aures", 12. Febr. 1679

Der erste Teil dieses Dekretes ist die Wiederholung der Antwort der Konzilskongregation *"Etsi frequens"* an den Bischof von Brescia vom 24. Juni 1587. Dieser hatte die Kommunion der Laien auf zwei Tage innerhalb der Woche zu beschränken versucht. Einige Laien machten dagegen das göttliche Recht geltend, täglich die heilige Kommunion empfangen zu können. Johannes Pichon SJ vertrat eine dem Rigorismus der Jansenisten entgegengesetzte Lehre, wonach die im Stande der Gnade lebenden Gläubigen verpflichtet seien, die heilige Kommunion häufig zu empfangen. Sein Buch *L'ésprit de Jésus-Christ et de l'Église sur la fréquente communion* (Paris 1745) wurde von den meisten Bischöfen Frankreichs bekämpft. Er widerrief seine Lehre im Jan. 1748.
*Ausg.:* CollPF² Nr. 219 / DuPlA 3/II, 346b–347a.

### Die häufige und tägliche Kommunion

Etsi frequens quotidianusque sacrosanctae Eucharistiae usus a sanctissimis Patribus fuerit semper in Ecclesia probatus: numquam tamen aut saepius illam percipiendi aut ab ea abstinendi certos singulis mensibus aut hebdomadis dies statuerunt, quos nec Concilium Tridentinum praescripsit, sed, quasi humanam infirmitatem secum reputaret, nihil praecipiens, quid cuperet tantum indicavit, cum inquit: "Optaret quidem sacrosancta Synodus, ut in singulis Missis fideles adstantes sacramentali Eucharistiae perceptione communicarent" [*1747]. Idque non immerito: multiplices enim sunt conscientiarum recessus, variae ob negotia spiritus alienationes; multae contra gratiae et Dei dona parvulis concessa; quae cum humanis oculis scrutari non possimus, nihil certe de cuiusque dignitate atque integritate et consequenter de

Auch wenn der häufige und tägliche Gebrauch der hochheiligen Eucharistie von den heiligen Vätern in der Kirche immer befürwortet wurde, haben sie dennoch niemals bestimmte Tage für einzelne Monate oder Wochen festgelegt, um sie öfter zu empfangen oder sich von ihr zu enthalten; auch das Konzil von Trient hat keine solchen ⟨Tage⟩ vorgeschrieben, sondern, als ob es die menschliche Schwäche bei sich erwöge, nichts geboten und nur angezeigt, was es gerne hätte, als es sagte: "Zwar wünschte das hochheilige Konzil, daß in den einzelnen Messen die anwesenden Gläubigen im sakramentalen Empfang der Eucharistie kommunizieren" [*1747]. Und dies nicht zu Unrecht: vielfältig sind nämlich die Schlupfwinkel der Gewissen, mannigfach die Ablenkungen des Geistes wegen der Geschäfte; zahlreich dagegen    **2090**

frequentiore aut quotidiano vitalis panis esu potest constitui.

**2091**      Et propterea quod ad negotiatores ipsos attinet, frequens ad sacram alimoniam percipiendam accessus confessariorum secreta cordis explorantium iudicio est relinquendus, qui ex conscientiarum puritate et frequentiae fructu et ad pietatem processu laicis negotiatoribus et coniugatis, quod prospicient eorum saluti profuturam, id illis praescribere debebunt.

**2092**      In coniugatis autem hoc amplius animadvertant, cum beatus Apostolus nolit eos "invicem fraudari, nisi forte ex consensu ad tempus, ut vacent orationi" [*cf. 1 Cor 7,5*], eos serio admoneant, tanto magis ob sacratissimae Eucharistiae reverentiam continentiae vacandum purioreque mente ad caelestium epularum communionem esse conveniendum.

**2093**      In hoc igitur pastorum diligentia potissimum invigilabit, non ut a frequenti aut quotidiana sacrae communionis sumptione unica praecepti formula aliqui deterreantur, aut sumendi dies generaliter constituantur, sed magis quid singulis permittendum, per se aut parochos seu confessarios sibi decernendum putet; illudque omnino prohibeat, ut nemo a sacro convivio, seu frequenter seu quotidie accesserit, repellatur ...

**2094**      Proderit etiam praeter parochorum et confessariorum diligentiam opera quoque concionatorum uti et cum eis constitutum habere, ut cum fideles ad sanctissimi Sacramenti frequentiam (quod facere debent) accesserint, statim de magna ad illud sumendum praeparatione orationem habeant, generatimque ostendant, eos, qui ad frequentiorem aut quotidianam salutiferi cibi sumptionem de-

die den Kindern gewährten Gnaden und Gaben Gottes; da wir dies mit menschlichen Augen nicht erforschen können, kann über die Würde und Reinheit eines jeden und demzufolge über den häufigeren oder täglichen Genuß des lebenspendenden Brotes nichts sicher festgelegt werden.

Und deswegen ist, was die Werktätigen anbelangt, das häufige Hinzutreten zum Empfang der heiligen Speise dem Urteil der die Geheimnisse des Herzens erforschenden Beichtväter zu überlassen, die den werktätigen und verheirateten Laien nach Maßgabe der Reinheit der Gewissen, des Nutzens der Häufigkeit und des Fortschreitens zur Frömmigkeit das vorschreiben müssen, von dem sie vorhersehen, daß es ihrem Heil nützen wird.

Bei Verheirateten aber sollen sie, da der selige Apostel nicht will, daß diese "sich einander verweigern, es sei denn, in gegenseitigem Einverständnis auf eine ⟨bestimmte⟩ Zeit, um sich dem Gebet zu widmen" [*vgl. 1 Kor 7,5*], noch mehr darauf achten, sie ernsthaft zu ermahnen, daß ⟨sie⟩ umso mehr aus Ehrfurcht vor der heiligsten Eucharistie Enthaltsamkeit üben und mit reinerem Geiste zur Kommunion des himmlischen Mahles schreiten sollen.

Dabei wird die Sorgfalt der Hirten also nicht so sehr darauf bedacht sein, daß irgendwelche durch eine einzige Gebotsformel vom häufigen oder täglichen Empfang der heiligen Kommunion abgeschreckt oder Tage des Empfangs allgemein festgelegt werden, sondern sie soll vielmehr überzeugt sein, daß von ihr selbst oder ⟨von⟩ Pfarrern bzw. Beichtvätern entschieden werden muß, was den einzelnen zu erlauben ⟨ist⟩; und sie soll es gänzlich verhindern, daß irgend jemand vom heiligen Gastmahl – ob er häufig oder täglich hinzutritt – zurückgewiesen werde ...

Abgesehen von der Sorgfalt der Pfarrer und Beichtväter wird es ferner nützlich sein, sich auch der Tätigkeit der Prediger zu bedienen und mit ihnen eine Vereinbarung zu treffen, daß sie, wenn die Gläubigen zum häufigen Empfang des heiligsten Sakramentes (was sie tun sollen) hinzugetreten sind, sogleich eine Rede über die große Vorbereitung für seinen Empfang halten und allgemein

voto studio excitantur, debere, sive laici negotiatores sint, sive coniugati, sive quicumque alii, suam agnoscere infirmitatem, ut dignitate Sacramenti ac divini iudicii formidine discant caelestem mensam, in qua Christus est, revereri; et si quando se minus paratos senserint, ab ea abstinere seque ad maiorem praeparationem accingere. ...

zeigen, daß diejenigen, die durch andächtigen Eifer zu einem häufigeren oder täglichen Empfang der heilbringenden Speise getrieben werden – seien es werktätige Laien, Verheiratete oder irgendwelche andere –, ihre Schwachheit anerkennen müssen, damit sie durch die Würde des Sakramentes und aus Furcht vor dem göttlichen Urteil lernen, die himmlische Speise, in der Christus ist, zu verehren; und wenn sie einmal spüren sollten, daß sie weniger vorbereitet sind, sich von ihr zu enthalten und sich für eine größere Vorbereitung zu rüsten. ...

Porro episcopi et parochi seu confessarii redarguant asserentes, communionem quotidianam esse de iure divino ...

Ferner sollen die Bischöfe und Priester **2095** bzw. Beichtväter diejenigen zurückweisen, die behaupten, die tägliche Kommunion gehöre zum göttlichen Recht ...

## 2101-2167: 65 Sätze, im Dekret des Hl. Offiziums vom 2. März 1679 verurteilt

Der dem Bajanismus nahestehende Teil der theologischen Fakultät Löwen hatte i. J. 1677 Abgeordnete nach Rom gesandt, um verschiedene dogmatische und moralische Sätze zur Verurteilung vorzulegen. Großenteils wurden diese Sätze den Zensuren der Universität Löwen vom 30. März und 26. April 1653 (DuPlA 3/II, 267f) sowie am 4. Mai 1657 (DuPlA 3/II, 285-288) entnommen. Bei dem zum Rigorismus neigenden Innozenz XI. hatten sie hinsichtlich der Morallehren Erfolg, nicht aber hinsichtlich der Sätze von den Gnadenhilfen. Innozenz XI. begnügte sich damit, Ausartungen der Morallehre zu verurteilen. Er wählte aus den insgesamt 116 Sätzen 65 aus. Zur Interpretation s. *2021°.
*Ausg.:* BullTau 19,145b-149a / DuPlA 3/II, 348a-352a / Viva 2,3-6.

### *Irrtümer einer laxeren Morallehre*

1. Non est illicitum, in sacramentis conferendis sequi opinionem probabilem de valore sacramenti, relicta tutiore, nisi id vetet lex, conventio aut periculum gravis damni incurrendi. Hinc sententia probabili tantum utendum non est in collatione baptismi, ordinis sacerdotalis aut episcopalis[1].

1. Es ist nicht unerlaubt, bei der Spendung **2101** der Sakramente der wahrscheinlichen Meinung von der Gültigkeit des Sakramentes zu folgen und die sicherere außer acht zu lassen, wenn dies nicht Gesetz, Übereinkunft oder die Gefahr, sich einen schweren Schaden zuzuziehen, verbieten. Daher darf man die wahrscheinliche Auffassung lediglich bei der Spendung der Taufe, der Priester- oder Bischofsweihe nicht vertreten[1].

2. Probabiliter existimo, iudicem posse iudicare iuxta opinionem etiam minus probabilem[1].

2. Ich glaube mit Wahrscheinlichkeit, daß **2102** ein Richter gemäß einer auch weniger wahrscheinlichen Auffassung richten kann[1].

3. Generatim, dum probabilitate sive intrinseca sive extrinseca quantumvis tenui, modo a probabilitatis finibus non exeatur,

3. Allgemein ⟨gilt⟩: solange wir im Ver- **2103** trauen auf eine innerliche oder äußerliche, wenn auch noch so schwache Wahrschein-

---

*2101 [1] Antwerpener These vom 26. Juni 1673 (Ignace Maillot SJ); Hernando de Castropalao SJ, *Opus morale de virtutibus et vitiis contrariis* (Lyon 1631 und weitere Ausg.) I, tract. 1, disp. 2, punctum 5, n. 5.
*2102 [1] Juan Sánchez, *Selectae et practicae disputationes ...* (vgl. *2061[1]), disp. 44, n. 50; Vincenzo Figliucci SJ, *Morales quaestiones de christianis officiis et casibus conscientiae* (Lyon 1622) II, tract. 21, c. 4, n. 130; Thomas Hurtado CCRRMM, *Tractatus varii resolutionum moralium* (vgl. *2026[1]) I, tract. 3, c. 6, n. 314; Escobar, a. *2033 a.O. I, l. 2, sect. 2, c. 6, problema 14.

confisi aliquid agimus, semper prudenter agimus[1].

**2104**    4. Ab infidelitate excusabitur infidelis non credens, ductus opinione minus probabili[1].

**2105**    5. An peccet mortaliter, qui actum dilectionis Dei semel tantum in vita eliceret, condemnare non audemus[1].

**2106**    6. Probabile est, ne singulis quidem rigorose quinquenniis per se obligare praeceptum caritatis erga Deum[1].

**2107**    7. Tunc solum obligat, quando tenemur iustificari, et non habemus aliam viam, qua iustificari possumus[1].

**2108**    8. Comedere et bibere usque ad satietatem ob solam voluptatem non est peccatum, modo non obsit valetudini; quia licite potest appetitus naturalis suis actibus frui[1].

**2109**    9. Opus coniugii ob solam voluptatem exercitum omni penitus caret culpa ac defectu veniali[1].

**2110**    10. Non tenemur proximum diligere actu interno et formali[1].

**2111**    11. Praecepto proximum diligendi satisfacere possumus per solos actus externos[1].

lichkeit – sofern nur nicht die Grenzen der Wahrscheinlichkeit überschritten werden – etwas tun, handeln wir immer klug[1].

4. Ein Ungläubiger, der nicht glaubt, wird vom Unglauben entschuldigt werden, wenn er von einer weniger wahrscheinlichen Auffassung geleitet wurde[1].

5. Wir wagen nicht zu beurteilen, ob tödlich sündigt, wer den Akt der Liebe Gottes nur einmal im Leben erweckt[1].

6. Es ist wahrscheinlich, daß das Gebot der Liebe gegenüber Gott nicht einmal in einzelnen Zeiträumen von 5 Jahren durch sich unbedingt verpflichtet[1].

7. Es verpflichtet nur dann, wenn wir gehalten sind, gerechtfertigt zu werden, und keinen anderen Weg haben, auf dem wir gerechtfertigt werden können[1].

8. Allein wegen der Lust bis zur Sättigung zu essen und zu trinken, ist keine Sünde, sofern es nicht der Gesundheit schadet; denn ein natürliches Verlangen kann erlaubtermaßen seine Akte genießen[1].

9. Das allein wegen der Lust ausgeführte Werk der Ehe ist völlig frei von aller verzeihlicher Schuld und Fehlerhaftigkeit[1].

10. Wir sind nicht gehalten, den Nächsten in einem inneren und formellen Akt zu lieben[1].

11. Wir können dem Gebot der Nächstenliebe durch lediglich äußere Akte Genüge tun[1].

---

**\*2103** [1]   Tamburini SJ, a. \*2021 a.O. I 3, § 3, n. 3; das "quantumvis tenui"("auch noch so schwache") ist gleichbedeutend mit dem "minimo gradui probabilitatis" ("geringsten Grad an Wahrscheinlichkeit") bei Zaccaria Pasqualigo OTheat, *Decisiones morales* (Verona 1641; 1683 auf den Index gesetzt, "bis es korrigiert wird"), dec. 20.

**\*2104** [1]   Juan Sánchez, a. \*2102 a.O., disp. 19, n. 7.

**\*2105** [1]   Antoine Sirmond SJ, *La défense de la vertu* (Paris 1641), traité 2, section 1, chapitre 2-3; Antwerpener These vom 16. April 1674 (A. Marchant OMin); vgl. Gabriel Vázquez SJ, *Commentarius in II partem D. Thomae* IV, *De poenitentia*, q. 86, a. 2, dub. 6, n. 11: Verbindlichkeit des Gebotes nur für das Lebensende.

**\*2106** [1]   Figliucci, a. \*2102 a.O. II, c. 9, n. 286f; vgl. Escobar y Mendoza, *Liber theologiae moralis 24 doctoribus S.I. reseratus* (Lyon 1644 und weitere Ausg.), tract. 5, examen 4, c. 1.

**\*2107** [1]   Tamburini, a. \*2021 a.O. II 3, § 2, n. 2; vgl. ebd. 1, § 1; Juan Azor SJ, *Institutiones morales* (Lyon 1613 und weitere Ausg.) I, l. 9, c. 4.

**\*2108** [1]   Juan Sánchez, a. \*2102 a.O., disp. 2, n. 14.

**\*2109** [1]   Juan Sánchez, a. \*2102 a.O., disp. 23, n. 25; vgl. disp. 6, n. 4.

**\*2110** [1]   Francisco de Suárez SJ, *De charitate*, disp. 5, sect. 4, n. 4 (*Opera omnia*, hrsg. von C. Berton [Paris 1866ff] 12,642); Escobar, a. \*2023 a.O. 6/I (Ausg. von 1663), l. 49, sect. 2, c. 15, dub. 15; Juan Sánchez, a. \*2102 a.O., disp. 1, n. 21. Antwerpener These, wie \*2105. Die Autoren berufen sich auf Thomas von Aquin, *Summa theologiae* II-II, q. 25, a. 8 (Editio Leonina 8,204) und auf Duns Skotus, Sentenzenkommentar III, dist. 30, § Quantum ad hoc (Edition Wadding 7/II [Lyon 1639] 672).

**\*2111** [1]   Kann abgeleitet werden aus den Stellen, die zu \*2110 angeführt werden.

12. Vix in saecularibus invenies, etiam in regibus, superfluum statui. Et ita vix aliquis tenetur ad eleemosynam, quando tenetur tantum ex superfluo statui[1].

12. Man wird bei den Weltleuten, selbst bei den Königen, kaum etwas für ihren Stand Überflüssiges finden. Und so ist kaum einer zu einem Almosen verpflichtet, wenn er nur aufgrund des für seinen Stand Überflüssigen verpflichtet ist[1].   2112

13. Si cum debita moderatione facias, potes absque peccato mortali de vita alicuius tristari, et de illius morte naturali gaudere, illam inefficaci affectu petere et desiderare, non quidem ex displicentia personae, sed ob aliquod temporale emolumentum[1].

13. Wenn man es mit der schuldigen Mäßigung tut, kann man ohne Todsünde über das Leben irgendeines ⟨Menschen⟩ Trauer und über dessen natürlichen Tod Freude empfinden, ihn mit einem unwirksamen Affekt verlangen und ersehnen, zwar nicht aus Mißfallen an der Person, aber wegen irgendeines zeitlichen Gewinns[1].   2113

14. Licitum est, absoluto desiderio cupere mortem patris, non quidem ut malum patris, sed ut bonum cupientis; quia nimirum ei obventura est pinguis hereditas[1].

14. Es ist erlaubt, mit unbedingter Sehnsucht den Tod des Vaters zu wünschen, zwar nicht als Übel für den Vater, aber als Gut für den, der es wünscht; denn ihm wird ja eine fette Erbschaft zuteil werden[1].   2114

15. Licitum est filio gaudere de parricidio parentis a se in ebrietate perpetrato, propter ingentes divitias inde ex hereditate consecutas.

15. Es ist dem Sohn erlaubt, sich über den von ihm im Rausch begangenen Vatermord zu freuen wegen des ungeheuren Reichtums, der daraus aufgrund der Erbschaft folgt.   2115

16. Fides non censetur cadere sub praeceptum speciale et secundum se[1].

16. Vom Glauben gilt nicht, daß er – und zwar an sich – unter ein besonderes Gebot fällt[1].   2116

17. Satis est actum fidei semel in vita elicere[1].

17. Es genügt, den Akt des Glaubens einmal im Leben zu erwecken[1].   2117

18. Si a potestate publica quis interrogetur, fidem ingenue confiteri ut Deo et fidei gloriosum consulo: tacere ut peccaminosum per se non damno[1].

18. Wenn einer von der öffentlichen Gewalt gefragt wird, so rate ich als für Gott und den Glauben ruhmvoll, den Glauben freimütig zu bekennen; zu schweigen verurteile ich nicht als an sich sündhaft[1].   2118

19. Voluntas non potest efficere, ut assensus fidei in se ipso sit magis firmus, quam

19. Der Wille kann nicht bewirken, daß die Zustimmung zum Glauben in sich selbst   2119

---

**\*2112** [1]   Gabriel Vásquez SJ, *Opusculum de eleemosyna* (unter den *Opuscula moralia* [Alcalá de Henares 1617 und weitere Ausg.]), c. 4, n. 14 ( = erster Teil des Satzes), und c. 1, dub. 3, n. 27 ( = zweiter Teil des Satzes); Antonio Diana OTheat, *Resolutiones morales* (Lyon 1629ff; Venedig 1652f; Rom 1656) IV, tract. 4, resol. 215; Emanuel Sa SJ, *Aphorismi confessariorum ex variis doctorum sententiis collecti* (Venedig 1592 und weitere Ausg.; am 7. Aug. 1603 verboten, "bis es korrigiert wird"), unter dem Stichwort "Eleemosyna", n. 2; Löwener These vom 30. Juni 1670 (Aegidius Estrix SJ).

**\*2113** [1]   Tamburini, a. \*2021 a.O. V 1, § 3, n. 32; Hernando de Castropalao, a. \*2101 a.O. I, tract. 6, disp. 4, punctum 1, n. 10f; Juan Sánchez, a. \*2102 a.O., disp. 2, n. 9; Mateo de Moya, *Selectae quaestiones ex praecipuis theologiae tractatibus* (Madrid 1670, 1678³), tract. 6, disp. 6, q. 5, n. 8 (wörtlich); viele andere ähnlich.

**\*2114** [1]   Tamburini, a. \*2021 a.O., ebd. n. 31 "probabiliter" ("wahrscheinlicher").

**\*2116** [1]   Antwerpener These vom 16. April 1674 (A. Marchant OMin); vgl. Tamburini, a. \*2021 a.O. II 1, § 1, n. 9; Löwener These vom 30. Juni 1670 (Aegidius Estrix); Moya, a. \*2022 a.O. (Ausg. von 1657) 157.

**\*2117** [1]   Tamburini, a. \*2021 a.O. II 1, n. 8; Löwener These vom 30. Juni 1670 (Estrix); vgl. Juan Sánchez, a. \*2102 a.O., disp. 41, n. 32, und noch deutlicher im Index unter dem Stichwort "Scrupulosus".

**\*2118** [1]   Antwerpener These vom 16. April 1674 (A. Marchant OMin).

mereatur pondus rationum ad assensum im-
pellentium[1].

**2120**    20. Hinc potest quis prudenter repudiare
assensum, quem habebat, supernaturalem[1].

**2121**    21. Assensus fidei supernaturalis et utilis
ad salutem stat cum notitia solum probabili
revelationis, immo cum formidine, qua quis
formidet, ne non sit locutus Deus[1].

**2122**    22. Nonnisi fides unius Dei necessaria videtur necessitate medii, non autem explicita
Remuneratoris[1].

**2123**    23. Fides late dicta ex testimonio creaturarum similive motivo ad iustificationem sufficit[1].

**2124**    24. Vocare Deum in testem mendacii levis
non est tanta irreverentia, propter quam velit
aut possit damnare hominem[1].

**2125**    25. Cum causa licitum est iurare sine animo iurandi, sive res sit levis sive gravis[1].

**2126**    26. Si quis vel solus vel coram aliis, sive
interrogatus sive propria sponte, sive recrea-
tionis causa, sive quocumque alio fine iuret,
se non fecisse aliquid, quod revera fecit, intelligendo intra se aliquid aliud, quod non fecit, vel aliam viam ab ea, in qua fecit, vel
quodvis aliud additum verum, revera non
mentitur nec est periurus[1].

kräftiger ist, als es das Gewicht der Vernunftgründe, die zur Zustimmung drängen, verdient[1].

20. Daher kann einer absichtlich die Zustimmung, die er auf übernatürliche Weise
hatte, verweigern[1].

21. Die übernatürliche und zum Heile
nützliche Zustimmung zum Glauben hängt
mit der nur wahrscheinlichen Kenntnis der
Offenbarung zusammen, ja sogar mit der
Furcht, mit der man fürchtet, daß Gott nicht
gesprochen habe[1].

22. Nur der Glaube an den einen Gott
scheint aufgrund der Notwendigkeit des
⟨Heils-⟩mittels notwendig zu sein, nicht aber
der ausdrückliche ⟨Glaube⟩ an den Vergelter[1].

23. Der Glaube im weiten Sinn aufgrund
des Zeugnisses der Geschöpfe oder aus einem
ähnlichen Beweggrund genügt zur Rechtfertigung[1].

24. Gott zum Zeugen einer leichten Lüge
anzurufen ist keine so große Ehrfurchtslosig-
keit, daß er den Menschen deswegen verurteilen will oder kann[1].

25. Wenn man einen Grund hat, so ist es
erlaubt, ohne die Gesinnung des Schwörens
zu schwören, ob die Sache nun leicht oder
schwer ist[1].

26. Wer allein oder vor anderen, gefragt
oder aus eigenem Antrieb, um seiner Ergöt-
zung willen oder zu irgendeinem anderen
Zweck schwört, er habe etwas nicht getan,
was er in Wirklichkeit getan hat, und sich dabei in seinem Inneren irgendetwas anderes
denkt, was er nicht getan hat, oder einen anderen Weg als den, an dem er es getan hat,
oder irgendetwas anderes hinzugefügtes
Wahres, der lügt in Wirklichkeit nicht und ist
nicht meineidig[1].

---

**\*2119** [1]  Aegidius Estrix SJ, *Diatriba theologica de sapientia Dei benefica mundi architecta et gubernatrice
optima ... sive Manuductio ad fidem divinam ...* (Antwerpen 1672; auf den Index gesetzt am 5.
April 1674), n. 130 132 = ass. 28 und coroll. (S. 68 70); Antwerpener These vom 16. April 1674 (A.
Marchant OMin).

**\*2120** [1]  Estrix, a. \*2119 a.O., n. 159 = ass. 33, coroll. (S. 83); Antwerpener These, wie \*2119.

**\*2121** [1]  Vgl. Estrix, a. \*2119 a.O., n. 163 = ass. 34 (S. 85).

**\*2122** [1]  Dieser Satz scheint eingefügt zu sein aus Estrix, a. \*2119 a.O., n. 163–167 = ass. 34 (S. 85–88).

**\*2123** [1]  Löwener These vom 30. Juni 1670 (Estrix).

**\*2124** [1]  Aus der Löwener Zensur d. J. 1653, Satz 14.

**\*2125** [1]  Tamburini, a. \*2021 a.O. III 3, § 2, n. 1; vgl. c. 1, § 2–3.

**\*2126** [1]  Thomas Sánchez SJ, *Opus morale in praecepta decalogi* (Venedig 1614; 1625) III 6, n. 15: anstelle
von "aliam viam"("einen anderen Weg") schrieb der Autor "aliam diem"("einen anderen Tag").
Dieser Satz wurde verurteilt auf der Synode von Namur d. J. 1659, Art. 10.

27. Causa iusta utendi his amphibologiis est, quoties id necessarium aut utile est ad salutem corporis, honorem, res familiares tuendas, vel ad quemlibet alium virtutis actum, ita ut veritatis occultatio censeatur tunc expediens et studiosa[1].

27. Ein gerechter Grund, sich dieser Zweideutigkeiten zu bedienen, liegt immer dann vor, wenn dies für das Wohl des Leibes, die Ehre, den Schutz des Vermögens oder für irgendeinen anderen Akt der Tugend notwendig oder nützlich ist, so daß die Verheimlichung der Wahrheit dann als förderlich und günstig gilt[1].   2127

28. Qui mediante commendatione vel munere ad magistratum vel officium publicum promotus est, poterit cum restrictione mentali praestare iuramentum, quod de mandato regis a similibus solet exigi, non habito respectu ad intentionem exigentis; quia non tenetur fateri crimen occultum[1].

28. Wer vermittels einer Empfehlung oder eines Geschenkes zu einer höheren Stellung oder einem öffentlichen Amt befördert wurde, wird mit innerem Vorbehalt den Eid leisten können, der nach dem Geheiß des Königs von solchen eingefordert zu werden pflegt, ohne Rücksicht auf die Absicht dessen, der ihn einfordert, zu nehmen; denn er ist nicht gehalten, ein verborgenes Vergehen zu gestehen[1].   2128

29. Urgens metus gravis est causa iusta sacramentorum administrationem simulandi[1].

29. Schwere drängende Furcht ist ein triftiger Grund, die Spendung der Sakramente vorzutäuschen[1].   2129

30. Fas est viro honorato occidere invasorem, qui nititur calumniam inferre, si aliter haec ignominia vitari nequit: idem quoque dicendum, si quis impingat alapam vel fuste percutiat et post impactam alapam vel ictum fustis fugiat[1].

30. Einem ehrbaren Manne ist es erlaubt, einen Angreifer zu töten, der ⟨ihm⟩ eine Verleumdung antun will, wenn diese Schande nicht anders vermieden werden kann; dasselbe ist auch zu sagen, wenn einer eine Ohrfeige versetzt oder mit einem Prügel schlägt und nach versetzter Ohrfeige oder dem Hieb mit dem Prügel flieht[1].   2130

31. Regulariter occidere possum furem pro conservatione unius aurei[1].

31. Ich kann in der Regel einen Dieb zur Bewahrung eines einzigen Goldstücks töten[1].   2131

32. Non solum licitum est defendere defensione occisiva, quae actu possidemus, sed etiam, ad quae ius inchoatum habemus et quae nos possessuros speramus[1].

32. Es ist nicht nur erlaubt, mit todbringender Verteidigung zu verteidigen, was wir tatsächlich besitzen, sondern auch, worauf wir ein anfängliches Recht haben und von dem wir hoffen, daß wir es bald besitzen werden[1].   2132

---

**\*2127** [1]   Thomas Sánchez, a. \*2126 a.O., ebd. n. 19.

**\*2128** [1]   Aus der Löwener Zensur d. J. 1657, Satz 19; manche interpretieren in diesem Sinn auch die Stelle bei Leonhard Lessius SJ, *De iustitia et iure* (Löwen 1605) II 42, dub. 9, n. 48.

**\*2129** [1]   Aus der Löwener Zensur d. J. 1657, Satz 18; Escobar, a. \*2033 a.O. I, l. 1, sect. 2, c. 7, problema 26; vgl. Juan Sánchez, a. \*2102 a.O., disp. 35, n. 6.

**\*2130** [1]   Aus der Löwener Zensur d. J. 1657, Satz 4; wörtlich bei Martin Becanus SJ, *Theologia scholastica* II 2, *Tract.* [II] *de iure et iustitia, in q. 64 D. Thomae*, q. 8, concl. 2 (*Opera omnia* in 2 Bänden [Mainz 1649] 471); vgl. Gabriel Vásquez SJ, *Opusculum de restitutione* (unter den *Opuscula moralia*: vgl. \*2112[1]), c. 2, § 1, dub. 9, n. 34; Figliucci, a. \*2102 a.O. II, tract. 29, c. 3, n. 50; Diana, a. \*2112 a.O. II, tract. 15, resol. 15, und V, tract. 4, resol. 4; Escobar, a. \*2033 a.O. IV, l. 32, sect. 2, c. 15, problema 2; auch sehr viele andere, darunter der "Doctor Navarrus" ( = Martin de Azpilcueta) Báñez, Azor und Villalobos.

**\*2131** [1]   Vgl. Luis de Molina SJ, *De iustitia et iure* (Antwerpen 1609) IV, tract. 3, disp. 16, n. 7; vgl. ebd. n. 1.

**\*2132** [1]   Aus der Löwener Zensur d. J. 1653, Satz 13/I; Francesco Amico SJ, *Cursus theologicus iuxta scholasticam huius temporis S.I. methodum* (Douai 1640[2]; Bd. V auf den Index gesetzt, "bis es korrigiert wird") V, disp. 36, sect. 8, n. 131 (in der Ausg. von 1650 gestrichen).

**2133**    33. Licitum est tam heredi quam legatario, contra iniuste impedientem, ne vel hereditas adeatur vel legata solvantur, se taliter defendere sicut et ius habenti in cathedram vel praebendam, contra earum possessionem iniuste impedientem[1].

33. Sowohl dem Erben als auch dem im Testament Bedachten ist es erlaubt, sich gegen jemand, der zu Unrecht verhindert, daß das Erbe angetreten oder das Vermächtnis ausbezahlt wird, so zu verteidigen, wie ⟨es⟩ auch dem ⟨erlaubt ist⟩, der ein Anrecht auf einen Bischofsstuhl oder eine Präbende hat, ⟨sich⟩ gegen den ⟨zu verteidigen⟩, der ⟨ihm⟩ ihren Besitz zu Unrecht streitig macht[1].

**2134**    34. Licet procurare abortum ante animationem foetus, ne puella deprehensa gravida occidatur aut infametur[1].

34. Es ist erlaubt, vor der Beseelung des Fötus eine Abtreibung vorzunehmen, damit das Mädchen nicht, wenn es schwanger ertappt wird, getötet werde oder in schlechten Ruf komme[1].

**2135**    35. Videtur probabile, omnem foetum (quamdiu in utero est) carere anima rationali et tunc primum incipere eandem habere, cum paritur: ac consequenter dicendum erit, in nullo abortu homicidium committi[1].

35. Es scheint wahrscheinlich, daß jeder Fötus (solange er in der Gebärmutter ist) einer vernunftbegabten Seele entbehrt und erst dann anfängt, eine solche zu haben, wenn er geboren wird; und folglich wird man sagen müssen, daß bei keiner Abtreibung ein Mord begangen wird[1].

**2136**    36. Permissum est furari, non solum in extrema necessitate, sed etiam in gravi[1].

36. Zu stehlen ist erlaubt nicht nur in äußerster Notlage, sondern auch in schwerer[1].

**2137**    37. Famuli et famulae domesticae possunt occulte heris suis surripere ad compensandam operam suam, quam maiorem iudicant salario, quod recipiunt[1].

37. Die Diener und Dienerinnen im Hause können ihren Herren heimlich ⟨etwas⟩ entwenden, um ihre Arbeit abzugelten, die sie für größer erachten als den Lohn, den sie erhalten[1].

**2138**    38. Non tenetur quis sub poena peccati mortalis restituere, quod ablatum est per pauca furta, quantumcumque sit magna summa totalis[1].

38. Niemand ist unter Strafe der Todsünde verpflichtet, zurückzuerstatten, was durch wenige Diebstähle entwendet wurde, mag die Summe insgesamt auch noch so groß sein[1].

---

**\*2133** [1]   Aus der Löwener Zensur d. J. 1653, Satz 13/II; Amico, a. \*2132 a.O., ebd.

**\*2134** [1]   Vgl. Francisco Torreblanca y Villalpando, *Epitome delictorum sive de magia* (Sevilla 1618) II 43, n. 10; ders., *Iuris spiritualis practicabilium libri XV* (Cordoba 1635), l. XII, c. 16, n. 44; Juan Trullench, *Opus morale* (Valencia 1640) II, l. 5, c. 1, dub. 4, n. 1 am Ende: er räumt ein, daß die Auffassung "nicht verwerflich" ("non improbabilem") sei. Vgl. auch die Löwener Zensur d. J. 1653, Satz 9, und die Namurer Zensur d. J. 1659, Art. 7.

**\*2135** [1]   Diesen Schluß hatte Juan Caramuel für wahrscheinlich erachtet; er stützte sich dabei auf die Autorität des Prager Oberarztes Johannes Marchus, der (in dem i. J. 1635 herausgegebenen Buch *Idearum operatricium idea*) als Hauptvertreter der Auffassung hervortrat, nach der der beseelte Fötus nicht mit einer vernunftbegabten Seele, die von der Seele der Mutter verschieden ist, in der Gebärmutter getragen wird, sondern erst dann mit einer eigenen vernunftbegabten Seele beschenkt wird, wenn er geboren wird. Aber schon vor der Verurteilung dieses Satzes rückte Caramuel von diesem ab: vgl. seine *Theologia moralis fundamentalis* II, fundam. 55, q. 6 (in der Lyoner Ausg. d. J. 1676: n. 2623; in der Frankfurter Ausg. d. J. 1651: n. 1163).

**\*2136** [1]   Aus der Löwener Zensur d. J. 1657, Satz 8. Findet sich bei Leonhard Lessius SJ, a. \*2128 a.O. II 12, dub. 12; Diana, a. \*2112 a.O. V, tract. 8, resol. 23, und XI, tract. 1, resol. 13; Moya, a. \*2022 a.O. (Ausg. von 1664) 282, n. 4.

**\*2137** [1]   Aus der Löwener Zensur d. J. 1657, Satz 9. Vgl. Lessius, a. \*2128 a.O. II 12, dub. 10; Étienne Bauny SJ, *La somme de péchés qui se commettent en tous états ...* (Paris 1630; 1639⁵: Auf den Index gesetzt i. J. 1640) 213.

**\*2138** [1]   Aus der Löwener Zensur d. J. 1653, Satz 16. Vgl. Lessius, a. \*2128 a.O. II 12, dub. 9; Étienne Bauny, a. \*2137 a.O. 220. Sowohl Bauny als auch die Löwener Zensur bieten anstelle von "pauca furta"("wenige Diebstähle") "parva furta"("kleine Diebstähle").

39. Qui alium movet aut inducit ad inferendum grave damnum tertio, non tenetur ad restitutionem istius damni illati[1].

40. Contractus mohatra[1] licitus est, etiam respectu eiusdem personae et cum contractu retrovenditionis praevie inito cum intentione lucri[2].

41. Cum numerata pecunia pretiosior sit numeranda, et nullus sit, qui non maioris faciat pecuniam praesentem quam futuram, potest creditor aliquid ultra sortem a mutuatario exigere et eo titulo ab usura excusari[1].

42. Usura non est, dum ultra sortem aliquid exigitur tamquam ex benevolentia et gratitudine debitum, sed solum si exigatur tamquam ex iustitia debitum[1].

43. Quidni nonnisi veniale sit, detrahentis auctoritatem magnam sibi noxiam falso crimine elidere?[1]

44. Probabile est, non peccare mortaliter, qui imponit falsum crimen alicui, ut suam iustitiam et honorem defendat. Et si hoc non sit probabile, vix ulla erit opinio probabilis in theologia[1].

39. Wer einen anderen drängt oder anstiftet, einem dritten schweren Schaden zuzufügen, ist nicht zur Wiederherstellung des diesem zugefügten Schadens verpflichtet[1].   2139

40. Ein Mohatra-Vertrag[1] ist erlaubt, auch im Hinblick auf dieselbe Person und mit einem von Anfang an mit der Absicht auf Gewinn eingegangenen Rückverkaufsvertrag[2].   2140

41. Da bares Geld wertvoller ist als erst noch zu zahlendes und es keinen gibt, der nicht gegenwärtiges Geld höher schätzte als künftiges, kann der Verleiher vom Leihnehmer noch etwas über das ausgeliehene Kapital hinaus einfordern und aus diesem Grund von der Zinsnahme entschuldigt werden[1].   2141

42. Es liegt keine Zinsnahme vor, wenn noch etwas über das ausgeliehene Kapital hinaus gleichsam als aus Wohlwollen und Dankbarkeit geschuldet eingefordert wird, sondern nur dann, wenn es gleichsam als aus Gerechtigkeit geschuldet eingefordert wird[1].   2142

43. Was anderes als eine läßliche ⟨Sünde⟩ sollte es sein, das große Ansehen eines Verleumders, das einem selbst schädlich ist, mit einer falschen Anklage zu zerschmettern?[1]   2143

44. Es ist wahrscheinlich, daß nicht tödlich sündigt, wer jemandem eine falsche Anklage auferlegt, um sein eigenes Recht und seine eigene Ehre zu verteidigen. Und wenn dies nicht wahrscheinlich ist, dann wird kaum eine Meinung in der Theologie wahrscheinlich sein[1].   2144

---

*2139 [1]   Aus der Löwener Zensur d. J. 1657, Satz 12. Vgl. Lessius, a. *2128 a.O. II 13, dub. 2 und 10; Bauny, a. *2137 a.O. (1643[6]) 307f.

*2140 [1]   So wird in Spanien eine bestimmte Art von Rückverkauf genannt, die an folgendem Beispiel veranschaulicht werden kann: Lazarus braucht unverzüglich Geld, z. B. 100 Taler. Da er aber niemanden findet, der ihm ohne Gewinn Geld leihen will, kauft er vom Kaufmann Grassus auf Kredit mit später irgendwann einmal zurückzuzahlendem Geld Waren zum Höchstpreis von 110 Talern und verkauft dieselben Waren (die Lazarus keineswegs benötigt) sofort zum Niedrigstpreis von 100 Talern an Grassus zurück, unter der Bedingung, daß Grassus diese Geldsumme sogleich bar aushändigt. Nach dem Urteil der meisten Ethiker war ein solcher Vertrag lediglich verdeckte Zinsnahme.
    [2]   Aus der Löwener Zensur d. J. 1657, Satz 14. Vgl. Moya, a. *2022 a.O. (Ausg. von 1664) 163, propos. 2; vgl. Lessius, a. *2128 a.O. II 21, dub. 16.

*2141 [1]   Vgl. Caramuel, *Theologia intentionalis* II, disp. 14, n. 799f (Lyon 1664) S. 183.

*2142 [1]   Aus der Löwener Zensur d. J. 1657, Satz 13. Vgl. Escobar y Mendoza, *Liber theologiae moralis 24 S.I. doctoribus reseratus*, tract. 3, examen 5, c. 1, n. 44 (in der Ausg. Venedig 1660: S. 324).

*2143 [1]   Löwener These d. J. 1645; vgl. auch den folgenden Satz.

*2144 [1]   Aus der Löwener Zensur d. J. 1657, Satz 3; ähnlich auch die Löwener Zensur d. J. 1653, Satz 6. Vgl. Caramuel, *Theologia moralis fundamentalis*, Ausg. vor 1664, fundam. 55, § 6, n. 2580 (später schränkte Caramuel ein: nur nach dem Naturrecht); in demselben Sinne Moya, a. *2022 a.O. (Ausg. von 1664) 87, n. 3, der sich auf Domingo Báñez OP beruft: *Decisiones de iure et iustitia* [Kommentar zu] q. 70, a. 3, dub. 2.

**2145**     45. Dare temporale pro spirituali non est simonia, quando temporale non datur tamquam pretium, sed dumtaxat tamquam motivum conferendi vel efficiendi spirituale, vel etiam quando temporale sit solum gratuita compensatio pro spirituali, aut e contra[1].

**2146**     46. Et id quoque locum habet, etiamsi temporale sit principale motivum dandi spirituale; immo etiamsi sit finis ipsius rei spiritualis, sic ut illud pluris aestimetur quam res spiritualis[1].

**2147**     47. Cum dicit Concilium Tridentinum[1], eos alienis peccatis communicantes mortaliter peccare, qui, nisi quos digniores et Ecclesiae magis utiles ipsi iudicaverint, ad ecclesias promovent: Concilium vel primo videtur per hoc "digniores" non aliud significare velle, nisi dignitatem eligendorum, sumpto comparativo pro positivo; vel secundo locutione minus propria ponit "digniores", ut excludat indignos, non vero dignos; vel tandem loquitur tertio, quando fit concursus.

**2148**     48. Tam clarum videtur, fornicationem secundum se nullam involvere malitiam, et solum esse malam, quia interdicta, ut contrarium omnino rationi dissonum videatur[1].

**2149**     49. Mollities iure naturae prohibita non est. Unde, si Deus eam non interdixisset, saepe esset bona et aliquando obligatoria sub mortali[1].

45. Ein zeitliches Gut für ein geistliches Gut zu gewähren, ist nicht Simonie, wenn das zeitliche Gut nicht als Lohn gewährt wird, sondern lediglich als Beweggrund, das geistliche Gut zu übertragen bzw. zu erwirken, oder auch, wenn das zeitliche Gut lediglich ein freigewährter Ausgleich für das geistliche ist oder umgekehrt[1].

46. Und dies gilt selbst dann noch, wenn das zeitliche Gut der hauptsächliche Beweggrund für die Gewährung des geistlichen ist, ja sogar wenn es der Zweck des geistlichen Gutes selbst ist, so daß jenes höher geschätzt wird als das geistliche Gut[1].

47. Wenn das Trienter Konzil sagt[1], diejenigen hätten Anteil an fremden Sünden und würden dadurch tödlich sündigen, die irgendwelche, ohne diese selbst für würdiger und der Kirche nützlicher ⟨als andere⟩ zu erachten, zu Kirchenämtern befördern, so scheint das Konzil entweder erstens durch dieses "würdiger" nichts anderes bezeichnen zu wollen als die Würde der zu Erwählenden, wobei anstatt des Positivs der Komparativ genommen wurde; oder es setzt zweitens in einer weniger eigentlichen Ausdrucksweise "würdiger", um die Unwürdigen, nicht aber die Würdigen auszuschließen; oder es redet schließlich drittens von dem Fall, daß eine Bewerbung stattfindet.

48. Es scheint so klar, daß Unzucht an sich keine Schlechtigkeit in sich begreift und nur schlecht ist, weil sie untersagt wurde, daß die gegenteilige Auffassung völlig der Vernunft zu widersprechen scheint[1].

49. Knabenliebe ist dem Naturrecht nach nicht verboten. Wenn Gott sie daher nicht untersagt hätte, wäre sie oft gut und manchmal unter Todsünde verpflichtend[1].

---

**\*2145** [1]   Aus der Löwener Zensur d. J. 1657, Satz 15/I. Gregor von Valencia SJ, *Commentarii theologici* (Ingolstadt 1595) III, disp. 6, q. 16, punctum 3; Escobar, a. \*2033 a.O. VII 56, sect. 2, c. 8, dub. 3-5.

**\*2146** [1]   Aus der Löwener Zensur d. J. 1657, Satz 15/II. Vgl. Escobar, a. \*2145 a.O.

**\*2147** [1]   Konzil von Trient, 24. Sitzung, Dekret über die allgemeine Reform, Kan. 1 (SGTr 9, 978₁₇).

**\*2148** [1]   Caramuel, a. \*2141 a.O. IV, n. 1904 (wörtlich); *Theologia moralis ad prima eaque clarissima principia reducta* (Löwen 1645) IV, n. 1598; Satz 48 und 49 folgen aus dem Grundsatz, Gott hätte auch Gebote aufstellen können, die der zweiten Tafel des Dekalogs widersprechen, ja ihnen sogar entgegengesetzt sind: vgl. *Theologia intentionalis* IV, n. 1960 1963 1965; *Theologia moralis ...* II, n. 1184.

**\*2149** [1]   Aus der Löwener Zensur d. J. 1653, Satz 3/II. Caramuel, *Theologia moralis ...* (vgl. \*2148), n. 1603; *Theologia intentionalis* (vgl. \*2148) IV, n. 1965 (wörtlich).

50. Copula cum coniugata, consentiente marito, non est adulterium; adeoque sufficit in confessione dicere, se esse fornicatum[1].

51. Famulus, qui submissis humeris scienter adiuvat herum suum ascendere per fenestras ad stuprandam virginem, et multoties eidem subservit deferendo scalam, aperiendo ianuam, aut quid simile cooperando, non peccat mortaliter, si id faciat metu notabilis detrimenti, puta ne a domino male tractetur, ne torvis oculis aspiciatur, ne domo expellatur[1].

52. Praeceptum servandi festa non obligat sub mortali, seposito scandalo, si absit contemptus[1].

53. Satisfacit praecepto Ecclesiae de audiendo Sacro, qui duas eius partes, immo quattuor simul a diversis celebrantibus audit[1].

54. Qui non potest recitare Matutinum et Laudes, potest autem reliquas Horas, ad nihil tenetur; quia maior pars trahit ad se minorem[1].

55. Praecepto communionis annuae satisfit per sacrilegam Domini manducationem [cf. *2034][1].

56. Frequens confessio et communio, etiam in his, qui gentiliter vivunt, est nota praedestinationis[1].

50. Der Verkehr mit einer Verheirateten **2150** ist, wenn der Ehemann zustimmt, kein Ehebruch; und deshalb genügt es, in der Beichte zu sagen, man habe Unzucht begangen[1].

51. Ein Diener, der seinem Herrn, indem **2151** er ihn auf seine Schultern steigen läßt, wissentlich hilft, durch die Fenster hinaufzusteigen, um ein Mädchen zu schänden, und ihm oftmals zu Diensten ist, indem er die Leiter trägt, die Tür öffnet oder etwas ähnliches mit ihm zusammen unternimmt, sündigt nicht tödlich, wenn er dies aus Furcht vor einem merklichen Nachteil tut, z. B. um vom Herrn nicht schlecht behandelt, um nicht mit finsteren Augen angeschaut oder um nicht aus dem Hause geworfen zu werden[1].

52. Das Gebot, die Feste zu halten, ver- **2152** pflichtet – abgesehen vom Ärgernis – nicht unter Todsünde, wenn nicht Geringschätzung damit verbunden ist[1].

53. Dem Gebot der Kirche, das Meßopfer **2153** zu hören, tut Genüge, wer zwei, ja vier Teile dessen zugleich von verschiedenen Zelebranten hört[1].

54. Wer Matutin und Laudes nicht lesen **2154** kann, die übrigen Horen aber lesen kann, ist zu nichts verpflichtet; denn der größere Teil zieht den kleineren an sich[1].

55. Dem Gebot der jährlichen Kommu- **2155** nion wird durch den frevlerischen Empfang des Herrn Genüge getan [vgl. *2034][1].

56. Die häufige Beichte und Kommunion, **2156** auch bei denen, die auf heidnische Weise leben, ist ein Merkmal der Vorherbestimmung[1].

---

**\*2150** [1] Aus der Löwener Zensur d. J. 1653, Satz 3/I; ebenso Caramuel.
**\*2151** [1] Vgl. Tamburini, a. *2021 a.O. V 1, § 4, n. 19.
**\*2152** [1] Aus der Löwener Zensur d. J. 1653, Satz 8.
**\*2153** [1] Aus der Löwener Zensur d. J. 1657, Satz 17. Vgl. vor allem Escobar, a. *2142 a.O., tract. 1, examen 11, c. 4 (in der Ausg. Venedig 1660: S. 138); vorsichtiger derselbe in der *Theologia moralis* (vgl. *2033) V/II, l. 42, sect. 1, c. 2; vgl. Juan Azor SJ, *Institutiones morales* (Lyon 1613) I, l. 7, c. 3, q. 3; Diana, a. *2112 a.O. II, tract. 17, resol. 18, und VIII, tract. 7, resol. 89.
**\*2154** [1] Castropalao, a. *2101 a.O. II, tract. 7, disp. 2, punctum 6, n. 9; Trullench, a. *2134 a.O. I, l. 1, c. 7, dub. 27, n. 5; Diana, a. *2112 a.O. IV, tract. 4, resol. 225, und X, tract. 16, resol. 48 (and. 47).
**\*2155** [1] Azor, a. *2153 a.O. I, l. 7, c. 30, q. 12; Francisco Suárez SJ, *De eucharistia*, disp. 70, sect. 3, n. 2 (*Opera omnia*, hrsg. v. C. Berton, Bd. 21 [Paris 1866ff] 550f); Kardinal de Lugo SJ, *De eucharistia*, disp. 16, sect. 4, n. 83 (*Opera omnia*, hrsg. v. J.B. Fournials, Bd. 4 [Paris 1892] 188); Löwener These vom 21. Juni 1676 (SJ), These 23.
**\*2156** [1] Lièger These OFM d. J. 1676; ebenso Namurer These OFM.

2157   57. Probabile est, sufficere attritionem naturalem, modo honestam[1].

57. Es ist wahrscheinlich, daß die natürliche Furchtreue, sofern sie nur ehrenhaft ist, genügt[1].

2158   58. Non tenemur confessario interroganti fateri peccati alicuius consuetudinem[1].

58. Wir sind nicht verpflichtet, dem Beichtvater auf seine Frage die Gewohnheit irgendeiner Sünde zu bekennen[1].

2159   59. Licet sacramentaliter absolvere dimidiate tantum confessos, ratione magni concursus paenitentium, qualis verbi gratia potest contingere in die magnae alicuius festivitatis aut indulgentiae[1].

59. Man kann aufgrund eines großen Aufkommens an Beichtenden, wie es zum Beispiel am Tage irgendeines großen Festes oder eines Ablasses auftreten kann, auch solche sakramental lossprechen, die nur halb gebeichtet haben[1].

2160   60. Paenitenti habenti consuetudinem peccandi contra legem Dei, naturae aut Ecclesiae, etsi emendationis spes nulla appareat, nec est neganda nec differenda absolutio, dummodo ore proferat, se dolere et proponere emendationem[1].

60. Einem Beichtenden, der die Gewohnheit hat, gegen das Gesetz Gottes, der Natur und der Kirche zu sündigen, ist die Lossprechung, auch wenn keine Hoffnung auf Besserung zum Vorschein kommt, weder zu verweigern noch aufzuschieben, sofern er nur mündlich äußert, er empfinde Schmerz und nehme sich Besserung vor[1].

2161   61. Potest aliquando absolvi, qui in proxima occasione peccandi versatur, quam potest et non vult omittere, quin immo directe et ex proposito quaerit aut ei se ingerit[1].

61. Bisweilen kann losgesprochen werden, wer in der nächsten Gelegenheit zu sündigen weilt, die er vermeiden kann und nicht will, ja, die er sogar direkt und absichtlich sucht oder sich in sie begibt[1].

2162   62. Proxima occasio peccandi non est fugienda, quando causa aliqua utilis aut honesta non fugiendi occurrit[1].

62. Die nächste Gelegenheit zu sündigen ist nicht zu fliehen, wenn sich irgendein nützlicher oder ehrenvoller Grund darbietet, sie nicht zu fliehen[1].

2163   63. Licitum est quaerere directe occasionem proximam peccandi pro bono spirituali vel temporali nostro vel proximi[1].

63. Es ist erlaubt, für unser geistliches oder zeitliches Gut oder das des Nächsten direkt die nächste Gelegenheit zu sündigen zu suchen[1].

2164   64. Absolutionis capax est homo, quantumvis laboret ignorantia mysteriorum fidei, et etiamsi per negligentiam, etiam culpabilem, nesciat mysterium sanctissimae Trinitatis et Incarnationis Domini nostri Iesu

64. Der Mensch ist fähig zur Lossprechung, auch wenn er noch so sehr an Unkenntnis über die Geheimnisse des Glaubens leidet, und wenn er auch aus Nachlässigkeit, sogar schuldhafter ⟨Art⟩, das Geheimnis der

---

*2157 [1]   Pariser These SJ (Collège Clermont-Ferrand), Aug. 1643, ebenso 23. Mai und 6. Juni 1644.
*2158 [1]   Juan Sánchez, a. *2102 a.O., disp. 9, n. 6.
*2159 [1]   Aus der Löwener Zensur d. J. 1653, Satz 4.
*2160 [1]   Aus der Löwener Zensur d. J. 1653, Satz 1. Vgl. Juan Sánchez, a. *2102 a.O., disp. 9, n. 6; vgl. Étienne Bauny SJ, *Theologia moralis* I, tract. 4: *De poenitentia*, q. 22.
*2161 [1]   Aus der Löwener Zensur d. J. 1653, Satz 2; Bauny, a. *2160 a.O. I, tract. 4, q. 15; vgl. ebd. q. 14; ders., *La somme des péchés ...* (Paris 1643[6]) Kap. 46.
*2162 [1]   Diesen und den folgenden Satz soll vor allem Leandro de Murcia OFMCap gelehrt haben; vgl. seine *Disquisitiones morales in I$^{am}$ I$^{ae}$ S. Thomae* (Madrid 1653 1660) II, disp. 1, resol. 16 (er redet aber von der wahrscheinlichen Gefahr zu sündigen).
*2163 [1]   Aus der Löwener Zensur d. J. 1657, Satz 1; vgl. außer dem oben erwähnten Leandro de Murcia: Castropalao, a. *2101 a.O. I, tract. 2, disp. 2, punctum 9, n. 8-9. Eine ähnliche Auffassung sollen Basilius Ponce de León OESA, Juan de Salas SJ, Thomas Hurtado und Domingo de Soto OP vorgebracht haben.

Christi[1].

heiligsten Dreifaltigkeit und der Menschwerdung unseres Herrn Jesus Christus nicht
kennt[1].

65. Sufficit illa mysteria semel credidis-
se[1].

65. Es genügt, jene Geheimnisse einmal 2165
geglaubt zu haben[1].

[*Censura:*] Omnes propositiones damnatae et prohibitae, sicut iacent, ut minimum
tamquam scandalosae et in praxi perniciosae.

[*Zensur:*] Alle Sätze verurteilt und ver- 2166
boten, so wie sie vorliegen, zumindest als är-
gerniserregend und in der Praxis verderblich.

[*Conclusio Decreti:*] Tandem, ut ab iniu-
riosis contentionibus doctores seu scholastici
aut alii quicumque in posterum se abstineant,
et ut paci et caritati consulatur, idem Sanctissimus in virtute sanctae oboedientiae eis
praecipit, ut tam in libris imprimendis ac manuscriptis, quam in thesibus, disputationibus
ac praedicationibus caveant ab omni censura
et nota, necnon a quibuscumque conviciis
contra eas propositiones, quae adhuc inter catholicos hinc inde controvertuntur, donec a
Sancta Sede, re cognita, super iisdem propositionibus iudicium proferatur[1].

[*Abschluß des Dekretes:*] Damit sich 2167
schließlich die Lehrer bzw. Scholastiker und
alle anderen künftig ungerechter Streitereien
enthalten und für Frieden und Liebe gesorgt
werde, gebietet ihnen derselbe Heiligste
⟨Papst⟩ kraft des heiligen Gehorsams, sich sowohl in den zum Druck anstehenden Büchern und Manuskripten als auch in ihren
Thesen, Disputationen und Predigten vor jeder Zensur und jedem Tadel sowie vor allen
Anwürfen gegen diejenigen Sätze zu hüten,
die unter den Katholiken immer noch kontrovers diskutiert werden, bis vom Heiligen
Stuhl nach Untersuchung der Sache über
ebendiese Sätze ein Urteil gefällt wird[1].

---

**\*2164** [1]   Aus der Löwener Zensur d. J. 1653, Satz 17. Vgl. Bauny, *Theologia moralis* I, tract. 4: *De ministro poenitentiae*, q. 12.

**\*2165** [1]   Vgl. Tamburini, a. *2021 a.O. II 1, § 1, n. 3 und 8.

**\*2167** [1]   Dasselbe schärft Benedikt XIV. in der vor allem für die Zensoren des Hl. Offiziums bestimmten Konstitution "*Sollicita ac provida*" vom 9. Juli 1753 ein, wenn er nach der Zitierung der unter dieser Nummer aufgeführten Worte fortfährt: "Deshalb soll die Willkür der Schriftsteller gezügelt werden, die, wie Augustinus im 12. Buch der *Confessiones*, Kap. 25, Nr. 34, sagte, 'ihre eigene Auffassung lieben, nicht weil sie wahr ist, sondern weil sie die ihrige ist', und die Meinungen anderer nicht nur verwerfen, sondern auf schmähliche Weise sogar rügen und in üblen Ruf bringen. Es soll also überhaupt nicht geduldet werden, daß private Auffassungen von irgendje-mand in Büchern gleichsam als sichere und definierte Lehren der Kirche aufgedrungen werden, Entgegengesetztes des Irrtums bezichtigt wird ...

(§ 24) Der engelgleiche Fürst der Schulen und Lehrer der Kirche, der hl. Thomas von Aquin, ... greift notgedrungen die Meinungen der Philosophen und Theologen an, die er unter Antrieb der Wahrheit zurückweisen mußte. Den sonstigen Ruhm des so großen Lehrers vermehrt aber in wunderbarer Weise noch der Umstand, daß er offensichtlich keinen von seinen Gegnern gering-geschätzt, gekränkt oder in üblen Ruf gebracht, sondern alle höflich und freundlich für sich gewonnen hat. ...

Die einen solch hervorragenden Lehrer anzuführen und sich seiner zu rühmen pflegen ..., die sollen sich, um diesem so großen Lehrer nachzueifern, beim Schreiben Mäßigung und eine äu-ßerst ehrenvolle Umgangs- und Disputationsweise mit ihren Gegnern vornehmen. Sich daran auszurichten, sollen auch die anderen bemüht sein, die von seiner Schule und Lehre abweichen. Denn die Tugenden der Heiligen wurden von der Kirche allen als Beispiel vor Augen gestellt; und da der engelgleiche Lehrer in das Verzeichnis der Heiligen aufgenommen wurde, ist es zwar erlaubt, eine andere Meinung als er zu vertreten, in eine ihm entgegengesetzte Umgangs- und Disputationsweise einzutreten, ist jedoch keineswegs erlaubt" ("Cohibeatur itaque ea scriptorum licentia, qui, aut aiebat Augustinus lib. 12 *Confessionum* cap. 25 n. 34 'sententiam suam amantes, non quia vera est, sed quia sua est', aliorum opiniones non modo improbant, sed illiberaliter etiam notant atque traducunt. Non feratur omnino [*a librorum censoribus S. Officii et S. Cgr. Indicis, ad quos proxime hae bulla destinata est*], privatas sententias, veluti certa ac definita Ecclesiae dog-mata, a quopiam in libris obtrudi, opposita vero erroris insimulari ...

(§ 24) Angelicus scholarum princeps Ecclesiaeque Doctor, S. Thomas Aquinas ... necessario offendit philosophorum theologorumque opiniones, quas veritate impellente refellere debuit. Ce-teras vero tanti Doctoris laudes id mirabiliter cumulat, quod adversariorum neminem parvi-pendere, vellicare aut traducere visus sit, sed omnes officiose ac perhumaniter demereri ...

### 2170-2171: Dekret des Hl. Offiziums, 23. Nov. 1679

Es handelt sich um Konklusionen von Aussagen der Molinisten, wie der Ratschluß des allmächtigen Gottes mit der menschlichen Freiheit zu vereinbaren sei, und stammen wohl von Gegnern der Molinisten. So interpretiert Jacques-Hyacinthe Serry OP (a. *1997 a.O. [Löwen 1700], Addenda 21f) einige Stellen bei Cristobal de Ortega SJ, *De Deo uno* I: *Controversiarum dogmaticarum scholasticarum de essentia, attributis* ... (Lyon 1671), *controv. III de decretis*, disp. 2, q. 4, ctm. 3; ctm. 4, n. 6f; disp. 3, q. 2; ctm. 1, n. 5; ctm. 2, n. 1; ctm. 3, n. 4. Dieser Band wurde auf den Römischen Index gesetzt, allerdings erst am 29. Jan. 1716. Ein Zusammenhang mit dem folgenden Dekret scheint nicht zu bestehen.

*Ausg.:* DuPlA 3/II, 352b / Viva 3,181a.

### *Irrtümer über die geschenkte Allmacht*

2170    1. Deus donat nobis omnipotentiam suam, ut ea utamur, sicut aliquis donat alteri villam vel librum.

1. Gott schenkt uns seine Allmacht, damit wir sie gebrauchen, so wie einer einem anderen ein Haus oder ein Buch schenkt.

2171    2. Deus subicit nobis suam omnipotentiam.

2. Gott unterwirft uns seine Allmacht.

[*Censura: Prohibentur uti*] novae et temerariae.

[*Zensur: Verboten als*] neu und leichtfertig.

### 2175-2177: Dekret des Hl. Offiziums, 26. Juni 1680

Tirso González de Santalla SJ, Professor in Salamanca und Missionar, vertrat in dem Werk *Fundamentum theologiae moralis* (1673) im Gegensatz zu den meisten Theologen der Gesellschaft Jesu den Probabiliorismus. Trotz der Widmung an den Ordensgeneral Gian Paolo Oliva wurde ihm die Druckerlaubnis verweigert. González wurde 1676 auf den ersten Lehrstuhl von Salamanca berufen. Bei Innozenz XI., der dem Probabiliorismus zugetan war, versuchte er zu erreichen, daß auch innerhalb der Gesellschaft Jesu die Theologen die Freiheit hätten, neben dem Probabilismus, der bis dahin als allgemeine Lehre anerkannt wurde, den Probabiliorismus zu vertreten. Innozenz XI. gewährte die Lehrfreiheit und gab das im folgenden angeführte Dekret heraus, dessen Text nach dem Zeugnis des Notars der Hl. Inquisitionskongregation vom 21. April 1902 der einzig authentische ist. Es wurden Fassungen eines angeblichen zweiten Teils dieses Dekretes verbreitet, die vorgaben, der Papst habe den Probabilismus verboten bzw. den Jesuiten Schweigen auferlegt. Auch später, als González mit Unterstützung Innozenz' XI. zum General der Gesellschaft Jesu gewählt worden war (6. Juli 1687), konnte er nicht mehr zugunsten des Probabiliorismus erreichen. Sein *Tractatus succinctus de recto usu opinionum probabilium* (um 1691 in Dillingen/Bayern ohne Wissen der Offiziale des Ordens zum Druck gegeben) wurde unterdrückt.

*Ausg.:* ASS 35 (1902/03) 252f.

### *Probabilismus und Probabiliorismus*

2175    Facta relatione per Patrem Lauream contentorum in litteris Patris Thirsi González Societatis Iesu, Sanctissimo Domino nostro directis, Eminentissimi Domini dixerunt, quod scribatur per Secretarium Status Nuntio Apostolico Hispaniarum, ut significet dicto Patri Thirso, quod Sanctitas Sua benigne accepit ac, non sine laude perlectis eius litteris, mandavit ut ipse libere et intrepide praedicet, doceat et calamo defendat opinionem magis probabilem, nec non viriliter impugnet

Nachdem durch Pater Laurea darüber Bericht erstattet worden war, was in dem an Unseren Heiligsten Herrn gerichteten Brief Pater Tirso González' SJ enthalten war, sagten die Herren Eminenzen, es möge durch den Staatssekretär dem Apostolischen Nuntius von Spanien geschrieben werden, er solle besagtem Pater Tirso bedeuten, daß Seine Heiligkeit ⟨sein Gesuch⟩ gnädig aufgenommen und, nachdem sein Brief nicht ohne Lob verlesen worden war, geboten habe, er solle

---

Qui tam eximio uti solent ac gloriari magistro ..., ii sibi ad aemulandum proponant tanti Doctoris in scribendo moderationem, honestissimamque cum adversariis agendi disputandique rationem. Ad hanc ceteri quoque sese componere studeant, qui ab eius schola doctrinaque recedunt. Sanctorum enim virtutes omnibus in exemplum ab Ecclesia propositae sunt: cumque Angelicus Doctor Sanctorum albo adscriptus sit, quamquam diversa ab eo sentire liceat, ei tamen in contrariam in agendo ac disputando rationem inire omnino non licet": Benedikt XIV., *Bullarium*, Mechelner Ausg. 10, 252f / BullLux 19 [1758] 63a).

sententiam eorum qui asserunt, quod in concursu minus probabilis opinionis cum probabiliori sic cognita et iudicata, licitum sit sequi minus probabilem eumque certum faciat, quod quidquid favore opinionis magis probabilis egerit et scripserit, gratum erit Sanctitati Suae.

frei und unverzagt die wahrscheinlichere Meinung predigen, lehren und mit der Feder verteidigen sowie mannhaft die Auffassung derer bekämpfen, die behaupten, daß es beim Aufeinandertreffen einer weniger wahrscheinlichen Meinung mit einer als solcher erkannten und beurteilten wahrscheinlicheren erlaubt sei, der weniger wahrscheinlichen zu folgen; und er solle ihn wissen lassen, daß alles, was er zugunsten der wahrscheinlicheren Meinung tut und schreibt, Seiner Heiligkeit willkommen sein werde.

Iniungatur Patri Generali Societatis Iesu de ordine Sanctitatis Suae, ut non modo permittat eiusdem Patribus Societatis scribere pro opinione magis probabili et impugnare sententiam asserentium, quod in concursu minus probabilis opinionis cum probabiliori sic cognita et iudicata, licitum sit sequi minus probabilem; verum etiam scribat omnibus Universitatibus Societatis, mentem Sanctitatis Suae esse, ut quilibet, prout sibi libuerit, libere scribat pro opinione magis probabili et impugnet contrariam praedictam; eisque iubeat ut mandato Sanctitatis Suae omnino se submittant.

Dem Pater General der Gesellschaft Jesu **2176** soll auf Weisung Seiner Heiligkeit auferlegt werden, daß er nicht nur den Patres ebendieser Gesellschaft erlaube, für die wahrscheinlichere Meinung zu schreiben und die Auffassung derer zu bekämpfen, die behaupten, daß es beim Aufeinandertreffen einer weniger wahrscheinlichen Meinung mit einer als solcher erkannten und beurteilten wahrscheinlicheren erlaubt sei, der weniger wahrscheinlichen zu folgen; sondern er soll auch allen Universitäten der Gesellschaft schreiben, es sei die Auffassung Seiner Heiligkeit, daß jeder beliebige, wie es ihm beliebt, frei für die wahrscheinlichere Meinung schreiben und die vorgenannte entgegengesetzte bekämpfen könne; und er soll ihnen befehlen, daß sie sich dem Gebot Seiner Heiligkeit völlig unterwerfen.

[*Additum in autographo S. Officii:*] Die 8 Iulii 1680. Renunciato praedicto Ordine Sanctitatis Suae Patri Generali Societatis Iesu per Assessorem, respondit, se in omnibus quanto citius pariturum, licet nec per ipsum, nec per suos Praedecessores fuerit umquam interdictum scribere pro opinione magis probabili, eamque docere.

[*Zusatz in der Urschrift des Hl. Offi-* **2177** *ziums:*] Am 8. Juli 1680. Nachdem die vorgenannte Weisung Seiner Heiligkeit dem Pater General der Gesellschaft Jesu durch den Assessor verkündigt worden war, antwortete er, er werde in allem umso schneller gehorchen, da weder durch ihn selbst noch durch seine Vorgänger jemals untersagt worden sei, für die wahrscheinlichere Meinung zu schreiben und diese zu lehren.

### 2181-2192: Entwurf für eine Instruktion des Hl. Offiziums von Kardinal Girolamo Casanate, etwa Okt. 1682

Angesichts des Quietismus wurde bei der römischen Kurie an einer Instruktion für Beichtväter und Seelenführer gearbeitet. Erhalten ist ein von Kardinal Girolamo Casanate verfaßter Entwurf. Es steht nicht fest, ob die Instruktion veröffentlicht wurde. (Der Text wurde bei Denzinger-Schönmetzer zum besseren Verständnis der verurteilten Sätze des Miguel de Molinos angeführt; vgl. \*2201-2269.)
*Ausg.:* P. Dudon, in: RechScRel 4 (1913) 172-174, Anm. 1 / ders., *Le quiétiste espagnol Michel Molinos* (Paris 1921) 271-273 / wiederholt bei Guibert 266-268, Nr. 450-452.

## Kontemplation und Meditation - Irrtümer des Quietismus

**2181**   1. Nemini igitur orationi meditativae sive contemplativae addicto liceat vocalem orationem a Christo Domino institutam, ab Apostolis servatam et ab Ecclesia catholica perenni successione in omnibus divinis ministeriis semper adhibitam, vel despicere vel tamquam inutilem et in comparatione meditativae aut contemplativae inanem deprimere; sed docente propheta in hymnis et canticis Dominum esse laudandum, eam omnes cum mentali pariter et contemplativa laudent atque commendent.

1. Keinem also, der dem meditativen bzw. kontemplativen Gebet zugetan ist, soll es erlaubt sein, das mündliche Gebet, das von Christus, dem Herrn, eingesetzt, von den Aposteln beobachtet und von der katholischen Kirche in unaufhörlicher Folge bei allen Gottesdiensten immer angewandt wurde, entweder zu verachten oder als nutzlos und im Vergleich mit dem meditativen oder kontemplativen nichtig herabzusetzen; vielmehr sollen es, da der Prophet lehrt, der Herr sei in Hymnen und Gesängen zu loben, alle zusammen mit dem geistigen und kontemplativen ⟨Gebet⟩ loben und empfehlen.

**2182**   2. Cum vero in domo Patris caelestis mansiones multae sint [cf. *Io 14,2*], meditationi vacantes eorumque directores nullo modo contemplationi studentes despiciant aut otiosos vocent aut, quod peius est, aliqua haeresis labe notent; sed donis cuique eorum a Deo per meditationem collatis sancte et pie utantur et fruantur; praecipue cum contemplationis gratiam saepe summi, saepe minimi, saepius remoti, aliquando etiam coniugati percipiant.

2. Da es aber im Hause des himmlischen Vaters viele Wohnungen gibt [*vgl. Joh. 14,2*], sollen die, welche sich der Meditation widmen, und ihre Leiter in keiner Weise die, welche auf die Kontemplation bedacht sind, verachten, Müßiggänger nennen oder, was noch übler ist, mit dem Makel der Häresie brandmarken; vielmehr sollen sie die Geschenke, die einem jeden von ihnen von Gott durch die Meditation gewährt wurden, heilig und fromm gebrauchen und genießen, zumal da die Gnade der Kontemplation oft die Höchsten, oft die Geringsten, öfter Fernstehende, bisweilen sogar Verheiratete empfangen.

**2183**   3. Contemplativi pariter meditativos non contemnant, cum regulariter per meditationis gradus ad contemplationis apicem perveniatur; sed omnes glorificent cum caritate Deum, Dominum nostrum Iesum Christum, scientes quod non habet aliquid viriditatis ramus boni operis, si non manet in radice caritatis.

3. Ebenso sollen die Anhänger der Kontemplation nicht die Anhänger der Meditation verachten, da man in der Regel über die Stufen der Meditation zur Spitze der Kontemplation gelangt; vielmehr sollen alle in Liebe Gott, unseren Herrn Jesus Christus, verherrlichen, wissend, daß der Zweig des guten Werkes nichts Grünes hat, wenn er nicht in der Wurzel der Liebe bleibt.

**2184**   4. Licet autem nemo a contemplationis gratia, auxiliante Deo, repellatur, animadvertendum tamen magnopere est per directores animarum, ne omnis aetas, gradus, sexus aut condicio ad huius doctrinae et exercitii praxim indistincte admittatur, sed prius mensuram spiritus, quid ferre quidve agere valeat, assidua observatione pensent, ut alios ad meditationem, alios ad contemplationem, iuxta uniuscuiusque spiritum, perducant.

4. Wenn aber auch niemand von der Gnade der Kontemplation, zu der Gott verhilft, ferngehalten werden soll, so muß von den Seelenführern dennoch sehr darauf geachtet werden, daß nicht jedes Alter, jeder Stand, jedes Geschlecht oder jeder Beruf unterschiedslos zur Praxis dieser Lehre und Übung zugelassen werde; sie sollen vielmehr zuvor durch ständige Beobachtung die Beschaffenheit des Geistes abwägen, was er zu ertragen oder zu tun vermag, um entsprechend dem Geist eines jeden die einen zur

Meditation, die anderen zur Kontemplation zu führen.

5. Ut autem doctrina de oratione contemplativa, qua fidelium animae ad summam cum Deo unionem elevantur, purgatis erroribus, integra et illibata permaneat, caveant inprimis contemplativi asserere aut tenere, solius Dei praesentiam in omni loco esse obiectum contemplationis seu orationis quam quietis vocant: cum omnia meditationis obiecta possint, licet diverso modo, esse obiecta contemplationis; neque pariter audeant asserere, eos numquam qui meditatione se exercent, ad aliquem perfectionis gradum ascendere posse, nisi ad contemplationis orationem transierint.

5. Damit aber die Lehre vom kontemplativen Gebet, durch das die Seelen der Gläubigen zur höchsten Einheit mit Gott emporgehoben werden, von Irrtümern gereinigt, unversehrt und unverletzt bleibe, sollen sich vor allem die Kontemplativen hüten, zu behaupten oder festzuhalten, die Gegenwart Gottes allein sei an jedem Ort Gegenstand der Kontemplation bzw. des Gebetes, das sie ⟨Gebet⟩ der Ruhe nennen: denn alle Gegenstände der Meditation können, wenn auch in unterschiedlicher Weise, Gegenstände der Kontemplation sein; ebenso sollen sie auch nicht zu behaupten wagen, diejenigen, die sich in der Meditation üben, könnten niemals zu irgendeiner Stufe der Vollkommenheit emporsteigen, wenn sie nicht zum Gebet der Kontemplation übergingen. **2185**

6. Et quia per incarnationem et passionem Domini nostri Iesu Christi salvati et liberati sumus, caveant contemplativi, ne, voluntarie atque ex industria, eiusdem Domini nostri vitae, gestorum, passionis et redemptionis mysteriorum obliviscantur aut eorumdem considerationem inutilem et contemplationis statui contrariam esse asseverent; immo eorum considerationi, ad exemplum omnium Sanctorum, pro loci et temporis opportunitate sedulo incumbant.

6. Und weil wir durch die Fleischwerdung und das Leiden unseres Herrn Jesus Christus gerettet und befreit sind, sollen sich die Kontemplativen hüten, absichtlich und vorsätzlich nicht mehr an die Geheimnisse des Lebens, der Taten, des Leidens und der Erlösung ebendieses unseres Herrn zu denken oder zu behaupten, ihre Betrachtung sei nutzlos oder der Beschaffenheit der Kontemplation entgegengesetzt; vielmehr sollen sie sich entsprechend dem Beispiel aller Heiligen je nach Lage von Ort und Zeit fleißig ihrer Betrachtung widmen. **2186**

7. Neque Christi Domini Beatissimaeque eius Matris Mariae Virginis ceterorumque Sanctorum, qui cum Deo regnant in caelis et pro nobis in hac lacrymarum valle constitutis orant, imagines et simulacra, tam externa quam interna, velut contemplationi inutilia a mente et oculis removeant; licet aliquando, in actu contemplationis tantum, et quando mens nostra caelestibus donis perfusa ad divinarum rerum contemplationem attrahitur, ne anima distrahatur, liceat a figuris pro tunc recedere.

7. Auch sollen sie keine Bilder und Statuen – weder äußere noch innere – Christi, des Herrn, seiner Seligsten Mutter, der Jungfrau Maria, und der übrigen Heiligen, die mit Gott in den Himmeln herrschen und für uns, die wir in dieses Tal der Tränen gestellt sind, beten, als für die Kontemplation unnütz von Geist und Augen entfernen; bisweilen jedoch, nur im Akt der Kontemplation und wenn unser Geist von himmlischen Geschenken durchströmt zur Betrachtung der göttlichen Dinge gezogen wird, mag es, damit die Seele nicht zerstreut werde, erlaubt sein, für diesen Zeitpunkt von Bildern Abstand zu nehmen. **2187**

8. Et quia perfectae contemplationis exercitium in eo praecipue versatur, ut anima in contemplationis actu nihil aliud agat, immo

8. Und weil die Übung der vollkommenen Kontemplation vor allem darin besteht, daß die Seele im Akt der Kontemplation nichts **2188**

cum pro tunc omnium creaturarum oblivione ad Deum aut divina in sublimium virtutum fidei, spei et caritatis, quibus Deus praecipue colitur, consideratione elevetur, nullo modo meditativi audeant aut praesumant contemplativos tamquam otiosos et desides in vulgus sugillare.

anderes tut, ja sogar bei der Betrachtung der erhabenen Tugenden des Glaubens, der Hoffnung und der Liebe, durch die Gott vor allem geehrt wird, für diesen Augenblick alle Geschöpfe vergißt und zu Gott oder Göttlichem emporgehoben wird, sollen die Meditativen in keiner Weise wagen oder sich unterstehen, die Kontemplativen beim Volk als Müßiggänger oder Faulpelze zu beschimpfen.

**2189**    9. Meminerint praeterea tam contemplativi quam meditativi, minime se exemptos esse ab observatione praeceptorum Dei et Ecclesiae; immo omnes, velut servi erga dominos et uxores erga viros suos, stricte teneri ad observantiam mandatorum, quae secundum cuiusque statum servari debent, cum virtus orationis ad humilitatem et oboedientiam, non vero ad superbiam et elationem, perducat.

9. Außerdem sollen sowohl die Kontemplativen als auch die Meditativen daran denken, daß sie keineswegs von der Beachtung der Gebote Gottes und der Kirche entbunden sind; daß vielmehr alle wie Diener gegenüber Herren und Ehefrauen gegenüber ihren Männern streng zur Beachtung der Weisungen verpflichtet sind, die entsprechend dem jeweiligen Stand beachtet werden müssen; denn die Kraft des Gebetes führt zu Demut und Gehorsam, nicht aber zu Stolz und Überheblichkeit.

**2190**    10. Idem pariter docendum et tenendum est de clericis tam saecularibus quam regularibus, pariterque de monialibus: ne praetextu meditationis sive contemplationis praesumant se ab ecclesiasticis obligationibus, regularibus votis, institutis aut regulis eximi aut liberari, cum ab eorum observantia, quamvis ad aliquem perfectum orandi gradum pervenerint, nullo modo probentur exempti.

10. Ebenso ist sowohl in bezug auf Welt- sowie Ordenskleriker als auch in bezug auf Nonnen zu lehren und festzuhalten: sie sollen nicht unter dem Vorwand der Meditation bzw. Kontemplation wähnen, sie seien von den kirchlichen Verpflichtungen und Ordensgelübden, -einrichtungen oder -regeln entbunden oder befreit; denn auch wenn sie zu einer vollkommenen Stufe des Betens gelangt sind, gelten sie in keiner Weise als von ihrer Beachtung entbunden.

**2191**    11. Ab externis autem religionis et pietatis officiis, quae a fidelibus in Ecclesia catholica exerceri solent, quemadmodum sunt sacramentorum et sacramentalium usus, ecclesiarum visitatio et ieiuniorum observantia, contionum auditio et reliqua spiritualis sive corporalis misericordiae opera, sciant cuncti, contemplativi aeque ac meditativi, minime esse exemptos, immo magno fore fidelibus scandalo, si praedictorum mandatorum aliqua ab eis, praetextu contemplationis seu meditationis, negligantur.

11. Alle aber, die Kontemplativen ebenso wie die Meditativen, sollen wissen, daß sie keineswegs von den äußeren Pflichten der Religion und Frömmigkeit, die von den Gläubigen in der katholischen Kirche erfüllt zu werden pflegen – als da sind der Gebrauch der Sakramente und Sakramentalien, der Besuch der Kirchen und die Beachtung der Fastenzeiten, das Hören der Predigten und die übrigen Werke der geistigen bzw. leiblichen Barmherzigkeit –, entbunden sind; vielmehr wird es den Gläubigen ein großes Ärgernis sein, wenn irgendwelche der vorher genannten Gebote von ihnen unter dem Vorwand der Kontemplation bzw. Meditation vernachlässigt werden.

**2192**    12. Impium prorsus et christiana puritate indignum est asserere, non esse resistendum tentationibus, neque imputari contemplativis

12. Völlig gottlos und der christlichen Reinheit unwürdig ist es zu behaupten, man brauche den Versuchungen nicht zu wider-

ipsa peccata, quae ab eis, dum contemplant, committuntur, sub falsa opinione, quod tunc non ipsi contemplativi, sed diabolus per eorum membra talia operetur. Impium pariter est asserere, huiusmodi peccata non esse per contemplativos in sacramento paenitentiae aperienda et Ecclesiae clavibus subiicienda. Impium denique, quod simpliciter necessaria sit ad salutem oratio mentalis sive meditativa sive contemplativa.

stehen, und den Kontemplativen würden die Sünden nicht zugerechnet, die von ihnen, solange sie in der Kontemplation weilen, begangen werden, in der falschen Meinung, daß dann nicht die Kontemplativen selbst, sondern der Teufel durch ihre Glieder solches wirke. Desgleichen ist es gottlos zu behaupten, solche Sünden müßten von den Kontemplativen nicht im Sakrament der Buße eröffnet und den Schlüsseln der Kirche unterworfen werden. Gottlos ⟨ist es⟩ schließlich, ⟨zu behaupten,⟩ daß das geistige Gebet, sei es das meditative oder kontemplative, schlechthin notwendig zum Heil sei.

## 2195: Dekret des Hl. Offiziums, 18. Nov. 1682

Die im folgenden und \*1989 angeführten Dekrete beziehen sich vor allem auf die geistliche Beratung und die Leitung von Ordensgemeinschaften. Vgl. ferner die Instruktion des Hl. Offiziums vom 9. Juni 1915 (Razón y Fe 48 [1917 II] 89 / Monitore Ecclesiastico 29 [1917] 199-201 / nicht in den AAS).
   *Ausg.:* DuPlA 3/II, 354ab / Viva 3,182.

### *Irrtum über das Beichtgeheimnis*

[*Propositio:*] "Scientia ex confessione acquisita uti licet, modo fiat sine directa aut indirecta revelatione et gravamine paenitentis, nisi aliud multo gravius ex non usu sequatur, in cuius comparatione prius merito contemnatur", addita deinde explicatione sive limitatione, quod sit intelligenda de usu scientiae ex confessione acquisitae cum gravamine paenitentis, seclusa quacumque revelatione, atque in casu, quo multo gravius gravamen eiusdem paenitentis ex non usu sequeretur.

[*Satz:*] "Es ist erlaubt, das aufgrund der **2195** Beichte erworbene Wissen zu gebrauchen, sofern es nur ohne direkte oder indirekte Offenbarung und ⟨ohne⟩ Nachteil des Beichtenden geschieht, es sei denn, es folgte aus dem Nichtgebrauch ein anderer viel schwererer ⟨Nachteil⟩, im Vergleich zu dem der erstere zurecht geringgeschätzt wird"; danach wird eine Erklärung bzw. Einschränkung hinzugefügt, was unter dem Gebrauch des aufgrund der Beichte erworbenen Wissens mit Nachteil für den Beichtenden unter Ausschluß jeglicher Offenbarung und in dem Fall, in dem aus dem Nichtgebrauch ein viel schwererer Nachteil für ebendiesen Beichtenden folgen würde, zu verstehen ist.

[*Censura:*] Dictam propositionem, quatenus admittit usum dictae scientiae cum gravamine paenitentis, omnino prohibendam esse, etiam cum dicta explicatione sive limitatione.

[*Zensur:*] Der besagte Satz ist, sofern er den Gebrauch des besagten Wissens mit Nachteil für den Beichtenden zuläßt, völlig zu verbieten, auch mit der besagten Erklärung bzw. Einschränkung.

## 2201-2269: 68 Sätze, im Dekret des Hl. Offiziums vom 28. Aug. und in der Konstitution "Caelestis Pastor" vom 20. Nov. 1687 verurteilt

Miguel de Molinos erwarb sich vor allem durch viele Briefe und sein Hauptwerk *Guía espiritual* ("Geistlicher Führer", Rom 1675) einen Ruf als Beichtvater und Spiritual. Molinos wurde im Juli 1685 vor dem Gerichtshof der Inquisition des Quietismus angeklagt. Er mußte am 3. Sept. 1687 öffentlich seinen Irrtümern abschwören und wurde zu lebenslänglicher Haft verurteilt. Die verurteilten Sätze wurden größtenteils dem Briefwechsel und seinem der Inquisition überreichten Memorandum entnommen. Der Inquisition lagen etwa 12000 Briefe vor. Aus dem Memorandum stammen die Sätze 41-53. Sie allein bieten den authentischen Text des Autors.

Im Dekret des Hl. Offiziums vom 4. Sept. 1687 wurden die Quietisten Simone und Antonio M. Leoni verurteilt (französische Ausg.: AnIP 10. Reihe = Bd. 5/I [Rom 1867] 594-602; zu einem Kompendium zusammengestellt von P. Dudon, a. unten a.O. 227-230; ein anderes Kompendium gab P. Guerrini heraus: ScuolaCatt 23 [1922], Ser. 5, 374-379; teilweise bei Guibert 288-293, Nr. 470-475); daneben auch Kardinal Pier Matteo Petrucci, der 54 seinen Büchern entnommene Sätze auf Geheiß des Hl. Offiziums am 17. Dez. 1687 widerrief. Der Widerruf wurde in das am 26. Mai 1689 herausgegebene Breve Innozenz' XI. *"Cum sicut accepimus"* eingefügt (hrsg. von J. Hilgers, *Der Index der verbotenen Bücher* [Freiburg 1904] 566-570 / P. Dudon, a. unten a.O. 299-306 / daraus der Text übernommen von Guibert 293-310, Nr. 477-489: die Sätze sind italienisch und in lateinischer Übersetzung angeführt, mit Quellen und Zensuren). Die umfangreichen Dokumente werden wegen ihrer geringen Bedeutung hier nicht wiedergegeben.

*Ausg.:* P. Dudon, *Le quiétiste espagnol Michel Molinos (1628-1696)* (Paris 1921) 292-299 / von dort wiederholt bei Guibert 270-288, lateinischer und italienischer Text des Dekretes des Hl. Offiziums / DuPlA 3/II, 357b-362a / BullTau 19,775b-781a / BullLux 10,212b-215a.

### Quietistische Irrtümer des Miguel de Molinos

2201   1. Oportet hominem suas potentias annihilare, et haec est via interna.

1. Es ist nötig, daß der Mensch seine Fähigkeiten vernichte, und dies ist der innere Weg.

2202   2. Velle operari active, est Deum offendere, qui vult esse ipse solus agens: et ideo opus est, seipsum in Deo totum et totaliter derelinquere et postea permanere velut corpus exanime.

2. Aktiv wirken zu wollen, heißt Gott verletzen, der selbst der allein Tätige sein will: und deshalb ist es notwendig, sich selbst ganz und völlig in Gott aufzugeben und hernach wie ein toter Leib zu verbleiben.

2203   3. Vota de aliquo faciendo sunt perfectionis impeditiva[1].

3. Gelübde, irgendetwas zu tun, sind Hindernisse der Vollkommenheit[1].

2204   4. Activitas naturalis est gratiae inimica, impeditque Dei operationes et veram perfectionem; quia Deus operari vult in nobis sine nobis.

4. Die natürliche Aktivität ist der Gnade feindlich und behindert die Tätigkeiten Gottes und die wahre Vollkommenheit; denn Gott will in uns wirken ohne uns.

2205   5. Nihil operando anima se annihilat et ad suum principium redit et ad suam originem, quae est essentia Dei, in qua transformata remanet ac divinizata, et Deus tunc in se ipso remanet; quia tunc non sunt amplius duae res unitae, sed una tantum, et hac ratione Deus vivit et regnat in nobis, et anima seipsam annihilat in esse operativo.

5. Durch Nichtstun vernichtet sich die Seele und kehrt zu ihrem Anfang und zu ihrem Ursprung zurück, der das Wesen Gottes ist, in dem sie umgestaltet und vergöttlicht bleibt und Gott dann in sich selbst bleibt; denn dann sind nicht mehr zwei geeinte Dinge, sondern nur noch eines, und auf diese Weise lebt und herrscht Gott in uns, und die Seele vernichtet sich im Tätigsein.

2206   6. Via interna est illa, in qua non cognoscitur nec lumen, nec amor, nec resignatio; et non oportet Deum cognoscere, et hoc modo recte proceditur.

6. Der innere Weg ist jener, auf dem man weder Licht noch Liebe, noch Ergebenheit kennt, und es nicht nötig ist, Gott zu erkennen; und so wandelt man recht.

2207   7. Non debet anima cogitare nec de praemio, nec de punitione, nec de paradiso, nec de inferno, nec de morte, nec de aeternitate.

7. Die Seele darf weder an Lohn noch an Strafe, weder an das Paradies noch an die Hölle, weder an Tod noch an Ewigkeit denken.

---

*2203 [1] In der Zensur wird hinzugefügt: "Verurteilt unter den Irrtümern Gerardo Segarellis, als häretischer ⟨Satz⟩ der Pseudo-Apostel ⟨= Apostoliker⟩, und ⟨zwar⟩ ist es sein 17. Irrtum, der folgendermaßen lautet: Es ist ein vollkommeneres Leben, ohne Gelübde zu leben als mit Gelübden" ("Damnata inter errores Gerardi Segarelli, haeretica Pseudo-Apostolorum, et est eius error XVII, qui sic habet: Perfectior vita est, vivere sine voto quam cum voto"). Wie die Sätze im einzelnen zensuriert wurden, ist aus dem Codex Casanata 310 ersichtlich.

8. Non debet velle scire, an gradiatur cum voluntate Dei, an cum eadem voluntate resignata maneat necne; nec opus est, ut velit cognoscere suum statum nec proprium nihil; sed debet ut corpus exanime manere.

9. Non debet anima reminisci nec sui, nec Dei, nec cuiuscumque rei, et in via interna omnis reflexio est nociva, etiam reflexio ad suas actiones humanas et ad proprios defectus.

10. Si propriis defectibus alios scandalizet, non est necessarium reflectere, dummodo non adsit voluntas scandalizandi: et ad proprios defectus non posse reflectere, gratia Dei est.

11. Ad dubia quae occurrunt, an recte procedatur necne, non opus est reflectere.

12. Qui suum liberum arbitrium Deo donavit, de nulla re debet curam habere, nec de inferno, nec de paradiso; nec debet desiderium habere propriae perfectionis, nec virtutum, nec propriae sanctitatis, nec propriae salutis, cuius spem expurgare debet.

13. Resignato Deo libero arbitrio, eidem Deo relinquenda est cogitatio et cura de omni re nostra, et relinquere, ut faciat in nobis, sine nobis, suam divinam voluntatem.

14. Qui divinae voluntati resignatus est, non convenit, ut a Deo rem aliquam petat; quia petere est imperfectio, cum sit actus propriae voluntatis et electionis, et est velle, quod divina voluntas nostrae conformetur, et non quod nostra divinae: et illud Evangelii: "Petite et accipietis" [Io 16,24], non est dictum a Christo pro animabus internis, quae nolunt habere voluntatem; immo huiusmodi animae eo perveniunt, ut non possint a Deo rem aliquam petere.

8. Sie darf nicht wissen wollen, ob sie nach **2208** dem Willen Gottes wandelt, ob sie ebendiesem Willen ergeben ist oder nicht; auch ist es nicht nötig, daß sie ihren Zustand oder ihr eigenes Nichts kennen will; sie muß vielmehr wie ein toter Leib bleiben.

9. Die Seele darf sich weder ihrer selbst **2209** noch Gottes, noch irgendeiner Sache erinnern, und auf dem inneren Weg ist jede Rückbesinnung schädlich, auch die Rückbesinnung auf ihre menschlichen Handlungen und auf ihre eigenen Fehler.

10. Wenn man mit seinen eigenen Fehlern **2210** bei anderen Ärgernis erregt, ist es nicht notwendig, ⟨darüber⟩ nachzudenken, solange nur nicht der Wille da ist, Ärgernis zu erregen: und nicht über seine eigenen Fehler nachdenken zu können, ist eine Gnade Gottes.

11. Über Zweifel, die kommen, ob man **2211** recht wandelt oder nicht, muß man nicht nachdenken.

12. Wer seinen freien Willen Gott geschenkt **2212** hat, darf sich wegen keiner Sache Sorgen machen, weder wegen der Hölle noch wegen des Paradieses; auch darf er kein Verlangen haben nach der eigenen Vollkommenheit, nach Tugenden, nach der eigenen Heiligkeit oder dem eigenen Heil, dessen Hoffnung er ausmerzen muß.

13. Ist Gott der freie Wille übergeben, **2213** dann muß man demselben Gott die Überlegung und Sorge um unsere ganze Sache überlassen und zulassen, daß er in uns ohne uns seinen göttlichen Willen ausführt.

14. Wer dem göttlichen Willen ergeben ist, **2214** darf von Gott nichts erbitten; denn Bitten ist Unvollkommenheit, da es eine Handlung des eigenen Willens und der eigenen Wahl ist, und ist ein Wollen, daß der göttliche Wille unserem, und nicht, daß unserer dem göttlichen angeglichen werde: und jenes "Bittet und ihr werdet empfangen" [Joh 16,24] des Evangeliums wurde von Christus nicht für die inneren Seelen gesagt, die keinen Willen haben wollen; vielmehr gelangen diese Seelen dahin, daß sie von Gott nichts erbitten können.

**2215**    15. Sicut non debent a Deo rem aliquam petere, ita nec illi ob rem aliquam gratias agere debent; quia utrumque est actus propriae voluntatis.

**2216**    16. Non convenit indulgentias quaerere pro poena propriis peccatis debita; quia melius est divinae iustitiae satisfacere, quam divinam misericordiam quaerere: quoniam illud ex puro Dei amore procedit, et istud ab amore nostri interessato, nec est res Deo grata nec meritoria, quia est velle crucem fugere.

**2217**    17. Tradito Deo libero arbitrio, et eidem relicta cura et cogitatione animae nostrae, non est amplius habenda ratio tentationum; nec eis alia resistentia fieri debet nisi negativa, nulla adhibita industria; et si natura commovetur, oportet sinere ut commoveatur, quia est natura.

**2218**    18. Qui in oratione utitur imaginibus, figuris, speciebus et propriis conceptibus, non adorat Deum in spiritu et veritate [*cf. Io 4,23*].

**2219**    19. Qui amat Deum eo modo, quo ratio argumentatur aut intellectus comprehendit, non amat verum Deum.

**2220**    20. Asserere, quod in oratione opus est sibi per discursum auxilium ferre et per cogitationes, quando Deus animam non alloquitur, ignorantia est. Deus numquam loquitur, eius locutio est operatio, et semper in anima operatur, quando haec suis discursibus, cogitationibus et operationibus eum non impedit.

**2221**    21. In oratione opus est manere in fide obscura et universali, cum quiete et oblivione cuiuscumque cogitationis particularis ac distinctae attributorum Dei ac Trinitatis, et sic in Dei praesentia manere ad illum adorandum et amandum eique inserviendum; sed absque productione actuum, quia Deus in his sibi non complacet.

**2222**    22. Cognitio haec per fidem non est actus a creatura productus, sed est cognitio a Deo creaturae tradita, quam creatura se habere non cognoscit, nec postea cognoscit illam se

15. So wie sie von Gott nichts erbitten dürfen, so dürfen sie ihm auch nicht wegen irgendeiner Sache Dank sagen; denn beides ist eine Handlung des eigenen Willens.

16. Man darf keine Ablässe erstreben für die Strafe, die man für die eigenen Sünden schuldet; denn es ist besser, der göttlichen Gerechtigkeit Genüge zu tun, als die göttliche Barmherzigkeit zu erstreben: jenes geht nämlich aus der reinen Liebe zu Gott hervor, und dieses aus der interessierten Liebe zu uns selbst und ist weder eine Gott wohlgefällige noch verdienstvolle Sache, da es bedeutet, das Kreuz fliehen zu wollen.

17. Ist Gott der freie Wille übergeben und ihm die Sorge und Überlegung unserer Seele überlassen, braucht man sich nicht mehr um die Versuchungen zu kümmern; ihnen darf auch kein anderer Widerstand geleistet werden als ein negativer, ohne jedes vorsätzliche Tun; und wenn sich die Natur regt, muß man sie sich regen lassen, weil sie Natur ist.

18. Wer beim Beten Bilder, Figuren, Gestalten und eigene Vorstellungen verwendet, betet Gott nicht im Geist und in der Wahrheit an [*vgl. Joh 4,23*].

19. Wer Gott auf die Weise liebt, wie ⟨ihn⟩ der Verstand beweist oder die Vernunft begreift, liebt nicht den wahren Gott.

20. Zu behaupten, daß man sich beim Beten durch die Rede oder durch Vorstellungen helfen müsse, wenn Gott die Seele nicht anspricht, zeugt von Unwissenheit. Gott spricht niemals, sein Sprechen ist Wirken, und er wirkt immer in der Seele, wenn diese ihn nicht durch ihre Reden, Vorstellungen und Handlungen hindert.

21. Beim Beten muß man mit Ruhe und unter Vergessen jedweder besonderen und unterschiedenen Vorstellung von den Eigenschaften Gottes und der Dreifaltigkeit im dunklen und allgemeinen Glauben verbleiben und so in der Gegenwart Gottes verbleiben, um ihn anzubeten, ihn zu lieben und ihm zu dienen, aber ohne das Hervorbringen von Akten, weil Gott sich darin nicht gefällt.

22. Diese Erkenntnis durch den Glauben ist kein vom Geschöpf hervorgebrachter Akt, sondern ist eine dem Geschöpf von Gott geschenkte Erkenntnis, von der das Geschöpf

habuisse; et idem dicitur de amore.

nicht erkennt, daß es sie hat, noch hernach erkennt, daß es sie gehabt hat; und dasselbe gilt von der Liebe.

23. Mystici cum S. Bernardo in *Scala Claustralium*[1] distinguunt quattuor gradus: lectionem, meditationem, orationem, et contemplationem infusam. Qui semper in primo sistit, numquam ad secundum pertransit. Qui semper in secundo persistit, numquam ad tertium pervenit, qui est nostra contemplatio acquisita, in qua per totam vitam persistendum est, dummodo Deus animam non trahat (absque eo, quod ipsa id exspectet) ad contemplationem infusam; et hac cessante, anima regredi debet ad tertium gradum et in ipso permanere, absque eo, quod amplius redeat ad secundum aut primum.

23. Die Mystiker unterscheiden mit dem **2223** Hl. Bernhard in der *Scala Claustralium*[1] vier Stufen: die Lesung, die Meditation, das Gebet und die eingegossene Kontemplation. Wer immer auf der ersten bleibt, geht niemals zur zweiten über. Wer immer auf der zweiten bleibt, gelangt niemals zur dritten, die unsere erworbene Kontemplation ist, in der man das ganze Leben hindurch bleiben muß, solange Gott nicht die Seele (ohne daß sie dies selbst erwartete) zur eingegossenen Kontemplation zieht; und wenn diese aufhört, muß die Seele zur dritten Stufe zurückkehren und auf ihr bleiben, ohne daß sie noch weiter zur zweiten oder ersten zurückginge.

24. Qualescumque cogitationes in oratione occurrant, etiam impurae, etiam contra Deum, Sanctos, fidem et sacramenta, si voluntarie non nutriantur nec voluntarie expellantur, sed cum indifferentia et resignatione tolerentur; non impediunt orationem fidei, immo eam perfectiorem efficiunt, quia anima tunc magis divinae voluntati resignata remanet.

24. Gleich, welche Gedanken beim Beten **2224** kommen, auch unreine, auch gegen Gott, die Heiligen, den Glauben und die Sakramente: wenn sie nicht willentlich genährt werden und nicht willentlich vertrieben werden, sondern mit Gleichgültigkeit und Ergebung ertragen werden, behindern sie das Gebet des Glaubens nicht, sondern machen es im Gegenteil noch vollkommener, weil die Seele dann noch mehr dem göttlichen Willen ergeben bleibt.

25. Etiamsi superveniat somnus et dormiatur, nihilominus fit oratio et contemplatio actualis; quia oratio et resignatio, resignatio et oratio idem sunt, et dum resignatio perdurat, perdurat et oratio.

25. Auch wenn einen der Schlaf über- **2225** kommt und man einschläft, geschieht nichtsdestoweniger wirkliches Gebet und wirkliche Kontemplation; denn Gebet und Ergebung, Ergebung und Gebet sind dasselbe, und solange die Ergebung andauert, dauert auch das Gebet an.

26. Tres illae viae: purgativa, illuminativa et unitiva, sunt absurdum maximum, quod dictum fuerit in mystica, cum non sit nisi unica via, scilicet via interna.

26. Jene drei Wege, der reinigende, der er- **2226** leuchtende und der einigende, sind der größte Unsinn, der in der Mystik gesagt wurde; denn es gibt nur einen einzigen Weg, nämlich den inneren Weg.

27. Qui desiderat et amplectitur devotionem sensibilem, non desiderat nec quaerit Deum, sed seipsum; et male agit, cum eam desiderat et eam habere conatur, qui per viam internam incedit, tam in locis sacris quam in diebus solemnibus.

27. Wer die sinnenfällige Andacht erstrebt **2227** und gutheißt, erstrebt und sucht nicht Gott, sondern sich selbst; und wer auf dem inneren Weg wandelt, der handelt schlecht, wenn er sie erstrebt und sie zu haben versucht, sowohl an heiligen Orten als auch an Festtagen.

---

**\*2223** [1]  Ein Werk, das Guido II. von der Chartreuse († i. J. 1188) zuzuschreiben ist; zitiert wird Kap. 1 (PL 184,475C).

**2228**    28. Taedium rerum spiritualium bonum est, siquidem per illud purgatur amor proprius.

28. Der Ekel vor geistlichen Dingen ist gut; denn dadurch wird die eigentliche Liebe gereinigt.

**2229**    29. Dum anima interna fastidit discursus de Deo et virtutes et frigida remanet, nullum in se ipsa sentiens fervorem, bonum signum est.

29. Wenn eine innere Seele der Reden über Gott und der Tugenden überdrüssig ist und kalt bleibt, ohne in sich selbst eine Glut zu verspüren, dann ist das ein gutes Zeichen.

**2230**    30. Totum sensibile, quod experimur in vita spirituali, est abominabile, spurcum et immundum.

30. Alles Sinnenfällige, das wir im geistlichen Leben erfahren, ist abscheulich, schmutzig und unrein.

**2231**    31. Nullus meditativus veras virtutes exercet internas; quae non debent a sensibus cognosci. Opus est amittere virtutes.

31. Keiner, der meditiert, übt die wahren inneren Tugenden aus, die von den Sinnen nicht erkannt werden dürfen. Man muß die Tugenden verlieren.

**2232**    32. Nec ante nec post communionem alia requiritur praeparatio aut gratiarum actio (pro istis animabus internis), quam permanentia in solita resignatione passiva, quia supplet modo perfectiore omnes actus virtutum, qui fieri possunt et fiunt in via ordinaria. Et si hac occasione communionis insurgunt motus humiliationis, petitionis aut gratiarum actionis, reprimendi sunt, quoties non dignoscatur, eos esse ex impulsu speciali Dei: alias sunt impulsus naturae nondum mortuae.

32. Weder vor noch nach der Kommunion ist (für die inneren Seelen) eine andere Vorbereitung oder Danksagung erforderlich als das Verbleiben in der gewohnten passiven Ergebenheit; denn diese ergänzt in vollkommener Weise alle Akte der Tugenden, die auf dem gewöhnlichen Weg geschehen können und geschehen. Und wenn bei dieser Gelegenheit der Kommunion Regungen der Verdemütigung, Bitte oder Danksagung aufsteigen, so sind sie jedesmal zu unterdrücken, wenn man nicht erkennt, daß sie aus einem besonderen Antrieb Gottes stammen: andernfalls sind es Antriebe der noch nicht gestorbenen Natur.

**2233**    33. Male agit anima, quae procedit per hanc viam internam, si in diebus solemnibus vult aliquo conatu particulari excitare in se devotum aliquem sensum, quoniam animae internae omnes dies sunt aequales, omnes festivi. Et idem dicitur de locis sacris, quia huiusmodi animabus omnia loca sunt aequalia.

33. Schlecht handelt die Seele, die auf diesem inneren Weg wandelt, wenn sie an Festtagen durch irgendein besonderes Unterfangen in sich eine andächtige Gesinnung erwecken will; denn für eine innere Seele sind alle Tage gleich, alle Festtage. Und dasselbe gilt von heiligen Orten; denn solchen Seelen sind alle Orte gleich.

**2234**    34. Verbis et lingua gratias agere Deo, non est pro animabus internis, quae in silentio manere debent, nullum Deo impedimentum opponendo, quod operetur in illis; et quo magis Deo se resignant, experiuntur, se non posse orationem dominicam seu *Pater noster* recitare.

34. Gott mit Worten und mit der Zunge zu danken, ist nichts für die inneren Seelen, die im Schweigen verharren müssen, ohne Gott ein Hindernis entgegenzusetzen, das in ihnen wirkt; und je mehr sie sich Gott ergeben, erfahren sie, daß sie das Herrengebet bzw. *Vater unser* nicht rezitieren können.

**2235**    35. Non convenit animabus huius viae internae, quod faciant operationes, etiam virtuosas, ex propria electione et activitate: alias non essent mortuae. Nec debent elicere actus amoris erga beatam Virginem, Sanctos aut humanitatem Christi: quia, cum ista obiecta

35. Für die Seelen dieses inneren Weges ziemt es sich nicht, daß sie Handlungen – auch tugendhafte – nach eigener Wahl und aus eigener Aktivität ausführen: andernfalls wären sie nicht gestorben. Auch dürfen sie keine Akte der Liebe gegenüber der seligen

sensibilia sint, talis est amor erga illa.

Jungfrau, den Heiligen oder der Menschheit Christi erwecken: denn da dies sinnenfällige Gegenstände sind, ist die Liebe zu ihnen derartig.

36. Nulla creatura, nec beata Virgo, nec Sancti sedere debent in nostro corde: quia solus Deus vult illud occupare et possidere.

36. Kein Geschöpf, weder die selige Jungfrau noch die Heiligen, dürfen in unserem Herzen verweilen: denn Gott allein will es in Beschlag nehmen und besitzen.          2236

37. In occasione tentationum, etiam furiosarum, non debet anima elicere actus explicitos virtutum oppositarum, sed debet in supradicto amore et resignatione permanere.

37. Im Falle von Versuchungen – auch heftigen – darf die Seele keine ausdrücklichen Akte entgegengesetzter Tugenden erwecken, sondern muß in der oben erwähnten Liebe und Ergebenheit verbleiben.          2237

38. Crux voluntaria mortificationum pondus grave est et infructuosum, ideoque dimittenda.

38. Das willentliche Kreuz der Abtötungen ist eine schwere und fruchtlose Last und deshalb zu unterlassen.          2238

39. Sanctiora opera et paenitentiae, quas peregerunt Sancti, non sufficiunt ad removendam ab anima vel unicam adhaesionem.

39. Die heiligeren Werke und die Bußen, die die Heiligen vollbrachten, genügen nicht, um auch nur eine einzige Anhänglichkeit von der Seele zu entfernen.          2239

40. Beata Virgo nullum umquam opus exterius peregit, et tamen fuit Sanctis omnibus sanctior. Igitur ad sanctitatem perveniri potest absque opere exteriore.

40. Die selige Jungfrau hat niemals ein äußeres Werk vollbracht und war dennoch heiliger als alle Heiligen. Also kann man ohne äußeres Werk zur Heiligkeit gelangen.          2240

41. Deus permittit et vult ad nos humiliandos et ad veram transformationem perducendos, quod in aliquibus animabus perfectis, etiam non arreptitiis, daemon violentiam inferat earum corporibus, easque actus carnales committere faciat, etiam in vigilia et sine mentis offuscatione, movendo physice illorum manus et alia membra contra earum voluntatem. Et idem dicitur quoad alios actus per se peccaminosos: in quo casu non sunt peccata, quia in his non adest consensus.

41. Gott erlaubt und will, um uns zu demütigen und zur wahren Umgestaltung zu führen, daß bei einigen vollkommenen Seelen – auch nicht entrückten – der Dämon ihren Leibern Zwang antut und sie – auch im Wachen und ohne Verdunkelung des Geistes – fleischliche Handlungen begehen läßt, indem er die Hände und andere Glieder von jenen gegen ihren Willen physisch bewegt. Dasselbe gilt auch für andere Handlungen, die an sich sündig sind: in diesem Fall sind es keine Sünden, weil bei ihnen keine Zustimmung vorliegt.          2241

42. Potest dari casus, quod huiusmodi violentiae ad actus carnales contingant eodem tempore ex parte duarum personarum, scilicet maris et feminae, et ex parte utriusque sequatur actus.

42. Es kann den Fall geben, daß solche Zwänge zu fleischlichen Handlungen zur selben Zeit auf seiten zweier Personen auftreten, nämlich eines Mannes und einer Frau, und seitens beider der Akt folgt.          2242

43. Deus praeteritis saeculis sanctos efficiebat tyrannorum ministerio; nunc vero eos efficit sanctos ministerio daemonum, qui causando in eis praedictas violentias facit, ut illi seipsos magis despiciant atque annihilent et se Deo resignent.

43. Gott machte in vergangenen Zeiten Heilige mit Hilfe der Tyrannen; jetzt aber macht er diese Heiligen mit Hilfe der Dämonen, indem er dadurch, daß er in ihnen die eben erwähnten Zwänge verursacht, bewirkt, daß jene sich selbst noch mehr verachten und vernichten und sich Gott ergeben.          2243

**2244**     44. Iob blasphemavit, et tamen non peccavit labiis suis; quia fuit ex daemonis violentia.

**2245**     45. Sanctus Paulus huiusmodi daemonis violentias in suo corpore passus est; unde scripsit: "Non quod volo bonum, hoc ago; sed, quod nolo malum, hoc facio" [*Rm 7,19*].

**2246**     46. Huiusmodi violentiae sunt medium magis proportionatum ad annihilandam animam, et ad eam ad veram transformationem et unionem perducendam, nec alia superest via: et haec est via facilior et tutior.

**2247**     47. Cum huiusmodi violentiae occurrunt, sinere oportet, ut satanas operetur, nullam adhibendo industriam nullumque proprium conatum, sed permanere debet homo in suo nihilo; et etiamsi sequantur pollutiones et actus obscoeni propriis manibus, et etiam peiora, non opus est seipsum inquietare, sed foras emittendi sunt scrupuli, dubia et timores; quia anima fit magis illuminata, magis roborata magisque candida, et acquiritur sancta libertas; et prae omnibus non opus est haec confiteri, et sanctissime fit non confitendo, quia hoc pacto superatur daemon, et acquiritur thesaurus pacis.

**2248**     48. Satanas, qui huiusmodi violentias infert, suadet deinde, gravia esse delicta, ut anima se inquietet, ne in via interna ulterius progrediatur: unde ad eius vires enervandas melius est ea non confiteri, quia non sunt peccata, nec etiam venialia.

**2249**     49. Iob ex violentia daemonis se propriis manibus polluebat eodem tempore, quo mundas habebat ad Deum preces, sic interpretando locum ex capite XVI Iob [*cf. Iob 16,18*].

**2250**     50. David, Ieremias et multi ex sanctis Prophetis huiusmodi violentias patiebantur harum impurarum operationum externarum.

**2251**     51. In sacra Scriptura multa sunt exempla violentiarum ad actus externos peccaminosos; uti illud de Samsone, qui per violentiam

44. Ijob lästerte, und dennoch sündigte er nicht mit seinen Lippen; denn es geschah infolge des Zwangs des Dämons.

45. Der heilige Paulus erlitt den Zwang dieses Dämons an seinem Leib; daher schrieb er: "Nicht das Gute, das ich will, tue ich, sondern das Böse, das ich nicht will, das mache ich" [*Röm 7,19*].

46. Solche Zwänge sind das angemessenste Mittel, um die Seele zu vernichten und um sie zur wahren Umgestaltung und Einung zu führen, und es bleibt kein anderer Weg übrig: und dies ist der leichteste und sicherste Weg.

47. Wenn solche Zwänge kommen, soll man den Satan gewähren lassen, ohne irgendeine Mühe oder eine eigene Anstrengung aufzuwenden; vielmehr soll der Mensch in seinem Nichts verbleiben; und auch wenn Pollutionen und unzüchtige Handlungen mit eigenen Händen und sogar noch schlimmere Dinge folgen, ist es nicht nötig, sich zu beunruhigen, sondern Ängste, Zweifel und Befürchtungen sind über Bord zu werfen; denn die Seele wird erleuchteter, gestärkter und glänzender, und es wird die heilige Freiheit erlangt; und vor allem ist es nicht nötig, dies zu beichten, und am heiligsten handelt man, wenn man ⟨es⟩ nicht beichtet; denn auf diese Weise besiegt man den Dämon und erwirbt einen Schatz des Friedens.

48. Der Satan, der solchen Zwang einflößt, redet hernach zu, es handle sich um schwere Vergehen, damit die Seele sich beunruhige und künftig nicht mehr auf dem inneren Weg fortschreite; daher ist es, um seine ⟨= des Satans⟩ Kräfte zu schwächen, besser, dies nicht zu beichten, weil es keine Sünden sind, und zwar nicht einmal verzeihliche.

49. Zur selben Zeit, da Ijob reine Gebete vor Gott brachte, befleckte er sich infolge des Zwangs des Dämons mit eigenen Händen, wenn man die Stelle aus dem 16. Kapitel Ijob so auslegt [*vgl. Ijob 16,18*].

50. David, Jeremia und viele von den heiligen Propheten erlitten solchen Zwang zu diesen unreinen äußeren Handlungen.

51. In der heiligen Schrift gibt es viele Beispiele von Zwängen zu sündhaften äußeren Handlungen; wie jenes bei Simson, der sich

seipsum occidit cum Philistaeis [*cf. Idc 16,29s*], coniugium iniit cum alienigena [*cf. Idc 14,1-20*], et cum Dalila meretrice fornicatus est [*cf. Idc 16,4-22*], quae alias erant prohibita et peccata fuissent; de Iuditha, quae Holoferni mentita fuit [*cf. Idt 11,5-19*]; de Elisaeo, qui pueris maledixit [*cf. 4 Rg 2,24*]; de Elia, qui combussit duos duces cum turmis regis Achab [*cf. 4 Rg 1,10-12*]. An vero fuerit violentia immediate a Deo peracta vel daemonum ministerio, ut in aliis animabus contingit, in dubio relinquitur.

52. Cum huiusmodi violentiae, etiam impurae, absque mentis offuscatione accidunt, tunc anima Deo potest uniri, et de facto semper magis unitur.

53. Ad cognoscendum in praxi, an aliqua operatio in aliis personis fuerit violentia regula, quam de hoc habeo, nedum sunt protestationes animarum illarum, quae protestantur, se dictis violentiis non consensisse aut iurare non posse, quod in iis consenserint, et videre quod sint animae, quae proficiunt in via interna; sed regulam sumerem a lumine quodam actuali, cognitione humana ac theologica superiori, quod me certo cognoscere facit cum interna certitudine, quod talis operatio est violenta: et certus sum, quod hoc lumen a Deo procedit, quia ad me pervenit coniunctum cum certitudine, quod a Deo proveniat, et mihi nec umbram dubii relinquit in contrarium: eo modo, quo interdum contingit, quod Deus aliquid revelando eodem tempore animam certam reddit, quod ipse sit, qui revelat, et anima in contrarium non potest dubitare.

54. Spirituales viae ordinariae in hora mortis se delusos invenient et confusos cum omnibus passionibus in alio mundo purgandis.

55. Per hanc viam internam pervenitur, etsi multa cum sufferentia, ad purgandas et exstinguendas omnes passiones, ita quod nihil amplius sentitur, nihil, nihil: nec ulla

---

mitsamt den Philistern gewaltsam tötete [*vgl. Ri 16,29f*], eine Ehe mit einer Fremden einging [*vgl. Ri 14,1-20*] und mit der Hure Delila Unzucht trieb [*vgl. Ri 16,4-22*], was ansonsten verboten war und ⟨was⟩ Sünden gewesen wären; bei Judit, die den Holofernes anlog [*vgl. Jdt 11,5-19*]; bei Elischa, der die Kinder verfluchte [*vgl. 2 Kön 2,24*]; bei Elija, der die zwei Hauptleute mitsamt den Scharen des Königs Ahab verbrannte [*vgl. 2 Kön 1,10-12*]. Ob der Zwang aber unmittelbar von Gott oder mit Hilfe der Dämonen ausgeführt wurde, wie es bei anderen Seelen geschieht, bleibt zweifelhaft.

52. Wenn solche Zwänge – auch unreine – **2252** ohne Verdunkelung des Geistes geschehen, dann kann sich die Seele mit Gott vereinen und vereint sich tatsächlich immer mehr.

53. Um in der Praxis zu erkennen, ob eine **2253** Handlung bei anderen Personen ein Zwang war, sind die Richtschnur, die ich dafür habe, nicht nur die Bezeugungen jener Seelen, die bezeugen, sie hätten den erwähnten Zwängen nicht zugestimmt oder könnten nicht schwören, daß sie in diese eingewilligt hätten, und zu sehen, daß es Seelen sind, die auf dem inneren Weg wandeln; sondern ich nähme die Richtschnur von einem gewissen gegenwärtigen Lichte her, das höher ist als menschliche und theologische Erkenntnis und das mich mit innerer Gewißheit gewiß erkennen läßt, daß eine solche Handlung gewaltsam erregt ist: und ich bin sicher, daß dieses Licht von Gott hervorgeht, weil es verbunden mit der Sicherheit zu mir gelangt, daß es von Gott hervorgeht, und mir nicht einmal den Schatten eines entgegengesetzten Zweifels läßt: in der Weise, wie es bisweilen geschieht, daß Gott, wenn er etwas offenbart, zur selben Zeit die Seele sicher macht, daß er selbst es ist, der offenbart, und die Seele nicht ⟨mehr⟩ im Gegensatz dazu zweifeln kann.

54. Die geistlich Gesinnten des gewöhnli- **2254** chen Weges werden sich in der Stunde des Todes verspottet und beschämt mit allen Leidenschaften finden, die in der anderen Welt zu reinigen sind.

55. Auf diesem inneren Weg gelangt man, **2255** wenn auch unter vielen Leiden, zur Reinigung und Auslöschung aller Leidenschaften, ⟨und zwar⟩ so, daß man nichts mehr empfin-

sentitur inquietudo, sicut corpus mortuum, nec anima se amplius commoveri sinit.

**2256** 56. Duae leges et duae cupiditates animae una, et amoris proprii altera tamdiu perdurant, quamdiu perdurat amor proprius: unde quando hic purgatus est et mortuus, uti fit per viam internam, non adsunt amplius illae duae leges et duae cupiditates, nec ulterius lapsus aliquis incurritur, nec aliquid sentitur amplius, ne quidem veniale peccatum.

**2257** 57. Per contemplationem acquisitam pervenitur ad statum non faciendi amplius peccata, nec mortalia nec venialia.

**2258** 58. Ad huiusmodi statum pervenitur non reflectendo amplius ad proprias operationes; quia defectus ex reflexione oriuntur.

**2259** 59. Via interna seiuncta est a confessione, a confessariis et a casibus conscientiae, a theologia et philosophia.

**2260** 60. Animabus provectis, quae reflexionibus mori incipiunt, et eo etiam perveniunt, ut sint mortuae, Deus confessionem aliquando efficit impossibilem et supplet ipse tanta gratia praeservante, quantam in sacramento reciperent: et ideo huiusmodi animabus non est bonum in tali casu ad sacramentum paenitentiae accedere, quia id est illis impossibile.

**2261** 61. Anima, cum ad mortem mysticam pervenit, non potest amplius aliud velle, quam quod Deus vult, quia non habet amplius voluntatem, et Deus illi eam abstulit.

**2262** 62. Per viam internam pervenitur ad continuum statum immobilem in pace imperturbabili.

**2263** 63. Per viam internam pervenitur etiam ad mortem sensuum: quin immo signum, quod quis in statu nihilitatis maneat, id est mortis mysticae, est, si sensus exteriores non repraesentent amplius res sensibiles, unde sint ac si non essent, quia non perveniunt ad faciendum, quod intellectus ad eas se appli-

det, nichts, nichts: wie ein toter Leib empfindet man keinerlei Unruhe, und die Seele läßt sich nicht mehr bewegen.

56. Die zwei Gesetze und die zwei Begierden – die eine der Seele und die andere der Eigenliebe – dauern so lange fort, wie die Eigenliebe fortdauert: wenn daher diese gereinigt und gestorben ist, wie es auf dem inneren Weg geschieht, gibt es jene zwei Gesetze und zwei Begierden nicht mehr, weder gerät man mehr in einen Fehltritt, noch spürt man mehr etwas, nicht einmal eine verzeihliche Sünde.

57. Durch die erworbene Kontemplation gelangt man zu einem Zustand, in dem man keine Sünden mehr begeht, weder Todsünden noch verzeihliche Sünden.

58. Zu diesem Zustand gelangt man, wenn man über die eigenen Handlungen nicht mehr nachdenkt; denn die Fehler entstehen aus dem Nachdenken.

59. Der innere Weg ist abgesondert von der Beichte, von Beichtvätern und von Gewissensfällen, von der Theologie und Philosophie.

60. Fortgeschrittenen Seelen, die den Nachdenklichkeiten zu sterben beginnen und auch dahin gelangen, daß sie tot sind, macht Gott die Beichte bisweilen unmöglich und ersetzt sie durch eine so große beschützende Gnade, wie sie sie im Sakrament empfangen würden; und deshalb ist es für diese Seelen nicht gut, in einem solchen Fall zum Sakrament der Buße zu gehen, weil es ihnen unmöglich ist.

61. Wenn die Seele zum mystischen Tode gelangt ist, kann sie nichts anderes mehr wollen, als was Gott will; denn sie hat keinen Willen mehr, und Gott hat ihn ihr weggenommen.

62. Auf dem inneren Weg gelangt man zu einem stetigen unbeweglichen Zustand in einem Frieden, der nicht gestört werden kann.

63. Auf dem inneren Weg gelangt man auch zum Tod der Sinne: ja, es ist sogar ein Zeichen, daß einer im Zustand der Nichtigkeit, das heißt des mystischen Todes, weilt, wenn die äußeren Sinne nicht mehr die sinnenfälligen Dinge vorstellen, weshalb sie sind, als ob sie nicht wären; denn sie vermö-

cet.

64. Theologus minorem dispositionem habet quam homo rudis ad statum contemplativi: primo, quia non habet fidem adeo puram; secundo, quia non est adeo humilis; tertio, quia non adeo curat propriam salutem; quarto, quia caput refertum habet phantasmatibus, speciebus, opinionibus et speculationibus, et non potest in illum ingredi verum lumen.

65. Praepositis oboediendum est in exteriore, et latitudo voti oboedientiae religiosorum tantummodo ad exterius pertingit. In interiore vero aliter res se habet, quo solus Deus et director intrant.

66. Risu digna est nova quaedam doctrina in Ecclesia Dei, quod anima quoad internum gubernari debeat ab episcopo: quod si episcopus non sit capax, anima ipsum cum suo directore adeat. Novam dico doctrinam; quia nec sacra Scriptura, nec concilia, nec canones, nec bullae, nec Sancti, nec auctores eam umquam tradiderunt nec tradere possunt: quia Ecclesia non iudicat de occultis, et anima ius habet et facultatem eligendi quemcumque sibi visum fuerit.

67. Dicere, quod internum manifestandum est exteriori tribunali praepositorum, et quod peccatum sit id non facere, est manifesta deceptio: quia Ecclesia non iudicat de occultis, et propriis animabus praeiudicant his deceptionibus et simulationibus.

68. In mundo non est facultas nec iurisdictio ad praecipiendum, ut manifestentur epistolae directoris quoad internum animae: et ideo opus est animadvertere, quod hoc est insultus satanae.

[Censura:] Quas quidem propositiones tamquam haereticas [3 13-15 41-53], suspectas [haeresi proximas: 21 23 57 60s; haeresim sapientes: 2 4-10 12 16-19 31s 35s 55s 58] et erroneas [4-6 8-10 13-19 21s 24 32 35 41-53 58], scandalosas [6s 9-11 14-20 24s 30-52 54

gen nicht zu erreichen, daß sich die Vernunft ihnen zuwendet.

64. Der Theologe hat eine schlechtere Voraussetzung, kontemplativ zu sein, als der ungebildete Mensch: erstens, weil er keinen so reinen Glauben hat; zweitens, weil er nicht so demütig ist; drittens, weil er sich nicht so sehr um sein eigenes Heil kümmert; viertens, weil er den Kopf voll von Phantasien, Vorstellungen, Meinungen und Spekulationen hat und das wahre Licht nicht in ihn eintreten kann. **2264**

65. Den Vorgesetzten ist im Äußeren zu gehorchen, und der Umfang des Gehorsamsgelübdes der Ordensleute erstreckt sich lediglich auf das Äußere. Im Inneren aber verhält sich die Sache anders: dahin treten allein Gott und der ⟨Seelen⟩führer ein. **2265**

66. Lächerlich ist eine neue Lehre in der Kirche Gottes, daß die Seele in bezug auf das Innere vom Bischof geleitet werden müsse: wenn aber der Bischof nicht fähig sei, solle die Seele mit ihrem Führer zu ihm hingehen. Neu nenne ich die Lehre, weil weder die heilige Schrift noch Konzilien, noch Kanones, noch Bullen, noch Heilige, noch Schriftsteller sie jemals gelehrt haben oder auch lehren können: denn die Kirche urteilt nicht über Verborgenes, und die Seele hat das Recht und die Möglichkeit auszuwählen, wen immer sie für richtig hält. **2266**

67. Zu sagen, daß das Innere dem äußeren Gericht der Vorgesetzten zu offenbaren sei, und daß es Sünde sei, dies nicht zu tun, ist eine offensichtliche Täuschung: denn die Kirche urteilt nicht über Verborgenes, und man schadet mit diesen Täuschungen und Vorspiegelungen der eigenen Seele. **2267**

68. In der Welt gibt es keine Befugnis oder Rechtsvollmacht, um zu gebieten, daß die Briefe des ⟨Seelen⟩führers, die das Innere der Seele betreffen, offen gelegt werden: und deshalb muß man feststellen, daß dies ein Anschlag des Satans ist. **2268**

[Zensur:] Diese Sätze also haben wir – je nachdem – als häretisch [3 13-15 41-53], verdächtig [der Häresie nahe: 21 23 57 60f; nach Häresie schmeckend: 2 4-10 12 16-19 31f 35f 55f 58] und irrig [4-6 8-10 13-19 21f 24 32 35 41-53 58], anstößig [6f 9-11 14-20 24f 30-52 **2269**

58-60 63s 66], blasphemas [10 14s 41-53 60], piarum aurium offensivas [6 30 58], temerarias [11 14s 17-20 23s 26s 30-35 38s 41-68], christianae disciplinae relaxativas [10 16 21s 24s 31 35 38s 41-52 59 65s] et eversivas [68] et seditiosas [65] respective ... damnavimus ... . Praeterea ... damnavimus omnes libros omniaque opera quocumque loco et idiomate impressa necnon omnia manuscripta eiusdem Michaelis de Molinos.

54 58-60 63f 66], lästerlich [10 14f 41-53 60], fromme Ohren verletzend [6 30 58], leichtfertig [11 14f 17-20 23f 26f 30-35 38f 41-68], die christliche Disziplin auflösend [10 16 21f 24f 31 35 38f 41-52 59 65f] und umstürzend [68] und aufrührerisch [65] ... verurteilt ... . Außerdem ... haben wir alle Bücher und alle an jedwedem Ort und in jedweder Sprache gedruckten Werke sowie alle Manuskripte desselben Miguel de Molinos verurteilt.

## ALEXANDER VIII.: 6. Okt. 1689 – 1. Febr. 1691

**2281-2285: Artikel des gallikanischen Klerus (19. März 1682), für ungültig erklärt in der Konstitution "Inter multiplices", 4. Aug. 1690**

Vor allem wegen der Ausdehnung der königlichen Rechtsbefugnis entstand Streit zwischen König Ludwig XIV. von Frankreich und dem Papst. Um dem Papst mit größerer Autorität entgegenzutreten, ließ Ludwig XIV. eine allgemeine Klerusversammlung abhalten (1. Okt. 1681 – 29. Juni 1682). Auf die beschlossenen 4 Artikel (Art. 2-4 berühren auch den dogmatischen Bereich) sollten nach dem Willen des Königs alle Lehrer verpflichtet werden. Die Sorbonne aber widersetzte sich. Innozenz XI. (Breve vom 11. April 1682) und Alexander VIII. (in der oben genannten Konstitution, die erst am 31. Jan. 1691 veröffentlicht wurde) protestierten gegen die Artikel. Später erlaubte der König, von den Artikeln abzurücken, und schrieb einen Widerrufsbrief (14. Sept. 1693). (Vgl. CollLac 1,811-846, insbesondere Nr. XI XIVf.) Die Konstitution Alexanders VIII. belegte die Artikel mit keiner theologischen Zensur. Als aber die Synode von Pistoia die gallikanischen Artikel übernahm, beurteilte Pius VI. sie in der Konstitution *"Auctorem fidei"* als leichtfertig, anstößig und für den Apostolischen Stuhl schädlich (*2700).

*Ausg.:* CollLac 1,831d-832b; in der Bulle selbst (BullTau 20,67b-70b) fehlt der Text der Artikel.

### Gallikanische Artikel über die Rechte des Papstes

**2281**

1. Beato Petro eiusque successoribus Christi vicariis ipsique Ecclesiae rerum spiritualium et ad aeternam salutem pertinentium, non autem civilium ac temporalium a Deo traditam potestatem, dicente Domino: "Regnum meum non est de hoc mundo" [Io 18,36], et iterum: "Reddite ergo, quae sunt Caesaris, Caesari, et quae sunt Dei, Deo" [Lc 20,25], ac proinde stare Apostolicum illud: "Omnis anima potestatibus sublimioribus subdita sit; non est enim potestas nisi a Deo; quae autem sunt, a Deo ordinatae sunt; itaque qui potestati resistit, Dei ordinationi resistit" [Rm 13,1s].

Reges ergo et principes in temporalibus nulli ecclesiasticae potestati Dei ordinatione subici, neque auctoritate clavium Ecclesiae directe vel indirecte deponi, aut illorum subditos eximi a fide atque oboedientia, ac praestito fidelitatis sacramento solvi posse: eamque sententiam publicae tranquillitati neces-

1. Dem seligen Petrus, seinen Nachfolgern, den Stellvertretern Christi, und der Kirche selbst wurde von Gott die Gewalt über die geistlichen und das ewige Heil betreffenden Dinge, nicht aber über die staatlichen und zeitlichen übergeben; denn der Herr sagt: "Mein Reich ist nicht von dieser Welt" [Joh 18,36]; und wiederum: "Gebt also, was des Kaisers ist, dem Kaiser, und was Gottes ist, Gott" [Lk 20,25]; und deshalb gilt jenes apostolische ⟨Wort⟩: "Jede Seele sei den höheren Gewalten untertan; es gibt nämlich keine Gewalt außer von Gott; die es aber gibt, sind von Gott angeordnet; wer sich deshalb der Gewalt widersetzt, widersetzt sich der Anordnung Gottes" [Röm 13,1f].

Könige und Fürsten sind also nach Gottes Anordnung in zeitlichen Dingen keiner kirchlichen Gewalt unterworfen, noch können sie kraft der Schlüssel der Kirche direkt oder indirekt abgesetzt oder ihre Untergebenen von Treue und Gehorsam befreit und vom geleisteten Treueid entbunden werden:

sariam, nec minus Ecclesiae quam Imperio utilem, ut verbo Dei, Patrum traditioni et Sanctorum exemplis consonam, omnino retinendam.

2. Sic inesse Apostolicae Sedi ac Petri successoribus, Christi vicariis, rerum spiritualium plenam potestatem, ut simul valeant atque immota consistant sanctae oecumenicae Synodi Constantiensis a Sede Apostolica comprobata ipsorumque Romanorum Pontificum ac totius Ecclesiae usu confirmata atque ab ecclesia Gallicana perpetua religione custodita decreta de auctoritate Conciliorum generalium, quae sessione quarta et quinta continentur, nec probari a Gallicana ecclesia, qui eorum decretorum, quasi dubiae sint auctoritatis ac minus approbata, robur infringant aut ad solum schismatis tempus Concilii dicta detorqueant.

3. Hinc Apostolicae potestatis usum moderandum per canones Spiritu Dei conditos et totius mundi reverentia consecratos; valere etiam regulas, mores et instituta a regno et ecclesia Gallicana recepta, patrumque terminos manere inconcussos, atque id pertinere ad amplitudinem Apostolicae Sedis, ut statuta et consuetudines tantae Sedis et ecclesiarum consensione firmatae propriam stabilitatem obtineant.

4. In fidei quoque quaestionibus praecipuas Summi Pontificis esse partes, eiusque decreta ad omnes et singulas ecclesias pertinere, nec tamen irreformabile esse iudicium nisi Ecclesiae consensus accesserit.

[*Sententia iudicialis* Bullae:] Omnia et singula, quae tam quoad extensionem iuris regaliae, quam quoad declarationem de potestate ecclesiastica ac quattuor in ea contentas propositiones in supradictis Comitiis Cleri Gallicani anno 1682 habitis acta et gesta fue-

und diese für die öffentliche Ruhe notwendige und nicht weniger für die Kirche als für das Reich nützliche Auffassung ist als mit dem Wort Gottes, der Überlieferung der Väter und den Beispielen der Heiligen übereinstimmend uneingeschränkt festzuhalten.

2. Dem Apostolischen Stuhl und den **2282** Nachfolgern des Petrus, den Stellvertretern Christi, wohnt die volle Gewalt über die geistlichen Dinge so inne, daß zugleich die vom Apostolischen Stuhl gebilligten, durch den Brauch der Römischen Bischöfe selbst und der ganzen Kirche bestätigten und von der gallikanischen Kirche in immerwährender Ehrfurcht beachteten Dekrete des heiligen ökumenischen Konzils von Konstanz über die Autorität der allgemeinen Konzilien, die in der vierten und fünften Sitzung enthalten sind, gelten und unverändert Bestand haben; und von der gallikanischen Kirche werden nicht gebilligt, die die Geltung dieser Dekrete, so als ob sie von zweifelhafter Autorität oder weniger gebilligt seien, in Frage stellen oder die Aussagen des Konzils allein auf die Zeit des Schismas einschränken.

3. Daher ist die Ausübung der Apostoli-   **2283** schen Vollmacht mittels der Kanones einzuschränken, die durch den Geist Gottes aufgestellt und durch die Achtung der ganzen Welt geheiligt werden; es gelten auch die Regeln, Sitten und Gebräuche, die vom Königreich und der gallikanischen Kirche übernommen wurden, und die Schranken der Väter bleiben unerschüttert; und es trägt zur Erhabenheit des Apostolischen Stuhles bei, daß Satzungen und Bräuche, die durch die Zustimmung eines so bedeutenden Stuhles und der Kirchen bekräftigt wurden, die gebührende Festigkeit besitzen.

4. Auch in Fragen des Glaubens ist der   **2284** Anteil des Papstes vorrangig, und seine Dekrete gelten für alle und die einzelnen Kirchen; sein Urteil ist jedoch nicht unveränderlich, wenn nicht die Zustimmung der Kirche hinzukommt.

[*Urteilsspruch* der Bulle:] Alles und je-   **2285** des, was sowohl in bezug auf die Ausdehnung der königlichen Rechtsbefugnis als auch in bezug auf die Erklärung über die kirchliche Vollmacht und die vier in ihr enthaltenen Sätze auf der obengenannten i. J. 1682 abge-

runt, cum omnibus et singulis mandatis, arrestis, confirmationibus, declarationibus, epistolis, edictis et decretis a quibusvis personis sive ecclesiasticis sive laicis, quomodolibet qualificatis, quavis auctoritate et potestate, etiam individuam expressionem requirente, fungentibus, editis seu publicatis ... ipso iure nulla, irrita, invalida, inania, viribusque et effectu penitus et omnino vacua ab ipso initio fuisse et esse ac perpetuo fore, neminemque ad illorum seu cuiuslibet eorum, etiamsi iuramento vallata sint, observantiam teneri ... tenore praesentium declaramus."

haltenen Versammlung des gallikanischen Klerus beschlossen und getan wurde, erklären Wir aufgrund des vorliegenden ⟨Schreibens⟩ mitsamt allen und den einzelnen Geboten, Beschlagnahmen, Bestätigungen, Erklärungen, Briefen, Edikten und Dekreten, die von welchen kirchlichen oder weltlichen Personen auch immer, gleichgültig, wie befähigt und über welche – auch eigene Erwähnung erfordernde – Autorität und Vollmacht verfügend, herausgegeben bzw. veröffentlicht wurden, ... durch Rechtsbestimmung für null und nichtig, ungültig und wertlos; und es war gleich von Anfang an, ist und wird immerdar sein völlig und ganz ohne Gültigkeit und Wirkung; und niemand ist verpflichtet, dies oder irgend etwas davon, auch wenn es durch Eid geschützt ist, zu beachten ...

## 2290-2292: Dekret des Hl. Offiziums, 24. Aug. 1690

Satz 1 wurde aus Thesen des Jesuitenkollegs Pont-á-Mousson (in der Champagne) zusammengestellt, die in einem öffentlichen Akt am 14. Jan. 1689 verteidigt wurden. Die dortige Universität der Gesellschaft Jesu verbot den Satz unverzüglich. Anlaß zur Verurteilung des zweiten Satzes gab eine These von F. Musnier SJ, die im Juni 1686 im Dijoner Kolleg vorgetragen wurde. Sie war nicht in dem Sinne gemeint, wie ihn die jansenistischen Ankläger auffaßten. Zur Bedeutung und zu den geschichtlichen Bedingungen des Dekretes vgl. H. Beylard, *Le Péché philosophique. Quelques précisions historiques et doctrinales*, in: NvRTh 62 (1935) 591-616 673-698.

   *Ausg.:* DuPlA 3/II, 365ab / Viva 3,3 / BullTau 20,77ab.

### Irrtümer über das sittlich Gute und über die philosophische Sünde

**2290**    1. Bonitas obiectiva consistit in convenientia obiecti cum natura rationali: formalis vero in conformitate actus cum regula morum. Ad hoc sufficit, ut actus moralis tendat in finem ultimum interpretative. Hunc homo non tenetur amare neque in principio neque in decursu vitae suae moralis.

   1. Die objektive Gutheit besteht in der Übereinstimmung des Gegenstandes mit der vernünftigen Natur: die formale aber in der Gleichförmigkeit der Handlung mit der Sittennorm. Dazu genügt es, daß die sittliche Handlung auf den letzten Zweck der Meinung nach zielt. Diesen zu lieben, ist der Mensch weder am Anfang noch im Verlauf seines sittlichen Lebens gehalten.

**2291**    2. Peccatum philosophicum seu morale est actus humanus disconveniens naturae rationali et rectae rationi; theologicum vero et mortale est transgressio libera divinae legis. Philosophicum, quamtumvis grave, in illo, qui Deum vel ignorat vel de Deo actu non cogitat, est grave peccatum, sed non est offensa Dei, neque peccatum mortale dissolvens amicitiam Dei, neque aeterna poena dignum.

   2. Die philosophische bzw. sittliche Sünde ist eine menschliche Handlung, die nicht in Übereinstimmung steht mit der vernünftigen Natur und der rechten Vernunft; die theologische aber und tödliche ⟨Sünde⟩ ist die freie Übertretung des göttlichen Gesetzes. Die philosophische ⟨Sünde⟩, so schwer sie auch sein mag, ist bei jenem, der Gott entweder nicht kennt oder beim Handeln nicht an Gott denkt, eine schwere Sünde, aber sie ist keine Beleidigung Gottes und keine Todsünde, die die Freundschaft Gottes auflöst, und nicht ewiger Strafe würdig.

[*Censura:*] *Propos. 1:* haeretica. - *2:* scandalosa, temeraria, piarum aurium offensiva et erronea.

[*Zensur:*] *Satz 1:* häretisch. - *2:* anstö- **2292** ßig, leichtfertig, fromme Ohren verletzend und irrig.

## 2301-2332: Dekret des Hl. Offiziums, 7. Dez. 1690

Nach der Verurteilung des "Laxismus" (\*2021-2065 2101-2167) sammelten Gegner der Jansenisten vor allem aus Thesen und Werken in Belgien lehrender Theologen mehr als zweihundert verurteilungswürdige Sätze und überreichten sie auf Drängen König Karls II. von Spanien dem Hl. Offizium. Die 1682 in Rom begonnene Untersuchung wurde im Juli 1686 zu Ende gebracht. Die Veröffentlichung des Dekrets wurde über 4 Jahre hinausgeschoben, wahrscheinlich, um eine Versöhnung in dem 1682 aufgekommenen Streit um die gallikanischen Artikel (vgl. \*2281°) zu erleichtern.

*Ausg.:* BullTau 20,159a-160a / DuPlA 3/II, 371b-373a / Viva 3,4-6.

### Irrtümer der Jansenisten

1. In statu naturae lapsae ad peccatum *mortale* [formale] et demeritum sufficit illa libertas, qua voluntarium ac liberum fuit in causa sua, peccato originali et voluntate Adami peccantis[1].

1. Im Zustand der gefallenen Natur genügt **2301** zur *Todsünde* [formalen Sünde] und Schuld jene Freiheit, durch die sie ⟨die Sünde⟩ in ihrem Grunde, der Ursünde und dem Willen des sündigen Adam, willentlich und frei war[1].

2. Tametsi detur ignorantia invincibilis iuris naturae, haec in statu naturae lapsae operantem ex ipsa non excusat a peccato *formali* [materiali][1].

2. Auch wenn unüberwindliche Unkennt- **2302** nis des Naturrechts eingeräumt wird, entschuldigt diese im Zustand der gefallenen Natur den daraus Handelnden nicht von der *formalen Sünde* [Todsünde][1].

3. Non licet sequi opinionem [probabilem] vel inter probabiles probabilissimam[1].

3. Es ist nicht erlaubt, einer [wahrschein- **2303** lichen] Meinung oder unter wahrscheinlichen der wahrscheinlichsten zu folgen[1].

4. Christus dedit semetipsum pro nobis oblationem Deo, non pro solis electis, sed pro omnibus et solis fidelibus[1].

4. Christus gab sich selbst für uns als Op- **2304** fergabe Gott hin, nicht nur für die Erwählten, sondern für alle Gläubigen und nur für sie[1].

5. Pagani, Iudaei, haeretici aliique huius generis nullum omnino accipiunt a Iesu Christo influxum: adeoque hinc recte inferes, in illis esse voluntatem nudam et inermem sine omni gratia sufficienti[1].

5. Heiden, Juden, Häretiker und andere **2305** Derartige empfangen überhaupt keinen Einfluß von Jesus Christus; und insofern kann man daraus zurecht folgern, daß in ihnen der Wille bloß und wehrlos ohne jede zureichende Gnade ist[1].

---

**\*2301** [1]   Löwener These, 26. Juni 1676 (Franciscus van Vianen); 7. und 8. Juli 1680 (Johannes Lacman); 13. Okt. 1665 und 4. Juni 1680 (Gerardus van Werm); Gommarus Huygens, *Compendium theologiae, i. e. theses ex Summa D. Thomae hebdomadatim defensae ab a. 1672-1684* (Löwen 1684?); im Ansatz schon bei Jansen, *Augustinus 2: De statu naturae lapsae* II 2-6.

**\*2302** [1]   Löwener These, 4. Febr. 1641 und 28. Jan. 1649 (Johannes Sinnich bzw. Sinnigh, der von vielen als "Vater des Tutiorismus" angesehen wurde); 22. Nov. 1651 (Libertus Fromont bzw. Froidmont, Herausgeber der Werke Jansens); 23. Okt. 1665 (van Vianen); 12. und 13. Juli 1672 (Macarius Havermans OPraem, *Tyrocinium christianae moralis* (Antwerpen 1674[1]; 1675[2]), tract. 1, c. 8, § 13, n. 112, in der Ausg. von 1674 S. 262; Antwerpenener These, 13. und 14. Juli 1671 (Johannes Witte). Vgl. Sinnich, *Saul Exrex* (Löwen 1662[1]; 1665[2]) I 96, § 359-361; 97, § 362 am Anfang; 101, § 380; Anonymus, *Vindiciae decalogicae desumptae ex Saule Ex-Rege Joh. Sinnichii ...* (Löwen 1672) 9, und den Anhang zu dem Werk: Matthaeus van Vianen, *Iuris naturalis ignorantiae notitia* 2.

**\*2303** [1]   Vgl. Sinnich, *Saul Exrex* I 95, § 357 (in der Ausg. von 1665: Bd. 1,363b). In diesem Satz bezeichnen die ein wenig veränderten Worte des Autors das Prinzip des absoluten Tutiorismus.

**\*2304** [1]   Löwener These, 14. Aug. 1651 (Chrétien Lupus bzw. De Wulf OESA).

**\*2305** [1]   Ebd. (Lupus).

**2306**     6. Gratia sufficiens statui nostro non tam utilis, quam perniciosa est, sic, ut proinde merito possimus petere: A gratia sufficienti libera nos, Domine[1].

6. Die zureichende Gnade ist für unseren Zustand nicht sowohl nützlich als vielmehr verderblich, so daß wir daher zurecht bitten können: Von der zureichenden Gnade befreie uns, Herr[1].

**2307**     7. Omnis humana actio deliberata est Dei dilectio vel mundi: si Dei, caritas Patris est; si mundi, concupiscentia carnis, hoc est, mala est[1].

7. Jede überlegte menschliche Handlung ist Liebe Gottes oder der Welt: wenn Gottes, ist sie Liebe des Vaters; wenn der Welt, Begehrlichkeit des Fleisches, das heißt, sie ist böse[1].

**2308**     8. Necesse est, infidelem in omni opere peccare[1].

8. Der Ungläubige sündigt notwendigerweise in jedem Werk[1].

**2309**     9. Revera peccat, qui odio habet peccatum mere ob eius turpitudinem et disconvenientiam cum natura, sine ullo ad Deum offensum respectu[1].

9. Es sündigt in Wirklichkeit, wer die Sünde nur wegen ihrer Schändlichkeit und Nichtübereinstimmung mit der Natur haßt, ohne irgendwie die Beleidigung Gottes zu berücksichtigen[1].

**2310**     10. Intentio, qua quis detestatur malum et prosequitur bonum mere, ut caelestem obtineat gloriam, non est recta nec Deo placens[1].

10. Die Absicht, mit der einer das Böse verabscheut und dem Guten nachfolgt, nur um die himmlische Herrlichkeit zu erlangen, ist nicht recht noch Gott gefällig[1].

**2311**     11. Omne, quod non est ex fide christiana supernaturali, quae per dilectionem operatur, peccatum est[1].

11. Alles, was nicht aus dem übernatürlichen christlichen Glauben ist, der durch die Liebe wirkt, ist Sünde[1].

**2312**     12. Quando in magnis peccatoribus deficit omnis amor, deficit etiam fides: et etiamsi videantur credere, non est fides divina, sed humana[1].

12. Wenn bei großen Sündern jede Liebe fehlt, fehlt auch der Glaube: und auch wenn sie zu glauben scheinen, ist es kein göttlicher Glaube, sondern ein menschlicher[1].

**2313**     13. Quisquis etiam aeternae mercedis intuitu Deo famulatur, caritate si caruerit, vitio non caret, quoties intuitu licet beatitudinis operatur[1].

13. Jeder, der Gott auch im Hinblick auf den ewigen Lohn dient, entbehrt, wenn er der Liebe entbehrt, nicht des Lasters, sooft er auch im Hinblick auf die Seligkeit wirken mag[1].

**2314**     14. Timor gehennae non est supernaturalis[1].

14. Die Furcht vor der Hölle ist nicht übernatürlich[1].

---

*2306 [1]  Löwener These, 14. Aug. 1651 (Lupus; nur dem Sinne nach); 19. Aug. 1652 (Sinnich); 3. Juli 1676 (Huygens); These des Mechelner Seminars, 4. April 1675 (Laurentius Neesen).

*2307 [1]  Löwener These, 4. April 1661 (Sinnich); 9. Juli 1668 (Andreas Laurent); 14. Sept. 1669 (Franciscus van Vianen); Antwerpener These, 10. Mai 1675 (Havermans). Eine Grundlage für diesen Satz bietet Jansen, *Augustinus* 2: *De statu naturae lapsae* III 19.

*2308 [1]  Löwener These, wie oben (Froidmont, Sinnich, Laurent, Vianen). Vgl. Sinnich, *Saul Exrex* I 96, § 358; 100, § 374.

*2309 [1]  Löwener These, 23. Mai 1653 (Froidmont); Löwener These wie zu *2307 (Sinnich, Laurent, Vianen); Havermans, *Tyrocinium*, tract. 2, c. 4, § 2, n. 41: zweite Intention.

*2310 [1]  Löwener These, wie zu *2307 (Sinnich, Laurent, Vianen); Havermans, *Tyrocinium*, ebd. n. 44f: fünfte Intention.

*2311 [1]  Löwener These, 4. Dez. 1652 (Froidmont); Löwener These, wie zu *2307 (Sinnich, Laurent, Vianen).

*2312 [1]  Antwerpener These, 9. Mai 1675 (Havermans); Löwener These, 25. Juni 1676 (Vianen).

*2313 [1]  Löwener These, 12. Juni 1676 (Vianen).

*2314 [1]  Lupus, *Dissertatio dogmatica de germano ac avito sensu sanctorum Patrum, universae semper Ecclesiae ac sacrosanctae praesertim Tridentinae Synodi circa christianam contritionem et attritionem* 15 (*Opera omnia* 11; in der Ausg. Venedig 1729: S. 236b); Löwener These, 26. Sept. 1670 (Vianen).

15. Attritio, quae gehennae et poenarum, metu concipitur, sine dilectione benevolentiae Dei propter se, non est bonus motus ac supernaturalis[1].

16. Ordinem praemittendi satisfactionem absolutioni induxit non politia aut institutio Ecclesiae, sed ipsa Christi lex et praescriptio, natura rei id ipsum quodammodo dictante[1].

17. Per illam praxim mox absolvendi ordo paenitentiae est inversus[1].

18. Consuetudo moderna quoad administrationem sacramenti paenitentiae, etiamsi eam plurimorum hominum sustentet auctoritas et multi temporis diuturnitas confirmet, nihilominus ab Ecclesia non habetur pro usu sed abusu[1].

19. Homo debet agere tota vita paenitentiam pro peccato originali[1].

20. Confessiones apud religiosos factae pleraeque vel sacrilegae sunt vel invalidae.

21. Parochianus potest suspicari de mendicantibus, qui eleemosynis communibus vivunt, de imponenda nimis levi et incongrua paenitentia seu satisfactione ob quaestum seu lucrum subsidii temporalis[1].

22. Sacrilegi sunt iudicandi, qui ius ad communionem percipiendam praetendunt, antequam condignam de delictis suis paeni-

15. Die Furchtreue, die man aus Furcht 2315 vor der Hölle oder vor Strafe empfängt, ist ohne die Liebe des Wohlwollens zu Gott um seiner selbst willen keine gute und übernatürliche Regung[1].

16. Nicht Politik oder Regelung der Kir- 2316 che führte die Ordnung, der Lossprechung die Genugtuung vorauszuschicken, ein, sondern das Gesetz und die Vorschrift Christi selbst, wobei die Natur der Sache eben dies gewissermaßen diktierte[1].

17. Durch jene Praxis, sogleich loszuspre- 2317 chen, wurde die Ordnung der Buße verkehrt[1].

18. Die neuartige Gewohnheit in bezug 2318 auf die Spendung des Sakramentes der Buße wird, auch wenn sie die Autorität sehr vieler Menschen stützt und die Dauer langer Zeit bestätigt, nichtsdestoweniger von der Kirche nicht als Brauch, sondern als Mißbrauch festgehalten[1].

19. Der Mensch muß im ganzen Leben 2319 Buße für die Ursünde tun[1].

20. Beichten, die bei Ordensleuten abge- 2320 legt wurden, sind meist entweder gottlos oder ungültig.

21. Ein Pfarrangehöriger kann bei Bettel- 2321 mönchen, die von gewöhnlichen Almosen leben, vermuten, daß sie wegen des Erwerbs bzw. Gewinns zeitlicher Unterstützung eine allzu leichte und unangemessene Buße bzw. Genugtuung auferlegen[1].

22. Für gottlos sind zu erachten, die ein 2322 Recht auf den Empfang der Kommunion vorschützen, ohne zuvor eine angemessene

---

**\*2315** [1]   Vgl. Havermans, *Defensio brevis Tyrocinii moralis theologiae* (Köln 1676) 4, § 1 (S. 296ff); Löwener These d. J. 1653 (van Werm); 26. Sept. 1670 (Vianen); angedeutet bei Lupus, a. \*2314 a.O. 17 (S. 241a).

**\*2316** [1]   Vgl. Antoine Arnauld, *De la fréquente communion* (Paris 1643[2]) p. 2, c. 8, aber nur sinngemäß, was auch von den übrigen Stellen Arnaulds gilt; die Tendenz ist jedenfalls offensichtlich; ders., *La tradition de l'Église sur le sujet de la pénitence et de la communion* (Paris 1653[4]), eine Verteidigung des oben genannten Werkes: vgl. Vorrede S. 90ff; Huygens, *Methodus remittendi et retinendi peccata* (Löwen 1674), q. 3, dub. 3 (nur implizite); *Canones paenitentiales a S. Carolo Borromaeo ex antiquis Paenitentialibus collecti* (Gent 1672) 173f; Aegidius de Gabrielis TOF, *Specimina moralis christianae et moralis diabolicae* (Brüssel 1675; ein Werk, das den Attritionismus bekämpft und wegen seines strengen Bajanismus und Jansenismus am 27. Sept. 1679 auf den Index gesetzt wurde; seine revidierte Ausgabe unter dem Titel: *Essais de la théologie morale* [Rom 1680] wurde am 2. Sept. 1683 gleichfalls verboten; ebenda S. 129 bestreitet Aegidius, daß er die Sätze 16–18 im unbedingten Sinne gelehrt habe).

**\*2317** [1]   Vgl. Arnauld, *De la fréquente communion*, p. 2, c. 11; Gabrielis, a. \*2316 a.O, p. 2, § 42 (S. 154f).

**\*2318** [1]   Vgl. Arnauld, *De la fréquente communion*, Vorrede; p. 2, c. 18 und 19; Gabrielis, a. \*2317 a.O., ebd.

**\*2319** [1]   Aus dem später verbotenen Genter Katechismus.

**\*2321** [1]   Bonaventura de La Bassée OFMCap (der vorher den Namen Ludovicus Le Pippre trug), *Theophilus parochialis* (anonym hrsg., Antwerpen 1635), p. 3, a. 26, und öfter.

tentiam egerint[1].

2323    23. Similiter arcendi sunt a sacra communione, quibus nondum inest amor Dei purissimus et omnis mixtionis expers[1].

23. Ebenso sind von der heiligen Kommunion fernzuhalten, denen noch keine reinste und jeglicher Vermischung ledige Liebe zu Gott innewohnt[1].

2324    24. Oblatio in templo, quae fiebat a beata Virgine Maria in die purificationis suae per duos pullos columbarum, unum in holocaustum et alterum pro peccatis, sufficienter testatur, quod indiguerit purificatione, et quod filius, qui offerebatur, etiam macula matris maculatus esset, secundum verba legis[1].

24. Das Opfer im Tempel, das von der seligen Jungfrau Maria am Tage ihrer Reinigung durch zwei junge Tauben – eine zum Brandopfer und die andere für die Sünden – dargebracht wurde, bezeugt hinlänglich, daß sie der Reinigung bedurfte und daß der Sohn, der dargebracht wurde, nach den Worten des Gesetzes auch vom Makel der Mutter befleckt war[1].

2325    25. Dei Patris [sedentis] simulacrum nefas est christiano in templo collocare[1].

25. Einem Christen ist es nicht erlaubt, in einer Kirche ein Bild [des sitzenden] Gott Vaters aufzustellen[1].

2326    26. Laus, quae defertur Mariae ut Mariae, vana est[1].

26. Das Lob, das Maria als Maria dargebracht wird, ist nichtig[1].

2327    27. Valuit aliquando baptismus sub hac forma collatus: "In nomine Patris, etc.", praetermissis illis: "Ego te baptizo"[1].

27. Einst war eine Taufe gültig, wenn sie in folgender Form gespendet wurde: "Im Namen des Vaters, usw.", wobei das: "Ich taufe dich" ausgelassen wurde[1].

2328    28. Valet baptismus collatus a ministro, qui omnem ritum externum formamque baptizandi observat, intus vero in corde suo apud se resolvit: Non intendo, quod facit Ecclesia[1].

28. Die Taufe ist gültig, wenn sie von einem Spender vollzogen wurde, der den ganzen äußeren Ritus und die Form der Taufe beachtet, innerlich aber in seinem Herzen bei sich beschließt: Ich beabsichtige nicht, was die Kirche tut[1].

2329    29. Futilis et toties convulsa est assertio de Pontificis Romani supra Concilium oecumenicum auctoritate atque in fidei quaestio-

29. Nichtig und oftmals erschüttert ist die Behauptung von der Autorität des Römischen Bischofs über ein ökumenisches Kon-

---

*2322 [1]   Vgl. Arnauld, *De la fréquente communion*, Vorrede; p. 1, c. 4; p. 2, c. 13; auf diesen und den folgenden Satz läuft das ganze Buch hinaus; Gabrielis, a. *2316 a.O., p. 2, § 20.

*2323 [1]   Vgl. Arnauld, a. *2322 a.O., p. 1, c. 40; p. 3, c. 6 und 9; Gabrielis, a. *2322 a.O., ebd.

*2324 [1]   Vgl. *Inwendighe oeffeningen, om in den gheest te sterven*, von einem Priester des Oratoriums anonym hrsg. (Brüssel 1657); dieses Werk ist lediglich eine Übersetzung des Werkes *Pratique intérieure pour mourir en esprit* (Paris 1654): Übung des fünften Tages; im flandrischen Originaltext wird Maria zwar nicht erwähnt (vom Redakteur des Satzes hinzugefügt), und deshalb gelten die Worte des Autors von der hebräischen Mutter allgemein; dennoch boten sie Anlaß zu dem Verdacht, der Autor wolle implizit den 73. Satz des Bajus (*1973) nahelegen.

*2325 [1]   Vgl. Jan Hessels (der Gefährte Michael Bajus'), *Brevis et catholica decalogi explicatio* (Löwen 1567), c. 64f; er beruft sich auf die Synode von Elvira ⟨= Granada⟩ um das Jahr 300, Kan. 36, und auf Augustinus, *De fide et symbolo* 7.

*2326 [1]   Adam Widenfeld, *Monita salutaria Beatae Mariae Virginis ad cultores suos indiscretos* (Gent 1673; übersetzt von G. Gerberon, dem bedeutenden Bajaner: Lille 1674; auf den Index gesetzt, "bis es korrigiert wird"); *Inwendighe oeffeningen* ... (vgl. *2324).

*2327 [1]   Löwener These, 21. April 1677 (François Farvacques OESA).

*2328 [1]   Löwener These d. J. 1678 (Farvacques); vgl. ders., *Opusculum, in quo de sacramentis Novae Legis generatim agitur* (Liège 1680), in dem er ein System entwickelt, das "äußerer Juridismus" bzw. "juridischer Extrinsezismus" genannt wird. Eine ähnliche Auffassung vertrat Johannes M. Scribonius OMin, *Panthalitia, seu Summa totius veritatis theologicae* (Paris 1620), disp. 1 de sacramentis, q. 6 und 7.

nibus decernendis infallibilitate[1].

zil und von der Unfehlbarkeit bei der Entscheidung von Fragen des Glaubens[1].

30. Ubi quis invenerit doctrinam in Augustino clare fundatam, illam absolute potest tenere et docere, non respiciendo ad ullam Pontificis Bullam[1].

30. Wenn einer eine Lehre gefunden hat, die bei Augustinus klar grundgelegt ist, kann er diese unbedingt festhalten und lehren, ohne irgendeine Bulle des Papstes zu berücksichtigen[1].    2330

31. Bulla Urbani VIII *"In eminenti"* est subreptitia[1].

31. Die Bulle *"In eminenti"* Urbans VIII. ist erschlichen[1].    2331

[*Censura: Damnatae et prohibitae tamquam*] temerariae, scandalosae, male sonantes, iniuriosae, haeresi proximae, haeresim sapientes, erroneae, schismaticae, et haereticae respective.

[*Zensur: Verurteilt und verboten als*] - je nachdem - leichtfertig, anstößig, übel klingend, ungerecht, nahe an der Häresie, nach Häresie schmeckend, irrig, schismatisch und häretisch.    2332

## INNOZENZ XII.: 12. Juli 1691 - 27. Sept. 1700

**2340: Antwort des Hl. Offiziums an Kapuzinermissionare, 23. Juli 1698**

*Ausg.:* CdICF 4,40 (Nr. 761) / CollPF² 1,84f (Nr. 243).

*Die Ehe als Vertrag und Sakrament*

*Qu.:* An matrimonium inter apostatas a fide, et antea rite baptizatos, post apostasiam, publice more gentilium vel Mahumetanorum initum, sit vere matrimonium et sacramentum.

*Frage:* Ist eine Ehe zwischen solchen, die vom Glauben abgefallen sind und zuvor ordnungsgemäß getauft wurden, wenn sie nach dem Abfall gemäß der Sitte der Heiden oder Mohammedaner offiziell eingegangen wurde, wahrhaft eine Ehe und ein Sakrament?    2340

*Resp.:* Si adsit pactum dissolubilitatis, non esse matrimonium neque sacramentum; si vero non adsit, esse matrimonium et sacramentum.

*Antwort:* Wenn ein auflösbarer Vertrag besteht, handelt es sich weder um eine Ehe noch um ein Sakrament; wenn ⟨ein solcher⟩ aber nicht besteht, handelt es sich um eine Ehe und um ein Sakrament.

**2351-2374: Breve "Cum alias ad apostolatus", 12. März 1699**

Wegen der Verbreitung des Quietismus durch Jeanne Marie Bouvier de la Motte-Guyon ("Mme. Guyon", 1648-1717) trafen sich einige Prälaten im Seminar St. Sulpice in Issy. Auf den Konferenzen (Juli 1694 bis März 1695) wurden 34 Artikel über die katholische Lehre von der Kontemplation und der reinen Liebe erarbeitet. Jacques-Bénigne Bossuet, Bischof von Meaux, einer der Teilnehmer, publizierte und kommentierte diese Artikel in seiner *Instruction sur les états d'oraison* (1697). Der mit Mme Guyon befreundete François de Salignac Fénelon, Erzbischof von Cambrai, verteidigte den gemäßigten Quietismus. Mit der

---

**\*2329** [1]   Es wird angespielt auf eine Löwener These vom 3. Nov. 1685 (Johannes Opstraet?).

**\*2330** [1]   Antwerpener These, 8. März 1677 (Havermans); darauf antwortete Havermans in seiner *Defensio ...* (vgl. \*2315) 1, § 5 (S. 112ff).

**\*2331** [1]   Löwener These, 19. Okt. 1678. In der am 6. März 1642 (1641 nach Zeitrechnung der Kurie) herausgegebenen und am 19. Juni 1643 veröffentlichten Bulle *"In eminenti ecclesiae"* (BullTau 15,92b-102b / BullCoq 6/II, 270b-276b) werden die Konstitutionen Pius' V. *"Ex omnibus afflictionibus"* (\*1901-1980) und Gregors XIII., *"Provisionis nostrae"* (29. Jan. 1580), gegen Bajus bestätigt und ausführlich wiederholt; auch werden die Dekrete des Hl. Offiziums vom 1. Dez. 1611 und 22. Mai 1625 angeführt, durch die alle von den Gnadenhilfen handelnden Werke der römischen Zensur unterworfen und einige entgegen diesem Gebot herausgegebene Werke verboten werden.

Veröffentlichung seiner *Explication des Maximes des Saints sur la vie intérieure* (Paris, Febr. 1697) kam er dem Buche des Bischofs von Meaux zuvor. Die Deklaration einiger Bischöfe vom 6. Aug. 1697 verstärkte die Position zuungunsten Fénelons. Die Auseinandersetzung wurde erst durch das Breve Innozenz' XII. beigelegt. In einem eigenen Edikt, dem *Mandement* vom 9. April 1699, teilte Fénelon seinen Diözesanen mit, daß er sich der Entscheidung des Papstes unterworfen habe.

Die Zensur der Sätze erfolgt im Breve nur allgemein. Die Zuordnung der römischen Konsultatoren wird *2374 [in eckigen Klammern] nach N. Terzago, a. unten a.O. 166ff, angegeben.

*Ausg.:* DuPlA 3/II, 402–406 / N. Terzago, *Theologia historico-mystica* (Venedig 1764) 26b–27a / Bull-Tau 20,870b–872b / BullLux 10,219b–220a / Viva 1,562f / Guibert Nr. 499–504. Der französische Originaltext der Stellen wird bei DuPlA und Guibert beigefügt.

### Irrtümer François de Fénelons über die Liebe gegenüber Gott

2351    1. Datur habitualis status amoris Dei, qui est caritas pura et sine ulla admixtione motivi proprii interesse. Neque timor poenarum, neque desiderium remunerationum habent amplius in eo partem. Non amatur amplius Deus propter meritum, neque propter perfectionem, neque propter felicitatem in eo amando inveniendam[1].

1. Es gibt einen habituellen Zustand der Liebe zu Gott, der eine reine Liebe und ohne irgendeine Beimischung des Beweggrundes des eigenen Interesses ist. Weder die Furcht vor Strafen noch das Verlangen nach Belohnungen haben an ihm noch Anteil. Gott wird nicht mehr wegen des Verdienstes geliebt, noch wegen der Vollkommenheit, noch wegen des Glücks, das in der Liebe zu ihm gefunden wird[1].

2352    2. In statu vitae contemplativae sive unitivae amittitur omne motivum interessatum timoris et spei[1].

2. Im Zustand des kontemplativen bzw. ⟨gott⟩geeinten Lebens geht jeder interessierte Beweggrund der Furcht und Hoffnung verloren[1].

2353    3. Id, quod est essentiale in directione animae, est non aliud facere, quam sequi pedetentim gratiam cum infinita patientia, praecautione et subtilitate. Oportet se intra hos limites continere, ut sinatur Deus agere, et numquam ad purum amorem ducere, nisi quando Deus per unctionem interiorem incipit aperire cor huic verbo, quod adeo durum est animabus adhuc sibimet affixis, et adeo potest illas scandalizare aut in perturbationem conicere[1].

3. Das, was bei der Seelenführung wesentlich ist, ist, nichts anderes zu tun, als mit grenzenloser Geduld, Vorsicht und Feinfühligkeit Schritt für Schritt der Gnade zu folgen. Es ist nötig, sich innerhalb dieser Grenzen zu halten, um Gott handeln zu lassen, und niemals zur reinen Liebe zu führen, wenn Gott nicht durch die innere Salbung beginnt, das Herz diesem Worte zu öffnen, das für Seelen, die bisher sich selbst verhaftet waren, so hart ist und ihnen so sehr Anstoß geben oder sie in Verwirrung stürzen kann[1].

2354    4. In statu sanctae indifferentiae anima non habet amplius desideria voluntaria et deliberata propter suum interesse, exceptis iis occasionibus, in quibus toti suae gratiae fideliter non cooperatur[1].

4. Im Zustand heiliger Indifferenz hat die Seele keine willentlichen und überlegten Wünsche mehr wegen ihres Interesses, ausgenommen die Gelegenheiten, bei denen sie nicht gläubig mit ihrer ganzen Gnade zusammenwirkt[1].

2355    5. In eodem statu sanctae indifferentiae nihil nobis, omnia Deo volumus. Nihil volu-

5. In demselben Zustand heiliger Indifferenz wollen wir nichts für uns, alles für Gott.

---

**\*2351** [1]    Vgl. die [vorhergehende] *Explication des Maximes des Saints sur la vie intérieure*, Nr. 5; Originalausgabe d. J. 1697: S. 10f ( = S. 125f der kritischen Ausgabe Albert Cherels [Paris 1911]: S. 118–130).
**\*2352** [1]    Art. 2, S. 24; vgl. S. 23 (Ch. 135).
**\*2353** [1]    Art. 3, S. 53f (Ch. 142).
**\*2354** [1]    Art. 5, S. 50 (Ch. 154).

mus, ut simus perfecti et beati propter interesse proprium; sed omnem perfectionem ac beatitudinem volumus, in quantum Deo placet efficere, ut velimus res istas impressione suae gratiae[1].

6. In hoc sanctae indifferentiae statu nolumus amplius salutem ut salutem propriam, ut liberationem aeternam, ut mercedem nostrorum meritorum, ut nostrum interesse omnium maximum; sed eam volumus voluntate plena, ut gloriam et beneplacitum Dei, ut rem, quam ipse vult, et quam nos vult velle propter ipsum[1].

7. Derelictio non est nisi abnegatio seu sui ipsius renuntiatio, quam Iesus Christus a nobis in Evangelio requirit, postquam externa omnia reliquerimus. Ista nostri ipsorum abnegatio non est nisi quoad interesse proprium. ... Extremae probationes, in quibus haec abnegatio seu sui ipsius derelictio exerceri debet, sunt tentationes, quibus Deus aemulator vult purgare amorem, nullum ei ostendendo perfugium neque ullam spem quoad suum interesse proprium, etiam aeternum[1].

8. Omnia sacrificia, quae fieri solent ab animabus quam maxime disinteressatis circa earum aeternam beatitudinem, sunt condicionalia. ... Sed hoc sacrificium non potest esse absolutum in statu ordinario. In uno extremarum probationum casu hoc sacrificium fit aliquo modo absolutum[1].

9. In extremis probationibus potest animae invincibiliter persuasum esse persuasione reflexa, et quae non est intimus conscientiae fundus, se iuste reprobatam esse a Deo[1].

10. Tunc anima divisa a semetipsa exspirat cum Christo in cruce, dicens: "Deus, Deus meus, ut quid dereliquisti me?" [Mt 27,46]. In hac involuntaria impressione desperationis conficit sacrificium absolutum sui interesse

Keineswegs wollen wir, daß wir aus eigenem Interesse vollkommen und selig seien; sondern wir wollen alle Vollkommenheit und Seligkeit, insofern es Gott gefällt zu bewirken, daß wir diese Dinge unter dem Eindruck seiner Gnade wollen[1].

6. In diesem Zustand heiliger Indifferenz **2356** wollen wir das Heil nicht mehr als eigenes Heil, als ewige Befreiung, als Lohn für unsere Verdienste, als das größte aller unserer Interessen; sondern wir wollen es mit ganzem Willen als Ehre und Wohlgefallen Gottes, als etwas, was er selbst will und von dem er will, daß wir es seinetwegen wollen[1].

7. Das Zurücklassen ist nichts anderes als **2357** die Selbstverleugnung bzw. -entsagung, die Jesus Christus von uns im Evangelium fordert, nachdem wir alles Äußere zurückgelassen haben. Diese Selbstverleugnung bezieht sich auf nichts anderes als auf das eigene Interesse. ... Die äußersten Prüfungen, in denen diese Verleugnung bzw. dieses Zurücklassen seiner selbst geübt werden muß, sind die Versuchungen, durch die der eifersüchtige Gott die Liebe reinigen will, indem er ihr keine Zuflucht und keine Hoffnung für ihr eigenes Interesse – auch das ewige – zeigt[1].

8. Alle Opfer, die von den am meisten in **2358** teresselosen Seelen für ihre ewige Seligkeit dargebracht zu werden pflegen, sind ⟨nur⟩ bedingte. ... Aber dieses Opfer kann im gewöhnlichen Zustand nicht unbedingt sein. In dem einen Fall äußerster Prüfungen wird dieses Opfer in einem gewissen Maße unbedingt[1].

9. In äußersten Prüfungen kann eine Seele **2359** unerschütterlich überzeugt sein, ⟨und zwar⟩ mit einer Überzeugung, die wohlüberlegt und nicht der innerste Grund des Gewissens ist, daß sie von Gott zurecht verworfen sei[1].

10. Dann verscheidet die Seele, getrennt **2360** von sich selbst, mit Christus am Kreuze und sagt: "Gott, mein Gott, warum hast du mich verlassen?" [Mt 27,46]. Unter diesem ungewollten Eindruck der Verzweiflung bringt sie

---

**\*2355** [1]    Ebd., S. 52 (Ch. 156).
**\*2356** [1]    Vgl. ebd. (Ch. 157).
**\*2357** [1]    Art. 8, S. 72 (Ch. 176).
**\*2358** [1]    Art 10, S. 87 (Ch. 187).
**\*2359** [1]    Vgl. ebd. (Ch. 188).

proprii quoad aeternitatem[1].

**2361**        11. In hoc statu anima amittit omnem spem sui proprii interesse; sed numquam amittit in parte superiore, id est in suis actibus directis et intimis, spem perfectam, quae est desiderium disinteressatum promissionum[1].

**2362**        12. Director tunc potest huic animae permittere, ut simpliciter acquiescat iacturae sui proprii interesse et iustae condemnationi, quam sibi a Deo indictam credit[1].

**2363**        13. Inferior Christi pars in cruce non communicavit superiori suas involuntarias perturbationes[1].

**2364**        14. In extremis probationibus pro purificatione amoris fit quaedam separatio partis superioris animae ab inferiore. ... In ista separatione actus partis inferioris manant ex omnino caeca et involuntaria perturbatione: nam totum, quod est voluntarium et intellectuale, est partis superioris[1].

**2365**        15. Meditatio constat discursivis actibus, qui a se invicem facile distinguuntur. ... Ista compositio actuum discursivorum et reflexorum est propria exercitatio amoris interessati[1].

**2366**        16. Datur status contemplationis adeo sublimis adeoque perfectae, ut fiat habitualis: ita ut, quoties anima actu orat, sua oratio sit contemplativa, non discursiva. Tunc non amplius indiget redire ad meditationem eiusque actus methodicos[1].

**2367**        17. Animae contemplativae privantur intuitu distincto, sensibili et reflexo Iesu Christi duobus temporibus diversis: primo in fervore nascente earum contemplationis; secundo anima amittit intuitum Iesu Christi in extremis probationibus[1].

das unbedingte Opfer ihres eigenen Interesses für die Ewigkeit dar[1].

11. In diesem Zustand verliert eine Seele jede Hoffnung für ihr eigenes Interesse; aber niemals verliert sie im höheren Teil, das heißt, in ihren direkten und innersten Akten, die vollkommene Hoffnung, die das an Verheißungen uninteressierte Verlangen ist[1].

12. Der ⟨Seelen⟩führer kann dann dieser Seele erlauben, dem Verlust ihres eigenen Interesses und der gerechten Verurteilung, die ihr, wie sie glaubt, von Gott auferlegt wurde, einfach zuzustimmen[1].

13. Der niedrigere Teil Christi teilte dem höheren am Kreuze nicht seine ungewollten Verwirrungen mit[1].

14. In äußersten Prüfungen für die Reinigung der Liebe geschieht eine Trennung des höheren Teils der Seele vom niedrigeren. ... Bei dieser Trennung erfließen die Akte des niedrigeren Teils aus einer völlig blinden und ungewollten Verwirrung: denn alles, was willentlich und geistig ist, gehört zum höheren Teil[1].

15. Die Meditation besteht in diskursiven Akten, die leicht voneinander zu unterscheiden sind. ... Diese Zusammenstellung diskursiver und überlegter Akte ist die eigentliche Ausübung der interessierten Liebe[1].

16. Es gibt einen Zustand so erhabener und so vollkommener Kontemplation, daß er habituell wird, so daß jedesmal, wenn die Seele gerade betet, ihr Gebet kontemplativ ist, nicht diskursiv. Dann braucht sie nicht mehr zur Meditation und ihren planmäßigen Akten zurückzukehren[1].

17. Die kontemplativen Seelen werden des klaren, sinnenhaften und reflektierten Anblicks Jesu Christi zu zwei verschiedenen Zeiten beraubt: erstens bei der entstehenden Glut ihrer Kontemplation; zweitens verliert eine Seele den Anblick Jesu Christi in äußersten Prüfungen[1].

---

**\*2360** [1]   Ebd., S. 90 (Ch. 191).
**\*2361** [1]   Ebd., S. 91 (Ch. 193).
**\*2362** [1]   Ebd., S. 91f (Ch. 193).
**\*2363** [1]   Art. 14, S. 122 (Ch. 214).
**\*2364** [1]   Vgl. ebd. (Ch. 215).
**\*2365** [1]   Art. 21, S. 164f (Ch. 243f).
**\*2366** [1]   Art. 24, S. 176 (Ch. 249).
**\*2367** [1]   Art. 28, S. 194f (Ch. 259).

18. In statu passivo exercentur omnes virtutes distinctae, non cogitando, quod sint virtutes. In quolibet momento aliud non cogitatur, quam facere id, quod Deus vult, et amor zelotypus simul efficit, ne quis amplius sibi virtutem velit nec umquam sit adeo virtute praeditus, quam cum virtuti amplius affixus non est[1].

19. Potest dici in hoc sensu, quod anima passiva et disinteressata nec ipsum amorem vult amplius, quatenus est sua perfectio et sua felicitas, sed solum quatenus est id, quod Deus a nobis vult[1].

20. In confitendo debent animae transformatae sua peccata detestari et condemnare se et desiderare remissionem suorum peccatorum non ut propriam purificationem et liberationem, sed ut rem, quam Deus vult et vult nos velle propter suam gloriam[1].

21. Sancti mystici excluserunt a statu animarum transformatarum exercitationes virtutum[1].

22. Quamvis haec doctrina (de puro amore) esset pura et simplex perfectio evangelica in universa traditione designata, antiqui pastores non proponebant passim multitudini iustorum, nisi exercitia amoris interessati eorum gratiae proportionata[1].

23. Purus amor ipse solus constituit totam vitam interiorem; et tunc evadit unicum principium et unicum motivum omnium actuum, qui deliberati et meritorii sunt[1].

[*Censura:*] ... Librum praedictum ..., quippe ex cuius lectione et usu fideles sensim in errores ab Ecclesia catholica iam damnatos induci possent,

18. Im passiven Zustand werden alle unterschiedlichen Tugenden ausgeübt, ohne daß man daran denkt, daß es Tugenden sind. In jedwedem Augenblick denkt man nichts anderes, als das zu tun, was Gott will, und die eifersüchtige Liebe bewirkt zugleich, daß keiner mehr für sich die Tugend will noch jemals so sehr mit Tugend begabt ist, wie dann, wenn er der Tugend nicht mehr verhaftet ist[1]. **2368**

19. Man kann in diesem Sinne sagen, daß die passive und interesselose Seele nicht einmal mehr die Liebe selbst will, insofern sie ihre Vollkommenheit und ihr Glück ist, sondern nur, insofern sie das ist, was Gott von uns will[1]. **2369**

20. Beim Beichten müssen die umgeformten Seelen ihre Sünden verabscheuen, sich verurteilen und die Vergebung ihrer Sünden ersehnen, nicht als eigene Reinigung und Befreiung, sondern als etwas, was Gott will und ⟨von dem⟩ er will, daß wir es um seiner Ehre willen wollen[1]. **2370**

21. Die heiligen Mystiker schlossen vom Stand der umgeformten Seelen die Übungen der Tugenden aus[1]. **2371**

22. Obwohl diese Lehre (von der reinen Liebe) die in der gesamten Überlieferung bezeichnete reine und einfache Vollkommenheit des Evangeliums wäre, legten die alten Hirten der Menge der Gerechten allenthalben nur die ihrer Gnade angemessenen Übungen der interessierten Liebe vor[1]. **2372**

23. Die reine Liebe selbst bildet allein das ganze innere Leben; und dann wird sie zum einzigen Ursprung und einzigen Beweggrund aller Handlungen, die überlegt und verdienstvoll sind[1]. **2373**

[*Zensur:*] ... Das vorgenannte Buch ..., weil aufgrund seiner Lektüre und Benützung die Gläubigen allmählich in Irrtümer geführt werden könnten, die von der katholischen Kirche schon verurteilt wurden, **2374**

---

**\*2368** [1]   Art 33, S. 225 (Ch. 275f).
**\*2369** [1]   Ebd., S. 226 (Ch. 276).
**\*2370** [1]   Art. 38, S. 241 (Ch. 285).
**\*2371** [1]   Art. 40, S. 253 (Ch. 291).
**\*2372** [1]   Art. 44, S. 261 (Ch. 296).
**\*2373** [1]   Konklusion, S. 272 (Ch. 302).

ac insuper tamquam continentem propositiones, sive in obvio earum verborum sensu sive attenta sententiarum connexione, temerarias [*1s 8 10 15-20 22*], scandalosas [*7 10 12 19-21*], male sonantes [*4-6 23*], piarum aurium offensivas [*8 18*], in praxi perniciosas [*2 14 17*] ac etiam erroneas [*1-7 10s 13 17-19 22s*] respective,

tenore praesentium damnamus et reprobamus ipsiusque libri impressionem ... prohibemus.

und weil es überdies Sätze enthält, die entweder im unmittelbaren Sinn ihrer Worte oder unter Berücksichtigung des Zusammenhanges der Sätze – je nachdem – leichtfertig [*1f 8 10 15-20 22*], anstößig [*7 10 12 19-21*], übel klingend [*4-6 23*], fromme Ohren verletzend [*8 18*], in der Praxis verderblich [*2 14 17*] und auch irrig [*1-7 10f 13 17-19 22f*] sind,

verurteilen und verwerfen Wir aufgrund des vorliegenden Schreibens und ... verbieten den Druck dieses Buches.

## CLEMENS XI.: 23. Nov. 1700 – 19. März 1721

### 2380: Antwort des Hl. Offiziums an den Bischof von Quebec, 25. Jan. 1703

*Ausg.:* CollPF² Nr. 254, § 2 / ASS 30 (1897/98) 700, Anm.

#### Notwendig zu glaubende, weil heilsvermittelnde Wahrheiten

2380  *Qu.:* Utrum, antequam adulto conferatur baptisma, minister ei teneatur explicare omnia fidei nostrae mysteria, praesertim si est moribundus, quia hoc perturbaret mentem illius? An non sufficeret, si moribundus promitteret fore ut, ubi e morbo convalescet, instruendum se curet, ut in praxim redigat, quod ei praescriptum fuerit?

*Resp.:* Non sufficere promissionem, sed missionarium teneri adulto, etiam moribundo, qui incapax omnino non sit, explicare mysteria fidei, quae sunt necessaria necessitate medii, ut sunt praecipue mysteria Trinitatis et Incarnationis.

*Frage:* Ist der Spender, bevor einem Erwachsenen die Taufe gewährt wird, gehalten, ihm alle Geheimnisse unseres Glaubens zu erklären, insbesondere wenn er im Sterben liegt, da dies seinen Geist verwirren würde? Oder würde es nicht genügen, wenn der Sterbende verspräche, er werde, sobald er von der Krankheit genese, dafür sorgen, daß er unterrichtet werde, damit er in die Tat umsetze, was ihm vorgeschrieben wurde?

*Antwort:* Das Versprechen genügt nicht, sondern der Missionar ist gehalten, dem Erwachsenen, auch wenn er im Sterben liegt, falls er noch irgendwie aufnahmefähig ist, die Geheimnisse des Glaubens zu erklären, die mit der Notwendigkeit eines Mittels ⟨heils-⟩notwendig sind, als da sind hauptsächlich die Geheimnisse der Dreifaltigkeit und der Fleischwerdung.

### 2381-2382: Antwort des Hl. Offiziums an den Bischof von Quebec, 10. Mai 1703

*Ausg.:* CollPF² Nr. 256, § 2 und 8. – [*nur *2381:*] ASS 30 (1897/98) 700f, Anm.

#### Der Glaube und die Absicht beim Empfänger der Sakramente

2381  *Qu. 2:* An possit baptizari adultus rudis et stupidus, ut contigit in barbaro, si ei detur sola Dei cognitio et aliquorum eius attributorum, praesertim iustitiae remunerativae et vindicativae, iuxta hunc Apostoli locum: Accedentem ad Deum oportet credere, quia est

*Frage 2:* Kann ein ungebildeter und dummer Erwachsener, wie es bei einem Barbaren zutraf, getauft werden, wenn ihm allein die Kenntnis Gottes und einiger seiner Eigenschaften vermittelt wird, insbesondere der vergeltenden und sühnenden Gerechtigkeit,

et remunerator est [*cf. Hbr 11,6*], ex quo infertur, adultum barbarum in certo casu urgentis necessitatis posse baptizari, quamvis non credat explicite in Iesum Christum.

*Resp.:* Missionarium non posse baptizare non credentem explicite in Dominum Iesum Christum, sed teneri illum instruere de omnibus iis, quae sunt necessaria necessitate medii iuxta captum baptizandi.

*Qu. 8:* Utrum conferendum sit viaticum aut extrema unctio moribundis adultis, quos aliquando baptismi capaces credimus, non autem Communionis aliorumque sacramentorum?

*Resp.:* Non esse administrandum viaticum neophyto moribundo, nisi saltem discernat cibum spiritualem a corporali, cognoscendo et credendo in sacra hostia praesentiam Christi Domini. Non esse pariter conferendum sacramentum extremae unctionis neophyto moribundo quem missionarius capacem baptismi credidit, nisi saltem idem habeat aliquam intentionem recipiendi sacram unctionem in beneficium animae pro mortis tempore ordinatam.

gemäß der Stelle beim Apostel: Wer sich Gott nahen will, muß glauben, daß er ist und ein Vergelter ist [*vgl. Hebr 11,6*], woraus geschlossen wird, daß ein erwachsener Barbar in dem bestimmten Fall drängender Notwendigkeit getauft werden kann, auch wenn er nicht ausdrücklich an Jesus Christus glaubt?

*Antwort:* Ein Missionar kann niemanden taufen, der nicht ausdrücklich an den Herrn Jesus Christus glaubt; vielmehr ist er gehalten, ihn über all das zu unterrichten, was gemäß dem Fassungsvermögen des Täuflings mit der Notwendigkeit eines Mittels ⟨heils⟩notwendig ist.

*Frage 8:* Ist sterbenden Erwachsenen, von 2382 denen wir glauben, daß sie einst fähig zur Taufe ⟨waren⟩, nicht aber zur Kommunion und zu anderen Sakramenten, die Wegzehrung und die Letzte Ölung zu gewähren?

*Antwort:* Einem sterbenden Neugetauften ist die Wegzehrung nicht zu reichen, wenn er nicht wenigstens die geistige Speise von der leiblichen unterscheidet, indem er in der heiligen Hostie die Gegenwart Christi, des Herrn, erkennt und glaubt. Ebenso ist einem sterbenden Neugetauften, den der Missionar für fähig zur Taufe hielt, das Sakrament der Letzten Ölung nicht zu spenden, wenn er nicht wenigstens irgendwie die Absicht hat, die für die Zeit des Todes zur Wohltat für die Seele bestimmte heilige Salbung zu empfangen.

## 2390: Konstitution "Vineam Domini Sabaoth", 16. Juli 1705

Die Jansenisten, die das Formular Alexanders VII. (\*2020) unterzeichneten, erklärten, ihnen sei lediglich die äußere Unterwerfung, nicht aber die innere Zustimmung auferlegt worden. Die 1702 öffentlich diskutierte Frage, ob es erlaubt sei, jemanden loszusprechen, der die Verpflichtung zum gehorsamen Schweigen in bezug auf die Verurteilung Jansens nicht anerkenne (vgl. BullTau 21,80b–81b), veranlaßte Ludwig XIV., von Clemens XI. diese Konstitution zu erbitten.
*Ausg.:* DuPlA 3/II, 448 / BullTau 21,235 b / BullLux 8,36a.

### Das gehorsame Schweigen in bezug auf Lehrtatsachen

(§ 6 vel 25). Ut quaevis imposterum erroris occasio penitus praecidatur, atque omnes catholicae Ecclesiae filii Ecclesiam ipsam audire, non tacendo solum (nam et impii in tenebris conticescunt [*cf. 1 Sm 2,9*]), sed et interius obsequendo, quae vera est orthodoxi hominis oboedientia, condiscant: hac Nostra perpetuo valitura constitutione, oboedientiae, quae praeinsertis Apostolicis constitutionibus debetur, obsequioso illo silentio nequaquam

(§ 6 bzw. 25). Damit künftighin jedwede 2390 Gelegenheit zum Irrtum gänzlich abgeschnitten werde und alle Söhne der katholischen Kirche lernen, ebendiese Kirche – nicht nur mit Schweigen (denn auch die Gottlosen verstummen in der Finsternis [*vgl. 1 Sam 2,9*]), sondern auch mit innerem Gehorsam, welches der wahre Gehorsam des rechtgläubigen Menschen ist – zu hören: beschließen, erklären, bestimmen und verfügen Wir kraft der-

satisfieri; sed damnatum in quinque praefatis propositionibus Ianseniani libri sensum, quem illarum verba prae se ferunt, ut praefertur, ab omnibus Christi fidelibus ut haereticum, non ore solum, sed et corde reici ac damnari debere; nec alia mente, animo aut credulitate supradictae formulae subscribi licite posse, ita ut, qui secus aut contra quoad haec omnia et singula senserint, tenuerint, praedicaverint, verbo vel scripto docuerint aut asseruerint, tamquam praefatarum Apostolicarum constitutionum transgressores omnibus et singulis illarum censuris et poenis omnino subiaceant, eadem auctoritate Apostolica decernimus, declaramus, statuimus et ordinamus.

selben Apostolischen Autorität durch diese Unsere Konstitution, die immerdar gelten wird, daß dem Gehorsam, der den vorher angeführten Apostolischen Konstitutionen geschuldet wird, keineswegs durch jenes gehorsame Schweigen Genüge getan wird; sondern der in den fünf vorher genannten Sätzen des Buches des Jansen verurteilte Sinn, den ihre Worte an den Tag legen, so wie er an den Tag gelegt wird, von allen Christgläubigen nicht nur mit dem Munde, sondern auch mit dem Herzen als häretisch verworfen und verurteilt werden muß; und das oben genannte Formular mit keiner anderen Absicht, Gesinnung oder Überzeugung erlaubtermaßen unterschrieben werden kann; so daß ⟨alle⟩, die in bezug auf dies alles und jedes einzelne anders oder entgegengesetzt denken, festhalten, verkünden, mündlich oder schriftlich lehren oder behaupten, als Übertreter der vorher genannten Apostolischen Konstitutionen allen und ihren einzelnen Zensuren und Strafen völlig unterliegen.

### 2400-2502: Konstitution "Unigenitus Dei Filius", 8. Sept. 1713.

Pasquier Quesnel, nach Antoine Arnauld Führer der Jansenisten, gab 1671 in Paris das Werk *Abrégé de la morale de l'Evangile, ou Pensées chrétiennes sur le texte du 4 Évangelistes* heraus. 1687 veröffentlichte er eine Ergänzung: *Abrégé de la morale des Actes, des Épîtres canoniques, de l'Apocalypse.* Das mehrfach aufgelegte und erweiterte Werk wurde 1693 mit einem neuen Titel versehen: *Le Nouveau Testament en français avec des réflexions morales sur chaque verset.* In ihm waren so offensichtliche Irrtümer enthalten, daß der Pariser Erzbischof Noailles Korrekturen verlangte. Aber auch die Ausgabe von 1699 wurde beanstandet. Clemens XI. verbot in dem Breve *"Universi dominici gregis"* vom 13. Juli 1708 (BullTau 21,327b-329a) das Werk Quesnels. Da dies auf die Jansenisten keinen Eindruck machte, verurteilte der Papst auf nachdrückliches Verlangen König Ludwigs XIV. von Frankreich das Buch Quesnels und 101 daraus entnommene Sätze formell in der Konstitution *"Unigenitus Dei Filius".* Diese Verurteilung – in 17 Sitzungen von Theologen und 23 Sitzungen von Kardinälen sorgfältig vorbereitet – berücksichtigt sowohl die Ausgabe des Werkes von 1693 (wobei sie den Text lateinisch bietet) als auch die Ausgabe von 1699. Bei Sätzen, die sich nur in einer der beiden Ausgaben finden, merkt die Konstitution, die die Fundstellen der Sätze bezeichnet, das Jahr an.

Einige mit Quesnel befreundete Bischöfe Frankreichs appellierten vom Papst an ein allgemeines Konzil und wurden deshalb von Clemens XI. mit der Bulle *"Pastoralis officii"* vom 28. Aug. 1718 (am 8. Sept. veröffentlicht) exkommuniziert. In dieser Bulle wurden die früheren Dekrete gegen die Jansenisten bestätigt. Innozenz XIII. (Dekret vom 8. Jan. 1722), Benedikt XIII. (Synode von Rom i. J. 1725) und Benedikt XIV. (Enzyklika *"Ex omnibus christiani orbis"* vom 16. Okt. 1756) unterstrichen die Geltung der Konstitution *"Unigenitus Dei Filius",* weil deren Autorität immer wieder bestritten wurde. Vgl. das am 14. Jan. 1737 auf den Index gesetzte, von Jacques-Hyacinthe Serry OP anonym herausgegebene Werk *Theologia supplex coram Clemente XII Pontifice Maximo Clementinae Constitutionis "Unigenitus Dei Filius" explicationem atque intelligentiam rogans* (Köln 1736), in dem unter anderem die Sätze 27 66 69 76 82 84f 98 101 in Schutz genommen werden.

Zweifellos gibt es Ähnlichkeiten zwischen Aussagen Augustins und einigen Sätzen Quesnels: *In evangelium Ioannis tractatus* III 8 (PL 35,1399 / CpChL 36 [1954] 24) [zu Satz 27f]; *Enchiridion* 117 (PL 40,287 / CpChL 46 [1969] 112) [zu 45]; *De praedestinatione Sanctorum* 8, n. 13 (PL 44,970) [zu 17]; *De correptione et gratia* 14, n. 43 (PL 44,942) [zu 13]; es kann der Lehre Augustins jedoch keine uneingeschränkte Autorität zuerkannt werden, wie Calvin, Bajus und Jansen behaupteten.

*Ausg.:* DuPlA 3/II, 462-474 (mit dem französischen Text) / BullTau 21,568a-574a / BullLux 8,119a-121b / Viva 2,1ff / Clemens XI., *Bullarium complectens Bullas ... annorum 1701-1721* [als Opera omnia anonym herausgegeben] (Frankfurt/M. 1729) 325-332.

## Jansenistische Irrtümer Pasquier Quesnels

(§ 2) ... Perspicue novimus summam huiusmodi libri perniciem ideo potissimum progredi et invalescere, quod eadem intus lateat et velut improba sanies non nisi secto ulcere foras erumpat, cum ipse liber primo aspectu legentes specie quadam pietatis illiciat ...

(§ 3) 1. Quid aliud remanet animae, quae Deum atque ipsius gratiam amisit, nisi peccatum et peccati consecutiones, superba paupertas et segnis indigentia, hoc est generalis impotentia ad laborem, ad orationem et ad omne opus bonum? - Exstat haec propositio in *Observationibus moralibus* Quesnelli ad *Lc 16,3.*

2. Iesu Christi gratia, principium efficax boni cuiuscumque generis, necessaria est ad omne opus bonum; absque illa non solum nihil fit, sed nec fieri potest. - *Io 15,5*: ed. 1693.

3. In vanum, Domine, praecipis, si tu ipse non das, quod praecipis. - *Act 16,10.*

4. Ita, Domine, omnia possibilia sunt ei, cui omnia possibilia facis, eadem operando in illo. - *Mc 9,22.*

5. Quando Deus non emollit cor per interiorem unctionem gratiae suae, exhortationes et gratiae exteriores non inserviunt, nisi ad illud magis obdurandum. - *Rm 9,18*: ed. 1693.

6. Discrimen inter foedus iudaicum et christianum est, quod in illo Deus exigit fugam peccati et implementum legis a peccatore, relinquendo illum in sua impotentia: in isto vero Deus peccatori dat, quod iubet, illum sua gratia purificando. - *Rm 11,27.*

7. Quae utilitas pro homine in vetere foedere, in quo Deus illum reliquit eius propriae infirmitati, imponendo ipsi suam legem? Quae vero felicitas non est admitti ad foedus, in quo Deus nobis donat, quod petit a nobis? - *Hbr 8,7.*

(§ 2) ... Wir wissen genau, daß das überaus **2400** große Verderben dieses Buches vor allem deshalb fortschreitet und erstarkt, weil es im Inneren verborgen ist und nur, wenn das Geschwür aufgeschnitten ist, gleichsam als böser Eiter nach außen herausbricht; denn das Buch selbst lockt die Leser auf den ersten Blick mit einem gewissen Anschein von Frömmigkeit an ...

(§ 3) 1. Was bleibt der Seele, die Gott und **2401** seine Gnade verloren hat, anderes als die Sünde und die Folgen der Sünde, hochmütige Armut und träge Bedürftigkeit, das heißt allgemeines Unvermögen zur Arbeit, zum Gebet und zu jedem guten Werke? - Dieser Satz liegt vor in den *Observationes morales* Quesnels zu *Lk 16,3.*

2. Die Gnade Jesu Christi, das wirksame **2402** Prinzip jedweder Art von Gutem, ist notwendig für jedes gute Werk; ohne sie geschieht nicht nur nichts, sondern kann auch nichts geschehen. - *Joh 15,5*: Ausg. von 1693.

3. Vergebens, Herr, gebietest du, wenn du **2403** nicht selbst gibst, was du gebietest. - *Apg 16,10.*

4. So, Herr, ist alles möglich für den, dem **2404** du alles möglich machst, indem du es in ihm wirkst. - *Mk 9,22.*

5. Wenn Gott nicht das Herz durch die **2405** innere Salbung seiner Gnade erweicht, dienen die Ermahnungen und äußeren Gnaden nur dazu, es noch mehr zu verhärten. - *Röm 9,18*: Ausg. von 1693.

6. Der Unterschied zwischen dem jüdi- **2406** schen und dem christlichen Bund ist, daß in jenem Gott vom Sünder das Fliehen der Sünde und die Erfüllung des Gesetzes verlangte, wobei er ihn in seinem Unvermögen beließ: in diesem aber verleiht Gott dem Sünder, was er befiehlt, wobei er ihn durch seine Gnade rein macht. - *Röm 11,27.*

7. Was ⟨war⟩ der Nutzen für den Men- **2407** schen im alten Bunde, in dem ihn Gott seiner eigenen Schwäche überließ, als er ihm sein Gesetz auferlegte? Was für ein Glück aber ist es nicht, zu einem Bunde zugelassen zu werden, in dem uns Gott schenkt, was er von uns fordert? - *Hebr 8,7.*

2408     8. Nos non pertinemus ad novum foedus, nisi in quantum participes sumus ipsius novae gratiae, quae operatur in nobis id, quod Deus nobis praecipit. - *Hbr 8,10.*

8. Wir gehören nur insofern zum neuen Bunde, als wir dieser neuen Gnade teilhaft sind, die in uns das wirkt, was Gott uns gebietet. - *Hebr 8,10.*

2409     9. Gratia Christi est gratia suprema, sine qua confiteri Christum numquam possumus, et cum qua numquam illum abnegamus. - *1 Cor 12,3*: ed. 1693.

9. Die Gnade Christi ist die höchste Gnade, ohne die wir Christus niemals bekennen können und mit der wir ihn niemals verleugnen. - *1 Kor 12,3*: Ausg. von 1693.

2410     10. Gratia est operatio manus omnipotentis Dei, quam nihil impedire potest aut retardare. - *Mt 20,34.*

10. Die Gnade ist das Wirken der allmächtigen Hand Gottes, das nichts hindern oder aufhalten kann. - *Mt 20,34.*

2411     11. Gratia non est aliud quam voluntas omnipotens Dei iubentis et facientis, quod iubet. - *Mc 2,11.*

11. Die Gnade ist nichts anderes als der allmächtige Wille Gottes, der befiehlt und tut, was er befiehlt. - *Mk 2,11.*

2412     12. Quando Deus vult salvare animam, quocumque tempore, quocumque loco, effectus indubitabilis sequitur voluntatem Dei. - *Mc 2,12.*

12. Wenn Gott eine Seele retten will, folgt dem Willen Gottes zu jeder Zeit und an jedem Ort die unzweifelhafte Wirkung. - *Mk 2,12.*

2413     13. Quando Deus vult animam salvam facere et eam tangit interiore gratiae suae manu, nulla voluntas humana ei resistit. - *Lc 5,13*: ed. 1693.

13. Wenn Gott eine Seele retten will und sie mit der inneren Hand seiner Gnade berührt, widersteht ihm kein menschlicher Wille. - *Lk 5,13*: Ausg. von 1693.

2414     14. Quantumcumque remotus a salute sit peccator obstinatus, quando Iesus se ei videndum exhibet lumine salutari suae gratiae, oportet ut se dedat, accurrat, sese humiliet et adoret Salvatorem suum. - *Mc 5,67*: ed. 1693.

14. So sehr ein hartnäckiger Sünder auch vom Heil entfernt sein mag, wenn Jesus sich ihm durch das heilsame Licht seiner Gnade zu sehen gibt, muß er sich hingeben, herbeieilen, sich erniedrigen und seinen Erlöser anbeten. - *Mk 5,67*: Ausg. von 1693.

2415     15. Quando Deus mandatum suum et suam externam locutionem comitatur unctione sui Spiritus et interiore vi gratiae suae, operatur illam in corde oboedientiam, quam petit. - *Lc 9,60.*

15. Wenn Gott sein Gebot und seine äußere Rede mit der Salbung seines Geistes und der inneren Kraft seiner Gnade begleitet, wirkt er jenen Gehorsam im Herzen, den er fordert. - *Lk 9,60.*

2416     16. Nullae sunt illecebrae, quae non cedant illecebris gratiae; quia nihil resistit Omnipotenti. - *Act 8,12.*

16. Es gibt keine Lockungen, die nicht den Lockungen der Gnade wichen; denn nichts widersteht dem Allmächtigen. - *Apg 8,12.*

2417     17. Gratia est vox illa Patris, quae homines interius docet ac eos venire facit ad Iesum Christum: quicumque ad eum non venit, postquam audivit vocem exteriorem Filii, nullatenus est doctus a Patre. - *Io 6,45.*

17. Die Gnade ist jene Stimme des Vaters, die die Menschen innerlich lehrt und sie zu Jesus Christus kommen läßt: jeder, der nicht zu ihm kommt, nachdem er die äußere Stimme des Sohnes gehört hat, wurde nicht im geringsten vom Vater gelehrt. - *Joh 6,45.*

2418     18. Semen verbi, quod manus Dei irrigat, semper affert fructum suum. - *Act 11,21.*

18. Der Same des Wortes, den die Hand Gottes begießt, bringt immer seine Frucht. - *Apg 11,21.*

2419     19. Dei gratia nihil aliud est quam eius omnipotens voluntas: haec est idea, quam Deus ipse nobis tradit in omnibus suis Scripturis. - *Rm 14,4*: ed. 1693.

19. Die Gnade Gottes ist nichts anderes als sein allmächtiger Wille: dies ist die Idee, die Gott selbst uns in allen seinen Schriften überliefert. - *Röm 14,4*: Ausg. von 1693.

20. Vera gratiae idea est, quod Deus vult sibi a nobis oboediri, et oboeditur; imperat, et omnia fiunt; loquitur tamquam Dominus, et omnia sibi submissa sunt. - *Mc 4,39.*

21. Gratia Iesu Christi est gratia fortis, potens, suprema, invincibilis, utpote quae est operatio voluntatis omnipotentis, sequela et imitatio operationis Dei incarnantis et resuscitantis Filium suum. - *2 Cor 5,21*: ed. 1693.

22. Concordia omnipotentis operationis Dei in corde hominis cum libero ipsius voluntatis consensu demonstratur illico nobis in incarnatione, veluti in fonte atque archetypo omnium aliarum operationum misericordiae et gratiae, quae omnes ita gratuitae atque ita dependentes a Deo sunt, sicut ipsa originalis operatio. - *Lc 1,48.*

23. Deus ipse nobis ideam tradidit omnipotentis operationis suae gratiae, eam significans per illam, quae creaturas e nihilo producit et mortuis reddit vitam. - *Rm 4,17.*

24. Iusta idea, quam centurio habet de omnipotentia Dei et Iesu Christi in sanandis corporibus solo motu suae voluntatis, est imago ideae, quae haberi debet de omnipotentia suae gratiae in sanandis animabus a cupiditate. - *Lc 7,7.*

25. Deus illuminat animam et eam sanat aeque ac corpus sola sua voluntate: iubet, et ipsi obtemperatur. - *Lc 18,42.*

26. Nullae dantur gratiae nisi per fidem. - *Lc 8,48.*

27. Fides est prima gratia et fons omnium aliarum. - *2 Pt 1,3.*

28. Prima gratia, quam Deus concedit peccatori, est peccatorum remissio. - *Mc 11,25.*

29. Extra Ecclesiam nulla conceditur gratia. - *Lc 10,35 36.*

20. Die wahre Idee von der Gnade ist, daß Gott will, daß ihm von uns gehorcht wird, und es wird gehorcht; er befiehlt, und alles geschieht; er spricht als Herr, und alles ist ihm untertan. - *Mk 4,39.*   2420

21. Die Gnade Jesu Christi ist eine starke, mächtige, äußerst erhabene, unbesiegbare Gnade, da sie ja das Wirken des allmächtigen Willens ist, eine Folge und eine Nachahmung des Wirkens Gottes, der seinen Sohn Fleisch annehmen ließ und ihn auferweckte. - *2 Kor 5,21*: Ausg. von 1693.   2421

22. Der Einklang des allmächtigen Wirkens Gottes im Herzen des Menschen mit der freien Zustimmung seines Willens wird uns sogleich gezeigt in der Fleischwerdung, gleichsam in der Quelle und dem Urbild aller anderen Wirkungen der Barmherzigkeit und Gnade, die alle so ungeschuldet und so abhängig von Gott sind wie das ursprüngliche Wirken selbst. - *Lk 1,48.*   2422

23. Gott selbst hat uns die Idee vom allmächtigen Wirken seiner Gnade übergeben, indem er sie durch jenes ⟨Wirken⟩ kennzeichnete, das die Geschöpfe aus nichts hervorbringt und den Toten das Leben wiedergibt. - *Röm 4,17.*   2423

24. Die rechte Idee, die der Hauptmann von der Allmacht Gottes und Jesu Christi in bezug auf die Heilung der Leiber allein durch die Regung seines Willens hat, ist ein Abbild der Idee, die man von der Allmacht seiner Gnade in bezug auf die Heilung der Seelen von der Begehrlichkeit haben muß. - *Lk 7,7.*   2424

25. Gott erleuchtet die Seele und heilt sie ebenso wie den Leib allein mit seinem Willen: er befiehlt, und ihm wird gehorcht. - *Lk 18,42.*   2425

26. Es werden keine Gnaden geschenkt, es sei denn durch den Glauben. - *Lk 8,48.*   2426

27. Der Glaube ist die erste Gnade und die Quelle aller anderen. - *2 Petr 1,3.*   2427

28. Die erste Gnade, die Gott dem Sünder gewährt, ist die Vergebung der Sünden. - *Mk 11,25.*   2428

29. Außerhalb der Kirche wird keine Gnade gewährt. - *Lk 10,35 36.*   2429

2430    30. Omnes, quos Deus vult salvare per Christum, salvantur infallibiliter. - *Io 6,40.*

30. Alle, die Gott durch Christus retten will, werden unfehlbar gerettet. - *Joh 6,40.*

2431    31. Desideria Christi semper habent suum effectum: pacem intimo cordium infert, quando eis illam optat. - *Io 20,19.*

31. Wünsche Christi haben immer ihre Wirkung: er bringt den Frieden ins Innerste der Herzen, wenn er ihn ihnen wünscht. - *Joh 20,19.*

2432    32. Iesus Christus se morti tradidit ad liberandum pro semper suo sanguine primogenitos, id est electos, de manu angeli exterminatoris. - *Gal 4,4-7.*

32. Jesus Christus hat sich dem Tode überliefert, um für immer durch sein Blut die Erstgeborenen, das heißt die Erwählten, aus der Hand des Würgeengels zu befreien. - *Gal 4,4-7.*

2433    33. Proh, quantum oportet bonis terrenis et sibimetipsi renuntiasse, ad hoc, ut quis fiduciam habeat sibi, ut ita dicam, appropriandi Christum Iesum, eius amorem, mortem et mysteria; ut facit sanctus Paulus dicens: "Qui dilexit me, et tradidit semetipsum pro me". - *Gal 2,20.*

33. Ach, wie sehr muß einer den irdischen Gütern und sich selbst entsagt haben, damit er die Zuversicht haben kann, sich - wenn ich so sagen darf - Christus Jesus, seine Liebe, seinen Tod und seine Geheimnisse anzueignen, wie es der heilige Paulus macht, wenn er sagt: "Er hat mich geliebt und sich selbst für mich hingegeben". - *Gal 2,20.*

2434    34. Gratia Adami non producebat nisi merita humana. - *2 Cor 5,21*: ed. 1693.

34. Die Gnade Adams brachte nur menschliche Verdienste hervor. - *2 Kor 5,21*: Ausg. von 1693.

2435    35. Gratia Adami est sequela creationis et erat debita naturae sanae et integrae. - *2 Cor 5,21.*

35. Die Gnade Adams ist eine Folge der Schöpfung und war der gesunden und unversehrten Natur geschuldet. - *2 Kor 5,21.*

2436    36. Differentia essentialis inter gratiam Adami et status innocentiae ac gratiam christianam est, quod primam unusquisque in propria persona recepisset, ista vero non recipitur, nisi in persona Iesu Christi resuscitati, cui nos uniti sumus. - *Rm 7,4.*

36. Der wesentliche Unterschied zwischen der Gnade Adams sowie des Zustandes der Unschuld und der christlichen Gnade ist, daß die erste ein jeder in eigener Person empfangen hätte, diese aber nicht empfangen wird, außer in der Person des auferweckten Jesus Christus, mit dem wir geeint sind. - *Röm 7,4.*

2437    37. Gratia Adami, sanctificando illum in semetipso, erat illi proportionata: gratia christiana, nos sanctificando in Iesu Christo, est omnipotens et digna Filio Dei. - *Eph 1,6.*

37. Die Gnade Adams war dadurch, daß sie ihn in sich selbst heilig machte, diesem angemessen: die christliche Gnade ist dadurch, daß sie uns in Jesus Christus heilig macht, allmächtig und des Sohnes Gottes würdig. - *Eph 1,6.*

2438    38. Peccator non est liber nisi ad malum sine gratia Liberatoris. - *Lc 8,9.*

38. Der Sünder ist ohne die Gnade des Erlösers nicht frei, außer zum Bösen. - *Lk 8,9.*

2439    39. Voluntas, quam gratia non praevenit, nihil habet luminis nisi ad aberrandum, ardoris nisi ad se praecipitandum, virium nisi ad se vulnerandum, est capax omnis mali et incapax ad omne bonum. - *Mt 20,34.*

39. Ein Wille, dem die Gnade nicht vorausgeht, hat kein Licht, außer um abzuirren, keine Glut, außer um sich ins Verderben zu stürzen, keine Kräfte, außer um sich zu verwunden; er ist fähig zu allem Bösen und unfähig zu allem Guten. - *Mt 20,34.*

2440    40. Sine gratia nihil amare possumus nisi ad nostram condemnationem. - *2 Th 3,18*: ed. 1693.

40. Ohne Gnade können wir nichts lieben, außer zu unserer Verdammung. - *2 Thess 3,18*: Ausg. von 1693.

41. Omnis cognitio Dei, etiam naturalis, etiam in philosophis ethnicis, non potest venire nisi a Deo; et sine gratia non producit nisi praesumptionem, vanitatem et oppositionem ad ipsum Deum loco affectuum adorationis, gratitudinis et amoris. – *Rm 1,19.*

42. Sola gratia Christi reddit hominem aptum ad sacrificium fidei; sine hoc nihil nisi impuritas, nihil nisi indignitas. – *Act 11,9.*

43. Primus effectus gratiae baptismalis est facere, ut moriamur peccato, adeo ut spiritus, cor, sensus non habeant plus vitae pro peccato, quam homo mortuus habeat pro rebus mundi. – *Rm 6,2*: ed. 1693.

44. Non sunt nisi duo amores, unde volitiones et actiones omnes nostrae nascuntur: amor Dei, qui omnia agit propter Deum, quemque Deus remuneratur, et amor, quo nos ipsos ac mundum diligimus, qui, quod ad Deum referendum est, non refert et propter hoc ipsum fit malus. – *Io 5,29.*

45. Amore Dei in corde peccatorum non amplius regnante necesse est, ut in eo carnalis regnet cupiditas omnesque actiones eius corrumpat. – *Lc 15,13*: ed. 1693.

46. Cupiditas aut caritas usum sensuum bonum vel malum faciunt. – *Mt 5,28.*

47. Oboedientia legis profluere debet ex fonte, et hic fons est caritas. Quando Dei amor est illius principium interius, et Dei gloria eius finis, tunc purum est, quod apparet exterius; alioquin non est nisi hypocrisis aut falsa iustitia. – *Mt 25,26*: ed. 1693.

48. Quid aliud esse possumus, nisi tenebrae, nisi aberratio et nisi peccatum, sine fidei lumine, sine Christo et sine caritate? – *Eph 5,8.*

49. Ut nullum peccatum est sine amore nostri, ita nullum est opus bonum sine amore Dei. – *Mc 7,22 23.*

41. Alle Erkenntnis Gottes, auch die natürliche, auch bei heidnischen Philosophen, kann nur von Gott kommen; und ohne Gnade bringt sie nichts hervor als Vermessenheit, Eitelkeit und Widersetzlichkeit gegenüber Gott selbst anstelle der Gefühle der Anbetung, Dankbarkeit und Liebe. – *Röm 1,19.*   2441

42. Allein die Gnade Christi macht den Menschen zum Opfer des Glaubens fähig; ohne dieses ⟨gibt es⟩ nichts als Unreinheit, nichts als Unwürdigkeit. – *Apg 11,9.*   2442

43. Die erste Wirkung der Taufgnade ist, daß sie bewirkt, daß wir der Sünde sterben, so daß Geist, Herz und Sinne nicht mehr an Leben für die Sünde haben als ein toter Mensch für die Dinge der Welt hat. – *Röm 6,2*: Ausg. von 1693.   2443

44. Es gibt nur zwei Arten von Liebe, aus denen all unsere Wünsche und Handlungen entspringen: die Liebe Gottes, die alles um Gottes willen tut und die Gott belohnt, und die Liebe, mit der wir uns selbst und die Welt lieben, die nicht auf Gott bezieht, was auf ihn zu beziehen ist, und eben deswegen böse wird. – *Joh 5,29.*   2444

45. Wenn die Liebe Gottes im Herzen der Sünder nicht mehr herrscht, dann herrscht in ihm notwendigerweise die fleischliche Begierde und verdirbt alle seine Handlungen. – *Lk 15,13*: Ausg. von 1693.   2445

46. Die Begehrlichkeit oder die Liebe machen den Gebrauch der Sinne gut oder schlecht. – *Mt 5,28.*   2446

47. Der Gehorsam gegenüber dem Gesetz muß aus der Quelle hervorfließen, und diese Quelle ist die Liebe. Wenn die Liebe Gottes sein innerer Ursprung ist und die Ehre Gottes sein Ziel, dann ist rein, was äußerlich erscheint; andernfalls ist es nichts als Heuchelei oder falsche Gerechtigkeit. – *Mt 25,26*: Ausg. von 1693.   2447

48. Was können wir ohne das Licht des Glaubens, ohne Christus und ohne Liebe anderes sein als Finsternis, als Abirrung und als Sünde? – *Eph 5,8.*   2448

49. Wie es keine Sünde ohne Selbstliebe gibt, so gibt es kein gutes Werk ohne die Liebe Gottes. – *Mk 7,22 23.*   2449

675

2450    50. Frustra clamamus ad Deum: "Pater mi", si spiritus caritatis non est ille, qui clamat. – *Rm 8,15*.

2451    51. Fides iustificat, quando operatur, sed ipsa non operatur nisi per caritatem. – *Act 13,39*.

2452    52. Omnia alia salutis media continentur in fide tamquam in suo germine et semine; sed haec fides non est absque amore et fiducia. – *Act 10,43*.

2453    53. Sola caritas christiano modo facit (actiones christianas) per relationem ad Deum et Iesum Christum. – *Col 3,14*.

2454    54. Sola caritas est, quae Deo loquitur; eam solam Deus audit. – *1 Cor 13,1*.

2455    55. Deus non coronat nisi caritatem: qui currit ex alio impulsu et ex alio motivo, in vanum currit. – *1 Cor 9,24*.

2456    56. Deus non remunerat nisi caritatem: quoniam caritas sola Deum honorat: – *Mt 25,36*.

2457    57. Totum deest peccatori, quando ei deest spes; et non est spes in Deo, ubi non est amor Dei. – *Mt 27,5*.

2458    58. Nec Deus est nec religio, ubi non est caritas. – *1 Io 4,8*.

2459    59. Oratio impiorum est novum peccatum; et quod Deus illis concedit, est novum in eos iudicium. – *Io 10,25*: ed. 1693.

2460    60. Si solus supplicii timor animat paenitentiam, quo haec est magis violenta, eo magis ducit ad desperationem. – *Mt 27,5*.

2461    61. Timor nonnisi manum cohibet, cor autem tamdiu peccato addicitur, quamdiu ab amore iustitiae non ducitur. – *Lc 20,19*.

2462    62. Qui a malo non abstinet nisi timore poenae, illud committit in corde suo et iam est reus coram Deo. – *Mt 21,46*.

2463    63. Baptizatus adhuc est sub lege sicut Iudaeus, si legem non adimpleat, aut adimpleat ex solo timore. – *Rm 6,14*.

50. Vergebens rufen wir zu Gott: "Mein Vater", wenn es nicht der Geist der Liebe ist, der ruft. – *Röm 8,15*.

51. Der Glaube rechtfertigt, wenn er wirkt, aber er wirkt nicht, außer durch die Liebe. – *Apg 13,39*.

52. Alle anderen Mittel zum Heil sind im Glauben als in ihrem Keim und Samen enthalten; aber dieser Glaube ist nicht ohne Liebe und Vertrauen. – *Apg 10,43*.

53. Allein die Liebe bewirkt in christlicher Weise (christliche Handlungen) durch die Beziehung zu Gott und Jesus Christus. – *Kol 3,14*.

54. Allein die Liebe ist es, die zu Gott spricht; sie allein hört Gott. – *1 Kor 13,1*.

55. Gott verleiht nur der Liebe den Kranz; wer aus einem anderen Antrieb und aus einem anderen Beweggrund läuft, läuft vergebens. – *1 Kor 9,24*.

56. Gott vergilt nur die Liebe: denn allein die Liebe ehrt Gott. – *Mt 25,36*.

57. Alles fehlt dem Sünder, wenn ihm die Hoffnung fehlt; und es ist keine Hoffnung auf Gott, wo nicht die Liebe Gottes ist. – *Mt 27,5*.

58. Es gibt weder Gott noch Religion, wo nicht die Liebe ist. – *1 Joh 4,8*.

59. Das Gebet der Gottlosen ist neue Sünde; und was Gott ihnen gewährt, ist ein neues Gericht über sie. – *Joh 10,25*: Ausg. von 1693.

60. Wenn allein die Furcht vor Strafe die Buße beseelt, führt diese umso mehr zur Verzweiflung, je heftiger sie ist. – *Mt 27,5*.

61. Furcht hält nur die Hand in Schranken, das Herz aber wird so lange der Sünde preisgegeben, wie es nicht von der Liebe für die Gerechtigkeit geführt wird. – *Lk 20,19*.

62. Wer sich nur aus Furcht vor Strafe vom Bösen enthält, begeht es in seinem Herzen und ist bereits schuldig vor Gott. – *Mt 21,46*.

63. Ein Getaufter steht immer noch unter dem Gesetz wie ein Jude, wenn er das Gesetz nicht erfüllt oder es allein aus Furcht erfüllt. – *Röm 6,14*.

64. Sub maledicto legis numquam fit bonum; quia peccatur sive faciendo malum sive illud nonnisi ob timorem evitando. – *Gal 5,18.*

65. Moyses, Prophetae, sacerdotes et doctores Legis mortui sunt absque eo, quod ullum Deo dederint filium, cum non effecerint nisi mancipia per timorem. – *Mc 12,19.*

66. Qui vult Deo appropinquare, nec debet ad ipsum venire cum brutalibus passionibus neque adduci per instinctum naturalem aut per timorem sicuti bestiae, sed per fidem et per amorem sicuti filii. – *Hbr 12,20:* ed. 1693.

67. Timor servilis non sibi repraesentat Deum nisi ut dominum durum, imperiosum, iniustum, intractabilem. – *Lc 19,21:* ed. 1693.

68. Dei bonitas abbreviavit viam salutis, claudendo totum in fide et precibus. – *Act 2,21.*

69. Fides, usus, augmentum et praemium fidei, totum est donum purae liberalitatis Dei. – *Mc 9,22.*

70. Numquam Deus affligit innocentes; et afflictiones semper serviunt vel ad puniendum peccatum vel ad purificandum peccatorem. – *Io 9,3.*

71. Homo ob sui conservationem potest sese dispensare ab ea lege, quam Deus condidit propter eius utilitatem. – *Mc 2,28.*

72. Nota Ecclesiae christianae est, quod sit catholica, comprehendens et omnes angelos caeli et omnes electos et iustos terrae et omnium saeculorum. – *Hbr 12,22-24.*

73. Quid est Ecclesia, nisi coetus filiorum Dei manentium in eius sinu, adoptatorum in Christo, subsistentium in eius persona, redemptorum eius sanguine, viventium eius spiritu, agentium per eius gratiam, et exspectantium gratiam futuri saeculi? – *2 Th 1,1s:* ed. 1693.

64. Unter dem Fluch des Gesetzes wird 2464 niemals Gutes getan; denn man sündigt entweder, indem man das Böse tut, oder indem man es nur aus Furcht vermeidet. – *Gal 5,18.*

65. Moses, die Propheten und die Priester 2465 und Lehrer des Gesetzes sind gestorben, ohne Gott einen Sohn geschenkt zu haben; denn sie haben durch die Furcht nur Sklaven erzeugt. – *Mk 12,19.*

66. Wer sich Gott nähern will, darf weder 2466 mit rohen Leidenschaften zu ihm kommen noch durch einen natürlichen Instinkt oder durch die Furcht wie die Tiere herbeigeführt werden, sondern durch den Glauben und durch die Liebe, wie Söhne. – *Hebr 12,20:* Ausg. von 1693.

67. Die knechtische Furcht stellt sich Gott 2467 nur als harten, gebieterischen, ungerechten und unerträglichen Herrn vor. – *Lk 19,21:* Ausg. von 1693.

68. Die Güte Gottes kürzte den Weg des 2468 Heiles ab, indem sie alles in den Glauben und in das Gebet einschloß. – *Apg 2,21.*

69. Der Glaube, der Gebrauch, die Ver- 2469 mehrung und der Lohn des Glaubens, alles ist ein Geschenk der reinen Freigebigkeit Gottes. – *Mk 9,22.*

70. Niemals betrübt Gott Unschuldige; 2470 und Betrübnisse dienen immer dazu, entweder die Sünde zu bestrafen oder den Sünder zu reinigen. – *Joh 9,3.*

71. Der Mensch kann sich um seiner Er- 2471 haltung willen von einem Gesetz dispensieren, das Gott zu seinem Nutzen erließ. – *Mk 2,28.*

72. Das Merkmal der christlichen Kirche 2472 ist, daß sie katholisch ist, weil sie sowohl alle Engel des Himmels als auch alle Erwählten und Gerechten der Erde und aller Zeiten umfaßt. – *Hebr 12,22-24.*

73. Was ist die Kirche anderes als eine Ver- 2473 sammlung der Söhne Gottes, die an seiner Brust bleiben, in Christus adoptiert wurden, in seiner Person existieren, von seinem Blut erlöst wurden, in seinem Geiste leben, durch seine Gnade handeln und die Gnade der künftigen Zeit erwarten? – *2 Thess 1,1f:* Ausg. von 1693.

2474    74. Ecclesia sive integer Christus incarnatum Verbum habet ut caput, omnes vero Sanctos ut membra. - *1 Tim 3,16.*

74. Die Kirche bzw. der vollständige Christus hat das fleischgewordene Wort als Haupt, alle Heiligen aber als Glieder. - *1 Tim 3,16.*

2475    75. Ecclesia est unus solus homo compositus ex pluribus membris, quorum Christus est caput, vita, subsistentia et persona; unus solus Christus compositus ex pluribus Sanctis, quorum est sanctificator. - *Eph 2,14-16.*

75. Die Kirche ist ein einziger Mensch, zusammengesetzt aus mehreren Gliedern, deren Haupt, Leben, Dasein und Person Christus ist; ein einziger Christus, zusammengesetzt aus vielen Heiligen, deren Heiligmacher er ist. - *Eph 2,14-16.*

2476    76. Nihil spatiosius Ecclesia Dei: quia omnes electi et iusti omnium saeculorum illam componunt. - *Eph 2,22.*

76. Nichts ⟨ist⟩ weiter als die Kirche Gottes: denn alle Erwählten und Gerechten aller Zeiten bilden sie. - *Eph 2,22.*

2477    77. Qui non ducit vitam dignam filio Dei et membro Christi, cessat interius habere Deum pro Patre et Christum pro capite. - *1 Io 2,24:* ed. 1693.

77. Wer kein Leben führt, das eines Sohnes Gottes und eines Gliedes Christi würdig ist, hört auf, innerlich Gott als Vater und Christus als Haupt zu haben. - *1 Joh 2,24:* Ausg. von 1693.

2478    78. Separatur quis a populo electo, cuius figura fuit populus Iudaicus et caput est Iesus Christus, tam non vivendo secundum Evangelium quam non credendo Evangelio. - *Act 3,23.*

78. Getrennt wird einer vom erwählten Volk, dessen Bild das jüdische Volk war und ⟨dessen⟩ Haupt Jesus Christus ist, sowohl wenn er nicht nach dem Evangelium lebt, als auch wenn er dem Evangelium nicht glaubt. - *Apg 3,23.*

2479    79. Utile et necessarium est omni tempore, omni loco et omni personarum generi, studere et cognoscere spiritum, pietatem et mysteria sacrae Scripturae. - *1 Cor 14,5.*

79. Zu jeder Zeit, an jedem Ort und für jeden Personenkreis ist es nützlich und notwendig, den Geist, die Frömmigkeit und die Geheimnisse der heiligen Schrift zu studieren und kennenzulernen. - *1 Kor 14,5.*

2480    80. Lectio sacrae Scripturae est pro omnibus. - *Act 8,28.*

80. Die Lektüre der heiligen Schrift ist für alle. - *Apg 8,28.*

2481    81. Obscuritas sancta verbi Dei non est laicis ratio dispensandi se ipsos ab eius lectione. - *Act 8,31.*

81. Die heilige Dunkelheit des Wortes Gottes ist für Laien kein Grund, sich selbst von seiner Lektüre zu dispensieren. - *Apg 8,31.*

2482    82. Dies Dominicus a Christianis debet sanctificari lectionibus pietatis et super omnia sanctarum Scripturarum. Damnosum est, velle Christianum ab hac lectione retrahere. - *Act 15,21.*

82. Der Sonntag muß von Christen durch fromme Lesungen, und zwar vor allem der heiligen Schriften, geheiligt werden. Es ist schädlich, einen Christen von dieser Lektüre abhalten zu wollen. - *Apg 15,21.*

2483    83. Est illusio sibi persuadere, quod notitia mysteriorum religionis non debeat communicari feminis lectione sacrorum librorum: Non ex feminarum simplicitate, sed ex superba virorum scientia ortus est Scripturarum abusus, et natae sunt haereses. - *Io 4,26.*

83. Es ist eine Täuschung, sich einzubilden, daß die Kenntnis der Geheimnisse der Religion Frauen nicht durch die Lektüre der heiligen Bücher mitgeteilt werden dürfe. Nicht aus der Einfachheit der Frauen, sondern aus der hochmütigen Wissenschaft der Männer ist der Mißbrauch der Schriften entstanden und wurden die Häresien geboren. - *Joh 4,26.*

84. Abripere e Christianorum manibus Novum Testamentum seu eis illud clausum tenere auferendo eis modum illud intelligendi, est illis Christi os obturare. – *Mt 5,2.*

85. Interdicere Christianis lectionem sacrae Scripturae, praesertim Evangelii, est interdicere usum luminis filiis lucis et facere, ut patiantur speciem quandam excommunicationis. – *Lc 11,33*: ed. 1693.

86. Eripere simplici populo hoc solatium iungendi vocem suam voci totius Ecclesiae [*cf. *2666*], est usus contrarius praxi apostolicae et intentioni Dei. – *1 Cor 14,16.*

87. Modus plenus sapientia, lumine et caritate est dare animabus tempus portandi cum humilitate et sentiendi statum peccati, petendi spiritum paenitentiae et contritionis, et incipiendi ad minus satisfacere iustitiae Dei, antequam reconcilientur. – *Act 8,9.*

88. Ignoramus, quid sit peccatum et vera paenitentia, quando volumus statim restitui possessioni bonorum illorum, quibus nos peccatum spoliavit, et detrectamus separationis istius ferre confusionem. – *Lc 17,11 12.*

89. Quartus decimus gradus conversionis peccatoris est, quod, cum sit iam reconciliatus, habet ius assistendi sacrificio Ecclesiae. – *Lc 15,23.*

90. Ecclesia auctoritatem excommunicandi habet, ut eam exerceat per primos pastores de consensu saltem praesumpto totius corporis. – *Mt 18,17.*

91. Excommunicationis iniustae metus numquam debet nos impedire ab implendo debito nostro; numquam eximus ab Ecclesia, etiam quando hominum nequitia videmur ab ea expulsi, quando Deo, Iesu Christo, atque ipsi Ecclesiae per caritatem affixi sumus. – *Io 9,22 23.*

84. Den Händen von Christen das Neue Testament zu entreißen bzw. es ihnen verschlossen zu halten, indem man ihnen die Möglichkeit nimmt, es zu verstehen, heißt, ihnen den Mund Christi verstopfen. – *Mt 5,2.* **2484**

85. Christen die Lektüre der heiligen Schrift, vor allem des Evangeliums, zu untersagen, heißt, den Söhnen des Lichtes den Gebrauch des Lichtes zu untersagen und zu bewirken, daß sie eine Art Exkommunikation erleiden. – *Lk 11,33*: Ausg. von 1693. **2485**

86. Dem einfachen Volk diesen Trost zu entreißen, seine Stimme mit der Stimme der ganzen Kirche zu verbinden [*vgl. *2666*], ist ein Brauch, der der apostolischen Praxis und der Absicht Gottes entgegengesetzt ist. – *1 Kor 14,16.* **2486**

87. Es ist eine Verhaltensweise voll Weisheit, Licht und Liebe, den Seelen Zeit zu geben, den Zustand der Sünde mit Demut zu tragen und zu spüren, den Geist der Buße und der Reue zu erbitten und zumindest anzufangen, der Gerechtigkeit Gottes Genüge zu tun, bevor sie wiederversöhnt werden. – *Apg 8,9.* **2487**

88. Wir wissen nicht, was die Sünde und die wahre Buße ist, wenn wir sogleich in den Besitz jener Güter wiedereingesetzt werden wollen, derer uns die Sünde beraubte, und es ablehnen, die Bestürzung dieser Trennung zu ertragen. – *Lk 17,11 12.* **2488**

89. Die vierzehnte Stufe der Bekehrung des Sünders ist, daß er, wenn er schon wiederversöhnt ist, das Recht hat, dem Opfer der Kirche beizuwohnen. – *Lk 15,23.* **2489**

90. Die Kirche hat die Autorität, zu exkommunizieren, um sie durch die ersten Hirten auszuüben aufgrund der wenigstens vorausgesetzten Zustimmung des ganzen Leibes. – *Mt 18,17.* **2490**

91. Die Furcht vor ungerechter Exkommunikation darf uns niemals daran hindern, unsere Pflicht zu erfüllen; niemals verlassen wir die Kirche, auch wenn wir durch die Böswilligkeit der Menschen aus ihr vertrieben zu sein scheinen, solange wir Gott, Jesus Christus und der Kirche selbst durch die Liebe verbunden sind. – *Joh 9,22 23.* **2491**

**2492**    92. Pati potius in pace excommunicationem et anathema iniustum, quam prodere veritatem, est imitari sanctum Paulum; tantum abest, ut sit erigere se contra auctoritatem aut scindere unitatem. – *Rm 9,3.*

92. Eher in Frieden die Exkommunikation und das ungerechte Anathema erdulden, als die Wahrheit zu verraten, heißt, den heiligen Paulus nachzuahmen; es ist weit gefehlt, daß es hieße, sich gegen die Autorität zu erheben oder die Einheit zu zerreißen. – *Röm 9,3.*

**2493**    93. Iesus quandoque sanat vulnera, quae praeceps primorum pastorum festinatio infligit sine ipsius mandato. Iesus restituit, quod ipsi inconsiderato zelo rescindunt. – *Io 18,11.*

93. Jesus heilt zuweilen die Wunden, die die vorschnelle Eile der ersten Hirten ohne seinen Auftrag schlägt. Jesus baut wieder auf, was sie in unbedachtem Eifer niederreißen. – *Joh 18,11.*

**2494**    94. Nihil peiorem de Ecclesia opinionem ingerit eius inimicis, quam videre illic dominatum exerceri supra fidem fidelium, et foveri divisiones propter res, quae nec fidem laedunt nec mores. – *Rm 14,16.*

94. Nichts flößt den Feinden der Kirche eine schlechtere Meinung über sie ein, als wenn sie sehen, daß dort Herrschaft über den Glauben der Gläubigen ausgeübt wird, und daß Spaltungen geschürt werden wegen Dingen, die weder den Glauben noch die Sitten verletzen. – *Röm 14,16.*

**2495**    95. Veritates eo devenerunt, ut sint lingua quasi peregrina plerisque Christianis, et modus eas praedicandi est veluti idioma incognitum; adeo remotus est a simplicitate Apostolorum, et supra communem captum fidelium; neque satis advertitur, quod hic defectus sit unum ex signis maxime sensibilibus senectutis Ecclesiae et irae Dei in filios suos. – *1 Cor 14,21.*

95. Die Wahrheiten sind dahin gelangt, daß sie für die meisten Christen eine gleichsam fremde Sprache sind, und die Weise, sie zu verkünden, gleichsam eine unbekannte Mundart ist; so weit ist sie von der Einfachheit der Apostel entfernt und über dem allgemeinen Fassungsvermögen der Gläubigen; auch wird nicht genug beachtet, daß dieser Mangel eines der am meisten spürbaren Zeichen für die Vergreisung der Kirche und den Zorn Gottes gegen seine Söhne ist. – *1 Kor 14,21.*

**2496**    96. Deus permittit, ut omnes potestates sint contrariae praedicatoribus veritatis, ut eius victoria attribui non possit nisi divinae gratiae. – *Act 17,8.*

96. Gott erlaubt, daß alle Gewalten den Verkündern der Wahrheit feindlich gegenüberstehen, damit ihr Sieg nur der göttlichen Gnade zugeschrieben werden kann. – *Apg 17,8.*

**2497**    97. Nimis saepe contingit, membra illa, quae magis sancte ac magis stricte unita Ecclesiae sunt, respici atque tractari tamquam indigna, ut sint in Ecclesia, vel tamquam ab ea separata; sed "iustus vivit ex fide" [*Rm 1,17*], et non ex opinione hominum. – *Act 4,11.*

97. Es geschieht allzuoft, daß jene Glieder, die heiliger und enger mit der Kirche geeint sind, als unwürdig, in der Kirche zu sein, oder als von ihr getrennt betrachtet und behandelt werden; aber "der Gerechte lebt aus dem Glauben" [*Röm 1,17*], nicht aus der Meinung der Menschen. – *Apg 4,11.*

**2498**    98. Status persecutionis et poenarum, quas quis tolerat tamquam haereticus, flagitiosus et impius, ultima plerumque probatio est et maxime meritoria, utpote quae facit hominem magis conformem Iesu Christo. – *Lc 22,37.*

98. Der Zustand der Verfolgung und der Strafen, die einer als Häretiker, Schandbelandener und Gottloser erträgt, ist meist die letzte Prüfung und höchst verdienstvoll, da sie den Menschen Jesus Christus gleichförmiger macht. – *Lk 22,37.*

99. Pervicacia, praeventio, obstinatio in nolendo aut aliquid examinare aut agnoscere, se fuisse deceptum, mutant quotidie quoad multos in odorem mortis id, quod Deus in sua Ecclesia posuit, ut in ea esset odor vitae, verbi gratia bonos libros, instructiones, sancta exempla, etc. - *2 Cor 2,16.*

100. Tempus deplorabile, quo creditur honorari Deus persequendo veritatem eiusque discipulos! Tempus hoc advenit. ... Haberi et tractari a religionis ministris tamquam impium et indignum omni commercio cum Deo, tamquam membrum putridum, capax corrumpendi omnia in societate Sanctorum, est hominibus piis morte corporis mors terribilior. Frustra quis sibi blanditur de suarum intentionum puritate et zelo quodam religionis, persequendo flamma ferroque viros probos, si propria passione est excaecatus aut abreptus aliena, propterea quod nihil vult examinare. Frequenter credimus sacrificare Deo impium, et sacrificamus diabolo Dei servum. - *Io 16,2.*

101. Nihil spiritui Dei et doctrinae Iesu Christi magis opponitur, quam communia facere iuramenta in Ecclesia; quia hoc est multiplicare occasiones peierandi, laqueos tendere infirmis et idiotis, et efficere, ut nomen et veritas Dei aliquando deserviant consilio impiorum. - *Mt 5,37.*

[*Censura:*] ... Propositiones praeinsertas tamquam falsas, captiosas, male sonantes, piarum aurium offensivas, scandalosas, perniciosas, temerarias, Ecclesiae et eius praxi iniuriosas, neque in Ecclesiam solum, sed etiam in potestates saeculi contumeliosas, seditiosas, impias, blasphemas, suspectas de haeresi ac haeresim ipsam sapientes, necnon haereticis et haeresibus ac etiam schismati faventes, erroneas, haeresi proximas, pluries damnatas, ac demum haereticas, variasque haereses et potissimum illas, quae in famosis Iansenii propositionibus, et quidem in eo sensu, in quo hae damnatae fuerunt, acceptis

99. Starrköpfigkeit, Voreingenommenheit, **2499** Hartnäckigkeit, weder etwas prüfen noch anerkennen zu wollen, daß man sich getäuscht hat, verändern täglich bei vielen das in den Duft des Todes, was Gott in seiner Kirche angelegt hat, damit es in ihr Duft des Lebens sei: zum Beispiel gute Bücher, Unterweisungen, heilige Beispiele, usw. - *2 Kor 2,16.*

100. Bejammernswerte Zeit, in der man **2500** Gott durch die Verfolgung der Wahrheit und ihrer Jünger zu ehren glaubt! So weit ist die Zeit gekommen. ... Von den Dienern der Religion als gottlos und jeder Gemeinschaft mit Gott unwürdig angesehen und behandelt zu werden, als verfaultes Glied, fähig, alles in der Gemeinschaft der Heiligen zu verderben, ist für fromme Menschen ein schrecklicherer Tod als der Tod des Leibes. Vergebens schmeichelt sich einer, mit Feuer und Schwert rechtschaffene Männer verfolgend, ob der Reinheit seiner Absichten und eines gewissen Eifers der Religion, wenn er durch eigene Leidenschaft geblendet oder durch fremde fortgerissen ist, weil er nichts prüfen will. Oftmals glauben wir, Gott einen Gottlosen zu opfern, und opfern dem Teufel einen Diener Gottes. - *Joh 16,2.*

101. Nichts ist dem Geist Gottes und der **2501** Lehre Jesu Christi mehr entgegengesetzt, als in der Kirche Eide zum Gewöhnlichen zu machen; denn dies heißt, die Gelegenheiten zum Meineid zu vervielfältigen, Schwachen und Einfältigen Fallstricke zu spannen und zu bewirken, daß der Name und die Wahrheit Gottes zuweilen dem Plane der Gottlosen dienen. - *Mt 5,37.*

[*Zensur:*] ... Wir erklären, verurteilen **2502** und verwerfen ... die vorher eingefügten Sätze - je nachdem - als falsch, verfänglich, übel klingend, fromme Ohren verletzend, anstößig, verderblich, leichtfertig, gegenüber der Kirche und ihrer Praxis ungerecht sowie nicht nur gegenüber der Kirche, sondern auch gegenüber den Mächten der Welt ehrenrührig, aufrührerisch, gottlos, lästerlich, der Häresie verdächtig und nach Häresie selbst schmeckend sowie Häretikern und Häresien und sogar einem Schisma gewogen, irrig, nahe an der Häresie, mehrmals verurteilt und schließlich häretisch sowie verschiedene

continentur, manifeste innovantes respective ... declaramus, damnamus et reprobamus.

Häresien offensichtlich erneuernd, und ⟨zwar⟩ vor allem jene, die in den berühmten Sätzen des Jansen – und zwar in dem Sinne verstanden, in dem sie verurteilt wurden – enthalten sind.

INNOZENZ XIII.: 8. Mai 1721 – 7. März 1724
BENEDIKT XIII.: 29. Mai 1724 – 21. Febr. 1730

## CLEMENS XII.: 12. Juli 1730 – 6. Febr. 1740

**2509-2510: Bulle "Apostolicae providentiae officio", 2. Okt. 1733**

Die Jansenisten behaupteten, durch die Zensuren der Konstitution "*Unigenitus*" (*2400-2502) werde die Lehre des hl. Augustinus und des hl. Thomas von Aquin über die göttliche Gnade getroffen. Der Papst wies diese Unterstellung zurück und wollte zugleich für Frieden unter den theologischen Schulen sorgen, "auf daß durch die vereinten Bemühungen verschiedener Schulen der Schutz gegen die Nachstellungen des Irrtums stärker sei" ("ut coniunctis diversarum licet scholarum studiis firmius sit adversus erroris insidias praesidium") [cf. *2509°] (ebd. § 2 am Ende).
*Ausg.:* DuPlA 3/II (1736) 589b-590a / BullTau 23,542ab / BullLux 14,297ab.

*Lehrfreiheit über die Wirksamkeit der Gnade*

**2509** § 1. ... Mentem tamen [*Clementis XI et Benedicti XIII*] praedecessorum Nostrorum compertam habentes, nolumus aut per Nostras aut per ipsorum laudes Thomisticae scholae delatas, quas iterato Nostro iudicio comprobamus et confirmamus, quicquam esse detractum ceteris catholicis scholis diversa ab eadem in explicanda divinae gratiae efficacia sentientibus, quarum etiam erga hanc Sanctam Sedem praeclara sunt merita, quominus sententias ea de re tueri pergant, quas hactenus palam et libere ubique etiam in huius almae Urbis luce docuerunt et propugnarunt.

§ 1. ... Da Wir jedoch die Absicht Unserer Vorgänger [*Clemens XI. und Benedikt XIII.*] genau kennen, wollen Wir nicht, daß entweder durch Unser oder durch ihr der thomistischen Schule gezolltes Lob, das Wir durch Unser wiederholtes Urteil bestätigen und bekräftigen, den übrigen katholischen Schulen, die bei der Erklärung der Wirksamkeit der göttlichen Gnade eine von ebendieser verschiedene Auffassung vertreten und deren Verdienste auch gegenüber diesem Heiligen Stuhl vortrefflich sind, irgendwie benommen sei, bei dieser Frage weiterhin die Auffassungen aufrechtzuerhalten, die sie bisher überall, auch im Angesichte dieser segensreichen Stadt, öffentlich und frei gelehrt und verfochten haben.

**2510** § 2. Quamobrem ... prohibemus sub iisdem poenis, ne vel scribendo vel docendo vel disputando vel alia qualibet occasione notam aut censuram ullam theologicam iisdem scholis diversa sentientibus inurere aut earum sententias conviciis et contumeliis incessere audeant, donec de iisdem controversiis haec Sancta Sedes aliquid definiendum ac pronuntiandum censuerit.

§ 2. Deswegen ... untersagen Wir unter denselben Strafen, es zu wagen, schriftlich, in der Lehre, bei Disputation oder bei einer beliebigen anderen Gelegenheit ebendiesen Schulen, die eine abweichende Auffassung vertreten, irgendeine theologische Rüge oder Zensur aufzuerlegen oder ihre Auffassungen mit Vorwürfen und Schmähungen anzugreifen, bis dieser Heilige Stuhl meinte, in bezug auf ebendiese Auseinandersetzungen etwas definieren und verkünden zu sollen.

**2511-2513: Apostolisches Schreiben "In eminenti apostolatus specula", 28. April 1738**

Das an alle Gläubigen gerichtete Dekret scheint das älteste Edikt über die "Freimaurer" zu sein. Benedikt XIV. hat es in der Konstitution *"Providas Romanorum Pontificum"* vom 18. Mai 1751 (Benedikt XIV., *Bullarium* [Rom 1754] 3,214f / [Prati 1846] 3/I ( = Opera omnia 17) 283b–284a / [Mecheln] 8,416f) wieder aufgenommen.

*Ausg.:* BullTau 24,366a–367b / BullCocq 14,236ab / CdICF 1,656f, Nr. 299.

*"Freimaurer"*

( § 1) ... Nobis innotuit longe lateque progredi atque in dies invalescere nonnullas societates, coetus, conventus, collectiones, aggregationes seu conventicula vulgo de "l i b e r i  M u r a t o r i" seu "F r a n c s  M a s s o n s", aut alia quavis nomenclatura pro idiomatum varietate nuncupata, in quibus cuiuscumque religionis et sectae homines, affectata quadam contenti honestatis naturalis specie, arcto aeque ac impervio foedere secundum leges et statuta sibi condita invicem consocientur, quaeque simul clam operantur tum districto iureiurando ad sacra Biblia interposito tum gravium poenarum exaggeratione inviolabili silentio obtegere adstringuntur.

Verum cum ea sit sceleris natura, ut se ipsum prodat et clamorem edat sui indicem, hinc societates seu conventicula praedicta vehementem adeo fidelium mentibus suspicionem ingesserunt, ut iisdem aggregationibus nomen dare apud prudentes et probos idem omnino sit ac pravitatis et perversionis notam incurrere; nisi enim male agerent, tanto nequaquam odio lucem haberent. Qui quidem rumor eo usque percrebuit, ut in plurimis regionibus memoratae societates per saeculi potestates tamquam regnorum securitati adversantes proscriptae ac provide eliminatae iam pridem exstiterint.

(§ 2) Nos itaque
animo volventes gravissima damna, quae ut plurimum ex huiusmodi societatibus seu conventiculis nedum temporalis rei publicae tranquillitati verum etiam spirituali animarum saluti inferuntur atque idcirco tum civilibus tum canonicis minime

(§ 1) ... Uns wurde bekannt, daß einige **2511** Gesellschaften, Vereinigungen, Zusammenkünfte, Versammlungen, Verbindungen bzw. Konventikel, gemeinhin als "F r e i m a u r e r" bzw. "F r a n c s  M a s s o n s" oder entsprechend der Verschiedenheit der Sprachen mit irgendeiner anderen Namensgebung bezeichnet, weit und breit im Vormarsch sind und tagtäglich erstarken; in ihnen verbinden sich Menschen jedweder Religion und Sekte, sich mit geheucheltem Schein natürlicher Ehrbarkeit begnügend, in einem engen und ebenso undurchdringlichen Bündnis nach Gesetzen und für sie abgefaßten Statuten miteinander; und zugleich werden sie sowohl durch einen strengen bei der heiligen Bibel geleisteten Eid als auch durch die Anhäufung schwerer Strafen verpflichtet, was sie heimlich tun, mit unverletzlichem Schweigen zu verhehlen.

Da es aber die Natur des Frevels ist, daß er sich selbst preisgibt und Geschrei von sich gibt, das ihn verrät, deshalb haben die vorgenannten Gesellschaften bzw. Konventikel den Herzen der Gläubigen so heftigen Argwohn eingeflößt, daß ebendiesen Verbindungen beizutreten bei Klugen und Rechtschaffenen genau dasselbe ist wie sich den Makel der Schlechtigkeit und Ruchlosigkeit zuzuziehen; wenn sie nämlich nicht böse handeln würden, würden sie das Licht ⟨der Öffentlichkeit⟩ nicht so sehr hassen. Dieses Gerede hat sich nun so sehr verbreitet, daß in sehr vielen Gegenden die erwähnten Gesellschaften durch die weltlichen Gewalten als die Sicherheit der Reiche beeinträchtigend geächtet und schon längst vorsorglich abgeschafft wurden.

(§ 2) Deshalb bestimmen Wir, **2512** im Herzen die sehr schweren Schäden erwägend, die wie meist aus solchen Gesellschaften bzw. Konventikeln nicht nur der Ruhe des zeitlichen Gemeinwesens, sondern auch dem geistlichen Heil der Seelen zugefügt werden, und daß sie deswegen so-

cohaerere sanctionibus,

cum divino eloquio doceamur, ... vigilandum esse, ne huiusmodi hominum genus veluti fures domum perfodiant, ... ne videlicet simplicium corda pervertant ...,

ad latissimam quae iniquitatibus impune patrandis inde aperiri posset viam obstruendam aliisque de iustis ac rationabilibus causis Nobis notis

easdem societates ... seu conventicula "de' liberi Muratori" seu "Francs Massons" aut alio quocumque nomine appellata de nonnullorum ... cardinalium consilio ac etiam motu proprio ... deque Apostolicae potestatis plenitudine damnanda et prohibenda esse statuimus ...

**2513**    (§ 4) [*Mandantur locorum ordinarii et inquisitores, ut transgressores*] tamquam de haeresi vehementer suspectos condignis poenis puniant.

wohl mit den bürgerlichen als auch mit den kanonischen Strafgesetzen keineswegs in Einklang stehen,
da Wir durch die göttliche Aussage belehrt werden, ... daß man wachen muß, damit keine solche Sorte von Menschen wie Diebe das Haus durchwühlt, ... damit sie nämlich nicht die Herzen der Einfachen verkehren ...,
um den sehr breiten Weg zu verbauen, der dadurch eröffnet werden könnte, um Ungebührlichkeiten ungestraft zu begehen, und aus anderen Uns bekannten triftigen und vernünftigen Gründen
auf Anraten einiger ... Kardinäle und auch aus eigenem Antrieb ... und mit der Fülle Apostolischer Vollmacht, daß ebendiese als "Freimaurer" bzw. "Francs Massons" oder mit was für einem anderen Namen auch immer bezeichneten Gesellschaften ... zu verurteilen und zu verbieten sind ...

(§ 4) [*Die Ortsordinarien und Inquisitoren werden geheißen, Übertreter*] als der Häresie sehr verdächtig mit angemessenen Strafen zu bestrafen.

# BENEDIKT XIV.: 17. Aug. 1740 - 3. Mai 1758

## 2515-2520: Erklärung "Matrimonia quae in locis", 4. Nov. 1741

Die berühmte "benediktinische Erklärung" war zunächst nur für die dem König von Spanien unterstellten vereinigten Provinzen Belgien und Holland bestimmt. Sie wurde später auf andere Gebiete ausgedehnt. Vgl. dazu A. Lehmkuhl, *Theologia moralis* 2 (Freiburg 1914[12]) Nr. 905; ASS 6 (1870) 456; B. Melata, in: AnE 5 (1897) 263-276; 6 (1898) 421-428.
*Ausg.:* Benedikt XIV., *Bullarium* (Mecheln 1826) 1,178-182 (alte Ausg. Bd. 1, Nr. 34) / BullLux 16,52a-53a.

### Heimliche Ehen

**2515**    Matrimonia, quae in locis Foederatorum Ordinum dominio in Belgio subiectis iniri solent sive inter haereticos ex utraque parte, sive inter haereticum ex una parte virum et catholicam feminam ex alia, aut viceversa, non servata forma a sacro Tridentino Concilio praescripta [*Decretum "Tametsi", *1813-1816*], utrum valida habenda sint necne, diu multumque disceptatum est animis hominum ac sententiis in diversa distractis; id quod satis uberem anxietatis ac periculorum sementem per multos annos subministravit ...

Ob Ehen, die entweder zwischen Häretikern auf beiden Seiten oder zwischen einem häretischen Mann auf der einen Seite und einer katholischen Frau auf der anderen, oder umgekehrt, unter Nichtbeachtung der vom heiligen Trienter Konzil vorgeschriebenen Form [*Dekret "Tametsi", *1813-1816*] in Gebieten eingegangen zu werden pflegen, die der Herrschaft der Vereinigten Stände in Belgien unterworfen sind, für gültig zu halten sind oder nicht, wurde lange und vielfach erörtert, wobei die Überzeugungen der Menschen und die Urteile völlig auseinandergingen; dies hat durch viele Jahre hindurch für

eine überreiche Saat an Ängstlichkeit und Gefahren gesorgt ...

(1) ... Sanctissimus Dominus noster ... hanc nuper declarationem et instructionem exarari praecepit, qua veluti certa regula ac norma omnes Belgii antistites, parochi earumque regionum missionarii, et vicarii apostolici deinceps in huiusmodi negotiis uti debeant.

(1) ... Unser heiligster Herr ... gebot neulich, diese Erklärung und Instruktion auszuarbeiten, die alle Bischöfe Belgiens, Pfarrer und Missionare dieser Gegenden sowie Apostolischen Vikare künftig bei solchen Angelegenheiten als sichere Richtschnur und Norm gebrauchen sollen.    **2516**

(2) Primo scilicet, quod attinet ad matrimonia ab haereticis inter se in locis Foederatorum Ordinum dominio subiectis celebrata, non servata forma per Tridentinum praescripta, licet Sanctitas Sua non ignoret, alias in casibus quibusdam particularibus et attentis tunc expositis circumstantiis Sacram Congregationem Concilii pro eorum invaliditate respondisse, aeque tamen compertum habens, nihil adhuc generatim et universe super eiusmodi matrimoniis fuisse ab Apostolica Sede definitum, et alioquin oportere omnino, ad consulendum universis fidelibus in iis locis degentibus et plura avertenda gravissima incommoda, quid generaliter de hisce matrimoniis sentiendum sit declarare:

(2) Was also zunächst Ehen anbelangt, die von Irrgläubigen untereinander in Gebieten, die der Herrschaft der Vereinigten Stände unterworfen sind, unter Nichtbeachtung der durch das Tridentinum vorgeschriebenen Form gefeiert wurden: auch wenn Seine Heiligkeit nicht verkennt, daß sich die Heilige Konzilskongregation anderweitig bei bestimmten besonderen Fällen und nach aufmerksamer Prüfung der jeweils dargelegten Umstände für ihre Ungültigkeit ausgesprochen hat, so weiß Sie doch gleichfalls genau, daß vom Apostolischen Stuhl bisher nichts allgemein und umfassend in bezug auf solche Ehen festgelegt wurde und daß es im übrigen, um für alle Gläubigen, die in diesen Gebieten leben, Sorge zu tragen und zahlreiche äußerst schwere Schäden abzuwenden, durchaus nötig ist zu erklären, was im allgemeinen von diesen Ehen zu halten ist:    **2517**

... declaravit statuitque, matrimonia in dictis Foederatis Belgii provinciis inter haereticos usque modo contracta, quaeque imposterum contrahentur, etiamsi forma a Tridentino praescripta non fuerit in iis celebrandis servata, dummodo aliud non obstiterit canonicum impedimentum, pro validis habenda esse; adeoque si contingat, utrumque coniugem ad catholicae Ecclesiae sinum se recipere, eodem quo antea coniugali vinculo ipsos omnino teneri, etiamsi mutuus consensus coram parocho catholico ab eis non renovetur; sin autem unus tamtum ex coniugibus, sive masculus sive femina, convertatur, neutrum posse, quamdiu alter superstes erit, ad alias nuptias transire.

... Sie erklärte und bestimmte deshalb, daß Ehen, die in den genannten Vereinigten Provinzen Belgiens zwischen Häretikern bis heute geschlossen wurden und die künftig geschlossen werden, auch wenn die vom Tridentinum vorgeschriebene Form bei ihrer Feier nicht gewahrt wurde, solange nur kein anderes kirchenrechtliches Hindernis entgegensteht, für gültig zu halten sind; und zwar so, daß, wenn es geschieht, daß beide Gatten in den Schoß der katholischen Kirche zurückkehren, sie uneingeschränkt durch dasselbe eheliche Band gehalten werden wie zuvor, auch wenn das gegenseitige Einverständnis von ihnen nicht vor einem katholischen Pfarrer erneuert wird; wenn sich aber nur einer von den Gatten - sei es der Mann oder die Frau - bekehrt, so kann keiner von beiden, solange der andere noch am Leben ist, eine andere Ehe eingehen.

(3) Quod vero spectat ad ea coniugia, quae pariter in iisdem Foederatis Belgii provinciis

(3) Was aber jene Ehen betrifft, die gleichfalls in denselben Vereinigten Provinzen Bel-    **2518**

absque forma a tridentino statuta contrahuntur a catholicis cum haereticis, sive catholicus vir haereticam feminam in matrimonium ducat, sive catholica femina haeretico viro nubat: dolens imprimis quam maxime Sanctitas Sua, eos esse inter catholicos, qui insano amore turpiter dementati ab hisce detestabilibus conubiis, quae sancta mater Ecclesia perpetuo damnavit atque interdixit, ex animo non abhorrent et prorsus sibi abstinendum non ducunt, ... [*animarum pastores*] serio graviterque hortatur et monet, ut catholicos utriusque sexus ab huiusmodi nuptiis in propriarum animarum perniciem ineundis quantum possint absterreant, easdemque nuptias omni meliore modo intervertere atque efficaciter impedire satagant.

At si forte aliquod huius generis matrimonium, Tridentini forma non servata, ibidem contractum iam sit, aut in posterum (quod Deus avertat) contrahi contingat, declarat Sanctitas Sua, matrimonium huiusmodi, alio non occurrente canonico impedimento, validum habendum esse, et neutrum ex coniugibus, donec alter eorum supervixerit, ullatenus posse sub obtentu dictae formae non servatae novum matrimonium inire; id vero debere sibi potissime in animum inducere coniugem catholicum, sive virum sive feminam, ut pro gravissimo scelere quod admisit, paenitentiam agat ac veniam a Deo precetur, coneturque pro viribus alterum coniugem a vera fide deerrantem ad gremium catholicae Ecclesiae pertrahere eiusque animam lucrari, quod porro ad veniam de patrato crimine impetrandam opportunissimum foret, sciens de cetero, ut mox dictum est, se istius matrimonii vinculo perpetuo ligatum iri.

**2519**    (4) [*Idem valet*] ... etiam de similibus matrimoniis extra fines dominii eorundem Foederatorum Ordinum contractis ab iis, qui addicti sunt legionibus seu militaribus copiis, quae ab iisdem Foederatis Ordinibus trans-

giens ohne die vom Tridentinum festgelegte Form von Katholiken mit Häretikern geschlossen werden, sei es, daß ein katholischer Mann eine häretische Frau heiratet oder eine katholische Frau einen häretischen Mann heiratet: so empfindet Seine Heiligkeit vor allem darüber größten Schmerz, daß es unter den Katholiken solche gibt, die, von wahnsinniger Liebe schändlich betört, nicht von Herzen vor diesen verabscheuungswürdigen Ehen, die die heilige Mutter Kirche stets verurteilt und untersagt hat, zurückschrecken und nicht meinen, sich ihrer gänzlich enthalten zu sollen; ... sie fordert daher [*die Seelenhirten*] ernsthaft und nachdrücklich auf und ermahnt sie, die Katholiken beiderlei Geschlechts so sehr wie möglich davon abzuschrecken, solche Ehen zum Verderben der eigenen Seelen einzugehen, und sich zu bemühen, ebensolche Eheschließungen auf jede geeignete Weise zu hintertreiben und wirksam zu verhindern.

Aber wenn eine derartige Ehe unter Nichtbeachtung der Form des Tridentinums ebenda schon geschlossen wurde oder künftig (was Gott verhüte) geschlossen werden sollte, so erklärt Seine Heiligkeit, daß eine derartige Ehe, wenn sich kein anderes kirchenrechtliches Hindernis entgegenstellt, für gültig zu halten ist und daß keiner von den Gatten, solange der andere von ihnen noch am Leben ist, in irgendeiner Hinsicht unter dem Vorwand der Nichtbeachtung der erwähnten Form eine neue Ehe eingehen kann; das aber muß sich der katholische Gatte – sei es der Mann oder die Frau – vor allem zu Herzen nehmen, daß er für das äußerst schwere Vergehen, das er begangen hat, Buße tue, von Gott Verzeihung erbitte und nach Kräften versuche, den vom wahren Glauben abirrenden anderen Gatten in den Schoß der katholischen Kirche zu ziehen und seine Seele zu gewinnen – was auch höchst vorteilhaft sein wird, um Verzeihung für die begangene Untat zu erlangen –, im übrigen wissend, wie sodann gesagt wurde, daß er durch das Band dieser Ehe stets gebunden sein wird.

(4) [*Dasselbe gilt*] ... auch von ähnlichen Ehen, die außerhalb des Herrschaftsgebietes derselben Vereinigten Stände von solchen geschlossen wurden, die Heeren bzw. militärischen Truppen angehören, die von denselben

mitti solent ad custodiendas muniendasque arces conterminas vulgo dictas di Barriera: ita quidem, ut matrimonia ibi praeter Tridentini formam sive inter haereticos utrimque sive inter catholicos et haereticos inita valorem suum obtineant, dummodo uterque coniux ad easdem copias sive legiones pertineat. ...

(5) Tandem circa coniugia, quae contrahuntur vel in regionibus principum catholicorum ab iis, qui in provinciis Foederatis domicilium habent, vel in Foederatis provinciis ab habentibus domicilium in regionibus catholicorum principum, nihil Sanctitas Sua de novo decernendum aut declarandum esse duxit, volens, ut de iis iuxta canonica iuris communis principia probatasque in similibus casibus alias editas a Sacra Congregatione Concilii resolutiones, ubi disputatio contingat, decidatur, et ita declaravit statuitque ac ab omnibus in posterum servari praecepit.

Vereinigten Ständen ⟨über die Grenzen⟩ hinübergeschickt zu werden pflegen, um die Grenzbefestigungen ⟨ital. barriera = Schranke, Grenze⟩ zu bewachen und zu beschützen: und zwar so, daß Ehen, die dort ohne die Form des Tridentinums – sei es zwischen Häretikern auf beiden Seiten oder zwischen Katholiken und Häretikern – eingegangen wurden, ihre Gültigkeit behalten, solange nur jeder der beiden Gatten zu ebendiesen Truppen bzw. Heeren gehört. ...

(5) Was schließlich Ehen betrifft, die ge- **2520** schlossen werden entweder in Gebieten katholischer Fürsten von solchen, die ihren Wohnsitz in den Vereinigten Provinzen haben, oder in den Vereinigten Provinzen von solchen, die ihren Wohnsitz in Gebieten katholischer Fürsten haben, so meinte Seine Heiligkeit nichts Neues entscheiden oder erklären zu sollen; Sie will nämlich, daß, wenn sich darüber eine Meinungsverschiedenheit ergibt, gemäß den kanonischen Prinzipien des allgemeinen Rechts und den bewährten Entschließungen, die von der Heiligen Konzilskongregation in ähnlichen Fällen anderweitig ergangen sind, entschieden werde, und Sie erklärte, bestimmte und gebot, daß es künftig von allen so beachtet werde.

## 2522-2524: Konstitution "Etsi pastoralis" für die Italo-Griechen, 26. Mai 1742

Diese Konstitution wiederholt einige Passagen aus der Instruktion "*Presbyteri Graeci*" vom 30. Aug. 1595 (vgl. \*1990-1992) und aus dem Brief "*Sub catholicae*" vom 6. März 1254, in dem Innozenz IV. darauf besteht, daß die Firmung allein von griechischen Bischöfen gespendet wird (vgl. \*381).
*Ausg.:* Benedikt XIV., *Bullarium* (Mechen) 1,354 352f (alte Ausg. Bd. 1, Nr. 57) / CollLac 2,510d-511c / CollPF² 1,121f, Nr. 338.

### *Das Sakrament der Firmung*

§ 3 (n. 1). Episcopi Latini infantes seu alios in suis dioecesibus baptizatos a presbyteris Graecis chrismate in fronte consignatos absolute confirment, cum neque per praedecessores Nostros neque per Nos Graecis presbyteris in Italia et insulis adiacentibus, ut infantibus baptizatis sacramentum confirmationis conferant, facultas concessa sit aut concedatur; quin immo usque ab anno 1595 a felicis recordationis Clemente VIII, praedecessore Nostro, fuit presbyteris Italo-Graecis expresse interdictum, ne baptizatos chrismate consignent [ *\*1990*].

§ 3 (Nr. 1). Die lateinischen Bischöfe sol- **2522** len Kinder oder andere in ihren Diözesen Getaufte, die von griechischen Priestern mit Chrisam an der Stirn bezeichnet wurden, ohne Bedingung firmen; denn weder durch Unsere Vorgänger noch durch Uns wurde oder wird den griechischen Priestern in Italien und den umliegenden Inseln die Erlaubnis erteilt, getauften Kindern das Sakrament der Firmung zu spenden; ja, vom Jahre 1595 an war den italo-griechischen Priestern sogar von Unserem Vorgänger seligen Angedenkens Clemens VIII. ausdrücklich untersagt worden, Getaufte mit Chrisam zu bezeichnen [ *\*1990*].

2523     (n. 4) Quamvis confirmati a simplici sacerdote cogendi non sunt eiusmodi confirmationis sacramentum ab episcopo suscipere, si ex tali coactione scandala oriri possent: cum sacramentum confirmationis eiusmodi necessitatem non habeat, ut sine eo salvus quis esse non possit, monendi tamen sunt ab Ordinariis locorum, eos gravis peccati reatu teneri, si cum possunt ad confirmationem accedere, illam renuunt ac negligunt.

(Nr. 4) Obwohl von einem einfachen Priester Gefirmte nicht zu zwingen sind, das Sakrament dieser Firmung von einem Bischof zu empfangen, wenn sich aus einem solchen Zwang Ärgernisse ergeben könnten (denn das Sakrament der Firmung hat keine derartige Notwendigkeit, daß einer ohne es nicht gerettet werden könnte), so sind sie dennoch von den Ortsordinarien daran zu erinnern, daß sie sich in der Schuld schwerer Sünde befinden, falls sie, wenn sie zur Firmung hinzutreten können, diese verweigern oder versäumen.

*Letzte Ölung*

2524     § 5 (n. 2) Infirmis ... unctio exhibeatur extrema. (n. 3) Nec refert, utrum eadem extrema unctio per unum vel plures presbyteros fiat, ubi huiusmodi viget consuetudo; dummodo credant et asserant, illud sacramentum, servata debita materia et forma, ab uno presbytero valide et licite confici. (n. 4) Idem sacerdos materiam adhibere formamque pronuntiare respective debet; ac propterea qui ungit, idem dicat formam respondentem, nec alius unget et alius formam pronuntiet.

§ 5 (Nr. 2) Kranken ... soll die Letzte Ölung gespendet werden. (Nr. 3) Es ist auch nicht von Belang, ob ebendiese Letzte Ölung durch e i n e n oder mehrere Priester geschieht, wo ein solcher Brauch üblich ist, solange sie nur glauben und bejahen, daß dieses Sakrament bei Wahrung der gebührenden Materie und Form von e i n e m Priester gültig und erlaubt vollzogen wird. (Nr. 4) Derselbe Priester muß jeweils die Materie anwenden und die Form aussprechen; und deswegen muß derselbe, der salbt, die entsprechende Form sagen, und es darf nicht der eine salben und der andere die Form aussprechen.

## 2525–2540: Konstitution "Nuper ad Nos", 16. März 1743

In dieser Bulle wird Simon Evodius, Erzbischof von Damaskus, der auf den Patriarchatsstuhl der Maroniten zu Antiochien erhoben wurde, das Glaubensbekenntnis nach der Formel Urbans VIII. von 1642 abverlangt.
*Ausg.:* Benedikt XIV., *Bullarium* (Mechelen) 2,82–87 (alte Ausg. Bd. 1, Nr. 78) / BullLux 16,148b–149b / CollPF² 2,124–126, Nr. 1496 Anm.

*Das den Orientalen vorgeschriebene Glaubensbekenntnis*

2525     § 5. ... Ego N. firma fide credo et profiteor omnia et singula quae continentur in Symbolo fidei, quo sancta Romana Ecclesia utitur, videlicet: Credo in unum Deum ... [*Symbolum Constantinopolitanum,   *150  vel  *1862*].

§ 5. ... Ich, N.N., glaube und bekenne in festem Glauben samt und sonders, was im Bekenntnis des Glaubens enthalten ist, das die heilige Römische Kirche verwendet, nämlich: Ich glaube an den einen Gott ... [*Bekenntnis von Konstantinopel, *150 oder *1862*].

2526     Veneror etiam et suscipio u n i v e r s a l e s  S y n o d o s, prout sequitur, videlicet: N i c a en a m   p r i m a m [**125–129*], et profiteor, quod in ea c o n t r a  A r i u m  damnatae memoriae definitum est, Dominum Iesum Christum esse Filium Dei ex Patre natum unigenitum,

Ich verehre auch und anerkenne d i e  a l lg e m e i n e n  K o n z i l i e n, wie folgt, nämlich: das erste ⟨Konzil⟩ von N i k a i a [**125–129*], und bekenne, was auf ihm gegen A r i u s unseligen Angedenkens festgelegt wurde, ⟨nämlich⟩ daß der Herr Jesus

id est ex substantia Patris natum, non factum, consubstantialem Patri, atque impias illas voces recte in eadem Synodo damnatas esse, 'quod aliquando non fuerit', aut 'quod factus sit ex iis, quae non sunt, aut ex alia substantia vel essentia', aut 'quod sit mutabilis vel convertibilis Filius Dei'.

Constantinopolitanam primam [*150s], secundam in ordine, et profiteor, quod in ea contra Macedonium damnatae memoriae definitum est, Spiritum Sanctum non esse servum, sed Dominum, non creaturam, sed Deum, ac unam habentem cum Patre et Filio deitatem.

Ephesinam primam [*250-268], tertiam in ordine, et profiteor, quod in ea contra Nestorium damnatae memoriae definitum est, divinitatem et humanitatem ineffabili et incomprehensibili unione in una persona Filii Dei unum nobis Iesum Christum constituisse, eaque de causa beatissimam Virginem vere esse Dei genitricem.

Chalcedonensem [*300-305], quartam in ordine, et profiteor, quod in ea contra Eutychen et Dioscorum, ambos damnatae memoriae, definitum est, unum eundemque Filium Dei Dominum nostrum Iesum Christum perfectum esse in deitate, et perfectum in humanitate, Deum verum, et hominem verum ex anima rationali et corpore, consubstantialem Patri secundum deitatem, eundem consubstantialem nobis secundum humanitatem, per omnia nobis similem absque peccato; ante saecula quidem de Patre genitum secundum deitatem, in novissimis autem diebus eundem propter nos et propter nostram salutem ex Maria Virgine Dei genitrice secundum humanitatem; unum eundemque Christum Filium Dominum unigenitum in duabus naturis inconfuse, immutabiliter, indivise, inseparabiliter agnoscendum, nusquam sublata differentia naturarum propter unionem, magisque salva proprietate utriusque naturae in unam personam atque

Christus der Sohn Gottes ist, der als Einziggeborener aus dem Vater geboren wurde, das heißt, aus der Substanz des Vaters geboren, nicht geschaffen, wesensgleich dem Vater, und daß jene gottlosen Aussagen auf ebendiesem Konzil zurecht verurteilt wurden, ⟨nämlich⟩ 'daß er einmal nicht war', oder 'daß er geschaffen wurde aus dem, was nicht ist, oder aus einer anderen Substanz bzw. Wesenheit', oder 'daß der Sohn Gottes veränderlich bzw. wandelbar ist'.

**2527** Das erste ⟨Konzil⟩ von Konstantinopel [*150-151], das zweite in der Reihenfolge, und bekenne, was auf ihm gegen Macedonius unseligen Angedenkens festgelegt wurde, ⟨nämlich⟩ daß der Heilige Geist nicht Knecht ist, sondern Herr, nicht Geschöpf, sondern Gott, und daß er eine Gottheit mit dem Vater und dem Sohn hat.

**2528** Das erste ⟨Konzil⟩ von Ephesus [*250-268], das dritte in der Reihenfolge, und bekenne, was auf ihm gegen Nestorius unseligen Angedenkens festgelegt wurde, ⟨nämlich⟩ daß Gottheit und Menschheit in der unaussprechlichen und unfaßbaren Einung in der einen Person des Sohnes Gottes uns den einen Jesus Christus gebildet haben, und daß aus diesem Grund die seligste Jungfrau wahrhaftig Gottesgebärerin ist.

**2529** Das ⟨Konzil⟩ von Chalkedon [*300-305], das vierte in der Reihenfolge, und bekenne, was auf ihm gegen Eutyches und Dioskur, beide unseligen Angedenkens, festgelegt wurde, ⟨nämlich⟩ daß ein und derselbe Sohn Gottes, unser Herr Jesus Christus, vollkommen ist in der Gottheit und vollkommen in der Menschheit, wahrer Gott und wahrer Mensch aus vernunftbegabter Seele und Leib, wesensgleich dem Vater der Gottheit nach, derselbe wesensgleich uns der Menschheit nach, in allem uns gleich außer der Sünde; derselbe nämlich wurde vor den Zeiten vom Vater gezeugt der Gottheit nach, in den letzten Tagen aber unsertwegen und um unseres Heiles willen aus Maria, der Jungfrau, der Gottesgebärerin, der Menschheit nach; ein und derselbe Christus, der Sohn, der einziggeborene Herr, ist in zwei Naturen unvermischt, unveränderlich, ungeteilt und untrennbar anzuerkennen, wobei nirgends der Unterschied der Naturen wegen

substantiam concurrente, non in duas personas partitum aut divisum, sed unum eundemque Filium et Unigenitum Deum Verbum
Dominum Iesum Christum;

item eiusdem Domini nostri Iesu Christi
divinitatem, secundum quam consubstantialis est Patri et Spiritu Sancto, impassibilem
esse et immortalem, eundem autem crucifixum et mortuum tantummodo secundum
carnem, ut pariter definitum est in dicta Synodo et in epistola sancti Leonis Romani
Pontificis [cf. *290-295], cuius ore beatum
Petrum Apostolum locutum esse Patres in eadem Synodo acclamaverunt, per quam definitionem damnatur impia haeresis illorum,
qui Trisagio ab angelis tradito et in praefata
Chalcedonensi Synodo decantato: 'Sanctus
Deus, sanctus fortis, sanctus immortalis, miserere nobis' [cf. Is 6,3], addebant: 'qui crucifixus es pro nobis' atque adeo divinam naturam trium personarum passibilem asserebant et mortalem.

**2530** Constantinopolitanam secundam
[*421-438], quintam in ordine in qua praefatae Chalcedonensis Synodi definitio renovata
est.

**2531** Constantinopolitanam tertiam
[*550-559], sextam in ordine, et profiteor,
quod in ea contra Monothelitas definitum est, in uno eodemque Domino nostro
Iesu Christo duas esse naturales voluntates et
duas naturales operationes indivise, inconvertibiliter, inseparabiliter, inconfuse, et humanam eius voluntatem non contrariam, sed
subiectam divinae eius atque omnipotenti voluntati.

**2532** Nicaenam secundam [*600-609], sep-
timam in ordine, et profiteor, quod in ea
contra Iconoclastas definitum est, imagines Christi ac Deiparae Virginis, necnon
aliorum Sanctorum habendas et retinendas
esse, atque eis debitum honorem et veneratio-

der Einung aufgehoben ist, vielmehr die unversehrte Eigentümlichkeit beider Naturen
zu einer Person und Substanz zusammenkommt; er ist nicht in zwei Personen geteilt
oder getrennt, sondern ein und derselbe Sohn
und Einziggeborene, Gott, das Wort, der Herr
Jesus Christus;

ebenso, daß die Gottheit desselben Jesus
Christus, unseres Herrn, in der er dem Vater
und dem Heiligen Geist wesensgleich ist, leidensunfähig und unsterblich ist, derselbe
aber gekreuzigt wurde und gestorben ist lediglich seinem Fleisch nach, wie es in gleicher Weise auf dem genannten Konzil und
im Brief des heiligen Römischen Bischofs
Leo [vgl. *290-295] definiert wurde, durch
dessen Mund der selige Apostel Petrus gesprochen hat, wie die Väter auf demselben
Konzil ausriefen; durch diese Definition
wird die gottlose Häresie jener verurteilt, die
dem von den Engeln überlieferten und auf
dem vorgenannten Konzil von Chalkedon
gesungenen Trishagion: 'Heiliger Gott, heiliger Starker, heiliger Unsterblicher, erbarme
Dich unser' [vgl. Jes 6,3], hinzufügten: 'der
Du für uns gekreuzigt wurdest' und dadurch
behaupteten, die göttliche Natur der drei Personen sei leidensfähig und sterblich.

Das zweite ⟨Konzil⟩ von Konstantinopel [*421-438], das fünfte in der
Reihenfolge, auf dem die Definition des
vorgenannten Konzils von Chalkedon erneuert wurde.

Das dritte ⟨Konzil⟩ von Konstantinopel [*550-559], das sechste in der
Reihenfolge, und bekenne, was auf ihm gegen die Monotheleten festgelegt wurde,
⟨nämlich⟩ daß in ein und demselben Jesus
Christus, unserem Herrn, zwei natürliche
Willen und zwei natürliche Tätigkeiten ungeteilt, unveränderlich, untrennbar und unvermischt sind, und daß sein menschlicher
Wille seinem göttlichen und allmächtigen
Willen nicht entgegengesetzt, sondern unterworfen ist.

Das zweite ⟨Konzil⟩ von Nikaia
[*600-609], das siebte in der Reihenfolge,
und bekenne, was auf ihm gegen die Ikonoklasten festgelegt wurde, ⟨nämlich⟩ daß
man Bilder von Christus und der jungfräulichen Gottesgebärerin sowie der anderen Hei-

nem impertiendam.

Constantinopolitanam quartam [*650-664*], octavam in ordine, et profiteor, in ea Photium merito fuisse damnatum et sanctum Ignatium Patriarcham restitutum.

Veneror etiam et suscipio omnes alias universales Synodos auctoritate Romani Pontificis legitime celebratas et confirmatas, et praesertim Florentinam Synodum [*1300-1353*]; et profiteor, quae in ea definita sunt ...

ligen haben, an ihnen festhalten und ihnen die schuldige Achtung und Verehrung zuteil werden lassen soll.

Das vierte ⟨Konzil⟩ von Konstantinopel [*650-664*], das achte in der Reihenfolge, und bekenne, daß auf ihm Photius zurecht verurteilt und der heilige Ignatius als Patriarch wiedereingesetzt wurde.

Ich verehre auch und anerkenne alle anderen allgemeinen Konzilien, die unter der Autorität des Römischen Bischofs rechtmäßig abgehalten und von ihr bestätigt wurden, insbesondere das Konzil von Florenz [*1300-1353*]; und ich bekenne, was auf ihm festgelegt wurde ...

2533

2534

[*Das Folgende ist teils wörtlich, teils in Auszügen zitiert aus dem Unionsdekret für die Griechen und aus dem Dekret für die Armenier des Konzils von Florenz*].

Pariter veneror et suscipio Tridentinam Synodum [*1500-1835*], et profiteor, quae in ea definita et declarata sunt, et praesertim offerri Deo in Missa verum, proprium et propitiatorium sacrificium, pro vivis et defunctis, atque in sanctissimo Eucharistiae sacramento, iuxta fidem, quae semper in Ecclesia Dei fuit, contineri vere, realiter et substantialiter corpus et sanguinem una cum anima et divinitate Domini nostri Iesu Christi ac proinde totum Christum, fierique conversionem totius substantiae panis in corpus et totius substantiae vini in sanguinem, quam conversionem catholica Ecclesia aptissime transsubstantiationem appellat, et sub unaquaque specie, et singulis cuiusque speciei partibus, separatione facta, totum Christum contineri.

In gleicher Weise verehre und anerkenne ich das Konzil von Trient [*1500-1835*] und bekenne, was auf ihm festgelegt und erklärt wurde, insbesondere, daß Gott in der Messe das wahre, eigentliche und versöhnende Opfer für Lebende und Verstorbene dargebracht wird, und daß im heiligsten Sakrament der Eucharistie entsprechend dem Glauben, der immer in der Kirche Gottes herrschte, wahrhaftig, wirklich und substanzhaft der Leib und das Blut zusammen mit der Seele und Göttlichkeit unseres Herrn Jesus Christus und demgemäß der ganze Christus enthalten ist und die Wandlung der gesamten Substanz des Brotes in den Leib und der gesamten Substanz des Weines in das Blut geschieht, die Wandlung, die die katholische Kirche treffend Wesensverwandlung nennt, und daß unter jeder der beiden Gestalten und, nach erfolgter Teilung, unter den einzelnen Teilen jeder der beiden Gestalten der ganze Christus enthalten ist.

2535

Item septem esse Novae Legis sacramenta a Christo Domino nostro instituta ad salutem humani generis, quamvis non omnia singulis necessaria, videlicet baptismum, confirmationem, Eucharistiam, paenitentiam, extremam unctionem, ordinem et matrimonium: illaque gratiam conferre, et ex his baptismum, confirmationem et ordinem (sine sacrilegio) iterari non posse.

Ebenso, daß die sieben Sakramente des Neuen Gesetzes von Christus, unserem Herrn, zum Heil des Menschengeschlechts eingesetzt wurden, ohne daß für jeden einzelnen alle notwendig wären, nämlich die Taufe, die Firmung, die Eucharistie, die Buße, die Letzte Ölung, die Weihe und die Ehe: und daß sie Gnade verleihen und von diesen die Taufe, die Firmung und die Weihe (ohne Sakrileg) nicht wiederholt werden können.

2536

Item baptismum esse necessarium ad salutem, ac proinde, si mortis periculum immineat, mox sine ulla dilatione conferendum esse, et a quocumque et quandocumque sub debita materia et forma et intentione collatum esse validum.

Item sacramenti matrimonii vinculum indissolubile esse, et quamvis propter adulterium, haeresim aut alias causas possit inter coniuges thori et cohabitationis separatio fieri, non tamen illis aliud matrimonium contrahere fas esse.

**2537**     Item apostolicas et ecclesiasticas t r a d i t i o n e s suscipiendas esse et venerandas. I n d u l g e n t i a r u m etiam potestatem a Christo Ecclesiae relictam fuisse, illarumque usum christiano populo maxime salutarem esse.

**2538**     Pariter, quae de p e c c a t o  o r i g i n a l i, de i u s t i f i c a t i o n e, de s a c r o r u m  l i b r o r u m tam Veteris quam Novi Testamenti indice et interpretatione in praefata Tridentina Synodo definita sunt, suscipio et profiteor.

**2539**     [*Iussu Leonis XIII, Decreto S. Congregationis de Propaganda Fide, 16. Iul. 1878, hic additur:* Item veneror et suscipio oecumenicam S y n o d u m  V a t i c a n a m atque omnia ab eadem tradita, definita et declarata, praesertim de R o m a n i  P o n t i f i c i s  p r i m a t u ac de eius i n f a l l i b i l i  m a g i s t e r i o, firmissime amplector et profiteor.]

**2540**     Cetera item omnia suscipio et profiteor, quae recipit et profitetur sancta Romana Ecclesia, simulque contraria omnia, et schismata et haereses ab eadem Ecclesia damnatas, reiectas et anathematizatas ego pariter damno, reicio et anathematizo. Insuper Romano Pontifici, beati Petri principis Apostolorum successori ac Iesu Christi vicario, veram oboedientiam spondeo ac iuro.

Ebenso, daß die Taufe notwendig ist zum Heil, daß sie dementsprechend, wenn Todesgefahr droht, sofort unverzüglich zu spenden ist, und daß sie, von wem auch immer und wann auch immer sie mit der gehörigen Materie und in der gehörigen Form und Absicht gespendet wurde, gültig ist.

Ebenso, daß das Band des Ehesakraments unauflöslich ist und, obwohl wegen Ehebruch, Häresie oder anderen Gründen zwischen den Gatten eine Trennung der Bett- und Wohngemeinschaft erfolgen kann, diese dennoch keine andere Ehe eingehen dürfen.

Ebenso, daß die apostolischen und kirchlichen Ü b e r l i e f e r u n g e n anzuerkennen und in Ehren zu halten sind. Auch, daß der Kirche von Christus die Vollmacht über A b l ä s s e überlassen worden ist und deren Gebrauch für das christliche Volk äußerst heilsam ist.

In gleicher Weise anerkenne und bekenne ich, was auf dem vorgenannten Konzil von Trient über die U r s ü n d e, über die R e c h t f e r t i g u n g und über das Verzeichnis und die Auslegung der heiligen B ü c h e r sowohl des Alten als auch des Neuen Testamentes festgelegt wurde.

[*Auf Geheiß Leos XIII., laut Dekret der Hl. Kongregation zur Verbreitung des Glaubens vom 16. Juli 1878, wird an dieser Stelle hinzugefügt:* Ebenso verehre und anerkenne ich das ökumenische V a t i k a n i s c h e  K o n z i l und nehme unumstößlich an und bekenne alles, was von ebendiesem überliefert, festgelegt und erklärt wurde, insbesondere über den P r i m a t  d e s  R ö m i s c h e n  B i s c h o f s und über sein u n f e h l b a r e s  L e h r a m t.]

Ebenso anerkenne und bekenne ich alles übrige, was die heilige Römische Kirche annimmt und bekennt, und gleichzeitig verurteile, verwerfe und belege ich in gleicher Weise mit dem Anathema alles, was ⟨dem⟩ entgegengesetzt ist, sowohl die Schismen als auch die Häresien, wie sie von ebendieser Kirche verurteilt, verworfen und mit dem Anathema belegt wurden. Darüber hinaus gelobe und schwöre ich dem Römischen Bischof, dem Nachfolger des seligen Apostelfürsten Petrus und Stellvertreter Jesu Christi, wahren Gehorsam.

Hanc fidem catholicae Ecclesiae, extra quam nemo salvus esse potest, ... [*ut in professione fidei Tridentina, *1870*].

Diesen Glauben der katholischen Kirche, außerhalb derer niemand gerettet werden kann, ... [*wie im Glaubensbekenntnis von Trient, *1870*].

## 2543-2544: Breve "Suprema omnium Ecclesiarum", 7. Juli 1745

Dieses Breve richtet sich gegen Mißbräuche bei der Beichte vor allem in Portugal, die auch in der Konstitution "*Ubi primum*" vom 2. Juli 1746 (Benedikt XIV., *Bullarium* [Mecheln] 4,117-127) verurteilt wurden. Benedikt XIV. erklärte, daß seine Entscheidung eine "an allen Orten und zu allen Zeiten" ("ubique locorum ac temporum") gültige, allgemeine Definition sei (Konstitution "*Ad eradicandam pravum*" vom 28. Sept. 1746; Benedikt XIV., *Bullarium* [Mecheln] 4,303-307).

*Ausg.:* Benedikt XIV., *Bullarium* (Mecheln) 3,178f (alte Ausg. Bd. 1, Nr. 134) / BullLux 16,305ab.

### Der Name des Komplizen darf nicht erfragt werden

(1) Pervenit ... haud ita pridem ad aures Nostras, nonnullos istarum partium confessarios falsa zeli imagine seduci se passos, sed a zelo secundum scientiam [*cf. Rm 10,2*] longe aberrantes, perversam quandam et perniciosam praxim in audiendis Christi fidelium confessionibus et in saluberrimo paenitentiae sacramento administrando invehere atque introducere coepisse: ut videlicet, si forte in paenitentes incidissent socium criminis habentes, ab iisdem paenitentibus socii huiusmodi seu complicis nomen passim exquirerent, atque ad illud sibi revelandum non inducere modo suadendo conarentur, sed quod detestabilius est, denuntiata quoque, nisi revelarent, absolutionis sacramentalis negatione prorsus adigerent atque compellerent; immo etiam complicis eiusdem nedum nomen, sed habitationis insuper locum sibi exigerent designari;

(1) Vor nicht so langer Zeit gelangte ... zu Unseren Ohren, daß einige Beichtväter in dieser Gegend, die zuließen, daß sie durch eine falsche Vorstellung von Eifer verführt werden, aber vom Eifer in der Erkenntnis [*vgl. Röm 10,2*] weit abirren, eine verkehrte und verderbliche Praxis beim Hören von Beichten der Christgläubigen und bei der Spendung des heilsamsten Sakramentes der Buße einzusetzen und einzuführen begonnen haben: daß sie nämlich, wenn sie einmal auf Beichtende gestoßen sind, die einen Gefährten beim Vergehen hatten, von ebendiesen Beichtenden gemeinhin den Namen dieses Gefährten bzw. Komplizen erfragen und ⟨sie⟩ nicht nur durch Zureden dazu zu bringen versuchen, ihnen diesen zu offenbaren, sondern – was noch abscheulicher ist – ⟨sie⟩ auch unter Androhung der Verweigerung der sakramentalen Lossprechung, wenn sie ⟨ihn⟩ nicht offenbaren, geradezu drängen und nötigen; ja, sie fordern sogar, daß ihnen nicht nur der Name ebendieses Komplizen, sondern überdies auch noch sein Wohnort angegeben werde;

quam illi quidem intolerandam imprudentiam tum procurandae complicis correctionis aliorumque bonorum colligendorum specioso praetextu colorare, tum emendicatis quibusdam doctorum opinionibus defendere non dubitarent; cum revera opiniones huiusmodi vel falsas et erroneas sequendo, vel veras et sanas male applicando, perniciem tam suis quam paenitentium animabus consciscerent, ac sese praeterea plurium gravium damnorum, quae inde facile consecutura fore praevidere debuerant, reos coram Deo aeterno iudice constituerent. ...

jene nun zögern nicht, diese nicht zu duldende Unklugheit sowohl mit dem schillernden Vorwand der zu besorgenden Zurechtweisung des Komplizen und anderer zu erlangender Güter zu verbrämen als auch durch einige weit hergeholte Meinungen von Lehrern zu verteidigen, während sie doch in Wahrheit, indem sie diese Meinungen entweder als falsche und irrige vertreten oder als wahre und gesunde falsch anwenden, sowohl ihren eigenen Seelen als auch denen der Beichtenden Verderben zufügen und sich außerdem vor Gott, dem ewigen Richter, zahl-

2543

reicher schwerer Schäden schuldig machen, von denen sie hätten vorhersehen müssen, daß sie daraus leicht folgen würden. ...

2544    (3) [*Censura:*] Nos autem, ne in tam gravi animarum discrimine ulla ex parte Apostolico Nostro ministerio deesse videamur, neve mentem hac super re Nostram apud vos obscuram aut ambiguam esse sinamus: notum vobis esse volumus, memoratam superius praxim penitus reprobandam esse, eandemque a Nobis per praesentes Nostras in forma Brevis litteras reprobari atque damnari tamquam scandalosam et perniciosam, ac tam famae proximorum quam ipsi etiam sacramento iniuriosam, tendentemque ad sacrosancti sigilli sacramentalis violationem atque ab eiusdem paenitentiae sacramenti tantopere proficuo et necessario usu fideles abalienantem.

(3) [*Zensur:*] Damit Wir aber nicht in einer so schweren Gefahr für die Seelen in irgendeiner Hinsicht Uns Unserem Apostolischen Dienst zu versagen scheinen und nicht zulassen, daß Unsere diesbezügliche Ansicht bei Euch dunkel und zweifelhaft sei: ⟨deshalb⟩ wollen Wir, daß es Euch bekannt sei, daß die weiter oben erwähnte Praxis völlig zu verwerfen ist und daß sie von Uns durch Unser vorliegendes Schreiben in Form eines Breves verworfen und verurteilt wird als anstößig und verderblich, sowohl dem guten Ruf der Nächsten als auch dem Sakrament selbst schädlich, zur Verletzung des hochheiligen sakramentalen ⟨Beicht⟩siegels neigend und die Gläubigen dem so sehr nützlichen und notwendigen Gebrauch ebendieses Sakramentes der Buße entfremdend.

### 2546-2550: Enzyklika "Vix pervenit" an die Bischöfe Italiens, 1. Nov. 1745

Diese Enzyklika geht auf eine Theologenkommission zurück, die am 4. Juli 1745 einberufen wurde und auf den Sitzungen vom 18. Juli und 1. Aug. ihre Ergebnisse vorlegte.

*Ausg.:* Benedikt XIV., *Bullarium* (Mecheln) 3,269-272 (alte Ausg. Bd. 1, Nr. 143) / BullLux 16,328ab / CollPF² 2,61f, Nr. 1393 Anm. (innerhalb einer Instruktion der Kongregation für die Glaubensverbreitung aus dem Jahre 1873).

*Zinsnahme*

2546    (§ 3) 1. [*Conceptus usurae:*] Peccati genus illud, quod usura vocatur, quodque in contractu mutui propriam suam sedem et locum habet, in eo est repositum, quod quis ex ipsomet mutuo, quod suapte natura tantundem dumtaxat reddi postulat, quantum receptum est, plus sibi reddi velit, quam est receptum, ideoque ultra sortem lucrum aliquod, ipsius ratione mutui, sibi deberi contendat. Omne propterea huiusmodi lucrum, quod sortem superet, illicitum et usurarium est.

(§ 3) 1. [*Begriff der Zinsnahme:*] Jene Art der Sünde, die Zinsnahme genannt wird und die ihren eigentlichen Platz und Ort im Leihvertrag hat, beruht darauf, daß einer will, daß ihm aufgrund eines Darlehens selbst – das seiner Natur nach erfordert, daß lediglich ebensoviel zurückgegeben werde, wie empfangen wurde – mehr zurückgegeben werde, als empfangen wurde, und deshalb behauptet, ihm werde aufgrund des Darlehens selbst über das ⟨geliehene⟩ Kapital hinaus noch ein Gewinn geschuldet. Deswegen ist jeder solche Gewinn, der das ⟨geliehene⟩ Kapital übersteigt, unerlaubt und fällt unter Zinsnahme.

2547    2. Neque vero ad istam labem purgandam ullum arcessiri subsidium poterit vel ex eo, quod id lucrum non excedens et nimium sed moderatum, non magnum sed exiguum sit; vel ex eo, quod is, a quo id lucrum solius causa mutui deposcitur, non pauper sed dives

2. Man wird aber auch, um diesen Makel reinzuwaschen, keine Hilfe herbeiholen können entweder aus der Tatsache, daß dieser Gewinn nicht übertrieben und unmäßig, sondern bescheiden, nicht groß, sondern gering ist, oder aus der Tatsache, daß derjenige, von

exsistat, nec datam sibi mutuo summam relicturus otiosam, sed ad fortunas suas amplificandas vel novis coëmendis praediis vel quaestuosis agitandis negotiis utilissime sit impensurus.

Contra mutui siquidem legem, quae necessario in dati atque redditi aequalitate versatur, agere ille convincitur, quisquis, eadem aequalitate semel posita, plus aliquid a quolibet vi mutui ipsius, cui per aequale iam satis est factum, exigere adhuc non veretur: proindeque, si acceperit, restituendo erit obnoxius ex eius obligatione iustitia, quam commutativam appellant, et cuius est in humanis contractibus aequalitatem cuiusque propriam et sancte servare et non servatam exacte reparare.

3. Per haec autem nequaquam negatur, posse quandoque una cum mutui contractu quosdam alios, ut aiunt, titulos, eosdemque ipsimet universim naturae mutui minime innatos et intrinsecos forte concurrere, ex quibus iusta omnino legitimaque causa consurgat quiddam amplius supra sortem ex mutuo debitam rite exigendi.

Neque item negatur, posse multoties pecuniam ab unoquoque suam per alios diversae prorsus naturae a mutui natura contractus recte collocari et impendi, sive ad proventus sibi annuos conquirendos, sive etiam ad licitam mercaturam et negotiationem exercendam honestaque indidem lucra percipienda.

4. Quemadmodum vero, in tot eiusmodi diversis contractuum generibus, si sua cuiusque non servatur aequalitas, quidquid plus iusto recipitur, si minus ad usuram (eo quod omne mutuum, tam apertum quam palliatum, absit), at certe ad aliam veram iniusti-

dem dieser Gewinn allein aufgrund des Darlehens gefordert wird, nicht arm, sondern reich ist und die ihm leihweise gegebene Summe nicht brachliegen lassen, sondern höchst nutzbringend dazu verwenden wird, sein Vermögen zu vergrößern, neue Ländereien aufzukaufen oder ertragreiche Geschäfte zu betreiben.

Daß er nämlich gegen das Gesetz des Darlehens handelt, das notwendig in der Gleichheit des Gegebenen und Zurückgegebenen besteht, wird jener überführt, der, nachdem ebendiese Gleichheit einmal aufgestellt ⟨wurde⟩, sich weiterhin nicht scheut, von irgend jemandem kraft des Darlehens selbst, dem durch das Gleiche schon Genüge getan ist, noch etwas mehr zu fordern; und daher wird er, wenn er ⟨etwas⟩ empfangen hat, zur Erstattung verbunden sein aufgrund der Verpflichtung jener Gerechtigkeit, die man die Tausch⟨gerechtigkeit⟩ nennt und deren Aufgabe es ist, bei menschlichen Verträgen die einem jeden eigentümliche Gleichheit sowohl unantastbar zu wahren als auch, wenn sie nicht gewahrt wurde, genau wiederherzustellen.

3. Dadurch wird aber keinesfalls geleugnet, daß bisweilen vielleicht mit dem Darlehensvertrag einige andere sogenannte Titel, und zwar der allgemeinen Natur des Darlehens selbst keineswegs innewohnende und inwendige, zusammentreffen können, aus denen sich ein durchaus triftiger und rechtmäßiger Grund ergibt, über das aus dem Darlehen geschuldete Kapital hinaus ordnungsgemäß noch etwas mehr zu fordern.   **2548**

Ebenso wird auch nicht geleugnet, daß von einem jeden oftmals sein Geld durch andere Verträge – von der Natur des Darlehens verschiedener Natur – zurecht angelegt und verwendet werden kann, sei es, um sich jährliche Erträge zu erwerben, oder auch, um erlaubten Handel und Geschäftsverkehr zu betreiben und ebendaraus ehrbare Gewinne zu ziehen.

4. Wie aber gewiß ist, daß in den so zahl-   **2549** reichen derartigen verschiedenen Vertragsarten, wenn die Gleichheit eines jeden nicht gewahrt wird, alles, was mehr als gerecht empfangen wird, wenn nicht zur Zinsnahme (deswegen, weil jedes Darlehen, sowohl offen

tiam restituendi onus pariter afferentem spectare compertum est: ita, si rite omnia peragantur et ad iustitiae libram exigantur, dubitandum non est, quin multiplex in iisdem contractibus licitus modus et ratio suppetat humana commercia et fructuosam ipsam negotiationem ad publicum commodum conservandi ac frequentandi. Absit enim a Christianorum animis, ut per usuras aut similes alienas iniurias florere posse lucrosa commercia existiment; cum contra ex ipso oraculo divino discamus, quod "iustitia elevat gentem, miseros autem facit populos peccatum" [*Prv 14,34*].

als auch verdeckt, fehlt), so doch sicherlich zu einer anderen wahrhaften Ungerechtigkeit neigt, die gleichfalls die Bürde der Erstattung mit sich bringt, so ist, wenn alles ordnungsgemäß durchgeführt und an der Waage der Gerechtigkeit bemessen wird, nicht daran zu zweifeln, daß die vielfältige in ebendiesen Verträgen erlaubte Vorgehensweise hinreicht, die menschlichen Handelsbeziehungen und den ertragreichen Geschäftsverkehr selbst zum öffentlichen Nutzen zu erhalten und zu beleben. Ferne sei nämlich von den Herzen der Christen, daß sie meinen, durch Zinsnahmen und ähnliche ungehörige Ungerechtigkeiten könnten gewinnträchtige Handelsbeziehungen blühen, obwohl wir doch im Gegenteil aus dem göttlichen Ausspruch selbst lernen, daß "Gerechtigkeit ein Volk erhöht, die Sünde aber Völker elend macht" [*Spr 14,34*].

**2550** 5. Sed illud diligenter animadvertendum est, falso sibi quemquam et nonnisi temere persuasurum, reperiri semper ac praesto ubique esse vel una cum mutuo titulos alios legitimos, vel, secluso etiam mutuo, contractus alios iustos, quorum vel titulorum vel contractuum praesidio, quotiescumque pecunia, frumentum aliudve id generis alteri cuicumque creditur, toties semper liceat auctarium moderatum ultra sortem integram salvamque recipere.

5. Aber jenes ist sorgfältig zu beachten, daß sich einer fälschlich und nur leichtfertig einreden würde, es fänden sich stets und seien überall zur Hand entweder – zusammen mit dem Darlehen – andere rechtmäßige Titel oder – auch unabhängig vom Darlehen – andere gerechte Verträge, so daß man mit Hilfe dieser Titel oder Verträge jedesmal dann, wenn man Geld, Getreide oder anderes Derartiges irgendeinem anderen borgt, stets eine bescheidene Zulage über das vollständige und unbeschadete Kapital hinaus nehmen dürfte.

Ita si quis senserit, non modo divinis documentis et catholicae Ecclesiae de usura iudicio, sed ipsi etiam humano communi sensui ac naturali rationi procul dubio adversabitur. Neminem enim id saltem latere potest, quod multis in casibus tenetur homo simplici ac nudo mutuo alteri succurrere, ipso praesertim Christo Domino edocente: "Volenti mutuari a te, ne avertaris" [*Mt 5,42*]: et quod similiter multis in circumstantiis, praeter unum mutuum, alteri nulli vero iustoque contractui locus esse possit.

Wer so denkt, wird ohne Zweifel nicht nur den göttlichen Lehren und dem Urteil der katholischen Kirche über die Zinsnahme, sondern auch dem menschlichen Gemeinsinn selbst und der natürlichen Vernunft widerstreiten. Niemandem nämlich kann wenigstens jenes verborgen sein, daß der Mensch in vielen Fällen gehalten ist, einem anderen durch ein einfaches und bloßes Darlehen zu helfen, zumal da Christus, der Herr, selbst lehrt: "Dem, der von dir leihen will, entziehe dich nicht" [*Mt 5,42*]: und daß es ebenso unter vielen Umständen keinen Platz für irgendeinen anderen wahren und gerechten Vertrag geben kann außer allein dem Darlehen.

Quisquis igitur suae conscientiae consultum velit, inquirat prius diligenter oportet, verene cum mutuo iustus alius titulus, verene

Wer also eine Maßregel für sein Gewissen wünscht, soll zuerst sorgfältig prüfen, ob es wahrhaft mit dem Darlehen einen anderen

iustus alter a mutuo contractus occurrat, quorum beneficio, quod quaerit lucrum, omnis labis expers et immune reddatur.

gerechten Titel, ob es wahrhaft einen anderen gerechten Vertrag als das Darlehen gibt, durch deren Wirkung von jedem Makel ledig und frei wird, daß er Gewinn zu erzielen sucht.

## 2552-2562: Instruktion "Postremo mense", 28. Febr. 1747

Den Brief an seinen Vicarius in Rom, in dem er sich mit einem Fall beschäftigt, der sich in Rom zugetragen hatte, ließ Benedikt XIV. später veröffentlichen.

*Ausg.:* Benedikt XIV., *Bullarium* (Mecheln) 5,8–48 (alte Ausg. Bd. 2, Nr. 28) / CollPF² 1,197f, Nr. 360.

### Die Taufe von Kindern gegen den Willen der Eltern

4. De primo primae partis capite si sermo sit, utrum nempe dissentientibus parentibus Hebraei infantes baptizari possint, aperte asserimus, hoc iam a sancto Thoma tribus in locis definitum fuisse, nempe in *Quodlibet* 2, a. 7; in [*Summa theologiae*] IIa IIae, q. 10, a. 12, ubi ad examen revocans quaestionem in *Quodlibetis* propositam: "Utrum pueri Iudaeorum et aliorum infidelium sint invitis parentibus baptizandi", ita respondet: "Respondeo dicendum, quod maximam habet auctoritatem Ecclesiae consuetudo, quae semper est in omnibus aemulanda, etc. Hoc autem Ecclesiae usus nunquam habuit, quod Iudaeorum filii invitis parentibus baptizarentur ..."; atque ita ait in IIIa, q. 68, a. 10: "Respondeo dicendum, quod pueri infidelium filii ... si nondum habent usum liberi arbitrii, secundum ius naturale sunt sub cura parentum, quamdiu ipsi sibi providere non possunt ...; et ideo contra iustitiam naturalem esset, si tales pueri invitis parentibus baptizarentur; sicut etiam si aliquis habens usum rationis baptizaretur invitus. Esset etiam periculosum ..."

4. Wenn vom ersten Kapitel des ersten Teiles die Rede ist, ob nämlich hebräische Kinder gegen den Willen der Eltern getauft werden dürfen, so sagen wir offen, daß dies schon vom heiligen Thomas an drei Stellen festgelegt wurde, nämlich in den *Quodlibeta* II, a. 7; in [*der Summa theologiae*] II-II, q. 10, a. 12, wo er die in den *Quodlibeta* vorgelegte Frage: "Dürfen Kinder von Juden und anderen Ungläubigen gegen den Willen der Eltern getauft werden?" wiederum einer Prüfung unterzieht und folgendermaßen beantwortet: "Ich antworte: Es ist zu sagen, daß die Gewohnheit der Kirche größte Autorität hat; sie ist stets in allem nachzuahmen, usw. Der Brauch der Kirche ließ es aber niemals zu, daß Kinder von Juden gegen den Willen der Eltern getauft wurden ..."; und in III, q. 68, a. 10 sagt er folgendermaßen: "Ich antworte: Es ist zu sagen, daß die Kinder der Ungläubigen ..., wenn sie noch nicht über den Gebrauch des freien Willens verfügen, nach dem natürlichen Recht unter der Fürsorge der Eltern stehen, solange sie nicht selbst für sich sorgen können ...; und deshalb wäre es gegen die natürliche Gerechtigkeit, wenn solche Kinder gegen den Willen der Eltern getauft würden, ebenso wie wenn einer, der seine Vernunft gebrauchen kann, gegen seinen Willen getauft würde. Es wäre auch gefährlich ..."

**2552**

5. Scotus in IV *Sententia* dist. 4, q. 9, n. 2 et in quaestionibus relatis ad n. 2 censuit laudabiliter posse principem imperare, ut invitis etiam parentibus Hebraeorum atque infidelium infantuli baptizentur, dummodo id potissimum prudenter caveatur, ne iidem infantes a parentibus occidantur. ... Praevaluit tamen in tribunalibus sancti Thomae sententia

5. Skotus meinte im *Sentenzenkommentar* IV, dist. 4, q. 9, n. 2, und in den zu n. 2 angeführten Fragen, ein Herrscher könne löblicherweise befehlen, daß kleine Kinder von Hebräern und Ungläubigen auch gegen den Willen der Eltern getauft werden, sofern nur insbesondere dies umsichtig verhütet wird, daß ebendiese Kinder von den Eltern getötet

**2553**

... atque inter theologos canonumque peritos vulgatior est. ...

**2554**     7. Hoc igitur posito, quod nefas sit Hebraeorum infantes reluctante parentum arbitrio baptizare, nunc iuxta ordinem initio propositum descendere iam oportet ad alteram partem: an videlicet contingere umquam possit occasio aliqua, in qua id liceat et conveniat.

**2555**     8. ... Cum id eveniat, ut ab aliquo Christiano Hebraeorum puer morti proximus reperiatur, rem opinor laudabilem Deoque gratam is certe efficiet, qui salutem puero aqua lustrali praebeat immortalem. ...

**2556**     9. Si item eveniret, ut puer aliquis Hebraeus proiectus esset atque a parentibus derelictus, communis omnium sententia est pluribus quoque confirmata iudiciis, eum baptizari oportere, reclamantibus etiam repetentibusque parentibus. ...

**2557**     14. Postquam casus magis obvios exposuimus, in quibus nostra haec regula prohibet, Hebraeorum infantes invitis parentibus baptizari, aliquas insuper declarationes addimus ad hanc regulam pertinentes, quarum haec prima est: si parentes desint, infantes vero alicuius Hebraei tutelae commissi fuerint, eos sine tutoris assensu licite baptizari nullo modo posse, cum omnis parentum potestas ad tutores pervenerit. ...

15. Secunda est, si pater christianae militiae nomen daret iuberetque infantem filium baptizari; eum quidem vel matre Hebraea dissentiente baptizandum esse, cum filius non sub matris, sed sub patris potestate sit habendus. ...

16. Tertia est: quamvis mater filios sui iuris non habeat, tamen ad Christi fidem si accedat et infantem offerat baptizandum, tam-

werden. ... Die Auffassung des heiligen Thomas behielt jedoch an den Gerichtshöfen die Oberhand ... und ist unter Theologen und Rechtsgelehrten verbreiteter. ...

7. Nachdem dies also festgestellt wurde, daß es ein Unrecht ist, Kinder der Hebräer gegen den Willen der Eltern zu taufen, muß man nun gemäß der zu Beginn aufgestellten Ordnung sogleich zum zweiten Teil weitergehen: ob sich nämlich jemals eine Gelegenheit ergeben könne, bei der dies erlaubt ist und sich schickt.

8. ... Wenn es geschieht, daß von einem Christen ein dem Tode nahes Kind der Hebräer gefunden wird, so wird, wie ich meine, derjenige sicherlich etwas Lobenswertes und Gott Wohlgefälliges tun, der dem Kind mit reinigendem Wasser unsterbliches Heil gewährt. ...

9. Wenn es desgleichen geschähe, daß ein hebräisches Kind ausgesetzt und von den Eltern verlassen worden wäre, so ist die auch durch mehrere Urteile bestätigte allgemeine Auffassung aller, daß es getauft werden solle, auch wenn die Eltern widersprechen und ⟨es⟩ zurückverlangen. ...

14. Nachdem wir die gängigeren Fälle dargestellt haben, in denen diese unsere Regel es verbietet, daß Kinder von Hebräern gegen den Willen der Eltern getauft werden, fügen wir überdies noch einige Erklärungen hinzu, die diese Regel betreffen; von ihnen ist folgende die erste: wenn Eltern fehlen, die kleinen Kinder aber der Vormundschaft eines Hebräers anvertraut wurden, so können diese in keiner Weise ohne die Zustimmung des Vormundes erlaubtermaßen getauft werden, da die gesamte Vollmacht der Eltern auf die Vormünder übergegangen ist. ...

15. Die zweite ist: wenn ein Vater dem Christentum beiträte und anordnete, daß sein kleines Kind getauft werde, so ist dieses unstreitig – auch gegen den Willen der hebräischen Mutter – zu taufen, da das Kind nicht als unter der Vollmacht der Mutter, sondern unter der des Vaters ⟨stehend⟩ anzusehen ist. ...

16. Die dritte ist: auch wenn eine Mutter keine Kinder hat, die ihrem eigenen Recht unterstehen, so ist dennoch, wenn sie zum

etsi pater Hebraeus reclamet, eum nihilominus aqua baptismatis abluendum esse. ...

17. Quarta est, quod si pro certo habeatur, parentum voluntatem esse infantium baptismati necessariam, quoniam sub appellatione parentum locum quoque habet paternus avus: ... hinc necessario sequitur, ut, si avus paternus catholicam fidem amplexus sit ac nepotem ferat ad sacri lavacri fontem, quamvis mortuo iam patre mater Hebraea repugnet, tamen infans sit absque dubio baptizandus ...

18. Fictitia res non est, quod aliquando pater Hebraeus se velle catholicam religionem amplecti praedicet ac se ipsum filiosque infantes baptizandos offerat, postmodum vero sui se consilii paeniteat abnuatque filium baptizari. Id Mantuae evenit. ... Res ad examen deducta est in Congregatione S. Officii, ac Pontifex die 24. Sept. anno 1699 ... decrevit, quod "duo filii infantes, alter scilicet triennis, alter quinquennis baptizentur. Alii, nempe filius octo annorum et filia duodecim, collocentur in domo Catechumenorum, si ea Mantuae adsit, sin minus apud piam honestamque personam ad effectum explorandi ipsorum voluntatem eosque instruendi"... .

Glauben an Christus gelangt und ihr kleines Kind zur Taufe bringt, auch wenn der hebräische Vater widerspricht, dieses nichtsdestoweniger mit dem Wasser der Taufe abzuwaschen. ...

17. Die vierte ist: wenn nun für sicher gehalten wird, daß der Wille der Eltern für die Taufe kleiner Kinder notwendig ist, so hat unter der Bezeichnung "Eltern" auch der Großvater väterlicherseits Platz: ... daraus folgt notwendig, daß, wenn der Großvater väterlicherseits den katholischen Glauben angenommen hat und seinen Enkel zum Quell des heiligen Bades bringt, auch wenn sich, nachdem der Vater schon gestorben ist, die hebräische Mutter widersetzt, das kleine Kind dennoch ohne Zweifel zu taufen ist ...

18. Der Fall ist nicht erdichtet, daß einmal **2558** ein hebräischer Vater verkündet, er wolle die katholische Religion annehmen, und für sich selbst und seine kleinen Kinder die Taufe beantragt, später aber seinen Entschluß bereut und es ablehnt, daß sein Kind getauft wird. Dies ereignete sich zu Mantua. ... Die Sache wurde in der Kongregation des Hl. Offiziums zur Prüfung vorgelegt, und der Papst ... entschied am 24. Sept. 1699: "Die zwei kleinen Kinder - und zwar der eine dreijährig, der andere fünfjährig - sollen getauft werden. Die anderen - nämlich ein Sohn von acht Jahren und eine Tochter von zwölf - sollen in das Haus der Katechumenen einquartiert werden, falls es ein solches in Mantua gibt; falls aber nicht, bei einer frommen und ehrbaren Person, um ihren Willen zu erkunden und sie zu unterweisen". ...

*Die Taufe von kleinen Kindern aus schlechter Absicht*

19. Sunt quoque aliqui infideles suos infantes Christianis offerre soliti, ut aquis salubribus abluantur, non tamen Christi ut stipendia mereantur, neque ut originalis culpa eorum ex anima deleatur: sed id faciunt indigna quadam superstitione ducti, quod nempe baptismi beneficio existimant eosdem a malignis spiritibus, a foetore aut morbo aliquo liberandos. ...

19. Es gibt auch einige Ungläubige, die **2559** ihre kleinen Kinder den Christen zu bringen pflegen, damit sie von heilsamen Wassern abgewaschen würden, nicht jedoch, damit sie in den Dienst Christi eintreten, und auch nicht, damit ihre Urschuld aus der Seele getilgt werde: sondern sie tun es durch einen unwürdigen Aberglauben veranlaßt, weil sie nämlich meinen, diese würden durch die Wohltat der Taufe von bösen Geistern, von üblem Geruch oder irgendeiner Krankheit befreit. ...

**2560**     21. Cum ad theologos canonumque peritos huius quaestionis examen transisset, varii casus propositi ac discussi fuerunt. Infideles aliqui, cum hoc sibi in animum induxissent, baptismi gratia infantes suos a morbis daemonumque vexationibus liberatum iri, eo dementiae adducti sunt, ut mortem quoque minitati sint catholicis sacerdotibus, qui, utpote eorum pravae mentis conscii, baptismum eorumdem liberis constantissime denegabant. ...

[*Quidam*] sentiunt omnibus conferri baptismum posse, mors ut evitetur, dum materia solum, non autem forma, adhibeatur. At huic sententiae refragatur congregatio S. Officii coram Pontifice habita die 5. Sept. 1625:

**2561**     "Sacra Congregatio universalis Inquisitionis habita coram Sanctissimo, relatis Litteris episcopi Antibarensis, in quibus supplicabat pro resolutione infrascripti dubii:

An, cum sacerdotes coguntur a Turcis, ut baptizent eorum filios, non ut christianos efficiant, sed pro corporali salute, ut liberentur a foetore, comitiali morbo, maleficiorum periculo et lupis, an in tali casu possint saltem ficte eos baptizare, adhibita baptismi materia sine debita forma?

Respondit negative, quia baptismus est ianua sacramentorum ac protestatio fidei, nec ullo modo fingi potest". ...

21. Nachdem die Prüfung dieser Frage zu den Theologen und Rechtsgelehrten übergegangen war, wurden verschiedene Fälle vorgelegt und diskutiert. Einige Ungläubige wurden, da sie es sich in den Kopf gesetzt hatten, daß ihre kleinen Kinder durch die Gnade der Taufe von Krankheiten und den Plagen der Dämonen befreit würden, zu einem solchen Maß an Wahnsinn getrieben, daß sie katholischen Priestern sogar den Tod androhten, die, da sie ja um ihre verkehrte Absicht wußten, ihren Kindern die Taufe aufs standhafteste verweigerten. ...

[*Manche*] meinen, um dem Tod zu entgehen, dürfe allen die Taufe gespendet werden, solange nur die Materie, nicht aber die Form angewandt werde. Jedoch widerspricht dieser Auffassung die am 5. Sept. 1625 in Anwesenheit des Papstes abgehaltene Kongregation des Hl. Offiziums:

"Die in Anwesenheit des Heiligsten abgehaltene heiligste Kongregation der allgemeinen Inquisition hat nach Verlesen des Schreibens des Bischofs von Antivari, in dem er um die Lösung der im folgenden beschriebenen Frage bat:

Können Priester, wenn sie von Türken gezwungen werden, ihre Kinder zu taufen, nicht um ⟨sie zu⟩ Christen zu machen, sondern wegen ihres leiblichen Wohlergehens, damit sie von üblem Geruch, Epilepsie, der Gefahr von Zaubermitteln und Wölfen befreit würden, sie in einem solchen Falle wenigstens scheinbar taufen, unter Anwendung der Materie der Taufe ohne die gebührende Form?

geantwortet Nein; denn die Taufe ist der Zugang zu den Sakramenten und eine Bekundung des Glaubens, und sie darf auf keine Weise vorgetäuscht werden". ...

*Die Taufe von kleinen Kindern, die ohne Befugnis gebracht werden*

**2562**     29. ... Ad eos itaque spectat hic sermo noster, qui baptismo, neque a parentibus neque ab aliis, qui ius in eos habeant, offeruntur, sed ab aliquo nullam habente auctoritatem. De iis praeterea agitur, quorum casus non comprehenduntur sub ea dispositione, quae sinit baptismum conferri, etiamsi maiorum consensus desit: hoc quidem in casu baptizari

29. ... Diejenigen also betrifft diese unsere Rede, die weder von den Eltern noch von anderen, die eine Rechtsbefugnis über sie haben, zur Taufe gebracht werden, sondern von jemandem, der keine Befugnis hat. Außerdem handelt es sich um diejenigen, deren Fälle nicht unter der Anordnung erfaßt werden, die zuläßt, daß die Taufe gespendet wird,

non debent, sed ad illos remitti, quorum in potestate ac fide sunt legitime constituti.

Quod si iam sacramento initiati essent, aut detinendi sunt aut ab Hebraeis parentibus recuperandi tradendique Christi fidelibus, ut ab illis pie sancteque informentur; hic enim baptismi licet illiciti, tamen veri validique, effectus est. ...

auch wenn die Zustimmung der Vorfahren fehlt: in diesem Fall nun dürfen sie nicht getauft werden, sondern müssen zu jenen zurückgeschickt werden, in deren Gewalt und Obhut sie sich rechtmäßig befinden.

Wenn sie das Sakrament aber schon empfangen haben, sollen sie entweder festgehalten oder von den hebräischen Eltern wiedererlangt und Christgläubigen übergeben werden, damit sie von diesen fromm und heilig ausgebildet werden; dies ist nämlich die Folge einer zwar unerlaubten, jedoch wahren und gültigen Taufe. ...

### 2564-2565: Brief "Dum praeterito" an den Großinquisitor von Spanien, 31. Juli 1748

Auf Bitten des P. Generals Gioja OESA hinderte Benedikt XIV. den Großinquisitor von Spanien mit diesem Brief daran, Werke des Kardinals Enrique Noris, die des Bajanismus und Jansenismus verdächtigt wurden, auf den spanischen Index zu setzen. Der Papst betonte die Freiheit der theologischen Schulen.

*Ausg.:* Benedikt XIV., *Bullarium* 13, Supplement (Mecheln) 110 / R. de Martinis, *Benedicti XIV Acta sive nondum sive sparsim edita* 1 (Neapel 1894) 556b–557a / AnIP 17 (1878) 31.

#### Die Lehrfreiheit in Fragen der Gnadenhilfen

Tu scis in celeberrimis quaestionibus de praedestinatione et gratia et de modo conciliandi humanam libertatem cum omnipotentia Dei multiplices esse in scholis opiniones. Thomistae traducuntur uti destructores humanae libertatis et uti sectatores nedum Iansenii, sed etiam Calvini; sed cum ipsi obiectis apprime satisfaciant, nec eorum sententia fuerit umquam a Sede Apostolica reprobata, in ea Thomistae impune versantur, nec fas est ulli Superiori ecclesiastico in praesenti rerum statu eos a sua sententia removere.

Augustiniani traducuntur tamquam sectatores Baii et Iansenii. Reponunt ipsi, se humanae libertatis fautores esse, et oppositiones pro viribus eliminant, cumque eorum sententia usque adhuc a Sede Apostolica damnata non sit, nemo est qui non videat, a nullo praetendi posse, ut a sua sententia discedant:

Sectatores Molinae et Suaresii a suis adversariis proscribuntur, perinde ac si essent Semipelagiani; Romani Pontifices de hoc Moliniano systemate usque adhuc iudicium non tulerunt, et idcirco in eius tuitione

Du weißt, daß es in den vielbesprochenen **2564** Fragen der Vorherbestimmung und der Gnade und der Weise, die menschliche Freiheit mit der Allmacht Gottes in Einklang zu bringen, in den Schulen vielfältige Ansichten gibt. Die Thomisten werden als Zerstörer der menschlichen Freiheit und als Anhänger nicht nur Jansens, sondern auch Calvins verleumdet; da sie aber den Einwendungen ganz vorzüglich Genüge tun und ihre Auffassung niemals vom Apostolischen Stuhl verworfen wurde, verharren die Thomisten ungestraft in ihr, und es ist bei dem gegenwärtigen Stand der Dinge keinem kirchlichen Oberen erlaubt, sie von ihrer Auffassung abzubringen.

Die Augustinianer werden als Anhänger des Bajus und Jansens verleumdet. Sie erwidern, sie seien Anwälte der menschlichen Freiheit, und weisen Einwände nach Kräften von sich, und da ihre Auffassung bis jetzt vom Apostolischen Stuhl nicht verurteilt wurde, gibt es niemand, der nicht sähe, daß von keinem verlangt werden kann, daß sie von ihrer Auffassung abgehen.

Die Anhänger Molinas und Suárez' werden von ihren Gegnern geächtet, so als ob sie Semipelagianer wären; die Römischen Bischöfe haben über dieses molinistische System bis jetzt noch kein Urteil gefällt, und

prosequuntur et prosequi possunt.

**2565**      Uno verbo, episcopi et inquisitores non notas, quas doctores inter se digladiantes sibi invicem opponunt, attendere debent, sed an notae invicem oppositae sint a Sede Apostolica reprobatae. Haec libertati scholarum favet, haec nullum ex propositis modis conciliandi humanam libertatem cum divina omnipotentia usque adhuc reprobavit. Episcopi et inquisitores, cum se dat occasio, eodem modo se gerant, etiam si uti privatae personae unius potius quam alterius sententiae sint sectatores. Nos ipsi etsi uti privati doctores in theologicis rebus uni faveamus opinioni, ut Summi Pontifices tamen oppositum non reprobamus nec sinimus ab aliis reprobari.

deswegen vertreten sie es weiterhin und können es weiterhin vertreten.

Mit einem Wort: die Bischöfe und Inquisitoren sollen nicht auf Qualifikationen achten, die untereinander streitende Lehrer sich gegenseitig auferlegen, sondern ⟨darauf,⟩ ob die gegenseitig auferlegten Qualifikationen vom Apostolischen Stuhl verworfen wurden. Dieser tritt für die Freiheit der Schulen ein, dieser hat bis jetzt noch keine von den vorgeschlagenen Weisen, die menschliche Freiheit mit der göttlichen Allmacht in Einklang zu bringen, verworfen. Die Bischöfe und Inquisitoren sollen sich, wenn sich die Gelegenheit ergibt, auf dieselbe Weise verhalten, auch wenn sie als Privatpersonen eher Anhänger der einen als der anderen Auffassung sind. Auch wenn Wir selbst als Privatlehrer in theologischen Dingen der einen Ansicht zuneigen, so verwerfen Wir doch als Päpste nicht das Gegenteil und lassen nicht zu, daß es von anderen verworfen wird.

**2566-2570: Breve "Singulari nobis" an Kardinal Henry, Herzog von York, 9. Febr. 1749**

*Ausg.:* Benedikt XIV., *Bullarium* (Mecheln) 7,24-26 (alte Ausg. Bd. 3, Nr. 2).

*Die Eingliederung in die Kirche durch die Taufe*

**2566**      § 12. ... Haereticus aliquem baptizando, si formam adhibeat, et materiam legitimam, ... is sacramenti charactere insignitur. ...

§ 12. ... Wenn ein Häretiker irgend jemand tauft und dabei die rechtmäßige Form und Materie anwendet, ... so wird dieser mit der Prägung des Sakramentes ausgezeichnet. ...

**2567**      § 13. Deinde id etiam compertum est, eum qui baptisma ab haeretico rite suscepit, illius vi Ecclesiae catholicae membrum effici; privatus siquidem baptizantis error hac eum felicitate privare nequit, si sacramentum conferat in fide verae Ecclesiae, atque eius instituta servet in his quae pertinent ad validitatem baptismi. Egregie hoc confirmat Suárez in sua *Fidei catholicae defensione contra errores sectae Anglicanae* lib. I c. 24, ubi probat baptizatum Ecclesiae membrum fieri, hoc etiam addens, quod si haereticus, quod saepius accidit, infantem lustret impotem ad fidei actum eliciendum, hoc impedimento non est, quominus ille habitum fidei cum baptismo accipiat[1].

§ 13. Sodann steht auch dies fest, daß derjenige, der die Taufe von einem Häretiker ordnungsgemäß empfangen hat, kraft ihrer ein Glied der katholischen Kirche wird; denn der persönliche Irrtum des Taufenden kann ihn dieses Glückes nicht berauben, wenn er das Sakrament im Glauben der wahren Kirche spendet und ihre Anordnungen in dem beachtet, was die Gültigkeit der Taufe betrifft. Vortrefflich bekräftigt dies Suárez in seiner *Fidei catholicae defensio contra errores sectae Anglicanae*, Buch I, Kap. 24, wo er nachweist, daß der Getaufte ein Glied der Kirche wird, und auch dies hinzufügt, daß, wenn ein Häretiker – was öfter geschieht – ein Kind reinwäscht, das unfähig ist, einen Akt des Glaubens zu erwecken, dies kein Hindernis ist, daß dieses mit der Taufe die

§ 14. Postremo exploratum habemus, ab haereticis baptizatos, si ad eam aetatem venerint, in qua bona a malis dispicere per se possint atque erroribus baptizantis adhaereant, illos quidem ab Ecclesiae unitate repelli, iisque bonis orbari omnibus, quibus fruuntur in Ecclesia versantes, non tamen ab eius auctoritate et legibus liberari, ut sapienter Gonzalez disserit in Cap. "Sicut" n. 12 de haereticis[1].

§ 15. Hoc quidem in transfugis ac perduellibus observatum videmus, quos leges civiles a fidelium subditorum privilegiis omnino excludunt. Leges quoque ecclesiasticae privilegia clericalia iis clericis non concedunt, qui sacrorum canonum iussa negligunt. Nemo autem sentit, aut perduelles aut clericos canonum violatores suorum principum aut praelatorum auctoritati non subiacere.

§ 16. Haec exempla, ni fallimur, pertinent ad quaestionem; ut enim illi, sic haeretici Ecclesiae subditi sunt et legibus ecclesiasticis tenentur.

⟨eingegossene⟩ Anlage zum Glauben empfängt[1].

§ 14. Schließlich sind Wir Uns sicher, daß **2568** von Häretikern Getaufte, wenn sie in jenes Alter gekommen sind, in dem sie selbständig das Gute vom Bösen unterscheiden können, und den Irrtümern des Taufenden anhangen, daß diese zwar von der Einheit der Kirche zurückgestoßen und all jener Güter beraubt werden, welche die in der Kirche Weilenden genießen, nicht jedoch von ihrer Autorität und ihren Gesetzen befreit werden, wie González im Kap. "Sicut", Nr. 12, über die Häretiker weise ausführt[1].

§ 15. Dies sehen Wir freilich bei Überläu- **2569** fern und Staatsfeinden beachtet, welche die staatlichen Gesetze von den Vorrechten der getreuen Untergebenen völlig ausschließen. Auch die kirchlichen Gesetze gewähren die klerikalen Vorrechte jenen Klerikern nicht, die die Gebote der heiligen Kanones mißachten. Niemand aber meint, daß entweder Staatsfeinde oder Kleriker, die die Rechtsbestimmungen verletzen, nicht der Autorität ihrer Fürsten oder Vorsteher unterlägen.

§ 16. Diese Beispiele haben, wenn Wir Uns **2570** nicht täuschen, Bezug zur Frage: wie nämlich jene, so sind auch die Häretiker der Kirche untertan und durch die kirchlichen Gesetze gebunden.

**2571-2575: Konstitution "Detestabilem", 10. Nov. 1752**

Die Autoren der verurteilten Sätze nennt Benedikt XIV. in seinem Brief "*Religiosae ac filialis*" an P. Daniel Stadler SJ vom 3. März 1753 (hrsg. von R. de Martinis, *Benedicti XIV Acta sive nondum sive sparsim edita* 2 [Neapel 1894] 127b-128a, = Nr. 282), der in seiner Abhandlung *De duello honoris vindice ad theologiae et iuris principia examinato* (Ingolstadt-Augsburg 1751) die Sätze 4 und 5 lehrte. Der Papst lobt Stadler, weil er seine Auffassungen aufgrund der Bulle sofort widerrufen habe, und fährt fort: "Daher haben Wir nicht so sehr die Aussagen Deines Werkes als vielmehr die von anderen überlieferten Auffassungen der Prüfung unterzogen und kraft Unserer Autorität geächtet. Der erste von den verurteilten Sätzen stammt nämlich von Pater [*Anaklet*] Reiffenstuel OMin, der zweite von Pater [*Patrizius*] Sporer OFMRec und der dritte von Pater [*Pius Thomas*] Milante OP. Und zwar haben Wir diese Auswahl auch in der Absicht getroffen, daß die Zensur nicht allein gegen Dich gerichtet scheine und alle leicht erkennen, daß es bei Uns in der Behauptung der Wahrheit kein Ansehen von Personen und Instituten gibt" ("Quare non tam operis tui sententias quam ab aliis traditas opiniones in examen adductas auctoritate Nostra proscripsimus. Prima enim ex damnatis propositionibus est patris [*Anacleti*] Reiffenstuel O. Min., secunda patris [*Patricii*] Sporer Minoris Recollectae, et tertia patris [*Pii Thomae*] Milante O. Praedic. Quem quidem delectum eo etiam consilio habuimus, ne is unum districta videretur censura et facile omnes intelligerent, nullam esse apud Nos in veritate asserenda personarum institutorumque acceptionem"). 
*Ausg.*: Benedikt XIV., *Bullarium* (Mecheln) 10,77f (alte Ausg. Bd. 4, Nr. 6) / *Bullarium* (Rom) 4,16b f / BullLux 19,19b.

---

**\*2567** [1]    Francisco Suárez, *Opera Omnia*, hrsg. von C. Berton, Bd. 24 (Paris 1859) 117.
**\*2568** [1]    Emanuel Gonzáles Téllez, *Commentaria perpetua in singulos textus 5 librorum Decretalium Gregorii IX* (Lyon 1673 und weitere Ausg.), in l. V, tit. 7, c. 8.

## Irrtümer über das Duell

**2571**    1. Vir militaris, qui, nisi offerat vel acceptet duellum, tamquam formidolosus, timidus, abiectus et ad officia militaria ineptus haberetur, indeque officio, quo se suosque sustentat, privaretur, vel promotionis alias sibi debitae ac promeritae spe perpetuo carere deberet, culpa et poena vacaret, sive offerat sive acceptet duellum[1].

1. Ein Soldat, der, wenn er kein Duell anböte oder annähme, für ängstlich, furchtsam, verzagt und für soldatische Dienste ungeeignet gehalten würde und infolgedessen seiner Dienststellung, mit der er sich und die Seinen ernährt, beraubt würde oder auf immer ohne Hoffnung auf eine ihm andernfalls zustehende und verdiente Beförderung sein müßte, wäre frei von Schuld und Strafe, wenn er ein Duell anböte oder annähme[1].

**2572**    2. Excusari possunt etiam honoris tuendi vel humanae vilipensionis vitandae gratia duellum acceptantes, vel ad illud provocantes, quando certo sciunt, pugnam non esse secuturam utpote ab aliis impediendam[1].

2. Entschuldigt werden können auch diejenigen, die ein Duell annehmen, um ihre Ehre zu schützen oder menschlicher Geringschätzung zu entgehen, oder zu ihm herausfordern, wenn sie sicher wissen, daß kein Kampf folgen wird, da er ja von anderen zu verhindern ist[1].

**2573**    3. Non incurrit ecclesiasticas poenas ab Ecclesia contra duellantes latas dux vel officialis militiae, acceptans duellum ex gravi metu amissionis famae et officii[1].

3. Ein Kommandant oder Offizier des Militärs, der aus schwerer Furcht vor dem Verlust seines Rufes und seiner Stellung ein Duell annimmt, zieht sich nicht die von der Kirche gegen Duellanten verhängten kirchlichen Strafen zu[1].

**2574**    4. Licitum est, in statu hominis naturali, acceptare et offerre duellum ad servandas cum honore fortunas, quando alio remedio earum iactura propulsari nequit.

4. Im natürlichen Zustand des Menschen ist es erlaubt, ein Duell anzunehmen oder anzubieten, um zusammen mit der Ehre das Vermögen zu erhalten, wenn sein Verlust mit keinem anderen Mittel abgewehrt werden kann.

**2575**    5. Asserta licentia pro statu naturali applicari etiam potest statui civitatis male ordinatae, in qua nimirum vel negligentia vel malitia magistratus iustitia aperte denegatur.

5. Die behauptete Erlaubnis für den natürlichen Zustand kann auch auf den Zustand eines schlecht geordneten Staates angewandt werden, in dem nämlich aus Nachlässigkeit oder Böswilligkeit der Behörde die Gerechtigkeit offen verweigert wird.

[*Censura : Damnatae ac prohibitae tamquam*] falsae, scandalosae ac perniciosae.

[*Zensur: Verurteilt und verboten als*] falsch, anstößig und verderblich.

---

**\*2571** [1]   Vgl. A. Reiffenstuel, *Theologia moralis*, [Bd. 2:] *Supplementum*, tract. IX, dist. 3, q. 3, additio II (Venedig 1728) 65.

**\*2572** [1]   P. Sporer, *Theologiae moralis super decalogum* II, tract. V, c. 2,204 (Salzburg 1722) 174.

**\*2573** [1]   P.Th. Milante, *Exercitationes dogmatico-morales in propositiones proscriptas a S. P. Alexandro VII*, exercitatio II [zu Satz 2 = \*2022] (Neapel 1738) 15f.

## CLEMENS XIII.: 6. Juli 1758 - 2. Febr. 1769

**2580-2585: Antwort des Hl. Offiziums an den Bischof von Kotschin/Indien, 1. Aug. 1759**

*Ausg.:* CollPF$^2$ 1,266, Nr. 421 / CdICF 4,90f, Nr. 810.

### Paulinisches Privileg

*Expos.:* Saepe contingit, ut ex duobus infidelibus alter convertatur ad fidem, alter converti quidem tunc nolit, consentiat tamen cohabitare cum fideli sine contumelia Creatoris et quin eum pertrahat ad mortale peccatum, immo promittat se quoque fidem postea amplexaturum, quod ob aliquam specialem rationem aliquamdiu differre necessarium ducit. Quare fidelis infidelem non dimittit, sed cohabitare pergunt ut coniuges, idque ad longum tempus et aliquos etiam annos: at postea infidelis, mutata voluntate, non solum converti non vult, sed tentat fidelem pertrahere ad idolorum cultum, vel discedit, nec iam consentit habitare cum illo, immo ad alias nuptias ipse transit.

*Darlegung:* Es kommt oft vor, daß von **2580** zwei Ungläubigen sich der eine zum Glauben bekehrt, der andere sich zwar zu diesem Zeitpunkt nicht bekehren will, jedoch einverstanden ist, mit dem Gläubigen ohne Schmähung des Schöpfers zusammenzuwohnen und ohne ihn zur Todsünde zu verleiten, ja, sogar verspricht, er werde später auch den Glauben annehmen, was aus irgendeinem besonderen Grund noch eine Zeitlang aufzuschieben er für notwendig hält. Daher entläßt der Gläubige den Ungläubigen nicht, sondern sie wohnen weiterhin als Gatten zusammen, und zwar auf lange Zeit und sogar etliche Jahre: aber später ändert der Ungläubige seine Absicht und will nicht nur sich nicht bekehren, sondern versucht den Gläubigen zum Götzendienst zu verleiten, oder er trennt sich und ist nicht mehr einverstanden, mit ihm zu wohnen, ja, er geht sogar eine andere Ehe ein.

*Qu.:* 1. An in hoc casu possit etiam fidelis derelictus discedere et ad alias nuptias transire, habeatque hic locum privilegium ab Apostolo promulgatum: "Si infidelis discedit, discedat" [*1 Cor 7,15*]?

*Fragen:* 1. Kann sich in diesem Fall auch **2581** der verlassene Gläubige trennen und eine andere Ehe eingehen, und hat hier das vom Apostel verkündete Privileg statt: "Wenn sich ein Ungläubiger trennt, mag er sich trennen" [*1 Kor 7,15*]?

2. An id solum habeat locum, quando infidelis discedit odio fidei, an etiam quando discedit propter discordias vel aliam causam a fide diversam?

2. Hat es nur dann statt, wenn sich ein **2582** Ungläubiger aus Haß auf den Glauben trennt, oder auch, wenn er sich aus Zwietracht oder einem anderen vom Glauben verschiedenen Grund trennt?

3. An etiam possit fidelis transire ad alias nuptias, quando infidelis quacumque de causa ab eo discessit nec sciri potest, vivat adhuc necne.

3. Kann der Gläubige auch dann eine an- **2583** dere Ehe eingehen, wenn der Ungläubige sich aus welchem Grunde auch immer von ihm getrennt hat und man nicht wissen kann, ob er noch lebt oder nicht?

4. An fidelis, qui ex dispensatione valide contraxit matrimonium cum infideli, transire possit ad alias nuptias, si infidelis discedat vel cohabitare nolit vel eum pertrahat ad mortale peccatum?

4. Kann ein Gläubiger, der aufgrund einer **2584** Dispens gültig die Ehe mit einem Ungläubigen geschlossen hat, eine andere Ehe eingehen, wenn sich der Ungläubige trennt, nicht zusammenwohnen will oder ihn zur Todsünde verleitet?

705

**2585**  5. An aliquo, et quanto tempore possit fidelis post conversionem cohabitare cum infideli, quin privetur potestate transeundi ad alias nuptias?

*Resp.:* Ad 1. In casu de quo agitur: affirmative.

Ad 2. Cum militet ex parte coniugis conversi favor fidei, eo potest uti quacumque ex causa, dummodo iusta sit, nimirum si non dederit iustum ac rationabile motivum alteri coniugi discedendi, ita tamen, ut tunc solum intelligatur solutum iugum vinculi matrimonialis cum infideli, quando coniux conversus (renuente altero post interpellationem converti) transit ad alia vota cum fideli.

Ad 3. Praemittendam esse interpellationem, qua intimetur coniugi infideli, an velit converti, a qua interpellatione Apostolica Sedes iustis de causis dispensat.

Ad 4. Si fidelis, praevia dispensatione, contraxit matrimonium cum infideli, censetur illud contraxisse cum explicita condicione, dummodo nimirum infidelis secum cohabitare velit absque contumelia Creatoris: quare, si infidelis non servat supradictam condicionem, adhibenda sunt iuris remedia ad hoc, ut eam servet; alias separari debent quoad torum et cohabitationem, non tamen quoad vinculum; quocirca in casu de quo agitur, coniuge infideli superstite, non potest fidelis ad alia vota transire.

Ad 5. Conversus ad fidem in ipso conversionis momento non intelligitur solutus a vinculo matrimonii cum infideli adhuc superstite contracti, sed tunc acquirit tantummodo ius transeundi ad alias nuptias, cum coniuge tamen fideli, idque si coniux infidelis renuat post interpellationem converti. Ceterum tunc solum coniugii vinculum dissolvitur, quando coniux conversus transit cum effectu ad alias nuptias. Si autem coniux conversus ante sus-

5. Kann ein Gläubiger überhaupt – und wie lange – nach der Bekehrung mit einem Ungläubigen zusammenwohnen, ohne der Möglichkeit beraubt zu werden, eine andere Ehe einzugehen?

*Antworten:* Zu 1. In dem Fall, um den es sich handelt: ja.

Zu 2. Da auf seiten des bekehrten Gatten die Begünstigung des Glaubens streitet, kann er es aus jedem beliebigen Grund in Anspruch nehmen, sofern er nur triftig ist, nämlich wenn er dem anderen Gatten keine gerechte und begründete Veranlassung geboten hat, sich zu trennen, so jedoch, daß das Joch des Ehebandes mit dem Ungläubigen nur dann als gelöst angesehen wird, wenn der bekehrte Gatte (falls sich der andere auf Anfrage weigert, sich zu bekehren) eine andere Ehe mit einem Gläubigen eingeht.

Zu 3. Es ist eine Anfrage vorauszuschikken, mit der man sich beim ungläubigen Gatten erkundigt, ob er sich bekehren will; von dieser Anfrage dispensiert der Apostolische Stuhl bei triftigen Gründen.

Zu 4. Wenn ein Gläubiger nach vorhergehender Dispens eine Ehe mit einem Ungläubigen geschlossen hat, so nimmt man an, daß er sie mit einer ausdrücklichen Bedingung geschlossen hat, sofern nämlich der Ungläubige ohne Schmähung des Schöpfers mit ihm zusammenwohnen will: wenn daher der Ungläubige die obengenannte Bedingung nicht beachtet, sind die Rechtsmittel dazu anzuwenden, daß er sie beachte; andernfalls müssen sie in bezug auf Bett und Zusammenwohnen getrennt werden, nicht jedoch in bezug auf das Band; deswegen kann in dem Fall, um den es sich handelt, solange der ungläubige Gatte noch lebt, der gläubige keine andere Ehe eingehen.

Zu 5. Der zum Glauben Bekehrte gilt in eben dem Augenblick der Bekehrung nicht als gelöst von dem Band der Ehe, die er mit einem noch lebenden Ungläubigen geschlossen hat, sondern er erlangt damit lediglich das Recht, eine andere Ehe einzugehen, jedoch mit einem gläubigen Gatten, und zwar wenn sich der ungläubige Gatte auf Anfrage weigert, sich zu bekehren. Im übrigen wird nur dann das Band der Ehe aufgelöst, wenn

ceptionem baptismi habeat plures uxores, et prima recusat amplecti fidem: tunc legitime potest quamlibet ex illis retinere, dummodo fidelis fiat; sed in hoc casu contrahentes mutuum consensum coram parocho et testibus renovare debent.

der bekehrte Gatte rechtskräftig eine andere Ehe eingeht. Wenn aber der bekehrte Gatte vor dem Empfang der Taufe mehrere Gattinnen haben sollte und die erste sich weigert, den Glauben anzunehmen: dann kann er eine beliebige von diesen rechtmäßig behalten, sofern sie nur gläubig wird; aber in diesem Fall müssen die ⟨Ehe⟩schließenden ihr gegenseitiges Einverständnis vor Pfarrer und Zeugen erneuern.

## CLEMENS XIV.: 19. Mai 1769 – 22. Sept. 1774

### 2588: Instruktion für den Priester, der das Sakrament der Firmung im Auftrag des Apostolischen Stuhles spendet, 4. Mai 1774

Die Kongregation für die Glaubensverbreitung faßte am 21. März 1774 den Entschluß, diese Instruktion herauszugeben, die der Papst am 1. Mai bestätigte.
*Ausg.:* CollPF² 1,309, Nr. 503 / ASS 7 (1872/74) 306, Neuausg. (1915) 331.

*Der Priester als Spender der Firmung*

Etsi iuxta sacrosancti Tridentini Concilii definitionem [*sessio VII, De confirmatione, can. 3: *1630*] solus episcopus est ordinarius huius sacramenti minister, solet tamen quandoque iustis de causis Sedes Apostolica simplici sacerdoti tamquam extraordinario ministro facultatem tribuere illud conferendi.

Sacerdos igitur, cui facultas haec fuerit concessa, in primis curet apud se habere Chrisma per catholicum antistitem cum eadem S. Sede communionem habentem confectum, ac sciat, sibi numquam licere, sine eo confirmationem administrare vel illud ab episcopis haereticis aut schismaticis recipere [*cf. *215*].

Auch wenn nach der Bestimmung des hochheiligen Trienter Konzils [*7. Sitzung, Firmung, Kan. 3: *1630*] allein der Bischof ordentlicher Spender dieses Sakramentes ist, pflegt der Apostolische Stuhl dennoch bisweilen aus gewichtigen Gründen einem einfachen Priester als außerordentlichem Spender die Erlaubnis zu erteilen, es zu spenden.

Der Priester also, dem diese Erlaubnis gewährt wurde, soll vor allem dafür sorgen, Chrisam bei sich zu haben, das von einem katholischen Bischof geweiht wurde, der mit ebendiesem Hl. Stuhl Gemeinschaft hat, und er soll wissen, daß es ihm niemals erlaubt ist, ohne es eine Firmung zu spenden oder es von häretischen oder schismatischen Bischöfen zu empfangen [*vgl. *215*].

2588

## PIUS VI.: 15. Febr. 1775 – 29. Aug. 1799

### 2590: Brief "Exsequendo nunc" an die Bischöfe Belgiens, 13. Juli 1782

Kaiser Joseph II. hatte am 13. Okt. 1781 das Toleranzedikt erlassen, durch das Mischehen erlaubt wurden. Wegen der damit verbundenen Schwierigkeiten erbaten die Bischöfe Belgiens unter Führung Kardinal de Franckenbergs, Erzbischof von Mecheln, eine Antwort des Papstes.
*Ausg.:* MigThC 25,692f / A. de Roskovány, *De matrimoniis mixtis* (Neutra 1842) 2,61.

### Die Assistenz von Pfarrern bei Mischehen

**2590**   ... Si praemissa ... admonitione ad avocandam partem catholicam ab illicito matrimonio, ipsa nihilominus in voluntate illud contrahendi persistat, et matrimonium infallibiliter secuturum praevideatur, poterit tunc parochus catholicus materialem suam exhibere praesentiam, sic tamen, ut sequentes observare teneatur c a u t e l a s :

Primo, ut non assistat tali matrimonio in loco sacro, nec aliqua veste ritum sacrum praeferente indutus, neque recitabit super contrahentes preces aliquas ecclesiasticas, et nullo modo ipsis benedicet.

Secundo, ut exigat et recipiat a contrahente haeretico declarationem in scriptis, qua cum iuramento, praesentibus duobus testibus, qui debebunt et ipsi subscribere, obliget se ad permittendum comparti usum liberum religionis catholicae et ad educandum in eadem omnes liberos nascituros sine ulla sexus distinctione. ...

Tertio, ut et ipse contrahens catholicus declarationem edat a se et duobus testibus subscriptam, in qua cum iuramento promittat, non tantum se numquam apostaturum a religione sua catholica, sed educaturum in ipsa omnem prolem nascituram, et procuraturum se efficaciter conversionem alterius contrahentis acatholici.

... Wenn nach vorausgeschickter ... Ermahnung, um den katholischen Teil von der unerlaubten Ehe abzubringen, dieser nichtsdestoweniger im Willen, sie zu schließen, verharrt und man voraussieht, daß die Ehe unfehlbar folgen wird, dann wird der katholische Pfarrer seine leibliche Gegenwart gewähren können, jedoch so, daß er gehalten ist, folgende V o r s i c h t s m a ß n a h m e n  zu beachten:

E r s t e n s , daß er einer solchen Ehe nicht an einem heiligen Ort assistiert, mit keinem Gewand angetan ⟨ist⟩, das einen heiligen Ritus vorgaukelt, keine kirchlichen Gebete über die ⟨Ehe⟩schließenden sprechen und sie in keiner Weise segnen wird.

Z w e i t e n s , daß er vom häretischen ⟨Ehe⟩schließenden eine schriftliche Erklärung fordert und erhält, in der er sich in Gegenwart zweier Zeugen, die auch selbst unterschreiben müssen, eidlich dazu verpflichtet, dem Partner die freie Ausübung der katholischen Religion zu gestatten und alle Kinder, die geboren werden, ohne einen Unterschied des Geschlechts in ihr zu erziehen. ...

D r i t t e n s , daß auch der katholische ⟨Ehe⟩schließende selbst eine von ihm und zwei Zeugen unterschriebene Erklärung abgibt, in der er eidlich verspricht, daß er nicht nur niemals von seiner katholischen Religion abfallen, sondern ⟨auch⟩ die ganze Nachkommenschaft, die geboren wird, in ihr erziehen und daß er nachdrücklich die Bekehrung des anderen nichtkatholischen ⟨Ehe⟩schließenden betreiben werde.

### 2592-2597: Breve "Super soliditate petrae", 28. Nov. 1786

Durch dieses Breve wurde in offizieller Form das Buch des Wiener Kirchenrechtlers Joseph Valentin Eybel: *"Was ist der Papst?"* (1782) verurteilt, das die Prinzipien des Febronianismus verbreitete. Vgl. Febronius (Pseudonym von Johann Nikolaus von Hontheim, Weihbischof von Trier), *De statu Ecclesiae et legitima potestate Romani Pontificis* (1763), das am 27. Febr. 1764 auf den Index gesetzt wurde.
*Ausg.:* BullRCt 7,672b–673a / A. de Roskovány, *Romanus Pontifex, tamquam Primas ecclesiae et princeps civilis* (Neutra und Komorn 1867) 3,319f.

### Irrtümer des Febronianismus über die Vollmacht des Papstes

**2592**   Non ille [*Eybel*] veritus est "fanaticam" turbam appellare, quam prospiciebat ad aspectum Pontificis[1] in has voces erupturam: hominem eum esse, qui claves regni caelo-

Jener [*Joseph Valentin Eybel*] scheute sich nicht, die Menge "fanatisch" zu nennen, von der er vorhersah, daß sie beim Anblick des Papstes[1] in folgende Rufe ausbrechen werde:

---

*2592 [1]   Eybel bezieht sich auf die Reise Pius' VI. nach Wien zu Kaiser Joseph II. im Frühjahr 1782.

rum cum ligandi solvendique potestate a Deo acceperit, cui non alius episcopus exaequari valeat, a quo ipsi episcopi auctoritatem suam recipiant, quemadmodum ipse a Deo supremam suam potestatem accepit; eundem porro vicarium esse Christi, caput Ecclesiae visibile, iudicem supremum fidelium.

An ergo, quod horribile dictu, fanatica fuerit vox ipsa Christi claves regni caelorum cum ligandi solvendique potestate Petro pollicentis [*Mt 16,19*] ...? An fanatica dicenda tot sollemnia totiesque repetita Pontificum Conciliorumve decreta, quibus illi damnati sunt, qui negarent, in beato Petro Apostolorum principe successorem eius Romanum Pontificem constitutum a Deo caput Ecclesiae visibile ac vicarium Iesu Christi, ei regendae Ecclesiae plenam potestatem traditam, veramque ab omnibus qui christiani nomine censentur oboedientiam deberi; atque vim eam esse primatus, quem divino iure obtinet, ut ceteris episcopis non honoris tantum gradu, sed et supremae potestatis amplitudine antecellat? Quo magis deploranda est praeceps ac caeca hominis temeritas, qui ... [*sequentes errores*] instaurare studuerit ... ac per multas ambages insinuarit:

quemlibet episcopum vocatum a Deo ad gubernationem Ecclesiae non minus quam papam, nec minore praeditum esse potestate: Christum eandem per sese Apostolis omnibus potestatem dedisse; quidquid aliqui credant obtineri et concedi solum a Pontifice, posse idipsum, sive a consecratione sive ab ecclesiastica iurisdictione pendeat, perinde obtineri a quolibet episcopo;

voluisse Christum Ecclesiam reipublicae more administrari; ei quidem regimini opus esse praeside pro bono unitatis, verum qui non audeat se aliorum qui simul regunt ne-

er ist der Mensch, der die Schlüssel des Himmelreiches zusammen mit der Vollmacht, zu binden und zu lösen, von Gott empfangen hat, mit dem kein anderer Bischof verglichen werden kann, von dem die Bischöfe selbst ihre Autorität empfangen, so wie er selbst von Gott seine höchste Vollmacht empfangen hat; derselbe ist ferner Stellvertreter Christi, das sichtbare Haupt der Kirche, der höchste Richter der Gläubigen.

**2593** Wird also etwa – was schrecklich zu sagen! – das Wort Christi selbst fanatisch sein, der Petrus die Schlüssel des Himmelreiches zusammen mit der Vollmacht, zu binden und zu lösen, verhieß [*Mt 16,19*] ...? Oder ⟨sind⟩ fanatisch zu nennen die so vielen feierlichen und so oft wiederholten Dekrete der Päpste und Konzilien, durch die jene verurteilt wurden, die leugneten, daß im seligen Apostelfürsten Petrus sein Nachfolger, der Römische Bischof, von Gott als sichtbares Haupt der Kirche und Stellvertreter Jesu Christi eingesetzt ⟨wurde⟩, und daß ihm die volle Macht, die Kirche zu leiten, übergeben wurde und von allen, die mit dem Namen "Christ" bezeichnet werden, wahrer Gehorsam geschuldet wird; und daß die Kraft des Primates, den er durch göttliches Recht innehat, eine solche ist, daß er die übrigen Bischöfe nicht nur durch den Grad der Ehre, sondern auch durch den Umfang der höchsten Vollmacht überragt? Umso mehr ist die überstürzte und blinde Leichtfertigkeit des Menschen zu beklagen, der ... [*die folgenden Irrtümer*] zu erneuern suchte ... und durch viele Winkelzüge einflüsterte:

**2594** Jeder beliebige Bischof sei von Gott nicht weniger zur Leitung der Kirche berufen als der Papst und sei mit keiner geringeren Vollmacht ausgestattet: Christus habe von sich aus allen Aposteln dieselbe Vollmacht verliehen; alles, was, wie manche glaubten, nur vom Papst erlangt und gewährt werde, ebendies könne, ob es mit der Weihe⟨vollmacht⟩ oder mit der kirchlichen Rechtsprechung zusammenhänge, ebenso von jedem beliebigen Bischof erlangt werden;

**2595** Christus habe gewollt, daß die Kirche nach Art einer Republik verwaltet werde; zwar bedürfe diese Regierungsform wegen des Gutes der Einheit eines Vorstehers, aber

gotiis implicare; privilegium tamen habeat negligentes cohortandi ad sua implenda munia; vim primatus hac una praerogativa contineri supplendae aliorum negligentiae, prospiciendi conservationi unitatis hortationibus et exemplo; Pontifices nil posse in aliena dioecesi praeterquam extraordinario casu;

⟨eines solchen⟩, der es nicht wage, sich in die Angelegenheiten anderer einzumischen, die zugleich regieren; er solle jedoch das Vorrecht haben, Säumige zur Erfüllung ihrer Pflichten zu ermahnen; die Kraft des Primates bestehe in diesem einen Vorrecht, die Säumigkeit anderer zu ergänzen und durch Mahnungen und Beispiel für die Erhaltung der Einheit zu sorgen; die Päpste vermöchten in einer fremden Diözese nichts, außer in einem außergewöhnlichen Fall;

**2596**    Pontificem caput esse, quod vim suam ac firmitatem teneat ab Ecclesia;

der Papst sei das Haupt, das seine Kraft und Stärke von der Kirche habe;

**2597**    licitum sibi fecisse Pontifices, violandi iura episcoporum, reservandique sibi absolutiones, dispensationes, decisiones, appellationes, collationes beneficiorum, alia uno verbo munia omnia, quae singulatim recenset atque velut indebitas ac episcopis iniuriosas reservationes traducit.

die Päpste hätten sich selbst erlaubt, die Rechte der Bischöfe zu verletzen und sich Lossprechungen, Befreiungen, Entscheidungen, Berufungen, Pfründenübertragungen und – mit einem Wort – alle anderen Amtspflichten vorzubehalten, die er einzeln aufzählt und als ungebührende und den Bischöfen gegenüber ungerechte Vorbehalte verleumdet.

### 2598: Brief "Deessemus nobis" an den Bischof von Mottola, 16. Sept. 1788

Der Bischof von Mottola (im Königreich Neapel), der im Auftrag des Königs das Amt eines Richters versah, hatte in einem Prozeß um die Nichtigkeit einer Ehe die Rechte der Kirche eingeschränkt. Pius VI. legte ihm in diesem Brief Inhalt und Bedeutung des 12. Kanons der 24. Trienter Sitzung dar.

*Ausg.:* A. de Roskovány, *Matrimonium in Ecclesia catholica* 1 (Pestini 1870) 421f.

### Die Zuständigkeit der Kirche im Bereich der Ehe

**2598**    Ignotum Nobis non est quosdam adesse, qui saecularium principum auctoritati plus nimio tribuentes et verba huius canonis [*Concilium Tridentinum, sessio XXIV, De matrimonio, can. 12: *1812*] captiose interpretantes illud defendendum susceperunt, ut, quoniam Tridentini patres hac dicendi formula usi non fuerint: ad solos iudices ecclesiasticos aut omnes causas matrimoniales – potestatem reliquerint iudicibus laicis cognoscendi saltem causas matrimoniales, quae sunt meri facti.

Uns ist nicht unbekannt, daß es welche gibt, die, der Autorität weltlicher Fürsten mehr als gebührend zuweisend und die Worte dieses Kanons [*Konzil von Trient, 24. Sitzung, Ehe, Kan. 12: *1812*] trügerisch auslegend, es auf sich genommen haben, zu vertreten, daß die Trienter Väter, weil sie nicht die Aussageform "allein vor die kirchlichen Richter" oder "alle Eheangelegenheiten" gebrauchten, den Laienrichtern die Vollmacht überlassen hätten, wenigstens Eheangelegenheiten zu entscheiden, bei denen es sich um den reinen Tatbestand handelt.

Sed scimus, etiam hanc captiunculam et fallax hoc cavillandi genus omni fundamento destitui. Verba enim canonis ita generalia sunt, omnes ut causas comprehendant et complectantur. Spiritus vero sive ratio legis adeo late patet, ut nullum exceptioni aut limitationi locum relinquat. Si enim hae causae non alia ratione pertinent ad unum Ec-

Aber Wir wissen, daß auch dieser Fehlschluß und diese trügerische Art, Ausflüchte zu suchen, jeder Grundlage entbehrt. Die Worte des Kanons sind nämlich so allgemein, daß sie alle Angelegenheiten umfassen und umschließen. Der Geist aber bzw. die Beschaffenheit des Gesetzes liegt so offen zutage, daß es keinen Platz für eine Ausnahme

clesiae iudicium, nisi quia contractus matri-monialis est vere et proprie unum ex septem Legis evangelicae sacramentis, sicut haec sacramenti ratio communis est omnibus causis matrimonialibus, ita omnes hae causae spectare unice debent ad iudices ecclesiasticos.

oder Einschränkung übrig läßt. Wenn nämlich diese Angelegenheiten aus keinem anderen Grunde vor das eine Gericht der Kirche gehören, als weil der Ehevertrag wahrhaft und im eigentlichen Sinne eines von den sieben Sakramenten des Bundes des Evangeliums ist, dann müssen, so wie dieser Sachgehalt eines Sakramentes allen Eheangelegenheiten gemeinsam ist, so alle diese Angelegenheiten einzig vor kirchliche Richter gehören.

## 2600-2700: Konstitution "Auctorem fidei" an alle Gläubigen, 28. Aug. 1794

Großherzog Leopold II. von Toskana hatte 1786 an die Bischöfe seines Landes ein *Memorandum* von 57 Artikeln über die Erneuerung der kirchlichen Ordnung geschickt (MaC 38,999a–1012b). Die Beschlüsse der von Bischof Scipione de' Ricci vom 18.–28. Sept. 1786 versammelten Synode von Pistoia (Toskana) fußen darauf: *Atti e decreti del Concilio diocesano di Pistoja dell' anno 1786* (gedruckt ohne Jahresangabe; 1788?). (Die Synodalakten s. MaC 38,1011a–1086b.) Pius VI. verurteilte 85 ausgewählte Lehrsätze. Der Text der Bulle wurde im wesentlichen von Hyacinthe-Sigismond Kardinal Gerdil ausgearbeitet. Seinen Entwurf hat Fernand Litt im Anhang zu seiner Untersuchung *La question des rapports entre la nature et la grâce de Baius au Synode de Pistoie* (Fontaine – L' Evêque 1934) 165–209 mit Anmerkungen herausgegeben. AnIP 1 (1885) 480–511 setzt in der Ausg. der Adnotationes Gerdillianae an die Stelle seines Entwurfs den definitiven Text der Lehrsätze der Bulle.
   Die Überschriften entstammen der Bulle. Der Wortlaut der Synodalbeschlüsse von Pistoia ist meist ein wenig verändert. Der Übersichtlichkeit halber werden die Sätze in 6 Abschnitte eingeteilt, die in der Sache freilich manchmal ineinander übergehen: Lehrsatz 1-15: Irrtümer über die Verfassung und Autorität der Kirche; 16-26: Irrtümer über die natürliche und übernatürliche Daseinsbedingung des Menschen; 27-60: Irrtümer über die Sakramente; 61-79: Irrtümer über den religiösen Kult; 80-84: Irrtümer über die Reform des Ordenswesens; 85: Irrtümer über die Einberufung einer nationalen Synode.
   *Ausg.:* MaC 38,1262-1280 / BullRCt 9,396a–417b.

### Irrlehren der Synode von Pistoia

#### Vorwort

... Postquam Synodus haec Pistoriensis e latebris erupit, in quibus aliquamdiu abdita delituit, nemo fuit de summa religione pie sapienterque sentiens, qui non continuo adverterit, hoc fuisse auctorum consilium, ut quae antea per multiplices libellos pravarum doctrinarum semina sparserant, ea in unum velut corpus compingerent, proscriptos dudum errores suscitarent, Apostolicis quibus proscripti sunt decretis fidem auctoritatemque derogarent.

*[Surgenti malo comprimendo studentes]* ... Synodum ab episcopo [*Scipione Ricci*] editam primum quattuor episcopis aliisque adiunctis e clero saeculari theologis examinandam commisimus; tum etiam plurium S. R. E. cardinalium aliorumque episcoporum con-

... Nachdem diese Synode von Pistoia aus **2600** den Schlupfwinkeln hervorgebrochen war, in denen sie sich einige Zeit lang verborgen hielt, gab es keinen über die erhabenste Religion fromm und weise Denkenden, der nicht sofort bemerkt hätte, daß dies der Plan der Urheber war, die Samen verkehrter Lehren, die sie zuvor durch vielfältige Schriften ausgestreut hatten, gleichsam in e i n e m Gesamtwerk zusammenzufassen, längst verworfene Irrlehren wieder ins Leben zu rufen und den apostolischen Dekreten, in denen sie verworfen wurden, Glaubwürdigkeit und Autorität abzusprechen.

*[Im Bemühen, das aufkeimende Übel zu unterdrücken,]* ... übergaben Wir die von dem Bischof [*Scipione de' Ricci*] herausgegebe⟨n⟩ Synode⟨nakten⟩ zunächst vier Bischöfen und anderen aus dem Weltklerus herangezogenen Theologen zur Prüfung; dann be-

gregationem deputavimus, qui totam actorum seriem diligenter perpenderent, loca inter se dissita conferrent, excerptas sententias discuterent. Quorum suffragia coram Nobis voce et scripto edita excepimus; qui et Synodum universe reprobandam et plurimas inde collectas propositiones, alias quidem per sese, alias attenta sententiarum connexione plus minus acribus censuris perstringendas censuerunt; quorum auditis perpensisque animadversionibus illud quoque Nobis curae fuit, ut selecta ex tota Synodo praecipua quaedam pravarum doctrinarum capita, ad quae potissimum fusae per Synodum reprobandae sententiae directe vel indirecte referuntur, in certum deinceps ordinem redigerentur, eisdemque sua cuique peculiaris censura subiiceretur.

[*Ad depellendam subdolam excusationem,*]
... quod quae alicubi durius dicta exciderint, ea locis aliis planius explicata aut etiam correcta reperiantur, ... non alia potior via inita est, quam ut iis exponendis sententiis, quae sub latibulo ambiguitatis periculosam suspiciosamque involvunt discrepantiam sensuum, perversa significatio notaretur, cui subesset error, quem catholica sententia reprobaret. ...

### De obscuratione veritatum in Ecclesia

2601    1. Propositio, quae asserit, "postremis hisce saeculis sparsam esse generalem obscurationem super veritates gravioris momenti, spectantes ad religionem, et quae sunt basis fidei et moralis doctrinae Iesu Christi"[1]:

haeretica.

auftragten Wir sogar einen Ausschuß mehrerer Kardinäle und anderer Bischöfe der heiligen Römischen Kirche, die ganze Reihe der Akten sorgfältig zu untersuchen, einander widersprechende Stellen zusammenzutragen und die ausgesuchten Sätze zu diskutieren. Ihre in Unserer Gegenwart mündlich und schriftlich abgegebenen Stellungnahmen nahmen Wir entgegen; sie waren der Meinung, man müsse sowohl die Synode im ganzen verwerfen als auch die meisten aus ihr gesammelten Sätze mit mehr oder weniger scharfen Zensuren belegen, und zwar teilweise an sich, teilweise in Rücksicht auf den Zusammenhang der Sätze; nach Anhörung und Erwägung ihrer Bemerkungen waren auch Wir darum besorgt, einige aus der ganzen Synode ausgewählte hervorstechende Hauptstücke der verkehrten Lehren, auf die hauptsächlich sich die durch die Synode verbreiteten verwerflichen Sätze direkt oder indirekt beziehen, nacheinander in eine bestimmte Ordnung zu bringen und unter jedes von ihnen seine besondere Zensur zu setzen.

[*Um die hinterlistige Entschuldigung abzuwehren,*] ... daß die Worte, die an irgendeiner Stelle zu hart ausgefallen sind, an anderen Stellen näher erläutert oder auch verbessert gefunden werden könnten, ... wurde kein anderer besserer Weg eingeschlagen als durch Darlegung der Sätze, die unter dem Schlupfwinkel der Zweideutigkeit eine gefährliche und verdächtige Verschiedenheit der Sinngehalte einhüllen, die verkehrte Bedeutung deutlich zu machen, der eine Irrlehre zugrundeliegt, die die katholische Auffassung verwirft. ...

### Die Verdunkelung der Wahrheiten in der Kirche

1. Der Satz, der behauptet: "In diesen letzten Jahrhunderten wurde eine allgemeine Verdunkelung über die Wahrheiten größeren Gewichts gebreitet, die sich auf die Religion beziehen und die die Grundlage des Glaubens und der Morallehre Jesu Christi sind"[1], ⟨ist⟩ häretisch.

---

*2601  [1]  Dekret über die Gnade, über die Vorherbestimmung und über Grundlagen der Moral (aus der 3. Sitzung) § 1.

*De potestate communitati Ecclesiae attributa, ut per hanc pastoribus communicetur*

2. Propositio, quae statuit, "potestatem a Deo datam Ecclesiae, ut communicaretur pastoribus, qui sunt eius ministri pro salute animarum"[1];

sic intellecta, ut a communitate fidelium in pastores derivetur ecclesiastici ministerii ac regiminis potestas:

haeretica.

*De capitis ministerialis denominatione Romano Pontifici attributa*

3. Insuper, quae statuit, "Romanum Pontificem esse caput ministeriale"[1];

sic explicata, ut Romanus Pontifex non a Christo in persona beati Petri, sed ab Ecclesia potestatem ministerii accipiat, qua velut Petri successor, verus Christi vicarius ac totius Ecclesiae caput pollet in universa Ecclesia:

haeretica.

*De potestate Ecclesiae quoad constituendam et sanciendam exteriorem disciplinam*

4. Propositio[1] affirmans, "abusum fore auctoritatis Ecclesiae, transferendo illam ultra limites doctrinae ac morum, et eam extendendo ad res exteriores, et per vim exigendo id, quod pendet a persuasione et corde", tum etiam, "multo minus ad eam pertinere, exigere per vim exteriorem subiectionem suis decretis";

quatenus indeterminatis illis verbis "extendendo ad res exteriores" notet velut abusum auctoritatis Ecclesiae usum eius potesta-

---

*Die Macht, die der Gemeinschaft der Kirche zugeschrieben wurde, um durch sie den Hirten mitgeteilt zu werden*

2. Der Satz, der festlegt: "Der Kirche ⟨wurde⟩ von Gott die Vollmacht gegeben, damit sie den Hirten mitgeteilt werde, die ihre Diener für das Heil der Seelen sind"[1],   **2602**

wenn er so verstanden wird, daß die Vollmacht des kirchlichen Amtes und der Leitung von der Gemeinschaft der Gläubigen auf die Hirten übergeleitet wird,

⟨ist⟩ häretisch.

*Die dem Römischen Bischof zugeschriebene Bezeichnung "amtliches Haupt"*

3. Des weiteren ⟨ist der Satz⟩, der festlegt:   **2603** "Der Römische Bischof ist das amtliche Haupt"[1],

wenn er so erklärt wird, daß der Römische Bischof nicht von Christus in der Person des seligen Petrus, sondern von der Kirche die Vollmacht des Amtes empfängt, aufgrund derer er als Nachfolger des Petrus, wahrer Stellvertreter Christi und Haupt der ganzen Kirche in der gesamten Kirche Ansehen genießt,

häretisch.

*Die Vollmacht der Kirche, eine äußere Ordnung aufzustellen und bei Strafandrohung zu gebieten*

4. Der Satz[1], der behauptet: "Es ist ein   **2604** Mißbrauch der Autorität der Kirche, diese ⟨auf das Gebiet⟩ jenseits der Grenzen von Lehre und Moral zu übertragen, sie auf äußere Dinge auszudehnen und gewaltsam das einzufordern, was von der Überzeugung und Gesinnung abhängt", dann auch: "Noch viel weniger steht es ihr zu, gewaltsam eine äußere Unterwerfung unter ihre Dekrete einzufordern",

insofern er mit diesen unbestimmten Worten "auf äußere Dinge auszudehnen" als Mißbrauch der Autorität der Kirche den Ge-

---

**\*2602** [1]   Einberufungsschreiben. – Die Sätze 2 und 3 gehen zurück auf das von Edmund Richer in seinem Werk *De ecclesiastica et politica potestate libellus* (Paris 1611, auch später noch aufgelegt) ausgearbeitete Lehrgebäude, dessen Prinzipien des Gallikanismus von Febronius übernommen wurden. Das Werk wurde mehrfach verurteilt: zuerst 1612 von der Synode von Sens unter Kardinal Perron, dann von der Synode von Aix 1612; vom Hl. Offizium am 10. Mai 1613; von der Indexkongregation am 2. Dez. 1622 und wiederum am 4. März 1709.

**\*2603** [1]   Dekret über den Glauben und über die Kirche (aus der 3. Sitzung) § 8.

**\*2604** [1]   Ebd. § 13–14.

tis acceptae a Deo, qua usi sunt et ipsimet Apostoli in disciplina exteriore constituenda et sancienda:

haeretica.

**2605**  5. Qua parte insinuat, Ecclesiam non habere auctoritatem subiectionis suis decretis exigendae aliter quam per media, quae pendent a persuasione;

quatenus intendat, Ecclesiam "non habere collatam sibi a Deo potestatem, non solum dirigendi per consilia et suasiones, sed etiam iubendi per leges, ac devios contumacesque exteriore iudicio ac salubribus poenis coercendi atque cogendi"[1]:

inducens in systema alias damnatum ut haereticum.

*Iura episcopis praeter fas attributa*

**2606**  6. Doctrina synodi, qua profitetur, "persuasum sibi esse, episcopum accepisse a Christo omnia iura necessaria pro bono regimine suae dioecesis"[1];

perinde ac si ad bonum regimen cuiusque dioecesis necessariae non sint superiores ordinationes spectantes sive ad fidem et mores sive ad generalem disciplinam, quarum ius est penes Summos Pontifices et Concilia generalia pro universa Ecclesia:

schismatica, ad minus erronea.

**2607**  7. Item, in eo quod hortatur episcopum "ad prosequendam naviter perfectiorem ecclesiasticae disciplinae constitutionem"; idque, "contra omnes contrarias consuetudines, exemptiones, reservationes, quae adversantur bono ordini dioecesis, maiori gloriae Dei et maiori aedificationi fidelium"[1];

per id quod supponit, episcopo fas esse proprio suo iudicio et arbitratu statuere et de-

brauch ihrer von Gott empfangenen Vollmacht brandmarkt, derer sich auch die Apostel selbst bedienten, als sie eine äußere Ordnung aufstellten und bei Strafandrohung geboten,

⟨ist⟩ häretisch.

5. In dem Teil, in dem er sagt, die Kirche habe nicht die Autorität, die Unterwerfung unter ihre Dekrete anders einzufordern als durch Mittel, die von der Überzeugung abhängen;

insofern er ⟨zu sagen⟩ beabsichtigt: Die Kirche "hat nicht die ihr von Gott verliehene Vollmacht, nicht nur durch Ratschläge und Empfehlungen zu leiten, sondern auch durch Gesetze zu befehlen und vom Weg Abgekommene und Halsstarrige durch äußere Rechtsprechung und heilsame Strafen zu zügeln und zu zwingen"[1],

führt er in ein Lehrgebäude, das bei anderer Gelegenheit als häretisch verurteilt wurde.

*Den Bischöfen zu Unrecht zugeschriebene Rechte*

6. Die Lehre der Synode, die verkündet: "Wir sind überzeugt, daß der Bischof von Christus alle notwendigen Rechte für eine gute Leitung seiner Diözese erhalten hat"[1],

so als ob zu einer guten Leitung jeder Diözese nicht Anordnungen von oben nötig wären, die sich auf Glauben und Sitten oder auf die allgemeine Ordnung beziehen, zu denen die Päpste und allgemeinen Konzilien für die gesamte Kirche berechtigt sind,

⟨ist⟩ schismatisch, zumindest irrig.

7. Desgleichen: In ihrer Mahnung an den Bischof, "sich mit Eifer um einen vollkommeneren Zustand der kirchlichen Ordnung zu bemühen"; und dieses "gegen alle entgegengesetzten Gewohnheiten, Exemtionen und Reservationen, die einer guten Ordnung der Diözesen, dem größeren Ruhm Gottes und der größeren Erbauung der Gläubigen widerstreiten"[1],

deswegen, weil sie unterstellt, der Bischof habe das Recht, nach seinem eigenen Urteil

---

\*2605 [1] Ebd.; es werden Worte Benedikts XIV. zitiert: Breve *Ad assiduas* an die Hierarchie Polens, 4. März 1755, § 1 (Mechelner Ausg. 11 [1827] 87).
\*2606 [1] Dekret über die Weihe (aus der 5. Sitzung) § 25.
\*2607 [1] Ebd.

cernere contra consuetudines, exemptiones, reservationes, sive quae in universa Ecclesia, sive etiam in unaquaque provincia locum habent, sine venia et interventu superioris hierarchicae potestatis, a qua inductae sunt aut probatae et vim legis obtinent:

inducens in schisma et subversionem hierarchici regiminis, erronea.

8. Item, quod et sibi persuasum esse ait, "iura episcopi a Iesu Christo accepta pro gubernanda Ecclesia nec alterari nec impediri posse, et ubi contigerit, horum iurium exercitium quavis de causa fuisse interruptum, posse semper episcopum ac debere in originalia sua iura regredi, quotiescumque id exigit maius bonum suae ecclesiae"[1];

in eo, quod innuit, iurium episcopalium exercitium nulla superiore potestate praepediri aut coerceri posse, quandocumque episcopus proprio iudicio censuerit, minus id expedire maiori bono suae ecclesiae:

inducens in schisma et subversionem hierarchici regiminis, erronea.

*Ius perperam tributum inferioris ordinis sacerdotibus in decretis fidei et disciplinae*

9. Doctrina, quae statuit, "reformationem abusuum circa ecclesiasticam disciplinam in synodis dioecesanis ab episcopo et parochis aequaliter pendere ac stabiliri debere, ac sine libertate decisionis indebitam fore subiectionem, suggestionibus et iussionibus episcoporum"[1]:

falsa, temeraria, episcopalis auctoritatis laesiva, regiminis hierarchici subversiva, favens haeresi Aerianae[2] a Calvino innovatae[3].

und Gutdünken gegen die Gewohnheiten, Exemtionen und Reservationen, sei es, daß sie in der gesamten Kirche, sei es auch, daß sie in einer einzelnen Provinz ihren Platz haben, ohne Erlaubnis und Einschaltung der höheren hierarchischen Gewalt, von der sie eingeführt oder gebilligt wurden und Gesetzeskraft besitzen, Anordnungen zu treffen und Beschlüsse zu fassen,

führt sie zum Schisma und zur Untergrabung der hierarchischen Leitung und ⟨ist⟩ irrig.

8. Desgleichen: Da sie sagt, sie sei auch  **2608** überzeugt: "Die von Jesus Christus für die Lenkung der Kirche empfangenen Rechte des Bischofs können weder geändert noch eingeschränkt werden, und sollte die Ausübung dieser Rechte aus irgendeinem Grund unterbrochen worden sein, so kann und muß der Bischof immer in seine ursprünglichen Rechte zurückkehren, sooft dies das größere Wohl seiner Kirche erfordert"[1],

insofern sie nahelegt, die Ausübung der bischöflichen Rechte könne durch keine höhere Gewalt eingeengt oder beschränkt werden, wann immer der Bischof nach seinem eigenen Urteil zur Überzeugung gelangt ist, dies sei dem größeren Wohl seiner Kirche weniger zuträglich,

führt sie zum Schisma und zur Untergrabung der hierarchischen Leitung und ⟨ist⟩ irrig.

*Das den Priestern niederer Ordnung fälschlicherweise zugeschriebene Recht bei Dekreten des Glaubens und der Ordnung*

9. Die Lehre, die festlegt: "Die Reform  **2609** von Mißbräuchen in bezug auf die kirchliche Ordnung muß auf den Diözesansynoden in gleicher Weise vom Bischof und von den Pfarrern abhängen und festgesetzt werden, und ohne Freiheit der Entscheidung darf es keine Unterwerfung unter die Ratschläge und Befehle der Bischöfe geben"[1],

⟨ist⟩ falsch, leichtfertig, verletzt die bischöfliche Autorität, untergräbt die hierarchische Leitung und begünstigt die Häresie des Aërius[2], die von Calvin erneuert wurde[3].

---

**\*2608** [1]  Ebd.
**\*2609** [1]  Einberufungsschreiben; der Satz stimmt weitgehend mit dem Lehrgebäude Richers überein (vgl. \*2602[1]).
　　　 [2]  Aërius von Sebaste (Armenien) lehrte Mitte des 4. Jahrhunderts die vollkommene Gleichheit der

2610     10. Item doctrina, qua parochi aliive sacerdotes in synodo congregati pronuntiantur una cum episcopo iudices fidei, et simul innuitur, iudicium in causis fidei ipsis competere iure proprio, et quidem etiam per ordinationem accepto[1]:

falsa, temeraria, ordinis hierarchici subversiva, detrahens firmitati definitionum iudiciorumve dogmaticorum Ecclesiae, ad minus erronea.

2611     11. Sententia enuntians, vetere maiorum instituto, ab apostolicis usque temporibus ducto, per meliora Ecclesiae saecula servato, receptum fuisse, "ut decreta, aut definitiones, aut sententiae etiam maiorum sedium non acceptarentur, nisi recognitae fuissent et approbatae a synodo dioecesana"[1]:

falsa, temeraria, derogans pro sua generalitate oboedientiae debitae constitutionibus Apostolicis, tum et sententiis ab hierarchica superiore legitima potestate manantibus, schisma fovens et haeresim.

*Calumniae adversus aliquas decisiones in materia fidei ab aliquot saeculis emanatas*

2612     12. Assertiones Synodi complexive acceptae circa decisiones in materia fidei ab aliquot saeculis emanatas, quas perhibet velut decreta ab una particulari ecclesia vel paucis pastoribus profecta, nulla sufficienti auctoritate suffulta, nata corrumpendae puritati fidei ac turbis excitandis, intrusa per vim, e quibus inflicta sunt vulnera nimium adhuc recentia[1]:

10. Desgleichen ⟨ist⟩ die Lehre, in der die auf einer Synode versammelten Pfarrer und anderen Priester zusammen mit dem Bischof als Richter des Glaubens bezeichnet werden und zugleich nahegelegt wird, daß ihnen aus eigenem, und zwar auch durch die Weihe empfangenem Recht ein Urteil in Angelegenheiten des Glaubens zustehe[1],

falsch, leichtfertig, die hierarchische Ordnung untergrabend, der Festigkeit der dogmatischen Bestimmungen und Entscheidungen der Kirche abträglich, zumindest irrig.

11. Die Auffassung, die besagt, es sei nach einer alten Einrichtung der Vorfahren, die bis zu den Zeiten der Apostel zurückgeht und durch die besseren Jahrhunderte der Kirche hindurch bewahrt wurde, allgemein übernommen worden, "daß Erlasse, Definitionen oder Entscheidungen auch bedeutenderer Sitze nur angenommen werden, wenn sie von der Diözesansynode anerkannt und gebilligt wurden"[1],

⟨ist⟩ falsch, leichtfertig, verweigert angesichts ihrer Allgemeinheit den Apostolischen Konstitutionen, dann auch den von der höheren hierarchischen rechtmäßigen Gewalt ausgehenden Entscheidungen den schuldigen Gehorsam und begünstigt Schisma und Häresie.

*Verleumdungen gegen einige Entscheidungen, die seit etlichen Jahrhunderten in Glaubenssachen ergangen sind*

12. Die Behauptungen der Synode, die sich zusammenfassend auf Entscheidungen beziehen, die seit etlichen Jahrhunderten in Glaubenssachen ergangen sind und die sie als von einer Teilkirche oder wenigen Hirten ausgegangene, durch keine hinreichende Autorität gestützte, zur Zerstörung der Reinheit des Glaubens und zur Erregung von Unruhen ausgeborene und gewaltsam aufgenötigte Dekrete ansieht, aufgrund derer immer noch allzu frische Wunden geschlagen wurden[1],

---

³     Vollmacht des Bischofs- und Priesterstandes.
     Vgl. Benedikt XIV., *De synodo dioecesana* XIII 1.
*2610 ¹   Einberufungsschreiben; Brief an die Diözesanvikare; Rede an die Synode (aus der 1. Sitzung); Akten der 3. Sitzung.
*2611 ¹   Rede an die Synode § 8.
*2612 ¹   Dekret über den Glauben § 12.

falsae, captiosae, temerariae, scandalosae, in Romanos Pontifices et Ecclesiam iniuriosae, debitae Apostolicis constitutionibus oboedientiae derogantes, schismaticae, perniciosae, ad minus erroneae.

⟨sind⟩ falsch, trügerisch, leichtfertig, anstößig, gegenüber den Römischen Bischöfen und der Kirche ungerecht, verweigern den Apostolischen Konstitutionen den schuldigen Gehorsam, ⟨sind⟩ schismatisch, verderblich, zumindest irrig.

### De pace dicta Clementis IX

13. Propositio relata inter acta Synodi, quae innuit, Clementem IX pacem Ecclesiae reddidisse per approbationem distinctionis iuris et facti in subscriptione formularii ab Alexandro VII praescripti[1]:

falsa, temeraria, Clementi IX iniuriosa.

14. Quatenus vero ei distinctioni suffragatur, eiusdem fautores laudibus extollendo et eorum adversarios vituperando: temeraria, perniciosa, Summis Pontificibus iniuriosa, schisma fovens et haeresim.

### De coagmentatione corporis Ecclesiae

15. Doctrina, quae proponit Ecclesiam "considerandam velut unum corpus mysticum coagmentatum ex Christo capite et fidelibus, qui sunt eius membra per unionem ineffabilem, qua mirabiliter evadimus cum ipso unus solus sacerdos, una sola victima, unus solus adorator perfectus Dei Patris in spiritu et veritate"[1];

### Der sogenannte Friede Clemens' IX.

13. Der in den Akten der Synode wiedergegebene Satz, der andeutet, Clemens IX. habe der Kirche durch Anerkennung der Unterscheidung von Recht und Tatsache bei der Unterschrift des von Alexander VII. vorgeschriebenen Formulars der Kirche den Frieden wiedergegeben[1], ⟨ist⟩ falsch, leichtfertig und gegenüber Clemens IX. ungerecht.    2613

14. Insofern er aber dieser Unterscheidung beistimmt, die ihr Gewogenen mit Lob überschüttet und ihre Gegner tadelt, ⟨ist er⟩ leichtfertig, verderblich, gegenüber den Päpsten ungerecht und begünstigt Schisma und Häresie.    2614

### Die Zusammenfügung des Leibes der Kirche

15. Die Lehre, die besagt: Die Kirche "muß als ein mystischer Leib angesehen werden, der zusammengefügt ist aus Christus, dem Haupt, und den Gläubigen, die seine Glieder sind durch die unaussprechliche Einheit, aufgrund derer wir auf wunderbare Weise mit ihm ein einziger Priester, ein einziges Opfer und ein einziger vollkommener Anbeter Gottes, des Vaters, im Geiste und in der Wahrheit werden"[1],    2615

---

*2613 [1]  Rede an die Synode § 2 in der Anm. Den Inhalt des von Alexander VII. i. J. 1665 gegen die Jansenisten erlassenen Formulars (*2020) hatten die Bischöfe von Aleth, Pamiers, Beauvais und Angers dadurch zu relativieren versucht, daß sie in ihren Erlassen ("*Mandements*") erklärten, man müsse es unterzeichnen "mit gläubiger Ergebenheit gegenüber dem Recht und der Achtung und Disziplin gegenüber den in den Konstitutionen oder Bullen der Päpste enthaltenen Tatsachen" ("avec soumission de foi vers le droit et de respect et de discipline vers les faits contenus dans les constitutions ou bulles des papes"). Da dies aber die Unterscheidung zwischen Recht und Tatsache ("quaestio iuris" und "quaestio facti"; vgl. *2010°) hinsichtlich der Verurteilung der Sätze Jansens implizierte, wurden ihre Erlasse von der Indexkongregation am 18. Jan. 1667 verboten. Nach dem Tode Alexanders VII. setzten sich 19 Bischöfe Frankreichs bei Clemens IX., seinem Nachfolger, für die vier Bischöfe ein. Der Papst, der sich um den Frieden sorgte und ein Schisma befürchtete, willigte ein, daß ihm die vier besagten Bischöfe in einem vom 1. Sept. 1668 datierten (von Antoine Arnauld vorsichtig verfaßten) Brief ihre Unterzeichnung des Formulars näher erläuterten. Nachdem diese Erklärung in 30 Kardinalskongregationen diskutiert worden war, lenkte Clemens IX. schließlich ein und teilte jenen Bischöfen in dem Breve "*Notre vénérable frère*" vom 19. Jan. 1669 (RechScRel 8 [1918] 392f) mit, daß ihr Brief ausreichend sei. Diese Wiederversöhnung wurde von den Jansenisten "Clementinischer Friede" ("Pax Clementina") genannt.

*2615 [1]  Pastoralinstruktion über die Notwendigkeit und über die Weise, die Religion zu studieren (1. Mai 1782), im Anhang Nr. 28.

intellecta hoc sensu, ut ad corpus Ecclesiae non pertineant nisi fideles, qui sunt perfecti adoratores in spiritu et veritate:

haeretica.

wenn sie in dem Sinne verstanden wird, daß zum Leib der Kirche nur die Gläubigen gehören, die vollkommene Anbeter im Geiste und in der Wahrheit sind,

⟨ist⟩ häretisch.

### De statu innocentiae

**2616**    16. Doctrina Synodi de statu felicis innocentiae, qualem eum repraesentat in Adamo ante peccatum, complectentem non modo integritatem, sed et iustitiam interiorem cum impulsu in Deum per amorem caritatis, atque primaevam sanctitatem aliqua ratione post lapsum restitutam;

quatenus complexive accepta innuit, statum illum sequelam fuisse creationis, debitum ex naturali exigentia et condicione humanae naturae, non gratuitum Dei beneficium[1]:

falsa, alias damnata in Baio [*1901-1980], et Quesnellio [*2434-2437], erronea, favens haeresi Pelagianae.

### Der Stand der Unschuld

16. Die Lehre der Synode vom Stand der glücklichen Unschuld, wie sie ihn in Adam vor der Sünde darstellt, ⟨nämlich⟩ daß er nicht nur die Unversehrtheit, sondern auch die innere Gerechtigkeit mit dem Antrieb zu Gott durch die Sehnsucht der Liebe und die ursprüngliche Heiligkeit umfaßt, die nach dem Fall irgendwie wiederhergestellt wurde,

insofern sie, allgemein genommen, nahelegt, daß jener Stand eine Folge der Schöpfung, eine Notwendigkeit aufgrund der natürlichen Erfordernis und Daseinsbedingung der menschlichen Natur, kein freies Gnadengeschenk Gottes gewesen sei[1],

⟨ist⟩ falsch, wurde bei anderer Gelegenheit bei Bajus [*1901-1980] und Quesnel [*2434-2437] verurteilt, ⟨ist⟩ irrig und begünstigt die pelagianische Häresie.

### De immortalitate spectata ut naturali condicione hominis

**2617**    17. Propositio his verbis enuntiata: "Edocti ab Apostolo, spectamus mortem non iam ut naturalem condicionem hominis, sed revera ut iustam poenam culpae originalis"[1];

quatenus sub nomine Apostoli subdole allegato insinuat, mortem, quae in praesenti statu inflicta est velut iusta poena peccati per iustam subtractionem immortalitatis, non fuisse naturalem condicionem hominis, quasi immortalitas non fuisset gratuitum beneficium, sed naturalis condicio:

captiosa, temeraria, Apostolo iniuriosa, alias damnata [*1978].

### Die Unsterblichkeit, als natürliche Daseinsweise des Menschen betrachtet

17. Der in folgenden Worten ausgesprochene Satz: "Belehrt vom Apostel betrachten wir den Tod nicht schon als natürliche Daseinsweise des Menschen, sondern in Wirklichkeit als gerechte Strafe für die Ursünde"[1],

insofern er unter hinterlistiger Berufung auf den Namen des Apostels behauptet, der Tod, der im gegenwärtigen Zustand als gerechte Strafe für die Sünde durch den gerechten Entzug der Unsterblichkeit verhängt wurde, sei nicht die natürliche Daseinsweise des Menschen gewesen, so als ob die Unsterblichkeit kein freies Gnadengeschenk, sondern natürliche Daseinsweise gewesen wäre,

⟨ist⟩ trügerisch, leichtfertig, dem Apostel gegenüber ungerecht und bei anderer Gelegenheit verurteilt worden [*1978].

---

**\*2616** [1]   Dekret über die Gnade § 4 und 7; Dekret über die Sakramente im allgemeinen (aus der 4. Sitzung) § 1; Dekret über die Buße (aus der 5. Sitzung) § 4.

**\*2617** [1]   Dekret über die Taufe (aus der 4. Sitzung) § 2.

*De condicione hominis in statu naturae*

*Die Daseinsweise des Menschen im Stande der Natur*

18. Doctrina Synodi enuntians, "post lapsum Adami Deum annuntiasse promissionem futuri liberatoris, et voluisse consolari genus humanum per spem salutis, quam Iesus Christus allaturus erat"; tamen "Deum voluisse, ut genus humanum transiret per varios status, antequam veniret plenitudo temporum"; ac primum, ut in statu naturae "homo relictus propriis luminibus disceret de sua caeca ratione diffidere, et ex suis aberrationibus moveret se ad desiderandum auxilium superioris luminis"[1];

18. Die Lehre der Synode, die verkündet: **2618** "Nach dem Fall Adams kündigte Gott die Verheißung eines künftigen Befreiers an und wollte das Menschengeschlecht durch die Hoffnung auf das Heil trösten, das Jesus Christus bringen sollte"; andererseits: "Gott wollte, daß das Menschengeschlecht durch verschiedene Zustände hindurchgehe, bevor die Fülle der Zeiten käme"; und zwar zuerst, damit der im Stande der Natur "seinen eigenen Lichtquellen überlassene Mensch lerne, seiner blinden Vernunft zu mißtrauen, und sich aus seinen Verirrungen zur Sehnsucht nach der Hilfe eines höheren Lichtes aufmache"[1];

doctrina, ut iacet, captiosa, atque intellecta de desiderio adiutorii superioris luminis in ordine ad salutem promissam per Christum, ad quod concipiendum homo relictis suis propriis luminibus supponatur sese potuisse movere:

diese Lehre ⟨ist⟩ – so wie sie dasteht – trügerisch und, wenn sie von der Sehnsucht nach der Hilfe eines höheren Lichtes im Hinblick auf das durch Christus verheißene Heil verstanden wird, zu dessen Erlangung sich der Mensch, wie unterstellt wird, mit seinen ihm verbliebenen eigenen Einsichten habe aufmachen können,

suspecta, favens haeresi Semipelagianae.

verdächtig und begünstigt die semipelagianische Häresie.

*De condicione hominis sub Lege*

*Die Daseinsweise des Menschen unter dem Gesetz*

19. Item, quae subiungit, hominem sub Lege, "cum esset impotens ad eam observandam, praevaricatorem evasisse, non quidem culpa Legis, quae sanctissima erat, sed culpa hominis, qui sub Lege sine gratia magis magisque praevaricator evasit", superadditque, "legem, si non sanavit cor hominis, effecisse, ut sua mala cognosceret, et de sua infirmitate convictus desideraret gratiam mediatoris"[1];

19. Desgleichen ⟨ist die Lehre⟩, die sich **2619** anschließt: Der Mensch unter dem Gesetz "wurde, da er unfähig war, es zu beachten, zum Gesetzesübertreter, und zwar nicht durch die Schuld des Gesetzes, das hochheilig war, sondern durch die Schuld des Menschen, der unter dem Gesetz ohne Gnade mehr und mehr zum Gesetzesübertreter wurde"; und noch hinzufügt: "Das Gesetz hat, wenn es ⟨auch⟩ das Herz des Menschen nicht heilte, ⟨doch⟩ bewirkt, daß er seine Übel erkannte und, von seiner Schwäche überzeugt, die Gnade eines Mittlers ersehnte"[1],

qua parte generaliter innuit, hominem praevaricatorem evasisse per inobservantiam Legis, quam impotens esset observare, quasi "impossibile aliquid potuerit imperare, qui iustus est, aut damnaturus sit hominem pro

insofern sie allgemein andeutet, der Mensch sei ein Gesetzesübertreter geworden durch die Nichtbeachtung des Gesetzes, das zu beachten er unfähig war, so als ob "der etwas Unmögliches befehlen könne, der ge-

---

**\*2618** [1]   Dekret über die Gnade § 10.
**\*2619** [1]   Ebd.

eo, quod non potuit evitare, qui pius est"[2]:

falsa, scandalosa, impia, in Baio damnata [*1954].

**2620**    20. Qua parte datur intelligi, hominem sub lege sine gratia potuisse concipere desiderium gratiae mediatoris ordinatum ad salutem promissam per Christum[1]; quasi "non ipsa gratia faciat, ut invocetur a nobis" [*Concilium Arausiacum II, can. 3: *373*]:

propositio, ut iacet, captiosa, suspecta, favens haeresi Semipelagianae.

recht ist, oder der, der gütig ist, den Menschen für etwas verurteilen werde, was er nicht vermeiden konnte"[2],

falsch, anstößig, gottlos und bei Bajus verurteilt [*1954].

20. Insofern aber zu verstehen gegeben wird, daß der Mensch unter dem Gesetz ohne Gnade die Sehnsucht nach der Gnade eines Mittlers im Hinblick auf das durch Christus verheißene Heil habe erlangen können[1], so als ob "nicht die Gnade selbst bewirke, daß sie von uns angerufen wird" [*2. Synode von Orange, Kan. 3: *373*],

⟨ist⟩ dieser Satz, so wie er dasteht, trügerisch und verdächtig und begünstigt die semipelagianische Häresie.

### De gratia illuminante et excitante

**2621**    21. Propositio, quae asserit, "lumen gratiae, quando sit solum, non praestare, nisi ut cognoscamus infelicitatem nostri status et gravitatem nostri mali; gratiam in tali casu producere eundem effectum, quem Lex producebat: ideo necesse esse, ut Deus creet in corde nostro sanctum amorem, et inspiret sanctam delectationem contrariam amori in nobis dominanti; hunc amorem sanctum, hanc sanctam delectationem esse proprie gratiam Iesu Christi, inspirationem caritatis, qua cognita sancto amore faciamus; hanc esse illam radicem, e qua germinantur bona opera; hanc esse gratiam Novi Testamenti, quae nos liberat a servitute peccati, constituit filios Dei"[1];

quatenus intendat, eam solam esse proprie gratiam Iesu Christi, quae creet in corde sanctum amorem, et quae facit, ut faciamus, sive etiam, qua homo liberatus a servitute peccati constituitur filius Dei; et non sit etiam proprie gratia Christi ea gratia, qua cor hominis tangitur per illuminationem Spiritus Sancti (Trid. sess. VI c. 5 [*1525]) nec vera detur interior gratia Christi, cui resistitur:

### Die erleuchtende und erweckende Gnade

21. Der Satz, der behauptet: "Das Licht der Gnade wirkt, wenn es allein ist, nur, daß wir das Unglück unseres Zustandes und die Schwere unseres Übels erkennen; die Gnade erzielt in einem solchen Falle dieselbe Wirkung, die das Gesetz erzielte; deshalb ist es nötig, daß Gott in unserem Herzen eine heilige Sehnsucht schafft und eine heilige Lust einhaucht, die der in uns herrschenden Sehnsucht entgegengesetzt ist; diese heilige Sehnsucht, diese heilige Lust ist im eigentlichen Sinne Gnade Jesu Christi, Einhauchung der Liebe, durch welche wir das Erkannte mit heiliger Sehnsucht tun; dies ist jene Wurzel, aus der die guten Werke sprossen; dies ist die Gnade des Neuen Testamentes, die uns von der Knechtschaft der Sünde befreit und zu Söhnen Gottes einsetzt"[1],

insofern er ⟨zu sagen⟩ beabsichtigt, daß Gnade Jesu Christi im eigentlichen Sinne allein die sei, die im Herzen heilige Sehnsucht schafft und die bewirkt, daß wir handeln, oder auch, durch die der von der Knechtschaft der Sünde befreite Mensch als Sohn Gottes eingesetzt wird; und daß im eigentlichen Sinne Gnade Christi nicht auch die sei, durch die das Herz des Menschen durch die

---

[2]    Caesarius von Arles, Predigt 37,2 (G. Morin, *Caesarii Arelatensis Opera omnia* 1 [Maretioli 1937] 155$_{27-29}$ / CpChL 103 [1953] 163 / = Pseudo-Augustinus, Predigt 273 des Anhangs, früher *Sermo de tempore* 61: PL 39,2257). – Augustinus, *De natura et gratia* 43, n. 50 (CSEL 60,270 / PL 44,271). – Augustinus, *De gratia et libero arbitrio* 16, n. 32 (PL 44,900). – Augustinus, *Enarrationes in Psalmos* 56, n. 1 (E. Dekkers – J. Fraipont: CpChL 39 [1956] 694$_{20f}$ / PL 36,661).
**\*2620** [1]    Ebd.
**\*2621** [1]    Dekret über die Gnade § 11.

falsa, captiosa, inducens in errorem in secunda propositione Iansenii damnatum ut haereticum, eumque renovans [*2002].

Erleuchtung des Heiligen Geistes berührt wird (Tridentinum, 6. Sitzung, Kap. 5 [*1525]), und daß es keine wahre innere Gnade Christi gebe, der man sich widersetzt,

⟨ist⟩ falsch, trügerisch, führt in den Irrtum, der beim zweiten Satz Jansens als häretisch verurteilt wurde, und erneuert ihn [*2002].

### De fide velut prima gratia

22. Propositio, quae innuit fidem, "a qua incipit series gratiarum, et per quam velut primam vocem vocamur ad salutem et Ecclesiam"[1]; esse ipsammet excellentem virtutem fidei, qua homines fideles nominantur et sunt;

perinde ac prior non esset gratia illa, quae, "ut praevenit voluntatem, sic praevenit et fidem"[2]:

suspecta de haeresi, eamque sapiens, alias in Quesnellio damnata [*2427], erronea.

### Der Glaube als erste Gnade

22. Der Satz, der nahelegt, der Glaube,  **2622** "mit dem die Reihe der Gnaden beginnt und durch den wir gleichsam wie durch eine erste Stimme zum Heil und zur Kirche gerufen werden"[1], sei selbst die hervorragende Tugend des Glaubens, aufgrund derer die Menschen Gläubige genannt werden und sind,

so als ob jene Gnade nicht früher wäre, die, "wie sie dem Willen vorausgeht, so auch dem Glauben vorausgeht"[2],

⟨ist⟩ der Häresie verdächtig und schmeckt nach ihr, wurde bei anderer Gelegenheit bei Quesnel verurteilt [*2427] und ⟨ist⟩ irrig.

### De duplici amore

23. Doctrina Synodi de duplici amore dominantis cupiditatis et caritatis dominantis enuntians, hominem sine gratia esse sub virtute peccati ipsumque in eo statu per generalem cupiditatis dominantis influxum omnes suas actiones inficere et corrumpere[1];

quatenus insinuat, in homine, dum est sub servitute sive in statu peccati, destitutus gratia illa, qua liberatur a servitute peccati et constituitur filius Dei, sic dominari cupiditatem, ut per generalem huius influxum omnes illius actiones in se inficiantur et corrumpantur, aut opera omnia, quae ante iustificationem fiunt, quacumque ratione fiant, sint peccata;

quasi in omnibus suis actibus peccator serviat dominanti cupiditati:
falsa, perniciosa, inducens in errorem a Tridentino damnatum ut haereticum, iterum

### Die zweifache Sehnsucht

23. Die Lehre der Synode von der zweifa-  **2623** chen Sehnsucht der herrschenden Begierde und der herrschenden Liebe, die besagt, der Mensch stehe ohne Gnade unter der Macht der Sünde und er vergifte und verderbe in diesem Zustand durch den allgemeinen Einfluß der herrschenden Begierde alle seine Handlungen[1],

insofern sie sagen will, daß im Menschen, solange er unter der Knechtschaft bzw. im Stande der Sünde ist, jener Gnade entbehrend, durch die er von der Knechtschaft der Sünde befreit und als Sohn Gottes eingesetzt wird, die Begierde so herrsche, daß durch ihren allgemeinen Einfluß alle seine Handlungen in sich vergiftet und verdorben werden, oder alle Werke, die vor der Rechtfertigung geschehen, gleichgültig, auf welche Weise sie geschehen, Sünden seien,

so als ob der Sünder in allen seinen Handlungen der herrschenden Begierde diente,

⟨ist⟩ falsch und verderblich und führt in den vom Tridentinum als häretisch verurteil-

---

**\*2622** [1]   Dekret über den Glauben § 1.
    [2]   Augustinus, *De dono perseverantiae* 16, n. 41 (PL 45,1018).
**\*2623** [1]   Dekret über die Gnade § 8.

in Baio damnatum art. 40 [*1557 1940].

**2624** 24. Qua vero parte inter dominantem cupiditatem et caritatem dominantem nulli ponuntur affectus medii, a natura ipsa insiti suapteque natura laudabiles[1] qui una cum amore beatitudinis naturalique propensione ad bonum "remanserunt velut extrema lineamenta et reliquiae imaginis Dei"[2];

perinde ac si "inter dilectionem divinam, quae nos perducit ad regnum, et dilectionem humanam illicitam, quae damnatur", non daretur "dilectio humana licita, quae non reprehenditur"[3]:
falsa, alias damnata [*1938 2307].

### De timore servili

**2625** 25. Doctrina, quae timorem poenarum generatim perhibet "dumtaxat non posse dici malum, si saltem pertingit ad cohibendam manum"[1];

quasi timor ipse gehennae, quam fides docet peccato infligendam, non sit in se bonus et utilis, velut donum supernaturale ac motus a Deo inspiratus praeparans ad amorem iustitiae:

falsa, temeraria, perniciosa, divinis donis iniuriosa, alias damnata [cf. *1456], contraria doctrinae Concilii Tridentini [cf. *1526 1678], tum et communi Patrum sententiae, "opus esse", iuxta consuetum ordinem praeparationis ad iustitiam, "ut intret timor primo, per quem veniat caritas: timor medicamentum, caritas sanitas"[2].

---

24. Insofern aber zwischen die herrschende Begierde und die herrschende Liebe keine mittleren Affekte gesetzt werden, die von der Natur selbst eingepflanzt wurden und ihrer Natur nach lobenswert sind[1], die zusammen mit der Sehnsucht nach Glückseligkeit und der natürlichen Neigung zum Guten "gleichsam als äußerste Konturen und Überreste der Gottebenbildlichkeit übrig blieben"[2],

so als ob es "zwischen der göttlichen Liebe, die uns zum Reich ⟨Gottes⟩ führt, und der unerlaubten menschlichen Liebe, die verurteilt wird", keine "erlaubte menschliche Liebe, die nicht getadelt wird"[3], gebe,

⟨ist die Lehre⟩ falsch und wurde bei anderer Gelegenheit verurteilt [*1938 2307].

### Die knechtische Furcht

25. Die Lehre, die besagt: Die Furcht vor Strafen im allgemeinen "kann lediglich dann nicht schlecht genannt werden, wenn sie wenigstens dazu beiträgt, die Hand im Zaume zu halten"[1],

so als ob eben die Furcht vor der Hölle, die, wie der Glaube lehrt, der Sünde auferlegt werden muß, nicht in sich gut und nützlich sei, gleichsam ein übernatürliches Geschenk und ein von Gott eingehauchter Antrieb, der für die Sehnsucht nach der Gerechtigkeit vorbereitet,

⟨ist⟩ falsch, leichtfertig, verderblich, gegenüber den göttlichen Gaben ungerecht, wurde bei anderer Gelegenheit verurteilt [vgl. *1456], ist der Lehre des Konzils von Trient entgegengesetzt [vgl. *1526 1678], ebenso auch der allgemeinen Auffassung der Väter, daß es nach der gewöhnlichen Ordnung der Vorbereitung zur Gerechtigkeit "nötig ist, daß zuerst die Furcht eintritt, durch die die Liebe kommt; Furcht ⟨ist⟩ das Heilmittel, Liebe die Gesundheit"[2].

---

*2624  [1]  Dekret über die Gnade § 12.
     [2]  Augustinus, *De spiritu et littera* 28, n. 48 (CSEL 60,202₁₃f / PL 44,230).
     [3]  Augustinus, *Sermo* (349 der *Editio Maurina*) *de caritate*, n. 1 (PL 39,1530).
*2625  [1]  Dekret über die Buße § 3.
     [2]  Augustinus, *In epistulam Iohannis ad Parthos* [= 1 Joh 4] tract. 9, n. 4 (PL 35,2048 [C]). – Augustinus, *In evangelium Iohannis*, tract. 41,10 (zu Joh 8,35f; hrsg. v. R. Willems: CpChL 36 [1954] 363₃₁f / PL 35,1698). – Augustinus, *Enarrationes in Psalmos* 127, n. 7 (E. Dekkers – J. Fraipont: CpChL 40 [1956] 1871f / PL 37,1680f). Augustinus, *Sermones de verbis Apostolorum* 156, c. 13, n. 14, und 161, c. 8; *Sermo de caritate* 349, n. 7 (PL 38,857; 882; 39,1532f).

*De poena decedentium cum solo originali*

26. Doctrina, quae velut fabulam Pelagianam explodit locum illum inferorum (quem limbi puerorum nomine fideles passim designant), in quo animae decedentium cum sola originali culpa poena damni citra poenam ignis puniantur[1];

perinde ac si hoc ipso, quod, qui poenam ignis removent, inducerent locum illum et statum medium expertem culpae et poenae inter regnum Dei et damnationem aeternam, qualem fabulabantur Pelagiani:

falsa, temeraria, in scholas catholicas iniuriosa.

*De forma sacramentali cum adiuncta condicione*

27. Deliberatio Synodi, quae praetextu adhaesionis ad antiquos canones in casu dubii baptismatis propositum suum declarat de omittenda formae condicionalis mentione[1]:

temeraria, praxi, legi, auctoritati Ecclesiae contraria.

*De participatione victimae in sacrificio Missae*

28. Propositio Synodi, qua, postquam statuit, "victimae participationem esse partem sacrificio essentialem", subiungit "non tamen se damnare ut illicitas Missas illas, in quibus adstantes sacramentaliter non communicant; ideo quia isti participant, licet minus perfecte, de ipsa victima, spiritu illam recipiendo"[1];

quatenus insinuat, ad sacrificii essentiam deesse aliquod in eo sacrificio, quod peragatur sive nullo adstante, sive adstantibus, qui nec sacramentaliter nec spiritualiter de victima participant; et quasi damnandae essent ut illicitae Missae illae, in quibus, solo sacerdote communicante, nemo adsit, qui sive sacramentaliter sive spiritualiter communicet:

*Die Strafe der nur mit der Urschuld Verscheidenden*

26. Die Lehre, die jenen Ort in der Unterwelt (den die Gläubigen allenthalben als "Limbus der Kinder" bezeichnen), in dem die Seelen der nur mit der Urschuld Verscheidenden mit der Strafe der Verdammung ohne die Feuerstrafe bestraft werden, als pelagianisches Märchen verwirft[1], **2626**

so als ob die, welche die Feuerstrafe beseitigen, dadurch jenen Ort und mittleren Zustand ohne Schuld und Strafe zwischen dem Reich Gottes und der ewigen Verdammnis einführten, von dem die Pelagianer fabelten,

⟨ist⟩ falsch, leichtfertig und gegenüber den katholischen Schulen ungerecht.

*Die sakramentale Form mit angefügter Bedingung*

27. Die Entscheidung der Synode, die unter dem Vorwand, sich an alte Kanones anzuschließen, ihre Absicht erklärt, im Falle einer zweifelhaften Taufe die Erwähnung der bedingungsweisen Form zu unterlassen[1], **2627**

⟨ist⟩ leichtfertig und der Praxis, dem Gesetz und der Autorität der Kirche entgegengesetzt.

*Die Teilnahme an der Opfergabe im Meßopfer*

28. Der Satz der Synode, in dem sie feststellt: "Die Teilnahme an der Opfergabe ist ein wesentlicher Teil für das Meßopfer", und dann hinzufügt: "Dennoch verurteilen wir jene Messen nicht als unerlaubt, in denen die Anwesenden nicht sakramental kommunizieren, weil diese, wenn auch weniger vollkommen, an der Opfergabe teilnehmen, indem sie sie im Geiste empfangen[1], **2628**

insofern er sagen will, zum Wesen des Opfers fehle in jenem Opfer etwas, das entweder ohne einen, der ihm beiwohnt, oder mit Beiwohnenden, die weder sakramental noch geistig an der Opfergabe teilnehmen, dargebracht wird; und als ob jene Messen als unerlaubt verurteilt werden müßten, in denen allein der Priester kommuniziert und nie-

---

**2626** [1]   Dekret über die Taufe § 3.
**2627** [1]   Dekret über die Taufe § 12.
**2628** [1]   Dekret über die Eucharistie (aus der 4. Sitzung) § 6.

falsa, erronea, de haeresi suspecta eamque sapiens.

mand anwesend ist, der entweder sakramental oder geistig kommuniziert,

⟨ist⟩ falsch, irrig, der Häresie verdächtig und danach schmeckend.

### De ritus consecrationis efficacia

### Die Wirkung des Konsekrationsritus

**2629**    29. Doctrina Synodi, qua parte tradere instituens fidei doctrinam de ritu consecrationis remotis quaestionibus scholasticis circa modum, quo Christus est in Eucharistia, a quibus parochos docendi munere fungentes abstinere hortatur, duobus his tantum propositis:

1) Christum post consecrationem vere, realiter, substantialiter esse sub speciebus;

2) tunc omnem panis et vini substantiam cessare, solis remanentibus speciebus,

prorsus omittit ullam mentionem facere transsubstantiationis seu conversionis totius substantiae panis in corpus, et totius substantiae vini in sanguinem[1], quam velut articulum fidei Tridentinum Concilium definivit [*1642 1652], et quae in solemni fidei professione continetur [*1866];

quatenus per inconsultam istiusmodi suspiciosamque omissionem notitia subtrahitur tum articuli ad fidem pertinentis, tum etiam vocis ab Ecclesia consecratae ad illius tuendam professionem adversus haereses, tenditque adeo ad eius oblivionem inducendam, quasi ageretur de quaestione mere scholastica:

perniciosa, derogans expositioni veritatis catholicae circa dogma transsubstantiationis, favens haereticis.

29. Die Lehre der Synode, in der sie es unternimmt, die Glaubenslehre vom Ritus der Konsekration – von den scholastischen Fragen in bezug auf die Weise, in der Christus in der Eucharistie ist, absehend, mit denen sich auch, wie sie mahnt, die Pfarrer, die ja das Amt der Lehre versehen, nicht beschäftigen sollen – lediglich in diesen beiden Sätzen vorzutragen:

1) Christus ist nach der Konsekration wahrhaft, wirklich und substanzhaft unter den Gestalten;

2) dann hört jene Substanz von Brot und Wein auf, und es bleiben allein die Gestalten zurück,

und es völlig unterläßt, die Transsubstantiation bzw. Verwandlung der Substanz der ganzen Substanz des Brotes in den Leib und der ganzen Substanz des Weines in das Blut zu erwähnen[1], die das Konzil von Trient als Glaubensartikel definierte [*1642 1652] und die im feierlichen Glaubensbekenntnis enthalten ist [*1866],

insofern durch diese unvernünftige und verdächtige Auslassung die Kenntnis sowohl eines zum Glauben gehörenden Artikels als auch eines von der Kirche zum Schutz ihres Bekenntnisses gegen Häresien geheiligten Ausdrucks entzogen wird und sie beabsichtigt, ihn in Vergessenheit geraten zu lassen, so als ob es sich um eine rein scholastische Frage handelte,

⟨ist⟩ verderblich, der Darlegung der katholischen Wahrheit in bezug auf die Lehre von der Wesensverwandlung abträglich und begünstigt die Häretiker.

### De applicatione fructus sacrificii

### Die Zuwendung der Frucht des Meßopfers

**2630**    30. Doctrina Synodi, qua, dum profitetur "credere, sacrificii oblationem extendere se ad omnes, ita tamen, ut in liturgia fieri possit specialis commemoratio aliquorum tam vivorum quam defunctorum, precando Deum

30. Die Lehre der Synode, in der sie bekennt: "Wir glauben, daß sich die Darbringung des Meßopfers auf alle erstreckt, jedoch so, daß in der Liturgie irgendwelcher Lebenden und Toten besonders gedacht werden

---

**\*2629** [1]    Dekret über die Eucharistie § 2.

peculiariter pro ipsis", dein continuo subicit: "non tamen, quod credamus, in arbitrio esse sacerdotis applicare fructus sacrificii cui vult, immo damnamus hunc errorem velut magnopere offendentem iura Dei, qui solus distribuit fructus sacrificii cui vult, et secundum mensuram, quae ipsi placet": unde et consequenter traducit velut "falsam opinionem invectam in populum, quod illi, qui eleemosynam subministrant sacerdoti sub condicione, quod celebret unam Missam, specialem fructum ex ea percipiant"[1];

kann, indem man Gott eigens für sie bittet", dann aber sofort anschließt: "jedoch nicht, weil wir glauben, es läge im Ermessen des Priesters, die Früchte des Opfers zuzuwenden, wem er will; vielmehr verurteilen wir diese Irrlehre als schweren Verstoß gegen die Rechte Gottes, der allein die Früchte des Meßopfers austeilt, an wen er will, und nach dem Maß, das ihm gefällt", weshalb sie es auch folgerichtig als "falsche, gegen das Volk gerichtete Auffassung" verleumdet, "daß diejenigen, die dem Priester ein Almosen unter der Bedingung zukommen lassen, daß er eine Messe feiere, eine besondere Frucht aus ihr erlangen"[1];

sic intellecta, ut, praeter peculiarem commemorationem et orationem, specialis ipsa oblatio seu applicatio sacrificii, quae fit a sacerdote, non magis prosit ceteris paribus illis, pro quibus applicatur, quam aliis quibusque; quasi nullus specialis fructus proveniret ex speciali applicatione, quam pro determinatis personis aut personarum ordinibus faciendam commendat ac praecipit Ecclesia, speciatim a pastoribus pro suis ovibus, quod velut ex divino praecepto descendens a sacra Tridentina Synodo [*sessio XXIII, De reformatione, c. 1*] diserte est expressum[2]:

wenn sie so verstanden wird, daß außer dem besonderen Gedächtnis und Gebet die spezielle Darbringung bzw. Zuwendung des Opfers selbst, die vom Priester gemacht wird, unter Gleichsetzung der übrigen jenen, denen es zugewendet wird, nicht mehr nützt als allen anderen, so als ob keine besondere Frucht aus einer besonderen Zuwendung hervorginge, die die Kirche für bestimmte Personen oder Stände von Personen zu machen empfiehlt und vorschreibt, insbesondere von den Hirten für ihre Schafe, was gleichsam aus göttlicher Vorschrift sich ergebend vom heiligen Konzil von Trient [*23. Sitzung, Über die Reform, Kap. 1*] ausdrücklich gesagt wurde[2],

falsa, temeraria, perniciosa, Ecclesiae iniuriosa, inducens in errorem alias damnatum in Wicleffo [*1169*].

⟨ist⟩ falsch, leichtfertig, verderblich, der Kirche gegenüber ungerecht und führt in den bei anderer Gelegenheit bei Wyclif verurteilten Irrtum [*1169*].

### De convenienti ordine in cultu servando

### Die geziemende Ordnung, die beim Kult einzuhalten ist

31. Propositio Synodi enuntians, conveniens esse, pro divinorum officiorum ordine et antiqua consuetudine, ut in unoquoque templo unum tantum sit altare, sibique adeo placere morem illum restituere[1]:

31. Der Satz der Synode, der verkündet, es gehöre sich angesichts der Ordnung der Gottesdienste und alter Gewohnheit, daß in jeder Kirche nur e i n Altar sei, und sie fänden es auch richtig, diesen Brauch wiederherzustellen[1],    **2631**

temeraria, perantiquo, pio, multis abhinc saeculis in Ecclesia, praesertim Latina, vigenti et probato mori iniuriosa.

⟨ist⟩ leichtfertig und verletzt den uralten, frommen und seit vielen Jahrhunderten in der Kirche, vor allem der lateinischen, gültigen und bewährten Brauch.

---

**2630** [1]  Dekret über die Eucharistie § 8.
     [2]  Vgl. auch Benedikt XIV., "*Cum semper oblatas*", 19. Aug. 1744, § 2 (Mechelner Ausg. 2,306f).
**2631** [1]  Dekret über die Eucharistie § 5.

**2632**    32. Item, praescriptio vetans, ne super altaria sacrarum reliquiarum thecae floresve apponantur[1]:

temeraria, pio ac probato Ecclesiae mori iniuriosa.

**2633**    33. Propositio Synodi, qua cupere se ostendit, ut causae tollerentur, per quas ex parte inducta est oblivio principiorum ad liturgiae ordinem spectantium, "revocando illam ad maiorem rituum simplicitatem, eam vulgari lingua exponendo et elata voce proferendo";

quasi vigens ordo liturgiae ab Ecclesia receptus et probatus aliqua ex parte manasset ex oblivione principiorum, quibus illa regi debet[1]:

temeraria, piarum aurium offensiva, in Ecclesiam contumeliosa, favens haereticorum in eam conviciis.

*De ordine paenitentiae*

**2634**    34. Declaratio Synodi, qua, postquam praemisit, ordinem paenitentiae canonicae sic ad Apostolorum exemplum ab Ecclesia statutum fuisse, ut esset communis omnibus, nec tantum pro punitione culpae, sed praecipue pro dispositione ad gratiam, subdit, se "in ordine illo mirabili et augusto totam agnoscere dignitatem sacramenti adeo necessarii, liberam a subtilitatibus, quae ipsi decursu temporis adiunctae sunt"[1];

quasi per ordinem, quo sine peracto canonicae paenitentiae cursu hoc sacramentum per totam Ecclesiam administrari consuevit, illius fuisset dignitas imminuta:

temeraria, scandalosa, inducens in contemptum dignitatis sacramenti, prout per Ecclesiam totam consuevit administrari, Ecclesiae ipsi iniuriosa.

---

32. Desgleichen ⟨ist⟩ die Vorschrift, die verbietet, auf die Altäre Behältnisse mit heiligen Reliquien oder Blumen zu stellen[1], leichtfertig und verletzt den frommen und bewährten Brauch der Kirche.

33. Der Satz der Synode, in dem sie erklärt, sie wünsche, daß die Ursachen beseitigt würden, durch welche die sich auf die Ordnung der Liturgie beziehenden Grundsätze teilweise in Vergessenheit geraten seien, "indem man ihre Riten wieder vereinfacht, sie in der Volkssprache abhält und mit lauter Stimme vorträgt",

so als ob die von der Kirche angenommene und gebilligte gültige Ordnung der Liturgie einem Vergessen der Grundsätze, nach denen sie sich richten muß, entsprungen wäre[1],

⟨ist⟩ leichtfertig, für fromme Ohren anstößig, gegenüber der Kirche beleidigend und begünstigt die Vorwürfe der Häretiker gegen sie.

*Die Ordnung der Buße*

34. Die Erklärung der Synode, in der sie vorausschickt, die Ordnung der kanonischen Buße sei von der Kirche so nach dem Beispiel der Apostel festgelegt worden, daß sie allen gemeinsam sei, und nicht nur für die Bestrafung der Schuld, sondern vor allem für die Ausrichtung zur Gnade, und dann hinzufügt: Wir "erkennen in dieser wunderbaren und erhabenen Ordnung die ganze, von Spitzfindigkeiten, die ihr im Laufe der Zeit angehängt wurden, freie Würde des so notwendigen Sakramentes"[1],

so als ob durch die in der ganzen Kirche gebräuchliche Ordnung, dieses Sakrament ohne Vollendung der kanonischen Bußzeit zu spenden, seine Würde vermindert worden wäre,

⟨ist⟩ leichtfertig, anstößig, führt zur Verachtung der Würde des Sakramentes, wie es in der ganzen Kirche gewöhnlich gespendet wird, und ist gegenüber der Kirche selbst ungerecht.

---

*2632 [1]    Ebd.
*2633 [1]    Ebd. § 6.
*2634 [1]    Dekret über die Buße § 7.

35. Propositio his verbis concepta: "Si caritas in principio semper debilis est, de via ordinaria ad obtinendum augmentum huius caritatis oportet, ut sacerdos praecedere faciat eos actus humiliationis et paenitentiae, qui fuerunt omni aetate ab Ecclesia commendati: redigere hos actus ad paucas orationes aut ad aliquod ieiunium post iam collatam absolutionem, videtur potius materiale desiderium conservandi huic sacramento nudum nomen paenitentiae, quam medium illuminatum et aptum ad augendum illum fervorem caritatis, qui debet praecedere absolutionem; longe quidem absumus ab improbanda praxi imponendi paenitentias etiam post absolutionem adimplendas: si omnia nostra bona opera semper adiunctos habent nostros defectus, quanto magis vereri debemus, ne plurimas imperfectiones admiserimus in difficillimo et magni momenti opere nostrae reconciliationis"[1];

quatenus innuit, paenitentias, quae imponuntur adimplendae post absolutionem, spectandas potius esse velut supplementum pro defectibus admissis in opere nostrae reconciliationis, quam ut paenitentias vere sacramentales et satisfactorias pro peccatis confessis; quasi, ut vera ratio sacramenti, non nudum nomen servetur, oporteat de via ordinaria, ut actus humiliationis et paenitentiae, qui imponuntur per modum satisfactionis sacramentalis, praecedere debeant absolutionem:

falsa, temeraria, communi praxi Ecclesiae iniuriosa, inducens in errorem haereticali nota in Petro de Osma confixum [*1415; cf. *2316].

*De praevia necessaria dispositione pro admittendis paenitentibus ad reconciliationem*

36. Doctrina Synodi, qua, postquam praemisit, "quando habebuntur signa non aequivoca amoris Dei dominantis in corde hominis, posse illum merito iudicari dignum, qui

35. Der in folgenden Worten zusammengefaßte Satz: "Wenn die Liebe am Anfang immer schwach ist, so muß der Priester, um eine Vermehrung dieser Liebe zu erreichen, normalerweise die Akte der Erniedrigung und Buße vorausgehen lassen, die zu jeder Zeit von der Kirche empfohlen worden sind; diese Akte auf wenige Gebete oder auf irgendein Fasten nach bereits erteilter Lossprechung zu beschränken, scheint eher das materielle Verlangen zu sein, diesem Sakrament den bloßen Namen 'Buße' zu bewahren, als ein leuchtendes Mittel, das geeignet ist zur Vergrößerung jener Glut der Liebe, die der Lossprechung vorausgehen muß; wir sind freilich weit davon entfernt, die Praxis, auch noch nach der Lossprechung zu erfüllende Bußen aufzuerlegen, zu mißbilligen; wenn alle unsere guten Werke immer unsere Fehler anhängen haben, so müssen wir umso mehr darum besorgt sein, daß wir beim äußerst schwierigen und bedeutungsvollen Werk unserer Wiederversöhnung nicht zahlreiche Unvollkommenheiten begehen"[1];    2635

insofern er nahelegt, daß die Bußen, die zur Erfüllung nach der Lossprechung auferlegt werden, eher als Ergänzung für Fehler, die beim Werk unserer Wiederversöhnung begangen wurden, angesehen werden müssen, denn als wahre sakramentale Bußen und Genugtuung für die bekannten Sünden: als ob es sich zur Wahrung des wahren Inhalts des Sakraments, nicht des bloßen Namens, normalerweise gehöre, daß Akte der Erniedrigung und Buße, die durch die Bestimmung der sakramentalen Genugtuung auferlegt werden, der Lossprechung vorausgehen müßten;

⟨ist⟩ falsch und leichtfertig, verletzt die allgemeine Praxis der Kirche und führt in den Irrtum, der Petrus von Osma mit dem Mal der Häresie anhaftet [*1415; vgl. *2316].

*Der voraufgehende notwendige Zustand für die Zulassung von Büßenden zur Wiederversöhnung*

36. Die Lehre der Synode, in der sie vorausschickt: "Wenn man unzweideutige Zeichen dafür hat, daß die Liebe Gottes im Herzen eines Menschen herrscht, kann man ihn    2636

---

*2635 [1] Ebd. § 10, Nr. 4.

admittatur ad participationem sanguinis Iesu Christi, quae fit in sacramentis", subdit, "supposititias conversiones, quae fiunt per attritionem, nec efficaces esse solere nec durabiles", consequenter "pastorem animarum debere insistere signis non aequivocis caritatis dominantis, antequam admittat suos paenitentes ad sacramenta"; quae signa, ut deinde tradit (§ 17), "pastor deducere poterit ex stabili cessatione a peccato et fervore in operibus bonis"; quem insuper "fervorem caritatis" perhibet (De paenit. § 10) velut dispositionem, quae "debet praecedere absolutionem"[1];

sic intellecta, ut non solum contritio imperfecta, quae passim attritionis nomine donatur, etiam quae iuncta sit cum dilectione, qua homo incipit diligere Deum tamquam omnis iustitiae fontem [cf. \*1526], nec modo contritio caritate formata, sed et fervor caritatis dominantis, et ille quidem diuturno experimento per fervorem in operibus bonis probatus, generaliter et absolute requiratur, ut homo ad sacramenta et speciatim paenitentes ad absolutionis beneficium admittantur:

falsa, temeraria, quietis animarum perturbativa, tutae ac probatae in Ecclesia praxi contraria, sacramenti efficaciae detrahens et iniuriosa.

### De auctoritate absolvendi

**2637**    37. Doctrina Synodi, quae de auctoritate absolvendi accepta per ordinationem enuntiat, "post institutionem dioecesium et parochiarum conveniens esse, ut quisque iudicium hoc exerceat super personas sibi subditas sive ratione territorii sive iure quodam personali, propterea quod aliter confusio induceretur et perturbatio";

mit Fug und Recht für würdig erachten, daß er zugelassen wird zur Teilhabe am Blut Jesu Christi, die in den Sakramenten geschieht", und dann fortfährt: "Unechte Bekehrungen, die durch Furchtreue geschehen, pflegen weder wirksam noch dauerhaft zu sein", und im folgenden: "Der Seelenhirt muß auf unzweideutige Zeichen der herrschenden Liebe bestehen, bevor er seine Büßenden zu den Sakramenten zuläßt", Zeichen, die, wie sie danach vorträgt (§ 17), "der Hirte aus der beständigen Enthaltung von der Sünde und der Glut in den guten Werken herleiten kann"; außerdem bezeichnet sie diese "Glut der Liebe" (Dekret über die Buße § 10) als Verfassung, die "der Lossprechung vorausgehen muß"[1];

wenn sie so verstanden wird, daß nicht nur die unvollkommene Reue, die allenthalben als "Furchtreue" bezeichnet wird, auch wenn sie mit der Liebe verbunden ist, mit der der Mensch Gott als die Quelle aller Gerechtigkeit zu lieben beginnt [vgl. \*1526], auch nicht nur die von der Liebe geformte Reue, sondern auch die Glut der herrschenden Liebe, und zwar jene, die sich aufgrund langer Erfahrung durch die Glut in den guten Werken bewährt hat, allgemein und absolut erforderlich sei, damit ein Mensch zu den Sakramenten und insbesondere die Büßenden zur Wohltat der Lossprechung zugelassen werden,

⟨ist⟩ falsch, leichtfertig, bringt die Seelenruhe durcheinander, ist der sicheren und bewährten Praxis in der Kirche entgegengesetzt und der Wirksamkeit des Sakraments abträglich und schädlich.

### Die Vollmacht zum Lossprechen

37. Die Lehre der Synode, die von der durch die Weihe empfangenen Vollmacht zum Lossprechen verkündet: "Nach der Einrichtung von Diözesen und Pfarreien ist es zweckmäßig, daß jeder diese Gerichtsbarkeit über die ihm untergebenen Personen ausübt, sei es nach Maßgabe des Territoriums, sei es aufgrund eines persönlichen Rechtes, weil sonst Unordnung und Durcheinander entstünde",

---

\*2636 [1]    Dekret über die Gnade § 15.

quatenus post institutas dioeceses et parochias enuntiat tantummodo, "conveniens esse ad praecavendam confusionem, ut absolvendi potestas exerceatur super subditos"[1];

sic intellecta, tamquam ad validum usum huius potestatis non sit necessaria ordinaria vel subdelegata illa iurisdictio, sine qua Tridentinum [*1686s] declarat, nullius momenti esse absolutionem a sacerdote prolatam:

falsa, temeraria, perniciosa, Tridentino contraria et iniuriosa, erronea.

38. Item, doctrina, qua, postquam Synodus professa est, "se non posse non admirari illam adeo venerabilem disciplinam antiquitatis, quae (ut ait) ad paenitentiam non ita facile et forte numquam eum admittebat, qui post primum peccatum et primam reconciliationem relapsus esset in culpam", subiungit, "per timorem perpetuae exclusionis a communione et pace, etiam in articulo mortis, magnum frenum illis iniectum iri, qui parum considerant malum peccati et minus illud timent"[1]:

contraria can. 13 Concilii Nicaeni I [*129], Decretali Innocentii I ad Exsuperium Tolosanum [*212], tum et Decretali Caelestini I ad episcopos Viennensis et Narbonensis provinciae [*236], redolens pravitatem, quam in ea Decretali sanctus Pontifex exhorret.

*De peccatorum venialium confessione*

39. Declaratio Synodi de peccatorum venialium confessione, quam optare se ait non tantopere frequentari, ne nimium contemptibiles reddantur huiusmodi confessiones[1]:

temeraria, perniciosa, Sanctorum ac piorum praxi a sacro Concilio Tridentino probatae [*1680] contraria.

insofern sie nur nach der Einrichtung von Diözesen und Pfarreien verkündet: "Es ist zweckmäßig, um der Unordnung vorzubeugen, daß die Macht zum Lossprechen über die Untergebenen ausgeübt wird"[1];

wenn sie so verstanden wird, als ob zur gültigen Ausübung dieser Macht nicht jene ordentliche bzw. übertragene Jurisdiktion notwendig sei, ohne die, wie das Tridentinum [*1686f] erklärt, die vom Priester ausgesprochene Lossprechung keine Geltung hat,

⟨ist⟩ falsch, leichtfertig, verderblich, dem Tridentinum entgegengesetzt und schädlich und irrig.

38. Desgleichen ⟨ist⟩ die Lehre, in der die **2638** Synode verkündet: "Wir müssen jene so ehrwürdige Einrichtung des Altertums bewundern, die (wie sie sagt) nicht so leicht und vielleicht niemals den zur Buße zuließ, der nach der ersten Sünde und der ersten Wiederversöhnung wieder in Schuld gefallen war", und dann fortfährt: "Durch die Furcht vor der beständigen Ausschließung von der Gemeinschaft und dem Frieden, auch in der Stunde des Todes, werden denen wirksame Zügel auferlegt werden, die sich zu wenig um das Übel der Sünde kümmern und es nicht sehr fürchten"[1],

dem Kan. 13 des 1. Konzils von Nikaia [*129], dem Dekretale Innozenz' I. an Exsuperius von Toulouse [*212] und auch dem Dekretale Cölestins I. an die Bischöfe der Provinzen Vienne und Narbonne [*236] entgegengesetzt und riecht nach der Verkehrtheit, vor der sich der heilige Papst in diesem Dekretale entsetzt.

*Die Beichte verzeihlicher Sünden*

39. Die Erklärung der Synode über die **2639** Beichte verzeihlicher Sünden, die nach ihrem Wunsch nicht so oft abgelegt werden sollte, damit solche Beichten nicht gar zu verächtlich würden[1],

⟨ist⟩ leichtfertig, verderblich und der vom heiligen Konzil von Trient gebilligten [*1680] Praxis der Heiligen und Frommen entgegengesetzt.

---

*2637 [1]  Dekret über die Buße § 10, Nr. 6.
*2638 [1]  Ebd. § 11.
*2639 [1]  Ebd. § 12.

| De indulgentiis | Die Ablässe |
|---|---|

**2640**    40. Propositio asserens, "indulgentiam secundum suam praecisam notionem aliud non esse quam remissionem partis eius paenitentiae, quae per canones statuta erat peccanti"[1];

quasi indulgentia praeter nudam remissionem poenae canonicae non etiam valeat ad remissionem poenae temporalis pro peccatis actualibus debitae apud divinam iustitiam:

falsa, temeraria, Christi meritis iniuriosa, dudum in art. 19 Lutheri damnata [*1469].

**2641**    41. Item in eo, quod subditur, "scholasticos suis subtilitatibus inflatos invexisse thesaurum male intellectum meritorum Christi et Sanctorum, et clarae notioni absolutionis a poena canonica substituisse confusam et falsam applicationis meritorum"[1];

quasi thesauri Ecclesiae, unde Papa dat indulgentias, non sint merita Christi et Sanctorum:

falsa, temeraria, Christi et Sanctorum meritis iniuriosa, dudum in art. 17 Lutheri [*1467] damnata.

**2642**    42. Item in eo, quod superaddit, "luctuosius adhuc esse, quod chimaerea isthaec applicatio transferri volita sit in defunctos"[1]:

falsa, temeraria, piarum aurium offensiva, in Romanos Pontifices et in praxim et sensum universalis Ecclesiae iniuriosa, inducens in errorem haeretici nota in Petro de Osma confixum [*1416], iterum damnatum in art. 22 Lutheri [*1472].

**2643**    43. In eo demum, quod impudentissime invehitur in tabellas indulgentiarum, altaria privilegiata etc[1].:

40. Der Satz, der behauptet: "Der Ablaß ist seiner genauen Bedeutung nach nichts anderes als der Nachlaß jenes Teils der Buße, der durch die Kanones für den Sünder festgesetzt worden war"[1],

so als ob sich der Ablaß außer dem bloßen Nachlaß der kanonischen Strafe nicht auch auf den Nachlaß der bei der göttlichen Gerechtigkeit für die aktuellen Sünden geschuldeten zeitlichen Strafen auswirkte,

⟨ist⟩ falsch, leichtfertig, gegenüber den Verdiensten Christi ungerecht und längst im 19. Art. Luthers verurteilt [*1469].

41. Desgleichen ⟨ist er⟩ bei der folgenden Aussage: "Die Scholastiker haben, aufgeblasen von ihren Spitzfindigkeiten, den falsch verstandenen Schatz der Verdienste Christi und der Heiligen eingeführt und an die Stelle der klaren Bedeutung der Lossprechung von der kanonischen Strafe die verworrene und falsche von der Zuwendung der Verdienste gesetzt"[1],

so als ob die Schätze der Kirche, aus denen der Papst die Ablässe erteilt, nicht die Verdienste Christi und der Heiligen seien,

falsch, leichtfertig, gegenüber den Verdiensten Christi und der Heiligen ungerecht und längst im 17. Art. Luthers verurteilt [*1467].

42. Desgleichen ⟨ist er⟩ bei der anschließenden Aussage: "Noch trauriger ist es, daß man diese chimärenhafte Zuwendung auf die Verstorbenen übertragen wollte"[1],

falsch, leichtfertig, für fromme Ohren anstößig, gegenüber den Römischen Bischöfen und gegenüber der Praxis und dem Empfinden der gesamten Kirche ungerecht und führt in den Irrtum, der Petrus von Osma mit dem Mal der Häresie anhaftet [*1416] und wiederum im 22. Art. Luthers verurteilt wurde [*1472].

43. Darin schließlich, daß er ganz unverschämt gegen Ablaßtafeln, privilegierte Altäre usw. loszieht[1],

---

*2640 [1]    Edb. § 16.
*2641 [1]    Ebd.
*2642 [1]    Ebd.
*2643 [1]    Ebd.

temeraria, piarum aurium offensiva, scandalosa, in Summos Pontifices atque in praxim tota Ecclesia frequentatam contumeliosa.

⟨ist er⟩ leichtfertig, für fromme Ohren verletzend, anstößig und gegenüber den Päpsten und gegenüber der in der ganzen Kirche üblichen Praxis ehrenrührig.

## De reservatione casuum

44. Propositio Synodi asserens, "reservationem casuum nunc temporis aliud non esse quam improvidum ligamen pro inferioribus sacerdotibus, et sonum sensu vacuum pro paenitentibus assuetis non admodum curare hanc reservationem"[1]:

falsa, temeraria, male sonans, perniciosa, Concilio Tridentino contraria [ *1687], superioris hierarchicae potestatis laesiva.

45. Item, de spe, quam ostendit, fore, "ut reformato Rituali et ordine paenitentiae nullum amplius locum habiturae sint huiusmodi reservationes"[1];

prout attenta generalitate verborum innuit, per reformationem Ritualis et ordinis paenitentiae factam ab episcopo vel synodo aboleri posse casus, quos Tridentina Synodus (sess. XIV, c. 7 [ *1687]) declarat Pontifices maximos potuisse pro suprema potestate sibi in universa Ecclesia tradita peculiari suo iudicio reservare:

propositio falsa, temeraria, Concilio Tridentino et summorum Pontificum auctoritati derogans et iniuriosa.

## De censuris

46. Propositio asserens, "effectum excommunicationis exteriorem dumtaxat esse, quia tantummodo natura sua excludit ab exteriore communicatione Ecclesiae"[1];

quasi excommunicatio non sit poena spiritualis, ligans in caelo, animas obligans[2]:

## Die Reservation von Fällen

44. Der Satz der Synode, der behauptet: **2644** "Die derzeitige Reservation von Fällen ist nichts anderes als eine unbedachte Bindung für niedere Priester und bedeutungsloser Schall für die Büßenden, die es überhaupt nicht gewohnt sind, sich um diese Reservation zu kümmern"[1],

⟨ist⟩ falsch, leichtfertig, übel klingend, verderblich, dem Konzil von Trient entgegengesetzt [ *1687] und verletzt die höhere hierarchische Vollmacht.

45. Desgleichen ⟨ist⟩ die Hoffnung, der sie **2645** Ausdruck verleiht, "daß nach einer Reform des Bußrituale und der Bußordnung derartige Reservationen nicht mehr stattfinden werden"[1],

insofern sie mit den vorsorglich allgemein gehaltenen Worten nahelegt, daß durch eine von einem Bischof oder einer Synode durchgeführte Reform des Bußrituale und der Bußordnung die Fälle abgeschafft werden könnten, von denen das Konzil von Trient (14. Sitzung, Kap. 7 [ *1687]) erklärt, daß sie die Päpste angesichts der ihnen in der gesamten Kirche übertragenen höchsten Gewalt ihrer besonderen Rechtsprechung vorbehalten können,

ein falscher Satz, leichtfertig, dem Konzil von Trient und der Autorität der Päpste abträglich und schädlich.

## Die Zensuren

46. Der Satz, der behauptet: "Die äußere **2646** Wirkung der Exkommunikation besteht lediglich darin, daß sie ihrer Natur nach nur von der äußeren Gemeinschaft mit der Kirche ausschließt"[1],

so als ob die Exkommunikation keine geistliche Strafe sei, die im Himmel bindet und für die Seelen verbindlich ist[2],

---

*2644 [1]  Dekret über die Buße § 19.
*2645 [1]  Ebd.
*2646 [1]  Dekret über die Buße § 20 und 22.
     [2]  Augustinus, Brief (250) an Bischof Auxilius, Kap. 1 (CSEL 57,594$_{21}$–595$_2$ / PL 33,1066 [CD]). – Augustinus, *In evangelium Iohannis*, tract. 50,12 (zu Joh 12,7f; R. Willems: CpChL 36 [1954] 438$_{15-19}$ / PL 35,1762f).

falsa, perniciosa, in art. 23 Lutheri damnata [*1473], ad minus erronea.

⟨ist⟩ falsch, verderblich und im 23. Art. Luthers verurteilt [*1473], zumindest irrig.

**2647**    47. Item, quae tradit, necessarium esse iuxta leges naturales et divinas, ut sive ad excommunicationem sive ad suspensionem praecedere debeat examen personale; atque adeo sententias dictas *ipso facto* non aliam vim habere, nisi seriae comminationis sine ullo actuali effectu[1]:

47. Desgleichen ⟨ist der Satz⟩, der behauptet, es müsse nach den natürlichen und göttlichen Gesetzen bei der Exkommunikation und bei der Amtsenthebung eine persönliche Prüfung vorausgehen, und deshalb hätten die sogenannten *ipso facto* – Verurteilungen ⟨= aufgrund des Tatbestandes selbst⟩ keine andere Bedeutung außer der einer ernsthaften Drohung ohne irgendeine tatsächliche Wirkung[1],

falsa, temeraria, perniciosa, Ecclesiae potestati iniuriosa, erronea.

falsch, leichtfertig, verderblich, für die Vollmacht der Kirche schädlich und irrig.

**2648**    48. Item, quae pronuntiat, "inutilem ac vanam esse formulam nonnullis abhinc saeculis inductam absolvendi generaliter ab excommunicationibus, in quas fidelis incidere potuisset"[1];
falsa, temeraria, praxi Ecclesiae iniuriosa.

48. Desgleichen ⟨ist der Satz⟩, der verkündet: "Die seit einigen Jahrhunderten eingeführte Formel, allgemein von Exkommunikationen freizusprechen, in die der Gläubige hätte fallen können, ist unnütz und eitel"[1],
falsch, leichtfertig und gegenüber der Praxis der Kirche ungerecht.

**2649**    49. Item, quae damnat ut nullas et invalidas "suspensiones ex informata conscientia"[1]:
falsa, perniciosa, in Tridentinum iniuriosa.

49. Desgleichen ⟨ist der Satz⟩, der die "Amtsenthebungen nach Wissen und Gewissen" als null und nichtig verurteilt[1],
falsch, verderblich und gegenüber dem Tridentinum ungerecht.

**2650**    50. Item, in eo, quod insinuat, soli episcopo fas non esse uti potestate, quam tamen ei defert Tridentinum (sess. XIV, c. 1 de ref.), suspensionis "ex informata conscientia" legitime infligendae[1]:

50. Desgleichen: Dadurch, daß er zu verstehen gibt, der Bischof allein habe nicht das Recht, die Vollmacht auszuüben, die ihm gleichwohl das Tridentinum überträgt (14. Sitzung, Kap. 1 über die Reform), ⟨nämlich⟩ eine Amtsenthebung "nach Wissen und Gewissen" rechtmäßig zu verhängen[1],

iurisdictionis praelatorum Ecclesiae laesiva.

verletzt er die Rechtsvollmacht der Kirchenvorsteher.

## De ordine

## Die Weihe

**2651**    51. Doctrina Synodi, quae perhibet, in promovendis ad ordines hanc de more et instituto veteris disciplinae rationem servari consuevisse, "ut si quis clericorum distinguebatur sanctitate vitae, et dignus aestimabatur, qui ad ordines sacros ascenderet, ille solitus erat promoveri ad diaconatum vel sacerdotium, etiamsi inferiores ordines non suscepisset: neque tum talis ordinatio dicebatur per

51. Die Lehre der Synode, die besagt, bei der Beförderung zu den Weihen sei nach Brauch und Einrichtung alter Ordnung gewöhnlich folgende Regel beachtet worden: "Wenn ein Kleriker sich durch Heiligkeit des Lebens auszeichnete und für würdig erachtet wurde, zu den heiligen Weihen aufzusteigen, so war dieser normalerweise zum Diakonat oder Priestertum befördert worden, auch

---

*2647 [1]  Dekret über die Buße § 21 und 23.
*2648 [1]  Ebd. § 22.
*2649 [1]  Ebd. § 24.
*2650 [1]  Ebd.

saltum, ut postea dictum est"[1].

wenn er die niederen Weihen nicht empfangen hatte; auch wurde damals eine solche Weihe nicht 'sprungweise' genannt, wie sie später genannt wurde"[1].

52. Item, quae innuit, non alium titulum ordinationum fuisse, quam deputationem ad aliquod speciale ministerium, qualis praescripta est in Concilio Chalcedonensi [can. 6]; subiungens (§ 6), quamdiu Ecclesia sese his principiis in delectu sacrorum ministrorum conformavit, ecclesiasticum ordinem floruisse; verum beatos illos dies transiisse, novaque principia subinde introducta, quibus corrupta fuit disciplina in delectu ministrorum sanctuarii[1].

52. Desgleichen ⟨die Lehre⟩, die andeutet, 2652 es habe keinen anderen Weihetitel gegeben als die Bestellung zu einem bestimmten Dienst, wie sie im Konzil von Chalkedon vorgeschrieben wurde [Kan. 6], und fortfährt (§ 6), solange sich die Kirche bei der Auswahl ihrer heiligen Diener nach diesen Grundsätzen gerichtet hat, habe der kirchliche Stand geblüht; diese glücklichen Tage seien aber vergangen und in der Folge neue Grundsätze eingeführt worden, durch die die Ordnung bei der Auswahl der Diener für das Heiligtum verdorben wurde[1].

53. Item, quod inter haec ipsa corruptionis principia refert, quod recessum sit a vetere instituto, quo, ut ait (§ 5), Ecclesia insistens Apostoli vestigiis neminem ad sacerdotium admittendum statuerat, nisi qui conservasset innocentiam baptismalem:

53. Desgleichen, was zu diesen Grundli- 2653 nien der Verderbtheit gehört, daß man von der alten Einrichtung abgewichen sei, in der – wie sie sagt (§ 5) – die Kirche, auf den Spuren des Apostels verharrend, festgesetzt hatte, daß nur der zum Priestertum zugelassen werden dürfe, der die Unschuld der Taufe bewahrt habe;

quatenus innuit, corruptam fuisse disciplinam per decreta et instituta:

insofern sie andeutet, die Ordnung sei durch Dekrete und Anordnungen verdorben worden,

1) Sive quibus ordinationes per saltum vetitae sunt;

1) durch die entweder die sprungweisen Weihen verboten wurden;

2) Sive quibus pro ecclesiarum necessitate et commoditate probatae sunt ordinationes sine titulo specialis officii, velut speciatim a Tridentino ordinatio ad titulum patrimonii, salva oboedientia, qua sic ordinati ecclesiarum necessitatibus deservire debent iis obeundis officiis, quibus pro loco ac tempore ab episcopo admoti fuerint, quemadmodum ab apostolicis temporibus in primitiva Ecclesia fieri consuevit;

2) oder durch die nach der Erfordernis und dem Vorteil der Kirchen Weihen ohne Titel eines bestimmten Amtes gebilligt wurden, so wie insbesondere vom Tridentinum die Weihe auf den Titel des Privatvermögens unter Wahrung des Gehorsams, aufgrund dessen die so Geweihten den Erfordernissen der Kirchen dadurch dienen müssen, daß sie jene Pflichten auf sich nehmen, zu denen sie je nach Ort und Zeit vom Bischof aufgefordert werden, wie es seit den Zeiten der Apostel in der Urkirche zu geschehen pflegte;

3) Sive quibus iure canonico facta est criminum distinctio, quae delinquentes reddunt irregulares; quasi per hanc distinctionem Ecclesia recesserit a spiritu Apostoli, non excludendo generaliter et indistincte ab ecclesiastico ministerio omnes quoscumque, qui baptismalem innocentiam non conservass-

3) oder durch die im kanonischen Recht ein Unterschied zwischen den Vergehen gemacht wurde, die diejenigen, die sie sich zuschulden kommen lassen, irregulär machen; so als ob die Kirche durch diese Unterscheidung vom Geist des Apostels abgewichen wäre, indem sie nicht allgemein und ohne Un-

**\*2651** [1]    Dekret über die Weihe § 4.
**\*2652** [1]    Ebd. § 5.

ent[1]:

doctrina singulis suis partibus falsa, temeraria, ordinis pro ecclesiarum necessitate et commoditate inducti perturbativa, in disciplinam per canones et speciatim per Tridentini decreta probatam iniuriosa.

terschied alle und jeden vom kirchlichen Dienst ausschließt, die die Unschuld der Taufe nicht bewahrten[1];

⟨insofern also ist⟩ diese Lehre in ihren einzelnen Teilen falsch, leichtfertig, bringt die nach der Erfordernis und dem Nutzen der Kirchen eingeführte Regelung durcheinander und ist gegenüber der Ordnung, die durch die Kanones und insbesondere durch die Beschlüsse des Tridentinums gebilligt wurde, ungerecht.

**2654**    54. Item, quae velut turpem abusum notat umquam praetendere eleemosynam pro celebrandis Missis et sacramentis administrandis, sicuti et accipere quemlibet proventum dictum "stolae" et generatim quodcumque stipendium et honorarium, quod suffragiorum aut cuiuslibet parochialis functionis occasione offerretur;

quasi turpis abusus crimine notandi essent ministri Ecclesiae, dum secundum receptum et probatum Ecclesiae morem et institutum utuntur iure promulgato ab Apostolo accipiendi temporalia ab his, quibus spiritualia ministrantur [*Gal 6,6*][1]:

falsa, temeraria, ecclesiastici ac pastoralis iuris laesiva, in Ecclesiam eiusque ministros iniuriosa.

54. Desgleichen ⟨ist die Lehre⟩, die es als üblen Mißbrauch brandmarkt, für das Feiern von Messen und das Spenden von Sakramenten jemals ein Almosen zu gewähren, sowie auch irgendwelche "Stolgebühren" genannte Einkünfte und überhaupt jegliches Meßstipendium und Honorar anzunehmen, das anläßlich von Fürbittgebeten oder irgendeiner pfarrlichen Amtshandlung angeboten wird,

so als ob die Diener der Kirche mit dem Vorwurf des üblen Mißbrauchs gebrandmarkt werden müßten, während sie doch gemäß der allgemein angenommenen und gebilligten Sitte und Einrichtung der Kirche das vom Apostel verkündete Recht genießen, von denen Zeitliches anzunehmen, denen sie Geistliches darreichen [*Gal 6,6*][1],

falsch, leichtfertig, das Recht der Kirche und der Hirten verletzend und gegenüber der Kirche und ihren Dienern ungerecht.

**2655**    55. Item, qua vehementer optare se profitetur[1], ut aliqua ratio inveniretur minutuli cleri (quo nomine inferiorum ordinum clericos designat) a cathedralibus et collegiatis submovendi, providendo aliter, nempe per probos et provectioris aetatis laicos, congruo assignato stipendio, ministerio inserviendi Missis et aliis officiis velut acolythi, etc., ut olim, inquit, fieri solebat, quando eius generis officia non ad meram speciem pro maioribus ordinibus suscipiendis redacta erant;

quatenus reprehendit institutum, quo cavetur, ut minorum ordinum functiones per

55. Desgleichen: Indem sie verkündet[1], sie wünsche gar sehr, daß irgendein Verfahren gefunden werde, den 'mickrigen' Klerus (wie sie die Kleriker der niederen Weihestufen bezeichnet) von Kathedralen und Stiftskirchen zu entfernen, indem man das Amt des Meßdieners und andere Geschäfte, wie z. B. das des Akolythen usw., anderweitig versehen läßt, nämlich durch rechtschaffene Laien fortgeschrittenen Alters, denen man ein angemessenes Entgelt zuweist, wie es einst – so sagt sie – zu geschehen pflegte, als derartige Geschäfte nicht zum bloßen Schein, ⟨nämlich⟩ für den Empfang der höheren Weihen, herabgesetzt waren;

insofern sie die Einrichtung tadelt, durch die gewährleistet werden soll, daß die Funk-

---

**\*2653** [1]   Ebd. § 7.
**\*2654** [1]   Ebd. § 13.
**\*2655** [1]   Ebd. § 14.

eos tantum praestentur exerceanturve, qui in illis constituti adscriptive sunt[2], idque ad mentem Tridentini (sess. XXIII, c. 17), "ut sanctorum ordinum a diaconatu ad ostiariatum functiones ab apostolicis temporibus in Ecclesia laudabiliter receptae et in pluribus locis aliquamdiu intermissae iuxta sacros canones revocentur, nec ab haereticis tamquam otiosae traducantur":

suggestio temeraria, piarum aurium offensiva, ecclesiastici ministerii perturbativa, servandae quoad fieri potest in celebrandis mysteriis decentiae imminutiva, in minorum ordinum munera et functiones, tum in disciplinam per canones et speciatim per Tridentinum probatam iniuriosa, favens haereticorum in eam conviciis et calumniis.

56. Doctrina, quae statuit, conveniens videri in impedimentis canonicis, quae proveniunt ex delictis in iure expressis, ullam umquam nec concedendam nec admittendam esse dispensationem[1]:

aequitatis et moderationis canonicae a sacro Concilio Tridentino probatae laesiva, auctoritati et iuribus Ecclesiae derogans.

57. Praescriptio Synodi, quae generaliter et indiscriminatim velut abusum reicit quamcumque dispensationem, ut plus quam unum residentiale beneficium uni eidemque conferatur; item, in eo quod subiungit, certum sibi esse iuxta Ecclesiae spiritum plus quam uno beneficio tametsi simplici neminem frui posse[1]:

pro sua generalitate, derogans moderationi Tridentini (sess. VII, c. 5 et sess. XXIV, c. 17).

tionen der niederen Weihestufen nur durch die verrichtet und ausgeübt werden, die als dafür zuständig bestimmt wurden[2], und dies im Sinne des Tridentinums (23. Sitzung, Kap. 17), "daß die Amtshandlungen der heiligen Weihen vom Diakonat bis zum Ostiariat, die seit den Zeiten der Apostel in der Kirche löblicherweise allgemein angenommen und an mehreren Orten eine Zeitlang unterlassen wurden, entsprechend den heiligen Kanones wieder eingeführt und nicht von Häretikern als müßig verspottet werden";

⟨ist⟩ sie ein leichtfertiger Ratschlag, für fromme Ohren anstößig, bringt das kirchliche Amt durcheinander, mindert die Schicklichkeit, die man so weit wie möglich bei der Feier der Geheimnisse wahren muß, ist gegenüber den Aufgaben und Funktionen der niederen Weihestufen und gegenüber der durch die Kanones und insbesondere durch das Tridentinum gebilligten Ordnung ungerecht und begünstigt die Vorwürfe und Verleumdungen der Häretiker gegen sie.

56. Die Lehre, die festlegt, es scheine **2656** zweckmäßig, bei kanonischen Hindernissen, die aus Vergehen herrühren, die im Recht erwähnt sind, niemals irgendeine Dispens einzuräumen oder zuzulassen[1],

verletzt die vom heiligen Konzil von Trient für gut geheißene kanonische Billigkeit und Mäßigung und ist der Autorität und den Rechtssatzungen der Kirche abträglich.

57. Die Vorschrift der Synode, die allge- **2657** mein und ohne Unterschied jegliche Erlaubnis als Mißbrauch verwirft, ein und demselben mehr als e i n e mit Aufenthaltspflicht verbundene Pfründe zu übertragen; desgleichen im folgenden, daß sie dem Geiste der Kirche entsprechend sicher sei, daß niemand mehr als e i n e Pfründe, auch wenn es sich um eine einfache handelt, genießen könne[1],

⟨ist⟩ angesichts ihrer Allgemeinheit der Mäßigung des Tridentinums (7. Sitzung, Kap. 5, und 24. Sitzung, Kap. 17) abträglich.

---

    [2]   4. Mailänder Provinzialsynode, am 10. Mai 1576 unter Karl Borromäus abgehalten, Konstitution, Teil II, Kap. 8 (MaC 34,237E / HaC 10,858C).
**\*2656** [1]   Dekret über die Weihe § 18.
**\*2657** [1]   Ebd. § 22.

| *De sponsalibus et matrimonio* | *Verlöbnisse und die Ehe* |
|---|---|

**2658**    58. Propositio, quae statuit, sponsalia proprie dicta actum mere civilem continere, qui ad matrimonium celebrandum disponit, eademque civilium legum praescripto omnino subiacere[1]:

quasi actus disponens ad sacramentum non subiaceat sub hac ratione iuri Ecclesiae:

falsa, iuris Ecclesiae quoad effectus etiam e sponsalibus vi canonicarum sanctionum profluentes laesiva, disciplinae ab Ecclesia constitutae derogans.

**2659**    59. Doctrina Synodi asserens, "ad supremam civilem potestatem dumtaxat originarie spectare, contractui matrimonii apponere impedimenta eius generis, quae ipsum nullum reddunt dicunturque dirimentia": quod "ius originarium" praeterea dicitur cum "iure dispensandi essentialiter conexum"; subiungens, "supposito assensu vel coniventia principum, potuisse Ecclesiam iuste constituere impedimenta dirimentia ipsum contractum matrimonii"[1];

quasi Ecclesia non semper potuerit ac possit in Christianorum matrimoniis iure proprio impedimenta constituere, quae matrimonium non solum impediant, sed et nullum reddant quoad vinculum, quibus Christiani obstricti teneantur etiam in terris infidelium, in eisdemque dispensare:

canonum 3 4 9 12 sessionis XXIV Concilii Tridentini eversiva, haeretica [*1803s 1809 1812*].

**2660**    60. Item rogatio Synodi ad potestatem civilem, ut "e numero impedimentorum tollat cognationem spiritualem atque illud, quod dicitur publicae honestatis, quorum origo reperitur in collectione Iustiniani"; tum ut "restringat impedimentum affinitatis et cognitionis, ex quacunque licita aut illicita coniunctione provenientis, ad quartum gradum iuxta civilem computationem per lineam lateralem et obliquam; ita tamen, ut spes nulla relinquatur dispensationis obtinendae"[1];

58. Der Satz, der festlegt, Verlöbnisse im eigentlichen Sinne seien ein rein bürgerlicher Akt, der zur Feier der Ehe vorbereitet, und sie unterlägen gänzlich der Vorschrift bürgerlicher Gesetze[1],

so als ob ein zum Sakrament vorbereitender Akt in dieser Hinsicht nicht dem Kirchenrecht unterliege,

⟨ist⟩ falsch, verletzt das Kirchenrecht in bezug auf die Wirkungen, die auch aus Verlöbnissen kraft kanonischer Satzungen hervorgehen, und ist der von der Kirche festgelegten Ordnung abträglich.

59. Die Lehre der Synode, die behauptet: "Es steht ursprünglich nur der höchsten bürgerlichen Gewalt zu, dem Ehekontrakt derartige Hindernisse entgegenzustellen, die ihn nichtig machen und trennende genannt werden"; dieses "ursprüngliche Recht" sei außerdem mit "dem Recht zu dispensieren wesenhaft verbunden"; und anschließend: "Nur wenn man die Zustimmung bzw. Nachsicht der Fürsten unterstellt, hat die Kirche zurecht trennende Hindernisse für den Ehekontrakt aufstellen können"[1],

so als ob es der Kirche nicht immer möglich gewesen sei und noch möglich sei, bei Ehen von Christen aus eigenem Recht Hindernisse aufzustellen, die eine Ehe nicht nur verhindern, sondern auch nichtig machen in bezug auf ihr ⟨Ehe⟩band, und an die Christen auch in Ländern von Ungläubigen gebunden sind, und darin zu dispensieren,

stürzt die Kanones 3, 4, 9 und 12 der 24. Sitzung des Konzils von Trient [*1803f 1809 1812*] um und ist häretisch.

60. Desgleichen: Die Bitte der Synode an die bürgerliche Gewalt, sie solle "aus der Zahl der Hindernisse die geistliche Verwandtschaft und das der sogenannten öffentlichen Ehrbarkeit, deren Ursprung man in der Sammlung Justinians findet, streichen", dann "das Hindernis der Schwägerschaft und Verwandtschaft, gleichgültig, ob sie einer erlaubten oder unerlaubten Verbindung entstammt, auf den vierten Grad nach der zivilrechtlichen Zählung in der Seiten- und Quer-

---

*2658 [1]    Denkschrift in bezug auf die Verlöbnisse, die Ehehindernisse usw. (aus der 6. Sitzung) § 8.
*2659 [1]    Dekret über die Ehe (aus der 5. Sitzung) § 7 11 12.

quatenus civili potestati ius attribuit sive abolendi sive restringendi impedimenta Ecclesiae auctoritate constituta vel comprobata; item qua parte supponit, Ecclesiam per potestatem civilem spoliari posse iure dispensandi super impedimentis ab ipsa constitutis vel comprobatis:

libertatis ac potestatis Ecclesiae subversiva, Tridentino contraria, ex haereticali supra damnato principio profecta [ *1803-1812].

linie beschränken, jedoch so, daß keine Hoffnung übrigbleibt, eine Dispens zu erhalten"[1],

insofern sie der bürgerlichen Gewalt das Recht zuerkennt, von der Autorität der Kirche aufgestellte oder anerkannte Hindernisse abzuschaffen oder zu beschränken; desgleichen, insofern sie unterstellt, die Kirche könne durch die bürgerliche Gewalt ihres Rechtes beraubt werden, bei Hindernissen, die von ihr selbst aufgestellt oder anerkannt wurden, eine Dispens zu erteilen,

untergräbt die Freiheit und Vollmacht der Kirche, ist dem Tridentinum entgegengesetzt und entstammt dem oben verurteilten häretischen Grundsatz [ *1803-1812].

### *De adoranda humanitate Christi*

61. Propositio, quae asserit, "adorare directe humanitatem Christi, magis vero aliquam eius partem, fore semper honorem divinum datum creaturae"[1];

quatenus per hoc verbum directe intendat reprobare adorationis cultum, quem fideles dirigunt ad humanitatem Christi, perinde ac si talis adoratio, qua humanitas ipsaque caro vivifica Christi adoratur, non quidem propter se et tamquam nuda caro, sed prout unita divinitati, foret honor divinus impertitus creaturae, et non potius una eademque adoratio, qua Verbum incarnatum cum propria ipsius carne adoratur *(Concilium Constantinopolitanum II,* can. 9 [ *431; cf. *259]):

falsa, captiosa, pio ac debito cultui humanitati Christi a fidelibus praestito ac praestando detrahens et iniuriosa.

62. Doctrina, quae devotionem erga sacratissimum Cor Iesu reicit inter devotiones, quas notat velut novas, erroneas aut saltem periculosas[1];

### *Die Anbetung der Menschheit Christi*

61. Der Satz, der behauptet: "Die Menschheit Christi unmittelbar anzubeten, und mehr noch irgendeinen Teil von ihr, wird immer eine göttliche Ehre sein, die einem Geschöpf erwiesen wird"[1],   **2661**

insofern er durch dieses Wort "unmittelbar" die Verehrung der Anbetung zu verwerfen beabsichtigt, die die Gläubigen der Menschheit Christi zuwenden, so als ob eine solche Anbetung, mit der die Menschheit und das lebendigmachende Fleisch Christi selbst angebetet wird – und zwar nicht um seiner selbst willen und als bloßes Fleisch, sondern insofern es mit der Gottheit geeint ist –, eine göttliche Ehre wäre, die einem Geschöpf gewährt wird, und nicht vielmehr ein und dieselbe Anbetung, mit der das fleischgewordene Wort mitsamt seinem eigenen Fleisch angebetet wird (*2. Konzil von Konstantinopel,* Kan. 9 [ *431; vgl. *259]),

⟨ist⟩ falsch, trügerisch, der frommen und schuldigen Verehrung, die der Menschheit Christi von den Gläubigen dargebracht wurde und dargebracht werden soll, abträglich und ungerecht.

62. Die Lehre, die die Andacht zum heiligsten Herzen Jesu unter den Andachten verwirft, die sie als neu, irrig oder wenigstens gefährlich brandmarkt[1],   **2662**

---

**\*2660**  [1]  Bittschrift an den Fürsten (aus der 6. Sitzung) und Denkschrift in bezug auf die Verlöbnisse ..., § 10.
**\*2661**  [1]  Dekret über den Glauben § 3.
**\*2662**  [1]  Dekret über das Gebet (aus der 6. Sitzung) § 17.

intellecta de hac devotione, qualis est ab Apostolica Sede probata:

falsa, temeraria, perniciosa, piarum aurium offensiva, in Apostolicam Sedem iniuriosa.

**2663**    63. Item, in eo, quod cultores Cordis Iesu hoc etiam nomine arguit, quod non advertant, sanctissimam carnem Christi, aut eius partem aliquam, aut etiam humanitatem totam cum separatione aut praecisione a divinitate adorari non posse cultu latriae[1];

quasi fideles Cor Iesu adorarent cum separatione vel praecisione a divinitate, dum illud adorant ut est cor Iesu, cor nempe personae Verbi, cui inseparabiliter unitum est, ad eum modum, quo exsangue corpus Christi in triduo mortis sine separatione aut praecisione a divinitate adorabile fuit in sepulcro:

captiosa, in fideles Cordis Christi cultores iniuriosa.

*De ordine praescripto in piis exercitationibus obeundis*

**2664**    64. Doctrina, quae velut superstitiosam universe notat "quamcumque efficaciam, quae ponatur in determinato numero precum et piarum salutationum"[1];

tamquam superstitiosa censenda esset efficacia, quae sumitur non ex numero in se spectato, sed ex praescripto Ecclesiae certum numerum precum vel externarum actionum praefinientis pro indulgentiis consequendis, pro adimplendis paenitentiis, et generatim pro sacro et religioso cultu rite et ex ordine peragendo:

falsa, temeraria, scandalosa, perniciosa, pietati fidelium iniuriosa, Ecclesiae auctoritati derogans, erronea.

wenn sie so verstanden wird, daß sie sich auf diese Andacht bezieht, wie sie vom Apostolischen Stuhl gutgeheißen wurde,

⟨ist⟩ falsch, leichtfertig, verderblich, für fromme Ohren anstößig und gegenüber dem Apostolischen Stuhl ungerecht.

63. Desgleichen ⟨ist sie⟩ darin, daß sie die Verehrer des Herzens Jesu auch aus diesem Grund beschuldigt, sie würden nicht begreifen, daß das heiligste Fleisch Christi oder irgendein Teil von ihm oder auch die ganze Menschheit, wenn sie von der Gottheit getrennt und abgespalten ist, nicht mit dem Kult ⟨göttlicher⟩ Anbetung bedacht werden könne[1],

so als ob die Gläubigen das Herz Jesu anbeteten, sofern es von der Gottheit getrennt oder abgespalten ist, während sie es doch anbeten, wie das Herz Jesu ist, nämlich das Herz der Person des Wortes, mit dem es untrennbar geeint ist, auf die Weise, wie der blutleere Leib Christi in den drei Tagen des Todes – ohne von der Gottheit getrennt oder abgespalten zu sein – im Grab anbetungswürdig war,

trügerisch und gegenüber den gläubigen Verehrern des Herzens Christi ungerecht.

*Die vorgeschriebene Ordnung bei der Verrichtung frommer Übungen*

64. Die Lehre, die "jegliche Wirksamkeit, die man einer bestimmten Anzahl von Gebeten und frommen Grüßen beimißt", allgemein als abergläubisch brandmarkt[1],

so als wäre die Wirkung als abergläubisch zu erachten, die sich nicht aus einer an sich betrachteten Anzahl herleitet, sondern aus der Vorschrift der Kirche, die eine bestimmte Anzahl von Gebeten oder äußeren Taten festlegt für die Erlangung von Ablässen, für die Erfüllung von Bußen und überhaupt für die rechte und ordnungsgemäße Verrichtung des heiligen und religiösen Kultes,

⟨ist⟩ falsch, leichtfertig, anstößig, verderblich, für die Frömmigkeit der Gläubigen schädlich, der Autorität der Kirche abträglich und irrig.

---

*2663 [1]    Dekret über das Gebet § 10; Pastoralinstruktion über die neue Verehrung des Herzens Jesu (3. Juni 1781), im Anhang Nr. 32.
*2664 [1]    Dekret über das Gebet § 14; Brief an die Diözesanvikare (6. Dez. 1784), im Anhang Nr. 34.

65. Propositio enuntians, "irregularem strepitum novarum institutionum, quae dictae sunt exercitia vel missiones, ... forte numquam aut saltem perraro eo pertingere, ut absolutam conversionem operentur; et exteriores illos commotionis actus, qui apparuere, nil aliud fuisse quam transeuntia naturalis concussionis fulgura"[1]:

temeraria, male sonans, perniciosa, mori pie ac salutariter per Ecclesiam frequentato et in verbo Dei fundato iniuriosa.

65. Der Satz, der verkündet: "Der ord- 2665 nungswidrige Lärm um neue Einrichtungen, die Exerzitien oder Missionen heißen, ... erreicht vielleicht niemals oder wenigstens sehr selten, daß sie eine vollkommene Bekehrung bewirken; und jene äußeren Akte der Bewegung, die zum Vorschein gekommen sind, waren nichts anderes als das vorübergehende Wetterleuchten einer natürlichen Erschütterung"[1],

⟨ist⟩ leichtfertig, übel klingend, verderblich und dem in der Kirche oft fromm und heilsam geübten und im Wort Gottes begründeten Brauch schädlich.

*De modo iungendae vocis populi cum voce Ecclesiae in precibus publicis*

*Die Art und Weise der Verbindung der Stimme des Volkes mit der Stimme der Kirche bei öffentlichen Gebeten*

66. Propositio asserens, "fore contra apostolicam praxim et Dei consilia, nisi populo faciliores viae pararentur vocem suam iungendi cum voce totius Ecclesiae"[1];

intellecta de usu vulgaris linguae in liturgicas preces inducendae:

falsa, temeraria, ordinis pro mysteriorum celebratione praescripti perturbativa, plurium malorum facile productrix.

66. Der Satz, der behauptet: "Es ist gegen 2666 die Praxis der Apostel und die Ratschläge Gottes, wenn dem Volk keine gangbareren Wege bereitet werden, seine Stimme mit der Stimme der ganzen Kirche zu verbinden"[1],

wenn er so verstanden wird, daß man für die liturgischen Gebete die Volkssprache einführen und gebrauchen soll,

⟨ist⟩ falsch, leichtfertig, bringt die für die Feier der Geheimnisse vorgeschriebene Ordnung durcheinander und bringt leicht recht viele Übel hervor.

*De lectione sacrae Scripturae*

*Das Lesen der heiligen Schrift*

67. Doctrina perhibens, a lectione sacrarum Scripturarum nonnisi veram impotentiam excusare; subiungens, ultro se prodere obscurationem, quae ex huiusce praecepti neglectu orta est super primarias veritates religionis[1]:

falsa, temeraria, quietis animarum perturbativa, alias in Quesnellio damnata [*2479-2485*].

67. Die Lehre, die besagt, vom Lesen der 2667 heiligen Schriften entschuldige nur wahre Unfähigkeit, und anfügt, die Verdunkelung, die aufgrund der Nichtbeachtung dieser Vorschrift hinsichtlich der vorzüglichsten Wahrheiten der Religion entstanden ist, verbreite sich weiter[1],

⟨ist⟩ falsch, leichtfertig, bringt die Ruhe der Seelen durcheinander und wurde bei anderer Gelegenheit bei Quesnel verurteilt [*2479-2485*].

---

*2665 [1] Dekret über die Buße § 10.
*2666 [1] Dekret über das Gebet § 24. – Vgl. *2486.
*2667 [1] Anhang zum Dekret über die Gnade: 12 von Kardinal Noailles an Benedikt XIII. gerichtete Artikel, Anm. zu Art. 11.

| De proscriptis libris in Ecclesia publice legendis | Das öffentliche Verlesen verbotener Bücher in der Kirche |
|---|---|

**2668**     68. Laudatio, qua summopere Synodus commendat Quesnelli commentationes in Novum Testamentum aliaque aliorum Quesnellianis erroribus faventium opera, licet proscripta, eademque parochis proponit, ut ea tamquam solidis religionis principiis referta in suis quisque paroeciis populo post reliquas functiones perlegant[1]:

    falsa, scandalosa, temeraria, seditiosa, Ecclesiae iniuriosa, schisma fovens et haeresim.

68. Der Lobpreis, mit dem die Synode die Kommentare Quesnels zum Neuen Testament und andere Werke von anderen, die den Irrlehren Quesnels gewogen sind, auch wenn sie verboten sind, in den höchsten Tönen empfiehlt und den Pfarrern vorschlägt, sie sollten sie, da sie voll von gediegenen Grundsätzen der Religion seien, in ihren jeweiligen Pfarreien nach den übrigen ⟨gottesdienstlichen⟩ Handlungen dem Volk verlesen[1],

⟨ist⟩ falsch, anstößig, leichtfertig, aufrührerisch, der Kirche schädlich und begünstigt Schisma und Häresie.

| De sacris imaginibus | Die heiligen Bilder |
|---|---|

**2669**     69. Praescriptio, quae generaliter et indistincte inter imagines ab Ecclesia auferendas, velut rudibus erroris occasionem praebentes, notat imagines Trinitatis incomprehensibilis[1]:

    propter sui generalitatem, temeraria, ac pio per Ecclesiam frequentato mori contraria,

    quasi nullae exstent imagines sanctissimae Trinitatis communiter approbatae ac tuto permittendae[2].

69. Die Vorschrift, die unter den Bildern, die allgemein und ohne Unterschied aus der Kirche weggeschafft werden sollten, da sie Ungebildeten Gelegenheit zum Irrtum böten, die Bilder der unbegreiflichen Dreifaltigkeit brandmarkt[1],

⟨ist⟩ wegen ihrer Allgemeinheit leichtfertig und dem in der Kirche üblichen frommen Brauch entgegengesetzt,

so als ob es keine Bilder der heiligsten Dreifaltigkeit gebe, die allgemein anerkannt sind und sicherlich zugelassen werden könnten[2].

**2670**     70. Item, doctrina et praescriptio generatim reprobans omnem specialem cultum, quem alicui speciatim imagini solent fideles impendere, et ad ipsam potius quam ad aliam confugere[1]:

    temeraria, perniciosa, pio per Ecclesiam frequentato mori, tum et illi providentiae ordini iniuriosa, quo "ita Deus nec in omnibus memoriis Sanctorum ista fieri voluit, qui dividit propria unicuique prout vult"[2].

70. Desgleichen ⟨ist⟩ die Lehre und Vorschrift, die allgemein jede besondere Verehrung verwirft, die die Gläubigen einem Bild besonders zu zollen pflegen und zu dem sie mehr als zu einem anderen ihre Zuflucht nehmen[1],

leichtfertig, verderblich, dem in der Kirche üblichen frommen Brauch und auch jener Ordnung der Vorsehung gegenüber ungerecht, in der "auch Gott so wollte, daß nicht bei allen Gedächtnissen von Heiligen dies geschehe, er, der jedem das ihm eigene zuteilt, wie er will"[2].

**2671**     71. Item, quae vetat, ne imagines, praesertim beatae Virginis, ullis titulis distinguantur,

71. Desgleichen ⟨ist die Lehre⟩, die verbietet, Bilder – vor allem der seligen Jungfrau –

---

**\*2668** [1]   Dekret über das Gebet § 29.
**\*2669** [1]   Ebd. § 17.
     [2]   Vgl. Benedikt XIV., Breve *"Sollicitudini nostrae"* 25–36, 1. Okt. 1745 (Mechelner Ausg. 3,241–249).
**\*2670** [1]   Dekret über das Gebet § 17.
     [2]   Augustinus, Brief (78) an die Bewohner von Hippo, Kap. 3 (CSEL 34,336$_{11-13}$ / PL 33,269).

praeterquam denominationibus, quae sint analogae mysteriis, de quibus in sacra Scriptura expressa fit mentio[1]:

quasi nec adscribi possent imaginibus piae aliae denominationes, quas vel in ipsismet publicis precibus Ecclesia probat et commendat:
temeraria, piarum aurium offensiva, venerationi beatae praesertim Virgini debitae iniuriosa.

72. Item, quae velut abusum exstirpari vult morem, quo velatae asservantur certae imagines[1]:
temeraria, frequentato in Ecclesia et ad fidelium pietatem fovendam inducto mori contraria.

mit irgendwelchen Titeln zu schmücken, außer mit Bezeichnungen, die den Geheimnissen entsprechen, die in der Heiligen Schrift ausdrücklich erwähnt werden[1],

so als ob man den Bildern keine anderen frommen Bezeichnungen zuschreiben könnte, die die Kirche zumal in den öffentlichen Gebeten selbst gutheißt und empfiehlt,
leichtfertig, für fromme Ohren anstößig und für die vor allem der seligen Jungfrau geschuldete Verehrung schädlich.

72. Desgleichen ⟨ist die Lehre⟩, die die Sitte, daß bestimmte Bilder verhüllt aufbewahrt werden, als Mißbrauch ausrotten will[1],    2672
leichtfertig und dem in der Kirche üblichen und zur Unterstützung der Frömmigkeit der Gläubigen eingeführten Brauch entgegengesetzt.

## De festis

73. Propositio enuntians, novorum festorum institutionem ex neglectu in veteribus observandis et ex falsis notionibus naturae et finis earundem solemnitatum originem duxisse[1]:
falsa, temeraria, scandalosa, Ecclesiae iniuriosa, favens haereticorum in dies festos per Ecclesiam celebratos conviciis.

74. Deliberatio Synodi de transferendis in diem dominicum festis per annum institutis, idque pro iure, quod persuasum sibi esse ait episcopo competere super disciplinam ecclesiasticam in ordine ad res mere spirituales: ideoque et praeceptum Missae audiendae abrogandi diebus, in quibus ex pristina Ecclesiae lege viget etiamnum id praeceptum; tum etiam in eo, quod superaddit de transferendis in Adventum episcopali auctoritate ieiuniis per annum ex Ecclesiae praecepto servandis[1];

quatenus adstruit, episcopo fas esse iure proprio transferre dies ab Ecclesia praescriptos pro festis ieiuniisve celebrandis, aut indictum Missae audiendae praeceptum abrogare:

## Die Feste

73. Der Satz, der verkündet, die Einrichtung neuer Feste sei aus Nachlässigkeit bei der Beachtung der alten und aus falschen Begriffen von der Natur und dem Zweck dieser Feierlichkeiten entstanden[1],    2673
⟨ist⟩ falsch, leichtfertig, anstößig, gegenüber der Kirche ungerecht und begünstigt die Vorwürfe der Häretiker gegen die von der Kirche gefeierten Festtage.

74. Die Entscheidung der Synode, die über das Jahr hin festgelegten Feste auf einen Sonntag zu verlegen, und zwar vermöge des Rechtes, das – wie sie sagt – nach ihrer Überzeugung in bezug auf die kirchliche Ordnung in rein geistlichen Angelegenheiten ordnungsgemäß dem Bischof zusteht, und deshalb auch das Gebot, eine Messe zu hören, an Tagen abzuschaffen, an denen dieses Gebot aufgrund eines alten Kirchengesetzes noch heute gilt; dann auch im folgenden, die über das Jahr hin aufgrund des Kirchengebotes zu beachtenden Fasttage mit bischöflicher Vollmacht auf den Advent zu verlegen[1],    2674

insofern sie behauptet, es sei dem Bischof erlaubt, aus eigenem Recht von der Kirche für die Feier von Festen oder Fasten vorgeschriebene Tage zu verlegen oder das ange-

---

*2671 [1]   Dekret über das Gebet § 17.
*2672 [1]   Ebd.
*2673 [1]   Denkschrift über die Reform der Feste (aus der 6. Sitzung) § 3.
*2674 [1]   Ebd. § 8.

propositio falsa, iuris Conciliorum generalium et Summorum Pontificum laesiva, scandalosa, schismati favens.

zeigte Gebot, eine Messe zu hören, abzuschaffen,

⟨ist⟩ ein falscher Satz, verletzt die Rechtsbefugnis der allgemeinen Konzilien und der Päpste, ist anstößig und begünstigt das Schisma.

### De iuramentis

### Die Schwüre

**2675**　75. Doctrina, quae perhibet, beatis temporibus nascentis Ecclesiae iuramenta visa esse a documentis divini praeceptoris atque ab aurea evangelica simplicitate adeo aliena, ut "ipsummet iurare sine extrema et ineluctabili necessitate reputatus fuisset actus irreligiosus, homine christiano indignus"; insuper "continuatam Patrum seriem demonstrare iuramenta communi sensu pro vetitis habita fuisse"; indeque progreditur ad improbanda iuramenta, quae curia ecclesiastica, iurisprudentiae feudalis, ut ait, normam secuta, in investituris et in sacris ipsis episcoporum ordinationibus adoptavit; statuitque, adeo implorandam a saeculari potestate legem pro abolendis iuramentis, quae in curiis etiam ecclesiasticis exiguntur pro suscipiendis muniis et officiis et generatim pro omni actu curiali[1]:

75. Die Lehre, die besagt, den seligen Zeiten der beginnenden Kirche seien Schwüre so sehr unvereinbar mit den Lehren des göttlichen Meisters und mit der goldenen Einfalt des Evangeliums erschienen, daß "das Schwören selbst ohne äußerste und unabwendbare Not als unreligiöser, eines christlichen Menschen unwürdiger Akt angesehen wurde", ferner: "Die ununterbrochene Reihe der Väter zeigt, daß Schwüre nach allgemeiner Auffassung für unerlaubt gehalten wurden", und von da fortschreitet zur Verwerfung der Schwüre, die die kirchliche Kurie im Anschluß an die Richtschnur der feudalen Rechtsgelehrsamkeit – wie sie sagt – bei Investituren und bei den heiligen Weihen der Bischöfe selbst angenommen hat, und festlegt, man müsse sogar von der weltlichen Gewalt ein Gesetz erflehen für die Abschaffung der Schwüre, die auch an kirchlichen Kurien anläßlich der Übernahme von Pflichten und Ämtern und allgemein anläßlich jedes Aktes der Kurie gefordert werden[1],

falsa, Ecclesiae iniuriosa, iuris ecclesiastici laesiva, disciplinae per canones inductae et probatae subversiva.

⟨ist⟩ falsch, gegenüber der Kirche ungerecht, verletzt die kirchliche Rechtsbefugnis und untergräbt die durch die Kanones eingeführte und gutgeheißene Ordnung.

### De collationibus ecclesiasticis

### Die kirchlichen Konferenzen

**2676**　76. Insectatio, qua Synodus scholasticam exagitat velut eam, quae "viam aperuit inveniendis novis et inter se discordantibus systematibus quoad veritates maioris pretii, ac demum adduxit ad probabilismum et laxismum"[1];

76. Der Tadel, mit dem die Synode die Scholastik als diejenige rügt, die "den Weg zur Erfindung neuer und untereinander widersprechender Systeme in bezug auf Wahrheiten von höherem Gewicht bahnte und schließlich zum Probabilismus und Laxismus führte"[1],

quatenus in scholasticam reicit privatorum vitia, qui abuti ea potuerunt aut abusi sunt:

insofern er die Fehler einzelner, die die Scholastik mißbrauchen konnten oder mißbraucht haben, auf die Scholastik zurückwirft,

---

*2675 [1]　Denkschrift über die Reform der Schwüre (aus der 6. Sitzung) § 4.
*2676 [1]　Dekret über die kirchlichen Konferenzen (aus der 6. Sitzung) § 1.

falsa, temeraria, in sanctissimos viros et doctores, qui magno catholicae religionis bono scholasticam excoluere, iniuriosa, favens infestis in eam haereticorum conviciis.

⟨ist⟩ falsch, leichtfertig, gegenüber den heiligsten Männern und Lehrern, die die Scholastik zum großen Gut der katholischen Religion ausbildeten, ungerecht und begünstigt die feindseligen Vorwürfe der Häretiker gegen sie.

77. Item, in eo, quod subdit, "mutationem formae regiminis ecclesiastici, qua factum est, ut ministri Ecclesiae in oblivionem venirent suorum iurium, quae simul sunt eorum obligationes, eo demum rem adduxisse, ut obliterari faceret primitivas notiones ministerii ecclesiastici et sollicitudinis pastoralis"[1];

77. Desgleichen ⟨ist⟩ er im folgenden: "Die **2677** Änderung der Form der kirchlichen Leitung, durch die bewirkt wurde, daß die Diener der Kirche ihre Rechte vergaßen, die zugleich ihre Verpflichtungen sind, hat schließlich dahin geführt, daß sie die ursprünglichen Bedeutungen des kirchlichen Amtes und des pastoralen Eifers in Vergessenheit geraten ließ"[1],

quasi per mutationem regiminis congruentem disciplinae in Ecclesia constitutae et probatae obliterari umquam potuerit et amitti primitiva notio ecclesiastici ministerii pastoralisve sollicitudinis:

so als ob durch eine Änderung der Leitung, die mit der in der Kirche festgesetzten und gutgeheißenen Ordnung im Einklang steht, die ursprüngliche Bedeutung des kirchlichen Amtes oder des pastoralen Eifers jemals hätte in Vergessenheit geraten oder verlorengehen können,

propositio falsa, temeraria, erronea.

ein falscher, leichtfertiger und irriger Satz.

78. Praescriptio Synodi de ordine rerum tractandarum in collationibus, qua, postquam praemisit, "in quolibet articulo distinguendum id, quod pertinet ad fidem et ad essentiam religionis, ab eo, quod est proprium disciplinae", subiungit, "in hac ipsa (disciplina) distinguendum, quod est necessarium aut utile ad retinendos in spiritu fideles, ab eo, quod est inutile aut onerosius quam libertas filiorum novi foederis patiatur, magis vero ab eo, quod est periculosum aut noxium, utpote inducens ad superstitionem et materialismum"[1];

78. Die Vorschrift der Synode in bezug auf **2678** die Ordnung der in den Konferenzen zu behandelnden Dinge, in der sie vorausschickt: "Bei jedem Artikel muß das, was zum Glauben und zum Wesen der Religion gehört, von dem, was der Disziplin eigen ist, unterschieden werden", und dann fortfährt: "In eben dieser (Disziplin) muß, was notwendig oder nützlich ist, um die Gläubigen im Geiste zu erhalten, von dem unterschieden werden, was unnütz oder lästiger ist, als es die Freiheit der Kinder des neuen Bundes erträgt, aber mehr noch von dem, was gefährlich oder schädlich ist, da es zum Aberglauben und Materialismus führt"[1],

quatenus pro generalitate verborum comprehendat et praescripto examini subiciat etiam disciplinam ab Ecclesia constitutam et probatam, quasi Ecclesia, quae Spiritu Dei regitur, disciplinam constituere posset non solum inutilem et onerosiorem quam libertas christiana patiatur, sed et periculosam, noxiam, inducentem in superstitionem et materialismum:

insofern sie angesichts der Allgemeinheit ihrer Worte auch die von der Kirche festgesetzte und gebilligte Ordnung umfaßt und der eben beschriebenen Prüfung unterwirft, so als ob die Kirche, die durch den Geist Gottes geleitet wird, eine Ordnung festsetzen könnte, die nicht nur unnütz ist und lästiger, als es die christliche Freiheit erträgt, sondern sogar gefährlich, schädlich und in Aberglauben und Materialismus führend,

---

**\*2677** [1]   Ebd.
**\*2678** [1]   Ebd. § 4.

falsa, temeraria, scandalosa, perniciosa, piarum aurium offensiva, Ecclesiae ac Spiritui Dei, quo ipsa regitur, iniuriosa, ad minus erronea.

⟨ist⟩ falsch, leichtfertig, Ärgernis erregend, verderblich, für fromme Ohren anstößig, gegenüber der Kirche und dem Geist Gottes, durch den sie geleitet wird, ungerecht, zumindest irrig.

*Convicia adversus aliquas sententias in scholis catholicis usque adhuc agitatas*

*Vorwürfe gegen einige in katholischen Schulen bis heute vertretene Auffassungen*

**2679**    79. Assertio[1], quae conviciis et contumeliis insectatur sententias in scholis catholicis agitatas, et de quibus Apostolica Sedes nihil adhuc definiendum aut pronuntiandum censuit:

79. Die Behauptung[1], die mit Vorwürfen und Schmähungen in katholischen Schulen vertretene Auffassungen angreift, über die der Apostolische Stuhl bis heute noch nichts bestimmen oder verkünden zu müssen glaubte,

falsa, temeraria, in scholas catholicas iniuriosa, debitae Apostolicis Constitutionibus oboedientiae derogans.

⟨ist⟩ falsch, leichtfertig, gegenüber den katholischen Schulen ungerecht und dem Gehorsam, der den Apostolischen Konstitutionen geschuldet wird, abträglich.

*De tribus regulis, fundamenti loco a Synodo positis pro reformatione regularium*

*Die drei Regeln, die von der Synode als Grundlage für eine Reform des Ordenswesens aufgestellt wurden*

**2680**    80. Regula I, quae statuit universe et indiscriminatim: "statum regularem aut monasticum natura sua componi non posse cum animarum cura cumque vitae pastoralis muneribus, nec adeo in partem venire posse ecclesiasticae hierarchiae, quin ex adverso pugnet cum ipsiusmet vitae monasticae principiis"[1]:

80. Die 1. Regel, die allgemein und ohne Unterschied festlegt: "Der Stand der Regularkleriker und Mönche kann sich seiner Natur nach nicht mit der Sorge um die Seelen und mit den Aufgaben des pastoralen Lebens befassen, und er kann im Grunde nicht an der kirchlichen Hierarchie teilnehmen, ohne mit den Grundsätzen des eigenen mönchischen Lebens völlig in Widerspruch zu geraten"[1],

falsa, perniciosa, in sanctissimos Ecclesiae Patres et Praesules, qui regularis vitae instituta cum clericalis ordinis muneribus consociarunt, iniuriosa, pio, vetusto, probato Ecclesiae mori Summorumque Pontificum sanctionibus contraria:

⟨ist⟩ falsch, verderblich, gegenüber den heiligsten Vätern und Vorstehern der Kirche, die die Einrichtungen des Ordenslebens mit den Aufgaben des geistlichen Standes verbunden haben, ungerecht und dem frommen, alten und bewährten Brauch der Kirche und den Verordnungen der Päpste entgegengesetzt:

quasi "monachi, quos morum gravitas et vitae ac fidei institutio sancta commendat", non rite, nec modo sine religionis offensione, sed et cum multa utilitate Ecclesiae "clericorum officiis aggregentur"[2].

so als ob "Mönche, die ihre Sittenstrenge und die heilige Einrichtung ihres Lebens und Glaubens empfiehlt", nicht zurecht und nicht nur ohne Verstoß gegen das Ordensleben, sondern auch mit viel Nutzen für die Kirche "den Ämtern der Kleriker zugeführt wurden"[2].

---

**\*2679** [1]    Rede an die Synode § 2. Es wird auf die Auseinandersetzungen über die Gnadenhilfen und über das Sittensystem angespielt.
**\*2680** [1]    Denkschrift in bezug auf die Reform des Ordenswesens (aus der 6. Sitzung) § 9.
[2]    Papst Siricius, Dekretalbrief *"Directa ad decessorem"* an Bischof Himerius von Tarragona, 10. Febr. 385, Kap. 17 (CouE 635 / PL 13,1144B). Man kann hinzufügen: Urban II. auf der Synode von Nimes, Juli 1096, Kan. 2 und 3 (MaC 20,934A-935B).

81. Item, in eo, quod subiungit, sanctos Thomam et Bonaventuram sic in tuendis adversus summos homines mendicantium institutis versatos esse, ut in eorum defensionibus minor aestus, accuratio maior desideranda fuisset[1]:

scandalosa, in sanctissimos doctores iniuriosa, impiis damnatorum auctorum contumeliis favens.

82. Regula II, "multiplicationem ordinum ac diversitatem naturaliter inferre perturbationem et confusionem"; item, in eo quod praemittit § 4, regularium "fundatores", qui post monastica instituta prodierunt, "ordines superaddentes ordinibus, reformationes reformationibus, nihil aliud effecisse, quam primariam mali causam magis magisque dilatare"[1];

intellecta de ordinibus et institutis a Sancta Sede probatis, quasi distincta piorum munerum varietas, quibus distincti ordines addicti sunt, natura sua perturbationem et confusionem parere debeat:

falsa, calumniosa, in sanctos fundatores eorumque fideles alumnos, tum et in ipsos Summos Pontifices iniuriosa.

83. Regula III, qua, postquam praemisit, "parvum corpus degens intra civilem societatem, quin vere sit pars eiusdem parvamque monarchiam figit in statu, semper esse periculosum"[1], subinde hoc nomine criminatur privata monasteria, communis instituti vinculo sub uno praesertim capite consociata, velut speciales totidem monarchias, civili reipublicae periculosas et noxias:

falsa, temeraria, regularibus institutis a Sancta Sede ad religionis profectum approbatis iniuriosa, favens haereticorum in ea-

81. Desgleichen ⟨ist sie⟩ in ihrer anschlie- 2681 ßenden Aussage, die heiligen Thomas und Bonaventura seien so sehr damit beschäftigt gewesen, die Einrichtungen der Bettelmönche gegen hochgestellte Menschen in Schutz zu nehmen, daß bei ihren Verteidigungen weniger Hitze und größere Sorgfalt wünschenswert gewesen wäre[1],

anstößig, gegenüber den heiligsten Lehrern ungerecht und begünstigt die gottlosen Schmähungen verurteilter Autoren.

82. Die 2. Regel: "Die Vervielfachung und 2682 Verschiedenheit der Orden bringt naturgemäß Durcheinander und Verwirrung mit sich"; desgleichen im vorausgehenden § 4: "Die Gründer von Ordensgenossenschaften", die seit Einrichtung des Mönchtums hervorgegangen sind, "die Orden auf Orden und Reform auf Reform häuften, haben nichts anderes bewirkt, als die ursprüngliche Ursache des Übels mehr und mehr zu verbreiten"[1],

wenn sie so verstanden wird, daß sie sich auf Orden und Institute bezieht, die vom Heiligen Stuhl gutgeheißen wurden, so als ob die unterschiedliche Mannigfaltigkeit frommer Aufgaben, denen sich unterschiedliche Orden widmen, ihrer Natur nach Durcheinander und Verwirrung erzeugen müßte,

⟨ist⟩ falsch, verleumderisch und gegenüber den heiligen Gründern und ihren getreuen Zöglingen, aber auch gegenüber den Päpsten selbst ungerecht.

83. Die 3. Regel, in der sie vorausschickt: 2683 "Ein kleiner Körper, der innerhalb der bürgerlichen Gesellschaft weilt, ohne wahrhaft ein Teil von ihr zu sein, und eine kleine Monarchie im Staate aufbaut, ist immer gefährlich"[1], und darauf aus diesem Grund die privaten Klöster, die durch das Band des gemeinsamen Institutes zumal unter e i n e m Haupt verbunden sind, als ebensoviele besondere Monarchien verleumdet, die für das bürgerliche Gemeinwesen gefährlich und schädlich sind,

⟨ist⟩ falsch, leichtfertig, gegenüber den vom Heiligen Stuhl zur Förderung der Religion bestätigten Ordensinstituten ungerecht

---

**\*2681** [1]  Denkschrift in bezug auf die Reform des Ordenswesens § 9.
**\*2682** [1]  Ebd.
**\*2683** [1]  Ebd.

dem instituta insectationibus et calumniis.

und begünstigt die Angriffe und Verleumdungen der Häretiker gegen ebendiese Institute.

*De systemate seu ordinationum complexione ducta ex allatis regulis et octo sequentibus articulis comprehensa pro reformatione regularium*

*Das System bzw. der aus den angeführten Regeln abgeleitete und in den folgenden acht Artikeln zusammengefaßte Abriß von Anordnungen für eine Reform des Ordenswesens*

2684     84. Art. I. De uno dumtaxat ordine in Ecclesia retinendo, ac de seligenda prae ceteris regula sancti Benedicti, cum ob sui praestantiam tum ob praeclara illius ordinis merita, sic tamen, ut in his, quae forte occurrent temporum condicioni minus congrua, instituta vitae ratio apud Portum-Regium[1] lucem praeferat ad explorandum, quid addere, quid detrahere conveniat[2];

84. Art. 1. Man soll nur e i n e n Orden in der Kirche beibehalten und vor den übrigen die Regel des heiligen Benedikt auswählen, sowohl wegen ihrer Vorzüglichkeit als auch wegen der vortrefflichen Verdienste dieses Ordens, jedoch so, daß bei dem, was den Zeitumständen vielleicht weniger angepaßt erscheint, die bei Port-Royal[1] eingeführte Lebensweise das Licht voranträgt für die Untersuchung, was man hinzufügen und was man abschaffen sollte[2];

2685     Art. II. Ne compotes fiant ecclesiasticae hierarchiae, qui se huic ordini adiunxerint; nec ad sacros ordines promoveantur, praeterquam ad summum unus vel duo, initiandi tamquam curati vel capellani monasterii, reliquis in simplici laicorum ordine remanentibus;

Art. 2. Wer sich diesem Orden anschließt, soll kein Teil der kirchlichen Hierarchie werden und soll auch nicht zu den heiligen Weihen befördert werden, außer höchstens einem oder zweien, die als Seelsorger oder Kapläne des Klosters angestellt werden sollen, während die übrigen im einfachen Laienstand verbleiben;

2686     Art. III. Unum in unaquaque civitate admittendum monasterium, idque extra moenia civitatis in locis abditioribus et remotioribus collocandum;

Art. 3. In jeder Stadt darf ⟨nur⟩ e i n Kloster zugelassen werden, und zwar muß es außerhalb der Stadtmauern an ziemlich abgelegenen und entfernten Plätzen errichtet werden;

2687     Art. IV. Inter occupationes vitae monasticae pars sua labori manuum inviolate servanda, relicto tamen congruo tempore psalmodiae impendendo, aut etiam si cui libuerit litterarum studio; psalmodia deberet esse moderata, quia nimia eius prolixitas parit praecipitantiam, molestiam, evagationem; quo plus auctae sunt psalmodiae, orationes, preces, tantundem peraequa proportione omni tempore imminutus fervor est sanctitasque regularium;

Art. 4. Unter den Beschäftigungen des mönchischen Lebens soll man der Handarbeit ihren Anteil unversehrt bewahren, jedoch genügend Zeit übrig lassen, um sie dem Psalmensingen oder auch, wenn einer will, dem Studium der Wissenschaften zu widmen; das Psalmensingen sollte in Maßen gehalten werden, weil seine allzu große Ausdehnung Hast, Beschwerlichkeit und Zerstreuung erzeugt; je mehr Psalmensingen, Gebete und Fürbitten vermehrt wurden, desto mehr verringerte sich zu jeder Zeit im gleichen Verhältnis der Eifer und die Heiligkeit der Mönche;

---

\*2684 [1]     Port-Royal des Champs bei Versailles, ein Zisterzienserinnenkloster, berühmtester Brennpunkt des Jansenismus, wurde zur Strafe für seinen Widerstand gegen die Konstitution "*Vineam Domini Sabaoth*" (\*2390) von König Ludwig XIV. i. J. 1710 aufgehoben und zerstört.
[2]     Zu diesem ganzen Abschnitt (\*2684–2691) vgl. die Denkschrift in bezug auf die Reform des Ordenswesens § 10.

Art. V. Nulla foret admittenda distinctio monachos inter sive choro, sive ministeriis addictos; inaequalitas isthaec gravissimas omni tempore lites excitavit ac discordias, et a communitatibus regularium spiritum caritatis expulit;

Art. VI. Votum perpetuae stabilitatis numquam tolerandum; non illud norant veteres monachi, qui tamen Ecclesiae consolatio et christianismi ornamentum exstiterunt: vota castitatis, paupertatis et oboedientiae non admittentur instar communis et stabilis regulae. Si quis ea vota, aut omnia, aut aliqua facere voluerit, consilium et veniam ab episcopo postulabit, qui tamen numquam permittet, ut perpetua sint, nec anni fines excedent; tantummodo facultas dabitur ea renovandi sub iisdem condicionibus;

Art. VII. Omnem episcopus habebit inspectionem in eorum vitam, studia, progressum in pietate; ad ipsum pertinebit monachos admittere et expellere, semper tamen accepto contubernalium consilio;

Art. VIII. Regulares ordinum, qui adhuc remanent, licet sacerdotes, in hoc monasterium admitti etiam possent, modo in silentio et solitudine propriae sanctificationi vacare cuperent; quo casu dispensationi locus fieret in generali regula n. II statuta, sic tamen, ne vitae institutionem sequantur ab aliis discrepantem, adeo ut non plus quam una aut ad summum duae in diem Missae celebrentur, satisque ceteris sacerdotibus esse debeat una cum communitate concelebrare;

*Item pro reformatione monialium*

"Vota perpetua usque ad annum 40 aut 45 non admittenda"; moniales solidis exercitationibus, speciatim labori, addicendae, a carnali spiritualitate, qua pleraeque distinentur, avocandae; expendendum, utrum, quod ad ipsas attinet, satius foret monasterium in ci-

Art. 5. Man sollte keinen Unterschied zu- **2688** lassen zwischen Mönchen, die für den Chor, und solchen, die für Dienste bestimmt sind; diese Ungleichheit hat zu jeder Zeit die schwersten Streitereien und Zwistigkeiten erregt und aus den Ordensgemeinschaften den Geist der Liebe vertrieben.

Art. 6. Ein Gelübde von immerwährender **2689** ⟨Orts⟩beständigkeit sollte niemals geduldet werden; ein solches kannten die alten Mönche nicht, die dennoch ein Trost für die Kirche und eine Zierde des Christentums waren; die Gelübde der Keuschheit, der Armut und des Gehorsams werden nicht als allgemeine und feste Regel zugelassen werden. Wer diese Gelübde, entweder alle oder einige, ablegen will, wird vom Bischof Rat und Erlaubnis einholen; dieser wird jedoch niemals erlauben, daß sie ewig sind oder die Grenzen eines Jahres überschreiten; es wird lediglich die Möglichkeit geboten werden, sie unter denselben Bedingungen zu erneuern.

Art. 7. Der Bischof wird die gesamte Auf- **2690** sicht über ihr Leben, ihre Bemühungen und ihr Fortschreiten in der Frömmigkeit führen; zu seinem Verantwortungsbereich wird es gehören, Mönche aufzunehmen und auszustoßen, jedoch immer nach Einholung des Rates der Mitgenossen.

Art. 8. Die Ordensleute der Orden, die **2691** noch übrig bleiben, könnten, auch wenn ⟨es sich um⟩ Priester ⟨handelte⟩, auch in dieses Kloster aufgenommen werden, insofern sie nur in Ruhe und Einsamkeit sich der eigenen Heiligung zu widmen wünschten; in diesem Fall fände eine Dispens bei der unter Nr. 2 festgelegten allgemeinen Regel statt, jedoch so, daß sie keinen Lebenswandel pflegen, der sich von den anderen unterscheidet, so daß nicht mehr als eine oder höchstens zwei Messen am Tag gefeiert werden und es den übrigen Priestern genügen muß, zusammen mit der Gemeinschaft zu konzelebrieren.

*Desgleichen für die Reform der Nonnen*

"Ewige Gelübde sind bis zum 40. oder 45. **2692** Lebensjahr nicht zuzulassen"; die Nonnen sollen sich gediegenen Beschäftigungen, insbesondere der Arbeit widmen und von der fleischlichen Gesinnung, durch die die meisten abgelenkt werden, abgebracht werden;

vitate relinqui[1];

Systema vigentis atque iam antiquitus probatae ac receptae disciplinae subversivum, perniciosum, Constitutionibus Apostolicis et plurium Conciliorum, etiam generalium, tum speciatim Tridentini sanctionibus oppositum et iniuriosum, favens haereticorum in monastica vota et regularia instituta, stabiliori consiliorum evangelicorum professioni addicta, conviciis et calumniis.

man soll erwägen, ob es, was sie anbelangt, besser wäre, das Kloster in der Stadt zu lassen[1];

das System untergräbt die gültige und schon von alters her gebilligte und allgemein angenommene Ordnung, ⟨ist⟩ verderblich, den Apostolischen Konstitutionen und denen mehrerer Konzile, auch allgemeiner, dann insbesondere den Verordnungen des Tridentinums entgegengesetzt und schädlich, begünstigt die Vorwürfe und Schmähungen der Häretiker gegen die klösterlichen Gelübde und Ordensinstitute, die einem dauerhafteren Versprechen der evangelischen Räte verpflichtet sind.

### *De nationali concilio convocando*

**2693**     85. Propositio enuntians, qualemcumque cognitionem ecclesiasticae historiae sufficere, ut fateri quisque debeat, convocationem concilii nationalis unam esse ex viis canonicis, qua finiantur in Ecclesia respectivarum nationum controversiae spectantes ad religionem[1];

sic intellecta, ut controversiae ad fidem et mores spectantes in Ecclesia quacumque subortae per nationale concilium irrefragabili iudicio finiri valeant; quasi inerrantia in fidei et morum quaestionibus nationali concilio competeret:

schismatica, haeretica.

### *Die Einberufung einer nationalen Synode*

85. Der Satz, der verkündet, jede noch so geringe Kenntnis der Kirchengeschichte genüge, daß jedermann gestehen müsse, die Einberufung einer nationalen Synode sei e i n e r von den kanonischen Wegen, wie in der Kirche der betreffenden Nationen Auseinandersetzungen, die die Religion betreffen, beendet werden[1],

wenn er so verstanden wird, daß in irgendeiner Kirche entstandene Auseinandersetzungen, die den Glauben und die Sitten betreffen, durch eine nationale Synode mittels eines unwiderruflichen Urteilsspruchs beendet werden könnten, so als ob die Unfehlbarkeit in Glaubens- und Sittenfragen einer nationalen Synode zukäme,

⟨ist⟩ schismatisch und häretisch.

### *Gebote und Sanktionen der Bulle*

**2694**     Mandamus igitur omnibus utriusque sexus Christi fidelibus, ne de dictis propositionibus et doctrinis sentire, docere, praedicare praesumant, contra quam in hac Nostra Constitutione declaratur: ita ut, quicumque illas vel earum aliquam coniunctim vel divisim docuerit, defenderit, ediderit aut de eis, etiam disputando, publice vel privatim tractaverit, nisi forsitan impugnando, ecclesiasticis censuris aliisque contra similia perpetrantes a iure statutis poenis ipso facto absque alia declaratione subiaceat.

Wir gebieten also allen Christgläubigen beiderlei Geschlechts, sich nicht anzumaßen, über die erwähnten Sätze und Lehren anders zu denken, zu lehren und zu verkünden, als es in dieser Unserer Konstitution erklärt wird, ⟨und zwar⟩ so, daß jeder, der sie oder eine von ihnen insgesamt oder teilweise lehrt, verteidigt, herausgibt oder von ihnen, auch in einer Erörterung, öffentlich oder privat handelt – es sei denn, er bekämpfe sie –, aufgrund der Tat selbst und ohne eine andere Erklärung den Kirchenstrafen und den an-

---

**\*2692** [1]   Ebd. § 11.
**\*2693** [1]   Denkschrift für die Einberufung einer nationalen Synode (aus der 6. Sitzung) § 1.

deren Strafen unterliegt, die vom Recht gegen die verhängt wurden, die Ähnliches begehen.

Ceterum, per hanc expressam praefatarum propositionum et doctrinarum reprobationem alia in eodem libro contenta nullatenus approbare intendimus: cum praesertim in eo complures deprehensae fuerint propositiones et doctrinae, sive illis, quae supra damnatae sunt, affines, sive quae communis ac probatae cum doctrinae et disciplinae temerarium contemptum tum maxime infensum in Romanos Pontifices et Apostolicam Sedem animum prae se ferunt.

Im übrigen beabsichtigen Wir durch diese **2695** ausdrückliche Verwerfung der vorgenannten Sätze und Lehren keineswegs, anderes, was in demselben Buch enthalten ist, zu billigen, zumal da in ihm mehrere Sätze und Lehren festgehalten wurden, die entweder denen, die oben verurteilt wurden, verwandt sind, oder solchen, die sowohl eine leichtfertige Verachtung der allgemeinen und bewährten Lehre und Ordnung, als auch vor allem eine feindliche Gesinnung gegen die Römischen Bischöfe und den Apostolischen Stuhl zu erkennen geben.

Duo vero speciatim notanda censemus, quae de augustissimo sanctissimae T r i n i t a - t i s mysterio, § 2 Decreti de fide, si non pravo animo, imprudentius certe Synodo exciderunt, quae facile rudes praesertim et incautos in fraudem impellere valeant:

Zwei aber meinen Wir besonders rügen zu **2696** müssen, die der Synode über das erhabenste Geheimnis der heiligsten D r e i f a l t i g k e i t, § 2 des Dekretes über den Glauben, wenn nicht aus verkehrter Gesinnung, so sicherlich ziemlich unüberlegt entschlüpft sind und die leicht zumal Ungebildete und Unvorsichtige zum Irrtum verleiten könnten:

P r i m u m, dum posteaquam rite praemisit, Deum in suo Esse unum et simplicissimum permanere, continuo subiungens, ipsum Deum in tribus personis distingui, perperam discedit a communi et probata in christianae doctrinae institutionibus formula, qua Deus unus quidem in tribus personis distinctis dicitur, non in tribus personis distinctus: cuius formulae commutatione hoc vi verborum subrepit erroris periculum, ut essentia divina distincta in personis putetur, quam fides catholica sic unam in personis distinctis confitetur, ut eam simul profiteatur in se prorsus indistinctam.

E r s t e n s, insofern sie zuerst zurecht sagt, **2697** Gott bleibe in seinem Sein e i n e r und höchst einfach, im Anschluß daran aber fortfährt, Gott werde in drei Personen unterschieden, und damit fälschlicherweise von der gemeinsamen und in den Unterweisungen der christlichen Lehre bewährten Formel abweicht, in der der eine Gott zwar "in drei unterschiedenen Personen", ⟨aber⟩ nicht "in drei Personen unterschieden" genannt wird; durch die Veränderung dieser Formel schleicht sich aufgrund der Wortbedeutung die Gefahr des Irrtums ein, daß man glaubt, es sei das göttliche Wesen in den Personen unterschieden, das der katholische Glaube so als e i n e s in den unterschiedenen Personen bekennt, daß er es zugleich als in sich völlig ununterschieden verkündet.

A l t e r u m quod de ipsismet tribus divinis personis tradit, eas secundum earum proprietates personales et incommunicabiles exactius loquendo exprimi seu appellari Patrem, Verbum et Spiritum Sanctum: quasi minus propria et exacta foret appellatio Filii, tot Scripturae locis consecrata, voce ipsa Patris e caelis et e nube delapsa, tum formula baptismi a Christo praescripta, tum et praeclara illa

Z w e i t e n s, daß sie von den drei göttli- **2698** chen Personen selbst aussagt, sie würden ihren persönlichen und nicht mitteilbaren Eigentümlichkeiten gemäß bei einer genaueren Ausdrucksweise als Vater, Wort und Heiliger Geist ausgedrückt bzw. bezeichnet, so als ob die Bezeichnung "Sohn" weniger eigentümlich und genau wäre, obwohl sie geheiligt ist durch so viele Stellen der Schrift, durch die

confessione, qua beatus ab ipsomet Christo Petrus est pronuntiatus; ac non potius retinendum esset, quod, edoctus ab Augustino, angelicus praeceptor[1] vicissim ipse docuit "in nomine Verbi eandem proprietatem importari, quae in nomine Filii", dicente nimirum Augustino[2]: "Eo dicitur Verbum, quo Filius".

Stimme des Vaters selbst, die aus den Himmeln und aus der Wolke herabkam, dann durch die von Christus vorgeschriebene Taufformel, dann auch durch jenes vortreffliche Bekenntnis, aufgrund dessen Petrus von Christus selbst selig genannt wurde; und es wäre dagegen nicht vielmehr festzuhalten, was, gelehrt von Augustinus, der Engelgleiche Lehrer[1] selbst lehrte: "Im Begriff 'Wort' wird dieselbe Eigentümlichkeit eingeführt wie im Begriff 'Sohn' ", während Augustinus sagt[2]: "Aus demselben Grund wird er Wort genannt wie Sohn".

**2699**    Neque silentio praetereunda insignis et fraudis plena Synodi temeritas, quae pridem improbatam ab Apostolica Sede Conventus Gallicani declarationem [*2281-2285] anni 1682 ausa sit non amplissimis modo laudibus exornare, sed, quo maiorem illi auctoritatem conciliaret, eam in decretum *de fide* inscriptum insidiose includere, articulos in illa contentos palam adoptare, et quae sparsim per hoc ipsum decretum tradita sunt, horum articulorum publica et solemni professione obsignare. Quo sane non solum gravior longe se Nobis offert de Synodo, quam praedecessoribus Nostris fuerit de comitiis illis expostulandi ratio, sed et ipsimet Gallicanae ecclesiae non levis iniuria irrogatur, quam dignam Synodus existimaverit, cuius auctoritas in patrocinium vocaretur errorum, quibus illud est contaminatum decretum.

Auch darf man die auffällige und tückische Leichtfertigkeit der Synode nicht mit Schweigen übergehen, die es wagte, die schon früher vom Apostolischen Stuhl verworfene Deklaration des gallikanischen Konvents [*2281-2285] des Jahres 1682 nicht nur in den höchsten Tönen zu preisen, sondern, um ihr dadurch größeres Ansehen zu verschaffen, sie hinterlistig in das *Über den Glauben* überschriebene Dekret aufzunehmen, die in ihr enthaltenen Artikel offen anzunehmen und, was durch dieses Dekret verstreut überliefert wurde, durch das öffentliche und feierliche Bekenntnis dieser Artikel zu besiegeln. So bietet sich Uns fürwahr nicht nur ein bei weitem gewichtigerer Grund, Uns über die Synode zu beschweren, als Unseren Vorgängern über jene Versammlung, sondern auch der gallikanischen Kirche selbst wird ein nicht geringes Unrecht zugefügt, da sie die Synode für wert erachtete, daß ihre Autorität zur Verteidigung der Irrtümer herangezogen wurde, mit denen dieses Dekret befleckt ist.

**2700**    Quamobrem, quae acta Conventus Gallicani, mox ut prodierunt, praedecessor Noster venerabilis Innocentius XI per Litteras in forma Brevis [*"Paternae caritati"*] die 11. Aprilis anni 1682, post autem expressius Alexander VIII Constitutione *"Inter multiplices"* die 4. Aug. 1690 [*2281-2285] pro apostolici sui muneris ratione improbarunt, resciderunt, nulla et irrita declararunt; multo fortius exigit a Nobis pastoralis sollicitudo, recentem horum factam in Synodo tot vitiis affectam adoptionem velut temerariam,

Da diese Akten des gallikanischen Konvents gleich nach ihrem Erscheinen Unser ehrwürdiger Vorgänger Innozenz XI. am 11. April 1682 durch ein Schreiben in Form eines Breve [*"Paternae caritati"*], danach aber noch deutlicher Alexander VIII. am 4. August 1690 in der Konstitution *"Inter multiplices"* [*2281-2285] vermöge ihres apostolischen Amtes verworfen, aufgehoben und für null und nichtig erklärt haben, so verlangt der pastorale Eifer von Uns noch viel dringender, deren neuerlich auf einer mit so vie-

---

**\*2698** [1]    Thomas von Aquin, *Summa theologiae* I, q. 34, a. 2 ad 3 (Editio Leonina 4,369a).
    [2]    Augustinus, *De trinitate* VII 2, n. 3 (W.J. Mountain - Fr. Glorie: CpChL 50 [1968] 249f / PL 42,936).

scandalosam ac praesertim post edita praedecessorum Nostrorum decreta huic Apostolicae Sedi summopere iniuriosam reprobare
ac damnare, prout eam praesenti hac Nostra
Constitutione reprobamus et damnamus ac
pro reprobata et damnata haberi volumus.

len Mängeln behafteten Synode vollzogene
Annahme als leichtfertig, anstößig und – zumal nach der Herausgabe der Dekrete Unserer Vorgänger – diesem Apostolischen Stuhle
höchst schädlich zu verwerfen und zu verurteilen, so wie Wir sie in dieser Unserer vorliegenden Konstitution verwerfen und verurteilen und für verworfen und verurteilt gehalten wissen wollen.

# PIUS VII.: 14. März 1800 – 20. Aug. 1823

## 2705-2706: Breve "Etsi fraternitatis" an den Erzbischof von Mainz, 8. Okt. 1803

Die staatliche Gesetzgebung der Kurpfalz erklärte Ehen zwischen Katholiken und geschiedenen Protestanten für gültig. Dieses Gesetz wurde auch in anderen Gebieten übernommen. Der Mainzer Erzbischof Karl
Theodor von Dalberg fragte sowohl den Papst als auch in einem Rundbrief vom 20. Mai 1803 die meisten
Bischöfe Deutschlands, ob ein katholischer Priester solchen Ehen assistieren könne und ob den katholischen Gatten, die eine solche Ehe vor einem nichtkatholischen Amtsträger eingegangen waren, die Sakramente gespendet werden könnten. Pius VII. antwortete ihm mit dem folgenden Breve.
*Ausg.:* A. de Roskovány, *De matrimoniis mixtis* (Neutra 1842) 2,88f.

### Die versuchte Auflösung einer Ehe

*Resp. Summi Pontificis ad quaedam du-
bia:* Sententiam laicorum tribunalium et catholicorum conventuum, a quibus praesertim
matrimoniorum nullitas declaratur eorumque vinculi attentatur dissolutio, nullum robur vimque prorsus nullam penes Ecclesiam
consequi posse. ...

Gravissimum commissuros scelus suumque sacrum ministerium prodituros esse eos
parochos, qui has nuptias sua praesentia probarent suaque benedictione firmarent. Neque
enim illae nuptiae dicendae sunt, sed potius
adulterina conubia. ...

*Antwort des Papstes auf einige Fragen:* **2705**
Der Urteilsspruch von Laiengerichten und
katholischen Rechtsbehörden, von denen insbesondere die Nichtigkeit von Ehen erklärt
und die Auflösung ihres Bandes versucht
wird, kann vor der Kirche keine Kraft und
überhaupt keine Gültigkeit erlangen. ...

Einen äußerst schweren Frevel begehen **2706**
und ihren heiligen Dienst verraten würden
diejenigen Pfarrer, die solche Ehen durch
ihre Gegenwart billigten und durch ihre Segnung bekräftigten. Sie sind nämlich auch
nicht als Ehen zu bezeichnen, sondern vielmehr als ehebrecherische Verbindungen. ...

## 2710-2712: Brief "Magno et acerbo" an den Erzbischof von Mogilew, 3. Sept. 1816

In Petersburg war 1813 eine Gesellschaft zur Herausgabe von Bibeln gegründet worden, die mehrere christliche Konfessionen belieferte. Die katholische Kirche wurde durch den Erzbischof von Mogilew repräsentiert, der diese Gesellschaft den Gläubigen empfahl. Er wurde in Rom angezeigt und erhielt diesen miß-
billigenden Brief.
*Ausg.:* ASS 9 (1876/77; 1885[2]) 583f.

### Übersetzungen der Hl. Schrift

Obversari ... tibi debuisset ante oculos, ...
"si sacra Biblia vulgari lingua passim sine discrimine permittantur, plus inde detrimenti
quam utilitatis oriri" [*1854]. Porro Romana
Ecclesia solam Vulgatam editionem ex notis-
simo Tridentini Concilii praescripto [*1506]

Dir hätte ... vor Augen schweben müssen, **2710**
... "daß, wenn die heilige Bibel in der Volkssprache allenthalben ohne Unterschied zugelassen wird, daraus mehr Schaden als Nutzen
erwächst" [*1854]. Da die Römische Kirche
ferner aufgrund der wohlbekannten Vor-

suscipiens, aliarum linguarum versiones respuit, easque tantum permittit, quae cum adnotationibus ex Patrum et catholicorum doctorum scriptis opportune depromptis eduntur, ne tantus thesaurus pateat novitatum corruptelis, atque ut Ecclesia toto orbe diffusa sit labii unius et sermonum eorundem [*Gn 11,1*].

schrift des Trienter Konzils [*1506*] allein die Vulgata-Ausgabe anerkennt, verwirft sie die Übersetzungen anderer Sprachen und läßt nur solche zu, die mit Anmerkungen herausgegeben werden, die in angemessener Weise den Schriften der Väter und katholischer Lehrer entnommen sind, damit ein solch großer Schatz nicht den Verderbnissen der Neuerungen offenstehe und damit die auf dem ganzen Erdkreis verstreute Kirche e i n e Stimme und dieselben Reden habe [*Gen 11,1*].

2711    Sane cum in vernaculo sermone creberrimas animadvertamus vicissitudines, varietates, commutationesque, profecto ex immoderata biblicarum versionum licentia immutabilitas illa convelleretur, quae divina decet testimonia, et fides ipsa nutaret, cum praesertim ex unius syllabae ratione quandoque de dogmatis veritate dignoscatur.

Da wir nämlich in der Landessprache sehr viele Abweichungen, Verschiedenheiten und Veränderungen wahrnehmen, würde in der Tat aufgrund einer ungezügelten Freiheit der Bibelübersetzungen jene Unveränderlichkeit erschüttert, die die göttlichen Zeugnisse ziert, und der Glaube selbst geriete ins Schwanken, zumal da aufgrund e i n e r Silbe zuweilen über die Wahrheit eines Lehrsatzes entschieden wird.

In id proinde pravas teterrimasque machinationes suas conferre in more habuerunt haeretici, ut editis vernaculis Bibliis (de quorum tamen mira varietate ac discrepantia ipsi se invicem accusant et carpunt) suos quisque errores sanctiore divini eloquii apparatu obvolutos per insidias obtruderent. "Non enim natae sunt haereses", inquiebat S. Augustinus, "nisi dum Scripturae bonae intelliguntur non bene, et quod in eis non bene intelligitur, etiam temere et audacter asseritur"[1].

Daher waren die Häretiker gewohnt, ihre verkehrten und ganz abscheulichen Machenschaften darauf zu richten, durch die Herausgabe von Bibeln in der Landessprache (wegen deren seltsamer Verschiedenheit und Widersprüchlichkeit sie sich gleichwohl selbst gegenseitig anklagen und zerreißen) ihre jeweiligen Irrtümer mit der heiligeren Pracht des göttlichen Wortes umhüllt hinterlistig aufzudrängen. "Häresien sind nämlich nur dadurch entstanden," sagte der hl. Augustinus, "daß die guten Schriften nicht gut verstanden werden und, was in ihnen nicht gut verstanden wird, sogar leichtfertig und dreist behauptet wird"[1].

Quod si viros pietate et sapientia spectatissimos in Scripturarum interpretatione haud raro defecisse dolemus, quid non timendum, si imperito vulgo, qui ut plurimum non delectu aliquo, sed temeritate quadam iudicat, translatae in vulgarem quamcumque linguam Scripturae libere pervolvendae traderentur? ...

Wenn wir aber betrübt sind, daß die an Frömmigkeit und Weisheit angesehensten Männer bei der Auslegung der Schriften nicht selten gefehlt haben, was ⟨wäre da⟩ nicht zu befürchten, wenn man die Schriften dem unkundigen Volk, das meist nicht aufgrund irgendeiner ⟨sorgfältigen⟩ Auswahl, sondern aufgrund einer gewissen Leichtfertigkeit urteilt, in jede beliebige Volkssprache übersetzt zum freien Durchlesen gäbe? ...

---

*2711 [1]    Augustinus, *In evangelium Iohannis*, tract. 18,1 (R. Willems: CpChL 36 [1954] 180$_{25-29}$ / PL 35,1536).

[*Provocatur dein ad celebrem In-nocentii III epistolam ad fideles Ecclesiae Metensis:* "Arcana vero fidei sacramenta ... sapere ad sobrietatem": *\*771*] At notissimae sunt non mox laudati Innocentii III solum, sed et Pii IV, Clementis VIII et Benedicti XIV Constitutiones[1] .... Sed quae sit Ecclesiae mens de Scripturae lectione atque interpretatione, noscat luculentissime fraternitas tua ex praeclara alterius praedecessoris Nostri Clementis XI Constitutione *"Unigenitus"*, qua illae doctrinae diserte improbantur, quibus utile ac necessarium asserebatur omni tempori, omni loco et omni personarum generi cognoscere mysteria sacrae Scripturae, cuius lectio esse pro omnibus adstruebatur, damnosumque esse christianum populum ab eadem retrahere, immo Christi os fidelibus obturari, cum ex ipsorum manibus Novum Testamentum abripiatur [*cf. \*2479-2485*].

[*Danach wird Bezug genommen auf den* **2712** *berühmten Brief Innozenz' III. an die Gläubigen der Kirche von Metz:* "Die verborgenen Geheimnisse des Glaubens aber ... sinnt auf Besonnenheit": *\*771*] Wohlbekannt sind aber nicht nur die Konstitutionen des eben erwähnten Innozenz III., sondern auch die Pius' IV., Clemens' VIII. und Benedikts XIV[1] .... Was aber die Ansicht der Kirche über die Lektüre und Auslegung der Schrift ist, soll Deine Brüderlichkeit ganz deutlich aus der berühmten Konstitution "*Unigenitus*" Unseres anderen Vorgängers Clemens XI. erkennen, in der jene Lehren ausdrücklich mißbilligt wurden, in denen behauptet wurde, ⟨es sei⟩ zu jeder Zeit, an jedem Ort und für jeden Personenkreis nützlich und notwendig, die Geheimnisse der heiligen Schrift kennenzulernen, deren Lektüre, wie versichert wurde, für alle sei, und es sei schädlich, das christliche Volk von ebendieser abzuhalten, ja, den Gläubigen werde sogar der Mund Christi verstopft, wenn man ihren Händen das Neue Testament entreiße [*vgl. \*2479-2485*].

### 2715: Antwort der Hl. Pönitentiarie, 23. April 1822

Eine ähnliche Antwort der Hl. Pönitentiarie erfolgte am 1. Febr. 1823.
*Ausg.:* Th. Gousset (der selbst diese Antwort erbeten hatte), *Justification de la théologie morale du B. Alphonse de Ligorio* (Löwen 1834[2]) 215f; ebd. 215 die oben genannte andere Antwort.

#### Der onanistische Gebrauch der Ehe

*Qu.:* Potestne pia uxor permittere, ut maritus suus ad eam accedat, postquam experientia ipsi constiterit eum more nefando Onan se gerere ..., praesertim si uxor denegando se exponat periculo saevitiarum aut timeat, ne maritus ad meretrices accedat?

*Frage:* Kann eine fromme Ehefrau zulassen, daß ihr Ehemann sich ihr nähert, nachdem sie aus Erfahrung weiß, daß er sich in der ruchlosen Weise des Onan verhält ..., zumal wenn die Ehefrau, falls sie ⟨sich⟩ weigert, sich der Gefahr von Mißhandlungen aussetzt oder fürchtet, daß der Ehemann zu Dirnen geht?

*Resp.:* Cum in proposito casu mulier e sua quidem parte nihil contra naturam agat detque operam rei licitae, tota autem actus inordinatio ex viri malitia procedat, qui loco consummandi retrahit se et extra vas effundit, ideo si mulier post debitas admonitiones nihil proficiat, vir autem instet, minando ver-

*Antwort:* Da im vorliegenden Fall die Frau zwar von ihrer Seite aus nichts Widernatürliches tut und eine erlaubte Sache betreibt, die ganze Fehlausrichtung des Aktes aber aus der Bosheit des Mannes hervorgeht, der, anstatt ⟨den Akt⟩ zu vollenden, sich zurückzieht und ⟨den Samen⟩ außerhalb des

---

**\*2712** [1] Pius IV., "*Dominici gregis custodiae*", 24. März 1564 (vgl. \*1851-1861). Clemens VIII., "*Sacrosanctum catholicae fidei*", 17. Okt. 1595 (BullLux 3,56b–57b): es werden die Regeln des Index Pius' IV. bestätigt. – Benedikt XIV., Konstitution "*Sollicita ac provida*", 9. Juli 1753 (hrsg. im *Index librorum prohibitorum*" [Rom 1911[3]] 19–34 / BullLux 19,59a–63b / Benedikt XIV., *Bullarium*, Mechelner Ausg. 10,237–254).

bera aut mortem aut alias graves saevitias, poterit ipsa (ut probati theologi docent) citra peccatum passive se praebere, cum in his rerum adiunctis ipsa viri sui peccatum simpliciter permittat idque ex gravi causa quae eam excuset; quoniam caritas, qua illud impedire teneretur, cum tanto incommodo non obligat.

Gefäßes vergießt, so wird die Frau, wenn sie nach den gebührenden Ermahnungen nichts ausrichtet, der Mann aber darauf besteht, indem er Schläge, den Tod oder andere schwere Mißhandlungen androht, sich (wie bewährte Theologen lehren) ohne Sünde passiv preisgeben können, weil sie unter diesen Umständen die Sünde ihres Mannes einfach zuläßt, und zwar aus einem gewichtigen Grund, der sie entschuldigt; denn die Liebe, durch die sie gehalten wäre, dies zu verhindern, verpflichtet nicht ⟨,wenn sie⟩ mit so großem Nachteil ⟨verbunden ist⟩.

**2718: Breve "Adorabile Eucharistiae" an den Patriarchen von Antiochien und die Bischöfe der griechischen Melkiten, 8. Mai 1822**

*Ausg.:* CollLac 2,550d–551c.

### Die Unwirksamkeit der Epiklese für die Konsekration

**2718**   [*Non levis doloris et metus causa exstiterunt disseminantes*] novam illam opinionem a schismaticis hominibus propugnatam qua docetur formam, qua vivificum hoc ... sacramentum perficitur, non in solis Iesu Christi verbis consistere, quibus sacerdotes tam Latini quam Graeci in consecratione utuntur, sed ad perfectam consummatamque consecrationem addi oportere eam precum formulam, quae memorata verba apud Nos praecurrit, in vestra autem liturgia subsequitur. ...

[*Nicht geringen Anlaß zu Schmerz und Furcht gaben diejenigen, die*] jene neue von schismatischen Menschen verfochtene Meinung [*ausstreuten*], in der gelehrt wird, die Form, in der dieses lebendigmachende ... Sakrament vollzogen wird, bestehe nicht allein in den Worten Jesu Christi, die sowohl die lateinischen als auch die griechischen Priester bei der Konsekration benützen, sondern zur vollendeten und vollkommenen Konsekration müsse noch jene Gebetsformel hinzugefügt werden, die den erwähnten Worten bei Uns vorausgeht, in Eurer Liturgie aber nachfolgt. ...

In virtute sanctae oboedientiae ... praecipimus ... ut non audeant deinceps ... tueri eam opinionem, quae tradit ad admirabilem illam conversionem totius substantiae panis in substantiam Corporis Christi, et totius substantiae vini in substantiam Sanguinis eius necesse esse, praeter Christi verba, eam etiam ecclesiasticam precum formulam recitare, quam saepe iam memoravimus ...

Kraft des heiligen Gehorsams ... gebieten Wir ..., daß sie künftighin nicht mehr wagen sollen ..., diese Meinung aufrechtzuerhalten, die besagt, für jene wunderbare Verwandlung der ganzen Substanz des Brotes in die Substanz des Leibes Christi und der ganzen Substanz des Weines in die Substanz seines Blutes sei es notwendig, außer den Worten Christi auch diese kirchliche Gebetsformel vorzutragen, die Wir schon mehrfach erwähnt haben ...

## LEO XII.: 28. Sept. 1823 - 10. Febr. 1829

### 2720: Enzyklika "Ubi primum", 5. Mai 1824

*Ausg.:* BullRCt 16,47a.

### Indifferentismus

[*Secta quaedam*] blandam pietatis et liberalitatis speciem prae se ferens tolerantismum (sic enim aiunt) seu indifferentismum profitetur atque extollit non modo in rebus civilibus, de quo non est Nobis sermo, verum etiam in religionis negotio, docens amplam unicuique libertatem a Deo factam esse, ut quae cuique secta iuxta suum privatum iudicium vel opinio arriserit, eam quisque sine salutis periculo amplecti vel adoptare valeat. [*Contra hoc affertur Rm 16,17s.*]

[*Eine bestimmte Sekte,*] die den verlockenden Schein von Frömmigkeit und Edelmut vor sich herträgt, verkündet und preist den Tolerantismus (so nämlich sagen sie) bzw. Indifferentismus nicht nur in staatlichen Angelegenheiten, worüber Wir nicht reden, sondern auch im Bereich der Religion, indem sie lehrt, einem jeden sei von Gott umfassende Freiheit zugestanden worden, so daß jeder diejenige Sekte oder Meinung, die ihm nach seinem privaten Urteil zusagt, ohne Gefahr für das Heil gutheißen oder annehmen könne. [*Dagegen wird angeführt Röm 16,17f.*] **2720**

## PIUS VIII.: 31. März 1829 - 30. Nov. 1830

### 2722-2724: Antwort des Papstes an den Bischof von Rennes, 18. Aug. 1830

Es handelt sich um eine dem Bischof von Rennes (Frankreich) in einer Audienz gegebene Antwort.
*Ausg.:* CollLac 6,681d-682b / CollPF[2] 2,62-64, Nr. 1393, III.

### Zinsnahme

*Expos.:* [*Dissentiunt confessarii*] de lucro percepto ex pecunia negotiatoribus mutuo data, ut ea ditescant. De sensu Epistolae encyclicae "*Vix pervenit*" [*cf. *2546-2550*] acriter disputatur. Ex utraque parte momenta afferuntur ad tuendam eam, quam quisque amplexus est, sententiam, tali lucro faventem aut contrariam. Inde querelae, dissensiones, denegatio sacramentorum plerisque negotiatoribus isti ditescendi modo inhaerentibus, et innumera damna animarum.

*Darlegung:* [*Die Beichtväter sind unterschiedlicher Auffassung*] über den Gewinn, der aus Geld erzielt wurde, das Geschäftsleuten leihweise gegeben wurde, damit sie sich dadurch bereichern. Über den Sinn der Enzyklika "*Vix pervenit*" [*vgl. *2546-2550*] wird heftig gestritten. Von beiden Seiten werden Gründe angeführt, um die jeweils gutgeheißene Auffassung, solchen Gewinn befürwortend oder ablehnend, zu stützen. Daher ⟨rühren⟩ Streitereien, Auseinandersetzungen, die Verweigerung der Sakramente für die meisten Geschäftsleute, die auf diese Weise der Bereicherung bedacht sind, und unzählige Schäden für die Seelen. **2722**

Ut animarum damnis occurrant, nonnulli confessarii mediam inter utramque sententiam viam se posse tenere arbitrantur. Si quis ipsos consulat de istiusmodi lucro, illum ab eo deterrere conantur. Si paenitens perseveret in consilio pecuniam mutuo dandi negotiatoribus, et obiciat, sententiam tali mutuo fa-

Um Schäden für die Seelen zu begegnen, meinen manche Beichtväter, sie könnten einen Mittelweg zwischen den beiden Auffassungen einhalten. Wenn sie einer wegen eines solchen Gewinns um Rat fragt, versuchen sie ihn davon abzubringen. Wenn der Beichtende in der Absicht verharrt, Geschäftsleuten **2723**

ventem multos habere patronos et insuper non fuisse damnatam a Sancta Sede non semel ea de re consulta: tunc isti confessarii exigunt, ut paenitens promittat se filiali oboedientia obtemperaturum iudicio Summi Pontificis, si intercedat, qualecumque sit; nec, hac promissione obtenta, absolutionem denegant, quamvis probabiliorem credant opinionem contrariam tali mutuo.

Si paenitens non confiteatur de lucro ex pecunia sic mutuo data, et videatur in bona fide: isti confessarii, etiamsi aliunde noverint ab eo perceptum esse aut etiam nunc percipi istiusmodi lucrum, eum absolvunt, nulla ea de re interrogatione facta, quando timent, ne paenitens admonitus restituere aut a tali lucro abstinere recuset.

2724    *Qu.:* 1. Utrum possit horum posteriorum confessariorum agendi rationem probare?

2. Utrum alios confessarios rigidiores ipsum adeuntes consulendi causa possit hortari, ut istorum agendi rationem sequantur, donec Sancta Sedes expressum ea de quaestione iudicium ferat?

*Resp. Summi Pontificis:* Ad 1. Non esse inquietandos. - Ad 2. Provisum in primo.

Geld zu leihen, und entgegnet, die ein solches Darlehen befürwortende Auffassung habe viele Vertreter und sei überdies vom Heiligen Stuhl, der nicht ein einziges Mal wegen dieser Sache befragt worden sei, nicht verurteilt worden: dann verlangen diese Beichtväter, der Beichtende solle versprechen, daß er mit kindlichem Gehorsam dem Urteil des Papstes gehorchen werde, wenn es ergehe, wie beschaffen es auch sei; und wenn sie dieses Versprechen erhalten haben, verweigern sie die Lossprechung nicht, auch wenn sie die ein solches Darlehen ablehnende Meinung für wahrscheinlicher halten.

Wenn der Beichtende nicht wegen Gewinn aus so geliehenem Geld beichtet und in gutem Glauben zu sein scheint, sprechen diese Beichtväter, auch wenn sie anderswoher wissen, daß solcher Gewinn von ihm erzielt wurde und auch jetzt noch erzielt wird, ihn los, ohne daß eine Befragung wegen dieser Sache erfolgt wäre, wenn sie fürchten, der Beichtende weigere sich, auf eine Ermahnung hin solchen Gewinn zu erstatten oder sich von ihm zu enthalten.

*Fragen:* 1. Kann er ⟨ = der Bischof⟩ die Handlungsweise dieser letzteren Beichtväter billigen?

2. Kann er andere, strengere Beichtväter, die an ihn herantreten, um ihn um Rat zu fragen, ermahnen, sie sollten sich ihrer Handlungsweise anschließen, bis der Heilige Stuhl ein ausdrückliches Urteil über diese Frage fällt?

*Antwort des Papstes:* Zu 1. Sie sind nicht zu beunruhigen. - Zu 2. Abgehandelt unter erstens.

## GREGOR XVI.: 2. Febr. 1831 - 1. Juni 1846

### 2725-2727: Antwort der Hl. Pönitentiarie an den Erzbischof von Besançon, 5. Juli 1831

Das Dokument sichert die theologische Legitimität des Probabilismus, wie er von Alfons von Liguori vertreten wurde, gegenüber den rigoroseren Moralsystemen. Zur zweiten Antwort ist zu beachten, daß das Urteil des Heiligen Stuhles über die Lehre eines Seligzusprechenden im Hinblick auf die Seligsprechung erfolgt. Dazu genügt, daß die Lehre "frei von jedweder theologischen Zensur ist" ("sit immunis a quacumque theologica censura") (Benedikt XIV., *De Servorum Dei beatificatione* II 28, § 2). Dies trifft bei Alfons von Liguori zu. Vgl. das Dekret der Hl. Ritenkongregation vom 18. Mai 1803 über die Durchsicht seiner Werke sowie die Kanonisationsbulle "*Sanctitas et doctrina*" vom 26. Mai 1839 (Gregor XVI., *Acta*, hrsg. von A.M. Bernasconi 2,305a-309b) und das Dekret "*Inter eos qui*" vom 23. März 1871, das ihm den Titel "Kirchenlehrer" verleiht. Pius IX., *Acta* 1/V, 296-298; ebd. 296: "Überdies hat er Dunkles erhellt und Zweifelhaftes erklärt, indem er zwischen den verschlungenen - ob laxeren oder strengeren - Auffassungen der Theologen einen sicheren Weg bahnte, damit auf ihm die Beichtväter der Christgläubigen unverletzten

Fußes einherschreiten könnten" ("Obscura insuper dilucidavit dubiaque declaravit, cum inter implexas theologorum sive laxiores sive rigidiores sententias tutam straverit viam, per quam Christifidelium moderatores inoffenso pede incedere possent").

*Ausg.:* ASS 1 (1865/66; 1872[5]) 497f / Th. Gousset, a. *2715 a.O. (Löwen 1834[2]) 196f.

### Die Autorität des Alfons von Liguori im moralischen Bereich

*Qu.:* Ludovicus Franciscus Augustus card. de Rohan-Chabot, archiep. Vesuntionensis, doctrinae sapientiam et unitatem fovere nititur apud omnes dioecesis suae qui curam gerunt animarum; quorum nonnullis impugnantibus ac prohibentibus theologiam moralem B. Alphonsi M. a Ligorio tamquam laxam nimis, periculosam saluti et sanae morali contrariam, S. Paenitentiariae oraculum requirit suppliciter, ac ipsi unius theologiae professoris [*scilicet Th. Gousset*] sequentia dubia Proponit solvenda:

1. Utrum sacrae theologiae professor opiniones, quas in sua theologia morali profitetur B. Alphonsus a Ligorio, tuto sequi ac profiteri possit?

2. An sit inquietandus confessarius, qui omnes B. Alphonsi a Ligorio sequitur opiniones in praxi s. paenitentiae tribunalis, hac sola ratione, quod a Sede Apostolica nihil in operibus illius censura dignum repertum fuerit?

Confessarius, de quo in dubio, non legit opera B. Doctoris nisi ad cognoscendam accurate eius doctrinam, non perpendens momenta rationesve, quibus variae nituntur opiniones; sed existimat se tuto agere eo ipso quod doctrinam, quae nihil censura dignum continet, prudenter iudicare queat sanam esse, tutam nec ullatenus sanctitati evangelicae contrariam.

*Resp. (confirmata a Summo Pontifice 22. Iul. 1831):* Ad 1. Affirmative, quin tamen inde reprehendendi censeantur, qui opiniones ab aliis probatis auctoribus traditas sequuntur.

Ad 2. Negative, habita ratione mentis S. Sedis circa approbationem scriptorum Servorum Dei ad effectum canonizationis.

*Frage:* Louis François Auguste Kard. de 2725 Rohan-Chabot, Erzbischof von Besançon, bemüht sich, bei allen, die in seiner Diözese Sorge um die Seelen tragen, die Weisheit und Einheit in der Lehre zu fördern; da von ihnen einige die Moraltheologie des sel. Alfons M. von Liguori als allzu lax, für das Heil gefährlich und einer gesunden Moral entgegengesetzt bekämpfen und verbieten, erbittet er demütig den Spruch der Hl. Pönitentiarie und legt ihr folgende Fragen eines Theologieprofessors [*nämlich Th. Goussets*] zum Lösen vor:

1. Kann ein Professor der heiligen Theo- 2726 logie die Auffassungen, die der sel. Alfons von Liguori in seiner Moraltheologie lehrt, sicher vertreten und lehren?

2. Oder ist ein Beichtvater zu behelligen, 2727 der bei der Ausübung des hl. Bußgerichts allein aus dem Grund alle Auffassungen des sel. Alfons von Liguori vertritt, weil vom Apostolischen Stuhl in seinen Werken nichts gefunden wurde, was einer Zensur würdig wäre?

Der Beichtvater, um den ⟨es⟩ in der Frage ⟨geht⟩, liest die Werke des sel. Lehrers nur, um seine Lehre genau kennenzulernen, ohne die Ursachen oder Gründe zu erwägen, auf die sich die verschiedenen Auffassungen stützen; vielmehr meint er, er handle schon deshalb sicher, weil er einsichtig beurteilen könne, daß eine Lehre, die nichts enthält, was einer Zensur würdig wäre, gesund, sicher und keinesfalls der Heiligkeit des Evangeliums entgegengesetzt ist.

*Antwort (vom Papst am 22. Juli 1831 bestätigt):* Zu 1. Ja, ohne daß deswegen jedoch für tadelnswert erachtet würden, die von anderen gebilligten Autoren überlieferte Auffassungen vertreten.

Zu 2. Nein, unter Berücksichtigung der Absicht des Hl. Stuhles in bezug auf die Billigung der Schriften der Diener Gottes zur Erzielung der Kanonisation.

## 2730-2732: Enzyklika "Mirari vos arbitramur", 15. Aug. 1832

Anlaß zu dieser Enzyklika gab Felicité de Lamennais, der in der 1830 von ihm gegründeten Zeitung "*L'Avenir*" liberale Ideen verbreitete, die Gregor XVI. als "Indifferentismus" verwarf. Lamennais und seine Zeitung, die er daraufhin einstellen mußte, werden nicht genannt. Lamennais unterwarf sich zunächst, trat dann aus der Kirche aus und verteidigte seinen Entschluß in dem Buch *Paroles d'un croyant* (1834). Er wiederholte die früheren Lehren. Darauf antwortet Gregor XVI. in einer weiteren Enzyklika "*Singulari nos*" vom 25. Juni 1834 (BullRCt 19,379a–381b / Gregor XVI., *Acta* hrsg. von A.M. Bernasconi 1,434), wobei er auch das erwähnte Buch verurteilte.

*Ausg.:* BullRCt 19,129a–131b / ASS 4 (1868; 1875[5]) 341 344f / Gregor XVI., *Acta*, hrsg. von A.M. Bernasconi 1 (Rom 1901), 171b–173b.

### Indifferentismus und Rationalismus

2730    Alteram nunc persequimur causam malorum uberrimam, quibus afflictari in praesens comploramus Ecclesiam, indifferentismum scilicet, seu pravam illam opinionem, ... qualibet fidei professione aeternam posse animae salutem comparari, si mores ad recti honestique normam exigantur. ... Atque ex hoc putidissimo indifferentismi fonte absurda illa fluit ac erronea sententia seu potius deliramentum, asserendam esse ac vindicandam cuilibet libertatem conscientiae.

Wir kommen nun zu einer anderen folgenreichsten Ursache von Übeln, von denen die Kirche gegenwärtig zu unserem Kummer heimgesucht wird, nämlich dem Indifferentismus bzw. jener verkehrten Meinung, ... man könne mit jedem beliebigen Glaubensbekenntnis das ewige Seelenheil erwerben, wenn man den Lebenswandel an der Norm des Rechten und sittlich Guten ausrichte. ... Und aus dieser höchst abscheulichen Quelle des Indifferentismus fließt jene widersinnige und irrige Auffassung bzw. vielmehr Wahn, einem jeden müsse die Freiheit des Gewissens zugesprochen und sichergestellt werden.

2731    Cui quidem pestilentissimo errori viam sternit plena illa atque immoderata libertas opinionum, quae in sacrae et civilis rei labem late grassatur, dictitantibus per summam impudentiam nonnullis, aliquid ex ea commodi in religionem promanare. At "quae peior mors animae, quam libertas erroris?" inquiebat Augustinus[1]. ...

Diesem geradezu pesthaften Irrtum bahnt freilich jene vollständige und ungezügelte Meinungsfreiheit den Weg, die zum Sturz des heiligen und bürgerlichen Gemeinwesens weit und breit grassiert, wobei manche noch mit größter Unverschämtheit behaupten, es fließe aus ihr ein Vorteil für die Religion. Aber "was für einen schlimmeren Tod ⟨gibt es⟩ für die Seele als die Freiheit zum Irrtum?", ⟨wie⟩ Augustinus sagte[1]. ...

2732    Eos imprimis affectu paterno complexi, qui ad sacras praesertim disciplinas et ad philosophicas quaestiones animum appulere, hortatores auctoresque iisdem sitis, ne solius ingenii sui viribus freti imprudenter a veritatis semita in viam abeant impiorum. Meminerint Deum esse sapientiae ducem emendatoremque sapientium [*cf. Sap 7,15*], ac fieri non posse, ut sine Deo Deum discamus, qui per Verbum docet homines scire Deum[1].

Nehmt euch vor allem derer mit väterlicher Zuneigung an, die ihren Geist insbesondere den heiligen Wissenschaften und philosophischen Fragen zugewandt haben, und seid ihnen Mahner und Ratgeber, damit sie nicht, auf ihre eigenen Verstandeskräfte allein bauend, unklug vom Pfad der Wahrheit auf den Weg der Gottlosen abirren. Sie mögen sich daran erinnern, daß Gott Führer zur Weisheit und Besserer der Weisen ist [*vgl. Weish 7,15*] und daß es unmöglich ist, Gott ohne Gott kennenzulernen, der die Men-

---

*2731 [1] Augustinus, Brief 105 (früher 166) an die Donatisten, Kap. 2, Nr. 10 (CSEL 34/II, 602[25f] / PL 33,400).

schen durch das Wort lehrt, Gott zu wissen[1].

## 2738-2740: Breve "Dum acerbissimas", 26. Sept. 1835

Georg Hermes, Theologieprofessor in Münster/Westf. und Bonn, der sich um eine theologische Rezeption Kants bemühte, wurde in Rom wegen "Rationalismus" angeklagt. Nach seinem Tode (26. Mai 1831) wurden durch dieses Breve folgende Werke verurteilt: *Philosophische Einleitung in die christkatholische Theologie* (Münster 1819) und *Positive Einleitung in die christkatholische Theologie* (Münster 1829); desgleichen die *Christkatholische Dogmatik* I (Münster 1834; hrsg. von J.H. Achterfeldt). Dieselben Werke sowie Teil II-III der *Christkatholischen Dogmatik* (Münster 1835) wurden durch das Dekret der Indexkongregation vom 7. Jan. 1836 wiederum verboten (AnIP 2,1442f). Vgl. H.H. Schwedt, *Das römische Urteil über Georg Hermes (1775-1831). Ein Beitrag zur Geschichte der Inquisition im 19. Jahrhundert* (RömQ, 37. Supplementheft; 1980) S. XVII Anm. 2.

*Ausg.:* Gregor XVI., *Acta,* hrsg. von A.M. Bernasconi 2,85b-86b / ACColon 228-230.

### Irrtümer des Georg Hermes

[*Theologi quidam*] peregrinis ... improbandisque doctrinis sacra ipsi inficiunt studia et publicum etiam, si quod tenent in scholis et academiis, docendi magisterium profanare non dubitant, ipsumque, quod tueri se iactant, sacratissimum adulterare dignoscuntur fidei depositum.

Atque inter huiusmodi erroris magistros ex constanti et fere communi per Germaniam fama adnumeratur Georgius Hermes, utpote qui audacter a regio, quem universa traditio et sancti Patres in exponendis ac vindicandis fidei veritatibus tramitem stravere, deflectens, quin et superbe contemnens et damnans, tenebrosam ad errorem omnigenum viam moliatur in dubio positivo tamquam basi omnis theologicae inquisitionis et in principio, quod statuit, rationem principem normam ac unicum medium esse, quo homo assequi possit supernaturalium veritatum cognitionem. ...

[*Iudicatum est, auctorem in suis*] operibus contexere absurda et a doctrina catholicae Ecclesiae aliena; praesertim vero circa naturam fidei et credendorum regulam, circa sacram Scripturam, traditionem, revelationem et Ecclesiae magisterium, circa motiva credibilitatis, circa argumenta, queis existentia Dei adstrui confirmarique consuevit, circa ipsius Dei essentiam, sanctitatem, iustitiam, libertatem, eiusdemque finem in operibus, quae a

[*Manche Theologen*] vergiften durch fremde ... und verwerfliche Lehren die heiligen Studien und tragen keine Bedenken, auch das öffentliche Lehramt, das sie etwa an Schulen und Akademien innehaben, zu entweihen und selbst die geheiligtste Hinterlassenschaft des Glaubens, die zu schützen sie sich brüsten, zu verfälschen. **2738**

Und unter die Lehrer eines derartigen Irrtums wird aufgrund seines beständigen und in Deutschland fast allgemeinen Rufes Georg Hermes gezählt, der ja, vom Königspfad, den die gesamte Überlieferung und die heiligen Väter bei der Auslegung und Verteidigung der Glaubenswahrheiten geebnet haben, verwegen abweichend, ja, ⟨ihn⟩ sogar hochmütig verachtend und verwerfend, im **positiven Zweifel** als der Grundlage jeder theologischen Forschung und in dem Prinzip, das er aufstellte, ⟨nämlich⟩ daß die **Vernunft** die **Hauptnorm** und das einzige Mittel sei, mit dessen Hilfe der Mensch die Erkenntnis der übernatürlichen Wahrheiten erlangen könne, den finsteren Weg zu jedweder Art Irrtum bahnt. ...

[*Es wurde geurteilt, daß der Autor in seinen*] Werken Unsinniges und der Lehre der katholischen Kirche Fremdes verwebe; vor allem aber in bezug auf die Natur des Glaubens und die Richtschnur des zu Glaubenden, in bezug auf die heilige Schrift, die Überlieferung, die Offenbarung und das Lehramt der Kirche, in bezug auf die Beweggründe der Glaubwürdigkeit, in bezug auf die Beweise, mit denen er die Existenz Gottes **2739**

---

*2732 [1]   Irenäus von Lyon, *Adversus haereses* IV 11, n. 3 (hrsg. von W.W. Harvey [Cambridge 1857] 2,160 / = IV 6, n. 3: PG 7,987C f / SouChr 100/II 442-444).

theologis vocantur ad extra, necnon circa gratiae necessitatem, eiusdemque ac donorum distributionem, retributionem praemiorum, et poenarum inflictionem, circa protoparentum statum, peccatum originale, ac hominis lapsi vires;

zu stützen und zu erhärten pflegte, in bezug auf das Wesen Gottes, seine Heiligkeit, Gerechtigkeit, Freiheit und seine Zielsetzung bei den Werken, die von den Theologen "äußere" genannt werden, sowie in bezug auf die Notwendigkeit der Gnade und ihrer und der Gaben Verteilung, die Gewährung von Belohnungen und Verhängung von Strafen, in bezug auf den Stand der Stammeltern, die Ursünde und die Kräfte des gefallenen Menschen;

2740 eosdemque libros tamquam continentes doctrinas et propositiones respective falsas, temerarias, captiosas, in scepticismum et indifferentismum inducentes, erroneas, scandalosas, in catholicas scholas iniuriosas, fidei divinae eversivas, haeresim sapientes ac alias ab Ecclesia damnatas, prohibendos et damnandos esse censuerunt.

und sie beschlossen, man müsse ebendiese Bücher, weil sie Lehren und Sätze enthalten, die – je nachdem – falsch, leichtfertig, trügerisch, zum Skeptizismus und Indifferentismus hinführend, irrig, anstößig, gegenüber den katholischen Schulen ungerecht, den göttlichen Glauben umstürzend, nach Häresie schmeckend und anderweitig von der Kirche verurteilt sind, verbieten und verurteilen.

### 2743: Antwort des Hl. Offiziums an den Bischof von Nizza, 17. Jan. 1838

Vgl. die Antworten der Hl. Pönitentiarie vom 16. Sept. 1830, 14. Aug. 1831, 11. Nov. 1831, 11. Febr. 1832 und 23. Nov. 1832; die Antwort des Hl. Offiziums, die am 31. Aug. 1831 vom Papst bestätigt wurde (CollLac 6,677–686 / MigThC 16,1067–1080).
*Ausg.:* CollLac 6,689cd / MigThC 16,1083.

### Zinsnahme

2743 *Qu. (9. Sept. 1837):* An paenitentes, qui moderatum lucrum solo legis titulo ex mutuo dubia vel mala fide perceperunt, absolvi sacramentaliter possint, nullo imposito restitutionis onere, dummodo de patrato ob dubiam vel malam fidem peccato sincere doleant et filiali oboedientia parati sint stare mandatis S. Sedis?

*Frage (9. Sept. 1837):* Können Beichtende, die allein aufgrund eines Gesetzestitels aus einem Darlehen zweifelnden oder bösen Gewissens einen bescheidenen Gewinn gezogen haben, sakramental losgesprochen werden, ohne daß ihnen die Bürde der Rückerstattung auferlegt wurde, sofern sie nur über die ob des zweifelnden oder bösen Gewissens begangene Sünde aufrichtig Schmerz empfinden und in kindlichem Gehorsam bereit sind, sich an die Gebote des Hl. Stuhles zu halten?

*Resp.:* Affirmative, dummodo parati sint stare mandatis S. Sedis.

*Antwort:* Ja, sofern sie nur bereit sind, sich an die Gebote des Hl. Stuhles zu halten.

### 2745-2746: Konstitution "In supremo apostolatus fastigio", 3. Dez. 1839

Von Paul III. ab (*1495) haben die Päpste sich für die allgemeinen Menschenrechte der versklavten Indios und Afrikaner in Lateinamerika eingesetzt. In dieser Bulle werden außer Paul III. erwähnt: Urban VIII., Brief *"Commissum nobis"* an den Rechtsbevollmächtigten der Apostolischen Kammer in Portugal, 22. April 1639 (BullCocq 6/II, 183f); Benedikt XIV., Apostolisches Schreiben *"Immensa pastorum"* an die Bischöfe Brasiliens, 20. Dez. 1741 (Benedikt XIV., *Bullarium* [Mecheln] 1,204–209, alte Ausg. Bd. 1, Nr. 38); Pius II., Brief an den Bischof von Ruvo, 7. Okt. 1462 (BarAE, zum Jahr 1462 Nr. 42).
*Ausg.:* Gregor XVI., *Acta*, hrsg. von A.M. Bernasconi 2,387a–388a / CollPF[2] 1,503–505, Nr. 891 / J. Margraf, *Kirche und Sklaverei seit der Entdeckung Amerikas* (Tübingen 1865) 227–229.

## Forderung nach Aufhebung der Sklaverei

... Ad Nostram pastoralem sollicitudinem pertinere animadvertimus, ut fideles ab inhumano Nigritarum seu aliorum quorumcumque hominum mercatu avertere penitus studeamus.

... Fuerunt subinde ex ipso fidelium numero, qui sordidioris lucri cupidine turpiter obcaecati in dissitis remotisque terris Indos, Nigritas miserosve alios in servitutem redigere seu instituto ampliatoque commercio eorum qui captivi facti ab aliis fuerant, indignum horum facinus iuvare non dubitarent.

Haud sane praetermiserunt plures gloriosae memoriae Romani Pontifices praecessores Nostri reprehendere graviter pro suo munere illorum rationem utpote spirituali ipsorum saluti noxiam et christiano nomini probrosam; ex qua etiam illud consequi pervidebant, ut infidelium gentes ad veram nostram religionem odio habendam magis magisque obfirmarentur. [*Recoluntur documenta supra indicata.*]

Hae quidem praedecessorum Nostrorum sanctiones et curae profuerunt, Deo bene iuvante, non parum Indis aliisque praedictis a crudelitate invadentium seu mercatorum christianorum cupiditate tutandis, non ita tamen, ut Sancta haec Sedes de pleno suorum in id studiorum exitu laetari posset, cum immo commercium Nigritarum, etsi nonnulla ex parte imminutum, adhuc tamen a christianis pluribus exerceatur.

Quare Nos tantum huiusmodi probrum a cunctis christianorum finibus avertere cupientes ... auctoritate Apostolica omnes cuiuscumque condicionis christifideles admonemus et obtestamur in Domino vehementer, ne quis audeat in posterum Indos, Negritas, seu alios huiusmodi homines iniuste vexare aut spoliare suis bonis aut in servitutem redigere vel aliis talia in eos patrantibus auxilium aut favorem praestare seu exercere inhumanum illud commercium, quo Nigritae,

... Wir sehen, daß es zu Unserer Hirtensorge gehört, daß Wir Uns bemühen, die Gläubigen vom unmenschlichen Handel mit Negern oder irgendwelchen anderen Menschen völlig abzubringen. **2745**

... Es gab selbst aus der Zahl der Gläubigen wiederholt welche, die, von der Begierde nach schmutzigem Gewinn schändlich geblendet, keine Bedenken trugen, in entlegenen und entfernten Ländern Indianer, Neger oder andere Bedauernswerte in die Sklaverei zu führen oder durch die Einrichtung und Erweiterung des Handels mit solchen, die von anderen gefangen worden waren, deren abscheuliches Tun zu unterstützen.

Freilich unterließen es mehrere Römische Bischöfe glorreichen Angedenkens, Unsere Vorgänger, nicht, in Ausübung ihres Amtes die Vorgehensweise von jenen als ihrem geistlichen Heile schädlich und für den christlichen Namen schmachvoll schwer zu tadeln; sie durchschauten, daß daraus auch jenes folge, daß die Völker der Ungläubigen mehr und mehr darin bestärkt würden, einen Haß auf unsere wahre Religion zu haben. [*Es werden die oben angeführten Dokumente aufgezählt.*]

Diese Strafbestimmungen und Vorsorgemaßnahmen Unserer Vorgänger trugen zwar mit Gottes guter Hilfe nicht wenig dazu bei, die Indianer und anderen Vorgenannten vor der Grausamkeit der Eindringlinge bzw. der Begierde christlicher Händler zu schützen, jedoch nicht so, daß dieser Heilige Stuhl sich über einen vollen Erfolg seiner diesbezüglichen Bemühungen freuen könnte, da ja im Gegenteil der Handel mit Negern, wenn auch manchenteils verringert, so doch immer noch von einigen Christen ausgeübt wird. **2746**

Im Bemühen, diese so große Schmach aus allen Gebieten der Christen zu entfernen, ... ermahnen Wir daher kraft Apostolischer Autorität alle Christgläubigen jedweden Standes und beschwören sie nachdrücklich im Herrn: Keiner soll es künftig wagen, Indianer, Neger oder andere derartige Menschen ungerecht zu quälen, ihrer Güter zu berauben, in die Sklaverei zu führen, anderen, die solches wider sie verüben, Hilfe oder Unterstützung zu leisten oder jenen unmenschlichen Handel

tamquam si non homines sed pura putaque animantia forent, in servitutem utcumque redacti, sine ullo discrimine contra iustitiae et humanitatis iura emuntur, venduntur ac durissimis interdum laboribus exantlandis devoventur ...

auszuüben, in dem Neger, die, als ob sie keine Menschen, sondern bare und bloße Tiere wären, wie auch immer in die Sklaverei geführt wurden, ohne jede Unterscheidung entgegen den Geboten der Gerechtigkeit und Menschlichkeit gekauft, verkauft und dazu verdammt werden, die bisweilen härtesten Arbeiten zu erdulden ...

### 2750: Antwort der Hl. Ablaßkongregation, 28. Juli 1840

*Ausg.: Decreta authentica S. Cgr. Indulgentiis sacrisque Reliquiis praepositae, ab a. 1668 ad a. 1882* (Regensburg 1883) 250 (Nr. 283) / CollPF$^2$ 1,507, Nr. 904.

*Die Wirksamkeit des Ablasses an einem privilegierten Altar*

**2750**    *Qu.:* Utrum per indulgentiam altari privilegiato adnexam intelligenda sit indulgentia plenaria animam statim liberans ab omnibus purgatorii poenis, an vero tantum indulgentia quaedam secundum divinae misericordiae beneplacitum applicanda?

*Resp.:* Per indulgentiam altari privilegiato adnexam, si spectetur mens concedentis et usus clavium potestatis, intelligendam esse indulgentiam plenariam, quae animam statim liberet ab omnibus purgatorii poenis; si vero spectetur applicationis effectus, intelligendam esse indulgentiam, cuius mensura divinae misericordiae beneplacito et acceptioni respondet.

*Frage:* Ist unter einem an einen privilegierten Altar gebundenen Ablaß ein vollkommener Ablaß zu verstehen, der die Seele sogleich von allen Strafen des Reinigungsortes befreit, oder aber nur ein Ablaß, der nach dem Wohlgefallen der göttlichen Barmherzigkeit zuzuwenden ist?

*Antwort:* Unter einem an einen privilegierten Altar gebundenen Ablaß ist, wenn man auf die Absicht des Gewährenden und den Gebrauch der Schlüsselgewalt schaut, ein vollkommener Ablaß zu verstehen, der die Seele sogleich von allen Strafen des Reinigungsortes befreit; wenn man aber auf die Wirkung der Zuwendung schaut, ist ⟨darunter⟩ ein Ablaß zu verstehen, dessen Maß dem Wohlgefallen und der Annahme von seiten der göttlichen Barmherzigkeit entspricht.

### 2751-2756: Thesen, von Louis-Eugène Bautain auf Geheiß seines Bischofs unterschrieben, 18. Nov. 1835 und 8. Sept. 1840

Louis-Eugène-Marie Bautain, Professor in Straßburg und Direktor des bischöflichen Seminars, wurde von Le Pappe de Trévern, Bischof von Straßburg, wegen Fideismus und Traditionalismus seines Amtes enthoben. Am 15. Sept. 1834 gab der Bischof von Straßburg eine Pastoralinstruktion (*Advertissement*) an seinen Klerus heraus. Er setzte an die Stelle von 6 in einem Brief vom 30. April 1834 vorgelegten Fragen, auf die Bautain antworten sollte, 6 Thesen der katholischen Lehre, die am 18. Nov. 1835 von Bautain und seinem Kreis in Straßburg (z. B. H. de Bonnechose, A. Gratry) unterzeichnet wurden. Ein Brief vom 21. Sept. 1837 an seinen Bischof, in dem Bautain seine Auffassungen erläuterte, gab Anlaß zu neuen Verdächtigungen. Es drohte vor allem die Verurteilung seines Werkes *La philosophie du christianisme* (Straßburg 1835). Um dem zu entgehen, unterschrieb Bautain am 8. Sept. 1840 in Anwesenheit des Bischofs-Koadjutors A. Räß wiederum 6 Thesen, deren Text sich nur wenig von den Thesen des 18. Nov. 1835 unterschied. Um die Anerkennung für eine von ihm gegründete religiöse Gemeinschaft zu erlangen, unterzeichnete Bautain schließlich auf Geheiß der Hl. Bischofs- und Ordenskongregation am 26. April 1844 eine dritte Formel (ihren Text s. *2765-2769). Die Thesen 1 und 5 der Formeln von 1835 und 1840 wurden anläßlich des Bonnetty-Prozesses von der Hl. Indexkongregation übernommen.

*Ausg.* [Thesen d. J. 1835]: Katholik 59 (1836) Beilage I, S. XXV / E. de Régny, *L'abbé Bautain. Sa vie et ses oeuvres* (Paris 1884) 240f / B. Gaudeau, *Libellus fidei exhibens decreta dogmatica ... ad "Tractatum de fide" pertinentia* (Paris 1898) 127f (Nr. 525-530). - [Thesen d. J. 1840]: Katholik 79 (1841) Beilage I, S. LVI f / I. Perrone, *Praelectiones theologicae* 9 (Löwen 1843) 357f, Anm. (= *Tractatus de locis theologicis*, p. III, sect. I, c. 1, n. 39) / E. de Régny, a. oben a.O. 288f / B. Gaudeau, a. oben a.O. 128f (Nr. 531-536; französisch); 121f (Nr. 512-517; lateinische Übersetzung).

## Thesen über Glauben und Vernunft gegen den Fideismus

[*Thesen d. J. 1835*]

1. Le raisonnement peut prouver avec certitude l'existence de Dieu. – La foi, don du ciel, est postérieure à la révélation; elle ne peut donc pas convenablement être alléguée vis-à-vis d'un athée en preuve de l'existence de Dieu [*cf. *2812*].

[*Thesen d. J. 1840*]

1. Le raisonnement peut prouver avec certitude l'existence de Dieu et l'infinité de ses perfections. – La foi, don du ciel, suppose la révélation; elle ne peut donc pas convenablement être alléguée vis-à-vis d'un athée en preuve de l'existence de Dieu [*cf. *2812*].

[*Thesen d. J. 1835*]

1. Das schlußfolgernde Denken kann mit Gewißheit die Existenz Gottes beweisen. – Der Glaube, ein Geschenk des Himmels, ist später als die Offenbarung; er kann folglich gegenüber einem Atheisten nicht angemessen als Beweis für die Existenz Gottes angeführt werden [*vgl. *2812*].

[*Thesen d. J. 1840*]

1. Das schlußfolgernde Denken kann mit Gewißheit die Existenz Gottes und die Unendlichkeit seiner Vollkommenheiten beweisen. – Der Glaube, ein Geschenk des Himmels, setzt die Offenbarung voraus; er kann folglich gegenüber einem Atheisten nicht angemessen als Beweis für die Existenz Gottes angeführt werden [*vgl. *2812*].    **2751**

2. La révélation mosaïque se prouve avec certitude par la tradition orale et écrite de la synagogue et du christianisme.

2. La divinité de la révélation mosaïque se prouve avec certitude par la tradition orale et écrite de la synagogue et du christianisme.

2. Die mosaische Offenbarung läßt sich mit Gewißheit durch die mündliche und schriftliche Überlieferung der Synagoge und des Christentums beweisen.

2. Die Göttlichkeit der mosaischen Offenbarung läßt sich mit Gewißheit durch die mündliche und schriftliche Überlieferung der Synagoge und des Christentums beweisen.    **2752**

3. La preuve de la révélation chrétienne tirée des miracles de Jésus-Christ, sensible et frappante pour les témoins oculaires, n'a point perdu sa force avec son éclat vis-à-vis des générations subsequentes. Nous trouvons cette preuve dans la tradition orale et écrite de tous les chrétiens. C'est par cette double tradition que nous devons la démontrer à ceux qui la rejettent ou qui, sans l'admettre

3. La preuve tirée des miracles de Jésus-Christ, sensible et frappante pour les témoins oculaires, n'a point perdu sa force avec son éclat vis-à-vis des générations subsequentes. Nous trouvons cette preuve en toute certitude dans l'authenticité du Nouveau Testament, dans la tradition orale et écrite de tous les chrétiens. C'est par cette double tradition que nous devons la démontrer à l'incrédule

3. Der Beweis der christlichen Offenbarung aus den Wundern Jesu Christi, wahrnehmbar und schlagend für die Augenzeugen, hat gegenüber den nachfolgenden Generationen nichts von seiner Kraft mit ihrem Glanz verloren. Wir finden diesen Beweis in der mündlichen und schriftlichen Überlieferung aller Christen. Gerade durch diese zweifache Überlieferung müs-

3. Der Beweis aus den Wundern Jesu Christi, wahrnehmbar und schlagend für die Augenzeugen, hat gegenüber den nachfolgenden Generationen nichts von seiner Kraft mit ihrem Glanz verloren. Wir finden diesen Beweis mit voller Gewißheit in der Echtheit des Neuen Testamentes, in der mündlichen und schriftlichen Überlieferung aller Christen. Gerade durch diese zweifache    **2753**

encore, la désirent.

qui la rejette ou à ceux qui, sans l'admettre encore, la désirent.

sen wir ihn denen darlegen, die ihn zurückweisen oder die, ohne ihn schon anzuerkennen, sich nach ihm sehnen.

Überlieferung müssen wir ihn dem Ungläubigen, der ihn zurückweist, oder denen darlegen, die, ohne ihn schon anzuerkennen, sich nach ihm sehnen.

**2754**   4. On n'a pas le droit d'attendre d'un incrédule qu'il admette la résurrection de notre divin Sauveur, avant de lui en avoir administré des preuves certaines; et ces preuves sont déduites de la même tradition par le raisonnement.

4. On n'a point le droit d'attendre d'un incrédule qu'il admette la résurrection de notre divin Sauveur, avant de lui en avoir administré des preuves certaines; et ces preuves sont déduites par le raisonnement.

4. Man hat nicht das Recht, von einem Ungläubigen zu erwarten, daß er die Auferstehung unseres göttlichen Erlösers anerkennt, bevor man ihm sichere Beweise dafür geliefert hat, und diese Beweise sind aus derselben Überlieferung durch schlußfolgerndes Denken abgeleitet.

4. Man hat nicht das Recht, von einem Ungläubigen zu erwarten, daß er die Auferstehung unseres göttlichen Erlösers anerkennt, bevor man ihm sichere Beweise dafür geliefert hat, und diese Beweise sind durch schlußfolgerndes Denken abgeleitet.

**2755**   5. L'usage de la raison précède la foi, et y conduit l'homme par la révélation et la grâce [cf. *2813].

5. Sur ces questions diverses, la raison précède la foi et doit nous y conduire [cf. *2813].

5. Der Gebrauch der Vernunft geht dem Glauben voraus und führt den Menschen zu ihm durch die Offenbarung und die Gnade [vgl. *2813].

5. In diesen verschiedenen Fragen geht die Vernunft dem Glauben voraus und muß uns zu ihm führen [vgl. *2813].

**2756**   6. La raison peut prouver avec certitude de l'authenticité de la révélation faite aux Juifs par Moïse et aux chrétiens par Jésus-Christ.

6. Quelque faible et obscure que soit devenue la raison par le péché originel, il lui reste assez de clarté et de force pour nous guider avec certitude à l'existence de Dieu, à la révélation faite aux Juifs par Moïse, et aux chrétiens par notre adorable Homme-Dieu.

6. Die Vernunft kann mit Gewißheit die Echtheit der Offenbarung beweisen, die an die Juden durch Mose und an die Christen durch Jesus Christus ergangen ist.

6. So schwach und dunkel auch die Vernunft durch die Ursünde geworden ist, ⟨so⟩ bleibt ihr trotzdem genügend Klarheit und Kraft, um uns mit Gewißheit zur Existenz Gottes, zur Offenbarung zu führen, die an die Juden durch Mose, an die Christen durch unseren anbetungswürdigen Gottmenschen ergangen ist.

## 2758-2760: Antwort der Hl. Pönitentiarie, 8. Juni 1842

Sie ist gerichtet an den Bischof von Le Mans – *Ausg.:* J.B. Ferreres – A. Mondia, *Compendium theologiae moralis* 2 (Barcelona 1950[17]) 710f (Nr. 1092f) / F. Hürth: TD ser. theol. 25 (Rom 1953[2]) 86f / J.P. Gury – R. Tummolo, *Compendium theologiae moralis* 2 (Neapel 1925[3]) 529 (Nr. 895). – Vgl. \*2715.

### Der onanistische Gebrauch der Ehe

*Qu.:* 1) An coniuges, qui matrimonio eo utuntur modo, ut conceptionem praecaveant, actum per se moraliter malum exerceant?

2) Si actus habendus sit ut moraliter malus, an coniuges de illo se non accusantes considerari possint tamquam in ea constituti bona fide, quae eos a gravi culpa excuset?

3) An probanda sit agendi ratio confessariorum, qui, ne coniugatos offendant, illos circa modum, quo iuribus matrimonii utuntur, non interrogant?

*Resp.:* Ad 1) Cum tota actus deordinatio ex viri malitia procedat, qui, loco consummandi, retrahit se et extra vas effundit: ideo si mulier post debitas admonitiones nihil proficiat, vir autem instet minando verbera aut mortem, poterit ipsa, ut probati theologi docent, citra peccatum simpliciter permittere, idque ex gravi causa, quae eam excusat; quoniam caritas, qua illud impedire tenetur, cum tanto incommodo non obligat.

Ad 2 et 3) ... confessarius revocet in mentem adagium illud: sancta sancte esse tractanda; atque etiam verba perpendat S. Alphonsi de Ligorio, viri docti et harum rerum peritissimi, qui in *Praxi confessariorum,* [*cap. I*] § IV n. 41, inquit: "Circa autem peccata coniugum respectu ad debitum coniugale, ordinarie loquendo, confessarius non tenetur nec decet interrogare nisi uxores, an illud reddiderint, modestiori modo quo possit ... De aliis taceat, nisi interrogatus fuerit". Necnon alios probatos auctores consulere non omittat.

*Fragen:* 1) Führen Ehegatten, die die Ehe **2758** in der Weise gebrauchen, daß sie eine Empfängnis verhüten, einen durch sich moralisch schlechten Akt aus?

2) Wenn der Akt für moralisch schlecht zu **2759** erachten ist, kann man dann Ehegatten, die sich deswegen nicht anklagen, als in jenem guten Glauben befindlich ansehen, der sie von schwerer Sünde entschuldigt?

3) Ist die Handlungsweise von Beichtvä- **2760** tern zu billigen, die, um die Verheirateten nicht zu verletzen, diese nicht nach der Weise fragen, in der sie die Rechte der Ehe gebrauchen?

*Antwort:* Zu 1) Da die ganze Fehlausrichtung des Aktes aus der Bosheit des Mannes hervorgeht, der, anstatt ⟨den Akt⟩ zu vollenden, sich zurückzieht und ⟨den Samen⟩ außerhalb des Gefäßes vergießt, so wird die Frau, wenn sie nach den gebührenden Ermahnungen nichts ausrichtet, der Mann aber darauf besteht, indem er Schläge oder den Tod androht, es – wie bewährte Theologen lehren – ohne Sünde einfach zulassen können, und zwar aus einem gewichtigen Grund, der sie entschuldigt; denn die Liebe, durch die sie gehalten ist, dies zu verhindern, verpflichtet nicht ⟨,wenn sie⟩ mit solch großem Nachteil ⟨verbunden ist⟩.

Zu 2) und 3) ... der Beichtvater möge sich jenen Leitsatz ins Gedächtnis zurückrufen: Heiliges ist heilig zu behandeln; und er möge auch die Worte des hl. Alfons von Liguori erwägen, eines gelehrten und in diesen Dingen äußerst erfahrenen Mannes, der in der *Praxis confessariorum,* [*Kap. I*] § IV, Nr. 41, sagt: "Was aber die Sünden der Ehegatten im Hinblick auf die eheliche Pflicht betrifft, so ist der Beichtvater im gewöhnlichen Gespräch nicht gehalten noch ziemt es sich zu fragen, es sei denn die Frauen – ⟨und zwar⟩ auf möglichst zurückhaltende Weise –, ob sie jene erfüllt haben ... Über das andere soll er schweigen, wenn er nicht gefragt wurde". Au-

ßerdem möge er nicht unterlassen, andere bewährte Autoren zu Rate zu ziehen.

### 2762-2763: Antwort des Hl. Offiziums, 14. Sept. 1842

*Ausg.:* ACColon 232.

#### Die Materie der Krankensalbung

2762    *Qu.:* An in casu necessitatis parochus ad validitatem sacramenti extremae unctionis uti possit oleo a se benedicto?

*Resp. (confirmata a Summo Pontifice):* Negative, ad formam Decreti [*S. Officii*] 13. Ian. 1611 [*coram Paulo V*]:

2763    *Propositio:* Quod nempe sacramentum extremae unctionis oleo episcopali benedictione non consecrato ministrari valide possit:

*Declaratio S. Officii:* propositionem esse temerariam et errori proximam.

*Frage:* Kann ein Pfarrer im Notfall zur Gültigkeit des Sakramentes der Letzten Ölung Öl verwenden, das von ihm selbst gesegnet wurde?

*Antwort (vom Papst bestätigt):* Nein, gemäß der Fassung des Dekretes [*des Hl. Offiziums*] vom 13. Jan. 1611 [*unter Paul V.*]:

*Satz:* Das Sakrament der Letzten Ölung kann mit Öl, das nicht durch eine bischöfliche Segnung geweiht wurde, gültig gespendet werden:

*Erklärung des Hl. Offiziums:* der Satz ist leichtfertig und dem Irrtum sehr nahe.

### 2765-2769: Thesen, von Louis-Eugène Bautain auf Geheiß der Hl. Bischofs- und Ordenskongregation unterschrieben, 26. April 1844

Vgl. *2751° - *Ausg.:* E. de Régny, a. *2751 a.O. 337f / B. Gaudeau, a. *2751 a.O. 130 (Nr. 537-540) (ausgenommen *2769).

#### Die Beweisbarkeit natürlicher Voraussetzungen der christlichen Religion und ihr Bezug zu Formen bürgerlicher Regierung

2765    Nous promettons pour aujourd'hui et pour l'avenir:

1. de ne jamais enseigner que, avec les seules lumières de la droite raison, abstraction faite de la révélation divine, on ne puisse donner une véritable démonstration de l'existence de Dieu;

2766    2. qu'avec la raison seule on ne puisse démontrer la spiritualité et l'immortalité de l'âme, ou toute autre vérité purement naturelle, rationnelle ou morale;

2767    3. qu'avec la raison seule on ne puisse avoir la science des principes ou de la métaphysique, ainsi que des vérités qui en dépendent, comme science tout à fait distincte de la théologie surnaturelle qui se fonde sur la révélation divine;

2768    4. que la raison ne puisse acquérir une vraie et pleine certitude des motifs de crédi-

Wir versprechen für heute und für die Zukunft:

1. niemals zu lehren, daß man allein mit den Einsichten der rechten Vernunft - ohne Rücksicht auf die göttliche Offenbarung - keinen wirklichen Beweis für die Existenz Gottes liefern kann;

2. daß man mit der Vernunft allein die Geistigkeit und die Unsterblichkeit der Seele oder jede andere rein natürliche, vernünftige oder moralische Wahrheit nicht beweisen kann;

3. daß man allein mit der Vernunft die Wissenschaft der Prinzipien oder der Metaphysik wie auch der Wahrheiten, die davon abhängen, nicht haben kann als Wissenschaft, die völlig verschieden ist von der übernatürlichen Theologie, die sich auf die göttliche Offenbarung gründet;

4. daß die Vernunft keine wirkliche und volle Gewißheit für die Beweggründe der

bilité, c'est-à-dire de ces motifs qui rendent la révélation divine évidemment croyable, tels que sont spécialement les miracles et les prophéties, et particulièrement la résurrection de Jésus-Christ;

5. que la religion chrétienne ne puisse s'adapter à toute forme légitime de gouvernement politique, tout en restant la même religion chrétienne et catholique, complètement imdifférente à toutes les formes du régime politique, ne favorisant pas l'une plus que l'autre, et n'en excluant aucune.

Glaubwürdigkeit erlangen kann, das heißt für die Beweggründe, die die göttliche Offenbarung offensichtlich glaubhaft machen, wie z. B. besonders die Wunder und die Weissagungen, und insbesondere die Auferstehung Jesu Christi;

5. daß sich die christliche Religion nicht **2769** an jede rechtmäßige Form politischer Regierung anpassen und dabei die gleiche christliche und katholische Religion bleiben kann, völlig gleichgültig gegenüber allen Formen politischer Regierungssysteme, ohne die eine mehr als die andere zu bevorzugen, und ohne irgendeine auszuschließen.

## 2771-2772: Enzyklika "Inter praecipuas machinationes", 8. Mai 1844

*Ausg.:* ASS 9 (1876/77) 621 623f / Gregor XVI., *Acta*, hrsg. von A.M. Bernasconi 3,332f.

### Übersetzungen der Hl. Schrift

... Neque denique ignoratis, quanta vel diligentia vel sapientia opus sit transferenda fideliter in aliam linguam eloquia Domini; ut nihil proinde facilius contingat, quam ut in eorundem versionibus per societates biblicas multiplicatis gravissimi ex tot interpretum vel imprudentia vel fraude inserantur errores; quos ipsa porro illarum multitudo et varietas diu occultat in perniciem multorum. Ipsarum tamen societatum parum aut nihil omnino interest, si homines Biblia illa vulgaribus sermonibus interpretata lecturi in alios potius quam alios errores dilabantur; dummodo assuescant paulatim ad liberum de Scripturarum sensu iudicium sibimet ipsis vindicandum, atque ad contemnendas traditiones divinas ex Patrum doctrina in Ecclesia catholica custoditas, ipsumque Ecclesiae magisterium repudiandum. ...

Iis in regulis, quae a Patribus a Tridentina Synodo delectis conscriptae et a Pio IV [*1854*] ... approbatae Indiceque librorum prohibitorum praemissae sunt, generali sanctione statutum legitur, ut Biblia vulgari sermone edita non aliis permitterentur, nisi quibus illorum lectio ad fidei atque pietatis augmentum profutura iudicaretur. Huic eidem regulae nova subinde propter perseverantes hae-

... Und ihr wißt schließlich sehr wohl, **2771** welch großer Sorgfalt und Weisheit es bedarf, die Aussagen des Herrn getreu in eine andere Sprache zu übertragen, so daß daher nichts leichter geschieht, als daß ihren durch die Bibelgesellschaften vervielfältigten Übersetzungen aufgrund des Unverstandes oder Betrugs so vieler Übersetzer schwerste Irrtümer eingefügt werden; diese hält aber gerade die Vielzahl und Mannigfaltigkeit jener ⟨Übersetzungen⟩ zum Schaden vieler lange verborgen. Die Gesellschaften selbst jedoch kümmert es nur wenig oder überhaupt nicht, wenn die Menschen bei der Lektüre jener in die Volkssprachen übersetzten Bibeln in die einen Irrtümer mehr als in die anderen geraten, solange sie sich nur allmählich daran gewöhnen, für sich selbst ein freies Urteil über den Sinn der Schriften zu beanspruchen, die aufgrund der Lehre der Väter in der katholischen Kirche behüteten göttlichen Überlieferungen zu verachten und das Lehramt der Kirche selbst zurückzuweisen. ...

In jenen Regeln, die von den vom Trien- **2772** ter Konzil ausgewählten Vätern verfaßt und von Pius IV. [*1854*] ... bestätigt und dem Index der verbotenen Bücher vorangeschickt wurden, liest man die mit allgemeiner Strafandrohung versehene Verordnung, daß in der Volkssprache herausgegebene Bibeln keinem anderen erlaubt werden sollen als denen, von denen man meint, daß ihnen ihre Lektüre

reticorum fraudes cautione constrictae ea demum auctoritate Benedicti XIV adiecta declaratio est, ut permissa porro habeatur lectio vulgarium versionum, quae ab Apostolica Sede approbatae, aut cum annotationibus desumptis ex sanctis Ecclesiae Patribus vel ex doctis catholicisque viris editae fuerint.

zum Wachstum des Glaubens und der Frömmigkeit nützen werde. Ebendieser Regel, bald darauf wegen anhaltender Bosheiten der Häretiker mit neuer Absicherung gefestigt, wurde schließlich kraft der Autorität Benedikts XIV. jene Erklärung beigefügt, daß künftig die Lektüre von ⟨solchen⟩ Übersetzungen in der Volkssprache als erlaubt gelten solle, die vom Apostolischen Stuhl gebilligt oder mit Anmerkungen herausgegeben wurden, die den heiligen Vätern der Kirche oder gelehrten und katholischen Männern entnommen sind.

## PIUS IX.: 16. Juni 1846 - 7. Febr. 1878

### 2775-2786: Enzyklika "Qui pluribus", 9. Nov. 1846

*Ausg.:* Pius IX., *Acta* (Rom 1854) 1/I, 6-13 / CollLac 6,83b-85d [*2775-2781*]; 85a-c [*2782-2786*] / ACColon 233-235 [*nur *2775-2781*].

### Der Irrtum des Rationalismus

**2775**   [*Noscitis christiani nominis hostes docere*] commentitia esse et hominum inventa sacrosancta nostrae religionis mysteria, catholicae Ecclesiae doctrinam humanae societatis bono et commodis adversari [*cf. *2940*], ac vel ipsum Christum et Deum eiurare non extimescant. Et quo facilius populis illudant atque incautos praesertim et imperitos decipiant et in errores secum abripiant, sibi unis prosperitatis vias notas esse comminiscuntur, sibique philosophorum nomen arrogare non dubitant, perinde quasi philosophia, quae tota in naturae veritate investiganda versatur, ea respuere debeat, quae supremus et clementissimus ipse totius naturae auctor Deus singulari beneficio et misericordia hominibus manifestare est dignatus, ut veram ipsi felicitatem et salutem assequantur.

[*Ihr wißt, daß die Feinde des christlichen Namens lehren,*] die hochheiligen Geheimnisse unserer Religion seien Erdichtungen und Erfindungen der Menschen und die Lehre der katholischen Kirche widerstreite dem Wohl und den Vorteilen der menschlichen Gesellschaft [*vgl. *2940*], und daß sie sich nicht einmal fürchten, sich selbst von Christus und Gott loszusagen. Und um leichter die Völker betrügen und vor allem Unvorsichtige und Unerfahrene täuschen und mit sich in Irrtümer fortreißen zu können, geben sie vor, ihnen allein seien die Wege zum Glück bekannt, und zögern nicht, sich den Namen "Philosophen" anzumaßen, gleich als ob die Philosophie, die ganz damit beschäftigt ist, die Wahrheit der Natur aufzuspüren, das verwerfen müßte, was Gott, der höchste und gnädigste Urheber der ganzen Natur selbst, in einzigartiger Wohltätigkeit und Barmherzigkeit den Menschen kundzutun sich herabgelassen hat, damit sie das wahre Glück und Heil erlangten.

**2776**   Hinc praepostero sane et fallacissimo argumentandi genere numquam desinunt humanae rationis vim et excellentiam appellare, extollere contra sanctissimam Christi fidem, atque audacissime blaterant, eam humanae refragari rationi [*cf. *2906*]. Quo certe nihil

Mit einer in der Tat verkehrten und äußerst trügerischen Art des Beweisens berufen sie sich sodann unaufhörlich auf die Kraft und Vorzüglichkeit der menschlichen Vernunft, heben sie gegen den heiligsten Glauben an Christus hervor und schwatzen aufs

dementius, nihil magis impium, nihil contra ipsam rationem magis repugnans fingi vel excogitari potest. Etsi enim fides sit supra rationem, nulla tamen vera dissensio nullumque dissidium inter ipsas inveniri umquam potest, cum ambae ab uno eodemque immutabilis aeternaeque veritatis fonte, Deo optimo maximo, oriantur atque ita sibi mutuam opem ferant, ut recta ratio fidei veritatem demonstret, tueatur, defendat; fides vero rationem ab omnibus erroribus liberet eamque divinarum rerum cognitione mirifice illustret, confirmet atque perficiat.

Neque minore certe fallacia, Venerabiles Fratres, isti divinae revelationis inimici humanum progressum summis laudibus efferentes in catholicam religionem temerario plane ac sacrilego ausu illum inducere vellent, perinde ac si ipsa religio non Dei, sed hominum opus esset aut philosophicum aliquod inventum, quod humanis modis perfici queat [cf. *2905].

In istos tam misere delirantes percommode quidem cadit, quod Tertullianus sui temporis philosophis merito exprobrabat: "qui stoicum et platonicum et dialecticum Christianismum protulerunt"[1]. Et sane cum sanctissima nostra religio non ab humana ratione fuerit inventa, sed a Deo hominibus clementissime patefacta, tum quisque vel facile intelligit, religionem ipsam ex eiusdem Dei loquentis auctoritate omnem suam vim acquirere neque ab humana ratione deduci aut perfici umquam posse.

dreisteste, dieser widerspreche der menschlichen Vernunft [vgl. *2906]. Es kann sicherlich nichts Unsinnigeres, nichts Gottloseres, nichts, was mit der Vernunft selbst in größerem Widerspruch stünde, ersonnen und erdacht werden als dies. Denn wenn auch der Glaube über der Vernunft steht, so kann dennoch niemals eine wahre Unstimmigkeit oder eine Gegensätzlichkeit zwischen ihnen angetroffen werden; denn beide stammen von ein und derselben Quelle der unveränderlichen und ewigen Wahrheit, dem unendlich guten und großen Gott, und leisten sich so wechselseitig Hilfe, daß die rechte Vernunft die Wahrheit des Glaubens beweist, schützt und verteidigt, der Glaube aber die Vernunft von allen Irrtümern befreit und sie durch die Erkenntnis der göttlichen Dinge wunderbarerweise erleuchtet, stärkt und vollendet.

Und mit sicherlich nicht geringerem Trug, **2777** Ehrwürdige Brüder, heben diese Feinde der göttlichen Offenbarung den menschlichen Fortschritt mit höchstem Lob hervor und wollen ihn in einem höchst leichtfertigen und frevlerischen Unterfangen in die katholische Religion einführen, als ob eben diese Religion nicht Gottes, sondern der Menschen Werk oder irgendeine philosophische Erfindung wäre, die nach menschlichen Maßstäben vervollkommnet werden könnte [vgl. *2905].

Auf diese so erbärmlich Daherfaselnden trifft freilich haargenau zu, was Tertullian den Philosophen seiner Zeit zurecht zum Vorwurf machte, "die ein stoisches, platonisches und dialektisches Christentum vorgetragen haben"[1]. Und da freilich unsere heiligste Religion nicht von der menschlichen Vernunft erfunden, sondern von Gott den Menschen gnädigst geoffenbart worden ist, so sieht jeder sehr leicht ein, daß die Religion selbst ihre ganze Kraft aus der Autorität ebendieses Gottes, der redet, empfängt und niemals von der menschlichen Vernunft hergeleitet oder vervollkommnet werden kann.

---

**\*2777** [1] Tertullian, *De praescriptione haereticorum* 7, 11 (R.F. Refoulé: CpChL 1 [1954] 193$_{36f}$ / CSEL 70,10$_{37f}$ / PL 2 [1879] 23f).

*Das wahre Verhältnis der menschlichen Vernunft zum Glauben*

2778    Humana quidem ratio, ne in tanti momenti negotio decipiatur et erret, divinae r e - velationis factum diligenter inquirat oportet, ut certo sibi constet, Deum esse locutum, ac eidem, quemadmodum sapientissime docet Apostolus, "rationabile obsequium" exhibeat [*Rm 12,1*]. Quis enim ignorat vel ignorare potest, omnem Deo loquenti fidem esse habendam, nihilque rationi ipsi magis consentaneum esse, quam iis acquiescere firmiterque adhaerere, quae a Deo, qui nec falli nec fallere potest, revelata esse constiterit?

Damit nun die menschliche Vernunft nicht in einem Geschäft von so großer Bedeutung getäuscht werde und irre, muß sie die Tatsache der göttlichen Offenbarung gewissenhaft untersuchen, um sich zu vergewissern, daß Gott gesprochen hat, und ihm, wie der Apostel sehr weise lehrt, "vernünftigen Gehorsam" zu leisten [*Röm 12,1*]. Wer wüßte nämlich nicht oder könnte verkennen, daß Gott, wenn er spricht, aller Glaube entgegenzubringen ist, und daß nichts mit der Vernunft selbst mehr übereinstimmt, als dem zuzustimmen und getreu anzuhangen, von dem feststeht, daß es von Gott geoffenbart wurde, der weder sich täuschen noch täuschen kann?

2779    [*Motiva credibilitatis religionis christianae*] Sed quam multa, quam mira, quam splendida praesto sunt argumenta, quibus humana ratio luculentissime evinci omnino debet, divinam esse Christi religionem et "omne dogmatum nostrorum principium radicem desuper ex caelorum Domino accepisse"[1], ac propterea nihil fide nostra certius, nihil securius, nihil sanctius exstare, et quod firmioribus imitatur principiis.

[Gründe für die Glaubwürdigkeit der christlichen Religion] Aber wie viele, wie wunderbare, wie glänzende Beweise sind bei der Hand, durch die die menschliche Vernunft aufs klarste gänzlich überzeugt werden muß, daß die Religion Christi göttlich ist und "jede Grundlage unserer Glaubenssätze ihre Wurzel von oben, vom Herrn der Himmel empfangen hat"[1], und daß es deswegen nichts Gewisseres, nichts Sichereres, nichts Heiligeres und ⟨nichts⟩, was sich auf festere Grundlagen stützen könnte, gibt als unseren Glauben.

Haec scilicet fides vitae magistra, salutis index, vitiorum omnium expultrix ac virtutum foecunda parens et altrix, divini sui auctoris et consummatoris Christi Iesu nativitate, vita, morte, resurrectione, sapientia, prodigiis, vaticinationibus confirmata, supernae doctrinae luce undique refulgens ac coelestium divitiarum ditata thesauris, tot prophetarum praedictionibus, tot miraculorum splendore, tot martyrum constantia, tot Sanctorum gloria vel maxime clara et insignis, salutares proferens Christi leges, ac maiores in dies ex crudelissimis ipsis persecutionibus vires acquirens, universum orbem terra marique, a solis ortu usque ad occasum, uno Crucis vexillo pervasit, atque idolorum profligata fallacia, errorum depulsa caligine triumphatisque cuiusque generis hostibus, omnes populos, gentes, nationes, utcumque

Dieser Glaube freilich, Lehrer des Lebens und Wegweiser zum Heil, alle Laster vertreibend und in Fruchtbarkeit die Tugenden gebärend und nährend, durch die Geburt, das Leben, den Tod, die Auferstehung, die Weisheit, die Wunderzeichen und Prophezeiungen seines göttlichen Urhebers und Vollenders Christus Jesus bekräftigt, vom Lichte der göttlichen Lehre überall widerstrahlend und mit den Schätzen himmlischen Reichtums beschenkt, durch die Weissagungen so vieler Propheten, den Glanz so vieler Wunder, die Standhaftigkeit so vieler Martyrer und den Ruhm so vieler Heiliger in höchstem Maße berühmt und hervorstechend, die heilsamen Gesetze Christi vor Augen stellend und von Tag zu Tag selbst aus den grausamsten Verfolgungen noch größere Kraft schöpfend, ⟨dieser Glaube also⟩ hat den gesamten Erd-

*2779 [1]    Johannes Chrysostomus, *Interpretatio in Isaiam* 1, n. 1 (J. Dumortier: SouChr 304 [1983] 46$_{66-68}$ / PG 56,14D).

immanitate barbaras ac indole, moribus, legibus, institutis diversas, divinae cognitionis lumine illustravit, atque suavissimo ipsius Christi iugo subiecit, annuntians omnibus pacem, annuntians bona [*cf. Is 52,7*]. Quae certe omnia tanto divinae sapientiae ac potentiae fulgore undique collucent, ut cuiusque mens et cogitatio vel facile intelligat, christianam fidem Dei opus esse.

kreis zu Wasser und zu Lande, vom Aufgang der Sonne bis zum Untergang, allein mit dem Banner des Kreuzes durchdrungen, den Trug der Götzen abgetan, die Finsternis der Irrtümer vertrieben, über Feinde jeder Art triumphiert und so alle Völker, Stämme und Nationen – wie ungeheuerlich roh und wie unterschiedlich auch immer ihrem Charakter, ihren Sitten, Gesetzen und Gebräuchen nach – mit dem Licht der göttlichen Erkenntnis erleuchtet und dem höchst sanften Joch Christi selbst unterworfen, allen Frieden verkündend, Gutes verkündend [*vgl. Jes 52,7*]. Dies alles erstrahlt sicherlich in jeder Hinsicht in so großem Glanze göttlicher Weisheit und Macht, daß der Geist und das Denken eines jeden sehr leicht einsieht, daß der christliche Glaube ein Werk Gottes ist.

[*Obligatio credendi*] Itaque humana ratio ex splendidissimis hisce aeque ac firmissimis argumentis clare aperteque cognoscens, Deum eiusdem fidei auctorem exsistere, ulterius progredi nequit, sed quavis difficultate ac dubitatione penitus abiecta atque remota, omne eidem fidei obsequium praebeat oportet; cum pro certo habeat, a Deo traditum esse, quidquid fides ipsa hominibus credendum et agendum proponit.

[Verpflichtung zu glauben] Deshalb   **2780** erkennt die menschliche Vernunft klar und deutlich aus diesen strahlendsten und ebenso äußerst sicheren Beweisen, daß Gott der Urheber dieses Glaubens ist, und kann nicht mehr weiter vordringen, sondern muß jede Schwierigkeit und jeden Zweifel verwerfen und beseitigen und so diesem Glauben vollen Gehorsam leisten; denn sie weiß sicher, daß alles, was der Glaube selbst den Menschen zu glauben und zu tun vorschreibt, von Gott selbst überliefert wurde.

## Die Unfehlbarkeit des Papstes

Atque hinc plane apparet, in quanto errore illi etiam versentur, qui ratione abutentes ac Dei eloquia tamquam humanum opus existimantes, proprio arbitrio illa explicare, interpretari temere audent, cum Deus ipse vivam constituerit auctoritatem, quae verum legitimumque caelestis suae revelationis sensum doceret, constabiliret omnesque controversias in rebus fidei et morum infallibili iudicio dirimeret, ne fideles circumferantur omni vento doctrinae in nequitia hominum ad circumventionem erroris [*cf. Eph 4,14*].

Und hieraus wird ganz deutlich, in welch   **2781** großem Irrtum sich auch jene befinden, die, die Vernunft mißbrauchend und die Worte Gottes als menschliches Werk erachtend, aus eigener Willkür jenes zu erklären und blindlings auszulegen wagen, während doch Gott selbst eine lebende Autorität einsetzte, die den wahren und rechtmäßigen Sinn seiner himmlischen Offenbarung lehren, festlegen und alle Streitfragen im Bereich des Glaubens und der Sitten mit unfehlbarem Urteil entscheiden sollte, damit die Gläubigen nicht durch jeden Windstoß der Lehre in der Verworfenheit der Menschen der Arglist des Irrtums in die Arme getrieben würden [*vgl. Eph 4,14*].

Quae quidem viva et infallibilis auctoritas in ea tantum viget Ecclesia, quae a Christo Domino supra Petrum, totius Ecclesiae caput,

Diese lebendige und unfehlbare Autorität nun waltet nur in jener Kirche, die von Christus, dem Herrn, auf Petrus, das Haupt, den

principem et pastorem, cuius fidem numquam defecturam promisit, aedificata suos legitimos semper habet Pontifices sine intermissione ab ipso Petro ducentes originem, in
eius cathedra collocatos et eiusdem etiam
doctrinae, dignitatis, honoris ac potestatis
heredes et vindices.

Et quoniam ubi Petrus, ibi Ecclesia[1], ac
Petrus per Romanum Pontificem loquitur et
semper in suis successoribus vivit et iudicium
exercet ac praestat quaerentibus fidei veritatem, idcirco divina eloquia eo plane sensu
sunt accipienda, quem tenuit ac tenet haec
Romana beatissimi Petri cathedra, quae, omnium Ecclesiarum mater et magistra [ *1616],
fidem a Christo Domino traditam, integram
inviolatamque semper servavit eamque fideles edocuit, omnibus ostendens salutis semitam et incorruptae veritatis doctrinam.

Fürsten und Hirten der ganzen Kirche, dessen Glaube, wie er verhieß, niemals wanken
werde, gebaut wurde und immer ihre rechtmäßigen Bischöfe hat, die ihren Ursprung
ohne Unterbrechung von Petrus selbst herleiten, auf seinem Stuhle sitzen und auch Erben und Bürgen seiner Lehre, Würde, Ehre
und Vollmacht sind.

Und weil, wo Petrus, dort die Kirche ⟨ist⟩[1],
und Petrus durch den Römischen Bischof
spricht und immer in seinen Nachfolgern
lebt, das Richteramt ausübt und den Suchen-
den die Wahrheit des Glaubens verbürgt, deshalb sind die göttlichen Worte ganz in dem
Sinne anzunehmen, den diese römische Kathedra des seligsten Petrus behauptete und
behauptet, die als Mutter und Lehrerin aller
Kirchen [*1616] den von Christus, dem
Herrn, überlieferten Glauben immer unversehrt und unverletzt bewahrt und ihn die
Gläubigen gelehrt hat, indem sie allen den
Weg des Heiles und die Lehre der unverfälschten Wahrheit zeigte.

## Weitere Irrtümer der Zeit

2782    Iam vero probe noscitis, Venerabiles
Fratres, alia errorum monstra et fraudes, quibus huius saeculi filii catholicam religionem
et divinam Ecclesiae auctoritatem eiusque leges accerrime oppugnare et tum sacrae tum
civilis potestatis iura conculcare conantur:.

Nun aber kennt Ihr wohl, Ehrwürdige
Brüder, noch andere ungeheure Irrtümer und
Betrügereien, mit denen die Kinder dieser
Welt die katholische Religion und die göttli-
che Autorität der Kirche und ihre Gesetze
aufs schärfste anzugreifen und die Rechte so-
wohl der heiligen als auch der bürgerlichen
Gewalt mit Füßen zu treten versuchen:

2783    Huc spectant ... clandestinae illae sectae e tenebris ad rei tum sacrae tum publicae
exitium et vastitatem emersae atque a Romanis Pontificibus decessoribus Nostris iterato anathemate damnatae suis Apostolicis
Litteris[1], quas Nos Apostolicae Nostrae potestatis plenitudine confirmamus ... .

Hierher gehören ... jene geheimen Gesellschaften, die zum Untergang und zur
Verwüstung sowohl des kirchlichen als auch
des staatlichen Gemeinwesens aus der Finsternis aufgetaucht sind und von den Uns
vorangegangenen Römischen Bischöfen in
ihren Apostolischen Schreiben[1], die Wir mit
der Fülle Unserer Apostolischen Vollmacht
bekräftigen, mit einem wiederholten Anathema verurteilt wurden ... .

2784    Hoc volunt vaferrimae biblicae societates, quae veterem haereticorum artem renovantes divinarum scripturarum libros contra ss. Ecclesiae regulas vulgaribus quibusque

Dies wollen die äußerst verschlagenen Bibelgesellschaften, die, die alte Kunst der
Häretiker erneuernd, nicht aufhören, die entgegen den Richtlinien der heiligsten Kirche

---

*2781 [1]  Ambrosius von Mailand, *In Psalmos* 40, n. 30 (CSEL 64,250$_{19}$ / PL 14 [1866] 1134B).
*2783 [1]  Clemens XII., Konstitution "*In eminenti*", 28. April 1738 (vgl. *2511–2513); Benedikt XIV., Konstitution "*Providas Romanorum*", 18. Mai 1751; Pius VII., "*Ecclesiam a Iesu*", 13. Sept. 1821; Leo
XII., Konstitution "*Quo graviora*", 13. März 1825.

linguis translatos ac perversis saepe explicationibus interpretatos cuiusque generis hominibus etiam rudioribus gratuito impertiri, obtrudere non cessant, ut divina traditione, Patrum doctrina et catholicae Ecclesiae auctoritate reiecta, omnes eloquia Domini privato suo iudicio interpretentur eorumque sensum pervertant atque ita in maximos elabantur errores. Quas societates ... Gregorius XVI ... reprobavit[1], et nos pariter damnatas esse volumus.

in alle möglichen Volkssprachen übersetzten und mit oft verkehrten Erklärungen ausgelegten Bücher der göttlichen Schriften Menschen jeder Art, sogar ungebildeten, kostenlos auszuteilen, ⟨ja⟩ aufzudrängen, so daß alle unter Zurückweisung der göttlichen Tradition, der Lehre der Väter und der Autorität der katholischen Kirche die Worte des Herrn nach ihrem privaten Urteil auslegen, ihren Sinn verkehren und so in die größten Irrtümer fallen. Diese Gesellschaften hat ... Gregor XVI. ... verworfen[1], und auch Wir wollen, daß sie verurteilt seien.

Huc spectat horrendum ac vel ipsi naturali rationis lumini maxime repugnans de cuiuslibet religionis indifferentia systema [*Indifferentismus*], quo isti veteratores, omni virtutis et vitii, veritatis et erroris, honestatis et turpitudinis sublato discrimine, homines in cuiusvis religionis cultu aeternam salutem assequi posse comminiscuntur ...,

Hierher gehört das schauderhafte und sogar dem natürlichen Licht der Vernunft selbst zutiefst widerstreitende System von der Unterschiedslosigkeit jedweder Religion [*Indifferentismus*], in dem diese durchtriebenen Menschen nach Aufhebung jedes Unterschiedes zwischen Tugend und Laster, Wahrheit und Irrtum sowie Ehrenhaftigkeit und Schändlichkeit vorgeben, die Menschen könnten in der Ausübung jedweder Religion das ewige Heil erlangen ...,  **2785**

huc infanda ac vel ipsi naturali iuri maxime adversa de communismo, uti vocant, doctrina, qua semel admissa omnium iura, res, proprietates ac vel ipsa humana societas funditus everterentur[1].

hierher ⟨gehört⟩ die abscheuliche und sogar dem natürlichen Recht selbst zutiefst entgegengesetzte Lehre vom sogenannten Kommunismus, in der – wäre sie erst einmal zugelassen – die Rechte, der Besitz und das Eigentum aller und sogar die menschliche Gesellschaft selbst von Grund auf umgestürzt würden[1].  **2786**

## 2791-2793: Dekret des Hl. Offiziums, 21. Mai 1851

*Ausg.:* F. Hürth: TD ser. theol. 25 (1953[2]) 105f / CollLac 4,790ab / Gury-Tummolo, a. \*2758° a.O. 2,508f (Nr. 893).

### *Der onanistische Gebrauch der Ehe*

*Qu.:* Qua nota digna sint tres propositiones sequentes:

1. Ob rationes honestas coniugibus uti licet matrimonio eo modo quo usus est Onan [*Gn 38,8s*].

2. Probabile est istum matrimonii usum non esse prohibitum iure naturali.

*Frage:* Welche Bewertung verdienen die folgenden drei Sätze:  **2791**

1. Aus ehrenhaften Gründen ist es den Ehegatten erlaubt, die Ehe in der Weise zu gebrauchen, in der sie Onan gebrauchte [*Gen 38,8f*].

2. Es ist wahrscheinlich, daß dieser Gebrauch der Ehe nicht durch das natürliche Recht verboten ist.  **2792**

---

**\*2784** [1]    Gregor XVI., Enzyklika *"Inter praecipuas"*, 8. Mai 1844 (vgl. \*2771).
**\*2786** [1]    Dies ist die erste Erwähnung des Kommunismus in päpstlichen Dokumenten.

2793    3. Numquam expedit interrogare de hac materia utriusque sexus coniuges, etiamsi prudenter timeatur, ne coniuges, sive vir sive uxor, abutantur matrimonio.

*Resp.:* Scandalosa, erronea et iuri naturali matrimonii contraria.

Ad 2. Scandalosa, et alias implicite condemnata ab Innocentio XI propos. 49 [ *2149].

Ad 3. Propositio ut iacet, est falsa, nimis laxa et in praxi periculosa.

3. Es ist niemals hilfreich, die Ehegatten beiderlei Geschlechts über diesen Gegenstand zu fragen, auch wenn aus gutem Grund zu befürchten ist, daß die Ehegatten – ob Mann oder Frau – die Ehe mißbrauchen.

*Antwort:* Zu 1. Anstößig, irrig und dem natürlichen Eherecht entgegengesetzt.

Zu 2. Anstößig und bei anderer Gelegenheit implizit verurteilt von Innozenz XI., Satz 49 [ *2149].

Zu 3. Der Satz, wie er dasteht, ist falsch, allzu lax und in der Praxis gefährlich.

## 2795: Antwort des Hl. Offiziums, 6. (19.) April 1853

*Ausg.:* L'Ami du Clergé 20 (1898) 1077, Nr. III.

### Der onanistische Gebrauch der Ehe

2795    *Qu.:* 1) An usus imperfectus matrimonii, sive onanistice sive condomistice (seu adhibito nefario instrumento vulgo "condom") fiat, prout in casu, sit licitus?

2) An uxor sciens in congressu condomistico possit passive se praebere?

*Resp. (decreta 6., publicata 19. Apr.):*
Ad 1) Negative; est enim intrinsece malus.

Ad 2) Negative; daret enim operam rei intrinsece illicitae.

*Fragen:* 1) Ist der unvollendete Gebrauch der Ehe, ob er nun auf onanistische oder kondomistische Weise (bzw. unter Verwendung eines frevelhaften Mittels, allgemein "Kondom" ⟨genannt⟩) geschieht, wie im ⟨vorliegenden⟩ Fall, erlaubt?

2) Kann sich eine Frau, die ⟨darum⟩ weiß, bei einem kondomistischen Verkehr passiv preisgeben?

*Antwort (beschlossen am 6., veröffentlicht am 19. April):* Zu 1) Nein; er ist nämlich in sich böse.

Zu 2) Nein; sie würde nämlich eine in sich unerlaubte Sache betreiben.

## 2800–2804: Bulle "Ineffabilis Deus", 8. Dez. 1854

Zur Vorbereitung einer Definition der Unbefleckten Empfängnis Mariens setzte Pius IX. am 1. Juni 1848 ein Gremium von Theologen ein. Am 2. Febr. 1849 sandte er die Enzyklika *"Ubi primum"* (Pius IX., Acta 1/I, 162–166) an den katholischen Episkopat, um dessen Meinung über die Definierbarkeit zu erfragen. Die Antworten der Bischöfe sind herausgegeben in dem Werk *Pareri dell'Episcopato cattolico, di capitoli, di congregazioni, di università ... sulla definizione dogmatica dell'Immacolato Concepimento della B.V. Maria ...* (10 Bände, Rom 1851–1854). Von den 603 gefragten Bischöfen befürworteten 546 die Definition. Nach der Veröffentlichung ihrer Voten ließ Pius IX. verschiedene Entwürfe ausarbeiten (hrsg. von V. Sardi, a. unten a.O. 2,22ff 60ff 76ff 103ff 125ff 151ff 177ff 259ff). An der Endredaktion der Bulle war der Papst selbst maßgeblich beteiligt.

*Ausg.:* V. Sardi, *La solenne definizione del dogma dell'Immacolato concepimento di Maria Santissima. Atti e documenti ...* (Rom 1904–1905) 2,301 [ = *2800f]; 306f [ = *2802]; 312f [ = *2803f] / CollLac 6,836a-c; 839b; 842cd / Pius IX., Acta 1/I, 597f; 606f; 616.

### Die Erhabenheit Mariens im allgemeinen

2800    Ineffabilis Deus ... ab initio et ante saecula Unigenito Filio suo matrem, ex qua caro factus in beata temporum plenitudine nasceretur, elegit atque ordinavit, tantoque prae creaturis universis est prosecutus amore, ut in

Der unaussprechliche Gott ... hat von Anfang an und vor den Zeiten seinem Einziggeborenen Sohn eine Mutter erwählt und bestimmt, aus der er, Fleisch geworden, in der seligen Fülle der Zeiten geboren werden soll-

illa una sibi propensissima voluntate complacuerit. Quapropter illam longe ante omnes Angelicos Spiritus cunctosque Sanctos caelestium omnium charismatum copia de thesauro divinitatis deprompta ita mirifice cumulavit, ut ipsa ab omni prorsus peccati labe semper libera ac tota pulcra et perfecta eam innocentiae et sanctitatis plenitudinem prae se ferret, qua maior sub Deo nullatenus intelligitur, et quam praeter Deum nemo assequi cogitando potest.

te, und ihr eine solch große Liebe vor allen Geschöpfen erwiesen, daß er sich in jener einen mit geneigtestem Wohlwollen gefiel. Deswegen überhäufte er sie noch weit vor allen Engelgeistern und allen Heiligen mit der aus dem Schatz der Göttlichkeit genommenen Fülle aller himmlischen Gnadengaben so wunderbar, daß sie, von gar allem Makel der Sünde immer frei und ganz schön und vollkommen, eine solche Fülle an Unschuld und Heiligkeit zu erkennen gab, wie man sie sich unter Gott in keiner Weise größer vorstellen kann und wie sie außer Gott niemand in Gedanken erfassen kann.

Et quidem decebat omnino, ut perfectissimae sanctitatis splendoribus semper ornata fulgeret, ac vel ab ipsa originalis culpae labe plane immunis amplissimum de antiquo serpente triumphum referret tam venerabilis mater, cui Deus Pater unicum Filium suum quem de corde suo aequalem sibi genitum tamquam seipsum diligit, ita dare disposuit, ut naturaliter esset unus idemque communis Dei Patris et Virginis Filius, et quam ipse Filius substantialiter facere sibi matrem elegit, et de qua Spiritus Sanctus voluit et operatus est, ut conciperetur et nasceretur ille, de quo ipse procedit.

Es ziemte sich freilich auch durchaus, daß **2801** sie stets vom Glanze vollkommenster Heiligkeit geschmückt erstrahlte und, sogar vom Makel der Urschuld selbst völlig frei, den herrlichsten Triumph über die alte Schlange davontrug, die so verehrungswürdige Mutter, der Gott, der Vater, seinen einzigen Sohn, den er, aus seinem Herzen ihm gleich gezeugt, wie sich selbst liebt, so zu geben beschloß, daß er natürlicherweise ein und derselbe gemeinsame Sohn Gottes, des Vaters, und der Jungfrau sei, und die der Sohn selbst sich substanzhaft zur Mutter zu machen erwählte, und von der der Heilige Geist wollte und erwirkte, daß jener empfangen und geboren wurde, von dem er selbst hervorgeht.

## *Der homogene Charakter der Dogmenentwicklung*

Christi enim Ecclesia, sedula depositorum apud se dogmatum custos et vindex, nihil in his umquam permutat, nihil minuit, nihil addit, sed omni industria vetera fideliter sapienterque tractando si qua antiquitus informata sunt et Patrum fides sevit, ita limare, expolire studet, ut prisca illa caelestis doctrinae dogmata accipiant evidentiam, lucem, distinctionem, sed retineant plenitudinem, integritatem, proprietatem, ac in suo tantum genere crescant, in eodem scilicet dogmate, eodem sensu eademque sententia[1].

Denn die Kirche Christi, die eifrige Hü **2802** terin und Beschützerin der bei ihr hinterlegten Glaubenslehren, verändert niemals etwas an diesen, nimmt nichts weg, fügt nichts hinzu, sondern bemüht sich mit allem Fleiß, das Alte, das etwa von alters her Gestalt annahm und der Glaube der Väter pflanzte, durch getreuen und weisen Umgang so auszufeilen und zu verfeinern, daß jene alten Dogmen der himmlischen Lehre Einsichtigkeit, Licht und Bestimmtheit empfangen, aber ihre Fülle, Unversehrtheit und Eigentümlichkeit behalten und nur in ihrer Weise wachsen, nämlich in derselben Lehre, demselben Sinn und derselben Auffassung[1].

---

**\*2802** [1]    Vinzenz von Lérins, *Commonitorium primum* 23 (R. Demeulenaere: CpChL 64 [1985] 178$_{11f}$ / PL 50,668A).

## Definition der Unbefleckten Empfängnis Mariens

2803     ... Ad honorem sanctae et individuae Trinitatis, ad decus et ornamentum Virginis Deiparae, ad exaltationem fidei catholicae et christianae religionis augmentum,

auctoritate Domini nostri Iesu Christi, beatorum Apostolorum Petri et Pauli ac Nostra

declaramus, pronuntiamus et definimus, doctrinam,

quae tenet, beatissimam Virginem Mariam in primo instanti suae conceptionis fuisse singulari omnipotentis Dei gratia et privilegio, intuitu meritorum Christi Iesu Salvatoris humani generis, ab omni originalis culpae labe praeservatam immunem,

esse a Deo revelatam atque idcirco ab omnibus fidelibus firmiter constanterque credendam.

2804     Quapropter si qui secus ac a Nobis definitum est, quod Deus avertat, praesumpserint corde sentire, ii noverint ac porro sciant, se proprio iudicio condemnatos, naufragium circa fidem passos esse et ab unitate Ecclesiae defecisse, ac praeterea facto ipso suo semet poenis a iure statutis subiicere, si, quod corde sentiunt, verbo aut scripto vel alio quovis externo modo significare ausi fuerint.

... Zur Ehre der heiligen und unteilbaren Dreifaltigkeit, zur Zierde und Auszeichnung der Jungfrau und Gottesgebärerin, zur Erhöhung des katholischen Glaubens und zum Wachstum der christlichen Religion,

kraft der Autorität unseres Herrn Jesus Christus, der seligen Apostel Petrus und Paulus und Unserer ⟨eigenen⟩,

erklären, verkünden und definieren Wir, daß die Lehre,

welche festhält, daß die seligste Jungfrau Maria im ersten Augenblick ihrer Empfängnis durch die einzigartige Gnade und Bevorzugung des allmächtigen Gottes im Hinblick auf die Verdienste Christi Jesu, des Erlösers des Menschengeschlechtes, von jeglichem Makel der Urschuld unversehrt bewahrt wurde,

von Gott geoffenbart und deshalb von allen Gläubigen fest und beständig zu glauben ist.

Sollten daher, was Gott verhüte, sich welche herausnehmen, im Herzen anders zu sinnen, als von Uns definiert wurde, so sollen diese erkennen und fortan wissen, daß sie, durch eigenen Richtspruch verurteilt, Schiffbruch im Glauben erlitten haben und von der Einheit der Kirche abgefallen sind, und daß sie außerdem durch ihre Tat selbst den vom Recht festgelegten Strafen unterliegen, wenn sie es wagen sollten, das, was sie im Herzen sinnen, mündlich, schriftlich oder auf irgendeine andere äußerliche Weise zum Ausdruck zu bringen.

### 2811-2814: Dekret der Hl. Indexkongregation, 11. (15.) Juni 1855

Augustin Bonnetty vertrat einen gemäßigten Traditionalismus: die natürlichen Kräfte der menschlichen Vernunft seien unfähig, "Gott und seine Eigenschaften, den Menschen, seinen Ursprung, sein Ziel, seine Pflichten, die Regeln der bürgerlichen Gemeinschaft und der häuslichen Gemeinschaft" zu erkennen ("Dieu et ses attributs, l'homme, son origine, sa fin, ses devoirs, les règles de la société civile et de la société domestique") (Bonnetty, in: Annales de Philosophie chrétienne, Reihe IV, Bd. 8 [1853] 374). Er wurde von mehreren Bischöfen Frankreichs in Rom angeklagt und mußte die von der Hl. Indexkongregation vorbereiteten Thesen unterschreiben (12. Juli 1855); die 1.-3. ist älteren Dokumenten entnommen (Pius IX., "Qui pluribus" [*2775-2786]; Bautain [*2751-2756; 2765-2769]). Pius IX. bestätigte das Dekret am 15. Juni 1855.

*Ausg.:* ASS 3 (1867; 1878[5]) 224 / B. Gaudeau, *Libellus fidei* (Paris 1898) 138f (Nr. 552-555).

## Thesen gegen den Traditionalismus Augustin Bonnettys

2811     1. "Etsi fides sit supra rationem, nulla tamen vera dissensio, nullum dissidium inter

1. "Auch wenn der Glaube über der Vernunft steht, so kann dennoch niemals eine

ipsas inveniri umquam potest, cum ambae ab uno eodemque immutabili veritatis fonte, Deo optimo maximo, oriantur atque ita sibi mutuam opem ferant" [ *2776; cf. *3019].

wahre Unstimmigkeit, eine Gegensätzlichkeit zwischen ihnen angetroffen werden; denn beide stammen von ein und derselben unveränderlichen Quelle der Wahrheit, dem unendlich guten und großen Gott, und leisten sich so wechselseitig Hilfe" [ *2776; vgl. *3019].

2. Ratiocinatio Dei exsistentiam, animae spiritualitatem, hominis libertatem cum certitudine probare potest. Fides posterior est revelatione, proindeque ad probandam Dei exsistentiam contra atheum, ad probandam animae rationalis spiritualitatem ac libertatem contra naturalismi ac fatalismi sectatorem allegari convenienter nequit [cf. *2751 2754].

2. Schlußfolgerndes Denken kann die Existenz Gottes, die Geistigkeit der Seele und die Freiheit des Menschen mit Gewißheit beweisen. Der Glaube ist später als die Offenbarung und kann daher nicht in angemessener Weise zum Beweis der Existenz Gottes gegenüber dem Atheisten oder zum Beweis der Geistigkeit der vernunftbegabten Seele und der Freiheit gegenüber dem Anhänger des Naturalismus und Fatalismus angeführt werden [vgl. *2751 2754].    2812

3. Rationis usus fidem praecedit et ad eam hominem ope revelationis et gratiae conducit [cf. *2755].

3. Der Gebrauch der Vernunft geht dem Glauben voran und führt den Menschen mit Hilfe der Offenbarung und der Gnade zu ihm hin [vgl. *2755].    2813

4. Methodus, qua usi sunt divus Thomas, divus Bonaventura et alii post ipsos scholastici, non ad rationalismum ducit, neque causa fuit, cur apud scholas hodiernas philosophia in naturalismum et pantheismum impingeret. Proinde non licet in crimen doctoribus et magistris illis vertere, quod methodum hanc, praesertim approbante vel saltem tacente Ecclesia, usurpaverint.

4. Die Methode, derer sich der heilige Thomas, der heilige Bonaventura und andere Scholastiker nach ihnen bedienten, führt nicht zum Rationalismus und war nicht der Grund dafür, daß bei den heutigen Schulen die Philosophie zum Naturalismus und Pantheismus neigt. Daher darf man jenen Lehrern und Magistern nicht zum Vorwurf machen, daß sie diese Methode – zumal mit Zustimmung oder wenigstens stillschweigender ⟨Duldung⟩ der Kirche – benutzten.    2814

## 2817-2820: Instruktion des Hl. Offiziums an den Apostolischen Vikar von Siam, 4. Juli 1855

Sie ist eine Antwort auf Fragen, die vom Apostolischen Vikar von Siam vorgelegt wurden.
*Ausg.:* CollPF[2] 1,594, Nr. 1114 / CdICF 4,205f (Nr. 931).

### *Paulinisches Privileg*

... Vetitum omnino est christianam nubere pagano; quod si, praevia dispensatione disparitatis cultus a S. Sede obtenta, quandoque eiusmodi matrimonium fieri contingat, notum est illud indissolubile futurum quoad vinculum, et solum aliquando quoad torum posse dissolvi. ... Numquam proinde, vivente viro illo infidele, licet concubinario, poterit christiana mulier secundas inire nuptias.

... Es ist völlig verboten, daß eine Christin einen Heiden heiratet; wenn aber, nachdem zuvor vom Hl. Stuhl eine Dispens wegen Verschiedenheit des Kultes erlangt wurde, bisweilen eine solche Ehe zustande kommen sollte, so ist bekannt, daß diese in bezug auf das Band unauflöslich sein wird und nur manchmal in bezug auf das Lager aufgelöst werden kann ... . Daher wird eine christliche Frau niemals, solange jener ungläubige    2817

**2818**    Si vero agatur de uxore pagana alicuius pagani concubinarii, quae convertitur, tunc facta interpellatione (ut supra), si renuat converti aut cohabitare absque iniuria Creatoris, ac proinde desinere a concubinatu (qui sine iniuria Creatoris certe haberi nequit), poterit uti privilegio in favorem fidei concesso.

**2819**    Generatim, si coniugis conversio praecesserit matrimonium cum infideli, praevia dispensatione Apostolica initum, nullo modo illo frui potest privilegio in favorem fidei concesso; si vero matrimonium praecesserit conversionem, tunc pars conversa poterit uti eo privilegio, servatis servandis, prout dictum est.

**2820**    Animadvertendum est etiam, quoad impedimenta dirimentia, ignorantiam invincibilem aut bonam fidem haud sufficere, ut valide contrahatur matrimonium. Etsi quandoque (quod tamen raro credendum est in praxi) illa ignorantia et bona fides excusare valeat a peccato, tamen numquam efficere potest matrimonium validum, quod obice dirimente fuerit initum.

Mann noch lebt, selbst wenn er im Konkubinat lebt, eine zweite Ehe eingehen können.

Wenn es sich aber um eine heidnische Frau eines im Konkubinat lebenden Heiden handelt, die sich bekehrt, dann wird sie nach erfolgter Anfrage (wie oben), wenn er es ablehnt, sich zu bekehren oder ohne Schmähung des Schöpfers zusammenzuwohnen und daher vom Konkubinat abzulassen (in dem man sicherlich nicht ohne Schmähung des Schöpfers leben kann), das zugunsten des Glaubens gewährte Privileg in Anspruch nehmen können.

Allgemein: wenn die Bekehrung des Gatten der mit einem Ungläubigen nach vorheriger Apostolischer Dispens eingegangenen Ehe vorausgegangen ist, kann man keinesfalls jenes zugunsten des Glaubens gewährte Privileg genießen; wenn aber die Ehe der Bekehrung vorausgegangen ist, dann wird der bekehrte Teil dieses Privileg unter Wahrung des zu Wahrenden, wie gesagt wurde, in Anspruch nehmen können.

In bezug auf die trennenden ⟨Ehe⟩hindernisse ist auch zu beachten, daß unüberwindbare Unkenntnis oder guter Glaube nicht genügen, damit eine Ehe gültig geschlossen werde. Auch wenn bisweilen (was jedoch in der Praxis selten anzunehmen ist) jene Unkenntnis und jener gute Glaube von der Sünde zu entschuldigen vermag, kann er dennoch niemals eine Ehe gültig machen, die trotz eines trennenden Hindernisses eingegangen wurde.

## 2823-2825: Enzyklika des Hl. Offiziums an die Bischöfe, 4. Aug. 1856

Ähnlich die Antwort des Hl. Offiziums vom 26. Juli 1899 auf den Hypnotismus: ASS 32 (1899/1900) 189f.
*Ausg.:* ASS 1 (1865/66; 1872⁵) 177f / CollLac 6,103ab / CollPF² 1,604, Nr. 1128.

### *Mißbrauch des Magnetismus*

**2823**    ... Nonnullae iam hac de re a Sancta Sede datae sunt responsiones ad peculiares casus, quibus reprobantur tamquam illicita illa experimenta, quae ad finem non naturalem, non honestum, non debitis mediis assequendum ordinantur; unde in similibus casibus decretum est feria IV, 21. Aprilis 1841: "Usum magnetismi, prout exponitur, non licere". Similiter quosdam libros eiusmodi errores pervicaciter disseminantes prohibendos

... In dieser Sache wurden vom Heiligen Stuhl schon einige Antworten zu besonderen Fällen gegeben, in denen jene Experimente als unerlaubt verworfen werden, die sich auf ein unnatürliches, unsittliches und nicht mit den gebührenden Mitteln zu erreichendes Ziel richten; daher wurde in ähnlichen Fällen am Mittwoch, 21. April 1841, entschieden: "Der Gebrauch des Magnetismus, wie er dargestellt wird, ist nicht erlaubt." Ebenso be-

censuit S. Congregatio.

Verum quia praeter particulares casus de usu magnetismi generatim agendum erat, hinc per modum regulae sic statutum fuit feria IV, 28. Iulii 1847: "Remoto omni errore, sortilegio, explicita aut implicita daemonis invocatione, usus magnetismi, nempe merus actus adhibendi media physica aliunde licita, non est moraliter vetitus, dummodo non tendat ad finem illicitum, aut quomodolibet pravum. Applicatio autem principiorum et mediorum pure physicorum ad res et effectus vere supernaturales, ut physice explicentur, non est nisi deceptio omnino illicita et haereticalis".

Quamquam generali hoc decreto satis explicetur licitudo aut illicitudo in usu aut abusu magnetismi, tamen adeo crevit hominum malitia, ut, neglecto licito studio scientiae, potius curiosa sectantes magna cum animarum iactura ipsiusque civilis societatis detrimento ariolandi divinandive principium quoddam se nactos glorientur. Hinc somnambulismi et clarae intuitionis, uti vocant, praestigiis mulierculae illae, gesticulationibus non semper verecundis abreptae, se invisibilia quaeque conspicere effutiunt, ac de ipsa religione sermones instituere animas mortuorum evocare, responsa accipere, ignota ac longinqua detegere aliaque id genus superstitiosa exercere ausu temerario praesumunt, magnum quaestum sibi ac dominis suis divinando certo consecuturae. In hisce omnibus quacumque demum utantur arte vel illusione, cum ordinentur media physica ad effectus non naturales, reperitur deceptio omnino illicita et haereticalis et scandalum contra honestatem morum.

schloß die Hl. Kongregation, bestimmte Bücher, die solche Irrtümer hartnäckig verbreiten, zu verbieten.

**2824** Da aber außer den besonderen Fällen vom Gebrauch des Magnetismus allgemein zu handeln war, so wurde am Mittwoch, 28. Juli 1847, folgendes gleichsam als Richtschnur festgelegt: "Ist jeder Irrtum, jede Zauberei und jede ausdrückliche und implizite Anrufung des Dämons entfernt, so ist der Gebrauch des Magnetismus, nämlich der reine Akt der Anwendung ansonsten erlaubter natürlicher Mittel, nicht sittlich verboten, sofern er sich nur nicht auf ein unerlaubtes oder in irgendeiner Weise verkehrtes Ziel richtet. Die Anwendung rein natürlicher Prinzipien und Mittel auf wahrhaft übernatürliche Dinge und Wirkungen, damit sie natürlich erklärt würden, ist aber nichts anderes als eine völlig unerlaubte Täuschung und häretisch".

**2825** Obwohl durch dieses allgemeine Dekret die Erlaubtheit oder Unerlaubtheit beim Gebrauch oder Mißbrauch des Magnetismus zur Genüge erklärt wird, wuchs die Bosheit der Menschen dennoch so sehr, daß sie unter Vernachlässigung des erlaubten Strebens nach Wissen zum großen Schaden ihrer Seele und Nachteil der bürgerlichen Gesellschaft lieber merkwürdigen Dingen hinterherlaufen und sich rühmen, ein Prinzip des Wahrsagens oder Weissagens erlangt zu haben. So schwatzen jene liederlichen Weiber, durch nicht immer sittsame Gebärden fortgerissen, in den Gaukeleien der Schlafwandlerei und der Hellseherei, wie sie es nennen, daher, sie bekämen alles Unsichtbare zu Gesicht, und unterstehen sich in leichtfertigem Unterfangen, selbst über die Religion Gespräche zu beginnen, die Seelen der Toten herbeizurufen, Antworten zu empfangen, Unbekanntes und weit Entferntes aufzudecken und andere abergläubische Dinge dieser Art auszuüben, um für sich und für ihre Herren durch zuverlässige Weissagung großen Gewinn zu erreichen. Welche Kunst oder Vorspiegelung sie auch letztlich bei alledem anwenden: da natürliche Mittel auf unnatürliche Wirkungen gerichtet werden, liegt eine völlig unerlaubte und häretische Täuschung vor und ein Verstoß gegen die guten Sitten.

## 2828-2831: Breve "Eximiam tuam" an den Erzbischof von Köln, 15. Juni 1857

Die Hl. Indexkongregation beschloß am 8. Jan. 1857, neun Werke Anton Günthers zu verbieten. Günther hat sich in einem vom 10. Febr. datierten Brief an Pius IX. "edel, fromm und lobenswert unterworfen" ("ingenue, religiose ac laudabiliter se subiecit"), wie das Dekret, das erst nach dieser Unterwerfung am 20. Febr. 1857 veröffentlicht wurde, bemerkt. Günther hat keine weiteren Werke herausgegeben. Da in diesem Dekret die Irrtümer Günthers nur allgemein verworfen wurden, vertraten seine Anhänger weiterhin einige Sätze Günthers. Pius IX. zählte in diesem an Kardinal Johannes von Geissel gerichteten Breve die einzelnen Irrtümer Günthers auf.

*Ausg.*: ASS 8 (1874/75) 446f / ASyll 166f / Pius IX., *Acta* 1/II, 587f / ACColon 241.

### *Irrtümer Anton Günthers*

**2828**     ... Etenim non sine dolore apprime noscimus, in iisdem operibus erroneum ac perniciosissimum et ab hac Apostolica Sede saepe damnatum r a t i o n a l i s m i s y s t e m a ampliter dominari; itemque noscimus, in iisdem libris ea inter alia non pauca legi, quae a catholica fide sinceraque explicatione de u n i t a t e d i v i n a e s u b s t a n t i a e in tribus distinctis sempiternisque Personis non minimum aberrant.

In compertis pariter habemus, neque meliora neque accuratiora esse, quae traduntur de sacramento V e r b i i n c a r n a t i deque unitate divinae Verbi personae in duabus naturis divina et humana.

Noscimus, iisdem libris laedi catholicam sententiam ac doctrinam de h o m i n e, qui corpore et anima ita absolvatur, ut anima eaque rationalis sit vera per se atque immediata corporis forma.

Neque ignoramus, ea iisdem libris doceri et statui, quae catholicae doctrinae de suprema D e i l i b e r t a t e a quavis necessitate soluta in rebus procreandis plane adversantur.

**2829**     Atque illud etiam vel maxime improbandum ac damnandum, quod Guentherianis libris h u m a n a e r a t i o n i e t p h i l o s o p h i a e, quae in religionis rebus non dominari, sed ancillari omnino debent, magisterii ius temere attribuatur, ac propterea omnia perturbentur, quae firmissima manere debent tum de distinctione inter scientiam et fidem, tum de perenni fidei immutabilitate, quae una semper atque eadem est, dum philosophia humanaeque disciplinae neque sem-

... Vor allem nämlich erkennen Wir nicht ohne Schmerz, daß in diesen Werken weitgehend das irrige, äußerst verderbliche und von diesem Apostolischen Stuhl oft verurteilte S y s t e m d e s R a t i o n a l i s m u s vorherrscht; und desgleichen bemerken Wir, daß in denselben Büchern unter anderem nicht wenig zu lesen ist, was vom katholischen Glauben und von der unverfälschten Erklärung der E i n h e i t d e r g ö t t l i c h e n S u b s t a n z in drei unterschiedenen und ewigen Personen nicht wenig abirrt.

Ebenso haben Wir erfahren, daß weder besser noch genauer ist, was über das Geheimnis des f l e i s c h g e w o r d e n e n W o r t e s und über die Einheit der göttlichen Person des Wortes in zwei Naturen, der göttlichen und menschlichen, vorgetragen wird.

Wir bemerken, daß in denselben Büchern die katholische Auffassung und Lehre vom M e n s c h e n verletzt wird, der durch Leib und Seele so vollendet wird, daß die Seele, und zwar als vernunftbegabte, durch sich die wahre und unmittelbare Form des Leibes ist.

Wir wissen auch sehr wohl, daß in denselben Büchern Dinge gelehrt und behauptet werden, die der katholischen Lehre über die von jeglicher Notwendigkeit losgelöste höchste F r e i h e i t G o t t e s beim Erschaffen der Dinge völlig widerstreiten.

Und auch jenes (ist) aufs schärfste zu mißbilligen und zu verurteilen, daß in den Büchern Günthers der m e n s c h l i c h e n V e r n u n f t u n d d e r P h i l o s o p h i e, die in Dingen der Religion nicht herrschen dürfen, sondern völlig dienstbar sein müssen, leichtfertig das Recht des Lehramtes zuerkannt und deswegen alles durcheinandergebracht wird, was ganz fest bleiben muß sowohl in bezug auf die Unterscheidung zwischen Wissen und Glauben als auch in bezug auf die fort-

per sibi constant neque sunt a multiplici errorum varietate immunes.

Accedit, nec ea sanctos Patres reverentia haberi, quam conciliorum canones praescribunt quamque splendidissima Ecclesiae lumina omnino promerentur, nec ab iis in catholicas scholas dicteriis abstineri, quae recolendae memoriae Pius VI decessor Noster solemniter damnavit [ *2679].

Neque silentio praeteribimus, in Guentherianis libris vel maxime violari sanam loquendi formam, ac si liceret verborum Apostoli Pauli oblivisci [2 Tim 1,13] aut horum, quae gravissime monuit Augustinus: "Nobis ad certam regulam loqui fas est, ne verborum licentia etiam de rebus, quae his significantur, impiam gignat opinionem"[1].

dauernde Unwandelbarkeit des Glaubens, der immer ein und derselbe ist, während die Philosophie und die menschlichen Wissenschaften weder sich immer gleichbleiben noch von einer vielfachen Mannigfaltigkeit an Irrtümern frei sind.

Hinzu kommt, daß weder die heiligen Väter mit der Ehrfurcht behandelt werden, die die Kanones der Konzilien vorschreiben und die die glänzendsten Lichter der Kirche durchaus verdienen, noch von den Sarkasmen gegen die katholischen Schulen abgesehen wird, die Unser Vorgänger ehrwürdigen Angedenkens, Pius VI., feierlich verurteilt hat [ *2679]. **2830**

Auch werden Wir nicht mit Schweigen übergehen, daß in den Büchern Günthers die gesunde sprachliche Form aufs schwerste verletzt wird, so als ob man die Worte des Apostels Paulus [2 Tim 1,13] oder jene vergessen dürfte, die Augustinus nachdrücklich zu bedenken gab: "Uns ist es heilige Pflicht, nach einer bestimmten Maßgabe zu reden, damit die Willkür bei den Worten nicht auch in bezug auf die Sachen, die durch diese bezeichnet werden, eine gottlose Meinung erzeuge"[1]. **2831**

## 2833: Apostolisches Schreiben "Dolore haud mediocri" an den Bischof von Breslau, 30. April 1860

Der Brief verwirft ein vom Domherrn Johann Baltzer verfaßtes (aber niemals herausgegebenes) *Promemoria de dualismo anthropologico*, das die Auffassungen Günthers wiederholt.
*Ausg.:* ASS 8 (1874) 444 / ASyll 179.

### *Die vernunftbegabte Seele als Lebensprinzip des Menschen*

Notatum ... est, Baltzerum ..., cum omnem controversiam ad hoc revocasset, sitne corpori vitae principium proprium, ab anima rationali re ipsa discretum, eo temeritatis progressum esse, ut oppositam sententiam et appellaret haereticam et pro tali habendam esse multis verbis argueret.

Quod quidem non possumus non vehementer improbare, considerantes hanc sententiam, quae unum in homine ponit vi-

Es wurde ... gerügt, daß Baltzer ..., nachdem er die ganze Auseinandersetzung darauf zurückgeführt hatte, ob der Leib ein von der vernunftbegabten Seele der Sache nach unterschiedenes eigenes Lebensprinzip habe, sich zu einem solchen Ausmaß an Leichtfertigkeit verstiegen hat, daß er die entgegengesetzte Auffassung sowohl häretisch nannte als auch mit vielen Worten darlegte, daß sie für eine solche zu halten sei. **2833**

Dies freilich können wir nur entschieden mißbilligen, wenn wir erwägen, daß diese Auffassung, die ein Lebensprinzip im Men-

---

**\*2831** [1]   Augustinus, *De civitate Dei* X 23 (B. Dombart – A. Kalb: CpChL 47 [1955] 297$_{23-25}$ / CSEL 40/I, 485$_{1-3}$ / PL 41,300).

tae principium, animam scilicet rationalem, a qua corpus quoque et motum et vitam omnem et sensum accipiat, in Dei Ecclesia esse communissimam atque Doctoribus plerisque, et probatissimis quidem maxime, cum Ecclesiae dogmate ita videri coniunctam, ut huius sit legitima solaque vera interpretatio, nec proinde sine errore in fide possit negari.

schen behauptet, nämlich die vernunftbegabte Seele, von der auch der Leib seine Bewegung, sein ganzes Leben und seine Empfindung empfängt, in der Kirche Gottes allgemein verbreitet ist und den meisten Lehrern – und zwar vor allem den bewährtesten – so mit der Glaubenslehre der Kirche verbunden zu sein scheint, daß sie deren rechtmäßige und allein wahre Auslegung ist und daher nicht ohne Irrtum im Glauben bestritten werden kann.

**2835-2839: Instruktion des Hl. Offiziums an den Apostolischen Vikar von Tche-Kiang, 1. (3.) Aug. 1860**

*Ausg.:* CollPF² 1,655, Nr. 1198.

### Ordnungsgemäßer Empfang der Taufe

**2835**  *Expos.:* [*Missionarius, consulere volens tam reverentiae sacramenti quam saluti aeternae infirmi iam morituri, confert*] baptismum sub hac condicione: "si tu es vere dispositus", expresse intendens se non baptizare sepositis bonis dispositionibus.

*Qu.:* Utrum talis modus conferendi baptismum licitus sit vel non?

**2836**  *Resp.:* Explorata res est, tres in adulto requiri dispositiones ad baptismum rite suscipiendum: fidem nempe, paenitentiam et intentionem illum percipiendi. Fides profecto necessaria est qua adultus debet esse sufficienter instructus, iuxta propriae intelligentiae mensuram, de mysteriis christianae religionis, et ea firmiter credere; et necessaria item est paenitentia, qua debet peccata sua dolere et actum elicere vel contritionis vel attritionis; ac tertio necessario requiritur intentio seu voluntas suscipiendi hoc sacramentum, eaque deficiente non imprimitur in adulto baptismatis character.

**2837**  At enim vero fides et paenitentia in adulto requiruntur, ut licite sacramentum suscipiat et fructum sacramenti consequatur; intentio vero necessaria est ad illud valide consequendum, adeo ut qui baptizatur adultus sine fide ac paenitentia illicite quidem, at

*Darlegung:* [*Ein Missionar, der sowohl der Ehrfurcht vor dem Sakrament als auch dem ewigen Heil des schon im Sterben liegenden Kranken Rechnung tragen will, spendet*] die Taufe unter folgender Bedingung: "wenn du wahrhaft bereit bist", womit er ausdrücklich beabsichtigt, nicht zu taufen, wenn die guten Voraussetzungen nicht gegeben sind.

*Frage:* Ist eine solche Weise, die Taufe zu spenden, erlaubt oder nicht?

*Antwort:* Es ist eine ausgemachte Sache, daß beim Erwachsenen zum ordnungsgemäßen Empfang der Taufe drei Voraussetzungen erforderlich sind: nämlich Glaube, Reue und die Absicht, sie zu empfangen. Der Glaube ist gewiß notwendig, in dem der Erwachsene entsprechend dem Maß des eigenen Verstandes hinlänglich über die Geheimnisse der christlichen Religion unterrichtet sein und diese fest glauben muß; und notwendig ist ebenso die Reue, in der er über seine Sünden Schmerz empfinden und einen Akt der Reue oder Furchtreue erwecken muß; und drittens ist notwendig erforderlich die Absicht bzw. der Wille, dieses Sakrament zu empfangen; und wenn dieser fehlt, wird im Erwachsenen nicht die Prägung der Taufe eingeprägt.

Glaube und Reue sind nun aber beim Erwachsenen erforderlich, damit er erlaubtermaßen das Sakrament empfängt und die Frucht des Sakramentes erlangt; die Absicht aber ist notwendig, um es gültig zu erlangen, so daß, wer als Erwachsener ohne Glau-

valide baptizatur, et contra, qui baptizatur absque voluntate sacramentum suscipiendi nec licite nec valide baptizatur.

Hisce praemissis facile erit dignoscere, missionarium in proposito casu non bene se gessisse, quando baptismum administrans adulto moribundo, eodem calculo habuit dispositiones requisitas ad baptismum licite administrandum et eas quae ad illum valide percipiendum necessario requiruntur. In dubio enim, utrum adultus morti proximus sufficienter instructus sit de fidei mysteriis et ea sufficienter crediderit, atque in dubio, utrum ipsum anteactae vitae sincere paeniteat, cum mortis necessitas urgeat, sacramentum absolute administrare ei debet absque ulla condicione. In dubio vero, utrum ipse vere intendat baptismum suscipere, si praevio diligenti examine de hac intentione adhuc dubitetur, baptismus conferri debet sub condicione: dummodo sit capax baptismi. ...

Praeterea nec bene se gessit missionarius, quando baptismum conferens sub condicione, intendit se non baptizare sepositis bonis dispositionibus in suscipiente baptismum: nam in casu missionarius debet tantum intendere se baptizare quatenus suscipiens sit capax baptismi, id est illum sincere percipere velit.

be und Reue getauft wird, zwar unerlaubt, aber gültig getauft wird, und dagegen, wer ohne den Willen, das Sakrament zu empfangen, getauft wird, weder erlaubtermaßen noch gültig getauft wird.

Dies vorausgeschickt, wird man leicht erkennen, daß sich der Missionar im vorliegenden Fall nicht richtig verhalten hat, als er bei der Spendung der Taufe an den sterbenden Erwachsenen den zu einer erlaubten Spendung der Taufe erforderlichen Voraussetzungen und denen, die zu ihrem gültigen Empfang notwendig erforderlich sind, denselben Wert beimaß. Im Zweifel nämlich, ob der dem Tode nahe Erwachsene hinlänglich über die Geheimnisse des Glaubens unterrichtet ist und diese hinlänglich glaubt, und im Zweifel, ob ihn das zuvor geführte Leben aufrichtig reut, muß er ihm, wenn die Todesnot drängt, das Sakrament auf jeden Fall ohne irgendeine Bedingung spenden. Im Zweifel aber, ob er selbst wahrhaft beabsichtigt, die Taufe zu empfangen, muß, wenn nach vorhergehender sorgfältiger Prüfung an dieser Absicht noch Zweifel bestehen, die Taufe unter der Bedingung gespendet werden: sofern er der Taufe fähig ist. ... 2838

Außerdem verhielt sich der Missionar 2839 nicht richtig, als er bei der bedingungsweisen Spendung der Taufe beabsichtigte, nicht zu taufen, wenn die guten Voraussetzungen beim Empfänger der Taufe nicht gegeben sind: denn im ⟨vorliegenden⟩ Fall darf der Missionar nur beabsichtigen, zu taufen, insofern der Empfänger für die Taufe fähig ist, das heißt, diese aufrichtig empfangen will.

## 2841-2847: Dekret des Hl. Offiziums, 18. Sept. 1861

Das Dekret selbst nennt den Autor der des Pantheismus und Ontologismus verdächtigen Sätze nicht. Einen Hinweis bietet das Dekret des Hl. Offiziums vom 2. März 1866, in dem die traditionalistischen, aber auch dem Ontologismus und Traduzianismus verwandten Auffassungen des Löwener Professors Gerhard Casimir Ubaghs verurteilt werden (ASS 3 [1867/68] 215-217); dort 216: "[Die Kardinäle] mußten erkennen, daß in jenen Büchern [nämlich der "Theodicea", bisweilen auch der "Logica" des besagten Ubaghs] Lehren vertreten werden, die einigen von den sieben Sätzen weitgehend ähnlich sind, über die ... die Kongregation des Hl. Offiziums am 18. Sept. 1861 geurteilt hat, daß sie nicht sicher gelehrt werden können" ("[Cardinales] perspicere debuerunt, tradi in illis libris [scl. Theodicea, interdum et Logica dicti Ubaghs] doctrinas plane similes aliquot ex septem propositionibus, quas ... S. Officii Congregatio die 18 Sept. a. 1861 haud tuto tradi posse iudicavit"). Im Hinblick auf dieses Dekret mußte Flavien-Abel-Antoine Hugonin ähnliche Auffassungen, die er in seiner Ontologie ou Étude des lois de la pensée (2 Bände, Paris 1856/57) vorgetragen hatte, widerrufen, bevor er zum Bischof von Bayeux ernannt wurde.
Ausg.: ASS 3 (1867/68; 1878⁵) 204f.

## Irrtümer der Ontologisten

*Qu.:* Utrum sequentes propositiones tuto tradi possint:

2841    1. Immediata Dei cognitio, habitualis saltem, intellectui humano essentialis est, ita ut sine ea nihil cognoscere possit: siquidem est ipsum lumen intellectuale.

2842    2. Esse illud, quod in omnibus et sine quo nihil intelligimus, est esse divinum.

2843    3. Universalia a parte rei considerata a Deo realiter non distinguuntur.

2844    4. Congenita Dei tamquam entis simpliciter notitia omnem aliam cognitionem eminenti modo involvit, ita ut per eam omne ens, sub quocumque respectu cognoscibile est, implicite cognitum habeamus.

2845    5. Omnes aliae ideae non sunt nisi modificationes ideae, qua Deus tamquam ens simpliciter intelligitur.

2846    6. Res creatae sunt in Deo tamquam pars in toto, non quidem in toto formali, sed in toto infinito, simplicissimo, quod suas quasi partes absque ulla sui divisione et diminutione extra se ponit.

2847    7. Creatio sic explicari potest: Deus ipso actu speciali, quo se intelligit et vult tamquam distinctum a determinata creatura, homine v. g., creaturam producit.

*Censura S. Officii:* Negative.

*Frage:* Können folgende Sätze sicher gelehrt werden?

1. Dem menschlichen Verstand ist die unmittelbare Erkenntnis Gottes – wenigstens anlagemäßig – wesentlich, so daß er ohne sie nichts erkennen kann: denn sie ist das Verstandeslicht selbst.

2. Jenes Sein, das wir in allem und ohne das wir nichts erkennen, ist das göttliche Sein.

3. Die Universalien unterscheiden sich, von seiten der Sache betrachtet, sachlich nicht von Gott.

4. Die angeborene Kenntnis Gottes als des schlechthin Seienden schließt jede andere Erkenntnis in hervorragender Weise ein, so daß wir durch sie jedes Seiende, unter welcher Rücksicht auch immer es erkennbar ist, implizit erkannt haben.

5. Alle anderen Ideen sind nichts anderes als Abwandlungen der Idee, durch die Gott als das schlechthin Seiende erkannt wird.

6. Die geschaffenen Dinge sind in Gott als Teil im Ganzen, und zwar nicht im formalen Ganzen, sondern im unendlichen, völlig einfachen Ganzen, das seine "Teile" ohne irgendeine Teilung oder Verminderung seiner selbst außerhalb setzt.

7. Die Schöpfung kann so erklärt werden: Gott bringt in eben dem besonderen Akt, in dem er sich als von einem bestimmten Geschöpf, z. B. dem Menschen, unterschieden erkennt und will, das Geschöpf hervor.

*Beurteilung des Hl. Offiziums:* Nein.

---

**2850-2861: Brief "Gravissimas inter" an den Erzbischof von München-Freising, 11. Dez. 1862**

Verschiedene Lehren Jakob Frohschammers (1821–1893), Professor an der Universität München, wurden von der Hl. Indexkongregation und vom Papst selbst in dem angeführten Brief verworfen. Pius IX. bezieht sich auf: *Einleitung in die Philosophie und Grundriss der Metaphysik* (1858); *Über die Freiheit der Wissenschaft* (1861); *Athenaeum* (philosophische Zeitschrift, Bd. 1–3 d. J. 1858–1862, in München hrsg.). Frohschammer verweigerte die Unterwerfung. Sein Erzbischof veröffentlichte diesen Brief und enthob den Verfasser seines Amtes (März 1863).
*Ausg.:* ASS 8 (1874) 430–434 / ASyll 220–224 / Pius IX., *Acta* 1/III, 549–555 / Katholik 43/I (1863) 386–391.

## Irrtümer Jakob Frohschammers über die Freiheit der Wissenschaft

2850    [*S. Congregatio Indicis iudicavit, auctorem*] a catholica veritate aberrare. Atque id

[*Die Hl. Indexkongregation urteilte, daß der Verfasser*] von der katholischen Wahrheit

ex duplici praesertim parte, et primo quidem quod auctor tales humanae rationi tribuat vires, quae rationi ipsi minime competunt, secundo vero, quod eam omnia opinandi et quidquid semper audendi libertatem eidem rationi concedat, ut ipsius Ecclesiae iura, officium et auctoritas de medio omnino tollantur.

Namque auctor in primis edocet, philosophiam, si recta eius habeatur notio, posse non solum percipere et intelligere ea christiana dogmata, quae naturalis ratio cum fide habet communia (tamquam commune scilicet perceptionis obiectum), verum etiam ea, quae christianam religionem fidemque maxime et proprie efficiunt, ipsumque scilicet supernaturalem hominis finem et ea omnia, quae ad ipsum spectant, atque sacratissimum Dominicae Incarnationis mysterium ad humanae rationis et philosophiae provinciam pertinere, rationemque, dato hoc obiecto, suis propriis principiis scienter ad ea posse pervenire.

Etsi vero aliquam inter haec et illa dogmata distinctionem auctor inducat, et haec ultima minore iure rationi attribuat, tamen clare aperteque docet, etiam haec contineri inter illa, quae veram propriamque scientiae seu philosophiae materiam constituunt.

Quocirca ex eiusdem auctoris sententia concludi omnino possit ac debeat, rationem in abditissimis etiam divinae sapientiae ac bonitatis, immo etiam et liberae eius voluntatis mysteriis, licet posito revelationis obiecto, posse ex se ipsa, non iam ex divinae auctoritatis principio, sed ex naturalibus suis principiis et viribus ad scientiam seu certitudinem pervenire. Quae auctoris doctrina quam falsa sit et erronea, nemo est, qui ... non illico videat ...

abirre. Und das vor allem in zweifacher Hinsicht, und zwar erstens, weil der Verfasser der menschlichen Vernunft solche Kräfte zuschreibt, wie sie der Vernunft selbst keineswegs zukommen, zweitens aber, weil er derselben Vernunft eine solche Freiheit einräumt, alles zu meinen und sich stets zu allem möglichen zu erdreisten, daß die Rechte, das Amt und die Autorität der Kirche selbst völlig aufgehoben werden.

**2851** Denn der Verfasser lehrt vor allem, die Philosophie könne – falls man einen richtigen Begriff von ihr habe – nicht nur jene christlichen Glaubenssätze erkennen und begreifen, die die natürliche Vernunft mit dem Glauben gemeinsam (nämlich als gemeinsamen Erkenntnisgegenstand) hat, sondern auch das, was die christliche Religion und den christlichen Glauben hauptsächlich und eigentlich ausmacht, nämlich das übernatürliche Ziel des Menschen selbst und all das, was mit ihm zu tun hat; auch das heiligste Geheimnis der Fleischwerdung des Herrn gehöre zum Gebiet der menschlichen Vernunft und Philosophie, und die Vernunft könne – wenn dieser Gegenstand gegeben ist – mit ihren eigenen Grundsätzen wissenschaftlich dahin gelangen.

Aber auch wenn der Verfasser eine Unterscheidung zwischen diesen und jenen Glaubenssätzen einführt und diese letzteren mit geringerem Recht der Vernunft zuschreibt, so lehrt er doch klar und deutlich, daß diese auch in der Reihe jener ⟨Sachverhalte⟩ enthalten sind, die den wahren und eigentlichen Stoff der Wissenschaft bzw. Philosophie ausmachen.

**2852** Demzufolge kann und muß aus der Auffassung desselben Verfassers durchaus geschlossen werden, daß die Vernunft sogar in den verborgensten Geheimnissen der göttlichen Weisheit und Güte, ja auch noch in den Geheimnissen seines freien Willens – sofern nur der Gegenstand der Offenbarung gegeben ist – aus sich selbst, nicht mehr auf der Grundlage der göttlichen Autorität, sondern aus ihren eigenen natürlichen Grundlagen und Kräften zum Wissen bzw. zur Gewißheit gelangen kann. Wie falsch und irrig diese Lehre des Verfassers ist, sieht jeder ... auf der Stelle ...

**2853**    Namque si isti philosophiae cultores vera ac sola rationis et philosophicae disciplinae tuerentur principia et iura, debitis certe laudibus essent prosequendi. Siquidem vera ac sana philosophia nobilissimum suum locum habet, cum eiusdem philosophiae sit, veritatem diligenter inquirere humanamque rationem, licet primi hominis culpa obtenebratam, nullo tamen modo exstinctam, recte ac sedulo excolere, illustrare, eiusque cognitionis obiectum ac permultas veritates percipere, bene intelligere, promovere, earumque plurimas, uti Dei exsistentiam, naturam, attributa, quae etiam fides credenda proponit, per argumenta ex suis principiis petita demonstrare, vindicare, defendere, atque hoc modo viam munire ad haec dogmata fide rectius tenenda et ad illa etiam reconditiora dogmata, quae sola fide percipi primum possunt, ut illa aliquo modo a ratione intelligantur. Haec quidem agere atque in his versari debet severa et pulcherrima verae philosophiae scientia. ...

**2854**    At vero in hoc gravissimo sane negotio tolerare numquam possumus, ut omnia temere permisceantur, utque ratio illas etiam res, quae ad fidem pertinent, occupet atque perturbet, cum certissimi omnibusque notissimi sint fines, ultra quos ratio numquam suo iure est progressa vel progredi potest. Atque ad huiusmodi dogmata ea omnia maxime et apertissime spectant, quae supernaturalem hominis elevationem ac supernaturale eius cum Deo commercium respiciunt atque ad hunc finem revelata noscuntur. Et sane cum haec dogmata sint supra naturam, idcirco naturali ratione ac naturalibus principiis attingi non possunt. Numquam siquidem ratio suis naturalibus principiis ad huiusmodi dogmata scienter tractanda effici potest idonea.

Denn wenn diese Verehrer der Philosophie die wahren und alleinigen Grundlagen und Rechte der Vernunft und der philosophischen Wissenschaft schützen würden, müßte man ihnen sicherlich gebührendes Lob erweisen. Denn die wahre und gesunde Philosophie hat ihren höchst bedeutenden Platz, da es Aufgabe ebender Philosophie ist, die Wahrheit gewissenhaft zu erforschen, die menschliche Vernunft, die zwar durch die Schuld des ersten Menschen verdunkelt, jedoch keinesfalls ausgelöscht wurde, richtig und sorgfältig auszubilden, zu erleuchten, ihren Erkenntnisgegenstand und sehr viele Wahrheiten zu erfassen, gut zu verstehen und weiterzuentwickeln, sehr viele von ihnen, wie etwa das Dasein, die Natur und die Eigenschaften Gottes, die auch der Glaube zu glauben vorlegt, durch Beweise, die aus ihren Prinzipien hergeleitet sind, darzulegen, zu sichern und zu verteidigen und auf diese Weise den Weg zu bereiten, daß diese Lehrsätze im Glauben richtiger festgehalten werden und auch jene verborgeneren Lehrsätze, die zunächst allein durch den Glauben erfaßt werden können, auf irgendeine Weise von der Vernunft verstanden werden. Dies nämlich muß die strenge und herrlichste Wissenschaft wahrer Philosophie leisten und sich damit beschäftigen. ...

Jedoch können wir bei diesem gewiß sehr schweren Geschäft niemals dulden, daß alles leichtfertig vermischt wird und daß die Vernunft auch jene Dinge, die den Glauben anbelangen, in Beschlag nimmt und durcheinanderbringt, obwohl doch die Grenzen ganz sicher und allen wohlbekannt sind, über die hinaus die Vernunft niemals kraft eigenen Rechtes fortgeschritten ist oder fortschreiten kann. Und zu solchen Glaubenssätzen gehört vor allem und ganz offensichtlich all das, was die übernatürliche Erhebung des Menschen und seine übernatürliche Verbindung mit Gott betrifft und erkanntermaßen zu diesem Zweck geoffenbart wurde. Und da diese Glaubenssätze freilich über der Natur stehen, können sie durch die natürliche Vernunft und mit natürlichen Prinzipien nicht berührt werden. Niemals nämlich kann die Vernunft dazu befähigt werden, mit ihren natürlichen

Quod si haec isti temere asseverare audeant, sciant, se certe non a quorumlibet doctorum opinione, sed a communi et numquam immutata Ecclesiae doctrina recedere.

Ex divinis enim Litteris et sanctorum Patrum traditione constat, Dei quidem exsistentiam multasque alias veritates ab iis etiam, qui fidem nondum susceperunt, naturali rationis lumine cognosci [*cf. Rm 1*], sed illa reconditiora dogmata Deum solum manifestasse, dum notum facere voluit "mysterium, quod absconditum fuit a saeculis et generationibus" [*Col 1,26*] ...

... Sancti Patres in Ecclesiae doctrina tradenda continenter distinguere curarunt rerum divinarum notionem, quae naturalis intelligentiae vi omnibus est communis, ab illarum rerum notitia, quae per Spiritum Sanctum fide suscipitur, et constanter docuerunt, per hanc ea nobis in Christo revelari mysteria, quae non solam humanam philosophiam, verum etiam angelicam naturalem intelligentiam transcendunt, quaeque etiamsi divina revelatione innotuerint et ipsa fide fuerint suscepta, tamen sacro adhuc ipsius fidei velo tecta et obscura caligine obvoluta permanent, quamdiu in hac mortali vita peregrinamur a Domino.

Ex his omnibus patet, alienam omnino esse a catholicae Ecclesiae doctrina sententiam, qua idem Frohschammer asserere non dubitat, omnia indiscriminatim christianae religionis dogmata esse obiectum naturalis scientiae seu philosophiae, et humanam rationem historice tantum excultam, modo haec dogmata ipsi rationi tamquam obiectum proposita fuerint, posse ex suis naturalibus viribus et principio ad veram de omnibus etiam reconditioribus dogmatibus scientiam pervenire [*cf. \*2909*].

Prinzipien solche Glaubenssätze wissenschaftlich zu behandeln.

Wenn aber jene wagen, dies leichtfertig zu behaupten, so sollen sie wissen, daß sie zweifellos nicht von der Meinung irgendwelcher beliebiger Lehrer, sondern von der gemeinsamen und niemals veränderten Lehre der Kirche abweichen.

Aufgrund der göttlichen Schrift und der **2855** Überlieferung der heiligen Väter steht nämlich fest, daß zwar das Dasein Gottes und viele andere Wahrheiten auch von denen, die den Glauben noch nicht empfangen haben, mit dem natürlichen Licht der Vernunft erkannt werden [*vgl. Röm 1*], jene verborgeneren Glaubenssätze aber allein Gott geoffenbart hat, da er bekannt machen wollte "das Geheimnis, das seit Jahrhunderten und Generationen verborgen war" [*Kol 1,26*] ...

... Die heiligen Väter waren bei der Über- **2856** lieferung der Lehre der Kirche ständig darum besorgt, die Kenntnis der göttlichen Dinge, die kraft der natürlichen Vernunft allen gemeinsam ist, von der Kenntnis jener Dinge zu unterscheiden, die durch den Heiligen Geist im Glauben empfangen wird, und sie lehrten beständig, daß uns durch diese jene Geheimnisse in Christus geoffenbart würden, die nicht nur die menschliche Philosophie, sondern auch die natürliche Vernunft der Engel übersteigen, und die, auch wenn sie durch die göttliche Offenbarung bekannt und im Glauben selbst empfangen wurden, dennoch weiterhin mit dem heiligen Schleier des Glaubens selbst bedeckt und mit dunkler Finsternis umhüllt bleiben, solange wir in diesem sterblichen Leben ferne vom Herrn pilgern.

Aus all dem wird klar, daß diejenige Auf- **2857** fassung der Lehre der katholischen Kirche völlig fremd ist, aufgrund deren derselbe Frohschammer nicht zögert zu behaupten, alle Glaubenssätze der christlichen Religion seien ohne Unterschied Gegenstand des natürlichen Wissens oder der Philosophie, und die nur historisch ausgebildete menschliche Vernunft könne – sofern diese Glaubenssätze nur der Vernunft selbst als Gegenstand vorgelegt worden seien – aufgrund ihrer natürlichen Kräfte und ihres Prinzips zum wah-

ren Wissen von allen – auch den verborgeneren – Glaubenssätzen gelangen [*vgl. *2909*].

**2858**    Nunc vero in memoratis eiusdem auctoris scriptis alia dominatur sententia, quae catholicae Ecclesiae doctrinae ac sensui plane adversatur. Etenim eam philosophiae tribuit libertatem, quae non scientiae libertas, sed omnino reprobanda et intoleranda philosophiae licentia sit appellanda. Quadam enim distinctione inter philosophum et philosophiam facta, tribuit philosopho ius et officium se submittendi auctoritati, quam veram ipse probaverit, sed utrumque philosophiae ita denegat, ut, nulla doctrinae revelatae ratione habita, asserat, ipsam numquam debere ac posse auctoritati se submittere.

Nun herrscht aber in den erwähnten Schriften desselben Verfassers eine andere Auffassung, die der Lehre und Ansicht der katholischen Kirche völlig widerstreitet. Denn er räumt der Philosophie eine Freiheit ein, die nicht Freiheit der Wissenschaft, sondern eine völlig verwerfliche und nicht zu duldende Willkür der Philosophie genannt werden muß. Er trifft nämlich eine Unterscheidung zwischen Philosoph und Philosophie und räumt dem Philosophen das Recht und die Pflicht ein, sich einer Autorität zu unterwerfen, die er selbst als wahr anerkannt hat, spricht aber beides der Philosophie so ab, daß er ohne Rücksichtnahme auf die geoffenbarte Lehre behauptet, diese dürfe und könne sich niemals einer Autorität unterwerfen.

**2859**    Quod esset tolerandum et forte admittendum, si haec dicerentur de iure tantum, quod habet philosophia, suis principiis seu methodo ac suis conclusionibus uti, sicut et aliae scientiae, ac si eius libertas consisteret in hoc suo iure utendo, ita ut nihil in se admitteret, quod non fuerit ab ipsa suis condicionibus acquisitum aut fuerit ipsi alienum.

Es wäre erträglich und vielleicht zulässig, wenn dies nur von dem Recht gesagt würde, das die Philosophie hat, ihre eigenen Prinzipien bzw. Methode und ihre eigenen Schlüsse zu gebrauchen, so wie auch andere Wissenschaften, und wenn ihre Freiheit darin bestünde, dieses ihr Recht in Anspruch zu nehmen, so daß sie nichts in sich zuließe, was nicht von ihr selbst nach ihren eigenen Bedingungen erworben wurde oder ihr selbst fremd war.

Sed haec iusta philosophiae libertas suos limites noscere et experiri debet. Numquam enim non solum philosopho, verum etiam philosophiae licebit aut aliquid contrarium dicere iis, quae divina revelatio et Ecclesia docet, aut aliquid ex eisdem in dubium vocare propterea, quod non intelligit, aut iudicium non suscipere, quod Ecclesiae auctoritas de aliqua philosophiae conclusione, quae hucusque libera erat, proferre constituit.

Aber diese rechtmäßige Freiheit der Philosophie muß ihre Grenzen erkennen und erfahren. Denn nicht nur dem Philosophen, sondern auch der Philosophie wird es niemals erlaubt sein, entweder etwas zu sagen, was dem entgegengesetzt ist, was die göttliche Offenbarung und die Kirche lehrt, oder etwas von demselben deswegen in Zweifel zu ziehen, weil sie ⟨es⟩ nicht einsieht, oder ein Urteil nicht anzunehmen, das die Autorität der Kirche über irgendeinen Schluß der Philosophie, der bisher noch frei war, zu fällen beschlossen hat.

**2860**    Accedit etiam, ut idem auctor philosophiae libertatem seu potius effrenatam licentiam tam acriter tam temere propugnet, ut minime vereatur asserere, Ecclesiam non solum non debere in philosophiam umquam animadvertere, verum etiam debere ipsius philosophiae tolerare errores eique relinque-

Hinzu kommt noch, daß derselbe Verfasser die Freiheit bzw. vielmehr die ungezügelte Willkür der Philosophie so hartnäckig und so leichtfertig verficht, daß er sich keineswegs zu behaupten scheut, die Kirche dürfe nicht nur niemals die Philosophie rügen, sondern sie müsse sogar die Irrtümer der Philo-

re, ut ipsa se corrigat [*cf. *2911*], ex quo evenit, ut philosophi hanc philosophiae libertatem necessario participent atque ita etiam ipsi ab omni lege solvantur. ...

Quocirca Ecclesia ex potestate sibi a divino suo auctore commissa non solum ius, sed officium praesertim habet, non tolerandi, sed proscribendi ac damnandi omnes errores, si ita fidei integritas et animarum salus postulaverint, et omni philosopho, qui Ecclesiae filius esse velit, ac etiam philosophiae id officium incumbit, nihil umquam dicere contra ea, quae Ecclesia docet, et ea retractare, de quibus eos Ecclesia monuerit.

Sententiam autem, quae contrarium edocet, omnino erroneam et ipsi fidei, Ecclesiae eiusque auctoritati vel maxime iniuriosam esse edicimus et declaramus.

sophie selbst dulden und es ihr überlassen, sich selbst zu verbessern [*vgl. *2911*], woraus sich ergibt, daß die Philosophen notwendig an dieser Freiheit der Philosophie Anteil haben und so auch selbst von jedem Gesetz entbunden werden. ...

Deshalb hat die Kirche aufgrund der ihr **2861** von ihrem göttlichen Urheber übertragenen Vollmacht nicht nur das Recht, sondern vor allem die Pflicht, sämtliche Irrtümer nicht zu dulden, sondern zu ächten und zu verurteilen, wenn es so die Unversehrtheit des Glaubens und das Heil der Seelen erfordern, und jedem Philosophen, der ein Sohn der Kirche sein will, und auch der Philosophie obliegt die Pflicht, niemals etwas gegen das zu sagen, was die Kirche lehrt, und das zu widerrufen, weswegen sie die Kirche ermahnt hat.

Die Auffassung aber, die Gegenteiliges lehrt, ist – so verkünden und erklären wir – völlig irrig und dem Glauben selbst, der Kirche und ihrer Autorität in höchstem Maße abträglich.

## 2865-2867: Enzyklika "Quanto conficiamur moerore" an die Bischöfe Italiens, 10. Aug. 1863

Pius IX. verbindet den Grundsatz "Extra Ecclesiam nulla salus" ("Außerhalb der Kirche kein Heil"; vgl. *802[1]), der in jener Zeit gegen den Indifferentismus angeführt wurde, mit dem Entschuldigungsgrund der "ignorantia invincibilis" ("unüberwindliche Unkenntnis"). Zum unkonditionierten Gebrauch dieses Grundsatzes vgl. *870 1351. Außer dem im folgenden angeführten Text vgl. *2479 und die Ansprache "*Singulari quadam*" vom 9. Dez. 1854 (Pius IX., *Acta* 1/I, 626 / ASyll 125 / CollLac 6,845d): "Aufgrund des Glaubens ist zwar festzuhalten, daß außerhalb der Apostolischen Römischen Kirche niemand gerettet werden kann ...; aber dennoch ist gleichfalls für sicher zu erachten, daß diejenigen, die an Unkenntnis der wahren Religion leiden, wenn diese unüberwindlich ist, in dieser Sache vor den Augen des Herrn in keine Schuld verstrickt sind" ("Tenendum quippe ex fide est, extra Apostolicam Romanam Ecclesiam salvum fieri neminem posse ...; sed tamen pro certo pariter habendum est, qui verae religionis ignorantia laborent, si ea sit invincibilis, nulla ipsos obstringi huiusce rei culpa ante oculos Domini"). Ganz knapp auch in der Enzyklika "*Singulari quidem*" an die Bischöfe Österreichs (Pius IX., *Acta* 1/II, 517 / ASyll 146). Eine weitere Erklärung dieses Grundsatzes s. *3866.
*Ausg.:* ASyll 229 / Pius IX., *Acta* 1/III, 613 / Katholik 43/II (1863) 260.

### *Der Indifferentismus*

Iterum commemorare et reprehendere oportet gravissimum errorem, in quo nonnulli catholici misere versantur, qui homines in erroribus viventes et a vera fide atque a catholica unitate alienos ad aeternam vitam pervenire posse opinantur [*cf. *2917*]. Quod quidem catholicae doctrinae vel maxime adversatur.

Notum Nobis vobisque est, eos, qui invincibili circa sanctissimam nostram religionem ignorantia laborant, quique naturalem legem

Wiederum müssen Wir den äußerst schwe- **2865** ren Irrtum erwähnen und tadeln, in dem sich bedauernswerterweise manche Katholiken befinden, die meinen, Menschen, die in Irrtümern leben und dem wahren Glauben und der katholischen Einheit ferne stehen, könnten zum ewigen Leben gelangen [*vgl. *2917*]. Dies widerstreitet freilich der katholischen Lehre in höchstem Maße.

Uns und Euch ist bekannt, daß diejenigen, **2866** die an unüberwindlicher Unkenntnis in bezug auf unsere heiligste Religion leiden und

eiusque praecepta in omnium cordibus a Deo insculpta sedulo servantes ac Deo oboedire parati, honestam rectamque vitam agunt, posse, divinae lucis et gratiae operante virtute, aeternam consequi vitam, cum Deus, qui omnium mentes, animos, cogitationes habitusque plane intuetur, scrutatur et noscit, pro summa sua bonitate et clementia minime patiatur, quempiam aeternis puniri suppliciis, qui voluntariae culpae reatum non habeat.

die, indem sie das natürliche Gesetz und seine Gebote, die von Gott in die Herzen aller eingemeißelt wurden, gewissenhaft beachten und bereit sind, Gott zu gehorchen, ein sittlich gutes und rechtes Leben führen, durch das Wirken der Kraft des göttlichen Lichtes und der göttlichen Gnade das ewige Leben erlangen können, da Gott, der die Gesinnungen, Herzen, Gedanken und Eigenschaften aller völlig durchschaut, erforscht und erkennt, in seiner höchsten Güte und Milde keineswegs duldet, daß irgendjemand mit ewigen Qualen bestraft werde, der nicht die Strafwürdigkeit einer willentlichen Schuld besitzt.

**2867**      Sed notissimum quoque est catholicum dogma, neminem scilicet extra catholicam Ecclesiam posse salvari, et contumaces adversus eiusdem Ecclesiae auctoritatem, definitiones, et ab ipsius Ecclesiae unitate atque a Petri successore Romano Pontifice, cui vineae custodia a Salvatore est commissa, pertinaciter divisos aeternam non posse obtinere salutem. ...

Aber wohlbekannt ist auch der katholische Lehrsatz, daß nämlich niemand außerhalb der katholischen Kirche gerettet werden kann und daß diejenigen, die der Autorität und den Definitionen derselben Kirche trotzig widerstehen und von der Einheit dieser Kirche und vom Römischen Bischof, dem Nachfolger des Petrus, dem vom Erlöser die Wache über den Weinberg übertragen wurde, hartnäckig getrennt sind, das ewige Heil nicht erlangen können. ...

### 2875-2880: Brief "Tuas libenter" an den Erzbischof von München-Freising, 21. Dez. 1863

Johannes Joseph Ignaz von Döllinger, Professor in München, war einer der Initiatoren der "Versammlung katholischer Gelehrter" im Sept. 1863 in München. Er forderte - unter Achtung der Glaubenssätze - Freiheit der Wissenschaft in der Theologie. Pius IX. legt in diesem Brief Richtlinien für die Behandlung der Theologie dar.
*Ausg.:* ASS 8 (1874) 438-441 / ASyll 244-247 / Pius IX., *Acta* 1/III, 638-643 / Katholik 44/I (1864) 259-263.

*Unterwerfung unter das Lehramt der Kirche*

**2875**      Noscebamus ... nonnullos ex catholicis, qui severioribus disciplinis excolendis operam navant, humani ingenii viribus nimium fidentes errorum periculis haud fuisse absterritos, ne in asserenda fallaci et minime sincera scientiae libertate abriperentur ultra limites, quos praetergredi non sinit oboedientia debita erga magisterium Ecclesiae ad totius revelatae veritatis integritatem servandam divinitus institutum. Ex quo evenit, ut huiusmodi catholici misere decepti et iis saepe consentiant, qui contra huius Apostolicae Sedis ac Nostrarum Congregationum decreta declamant ac blaterant, ea liberum scientiae progessum impedire [*cf. *2912*], et periculo se exponunt sacra illa frangendi oboedientiae

Wir erfuhren ..., daß sich einige von den Katholiken, die sich mit Eifer der Ausbildung der ernsteren Wissenschaften widmen, in allzu großem Vertrauen auf die Kräfte des menschlichen Geistes nicht durch die Gefahren von Irrtümern davon abschrecken ließen, bei der Behauptung einer trügerischen und keineswegs echten Freiheit der Wissenschaft über die Grenzen hinaus fortgerissen zu werden, die zu überschreiten der gebührende Gehorsam gegenüber dem Lehramt der Kirche nicht zuläßt, das von Gott eingesetzt wurde, um die Unversehrtheit der ganzen geoffenbarten Wahrheit zu bewahren. Daher kommt es, daß solche erbärmlich getäuschten Katholiken auch denen oft zustimmen, die

vincula, quibus ex Dei voluntate eidem Apostolicae huic obstringuntur Sedi, quae a Deo ipso veritatis magistra et vindex fuit constituta.

gegen die Dekrete dieses Apostolischen Stuhles und Unserer Kongregationen eifern und schwatzen, sie würden den freien Fortschritt der Wissenschaft behindern [vgl. *2912], und sich der Gefahr aussetzen, jene heilige Bande des Gehorsams zu brechen, durch die sie nach Gottes Willen an ebendiesen Apostolischen Stuhl gebunden sind, der von Gott selbst als Lehrer und Beschützer der Wahrheit errichtet wurde.

Neque ignorabamus, in Germania etiam falsam invaluisse opinionem adversus veterem scholam et adversus doctrinam summorum illorum Doctorum [cf. *2913], quos propter admirabilem eorum sapientiam et vitae sanctitatem universalis veneratur Ecclesia. Qua falsa opinione ipsius Ecclesiae auctoritas in discrimen vocatur, quandoquidem ipsa Ecclesia non solum per tot continentia saecula permisit, ut ex eorumdem Doctorum methodo et ex principiis communi omnium catholicarum scholarum consensu sancitis theologica excoleretur scientia, verum etiam saepissime summis laudibus theologicam eorum doctrinam extulit illamque veluti fortissimum fidei propugnaculum et formidanda contra suos inimicos arma vehementer commendavit. ...

2876 Zudem haben Wir erfahren, daß in Deutschland auch eine falsche Meinung wider die alte Schule und wider die Lehre jener hervorragenden Lehrer Geltung erlangte [vgl. *2913], die die gesamte Kirche wegen ihrer wunderbaren Weisheit und Heiligkeit des Lebens verehrt. Durch diese falsche Meinung wird die Autorität der Kirche selbst in Zweifel gezogen, da ja die Kirche selbst nicht nur durch so viele Jahrhunderte hindurch ununterbrochen gestattete, daß nach der Methode ebendieser Lehrer und nach Prinzipien, die in gemeinsamer Übereinstimmung aller katholischen Schulen festgelegt wurden, die theologische Wissenschaft ausgebildet werde, sondern ihre theologische Lehre auch sehr oft mit höchstem Lobe pries und sie als stärkstes Bollwerk des Glaubens und furchtbare Waffe gegen ihre Feinde nachdrücklich empfahl. ...

Equidem cum omnes eiusdem conventus viri ... asseruerint, scientiarum progressum et felicem exitum in devitandis ac refutandis miserrimae nostrae aetatis erroribus omnino pendere ab intima erga veritates revelatas adhaesione, quas catholica docet Ecclesia, ipsi noverunt ac professi sunt illam veritatem, quam veri catholici scientiis excolendis et evolvendis dediti semper tenuere ac tradiderunt. Atque hac veritate innixi potuerunt ipsi sapientes ac veri catholici viri scientias easdem tuto excolere, explanare easque utiles certasque reddere.

2877 Da allerdings alle Männer ebendieser Versammlung ... betonten, der Fortschritt der Wissenschaften und der glückliche Erfolg bei der Vermeidung und Zurückweisung der Irrtümer unserer überaus elenden Zeit hänge ganz von der innigsten Anhänglichkeit gegenüber den geoffenbarten Wahrheiten ab, die die katholische Kirche lehrt, so erkannten und bekannten sie selbst jene Wahrheit, die die wahren Katholiken, die sich der Ausbildung und Entwicklung der Wissenschaften widmeten, immer festhielten und überlieferten. Und auf diese Wahrheit gestützt konnten diese weisen und wahren katholischen Männer ebendiese Wissenschaften sicher ausbilden, auslegen und sie nützlich und gewiß machen.

Quod quidem obtineri non potest, si humanae rationis lumen finibus circumscriptum eas quoque veritates investigando, quas propriis viribus et facultatibus assequi potest,

Dies kann allerdings nur erreicht werden, wenn das von Grenzen umschriebene Licht der menschlichen Vernunft auch bei der Erforschung jener Wahrheiten, die sie mit ei-

non veneretur maxime, ut par est, infallibile et increatum divini intellectus lumen, quod in christiana revelatione undique mirifice elucet. Quamvis enim naturales illae disciplinae suis propriis ratione cognitis principiis nitantur, catholici tamen earum cultores divinam revelationem veluti rectricem stellam prae oculis habeant oportet, qua praelucente sibi a syrtibus et erroribus caveant, ubi in suis investigationibus et commentationibus animadvertant posse se illis adduci, ut saepissime accidit, ad ea proferenda, quae plus minusve adversentur infallibili rerum veritati, quae a Deo revelatae fuere.

genen Kräften und Möglichkeiten erreichen kann, aufs höchste – wie es angemessen ist – das unfehlbare und ungeschaffene Licht des göttlichen Verstandes verehrt, das in der christlichen Offenbarung überall wunderbar aufleuchtet. Denn wenn sich jene natürlichen Wissenschaften auch noch so sehr auf ihre eigenen durch die Vernunft erkannten Grundsätze stützen, so müssen doch ihre katholischen Vertreter die göttliche Offenbarung als Leitstern vor Augen haben, damit sie sich mit Hilfe ihres Lichtes vor Untiefen und Irrtümern hüten, sobald sie bei ihren Forschungen und Überlegungen bemerken, daß sie durch sie dazu verleitet werden können – was sehr häufig geschieht –, das vorzubringen, was mehr oder weniger der unfehlbaren Wahrheit der Dinge widerstreitet, die von Gott geoffenbart worden sind.

**2878**     Hinc dubitare nolumus, quin ipsius conventus viri commemoratam veritatem noscentes ac profitentes, uno eodemque tempore plane reicere ac reprobare voluerint recentem illam ac praeposteram philosophandi rationem, quae etiamsi divinam revelationem veluti historicum factum admittat, tamen ineffabiles veritates ab ipsa divina revelatione propositas humanae rationis investigationibus supponit, perinde ac si illae veritates rationi subiectae essent vel ratio suis viribus et principiis posset consequi intelligentiam et scientiam omnium supernarum sanctissimae fidei nostrae veritatum et mysteriorum, quae ita supra humanam rationem sunt, ut haec numquam effici possit idonea ad illa suis viribus et ex naturalibus suis principiis intelligenda aut demonstranda [cf. *2909].

Daher wollen wir nicht zweifeln, daß die Männer dieser Versammlung, da sie ja die erwähnte Wahrheit einsahen und bekannten, bei ein und derselben Gelegenheit jene neue und verkehrte Weise des Philosophierens entschieden zurückweisen und mißbilligen wollten, die, auch wenn sie die göttliche Offenbarung als geschichtliche Tatsache zuläßt, dennoch die von der göttlichen Offenbarung selbst vorgelegten unaussprechlichen Wahrheiten den Nachforschungen der menschlichen Vernunft unterstellt, gerade so als ob jene Wahrheiten der Vernunft unterworfen wären oder die Vernunft mit ihren eigenen Kräften und Prinzipien zur Einsicht und zum Wissen von allen übernatürlichen Wahrheiten und Geheimnissen unseres heiligsten Glaubens gelangen könnte, die so über der menschlichen Vernunft stehen, daß diese niemals befähigt werden kann, jene mit eigenen Kräften und aus ihren eigenen natürlichen Prinzipien einzusehen oder zu beweisen [vgl. *2909].

**2879**     ... Persuadere Nobis volumus, noluisse obligationem, qua catholici magistri ac scriptores omnino adstringuntur, coarctare in iis tantum, quae ab infallibili Ecclesiae iudicio veluti fidei dogmata ab omnibus credenda proponuntur [cf. *2922]. Atque etiam Nobis persuademus, ipsos noluisse declarare, perfectam illam erga revelatas veritates adhaesionem, quam agnoverunt necessariam

... Wir wollen gerne annehmen, daß ⟨sie⟩ die Verpflichtung, an die katholische Lehrer und Schriftsteller durchaus gebunden sind, nicht nur darauf einschränken wollten, was vom unfehlbaren Urteil der Kirche als von allen zu glaubende Lehrsätze vorgelegt wird [vgl. *2922]. Und wir nehmen auch an, sie wollten nicht erklären, jene vollkommene Anhänglichkeit gegenüber den geoffenbarten

omnino esse ad verum scientiarum progressum assequendum et ad errores confutandos, obtineri posse, si dumtaxat dogmatibus ab Ecclesia expresse definitis fides et obsequium adhibeatur. Namque etiamsi ageretur de illa subiectione, quae fidei divinae actu est praestanda, limitanda tamen non esset ad ea, quae expressis oecumenicorum Conciliorum aut Romanorum Pontificum huiusque Apostolicae Sedis decretis definita sunt, sed ad ea quoque extendenda, quae ordinario totius Ecclesiae per orbem dispersae magisterio tamquam divinitus revelata traduntur ideoque universali et constanti consensu a catholicis theologis ad fidem pertinere retinentur.

Sed cum agatur de illa subiectione, qua ex conscientia ii omnes catholici obstringuntur, qui in contemplatrices scientias incumbunt, ut novas suis scriptis Ecclesiae afferant utilitates, idcirco eiusdem conventus viri recognoscere debent, sapientibus catholicis haud satis esse, ut praefata Ecclesiae dogmata recipiant ac venerentur, verum etiam opus esse, ut se subiciant tum decisionibus, quae ad doctrinam pertinentes a Pontificiis Congregationibus proferuntur, tum iis doctrinae capitibus, quae communi et constanti Catholicorum consensu retinentur ut theologicae veritates et conclusiones ita certae, ut opiniones eisdem doctrinae capitibus adversae, quamquam haereticae dici nequeant, tamen aliam theologicam mereantur censuram.

Wahrheiten, von der sie anerkannten, daß sie durchaus notwendig sei, um einen wahren Fortschritt der Wissenschaften zu erzielen und um Irrtümer zurückzuweisen, könne erlangt werden, wenn man lediglich den von der Kirche ausdrücklich definierten Lehrsätzen Glauben und Gehorsam entgegenbringe. Denn auch wenn es sich um jene Unterwerfung handelte, die durch einen Akt göttlichen Glaubens zu leisten ist, wäre sie dennoch nicht auf das zu beschränken, was durch Dekrete der ökumenischen Konzilien oder der Römischen Bischöfe und dieses Apostolischen Stuhles ausdrücklich festgelegt wurde, sondern wäre auch auf das auszudehnen, was durch das ordentliche Lehramt der ganzen über die Erde hin verstreuten Kirche als von Gott geoffenbart gelehrt und deshalb in allgemeiner und beständiger Übereinstimmung von den katholischen Theologen als zum Glauben gehörend festgehalten wird.

Da es sich aber um jene Unterwerfung **2880** handelt, zu der all jene Katholiken dem Gewissen nach verpflichtet sind, die sich den Geisteswissenschaften widmen, um mit ihren Schriften der Kirche neuen Nutzen zu bringen, so müssen die Männer ebendieser Versammlung anerkennen, daß es für katholische Gelehrte nicht genügt, die vorher genannten Lehrsätze der Kirche anzunehmen und zu achten, sondern daß es auch nötig ist, sich sowohl den Entscheidungen zu unterwerfen, die als zur Lehre gehörig von den Päpstlichen Kongregationen vorgelegt werden, als auch den Lehrkapiteln, die in gemeinsamer und beständiger Übereinstimmung der Katholiken als theologische Wahrheiten und derart sichere Schlußfolgerungen festgehalten werden, daß Meinungen, die diesen Lehrkapiteln entgegengesetzt sind, zwar nicht häretisch genannt werden können, jedoch eine andere theologische Zensur verdienen.

**2885-2888: Brief des Hl. Offiziums an die Bischöfe Englands, 16. Sept. 1864**

Der Brief wendet sich gegen die "Branchtheory" (Zweigtheorie) und untersagt den Katholiken, der "Association for the promotion of the reunion of Christendom" ("Gesellschaft zur Förderung der Wiedervereinigung des Christentums") beizutreten, die diese Theorie vertrat. Die englischen Bischöfe hatten dies zunächst geduldet.

   *Ausg.:* AAS 11 (1919) 310f (hrsg. anläßlich eines anderen Dekretes, ebd. S. 309); ASS 2 (1870²; 1977⁵) 658f / CollPF² 1,696f, Nr. 1262.

## Die Einzigkeit der Kirche

**2885**   [*Societas ad procurandam christianitatis unitatem Londinii anno 1857 erecta*] expresse profitetur, tres videlicet christianas communiones romano-catholicam, graeco-schismaticam et anglicanam, quamvis invicem separatas ac divisas, aequo tamen iure catholicum nomen sibi vindicare. Aditus igitur in illam patet omnibus ubique locorum degentibus tum catholicis, tum graeco-schismaticis, tum anglicanis, ea tamen lege, ut nemini liceat de variis doctrinae capitibus, in quibus dissentiunt, quaestionem movere, et singulis fas sit propriae religiosae confessionis placita tranquillo animo sectari.

Sociis vero omnibus preces ipsa recitandas et sacerdotibus sacrificia celebranda indicit iuxta suam intentionem: ut nempe tres memoratae christianae communiones, utpote quae, prout supponitur, Ecclesiam catholicam omnes simul iam constituunt, ad unum corpus efformandum tandem aliquando coeant. ...

**2886**   Fundamentum, cui ipsa innititur, huiusmodi est, quod divinam Ecclesiae constitutionem susque deque vertit. Tota enim in eo est, ut supponat veram Iesu Christi Ecclesiam constare partim ex Romana Ecclesia per universum orbem diffusa et propagata, partim vero ex schismate photiano et ex anglicana haeresi, quibus aeque ac Ecclesiae Romanae "unus" sit "Dominus, una fides et unum baptisma" [*Eph 4,5*]. ...

**2887**   Nihil certe viro catholico potius esse debet, quam ut inter Christianos schismata et dissensiones a radice evellantur, et Christiani omnes sint "solliciti servare unitatem spiritus in vinculo pacis" [*Eph 4,3*]. ... At quod Christifideles et ecclesiastici viri, haereticorum ductu, et quod peius est, iuxta intentionem haeresi quam maxime pollutam et infectam, pro christiana unitate orent, tolerari nullo modo potest.

[*Die i. J. 1857 in London errichtete Gesellschaft zur Förderung der Einheit der Christenheit*] verkündet ausdrücklich, daß nämlich drei christliche Gemeinschaften, die römisch-katholische, die griechisch-schismatische und die anglikanische, obwohl voneinander geschieden und getrennt, doch mit gleichem Recht den katholischen Namen für sich beanspruchen. Der Zugang zu ihr steht also allen, an welchem Ort sie auch immer leben, sowohl Katholiken als auch Griechisch-Schismatischen, als auch Anglikanern offen, jedoch unter der Bedingung, daß es niemandem freistehe, über die verschiedenen Lehrkapitel, in denen sie unterschiedlicher Auffassung sind, eine Untersuchung anzustellen, und es den einzelnen erlaubt sei, den Grundsätzen des eigenen religiösen Bekenntnisses ruhigen Gewissens zu folgen.

Sie heißt aber alle Mitglieder, Gebete zu verrichten, und die Priester, Opfer zu feiern gemäß ihrer Absicht: damit nämlich die drei erwähnten christlichen Gemeinschaften, die ja, wie unterstellt wird, alle zusammen schon die katholische Kirche darstellen, sich endlich einmal vereinigen, um den einen Leib zu bilden. ...

Die Grundlage, auf die sie sich stützt, ist derart, daß sie die göttliche Verfassung der Kirche drüber und drunter kehrt. Sie beruht nämlich ganz darauf, daß sie unterstellt, die wahre Kirche Jesu Christi bestehe teils aus der über den gesamten Erdkreis hin verbreiteten und ausgedehnten Römischen Kirche, teils aber aus dem photianischen Schisma und aus der anglikanischen Häresie, für die es ebenso wie für die Römische Kirche "einen Herrn, einen Glauben und eine Taufe" gebe [*Eph 4,5*]. ...

Sicherlich kann einem katholischen Manne nichts willkommener sein, als daß unter Christen Schismen und Meinungsverschiedenheiten mit Stumpf und Stiel ausgerottet werden und alle Christen "darauf bedacht" sind, "die Einheit des Geistes im Band des Friedens zu wahren" [*Eph 4,3*]. ... Aber daß Christgläubige und Kirchenmänner unter Anleitung von Häretikern und, was noch schlimmer ist, gemäß einer in höchstem

Vera Iesu Christi Ecclesia quadruplici nota, quam in Symbolo credendam asserimus, auctoritate divina constituitur et dignoscitur: et quaelibet ex hisce notis ita cum aliis cohaeret, ut ab iis nequeat seiungi; hinc fit, ut quae vere est et dicitur catholica, unitatis simul, sanctitatis et apostolicae successionis praerogativa debeat effulgere.

Ecclesia igitur catholica una est unitate conspicua perfectaque orbis terrae et omnium gentium, ea profecto unitate, cuius principium, radix et origo indefectibilis est beati Petri Apostolorum principis, eiusque in Cathedra Romana successorum suprema auctoritas et "potior principalitas"[1]. Nec alia est Ecclesia catholica, nisi quae super unum Petrum aedificata in unum conexum corpus atque compactum [*cf. Eph 4,16*] unitate fidei et caritatis assurgit. ...

Maße von Häresie befleckten und angekränkelten Absicht für die christliche Einheit beten, kann in keiner Weise geduldet werden.

Die wahre Kirche Jesu Christi **2888** wird durch das vierfache Merkmal, das wir als zu glaubendes im Bekenntnis bejahen, aus göttlicher Autorität begründet und unterschieden: und jedes von diesen Merkmalen hängt so mit den anderen zusammen, daß es von diesen nicht getrennt werden kann; daraus folgt, daß ⟨jene⟩, die wahrhaft katholisch ist und genannt wird, zugleich mit dem Vorzug der Einheit, der Heiligkeit und der apostolischen Nachfolge erstrahlen muß.

Die katholische Kirche ist also e i n e in einer offensichtlichen und vollkommenen Einheit auf dem Erdkreis und unter allen Völkern, in einer solchen Einheit freilich, deren Prinzip, Wurzel und unabdingbarer Ursprung die höchste Autorität und "der vorzüglichere Vorrang"[1] des seligen Apostelfürsten Petrus und seiner Nachfolger auf dem Römischen Stuhl ist. Und es gibt keine andere katholische Kirche als ⟨die⟩, welche sich, auf den einen Petrus erbaut, in der Einheit des Glaubens und der Liebe zu dem einen verknüpften und zusammengefügten Leib [*vgl. Eph 4,16*] erhebt. ...

## 2890-2896: Enzyklika "Quanta cura", 8. Dez. 1864

*Ausg.:* ASS 3 (1867/68; 1878[2]) 163–166 / Pius IX., *Acta* 1/III, 691–695 / Katholik 45/I (1865) 4–8.

### *Naturalismus und Sozialismus*

Quoniam, ubi a civili societate fuit amota religio ac repudiata divinae revelationis doctrina et auctoritas, vel ipsa germana iustitiae humanique iuris notio tenebris obscuratur et amittitur, atque in verae iustitiae legitimique iuris locum materialis substituitur vis, inde liquet, cur nonnulli certissimis sanae rationis principiis penitus neglectis posthabitisque audeant conclamare, "voluntatem populi, publica, quam dicunt, opinione vel alia ratione manifestatam constituere supremam legem ab omni divino humanoque iure solutam, et in ordine politico facta consummata eo ipso, quod consummata sunt, vim iuris habere".

Denn wo aus der bürgerlichen Gesell- **2890** schaft die Religion entfernt und die Lehre und Autorität der göttlichen Offenbarung zurückgewiesen worden ist, da wird auch der echte Begriff von Gerechtigkeit und menschlichem Recht von Dunkelheit umhüllt und fallen gelassen; und an die Stelle wahrer Gerechtigkeit und gesetzmäßigen Rechtes tritt nackte Gewalt; daraus erklärt es sich, warum manche unter völliger Vernachlässigung und Hintanstellung der sichersten Grundsätze einer gesunden Vernunft laut zu verkünden wagen, "der durch die sogenannte öffentliche Meinung oder auf eine andere Weise kundgetane Wille des Volkes bilde das

---

**\*2888** [1]   Irenäus von Lyon, *Adversus haereses* III 3, n. 1 (hrsg. von W. W. Harvey [Cambridge 1857] 2,9 / PG 7,849A / SouChr 211,32$_{26}$ [= n. 2]).

von jeglichem göttlichen und menschlichen Recht losgelöste höchste Gesetz, und in der politischen Ordnung hätten vollendete Tatsachen eben dadurch, daß sie vollendet sind, Rechtskraft".

Verum ecquis non videt planeque sentit, hominum societatem religionis ac verae iustitiae vinculis solutam nullum aliud profecto propositum habere posse, nisi scopum comparandi cumulandique opes nullamque aliam in suis actionibus legem sequi, nisi indomitam animi cupiditatem inserviendi propriis voluptatibus et commodis? ...

Wer aber sähe und spürte nicht deutlich, daß eine von den Banden der Religion und wahren Gerechtigkeit losgelöste Gesellschaft von Menschen überhaupt keinen anderen Zweck haben kann als das Ziel, Schätze zu erwerben und aufzuhäufen und in ihren Taten keinem anderen Gesetz zu folgen als der ungezügelten Begierde des Herzens, seinen eigenen Lüsten und Vorteilen zu dienen? ...

**2891**    Neque contenti amovere religionem a publica societate volunt religionem ipsam a privatis etiam arcere familiis. Etenim funestissimum communismi et socialismi docentes ac profitentes errorem asserunt "societatem domesticam seu familiam totam suae exsistentiae rationem a iure dumtaxat civili mutuari; proindeque ex lege tantum civili dimanare ac pendere iura omnia parentum in filios, cum primis vero ius institutionis educationisque curandae".

Und nicht damit zufrieden, die Religion aus der öffentlichen Gesellschaft zu verdrängen, wollen sie die Religion selbst noch von den Privatfamilien fernhalten. Den äußerst verderblichen Irrtum des Kommunismus und Sozialismus lehrend und verkündend behaupten sie nämlich, "die häusliche Gemeinschaft bzw. die Familie entlehne ihren ganzen Daseinsgrund lediglich dem bürgerlichen Recht; und daher würden alle Rechte der Eltern gegenüber den Kindern, insbesondere aber das Recht, für ihre Ausbildung und Erziehung zu sorgen, nur vom bürgerlichen Gesetz ausgehen und abhängen".

**2892**    Quibus impiis opinionibus machinationibusque in id praecipue intendunt fallacissimi isti homines, ut salutifera catholicae Ecclesiae doctrina ac vis a iuventutis institutione et educatione prorsus eliminetur.

Mit diesen gottlosen Auffassungen und Machenschaften zielen diese höchst trügerischen Menschen vor allem darauf ab, daß die heilbringende Lehre und Kraft der katholischen Kirche von der Ausbildung und Erziehung der Jugend völlig ausgeschlossen werde.

### Die Unabhängigkeit der kirchlichen von der bürgerlichen Autorität

**2893**    Alii instaurantes prava ac toties damnata novatorum commenta insigni impudentia audent Ecclesiae et huius Apostolicae Sedis supremam auctoritatem a Christo Domino ei tributam civilis auctoritatis arbitrio subicere, et omnia eiusdem Ecclesiae et Sedis iura denegare circa ea, quae ad exteriorem ordinem pertinent.

Andere erneuern die verkehrten und so oft verurteilten Erdichtungen der Neuerer und wagen es mit außerordentlicher Unverschämtheit, die höchste Autorität der Kirche und dieses Apostolischen Stuhles, die ihm von Christus, dem Herrn, zuerkannt wurde, dem Gutdünken der bürgerlichen Autorität zu unterwerfen und alle Rechte dieser Kirche und dieses Stuhles in bezug auf das, was zur äußeren Ordnung gehört, zu leugnen.

**2894**    Namque ipsos minime pudet affirmare "Ecclesiae leges non obligare in conscientia, nisi cum promulgantur a civili potestate; acta et decreta Romanorum Pontificum ad religio-

Sie schämen sich nämlich keineswegs zu behaupten, "die Gesetze der Kirche verpflichteten nicht im Gewissen, wenn sie nicht von der bürgerlichen Gewalt verkündet

nem et Ecclesiam spectantia indigere sanctione et approbatione vel minimum assensu potestatis civilis; constitutiones Apostolicas[1], quibus damnantur clandestinae societates, sive in eis exigatur sive non exigatur iuramentum de secreto servando, earumque asseclae et fautores anathemate mulctantur, nullam habere vim in illis orbis regionibus, ubi eiusmodi aggregationes tolerantur a civili gubernio. ..."

Neque erubescunt palam publiceque profiteri haereticorum effatum et principium, ex quo tot perversae oriuntur sententiae atque errores. Dictitant enim "Ecclesiasticam potestatem non esse iure divino distinctam et independentem a potestate civili, neque eiusmodi distinctionem – et independentiam servari posse, quin ab Ecclesia invadantur et usurpentur essentialia iura potestatis civilis".

Atque silentio praeterire non possumus eorum audaciam, qui ... contendunt "illis Apostolicae Sedis iudiciis et decretis, quorum obiectum ad bonum generale Ecclesiae eiusdemque iura ac disciplinam spectare declaratur, dummodo fidei morumque dogmata non attingat, posse assensum et oboedientiam detrectari absque peccato et absque ulla catholicae professionis iactura." ...

Itaque omnes et singulas pravas opiniones ac doctrinas singillatim hisce litteris commemoratas auctoritate Nostra Apostolica reprobamus, proscribimus atque damnamus, easque ab omnibus catholicae Ecclesiae filiis veluti reprobatas, proscriptas atque damnatas omnino haberi volumus et mandamus.

werden; Verlautbarungen und Dekrete der Römischen Bischöfe, die sich auf Religion und Kirche beziehen, bedürften der Bestätigung und Billigung oder wenigstens der Zustimmung der bürgerlichen Gewalt; die Apostolischen Konstitutionen[1], in denen die geheimen Gesellschaften – gleich ob in ihnen ein Eid zur Wahrung des Geheimnisses gefordert oder nicht gefordert wird – verurteilt und ihre Anhänger und Gönner mit dem Anathema bestraft werden, hätten in jenen Gegenden des Erdkreises keine Gültigkeit, wo solche Vereinigungen von der bürgerlichen Regierung geduldet werden. ...

**2895** Sie erröten auch nicht, in aller Öffentlichkeit den Ausspruch und Grundsatz der Häretiker zu verkünden, aus dem so viele verkehrte Auffassungen und Irrtümer entstehen. Sie sagen nämlich immer wieder, "die kirchliche Gewalt sei nicht kraft göttlichen Rechtes von der bürgerlichen Gewalt verschieden und unabhängig; auch könne eine solche Verschiedenheit und Unabhängigkeit nicht gewahrt werden, ohne daß von der Kirche wesentliche Rechte der bürgerlichen Gewalt in Beschlag genommen und beansprucht würden".

Wir können auch nicht die Dreistigkeit derer mit Schweigen übergehen, die ... behaupten, "man könne jenen Entscheiden und Dekreten des Apostolischen Stuhles, von denen erklärt wird, ihr Gegenstand beziehe sich auf das allgemeine Wohl der Kirche sowie ihre Rechte und ihre Ordnung, ohne Sünde und völlig unbeschadet des katholischen Bekenntnisses die Zustimmung und den Gehorsam verweigern, sofern er ⟨= der Gegenstand der Entscheide⟩ nur nicht Glaubens- und Sittenlehren betreffe." ...

**2896** Deshalb verwerfen, ächten und verurteilen Wir kraft Unserer Apostolischen Autorität samt und sonders die verkehrten Meinungen und Lehren, die im einzelnen in diesem Schreiben erwähnt wurden, und wollen und gebieten, daß sie von allen Söhnen der katholischen Kirche als vollends verworfen, geächtet und verurteilt angesehen werden.

---

**\*2894** [1]   Clemens XII., "*In eminenti*", 28. April 1738 (CdICF 1,656–658, Nr. 299; vgl. \*2511–2513); Benedikt XIV., "*Providas Romanorum*", 18. Mai 1751 (Benedikt XIV., *Bullarium*, Mechelner Ausg. 8,416f); Pius VII., "*Ecclesiam a Iesu Christo*", 13. Sept. 1821 (BullRCt 15,446b); Leo XII., "*Quo graviora*", 13. März 1825 (BullRCt 16,345–355a).

**2901-2980: Syllabus Pius' IX. bzw. Sammlung von Irrtümern, die in verschiedenen Verlautbarungen Pius' IX. geächtet wurden, herausgegeben am 8. Dez. 1864**

Pius IX. ließ der Enzyklika "*Quanta cura*" (vgl. \*2890-2896) am Tage der Veröffentlichung (8. Dez. 1864) eine Sammlung von 80 Sätzen beifügen, die er in verschiedenen Dokumenten zuvor verurteilt hatte (vgl. das folgende Verzeichnis). Zur Klärung des Sinngehalts und des Gewichts der Verurteilung sind der jeweilige Textzusammenhang und der Charakter des betreffenden Dokuments zu berücksichtigen. Bestimmte Sätze rechtlicher oder kirchenpolitischer Natur sind in hohem Maße den Zeitumständen verhaftet. Ausgearbeitet wurde der Syllabus von einer Kardinalskommission auf der Grundlage einer Pastoralinstruktion Bischof Gerberts von Perpignan (1860), deren 85 Sätze, in 61 zusammengefaßt, im Syllabus wiederkehren. Schon zuvor hatte Pius IX. auf Anregung Kardinal Gioacchino Peccis (des späteren Leo XIII.) daran gedacht, einen solchen Syllabus zusammen mit der Definition der Unbefleckten Empfängnis herauszugeben. Die Liste konnte damals nicht fertiggestellt werden.

*Ausg.:* ASS 3 (1867/68; 1878$^2$) 168-176 / ASyll, S. IX-XXIV / Pius IX., *Acta* 1/III, 701-717 / Katholik 45/I (1865) 13-26.

**Verzeichnis der Verlautbarungen Pius' IX., aus denen der Syllabus zusammengestellt wurde**

1' Enzyklika "*Qui pluribus*", 9. Nov. 1846 [vgl. \*2775-2786. – Zu den Sätzen 4-7 16 § IV. 40 63].

2' Ansprache "*Quisque vestrum*", 4. Okt. 1847 [zu 63].

3' Ansprache "*Ubi primum*", 17. Dez. 1847 [zu 16].

4' Ansprache "*Quibus quantisque*", 20. April 1849 [zu § IV. 40 64 76].

5' Enzyklika "*Nostis et nobiscum*", 8. Dez. 1849 [zu 18 § IV. 63].

6' Ansprache "*Si semper antea*", 20. Mai 1850 [zu 76].

7' Ansprache "*In consistoriali*", 1. Nov. 1850 [zu 43-53].

8' Brief "*Multiplices inter*", 10. Juni 1851 [verurteilt ein Werk von Francisco González Vigils: *Defensa de la autoridad de los gobiernos y de los obispos contra las pretensiones de la curia Romana* (Lima 1848). – Zu 15 21 23 30 51 54 68].

9' Brief "*Ad apostolicae sedis*", 22. Aug. 1851 [verurteilt zwei Werke von Johannes Nepomuk Nuytz: *Iuris ecclesiastici institutiones* (Turin 1844); *In ius ecclesiasticum universum tractationes; Prolegomena: De rebus; De matrimonio; De personis* (Turin 1846; 1847; 1848; 1850). – Zu 24f 34-36 38 41f 65-67 69-75].

10' Ansprache "*Quibus luctuosissimis*", 5. Sept. 1851 [zu 45].

11' Brief an den König von Sardinien, 9. Sept. 1852 [zu 73].

12' Ansprache "*Acerbissimum*", 27. Sept. 1852 [zu 31 51 53 55 67 73f 78].

13' Ansprache "*Singulari quadam*", 9. Dez. 1854 [zu 8 17 § IV. 19].

14' Ansprache "*Probe memineritis*", 22. Jan. 1855 [zu 53].

15' Ansprache "*Cum saepe*", 26. Juli 1855 [zu 53].

16' Ansprache "*Nemo vestrum*", 26. Juli 1855 [zu 77].

17' Enzyklika "*Singulari quidem*", 17. März 1856 [zu 4 16].

18' Ansprache "*Numquam fore*", 15. Dez. 1856 [zu 26 28f 31 46 50 52 79].

19' Brief "*Eximiam tuam*" an den Erzbischof von Köln, 15. Juni 1857 [vgl. \*2828-2831. – Zu 14NB].

20' Apostolisches Schreiben "*Cum catholica Ecclesia*", 26. März 1860 [zu 63 76NB].

21' Apostolisches Schreiben "*Dolore haud mediocri*" an den Bischof von Breslau, 30. April 1860 [zu 14NB].

22' Ansprache "*Novos et ante*", 28. Sept. 1860 [zu 19 62 76NB].

23' Ansprache "*Multis gravibusque*", 17. Dez. 1860 [zu 37 43 73].

24' Ansprache "*Iamdudum cernimus*", 18. März 1861 [zu 37 61 76NB 80].

25' Ansprache "*Meminit unusquisque*", 30. Sept. 1861 [zu 20].

26' Ansprache "*Maxima quidem*", 9. Juni 1862 [zu 1-7 15 19 27 39 44 49 56-60 76NB].

27' Brief "*Gravissimas inter*" an den Erzbischof von München – Freising, 11. Dez. 1862 [vgl. \*2850-2861. – Zu 9-11].

28' Enzyklika "*Quanto conficiamur*", 10. Aug. 1863 [vgl. *2865-2867. – Zu 17 § IV. 58].

29' Enzyklika "*Incredibili afflictamur*", 17. Sept. 1863 [zu 26].

30' Brief "*Tuas libenter*" an den Erzbischof von München – Freising, 21. Dez. 1863 [vgl. *2875-2880. – Zu 9f 12-14 22 33].

31' Brief "*Cum non sine*" an den Erzbischof von Freiburg, 14. Juli 1864 [zu 47f].

32' Brief "*Singularis nobisque*" an den Bischof von Monreale, 29. Sept. 1864 [zu 32].

### Sätze des Syllabus

(mit den Siglen 1'-32' im Anschluß an die Sätze wird auf das vorangehende Verzeichnis der Verlautbarungen Bezug genommen.)

§ I. *Pantheismus, naturalismus et rationalismus absolutus*

§ I. *Pantheismus, Naturalismus und unbedingter Rationalismus*

1. Nullum supremum, sapientissimum, providentissimumque Numen divinum exsistit, ab hac rerum universitate distinctum, et Deus idem est ac rerum natura et idcirco immutationibus obnoxius, Deusque reapse fit in homine et mundo, atque omnia Deus sunt et ipsissimam Dei habent substantiam; ac una eademque res est Deus cum mundo et proinde spiritus cum materia, necessitas cum libertate, verum cum falso, bonum cum malo et iustum cum iniusto (26').

1. Es existiert kein höchstes, weisestes und vorsehendstes göttliches Wesen, das von diesem All der Dinge unterschieden ist; und Gott ist dasselbe wie die Natur der Dinge und deshalb Veränderungen unterworfen; und in Wirklichkeit wird Gott im Menschen und in der Welt, und alles ist Gott und besitzt Gottes ureigene Substanz; auch sind Gott und die Welt und daher Geist und Materie, Notwendigkeit und Freiheit, Wahres und Falsches, Gutes und Böses, Gerechtes und Ungerechtes ein und dasselbe (26'). **2901**

2. Neganda est omnis Dei actio in homines et mundum (26').

2. Zu leugnen ist jedes Handeln Gottes an den Menschen und der Welt (26'). **2902**

3. ʿHumana ratio, nullo prorsus Dei respectu habito, unicus est veri et falsi, boni et mali arbiter, sibi ipsi est lex et naturalibus suis viribus ad hominum ac populorum bonum curandum sufficit (26').

3. Die menschliche Vernunft ist – ohne daß Gott irgendwie berücksichtigt würde – der einzige Richter über Wahr und Falsch sowie Gut und Böse; sie ist sich selbst Gesetz und reicht mit ihren natürlichen Kräften hin, für das Wohl der Menschen und Völker zu sorgen (26'). **2903**

4. Omnes religionis veritates ex nativa humanae rationis vi derivant; hinc ratio est princeps norma, qua homo cognitionem omnium cuiuscunque generis veritatum assequi possit ac debeat (1' 17' 26').

4. Alle Wahrheiten der Religion fließen aus der angeborenen Kraft der menschlichen Vernunft; daher ist die Vernunft die hauptsächliche Richtschnur, nach der der Mensch zur Erkenntnis aller Wahrheiten jedweder Art gelangen kann und soll (1' 17' 26'). **2904**

5. Divina revelatio est imperfecta et idcirco subiecta continuo et indefinito progressui, qui humanae rationis progressui respondeat (1' 26').

5. Die göttliche Offenbarung ist unvollkommen und deshalb einem beständigen und unbegrenzten Fortschritt unterworfen, der dem Fortschritt der menschlichen Vernunft entspricht (1' 26'). **2905**

6. Christi fides humanae refragatur rationi; divinaque revelatio non solum nihil prodest, verum etiam nocet hominis perfectioni (1' 26').

6. Der Glaube an Christus widerspricht der menschlichen Vernunft; und die göttliche Offenbarung nützt nicht nur nichts, sondern schadet sogar der Vervollkommnung des Menschen (1' 26'). **2906**

**2907**    7. Prophetiae et miracula in sacris Litteris exposita et narrata sunt poetarum commenta, et christianae fidei mysteria philosophicarum investigationum summa; et utriusque Testamenti libris mythica continentur inventa; ipseque Iesus Christus est mythica fictio (1' 26').

7. Die in der heiligen Schrift geschilderten und erzählten Weissagungen und Wunder sind Märchen von Dichtern, und die Geheimnisse des christlichen Glaubens sind Ergebnis philosophischer Forschungen; und in den Büchern beider Testamente sind mythische Erfindungen enthalten; und Jesus Christus selbst ist eine mythische Erdichtung (1' 26').

### § II. *Rationalismus moderatus*

**2908**    8. Cum ratio humana ipsi religioni aequiparetur, idcirco theologicae disciplinae perinde ac philosophicae tractandae sunt (13').

### § II. *Gemäßigter Rationalismus*

8. Da die menschliche Vernunft den gleichen Rang wie die Religion selbst hat, sind die theologischen Wissenschaften genauso zu behandeln wie die philosophischen (13').

**2909**    9. Omnia indiscriminatim dogmata religionis christianae sunt obiectum naturalis scientiae seu philosophiae; et humana ratio historice tantum exculta potest ex suis naturalibus viribus et principiis ad veram de omnibus etiam reconditioribus dogmatibus scientiam pervenire, modo haec dogmata ipsi rationi tamquam obiectum proposita fuerint (27' [*cf. \*2857*] 30' [*cf. \*2878*]).

9. Alle Glaubenssätze der christlichen Religion sind ohne Unterschied Gegenstand des natürlichen Wissens oder der Philosophie; und die nur historisch ausgebildete menschliche Vernunft kann aufgrund ihrer natürlichen Kräfte und Prinzipien zum wahren Wissen von allen – auch den verborgeneren – Glaubenssätzen gelangen, sofern diese Glaubenssätze nur der Vernunft selbst als Gegenstand vorgelegt worden sind (27' [*vgl. \*2857*] 30' [*vgl. \*2878*]).

**2910**    10. Cum aliud sit philosophus, aliud philosophia, ille ius et officium habet se submittendi auctoritati, quam veram ipse probaverit; at philosophia neque potest neque debet ulli sese submittere auctoritati (27' [*cf. \*2858*] 30').

10. Da der Philosoph etwas anderes ist als die Philosophie, hat jener das Recht und die Pflicht, sich einer Autorität zu unterwerfen, die er selbst als wahr anerkannt hat; aber die Philosophie kann und darf sich keiner Autorität unterwerfen (27' [*vgl. \*2858*] 30').

**2911**    11. Ecclesia non solum non debet in philosophiam umquam animadvertere, verum etiam debet ipsius philosophiae tolerare errores eique relinquere, ut ipsa se corrigat (27' [*cf. \*2860*]).

11. Die Kirche darf nicht nur niemals die Philosophie rügen, sondern sie muß sogar die Irrtümer der Philosophie selbst dulden und es ihr überlassen, sich selbst zu verbessern (27' [*vgl. \*2860*]).

**2912**    12. Apostolicae Sedis Romanarumque Congregationum decreta liberum scientiae progressum impediunt (30' [*cf. \*2875*]).

12. Die Dekrete des Apostolischen Stuhles und der römischen Kogregationen behindern den freien Fortschritt der Wissenschaft (30' [*vgl. \*2875*]).

**2913**    13. Methodus et principia, quibus antiqui Doctores scholastici Theologiam excoluerunt, temporum nostrorum necessitatibus scientiarumque progressui minime congruunt (30' [*cf. \*2876*]).

13. Die Methode und die Grundsätze, nach denen die alten scholastischen Lehrer die Theologie ausbildeten, entsprechen keineswegs den Erfordernissen unserer Zeiten und dem Fortschritt der Wissenschaften (30' [*vgl. \*2876*]).

**2914**    14. Philosophia tractanda est nulla supernaturalis revelationis habita ratione (30').

14. Die Philosophie ist ohne Rücksichtnahme auf die übernatürliche Offenbarung zu behandeln (30').

NB. Cum rationalismi systemate cohaerent quoad maximam partem errores Antonii Guenther, qui damnantur in 19' et in 21'.

NB. Mit dem System des Rationalismus hängen größtenteils die Irrtümer Anton Günthers zusammen, die in 19' und in 21' verurteilt werden.

§ III. *Indifferentismus, latitudinarismus*

§ III. *Indifferentismus, Latitudinarismus*

15. Liberum cuique homini est eam amplecti ac profiteri religionem, quam rationis lumine quis ductus veram putaverit (8' 26').

15. Es steht jedem Menschen frei, diejenige Religion anzunehmen und zu bekennen, die man, vom Lichte der Vernunft geführt, für wahr erachtet (8' 26'). **2915**

16. Homines in cuiusvis religionis cultu viam aeternae salutis reperire aeternamque salutem assequi possunt (1' 3' 17').

16. Die Menschen können im Kult jedweder Religion den Weg zum ewigen Heil finden und das ewige Heil erlangen (1' 3' 17'). **2916**

17. Saltem bene sperandum est de aeterna illorum omnium salute, qui in vera Christi Ecclesia nequaquam versantur (13' 28' [*cf. *2865° 2865-2867*]).

17. Wenigstens muß man gute Hoffnung für das ewige Heil all jener hegen, die sich überhaupt nicht in der wahren Kirche Christi befinden (13' 28' [*vgl. *2865° 2865-2867*]). **2917**

18. Protestantismus non aliud est quam diversa verae eiusdem christianae religionis forma, in qua aeque ac in Ecclesia catholica Deo placere datum est (5').

18. Der Protestantismus ist nichts anderes als eine unterschiedliche Form derselben wahren christlichen Religion, in der es ebenso wie in der katholischen Kirche möglich ist, Gott zu gefallen (5'). **2918**

§ IV. *Socialismus, communismus, societates clandestinae, biblicae, clerico-liberales*

§ IV. *Sozialismus, Kommunismus, geheime, biblische und klerikal-liberale Gesellschaften*

... reprobantur in 1' 4' 5' 13' 28'.

... werden verworfen in 1' 4' 5' 13' 28'. **2918a**

§ V. *Errores de Ecclesia eiusque iuribus*

§ V. *Irrtümer über die Kirche und ihre Rechte*

19. Ecclesia non est vera perfectaque societas plane libera, nec pollet suis propriis et constantibus iuribus sibi a divino suo fundatore collatis, sed civilis potestatis est definire, quae sint Ecclesiae iura ac limites, intra quos eadem iura exercere queat (13' 23' 26').

19. Die Kirche ist keine wahre und vollkommene Gesellschaft, die völlig frei ist; sie verfügt auch nicht über ihre eigenen und beständigen Rechte, die ihr von ihrem göttlichen Gründer übertragen wurden, sondern es ist Aufgabe der bürgerlichen Gewalt, festzulegen, welches die Rechte der Kirche und die Grenzen sind, innerhalb derer sie diese Rechte ausüben kann (13' 23' 26'). **2919**

20. Ecclesiastica potestas suam auctoritatem exercere non debet absque civilis gubernii venia et assensu (25').

20. Die kirchliche Gewalt darf ihre Autorität nicht ohne die Erlaubnis und Zustimmung der bürgerlichen Regierung ausüben (25'). **2920**

21. Ecclesia non habet potestatem dogmatice definiendi, religionem catholicae Ecclesiae esse unice veram religionem (8').

21. Die Kirche hat nicht die Vollmacht, dogmatisch zu definieren, daß die Religion der katholischen Kirche die einzig wahre Religion sei (8'). **2921**

22. Obligatio, qua catholici magistri et scriptores omnino adstringuntur, coarctatur in iis tantum, quae ab infallibili Ecclesiae iudicio veluti fidei dogmata ab omnibus credenda proponuntur (30' [*cf. *2879*]).

22. Die Verpflichtung, an die katholische Lehrer und Schriftsteller durchaus gebunden sind, beschränkt sich nur darauf, was vom unfehlbaren Urteil der Kirche als von allen zu glaubende Lehrsätze vorgelegt wird (30' [*vgl. *2879*]). **2922**

2923    23. Romani Pontifices et Concilia oecumenica a limitibus suae potestatis recesserunt, iura principum usurparunt atque etiam in rebus fidei et morum definiendis errarunt (8').

23. Die Römischen Bischöfe und ökumenischen Konzilien sind von den Grenzen ihrer Vollmacht abgewichen, haben sich Rechte der Fürsten angemaßt und haben auch bei der Definierung von Glaubens- und Sittenfragen geirrt (8').

2924    24. Ecclesia vis inferendae potestatem non habet neque potestatem ullam temporalem directam vel indirectam (9').

24. Die Kirche hat nicht die Vollmacht, Gewalt anzuwenden, und auch keine direkte oder indirekte zeitliche Vollmacht (9').

2925    25. Praeter potestatem episcopatui inhaerentem, alia est attributa temporalis potestas a civili imperio vel expresse vel tacite concessa, revocanda propterea, cum libuerit, a civili imperio (9').

25. Außer der dem Bischofsamt innewohnenden Vollmacht ist ⟨ihm noch⟩ eine andere zeitliche Vollmacht verliehen, die von der bürgerlichen Regierungsgewalt entweder ausdrücklich oder stillschweigend zuerkannt wurde und die deswegen von der bürgerlichen Regierungsgewalt nach Belieben widerrufen werden kann (9').

2926    26. Ecclesia non habet nativum ac legitimum ius acquirendi ac possidendi (18' 29').

26. Die Kirche hat kein angeborenes und gesetzliches Recht auf Erwerb und Besitz (18' 29').

2927    27. Sacri Ecclesiae ministri Romanusque Pontifex ab omni rerum temporalium cura ac dominio sunt omnino excludendi (26').

27. Die heiligen Diener der Kirche und der Römische Bischof sind von jeder Sorge und Herrschaft über zeitliche Dinge völlig auszuschließen (26').

2928    28. Episcopis, sine gubernii venia, fas non est vel ipsas Apostolicas Litteras promulgare (18').

28. Bischöfen ist es ohne Erlaubnis der Regierung nicht erlaubt, selbst Apostolische Schreiben zu veröffentlichen (18').

2929    29. Gratiae a Romano Pontifice concessae existimari debent tamquam irritae, nisi per gubernium fuerint imploratae (18').

29. Vom Römischen Bischof verliehene Gnadenerweise müssen für ungültig erachtet werden, wenn sie nicht durch die Regierung erbeten wurden (18').

2930    30. Ecclesiae et personarum ecclesiasticarum immunitas a iure civili ortum habuit (8').

30. Die Rechtsunabhängigkeit der Kirche und der kirchlichen Personen hatte ihren Ursprung im bürgerlichen Recht (8').

2931    31. Ecclesiasticum forum pro temporalibus clericorum causis sive civilibus sive criminalibus omnino de medio tollendum est, etiam inconsulta et reclamante Apostolica Sede (12' 18').

31. Die kirchliche Gerichtsbarkeit für zeitliche Zivil- wie Strafrechtssachen von Klerikern ist völlig zu beseitigen, auch ohne Rücksprache und bei Widerspruch des Apostolischen Stuhles (12' 18').

2932    32. Absque ulla naturalis iuris et aequitatis violatione potest abrogari personalis immunitas, qua clerici ab onere subeundae exercendaeque militiae eximuntur; hanc vero abrogationem postulat civilis progressus, maxime in societate ad formam liberioris regiminis constituta (32').

32. Ohne jede Verletzung des natürlichen Rechtes und der natürlichen Billigkeit kann die persönliche Rechtsunabhängigkeit abgeschafft werden, durch die die Kleriker von der Last befreit werden, Militärdienst auf sich zu nehmen und abzuleisten; diese Abschaffung aber erfordert der bürgerliche Fortschritt, vor allem in einer Gesellschaft, die nach einer freiheitlicheren Regierungsform verfaßt ist (32').

33. Non pertinet unice ad ecclesiasticam iurisdictionis potestatem proprio ac nativo iure dirigere theologicarum rerum doctrinam (30').

34. Doctrina comparantium Romanum Pontificem principi libero et agenti in universa Ecclesia doctrina est, quae medio aevo praevaluit (9').

35. Nihil vetat, alicuius Concilii generalis sententia aut universorum populorum facto summum Pontificatum ab Romano episcopo atque Urbe ad alium episcopum aliamque civitatem transferri (9').

36. Nationalis concilii definitio nullam aliam admittit disputationem, civilisque administratio rem ad hosce terminos exigere potest (9').

37. Institui possunt nationales ecclesiae ab auctoritate Romani Pontificis subductae planeque divisae (23' 24').

38. Divisioni Ecclesiae in orientalem atque occidentalem nimia Romanorum Pontificum arbitria contulerunt (9').

§ VI. *Errores de societate civili tum in se tum in suis ad Ecclesiam relationibus spectata*

39. Reipublicae status, utpote omnium iurium origo et fons, iure quodam pollet nullis circumscripto limitibus (26').

40. Catholicae Ecclesiae doctrina humanae societatis bono et commodis adversatur (1' [*cf. \*2775*] 4').

41. Civili potestati vel ab infideli imperante exercitae competit potestas indirecta negativa in sacra; eidem proinde competit nedum ius quod vocant "exsequatur", sed etiam ius "appellationis", quam nuncupant, "ab abusu" (9').

42. In conflictu legum utriusque potestatis ius civile praevalet (9').

33. Es gehört nicht einzig zur kirchlichen **2933** Jurisdiktionsvollmacht, aus eigenem und angeborenem Recht die Lehre von theologischen Sachverhalten zu lenken (30').

34. Die Lehre derer, die den Römischen **2934** Bischof mit einem freien und in der gesamten Kirche handelnden Fürsten vergleichen, ist eine Lehre, die im Mittelalter vorherrschte (9').

35. Nichts hindert, daß auf Beschluß ir- **2935** gendeines allgemeinen Konzils oder durch die Tat aller Völker das höchste Papsttum vom Römischen Bischof und von der Stadt ⟨Rom⟩ auf einen anderen Bischof und eine andere Stadt übertragen werde (9').

36. Die Definition einer nationalen Syn- **2936** ode läßt keine weitere Erörterung zu, und die bürgerliche Verwaltung kann die Sache nach diesen Bestimmungen einfordern (9').

37. Es können nationale Kirchen einge- **2937** richtet werden, die der Autorität des Römischen Bischofs entzogen und völlig von ihr getrennt sind (23' 24').

38. Zur Teilung der Kirche in eine östliche **2938** und eine westliche haben allzu willkürliche Entscheidungen der Römischen Bischöfe beigetragen (9').

§ VI. *Irrtümer über die bürgerliche Gesellschaft, sowohl in sich als auch in ihren Beziehungen zur Kirche betrachtet*

39. Die Staatsverfassung verfügt als Ur- **2939** sprung und Quelle aller Rechte über ein Recht, das von keinen Grenzen eingeschränkt ist (26').

40. Die Lehre der katholischen Kirche wi- **2940** derstreitet dem Wohl und den Vorteilen der menschlichen Gesellschaft (1' [*vgl. \*2775*] 4').

41. Der bürgerlichen Gewalt, selbst wenn **2941** sie von einem ungläubigen Befehlshaber ausgeübt wird, kommt die indirekte negative Vollmacht für den religiösen Bereich zu; ihr kommt daher nicht nur das sogenannte Recht der "Vollzugserlaubnis" zu, sondern auch das sogenannte Recht der "Berufung aufgrund von Mißbrauch" (9').

42. In einem Gesetzeskonflikt beider Ge- **2942** walten hat das bürgerliche Recht Vorrang (9').

**2943**     43. Laica potestas auctoritatem habet rescindendi, declarandi ac faciendi irritas solemnes conventiones (vulgo "Concordata") super usu iurium ad ecclesiasticam immunitatem pertinentium cum Sede Apostolica initas sine huius consensu, immo et ea reclamante (7' 23').

**2944**     44. Civilis auctoritas potest se immiscere rebus, quae ad religionem, mores et regimen spirituale pertinent. Hinc potest de instructionibus iudicare, quas Ecclesiae pastores ad conscientiarum normam pro suo munere edunt, quin etiam potest de divinorum sacramentorum administratione et dispositionibus ad ea suscipienda necessariis decernere (7' 26').

**2945**     45. Totum scholarum publicarum regimen, in quibus iuventus christianae alicuius reipublicae instituitur, episcopalibus dumtaxat seminariis aliqua ratione exceptis, potest ac debet attribui auctoritati civili, et ita quidem attribui, ut nullum alii cuicumque auctoritati recognoscatur ius immiscendi se in disciplina scholarum, in regimine studiorum, in graduum collatione, in delectu aut approbatione magistrorum (7' 10').

**2946**     46. Immo in ipsis clericorum seminariis methodus studiorum adhibenda civili auctoritati subicitur (18').

**2947**     47. Postulat optima civilis societatis ratio, ut populares scholae, quae patent omnibus cuiusque e populo classis pueris, ac publica universim instituta, quae litteris severioribusque disciplinis tradendis et educationi iuventutis curandae sunt destinata, eximantur ab omni Ecclesiae auctoritate, moderatrice vi et ingerentia, plenoque civilis ac politicae auctoritatis arbitrio subiciantur ad imperantium placita et ad communium aetatis opinionum amussim (31').

43. Die weltliche Macht hat die Befugnis, feierliche Vereinbarungen (sogenannte "Konkordate"), die mit dem Apostolischen Stuhl über den Gebrauch von Rechten, die zur kirchlichen Rechtsunabhängigkeit gehören, eingegangen wurden, ohne dessen Zustimmung, ja sogar gegen seinen Widerspruch aufzuheben und für ungültig zu erklären und zu machen (7' 23').

44. Die bürgerliche Autorität kann sich in Dinge einmischen, die die Religion, die Sitten und die geistliche Leitung betreffen. Daher kann sie über Instruktionen urteilen, die die Hirten der Kirche gemäß ihrem Amte als Richtschnur für die Gewissen herausgeben; ja sie kann sogar über die Spendung der göttlichen Sakramente und die zu ihrem Empfang notwendigen Voraussetzungen befinden (7' 26').

45. Die gesamte Leitung der öffentlichen Schulen, in denen die Jugend eines christlichen Gemeinwesens ausgebildet wird – ausgenommen in gewisser Weise lediglich die bischöflichen Seminare –, kann und soll der bürgerlichen Autorität zugewiesen werden, und zwar so zugewiesen werden, daß keiner anderen Autorität irgendein Recht zuerkannt wird, sich in den Unterricht der Schulen, in die Leitung der Studien, in die Verleihung von Graden oder in die Auswahl und Anerkennung der Lehrer einzumischen (7' 10').

46. Ja selbst in Klerikerseminaren unterliegt der einzuhaltende Studiengang der bürgerlichen Autorität (18').

47. Es ist zum Besten der bürgerlichen Gesellschaft erforderlich, daß Volksschulen, die allen Kindern jedweder Klasse aus dem Volke offenstehen, und allgemein die öffentlichen Einrichtungen, die für die Vermittlung von Bildung und ernsteren Wissenschaften sowie für die Sorge um die Jugenderziehung bestimmt sind, von jeglicher Autorität, Leitungsbefugnis und Einflußnahme der Kirche freigemacht und völlig der Entscheidungsbefugnis der bürgerlichen und politischen Autorität unterworfen werden nach den Beschlüssen der Herrschenden und nach Maßgabe der allgemeinen Auffassungen der Zeit (31').

48. Catholicis viris probari potest ea iuventutis instituendae ratio, quae sit a catholica fide et ab Ecclesiae potestate seiuncta, quaeque rerum dumtaxat naturalium scientiam ac terrenae socialis vitae fines tantummodo vel saltem primario spectet (31').

49. Civilis auctoritas potest impedire, quominus sacrorum antistites et fideles populi cum Romano Pontifice libere ac mutuo communicent (26').

50. Laica auctoritas habet per se ius praesentandi episcopos et potest ab illis exigere, ut ineant dioecesium procurationem, antequam ipsi canonicam a Sancta Sede institutionem et Apostolicas Litteras accipiant (18').

51. Immo laicum gubernium habet ius deponendi ab exercitio pastoralis ministerii episcopos, neque tenetur oboedire Romano Pontifici in iis, quae episcopatuum et episcoporum respiciunt institutionem (8' 12').

52. Gubernium potest suo iure immutare aetatem ab Ecclesia praescriptam pro religiosa tam mulierum quam virorum professione, omnibusque religiosis familiis indicere, ut neminem sine suo permissu ad solemnia vota nuncupanda admittant (18').

53. Abrogandae sunt leges, quae ad religiosarum familiarum statum tutandum earumque iura et officia pertinent; immo potest civile gubernium iis omnibus auxilium praestare, qui a suscepto religiosae vitae instituto deficere ac solemnia vota frangere velint; pariterque potest religiosas easdem familias perinde ac collegiatas ecclesias et beneficia simplicia etiam iuris patronatus penitus exstinguere, illorumque bona et reditus civilis potestatis administrationi et arbitrio subicere et vindicare (12' 14' 15').

54. Reges et principes non solum ab Ecclesiae iurisdictione eximuntur, verum etiam in quaestionibus iurisdictionis dirimendis su-·

48. Von Katholiken kann jene Art der Jugendbildung gebilligt werden, die vom katholischen Glauben und von der Vollmacht der Kirche losgetrennt ist und die ihr Augenmerk lediglich oder auch nur in erster Linie auf die Naturwissenschaft und die Ziele des irdischen gesellschaftlichen Lebens richtet (31'). **2948**

49. Die bürgerliche Autorität kann verhindern, daß die Bischöfe und die Gläubigen des Volkes mit dem Römischen Bischof frei und wechselseitig verkehren (26'). **2949**

50. Die weltliche Autorität hat aus sich das Recht, Bischöfe vorzuschlagen, und kann von ihnen verlangen, die Verwaltung der Diözesen anzutreten, bevor sie selbst vom Heiligen Stuhl die kanonische Einsetzung und das Apostolische Schreiben empfangen (18'). **2950**

51. Die weltliche Regierung hat sogar das Recht, Bischöfe von der Ausübung ihres Hirtenamtes abzuberufen, und sie ist nicht verpflichtet, dem Römischen Bischof in dem zu gehorchen, was die Errichtung von Bistümern und die Einsetzung von Bischöfen betrifft (8' 12'). **2951**

52. Die Regierung kann das von der Kirche für das Ordensgelübde sowohl der Frauen als auch der Männer vorgeschriebene Alter kraft eigenen Rechtes verändern und allen Ordensgemeinschaften auferlegen, niemanden ohne ihre Erlaubnis zur Ablegung der feierlichen Gelübde zuzulassen (18'). **2952**

53. Abzuschaffen sind Gesetze, die den Schutz des Standes der Ordensgemeinschaften und ihre Rechte und Pflichten betreffen; die bürgerliche Regierung kann sogar all denen Hilfe gewähren, die von dem begonnenen Vorhaben eines Ordenslebens abfallen und die feierlichen Gelübde brechen wollen; desgleichen kann sie diese Ordensgemeinschaften ebenso wie die Kollegiatskirchen und einfachen Pfründen auch mit Patronatsrecht völlig aufheben und ihre Güter und Einkünfte der Verwaltung und Verfügung der bürgerlichen Gewalt unterstellen und zueignen (12' 14' 15'). **2953**

54. Könige und Fürsten sind nicht nur von der Jurisdiktion der Kirche ausgenommen, sondern stehen auch bei Entscheidungen von **2954**

periores sunt Ecclesia (8').

Fragen der Jurisdiktion höher als die Kirche (8').

2955        55. Ecclesia a statu statusque ab Ecclesia seiungendus est (12').

55. Die Kirche ist vom Staat und der Staat von der Kirche zu trennen (12').

§ VII. *Errores de ethica naturali et christiana*

§ VII. *Irrtümer über die natürliche und christliche Moral*

2956        56. Morum leges divina haud egent sanctione, minimeque opus est, ut humanae leges ad naturae ius conformentur aut obligandi vim a Deo accipiant (26').

56. Sittengesetze bedürfen keiner göttlichen Bestätigung, und es ist keineswegs nötig, daß die menschlichen Gesetze entsprechend dem Naturrecht gestaltet werden oder ihre verpflichtende Kraft von Gott empfangen (26').

2957        57. Philosophicarum rerum morumque scientia, item civiles leges possunt et debent a divina et ecclesiastica auctoritate declinare (26').

57. Die Wissenschaft der Philosophie und Sitten, desgleichen die bürgerlichen Gesetze können und müssen sich von der göttlichen und kirchlichen Autorität abwenden (26').

2958        58. Aliae vires non sunt agnoscendae nisi illae, quae in materia positae sunt, et omnis morum disciplina honestasque collocari debet in cumulandis et augendis quovis modo divitiis ac in voluptatibus explendis (26' 28').

58. Es sind keine anderen Kräfte anzuerkennen als jene, die in der Materie begründet sind, und die gesamte sittliche Ordnung und Ehrenhaftigkeit muß in die bedingungslose Anhäufung und Vermehrung von Reichtümern und in die Befriedigung sinnlicher Genüsse gesetzt werden (26' 28').

2959        59. Ius in materiali facto consistit, et omnia hominum officia sunt nomen inane, et omnia humana facta iuris vim habent (26').

59. Das Recht besteht in der materiellen Tatsache; und alle Pflichten der Menschen sind ein eitler Name; und alle menschlichen Taten haben Gesetzeskraft (26').

2960        60. Auctoritas nihil aliud est, nisi numeri et materialium virium summa (26').

60. Autorität ist nichts anderes als die Summe der Zahl und der materiellen Kräfte (26').

2961        61. Fortunata facti iniustitia nullum iuris sanctitati detrimentum affert (24').

61. Das geglückte Unrecht einer Tat tut der Unverletzlichkeit des Rechts keinen Abbruch (24').

2962        62. Proclamandum est et observandum principium, quod vocant de non-interventu[1] (22').

62. Das sogenannte Nichteinmischungsprinzip[1] ist zu verkünden und zu beachten (22').

2963        63. Legitimis principibus oboedientiam detractare, immo et rebellare licet (1' 2' 5' 20').

63. Rechtmäßigen Herrschern den Gehorsam zu verweigern, ja sogar sich gegen sie aufzulehnen, ist erlaubt (1' 2' 5' 20').

2964        64. Tum cuiusque sanctissimi iuramenti violatio, tum quaelibet scelesta flagitiosaque actio sempiternae legi repugnans non solum haud est improbanda, verum etiam omnino licita summisque laudibus efferenda, quando

64. Sowohl die Verletzung jedes heiligsten Schwures als auch jede beliebige verbrecherische und schändliche Tat, die dem ewigen Gesetz widerstreitet, ist nicht nur nicht zu mißbilligen, sondern sogar völlig erlaubt und

---

**\*2962** [1]    Auf dieses Prinzip berief sich Kaiser Napoleon III. von Frankreich, um nicht sein Versprechen einlösen und Pius IX. gegen die in das Territorium des Kirchenstaates einfallenden Piemontesen Hilfe leisten zu müssen.

id pro patriae amore agatur (4').

mit höchstem Lob hervorzuheben, wenn dies aus Liebe zum Vaterland getan wird (4').

§ VIII. *Errores de matrimonio christiano*

§ VIII. *Irrtümer über die christliche Ehe*

65. Nulla ratione ferri potest, Christum evexisse matrimonium ad dignitatem sacramenti (9').

65. In keiner Weise kann es hingenommen werden, daß Christus die Ehe zur Würde eines Sakramentes erhoben habe (9'). **2965**

66. Matrimonii sacramentum non est nisi quid contractui accessorium ab eoque separabile, ipsumque sacramentum in una tantum nuptiali benedictione situm est[1] (9').

66. Das Sakrament der Ehe ist lediglich ein Anhängsel an den Vertrag und von diesem trennbar, und das Sakrament selbst liegt einzig und allein im Ehesegen[1] (9'). **2966**

67. Iure naturae matrimonii vinculum non est indissolubile, et in variis casibus divortium proprie dictum auctoritate civili sanciri potest (9' 12').

67. Kraft des Naturrechts ist das Band der Ehe nicht unauflöslich, und in verschiedenen Fällen kann die Scheidung im eigentlichen Sinne des Wortes durch die bürgerliche Autorität rechtsgültig werden (9' 12'). **2967**

68. Ecclesia non habet potestatem impedimenta matrimonium dirimentia inducendi, sed ea potestas civili auctoritati competit, a qua impedimenta exsistentia tollenda sunt (8').

68. Die Kirche hat nicht die Vollmacht, trennende Ehehindernisse einzuführen, sondern diese Vollmacht kommt der bürgerlichen Autorität zu, von der die bestehenden Hindernisse aufzuheben sind (8'). **2968**

69. Ecclesia sequioribus saeculis dirimentia impedimenta inducere coepit, non iure proprio, sed illo iure usa, quod a civili potestate mutuata erat (9').

69. Die Kirche begann in den nachfolgenden Jahrhunderten, trennende Hindernisse einzuführen, nicht kraft eigenen Rechtes, sondern in Ausübung jenes Rechtes, das von der bürgerlichen Gewalt entlehnt worden war (9'). **2969**

70. Tridentini canones, qui anathematis censuram illis inferunt, qui facultatem impedimenta dirimentia inducendi Ecclesiae negare audeant [cf. *1803s], vel non sunt dogmatici vel de hac mutata potestate intelligendi sunt (9').

70. Die Kanones des Tridentinums, die jene mit der Strafe des Anathemas belegen, die die Möglichkeit der Kirche, trennende Hindernisse einzuführen, zu leugnen wagen [vgl. *1803f], sind entweder keine Lehrsätze oder sind im Sinne dieser entlehnten Vollmacht zu verstehen (9'). **2970**

71. Tridentini forma [cf. *1813-1816] sub infirmitatis poena non obligat, ubi lex civilis aliam formam praestituat et velit hac nova forma interveniente matrimonium valere (9').

71. Die Form des Tridentinums [vgl. *1813-1816] verpflichtet nicht unter Strafe der Ungültigkeit, wenn das bürgerliche Gesetz eine andere Form vorschreibt und will, daß die Ehe bei Anwendung dieser neuen Form gelte (9'). **2971**

72. Bonifatius VIII votum castitatis in ordinatione emissum nuptias nullas reddere primus asseruit (9').

72. Bonifatius VIII. hat als erster behauptet, das bei der Weihe abgelegte Gelübde der Keuschheit mache die Ehe ungültig (9'). **2972**

73. Vi contractus mere civilis potest inter Christianos constare veri nominis matrimonium, falsumque est, aut contractum matri-

73. Eine Ehe im wahren Sinne kann unter Christen kraft eines rein bürgerlichen Vertrages bestehen, und es ist falsch, daß entwe- **2973**

---

**\*2966** [1]   Die im zweiten Teil des Satzes ausgedrückte Auffassung vertrat z. B. Melchior Cano, *De locis theologicis* VIII 5 (Venedig 1759) 196f.

monii inter Christianos semper esse sacramentum, aut nullum esse contractum, si sacramentum excludatur (9' 11' 12' 23).

**2974**     74. Causae matrimoniales et sponsalia suapte natura ad forum civile pertinent (9' 12').

NB. Huc facere possunt duo alii errores de clericorum caelibatu abolendo et de statu matrimonii statui virginitatis anteferendo. Confodiuntur, prior in 1', posterior in 8'.

### § IX. Errores de civili Romani Pontificis principatu

**2975**     75. De temporalis regni cum spirituali compatibilitate disputant inter se christianae et catholicae Ecclesiae filii (9').

**2976**     76. Abrogatio civilis imperii, quo Apostolica Sedes potitur, ad Ecclesiae libertatem felicitatemque vel maxime conduceret (4' 6').

NB. [Effata hac de re vide etiam in] 4' 6' 20' 22' 24' 26'.

### § X. Errores, qui ad liberarismum hodiernum referuntur

**2977**     77. Aetate hac nostra non amplius expedit, religionem catholicam haberi tamquam unicam status religionem, ceteris quibuscumque cultibus exclusis (16').

**2978**     78. Hinc laudabiliter in quibusdam catholici nominis regionibus lege cautum est, ut hominibus illuc immigrantibus liceat publicum proprii cuiusque cultus exercitium habere (12').

**2979**     79. Enimvero falsum est, civilem cuiusque cultus libertatem, itemque plenam potestatem omnibus attributam quaslibet opiniones cogitationesque palam publiceque manifestandi conducere ad populorum mores animosque facilius corrumpendos ac indifferentismi pestem propagandam (18').

der der Ehevertrag unter Christen immer ein Sakrament sei oder der Vertrag nichtig sei, wenn das Sakrament ausgeschlossen wird (9' 11' 12' 23').

74. Ehe- und Verlobungssachen betreffen ihrer Natur nach die bürgerliche Gerichtsbarkeit (9' 12').

NB. Hierher können auch zwei andere Irrtümer passen über die Abschaffung des Zölibats für Kleriker und darüber, daß der Stand der Ehe dem Stand der Jungfräulichkeit vorzuziehen sei. Sie werden widerlegt, der erste in 1', der zweite in 8'.

### § IX. Irrtümer über die weltliche Obergewalt des Römischen Bischofs

75. Über die Vereinbarkeit der zeitlichen Herrschaft mit der geistlichen sind sich die Söhne der christlichen und katholischen Kirche uneins (9').

76. Die Abschaffung der bürgerlichen Herrschaft, in deren Besitz der Apostolische Stuhl ist, trüge in höchstem Maße zur Freiheit und zum Glück der Kirche bei (4' 6').

NB. [Aussagen darüber siehe auch in] 4' 6' 20' 22' 24' 26'.

### § X. Irrtümer, die sich auf den heutigen Liberalismus beziehen

77. In dieser unserer Zeit ist es nicht weiter dienlich, die katholische Religion als die einzige Staatsreligion zu haben und alle übrigen Formen der Gottesverehrung auszuschließen (16').

78. Daher wurde in bestimmten Gebieten katholischen Namens lobenswerterweise gesetzlich Vorsorge getroffen, daß es Menschen, die dorthin einwandern, erlaubt sei, ihren eigenen jeweiligen Kult öffentlich auszuüben (12').

79. Es ist nämlich falsch, daß die bürgerliche Freiheit für jeden Kult und desgleichen die allen zugestandene volle Vollmacht, alle beliebigen Meinungen und Gedanken in aller Öffentlichkeit kundzutun, dazu beitrage, die Sitten und Herzen der Völker leichter zu verderben und die Pest des Indifferentismus zu verbreiten (18').

80. Romanus Pontifex potest ac debet cum progressu, cum liberalismo et cum recenti civilitate sese reconciliare et componere (24').

80. Der Römische Bischof kann und soll 2980 sich mit dem Fortschritt, mit dem Liberalismus und mit der modernen Kultur versöhnen und anfreunden (24').

## 2990-2993: Instruktion der Hl. Pönitentiarie, 15. Jan. 1866

*Ausg.:* ASS 1 (1865/66; 1872[5]) 509-511.

### Die bürgerliche Ehe

(2) S. Paenitentiaria superfluum putat in memoriam cuiusque revocare, quod est sanctissimae religionis nostrae notissimum dogma, nimirum matrimonium unum esse ex septem sacramentis a Christo Domino institutis, proindeque ad Ecclesiam ipsam, cui idem Christus divinorum suorum mysteriorum dispensationem commisit, illius directionem unice pertinere, tum etiam superfluum putat in cuiusque memoriam revocare formam a sancta Tridentina Synodo praescriptam [*Sessio XXIV, De reformatione matrimonii, c. 1: *1813-1816*], sine cuius observantia in locis, ubi illa promulgata fuit, valide contrahi matrimonium nequaquam posset.

(2) Die Hl. Pönitentiarie hält es für über- 2990 flüssig, in irgendjemandes Gedächtnis zurückzurufen, daß es ein wohlbekannter Lehrsatz unserer heiligsten Religion ist, daß nämlich die Ehe eines von den sieben Sakramenten ist, die von Christus, dem Herrn, eingesetzt wurden, und daß daher einzig der Kirche selbst, der ebendieser Christus die Verwaltung seiner göttlichen Geheimnisse übertragen hat, ihre Leitung zusteht; sodann hält sie es auch für überflüssig, die vom heiligen Trienter Konzil vorgeschriebene Form [*24. Sitzung, Reform der Ehe, Kap. 1: *1813-1816*] in irgendjemandes Gedächtnis zurückzurufen, ohne deren Beachtung an Orten, wo sie veröffentlicht wurde, eine Ehe keinesfalls gültig geschlossen werden kann.

(3) Sed ex hisce aliisque axiomatibus et catholicis doctrinis debent animarum pastores practicas instructiones conficere, quibus etiam fidelibus id persuadeant, quod sanctissimus Dominus noster in Consistorio secreto 27. Sept. 1852 proclamabat: "Inter fideles matrimonium dari non posse, quin uno eodemque tempore sit sacramentum; atque idcirco quamlibet aliam inter christianos viri et mulieris praeter sacramentum coniunctionem, etiam civilis legis vi factam, nihil aliud esse nisi turpem atque exitialem concubinatum".

(3) Aber aus diesen und anderen Grund- 2991 sätzen und katholischen Lehren müssen die Seelenhirten praktische Unterweisungen formen, mit denen sie auch die Gläubigen von dem überzeugen, was unser heiligster Herr im Geheimen Konsistorium vom 27. Sept. 1852 verkündete: "Unter Gläubigen kann es keine Ehe geben, ohne daß sie zu ein und derselben Zeit Sakrament ist; und deshalb ist jede beliebige andere Verbindung von Mann und Frau außerhalb des Sakramentes zwischen Christen, auch wenn sie kraft bürgerlichen Gesetzes geschlossen wurde, nichts anderes als ein schändliches und verhängnisvolles Konkubinat".

(4) Atque hinc facile deducere poterunt, civilem actum coram Deo eiusque Ecclesia, nedum ut sacramentum, verum nec ut contractum haberi ullo modo posse; et quemadmodum civilis potestas ligandi quemquam fidelium in matrimonio incapax est, ita et solvendi incapacem esse; ideoque ... sententiam omnem de separatione coniugum legitimo matrimonio coram Ecclesia coniunctorum, a laica potestate latam, nullius valoris esse; et

(4) Und daraus werden sie leicht ableiten 2992 können, daß der bürgerliche Akt vor Gott und seiner Kirche nicht nur nicht als Sakrament, sondern auch in keiner Weise als Vertrag angesehen werden kann; und wie die bürgerliche Gewalt unfähig ist, irgendeinen der Gläubigen in der Ehe zu binden, so ist sie auch unfähig, ⟨ihn⟩ zu lösen; und deshalb ... ist jeder von einer Laiengewalt gefällte Urteilsspruch über die Trennung von Ehegatten,

coniugem, qui eiusmodi sententia abutens alii se personae coniungere auderet, fore verum adulterum: quemadmodum esset verus concubinarius, qui vi tantum civilis actus in matrimonio persistere praesumeret; atque utrumque absolutione indignum esse, donec haud resipiscat ac praescriptionibus Ecclesiae se subiiciens ad paenitentiam convertatur.

die vor der Kirche in rechtmäßiger Ehe verbunden wurden, ohne jede Gültigkeit; und ein Gatte, der, einen solchen Urteilsspruch mißbrauchend, sich mit einer anderen Person zu verbinden wagte, wäre wahrhaft ein Ehebrecher, wie ⟨auch⟩ wahrhaft im Konkubinat lebte, wer sich unterstünde, nur kraft eines bürgerlichen Aktes in der Ehe zu verharren; und beide sind der Lossprechung unwürdig, solange sie nicht wieder zur Vernunft kommen und, sich den Vorschriften der Kirche unterwerfend, sich zur Buße bekehren.

2993

(5) [*Conceditur tamen ad poenas vitandas, ob prolis bonum et ad polygamiae periculum avertendum, ut*] fideles, postquam matrimonium legitime contraxerint coram Ecclesia, se sistant actum lege decretum exsecuturi, ea tamen intentione ..., sistendo se Gubernii Officiali nil aliud faciant quam ut civilem caeremoniam exsequantur[1].

(5) [*Um Strafen zu vermeiden, um des Wohles der Nachkommenschaft willen und um die Gefahr der Polygamie abzuwenden, wird jedoch erlaubt, daß*] die Gläubigen, nachdem sie die Ehe vor der Kirche rechtmäßig geschlossen haben, hintreten, um den gesetzlich auferlegten Akt auszuführen, jedoch in der Absicht ..., daß sie, wenn sie vor den Regierungsbeamten hintreten, nichts anderes tun, als daß sie eine bürgerliche Zeremonie ausführen[1].

## 2997-2999: Apostolisches Schreiben "Iam vos omnes" an alle Protestanten und andere Nicht-Katholiken, 13. Sept. 1868

Pius IX. lud anläßlich der Einberufung des 1. Vatikanischen Konzils alle Nicht-Katholiken ein, sich der katholischen Kirche anzuschließen.

*Ausg.:* MaC 50,203*-205* (= 49 zweiter Teil, 1259-1261) / CollLac 7,9b-10a / Pius IX., *Acta* 1/IV, 434-437 / ASS 4 (1868/69; 1875⁵) 132-134.

### Die Notwendigkeit der Kirche zum Heil

2997

Nemo inficiari ac dubitare potest, ipsum Christum Iesum, ut humanis omnibus generationibus redemptionis suae fructus applicaret, suam hic in terris supra Petrum unicam aedificasse Ecclesiam, id est unam, sanctam, catholicam, apostolicam, eique necessariam omnem contulisse potestatem, ut integrum inviolatumque custodiretur fidei depositum ac eadem fides omnibus populis, gentibus, nationibus traderetur, ut per baptisma omnes in mysticum suum Corpus cooptarentur homines, ... utque eadem Ecclesia, quae mysticum suum constituit Corpus, in sua propria natura semper stabilis et immota usque ad consummationem saeculorum permaneret ...

Niemand kann in Abrede stellen oder bezweifeln, daß Christus Jesus selbst, um allen menschlichen Geschlechtern die Früchte seiner Erlösung zuzuwenden, hier auf Erden seine einzige Kirche, das heißt, die eine, heilige, katholische und apostolische, auf Petrus erbaut und ihr jede notwendige Vollmacht übertragen hat, damit die Hinterlassenschaft des Glaubens unversehrt und unverletzt bewahrt und derselbe Glaube allen Völkern, Stämmen und Nationen überliefert werde, damit durch die Taufe alle Menschen in seinen mystischen Leib aufgenommen würden, ... und damit dieselbe Kirche, die seinen mystischen Leib bildet, in der ihr eigenen Natur stets standhaft und unbewegt bis zur Vollendung der Zeiten verharre ...

---

*2993 [1] Vgl. Benedikt XIV., Breve "*Redditae sunt nobis*", 17. Sept. 1746 (Benedikt XIV., *Bullarium*, Mechelner Ausg. 9,426-430 = Supplement Nr. III).

Nunc vero qui accurate consideret ac meditetur condicionem, in qua versantur variae et inter se discrepantes religiosae societates seiunctae a catholica Ecclesia, ... vel facile sibi persuadere debebit, neque aliam peculiarem ex eisdem societatibus neque omnes simul coniunctas ullo modo constituere et esse illam unam et catholicam Ecclesiam, quam Christus Dominus aedificavit, constituit et esse voluit, neque membrum aut partem eiusdem Ecclesiae ullo modo dici posse, quandoquidem sunt a catholica unitate visibiliter divisae.

Cum enim eiusmodi societates careant viva illa et a Deo constituta auctoritate, quae homines res fidei morumque disciplinam praesertim docet eosque dirigit ac moderatur in iis omnibus, quae ad aeternam salutem pertinent, tum societates ipsae in suis doctrinis continenter variarunt, et haec mobilitas ac instabilitas apud easdem societates numquam cessat. Quisque vel facile intelligit ... id vel maxime adversari Ecclesiae a Christo Domino institutae ...

Quamobrem ii omnes, qui Ecclesiae catholicae unitatem et veritatem non tenent, occasionem amplectantur huius Concilii, quo Ecclesia catholica, cui eorum Maiores adscripti erant, novum intimae unitatis et inexpugnabilis vitalis sui roboris exhibet argumentum, ac indigentiis eorum cordis respondentes ab eo statu se eripere studeant, in quo de sua propria salute securi esse non possunt.

**2998** Wer nun aber die Verfassung genau betrachtet und bedenkt, in der sich die verschiedenen und voneinander abweichenden religiösen Gesellschaften befinden, die von der katholischen Kirche geschieden sind, ... wird sich sehr leicht davon überzeugen müssen, daß weder eine andere aus ebendiesen Gesellschaften für sich noch alle zusammen verbunden in irgendeiner Weise jene eine und katholische Kirche bilden und sind, die Christus, der Herr, erbaute, einsetzte, und von der er wollte, daß sie sei, und daß sie auch nicht in irgendeiner Weise Glied oder Teil ebendieser Kirche genannt werden können, da sie ja von der katholischen Einheit sichtbar getrennt sind.

Weil nämlich diese Gesellschaften jener lebendigen und von Gott eingesetzten Autorität entbehren, welche die Menschen insbesondere die Dinge des Glaubens und die Ordnung der Sitten lehrt und sie in all jenem lenkt und leitet, was das ewige Heil betrifft, deshalb haben diese Gesellschaften in ihren Lehren andauernd gewechselt, und diese Wankelmütigkeit und Unbeständigkeit hört bei ebendiesen Gesellschaften niemals auf. Jeder sieht sehr leicht ein ..., daß dies der von Christus, dem Herrn, eingesetzten Kirche aufs entschiedenste widerstreitet ...

**2999** Deshalb sollen all jene, die die Einheit und Wahrheit der katholischen Kirche nicht besitzen, die Gelegenheit dieses Konzils ergreifen, mit dem die katholische Kirche, der ihre Vorfahren zugezählt waren, einen neuen Beweis ihrer innersten Einheit und unüberwindlichen Lebenskraft erbringt, und den Bedürfnissen ihres Herzens entsprechend sich jenem Zustand zu entreißen suchen, in dem sie ihres eigenen Heiles nicht sicher sein können.

## 1. VATIKANISCHES Konzil (20. ökum.): 8. Dez. 1869 – 20. Okt. 1870

Kurz vor der Veröffentlichung des Syllabus im Dez. 1864 (vgl. *2901-2980) hatte Pius IX. mit einigen Kardinälen über die Einberufung eines Konzils beraten, das den Irrtümern der damaligen Zeit die katholische Lehre entgegenstellen sollte. Vgl. die Voten der Kardinäle MaC 49,9-98. Da die Mehrzahl der Kardinäle diesem Plan zustimmte, verkündete ihn Pius IX. anläßlich des Festes Peter und Paul 1867 den in Rom versammelten Bischöfen. Am 29. Juni 1868 veröffentlichte er die Einberufungsbulle "*Aeterni Patris*" (MaC 50,193*-200*) [ = 49 zweiter Teil, 1249-1256] / CollLac 7,1-7). Die Eröffnung wurde auf den 8. Dez. 1869 festgelegt.

Die Bedeutung dieses Konzils liegt in seinen dogmatischen Entscheidungen. Vorbereitet wurden zwei Themenbereiche: die Erläuterung des katholischen Glaubens gegenüber Irrtümern der Zeit und die Lehre

über die Kirche Christi. Aufgrund der politischen Ereignisse konnte nur ein Teil der Verhandlungspunkte erledigt werden. Es wurden zwei Konstitutionen verabschiedet: *"Dei Filius"* über den katholischen Glauben und *"Pastor aeternus"* über die Kirche Christi. Eine weitere Konstitution über die Kirche konnte wegen Abbruchs des Konzils nicht mehr verabschiedet werden. Nachdem der Papst durch die Besetzung Roms am 20. Sept. seine weltliche Macht verloren hatte, vertagte er das Konzil mit der Bulle *"Postquam Dei munere"* vom 20. Okt. 1870 (MaC 53,155-158 / CollLac 7,497-500) "sine die" auf unbestimmte Zeit.

### 3000-3045: 3. Sitzung, 24. April 1870: Dogmatische Konstitution "Dei Filius" über den katholischen Glauben

Der 18 Kapitel umfassende Entwurf *"Apostolici muneris"* (MaC 50,59-74 / CollLac 7,507-518), der den Konzilsvätern unterbreitet worden war, wurde als zu weitläufig und zu schulmäßig verworfen. Von Grund auf erneuert, wurde er in zwei Teilen am 1. und 11. März 1870 wiederum zur Diskussion vorgelegt. Man beschloß, die ersten vier Kapitel als eigene Konstitution herauszugeben (MaC 53,164-169 / CollLac 7,1628-1632c [Nr. 555]). Am 14. März wurde ein verbesserter Entwurf vorgelegt: *"Cum aeternus Dei Filius"* (MaC 51,31-38 / CollLac 7,69-78). Nachdem die allgemeine (18.-22. März) und danach die spezielle Diskussion abgeschlossen war, wurde ein definitiver Text formuliert, der in der 3. Sitzung am 24. April feierlich verlesen und vom Papst bestätigt wurde. Der zweite Teil des Entwurfs, am 11. März vorgelegt, handelte von der Dreifaltigkeit, von der Erschaffung, der Erhebung, dem Fall und der Erlösung des Menschen (MaC 53,170-177 / CollLac 7,1632d-1636 [Nr. 556]). Auf Drängen vieler Konzilsväter, möglichst bald die Lehre von der Unfehlbarkeit des Papstes zu behandeln, wurde der zweite Teil vom Programm abgesetzt und später nicht wiederaufgenommen, da das Konzil inzwischen vertagt worden war.

*Ausg.:* MaC 51,430-436 / CollLac 7,250a-256d / Pius IX., *Acta* 1/V, 180-194 / ASS 5 (1869/70) 462-471 / COeD$^3$ 805$_{23}$-811$_{26}$.

[*Das Inhaltsverzeichnis im Anschluß an die Originaltitel der einzelnen Kapitel entspricht in der Regel den Darlegungen der Berichterstatter auf dem Konzil.*]

*Vorwort*

3000    ... Nunc autem, sedentibus Nobiscum et iudicantibus universi orbis episcopis, in hanc oecumenicam Synodum auctoritate Nostra in Spiritu Sancto congregatis, innixi Dei Verbo scripto et tradito, prout ab Ecclesia catholica sancte custoditum et genuine expositum accepimus, ex hac Petri cathedra in conspectu omnium salutarem Christi doctrinam profiteri et declarare constituimus, adversis erroribus potestate Nobis a Deo tradita proscriptis atque damnatis.

... Jetzt aber, da die Bischöfe des gesamten Erdkreises, kraft Unserer Autorität im Heiligen Geist zu diesem ökumenischen Konzil versammelt, mit Uns zu Rate sitzen und urteilen, haben Wir – Uns stützend auf das geschriebene und überlieferte Wort Gottes, wie Wir es, von der katholischen Kirche heilig bewahrt und unverfälscht ausgelegt, empfangen haben – beschlossen, von diesem Stuhle Petri aus vor den Augen aller die heilsame Lehre Christi zu verkünden und zu erklären, die entgegengesetzten Irrtümer aber kraft der Uns von Gott verliehenen Vollmacht zu verwerfen und zu verurteilen.

*Cap. 1. De Deo rerum omnium creatore*

*Kap. 1. Gott, der Schöpfer aller Dinge*

[ *3001: Der eine, vollkommene, von der Welt verschiedene Gott. – *3002: Der Akt der Schöpfung: seine Vollkommenheit, sein Zweck und seine Wirkung. – *3003: Die göttliche Vorsehung.*]

3001    Sancta catholica apostolica Romana Ecclesia credit et confitetur, unum esse Deum verum et vivum, creatorem ac Dominum caeli et terrae, omnipotentem, aeternum, immensum, incomprehensibilem, intellectu ac voluntate omnique perfectione infinitum; qui cum sit una singularis, simplex omnino et incommutabilis substantia spiritualis, praedicandus est re et essentia a mundo distinc-

Die heilige katholische apostolische Römische Kirche glaubt und bekennt, daß ein wahrer und lebendiger Gott ist, Schöpfer und Herr des Himmels und der Erde, allmächtig, ewig, unermeßlich, unbegreiflich, an Vernunft und Willen sowie jeglicher Vollkommenheit unendlich; da er eine einzige, gänzlich einfache und unveränderliche geistige Substanz ist, ist er als der Sache und dem

tus, in se et ex se beatissimus, et super omnia, quae praeter ipsum sunt et concipi possunt, ineffabiliter excelsus [can. 1-4].

Hic solus verus Deus bonitate sua et "omnipotenti virtute" non ad augendam suam beatitudinem nec ad acquirendam, sed ad manifestandam perfectionem suam per bona, quae creaturis impertitur, liberrimo consilio, "simul ab initio temporis utramque de nihilo condidit creaturam, spiritualem et corporalem, angelicam videlicet et mundanam, ac deinde humanam quasi communem ex spiritu et corpore constitutam" [Concilium Lateranense IV: *800; infra can. 2 et 5].

Universa vero, quae condidit, Deus providentia sua tuetur atque gubernat, "attingens a fine usque ad finem fortiter et disponens omnia suaviter" [Sap 8,1]. "Omnia enim nuda et aperta sunt oculis eius,, [Hbr 4,13], ea etiam, quae libera creaturarum actione futura sunt.

Wesen nach von der Welt verschieden zu verkünden, als in sich und aus sich vollkommen selig und über alles, was außer ihm ist und gedacht werden kann, unaussprechlich erhaben [Kan. 1-4].

Dieser alleinige wahre Gott hat in seiner **3002** Güte und "allmächtigen Kraft" – nicht um seine Seligkeit zu vermehren, noch um ⟨Vollkommenheit⟩ zu erwerben, sondern um seine Vollkommenheit zu offenbaren durch die Güter, die er den Geschöpfen gewährt – aus völlig freiem Entschluß "vom Anfang der Zeit an aus nichts zugleich beide Schöpfungen geschaffen, die geistige und die körperliche, nämlich die der Engel und die der Welt: und danach die menschliche, die gewissermaßen zugleich aus Geist und Körper besteht" [4. Konzil im Lateran: *800; im folgenden Kan. 2 und 5].

Alles aber, was er geschaffen hat, schützt **3003** und lenkt Gott durch seine Vorsehung, "sich kraftvoll von einem Ende bis zum anderen erstreckend und alles milde ordnend" [Weish 8,1]. "Alles nämlich ist nackt und bloß vor seinen Augen" [Hebr 4,13], auch das, was durch die freie Tat der Geschöpfe geschehen wird.

## Cap. 2. De revelatione

## Kap. 2. Die Offenbarung

[*3004: Die Tatsache der übernatürlichen Offenbarung. – *3005: Ihre Notwendigkeit. – *3006: Ihre Quellen. – *3007: Ihre Auslegerin: die Kirche.]

Eadem sancta mater Ecclesia tenet et docet, Deum, rerum omnium principium et finem, naturali humanae rationis lumine e rebus creatis certo cognosci posse; "invisibilia enim ipsius, a creatura mundi, per ea quae facta sunt, intellecta, conspiciuntur" [Rm 1,20]: attamen placuisse eius sapientiae et bonitati, alia eaque supernaturali via se ipsum ac aeterna voluntatis suae decreta humano generi revelare, dicente Apostolo: "Multifariam multisque modis olim Deus loquens patribus in Prophetis: novissime diebus istis locutus est nobis in Filio" [Hbr 1,1s; can. 1].

Dieselbe heilige Mutter Kirche hält fest **3004** und lehrt, daß Gott, der Ursprung und das Ziel aller Dinge, mit dem natürlichen Licht der menschlichen Vernunft aus den geschaffenen Dingen gewiß erkannt werden kann; "das Unsichtbare an ihm wird nämlich seit der Erschaffung der Welt durch das, was gemacht ist, mit der Vernunft geschaut [Röm 1,20]: jedoch hat es seiner Weisheit und Güte gefallen, auf einem anderen, und zwar übernatürlichen Wege sich selbst und die ewigen Ratschlüsse seines Willens dem Menschengeschlecht zu offenbaren, wie der Apostel sagt: "Oftmals und auf vielfache Weise hat Gott einst zu den Vätern in den Propheten gesprochen: zuletzt hat er in diesen Tagen zu uns gesprochen in seinem Sohn" [Hebr 1,1f; Kan. 1].

**3005**  Huic divinae revelationi tribuendum quidem est, ut ea, quae in rebus divinis humanae
rationi per se impervia non sunt, in praesenti
quoque generis humani condicione ab omnibus expedite, firma certitudine et nullo admixto errore cognosci possint[1]. Non hac tamen de causa revelatio absolute necessaria
dicenda est, sed quia Deus ex infinita bonitate sua ordinavit hominem ad finem supernaturalem, ad participanda scilicet bona divina, quae humanae mentis intelligentiam
omnino superant; siquidem "oculus non vidit, nec auris audivit, nec in cor hominis
ascendit, quae praeparavit Deus iis, qui diligunt illum" [*1 Cor 2,9; can. 2 et 3*].

Zwar ist es dieser göttlichen Offenbarung
zuzuschreiben, daß das, was an den göttlichen Dingen der menschlichen Vernunft an
sich nicht unzugänglich ist, auch bei der gegenwärtigen Verfaßtheit des Menschengeschlechtes von allen ohne Schwierigkeit, mit
sicherer Gewißheit und ohne Beimischung
eines Irrtums erkannt werden kann[1]. Jedoch
ist die Offenbarung nicht aus diesem Grund
unbedingt notwendig zu nennen, sondern
weil Gott aufgrund seiner unendlichen Güte
den Menschen auf ein übernatürliches Ziel
hinordnete, nämlich an den göttlichen Gütern teilzuhaben, die das Erkenntnisvermögen des menschlichen Geistes völlig übersti-
gen; denn "kein Auge hat gesehen, kein Ohr
hat gehört, noch ist in das Herz eines Menschen gedrungen, was Gott denen bereitet
hat, die ihn lieben" [*1 Kor 2,9; Kan. 2 und 3*].

**3006**  Haec porro supernaturalis revelatio, secundum universalis Ecclesiae fidem a sancta
Tridentina Synodo declaratam continetur "in
libris scriptis et sine scripto traditionibus,
quae ipsius Christi ore ab Apostolis acceptae,
aut ab ipsis Apostolis Spiritu Sancto dictante
quasi per manus traditae, ad nos usque pervenerunt" [*1501*]. Qui quidem Veteris et
Novi Testamenti libri integri cum omnibus
suis partibus, prout in eiusdem Concilii decreto recensentur, et in veteri Vulgata latina
editione habentur, pro sacris et canonicis suscipiendi sunt. Eos vero Ecclesia pro sacris et
canonicis habet, non ideo, quod sola humana
industria concinnati, sua deinde auctoritate
sint approbati; nec ideo dumtaxat, quod revelationem sine errore contineant; sed propterea, quod Spiritu Sancto inspirante conscripti Deum habent auctorem, atque ut tales
ipsi Ecclesiae traditi sunt [*can. 4*].

Diese übernatürliche Offenbarung ist nun
nach dem vom heiligen Konzil von Trient erklärten Glauben der gesamten Kirche enthalten "in geschriebenen Büchern und ungeschriebenen Überlieferungen, die, von den
Aposteln aus dem Munde Christi selbst empfangen oder von den Aposteln selbst auf Diktat des Heiligen Geistes gleichsam von Hand
zu Hand weitergegeben, bis auf uns gekommen sind" [*1501*]. Und zwar sind diese Bücher des Alten und Neuen Testamentes vollständig mit allen ihren Teilen, wie sie im
Dekret desselben Konzils aufgezählt werden
und in der alten lateinischen Vulgata-Ausgabe enthalten sind, als heilig und kanonisch
anzunehmen. Die Kirche hält sie aber nicht
deshalb für heilig und kanonisch, weil sie allein durch menschlichen Fleiß zusammengestellt und danach durch ihre Autorität gutgeheißen worden wären; genaugenommen
auch nicht deshalb, weil sie die Offenbarung
ohne Irrtum enthielten; sondern deswegen,
weil sie, auf Eingebung des Heiligen Geistes
geschrieben, Gott zum Urheber haben und
als solche der Kirche selbst übergeben worden sind [*Kan. 4*].

**3007**  Quoniam vero, quae sancta Tridentina
Synodus de interpretatione divinae Scripturae ad coercenda petulantia ingenia salubriter decrevit, a quibusdam hominibus prave
exponuntur, Nos idem decretum renovantes

Da aber, was das heilige Konzil von Trient
über die Auslegung der göttlichen Schrift zur
Zügelung leichtfertiger Geister heilsam beschlossen hat, von manchen Menschen verkehrt dargestellt wird, erneuern Wir ebendie-

---

*3005 [1]  Vgl. Thomas von Aquin, *Summa theologiae* I, q. 1, a. 1 (Editio Leonina 4,6b).

hanc illius mentem esse declaramus, ut in rebus fidei et morum ad aedificationem doctrinae christianae pertinentium is pro vero sensu sacrae Scripturae habendus sit, quem tenuit ac tenet sancta mater Ecclesia, cuius est iudicare de vero sensu et interpretatione Scripturarum sanctarum; atque ideo nemini licere contra hunc sensum aut etiam contra unanimem consensum Patrum ipsam Scripturam sacram interpretari.

ses Dekret und erklären, daß dies sein Sinn ist: In Fragen des Glaubens und der Sitten, soweit sie zum Gebäude christlicher Lehre gehören, ist jener als der wahre Sinn der heiligen Schrift anzusehen, den die heilige Mutter Kirche festgehalten hat und festhält, deren Aufgabe es ist, über den wahren Sinn und die Auslegung der heiligen Schriften zu urteilen; und deshalb ist es niemandem erlaubt, die heilige Schrift gegen diesen Sinn oder auch gegen die einmütige Übereinstimmung der Väter auszulegen.

## Cap. 3. De fide

## Kap. 3. Der Glaube

[ *3008: Der Begriff des Glaubens. – *3009: Der Glaube stimmt mit der Vernunft überein. – *3010: Der Glaube, ein Geschenk Gottes. – *3011: Der Gegenstand des Glaubens. – *3012: Die Notwendigkeit des Glaubens. – *3013f: Die äußere und innere Hilfe Gottes zum Glauben.]

Cum homo a Deo tamquam creatore et Domino suo totus dependeat et ratio creata increatae Veritati penitus subiecta sit, plenum revelanti Deo intellectus et voluntatis obsequium fide praestare tenemur [can. 1]. Hanc vero fidem, quae humanae salutis initium est [cf. *1532], Ecclesia catholica profitetur, virtutem esse supernaturalem, qua, Dei aspirante et adiuvante gratia, ab eo revelata vera esse credimus, non propter intrinsecam rerum veritatem naturali rationis lumine perspectam, sed propter auctoritatem ipsius Dei revelantis, qui nec falli nec fallere potest [cf. *2778; can. 2]. "Est enim fides", testante Apostolo, "sperandarum substantia rerum, argumentum non apparentium" [Hbr 11,1].

Da der Mensch ganz von Gott als seinem **3008** Schöpfer und Herrn abhängt und die geschaffene Vernunft der ungeschaffenen Wahrheit völlig unterworfen ist, sind wir gehalten, dem offenbarenden Gott im Glauben vollen Gehorsam des Verstandes und des Willens zu leisten [Kan. 1]. Dieser Glaube aber, der der Anfang des menschlichen Heiles ist [vgl. *1532], ist nach dem Bekenntnis der katholischen Kirche eine übernatürliche Tugend, durch die wir mit Unterstützung und Hilfe der Gnade Gottes glauben, daß das von ihm Geoffenbarte wahr ist, nicht ⟨etwa⟩ wegen der vom natürlichen Licht der Vernunft durchschauten inneren Wahrheit der Dinge, sondern wegen der Autorität des offenbarenden Gottes selbst, der weder sich täuschen noch täuschen kann [vgl. *2778; Kan. 2]. "Der Glaube ist nämlich" nach dem Zeugnis des Apostels "die Gewißheit zu erhoffender Dinge, der Beweis des nicht Sichtbaren" [Hebr 11,1].

Ut nihilominus fidei nostrae obsequium rationi consentaneum [cf. Rm 12,1] esset, voluit Deus cum internis Spiritus Sancti auxiliis externa iungi revelationis suae argumenta, facta scilicet divina, atque imprimis miracula et prophetias, quae cum Dei omnipotentiam et infinitam scientiam luculenter commonstrent, divinae revelationis signa sunt certissima et omnium intelligentiae accommodata [can. 3 et 4]. Quare tum Moyses et Prophetae, tum ipse maxime Christus Dominus multa et manifestissima miracula et pro-

Damit nichtsdestoweniger der Gehorsam **3009** unseres Glaubens mit der Vernunft übereinstimmend [vgl. Röm 12,1] sei, wollte Gott, daß mit den inneren Hilfen des Heiligen Geistes äußere Beweise seiner Offenbarung verbunden werden, nämlich göttliche Taten und vor allem Wunder und Weissagungen, die, da sie Gottes Allmacht und unendliches Wissen klar und deutlich zeigen, ganz sichere und dem Erkenntnisvermögen aller angepaßte Zeichen der göttlichen Offenbarung sind [Kan. 3 und 4]. Deshalb haben sowohl Moses

phetias ediderunt; et de Apostolis legimus: "Illi autem profecti praedicaverunt ubique Domino cooperante et sermonem confirmante sequentibus signis" [*Mc 16,20*]. Et rursum scriptum est: "Habemus firmiorem propheticum sermonem, cui benefacitis attendentes quasi lucernae lucenti in caliginoso loco" [*2 Pt 1,19*].

und die Propheten als auch vor allem Christus, der Herr, selbst viele und ganz offensichtliche Wunder und Weissagungen getan; und von den Aposteln lesen wir: "Jene aber brachen auf und predigten überall; der Herr wirkte mit ⟨ihnen⟩ und bestätigte ihre Rede durch nachfolgende Zeichen" [*Mk 16,20*]. Und wiederum steht geschrieben: "Wir haben ein noch festeres Prophetenwort: ihr tut gut daran, darauf zu achten wie auf ein leuchtendes Licht an finsterem Ort" [*2 Petr 1,19*].

**3010**     Licet autem fidei assensus nequaquam sit motus animi caecus: nemo tamen "evangelicae praedicationi consentire" potest, sicut oportet ad salutem consequendam, "absque illuminatione et inspiratione Spiritus Sancti, qui dat omnibus suavitatem in consentiendo et credendo veritati" [*Synodus Arausicana II: *377*]. Quare fides ipsa in se, etiamsi per caritatem non operetur [*cf. Gal 5,6*], donum Dei est, et actus eius est opus ad salutem pertinens, quo homo liberam praestat ipsi Deo oboedientiam gratiae eius, cui resistere posset, consentiendo et cooperando [*cf. *1525s; can. 5*].

Wenn aber auch die Zustimmung zum Glauben keineswegs eine blinde Regung des Herzens ist, so kann dennoch niemand "der Verkündigung des Evangeliums zustimmen", wie es nötig ist, um das Heil zu erlangen, "ohne die Erleuchtung und Einhauchung des Heiligen Geistes, der allen die Freude verleiht, der Wahrheit zuzustimmen und zu glauben" [*2. Synode von Orange: *377*]. Deshalb ist der Glaube selbst in sich, auch wenn er nicht durch die Liebe wirkt [*vgl. Gal 5,6*], ein Geschenk Gottes, und sein Akt ist ein das Heil betreffendes Werk, durch das der Mensch Gott selbst freien Gehorsam leistet, indem er seiner Gnade, der er widerstehen könnte, zustimmt und mit ihr wirkt [*vgl. *1525f; Kan. 5*].

**3011**     Porro fide divina et catholica ea omnia credenda sunt, quae in verbo Dei scripto vel tradito continentur et ab Ecclesia sive solemni iudicio sive ordinario et universali magisterio tamquam divinitus revelata credenda proponuntur.

Mit göttlichem und katholischem Glauben ist ferner all das zu glauben, was im geschriebenen oder überlieferten Wort Gottes enthalten ist und von der Kirche – sei es in feierlicher Entscheidung oder kraft ihres gewöhnlichen und allgemeinen Lehramtes – als von Gott geoffenbart zu glauben vorgelegt wird.

**3012**     Quoniam vero "sine fide impossibile est placere Deo" [*Hbr 11,6*] et ad filiorum eius consortium pervenire, ideo nemini umquam sine illa contigit iustificatio, nec ullus, nisi in ea "perseveraverit usque in finem" [*Mt 10,22; 24,13*], vitam aeternam assequetur. Ut autem officio veram fidem amplectendi in eaque constanter perseverandi satisfacere possemus, Deus per Filium suum unigenitum Ecclesiam instituit, suaeque institutionis manifestis notis instruxit, ut ea tamquam custos et magistra verbi revelati ab omnibus posset agnosci.

Weil es aber "ohne Glauben unmöglich ist, Gott zu gefallen" [*Hebr 11,6*] und zur Gemeinschaft seiner Söhne zu gelangen, so wurde niemandem jemals ohne ihn Rechtfertigung zuteil, und keiner wird das ewige Leben erlangen, wenn er nicht in ihm "ausgeharrt hat bis ans Ende" [*Mt 10,22; 24,13*]. Damit wir aber der Pflicht, den wahren Glauben zu umfassen und in ihm beständig zu verharren, Genüge tun könnten, hat Gott durch seinen einziggeborenen Sohn die Kirche eingesetzt und so mit offensichtlichen Kennzeichen seiner Einsetzung ausgestattet, daß sie als Hüterin und Lehrerin des geoffenbarten Wortes von allen erkannt werden kann.

Ad solam enim catholicam Ecclesiam ea pertinent omnia, quae ad evidentem fidei christianae credibilitatem tam multa et tam mira divinitus sunt disposita. Quin etiam Ecclesia per se ipsa, ob suam nempe admirabilem propagationem, eximiam sanctitatem et inexhaustam in omnibus bonis foecunditatem, ob catholicam unitatem invictamque stabilitatem magnum quoddam et perpetuum est motivum credibilitatis et divinae suae legationis testimonium irrefragabile.

Quo fit, ut ipsa veluti signum levatum in nationes [cf. Is 11,12] et ad se invitet, qui nondum crediderunt, et filios suos certiores faciat, firmissimo niti fundamento fidem, quam profitentur. Cui quidem testimonio efficax subsidium accedit ex superna virtute. Etenim benignissimus Dominus et errantes gratia sua excitat atque adiuvat, ut "ad agnitionem veritatis venire" [1 Tim 2,4] possint, et eos, quos de tenebris transtulit in admirabile lumen suum [cf. 1 Pt 2,9; Col 1,13], in hoc eodem lumine ut perseverent, gratia sua confirmat, non deserens, nisi deseratur [cf. *1537].

Quocirca minime par est condicio eorum, qui per caeleste fidei donum catholicae veritati adhaeserunt, atque eorum, qui ducti opinionibus humanis falsam religionem sectantur; illi enim, qui fidem sub Ecclesiae magisterio susceperunt, nullam umquam habere possunt iustam causam mutandi aut in dubium fidem eandem revocandi [can. 6]. Quae cum ita sint, "gratias agentes Deo Patri, qui dignos nos fecit in partem sortis sanctorum in lumine" [Col 1,12], tantam ne negligamus salutem [cf. Hbr 2,3], sed "aspicientes in auctorem fidei et consummatorem Iesum" [Hbr 12,2] "teneamus spei nostrae confessionem indeclinabilem" [Hbr 10,23].

Allein auf die katholische Kirche nämlich erstreckt sich all das, was göttlicherseits zur einsichtigen Glaubwürdigkeit des christlichen Glaubens so vielfältig und so wunderbar angeordnet wurde. Ja, auch die Kirche selbst ist durch sich – nämlich wegen ihrer wunderbaren Ausbreitung, außerordentlichen Heiligkeit und unerschöpflichen Fruchtbarkeit an allem Guten, wegen ihrer katholischen Einheit und unbesiegten Beständigkeit – ein mächtiger und fortdauernder Beweggrund der Glaubwürdigkeit und ein unwiderlegbares Zeugnis ihrer göttlichen Sendung. **3013**

So kommt es, daß sie als Zeichen, das **3014** aufgerichtet ist für die Völker [vgl. Jes 11,12], sowohl ⟨jene⟩ zu sich einlädt, die noch nicht geglaubt haben, als auch ihren Kindern die Gewißheit verleiht, daß der Glaube, den sie bekennen, sich auf eine unerschütterliche Grundlage stützt. Zu diesem Zeugnis tritt nun die wirksame Hilfe aus der Kraft von oben. Denn der überaus gütige Herr erweckt die Irrenden durch seine Gnade und hilft ihnen, damit sie "zur Erkenntnis der Wahrheit gelangen" [1 Tim 2,4] können, und stärkt die, welche er aus der Finsternis in sein wunderbares Licht versetzt hat [vgl. 1 Petr 2,9; Kol 1,13], mit seiner Gnade, damit sie in ebendiesem Lichte verharren, sie nicht verlassend, wenn er nicht verlassen wird [vgl. *1537].

Deshalb ist die Lage derer, die sich durch das himmlische Geschenk des Glaubens der katholischen Wahrheit angeschlossen haben, und derer, die, geführt von menschlichen Meinungen, einer falschen Religion folgen, keineswegs gleich; jene nämlich, die den Glauben unter dem Lehramt der Kirche angenommen haben, können niemals einen triftigen Grund haben, ebendiesen Glauben zu wechseln oder in Zweifel zu ziehen [Kan. 6]. Da dies so ist, sollen wir, "Gott, dem Vater, Dank sagend, der uns würdig gemacht hat, teilzuhaben am Los der Heiligen im Licht" [Kol 1,12], solch großes Heil nicht geringachten [vgl. Hebr 2,3], sondern "auf Jesus, den Urheber und Vollender des Glaubens, hinblickend" [Hebr 12,2] "das unbeugsame Bekenntnis unserer Hoffnung festhalten" [Hebr 10,23].

Cap. 4. De fide et ratione                    Kap. 4. Glaube und Vernunft

[ *3015: Die zweifache Ordnung der Erkenntnis. - *3016: Der Anteil der Vernunft an der Ausbildung der übernatürlichen Wahrheit. - *3017f: Kein Gegensatz zwischen Glauben und Vernunft. - *3019: Die wechselseitige Hilfe von Glauben und Vernunft. - *3020: Das Wesen des Fortschritts in der theologischen Wissenschaft.]

**3015**    Hoc quoque perpetuus Ecclesiae catholicae consensus tenuit et tenet, duplicem esse ordinem cognitionis non solum principio, sed obiecto etiam distinctum: principio quidem, quia in altero naturali ratione, in altero fide divina cognoscimus; obiecto autem, quia praeter ea, ad quae naturalis ratio pertingere potest, credenda nobis proponuntur mysteria in Deo abscondita, quae, nisi revelata divinitus, innotescere non possunt [can. 1].

Auch dies hielt und hält das fortwährende Einverständnis der katholischen Kirche fest, daß es eine zweifache Ordnung der Erkenntnis gibt, die nicht nur im Prinzip, sondern auch im Gegenstand verschieden ist: und zwar im Prinzip, weil wir in der einen ⟨Ordnung⟩ mit der natürlichen Vernunft, in der anderen mit dem göttlichen Glauben erkennen; im Gegenstand aber, weil uns außer dem, wozu die natürliche Vernunft gelangen kann, in Gott verborgene Geheimnisse zu glauben vorgelegt werden, die, wenn sie nicht von Gott geoffenbart wären, nicht bekannt werden könnten [Kan. 1].

Quocirca Apostolus, qui a gentibus Deum "per ea, quae facta sunt" [Rm 1,20], cognitum esse testatur, disserens tamen de gratia et veritate, quae per Iesum Christum facta est [cf. Io 1,17], pronuntiat: "Loquimur Dei sapientiam in mysterio, quae abscondita est, quam praedestinavit Deus ante saecula in gloriam nostram, quam nemo principum huius saeculi cognovit. Nobis autem revelavit Deus per Spiritum suum: Spiritus enim omnia scrutatur, etiam profunda Dei" [1 Cor 2,7s 10]. Et ipse Unigenitus confitetur Patri, quia abscondit haec a sapientibus et prudentibus, et revelavit ea parvulis [cf. Mt 11,25].

Deshalb sagt der Apostel, der bezeugt, daß Gott von den Völkern "durch das, was gemacht ist" [Röm 1,20], erkannt worden sei, indem er dennoch über die Gnade und Wahrheit, die durch Jesus Christus geworden ist [vgl. Joh 1,17], handelt: "Wir reden im Geheimnis von Gottes Weisheit, die verborgen ist, die Gott vor den Zeiten zu unserer Herrlichkeit vorherbestimmte, die niemand von den Fürsten dieser Welt erkannt hat. Uns aber hat ⟨sie⟩ Gott durch seinen Geist geoffenbart: Der Geist erforscht nämlich alles, auch die Tiefen Gottes" [1 Kor 2,7f 10]. Und der Einziggeborene selbst preist den Vater, weil er dies vor den Weisen und Klugen verborgen und es den Kleinen geoffenbart hat [vgl. Mt 11,25].

**3016**    Ac ratio quidem, fide illustrata, cum sedulo, pie et sobrie quaerit, aliquam Deo dante mysteriorum intelligentiam eamque fructuosissimam assequitur tum ex eorum, quae naturaliter cognoscit, analogia, tum e mysteriorum ipsorum nexu inter se et cum fine hominis ultimo; numquam tamen idonea redditur ad ea perspicienda instar veritatum, quae proprium ipsius obiectum constituunt. Divina enim mysteria suapte natura intellectum creatum sic excedunt, ut etiam revelatione tradita et fide suscepta ipsius tamen fidei velamine contecta et quadam quasi caligine obvoluta maneant, quamdiu in hac mortali vita "peregrinamur a Domino: per fidem

Zwar erlangt die vom Glauben erleuchtete Vernunft, wenn sie fleißig, fromm und nüchtern forscht, sowohl aufgrund der Analogie mit dem, was sie auf natürliche Weise erkennt, als auch aufgrund des Zusammenhanges der Geheimnisse selbst untereinander und mit dem letzten Zweck des Menschen mit Gottes Hilfe eine gewisse Erkenntnis der Geheimnisse, und zwar eine sehr fruchtbare; niemals wird sie jedoch befähigt, sie genauso zu durchschauen wie die Wahrheiten, die ihren eigentlichen ⟨Erkenntnis⟩gegenstand ausmachen. Denn die göttlichen Geheimnisse übersteigen ihrer eigenen Natur nach so den geschaffenen Verstand, daß sie, auch wenn

enim ambulamus et non per speciem" [*2 Cor 5,6s*].

Verum etsi fides sit supra rationem, nulla tamen umquam inter fidem et rationem vera dissensio esse potest [*cf. *2776 2811*]: cum idem Deus, qui mysteria revelat et fidem infundit, animo humano rationis lumen indiderit, Deus autem negare se ipsum non possit, nec verum vero umquam contradicere. Inanis autem huius contradictionis species inde potissimum oritur, quod vel fidei dogmata ad mentem Ecclesiae intellecta et exposita non fuerint vel opinionum commenta pro rationis effatis habeantur. "Omnem" igitur "assertionem veritati illuminatae fidei contrariam omnino falsam esse definimus" [*Concilium Lateranense V: *1441*].

Porro Ecclesia, quae una cum apostolico munere docendi mandatum accepit fidei depositum custodiendi, ius etiam et officium divinitus habet falsi nominis scientiam [*cf. 1 Tim 6,20*] proscribendi, ne quis decipiatur per philosophiam et inanem fallaciam [*cf. Col 2,8; can. 2*].

Quapropter omnes Christiani fideles huiusmodi opiniones, quae fidei doctrinae contrariae esse cognoscuntur, maxime si ab Ecclesia reprobatae fuerint, non solum prohibentur tamquam legitimas scientiae Conclusiones defendere, sed pro erroribus potius, qui fallacem veritatis speciem prae se ferant, habere tenentur omnino.

Neque solum fides et ratio inter se dissidere numquam possunt, sed opem quoque sibi mutuam ferunt [*cf. *2776 2811*], cum recta ratio fidei fundamenta demonstret eiusque lumine illustrata rerum divinarum scientiam

sie durch die Offenbarung mitgeteilt und im Glauben angenommen wurden, dennoch mit dem Schleier des Glaubens selbst bedeckt und gleichsam von einem gewissen Dunkel umhüllt bleiben, solange wir in diesem sterblichen Leben "ferne vom Herrn pilgern: im Glauben nämlich wandeln wir und nicht im Schauen" [*2 Kor 5,6f*].

Aber auch wenn der Glaube über der Vernunft steht, so kann es dennoch niemals eine wahre Unstimmigkeit zwischen Glauben und Vernunft geben [*vgl. *2776 2811*]: denn derselbe Gott, der die Geheimnisse offenbart und den Glauben eingießt, hat in den menschlichen Geist das Licht der Vernunft gelegt; Gott aber kann sich nicht selbst verleugnen, noch ⟨kann⟩ jemals Wahres Wahrem widersprechen. Der unbegründete Anschein eines solchen Widerspruchs aber entsteht vor allem daraus, daß entweder die Lehrsätze des Glaubens nicht im Sinne der Kirche verstanden und erläutert wurden oder Hirngespinste für Aussagen der Vernunft gehalten werden. "Wir definieren" also, "daß jede der Wahrheit des erleuchteten Glaubens entgegengesetzte Behauptung völlig falsch ist" [*5. Konzil im Lateran: *1441*]. **3017**

Weiter hat die Kirche, die zusammen mit dem apostolischen Amt der Lehre den Auftrag empfangen hat, die Hinterlassenschaft des Glaubens zu hüten, von Gott auch das Recht und die Pflicht, "Erkenntnis", die fälschlich diesen Namen trägt [*vgl. 1 Tim 6,20*], zu ächten, damit keiner durch Philosophie und eitlen Trug getäuscht werde [*vgl. Kol 2,8; Kan. 2*]. **3018**

Deswegen ist nicht nur allen gläubigen Christen verboten, solche Meinungen, von denen man erkennt, daß sie der Lehre des Glaubens entgegengesetzt sind – vor allem, wenn sie von der Kirche verworfen wurden –, als rechtmäßige Folgerungen der Wissenschaft zu verteidigen, sondern sie sind vielmehr durchaus verpflichtet, sie für Irrtümer zu halten, die den trügerischen Schein von Wahrheit vor sich hertragen.

Auch können Glaube und Vernunft nicht nur niemals untereinander unstimmig sein, sondern sie leisten sich auch wechselseitig Hilfe [*vgl. *2776 2811*]; denn die rechte Vernunft beweist die Grundlagen des Glaubens **3019**

excolat, fides vero rationem ab erroribus liberet ac tueatur eamque multiplici cognitione instruat.

Quapropter tantum abest, ut Ecclesia humanarum artium et disciplinarum culturae obsistat, ut hanc multis modis iuvet atque promoveat. Non enim commoda ab iis ad hominum vitam dimanantia aut ignorat aut despicit; fatetur immo, eas, quemadmodum a Deo scientiarum Domino [cf. 1 Sm 2,3] profectae sunt, ita, si rite pertractentur, ad Deum iuvante eius gratia perducere.

Nec sane ipsa vetat, ne huiusmodi disciplinae in suo quaeque ambitu propriis utantur principiis et propria methodo; sed iustam hanc libertatem agnoscens, id sedulo cavet, ne divinae doctrinae repugnando errores in se suscipiant, aut fines proprios transgressae ea, quae sunt fidei, occupent et perturbent.

3020     Neque enim fidei doctrina, quam Deus revelavit, velut philosophicum inventum proposita est humanis ingeniis perficienda, sed tamquam divinum depositum Christi Sponsae tradita, fideliter custodienda et infallibiliter declaranda. Hinc sacrorum quoque dogmatum is sensus perpetuo est retinendus, quem semel declaravit sancta mater Ecclesia, nec umquam ab eo sensu altioris intelligentiae specie et nomine recedendum [can. 3]. "Crescat igitur et multum vehementerque proficiat, tam singulorum quam omnium, tam unius hominis quam totius Ecclesiae, aetatum ac saeculorum gradibus, intelligentia, scientia, sapientia: sed in suo dumtaxat genere, in eodem scilicet dogmate, eodem sensu eademque sententia".[1]

und bildet, von seinem Licht erleuchtet, die Wissenschaft von den göttlichen Dingen aus; der Glaube aber befreit und schützt die Vernunft vor Irrtümern und stattet sie mit vielfacher Erkenntnis aus.

Deswegen ist es weit gefehlt, daß die Kirche der Pflege der menschlichen Künste und Wissenschaften Widerstand leiste; vielmehr unterstützt und fördert sie diese auf vielfache Weise. Denn weder verkennt noch verachtet sie die Vorteile, die aus ihnen für das Leben der Menschen entspringen; vielmehr räumt sie ein: wie sie von Gott, dem Herrn der Wissenschaften [vgl. 1 Sam 2,3], ausgegangen sind, so führen sie, wenn sie in rechter Weise ausgeübt werden, mit Hilfe seiner Gnade zu Gott hin.

Auch verbietet sie keineswegs, daß diese Wissenschaften in ihrem jeweiligen Bereich ihre eigenen Prinzipien und ihre eigene Methode anwenden; diese gerechtfertigte Freiheit anerkennend, achtet sie aber eifrig darauf, daß sie nicht der göttlichen Lehre widerstreiten und so Irrtümer in sich aufnehmen oder in Überschreitung ihrer eigenen Grenzen das, was des Glaubens ist, in Beschlag nehmen und durcheinanderbringen.

Die Lehre des Glaubens, die Gott geoffenbart hat, wurde nämlich nicht wie eine philosophische Erfindung den menschlichen Geistern zur Vervollkommnung vorgelegt, sondern als göttliche Hinterlassenschaft der Braut Christi anvertraut, damit sie treu gehütet und unfehlbar erklärt werde. Daher ist auch immerdar derjenige Sinn der heiligen Glaubenssätze beizubehalten, den die heilige Mutter Kirche einmal erklärt hat, und niemals von diesem Sinn unter dem Anschein und Namen einer höheren Einsicht abzuweichen [Kan. 3]. "So wachse denn und gedeihe in reichem und starkem Maße im Laufe der Zeiten und Jahrhunderte Erkenntnis, Wissenschaft und Weisheit sowohl in einem jeden als auch in allen, sowohl im einzelnen Menschen als auch in der ganzen Kirche: aber lediglich in der ihnen zukommenden Weise, nämlich in derselben Lehre, demselben Sinn und derselben Auffassung".[1]

---

*3020 [1]   Vinzenz von Lérins, *Commonitorium primum* 23, n. 3 (R. Demeulenaere: CpChL 64 [1985] 177$_7$-178$_{12}$ / PL 50,668A).

*Canones*                    *Kanones*

### 1. De Deo rerum omnium creatore     1. Gott, der Schöpfer aller Dinge

[*Kan. 1: Gegen alle Irrtümer in bezug auf die Existenz Gottes, des Schöpfers. – Kan. 2: Gegen den Materialismus. – Kan. 3f: Gegen den Pantheismus und seine besonderen Formen. – Kan. 5: (a) Gegen Pantheisten und Materialisten; (b) gegen die Güntherianer; (c) gegen die Güntherianer und Hermesianer.*]

1. Si quis unum verum Deum visibilium et invisibilium creatorem et Dominum negaverit: anathema sit [*cf. *3001*].

1. Wer den einen wahren Gott, den Schöpfer und Herrn des Sichtbaren und Unsichtbaren, leugnet: der sei mit dem Anathema belegt [*vgl. *3001*].   3021

2. Si quis praeter materiam nihil esse affirmare non erubuerit: anathema sit [*cf. *3002*].

2. Wer sich nicht scheut zu behaupten, es gebe nichts außer Materie: der sei mit dem Anathema belegt [*vgl. *3002*].   3022

3. Si quis dixerit, unam eandemque esse Dei et rerum omnium substantiam vel essentiam: anathema sit [*cf. *3001*].

3. Wer sagt, die Substanz oder Wesenheit Gottes und aller Dinge sei ein und dieselbe: der sei mit dem Anathema belegt [*vgl. *3001*].   3023

4. Si quis dixerit, res finitas tum corporeas tum spirituales aut saltem spirituales e divina substantia emanasse,

aut divinam essentiam sui manifestatione vel evolutione fieri omnia,

aut denique Deum esse ens universale seu indefinitum, quod sese determinando constituat rerum universitatem in genera, species et individua distinctam: anathema sit.

4. Wer sagt, die endlichen Dinge – sowohl die körperlichen als auch die geistigen oder wenigstens die geistigen – seien aus der göttlichen Substanz ausgeflossen,

oder die göttliche Wesenheit werde durch Offenbarung oder Entwicklung ihrer selbst alles,

oder schließlich, Gott sei das allgemeine bzw. unbestimmte Seiende, das, sich selbst bestimmend, die in Arten, Gattungen und Einzelwesen unterschiedene Gesamtheit der Dinge bildet: der sei mit dem Anathema belegt.   3024

5. Si quis non confiteatur, mundum resque omnes, quae in eo continentur, et spirituales et materiales secundum totam suam substantiam a Deo ex nihilo esse productas,

aut Deum dixerit non voluntate ab omni necessitate libera, sed tam necessario creasse, quam necessario amat se ipsum,

aut mundum ad Dei gloriam conditum esse negaverit: anathema sit.

5. Wer nicht bekennt, daß die Welt und alle Dinge, die in ihr enthalten sind – sowohl die geistigen als auch die materiellen –, ihrem ganzen Wesen nach von Gott aus nichts hervorgebracht wurden,

oder sagt, Gott habe nicht durch seinen von jeder Notwendigkeit freien Willen, sondern so notwendig geschaffen, wie er sich selbst notwendig liebt,

oder leugnet, daß die Welt zur Ehre Gottes geschaffen ist: der sei mit dem Anathema belegt.   3025

### 2. De revelatione           2. Die Offenbarung

[*Kan. 1: Gegen die Leugner der natürlichen Theologie. – Kan. 2: Gegen den Deismus. – Kan. 3: Gegen den uneingeschränkten Rationalismus. – Kan. 4: Gegen die Bibelkritik der Rationalisten.*]

1. Si quis dixerit, Deum unum et verum, creatorem et Dominum nostrum, per ea, quae

1. Wer sagt, der eine und wahre Gott, unser Schöpfer und Herr, könne nicht durch   3026

facta sunt, naturali rationis humanae lumine certo cognosci non posse: anathema sit [cf. *3004].

das, was gemacht ist, mit dem natürlichen Licht der menschlichen Vernunft sicher erkannt werden: der sei mit dem Anathema belegt [vgl. *3004].

3027     2. Si quis dixerit, fieri non posse aut non expedire, ut per revelationem divinam homo de Deo cultuque ei exhibendo doceatur: anathema sit.

2. Wer sagt, es sei unmöglich oder unnütz, daß der Mensch durch die göttliche Offenbarung über Gott und die ihm zu erweisende Verehrung belehrt werde: der sei mit dem Anathema belegt.

3028     3. Si quis dixerit, hominem ad cognitionem et perfectionem, quae naturalem superet, divinitus evehi non posse, sed ex se ipso ad omnis tandem veri et boni possessionem iugi profectu pertingere posse et debere: anathema sit.

3. Wer sagt, der Mensch könne nicht von Gott zu einer Erkenntnis und Vollkommenheit emporgehoben werden, die die natürliche übertrifft, sondern könne und müsse aus sich selbst in beständigem Fortschritt schließlich zum Besitz alles Wahren und Guten gelangen: der sei mit dem Anathema belegt.

3029     4. Si quis sacrae Scripturae libros integros cum omnibus suis partibus, prout illos sancta Tridentina Synodus recensuit [*1501-1508], pro sacris et canonicis non susceperit aut eos divinitus inspiratos esse negaverit: anathema sit [cf. *3006].

4. Wer die Bücher der heiligen Schrift nicht vollständig mit allen ihren Teilen, wie sie das heilige Konzil von Trient aufgezählt hat [*1501-1508], als heilig und kanonisch annimmt oder leugnet, daß sie von Gott inspiriert sind: der sei mit dem Anathema belegt [vgl. *3006].

### 3. De fide

### 3. Der Glaube

[Kan. 1f: Gegen die Autonomie der Vernunft. - Kan. 3: Gegen den Fideismus. - Kan. 4: Gegen Agnostizismus und Mythologismus. - Kan. 5f: Gegen die Hermesianer.]

3031     1. Si quis dixerit, rationem humanam ita independentem esse, ut fides ei a Deo imperari non possit: anathema sit [cf. *3008].

1. Wer sagt, die menschliche Vernunft sei so unabhängig, daß ihr der Glaube von Gott nicht befohlen werden könne: der sei mit dem Anathema belegt [vgl. *3008].

3032     2. Si quis dixerit, fidem divinam a naturali de Deo et rebus moralibus scientia non distingui, ac propterea ad fidem divinam non requiri, ut revelata veritas propter auctoritatem Dei revelantis credatur: anathema sit [cf. *3008].

2. Wer sagt, der göttliche Glaube unterscheide sich nicht vom natürlichen Wissen über Gott und die sittlichen Dinge, und deswegen sei es für den göttlichen Glauben nicht erforderlich, daß die geoffenbarte Wahrheit wegen der Autorität des offenbarenden Gottes geglaubt werde: der sei mit dem Anathema belegt [vgl. *3008].

3033     3. Si quis dixerit, revelationem divinam externis signis credibilem fieri non posse, ideoque sola interna cuiusque experientia aut inspiratione privata homines ad fidem moveri debere: anathema sit [cf. 3009].

3. Wer sagt, die göttliche Offenbarung könne nicht durch äußere Zeichen glaubhaft gemacht werden, und deshalb müßten die Menschen allein durch die innere Erfahrung eines jeden oder durch persönliche Eingebung zum Glauben bewegt werden: der sei mit dem Anathema belegt [vgl. *3009].

3034     4. Si quis dixerit, miracula nulla fieri posse, proindeque omnes de iis narrationes, etiam in sacra Scriptura contentas, inter fa-

4. Wer sagt, es könnten keine Wunder geschehen und daher seien alle Erzählungen darüber - auch die in der heiligen Schrift ent-

bulas vel mythos ablegandas esse; aut miracula certo cognosci numquam posse nec iis divinam religionis christianae originem rite probari: anathema sit [*cf. *3009*].

5. Si quis dixerit, assensum fidei christianae non esse liberum, sed argumentis humanae rationis necessario produci; aut ad solam fidem vivam, quae per caritatem operatur [*cf. Gal 5,6*], gratiam Dei necessariam esse: anathema sit [*cf. *3010*].

6. Si quis dixerit, parem esse condicionem fidelium atque eorum, qui ad fidem unice veram nondum pervenerunt, ita ut catholici iustam causam habere possint fidem, quam sub Ecclesiae magisterio iam susceperunt, assensu suspenso in dubium vocandi, donec demonstrationem scientificam credibilitatis et veritatis fidei suae absolverint: anathema sit [*cf. *3014*].

## 4. De fide et ratione

[*Gegen freiere philosophische und theologische Schulen.*]

1. Si quis dixerit, in revelatione divina nulla vera et proprie dicta mysteria contineri, sed universa fidei dogmata posse per rationem rite excultam e naturalibus principiis intelligi et demonstrari: anathema sit [*cf. *3015s*].

2. Si quis dixerit, disciplinas humanas ea cum libertate tractandas esse, ut earum assertiones, etsi doctrinae revelatae adversentur, tamquam verae retineri neque ab Ecclesia proscribi possint: anathema sit [*cf. *3017*].

3. Si quis dixerit, fieri posse, ut dogmatibus ab Ecclesia propositis aliquando secundum progressum scientiae sensus tribuendus sit alius ab eo, quem intellexit et intelligit Ecclesia: anathema sit [*cf. *3020*].

---

haltenen – unter die Fabeln oder Mythen zu verweisen; oder Wunder könnten niemals sicher erkannt werden und durch sie werde der göttliche Ursprung der christlichen Religion nicht zurecht bewiesen: der sei mit dem Anathema belegt [*vgl. *3009*].

5. Wer sagt, die Zustimmung zum christlichen Glauben sei nicht frei, sondern werde durch Beweise der menschlichen Vernunft notwendig hervorgebracht; oder die Gnade Gottes sei allein zum lebendigen Glauben, der durch die Liebe wirkt [*vgl. Gal 5,6*], notwendig: der sei mit dem Anathema belegt [*vgl. *3010*]. 3035

6. Wer sagt, die Lage der Gläubigen und derer, die noch nicht zum einzig wahren Glauben gelangt sind, sei gleich, so daß Katholiken einen triftigen Grund haben können, den Glauben, den sie unter dem Lehramt der Kirche schon angenommen haben, nach Aufhebung der Zustimmung in Zweifel zu ziehen, bis sie einen wissenschaftlichen Beweis für die Glaubwürdigkeit und Wahrheit ihres Glaubens erbracht haben: der sei mit dem Anathema belegt [*vgl. *3014*]. 3036

## 4. Glaube und Vernunft

1. Wer sagt, in der göttlichen Offenbarung seien keine wahren Geheimnisse im eigentlichen Sinne enthalten, sondern die gesamten Lehrsätze des Glaubens könnten durch eine recht unterwiesene Vernunft aus natürlichen Prinzipien verstanden und bewiesen werden: der sei mit dem Anathema belegt [*vgl. *3015f*]. 3041

2. Wer sagt, die menschlichen Wissenschaften seien mit einer solchen Freiheit auszuüben, daß ihre Behauptungen, auch wenn sie der geoffenbarten Lehre widerstreiten, als wahr festgehalten und von der Kirche nicht verworfen werden können: der sei mit dem Anathema belegt [*vgl. *3017*]. 3042

3. Wer sagt, es könne geschehen, daß den von der Kirche vorgelegten Lehrsätzen einmal entsprechend dem Fortschritt der Wissenschaft ein anderer Sinn zuzuschreiben sei als der, den die Kirche gemeint hat und meint: der sei mit dem Anathema belegt [*vgl. *3020*]. 3043

## Nachwort

**3044**    Itaque supremi pastoralis Nostri officii debitum exsequentes, omnes Christi fideles, maxime vero eos, qui praesunt vel docendi munere funguntur, per viscera Iesu Christi obtestamur, necnon eiusdem Dei et Salvatoris nostri auctoritate iubemus, ut ad hos errores a sancta Ecclesia arcendos et eliminandos, atque purissimae fidei lucem pandendam studium et operam conferant.

In Erfüllung der Schuldigkeit Unserer höchsten Hirtenpflicht beschwören Wir deshalb um der Liebe Jesu Christi willen alle Christgläubigen, vor allem aber die, welche Vorsteher sind oder ein Lehramt bekleiden, und befehlen ihnen kraft der Autorität ebendieses unseres Gottes und Erlösers, Eifer und Mühe aufzuwenden, damit diese Irrtümer von der heiligen Kirche abgehalten und aus ihr entfernt sowie das Licht des reinsten Glaubens ausgebreitet werde.

**3045**    Quoniam vero satis non est, haereticam pravitatem devitare, nisi ii quoque errores diligenter fugiantur, qui ad illam plus minusve accedunt, omnes officii monemus, servandi etiam constitutiones et decreta, quibus pravae eiusmodi opiniones, quae isthic diserte non enumerantur, ab hac Sancta Sede proscriptae et prohibitae sunt.

Da es aber nicht genügt, der häretischen Verkehrtheit aus dem Wege zu gehen, wenn nicht auch diejenigen Irrtümer sorgsam gemieden werden, die sich ihr mehr oder weniger nähern, erinnern Wir alle an die Pflicht, auch die Konstitutionen und Dekrete zu beachten, in denen solche verkehrten Auffassungen, die an dieser Stelle nicht ausdrücklich aufgezählt werden, von diesem Heiligen Stuhl geächtet und verboten wurden.

**3050-3075: 4. Sitzung, 18. Juli 1870: Erste dogmatische Konstitution "Pastor aeternus" über die Kirche Christi**

Den Konzilsvätern wurde ein 15 Kapitel und 21 Kanones umfassender Entwurf über die Kirche "*Supremi Pastoris*" (MaC 51,539-553 / CollLac 7,567-578) vorgelegt, der die Lehre vom Primat (Kap. 11), nicht aber von der Unfehlbarkeit des Papstes enthielt. Auf vielfachen Wunsch setzte Pius IX. am 7. März 1870 das Thema der Unfehlbarkeit auf die Tagesordnung. Tags zuvor war ein Entwurf zu einem Zusatzkapitel über die Unfehlbarkeit des Papstes vorbereitet worden (MaC 51,701D-702A / CollLac 7,641ab). Im Laufe der Diskussionen zeichnete sich eine eigene, in 4 Kapitel unterteilte Konstitution über den Papst ab. Daraufhin wurde ein neuer Entwurf ausgearbeitet und am 9. Mai 1870 in der Generalversammlung des Ausschusses vorgelegt (MaC 52,4-7 / CollLac 7,1640-1643 [Nr. 558]). Er wurde in verbesserter Fassung am 13. Juli dem Konzil präsentiert. In der 4. Öffentlichen Sitzung, am 18. Juli, erfolgte die Definition.

In der Debatte um die Unfehlbarkeit des Papstes äußerten viele Konzilsväter Bedenken: eine solche Definition öffne dem Mißbrauch des kirchlichen Lehramtes Tür und Tor; die Bindung des Papstes an Schrift und Tradition sei nicht hinlänglich gesichert; einige geschichtliche Tatsachen sprächen für die Unterscheidung zwischen dem Papst als dem unfehlbaren allgemeinen Lehrer und dem Papst als dem fehlbaren privaten Lehrer (vgl. \*2565). Wegen dieser Schwierigkeiten widersetzte sich ein beträchtlicher Teil der Konzilsväter der Definition, unterlag aber der Mehrheit. Nachdem ein letzter Versuch der Minderheit gescheitert war, Pius IX. in letzter Stunde zum Einlenken zu bewegen, verließen viele Konzilsväter vor der entscheidenden Sitzung (18. Juli) das Konzil.

In der Öffentlichkeit wurde die Unfehlbarkeit des Papstes vielfach deswegen abgelehnt, weil die sogenannten Ultramontanen eine übersteigerte Vorstellung von ihr verbreiteten. Louis Veuillot, der einflußreiche Redakteur der Zeitung "L'Univers", hatte z. B. vorgeschlagen, die Unfehlbarkeit des Papstes einfach durch Akklamation feststellen zu lassen, ohne eine genaue theologische Abklärung vorzunehmen. Auf der 84. Generalversammlung am 11. Juli 1870 erläuterte Bischof Vinzenz Gasser als Sprecher der Glaubenskommission den Sinn und die Grenzen der päpstlichen Unfehlbarkeit im Hinblick auf Subjekt, Objekt und Akt (MaC 52,1204-1230 / CollLac 7,388-420). Der Konzilssekretär, Bischof Joseph Feßler, schrieb nach Auflösung des Konzils das Buch *Die wahre und die falsche Unfehlbarkeit der Päpste* (Wien 1871[3]; französische Ausg. Paris 1873), das zu den vorzüglichsten Kommentaren der Unfehlbarkeitsdebatte gerechnet wird.

*Ausg.:* MaC 52,1330-1334 / CollLac 7,482-487 / Pius IX., *Acta* 1/V, 207-218 / ASS 6 (1870/71) 40-47 / COeD[3] 811$_{29}$-816$_{39}$.

*Vorrede über die Einsetzung und das Fundament der Kirche*

Pastor aeternus et episcopus animarum nostrarum [*cf. 1 Pt 2,25*], ut salutiferum redemptionis opus perenne redderet, sanctam aedificare Ecclesiam decrevit, in qua veluti in domo Dei viventis fideles omnes unius fidei et caritatis vinculo continerentur. Quapropter, priusquam clarificaretur, rogavit Patrem non pro Apostolis tantum, sed et pro eis, qui credituri erant per verbum eorum in ipsum, ut omnes unum essent, sicut ipse Filius et Pater unum sunt [*cf. Io 17,20s*]. Quemadmodum igitur Apostolos, quos sibi de mundo elegerat [*cf. Io 15,19*], misit, sicut ipse missus erat a Patre [*cf. Io 20,21*]: ita in Ecclesia sua pastores et doctores "usque ad consummationem saeculi" [*Mt 28,20*] esse voluit.

Der ewige Hirte und Bischof unserer Seelen [*vgl. 1 Petr 2,25*] beschloß, um das heilsame Werk der Erlösung dauerhaft zu machen, die heilige Kirche zu bauen, in der, gleichsam als in dem Hause des lebendigen Gottes, alle Gläubigen durch das Band des einen Glaubens und der Liebe zusammengehalten werden sollten. Deshalb bat er, bevor er verherrlicht wurde, den Vater nicht nur für die Apostel, sondern auch für jene, die durch ihr Wort an ihn glauben würden, daß sie alle eins seien, wie der Sohn selbst und der Vater eins sind [*vgl. Joh 17,20f*]. Auf diese Weise also, in der er die Apostel, die er sich aus der Welt erwählt hatte [*vgl. Joh 15,19*], sandte, wie er selbst vom Vater gesandt worden war [*vgl. Joh 20,21*]: so wollte er, daß es in seiner Kirche "bis zur Vollendung der Zeit" [*Mt 28,20*] Hirten und Lehrer gebe. **3050**

Ut vero episcopatus ipse unus et indivisus esset, et per cohaerentes sibi invicem sacerdotes credentium multitudo universa in fidei et communionis unitate conservaretur, beatum Petram ceteris Apostolis praeponens in ipso instituit perpetuum utriusque unitatis principium ac visibile fundamentum, super cuius fortitudinem aeternum exstrueretur templum, et Ecclesiae caelo inferenda sublimitas in huius fidei firmitate consurgeret[1].

Damit aber der Episkopat selbst eins und ungeteilt sei und durch die untereinander eng verbundenen Priester die gesamte Menge der Gläubigen in der Einheit des Glaubens und der Gemeinschaft bewahrt werde, errichtete er, indem er den seligen Petrus an die Spitze der übrigen Apostel stellte, in ihm ein dauerhaftes Prinzip dieser zweifachen Einheit und ein sichtbares Fundament, auf dessen Stärke der ewige Tempel erbaut werden sollte; und die bis zum Himmel ragende Erhabenheit der Kirche sollte sich in der Kraft seines Glaubens aufrichten[1]. **3051**

Et quoniam portae inferi ad evertendam, si fieri posset, Ecclesiam, contra eius fundamentum divinitus positum maiore in dies odio undique insurgunt, Nos ad catholici gregis custodiam, incolumitatem, augmentum, necessarium esse iudicamus, sacro approbante Concilio, doctrinam de institutione, perpetuitate ac natura sacri Apostolici primatus, in quo totius Ecclesiae vis ac soliditas consistit, cunctis fidelibus credendam et tenendam, secundum antiquam atque constantem universalis Ecclesiae fidem, proponere, atque contrarios, dominico gregi adeo perniciosos errores proscribere et condemnare.

Und weil sich die Pforten der Unterwelt, um – wenn möglich – die Kirche zu zerstören, mit täglich größerem Haß von überall her gegen ihr von Gott gelegtes Fundament erheben, erachten Wir es mit Zustimmung des heiligen Konzils zum Schutz, zur Erhaltung und zum Gedeihen der katholischen Herde für notwendig, die Lehre von der Einsetzung, Fortdauer und Natur des heiligen Apostolischen Primates, in dem die Kraft und Stärke der ganzen Kirche besteht, allen Gläubigen gemäß dem alten und beständigen Glauben der gesamten Kirche vorzulegen, damit sie geglaubt und festgehalten werde, und die entgegengesetzten, für die Herde des Herrn so **3052**

---

**\*3051** [1] Leo I. der Große, 4. Predigt über seinen Geburtstag [nämlich beim Jahrestag seiner Wahl zum Bischof von Rom] Kap. 2 (PL 54,150C).

verderblichen Irrtümer zu ächten und zu verurteilen.

### Cap. 1. De apostolici primatus in beato Petro institutione

3053    Docemus itaque et declaramus, iuxta Evangelii testimonia primatum iurisdictionis in universam Dei Ecclesiam immediate et directe beato Petro Apostolo promissum atque collatum a Christo Domino fuisse. Unum enim Simonem, cui iam pridem dixerat: "Tu vocaberis Cephas" [Io 1,42], postquam ille suam edidit confessionem inquiens: "Tu es Christus, Filius Dei vivi", solemnibus his verbis allocutus est Dominus: "Beatus es, Simon Bar Iona: quia caro et sanguis non revelavit tibi, sed Pater meus, qui in caelis est. Et ego dico tibi, quia tu es Petrus, et super hanc petram aedificabo Ecclesiam meam, et portae inferi non praevalebunt adversus eam: et tibi dabo claves regni caelorum. Et quodcumque ligaveris super terram, erit ligatum et in caelis: et quodcumque solveris super terram, erit solutum et in caelis" [Mt 16,16-19]. Atque uni Simoni Petro contulit Iesus post suam resurrectionem summi pastoris et rectoris iurisdictionem in totum suum ovile dicens: "Pasce agnos meos", "Pasce oves meas" [Io 21,15-17].

3054    Huic tam manifestae sacrarum Scripturarum doctrinae, ut ab Ecclesia catholica semper intellecta est, aperte opponuntur pravae eorum sententiae, qui constitutam a Christo Domino in sua Ecclesia regiminis formam pervertentes negant, solum Petrum prae ceteris Apostolis sive seorsum singulis sive omnibus simul vero proprioque iurisdictionis primatu fuisse a Christo instructum; aut qui affirmant, eundem primatum non immediate directeque ipsi beato Petro, sed Ecclesiae et per hanc illi ut ipsius Ecclesiae ministro delatum fuisse.

### Kap. 1. Die Einsetzung des apostolischen Primats im seligen Petrus

Deshalb lehren und erklären Wir, daß gemäß den Zeugnissen des Evangeliums der Jurisdiktionsprimat über die gesamte Kirche Gottes von Christus, dem Herrn, unmittelbar und direkt dem seligen Apostel Petrus verheißen und übertragen wurde. Denn einzig Simon, dem er schon früher gesagt hatte: "Du wirst Kephas genannt werden" [Joh 1,42], hat der Herr, nachdem jener sein Bekenntnis ablegte, indem er sprach: "Du bist Christus, der Sohn des lebendigen Gottes", mit diesen feierlichen Worten angeredet: "Selig bist du, Simon, Sohn des Jona: denn nicht Fleisch und Blut hat dir ⟨das⟩ geoffenbart, sondern mein Vater, der in den Himmeln ist. Und ich sage dir, daß du Petrus bist, und auf diesen Felsen werde ich meine Kirche bauen, und die Pforten der Unterwelt werden keine Gewalt über sie haben: und ich werde dir die Schlüssel des Himmelreiches geben. Und alles, was du auf der Erde gebunden hast, wird auch in den Himmeln gebunden sein: und alles, was du auf der Erde gelöst hast, wird auch in den Himmeln gelöst sein" [Mt 16,16-19]. Und einzig Simon Petrus übertrug Jesus nach seiner Auferstehung die Jurisdiktion des obersten Hirten und Lenkers über seine ganze Herde, indem er sagte: "Weide meine Lämmer", "Weide meine Schafe" [Joh 21,15-17].

Dieser so offenkundigen Lehre der heiligen Schriften, wie sie von der katholischen Kirche immer verstanden wurde, stehen die verkehrten Auffassungen derer offen entgegen, die die von Christus, dem Herrn, in seiner Kirche eingesetzte Regierungsform verkehren und leugnen, daß allein Petrus vor den übrigen Aposteln – ob einzeln für sich oder allen zugleich – von Christus mit dem wahren und eigentlichen Jurisdiktionsprimat ausgestattet wurde; oder die behaupten, ebendieser Primat sei nicht unmittelbar und direkt dem seligen Petrus selbst, sondern der Kirche und durch sie jenem als dem Diener dieser Kirche übertragen worden.

[*Canon.*] Si quis igitur dixerit, beatum Petrum Apostolum non esse a Christo Domino constitutum Apostolorum, omnium principem et totius Ecclesiae militantis visibile caput; vel eundem honoris tantum, non autem verae propriaeque iurisdictionis primatum ab eodem Domino nostro Iesu Christo directe et immediate accepisse: anathema sit.

[*Kanon.*] Wer also sagt, der selige Apo- **3055** stel Petrus sei nicht der von Christus, dem Herrn, eingesetzte Fürst aller Apostel und das sichtbare Haupt der ganzen streitenden Kirche; oder derselbe habe nur den Ehren-, nicht aber den wahren und eigentlichen Jurisdiktionsprimat von ebendiesem unserem Herrn Jesus Christus direkt und unmittelbar empfangen: der sei mit dem Anathema belegt.

## Cap. 2. De perpetuitate primatus beati Petri in Romanis Pontificibus

## Kap. 2. Die Fortdauer des Primates des seligen Petrus in den Römischen Bischöfen

Quod autem in beato Apostolo Petro princeps pastorum et pastor magnus ovium Dominus Christus Iesus in perpetuam salutem ac perenne bonum Ecclesiae instituit, id eodem auctore in Ecclesia, quae fundata super petram ad finem saeculorum usque firma stabit, iugiter durare necesse est. "Nulli" sane "dubium, immo saeculis omnibus notum est, quod sanctus beatissimusque Petrus, Apostolorum princeps et caput fideique columna et Ecclesiae catholicae fundamentum, a Domino nostro Iesu Christo, Salvatore humani generis ac Redemptore, claves regni accepit: qui ad hoc usque tempus et semper in suis successoribus", episcopis sanctae Romanae Sedis, ab ipso fundatae eiusque consecratae sanguine "vivit" et praesidet et "iudicium exercet"[1].

Was aber der Fürst der Hirten und große **3056** Hirt der Schafe, der Herr Christus Jesus, im seligen Apostel Petrus zum ewigen Heil und immerwährenden Wohl der Kirche eingesetzt hat, das muß auf sein Geheiß hin in der Kirche, die, gegründet auf dem Felsen, bis zum Ende der Zeiten sicher stehen wird, beständig fortdauern. Denn "keiner zweifelt, ja, es ist vielmehr allen Zeiten bekannt, daß der heilige und seligste Petrus, der Fürst und das Haupt der Apostel, die Säule des Glaubens und das Fundament der katholischen Kirche, von unserem Herrn Jesus Christus, dem Erretter und Erlöser des Menschengeschlechtes, die Schlüssel des Reiches empfangen hat: er lebt", hat den Vorsitz und "übt das Richteramt aus bis auf diese Zeit und immer in seinen Nachfolgern"[1], den Bischöfen des heiligen Römischen Stuhles, der von ihm selbst gegründet und durch sein Blut geheiligt wurde.

Unde quicumque in hac cathedra Petro succedit, is secundum Christi ipsius institutionem primatum Petri in universam Ecclesiam obtinet. "Manet ergo dispositio veritatis, et beatus Petrus in accepta fortitudine petrae perseverans suscepta Ecclesiae gubernacula non reliquit"[1]. Hac de causa ad Romanam Ecclesiam "propter potentiorem principalitatem necesse" semper fuit "omnem convenire Ecclesiam, hoc est eos, qui sunt undique fideles"[2], ut in ea sede, e qua "venerandae communionis iura"[3] in omnes dimanant, tam-

Daher hat jeder, der auf diesem Stuhle **3057** Petrus nachfolgt, gemäß der Einsetzung Christi selbst den Primat des Petrus über die gesamte Kirche inne. "Es bleibt also die Anordnung der Wahrheit, und der selige Petrus, in der empfangenen Stärke des Felsens verharrend, verläßt das übernommene Steuer nicht"[1]. Aus diesem Grunde war es immer "notwendig, daß sich die ganze Kirche, das heißt diejenigen, die überall gläubig sind," der Römischen Kirche "wegen ihres vorzüglicheren Vorrangs anschließen"[2], damit sie in

---

**\*3056** [1]  Rede des päpstlichen Legaten Philipp auf der 3. Sitzung des Konzils von Ephesus, 11. Juli 431 (ACOe 1/I/III, 60$_{27\text{-}33}$, Nr. 106$^{31}$ / MaC 4,1295B-1298A / HaC 1,1477B).
**\*3057** [1]  Leo I. der Große, 3. Predigt über seinen Geburtstag, Kap. 3 (PL 54,146B).
        [2]  Irenäus von Lyon, *Adversus haereses* III 3, n. 2 (SouChr 211 [1974] 32$_{26f}$) = III 3, n. 1 (hrsg. von W.W. Harvey [Cambridge 1857] 2,9 / PG 7,849A).

quam membra in capite consociata in unam corporis compagem coalescerent.

diesem Stuhle, aus dem "die Rechte der ehrwürdigen Gemeinschaft"[3] auf alle überströmen, als im Haupte verbundene Glieder zu dem einen Gefüge des Leibes zusammenwachsen.

**3058**     [*Canon*.] Si quis ergo dixerit, non esse ex ipsius Christi Domini institutione seu iure divino, ut beatus Petrus in primatu super universam Ecclesiam habeat perpetuos successores: aut Romanum Pontificem non esse beati Petri in eodem primatu successorem: anathema sit.

[*Kanon*.] Wer also sagt, es sei nicht aus der Einsetzung Christi, des Herrn, selbst bzw. göttlichem Recht, daß der selige Petrus im Primat über die gesamte Kirche fortdauernd Nachfolger hat: oder der Römische Bischof sei nicht der Nachfolger des seligen Petrus in ebendiesem Primat: der sei mit dem Anathema belegt.

*Cap. 3. De vi et ratione primatus Romani Pontificis*

*Kap. 3. Bedeutung und Wesen des Primates des Römischen Bischofs*

[*3059: Beschreibung des Primates. - *3060: Allgemeine Jurisdiktion des Papstes. - *3061: Jurisdiktion der Bischöfe über die Teilherde. - *3062: Der freie Verkehr des Papstes mit allen Gläubigen. - *3063: Der Papst als höchster Richter. - *3064: Sanktion.]

**3059**     Quapropter apertis innixi sacrarum Litterarum testimoniis, et inhaerentes tum praedecessorum Nostrorum, Romanorum Pontificum, tum Conciliorum generalium disertis perspicuisque decretis, innovamus oecumenici Concilii Florentini definitionem, qua credendum ab omnibus Christi fidelibus est, "sanctam Apostolicam Sedem, et Romanum Pontificem in universum orbem tenere primatum, et ipsum Pontificem Romanum successorem esse beati Petri, principis Apostolorum, et verum Christi vicarium totiusque Ecclesiae caput et omnium Christianorum patrem ac doctorem exsistere; et ipsi in beato Petro pascendi, regendi ac gubernandi universalem Ecclesiam a Domino nostro Iesu Christo plenam potestatem traditam esse; quemadmodum etiam in gestis oecumenicorum conciliorum et in sacris canonibus continetur" [*1307].

Gestützt auf die offensichtlichen Zeugnisse der heiligen Schrift und im Anschluß an die deutlichen und klaren Dekrete sowohl Unserer Vorgänger, der Römischen Bischöfe, als auch der allgemeinen Konzilien, erneuern Wir deshalb die Definition des ökumenischen Konzils von Florenz, nach der von allen Christgläubigen zu glauben ist, "daß der heilige Apostolische Stuhl und der Römische Bischof den Primat über den gesamten Erdkreis innehat und der Römische Bischof selbst der Nachfolger des seligen Apostelfürsten Petrus und der wahre Stellvertreter Christi, das Haupt der ganzen Kirche und der Vater und Lehrer aller Christen ist; und ihm ist von unserem Herrn Jesus Christus im seligen Petrus die volle Gewalt übertragen worden, die gesamte Kirche zu weiden, zu leiten und zu lenken, wie es auch in den Akten der ökumenischen Konzilien und in den heiligen Kanones festgehalten wird" [*1307].

**3060**     Docemus proinde et declaramus, Ecclesiam Romanam, disponente Domino, super omnes alias ordinariae potestatis obtinere principatum, et hanc Romani Pontificis iurisdictionis potestatem, quae vere episcopalis est, immediatam esse: erga quam cuiuscumque ritus et dignitatis pastores atque fideles, tam seorsum singuli quam simul omnes, officio hierarchicae subordinationis veraeque

Wir lehren demnach und erklären, daß die Römische Kirche auf Anordnung des Herrn den Vorrang der ordentlichen Vollmacht über alle anderen innehat, und daß diese Jurisdiktionsvollmacht des Römischen Bischofs, die wahrhaft bischöflich ist, unmittelbar ist: ihr gegenüber sind die Hirten und Gläubigen jeglichen Ritus und Ranges - sowohl einzeln für sich als auch alle zugleich - zu hierarchi-

---

[3]     Ambrosius von Mailand, Brief 11,4 (PL 16,986B).

oboedientiae obstringuntur, non solum in rebus, quae ad fidem et mores, sed etiam in iis,
quae ad disciplinam et regimen Ecclesiae per
totum orbem diffusae pertinent; ita ut, custodita cum Romano Pontifice tam communionis quam eiusdem fidei professionis unitate, Ecclesia Christi sit unus grex sub uno
summo pastore [*cf. Io 10,16*]. Haec est catholicae veritatis doctrina, a qua deviare salva
fide atque salute nemo potest.


Tantum autem abest, ut haec Summi
Pontificis potestas officiat ordinariae ac immediatae illi episcopalis iurisdictionis potestati, qua episcopi, qui positi a Spiritu Sancto
[*cf. Act 20,28*] in Apostolorum locum successerunt, tamquam veri pastores assignatos sibi
greges singuli singulos pascunt et regunt, ut
eadem a supremo et universali pastore as-
seratur, roboretur ac vindicetur, secundum illud sancti Gregorii Magni: "Meus honor est
honor universalis Ecclesiae. Meus honor est
fratrum meorum solidus vigor. Tum ego vere
honoratus sum, cum singulis quibusque honor debitus non negatur"[1].


Porro ex suprema illa Romani Pontificis
potestate gubernandi universam Ecclesiam
ius eidem esse consequitur, in huius sui muneris exercitio libere communicandi cum pastoribus et gregibus totius Ecclesiae, ut iidem
ab ipso in via salutis doceri ac regi possint.
Quare damnamus ac reprobamus illorum
sententias, qui hanc supremi capitis cum pastoribus et gregibus communicationem licite
impediri posse dicunt aut eandem reddunt
saeculari potestati obnoxiam, ita ut contendant, quae ab Apostolica Sede vel eius auctoritate ad regimen Ecclesiae constituuntur,
vim ac valorem non habere, nisi potestatis
saecularis placito confirmentur.

scher Unterordnung und wahrem Gehorsam
verpflichtet, nicht nur in Angelegenheiten,
die den Glauben und die Sitten, sondern
auch in solchen, die die Disziplin und Leitung der auf dem ganzen Erdkreis verbreiteten Kirche betreffen, so daß durch Wahrung
der Einheit sowohl der Gemeinschaft als
auch desselben Glaubensbekenntnisses mit
dem Römischen Bischof die Kirche Christi
e i n e Herde unter e i n e m obersten Hirten
sei [*vgl. Joh 10,16*]. Dies ist die Lehre der katholischen Wahrheit, von der niemand ohne
Schaden für Glauben und Heil abweichen
kann.

So wenig aber beeinträchtigt diese Voll- **3061**
macht des Papstes jene ordentliche und unmittelbare Vollmacht der bischöflichen Jurisdiktion, mit der die Bischöfe, die, eingesetzt
vom Heiligen Geist [*vgl. Apg 20,28*], an die
Stelle der Apostel nachgefolgt sind, als wahre
Hirten die ihnen jeweils zugewiesenen Herden jeweils weiden und leiten, daß sie vielmehr vom obersten und allgemeinen Hirten
bejaht, gestärkt und geschützt wird gemäß jenem ⟨Wort⟩ des heiligen Gregor des Großen:
"Meine Ehre ist die Ehre der gesamten Kirche. Meine Ehre ist die ungebrochene Tat-
kraft meiner Brüder. Dann bin ich wahrhaft
geehrt, wenn einem jeden einzelnen die gebührende Ehre nicht versagt wird"[1].

Ferner folgt aus jener höchsten Vollmacht **3062**
des Römischen Bischofs, die gesamte Kirche
zu lenken, daß er das Recht hat, bei der Ausübung dieses seines Amtes frei mit den Hirten und Herden der ganzen Kirche zu verkehren, damit diese von ihm auf dem Weg
des Heiles belehrt und geleitet werden können. Deshalb verurteilen und verwerfen Wir
die Auffassungen jener, die sagen, dieser Verkehr des Oberhauptes mit den Hirten und
Herden könne erlaubtermaßen behindert
werden, oder ihn von der weltlichen Gewalt
abhängig machen, so daß sie darauf bestehen,
was vom Apostolischen Stuhl bzw. seiner Autorität zur Leitung der Kirche festgelegt wird,
habe keine Kraft und Gültigkeit, wenn es
nicht durch die Zustimmung der weltlichen
Gewalt bestätigt werde.

---

**\*3061** [1]   Gregor I. der Große, Brief an Eulogius von Alexandrien (D. Norberg: CpChL 140A [1982]
552$_{64-66}$ [= *Registrum epistolarum* VIII 29] / MGH Ep. 2,31$_{28-30}$ [= *Registrum epistolarum* VIII
29] / PL 77,933C [= *Registrum epistolarum* VIII 30]).

**3063**    Et quoniam divino Apostolici primatus iure Romanus Pontifex universae Ecclesiae praeest, docemus etiam et declaramus, eum esse iudicem supremum fidelium, et in omnibus causis ad examen ecclesiasticum spectantibus ad ipsius posse iudicium recurri [cf. *861]; Sedis vero Apostolicae, cuius auctoritate maior non est, iudicium a nemine fore retractandum, neque cuiquam de eius licere iudicare iudicio [cf. *638-642]. Quare a recto veritatis tramite aberrant, qui affirmant, licere ab iudiciis Romanorum Pontificum ad oecumenicum concilium tamquam ad auctoritatem Romano Pontifice superiorem appellare.

Und weil der Römische Bischof kraft des göttlichen Rechtes des Apostolischen Primates der gesamten Kirche vorsteht, lehren Wir auch und erklären, daß er der höchste Richter der Gläubigen ist und man in allen Rechtsfragen, die der kirchlichen Prüfung unterliegen, sein Urteil einholen kann [vgl. *861]; das Urteil des Apostolischen Stuhles aber, über dessen Autorität hinaus es keine größere gibt, darf von niemandem neu erörtert werden, und keinem ist es erlaubt, über sein Urteil zu urteilen [vgl. *638-642]. Daher irren vom rechten Pfad der Wahrheit ab, die behaupten, man dürfe von den Urteilen der Römischen Bischöfe an ein ökumenisches Konzil als an eine gegenüber dem Römischen Bischof höhere Autorität Berufung einlegen.

**3064**    [Canon.] Si quis itaque dixerit, Romanum Pontificem habere tantummodo officium inspectionis vel directionis, non autem plenam et supremam potestatem iurisdictionis in universam Ecclesiam, non solum in rebus, quae ad fidem et mores, sed etiam in iis, quae ad disciplinam et regimen Ecclesiae per totum orbem diffusae pertinent; aut eum habere tantum potiores partes, non vero totam plenitudinem huius supremae potestatis; aut hanc eius potestatem non esse ordinariam et immediatam sive in omnes ac singulas ecclesias sive in omnes et singulos pastores et fideles: anathema sit.

[Kanon.] Wer deshalb sagt, der Römische Bischof besitze lediglich das Amt der Aufsicht bzw. Leitung, nicht aber die volle und höchste Jurisdiktionsvollmacht über die gesamte Kirche, nicht nur in Angelegenheiten, die den Glauben und die Sitten, sondern auch in solchen, die die Disziplin und Leitung der auf dem ganzen Erdkreis verbreiteten Kirche betreffen; oder er habe nur einen größeren Anteil, nicht aber die ganze Fülle dieser höchsten Vollmacht; oder diese seine Vollmacht sei nicht ordentlich und unmittelbar sowohl über alle und die einzelnen Kirchen als auch über alle und die einzelnen Hirten und Gläubigen: der sei mit dem Anathema belegt.

*Cap. 4. De Romani Pontificis infallibili magisterio*

*Kap. 4. Das unfehlbare Lehramt des Römischen Bischofs*

*[*3065-3068: Zeugnisse der ökumenischen Konzilien. - *3069: Das Lehramt als unfehlbar praktisch anerkannt. - *3070f: Charakter, Gegenstand und Zweck der Unfehlbarkeit des Papstes. - *3072-3074: Definition. - *3075: Sanktion.]*

**3065**    Ipso autem Apostolico primatu, quem Romanus Pontifex tamquam Petri principis Apostolorum successor in universam Ecclesiam obtinet, supremam quoque magisterii potestatem comprehendi, haec Sancta Sedes semper tenuit, perpetuus Ecclesiae usus comprobat, ipsaque oecumenica Concilia, ea imprimis, in quibus Oriens cum Occidente in fidei caritatisque unionem conveniebat, declaraverunt.

Daß aber in diesem Apostolischen Primat, den der Römische Bischof als Nachfolger des Apostelfürsten Petrus über die gesamte Kirche innehat, auch die höchste Vollmacht des Lehramtes enthalten ist, hat dieser Heilige Stuhl immer festgehalten, beweist der ständige Brauch der Kirche und haben die ökumenischen Konzilien selbst erklärt, vor allem diejenigen, bei denen der Osten mit dem Westen zur Einheit des Glaubens und der Liebe zusammenfand.

Patres enim Concilii Constantinopolitani quarti, maiorum vestigiis inhaerentes, hanc solemnem ediderunt professionem: "Prima salus est, rectae fidei regulam custodire [...]. Et quia non potest Domini nostri Iesu Christi praetermitti sententia dicentis: 'Tu es Petrus, et super hanc petram aedificabo Ecclesiam meam' [*Mt 16,18*], haec, quae dicta sunt, rerum probantur effectibus, quia in Sede Apostolica immaculata est semper catholica reservata religio, et sancta celebrata doctrina. Ab huius ergo fide et doctrina separari minime cupientes [...] speramus, ut in una communione, quam Sedes Apostolica praedicat, esse mereamur, in qua est integra et vera christianae religionis soliditas"[1] [*\*363-365*].

Die Väter des vierten **Konzils von** 3066 **Konstantinopel** haben nämlich, auf den Spuren der Vorfahren wandelnd, folgendes feierliche Bekenntnis abgelegt: "Der Anfang des Heiles ist, die Regel des rechten Glaubens zu beachten [...]. Und weil der Spruch unseres Herrn Jesus Christus nicht übergangen werden kann, der sagt: 'Du bist Petrus, und auf diesen Felsen werde ich meine Kirche bauen' [*Mt 16,18*], wird das, was gesagt wurde, durch die tatsächlichen Wirkungen erwiesen; denn beim Apostolischen Stuhl wurde stets die katholische Religion unversehrt bewahrt und die heilige Lehre in Ehren gehalten. Von seinem Glauben und seiner Lehre wollen wir uns also auf keinen Fall trennen [...]; wir hoffen, daß wir in der einen Gemeinschaft, die der Apostolische Stuhl verkündet, zu sein verdienen, in der die unversehrte und wahre Festigkeit der christlichen Religion ist"[1] [*\*363-365*].

Approbante vero Lugdunensi Concilio secundo Graeci professi sunt: "Sanctam Romanam Ecclesiam summum et plenum primatum et principatum super universam Ecclesiam catholicam obtinere, quem se ab ipso Domino in beato Petro Apostolorum principe sive vertice, cuius Romanus Pontifex est successor, cum potestatis plenitudine recepisse veraciter et humiliter recognoscit; et sicut prae ceteris tenetur fidei veritatem defendere, sic et, si quae de fide subortae fuerint quaestiones, suo debent iudicio definiri" [*\*861*].

Unter Zustimmung aber des **zweiten** 3067 **Konzils von Lyon** haben die Griechen bekannt: "Die heilige Römische Kirche hat den höchsten und vollen Primat und die Herrschaft über die gesamte katholische Kirche inne; sie ist sich in Wahrheit und Demut bewußt, daß sie diesen ⟨Primat⟩ vom Herrn selbst im seligen Petrus, dem Fürst bzw. Haupt der Apostel, dessen Nachfolger der Römische Bischof ist, zusammen mit der Fülle der Macht empfangen hat. Und wie sie vor den anderen gehalten ist, die Wahrheit des Glaubens zu verteidigen, so müssen auch eventuell auftauchende Fragen bezüglich des Glaubens durch ihr Urteil entschieden werden" [*\*861*].

Florentinum denique Concilium definivit: "Pontificem Romanum [...] verum Christi vicarium totiusque Ecclesiae caput et omnium Christianorum patrem et doctorem exsistere; et ipsi in beato Petro pascendi, regendi ac gubernandi universalem Ecclesiam a Domino nostro Iesu Christo plenam potestatem traditam esse" [*\*1307*].

Das **Konzil von Florenz** schließlich 3068 definierte: "Der Römische Bischof [...] ist der wahre Stellvertreter Christi, das Haupt der ganzen Kirche und der Vater und Lehrer aller Christen; und ihm ist von unserem Herrn Jesus Christus im seligen Petrus die volle Gewalt übertragen worden, die gesamte Kirche zu weiden, zu leiten und zu lenken" [*\*1307*].

Huic pastorali muneri ut satisfacerent, praedecessores Nostri indefessam semper operam dederunt, ut salutaris Christi doctri-

Um diesem Hirtenamt Genüge zu tun, ha 3069 ben Unsere Vorgänger immer unermüdliche Mühe aufgewandt, damit die heilsame Lehre

---

na apud omnes terrae populos propagaretur, parique cura vigilarunt, ut, ubi recepta esset, sincera et pura conservaretur. Quocirca totius orbis antistites, nunc singuli, nunc in Synodis congregati, longam ecclesiarum consuetudinem et antiquae regulae formam sequentes, ea praesertim pericula, quae in negotiis fidei emergebant, ad hanc Sedem Apostolicam retulerunt, ut ibi potissimum resarcirentur damna fidei, ubi fides non potest sentire defectum[1].

Romani autem Pontifices, prout temporum et rerum condicio suadebat, nunc convocatis oecumenicis Conciliis aut explorata Ecclesiae per orbem dispersae sententia, nunc per Synodos particulares, nunc aliis, quae divina suppeditabat providentia, adhibitis auxiliis, ea tenenda definiverunt, quae sacris Scripturis et apostolicis traditionibus consentanea, Deo adiutore, cognoverant.

**3070**     Neque enim Petri successoribus Spiritus Sanctus promissus est, ut eo revelante novam doctrinam patefacerent, sed ut, eo assistente, traditam per Apostolos revelationem seu fidei depositum sancte custodirent et fideliter exponerent. Quorum quidem apostolicam doctrinam omnes venerabiles Patres amplexi et sancti Doctores orthodoxi venerati atque secuti sunt; plenissime scientes, hanc sancti Petri Sedem ab omni semper errore illibatam permanere, secundum Domini Salvatoris nostri divinam pollicitationem discipulorum suorum principi factam: "Ego rogavi pro te, ut non deficiat fides tua: et tu aliquando conversus confirma fratres tuos" [Lc 22,32].

**3071**     Hoc igitur veritatis et fidei numquam deficientis charisma Petro eiusque in hac cathedra successoribus divinitus collatum est, ut excelso suo munere in omnium salutem

Christi bei allen Völkern der Erde verbreitet werde, und mit gleicher Sorge gewacht, daß sie, wo sie angenommen wurde, echt und rein bewahrt werde. Deshalb haben die Bischöfe des ganzen Erdkreises, bald einzeln, bald auf Synoden versammelt, der langen Gewohnheit der Kirchen und dem Vorbild der alten Regel folgend, vor allem diejenigen Gefahren vor diesen Apostolischen Stuhl gebracht, die in Angelegenheiten des Glaubens auftauchten, damit die Schäden des Glaubens vor allem dort wieder ausgebessert würden, wo der Glaube keine Beeinträchtigung erfahren kann[1].

Die Römischen Bischöfe aber haben, je nachdem, wie es die Lage der Zeiten und Umstände erforderte, bald durch Einberufung von ökumenischen Konzilien oder Erkundung der Auffassung der auf dem Erdkreis verstreuten Kirche, bald durch Teilsynoden, bald unter Anwendung anderer Hilfsmittel, die die göttliche Vorsehung zur Verfügung stellte, das festzuhalten bestimmt, was sie mit Gottes Hilfe als mit den heiligen Schriften und apostolischen Überlieferungen übereinstimmend erkannt hatten.

Den Nachfolgern des Petrus wurde der Heilige Geist nämlich nicht verheißen, damit sie durch seine Offenbarung eine neue Lehre ans Licht brächten, sondern damit sie mit seinem Beistand die durch die Apostel überlieferte Offenbarung bzw. die Hinterlassenschaft des Glaubens heilig bewahrten und getreu auslegten. Ihre apostolische Lehre haben ja alle ehrwürdigen Väter angenommen und die heiligen rechtgläubigen Lehrer verehrt und befolgt; denn sie wußten voll und ganz, daß dieser Stuhl des heiligen Petrus von jedem Irrtum immer unberührt bleibt, gemäß dem an den Fürsten seiner Jünger ergangenen göttlichen Versprechen unseres Herrn und Erlösers: "Ich habe für dich gebetet, daß dein Glaube nicht versage: und du, wenn du einmal bekehrt bist, stärke deine Brüder" [Lk 22,32].

Diese Gnadengabe der Wahrheit und des nie versagenden Glaubens wurde also dem Petrus und seinen Nachfolgern auf diesem Stuhle von Gott verliehen, damit sie ihr er-

---

**\*3069** [1]     Bernhard von Clairvaux, Brief 190 bzw. *Tractatus contra errores Abaelardi* an Papst Innozenz II., Vorwort (*Opera* 8, hrsg. von J. Leclercq – H.M. Rochais [Rom 1977] 17$_{9f}$ / PL 182,1053D).

fungerentur, ut universus Christi grex per eos ab erroris venenosa esca aversus, caelestis doctrinae pabulo nutriretur, ut, sublata schismatis occasione, Ecclesia tota una conservaretur, atque suo fundamento innixa, firma adversus inferi portas consisteret.

At vero cum hac ipsa aetate, qua salutifera Apostolici muneris efficacia vel maxime requiritur, non pauci inveniantur, qui illius auctoritati obtrectant, necessarium omnino esse censemus, praerogativam, quam unigenitus Dei Filius cum summo pastorali officio coniungere dignatus est, solemniter asserere.

Itaque Nos traditioni a fidei christianae exordio perceptae fideliter inhaerendo, ad Dei Salvatoris nostri gloriam, religionis catholicae exaltationem et christianorum populorum salutem, sacro approbante Concilio, docemus et divinitus revelatum dogma esse definimus:

Romanum Pontificem, cum ex cathedra loquitur, id est, cum omnium Christianorum pastoris et doctoris munere fungens pro suprema sua Apostolica auctoritate doctrinam de fide vel moribus ab universa Ecclesia tenendam definit, per assistentiam divinam ipsi in beato Petro promissam, ea infallibilitate pollere, qua divinus Redemptor Ecclesiam suam in definienda doctrina de fide vel moribus instructam esse voluit; ideoque eiusmodi Romani Pontificis definitiones ex sese, non autem ex consensu Ecclesiae, irreformabiles esse.

[*Canon*.] Si quis autem huic Nostrae definitioni contradicere, quod Deus avertat, praesumpserit: anathema sit.

habenes Amt zum Heile aller ausübten, damit die gesamte Herde Christi durch sie von der giftigen Speise des Irrtums ferngehalten und mit der Nahrung der himmlischen Lehre ernährt werde, damit durch Aufhebung ⟨jeder⟩ Gelegenheit zur Spaltung die ganze Kirche einig erhalten werde und, auf ihr Fundament gestützt, sicher gegen die Pforten der Unterwelt bestehe.

Da sich aber gerade in dieser Zeit, in der **3072** die heilbringende Wirksamkeit des Apostolischen Amtes am meisten erforderlich ist, nicht wenige finden, die seiner Autorität Abbruch tun, erachten Wir es für durchaus notwendig, das Vorrecht, das der einziggeborene Sohn Gottes mit der höchsten Hirtenpflicht zu verbinden sich herabgelassen hat, feierlich zu erklären.

Indem Wir Uns deshalb der vom Anfang **3073** des christlichen Glaubens an empfangenen Überlieferung getreu anschließen, lehren Wir mit Zustimmung des heiligen Konzils zur Ehre Gottes, unseres Erlösers, zur Erhöhung der katholischen Religion und zum Heile der christlichen Völker und entscheiden, daß es ein von Gott geoffenbartes Dogma ist:

Wenn der Römische Bischof "ex cathedra" **3074** spricht, das heißt, wenn er in Ausübung seines Amtes als Hirte und Lehrer aller Christen kraft seiner höchsten Apostolischen Autorität entscheidet, daß eine Glaubens- oder Sittenlehre von der gesamten Kirche festzuhalten ist, dann besitzt er mittels des ihm im seligen Petrus verheißenen göttlichen Beistands jene Unfehlbarkeit, mit der der göttliche Erlöser seine Kirche bei der Definition der Glaubens- oder Sittenlehre ausgestattet sehen wollte; und daher sind solche Definitionen des Römischen Bischofs aus sich, nicht aber aufgrund der Zustimmung der Kirche unabänderlich.

[*Kanon*.] Wer sich aber – was Gott verhüte – unterstehen sollte, dieser Unserer Definition zu widersprechen: der sei mit dem Anathema belegt. **3075**

### 3100-3102: Antwort des Hl. Offiziums an den Apostolischen Vikar Zentralozeaniens, 18. Dez. 1872

Frage und Antwort beziehen sich auf die Lehre der Methodisten, die Taufe sei ein rein äußeres Zeichen der Eingliederung in die christliche Gemeinschaft.
*Ausg.:* ASS 25 (1892/93) 246 / CollPF$^2$ 2,60, Nr. 1392.

## Glaube und Absicht des Sakramentenspenders

**3100**  *Qu.:* 1. Utrum baptismus ab illis haereticis [*Methodistis*] administratus sit dubius propter defectum intentionis faciendi quod voluit Christus, si expresse declaratum fuerit a ministro, antequam baptizet, baptismum nullum habere effectum in animam?

**3101**  2. Utrum dubius sit baptismus sic collatus, si praedicta declaratio non expresse facta fuerit immediate, antequam baptismus conferretur, sed illa saepe pronuntiata fuerit a ministro, et illa doctrina aperte praedicetur in illa secta?

**3102**  *Resp.:* Porro haec dubia iampridem agitata fuisse, ac pro validitate baptismi fuisse responsum, videre potes apud Benedictum XIV *De synodis dioecesanis* l. VII cap. VI n. 9, ubi haec habentur: "Caveat episcopus, ne incertam et dubiam pronuntiet baptismi validitatem hoc tantum nomine, quod haereticus minister, a quo fuit collatus, cum non credat per regenerationis lavacrum deleri peccata, illud non contulerit in remissionem peccatorum, atque ideo non habuerit intentionem illud conficiendi, prout a Christo Domino fuerit constitutum ...".

Cuius rei ratio perspicue traditur a Cardinale Bellarmino *De sacramentis in genere* l. I c. 27 n. 13, ubi, exposito errore ... asserentium, Concilium Tridentinum in canone XI sessionis VII [*1611*] definivisse, non esse ratum sacramentum, nisi minister intendat non solum actum, sed etiam finem sacramenti, id est intendat illud, propter quod sacramentum est institutum, haec subdit: "... Concilium enim in toto canone 11 non nominat finem sacramenti, neque dicit oportere ministrum intendere quod Ecclesia *intendit,* sed quod Ecclesia *facit.* Porro, quod Ecclesia facit, non finem, sed actionem significat. ..."

Ex quo est, quod Innocentius IV, in c. 2 *De baptismo* n. 9 ait, validum esse baptisma collatum a saraceno, de quo notum est, non credere per immersionem aliquid fieri nisi madefactionem, dummodo intenderit facere, quod ceteri baptizantes faciunt.

*Fragen:* 1. Ist die von jenen Häretikern [*Methodisten*] gespendete Taufe zweifelhaft wegen des Fehlens der Absicht, zu tun, was Christus wollte, wenn vom Spender, bevor er tauft, ausdrücklich erklärt wurde, die Taufe habe keine Wirkung auf die Seele?

2. Ist eine so gespendete Taufe zweifelhaft, wenn vorgenannte Erklärung nicht ausdrücklich unmittelbar, bevor die Taufe gespendet wurde, gemacht wurde, sondern vom Spender oftmals geäußert wurde und jene Lehre in jener Sekte offen verkündet wird?

*Antwort:* Daß nun aber diese Fragen schon früher behandelt wurden und zugunsten der Gültigkeit der Taufe geantwortet wurde, kannst Du sehen bei Benedikt XIV., *De synodis dioecesanis* VII 6, n. 9, wo folgendes enthalten ist: "Der Bischof hüte sich, die Gültigkeit einer Taufe nur aus dem Grunde unsicher und zweifelhaft zu nennen, weil der häretische Spender, von dem sie gespendet wurde, da er nicht glaubt, daß durch das Bad der Wiedergeburt die Sünden getilgt werden, dieses nicht zur Vergebung der Sünden gespendet und deshalb nicht die Absicht gehabt habe, es zu vollziehen, wie es von Christus, dem Herrn, festgelegt wurde ...".

Der Grund dafür wird deutlich gelehrt von Kardinal Bellarmin, *De sacramentis in genere* I 27, n. 13, wo er nach Darlegung des Irrtums derer ..., die behaupten, das Trienter Konzil habe im Kanon 11 der 7. Sitzung [*1611*] ... definiert, ein Sakrament sei nur gültig, wenn der Spender nicht nur den Vollzug, sondern auch den Zweck des Sakramentes beabsichtigt, das heißt, das beabsichtigt, weswegen das Sakrament eingesetzt wurde, folgendes hinzufügt: "... Das Konzil nennt nämlich im ganzen Kanon 11 nicht den Zweck des Sakramentes und sagt nicht, der Spender müsse beabsichtigen, was die Kirche *beabsichtigt,* sondern was die Kirche *tut.* Nun bezeichnet das 'was die Kirche tut' aber nicht den Zweck, sondern die Handlung. ..."

Daher kommt es, daß Innozenz IV. im 2. Kap. von *De baptismo,* Nr. 9, sagt, eine Taufe sei gültig, die von einem Sarazenen gespendet wurde, von dem bekannt ist, daß er glaubt, durch das Eintauchen geschehe nichts anderes als ein Naßmachen, sofern er nur zu tun beabsichtigte, was die übrigen Taufenden tun.

*Conclusio Responsi:* Ad 1. Negative: quia non obstante errore quoad effectus baptismi non excluditur intentio faciendi quod facit Ecclesia. – Ad 2. Provisum in primo.

*Schluß der Antwort:* Zu 1. Nein: denn es wird trotz des Irrtums in bezug auf die Wirkungen der Taufe die Absicht, zu tun, was die Kirche tut, nicht ausgeschlossen. – Zu 2. Abgehandelt unter erstens.

## 3105-3109: Instruktion der Hl. Kongregation für die Glaubensverbreitung, i. J. 1873

Die Instruktion ist größtenteils eine Wiederholung von 11 Dokumenten, die vom Zinsgewinn aus einem Darlehen handeln. Beigefügt ist ein eigener Schluß, der einen Abriß der Prinzipien enthält.
    *Ausg.:* CollPF$^2$ 2,69f, Nr. 1393.

### Gewinn aus einem Darlehen

*Conclusio* [*ex omnibus resolutionibus in Instructione allatis*]:

1. Generatim loquendo de lucro ex mutuo, nihil omnino percipi inde posse *vi mutui,* seu immediate et praecise ratione ipsius.

*Schluß* [*aus allen in der Instruktion ange-* **3105** *führten Resolutionen*]:

1. Vom Gewinn aus einem Darlehen gilt allgemein: Es kann daraus *kraft des Darlehens* bzw. unmittelbar und lediglich aufgrund seiner selbst überhaupt nichts erzielt werden.

2. Aliquid ultra sortem percipere licitum esse, si forte titulus aliquis extrinsecus, non mutui naturae universim coniunctus et innatus, mutuo accedat.

2. Etwas über das ⟨geliehene⟩ Kapital hin- **3106** aus zu erzielen ist erlaubt, wenn je irgendein äußerlicher Titel, welcher der Natur des Darlehens nicht allgemein verbunden ist und ihr innewohnt, zum Darlehen hinzutritt.

3. Deficientibus licet aliis quibuslibet titulis, cuiusmodi sunt *lucrum cessans, damnum emergens, atque periculum amittendae sortis, vel assumendi insolitos labores pro sortis recuperatione,* unum quoque legis civilis titulum ceu sufficientem in praxi haberi posse, tum a fidelibus, tum ab eorum confessariis, quibus proinde suos paenitentes hac super re inquietare non licet, donec quaestio haec sub iudice pendeat nec S. Sedes ipsam explicite definierit.

3. Wenn irgendwelche anderen Titel feh- **3107** len, als da sind *entgehender Gewinn, auftauchender Verlust und die Gefahr, das Kapital zu verlieren bzw. ungewöhnliche Mühen für die Wiedererlangung des Kapitals auf sich zu nehmen,* kann auch allein der Titel des bürgerlichen Gesetzes in der Praxis für hinreichend gehalten werden, sowohl von den Gläubigen als auch von ihren Beichtvätern, denen es daher nicht erlaubt ist, ihre Beichtenden über diese Sache zu beunruhigen, solange diese Frage bei Gericht anhängig ist und der Hl. Stuhl sie nicht ausdrücklich entschieden hat.

4. Praxis huius tolerantiam minime extendi posse sive ad cohonestandam usuram quamvis modicam erga pauperes sive usuram immodicam ac naturalis aequitatis limites excedentem.

4. Die Duldung dieser Praxis kann keines- **3108** wegs ausgedehnt werden, um einer noch so maßvollen Zinsnahme gegenüber Armen oder einer unmäßigen und die Grenzen natürlicher Billigkeit überschreitenden Zinsnahme zu Ehren zu verhelfen.

5. Denique, quaenam usurae quantitas dicenda sit immodica et excessiva, quaenam iusta ac moderata, universim determinari non posse, cum hoc dimetiri oporteat in singulis casibus, respectu habito ad omnes et singulas circumstantias locorum, personarum ac temporum.

5. Schließlich kann, welcher Umfang an **3109** Zinsnahme denn unmäßig und übersteigert, welcher gerecht und bescheiden zu nennen ist, nicht allgemein festgelegt werden, da dies in den einzelnen Fällen unter Berücksichtigung aller und der einzelnen Orts-, Personen- und Zeitumstände bemessen werden muß.

**3112-3117: Antworten auf die Circular-Depesche des Reichskanzlers Bismarck über die Auslegung der Konstitution "Pastor aeternus" des 1. Vatikanischen Konzils, Jan.- März 1875**

Die Circular-Depesche des deutschen Reichskanzlers Otto von Bismarck war ein wichtiges Ereignis im "Kulturkampf". Nach Ansicht des Reichskanzlers sind die Beziehungen zwischen dem Deutschen Reich und dem Papst durch das 1. Vatikanische Konzil schwer belastet worden, weil das Konzil in seiner Konstitution über den Römischen Bischof den römischen Zentralismus und päpstlichen Totalitarismus als Lehrsatz festgelegt habe. Die Circular-Depesche wurde schon am 14. Mai 1872 geschrieben, aber erst am 29. Dez. 1874 im "Deutschen Reichsanzeiger und Königlich Preussischen Staatsanzeiger" veröffentlicht. Sie veranlaßte den deutschen Episkopat zu einer gemeinsamen Erklärung, die im Jan. und Febr. 1875 von allen Bischöfen unterzeichnet wurde. In ihr werden die Thesen des Kanzlers zurückgewiesen: *3112-3116.

Gegen diese Erklärung wurde eingewandt, sie beschönige den römischen Standpunkt. In einem Apostolischen Schreiben (*3117) und einer den deutschen Bischöfen gewährten Audienz bestätigte Pius IX. ihre Interpretation. Vgl. auch die Ansprache an die Kardinäle vom 15. März 1875 (ASS 8 [1874/75] 301-305; ebd. 303):

"Gott ... hat in seiner Vorsehung bewirkt, daß die ganz unerschrockenen und hochangesehenen Bischöfe des Deutschen Reiches durch die Herausgabe einer glänzenden Erklärung, die in der Kirchenchronik denkwürdig bleiben wird, die bei dieser Gelegenheit vorgebrachten irrigen Lehren und Sophistereien mit größter Weisheit widerlegten und durch die Errichtung dieses hochedlen Siegesmales für die Wahrheit Uns und die gesamte Kirche erfreuten. Indem Wir aber den vorgenannten Bischöfen vor Euch und dem katholischen Erdkreis größtes Lob ... zollen, erklären Wir diese ihrer Tugend, Stellung und Frömmigkeit würdigen vortrefflichen Erklärungen und Bekundungen für gültig und bestätigen sie mit der Fülle Apostolischer Autorität." ("Deus ... provide effecit, ut fortissimi ac spectatissimi Germanici imperii episcopi illustri declaratione edita, quae in Ecclesiae fastis memorabilis erit, erroneas doctrinas et cavillationes hac occasione prolatas sapientissime refellerent et nobilissimo trophaeo veritati erecto Nos et universam Ecclesiam laetificarent. Dum autem amplissimas laudes coram vobis et catholico orbe praedictis episcopis ... tribuimus, praeclaras eas declarationes et protestationes, ipsorum virtute, gradu ac religione dignas, ratas habemus, easque Apostolicae auctoritatis plenitudine confirmamus.")

*Ausg.*: Nikolaus Siegfried [Pseudonym für V. Cathrein], *Aktenstücke betreffend den preussischen Kulturkampf* (Freiburg 1882) 264-266 [= *3112-3116]; 270f [= *3117] / O. Rousseau, in: Irénikon 29 (1956) 143-147 / Pius IX., *Acta* 1/VII, 29f [= *3117]. Im folgenden wird die veraltete Originalschreibweise beibehalten.

*Die Jurisdiktion des Papstes und der Bischöfe*

**a) Gemeinsame Erklärung der Bischöfe Deutschlands, Jan. - Febr. 1875**

[Falsche Lehre:] Die Circulardepesche behauptet hinsichtlich der Beschlüsse des Vaticanischen Concils:

"Durch diese Beschlüsse ist der Papst in die Lage gekommen, in jeder einzelnen Diöcese die bischöflichen Rechte in die Hand zu nehmen und die päpstliche Gewalt der landesbischöflichen zu substituieren."

"Die bischöfliche Jurisdiction ist in der päpstlichen aufgegangen."

"Der Papst übt nicht mehr, wie bisher, einzelne bestimmte Reservatrechte aus, sondern die ganze Fülle der bischöflichen Rechte ruht in seiner Hand."

"Er ist im Princip an die Stelle jedes einzelnen Bischofs getreten, und es hängt nur von ihm ab, sich auch in der Praxis in jedem einzelnen Augenblicke an die Stelle desselben gegenüber den Regierungen zu setzen."

"Die Bischöfe sind nur noch seine Werkzeuge, seine Beamten ohne eigene Verantwortlichkeit;"

"sie sind den Regierungen gegenüber Beamte eines fremden Souveräns geworden, und zwar eines Souveräns, der vermöge seiner Unfehlbarkeit ein vollkommen absoluter ist, mehr als irgend ein absoluter Monarch der Welt."

Alle diese Sätze entbehren der Begründung und stehen mit dem Wortlaute wie mit dem richtigen, durch den Papst, den Episkopat und die Vertreter der katholischen Wissenschaft wiederholt erklärten Sinn der Beschlüsse des Vaticanischen Concils entschieden im Widerspruch.

[Richtige Lehre:] Allerdings ist nach diesen Beschlüssen die kirchliche Jurisdictions- 3113
gewalt des Papstes eine *potestas suprema, ordinaria et immediata* ⟨= höchste, ordentliche und
unmittelbare Gewalt⟩, eine dem Papst von Jesus Christus, dem Sohne Gottes, in der Person
des hl. Petrus verliehene, auf die ganze Kirche, mithin auch auf jede einzelne Diöcese und alle
Gläubigen sich direct erstreckende oberste Amtsgewalt zur Erhaltung der Einheit des Glaubens, der Disciplin und der Regierung der Kirche, und keineswegs eine bloss aus einigen
Reservatrechten bestehende Befugnis. Dies ist aber keine neue Lehre, sondern eine stets anerkannte Wahrheit des katholischen Glaubens ..., welche das Vaticanische Concil gegenüber
den Irrtümern der Gallicaner, Jansenisten und Febronianer ... neuerdings erklärt und bestätigt
hat. Nach dieser Lehre der katholischen Kirche ist der Papst Bischof von Rom, nicht Bischof
irgendeiner anderen Stadt oder Diöcese, nicht Bischof von Köln oder Breslau u.s.w. Aber als
Bischof von Rom ist er zugleich Papst, d. h. Hirt und Oberhaupt der ganzen Kirche, Oberhaupt aller Bischöfe und aller Gläubigen, und seine päpstliche Gewalt lebt nicht etwa in
bestimmten Ausnahmefällen erst auf, sondern sie hat immer und allezeit und überall Geltung
und Kraft. In dieser seiner Stellung hat der Papst darüber zu wachen, dass jeder Bischof im
ganzen Umfang seines Amtes seine Pflicht erfülle, und wo ein Bischof behindert ist oder eine
anderweitige Notwendigkeit es erfordert, da hat der Papst das Recht und die Pflicht, nicht als
Bischof der betreffenden Diöcese, sondern als Papst, alles in derselben anzuordnen, was zur
Verwaltung derselben gehört. ...

Die Beschlüsse des Vaticanischen Concils bieten ferner keinen Schatten von Grund zu der 3114
Behauptung, es sei der Papst durch dieselben ein absoluter Souverän geworden, und zwar
vermöge seiner Unfehlbarkeit ein "vollkommen absoluter, mehr als irgendein absoluter Monarch in der Welt". Zunächst ist das Gebiet, auf welches sich die kirchliche Gewalt des Papstes
bezieht, wesentlich verschieden von demjenigen, worauf sich die weltliche Souveränität des
Monarchen bezieht; auch wird die volle Souveränität des Landesfürsten auf *staatlichem* Gebiete von Katholiken nirgends bestritten. Aber abgesehen hiervon kann die Bezeichnung eines
absoluten Monarchen auch in Beziehung auf *kirchliche* Angelegenheiten auf den Papst nicht
angewendet werden, weil derselbe unter dem göttlichen Rechte steht und an die von Christus
für seine Kirche getroffenen Anordnungen gebunden ist. Er kann die der Kirche von ihrem
göttlichen Stifter gegebene Verfassung nicht ändern wie der weltliche Gesetzgeber eine Staatsverfassung ändern kann. Die Kirchenverfassung beruht in allen wesentlichen Punkten auf
göttlicher Anordnung und ist jeder menschlichen Willkür entzogen.

Kraft derselben göttlichen Einsetzung, worauf das Papsttum beruht, besteht auch der Epis- 3115
kopat; auch er hat seine Rechte und Pflichten vermöge der von Gott selbst getroffenen Anordnung, welche zu ändern der Papst weder das Recht noch die Macht hat. Es ist also ein
völliges Missverständnis der Vaticanischen Beschlüsse, wenn man glaubt, durch dieselben sei
"die bischöfliche Jurisdiktion in der päpstlichen aufgegangen", der Papst sei "im Princip an die
Stelle jedes einzelnen Bischofs getreten", die Bischöfe seien nur noch "Werkzeuge des Papstes,
seine Beamten ohne eigene Verantwortlichkeit". ... Was insbesondere die [*letztere*] Behauptung
betrifft, ... so können wir dieselbe nur mit aller Entschiedenheit zurückweisen; es ist wahrlich
nicht die katholische Kirche, in welcher der unsittliche und despotische Grundsatz, der Befehl
des Obern entbinde unbedingt von der eigenen Verantwortlichkeit, Aufnahme gefunden hat.

Die Ansicht endlich, als sei der Papst "vermöge seiner Unfehlbarkeit ein vollkommen 3116
absoluter Souverän", beruht auf einem durchaus irrigen Begriff von dem Dogma der päpstlichen Unfehlbarkeit. Wie das Vaticanische Concil es mit klaren und deutlichen Worten ausgesprochen hat und die Natur der Sache von selbst ergibt, bezieht sich dieselbe lediglich auf eine
Eigenschaft des höchsten päpstlichen *Lehramts:* dieses erstreckt sich genau auf dasselbe Gebiet wie das unfehlbare Lehramt der Kirche überhaupt und ist an den Inhalt der Hl. Schrift
und der Überlieferung sowie an die bereits von dem kirchlichen Lehramt gegebenen Lehrentscheidungen gebunden. Hinsichtlich der Regierungshandlungen des Papstes ist dadurch nicht
das Mindeste geändert worden.

## b) Apostolisches Schreiben "Mirabilis illa constantia" an die Bischöfe Deutschlands, 4. März 1875

3117 ... Gloriam Ecclesiae vos continuastis, Venerabiles Fratres, dum germanum Vaticani Concilii definitionum sensum a vulgata quadam circulari epistola captiosa commentatione detortum restituendum suscepistis, ne fideles deciperet et, in invidiam conversus, ansam praebere videretur machinationibus obiiciendis libertati electionis novi Pontificis. Equidem ea est perspicuitas et soliditas declarationis vestrae, ut, cum nihil desiderandum relinquat, amplissimis tantum gratulationibus Nostris occasionem suppeditare deberet; nisi gravius etiam testimonium exposceret a Nobis versuta quarundam ephemeridum vox, quae, ad restituendam refutatae a vobis epistolae vim, conata est lucubrationi vestrae fidem derogare, suadendo, emollitam et minime propterea respondentem huiusce Sedis Apostolicae menti probatam a vobis fuisse conciliarium definitionum doctrinam.

Nos itaque vafram hanc et calumniosam insinuationem ac suggestionem reiicimus; cum declaratio vestra nativam referat catholicam ac propterea sacri Concilii et huius Sanctae Sedis sententiam luculentis et ineluctabilibus rationum momentis scitissime munitam et nitide sic explicatam, ut honesto cuilibet ostendere valeat, nihil prorsus esse in impetitis definitionibus, quod novum sit aut quidquam immutet in veteribus relationibus quodque obtentum aliquem praebere possit urgendae vexationi Ecclesiae ...

... Den Ruhm der Kirche habt Ihr weiter ausgedehnt, ehrwürdige Brüder, indem Ihr es auf Euch genommen habt, den von einer allgemein verbreiteten Circular-Depesche mit trügerischem Bedacht verdrehten echten Sinn der Definitionen des Vatikanischen Konzils wiederherzustellen, damit er nicht die Gläubigen täusche und, in Mißgunst verkehrt, eine Handhabe zu bieten scheine, Ränke wider die Freiheit der Wahl eines neuen Papstes zu schmieden. Die Klarheit und Gediegenheit Eurer Erklärung ist fürwahr so, daß sie, da sie nichts zu wünschen übrig läßt, nur Anlaß zu Unseren großartigsten Glückwünschen geben dürfte, wenn nicht die verschlagene Stimme bestimmter Zeitungen ein noch gewichtigeres Zeugnis von Uns erforderte, die, um die Kraft des von Euch zurückgewiesenen Schreibens wiederherzustellen, versuchte, Eurer Ausarbeitung die Glaubwürdigkeit abzusprechen, indem sie einredete, die Lehre der Konzilsdefinitionen sei von Euch gemildert und deswegen keineswegs entsprechend der Absicht dieses Apostolischen Stuhles gebilligt worden.

Wir verwerfen deshalb diese durchtriebene und verleumderische Unterstellung und Andeutung; denn Eure Erklärung gibt die echt katholische und deswegen des heiligen Konzils und dieses Heiligen Stuhles Auffassung mit schlagenden und unwiderlegbaren Beweisgründen aufs geschickteste gestützt und glänzend erläutert so wieder, daß sie jedem ehrenwerten ⟨Menschen⟩ zu zeigen vermag, daß es in den angegriffenen Definitionen überhaupt nichts gibt, was neu wäre oder irgendetwas in den alten Beziehungen veränderte und was irgendeinen Vorwand bieten könnte, die Kirche noch mehr zu unterdrükken ...

## 3121–3124: Dekret des Hl. Offiziums, 7. Juli 1875

Joseph Bayma SJ hatte zwischen 1873 und 1875 in der Zeitschrift "The Catholic World" Überlegungen zur Lehre von der Eucharistie vorgetragen. Pater General Pierre Beckx SJ erbat dazu am 20. Mai 1875 eine Antwort der Kurie.

*Ausg.:* ASS 11 (1878/79) 606f.

## Die Lehre von der Wesensverwandlung in der Eucharistie

*Qu.:* Utrum tolerari possit explicatio transsubstantiationis in sanctissimae Eucharistiae sacramento, quae sequentibus propositionibus comprehenditur:

1. Sicut formalis ratio hypostaseos est *per se esse* seu per se subsistere, ita formalis ratio *substantiae* est *in se esse* et actualiter non sustentari in alio tamquam primo subiecto; probe enim ista duo discernenda sunt: *esse per se* (quae est formalis ratio hypostaseos), et esse in se (quae est formalis ratio substantiae).

2. Quare sicut natura humana in Christo non est hypostasis, quia non *per se* subsistit, sed est assumpta ab hypostasi superiore divina, ita *substantia* finita, ex. gr. substantia panis, desinit esse *substantia* eo solum et absque alia sui mutatione, quod in alio supernaturaliter sustentatur, ita ut iam non *in se* sit, sed in alio ut in primo subiecto.

3. Hinc transsubstantiatio seu conversio totius *substantiae* panis in substantiam corporis Christi Domini nostri explicari potest hac ratione, quod corpus Christi, dum fit substantialiter praesens in Eucharistia, sustentat *naturam panis,* quae hoc ipso et absque alia sui mutatione desinit esse *substantia,* quia iam non est *in se,* sed in alio sustentante; adeoque manet quidem *natura panis,* sed in ea cessat formalis ratio *substantiae*; et ideo non duae sunt substantiae, sed una sola, nempe corporis Christi.

4. Igitur in Eucharistia manent materia et forma elementorum panis; verum iam in alio supernaturaliter exsistentes rationem substantiae non habent, sed habent rationem *supernaturalis accidentis,* non quasi ad modum naturalium accidentium afficerent corpus Christi, sed eo dumtaxat, quod a corpore Christi modo, quo dictum est, sustentantur.

*Frage:* Kann die Erklärung der Wesensverwandlung im Sakrament der heiligsten Eucharistie geduldet werden, die mit folgenden Sätzen zusammengefaßt wird:   3121

1. Wie der formale Sachgehalt der Hypostase das *Durch-sich-Sein* bzw. das Durch-sich-Bestehen ist, so ist der formale Sachgehalt der *Substanz* das *In-sich-Sein* und aktuell nicht in einem anderen als erstem Subjekt erhalten zu werden; diese zwei sind nämlich gut zu unterscheiden: das *Sein durch sich* (das der formale Sachgehalt der Hypostase ist) und das *Sein in sich* (das der formale Sachgehalt der Substanz ist).

2. Wie deshalb die menschliche Natur in   3122 Christus nicht Hypostase ist, weil sie nicht *durch sich* besteht, sondern von der höheren göttlichen Hypostase angenommen wurde, so hört eine begrenzte *Substanz,* z. B. die Substanz des Brotes, nur deswegen und ohne eine andere Veränderung ihrer selbst auf, *Substanz* zu sein, weil sie in einem anderen auf übernatürliche Weise erhalten wird, so daß sie nicht mehr *in sich* ist, sondern in einem anderen als im ersten Subjekt.

3. Daher kann die Transsubstantiation   3123 bzw. die Verwandlung der ganzen *Substanz* des Brotes in die Substanz des Leibes Christi, unseres Herrn, in der Weise erklärt werden, daß der Leib Christi, während er in der Eucharistie substanzhaft gegenwärtig wird, die *Natur des Brotes* erhält, die eben dadurch und ohne eine andere Veränderung ihrer selbst aufhört, *Substanz* zu sein, weil sie nicht mehr *in sich* ist, sondern in einem anderen Tragenden; und insofern bleibt zwar die *Natur des Brotes,* aber in ihr hört der formale Sachgehalt der *Substanz* auf; und deshalb sind nicht zwei Substanzen, sondern nur eine einzige, nämlich die des Leibes Christi.

4. Folglich bleiben in der Eucharistie die   3124 Materie und die Form der Elemente des Brotes; in einem anderen übernatürlich existierend, haben sie aber nicht mehr den Sachgehalt einer Substanz, sondern sie haben den Sachgehalt eines *übernatürlichen Akzidens,* nicht als ob sie in der Weise natürlicher Akzidentien dem Leib Christi anhafteten, sondern lediglich deswegen, weil sie vom Leib Christi in der besagten Weise erhalten werden.

*Resp.:* Prout hic exponitur, tolerari non posse.

*Antwort:* Wie sie hier dargestellt wird, kann sie nicht geduldet werden.

**3126: Instruktion des Hl. Offiziums an den Bischof von Nesqually, 24. Jan. 1877**

*Ausg.:* CollPF² 2,99f, Nr. 1465.

### Glaube und Absicht des Sakramentenspenders

**3126** ... Novit Amplitudo Tua, dogma fidei esse baptismum a quocumque sive schismatico sive haeretico sive etiam infideli administratum validum esse habendum, dummodo in eiusdem administratione singula concurrerint, quibus sacramentum perficitur, scilicet debita materia, praescripta forma, et persona ministri cum intentione faciendi quod facit Ecclesia. Hinc consequitur errores peculiares, quos ministrantes sive privatim sive etiam publice profitentur, nihil officere posse validitati baptismi vel cuiuscumque sacramenti. ... Immo ... peculiares errores ministrantium per se et propria ratione neque excludunt illam intentionem, quam minister sacramentorum debet habere, faciendi nempe quod facit Ecclesia. [*Recolitur Resp. S. Officii 18. Dec. 1872, cf. *3100-3102.*]

Videt igitur Amplitudo Tua ... errores, quos haeretici ... profitentur, non esse incompossibiles cum illa intentione, quam sacramentorum ministri de necessitate eorumdem sacramentorum tenentur habere, faciendi nempe quod facit Ecclesia vel faciendi quod Christus voluit ut fieret; et eosdem errores per se non posse inducere generalem praesumptionem contra validitatem sacramentorum in genere et baptismi in specie, ita ut ea ipsa sola statui possit practicum principium omnibus casibus applicandum, vi cuius quasi a priori, ut aiunt, baptismus sit iterum conferendus.

... Deine Hoheit weiß, daß es ein Lehrsatz des Glaubens ist, daß eine von wem auch immer – sei er schismatisch, häretisch oder auch ungläubig – gespendete Taufe für gültig zu halten ist, sofern bei ihrer Spendung die einzelnen Dinge zusammengekommen sind, durch die das Sakrament vollzogen wird, nämlich die gebührende Materie, die vorgeschriebene Form und die Person des Spenders mit der Absicht, zu tun, was die Kirche tut. Daraus folgt, daß besondere Irrtümer, die die Spender – ob privat oder auch öffentlich – vertreten, keineswegs die Gültigkeit der Taufe oder welches Sakramentes auch immer beeinträchtigen können. ... Vielmehr schließen ... besondere Irrtümer der Spender auch nicht durch sich und aus eigenem Wesen jene Absicht aus, die der Spender der Sakramente haben muß, nämlich zu tun, was die Kirche tut [*Es wird die Antwort des Hl. Offiziums vom 18. Dez. 1872 wiederholt: vgl. *3100-3102*].

Deine Hoheit sieht also, ... daß Irrtümer, die Häretiker ... vertreten, nicht unvereinbar sind mit jener Absicht, welche die Spender der Sakramente in bezug auf die Notwendigkeit ebendieser Sakramente zu haben verpflichtet sind, nämlich zu tun, was die Kirche tut, bzw. zu tun, was Christus getan haben wollte; und ebendiese Irrtümer können durch sich keinen allgemeinen Vorbehalt gegen die Gültigkeit der Sakramente im allgemeinen und der Taufe im besonderen veranlassen, so daß allein aufgrund dessen ein auf alle Fälle anwendbares praktisches Prinzip aufgestellt werden könnte, kraft dessen gleichsam a priori, wie man sagt, die Taufe nochmals zu spenden wäre.

## LEO XIII.: 20. Febr. 1878 – 20. Juli 1903

### 3128: Dekret des Hl. Offiziums, 20. Nov. 1878

*Ausg.:* ASS 11 (1878/79) 605f / CollPF[2] 2,127, Nr. 1504.

#### Die absolute und die bedingte Spendung der Taufe

*Qu.:* An baptismum sub condicione conferri debeat haereticis, qui se convertunt ad religionem catholicam, a quocumque loco proveniant et ad quamcumque sectam pertineant?

*Resp.:* Negative. Sed in conversione haereticorum, a quocumque loco vel a quacumque secta venerint, inquirendum de validitate baptismi in haeresi suscepti. Instituto igitur in singulis casibus examine, si compertum fuerit, aut nullum aut nulliter collatum fuisse, baptizandi erunt absolute. Si autem pro tempore et locorum ratione, investigatione peracta, nihil sive pro validitate sive pro invaliditate detegatur, aut adhuc probabile dubium de baptismi validitate supersit, tum sub condicione secreto baptizentur. Demum si constiterit validum fuisse, recipiendi erunt tantummodo ad abiurationem seu professionem fidei.

*Frage:* Muß Häretikern, die sich zur katholischen Religion bekehren, die Taufe bedingungsweise gespendet werden, von welchem Ort sie auch immer kommen und zu welcher Sekte sie auch immer gehören mögen?   3128

*Antwort:* Nein. Vielmehr sind bei der Bekehrung von Häretikern, von welchem Ort oder von welcher Sekte sie auch immer kommen mögen, Erkundigungen über die Gültigkeit der in der Häresie empfangenen Taufe einzuziehen. Wenn man nun nach erfolgter Überprüfung in den einzelnen Fällen erfahren hat, daß sie entweder nicht oder nichtig gespendet wurde, wird man sie absolut taufen müssen. Wenn aber aufgrund der Zeit und der örtlichen Verhältnisse nach durchgeführter Nachforschung weder für die Gültigkeit noch für die Ungültigkeit etwas entdeckt wird oder immer noch begründeter Zweifel wegen der Gültigkeit der Taufe übrigbleibt, dann sollen sie bedingungsweise heimlich getauft werden. Wenn sich schließlich herausstellt, daß sie gültig war, wird man sie lediglich zum Abschwören bzw. ⟨zum⟩ Glaubensbekenntnis zulassen dürfen.

### 3130-3133: Enzyklika "Quod apostolici muneris", 28. Dez. 1878

*Ausg.:* ASS 11 (1878/79) 372-374 / Leo XIII., *Acta,* Rom 1,175-180 / Brügge 1,49-52.

#### Die Rechte des Menschen in der Gesellschaft

Ex Evangelicis documentis ea est h o m i-n u m  a e q u a l i t a s, ut omnes eandem naturam sortiti ad eandem filiorum Dei celsissimam dignitatem vocentur, simulque ut uno eodemque fine omnibus praestituto singuli secundum eandem legem iudicandi sint, poenas aut mercedem pro merito consecuturi.

I n a e q u a l i t a s  tamen iuris et potes-t a t i s ab ipso naturae auctore dimanat, "ex quo omnis paternitas in caelis et in terra nominatur" [*Eph 3,15*]. Principum autem et

Nach den Lehren des Evangeliums besteht 3130 die G l e i c h h e i t  d e r  M e n s c h e n  darin, daß alle, die dieselbe Natur empfangen haben, zu derselben herausragenden Würde der Kinder Gottes berufen werden, und ebenso, daß, da für alle ein und dasselbe Ziel vorherbestimmt ist, die einzelnen nach demselben Gesetz zu richten sind, um Strafen oder Lohn nach Verdienst zu erlangen.

Die U n g l e i c h h e i t  d e s  R e c h t e s  und 3131 d e r  V o l l m a c h t  jedoch geht vom Urheber der Natur selbst aus, "nach dem alle Vaterschaft in den Himmeln und auf der Erde be-

subditorum animi mutuis officiis et iuribus secundum catholicam doctrinam ac praecepta ita devinciuntur, ut et imperandi temperetur libido et oboedientiae ratio facilis, firma et nobilissima efficiatur. ...

3132 Si tamen quandoque contingat temere et ultra modum publicam a principibus potestatem exerceri, catholicae Ecclesiae doctrina in eos insurgere proprio marte non sinit, ne ordinis tranquillitas magis magisque turbetur neve societas maius exinde detrimentum capiat. Cumque res eo devenerint, ut nulla alia spes salutis affulgeat, docet, christianae patientiae meritis et instantibus ad Deum precibus remedium esse maturandum.

Quod si legislatorum ac principum placita aliquid sanciverint aut iusserint, quod divinae aut naturali legi repugnet, christiani nominis dignitas et officium atque Apostolica sententia suadent, oboediendum esse magis Deo quam hominibus [Act 5,29]. ...

3133 Publicae autem ac domesticae tranquillitati catholica sapientia, naturalis divinaeque legis praeceptis suffulta, consultissime providit etiam per ea, quae sentit ac docet de iure dominii et partitione bonorum, quae ad vitae necessitatem et utilitatem sunt comparata. Cum enim socialistae ius proprietatis tamquam humanum inventum naturali hominum aequalitati repugnans traducant, et communionem bonorum affectantes, pauperiem haud aequo animo esse perferendam, et ditiorum possessiones ac iura impune violari posse arbitrentur: Ecclesia multo satius et utilius inaequalitatem inter homines, corporis ingeniique viribus naturaliter diversos, etiam in bonis possidendis agnoscit, et ius proprietatis ac dominii, ab ipsa natura profectum, intactum cuilibet et inviolatum esse iubet; novit enim furtum ac rapinam a Deo, omnis iuris auctore ac vindice, ita fuisse prohibita, ut aliena vel *conspicere* [concupiscere] non liceat, furesque et raptores, non secus ac

nannt wird" [Eph 3,15]. Die Herzen der Herrscher und Untergebenen aber werden nach der katholischen Lehre und ⟨ihren⟩ Geboten durch gegenseitige Pflichten und Rechte so eng verbunden, daß sowohl die Herrschgier gezügelt als auch das Leisten des Gehorsams erleichtert, gestärkt und in höchstem Maße geadelt wird. ...

Wenn es jedoch einmal geschehen sollte, daß die öffentliche Gewalt von den Herrschern leichtfertig und über das Maß ausgeübt wird, so läßt es die Lehre der katholischen Kirche nicht zu, gegen sie auf eigene Faust aufzustehen, damit nicht die Ruhe der Ordnung mehr und mehr gestört werde und die Gesellschaft daraus noch größeren Schaden nehme. Und wenn es dahin gekommen ist, daß keine andere Hoffnung auf Rettung erscheint, dann lehrt sie, durch die Verdienste christlicher Geduld und durch inständige Gebete zu Gott die Heilung zu beschleunigen.

Wenn aber Beschlüsse der Gesetzgeber und Herrscher etwas verordnet oder befohlen haben, was dem göttlichen oder natürlichen Gesetz widerstreitet, so raten Würde und Pflicht des christlichen Namens sowie der Satz des Apostels, man müsse Gott mehr gehorchen als den Menschen [Apg 5,29]. ...

Für die öffentliche und häusliche Ruhe aber hat die katholische Weisheit, unterstützt von den Geboten des natürlichen und göttlichen Gesetzes, auch wohlweislich durch das vorgesorgt, was sie über das Recht auf Eigentum und die Verteilung der Güter vertritt und lehrt, die für den Unterhalt und den Nutzen des Lebens bereitet sind. Während nämlich die Sozialisten das Recht auf Eigentum als eine menschliche Erfindung verleumden, die der natürlichen Gleichheit der Menschen widerstreite, und im Streben nach einer Gütergemeinschaft meinen, man dürfe Armut nicht mit Gleichmut ertragen und könne die Besitztümer und Rechte der Reicheren ungestraft verletzen, anerkennt die Kirche, daß die Ungleichheit unter den Menschen, die den Kräften des Leibes und des Geistes nach von Natur aus verschieden sind, auch beim Besitz von Gütern viel besser und nützlicher ist, und gebietet, daß das Recht auf Eigentum und Besitz, das von der

adulteri et idololatrae, a caelesti regno excludantur [cf. 1 Cor 6,9s].

Natur selbst hervorgegangen ist, für jedermann unantastbar und unverletzlich sei;
denn sie weiß, daß Diebstahl und Raub von
Gott, dem Urheber und Beschützer jedes
Rechtes, so verboten wurde, daß es nicht einmal erlaubt ist, *nach fremdem Gut Ausschau
zu halten* [fremdes Gut zu begehren], und
Diebe und Räuber, nicht anders als Ehebrecher und Götzenanbeter, vom Himmelreich
ausgeschlossen werden [*vgl. 1 Kor 6,9f*].

## 3135-3140: Enzyklika "Aeterni Patris", 4. Aug. 1879

Die Enzyklika handelt von Thomas von Aquin als *dem* Lehrmeister christlicher Philosophie und Theologie.
*Ausg.:* ASS 12 (1879/80) 98-114 / Leo XIII., *Acta*, Rom 1,257-283 / Brügge 1,89-107.

### *Die Bedeutung der Philosophie für die Festigung des Glaubens*

Equidem non tantam humanae philosophiae vim et auctoritatem tribuimus, ut cunctis omnino erroribus propulsandis vel evel-
lendis parem esse iudicemus: sicut enim ...
per admirabile fidei lumen "non persuasibi-
libus humanae sapientiae verbis" diffusum,
"sed in ostensione spiritus et virtutis" [*1 Cor
2,4*] orbi terrarum contigit, ut primaevae dignitati restitueretur; ita etiam in praesens ab
omnipotenti potissimum virtute et auxilio
Dei exspectandum est, ut mortalium mentes
... resipiscant.

Sed neque spernenda neve posthabenda
sunt naturalia adiumenta, quae divinae sapientiae beneficio ... hominum generi suppetunt; quibus in adiumentis rectum philosophiae usum constat esse praecipuum. Non
enim frustra rationis lumen humanae menti
Deus inseruit; et tantum abest, ut superaddita
fidei lux intelligentiae virtutem exstinguat
aut imminuat, ut potius perficiat, auctisque
viribus, habilem ad maiora reddat. ...

Ac primo quidem philosophia, si rite a
sapientibus usurpetur, i t e r  a d  v e r a m  f i-
d e m quodammodo sternere et munire valet,
suorumque alumnorum animos ad revelatio-

Allerdings schreiben Wir der menschli-   **3135**
chen Philosophie keine so große Kraft und
Autorität zu, daß Wir meinten, sie sei dafür
geeignet, schlechthin alle Irrtümer abzuwehren oder auszurotten: wie es nämlich ... durch
das wunderbare Licht des Glaubens – "nicht
durch  überredende  Worte  menschlicher
Weisheit" verbreitet, "sondern im Erweis von
Geist und Kraft" [*1 Kor 2,4*] – dem Erdkreis
widerfuhr, in die ursprüngliche Würde wiedereingesetzt zu werden, so ist auch gegenwärtig in erster Linie von der allmächtigen
Kraft und Hilfe Gottes zu erwarten, daß die
Geister der Sterblichen ... zur Einsicht kommen.

Jedoch sind die natürlichen Hilfsmittel,
die dem Menschengeschlecht durch die
Wohltat der göttlichen Weisheit ... zur Verfügung stehen, weder zu verschmähen noch
geringzuschätzen; unter diesen Hilfsmitteln
ist der rechte Gebrauch der Philosophie sicherlich ein vorzügliches. Nicht vergeblich
hat nämlich Gott dem menschlichen Geist
das Licht der Vernunft eingepflanzt; und es
liegt so fern, daß das darüber hinaus gewährte Licht des Glaubens die Kraft des Verstandes auslösche oder vermindere, daß es sie
vielmehr vervollkommnet und mit vermehrten Kräften fähig zu noch Größerem
macht. ...

Und zunächst nämlich vermag die Philo-   **3136**
sophie, wenn sie von Weisen sachgemäß betrieben wird, gewissermaßen den W e g  z u m
w a h r e n  G l a u b e n zu ebnen und zu festi-

nem suscipiendam convenienter praeparare. ...

Et sane benignissimus Deus in eo quod pertinet ad res divinas, non eas tantum veritates lumine fidei patefecit, quibus attingendis impar humana intelligentia est, sed nonnullas etiam manifestavit, rationi non omnino impervias, ut scilicet, accedente Dei auctoritate, statim et sine aliqua erroris admixtione omnibus innotescerent. Ex quo factum est, ut quaedam vera, quae vel divinitus ad credendum proponuntur, vel cum doctrina fidei arctis quibusdam vinculis colligantur, ipsi ethnicorum sapientes, naturali tantum ratione praelucente, cognoverint, aptisque argumentis demonstraverint ac vindicaverint. ...

Haec autem vera, vel ipsis ethnicorum sapientibus explorata, vehementer est opportunum in revelatae doctrinae commodum utilitatemque convertere, ut reipsa ostendatur, humanam quoque sapientiam, atque ipsum adversariorum testimonium, fidei christianae suffragari. ...

3137    Solidissimis ita [*ope philosophiae*] positis fundamentis, perpetuus et multiplex adhuc requiritur philosophiae usus, ut sacra t h e o l o g i a n a t u r a m, h a b i t u m, i n g e n i u m q u e verae scientiae suscipiat atque induat. In hac enim nobilissima disciplinarum magnopere necesse est, ut multae ac diversae caelestium doctrinarum partes in unum veluti corpus colligantur, ut suis quaeque locis convenienter dispositae, et ex propriis principiis derivatae apto inter se nexu cohaereant; demum ut omnes et singulae suis iisque invictis argumentis confirmentur.

Nec silentio praetereunda aut minimi facienda est accuratior illa atque uberior rerum quae creduntur cognitio et ipsorum fidei mysteriorum, quoad fieri potest, aliquanto luci-

gen und die Herzen ihrer Zöglinge für die Aufnahme der Offenbarung angemessen vorzubereiten. ...

Und in der Tat hat der gütigste Gott in dem, was die göttlichen Dinge anbelangt, nicht nur solche Wahrheiten mit dem Licht des Glaubens eröffnet, die zu erreichen der menschliche Verstand unfähig ist, sondern er hat auch einige geoffenbart, die der Vernunft nicht gänzlich unzugänglich sind, damit sie nämlich mit Unterstützung der Autorität Gottes sofort und ohne irgendeine Beimischung des Irrtums allen bekannt würden. Aufgrund dessen geschah es, daß selbst die Weisen der Heidenvölker bestimmte Wahrheiten, die entweder von Gott zu glauben vorgelegt werden oder mit der Lehre des Glaubens durch gewisse enge Bande verknüpft sind, erkannt, mit geeigneten Beweisen dargelegt und sich angeeignet haben, wobei nur die natürliche Vernunft vorausleuchtete. ...

Diese Wahrheiten aber, die selbst den Weisen der Heiden bekannt sind, zum Vorteil und Nutzen der geoffenbarten Lehre anzuwenden, ist höchst zweckdienlich, damit tatsächlich gezeigt werde, daß auch die menschliche Weisheit und selbst das Zeugnis der Gegner dem christlichen Glauben beipflichten. ...

Sind so [*mit Hilfe der Philosophie*] die festesten Grundlagen gelegt, so ist immer noch der fortwährende und vielfältige Gebrauch der Philosophie erforderlich, damit die heilige T h e o l o g i e d i e N a t u r, B e s c h a f f e n h e i t u n d d e n G e i s t e i n e r w a h r e n W i s s e n s c h a f t a n n e h m e und anziehe. In dieser vornehmsten der Wissenschaften ist es nämlich überaus notwendig, daß die vielen und verschiedenartigen Teile der göttlichen Lehren gleichsam zu einem Ganzen verbunden werden, daß alle – ihren jeweiligen Orten angemessen zugeordnet und aus ihren eigenen Prinzipien abgeleitet – durch ein geeignetes Band miteinander zusammenhängen; daß schließlich alle und die einzelnen durch ihre eigenen – und zwar unüberwindlichen – Beweise bestätigt werden.

Auch soll jene genauere und reichere Erkenntnis der Dinge, die geglaubt werden, und die – soweit es geschehen kann – um ein gutes Stück lichtvollere Einsicht in die Geheimnis-

dior intelligentia, quam Augustinus aliique Patres et laudarunt et assequi studuerunt, quamque ipsa Vaticana Synodus [*Constitutio de fide catholica, c. 4: *3016*] fructuosissimam esse decrevit. ...

Postremo hoc quoque ad disciplinas philosophicas pertinet, veritates divinitus traditas religiose tueri, et iis qui oppugnare audeant resistere. Quam ad rem, magna est philosophiae laus, quod fidei propugnaculum ac veluti firmum religionis munimentum habeatur. "Est quidem", sicut Clemens Alexandrinus testatur, "per se perfecta et nullius indiga Servatoris doctrina, cum sit Dei virtus et sapientia. Accedens autem graeca philosophia veritatem non facit potentiorem; sed cum debiles efficiat sophistarum adversus eam argumentationes et propulset dolosas adversus veritatem insidias, dicta est vineae apta sepes et vallus"[1]. ...

se des Glaubens selbst nicht schweigend übergangen oder geringgeschätzt werden, die Augustinus und andere Väter sowohl lobten als auch zu erlangen suchten, und von der das Vatikanische Konzil selbst [*Konstitution über den katholischen Glauben, Kap. 4: *3016*] erklärte, sie sei sehr fruchtbar. ...

Schließlich ist es auch Aufgabe der philo- 3138 sophischen Wissenschaften, die von Gott überlieferten Wahrheiten gewissenhaft zu schützen und denen, die sie zu bekämpfen wagen, entgegenzutreten. In dieser Hinsicht ist es ein großes Lob der Philosophie, daß sie als eine Schutzwehr des Glaubens und als ein starkes Bollwerk der Religion gilt. "Es ist zwar", wie Clemens von Alexandrien bezeugt, "die Lehre des Erretters durch sich vollkommen und keiner ⟨Ergänzung⟩ bedürftig, da sie Kraft und Weisheit Gottes ist. Die hinzukommende griechische Philosophie aber macht die Wahrheit nicht mächtiger; da sie jedoch die Beweise der Sophisten wider sie entkräftet und trügerische Nachstellungen wider die Wahrheit abwehrt, wurde sie ein geeigneter Zaun und Wall des Weinbergs genannt"[1]. ...

### Die Vortrefflichkeit der scholastischen Methode und die Thomas von Aquin zukommende Autorität

Inter scholasticos Doctores omnium princeps et magister longe eminet Thomas Aquinas: qui, uti Caietanus animadvertit, veteres "Doctores sacros quia summe veneratus est, ideo intellectum omnium quodammodo sortitus est"[1]. Illorum doctrinas, velut dispersa cuiusdam corporis membra, in unum Thomas collegit et coagmentavit, miro ordine digessit et magnis incrementis ita adauxit, ut catholicae Ecclesiae singulare praesidium et decus iure meritoque habeatur. ...

Nos igitur, dum edicimus, libenti gratoque animo excipiendum esse quidquid sapienter dictum, quidquid utiliter fuerit a quopiam inventum atque excogitatum, vos omnes ... quam enixe hortamur, ut ad catholicae fidei tutelam et decus, ad societatis bonum,

Unter den scholastischen Lehrern ragt als 3139 Fürst und Meister aller Thomas von Aquin weit heraus, der, wie Cajetan bemerkt, "weil er die" alten "heiligen Lehrer aufs höchste verehrte, darum gewissermaßen die Einsicht aller erlangt hat"[1]. Thomas sammelte ihre Lehren und fügte sie wie zerstreute Glieder eines Leibes zu einem einzigen zusammen, teilte sie in wunderbarer Ordnung ein und mehrte sie so mit großem Zuwachs, daß er mit Fug und Recht als einzigartiger Schutz und Zierde der katholischen Kirche gilt. ...

Indem Wir also verkünden, man solle mit 3140 willigem und dankbarem Herzen alles aufnehmen, was weise gesagt, was von irgend jemand nützlich erfunden und ausgedacht wurde, ermahnen Wir Euch alle ... nachdrücklich, zum Schutz und zur Zierde des katholi-

---

*3138 [1]    Clemens von Alexandrien, *Stromata* I 20 (PG 8,817AB [gr.]; 818B [lat.] / O. Stählin [GChSch 52 (15)] 2,63₂₉-64₂ [ = § 100,1]).
*3139 [1]    Cajetan de Vio, Kommentar zu Thomas von Aquin, *Summa theologiae* II-II, q. 148, a. 4 (Editio Leonina 10,174b).

ad scientiarum omnium incrementum auream sancti Thomae sapientiam restituatis et quam latissime propagetis. Sapientiam sancti Thomae dicimus: si quid enim est a Doctoribus scholasticis vel nimia subtilitate quaesitum vel parum considerate traditum, si quid cum exploratis posterioris aevi doctrinis minus cohaerens vel denique quoquo modo non probabile, id nullo pacto in animo est aetati nostrae ad imitandum proponi.

schen Glaubens, zum Wohle der Gesellschaft und zum Wachstum aller Wissenschaften die goldene Weisheit des heiligen Thomas wiederherzustellen und möglichst weit zu verbreiten. Die Weisheit des heiligen Thomas, sagen Wir: denn wenn etwas von den scholastischen Lehrern entweder mit zu großer Spitzfindigkeit erörtert oder zu wenig überlegt gelehrt wurde, wenn etwas mit den Forschungsergebnissen der späteren Zeit weniger im Einklang steht oder schließlich in irgendeiner Weise nicht wahrscheinlich ist, so beabsichtigen Wir keineswegs, daß dies unserer Zeit zur Nachahmung vorgelegt werde.

### 3142-3146: Enzyklika "Arcanum divinae sapientiae", 10. Febr. 1880

*Ausg.:* ASS 12 (1879/80) 388-394; Leo XIII., *Acta*, Rom 2,16-26 / Brügge 1,121-127.

### *Das Wesen der christlichen Ehe*

**3142**    [*Universalis traditio docet*] Christum Dominum ad sacramenti dignitatem evexisse matrimonium, simulque effecisse, ut coniuges caelesti gratia, quam merita eius pepererunt, saepti ac muniti, sanctitatem in ipso coniugio adipiscerentur, atque · in eo, ad exemplar mystici connubii sui cum Ecclesia mire conformato, et amorem, qui est naturae consentaneus, perfecisse et viri ac mulieris individuam suapte natura societatem divinae caritatis vinculo validius coniunxisse. ...

Similiter Apostolis auctoribus didicimus unitatem perpetuamque firmitatem quae ab ipsa requirebatur nuptiarum origine, sanctam esse et nullo tempore violabilem Christum iussisse. ...

**3143**    Neque iis dumtaxat, quae commemorata sunt, christiana eius perfectio absolutioque continetur. Nam *primo* quidem nuptiali societati excelsius quiddam et nobilius propositum est quam antea fuisset: ea enim spectare iussa est non modo ad propagandum genus humanum, sed ad ingenerandam Ecclesiae sobolem, "cives Sanctorum et domesticos Dei" [*Eph 2,19*]. ...

[*Die gesamte Überlieferung lehrt,*] daß Christus, der Herr, die Ehe zur Würde eines Sakramentes erhoben und zugleich bewirkt hat, daß die Ehegatten, von himmlischer Gnade, die seine Verdienste erworben haben, umhegt und gestärkt, die Heiligkeit gerade im Ehebunde erlangen, und daß er in ihm, der nach dem Urbild seiner mystischen Ehe mit der Kirche wunderbar gestaltet wurde, sowohl die Liebe, die der Natur entspricht, vervollkommnet als auch die ihrer Natur nach untrennbare Gemeinschaft von Mann und Frau durch das Band göttlicher Liebe fester verbunden hat. ...

In ähnlicher Weise haben wir von den Aposteln als Autoritäten gelernt, daß die Einheit und fortdauernde Festigkeit, die schon vom Ursprung der Ehe her erforderlich war, nach Christi Gebot heilig ist und zu keiner Zeit verletzt werden darf. ...

Ihre christliche Vollkommenheit und Vollendung besteht aber nicht nur in dem, was erwähnt wurde. Denn *erstens* ist der ehelichen Gemeinschaft etwas Erhabeneres und Edleres vor Augen gestellt, als es früher gewesen wäre: sie ist nämlich geheißen, sich nicht nur darauf zu richten, das Menschengeschlecht fortzupflanzen, sondern darauf, der Kirche Nachkommenschaft zu erzeugen, "Mitbürger der Heiligen und Hausgenossen Gottes" [*Eph 2,19*]. ...

*Secundo* loco sua utrique coniugum sunt officia definita, sua iura integre descripta. Eos scilicet ipsos necesse est sic esse animo semper affectos, ut amorem maximum, constantem fidem, sollers assiduumque praesidium alteri alterum debere intelligant. Vir est familiae princeps et caput mulieris; quae tamen, quia caro est de carne illius et os de ossibus eius, subiiciatur pareatque viro in morem non ancillae, sed sociae: ut scilicet oboedientiae praestitae nec honestas nec dignitas absit. In eo autem qui praeest et in hac quae paret, cum imaginem uterque referant alter Christi, altera Ecclesiae, divina caritas esto perpetua moderatrix officii. ...

An *zweiter* Stelle sind jedem der beiden Ehegatten seine Pflichten bestimmt, seine Rechte vollständig umschrieben. Sie selbst müssen nämlich immer so im Herzen gestimmt sein, daß sie sich bewußt sind, daß einer dem anderen größte Liebe, beständige Treue und erfinderischen und beharrlichen Beistand schuldet. Der Mann ist der Herr der Familie und das Haupt der Frau; da diese jedoch Fleisch von seinem Fleische und Bein von seinem Gebein ist, soll sie dem Manne nicht nach Art einer Magd, sondern einer Gefährtin untertan sein und gehorchen: damit nämlich dem geleisteten Gehorsam weder die Ehrenhaftigkeit noch Würde fehle. In ihm aber, der vorsteht, und in ihr, die gehorcht, soll, da beide ein Abbild wiedergeben – der eine das Christi, die andere das der Kirche –, die göttliche Liebe die beständige Lenkerin der Pflicht sein. ...

### Die Vollmacht der Kirche über die christliche Ehe

*Christus* igitur, cum ad talem et tantam excellentiam matrimonia renovavisset, totam ipsorum disciplinam Ecclesiae credidit et commendavit. Quae potestatem in coniugia christianorum omni cum tempore tum loco exercuit, atque ita exercuit, ut illam propriam eius esse appareret, nec hominum concessu quaesitam, sed auctoris sui voluntate divinitus adeptam. ...

*Simili* modo ius matrimonii aequabile inter omnes atque unum omnibus est constitutum, vetere inter servos et ingenuos sublato discrimine[1]; exaequata viri et uxoris iura; etenim, ut aiebat Hieronymus[2], "apud nos, quod non licet feminis, aeque non licet viris, et eadem servitus pari condicione censetur": atque illa eadem iura ob remunerationem benevolentiae et vicissitudinem officiorum stabiliter firmata; adserta et vindicata mulierum dignitas; vetitum viro poenam capitis de adultera sumere iuratamque fidem libidinose atque impudice violare.

Nachdem nun Christus die Ehen zu einer **3144** solchen und so großen Erhabenheit erneuert hatte, hat er ihre ganze Verfassung der Kirche übertragen und anvertraut. Diese hat die Vollmacht über die Ehen von Christen zu jeder Zeit und an jedem Ort ausgeübt, und zwar so ausgeübt, daß deutlich wurde, daß sie ihr eigen ist, nicht durch das Zugeständnis von Menschen erworben, sondern nach dem Willen ihres Urhebers von Gott empfangen. ...

In ähnlicher Weise wurde das unter allen gleiche und für alle eine Eherecht aufgestellt, in dem der alte Unterschied zwischen Sklaven und Freien aufgehoben ist[1]; die Rechte von Mann und Frau ⟨sind⟩ gleich; denn, wie Hieronymus sagte[2], "bei uns ist, was den Frauen nicht erlaubt ist, ebenso den Männern nicht erlaubt, und es gilt dieselbe Knechtschaft unter gleicher Bedingung": und ebenjene Rechte ⟨sind⟩ wegen der Erwiderung des Wohlwollens und der Wechselseitigkeit der Pflichten dauernd gesichert; die Würde der Frauen ⟨ist⟩ sichergestellt und geschützt; dem Manne ⟨ist es⟩ verboten, an der Ehebrecherin die Strafe des Todes zu vollziehen und die geschworene Treue wollüstig und schamlos zu verletzen.

---

*3144 [1]    Vgl. Gregor IX., *Decretales*, l. IV, tit. 9, c. 1 (Frdb 2,691f).
[2]    Hieronymus, Brief 77 an Oceanus, Kap. 3 (CSEL 55,39$_{15-17}$ / PL 22,691D).

Atque illud etiam magnum est, quod de potestate patrumfamilias Ecclesia, quantum oportuit, limitaverit, ne filiis et filiabus coniugii cupidis quidquam de iusta libertate minueretur; quod nuptias inter cognatos et affines certis gradibus nullas esse posse decreverit, ut nimirum supernaturalis coniugum amor latiore se campo diffunderet; quod errorem et vim et fraudem, quantum potuit, a nuptiis prohibenda curaverit; quod sanctam pudicitiam thalami, quod securitatem personarum, quod coniugiorum decus, quod religionis incolumitatem sarta tecta esse voluerit. Denique tanta vi, tanta providentia legum divinum istud institutum communiit, ut nemo sit rerum aequus existimator, quin intelligat, hoc etiam ex capite quod ad coniugia refertur, optimam esse humani generis custodem ac vindicem Ecclesiam ...

Und auch jenes ist wichtig, daß die Kirche hinsichtlich der Vollmacht der Familienväter, soweit es nötig war, Einschränkungen machte, damit Söhnen und Töchtern, die eine Ehe eingehen wollen, nichts von ihrer gerechten Freiheit genommen würde; daß sie entschied, es könne keine Eheschließungen zwischen Verwandten und Verschwägerten in bestimmten Graden geben, damit sich nämlich die übernatürliche Liebe der Ehegatten auf einem weiteren Felde verbreite; daß sie Irrtum, Gewalt und Betrug, soweit sie konnte, von Eheschließungen fernzuhalten suchte; daß sie die heilige Schamhaftigkeit des Ehebettes, daß sie die Sicherheit der Personen, daß sie die Ehrbarkeit der Ehen, daß sie die Unversehrtheit der Religion in gutem Stande wissen wollte. Schließlich befestigte sie diese göttliche Einrichtung mit einer solch großen Wirksamkeit, einer solch großen Vorsorge ihrer Gesetze, daß keiner ein gerechter Beurteiler der Dinge ist, wenn er nicht einsieht, daß auch aus diesem Grund, was die Ehen angeht, die Kirche die beste Hüterin und Beschützerin des Menschengeschlechtes ist ...

**3145**    Neque quemquam moveat illa tantopere a Regalistis praedicata distinctio, vi cuius contractum nuptialem a sacramento disiungunt, eo sane consilio, ut, Ecclesiae reservatis sacramenti rationibus, contractum tradant in potestatem arbitriumque principum civitatis.

Auch soll keinen jene von den Regalisten so sehr verkündete Unterscheidung rühren, nach der sie den Ehevertrag vom Sakrament trennen, nämlich in der Absicht, der Kirche den Bereich des Sakramentes vorzubehalten und den Vertrag an die Vollmacht und das Gutdünken der Herrscher des Staates zu überliefern.

Etenim non potest huiusmodi distinctio, seu verius distractio, probari; cum exploratum sit, in matrimonio christiano contractum a sacramento non esse dissociabilem; atque ideo non posse contractum verum et legitimum consistere, quin sit eo ipso sacramentum. Nam Christus Dominus dignitate sacramenti auxit matrimonium; matrimonium autem est ipse contractus, si modo sit factus iure.

Eine solche Unterscheidung – oder besser Zerreißung – kann nämlich nicht gebilligt werden; denn es ist ausgemacht, daß in der christlichen Ehe der Vertrag nicht vom Sakrament getrennt werden kann; und deshalb kann kein wahrer und rechtmäßiger Vertrag bestehen, ohne eben dadurch Sakrament zu sein. Denn Christus, der Herr, erhöhte die Ehe durch die Würde des Sakramentes; die Ehe aber ist der Vertrag selbst, wenn er nur rechtmäßig geschlossen wurde.

**3146**    Huc accedit, quod ob hanc causam matrimonium est sacramentum, quia est sacrum signum et efficiens gratiam, et imaginem referens mysticarum nuptiarum Christi cum Ecclesia. Istarum autem forma ac figura illo

Hinzu kommt, daß die Ehe deshalb ein Sakrament ist, weil sie ein heiliges Zeichen ist, das sowohl Gnade bewirkt als auch ein Abbild der mystischen Ehe Christi mit der Kirche darstellt. Ihre Form und Gestalt aber

ipso exprimitur summae coniunctionis vinculo, quo vir et mulier inter se conligantur, quodque aliud nihil est, nisi ipsum matrimonium. Itaque apparet, omne inter christianos iustum coniugium in se et per se esse sacramentum: nihilque magis abhorrere a veritate, quam esse sacramentum decus quoddam adiunctum, aut proprietatem allapsam extrinsecus, quae a contractu disiungi ac disparari hominum arbitratu queat.

wird durch eben jenes Band höchster Vereinigung ausgedrückt, durch das Mann und Frau untereinander verbunden werden und das nichts anderes ist als die Ehe selbst. Und so wird deutlich, daß jede rechtmäßige Ehe zwischen Christen in sich und durch sich Sakrament ist: und daß nichts mehr von der Wahrheit entfernt ist, als daß das Sakrament ein schmückendes Beiwerk oder eine von außen zugefallene Eigenschaft sei, die vom Vertrag nach dem Gutdünken von Menschen getrennt und abgesondert werden könne.

### 3148: Antwort der Hl. Pönitentiarie, 16. Juni 1880

Die Entscheidung ist wichtig für die Beurteilung der Methode "Knaus-Ogino".
*Ausg.:* AnIP 22 (1883) 249 / NvRTh 13 (1881) 459f / F. Hürth: TD ser. theol. 25 ($1953^2$) 101.

#### Die Beachtung der unfruchtbaren Zeiten

*Qu.:* An licitus sit usus matrimonii illis tantum diebus, quibus difficilior est conceptio?

*Resp.:* Coniuges praedicto modo utentes inquietandos non esse, posseque confessarium sententiam de qua agitur, illis coniugibus, caute tamen, insinuare, quos alia ratione a detestabili onanismi crimine abducere frustra tentaverit.

*Frage:* Ist es erlaubt, die Ehe nur an jenen 3148 Tagen zu vollziehen, an denen eine Empfängnis schwieriger ist?

*Antwort:* Eheleute, die die vorgenannte Weise anwenden, sollen nicht beunruhigt werden, und der Beichtvater kann die Auffassung, um die es sich handelt, jenen Eheleuten – jedoch vorsichtig! – andeuten, die auf eine andere Weise vom abscheulichen Frevel des Onanismus wegzuführen er vergeblich versucht hat.

### 3150-3152: Enzyklika "Diuturnum illud", 29. Juni 1881

*Ausg.:* ASS 14 (1881/82) 4-8 / Leo XIII., *Acta*, Rom 2,271-277 / Brügge 1,211-215.

#### Die Herrschaft in der bürgerlichen Gesellschaft

Etsi homo arrogantia quadam et contumacia incitatus frenos imperii depellere saepe contendit, numquam tamen assequi potuit, ut nemini pareret. Praeesse aliquos in omni consociatione hominum et communitate cogit ipsa necessitas. ...

Interest autem attendere hoc loco, eos, qui reipublicae praefuturi sint, posse in quibusdam causis voluntate iudicioque deligi multitudinis non adversante neque repugnante doctrina catholica. Quo sane delectu designatur princeps, non conferuntur iura principatus: neque mandatur imperium, sed statuitur, a quo sit gerendum.

Auch wenn der Mensch, angestachelt von 3150 Anmaßung und Widerspenstigkeit, oft versucht hat, die Zügel der Herrschaft abzuwerfen, konnte er dennoch niemals erreichen, niemandem zu gehorchen. Daß in jeder Vereinigung und Gemeinschaft von Menschen irgendwelche vorstehen, erzwingt die Notwendigkeit selbst. ...

Es ist aber an dieser Stelle wichtig, darauf zu achten, daß diejenigen, die dem Gemeinwesen vorstehen sollen, in bestimmten Fällen nach dem Willen und Urteil der Menge gewählt werden können, ohne daß die katholische Lehre ⟨dem⟩ widerspricht oder widerstreitet. Bei dieser Wahl freilich wird der Herrscher bestimmt, werden nicht die Rechte

Neque hic quaeritur de rerum publicarum modis: nihil enim est, cur non Ecclesiae probetur aut unius aut plurium principatus, si modo iustus sit, et in communem utilitatem intentus. Quamobrem, salva iustitia, non prohibentur populi illud sibi genus comparare reipublicae, quod aut ipsorum ingenio aut maiorum institutis moribusque magis apte conveniat.

**3151**     Ceterum ad politicum imperium quod attinet, illud a Deo proficisci recte docet Ecclesia. ...

Qui civilem societatem a libero hominum consensu natam volunt, ipsius imperii ortum ex eodem fonte petentes, de iure suo inquiunt aliquid unumquemque cessisse et voluntate singulos in eius se contulisse potestatem, ad quem summa illorum iurium pervenisset. Sed magnus est error non videre, id quod manifestum est, homines cum non sint solivagum genus, citra liberam ipsorum voluntatem ad naturalem communitatem esse natos: ac praeterea pactum, quod praedicant, est aperte commenticium et fictum, neque ad impertiendum valet politicae potestati tantum virium, dignitatis, firmitudinis, quantum tutela reipublicae et communes civium utilitates requirunt. Ea autem decora et praesidia universa tunc solum est habiturus principatus, si a Deo, augusto sanctissimoque fonte, manare intelligatur. ...

**3152**     Una illa hominibus causa est non parendi, si quid ab iis postuletur, quod cum naturali aut divino iure aperte repugnet: omnia enim, in quibus naturae lex vel Dei voluntas violatur, aeque nefas est imperare et facere. Si cui igitur usuveniat, ut alterutrum malle cogatur, scilicet aut Dei aut principum iussa

der Herrschaft übertragen; auch wird nicht die Herrschaft übergeben, sondern festgelegt, von wem sie auszuüben sei.

Auch wird hier nicht nach den Arten der Gemeinwesen gefragt: denn es gibt keinen Grund, warum von der Kirche nicht die Herrschaft sowohl eines einzigen als auch die mehrerer gebilligt werden sollte, wenn sie nur gerecht und auf den gemeinsamen Nutzen ausgerichtet ist. Deshalb werden die Völker, wenn die Gerechtigkeit gewahrt ist, nicht daran gehindert, sich jene Art des Gemeinwesens einzurichten, die entweder ihrer eigenen Veranlagung oder den Sitten und Gebräuchen der Vorfahren angemessener entspricht.

Was im übrigen die staatliche Herrschaft anbelangt, so lehrt die Kirche zurecht, daß sie von Gott hervorgehe. ...

Jene, die unterstellen, die bürgerliche Gesellschaft stamme aus einer freien Übereinkunft der Menschen, und den Ursprung der Herrschaft selbst auf dieselbe Quelle zurückführen, sagen, jeder einzelne sei ein Stück weit von seinem Recht zurückgetreten und die einzelnen hätten sich willentlich in die Macht dessen begeben, auf den die Summe jener Rechte übergegangen war. Aber es ist ein großer Irrtum, nicht zu sehen, was offensichtlich ist, ⟨nämlich⟩ daß die Menschen, da sie kein Geschlecht von Einzelgängern sind, unabhängig von ihrem eigenen freien Willen zur natürlichen Gemeinschaft geboren sind; und außerdem ist der Vertrag, den sie verkünden, offensichtlich eine Erdichtung und Lüge und ist nicht in der Lage, der staatlichen Macht so viel an Bedeutung, Würde und Stärke zuzuweisen, wie es der Schutz des Gemeinwesens und der gemeinsame Nutzen der Bürger erfordern. Solche Ehren aber und einen solchen allgemeinen Schutz wird die Herrschaft nur dann haben, wenn man einsieht, daß sie aus Gott als der erhabenen und heiligsten Quelle entspringt. ...

Nur einen Grund haben die Menschen, nicht zu gehorchen, wenn ⟨nämlich⟩ etwas von ihnen verlangt wird, was dem natürlichen oder göttlichen Recht offen widerstreitet; bei allem nämlich, bei dem das Gesetz der Natur oder der Wille Gottes verletzt wird, ist es in gleicher Weise Unrecht, es zu befeh-

negligere, Iesu Christo parendum est reddere iubenti "quae sunt Caesaris, Caesari, quae sunt Dei, Deo" [*Mt 22,21*], atque ad exemplum Apostolorum animose respondendum: "Oboedire oportet Deo magis quam hominibus" [*Act 5,29*]. ...

len, wie es auszuführen. Wenn es einem also wirklich widerfährt, daß er gezwungen wird, eines von beidem vorzuziehen, nämlich entweder die Gebote Gottes oder die der Herrscher zu mißachten, so ist Jesus Christus zu gehorchen, der gebietet, "dem Kaiser zu geben, was des Kaisers ist, und Gott, was Gottes ist" [*Mt 22,21*], und nach dem Beispiel der Apostel mutig zu antworten: "Man muß Gott mehr gehorchen als den Menschen" [*Apg 5,29*]. ...

### 3154-3155: Dekret der Indexkongregation, 5. (30.) Dez. 1881

Den Anlaß für dieses Dekret gab die Auseinandersetzung um die Schriften Antonio Rosmini-Serbatis (Philosoph, Theologe, politischer Denker, † 1855). Nachdem Zensoren seine Werke drei Jahre lang untersucht hatten, faßten die Kardinäle in der Sitzung vom 3. Juli 1854 unter dem Vorsitz Pius' IX. den Beschluß: "Dimittantur" ("〈Aus dem Verfahren〉 zu entlassen"). Die Auffassungen Rosminis ließen seine Gegner nicht ruhen. Die Freunde Rosminis und der päpstliche Hoftheologe interpretierten die Entscheidung der Kardinäle als indirekte Billigung. Die CivCatt und der Osservatore Romano verneinten die Billigung: Das Werk Rosminis sei lediglich nicht verboten. Zunächst behielt die Auffassung des päpstlichen Hoftheologen die Oberhand. Er veranlaßte den Osservatore Romano zum Widerruf (vgl. Katholik 56/II [1876] 214-217); die CivCatt lehnte den Widerruf ab. Am 28. Juni veröffentlichte die Indexkongregation eine Erklärung, datiert vom 21. Juni 1880: "Die Hl. Indexkongregation ... erklärte, daß die Formel '〈Aus dem Verfahren〉 zu entlassen' nur dies bedeutet, daß ein Werk, das 〈aus dem Verfahren〉 entlassen wird, nicht verboten wird" ("S. Indicis Congregatio ... declaravit, quod formula 'dimittatur' hoc tantum significat: Opus quod dimittitur, non prohiberi": ASS 13 [1880/81] 92).
*Ausg.:* ASS 14 (1881/82) 288.

*Die Freiheit, Werke anzugreifen, die von der Indexkongregation aus dem Verfahren entlassen wurden*

*Qu.:* 1. Utrum libri ad S. Indicis Congregationem delati et ab eadem dimissi seu non prohibiti, censeri debeant immunes ab omni errore contra fidem et mores.

*Fragen:* 1. Müssen Bücher, die bei der Hl. **3154** Indexkongregation angezeigt und von ihr 〈aus dem Verfahren〉 entlassen bzw. nicht verboten wurden, als von jedem Irrtum gegen Glauben und Sitten rein beurteilt werden?

2. Et quatenus negative, utrum libri dimissi seu non prohibiti a S. Indicis Congregatione, possint tum philosophice tum theologice citra temeritatis notam impugnari.

2. Und insofern "nein": Können die von **3155** der Hl. Indexkongregation 〈aus dem Verfahren〉 entlassenen bzw. nicht verbotenen Bücher sowohl philosophisch als auch theologisch ohne den Vorwurf der Leichtfertigkeit angegriffen werden?

*Resp. (confirmata a Summo Pontifice, 28. Dec.).:* Ad 1: Negative. – Ad 2: Affirmative.

*Antwort (vom Papst am 28. Dez. bestätigt):* Zu 1: Nein. – Zu 2: Ja.

### 3156-3158: Enzyklika "Humanum genus", 20. April 1884

*Ausg.:* ASS 16 (1883/84) 420f 430 / Leo XIII., *Acta*, Rom 4,49-65 / Brügge 2,60f 71.

*"Freimaurer"*

Simulare et velle in occulto latere, obligare sibi homines tamquam mancipia, tena-

Heucheln und im Verborgenen bleiben **3156** wollen, Menschen wie Sklaven mit festestem

cissimo nexu nec satis declarata causa, alieno addictos arbitrio ad omne facinus adhibere ...: immanitas quaedam est, quam rerum natura non patitur. Quapropter societatem de qua loquimur cum iustitia et naturali honestate pugnare, ratio et veritas ipsa convincit. ...

Ex certissimis indiciis, quae supra commemoravimus, erumpit illud, quod est consiliorum suorum ultimum, scilicet evertere funditus omnem eam quam instituta christiana pepererunt disciplinam religionis reique publicae, novamque ad ingenium suum exstruere, ductis e medio naturlismo fundamentis et legibus.

3157    Haec quae diximus aut dicturi sumus, de secta Massonica intelligi oportet spectata in genere suo et quatenus sibi cognatas foederatasque complectitur societates, non autem de sectatoribus earum singulis. In quorum numero utique possunt esse nec pauci, qui quamvis culpa non careant quod sese istius modi implicuerint societatibus, tamen nec sint flagitiose factorum per se ipsi participes et illud ultimum ignorent quod illae nituntur adipisci. Similiter ex consociationibus ipsis nonnullae fortasse nequaquam probant conclusiones quasdam extremas, quas, cum ex principiis communibus necessario consequantur, consentaneum esset amplexari, nisi per se foeditate sua turpitudo ipsa deterreret. ...

3158    Nomen sectae Massonum dare nemo sibi quapiam de causa licere putet, si catholica professio et salus sua tanti apud eum sit, quanti esse debet.

Band und ohne hinreichend erklärten Grund an sich zu binden, fremdem Gutdünken preisgegeben, zu jeder Untat zu verwenden ...: ⟨dies⟩ ist eine Ungeheuerlichkeit, die die Natur der Dinge nicht duldet. Deshalb erweist die Vernunft und die Wahrheit selbst, daß die Gesellschaft, von der wir reden, der Gerechtigkeit und natürlichen Sittlichkeit widerstreitet. ...

Aus den ganz untrüglichen Anzeichen, die wir oben erwähnten, geht hervor, was das letzte Ziel ihrer Pläne ist, nämlich jene ganze Ordnung der Religion und des Gemeinwesens, die die christlichen Einrichtungen hervorgebracht haben, von Grund auf zu zerstören und eine neue nach ihrer Vorstellung zu errichten, wobei die Grundlagen und Gesetze aus der Mitte des Naturalismus entnommen werden.

Das, was wir sagten oder sagen werden, muß von der Freimaurersekte im allgemeinen betrachtet verstanden werden, und insofern sie ihr verwandte und verbündete Gesellschaften umfaßt, nicht aber von ihren einzelnen Anhängern. In ihren Reihen kann es durchaus nicht wenige geben, die zwar nicht der Schuld entbehren, daß sie sich in solche Gesellschaften verstricken ließen, jedoch nicht selber an den schändlichen Taten teilnehmen und jenes letzte Ziel verkennen, das jene zu erreichen versuchen. Ähnlich billigen von den Vereinigungen selbst einige vielleicht keineswegs bestimmte äußerste Schlußfolgerungen, die, da sie aus den allgemeinen Grundsätzen notwendig folgen, stimmigerweise angenommen werden müßten, wenn nicht die Schändlichkeit selbst an sich durch ihre Abscheulichkeit abschreckte. ...

Niemand soll glauben, daß es ihm aus irgendeinem Grund erlaubt sei, der Sekte der Freimaurer beizutreten, wenn das katholische Bekenntnis und sein Heil ihm so viel wert ist, wie es wert sein muß.

**3159-3160: Instruktion des Hl. Offiziums "Ad gravissima avertenda", 10. Mai 1884**

Diese Instruktion über die Freimaurer war für alle Bischöfe des Erdkreises bestimmt.
*Ausg.:* ASS 17 (1884/85) 44 / CollPF[2] 2,119, Nr. 1615 / Leo XIII., *Acta*, Rom 4,81f.

## "Freimaurer"

(3) Ne quis vero errori locus fiat, cum diiudicandum erit, quaenam ex his perniciosis sectis censurae, quae vero prohibitioni tantum obnoxiae sint, certum imprimis est, excommunicatione latae sententiae mulctari massonicam aliasque eius generis sectas, quae ... contra Ecclesiam vel legitimas potestates machinantur, sive id clam sive palam fecerint, sive exegerint sive non a suis asseclis secreti servandi iuramentum.

(4) Praeter istas sunt et aliae sectae prohibitae atque sub gravis culpae reatu vitandae, inter quas praecipue recensendae illae omnes, quae a sectatoribus secretum nemini pandendum et omnimodam oboedientiam occultis ducibus praestandam iureiurando exigunt. Animadvertendum insuper est, adesse nonnullas societates, quae, licet certo statui nequeat, pertineant necne ad has, quas memoravimus, dubiae tamen et periculi plenae sunt tum ob doctrinas quas profitentur, tum ob agendi rationem, quam sequuntur ii, quibus ducibus ipsae coaluerunt et reguntur. ...

(3) Damit es aber keinen Raum für einen **3159** Irrtum gebe, wenn zu beurteilen sein wird, welche von diesen verderblichen Sekten nun der Zensur, welche aber nur dem Verbot unterworfen sind, ist es vor allem gewiß, daß mit der Exkommunikation als Tatstrafe die freimaurerische und andere derartige Sekten bestraft werden, die ... gegen die Kirche oder die rechtmäßigen Gewalten Ränke schmieden, ob sie dies heimlich tun oder öffentlich, ob sie von ihren Anhängern den Eid zur Wahrung des Geheimnisses fordern oder nicht.

(4) Außer diesen sind auch andere Sekten **3160** verboten und unter Gefahr schwerer Schuld zu meiden, unter die vornehmlich all jene zu rechnen sind, die von den Anhängern durch Schwur verlangen, niemandem das Geheimnis zu eröffnen und den verborgenen Führern jedweden Gehorsam zu leisten. Überdies ist festzustellen, daß es manche Gesellschaften gibt, von denen man zwar nicht sicher feststellen kann, ob sie zu diesen, die wir erwähnt haben, gehören oder nicht, die jedoch zweifelhaft und voller Gefahr sind sowohl wegen der Lehren, die sie verkünden, als auch wegen der Handlungsweise, der jene folgen, unter deren Führung sie sich zusammengefunden haben und von denen sie geleitet werden. ...

### 3162: Antwort des Hl. Offiziums an den Bischof von Poitiers, (28.) 31. Mai 1884

*Ausg.:* ASS 17 (1884/85) 601 / CollPF² 2,200f, Nr. 1617 / ArchKKR 54 (1885) 346.

#### Der Beistand des Arztes oder Beichtvaters beim Duell

*Qu.:* 1. Potestne medicus rogatus a duellantibus duello assistere cum intentione citius finem pugnae imponendi, vel simpliciter vulnera ligandi ac curandi, quin incurrat excommunicationem Summo Pontifici simpliciter reservatam?

2. Potestne saltem, quin duello sit praesens, in domo vicina vel in loco propinquo sistere, proximus ac paratus ad praebendum suum ministerium, si duellantibus opus fuerit?

3. Quid de confessario in iisdem condicionibus?

*Fragen:* 1. Kann ein Arzt auf Bitten der **3162** Duellanten einem Duell beiwohnen mit der Absicht, dem Kampf schneller ein Ende zu setzen oder einfach die Wunden zu verbinden und zu heilen, ohne sich die dem Papst auf einfache Weise vorbehaltene Exkommunikation zuzuziehen?

2. Kann er wenigstens, ohne beim Duell anwesend zu sein, sich in einem benachbarten Haus oder an einem nahegelegenen Ort aufhalten, ganz nahe und bereit, seinen Dienst zu leisten, wenn ihn die Duellanten nötig haben?

3. Wie ⟨steht es⟩ mit einem Beichtvater unter denselben Bedingungen?

*Resp.:* Ad 1. Non posse, et excommuni-cationem incurri.

Ad 2. et 3. Quatenus ex condicto fiat, item non posse et excommunicationem incurri.

*Antwort:* Zu 1. Er kann es nicht und zieht sich die Exkommunikation zu.

Zu 2. und 3. Insofern es auf Abmachung hin geschieht, kann er es gleichfalls nicht und zieht sich die Exkommunikation zu.

### 3165-3179: Enzyklika "Immortale Dei", 1. Nov. 1885

*Ausg.:* ASS 18 (1885/86) 162-175 / Leo XIII., *Acta*, Rom 5,120-142 / Brügge 2,147-162.

#### *Zweck und Autorität der bürgerlichen Gesellschaft*

**3165**     Insitum homini natura est, ut in civili societate vivat: is enim necessarium vitae cultum et paratum, itemque ingenii atque animi perfectionem cum in solitudine adipisci non possit, provisum divinitus est, ut ad coniunctionem congregationemque hominum nasceretur cum domesticam, tum etiam civilem, quae suppeditare *vitae sufficientiam perfectam* sola potest. Quoniam vero non potest societas ulla consistere, nisi si aliquis omnibus praesit, efficaci similique movens singulos ad commune propositum impulsione, efficitur, civili hominum communitati necessariam esse auctoritatem, qua regatur: quae, non secus ac societas, a natura proptereaque a Deo ipso oriatur auctore.

Ex quo illud consequitur, potestatem publicam per se ipsam non esse nisi a Deo [*cf. Rm 13,1*]. ...

Ius autem imperii per se non est cum ulla reipublicae forma necessario copulatum: aliam sibi vel aliam assumere recte potest, modo utilitatis bonique communis reapse efficientem.

Dem Menschen ist es von Natur aus angeboren, in der bürgerlichen Gesellschaft zu leben; da er nämlich den notwendigen Unterhalt und die Zurüstung für das Leben und ebenso die Vervollkommnung des Geistes und des Herzens in der Einsamkeit nicht erlangen kann, wurde von Gott vorgesehen, daß er zur Verbindung und Gemeinschaft mit den Menschen geboren werde, sowohl der häuslichen als auch besonders der bürgerlichen, die allein *volles Genügen für das Leben* verschaffen kann. Weil aber keine Gemeinschaft bestehen kann, ohne daß irgendeiner allen vorsteht, der die einzelnen mit wirksamem und gleichbleibendem Anstoß zum gemeinsamen Zweck bewegt, ergibt sich, daß für die bürgerliche Gemeinschaft der Menschen eine Autorität notwendig ist, von der sie regiert wird: sie stammt – nicht anders als die Gemeinschaft – von der Natur und deswegen von Gott selbst als ⟨deren⟩ Urheber.

Daraus folgt, daß die öffentliche Gewalt nicht aus sich selbst existiert, sondern aus Gott [*vgl. Röm 13,1*]. ...

Das Recht auf Herrschaft aber ist nicht durch sich notwendig mit irgendeiner Form des Gemeinwesens verknüpft; man kann sich mit Fug und Recht eine jeweils andere beilegen, sofern sie nur wirklich den gemeinsamen Nutzen und das Gemeinwohl bewirkt.

#### *Die Kirche als vollkommene Gesellschaft*

**3166**     Sicut Iesus Christus in terras venit, ut homines "vitam habeant et abundantius habeant" [*Io 10,10*], eodem modo Ecclesia propositum habet tamquam finem salutem animorum sempiternam: ob eamque rem talis est natura sua, ut porrigat sese ad totius complexum gentis humanae, nullis nec locorum nec temporum limitibus circumscripta. ...

So wie Jesus Christus auf die Erde kam, damit die Menschen "das Leben haben und es in Fülle haben" [*Joh 10,10*], ebenso hat die Kirche als Ziel das ewige Heil der Seelen vorgegeben: und deswegen ist ihre Natur so beschaffen, daß sie sich, von keinen räumlichen oder zeitlichen Grenzen eingeschränkt, danach ausstreckt, das ganze menschliche Geschlecht zu umfassen. ...

Haec societas, quamvis ex hominibus constet, non secus ac civilis communitas, tamen propter finem sibi constitutum atque instrumenta, quibus ad finem contendit, supernaturalis est et spiritualis: atque ideo distinguitur ac differt a societate civili: et, quod plurimum interest, societas est genere et iure perfecta, cum adiumenta ad incolumitatem actionemque suam necessaria voluntate beneficioque Conditoris sui, omnia in se et per se ipsa possideat. Sicut finis, quo tendit Ecclesia, longe nobilissima est, ita eius potestas est omnium praestantissima, neque imperio civili potest haberi inferior aut eidem esse ullo modo obnoxia.

Obwohl diese Gesellschaft nicht anders als die bürgerliche Gemeinschaft aus Menschen besteht, ist sie dennoch wegen des ihr bestimmten Zieles und der Mittel, mit denen sie zum Ziel strebt, übernatürlich und geistlich: und deshalb unterscheidet sie sich und hebt sich von der bürgerlichen Gesellschaft ab: und – was höchst wichtig ist – sie ist eine ihrer Art und ihrem Recht nach vollkommene Gesellschaft, da sie die für ihre Erhaltung und Tätigkeit notwendigen Hilfsmittel nach dem Willen und durch die Wohltat ihres Gründers alle in sich und durch sich selbst besitzt. So wie das Ziel, nach dem die Kirche strebt, bei weitem das edelste ist, so ist auch ihre Vollmacht die vortrefflichste von allen und kann nicht für geringer als die bürgerliche Herrschaft gehalten werden oder dieser in irgendeiner Weise untertan sein. **3167**

### Das Verhältnis von kirchlicher und bürgerlicher Gewalt

Itaque Deus humani generis procurationem inter duas potestates partitus est, scilicet ecclesiasticam et civilem, alteram quidem divinis, alteram humanis rebus praepositam. Utraque est in suo genere maxima: habet utraque certos, quibus contineatur, terminos eosque sua cuiusque natura causaque proxima definitos; unde aliquis velut orbis circumscribitur, in quo sua cuiusque actio iure proprio versetur. Sed quia utriusque imperium est in eosdem, cum usu venire possit, ut res una atque eadem, quamquam aliter atque aliter, sed tamen eadem res ad utriusque ius iudiciumque pertineat, debet providentissimus Deus, a quo sunt ambae constitutae, utriusque itinera recte atque ordine composuisse. ...

Deshalb hat Gott die Sorge für das menschliche Geschlecht unter zwei Gewalten aufgeteilt, nämlich die kirchliche und die bürgerliche, wobei die eine über die göttlichen, die andere über die menschlichen Dinge gesetzt ist. Jede von beiden ist in ihrer Art die höchste; jede von beiden hat bestimmte Grenzen, innerhalb derer sie besteht, und zwar solche, die durch ihre jeweilige Natur und ihren unmittelbaren Gegenstand festgelegt sind; daher wird gleichsam ein Kreis umschrieben, in dem sich ihre jeweilige Tätigkeit kraft eigenen Rechtes entfaltet. Aber weil sich die Herrschaft beider auf dieselben erstreckt und weil es geschehen kann, daß ein und dieselbe Sache, wenn auch jeweils anders – aber dennoch dieselbe Sache – zum Rechtsbereich und zur Gerichtsbarkeit beider gehört, muß Gott, von dem beide eingesetzt wurden, in weiser Vorsehung die Wege beider richtig und gebührend geordnet haben. ... **3168**

Itaque inter utramque potestatem quaedam intercedat necesse est ordinata colligatio; quae quidem coniunctioni non immerito comparatur, per quam anima et corpus in homine copulantur. ...

Quidquid igitur est in rebus humanis quoquo modo sacrum, quidquid ad salutem animorum cultumve Dei pertinet, sive tale illud

Deshalb muß zwischen beiden Gewalten eine gewisse geordnete Verbindung bestehen; diese wird sicherlich nicht zu Unrecht mit der Verbindung verglichen, durch die Seele und Leib im Menschen verknüpft werden. ...

Was immer also in den menschlichen Dingen in irgendeiner Weise heilig ist, was immer sich auf das Heil der Seelen oder die Ver-

sit natura sua, sive rursus tale intelligatur propter causam, ad quam refertur, id est omne in potestate arbitrioque Ecclesiae: cetera vero, quae civile et politicum genus complectitur, rectum est civili auctoritati esse subiecta, cum Iesus Christus iusserit, quae Caesaris sint, reddi Caesari, quae Dei, Deo [*Mt 22,21*]. ...

ehrung Gottes bezieht – sei es, daß es seiner Natur nach so beschaffen ist, sei es auch, daß es wegen der Ursache, auf die es zurückgeführt wird, als solches erkannt wird –, das steht ganz in der Vollmacht und Entscheidungsbefugnis der Kirche; das übrige aber, was den bürgerlichen und politischen Bereich umfaßt, ist zurecht der bürgerlichen Autorität unterworfen, da Jesus Christus geboten hat, dem Kaiser zu geben, was des Kaisers, und Gott, was Gottes ist [*Mt 22,21*]. ...

**3169**    Ecclesiam vero etiam in suorum officiorum munere potestati civili velle esse subiectam, magna quidem iniuria, magna temeritas est. Hoc facto perturbatur ordo, quia quae naturalia sunt praeponuntur iis, quae sunt supra naturam: tollitur aut certe magnopere minuitur frequentia bonorum, quibus, si nulla re impediretur, communem vitam Ecclesia compleret; praetereaque via ad inimicitias munitur et certamina, quae, quantam utrique reipublicae perniciem afferant, nimis saepe eventus demonstravit.

Daß aber die Kirche auch in der Ausübung ihrer Amtspflichten der bürgerlichen Gewalt unterworfen sein soll, ist freilich ein großes Unrecht, eine große Unbesonnenheit. Geschieht dies, wird die Ordnung durcheinandergebracht, weil das, was natürlich ist, dem vorangestellt wird, was über der Natur ist: aufgehoben oder wenigstens sehr vermindert wird die Fülle der Güter, mit denen die Kirche, wenn sie durch nichts gehindert würde, das gemeinsame Leben erfüllte; und außerdem wird der Weg zu Feindschaften und Streitereien geebnet: welch großes Verderben diese beiden Gemeinwesen bringen, hat die Erfahrung allzuoft gezeigt.

### *Abriß der christlichen Lehre von der Staatsverfassung*

**3170**    Intelligi necesse est, ortum publicae potestatis a Deo ipso, non a multitudine repeti oportere: seditionum licentiam cum ratione pugnare: officia religionis nullo loco numerare, vel uno modo esse in disparibus generibus affectos, nefas esse privatis hominibus, nefas civitatibus: immoderatam sentiendi sensusque palam iactandi potestatem non esse in civium iuribus neque in rebus gratia patrocinioque dignis ulla ratione ponendam.

Man muß folgendes einsehen: Der Ursprung der öffentlichen Gewalt muß auf Gott selbst und nicht auf die Menge zurückgeführt werden; das Erlaubtsein von Aufständen widerstreitet der Vernunft; die Pflichten der Religion für nichts zu achten oder angesichts verschiedener Arten ⟨der Religionsausübung⟩ auf e i n e Weise angezogen zu sein, ist Frevel für Privatleute, Frevel für Staaten; die unbeschränkte Möglichkeit, zu denken und seine Gedanken öffentlich kundzutun, gehört nicht zu den Rechten der Bürger und darf in keiner Weise zu den förderungs- und schutzwürdigen Dingen gezählt werden.

**3171**    Similiter intelligi debet, Ecclesiam societatem esse, non minus quam ipsam civitatem, genere et iure perfectam: neque debere qui summam imperii teneant, committere, ut sibi servire aut subesse Ecclesiam cogant, aut minus esse sinant ad suas res agendas liberam, aut quicquam de ceteris iuribus detrahant, quae in ipsam a Iesu Christo collata sunt.

Ebenso muß man einsehen, daß die Kirche nicht weniger als der Staat selbst eine ihrer Art und ihrem Recht nach vollkommene Gesellschaft ist; auch dürfen die, die die oberste Regierungsgewalt innehaben, es nicht dahin kommen lassen, die Kirche zu zwingen, ihnen zu dienen oder untertan zu sein, oder sie weniger frei zur Ausführung ihrer

Angelegenheiten sein zu lassen oder ihr irgendeines von ihren sonstigen Rechten zu entziehen, die von Jesus Christus auf sie übertragen wurden.

In negotiis autem mixti iuris, maxime esse secundum naturam, itemque secundum Dei consilia non secessionem alterius potestatis ab altera, multoque minus contentionem, sed plane concordiam, eamque cum causis proximis congruentem, quae causae utramque societatem genuerunt.

In Angelegenheiten gemischten Rechtes **3172** aber ist nicht die Trennung der einen Gewalt von der anderen und noch viel weniger der Streit, sondern schlechthin die Eintracht, und zwar eine solche, die im Einklang mit den unmittelbaren Gegenständen steht, die beide Gesellschaften hervorgebracht haben, in höchstem Maße der Natur gemäß und desgleichen den Ratschlüssen Gottes gemäß.

Haec quidem sunt, quae de constituendis temperandisque civitatibus ab Ecclesia catholica praecipiuntur.

Das ist es also, was von der katholischen Kirche in bezug auf die Verfassung und Ordnung der Staaten gelehrt wird.

### Freiheiten der Bürger

Quibus tamen dictis decretisque si recte diiudicari velit, nulla per se reprehenditur ex variis reipublicae formis, ut quae nihil habent, quod doctrinae catholicae repugnet, eaedemque possunt, si sapienter adhibeantur et iuste, in optimo statu tueri civitatem.

In diesen Aussagen und Dekreten wird je- **3173** doch, wenn man es recht beurteilen will, keine der verschiedenen Staatsformen an sich getadelt, da sie ja nichts haben, was der katholischen Lehre widerstreitet, und ebenso den Staat im besten Zustand bewahren können, wenn sie weise und gerecht angewandt werden.

Immo neque illud per se reprehenditur, participem plus minus esse populum reipublicae: quod ipsum certis in temporibus certisque legibus potest non solum ad utilitatem, sed etiam ad officium pertinere civium.

Ja, nicht einmal jenes wird an sich geta- **3174** delt, daß das Volk mehr oder weniger Anteil am Gemeinwesen hat: dies kann sogar in bestimmten Zeiten und unter bestimmten Gesetzen nicht nur zum Nutzen, sondern auch zur Pflicht der Bürger gehören.

Insuper neque causa iusta nascitur, cur Ecclesiam quisquam criminetur aut esse in lenitate facilitateque plus aequo restrictam aut ei, quae germana et legitima sit, libertati inimicam.

Überdies gibt es auch keinen triftigen **3175** Grund, warum einer die Kirche anklagen könnte, sie sei entweder in ihrer Milde und Nachsichtigkeit mehr, als recht ist, zurückhaltend oder jener Freiheit feind, die die echte und rechtmäßige sei.

Revera si divini cultus varia genera eodem iure esse, quo veram religionem, Ecclesia iudicat non licere, non ideo tamen eos damnat rerum publicarum moderatores, qui, magni alicuius adipiscendi boni aut prohibendi causa mali, moribus atque usu patienter ferunt, ut ea habeant singula in civitate locum.

Wenn die Kirche auch urteilt, die ver- **3176** schiedenen Arten der Gottesverehrung dürften nicht dasselbe Recht haben wie die wahre Religion, so verurteilt sie deshalb jedoch nicht die Staatslenker, die, um ein großes Gut zu erlangen oder Übel abzuwenden, mit Rücksicht auf Gebräuche und Herkommen dulden, daß sie jeweils einen Platz im Staat haben.

Atque illud quoque magnopere cavere Ecclesia solet, ut ad amplexandam fidem catholicam nemo invitus cogatur,

Und auch davor pflegt sich die Kirche **3177** gründlich zu hüten, daß irgendjemand gegen seinen Willen gezwungen

quia quod sapienter Augustinus monet: "Credere non potest homo nisi volens"[1].

3178    Simili ratione nec potest Ecclesia libertatem probare eam, quae fastidium gignat sanctissimarum Dei legum debitamque potestati legitimae oboedientiam exuat. Est enim licentia verius quam libertas: rectissimeque ab Augustino "libertas perditionis"[1], a Petro Apostolo "velamen malitiae" [*1 Pt 2,16*] appellatur: immo, cum sit praeter rationem, vera servitus est: "qui" enim "facit peccatum, servus est peccati" [*Io 8,34*]. Contra illa germana est atque expetenda libertas, quae, si privatim spectetur, erroribus et cupiditatibus, teterrimis dominis, hominem servire non sinit: si publice, civibus sapienter praeest, facultatem augendorum commodorum large ministrat remque publicam ab alieno arbitrio defendit.

3179    Atqui honestam hanc et homine dignam libertatem Ecclesia probat omnium maxime, eamque ut tueretur in populis firmam atque integram, eniti et contendere numquam destitit.

wird, den katholischen Glauben anzunehmen; denn, wie Augustinus weise zu bedenken gibt, "der Mensch kann nicht glauben, wenn er nicht will"[1].

In gleicher Weise kann die Kirche keine solche Freiheit billigen, die Überdruß an den heiligsten Gesetzen Gottes erzeugt und der rechtmäßigen Gewalt den schuldigen Gehorsam verweigert. ⟨Dies⟩ ist nämlich in Wirklichkeit eher Willkür als Freiheit und wird völlig zurecht von Augustinus "Freiheit des Verderbens"[1] und vom Apostel Petrus "Deckmantel der Bosheit" [*1 Petr 2,16*] genannt: ja, da sie wider die Vernunft ist, ist sie die wahre Knechtschaft: "wer" nämlich "eine Sünde begeht, ist Knecht der Sünde" [*Joh 8,34*]. Dagegen ist jene die echte und erstrebenswerte Freiheit, die im Blick auf den privaten Bereich den Menschen nicht Irrtümern und Begierden, den abscheulichsten Herren, dienen läßt, ⟨und⟩ im öffentlichen Bereich den Bürgern weise vorsteht, reichlich Möglichkeit bietet, die Vorteile zu vermehren, und das Gemeinwesen gegen fremde Willkür verteidigt.

Diese ehrenhafte und menschenwürdige Freiheit aber billigt die Kirche am meisten von allen, und sie hat niemals in ihren Bemühungen und Anstrengungen aufgehört, diese bei den Völkern stark und unversehrt zu bewahren.

## 3185-3187: Antwort der Hl. Pönitentiarie, 10. März 1886

*Ausg:* L'Ami du Clergé 20 (1898) 1079f, Nr. V / F. Hürth: TD ser. theol. 25 (1953[2]) 98f / Le Canoniste Contemporain 9 (1886) 463f.

### Der onanistische Gebrauch der Ehe

3185    *Expos.:* Ex responso S. Poenitentiariae diei 14 Dec. 1876 dato ad rectorem parochiae in dioecesi Andegavensii constat non esse licitum, favere paenitentium errori, qui a multis bona fides dicitur, nec talem bonam fidem creare.

Constat etiam, non satisfacere muneri suo eos confessarios, qui, quando paenitens solummodo accusat onanismum, altum silen-

*Darlegung:* Aufgrund einer am 14. Dez. 1876 gegebenen Antwort der Hl. Pönitentiarie an den Leiter einer Pfarrei in der Diözese Angers steht fest, daß es nicht erlaubt ist, dem Irrtum der Beichtenden Vorschub zu leisten, der von vielen guter Glaube genannt wird, und auch nicht, einen solchen guten Glauben zu erzeugen.

Es steht auch fest, daß diejenigen Beichtväter ihrem Amte nicht genügen, die, wenn ⟨sich⟩ ein Beichtender lediglich wegen Ona-

---

*3177 [1]    Augustinus, *In evangelium Iohannis*, tract. 2 (R. Willems: CpChL [1954] 36,260₁₄ / PL 35,1607).
*3178 [1]    Augustinus, Brief 105 an die Donatisten, Kap. 2, Nr. 9 (CSEL 34/II, 601₂₅ / PL 33,399).

tium servant, et finita confessione peccatorum, illum verbis generalibus ad contritionem excitant illique asserenti, se detestari omne peccatum lethale, sanctam absolutionem impertiuntur.

Constat praeterea, omni reprehensione carere eos confessarios, qui (intra limites [*decentiae*] ... quoad interrogationes ...) non omittunt quemcumque paenitentem, sive sponte sive ex interrogatione prudenter facta, confessum de onanismo, reprehendere, non secus ac de aliis gravibus peccatis, ... nec illum absolvunt, nisi sufficientibus signis monstret se dolere de praeterito et habere propositum non amplius onanistice agendi. – [*Remanent vero sequentia dubia*:]

*Qu.:* 1. Quando adest fundata suspicio, paenitentem, qui de onanismo omnino silet, huic crimini esse addictum, num confessario liceat a prudenti et discreta interrogatione abstinere, eo quod praevideat, plures a bona fide exturbandos, multosque sacramenta deserturos esse? – Annon potius teneatur confessarius prudenter ac discrete interrogare?

2. An confessarius, qui sive ex spontanea confessione sive ex prudenti interrogatione cognoscit paenitentem esse onanistam, teneatur illum de huius peccati gravitate, aeque ac de aliorum peccatorum mortalium, monere ... eique absolutionem tunc solum impertiri, cum sufficientibus signis constet eumdem dolere de praeterito et habere propositum non amplius onanistice agendi?

*Resp.:* Ad 1. Regulariter negative ad primam partem; affirmative ad secundam.

Ad 2. Affirmative, iuxta doctrinam probatorum auctorum.

nismus anklagt, erhabenes Schweigen wahren, ihn nach Beendigung des Sündenbekenntnisses mit allgemeinen Worten zur Reue ermahnen und ihm, wenn er behauptet, er verabscheue jede Todsünde, die heilige Lossprechung erteilen.

Es steht außerdem fest, daß diejenigen Beichtväter von jedem Tadel frei sind, die es (innerhalb der Grenzen [*der Schicklichkeit*] ... in bezug auf die Fragen ... ) nicht unterlassen, jedweden Beichtenden, der entweder freiwillig oder aufgrund einer klug angestellten Befragung Onanismus bekannt hat, zu tadeln, nicht anders als wegen anderer schwerer Sünden, ... und ihn nicht lossprechen, wenn er nicht durch hinlängliche Zeichen bedeutet, daß er über das Vergangene Schmerz empfindet und den Vorsatz hat, nicht mehr onanistisch zu handeln. – [*Es bleiben aber folgende Fragen:*]

*Fragen:* 1. Wenn der begründete Verdacht  3186 besteht, daß ein Beichtender, der vom Onanismus völlig schweigt, diesem Frevel zugetan ist, ist es dann dem Beichtvater erlaubt, von einer klugen und taktvollen Befragung deshalb abzusehen, weil er voraussieht, daß mehrere aus ihrem guten Glauben gestürzt werden müßten und viele die Sakramente verlassen würden? – Oder ist der Beichtvater nicht vielmehr gehalten, klug und taktvoll zu fragen?

2. Ist ein Beichtvater, der entweder auf-  3187 grund eines freiwilligen Bekenntnisses oder aufgrund einer klugen Befragung erkennt, daß der Beichtende ein Onanist ist, gehalten, ihn wegen der Schwere dieser Sünde – ebenso wie wegen der anderer Todsünden – zurechtzuweisen ... und ihm die Lossprechung nur dann zu erteilen, wenn aufgrund hinreichender Zeichen feststeht, daß er über das Vergangene Schmerz empfindet und den Vorsatz hat, nicht mehr onanistisch zu handeln?

*Antwort:* Zu 1. In der Regel nein zum ersten Teil; ja zum zweiten.

Zu 2. Ja, gemäß der Lehre bewährter Autoren.

## 3188: Dekret des Hl. Offiziums, 19. Mai 1886

*Ausg.:* ASS 19 (1886/87) 46 / CollPF[2] 2,215, Nr. 1657 / Leo XIII., *Acta*, Rom 6,72f.

### Leichenverbrennung

**3188**    *Qu.:* 1. An licitum sit nomen dare societatibus, quibus propositum est, promovere usum comburendi hominum cadavera?

2. An licitum sit, mandare, ut sua aliorumve cadavera comburantur?

*Resp. (confirmata a Summo Pontifice):* Ad 1. Negative, et si agatur de societatibus Massonicae sectae filialibus, incurri poenas contra hanc latas. – Ad 2. Negative.

*Fragen:* 1. Ist es erlaubt, Gesellschaften beizutreten, die den Vorsatz haben, den Brauch zu fördern, Leichname von Menschen zu verbrennen?

2. Ist es erlaubt, zu bestimmen, daß die eigenen oder die Leichname anderer verbrannt werden?

*Antwort (vom Papst bestätigt):* Zu 1. Nein, und wenn es sich um Tochtergesellschaften der Freimaurersekte handelt, zieht man sich die gegen diese verhängten Strafen zu. – Zu 2. Nein.

### 3190-3193: Dekret des Hl. Offiziums, 27. Mai 1886

*Ausg.:* ASS 22 (1889/90) 635f.

### Bürgerliche Scheidung

**3190**    *Expos.:* A nonnullis Galliarum episcopis sequentia dubia S. Romanae et Universalis Inquisitioni proposita sunt: In epistola S. R. et U. Inquisitionis 25. Iunii 1885 ad omnes in Gallica dicione Ordinarios circa civilis divortii legem ita decernitur: "Attentis gravissimis rerum, temporum ac locorum adiunctis tolerari posse, ut qui magistratus obtinent et advocati causas matrimoniales in Gallia agant, quin officio cedere teneantur", condiciones adiecit, quarum secunda haec est: "Dummodo ita animo comparati sint tum circa valorem et nullitatem coniugii, tum circa separationem corporis, de quibus causis iudicare coguntur, ut numquam proferant sententiam, neque proferendam defendant vel ad eam provocent vel excitent divino aut ecclesiastico iuri repugnantem."

*Darlegung:* Von einigen Bischöfen Frankreichs wurden der Hl. Römischen und Allgemeinen Inquisition folgende Anfragen vorgelegt: Im Brief der Hl. Röm. und Allg. Inquisition vom 25. Juni 1885 an alle Ordinarien im französischen Hoheitsgebiet bezüglich des Gesetzes über die bürgerliche Scheidung wird folgendermaßen entschieden: "Unter Berücksichtigung der äußerst schwierigen Sach-, Zeit- und Ortsumstände kann geduldet werden, daß Staatsbeamte und Rechtsanwälte in Frankreich Eheprozesse führen, ohne daß sie verpflichtet wären, aus dem Amt zu scheiden"; sie fügte Bedingungen an, deren zweite folgendermaßen lautet: "Sofern sie nur sowohl in bezug auf Gültigkeit und Nichtigkeit einer Ehe als auch in bezug auf die leibliche Trennung, worüber zu richten sie gezwungen werden, so im Herzen gesinnt sind, daß sie niemals ein Urteil verkünden noch seine Verkündigung verfechten oder dazu aufrufen oder auffordern, wenn es dem göttlichen oder kirchlichen Recht widerspricht."

**3191**    *Qu.:* 1. An recta sit interpretatio per Gallias diffusa ac etiam typis data, iuxta quam satisfacit condicioni praecitatae iudex, qui, licet matrimonium aliquod validum sit coram Ecclesia, ab illo matrimonio vero et constanti omnino abstrahit, et applicans legem civilem pronuntiat, locum esse divortio, modo solos effectus civiles solumque contractum civilem

*Fragen:* 1. Ist die in Frankreich verbreitete und auch gedruckte Auslegung richtig, nach der ein Richter der vorgenannten Bedingung genügt, der, auch wenn eine Ehe vor der Kirche gültig ist, von dieser wahren und beständigen Ehe ganz absieht und, das bürgerliche Gesetz anwendend, verkündet, eine Scheidung sei statthaft, sofern er im Geiste

abrumpere mente intendat, eaque sola respiciant termini prolatae sententiae? Aliis terminis, an sententia sic lata dici possit divino aut ecclesiastico iuri non repugnans?

beabsichtigt, nur die bürgerlichen Wirkungen und nur den bürgerlichen Vertrag aufzuheben und die Worte des verkündeten Urteils allein diese berücksichtigen? Mit anderen Worten: Kann von einem so verkündeten Urteil gesagt werden, es widerstreite nicht dem göttlichen oder kirchlichen Recht?

2. Postquam iudex pronuntiavit locum esse divortio, an possit syndicus (gallice: le maire) et ipse solos effectus civiles solumque civilem contractum intendens, ut supra exponitur, divortium pronuntiare, quamvis matrimonium validum sit coram Ecclesia[1].

2. Kann, nachdem der Richter verkündet hat, die Scheidung sei statthaft, ein Bürgermeister (französisch: le maire), der auch selbst nur auf die bürgerlichen Wirkungen und nur auf den bürgerlichen Vertrag abzielt, wie oben dargelegt wird, die Scheidung verkünden, obwohl die Ehe vor der Kirche gültig ist?[1]    3192

3. Pronuntiato divortio, an possit idem syndicus coniugem ad alias nuptias transire attentantem civiliter cum alio iungere, quamvis matrimonium prius validum sit coram Ecclesia vivatque altera pars?

3. Kann, nachdem die Scheidung verkündet wurde, ebendieser Bürgermeister einen Gatten, der eine andere Ehe einzugehen versucht, bürgerlich mit einem anderen verbinden, obwohl die frühere Ehe vor der Kirche gültig ist und der andere Teil ⟨noch⟩ lebt?    3193

*Resp. (confirmata a Summo Pontifice):* Negative ad 1, 2 et 3.

*Antwort (vom Papst bestätigt):* Nein zu 1, 2 und 3.

## 3195-3196: Dekret des Hl. Offiziums, 15. Dez. 1886

*Ausg:* ASS 25 (1892/93) 63 / CollPF[2] 2,218, Nr. 1665.

### Leichenverbrennung

Quoties agatur de iis, quorum corpora non propria ipsorum, sed aliena voluntate cremationi subiiciantur, Ecclesiae ritus et suffragia adhiberi posse tum domi tum in ecclesia, non autem usque ad cremationis locum, remoto scandalo. Scandalum vero removeri etiam poterit, si notum fiat, cremationem non propria defuncti voluntate electam fuisse.

Jedesmal wenn es sich um solche handelt, deren Leiber nicht aus eigenem, sondern aufgrund fremden Willens der Verbrennung unterworfen werden, können die Riten und Fürbittgebete der Kirche unter Fernhaltung allen Ärgernisses sowohl zu Hause als auch in der Kirche, nicht aber bis zum Ort der Verbrennung verrichtet werden. Das Ärgernis wird aber auch beseitigt werden können, wenn bekannt wird, daß die Verbrennung nicht aus eigenem Willen des Verstorbenen erwählt wurde.    3195

---

*3192 [1]  Nicht so rigoros ist eine Antwort der Hl. Pönitentiarie vom 24. Sept. 1887; in ihr wird in einem besonderen Fall erlaubt, daß ein Bürgermeister (der andernfalls sein Amt verlieren würde), nachdem die bürgerlichen Richter verkündet haben, daß eine Scheidung statthaft sei, das Urteil für die bürgerliche Scheidung fällen darf, sofern er nur 1. "die katholische Lehre von der Ehe und davon, daß Eheangelegenheiten allein vor kirchliche Richter gehören, öffentlich vertritt, 2. beim Urteil selbst und als Beamter redend öffentlich erklärt, er könne nur die bürgerlichen Wirkungen und nur den bürgerlichen Vertrag berücksichtigen, ansonsten bleibe das Band der Ehe vor Gott und dem Gewissen voll bestehen" ("catholicam doctrinam de matrimonio deque causis matrimonialibus ad solos iudices ecclesiasticos pertinentibus palam profiteretur, 2. ipsa sententia et tamquam magistratus loquens publice declaret, se solos effectus civiles solumque contractum civilem spectare posse, aliunde vinculum matrimonii omnino firmum remanere coram Deo et conscientia": Revue des Sciences Ecclésiastiques 60 [Amiens 1889/II] 476).

**3196** At ubi agatur de iis, qui propria voluntate cremationem elegerunt, et in hac voluntate certo et notorie usque ad mortem perseverarunt, attento Decreto feria IV 19. Maii 1886 [*3188*] agendum cum iis iuxta normas *Ritualis Romani,* tit. "Quibus non licet dare ecclesiasticam sepulturam". In casibus autem particularibus, in quibus dubium vel difficultas oriatur, consulendus erit Ordinarius ... .

Wofern es sich aber um solche handelt, die aus eigenem Willen die Verbrennung wählten und in diesem Willen mit Sicherheit und bekanntermaßen bis zum Tode verharrten, ist mit ihnen unter Berücksichtigung des Dekretes vom Mittwoch, 19. Mai 1886 [*3188*], gemäß den Richtlinien des *Rituale Romanum,* Titel "Wem man das kirchliche Begräbnis nicht gewähren darf" zu verfahren. In besonderen Fällen aber, in denen sich ein Zweifel oder eine Schwierigkeit erhebt, wird der Ordinarius um Rat zu fragen sein ... .

### 3198: Antwort des Hl. Offiziums an den Bischof von Carcassone, 8. Mai 1887

*Ausg.:* ASS 23 (1890/91) 699 / CollPF² 2,220, Nr. 1672.

*Der Meßwein*

**3198** *Qu.:* [*Utrum ad periculum corruptionis vini praecavendum remedia quae sequuntur sint licita et quodnam praeferendum:*]

1. Vino naturali addatur parva quantitas "d'eau-de-vie";

2. Ebulliatur vinum ad 65 altitudinis gradus.

*Resp.:* Praeferendum vinum prout secundo loco exponitur.

*Frage:* [*Sind, um der Gefahr eines Verderbens des Weines vorzubeugen, folgende Mittel erlaubt, und welches ⟨ist⟩ vorzuziehen?*]

1. Dem natürlichen Wein soll eine kleine Menge "eau-de-vie" ⟨= Branntwein⟩ beigegeben werden;

2. Der Wein soll auf 65 Grad erhitzt werden.

*Antwort:* ⟨Es ist⟩ Wein vorzuziehen, wie an zweiter Stelle dargelegt.

### 3201–3241: Dekret des Hl. Offiziums "Post obitum", 14. Dez. 1887

Antonio Rosmini-Serbati hatte seit 1831 mit einigen seiner Thesen Widerspruch erregt. Mehrere Werke Rosminis wurden bei der Indexkongregation angezeigt. Da ihn aber sowohl Gregor XVI. als auch Pius IX. wegen seiner außerordentlichen Fähigkeiten schätzten – Pius IX. wollte ihn 1848 zum Kardinal ernennen – mußte er seine Gegner zunächst kaum fürchten. Sie erwirkten zwar die Verurteilung zweier kleiner Werke durch die Indexkongregation am 30. Mai 1849, in bezug auf die anderen angezeigten Werke aber beschloß die Kongregation am 3. Juli 1854, sie "seien ⟨aus dem Verfahren⟩ zu entlassen" ("dimittenda esse"; vgl. *3154f). Nach seinem Tod (1. Juli 1855) aber erschienen einige neue Werke, die angezeigt wurden. Andere Werke wurden ohne Korrektur abermals herausgegeben. Das Hl. Offizium verurteilte 40 Sätze und veröffentlichte sie sowohl italienisch als auch lateinisch. Vgl. den Brief Leos XIII. an den Erzbischof von Mailand vom 1. Juni 1889, der die Gültigkeit dieser Verurteilung bestätigt (ASS 21 [1888/89] 709f).

*Ausg.:* ASS 20 (1887/88) 398–410; vgl. auch DThC 13/II, 2929–2949.

Die Werke Antonio Rosmini-Serbatis, aus denen die Sätze entnommen sind:

A' = *Teosofia,* Bd. 1–5 (Turin 1859ff) [zu den Sätzen 1–18 20–22 24–26].
B' = *Introduzione del Vangelo secondo Giovanni commentata* (Turin 1882) [zu 19 23 26f 29–34].
C' = *Psicologia,* Bd. 1–3 (Mailand 1887) [zu 20 24].
D' = *Antropologia in servizio della scienza morale* (Mailand 1838) [zu 21].
E' = *Teodicea* (Mailand 1845) [zu 23 38–40].
F' = *Introduzione alla filosofia* (Casale 1850) [zu 28 37].
G' = *Trattato della coscienza morale (Filosofia morale,* Teil III; Mailand 1844) [zu 35].
H' = *Filosofia del diritto,* Bd. 1–2 (Mailand 1841f) [zu 36].

## Irrtümer von Antonio Rosmini-Serbati

1. In ordine rerum creatarum immediate manifestatur humano intellectui aliquid divini in se ipso, huiusmodi nempe, quod ad divinam naturam pertineat[1].

2. Cum divinum dicimus in natura, vocabulum istud *divinum* non usurpamus ad significandum effectum non divinum causae divinae; neque mens nobis est loqui de *divino* quodam, quod tale sit per participationem[1].

3. In natura igitur universi, id est in intelligentiis, quae in ipso sunt, aliquid est, cui convenit denominatio divini non sensu figurato, sed proprio. – Est actualitas non distincta a reliquo actualitatis divinae[1].

4. Esse indeterminatum, quod procul dubio notum est omnibus intelligentiis, est divinum illud, quod homini in natura manifestatur[1].

5. Esse, quod homo intuetur, necesse est, ut sit aliquid entis necessarii et aeterni, causae creantis, determinantis ac finientis omnium entium contingentium: atque hoc est Deus[1].

6. In esse, quod praescindit a creaturis et a Deo, quod est esse indeterminatum, atque in Deo, esse non indeterminato, sed absoluto, eadem est essentia[1].

7. Esse indeterminatum intuitionis, esse initiale, est aliquid Verbi, quod mens Patris distinguit non realiter, sed secundum rationem a Verbo[1].

8. Entia finita, quibus componitur mundus, resultant ex duobus elementis, id est ex termino reali finito et ex esse initiali, quod eidem termino tribuit formam entis[1].

1. In der Ordnung der geschaffenen Dinge **3201** offenbart sich dem menschlichen Verstand unmittelbar etwas in sich selbst Göttliches, nämlich etwas, was zur göttlichen Natur gehört[1].

2. Wenn wir vom Göttlichen in seiner Natur **3202** reden, gebrauchen wir dieses Wort *göttlich* nicht, um die nicht göttliche Wirkung einer göttlichen Ursache zu bezeichnen; auch haben wir nicht die Absicht, von einem *Göttlichen* zu reden, das durch Teilhabe ein solches ist[1].

3. Es ist also in der Natur des Alls – d. h. **3203** in den Intelligenzen, die in ihm sind – etwas, dem die Benennung des Göttlichen zukommt, nicht im bildlichen, sondern im eigentlichen Sinn. – Es ist eine Wirklichkeit, die vom Rest der göttlichen Wirklichkeit nicht unterschieden ist[1].

4. Das unbestimmte Sein, das ohne Zweifel **3204** allen Intelligenzen bekannt ist, ist jenes Göttliche, das sich dem Menschen in der Natur offenbart[1].

5. Das Sein, das der Mensch intuitiv erfaßt, **3205** ist notwendigerweise etwas vom notwendigen und ewigen Seienden, von der erschaffenden, bestimmenden und vollendenden Ursache alles kontingent Seienden: und das ist Gott[1].

6. Im Sein, das von den Geschöpfen und **3206** von Gott absieht und das das unbestimmte Sein ist, und in Gott, dem nicht unbestimmten, sondern absoluten Sein, ist dasselbe Wesen[1].

7. Das unbestimmte Sein der Intuition, das **3207** anfängliche Sein, ist etwas vom Wort, das die Vernunft des Vaters nicht sachlich, sondern logisch vom Wort unterscheidet[1].

8. Die begrenzten Seienden, aus denen **3208** sich die Welt zusammensetzt, gehen aus zwei Elementen hervor, nämlich aus der begrenzten wirklichen Bestimmung und aus dem an-

---

*3201 [1] A' 4,6, Nr. 2.
*3202 [1] Ebd.
*3203 [1] A' 4,18f, Nr. 15; 3,344, Nr. 1423.
*3204 [1] A' 4,8, Nr. 5f.
*3205 [1] A' 1,241, Nr. 298.
*3206 [1] A' 2,150, Nr. 848.
*3207 [1] Ebd. A' 1,445, Nr. 490.

fänglichen Sein, das dieser Bestimmung die Form des Seienden verleiht[1].

3209    9. Esse, obiectum intuitionis, est actus initialis omnium entium. - Esse initiale est initium tam cognoscibilium quam subsistentium: est pariter initium Dei, prout a nobis concipitur, et creaturarum[1].

9. Das Sein, der Gegenstand der Intuition, ist der anfängliche Akt alles Seienden. - Das anfängliche Sein ist Anfang sowohl des Erkennbaren als auch des Bestehenden: Es ist gleichermaßen Anfang Gottes, wie er von uns erfaßt wird, und der Geschöpfe[1].

3210    10. Esse virtuale et sine limitibus est prima ac simplicissima omnium entitatum, adeo ut quaelibet alia entitas sit composita, et inter ipsius componentia semper et necessario sit esse virtuale. - Est pars essentialis omnium omnino entitatum, utut cogitatione dividantur[1].

10. Das virtuelle und grenzenlose Sein ist die erste und einfachste aller Seiendheiten, und zwar so, daß jede beliebige andere Seiendheit zusammengesetzt ist und unter ihren Bestandteilen immer und notwendig das virtuelle Sein ist. - Es ist der wesentliche Teil überhaupt aller Seiendheiten, wie auch immer sie im Denken unterschieden werden[1].

3211    11. Quidditas (id quod res est) entis finiti non constituitur eo, quod habet positivi, sed suis limitibus. Quidditas entis infiniti constituitur entitate, et est positiva; quidditas vero entis finiti constituitur limitibus entitatis, et est negativa[1].

11. Die Washeit (das, was ein Ding ist) des begrenzten Seienden wird nicht durch das bestimmt, was es an Positivem hat, sondern durch seine Grenzen. Die Washeit des unbegrenzten Seienden wird durch die Seiendheit bestimmt und ist positiv; die Washeit des begrenzten Seienden aber wird durch die Grenzen der Seiendheit bestimmt und ist negativ[1].

3212    12. Finita realitas non est, sed Deus facit eam esse addendo infinitae realitati limitationem. - Esse initiale fit essentia omnis entis realis. - Esse, quod actuat naturas finitas, ipsis coniunctum, est recisum a Deo[1].

12. Die begrenzte Wirklichkeit ist nicht, sondern Gott bringt sie zum Sein, indem er der unbegrenzten Wirklichkeit die Begrenzung hinzufügt. - Das anfängliche Sein wird das Wesen jedes wirklichen Seienden. - Das Sein, das die begrenzten Naturen verwirklicht und mit ihnen verbunden ist, ist von Gott abgetrennt[1].

3213    13. Discrimen inter esse absolutum et esse relativum non illud est, quod intercedit substantiam inter et substantiam, sed aliud multo maius; unum enim est absolute ens, alterum est absolute non-ens. At hoc alterum est relative ens. Cum autem ponitur ens relativum, non multiplicatur absolute ens; hinc absolutum et relativum absolute non sunt unica substantia, sed unicum esse; atque hoc sensu nulla est diversitas esse, immo habetur unitas esse[1].

13. Der Unterschied zwischen dem absoluten Sein und dem relativen Sein ist nicht der, welcher zwischen einer Substanz und der anderen besteht, sondern ein viel größerer; das eine ist nämlich ein absolut Seiendes, das andere ist ein absolut Nicht-Seiendes. Aber dieses andere ist ein relativ Seiendes. Indem aber ein relatives Seiendes gesetzt wird, vervielfacht sich das absolut Seiende nicht; daher sind das absolute und relative ⟨Seiende⟩ absolut nicht eine einzige Substanz, sondern ein einziges Sein; und in diesem Sinne gibt es keine Unterschiedenheit des Seins, vielmehr

*3208 [1]   A' 1,396, Nr. 454.
*3209 [1]   A' 3,73, Nr. 1235; 1,229f, Nr. 287f.
*3210 [1]   A' 1,221, Nr. 280; 223, Nr. 281.
*3211 [1]   A' 1,708f, Nr. 726.
*3212 [1]   A' 1,658, Nr. 681; 1,399, Nr. 458; 3,346, Nr. 1425.

gibt es eine Einheit des Seins[1].

14. Divina abstractione producitur esse initiale, primum finitorum entium elementum; divina vero imaginatione producitur reale finitum seu realitates omnes, quibus mundus constat[1].

14. Durch die göttliche Abstraktion wird das anfängliche Sein hervorgebracht, das erste Element der begrenzten Seienden; durch die göttliche Einbildung aber wird das begrenzte Wirkliche hervorgebracht bzw. alle Wirklichkeiten, aus denen die Welt besteht[1]. **3214**

15. Tertia operatio esse absoluti mundum creantis est divina synthesis, id est unio duorum elementorum: quae sunt *esse initiale,* commune omnium finitorum entium initium, atque *reale* finitum, seu potius diversa realia finita, termini diversi eiusdem esse initialis. Qua unione creantur entia finita[1].

15. Die dritte Handlung des absoluten Seins bei der Erschaffung der Welt ist die göttliche Synthese, d. h. die Einung der beiden Elemente, nämlich des *anfänglichen Seins*, des gemeinsamen Anfangs alles Begrenzt-Seienden, und des Begrenzt-*Wirklichen*, oder vielmehr der verschiedenen Begrenzt-Wirklichen, der verschiedenen Bestimmungen desselben anfänglichen Seins. Durch diese Einung werden die begrenzten Seienden geschaffen[1]. **3215**

16. Esse initiale per divinam synthesim ab intelligentia relatum, non ut intelligibile, sed mere ut essentia, ad terminos finitos reales, efficit, ut exsistant entia finita subiective et realiter[1].

16. Das anfängliche Sein, durch die göttliche Synthese vom Verstand nicht als Erkennbares, sondern bloß als Wesen auf die begrenzten wirklichen Bestimmungen bezogen, bewirkt, daß die begrenzten Seienden subjektiv und wirklich existieren[1]. **3216**

17. Id unum efficit Deus creando, quod totum actum esse creaturarum integre ponit: hic igitur actus proprie non est factus, sed positus[1].

17. Dieses eine bewirkt Gott in der Schöpfung, daß er den ganzen Akt des Seins der Geschöpfe vollständig setzt: Dieser Akt ist also eigentlich nicht gemacht, sondern gesetzt[1]. **3217**

18. Amor, quo Deus se diligit etiam in creaturis et qui est ratio, qua se determinat ad creandum, moralem necessitatem constituit, quae in ente perfectissimo semper inducit effectum: huiusmodi enim necessitas tantummodo in pluribus entibus imperfectis integram relinquit libertatem bilateralem[1].

18. Die Liebe, mit der Gott sich auch in den Geschöpfen liebt und die der Beweggrund dafür ist, daß er sich zum Schöpfen bestimmt, begründet eine moralische Notwendigkeit, die im vollkommensten Seienden immer ihre Wirkung erzielt: Nur diese Notwendigkeit läßt nämlich in den vielen unvollkommenen Seienden die Freiheit nach beiden Seiten unversehrt[1]. **3218**

19. Verbum est materia illa invisa, ex qua, ut dicitur Sap 11,18, creatae fuerunt res omnes universi[1].

19. Das Wort ist jener unsichtbare Stoff, aus dem, wie in Weish 11,18 gesagt wird, alle Dinge des Alls geschaffen wurden[1]. **3219**

20. Non repugnat, ut anima humana generatione multiplicetur, ita ut concipiatur,

20. Es widerspricht sich nicht, daß sich die menschliche Seele durch Zeugung vermehrt, **3220**

---

**\*3213** [1]　A' 5,9, Kap. 4.
**\*3214** [1]　A' 1,408, Nr. 463.
**\*3215** [1]　Ebd.
**\*3216** [1]　A' 1,410, Nr. 464.
**\*3217** [1]　A' 1,350, Nr. 412.
**\*3218** [1]　A' 1,49f, Nr. 51.
**\*3219** [1]　B' 109, Lektion 37.

eam ab imperfecto, nempe a gradu sensitivo, ad perfectum, nempe ad gradum intellectivum, procedere[1].

**3221**     21. Cum sensitivo principio intuibile fit esse, hoc solo tactu, hac sui unione, principium illud antea solum sentiens, nunc simul intelligens, ad nobiliorem statum evehitur, naturam mutat, ac fit intelligens, subsistens atque immortale[1].

**3222**     22. Non est cogitatu impossibile, divina potentia fieri posse, ut a corpore animato dividatur anima intellectiva, et ipsum adhuc maneat animale; maneret nempe in ipso, tamquam basis puri animalis, principium animale, quod antea in eo erat veluti appendix[1].

**3223**     23. In statu naturali anima defuncti exsistit perinde ac non exsisteret; cum non possit ullam super se ipsam reflexionem exercere, aut ullam habere sui conscientiam, ipsius condicio similis dici potest statui tenebrarum perpetuarum et somni sempiterni[1].

**3224**     24. Forma substantialis corporis est potius effectus animae atque interior terminus operationis ipsius: propterea forma substantialis corporis non est ipsa anima. - Unio animae et corporis proprie consistit in immanenti perceptione, qua subiectum intuens ideam, affirmat sensibile, postquam in hac eius essentiam intuitum fuerit[1].

**3225**     25. Revelato mysterio Sanctissimae Trinitatis, potest ipsius exsistentia demonstrari argumentis mere speculativis, negativis quidem et indirectis, huiusmodi tamen, ut per ipsa veritas illa ad philosophicas disciplinas revocetur, atque fiat propositio scientifica sicut ceterae: si enim ipsa negaretur, doctrina theosophica *purae rationis* non modo incom-

so daß man annimmt, daß sie vom Unvollkommenen, nämlich von einer sinnenhaften Stufe, zum Vollkommenen, nämlich zu einer vernünftigen Stufe, voranschreitet[1].

21. Wenn dem sinnenhaften Prinzip das Sein intuitiv aufgeht, erhebt sich dieses vorher nur sinnenhafte, jetzt zugleich vernünftige Prinzip allein durch diese Berührung, durch diese Einung mit sich, zu einem vornehmeren Stand, ändert seine Natur und wird vernünftig, für sich bestehend und unsterblich[1].

22. Es ist nicht unmöglich zu denken, daß es durch die göttliche Macht geschehen kann, daß sich vom beseelten Leib die vernünftige Seele trennt und er selbst weiterhin als Tier fortdauert; es bliebe in ihm nämlich als Grundlage des reinen Tieres das tierische Prinzip, das zuvor in ihm als Anhängsel war[1].

23. Im natürlichen Zustand existiert die Seele des Verstorbenen ebenso, als ob sie nicht existieren würde; da sie keine Überlegung über sich selbst anstellen und kein Bewußtsein von sich haben kann, kann man sagen, daß ihre Lage dem Zustand ewiger Finsternis und immerwährenden Schlafes ähnlich ist[1].

24. Die substanzhafte Form des Leibes ist vielmehr eine Wirkung der Seele und eine innere Bestimmung ihres Handelns: deswegen ist die substanzhafte Form des Leibes nicht die Seele selbst. - Die Einheit der Seele und des Leibes besteht eigentlich in der innewohnenden Wahrnehmung, mit der das Subjekt die Idee intuitiv erfaßt und das Sinnenhafte bejaht, nachdem es in dieser sein Wesen intuitiv erfaßt hat[1].

25. Nach der Offenbarung des Geheimnisses der Heiligsten Dreifaltigkeit kann ihre Existenz mit rein spekulativen Beweisen aufgezeigt werden, die zwar negativ und indirekt, doch von der Art sind, daß durch sie jene Wahrheit den philosophischen Disziplinen überstellt und ein wissenschaftliches Thema wie die anderen wird: wenn sie näm-

---

*3220 [1]   C' Buch 4, Nr. 656; A' 1,619, Nr. 646.
*3221 [1]   D' Buch 4, Kap. 5, Nr. 819; A' 1,619, Nr. 646.
*3222 [1]   A' 1,591, Nr. 621.
*3223 [1]   E' 638, Anhang, Art. 10; B' 217, Lektion 69.
*3224 [1]   C' Teil II Buch 1 Kap 11, Nr. 849; A' 5,377, Kap. 53 Art. 2 § 5,4°.

pleta maneret, sed etiam omni ex parte absurditatibus scatens annihilaretur[1].

26. Tres supremae formae *esse,* nempe subiectivitas, obiectivitas, sanctitas, seu realitas, idealitas, moralitas, si transferantur ad esse absolutum, non possunt aliter concipi nisi ut personae subsistentes et viventes. – Verbum, quatenus obiectum amatum, et non quatenus Verbum, id est obiectum in se subsistens per se cognitum, est persona Spiritus Sancti[1].

27. In humanitate Christi humana voluntas fuit ita rapta a Spiritu Sancto ad adhaerendum Esse obiectivo, id est Verbo, ut illa Ipsi integre tradiderit regimen hominis, et Verbum illud personaliter assumpserit, ita sibi uniens naturam humanam. Hinc voluntas humana desiit esse personalis in homine, et cum sit persona in aliis hominibus, in Christo remansit natura[1].

28. In christiana doctrina Verbum, character et facies Dei, imprimitur in animo eorum, qui cum fide suscipiunt baptismum Christi. – Verbum, id est character, in anima impressum, in doctrina christiana, est Esse reale (infinitum) per se manifestum, quod deinde novimus esse secundam personam Sanctissimae Trinitatis[1].

29. A catholica doctrina, quae sola est veritas, minime alienam putamus hanc coniecturam: In eucharistico Sacramento substantia panis et vini fit vera caro et verus sanguis Christi, quando Christus eam facit terminum sui principii sentientis, ipsamque sua vita vivificat: eo ferme modo, quo panis et vinum vere transsubstantiantur in nostram carnem et sanguinem, quia fiunt terminus nostri principii sentientis[1].

lich geleugnet würde, bliebe die theosophische Lehre der *reinen Vernunft* nicht nur unvollständig, sondern würde sich auch, voll von Ungereimtheiten, in jeder Hinsicht aufheben[1].

26. Die drei höchsten Formen des *Seins,* 3226
nämlich Subjektivität, Objektivität und Heiligkeit, bzw. Realität, Idealität und Moralität, können, wenn man sie auf das absolute Sein überträgt, nicht anders aufgefaßt werden denn als für sich bestehende und lebende Personen. – Das Wort, insofern es geliebter Gegenstand, und nicht insofern es Wort ⟨ist⟩, d. h. als in sich bestehender und durch sich erkannter Gegenstand, ist die Person des Heiligen Geistes[1].

27. In der Menschheit Christi war der 3227
menschliche Wille vom Heiligen Geist so hingerissen, dem objektiven Sein - d. h. dem Wort - anzuhangen, daß er ihm vollständig die Herrschaft über den Menschen übertrug und das Wort diese persönlich übernahm, indem es so die menschliche Natur mit sich einte. Daher hörte der menschliche Wille auf, im Menschen persönlich zu sein, und während er in anderen Menschen Person ist, blieb er in Christus Natur[1].

28. Gemäß der christlichen Lehre wird das 3228
Wort, Prägung und Antlitz Gottes, in das Herz derer eingeprägt, die die Taufe Christi gläubig empfangen. – Das Wort - d. h. die Prägung –, das in die Seele eingeprägt ist, ist gemäß der christlichen Lehre das durch sich offenbare (unbegrenzte) reale Sein, das, wie wir hernach erkannten, die zweite Person der Heiligsten Dreifaltigkeit ist[1].

29. Von der katholischen Lehre, die die 3229
alleinige Wahrheit ist, erachten wir folgende Vermutung als keineswegs verschieden: Im eucharistischen Sakrament wird die Substanz des Brotes und des Weines zum wahren Fleisch und wahren Blut Christi, wenn Christus es zum Ziel seines sinnenhaften Prinzips macht und es mit seinem Leben lebendig macht, ungefähr auf die Weise, in der das Brot und der Wein wahrhaft wesenhaft verwandelt werden in unser Fleisch und Blut,

*3225 [1] A' 1,155-158, Nr. 191 193f.
*3226 [1] A' 1,154, Nr. 190; 159, Nr. 196; B' 200, Lektion 65.
*3227 [1] B' 281, Lektion 85.
*3228 [1] F' Nr. 92 und Anmerkung.

weil sie zum Ziel unseres sinnenhaften Prinzips werden[1].

3230     30. Peracta transsubstantiatione, intelligi potest corpori Christi glorioso partem aliquam adiungi in ipso incorporatam, indivisam pariterque gloriosam[1].

30. Man kann verstehen, daß nach Abschluß der Wesensverwandlung dem glorreichen Leib Christi ein ihm eingegliederter, ⟨von ihm⟩ ungetrennter und gleichermaßen glorreicher Teil hinzugefügt ist[1].

3231     31. In sacramento Eucharistiae *vi verborum* corpus et sanguis Christi est tantum ea mensura, quae respondet quantitati ("a quel tanto") substantiae panis et vini, quae transsubstantiatur: reliquum corporis Christi ibi est *per concomitantiam*[1].

31. Im Sakrament der Eucharistie ist *kraft der Worte* der Leib und das Blut Christi nur in dem Maße, das der Quantität ("a quel tanto") der Substanz von Brot und Wein, die wesenhaft verwandelt wird, entspricht; der Rest des Leibes Christi ist dort *durch begleitende Mitgegenwart*[1].

3232     32. Quoniam qui "non manducat carnem Filii hominis et bibit eius sanguinem, non habet vitam in se" [*Io 6,54*], et nihilominus qui moriuntur cum baptismate aquae, sanguinis aut desiderii, certo consequuntur vitam aeternam, dicendum est, his qui in hac vita non comederunt corpus et sanguinem Christi, subministrari hunc caelestem cibum in futura vita, ipso mortis instanti. – Hinc etiam Sanctis Veteris Testamenti potuit Christus descendens ad inferos se ipsum communicare sub speciebus panis et vini, ut aptos eos redderet ad visionem Dei[1].

32. Weil der, welcher "das Fleisch des Menschensohnes nicht ißt und sein Blut nicht trinkt, das Leben nicht in sich hat" [*Joh 6,54*], und dessen ungeachtet die, welche mit der Taufe des Wassers, des Blutes oder der Begierde sterben, sicher das ewige Leben erlangen, muß man sagen, daß denen, die in diesem Leben den Leib und das Blut Christi nicht aßen, diese himmlische Speise im künftigen Leben, im Augenblick des Todes dargereicht wird. – Daher konnte Christus, als er in die Unterwelt hinabstieg, auch den Heiligen des Alten Testamentes sich selbst unter den Gestalten von Brot und Wein mitteilen, um sie zur Anschauung Gottes zu befähigen[1].

3233     33. Cum daemones fructum possederint, putarunt se ingressuros in hominem, si de illo ederet; converso enim cibo in corpus hominis animatum, ipsi poterant libere ingredi animalitatem, id est in vitam subiectivam huius entis, atque ita de eo disponere sicut proposuerant[1].

33. Als sich die Dämonen der Frucht bemächtigten, glaubten sie, sie würden in den Menschen eindringen, wenn er von ihr äße; hatte sich nämlich die Speise in den beseelten Leib des Menschen verwandelt, so konnten sie frei in das beseelte Leben eindringen, d. h. in das subjektive Leben dieses Seienden, und so über es verfügen, wie sie es sich vorgenommen hatten[1].

3234     34. Ad praeservandam B. Virginem Mariam a labe originis, satis erat, ut incorruptum maneret minimum semen in homine, neglectum forte ab ipso daemone, e quo incorrupto semine de generatione in generationem transfuso, suo tempore oriretur Virgo Maria[1].

34. Um die Selige Jungfrau Maria vor der Erbsünde zu bewahren, genügte es, daß ein winziger Same – vielleicht vom Dämon selbst unbeachtet – im Menschen unversehrt blieb, damit aus diesem von Generation zu Generation übertragenen unverdorbenen Samen zur rechten Zeit die Jungfrau Maria hervorgehe[1].

---

*3229 [1]   B' 285f, Lektion 87.
*3230 [1]   Ebd.
*3231 [1]   B' 286f.
*3232 [1]   B' 238, Lektion 74.
*3233 [1]   B' 191, Lektion 63.
*3234 [1]   B' 193, Lektion 64.

35. Quo magis attenditur ordo iustificationis in homine, eo aptior apparet modus dicendi scripturalis, quod Deus peccata quaedam tegit aut non imputat. – Iuxta Psalmistam [*Ps 31,1*] discrimen est inter iniquitates, quae remittuntur, et peccata, quae teguntur: illae, ut videtur, sunt culpae actuales et liberae, haec vero sunt peccata non libera eorum, qui pertinent ad populum Dei, quibus propterea nullum afferunt nocumentum[1].

36. Ordo supernaturalis constituitur manifestatione esse in plenitudine suae formae realis; cuius communicationis seu manifestationis effectus est sensus ("sentimento") deiformis, qui inchoatus in hac vita constituit lumen fidei et gratiae, completus in altera vita constituit lumen gloriae[1].

37. Primum lumen reddens animam intelligentem est esse ideale; alterum primum lumen est etiam esse, non tamen mere ideale, sed subsistens ac vivens: illud abscondens suam personalitatem ostendit solum suam obiectivitatem: at qui videt alterum (quod est Verbum), etiamsi per speculum et in aenigmate, videt Deum[1].

38. Deus est obiectum visionis beatificae, in quantum est auctor operum *ad extra*[1].

39. Vestigia sapientiae ac bonitatis, quae in creaturis relucent, sunt comprehensoribus necessaria; ipsa enim in aeterno exemplari collecta sunt ea Ipsius pars, quae ab illis videri possit ("che è loro accessibile"), ipsaque argumentum praebent laudibus, quas in aeternum Deo Beati concinunt[1].

40. Cum Deus non possit, nec per lumen gloriae, totaliter se communicare entibus fi-

35. Je mehr man seine Aufmerksamkeit 3235 auf die Ordnung der Rechtfertigung im Menschen richtet, desto passender erscheint die Redeweise der Schrift, daß Gott bestimmte Sünden zudeckt oder nicht anrechnet. – Nach dem Psalmisten [*Ps 32,1*] besteht ein Unterschied zwischen Ungerechtigkeiten, die vergeben werden, und Sünden, die zugedeckt werden: jene sind, wie es scheint, tathafte und freiwillige Verfehlungen, diese aber sind unfreiwillige Sünden derer, die zum Volk Gottes gehören und denen sie deswegen keinen Schaden bringen[1].

36. Die übernatürliche Ordnung besteht in 3236 der Offenbarung des Seins in der Fülle seiner wirklichen Form; die Wirkung ihrer Mitteilung bzw. Offenbarung ist der gottförmige Sinn ("sentimento"), der als anfänglicher in diesem Leben das Licht des Glaubens und der Gnade bildet und als vollendeter im anderen Leben das Licht der Herrlichkeit bildet[1].

37. Das erste Licht, das die Seele vernünf- 3237 tig macht, ist das ideale Sein; das zweite erste Licht ist auch das Sein, jedoch nicht rein ideal, sondern in sich bestehend und lebend: jenes verbirgt seine Personalität und zeigt nur seine Objektivität: wer aber das zweite (nämlich das Wort) sieht, wenn auch nur durch einen Spiegel und im Rätsel, der sieht Gott[1].

38. Gott ist der Gegenstand der selig- 3238 machenden Anschauung, insoweit er der Urheber der Werke *nach außen* ist[1].

39. Die Spuren der Weisheit und Güte, die 3239 in den Geschöpfen aufleuchten, sind für die Schauenden ⟨im Himmel⟩ notwendig; diese nämlich, im ewigen Urbild versammelt, sind der Teil von Ihm, der von ihnen geschaut werden kann ("che è loro accessibile"), und eben sie bilden den Inhalt für den Lobpreis, den die Seligen Gott auf ewig singen[1].

40. Da Gott sich begrenzten Seienden 3240 nicht gänzlich mitteilen kann, auch nicht

---

*3235 [1]　G' Buch 1, Kap. 6, Art. 2.
*3236 [1]　H' Teil II, Nr. 674 676f.
*3237 [1]　F' Nr. 85.
*3238 [1]　E' Nr. 672.
*3239 [1]　E' Nr. 674.

nitis, non potuit essentiam suam comprehensoribus revelare et communicare, nisi eo
modo, qui finitis intelligentiis sit accommo-
datus: scilicet Deus se illis manifestat, quatenus cum ipsis relationem habet, ut eorum
creator, provisor, redemptor, sanctificator[1].

durch das Licht der Herrlichkeit, kann er den
Schauenden ⟨im Himmel⟩ sein Wesen nur
auf die Weise enthüllen und mitteilen, die begrenzten Intelligenzen angemessen ist: Gott
offenbart sich ihnen nämlich, insofern er mit
ihnen eine Beziehung hat, als ihr Schöpfer,
Fürsorger, Erlöser und Heiligmacher[1].

**3241**     [*Censura*, *confirmata a Summo Pontifice: S. Officium*] propositiones ... in proprio
auctoris sensu reprobandas ac proscribendas
esse iudicavit, prout hoc generali decreto
reprobat, damnat, proscribit ...

[*Zensur*, *vom Papst bestätigt: Das Hl.
Offizium*] hat geurteilt, daß die Sätze ... in
des Urhebers eigenem Sinne zu verwerfen
und zu ächten sind, und verwirft, verurteilt
und ächtet sie durch dieses allgemeine
Dekret ...

## 3245-3255: Enzyklika "Libertas praestantissimum", 20. Juni 1888

*Ausg.*: ASS 20 (1887/88) 593-595 / Leo XIII., *Acta*, Rom 8,212-215.

### *Die Würde des Menschen aufgrund seiner Freiheit*

**3245**     Libertas, praestantissimum naturae bonum, idemque intelligentia aut ratione uten-
tium naturarum unice proprium, hanc tribuit
homini dignitatem, ut sit in manu consilii sui
obtineatque actionum suarum potestatem.

Die Freiheit, das vorzüglichste Gut der
Natur, das einzig den Naturen eigen ist, die
Verstand oder Vernunft gebrauchen, verleiht
dem Menschen die Würde, in der Hand seiner eigenen Entscheidung zu sein und die
Vollmacht über seine Handlungen innezuhaben.

Verumtamen eiusmodi dignitas plurimum
interest, qua ratione geratur ... . Sane integrum est homini parere rationi, morale bonum sequi, ad summum finem suum recta
contendere. Sed idem potest ad omnia alia
deflectere, fallacesque bonorum imagines
persecutus, ordinem debitum perturbare et in
interitum ruere voluntarium. ...

Für diese Würde ist es jedoch von größter
Wichtigkeit, auf welche Weise man sie vollzieht. ... Sicherlich ist es dem Menschen unbenommen, der Vernunft zu gehorchen, dem
sittlich Guten zu folgen und geradewegs auf
sein höchstes Ziel hinzustreben. Aber er
kann auch zu allem anderen abweichen und,
indem er Trugbildern von Gütern nachfolgt,
die gebührende Ordnung durcheinanderbringen und in den freiwilligen Untergang stürzen. ...

**3246**     Libertatem nemo altius praedicat nec constantius asserit Ecclesia catholica, quae [*id*] ...
tuetur ut dogma. Neque id solum: sed con-
tradicentibus haereticis ... [*nominantur Ma-
nichaei, adversarii Concilii Tridentini,
Iansenistae, Fatalistae*] patrocinium libertatis
Ecclesia suscepit hominisque tam grande bonum ab interitu vindicavit.

Niemand verkündet die Freiheit lauter
und vertritt sie beständiger als die katholische Kirche, die [*dies*] ... als Lehrsatz in
Schutz nimmt. Und nicht nur das: sondern
die Kirche hat gegenüber Häretikern, die das
Gegenteil behaupten ... [*genannt werden Manichäer, die Gegner des Konzils von Trient,
Jansenisten und Fatalisten*], die Anwaltschaft
für die Freiheit übernommen und das so große Gut des Menschen vor dem Untergang errettet.

---

**\*3240** [1] E' Nr. 677.

## Das Naturgesetz

Cur homini lex necessaria sit, in ipso eius arbitrio, scilicet in hoc, nostrae ut voluntates a recta ratione ne discrepent, prima est causa, tamquam in radice, quaerenda. ...

Talis [*lex*] est princeps omnium *lex naturalis,* quae scripta est et insculpta in hominum animis singulorum, quia ipsa est humana ratio recte facere iubens et peccare vetans. Ista vero humanae rationis praescriptio vim habere legis non potest, nisi quia altioris est vox atque interpres rationis, cui mentem libertatemque nostram subiectam esse oporteat. Vis enim legis cum ea sit, officia imponere et iura tribuere, tota in auctoritate nititur, hoc est: in vera potestate statuendi officia describendique iura, item poenis praemiisque imperata sanciendi: quae quidem omnia in homine liquet esse non posse, si normam actionibus ipse suis summus sibi legislator daret. Ergo consequitur, ut naturae lex sit ipsa *lex aeterna,* insita in iis qui ratione utuntur, eosque inclinans ad debitum actum et finem, eaque est ipsa aeterna ratio Creatoris universumque mundum gubernantis Dei.

Der Hauptgrund, warum dem Menschen **3247** ein Gesetz notwendig ist, ist, gleichsam wie in einer Wurzel, in seinem freien Willen selbst zu suchen, nämlich darin, daß unsere Willen nicht von der rechten Vernunft abweichen sollen. ...

Ein solches [*Gesetz*] ist das *Naturgesetz,* das vornehmste von allen, das in die Herzen der einzelnen Menschen geschrieben und eingemeißelt ist, weil es selbst die menschliche Vernunft ist, die recht zu handeln befiehlt und zu sündigen verbietet. Diese Vorschrift der menschlichen Vernunft kann aber nur dann die Kraft eines Gesetzes haben, wenn sie die Stimme und Auslegerin einer höheren Vernunft ist, der unser Geist und unsere Freiheit unterworfen sein müssen. Da es nämlich die Kraft des Gesetzes ist, Pflichten aufzuerlegen und Rechte zuzugestehen, beruht sie ganz auf Autorität, das heißt, auf der wahren Vollmacht, Pflichten festzusetzen und Rechte zu bestimmen, desgleichen das Befohlene durch Strafen und Belohnungen zu bekräftigen; es ist klar, daß dies alles sicherlich nicht im Menschen liegen könnte, wenn er als höchster Gesetzgeber sich selbst die Norm für seine Handlungen gäbe. Daraus folgt, daß das Naturgesetz das *ewige Gesetz* selbst ist, das denen eingepflanzt ist, die die Vernunft gebrauchen, und sie auf das gebührende Tun und Ziel hinlenkt; und es ist dies die ewige Vernunft des Schöpfers selbst und des die gesamte Welt regierenden Gottes.

## Das menschliche Gesetz

Quod ratio lexque naturalis in hominibus singulis, idem efficit in consociatis *lex humana* ad bonum commune civium promulgata.

Ex hominum legibus aliae in eo versantur quod est bonum malumve natura ... . Sed istiusmodi decreta nequaquam ducunt ab hominum societate principium, ... sed potius ipsi hominum societati antecedunt, omninoque sunt a lege naturali ac propterea a lege aeterna repetenda. ...

Was die Vernunft und das Naturgesetz in **3248** den einzelnen Menschen ⟨bewirken⟩, das bewirkt in den gesellschaftlich Verbundenen das zum Gemeinwohl der Bürger veröffentlichte *menschliche Gesetz.*

Von den Gesetzen der Menschen betreffen die einen das, was von Natur aus gut oder böse ist ... . Aber solche Dekrete leiten ihren Ursprung keineswegs von der Gesellschaft der Menschen her, ... sondern gehen vielmehr der Gesellschaft der Menschen selbst voraus und sind völlig vom natürlichen Gesetz und deswegen vom ewigen Gesetz abzuleiten. ...

Alia vero civilis potestatis praescripta non ex naturali iure statim et proxime, sed longius et oblique consequuntur, resque varias definiunt, de quibus non est nisi generatim atque universe natura cautum. ... Iamvero peculiaribus hisce vivendi regulis prudenti ratione inventis legitimaque potestate propositis lex humana proprii nominis continetur. ... Ex eo intelligitur, omnino in aeterna Dei lege normam et regulam positam esse libertatis, nec singulorum dumtaxat hominum, sed etiam communitatis et coniunctionis humanae.

Andere Vorschriften der bürgerlichen Gewalt aber folgen nicht sofort und unmittelbar, sondern entfernter und mittelbar aus dem natürlichen Recht und legen verschiedene Dinge fest, für die von Natur aus nur allgemein und im ganzen Vorsorge getroffen wurde. ... Nun besteht aber das menschliche Gesetz im eigentlichen Sinne des Namens in diesen durch kluge Überlegung gefundenen und durch rechtmäßige Vollmacht verkündeten besonderen Lebensregeln. ... Daraus wird ersichtlich, daß die Norm und Regel der Freiheit völlig im ewigen Gesetz Gottes liegt, nicht nur für die einzelnen Menschen, sondern auch für die menschliche Gemeinschaft und Verbindung.

**3249**    Igitur in hominum societate libertas veri nominis non est in eo posita, ut agas quod lubet, ... sed in hoc, ut per leges civiles expeditius possis secundum legis aeternae praescripta vivere. Eorum vero qui praesunt, non in eo sita libertas est, ut imperare temere et ad libidinem queant, ... sed humanarum vis legum haec debet esse, ut ab aeterna lege manare intelligantur nec quidquam sancire, quod non in ea, veluti in principio universi iuris, contineatur.

In der Gesellschaft der Menschen liegt also die Freiheit im wahren Sinne des Namens nicht darin, daß du tust, was beliebt, ... sondern darin, daß du vermittels der bürgerlichen Gesetze ungehinderter nach den Vorschriften des ewigen Gesetzes leben kannst. Die Freiheit derer aber, die die Macht haben, liegt nicht darin, daß sie willkürlich und nach Belieben befehlen können, ... sondern die Kraft menschlicher Gesetze muß in der Erkenntnis bestehen, daß sie vom ewigen Gesetz ausfließen und nichts bestimmen, was nicht in ihm als im Ursprung des gesamten Rechts enthalten ist.

## *Gewissensfreiheit und Toleranz*

**3250**    Illa [*libertas*] quoque magnopere praedicatur, quam *conscientiae libertatem* nominant: quae si ita accipiatur, ut suo cuique arbitratu aeque liceat Deum colere, non colere, argumentis quae supra allata sunt, satis convincitur.

Sed potest etiam in hanc sententiam accipi, ut homini ex conscientia officii, Dei voluntatem sequi et iussa facere, nulla re impediente, in civitate liceat. Haec quidem vera, haec digna filiis Dei libertas, quae humanae dignitatem personae honestissime tuetur, est omni vi iniuriaque maior: eademque Ecclesiae semper optata ac praecipue cara. Huius generis libertatem sibi constanter vindicavere Apostoli ...

Auch jene [*Freiheit*] wird hoch gepriesen, die man die *Gewissensfreiheit* nennt; wenn sie so aufgefaßt wird, daß es jedem nach seinem Gutdünken gleichermaßen erlaubt ist, Gott zu verehren ⟨oder⟩ ihn nicht zu verehren, so wird sie durch die oben angeführten Beweise zur Genüge widerlegt.

Sie kann aber auch in dem Sinne aufgefaßt werden, daß es dem Menschen im Staate erlaubt ist, ohne jede Behinderung aus Pflichtbewußtsein dem Willen Gottes zu folgen und seine Gebote zu erfüllen. Diese wahre, diese der Söhne Gottes würdige Freiheit nun, die die Würde der menschlichen Person auf ehrenvollste Weise schützt, ist größer als alle Gewalt und alles Unrecht: und sie ist der Kirche immer erwünscht und besonders teuer. Eine derartige Freiheit haben die Apostel beständig für sich in Anspruch genommen ...

[*Ecclesia*] nihil quidem impertiens iuris nisi iis quae vera quaeque honesta sint, non recusat quominus quidpiam a veritate iustitiaque alienum ferat tamen publica potestas, scilicet maius aliquod vel vitandi causa malum, vel adipiscendi aut conservandi bonum. Ipse providentissimus Deus cum infinitae sit bonitatis, idemque omnia possit, sinit tamen esse in mundo mala, partim ne ampliora impediantur bona, partim ne maiora mala consequantur. In regendis civitatibus Rectorem mundi par est imitari: quin etiam cum singula mala prohibere auctoritas hominum non possit, debet "multa concedere atque impunita relinquere, quae per divinam tamen providentiam vindicantur, et recte"[1].

Verumtamen in eiusmodi rerum adiunctis, si communis boni causa, et hac tantum causa, potest vel etiam debet lex hominum ferre toleranter malum, tamen nec potest nec debet id probare aut velle per se: quia malum per se cum sit boni privatio, repugnat bono communi, quod legislator, quoad optime potest, velle ac tueri debet. Et hac quoque in re ad imitandum sibi lex humana proponat Deum necesse est, qui in eo quod mala esse in mundo sinit, "neque vult mala fieri, neque vult mala non fieri, sed vult permittere mala fieri, et hoc est bonum"[2]. Quae Doctoris Angelici sententia brevissime continet de malorum tolerantia doctrinam.

[*Die Kirche*] erkennt zwar nur dem ein **3251** Recht zu, was wahr und was sittlich gut ist; dennoch verurteilt sie es nicht, daß die öffentliche Gewalt etwas duldet, was der Wahrheit und Gerechtigkeit fremd ist, nämlich um entweder ein größeres Übel zu vermeiden oder ein größeres Gut zu erlangen oder zu bewahren. Gott selbst in seiner weisen Vorsehung läßt, obwohl er von unendlicher Güte ist und ebenso alles vermag, dennoch zu, daß es in der Welt Übel gibt, teils damit nicht höhere Güter behindert werden, teils damit nicht noch größere Übel folgen. Beim Lenken der Staaten ist es angemessen, den Lenker der Welt nachzuahmen; da die Autorität der Menschen einzelne Übel nicht verhindern kann, muß sie sogar "vieles zugestehen und ungestraft lassen, was gleichwohl durch die göttliche Vorsehung bestraft wird, und zwar zurecht"[1].

Wenn auch unter solchen Umständen um des Gemeinwohles willen – und nur aus diesem Grund! – das Gesetz der Menschen ein Übel geduldig ertragen kann bzw. sogar muß, kann und darf es dieses dennoch nicht an sich billigen oder wollen; denn da ein Übel an sich ein Mangel an Gutem ist, widerstreitet es dem Gemeinwohl, das der Gesetzgeber, so gut er kann, wollen und schützen muß. Und auch hierin muß sich das menschliche Gesetz Gott zum Vorbild für die Nachahmung nehmen, der dadurch, daß er Böses in der Welt sein läßt, "weder will, daß Böses geschehe, noch will, daß Böses nicht geschehe, sondern zulassen will, daß Böses geschehe; und dies ist gut"[2]. Dieser Satz des Engelgleichen Lehrers faßt in aller Kürze die Lehre von der Duldung der Übel zusammen.

### *Abriß der Lehre vom Umfang der bürgerlichen Freiheit*

Itaque ex dictis consequitur, nequaquam licere petere, defendere, largiri cogitandi, scribendi, docendi, itemque promiscuam religionum libertatem, veluti iura totidem, quae homini natura dederit. Nam si vere natura dedisset, imperium Dei detrectari ius esset, nec ulla temperari lege libertas humana posset.

Deshalb folgt aus dem Gesagten, daß es **3252** keineswegs erlaubt ist, die Freiheit zu denken, zu schreiben, zu lehren und desgleichen unterschiedslose Religionsfreiheit zu fordern, zu verteidigen oder zu gewähren, so als ob dies alles Rechte seien, die die Natur dem Menschen verliehen habe. Denn wenn sie die Natur wirklich verliehen hätte, dann wäre es Recht, der Herr-

---

**\*3251** [1] Augustinus, *De libero arbitrio* I, n. 41 (CSEL 74,14₁f), = I 5, n. 13 (PL 32,1228C).
   [2] Thomas von Aquin, *Summa theologiae* I, q. 19, a. 9 ad 3 (Editio Leonina 4,247b).

schaft Gottes Abbruch zu tun, und die menschliche Freiheit könnte durch kein Gesetz gezügelt werden.

Ebenso folgt ⟨daraus⟩, daß diese Arten der Freiheit zwar geduldet werden können, wenn es gerechte Gründe gibt, jedoch unter der bestimmten Einschränkung, daß sie nicht in Willkür und Übermut ausarten. ...

Similiter consequitur, ista genera libertatis posse quidem, si iustae causae sint, tolerari, definita tamen moderatione, ne in libidinem atque insolentiam degenerent. ...

3253    Ubi dominatus premat aut impendeat eiusmodi, qui oppressam iniusta vi teneat civitatem, vel carere Ecclesiam cogat libertate debita, fas est aliam quaerere temperationem reipublicae, in qua agere cum libertate concessum sit: tunc enim non illa expeditur immodica et vitiosa libertas, sed sublevatio aliqua salutis omnium causa quaeritur, et hoc unice agitur, ut, ubi rerum malarum licentia tribuitur, ibi potestas honeste faciendi ne impediatur.

Wo die Herrschaft derart drückend oder bedrängend ist, daß sie die Bürgerschaft mit ungerechter Gewalt unterdrückt hält oder die Kirche zwingt, die gebührende Freiheit zu entbehren, ist es erlaubt, nach einer anderen Ordnung des Gemeinwesens zu streben, in der es gestattet ist, in Freiheit zu handeln; in diesem Fall wird nämlich nicht nach jener maßlosen und lasterhaften Freiheit getrachtet, sondern es wird eine Erleichterung um des Wohles aller willen angestrebt, und es geht einzig darum, daß dort, wo die Freiheit zum Bösen zugestanden wird, nicht die Möglichkeit, sittlich gut zu handeln, behindert werde.

3254    Atque etiam malle reipublicae statum populari temperatum genere, non est per se contra officium, salva tamen doctrina catholica de ortu atque administratione publicae potestatis. Ex variis reipublicae generibus, modo sint ad consulendum utilitati civium per se idonea, nullum quidem Ecclesia respuit: singula tamen vult, quod plane idem natura iubet, sine iniuria cuiusquam, maximeque integris Ecclesiae iuribus, esse constituta. ...

Auch einen demokratisch verfaßten Zustand des Gemeinwesens vorzuziehen, ist nicht an sich pflichtwidrig, wenn nur die katholische Lehre von der Entstehung und Ausübung der öffentlichen Gewalt gewahrt ist. Von den verschiedenen Staatsformen verwirft die Kirche nämlich keine, sofern sie nur aus sich geeignet sind, für den Nutzen der Bürger zu sorgen; sie will jedoch – was die Natur ganz ebenso gebietet –, daß die einzelnen ⟨Staatsformen⟩ ohne Unrecht gegen irgendjemand und vor allem unter Wahrung der Rechte der Kirche verfaßt seien. ...

3255    Neque illud Ecclesia damnat, velle gentem suam nemini servire nec externo, nec domino, si modo fieri incolumi iustitia queat. Denique nec eos reprehendit, qui efficere volunt, ut civitates suis legibus vivant civesque quam maxima augendorum commodorum facultate donentur.

Auch verurteilt es die Kirche nicht zu wollen, daß das eigene Volk niemandem, weder einem von außen noch einem Herrn dienstbar sei, sofern dies nur unbeschadet der Gerechtigkeit geschehen kann. Schließlich tadelt sie auch jene nicht, die erreichen wollen, daß die Staaten nach ihren eigenen Gesetzen leben und den Bürgern die größtmögliche Gelegenheit geboten werde, ihr Wohl zu mehren.

### 3258: Antwort des Hl. Offiziums an den Erzbischof von Cambrai, 14. (19.) Aug. 1889

Am 31. Mai (aus der Sitzung vom 28. Mai) 1884 hatte das Hl. Offizium dem Erzbischof von Lyon die bedingte Erlaubtheit der Kraniotomie bestätigt (ASS 17 [1884] 556): "wenn nämlich, sofern sie unterlassen wird, Mutter und Kind zugrunde gehen werden, sofern sie dagegen zugelassen wird, die Mutter zu retten ist,

während das Kind zugrunde geht" ("quando scilicet, ea omissa, mater et infans perituri sint, ea e contra admissa, salvanda sit mater, infante pereunte"). Diese Antwort wiederholte das Hl. Offizium im Schreiben an den Erzbischof von Cambrai, fügte aber die Worte "(und ⟨ebenso⟩ jede beliebige ..." ("et quamcumque ...") hinzu. Vgl. ferner ASS 7 (1872) 285-288 460-464 516-528; AnE 2 (1894) 84-88 125-131 179-181 220-223 321-323.

*Ausg.:* ASS 22 (1889/90) 748 / CollPF² 2,241, Nr. 1716.

### Kraniotomie

In scholis catholicis tuto doceri non posse, licitam esse operationem chirurgicam, quam "craniotomiam" appellant, sicut declaratum fuit die 28. Maii 1884, et quamcumque chirurgicam operationem directe occisivam fetus vel matris gestantis.

In katholischen Schulen kann nicht sicher gelehrt werden, daß die chirurgische Operation, die man "Kraniotomie" nennt, erlaubt ist, wie am 28. Mai 1884 erklärt wurde, und ⟨ebenso⟩ jede beliebige chirurgische Operation, die den Fötus oder die schwangere Mutter direkt tötet. **3258**

## 3260-3263: Enzyklika "Quamquam pluries", 15. Aug. 1889

Pius IX. hatte den hl. Josef mit dem Dekret *"Quemadmodum Deus Iosephum"* vom 8. Dez. 1870 (Pius IX., *Acta* 1/V, 282f) zum Patron der Kirche erhoben. Er entsprach damit den Bitten einer Gruppe von Vätern des 1. Vatikanischen Konzils.

*Ausg.:* ASS 22 (1889/90) 66f / Leo XIII., *Acta*, Rom 9,177-179 / CollPF² 2,241, Nr. 1717.

### Die Stellung des hl. Josef in der Heilsordnung

Cur beatus Iosephus nominatim habeatur Ecclesiae patronus vicissimque plurimum sibi Ecclesia de eius tutela patrocinioque polliceatur, causae illae sunt rationesque singulares, quod is vir fuit Mariae, et pater, ut putabatur, Iesu Christi. Hinc omnis eius dignitas, gratia, sanctitas, gloria profectae. Certe Matris Dei tam in excelso dignitas est, ut nihil fieri maius queat. Sed tamen, quia intercessit Iosepho cum Virgine beatissima maritale vinculum, ad illam praestantissimam dignitatem, qua naturis creatis omnibus longissime Deipara antecellit, non est dubium, quin accesserit ipse ut nemo magis. Est enim coniugium societas necessitudoque omnium maxima, quae natura sua adiunctam habet bonorum unius cum altero communicationem. Quocirca si sponsum Virgini Deus Iosephum dedit, dedit profecto non modo vitae socium, virginitatis testem, tutorem honestatis, sed etiam excelsae dignitatis eius ipso coniugali foedere participem.

Warum der selige Josef ausdrücklich als Patron der Kirche gilt und sich die Kirche andererseits sehr viel von seinem Schutz und Patrozinium verspricht, ⟨dafür⟩ sind die Ursachen und einzigartigen Beweggründe die, daß er der Mann Mariens und, wie man glaubte, der Vater Jesu Christi war. Daher rühren all seine Würde, Gnade, Heiligkeit und Ehre. Sicher ist die Würde der Mutter Gottes so erhaben, daß es nichts Größeres geben kann. Weil aber zwischen Josef und der seligsten Jungfrau das Eheband bestand, reichte er selbst dennoch zweifellos wie sonst niemand mehr an jene vorzüglichste Würde heran, mit der die Gottesgebärerin alle geschaffenen Naturen bei weitem überragt. Die Ehe ist nämlich die engste Gemeinschaft und Beziehung von allen, die ihrer Natur nach mit der gegenseitigen Gütergemeinschaft verbunden ist. Wenn deshalb Gott der Jungfrau Josef zum Bräutigam gab, gab er sicherlich nicht nur einen Lebensgefährten, einen Zeugen der Jungfräulichkeit und einen Beschirmer der Tugend, sondern kraft des Ehebundes selbst auch einen Teilhaber an ihrer hervorragenden Würde. **3260**

Similiter augustissima dignitate unus eminet inter omnes, quod divino consilio custos Filii Dei fuit, habitus hominum opinione pa-

Ebenso ragt er durch erhabenste Würde einzigartig unter allen heraus, weil er, von der Meinung der Menschen als Vater ange-

ter. Qua ex re consequens erat, ut Verbum Dei Iosepho modeste subesset, dictoque esset audiens omnemque adhiberet honorem, quem liberi adhibeant parenti suo necesse est.

sehen, nach göttlichem Ratschluß der Beschützer des Sohnes Gottes war. Daher war es folgerichtig, daß das Wort Gottes Josef in Bescheidenheit untertan war, auf sein Wort hörte und ihm alle Ehre erwies, die Kinder ihrem Vater erweisen müssen.

3261   Iamvero ex hac duplici dignitate officia sponte sequebantur, quae patribusfamilias natura praescripsit, ita quidem, ut domus divinae, cui Iosephus praeerat, custos idem et curator et defensor esset legitimus ac naturalis. Cuiusmodi officia ac munia ille quidem, quoad suppeditavit vita mortalis, revera exercuit. ...

Nun folgten aber aus dieser zweifachen Würde von selbst Pflichten, die die Natur den Familienvätern vorgeschrieben hat, und zwar so, daß Josef der rechtmäßige und natürliche Beschützer, Pfleger und Verteidiger des göttlichen Hauses, dem er vorstand, war. Diese Pflichten und Aufgaben hat er sicherlich, soweit das sterbliche Leben hinreichte, tatsächlich erfüllt. ...

3262   Atqui domus divina, quam Iosephus velut potestate patria gubernavit, initia exorientis Ecclesiae continebat. Virgo sanctissima quemadmodum Iesu Christi genitrix, ita omnium est christianorum mater, quippe quos ad Calvariae montem inter supremos Redemptoris cruciatus generavit; itemque Iesus Christus tamquam primogenitus est christianorum, qui ei sunt adoptione ac redemptione fratres.

Nun barg aber das göttliche Haus, das Josef wie mit väterlicher Vollmacht leitete, die Anfänge der entstehenden Kirche. Wie die heiligste Jungfrau Gebärerin Jesu Christi ist, so ist sie die Mutter aller Christen, die sie ja am Kalvarienberg unter größten Qualen des Erlösers gebar; und ebenso ist Jesus Christus gleichsam der Erstgeborene der Christen, die ihm durch Annahme an Kindes Statt und durch die Erlösung Brüder sind.

3263   Quibus rebus causa nascitur, cur beatissimus Patriarcha commendatam sibi peculiari quadam ratione sentiat multitudinem christianorum, ex quibus constat Ecclesia, scilicet innumerabilis isthaec perque omnes terras fusa familia, in quam, quia vir Mariae et pater est Iesu Christi, paterna propemodum auctoritate pollet. Est igitur consentaneum et beato Iosepho apprime dignum, ut sicut ille olim Nazarethanam familiam, quibuscumque rebus usuvenit, sanctissime tueri consuevit, ita nunc patrocinio caelesti Ecclesiam Christi tegat ac defendat.

Daraus erwächst der Grund, warum der seligste Patriarch fühlt, daß ihm in einer besonderen Weise die Menge der Christen anvertraut ist, aus denen die Kirche besteht, nämlich diese unzählige und in allen Ländern verbreitete Familie, gegenüber der er, weil er der Mann Mariens und Vater Jesu Christi ist, über beinahe väterliche Autorität verfügt. Es ist also natürlich und des seligen Josef überaus würdig, daß er, wie er einst die Familie zu Nazareth mit allen nötigen Mitteln aufs gewissenhafteste zu beschützen pflegte, so nun mit himmlischem Schutz die Kirche Christi behütet und verteidigt.

### 3264: Antwort des Hl. Offiziums an den Bischof von Marseille, 30. Juli 1890

Eine ähnliche Antwort vgl. *3312. – *Ausg.:* ASS 23 (1890/91) 699f / CollPF² 2,250, Nr. 1735.

*Der Meßwein*

3264   In pluribus Galliae partibus, maxime si eae ad meridiem sitae reperiantur, vinum album, quod incruento Missae sacrificio inservit, tam debile est ac impotens, ut diu conservari non valeat, nisi eidem quaedam spiritus vini (*spirito alcool*) quantitas admisceatur.

In mehreren Teilen Frankreichs, insbesondere wenn sie sich gen Süden gelegen befinden, ist der Weißwein, der zum unblutigen Meßopfer dient, so schwach und kraftlos, daß er nicht lange aufbewahrt werden kann, wenn ihm nicht eine bestimmte Menge Weingeist (*Alkohol*) beigemischt wird.

*Qu.:* 1. An istiusmodi commixtio licita sit?

2. Et, si affirmative, quaenam quantitas huiusmodi materiae extraneae vino adiungi permittatur?

3. In casu affirmativo, requiriturne spiritus vini ex vino puro seu ex vitis fructu extractus?

*Resp. (confirmata Summo Pontifice, 31. Iul.):* Dummodo spiritus (*alcool*) extractus fuerit ex genimine vitis, et quantitas alcoholica addita una cum ea, quam vinum, de quo agitur, naturaliter continet, non excedat proportionem duodecim pro centum, et admixtio fiat, quando vinum est valde recens, nihil obstare, quominus idem vinum in Missae sacrificio adhibeatur.

*Fragen:* 1. Ist eine solche Mischung erlaubt?

2. Und, falls ja, welche Menge dieses fremden Stoffes darf dem Wein beigefügt werden?

3. Im Falle einer Bejahung: Ist Weingeist erforderlich, der aus reinem Wein bzw. aus der Frucht des Weinstocks gewonnen wurde?

*Antwort (vom Papst am 31. Juli bestätigt):* Sofern nur der ⟨Wein⟩geist (*Alkohol*) aus dem Gewächs des Weinstocks gewonnen wurde, die beigegebene Menge Alkohol zusammen mit der, die der Wein, um den es sich handelt, von Natur aus enthält, nicht einen Anteil von zwölf Prozent übersteigt und die Beimischung geschieht, wenn der Wein noch sehr jung ist, steht nichts entgegen, daß ebendieser Wein beim Meßopfer verwendet werde.

## 3265-3271: Enzyklika "Rerum novarum", 15. Mai 1891

Dieses erste und grundlegende päpstliche Schreiben zur Soziallehre der Kirche wurde von Kardinal Gaspard Mermillod, Bischof von Lausanne-Genf und Gründer der Union catholique d'études sociales et économiques, veranlaßt. Die Entwürfe für dieses Schreiben stammen von P. Matteo Liberatore SJ, Kardinal Tommaso Zigliara OP und Kardinal Camillo Mazzella SJ. Die von Pius XI., Johannes XXIII., Paul VI. und Johannes Paul II. herausgegebenen Enzykliken anläßlich des 40., 70., 80. und 90. Jahrestages von "Rerum novarum" vgl. *3725-3744, 3935-3953, 4500-4512 und 4690-4699.
*Ausg.:* ASS 23 (1890/91) 643-652 / Leo XIII., *Acta*, Rom 11,100-133.

### *Das Recht auf Privateigentum und sein Gebrauch*

Possidere res privatim ut suas, ius est homini a natura datum. ... Neque est, cur providentia introducatur reipublicae: est enim homo, quam respublica, senior: quocirca ius ille suum ad vitam corpusque tuendum habere natura ante debuit, quam civitas ulla coisset. ...

Res enim eas, quae ad conservandam vitam maximeque ad perficiendam requiruntur, terra quidem cum magna largitate fundit, sed fundere ex se sine hominum cultu et curatione non posset. Iamvero cum in parandis naturae bonis industriam mentis viresque corporis homo insumat, hoc ipso applicat ad sese eam naturae corporeae partem, quam ipse percoluit, in qua velut formam quandam personae suae impressam reliquit; ut omnino rectum esse oporteat, eam partem ab eo possideri uti suam, nec ullo modo ius ipsius violare cuiquam licere. ...

Privates Eigentum zu besitzen, ist ein **3265** dem Menschen von der Natur verliehenes Recht. ... Auch gibt es keinen Grund, daß die Fürsorge des Staates herangezogen werde: denn der Mensch ist älter als das Gemeinwesen: deshalb mußte jener sein Recht auf Schutz des Lebens und des Leibes von Natur aus haben, bevor irgendein Staat sich zusammengeschlossen hatte. ...

Diejenigen Dinge nämlich, die zur Erhaltung und vor allem zur Vervollkommnung des Lebens erforderlich sind, spendet die Erde zwar mit großer Freizügigkeit, sie könnte sie aber aus sich ohne die Bearbeitung und Pflege der Menschen nicht spenden. Da nun aber der Mensch für die Gewinnung der Güter der Natur die Anstrengung des Geistes und die Kräfte des Leibes aufwendet, eignet er sich eben dadurch jenen Teil der materiellen Natur an, den er selbst bearbeitet und in dem er gewissermaßen den Stempel seiner Person eingeprägt hinterlassen hat; also muß

es durchaus recht sein, daß dieser Teil von ihm als der seinige besessen wird und es keinem erlaubt ist, sein Recht in irgendeiner Weise zu verletzen. ...

**3266**     Iura vero istiusmodi, quae in hominibus insunt singulis, multo validiora intelliguntur esse, si cum officiis hominum in convictu domestico apta et connexa spectentur. ...

Daß diese Rechte aber, die den einzelnen Menschen innewohnen, noch viel mehr Geltung haben, sieht man ein, wenn man sie in Verbindung und Verknüpfung mit den Pflichten der Menschen im häuslichen Zusammenleben betrachtet. ...

Quod igitur demonstravimus, ius dominii personis singularibus natura tributum, id, transferri in hominem, qua caput est familiae, oportet: immo tanto ius est illud validius, quanto persona humana in convictu domestico plura complectitur. Sanctissima naturae lex est, ut victu omnique cultu paterfamilias tueatur, quos ipse procrearit: idemque illuc a natura ipsa deducitur, ut velit liberis suis, quippe qui paternam referunt et quodam modo producunt personam, acquirere et parare, unde se honeste possint in ancipiti vitae cursu a misera fortuna defendere. Id vero efficere non alia ratione potest, nisi fructuosarum possessione rerum, quas ad liberos hereditate transmittat. ...

Was wir nun aufgezeigt haben, ⟨nämlich⟩ das den einzelnen Personen von Natur aus verliehene Recht auf Eigentum, dies muß auf den Menschen, insofern er Haupt einer Familie ist, übertragen werden: ja, jenes Recht hat umso mehr Geltung, je zahlreicher das ist, dessen sich die menschliche Person im häuslichen Zusammenleben annehmen muß. Es ist ein unumstößliches Gesetz der Natur, daß der Familienvater für den gesamten Lebensunterhalt derer sorgt, die er selbst gezeugt hat: und er wird von der Natur selbst dazu gebracht, daß er seinen Kindern – die ja die Person des Vaters widerspiegeln und gewissermaßen fortführen – ⟨etwas⟩ erwerben und verschaffen will, aufgrund dessen sie sich auf dem wechselhaften Lebenslauf mit Anstand vor Elend schützen können. Dies kann er aber auf keine andere Weise erreichen als durch den Besitz von ertragbringendem Vermögen, das er auf die Kinder durch Erbschaft überträgt. ...

**3267**     Iusta possessio pecuniarum a iusto pecuniarum usu distinguitur. Bona privatim possidere, quod paulo ante vidimus ius est homini naturale: eoque uti iure, maxime in societate vitae, non fas modo est, sed plane necessarium. ...

Der gerechte Vermögensbesitz wird vom gerechten Vermögensgebrauch unterschieden. Privat Güter zu besitzen, ist, wie wir kurz zuvor gesehen haben, ein natürliches Recht des Menschen: und dieses Recht zu gebrauchen, vor allem im gesellschaftlichen Leben, ist nicht nur erlaubt, sondern geradezu notwendig. ...

At vero si illud quaeratur, qualem esse usum bonorum necesse sit, Ecclesia quidem sine ulla dubitatione respondet: "Quantum ad hoc, non debet homo habere res exteriores ut proprias, sed ut communes, ut scilicet de facili aliquis eas communicet in necessitate aliorum. Unde Apostolus dicit: 'Divitibus huius saeculi praecipe ... facile tribuere, communicare' [*1 Tim 6,17s*]"[1]. Nemo certe opitulari aliis de eo iubetur, quod ad usus per-

Wenn aber danach gefragt wird, wie der Gebrauch der Güter beschaffen sein müsse, so antwortet die Kirche allerdings ohne jedes Zögern: "Was das betrifft, muß der Mensch die äußeren Güter nicht für seine eigenen, sondern für gemeinschaftliche halten, damit man sie nämlich in einer Notlage anderer bereitwillig mitteilt. Deshalb sagt der Apostel: 'Gebiete den Reichen dieser Welt, ... bereitwillig zu geben und mitzutei-

tineat cum suos tum suorum necessarios: immo nec tradere aliis, quo ipse egeat ad id servandum, quod personae conveniat, quodque deceat. ... Sed ubi necessitati satis et decoro datum, officium est de eo, quod superat, gratificari indigentibus. "Quod superest, date eleemosynam" [*Lc 11,41*]. Non iustitiae, excepto in rebus extremis, officia ista sunt, sed caritatis christianae, quam profecto lege agendo petere ius non est. Sed legibus iudiciisque hominum lex antecedit iudiciumque Christi Dei, qui multis modis suadet consuetudinem largiendi ... et collatam negatamve iudicaturus [*Mt 25,34s*].

len' [*1 Tim 6,17f*]"[1]. Freilich wird niemand geheißen, anderen mit dem zu helfen, was zum notwendigen Bedarf sowohl seiner selbst als auch der Seinigen gehört, ja, nicht einmal, anderen zu geben, wessen er selbst bedarf, um das zu erhalten, was der Person geziemt und was sich schickt. ... Sobald aber der Notwendigkeit und Schicklichkeit Genüge getan ⟨ist⟩, ist es Pflicht, von dem, was übrig ist, den Bedürftigen zu schenken. "Was übrig bleibt, gebt als Almosen" [*Lk 11,41*]. Dies sind – ausgenommen in extremen Situationen – keine Pflichten der Gerechtigkeit, sondern der christlichen Liebe, die durch eine gesetzliche Klage einzufordern gewiß kein Recht besteht. Aber den Gesetzen und Gerichten der Menschen geht das Gesetz und Gericht Christi, des Gottes, vor, der auf vielerlei Weise zur Mildtätigkeit rät ... und ihre Gewährung bzw. Verweigerung richten wird [*Mt 25,34f*].

### Die aus der Arbeit entspringenden Rechte

Duas velut notas habet in homine labor natura insitas, nimirum ut *personalis* sit, quia vis agens adhaeret personae, atque eius omnino est propria, a quo exercetur, et eius est utilitati nata: deinde ut sit *necessarius,* ob hanc causam, quod fructus laboris est homini opus ad vitam tuendam: vitam autem tueri ipsa rerum, cui maxime parendum, natura iubet.

Die Arbeit hat beim Menschen z w e i **3268** M e r k m a l e von Natur aus eingegeben, nämlich daß sie *persönlich* ist, weil die Schaffenskraft der Person zugehört und völlig dem eigen ist, von dem sie ausgeübt wird, und von Natur aus zu seinem Nutzen bestimmt ist; ferner, daß sie *notwendig* ist, ⟨und zwar⟩ deshalb, weil die Frucht der Arbeit dem Menschen für die Lebenserhaltung nötig ist; das Leben zu erhalten, gebietet aber die Natur der Dinge selbst, der am meisten zu gehorchen ist.

Iamvero si ex ea dumtaxat parte spectetur, quod p e r s o n a l i s est, non est dubium, quin integrum opifici sit pactae m e r c e d i s angustius finire modum: quemadmodum enim operas dat ille volunte, sic et operarum mercede vel tenui vel plane nulla contentus esse voluntate potest.

Wenn sie nun aber lediglich von der Seite **3269** gesehen wird, daß sie p e r s ö n l i c h ist, so ist es dem Arbeiter zweifellos unbenommen, ein knapperes Maß an vereinbartem L o h n festzusetzen: wie er nämlich willentlich seine Arbeit leistet, so kann er sich auch willentlich mit einem schmalen oder überhaupt keinem Arbeitslohn zufrieden geben.

Sed longe aliter iudicandum, si cum ratione *personalitatis* ratio coniungitur *necessitatis*, cogitatione quidem, non re, ab illa separabilis. Reapse manere in vita, commune singulis officium est, cui scelus est deesse. Hinc ius reperiendarum rerum, quibus vita sus-

Ganz anders aber ist zu urteilen, wenn mit **3270** der Eigenschaft der *Persönlichkeit* die Eigenschaft der *Notwendigkeit* verbunden wird, die zwar gedanklich, nicht ⟨aber⟩ sachlich von jener geschieden werden kann. In der Tat ist es eine gemeinsame Pflicht für alle,

---

**\*3267** [1]    Thomas von Aquin, *Summa theologiae* II-II, q. 66, a. 2 (Editio Leonina 9,85b).

tentatur, necessario nascitur: quarum rerum facultatem infimo cuique non nisi quaesita labore merces suppeditat. Esto igitur, ut opifex atque herus libere in idem placitum, ac nominatim in salarii modum consentiant: subest tamen semper aliquid ex iustitia naturali, idque libera paciscentium voluntate maius et antiquius, scilicet alendo opifici, frugi quidem et bene morato, haud imparem esse mercedem oportere. Quod si necessitate opifex coactus, aut mali peioris metu permotus duriorem condicionem accipiat, quae, etiamsi nolit, accipienda sit, quod a domino vel a redemptore operum imponitur, istud quidem est subire vim, cui iustitia reclamat. ...

3271          Mercedem si ferat opifex satis amplam, ut ea se uxoremque et liberos tueri commodum queat, facile studebit parsimoniae, si sapit, efficietque, quod ipsa videtur natura monere, ut detractis sumptibus, aliquid etiam redundet, quo sibi liceat ad modicum censum pervenire. ...

Non tamen ad haec commoda perveniri nisi ea condicione potest, ut privatus census ne exhauriatur immanitate tributorum et vectigalium. Ius enim possidendi privatim bona cum non sit lege hominum, sed natura datum, non ipsum abolere, sed tantummodo ipsius usum temperare et cum communi bono componere auctoritas publica potest. Faciat ergo iniuste atque inhumane, si de bonis privatorum plus aequo, tributorum nomine, detraxerit. ...

sich am Leben zu erhalten, der nicht nachzukommen ein Verbrechen ist. Daraus ergibt sich notwendig das Recht, die Dinge zu erstehen, durch die das Leben aufrechterhalten wird; die Möglichkeit zu diesen Dingen bietet für jeden Minderbemittelten nur der durch die Arbeit erworbene Lohn. Wenn also auch der Arbeiter und der Arbeitgeber in freier Übereinstimmung zu derselben Vereinbarung gelangen, namentlich über das Maß der Entlohnung, so liegt dennoch aufgrund der natürlichen Gerechtigkeit immer etwas zugrunde, was größer und älter als der freie Wille der Vertragspartner ist, nämlich daß der Lohn nicht unangemessen sein darf für den Unterhalt des Arbeiters, und zwar eines rechtschaffenen und wohlgesitteten. Wenn ein Arbeiter aber notgedrungen oder aus Furcht vor einem noch schlimmeren Übel eine härtere Bedingung annimmt, die, auch wenn er nicht will, anzunehmen ist, weil sie vom Herrn bzw. vom Arbeitgeber auferlegt wird, so heißt dies zweifellos Gewalt erleiden, gegen die die Gerechtigkeit Einspruch erhebt. ...

Wenn der Arbeiter einen genügend großen Lohn davonträgt, daß er damit sich, seine Frau und seine Kinder bequem erhalten kann, so wird er sich, wenn er klug ist, gerne um Sparsamkeit bemühen und erreichen – wozu die Natur selbst zu raten scheint –, daß nach Abzug der Unterhaltskosten noch etwas übrig bleibt, durch das ihm gestattet wird, zu einem bescheidenen Vermögen zu gelangen. ...

Man kann zu diesen Vorteilen jedoch nur unter der Bedingung gelangen, daß das Privatvermögen nicht durch ein Übermaß an Steuern und Abgaben erschöpft wird. Da das Recht auf Privatbesitz nämlich nicht durch ein Gesetz der Menschen, sondern von Natur aus verliehen wurde, kann es die öffentliche Autorität nicht abschaffen, sondern lediglich seinen Gebrauch regeln und mit dem Gemeinwohl in Einklang bringen. Sie handelt also ungerecht und unmenschlich, wenn sie den Privatvermögen unter dem Namen "Steuern" mehr als billig wegnimmt. ...

## 3272-3273: Brief "Pastoralis officii" an die Bischöfe Deutschlands und Österreichs, 12. Sept. 1891

*Ausg.:* ASS 24 (1891/92) 204-206 / Leo XIII., *Acta*, Rom 11,284-287 / CdICF 3,378-380 (Nr. 612).

*Duell*

... Utraque divina lex, tum ea quae naturalis rationis lumine, tum quae Litteris divino afflatu perscriptis promulgata est, districte vetant, ne quis extra causam publicam hominem interimat aut vulneret, nisi salutis suae defendendae causa, necessitate coactus. At qui ad privatum certamen provocant vel oblatum suscipiunt, hoc agunt, huc animum viresque intendunt, nulla necessitate adstricti, ut vitam eripiant aut saltem vulnus inferant adversario.

Utraque porro divina lex interdicit, ne quis temere vitam proiciat suam, gravi et manifesto obiciens discrimini, cum id nulla officii aut caritatis magnanimae ratio suadeat; haec autem caeca temeritas, vitae contemptrix, plane inest in natura duelli.

Quare obscurum nemini aut dubium esse potest, in eos, qui privatim proelium conserunt singulare, utrumque cadere et scelus alienae cladis et vitae propriae discrimen voluntarium. Demum vix ulla pestis est, quae a civilis vitae disciplina magis abhorreat et iustum civitatis ordinem pervertat, quam permissa civibus licentia, ut sui quisque assertor iuris privata vi manuque et honoris, quem violatum putet, ultor exsistat. ...

Neque illis, qui oblatum certamen suscipiunt, iusta suppetit excusatio metus, quod timeant se vulgo segnes haberi, si pugnam detrectent. Nam si officia hominum ex falsis vulgi opinionibus dimetienda essent, non ex aeterna recti iustique norma, nullum esset naturale ac verum inter honestas actiones et flagitiose facta discrimen. Ipsi sapientes ethnici et norunt et tradiderunt, fallacia vulgi iudicia spernenda esse a forti et constanti viro.

... Beide göttlichen Gesetze, sowohl dasjenige, das durch das Licht der natürlichen Vernunft, als auch ⟨jenes⟩, das durch die unter göttlichem Anhauch verfaßte Schrift verkündet wurde, verbieten strikt, daß einer außerhalb eines öffentlichen Verfahrens einen Menschen tötet oder verwundet, es sei denn, durch Notwendigkeit gezwungen, um sein Leben zu verteidigen. Die aber zu privatem Kampfe aufrufen oder einen angebotenen annehmen, betreiben dieses, richten – durch keine Notwendigkeit gebunden – Sinn und Kräfte darauf, dem Gegner das Leben zu entreißen oder wenigstens eine Wunde beizubringen. **3272**

Beide göttlichen Gesetze untersagen ferner, daß einer sein Leben leichtfertig preisgibt, indem er es schwerer und offenkundiger Gefahr aussetzt, obwohl keine Spur von Pflicht oder großherziger Liebe dazu rät; diese blinde, lebensverachtende Leichtfertigkeit aber wohnt der Natur des Duells eindeutig inne.

Daher kann es niemandem unklar oder zweifelhaft sein, daß auf diejenigen, die sich privat auf einen Einzelkampf einlassen, beides fällt, sowohl der Frevel des fremden Unglücks als auch die freiwillige Gefährdung des eigenen Lebens. Schließlich gibt es kaum eine Pest, die der Verfassung des bürgerlichen Lebens mehr zuwiderläuft und die gerechte Ordnung des Staates verkehrt als die den Bürgern zugestandene Erlaubnis, daß jeder mit privater Gewalt und Hand als Anwalt seines Rechtes und Rächer seiner Ehre, die er verletzt glaubt, auftritt. ...

Auch für jene, die einen angebotenen **3273** Kampf annehmen, genügt als begründete Entschuldigung nicht die Angst, weil sie fürchten, sie würden allgemein für träge gehalten werden, wenn sie den Kampf verweigerten. Denn wenn die Pflichten der Menschen an den falschen Meinungen der Menge zu bemessen wären, nicht an der ewigen Norm des Rechten und Gerechten, gäbe es keinen natürlichen und wahren Unterschied

Iustus potius et sanctus timor est, qui avertit hominem ab iniqua caede eumque facit de propria et fratrum salute sollicitum. Immo qui inania vulgi aspernatur iudicia, qui contumeliarum verbera subire mavult, quam ulla in re officium deserere, hunc longe maiore atque excelsiore animo esse perspicitur, quam qui ad arma procurrit lacessitus iniuria. Quin etiam, si recte diiudicari velit, ille est unus, in quo solida fortitudo eluceat, illa, inquam, fortitudo, quae virtus vere nominatur et cui gloria comes est non fucata, non fallax. Virtus enim in bono consistit rationi consentaneo, et nisi quae in iudicio nitatur approbantis Dei, stulta omnis est gloria.

zwischen sittlich guten Handlungen und schändlichen Taten. Selbst die heidnischen Weisen haben sowohl erkannt als auch gelehrt, daß die trügerischen Urteile der Menge von einem tapferen und standhaften Manne zu verschmähen seien. Vielmehr ist es begründete und heilige Furcht, die den Menschen von ungerechtem Mord abhält und ihn um sein eigenes Heil und das der Brüder besorgt macht. Ja, wer die eitlen Urteile der Menge verschmäht, wer lieber die Schläge der Schmähungen auf sich nehmen will, als in irgendeiner Sache die Pflicht vernachlässigen, der besitzt offensichtlich eine weit höhere und erhabenere Gesinnung als wer, durch ein Unrecht gereizt, zu den Waffen rennt. Ja, wenn man es recht beurteilen will, so ist es sogar jener allein, in dem die gediegene Tapferkeit aufstrahlt, jene Tapferkeit, sage ich, die wahrhaft Tugend genannt wird und deren Begleiter ein Ruhm ist, der nicht eitel, nicht trügerisch ist. Die Tugend nämlich besteht im Gut, das mit der Vernunft übereinstimmt, und wenn er nicht auf dem Urteil des zustimmenden Gottes beruht, ist jeder Ruhm töricht.

## 3274–3275: Enzyklika "Octobri mense", 22. Sept. 1891

Leo XIII. erörtert in seiner Rosenkranzenzyklika einige dogmatische Prinzipien der Mariologie.
*Ausg.:* ASS 24 (1891/92) 195f / Leo XIII., *Acta*, Rom 11,303–305 / Brügge 5,10f.

### Maria als Mutter und Gnadenvermittlerin

3274   Filius Dei aeternus, cum ad hominis redemptionem et decus, hominis naturam vellet suscipere, eaque re mysticum quoddam cum universo humano genere initurus esset conubium, non id ante perfecit, quam liberrima consensio accessisset designatae matris, quae ipsius generis humani personam quodammodo agebat, ad eam illustrem verissimamque Aquinatis sententiam: "Per annuntiationem exspectabatur consensus Virginis loco totius humanae naturae"[1].

Ex quo non minus vere proprieque affirmare licet, nihil prorsus de permagno illo omnis gratiae thesauro, quem attulit Dominus, siquidem "gratia et veritas per Iesum

Als der ewige Sohn Gottes zur Erlösung und Zierde des Menschen die Natur des Menschen annehmen und deshalb eine geheimnisvolle Ehe mit dem gesamten Menschengeschlecht eingehen wollte, da vollzog er dies nicht, bevor die völlig freie Zustimmung der ⟨dazu⟩ bestimmten Mutter hinzugekommen war; sie handelte gewissermaßen in der Rolle des Menschengeschlechtes selbst, entsprechend jenem berühmten und sehr wahren Satz des Aquinaten: "Durch die Verkündigung wurde die Zustimmung der Jungfrau an Stelle der ganzen menschlichen Natur erwartet"[1].

Daher darf man nicht weniger wahrhaftig und im eigentlichen Sinne behaupten, daß überhaupt nichts aus jenem übergroßen Schatz der gesamten Gnade, den der Herr

---

*3274 [1]   Thomas von Aquin, *Summa theologiae* III, q. 30, a. 1 (Editio Leonina 11,315b).

Christum facta est" [*Io 1,17*], nihil nobis, nisi per Mariam, Deo sic volente, impertiri; ut, quo modo ad summum Patrem nisi per Filium nemo potest accedere, ita fere nisi per matrem accedere nemo possit ad Christum. ...

Talem [*Mariam*] nobis praestitit Deus, cui, hoc ipso, quod Unigenae sui matrem elegit, maternos plane indidit sensus, aliud nihil spirantes nisi amorem et veniam; talem facto suo Iesus Christus ostendit, cum Mariae subesse et obtemperare ut matri filius sponte voluit; talem de cruce praedicavit, cum universitatem humani generis, in Ioanne discipulo, curandam ei fovendamque commisit [*Io 19,26s*]; talem denique se dedit ipsa, quae eam immensi laboris hereditatem, a moriente Filio relictam, magno complexa animo, materna in omnes officia confestim coepit impendere.

herbeibrachte – denn "Gnade und Wahrheit ward durch Jesus Christus" [*Joh 1,17*] –, uns ⟨daraus⟩ nach Gottes Willen nichts zugeteilt wird außer durch Maria, so daß ungefähr ebenso, wie niemand zum höchsten Vater gelangen kann außer durch den Sohn, niemand zu Christus gelangen kann außer durch die Mutter. ...

Gott verlieh uns [*Maria*] als solche, der er **3275** eben dadurch, daß er sie zur Mutter seines Einziggeborenen erwählte, völlig mütterliche Gefühle einflößte, die nichts anderes atmen als Liebe und Verzeihung; als solche erwies sie Jesus Christus durch sein Tun, indem er Maria – wie ein Kind der Mutter – freiwillig untertan sein und gehorchen wollte; als solche verkündete er sie vom Kreuz herab, indem er im Jünger Johannes das gesamte Menschengeschlecht ihrer Sorge und Obhut anvertraute [*Joh 19,26f*]; als solche schließlich bot sie sich selbst dar, indem sie das von ihrem sterbenden Sohn hinterlassene Erbe unermeßlicher Mühe mit Großmut antrat und sich unverzüglich ihren mütterlichen Pflichten gegenüber allen hinzugeben begann.

## 3276-3279: Antwort des Hl. Offiziums an den Erzbischof von Freiburg, 27. Juli 1892

*Ausg.:* AnE 3 (1895) 98f / CollPF² 2,277f, Nr. 1808.

*Leichenverbrennung*

*Qu.:* 1. Utrum liceat sacramenta morientium ministrare fidelibus, qui massonicae quidem sectae non adhaerent nec eius ducti principiis, sed aliis rationibus moti corpora sua post mortem cremanda mandarunt, si hoc mandatum retractare nolint?

2. Utrum liceat pro fidelibus, quorum corpora non sine ipsorum culpa cremata sunt, Missae sacrificium publice offerre vel etiam privatim applicare, itemque fundationes ad hunc finem acceptare?

3. Utrum liceat cadaverum cremationi cooperari, sive mandato ac consilio, sive praestita opera, ut medicis, officialibus, operariis in crematorio inservientibus? Et utrum hoc liceat saltem, si fiat in quadam necessitate aut

*Fragen:* 1. Ist es erlaubt, Gläubigen die **3276** Sterbesakramente zu spenden, die zwar nicht der Freimaurersekte angehören und nicht von ihren Prinzipien geleitet, aber von anderen Gründen veranlaßt ihre Leiber nach dem Tod zum Verbrennen bestimmt haben, wenn sie diese Bestimmung nicht widerrufen wollen?

2. Ist es erlaubt, für Gläubige, deren Lei- **3277** ber nicht ohne eigene Schuld verbrannt wurden, das Meßopfer öffentlich darzubringen oder auch privat zuzuwenden, und desgleichen, Stiftungen zu diesem Zweck anzunehmen?

3. Ist es erlaubt, bei einer Leichenverbren- **3278** nung mitzuwirken, sei es durch Befehl und Rat oder durch Mitwirkung, wie bei Ärzten, Beamten und Arbeitern, die im Krematorium Dienst tun? Und ist dies wenigstens er-

ad evitandum magnum damnum?

3279    4. Utrum liceat taliter cooperantibus ministrare sacramenta, si ab hac cooperatione
desistere nolunt aut desistere non posse affirmant?

*Resp.:* Ad 1. Si moniti renuant, negative.
Ut vero fiat aut omittatur monitio, serventur
regulae a probatis auctoribus traditae, habita
praesertim ratione scandali vitandi.

Ad 2. Circa publicam Missae applicationem, negative; circa privatam, affirmative.

Ad 3. Numquam licere formaliter cooperari mandato vel consilio. Tolerari autem
aliquando posse materialem cooperationem,
dummodo 1. crematio non habeatur pro signo protestativo massonicae sectae; 2. non
aliquid in ipsa contineatur, quod per se directe atque unice exprimat reprobationem catholicae doctrinae et approbationem sectae;
3. neque constet, officiales et operarios catholicos ad opus adstringi vel vocari in contemptum catholicae religionis. Ceterum
quamvis in hisce casibus relinquendi sunt in
bona fide, semper tamen monendi sunt, ne
cremationi cooperari intendant.

Ad 4. Provisum in praecedenti. Et detur
decretum 15. Dec. 1886 [*3195s].

laubt, wenn es in einer Notlage geschieht,
oder um großen Schaden zu vermeiden?

4. Ist es erlaubt, in solcher Weise Mitwirkenden die Sakramente zu spenden, wenn sie
von dieser Mitwirkung nicht ablassen wollen
oder nicht ablassen zu können behaupten?

*Antworten:* Zu 1. Wenn sie sich auf Ermahnung hin weigern: nein. Man beachte die
von bewährten Autoren überlieferten Regeln, ob überhaupt eine Ermahnung geschehen oder ob sie unterlassen werden soll, wobei man insbesondere auf die Vermeidung eines Ärgernisses Rücksicht nehme.

Zu 2. Was die öffentliche Zuwendung
der Messe betrifft: nein; was die private
betrifft: ja.

Zu 3. Es ist niemals erlaubt, durch Befehl
oder Rat formal mitzuwirken. Geduldet werden kann bisweilen aber die materiale Mitwirkung, sofern 1. die Verbrennung nicht für
ein Bekundungszeichen der Freimaurersekte
gehalten wird; 2. nichts in ihr enthalten ist,
was durch sich direkt und einzig die Verwerfung der katholischen Lehre und die Zustimmung zur Sekte ausdrückt; 3. und nicht sicher ist, daß katholische Beamte und Arbeiter zur Schmähung der katholischen Religion
zu der Arbeit herangezogen oder berufen
werden. Auch wenn sie im übrigen in diesen
Fällen im guten Glauben zu belassen sind, so
sind sie doch stets zu ermahnen, nicht danach zu streben, bei der Verbrennung mitzuwirken.

Zu 4. Abgeklärt im Vorhergehenden. Und
man gebe das Dekret vom 15. Dez. 1886
[*3195f].

**3280-3294: Enzyklika "Providentissimus Deus", 18. Nov. 1893**

Die Enzyklika ist eine der ersten päpstlichen Stellungnahmen zur Problematik der modernen historisch-
kritischen Exegese.
*Ausg.:* ASS 26 (1893/94) 279-291 / Leo XIII., *Acta*, Rom 13,342-362 / Brügge 5,211-224 / EnchB
Nr. 106-131.

### Die Autoritäten bei der Auslegung der Hl. Schrift

3280    [*Magister ad docendum exemplar*] sumet
versionem Vulgatam, quam Concilium
Tridentinum "in publicis lectionibus, disputationibus, praedicationibus et expositionibus
pro authentica" habendam decrevit [*cf.
*1506*] atque etiam commendat quotidiana

[*Der Lehrer wird zum Lehren als maßgeblichen Text*] die Vulgata-Übersetzung
nehmen, von der das Trienter Konzil entschied, sie habe "bei öffentlichen Lesungen,
Disputationen, Predigten und Auslegungen
als authentisch" zu gelten [*vgl. *1506*], und

Ecclesiae consuetudo. Neque tamen non sua habenda erit ratio reliquarum versionum, quas christiana laudavit usurpavitque antiquitas, maxime codicum primigeniorum. Quamvis enim, ad summam rei quod spectat, ex dictionibus Vulgatae hebraea et graeca bene eluceat sententia, attamen si quid ambigue, si quid minus accurate inibi elatum sit, "inspectio praecedentis linguae", suasore Augustino[1], proficiet. ...

... Patrum doctrinam Synodus Vaticana amplexa est, quando Tridentinum decretum de divini verbi scripti interpretatione renovans hanc illius mentem esse declaravit, ut "in rebus fidei et morum, ad aedificationem doctrinae christianae pertinentium, is pro vero sensu sacrae Scripturae habendus sit, quem tenuit ac tenet sancta mater E c c l e s i a, cuius est iudicare de vero sensu et interpretatione Scripturarum sanctarum; atque ideo nemini licere contra hunc sensum aut etiam contra unanimem consensum Patrum ipsam Scripturam sacram interpretari" [*1507 3007*].

Qua plena sapientiae lege nequaquam Ecclesia pervestigationem scientiae biblicae retardat aut coercet; sed eam potius ab errore integram praestat, plurimumque ad veram adiuvat progressionem. Nam p r i v a t o cuique d o c t o r i magnus patet campus, in quo, tutis vestigiis, sua interpretandi industria praeclare certet Ecclesiaeque utiliter. In locis quidem divinae Scripturae, qui expositionem certam et definitam adhuc desiderant, effici ita potest ex suavi Dei providentis consilio, ut quasi praeparato studio iudicium Ecclesiae maturetur; in locis vero iam definitis potest privatus doctor aeque prodesse, si eos vel enucleatius apud fidelium plebem et ingeniosius apud doctos edisserat vel insignius evincat ab adversariis. ...

die auch die tägliche Gewohnheit der Kirche empfiehlt. Jedoch werden auch die übrigen Übersetzungen gebührend zu berücksichtigen sein, die das christliche Altertum anerkannte und verwendete, vor allem die allerersten Handschriften. Obwohl nämlich, was den Hauptinhalt betrifft, aus den Ausdrucksweisen der Vulgata der hebräische und griechische Sinn gut zum Vorschein kommt, wird dennoch, wenn etwas zweideutig, wenn etwas weniger genau in ihr ausgedrückt ist, "die Betrachtung der vorangehenden Sprache", wie Augustinus rät[1], nützlich sein. ...

... Das Vatikanische Konzil hat die Lehre **3281** der Väter aufgegriffen, als es das Dekret von Trient über die Auslegung des geschriebenen göttlichen Wortes erneuerte und erklärte, sein Sinn sei der, daß "in Fragen des Glaubens und der Sitten, soweit sie zum Gebäude christlicher Lehre gehören, jener als der wahre Sinn der heiligen Schrift anzusehen sei, den die heilige Mutter K i r c h e festgehalten hat und festhält, deren Aufgabe es ist, über den wahren Sinn und die Auslegung der heiligen Schriften zu urteilen; und deshalb ist es niemandem erlaubt, die heilige Schrift gegen diesen Sinn oder auch gegen die einmütige Übereinstimmung der Väter auszulegen" [*1507 3007*].

Durch dieses Gesetz voll Weisheit hemmt **3282** oder beschränkt die Kirche keineswegs die Forschung der Bibelwissenschaft; sondern sie erhält sie vielmehr vom Irrtum unversehrt und trägt in höchstem Maße zum wahren Fortschritt bei. Denn jedem P r i v a t g e l e h r t e n steht ein weites Feld offen, auf dem er auf sicheren Spuren durch seine beharrliche Tätigkeit des Auslegens ruhmvoll und zum Nutzen der Kirche streiten kann. Bei Stellen der göttlichen Schrift nämlich, die bis jetzt noch einer sicheren und festgelegten Erklärung harren, kann so nach dem gütigen Ratschluß des vorsehenden Gottes erreicht werden, daß gleichsam durch den im voraus getätigten Eifer das Urteil der Kirche reift; bei Stellen aber, die schon festgelegt sind, kann der Privatgelehrte ebenfalls nützlich sein, wenn er sie entweder beim Volk der Gläubigen deutlicher und bei den Gelehrten geist-

---

**\*3280** [1]   Augustinus, *De doctrina christiana* III 4, n. 8 (J. Martin: CpChL 32 [1962] 82$_{21f}$ / PL 34,68).

voller auseinandersetzt oder noch klarer gegen die Feinde siegreich erweist. ...

3283      In ceteris analogia fidei sequenda est, et doctrina catholica, qualis ex auctoritate Ecclesiae accepta, tamquam summa norma est adhibenda. ...

Im übrigen ist der Analogie des Glaubens zu folgen, und die katholische Lehre, wie sie von der Autorität der Kirche anerkannt ⟨ist⟩, ist als höchste Norm anzuwenden. ...

3284      Iamvero sanctorum Patrum, quibus "post Apostolos sancta Ecclesia plantatoribus, rigatoribus, aedificatoribus, pastoribus, nutritoribus crevit"[1], summa auctoritas est, quotiescumque testimonium aliquod biblicum, ut ad fidei pertinens morumve doctrinam uno eodemque modo explicant omnes: nam ex ipsa eorum consensione, ita ab Apostolis secundum catholicam fidem traditum esse nitide eminet. ...

Nun aber kommt den heiligen Vätern, durch die "– nach den Aposteln – als Pflanzer, Begießer, Erbauer, Hirten und Ernährer die heilige Kirche gewachsen ist"[1], immer dann höchste Autorität zu, wenn alle ein biblisches Zeugnis als zur Glaubens- und Sittenlehre gehörig in ein und derselben Weise erklären: denn gerade aus ihrer Übereinstimmung geht glänzend hervor, daß es nach dem katholischen Glauben so von den Aposteln überliefert wurde. ...

Neque ideo tamen viam sibi [exegeta] putet obstructam, quominus, ubi iusta causa adfuerit, inquirendo et exponendo vel ultra procedat, modo praeceptioni illi ab Augustino sapienter propositae religiose obsequatur, videlicet a litterali et veluti obvio sensu minime discedendum nisi qua eum vel ratio tenere prohibeat vel necessitas cogat dimittere[2]. ...

[Der Exeget] soll deshalb jedoch nicht meinen, ihm sei der Weg versperrt, dort, wo es einen triftigen Grund gibt, in Forschung und Auslegung noch weiter voranzuschreiten, sofern er nur jenem von Augustinus weise vorgelegten Gebot gewissenhaft gehorcht, nämlich vom wörtlichen und gleichsam entgegentretenden Sinne keinesfalls abzuweichen, sofern ihn nicht etwa entweder die Vernunft festzuhalten verbietet oder die Notwendigkeit aufzugeben zwingt[2]. ...

3285      Ceterorum interpretum catholicorum est minor quidem auctoritas; attamen, quoniam Bibliorum studia continuum quendam progressum in Ecclesia habuerunt, istorum pariter commentariis suus tribuendus est honor, ex quibus multa opportune peti liceat ad refellenda contraria, ad difficiliora enodanda.

Den übrigen katholischen Exegeten kommt zwar eine geringere Autorität zu; da jedoch die Bibelstudien in der Kirche einen beständigen Fortschritt erzielten, ist ihren Kommentaren gleichfalls die gebührende Ehre zu erweisen; denn aus ihnen kann man vieles bequem entnehmen, um Entgegengesetztes zu widerlegen, um Schwierigeres zu entwirren. ...

### Hilfswissenschaften für die Auslegung der Hl. Schrift

3286      Sacrae Scripturae magistris necesse est atque theologos addecet eas linguas cognitas habere, quibus libri canonici sunt primitus ab hagiographis exarati. ...

Für die Lehrer der heiligen Schrift ist es notwendig und für die Theologen ziemt es sich, jene Sprachen kennengelernt zu haben, in denen die kanonischen Bücher ursprünglich von den Verfassern der Hl. Schrift aufgezeichnet wurden. ...

Hos autem ipsos eiusdem rei gratia doctiores esse oportet atque exercitatiores in vera

Gerade diese aber müssen zu demselben Zweck geschulter und geübter in der wahren

---

*3284  [1]  Augustinus, *Contra Iulianum Pelagianum* II 10, n. 37 (PL 44,700).
      [2]  Vgl. Augustinus, *De Genesi ad litteram* VIII 7, n. 13 (CSEL 28,241 / PL 34,378).

artis criticae[1] disciplina: perperam enim et cum religionis damno inductum est artificium, nomine honestatum criticae sublimioris, quo ex solis internis, uti loquuntur, rationibus cuiuspiam libri origo, integritas, auctoritas diiudicata emergant. Contra perspicuum est, in quaestionibus rei historicae, cuiusmodi origo et conservatio librorum, historiae testimonia valere prae ceteris eaque esse quam studiosissime et conquirenda et excutienda: illas vero rationes internas plerumque non esse tanti, ut in causam, nisi ad quandam confirmationem, possint advocari. ...

Scripturae sacrae doctori cognitio naturalium rerum bono erit subsidio, quo huius quoque modi captiones in divinos libros instructas facilius detegat et refellat.

Nulla quidem theologum inter et physicum vera dissensio intercesserit, dum suis uterque finibus se contineant, id caventes secundum S. Augustini monitum, "ne aliquid temere et incognitum pro cognito asserant"[1]. Sin tamen dissenserint, quemadmodum se gerat theologus, summatim est regula ab eodem oblata: "Quidquid, inquit, ipsi de natura rerum veracibus documentis demonstrare potuerint, ostendamus nostris Litteris non esse contrarium: quidquid autem de quibuslibet suis voluminibus his nostris Litteris, id est catholicae fidei, contrarium protulerint, aut aliqua etiam facultate ostendamus aut nulla dubitatione credamus esse falsissimum"[2].

De cuius aequitate regulae in consideratione sit primum, scriptores sacros seu verius "Spiritum Dei, qui per ipsos loquebatur, no-

Methode der Kritik[1] sein: fälschlicherweise und zum Schaden für die Religion wurde nämlich unter dem ehrenvollen Namen "höhere Kritik" eine Kunst eingeführt, in der das Urteil über Ursprung, Unversehrtheit und Autorität jedweden Buches aus – wie sie sagen – allein inneren Gründen zum Vorschein kommen soll. Dagegen ist es klar, daß in Fragen der Geschichte, wie etwa der Ursprung und die Erhaltung der Bücher, die Zeugnisse der Geschichte vor den übrigen gelten und diese so eifrig wie möglich zu erforschen und zu untersuchen sind: daß jene inneren Gründe aber meist von keiner solch großen Bedeutung sind, daß sie für die Sache – es sei denn, zu einer gewissen Bestätigung – herangezogen werden könnten. ...

Dem Lehrer der heiligen Schrift wird die **3287** Kenntnis der Naturwissenschaften eine gute Hilfe sein, mit der er auch derartige gegen die göttlichen Bücher gerichtete Trugschlüsse leichter aufdecken und widerlegen kann.

Zwischen dem Theologen und dem Naturwissenschaftler wird es freilich keinen wahren Widerstreit geben, solange sich beide auf ihr Gebiet beschränken und sich gemäß der Mahnung des hl. Augustinus davor hüten, "irgendetwas unbesonnen oder Unbekanntes für Bekanntes zu behaupten"[1]. Sollten sie aber dennoch in Widerstreit geraten, so ist kurz zusammengefaßt die von demselben dargebotene Regel, wie sich der Theologe verhalten soll: "Von allem," sagt er, "was sie von der Natur der Dinge mit stichhaltigen Beweisen darlegen können, wollen wir zeigen, daß es unserer Schrift nicht entgegengesetzt ist: von allem aber, was sie aus welchen ihrer Bücher auch immer dieser unserer Schrift, das heißt dem katholischen Glauben, Entgegengesetztes vorbringen, wollen wir entweder, soweit nur irgend möglich, zeigen oder ohne jeden Zweifel glauben, daß es völlig falsch ist"[2].

In bezug auf die Billigkeit dieser Regel **3288** soll zuerst erwogen werden, daß die heiligen Schriftsteller oder besser "der Geist Gottes,

---

**\*3286** [1]   Die kritische Methode wird auch empfohlen in dem Apostolischen Schreiben Leos XIII. "*Vigilantiae studiique*" vom 30. Okt. 1902 (ASS 35 [1902/03] 236 / EnchB Nr. 142).
**\*3287** [1]   Vgl. Augustinus, *De Genesi ad litteram imperfectus liber* c. 9, n. 30 (CSEL 28,481$_{13}$ / PL 34,233).
        [2]   Augustinus, *De Genesi ad litteram* I 21, n. 41 (CSEL 28,31$_{4-9}$ / PL 34,262).

luisse ista (videlicet intimam adspectabilium rerum constitutionem) docere homines, nulli saluti profutura"[1]; quare eos, potius quam explorationem naturae recta persequantur, res ipsas aliquando describere et tractare aut quodam translationis modo aut sicut communis sermo per ea ferebat tempora hodieque de multis fert rebus in quotidiana vita ipsos inter homines scientissimos. Vulgari autem sermone cum ea primo proprieque efferantur, quae cadant sub sensus, non dissimiliter scriptor sacer (monuitque et Doctor Angelicus) "ea secutus est, quae sensibiliter apparent"[2], seu quae Deus ipse, homines alloquens, ad eorum captum significavit humano more.

der durch sie redete, dies (nämlich die innerste Beschaffenheit der sichtbaren Dinge) die Menschen nicht lehren wollte, da es niemandem zum Heile nützen sollte"[1]; daß sie daher, statt geradewegs Naturforschung zu betreiben, die Dinge selbst bisweilen lieber entweder in einer gewissen Art von Übertragung beschreiben und abhandeln, oder wie es die alltägliche Sprache in jenen Zeiten mit sich brachte und heute bei vielen Dingen im täglichen Leben selbst unter den gebildetsten Menschen mit sich bringt. Da mit der Volkssprache aber dies zunächst und im eigentlichen Sinne ausgedrückt wird, was unter die Sinne fällt, hat sich in gleicher Weise der heilige Schriftsteller (und auch der Engelgleiche Lehrer machte darauf aufmerksam) "an das gehalten, was sinnenfällig erscheint"[2], bzw. was Gott selbst, zu den Menschen redend, entsprechend ihrem Fassungsvermögen auf menschliche Weise äußerte.

**3289**    Quod vero defensio Scripturae sanctae agenda strenue est, non ex eo omnes aeque sententiae tuendae sunt, quas singuli Patres aut qui deinceps interpretes in eadem declaranda ediderint: qui prout erant opiniones aetatis, in locis edisserendis, ubi physica aguntur, fortasse non ita semper iudicaverunt ex veritate, ut quaedam posuerint, quae nunc minus probentur.

Deshalb, weil die Verteidigung der heiligen Schrift eifrig betrieben werden soll, sind aber nicht alle Auffassungen in gleicher Weise in Schutz zu nehmen, die die einzelnen Väter oder die nachfolgenden Exegeten bei ihrer Erklärung geäußert haben: sie haben, je nachdem die Meinungen der Zeit waren, bei der Erörterung von Stellen, wo Naturkundliches behandelt wird, vielleicht nicht immer wahrheitsgemäß geurteilt, so daß sie manches behaupteten, was jetzt weniger gebilligt werden könnte.

Quocirca studiose dignoscendum in illorum interpretationibus, quaenam reapse tradant tamquam spectantia ad fidem aut cum ea maxime copulata, quaenam unanimi tradant consensu; namque "in his quae de necessitate fidei non sunt, licuit Sanctis diversimode opinari, sicut et nobis"[1], ut est S. Thomae sententia. Qui et alio loco prudentissime habet: "Mihi videtur tutius esse, huiusmodi, quae philosophi communiter senserunt et nostrae fidei non repugnant, nec sic esse asserenda ut dogmata fidei, etsi aliquando sub nomine philosophorum introducantur, nec sic esse neganda tamquam fidei contraria, ne

Deshalb ist bei ihren Auslegungen geflissentlich zu unterscheiden, was sie denn tatsächlich als den Glauben betreffend oder mit ihm aufs engste verbunden lehren, was sie in einmütiger Übereinstimmung lehren; denn "in dem, was nicht notwendig zum Glauben gehört, war es den Heiligen erlaubt, verschiedener Meinung zu sein, wie auch uns"[1], wie der Satz des Hl. Thomas lautet. Er bemerkt auch an anderer Stelle überaus klug: "Mir scheint es sicherer zu sein, daß das, was die Philosophen gemeinsam gutgeheißen haben und unserem Glauben nicht widerspricht, weder so zu behaupten ist wie Lehrsätze des

---

**\*3288** [1]   Augustinus, *De Genesi ad litteram* II 9, n. 20 (CSEL 28,46$_{8-10}$ / PL 34,270f).
       [2]   Thomas von Aquin, *Summa theologiae* I, q. 70, a. 1 ad 3 (Editio Leonina 5,178b).
**\*3289** [1]   Thomas von Aquin, *Super IV libros Sententiarum* II, dist. 2, q. 1, a. 3, solutio (Parmaer Ausg. 6,405b / R. Busa, *Opera omnia* 1 [1980] 130).

sapientibus huius mundi occasio contemnendi doctrinam fidei praebeatur"[2].

Sane, quamquam ea, quae speculatores naturae certis argumentis certa iam esse affirmarint, interpres ostendere debet nihil Scripturis recte explicatis obsistere, ipsum tamen ne fugiat, factum quandoque esse, ut certa quaedam ab illis tradita, postea in dubitationem adducta sint et repudiata. ...

Haec ipsa deinde ad cognatas disciplinas, ad h i s t o r i a m praesertim, iuvabit transferri.

Glaubens, auch wenn sie manchmal unter dem Namen der Philosophen eingeführt werden, noch so abzulehnen ist als dem Glauben entgegengesetzt, damit den Weisen dieser Welt keine Gelegenheit geboten werde, die Lehre des Glaubens zu verachten"[2].

Obwohl der Ausleger zeigen muß, daß das, von dem die Naturwissenschaftler schon mit sicheren Beweisen bestätigt haben, daß es sicher ist, den richtig ausgelegten Schriften keineswegs entgegensteht, soll ihm freilich dennoch nicht entgehen, daß es bisweilen geschehen ist, daß manches, was von jenen als sicher gelehrt wurde, später in Zweifel gezogen und verworfen wurde. ...

Sodann wird es nützlich sein, ebendies auf **3290** verwandte Wissenschaften, vor allem auf die G e s c h i c h t e, zu übertragen.

### *Inspiration und Irrtumslosigkeit der Hl. Schrift*

Fieri quidem potest, ut quaedam librariis in codicibus describendis minus recte exciderint; quod considerate iudicandum est nec facile admittendum, nisi quibus locis rite sit demonstratum; fieri etiam potest, ut germana alicuius loci sententia permaneat anceps; cui enodandae multum afferent optimae interpretandi regulae: at nefas omnino fuerit aut inspirationem ad aliquas tantum sacrae Scripturae partes coangustare aut concedere sacrum ipsum errasse auctorem. Nec enim toleranda est eorum ratio, qui ex istis difficultatibus sese expediunt, id nimirum dare non dubitantes, inspirationem divinam ad res fidei morumque, nihil praeterea, pertinere, eo quod falso arbitrentur, de veritate sententiarum cum agitur, non adeo exquirendum, *quaenam* dixerit Deus, ut non magis perpendatur, *quam ob causam* ea dixerit.

Etenim libri omnes atque integri, quos Ecclesia tamquam sacros et canonicos recipit,

Es kann zwar vorkommen, daß den Ko- **3291** pisten beim Abschreiben der Handschriften manches fälschlicherweise entgangen ist; dies ist nach reiflicher Überlegung zu beurteilen und nicht ohne weiteres zuzugestehen, es sei denn bei Stellen, für die es in gehöriger Weise nachgewiesen wurde; es kann auch vorkommen, daß die echte Aussage einer Stelle zweideutig bleibt; die besten Regeln der Auslegung tragen viel dazu bei, sie aufzulösen: aber es wird völlig unstatthaft sein, entweder die Inspiration auf lediglich einige Teile der heiligen Schrift einzuschränken oder einzuräumen, der heilige Verfasser selbst habe geirrt. Nicht zu dulden ist nämlich auch das Vorgehen derer, die sich dieser Schwierigkeiten entledigen, indem sie nämlich ohne Zögern zugeben, daß sich die göttliche Inspiration auf Dinge des Glaubens und der Sitten, nichts außerdem, erstrecke; denn sie meinen fälschlicherweise, wenn es sich um die Wahrheit der Aussagen handelt, sei nicht so sehr danach zu fragen, *was* Gott eigentlich gesagt habe, als vielmehr zu erwägen, *aus welchem Grund* er es gesagt habe.

Denn uneingeschränkt alle Bücher, die die **3292** Kirche als heilig und kanonisch anerkennt,

---

[2]   Thomas von Aquin, *Responsio ad lectorem Vercellensem de articulis 42*, Vorwort (Opusculum 10 in der römischen Ausg.; = opusculum 22 in der Ausg. von Mandonnet 3 [Paris 1927] 197; = opusculum 9 in der Parmaer Ausg. 16,163b).

cum omnibus suis partibus, Spiritu Sancto dictante conscripti sunt; tantum vero abest, ut divinae inspirationi error ullus subesse possit, ut ea per se ipsa non modo e r r o r e m e x c l u d a t o m n e m, sed tam necessario excludat et respuat, quam necessarium est, Deum, summam Veritatem, nullius omnino erroris auctorem esse.

**3293**      Haec est antiqua et constans fides Ecclesiae, sollemni etiam sententia in Conciliis definita Florentino [*cf.* \*1334] et Tridentino [*cf. 1501-1508*], confirmata denique atque expressius declarata in Concilio Vaticano, a quo absolute edictum: "Veteris et Novi Testamenti libri ... Deum habent auctorem" [\*3006]. Quare nihil admodum refert, Spiritum Sanctum assumpsisse homines tamquam instrumenta ad scribendum, quasi, non quidem primario auctori, sed scriptoribus inspiratis quidpiam falsi elabi potuerit. Nam supernaturali ipse virtute ita eos ad scribendum excitavit et movit, ita scribentibus adstitit, ut ea omnia eaque sola, quae ipse iuberet, et recte mente conciperent et fideliter conscribere vellent et apte infallibili veritate exprimerent: secus non ipse esset auctor sacrae Scripturae universae. ...

Atque adeo Patribus omnibus et Doctoribus persuasissimum fuit, divinas Litteras, quales ab hagiographis editae sunt, ab omni omnino errore esse immunes, ut propterea non pauca illa, quae contrarii aliquid vel dissimile viderentur afferre ..., non subtiliter minus quam religiose componere inter se et conciliare studuerint; professi unanimes, libros eos et integros et per partes a divino aeque esse afflatu, Deumque ipsum per sacros auctores elocutum nihil admodum a veritate alienum ponere potuisse.

Ea valeant universe quae idem Augustinus ad Hieronymum scripsit: "... Si aliquid in eis offendero Litteris, quod videatur contra-

wurden in all ihren Teilen auf Diktat des Heiligen Geistes verfaßt; weit gefehlt, daß der göttlichen Inspiration irgendein Irrtum unterlaufen könnte, s c h l i e ß t s i e durch sich selbst nicht nur j e d e n I r r t u m a u s, sondern schließt ⟨ihn⟩ aus und verwirft ⟨ihn⟩ so notwendig, wie es notwendig ist, daß Gott, die höchste Wahrheit, Urheber überhaupt keines Irrtums ist.

Dies ist der alte und beständige Glaube der Kirche, wie er auch in feierlicher Erklärung auf den Konzilien von Florenz [*vgl.* \*1334] und Trient [*vgl.* \*1501-1508] definiert und schließlich auf dem Vatikanischen Konzil bestätigt und deutlicher erklärt worden ist, von dem ohne Einschränkung verkündet wurde: "Die Bücher des Alten und Neuen Testamentes ... haben Gott zum Urheber" [\*3006]. Daher hat es überhaupt keine Bedeutung, daß der Heilige Geist als Werkzeuge zum Schreiben Menschen herangezogen hat, so als ob zwar nicht dem ursprünglichen Verfasser, wohl aber den inspirierten Schreibern etwas Falsches habe entschlüpfen können. Denn er selbst hat sie mit übernatürlicher Kraft so zum Schreiben angeregt und bewegt, ist ihnen so beim Schreiben beigestanden, daß sie all das, und zwar nur das, was er selbst gebot, sowohl im Geiste recht erfaßten als auch gläubig niederschreiben wollten und mit unfehlbarer Wahrheit angemessen ausdrückten: andernfalls wäre nicht er selbst der Urheber der gesamten heiligen Schrift. ...

Und so sehr war es für alle Väter und Lehrer eine Grundüberzeugung, daß die göttliche Schrift, die von den heiligen Schriftstellern herausgegeben wurde, von überhaupt jedem Irrtum frei sei, daß sie deswegen jene nicht wenigen ⟨Stellen⟩, die etwas Entgegengesetztes oder Unpassendes anzuführen schienen ..., nicht weniger scharfsinnig als gewissenhaft miteinander in Einklang zu bringen und zu versöhnen suchten; sie verkündeten einmütig, daß diese Bücher sowohl insgesamt als auch in ihren Teilen in gleicher Weise aus göttlichem Anhauch seien, und daß Gott selbst, der durch die heiligen Verfasser gesprochen, überhaupt nichts der Wahrheit Fremdes habe äußern können.

Das, was derselbe Augustinus an Hieronymus geschrieben hat, soll allgemein gelten: "... Wenn ich in diesen Schriften auf etwas

rium veritati, nihil aliud quam vel mendosum esse codicem, vel interpretem non assecutum esse quod dictum est, vel me minime intellexisse non ambigam"[1]. ...

... Permulta enim ex omni doctrinarum genere sunt diu multumque contra Scripturam iactata, quae nunc, utpote inania, penitus obsolevere; item non pauca de quibusdam Scripturae locis (non proprie ad fidei morumque pertinentibus regulam) sunt quondam interpretando proposita, in quibus rectius postea vidit acrior quaedam investigatio. Nempe opinionum commenta delet dies; sed "veritas manet et invalescit in aeternum"[1].

stoße, was der Wahrheit entgegengesetzt zu sein scheint, so werde ich nicht daran zweifeln, daß entweder die Handschrift fehlerhaft ist, oder der Übersetzer nicht getroffen hat, was gesagt wurde, oder ich es überhaupt nicht verstanden habe"[1]. ...

... Sehr vieles nämlich wurde aus jeder Art **3294** von Lehren lange und vielfach gegen die Schrift geschleudert, was nun als unbegründet völlig in Vergessenheit geraten ist; ebenso wurde einst bei der Auslegung nicht weniges in bezug auf bestimmte Stellen der Schrift (die nicht eigentlich zur Richtschnur des Glaubens und der Sitten gehören) vorgebracht, bei denen eine sorgfältigere Forschung später richtiger sah. Denn die Erdichtungen der Meinungen zerstört der Tag; aber "die Wahrheit bleibt und erstarkt auf ewig"[1].

**3296: Antwort des Hl. Offiziums an den Bischof von Krishnaghur/Indien, 18. Juli 1894**

*Ausg.:* CollPF[2] 2,308f, Nr. 1877 / The Pastoral Gazette 21 (Bombay) 65.

### Die Taufe von Kindern ungläubiger Eltern

*Qu. (28. Aug. 1886):* 1. An possint baptizari filii infidelium, in *periculo,* non vero in *articulo* mortis constituti?

2. An iidem possint saltem baptizari, quando non est spes eos denuo revisendi?

3. Quid, si valde prudenter dubitetur, quod ex infirmitate, qua actu afficiuntur, non vivant, sed moriantur ante aetatem discretionis?

4. An baptizari possint filii infidelium in periculo vel articulo mortis constituti, de quibus dubitatur, an attigerint statum discretionis, et non adest opportunitas eos docendi in rebus fidei?

*Resp.:* Ad 1–3: Affirmative; ad 4: Conentur missionarii eos instruere eo meliori modo quo fieri possit; secus baptizentur sub condicione.

*Fragen (28. Aug. 1886):* 1. Können Kinder **3296** Ungläubiger getauft werden, die sich in ⟨Todes-⟩gefahr, nicht aber im Augenblick des Todes befinden?

2. Können ebendiese wenigstens getauft werden, wenn es keine Hoffnung gibt, sie nochmals wiederzusehen?

3. Was ⟨ist⟩, wenn man die wohlbegründete Vermutung hegt, daß sie aufgrund einer Krankheit, von der sie augenblicklich befallen sind, nicht ⟨über⟩leben, sondern vor dem Alter der Unterscheidung sterben?

4. Können in der Gefahr oder im Augenblick des Todes befindliche Kinder Ungläubiger getauft werden, bei denen man im Zweifel ist, ob sie den Zustand der Unterscheidung erreicht haben, und es keine Gelegenheit gibt, sie in den Dingen des Glaubens zu belehren?

*Antwort:* Zu 1–3: Ja; zu 4: Die Missionare sollen versuchen, sie in der bestmöglichen Weise zu unterrichten; andernfalls sollen sie bedingungsweise getauft werden.

---

*3293 [1]   Augustinus, Brief (82) an Hieronymus, Kap. 1, Nr. 3 (CSEL 34,354$_{8-11}$ / PL 33,277).
*3294 [1]   3 Esra 4,38.

**3298: Antwort des Hl. Offiziums an den Erzbischof von Cambrai, 24. Juli 1895**

*Ausg.:* ASS 28 (1895/96) 383f / CollPF² 2,1906, Nr. 1906.

### Abtreibung

**3298** *Expos.:* Titius medicus, cum ad praegnantem graviter decumbentem vocabatur, passim animadvertebat, lethalis morbi causam aliam non subesse praeter ipsam praegnationem, hoc est fetus in utero praesentiam. Una igitur, ut matrem a certa atque imminenti morte salvaret, praesto ipsi erat via, procurandi scilicet abortum seu fetus eiectionem. Viam hanc consueto ipse inibat, adhibitis tamen mediis et operationibus, per se atque immediate non quidem ad id tendentibus, ut in materno sinu fetum occiderent, sed solummodo ut vivus, si fieri posset, ad lucem ederetur, quamvis proxime moriturus, utpote qui immaturus omnino adhuc esset.

Iamvero lectis, quae die 19. Augusti 1889 sancta Sedes ad Cameracensem archiepiscopum rescripsit: "tuto doceri non posse" licitam esse quamcumque operationem directe occisivam fetus, etiam si hoc necessarium foret ad matrem salvandam: dubius haeret Titius circa liceitatem operationum chirurgicarum, quibus non raro ipse abortum hucusque procurabat, ut praegnantes graviter aegrotantes salvaret.

*Qu.:* Titius petit: Utrum enuntiatas operationes in repetitis dictis circumstantiis instaurare tuto possit.

*Resp. (confirmata a Summo Pontifice, 25. Iul.):* Negative, iuxta alia decreta diei scilicet 28. Maii 1884 et 19. Aug. 1889.

*Darlegung:* Als der Arzt Titius zu einer schwer darniederliegenden Schwangeren gerufen wurde, bemerkte er allenthalben, daß hinter der tödlichen Krankheit keine andere Ursache steckt als die Schwangerschaft selbst, das heißt, die Anwesenheit des Fötus in der Gebärmutter. Sogleich also war ihm der Weg gegenwärtig, die Mutter vor dem sicheren und drohenden Tode zu retten, nämlich für einen Abgang bzw. eine Abtreibung des Fötus zu sorgen. Diesen Weg beschritt er gewöhnlich, jedoch unter Anwendung von Mitteln und Operationen, die durch sich und unmittelbar zwar nicht darauf abzielten, den Fötus im Mutterschoß zu töten, sondern lediglich daß er, wenn möglich, lebend zur Welt gebracht wird, auch wenn er alsbald sterben wird, da er ja noch völlig unreif ist.

Nachdem er nun aber gelesen hat, was der Heilige Stuhl am 19. August 1889 an den Erzbischof von Cambrai zurückgeschrieben hat, ⟨nämlich⟩ daß "nicht sicher gelehrt werden könne", daß irgendeine Operation erlaubt sei, die den Fötus direkt tötet, auch wenn dies notwendig wäre, um die Mutter zu retten, ist sich Titius unschlüssig wegen der Erlaubtheit der chirurgischen Operationen, mit denen er selbst bisher nicht selten für einen Abgang sorgte, um schwerkranke Schwangere zu retten.

*Frage:* Titius will wissen, ob er die geschilderten Operationen bei einer Wiederholung besagter Umstände sicher erneut durchführen kann.

*Antwort (vom Papst am 25. Juli bestätigt):* Nein, gemäß anderen Dekreten, nämlich vom 28. Mai 1884 und 19. Aug. 1889.

**3300-3310: Enzyklika "Satis cognitum", 29. Juni 1896**

*Ausg.:* ASS 28 (1895/96) 709-757 / Leo XIII., *Acta*, Rom 16,159-205 / Brügge 6,157-187 / AnE 4 (1896) 246a-257a.

### Die Einheit der Kirche als des mystischen Leibes Christi

**3300** [*Ecclesia*] quidem, si extremum illud quod vult causaeque proximae sanctitatem efficientes spectentur, profecto est *spiritualis;* si vero eos consideres, quibus cohaeret, resque

[*Die Kirche*] ist zwar, wenn man jenes Letzte, das sie bezweckt, und die unmittelbaren Ursachen, die die Heiligung bewirken, betrachtet, in der Tat *geistlich*; wenn man

ipsas quae ad spiritualia dona perducunt, *externa* est necessarioque conspicua. ...

Quibus de causis Ecclesiam cum "corpus", tum etiam "corpus Christi" tam crebro sacrae Litterae nominant: "Vos autem estis corpus Christi" [*1 Cor 12,27*]. Propter eam rem quod corpus est, oculis cernitur Ecclesia; propterea quod est Christi, vivum corpus est actuosum et vegetum, quia [*Christus*] eam tuetur ac sustentat. ... Quemadmodum autem in animantibus principium vitae in occulto est ac penitus abditum, indicatur tamen atque ostenditur motu actuque membrorum, sic in Ecclesia supernaturalis principium vitae perspicue ex iis, quae ab ipsa aguntur, apparet.

Ex quo consequitur, in magno eodemque pernicioso errore versari, qui ad arbitrium suum fingunt Ecclesiam atque informant quasi latentem minimeque conspicuam; item qui perinde habent atque institutum quoddam humanum cum temperatione quadam disciplinae ritibusque externis, et sine perenni communicatione munerum gratiae divinae, sine rebus iis, quae haustam a Deo vitam quotidiana atque aperta significatione testentur. Nimirum alterutram esse posse Iesu Christi Ecclesiam tam repugnat, quam solo corpore vel anima sola constare hominem. Complexio copulatioque earum duarum velut partium prorsus est ad veram Ecclesiam necessaria, sic fere ut ad naturam humanam intima animae corporisque coniunctio.

Non est Ecclesia intermortuum quiddam, sed Corpus Christi vita supernaturali praeditum. Sicut Christus, Caput et exemplar, non omnis est, si in eo vel humana dumtaxat spectetur natura visibilis ... vel divina tantummodo natura invisibilis, ... sed unus est ex utraque et in utraque natura cum visibili tum invisibili, sic corpus eius mysticum non vera Ecclesia est nisi propter eam rem, quod eius partes conspicuae vim vitamque ducunt ex donis supernaturalibus rebusque ceteris,

aber die berücksichtigt, aus denen sie besteht, und die Dinge, die zu den geistlichen Gaben hinführen, ist sie *äußerlich* und notwendig sichtbar. ...

Aus diesen Gründen nennt die heilige Schrift die Kirche so häufig sowohl "Leib" als auch "Leib Christi": "Ihr aber seid der Leib Christi" [*1 Kor 12,27*]. Deswegen, weil sie ein Leib ist, wird die Kirche mit den Augen geschaut; deswegen, weil sie ⟨der Leib⟩ Christi ist, ist sie ein tätiger und lebenskräftiger lebendiger Leib, da [*Christus*] sie schützt und erhält. ... Wie aber bei Lebewesen das Prinzip des Lebens im Verborgenen und den Blicken völlig entzogen ist, jedoch durch die Bewegung und Tätigkeit der Glieder angezeigt und kundgetan wird, so kommt in der Kirche das Prinzip des übernatürlichen Lebens in dem, was von ihr getan wird, deutlich zum Vorschein.

Daraus folgt, daß sich in einem großen **3301** und ebenso verderblichen Irrtum befinden, die sich die Kirche nach ihrem eigenen Gutdünken gleichsam als verborgen und keineswegs sichtbar vorstellen und entwerfen; desgleichen, die ⟨sie⟩ für nichts anderes halten als eine menschliche Einrichtung mit einem gewissen Maß an Disziplin und äußeren Riten, und ohne immerwährende Mitteilung der Gaben der göttlichen Gnade, ohne jene Dinge, die in täglicher und offener Kundgebung ihr aus Gott geschöpftes Leben bezeugen. Daß die Kirche Jesu Christi ⟨nur⟩ eines von beidem sein könne, ist zweifellos ebenso widersinnig wie ⟨die Behauptung⟩, der Mensch bestehe allein aus dem Leib oder allein aus der Seele. Die Vereinigung und Verknüpfung dieser beiden Bestandteile ist für die wahre Kirche durchaus notwendig, so ungefähr, wie für die menschliche Natur die innigste Verbindung von Seele und Leib.

Die Kirche ist nicht etwas Totes, sondern der mit übernatürlichem Leben begabte Leib Christi. So wie Christus, das Haupt und Urbild, nicht ganz ist, wenn in ihm entweder nur die sichtbare menschliche Natur ... oder lediglich die unsichtbare göttliche Natur betrachtet wird, ... sondern e i n e r ist aus beiden und in beiden Naturen, sowohl der sichtbaren als auch der unsichtbaren, so ist sein mystischer Leib nur deswegen die wahre Kirche, weil ihre sichtbaren Bestandteile Kraft

unde propria ipsarum ratio ac natura efflo-
rescit. ...

**3302**    In diiudicanda statuendaque *natura* unitatis multos varius error de via deflectit. Ecclesiae quidem non solum ortus, sed tota constitutio ad rerum *voluntate libera* effectarum
pertinet genus: quocirca ad id, quod revera
gestum est, iudicatio est omnis revocanda, ex-
quirendumque non sane, quo pacto una esse
Ecclesia *queat,* sed quo unam esse *is voluit,
qui condidit.*

**3303**    Iamvero, si ad id respicitur, quod gestum
est, Ecclesiam Iesus Christus non talem finxit
formavitque, quae communitates plures com-
plecteretur genere similes, sed distinctas neque iis vinculis alligatas, quae Ecclesiam individuam atque unicam efficerent eo plane
modo, quo "Credo unam ... Ecclesiam" in
Symbolo fidei profitemur ...

Sane Iesus Christus de aedificio eiusmodi
mystico cum loqueretur, Ecclesiam non commemorat nisi unam quam appellat suam: "aedificabo Ecclesiam meam" [*Mt 16,18*]. Quaecumque praeter hanc cogitetur alia, cum non
sit per Iesum Christum condita, Ecclesia
Christi vera esse non potest. ...

Itaque partam per Iesum Christum salutem simulque beneficia omnia, quae inde
proficiscuntur, late fundere in omnes homines atque ad omnes propagare aetates debet
Ecclesia. Quocirca ex voluntate auctoris sui
unicam in omnibus terris in perpetuitate temporum esse necesse est. ...

**3304**    Illud accedit, quod Ecclesiam Filius Dei
mysticum corpus suum decrevit fore, quocum
ipse velut Caput coniungeretur, ad similitudinem corporis humani quod suscepit. ... Sicut igitur mortale corpus sibi sumpsit unicum, quod obtulit ad cruciatus et necem, ut
liberationis humanae pretium exsolveret, sic
pariter unum habet corpus mysticum, in quo
et cuius ipsius opera facit sanctitatis salutisque aeternae homines compotes: "Ipsum

und Leben aus den übernatürlichen Geschenken und aus den übrigen Dingen her-
nehmen, aus denen die ihnen eigene Wesenheit und Natur erblüht. ...

Bei der Beurteilung und Bestimmung der
*Natur* der Einheit läßt mannigfaltiger Irrtum
viele vom Weg abweichen. Denn nicht nur
der Ursprung der Kirche, sondern ihre ganze
Verfaßtheit gehört zur Gattung der durch
*freien Willen* bewirkten Dinge: deshalb ist
jede Beurteilung auf das zu beziehen, was tatsächlich geschehen ist, und es ist keineswegs
zu fragen, auf welche Weise die Kirche eins
sein *kann,* sondern wie *derjenige, der sie gegründet hat, wollte,* daß sie eins sei.

Wenn man nun aber darauf blickt, was geschehen ist, so hat Jesus Christus die Kirche
nicht als eine solche gebildet und geformt,
die mehrere Gemeinschaften umschlösse, die
ihrer Art nach ähnlich, aber unterschieden
und nicht durch jene Bande verknüpft sind,
die die Kirche in der klaren Weise unteilbar
und einzig machen, wie wir im Glaubensbekenntnis bekennen: "Ich glaube die eine ...
Kirche". ...

In der Tat erwähnt Jesus Christus, wenn er
von diesem mystischen Bau redet, nur die
eine Kirche, die er die seinige nennt: "ich
werde meine Kirche bauen" [*Mt 16,18*]. Jede
andere, die sich außer dieser noch denken
läßt, kann, da sie nicht durch Jesus Christus
gegründet wurde, nicht die wahre Kirche
Christi sein. ...

Und so muß die Kirche das durch Jesus
Christus erworbene Heil und zugleich alle
Wohltaten, die daraus hervorgehen, reichlich
an alle Menschen ausschütten und auf alle
Zeiten ausdehnen. Deshalb muß sie nach
dem Willen ihres Urhebers in allen Ländern
und in der Fortdauer der Zeiten eine einzige
sein. ...

Hinzu kommt, daß der Sohn Gottes beschlossen hat, die Kirche solle sein mystischer Leib sein, mit dem er sich selbst als
Haupt verbinden wollte, ähnlich dem
menschlichen Leib, den er angenommen hat.
... Wie er sich also einen einzigen sterblichen
Leib nahm, den er zu Marter und Tod darbot,
um den Preis für die menschliche Erlösung
zu bezahlen, so hat er gleichfalls e i n e n mystischen Leib, in dem und mit dessen eigener

(Christum) dedit (Deus) caput supra omnem Ecclesiam, quae est corpus ipsius" [*Eph 1,22s*]. Dispersa membra atque seiuncta non possunt eodem cum capite, unum simul effectura corpus, cohaerere. Atqui Paulus "Omnia autem" inquit "membra corporis cum sint multa, unum tamen corpus sunt: ita et Christus" [*1 Cor 12,12*]. Propterea corpus istud mysticum "compactum" ait esse "et connexum". "Caput Christus: ex quo totum corpus compactum, et connexum per omnem iuncturam subministrationis, secundum operationem in mensuram uniuscuiusque membri" [*Eph 4,15s*]. Quamobrem dispersa a membris ceteris siqua membra vagantur, cum eodem atque unico capite conglutinata esse nequeunt. ...

Est igitur Ecclesia Christi unica et perpetua: quicumque seorsum eant, aberrant a voluntate et praescriptione Christi Domini relictoque salutis itinere ad interitum digrediuntur.

Hilfe er die Menschen der Heiligkeit und des ewigen Heiles teilhaft macht: "Ihn (Christus) hat er (Gott) zum Haupt gemacht über die ganze Kirche, die sein Leib ist" [*Eph 1,22f*]. Zerstreute und getrennte Glieder können nicht mit demselben Haupte, um zugleich e i n e n Leib zu bilden, verbunden sein. Nun sagt aber Paulus: "Alle Glieder eines Leibes aber, obwohl sie viele sind, sind dennoch e i n Leib: so auch Christus" [*1 Kor 12,12*]. Deswegen, sagt er, sei dieser mystische Leib "zusammengefügt und verknüpft": "Haupt ⟨ist⟩ Christus: von ihm aus ⟨ist⟩ der ganze Leib zusammengefügt und verknüpft durch jedes Band der Dienstbarkeit entsprechend der einem jeden Glied angemessenen Tätigkeit" [*Eph 4,15f*]. Wenn deshalb Glieder von den übrigen Gliedern getrennt umherschweifen, können sie nicht mit demselben und einzigen Haupte verschmolzen sein. ...

Die Kirche Christi ist also eine einzige und fortwährende: alle, die gesondert gehen, irren vom Willen und von der Vorschrift Christi, des Herrn, ab, verlassen den Weg des Heiles und gehen dem Untergang entgegen.

### Die Grundlagen der Einheit der Kirche

At vero qui unicam condidit, is idem condidit u n a m : videlicet eiusmodi, ut quotquot in ipsa futuri essent, arctissimis vinculis sociati tenerentur ita prorsus, ut unam gentem, unum regnum, corpus unum efficerent: "unum corpus et unus spiritus ..." [*Eph 4,4*]. ... Tantae autem inter homines ac tam absolutae concordiae necessarium fundamentum est convenientia coniunctioque mentium. ...

[*In hunc finem*] instituit Iesus Christus in Ecclesia v i v u m, a u t h e n t i c u m, idemque p e r e n n e m a g i s t e r i u m, quod suapte potestate auxit, spiritu veritatis instruxit, miraculis confirmavit, eiusque praecepta doctrinae aeque accipi ac sua voluit gravissimeque imperavit.

Quoties igitur huius verbo magisterii edicitur, traditae divinitus doctrinae complexu hoc contineri vel illud, id quisque debet certo credere verum esse: si falsum esse ullo modo posset, illud consequatur, quod aperte repug-

Der sie aber als die einzige gründete, der **3305** gründete sie ebenso als die e i n e : nämlich dergestalt, daß alle, die in ihr sein sollten, durch innigste Bande verknüpft seien, und zwar so, daß sie e i n Volk, e i n Reich, e i n e n Leib bilden: "e i n Leib und e i n Geist ..." [*Eph 4,4*]. ... Die notwendige Grundlage einer so großen und so vollkommenen Eintracht unter Menschen ist aber das Übereinkommen und die Verbindung der Geister. ...

[*Zu diesem Zweck*] hat Jesus Christus in der Kirche ein l e b e n d i g e s, a u t h e n t i s c h e s und ebenso i m m e r w ä h r e n d e s L e h r a m t eingesetzt, das er mit eigener Vollmacht bereicherte, mit dem Geist der Wahrheit ausstattete, durch Wunder bestätigte; und er wollte und befahl nachdrücklich, daß dessen Lehrvorschriften ebenso angenommen würden wie seine eigenen.

Sooft also durch das Wort dieses Lehramtes verkündet wird, daß dies oder jenes zum Bereich der von Gott überlieferten Lehre gehöre, muß jeder gewiß glauben, daß dies wahr ist: wenn es in irgendeiner Weise falsch

nat, erroris in homine ipsum esse auctorem Deum: "Domine, si error est, a te decepti sumus"[1]. ...

sein könnte, würde ⟨daraus⟩ folgen – was offensichtlich widersinnig ist –, daß Gott selbst der Urheber des Irrtums im Menschen ist: "Herr, wenn es ein Irrtum ist, sind wir von dir getäuscht worden"[1]. ...

**3306**     Sicut ad unitatem Ecclesiae, quatenus est coetus fidelium, necessario unitas fidei requiritur, ita ad ipsius unitatem, quatenus est divinitus constituta societas, requiritur iure divino unitas regiminis, quae unitatem communionis efficit. ...

Wie zur Einheit der Kirche, insofern sie die Versammlung der Gläubigen ist, notwendigerweise die Einheit des Glaubens erforderlich ist, so ist zu ihrer Einheit, insofern sie eine von Gott gegründete Gesellschaft ist, nach göttlichem Recht die Einheit der Leitung erforderlich, die die Einheit der Gemeinschaft bewirkt. ...

**3307**     Si Petri eiusque successorum plena ac summa potestas est, ea tamen ne putetur sola. Nam qui Petrum Ecclesiae fundamentum posuit, idem elegit "duodecim ... quos et Apostolos nominavit" [*Lc 6,13*]. Quo modo Petri auctoritatem in Romano Pontifice perpetuam manere necesse est, sic episcopi, quod succedunt Apostolis, horum potestatem ordinariam hereditate capiunt, ita ut intimam Ecclesiae constitutionem ordo episcoporum necessario attingat. Quamquam vero neque plenam neque universalem ii neque summam obtinent auctoritatem, non tamen vicarii Romanorum Pontificum putandi, quia potestatem gerunt sibi propriam, verissimeque populorum quos regunt, antistites ordinarii dicuntur. ...

Wenn Petrus und seinen Nachfolgern die volle und höchste Vollmacht zukommt [*was zuvor ausführlich dargelegt wurde*], so soll man dennoch nicht meinen, daß diese die alleinige sei. Denn derselbe, der Petrus als Fundament der Kirche einsetzte, erwählte "zwölf ..., die er auch Apostel nannte" [*Lk 6,13*]. Wie die Autorität des Petrus im Römischen Bischof immerfort bleiben muß, so empfangen die Bischöfe, weil sie Nachfolger der Apostel sind, durch Erbschaft deren ordentliche Vollmacht, so daß der Stand der Bischöfe notwendig zur innersten Verfassung der Kirche gehört. Obwohl diese aber weder die volle noch die allgemeine, noch die höchste Autorität innehaben, sind sie dennoch nicht für Stellvertreter der Römischen Bischöfe zu erachten; denn sie haben ihre eigene Vollmacht und werden völlig zurecht ordentliche Vorsteher der Völker, die sie leiten, genannt. ...

**3308**     Sed episcoporum ordo tunc rite, ut Christus iussit, colligatus cum Petro putandus, si Petro subsit eique pareat; secus in multitudinem confusam ac perturbatam necessario delabitur. Fidei et communionis unitati rite conservandae, non gerere honoris causa priores partes, non curam agere satis est; sed omnino auctoritate est opus vera eademque summa, cui obtemperet tota communitas. ...

Der Stand der Bischöfe ⟨ist⟩ aber dann für gebührend – wie Christus es geheißen – mit Petrus verbunden zu erachten, wenn er Petrus untertan ist und ihm gehorcht; andernfalls wird er notwendigerweise in eine wirre und ungeordnete Vielzahl abgleiten. Um die Einheit des Glaubens und der Gemeinschaft gebührend zu bewahren, genügt es nicht, ehrenhalber die führende Rolle zu spielen oder das Kommando zu führen; vielmehr bedarf es durchaus einer wahren und ebenso höchsten Autorität, der die ganze Gemeinschaft gehorchen soll. ...

Hinc illae de beato Petro singulares veterum locutiones, quae in summo dignitatis po-

Daher jene besonderen Aussagen der Alten über den seligen Petrus, die ihn deutlich

---

*3305 [1]     Richard von St. Viktor, *De trinitate* I 2 (PL 196,891D).

testatisque gradu locatum luculenter praedicant. Appellant passim "principem coetus discipulorum", "sanctorum Apostolorum principem", "chori illius coryphaeum", "os Apostolorum omnium", "caput illius familiae", "orbis totius praepositum", "inter Apostolos primum", "Ecclesiae columen". ...

Illud vero abhorret a veritate et aperte repugnat constitutioni divinae, iurisdictioni Romanorum Pontificum episcopos subesse *singulos* ius esse, *universos* ius non esse. Haec enim omnis est causa ratioque fundamenti, ut unitatem stabilitatemque *toti* potius aedificio quam *partibus* eius *singulis* tueatur. ...

Hanc vero, de qua dicimus, in ipsum episcoporum collegium potestatem ... agnoscere ac testari nullo tempore Ecclesia destitit [*Allegantur inter alia *641 1445*]. ...

Sane claves regni caelorum uni creditas Petro, item ligandi solvendique potestatem Apostolis una cum Petro collatam sacrae Litterae testantur; at vero summam potestatem *sine Petro* et *contra Petrum* unde Apostoli acceperint, nusquam est testatum. ...

Neque vero potestati geminae eosdem subesse confusionem habet administrationis. Tale quicquam suspicari primum sapientia Dei prohibemur, cuius consilio est temperatio isthaec regiminis constituta. Illud praeterea animadvertendum, tum rerum ordinem mutuasque necessitudines perturbari, si bini magistratus in populo sint eodem gradu, neutro alteri obnoxio. Sed Romani Pontificis potestas summa est, universalis, planeque sui iuris: episcoporum vero certis circumscripta finibus nec plane sui iuris: "Inconveniens est, quod duo aequaliter super eundem gregem constituantur. Sed quod duo, quorum unus alio principalior est, super eandem plebem constituantur, non est inconveniens, et secundum hoc super eandem plebem immediate sunt et sacerdos parochialis et episcopus et papa"[1].

als in die ranghöchste Würde und Vollmacht eingesetzt verkünden. Sie nennen ihn allenthalben "Fürst der Jüngerschar", "Fürst der heiligen Apostel", "Stimmführer jenes Chores", "Mund aller Apostel", "Haupt jener Familie", "Vorsteher des ganzen Erdkreises", den "ersten unter den Aposteln", "Säule der Kirche". ...

Jenes aber ist mit der Wahrheit unvereinbar und widerstreitet offensichtlich der göttlichen Bestimmung, daß es zwar rechtens sei, daß die Bischöfe der Jurisdiktion der Römischen Bischöfe als *einzelne* unterlägen, nicht aber in ihrer *Gesamtheit*. Dies ist nämlich der ganze Sinn und Zweck des Fundamentes, daß es die Einheit und Festigkeit eher für den *ganzen* Bau als für seine *einzelnen Teile* wahrt. ...

Diese Vollmacht gegenüber dem Kollegium der Bischöfe aber, von der wir reden, ... anzuerkennen und zu bezeugen, hat die Kirche zu keiner Zeit aufgehört [*Angeführt werden unter anderem *641 1445*]. ...

In der Tat bezeugt die heilige Schrift, daß die Schlüssel des Himmelreiches einzig Petrus anvertraut, und ebenso die Vollmacht, zu binden und zu lösen, den Aposteln zusammen mit Petrus übertragen wurde; woher die Apostel aber die höchste Vollmacht *ohne Petrus* und *gegen Petrus* empfangen haben sollen, ist nirgends bezeugt. ...

Daß aber dieselben einer zweifachen Vollmacht unterliegen, führt zu keinem Durcheinander in der Verwaltung. So etwas zu argwöhnen, werden wir erstens durch die Weisheit Gottes gehindert, durch dessen Ratschluß diese zweckmäßige Einteilung der Leitung begründet wurde. Außerdem ist zu bemerken, daß die Ordnung der Dinge und die wechselseitigen Beziehungen dann gestört werden, wenn es beim Volk zwei Behörden derselben Stufe gibt, von denen keine der anderen nachgeordnet ist. Die Vollmacht des Römischen Bischofs jedoch ist die höchste, allgemein und völlig eigenen Rechtes: die der Bischöfe aber ist von bestimmten Grenzen umschrieben und nicht völlig eigenen Rechtes: "Unangemessen ist es, daß zwei in gleicher Weise über dieselbe Herde gestellt werden. Daß aber zwei, von denen der eine höhergestellt als der andere ist, über dasselbe Volk gestellt werden, ist nicht unangemessen,

3309

und demgemäß stehen sowohl der Pfarrer als auch der Bischof und der Papst unmittelbar über demselben Volke"[1].

3310    Romani autem Pontifices, officii sui memores, maxime omnium conservari volunt, quidquid est in Ecclesia divinitus constitutum: propterea quemadmodum potestatem suam ea, qua par est, cura vigilantiaque tuentur, ita et dedere et dabunt constanter operam, ut sua episcopis auctoritas salva sit. Immo quidquid episcopis tribuitur honoris, quidquid obsequii, id omne sibimet ipsis tributum deputant.

Eingedenk ihrer Pflicht wollen die Römischen Bischöfe aber am meisten von allen, daß alles, was in der Kirche von Gott festgesetzt wurde, bewahrt werde: wie sie deshalb mit der angemessenen Sorgfalt und Wachsamkeit ihre eigene Vollmacht schützen, so haben sie sich auch ständig darum bemüht und werden sich ständig darum bemühen, daß den Bischöfen ihre Autorität unbenommen sei. Ja, sie erachten sogar all das, was den Bischöfen an Ehre, was an Gehorsam entgegengebracht wird, als ihnen selbst entgegengebracht.

## 3312: Antwort des Hl. Offiziums an einen Bischof in Brasilien, 5. Aug. 1896

*Ausg.:* ASS 29 (1896/97) 316f / AnE 4 (1896) 385a / CollPF[2] 2,340, Nr. 1949.

### Der Meßwein

3312    *Expos.:* ... Uva his in locis adeo debilis et aquosa est, ut ad tolerabile vinum habendum aliquid sacchari e planta quam vulgo "canna de assugar" appellamus, musto admisceri debeat. ... Cognita Responsione Sanctae Romanae et Universalis Inquisitionis ... 25. Iun. 1891 lata, dubitationes ortae sunt:

*Darlegung:* ... Die Traube in dieser Gegend ist so schwach und wäßrig, daß dem Most, um einen erträglichen Wein zu erhalten, etwas Zucker aus einer Pflanze, die wir in der Landessprache "canna de assugar" ⟨= "Zuckerrohr"⟩ nennen, beigemischt werden muß. ... Nach Kenntnisnahme der am ... 25. Juni 1891 ergangenen Antwort der Heiligen Römischen und Allgemeinen Inquisition erhoben sich Zweifel:

*Qu.:* Utrum sic confectum vinum pro s. Missae sacrificio tuto adhiberi valeat?

*Resp. (confirmata a Summo Pontifice, 7. Aug.):* Loco sacchari extracti e canna saccharina, vulgo "canna de assugar", addendum potius esse spiritum alcool, dummodo ex gemine vitis extractus fuerit et eius quantitas, addita cum ea quam vinum de quo agitur naturaliter continet, haud excedat proportionem 12 pro centum; huiusmodi vero admixtio fiat, quando fermentatio tumultuosa, ut aiunt, defervescere inceperit.

*Frage:* Kann so hergestellter Wein gefahrlos für das hl. Meßopfer verwendet werden?

*Antwort (vom Papst am 7. Aug. bestätigt):* Anstelle des aus Zuckerrohr, in der Landessprache "canna de assugar", gewonnenen Zuckers ist eher Alkohol beizugeben, sofern er nur aus dem Gewächs des Weinstocks gewonnen wurde und seine Menge, zusammengezählt mit der, die der Wein, um den es sich handelt, von Natur aus enthält, nicht einen Anteil von 12 Prozent übersteigt; diese Beimischung soll aber geschehen, wenn die sogenannte stürmische Gärung zu verbrausen begonnen hat.

---

*3309 [1]    Thomas von Aquin, *Super libros IV Sententiarum* l. IV, dist. 17, q. 3, a. 3 solutio 5 (zu qc. 5) 3 (Parmaer Ausg. 7,800a / R. Busa, *Opera omnia* 1,539).

**3313: Antwort des Hl. Offiziums an den Erzbischof von Tarragona, 5. Aug. 1896**

*Ausg.:* ASS 29 (1896/97) 318f / AnE 4 (1896) 483b–484a / CollPF² 2,340, Nr. 1950.

### Der Meßwein

*Qu.:* 1. Utrum ... vinis [*exportandis*] praesertim dulcibus, pro eorumdem conservatione, tantum spiritus seu "alcool" ex uva deprompti addi queat, ut ad 17 circiter vel 18 vis alcoolicae gradus increscant, quin cessent exinde esse materia apta pro s. Missae sacrificio?

2. Utrum licitum sit ad s. Missae sacrificium conficiendum uti vino ex musto obtento, quod ante fermentationem vinosam per evaporationem igneam condensatum est?

*Resp. (confirmata a Summo Pontifice, 7. Aug.):* Ad 1. Dummodo ... spiritus extractus fuerit ex genimine vitis, et quantitas alcoolica adiungenda una cum ea quam vinum de quo agitur naturaliter continet, non excedat proportionem 17 vel 18 pro centum, et admixtio fiat, quando fermentatio tumultuosa, ut aiunt, defervescere inceperit, nihil obstare, quominus idem vinum in Missae sacrificio adhibeatur.

Ad 2. Licere, dummodo decoctio huiusmodi fermentationem alcoolicam haud excludat, ipsaque fermentatio naturaliter obtineri possit et de facti obtineatur.

*Fragen:* 1. Kann ... [*Export-*]weinen, insbesondere süßen, für ihre Erhaltung so viel aus der Traube gewonnener ⟨Wein⟩geist bzw. "Alkohol" beigegeben werden, daß sie sich bis zu ungefähr 17 oder 18 Grad Alkoholgehalt steigern, ohne daß sie deswegen aufhörten, eine für das hl. Meßopfer geeignete Materie zu sein?    **3313**

2. Ist es erlaubt, um das hl. Meßopfer zu vollziehen, Wein zu verwenden, der aus Most gewonnen wurde, der vor der Weingärung durch Ausdampfen über Feuer eingedickt wurde?

*Antwort (vom Papst am 7. Aug. bestätigt):* Zu 1. Sofern nur ... der ⟨Wein⟩geist aus dem Gewächs des Weinstocks gewonnen wurde, die beizufügende Menge Alkohol zusammen mit der, die der Wein, um den es sich handelt, von Natur aus enthält, nicht einen Anteil von 17 oder 18 Prozent übersteigt und die Beimischung geschieht, wenn die sogenannte stürmische Gärung zu verbrausen begonnen hat, steht nichts entgegen, daß ebendieser Wein beim Meßopfer verwendet werde.

Zu 2. Es ist erlaubt, sofern nur ein derartiges Abkochen die alkoholische Gärung nicht ausschließt und die Gärung selbst auf natürliche Weise erlangt werden kann und tatsächlich erlangt wird.

**3315–3319: Brief "Apostolicae curae et caritatis", 13. Sept. 1896**

In der anglikanischen Kirche galt das *Ordinale* Eduards VI., erstmals eingeführt 1550–1552, aufgehoben unter Maria der Katholischen, von 1559 an endgültig für die kirchlichen Weihen. Wegen der eucharistischen Aussagen, vor allem in bezug auf den Opfercharakter der Messe, wurden die anglikanischen Weihen nach diesem Ordinale schon früh von Rom nicht anerkannt: Vgl. Julius III., Brief an Kardinal Pole, 8. März 1554; Paul IV., Briefe vom 20. Jan. und 30. Okt. 1555. Das Heilige Offizium untersuchte die Frage 1685, 1704 und 1875. Bücher, die sich für die Gültigkeit der anglikanischen Weihen einsetzten, wurden verboten: Vgl. Benedikt XIII., Dekret vom 25. Juni 1728 [BullTau 22,665] gegen zwei Werke eines Anonymus, nämlich Pierre-François Le Courayers, die 1723 und 1726 in "Brüssel" [in Wirklichkeit Nancy] herausgegeben wurden. Anglikanische Kleriker, die zur katholischen Kirche konvertierten, empfingen die heiligen Weihen nochmals, nicht bedingungsweise. Ende des 19. Jahrhunderts traten Lord Halifax, Abbé Portal, Gasparri und Duchesne für eine mögliche Gültigkeit der Weihen ein. Leo XIII. entschied die Frage nach einer Untersuchung durch eine päpstliche Kommission durch den nachfolgenden Brief. Vgl. auch seinen Brief "*Religioni apud Anglos*" an den Erzbischof von Paris, 5. Nov. 1896 (ASS 29 [1896/97] 664f / *Acta*, Rom 16,305f).

*Ausg.:* ASS 29 (1896/97) 198–202 / Leo XIII., *Acta*, Rom 16,267–273 / Brügge 6,204–208.

## Anglikanische Weihen

**3315**    In ritu cuiuslibet sacramenti conficiendi et administrandi iure discernunt inter partem ceremonialem et partem essentialem, quae materia et forma appellari consuevit. Omnesque norunt, sacramenta novae Legis utpote signa sensibilia atque gratiae invisibilis efficientia, debere gratiam et significare quam efficiunt, et efficere quam significant [cf. *1310 1606]. Quae significatio, etsi in toto ritu essentiali, in materia scilicet et forma, haberi debet, praecipue tamen ad formam pertinet; cum materia sit pars per se non determinata, quae per illam determinatur. Idque in sacramento ordinis manifestius apparet, cuius conferendi materia, quatenus hoc loco se dat considerandam, est manuum impositio; quae quidem nihil definitum per se significat, et aeque ad quosdam ordines, aeque ad confirmationem usurpatur.

**3316**    Iamvero verba, quae ad proximam usque aetatem habentur passim ab Anglicanis tamquam forma propria ordinationis presbyteralis, videlicet "Accipe Spiritum Sanctum", minime sane significant definite ordinem sacerdotii vel eius gratiam, et potestatem, quae praecipue est potestas "consecrandi et offerendi verum corpus et sanguinem Domini" [*1771], eo sacrificio, quod non est "nuda commemoratio sacrificii in cruce peracti" [*1753]. Forma huiusmodi aucta quidem est postea iis verbis: ad officium et opus presbyteri; sed hoc potius convincit, Anglicanos vidisse ipsos, primam eam formam fuisse mancam neque idoneam rei. Eadem vero adiectio, si forte quidem legitimam significationem apponere formae posset, serius est inducta, elapso iam saeculo post receptum *Ordinale Eduardianum*: cum propterea, hierarchia exstincta, potestas ordinandi iam nulla esset. ...

Im Ritus von Vollzug und Spendung eines jeden Sakramentes unterscheidet man zurecht zwischen dem zeremoniellen Teil und dem wesenhaften Teil, der Materie und Form genannt zu werden pflegt. Und alle wissen, daß die Sakramente des neuen Bundes als Zeichen, die sinnenhaft sind und die unsichtbare Gnade bewirken, sowohl die Gnade, die sie bewirken, bezeichnen als auch ⟨die Gnade⟩, die sie bezeichnen, bewirken müssen [vgl. *1310 1606]. Auch wenn diese Bezeichnung im ganzen wesenhaften Ritus, nämlich in Materie und Form, enthalten sein muß, so gehört sie dennoch vornehmlich zur Form; denn die Materie ist der durch sich nicht bestimmte Teil, der durch jene bestimmt wird. Und dies kommt im Sakrament der Weihe noch deutlicher zum Ausdruck, bei dessen Spendung die Materie, soweit sie sich an dieser Stelle betrachten läßt, die Auflegung der Hände ist; diese bezeichnet freilich durch sich nichts Bestimmtes und wird in gleicher Weise sowohl für bestimmte Weihen als auch für die Firmung verwendet.

Nun bezeichnen aber die Worte, die von den Anglikanern bis in die jüngste Zeit allerorten als die der Priesterweihe eigene Form verwendet werden, nämlich "Empfange den Heiligen Geist", keineswegs in ⟨hinreichend⟩ bestimmter Weise die Weihe zum Priestertum oder seine Gnade und Vollmacht, die vornehmlich die Vollmacht ist, "den wahren Leib und das wahre Blut des Herrn in jenem Opfer zu konsekrieren und darzubringen" [*1771], das kein "bloßes Gedächtnis des am Kreuz vollbrachten Opfers" [*1753] ist. Diese Form wurde zwar später durch die Worte "für das Amt und die Aufgabe des Priesters" erweitert; aber dies erweist eher, daß die Anglikaner selbst gesehen haben, daß diese erste Form unvollständig und der Sache nicht angemessen war. Diese Beifügung aber, wenn sie je der Form eine rechtmäßige Bedeutung beilegen könnte, wurde zu spät eingeführt, nachdem schon ein Jahrhundert seit der Übernahme des *Ordinale* Eduards vergangen war: denn nach Auslöschung der Hierarchie gab es keine Weihevollmacht mehr. ...

De consecratione episcopali similiter est. Nam formulae "Accipe Spiritum Sanctum" non modo serius annexa sunt verba "ad officium et opus episcopi", sed etiam de iisdem, ut mox dicemus, iudicandum aliter est quam in ritu catholico. Neque rei proficit quidquam advocasse praefationis precem *Omnipotens Deus*: cum ea pariter deminuta sit verbis, quae summum sacerdotium declarent.

Sane nihil huc attinet explorare, utrum episcopatus complementum sit sacerdotii, an ordo ab illo distinctus: aut collatus, ut aiunt, *per saltum,* scilicet homini non sacerdoti, utrum effectum habeat necne. At ipse procul dubio, ex institutione Christi, ad sacramentum ordinis verissime pertinet, atque est praecellenti gradu sacerdotium; quod nimirum et voce sanctorum Patrum et rituali nostra consuetudine *summum sacerdotium, sacri ministerii summa* nuncupatur.

Inde fit ut, quoniam sacramentum ordinis verumque Christi sacerdotium a ritu Anglicano penitus extrusum est, atque adeo in consecratione episcopali eiusdem ritus nullo modo sacerdotium confertur, nullo item modo episcopatus vere ac iure possit conferri: eoque id magis, quia in primis episcopatus muniis illud scilicet est, ministros ordinandi in sanctam Eucharistiam et sacrificium.

Ad rectam vero plenamque Ordinalis anglicani aestimationem, praeter ista per aliquas eius partes notata, nihil profecto tam valet quam si probe aestimetur quibus adiunctis rerum conditum sit et publice constitutum: Longum est singula persequi, neque est necessarium: eius namque aetatis memoria satis diserte loquitur, cuius animi essent in Ecclesiam catholicam auctores Ordinalis, quos asciverint fautores ab heterodoxis sectis, quo demum consilia sua referrent.

Ähnlich steht es mit der Bischofsweihe. 3317 Denn der Formel "Empfange den Heiligen Geist" wurden die Worte "für das Amt und die Aufgabe des Bischofs" nicht nur zu spät angefügt, sondern über sie ist auch, wie Wir bald sagen werden, anders zu urteilen als im katholischen Ritus. Auch nützt es der Sache nichts, daß man das Präfationsgebet *Allmächtiger Gott* herangezogen hat: denn es ist gleichfalls um die Worte verkürzt, die das höchste Priestertum erklären.

Sicherlich kommt es hier nicht darauf an zu untersuchen, ob das Bischofsamt eine Ergänzung des Priesteramtes oder ein von jenem unterschiedenes Amt ist; oder ob die sogenannte *sprungweise* – d. h., einem Menschen, der nicht Priester ist, – gespendete ⟨Weihe⟩ eine Wirkung hat oder nicht. Aber es ⟨= das Bischofsamt⟩ gehört zweifellos aufgrund der Einsetzung Christi wahrhaftigst zum Sakrament der Weihe und ist in hervorragendem Grade Priestertum; es wird nämlich sowohl in der Ausdrucksweise der heiligen Väter als auch in unserem rituellen Brauch *höchstes Priestertum, Summe des heiligen Dienstes* genannt.

Daraus ergibt sich: Weil das Sakrament der Weihe und das wahre Priestertum Christi aus dem anglikanischen Ritus völlig ausgemerzt wurde und insofern in der Bischofsweihe dieses Ritus das Priestertum in keiner Weise übertragen wird, kann ebenso in keiner Weise das Bischofsamt wahrhaft und rechtmäßig übertragen werden, und das umso mehr, weil es ja zu den ersten Aufgaben des Bischofsamtes gehört, Diener für die heilige Eucharistie und das Opfer zu weihen.

Für die rechte und vollständige Bewertung 3317a des anglikanischen *Ordinale* aber ist außer dem an einigen seiner Teile Gerügten sicherlich nichts so wichtig, wie aufrichtig zu erwägen, unter welchen Umständen es geschaffen und öffentlich in Kraft gesetzt wurde. Es wäre zu weitläufig, dies im einzelnen zu verfolgen, und es ist auch nicht notwendig: denn die Geschichte jener Zeit lehrt deutlich genug, welcher Gesinnung gegenüber der katholischen Kirche die Verfasser des *Ordinale* waren, welche Förderer sie von andersgläubigen Sekten herbeiholten, worauf sie schließlich ihre Pläne bezogen.

Nimis enimvero scientes quae necessitudo inter fidem et cultum, inter legem credendi et legem supplicandi intercedat, liturgiae ordinem, specie quidem redintegrandae eius formae primaevae, ad errores Novatorum multis modis deformarunt. Quamobrem toto Ordinali non modo nulla est aperta mentio sacrificii, consecrationis, sacerdotii potestatisque consecrandi et sacrificium offerendi; sed immo omnia huiusmodi rerum vestigia, quae superessent in precationibus ritus catholici non plane reiectis, sublata et deleta sunt de industria, quod supra attigimus.

In der Tat wohl wissend, welch unzertrennliche Verbindung zwischen Glaube und Kult, zwischen Regel des Glaubens und Regel des Gebetes besteht, wandelten sie die Ordnung der Liturgie – und zwar unter dem Anschein, ihre ursprüngliche Gestalt wiederherzustellen – auf vielfältige Weise zu den Irrtümern der Neuerer ab. Deshalb gibt es im ganzen *Ordinale* nicht nur keine offene Erwähnung des Opfers, der Konsekration, des Priestertums oder der Vollmacht, zu konsekrieren und das Opfer darzubringen, sondern es wurden sogar alle Spuren dieser Dinge, die in den nicht völlig verworfenen Gebeten des katholischen Ritus übrig blieben, vorsätzlich ausgemerzt und vernichtet, was Wir oben berührten.

**3317b**     Ita per se apparet nativa Ordinalis indoles ac spiritus, uti loquuntur. Hinc vero ab origine ducto vitio, si valere ad usum ordinationum minime potuit, nequaquam decursu aetatum, cum tale ipsum permanserit, futurum fuit ut valeret. Atque ii egerunt frustra qui inde a temporibus Caroli I conati sunt admittere aliquid sacrificii et sacerdotii, nonnulla dein ad Ordinale facta accessione[1], frustraque similiter contendit pars ea Anglicanorum non ita magna, recentiore tempore coalita, quae arbitratur posse idem Ordinale ad sanam rectamque sententiam intelligi et deduci.

Der ursprüngliche Charakter und der Geist des *Ordinale* wird so durch sich offenbar, wie sie reden. Da es aber diesen Fehler von Anfang an mitführte, konnte es, wenn es für die Anwendung bei Weihen in keiner Weise gültig sein konnte, ⟨auch⟩ künftig im Laufe der Zeiten, da es so beschaffen blieb, keinesfalls gültig sein. Und diejenigen handelten vergeblich, die von den Zeiten Karls I. an versuchten, etwas vom Opfer und vom Priestertum aufzunehmen, wonach ein Zusatz zum *Ordinale* gemacht wurde[1]; und ebenso vergeblich bemüht sich jener nicht so große Teil der Anglikaner, der sich in jüngerer Zeit zusammenfand und meint, dieses *Ordinale* könne in einem gesunden und rechten Sinne verstanden und auf ihn hingeführt werden.

Vana, inquimus, fuere et sunt huiusmodi conata: idque hac etiam de causa, quod, si qua quidem verba, in Ordinali anglicano ut nunc est, porrigant se in ambiguum, ea tamen sumere sensum eumdem nequeunt quem habent in ritu catholico. Nam semel novato ritu, ut vidimus, quo nempe negetur vel adulteretur sacramentum Ordinis, et a quo quaevis notio repudiata sit consecrationis et sacrificii, iam minime constat "Accipe Spiritum Sanctum", qui Spiritus, cum gratia nimirum sacramenti, in animam infunditur: minimeque constant verba illa "ad officium

Eitel, sagen Wir, waren und sind solche Versuche: und dies auch aus dem Grund, weil, wenn sich auch einige Worte im anglikanischen *Ordinale*, wie es jetzt der Fall ist, zweideutig darbieten, diese dennoch nicht denselben Sinn annehmen können, den sie im katholischen Ritus haben. Denn auch wenn ein Ritus einmal erneuert wurde, in dem ja, wie wir gesehen haben, das Sakrament der Weihe verleugnet bzw. verfälscht wird und von dem jede Erwähnung der Konsekration und des Opfers verschmäht wurde, hat das "Empfange den Heiligen Geist", den

---

*3317b[1]     In den Jahren 1661–1662 wurden einige Anpassungen des Ritus eingeführt; so wurden die im folgenden erwähnten Worte "für das Amt und die Aufgabe des Priesters" bzw. "des Bischofs" hinzugefügt.

et opus presbyteri" vel "episcopi" ac similia, quae restant nomina sine re quam instituit Christus. ...

Cum hoc igitur intimo formae defectu coniunctus est defectus in t e n t i o n i s, quam aeque necessario postulat, ut sit sacramentum. De mente vel intentione, utpote quae per se quiddam est interius, Ecclesia non iudicat: at quatenus extra proditur, iudicare de ea debet. Iamvero cum quis ad sacramentum conficiendum et conferendum materiam formamque debitam serio ac rite adhibuit, eo ipso censetur id nimirum facere intendisse quod facit Ecclesia. Quo sane principio innititur doctrina quae tenet, esse vere sacramentum vel illud quod ministerio hominis haeretici aut non baptizati, dummodo ritu catholico, conferatur.

Contra, si ritus immutetur, eo manifesto consilio, ut alius inducatur ab Ecclesia non receptus, utque id repellatur quod facit Ecclesia et quod ex institutione Christi ad naturam attinet sacramenti, tunc palam est, non solum necessariam sacramento intentionem deesse, sed intentionem immo haberi sacramento adversam et repugnantem.

... [*Consultores S. Officii*] ad unum consensere, propositam causam iam pridem ab Apostolica Sede plene fuisse et cognitam et iudicatam. ... [*Verum optimum duximus*] eamdem rem auctoritate Nostra rursus declarari ... .

Itaque ... [*Pontificum praedecessorum decreta*] confirmantes ac veluti renovantes, auctoritate Nostra, motu proprio, certa scientia pronuntiamus et declaramus, ordinationes ritu Anglicano actas irritas prorsus fuisse et esse omninoque nullas.

Geist nämlich, der mit der Gnade des Sakramentes in die Seele eingegossen wird, keinen Bestand mehr; und auch jene Worte "für das Amt und die Aufgabe des Priesters" bzw. "des Bischofs" und ähnliche, die als Namen übrig bleiben ohne die Sache, die Christus eingesetzt hat, haben keinen Bestand. ...

Mit diesem innersten Formfehler nun ist **3318** das Fehlen der A b s i c h t verbunden, welche 〈die Weihe〉 gleich notwendig erfordert, um ein Sakrament zu sein. Über die Gesinnung oder die Absicht urteilt die Kirche nicht, da diese ja an sich etwas Innerliches ist; insofern sie aber geäußert wird, muß sie über diese urteilen. Wenn nun aber jemand, um ein Sakrament zu vollziehen und zu spenden, ernsthaft und ordnungsgemäß die gebührende Materie und Form angewandt hat, so nimmt man eben deshalb von ihm an, er habe offenbar das zu tun beabsichtigt, was die Kirche tut. Auf diesen Grundsatz stützt sich nun die Lehre, die festhält, daß es sich selbst dann wahrhaft um ein Sakrament handelt, wenn es durch den Dienst eines häretischen oder nicht getauften Menschen – sofern nur nach dem katholischen Ritus – gespendet wird.

Wenn dagegen der Ritus verändert wird in der offenkundigen Absicht, einen anderen, von der Kirche nicht anerkannten 〈Ritus〉 einzuführen und das zurückzuweisen, was die Kirche tut und was aufgrund der Einsetzung Christi zur Natur des Sakramentes gehört, dann ist es klar, daß nicht nur die für das Sakrament notwendige Absicht fehlt, sondern sogar eine dem Sakrament entgegengesetzte und widerstreitende Absicht vorliegt.

... [*Die Ratgeber des Hl. Offiziums*] **3319** stimmten einmütig überein, daß der vorliegende Sachverhalt schon längst vom Apostolischen Stuhl vollständig zur Kenntnis genommen und beurteilt worden sei. ... [*Wir hielten es aber für das beste,*] daß diese Sache kraft Unserer Autorität wiederum erklärt werde... .

Deshalb ... bekräftigen Wir und erneuern gleichsam [*die Dekrete der vorangegangenen Päpste*] und verkünden und erklären kraft Unserer Autorität aus eigenem Antrieb mit sicherem Wissen, daß die im anglikanischen Ritus vollzogenen Weihen völlig ungültig und gänzlich nichtig waren und sind.

## 3320-3321: Enzyklika "Fidentem piumque", 20. Sept. 1896

*Ausg.:* ASS 29 (1896/97) 206 / Leo XIII., *Acta*, Rom 16,282f / Brügge 6,213f.

### *Maria als Mittlerin der Gnaden*

3320　Certissime quidem perfecti Conciliatoris nomen et partes alii nulli conveniunt quam Christo, quippe qui unus, homo idem et Deus, humanum genus summo Patri in gratiam restituerit: "Unus mediator Dei et hominum, homo Christus Iesus ..." [*1 Tim 2,5s*]. At vero si "nihil prohibet", ut docet Angelicus, "aliquos alios secundum quid dici mediatores inter Deum et homines, prout scilicet cooperantur ad unionem hominis cum Deo dispositive et ministerialiter"[1], cuiusmodi sunt Angeli Sanctique caelites, prophetae et utriusque Testamenti sacerdotes, profecto eiusdem gloriae decus Virgini excelsae cumulatius convenit.

Zwar kommen der Name und die Rolle des vollkommenen Vermittlers ganz sicher keinem anderen zu als Christus, da er ja allein, zugleich Mensch und Gott, das Menschengeschlecht beim höchsten Vater wieder in Gnade setzte: "Ein Mittler zwischen Gott und den Menschen, der Mensch Christus Jesus ..." [*1 Tim 2,5f*]. Wenn jedoch "nichts hindert", wie der Engelgleiche ⟨Lehrer⟩ lehrt, "auch andere in gewisser Hinsicht Mittler zwischen Gott und den Menschen zu nennen, sofern sie nämlich vorbereitend und dienend mitwirken zur Vereinigung des Menschen mit Gott"[1], zu denen die Engel und die Heiligen im Himmel, die Propheten und die Priester beider Testamente gehören, dann kommt in der Tat die Zierde dieser Ehre der erhabenen Jungfrau in noch höherem Maße zu.

3321　Nemo etenim unus cogitari quidem potest, qui reconciliandis Deo hominibus parem atque illa operam vel umquam contulerit vel aliquando sit collaturus. Nempe ipsa ad homines in sempiternum ruentes exitium Servatorem adduxit, iam tum scilicet cum pacifici sacramenti nuntium ab Angelo in terras allatum admirabili assensu "loco totius humanae naturae"[1] excepit; ipsa est, "de qua natus est Iesus" [*Mt 1,16*], vera scilicet eius mater, ob eamque causam digna et peraccepta ad Mediatorem mediatrix.

Denn man kann sich ja keinen einzigen denken, der für die Wiederversöhnung der Menschen mit Gott den gleichen Dienst wie sie jemals geleistet hat oder einmal leisten wird. Denn sie selbst hat den Menschen, die im Begriffe waren, ins ewige Verderben zu stürzen, den Retter zugeführt, nämlich schon damals, als sie die Botschaft des Friedens bringenden Geheimnisses, die von dem Engel auf die Erde gebracht wurde, mit bewundernswerter Zustimmung "anstelle der ganzen menschlichen Natur"[1] vernahm; sie selbst, "von der Jesus geboren wurde" [*Mt 1,16*], ist nämlich seine wahre Mutter, und deswegen die würdige und hochwillkommene Mittlerin zum Mittler.

### 3323: Antwort des Hl. Offiziums, 17. März 1897

Vgl. die Ansprache Pius' XII. an den 4. internationalen Kongreß katholischer Ärzte vom 29. Sept. 1949 (\*3873a).

*Ausg.:* ASS 29 (1896/97) 704 / CollPF[2] 2,354, Nr. 1964.

---

\*3320 [1]　Thomas von Aquin, *Summa theologiae* III, q. 26, a. 1 (Editio Leonina 11,285b).
\*3321 [1]　Ebd. III, q. 30, a. 1 (ebd. 11,315b).

## Künstliche Befruchtung

*Qu.:* An adhiberi possit artificialis mulieris fecundatio?

     *Resp. (confirmata a Summo Pontifice, 26. Mart.):* Non licere.

*Frage:* Kann eine künstliche Befruchtung 3323 der Frau angewandt werden?

     *Antwort (vom Papst am 26. März bestätigt):* Nicht erlaubt.

## 3325-3331: Enzyklika "Divinum illud munus", 9. Mai 1897

*Ausg.:* ASS 29 (1896/97) 646-653 / Leo XIII., *Acta,* Rom 17,128-140.

### Die Dreifaltigkeit

Periculum [*errandi de Trinitate*] ... ex eo fit, ne in fide aut in cultu vel divinae inter se Personae confundantur vel unica in ipsis natura separetur; ... Quare Innocentius XII, decessor Noster, sollemnia quaedam honori Patris propria postulantibus omnino negavit. Quod si singula Incarnati Verbi mysteria certis diebus festis celebrantur, non tamen proprio ullo festo celebratur Verbum secundum divinam tantum naturam: atque ipsa etiam Pentecostes sollemnia non ideo inducta antiquitus sunt, ut Spiritus Sanctus per se simpliciter honoraretur, sed ut eiusdem recoleretur adventus sive externa missio. Quae quidem omnia sapienti consilio sancita sunt, ne quis forte a distinguendis Personis ad divinam essentiam distinguendam prolaberetur. Quin etiam Ecclesia, ut in fidei integritate filios contineret, sanctissimae Trinitatis festum instituit, quod Iohannes XXII [*a. 1331*] deinde iussit ubique agendum. ... Multaque rem confirmant. Cultus enim, qui sanctis Caelitibus atque Angelis, qui Virgini Deiparae, qui Christo tribuitur, is demum in Trinitatem ipsam redundat et desinit. ...

Die Gefahr [*eines Irrtums in bezug auf die* 3325 *Dreifaltigkeit*] ... ergibt sich daraus, daß im Glauben oder in der Verehrung die göttlichen Personen untereinander vermischt werden oder die einzige Natur in ihnen getrennt wird; ... Deshalb hat Innozenz XII., Unser Vorgänger, denen, die bestimmte eigene Feiern zu Ehren des Vaters forderten, dies gänzlich verweigert. Wenn nun einzelne Geheimnisse des Fleischgewordenen Wortes an bestimmten Festtagen gefeiert werden, so wird das Wort dennoch an keinem eigenen Fest lediglich der göttlichen Natur nach gefeiert: und auch das Pfingstfest selbst wurde nicht deshalb vor alters eingeführt, damit der Heilige Geist einfach für sich verehrt werde, sondern damit seiner Ankunft und seiner Sendung nach außen gedacht werde. Dies alles wurde nun durch weisen Ratschluß festgelegt, damit ja niemand von der Unterscheidung der Personen auf die Unterscheidung des göttlichen Wesens verfalle. Ja, die Kirche hat sogar, um ihre Kinder in der Unversehrtheit des Glaubens zu bewahren, das Fest der heiligsten Dreifaltigkeit eingesetzt, das Johannes XXII. [*i. J. 1331*] alsdann überall zu begehen befahl. ... Und vieles bestätigt dies. Denn die Verehrung, die den Heiligen im Himmel und den Engeln, die der Jungfrau und Gottesgebärerin, die Christus erwiesen wird, sie strömt schließlich auf die Dreifaltigkeit selbst über und endet ⟨bei ihr⟩. ...

Aptissimeque Ecclesia ea divinitatis opera, in quibus potentia excellit, tribuere Patri, ea, in quibus excellit sapientia, tribuere Filio, ea, in quibus excellit amor, Spiritui Sancto tribuere consuevit. Non quod perfectiones cunctae atque opera extrinsecus edita Personis divinis communia non sint; sunt enim "indivisa opera Trinitatis, sicut et indivisa est

Und völlig angemessen pflegt die Kirche 3326 jene Werke der Gottheit, in denen die Macht herausragt, dem Vater zuzuschreiben, jene, in denen die Weisheit herausragt, dem Sohn zuzuschreiben, und jene, in denen die Liebe herausragt, dem Heiligen Geist zuzuschreiben. Nicht daß alle Vollkommenheiten und äußerlich hervorgebrachten Werke nicht den

Trinitatis essentia"[1], quia, uti tres Personae divinae "inseparabiles sunt, ita inseparabiliter operantur"[2]: verum quod ex comparatione quadam et propemodum affinitate, quae inter opera ipsa et Personarum proprietates intercedit, ea alteri potius quam alteris addicuntur sive, ut aiunt, appropriantur: "Sicut similitudine vestigii vel imaginis in creaturis inventa, utimur ad manifestationem divinarum Personarum, ita et essentialibus attributis; et haec manifestatio Personarum per essentialia attributa appropriatio dicitur"[3].

göttlichen Personen gemeinsam wären; es sind nämlich "die Werke der Dreifaltigkeit ungeteilt, wie auch das Wesen der Dreifaltigkeit ungeteilt ist"[1]; denn wie die drei göttlichen Personen "untrennbar sind, so wirken sie auch auf untrennbare Weise"[2]: aufgrund einer gewissen Vergleichbarkeit und annäherungsweisen Verwandtschaft aber, die zwischen den Werken selbst und den Eigentümlichkeiten der Personen herrscht, werden diese eher der einen als den anderen zugeschrieben bzw., wie man sagt, zugeeignet: "Wie wir uns der in den Geschöpfen gefundenen Ähnlichkeit der Spur oder des Bildes zur Verdeutlichung der göttlichen Personen bedienen, so auch der wesenhaften Merkmale; und diese Verdeutlichung der Personen durch die wesenhaften Merkmale wird Zueignung genannt"[3].

Hoc modo Pater, qui est "principium totius Deitatis"[4], idem causa est effectrix universitatis rerum et Incarnationis Verbi et sanctificationis animorum, *ex ipso sunt omnia*: ex ipso, propter Patrem. Filius autem, Verbum Imago Dei, idem est causa exemplaris, unde res omnes formam et pulchritudinem, ordinem et concentum imitantur; qui exstitit nobis via, veritas, vita, hominis cum Deo reconciliator, *per ipsum sunt omnia*: per ipsum, propter Filium. Spiritus vero Sanctus idem est omnium rerum causa ultima, eo quia sicut in fine suo voluntas lateque omnia conquiescunt, non aliter ille, qui divina bonitas est ac Patris ipsa Filiique inter se caritas, arcana ea opera de salute hominum ... complet et perficit, *in ipso sunt omnia*: in ipso, propter Spiritum Sanctum.

Auf diese Weise ist der Vater, der "der Anfang der ganzen Gottheit"[4] ist, ebenso die Wirkursache der Gesamtheit der Dinge, der Fleischwerdung des Wortes und der Heiligung der Herzen, *aus ihm ist alles*: aus ihm, weil er Vater ist. Der Sohn aber, das Wort und Abbild Gottes, ist ebenso die urbildliche Ursache, aufgrund derer alle Dinge Form und Schönheit, Ordnung und Übereinstimmung abbilden; er ist für uns der Weg, die Wahrheit und das Leben, der Wiederversöhner des Menschen mit Gott, *durch ihn ist alles*: durch ihn, weil er Sohn ist. Der Heilige Geist aber ist ebenso die Endursache aller Dinge, ⟨und zwar⟩ deshalb, weil, wie in ihrem Ziel der Wille und weithin alles Ruhe finden, nicht anders er, der die göttliche Güte und die Liebe des Vaters und des Sohnes untereinander selbst ist, diese geheimnisvollen Werke für das Heil der Menschen ... vervollkommnet und vollendet, *in ihm ist alles*: in ihm, weil er Heiliger Geist ist.

### *Das Verhältnis des Heiligen Geistes zum fleischgewordenen Wort*

3327    Sane in operibus Dei externis illud eximie praestat Incarnati Verbi mysterium, in quo divinarum perfectionum sic enitet lux ut

Unter den äußeren Werken Gottes ragt freilich jenes Geheimnis des Fleischgewordenen Wortes besonders hervor, in dem das

---

*3326 [1]    Vgl. Augustinus, *De trinitate* I 4, n. 7 und 5, n. 8 (W.J. Mountain – Fr. Glorie: CpChL 50 [1968] 35f / PL 42,824).

[2]    Ebd. I 4, n. 7 (CpChL 50,36$_{23f}$ / PL 42,824C).

[3]    Thomas von Aquin, *Summa theologiae* I, q. 39, a. 7 (Editio Leonina 4,407ab).

[4]    Augustinus, *De trinitate* IV 20, n. 29 (CpChL 50,200$_{122}$ / PL 42,908D).

quidquam supra ne cogitari quidem possit ... Hoc igitur tantum opus, etsi totius Trinitatis fuit, attamen Spiritui Sancto tamquam proprium adscribitur: ita ut de Virgine sic Evangelia commemorent: "Inventa est in utero habens de Spiritu Sancto", et "Quod in ea natum est, de Spiritu Sancto est" [*Mt 1,18 20*]. ...

Divini autem Spiritus opera non solum conceptio Christi effecta est, sed eius quoque sanctificatio animae, quae *unctio* in sacris libris nominatur [*Act 10,38*]: atque adeo omnis actio "praesente spiritu peragebatur"[1] praecipueque sacrificium eius sui: "Per Spiritum Sanctum semetipsum obtulit immaculatum Deo" [*Hbr 9,14*].

Ista qui perpenderit, nihil erit ei mirum, quod charismata omnia almi Spiritus in animam Christi affluxerint. ... Itaque Spiritus Sancti et praesentia conspicua super Christum et virtute intima in anima eius duplex eiusdem Spiritus praesignificatur missio, ea nimirum, quae in Ecclesia manifesto patet, et ea, quae in animis iustorum secreto illapsu exercetur.

Licht der göttlichen Vollkommenheiten so erstrahlt, daß etwas darüber hinaus nicht einmal gedacht werden kann. ... Dieses so große Werk also wird, auch wenn es eines der ganzen Dreifaltigkeit war, dennoch dem Heiligen Geist als eigen zugeschrieben, so daß die Evangelien über die Jungfrau folgendes berichten: "Es fand sich, daß sie schwanger war vom Heiligen Geist", und: "Was in ihr gezeugt wurde, stammt vom Heiligen Geist" [*Mt 1,18 20*]. ...

Durch das Wirken des göttlichen Geistes wurde aber nicht nur die Empfängnis Christi bewirkt, sondern auch die Heiligung seiner Seele, die in den heiligen Büchern *Salbung* genannt wird [*Apg 10,38*]: und so wurde jede Handlung "in Gegenwart des Geistes vollzogen"[1], und vor allem sein Selbstopfer: "Durch den Heiligen Geist brachte er sich selbst makellos Gott dar" [*Hebr 9,14*].

Wer dies erwägt, den wird es nicht verwundern, daß alle Gaben des gütigen Geistes in die Seele Christi flossen. ... Deshalb wird sowohl aufgrund der sichtbaren Gegenwart des Heiligen Geistes über Christus als auch der innerlichsten Kraft in seiner Seele die doppelte Sendung desselben Geistes vorgezeichnet, nämlich diejenige, die in der Kirche offen vor Augen liegt, und diejenige, die in den Seelen der Gerechten durch verborgenes Einströmen ausgeübt wird.

### *Der Heilige Geist als Seele der Kirche*

Ecclesia, quae iam concepta, ex latere ipso secundi Adami velut in cruce dormientis orta erat, sese in lucem hominum insigni modo primitus dedit die celeberrima Pentecostes. Ipsaque die beneficia sua Spiritus Sanctus in mystico Christi Corpore prodere coepit. ...

Ita plane eveniebat illud extremum Christi ad Apostolos suos promissum de Spiritu Sancto mittendo, qui doctrinae, ipso afflante, traditae completurus ipse esset et quodammodo obsignaturus depositum: "... cum autem venerit ille Spiritus veritatis, docebit vos omnem veritatem" [*Io 16,12s*]. ... quam quidem veritatem impertit ac largitur Ecclesiae,

Die Kirche, die, schon empfangen, aus der Seite des zweiten Adam selbst, als er am Kreuz entschlief, geboren worden war, trat zum ersten Mal am preiswürdigen Pfingsttag auf ausgezeichnete Weise in das Licht der Menschen. Und an ebendiesem Tag begann der Heilige Geist, seine Wohltaten im mystischen Leibe Christi hervorzubringen. ...

So erfüllte sich also jene letzte Verheißung Christi an seine Apostel, den Heiligen Geist zu senden, der durch seinen Hauch selbst die überlieferte Lehre vervollständigen und das Anvertraute gewissermaßen besiegeln sollte: "... wenn aber jener Geist der Wahrheit gekommen ist, wird er euch die ganze Wahrheit lehren" [*Joh 16,12f*]. ... diese

3328

---

**\*3327** [1]   Basilius der Große, *De Spiritu Sancto* 16, § 39 (SouChr 17 [Paris 1947] 181 / PG 32,139C [lat.]; 140C [gr.]).

auxilio praesentissimo providens, ut ipsa ne ulli unquam errori obnoxia sit, utque divinae doctrinae germina alere copiosius in dies possit et frugifera praestare ad populorum salutem. Et quoniam populorum salus, ad quam nata est Ecclesia, postulat, ut haec munus idem in perpetuitatem temporum persequatur, perennis idcirco vita atque virtus a Spiritu Sancto suppetit, quae Ecclesiam conservat augetque [*citatur Io 16,16s*]. Ab ipso namque episcopi constituuntur, quorum ministerio non modo filii generantur, sed etiam patres, sacerdotes videlicet, ad eam regendam enutriendamque ... . Utrique autem, episcopi et sacerdotes, insigni Spiritus munere id habent, ut peccata pro potestate deleant [*citatur Io 20,22s*].

Porro Ecclesiam opus esse plane divinum, alio nullo argumento praeclarius constat quam charismatum, quibus undique illa ornatur splendore et gloria, auctore nimirum et datore Spiritu Sancto. Atque hoc affirmare sufficiat, quod cum Christus Caput sit Ecclesiae, Spiritus Sanctus sit eius Anima: "Quod est in corpore nostro anima, id est Spiritus Sanctus in Corpore Christi quod est Ecclesia"[1].

Wahrheit nun gewährt und schenkt er der Kirche und trifft durch seine allgegenwärtige Hilfe Vorsorge, daß sie niemals einem Irrtum verfällt und daß sie die Keime der göttlichen Lehre von Tag zu Tag reicher entwickeln und fruchtbar machen kann zum Heil der Völker. Und weil es das Heil der Völker, zu dem die Kirche geboren wurde, erfordert, daß diese ebendiese Aufgabe für die Dauer der Zeiten erfüllt, deswegen steht immerwährendes Leben und die Kraft vom Heiligen Geist zu Gebote, die die Kirche erhält und mehrt [*angeführt wird Joh 16,16f*]. Von ihm selbst werden nämlich die Bischöfe eingesetzt, durch deren Dienst nicht nur die Söhne gezeugt werden, sondern auch die Väter, nämlich die Priester, um sie zu leiten und zu nähren ... . Beide aber, Bischöfe und Priester, vermögen es durch die außergewöhnliche Gabe des Geistes, Sünden aufgrund ihrer Vollmacht zu tilgen [*angeführt wird Joh 20,22f*].

Daß die Kirche ferner völlig ein göttliches Werk ist, steht aufgrund keines anderen Beweises vortrefflicher fest als ⟨aufgrund des Beweises⟩ der Gnadengaben, durch die sie überall mit Glanz und Ruhm geschmückt wird, ⟨deren⟩ Urheber und Geber freilich der Heilige Geist ist. Und es soll genügen, dies zu bekräftigen, daß, während Christus das Haupt der Kirche ist, der Heilige Geist ihre Seele ist: "Was in unserem Leib die Seele ist, das ist der Heilige Geist im Leib Christi, der die Kirche ist"[1].

## Die Einwohnung des Heiligen Geistes in den Gerechten

3329        Certum quidem est, in ipsis etiam hominibus iustis qui ante Christum fuerunt, insedisse per gratiam Spiritum Sanctum, quemadmodum de prophetis, de Zacharia, de Ioanne Baptista, de Simeone et Anna scriptum accepimus; quippe in Pentecoste non ita se Spiritus Sanctus tribuit, "ut tunc primum esse Sanctorum inhabitator inciperet, sed ut copiosius inundaret, cumulans sua dona, non inchoans, nec ideo novus opere, quia ditior largitate"[1]. Verum, si et illi in filiis Dei numerabantur, condicione tamen perinde erant ac servi, quia etiam filius "nihil differt a servo", quousque est "sub tutoribus et actoribus"

Es ist zwar sicher, daß der Heilige Geist durch die Gnade auch jenen gerechten Menschen eingewohnt hat, die vor Christus gelebt haben, wie wir ⟨es⟩ von den Propheten, von Zacharias, von Johannes dem Täufer, von Simeon und Anna geschrieben finden; der Heilige Geist hat sich ja an Pfingsten nicht so mitgeteilt, "daß er damals erst angefangen hätte, den Heiligen einzuwohnen, sondern um noch reicher überzufließen, seine Gaben häufend, nicht beginnend; und er war deshalb nicht neu am Werk, weil er reicher an Großzügigkeit war"[1]. Aber wenn auch jene unter die Kinder Gottes gerechnet wurden,

---

*3328 [1]  Augustinus, Predigt 267 (früher 186) am Pfingsttag I 4, n. 4 (PL 38,1231D).
*3329 [1]  Leo I. der Große, Predigt 77 (früher 75) über Pfingsten III 1 (PL 54,412A).

[*Gal 4,1s*]: ac, praeterquam quod iustitia in illis non erat nisi ex Christi meritis adventuri, communicatio Spiritus Sancti post Christum facta multo est copiosior, propemodum ut arram pretio vincit res pacta atque ut imagini longe praestat veritas. ...

so waren sie in ihrer Lage dennoch Knechten gleich, weil auch der Sohn "sich in nichts vom Knecht unterscheidet", solange er "unter Vormündern und Verwaltern" [*Gal 4,1f*] steht; und abgesehen davon, daß die Gerechtigkeit in ihnen nur aufgrund der Verdienste Christi, der ⟨erst⟩ kommen sollte, war, ist die Mitteilung des Heiligen Geistes nach Christus viel reicher, gewissermaßen wie die abgemachte Sache das Pfand an Wert übertrifft und die Wahrheit weit besser ist als das Abbild. ...

Regenerationis et renovationis initia sunt homini per baptisma; in quo sacramento ... illabitur primum Spiritus Sanctus eamque [*animam*] similem sibi facit. "Quod natum est ex Spiritu, spiritus est" [*Io 3,6*]. Uberiusque per sacram confirmationem ad constantiam et robur christianae vitae sese dono dat idem Spiritus ... . Ipse non modo affert nobis divina munera, sed eorumdem est auctor, atque etiam munus ipse est supremum; qui a mutuo Patris Filiique amore procedens, iure habetur et nuncupatur "altissimi donum Dei".

Die Anfänge der Wiedergeburt und der **3330** Erneuerung hat der Mensch durch die Taufe; in diesem Sakrament ... strömt der Heilige Geist erstmals ein und macht sie [*die Seele*] sich ähnlich. "Was aus dem Geist geboren ist, ist Geist" [*Joh 3,6*]. Und noch reicher gibt sich derselbe Geist durch die heilige Firmung zur Beständigkeit und Stärke des christlichen Lebens als Geschenk ... . Er bringt uns nicht nur die göttlichen Geschenke, sondern ist ⟨auch⟩ deren Urheber, und ist sogar selbst das erhabenste Geschenk; aus der gegenseitigen Liebe des Vaters und des Sohnes hervorgehend, wird er zurecht als "Geschenk des höchsten Gottes" angesehen und bezeichnet.

Cuius doni natura et vis quo illustrius pateat, revocare oportet ea quae in divinis Litteris tradita sacri doctores explicaverunt, Deum videlicet adesse rebus omnibus in eisque esse "per potentiam, in quantum omnia eius potestati subduntur; per praesentiam, in quantum omnia nuda sunt et aperta oculis eius; per essentiam, in quantum adest omnibus ut causa essendi"[1]. At vero in homine est Deus non tantummodo ut in rebus, sed eo amplius cognoscitur ab ipso et diligitur; cum vel duce natura bonum sponte amemus, cupiamus, conquiramus. Praeterea Deus ex gratia insidet animae iustae tamquam in templo, modo penitus intimo et singulari; ex quo etiam sequitur ea necessitudo caritatis, qua Deo adhaeret anima coniunctissime, plus quam amico amicus possit benevolenti maxime et dilecto, eoque plene suaviterque fruitur.

Damit das Wesen und die Bedeutung dieses Geschenkes deutlicher vor Augen tritt, gebührt es sich, an das zu erinnern, was die heiligen Lehrer zur Erklärung des in der göttlichen Schrift Überlieferten sagten, nämlich daß Gott allen Dingen gegenwärtig sei und in ihnen sei "durch seine Kraft, insofern alles seiner Macht unterworfen ist; durch seine Gegenwart, insofern alles nackt und offen vor seinen Augen liegt; durch sein Wesen, insofern er allem gegenwärtig ist als Ursache des Seins"[1]. Im Menschen jedoch ist Gott nicht nur wie in den Dingen, sondern je mehr er von ihm erkannt und geliebt wird; zumal wir ja durch die Anleitung der Natur das Gute aus eigenem Antrieb lieben, wünschen und erstreben. Außerdem wohnt Gott aus Gnade der gerechten Seele ein wie in einem Tempel, auf ganz innige und einzigartige Weise; daraus folgt auch jene Notwendigkeit der Liebe, mit der die Seele Gott aufs verbundenste anhängt, mehr als ein Freund einem noch so wohlwollenden und geliebten

---

*3330 [1]    Thomas von Aquin, *Summa theologiae* I, q. 8, a. 3 (Editio Leonina 4,87b).

3331     Haec autem mira coniunctio, quae suo nomine *inhabitatio* dicitur, condicione tantum seu statu ab ea discrepans, qua caelites Deus beando complectitur, tametsi verissime efficitur praesenti totius Trinitatis numine, "ad eum veniemus et mansionem apud eum faciemus" [*Io 14,23*], attamen de Spiritu Sancto tamquam peculiaris praedicatur. Siquidem divinae et potentiae et sapientiae vel in homine improbo apparent vestigia; caritatis, quae propria Spiritus veluti nota est, alius nemo nisi iustus est particeps.

Freund ⟨anhängen⟩ kann, und sich seiner in Fülle und Lieblichkeit erfreut.

Obwohl aber diese wunderbare Verbindung, die mit ihrem Namen *Einwohnung* heißt und sich nur der Verfassung bzw. dem Zustand nach von jener unterscheidet, mit der Gott die Himmelsbewohner beseligend umfängt, wahrhaft bewirkt wird durch die Gegenwart der Gottheit der ganzen Dreifaltigkeit – "zu ihm werden wir kommen und Wohnung bei ihm nehmen" [*Joh 14,23*] –, wird sie dennoch als besondere vom Heiligen Geist ausgesagt. Denn die Spuren der göttlichen Macht und Weisheit kommen sogar im ungerechten Menschen zum Vorschein; der Liebe, die gleichsam das eigentümliche Merkmal des Geistes ist, ist kein anderer als der Gerechte teilhaft.

## 3333-3335: Antwort des Hl. Offiziums, 30. März 1898

*Ausg.:* ASS 30 (1897/98) 699-701 / CollPF$^2$ 2,365f, Nr. 1993.

### Der Glaube und die Absicht, die zur Taufe erforderlich sind

3333     *Qu.:* Utrum missionarius conferre possit baptismum in articulo mortis mahumedano adulto, qui in suis erroribus supponitur in bona fide:

1. Si habeat adhuc plenam advertentiam, tantum illum adhortando ad dolorem et ad confidentiam, minime loquendo de nostris mysteriis, ex timore, ut ipsis non crediturus sit.

3334     2. Quamcumque habeat advertentiam, nihil ei dicendo, cum ex una parte supponitur illi non deesse contritionem, ex alia vero prudens non esse loqui cum eo de nostris mysteriis.

3335     3. Si iam advertentiam amiserit, nihil prorsus ei dicendo.

*Resp. (confirmata a Summo Pontifice, 1. Apr.):* Ad 1 et 2. Negative, id est non licere huiusmodi mahumedanis ... sive absolute sive condicionate administrare baptismum; et dentur decreta S. Officii ad episcopum Quebecensem sub die 25. Ian. et 10. Maii 1703 et Instructio S. Officii, ad Vicarium Apostoli-

*Frage:* Kann ein Missionar einem erwachsenen Mohammedaner, dem man unterstellt, daß er sich in gutem Glauben in seinen Irrtümern ⟨befindet⟩, im Augenblick des Todes die Taufe spenden:

1. Wenn er noch volles Wahrnehmungsvermögen besitzt und er ihn nur zum ⟨Reue⟩schmerz und zur Zuversicht ermahnt, ohne überhaupt über unsere ⟨Glaubens⟩geheimnisse zu reden, aus Furcht, er werde ihnen nicht glauben?

2. Wenn er ihm, was für ein Wahrnehmungsvermögen auch immer er besitze, nichts sagt, da man einerseits unterstellt, ihm fehle die Reue nicht, andererseits aber, es sei nicht klug, mit ihm über unsere ⟨Glaubens⟩geheimnisse zu reden?

3. Wenn er das Wahrnehmungsvermögen schon verloren hat und er ihm überhaupt nichts sagt?

*Antwort (vom Papst am 1. April bestätigt):* Zu 1 und 2. Nein, d. h. es ist nicht erlaubt, solchen Mohammedanern ... entweder absolut oder bedingt die Taufe zu spenden; und es sollen gegeben werden die Dekrete des Hl. Offiziums an den Bischof von Quebec vom 25. Jan. und 10. Mai 1703 [*2380-2382*] und

cum Tche-Kiang 1. Aug. 1860 [*2380-2382 2835-2839].

Ad 3: De mahumedanis moribundis et sensibus iam destitutis respondendum ut in decreto S. Officii 18. Sept. 1850 ad episcopum Perthensem; id est: "Si antea dederint signa velle baptizari, vel in praesenti statu aut nutu aut alio modo eandem dispositionem ostenderint, baptizari posse sub condicione, quatenus tamen missionarius, cunctis rerum adiunctis inspectis, ita prudenter iudicaverit".

die Instruktion des Hl. Offiziums an den Apostolischen Vikar von Tche-Kiang vom 1. Aug. 1860 [*2835-2839].

Zu 3. Was die sterbenden und der Sinne schon beraubten Mohammedaner betrifft, so ist zu antworten wie in dem Dekret des Hl. Offiziums vom 18. Sept. 1850 an den Bischof von Perth, nämlich: "Wenn sie zuvor Zeichen gegeben haben, daß sie getauft werden wollen, oder im gegenwärtigen Zustand entweder durch einen Wink oder auf eine andere Weise ebendiese Voraussetzung zu erkennen gegeben haben, können sie bedingungsweise getauft werden, insofern jedoch der Missionar in Anbetracht aller Umstände umsichtig so entscheidet".

**3336-3338: Antwort des Hl. Offiziums an den Bischof von Sinaloa (Mexiko), 4. Mai 1898**

*Ausg.:* ASS 30 (1897/98) 703f / CollPF² 2,366f, Nr. 1997 / AnE 6 (1898) 277ab.

### *Verschiedene Arten, einen Fötus zu extrahieren*

*Qu.:* 1. Eritne licita partus acceleratio, quoties ex mulieris arctitudine impossibilis evaderet fetus egressio suo naturali tempore?

*Fragen:* 1. Wird eine Beschleunigung der Geburt erlaubt sein, wenn ein Austreten des Fötus zu seiner natürlichen Zeit aufgrund der Enge ⟨des Beckens⟩ der Frau unmöglich würde?   3336

2. Et si mulieris arctitudo talis sit, ut neque partus praematurus possibilis censeatur, licebitne abortum provocare aut caesaream suo tempore perficere operationem?

2. Und wenn die Enge der Frau so beschaffen ist, daß man auch eine vorzeitige Geburt nicht für möglich erachtet: wird es erlaubt sein, einen Abgang hervorzurufen oder zu seiner Zeit einen Kaiserschnitt durchzuführen?   3337

3. Estne licita laparatomia, quando agitur de praegnatione extra-uterina, seu de ectopicis conceptibus?

3. Ist ein Bauchschnitt erlaubt, wenn es sich um eine Schwangerschaft außerhalb der Gebärmutter oder um Embryonen handelt, die an falscher Stelle liegen?   3338

*Resp. (confirmata a Summo Pontifice, 6. Maii):* Ad 1. Partus accelerationem per se illicitam non esse, dummodo perficiatur iustis de causis et eo tempore ac modis, quibus ex ordinariis contingentibus matris et fetus vitae consulatur.

*Antwort (vom Papst am 6. Mai bestätigt):* Zu 1. Die Beschleunigung der Geburt ist an sich nicht unerlaubt, sofern sie nur aus triftigen Gründen und zu der Zeit und in der Weise durchgeführt wird, in denen nach dem gewöhnlichen Lauf der Dinge für das Leben der Mutter und des Fötus gesorgt ist.

Ad 2. Quoad primam partem: negative, iuxta decretum feria IV, 24. Iulii 1895, de abortus illiceitate. - Ad secundam vero quod spectat: nihil obstare, quominus mulier, de qua agitur, caesareae operationi suo tempore subiciatur.

Zu 2. In bezug auf den ersten Teil: nein, gemäß dem Dekret vom Mittwoch, 24. Juli 1895, über die Unerlaubtheit der Abtreibung. - Was aber den zweiten betrifft: es steht nichts entgegen, daß sich die Frau, um die es sich handelt, zu gegebener Zeit einem Kaiserschnitt unterwirft.

Ad 3. Necessitate cogente, licitam esse laparatomiam ad extrahendos e sinu matris ectopicos conceptos, dummodo et fetus et matris vitae, quantum fieri potest, serio et opportune provideatur.

Zu 3. Bei zwingender Notwendigkeit ist ein Bauchschnitt erlaubt, um an falscher Stelle liegende Embryonen aus dem Schoß der Mutter herauszuholen, sofern nur, soweit möglich, ernsthaft und in geeigneter Weise Vorsorge getragen wird für das Leben sowohl des Fötus als auch der Mutter.

### 3339: Enzyklika "Caritatis studium" an die Bischöfe Schottlands, 25. Juli 1898

Leo XIII. legt mit dieser Enzyklika eine Apologie der Kirche als Mittlerin der geistlichen Güter vor. Er lehnt die Lehre der schottischen Reformatoren ab, der Opfercharakter der Messe sei zu verwerfen; das Abendmahl habe einen bloßen Gedächtnischarakter. Vgl. die *Confessio fidei et doctrinae per Ecclesiam Reformatam* [Presbyterianer] *Scotiae professae*, Art. 22: hrsg. von E.F.K. Müller, *Bekenntnisschriften der reformatorischen Kirche* [Leipzig 1903] 261₁₁₋₁₈; vgl. ferner \*1753.
*Ausg.:* Leo XIII., *Acta*, Rom 18,110f / ASS 31 (1898/99) 11f.

### Die Identität des Kreuzes- und Meßopfers

**3339**   Necessitatem ... sacrificii vis ipsa et natura religionis continet. ... Remotisque sacrificiis nulla nec esse nec cogitari religio potest: Lege veteri non est lex inferior Evangelii; immo multo praestantior, quia id cumulate perfecit, quod illa inchoarat. Iamvero sacrificium in Cruce factum praesignificabant sacrificia in Testamento veteri usitata, multo ante quam Christus nasceretur: post eius ascensum in caelum idem illud sacrificium sacrificio eucharistico continuatur. Itaque vehementer errant, qui hoc perinde respuunt, ac si veritatem virtutemque sacrificii deminuat, quod Christus, cruci suffixus, fecit; "semel oblatus ad multorum exhaurienda peccata" [*Hbr 9,28*].

Das Wesen und die Natur der Religion selbst enthüllt die Notwendigkeit des Opfers. ... Und wenn man die Opfer entfernt, kann eine Religion weder sein noch gedacht werden. Das Gesetz des Evangeliums ist nicht geringer als das alte Gesetz; im Gegenteil, sogar noch viel hervorragender, weil es das überreich vollendete, was jenes begonnen hatte. Die im Alten Testament gebräuchlichen Opfer wiesen aber schon auf das am Kreuz vollzogene Opfer voraus, lange bevor Christus geboren wurde: Nach seinem Aufstieg in den Himmel wird ebendieses Opfer im eucharistischen Opfer fortgesetzt. Deshalb irren die gewaltig, die dieses verwerfen, so als ob es die Wahrheit und die Kraft des Opfers vermindere, das Christus, ans Kreuz geschlagen, vollzog; "⟨er wurde⟩ ein für allemal geopfert, um die Sünden vieler hinwegzunehmen" [*Hebr 9,28*].

Omnino perfecta atque absoluta illa expiatio mortalium fuit; nec ullo modo altera, sed ipsa illa in sacrificio eucharistico inest. Quoniam enim sacrificalem ritum comitari in omne tempus religioni oportebat, divinissimum fuit Redemptoris consilium, ut sacrificium, semel in Cruce consummatum, perpetuum et perenne fieret. Huius autem ratio perpetuitatis inest in sacratissima Eucharistia, quae non similitudinem inanem memoriamve tantum rei affert, sed veritatem ipsam, quamquam specie dissimili, proptereaque huius sacrificii efficientia sive ad impetrandum sive ad expiandum ex morte Christi tota fluit.

Diese Sühne für die Sterblichen war gänzlich vollkommen und unbedingt; und es wohnt keineswegs eine andere, sondern diese selbst dem eucharistischen Opfer inne. Weil nämlich der Opferritus auf alle Zeit mit der Religion verbunden sein sollte, war es der göttlichste Ratschluß des Erlösers, daß das Opfer, das ein für allemal am Kreuze vollendet wurde, zum fortdauernden und immerwährenden wurde. Der Grund dieser Fortdauer aber liegt in der heiligsten Eucharistie, die keine leere Ähnlichkeit oder nur ein Gedächtnis der Tatsache, sondern die Wahrheit selbst mit sich führt, wenn auch in ungleicher Gestalt; und deswegen fließt die

Wirksamkeit dieses Opfers – sei es, um zu erlangen, sei es, um zu sühnen – ganz aus dem Tode Christi.

## 3340-3346: Brief "Testem benevolentiae" an den Erzbischof von Baltimore, 22. Jan. 1899

In einem 1891 in New York erschienenen und 1897 ins Französische übersetzten Buch Walter Elliots über das Leben Isaak-Thomas Heckers († 1888), des Gründers der Kongregation vom hl. Paulus, wurden einige Lehren vorgetragen, wie im Sinne Heckers die katholische Religion den neuen Verhältnissen angepaßt werden sollte. Den daraus entstandenen Streit beendete Leo XIII. mit diesem Brief.

*Ausg.:* ASS 31 (1898/99) 471-479 / Leo XIII., *Acta*, Rom 19,6-18 / AnE 7 (1899) 55b-58b / CollPF² 2,382-386, Nr. 2035.

### *Der Irrtum von der Anpassung der Glaubenslehren an die moderne Auffassung*

Novarum igitur, quas diximus, opinionum id fere constituitur fundamentum: quo facilius qui dissident ad catholicam sapientiam traducantur, debere Ecclesiam ad adulti saeculi humanitatem aliquanto propius accedere, ac, veteri relaxata severitate, recens invectis populorum placitis ac rationibus indulgere. Id autem non de vivendi solum disciplina, sed de doctrinis etiam, quibus *fidei depositum* continetur, intelligendum esse multi arbitrantur. Opportunum enim esse contendunt ad voluntates discordium alliciendas, si quaedam doctrinae capita, quasi levioris momenti, praetermittantur, aut molliantur ita, ut non eundem retineant sensum, quem constanter tenuit Ecclesia.

Id porro ... quam improbando sit consilio excogitatum, haud longo sermone indiget; si modo doctrinae ratio atque origo repetatur, quam tradit Ecclesia. Ad rem Vaticana Synodus: "Neque enim ... recedendum" [*\*3020*]. ...

Aetatum vero praeteritarum omnium historia testis est, Sedem hanc Apostolicam, cui non magisterium modo, sed supremum etiam regimen totius Ecclesiae tributum est, constanter quidem "in eodem dogmate, eodem sensu eademque sententia" [*cf. \*3020 cum nota*] haesisse; at vivendi disciplinam ita semper moderari consuevisse, ut, divino incolumi iure, diversarum adeo gentium, quas amplectitur, mores et rationes numquam neglexerit. Id si postulet animorum salus, nunc etiam facturam quis dubitet?

Folgendes bildet also ungefähr die Grundlage der neuen Meinungen, die Wir erwähnten: damit die Andersdenkenden leichter zur katholischen Weisheit geführt würden, müsse sich die Kirche der Menschheit einer fortgeschrittenen Zeit erheblich annähern und unter Lockerung der alten Strenge den neuerdings vorgetragenen Ansichten und Auffassungen der Völker willfahren. Dies sei aber nach der Meinung vieler nicht nur von der Lebensordnung zu verstehen, sondern auch von den Lehren, in denen die *Hinterlassenschaft des Glaubens* enthalten ist. Sie behaupten nämlich, es sei geeignet, den Willen der Abweichenden anzulocken, wenn bestimmte Lehrkapitel gleichsam leichteren Gewichts übergangen oder so gemildert würden, daß sie nicht ⟨mehr⟩ denselben Sinn behalten, den die Kirche beständig festgehalten hat. **3340**

In welch verwerflichem Bestreben dies ... aber ausgedacht wurde, bedarf keiner langen Rede; es genügt, Wesen und Ursprung der Lehre zu wiederholen, die die Kirche überliefert. Dazu das Vatikanische Konzil: "Die Lehre des Glaubens ... abzuweichen" [*\*3020*]. ...

Die Geschichte aller vergangenen Zeiten aber ist dafür Zeuge, daß dieser Apostolische Stuhl, dem nicht nur das Lehramt, sondern auch die höchste Leitung der ganzen Kirche überantwortet ist, einerseits beständig "in derselben Lehre, demselben Sinn und derselben Auffassung" [*vgl. \*3020 mit Anmerkung*] verharrte, andererseits die Lebensordnung immer so zu regeln pflegte, daß er, solange das göttliche Recht unbeeinträchtigt blieb, die Sitten und Gebräuche der so verschiedenen Völker, die er umfaßt, niemals außer **3341**

Non hoc tamen privatorum hominum arbitrio definiendum, qui fere specie recti decipiuntur; sed Ecclesiae iudicium esse oportet. ...

acht ließ. Wenn es das Heil der Seelen erfordern sollte, wer wollte daran zweifeln, daß er dies auch jetzt tun wird?

Dies zu entscheiden, darf jedoch nicht dem Gutdünken einzelner Menschen anheimgestellt sein, die fast immer durch den Anschein des Rechten getäuscht werden; vielmehr muß das Urteil der Kirche zustehen. ...

**3342**  Externum magisterium omne ab iis, qui christianae perfectioni adipiscendae studere velint, tamquam superfluum, immo etiam minus utile reicitur: ampliora, aiunt, atque uberiora nunc quam elapsis temporibus in animos fidelium Spiritus Sanctus influit charismata, eosque medio nemine docet arcano quodam instinctu atque agit. ...

Jedes äußere Lehramt wird von denen, die sich darum bemühen wollen, die christliche Vollkommenheit zu erlangen, als überflüssig, ja sogar wenig nützlich verworfen: der Heilige Geist, sagen sie, läßt heute größere und reichere Gnadengaben in die Herzen der Gläubigen strömen als in vergangenen Zeiten, und er lehrt und führt sie ohne die Vermittlung irgend jemandes mit einem geheimnisvollen Antrieb. ...

### Die Geringschätzung der übernatürlichen und passiven Tugenden

**3343**  Maxime in excolendis virtutibus Spiritus Sancti praesidio opus est omnino; verum qui nova sectari adamant, naturales virtutes praeter modum efferunt, quasi hae praesentis aetatis moribus ac necessitatibus respondeant aptius, iisque exornari praestet, quod hominem paratiorem ad agendum ac strenuiorem faciant.

Am meisten ist bei der Ausbildung der Tugenden der Beistand des Heiligen Geistes in jeder Hinsicht vonnöten; die aber gerne Neuem nachlaufen, heben die natürlichen Tugenden über alle Maßen hervor, so als ob diese den Sitten und Erfordernissen der Gegenwart mehr entsprächen und es besser sei, mit diesen ausgestattet zu werden, weil sie den Menschen bereiter zum Handeln und strebsamer machten.

Difficile quidem intellectu est, eos, qui christiana sapientia imbuantur, posse naturales virtutes supernaturalibus anteferre maioremque illis efficacitatem ac fecunditatem tribuere. ...

Es ist freilich schwer zu verstehen, daß diejenigen, die von christlicher Weisheit erfüllt werden, die natürlichen Tugenden den übernatürlichen vorziehen und ihnen eine größere Wirksamkeit und Fruchtbarkeit zuschreiben können. ...

**3344**  Cum hac de naturalibus virtutibus sententia alia cohaeret admodum, qua christianae virtutes universae in duo quasi genera dispertiuntur, in passivas, ut aiunt, atque activas; adduntque, illas in elapsis aetatibus convenisse melius, has cum praesenti magis congruere. ...

Mit dieser Auffassung von den natürlichen Tugenden hängt eine andere eng zusammen, in der die christlichen Tugenden in ihrer Gesamtheit gleichsam in zwei Arten aufgeteilt werden, in passive, wie sie sagen, und aktive; und sie fügen hinzu, jene seien in den vergangenen Zeiten eher angebracht gewesen, diese entsprächen mehr der Gegenwart. ...

Christianas autem virtutes alias temporibus aliis accommodatas esse is solum velit, qui Apostoli verba non meminerit: "Quos praescivit, hos et praedestinavit conformes fieri imaginis Filii sui" [*Rm 8,29*].

Daß aber ⟨jeweils⟩ andere christliche Tugenden anderen Zeiten angepaßt seien, das wird nur der wollen, der sich nicht an die Worte des Apostels erinnert: "Die er im voraus erkannt hat, die hat er auch vorherbe-

Magister et exemplar sanctitatis omnis Christus est; ad cuius regulam aptari omnes necesse est, quotquot avent beatorum sedibus inseri. Iamvero, haud mutatur Christus progredientibus saeculis, sed "idem heri et hodie et in saecula" [*Hbr 13,8*]. Ad omnium igitur aetatum homines pertinet illud: "Discite a me, quia mitis sum et humilis corde" [*Mt 11,59*]; nulloque non tempore Christus se nobis exhibet "factum oboedientem usque ad mortem" [*Phil 2,8*]; valetque quavis aetate Apostoli sententia: "Qui sunt Christi, carnem suam crucifixerunt cum vitiis et concupiscentiis" [*Gal 5,24*]. ...

Ex quo virtutum evangelicarum veluti contemptu, quae perperam passivae appellantur, pronum erat sequi, ut r e l i g i o s a e etiam v i t a e  d e s p e c t u s sensim per animos pervaderet. Atque id novarum opinionum fautoribus commune esse, conicimus ex eorum sententiis quibusdam circa vota, quae ordines religiosi nuncupant. Aiunt enim illa ab ingenio aetatis nostrae dissidere plurimum, utpote quae humanae libertatis fines coerceant; esseque ad infirmos animos magis quam ad fortes apta; nec admodum valere ad christianam profectionem humanaeque consociationis bonum, quin potius utrique rei obstare atque officere. ...

Ex his igitur, quae huc usque disseruimus, patet, ... non posse Nobis opiniones illas probari, quarum summam A m e r i c a n i s m i nomine nonnulli indicant.

stimmt, dem Bilde seines Sohnes gleichförmig zu werden" [*Röm 8,29*].

Lehrer und Urbild jeder Heiligkeit ist Christus; an seiner Richtschnur müssen sich alle ausrichten, die danach verlangen, in die Wohnungen der Seligen aufgenommen zu werden. Nun wandelt sich Christus aber nicht im Verlauf der Zeiten, sondern ⟨ist⟩ "derselbe gestern, heute und in Ewigkeit" [*Hebr 13,8*]. Für die Menschen aller Zeiten gilt also jenes ⟨Wort⟩: "Lernt von mir; denn ich bin sanft und demütig von Herzen" [*Mt 11,29*]; zu jedweder Zeit bietet sich Christus uns dar, "gehorsam geworden bis zum Tode" [*Phil 2,8*]; und zu jeder Zeit ist die Aussage des Apostels gültig: "Wer zu Christus gehört, hat sein Fleisch gekreuzigt mitsamt den Lastern und Begierden" [*Gal 5,24*]. ...

Aus dieser vergleichsweisen Verachtung **3345** der Tugenden des Evangeliums, die fälschlicherweise passive genannt werden, konnte leicht folgen, daß die Herzen allmählich auch eine G e r i n g s c h ä t z u n g des r e l i g i ö s e n  L e b e n s durchdrang. Und daß dies denen, die den neuen Meinungen gewogen sind, gemein ist, schließen Wir aus bestimmten Auffassungen von ihnen in bezug auf die Gelübde, die die religiösen Orden ablegen. Sie sagen nämlich, diese seien vom Geist unserer Zeit meilenweit entfernt, da sie ja das Feld menschlicher Freiheit einschränkten; und sie seien für schwache Gemüter eher geeignet als für starke; auch trügen sie überhaupt nichts zum christlichen Fortschritt und zum Wohl der menschlichen Gesellschaft bei, ja sie stünden vielmehr bei dem entgegen und seien hinderlich. ...

Aus dem, was Wir bisher bemerkt haben, **3346** wird also klar, ... daß jene Meinungen von Uns nicht gebilligt werden können, deren Summe manche mit dem Namen "A m e r i k a n i s m u s" bezeichnen.

---

**3350-3353: Enzyklika "Annum sacrum", 25. Mai 1899**

Mit dieser Enzyklika bereitete Leo XIII. die Weihe der Menschheit an das Heiligste Herz Jesu im Jubiläumsjahr 1900 vor.
*Ausg.:* ASS 31 (1898/99) 647-649 / Leo XIII., *Acta*, Rom 19,72-76.

### Die königliche Vollmacht Christi

**3350**    Amplissimum istud maximumque obsequii et pietatis testimonium [*scilicet actus devovendi genus humanum Cordi Iesu*] omnino convenit Iesu Christo, quia ipse princeps est ac Dominus summus. Videlicet imperium eius non est tantummodo in gentes catholici nominis, aut in eos solum, qui sacro baptismate rite abluti, utique ad Ecclesiam, si spectetur ius, pertinent, quamvis vel error opinionum devios agat vel dissensio a caritate seiungat, sed complectitur etiam quotquot numerantur christianae fidei expertes, ita ut verissime in potestate Christi sit universitas generis humani.

Nam qui Dei Patris Unigenitus est eandemque habet cum ipso substantiam, "splendor gloriae et figura substantiae eius" [*Hbr 1,3*], huic omnia cum Patre communia necesse est proptereaque quoque rerum omnium summum imperium. Ob eam rem Dei Filius de se ipse apud Prophetam "Ego autem" effatur "constitutus sum rex super Sion montem sanctum eius. - Dominus dixit ad me: Filius meus es tu, ego hodie genui te. Postula a me, et dabo tibi gentes hereditatem tuam, et possessionem tuam terminos terrae" [*Ps 2,6-8*]. Quibus declarat, se potestatem a Deo accepisse cum in omnem Ecclesiam, quae per Sion montem intelligitur, tum in reliquum terrarum orbem, qua eius late termini proferuntur. Quo autem summa ista potestas fundamento nitatur, satis illa docent: "Filius meus es tu".

Hoc enim ipso quod omnium Regis est Filius, universae potestatis est heres: ex quo illa "Dabo tibi gentes hereditatem tuam". Quorum sunt ea similia, quae habet Paulus Apostolus: "Quem constituit heredem universorum" [*Hbr 1,2*].

**3351**    Illud autem considerandum maxime, quid affirmaverit de imperio suo Iesus Christus ... suis ipse verbis. Quaerenti enim Romano praesidi "Ergo rex es tu?" sine ulla dubitatio-

Dieses umfassendste und größte Zeugnis des Gehorsams und der Frömmigkeit [*nämlich der Akt, das Menschengeschlecht dem Herzen Jesu zu weihen*] kommt Jesus Christus ganz und gar zu, weil er selbst Fürst und höchster Herr ist. Offensichtlich erstreckt sich seine Herrschaft nicht nur auf Völker katholischen Namens, oder nur auf die, welche durch die heilige Taufe nach rechtem Brauch abgewaschen, unter rechtlichem Gesichtspunkt durchaus zur Kirche gehören, auch wenn sie der Irrtum ihrer Auffassungen auf Abwege führt oder Uneinigkeit von der Liebe trennt: sondern sie umfaßt auch alle, die man zu den außerhalb des christlichen Glaubens Stehenden rechnet, so daß ganz wahrhaftig das gesamte Menschengeschlecht unter der Vollmacht Jesu Christi steht.

Denn wer der Einziggeborene Gottes, des Vaters, ist und dieselbe Substanz mit ihm hat – "Abglanz seiner Herrlichkeit und Abbild seiner Substanz" [*Hebr 1,3*] –, der muß alles mit dem Vater gemeinsam haben, und deswegen auch die höchste Herrschaft über alle Dinge. Deshalb sagt der Sohn Gottes über sich selbst beim Propheten aus: "Ich aber bin eingesetzt als König über seinen heiligen Berg Sion. - Der Herr sagte zu mir: Mein Sohn bist du, heute habe ich dich gezeugt. Verlange von mir, und ich werde dir die Völker als dein Erbe geben, und zu deinem Besitz die Grenzen der Erde" [*Ps 2,6-8*]. Damit macht er deutlich, daß er von Gott Vollmacht empfangen hat sowohl gegenüber der ganzen Kirche, die unter dem Berg Sion verstanden wird, als auch gegenüber dem übrigen Erdkreis, so weit sich seine Grenzen ausdehnen. Auf welche Grundlage sich aber diese höchste Vollmacht stützt, das lehren jene Worte) hinreichend: "Mein Sohn bist du". Eben dadurch nämlich, daß er der Sohn des Königs über alles ist, ist er der Erbe der gesamten Vollmacht: daher jenes "Ich werde dir die Völker als dein Erbe geben". Dem ist das ähnlich, was beim Apostel Paulus steht: "Ihn hat er zum Erben von allem eingesetzt" [*Hebr 1,2*].

Am meisten aber ist das zu bedenken, was Jesus Christus selbst in bezug auf seine Herrschaft ... mit eigenen Worten versichert hat. Dem römischen Statthalter hat er nämlich

ne respondit: "Tu dicis quia rex sum ego" [*Io 18,37*]. Atque huius magnitudinem potestatis et infinitatem regni illa ad Apostolos apertius confirmant: "Data est mihi omnis potestas in caelo et in terra" [*Mt 28,18*]. Si Christo data potestas omnis, necessario consequitur, imperium eius summum esse oportere, absolutum, arbitrio nullius obnoxium, nihil ut ei sit nec par nec simile; cumque data sit in caelo et in terra, debet sibi habere caelum terrasque parentia.

Re autem vera ius istud singulare sibique proprium exercuit, iussis nimirum Apostolis evulgare doctrinam suam, congregare homines in unum corpus Ecclesiae per lavacrum salutis, leges denique imponere, quas recusare sine salutis sempiternae discrimine nemo posset.

Neque tamen sunt in hoc omnia. Imperat Christus non i u r e tantum n a t i v o, quippe Dei Unigenitus, sed etiam q u a e s i t o. Ipse enim "eripuit nos de potestate tenebrarum" [*Col 1,13*] idemque "dedit redemptionem semetipsum pro omnibus" [*1 Tim 2,6*]. Ei ergo facti sunt "populus acquisitionis" [*1 Pt 2,9*] non solum et catholici et quotquot christianum baptisma rite accepere, sed homines singuli et universi. ...

Cur autem ipsi infideles potestate dominatuque Iesu Christi teneantur, causam sanctus Thomas rationemque edisserendo docet. Cum enim de iudiciali eius potestate quaesisset, num ad homines porrigatur universos, affirmassetque "iudiciaria potestas consequitur potestatem regiam", plane concludit: "Christo omnia sunt subiecta quantum ad potestatem, etsi nondum sunt ei subiecta quantum ad exsecutionem potestatis"[1]. Quae Christi potestas et imperium in homines exercetur per veritatem, per iustitiam, maxime per caritatem.

auf seine Frage: "Also bist du ein König?" ohne jedes Zögern geantwortet: "Du sagst, daß ich ein König bin" [*Joh 18,37*]. Und die Größe dieser Macht und Unendlichkeit der Königsherrschaft bestätigen jene ⟨Worte⟩ an die Apostel noch deutlicher: "Mir ist alle Macht im Himmel und auf der Erde verliehen" [*Mt 28,18*]. Wenn Christus alle Macht verliehen ⟨ist⟩, dann folgt daraus notwendigerweise, daß seine Herrschaft die höchste sein muß, uneingeschränkt, dem Willen von niemandem unterworfen, so daß ihr nichts gleich oder ähnlich ist; und weil sie im Himmel und auf der Erde verliehen ist, muß er Himmel und Erde als seine Untertanen haben.

In Wirklichkeit aber hat er diese einzigartige und ihm eigene Rechtsbefugnis ausgeübt, indem er nämlich die Apostel hieß, seine Lehre öffentlich zu verkünden, die Menschen durch das Bad des Heiles in den einen Leib der Kirche zu versammeln und schließlich Gesetze aufzuerlegen, denen sich ohne Gefahr für das ewige Heil niemand widersetzen kann.

Und dennoch ist nicht alles darin ⟨begrün- **3352** det⟩. Christus herrscht nicht nur kraft des a n g e b o r e n e n R e c h t e s, da er ja der Einziggeborene Gottes ⟨ist⟩, sondern auch kraft des e r w o r b e n e n. Er selbst nämlich "entriß uns der Macht der Finsternis" [*Kol 1,13*], und ebenso "gab er sich selbst als Lösegeld für alle hin" [*1 Tim 2,6*]. Ihm also wurden zum "Volk der Erwerbung" [*1 Petr 2,9*] nicht nur die Katholiken und alle, die die christliche Taufe nach rechtem Brauch empfangen haben, sondern die Menschen im einzelnen und insgesamt. ...

Die Ursache und den Grund aber, warum selbst die Ungläubigen in der Macht und Herrschaft Jesu Christi gehalten werden, lehrt der heilige Thomas in ausführlicher Erörterung. Nachdem er nämlich in bezug auf seine richterliche Vollmacht untersucht hat, ob sie sich auf alle Menschen erstrecke, und bekräftigt hat: "die richterliche Vollmacht folgt unmittelbar der königlichen Vollmacht", schließt er ausdrücklich: "Christus ist hinsichtlich der Vollmacht alles unterworfen, auch wenn es ihm noch nicht hinsichtlich der Ausübung der Vollmacht unterworfen ist"[1]. Diese Vollmacht und Herrschaft

---

**\*3352** [1] Thomas von Aquin, *Summa theologiae* III, q. 59, a. 4 ad 2 (Editio Leonina 11,545b).

Christi gegenüber den Menschen wird ausgeübt durch Wahrheit, durch Gerechtigkeit, am meisten durch Liebe.

### Das Heiligste Herz Jesu als Gegenstand der Andacht

**3353**    Quoniamque inest in Sacro Corde symbolum atque expressa imago infinitae Iesu Christi caritatis, quae movet ipsa nos ad amandum mutuo, ideo consentaneum est dicare se Cordi eius augustissimo: quod tamen nihil aliud est quam dedere atque obligare se Iesu Christo, quia quidquid honoris, obsequii, pietatis divino Cordi tribuitur, vere et proprie Christo tribuitur ipsi.

Und weil im Heiligen Herzen das Symbol und das ausgeprägte Bild der unbegrenzten Liebe Jesu Christi vorliegt, die uns zur gegenseitigen Liebe bewegt, deshalb ist es folgerichtig, sich seinem erhabensten Herzen zu weihen: dies ist jedoch nichts anderes, als sich Jesus Christus zu übergeben und zu verpflichten; denn alles, was dem göttlichen Herzen an Ehre, Gehorsam und Frömmigkeit gezollt wird, wird wahrhaftig und eigentümlich Christus selbst gezollt.

### 3356: Antwort des Hl. Offiziums an den Erzbischof von Utrecht, 21. Aug. 1901

*Ausg.:* ASS 34 (1901/02) 319f / C̓ollPF² 2,421, Nr. 2121.

### Die Materie der Taufe

**3356**    *Expos.:* Plures medici in nosocomiis aut alibi casu necessitatis infantes, praecipue in utero matris, baptizare solent aqua cum hydrargyro bichlorato corrosivo (gallice: chloride de mercure) permixta. Componitur fere haec aqua solutione unius partis huius chloreti hydrargici in mille partibus aquae, eaque solutione aquae potio venefica est. Ratio vero, cur hac mixtura utantur, est, ne matris uterus morbo afficiatur.

*Darlegung:* Mehrere Ärzte pflegen in Krankenhäusern oder anderswo im Notfall kleine Kinder, hauptsächlich im Mutterschoß, mit Wasser zu taufen, das mit Quecksilber-chlorid vermischt ist. Dieses Wasser setzt sich ungefähr aus einer Lösung von einem Teil dieses Quecksilber-chlorids in tausend Teilen Wasser zusammen, und zwar ist in einer solchen Wasserlösung der Trank giftig. Der Grund aber, warum sie diese Mischung gebrauchen, ist, daß die Gebärmutter der Mutter von keiner Krankheit befallen werde.

*Qu.:* 1. Estne baptisma cum huiusmodi aqua administratum certo an dubie validum?

2. Estne licitum ad omne morbi periculum vitandum huiusmodi aqua sacramentum baptismatis administrare?

3. Licetne etiam tum hac aqua uti, quando sine ullo morbi periculo aqua pura adhiberi potest?

*Resp. (confirmata a Summo Pontifice, 23. Aug.):* Ad 1. Providebitur in 2.

Ad 2. Licere, ubi verum adest morbi periculum.

Ad 3. Negative.

*Fragen:* 1. Ist die mit solchem Wasser gespendete Taufe sicher oder zweifelhaft gültig?

2. Ist es erlaubt, um jede Gefahr einer Krankheit zu vermeiden, mit solchem Wasser das Sakrament der Taufe zu spenden?

3. Ist es erlaubt, auch dann dieses Wasser zu gebrauchen, wenn ohne jede Gefahr einer Krankheit reines Wasser verwendet werden kann?

*Antwort (vom Papst am 23. Aug. bestätigt):* Zu 1. Wird unter 2 abgehandelt werden.

Zu 2. Es ist erlaubt, wo die wahre Gefahr einer Krankheit besteht.

Zu 3. Nein.

**3358: Antwort des Hl. Offiziums an die theologische Fakultät der Universität Montreal, 5. März 1902**

*Ausg.:* ASS 35 (1902/03) 162 / CollPF² 2,424, Nr. 2131 / AnE 10 (1902) 337ab.

### Verschiedene Arten, einen Fötus zu extrahieren

*Qu.:* Utrum aliquando liceat e sinu matris extrahere fetus ectopicos adhuc immaturos, nondum exacto sexto mense post conceptionem?

*Resp.:* Negative, iuxta Decr. 4. Maii 1898 [*3336-3338*], vi cuius fetus et matris vitae, quantum fieri potest, serio et opportune providendum est; quoad vero tempus, iuxta idem Decretum, Orator meminerit, nullam partus accelerationem licitam esse, nisi perficiatur tempore ac modis, quibus ex ordinarie contingentibus matris ac fetus vitae consulatur.

*Frage:* Ist es bisweilen erlaubt, noch unreife Föten, die an falscher Stelle liegen, aus dem Schoß der Mutter herauszuholen, wenn der sechste Monat nach der Empfängnis noch nicht vergangen ist?   **3358**

*Antwort:* Nein, gemäß dem Dekret vom 4. Mai 1898 [*3336- 3338*], kraft dessen für das Leben des Fötus und der Mutter, soweit möglich, ernsthaft und in geeigneter Weise Vorsorge zu tragen ist; in bezug auf die Zeit aber möge der Bittsteller gemäß demselben Dekret daran denken, daß keine Beschleunigung der Geburt erlaubt ist, wenn sie nicht zu der Zeit und in der Weise durchgeführt wird, in denen nach dem gewöhnlichen Lauf der Dinge für das Leben der Mutter und des Fötus gesorgt ist.

**3360-3364: Enzyklika "Mirae caritatis", 28. Mai 1902**

*Ausg.:* ASS 34 (1901/02) 642-650 / Leo XIII., *Acta*, Rom 2,118-130.

### Der eucharistische Christus als das Leben der Menschen

Beneficia porro ex Eucharistia manantia qui ... consideret, illud sane praestare atque eminere intelliget, quo cetera quaecumque sunt continentur: ex ipsa nempe vitam in homines, quae vere vita est, influere: "Panis quem ego dabo, caro mea est pro mundi vita" [*Io 6,52*].

Non uno modo ... Christus est vita ...: statim namque ut in terris "benignitas et humanitas apparuit Salvatoris nostri Dei" [*Tit 3,4*], nemo quidem ignorat vim quamdam continuo erupisse ordinis rerum prorsus novi procreatricem eamque in venas omnes societatis civilis et domesticae permanasse ...; quod autem praecipuum, hominum animos et studia ad veritatem religionis sanctitatemque morum traducta atque adeo vitam homini communicatam caelestem plane ac divinam. ...

Wer ferner die der Eucharistie entströmenden Wohltaten ... betrachtet, wird verstehen, daß in der Tat jene hervorsteht und herausragt, in der alle übrigen enthalten sind: daß nämlich aus ihr das Leben in die Menschen strömt, welches wahrhaft das Leben ist: "Das Brot, das ich euch geben werde, ist mein Fleisch für das Leben der Welt" [*Joh 6,52*].   **3360**

Nicht nur auf eine Weise ... ist Christus das Leben ...: denn jeder weiß sehr wohl, daß unmittelbar, nachdem auf Erden "die Güte und Menschenfreundlichkeit Gottes, unseres Erlösers, erschien" [*Tit 3,4*], sogleich eine Kraft hervorbrach, die eine völlig neue Ordnung der Dinge schuf und die in alle Adern der bürgerlichen und häuslichen Gemeinschaft floß ...; was aber die Hauptsache ⟨ist⟩: die Herzen und Anstrengungen der Menschen haben sich der Wahrheit der Religion und der Heiligung der Sitten zugewandt, und so wurde dem Menschen ein geradezu himmlisches und göttliches Leben mitgeteilt. ...

At vero, quoniam haec ipsa de qua dicimus vita expressam habet similitudinem cum vita hominis naturali, sicut altera cibo alitur ac viget, ita alteram sustentari cibo suo et augeri oportet. Apte hic [*cibus*] facit revocare, quo quidem Christus tempore ac modo moverit animos hominum et adduxerit, ut panem vivum, quem daturus erat, ... exciperent. ... "Si quis manducaverit ex hoc pane, vivet in aeternum ..." [*Io 6,52*]. Gravitatem porro praecepti ita ipse convincit: "Amen, amen, dico vobis, nisi manducaveritis carnem Filii hominis et biberitis eius sanguinem, non habebitis vitam in vobis" [*Io 6,54*].

Weil nun aber eben dieses Leben, von dem wir reden, eine ausgesprochene Ähnlichkeit mit dem natürlichen Leben des Menschen hat, so muß, wie das eine durch Speise genährt wird und gedeiht, so das andere durch seine Speise erhalten und gemehrt werden. Passend läßt diese [*Speise*] daran zurückdenken, bei welcher Gelegenheit und auf welche Weise eigentlich Christus die Herzen der Menschen bewegt und dazu gebracht hat, das lebendige Brot, das er geben wollte, ... zu empfangen. ... "Wer von diesem Brot gegessen hat, wird auf ewig leben ..." [*Joh 6,52*]. Die Wichtigkeit des Gebotes aber bestätigte er selbst folgendermaßen: "Amen, amen, ich sage euch: wenn ihr das Fleisch des Menschensohnes nicht gegessen und sein Blut nicht getrunken habt, werdet ihr das Leben nicht in euch haben" [*Joh 6,54*].

**3361**  Absit igitur pervagatus ille error perniciosissimus opinantium, Eucharistiae usum ad eos fere amandandum esse, qui vacui curis angustique animo conquiescere instituant in quodam vitae religiosioris proposito. Ea quippe res, qua nihil sane nec excellentius nec salutarius, ad omnes omnino, cuiuscumque demum muneris praestantiaeve sint, attinet, quotquot velint (neque unus quisquam non velle debet) divinae gratiae in se fovere vitam, cuius ultimum est adeptio vitae cum Deo beatae.

Ferne sei also jener weit verbreitete und äußerst verderbliche Irrtum derer, die meinen, der Genuß der Eucharistie sei so ziemlich auf diejenigen einzuschränken, die sich vornehmen, der Sorgen ledig und im Geiste eingeschränkt sich mit dem Vorhaben eines religiöseren Lebens zufrieden zu geben. Denn diese Sache, im Vergleich zu der ⟨es⟩ in der Tat nichts Hervorragenderes und nichts Heilsameres ⟨gibt⟩, geht durchaus alle an, welcher Stellung oder Vortrefflichkeit sie auch immer sein mögen, wenn sie das Leben der göttlichen Gnade in sich lebendig erhalten wollen (und kein einziger darf ⟨dies⟩ nicht wollen), dessen Endziel die Erlangung des seligen Lebens mit Gott ist.

### Die Verbindung der Eucharistie mit der Kirche und der Gemeinschaft der Heiligen

**3362**  ... Vel signa ipsa quibus huiusmodi constat sacramentum peropportuna coniunctionis incitamenta sunt. Qua de re sanctus Cyprianus: "... Quando Dominus corpus suum panem vocat de multorum granorum adunatione congestum, populum nostrum quem portabat indicat adunatum; et quando sanguinem suum vinum appellat de botris atque acinis plurimis expressum atque in unum coactum, gregem item nostrum significat commixtione adunatae multitudinis copulatum"[1].

... Selbst die Zeichen, in denen dieses Sakrament besteht, sind sehr geeignete Antriebe zur Verbindung. Darüber ⟨sagt⟩ der heilige Cyprian: "... Wenn der Herr das Brot, das aus der Vereinigung vieler Körner bereitet ist, seinen Leib nennt, weist er auf unser geeintes Volk hin, das er trug; und wenn er den Wein, der aus sehr vielen Trauben und Weinbeeren gepreßt und in eins zusammengebracht wurde, sein Blut nennt, so bezeichnet er ebenfalls unsere Herde, die durch die Vermischung der geeinten Menge verknüpft ist"[1].

---

*3362 [1]  Cyprian von Carthago, Brief (69) an Magnus 5 (CSEL 3/II, 754$_{6-11}$ / PL 3,1189 [= Kap. 6]).

Similiter Angelicus Doctor[2] ex Augustini sententia haec habet: " 'Dominus noster corpus et sanguinem suum in eis rebus commendavit, quae ad unum aliquid rediguntur ex multis; namque aliud, scilicet panis, ex multis granis in unum constat, aliud, scilicet vinum, in unum ex multis acinis confluit'[3], et ideo Augustinus alibi dicit: 'O sacramentum pietatis, o signum unitatis, o vinculum caritatis'[4]".

Quae omnia confirmantur Concilii Tridentini sententia, Christum Eucharistiam Ecclesiae reliquisse "tamquam symbolum eius unitatis et caritatis, qua Christianos omnes inter se coniunctos et copulatos esse voluit ... symbolum unius illius corporis, cuius ipse caput exsistit ..." [ *1635 1638]. Idque edixerat Paulus: "Quoniam unus panis, unum corpus multi sumus, omnes qui de uno pane participamus" [1 Cor 10,17]. ...

Mutuae praeterea inter vivos caritatis gratia, cui a sacramento eucharistico tantum accedit roboris et incrementi, Sacrificii praesertim virtute ad omnes permanat qui in Sanctorum communione numerantur. Nihil est enim aliud Sanctorum communio ... nisi mutua auxilii, expiationis, precum, beneficiorum communicatio inter fideles vel caelesti patria potitos vel igni piaculari addictos vel adhuc in terris peregrinantes, in unam coalescentes civitatem, cuius caput Christus, cuius forma caritas.

Hoc autem fide est ratum, etsi soli Deo Sacrificium augustum offerri liceat, tamen etiam honori Sanctorum in caelis cum Deo regnantium, qui illos coronavit, celebrari posse ad eorum patrocinium nobis conciliandum atque etiam, ut ab Apostolis traditum, ad labes fratrum abolendas, qui, iam in Domino mortui, nondum plane sint expiati. ...

In ähnlicher Weise sagt der engelgleiche Lehrer[2] im Anschluß an einen Satz Augustins folgendes: " 'Unser Herr hat ⟨uns⟩ seinen Leib und sein Blut in solchen Dingen anvertraut, die aus vielem zu etwas einzigem gemacht werden; denn das eine, nämlich das Brot, kommt aus vielen Körnern in eins zusammen, das andere, nämlich der Wein, fließt aus vielen Trauben in eins zusammen'[3], und deshalb sagt Augustinus an anderer Stelle: 'O Sakrament der Frömmigkeit, o Zeichen der Einheit, o Band der Liebe'[4]".

All dies wird durch die Erklärung des Konzils von Trient bekräftigt, Christus habe der Kirche die Eucharistie hinterlassen "als Zeichen ihrer Einheit und Liebe, durch die alle Christen nach seinem Willen untereinander verbunden und verknüpft sein sollen ..., als Zeichen jenes einen Leibes, dessen Haupt er selbst ist ..." [ *1635 1638]. Dies hatte auch Paulus verkündet: "Weil ein Brot, sind wir viele ein Leib, alle, die wir an dem einen Brote teilhaben" [1 Kor 10,17]. ...

Außerdem strömt die Gnade der wechselseitigen Liebe unter den Lebenden, der vom eucharistischen Sakrament so viel an Kraft und Wachstum zuteil wird, vor allem durch die Kraft des Opfers auf alle über, die zur Gemeinschaft der Heiligen gezählt werden. Die Gemeinschaft der Heiligen ist nämlich nichts anderes ... als die gegenseitige Mitteilung von Hilfe, Sühnung, Fürbitten und Wohltaten unter den Gläubigen, die entweder die himmlische Heimat erreicht haben oder dem Sühnefeuer überantwortet sind oder noch auf Erden pilgern, und die zu e i n e r Bürgerschaft zusammenwachsen, deren Haupt Christus und deren ⟨Lebens⟩form die Liebe ⟨ist⟩. 3363

Dies aber steht im Glauben fest: auch wenn man allein Gott das erhabene Opfer darbringen darf, so kann es dennoch auch zu Ehren der Heiligen, die in den Himmeln mit Gott herrschen, der sie gekrönt hat, gefeiert werden, um ihren Schutz für uns zu erwirken und auch, wie von den Aposteln überliefert ⟨wurde⟩, um die Makel der Brüder zu tilgen,

---

[2] Thomas von Aquin, *Summa theologiae* III, q. 79, a. 1 (Editio Leonina 12,218a).
[3] Augustinus, *In evangelium Iohannis*, tract. 26, n. 17 (R. Willems: CpChL 36 [1954] 268$_{8-11}$ / PL 35,1614).
[4] Ebd., 13 (CpChL 36,266$_{26f}$ / PL 35,1613).

die, schon im Herrn verstorben, noch nicht völlig entsühnt sind. ...

3364    Ipsum [*sacramentum Eucharistiae*] denique est velut anima Ecclesiae, ad quod ipsa sacerdotalis gratiae amplitudo per varios ordinum gradus dirigitur. Indidemque haurit habetque Ecclesia omnem virtutem suam et gloriam, omnia divinorum charismatum ornamenta, bona omnia: quae propterea summam curarum in eo collocat, ut fidelium animos ad intimam cum Christo coniunctionem per sacramentum Corporis et Sanguinis eius instruat et adducat.

Es [*das Sakrament der Eucharistie*] ist schließlich gleichsam die Seele der Kirche; an ihm richtet sich die Fülle der priesterlichen Gnade in den verschiedenen Weihegraden aus. Und ebendaraus schöpft und hat die Kirche ihre ganze Kraft und Herrlichkeit, alle Kostbarkeiten der göttlichen Gnadengaben, alle Güter: sie verwendet deswegen ihre größte Sorge darauf, die Herzen der Gläubigen zur innigsten Vereinigung mit Christus durch das Sakrament seines Leibes und Blutes zu bereiten und hinzuführen.

## PIUS X.: 4. Aug. 1903 - 20. Aug. 1914

### 3370: Enzyklika "Ad diem illum", 2. Febr. 1904

Die Enzyklika wurde anläßlich des 50jährigen Jubiläums der Definition der Unbefleckten Empfängnis Mariens herausgegeben. Sie handelt vor allem von der Gnadenvermittlung durch Maria.
*Ausg.:* ASS 36 (1903/04) 453f / Pius X., *Acta* 1,153-155.

### *Maria als Mittlerin der Gnaden*

3370    Ex hac autem Mariam inter et Christum communione dolorum ac voluntatis "promeruit" illa, "ut reparatrix perditi orbis dignissime fieret"[1], atque ideo universorum munerum dispensatrix, quae nobis Iesus nece et sanguine comparavit.

Equidem non diffitemur horum erogationem munerum privato proprioque iure esse Christi; siquidem et illa eius unius morte sunt parta, et Ipse pro potestate mediator Dei atque hominum est. Attamen, pro ea quam diximus dolorum atque aerumnarum Matris cum Filio communione, hoc Virgini augustae datum est, ut sit "totius terrarum orbis potentissima apud unigenitum Filium suum mediatrix et conciliatrix"[2].

Fons igitur Christus est, "et de plenitudine eius nos omnes accepimus" [*Io 1,16*]; "ex quo totum corpus compactum et connexum per omnem iuncturam subministrationis ... augmentum corporis facit in aedificationem

Aufgrund dieser Schmerzens- und Willensgemeinschaft zwischen Maria und Christus aber "verdiente" sie, "daß sie aufs würdigste die Wiederherstellerin des verlorenen Erdkreises wurde"[1], und deshalb die Verwalterin aller Gaben, die uns Jesus durch seinen Tod und sein Blut bereitete.

Wir stellen freilich nicht in Abrede, daß die Ausspendung dieser Gaben aufgrund seines persönlichen und eigentümlichen Rechtes *Christus* zusteht; denn sie wurden ja auch *allein* durch *seinen* Tod erworben, und Er selbst ist aufgrund seiner Vollmacht der Mittler zwischen Gott und den Menschen. Jedoch wurde der erhabenen Jungfrau aufgrund dieser erwähnten Schmerzens- und Leidensgemeinschaft der Mutter mit dem Sohne verliehen, daß sie "die mächtigste Mittlerin und Versöhnerin des ganzen Erdkreises bei ihrem einziggeborenen Sohne"[2] sei.

Die Quelle also ist *Christus*, "und von seiner Fülle haben wir alle empfangen" [*Joh 1,16*]; "von ihm aus ⟨ist⟩ der ganze Leib zusammengefügt und verknüpft durch jedes Band der Dienstbarkeit ...; er wirkt das

---

*3370   [1]   Eadmer, *De excellentia Virginis Mariae* 9 (PL 159,573).
        [2]   Pius IX., Bulle "*Ineffabilis Deus*", 8. Dez. 1854 (CollLac 6,843a).

sui in caritate" [*Eph 4,16*]. Maria vero ... "aquaeductus"[3] est aut etiam collum, per quod corpus cum capite iungitur[4] ... .

Patet itaque abesse profecto plurimum, ut nos Deiparae supernaturalis gratiae efficiendae vim tribuamus, quae Dei unius est. Ea tamen, quoniam universis sanctitate praestat coniunctioneque cum Christo atque a Christo ascita in humanae salutis opus, *de congruo*, ut aiunt, promeret nobis, quae Christus *de condigno* promeruit, estque princeps largiendarum gratiarum ministra.

Wachstum des Leibes zu seinem Aufbau in Liebe" [*Eph 4,16*]. Maria aber ... ist "der Aquädukt"[3] oder auch der Hals, durch den der Leib mit dem Haupt verbunden wird[4] ... .

Es ist also ganz klar, daß wir in der Tat weit davon entfernt sind, der Gottesgebärerin die Kraft zuzuschreiben, übernatürliche Gnade zu bewirken, ⟨eine Kraft,⟩ die einzig Gott besitzt. Weil sie jedoch alle durch ihre Heiligkeit und Verbindung mit Christus übertrifft und von Christus zum Werk des menschlichen Heiles herangezogen ⟨wurde⟩, verdient sie für uns – wie man sagt – *der Angemessenheit nach*, was Christus ⟨*eigener*⟩ *Würdigkeit nach* verdiente, und ist die erste Dienerin beim Austeilen der Gnaden.

### 3372: Antwort der Bibelkommission, 13. Febr. 1905

*Ausg.:* ASS 37 (1904/05) 666 / AnE 13 (1905) 172b / EnchB Nr. 160.

### *"Implizite Zitationen" in der Schrift*

*Qu.:* Utrum ad enodandas difficultates, quae occurrunt in nonnullis sacrae Scripturae textibus, qui facta historica referre videntur, liceat exegetae catholico asserere, agi in his de citatione tacita vel implicita documenti ab auctore non inspirato conscripti, cuius asserta omnia auctor inspiratus minime approbare aut sua facere intendit, quaeque ideo ab errore immunia haberi non possunt?

*Frage:* Darf ein katholischer Exeget, um   3372 Schwierigkeiten zu erklären, die in einigen Texten der heiligen Schrift vorkommen, die geschichtliche Tatsachen wiederzugeben scheinen, behaupten, es handle sich dabei um eine stillschweigende oder implizite Zitation eines von einem nicht inspirierten Verfasser geschriebenen Dokuments, dessen Behauptungen der inspirierte Verfasser keineswegs alle zu billigen oder zu den seinigen zu machen beabsichtigte, und die deshalb nicht als von Irrtum frei gelten können?

*Resp. (confirmata a Summo Pontifice, 13. Febr.):* Negative, excepto casu, in quo, salvis sensu ac iudicio Ecclesiae, solidis argumentis probetur:

1. Hagiographum alterius dicta vel documenta revera citare, et

2. eadem nec probare nec sua facere, ita ut iure censeatur non proprio nomine loqui.

*Antwort (vom Papst am 13. Febr. bestätigt):* Nein, ausgenommen den Fall, daß, unbeschadet der Auffassung und des Urteils der Kirche, mit stichhaltigen Beweisen dargelegt wird:

1. daß der heilige Schriftsteller die Worte bzw. Schriften eines anderen wirklich zitiert und

2. diese weder billigt noch zu den seinigen macht, so daß man zurecht der Ansicht ist, daß er nicht in eigenem Namen redet.

---

[3]   Bernhard von Clairvaux, Predigt am Geburtsfest Mariens: *De aquaeductu*, n. 4 (*Opera* 5, hrsg. von J. Leclerq – H.M. Rochais [Rom 1968] 277$_{10}$ / PL 183,440).

[4]   Vgl. Bernhardin von Siena, *Quadragesimale de evangelio aeterno*, sermo 51, art. 3, a. 1: Die Fülle der Gnade ist "in Christus wie im Haupt, das ⟨sie⟩ einfließen läßt; in Maria wie im Hals, der ⟨sie⟩ in den ganzen Leib der Kirche hinüberleitet" ("in Christo ut in capite influente; in Maria ut in collo toti corpori Ecclesiae transfundente": *Opera omnia* 4 [Quarracchi 1956] 551$_{23}$).

## 3373: Antwort der Bibelkommission, 23. Juni 1905

*Ausg.:* ASS 38 (1905/06) 124f / AnE 13 (1905) 353b / EnchB Nr. 161.

### Die nur scheinbar historischen Teile der Schrift

3373      *Qu.:* Utrum admitti possit tamquam principium rectae exegeseos sententia, quae tenet, sacrae Scripturae libros, qui pro historicis habentur, sive totaliter sive ex parte non historiam proprie dictam et obiective veram quandoque narrare, sed speciem tantum historiae prae se ferre ad aliquid significandum a proprie litterali seu historica verboram significatione alienum?

*Resp. (confirmata a Summo Pontifice):* Negative, excepto tamen casu non facile nec temere admittendo, in quo, Ecclesiae sensu non refragante eiusque salvo iudicio, solidis argumentis probetur, Hagiographum voluisse non veram et proprie dictam historiam tradere, sed sub specie et forma historiae parabolam, allegoriam, vel sensum aliquem a proprie litterali seu historica verborum significatione remotum proponere.

*Frage:* Kann als Prinzip einer rechten Exegese die Auffassung zugelassen werden, die behauptet, die Bücher der heiligen Schrift, die als historisch gelten, erzählten zuweilen entweder insgesamt oder teilweise keine Geschichte im eigentlichen Sinn, die objektiv wahr ist, sondern böten nur den Anschein von Geschichte, um etwas zu verdeutlichen, was der im eigentlichen Sinne wörtlichen bzw. historischen Bedeutung der Worte fremd ist?

*Antwort (vom Papst bestätigt):* Nein, ausgenommen jedoch den nicht ohne weiteres noch leichtfertig zuzugestehenden Fall, bei dem, ohne daß die Auffassung der Kirche entgegensteht und unbeschadet ihres Urteils, mit stichhaltigen Argumenten bewiesen wird, daß der heilige Schriftsteller keine wahre Geschichte im eigentlichen Sinne überliefern, sondern unter dem Anschein und der Form von Geschichte ein Gleichnis, eine Allegorie oder irgendeinen Sinngehalt darlegen wollte, der der im eigentlichen Sinne wörtlichen bzw. historischen Bedeutung der Worte fern liegt.

## 3375-3383: Dekret "Sacra Tridentina Synodus", 16. (20.) Dez. 1905

Anlaß dieses Dekretes waren scharfe Auseinandersetzungen in Belgien über die häufige Kommunion. Es wurde am 16. Dez. verabschiedet, am 17. Dez. vom Papst bestätigt und am 20. Dez. 1905 veröffentlicht.

Das Dekret zählt die wesentlichen Bedingungen für den täglichen Kommunionempfang auf: den Stand der Gnade und die rechte Absicht. Es richtet sich gegen die Auffassung, der Empfänger dürfe nicht im Zustand der freiwillig bejahten, verzeihlichen Sünde sein.

In einem Dekret von 1910 (*3530-3536) wird das zur ersten Kommunion erforderliche Alter festgelegt. Die Sakramentenkongregation veröffentlichte am 8. Dez. 1938 eine "Interne Instruktion über die gewohnheitsmäßige tägliche Kommunion in Seminarien, Kollegien sowie religiösen Gemeinschaften und über die Verhütung von Mißbräuchen" (PerRMor 28 [1939] 317-324).

*Ausg.:* ASS 38 (1905/06) 401-405 / AAS 2 (1910) 894-897 / Pius X., *Acta* 2,251-255 / CollPF$^2$ 2,464, Nr. 2225.

### Die tägliche eucharistische Kommunion

3375      ... Desiderium vero Iesu Christi et Ecclesiae, ut omnes Christifideles quotidie ad sacrum convivium accedant, in eo potissimum est, ut Christifideles per sacramentum Deo coniuncti robur inde capiant ad compescendam libidinem, ad leves culpas quae quotidie occurrunt abluendas, et ad graviora peccata, quibus humana fragilitas est obnoxia, prae-

... Das Verlangen Jesu Christi und der Kirche aber, daß alle Christgläubigen täglich zum heiligen Gastmahl hinzutreten, zielt vor allem darauf, daß die Christgläubigen, durch das Sakrament mit Gott verbunden, daraus Kraft schöpfen, um die Begierde zu zügeln, um leichte Verschuldungen, die täglich vorkommen, abzuwaschen, und um schwerere

cavenda: non autem praecipue, ut Domini honori ac venerationi consulatur, nec, ut sumentibus id quasi merces aut praemium sit suarum virtutum. Unde S. Tridentinum Concilium Eucharistiam vocat "antidotum, quo liberemur a culpis quotidianis et a peccatis mortalibus praeservemur" [*1638]. ...

Sünden, denen die menschliche Gebrechlichkeit ausgesetzt ist, zu verhüten: nicht aber hauptsächlich, daß für die Ehre und Verehrung des Herrn Sorge getragen wird, noch daß für jene, die ⟨die Kommunion⟩ empfangen, dies gleichsam Lohn und Entgelt ihrer Tugenden ist. Daher nennt das Hl. Konzil von Trient die Eucharistie ein "Gegengift, durch das wir von der täglichen Schuld befreit und vor Todsünden bewahrt werden sollen" [*1638]. ...

Defervescente interim pietate ac potissimum Ianseniana lue undequaque grassante disputari coeptum est de dispositionibus, quibus ad frequentem et quotidianam communionem accedere oporteat, atque alii prae aliis maiores ac difficiliores tamquam necessarias expostularunt. Huiusmodi disceptationes id effecerunt, ut perpauci digni haberentur, qui ss. Eucharistiam quotidie sumerent et ex tam salutifero sacramento pleniores effectus haurirent, contentis ceteris eo refici aut semel in anno aut singulis mensibus, vel unaquaque ad summum hebdomada. Quin etiam eo severitatis ventum est, ut a frequentanda caelesti mensa integri coetus excluderentur, uti mercatorum, aut eorum, qui essent matrimonio coniuncti.

Da inzwischen der Eifer der Frömmigkeit **3376** nachließ und vor allem die jansenistische Pest überall um sich griff, begann man über die Voraussetzungen zu diskutieren, mit denen man zu einer häufigen und täglichen Kommunion hinzutreten solle, und die einen übertrafen die anderen, ⟨indem sie⟩ größere und schwierigere ⟨Voraussetzungen⟩ als notwendig forderten. Derartige Diskussionen führten dazu, daß nur sehr wenige für würdig gehalten wurden, daß sie die heiligste Eucharistie täglich empfingen und aus dem so heilbringenden Sakrament reichere Erträge schöpften, während sich die übrigen damit zufrieden gaben, entweder einmal im Jahr oder monatlich, oder höchstens jede Woche einmal von ihm erquickt zu werden. Ja, man kam sogar zu einem solchen Maß an Strenge, daß vom häufigen Besuch des himmlischen Tisches ganze Personenkreise ausgeschlossen wurden, wie etwa die der Kaufleute oder derer, die in der Ehe verbunden waren.

Nonnulli tamen in contrariam abierunt sententiam. Hi arbitrati communionem quotidianam iure divino esse praeceptam, ne dies ulla praeteriret a communione vacua, ... etiam feria VI in Parasceve Eucharistiam sumendam censebant et ministrabant[1].

Einige jedoch sind zu der gegenteiligen **3377** Auffassung abgeirrt. In der Meinung, die tägliche Kommunion sei kraft göttlichen Rechtes geboten, damit kein Tag ohne Kommunion vorübergehe, glaubten diese ..., man müsse auch am Karfreitag die Eucharistie empfangen, und teilten sie aus[1].

Ad haec Sancta Sedes officio proprio non defuit [cf. *2090-2095 2323]. ... Virus tamen Iansenianum, quod bonorum etiam animos infecerat, sub specie honoris ac venerationis

Diesbezüglich hat der Heilige Stuhl die **3378** ihm eigene Pflicht nicht vernachlässigt [vgl. *2090-2095 2323]. ... Der jansenistische Virus jedoch, der auch die Herzen der Guten

---

**\*3377** [1]   Vgl. das Dekret der Konzilskongregation vom 12. Febr. 1679 (*2095 und 2090°), das sich auf die im 15. und 16. Jahrhundert in Norditalien und vor allem in Spanien aufblühende eucharistische Bewegung bezieht. Den Schluß, daß die Kommunion auch am Karfreitag zu gewähren sei, hatte insbesondere Antonio Velásquez Pinto CCRRMM, *Tesoro de los Cristianos* (Madrid 1662), gezogen. Gegen diesen Schluß hatte schon das oben erwähnte Dekret den römischen Brauch betont. Nach der Reform der Ordnung der Heiligen Woche wurde der zunächst zurückgewiesene Brauch aufgenommen: vgl. das Dekret der Ritenkongregation "*Maxima Redemptionis*" vom 16. Nov. 1955, Instruktion Nr. 19 (AAS 47 [1955] 846).

Eucharistiae debiti, haud penitus evanuit. Quaestio de dispositionibus ad frequentandam recte ac legitime communionem Sanctae Sedis declarationibus supervixit; quo factum est, ut nonnulli etiam boni nominis theologi raro et positis compluribus condicionibus quotidianam communionem fidelibus permitti posse censuerint.

unter dem Anschein gebührender Ehre und Verehrung der Eucharistie angesteckt hatte, verschwand nicht völlig. Die Frage nach den Voraussetzungen zum rechten und ordnungsgemäßen häufigen Empfang der Kommunion überlebte die Erklärungen des Heiligen Stuhls; dadurch geschah es, daß sogar manche Theologen mit gutem Ruf meinten, den Gläubigen könne die tägliche Kommunion nur selten und nach Aufstellung etlicher Bedingungen erlaubt werden.

**3379**     Concilii Congregatio ... statuit et declaravit:

1. Communio frequens et quotidiana ... omnibus Christifidelibus cuiusvis ordinis aut condicionis pateat, ita ut nemo, qui in statu gratiae sit et cum recta piaque mente ad s. mensam accedat, impediri ab ea possit.

Die Konzilskongregation legte fest und erklärte:

1. Die häufige und tägliche Kommunion ... soll allen Christgläubigen jedweden Standes oder Berufes offenstehen, so daß niemand, der im Stande der Gnade ist und mit rechter und frommer Gesinnung zum hl. Tisch hinzutritt, von ihm ferngehalten werden kann.

**3380**     2. Recta autem mens in eo est, ut qui ad s. mensam accedit, non usui aut vanitati aut humanis rationibus imdulgeat, sed Dei placito satisfacere velit, ei arctius caritate coniungi ac divino illo pharmaco suis infirmitatibus ac defectibus occurrere.

2. Die rechte Gesinnung aber beruht darauf, daß, wer zum heiligen Tisch hinzutritt, sich nicht einem Brauch, der Eitelkeit oder menschlichen Gründen hingibt, sondern dem Ratschluß Gottes Genüge tun will, sich mit ihm in der Liebe enger zu verbinden und mit jenem göttlichen Heilmittel seinen Schwächen und Fehlern zu begegnen.

**3381**     3. Etsi quam maxime expediat, ut frequenti et quotidiana communione utentes venialibus peccatis, saltem plene deliberatis, eorumque affectu sint expertes, sufficit nihilominus, ut culpis mortalibus vacent, cum proposito, se numquam in posterum peccaturos. ...

3. Auch wenn es äußerst förderlich ist, daß die häufig und täglich Kommunizierenden von verzeihlichen Sünden, wenigstens den wohl überlegten, und der Neigung zu ihnen frei sind, genügt es dennoch, daß sie von Todsünden frei sind, mit dem Vorsatz, sie würden künftig niemals sündigen. ...

**3382**     4. ... Curandum est, ut sedula ad sacram communionem praeparatio antecedat et congrua gratiarum actio inde sequatur iuxta uniuscuiusque vires, condicionem ac officia.

4. ... Es ist dafür zu sorgen, daß eine gewissenhafte Vorbereitung auf die heilige Kommunion vorangehe und danach eine angemessene Danksagung folge gemäß den Kräften, der Lage und den Pflichten eines jeden.

**3383**     5. ... Confessarii consilium intercedat. Caveant tamen confessarii, ne a frequenti seu quotidiana communione quemquam avertant, qui in statu gratiae reperiatur et recta mente accedat. ...

5. ... Der Rat des Beichtvaters ist erforderlich. Die Beichtväter sollen sich jedoch hüten, jemanden von der häufigen oder täglichen Kommunion abzuhalten, der sich im Stande der Gnade befindet und mit rechter Gesinnung hinzutritt. ...

## 3385-3388: Dekret "Provida sapientique cura", 18. Jan. 1906

Da das Trienter Dekret "*Tametsi*" (*1813-1816) nur in einigen Gebieten Deutschlands in Kraft gesetzt worden war, entstand eine Unsicherheit in der Ehegesetzgebung. Sie wurde durch die Veränderung der Landesgrenzen noch gesteigert. Um diesem Problem abzuhelfen, arbeiteten die Bischöfe Deutschlands zusammen mit der Inquisitionskongregation das Dekret "*Provida sapientique cura*" aus.

     *Ausg.:* ASS 39 (1906/07) 82-84 / Pius X., *Acta* 3,10-12 / AnE 14 (1906) 149b-150a / ArchKKR 86 (1906) 344f.

### Das Trienter Gesetz über die nichtöffentliche Eheschließung

... I. In universo hodierno Imperio Germaniae caput "*Tametsi*" Concilii Tridentini [*1813-1816*], quamvis in pluribus locis sive per expressam publicationem sive per legitimam observantiam nondum fuerit certo promulgatum et inductum, tamen inde a die festo Paschae (id est a die 15. Aprilis) huius anni 1906 o m n e s  c a t h o l i c o s, etiam hucusque immunes a forma Tridentina servanda, ita adstringat, ut i n t e r  s e non aliter quam coram parocho et duobus vel tribus testibus validum matrimonium celebrare possint [*cf. *3468-3474*].

II. M a t r i m o n i a  m i x t a, quae a catholicis cum haereticis vel schismaticis contrahuntur, graviter sunt manentque prohibita, nisi accedente iusta graviave causa canonica, datis integre, formiter, utrimque legitimis cautionibus, per partem catholicam dispensatio super impedimento mixtae religionis rite fuerit obtenta.

Quae quidem matrimonia, dispensatione licet impetrata, omnino in facie Ecclesiae coram parocho ac duobus tribusve testibus celebranda sunt, adeo ut graviter delinquant, qui coram ministro acatholico vel coram solo civili magistratu vel alio quolibet modo clandestino contrahunt. Immo si qui catholici in matrimoniis istis mixtis celebrandis ministri acatholici operam exquirunt vel admittunt, aliud patrant delictum et canonicis censuris subiacent.

Nihilominus matrimonia mixta in quibusvis Imperii Germanici provinciis et locis, etiam in iis, quae iuxta Romanarum Congregationum decisiones vi irritanti capitis

... I. Obwohl das Kapitel "*Tametsi*" des **3385** Konzils von Trient [*1813-1816*] mancherorts sicherlich noch nicht – sei es durch ausdrückliche Veröffentlichung oder durch gesetzmäßige Beobachtung – verkündet und eingeführt wurde, soll es dennoch im gesamten heutigen Deutschen Reich vom Osterfest (d. h. vom 15. April) dieses Jahres 1906 an a l l e  K a t h o l i k e n – auch diejenigen, die bisher von der Beachtung der Trienter Form befreit waren – so verpflichten, daß sie u n t e r e i n a n d e r nicht anders als vor dem Pfarrer und zwei oder drei Zeugen eine gültige Ehe feiern können [*vgl. *3468-3474*].

II. M i s c h e h e n, die von Katholiken mit **3386** Häretikern oder Schismatikern geschlossen werden, sind und bleiben nachdrücklich verboten, sofern nicht – wenn ein triftiger und schwerwiegender kirchenrechtlicher Grund hinzutritt und uneingeschränkt, formgemäß und von beiden Seiten die gesetzmäßigen Zusicherungen gegeben wurden – durch den katholischen Teil ordnungsgemäß eine Dispens für das Hindernis der gemischten Religion erwirkt wurde.

Diese Ehen müssen allerdings, auch wenn eine Dispens erlangt wurde, auf jeden Fall im Angesicht der Kirche vor dem Pfarrer und zwei oder drei Zeugen gefeiert werden, so daß sich schwer vergehen, die ⟨die Ehe⟩ vor einem nichtkatholischen Amtsträger, nur vor einem bürgerlichen Beamten oder auf irgendeine andere heimliche Weise schließen. Ja, wenn Katholiken bei der Feier solcher Mischehen das Wirken eines nichtkatholischen Amtsträgers erbitten oder zulassen, begehen sie einen weiteren Verstoß und unterliegen den kirchenrechtlichen Strafbestimmungen.

Nichtsdestoweniger wollen wir, daß in al- **3387** len Provinzen und Orten des Deutschen Reiches, auch in denen, die gemäß den Entscheidungen der Römischen Kongregationen

*"Tametsi"* certo hucusque subiecta fuerunt, non servata forma Tridentina iam contracta vel (quod Deus avertat) in posterum contrahenda, dummodo nec aliud obstet canonicum impedimentum, nec sententia nullitatis propter impedimentum clandestinitatis ante diem festum Paschae huius anni legitime lata fuerit et mutuus coniugum consensus usque ad dictam diem perseveraverit, pro validis omnino haberi volumus idque expresse declaramus, definimus atque decernimus.

bisher sicherlich der ungültig machenden Wirkung des Kapitels "*Tametsi*" unterworfen waren, Mischehen, die unter Nichtbeachtung der Trienter Form schon geschlossen wurden oder (was Gott verhüte) künftig geschlossen werden, solange nur kein anderes kirchenrechtliches Hindernis entgegensteht, ⟨ferner⟩ vor dem Osterfest dieses Jahres kein Urteil der Ungültigkeit wegen des Hindernisses der Heimlichkeit rechtmäßig gefällt wurde und das gegenseitige Einverständnis der Gatten bis zu dem genannten Tag fortgedauert hat, durchaus für gültig gehalten werden, und wir erklären, bestimmen und entscheiden dies ausdrücklich.

**3388**     III. Ut autem iudicibus ecclesiasticis tuta norma praesto sit, hoc idem iisdemque sub condicionibus et restrictionibus declaramus, statuimus ac decernimus de matrimoniis acatholicorum, sive haereticorum sive schismaticorum, inter se in iisdem regionibus non servata forma Tridentina hucusque contractis vel in posterum contrahendis; ita ut, si alter vel uterque acatholicorum coniugum ad fidem catholicam convertatur, vel in foro ecclesiastico controversia incidat de validitate matrimonii duorum acatholicorum cum quaestione validitatis matrimonii ab aliquo catholico contracti vel contrahendi conexa, eadem matrimonia ceteris paribus pro omnino validis pariter habenda sint. ...

III. Damit die kirchlichen Richter aber eine sichere Norm bei der Hand haben, erklären, bestimmen und entscheiden wir eben dasselbe unter denselben Bedingungen und Einschränkungen für die Ehen von Nicht-Katholiken, seien es Häretiker oder Schismatiker, die in denselben Gebieten unter Nichtbeachtung der Trienter Form bisher untereinander geschlossen wurden oder künftig geschlossen werden; so daß, wenn sich einer der nicht-katholischen Gatten oder beide zum katholischen Glauben bekehren oder vor dem kirchlichen Gerichtshof ein mit der Frage der Gültigkeit einer von einem Katholiken geschlossenen oder noch zu schließenden Ehe verbundener Streit über die Gültigkeit einer Ehe zweier Nicht-Katholiken anfällt, ebendiese Ehen – sofern das übrige gleich ist – gleichfalls für uneingeschränkt gültig zu halten sind. ...

### 3391: Dekret des Hl. Offiziums, 25. April 1906

Das Dekret, am 26. April von Pius X. bestätigt, richtet sich gegen Theologen, die unter Berufung auf das Konzil von Florenz (vgl. *1324) lehrten, bei der Krankensalbung gehöre die Erwähnung der zu salbenden Sinne zum Wesen der Form.
*Ausg.:* ASS 39 (1906/07) 273 / AnE 14 (1906) 278a.

*Die notwendige Form der Krankensalbung*

**3391**     Cum ... quaesitum fuerit, ut unica determinaretur formula brevis in administratione sacramenti Extremae Unctionis in casu mortis imminentis, ... [*Inquisitores*] decreverunt:

In casu verae necessitatis sufficere formam: "Per istam sanctam unctionem indulgeat tibi Dominus, quidquid deliquisti. Amen."

Da ... darum nachgesucht wurde, daß eine einzige kurze Formel bei der Spendung des Sakramentes der Letzten Ölung im Falle des drohenden Todes festgelegt werde, ... beschlossen [*die Inquisitoren*]:

In einem wirklichen Notfall genügt die Form: "Durch diese heilige Salbung vergebe dir der Herr alles, was du gefehlt hast. Amen."

## 3394-3397: Antwort der Bibelkommission, 27. Juni 1906

*Ausg.:* ASS 39 (1906/07) 377f / AnE 14 (1906) 305 / EnchB Nr. 181-184.

### *Die mosaische Urheberschaft des Pentateuchs*

*Qu. 1:* Utrum argumenta a criticis congesta ad impugnandam authentiam mosaicam sacrorum librorum, qui Pentateuchi nomine designantur, tanti sint ponderis, ut, posthabitis quampluribus testimoniis utriusque Testamenti collective sumptis, perpetua consensione populi iudaici, Ecclesiae quoque constanti traditione nec non indiciis internis, quae ex ipso textu eruuntur, ius tribuant affirmandi, hos libros non M o y s e n  h a b e r e  a u c t o r e m, sed ex fontibus maxima ex parte aetate mosaica posterioribus fuisse confectos?

*Frage 1:* Sind die von den Kritikern zusammengetragenen Beweise, um die mosaische Urheberschaft der heiligen Bücher, die mit dem Namen "Pentateuch" bezeichnet werden, zu bestreiten, von so großem Gewicht, daß sie – unter Hintanstellung sehr vieler Zeugnisse beider Testamente insgesamt genommen, der steten Übereinstimmung des jüdischen Volkes, der beständigen Überlieferung auch der Kirche sowie innerer Hinweise, die sich aus dem Text selbst ermitteln lassen – das Recht erteilen, zu behaupten, diese Bücher h ä t t e n  n i c h t  M o s e  a l s  V e r f a s s e r, sondern seien aus Quellen zusammengestellt worden, die größtenteils jünger als die mosaische Zeit sind? **3394**

*Antwort:* Nein.

*Resp.:* Negative.

*Qu. 2:* Utrum mosaica authentia Pentateuchi talem necessario postulet redactionem totius operis, ut prorsus tenendum sit, Moysen omnia et singula manu sua s c r i p s i s s e vel amanuensibus d i c t a s s e; an etiam eorum hypothesis permitti possit, qui existimant, eum opus ipsum a se sub divinae inspirationis afflatu conceptum alteri vel pluribus scribendum commisisse, ita tamen, ut sensa sua fideliter redderent, nihil contra suam voluntatem scriberent, nihil omitterent; ac tandem opus hac ratione confectum, ab eodem Moyse principe inspiratoque auctore probatum, ipsiusmet nomine vulgaretur?

*Frage 2:* Erfordert die mosaische Urheberschaft des Pentateuchs notwendig eine solche Abfassung des ganzen Werkes, daß uneingeschränkt daran festzuhalten ist, daß Mose alles und jedes mit eigener Hand g e s c h r i e b e n oder Schreibern d i k t i e r t  h a t? Oder kann auch die Hypothese derer eingeräumt werden, die meinen, er selbst habe das von ihm unter dem Anhauch göttlicher Inspiration entworfene Werk einem anderen oder mehreren zu schreiben aufgetragen, jedoch so, daß sie seine Gedanken getreu wiedergäben, nichts gegen seinen Willen schrieben, nichts ausließen und das auf diese Weise verfaßte Werk schließlich, von demselben Mose als dem Urheber und inspirierten Verfasser gebilligt, unter seinem eigenen Namen veröffentlicht würde? **3395**

*Antwort:* Nein zum ersten Teil; ja zum zweiten.

*Resp.:* Negative ad primam partem; affirmative ad secundam.

*Qu. 3:* Utrum absque praeiudicio mosaicae authentiae Pentateuchi concedi possit, Moysen ad suum conficiendum opus f o n t e s  a d h i b u i s s e, scripta videlicet documenta vel orales traditiones, ex quibus secundum peculiarem scopum sibi propositum et sub divinae inspirationis afflatu nonnulla hauserit eaque ad verbum vel quoad sententiam contracta vel amplificata ipsi operi inseruerit?

*Frage 3:* Kann unbeschadet der mosaischen Urheberschaft des Pentateuchs zugestanden werden, daß Mose zur Abfassung seines Werkes Q u e l l e n  v e r w e n d e t  h a t, nämlich schriftliche Urkunden oder mündliche Überlieferungen, aus denen er gemäß dem ihm vor Augen stehenden besonderen Ziel und unter dem Anhauch göttlicher Inspiration manches geschöpft und die er wörtlich oder dem Sinn nach, zusammengefaßt **3396**

*Resp.:* Affirmative.

**3397**     *Qu. 4:* Utrum salva substantialiter mosaica authentia et integritate Pentateuchi admitti possit, tam longo saeculorum decursu nonnullas ei m o d i f i c a t i o n e s o b v e n i s s e, uti: additamenta post Moysi mortem vel ab auctore inspirato apposita vel glossas et explicationes textui interiectas, vocabula quaedam et formas e sermone antiquato in sermonem recentiorem translatas, mendosas demum lectiones vitio amanuensium adscribendas, de quibus fas sit ad normas artis criticae disquirere et iudicare?

*Resp.:* Affirmative, salvo Ecclesiae iudicio.

oder erweitert, in das Werk selbst eingefügt hat?

*Antwort:* Ja.

*Frage 4:* Kann, ohne daß die mosaische Urheberschaft und die Unversehrtheit des Pentateuchs im wesentlichen in Frage gestellt werden, eingeräumt werden, daß ihm im so langen Verlauf der Jahrhunderte einige A b ä n d e r u n g e n w i d e r f u h r e n, wie: Zusätze, die nach dem Tod des Mose von einem inspirierten Verfasser hinzugefügt wurden, oder Randbemerkungen und Erklärungen, die in den Text eingeschoben wurden, gewisse Wörter und Formen, die aus einer veralteten Sprache in eine neuere Sprache übersetzt wurden, schließlich fehlerhafte Lesarten, die dem Versehen von Schreibern zuzuschreiben sind, über die man nach den Richtlinien der Kritik forschen und urteilen darf?

*Antwort:* Ja, unbeschadet des Urteils der Kirche.

**3398-3400: Antwort der Bibelkommission, 29. Mai 1907**

*Ausg.:* ASS 40 (1907) 383f / AnE 15 (1907) 259f / EnchB Nr. 187-189.

### *Der Verfasser und die historische Wahrheit des vierten Evangeliums*

**3398**     *Qu. 1:* Utrum ex constanti, universali ac solemni Ecclesiae traditione iam a saeculo II decurrente,

prout maxime eruitur:
a) ex SS. Patrum, scriptorum ecclesiasticorum, imo etiam haereticorum, testimoniis et allusionibus, quae, cum ab Apostolorum discipulis vel primis successoribus derivasse oportuerit, necessario nexu cum ipsa libri origine cohaerent;

b) ex recepto semper et ubique nomine auctoris quarti Evangelii in canone et catalogis sacrorum Librorum;

c) ex eorundem Librorum vetustissimis manuscriptis, codicibus et in varia idiomata versionibus;

d) ex publico usu liturgico inde ab Ecclesiae primordiis toto orbe obtinente;

*Frage 1:* Wird aufgrund der schon vom 2. Jahrhundert herkommenden beständigen, allgemeinen und feierlichen Überlieferung der Kirche,

wie sie am meisten zutage tritt:
a) aus den Zeugnissen und Anspielungen der heiligen Väter, der Kirchenschriftsteller, ja sogar der Häretiker, die in enger Verbindung mit dem Ursprung des Buches selbst stehen, da sie von den Schülern bzw. ersten Nachfolgern der Apostel herstammen mußten;

b) aus der Tatsache, daß der Name des Verfassers des vierten Evangeliums immer und überall in den Kanon und die Verzeichnisse der heiligen Bücher aufgenommen wurde;

c) aus den ältesten Handschriften, Ausgaben und Übersetzungen ebendieser Bücher in verschiedene Sprachen;

d) aus dem öffentlichen liturgischen Gebrauch, der sich von den Anfängen der Kirche an auf dem ganzen Erdkreis behauptet;

praescindendo ab argumento theologico, tam solido argumento historico demonstretur Ioannem Apostolum et non alium quarti Evangelii auctorem esse agnoscendum, ut rationes a criticis in oppositum adductae hanc traditionem nullatenus infirment?

*Resp.:* Affirmative.

*Qu. 2:* Utrum etiam rationes internae, quae eruuntur ex textu quarti Evangelii seiunctim considerato, ex scribentis testimonio et Evangelii ipsius cum I Epistola Ioannis Apostoli manifesta cognatione, censendae sint confirmare traditionem, quae eidem Apostolo quartum Evangelium indubitanter attribuit?

Et utrum difficultates, quae ex collatione ipsius Evangelii cum aliis tribus desumuntur, habita prae oculis diversitate temporis, scopi et auditorum, pro quibus vel contra quos auctor scripsit, solvi rationabiliter possint, prout SS. Patres et exegetae catholici passim praestiterunt?

*Resp.:* Affirmative ad utramque partem.

*Qu. 3:* Utrum, non obstante praxi, quae a primis temporibus in universa Ecclesia constantissime viguit, arguendi ex quarto Evangelio tamquam ex documento proprie historico, considerata nihilominus indole peculiari eiusdem Evangelii et intentione auctoris manifesta illustrandi et vindicandi Christi divinitatem ex ipsis factis et sermonibus Domini, dici possit, facta narrata in quarto Evangelio esse totaliter vel ex parte conficta ad hoc, ut sint allegoriae vel symbola doctrinalia, sermones vero Domini non proprie et vere esse ipsius Domini sermones, sed compositiones theologicas scriptoris, licet in ore Domini positas?

*Resp.:* Negative.

unter Absehung vom theologischen Beweis durch einen solch stichhaltigen historischen Beweis aufgezeigt, daß der Apostel Johannes und kein anderer als Verfasser des vierten Evangliums anzuerkennen ist, daß die von den Kritikern für das Gegenteil angeführten Gründe diese Überlieferung in keiner Hinsicht schwächen?

*Antwort:* Ja.

*Frage 2:* Sind auch die inneren Gründe, 3399 die sich aus dem für sich betrachteten Text des vierten Evangeliums, aus dem Zeugnis des Schreibers und der offensichtlichen Verwandtschaft dieses Evangeliums mit dem 1. Brief des Apostels Johannes ergeben, so einzuschätzen, daß sie die Überlieferung bestätigen, die ebendiesem Apostel das vierte Evangelium unzweifelhaft zuschreibt?

Und können die Schwierigkeiten, die aufgrund des Vergleiches dieses Evangeliums mit den anderen dreien angeführt werden, wenn man sich die Verschiedenheit der Zeit, der Zielsetzung und der Zuhörer vor Augen hält, für die oder gegen die der Verfasser geschrieben hat, vernünftig gelöst werden, wie es die heiligen Väter und die katholischen Exegeten allenthalben getan haben?

*Antwort:* Ja zu beiden Teilen.

*Frage 3:* Kann trotz der Praxis, die seit 3400 den ersten Zeiten in der gesamten Kirche stets gleichbleibend im Schwange war, ⟨nämlich⟩ aus dem vierten Evangelium als aus einem im eigentlichen Sinne historischen Dokument Beweise zu führen, nichtsdestoweniger unter Berücksichtigung des besonderen Charakters ebendieses Evangeliums und der augenscheinlichen Absicht des Verfassers, die Göttlichkeit Christi aus den Taten und Reden des Herrn selbst zu erhellen und sicherzustellen, gesagt werden, die im vierten Evangelium erzählten Tatsachen seien vollständig oder teilweise dazu erdichtet worden, daß sie Allegorien oder lehrhafte Symbole seien, die Reden des Herrn aber seien nicht eigentlich und wahrhaft Reden des Herrn selbst, sondern theologische Zusammenstellungen des Schriftstellers, wenn auch in den Mund des Herrn gelegt?

*Antwort:* Nein.

### 3401-3466: Dekret des Hl. Offiziums "Lamentabili", 3. Juli 1907

Das Dekret, vom Papst am 4. Juli bestätigt, ist das erste päpstliche Lehrschreiben, durch das der sogenannte Modernismus verurteilt wurde. Die verurteilten Sätze entstammen teilweise den Schriften bestimmter Autoren. Die wichtigsten sind: Alfred Loisy (vor allem seine Bücher *L'Évangile et l'Église* [1902] und *Autour d'un petit livre* [1903]), Edouard Le Roy, Ernest Dimnet, Albert Houtin (*La question biblique chez les catholiques de France au XIXᵉ siècle* [1902]). Zum Teil enthalten die Sätze aber Folgerungen aus den genannten Schriften, die von den Autoren nicht gezogen werden. Eine dritte Gruppe von Sätzen formuliert vom Zeitgeist getragene Ansichten, die, "so wie sie lauten"("prout sonant"), verworfen werden. Eine Ergänzung des Dekrets bilden die Enzyklika "Pascendi dominici gregis" (*3475-3500) und der Antimodernisteneid (*3537-3550). Die Eidespflicht wurde i. J. 1967 suspendiert.

    *Ausg.:* ASS 40 (1907) 470-478 / Pius X., *Acta* 5,77-84 / AnE 15 (1907) 276b-278b / EnchB Nr. 192-256.

### Irrtümer der Modernisten

#### Die Emanzipation der Exegese vom Lehramt der Kirche

3401    1. Ecclesiastica lex, quae praescribit subicere praeviae censurae libros divinas respicientes Scripturas, ad cultores critices aut exegeseos scientificae Librorum Veteris et Novi Testamenti non extenditur.

1. Das kirchliche Gesetz, das vorschreibt, Schriften, die die göttlichen Bücher betreffen, einer vorgängigen Zensur zu unterwerfen, erstreckt sich nicht auf die Vertreter der Kritik oder wissenschaftlichen Exegese der Bücher des Alten und Neuen Testamentes.

3402    2. Ecclesiae interpretatio sacrorum Librorum non est quidem spernenda, subiacet tamen accuratiori exegetarum iudicio et correctioni.

2. Die Auslegung der heiligen Bücher durch die Kirche ist zwar nicht zu verachten, unterliegt jedoch der genaueren Beurteilung und Berichtigung der Exegeten.

3403    3. Ex iudiciis et censuris ecclesiasticis contra liberam et cultiorem exegesim latis colligi potest, fidem ab Ecclesia propositam contradicere historiae, et dogmata catholica cum verioribus christianae religionis originibus componi reipsa non posse.

3. Aus den gegen die freie und ausgebildetere Exegese gefällten kirchlichen Urteilen und Zensuren kann man schließen, daß der von der Kirche vorgelegte Glaube der Geschichte widerspricht und die katholischen Lehrsätze in Wirklichkeit nicht mit den wahreren Ursprüngen der christlichen Religion vereinbart werden können.

3404    4. Magisterium Ecclesiae ne per dogmaticas quidem definitiones genuinum sacrarum Scripturarum sensum determinare potest.

4. Das Lehramt der Kirche kann nicht einmal durch dogmatische Definitionen den echten Sinn der heiligen Schriften bestimmen.

3405    5. Cum in deposito fidei veritates tantum revelatae contineantur, nullo sub respectu ad Ecclesiam pertinet iudicium ferre de assertionibus disciplinarum humanarum.

5. Da in der Hinterlassenschaft des Glaubens nur geoffenbarte Wahrheiten enthalten sind, steht es der Kirche in keiner Hinsicht zu, über Behauptungen der menschlichen Wissenschaften ein Urteil zu fällen.

3406    6. In definiendis veritatibus ita collaborant discens et docens Ecclesia, ut docenti Ecclesiae nihil supersit, nisi communes discentis opinationes sancire.

6. Bei der Definition von Wahrheiten wirken die lernende und die lehrende Kirche so zusammen, daß der lehrenden Kirche nichts übrigbleibt, als die allgemeinen Meinungen der lernenden zu bestätigen.

3407    7. Ecclesia, cum proscribit errores, nequit a fidelibus exigere ullum internum assensum, quo iudicia a se edita complectantur.

7. Die Kirche kann, wenn sie Irrtümer verwirft, von den Gläubigen keine innere Zustimmung verlangen, mit der sie die von ihr gefällten Urteile anerkennen.

8. Ab omni culpa immunes existimandi sunt, qui reprobationes a Sacra Congregatione Indicis aliisve Sacris Romanis Congregationibus latas nihili pendunt.

8. Als von jeder Schuld frei sind die zu erachten, welche die von der Heiligen Indexkongregation oder anderen Heiligen Römischen Kongregationen ausgesprochenen Verwerfungen für nichts achten. **3408**

## Die Inspiration und Irrtumslosigkeit der Hl. Schrift

9. Nimiam simplicitatem aut ignorantiam prae se ferunt, qui Deum credunt vere esse Scripturae sacrae auctorem.

9. Allzu große Einfalt oder Unwissenheit legen an den Tag, die glauben, Gott sei wahrhaft der Urheber der heiligen Schrift. **3409**

10. Inspiratio librorum Veteris Testamenti in eo consistit, quod scriptores israelitae religiosas doctrinas sub peculiari quodam aspectu, gentibus parum noto aut ignoto, tradiderunt.

10. Die Inspiration der Bücher des Alten Testamentes besteht darin, daß israelitische Schriftsteller religiöse Lehren in einer besonderen, den Heiden nur wenig bekannten oder unbekannten Hinsicht überlieferten. **3410**

11. Inspiratio divina non ita ad totam Scripturam sacram extenditur, ut omnes et singulas eius partes ab omni errore praemuniat.

11. Die göttliche Inspiration erstreckt sich nicht so auf die ganze heilige Schrift, daß sie alle ihre einzelnen Teile vor jedem Irrtum bewahrt. **3411**

12. Exegeta, si velit utiliter studiis biblicis incumbere, imprimis quamlibet praeconceptam opinionem de supernaturali origine Scripturae sacrae seponere debet, eamque non aliter interpretari quam cetera documenta mere humana.

12. Wenn sich ein Exeget nutzbringend mit den biblischen Studien befassen will, muß er vor allem jegliche vorgefaßte Meinung über den übernatürlichen Ursprung der heiligen Schrift ablegen und sie nicht anders auslegen als die übrigen rein menschlichen Urkunden. **3412**

13. Parabolas evangelicas ipsimet Evangelistae ac Christiani secundae et tertiae generationis artificiose digesserunt, atque ita rationem dederunt exigui fructus praedicationis Christi apud Iudaeos.

13. Die Gleichnisse des Evangeliums haben die Evangelisten selbst und die Christen der zweiten und dritten Generation kunstvoll ausgeführt und so Anlaß für die geringe Frucht der Predigt Christi bei den Juden gegeben. **3413**

14. In pluribus narrationibus non tam quae vera sunt Evangelistae retulerunt, quam quae lectoribus, etsi falsa, censuerunt magis proficua.

14. Bei der Mehrzahl der Erzählungen haben die Evangelisten nicht so sehr, was wahr ist, wiedergegeben, als ⟨vielmehr⟩ das, was sie als nützlicher für die Leser – auch wenn es falsch ⟨war⟩ – erachteten. **3414**

15. Evangelia usque ad definitum constitutumque canonem continuis additionibus et correctionibus aucta fuerunt; in ipsis proinde doctrinae Christi non remansit nisi tenue et incertum vestigium.

15. Die Evangelien wurden bis zur endgültigen Bestimmung des Kanons durch beständige Hinzufügungen und Verbesserungen angereichert; in ihnen verblieb daher nur eine schwache und unsichere Spur der Lehre Christi. **3415**

16. Narrationes Ioannis non sunt proprie historia, sed mystica Evangelii contemplatio; sermones in eius Evangelio contenti sunt meditationes theologicae circa mysterium salutis, historica veritate destitutae.

16. Die Erzählungen des Johannes sind nicht eigentlich Geschichte, sondern eine mystische Betrachtung des Evangeliums; die in seinem Evangelium enthaltenen Reden sind theologische Betrachtungen über das Geheimnis des Heiles, die der geschichtlichen Wahrheit entbehren. **3416**

3417     17. Quartum Evangelium miracula exaggeravit, non tantum ut extraordinaria magis apparerent, sed etiam ut aptiora fierent ad significandum opus et gloriam Verbi Incarnati.

17. Das vierte Evangelium übersteigerte die Wunder nicht nur, damit sie noch außergewöhnlicher erschienen, sondern auch, damit sie geeigneter würden, das Werk und die Herrlichkeit des Fleischgewordenen Wortes zu veranschaulichen.

3418     18. Ioannes sibi vindicat quidem rationem testis de Christo; re tamen vera non est nisi eximius testis vitae christianae, seu vitae Christi in Ecclesia exeunte primo saeculo.

18. Johannes beansprucht für sich zwar die Rolle eines Zeugen für Christus; in Wahrheit jedoch ist er nur ein hervorragender Zeuge für das christliche Leben bzw. das Leben Christi in der Kirche im ausgehenden ersten Jahrhundert.

3419     19. Heterodoxi exegetae fidelius expresserunt sensum verum Scripturarum quam exegetae catholici.

19. Andersgläubige Exegeten haben den wahren Sinn der Schriften getreuer ausgedrückt als katholische Exegeten.

*Der Begriff der Offenbarung und des Dogmas*

3420     20. Revelatio nihil aliud esse potuit quam acquisita ab homine suae ad Deum relationis conscientia.

20. Die Offenbarung konnte nichts anderes sein als das vom Menschen erworbene Bewußtsein seiner Beziehung zu Gott.

3421     21. Revelatio, obiectum fidei catholicae constituens, non fuit cum Apostolis completa.

21. Die Offenbarung, die den Gegenstand des katholischen Glaubens bildet, war mit den Aposteln nicht abgeschlossen.

3422     22. Dogmata, quae Ecclesia perhibet tamquam revelata, non sunt veritates e caelo delapsae, sed sunt interpretatio quaedam factorum religiosorum, quam humana mens laborioso conatu sibi comparavit.

22. Lehrsätze, die die Kirche als geoffenbart anführt, sind keine vom Himmel gefallenen Wahrheiten, sondern sind eine Auslegung religiöser Tatbestände, die sich der menschliche Geist in mühevollem Unterfangen zusammengestellt hat.

3423     23. Exsistere potest et reipsa exsistit oppositio inter facta, quae in sacra Scriptura narrantur, eisque innixa Ecclesiae dogmata; ita ut criticus tamquam falsa reicere possit facta, quae Ecclesia tamquam certissima credit.

23. Es kann bestehen und es besteht tatsächlich ein Gegensatz zwischen den Tatsachen, die in der heiligen Schrift erzählt werden, und den auf ihnen beruhenden Lehrsätzen der Kirche, so daß ein Kritiker Tatsachen als falsch verwerfen kann, die die Kirche als völlig gesichert glaubt.

3424     24. Reprobandus non est exegeta, qui praemissas adstruit, ex quibus sequitur, dogmata historice falsa aut dubia esse, dummodo dogmata ipsa directe non neget.

24. Ein Exeget, der Prämissen aufstellt, aus denen folgt, daß Lehrsätze historisch falsch oder zweifelhaft seien, ist nicht zu verwerfen, solange er nur die Lehrsätze selbst nicht direkt leugnet.

3425     25. Assensus fidei ultimo innititur in congerie probabilitatum.

25. Die Zustimmung zum Glauben stützt sich letztlich auf eine Reihe von Wahrscheinlichkeiten.

3426     26. Dogmata fidei retinenda sunt tantummodo iuxta sensum practicum, id est tamquam norma praeceptiva agendi, non vero tamquam norma credendi.

26. Die Lehrsätze des Glaubens sind lediglich dem praktischen Sinne nach festzuhalten, das heißt, als verpflichtende Norm des Handelns, nicht aber als Norm des Glaubens.

*Christus*

27. Divinitas Iesu Christi ex Evangeliis non probatur; sed est dogma, quod conscientia christiana e notione Messiae deduxit.

28. Iesus, cum ministerium suum exercebat, non in eum finem loquebatur, ut doceret se esse Messiam, neque eius miracula eo spectabant, ut id demonstraret.

29. Concedere licet, Christum, quem exhibet historia, multo inferiorem esse Christo, qui est obiectum fidei.

30. In omnibus textibus evangelicis nomen *Filius Dei* aequivalet tantum nomini *Messias,* minime vero significat Christum esse verum et naturalem Dei Filium.

31. Doctrina de Christo, quam tradunt Paulus, Ioannes et Concilia Nicaenum, Ephesinum, Chalcedonense, non est ea, quam Iesus docuit, sed quam de Iesu concepit conscientia christiana.

32. Conciliari nequit sensus naturalis textuum evangelicorum cum eo, quod nostri theologi docent de conscientia et scientia infallibili Iesu Christi.

33. Evidens est cuique, qui praeconceptis non ducitur opinionibus, Iesum aut errorem de proximo messianico adventu fuisse professum, aut maiorem partem ipsius doctrinae in Evangeliis synopticis contentae authenticitate carere.

34. Criticus nequit asserere Christo scientiam nullo circumscriptam limite nisi facta hypothesi, quae historice haud concipi potest quaeque sensui morali repugnat, nempe Christum uti hominem habuisse scientiam Dei et nihilominus noluisse notitiam tot rerum communicare cum discipulis ac posteritate.

35. Christus non semper habuit conscientiam suae dignitatis messianicae.

36. Resurrectio Salvatoris non est proprie factum ordinis historici, sed factum ordinis mere supernaturalis nec demonstratum nec

27. Die Gottheit Jesu Christi wird aus den Evangelien nicht bewiesen; sie ist vielmehr ein Lehrsatz, den das christliche Bewußtsein aus dem Begriff des Messias ableitete.   3427

28. Jesus redete, als er sein Amt ausübte, nicht in der Absicht, zu lehren, er sei der Messias, noch hatten seine Wunder den Zweck, dies zu zeigen.   3428

29. Man kann zugestehen, daß der Christus, den die Geschichte darstellt, viel unbedeutender ist als der Christus, der Gegenstand des Glaubens ist.   3429

30. In allen Evangelientexten hat der Ausdruck *Sohn Gottes* nur die gleiche Bedeutung wie der Ausdruck *Messias*, zeigt aber keineswegs an, daß Christus wahrer und natürlicher Sohn Gottes ist.   3430

31. Die Lehre von Christus, die Paulus, Johannes und die Konzilien von Nikaia, Ephesus und Chalkedon überliefern, ist nicht die, die Jesus lehrte, sondern die, die sich das christliche Bewußtsein von Jesus bildete.   3431

32. Der natürliche Sinn der Evangelientexte kann nicht mit dem in Übereinstimmung gebracht werden, was unsere Theologen vom Bewußtsein und unfehlbaren Wissen Jesu Christi lehren.   3432

33. Es ist jedem, der sich nicht von vorgefaßten Meinungen leiten läßt, klar, daß entweder Jesus in bezug auf die unmittelbar bevorstehende Ankunft des Messias einen Irrtum verkündet hat oder ein größerer Teil der in den synoptischen Evangelien enthaltenen Lehre selbst der Authentizität entbehrt.   3433

34. Ein kritischer Mensch kann für Christus kein unumschränktes Wissen behaupten, ohne eine Hypothese aufzustellen, die historisch nicht haltbar ist und die dem moralischen Gefühl widerstrebt, daß nämlich Christus als Mensch das Wissen Gottes gehabt habe und trotzdem die Kenntnis so vieler Dinge nicht mit seinen Jüngern und der Nachwelt habe teilen wollen.   3434

35. Christus hatte nicht immer das Bewußtsein seiner messianischen Würde.   3435

36. Die Auferstehung des Erlösers ist eigentlich keine Tatsache der geschichtlichen Ordnung, sondern eine Tatsache der rein   3436

demonstrabile, quod conscientia christiana sensim ex aliis derivavit.

übernatürlichen Ordnung, die weder bewiesen noch beweisbar ist und die das christliche Bewußtsein nach und nach aus anderen ⟨Tatsachen⟩ ableitete.

**3437**    37. Fides in resurrectionem Christi ab initio fuit non tam de facto ipso resurrectionis, quam de vita Christi immortali apud Deum.

37. Der Glaube an die Auferstehung Christi galt von Anfang an nicht so sehr der Tatsache der Auferstehung selbst, als vielmehr dem unsterblichen Leben Christi bei Gott.

**3438**    38. Doctrina de morte piaculari Christi non est evangelica, sed tantum paulina.

38. Die Lehre vom Sühnetod Christi ist keine Lehre der Evangelien, sondern nur paulinisch.

### Die Sakramente

**3439**    39. Opiniones de origine sacramentorum, quibus Patres Tridentini imbuti erant quaeque in eorum canones dogmaticos procul dubio influxum habuerunt, longe distant ab iis, quae nunc penes historicos rei christianae indagatores merito obtinent.

39. Die Meinungen über den Ursprung der Sakramente, von denen die Väter des Tridentinums erfüllt waren und die zweifellos Einfluß auf ihre dogmatischen Kanones hatten, sind von denen weit entfernt, die jetzt bei den Geschichtsforschern des Christentums zurecht gelten.

**3440**    40. Sacramenta ortum habuerunt ex eo, quod Apostoli eorumque successores ideam aliquam et intentionem Christi, suadentibus et moventibus circumstantiis et eventibus, interpretati sunt.

40. Die Sakramente hatten ihren Ursprung darin, daß die Apostel und ihre Nachfolger eine Idee und Absicht Christi ausgelegt haben, als die Umstände und Ereignisse ⟨dazu⟩ rieten und anregten.

**3441**    41. Sacramenta eo tantum spectant, ut in mentem hominis revocent praesentiam Creatoris semper beneficam.

41. Die Sakramente bezwecken lediglich, die stets wohltuende Gegenwart des Schöpfers ins Gedächtnis des Menschen zurückzurufen.

**3442**    42. Communitas christiana necessitatem baptismi induxit, adoptans illum tamquam ritum necessarium eique professionis christianae obligationes annectens.

42. Die christliche Gemeinschaft führte die Notwendigkeit der Taufe ein, indem sie diese als notwendigen Ritus annahm und mit ihm die Verpflichtungen des christlichen Bekenntnisses verband.

**3443**    43. Usus conferendi baptismum infantibus evolutio fuit disciplinaris, quae una ex causis exstitit, ut sacramentum resolveretur in duo, in baptismum scilicet et paenitentiam.

43. Der Brauch, Kindern die Taufe zu spenden, war eine Entwicklung der ⟨Kirchen⟩disziplin, die einen von den Gründen darstellte, daß sich das Sakrament in zwei auflöste, nämlich in die Taufe und Buße.

**3444**    44. Nihil probat ritum sacramenti confirmationis usurpatum fuisse ab Apostolis: formalis autem distinctio duorum sacramentorum, baptismi scilicet et confirmationis, haud spectat ad historiam christianismi primitivi.

44. Nichts beweist, daß der Ritus des Sakramentes der Firmung von den Aposteln verwendet wurde: die formelle Unterscheidung der beiden Sakramente aber, nämlich der Taufe und Firmung, bezieht sich nicht auf die Geschichte des Urchristentums.

**3445**    45. Non omnia, quae narrat Paulus de institutione Eucharistiae [*1 Cor 11,23-25*], historice sunt sumenda.

45. Nicht alles, was Paulus von der Einsetzung der Eucharistie berichtet [*1 Kor 11,23-25*], ist historisch aufzufassen.

46. Non adfuit in primitiva Ecclesia conceptus de christiano peccatore auctoritate Ecclesiae reconciliato, sed Ecclesia nonnisi admodum lente huiusmodi conceptui assuevit. Immo etiam postquam paenitentia tamquam Ecclesiae institutio agnita fuit, non appellabatur sacramenti nomine, eo quod haberetur uti sacramentum probrosum.

47. Verba Domini: "Accipite Spiritum Sanctum; quorum remiseritis peccata, remittuntur eis, et quorum retinueritis, retenta sunt" [*Io 20,22s*], minime referuntur ad sacramentum paenitentiae, quidquid Patribus Tridentinis asserere placuit.

48. Iacobus in sua epistola [*Iac 5,14s*] non intendit promulgare aliquod sacramentum Christi, sed commendare pium aliquem morem, et si in hoc more forte cernit medium aliquod gratiae, id non accipit eo rigore, quo acceperunt theologi, qui notionem et numerum sacramentorum statuerunt.

49. Coena christiana paulatim indolem actionis liturgicae assumente, hi, qui Coenae praeesse consueverant, characterem sacerdotalem acquisiverunt.

50. Seniores, qui in Christianorum coetibus invigilandi munere fungebantur, instituti sunt ab Apostolis presbyteri aut episcopi ad providendum necessariae crescentium communitatum ordinationi, non proprie ad perpetuandam missionem et potestatem Apostolicam.

51. Matrimonium non potuit evadere sacramentum novae legis nisi serius in Ecclesia; siquidem, ut matrimonium pro sacramento haberetur, necesse erat, ut praecederet plena doctrinae de gratia et sacramentis theologica explicatio.

### Die Verfassung der Kirche

52. Alienum fuit a mente Christi Ecclesiam constituere veluti societatem super terram per longam saeculorum seriem duratu-

---

46. Es gab in der Urkirche keine Vorstellung von der Wiederversöhnung eines christlichen Sünders durch die Autorität der Kirche, sondern die Kirche gewöhnte sich nur sehr langsam an eine solche Vorstellung. Ja, sogar nachdem die Buße als Einrichtung der Kirche anerkannt war, wurde sie nicht "Sakrament" genannt, weil sie für ein schändliches Sakrament gehalten wurde.    **3446**

47. Die Worte des Herrn: "Empfanget den Heiligen Geist; denen ihr die Sünden vergebt, denen werden sie vergeben, und denen ihr sie behaltet, sind sie behalten" [*Joh 20,22f*], beziehen sich keineswegs auf das Sakrament der Buße, was auch immer den Vätern von Trient zu behaupten gefiel.    **3447**

48. Jakobus beabsichtigt in seinem Brief [*Jak 5,14f*] nicht, ein Sakrament Christi zu verkünden, sondern einen frommen Brauch zu empfehlen; und wenn er in diesem Brauch vielleicht ein Gnadenmittel sieht, faßt er dieses nicht in dem strengen Sinne auf, in dem es die Theologen aufgefaßt haben, die den Begriff und die Anzahl der Sakramente festlegten.    **3448**

49. Als das christliche Abendmahl allmählich den Charakter einer liturgischen Handlung annahm, erlangten die, welche dem Abendmahl vorzustehen pflegten, den priesterlichen Charakter.    **3449**

50. Die Ältesten, die in den Zusammenkünften der Christen das Aufseheramt bekleideten, wurden von den Aposteln als Priester oder Bischöfe eingesetzt, um für die nötige Ordnung der wachsenden Gemeinschaften zu sorgen, nicht eigentlich, um die Sendung und Vollmacht der Apostel fortzusetzen.    **3450**

51. Die Ehe konnte in der Kirche erst spät zum Sakrament des neuen Bundes werden; denn damit die Ehe für ein Sakrament gehalten würde, war es notwendig, daß die vollständige theologische Entwicklung der Lehre über die Gnade und die Sakramente vorausging.    **3451**

52. Es war der Absicht Christi fremd, die Kirche als eine Gemeinschaft zu gründen, die auf Erden eine lange Reihe von Jahr-    **3452**

ram; quin immo in mente Christi regnum caeli una cum fine mundi iamiam adventurum erat.

hunderten dauern werde; ja, Christus war sogar der Meinung, das Himmelreich werde zugleich mit dem Ende der Welt alsbald anbrechen.

3453　　53. Constitutio organica Ecclesiae non est immutabilis; sed societas christiana perpetuae evolutioni aeque ac societas humana est obnoxia.

53. Die organische Verfassung der Kirche ist nicht unveränderlich; vielmehr ist die christliche Gemeinschaft ebenso wie die menschliche Gemeinschaft einer fortwährenden Entwicklung unterworfen.

3454　　54. Dogmata, sacramenta, hierarchia, tum quod ad notionem tum quod ad realitatem attinet, non sunt nisi intelligentiae christianae interpretationes evolutionesque, quae exiguum germen in Evangelio latens externis incrementis auxerunt perfeceruntque.

54. Die Lehrsätze, Sakramente und die Hierarchie sind – sowohl was den Begriff als auch was die Wirklichkeit anbelangt – nur Auslegungen und Entwicklungen des christlichen Verständnisses, die den im Evangelium verborgenen unbedeutenden Keim durch äußere Zuwächse vermehrt und vervollkommnet haben.

3455　　55. Simon Petrus ne suspicatus quidem umquam est, sibi a Christo demandatum esse primatum in Ecclesia.

55. Simon Petrus hatte niemals auch nur eine Ahnung, daß ihm von Christus der Primat in der Kirche übertragen wurde.

3456　　56. Ecclesia Romana non ex divinae providentiae ordinatione, sed ex mere politicis condicionibus caput omnium Ecclesiarum effecta est.

56. Die Römische Kirche wurde nicht aufgrund einer Anordnung der göttlichen Vorsehung, sondern aufgrund rein politischer Bedingungen das Haupt aller Kirchen.

3457　　57. Ecclesia sese praebet scientiarum naturalium et theologicarum progressibus infensam.

57. Die Kirche erweist sich als feindlich gegenüber den Fortschritten der natürlichen und theologischen Wissenschaften.

*Die Unveränderlichkeit der religiösen Wahrheiten*

3458　　58. Veritas non est immutabilis plus quam ipse homo, quippe quae cum ipso, in ipso et per ipsum evolvitur.

58. Die Wahrheit ist nicht unveränderlicher als der Mensch selbst, da sie sich ja mit ihm, in ihm und durch ihn entwickelt.

3459　　59. Christus determinatum doctrinae corpus omnibus temporibus cunctisque hominibus applicabile non docuit, sed potius inchoavit motum quendam religiosum diversis temporibus ac locis adaptatum vel adaptandum.

59. Christus lehrte kein bestimmtes auf alle Zeiten und alle Menschen anwendbares Lehrsystem, sondern leitete vielmehr eine den verschiedenen Zeiten und Orten angepaßte bzw. anzupassende religiöse Bewegung ein.

3460　　60. Doctrina christiana in suis exordiis fuit iudaica, sed facta est per successivas evolutiones primum paulina, tum ioannica, demum hellenica et universalis.

60. Die christliche Lehre war in ihren Anfängen jüdisch, wurde aber durch die nachfolgenden Entwicklungen zunächst paulinisch, dann johanneisch, schließlich hellenisch und allgemein.

3461　　61. Dici potest absque paradoxo, nullum Scripturae caput, a primo Genesis ad postremum Apocalypsis, continere doctrinam prorsus identicam illi, quam super eadem re tradit Ecclesia, et idcirco nullum Scripturae caput habere eundem sensum pro critico ac pro

61. Man kann ohne Widerspruch sagen, daß kein Kapitel der Schrift, vom ersten der Genesis bis zum letzten der Apokalypse, eine Lehre enthält, die mit jener völlig zusammenfällt, die die Kirche über dieselbe Sache vorträgt, und daß deswegen kein Kapitel der

theologo.

62. Praecipui articuli Symboli Apostolici non eandem pro Christianis primorum temporum significationem habebant, quam habent pro Christianis nostri temporis.

63. Ecclesia sese praebet imparem ethicae evangelicae efficaciter tuendae, quia obstinate adhaeret immutabilibus doctrinis, quae cum hodiernis progressibus componi nequeunt.

64. Progressus scientiarum postulat, ut reformentur conceptus doctrinae christianae de Deo, de creatione, de revelatione, de persona Verbi Incarnati, de redemptione.

65. Catholicismus hodiernus cum vera scientia componi nequit, nisi transformetur in quendam christianismum non dogmaticum, id est in protestantismum latum et liberalem.

*Censura Summi Pontificis:* "Sanctitas Sua Decretum Eminentissimorum Patrum adprobavit et confirmavit, ac omnes et singulas supra recensitas propositiones ceu reprobatas ac proscriptas ab omnibus haberi mandavit."

Schrift denselben Sinn für den Kritiker wie für den Theologen hat.

62. Die hauptsächlichen Artikel des Apostolischen Bekenntnisses hatten für die Christen der ersten Zeiten nicht dieselbe Bedeutung, die sie für die Christen unserer Zeit haben. **3462**

63. Die Kirche erweist sich als unfähig, die Ethik des Evangeliums wirksam zu schützen, weil sie hartnäckig an unveränderlichen Lehren hängt, die mit den heutigen Fortschritten nicht vereinbart werden können. **3463**

64. Der Fortschritt der Wissenschaften erfordert, daß die Vorstellungen der christlichen Lehre von Gott, von der Schöpfung, von der Offenbarung, von der Person des Fleischgewordenen Wortes und von der Erlösung umgebildet werden. **3464**

65. Der heutige Katholizismus kann mit der wahren Wissenschaft nicht vereinbart werden, wenn er nicht in ein undogmatisches Christentum verwandelt wird, das heißt, in einen weiten und liberalen Protestantismus. **3465**

*Zensur des Papstes:* "Seine Heiligkeit hat das Dekret der Hochwürdigsten Väter gebilligt und bestätigt und geboten, daß die oben angeführten Sätze samt und sonders von allen für verworfen und geächtet gehalten werden." **3466**

**3468-3474: Dekret der Hl. Konzilskongregation "Ne temere", 2. Aug. 1907**

*Ausg.:* ASS 40 (1907) 527-530 / Pius X., *Acta* 4,42-45 / AnE 15 (1907) 320b-321b.

*Verlobung und Ehe*

*De sponsalibus.* I. Ea tantum sponsalia habentur valida et canonicos sortiuntur effectus, quae contracta fuerint per scripturam subsignatam a partibus et vel a parocho aut loci Ordinario, vel saltem a duobus testibus. ...

*De matrimonio.* III. Ea tantum matrimonia valida sunt, quae contrahuntur coram parocho vel loci Ordinario vel sacerdote ab alterutro delegato et duobus saltem testibus.... .

VII. Imminente mortis periculo, ubi parochus vel loci Ordinarius vel sacerdos ab alterutro delegatus haberi nequeat, ad consu-

*Verlobung.* I. Nur solche Verlobungen werden für gültig gehalten und ziehen kirchenrechtliche Folgen nach sich, die mittels einer Urkunde geschlossen wurden, die von den Partnern und entweder vom Pfarrer bzw. Ortsordinarius oder wenigstens von zwei Zeugen unterzeichnet wurde. ... **3468**

*Ehe.* III. Nur solche Ehen sind gültig, die vor dem Pfarrer oder dem Ortsordinarius oder einem Priester, der von einem der beiden beauftragt wurde, sowie wenigstens zwei Zeugen geschlossen werden ... . **3469**

VII. Bei drohender Todesgefahr kann, wenn der Pfarrer oder der Ortsordinarius oder ein Priester, der von einem der beiden **3470**

lendum conscientiae et (si casus ferat) legitimationi prolis matrimonium contrahi valide ac licite potest coram quolibet sacerdote et duobus testibus.

beauftragt wurde, nicht erreicht werden kann, die Ehe vor jedem beliebigen Priester und zwei Zeugen gültig und erlaubt geschlossen werden, um für das Gewissen und (falls erforderlich) für die Legitimation der Nachkommenschaft zu sorgen.

**3471**    VIII. Si contingat, ut in aliqua regione parochus locive Ordinarius aut sacerdos ab eis delegatus, coram quo matrimonium celebrari queat, haberi non possit eaque rerum condicio a mense iam perseveret, matrimonium valide ac licite iniri potest emisso a sponsis formali consensu coram duobus testibus.

VIII. Sollte es geschehen, daß in einer Gegend der Pfarrer oder der Ortsordinarius oder ein von ihnen beauftragter Priester, vor dem die Ehe gefeiert werden könnte, nicht erreicht werden kann und diese Sachlage schon seit einem Monat andauert, so kann die Ehe gültig und erlaubt eingegangen werden, wenn von den Brautleuten vor zwei Zeugen das formelle Einverständnis abgelegt wurde.

**3472**    XI. § 1. Statutis superius legibus tenentur omnes in catholica Ecclesia baptizati et ad eam ex haeresi aut schismate conversi (licet sive hi sive illi ab cadem postea defecerint), quoties inter se sponsalia vel matrimonia ineant.

XI. § 1. Durch die oben aufgestellten Gesetze werden alle verpflichtet, die in der katholischen Kirche getauft wurden und die sich aus Häresie und Schisma zu ihr bekehrt haben (auch wenn diese oder jene hernach von ihr abgefallen sind), sooft sie untereinander Verlobungen oder Ehen eingehen.

**3473**    § 2. Vigent quoque pro iisdem de quibus supra catholicis, si cum acatholicis sive baptizatis sive non baptizatis, etiam post obtentam dispensationem ab impedimento mixtae religionis vel disparitatis cultus, sponsalia vel matrimonium contrahunt; nisi pro aliquo particulari loco aut regione aliter a S. Sede sit statutum.

§ 2. Sie gelten auch für dieselben Katholiken wie oben, wenn sie mit Nicht-Katholiken – seien sie getauft oder nicht getauft –, auch nach Erlangung einer Dispens vom Hindernis der gemischten Religion bzw. der Verschiedenheit des Kults, eine Verlobung oder eine Ehe schließen; es sei denn, vom Hl. Stuhl wäre für irgendeinen besonderen Ort oder eine Gegend eine andere Bestimmung ergangen.

**3474**    § 3. Acatholici sive baptizati sive non baptizati, si inter se contrahunt, nullibi ligantur ad catholicam sponsalium vel matrimonii formam servandam.

§ 3. Wenn Nicht-Katholiken – seien sie getauft oder nicht getauft – untereinander ⟨die Ehe⟩ schließen, sind sie nirgendwo verpflichtet, die katholische Form der Verlobung oder der Ehe zu beachten.

### 3475–3500: Enzyklika "Pascendi dominici gregis", 8. Sept. 1907

Vgl. *3401°. Der sogenannte Modernismus wird durch diese Enzyklika in ein System gebracht. Dieses Gedankengebäude wird von keinem der "Modernisten" als solches vertreten. Es gilt als gesichert, daß P. Johannes B. Lemius OMI den dogmatischen Teil und Kardinal Louis Billot SJ den praktischen Teil redigiert haben. Mehrere Entwürfe von anderen Theologen waren vom Papst als ungenügend erachtet worden.
*Ausg.:* ASS 40 (1907) 596–628 / Pius X., *Acta* 4,50–88.

*Irrtümer der Modernisten über die philosophischen Prinzipien*

**3475**    Philosophiae religiosae fundamentum in doctrina illa modernistae ponunt, quam vulgo a g n o s t i c i s m u m vocant. Vi huius humana ratio *phaenomenis* omnino includitur,

Die Grundlage der religiösen Philosophie sehen die Modernisten in jener Lehre, die man gemeinhin A g n o s t i z i s m u s nennt. Demzufolge wird die menschliche Vernunft

rebus videlicet, quae apparent eaque specie, qua apparent: earundem praetergredi terminos nec ius nec potestatem habet. Quare nec ad Deum se erigere potis est, nec illius exsistentiam, utut per ea, quae videntur, agnoscere. Hinc infertur, Deum scientiae obiectum directe nullatenus esse posse; ad historiam vero quod attinet, Deum subiectum historicum minime censendum esse.

His autem positis, quid de *naturali theologia,* quid de *motivis credibilitatis,* quid de *externa revelatione* fiat, facile quisque perspiciet. Ea nempe modernistae penitus e medio tollunt et ad *intellectualismum* amandant. ...

*[597]* [*Ex agnosticismo deducunt:*] atheam debere esse scientiam itemque historiam; in quarum finibus non nisi *phaenomenis* possit esse locus, exturbato penitus Deo et quidquid divinum est. ...

Hic tamen agnosticismus in disciplina modernistarum non nisi ut pars negans habenda est: positiva, ut aiunt, in i m m a n e n-t i a    v i t a l i    constituitur. Harum nempe ad aliam ex altera sic procedunt.

Religio, sive ea naturalis est sive supra naturam, ceu quodlibet factum explicationem aliquam admittat oportet. Explicatio autem, naturali theologia deleta aditaque ad revelationem ob reiecta credibilitatis argumenta intercluso, immo etiam revelatione qualibet externa penitus sublata, extra hominem inquiritur frustra. Est igitur in ipso homine quaerenda: et quoniam religio vitae quaedam est forma, in vita omnino hominis reperienda est. Ex hoc *immanentiae religiosae* principium asseritur. Vitalis porro cuiuscumque phaenomeni, cuiusmodi religionem esse iam dictum est, prima veluti motio ex indigentia quapiam seu impulsione est repetenda: primordia vero, si de vita pressius loquamur, *[598]* ponenda sunt in motu quodam cordis, qui *sensus* dicitur. Eam ob rem, cum religionis obiectum sit Deus, concludendum omni-

völlig von *Phänomenen* eingeschlossen, Dingen nämlich, die erscheinen, und zwar in der Gestalt, in der sie erscheinen: deren Grenzen zu überschreiten, hat sie weder das Recht noch die Möglichkeit. Deshalb ist sie weder imstande, sich zu Gott zu erheben, noch dessen Existenz wie auch immer durch das, was man sieht, zu erkennen. Daraus wird geschlossen, daß Gott in keiner Hinsicht direkt Gegenstand der Wissenschaft sein kann; was aber die Geschichte anbelangt, daß Gott keineswegs als geschichtliches Subjekt anzusehen ist.

Ist dies aber erst einmal aufgestellt, so wird jeder leicht durchschauen, was mit der *natürlichen Theologie,* was mit den *Beweggründen der Glaubwürdigkeit,* was mit der *äußeren Offenbarung* geschieht. Dies beseitigen die Modernisten nämlich völlig und verweisen es zum *Intellektualismus.* ...

[*Aus dem Agnostizismus leiten sie ab:*] Die  **3476** Wissenschaft und ebenso die Geschichte müssen atheistisch sein; in ihrem Gebiet kann nur Platz für *Phänomene* sein, Gott und alles, was göttlich ist, ist völlig ausgestoßen. ...

Dieser Agnostizismus ist in der Lehre der  **3477** Modernisten jedoch nur als negativer Teil anzusehen: der positive besteht, wie sie sagen, in der   v i t a l e n   I m m a n e n z. Dabei schreiten sie nämlich folgendermaßen vom einen zum anderen fort.

Die Religion – ob sie natürlich ist oder über der Natur – muß wie jedwede Tatsache eine Erklärung zulassen. Die Erklärung aber wird, da die natürliche Theologie getilgt und der Zugang zur Offenbarung wegen der Verwerfung der Beweise für die Glaubwürdigkeit verschlossen, ja sogar jedwede äußere Offenbarung völlig aufgehoben ist, außerhalb des Menschen vergeblich gesucht. Sie ist also im Menschen selbst zu suchen: und weil die Religion eine bestimmte Form des Lebens ist, ist sie ganz im Leben des Menschen zu finden. Aufgrund dessen wird das Prinzip der *religiösen Immanenz* behauptet. Bei einem jeden vitalen Phänomen – ein solches ist, wie schon gesagt wurde, die Religion – ist nun gleichsam die erste Regung aus einem Bedürfnis bzw. einem Drang herzuleiten: die Anfänge aber, wenn wir über das Leben ge-

no est, fidem, quae initium est ac fundamentum cuiusvis religionis, in sensu quodam intimo collocari debere, qui ex indigentia divini oriatur.

Haec porro divini indigentia, quia non nisi certis aptisque in complexibus sentitur, pertinere ad conscientiae ambitum ex se non potest; latet autem primo infra conscientiam, seu, ut mutuato vocabulo a moderna philosophia loquuntur, in *subconscientia*. ...

**3478**    In eiusmodi enim sensu modernistae non fidem tantum reperiunt; sed, cum fide inque ipsa fide, prout illam intelligunt, *revelationi* locum esse affirmant. ... *[599]* Cum fidei Deus obiectum sit aeque et causa, revelatio illa et de Deo pariter et a Deo est; habet Deum videlicet revelantem simul ac revelatum. Hinc autem, Venerabiles Fratres, affirmatio illa modernistarum perabsurda, qua religio quaelibet pro diverso aspectu naturalis una ac supernaturalis dicenda est. Hinc conscientiae ac revelationis promiscua significatio. Hinc lex, qua *conscientia religiosa* ut regula universalis traditur, cum revelatione penitus aequanda, cui subesse omnes oporteat, supremam etiam in Ecclesia potestatem, sive haec doceat, sive de sacris disciplinave statuat. ...

**3479**    Incognoscibile, de quo loquuntur, non se fidei sistit ut nudum quid aut singulare; sed contra in phaenomeno aliquo arcte inhaerens, quod, quamvis ad campum scientiae aut historiae pertinet, ratione tamen aliqua praetergreditur. ... Tum vero fides, ab incognoscibili allecta, quod cum phaenomeno iungitur, totum ipsum phaenomenon complectitur ac sua vita quodammodo permeat.

Ex hoc autem duo consequuntur. Primum, quaedam phaenomeni *transfiguratio*

nauer reden wollen, sind in einer Regung des Herzens zu sehen, die *Gefühl* genannt wird. Deshalb ist, da Gott der Gegenstand der Religion ist, zwangsläufig zu schließen, daß der Glaube, der der Anfang und die Grundlage jedweder Religion ist, in einem innersten Gefühl liegen muß, das aus einem Bedürfnis nach Göttlichem erwächst.

Da dieses Bedürfnis nach Göttlichem nun nur unter bestimmten und geeigneten Umständen gespürt wird, kann es aus sich nicht zum Bereich des Bewußtseins gehören; es liegt aber zunächst unterhalb des Bewußtseins verborgen, bzw., wie sie mit einem von der modernen Philosophie entlehnten Wort sagen, im *Unterbewußtsein*. ...

In diesem Gefühl finden die Modernisten nämlich nicht nur den Glauben; sondern sie behaupten, daß mit dem Glauben und im Glauben selbst, wie sie ihn verstehen, der Ort für die *Offenbarung* sei. ... Da Gott Gegenstand und zugleich Ursache des Glaubens ist, ist jene Offenbarung sowohl über Gott als auch ebenso von Gott; sie hat nämlich Gott zugleich als Offenbarenden und als Offenbarten. Daher aber, Ehrwürdige Brüder, jene völlig unvernünftige Behauptung der Modernisten, jedwede Religion sei in verschiedener Hinsicht zugleich natürlich und übernatürlich zu nennen. Daher die unterschiedslose Bezeichnung des Bewußtseins und der Offenbarung. Daher das Gesetz, durch das das *religiöse Bewußtsein* als allgemeine Richtschnur ausgegeben wird, die mit der Offenbarung völlig gleichzustellen ist und der alle unterliegen müssen, sogar die höchste Autorität in der Kirche, ob diese nun lehrt oder über die heiligen Handlungen oder die Kirchenordnung Bestimmungen erläßt. ...

Das Unerkennbare, von dem sie reden, stellt sich dem Glauben nicht als etwas Bloßes oder Einzelnes dar; es ist im Gegenteil eng mit einem Phänomen verbunden, das, obwohl es zum Gebiet der Wissenschaft oder Geschichte gehört, ⟨dieses⟩ dennoch in gewisser Weise überschreitet. ... Dann aber umfaßt der Glaube, vom Unerkennbaren angezogen, das mit dem Phänomen verbunden ist, das Phänomen selbst ganz und durchdringt es gewissermaßen mit seinem Leben.

Daraus aber ergeben sich zwei Folgerungen. Erstens eine gewisse *Entstaltung* des

per elationem scilicet supra veras illius condiciones, qua aptior fiat materia ad induen-
dam divini formam, quam fides est inductu-
ra. Secundum, phaenomeni eiusdem aliqua-
piam, sic vocare liceat, *defiguratio* inde nata,
quod fides illi loci temporisque adiunctis
exempto tribuit, quae reapse non habet; quod
usuvenit praecipue, cum de phaenomenis agitur exacti temporis, eoque amplius, quo sunt
vetustiora. Ex gemino hoc capite binos iterum modernistae *[600]* eruunt canones, qui
alteri additi iam ex agnosticismo habito critices historicae fundamenta constituunt.

Exemplo res illustrabitur, sitque illud e
Christi persona petitum. In persona Christi,
aiunt, scientia atque historia nil praeter hominem offendunt. Ergo vi primi canonis ex
agnosticismo deducti ex eius historia quidquid divinum redolet, delendum est. Porro vi
alterius canonis Christi persona historica
*transfigurata* est a fide: ergo subducendum
ab ea, quidquid ipsam evehit supra condiciones historicas. Demum vi tertii canonis eadem persona Christi a fide *defigurata* est:
ergo removenda sunt ab illa sermones, acta,
quidquid, uno verbo, ingenio, statui, educationi eius, loco ac tempori, quibus vixit, minime respondet. ...

*Religiosus* igitur *sensus*, qui per *vitalem
immanentiam* e latebris *subconscientiae*
erumpit, germen est totius religionis ac
ratio pariter omnium, quae in religione quavis fuere aut sunt futura. ...

*[601]* In *sensu* illo, inquiunt, quem saepius nominavimus, quoniam *sensus* est, non
cognitio, Deus quidem se homini sistit; verum confuse adeo ac permixte, ut a subiecto
credente vix aut minime distinguatur. Necesse
se igitur est aliquo eundem sensum collu-
strari lumine, ut Deus inde omnino exiliat ac
secernatur. Id nempe ad intellectum pertinet,

Phänomens, nämlich durch eine Erhebung
über seine wahren Bedingungen hinaus,
durch die es ein Stoff werden soll, der geeigneter ist, die Form des Göttlichen anzulegen,
die der Glaube einführen will. Zweitens eine
Art von – wenn man es so sagen darf – *Mißstaltung* desselben Phänomens, die daher
rührt, daß der Glaube ihm, nachdem es der
Orts- und Zeitumstände enthoben wurde, ⟨et-
was⟩ zuweist, was es in Wirklichkeit nicht
hat; dies geschieht vor allem, wenn es sich
um Phänomene der Vergangenheit handelt,
und zwar umso mehr, je älter sie sind. Aus
diesem doppelten Gesichtspunkt ermitteln
die Modernisten wiederum zwei Regeln, die
in Verbindung mit einer weiteren, schon aus
dem Agnostizismus gewonnenen, die Grundlagen der historischen Kritik bilden.

An einem Beispiel soll die Sache erläutert **3480**
werden, und zwar möge dieses von der Person Christi genommen sein. Bei der Person
Christi, sagen sie, stoßen Wissenschaft und
Geschichte auf nichts als den Menschen.
Also ist kraft der ersten, aus dem Agnostizismus abgeleiteten Regel aus ihrer Geschichte
alles zu tilgen, was nach Göttlichem riecht.
Kraft der zweiten Regel nun wurde die geschichtliche Person Christi vom Glauben *entstaltet*: also ist von ihr alles wegzunehmen,
was sie über die geschichtlichen Bedingungen
hinaus erhebt. Schließlich wurde kraft der
dritten Regel dieselbe Person Christi vom
Glauben *mißstaltet*: also sind von ihr Reden,
Taten, mit einem Wort alles zu entfernen, was
seinem Charakter, seinem Stand, seiner Erziehung, dem Ort und der Zeit, in denen er
lebte, keineswegs entspricht. ...

Das *religiöse Gefühl*, das durch *vitale Im-* **3481**
*manenz* aus den Schlupfwinkeln des *Unterbewußtseins* hervorbricht, ist also der Keim
der ganzen Religion und zugleich der Grund
von allem, was in jedweder Religion war
oder sein wird. ...

In jenem *Gefühl*, das wir öfter erwähnten,
stellt sich, wie sie sagen, weil es *Gefühl* ist,
nicht Erkenntnis, Gott dem Menschen zwar
dar, aber so verworren und vermischt, daß er
vom glaubenden Subjekt nur mit Mühe oder
gar nicht unterschieden wird. Es ist also nötig, daß ebendieses Gefühl durch ein Licht
erleuchtet werde, damit Gott daraus ganz

cuius est cogitare et analysim instituere; per quem homo vitalia phaenomena in se exsurgentia in species primum traducit, tum autem verbis significat. Hinc vulgata modernistarum enuntiatio: debere religiosum hominem fidem suam *cogitare*. ...

**3482**  In eiusmodi autem negotio mens dupliciter operatur; primum, naturali actu et spontaneo, redditque rem sententia quadam simplici ac vulgari; secundo vero, reflexe ac penitius, vel, ut aiunt, *cogitationem elaborando,* eloquiturque cogitata *secundariis* sententiis, derivatis quidem a prima illa simplici, limatioribus tamen ac distinctioribus. Quae *secundariae [602]* sententiae, si demum a supremo Ecclesiae magisterio sancitae fuerint, constituent *dogma*.

**3483**  Sic igitur in modernistarum doctrina ventum est ad caput quoddam praecipuum, videlicet ad o r i g i n e m  d o g m a t i s  atque ad i p s a m  d o g m a t i s  n a t u r a m.  Originem enim dogmatis ponunt quidem in primigeniis illis formulis simplicibus, quae quodam sub respectu necessariae sunt fidei; nam revelatio, ut reapse sit, manifestam Dei notitiam in conscientia requirit. Ipsum tamen dogma *secundariis* proprie contineri formulis affirmare videntur. ...

*Formularum* eiusmodi non alium esse finem quam modum suppeditare credenti, quo sibi suae fidei rationem reddat. Quamobrem mediae illae sunt inter credentem eiusque fidem: ad fidem autem quod attinet, sunt inadaequatae eius obiecti notae, vulgo *symbola* vocitant; ad credentem quod spectat, sunt mera *instrumenta*.

... Obiectum autem *sensus religiosi,* utpote quod absoluto continetur, infinitos habet aspectus, quorum modo hic, modo alius apparere potest. Similiter homo, qui credit, aliis uti potest condicionibus. Ergo et formu-

hervortritt und getrennt gesehen wird. Dies geht nun den Verstand an, dessen Aufgabe es ist, zu denken und eine Analyse anzustellen; durch ihn überträgt der Mensch die in ihm aufsteigenden vitalen Phänomene zunächst in Vorstellungen und bezeichnet sie dann mit Worten. Daher die weitverbreitete Aussage der Modernisten, der religiöse Mensch müsse seinen Glauben *denken*. ...

Bei diesem Geschäft aber handelt der Geist auf zweifache Weise; zunächst gibt er in einem natürlichen und spontanen Akt die Sache in einem einfachen und allgemeinen Satz wieder; in einem zweiten aber sagt er überlegt und gründlicher oder, wie sie sagen, *durch Ausarbeitung des Gedankens* das Gedachte in *sekundären* Sätzen aus, die zwar von jenem einfachen ersten abgeleitet, jedoch ausgefeilter und bestimmter sind. Diese *sekundären* Sätze werden, wenn sie erst vom höchsten Lehramt der Kirche bestätigt worden sind, das *Dogma* bilden.

So also ist man zu einem Hauptpunkt in der Lehre der Modernisten gelangt, nämlich zum Ursprung des Dogmas und zur Natur des Dogmas selbst. Denn sie sehen zwar den Ursprung des Dogmas in jenen ursprünglichen einfachen Formeln, die in gewisser Hinsicht notwendig für den Glauben sind; denn die Offenbarung erfordert, um tatsächlich zu sein, die offensichtliche Bekanntheit Gottes im Bewußtsein. Das Dogma selbst jedoch, so scheinen sie zu behaupten, ist eigentlich in den *sekundären* Formeln enthalten. ...

Der Zweck solcher *Formeln* sei kein anderer, als dem Glaubenden einen Maßstab an die Hand zu geben, mit dessen Hilfe er sich Rechenschaft über seinen Glauben geben kann. Deshalb liegen sie in der Mitte zwischen dem Glaubenden und seinem Glauben: was aber den Glauben anbelangt, sind sie unangemessene Zeichen seines Gegenstandes, gemeinhin *Symbole* genannt; was den Glaubenden betrifft, sind sie reine *Werkzeuge*.

... Der Gegenstand des *religiösen Gefühls* aber hat, da er ja im Absoluten besteht, unbegrenzt viele Aspekte, von denen bald dieser, bald ein anderer erscheinen kann. Ebenso kann sich der Mensch, der glaubt, in ⟨je⟩

las, quas dogma appellamus, vicissitudini eidem subesse oportet ac propterea varietati esse obnoxias. Ita vero ad intimam *evolutionem* dogmatis expeditum est iter.

anderen Verhältnissen befinden. Folglich müssen auch die Formeln, die wir Dogma nennen, demselben Wechsel unterliegen und deswegen der Veränderung unterworfen sein. So aber ist der Weg zur innersten *Entwicklung* des Dogmas geebnet.

### Irrtümer der Modernisten über den Begriff des Glaubens

*[604]* Modernistae credenti ratum ac certum est, *realitatem* divini reapse in se ipsam exsistere nec prorsus a credente pendere. Quod si postules, in quo tandem haec credentis assertio nitatur, reponent: in privata cuiusque hominis *experientia* ...: in *sensu religioso* quendam esse agnoscendum cordis intuitum; quo homo ipsam, sine medio, Dei *realitatem* attingit tantamque de exsistentia Dei haurit persuasionem deque Dei tum intra tum extra hominem actione, ut persuasionem omnem, quae ex scientia peti possit, longe antecellat. Veram igitur ponunt experientiam eamque rationali qualibet experientia praestantiorem. ...

Für einen gläubigen Modernisten ist es **3484** ausgemacht und sicher, daß die *Wirklichkeit* des Göttlichen tatsächlich in sich selbst existiert und nicht völlig vom Gläubigen abhängt. Wenn man aber fragt, worauf sich denn diese Behauptung des Gläubigen stütze, werden sie erwidern: auf die persönliche *Erfahrung* jedes Menschen ...: im *religiösen Gefühl* sei eine gewisse Anschauung des Herzens zu erkennen; durch sie kommt der Mensch unvermittelt mit der *Wirklichkeit* Gottes selbst in Berührung und erlangt eine so große Überzeugung von der Existenz Gottes und von Gottes Handeln sowohl innerhalb als auch außerhalb des Menschen, daß sie jede Überzeugung, die aus wissenschaftlicher Erkenntnis gewonnen werden kann, weit übertrifft. Sie behaupten also eine wahre Erfahrung, und zwar eine solche, die jedweder Erfahrung der Vernunft überlegen ist. ...

*[606]* Fides ... id unice spectat, quod scientia *incognoscibile* sibi esse profitetur. Hinc ... scientia versatur in phaenomenis, ubi nullus fidei locus; fides e contra versatur in divinis, quae scientia penitus ignorat. Unde demum conficitur, inter fidem et scientiam numquam esse posse discidium. ...

Der Glaube ... richtet sich einzig darauf, **3485** was für die Wissenschaft nach ihrem eigenen Bekenntnis *unerkennbar* ist. Daher ... beschäftigt sich die Wissenschaft mit Phänomenen, wo für den Glauben kein Platz ⟨ist⟩; der Glaube dagegen beschäftigt sich mit göttlichen Dingen, die die Wissenschaft überhaupt nicht kennt. Daher erst ergibt sich, daß es zwischen Glauben und Wissenschaft niemals Streit geben kann. ...

Quibus si qui forte obiciant, quaedam in aspectabili occurrere natura rerum, quae ad fidem etiam pertineant, uti humanam Christi vitam, negabunt. Nam, etsi haec phaenomenis accensentur, tamen, quatenus vita fidei imbuuntur, et a fide, quo supra dictum est modo, *transfigurata* ac *defigurata* fuerunt [*cf. \*3479s*], a sensibili mundo sunt abrepta et in divini materiam translata.

Wenn ihnen etwa welche entgegenhalten, es kämen in der sichtbaren Natur gewisse Dinge vor, die auch zum Glauben gehören, wie etwa das menschliche Leben Christi, werden sie ⟨dies⟩ leugnen. Denn auch wenn diese den Phänomenen zugerechnet werden, wurden sie dennoch – insofern sie vom Leben des Glaubens erfüllt werden und vom Glauben, über den eben erst weiter oben gesprochen wurde, *entstaltet* und *mißstaltet* wurden [*vgl. \*3479f*] – von der sinnenhaften Welt fortgerissen und in den Stoff des Göttlichen überführt.

Quamobrem poscenti ulterius, an Christus *[607]* vera patrarit miracula vereque futura praesenserit, an vere revixerit atque in caelum conscenderit, scientia agnostica abnuet, fides affirmabit; ex hoc tamen nulla erit inter utramque pugna. Nam abnuet alter ut philosophus philosophos alloquens, Christum scilicet unice contemplatus secundum *realitatem historicam;* affirmabit alter ut credens cum credentibus locutus, Christi vitam spectans prout *iterum vivitur* a fide et in fide.

3486    Ex his tamen fallitur vehementer, qui reputet posse opinari, fidem et scientiam alteram sub altera nulla penitus ratione esse subiectam. Nam de scientia quidem recte vereque existimabit; secus autem de fide, quae non uno tantum, sed triplici ex capite scientiae subici dicenda est.

Primum namque advertere oportet, in facto quovis religioso, detracta *divina realitate* quamque de illa habet *experientiam,* qui credit, cetera omnia, praesertim vero *religiosas formulas,* phaenomenorum ambitum minime transgredi, atque ideo cadere sub scientiam. ...

Praeterea, quamvis dictum est Deum solius fidei esse obiectum, id de divina quidem *realitate* concedendum est, non tamen de *idea* Dei. Haec quippe scientiae subest; quae dum in ordine, ut aiunt, logico philosophatur, quidquid etiam absolutum est attingit atque ideale. Quocirca philosophia seu scientia cognoscendi de idea Dei ius habet eamque in sui evolutione moderandi et, si quid extrarium invaserit, corrigendi. Hinc modernistarum effatum: evolutionem religiosam cum morali et intellectuali componi debere; videlicet, ut quidam tradit, quem magistrum sequuntur, eisdem subdi.

Wenn einer weiter fragt, ob Christus wahre Wunder vollbracht und wahrhaft Künftiges vorausgeahnt habe, ob er wahrhaft wieder lebendig geworden und in den Himmel hinaufgestiegen sei, so wird ihm ⟨dies⟩ deshalb die agnostische Wissenschaft verneinen, der Glaube bejahen; daraus wird jedoch kein Streit zwischen beiden entstehen. Denn verneinen wird der eine als Philosoph, der zu Philosophen redet, wobei er nämlich Christus einzig der *historischen Wirklichkeit* nach betrachtet; bejahen wird der andere als Gläubiger, der mit Gläubigen redet, im Blick auf das Leben Christi, insofern es vom Glauben und im Glauben *wiederum gelebt* wird.

Es täuscht sich jedoch gewaltig, wer aufgrund dessen glauben wollte, man könne meinen, Glaube und Wissenschaft seien einander in überhaupt keiner Beziehung unterworfen. Denn von der Wissenschaft wird er zwar richtig und wahr denken; anders aber vom Glauben, von dem zu sagen ist, daß er nicht nur aus einem, sondern aus einem dreifachen Grund der Wissenschaft unterworfen ist.

Zuerst nämlich muß man beachten, daß bei jedweder religiösen Tatsache, wenn man die *göttliche Realität* und die *Erfahrung,* die derjenige, der glaubt, von ihr hat, beiseite läßt, alles übrige, vor allem aber die *religiösen Formeln,* den Bereich der Phänomene keineswegs überschreitet und deshalb unter die Wissenschaft fällt. ...

Außerdem: Wenn auch gesagt wurde, Gott sei Gegenstand allein des Glaubens, so ist dies zwar in bezug auf die göttliche *Realität* einzuräumen, nicht jedoch in bezug auf die *Idee* Gottes. Diese nämlich unterliegt der Wissenschaft; solange diese in der – wie sie sagen – logischen Ordnung philosophiert, erreicht sie sogar alles, was absolut und ideell ist. Deshalb hat die Philosophie bzw. Erkenntniswissenschaft in bezug auf die Idee Gottes das Recht, sie sowohl in ihrer Entwicklung zu leiten als auch, falls etwas Fremdes eingedrungen sein sollte, zu berichtigen. Daher die Aussage der Modernisten: die religiöse Entwicklung müsse mit der moralischen und intellektuellen in Einklang gebracht, d. h. wie einer lehrt, dem sie als Lehrer folgen, diesen unterworfen werden.

Accedit demum, quod homo dualitatem in se ipse non patitur: quamobrem credentem quaedam intima urget necessitas fidem cum scientia sic componendi, ut a generali ne discrepet idea, quam scientia exhibet de hoc mundo *[608]* universo. Sic ergo conficitur, scientiam a fide omnino solutam esse, fidem contra, utut scientiae extranea praedicetur, eidem subesse.

Schließlich kommt hinzu, daß der Mensch in sich selbst keine Dualität duldet: deshalb drängt den Gläubigen gewissermaßen ein innerstes Bedürfnis, den Glauben mit der Wissenschaft so in Einklang zu bringen, daß er nicht von der allgemeinen Idee abweicht, die die Wissenschaft von dieser Welt in ihrer Gesamtheit darbietet. So ergibt sich also, daß die Wissenschaft vom Glauben völlig gelöst ist, der Glaube dagegen, da er ja der Wissenschaft Fremdes verkündet, dieser unterliegt.

*Irrtümer der Modernisten in bezug auf die theologischen Lehrsätze*

*[609]* ... Modernista theologus eisdem utitur principiis, quae usui philosopho esse vidimus, illaque ad credentem aptat: principia inquimus immanentiae et symbolismi. Sic autem rem expeditissime perficit. *Traditur a philosopho,* principium fidei esse immanens; *a credente additur,* hoc principium Deum esse; *concludit ipse:* Deus ergo est immanens in homine. Hinc immanentia theologica.

Iterum: philosopho certum est, repraesentationes obiecti fidei esse tantum symbolicas; credenti pariter certum est, fidei obiectum esse Deum in se; theologus igitur colligit: repraesentationes divinae realitatis esse symbolicas. Hinc symbolismus theologicus. ...

*[611]* Fidei autem cum multa sint germina, praecipua vero Ecclesia, dogma, sacra et religiones, Libri quos sanctos nominamus, de his quoque quid modernistae doceant, inquirendum.

Atque ut dogma initium ponamus, huius quae sit origo et natura iam supra indicatum est [*cf. \*3482*]. Oritur illud ex impulsione quadam seu necessitate, vi cuius qui credit in suis cogitatis elaborat, ut conscientia tam sua quam aliorum illustretur magis. Est hic labor in rimando totus expoliendoque primigeniam mentis *formulam,* non quidem in se illam secundum logicam explicationem, sed secundum circumstantia, seu, ut minus apte ad intelligendum inquiunt, *vitaliter.* Inde fit ut, circa illam, secundariae quae-

Der modernistische Theologe bedient sich **3487** derselben Prinzipien, die wir beim Philosophen in Gebrauch sehen, und paßt sie dem Gläubigen an: wir reden von den Prinzipien der Immanenz und des Symbolismus. Folgendermaßen aber vollbringt er die Sache am problemlosesten. *Vom Philosophen wird gelehrt,* das Prinzip des Glaubens sei immanent; *vom Gläubigen wird hinzugefügt,* dieses Prinzip sei Gott; *er selbst schließt:* also ist Gott im Menschen immanent. Daher die theologische Immanenz.

Wiederum: Für den Philosophen steht fest, daß die Vergegenwärtigungen des Gegenstandes des Glaubens nur symbolisch sind; für den Gläubigen steht gleichfalls fest, daß der Gegenstand des Glaubens Gott an sich ist; der Theologe schließt demnach: die Vergegenwärtigungen der göttlichen Realität sind symbolisch. Daher der theologische Symbolismus. ...

Da es aber viele Sprößlinge des Glaubens **3488** gibt, vor allem aber die Kirche, das Dogma, den religiösen Kult, die Bücher, die wir heilig nennen, ⟨ist⟩ auch zu untersuchen, was die Modernisten darüber lehren.

Und um mit dem Dogma den Anfang zu machen: welches sein Ursprung und seine Natur ist, wurde schon weiter oben gezeigt [*vgl. \*3482*]. Es entsteht aus einem gewissen Drang bzw. Bedürfnis, kraft dessen der Gläubige sich in seinen Gedanken eifrig darum bemüht, daß sowohl sein eigenes Bewußtsein als auch das anderer mehr aufgeklärt werde. Diese Arbeit besteht ganz darin, die ursprüngliche *Formel* des Geistes zu durchforschen und zu verfeinern, allerdings nicht in sich gemäß einer logischen Entwicklung, son-

dam, ut iam innuimus, sensim enascantur formulae [cf. *3482s]; quae postea in unum corpus coagmentatae vel in unum doctrinae aedificium, cum a magisterio publico sancitae fuerint utpote communi conscientiae respondentes, dicuntur dogma. Ab hoc secernendae sunt probe theologorum commentationes. ...

**3489**  *[612]* De cultu sacrorum haud foret multis dicendum, nisi eo quoque nomine sacramenta venirent; de quibus maximi modernistarum errores. Cultum ex duplici impulsione seu necessitate oriri perhibent. ...

Altera est ad sensibile quiddam religioni tribuendum, altera ad eam proferendam, quod fieri utique nequaquam possit sine forma quadam sensibili et consecrantibus actibus, quae sacramenta dicimus. Sacramenta autem modernistis nuda sunt symbola seu signa, quamvis non vi carentia. Quam vim ut indicent, exemplo ipsi utuntur verborum quorundam, quae vulgo fortunam dicuntur sortita, eo quod virtutem conceperint ad notiones quasdam propagandas robustas maximeque percellentes animos. Sicut ea verba ad notiones, sic sacramenta ad sensum religiosum ordinata sunt: nihil praeterea. Clarius profecto dicerent, si sacramenta unice ad nutriendam fidem instituta affirmarent. Hoc tamen tridentina Synodus damnavit: "Si quis dixerit, haec sacramenta propter solam fidem nutriendam instituta fuisse, anathema sit" [*1605].

**3490**  [*Sacros Libros*] ad modernistarum scita definire probe quis possit syllogen *experientiarum* non cuique passim advenientium, sed extraordinariarum atque insignium, quae in quapiam religione sunt habitae. ...

dern gemäß der Umstände, bzw., wie sie weniger verständlich sagen, *vital*. So kommt es, daß um jene herum allmählich, wie wir schon angedeutet haben, gewisse sekundäre Formeln entstehen [*vgl. *3482f*]; wenn diese hernach zu einem Ganzen oder zu einem Lehrgebäude zusammengefügt und vom öffentlichen Lehramt als dem gemeinsamen Bewußtsein entsprechend bestätigt werden, werden sie Dogma genannt. Davon sind die Überlegungen der Theologen genau zu unterscheiden. ...

Über den gottesdienstlichen Kult wäre nicht viel zu sagen, wenn unter diesem Namen nicht auch die Sakramente vorkämen; auf sie beziehen sich die schwersten Irrtümer der Modernisten. Sie behaupten, der Kult entstehe aus einem zweifachen Drang bzw. Bedürfnis. ...

Das eine ist, der Religion etwas Sinnenhaftes beizulegen, das andere, sie bekannt zu machen, was überhaupt nicht geschehen könnte ohne eine bestimmte sinnenhafte Form und heiligende Akte, die wir Sakramente nennen. Sakramente aber sind für die Modernisten bloße Symbole bzw. Zeichen, obgleich sie nicht ohne Wirksamkeit sind. Um diese Wirksamkeit zu verdeutlichen, gebrauchen sie selbst das Beispiel bestimmter Worte, von denen man gemeinhin sagt, sie hätten Glück erlangt, weil sie die Kraft empfangen haben, bestimmte Sinngehalte zu verbreiten, die stark sind und die Herzen zutiefst erschüttern. Wie diese Worte zu den Sinngehalten, so verhalten sich die Sakramente zum religiösen Gefühl: nichts außerdem. Sie würden in der Tat klarer reden, wenn sie behaupteten, die Sakramente seien einzig dazu eingesetzt, den Glauben zu nähren. Dies jedoch hat das Konzil von Trient verurteilt: "Wer sagt, diese Sakramente seien nur eingesetzt worden, um den Glauben zu nähren, der sei mit dem Anathema belegt" [*1605].

[*Die heiligen Bücher*] könnte man nach den Grundsätzen der Modernisten ganz gut als Sammlung von *Erfahrungen* definieren, die in jedweder Religion gemacht wurden und nicht jedem allenthalben zuteil werden, sondern außergewöhnlich und bedeutend sind. ...

Quamvis experientia sit praesentis temporis, posse tamen illam de praeteritis aeque ac de futuris materiam sumere, prout videlicet *[613]*, qui credit, vel exacta rursus per recordationem in modum praesentium vivit, vel futura per praeoccupationem. Id autem explicat, quomodo historici quoque et apocalyptici in Libris sacris censeri queant.

Obgleich die Erfahrung zur gegenwärtigen Zeit gehört, könne sie dennoch ebenso Stoff aus der Vergangenheit und aus der Zukunft nehmen, nämlich je nachdem, ob derjenige, der glaubt, das Vollbrachte wiederum durch Erinnerung oder das Künftige durch Vorwegnahme in der Weise von Gegenwärtigem lebt. Dies erklärt aber, wie auch die Historiker und Apokalyptiker in den heiligen Büchern beurteilt werden können.

Sic igitur in hisce Libris Deus quidem loquitur per credentem; sed, uti fert theologia modernistarum, per *immanentiam* solummodo et *permanentiam vitalem*.

So spricht demnach in diesen Büchern zwar Gott durch den Gläubigen, aber – wie die Theologie der Modernisten erklärt – lediglich mittels einer *vitalen Immanenz* und *Permanenz*.

Quaeremus, quid tum de i n s p i r a t i o n e ? Haec, respondent, ab impulsione illa, nisi forte vehementia, nequaquam secernitur, qua credens ad fidem suam verbo scriptove aperiendam adigitur. Simile quid habemus in poetica inspiratione; quare quidam aiebat: "Est Deus in nobis, agitante calescimus illo"[1]. Hoc modo Deus initium dici debet inspirationis sacrorum Librorum.

Wir werden fragen: was ⟨ist⟩ dann mit der **3491** I n s p i r a t i o n ? Diese, antworten sie, unterscheidet sich in keiner Weise, es sei denn vielleicht durch die Heftigkeit, von jenem Drang, durch den der Gläubige dazu veranlaßt wird, seinen Glauben mündlich oder schriftlich zu eröffnen. Etwas Ähnliches haben wir in der dichterischen Inspiration; deshalb sagte ein gewisser ⟨Dichter⟩: "Es ist ein Gott in uns, durch sein Antreiben erglühen wir"[1]. In dieser Weise muß Gott Ursprung der Inspiration der heiligen Bücher genannt werden.

*[De Ecclesia imaginantes]* ponunt initio eam *ex duplici necessitate* oriri, *una* in credente quovis, in eo praesertim, qui primigeniam ac singularem aliquam sit nactus experientiam, ut fidem suam cum aliis communicet; *altera,* postquam fides communis inter plures evaserit, in collectivitate ad coalescendum in societatem et ad commune bonum tuendum, augendum, propagandum. Quid igitur Ecclesia? Partus est *conscientiae collectivae* seu consociationis conscientiarum singularium, quae vi *permanentiae vitalis* a primo *[614]* aliquo credente pendeant, videlicet, pro catholicis a Christo.

*[In ihren Vorstellungen über die K i r c h e]* **3492** behaupten sie zunächst, sie entstehe *aus einem zweifachen Bedürfnis, zum einen* in jedwedem Gläubigen, vor allem in dem, der eine ursprüngliche und einzigartige Erfahrung erlangt hat, seinen Glauben anderen mitzuteilen; *zum anderen* – nachdem der Glaube unter mehreren gemeinsam geworden ist – in der Versammlung, zu einer Gesellschaft zusammenzuwachsen und das Gemeinwohl zu schützen, zu vermehren und zu verbreiten. Was also ⟨ist⟩ die Kirche? Sie ist Frucht des *Kollektivbewußtseins* bzw. der Verbindung des Bewußtseins einzelner, die kraft des *lebendigen Bleibens* von einem ersten Gläubigen abhängen, nämlich – für die Katholiken – von Christus.

*[617]* Principium [*explicandi modernistice fidem*] hic generale est: in religione, quae vivat, nihil variabile non esse atque idcirco variandum. Hinc gressum faciunt ad illud, quod

Hier ist das allgemeine Prinzip [*, den* **3493** *Glauben in modernistischer Weise zu erklären*]: in einer Religion, die lebt, gibt es nichts, was nicht veränderlich und deshalb zu verän-

---

**\*3491** [1]   Ovidius Naso, *Fasten* VI 5 (hrsg. von R. Merkel [Leipzig 1911] 332).

in eorum doctrinis fere caput est, videlicet ad *evolutionem*. Dogma igitur, Ecclesia, sacrorum cultus, libri, quos ut sanctos veremur, quin etiam fides ipsa, nisi intermortua haec ommia velimus, evolutionis teneri legibus debent.

dern wäre. Von da aus machen sie den Schritt zu dem, was in ihren Lehren wohl das Hauptstück ist, nämlich zur *Evolution*. Demnach müssen das Dogma, die Kirche, der gottesdienstliche Kult, die Bücher, die wir als heilig verehren, ja sogar der Glaube selbst – wenn wir nicht wollen, daß dies alles abgestorben sei – den Gesetzen der Evolution unterworfen sein.

*Irrtümer der Modernisten in bezug auf die Prinzipien der historischen und kritischen Wissenschaft*

**3494**    *[621]* Modernistarum quidam, qui componendis historiis se dedunt, solliciti magnopere videntur, ne credantur philosophi ...: ne scilicet cuipiam sit opinio, eos praeiudicatis imbui philosophiae opinationibus nec esse propterea, ut aiunt, omnino *obiectivos*. Verum tamen est, historiam illorum aut criticen meram loqui philosophiam; quaeque ab iis inferuntur, ex philosophicis eorum principiis iusta ratiocinatione concludi. ...

Primi tres huiusmodi historicorum aut criticorum canones, ut diximus, eadem illa sunt principia, quae supra ex philosophis attulimus: nimirum agnosticismus, theorema de transfiguratione rerum per fidem, itemque aliud, quod de defiguratione *[622]* dici posse visum est. Iam consecutiones ex singulis notemus.

Manche von den Modernisten, die sich der Geschichtsschreibung widmen, scheinen sehr darum besorgt zu sein, nicht für Philosophen gehalten zu werden ...: damit nämlich keiner der Meinung sei, sie seien von den vorgefaßten Meinungen der Philosophie erfüllt und deswegen nicht, wie sie sagen, völlig *objektiv*. Wahr jedoch ist, ihre Geschichte oder Kritik reine Philosophie zu nennen, und daß das, was von ihnen vorgebracht wird, aus ihren philosophischen Prinzipien durch richtige Folgerung geschlossen wird. ...

Die drei Hauptnormen dieser Historiker oder Kritiker sind, wie wir gesagt haben, ebendieselben Prinzipien, die wir oben aus den Philosophen angeführt haben: nämlich der Agnostizismus, der Grundsatz von der Entstaltung der Dinge durch den Glauben und ebenso ein anderes, von dem wir meinten, daß es Mißstaltung genannt werden könne. Nun wollen wir die Folgen aus den einzelnen ⟨Prinzipien⟩ anführen.

**3495**    Ex agnosticismo historia non aliter ac scientia unice de phaenomenis est. Ergo tam Deus quam quilibet in humanis divinus interventus ad fidem reiciendus est, utpote ad illam pertinens unam. Quapropter, si quid occurrat duplici constans elemento, divino atque humano, cuiusmodi sunt Christus, Ecclesia, sacramenta aliaque id genus multa, sic partiendum erit ac secernendum, ut, quod humanum fuerit, historiae, quod divinum, tribuatur fidei. Ideo vulgata apud modernistas discretio inter Christum historicum et Christum fidei, Ecclesiam historiae et Ecclesiam fidei, sacramenta historiae et sacramenta fidei, aliaque similia passim.

Aufgrund des Agnostizismus handelt die Geschichte nicht anders als die Wissenschaft einzig von den Phänomenen. Also ist sowohl Gott als auch jedes beliebige göttliche Eingreifen in menschlichen Dingen dem Glauben zuzuweisen, da es ja allein diesen angeht. Wenn deswegen etwas vorkommt, was aus einem zweifachen Element, einem göttlichen und einem menschlichen, besteht – wozu Christus, die Kirche, die Sakramente und vieles andere Derartige gehören –, wird es so zu zerteilen und zu trennen sein, daß, was menschlich ist, der Geschichte, was göttlich, dem Glauben zugewiesen wird. Daher die bei den Modernisten verbreitete Unterscheidung zwischen dem geschichtlichen

Deinde hoc ipsum elementum humanum, quod sibi historicum sumere videmus, quale illud in monumentis apparet, a fide per transfigurationem ultra condiciones historicas elatum dicendum est. Adiectiones igitur a fide factas rursus secernere oportet, easque ad fidem ipsam amandare atque ad historiam fidei: sic, cum de Christo agitur, quidquid conditionem hominis superat sive naturalem, prout a psychologia exhibetur, sive ex loco atque aetate, quibus ille vixit, conflatam.

Praeterea ex tertio philosophiae principio res etiam, quae historiae ambitum non excedunt, cribro veluti cernunt, eliminantque omnia ac pariter ad fidem amandant, quae ipsorum iudicio in factorum *logica*, ut inquiunt, non sunt vel personis apta non fuerint. Sic volunt Christum ea non dixisse, quae audientis vulgi captum excedere videntur. ...

*[623]* Ut autem historia ab philosophia, sic critice ab historia suas accipit conclusiones. Criticus namque ... monumenta partitur bifariam. Quidquid post dictam triplicem obtruncationem superat, *reali* historiae assignat; cetera ad fidei historiam seu *internam* ablegat. Has enim binas historias accurate distinguunt; et historiam fidei, quod bene notatum volumus, historiae reali, ut realis est, opponunt. Hinc, ut iam diximus, geminus Christus: realis alter, alter, qui numquam reapse fuit, sed ad fidem pertinet. ...

Monumentis, ut diximus, bifariam distributis, adest iterum philosophus cum suo dogmate *vitalis immanentiae*; atque omnia edicit, quae sunt in Ecclesiae historia, per *vitalem*

Christus und dem Christus des Glaubens, der Kirche der Geschichte und der Kirche des Glaubens, den Sakramenten der Geschichte und den Sakramenten des Glaubens und anderem Ähnlichen allenthalben.

Sodann ist zu sagen, daß eben dieses **3496** menschliche Element, das, wie wir sehen, der Historiker für sich beansprucht, wie es in den Urkunden erscheint, vom Glauben durch Entstaltung über die historischen Bedingungen hinaus erhoben wurde. Folglich muß man die vom Glauben gemachten Beifügungen wieder abtrennen und sie dem Glauben selbst und der Geschichte des Glaubens zuweisen: so ⟨z. B.⟩, wenn es sich um Christus handelt, alles, was die Daseinsbedingung des Menschen übersteigt, sei es die natürliche, wie sie von der Psychologie erklärt wird, sei es die aus Ort und Zeit, in denen er lebte, zusammengesetzte.

Außerdem sehen sie aufgrund des dritten **3497** Prinzips der Philosophie auch die Dinge, die den Bereich der Geschichte nicht überschreiten, gleichsam durch einen Raster und scheiden alles aus und weisen es gleichfalls dem Glauben zu, was nach ihrem eigenen Urteil nicht, wie sie sagen, in der *Logik* der Tatsachen liegt oder nicht zu den Personen paßt. So behaupten sie, Christus habe das nicht gesagt, was das Fassungsvermögen der zuhörenden Menge zu übersteigen scheint. ...

Wie aber die Geschichte von der Philoso- **3498** phie, so erhält die Kritik von der Geschichte ihre Schlußfolgerungen. Denn der Kritiker ... teilt die Urkunden zweifach ein. Alles, was nach der erwähnten dreifachen Verstümmelung übrig bleibt, weist er der *realen* Geschichte zu; das übrige verweist er auf die Glaubens- bzw. *innere* Geschichte. Diese zwei Arten von Geschichte unterscheiden sie nämlich genau; und die Geschichte des Glaubens stellen sie, was wir wohl bemerkt wissen wollen, der Realgeschichte als realer gegenüber. Daher, wie wir schon gesagt haben, der zweifache Christus: ein realer und ein anderer, der niemals in Wirklichkeit war, sondern zum Glauben gehört. ...

Sind die Urkunden, wie wir sagten, zweifach eingeteilt, ist wiederum der Philosoph mit seiner Lehre von der *lebendigen Immanenz* zur Stelle; und er verkündet, daß alles,

*emanationem* esse explicanda.

was es in der Geschichte der Kirche gibt, durch *lebendigen Ausfluß* zu erklären sei.

### Irrtümer der Modernisten in bezug auf die apologetische Methode

**3499**  *[626]* [*Apologeta*] apud modernistas dupliciter a philosopho et ipse pendet. *Non directe* primum, materiam sibi sumens historiam, philosopho, ut vidimus, praecipiente conscriptam: *directe* dein, mutuatus ab illo dogmata ac iudicia. Inde illud *[627]* vulgatum in schola modernistarum praeceptum, debere novam apologesin controversias de religione dirimere historicis inquisitionibus et psychologicis. ...

**3500**  Finis, quem sibi assequendum praestituit, hic est: hominem fidei adhuc expertem eo adducere, ut eam de catholica religione *experientiam* assequatur, quae ex modernistarum scitis unicum fidei est fundamentum. ...

Ad hoc, ostendere necessum est, catholicam religionem, quae modo est, eam omnino esse, quam Christus fundavit, seu non aliud praeter progredientem eius germinis explicationem, quod Christus invexit.

Primo igitur germen illud quale sit, determinandum. Idipsum porro hac formula exhiberi volunt: Christum adventum regni Dei nuntiasse, quod brevi foret constituendum, eiusque ipsum fore Messiam, actorem nempe divinitus datum atque ordinatorem.

Post haec demonstrandum, qua ratione id germen, semper immanens in catholica religione ac permanens sensim ac secundum historiam sese *[628]* evolverit aptaritque succedentibus adiunctis, ex iis ad se vitaliter trahens quidquid doctrinalium, cultualium, ecclesiasticarum formarum sibi esset utile; interea vero impedimenta si quae occurrerent superans, adversarios profligans insectationibus quibusvis pugnisque superstes.

[*Der Apologet*] hängt bei den Modernisten auch selbst in zweifacher Weise vom Philosophen ab. Zunächst *indirekt*, weil er sich als Stoff die Geschichte nimmt, die, wie wir gesehen haben, nach der Weisung des Philosophen zusammengeschrieben wurde: sodann *direkt*, weil er sich von diesem Lehrsätze und Urteile entlehnt hat. Daher jenes in der Schule der Modernisten verbreitete Gebot, die neue Apologetik müsse Streitfragen über die Religion durch historische und psychologische Untersuchungen lösen. ...

Das Ziel, das zu erreichen er sich vorgenommen hat, ist folgendes: den des Glaubens bisher ledigen Menschen dahin zu führen, daß er die *Erfahrung* von der katholischen Religion erlangt, die nach den Lehren der Modernisten die einzige Grundlage des Glaubens ist. ...

Dazu ist es notwendig zu zeigen, daß die katholische Religion, wie sie im Augenblick ist, völlig diejenige ist, die Christus gegründet hat, bzw. nichts anderes als die fortschreitende Entwicklung desjenigen Keimes, den Christus grundgelegt hat.

Zunächst also ⟨ist⟩ zu bestimmen, wie jener Keim beschaffen ist. Ebendiesen wollen sie nun durch folgende Formel erläutert wissen: Christus habe die Ankunft des Reiches Gottes verkündet, das in Kürze errichtet werden sollte, und er selbst werde sein Messias sein, nämlich sein von Gott geschenkter Vollstrecker und Ordner.

Danach ⟨ist⟩ zu zeigen, auf welche Weise dieser Keim, indem er immer der katholischen Religion innewohnte und in ihr blieb, sich allmählich und im Rahmen der Geschichte entwickelt und den aufeinanderfolgenden Verhältnissen angepaßt hat, wobei er aus diesen in vitaler Weise an sich zog, was auch immer in Sachen Lehre, Kult und kirchliche Formen für ihn nützlich war; unterdessen aber Hindernisse, die sich etwa entgegenstellten, überwand, Gegner niederrang und alle möglichen Verfolgungen und Kämpfe überlebte.

Postquam autem haec omnia, impedimenta nimirum, adversarios, insectationes, pugnas itemque vitam fecunditatemque Ecclesiae id genus fuisse monstratum fuerit, ut, quamvis evolutionis leges in eiusdem Ecclesiae historia incolumes appareant, non tamen eidem historiae plene explicandae sint pares; *incognitum* coram stabit, suaque sponte se offeret.

Sic illi. In qua tota ratiocinatione unum tamen non advertunt, determinationem illam germinis primigenii deberi unice *apriorismo* philosophi agnostici et evolutionistae, et germen ipsum sic gratis ab eis definiri, ut eorum causae congruat.

Nachdem aber dies alles gezeigt wurde, nämlich die Hindernisse, Gegner, Verfolgungen, Kämpfe, und ebenso, daß das Leben und die Fruchtbarkeit der Kirche derart waren, daß, auch wenn die Gesetze der Evolution in der Geschichte ebendieser Kirche uneingeschränkt sichtbar werden, sie dennoch nicht geeignet sind, ebendiese Geschichte vollständig zu erklären: dann wird das *Unbekannte* vor aller Augen stehen, wird sich von selbst darbieten.

So jene. Bei dieser ganzen Schlußfolgerung beachten sie jedoch nicht das eine, daß jene Bestimmung des ursprünglichen Keimes sich einzig dem *Apriorismus* des agnostischen Philosophen und Evolutionisten verdankt und daß der Keim selbst von ihnen so beliebig bestimmt wird, daß er mit ihrem Anliegen übereinstimmt.

## 3503: Motu Proprio "Praestantia Scripturae", 18. Nov. 1907

*Ausg.:* ASS 40 (1907) 724f / Pius X., *Acta* 4,234f / EnchB Nr. 270f / AnE 15 (1907) 435.

### Die Autorität der Entscheidungen der Bibelkommission

[*Sunt, qui*] non eo, quo par est, obsequio sententias eiusmodi, quamquam a Pontifice probatas, exceperint aut excipiant.

Quapropter declarandum illud praecipiendumque videmus, quemadmodum declaramus in praesens expresseque praecipimus, universos omnes conscientiae obstringi officio sententiis Pontificalis Consilii de re Biblica, sive quae adhuc sunt emissae, sive quae posthac edentur, perinde ac Decretis Sacrarum Congregationum pertinentibus ad doctrinam probatisque a Pontifice, se subiciendi; nec posse notam tum detrectatae oboedientiae tum temeritatis devitare aut culpa propterea vacare gravi, quotquot verbis scriptisve sententias has tales impugnent; idque praeter scandalum, quo offendant, ceteraque quibus in causa esse coram Deo possint, aliis, ut plurimum, temere in his errateque pronuntiatis.

[*Es gibt welche, die*] diese Entscheidungen,    **3503** obwohl sie vom Papst bestätigt wurden, nicht mit dem gebührenden Gehorsam aufgenommen haben oder aufnehmen.

Deswegen sehen Wir es als notwendig an, zu erklären und zu gebieten, wie Wir gegenwärtig erklären und ausdrücklich gebieten, daß ⟨nämlich⟩ alle insgesamt durch Gewissenspflicht gebunden werden, sich den Entscheidungen des Päpstlichen Bibelrates – sei es, daß sie bisher ergangen sind oder daß sie künftig ergehen werden – ebenso wie den Dekreten der Heiligen Kongregationen, die sich auf die Lehre beziehen und vom Papst bestätigt wurden, zu unterwerfen; und daß sie nicht der Rüge sowohl des verweigerten Gehorsams als auch der Leichtfertigkeit entgehen und deswegen von schwerer Schuld frei bleiben können, wenn sie ebendiese Entscheidungen mündlich oder schriftlich angreifen; und dies abgesehen von dem Ärgernis, durch das sie Anstoß erregen, und dem übrigen, für das sie vor Gott angeklagt werden können, wenn sie, wie meistenteils, in diesen Dingen leichtfertig und irrigerweise anderes vortragen.

**3505-3509: Antwort der Bibelkommission, 29. Juni 1908**

*Ausg.:* ASS 41 (1908) 613f / AnE 16 (1908) 297b / Pius X., *Acta* 4,140-142 / EnchB Nr. 276-280.

### Charakter und Verfasser des Buches Jesaja

**3505**     *Qu. 1:* Utrum doceri possit, vaticinia, quae leguntur in libro Isaiae - et passim in Scripturis -, non esse veri nominis vaticinia, sed vel narrationes post eventum confictas, vel, si ante eventum praenuntiatum quidpiam agnosci opus sit, id prophetam non ex supernaturali Dei futurorum praescii revelatione, sed ex his, quae iam contigerunt, felici quadam sagacitate et naturalis ingenii acumine, coniciendo praenuntiasse?

*Resp.:* Negative.

**3506**     *Qu. 2:* Utrum sententia, quae tenet, Isaiam ceterosque prophetas vaticinia non edidisse nisi de his, quae in continenti vel post non grande temporis spatium eventura erant, conciliari possit cum vaticiniis, imprimis messianicis et eschatologicis, ab eisdem prophetis de longinquo certo editis, necnon cum communi sanctorum Patrum sententia concorditer asserentium, prophetas ea quoque praedixisse, quae post multa saecula essent implenda?

*Resp.:* Negative.

**3507**     *Qu. 3:* Utrum admitti possit, prophetas non modo tamquam correctores pravitatis humanae divinique verbi in profectum audientium praecones, verum etiam tamquam praenuntios eventuum futurorum, constanter alloqui debuisse auditores non quidem futuros, sed praesentes et sibi aequales, ita ut ab ipsis plane intelligi potuerint; proindeque secundam partem libri Isaiae (cap. XL-LXVI), in qua vates non Iudaeos Isaiae aequales, at Iudaeos in exilio Babylonico lugentes veluti inter ipsos vivens alloquitur et solatur, non posse ipsum Isaiam iamdiu emortuum auctorem habere, sed oportere eam ignoto cuidam vati inter exsules viventi assignare?

*Frage 1:* Kann gelehrt werden, daß die Weissagungen, die man im Buche Jesaja - und allenthalben in den Schriften - liest, keine Weissagungen im wahren Sinne des Wortes seien, sondern entweder nach dem Ereignis erfundene Erzählungen oder, wenn man anerkennen muß, daß vor dem Ereignis irgendetwas vorherverkündet wurde, daß dies der Prophet nicht aufgrund der übernatürlichen Offenbarung des die Zukunft vorherwissenden Gottes, sondern aufgrund dessen, was sich schon ereignet hat, mit einem glücklichen Gespür und dem Scharfsinn des natürlichen Geistes durch Erschließen vorherverkündet habe?

*Antwort:* Nein.

*Frage 2:* Kann die Auffassung, die behauptet, Jesaja und die übrigen Propheten hätten nur darüber Weissagungen abgegeben, was unmittelbar folgend oder nach einem nicht großen Zeitraum geschah, mit den Weissagungen, insbesondere den messianischen und eschatologischen, die von ebendiesen Propheten aus großem Abstand sicher abgegeben wurden, sowie mit der gemeinsamen Auffassung der heiligen Väter in Einklang gebracht werden, die übereinstimmend behaupten, die Propheten hätten auch das vorhergesagt, was sich nach vielen Jahrhunderten erfüllen sollte?

*Antwort:* Nein.

*Frage 3:* Kann zugestanden werden, daß die Propheten nicht nur als Tadler der menschlichen Verderbtheit und Verkünder des göttlichen Wortes zum Nutzen der Zuhörer, sondern auch als Vorherverkündiger künftiger Ereignisse ständig zu keinesfalls künftigen, sondern gegenwärtigen und zeitgenössischen Zuhörern haben reden müssen, so daß sie von ihnen völlig verstanden werden konnten; und daß daher der zweite Teil des Buches Jesaja (Kap. 40-66), in dem der Prophet nicht die Juden zur Zeit des Jesaja, sondern die im babylonischen Exil trauernden Juden, wie wenn er unter ihnen lebte, anredet und tröstet, nicht Jesaja selbst, der schon lange gestorben war, zum Verfasser ha-

*Resp.:* Negative.

*Qu. 4:* Utrum, ad impugnandam identitatem auctoris libri Isaiae, argumentum philologicum, ex lingua stiloque desumptum, tale sit censendum, ut virum gravem, criticae artis et hebraicae linguae peritum, cogat in eodem libro pluralitatem auctorum agnoscere?

*Resp.:* Negative.

*Qu. 5:* Utrum solida prostent argumenta, etiam cumulative sumpta, ad evincendum Isaiae librum non ipsi soli Isaiae, sed duobus, imo pluribus auctoribus esse tribuendum?

*Resp.:* Negative.

ben könne, sondern daß man ihn einem unbekannten Propheten zuschreiben müsse, der unter den Verbannten lebte?
*Antwort:* Nein.

*Frage 4:* Kann ein aus Sprache und Stil **3508** gewonnener philologischer Beweis, um die Identität des Verfassers des Buches Jesaja zu bestreiten, so hoch geschätzt werden, daß er einen ernsthaften, der Kritik und der hebräischen Sprache kundigen Mann zwänge, bei ebendiesem Buche eine Mehrzahl von Verfassern anzuerkennen?
*Antwort:* Nein.

*Frage 5:* Liegen stichhaltige Beweise vor, **3509** auch zusammengenommen, um unumstößlich darzutun, daß das Buch Jesaja nicht dem einen Jesaja selbst, sondern zweien, ja sogar mehreren Verfassern zuzuschreiben ist?
*Antwort:* Nein.

## 3512–3519: Antwort der Bibelkommission, 30. Juni 1909

*Ausg.:* AAS 1 (1909) 567–569 / AnE 17 (1909) 334ab / EnchB Nr. 324–331.

### *Der historische Charakter der ersten Kapitel der Genesis*

*Qu. 1:* Utrum varia systemata exegetica, quae ad excludendum s e n s u m l i t t e r a l e m h i s t o r i c u m trium priorum capitum libri Geneseos excogitata et scientiae fuco propugnata sunt, solido fundamento fulciantur?

*Resp.:* Negative.

*Qu. 2:* Utrum,
non obstantibus indole et forma historica libri Geneseos, peculiari trium priorum capitum inter se et cum sequentibus capitibus nexu, multiplici testimonio Scripturarum tum Veteris tum Novi Testamenti, unanimi fere sanctorum Patrum sententia ac traditionali sensu, quem, ab Israëlitico etiam populo transmissum, semper tenuit Ecclesia,

doceri possit: praedicta tria capita Geneseos continere non r e r u m v e r e g e s t a r u m n a r r a t i o n e s, quae scilicet obiectivae realitati et historicae veritati respondeant; sed vel fabulosa ex veterum populorum mythologiis et cosmogoniis deprompta et ab auctore sacro, expurgato quovis polytheismi errore,

*Frage 1:* Stützen sich die verschiedenen **3512** exegetischen Lehrgebäude, die zum Ausschluß des w ö r t l i c h e n, h i s t o r i s c h e n S i n n e s der drei ersten Kapitel des Buches Genesis ausgedacht und unter dem Schein der Wissenschaftlichkeit verfochten wurden, auf eine feste Grundlage?
*Antwort:* Nein.

*Frage 2:* Kann, **3513**
trotz der historischen Eigenart und Form des Buches Genesis, der besonderen Verbindung der drei ersten Kapitel untereinander und mit den folgenden Kapiteln, des vielfältigen Zeugnisses der Schriften sowohl des Alten als auch des Neuen Testamentes, der fast einmütigen Auffassung der heiligen Väter und der traditionellen Meinung, die, auch vom israelitischen Volk übermittelt, die Kirche immer festgehalten hat,
gelehrt werden, daß die eben genannten drei Kapitel der Genesis keine E r z ä h l u n g e n w i r k l i c h g e s c h e h e n e r D i n g e enthalten, die nämlich der objektiven Realität und historischen Wahrheit entsprechen; sondern entweder Sagenhaftes, das den Mythologien und Kosmogonien der alten Völker entnom-

doctrinae monotheisticae accomodata; vel allegorias et symbola, fundamento obiectivae realitatis destituta, sub historiae specie ad religiosas et philosophicas veritates inculcandas proposita; vel tandem legendas ex parte historicas *[568]* et ex parte fictitias ad animorum instructionem et aedificationem libere compositas?

*Resp.:* Negative ad utramque partem.

**3514**    *Qu. 3:* Utrum speciatim sensus litteralis historicus vocari in dubium possit, ubi agitur de factis in eisdem capitibus enarratis, quae christianae religionis fundamenta attingunt: uti sunt, inter cetera, rerum universarum creatio a Deo facta in initio temporis; peculiaris creatio hominis; formatio primae mulieris ex primo homine; generis humani unitas; originalis protoparentum felicitas in statu iustitiae, integritatis et immortalitatis; praeceptum a Deo homini datum ad eius obedientiam probandam; divini praecepti, diabolo sub serpentis specie suasore, transgressio; protoparentum deiectio ab illo primaevo innocentiae statu; nec non Reparatoris futuri promissio?

*Resp.:* Negative.

**3515**    *Qu. 4:* Utrum in interpretandis illis horum capitum locis, quos Patres et Doctores diverso modo intellexerunt, quin certi quippiam definitive tradiderint, liceat, salvo Ecclesiae iudicio servataque fidei analogia, eam, quam quisque prudenter probaverit, sequi tuerique sententiam?

*Resp.:* Affirmative.

**3516**    *Qu. 5:* Utrum omnia et singula, verba videlicet et phrases, quae in praedictis capitibus occurrunt, semper et necessario accipienda sint sensu proprio, ita ut ab eo discedere numquam liceat, etiam cum locutiones ipsae manifesto appareant improprie,

men und vom heiligen Verfasser nach Reinigung von jeglichem Irrtum des Polytheismus der monotheistischen Lehre angepaßt wurde; oder Gleichnisse und Symbole, die der Grundlage der objektiven Realität entbehren und unter dem Schein der Geschichte vorgelegt wurden, um religiöse und philosophische Wahrheiten einzuschärfen; oder schließlich teils historische und teils erdachte Legenden, die zur Unterweisung und Erbauung der Herzen frei zusammengestellt wurden?

*Antwort:* Nein zu beiden Teilen.

*Frage 3:* Kann insbesondere der wörtliche, historische Sinn in Zweifel gezogen werden, wo es sich um in ebendiesen Kapiteln erzählte Tatsachen handelt, die die Grundlagen der christlichen Religion berühren: als da sind, unter anderem, die von Gott am Anfang der Zeit getätigte Erschaffung aller Dinge; die besondere Erschaffung des Menschen; die Bildung der ersten Frau aus dem ersten Menschen; die Einheit des Menschengeschlechtes; die ursprüngliche Glückseligkeit der Stammeltern im Stande der Gerechtigkeit, Unversehrtheit und Unsterblichkeit; das dem Menschen von Gott gegebene Gebot, um seinen Gehorsam auf die Probe zu stellen; die Übertretung des göttlichen Gebotes aufgrund der Einflüsterung des Teufels unter der Gestalt der Schlange; die Vertreibung der Stammeltern aus jenem ursprünglichen Stand der Unschuld; sowie die Verheißung des künftigen Wiederherstellers?

*Antwort:* Nein.

*Frage 4:* Ist es erlaubt, bei der Auslegung jener Stellen dieser Kapitel, die die Väter und Lehrer auf unterschiedliche Weise verstanden haben, ohne daß sie irgend etwas Sicheres und Bestimmtes überliefert hätten, unbeschadet des Urteils der Kirche und unter Wahrung der Analogie des Glaubens jener Auffassung zu folgen und sie zu verteidigen, die ein jeder umsichtig für richtig befunden hat?

*Antwort:* Ja.

*Frage 5:* Ist alles und jedes, nämlich die Worte und Redewendungen, die in den eben genannten Kapiteln vorkommen, immer und notwendig im eigentlichen Sinne aufzufassen, so daß man niemals von ihm abweichen darf, auch wenn sich deutlich

seu metaphorice vel anthropomorphice usurpatae, et sensum proprium vel ratio tenere prohibeat vel necessitas cogat dimittere?

*Resp.:* Negative.

*Qu. 6:* Utrum, praesupposito litterali et historico sensu, nonnullorum locorum eorundem capitum interpretatio allegorica et prophetica, praefulgente sanctorum Patrum et Ecclesiae ipsius exemplo, adhiberi sapienter et utiliter possit?

*Resp.:* Affirmative.

*Qu. 7:* Utrum,
cum in conscribendo primo Geneseos capite non fuerit sacri auctoris mens intimam adspectabilium rerum constitutionem ordinemque creationis completum scientifico more docere, sed potius suae genti tradere notitiam popularem, prout communis sermo per ea ferebat tempora, sensibus et captui hominum accommodatam,

sit in horum interpretatione adamussim semperque investiganda scientifici sermonis proprietas?

*Resp.:* Negative.

*Qu. 8:* Utrum in illa sex dierum denominatione atque distinctione, de *[569]* quibus in Geneseos capite primo, sumi possit vox Yôm (dies) sive sensu proprio pro die naturali, sive sensu improprio pro quodam temporis spatio, deque huiusmodi quaestione libere inter exegetas disceptare liceat?

*Resp.:* Affirmative.

zeigt, daß Redeweisen uneigentlich, metaphorisch oder anthropomorph verwendet wurden und den eigentlichen Sinn entweder die Vernunft beizubehalten verbietet oder die Notwendigkeit aufzugeben zwingt?

*Antwort:* Nein.

*Frage 6:* Kann, den wörtlichen und historischen Sinn vorausgesetzt, eine allegorische und prophetische Auslegung mancher Stellen ebendieser Kapitel gemäß dem voranleuchtenden Beispiel der heiligen Väter und der Kirche selbst klugerweise und nutzbringend angewandt werden?    3517

*Antwort:* Ja.

*Frage 7:* Ist,    3518
obwohl es bei der Abfassung des ersten Kapitels der Genesis nicht die Absicht des heiligen Autors war, die innerste Beschaffenheit der sichtbaren Dinge und die vollständige Reihenfolge der Schöpfung auf wissenschaftliche Weise zu lehren, sondern vielmehr seinem Volk eine volkstümliche Kunde – wie es die allgemeine Sprache zu jenen Zeiten zuließ – zu überliefern, die den Sinnen und dem Fassungsvermögen der Menschen angepaßt war,
bei der Auslegung dieser Dinge genau und stets nach der Eigentümlichkeit wissenschaftlicher Rede zu forschen?

*Antwort:* Nein.

*Frage 8:* Kann bei jener Bezeichnung und   3519
Unterscheidung der sechs Tage, um die ⟨es⟩ im ersten Kapitel der Genesis ⟨geht⟩, das Wort Yôm (Tag) sowohl im eigentlichen Sinne als natürlicher Tag als auch im uneigentlichen Sinne als bestimmter Zeitraum aufgefaßt werden, und ist es erlaubt, über diese Frage unter den Exegeten zu diskutieren?

*Antwort:* Ja.

## 3521-3528: Antwort der Bibelkommission, 1. Mai 1910

*Ausg.:* AAS 2 (1910) 354f / EnchB Nr. 332–339.

*Verfasser und Abfassungszeit der Psalmen*

*Qu. 1:* Utrum appellationes *Psalmi David, Hymni David, Liber psalmorum David, Psalterium Davidicum,* in antiquis collectionibus et in Conciliis ipsis usurpatae ad designandum Veteris Testamenti Librum CL psalmorum; sicut etiam plurium Patrum et Doc-

*Frage 1:* Haben die Bezeichnungen "*Psalmen Davids*", "*Hymnen Davids*", "*Buch der Psalmen Davids*", "*Davidischer Psalter*", die in alten Sammlungen und auf den Konzilien verwendet wurden, um das Buch der 150 Psalmen des Alten Testamentes zu bezeich-   3521

torum sententia, qui tenuerunt, omnes prorsus Psalterii psalmos uni David esse adscribendos, tantam vim habeant, ut Psalterii totius unicus auctor David haberi debeat?

*Resp.:* Negative.

**3522**    *Qu. 2:* Utrum ex concordantia textus hebraici cum graeco textu Alexandrino aliisque vetustis versionibus argui iure possit, titulos psalmorum hebraico textui praefixos antiquiores esse versione sic dicta LXX virorum; ac proinde si non directe ab auctoribus ipsis psalmorum, a vetusta saltem iudaica traditione derivasse?

*Resp.:* Affirmative.

**3523**    *Qu. 3:* Utrum praedicti psalmorum tituli, iudaicae traditionis testes, quando nulla ratio gravis est contra eorum genuinitatem, prudenter possint in dubium revocari?

*Resp.:* Negative.

**3524**    *Qu. 4:* Utrum, si considerentur sacrae Scripturae haud infrequentia testimonia circa naturalem Davidis peritiam, Spiritus Sancti charismate illustratam, in componendis carminibus religiosis, institutiones ab ipso conditae de cantu psalmorum liturgico, attributiones psalmorum ipsi factae tum in Veteri Testamento, tum in Novo, tum in ipsis inscriptionibus, quae psalmis ab antiquo praefixae sunt; insuper consensus Iudaeorum, Patrum et Doctorum Ecclesiae,

prudenter denegari possit, praecipuum Psalterii carminum Davidem esse auctorem, vel contra affirmari pauca dumtaxat eidem regio Psalti carmina esse tribuenda?

*Resp.:* Negative ad utramque partem.*[355]*

**3525**    *Qu. 5:* Utrum in specie denegari possit Davidica origo eorum psalmorum, qui in Veteri vel Novo Testamento diserte sub Davidis nomine citantur, inter quos prae ceteris recensendi veniunt psalmus 2 *"Quare*

nen, sowie auch die Auffassung mehrerer Väter und Lehrer, die daran festhielten, daß gar alle Psalmen des Psalters allein David zuzuschreiben seien, eine solch große Bedeutung, daß man David für den einzigen Verfasser des ganzen Psalters halten muß?
*Antwort:* Nein.

*Frage 2:* Kann aus der Übereinstimmung des hebräischen Textes mit dem griechischen alexandrinischen Text und anderen alten Übersetzungen zurecht geschlossen werden, daß die dem hebräischen Text vorangestellten Titel der Psalmen älter sind als die sogenannte Übersetzung der 70 Männer; und daß sie ⟨sich⟩ daher, wenn nicht direkt von den Verfassern der Psalmen selbst, so wenigstens von einer alten jüdischen Tradition herleiteten?
*Antwort:* Ja.

*Frage 3:* Können die eben genannten Titel der Psalmen als Zeugen jüdischer Tradition, wenn es keinen wichtigen Grund gegen ihre Echtheit gibt, sinnvollerweise in Zweifel gezogen werden?
*Antwort:* Nein.

*Frage 4:* Kann, wenn man die nicht seltenen Zeugnisse der heiligen Schrift in bezug auf die durch die Gnadengabe des Heiligen Geistes erleuchtete natürliche Kundigkeit Davids beim Verfassen von religiösen Liedern, die von ihm gegründeten Einrichtungen zum liturgischen Gesang der Psalmen, die sowohl im Alten Testament als auch im Neuen, als auch in den Überschriften selbst, die den Psalmen von alters her vorangestellt sind, erfolgten Zuweisungen der Psalmen an ihn, zudem die Übereinstimmung der Juden, der Väter und Lehrer der Kirche in Betracht zieht,
sinnvollerweise geleugnet werden, daß David der Hauptverfasser der Lieder des Psalters ist, oder im Gegenteil behauptet werden, daß lediglich wenige Lieder ebendiesem königlichen Psalmensänger zuzuschreiben sind?
*Antwort:* Nein zu beiden Teilen.

*Frage 5:* Kann insbesondere der davidische Ursprung jener Psalmen geleugnet werden, die im Alten oder Neuen Testament ausdrücklich unter dem Namen Davids zitiert werden, unter die vor allem zu

*fremuerunt gentes"; psalmus 15 "Conserva me, Domine"; psalmus 17 "Diligam te, Domine, fortitudo mea"; psalmus 31 "Beati, quorum remissae sunt iniquitates"; psalmus 68 "Salvum me fac, Deus"; psalmus 109 "Dixit Dominus Domino meo"?*

*Resp.:* Negative.

*Qu. 6:* Utrum sententia eorum admitti possit, qui tenent, inter psalterii psalmos nonnullos esse sive Davidis sive aliorum auctorum, qui propter rationes liturgicas et musicales, oscitantiam amanuensium aliasve incompertas causas in plures fuerint d i v i s i vel in unum c o n i u n c t i ; itemque alios esse psalmos, uti *"Miserere mei, Deus",* qui ut melius aptarentur circumstantiis historicis vel solemnitatibus populi iudaici, leviter fuerint r e t r a c t a t i vel m o d i f i c a t i, subtractione aut additione unius alteriusve versiculi, salva tamen totius textus sacri inspiratione?

*Resp.:* Affirmative ad utramque partem.

*Qu. 7:* Utrum sententia eorum inter recentiores scriptorum, qui indiciis dumtaxat internis innixi vel minus recta sacri textus interpretatione demonstrare conati sunt, non paucos esse p s a l m o s post t e m p o r a E s d r a e et N e h e m i a e, quin imo aevo M a c h a b a e o r u m, c o m p o s i t o s, probabiliter sustineri possit?

*Resp.:* Negative.

*Qu. 8:* Utrum ex multiplici sacrorum Librorum Novi Testamenti testimonio et unanimi Patrum consensu, fatentibus etiam iudaicae gentis scriptoribus, plures agnoscendi sint p s a l m i p r o p h e t i c i et m e s s i a n i c i, qui futuri Liberatoris adventum, regnum, sacerdotium, passionem, mortem et resurrectionem vaticinati sunt; ac proinde reicienda prorsus eorum sententia sit, qui indolem psalmorum propheticam ac messianicam pervertentes, eadem de Christo oracula ad futuram tantum sortem populi electi praenuntiandam coarctant?

rechnen sind Psalm 2: "*Weshalb tobten die Heiden*"; Psalm 16: "*Behüte mich, Herr*"; Psalm 18: "*Ich will dich lieben, Herr, meine Stärke*"; Psalm 32: "*Selig, deren Missetaten vergeben sind*"; Psalm 69: "*Mache mich heil, Gott*"; Psalm 110: "*Es sprach der Herr zu meinem Herrn*"?

*Antwort:* Nein.

*Frage 6:* Kann die Auffassung derer zuge- 3526 lassen werden, die behaupten, unter den Psalmen des Psalters gebe es manche – ob von David oder anderen Verfassern –, die aus liturgischen und musikalischen Gründen, wegen der Müdigkeit der Schreiber oder aus anderen unbekannten Gründen in mehrere g e t e i l t oder zu einem v e r b u n d e n worden seien; und ebenso, daß es andere Psalmen gebe, wie: "Erbarm dich meiner, Gott", die, damit sie sich besser den geschichtlichen Umständen oder den Feierlichkeiten des jüdischen Volkes anpaßten, durch Weglassung oder Hinzufügung der einen oder anderen Zeile, jedoch unbeschadet der Inspiration des ganzen heiligen Textes, geringfügig ü b e r a r b e i t e t oder a b g e ä n d e r t worden seien?

*Antwort:* Ja zu beiden Teilen.

*Frage 7:* Kann die Auffassung derer unter 3527 den neueren Autoren, die lediglich auf innere Anzeichen gestützt bzw. durch eine weniger richtige Auslegung des heiligen Textes zu beweisen versuchten, daß nicht wenige P s a l m e n n a c h d e n Z e i t e n E s r a s u n d N e h e m i a s, ja sogar zur Zeit der M a k k a b ä e r v e r f a ß t worden seien, als wahrscheinlich aufrechterhalten werden?

*Antwort:* Nein.

*Frage 8:* Sind aufgrund des vielfältigen 3528 Zeugnisses der heiligen Bücher des Neuen Testamentes und der einmütigen Übereinstimmung der Väter, auch der Aussage von Schriftstellern des jüdischen Volkes, mehrere p r o p h e t i s c h e u n d m e s s i a n i s c h e Psalm e n anzuerkennen, die die Ankunft, die Herrschaft, das Priestertum, das Leiden, den Tod und die Auferstehung eines künftigen Erlösers weissagten; und ist daher die Auffassung derer völlig zu verwerfen, die den prophetischen und messianischen Charakter der Psalmen verkehren und ebendiese Weissagungen über Christus darauf einschränken, nur das künftige Los des erwählten Volkes vorauszusagen?

Resp.: Affirmative ad utramque partem.          Antwort: Ja zu beiden Teilen.

## 3530-3536: Dekret der Hl. Sakramentenkongregation "Quam singulari", 8. Aug. 1910

*Ausg.:* AAS 2 (1910) 582f.

### Die eucharistische Kommunion und die Krankensalbung von Kindern

**3530**     I. Aetas discretionis tum ad confessionem tum ad s. communionem ea est, in qua puer incipit ratiocinari, hoc est circa septimum annum, sive supra, sive etiam infra. Ex hoc tempore incipit obligatio satisfaciendi utrique praecepto confessionis et communionis [*cf. *812*].

I. Das Alter der Unterscheidung sowohl für die Beichte als auch für die hl. Kommunion ist jenes, in dem das Kind anfängt, vernünftig zu denken, das heißt um das siebte Jahr herum, sei es darüber oder auch darunter. Von dieser Zeit an beginnt die Verpflichtung, den beiden Geboten der Beichte und der Kommunion Genüge zu tun [*vgl. *812*].

**3531**     II. Ad primam confessionem et ad primam communionem necessaria non est plena et perfecta doctrinae christianae cognitio. Puer tamen postea debebit integrum catechismum pro modo suae intelligentiae gradatim addiscere.

II. Zur ersten Beichte und zur ersten Kommunion ist nicht die vollständige und vollkommene Kenntnis der christlichen Lehre notwendig. Das Kind wird jedoch später den gesamten Katechismus entsprechend dem Maß seiner Einsicht Schritt für Schritt lernen müssen.

**3532**     III. Cognitio religionis, quae in puero requiritur, ut ipse ad primam communionem convenienter se praeparet, ea est, qua ipse fidei mysteria necessaria necessitate medii pro suo captu percipiat, atque eucharisticum panem a communi et corporali distinguat, ut ea devotione, quam ipsius fert aetas, ad ss. Eucharistiam accedat.

III. Die Kenntnis der Religion, die beim Kinde erforderlich ist, damit es sich angemessen auf die erste Kommunion vorbereite, ist eine solche, daß es durch sie die aufgrund der Notwendigkeit des ⟨Heils-⟩mittels notwendigen Geheimnisse des Glaubens entsprechend seinem Fassungsvermögen erfaßt und das eucharistische Brot vom allgemeinen und körperlichen unterscheidet, so daß es mit jener Andacht zur heiligsten Eucharistie hinzutritt, die sein Alter erlaubt.

**3533**     IV. Obligatio praecepti confessionis et communionis, quae puerum gravat, in eos praecipue recidit, qui ipsius curam habere debent, hoc est in parentes, in confessarium, in institutores et in parochum. Ad patrem vero, aut ad illos, qui vices eius gerunt, et ad confessarium, secundum Catechismum Romanum, pertinet admittere puerum ad primam communionem.

IV. Die Verpflichtung des Gebotes der Beichte und der Kommunion, die auf dem Kinde lastet, fällt vor allem auf jene zurück, die Sorge um es tragen müssen, das heißt auf die Eltern, auf den Beichtvater, auf die Lehrer und auf den Pfarrer. Dem Vater aber oder jenen, die seine Stelle einnehmen, und dem Beichtvater kommt es gemäß dem Römischen Katechismus zu, das Kind zur ersten Kommunion zuzulassen.

**3534**     VI. Puerorum curam habentibus omni studio curandum est, ut post primam communionem iidem pueri ad sacram mensam saepius accedant, et, si fieri possit, etiam quotidie, prout Christus Iesus et mater Ecclesia desiderant [*cf. *3375-3383*], utque id agant ea animi devotione, quam talis fert aetas. ... *[583]*

VI. Diejenigen, die Sorge um Kinder tragen, müssen mit allem Eifer dafür sorgen, daß ebendiese Kinder nach der ersten Kommunion öfter zum heiligen Tisch treten und, wenn möglich, sogar täglich, wie es Christus Jesus und die Mutter Kirche wünschen [*vgl. *3375-3383*], und daß sie dies in jener Andacht des Herzens tun, die ein solches Alter erlaubt. ...

VII. Consuetudo non admittendi ad confessionem pueros, aut numquam eos absolvendi, cum ad usum rationis pervenerint, est omnino improbanda.

VII. Der Brauch, Kinder nicht zur Beichte 3535 zuzulassen oder sie niemals loszusprechen, wenn sie zum Gebrauch der Vernunft gelangt sind, ist ganz und gar zu mißbilligen.

VIII. Detestabilis omnino est abusus non ministrandi Viaticum et extremam unctionem pueris post usum rationis eosque sepeliendi ritu parvulorum.

VIII. Ganz und gar verabscheuungswürdig 3536 ist der Mißbrauch, Kindern nach der ⟨Erlangung des⟩ Vernunftgebrauches die Wegzehrung und die Letzte Ölung nicht zu gewähren und sie nach dem Ritus der kleinen Kinder zu bestatten.

## 3537-3550: Motu Proprio "Sacrorum antistitum", 1. Sept. 1910

Vgl. *3401°. Die Eidesverpflichtung wurde i. J. 1967 suspendiert.
*Ausg.:* AAS 2 (1910) 669-672.

### *Antimodernisteneid*

Ego *N. N.* firmiter amplector ac recipio omnia et singula, quae ab inerranti Ecclesiae magisterio definita, adserta ac declarata sunt, praesertim ea doctrinae capita, quae huius temporis erroribus directo adversantur.

Ich, *N.N.*, umfasse fest und nehme samt 3537 und sonders an, was vom irrtumslosen Lehramt der Kirche definiert, behauptet und erklärt wurde, vor allem diejenigen Lehrkapitel, die den Irrtümern dieser Zeit unmittelbar widerstreiten.

Ac primum quidem: D e u m, rerum omnium principium et finem, naturali rationis lumine "per ea quae facta sunt" [*Rm 1,20*], hoc est, per visibilia creationis opera, tamquam causam per effectus, c e r t o  c o g n o s c i, adeoque demonstrari etiam posse, profiteor.

Und zwar erstens: Ich bekenne, daß G o t t, 3538 der Ursprung und das Ziel aller Dinge, mit dem natürlichen Licht der Vernunft "durch das, was gemacht ist" [*Röm 1,20*], das heißt, durch die sichtbaren Werke der Schöpfung, als Ursache vermittels der Wirkungen s i c h e r  e r k a n n t  und sogar auch bewiesen werden kann.

Secundo: externa  r e v e l a t i o n i s  a r g u m e n t a, hoc *[670]* est facta divina, in primisque miracula et prophetias admitto et agnosco tanquam signa certissima divinitus ortae christianae religionis, eademque teneo aetatum omnium atque hominum, etiam huius temporis, intelligentiae esse maxime accommodata.

Zweitens: Die äußeren B e w e i s e  d e r  O f f e n b a r u n g, das heißt, die göttlichen Taten, und zwar in erster Linie die Wunder und Weissagungen lasse ich gelten und anerkenne ich als ganz sichere Zeichen für den göttlichen Ursprung der christlichen Religion, und ich halte fest, daß ebendiese dem Verständnis aller Generationen und Menschen, auch dieser Zeit, bestens angemessen sind. 3539

Tertio: firma pariter fide credo E c c l e s i a m, verbi revelati custodem et magistram, per ipsum verum atque historicum Christum, cum apud nos degeret, proxime ac directo institutam eandemque super Petrum, apostolicae hierarchiae principem, eiusque in aevum successores aedificatam.

Drittens: Ebenso glaube ich mit festem 3540 Glauben, daß die K i r c h e, die Hüterin und Lehrerin des geoffenbarten Wortes, durch den wahren und geschichtlichen Christus selbst, als er bei uns lebte, unmittelbar und direkt eingesetzt und daß sie auf Petrus, den Fürsten der apostolischen Hierarchie, und seine Nachfolger in Ewigkeit erbaut ⟨wurde⟩.

Quarto: fidei  d o c t r i n a m ab Apostolis per orthodoxos Patres eodem sensu eademque semper sententia ad nos usque transmis-

Viertens: Ich nehme aufrichtig an, daß die 3541 G l a u b e n s l e h r e von den Aposteln durch die rechtgläubigen Väter in demselben Sinn

sam, sincere recipio; ideoque prorsus reicio haereticum commentum evolutionis dogmatum, ab uno in alium sensum transeuntium, diversum ab eo, quem prius habuit Ecclesia; pariterque damno errorem omnem, quo, divino deposito, Christi Sponsae tradito ab eaque fideliter custodiendo, sufficitur philosophicum inventum, vel creatio humanae conscientiae, hominum conatu sensim efforma tae et in posterum indefinito progressu perficiendae.

3542      Quinto: certissime teneo ac sincere profiteor, f i d e m non esse caecum sensum religionis e latebris subconscientiae erumpentem, sub pressione cordis et inflexionis voluntatis moraliter informatae, sed verum assensum intellectus veritati extrinsecus acceptae ex auditu, quo nempe, quae a Deo personali, creatore ac Domino nostro dicta, testata et revelata sunt, vera esse credimus, propter Dei auctoritatem summe veracis.

3543      Me etiam, qua par est, reverentia subicio totoque animo adhaereo damnationibus, declarationibus, praescriptis omnibus, quae in Enzyclicis litteris "Pascendi" [\*3475–3500] et in Decreto "Lamentabili" [\*3401–3466] continentur, praesertim circa eam quam historiam dogmatum vocant.

3544      Idem reprobo errorem affirmantium, propositam ab Ecclesia f i d e m  posse historiae repugnare, et catholica dogmata, quo sensu nunc intelliguntur, cum verioribus christianae religionis originibus componi non posse.

3545      Damno quoque ac reicio eorum sententiam, qui dicunt christianum hominem [671] eruditiorem induere p e r s o n a m  d u p l i c e m, a l i a m  c r e d e n t i s, aliam histori-ci, quasi liceret historico ea retinere, quae

und in immer derselben Bedeutung bis auf uns überliefert ⟨wurde⟩; und deshalb verwerfe ich völlig die häretische Erdichtung von einer Entwicklung der Glaubenslehren, die von einem Sinn in einen anderen übergehen, der von dem verschieden ist, den die Kirche früher festhielt; und ebenso verurteile ich jeglichen Irrtum, durch den an die Stelle der göttlichen Hinterlassenschaft, die der Braut Christi überantwortet ist und von ihr treu gehütet werden soll, eine philosophische Erfindung oder eine Schöpfung des menschlichen Bewußtseins setzt, das durch das Bemühen der Menschen allmählich ausgeformt wurde und künftighin in unbegrenztem Fortschritt zu vervollkommnen ist.

Fünftens: Ich halte ganz sicher fest und bekenne aufrichtig, daß der G l a u b e kein blindes Gefühl der Religion ist, das unter dem Drang des Herzens und der Neigung eines sittlich geformten Willens aus den Winkeln des Unterbewußtseins hervorbricht, sondern die wahre Zustimmung des Verstandes zu der von außen aufgrund des Hörens empfangenen Wahrheit, durch die wir nämlich wegen der Autorität des höchst wahrhaftigen Gottes glauben, daß wahr ist, was vom persönlichen Gott, unserem Schöpfer und Herrn, gesagt, bezeugt und geoffenbart wurde.

Ich unterwerfe mich auch mit der gehörigen Ehrfurcht und schließe mich aus ganzem Herzen allen Verurteilungen, Erklärungen und Vorschriften an, die in der Enzyklika "Pascendi" [\*3475–3500] und im Dekret "Lamentabili" [\*3401–3466] enthalten sind, vor allem in bezug auf die sogenannte Dogmengeschichte.

Ebenso verwerfe ich den Irrtum derer, die behaupten, der von der Kirche vorgelegte G l a u b e  k ö n n e  d e r  G e s c h i c h t e  w i d e r-s t r e i t e n, und die katholischen Glaubenslehren könnten in dem Sinne, in dem sie jetzt verstanden werden, nicht mit den wahren Ursprüngen der christlichen Religion vereinbart werden.

Ich verurteile und verwerfe auch die Auffassung derer, die sagen, der gebildetere christliche Mensch spiele eine d o p p e l t e  R o l l e, z u m  e i n e n  die des Gläubigen, z u m  a n d e r e n  die des Historikers, so

credentis fidei contradicant, aut praemissas adstruere, ex quibus consequatur, dogmata esse aut falsa aut dubia, modo haec directo non denegentur.

Reprobo pariter eam Scripturae sanctae diiudicandae atque interpretandae rationem, quae, Ecclesiae traditione, analogia fidei et Apostolicae Sedis normis posthabitis, rationalistarum commentis inhaeret, et criticem textus velut unicam supremamque regulam haud minus licenter quam temere amplectitur.

Sententiam praeterea illorum reicio, qui tenent, doctori disciplinae historicae theologicae tradendae aut iis de rebus scribenti seponendam prius esse opinionem ante conceptam sive de supernaturali origine catholicae traditionis, sive de promissa divinitus ope ad perennem conservationem uniuscuiusque revelati veri; deinde scripta Patrum singulorum interpretanda solis scientiae principiis, sacra qualibet auctoritate seclusa, eaque iudicii libertate, qua profana quaevis monumenta solent investigari.

In universum denique me alienissimum ab errore profiteor, quo modernistae tenent in sacra traditione nihil inesse divini, aut, quod longe deterius, pantheistico sensu illud admittunt, ita ut nihil iam restet nisi nudum factum et simplex, communibus historiae factis aequandum: hominum nempe sua industria, solertia, ingenio scholam a Christo eiusque Apostolis inchoatam per subsequentes aetates continuantium.

Proinde fidem Patrum firmissime retineo et ad extremum vitae spiritum retinebo, de charismate veritatis certo, quod est, fuit eritque semper in "episcopatus ab Apostolis successione"[1]; non ut id teneatur, quod melius et

als ob es dem Historiker erlaubt wäre, das festzuhalten, was dem Glauben des Gläubigen widerspricht, oder Prämissen aufzustellen, aus denen folgt, daß die Glaubenslehren entweder falsch oder zweifelhaft sind, sofern diese nur nicht direkt geleugnet werden.

**3546** Ich verwerfe ebenso diejenige Methode, die heilige Schrift zu beurteilen und auszulegen, die sich unter Hintanstellung der Überlieferung der Kirche, der Analogie des Glaubens und der Normen des Apostolischen Stuhles den Erdichtungen der Rationalisten anschließt und – nicht weniger frech als leichtfertig – die Textkritik als einzige und höchste Regel anerkennt.

**3547** Außerdem verwerfe ich die Auffassung jener, die behaupten, ein Lehrer, der eine theologische historische Disziplin lehrt oder über diese Dinge schreibt, müsse zunächst die vorgefaßte Meinung vom übernatürlichen Ursprung der katholischen Überlieferung oder von der von Gott verheißenen Hilfe zur fortdauernden Bewahrung einer jeden geoffenbarten Wahrheit ablegen; danach müsse er die Schriften der einzelnen Väter unter Ausschluß jedweder heiligen Autorität allein nach Prinzipien der Wissenschaft und mit derselben Freiheit des Urteils auslegen, mit der alle weltlichen Urkunden erforscht zu werden pflegen.

**3548** Ganz allgemein schließlich erkläre ich mich als dem Irrtum völlig fernstehend, in dem die Modernisten behaupten, der heiligen Überlieferung wohne nichts Göttliches inne, oder, was weit schlimmer ⟨ist⟩, dies in pantheistischem Sinne gelten lassen, so daß nichts mehr übrig bleibt als die bloße und einfache Tatsache, die mit den allgemeinen Tatsachen der Geschichte gleichzustellen ist, daß nämlich Menschen durch ihren Fleiß, ihre Geschicklichkeit und ihren Geist die von Christus und seinen Aposteln angefangene Lehre durch die nachfolgenden Generationen hindurch fortgesetzt haben.

**3549** Daher halte ich unerschütterlich fest und werde bis zum letzten Lebenshauch den Glauben der Väter von der sicheren Gnadengabe der Wahrheit festhalten, die in "der Nachfolge des Bischofsamtes seit den Apo-

aptius videri possit secundum suam cuiusque aetatis culturam, sed ut "numquam aliter credatur, numquam aliter" intelligatur absoluta et immutabilis veritas ab initio per Apostolos praedicata[2].

steln"[1] ist, war und immer sein wird; nicht damit das festgehalten werde, was gemäß der jeweiligen Kultur einer jeden Zeit besser und geeigneter scheinen könnte, sondern damit die von Anfang an durch die Apostel verkündete unbedingte und unveränderliche Wahrheit "niemals anders geglaubt, niemals anders" verstanden werde[2].

**3550**    Haec omnia spondeo me fideliter, integre sincereque ser[672]vaturum et inviolabiliter custoditurum, nusquam ab iis sive in docendo sive quomodolibet verbis scriptisque deflectendo. Sic spondeo, sic iuro, sic me Deus adiuvet et haec sancta Dei Evangelia.

Ich gelobe, daß ich dies alles treu, unversehrt und aufrichtig beachten und unverletzlich bewahren werde, indem ich bei keiner Gelegenheit, weder in der Lehre noch in irgendeiner mündlichen oder schriftlichen Form, davon abweiche. So gelobe ich, so schwöre ich, so ⟨wahr⟩ mir Gott helfe und diese heiligen Evangelien Gottes.

### 3553-3556: Brief "Ex quo, nono" an die Apostolischen Gesandten in Byzanz, Griechenland, Ägypten, Mesopotamien usw., 26. Dez. 1910

*Ausg.:* AAS 3 (1911) 118f.

### *Irrtümer der Orientalen*

**3553**    Non minus temere quam falso huic opinioni fit aditus, dogma de processione Spiritus Sancti a Filio haudquaquam ex ipsis Evangelii verbis profluere, aut antiquorum Patrum fide comprobari;

Nicht weniger leichtfertig als falsch wird der Meinung Zutritt gewährt, der Lehrsatz vom Hervorgehen des Heiligen Geistes aus dem Sohne entspringe keineswegs den Worten des Evangeliums selbst, noch werde er durch den Glauben der alten Väter bestätigt;

**3554**    pariter imprudentissime in dubium [119] revocatur, utrum sacra de Purgatorio ac de Immaculata Beatae Mariae Virginis Conceptione dogmata a sanctis viris priorum saeculorum agnita fuerint;

gleichfalls wird höchst unvorsichtig in Zweifel gezogen, ob die heiligen Lehrsätze vom Reinigungsort und von der Unbefleckten Empfängnis der Seligen Jungfrau Maria von den heiligen Männern früherer Jahrhunderte anerkannt worden seien;

**3555**    ... de Ecclesiae constitutione ... primo renovatur error a decessore Nostro Innocentio X iamdiu damnatus [cf. *1999], quo suadetur, S. Paulum haberi tamquam fratrem omnino parem S. Petro; - deinde non minori falsitate inicitur persuasio, Ecclesiam catholicam non fuisse primis saeculis principatum unius, hoc est *monarchiam;* aut primatum Ecclesiae Romanae nullis validis argumentis inniti.

... in bezug auf die Verfassung der Kirche ... wird zunächst der von Unserem Vorgänger Innozenz X. schon längst verurteilte [*vgl. *1999*] Irrtum erneuert, in dem nahegelegt wird, den Hl. Paulus für einen dem Hl. Petrus völlig gleichen Bruder zu halten; - sodann wird mit nicht geringerer Falschheit die Auffassung kundgetan, die katholische Kirche sei in den ersten Jahrhunderten nicht die Herrschaft eines einzigen, das heißt eine *Monarchie*, gewesen; oder der Primat der Römischen Kirche stütze sich auf keine gültigen Beweise.

---

*3549 [1]    Vgl. Irenäus von Lyon, *Adversus haereses* IV 40, n. 2 (hrsg. von W.W. Harvey [Cambridge 1857] 2,236 / = IV 26, n. 2: SouChr 100/II, 718 / PG 7,1053C).
[2]    Vgl. Tertullian, *De praescriptione haereticorum* 28 (R.F. Refoulé: CpChL 1 [1954] 209 / CSEL 70,34 / PL 2,47).

Sed nec ... intacta relinquitur catholica doctrina de sanctissimo Eucharistiae Sacramento, cum praefracte docetur, sententiam suscipi posse, quae tenet, apud Graecos verba consecratoria effectum non sortiri, nisi iam prolata oratione illa, quam epiclesim vocant[1], cum tamen compertum sit, Ecclesiae minime competere ius circa ipsam sacramentorum substantiam quidpiam innovandi; – cui haud minus absonum est, validam habendam esse Confirmationem a quovis presbytero collatam [cf. *2522].

[Censura: Nolantur tamquam] graves errores.

Aber auch ... die katholische Lehre vom 3556 heiligsten Sakrament der Eucharistie wird nicht unberührt gelassen, wenn rücksichtslos gelehrt wird, man könne die Auffassung annehmen, die behauptet, bei den Griechen erlangten die Konsekrationsworte keine Wirkung, wenn jenes Gebet noch nicht vorgetragen worden sei, das man Epiklese nennt[1], während doch bekannt ist, daß der Kirche nicht im geringsten das Recht zusteht, in bezug auf das Wesen der Sakramente selbst irgendetwas zu verändern; – für sie ist es nicht weniger mißtönend, daß die von jedem beliebigen Priester gespendete Firmung für gültig zu halten sei [vgl. *2522].

[Zensur: Sie werden gerügt als] schwere Irrtümer.

## 3561-3567: Antwort der Bibelkommission, 19. Juni 1911

*Ausg.:* AAS 3 (1911) 294-296 / EnchB Nr. 383-389.

*Verfasser, Abfassungszeit und historische Wahrheit des Evangeliums nach Matthäus*

*Qu. 1:* Utrum, attento universali et a primis saeculis constanti Ecclesiae consensu, quem luculenter ostendunt diserta Patrum testimonia, codicum Evangeliorum inscriptiones, sacrorum Librorum versiones vel antiquissimae, et catalogi a sanctis Patribus, ab ecclesiasticis scriptoribus, a Summis Pontificibus et Conciliis traditi, ac tandem usus liturgicus Ecclesiae orientalis et occidentalis,

affirmari certo possit et debeat, Matthaeum, Christi Apostolum, revera Evangelii sub eius nomine vulgati esse auctorem?

*Resp.:* Affirmative.

*Qu. 2:* Utrum traditionis suffragio satis fulciri censenda sit sententia, quae tenet, Matthaeum et ceteros Evangelistas in scribendo praecessisse et primum Evangelium patrio sermone a Iudaeis palaestinensibus tunc usitato, quibus opus illud erat

*Frage 1:* Kann und muß 3561 unter Berücksichtigung der allgemeinen und von den ersten Jahrhunderten an beständigen Übereinstimmung der Kirche, die die ausdrücklichen Zeugnisse der Väter, die Überschriften der Evangelienhandschriften, selbst die ältesten Übersetzungen der heiligen Bücher, die von den heiligen Vätern, von den Kirchenschriftstellern, von den Päpsten und Konzilien überlieferten Verzeichnisse und schließlich der liturgische Brauch der östlichen und westlichen Kirche deutlich zeigen,

sicher bekräftigt werden, daß Matthäus, der Apostel Christi, tatsächlich der Verfasser des unter seinem Namen veröffentlichten Evangeliums ist?

*Antwort:* Ja.

*Frage 2:* Muß die Auffassung durch die 3562 Stimme der Überlieferung als genügend gestützt gelten, die behauptet, Matthäus sei den übrigen Evangelisten beim Schreiben vorangegangen und habe das erste Evangelium in der von den palästinischen Juden, an

---

*3556 [1]   Gegen diese Auffassung richten sich schon Benedikt XII. (*1017) und Pius VII. (*2718); außerdem Clemens VI., Brief *"Super quibusdam"* an Consolator, den Katholikos der Armenier, 29. Sept. 1351 (BarAE zum J. 1351, Nr. 11), Benedikt XIII., Instruktion an den Patriarchen der Melkiten zu Antiochien, 31. Mai 1729 (CollLac 2,439-441), und Benedikt XIV., Breve *"Singularis Romanorum"*, 1. Sept. 1741 (CollLac 2,488d-492b).

directum, conscripsisse?

*Resp.:* Affirmative ad utramque partem.

*[295]*

**3563**     *Qu. 3:* Utrum redactio huius originalis textus differri possit ultra t e m p u s eversionis Ierusalem, ita ut vaticinia, quae de eadem eversione ibi leguntur, scripta fuerint post eventum; aut, quod allegari solet Irenaei testimonium[1], incertae et controversae interpretationis, tanti ponderis sit existimandum, ut cogat reicere eorum sententiam, qui congruentius traditioni censent, eamdem redactionem etiam ante Pauli in Urbem adventum fuisse confectam?

*Resp.:* Negative ad utramque partem.

**3564**     *Qu. 4:* Utrum sustineri vel probabiliter possit illa modernorum quorumdam opinio, iuxta quam Matthaeus non proprie et stricte Evangelium composuisset, quale nobis est traditum, sed tantummodo c o l l e c t i o n e m aliquam d i c t o r u m seu sermonum Christi, quibus tamquam fontibus usus esset alius auctor anonymus, quem Evangelii ipsius redactorem faciunt?

*Resp.:* Negative.

**3565**     *Qu. 5:* Utrum ex eo, quod Patres et ecclesiastici scriptores omnes, immo Ecclesia ipsa iam a suis incunabilis unice usi sunt, tamquam canonico, graeco textu Evangelii sub Matthaei nomine cogniti, ne iis quidem exceptis, qui Matthaeum Apostolum patrio scripsisse sermone expresse tradiderunt, certo probari possit, ipsum E v a n g e l i u m  g r a e c u m identicum esse quoad substantiam cum Evangelio illo, patrio sermone ab eodem Apostolo exarato?

*Resp.:* Affirmative.

**3566**     *Qu. 6:* Utrum ex eo, quod auctor primi Evangelii scopum prosequitur praecipue dogmaticum et apologeticum, demonstrandi

die jenes Werk gerichtet war, damals verwendeten M u t t e r s p r a c h e verfaßt?

*Antwort:* Ja zu beiden Teilen.

*Frage 3:* Kann die Abfassung dieses Originaltextes auf die Z e i t nach der Zerstörung Jerusalems verschoben werden, so daß die Weissagungen, die man darin über ebendiese Zerstörung liest, nach dem Ereignis geschrieben worden wären; oder ist dem Zeugnis des Irenäus[1], das angeführt zu werden pflegt, ⟨dessen⟩ Auslegung unsicher und strittig ⟨ist⟩, so großes Gewicht beizumessen, daß es die Auffassung derer zu verwerfen zwänge, die meinen, es stimme mit der Überlieferung eher überein, daß ebendiese Abfasssung sogar noch vor der Ankunft des Paulus in der Stadt ⟨Rom⟩ erfolgt sei?

*Antwort:* Nein zu beiden Teilen.

*Frage 4:* Kann jene Meinung bestimmter Moderner auch nur als wahrscheinlich aufrechterhalten werden, nach der Matthäus nicht im eigentlichen und strengen Sinne das Evangelium verfaßt hätte, wie es uns überliefert ist, sondern lediglich eine S a m m l u n g v o n  W o r t e n bzw. Reden Christi, die ein anderer anonymer Autor, den sie zum Verfasser des Evangeliums selbst machen, als Quellen benutzt hätte?

*Antwort:* Nein.

*Frage 5:* Kann aufgrund der Tatsache, daß die Väter und Kirchenschriftsteller allesamt, ja sogar die Kirche selbst schon von ihrem Anfang an einzig den griechischen Text des unter dem Namen des Matthäus bekannten Evangeliums als kanonisch benutzt haben, nicht einmal jene ausgenommen, die ausdrücklich überliefert haben, der Apostel Matthäus habe in seiner Muttersprache geschrieben, sicher bewiesen werden, daß das g r i e c h i s c h e  E v a n g e l i u m im wesentlichen mit jenem Evangelium identisch ist, das von ebendiesem Apostel in seiner Muttersprache ausgearbeitet wurde?

*Antwort:* Ja.

*Frage 6:* Darf daraus, daß der Verfasser des ersten Evangeliums einen hauptsächlich dogmatischen und åpologetischen Zweck ver-

---

**\*3563** [1]   Irenäus von Lyon, *Adversus haereses* III 1, n. 2 (hrsg. von W.W. Harvey [Cambridge 1857] 2,3–6 / SouChr 211 [1974] 22–24 / PG 7,844f).

nempe Iudaeis Iesum esse Messiam a prophetis praenuntiatum et a Davidica stirpe progenitum, et quod insuper in disponendis factis et dictis, quae enarrat et refert, non semper ordinem chronologicum tenet, deduci inde liceat, ea non esse ut vera recipienda; aut etiam affirmari possit, narrationes gestorum et sermonum Christi, quae in ipso Evangelio leguntur, alterationem quamdam et adaptationem sub influxu prophetiarum Veteris Testamenti et adultioris Ecclesiae status subiisse, ac proinde historicae veritati haud esse conformes?

*Resp.:* Negative ad utramque partem.

*Qu. 7:* Utrum speciatim solido fundamento destitutae censeri iure debeant opiniones eorum, qui in dubium revocant authenticitatem historicam duorum priorum capitum, in quibus genealogia et infantia Christi *[296]* narrantur, sicut et quarumdam in re dogmatica magni momenti sententiarum, uti sunt illae, quae respiciunt primatum Petri [*Mt 16,17-19*], formam baptizandi cum universali missione praedicandi Apostolis traditam [*Mt 28,19s*], professionem fidei Apostolorum in divinitatem Christi [*Mt 14,33*], et alia huiusmodi, quae apud Matthaeum peculiari modo enuntiata occurrunt?

*Resp.:* Affirmative.

folgt, nämlich den Juden zu beweisen, daß Jesus der von den Propheten vorherverkündete und aus dem davidischen Stamme hervorgegangene Messias sei, und daß er zudem bei der Anordnung der Taten und Worte, die er erzählt und berichtet, nicht immer die zeitliche Reihenfolge einhält, abgeleitet werden, daß diese nicht als wahr anzuerkennen seien; oder kann auch behauptet werden, die Erzählungen der Taten und Reden Christi, die man im Evangelium liest, hätten unter dem Einfluß der Prophezeiungen des Alten Testamentes und des entwickelteren Zustandes der Kirche eine Änderung und Anpassung erfahren und entsprächen daher nicht der historischen Wahrheit?

*Antwort:* Nein zu beiden Teilen.

*Frage 7:* Müssen insbesondere die Meinungen derer zurecht als einer festen Grundlage entbehrend angesehen werden, die die geschichtliche Authentizität der zwei ersten Kapitel in Zweifel ziehen, in denen die Genealogie und die Kindheit Christi erzählt werden, sowie auch bestimmter Aussagen von großer Bedeutung in dogmatischer Hinsicht, als da sind jene, die den Primat des Petrus [*Mt 16,17-19*], die den Aposteln zusammen mit dem allgemeinen Verkündigungsauftrag überlieferte Tauform [*Mt 28,19f*], das Bekenntnis des Glaubens der Apostel an die Göttlichkeit Christi [*Mt 14,33*] und anderes Derartiges betreffen, was bei Matthäus als in besonderer Weise ausgesagt vorkommt?    **3567**

*Antwort:* Ja.

### 3568-3578: Antwort der Bibelkommission, 26. Juni 1912

*Ausg.:* AAS 4 (1912) 463-465 / EnchB Nr. 390-398.

*I. Verfasser, Abfassungszeit und historische Wahrheit der Evangelien nach Markus und nach Lukas*

*Qu. 1:* Utrum luculentum traditionis suffragium, inde ab Ecclesiae primordiis mire consentiens ac multiplici argumento firmatum,
nimirum disertis sanctorum Patrum et scriptorum ecclesiasticorum testimoniis, citationibus et allusionibus in eorumdem scriptis occurrentibus, veterum haereticorum usu, versionibus Librorum Novi Testamenti, codicibus manuscriptis antiquissimis et pene universis, atque etiam internis rationibus ex ipso

*Frage 1:* Zwingt die deutliche Stimme der Überlieferung, die von den Anfängen der Kirche an wunderbar übereinstimmt und durch vielfältigen Beweis bekräftigt wurde, nämlich durch die ausdrücklichen Zeugnisse der heiligen Väter und Kirchenschriftsteller, durch in ihren Schriften vorkommende Zitationen und Anspielungen, durch den Brauch der alten Häretiker, durch die Übersetzungen der Bücher des Neuen Testamentes, durch fast sämtliche älteste Handschrif-    **3568**

sacrorum Librorum textu desumptis,

certo affirmare cogat, Marcum, Petri discipulum et interpretem, Lucam vero medicum, Pauli adiutorem et comitem, revera Evangeliorum, quae ipsis respective attribuuntur, esse auctores?

*Resp.:* Affirmative.

**3569**     *Qu. 2:* Utrum rationes, quibus nonnulli critici demonstrare nituntur, postremos duodecim versus Evangelii Marci [*Mc 16,9-20*] non esse ab ipso Marco conscriptos, sed ab aliena manu appositos, tales sint, quae ius tribuant affirmandi, eos non esse ut inspiratos et canonicos recipiendos; vel saltem demonstrent, versuum eorumdem Marcum non esse auctorem?

*Resp.:* Negative ad utramque partem.

**3570**     *Qu. 3:* Utrum pariter dubitare liceat de inspiratione et canonicitate narrationum Lucae de infantia Christi [*Lc 1-2*]; aut de apparitione Angeli Iesum confortantis et de sudore sanguineo [*Lc 22,43s*]; vel solidis saltem rationibus ostendi possit - quod placuit antiquis haereticis et quibusdam etiam recentioribus criticis arridet - easdem narrationes ad genuinum Lucae Evangelium non pertinere?

*Resp.:* Negative ad utramque partem.

**3571**     *Qu. 4:* Utrum rarissima illa et prorsus singularia documenta, in quibus Canticum "Magnificat" [*Lc 1,46-55*] non beatae Virgini Mariae, sed Elisabeth tribuitur, ullo modo praevalere possint ac debeant contra testimonium concors *[464]* omnium fere codicum tum graeci textus originalis, tum versionum, necnon contra interpretationem, quam plane exigunt non minus contextus, quam ipsius Virginis animus et constans Ecclesiae traditio?

*Resp.:* Negative.

ten und auch durch die aus dem Text der heiligen Bücher selbst gewonnenen inneren Gründe,
sicher zu behaupten, daß Markus, der Schüler und Übersetzer des Petrus, und der Arzt Lukas, der Gehilfe und Begleiter des Paulus, wirklich die Verfasser der Evangelien sind, die ihnen jeweils zugeschrieben werden?

*Antwort:* Ja.

*Frage 2:* Sind die Begründungen, mit denen manche Kritiker zu beweisen versuchen, daß die letzten zwölf Verse des Markusevangeliums [*Mk 16,9-20*] nicht von Markus selbst verfaßt, sondern von einer fremden Hand hinzugefügt worden seien, so stark, daß sie das Recht verliehen, zu behaupten, sie seien nicht als inspiriert und kanonisch anzuerkennen; oder wenigstens bewiesen, daß Markus nicht der Verfasser ebendieser Verse sei?

*Antwort:* Nein zu beiden Teilen.

*Frage 3:* Darf man gleichfalls zweifeln in bezug auf die Inspiration und Kanonizität der Erzählungen des Lukas über die Kindheit Christi [*Lk 1-2*]; oder über die Erscheinung des Engels, der Jesus stärkte, und über den blutigen Schweiß [*Lk 22,43f*]; oder kann wenigstens durch stichhaltige Beweise gezeigt werden - was den alten Häretikern gefiel und auch manchen neueren Kritikern zupaß kommt -, daß ebendiese Erzählungen nicht zum ursprünglichen Evangelium des Lukas gehören?

*Antwort:* Nein zu beiden Teilen.

*Frage 4:* Können und müssen jene höchst seltenen und ganz vereinzelten Urkunden, in denen der Gesang "Magnificat" [*Lk 1,46-55*] nicht der seligen Jungfrau Maria, sondern Elisabet zugeschrieben wird, in irgendeiner Weise den Vorrang haben gegenüber dem einhelligen Zeugnis fast aller Handschriften sowohl des griechischen Originaltextes als auch der Übersetzungen, sowie gegenüber der Auslegung, die nicht weniger der Textzusammenhang als die Gesinnung der Jungfrau selbst und die beständige Überlieferung der Kirche unbedingt erfordern?

*Antwort:* Nein.

*Qu. 5:* Utrum, quoad ordinem chronologicum Evangeliorum, ab ea sententia recedere fas sit, quae, antiquissimo aeque ac constanti traditionis testimonio roborata, post Matthaeum, qui omnium primus Evangelium suum patrio sermone conscripsit, Marcum ordine secundum et Lucam tertium scripsisse testatur; aut huic sententiae adversari vicissim censenda sit eorum opinio, quae asserit, Evangelium secundum et tertium ante graecam primi Evangelii versionem esse compositum?

*Resp.:* Negative ad utramque partem.

*Qu. 6:* Utrum tempus compositionis Evangeliorum Marci et Lucae usque ad urbem Ierusalem eversam differre liceat; vel, eo quod apud Lucam prophetia Domini circa huius urbis eversionem magis determinata videatur, ipsius saltem Evangelium obsidione iam inchoata fuisse conscriptum, sustineri possit?

*Resp.:* Negative ad utramque partem.

*Qu. 7:* Utrum affirmari debeat, Evangelium Lucae praecessisse librum Actuum Apostolorum; et cum hic liber, eodem Luca auctore [*Act 1,1s*], ad finem captivitatis Romanae Apostoli fuerit absolutus [*Act 28,30s*], eiusdem Evangelium non post hoc tempus fuisse compositum?

*Resp.:* Affirmative.

*Qu. 8:* Utrum, prae oculis habitis tum traditionis testimoniis, tum argumentis internis, quoad fontes, quibus uterque Evangelista in conscribendo Evangelio usus est, in dubium vocari prudenter queat sententia, quae tenet Marcum iuxta praedicationem Petri, Lucam autem iuxta praedicationem Pauli scripsisse; simulque asserit, iisdem Evangelistis praesto fuisse alios quoque fontes fide dignos, sive orales sive etiam iam scriptis consignatos?

*Frage 5:* Ist es erlaubt, in bezug auf die **3572** zeitliche Reihenfolge der Evangelien von jener Meinung abzuweichen, die, durch das zugleich sehr alte und beständige Zeugnis der Überlieferung erhärtet, bezeugt, daß nach Matthäus, der als erster von sein Evangelium in der Muttersprache verfaßte, Markus in der Reihenfolge das zweite und Lukas das dritte geschrieben hat; oder ist andererseits jene Meinung als dieser Auffassung widerstreitend anzusehen, die behauptet, das zweite und dritte Evangelium sei vor der griechischen Übersetzung des ersten Evangeliums verfaßt worden?

*Antwort:* Nein zu beiden Teilen.

*Frage 6:* Darf die Abfassungszeit der **3573** Evangelien des Markus und des Lukas bis zur Zerstörung Jerusalems verschoben werden; oder kann deshalb, weil bei Lukas die Weissagung des Herrn in bezug auf die Zerstörung dieser Stadt genauer bestimmt erscheint, aufrechterhalten werden, daß wenigstens sein Evangelium verfaßt wurde, nachdem die Belagerung schon begonnen hatte?

*Antwort:* Nein zu beiden Teilen.

*Frage 7:* Muß bejaht werden, daß das **3574** Evangelium des Lukas dem Buche der Apostelgeschichte vorangegangen ist; und daß, da dieses Buch, von demselben Lukas verfaßt [*Apg 1,1f*], am Ende der römischen Gefangenschaft des Apostels abgeschlossen war [*Apg 28,30f*], sein Evangelium nicht nach dieser Zeit verfaßt wurde?

*Antwort:* Ja.

*Frage 8:* Kann, wenn man sich sowohl die **3575** Zeugnisse der Überlieferung als auch die inneren Beweise in bezug auf die Quellen vor Augen hält, deren sich die beiden Evangelisten beim Verfassen des Evangeliums bedienten, sinnvollerweise die Auffassung in Zweifel gezogen werden, die festhält, daß Markus im Anschluß an die Predigt des Petrus, Lukas aber im Anschluß an die Predigt des Paulus geschrieben habe; und ⟨die⟩ zugleich behauptet, ebendiesen Evangelisten hätten auch andere glaubwürdige Quellen – entweder mündliche oder auch schon schriftlich niedergelegte – vorgelegen?

*Resp.:* Negative.

**3576**   *Qu. 9:* Utrum dicta et gesta, quae a Marco iuxta Petri praedicationem accurate et quasi graphice enarrantur, et a Luca assecuto omnia a principio diligenter per testes fide plane dignos, quippe qui ab initio ipsi viderunt et ministri fuerunt sermonis [*Lc 1,2s*], sincerissime exponuntur, plenam sibi eam f i d e m h i s t o r i c a m iure vindicent, quam eisdem semper praestitit Ecclesia; an e contrario eadem facta et gesta censenda sint historica veritate, saltem ex parte, destituta, sive quod scriptores non fuerint testes oculares, sive quod apud utrumque Evangelistam defectus ordinis ac discrepantia in successione factorum haud raro *[465]* deprehendantur; sive quod, cum tardius venerint et scripserint, necessario conceptiones menti Christi et Apostolorum extraneas aut facta plus minusve iam imaginatione populi inquinata referre debuerint, sive demum quod dogmaticis ideis praeconceptis, quisque pro suo scopo, indulserint?

*Antwort:* Nein.

*Frage 9:* Beanspruchen die Worte und Handlungen, die von Markus im Anschluß an die Predigt des Petrus genau und gleichsam nachzeichnend erzählt und von Lukas, der allem von Anfang an sorgfältig nachgegangen ist mittels völlig glaubwürdiger Zeugen, die ja von Anbeginn an selbst gesehen haben und Diener des Wortes waren [*Lk 1,2f*], aufrichtigst dargelegt werden, zurecht jenen vollen h i s t o r i s c h e n G l a u b e n für sich, den ihnen die Kirche immer geschenkt hat; oder sind ebendiese Taten und Handlungen im Gegenteil als der historischen Wahrheit – wenigstens teilweise – entbehrend zu erachten, entweder weil die Schriftsteller keine Augenzeugen gewesen sind oder weil bei beiden Evangelisten nicht selten das Fehlen einer Ordnung und Verschiedenheit in der Reihenfolge der Taten festgestellt werden; oder weil sie, da sie später kamen und schrieben, notwendig Auffassungen, die der Gesinnung Christi und der Apostel fremd waren, oder Taten, die mehr oder weniger schon durch die Vorstellungskraft des Volkes entstellt waren, haben berichten müssen, oder schließlich weil sie sich – jeder entsprechend seiner Zielsetzung – vorgefaßten dogmatischen Vorstellungen hingegeben haben?

*Resp.:* Affirmative ad primam partem; negative ad alteram.

*Antwort:* Ja zum ersten Teil; nein zum zweiten.

## II. Die synoptische Frage bzw. die wechselseitigen Beziehungen zwischen den drei ersten Evangelien

**3577**   *Qu. 1:* Utrum, servatis quae iuxta praecedenter statuta omnino servanda sunt, praesertim de authenticitate et integritate trium Evangeliorum Matthaei, Marci et Lucae, de identitate substantiali Evangelii graeci Matthaei cum eius originali primitivo, necnon de ordine temporum, quo eadem scripta fuerunt, ad explicandum eorum ad invicem similitudines aut dissimilitudines, inter tot varias oppositasque auctorum sententias, liceat exegetis libere disputare et ad hypotheses traditionis sive scriptae sive oralis vel etiam dependentiae unius a praecedenti seu a praecedentibus appellare?

*Frage 1:* Ist es den Exegeten unter Beachtung dessen, was gemäß den vorangehenden Festlegungen unbedingt zu beachten ist – vor allem in bezug auf die Authentizität und Integrität der drei Evangelien des Matthäus, Markus und Lukas, in bezug auf die wesentliche Identität des griechischen Evangeliums des Matthäus mit seinem ursprünglichen Original sowie in bezug auf die zeitliche Reihenfolge, in der ebendiese geschrieben wurden –, um ihre wechselseitigen Ähnlichkeiten und Unähnlichkeiten zu erklären, erlaubt, angesichts so vieler verschiedenartiger und entgegengesetzter Auffassungen der Autoren frei zu diskutieren und zu den Hypothesen der schriftlichen oder mündlichen Überlieferung, oder auch der Abhängigkeit

*Resp.:* Affirmative.

*Qu. 2:* Utrum ea, quae superius statuta sunt, ii servare censeri debeant, qui, nullo fulti traditionis testimonio nec historico argumento, facile amplectuntur *hypothesim* vulgo *"duorum fontium"* nuncupatam, quae compositionem Evangelii graeci Matthaei et Evangelii Lucae ex eorum potissimum dependentia ab Evangelio Marci et a collectione sic dicta sermonum Domini contendit explicare; ac proinde eam libere propugnare valeant?

*Resp.:* Negative ad utramque partem.

des einen vom vorhergehenden bzw. von den vorhergehenden Zuflucht zu nehmen?

*Antwort:* Ja.

*Frage 2:* Soll man meinen, daß diejenigen **3578** das, was oben festgelegt wurde, beachten, die, auf kein Zeugnis der Überlieferung und auf keinen historischen Beweis gestützt, unbedenklich die sogenannte *"Zweiquellentheorie"* gutheißen, die die Abfassungsweise des griechischen Evangeliums des Matthäus und des Evangeliums des Lukas vor allem aus ihrer Abhängigkeit vom Evangelium des Markus und von einer sogenannten Sammlung von Worten des Herrn ⟨= Logienquelle⟩ zu erklären versucht; und können sie daher diese frei verfechten?

*Antwort:* Nein zu beiden Teilen.

### 3581-3590: Antwort der Bibelkommission, 12. Juni 1913

*Ausg.:* AAS 5 (1913) 291-293 / EnchB Nr. 401-410.

*I. Verfasser, Abfassungszeit und historische Wahrheit des Buches der Apostelgeschichte*

*Qu. 1:* Utrum, perspecta potissimum Ecclesiae universae traditione usque ad primaevos ecclesiasticos scriptores assurgente, attentisque internis rationibus libri *Actuum* sive in se sive in sua ad tertium Evangelium relatione consideratis et praesertim mutua utriusque prologi affinitate et connexione [*Lc 1,1-4; Act 1,1s*], uti certum tenendum sit, volumen, quod titulo *Actus Apostolorum,* seu Πράξεις Ἀποστόλων, praenotatur, Lucam Evangelistam habere a u c t o r e m?

*Resp.:* Affirmative.

*Qu. 2:* Utrum criticis rationibus, desumptis tum ex lingua et stilo, tum ex enarrandi modo, tum ex unitate scopi et doctrinae, demonstrari possit, librum Actuum Apostolorum u n i dumtaxat a u c t o r i tribui debere; ac proinde eam recentiorum scriptorum sententiam, quae tenet, Lucam non esse libri auctorem unicum, sed diversos esse agnoscendos eiusdem libri auctores, quovis fundamento esse destitutam?

*Resp.:* Affirmative ad utramque partem.

*Frage 1:* Ist vor allem in Anbetracht der **3581** bis auf die ersten Kirchenschriftsteller zurückgehenden Überlieferung der gesamten Kirche und unter Berücksichtigung innerer Gründe des entweder in sich oder in seiner Beziehung zum dritten Evangelium betrachteten Buches der ⟨Apostel⟩geschichte und zumal aufgrund der gegenseitigen Verwandtschaft und Verbindung der beiden Prologe [*Lk 1,1-4; Apg 1,1f*] als sicher festzuhalten, daß die Schrift, die den Titel *"Apostelgeschichte"* bzw. «Πράξεις Ἀποστόλων» trägt, den Evangelisten L u k a s zum V e r f a s s e r hat?

*Antwort:* Ja.

*Frage 2:* Kann durch kritische Argumente, **3582** die sowohl aus Sprache und Stil als auch aus der Erzählweise und aus der Einheitlichkeit der Zielsetzung und Lehre genommen sind, bewiesen werden, daß das Buch der Apostelgeschichte lediglich e i n e m V e r f a s s e r zugeschrieben werden muß; und daß daher jene Auffassung neuerer Schriftsteller, die behauptet, Lukas sei nicht der einzige Verfasser des Buches, sondern es seien verschiedene Verfasser ebendieses Buches anzuerkennen, jeglicher Grundlage entbehrt?

*Antwort:* Ja zu beiden Teilen.

**3583**     *Qu. 3:* Utrum, in specie, pericopae in Actis conspicuae, in quibus, abrupto usu tertiae personae, inducitur **prima pluralis** (*"Wir-Stücke"*), unitatem compositionis et authenticitatem infirment; vel potius historice et philologice consideratae eam confirmare dicendae sint?

*Resp.:* Negative ad primam partem; affirmative ad secundam.

**3584**     *Qu. 4:* Utrum ex eo, quod liber ipse, vix mentione facta bienni primae romanae Pauli captivitatis, abrupte clauditur, inferri liceat, auctorem volumen alterum deperditum conscripsisse, aut conscribere intendisse, ac proinde tempus compositionis libri Actuum longe possit post eamdem captivitatem differri; vel potius iure et merito retinendum sit, Lucam **sub finem primae captivitatis Romanae** Apostoli Pauli libram absolvisse?

*Resp.:* Negative ad primam partem; affirmative ad secundam. *[292]*

**3585**     *Qu. 5:* Utrum,
si simul considerentur tum frequens ac facile commercium, quod procul dubio habuit Lucas cum primis et praecipuis ecclesiae Palaestinensis fundatoribus nec non cum Paulo, gentium Apostolo, cuius et in evangelica praedicatione adiutor et in itineribus comes fuit, tum solita eius industria et diligentia in exquirendis testibus rebusque suis oculis observandis, tum denique plerumque evidens et mirabilis consensus libri Actuum cum ipsis Pauli epistolis et cum sincerioribus historiae monumentis,

certo teneri debeat, Lucam fontes omni fide dignos prae manibus habuisse eosque accurate, probe et fideliter adhibuisse, adeo ut **plenam auctoritatem historicam** sibi iure vindicet?
*Resp.:* Affirmative.

**3586**     *Qu. 6:* Utrum difficultates,
quae passim obici solent tum ex factis supernaturalibus a Luca narratis, tum ex relatione

*Frage 3:* Stellen insbesondere die in der ⟨Apostel⟩geschichte augenfälligen Perikopen, in denen die Verwendung der dritten Person abgebrochen und die **erste ⟨Person⟩ Plural** eingeführt wird (*"Wir-Stücke"*), die Einheitlichkeit der Abfassungsweise und die Authentizität in Frage; oder muß man vielmehr sagen, daß sie diese, historisch und philologisch betrachtet, bekräftigen?

*Antwort:* Nein zum ersten Teil; ja zum zweiten.

*Frage 4:* Darf aus der Tatsache, daß dieses Buch, kaum daß die zweijährige Dauer der ersten römischen Gefangenschaft des Paulus erwähnt wurde, unvermittelt schließt, gefolgert werden, daß der Verfasser eine zweite, verlorene Schrift verfaßt oder zu verfassen beabsichtigt habe, und kann daher die Abfassungszeit des Buches der ⟨Apostel⟩geschichte auf ⟨einen Zeitpunkt⟩ lange nach ebendieser Gefangenschaft verschoben werden; oder ist vielmehr mit Fug und Recht festzuhalten, daß Lukas das Buch **unmittelbar nach dem Ende der ersten Gefangenschaft** des Apostels Paulus abgeschlossen hat?

*Antwort:* Nein zum ersten Teil; ja zum zweiten.

*Frage 5:* Muß man,
wenn man zugleich sowohl den häufigen und vertrauten Umgang, den Lukas zweifellos mit den ersten und wichtigsten Gründern der palästinischen Kirche sowie mit Paulus, dem Völkerapostel, pflegte, dessen Gehilfe bei der Verkündigung des Evangeliums und Reisegefährte er war, als auch seine gewohnte Beflissenheit und Sorgfalt, Zeugen aufzuspüren und Dinge selbst in Augenschein zu nehmen, als auch schließlich die meist offensichtliche und wunderbare Übereinstimmung des Buches der ⟨Apostel⟩geschichte mit den Briefen des Paulus selbst und mit den unversehrteren Denkmälern der Geschichte betrachtet, sicher behaupten, daß Lukas völlig glaubwürdige Quellen zur Hand gehabt und sie genau, richtig und zuverlässig verwendet hat, so daß er zurecht **volle historische Autorität** für sich beansprucht?

*Antwort:* Ja.

*Frage 6:* Sind die Schwierigkeiten,
die allenthalben angeführt zu werden pflegen sowohl aufgrund der von Lukas erzählten

quorumdam sermonum, qui, cum sint compendiose traditi, censentur conficti et circumstantiis adaptati, tum ex nonnullis locis ab historia sive profana sive biblica apparenter saltem dissentientibus, tum demum ex narrationibus quibusdam, quae sive cum ipso Actuum auctore sive cum aliis auctoribus sacris pugnare videntur,

übernatürlichen Taten als auch aufgrund der Wiedergabe bestimmter Reden, die, da sie verkürzt überliefert sind, als erdichtet und den Umständen angepaßt angesehen werden, als auch aufgrund mancher Stellen, die wenigstens scheinbar nicht mit der weltlichen oder biblischen Geschichte übereinstimmen, als auch schließlich aufgrund einiger Erzählungen, die entweder dem Verfasser der ⟨Apostel⟩geschichte selbst oder anderen heiligen Autoren zu widerstreiten scheinen,

tales sint, ut auctoritatem Actuum historicam in dubium revocare vel saltem aliquomodo minuere possint?

so beschaffen, daß sie die historische Autorität der ⟨Apostel⟩geschichte in Zweifel ziehen oder wenigstens in irgendeiner Weise mindern können?

*Resp.:* Negative.

*Antwort:* Nein.

## II. Verfasser, Vollständigkeit und Abfassungszeit der Pastoralbriefe des Apostels Paulus

*Qu. 1:* Utrum, prae oculis habita Ecclesiae traditione inde a primordiis universaliter firmiterque perseverante, prout multimodis ecclesiastica monumenta vetusta testantur, teneri certo debeat, epistolas, quae pastorales dicuntur, nempe ad Timotheum utramque et aliam ad Titum,

*Frage 1:* Muß, wenn man sich die von den 3587 Anfängen an allgemein und beharrlich fortdauernde Überlieferung der Kirche vor Augen hält, wie sie in vielfältiger Weise alte kirchliche Urkunden bezeugen, sicher festgehalten werden, daß die Briefe, die Pastoral⟨briefe⟩ genannt werden, nämlich die beiden an Timotheus und ein anderer an Titus,

non obstante quorumdam haereticorum ausu, qui eas, utpote suo dogmati contrarias, de numero paulinarum epistolarum, nulla reddita causa, eraserunt,
ab ipso Apostolo Paulo fuisse conscriptas et inter g e n u i n a s et canonicas perpetuo recensitas?

trotz des Unterfangens bestimmter Häretiker, die sie als ihrer Lehre entgegengesetzt ohne Angabe irgendeines Grundes aus der Zahl der Paulinischen Briefe getilgt haben, vom Apostel Paulus selbst verfaßt und immerfort unter die e c h t e n und kanonischen ⟨Briefe⟩ gerechnet wurden?

*Resp.:* Affirmative.

*Antwort:* Ja.

*Qu. 2:* Utrum h y p o t h e s i s sic dicta f r a g m e n t a r i a a quibusdam recentioribus criticis invecta et varie proposita, qui nulla ceteroquin probabili *[293]* ratione, immo inter se pugnantes contendunt, epistolas pastorales posteriori tempore ex fragmentis epistolarum sive ex epistolis paulinis deperditis ab ignotis auctoribus fuisse contextas et notabiliter auctas, perspicuo et firmissimo traditionis testimonio aliquod vel leve praeiudicium inferre possit?

*Frage 2:* Kann die sogenannte F r a g - 3588 m e n t t h e o r i e, die von einigen neueren Kritikern eingeführt und verschiedentlich vorgelegt wurde, die im übrigen mit keiner wahrscheinlichen Begründung, sondern vielmehr untereinander widerstreitend behaupten, die Pastoralbriefe seien zu einer späteren Zeit von unbekannten Verfassern aus paulinischen Brieffragmenten oder aus verlorenen Briefen zusammengefügt und beträchtlich vermehrt worden, dem klaren und unerschütterlichen Zeugnis der Überlieferung irgendeinen auch nur geringfügigen Eintrag tun?

*Resp.:* Negative.

*Antwort:* Nein.

**3589**　　*Qu. 3:* Utrum difficultates, quae multifariam obici solent sive ex stilo et lingua auctoris, sive ex erroribus praesertim Gnosticorum, qui uti iam tunc serpentes describuntur, sive ex statu ecclesiasticae hierarchiae, quae iam evoluta supponitur, aliaeque huiuscemodi in contrarium rationes sententiam, quae genuinitatem epistolarum pastoralium ratam certamque habet, quomodolibet infirment?

*Resp.:* Negative.

**3590**　　*Qu. 4:* Utrum,

cum non minus ex historicis rationibus quam ex ecclesiastica traditione, sanctorum Patrum orientalium et occidentalium testimoniis consona, necnon ex indiciis ipsis, quae tum ex abrupta conclusione libri Actuum, tum ex paulinis epistolis Romae conscriptis et praesertim ex secunda ad Timotheum facile eruuntur, uti certa haberi debeat sententia de duplici romana captivitate Apostoli Pauli;

tuto affirmari possit epistolas pastorales conscriptas esse in illo temporis spatio, quod intercedit inter liberationem a prima captivitate et mortem Apostoli?

*Resp.:* Affirmative.

*Frage 3:* Schwächen die Schwierigkeiten, die vielfach angeführt zu werden pflegen entweder aufgrund des Stils und der Sprache des Verfassers oder aufgrund der Irrtümer zumal der Gnostiker, die schon damals wie Schlangen beschrieben werden, oder aufgrund des Standes der kirchlichen Hierarchie, die als schon entwickelt zugrunde gelegt wird, und andere derartige Begründungen für das Gegenteil in irgendeiner Weise die Auffassung, welche die Echtheit der Pastoralbriefe für feststehend und sicher hält?

*Antwort:* Nein.

*Frage 4:* Kann,

da nicht weniger aus historischen Gründen als aufgrund der kirchlichen Überlieferung, die mit den Zeugnissen der östlichen und westlichen heiligen Väter übereinstimmt, sowie aufgrund der Hinweise, die sich sowohl aus dem unvermittelten Abschluß des Buches der ⟨Apostel⟩geschichte als auch aus der Abfassung der Paulinischen Briefe in Rom und zumal aus dem zweiten ⟨Brief⟩ an Timotheus leicht ausfindig machen lassen, die Auffassung von der zweifachen römischen Gefangenschaft des Apostels Paulus als gesichert angesehen werden muß,

mit Sicherheit behauptet werden, die Pastoralbriefe seien in jenem Zeitraum verfaßt worden, der zwischen der Befreiung aus der ersten Gefangenschaft und dem Tod des Apostels liegt?

*Antwort:* Ja.

### 3591-3593: Antwort der Bibelkommission, 24. Juni 1914

*Ausg.:* AAS 6 (1914) 417 / EnchB Nr. 411-413.

## *Verfasser und Abfassungszeit des Briefes an die Hebräer*

**3591**　　*Qu. 1:* Utrum dubiis, quae primis saeculis, ob haereticorum imprimis abusum, aliquorum in Occidente animos tenuere circa divinam inspirationem ac paulinam originem epistolae ad Hebraeos, tanta vis tribuenda sit, ut,

attenta perpetua, unanimi ac constanti orientalium Patrum affirmatione, cui post saeculum IV totius occidentalis Ecclesiae plenus accessit consensus; perpensis quoque Summorum Pontificum sacrorumque conciliorum, Tridentini praesertim, actis, necnon

*Frage 1:* Ist den Zweifeln, die in den ersten Jahrhunderten vor allem wegen des Mißbrauchs der Häretiker in bezug auf die göttliche Inspiration und den paulinischen Ursprung des Briefes an die Hebräer die Gemüter mancher im Westen beherrschten, so große Bedeutung beizumessen, daß man nach Berücksichtigung der immerwährenden, einmütigen und beständigen Bejahung der östlichen Väter, zu der nach dem 4. Jahrhundert die volle Zustimmung der ganzen westlichen Kirche kam; auch nach Erwägung der Feststellungen der Päpste und heiligen

perpetuo Ecclesiae universalis usu,

haesitare liceat, eam non solum inter canonicas - quod de fide definitum est -, verum
etiam inter genuinas Apostoli Pauli epistolas certo recensere?

*Resp.:* Negative.

*Qu. 2:* Utrum argumenta,
quae desumi solent sive ex insolita nominis
Pauli absentia et consueti exordii salutatio-
nisque omissione in epistola ad Hebraeos -
sive ex eiusdem linguae graecae puritate, dic-
tionis ac stili elegantia et perfectione, - sive
ex modo, quo in ea Vetus Testamentum allegatur et ex eo arguitur, - sive ex differentiis
quibusdam, quae inter huius ceterarumque
Pauli epistolarum doctrinam exsistere prae-
tenduntur,

aliquomodo eiusdem paulinam originem in-
firmare valeant; an potius perfecta doctrinae
ac sententiarum consensio, admonitionum et
exhortationum similitudo, necnon locutio-
num ac ipsorum verborum concordia a nonnullis quoque acatholicis celebrata, quae inter
eam et reliqua Apostoli gentium scripta
observantur, eamdem paulinam originem
commonstrent atque confirment?

*Resp.:* Negative ad primam partem; affirmative ad alteram.

*Qu. 3:* Utrum Paulus Apostolus ita huius
epistolae auctor censendus sit, ut necessario
affirmari debeat, ipsum eam totam non solum Spiritu Sancto inspirante concepisse et
expressisse, verum etiam ea forma donasse,
qua prostat?

*Resp.:* Negative, salvo ulteriori Ecclesiae
iudicio.

Konzilien, vor allem des Tridentinums, sowie
des immerwährenden Brauchs der gesamten
Kirche
unschlüssig sein darf, ihn nicht nur unter die
kanonischen - was zum definierten Glauben
gehört -, sondern auch sicher unter die
echten Briefe des Apostels Paulus zu rechnen?

*Antwort:* Nein.

*Frage 2:* Können die Beweisgründe,    3592
die entnommen zu werden pflegen aus dem
ungewohnten Fehlen des Namens des Paulus
und der Auslassung des gewohnten Anfangs
und Grußes im Brief an die Hebräer, - oder
aus der Reinheit seiner griechischen Sprache,
der Eleganz und Vollkommenheit der Ausdrucksweise und des Stiles, - oder aus der
Weise, in der in ihm das Alte Testament angeführt wird und aus ihm argumentiert wird,
- oder aus bestimmten Unterschieden, die es
angeblich zwischen der Lehre dieses und der
übrigen Briefe des Paulus gibt,
in irgendeiner Weise seinen paulinischen Ursprung widerlegen? Oder zeigen und bestätigen vielmehr die vollkommene Übereinstimmung der Lehre und der Auffassungen, die
Ähnlichkeit der Ermahnungen und Auf-
forderungen sowie der auch von manchen
Nicht-Katholiken gerühmte Einklang der Redeweisen und der Worte selbst, die zwischen
ihm und den übrigen Schriften des Völkerapostels beobachtet werden, ebendiesen paulinischen Ursprung?

*Antwort:* Nein zum ersten Teil; ja zum
zweiten.

*Frage 3:* Ist der Apostel Paulus so als Ver-   3593
fasser dieses Briefes anzusehen, daß man notwendig behaupten muß, er habe ihn in seiner
Gesamtheit nicht nur auf Eingebung des Heiligen Geistes entworfen und angefertigt, sondern auch mit der Form versehen, in der er
vorliegt?

*Antwort:* Nein, unbeschadet eines weiteren Urteils der Kirche.

## 3601-3624: Dekret der Hl. Studienkongregation, 27. Juli 1914

Pius X. hatte in dem Motu Proprio "*Doctoris Angelici*" vom 29. Juni 1914 den kirchlichen Lehranstalten
Italiens geboten, "die Prinzipien und wichtigeren Aussagen des Thomas von Aquin heilig zu halten" ("prin-
cipia et maiora Thomae Aquinatis pronuntiata sancte teneantur"). Einige Thomisten legten daraufhin der
Studienkongregation 24 von ihnen vertretene Thesen aus der Metaphysik zur Prüfung vor. Philosophische
Schulen aus anderer Tradition argwöhnten, daß ihnen der Neothomismus gegen ihre Überzeugung aufge-
zwungen und die Freiheit, andere Auffassungen zu vertreten, beseitigt werden solle. Aufgrund von Prote-

sten erklärte die Studienkongregation am 7. März 1916: "Alle jene 24 philosophischen Thesen drücken die echte Lehre des hl. Thomas aus und sie sollen als sichere Leitnormen vorgelegt werden" ("Omnes illae 24 theses philosophicae germanam S. Thomae doctrinam exprimunt, eaeque proponantur veluti tutae normae directivae"; AAS 8 [1916] 157). Die Sätze sind damit nicht unbedingt verpflichtend. Um "dem heiligen Thomas anzuhangen" ("adhaerendum Sancto Thomae"), ist es nicht erforderlich, daß man das Lehrsystem des hl. Thomas als ganzes annimmt. In welchem weitgefaßten Sinne diese Leitnormen zu verstehen sind, wird aus dem Brief Benedikts XV. *"Quod de fovenda"* vom 19. März 1917 an den Jesuiten-general Wladimir Ledóchowski klar:

"Mit nicht geringerer Genugtuung haben Wir festgestellt, daß Du mit genauer Waage das Gewicht der Gründe erwogen hast, mit denen von beiden Seiten in der Diskussion behauptet wird, wie man sich auf die Lehren des hl. Thomas stützen müsse. Wir glauben nämlich, daß Du bei dieser Beurteilung richtig gedacht hast, als Du annahmst, diejenigen hingen dem Engelgleichen Lehrer zur Genüge an, die meinen, man müsse die Thesen der Lehre des Thomas in ihrer Gesamtheit als sichere Leitnormen vorlegen, ohne daß allerdings eine Pflicht auferlegt wäre, alle Thesen anzunehmen. Im Blick auf diese Regel können die Studenten der Gesellschaft mit Recht die Furcht ablegen, nicht mit dem angebrachten Ge-horsam den Geboten der Römischen Bischöfe zu folgen, deren beständige Auffassung es war, daß der hl. Thomas als Führer und Lehrer bei den Studien der Theologie und Philosophie angesehen werden müsse, wobei es jedoch jedem unbenommen bleibt, darüber nach beiden Seiten zu disputieren, worüber man disputieren kann und zu disputieren pflegt" ("Neque minus iucunde animadvertimus aequa te lance ratio-num momenta perpendisse, quibus quemadmodum oporteat a S. Thomae doctrinis esse, hinc inde discep-tando contenditur. Quo quidem in iudicio recte Nos te sensisse arbitramur, quum eos putasti Angelico Doctori satis adhaerere, qui universas de Thomae doctrina sensu perinde proponendas censeant, ac tutas ad dirigendum normas, nullo scilicet omnium amplectendarum thesium imposito officio. Eius-modi spectantes regulam, possunt Societatis alumni iure timorem deponere, ne eo quo par est obsequio iussa non prosequantur Rom. Pontificum, quorum ea constans sententia fuit, ducem ac magistrum in theologiae et philosophiae studiis S. Thomam haberi opus esse, integro tamen cuique de iis in utramque partem disputare, de quibus possit soleatque disputari"; Acta Romana S.I. 9 [1917] 318f / ZKTh 42 [1918] 206).

Vgl. dazu auch Pius XI., Enzyklika *"Studiorum ducem"*, 29. Juni 1923 (*3666); Pius XII., Ansprache an Alumnen, 24. Juni 1939 (AAS 31 [1939] 246); Ansprache an Mitglieder des Dominikanerordens, 22. Sept. 1946 (AAS 38 [1946] 387); Ansprache an die Mitglieder der Universität Gregoriana anläßlich des 400jäh-rigen Jubiläums, 17. Okt. 1953 (AAS 45 [1953] 684–686); 2. Vatikanisches Konzil, Dekret *"Optatam totius"*, 28. Nov. 1965 (AAS 58 [1966] 713–727).

*Ausg.:* AAS 6 (1914) 384–386.

## Bestätigte Thesen der thomistischen Philosophie

3601    1. Potentia et actus ita dividunt ens, ut quidquid est, vel sit actus purus, vel ex poten-tia et actu tamquam primis atque intrinsecis principiis necessario coalescat.

1. Potenz und Akt teilen das Seiende so ein, daß alles, was ist, entweder reiner Akt ist oder notwendig aus Potenz und Akt als den ersten und inneren Prinzipien zusammen-wächst.

3602    2. Actus, utpote perfectio, non limitatur nisi per potentiam, quae est capacitas perfec-tionis. Proinde in quo ordine actus est purus, in eodem nonnisi illimitatus et unicus exsis-tit; ubi vero est finitus ac multiplex, in ve-ram incidit cum potentia compositionem.

2. Der Akt wird als Vollkommenheit nur durch die Potenz begrenzt, die die Fähigkeit zur Vollkommenheit ist. Daher existiert der Akt in der Ordnung, in der er rein ist, nur als unbegrenzter und einziger; wo er aber be-grenzt und vielfältig ist, gerät er in eine wah-re Zusammensetzung mit der Potenz.

3603    3. Quapropter in absoluta ipsius esse ra-tione unus subsistit Deus, unus est simplicis-simus, cetera cuncta quae ipsum esse partici-pant, naturam habent qua esse coarctatur, ac tamquam distinctis realiter principiis, essen-tia et esse constant.

3. Deswegen subsistiert nach dem absolu-ten Sinn des Seins selbst Gott als einer, ist er der eine einfachste; alles übrige, was am Sein selbst teilhat, hat eine Natur, durch die das Sein eingeschränkt wird, und besteht aus Wesen und Sein als real unterschiedenen Prinzipien.

3604    4. Ens quod denominatur ab esse, non univoce de Deo ac de creaturis dicitur, nec tamen prorsus aequivoce, sed analogice, ana-

4. Das Seiende, das vom Sein her benannt wird, wird von Gott und von den Geschöpfen nicht univok ⟨= ein-sinnig⟩ ausgesagt, je-

logia tum attributionis tum proportionalitatis.

5. Est praeterea in omni creatura realis compositio subiecti subsistentis cum formis secundario additis, sive accidentibus: ea vero, nisi *esse* realiter in essentia distincta reciperetur, intelligi non posset.

6. Praeter absoluta accidentia est etiam relativum, sive *ad aliquid.* Quamvis enim *ad aliquid* non significet secundum propriam rationem aliquid alicui inhaerens, saepe tamen causam in rebus habet, et ideo realem entitatem distinctam a subiecto.

7. Creatura spiritualis est in sua essentia omnino simplex. Sed remanet in ea compositio duplex: essentiae cum esse et substantiae cum accidentibus.

8. Creatura vero corporalis est quoad ipsam essentiam composita potentia et actu; quae potentia et actus ordinis essentiae, materiae et formae nominibus designantur.

9. Earum partium neutra per se esse habet, nec per se producitur vel corrumpitur, nec ponitur in praedicamento nisi reductive ut principium substantiale.

10. Etsi corpoream naturam extensio in partes integrales consequitur, non tamen idem est corpori esse substantiam et esse quantum. Substantia quippe ratione sui indivisibilis est, non quidem ad modum *[385]* puncti, sed ad modum eius quod est extra ordinem dimensionis. Quantitas vero, quae extensionem substantiae tribuit, a substantia realiter differt, et est veri nominis accidens.

11. Quantitate signata materia principium est individuationis, id est numericae distinctionis, quae in puris spiritibus esse non pot-

doch auch nicht völlig äquivok ⟨= mehrsinnig⟩, sondern analog ⟨= ähnlich⟩, durch die Analogie sowohl der Attribution als auch der Proportionalität.

5. Außerdem gibt es in jedem Geschöpf 3605 eine reale Zusammensetzung des subsistierenden Subjekts mit den an zweiter Stelle hinzugefügten Formen bzw. den Akzidentien: sie könnte aber, wenn nicht das *Sein* tatsächlich in einer unterschiedenen Wesenheit aufgenommen würde, nicht erkannt werden.

6. Außer den absoluten Akzidentien gibt 3606 es auch ein relatives ⟨Akzidens⟩ bzw. *in bezug auf etwas.* Obwohl nämlich das *in bezug auf etwas* seinem eigentlichen Begriff nach nicht etwas bezeichnet, das einer Sache innewohnt, hat es dennoch oft seine Ursache in den Dingen und deshalb eine vom Subjekt unterschiedene reale Seiendheit.

7. Ein geistiges Geschöpf ist in seiner We- 3607 senheit völlig einfach. Aber es verbleibt in ihm eine zweifache Zusammensetzung: der Wesenheit mit dem Sein und der Substanz mit den Akzidentien.

8. Ein körperliches Geschöpf aber ist in 3608 bezug auf die Wesenheit selbst aus Potenz und Akt zusammengesetzt; diese Potenz und dieser Akt in der Ordnung der Wesenheit werden auch mit den Namen "Materie" und "Form" bezeichnet.

9. Keiner dieser beiden Teile hat an sich 3609 das Sein, noch wird er an sich hervorgebracht oder vernichtet, noch wird er in eine Aussageform ⟨= Kategorie⟩ gebracht, es sei denn in Rückführung als substantielles Prinzip.

10. Auch wenn der körperlichen Natur die 3610 Ausdehnung in Teile, die die Vollständigkeit bedingen, folgt, ist das Substanz-Sein und das Quantum-Sein für den Körper doch nicht dasselbe. Denn die Substanz ist ihrem Begriff nach unteilbar, und zwar nicht nach Art eines Punktes, sondern nach Art dessen, was außerhalb der Ordnung der Ausdehnung ist. Die Quantität aber, die der Substanz Ausdehnung verleiht, unterscheidet sich real von der Substanz und ist ein Akzidens im wahren Sinne des Wortes.

11. Die durch Quantität gekennzeichnete 3611 Materie ist das Prinzip der Individuation, das heißt der numerischen Unterscheidung – die

est, unius individui ab alio in eadem natura specifica.

**3612**    12. Eadem efficitur quantitate, ut corpus circumscriptive sit in loco, et in uno tantum loco de quacumque potentia per hunc modum esse possit.

**3613**    13. Corpora dividuntur bifariam: quaedam enim sunt viventia, quaedam expertia vitae. In viventibus, ut in eodem subiecto pars movens et pars mota per se habeantur, forma substantialis, animae nomine designata, requirit organicam dispositionem seu partes heterogeneas.

**3614**    14. Vegetalis et sensilis ordinis animae nequaquam per se subsistunt, nec per se producuntur, sed sunt tantummodo ut principium quo vivens est et vivit, et cum a materia se totis dependeant, corrupto composito, eo ipso per accidens corrumpuntur.

**3615**    15. Contra, per se subsistit anima humana, quae, cum subiecto sufficienter disposito potest infundi, a Deo creatur, et sua natura incorruptibilis est atque immortalis.

**3616**    16. Eadem anima rationalis ita unitur corpori, ut sit eiusdem forma substantialis unica, et per ipsam habet homo ut sit homo et animal et vivens et corpus et substantia et ens. Tribuit igitur anima homini omnem gradum perfectionis essentialem; insuper communicat corpori actum essendi, quo ipsa est.

**3617**    17. Duplicis ordinis facultates, organicae et inorganicae, ex anima humana per naturalem resultantiam emanant: priores, ad quas sensus pertinet, in composito subiectantur, posteriores in anima sola. Est igitur intellectus facultas ab organo intrinsece independens.

es bei reinen Geistern nicht geben kann – des einen Individuums vom anderen in derselben spezifischen Natur.

12. Durch dieselbe Quantität wird bewirkt, daß der Körper umschreibbar an einem Ort ist und auf diese Weise von jedweder Möglichkeit nur an e i n e m Ort sein kann.

13. Die Körper werden zweifach eingeteilt: die einen nämlich sind lebendig, die anderen leblos. Bei den lebendigen bedarf, damit es in demselben Subjekt einen bewegenden Teil und einen bewegten Teil an sich gebe, die substantielle Form – mit dem Namen "Seele" bezeichnet – einer organischen Anlage bzw. verschiedengearteter Teile.

14. Die Seelen pflanzlicher und sinnlicher Ordnung bestehen keineswegs an sich, noch werden sie an sich hervorgebracht, sondern sie sind lediglich als Prinzip, durch das das Lebende ist und lebt, und da sie ganz von der Materie abhängen, werden sie, wenn das Zusammengefügte zerstört wird, eben dadurch in akzidenteller Weise zerstört.

15. An sich selbst besteht dagegen die menschliche Seele, die, wenn sie einem hinreichend veranlagten Zugrundeliegenden eingegossen werden kann, von Gott geschaffen wird und ihrer Natur nach unzerstörbar und unsterblich ist.

16. Dieselbe vernunftbegabte Seele wird so mit dem Leib geeint, daß sie dessen einzige substantielle Form ist, und durch sie hat der Mensch, daß er Mensch, Sinnenwesen, Lebewesen, Körper, Substanz und Seiendes ist. Die Seele verleiht dem Menschen also jeden wesenhaften Grad der Vollkommenheit; überdies teilt sie dem Leib den Akt des Seins mit, durch den sie selbst ist.

17. Die Fähigkeiten einer zweifachen Ordnung, der organischen und der anorganischen, gehen durch das natürliche Walten aus der menschlichen Seele hervor: die ersteren, zu denen das sinnliche Wahrnehmungsvermögen gehört, haben im Zusammengesetzten ihre Grundlage, die letzteren allein in der Seele. Der Verstand ist also ein vom Organ innerlich unabhängiges Vermögen.

18. Immaterialitatem necessario sequitur intellectualitas, et ita quidem, ut secundum gradus elongationis a materia sint quoque gradus intellectualitatis. Adaequatum intellectionis obiectum est communiter ipsum ens; proprium vero intellectus humani in praesenti statu unionis, quidditatibus abstractis a condicionibus materialibus continetur.

19. Cognitionem ergo accipimus a rebus sensibilibus. Cum autem sensibile non sit intelligibile in actu, praeter intellectum formaliter intelligentem admittenda est in anima virtus activa, quae species intelligibiles a phantasmatibus abstrahat. *[386]*

20. Per has species directe universalia cognoscimus; singularia sensu attingimus, tum etiam intellectu per conversionem ad phantasmata; ad cogntionem vero spiritualium per analogiam ascendimus.

21. Intellectum sequitur, non praecedit, voluntas, quae necessario appetit id quod sibi praesentatur tamquam bonum ex omni parte explens appetitum, sed inter plura bona, quae iudicio mutabili appetenda proponuntur, libere eligit. Sequitur proinde electio iudicium practicum ultimum; at quod sit ultimum, voluntas efficit.

22. Deum esse neque immediata intuitione percipimus, neque a priori demonstramus, sed utique a posteriori, hoc est, "per ea quae facta sunt" [*Rm 1,20*], ducto argumento ab effectibus ad causam: videlicet, a rebus quae moventur et sui motus principium adaequatum esse non possunt, ad primum motorem immobilem; a processu rerum mundanarum e causis inter se subordinatis ad primam causam incausatam; a corruptibilibus quae aequaliter se habent ad esse et non esse, ad ens absolute necessarium; ab iis quae secundum minoratas perfectiones essendi, vivendi, intelligendi, plus et minus sunt, vivunt, intelligunt, ad eum qui est maxime intelligens, ma-

18. Der Immaterialität folgt notwendig die **3618** Intellektualität, und zwar so, daß den Stufen der Entfernung von der Materie auch die Stufen der Intellektualität entsprechen. Der angemessene Gegenstand des Verstehens ist allgemein das Seiende selbst; der dem menschlichen Verstand eigentümliche ⟨Gegenstand⟩ aber besteht im gegenwärtigen Zustand der Einung in Washeiten, die von materialen Bedingungen abstrahiert sind.

19. Wir empfangen die Erkenntnis also **3619** von den sinnlich wahrnehmbaren Dingen. Da aber das sinnlich Wahrnehmbare nicht "actu" ⟨d. h., nur der Möglichkeit nach⟩ vernünftig erkennbar ist, ist außer dem formal erkennenden Verstand in der Seele eine aktive Kraft anzunehmen, die die vernünftig erkennbaren Gehalte von den Sinnesvorstellungen abstrahiert.

20. Durch diese Gehalte erkennen wir un- **3620** mittelbar die Allgemeinbegriffe; die Einzeldinge erfassen wir mit dem sinnlichen Wahrnehmungsvermögen, dann auch mit dem Verstand durch die Hinwendung zu den Sinnesvorstellungen; zur Erkenntnis der geistigen Dinge aber steigen wir durch Analogie empor.

21. Dem Verstand folgt – geht nicht vor- **3621** an – der Wille, der notwendig das begehrt, was ihm als ein sein Begehren allseits befriedigendes Gut vorgestellt wird, aber er wählt unter mehreren Gütern, die dem wandelbaren Urteil als erstrebenswert vorgelegt werden, frei aus. Demgemäß folgt die Auswahl dem letzten praktischen Urteil; welches aber das letzte sei, bewirkt der Wille.

22. Daß Gott ist, erfassen wir weder durch **3622** unmittelbare Anschauung noch beweisen wir es a priori, sondern schlechterdings a posteriori, das heißt, "durch das, was gemacht ist" [*Röm 1,20*], wobei der Beweis von den Wirkungen zur Ursache geführt wird: nämlich von den Dingen, die bewegt werden und nicht das angemessene Prinzip ihrer Bewegung sein können, zum ersten unbeweglichen Beweger; vom Hervorgehen der weltlichen Dinge aus einander untergeordneten Ursachen zur ersten unverursachten Ursache; vom Vergänglichen, das sich zum Sein und Nicht-Sein gleich verhält, zum absolut notwendigen Seienden; von dem, was entspre-

xime vivens, maxime ens; denique, ab ordine universi ad intellectum separatum, qui res ordinavit, disposuit, et dirigit ad finem.

chend den verminderten Vollkommenheiten des Seins, des Lebens und des Erkennens mehr und weniger ist, lebt und erkennt, zu dem, der am meisten erkennend, am meisten lebend, am meisten seiend ist; schließlich von der Ordnung des Alls zur abgesonderten Vernunft, die die Dinge ordnete, einrichtete und zum Ziel lenkt.

**3623**    23. Divina essentia, per hoc quod exercitae actualitati ipsius esse identificatur, seu per hoc quod est ipsum Esse subsistens, in sua veluti metaphysica ratione bene nobis constituta proponitur, et per hoc idem rationem nobis exhibet suae infinitatis in perfectione.

23. Die göttliche Wesenheit wird uns dadurch, daß sie mit der vollzogenen Wirklichkeit des Seins selbst identifiziert wird, bzw. dadurch, daß sie das subsistierende Sein selbst ist, als ihrem gleichsam metaphysischen Begriff nach gut verfaßt vor Augen gestellt, und eben dadurch läßt sie uns den Grund ihrer Unendlichkeit in der Vollkommenheit erkennen.

**3624**    24. Ipsa igitur puritate sui *esse,* a finitis omnibus rebus secernitur Deus. Inde infertur primo, mundum nonnisi per creationem a Deo procedere potuisse; deinde virtutem creativam, qua per se primo attingitur ens in quantum ens, nec miraculose ulli finitae naturae esse communicabilem; nullum denique creatum agens in esse cuiuscumque effectus influere, nisi motione accepta a prima Causa.

24. Durch die Reinheit seines Seins selbst also unterscheidet sich Gott von allen endlichen Dingen. Daraus läßt sich erstens schließen, daß die Welt nur durch die Schöpfung aus Gott hervorgehen konnte; sodann, daß die Schöpferkraft, durch die das Seiende als Seiendes an sich allererst betroffen wird, auch nicht durch ein Wunder irgendeiner endlichen Natur mitteilbar ist; daß schließlich nichts Geschaffenes handelnd auf das Sein irgendeiner Wirkung Einfluß nimmt, ohne die Bewegung von der ersten Ursache empfangen zu haben.

## BENEDIKT XV.: 3. Sept. 1914 - 22. Jan. 1922

**3625-3626: Enzyklika "Ad beatissimi Apostolorum", 1. Nov. 1914**

*Ausg.:* AAS 6 (1914) 576-578.

*Der Umfang der freien theologischen Diskussion*

**3625**    Ubi potestas legitima quid certo praeceperit, nemini fas esto negligere praeceptum, propterea quia non probetur sibi: sed quod cuique videatur, id quisque subiiciat eius auctoritati, cui subest, eique ex officii conscientia pareat.

Wo die rechtmäßige Gewalt etwas unzweifelhaft geboten hat, soll es niemandem erlaubt sein, das Gebot deswegen nicht zu beachten, weil es von ihm nicht gebilligt wird: vielmehr soll jeder das, was ihm selbst richtig erscheint, der Autorität dessen unterwerfen, dem er untertan ist, und ihm pflichtbewußt gehorchen.

Item nemo privatus, vel libris diariisve vulgandis vel sermonibus publice habendis, se in Ecclesia pro magistro gerat. Norunt omnes, cui sit a Deo magisterium Ecclesiae da-

Ebenso soll sich kein Privatmann, wenn er Bücher oder Zeitungen herausgibt oder öffentlich Vorträge hält, in der Kirche als Lehrer benehmen. Alle wissen, wem von Gott

tum: huic igitur integrum ius esto pro arbitratu loqui, cum voluerit; ceterorum officium est, loquenti religiose obsequi dictoque audientes esse.

In rebus autem, de quibus, salva fide ac disciplina, – cum Apostolicae Sedis iudicium non intercesserit – in utramque partem disputari potest, dicere, quid sentiat idque defendere, sane nemini non licet. Sed ab his disputationibus omnis intemperantia sermonis absit, quae graves afferre potest offensiones caritati; suam quisque tueatur libere quidem, sed modeste, sententiam; nec sibi pu[577]tet fas esse, qui contrariam teneant, eos, hac ipsa tantum causa, vel suspectae fidei arguere vel non bonae disciplinae. ...

Vis et natura catholicae fidei est eiusmodi, ut nihil ei possit addi, nihil demi: aut omnis tenetur aut omnis abiicitur.

das Lehramt der Kirche verliehen wurde: diesem also soll das Recht unbenommen sein, nach Ermessen zu reden, wann er will; Pflicht der anderen ist es, dem Redenden gewissenhaft zu folgen und auf das Gesagte zu hören.

In Fragen aber, über die ohne Schaden für Glauben und Disziplin – da kein Urteil des Apostolischen Stuhles ergangen ist – nach beiden Seiten hin diskutiert werden kann, zu sagen, was man denkt, und dies zu verteidigen, ist jedem sehr wohl erlaubt. Aber von diesen Diskussionen sei jede Maßlosigkeit der Sprache ferne, die der Liebe schwere Verletzungen zufügen kann; ein jeder vertrete seine Auffassung zwar freimütig, aber bescheiden; und keiner soll meinen, er habe das Recht, diejenigen, die eine gegenteilige ⟨Auffassung⟩ vertreten, nur aus eben diesem Grund entweder eines anrüchigen Glaubens oder einer unguten Disziplin zu bezichtigen. ...

Die Beschaffenheit und Natur des katholischen Glaubens ist derart, daß man ihm nichts hinzufügen, nichts wegnehmen kann: entweder wird er ganz festgehalten oder ganz verworfen.

### Der Fortschritt in Wissenschaft und religiöser Praxis

[578] Nec vero tantum ab erroribus catholici homines, cupimus, abhorreant, sed ab ingenio etiam seu spiritu, ut aiunt, Modernistarum: quo spiritu qui agitur, is quidquid sapiat vetustatem, fastidiose respuit, avide autem ubivis nova conquirit: in ratione loquendi de rebus divinis, in celebritate divini cultus, in catholicis institutis, in privata ipsa exercitatione pietatis. Ergo sanctam haberi volumus eam maioram legem: "Nihil innovetur nisi quod traditum est" [*110]; quae lex tametsi inviolate servanda est in rebus fidei, tamen ad eius normam dirigenda sunt etiam, quae mutationem pati possunt, quamquam in his ea quoque regula plerumque valet: Non nova, sed noviter[1].

Wir wünschen aber, daß die Katholiken **3626** nicht nur vor den Irrtümern, sondern auch vor der Gesinnung bzw. dem Geist der sogenannten Modernisten zurückschrecken: wer sich von diesem Geiste leiten läßt, der verwirft voll Überdruß alles, was nach Alter schmeckt, sucht aber überall begierig Neues: in der Weise, über die göttlichen Dinge zu reden, in der Feier des Gottesdienstes, in den katholischen Einrichtungen, selbst in der privaten Ausübung der Frömmigkeit. Wir wollen also, daß dieses Gesetz der Vorfahren heilig gehalten werde: "Nichts soll neu eingeführt werden, als was überliefert ist" [*110]: auch wenn dieses Gesetz in Dingen des Glaubens unverletzlich zu wahren ist, ist dennoch an seiner Norm auch auszurichten, was eine Veränderung erleiden kann, obwohl dabei meistens auch diese Regel gilt: Nicht Neues, sondern neu[1].

---

**\*3626** [1] Offenbar eine Anspielung auf Vinzenz von Lérins, *Commonitorium* I 22 am Ende: "Ebdendies jedoch, was du gelernt hast, lehre ⟨so⟩, daß du, auch wenn du *neu* redest, nicht *Neues* redest" ("Eadem tamen, quae didicisti, doce, ut cum dicas *nove*, non dicas *nova*": PL 50,667 / R. Demeulenaere: CpChL 64 [1985] 177₂₉f).

### 3628-3630: Antwort der Bibelkommission, 18. Juni 1915

*Ausg.*: AAS 7 (1915) 357f / EnchB Nr. 414-416.

*Die zweite Ankunft Christi in den Paulinischen Briefen*

3628 *Qu. 1:* Utrum ad solvendas difficultates, quae in epistolis sancti Pauli aliorumque Apostolorum occurrunt, ubi de "Parousia", ut aiunt, seu de secundo adventu Domini nostri Iesu Christi sermo est, exegetae catholico permissum sit asserere, Apostolos, licet sub inspiratione Spiritus Sancti nullum doceant errorem, proprios nihilominus humanos sensus exprimere, quibus error vel deceptio subesse possit?

*Frage 1:* Ist es einem katholischen Exegeten erlaubt, um die Schwierigkeiten zu lösen, die in den Briefen des heiligen Paulus und anderer Apostel vorkommen, wenn von der sogenannten "Parusie" bzw. von der zweiten Ankunft unseres Herrn Jesus Christus die Rede ist, zu behaupten, auch wenn die Apostel unter der Inspiration des Heiligen Geistes keinen Irrtum lehrten, drückten sie nichtsdestoweniger eigene menschliche Auffassungen aus, denen ein Irrtum oder eine Täuschung zugrunde liegen könne?

*Resp.:* Negative.

*Antwort:* Nein.

3629 *Qu. 2:* Utrum, prae oculis habitis genuina muneris apostolici notione et indubia sancti Pauli fidelitate erga doctrinam Magistri; dogmate item catholico de inspiratione et inerrantia sacrarum Scripturarum, quo omne id, quod hagiographus asserit, enuntiat, insinuat, retineri debet assertum, enuntiatum, insinuatum a Spiritu Sancto; perpensis quoque textibus epistolarum Apostoli in se consideratis, modo loquendi ipsius Domini apprime consonis,

*Frage 2:* Muß man, wenn man sich den unverfälschten Begriff des Apostelamtes und die unzweifelhafte Treue des heiligen Paulus gegenüber der Lehre des Meisters vor Augen hält; ebenso die katholische Lehre von der Inspiration und der Irrtumslosigkeit der heiligen Schriften, nach der all das, was der heilige Schriftsteller behauptet, verkündet und mitteilt, als vom Heiligen Geist behauptet, verkündet und mitgeteilt festgehalten werden muß; wenn man auch die in sich betrachteten Texte der Briefe des Apostels erwägt, die mit der Redeweise des Herrn selbst vorzüglich übereinstimmen,

affirmare oporteat, Apostolum Paulum in scriptis suis nihil omnino dixisse, quod non perfecte concordet cum illa tem/*358*/poris Parousiae ignorantia, quam ipse Christus hominum esse proclamavit?

bejahen, daß der Apostel Paulus in seinen Schriften überhaupt nichts gesagt hat, was nicht vollkommen im Einklang mit jener Unwissenheit über die Zeit der Parusie stünde, von der Christus selbst verkündet hat, daß sie den Menschen eigne?

*Resp.:* Affirmative.

*Antwort:* Ja.

3630 *Qu. 3:* Utrum attenta locutione graeca «ἡμεῖς οἱ ζῶντες οἱ περιλειπόμενοι»; perpensa quoque expositione Patrum, imprimis sancti Iohannis Chrysostomi, tum in patrio idiomate, tum in epistolis Paulinis versatissimi,

*Frage 3:* Darf man, wenn man die griechische Ausdrucksweise «ἡμεῖς οἱ ζῶντες οἱ περιλειπόμενοι» ⟨= wir, die Lebenden, die Übrigbleibenden⟩ berücksichtigt; wenn man auch die Auslegung der Väter, zumal des heiligen Johannes Chrysostomus erwägt, der sowohl in seiner Muttersprache als auch in den Paulinischen Briefen äußerst bewandert war,

liceat tamquam longius petitam et solido fundamento destitutam reicere interpretationem in scholis catholicis traditionalem (ab ipsis quoque novatoribus saeculi XVI retentam), quae verba sancti Pauli in cap. IV epist. 1 ad Thessalonicenses, vv. 15–17, explicat, quin ullo modo involvat affirmationem Parousiae tam proximae, ut Apostolus seipsum suosque lectores adnumeret fidelibus illis, qui superstites ituri sunt obviam Christo?

*Resp.:* Negative.

die traditionelle Auslegung in den katholischen Schulen (die selbst von den Neuerern des 16. Jahrhunderts beibehalten wurde) als ziemlich weit hergeholt und einer festen Grundlage entbehrend verwerfen, die die Worte des heiligen Paulus im 4. Kapitel des 1. Briefes an die Thessalonicher, V. 15–17, erklärt, ohne daß sie in irgendeiner Weise die Behauptung einer so nahen Parusie in sich schließt, daß der Apostel sich selbst und seine Leser zu jenen Gläubigen zählt, die Christus noch lebend entgegengehen werden?

*Antwort :* Nein.

## 3632: Dekret des Hl. Offiziums, 29. März (8. April) 1916

Das Dekret, schon am 15. Jan. 1913 beschlossen, wurde in der Sitzung des Hl. Offiziums vom 29. März 1916 wiederaufgenommen und am 8. April herausgegeben. Das Hl. Offizium lehnte die Verehrung der Jungfrau Maria als Priesterin ab. Vgl. den Brief von Kardinal Merry del Val an den Bischof der Diözese Adria vom 10. März 1927 (hrsg. in: Palestra del Clero de Rovigo 6 [1927] 611). Anlaß des Briefes waren zwei von Silvio Fasso verfaßte Veröffentlichungen über die Priester-Jungfrau (hrsg. in: ebd. 6 [1927] 71–75 und 151f). Gegen diese Schriften beruft sich der Kardinal auf das hier wiedergegebene Dekret: "Die Verehrung, um die es sich dort handelt, ist – in Übereinstimmung mit dem Dekret des Heiligen Offiziums vom 8. April 1916 – nicht erlaubt und darf nicht verbreitet werden" ("La divozione di cui ivi si tratta, in conformità al Decreto del Sant'Officio del 8 Aprile 1916, non è approvata e non si può propagare").
*Ausg.:* AAS 8 (1916) 146.

### *Ablehnung von Bildern, die Maria in priesterlichen Gewändern darstellen*

Cum recentioribus praesertim temporibus pingi atque diffundi coepissent imagines exhibentes beatissimam Virginem Mariam indutam vestibus sacerdotalibus, ... cardinales ... die 15 Ian. 1913 decreverunt: Imaginem B. M. Virginis vestibus sacerdotalibus indutae esse reprobandam.

Da vor allem in neueren Zeiten damit begonnen wurde, Bilder zu malen und zu verbreiten, die die seligste Jungfrau Maria mit priesterlichen Kleidern angetan darstellen, ... beschlossen die Kardinäle ... am 15. Jan. 1913: Ein Bild der Sel. Jungfrau Maria, die mit priesterlichen Kleidern angetan ist, ist abzulehnen.   3632

## 3634: Antwort der Hl. Pönitentiarie, 3. April 1916

*Ausg.:* F. Hürth: TD ser. theol. 25 (1953[2]) 100 / J.B. Ferreres – A. Mondria, *Compendium theologiae moralis* 2 (Barcelona 1950[17]) 711f, Nr. 1095 / NvRTh 47 (1920) 627f / Cl. Marc – F.X. Gestermann, *Institutiones morales Alphonsianae* 2 (Lyon-Paris 1946[20]) 633f, Nr. 2116.

### *Der onanistische Gebrauch der Ehe*

*Qu.:* Utrum mulier alicui actioni mariti, qui, ut voluptati indulgeat, crimen Onan aut Sodomitarum committere vult, illique sub mortis poena aut gravium molestiarum minatur, nisi obtemperet, cooperari licite possit?

*Resp.:* a) Si maritus in usu coniugii committere vult crimen Onan, effundendo scilicet semen extra vas post inceptam copulam idemque minetur uxori aut mortem aut gra-

*Frage:* Kann eine Frau bei einer Handlung ihres Ehemannes erlaubtermaßen mitwirken, der, um der Lust zu frönen, den Frevel des Onan und der Sodomiten begehen will und jener unter Strafe des Todes oder schwerer Unannehmlichkeiten droht, wenn sie nicht gehorcht?   3634

*Antwort:* a) Wenn der Ehemann bei der Ausübung der Ehe den Frevel des Onan begehen will, indem er nämlich nach begonnener Verbindung den Samen außerhalb des

ves molestias, nisi perversae eius voluntati
sese accommodet, uxor ex probatorum theologorum sententia licite potest hoc in casu sic
cum marito suo coire, quippe cum ipsa ex
parte sua det operam rei et actioni licitae,
peccatum autem mariti permittat ex gravi
causa, quae eam excusat, quoniam caritas,
qua illud impedire teneretur, cum tanto incommodo non obligat.

b) At si maritus committere cum ea velit
Sodomitarum crimen, cum hic sodomiticus
coitus actus sit contra naturam ex parte
utriusque coniugis sic coeuntis isque doctorum omnium iudicio graviter malus, hinc
nulla plane de causa ne mortis quidem vitandae licite potest uxor hac in re impudico suo
marito morem gerere.

Gefäßes vergießt, und er seiner Ehefrau entweder den Tod oder schwere Unannehmlichkeiten androht, wenn sie sich seinem verkehrten Willen nicht fügt, kann die Ehefrau
nach Auffassung bewährter Theologen sich
in diesem Fall erlaubtermaßen so mit ihrem
Ehemann vereinigen, weil sie ja von ihrer
Seite aus eine erlaubte Sache und Handlung
betreibt, die Sünde des Ehemannes aber aus
einem gewichtigen Grunde zuläßt, der sie
entschuldigt; denn die Liebe, durch die sie
gehalten wäre, dies zu verhindern, verpflichtet nicht⟨, wenn sie⟩ mit so großem Nachteil
⟨verbunden ist⟩.

b) Wenn aber der Ehemann mit ihr den
Frevel der Sodomiten begehen will, so kann,
da diese sodomitische Vereinigung ein wider-
natürlicher Akt von seiten beider sich so ver-
einigenden Gatten ist, und zwar nach dem
Urteil aller Lehrer ein erheblich schlechter
⟨Akt⟩, die Ehefrau aus gar keinem Grunde,
nicht einmal, um den Tod zu vermeiden, in
dieser Sache erlaubtermaßen ihrem scham-
losen Ehemann willfahren.

**3635-3636: Antwort des Hl. Offiziums an verschiedene Ortsordinarien, 17. Mai 1916**

*Ausg.:* ThPrQ 69 (1916) 693 / Kölner Pastoralblatt 50 (1916) 304.

*Sterbesakramente für Schismatiker*

3635    *Qu. 1:* An schismaticis materialibus in
mortis articulo constitutis bona fide sive absolutionem sive extremam unctionem petentibus, ea sacramenta conferri possint sine
abiuratione errorum?

*Resp.:* Negative, sed requiri, ut meliori
quo fieri possit modo[1] errores reiciant et professionem fidei faciant.

3636    *Qu. 2:* An schismaticis in mortis articulo
sensibus destitutis absolutio et extrema unctio conferri possit?
    *Resp.:* Sub condicione affirmative,
praesertim si ex adiunctis conicere liceat, eos
implicite saltem errores suos reicere, remoto
tamen efficaciter scandalo[1], manifestando sci-

*Frage 1:* Können "materialen" ⟨d. h. nicht
formal die Spaltung wollenden⟩ Schismatikern, die sich in der Stunde des Todes befinden, wenn sie guten Glaubens die Lossprechung oder die Letzte Ölung erbitten, diese
Sakramente ohne Abschwören ihrer Irrtümer gespendet werden?
    *Antwort:* Nein, vielmehr ist es erforder-
lich, daß sie auf die bestmögliche Weise[1] ihre
Irrtümer verwerfen und das Glaubensbekenntnis ablegen.

*Frage 2:* Kann bewußtlosen Schismatikern in der Todesstunde die Lossprechung
und die Letzte Ölung erteilt werden?
    *Antwort:* Bedingt ja, zumal wenn man aus
den Umständen schließen kann, daß sie ihre
Irrtümer wenigstens einschlußweise verwerfen, jedoch unter wirksamer Beseitigung ei-

---

*3635 [1]    Das Hl. Offizium fügt in der ansonsten gleichlautenden Antwort vom 15. Nov. 1941 an dieser
Stelle ein: "(entsprechend den Umständen der Lage und der Personen) wenigstens einschlußweise" ["(pro rerum et personarum adiunctis) saltem implicite"; Il Monitore Ecclesiastico (1942) 114].

licet adstantibus, Ecclesiam supponere, eos in ultimo momento ad unitatem rediisse.

nes Ärgernisses[1], indem man nämlich den Dabeistehenden deutlich macht, daß die Kirche unterstellt, sie seien im letzten Augenblick zur Einheit zurückgekehrt.

## 3638-3640: Antwort der Hl. Pönitentiarie, 3. Juni 1916

*Ausg.:* F. Hürth: TD ser. theol. 25 (Rom 1953[2]) 100 / Ferreres – Mondria, a. *3634° a.O. 2,712, Nr. 1095 / NvRTh 47 (1920) 628 / Marc – Gestermann, a. *3634° a.O. 2,634, Nr. 2117.

### Der onanistische Gebrauch der Ehe mit Hilfe eines künstlichen Mittels

*Qu.:* 1. Utrum mulier casu, quo vir ad onanismum exercendum uti velit instrumento, ad positivam resistentiam teneatur?

2. Si negative, utrum sufficiant ad resistentiam passivam ex parte mulieris cohonestandam rationes aeque graves ac pro onanismo naturali (sine instrumento) vel potius omnino necessariae sint rationes praegravissimae?

3. Utrum ut tutiore tramite tota haec materia evolvatur et edoceatur, vir talibus utens instrumentis, oppressori vere debeat aequiparari, cui proinde mulier eam resistentiam opponere debeat, quam virgo invasori?

*Resp.:* Ad 1. Affirmative. – Ad 2. Provisum in primo, – Ad 3. Affirmative.

*Frage:* 1. Ist eine Frau in dem Fall, daß **3638** der Mann zur Ausübung des Onanismus ein ⟨künstliches⟩ Mittel gebrauchen will, zu positivem Widerstand verpflichtet?

2. Wenn nein: Genügen zur Rechtferti- **3639** gung des passiven Widerstandes von seiten der Frau gleich gewichtige Gründe wie für den natürlichen Onanismus (ohne ⟨künstliches⟩ Mittel) oder sind vielmehr unbedingt Gründe von allerschwerstem Gewicht notwendig?

3. Muß, damit diese ganze Materie auf si- **3640** chererem Wege entwickelt und gelehrt werde, ein Mann, der solche ⟨künstlichen⟩ Mittel gebraucht, wahrhaft einem Vergewaltiger gleichgestellt werden, dem eine Frau folglich solchen Widerstand entgegensetzen muß wie eine Jungfrau dem Eindringling?

*Antworten:* Zu 1. Ja. – Zu 2. Abgehandelt unter 1. – Zu 3. Ja.

## 3642: Antwort des Hl. Offiziums, 24. April 1917

*Ausg.:* AAS 9 (1917) 268.

### Spiritismus

*Qu.:* An liceat per *Medium,* ut vocant, vel sine *Medio,* adhibito vel non hypnotismo, locutionibus aut manifestationibus spiritisticis quibuscumque adsistere, etiam speciem honestatis vel pietatis praeseferentibus, sive interrogando animas aut spiritus, sive audiendo responsa, sive tantum aspiciendo, etiam cum protestatione tacita vel expressa, nullam cum

*Frage:* Ist es erlaubt, spiritistischen Unter- **3642** haltungen oder Veranstaltungen jedweder Art, mit oder ohne ein sogenanntes *Medium,* unter Anwendung von Hypnotismus oder nicht, beizuwohnen, auch wenn sie den Anschein von Ehrbarkeit und Frömmigkeit an den Tag legen, sei es, indem man die Seelen oder Geister befragt oder die Antworten hört

---

*3636 [1]  In derselben Antwort d. J. 1941 lautet diese Aussage über das Ärgernis folgendermaßen: "Stets aber ist dafür zu sorgen, daß das Ärgernis und selbst der Verdacht des Interkonfessionalismus vermieden werden. Je weniger Gefahr aber bei einem Aufschub besteht, desto mehr müssen ein ausdrücklicher Widerruf der Irrtümer und das Bekenntnis des katholischen Glaubens gefordert werden" ("Semper autem curandum est, ut scandalum et vel suspicio interconfessionalismi evitentur. Quo minus autem est periculum in mora, eo magis explicita retractatio errorum et fidei catholicae professio exigi debent").

malignis spiritibus partem se habere velle.

Resp. (confirmata a Summo Pontifice, 26. Apr.): Negative in omnibus.

oder auch nur zuschaut, auch mit der schweigenden oder ausdrücklichen Versicherung, man wolle nichts mit den bösen Geistern gemein haben?

Antwort (vom Papst am 26. April bestätigt): Nein in allen ⟨Teilen⟩.

## 3645-3647: Dekret des Hl. Offiziums, 5. Juni 1918

*Ausg.:* AAS 10 (1918) 282.

### Das Wissen der Seele Christi

**3645**    *Qu.:* Utrum tuto doceri possint sequentes propositiones:

1. Non constat, fuisse in anima Christi inter homines degentis scientiam, quam habent beati seu comprehensores.

**3646**    2. Nec certa dici potest sententia, quae statuit, animam Christi nihil ignoravisse, sed ab initio cognovisse in Verbo omnia, praeterita, praesentia et futura, seu omnia, quae Deus scit scientia visionis.

**3647**    3. Placitum quorumdam recentiorum de scientia animae Christi limitata, non est minus recipiendum in scholis catholicis, quam veterum sententia de scientia universali:

*Resp. (confirmata a Summo Pontifice, 6. Iun.):* Negative.

*Frage:* Können folgende Sätze mit Sicherheit gelehrt werden?

1. Es steht nicht fest, daß in der Seele Christi, solange er unter den Menschen weilte, das Wissen war, das die Seligen bzw. Schauenden ⟨im Himmel⟩ haben.

2. Auch kann die Auffassung nicht als gesichert bezeichnet werden, die behauptet, die Seele Christi sei über nichts in Unkenntnis gewesen, sondern habe von Anfang an im Wort alles erkannt, das Vergangene, Gegenwärtige und Zukünftige, bzw. alles, was Gott im Wissen der Schau weiß.

3. Die Ansicht mancher jüngeren ⟨Autoren⟩ über das begrenzte Wissen der Seele Christi ist in den katholischen Schulen nicht weniger zu übernehmen als die Auffassung der Alten über das allumfassende Wissen.

*Antwort (vom Papst am 6. Juni bestätigt):* Nein.

## 3648: Antwort des Hl. Offiziums, 16. (18.) Juli 1919

*Ausg.:* AAS 11 (1919) 317.

### Theosophische Lehren

**3648**    *Qu.:* An doctrinae, quas hodie theosophicas dicunt, componi possint cum doctrina catholica; ideoque an liceat nomen dare societatibus theosophicis, earum conventibus interesse, ipsarumque libros, ephemerides, diaria, scripta legere.

*Resp. (confirmata a Summo Pontifice, 17. Iul.):* Negative in omnibus.

*Frage:* Können Lehren, die man heute theosophisch nennt, mit der katholischen Lehre vereinbart werden? Und ist es daher erlaubt, theosophischen Gesellschaften beizutreten, an ihren Zusammenkünften teilzunehmen und ihre Bücher, Zeitschriften, Zeitungen und Schriften zu lesen?

*Antwort (vom Papst am 17. Juli bestätigt):* Nein in allen ⟨Teilen⟩.

**3650-3654: Enzyklika "Spiritus Paraclitus", 15. Sept. 1920**

*Ausg.:* AAS 12 (1920) 389-397 / EnchB Nr. 448 453-458 461.

### Die Inspiration der Heiligen Schrift

Nullam profecto in scriptis Doctoris Maximi [*Hieronymi*] paginam reperies, unde non liqueat, eum cum universa catholica Ecclesia firmiter constanterque tenuisse, libros sacros Spiritu Sancto inspirante conscriptos Deum habere auctorem atque ut tales ipsi Ecclesiae traditos esse [*cf. *3006*]. Asseverat nimirum Codicis sacri libros Spiritu Sancto inspirante vel suggerente vel insinuante vel etiam dictante compositos esse, immo ab ipso conscriptos et editos; sed nihil praeterea dubitat, quin singuli eorum auctores, pro sua quisque natura atque ingenio, operam afflanti Deo libere navarint.

Etenim non modo id universe affirmat, quod omnibus sacris scriptoribus commune est, ipsos in scribendo Dei spiritum secutos, ut omnis sensus omniumque sententiarum Scripturae Deus causa princeps habendus sit, sed etiam quod uniuscuiusque proprium est, accurate dispicit. ...

*[390]* Quam quidem Dei cum homine communitatem laboris ad unum idemque opus conficiendum Hieronymus comparatione illustrat artificis, qui in aliqua re factitanda organo[1] seu instrumento utitur ...

Quod si etiam inquirimus, qua ratione haec Dei, uti causae principis, virtus atque actio in hagiographum sit intelligenda, cernere licet, inter Hieronymi verba et communem de inspiratione catholicam doctrinam nihil omnino interesse, cum ipse teneat, Deum, gratia collata, scriptoris menti lumen praeferre ad verum quod attinet "ex persona Dei" hominibus proponendum; voluntatem praeterea movere atque ad scribendum impellere; ipsi denique peculiariter continenterque adesse, donec librum perficiat.

Man wird in den Schriften des größten **3650** Lehrers [*Hieronymus*] in der Tat keine Seite finden, aus der nicht klar hervorgeht, daß er mit der gesamten katholischen Kirche unerschütterlich und standhaft festgehalten hat, daß die auf Eingebung des Heiligen Geistes geschriebenen heiligen Bücher Gott zum Urheber haben und als solche der Kirche selbst übergeben worden sind [*vgl. *3006*]. Er versichert ja, daß die Bücher der heiligen Schrift unter Inspiration, mittels Eingebung, auf Anregung oder auch durch Diktat des Heiligen Geistes verfaßt, ja, daß sie sogar von ihm selbst geschrieben und herausgegeben wurden; daneben aber bezweifelt er keineswegs, daß ihre einzelnen Autoren – jeder nach seiner Natur und Geisteskraft – der Eingebung Gottes in Freiheit eifrig dienten.

Er betont nämlich nicht nur allgemein das, was allen heiligen Schriftstellern gemeinsam ist, ⟨nämlich⟩ daß sie beim Schreiben dem Geist Gottes folgten, so daß für jeden Gedanken und alle Aussagen der Schrift Gott als Hauptursache anzusehen ist, sondern er unterscheidet auch genau, was einem jeden eigen ist. ...

Diese Arbeitsgemeinschaft Gottes mit dem Menschen, um ein und dasselbe Werk zu vollenden, erläutert Hieronymus durch den Vergleich mit einem Handwerker, der sich bei der Herstellung einer Sache eines Werkzeugs[1] bzw. Instruments bedient ...

Wenn Wir aber auch noch untersuchen, **3651** auf welche Weise diese Kraft Gottes als der Hauptursache und sein Handeln gegenüber dem heiligen Schriftsteller zu verstehen sei, kann man sehen, daß es zwischen den Worten des Hieronymus und der allgemeinen katholischen Lehre von der Inspiration überhaupt keinen Unterschied gibt; denn er hält fest, daß Gott durch die Verleihung seiner Gnade dem Geiste des Schriftstellers in bezug auf die Wahrheit das Licht voranträgt, damit er es den Menschen "im Namen Got-

---

**\*3650** [1]  Vgl. Hieronymus, *Tractatus sive Homilia in Psalmos* 88,3 (G. Morin: CpChL 78 [1958] 406₇₆f /
G. Morin, *Anecdota Maredsolana*, tom. 1, vol. 3/III [Maredsous 1903] 53₂₃).

tes" vorlege; daß er außerdem den Willen erweckt und zum Schreiben antreibt; daß er ihm
schließlich in besonderer und beständiger
Weise beisteht, bis er das Buch vollendet hat.

### Die Irrtumslosigkeit der Schrift

**3652**     *[394]* ... Illorum comprobamus consilium,
qui, ut semetipsos aliosque ex difficultatibus
sacri Codicis expediant, ad eas diluendas, omnibus studiorum et artis criticae freti subsidiis, novas vias atque rationes inquirunt; at
misere a proposito aberrabunt, si decessoris
Nostri praescripta neglexerint et certos fines
terminosque a Patribus constitutos praeterie-
rint [*cf. Prv 22,28*].

Quibus sane praeceptis et finibus nequaquam recentiorum illorum continetur opinio,
qui, inducto inter e l e m e n t u m   S c r i p t u r a e
p r i m a r i u m   s e u   r e l i g i o s u m   e t   s e -
c u n d a r i u m   s e u   p r o f a n u m  discrimine,
inspirationem quidem ipsam ad omnes sententias, immo etiam ad singula Bibliorum
verba pertinere volunt, sed eius effectus, atque in primis erroris immunitatem absolu-
tamque veritatem, ad elementum primarium
seu religiosum contrahunt et coangustant.
Eorum enim sententia est, id umum, quod ad
religionem spectet, a Deo in Scripturis inten-
di ac doceri; reliqua vero, quae ad profanas
disciplinas pertineant et doctrinae revelatae
quasi quaedam externa divinae veritatis ves-
tis inserviant, permitti tantummodo et scriptoris imbecillitati relinqui. ...

Haec opinionum commenta, sunt qui nihil repugnare contendant decessoris Nostri
praescriptionibus, cum is hagiographum in
naturalibus rebus secundum externam speciem, utique fallacem, loqui declaraverit [*cf.
*3288*]. Id vero quam temere, quam falso af-
firmetur, ex ipsis Pontificis verbis manifesto
apparet. Neque enim ab externa rerum specie
... ulla falsi labes divinis litteris adspergitur,
quandoquidem sensus in iis rebus proxime
*[395]* cognoscendis, quarum sit propria ipsorum cognitio, minime decipi dogma est sanae

... Wir billigen das Bestreben jener, die,
um sich selbst und anderen aus den Schwierigkeiten der heiligen Schrift herauszuhelfen,
auf alle Hilfsmittel der Wissenschaft und der
Kritik bauend neue Wege und Mittel zu ihrer
Auflösung suchen; aber sie werden erbärmlich von ihrem Vorsatz abirren, wenn sie
nicht auf die Vorschriften Unseres Vorgängers achten und bestimmte Grenzen und von
den Vätern errichtete Schranken überschreiten [*vgl. Spr 22,28*].

Im Rahmen dieser Gebote und Grenzen
befindet sich freilich auf keinen Fall die Meinung jener neueren ⟨Autoren⟩, die nach Einführung des Unterschiedes zwischen einem
p r i m ä r e n   b z w.   r e l i g i ö s e n  und einem
s e k u n d ä r e n   b z w.   p r o f a n e n   E l e m e n t
d e r   S c h r i f t  zwar wollen, daß sich die Inspiration selbst auf alle Aussagen, ja sogar
auf die einzelnen Worte der biblischen
Schriften erstrecke, aber ihre Wirkungen,
und zwar in erster Linie die Freiheit von Irrtum und die unbedingte Wahrheit, auf das
primäre bzw. religiöse Element einschränken
und einengen. Ihre Auffassung ist nämlich,
daß einzig das, was zur Religion gehört, von
Gott in den Schriften beabsichtigt und gelehrt werde; das übrige aber, das zu den Profanwissenschaften gehört und der geoffenbarten Lehre gewissermaßen als äußeres
Kleid der göttlichen Wahrheit dient, werde
lediglich zugelassen und der Schwachheit des
Schriftstellers anheimgestellt. ...

Manche behaupten, diese Erdichtungen
widersprächen keineswegs den Vorschriften
Unseres Vorgängers, da dieser erklärt habe,
der heilige Schriftsteller rede bei natürlichen
Dingen gemäß dem durchaus trügerischen
äußeren Schein [*vgl. *3288*]. Wie leichtfertig,
wie falsch dies aber behauptet wird, wird aus
den Worten des Papstes selbst offensichtlich.
Vom äußeren Schein der Dinge ... wird der
göttlichen Schrift nämlich kein Makel der
Unwahrheit zugefügt, da ja ein Lehrsatz der
gesunden Philosophie lautet, daß die Sinne

philosophiae.

Praeterea decessor Noster, quovis inter elementum primarium et secundarium, ut vocant, remoto discrimine omnique ambiguitate sublata, luculenter ostendit, longissime a vero abesse illorum opinionem, qui arbitrantur "de veritate sententiarum cum agitur, non adeo exquirendum, *quaenam* dixerit Deus, ut non magis perpendatur, *quam ob causam* ea dixerit" [*3291*]; idemque docet divinum afflatum ad omnes Bibliorum partes sine ullo delectu ac discrimine proferri nullumque in textum inspiratum errorem incidere posse: "At nefas omnino fuerit aut inspirationem ad aliquas tamtum s. Scripturae panes coangustare aut concedere sacrum ipsum errasse auctorem" [*3291*].

Neque minus ab Ecclesiae doctrina ... ii dissentiunt, qui partes Scripturarum historicas non factorum *absoluta* inniti veritate arbitrantur, sed tantummodo *relativa,* quam vocant, et concordi vulgi opinione: idque non verentur ex ipsis Leonis Pontificis verbis inferre, propterea quod principia de rebus naturalibus statuta ad disciplinas historicas transferri posse dixerit [*cf. *3290*]. Itaque contendunt, hagiographos, uti in physicis secundum ea quae apparerent locuti sint, ita eventa ignaros rettulisse, prouti haec e communi vulgi sententia vel falsis aliorum testimoniis constare viderentur, neque fontes scientiae suae indicasse neque alioram enarrationes fecisse suas. ...

*[397]* *[Alii]* nimis facile ad citationes, quas vocant implicitas, vel ad narrationes specietenus historicas confugiunt; aut genera quaedam litterarum in libris sacris inveniri contendunt, quibuscum integra ac perfecta verbi divini veritas componi nequeat; aut de

bei der unmittelbaren Erkenntnis jener Dinge, deren Erkenntnis ihnen eigentümlich ist, keineswegs getäuscht werden.

Außerdem zeigt Unser Vorgänger nach Ausräumung jeglichen Unterschieds zwischen einem sogenannten primären und sekundären Element und Aufhebung jeder Zweideutigkeit treffend, daß die Ansicht derer meilenweit von der Wahrheit entfernt ist, die der Meinung sind, "wenn es sich um die Wahrheit der Aussagen handelt, sei nicht so sehr danach zu fragen, *was* Gott eigentlich gesagt habe, als vielmehr zu erwägen, *aus welchem Grund* er es gesagt habe" [*3291*]; und derselbe lehrt, daß sich die göttliche Eingebung auf alle Teile der biblischen Schriften ohne Ausnahme und Unterschied erstrecke und einen inspirierten Text kein Irrtum treffen könne: "Aber es wird völlig unstatthaft sein, entweder die Inspiration auf lediglich einige Teile der heiligen Schrift einzuschränken oder einzuräumen, der heilige Verfasser selbst habe geirrt" [*3291*].

Nicht weniger weichen auch diejenigen **3653** von der Lehre der Kirche ab ..., die glauben, die historischen Teile der Schrift beruhten auf keiner *absoluten* Wahrheit von Tatsachen, sondern lediglich auf einer sogenannten *relativen* und mit der Volksmeinung übereinstimmenden: und sie scheuen sich nicht, dies aus den Worten Papst Leos selbst zu schließen, weil er gesagt habe, die über die natürlichen Dinge aufgestellten Grundsätze könnten auf die historischen Wissenschaften übertragen werden [*vgl. *3290*]. Sie behaupten daher: Wie die heiligen Schriftsteller bei Naturdingen entsprechend dem Erscheinungsbild sprachen, so hätten sie ⟨auch historische⟩ Ereignisse ohne eigene Kenntnis so wiedergegeben, wie diese aufgrund der allgemeinen Volksmeinung oder falscher Zeugnisse anderer festzustehen schienen, und weder die Quellen ihres Wissens angegeben noch die Erzählungen anderer sich zu eigen gemacht. ...

*[Andere]* nehmen allzu leicht Zuflucht zu **3654** sogenannten impliziten Zitationen oder zu nur dem Schein nach historischen Erzählungen; oder sie behaupten, in den heiligen Büchern fänden sich bestimmte Literaturgattungen, mit denen die unversehrte und voll-

Bibliorum origine ita opinantur, ut eorundem labet vel prorsus pereat auctoritas.

kommene Wahrheit des göttlichen Wortes nicht vereinbart werden könne; oder sie stellen solche Vermutungen über den Ursprung der Bibel an, daß deren Autorität ins Wanken gerät oder völlig zugrunde geht.

## PIUS XI.: 6. Febr. 1922 - 10. Febr. 1939

### 3660-3662: Dekret des Hl. Offiziums, 22. Nov. 1922

*Ausg.:* Nederlandsche Katholieke Stemmen 23 (1923) 35f.

*Der halb vollzogene Geschlechtsakt*

**3660** *Qu.:* 1. An tolerari possit, confessarios sponte sua docere praxim copulae dimidiatae, illamque suadere promiscue omnibus paenitentibus, qui timent, ne proles numerosior nascatur?

*Fragen:* 1. Kann es geduldet werden, daß Beichtväter von sich aus die Praxis des halb vollzogenen Geschlechtsaktes lehren und sie unterschiedslos allen Beichtenden raten, die fürchten, daß zu zahlreiche Nachkommenschaft geboren werde?

**3661** 2. An carpendus sit confessarius, qui, omnibus remediis ad paenitentem matrimonio abutentem ab hoc malo avertendum frustra tentatis, docet exercere copulam dimidiatam ad peccata mortalia praecavenda?

2. Ist ein Beichtvater zu tadeln, der, nachdem er alle Heilmittel vergeblich versucht hat, um einen die Ehe mißbrauchenden Beichtenden von diesem Übel abzubringen, lehrt, den halb vollzogenen Geschlechtsakt auszuführen, um Todsünden vorzubeugen?

**3662** 3. An carpendus sit confessarius, qui in circumstantiis sub 2 copulam dimidiatam paenitenti aliunde notam suadet vel paenitenti interroganti, num hic modus licitus sit, respondet simpliciter licere absque ulla restrictione seu explicatione?

3. Ist ein Beichtvater zu tadeln, der bei den unter 2. ⟨genannten⟩ Umständen dem Beichtenden zum anderweitig bekannten halb vollzogenen Geschlechtsakt rät, oder auf die Frage des Beichtenden, ob diese Weise erlaubt sei, einfach antwortet, sie sei ohne jede Einschränkung oder Erklärung erlaubt?

*Resp. (confirmata a Summo Pontifice, 23. Nov.):* Ad 1. Negative. - Ad 2 et 3. Affirmative.

*Antwort (vom Papst am 23. Nov. bestätigt):* Zu 1. Nein. - Zu 2. und 3. Ja.

### 3665-3667: Enzyklika "Studiorum ducem", 29. Juni 1923

*Ausg.:* AAS 15 (1923) 323f.

*Die Verbindlichkeit der Lehre des Thomas von Aquin*

**3665** Nos autem, quae et decessores Nostri in primisque Leo XIII et Pius X decreverunt et Nosmetipsi anno superiore mandavimus[1], ea omnia volumus sedulo attendant inviolateque servent ii praesertim, quicumque in clericorum scholis maiorum disciplinarum magisteria obtinent.

Wir wollen aber, daß in erster Linie all jene, die in den Schulen der Kleriker ein Lehramt für die höheren Unterrichtsfächer innehaben, alles das sorgfältig beachten und unverletzt bewahren, was sowohl Unsere Vorgänger - und zwar vor allem Leo XIII. und Pius X. - angeordnet als auch Wir selbst

im vergangenen Jahr geboten haben[1].

Iidem vero sibi persuadeant, tum se suo officio satisfacturos itemque exspectationem Nostram expleturos esse, si cum Doctorem Aquinatem, scripta eius diu multumque volutando, adamare coeperint, amoris huius flagrantiam cum alumnis disciplinae suae, ipsum Doctorem interpretando, communicent, idoneosque eos reddant ad simile studium in aliis excitandum.

Sie sollen aber überzeugt sein, daß sie dann ihrer Pflicht Genüge tun und ebenso Unsere Erwartung erfüllen werden, wenn sie begonnen haben, den Lehrer von Aquin durch die lange und vielfache Beschäftigung mit seinen Schriften liebzugewinnen, die Glut dieser Liebe durch die Auslegung dieses Lehrers den Schülern ihres Unterrichtsfaches mitteilen und sie tauglich machen, ähnlichen Eifer in anderen zu erwecken.

Scilicet inter amatores sancti Thomae, quales omnes decet esse Ecclesiae filios, qui in studiis optimis versantur, honestam illam quidem cupimus iusta in libertate aemulationem, unde studia progrediuntur, intercedere, at obtrectationem nullam, quae nec veritati suffragatur et unice ad dissolvenda valet *[324]* vincula caritatis. Sanctum igitur unicuique eorum esto, quod in *Codice iuris canonici* praecipitur [*can. 1366 § 2*], ut "philosophiae rationalis ac theologiae studia et alumnorum in his disciplinis institutionem professores omnino pertractent ad Angelici Doctoris rationem, doctrinam et principia, eaque sancte teneant"; atque ad hanc normam ita se omnes gerant, ut eum ipsi suum vere possint appellare magistrum.

Wir wünschen freilich, daß es unter den **3666** Verehrern des heiligen Thomas – und das sollen alle Söhne der Kirche sein, die sich mit den besten Studien beschäftigen – zwar jenen ehrenvollen Wettstreit in gerechter Freiheit gebe, aus dem die wissenschaftlichen Bemühungen hervorgehen, aber keine Eifersucht, die der Wahrheit nicht dienlich ist und einzig dazu gut ist, die Bande der Liebe aufzulösen. Heilig also soll einem jeden von ihnen sein, was im *Codex iuris canonici* [*Kan. 1366 § 2*] vorgeschrieben wird, daß ⟨nämlich⟩ "die Professoren die Studien der Philosophie und der Theologie sowie den Unterricht der Schüler in diesen Lehrfächern ganz und gar nach der Methode, der Lehre und den Grundsätzen des Engelgleichen Lehrers gestalten und diese heilig halten sollen"; und an dieser Norm sollen sich alle so ausrichten, daß sie ihn selbst wahrhaft ihren Lehrer nennen können.

At ne quid eo amplius alii ab aliis exigant, quam quod ab omnibus exigit omnium magistra et mater Ecclesia: neque enim in iis rebus, de quibus in scholis catholicis inter melioris notae auctores in contrarias partes disputari solet, quisquam prohibendus est eam sequi sententiam, quae sibi verisimilior videatur.

Die einen sollen von den anderen aber **3667** nicht mehr fordern, als was die Kirche, die Lehrerin und Mutter aller, von allen fordert; keiner soll nämlich daran gehindert werden, bei den Dingen, über die in katholischen Schulen unter Autoren von höherem Ansehen in entgegengesetzte Richtungen disputiert zu werden pflegt, jener Auffassung zu folgen, die ihm wahrscheinlicher erscheint.

### 3670: Apostolisches Schreiben "Infinita Dei misericordia", 29. Mai 1924

Mit diesem Schreiben wurde das "Heilige Jahr" 1925 angekündigt.
*Ausg.:* AAS 16 (1924) 210.

#### Das Wiederaufleben der Verdienste und Gaben

**3670**    Quod scilicet Hebraei Anno Sabbatico, bonis recuperatis, quae in aliorum ius cesse-

Daß nämlich die Hebräer im Sabbatjahr nach Wiedererlangung der Güter, die in die

---

**\*3665** [1]   Es handelt sich um die Enzyklika "*Aeterni Patris*" Leos XIII. vom 4. Aug. 1879 (vgl. *3139f), um das Motu Proprio "*Doctoris angelici*" Pius' X. vom 29. Juni 1914 (vgl. *3601°) und um die Enzyklika "*Officiorum omnium*" Pius' XI. vom 1. Aug. 1922 (AAS 14 [1922] 449–458).

rant, "ad possessionem suam" revertebantur; quod servi "ad familiam pristinam" [*Lv 25,10*] sese liberi recipiebant et debitorum aes alienum condonabatur, id omne apud nos felicius piaculari anno contingit atque efficitur. Quicumque enim paenitendo Apostolicae Sedis salutaria iussa, Iubilaeo magno vertente, perficiunt, iidem, tum eam, quam peccando amiserant, meritorum donorumque copiam ex integro reparant ac recipiunt, tum de asperrimo Satanae dominatu sic eximuntur, ut libertatem repetant, "qua Christus nos liberavit" [*Gal 4,31*], tum denique poenis omnibus, quas pro culpis vitiisque suis luere debuerant, ob cumulatissima Christi Iesu, B. Mariae Virginis Sanctorumque merita plene exsolvuntur.

Rechtsgewalt anderer übergegangen waren, "zu ihrem Besitz" zurückkehrten; daß die Sklaven sich frei "zu ihrer früheren Familie" [*Lev 25,10*] zurückgaben und das Schuldgeld der Schuldner erlassen wurde, das alles geschieht und ereignet sich bei uns noch reicher im Sühnejahr. Alle nämlich, die im Verlauf des großen Jubiläums in bußfertiger Gesinnung die heilsamen Gebote des Apostolischen Stuhles erfüllen, stellen einerseits jene Fülle an Verdiensten und Gaben, die sie durch ihre Sünde verloren hatten, vollständig wieder her und empfangen sie wieder, werden andererseits der überharten Herrschaft des Satans so entrissen, daß sie die Freiheit wiedergewinnen, "durch die Christus uns befreit hat" [*Gal 4,31*], und werden schließlich von allen Strafen, die sie für ihre Sünden und Fehler hätten bezahlen müssen, ob der überreichen Verdienste Jesu Christi, der Sel. Jungfrau Maria und der Heiligen völlig gelöst.

## 3672: Dekret der Hl. Konzilskongregation, 13. Juni 1925

Zur Darstellung des Falles und der Diskussion vgl. AAS 18 (1926) 132–138; AAS 15 (1923) 154–156.
   *Ausg.:* AAS 18 (1926) 137f.

### Bestimmungs-Mensuren

3672   *Qu.:* An declarationes S. Congregationis Concilii anni 1890 [*9. Aug.*] et 1923 [*10. Febr.*], quibus mensurae in universitatibus Germaniae usitatae quae speciali nomine *"Bestimmungs-Mensuren"* vocantur, poenis ecclesiasticis subiiciuntur, illas tantum mensuras respiciant, iuxta nonnullorum recentiorum sententiam, quae *cum periculo gravis vulneris* committuntur, vel etiam complectantur eas, quae *[138] sine periculo gravis vulneris* fiunt in casu?

*Frage:* Betreffen die Erklärungen der Hl. Konzilskongregation des Jahres 1890 [*9. Aug.*] und 1923 [*10. Febr.*], mit denen die an den Universitäten Deutschlands üblichen Mensuren, die mit besonderem Namen *"Bestimmungs-Mensuren"* genannt werden, kirchlichen Strafen unterworfen werden, nur jene Mensuren – gemäß der Auffassung einiger neuerer ⟨Autoren⟩ –, die *unter Gefahr einer schweren Verwundung* ausgefochten werden, oder umfassen sie auch solche, die *ohne Gefahr einer schweren Verwundung* stattfinden?

*Resp. (confirmata a Summo Pontifice, 20. Iun.):* Negative ad primam partem, affirmative ad alteram.

*Antwort (vom Papst am 20. Juni bestätigt):* Nein zum ersten Teil, ja zum zweiten.

## 3675–3679: Enzyklika "Quas primas", 11. Dez. 1925

Enzyklika zur Einführung des Christkönigsfestes. – *Ausg.:* AAS 17 (1925) 595–601.

### Die königliche Würde und Vollmacht des Menschen Christus

Ut translata verbi significatione "rex" appelletur Christus ob summum excellentiae

Daß Christus in übertragener Wortbedeutung "König" genannt wird wegen des   3675

gradum, quo inter omnes res creatas praestat atque eminet, iam diu communiterque usu venit. Ita enim fit ut regnare is *in mentibus hominum* dicatur ..., *in voluntatibus* item *hominum* ... . *Cordium* denique *rex* Christus agnoscitur ... .

*[596]* Verum, ut rem pressius ingrediamur, nemo non videt, nomen potestatemque regis, propria quidem verbi significatione, Christo homini vindicari oportere; nam, nisi quatenus homo est, a Patre potestatem et honorem et regnum accepisse [*cf. Dn 7,13s*] dici nequit, quandoquidem Dei Verbum, cui eadem est cum Patre substantia, non potest omnia cum Patre non habere communia, proptereaque ipsum in res creatas universas summum atque absolutissimum imperium.

höchsten Grades an Vortrefflichkeit, durch den er sich unter allen geschaffenen Dingen auszeichnet und herausragt, war schon lange und allgemein üblich. Es geschieht nämlich so, daß man sagt, er sei König *in den Geistern der Menschen* ..., ebenso *in den Willen der Menschen* ... . Schließlich wird Christus als der *König der Herzen* anerkannt ... .

Jedoch sieht – um die Sache genauer anzugehen – jeder, daß der Name und die Vollmacht eines Königs – und zwar in der eigentlichen Wortbedeutung – für den Menschen Christus in Anspruch genommen werden müssen; denn nur insofern er Mensch ist, kann gesagt werden, er habe vom Vater Macht, Ehre und Königsherrschaft empfangen [*vgl. Dan 7,13f*], da ja das Wort Gottes, das dieselbe Substanz mit dem Vater hat, alles mit dem Vater gemeinsam haben muß und deswegen ⟨auch⟩ die höchste und unumschränkte Herrschaft selbst über alle geschaffenen Dinge.

*(Danach wird aus der Hl. Schrift gezeigt, daß Christus König ist, vor allem aus Num 24,19; Ps 2; 45 [44],7; 72 [71],7f; Jes 9,6f; Jer 23,5; Dan 2,44; 7,13f; Sach 9,9; Lk 1,32f; Mt 28,18; Offb 1,5; 19,16; Hebr 1,2.)*

*[598]* Quo autem haec Domini nostri dignitas et potestas f u n d a m e n t o consistat, apte Cyrillus Alexandrinus animadvertit: "Omnium, ut verbo dicam, creaturarum dominatum obtinet, non per vim extortum, nec aliunde invectum, sed essentia sua et natura"[1]; scilicet eius principatus illa nititur unione mirabili, quam hypostaticam appellant. Unde consequitur, non modo ut Christus ab angelis et hominibus Deus sit adorandus, sed etiam ut eius imperio Hominis angeli et homines pareant et subiecti sint: nempe ut vel solo *[599]* hypostaticae unionis nomine Christus potestatem in universas creaturas obtineat.

At vero quid possit iucundius nobis suaviusque ad cogitandum accidere, quam Christum nobis iure non tantum nativo, sed etiam quaesito, scilicet redemptionis, imperare [*cf. *3352*]? Servatori enim nostro quanti steteri-

Auf welcher G r u n d l a g e aber diese **3676** Würde und Vollmacht unseres Herrn steht, bemerkt trefflich Kyrill von Alexandrien: "Er hat – um es mit einem Wort zu sagen – die Herrschaft über alle Geschöpfe inne, nicht durch Gewalt erzwungen oder irgendwoher eingeführt, sondern kraft seiner Wesenheit und Natur"[1]; sein Vorrang stützt sich nämlich auf jene wunderbare Einheit, die man hypostatisch nennt. Daraus ergibt sich nicht nur, daß Christus von Engeln und Menschen als Gott anzubeten ist, sondern auch, daß Engel und Menschen seiner Herrschaft als Mensch gehorchen sollen und unterworfen sind: denn allein schon im Namen der hypostatischen Union hat Christus Vollmacht gegenüber allen Geschöpfen inne.

Was kann unserem Denken jedoch Angenehmeres und Lieblicheres widerfahren, als daß Christus über uns nicht nur kraft angeborenen Rechtes, sondern auch kraft des erworbenen, nämlich der Erlösung, herrscht

---

**\*3676** [1]   Kyrill von Alexandrien, *Commentarius in Iohannem* XII 18 (PG 74,622C).

mus, obliviosi utinam homines recolant omnes: "Non enim corruptibilibus auro vel argento redempti estis ..., sed pretioso sanguine quasi agni immaculati Christi et incontaminati" [*1 Pt 1,18s*]. Iam nostri non sumus, cum Christus "pretio magno" [*1 Cor 6,20*] nos emerit; corpora ipsa nostra "membra sunt Christi" [*ibid. 15*].

3677    Iamvero, ut huius v i m et n a t u r a m principatus paucis declaremus, dicere vix attinet, triplici eum potestate contineri, qua si caruerit, principatus vix intelligitur. ... Est catholica fide credendum, Christum Iesum hominibus datum esse utique Redemptorem, cui fidant, at una simul legislatorem, cui obediant [*Concilium Tridentinum, sessio VI, can. 21: *1571*]. Ipsum autem evangelia non tam leges condidisse narrant, quam leges condentem inducunt. ...

Iudiciariam vero potestatem sibi a Patre attributam ipse Iesus Iudaeis, de sabbati requiete per mirabilem debilis hominis sanationem violata criminantibus, denuntiat: "Neque enim Pater iudicat quemquam, sed omne iudicium dedit Filio" [*Io 5,22*]. In quo id etiam comprehenditur - quoniam res a iudicio disiungi nequit -, ut praemia et poenas hominibus adhuc viventibus iure suo deferat.

At praeterea potestas illa, quam exsecutionis vocant, Christo adiudicanda est, utpote cuius imperio parere omnes necesse sit, et ea quidem denuntiata contumacibus irrogatione suppliciorum, quae nemo possit effugere.

3678    [600] Verumtamen eiusmodi r e g n u m praecipuo quodam modo et s p i r i t u a l e esse et ad spiritualia pertinere, cum ea, quae ex Bibliis supra protulimus, verba planissime ostendant, tum Christus Dominus sua agendi ratione confirmat. Siquidem non una data oc-

[*vgl. *3352*]? Auf wieviel wir nämlich unserem Erretter zu stehen gekommen sind, wenn doch all die vergeßlichen Menschen sich ⟨dessen⟩ immer wieder erinnerten: "Denn nicht mit verderblichem Gold oder Silber seid ihr losgekauft worden ..., sondern mit dem kostbaren Blut Christi als eines makellosen und unbefleckten Lammes" [*1 Petr 1,18f*]. Wir sind nicht mehr die unsrigen, weil Christus uns "um einen hohen Preis" [*1 Kor 6,20*] gekauft hat; unsere Leiber selbst "sind Glieder Christi" [*ebd. 15*].

Um aber die B e d e u t u n g und N a t u r dieser Herrschaft mit wenigen ⟨Worten⟩ zu erläutern, braucht man kaum zu sagen, daß sie in einer dreifachen Vollmacht besteht, ohne die sie kaum als Herrschaft verstanden würde. ... Man muß mit katholischem Glauben glauben, daß Christus Jesus den Menschen als Erlöser geschenkt wurde, dem sie vertrauen sollen, zugleich aber auch als Gesetzgeber, dem sie gehorchen sollen [*Konzil von Trient, 6. Sitzung, Kan. 21: *1571*]. Die Evangelien aber erzählen nicht so sehr, daß er Gesetze erlassen habe, wie sie ihn als Gesetzgeber einführen. ...

Die richterliche Vollmacht aber, die ihm vom Vater verliehen wurde, tut Jesus selbst den Juden kund, die ihn tadeln, weil er durch die wunderbare Heilung eines kranken Menschen die Sabbatruhe verletzt hatte: "Der Vater richtet nämlich niemanden, sondern hat das ganze Gericht dem Sohn übergeben" [*Joh 5,22*]. Darin wird auch dies erfaßt - weil dies nicht vom Gericht geschieden werden kann -, daß er den bis heute lebenden Menschen mit Fug und Recht Belohnungen und Strafen zuteilt.

Außerdem aber ist Christus jene Vollmacht zuzusprechen, die man die der ausführenden Gewalt nennt; denn es müssen ja alle seinem Befehl gehorchen, und zwar so, daß Widerspenstigen die Verhängung von Strafen angedroht wird, denen niemand entfliehen kann.

Daß diese K ö n i g s h e r r s c h a f t jedoch auf eine vorzügliche Weise g e i s t l i c h ist und sich auf Geistliches erstreckt, das zeigen einerseits ganz deutlich die Worte, die Wir oben aus der Bibel angeführt haben, und andererseits bestätigt es Christus, der Herr,

casione, cum Iudaei, immo vel ipsi Apostoli, per errorem censerent, fore ut Messias populum in libertatem vindicaret regnumque Israel restitueret, vanam ipse opinionem ac spem adimere et convellere; rex a circumfusa admirantium multitudine renuntiandus, et nomen et honorem fugiendo latendoque detrectare; coram praeside romano edicere, regnum suum "de hoc mundo" [*Io 18,36*] non esse.

Quod quidem regnum tale in evangeliis proponitur, in quod homines paenitentiam agendo ingredi parent,ᵇingredi vero nequeant nisi per fidem et baptismum, qui, etsi est ritus externus, interiorem tamen regenerationem significat atque efficit; opponitur unice regno Satanae et potestati tenebrarum, et ab asseclis postulat, non solum ut, abalienato a divitiis rebusque terrenis animo, morum praeferant lenitatem et esuriant sitiantque iustitiam, sed etiam ut semet ipsos abnegent et crucem suam tollant. Cum autem Christus et Ecclesiam Redemptor sanguine suo acquisiverit et Sacerdos se ipse pro peccatis hostiam obtulerit perpetuoque offerat, cui non videatur regium ipsum munus utriusque illius naturam muneris induere ac participare?

Turpiter ceteroquin erret, qui a Christo homine rerum civilium quarumlibet imperium abiudicet, cum is a Patre ius in res creatas absolutissimum sic obtineat, ut omnia in suo arbitrio sint posita. At tamen, quoad in terris vitam traduxit, ab eiusmodi dominatu exercendo se prorsus abstinuit, atque, ut humanarum rerum possessionem procurationemque olim contempsit, ita eas possessoribus et tum permisit et hodie permittit. In quo perbelle illud: "Non eripit mortalia, qui regna dat caelestia"[1].

durch seine Handlungsweise. Denn nicht nur bei e i n e r Gelegenheit, als die Juden, ja sogar die Apostel selbst irrtümlicherweise meinten, der Messias werde das Volk in die Freiheit führen und das Königreich Israel wiederherstellen, hat er selbst diese eitle Meinung und Hoffnung hinweggenommen und zerstört; als er von der Menge der Bewunderer, die ihn umringte, zum König ausgerufen werden sollte, da lehnte er sowohl den Namen als auch die Ehre ab, indem er sich entfernte und sich verbarg; vor dem römischen Statthalter hat er ausgesagt, sein Reich sei nicht "von dieser Welt" [*Joh 18,36*].

Dieses Königreich nun wird in den Evangelien als ein solches vorgestellt, in das einzutreten sich die Menschen rüsten, indem sie Buße tun, ⟨in das⟩ sie aber nur durch den Glauben und die Taufe eintreten können, die – auch wenn sie ein äußerer Ritus ist – dennoch die innere Wiedergeburt versinnbildlicht und bewirkt; es ist einzig dem Reich des Satans und der Macht der Finsternis entgegengesetzt und verlangt von seinen Anhängern nicht nur, daß sie sich in ihrem Herzen von Reichtum und irdischen Gütern frei machen, Sanftheit der Sitten bevorzugen und nach Gerechtigkeit hungern und dürsten, sondern auch, daß sie sich selbst verleugnen und ihr Kreuz auf sich nehmen. Da aber Christus die Kirche als Erlöser mit seinem Blut erworben und als Priester sich selbst als Opfer für die Sünden dargebracht hat und immerfort darbringt, wer wäre da nicht der Meinung, daß das königliche Amt selbst sich mit der Natur dieser beiden Ämter bekleidet und daran teilhat?

Im übrigen wird schmählich irren, wer **3679** dem Menschen Christus die H e r r s c h a f t über irgendwelche bürgerlichen Angelegenheiten abspricht, da er vom Vater die völlig uneingeschränkte Rechtsbefugnis gegenüber den geschaffenen Dingen so innehat, daß alles in seine Entscheidung gelegt ist. Solange er jedoch sein Leben auf Erden verbrachte, enthielt er sich völlig der Ausübung dieser Herrschaft, und wie er einst den Besitz menschlicher Güter und die Sorge darum verachtete, so gestattete er sie damals den Besitzern und gestattet ⟨sie⟩ noch heute. Dabei ist jenes ⟨Wort⟩ sehr schön: "Nicht entreißt

Itaque principatus Redemptoris nostri universos complectitur homines; quam ad rem verba immortalis memoriae decessoris Nostri Leonis XIII Nostra libenter facimus: "Videlicet imperium eius non est tantummodo in gentes catholici nominis, aut in eos *[601]* solum, qui, sacro baptismo abluti, utique ad Ecclesiam, si spectetur ius, pertinent, quamvis error opinionum devios agat, vel dissensio a caritate seiungat: sed complectitur etiam quotquot numerantur christianae fidei expertes, ita ut verissime in potestate Iesu Christi sit universitas generis humani" [*3350*].

Nec quicquam inter singulos hac in re et convictiones domesticas civilesque interest, quia homines societate coniuncti nihilo sunt minus in potestate Christi quam singuli. Idem profecto fons privatae ac communis salutis: "Et non est in alio aliquo salus; nec aliud nomen est sub caelo datum hominibus, in quo oporteat nos salvos fieri" [*Act 4,12*].

sterbliche, der himmlische Reiche verleiht"[1].

Deshalb umfaßt die Herrschaft unseres Erlösers alle Menschen; was dies betrifft, so machen Wir gerne die Worte Unseres Vorgängers unsterblichen Angedenkens Leo XIII. zu den Unsrigen: "Offensichtlich erstreckt sich seine Herrschaft nicht nur auf Völker katholischen Namens, oder nur auf die, welche, durch die heilige Taufe abgewaschen, unter rechtlichem Gesichtspunkt durchaus zur Kirche gehören, auch wenn sie der Irrtum ihrer Auffassungen auf Abwege führt oder Uneinigkeit von der Liebe trennt: sondern sie umfaßt auch alle, die man zu den außerhalb des christlichen Glaubens Stehenden rechnet, so daß ganz wahrhaftig das gesamte Menschengeschlecht unter der Vollmacht Jesu Christi steht" [*3550*].

Auch besteht dabei kein Unterschied zwischen den einzelnen häuslichen und bürgerlichen Gemeinschaften, weil die in der Gesellschaft verbundenen Menschen um nichts weniger unter der Vollmacht Christi stehen als die einzelnen. Derselbe ⟨ist⟩ in der Tat die Quelle des privaten und allgemeinen Heils: "Und in keinem anderen ist Heil; noch ist den Menschen ein anderer Name unter dem Himmel gegeben, in dem wir gerettet werden sollen" [*Apg 4,12*].

### 3680: Instruktion des Hl. Offiziums, 19. Juni 1926

*Ausg.:* AAS 18 (1926) 282.

### Leichenverbrennung

**3680**  Cum non pauci etiam inter catholicos barbarum hunc morem, nedum christianae, sed et naturalis erga defunctorum corpora pietatis sensui constantique Ecclesiae inde a primis eius initiis disciplinae plane repugnantem veluti unum e potioribus hodierni ut aiunt civilis progressus scientiaeque valetudinis tuendae meritis celebrare non dubitent, ... [*Christifideles docendi sunt,*] hoc reapse consilio a christiani nominis hostibus cadaverum cremationem laudari ac propagari, ut, animis a mortis consideratione speque corporum resurrectionis paulatim aversis, materialismo sternatur via.

Da nicht wenige – auch unter den Katholiken – nicht zögern, diesen barbarischen Brauch, der dem Gefühl nicht nur christlicher, sondern auch natürlicher Ehrfurcht gegenüber den Leibern der Verstorbenen und der beständigen Lehre der Kirche von ihren ersten Anfängen an völlig widerstreitet, als eines von den vorzüglicheren Verdiensten des heutigen – wie sie sagen – bürgerlichen Fortschritts und des Wissens um den Schutz der Gesundheit zu verherrlichen, ... [*sind die Christgläubigen zu belehren,*] daß die Leichenverbrennung von den Feinden des christlichen Namens in Wirklichkeit in der Absicht gelobt und verbreitet werde, daß,

---

*3679 [1] Hymnus "*Crudelis Herodes*" im Epiphanieoffizium.

nachdem sich die Herzen allmählich von der Betrachtung des Todes und der Hoffnung auf die Auferstehung der Leiber abgewandt haben, dem Materialismus der Weg geebnet werde.

Quamvis igitur cadaverum crematio, quippe non absolute mala, in extraordinariis rerum adiunctis ex certa gravique boni publici ratione permitti queat et revera permittatur, communiter tamen ac veluti ex regula ordinarie eidem operam vel favorem praestare, impium et scandalosum ideoque graviter illicitum esse nemo non videt.

Obwohl also die Leichenverbrennung, da nicht unbedingt schlecht, unter außergewöhnlichen Umständen aus einem sicheren und schwerwiegenden Grund des öffentlichen Wohles erlaubt werden kann und tatsächlich erlaubt wird, so sieht doch jeder, daß ihr allgemein und – gleichsam regelmäßig – für gewöhnlich Beihilfe oder Unterstützung zu leisten gottlos und anstößig und deshalb nachdrücklich unerlaubt ist.

### 3681-3682: Erklärung des Hl. Offiziums, 2. Juni 1927

Mit dieser Erklärung distanziert sich das Heilige Offizium von seiner Antwort vom 13. Januar 1897 zum "Comma Johanneum". Die unterstellte rein disziplinäre Funktion ist aus dem Text der ersten Antwort nicht ersichtlich.

*Ausg.* [*Dekret d. J. 1897*]*:* ASS 29 (1896/97) 637. – [*beide Dekrete*]*:* EnchB 135f.

### "Das Comma Johanneum"

*Qu.:* Utrum tuto negari aut saltem in dubium revocari possit, esse authenticum textum s. Iohannis in Epistola I, cap. 5 vs. 7, qui sic se habet: "Quoniam tres sunt, qui testimonium dant in caelo: Pater, Verbum et Spiritus Sanctus: et hi tres unum sunt"?

*Frage:* Kann sicher verneint oder wenig- **3681** stens in Zweifel gezogen werden, daß der Text des hl. Johannes im 1. Brief, Kap. 5, Vers 7, der folgendermaßen lautet, authentisch ist: "Denn drei sind, die Zeugnis geben im Himmel: Der Vater, das Wort und der Heilige Geist: und diese drei sind eins"?

*Das Hl. Offizium hatte auf diese Frage am 13. Jan. 1897 die Antwort gegeben:*

Negative.                   Nein.

*In der Erklärung vom 2. Juni 1927 behandelte das Hl. Offizium jene Frage erneut:*

Decretum hoc latum est, ut coerceretur audacia privatorum doctorum ius sibi tribuentium, authentiam commatis Ioannei aut penitus reiiciendi aut ultimo iudicio suo saltem in dubium vocandi. Minime vero impedire voluit, quominus scriptores catholici rem plenius investigarent atque, argumentis hinc inde accurate perpensis, cum ea, quam rei gravitas requirit, moderatione et temperantia, in sententiam genuinitati contrariam inclinarent, modo profiterentur, se paratos esse stare iudicio Ecclesiae, cui a Iesu Christo munus demandatum est, sacras Litteras non solum interpretandi, sed etiam fideliter custodiendi.

Dieses Dekret wurde erlassen, damit die **3682** Dreistigkeit privater Lehrer gezügelt werde, die sich das Recht anmaßen, die Authentizität des Comma Johanneum entweder völlig zu verwerfen oder durch letztgültiges Urteil ihrerseits wenigstens in Zweifel zu ziehen. Keineswegs aber wollte es verhindern, daß katholische Schriftsteller den Sachverhalt umfassender erforschen und nach genauer Erwägung der Argumente von beiden Seiten mit der Mäßigung und Bescheidenheit, die das Gewicht der Sache erfordert, zu einer Auffassung, die der Echtheit entgegengesetzt ist, neigen, sofern sie nur bekennen, daß sie bereit sind, zum Urteil der Kirche zu stehen, der von Jesus Christus das Amt übertragen wurde, die heilige Schrift nicht nur auszulegen, sondern auch getreu zu behüten.

### 3683: Enzyklika "Mortalium animos", 6. Jan. 1928

Dieses Dokument handelt von der Pflege der wahren Einheit der Religion.
*Ausg.:* AAS 20 (1928) 13f.

## Aufgabe und Umfang des kirchlichen Lehramtes

**3683**    Quod ad res credendas attinet, discrimine illo uti nequaquam licet, quod inter capita fidei *fundamentalia* et *non fundamentalia,* quae vocant, induci placuit, quasi altera recipi ab omnibus debeant, libera, contra, fidelium assensioni permitti altera queant; supernaturalis enim virtus fidei causam formalem habet Dei revelantis auctoritatem, quae nullam distinctionem eiusmodi patitur. ...

Neque enim, quod eiusmodi veritates alias aliis aetatibus vel proxime superioribus sollemni Ecclesia decreto sanxit ac definivit, eaedem idcirco non aeque certae, non aeque credendae; *[14]* nonne Deus illas omnes revelavit? Etenim Ecclesiae magisterium – quod divino consilio in terris constitutum est, ut revelatae doctrinae cum incolumes ad perpetuitatem consisterent tum ad cognitionem hominum facile tutoque traducerentur – quamquam per Romanum Pontificem et episcopos cum eo communionem habentes cotidie exercetur, id tamen complectitur muneris, ut, si quando aut haereticorum erroribus atque oppugnationibus obsisti efficacius aut clarius subtiliusque explicata sacrae doctrinae capita in fidelium mentibus imprimi oporteat, ad aliquid tum sollemnibus ritibus decretisque definiendum opportune procedat.

Quo quidem extraordinario magisterii usu nullum sane inventum inducitur nec quidquam additur novi ad earum summam veritatum, quae in deposito revelationis, Ecclesiae divinitus tradito, saltem implicite continentur, verum aut ea declarantur, quae forte adhuc obscura compluribus videri possint aut ea tenenda de fide statuuntur, quae a nonnullis ante in controversiam vocabantur.

Was die Glaubensgegenstände anbelangt, so darf man keinesfalls jene Unterscheidung verwenden, die man zwischen den sogenannten *grundlegenden* und *nicht grundlegenden* Kapiteln des Glaubens einzuführen beliebte, so als ob die einen von allen angenommen werden müßten, die anderen dagegen frei der Zustimmung der Gläubigen überlassen werden könnten; die übernatürliche Tugend des Glaubens hat nämlich als Formalursache die Autorität des offenbarenden Gottes, die keine derartige Unterscheidung duldet. ...

Noch sind nämlich ebendiese deswegen nicht in gleicher Weise sicher, nicht in gleicher Weise zu glauben, weil die Kirche diese Wahrheiten zu jeweils anderen Zeiten – selbst jüngst vergangenen – in feierlicher Entscheidung festlegte und definierte; hat nicht Gott sie alle geoffenbart? Obwohl nämlich das Lehramt der Kirche – das nach göttlichem Ratschluß auf Erden eingesetzt wurde, damit die geoffenbarten Lehren sowohl unversehrt auf ewig Bestand hätten als auch leicht und sicher zur Kenntnis der Menschen gebracht würden – durch den Römischen Bischof und die Bischöfe, die mit ihm Gemeinschaft haben, täglich ausgeübt wird, so gehört zu seinem Aufgabenbereich doch dies, daß es, wenn es einmal nötig sein sollte, entweder den Irrtümern und Anfeindungen von Häretikern wirksamer entgegenzutreten oder klarer und deutlicher dargestellte Kapitel der heiligen Lehre den Herzen der Gläubigen einzuprägen, dann, wenn es geraten scheint, dazu schreite, etwas mit feierlichen Riten und Dekreten zu definieren.

Mit diesem außerordentlichen Gebrauch des Lehramtes wird freilich überhaupt keine Erfindung eingeführt noch irgendetwas Neues zur Summe jener Wahrheiten hinzugefügt, die in der Hinterlassenschaft der Offenbarung, die der Kirche von Gott anvertraut ist, wenigstens einschlußweise enthalten sind, sondern es wird entweder das erklärt, was vielleicht bis dahin ziemlich vielen unklar scheinen konnte, oder das im Glauben

festzuhalten bestimmt, was von manchen zuvor in Frage gestellt wurde.

### 3684: Dekret des Hl. Offiziums, 24. Juli (2. Aug.) 1929

*Ausg.:* AAS 21 (1929) 490.

#### Direkte Masturbation

*Qu.:* Utrum licita sit masturbatio directe procurata, ut obtineatur sperma, quo contagiosus morbus "blenorragia" detegatur et, quantum fieri potest, curetur.

*Resp. (confirmata a Summo Pontifice, 26. Iul.):* Negative.

*Frage:* Ist eine direkt bewirkte Masturbation erlaubt, um Sperma zu erhalten, damit so die ansteckende Krankheit "Blennorhöe" ⟨= "Eiterfluß"⟩ aufgedeckt und, soweit möglich, geheilt werde?   **3684**

*Antwort (vom Papst am 26. Juli bestätigt):* Nein.

### 3685-3698: Enzyklika "Divini illius magistri", 31. Dez. 1929

*Ausg.:* AAS 22 (1930) 52-73.

#### Recht und Aufgabe der Erziehung im allgemeinen

Educandi munus non singulorum hominum, sed necessario societatis est. Tres vero numerantur societates necessariae, inter se distinctae, at, Deo volente, congruenter copulatae, quibus quidem homo ab ortu suo adscribitur: harum duae, domestica nempe ac civilis consortio, naturalis ordinis; ac tertia, Ecclesia nimirum, supernaturalis.

Primum obtinet locum domesticus convictus, qui, cum ab ipso Deo ad eiusmodi propositum constitutus ac comparatus sit, ut sobolis procreandae educandaeque curam habeat, idcirco natura sua, adeoque iuribus sibi propriis, civili societati *[53]* antecedit.

Nihilo setius familia ideo imperfecta est societas, quia non omnibus iis rebus est praedita, quibus nobilissimum propositum suum perfecte assequatur; civilis autem congregatio, cum omnia in sua facultate sint ad destinatum sibi finem, videlicet ad commune terrestris huius vitae bonum, necessaria, societas est numeris omnibus absoluta ac perfecta; hac igitur de causa domestico convictui eadem praestat, qui quidem in civili solummodo consortione institutum suum tuto riteque

Die Aufgabe des Erziehens steht nicht einzelnen Menschen, sondern notwendig der Gemeinschaft zu. Es werden aber **drei notwendige Gemeinschaften** aufgezählt, die voneinander verschieden, aber nach Gottes Willen einvernehmlich verbunden sind und denen der Mensch von seiner Entstehung an zugerechnet wird: zwei von diesen, nämlich die häusliche und bürgerliche Gemeinschaft, ⟨gehören⟩ zur natürlichen Ordnung; und die dritte, nämlich die Kirche, ⟨ist⟩ übernatürlich.   **3685**

Den ersten Platz hat das häusliche Zusammenleben inne, das deshalb, weil es von Gott selbst zu dem Zwecke gebildet und eingerichtet wurde, für die Hervorbringung und Erziehung der Nachkommenschaft zu sorgen, seiner Natur nach und insofern den ihm eigenen Rechten nach der bürgerlichen Gemeinschaft vorausgeht.

Nichtsdestoweniger ist die Familie deshalb eine unvollkommene Gemeinschaft, weil sie nicht über all jene Dinge verfügt, mit denen sie ihren höchst edlen Zweck vollkommen erreichen kann; die bürgerliche Vereinigung aber ist, da alles Notwendige für das ihr bestimmte Ziel, nämlich das Gemeinwohl dieses irdischen Lebens, in ihrem Vermögen steht, in allen Belangen eine vollständige und vollkommene Gesellschaft; aus diesem Grunde also ist sie dem häuslichen Zusam-

absolvere potest.

Tertia denique societas, in qua homines, per baptismatis lavacrum, divinae gratiae vitam ingrediuntur, Ecclesia est, supernaturalis quidem societas universum humanum genus complectens, atque in se perfecta, cum sibi omnia suppetant ad finem suum, sempiternam nempe hominum salutem, consequendum, ideoque in suo ordine suprema.

Consequens est, educationem, quae ad totum respicit hominem, qua hominem singillatim quaque societatis humanae participem, sive in naturae sive in divinae gratiae ordine constitutum, ad necessarias has societates tres, fini cuiusque proprio congruenter, pro praesenti ordine divinitus constituto aequabiliter pertinere.

menleben überlegen, das nämlich lediglich in der bürgerlichen Gesellschaft seinen Zweck sicher und in gebührender Weise erfüllen kann.

Die dritte Gemeinschaft schließlich, in der die Menschen durch das Bad der Taufe in das Leben der göttlichen Gnade eintreten, ist die Kirche, nämlich eine übernatürliche Gemeinschaft, die das gesamte Menschengeschlecht umfaßt, in sich vollkommen ist, da ihr alles zur Verfügung steht, um ihr Ziel, nämlich das ewige Heil der Menschen, zu erreichen, und deshalb in ihrer Ordnung die höchste ist.

⟨Daraus⟩ folgt, daß die Erziehung, die auf den ganzen Menschen als einzelnen Menschen und als Glied der menschlichen Gemeinschaft in seiner Stellung sowohl in der Natur- als auch in der göttlichen Gnadenordnung gerichtet ist, dem jeweils eigentümlichen Ziel entsprechend nach der von Gott festgesetzten gegenwärtigen Ordnung diesen drei notwendigen Gemeinschaften gleichermaßen zukommt.

### Das Recht der Kirche zur Erziehung

3686   *[53]* Ac primo loco, praestantiore quodam modo ea ad Ecclesiam pertinet, duplici scilicet titulo ordinis supernaturalis, quem Deus ipsi tantummodo contulit, adeoque potiore omnino ac validiore quam quilibet alius naturalis ordinis titulus.

Prima iuris huiuscemodi ratio in suprema magisterii auctoritate ac munere nititur, quod divinus Ecclesiae Conditor eidem tradidit [*Mt 28,18-20*] ...

*[54]* Altera iuris ratio e supernaturali illo oritur matris munere, quo Ecclesia, purissima Christi sponsa, divinae gratiae vitam hominibus largitur, eamque sacramentis praeceptisque suis alit ac provehit. Merito igitur S. Augustinus ait: "Non habebit Deum patrem, qui Ecclesiam noluerit habere matrem"[1]. ...

Und an erster Stelle kommt sie in einem vorzüglicheren Sinne der Kirche zu, nämlich aufgrund des zweifachen Rechtsanspruchs der übernatürlichen Ordnung, den Gott lediglich ihr verliehen hat, und insofern aufgrund eines durchaus höheren und stärkeren ⟨Rechtsanspruchs⟩ als irgendein anderer Rechtsanspruch der natürlichen Ordnung.

Die erste Begründung dieses Rechtes stützt sich auf die höchste Autorität und Aufgabe des Lehramtes, das der göttliche Gründer der Kirche ihr übertragen hat [*Mt 28,18-20*] ...

Die zweite Begründung des Rechts entspringt aus jener übernatürlichen Aufgabe der Mutterschaft, aufgrund derer die Kirche, die ganz reine Braut Christi, den Menschen das Leben der göttlichen Gnade spendet und es durch die Sakramente und ihre Gebote nährt und fördert. Zurecht sagt also der hl. Augustinus: "Gott wird nicht zum Vater haben, wer die Kirche nicht zur Mutter haben wollte"[1]. ...

---

*3686 [1]   Pseudo-Augustinus [= Quodvultdeus von Karthago], *De Symbolo sermo* [Nr. IV, PL; Nr. III, CpChL] *ad catechumenos* 13 (PL 40,668C / R. Braun: CpChL 60 [1976] 363₄f).

*[55]* Litteras igitur, scientias et artes, quatenus ad christianam educationem ad omnemque suam de animarum salute operam sunt necessariae vel utiles, Ecclesia promovet, suas etiam scholas, instituta sua condendo sustentandoque, ubi quaevis disciplina tradatur et ad quemlibet eruditionis gradum fiat aditus. Nec putanda est ab materno eius magisterio aliena ipsa, quam vocant, physica educatio, cum ea quoque id habeat, ut christianae educationi aut prodesse aut nocere possit. ...

*[56]* Est praeterea Ecclesiae et ius, quod abdicare, et officium, quod deserere nequit, pro tota vigilandi educatione, qualiscumque filiis suis, scilicet fidelibus, in institutis vel publicis vel privatis impertitur, non modo quod attinet ad religiosam, quae ibidem tradatur, doctrinam, sed etiam quod ad quamlibet aliam disciplinam rerumve ordinationem, quatenus cum religione morumque praeceptis aliquid habeant necessitudinis. ...

*[58]* ... Cum praecipuo eiusmodi Ecclesiae iure ... etiam iura omnino congruunt et familiae et civitatis, immo vel ipsa quae in singulis civibus insunt ad iustam quod attinet cum scientiae, tum rationis ac disciplinae in ea pervestiganda, tum denique cuiusvis culturae animorum profanae libertatem. Etenim, ut talis concordiae causam atque originem, nulla mora, declaremus, supernaturalis ordo, in quo iura Ecclesiae nituntur, tantum abest, ut naturalem ordinem, ad quem alia pertinent, quae memoravimus, iura, destruat atque extenuet, ut, contra, eundem extollat ac perficiat: quorum quidem ordinum alter auxilium et quasi complementum alteri praestat, suae cuiusque naturae ac dignitati consentaneum, cum ambo a Deo profluant, qui non constare sibi non potest. ...

Die Kirche fördert daher Literatur, Wissenschaften und Künste, insofern sie für die christliche Erziehung und für ihre ganze Tätigkeit zum Heil der Seelen notwendig oder nützlich sind, indem sie auch ihre Schulen und ihre Institute gründet und erhält, damit dort jedweder Unterrichtsgegenstand gelehrt werde und man Zugang zu jeder beliebigen Bildungsstufe erhalte. Nicht einmal die sogenannte Leibeserziehung darf als ihrem mütterlichen Lehramt fremd erachtet werden, da auch sie so beschaffen ist, daß sie der christlichen Erziehung entweder nützen oder schaden kann. ...     **3687**

Außerdem hat die Kirche sowohl das Recht, das sie nicht veräußern, als auch die Pflicht, die sie nicht aufgeben kann, ü b e r d i e g a n z e E r z i e h u n g z u w a c h e n, welche auch immer ihren Kindern, nämlich den Gläubigen, sowohl in den öffentlichen als auch privaten Einrichtungen zuteil wird, nicht nur was die religiöse Lehre, die ebenda vertreten wird, sondern auch was jedes beliebige andere Fach oder die Regelung von Angelegenheiten betrifft, insofern sie eine Verbindung mit der Religion und den sittlichen Geboten haben. ...     **3688**

... Mit diesem vorrangigen Recht der Kirche ... stehen auch die Rechte sowohl der Familie als auch des Staates völlig im Einklang, ja sogar selbst jene, die den einzelnen Bürgern zu eigen sind, was die berechtigte Freiheit sowohl der Wissenschaft als auch der Forschungsmethode und schließlich jedweder weltlichen Geisteskultur betrifft. Denn, um unverzüglich Grund und Ursache dieser Übereinstimmung zu erklären, die übernatürliche Ordnung, in der die Rechte der Kirche gründen, ist soweit davon entfernt, die natürliche Ordnung, zu der alle Rechte, die wir erwähnten, gehören, zu zerstören und auszudünnen, daß sie diese im Gegenteil emporhebt und vollendet: Jede dieser Ordnungen leistet nämlich der anderen Hilfe und gleichsam Ergänzung, die ihrer jeweiligen Natur und Würde angemessen ist; denn beide gehen von Gott aus, der sich nicht untreu sein kann. ...     **3689**

## Das Recht der Familie zur Erziehung

**3690**    *[58]* Atque primum cum Ecclesiae mune-re familiae munus mirifice concordat, cum utraque a Deo simillime proficiscatur. Nam-que *[59]* cum familia, in naturali ordine, Deus proxime fecunditatem communicat, principium vitae ideoque principium educa-tionis ad vitam, una simul cum auctoritate, quae est ordinis principium. ...

Habet igitur familia proxime a Creatore munus propatereaque ius prolis educandae; quod quidem ius cum abici nequeat, quia cum gravissimo officio coniunctum, tum cui-vis societatis civilis et reipublicae iuri ante-cedit, eaque de causa nulli in terris potestati illud infringere licet. ...

*[Contra illud ius ii omnes pugnant]* quot-quot affirmare audent, *[60]* prolem ante ad Civitatem quam ad familiam pertinere, et Civitati ius esse educandi absolutum. ... *[Re-felluntur verbis Leonis XIII*[1]*:]* "Filii sunt ali-quid patris et velut paternae amplificatio quaedam personae, proprieque loqui si volu-mus, non ipsi per se, sed per communitatem domesticam, in qua generati sunt, civilem in-eunt ac participant societatem". Itaque "patria potestas est eiusmodi, ut nec exstingui neque absorberi a republica possit, quia idem et commune habet cum ipsa hominum vita principium"[2]. ...

Unde tamen non sequitur, ius educandi quo parentes fruuntur, absolutum esse atque imperiosum, utpote quod et fini supremo et legi naturali divinaeque coniunctissime subii-ciatur ... .

Und zunächst stimmt die Aufgabe der Fa-milie wunderbar mit der Aufgabe der Kirche überein, da beide in ganz ähnlicher Weise von Gott ausgehen. Denn Gott teilt in der natürlichen Ordnung der Familie unmittel-bar die Fruchtbarkeit mit, die Grundlage des Lebens und deshalb die Grundlage der Erzie-hung zum Leben, zusammen mit der Auto-rität, die die Grundlage der Ordnung ist. ...

Die Familie hat also unmittelbar vom Schöpfer die Aufgabe und deswegen das Recht der Kindeserziehung; dieses Recht nun kann nicht nur nicht veräußert werden, da es mit einer äußerst schweren Pflicht ver-bunden ist, sondern geht auch jedwedem Recht der bürgerlichen Gesellschaft und des Gemeinwesens vor, und deshalb darf keine Macht auf Erden es einschränken. ...

*[Diesem Recht widerstreiten all jene,]* die zu behaupten wagen, die Nachkommenschaft gehöre eher dem Staat als der Familie an und der Staat habe das uneingeschränkte Recht auf Erziehung. ... *[Sie werden mit den Worten Leos XIII. widerlegt*[1]*:]* "Kinder sind etwas vom Vater und gewissermaßen eine Vermeh-rung der väterlichen Person und treten, wenn wir im eigentlichen Sinne reden wollen, nicht selbst durch sich, sondern durch die häusli-che Gemeinschaft, in der sie gezeugt wurden, in die bürgerliche Gesellschaft ein und haben an ihr Anteil". Deshalb "ist die väterliche Vollmacht derart, daß sie vom Gemeinwesen weder ausgelöscht noch aufgesogen werden kann; denn sie hat denselben gemeinsamen Ursprung wie das Leben der Menschen selbst"[2]. ...

Daraus folgt jedoch nicht, daß das Erzie-hungsrecht, das die Eltern genießen, unein-geschränkt und letztgebietend sei, da es ja so-wohl dem höchsten Ziel als auch dem natür-lichen und göttlichen Gesetz aufs engste un-terliegt ... .

## Das Recht der bürgerlichen Gesellschaft zur Erziehung

**3691**    *[62]* Ex hoc educandi munere, quod im-primis ad Ecclesiam familiamque pertinet, cum maximae utilitates, uti vidimus, in socie-

Aus dieser Erziehungsaufgabe, die vor al-lem der Kirche und der Familie zukommt, fließt nicht nur, wie wir gesehen haben, größ-

---

*3690  [1]   Leo XIII., Enzyklika *"Rerum novarum"*, 15. Mai 1891 (ASS 23 [1890/91] 646 / Leo XIII., *Acta*, Rom 11,106).
    [2]   Ebd., kurz zuvor.

tatem universam dimanant, tum nullum damnum veris propriisque reipublicae iuribus quod ad civium educationem attinet, secundum ordinem a Deo statutum, obvenire potest. Haec iura ab ipso naturae auctore societati civili tribuuntur, non paternitatis titulo, uti Ecclesiae ac familiae, sed propter auctoritatem, quae in eadem inest ad commune bonum in terris promovendum, qui quidem est finis eius proprius.

Ex his sequitur educationem non eodem modo ad societatem civilem, quo ad Ecclesiam familiamve, pertinere, sed alio plane, qui scilicet fini eius proprio respondeat. Hic autem finis, idest commune bonum temporalis ordinis, in pace ac securitate consistit, quibus familiae singulique cives in suis exercendis iuribus fruantur, simulque in maxima, quae in mortali hac vita esse potest, spiritualium fluxarumque rerum copia, omnium quidem opera atque consensione assequenda.

*[63]* Duplex igitur est c i v i l i s  a u c t o-
r i t a t i s  m u n u s, quae est in republica: tuendi nempe atque provehendi, minime vero familiam singulosque cives quasi absorbendi vel se in eorum locum substituendi.

Quamobrem, quod ad educationem spectat, ius est vel, ut rectius loquamur, officium est reipublicae t u t a n d i suis legibus a n t e-
c e d e n s  f a m i l i a e  i u s  - quod supra memoravimus - christiano nempe more prolem educandi, adeoque supernaturali Ecclesiae iuri in christianam eiusmodi educationem obsequendi.

Itemque civitatis est, hoc ius in prole ipsa tueri, si quando parentum opera - ob eorum vel inertiam vel imperitiam vel indignitatem aut physice aut moraliter fortasse desit; siquidem ipsorum ius educandi, ut supra diximus, non absolutum est atque imperiosum, sed a naturali et divina lege dependens, ob eamque rem non modo auctoritati et iudicio

ter Nutzen für die gesamte Gesellschaft, sondern es kann auch kein Schaden für die wahren und eigentlichen Rechte des Gemeinwesens hinsichtlich der Erziehung der Bürger gemäß der von Gott festgesetzten Ordnung auftreten. Diese Rechte werden der bürgerlichen Gesellschaft vom Urheber der Natur selbst eingeräumt, nicht durch den Rechtsanspruch der Vaterschaft, wie etwa der Kirche und der Familie, sondern wegen der Autorität, die ihr innewohnt, um das Gemeinwohl auf Erden zu befördern, das ja ihr eigentlicher Zweck ist.

Daraus folgt, daß die Erziehung der bür-  **3692**
gerlichen Gesellschaft nicht in derselben Weise zukommt wie der Kirche oder der Familie, sondern in einer völlig anderen, die nämlich dem ihr eigenen Zweck entspricht. Dieser Zweck aber, d. h. das Gemeinwohl der zeitlichen Ordnung, besteht im Frieden und in der Sicherheit, die die Familien und die einzelnen Bürger bei der Ausübung ihrer Rechte genießen sollen, und zugleich in der in diesem sterblichen Leben größtmöglichen Fülle an geistigen und vergänglichen Gütern, die nämlich durch die Arbeit und das Einverständnis aller zu erreichen ist.

Zweifach also ist die Aufgabe der bürgerlichen Autorität, die es im Gemeinwesen gibt, nämlich zu schützen und zu fördern, keineswegs aber die Familie und die einzelnen Bürger gleichsam aufzusaugen oder sich an ihre Stelle zu setzen.

Deshalb ist es, was die Erziehung betrifft,  **3693**
das Recht bzw., um es richtiger zu sagen, ist es die Pflicht des Gemeinwesens, mit seinen Gesetzen das v o r a u s g e h e n d e  R e c h t  d e r  F a m i l i e  - das Wir oben erwähnten -, nämlich die Nachkommenschaft auf christliche Weise zu erziehen, z u  s c h ü t z e n und deshalb dem übernatürlichen Recht der Kirche auf eine solche christliche Erziehung zu willfahren.

Und ebenso ist es Aufgabe des Staates, dieses Recht bei der Nachkommenschaft selbst zu schützen, wenn vielleicht einmal der Dienst der Eltern - wegen ihrer Trägheit, Unerfahrenheit oder Unwürdigkeit - entweder physisch oder moralisch fehlt; denn ihr eigenes Erziehungsrecht ist, wie Wir oben gesagt haben, nicht uneingeschränkt und letzt-

Ecclesiae subiectum, sed etiam vigilantiae ac tutelae, pro communi bono, civitatis; neque enim familia perfecta est societas, quae necessaria omnia in se habeat ad se cumulate planeque perficiendam. ...

gebietend, sondern vom natürlichen und göttlichen Gesetz abhängig und deswegen nicht nur der Autorität und dem Urteil der Kirche unterworfen, sondern auch – um des Gemeinwohles willen – der Fürsorge und Obhut des Staates; denn auch die Familie ist keine vollkommene Gesellschaft, die alles Notwendige in sich hätte, um sich zur Genüge und ganz zu vervollkommnen. ...

3694    Praecipue vero civitatis est, ut commune bonum postulat, educationem ipsam iuventutis atque eruditionem pluribus modis promovere. Primum ac per se, operae ab Ecclesia familiisque susceptae favendo atque opitulando, quae, quam sit efficax, historia usuque rerum comprobatur; deinde operam ipsam perficiendo, ubi ea deest vel haud sufficit; scholas quoque et instituta propria condendo; civitas enim magis quam ceteri opibus pollet, quas sibi pro communibus omnium necessitatibus traditas, aequum omnino est et consentaneum ut in eorum utilitatem, a quibus accepit, impendat. Praeterea praecipere civitas potest ac proinde curare, ut cives omnes cum civilia et nationalia iura perdiscant, tum a *[64]* scientia, doctrina morum physicisque ludis instructi sint, quantum decet atque hisce nostris temporibus commune bonum reapse postulat.

Vor allem aber ist es Aufgabe des Staates, wie es das Gemeinwohl erfordert, diese Erziehung und Bildung der Jugend auf mehrere Weisen zu fördern. Zunächst und an sich, indem er den von der Kirche und den Familien übernommenen Dienst fördert und unterstützt, dessen Wirksamkeit durch Geschichte und Erfahrung belegt wird; dann, indem er diesen Dienst vervollkommnet, wo er fehlt oder nicht hinreicht; auch indem er eigene Schulen und Institute gründet; der Staat verfügt nämlich mehr als andere über Mittel, die ihm für die gemeinsamen Erfordernisse aller übertragen sind, und es ist durchaus billig und angemessen, daß er sie zum Nutzen derer aufwendet, von denen er sie empfangen hat. Außerdem kann der Staat gebieten und demgemäß dafür sorgen, daß alle Bürger sowohl die bürgerlichen und nationalen Rechte genau kennenlernen als auch in Wissenschaft, Sittenlehre und Leibesübungen unterwiesen sind, soweit es sich geziemt und es das Gemeinwohl in diesen unseren Zeiten tatsächlich erfordert.

Verumtamen plane liquet, eo civitatem officio teneri, ut, in publica privataque educatione atque eruditione omnibus his modis provehenda, non solum nativa Ecclesiae et familiae iura christiane educandi vereatur, sed etiam iustitiae, quae suum cuique tribuit, parere. Itaque nefas est, civitatem educationis institutionisque causam ita ad se redigere totam, ut familiae, contra christianae conscientiae officia vel contra quam legitime malint, physice aut moraliter ad civitatis ipsius scholas liberos suos mittere cogantur.

Jedoch ist es ganz klar, daß der Staat dazu verpflichtet ist, wenn er die öffentliche und private Erziehung und Bildung auf alle diese Weisen fördert, nicht nur die angeborenen Rechte der Kirche und der Familie auf eine christliche Erziehung zu achten, sondern auch der Gerechtigkeit Folge zu leisten, die jedem das Seine zuteilt. Deshalb ist es dem Staat nicht erlaubt, das ganze Erziehungs- und Bildungswesen so an sich zu reißen, daß die Familien entgegen den Pflichten des christlichen Gewissens oder entgegen ihrem rechtmäßigen Wunsche physisch oder moralisch dazu gezwungen werden, ihre Kinder auf die Schulen des Staates selbst zu schikken.

3695    Attamen id non prohibet, quominus, ob rectam rei publicae administrationem vel pa-

Jedoch hindert dies nicht, daß der Staat wegen der rechten Verwaltung des Gemein-

cem domi forisque defendendi causa ... scholas civitas instituat quas dixeris praeparatorias ad quaedam sua officia, ad militiam praesertim, dummodo ab Ecclesiae et familiae iuribus laedendis in iis, quae ad eas pertinent, se abstineat.

Nec immerito equidem id Nos iterum hic admonemus; hac enim aetate nostra – qua nationalismus quidam, cum immoderatus et fallax tum paci veri nominis prosperitatique infensus, gliscere coepit – modi omnes excedi solent in physica educatione, quam vocant, adulescentulorum (atque interdum puellarum, contra ipsam humanarum rerum naturam) militari more ordinanda. ...

Quamquam non hoc loco rectum disciplinae habitum iustamque animi audaciam, sed quidquid immodicum est Nos reprehensum volumus, uti violentiae spiritum, qui quidem aliud omnino est atque animi fortitudo nobilissimusque militaris virtutis sensus pro patriae ac publici ordinis defensione ...

Iamvero non solum iuventutis, sed etiam aetatum omnium et condicionum ad civilem societatem statumque e d u c a t i o pertinet, *[65]* quae c i v i c a appellari potest, quaeque, pro parte, ut aiunt, positiva, in eo consistit, ut hominibus ad societatem eiusmodi pertinentibus res publice proponantur, quae, et mentes cognitionibus rerumque imaginibus imbuendo et sensus percellendo, voluntates ad honestum invitent et morali quadam necessitate perducant; pro negativa autem, ut ea praecaveat atque impediat, quae sibi adversantur.

wesens, oder um den inneren und äußeren Frieden zu verteidigen, ... Schulen einrichtet, die man vorbereitende ⟨Schulen⟩ für bestimmte seiner Dienste, vor allem für den Militärdienst, nennen könnte, solange er sich nur einer Verletzung der Rechte von Kirche und Familie in dem enthält, was diese betrifft.

Und freilich nicht zu Unrecht mahnen Wir dies hier wiederum an; denn in dieser unserer Zeit – in der ein gewisser Nationalismus, sowohl maßlos und trügerisch als auch dem Frieden im wahren Sinne des Namens und dem Wohlergehen feind, um sich zu greifen begonnen hat – pflegen alle Grenzen überschritten zu werden, indem die sogenannte Leibeserziehung der jungen Männer (und bisweilen der Mädchen, entgegen der Natur der menschlichen Dinge selbst) auf militärische Weise geregelt wird. ...

Jedoch wollen Wir an dieser Stelle nicht die rechte Haltung der Zucht und die gerechte Kühnheit des Herzens getadelt ⟨sehen⟩, sondern alles, was unmäßig ist, wie etwa den Geist der Gewalt, der nämlich etwas ganz anderes ist als die Tapferkeit des Herzens und der sehr edle Geist soldatischer Tugend für die Verteidigung des Vaterlandes und der öffentlichen Ordnung ...

Die bürgerliche Gesellschaft und den **3696** Staat geht nun aber nicht nur hinsichtlich der Jugend, sondern auch hinsichtlich aller Alter und Stände die E r z i e h u n g an, die man die s t a a t s b ü r g e r l i c h e nennen kann und die für ihren sogenannten positiven Teil darin besteht, daß den zu dieser Gesellschaft gehörenden Menschen öffentlich Dinge vorgelegt werden, die, indem sie sowohl den Geist mit Erkenntnissen und Vorstellungen von Dingen erfüllen als auch die Sinne reizen, den Willen zum sittlich Guten ermuntern und mit einer gewissen moralischen Notwendigkeit hinführen; für ihren negativen aber, daß sie das verhütet und verhindert, was ihr widerstreitet.

## Sexualerziehung

*[71]* ... Bene multi et stulte et periculose eam tenent provehuntque educandi rationem, quae sexualis putide dicitur, cum iidem perperam sentiant, posse se, per artes mere

... Sehr viele vertreten und fördern törich- **3697** ter- und gefährlicherweise die Erziehungsweise, die man mit einem widerlichen Ausdruck Sexual⟨erziehung⟩ nennt; denn sie

naturales et quovis amoto religionis pietatis-que praesidio, adolescentibus a voluptate et luxuria praecavere, scilicet hos omnes, nullo sexus discrimine, vel publice, lubricis initian-do instruendoque doctrinis, immo, quod peius est, mature occasionibus obiciendo, ut eorum animus, eiusmodi rebus – quemadmo-dum ipsi aiunt – assuetus, quasi ad pubertatis pericula obdurescat.

In eo autem isti homines graviter errant, quod nativam humanae naturae fragilitatem non agnoscunt neque legem illam membris nostris insitam, quae, ut verbis utamur Pauli Apostoli, mentis legi repugnat [*cf. Rm 7,23*], idque praeterea temere infitiantur quod usu quotidiano didicimus, iuvenes nempe prae aliis in turpia saepius incidere non tam ob mancam mentis cognitionem, quam ob infir-mitatem voluntatis illecebris obnoxiae atque divinis auxiliis destitutae.

Qua de re prorsus difficili, si quidem, om-nibus perpensis, adolescentem aliquem tem-pestive ab iis moneri oporteat, quibus Deus educandi pueros officium commisit cum gra-tiis opportunis coniunctum, illae profecto cautiones et artes sunt adhibendae, christia-nis *[72]* institutoribus non ignotae. ...

**3698**      Aeque vero fallax atque christianae insti-tutioni infensa illa adolescentes instruendi ratio habenda est, quam vulgo c o e d u c a t i o-n e m appellant. ...

Alter ... et alter sexus a Dei sapientia ad hoc sunt constituti, ut in familia et societate mutuo se compleant et in unum quid apte coalescant, ob illud ipsum corporis animique discrimen, quo inter se differunt, quod idcir-co in educatione atque institutione tenen-dum, imo fovendum est per aptam distinctio-nem ac separationem, *[73]* aetatibus ac con-dicionibus congruentem. Eiusmodi vero prae-cepta, ad christianae prudentiae praescrip-

meinen fälschlicherweise, sie könnten die jungen Menschen durch rein natürliche Mit-tel und unter Ausschaltung irgendeiner Un-terstützung der Religion und Frömmigkeit vor Genußsucht und Ausschweifung schüt-zen, indem sie nämlich diese alle ohne Un-terschied des Geschlechtes, sogar öffentlich, in schlüpfrige Lehren einführen und darin unterrichten, ja, was noch schlimmer ist, frühzeitig Gelegenheiten aussetzen, damit ihr Herz, an solche Dinge – wie sie selbst sa-gen – gewöhnt, gleichsam gegenüber den Ge-fahren der Pubertät unempfindlich werde.

Darin aber irren diese Menschen schwer, daß sie weder die angeborene Gebrechlich-keit der menschlichen Natur noch jenes un-seren Gliedern innewohnende Gesetz erken-nen, das, um die Worte des Apostels Paulus zu gebrauchen, dem Gesetz des Geistes wi-derstreitet [*vgl. Röm 7,23*], und außerdem das leichtfertig in Abrede stellen, was wir aus täg-licher Erfahrung wissen, nämlich daß Heran-wachsende mehr als andere ziemlich oft nicht so sehr wegen mangelhafter Erkenntnis des Geistes in Unzucht verfallen, als ⟨viel-mehr⟩ wegen der Schwäche des Willens, wenn er Verlockungen ausgesetzt ist und gött-licher Hilfe entbehrt.

Wenn freilich nach Erwägung von allem ein junger Mensch auf diesem äußerst schwierigen Gebiet rechtzeitig von denen be-lehrt werden sollte, denen Gott die mit den entsprechenden Gnaden verbundene Aufga-be der Kindererziehung übertragen hat, dann sind sicherlich jene Vorsichtsmaßnahmen an-zuwenden, die den christlichen Erziehern nicht unbekannt sind. ...

Als ebenso trügerisch und für die christ-liche Erziehung gefährlich ist aber jene Wei-se der Unterrichtung der Jugendlichen anzu-sehen, die man gemeinhin K o e d u k a t i o n nennt. ...

Die beiden ... Geschlechter wurden von Gottes Weisheit dazu bestimmt, sich in Fa-milie und Gesellschaft wechselseitig zu er-gänzen und in angemessener Weise zu einem einzigen zusammenzuwachsen, wegen eben jenes Unterschiedes des Leibes und der Seele, durch den sie sich voneinander unterschei-den und der deshalb in der Erziehung und Ausbildung festzuhalten, ja sogar durch eine angemessene Unterscheidung und Trennung,

tum, tempestive atque opportune servanda sunt non modo in scholis omnibus, praesertim per trepidos adolescentiae annos, unde totius ferme futurae vitae ratio omnino pendet, sed etiam in gymnicis ludis atque exercitationibus ... .

die dem jeweiligen Alter und den Verhältnissen entspricht, zu fördern ist. Diese Gebote aber sind nach der Vorschrift der christlichen Klugheit entsprechend den zeitlichen und örtlichen Umständen nicht nur in allen Schulen zu beachten, vor allem in den unruhigen Jahren der Jugend, von denen fast die gesamte künftige Lebensgestaltung völlig abhängt, sondern auch bei sportlichen Spielen und Übungen ... .

**3700-3724: Enzyklika "Casti connubii", 31. Dez. 1930**

*Ausg.:* AAS 22 (1930) 541-573.

## Die göttliche Einsetzung der Ehe

Primum quidem id maneat immotum et inviolabile fundamentum: Matrimonium non humanitus institutum neque instauratum esse, sed divinitus; non ab hominibus, sed ab ipso auctore naturae Deo atque eiusdem naturae restitutore Christo Domino legibus esse communitum, confirmatum, elevatum; quae proinde leges nullis hominum placitis, nulli ne ipsorum quidem coniugum contrario convento obnoxiae esse possint [*cf. Gn 1,27s; 2,22s; Mt 19,3-9; Eph 5,23-33; Concilium Tridentinum: *1797-1816*].

At, quamquam matrimonium suapte natura divinitus est institutum, tamen humana quoque voluntas suas in eo partes habet easque nobilissimas; nam singulare quodque matrimonium, prout est coniugalis coniunctio inter hunc virum et hanc mulierem, non oritur nisi ex libero utriusque sponsi consensu: qui quidem liber voluntatis actus, quo utraque pars tradit et acceptat ius coniugii proprium, ad verum matrimonium constituendum tam necessarius est, ut nulla humana potestate suppleri valeat.

Haec tamen libertas eo tantum spectat, ut constet, utrum contrahentes re vera matrimonium inire et cum hac persona inire velint an non; libertati vero hominis matrimonii natura penitus subducitur, ita, ut, si quis semel matrimonium contraxerit, divinis eius legibus et essentialibus proprietatibus subiciatur. Nam Angelicus Doctor de fide et prole

**3700** Zunächst einmal muß dies die unverrückbare und unverletzliche Grundlage bleiben: Die Ehe wurde nicht von Menschen eingesetzt oder erneuert, sondern von Gott; sie wurde nicht von Menschen, sondern vom Urheber der Natur selbst, Gott, und dem Wiederhersteller ebendieser Natur, Christus, dem Herrn, durch Gesetze gefestigt, gestärkt und erhöht; diese Gesetze können daher keinen Beschlüssen von Menschen, keiner gegensätzlichen Übereinkunft – nicht einmal der Gatten selbst – unterworfen sein [*vgl. Gen 1,27f; 2,22f; Mt 19,3-9; Eph 5,23-33; Konzil von Trient: *1797-1816*].

**3701** Obwohl aber die Ehe ihrer Natur nach von Gott eingesetzt ist, hat dennoch auch der menschliche Wille seinen Anteil an ihr, und zwar einen ganz vortrefflichen; denn jede einzelne Ehe entsteht, da sie die eheliche Verbindung zwischen diesem Mann und dieser Frau ist, nur aus der freien Zustimmung beider Brautleute; dieser freie Willensakt, durch den beide Teile das der Ehe eigene Recht übergeben und empfangen, ist nämlich für das Zustandekommen einer wahren Ehe so notwendig, daß er durch keine menschliche Macht ersetzt zu werden vermag.

Diese Freiheit erstreckt sich jedoch nur darauf, daß feststehe, ob die Partner tatsächlich eine Ehe eingehen und mit dieser Person eingehen wollen oder nicht; die Natur der Ehe aber ist der Freiheit des Menschen völlig entzogen, so daß, wer einmal die Ehe geschlossen hat, ihren göttlichen Gesetzen und wesenhaften Eigentümlichkeiten unterliegt.

disserens, "haec, *[542]* inquit, in matrimonio ex ipsa pactione coniugali causantur, ita quod, si aliquid contrarium his exprimeretur in consensu, qui matrimonium facit, non esset verum matrimonium"[1]. ...

Denn der Engelgleiche Lehrer sagt, wo er von der Treue und der Nachkommenschaft handelt: "dies ergibt sich bei der Ehe aus dem Ehevertrag selbst, ⟨und zwar⟩ so, daß, wenn bei der Zustimmung, die die Ehe zustande kommen läßt, etwas dem Entgegengesetztes zum Ausdruck gebracht würde, es sich um keine wahre Ehe handelte"[1]. ...

3702    Exinde iam constat legitimam quidem auctoritatem iure pollere atque adeo cogi officio coercendi, impediendi, puniendi turpia coniugia, quae rationi ac naturae adversantur; sed cum de re agatur ipsam hominis naturam consequente, non minus certo constat ...: "In deligendo genere vitae non est dubium, quin in potestate sit arbitrioque singulorum alterutrum malle: aut Iesu Christi sectari de virginitate consilium, aut maritali se vinclo obligare. Ius coniugii naturale et primigenum homini adimere, causamve nuptiarum praecipuam, Dei auctoritate initio constitutam, quoquo modo circumscribere lex hominum nulla potest: 'Crescite et multiplicamini' [*Gn 1,28*]"[1].

Von daher steht schon fest, daß die gesetzmäßige Autorität zwar über das Recht verfügt und sogar dazu verpflichtet ist, schändliche Verbindungen, die der Vernunft und Natur widerstreiten, einzuschränken, zu verhindern und zu bestrafen; da es sich aber um eine Sache handelt, die aus der Natur des Menschen selbst folgt, steht nicht weniger sicher fest ...: "Bei der Auswahl der Lebensweise steht es zweifellos in der Macht und im Ermessen der einzelnen, eines von beidem vorzuziehen: entweder dem Rat Jesu Christi in bezug auf die Jungfräulichkeit zu folgen oder sich durch das eheliche Band zu binden. Kein Gesetz der Menschen kann dem Menschen das natürliche und ursprüngliche Recht auf eheliche Verbindung wegnehmen oder den durch Gottes Autorität von Anfang an festgesetzten Hauptzweck der Ehe in irgendeiner Weise einschränken: 'Wachset und mehret euch' [*Gen 1,28*]"[1].

## Güter der christlichen Ehe

3703    *[543]* ... Quae vero quantaque sint haec veri matrimonii bona divinitus data dum exponere aggredimur, ... Nobis praeclarissimi Ecclesiae Doctoris [*Augustini*] verba occurrunt ...: "Haec omnia ... bona sunt, propter quae nuptiae bonae sunt: proles, fides, sacramentum"[1].

Quae tria capita qua ratione luculentissimam totius de christiano connubio doctrinae summam continere iure dicantur, ipse sanctus Doctor diserte declarat, cum ait: "*In fide* attenditur, ne praeter vinculum coniugale cum altero vel altera concumbatur; *in prole,* ut amanter suscipiatur, benigne nutriatur, re-

... Wenn Wir uns aber anschicken, darzulegen, welche und wie groß diese von Gott verliehenen Güter der wahren Ehe sind, ... so kommen Uns die Worte des vortrefflichsten Kirchenlehrers [*Augustinus*] in den Sinn ...: "Dies alles ... sind Güter, deretwegen die Ehe gut ist: Nachkommenschaft, Treue, Sakrament"[1].

Inwiefern man von diesen drei Hauptpunkten zurecht sagt, sie umfaßten höchst einprägsam die Summe der ganzen Lehre von der christlichen Ehe, erklärt der heilige Lehrer selbst deutlich, wenn er sagt: "*Bei der Treue* wird darauf geachtet, daß man nicht außerhalb des ehelichen Bandes mit einem

---

**\*3701** [1] Thomas von Aquin, *Summa theologiae* III, suppl., q. 49, a. 3 (Editio Leonina 12,946).

**\*3702** [1] Leo XIII., Enzyklika "*Rerum novarum*", 15. Mai 1891 (AAS 23 [1890/91] 645 / Leo XIII., *Acta*, Rom 11,104).

**\*3703** [1] Augustinus, *De bono coniugali* 24, n. 32 (CSEL 41,227$_{21f}$ / PL 40,394D); ähnlich *De Genesi ad litteram* IX 7, n. 12 (CSEL 28,275$_{26f}$ / PL 34,397D).

ligiose educetur; *in sacramento* autem, ut coniugium non separetur, et dimissus aut dimissa, nec causa prolis, alteri coniugatur. Haec est tamquam regula nuptiarum, qua vel naturae decoratur fecunditas vel incontinentiae regitur pravitas"[2].

[*1. Bonum prolis.*] Itaque primum inter matrimonii bona locum tenet proles. Et sane ipse humani generis Creator, qui pro sua benignitate hominibus in vita propaganda administris uti voluit, id docuit, cum in paradiso, matrimonium instituens, protoparentibus et per eos omnibus futuris coniugibus dixit: "Crescite et multiplicamini et replete terram" [*Gn 1,28*]. ...

*[544]* Christiani vero parentes intelligant praeterea, se non iam solum ad genus humanum in terra propagandum et conservandum, immo vero, non ad quoslibet veri Dei cultores educandos destinari, sed ad pariendam Ecclesiae Christi subolem, ad "cives Sanctorum et domesticos Dei" [*Eph 2,19*] procreandos, ut populus Dei et Salvatoris nostri cultui addictus in dies augeatur. Etsi enim christiani coniuges, quamvis ipsi sanctificati, sanctificationem in prolem transfundere non valent, immo naturalis generatio vitae facta est mortis via, qua originale peccatum transeat in prolem; aliquid tamen quodammodo participant de primaevo illo paradisi coniugio, cum eorum sit, propriam subolem Ecclesiae offerre, ut ab illa matre filiorum Dei fecundissima per *[545]* lavacrum baptismatis ad supernaturalem iustitiam regeneretur, et vivum Christi membrum, immortalis vitae particeps, atque aeternae gloriae, quam omnes toto pectore concupiscimus heres tandem fiat. ...

anderen oder einer anderen schlafe; *bei der Nachkommenschaft*, daß sie liebend angenommen, gütig genährt und religiös erzogen werde; *beim Sakrament* aber, daß die Ehe nicht geschieden werde und der Entlassene oder die Entlassene sich – auch nicht wegen Nachkommenschaft – mit einem anderen verbinde. Dies ist gleichsam die Eheregel, durch die sowohl die Fruchtbarkeit der Natur geziert als auch die Verkehrtheit der Begehrlichkeit gelenkt wird"[2].

[*1. Gut der Nachkommenschaft.*] 3704
Deshalb hat die Nachkommenschaft unter den Gütern der Ehe den ersten Platz inne. Und sogar der Schöpfer des Menschengeschlechts selbst, der sich in seiner Güte bei der Fortpflanzung des Lebens der Menschen als Diener bedienen wollte, lehrte dies, als er im Paradies bei der Einsetzung der Stammeltern und durch sie allen künftigen Eheleuten sagte: "Wachset und mehret euch und erfüllet die Erde" [*Gen 1,28*]. ...

Christliche Eltern aber mögen außerdem 3705
verstehen, daß sie nicht mehr nur dazu bestimmt sind, das Menschengeschlecht auf der Erde fortzupflanzen und zu erhalten, ja sogar nicht ⟨nur⟩, irgendwelche Verehrer des wahren Gottes zu erziehen, sondern der Kirche Christi Nachwuchs zu gebären, "Mitbürger der Heiligen und Hausgenossen Gottes" [*Eph 2,19*] zu zeugen, damit das der Verehrung Gottes und unseres Erlösers geweihte Volk von Tag zu Tag vermehrt werde. Denn christliche Eheleute vermögen zwar, auch wenn sie selbst geheiligt sind, die Heiligung nicht auf die Nachkommenschaft zu übertragen, ja die natürliche Zeugung des Lebens ist sogar zum Weg des Todes geworden, auf dem die Ursünde auf die Nachkommenschaft übergeht; dennoch haben sie gewissermaßen einen Anteil an jener ursprünglichen Ehe des Paradieses, weil es ihre Aufgabe ist, ihren eigenen Nachwuchs der Kirche darzubringen, damit er von dieser überaus fruchtbaren Mutter der Kinder Gottes durch das Bad der Taufe zur übernatürlichen Gerechtigkeit wiedergeboren werde und ein lebendiges Glied Christi, des unsterblichen Lebens teilhaft und schließlich Erbe der ewigen Herrlichkeit, die wir alle aus ganzem Herzen begehren, werde. ...

---

[2]   Augustinus, *De Genesi ad litteram* IX 7, n. 12 (CSEL 28,275$_{27}$–276$_6$ / PL 34,397D).

Procreationis autem beneficio bonum prolis haud sane absolvitur, sed alterum accedat oportet, quod debita prolis educatione continetur. ...

**3706**    *[546]* [*2. Bonum fidei.*] Alterum matrimonii bonum, quod diximus ab Augustino commemoratum, est bonum fidei, quae est mutua coniugum in contractu coniugali implendo fidelitas, ut, quod ex hoc contractu divina lege sancito alteri coniugi unice debetur, id neque ei denegetur neque cuivis permittatur; neque ipsi coniugi concedatur quod, utpote divinis iuribus ac legibus contrarium et a fide coniugali maxime alienum, concedi numquam potest.

Quapropter haec fides in primis postulat absolutam coniugii unitatem, quam in protoparentum matrimonio Creator ipse praestituit, cum illud noluerit esse nisi inter unum virum et mulierem unam. Et quamquam deinde hanc primaevam legem supremus legislator Deus ad tempus aliquantum relaxavit, nullum tamen dubium est, quin illam *[547]* pristinam perfectamque unitatem ex integro restituerit omnemque dispensationem abrogaverit evangelica Lex, ut Christi verba et constans Ecclesiae sive docendi sive agendi modus palam ostendunt. ...

**3707**    Haec autem, quae a Sancto Augustino aptissime appellatur[1] "castitatis fides", et facilior et multo etiam iucundior ac nobilior efflorescet ex altero capite praestantissimo: ex coniugali scilicet amore, qui omnia coniugalis vitae officia pervadit et quemdam tenet in christiano coniugio principatum *[548]* nobilitatis. ...

Caritatem igitur dicimus, non carnali tantum citiusque evanescente inclinatione innixam, neque in blandis solum verbis, sed etiam in intimo animi affectu positam atque, – siquidem "probatio dilectionis exhibitio est operis"[2], – opere externo comprobatam. Hoc autem opus in domestica societate non modo

Durch die Wohltat der Zeugung aber wird das Gut der Nachkommenschaft keineswegs erschöpft, sondern es muß noch ein weiteres hinzukommen, das in der gebührenden Erziehung der Nachkommenschaft besteht. ...

[*2. Gut der Treue.*] Das zweite Gut der Ehe, von dem Wir sagten, daß es von Augustinus erwähnt wurde, ist das Gut der Treue, die die gegenseitige Zuverlässigkeit der Ehegatten bei der Erfüllung des Ehevertrages ist, so daß das, was aufgrund dieses durch göttliches Gesetz geheiligten Vertrages einzig dem anderen Gatten geschuldet wird, weder diesem verweigert noch irgendeinem zugestanden wird und nicht ⟨einmal⟩ dem Gatten selbst erlaubt wird, was – da es ja den göttlichen Rechten und Gesetzen entgegengesetzt und der ehelichen Treue völlig fremd ist – niemals erlaubt werden kann.

Deswegen erfordert diese Treue vor allem die unbedingte Einzigkeit der Ehe, die der Schöpfer selbst in der Ehe der Stammeltern vorbildete, als er wollte, daß diese nur zwischen einem Manne und einer Frau bestehe. Und obwohl Gott, der höchste Gesetzgeber, in der Folge dieses ursprüngliche Gesetz zeitweilig ein bißchen lockerte, besteht dennoch kein Zweifel, daß das Gesetz des Evangeliums jene frühere und vollkommene Einzigkeit unversehrt wiederherstellte und jede Befreiung aufhob, wie die Worte Christi sowie die beständige Lehre und Praxis der Kirche deutlich zeigen. ...

Diese ⟨Treue⟩ aber, die vom heiligen Augustinus höchst treffend "Treue der Keuschheit" genannt wird[1], erblüht sowohl leichter als auch noch viel angenehmer und edler aus einer anderen ganz vortrefflichen Quelle, nämlich aus der ehelichen Liebe, die alle Pflichten des Ehelebens durchdringt und gewissermaßen den Vorrang an Adel in der christlichen Ehe innehat. ...

Wir reden also von einer Liebe, die sich nicht nur auf fleischliche und ziemlich schnell verblassende Zuneigung stützt und nicht nur auf zärtlichen Worten, sondern auch auf innigster Herzenszuneigung beruht und – denn "der Beweis der Liebe ist der Erweis der Tat"[2] – durch die äußere Tat erprobt

---

**\*3707** [1]    Augustinus, *De bono coniugali* 24, n. 32 (CSEL 41,227₁₅ / PL 40,394D).
[2]    Vgl. Gregor I. der Große, *In Evangelia homiliae*, l. II, hom. 30 (zu Joh 14,23–31), n. 1 (PL 76,1220).

mutuum auxilium complectitur, verum etiam ad hoc extendatur oportet, immo hoc in primis intendat, ut coniuges inter se iuventur ad interiorem hominem plenius in dies conformandum perficiendumque; ita ut per mutuam vitae consortionem in virtutibus magis magisque in dies proficiant, et praecipue in vera erga Deum proximosque caritate crescant, in qua denique "universa Lex pendet et Prophetae" [*Mt 22,40*]. ...

Haec mutua coniugum interior conformatio, hoc assiduum sese invicem perficiendi studium, verissima quadam ratione, ut docet Catechismus Romanus[3], etiam primaria matrimonii causa et ratio dici potest, si tamen matrimo[549]nium non pressius ut institutum ad prolem rite procreandam educandamque, sed latius ut totius vitae communio, consuetudo, societas accipiatur. ...

Firmata denique huius caritatis vinculo domestica societate, floreat in ea necesse est ille, qui ab Augustino vocatur *ordo amoris*. Qui quidem ordo et viri primatum in uxorem et liberos, et uxoris promptam nec invitam subiectionem obtemperationemque complectitur, quam commendat Apostolus his verbis: "Mulieres viris suis subditae sint sicut Domino; quoniam vir caput est mulieris, sicut Christus caput est Ecclesiae" [*Eph 5,22s*].

Haec autem obtemperatio non libertatem negat neque aufert, quae ad mulierem tam pro humanae personae praestantia, quam pro nobilissimis uxoris, matris, sociae muneribus pleno iure pertinet; neque obsecundare eam iubet quibuslibet viri optatis, ipsi forte rationi vel uxoris dignitati minus congruentibus; nec denique uxorem aequiparandam docet personis, quae in iure minores dicuntur, quibus ob maturioris iudicii defectum vel rerum humanarum imperitiam liberum suorum iu-

ist. Diese Tat aber umfaßt in der häuslichen Gemeinschaft nicht nur die gegenseitige Hilfe, sondern muß sich auch darauf erstrecken, ja, vor allem dies anstreben, daß die Gatten sich gegenseitig unterstützen, den inneren Menschen von Tag zu Tag in reicherem Maße auszuformen und zu vollenden, so daß sie durch die gegenseitige Lebensgemeinschaft in den Tugenden von Tag zu Tag mehr und mehr fortschreiten und insbesondere in der wahren Liebe gegenüber Gott und den Nächsten wachsen, von der schließlich "das gesamte Gesetz und die Propheten abhängen" [*Mt 22,40*]. ...

Diese gegenseitige innere Ausformung der Gatten, dieses ständige Bemühen, sich wechselseitig zu vervollkommnen, kann in einer gewissen sehr wahren Weise, wie der Römische Katechismus lehrt[3], sogar der vornehmliche Grund und Sinn der Ehe genannt werden, sofern man nur die Ehe nicht im engeren Sinne als eine Einrichtung zur rechtmäßigen Erzeugung und Erziehung von Nachkommenschaft, sondern im weiteren Sinne als eine Vereinung, Vertrautheit und Gesellung des ganzen Lebens auffaßt. ...

**3708** Ist die häusliche Gemeinschaft schließlich durch das Band dieser Liebe gestärkt, so muß in ihr jene von Augustinus so genannte *Ordnung der Liebe* erblühen. Diese Ordnung umfaßt nämlich sowohl den Vorrang des Mannes gegenüber der Gattin und den Kindern als auch die freiwillige und nicht widerwillige Unterwerfung und Folgsamkeit der Gattin, die der Apostel mit folgenden Worten empfiehlt: "Die Frauen seien ihren Männern untertan wie dem Herrn; denn der Mann ist das Haupt der Frau, so wie Christus das Haupt der Kirche ist" [*Eph 5,22f*].

**3709** Dieser Gehorsam aber leugnet und beseitigt die Freiheit nicht, die der Frau sowohl angesichts der Vortrefflichkeit der menschlichen Person als auch angesichts der höchst vornehmen Aufgaben einer Gattin, Mutter und Gefährtin mit vollem Recht zusteht; auch heißt er sie nicht, irgendwelchen Wünschen des Mannes zu willfahren, die vielleicht der Vernunft selbst oder der Würde der Gattin weniger entsprechen; auch besagt er schließlich nicht, daß die Gattin Personen

---

[3]　Vgl. *Catechismus Romanus* (1564), p. II, c. 8, q. 13.

rium exercitium concedi non solet; sed vetat exaggeratam illam licentiam, quae familiae bonum non curat, vetat in hoc familiae corpore cor separari a capite, cum maximo totius corporis detrimento et proximo ruinae periculo. Si enim vir est caput, mulier est cor, et sicut ille principatum tenet regiminis, haec amoris principatum sibi ut proprium vindicare potest et debet.

Haec dein uxoris viro suo obtemperatio, ad gradum et modum quod attinet, varia esse potest pro variis personarum, locorum, temporum condicionibus; immo si vir officio [550] suo defuerit, uxoris est vices eius in dirigenda familia supplere. At ipsam familiae structuram eiusque legem praecipuam, a Deo constitutam et firmatam, evertere aut tangere numquam et nusquam licet. [*Citantur hic Leonis XIII verba:* "Vir est familiae princeps ... caritas esto perpetua moderatrix officii": *3143.*] ...

**3710**    [*3. Bonum sacramenti.*] Attamen tantorum beneficiorum summa completur et quasi cumulatur illo christiani coniugii bono, quod Augustini verbo nuncupavimus sacramentum, quo denotatur et vinculi indissolubilitas et contractus in efficax gratiae signum per Christum facta elatio atque consecratio.

Et primo quidem, indissolubilem foederis nuptialis firmitatem ipse Christus urget dicendo: "Quod Deus coniunxit, homo non separet" [*Mt 19,6*]; et: "Omnis, qui dimittit uxorem suam, et alteram ducit, moechatur: et qui dimissam a viro ducit, moechatur" [*Lc 16,18*].

[551] In hac autem indissolubilitate Sanctus Augustinus hoc quod vocat bonum sacramenti ponit apertis his verbis: "In sacra-

gleichzustellen sei, die im Recht Minderjährige genannt werden, denen man wegen des Fehlens eines reiferen Urteils oder der Unerfahrenheit in den menschlichen Dingen keine freie Ausübung ihrer Rechte zuzugestehen pflegt; vielmehr verbietet er jene übertriebene Willkür, die sich nicht um das Wohl der Familie kümmert, verbietet, daß sich in diesem Familienleib zum größten Schaden des ganzen Leibes und unter unmittelbarer Gefahr des Untergangs das Herz vom Haupte trennt. Wenn nämlich der Mann das Haupt ist, dann ist die Frau das Herz, und so wie jener den Vorrang der Leitung innehat, so kann und muß diese für sich den Vorrang der Liebe als Eigen beanspruchen.

Dieser Gehorsam der Gattin ihrem Manne gegenüber kann sodann, was den Grad und die Weise angeht, je nach den unterschiedlichen Personen-, Orts- und Zeitverhältnissen unterschiedlich sein; ja, wenn der Mann seiner Pflicht nicht nachgekommen ist, ist es Aufgabe der Gattin, seine Stelle bei der Leitung der Familie zu vertreten. Aber die Familienstruktur selbst und ihr von Gott festgelegtes und bekräftigtes Hauptgesetz zu zerstören oder anzurühren, ist niemals und nirgends erlaubt. [*Angeführt werden hier die Worte Leos XIII.:* "Der Mann ist der Herr der Familie ... die Liebe soll die beständige Lenkerin der Pflicht sein": *3143.*] ...

[*3. Gut des Sakramentes.*] Die Fülle solch großer Wohltaten wird jedoch vervollständigt und gleichsam gehäuft durch jenes Gut der christlichen Ehe, das wir mit dem Worte Augustins "Sakrament" genannt haben, wodurch sowohl die Unauflöslichkeit des Bandes als auch die durch Christus erfolgte Erhebung und Weihe des Vertrages zu einem wirksamen Zeichen der Gnade angezeigt wird.

Und zunächst nun dringt Christus selbst auf die unauflösliche Festigkeit des Ehebundes, wenn er sagt: "Was Gott verbunden hat, soll der Mensch nicht trennen" [*Mt 19,6*]; und: "Jeder, der seine Gattin entläßt und eine andere heiratet, bricht die Ehe; auch wer die vom Manne Entlassene heiratet, bricht die Ehe" [*Lk 16,18*].

In diese Unauflöslichkeit aber setzt der heilige Augustinus mit folgenden klaren Worten das, was er "Gut des Sakramentes"

mento autem [attenditur], ut coniugium non separetur, et dimissus aut dimissa, nec causa prolis, alteri coniungatur"[1].

Atque haec inviolabilis firmitas, quamquam non eadem perfectissimaque mensura ad singula, ad omnia tamen vera coniugia pertinet: nam illud Domini: "Quod Deus coniunxit, homo non separet", cum de protoparentum connubio, cuiusvis futuri coniugii prototypo, dictum sit, ad omnia prorsus vera matrimonia spectare necesse est. ...

*[552]* ... Quod si exceptioni, etsi rarissimae, haec firmitas obnoxia videatur, ut in quibusdam coniugiis naturalibus solum inter infideles initis vel, si inter Christifideles, ratis illis quidem, sed nondum consummatis, ea exceptio non ex hominum voluntate pendet, neque potestatis cuiuslibet mere humanae, sed ex iure divino, cuius una custos atque interpres est Ecclesia Christi.

Nulla tamen, neque ullam ob causam, facultas huiusmodi cadere umquam poterit in matrimonium christianum ratum atque consummatum. In eo enim, quemadmodum maritale foedus plene perficitur, ita maxima quoque ex Dei voluntate firmitas atque indissolubilitas, nulla hominum auctoritate relaxanda, elucet.

Huius autem divinae voluntatis intimam rationem si reverenter investigare velimus, ... facile eam inveniemus in mystica christiani connubii significatione, quae in consummato inter fideles matrimonio plene perfecteque habetur. Teste enim Apostolo christianorum connubium perfectissimam illam refert coniunctionem, quae Christum inter et Ecclesiam intercedit: "Sacramentum hoc magnum est, ego autem dico, in Christo et in Ecclesia" [*Eph 5,32*]: quae quidem coniunctio, quamdiu Christus vivet et Ecclesia per ipsum, nulla profecto separatione umquam dissolvi poterit. ...

nennt: "Beim Sakrament aber [wird darauf geachtet], daß die Ehe nicht geschieden werde und der Entlassene oder die Entlassene sich – auch nicht wegen Nachkommenschaft – mit einem anderen verbinde"[1].

Und obwohl diese unverletzliche Festig- **3711** keit nicht in demselben und vollkommensten Maße zu ⟨allen⟩ einzelnen Ehen gehört, so doch zu allen wahren: denn da jenes ⟨Wort⟩ des Herrn: "Was Gott verbunden hat, soll der Mensch nicht trennen", von der Ehe der Stammeltern, der Urform jeder künftigen Ehe, gesagt wurde, muß es sich auf schlechthin alle wahren Ehen beziehen. ...

... Wenn nun aber diese Festigkeit einer **3712** wenn auch noch so seltenen Ausnahme unterworfen zu sein scheint, wie etwa in bestimmten nur natürlichen Ehen, die zwischen Ungläubigen eingegangen wurden, oder, falls unter Christgläubigen, wenn diese zwar gültig sind, aber noch nicht vollzogen wurden, so hängt diese Ausnahme nicht vom Willen der Menschen oder irgendeiner rein menschlichen Vollmacht ab, sondern vom göttlichen Recht, dessen einzige Wächterin und Auslegerin die Kirche Christi ist.

Jedoch wird für eine gültige und vollzogene christliche Ehe niemals und aus gar keinem Grund eine solche ⟨Rechts⟩möglichkeit zutreffen können. Wie nämlich in ihr der Ehebund ganz verwirklicht wird, so strahlt auch nach Gottes Willen die größte Festigkeit und Unauflöslichkeit auf, die durch keine Autorität der Menschen gelockert werden kann.

Wenn wir aber den innersten Grund für diesen göttlichen Willen ehrfürchtig erforschen wollen, ... werden wir ihn leicht in der geheimnisvollen Bedeutung der christlichen Ehe finden, die in der zwischen Gläubigen vollzogenen Ehe ganz und vollkommen vorliegt. Nach dem Zeugnis des Apostels nämlich gibt die Ehe der Christen jene vollkommenste Verbindung wieder, die zwischen Christus und der Kirche besteht: "Dieses Geheimnis ist groß: ich rede aber im Hinblick auf Christus und im Hinblick auf die Kirche" [*Eph 5,32*]: diese Verbindung wird nämlich, solange Christus lebt und die Kirche durch ihn, in der Tat niemals durch irgendeine Trennung gelöst werden können. ...

---

**\*3710** [1] Augustinus, *De Genesi ad litteram* IX 7, n. 12 (CSEL 28,276$_{2-4}$ / PL 34,397D).

**3713**    *[554]* ... Verum hoc sacramenti bono, praeter indissolubilem firmitatem, multo etiam celsiora emolumenta continentur, per ipsam *sacramenti* vocem aptissime designata: christianis enim hoc non inane et vacuum est nomen, cum Christus Dominus "sacramentorum institutor atque perfector" [*Concilium Tridentinum, sessio XXIV: *1799*], suorum fidelium matrimonium ad verum et proprium Novae Legis Sacramentum provehendo, illud re vera effecerit peculiaris illius interioris gratiae signum et fontem, qua eius "naturalem illum amorem perficeret, et indissolubilem unitatem confirmaret, coniugesque sanctificaret" [*ibid.*].

Et quoniam Christus ipsum coniugalem inter fideles validum consensum signum gratiae constituit, ratio sacramenti cum christiano coniugio tam intime coniungitur, ut nullum inter baptizatos verum matrimonium esse possit, "quin sit eo ipso sacramentum". ...

**3714**    Hoc enim sacramentum, in iis, qui obicem, ut aiunt, non opponunt, non solum permanens vitae supernaturalis principium, gratiam scilicet sanctificantem, auget, sed etiam peculiaria addit dona, bonos animi motus, gratiae germina, *[555]* naturae vires augendo ac perficiendo, ut coniuges ... perficere valeant, quidquid ad statum coniugalem eiusque fines et officia pertinet; ius denique iis concedit ad actuale gratiae auxilium toties impetrandum, quotiescumque ad munera huius status adimplenda eo indigent.

... Außer der unauflöslichen Festigkeit sind in diesem Gut des Sakramentes aber noch viel hervorragendere Wirkungen enthalten, die gerade durch den Ausdruck *Sakrament* sehr treffend bezeichnet sind: für Christen ist dies nämlich kein eitler und leerer Name, da Christus, der Herr, "der Stifter und Vollender der Sakramente" [*Konzil von Trient, 24. Sitzung: *1799*], indem er die Ehe seiner Gläubigen zum wahren und eigentlichen Sakrament des Neuen Bundes beförderte, diese tatsächlich zu einem Zeichen und einer Quelle jener besonderen inneren Gnade machte, durch die er bei ihr "jene natürliche Liebe vervollkommnen, die unauflösliche Einheit festigen und die Gatten heiligen wollte" [*ebd.*].

Und weil Christus gerade den gültigen Ehekonsens zwischen Gläubigen zum Zeichen der Gnade bestimmte, ist das Wesen des Sakramentes so innigst mit der christlichen Ehe verbunden, daß es keine wahre Ehe unter Getauften geben kann, ohne daß sie eben dadurch ein Sakrament ist. ...

Dieses Sakrament vermehrt nämlich in denen, die, wie man sagt, keinen Riegel vorschieben, nicht nur die bleibende Grundlage des übernatürlichen Lebens, nämlich die heiligmachende Gnade, sondern fügt auch besondere Gaben hinzu, gute Regungen des Herzens, Keime der Gnade, indem es die Kräfte der Natur vermehrt und vervollkommnet, damit die Gatten ... alles vollbringen können, was zum Ehestand und seinen Zielen und Pflichten gehört; schließlich räumt es ihnen das Recht ein, so oft die wirksame Hilfe der Gnade zu erlangen, wie oft auch immer sie zur Erfüllung der Aufgaben dieses Standes ihrer bedürfen.

### Mißbrauch der Ehe

**3715**    *[557]* ... Praecipua [*malorum*] radix in eo est quod matrimonium non ab *[558]* auctore naturae institutum neque a Christo Domino in veri sacramenti dignitatem evectum, sed ab hominibus inventum vocitent. ...

[*Hinc consectaria:*] Leges, instituta ac mores, quibus connubium regatur, cum sola hominum voluntate sint parta, ei soli subesse, ideoque pro humano lubitu et humanarum

... Die Hauptwurzel [*der Übel*] liegt darin, daß man sagt, die Ehe sei nicht vom Urheber der Natur eingesetzt und nicht von Christus, dem Herrn, zur Würde eines wahren Sakramentes erhoben, sondern von den Menschen erfunden worden. ...

[*Folgerungen hieraus:*] Da die Gesetze, Einrichtungen und Bräuche, durch die die Ehe geleitet werden soll, allein durch den Willen der Menschen erzeugt worden seien,

rerum vicissitudinibus condi, immutari, abrogari et posse et debere, generativam autem vim, quippe quae in ipsa natura nitatur, et sacratiorem esse et latius patere quam matrimonium. ...

Hisce principiis innixi quidam eo devenerunt, ut nova effingerent coniunctionum genera ad praesentes hominum ac temporum rationes, ut opinantur, accommodata, quae totidem novas matrimonii species esse volunt: aliud *ad tempus,* aliud *ad experimentum,* aliud *amicale* quod plenam *[559]* matrimonii licentiam omniaque iura sibi vindicat, dempto tamen indissolubili vinculo et prole exclusa, nisi partes suam vitae communionem et consuetudinem in pleni iuris matrimonium deinde converterint. ...

De prole sit sermo, quam multi molestum connubii onus vocare audent, quamque a coniugibus, non per honestam continentiam (etiam in matrimonio, utroque consentiente coniuge, permissam), sed vitiando naturae actum, studiose arcendam praecipiunt. Quam quidem facinorosam licentiam alii sibi vindicant, quod prolis pertaesi solam sine onere voluptatem explere cupiunt, alii quod dicunt, se neque continentiam servare, neque ob suas vel matris vel rei familiaris difficultates prolem admittere posse.

At nulla profecto ratio, ne gravissima quidem, efficere potest, ut, quod intrinsece est contra naturam, id cum natura congruens et honestum fiat. Cum autem actus coniugii suapte natura proli generandae sit destinatus, qui, in eo exercendo, naturali hac eum vi atque virtute de industria destituunt, contra naturam agunt et turpe quid atque intrinsece inhonestum operantur.

Quare mirum non est, ipsas quoque Sacras Litteras testari, divinam Maiestatem summo prosequi odio hoc nefandum facinus

unterständen sie ihm allein und könnten und müßten deswegen nach menschlichem Belieben und den wechselnden menschlichen Umständen verfaßt, geändert und abgeschafft werden, die Zeugungskraft aber sei, da sie ja auf der Natur selbst beruhe, geheiligter und erstrecke sich weiter als die Ehe. ...

Sich auf diese Grundlagen stützend sind manche darauf verfallen, neue Arten von Verbindungen auszudenken, die, wie sie meinen, den gegenwärtigen Verhältnissen der Menschen und Zeiten angemessen seien, und von denen sie behaupten, sie seien ebensoviele neue Formen der Ehe: die eine *auf Zeit,* die andere *auf Probe,* wieder eine andere eine *Freundschafts⟨ehe⟩,* die die volle Freiheit der Ehe und alle Rechte für sich beansprucht, jedoch ohne das unauflösliche Band und unter Ausschluß von Nachkommenschaft, wenn nicht die Partner ihre Lebensvereinigung und -vertrautheit danach zu einer Ehe vollgültigen Rechtes umwandeln. ...

Von der Nachkommenschaft soll die Rede **3716** sein; viele wagen sie eine beschwerliche Last für die Ehe zu nennen und raten, sie solle von den Gatten – nicht durch ehrenvolle Enthaltsamkeit (die auch in der Ehe erlaubt ist, falls beide Gatten zustimmen), sondern durch die Verfälschung des Aktes der Natur – geflissentlich verhütet werden. Diese lasterhafte Freizügigkeit nehmen nämlich die einen für sich in Anspruch, weil sie, der Nachkommenschaft überdrüssig, allein die volle Lust ohne Last suchen, andere, weil sie sagen, sie könnten weder Enthaltsamkeit üben noch wegen eigener Schwierigkeiten, ⟨Schwierigkeiten⟩ der Mutter oder in der Vermögenslage Nachkommenschaft zulassen.

Jedoch kann überhaupt kein Grund, nicht einmal der schwerwiegendste, bewirken, daß das, was innerlich wider die Natur ist, mit der Natur übereinstimmend und sittlich gut wird. Wenn aber der Akt der Ehe seiner Natur nach dazu bestimmt ist, Nachkommenschaft zu zeugen, so handeln diejenigen, die ihn bei seiner Ausübung vorsätzlich dieser natürlichen Kraft und Wirksamkeit berauben, wider die Natur und tun etwas Schändliches und innerlich Unsittliches.

Deshalb ist es nicht verwunderlich, daß auch die Heilige Schrift selbst bezeugt, daß die göttliche Majestät diese ruchlose Untat

illudque interdum morte puniisse, ut memo-rat Sanctus Augustinus[1]: "Illicite namque et turpiter etiam cum legitima uxore concum-bitur, ubi prolis conce*[560]*ptio devitatur. Quod faciebat Onan, filius Iudae, et occidit illum propter hoc Deus [cf. Gn 38,8-10]".

mit größtem Haß verfolgt und sie bisweilen mit dem Tod bestraft hat, wie der heilige Au-gustinus erinnert[1]: "Unerlaubt und schänd-lich schläft man nämlich auch mit der recht-mäßigen Gattin, wenn die Empfängnis von Nachkommenschaft vermieden wird. Dies tat Onan, der Sohn Judas, und Gott tötete ihn deswegen [vgl. Gen 38,8-10]".

3717    Cum igitur quidam, a christiana doctrina iam inde ab initio tradita neque umquam in-termissa manifesto recedentes, aliam nuper de hoc agendi modo doctrinam solemniter praedicandam censuerint, Ecclesia catholica, cui ipse Deus morum integritatem honesta-temque docendam et defendendam commisit, in media hac morum ruina posita, ut nuptia-lis foederis castimoniam a turpi hac labe im-munem servet, in signum legationis suae di-vinae, altam per os Nostrum extollit vocem atque denuo promulgat: quemlibet matrimo-nii usum, in quo exercendo, actus, de indus-tria hominum, naturali sua vitae procreandae vi destituatur, Dei et naturae legem in-fringere, et eos, qui tale quid commiserint, gravis noxae labe commaculari.

Da nun vor kurzem einige offensichtlich von der schon von Anfang an überlieferten und niemals aufgegebenen christlichen Leh-re abrückten und meinten, eine andere Lehre über diese Handlungsweise feierlich verkün-den zu sollen, erhebt die katholische Kirche, der Gott selbst aufgetragen hat, die Unver-sehrtheit und Ehrenhaftigkeit der Sitten zu lehren und zu verteidigen, mitten in diesen Sittenzerfall gestellt, um die Reinheit des Ehebundes von diesem schändlichen Makel unversehrt zu bewahren, zum Zeichen ihres göttlichen Auftrages durch Unseren Mund laut ihre Stimme und verkündet von neuem: jedweder Vollzug der Ehe, bei dessen Ausü-bung der Akt durch den Vorsatz der Men-schen seiner natürlichen Kraft, Leben zu er-zeugen, beraubt wird, bricht das Gesetz Got-tes und der Natur, und diejenigen, die so et-was begehen, beflecken sich mit dem Makel einer schweren Schuld.

Sacerdotes igitur, qui confessionibus au-diendis dant operam, aliosque, qui curam ani-marum habent, pro suprema Nostra aucto-ritate et omnium animarum salutis cura, ad-monemus, ne circa gravissimam hanc Dei le-gem fideles sibi commissos errare sinant, et multo magis, ut ipsi se ab huiusmodi falsis opinionibus immunes custodiant, neve in iis ullo modo conniveant. ...

Kraft Unserer höchsten Autorität und der Sorge um das Heil aller Seelen ermahnen Wir daher die Priester, die sich das Beichthö-ren angelegen sein lassen, und andere, die in der Seelsorge stehen, in bezug auf dieses äu-ßerst wichtige Gesetz Gottes die ihnen an-vertrauten Gläubigen nicht irren zu lassen, und noch viel mehr, sich selbst von solchen falschen Auffassungen rein zu bewahren und dabei in keiner Weise Nachsicht zu üben. ...

3718    [561] ... Optime etiam novit sancta Ec-clesia, non raro alterum ex coniugibus pati potius, quam patrare peccatum, cum ob gra-vem omnino causam perversionem recti ordi-nis permittit, quam ipse non vult, eumque ideo sine culpa esse, modo etiam tunc carita-tis legem meminerit et alterum a peccando arcere et removere ne negligat. Neque contra naturae ordinem agere ii dicendi sunt coniu-ges, qui iure suo recta et naturali ratione utuntur, etsi ob naturales sive temporis sive

... Auch weiß die heilige Kirche bestens, daß nicht selten der eine der Gatten die Sün-de eher erduldet als vollzieht, indem er aus einem durchaus schwerwiegenden Grunde die Verkehrung der rechten Ordnung zuläßt, die er selbst nicht will, und daß er daher ohne Schuld ist, sofern er nur auch dann des Ge-setzes der Liebe gedenkt und es nicht unter-läßt, den anderen am Sündigen zu hindern und davon abzuhalten. Auch kann man nicht sagen, daß diejenigen Gatten wider die Ord-

---

*3716 [1]    Augustinus, *De adulterinis coniugiis ad Pollentium* II 12 (CSEL 41,396$_{15-18}$ / PL 40 [1887] 479B).

quorundam defectuum causas nova inde vita oriri non possit.

Habentur enim tam in ipso matrimonio, quam in coniugalis iuris usu etiam secundarii fines, ut sunt mutuum adiutorium mutuusque fovendus amor et concupiscentiae sedatio, quos intendere coniuges minime vetantur, dummodo salva semper sit intrinseca illius actus natura ideoque eius ad primarium finem debita ordinatio. ...

Cavendum omnino est, ne funestae externarum rerum condiciones multo funestiori errori occasionem praebeant. Nullae enim exsurgere possunt difficultates, quae mandatorum Dei, actus, ex interiore natura sua malos, vetantium, obligationi derogare queant; in omnibus vero rerum adiunctis semper possunt coniuges, gratia Dei roborati, suo munere fideliter fungi et castitatem a turpi hac macula illi[562]batam in coniugio conservare [*Provocatur ad Concilium Tridentinum, sessionem VI, c. 11 (\*1536) et ad propositionem 1 Iansenii damnatam (\*2001)*]. ...

nung der Natur handeln, die in rechter und natürlicher Weise von ihrem Recht Gebrauch machen, auch wenn aus den natürlichen Gründen der Zeit oder irgendwelcher Mängel daraus kein neues Leben entstehen kann.

Es gibt nämlich sowohl in der Ehe selbst als auch bei der Ausübung des ehelichen Rechtes auch Zwecke zweiter Ordnung, wie etwa gegenseitige Hilfe, Förderung der gegenseitigen Liebe und Befriedigung der Begierde, die anzustreben den Gatten keineswegs verboten ist, solange nur die innere Natur jenes Aktes und daher seine gebührende Ausrichtung auf den ursprünglichen Zweck immer gewahrt ist. ...

Man muß sich wohl in acht nehmen, daß nicht unheilvolle Verhältnisse der äußeren Dinge Anlaß zu einem noch viel unheilvolleren Irrtum bieten. Es könnten sich nämlich Schwierigkeiten ergeben, die der Verbindlichkeit der Gebote Gottes, die Handlungen verbieten, welche ihrer inneren Natur nach böse sind, Abbruch tun könnten; in allen Umständen aber können die Gatten, durch die Gnade Gottes gestärkt, ihre Aufgabe getreu erfüllen und in der Ehe immer die von diesem schändlichen Makel unversehrte Keuschheit bewahren [*Es wird Bezug genommen auf das Konzil von Trient, 6. Sitzung, Kap. 11 (\*1536) und auf den ersten verurteilten Satz Jansens (\*2001)*].

## *Tötung der Leibesfrucht*

Aliud ... gravissimum commemorandum est facinus, quo vita prolis, in sinu materno reconditae, attentatur. Id autem permissum volunt alii et matris patrisve beneplacito relictum; alii tamen illicitum dicunt, nisi pergraves accedant causae, quas medicae, socialis, eugenicae *indicationis* nomine appellant.

Hi omnes quod ad poenales reipublicae leges attinet, quibus genitae necdum natae prolis peremptio prohibetur, exigunt, ut quam singuli, alii aliam, defendunt "indicationem", eandem etiam leges publicae agnoscant et ab omni poena liberam declarent. Immo nec desunt qui postulent, ut ad has letiferas sectiones magistratus publici prae-

Noch eine andere ... sehr schwere Untat ist **3719** zu erwähnen, durch die das Leben des im Mutterschoß geborgenen Kindes angetastet wird. Die einen wollen aber, daß dies erlaubt und dem Gutdünken der Mutter und des Vaters überlassen sei; andere jedoch sagen, es sei unerlaubt, wenn nicht sehr gewichtige Gründe hinzukämen, die sie medizinische, soziale und eugenische *Indikation* nennen.

Alle diese fordern, was die Strafgesetze des Gemeinwesens anbetrifft, durch die die Tötung des gezeugten und noch nicht geborenen Kindes untersagt wird, auch die öffentlichen Gesetze sollten ebendiese *Indikation*, die die einzelnen – andere eine andere – verfechten, anerkennen und von jeder Strafe frei erklären. Ja, es gibt sogar welche, die for-

beant auxiliatrices manus ...

dern, die öffentlichen Behörden sollten zu diesen tödlichen Operationen ihre helfenden Hände darbieten ...

3720    Quod vero attinet ad indicationem medicam et therapeuticam – ut eorum verbis utamur – iam diximus, Venerabiles Fratres, quantopere Nos misereat matris, cui ex naturae officio gravia imminent sanitatis, immo ipsius vitae pericula: at quae possit umquam causa valere ad ullo *[563]* modo excusandam directam innocentis necem? De hac enim hoc loco agitur. Sive ea matri infertur sive proli, contra Dei praeceptum est vocemque naturae: "Non occides!" [*Ex 20,13*]. Res enim aeque sacra utriusque vita, cuius opprimendae nulla esse umquam poterit ne publicae quidem auctoritati facultas.

Was aber die medizinische und therapeutische Indikation – um ihre Ausdrücke zu gebrauchen – anbetrifft, so sagten Wir bereits, Ehrwürdige Brüder, wie sehr es Uns der Mutter erbarmt, der aufgrund der Pflicht der Natur schwere Gefahren für die Gesundheit, ja sogar für das Leben selbst drohen; aber was für ein Grund könnte jemals gelten, in irgendeiner Weise die direkte Tötung eines Unschuldigen zu entschuldigen? Darum handelt es sich nämlich an dieser Stelle. Ob sie nun der Mutter oder dem Kind zugefügt wird, sie ist gegen das Gebot Gottes und die Stimme der Natur: "Du sollst nicht töten!" [*Ex 20,13*]. Eine gleich heilige Sache nämlich ist das Leben beider, das zu ersticken niemals einer Autorität, nicht einmal der öffentlichen, erlaubt sein kann.

Ineptissime autem haec contra innocentes repetitur e iure gladii, quod in solos reos valet; neque ullum viget hic cruentae defensionis ius contra iniustum aggressorem (nam quis innocentem parvulum iniustum aggressorem vocet?); neque ullum adest "extremae necessitatis ius" quod vocant, quodque usque ad innocentis directam occisionem pervenire possit.

Völlig zu Unrecht aber wird dies gegen Unschuldige aus dem Recht des Schwertes ⟨= Gewalt über Leben und Tod⟩ gefolgert, das allein gegen Schuldige gilt; auch gilt hier kein Recht der blutigen Verteidigung gegen einen ungerechten Angreifer (denn wer wollte ein unschuldiges Kindlein einen ungerechten Angreifer nennen?); auch liegt kein sogenanntes "Recht der äußersten Notwendigkeit" ⟨= "Notstandsrecht"⟩ vor, das bis zur direkten Tötung eines Unschuldigen reichen könnte.

In utraque igitur et matris et prolis vita tuenda ac servanda probi expertique medici cum laude enituntur; contra, nobili medicorum nomine et laude indignissimos se ii probarent, quotquot alterutri, per speciem medicandi, vel falsa misericordia moti, ad mortem insidiarentur. ...

Rechtschaffene und erfahrene Ärzte bemühen sich also lobenswerterweise um den Schutz und die Erhaltung beider Leben, sowohl der Mutter als auch des Kindes; dagegen würden sich all die als des vornehmen Namens und Ruhmes der Ärzte höchst unwürdig erweisen, die einem von beiden unter dem Vorwand des Heilens oder durch falsche Barmherzigkeit veranlaßt nach dem Leben trachteten. ...

3721    Quae autem afferuntur pro sociali et eugenica indicatione, licitis honestisque modis et intra debitos limites, *[564]* earum quidem rerum ratio haberi potest et debet; at necessitatibus, quibus eae innituntur, per occisionem innocentium providere velle absonum est praeceptoque divino contrarium, apostolicis etiam verbis promulgato: Non

Den Dingen aber, die für die soziale und eugenische Indikation angeführt werden, kann und muß freilich in erlaubter und sittlich einwandfreier Weise und innerhalb der gebotenen Grenzen Rechnung getragen werden; aber den Notlagen, auf die sich diese ⟨Indikationen⟩ stützen, durch die Tötung Unschuldiger Abhilfe schaffen zu

esse facienda mala, ut eveniant bona [*cf. Rm 3,8*].

wollen, ist abgeschmackt und dem göttlichen Gebot entgegengesetzt, das auch durch die Worte des Apostels verkündet wurde: Man darf nicht Böses tun, damit Gutes ⟨dabei⟩ herauskommt [*vgl. Röm 3,8*].

### Das Recht zur Ehe und die Sterilisierung

Sunt enim qui, de finibus *eugenicis* nimium solliciti, non solum salubria quaedam dent consilia ad futurae prolis valetudinem ac robur tutius procurandum – quod rectae rationi utique contrarium non est – sed cuilibet alii etiam altioris ordinis fini *eugenicum* anteponant, et coniugio auctoritate publica prohiberi velint eos omnes, ex quibus, secundum disciplinae suae normas et coniecturas, propter hereditariam transmissionem, mancam vitiosamque prolem generatum iri censent, etiamsi iidem sint ad matrimonium ineundum per se apti. Quin immo naturali illa facultate, ex lege, eos, vel invitos medicorum opera privari volunt; neque id ad cruentam sceleris commissi poenam pu[*565*]blica auctoritate repetendam, vel ad futura *reorum*[1] crimina praecavenda, *sed*[1] contra omne ius et fas ea magistratibus civilibus arrogata facultate, quam numquam habuerunt nec legitime habere possunt.

Quicumque ita agunt, perperam dant oblivioni, sanctiorem esse familiam statu, hominesque in primis non terrae et tempori, sed caelo et aeternitati generari. Et fas profecto non est, homines, matrimonii ceteroqui capaces, quos, adhibita etiam omni cura et diligentia, nonnisi mancam genituros esse prolem conicitur, ob eam causam gravi culpa onerare, si coniugium contrahant, quamquam saepe matrimonium iis dissuadendum est.

Es gibt nämlich welche, die, allzusehr um   3722 *eugenische* Zwecke besorgt, nicht nur manch heilsame Ratschläge geben, um für Gesundheit und Kraft der künftigen Nachkommenschaft sicherer vorzusorgen – was der rechten Vernunft keineswegs entgegengesetzt ist –, sondern sogar jedem beliebigen anderen Zweck höherer Ordnung den *eugenischen* voranstellen und durch die öffentliche Autorität all jene an der Ehe hindern wollen – auch wenn diese an sich dazu tauglich sind, eine Ehe einzugehen –, von denen sie gemäß den Regeln und Vermutungen ihrer Wissenschaft meinen, daß aus ihnen aufgrund von Erbübertragung eine behinderte und fehlerhafte Nachkommenschaft gezeugt werde. Ja, sie wollen sie sogar von Gesetzes wegen, selbst gegen ihren Willen, durch einen Eingriff von Ärzten jener natürlichen Fähigkeit berauben lassen, und zwar nicht, um kraft öffentlicher Autorität blutige Strafe für ein begangenes Verbrechen einzufordern oder gegen künftige Vergehen *Schuldiger*[1] Vorsorge zu treffen, *sondern*[1] indem diese Möglichkeit gegen jedes menschliche und göttliche Recht für die bürgerlichen Behörden beansprucht wird, das sie niemals hatten noch rechtmäßig haben können.

Wer immer so handelt, läßt fälschlicherweise in Vergessenheit geraten, daß die Familie heiliger ist als der Staat und daß die Menschen in erster Linie nicht für die Erde und die Zeit, sondern für den Himmel und die Ewigkeit gezeugt werden. Und es ist in der Tat nicht recht, Menschen, die im übrigen zur Ehe fähig sind, von denen man vermutet, daß sie auch unter Anwendung jeglicher Sorgfalt und Gewissenhaftigkeit nur eine behinderte Nachkommenschaft zeugen werden, aus diesem Grunde mit einer schweren Schuld zu beladen, wenn sie die Ehe schließen, auch wenn ihnen oft von der Ehe abzuraten ist.

---

*3722 [1]   So nach der Verbesserung AAS 22 (1930) 604.

Publici vero magistratus in subditorum membra directam potestatem habent nullam; ipsam igitur corporis integritatem, ubi nulla intercesserit culpa nullaque adsit cruentae poenae causa, directo laedere et attingere nec *eugenicis* nec ullis aliis de causis possunt umquam. ...

Die öffentlichen Behörden aber haben keine direkte Vollmacht über die Gliedmaßen der Untergebenen; sofern deshalb keine Schuld eingetreten ist und kein Grund für eine blutige Strafe vorliegt, können sie diese Unversehrtheit des Leibes niemals weder aus *eugenischen* noch aus irgendwelchen anderen Gründen direkt verletzen und antasten. ...

3723　Ceterum, quod ipsi privati homines in sui corporis membra dominatum alium non habeant, quam qui ad eorum naturales fines pertineat, nec possint ea destruere aut mutilare aut alia via ad naturales functiones se ineptos reddere, nisi quando bono totius corporis aliter provideri nequeat, id christiana doctrina statuit atque ex ipso humanae rationis lumine omnino constat.

Daß im übrigen selbst die einzelnen Menschen keine andere Gewalt über die Glieder ihres Leibes haben als die, welche sich auf ihre natürlichen Zwecke erstreckt, und sie diese nicht zerstören oder verstümmeln noch sich auf andere Weise zu ihren natürlichen Funktionen untauglich machen können – wenn nicht gelegentlich anders für das Wohl des ganzen Leibes gesorgt werden kann –, das bestimmt die christliche Lehre und steht aufgrund des Lichtes der menschlichen Vernunft selbst unumstößlich fest.

## Scheidungen

3724　*[572]* ... Neopaganismi fautores, tristi rerum usu nihil edocti, in sacram coniugii indissolubilitatem legesque eam iuvantes acrius in dies invehi pergunt, ac licere divortia decernendum esse contendunt, ut alia scilicet, eaque humanior, lex obsoletis legibus sufficiatur. ...

... Durch traurige Erfahrung keineswegs belehrt, fahren die Förderer des Neuheidentums fort, gegen die heilige Unauflöslichkeit der Ehe und die sie unterstützenden Gesetze von Tag zu Tag schärfer vorzugehen, und bestehen darauf, man müsse beschließen, daß Scheidungen erlaubt seien, damit nämlich ein anderes, und zwar ein menschlicheres Gesetz an die Stelle der veralteten Gesetze trete. ...

*[573]* ... Verum, contra has quoque insanias omnes stat ... una lex Dei certissima, a Christo amplissime confirmata, nullis hominum decretis vel scitis populorum, nulla legumlatorum voluntate debilitanda: "Quod Deus coniunxit, homo non separet" [*Mt 19,6*].

... Gegen all diese Tollheiten steht aber auch ... das eine unumstößliche Gesetz Gottes, das von Christus in vollem Umfang bestätigt wurde und durch keine Entscheidungen von Menschen oder Beschlüsse von Völkern, durch keinen Willen von Gesetzgebern abgeschwächt werden kann: "Was Gott verbunden hat, soll der Mensch nicht trennen" [*Mt 19,6*].

Quod quidem si iniuria homo separaverit, irritum id prorsus fuerit; iure propterea ... Christus ipse asseveravit: "Omnis qui dimittit uxorem suam et alteram ducit, moechatur; et qui dimissam a viro ducit, moechatur" [*Lc 16,18*]. Et haec Christi verba quodcumque respiciunt matrimonium, etiam naturale tantum et legitimum; omni enim vero matrimonio convenit illa indissolubilitas, qua illud partium beneplacito et omni saeculari potes-

Wenn dies freilich der Mensch zu Unrecht getrennt hat, so wird dies völlig ungültig sein; zurecht hat deswegen ... Christus selbst betont: "Jeder, der seine Gattin entläßt und eine andere heiratet, bricht die Ehe; auch wer die vom Manne Entlassene heiratet, bricht die Ehe" [*Lk 16,18*]. Und diese Worte Christi beziehen sich auf jedwede Ehe, auch die bloß natürliche und gesetzmäßige; jeder wahren Ehe kommt nämlich jene Unauflöslichkeit

tati, ad vinculi solutionem quod pertinet, est omnino subtractum.

zu, durch die sie, was die Lösung des Bandes anbelangt, dem Gutdünken der Parteien und jeder weltlichen Gewalt völlig entzogen ist.

## 3725-3744: Enzyklika "Quadragesimo anno", 15. Mai 1931

Die Enzyklika erinnert an den vierzigsten Jahrestag der Enzyklika "*Rerum novarum*" Leos XIII. (*3265-3271). Sie reagiert auf die veränderten gesellschaftlichen Verhältnisse mit einer Fortschreibung der Soziallehre der Kirche.
*Ausg.:* AAS 23 (1931) 190-216.

### Die Autorität der Kirche auf sozialem und wirtschaftlichem Gebiet

[*Ante quam explanetur doctrina socialis Ecclesiae*] illud praestituendum est, ... ius officiumque Nobis inesse de rebus istis socialibus et oeconomicis suprema auctoritate iudicandi[1]. Profecto Ecclesiae non haec fuit demandata provincia, homines ad fluxam solum et caducam felicitatem dirigendi, sed ad aeternam; immo "terrenis hisce negotiis sine ratione se immiscere nefas putat Ecclesia"[2]. Ast renuntiare nullatenus potest muneri sibi a Deo concredito, ut auctoritatem interponat suam non iis quidem, quae artis sunt, ad quae neque mediis aptis est instructa nec officio praedita, sed in iis omnibus, quae ad regulam morum referuntur. ...

Nam, etsi oeconomica res et moralis disciplina in suo quaeque ambitu suis utuntur principiis, error tamen est, oeconomicum ordinem et moralem ita dissitos ac inter se alienos dicere, ut ex hoc ille nulla ratione pendeat.

[*Bevor die Soziallehre der Kirche ausgebreitet wird,*] muß vorausgeschickt werden, ... daß Uns das Recht und die Pflicht obliegt, über diese sozialen und wirtschaftlichen Dinge mit höchster Autorität zu urteilen[1]. Gewiß wurde der Kirche nicht die Aufgabe übertragen, die Menschen nur zu einem flüchtigen und hinfälligen Glück zu leiten, sondern zum ewigen; ja, "die Kirche hält es für unrecht, sich ohne Grund in diese irdischen Geschäfte einzumischen"[2]. Aber sie kann sich keineswegs der ihr von Gott anvertrauten Aufgabe verweigern, ihre Autorität zwar nicht in den Fragen zur Geltung zu bringen, die technischer Art sind und für die sie weder mit den geeigneten Mitteln ausgestattet noch mit einem Amt versehen ist, aber in all jenen Fragen, die sich auf das Sittengesetz beziehen. ... **3725**

Denn wenn sich auch das Wirtschaftswesen und die Sittenlehre in ihrem jeweiligen Bereich ihrer eigenen Grundsätze bedienen, so ist es dennoch ein Irrtum, die wirtschaftliche und sittliche Ordnung so verschieden und untereinander fremd zu nennen, daß jene von dieser in keiner Weise abhänge.

### Das Verfügungs- und Besitzrecht

*[191]* (I n d o l e s   e t   i n d i v i d u a l i s   e t   s o c i a l i s.)[1] Primo igitur pro comperto et explorato habeatur, neque Leonem [*XIII*] neque eos, qui Ecclesia duce et magistra docuere, theologos, negasse umquam vel in dubium vocasse duplicem dominii rationem, quam individualem vocant et socialem, prout singulos respicit vel ad bonum spectat commune; sed semper uno ore affirmasse, a natura

(I n d i v i d u e l l e   u n d   s o z i a l e   B e s c h a f - **3726** f e n h e i t.)[1] Zunächst nun muß für sicher und ausgemacht gehalten werden, daß weder Leo [*XIII*.] noch die Theologen, die unter Führung und Anleitung der Kirche gelehrt haben, jemals die doppelte Beschaffenheit des Besitzes geleugnet oder in Zweifel gezogen haben, die sie die individuelle und soziale nennen, je nachdem, ob es die einzelnen be-

---

**3725** [1] Vgl. Enzyklika "*Rerum novarum*", Nr. 13 (ASS 23 [1890/91] 647 / Leo XIII., *Acta*, Rom 11,107).
     [2] Pius XI., Enzyklika "*Ubi arcano*", 23. Dez. 1922 (AAS 14 [1922] 698).
**3726** [1] Die Titel in *runden* Klammern sind Randtitel der Ausgabe AAS.

seu a Creatore ipso ius dominii privati hominibus esse tributum, cum ut sibi familiaeque singuli providere possint, tum ut, huius instituti ope, bona, quae Creator universae hominum familiae destinavit, huic fini vere inserviant, quae *[192]* omnia obtineri nullo modo possunt nisi certo et determinato ordine servato.

Itaque duplex in quem impingi potest scopulus naviter cavendus est. Nam sicut ex negata vel extenuata iuris proprietatis indole sociali et publica in "individualismum" quem dicunt ruitur aut ad eum acceditur, ita privata ac individuali eiusdem iuris indole repulsa vel attenuata in "collectivismum" properetur vel saltem eiusdem placita attingantur necesse est. ...

3727    (Obligationes dominio inhaerentes.) ... Fundamenti instar praemittendum est, quod Leo XIII constituit, ius nempe proprietatis ab eius usu distingui [*cf. *3267*]. Etenim possessionum divisionem sancte servare neque proprii dominii limites excedendo alienum ius invadere iustitia illa iubet, quae commutativa audit; dominos autem re sua non uti nisi honeste, non huius est iustitiae, sed aliarum virtutum, quarum officia "lege agendo petere ius non est" [*ibid.*].

Quare immerito pronuntiant quidam, dominium honestumque eius usum iisdem contineri limitibus; multoque magis a veritate abhorret, ipso abusu vel non-usu ius proprietatis perimi aut amitti. ...

trifft oder sich auf das Gemeinwohl bezieht; daß sie aber immer mit einem Munde bekräftigt haben, daß den Menschen von der Natur bzw. vom Schöpfer selbst das Recht auf Privateigentum verliehen wurde, sowohl damit die einzelnen für sich und ihre Familie sorgen können, als auch damit mittels dieser Einrichtung die Güter, die der Schöpfer für die gesamte Menschenfamilie bestimmt hat, diesem Zweck wahrhaft dienen; dies alles kann auf keine Weise erreicht werden außer durch die Wahrung einer sicheren und festgelegten Ordnung.

Deshalb muß man sich geflissentlich vor einer zweifachen Klippe in acht nehmen, auf die man stoßen kann. Denn wie man aus der Leugnung oder Ausdünnung der sozialen und öffentlichen Beschaffenheit des Rechtes auf Eigentum in einen sogenannten "Individualismus" verfällt oder sich ihm annähert, so gelangt man notwendig durch eine Ablehnung oder Schmälerung der privaten und individuellen Beschaffenheit dieses Rechtes zu einem "Kollektivismus" oder gerät wenigstens in die Nähe seiner Lehren. ...

(Dem Eigentum innewohnende Verpflichtungen.) ... Als eine Art Grundlage ist vorauszuschicken, was Leo XIII. festgestellt hat, nämlich daß das Recht auf Eigentum von seinem Gebrauch unterschieden wird [*vgl. *3267*]. Die Aufteilung der Besitztümer unverletzt zu bewahren sowie die Grenzen des eigenen Eigentums nicht zu überschreiten und nicht in einen fremden Rechtsbereich einzubrechen, gebietet nämlich die sogenannte Tauschgerechtigkeit; daß die Eigentümer aber ihr Vermögen nur ehrenhaft gebrauchen, gehört nicht zu dieser Gerechtigkeit, sondern zu anderen Tugenden, deren Pflichten "durch eine gesetzliche Klage einzufordern kein Recht besteht" [*ebd.*].

Zu Unrecht verkünden deshalb manche, das Eigentum und dessen ehrenhafter Gebrauch werde von denselben Grenzen umschlossen; und noch viel mehr weicht von der Wahrheit ab, daß schon durch den Mißbrauch bzw. Nicht-Gebrauch das Recht auf Eigentum aufgehoben werde oder verloren gehe. ...

*[193]* (Quid res publica possit.) Re vera hominibus hac in re non solum sui proprii commodi, sed etiam communis boni esse rationem habendam, ex ipsa dominii quam diximus indole individuali simul et sociali deducitur. Officia vero haec singillatim definire, ubi id necessitas postulaverit neque ipsa lex naturalis praestiterit, eorum est, qui rei publicae praesunt. Quapropter quid, considerata boni communis vera necessitate, eis qui possident liceat, quid illicitum sit in suorum bonorum usu, publica auctoritas, lege naturali et divina semper praelucente, sciscere potest accuratius. Immo vero Leo XIII sapienter docuerat "industriae hominum institutisque populorum esse a Deo permissam privatarum possessionum descriptionem"[1]. ...

Reipublicae tamen suo munere pro arbitrio fungi non licere in aperto est. Semper enim ipsum naturale ius et possidendi privatim et haereditate transmittendi bona intactum inviolatumque maneat oportet, quippe quod respublica auferre nequeat; "est enim homo quam res publica senior" [ *3265], atque etiam "convictus domesticus et cogitatione et re prior quam civilis coniunctio"[2]. ...

*[194]* (Obligationes circa reditus liberos.) Neque omnimodo hominis arbitrio reditus eius liberi relinquuntur; ii scilicet, quibus ad vitam convenienter atque decore sustentandam non eget: quin immo gravissimo divites teneri praecepto eleemosynae, beneficentiae, magnificentiae exercendae, sacra Scriptura sanctique Ecclesiae Patres apertissimis verbis assidue denuntiant.

Largiores autem impendere proventus, ut quaestuosae operae commoditas abunde fiat,

(Befugnisse des Gemeinwesens.) **3728** Daß die Menschen dabei tatsächlich nicht nur auf ihren eigenen Vorteil, sondern auch auf das Gemeinwohl Rücksicht nehmen müssen, leitet sich aus der zugleich individuellen und sozialen Beschaffenheit des Eigentums, von der Wir gesprochen haben, selbst her. Diese Pflichten aber im einzelnen festzulegen, wo dies die Notwendigkeit erfordert und das natürliche Gesetz nicht selbst leistet, ist Aufgabe derer, die dem Gemeinwesen vorstehen. Deshalb kann die öffentliche Autorität – wobei das natürliche und göttliche Gesetz immer vorleuchtet – genauer beschließen, was unter Berücksichtigung des wirklichen Erfordernisses des Gemeinwohls denen, die einen Besitz haben, beim Gebrauch ihrer Güter erlaubt ist und was unerlaubt ist. Ja, Leo XIII. hatte sogar klugerweise gelehrt, "daß die Aufteilung der privaten Besitztümer von Gott dem Fleiß der Menschen und den Einrichtungen der Völker freigestellt worden sei"[1]. ...

Es ist jedoch offensichtlich, daß das Gemeinwesen sein Amt nicht nach Belieben verwalten darf. Das natürliche Recht selbst, sowohl privat zu besitzen als auch Güter durch Erbschaft zu übertragen, muß nämlich immer unberührt und unversehrt bleiben, da das Gemeinwesen es ja nicht beseitigen kann; "der Mensch ist nämlich älter als das Gemeinwesen" [ *3265], und auch "das häusliche Zusammenleben ⟨ist⟩ sowohl dem Gedanken als auch der Sache nach früher als der Zusammenschluß der Bürger"[2]. ...

(Verpflichtungen in bezug auf **3729** freie Einkünfte.) Auch sind die freien Einkünfte des Menschen, d. h. diejenigen, derer er für einen geziemenden und schicklichen Lebensunterhalt nicht bedarf, nicht in jeder Hinsicht seinem Belieben überlassen; im Gegenteil: die heilige Schrift und die heiligen Väter der Kirche verkünden beständig mit ganz klaren Worten, daß die Reichen durch das äußerst schwerwiegende Gebot gehalten sind, Almosen, Wohltätigkeit und Großzügigkeit zu üben.

Daß es aber für ein leuchtendes und den Erfordernissen der Zeiten genau angemesse-

---

**\*3728** [1]   Enzyklika *"Rerum novarum"*, Nr. 7 (AAS 23 [1890/91] 644 / Leo XIII., *Acta*, Rom 11,102).
[2]   Ebd., Nr. 10 (ASS 23 [1890/91] 646 / *Acta*, Rom 11,105).

modo ea opera ad bona vere utilia comparanda insumatur, illustre ac temporum necessitatibus apprime aptum opus virtutis magnificentiae esse censendum, ex Angelici Doctoris principiis argumentando colligimus[1].

nes Werk der Tugend der Großzügigkeit zu erachten ist, größere Einkünfte dafür zu verwenden, daß reichlich Gelegenheit zu ertragbringender Arbeit geschaffen werde, sofern diese Arbeit nur aufgewandt wird für die Erzeugung wahrhaft nützlicher Güter, das folgern wir aus den Grundsätzen des Engelgleichen Lehrers[1].

3730    (Tituli dominii acquirendi.) Acquiri autem dominium primitus et occupatione rei nullius et industria seu specificatione quam vocant, cum omnium temporum traditio, tum Leonis decessoris Nostri doctrina luculenter testantur. Neque enim ulla fit cuiquam iniuria, quidquid in contrarium nonnulli effutiunt, cum res in medio posita, seu quae nullius sit, occupatur; industria vero, quae ab homine proprio nomine exerceatur, cuiusque ope nova species aut augmentum rei accesserit, ea una est, quae hos fructus laboranti addicit.

(Titel des Eigentumserwerbs.) Daß aber Eigentum ursprünglich sowohl durch Besitzergreifung einer Sache, die niemandem gehört, als auch durch Arbeit bzw. Bearbeitung erworben wird, bezeugen sowohl die Überlieferung aller Zeiten als auch die Lehre Unseres Vorgängers Leo deutlich. Auch geschieht – was immer manche im Gegensatz dazu daherschwatzen – keinem ein Unrecht, wenn eine Sache, die offen daliegt und keinem gehört, in Besitz genommen wird; einzig diejenige Arbeit aber, die vom Menschen in eigenem Namen ausgeführt wird und mit deren Hilfe der Sache ein neues Aussehen oder ein Mehrwert zukommt, ist es, die dem Arbeitenden diese Früchte zueignet.

### Kapital und Arbeit

3731    Longe alia est ratio operae, quae aliis locata in re aliena exercetur. Cui quidem id maxime congruit, quod "verissimum" esse Leo XIII inquit, "non aliunde nisi ex opificum labore gigni divitias civitatum"[1]. ...

[195] Hinc fit, ut nisi quis in re sua laborem exerceat, cum opera alterius tum res alterius consociari debeant: neutra enim sine altera quidquam efficit. ...

Ganz anders ist die Beschaffenheit der Arbeit, die, an andere verdingt, an einer fremden Sache verrichtet wird. Auf sie trifft freilich am meisten das zu, was nach den Worten Leos XIII. "wahrhaftigst" ist, "daß der Reichtum der Staaten nirgends anderswoher als aus der Arbeit der Arbeiter stamme"[1]. ...
Hieraus ergibt sich, daß, wenn einer nicht an etwas arbeitet, was ihm selbst gehört, sich sowohl die Arbeitsleistung des einen als auch die Sachgüter des anderen verbinden müssen: keines von beiden erreicht nämlich ohne das andere irgendetwas. ...

3732    [196] (Principium directivum iustae attributionis.) ... Utrique [classes sociales] praemoneri debuerunt decessoris Nostri sapientissimis verbis: "Utcumque inter privatos distributa, inservire omnium utilitati terra non cessat"[1]. ...

(Leitprinzip für die gerechte Zuteilung.) ... Beide [sozialen Klassen] müßten sich durch die äußerst weisen Worte Unseres Vorgängers ermahnen lassen: "Auch wenn die Erde unter Privatleute aufgeteilt ist, so hört sie doch nicht auf, dem Nutzen aller zu dienen"[1]. ...

---

*3729 [1]   Vgl. Thomas von Aquin, *Summa theologiae* II-II, q. 134, insbesondere a. 3 (Editio Leonina 10,89–94).
*3731 [1]   Enzyklika *"Rerum novarum"*, Nr. 27 (ASS 23 [1890/91] 657 / Leo XIII., *Acta*, Rom 11,123).
*3732 [1]   Ebd., Nr. 7 (ASS 23 [1890/91] 644 / Leo XIII., *Acta*, Rom 11,102).

Quamobrem divitiae, quae per incrementa oeconomico-socialia iugiter amplificantur, singulis personis et hominum classibus ita attribuantur oportet, ut salva sit illa, quam Leo XIII laudat, communis omnium utilitas seu, aliis verbis, ut immune servetur societatis universae commune bonum. Hac iustitiae socialis lege, altera classis alteram ab emolumentorum participatione excludere vetatur.

Non minus igitur illam violat locupletium classis, cum veluti curarum expers in suis fortunis aequum rerum ordinem illum putat, quo sibi *[197]* totum, operario nihil obveniat, quam proletaria classis, cum propter laesam iustitiam vehementer incensa et in unum suum ius, cuius est conscia, male vindicandum nimis prona, omnia utpote suis manibus effecta sibi flagitat, ideoque dominium ac reditus seu proventus, qui labore non sint quaesiti, cuiuscumque generis ii sunt, aut cuiuscumque muneris in humano convictu vicem praestant, non aliam ob causam, nisi quia talia sunt, impugnat et abolere contendit.

Nec praetereundum est hac in re inepte aeque ac immerito a quibusdam Apostolum appellari dicentem: "Si quis non vult operari, nec manducet" *[2 Th 3,10]*; sententiam enim Apostolus fert in eos, qui ab opere abstinent, etsi laborare possunt et debent, monetque, tempore ac viribus sive corporis sive animi sedulo utendum neque alios gravandos, cum ipsi nobis providere possimus. Laborem autem unicum esse titulum recipiendi victum aut proventus haudquaquam Apostolus docet [*cf. 2 Th 3,8-10*].

Deshalb muß der Reichtum, der sich durch das wirtschaftlich-soziale Wachstum beständig vermehrt, den einzelnen Personen und Menschenklassen so zugeteilt werden, daß jener gemeinsame Nutzen aller, den Leo XIII. preist, gesichert ist, bzw. – mit anderen Worten – daß das Gemeinwohl der gesamten Gesellschaft unversehrt gewahrt wird. Aufgrund dieses Gesetzes der sozialen Gerechtigkeit ist es verboten, daß eine Klasse die andere von der Teilhabe an den Gewinnen ausschließt.

Nicht weniger also verletzt die Klasse der Begüterten dieses ⟨Gesetz⟩, wenn sie, in ihrem Vermögen gleichsam frei von Sorgen, jene Ordnung der Dinge für gerecht erachtet, in der ihr alles, dem Arbeiter nichts zukommt, als die proletarische Klasse, wenn sie, wegen der verletzten Gerechtigkeit heftig erzürnt und allzusehr dazu geneigt, einzig ihr Recht, dessen sie sich bewußt ist, in übler Weise in Anspruch zu nehmen, alles als durch ihre Hände geschaffen für sich fordert und deshalb das Eigentum und die Einkünfte bzw. Gewinne, die nicht durch Arbeit erzielt wurden, welcher Art diese auch immer sind und welche Aufgabe sie auch immer im menschlichen Zusammenleben erfüllen, aus keinem anderen Grund bekämpft und abzuschaffen sucht, als weil sie so beschaffen sind.

Es darf auch nicht übergangen werden, daß sich in dieser Sache manche völlig unpassend und zu Unrecht auf den Apostel berufen, der sagt: "Wer nicht arbeiten will, soll auch nicht essen" [*2 Thess 3,10*]; dieses Urteil spricht der Apostel über jene, die sich der Arbeit enthalten, obwohl sie arbeiten könnten und sollten, und er mahnt, die Zeit und die Kräfte sowohl des Leibes als auch des Geistes fleißig zu nutzen und nicht anderen zur Last zu fallen, wenn wir selbst für uns sorgen können. Daß die Arbeit aber den einzigen Rechtsanspruch darstellte, Lebensunterhalt oder Einkünfte zu empfangen, lehrt der Apostel keineswegs [*vgl. 2 Thess 3,8-10*].

### Der gerechte Verdienst für die Arbeit

*[199]* (Salariatus non vi sua iniustus.) Ac primum quidem, qui operae conducendae locandaeque contractum vi sua in-

(Lohnvertrag ist nicht von sich 3733 aus ungerecht.) Zunächst nun sagen diejenigen, die verkünden, ein Vertrag über Lei-

iustum ac proinde in eius locum societatis contractum sufficiendum esse pronuntiant, absona profecto dicunt et prave calumniantur Decessorem Nostrum, cuius Litterae Encyclicae "salariatum" non solum recipiunt, sed in eo ad normas iustitiae regendo diutius versantur[1].

Hodiernis tamen humanae consortionis condicionibus consultius fore reputamus, si, quoad eius fieri possit, contractus operae per societatis contractum aliquantum temperetur. ... Ita operarii officialesque consortes fiunt dominii vel curationis, aut de lucris perceptis aliqua ratione participant.

**3734**     Mercedis vero iustam portionem non ex uno, sed ex pluribus nominibus esse aestimandam iam sapienter Leo XIII edixerat illis verbis: "Ut mercedis statuatur ex aequitate modus, causae sunt considerandae plures"[1]. ...

(Operae indoles et individualis et socialis.) ... Sicut dominii, ita operae, eius praecipue quae alteri locatur, praeter personalem seu individualem, socialem *[200]* quoque rationem esse considerandam liquido deprehenditur: nisi enim corpus vere sociale et organicum constet, nisi socialis et iuridicus ordo operae exercitium tueatur, nisi variae artes, quarum aliae ab aliis dependent, inter se conspirent ac mutuo compleant, nisi, quod maius est, consocientur ac quasi in unum conveniant intellectus, res, opera, nequit fructus suos gignere efficientia hominum. Haec ergo nec iuste aestimari neque ad aequalitatem rependi poterit, eius natura sociali et individuali posthabita.

(Tria capita respicienda.) Ex hac autem duplici nota, quae operae humanae insita natura est, gravissima emanant consectaria,

stung und Entgelt von Arbeit sei seinem Wesen nach ungerecht, und daher sei an seine Stelle der Gesellschaftsvertrag zu setzen, in der Tat Unsinniges und tadeln in übler Weise Unseren Vorgänger, dessen Enzyklika den "Lohnvertrag" nicht nur anerkennt, sondern sich länger damit beschäftigt, ihn an den Normen der Gerechtigkeit auszurichten[1].

Wir meinen jedoch, daß es angesichts der heutigen Bedingungen der menschlichen Gemeinschaft ratsamer sein wird, wenn der Arbeitsvertrag, soweit es bei ihm geschehen kann, in gewissem Maße durch einen Gesellschaftsvertrag reguliert wird. ... So erhalten Arbeiter und Angestellte Anteil am Besitz bzw. an der Verwaltung oder haben in irgendeiner Weise teil an den erzielten Gewinnen.

Daß aber der gerechte Lohnanteil nicht nach einem, sondern nach mehreren Gesichtspunkten zu bemessen ist, hatte schon Leo XIII. einsichtsvoll mit jenen Worten verkündet: "Um das Maß für den Lohn nach Billigkeit festzusetzen, sind mehrere Gründe in Betracht zu ziehen"[1]. ...

(Individuelle und soziale Beschaffenheit der Arbeit.) ... Es läßt sich klar erkennen, daß wie beim Eigentum, so bei der Arbeit, vor allem bei der, die einem anderen geleistet wird, außer der persönlichen bzw. individuellen auch die soziale Beschaffenheit in Betracht zu ziehen ist: wenn nämlich keine wahrhaft soziale und organische Gesellschaft besteht, wenn keine soziale und rechtliche Ordnung die Ausübung der Arbeit schützt, wenn nicht verschiedene Berufe, von denen die einen von den anderen abhängen, untereinander zusammenarbeiten und sich gegenseitig ergänzen, wenn, was noch größer ist, sich nicht Geist, Besitz und Arbeit verbinden und gleichsam in eins zusammenkommen, so kann die Tätigkeit der Menschen nicht ihre Früchte erzeugen. Diese kann also weder gerecht bewertet noch nach Billigkeit vergolten werden, wenn ihre soziale und individuelle Natur hintangestellt wird.

(Drei zu berücksichtigende Hauptpunkte.) Aus diesem doppelten Merkmal aber, das der menschlichen Arbeit von Natur

---

\*3733 [1]   Zum Einkommen vgl. Enzyklika *"Rerum novarum"*, Nr. 34 (ASS 23 [1890/91] 661 / Leo XIII., *Acta*, Rom 11,129).
\*3734 [1]   Ebd., Nr. 17 (ASS 23 [1890/91] 649 / Leo XIII., *Acta*, Rom 11,111).

quibus salarium regi et determinari debet.

(a. Operarii eiusque familiae sustentatio.) Ac primum quidem merces operario suppeditanda est, quae ad illius eiusque familiae sustentationem par sit[1]. Aequum sane est, reliquam quoque familiam pro viribus suis ad communem omnium sustentationem conferre, ut videre est in agricolarum praesertim, sed etiam in multis artificum et minorum mercatorum familiis; ast nefas est, infantili aetate feminaeque debilitate abuti.

Domi potissimum vel in iis, quae domui adiacent, matresfamilias operam navent suam in domesticas curas incumbendo. Pessimus vero est abusus et omni conatu auferendus, quod matresfamilias ob patris salarii tenuitatem extra domesticos parietes quaestuosam artem exercere coguntur, curis officiisque peculiaribus ac praesertim infantium institutione neglectis. ...

*[201]* (b. Officinae condicio.) Officinae etiam eiusque susceptoris ratio habenda est in mercedis magnitudine statuenda; iniuste enim immodica salaria exquirerentur, quae absque sui exitio atque ex eo consecutura operariorum calamitate, officina tolerare non potest. Quamquam si ob segnitiem vel ignaviam aut technici et oeconomici progressus incuriam minus lucrum facit, non haec iusta reputanda est causa mercedis operariis minuendae.

Quod si ipsi officinae non tanta vis pecuniae redit, quanta aequae mercedi operariis solvendae sit satis, quia aut oneribus iniustis opprimitur aut opus artificio partum minoris quam iustum est cogitur vendere, qui eam sic vexant, gravis piaculi rei sunt; iusta enim mercede hi privant operarios, qui necessitate adstricti, aequa minorem accipere compelluntur. ...

aus innewohnt, ergeben sich äußerst wichtige Folgerungen, nach denen die Entlohnung ausgerichtet und festgelegt werden muß.

(a. Lebensunterhalt des Arbeiters 3735 und seiner Familie.) Zunächst einmal ist dem Arbeiter ein Lohn zu gewähren, der für seinen Unterhalt und den seiner Familie ausreicht[1]. Sicherlich ist es richtig, daß auch die übrige Familie nach ihren Kräften zum gemeinsamen Unterhalt aller beiträgt, wie es vor allem in Bauern-, aber auch in vielen Handwerker- und kleineren Kaufmannsfamilien zu sehen ist; es ist aber ein Unrecht, das Kindesalter und die Schwäche der Frau auszunutzen.

Die Familienmütter sollen ihre Arbeit in erster Linie zu Hause oder in der Umgebung des Hauses verrichten, indem sie für den Haushalt sorgen. Übelster und mit ganzem Bemühen zu beseitigender Mißbrauch aber ist es, daß die Familienmütter gezwungen werden, wegen der Dürftigkeit der Entlohnung des Vaters außerhalb der häuslichen Wände einen Erwerbsberuf auszuüben und dabei ihre besonderen Aufgaben und Pflichten und vor allem die Erziehung der Kinder zu vernachlässigen. ...

(b. Lage des Betriebs.) Auch ist bei 3736 der Festsetzung der Höhe des Lohnes der Betrieb und sein Unternehmer zu berücksichtigen; zu Unrecht nämlich würden unmäßige Lohnforderungen gestellt, die ohne seinen Zusammenbruch und das daraus folgende Unglück der Arbeiter der Betrieb nicht tragen kann. Wenn er jedoch aus Trägheit bzw. mangelndem Einsatz oder Vernachlässigung des technischen und wirtschaftlichen Fortschritts weniger Gewinn macht, so ist dies nicht als gerechter Grund anzusehen, den Arbeitern den Lohn zu kürzen.

Wenn aber der Betrieb nicht so viel Geld einnimmt, daß es ausreichte, den Arbeitern den angemessenen Lohn zu bezahlen, weil er entweder durch ungerechte Lasten gedrückt oder gezwungen wird, das erzeugte Gewerbeprodukt um einen geringeren Preis, als es gerecht ist, zu verkaufen, so sind diejenigen eines schweren Vergehens schuldig, die ihm so zusetzen; diese berauben nämlich die Arbeiter des gerechten Lohnes, die notgedrun-

---

**\*3735** [1]    Vgl. Pius XI., Enzyklika *"Casti connubii"*, 31. Dez. 1930 (AAS 22 [1930] 587).

gen gezwungen werden, einen geringeren ⟨Lohn⟩ anzunehmen als den angemessenen. ...

3737     (c. Communis boni necessitas.) Denique publico bono oeconomico mercedis magnitudo attemperanda est. Quantopere ad hoc commune bonum conferat, operarios officialesque, mercedis aliqua parte, quae necessariis sumptibus supersit, seposita, ad modicum censum paulatim pervenire, superius iam exposuimus; sed aliud praetereundum non est vix minoris momenti, nostrisque temporibus apprime necessarium, ut iis nempe, qui laborare et valent et volunt, laborandi opportunitas praebeatur. ...

[202] Alienum est igitur a iustitia sociali, ut proprii emolumenti gratia et posthabita boni communis ratione opificum salaria nimis deprimantur aut extollantur: eademque postulat, ut consiliorum et voluntatum consensione, quantum fieri potest, salaria ita regantur, ut quam plurimi operam locare convenientesque fructus ad vitae sustentationem percipere possint.

(c. Erfordernis des Gemeinwohles.) Schließlich ist die Höhe des Lohnes am öffentlichen wirtschaftlichen Wohl auszurichten. Wie sehr es zu diesem Gemeinwohl beiträgt, daß die Arbeiter und Angestellten einen Teil des Lohnes, der nach den notwendigen Unterhaltskosten übrigbleibt, beiseite legen und allmählich zu einem gewissen Vermögen gelangen, haben wir schon weiter oben dargelegt; aber etwas anderes von kaum geringerer Bedeutung darf nicht übergangen werden, das in unseren Zeiten äußerst notwendig ist, daß nämlich denen, die arbeiten können und wollen, die Gelegenheit zu arbeiten geboten wird. ...

Es ist also der sozialen Gerechtigkeit fremd, daß um des eigenen Vorteiles willen und unter Hintanstellung der Rücksicht auf das Gemeinwohl die Löhne der Arbeiter allzusehr gedrückt oder hinaufgetrieben werden; sie erfordert auch, daß in größtmöglicher Übereinstimmung von Beschlüssen und Absichten die Löhne so geregelt werden, daß möglichst viele ihre Arbeit⟨skraft⟩ verdingen und angemessene Früchte für den Lebensunterhalt bekommen können.

## Die rechte Gesellschaftsordnung

3738     [203] Etsi verum est, ... ob mutatas rerum condiciones multa nunc nonnisi a magnis consociationibus posse praestari, quae superiore aetate a parvis etiam praebebantur, fixum tamen immotumque manet in philosophia morali gravissimum illud principium: Sicut quae a singularibus hominibus proprio marte et propria industria possunt perfici, nefas est eisdem eripere et communitati demandare, ita quae a minoribus et inferioribus communitatibus effici praestarique possunt, ea ad maiorem et altiorem societatem avocare iniuria est simulque grave damnum ac recti ordinis perturbatio; cum socialis quaevis opera vi naturaque sua subsidium afferre membris corporis socialis debeat, numquam vero eadem destruere et absorbere. ...

Auch wenn es wahr ist, ... daß wegen der veränderten Verhältnisse vieles jetzt nur von großen Gemeinschaften geleistet werden kann, was in früherer Zeit auch von kleinen geleistet wurde, so bleibt dennoch in der Moralphilosophie jener äußerst gewichtige Grundsatz fest und unverrückbar: wie das, was von einzelnen Menschen auf eigene Faust und in eigener Tätigkeit vollbracht werden kann, diesen nicht entrissen und der Gemeinschaft übertragen werden darf, so ist es ein Unrecht und zugleich ein schwerer Schaden und eine Störung der rechten Ordnung, das auf eine größere und höhere Gemeinschaft zu übertragen, was von kleineren und niedrigeren Gemeinschaften erreicht und geleistet werden kann; denn jede gesellschaftliche Tätigkeit muß ihrem Wesen und ihrer Natur nach den Gliedern des gesellschaftlichen Leibes Unterstützung leisten,

Quare sibi animo persuasum habeant, qui rerum potiuntur: quo perfectius, servato hoc "subsidiarii" officii principio, hierarchicus inter diversas consociationes ordo viguerit, eo praestantiorem fore socialem et auctoritatem et efficientiam eoque feliciorem laetioremque rei publicae statum.

*[204]* ("Ordinum" mutua conspiratio, [*"classium" oppositarum disceptatione superata*].) ... In reficiendos igitur "ordines" ars politica socialis incumbat necesse est. ... Perfecta sanatio tum tantum efflorescet, cum oppositione illa e medio sublata socialis corporis membra bene instructa constituentur: "ordines" nimirum, quibus inserantur homines non pro munere, quod quis in mercatu laboris habeat, sed pro diversis partibus socialibus, quas singuli exerceant. Natura enim duce fit, ut, ... qui in eandem artem vel professionem incumbunt, - sive oeconomica est sive alterius generis, - collegia seu corpora quaedam efficiant, adeo ut haec consortia iure proprio utentia a multis, sin minus essentialia societati civili, at saltem naturalia dici consueverint. ...

*[205]* [Libertas coalitionis.] Iam vero, quemadmodum municipii incolae ad fines maxime varios consociationes condere solent, quibus nomen dandi aut secus unicuique est ampla potestas, ita qui in eadem arte versantur, consociationes pariter liberas alii cum aliis inibunt ad fines aliqua ratione cum ipsa arte exercenda connexos. ...

Satis habemus, id unum inculcare: liberam esse homini facultatem, non solum has consociationes condendi, quae iuris et ordinis sunt privati, sed etiam eam in iis "libere optandi disciplinam, easque leges, quae maxime conducere ad id, quod propositum est, iudi-

darf sie aber niemals zerstören und aufsaugen. ...

Deshalb sollen die Machthaber davon überzeugt sein: je vollkommener durch die Beachtung dieses Prinzips des "subsidiären" Handelns die hierarchische Ordnung unter den verschiedenen Gemeinschaften blüht, desto hervorragender wird die soziale Autorität und Wirksamkeit und desto glücklicher und erfreulicher der Zustand des Gemeinwesens sein.

(Wechselseitiges Zusammenwirken der "Stände" [*nach Überwindung des Kampfes zwischen den gegensätzlichen "Klassen"*].) ... Die Sozialpolitik muß sich also auf die Wiederherstellung der "Stände" verlegen. ... Eine vollkommene Gesundung wird nur dann erblühen, wenn nach Beseitigung jenes Gegensatzes wohlgeordnete Glieder des sozialen Körpers geschaffen werden, nämlich "Stände", denen die Menschen nicht entsprechend der Aufgabe, die einer auf dem Arbeitsmarkt hat, eingegliedert werden, sondern entsprechend den verschiedenen sozialen Rollen, die die einzelnen ausüben. Unter Anleitung der Natur kommt es nämlich dazu, daß diejenigen, ... die dasselbe Gewerbe oder denselben Beruf ausüben - sei er wirtschaftlicher oder anderer Art -, bestimmte Gemeinschaften bzw. Körperschaften bilden, so daß diese Gesellschaften, die ihr eigenes Recht haben, von vielen, wenn nicht wesentlich für die bürgerliche Gesellschaft, so doch wenigstens naturgegeben genannt zu werden pflegen. ... **3739**

[Koalitionsfreiheit.] Wie nun aber die Einwohner einer Stadt zu höchst verschiedenen Zwecken Vereinigungen zu gründen pflegen, denen beizutreten oder nicht ein jeder uneingeschränkte Möglichkeit hat, so werden diejenigen, die in demselben Gewerbe beschäftigt sind, gleichfalls freie Vereinigungen miteinander eingehen zu Zwecken, die in irgendeiner Weise mit dem auszuübenden Gewerbe selbst verknüpft sind. ... **3740**

Wir begnügen uns damit, dies eine zu betonen: Der Mensch hat die freie Möglichkeit, nicht nur solche Vereinigungen zu gründen, die privaten Rechts und privater Ordnung sind, sondern in ihnen auch diejenige "Verfassung und diejenigen Gesetze frei zu wäh-

centur"[1]. Eadem affirmanda est libertas consociationes instituendi, quae singularum *[206]* artium limites excedant.

len, von denen man meint, daß sie am ehesten zu dem hinführen, was man sich vorgenommen hat"[1]. Dieselbe Freiheit ist zu bekräftigen für die Einrichtung von Vereinigungen, die die Grenzen der einzelnen Gewerbe überschreiten.

3741      (Directivum oeconomiae principium instaurandum.) Aliud praeterea est curandum, valde cum priore cohaerens. Quemadmodum unitas societatis humanae inniti non potest oppositione "classium", ita rei oeconomicae rectus ordo non potest permitti libero virium certamini.

(Einzuführendes Leitprinzip der Wirtschaft.) Für etwas anderes ist außerdem zu sorgen, das eng mit dem vorigen zusammenhängt. Wie die Einheit der menschlichen Gesellschaft nicht im Gegensatz der "Klassen" begründet sein kann, so kann die rechte Ordnung der Wirtschaft nicht dem freien Wettbewerb der Kräfte überlassen werden.

Liberum certamen, quamquam dum certis finibus contineatur, aequum sit et sane utile, rem oeconomicam dirigere plane nequit; id quod eventus satis superque comprobavit, postquam pravi individualistici spiritus placita exsecutioni sunt mandata. ...

Obwohl der freie Wettbewerb, solange er in bestimmten Grenzen gehalten wird, berechtigt und sicherlich nützlich ist, kann er die Wirtschaft nicht völlig leiten, was das Ergebnis mehr als genug bestätigt hat, nachdem die Lehren eines verkehrten individualistischen Geistes der Ausführung anheimgegeben wurden. ...

*[Principii directivi]* vices oeconomicus potentatus ... multo minus gerere potest, cum hic praeceps quaedam vis et potentia vehemens sit, quae ... regi non potest a se ipso. Altiora igitur et nobiliora exquirenda sunt, quibus hic potentatus severe integreque gubernetur: socialis nimirum iustitia et caritas socialis.

Die wirtschaftliche Macht kann die Rolle *[des Leitprinzips]* ... noch viel weniger übernehmen, da sie eine voreilige Kraft und stürmische Gewalt ist, die ... von sich selbst nicht gelenkt werden kann. Höheres also und Edleres ist erforderlich, durch das diese Macht streng und lauter geleitet werde, nämlich die soziale Gerechtigkeit und die soziale Liebe.

*Sozialismus*

3742      *[215]* Haec edicimus: sive ut doctrina, sive ut factum historicum, sive ut "actio" consideretur socialismus, si vere manet socialismus, etiam postquam veritati et iustitiae in his, quae diximus, concessit, componi cum Ecclesiae catholicae dogmatibus non potest: siquidem ipsam societatem fingit a christiana veritate quam maxime alienam.

Wir verkünden folgendes: ob der Sozialismus nun als Lehre, als geschichtliches Faktum oder als "Bewegung" angesehen wird: wenn er wahrhaft Sozialismus bleibt, kann er – auch nachdem er der Wahrheit und Gerechtigkeit in dem, was wir gesagt haben, beigepflichtet hat – mit den Glaubenssätzen der katholischen Kirche nicht vereinbart werden; denn er vertritt eine Vorstellung von der Gesellschaft, die der christlichen Wahrheit so fremd wie nur irgend möglich ist.

3743      (Societatem atque hominis indolem socialem fingit alienissima a christiana veritate.) Nam secundum christianam doctrinam homo, sociali natura praeditus, in his terris collocatur, ut in socie-

(Er vertritt Vorstellungen von der Gesellschaft und von der sozialen Eigenart des Menschen, die der christlichen Wahrheit völlig fremd sind.) Denn nach der christlichen Lehre wird der

---

\*3740 [1]   Vgl. Enzyklika *"Rerum novarum"*, Nr. 42 (ASS 23 [1890/91] 667 / Leo XIII., *Acta*, Rom 11,138f).

tate et sub auctoritate a Deo ordinata [*cf. Rm 13,1*] vitam ducens, omnes suas facultates in laudem et gloriam Creatoris sui plene excolat evolvatque, atque artis aliusve vocationis suae munere fideliter fungendo temporalem simul et aeternam sibi comparet felicitatem. Socialismus autem, sublimis huius, cum hominis tum societatis, finis penitus ignarus et incuriosus, solius commodi causa humanam consortionem autumat esse institutam. ...

mit einer sozialen Natur begabte Mensch auf diese Erde gestellt, um in der Gesellschaft und unter der von Gott bestimmten Autorität [*vgl. Röm 13,1*] sein Leben zu führen und alle seine Fähigkeiten zum Lob und Ruhme seines Schöpfers voll auszubilden und zu entwickeln sowie durch die treue Erfüllung der Aufgabe seines Berufes oder seiner sonstigen Berufung sich zugleich das zeitliche und ewige Glück zu erwerben. Der Sozialismus aber behauptet in völliger Verkennung und Vernachlässigung dieses erhabenen Zieles sowohl des Menschen als auch der Gesellschaft, die menschliche Gemeinschaft sei allein um des Vorteiles willen eingerichtet worden. ...

*[216]* (Catholicus et socialista pugnantia dicunt.) Quodsi socialismus, ut omnes errores, aliquid in se veritatis admisit (quod quidem Summi Pontifices numquam sunt inficiati), nititur tamen doctrina de humana societate, ipsi propria, a vero Christianismo absona. Socialismus religiosus, socialismus christianus pugnantia dicunt: nemo potest simul catholicus probus esse et veri nominis socialista. ...

(Katholik und Sozialist widersprechen einander.) Wenn auch der Sozialismus, wie alle Irrtümer, etwas Wahrem in sich Raum gewährt hat (was die Päpste ja nie in Abrede gestellt haben), stützt er sich doch auf seine eigene Lehre von der menschlichen Gesellschaft, die mit dem wahren Christentum unverträglich ist. Religiöser Sozialismus, christlicher Sozialismus behaupten ⟨einander⟩ Widersprechendes: niemand kann echter Katholik und zugleich im wahren Sinne des Wortes Sozialist sein.    3744

### 3748: Antwort der Hl. Pönitentiarie, 20. Juli 1932

*Ausg.:* F. Hürth: TD ser. theol. 25 (1953²) 101f.

*Die ausschließliche Nutzung der empfängnisfreien Zeiten*

*Qu.:* An licita in se sit praxis coniugum, qui, cum ob iustas et graves causas prolem honesto modo evitare malint, ex mutuo consensu et motivo honesto a matrimonio utendo abstinent praeterquam diebus, quibus secundum quorundam recentiorum theoremata [*scl. Ogino-Knaus*] ob rationes naturales conceptio haberi non potest?

*Frage:* Ist die Praxis von Eheleuten in sich   3748 erlaubt, die sich, da sie aus triftigen und gewichtigen Gründen lieber in ehrenvoller Weise Nachkommenschaft vermeiden wollen, in gegenseitigem Einverständnis und aus einem ehrenvollen Beweggrund von der Ausübung der Ehe enthalten außer an Tagen, an denen es nach den Lehren einiger neuerer ⟨Autoren⟩ [*nämlich Ogino-Knaus*] aus natürlichen Gründen keine Empfängnis geben kann?

*Resp.:* Provisum est per Resp. S. Paenitentiariae, 16. Iun. 1880 [*\*3148*].

*Antwort:* Wurde schon abgehandelt durch die Antwort der Hl. Pönitentiarie vom 16. Juni 1880 [ *\*3148*].

### 3750-3751: Antwort der Bibelkommission, 1. Juli 1933

*Ausg.:* AAS 25 (1933) 344 / EnchB Nr. 513f.

*Die Auslegung von Ps 16 [15],10f, Mt 16,26 und Lk 9,25*

3750　　*Qu. 1:* Utrum viro catholico fas sit, maxime data interpretatione authentica Principum Apostolorum [*Act 2,24-33; 13,35-37*], verba Psalmi 15,10-11: "Non derelinques animam meam in inferno, nec dabis sanctum tuum videre corruptionem. Notas mihi fecisti vias vitae", sic interpretari, quasi auctor sacer non sit locutus de resurrectione Domini Nostri Iesu Christi?

*Resp.:* Negative.

*Frage 1:* Ist es einem Katholiken erlaubt, vor allem nachdem die authentische Auslegung der Apostelfürsten gegeben wurde [*Apg 2,24-33; 13,35-37*], die Worte des Psalms 16,10-11: "Du wirst meine Seele nicht in der Unterwelt lassen und wirst nicht zulassen, daß dein Heiliger die Verwesung sieht. Du hast mir die Wege des Lebens kundgetan", so auszulegen, als ob der heilige Verfasser nicht von der Auferstehung unseres Herrn Jesus Christus geredet habe?

*Antwort:* Nein.

3751　　*Qu. 2:* Utrum asserere liceat verba Iesu Christi, quae leguntur apud *S. Matthaeum* 16,26: "Quid prodest homini, si mundum universum lucretur, animae vero suae detrimentum patiatur? Aut quam dabit homo commutationem pro anima sua?", et pariter ea, quae habentur apud *S. Lucam* 9,25: "Quid enim proficit homo, si lucretur universum mundum, se autem ipsum perdat et detrimentum sui faciat?", sensu litterali non respicere aeternam salutem animae, sed solum vitam temporalem hominis, non obstantibus ipsorum verborum tenore eorumque contextu, necnon unanimi interpretatione catholica?

*Resp.:* Negative.

*Frage 2:* Kann man behaupten, daß die Worte Jesu Christi, die man beim *Hl. Matthäus* 16,26 liest: "Was nützt es dem Menschen, wenn er die ganze Welt gewinnt, an seiner Seele aber Schaden leidet? Oder welche Wechselgabe wird der Mensch für seine Seele geben?", und ebenso jene, die sich beim *Hl. Lukas* 9,25 finden: "Was nützt es nämlich dem Menschen, wenn er die ganze Welt gewinnt, sich selbst aber verliert und sich zu Schaden bringt?", im buchstäblichen Sinne nicht das ewige Heil der Seele, sondern nur das zeitliche Leben des Menschen betreffen, trotz des Inhalts der Worte selbst und ihres Zusammenhanges sowie der einhelligen katholischen Auslegung?

*Antwort:* Nein.

### 3755-3758: Enzyklika "Ad catholici sacerdotii", 20. Dez. 1935

*Ausg.:* AAS 28 (1936) 10-19.

*Die Wirkungen der Priesterweihe*

3755　　Minister Christi sacerdos: divini igitur Redemptoris quasi instrumentum est, ut mirabilem eius operam, quae superna efficacitate universum hominum convictum redintegrans, eum ad excellentiorem cultum traduxit, per tempora persequi valeat. Quin immo ipse, quod iure meritoque dicere sollemne habemus, "alter est Christus", cum eius gerat personam secundum illud: "Sicut misit me Pater, et ego mitto vos" [*Io 20,21*] ...

Der Priester ⟨ist⟩ Diener Christi: er ist also gleichsam Instrument des göttlichen Erlösers, damit er sein wunderbares Tun, das, mit himmlischer Wirksamkeit die gesamte Gemeinschaft der Menschen wiederherstellend, diese zu einem erhabeneren Kult hinübergeführt hat, durch die Zeiten hindurch fortsetzen kann. Ja, er ist sogar, was wir mit Fug und Recht feierlich sagen können, "der zweite Christus", da er seine Person vertritt gemäß jenem ⟨Wort⟩: "Wie mich der Vater gesandt hat, so sende auch ich euch" [*Joh 20,21*] ...

*[15]* ... Istiusmodi potestates, peculiari sacramento sacerdoti collatae, cum ex indelebili forma oriantur eius animo impressa, qua, illius instar, cuius sacerdotium participat, "sacerdos in aeternum" [*Ps 109,4*] factus est, non caducae sunt ac fluxae, sed stabiles atque perpetuae. Etiamsi, ob humanam infirmitatem, in errores sit et in dehonestamenta prolapsus, numquam tamen sacerdotalem hanc formam suo ex animo delere poterit.

Ac praeterea ... nova etiam peculiarique gratia, peculiarique ope adaugetur, per quas quidem – si modo divinitus efficienti caelestium donorum virtuti, adiutrici liberaque opera sua, fideliter obsecundaverit – digne profecto nec deiectus animo poterit arduis suscepti ministerii officiis respondere. ...

... Da diese durch das besondere Sakra- 3756 ment des Priestertums übertragenen Vollmachten aus der seinem Inneren unzerstörbar eingeprägten Form erwachsen, durch die er gleich jenem, an dessen Priestertum er teilhat, "Priester auf ewig" [*Ps 110,4*] wurde, sind sie nicht hinfällig und vergänglich, sondern beständig und dauerhaft. Auch wenn er aus menschlicher Schwachheit in Irrtümer und in Schändlichkeiten verfallen ist, wird er dennoch niemals diese priesterliche Form aus seinem Innern tilgen können.

Und außerdem ... wird er auch mit neuer und besonderer Gnade und mit besonderer Hilfe ausgestattet, durch die er gewiß – wenn er nur der durch Gott wirksamen Kraft der himmlischen Gaben mit seinem helfenden und freien Tun getreu Folge leistet – in der Tat würdig und unverzagten Herzens den schwierigen Pflichten des übernommenen Dienstes wird entsprechen können. ...

## Die liturgischen Gebete

*[18]* ... Sacerdos denique, hac etiam in re Iesu Christi munus persequens, qui "erat pernoctans in oratione Dei" [*Lc 6,12*] et semper vivit ad interpellandum pro nobis [*cf. Hbr 7,25*], publicus ex officio exstat ad Deum pro nobis deprecator: eidem in mandatis est non modo proprium verumque altaris sacrificium Ecclesiae nomine caelesti Numini offerre, sed etiam "sacrificium laudis" [*Ps 49,14*] communesque preces; is nempe psalmis, supplicationibus et canticis, quae magna ex parte a sacris Litteris mutuatur, quotidie iterum atque iterum debitum Deo adorationis munus persolvit, atque necessarium eiusmodi impetrationis officium pro hominibus perficit. ...

Si vel privata supplicatio tam sollemnibus pollet magnisque a Iesu Christo datis pollicitationibus [*cf. Mt 7,7-11; Mc 11,24; Lc 11,9-13*], at preces, quae Ecclesiae *[19]* nomine, dilectae nempe Redemptoris sponsae, ex officio funduntur, maiore procul dubio vi virtuteque fruuntur.

... Der Priester ist schließlich – auch darin 3757 den Dienst Jesu Christi fortsetzend, der "die Nacht im Gebet zu Gott verbrachte" [*Lk 6,12*] und immer lebt, um für uns einzutreten [*vgl. Hebr 7,25*] – von Amts wegen der öffentliche Fürbitter für uns bei Gott: zu seinen Aufgaben gehört es nicht nur, der himmlischen Gottheit im Namen der Kirche das eigentliche und wahre Opfer des Altares darzubringen, sondern auch "das Opfer des Lobes" [*Ps 50,14*] und die gemeinsamen Gebete; er versieht nämlich mit Psalmen, Fürbitten und Gesängen, die er großenteils aus der heiligen Schrift entlehnt, täglich wieder und wieder den Gott gebührenden Dienst der Anbetung und erfüllt für die Menschen die notwendige Aufgabe solchen Bittgebetes. ...

Wenn selbst das private Fürbittgebet sich 3758 so feierlicher und großer von Jesus Christus gegebener Verheißungen erfreut [*vgl. Mt 7,7-11, Mk 11,24; Lk 11,9-13*], dann verfügen die Gebete, die im Namen der Kirche, die ja die geliebte Braut des Erlösers ist, von Amts wegen verrichtet werden, zweifellos über eine noch größere Kraft und Stärke.

### 3760-3765: Antwort des Hl. Offiziums, 11. Aug. 1936

Die Antwort nimmt Bezug auf das von der nationalsozialistischen Regierung erlassene "Gesetz zur Verhütung erbkranken Nachwuchses" vom 14. Juli 1933.

*Ausg.:* Pastor Bonus 4 (Rom 1940) 223f / F. Hürth: TD ser. theol. 25 (1953²) 115.

## *Sterilisierung*

**3760**   *Expos.:* ... Chirurgica operatio, qua sterilizatio obtinetur, non quidem est "actio intrinsece mala quoad substantiam actus" et ideo licita esse potest, si quando ad salutem et sanitatem curandam est necessaria. Si autem ideo peragitur, ut prolis procreatio impediatur, est "actio intrinsece mala ex defectu iuris in agente", cum neque homo privatus neque auctoritas publica directum in membra corporis dominium habeat quod *eo usque extendatur.*

*Darlegung:* ... Eine chirurgische Operation, durch die eine Sterilisierung erreicht wird, ist zwar keine "innerlich böse Handlung, was das Wesen des Aktes angeht", und kann deswegen erlaubt sein, wenn sie irgendwann zur Herstellung von Wohlbefinden und Gesundheit notwendig ist. Wenn sie aber deshalb vollzogen wird, damit die Zeugung von Nachkommenschaft verhindert werde, ist sie eine "aufgrund des Fehlens der Rechtsbefugnis im Handelnden innerlich böse Handlung", da weder ein privater Mensch noch die öffentliche Autorität eine direkte Verfügungsgewalt über die Glieder des Leibes hat, die *sich bis dahin erstreckt.*

**3761**   Haec a Summo Pontifice explicitis verbis proposita doctrina ex integro ad legem sterilizationis, de qua agitur, applicanda est. Quod vero hac lege proles manca arcenda praescribatur ob finem mere eugenicum, vel potius ad praecavenda damna oeconomica aut talia alterius generis mala, ad rem id non facit, neque supplet defectum iuris in agente, propterea praescripta sterilizationis operatio dici debet et est intrinsece iniusta.

Diese vom Papst mit ausdrücklichen Worten vorgelegte Lehre ist vollständig auf das Sterilisierungsgesetz, um das es hier geht, anzuwenden. Daß aber durch dieses Gesetz wegen eines rein eugenischen Zweckes die Verhütung behinderter Nachkommenschaft vorgeschrieben wird, oder vielmehr, um ökonomischen Schäden oder solchen andersartigen Übeln vorzubeugen, das tut nichts zur Sache und ersetzt nicht das Fehlen der Rechtsbefugnis im Handelnden; deswegen muß die vorgeschriebene Operation zur Sterilisierung als in sich ungerecht bezeichnet werden und ist es.

**3762**   Licet ergo *finis* legis qui est: procurare valetudinem et robur futurae prolis, et arcere prolem mancam, improbandus non sit, reprobari debet ex integro legis *obiectum,* id est *medium* quod ad finem obtinendum praescribitur.

Wenn also auch der *Zweck* des Gesetzes, der da ist: für Gesundheit und Stärke der künftigen Nachkommenschaft zu sorgen und behinderte Nachkommenschaft zu verhindern, nicht zu verwerfen ist, so muß ⟨doch⟩ der *Gegenstand* des Gesetzes, das heißt das *Mittel,* das zur Erlangung des Zwecks vorgeschrieben wird, völlig mißbilligt werden.

[*His consideratis, S. Officium 15. Iulii 1936 Resp. dedit:*]

[*Unter Berücksichtigung dieser ⟨Ausführungen⟩ gab das Hl. Offizium am 15. Juli 1936 die Antwort:*]

**3763**   1) Sterilizatio, eum in finem facta, ut proles arceatur, est actio intrinsece mala ob defectum iuris in agente; quapropter ipsa lege naturae prohibetur, sive auctoritate privata sive auctoritate publica sit peragenda.

1) Eine Sterilisierung, die zu dem Zweck vollzogen wurde, daß Nachkommenschaft verhütet werde, ist eine aufgrund des Fehlens der Rechtsbefugnis im Handelnden in sich böse Handlung; deswegen wird sie durch das

2) ... "Lex ad praecavendam prolem transmissione hereditaria mancam" in quantum huiusmodi sterilizationem sive petendam sive exsequendam praescribit, est *vero* bono communi contraria, iniusta, neque ullam in conscientia gignere potest obligationem.

3) Hanc legem approbare, commendare, auctoritative per sententiam iudicialem ad casum particularem applicare in ordine ad sterilizationem exsequendam, item approbare ... sterilizationem ipsam in ordine ad prolem praecavendam: est approbare ... rem intrinsece malam, ideoque est inhonestum et illicitum.

Naturgesetz selbst verboten, ob sie nun kraft privater Autorität oder kraft öffentlicher Autorität vollzogen werden soll.

2) ... Das "Gesetz zur Verhütung erbkranken Nachwuchses" ist, soweit es vorschreibt, eine solche Sterilisierung entweder zu verlangen oder auszuführen, dem *wahren* Gemeinwohl entgegengesetzt, ungerecht und kann keine Verpflichtung im Gewissen erzeugen.   **3764**

3) Dieses Gesetz zu billigen, zu empfehlen **3765** oder autoritativ durch richterliches Urteil zum Zwecke der Ausführung der Sterilisierung auf den speziellen Fall anzuwenden, desgleichen die Sterilisierung selbst zum Zwecke der Verhütung von Nachkommenschaft zu billigen ..., heißt, eine in sich böse Sache billigen ..., und ist deshalb unsittlich und unerlaubt.

## 3771-3774: Enzyklika "Divini Redemptoris", 19. März 1937

*Ausg.:* AAS 29 (1937) 78-92.

### Die Rechte der einzelnen Menschen und des Staates

[*Homini*] spiritualis atque immortalis animus inest; idemque, quemadmodum persona est mirandis prorsus corporis mentisque dotibus a summo Creatore praedita, ita reapse "microcosmos" ex veterum scriptorum sententia ea de causa vocari potest, quod inanimarum immensitatem rerum longissime evincit ac superat. Non modo in hac mortali vita, sed in perpetuo etiam mansura supremus ei finis est unice Deus; et cum per sanctitatis effectricem gratiam ad filii Dei dignitatem evectus sit, in mystico Iesu Christi corpore cum divino regno coniungitur.

Quod consequens est, multiplicia ei impertiit caeleste numen ac varia munera: ut vitae corporisque integritatis iura; ut iura itidem cum res adipiscendi necessarias tum ad finem ultimum via rationeque contendendi sibi a Deo propositum; ut denique iura et ineundae societatis et privata bona possidendi et eorum fruendi usu.

[*Dem Menschen*] wohnt eine geistige und **3771** unsterbliche Seele inne; und ebenso wie er eine vom höchsten Schöpfer mit ganz wunderbaren Gaben des Leibes und des Geistes ausgestattete Person ist, so kann er nach der Auffassung der alten Schriftsteller tatsächlich "Mikrokosmos" genannt werden, ⟨und zwar⟩ aus dem Grunde, weil er die Unermeßlichkeit unbeseelter Dinge bei weitem übertrifft und überragt. Nicht nur in diesem sterblichen Leben, sondern auch in dem ewig fortdauernden ist ihm das höchste Ziel einzig Gott; und weil er durch die Heiligkeit bewirkende Gnade zur Würde der Gotteskindschaft erhoben wurde, wird er im mystischen Leibe Jesu Christi mit dem göttlichen Reich verbunden.

Folgerichtig hat ihm die himmlische Gottheit vielfältige und verschiedene Gaben zugeteilt, wie die Rechte auf Unversehrtheit des Lebens und des Leibes, wie die Rechte, sowohl die notwendigen Dinge zu erhalten als auch auf das ihm von Gott vorgegebene letzte Ziel in gehöriger Ordnung hinzustreben, wie schließlich die Rechte, sich in einer Gesellschaft zusammenzuschließen, private Güter zu besitzen und aus ihrem Gebrauch Nutzen zu ziehen.

Praeterea, ut maritale coniugium, ita eius naturalis usus ex divina ordinatione oriuntur; itemque domestici convictus constitutio *[79]* eiusque praecipua munera non ex humano arbitrio neque ex oeconomicis rationibus, sed a summo ipso omnium Creatore proficiscuntur. ...

**3772**     At Deus pari modo hominem ad civilem consortionem natum conformatumque voluit, quam profecto sua ipsius natura postulat. Societas enim ex divini Creatoris consilio naturale praesidium est, quo quilibet civis possit ac debeat ad propositam sibi metam assequendam uti; quandoquidem Civitas homini, non homo Civitati exsistit.

Id tamen non ita intelligendum est, quemadmodum ob suam *individualismi* doctrinam *Liberales* quos vocant asseverant; qui quidem communitatem immoderatis singulorum commodis inservire iubent: se ita potius, ut omnes, ex eo quod cum societate composito ordine copulantur, terrenam possint per mutuam navitatis conspirationem veri nominis prosperitatem attingere; utque per humanum consortium privatae illae publicaeque animi dotes hominibus natura insitae floreant ac vigeant, quae temporarias peculiaresque utilitates exsuperant, divinamque praeferunt in civili ordinatione perfectionem, quod quidem in singulis hominibus contingere ullo modo nequit. Quod idcirco etiam homini inservit, ut hanc divinae perfectionis imaginem agnoscat acceptamque Creatori referat ...

**3773**     Iamvero, quemadmodum homo officia illa repudiare non potest, quibus Dei iussu civili societati obstringitur, atque adeo publicae rei moderatores iure pollent, si idem obtemperationi huic non legitime obsistit, eum ad officium persolvendum coërcendi; ita pari modo societas iis iuribus civem spoliare non potest a Creatore Deo eidem impertitis, quorum praestantiora *[80]* supra breviter attigi-

Außerdem: Wie die eheliche Verbindung, so entspringt ihre natürliche Ausübung göttlicher Anordnung; und ebenso gehen die Einsetzung des häuslichen Zusammenlebens und seine hauptsächlichen Aufgaben nicht aus einer menschlichen Entscheidung oder aus wirtschaftlichen Gründen, sondern vom höchsten Schöpfer aller selbst hervor. ...

Aber Gott wollte in gleicher Weise, daß der Mensch für das bürgerliche Zusammenleben geboren und gestaltet sei, welches ja seine eigene Natur erfordert. Die Gesellschaft ist nämlich nach dem Ratschluß des göttlichen Schöpfers eine natürliche Hilfe, die jeder beliebige Bürger zur Erlangung des ihm vorgegebenen Zieles in Anspruch nehmen kann und soll; denn der Staat besteht für den Menschen, nicht der Mensch für den Staat.

Dies darf jedoch nicht so verstanden werden, wie die sogenannten *Liberalen* im Sinne ihrer Lehre vom *Individualismus* behaupten, die nämlich die Gemeinschaft den maßlosen Interessen einzelner dienen lassen, sondern vielmehr so, daß alle aufgrund der Tatsache, daß sie in wohlgestalteter Ordnung mit der Gesellschaft verbunden sind, durch das gegenseitige Zusammenwirken der Tätigkeit irdisches Wohlergehen im wahren Sinne des Wortes erlangen können, und daß durch das menschliche Zusammenleben jene den Menschen von Natur aus eingepflanzten privaten und öffentlichen Gaben der Seele erblühen und wachsen, die die zeitlichen und besonderen Interessen übertreffen und in der bürgerlichen Ordnung die göttliche Vollkommenheit vor Augen stellen, was nämlich bei den einzelnen Menschen keineswegs gelingen kann. Dies dient insofern auch dem Menschen, daß er dieses Bild göttlicher Vollkommenheit erkennt und das empfangene auf den Schöpfer zurückbezieht ...

Wie nun aber der Mensch jene Pflichten nicht verweigern kann, durch die er nach Gottes Geheiß der bürgerlichen Gesellschaft verpflichtet ist, und die Lenker des Gemeinwesens deshalb über das Recht verfügen, ihn zur Erfüllung der Pflicht zu zwingen, wenn er diesem Gehorsam unrechtmäßig Widerstand leistet, so kann die Gesellschaft in gleicher Weise den Bürger nicht der ihm vom

mus, neque eorumdem usum ex arbitrio impossibilem reddere. Quapropter e mentis nostrae ratione oritur eidemque consentaneum est, ut terrenae res omnes homini usui utilitatique sint, ideoque per eum ad Creatorem referantur. ...

Dum igitur *Communistarum* effata personam humanam ita extenuant, ut civium cum societate necessitudines praepostere subvertant, humana mens, contra, ac divina revelatio eam tam sublime extollunt.

Decessor Noster felicis recordationis Leo XIII de oeconomicis socialibusque rationibus deque operariorum causa ... effectrices normas edidit[1]; quas Nos quidem ... nostrorum temporum condicionibus necessitatibusque accommodavimus[2]. In quibus Litteris ... de peculiari privatarum possessionum natura, ad singulos et ad societatem quod attinet, distincte definiteque et humani laboris iura dignitatemque designavimus et mutuas eorum auxilii adiumentique necessitudines, qui vel rem impertiunt vel dant operam, et mercedem denique, quae opificibus ex districta iustitia debetur, sibi suaeque familiae necessaria.

Schöpfergott zugeteilten Rechte berauben, deren wichtigste wir oben kurz berührt haben, noch ihre Ausübung nach Belieben unmöglich machen. Deswegen entspringt es dem Denken unserer Vernunft und steht mit ihm in Einklang, daß alle irdischen Dinge für den Menschen zum Gebrauch und Nutzen sind und daher durch ihn auf den Schöpfer zurückbezogen werden. ...

Während also die Lehren der *Kommunisten* die menschliche Person so ausdünnen, daß sie die Beziehungen zwischen den Bürgern und der Gesellschaft völlig umkehren, erheben die menschliche Vernunft und die göttliche Offenbarung sie dagegen so hoch.

Unser Vorgänger seligen Angedenkens, Leo XIII., gab in bezug auf wirtschaftliche und soziale Belange sowie in bezug auf die Arbeiterfrage ... wirksame Richtlinien heraus[1]; diese haben Wir nun ... den Umständen und Erfordernissen unserer Zeiten angepaßt[2]. In diesem Schreiben ... haben Wir in bezug auf die besondere Natur des Privatbesitzes, was die einzelnen und die Gesellschaft anbelangt, klar und deutlich sowohl die Rechte und die Würde der menschlichen Arbeit als auch die wechselseitigen Beziehungen der Hilfe und Unterstützung derjenigen, die entweder Kapital einsetzen oder Arbeit leisten, und schließlich den Lohn bestimmt, der den Arbeitern aufgrund strenger Gerechtigkeit geschuldet wird und für sie selbst und ihre Familie notwendig ist.

## Soziale Gerechtigkeit

[92] Verum enim vero, praeter iustitiam, quam commutativam vocant, socialis etiam iustitia colenda est, quae quidem ipsa officia postulat, quibus neque artifices neque heri se subducere possunt. Atqui socialis iustitiae est id omne ab singulis exigere, quod ad commune bonum necessarium sit.

Ut autem, ad quamlibet viventis corporis compagem quod attinet, in universum consultum non est, nisi singulis membris ea omnia tribuantur, quibus eadem indigeant ad suas partes explendas; ita, ad communitatis constitutionem temperationemque quod per-

Außer der sogenannten Tauschgerechtig- **3774** keit ist nun aber auch die soziale Gerechtigkeit zu beachten, die freilich selbst Leistungen erfordert, denen sich weder Arbeitnehmer noch Arbeitgeber entziehen können. Aufgabe der sozialen Gerechtigkeit ist es nun aber, all das von den einzelnen zu verlangen, was zum Gemeinwohl notwendig ist.

Wie aber, was jedes beliebige Gefüge eines lebendigen Leibes anbelangt, nicht für das Ganze gesorgt ist, wenn nicht den einzelnen Gliedern all das zugewiesen wird, wessen diese bedürfen, um ihre Aufgabe zu erfüllen, so kann, was die Verfassung und rechte Beschaf-

---

**\*3773** [1]  Vgl. Enzyklika *"Rerum novarum"*, 15. Mai 1891 (vgl. \*3265-3271).
[2]  Vgl. Enzyklika *"Quadragesimo anno"*, 15. Mai 1931 (vgl. \*3725-3744).

tinet, totius societatis bono prospici non potest, nisi singulis membris, hominibus videlicet personae dignitate ornatis, illud omne impertiatur, quod iisdem opus sit, ad sociale munus cuiusque suum exercendum.

Si igitur iustitiae sociali provisum fuerit, ex oeconomicis rebus uberes enascentur actuosae navitatis fructus, qui in tranquillitatis ordine maturescent, Civitatisque vim firmitudinemque ostendent; quemadmodum humani corporis valetudo ex imperturbata, plena fructuosaque eius opera dignoscitur.

Neque satis sociali iustitiae factum erit, nisi opifices et sibimet ipsis et familiae cuiusque suae victum tuta ratione ex accepta, rei consentanea, mercede praebere poterunt; nisi iisdem facultas dabitur modicam quamdam fortunam sibi comparandi, ad illud communis paupertatis ulcus vitandum, quod tam late diffunditur; nisi denique opportuna erunt in eorum commodum inita consilia, quibus iidem, per publica vel privata cautionis instituta, suae ipsorum senectuti, infirmitati operisque vacationi consulere queant.

fenheit der Gemeinschaft anbelangt, nicht für das Wohl der ganzen Gesellschaft Sorge getragen werden, wenn nicht den einzelnen Gliedern, nämlich den mit der Würde der Person ausgezeichneten Menschen, all das zugeteilt wird, was ihnen nötig ist, um ihre jeweilige soziale Aufgabe zu erfüllen.

Wenn also für die soziale Gerechtigkeit gesorgt ist, werden aus der Wirtschaft reiche Früchte reger Tätigkeit erwachsen, die in einer Ordnung der Ruhe reifen und die Kraft und Stärke des Staates zeigen werden, so wie die Gesundheit des menschlichen Leibes an seiner ungestörten, vollen und fruchtbaren Tätigkeit erkannt wird.

Auch wird der sozialen Gerechtigkeit dann nicht Genüge getan sein, wenn die Arbeiter nicht sowohl für sich selbst als auch für ihre jeweilige Familie den Lebensunterhalt in sicherer Weise aus dem empfangenen, sachlich angemessenen Lohn bestreiten können; wenn ihnen nicht die Möglichkeit geboten wird, sich ein bescheidenes Vermögen zu erwerben, um jenem Geschwür allgemeiner Armut zu entgehen, das so weit verbreitet ist; wenn es schließlich nicht geeignete, zu ihren Gunsten gefaßte Pläne gibt, aufgrund derer sie vermittels öffentlicher oder privater Versicherungsanstalten für ihr Alter, für Krankheit und Arbeitslosigkeit Vorsorge treffen können.

### 3775-3776: Enzyklika "Firmissimam constantiam" an die Bischöfe der Vereinigten Staaten von Mexiko, 28. März 1937

In diesem Brief handelt Pius XI. von der Unterdrückung der Kirche in Mexiko und dem christlichen Widerstandsrecht. Der Papst hatte bereits in der Enzyklika "Acerba animi anxietudo" vom 29. Sept. 1932 zur Verfolgung der Kirche in Mexiko Stellung genommen (AAS 24 [1932] 321-332).
*Ausg.:* AAS 29 (1937) 196f.

*Widerstand gegen den Mißbrauch der Staatsgewalt*

3775    Docuistis, Ecclesiam, etiam cum gravi suo incommodo, pacis atque ordinis fautricem esse, omnemque iniustam rebellionem vel violentiam contra constitutas potestates condemnare. Ceterum apud vos affirmatum quoque est, si quando potestates ipsae iustitiam ac veritatem manifeste impugnent, ita ut vel fundamenta auctoritatis evertant, non videri cur improbari debeant cives illi, qui in unum coalescant ad tuendos semet ipsos nationemque servandam, licita atque idonea auxilia adhibentes contra eos, qui imperio abutantur

Ihr habt gelehrt, daß die Kirche, auch unter schwerem Nachteil für sich selbst, eine Befürworterin von Friede und Ordnung sei und jeden ungerechten Aufruhr oder Gewaltanwendung gegen verfassungsmäßige Gewalten verurteile. Im übrigen ist bei Euch auch betont worden, daß, wenn einmal die Gewalten selbst offensichtlich gegen Gerechtigkeit und Wahrheit ankämpfen, so daß sie sogar die Grundlagen der Autorität zerstören, man keinen Grund sehe, weshalb jene Bürger mißbilligt werden sollten, die sich

ad rem publicam labefactandam.

Quod si huius quaestionis solutio a singularibus rerum adiunctis necessario pendet, nonnulla tamen principia sunt in lumine collocanda:

1. Vindicationes eiusmodi rationem medii seu finis relativi habent, non finis ultimi atque absoluti. *[197]*

2. Eaedem, tamquam media, esse debent actiones licitae, neque intrinsece malae.

3. Cum ipsas ad finem idoneas et adaequatas esse oporteat, eatenus adhibendae sunt, quatenus ad propositum finem ex integro vel ex parte conducant, ita tamen, ut maiora damna communitati et iustitiae non afferant, quam ipsa damna resarcienda.

4. Usus vero talium mediorum et plenum civilium politicorumque iurium exercitium, cum causas quoque ordinis mere temporalis technicive aut violentae defensionis complectantur, non attingunt directe munus Catholicae Actionis, licet ad eandem officium pertineat catholicos viros instruendi ad propria iura recte exercenda, eademque ex communis boni necessitate iustis modis vindicanda.

5. Clerus et Actio Catholica, – cum ob missionem pacis amorisque sibi concreditam omnes homines "in vinculo pacis" [*Eph 4,3*] devincire teneantur, – plurimum ad nationis prosperitatem conferre debent, tum civium classiumque coniunctionem maxime fovendo, tum obsecundando omnibus socialibus inceptis, quae a Christi doctrina moralique lege non discordent.

vereinigen, um sich selbst zu schützen und die Nation zu erhalten, wenn sie erlaubte und geeignete Mittel gegen diejenigen anwenden, die ihre Herrschaft mißbrauchen, um das Gemeinwesen ins Wanken zu bringen.

Auch wenn die Lösung dieser Frage notwendigerweise von den einzelnen Umständen abhängt, sind dennoch einige Grundsätze ins Licht zu stellen: 3776

1. Derartige Akte der Notwehr haben die Beschaffenheit eines Mittels bzw. relativen Zwecks, nicht die eines letzten und absoluten Zwecks.

2. Sie müssen als Mittel erlaubte Handlungen sein und dürfen nicht in sich böse sein.

3. Da sie für den Zweck geeignet und angemessen sein sollen, sind sie ⟨nur⟩ insoweit anzuwenden, inwieweit sie zum vorgesetzten Zweck vollständig oder teilweise hinführen, so jedoch, daß sie der Gemeinschaft und der Gerechtigkeit keine größeren Schäden zufügen als die zu behebenden Schäden selbst.

4. Der Gebrauch solcher Mittel und die volle Ausübung der bürgerlichen und politischen Rechte berühren aber, da sie auch Angelegenheiten der rein zeitlichen und technischen Ordnung oder der gewaltsamen Verteidigung umfassen, nicht direkt die Aufgabe der Katholischen Aktion, auch wenn ihr die Pflicht zukommt, die Katholiken zu unterweisen, ihre eigenen Rechte richtig auszuüben und sie aufgrund der Notwendigkeit des Gemeinwohles in gerechter Weise sicherzustellen.

5. Der Klerus und die Katholische Aktion müssen – denn sie sind aufgrund des ihnen anvertrauten Friedens- und Liebesauftrages gehalten, alle Menschen "im Band des Friedens" [*Eph 4,3*] zu verbinden – in höchstem Maße zum Wohlergehen der Nation beitragen, indem sie einerseits die Verbindung der Bürger und Klassen nachdrücklichst fördern und andererseits alle sozialen Initiativen unterstützen, die mit der Lehre Christi und dem Sittengesetz nicht im Widerspruch stehen.

# PIUS XII.: 2. März 1939 – 9. Okt. 1958

## 3780-3786: Enzyklika "Summi pontificatus", 20. Okt. 1939

*Ausg.:* AAS 31 (1939) 423-438.

### Das Naturgesetz

**3780**    Compertum omnino est primum altioremque malorum fontem, quibus hodierna afflictatur civitas, ex eo scatere, quod universalis de morum probitate pernegetur ac reiiciatur norma, cum in privata singulorum vita, tum in ipsa re publica atque in mutuis necessitudinum rationibus, quae inter gentes nationesque intercedunt; ipsa videlicet naturalis lex detrectatione oblivioneque obruitur.

Es ist allgemein bekannt, daß die vornehmliche und tiefere Quelle der Übel, von denen das heutige Staatswesen geplagt wird, daraus hervorquillt, daß die allgemeine Norm in bezug auf die Rechtschaffenheit der Sitten geleugnet und verworfen wird, sowohl im privaten Leben der einzelnen als auch im Gemeinwesen selbst und in den gegenseitigen Beziehungen, die zwischen den Völkern und Nationen bestehen; das Naturgesetz selbst nämlich wird durch Herabsetzung und Vergessen verschüttet.

**3781**    Haec naturalis lex veluti fundamento innititur Deo, omnipotenti omnium creatore ac patre, eodemque et supremo perfectissimoque legum latore et sapientissimo iustissimoque humanarum actionum vindice. Cum temere aeternum renuitur Numen, iam cuiuslibet honestatis principium labat nutans, iamque naturae vox silet vel pedetemptim debilitatur, quae indoctos etiam ac vel eos edocet, qui nondum ad civilis cultus usum pervenerunt, quid fas sit, quid nefas, quid liceat quidque non liceat; eosque admonet se aliquando coram Supremo Iudice de bene maleque factis suis rationem reddituros.

Dieses Naturgesetz beruht als auf seinem Fundament auf Gott, dem allmächtigen Schöpfer und Vater aller und ebenso auch höchsten und vollkommensten Gesetzgeber und weisesten und gerechtesten Vergelter der menschlichen Taten. Wenn die ewige Gottheit leichtfertig abgelehnt wird, gerät sogleich die Grundlage jeglicher Sittlichkeit ins Wanken und Schwanken, und sogleich schweigt die Stimme der Natur oder wird allmählich geschwächt, die auch die ungebildeten und selbst diejenigen belehrt, die noch nicht zum Gebrauch bürgerlicher Kultur gelangt sind, was Recht ist, was Unrecht, was erlaubt ist und was nicht erlaubt ist; und sie erinnert sie, daß sie einmal vor dem Höchsten Richter über ihre guten und bösen Taten Rechenschaft ablegen werden.

### Nationales Recht und Völkerrecht

**3782**    *[431]* ... Divina posthabita auctoritate eiusque legis imperio, id necessario consequitur, ut civilis potestas absolutissima nullique obnoxia iura usurpet, quae ad summum Creatorem unice pertinent, utque in eiusdem Creatoris locum suffecta, rem publicam vel civium communitatem efferat quasi supremam totius humanae vitae metam maximamque normam in iuris morumque ordine habendam; atque adeo omnes prohibeat quo*[432]*minus ad naturalis rationis christianaeque conscientiae praecepta refugiant. ...

... Wenn die göttliche Autorität und die Herrschaft ihres Gesetzes hintangestellt wird, folgt ⟨daraus⟩ notwendig, daß die bürgerliche Gewalt sich völlig uneingeschränkte und keinem unterworfene Rechte anmaßt, die einzig dem höchsten Schöpfer zustehen, und daß sie, wenn sie sich an die Stelle dieses Schöpfers gesetzt hat, das Gemeinwesen bzw. die Gemeinschaft der Bürger als höchstes Ziel des ganzen menschlichen Lebens und höchste Norm preist, die es in der Rechts- und Sittenordnung geben kann; und daher

*[433]* ... Eo igitur nobilissimo munere fungitur res publica, ut, in nationis vita, privata singulorum incepta et opera recognoscat, temperet atque promoveat, eaque ad commune omnium bonum convenienter dirigat, quod quidem non ex alicuius arbitrio neque solummodo a terrena civilis societatis prosperitate, veluti a primaria ratione sua definiatur, sed ex naturali potius hominis perfectione congruenter provehenda, ad quam civitas ipsa a supremo Creatore, quasi instrumentum atque praesidium, destinatur. ...

*[437]* ... Opinatio illa, Venerabiles Fratres, quae imperium paene infinitum rei publicae attribuit, non internae tantum nationum vitae et auctioribus componendis incrementis perniciosus error evadit, sed mutuis etiam populorum rationibus detrimentum affert; quandoquidem unitatem illam infringit, qua civitates universae inter se contineantur oportet, gentium iura vi firmitateque exuit, atque, viam sternens ad aliena violanda iura, pacate una simul tranquilleque vivere perdifficile reddit.

Etenim hominum genus, quamquam ex naturalis ordinis a Deo statuta lege in civium classes disponitur, itemque in nationes civitatesque, quae ad suam quod attinet interni regiminis temperationem, aliae ab aliis non pendent, mutuis tamen in iuridiciali ac morali re vinculis obstringitur, et in universam magnamque coalescit populorum congregationem, quae ad assequendum omnium gentium bonum destinatur, ac peculiaribus regitur normis, quae et unitatem tutantur, et ad res quotidie magis prosperas dirigunt.

Iam vero nemo est qui non videat asseverata illa rei publicae iura, absolutissima nullique prorsus obnoxia, legi huic naturali et insitae omnino adversari, eamdemque

hindert sie alle daran, zu den Geboten der natürlichen Vernunft und des christlichen Gewissens Zuflucht zu nehmen. ...

... Das Gemeinwesen versieht also das höchst vornehme Amt, im Leben der Nation die privaten Unternehmungen und Tätigkeiten der einzelnen zu prüfen, zu ordnen und zu fördern und sie in angemessener Weise auf das Gemeinwohl aller auszurichten, das freilich nicht nach dem Gutdünken irgend jemandes oder nur vom irdischen Wohlergehen der bürgerlichen Gesellschaft als von seinem ursprünglichen Zweck bestimmt wird, sondern vielmehr nach der in angemessener Weise zu fördernden natürlichen Vervollkommnung des Menschen, zu der der Staat selbst vom höchsten Schöpfer als Mittel und Hilfe bestimmt ist. ...

... Jene Auffassung, Ehrwürdige Brüder, **3783** die dem Gemeinwesen fast unbegrenzte Befehlsgewalt zuweist, entpuppt sich nicht nur für das innere Leben der Nationen und die Erzielung vermehrten Wachstums als verhängnisvoller Irrtum, sondern gereicht auch den wechselseitigen Beziehungen der Völker zum Nachteil; denn sie zerbricht jene Einheit, durch die alle Staaten untereinander zusammengehalten werden sollen, entkleidet die Rechte der Völker ihrer Kraft und Stärke und macht es, indem sie den Weg zur Verletzung fremder Rechte bahnt, sehr schwierig, in Frieden und ruhig miteinander zu leben.

Obwohl sich nämlich das Menschenge- **3784** schlecht aufgrund des von Gott aufgestellten Gesetzes der natürlichen Ordnung in Klassen von Bürgern und ebenso in Nationen und Staaten aufteilt, die, was ihre Regelung der inneren Regierung anbelangt, nicht voneinander abhängen, wird es dennoch durch gegenseitige Bande im rechtlichen und moralischen Bereich verbunden und wächst zu einer allgemeinen und großen Völkergemeinschaft zusammen, die dazu bestimmt ist, das Wohl aller Völker zu erlangen, und von besonderen Normen geleitet wird, die sowohl die Einheit beschützen als auch zu täglich günstigeren Verhältnissen hinführen.

Nun gibt es aber niemanden, der nicht sä- **3785** he, daß jene behaupteten völlig uneingeschränkten und überhaupt niemandem unterworfenen Rechte des Gemeinwesens die-

funditus refellere; itemque patet eadem iura illas legitime initas necessitudines, quibus nationes inter se coniunguntur, civitatis moderatorum *[438]* arbitrio permittere, ac praepedire quominus recta habeatur animorum omnium consensio ac mutua adiutricis operae collatio. ...

sem natürlichen und angeborenen Gesetz ganz und gar widerstreiten und es von Grund auf zurückweisen; und ebenso ist klar, daß diese Rechte jene rechtmäßig eingegangenen Beziehungen, durch die die Nationen untereinander verbunden werden, der Willkür der Staatslenker anheimstellen und verhindern, daß eine wirkliche Übereinstimmung aller Herzen und ein gegenseitiger Zusammenschluß hilfreicher Tätigkeit zustande kommt. ...

3786     Ceterum ius gentium idcirco a divino iure vindicare, ut in rei publicae moderatorum arbitrio veluti fundamento unice innitatur, nihil aliud significat quam illud ipsum ex honoris sui suaeque firmitatis solio detrudere, idemque nimio concitatoque privati publicique commodi studio permittere, quod non alio contendit, nisi ut propria iura efferat, aliena deneget.

Das Völkerrecht vom göttlichen Recht zu lösen, so daß es einzig auf der Willkür der Staatslenker als seinem Fundament beruht, bedeutet deshalb im übrigen nichts anderes, als jenes selbst vom Thron seiner Ehre und seiner Stärke herabzustoßen und es dem allzu großen und aufgeregten Eifer privaten und öffentlichen Interesses zu übertragen, der nach nichts anderem strebt, als die eigenen Rechte zur Geltung zu bringen und die fremden in Abrede zu stellen.

**3788: Dekret des Hl. Offiziums, 21. (24.) Febr. 1940**

Durch dieses Dekret wird die direkte Sterilisierung auch aus eugenischen Gründen verboten. Das Dekret vom 21. März 1931 (AAS 23 [1931] 118f), das zitiert wird, besagt, daß die Sterilisierung "völlig verwerflich und für falsch und verurteilt zu erachten sei" ("esse omnino improbandam et habendam pro falsa et damnata"), wobei es auf die Enzyklika *"Casti connubii"* Pius' XI. (*3722) zurückverweist. Pius XII. hat in den Ansprachen vom 29. Okt. 1951 an Hebammen und vom 7. Sept. 1953 an ein Internationales Symposion der Genetischen Medizin die Präzisierung hinzugefügt, das generelle Verbot beziehe sich auf die Sterilisierung Unschuldiger (AAS 43 [1951] 843f; 45 [1953] 606).
*Ausg.:* F. Hürth: TD ser. theol. 25 (1953²) 116 / AAS 32 (1940) 73.

### Sterilisierung

3788     *Qu.:* An licita sit directa sterilizatio sive perpetua sive temporanea, sive viri sive mulieris?
*Resp. (confirmata a Summo Pontifice, 22. Febr.):* Negative, et quidem prohiberi lege naturae, eamque, quod sterilizationem eugenicam attinet, *Decreto* 21. Mart. 1931 reprobatam iam esse.

*Frage:* Ist eine entweder dauernde oder zeitlich begrenzte direkte Sterilisierung entweder des Mannes oder der Frau erlaubt?
*Antwort (vom Papst am 22. Febr. bestätigt):* Nein, und zwar wird sie durch das Naturgesetz verboten, und sie wurde, was die eugenische Sterilisierung betrifft, schon durch das Dekret vom 21. März 1931 verworfen.

**3790: Dekret des Hl. Offiziums, 27. Nov. (2. Dez.) 1940**

*Ausg.:* AAS 32 (1940) 553f.

### Die direkte Tötung Unschuldiger auf Geheiß der staatlichen Autorität

3790     *Qu.:* Num licitum sit, ex mandato auctoritatis publicae, directe occidere eos, qui, quamvis nullum crimen morte dignum commiserint, tamen ob defectus psychicos vel

*Frage:* Ist es erlaubt, auf Geheiß der öffentlichen Autorität solche direkt zu töten, die, obwohl sie kein todeswürdiges Verbrechen begangen haben, dennoch wegen

physicos nationi prodesse iam non valent eamque potius gravare eiusque vigori ac robori obstare censentur? *[554]*

*Resp. (confirmata a Summo Pontifice, 1. Dec.):* Negative, cum sit iuri naturali ac divino positivo contrarium.

psychischer oder physischer Fehler der Nation nicht mehr nützen können und sie vielmehr, wie man meint, belasten und ihrer Kraft und Stärke entgegenstehen?

*Antwort (vom Papst am 1. Dez. bestätigt):* Nein, da es dem natürlichen und dem positiven göttlichen Recht entgegengesetzt ist.

## 3792-3796: Schreiben der Bibelkommission an die Bischöfe Italiens, 20. Aug. 1941

Der Priester Dolindo Ruotolo hatte dem Papst und der Kurie anonym eine Schrift vorgelegt mit dem Titel: *Un gravissimo pericolo per la Chiesa e per le anime. Il sistema critico-scientifico nello studio e nell' interpretazione della Sacra Scrittura, le sue deviazioni funeste e le sui aberrazioni.* Wie aus dem Titel ersichtlich, wendet sich der Verfasser gegen das wissenschaftliche Studium der Hl. Schrift. Er setzt dagegen die Meditation der Schrift nach ihrem "geistlichen" Sinn, wie er dies in einem, unter dem Pseudonym Dain Cohenel herausgegebenen Werk praktiziert hatte: *La sacra Scrittura: Psicologia, Commento, Meditazione* (am 13. Nov. 1940 auf den Index gesetzt). Der Sekretär der Bibelkommission, Jacques M. Vosté OP, trat für die exegetische Wissenschaft ein. Der Papst bestätigte den Brief am 16. Aug. 1941.

*Ausg.:* AAS 33 (1941) 466-469 / A. Vaccari, *Lo studio della Sacra Scrittura: Lettere della Pontificia Commissio Biblica* (Rom 1943) 24-29 / EnchB Nr. 524-527.

### *Der wörtliche und geistliche Sinn der Hl. Schrift*

(1) L'anonimo benchè affermi *pro forma* che il senso letterale è la "base dell'interpretazione biblica"[1], di fatto preconizza una esegesi assolutamente soggettiva e allegorica. ... Ora se è proposizione di fede da tenersi per principio fondamentale, che la Sacra Scrittura contiene, oltre al senso letterale, un senso spirituale o tipico, come ci è insegnato dalla pratica di Nostro Signore e degli Apostoli, tuttavia non ogni sentenza o racconto contiene un senso tipico, e fu un eccesso grave della scuola alessandrina di voler trovare dappertutto un senso simbolico, anche a danno del senso letterale e storico.

Il senso spirituale o tipico, oltre che fondarsi sopra il senso letterale, deve provarsi sia dall'uso di Nostro Signore, degli Apostoli o degli scrittori ispirati, sia dall'uso tradizionale dei santi Padri e della Chiesa, specialmente nella sacra liturgia, perchè *[467]* "lex orandi, lex credendi" [*cf. *246*].

Un'applicazione più larga dei testi sacri potrà bensi giustificarsi collo scopo dell'edificazione in omilie ed in opere ascetiche; ma il senso risultante anche dalle accomodazioni

(1) Obwohl der Anonymus *pro forma* betont, daß der wörtliche Sinn die "Grundlage der Bibelauslegung"[1] sei, verkündet er tatsächlich eine völlig subjektive und allegorische Exegese. ... Auch wenn es ein Glaubenssatz ist, als ein grundlegendes Prinzip festzuhalten, daß die Heilige Schrift außer dem wörtlichen Sinn einen geistlichen oder typischen Sinn enthält, wie es uns durch das Tun unseres Herrn und der Apostel gelehrt wird, so enthält dennoch nicht jeder Satz oder jede Erzählung einen typischen Sinn, und es war eine schwere Übertreibung der alexandrinischen Schule, überall einen symbolischen Sinn finden zu wollen, auch zum Schaden des wörtlichen und geschichtlichen Sinnes.

Abgesehen davon, daß sich der geistliche oder typische Sinn auf den buchstäblichen Sinn gründen muß, muß er sich beweisen lassen entweder durch den Gebrauch Unseres Herrn, der Apostel oder der inspirierten Schriftsteller oder durch den überlieferten Gebrauch der heiligen Väter und der Kirche, insbesondere in der heiligen Liturgie, weil "die Regel des Betens die Regel des Glaubens ⟨ist⟩" [*vgl. *246*].

Eine weitere Anwendung der heiligen Texte wird zwar mit dem Ziel der Erbauung in Predigten und aszetischen Werken gerechtfertigt werden können; aber von dem Sinn,

3792

---

*3792 [1]   D. Ruotolo, *Un gravissimo pericolo*, 6.

più felici, quando non sia comprovato com'è detto sopra, non si può dire veramente e strettamente senso della Bibbia nè che fu da Dio ispirato all'agiografo.

der sich selbst aus den glücklichsten Zurechtlegungen ergibt, kann man, wenn er nicht, wie oben gesagt wurde, bewiesen wird, nicht wahrhaft und im eigentlichen Sinne sagen, daß er der Sinn der Bibel oder von Gott dem heiligen Schriftsteller inspiriert worden sei.

**3793** Invece l'anonimo, che non fa veruna di queste distinzioni elementari, vuole imporre le elucubrazioni della sua fantasia come senso della Bibbia, come "vere comunioni spirituali della sapienza del Signore"[1], e miscognoscendo la capitale importanza del senso letterale, calunnia gli esegeti cattolici di considerare "*solo* il senso letterale" e di considerarlo "a modo umano, prendendolo *solo* materialmente, per quello che suonano le parole"[2] ... .

Dagegen will der Anonymus, der keine dieser elementaren Unterscheidungen macht, als Sinn der Bibel die Austüftelungen seiner Phantasie aufdrängen, als "wahre geistliche Mitteilungen der Weisheit des Herrn"[1], und die grundlegende Bedeutung des wörtlichen Sinnes verkennend, verleumdet er die katholischen Exegeten, "*nur* den wörtlichen Sinn" zu betrachten und ihn zu betrachten "auf menschliche Weise, indem sie ihn *nur* materiell auffassen, wie die Worte lauten"[2]... .

Egli rigetta in tal modo la regola d'oro dei dottori della Chiesa, cosi chiaramente formulata dall'Aquinate: "Omnes sensus fundantur super unum, scilicet litteralem, ex quo *solo* potest trahi argumentum"[3]; regola che i Sommi Pontefici sancirono e consacrarono quando prescrissero che, prima di tutto, si cerchi con ogni cura il senso letterale. Cosi p. e. Leone XIII ...: "Propterea cum studio perpendendi quid ipsa verba valeant, quid consecutio rerum velit, quid locorum similitudo aut talia cetera, externa quoque appositae eruditionis illustratio societur"[4] ... [*Citatur et Augustini praeceptio *3284*[2]].

Er verwirft auf diese Weise die goldene Regel der Kirchenlehrer, die vom Aquinaten so klar formuliert wurde: "Alle Sinne gründen in e i n e m, nämlich dem wörtlichen, aus dem *allein* ein Beweis gezogen werden kann"[3]; eine Regel, die die Päpste bestätigten und absegneten, als sie vorschrieben, daß man vor allem mit ganzer Sorgfalt den wörtlichen Sinn suchen solle. So z. B. Leo XIII. ...: "Deswegen soll sich mit dem Bemühen, zu erwägen, was die Worte selbst bedeuten, was die Abfolge der Dinge ⟨sagen⟩ will, was die Ähnlichkeit von Stellen oder anderes Derartiges, auch die Erläuterung von außen durch eine geeignete Gelehrsamkeit verbinden"[4] ... [*Zitiert wird auch das Gebot Augustins *3284*[2]].

Cosi pure Benedetto XV ...: "Ipsa Scripturae verba perdiligenter consideremus, ut certo constet, quidnam sacer scriptor dixerit"[5]; dove ... raccomanda che gli esegeti "*modeste temperateque* e litterali sententia ad altiora exsurgant"[6].

So auch Benedikt XV. ...: "Wir wollen die Worte der Schrift selbst sorgfältig betrachten, auf daß mit Sicherheit feststehe, was der heilige Schriftsteller eigentlich gesagt hat"[5]; dort ... empfiehlt er, daß die Exegeten "*bescheiden und maßvoll* vom wörtlichen Sinn zu Höherem aufsteigen sollen"[6].

Ambedue finalmente i Sommi Pontefici ... insistono, con le stesse parole di S. Girolamo, sul dovere dell'esegeta: "commentatoris officium esse, non quid ipse velit, sed quid

Beide Päpste ... bestehen schließlich mit denselben Worten des Hl. Hieronymus auf der Verpflichtung des Exegeten: "Pflicht des Kommentators ist es, nicht was er selbst will,

---

*3793  [1] Ebd., 45.
  [2] Ebd., 11.
  [3] Thomas von Aquin, *Summa theologiae* I, q. 1, a. 10 ad 1 (Editio Leonina 4,25b).
  [4] Leo XIII., Enzyklika "*Providentissimus Deus*" (EnchB Nr. 108).
  [5] Benedikt XV., Enzyklika "*Spiritus Paraclitus*" (EnchB Nr. 485).
  [6] Ebd., Nr. 486.

sentiat ille, quem interpretatur, exponere"[7].

sondern was jener denkt, den er auslegt, darzulegen"[7].

## Der Sinn des Trienter Dekrets über die Autorität der Vulgata

*[468]* (2) ... Il Concilio Tridentino, contro la confusione cagionata dalle nuove traduzioni in latino e in vernacolo allora propalate, volle sancito l'uso pubblico, nella Chiesa Occidentale, della versione latina comune giustificandolo dall'uso secolare fattone dalla Chiesa stessa, ma non pensò per nulla menomare l'autorità delle versioni antiche adoperate nelle Chiese Orientali, di quella segnatamente dei LXX usata dagli stessi Apostoli, e meno ancora l'autorità dei testi originali, e resistette ad una parte dei Padri, che volevano l'uso esclusivo della Volgata come sola autorevole.

Ora l'anonimo sentenzia che in virtù del decreto Tridentino si possiede nella versione latina un testo dichiarato superiore a tutti gli altri, rimprovera agli esegeti di voler interpretare la Volgata coll'aiuto degli originali e delle altre versioni antiche. Per lui il decreto dà la "certezza del Sacro Testo", cosi che la Chiesa non ha bisogno di "ancora ricercare l'autentica lettera di Dio"[1], e ciò non soltanto *in rebus fidei et morum,* ma in tutti i rispetti (anche letterari, geografici, cronologici, ecc.). ...

Ebbene tale pretesa non è soltanto contro il senso comune, il quale non accetterà mai che una versione possa essere superiore al testo originale, ma è anche contro la mente dei Padri del Concilio, quale appare dagli Atti; il Concilio anzi fu consapevole della necessità di una revisione e correzione della Volgata medesima, e ne rimise l'esecuzione ai Sommi Pontefici, i quali la fecero, come fecero, secondo la mente dei più autorevoli collaboratori del Concilio stesso, un'edizione corretta dei LXX ..., e poi ordinarono quella del Vec-

(2) ... Das Konzil von Trient wollte gegen    **3794** die Verwirrung, die durch die damals verbreiteten neuen Übersetzungen in Latein und in der Landessprache verursacht wurde, in der Westkirche den öffentlichen Gebrauch der gemeinsamen lateinischen Übersetzung festgelegt wissen, wobei es dies durch den jahrhundertealten Gebrauch, der von ebendieser Kirche davon gemacht wurde, rechtfertigte; aber es dachte keineswegs daran, die Autorität der in den Ostkirchen benützten alten Übersetzungen zu schmälern, insbesondere jener der Septuaginta, die von den Aposteln selbst verwendet wurde, und noch weniger die Autorität der Originaltexte; und es widerstand dem einen Teil der ⟨Konzils⟩väter, die den ausschließlichen Gebrauch der Vulgata als allein maßgeblich wollten.

Nun ist aber der Anonymus der Meinung, daß man kraft des Trienter Dekrets in der lateinischen Übersetzung einen Text besäße, der für allen anderen überlegen erklärt worden sei, ⟨und⟩ er tadelt die Exegeten, sie wollten die Vulgata mit Hilfe der Originale und der anderen alten Übersetzungen auslegen. Für ihn bietet das Dekret die "Sicherheit des Heiligen Textes", so daß es die Kirche nicht mehr nötig hat, "den authentischen Wortlaut Gottes zu suchen"[1], und das nicht nur *in Fragen des Glaubens und der Sitten,* sondern in jeder Hinsicht (auch literarischer, geographischer, chronologischer usw.). ...

Nun steht aber eine solche Behauptung    **3795** nicht nur gegen die allgemeine Auffassung, die niemals annehmen wird, daß eine Übersetzung dem Originaltext überlegen sein könne, sondern sie steht auch gegen die Absicht der Konzilsväter, die aus den Akten deutlich wird; das Konzil war sogar von der Notwendigkeit einer Überprüfung und Verbesserung ebendieser Vulgata überzeugt und überließ ihre Ausführung den Päpsten, die sie besorgten, wie sie gemäß der Absicht der maßgeblichen Mitarbeiter des Konzils eine

---

[7]    Hieronymus von Stridon, *Epistula ad Pammachium* 17,7 (CSEL 54,381[7-9] [= Brief 49] / PL 22 [1864] 507 [= Brief 48]) / EnchB Nr. 106 487).

**\*3794** [1]   *Un gravissimo pericolo,* 7.

chio Testamento ebraico e del Nuovo Testamento greco ...

Ed è apertamente contro il precetto dell'Enciclica *"Providentissimus"*: "Neque tamen non sua habenda erit ratio reliquarum versionum, quas christiana laudavit usurpavitque antiquitas, maxime codicum primigeniorum"[1].

**3796**     Insomma il Concilio Tridentino dichiarò "autentica" la Volgata in *[469]* senso giuridico, cioè riguardo alla "vis probativa in rebus fidei et morum", ma non escluse affatto possibili divergenze dal testo originale e dalle antiche versioni ...

verbesserte Ausgabe der Septuaginta besorgten ... und sodann jene des hebräischen Alten Testamentes und des griechischen Neuen Testamentes anordneten ...

Und sie ist offensichtlich gegen die Vorschrift der Enzyklika *"Providentissimus"*: "Jedoch werden auch die übrigen Übersetzungen, die das christliche Altertum gutgeheißen und benutzt hat, vor allem ⟨aber⟩ die allerersten Handschriften angemessen zu berücksichtigen sein"[1].

Um es zusammenzufassen: Das Trienter Konzil hat die Vulgata in juridischem Sinne für "authentisch" erklärt, das heißt in Hinsicht auf die "Beweiskraft in Fragen des Glaubens und der Sitten", keineswegs aber hat es mögliche Abweichungen vom Urtext und von den alten Übersetzungen ausgeschlossen ...

## 3800–3822: Enzyklika "Mystici corporis", 29. Juni 1943

Die Enzyklika stellt einen Meilenstein in der Entwicklung der neuzeitlichen Ekklesiologie dar. Durch die Aufnahme der biblischen Aussagen wirkt sie einem lediglich juridischen Verständnis der Kirche entgegen. *Ausg.:* AAS 35 (1943) 200–243.

### Die Glieder der Kirche

**3800**     *[200]* Sicut in natura rerum non ex qualibet membrorum congerie constituitur corpus, sed organis, uti aiunt, instructum sit oportet seu membris, quae non eundem actum habeant ac sint apto ordine composita: ita Ecclesia ea maxime de causa corpus dicenda est, quod recta consentaneaque coalescit partium temperatione coagmentationeque, ac diversis est sibique invicem congruentibus membris instructa.

Wie in der Natur der Dinge ein Leib nicht aus einer beliebigen Anhäufung von Gliedern zustande kommt, sondern mit sogenannten Organen ausgestattet sein muß, bzw. mit Gliedern, die nicht dieselbe Tätigkeit verrichten und in geeigneter Ordnung zusammengesetzt sind: so muß die Kirche vor allem aus dem Grund ein Leib genannt werden, weil sie aus einer rechten und zusammenstimmenden Mischung und Verbindung von Teilen zusammenwächst und mit verschiedenen, untereinander im Einklang stehenden Gliedern ausgestattet ist.

[*Es wird die Beschreibung der Kirche Röm 12,4f angeführt*].

**3801**     Minime autem reputandum est, hanc ordine digestam seu "organicam", ut aiunt, Ecclesiae corporis structuram solis hierarchiae gradibus absolvi ac definiri, vel, ut opposita sententia tenet, unice ex charismaticis constare; qui quidem donis prodigialibus instructi numquam sunt in Ecclesia defuturi. ...

Man darf aber keineswegs meinen, dieser wohlgeordnete bzw. sogenannte "organische" Aufbau des Leibes der Kirche bestehe allein in den Stufen der Hierarchie und bestimme sich durch sie, oder – wie die entgegengesetzte Auffassung behauptet – er bestehe einzig aus Charismatikern; allerdings werden diese, mit wunderbaren Gaben ausgestattet, niemals in der Kirche fehlen. ...

---

*3795 [1]    EnchB Nr. 106.

*[202]* ... In Ecclesiae autem membris reapse ii soli annumerandi sunt, qui regenerationis lavacrum receperunt veramque fidem profitentur, neque a Corporis compage semet ipsos misere separarunt, vel ob gravissima admissa a legitima auctoritate seiuncti sunt. "Etenim in uno Spiritu, ait Apostolus, omnes nos in unum Corpus baptizati sumus, sive Iudaei sive gentiles, sive *[203]* servi sive liberi" [*1 Cor 12,13*].

Sicut igitur in vero christifidelium coetu unum tantummodo habetur Corpus, unus Spiritus, unus Dominus et unum baptisma, sic haberi non potest nisi una fides [*cf. Eph 4,5*]; atque adeo qui Ecclesiam audire renuerit, iubente Domino habendus est ut ethnicus et publicanus [*cf. Mt 18,17*]. Quamobrem qui fide vel regimine invicem dividuntur, in uno eiusmodi Corpore, atque uno eius divino Spiritu vivere nequeunt.

Neque existimandum est, Ecclesiae corpus, idcirco quod Christi nomine insigniatur, hoc etiam terrenae peregrinationis tempore ex membris tantummodo sanctitate praestantibus constare, vel ex solo eorum coetu exsistere, qui a Deo sint ad sempiternam felicitatem praedestinati [*cf. *1201 1203 1205s 1221 2408 2463 2472-2478*]. ...

Siquidem non omne admissum etsi grave scelus eiusmodi est, ut – sicut schisma vel haeresis vel apostasia faciunt – suapte natura hominem ab Ecclesiae corpore separet. Neque ab iis omnis vita recedit, qui, licet caritatem divinamque gratiam peccando amiserint [*cf. *1544 1578 1963s*] atque adeo superni promeriti iam non capaces evaserint, fidem tamen christianamque spem retinent, ac caelesti luce collustrati intimis Spiritus Sancti suasionibus impulsionibusque ad salutarem instigantur timorem et ad precandum suique lapsus paenitendum divinitus excitantur.

... Zu den Gliedern der Kirche sind aber in **3802** Wirklichkeit nur die zu zählen, die das Bad der Wiedergeburt empfangen haben und den wahren Glauben bekennen, die sich nicht selbst beklagenswerterweise vom Gefüge des Leibes getrennt haben oder wegen schwerster Vergehen von der rechtmäßigen Autorität abgesondert wurden. "Denn in e i n e m Geiste – so sagt der Apostel – sind wir alle zu e i n e m Leibe getauft, ob Juden oder Heiden, ob Sklaven oder Freie" [*1 Kor 12,13*].

Wie es also in der wahren Gemeinschaft der Christgläubigen lediglich e i n e n Leib, e i n e n Geist, e i n e n Herrn und e i n e Taufe gibt, so kann es ⟨auch⟩ nur e i n e n Glauben geben [*vgl. Eph 4,5*]; und deshalb ist, wer sich weigert, die Kirche zu hören, auf Geheiß des Herrn als Heide und öffentlicher Sünder anzusehen [*vgl. Mt 18,17*]. Daher können die, die im Glauben oder in der Leitung voneinander getrennt werden, nicht in diesem einen Leibe und in seinem einen göttlichen Geiste leben.

Man darf auch nicht glauben, der Leib der **3803** Kirche setze sich deswegen, weil er mit dem Namen Christi bezeichnet wird, auch in dieser Zeit der irdischen Pilgerschaft lediglich aus Gliedern zusammen, die durch Heiligkeit herausragen, oder bestehe nur aus der Gemeinschaft derer, die von Gott zur immerwährenden Glückseligkeit vorherbestimmt sind [*vgl. *1201 1203 1205f 1221 2408 2463 2472-2478*]. ...

Denn nicht jedes begangene Verbrechen, auch nicht jedes schwere, ist derart, daß es – wie Schisma, Häresie oder Glaubensabfall ⟨dies⟩ tun – aufgrund seiner Natur den Menschen vom Leib der Kirche trennt. Auch entschwindet denen nicht alles Leben, die zwar durch Sünde die Liebe und göttliche Gnade verloren haben [*vgl. *1544 1578 1963f*] und deshalb unfähig wurden zu übernatürlichem Verdienst, aber dennoch den Glauben und die christliche Hoffnung bewahren, von himmlischem Licht erleuchtet durch die innersten Ratschläge und Anregungen des Heiligen Geistes zu heilsamer Furcht angetrieben und durch göttliche Fügung zum Beten und zur Reue über ihren Fall angespornt werden.

## Die Funktion der Bischöfe im mystischen Leibe Christi

**3804**    *[211]* ... *[Sicut universalis Ecclesia, ita et peculiares eius communitates, id est Ecclesiae Particulares]* a Christo Iesu proprii uniuscuiusque episcopi voce potestateque reguntur. Quamobrem sacrorum antistites non solum eminentiora universalis Ecclesiae membra habendi sunt, ut qui singulari prorsus nexu iunguntur cum divino totius Corporis Capite, atque adeo iure vocantur "partes membrorum Domini primae"[1]; sed ad propriam cuiusque dioecesim quod spectat, utpote veri pastores assignatos sibi greges singuli singulos Christi nomine pascunt ac regunt [*cf. *3061*]; id tamen dum faciunt, *[212]* non plane sui iuris sunt, sed sub debita Romani Pontificis auctoritate positi, quamvis ordinaria iurisdictionis potestate fruantur, immediate sibi ab eodem Pontifice Summo impertita. Quapropter ut Apostolorum ex divina institutione successores a populo venerandi sunt.

... *[Wie die gesamte Kirche, so werden auch ihre besonderen Gemeinschaften, d. h. die Teilkirchen]* von Christus Jesus durch die Stimme und Vollmacht des eigenen jeweiligen Bischofs geleitet. Deshalb sollen die Bischöfe nicht nur für herausragendere Glieder der gesamten Kirche gehalten werden, weil sie durch ein ganz einzigartiges Band mit dem göttlichen Haupt des ganzen Leibes verbunden sind und daher zurecht "erste Teile der Glieder des Herrn"[1] genannt werden, sondern – was die eigene Diözese eines jeden anbelangt – weil sie als wahre Hirten im Namen Christi die ihnen jeweils zugewiesenen Herden jeweils weiden und leiten [*vgl. *3061*]; indem sie jedoch dies tun, sind sie nicht völlig eigenen Rechtes, sondern unterstehen der gebührenden Autorität des Römischen Bischofs, obwohl sie die ordentliche Jurisdiktionsvollmacht genießen, die ihnen von ebendiesem Papst unmittelbar zugeteilt wurde. Deshalb sind sie als Nachfolger der Apostel aufgrund göttlicher Einsetzung vom Volk zu verehren.

## Das Zusammenwirken der Glieder des mystischen Leibes mit dem Haupt

**3805**    Nec tamen putandum est, Christum Caput, cum tam sublimi in loco sit positum, opem non requirere Corporis. Etenim de mystico quoque hoc Corpore illud asseverandum est, quod Paulus de humana concretione asseverat: "Non potest dicere ... caput pedibus: non estis mihi necessarii" [*1 Cor 12,21*]. Liquido utique patet, christifideles divini Redemptoris ope omnino egere, cum *[213]* ipse dixerit: "Sine me nihil potestis facere" [*Io 15,5*], et cum ... omne mystici huius Corporis incrementum in aedificationem sui ex Christo Capite sit [*cf. Eph 4,16; Col 2,19*].

Attamen hoc quoque retinendum est, quamvis mirandum prorsus videatur, Christum nempe requirere membra sua. Idque primo quidem, quatenus Iesu Christi persona a Summo geritur Pontifice, qui ne pastoralis

... Man darf jedoch auch nicht glauben, Christus, das Haupt, verlange, da es eine solch erhabene Stellung einnimmt, nicht nach der Hilfe des Leibes. Denn man muß auch in bezug auf diesen mystischen Leib das betonen, was Paulus in bezug auf den menschlichen Organismus betont hatte: "Das Haupt kann nicht zu den Füßen ... sagen: Ihr seid für mich nicht notwendig" [*1 Kor 12,21*]. Es ist ganz offenkundig, daß die Christgläubigen gänzlich der Hilfe des göttlichen Erlösers bedürfen, da er selbst sagte: "Ohne mich könnt ihr nichts tun" [*Joh 15,5*], und da ... der ganze Zuwachs dieses mystischen Leibes zu seinem Aufbau aus Christus, dem Haupt, stammt [*vgl. Eph 4,16; Kol 2,19*].

Jedoch ist auch dies festzuhalten – mag es auch durchaus verwunderlich erscheinen –, nämlich daß Christus nach seinen Gliedern verlangt. Und dies freilich in erster Linie, insofern die Person Jesu Christi vom Papst ver-

---

**\*3804** [1]    Gregor I. der Große, *Moralia* XIV 35, § 43 (PL 75,1062B / M. Adriaen: CpChL 143A [1979] 724_{36}).

officii onere obruatur, alios non paucos in sollicitudinis suae partes vocare debet, ac quotidie est totius comprecantis Ecclesiae adiutorio relevandus.

Ac praeterea Servator noster, prout ipse per se non adspectabili modo Ecclesiam regit, a mystici vult sui Corporis membris adiuvari in exsequendo redemptionis opere. Quod tamen non ex eius indigentia debilitateque accidit, sed ex eo potius, quod ipsemet ad maiorem intemeratae suae Sponsae honorem rem ita disposuit. Dum enim, in cruce emoriens, immensum redemptionis thesaurum Ecclesiae suae, nihil ea conferente, dilargitus est, ubi de eiusmodi thesauro distribuendo agitur, id efficiendae sanctitatis opus non modo cum intaminata sua Sponsa communicat, sed ex eius etiam opera vult quodammodo oriri.

treten wird, der – um nicht von der Last des Hirtenamtes erdrückt zu werden – nicht wenige andere zur Teilnahme an seiner Sorge berufen muß und täglich durch die Unterstützung der ganzen mitbetenden Kirche aufzurichten ist.

Und außerdem will unser Retter, insofern er durch sich selbst auf unsichtbare Weise die Kirche leitet, von den Gliedern seines mystischen Leibes bei der Ausführung des Erlösungswerkes unterstützt werden. Dies geschieht jedoch nicht aufgrund seiner Bedürftigkeit und Schwäche, sondern vielmehr deshalb, weil er selbst es zur größeren Ehre seiner unbefleckten Braut so angeordnet hat. Während er nämlich, als er am Kreuze starb, den unermeßlichen Schatz der Erlösung seiner Kirche gewährte, ohne daß sie etwas dazu beitrug, verrichtet er, wo es um die Austeilung dieses Schatzes geht, dieses Werk der Heiligung nicht nur gemeinsam mit seiner unbefleckten Braut, sondern er will sogar, daß es auf eine gewisse Weise durch ihr Wirken entstehe.

## *Wie Christus in der Kirche lebt*

*[217]* ... Corporis Christi nominatio non ex eo solum explicanda est, quod Christus mystici sui Corporis Caput est dicendus, *[218]* sed ex eo etiam, quod ita Ecclesiam sustinet et ita in Ecclesia quodammodo vivit, ut ipsa quasi altera Christi persona exsistat. ...

Nobilissima tamen eiusmodi appellatio non ita accipienda est, ac si ineffabile illud vinculum, quo Dei Filius concretam assumpsit humanam naturam, ad universam pertineat Ecclesiam [*cf. \*3816*], sed in eo posita est, quod Servator noster bona maxime sibi propria ita cum Ecclesia sua communicat, ut haec secundum totam vitae suae rationem, tam adspectabilem quam arcanam, Christi imaginem quam perfectissime exprimat.

Nam per iuridicam, ut aiunt, missionem, qua divinus Redemptor Apostolos in mundum misit, sicut ipse missus erat a Patre [*cf. Io 17,18; 20,21*], ipse est, qui per Ecclesiam baptizat[1], docet, regit, solvit, ligat, offert, sa-

... Die Benennung des Leibes Christi ist **3806** nicht nur daraus zu erklären, daß Christus als das Haupt seines mystischen Leibes bezeichnet werden muß, sondern auch daraus, daß er die Kirche so erhält und in der Kirche gewissermaßen so lebt, daß sie selbst gleichsam die zweite Person Christi ist. ...

Diese vornehmste Benennung ist jedoch nicht so aufzufassen, als ob jenes unaussprechliche Band, mit dem der Sohn Gottes eine konkrete menschliche Natur angenommen hat, sich auf die gesamte Kirche erstreckte [*vgl. \*3816*], sondern sie ist darin begründet, daß unser Retter die ihm vorzüglich eigenen Güter so mit seiner Kirche teilt, daß diese in ihrer ganzen Lebensweise, sowohl der sichtbaren als auch der verborgenen, das Abbild Christi auf das vollkommenste ausdrückt.

Denn vermittels der sogenannten rechtlichen Sendung, mit der der göttliche Erlöser die Apostel in die Welt sandte, so wie er auch selbst vom Vater gesandt worden war [*vgl. Joh 17,18; 20,21*], ist er selbst es, der durch die

crificat. Ea vero altiore donatione, interna ac sublimi prorsus, ... Christus Dominus Ecclesiam superna sua vita vivere iubet, totum eius Corpus divina virtute sua permeat, et singula membra secundum locum, quem in Corpore occupant, eo fere modo alit ac sustentat, quo cohaerentes sibi palmites vitis nutrit facitque frugiferos[2].

Kirche tauft[1], lehrt, leitet, löst, bindet, darbringt und opfert. Durch jene höhere, ganz innere und erhabene Schenkung aber ... heißt Christus, der Herr, die Kirche, in seinem himmlischen Leben zu leben, durchdringt ihren ganzen Leib mit seiner göttlichen Kraft und nährt und versorgt die einzelnen Glieder gemäß dem Ort, den sie im Leib einnehmen, ungefähr auf die Weise, wie der Weinstock die mit ihm zusammenhängenden Rebzweige nährt und fruchtbar macht[2].

## Der Heilige Geist als Seele der Kirche

3807     Quodsi divinum hoc, a Christo datum, vitae virtutisque principium attente consideramus, prout ipsum fontem constituit *[219]* cuiusvis doni gratiaeque creatae, facile intellegimus illud nihil aliud esse nisi Paraclitum Spiritum, qui a Patre Filioque procedit, quique peculiari modo "Spiritus Christi" seu "Spiritus Filii" dicitur [*Rm 8,9; 2 Cor 3,17; Gal 4,6*]. ...

Dum Christus solummodo hunc Spiritum non ad mensuram accepit [*cf. Io 3,34*], membris tamen mystici Corporis non nisi secundum mensuram donationis Christi ex ipsius Christi plenitudine impertitur [*cf. Eph 1,8; 4,7*]. Ac postquam Christus in Cruce clarificatus est, eius Spiritus cum Ecclesia uberrima effusione communicatur, ut ipsa eiusque singula membra magis in dies magisque Servatori nostro adsimulentur. Spiritus Christi est, qui nos adoptivos Dei filios effecit [*cf. Rm 8,14–17; Gal 4,6s*], ut aliquando "omnes revelata facie gloriam Domini speculantes, in eandem imaginem transformemur a claritate in claritatem" [*2 Cor 3,18*].

3808     Huic autem Christi Spiritui tamquam non adspectabili principio id quoque attribuendum est, ut omnes Corporis partes tam inter sese, quam cum excelso Capite suo coniungantur, totus in Capite cum sit, totus in Corpore, totus in singulis membris; quibus pro diversis eorum muneribus atque officiis, pro maiore vel minore quo fruuntur spiritualis

Wenn wir aber dieses göttliche, von Christus gegebene Lebens- und Kraftprinzip aufmerksam betrachten, insoweit es selbst die Quelle darstellt für jede geschaffene Gabe und Gnade, verstehen wir leicht, daß es nichts anderes ist als der Beistand, der Geist, der vom Vater und Sohn hervorgeht und der in besonderer Weise "Geist Christi" bzw. "Geist des Sohnes" genannt wird [*Röm 8,9; 2 Kor 3,17; Gal 4,6*]. ...

Während lediglich Christus diesen Geist ohne Maß empfangen hat [*vgl. Joh 3,34*], wird er dagegen den Gliedern des mystischen Leibes nur nach dem Maß der Schenkung Christi aus der Fülle Christi selbst zugeteilt [*vgl. Eph 1,8; 4,7*]. Und nachdem Christus am Kreuz verherrlicht worden ist, wird sein Geist der Kirche in reichstem Ausgießen mitgeteilt, damit sie selbst und ihre einzelnen Glieder von Tag zu Tag mehr und mehr unserem Retter ähnlich werden. Der Geist Christi ist es, der uns zu Adoptivsöhnen Gottes machte [*vgl. Röm 8,14–17; Gal 4,6f*], damit wir einmal "alle mit enthülltem Antlitz den Glanz des Herrn schauen und zum selben Bild umgestaltet werden von Herrlichkeit zu Herrlichkeit" [*2 Kor 3,18*].

Diesem Geist Christi aber ist als dem unsichtbaren Prinzip auch dies zuzuschreiben, daß alle Teile des Leibes sowohl untereinander als auch mit ihrem erhabenen Haupt verbunden sind, da er ganz im Haupt ist, ganz im Leib, ganz in den einzelnen Gliedern; diesen ist er für ihre verschiedenen Aufgaben und Pflichten – je nachdem sie sich eines hö-

---

*3806 [1]  Vgl. Thomas von Aquin, *Summa contra gentiles* IV 76 (Editio Leonina 15,241b$_{24}$).
     [2]  Vgl. Leo XIII., Enzyklika "*Sapientiae christianae*", 10. Jan. 1890, und Enzyklika "*Satis cognitum*", 29. Juni 1896 (ASS 22 [1889/90] 392; 28 [1895/96] 710).

sanitatis gradu, diversis rationibus praesens est atque adsistit.

Ille est, qui caelesti vitae halitu in omnibus corporis partibus cuiusvis est habendus actionis vitalis ac reapse salutaris principium. Ille est, qui licet per se ipse in omnibus membris habeatur, in iisdemque divinitus agat, in inferioribus tamen etiam per superiorum ministerium *[220]* operatur; ille denique est, qui dum Ecclesiae nova semper in dies, sua aflante gratia, incrementa parit, membra tamen, a Corpore omnino abscissa, renuit sanctitatis gratia inhabitare.

Quam quidem Iesu Christi Spiritus praesentiam operationemque ... Leo XIII Encyclicis Litteris *"Divinum illud"* per haec verba presse nervoseque significavit: "Hoc affirmare sufficiat, quod cum Christus Caput sit Ecclesiae, Spiritus Sanctus sit eius anima"[1].

heren oder niedrigeren Grades an geistlicher Gesundheit erfreuen – auf verschiedene Weisen gegenwärtig und steht ihnen bei.

Er ist es, der mit himmlischem Lebensatem in allen Teilen des Leibes als das Prinzip jeder lebenspendenden und wirklich heilsamen Handlung angesehen werden muß. Er ist es, der sich zwar selbst an sich in allen Gliedern befindet und in ihnen göttlich handelt, in den niedereren jedoch auch vermittels des Dienstes der höheren wirkt; er ist es schließlich, der der Kirche zwar mit dem Hauch seiner Gnade von Tag zu Tag immer neues Wachstum gebiert, es jedoch ablehnt, in den Gliedern, die vom Leibe ganz abgetrennt sind, mit der Gnade der Heiligkeit zu wohnen.

Diese Gegenwart und Wirkung des Geistes Jesu Christi ... hat Leo XIII. ja in der Enzyklika *"Divinum illud"* durch folgende Worte kurz und treffend ausgedrückt: "Es soll genügen, dies zu bekräftigen: Während Christus das Haupt der Kirche ist, ist der Heilige Geist ihre Seele"[1].

### Das Wesen des mystischen Leibes

*[221]* ... Iam ... in sua luce ponere cupimus, Christi Corpus, quod est Ecclesia, mysticum esse appellandum. ... Non autem una de causa haec vox adhibenda est; quandoquidem per illam sociale Ecclesiae Corpus, cuius Christus Caput est ac moderator, internosci potest a physico eius Corpore, quod e Deipara Virgine natum nunc ad Patris dexteram sedet velisque eucharisticis delitescit; ac discerni potest, quod ob hodiernos errores maioris momenti est, a naturali quovis corpore sive physico sive, ut aiunt, morali.

Dum enim in naturali corpore unitatis principium ita partes iungit, ut propria, quam vocant, subsistentia singulae prorsus careant, contra in mystico Corpore mutuae coniunctionis vis, etiamsi intima, membra ita inter se copulat, ut singula omnino fruantur persona propria.

... Nun ... möchten Wir ins rechte Licht   **3809** rücken, daß der Leib Christi, das heißt die Kirche, mystisch zu nennen ist. ... Dieser Begriff ist aber nicht ⟨nur⟩ aus e i n e m Grund zu verwenden; denn durch ihn kann der gesellschaftliche Leib der Kirche, dessen Haupt und Leiter Christus ist, von seinem physischen Leib unterschieden werden, der, aus der jungfräulichen Gottesgebärerin geboren, nun zur Rechten des Vaters sitzt und sich unter den eucharistischen Schleiern verbirgt; und er kann unterschieden werden – was wegen der heutigen Irrtümer von größerer Bedeutung ist – von jedem naturhaften Körper, sei es ein physischer, sei es ein sogenannter moralischer.

Während nämlich in einem naturhaften   **3810** Körper das Prinzip der Einheit die Teile so verbindet, daß sie einzeln überhaupt keine eigene sogenannte Subsistenz haben, verknüpft dagegen im mystischen Leib die Kraft der wechselseitigen Verbindung – auch wenn sie innigst ⟨ist⟩ – die Glieder so untereinan-

---

**\*3808** [1]    ASS 29 (1896/97) 650; \*3328.

der, daß sie völlig ihre jeweils eigene Personalität besitzen.

Wenn wir zudem das wechselseitige Verhältnis des Ganzen und der einzelnen Glieder untereinander betrachten, so sind in jedem lebenden physischen Leibe die einzelnen Glieder in ihrer Gesamtheit letzten Endes einzig zum Nutzen des ganzen Organismus bestimmt, während jedes gesellschaftliche Gefüge von Menschen – wenn wir nur auf den letzten Zweck der Nützlichkeit schauen – letzten Endes auf den Vorteil aller und jedes einzelnen Gliedes ausgerichtet ist, da sie ja Personen sind. ...

Accedit quod, si totius et singulorum membrorum mutuam inter se rationem conside*[222]*ramus, in physico quolibet viventi corpore totius concretionis emolumento membra singula universa postremum unice destinantur, dum socialis quaelibet hominum compages, si modo ultimum utilitatis finem inspicimus, ad omnium et uniuscuiusque membri profectum, utpote personae sunt, postremum ordinantur. ...

**3811**  Quodsi mysticum comparamus cum morali, ut aiunt, corpore, tum etiam animadvertendum est non leve quiddam interesse, sed aliquid summi momenti inter utrumque summaeque gravitatis. In hoc enim, quod morale vocant, nihil aliud est unitatis principium nisi finis communis communisque omnium in eundem finem per socialem auctoritatem conspiratio; dum in mystico de quo agimus Corpore conspirationi huic internum aliud adiungitur principium, quod tam in universa compage quam in singulis eius partibus reapse exsistens virtuteque pollens talis est excellentiae, ut ratione sui omnia unitatis vincula, quibus vel physicum vel morale corpus copuletur, in immensum prorsus evincat.

Wenn wir aber den mystischen mit dem sogenannten moralischen Körper vergleichen, dann ist auch festzustellen, daß zwischen beiden ein nicht geringfügiger Unterschied, sondern einer von höchster Bedeutung und höchstem Gewicht besteht. In diesem sogenannten moralischen ⟨Körper⟩ nämlich ist nichts anderes das Prinzip der Einheit als der gemeinsame Zweck und die gemeinsame Einmütigkeit aller auf ebendiesen Zweck hin vermittels einer gesellschaftlichen Autorität; während im mystischen Leib, von dem wir handeln, dieser Einmütigkeit noch ein anderes inneres Prinzip hinzugefügt wird, das sowohl in dem ganzen Gefüge als auch in seinen einzelnen Teilen tatsächlich ist und kraftvoll wirkt und von solcher Vortrefflichkeit ist, daß es allein für sich alle Bande der Einheit, mit denen der physische oder moralische Leib verknüpft wird, ganz unermeßlich überragt.

Hoc est ... aliquid non naturalis, sed superni ordinis, immo in semet ipso infinitum omnino atque increatum: Divinus nempe Spiritus, qui ... "unus et idem numero, totam Ecclesiam replet et unit"[1].

Dies ist ... etwas, was nicht zur natürlichen, sondern zur übernatürlichen Ordnung gehört, ja in sich selbst völlig unbegrenzt und ungeschaffen ⟨ist⟩: Nämlich der göttliche Geist, der ... "als ein und derselbe der Zahl nach die ganze Kirche erfüllt und eint"[1].

### Das Wissen der Seele Christi

**3812**  *[230]* ... Eiusmodi vero amantissima cognitio, qua divinus Redemptor a primo Incarnationis suae momento nos prosecutus est, studiosam quamlibet humanae mentis vim exsuperat; quandoquidem per beatam illam visionem, qua vixdum in Deiparae sinu ex-

... Diese liebevollste Erkenntnis aber, die der göttliche Erlöser vom ersten Augenblick seiner Fleischwerdung an auf uns gerichtet hat, übertrifft jedes noch so eifrig strebende Vermögen menschlichen Geistes; denn vermittels jener seligen Schau, derer er sich sog-

---

*3811 [1]  Thomas von Aquin, *De veritate*, q. 29, a. 4, corpus (Parmaer Ausgabe [1859] 9,451a / R. Busa, *Opera omnia* 3 [1980] 183).

ceptus, fruebatur, omnia mystici Corporis membra continenter perpetuoque sibi praesentia habet, suoque complectitur salutifero amore. ...

leich, nachdem er im Schoße der Gottesgebärerin empfangen ward, erfreute, hält er sich alle Glieder des mystischen Leibes beständig und immerfort gegenwärtig und umfängt sie mit seiner heilbringenden Liebe. ...

### Die Kirche als Fülle Christi

[*Christus in nobis est*] per Spiritum suum, quem nobiscum communicat et per quem ita in nobis operatur, ut quaecumque a Spiritu Sancto in animis peraguntur, etiam a Christo ibi peracta dicantur oporteat[1]. ...

Ex eadem autem Spiritus Christi communicatione efficitur, ut ... Ecclesia veluti plenitudo constituatur et complementum Redemptoris, Christus vero quoad omnia in Ecclesia quodammodo adimpleatur[2]. Quibus quidem verbis ipsam attigimus rationem, cur *[231]* ... Caput mysticum quod Christus est, et Ecclesia, quae hisce in terris veluti alter Christus eius personam gerit, unum novum hominem constituant, quo in salutifero crucis opere perpetuando caelum et terra iunguntur: Christum dicimus Caput et Corpus, Christum totum. ...

[*Christus ist in uns*] durch seinen Geist, **3813** den er uns mitteilt und durch den er so in uns wirkt, daß von allem, was vom Heiligen Geist in den Herzen vollbracht wird, gesagt werden muß, daß es auch von Christus dort vollbracht wurde[1]. ...

Aufgrund derselben Mitteilung des Geistes Christi aber wird bewirkt, daß ... die Kirche zur Fülle und Ergänzung des Erlösers wird, Christus aber in jeder Hinsicht in der Kirche gewissermaßen seine Erfüllung findet[2]. Mit diesen Worten nun haben wir den eigentlichen Grund berührt, warum ... das mystische Haupt, das Christus ist, und die Kirche, die hier auf Erden wie ein zweiter Christus seine Person vertritt, den einen neuen Menschen bilden, durch den in Fortsetzung des heilbringenden Werkes des Kreuzes Himmel und Erde verbunden sind: Wir meinen Christus als Haupt und Leib, den ganzen Christus. ...

### Die Einwohnung des Heiligen Geistes in den Seelen

Id omnibus commune et inconcussum esto, si a germana velint doctrina, a rectoque Ecclesiae magisterio non aberrare: omnem nempe reiciendum esse mysticae huius coagmentationis modum, quo christifideles, quavis ratione, ita creatarum rerum ordinem praetergrediantur, atque in divina perperam invadant, ut vel una sempiterni Numinis attributio de iisdem tamquam propria praedicari queat. Ac praeterea certissimum illud firma mente retineant, hisce in rebus omnia esse habenda Sanctissimae Trinitati communia, quatenus eadem Deum ut supremam efficientem causam respiciant.

Dies soll allen gemeinsam und unerschüt- **3814** terlich sein, wenn sie nicht von der echten Lehre und vom rechten Lehramt der Kirche abirren wollen: nämlich daß jede Weise dieser mystischen Vereinigung zurückzuweisen ist, durch die die Christgläubigen auf irgendeine Weise so die Ordnung der geschaffenen Dinge überschreiten und voller Anmaßung ins Göttliche eindringen, daß auch nur eine einzige Eigenschaft der ewigen Gottheit von ihnen als eigentümliche ausgesagt werden kann. Und außerdem sollen ⟨alle⟩ mit standhaftem Gemüte unumstößlich daran festhalten, daß in diesen Dingen alles als der Heiligsten Dreifaltigkeit gemeinsam anzusehen ist, insofern es sich auf Gott als die letzte Wirkursache bezieht.

---

**\*3813** [1]   Vgl. Thomas von Aquin, *In Eph*, c. 2 lectio 5 (Parmaer Ausg. 13,463b).
     [2]   Ebd., c. 1 lectio 8 (Parmaer Ausg. 13,456ab).

**3815**    Animadvertant quoque necesse est, hac in causa de occulto mysterio agi, quod in hoc terrestri exsilio, velamine quolibet detectum, omnino introspici, humanaque lingua significari numquam possit. Inhabitare quidem Divinae Personae dicuntur, quatenus in creatis animantibus intellectu praeditis imperscrutabili modo praesentes, ab iisdem per cognitionem et amorem *[232]* attingantur[1], quadam tamen ratione omnem naturam transcendente, ac penitus intima et singulari.

Ad quam quidem intuendam ut parumper saltem accedamus, non illa via ac ratio neglegenda est, quam Vaticana Synodus [*sessio III, Constitutio de fide catholica, cap. 4; *3015*] in id genus rebus valde commendat; quae quidem ad hauriendam lucem contendens, qua Dei arcana paullisper saltem internoscantur, id assequitur, mysteria eadem inter se comparans et cum supremo fine, quo dirigantur.

Opportune igitur sapientissimus decessor Noster felicis recordationis Leo XIII, cum de hac nostra cum Christo coniunctione deque Divino nos inhabitante Paraclito loqueretur, ad beatam illam visionem oculos convertit, qua aliquando in caelis haec eadem mystica copulatio consummationem suam perfectionemque consequetur. "Haec mira coniunctio, inquit, quae suo nomine inhabitatio dicitur, condicione tantum seu statu ab ea discrepat, qua caelites Deus beando complectitur"[2]. Qua quidem visione, modo prorsus ineffabili fas erit Patrem, Filium Divinumque Spiritum mentis oculis superno lumine auctis contemplari, divinarum Personarum processionibus aeternum per aevum proxime adsistere, ac simillimo illi gaudio beari, quo beata est sanctissima et indivisa Trinitas.

Man muß auch beachten, daß es sich bei dieser Sache um ein verborgenes Geheimnis handelt, das man in dieser irdischen Verbannung niemals jeglichen Schleiers enthüllt ganz einsehen und mit menschlicher Zunge erklären kann. Zwar sagt man, die Göttlichen Personen würden innewohnen, insofern sie in den vernunftbegabten geschaffenen Lebewesen auf unerforschliche Weise gegenwärtig sind und von diesen vermittels Erkenntnis und Liebe berührt werden[1], jedoch auf eine Weise, die jede Natur übersteigt und zutiefst innerlich und einzigartig ist.

Um uns nun ihrer Einsicht wenigstens ein bißchen zu nähern, darf man jene Methode nicht außer acht lassen, die das Vatikanische Konzil [*3. Sitzung, Konstitution über den katholischen Glauben, Kap. 4; *3015*] für diese Art von Dingen dringend empfiehlt; im Bemühen, Licht zu schöpfen, durch das die Geheimnisse Gottes wenigstens ein bißchen erkannt werden können, erreicht sie dies nun, indem sie diese Geheimnisse untereinander und mit dem höchsten Ziel, auf das hin sie ausgerichtet sind, vergleicht.

Zurecht also hat Unser weisester Vorgänger seligen Angedenkens Leo XIII., als er über diese unsere Verbindung mit Christus und über den uns einwohnenden Göttlichen Beistand redete, seine Augen auf jene selige Schau gerichtet, durch die einmal in den Himmeln eben diese mystische Vereinigung ihr Höchstmaß und ihre Vollendung erlangen wird. "Diese wunderbare Verbindung", sagt er, "die mit Namen Einwohnung heißt, unterscheidet sich nur der Verfassung bzw. dem Zustand nach von jener, mit der Gott die Himmelsbewohner beseligend umfängt"[2]. In dieser Schau nun wird es auf ganz unaussprechliche Weise gestattet sein, den Vater, den Sohn und den Göttlichen Geist mit den durch das himmlische Licht geschärften Augen des Geistes zu betrachten, durch die unvergängliche Ewigkeit hindurch den Hervorgängen der göttlichen Personen ganz nahe beizuwohnen und durch eine Freude beseligt zu werden, die jener ganz ähnlich ist, durch die die heiligste und unteilbare Dreifaltigkeit selig ist.

---

*3815  [1]  Vgl. Thomas von Aquin, *Summa theologiae* I, q. 43, a. 3 (Editio Leonina 4,447b).
       [2]  Leo XIII., Enzyklika *"Divinum illud munus"* (AAS 29 [1896/97] 653); *3331.

## Falsche Tendenzen des geistlichen Lebens

[234] ... Non enim desunt, qui haud satis considerantes, Paulum apostolum translata tantummodo verborum significatione hac in re fuisse locutum, nec peculiares ac proprias corporis physici, moralis, mystici significationes, ut omnino oportet, distinguentes, perversum aliquod inducunt unitatis commentum; quandoquidem divinum Redemptorem et Ecclesiae membra in physicam unam personam coire et coalescere iubent[1], et dum hominibus divina attribuunt, Christum Dominum erroribus humanaeque in malum proclivitati obnoxium faciunt.

A qua quidem doctrinae fallacia quemadmodum catholica fides sanctorumque Patrum praecepta prorsus abhorrent, ita pariter gentium Apostoli mens ac sententia omnino refugit, qui, quamvis Christum eiusque mysticum Corpus mira inter se coagmentatione coniungat, alterum tamen alteri, ut Sponsum Sponsae, opponit [cf. Eph 5,22s].

Nec minus a veritate aberrat periculosus eorum error, qui ex arcana omnium nostrum cum Christo coniunctione insanum quendam, ut aiunt, quietismum deducere conantur; quo quidem spiritualis omnium Christianorum vita eorumque ad virtutem progressio Divini Spiritus actioni unice attribuuntur, ea nempe seclusa ac posthabita, quae a nobis eidem praestari debet, socia ac veluti adiutrice opera. Nemo profecto infitiari potest Sanctum Iesu Christi Spiritum unum esse fontem, ex quo superna omnis vis in Ecclesiam in eiusque membra profluat. ...

Attamen, quod homines in sanctitatis operibus constanter perseverent, quod in gratia in virtuteque alacri animo proficiant, quod denique non modo ad christianae perfectionis apicem strenue contendant, sed ce-

... Es gibt nämlich manche, die nicht genügend bedenken, daß der Apostel Paulus bei dieser Angelegenheit lediglich in übertragener Wortbedeutung gesprochen hat, und die nicht – wie es unbedingt nötig ist – die besonderen und eigentümlichen Bedeutungen des physischen, moralischen und mystischen Leibes unterscheiden und so eine verkehrte Deutung von Einheit einführen; denn sie behaupten, der göttliche Erlöser und die Glieder der Kirche vereinigten und verbänden sich zu e i n e r physischen Person[1]; und während sie den Menschen Göttliches zuschreiben, unterwerfen sie Christus, den Herrn, Irrtümern und der menschlichen Neigung zum Bösen. **3816**

Wie nun der katholische Glaube und die Unterweisungen der heiligen Väter von dieser trügerischen Lehre völlig abweichen, so widerspricht ⟨dem⟩ auch gänzlich die Vorstellung und Auffassung des Völkerapostels, der zwar Christus und seinen mystischen Leib durch eine wunderbare gegenseitige Vereinigung verbindet, jedoch dem einen den anderen – wie der Braut den Bräutigam – gegenüberstellt [vgl. Eph 5,22f].

Nicht weniger irrt der gefährliche Irrtum derer von der Wahrheit ab, die aus der geheimnisvollen Verbindung von uns allen mit Christus einen ungesunden sogenannten Quietismus abzuleiten versuchen; in ihm werden nämlich das geistliche Leben aller Christen und ihr Fortschreiten zur Tugend einzig dem Wirken des Göttlichen Geistes zugeschrieben, wobei das ⟨Wirken⟩ ausgeschlossen und hintangesetzt wird, das diesem von unserer Seite aus durch gemeinsames und gleichsam helfendes Handeln entsprechen muß. In der Tat kann niemand bestreiten, daß der Heilige Geist Jesu Christi die eine Quelle ist, aus der alle himmlische Kraft in die Kirche und in ihre Glieder fließt. ... **3817**

Daß jedoch die Menschen beständig in den Werken der Heiligkeit verharren, daß sie eifrigen Herzens in der Gnade und Tugend fortschreiten, daß sie schließlich nicht nur entschlossen zum Gipfel der christlichen

---

**\*3816** [1]    Es handelt sich um das System des "Panchristismus", das um 1940 in einem deutschen Buch verfochten wurde. Schon das Konzil von Basel hat in der 22. Sitzung vom 15. Okt. 1435 einen ähnlichen Irrtum des Augustinus von Rom verurteilt (MaC 29,109 / COeD³ 493).

teros quoque ad eam assequendam pro viribus excitent, haec omnia caelestis Spiritus
operari non vult, nisi iidem homines quotidiana actuosaque navitate suas partes agant.
"Non enim dormientibus", ait Ambrosius,
"divina beneficia, sed observantibus deferun-
tur"[1].

Namque, si in mortali *[235]* nostro corpore haud intermissa exercitatione membra
roborantur ac vigescunt, multo profecto magis id contingit in sociali Iesu Christi Corpore, in quo singula membra propria cuiusque
libertate, conscientia agendique ratione
fruuntur. Quam ob rem, qui dixit: "Vivo autem, iam non ego: vivit vero in me Christus"
*[Gal 2,20]*, idem asseverare non dubitavit:
"Gratia eius (hoc est Dei) in me vacua non
fuit, sed abundantius illis omnibus laboravi:
non ego autem, sed gratia Dei mecum" *[1 Cor
15,10]*.

Omnino igitur perspicuum est fallacibus
hisce doctrinis mysterium de quo agimus non
in spiritualem christifidelium profectum, sed
in eorum ruinam miserrime verti.

**3818**     Quod ex falsis etiam eorum placitis evenit, qui asseverant, non tanti esse faciendam
frequentem admissorum venialium, ut aiunt,
confessionem, cum praestet potius generalis
illa confessio, quam singulis diebus Sponsa
Christi cum filiis suis sibi in Domino coniunctis, per sacerdotes faciat ad altare Dei ac-
cessuros.

Pluribus utique modis ... haec admissa expiari possunt; sed ad alacriorem quotidie per
virtutis iter progressionem faciendam maxime commendatum volumus pium illum, non
sine Spiritus Sancti instinctu ab Ecclesia inductum, crebrae confessionis usum, quo recta
sui ipsius cognitio augetur, christiana crescit
humilitas, morum eradicatur pravitas, spirituali neglegentiae torporique obsistitur, conscientia purificatur, roboratur voluntas, salutaris animorum moderatio procuratur atque

Vollkommenheit streben, sondern auch nach
Kräften die anderen anspornen, ihn zu erreichen, dies alles will der himmlische Geist nur
wirken, wenn die Menschen selbst durch tägliche und tätige Regsamkeit ihren Teil dazu
beitragen. "Denn nicht den Schlafenden",
sagt Ambrosius, "sondern den Wachsamen
werden die göttlichen Wohltaten erwiesen"[1].

Denn wenn die Glieder in unserem sterblichen Leib durch ununterbrochene Übung
stark und kräftig werden, so trifft dies fürwahr noch viel mehr auf den gesellschaftlichen Leib Jesu Christi zu, in dem sich die
einzelnen Glieder der jeweils eigenen Freiheit, Bewußtseins- und Handlungsfähigkeit
erfreuen. Deshalb hat derselbe, der sagte:
"Ich lebe, aber nicht mehr ich: vielmehr lebt
Christus in mir" *[Gal 2,20]*, ohne zu zögern
betont: "Seine (das heißt Gottes) Gnade war
mir gegenüber nicht untätig, sondern ich
habe in reicherem Maße gearbeitet als alle
jene; doch nicht ich, sondern die Gnade Gottes mit mir" *[1 Kor 15,10]*.

Es ist also ganz offensichtlich, daß das
Geheimnis, von dem wir handeln, durch diese trügerischen Lehren nicht zum geistlichen
Fortschritt der Christgläubigen, sondern beklagenswerterweise zu ihrem Verderben gekehrt wird.

Dies geschieht auch aufgrund der falschen
Ansichten derer, die behaupten, es sei nicht
so wichtig, oft ein Bekenntnis sogenannter
läßlicher Sünden abzulegen; viel besser sei
nämlich jenes allgemeine Bekenntnis, das die
Braut Christi an jedem einzelnen Tag zusammen mit ihren Kindern, die ihr im Herrn
verbunden sind, durch die Priester ablegt, bevor sie an den Altar Gottes herantreten.

Gewiß können diese Vergehen auf mehrere Weisen ... gesühnt werden; aber um auf
dem Weg der Tugend täglich eifriger fortzu-
schreiten, wollen wir am meisten jenen von
der Kirche nicht ohne Veranlassung des Heiligen Geistes eingeführten frommen Brauch
der häufigen Beichte empfohlen wissen,
durch den die rechte Selbsterkenntnis vermehrt wird, die christliche Demut wächst,
die sittliche Verfehltheit mit der Wurzel
ausgerissen, der geistlichen Nachlässigkeit

---

*3817 [1]    Ambrosius von Mailand, *Expositio evangelii secundum Lucam* IV, n. 49 (zu Lk 4,27; CpChL
14,123$_{590f}$ / CSEL 32/IV,162$_{22f}$ / PL 15 [1887] 1711A).

ipsius sacramenti vi augetur gratia. ...

[*Redarguuntur praeterea ii,*] qui precibus nostris omnem veri nominis impetrandi vim denegant vel qui in hominum mentes insinuare conantur, supplicationes ad Deum privatim admotas parvi esse faciendas, cum publicae potius, Ecclesiae nomine *[236]* adhibitae, reapse valeant, quippe quae a mystico proficiscantur Iesu Christi Corpore. ...

Non desunt postremo, qui dicunt supplicationes nostras non ad ipsam Iesu Christi personam, sed ad Deum potius vel ad aeternum Patrem per Christum esse dirigendas, cum Servator noster, prout mystici sui Corporis Caput, "mediator Dei et hominum" [*1 Tim 2,5*] solummodo sit habendus.

Attamen id non solum Ecclesiae menti adversatur Christianorumque consuetudini, sed veritati etiam offendit. Christus enim ... secundum utramque naturam una simul totius Ecclesiae est Caput; ac ceteroquin ipse sollemniter asseveravit: "Si quid petieritis me in nomine meo, hoc faciam" [*Io 14,14*]. Et quam*[237]*vis in eucharistico praesertim sacrificio – in quo Christus, cum sacerdos ipsemet et hostia sit, conciliatoris munere peculiari modo fungitur – orationes ad aeternum Patrem per Unigenitum suum plerumque admoveantur, nihilo secius non raro ... ad divinum quoque Redemptorem preces adhibentur ...

und Erschlaffung Widerstand entgegengesetzt, das Gewissen gereinigt, der Wille gestärkt, für heilsame Seelenführung gesorgt und die Gnade kraft des Sakramentes selbst vermehrt wird. ...

[*Widersprochen wird außerdem denen,*] die **3819** unseren Gebeten jede Fähigkeit, wirklich etwas zu erreichen, absprechen, oder die den Herzen der Menschen einzureden versuchen, privat vor Gott gebrachte Gebete seien geringzuschätzen, während vielmehr öffentliche, im Namen der Kirche verrichtete, wirklich Wert hätten, da sie ja vom mystischen Leibe Jesu Christi ausgingen. ...

Schließlich gibt es manche, die sagen, un- **3820** sere Gebete seien nicht an die Person Jesu Christi selbst, sondern vielmehr durch Christus an Gott oder an den ewigen Vater zu richten, während unser Retter als Haupt seines mystischen Leibes lediglich als "Mittler zwischen Gott und den Menschen" [*1 Tim 2,5*] anzusehen sei.

Jedoch widerstreitet dies nicht nur der Auffassung der Kirche und der Gewohnheit der Christen, sondern stößt sich auch an der Wahrheit. Christus ist nämlich ... zugleich beiden Naturen nach das Haupt der ganzen Kirche; und im übrigen hat er ja selbst feierlich versichert: "Wenn ihr mich um etwas in meinem Namen bittet, werde ich es tun" [*Joh 14,14*]. Und obwohl vornehmlich im eucharistischen Opfer – in dem Christus dadurch, daß er selbst Priester und Opferlamm ist, in besonderer Weise das Amt des Mittlers versieht – die Gebete meist durch seinen Einziggeborenen vor den ewigen Vater gebracht werden, werden nichtsdestoweniger nicht selten ... auch Gebete an den göttlichen Erlöser gerichtet ...

### Das Heil der Menschen außerhalb der sichtbaren Kirche

*[242]* [*Invitantur ii,*] qui ad adspectabilem non pertinent Catholicae Ecclesiae compagem, ut ... *[243]* ... ab eo statu se eripere studeant, in quo de sempiterna cuiusque propria salute securi esse non possunt; quandoquidem, etiamsi inscio quodam desiderio ac voto ad mysticum Redemptoris Corpus ordinentur, tot tamen tantisque caelestibus muneribus adiumentisque carent, quibus in Catholica solummodo Ecclesia frui licet. Ingredian-

[*Es werden diejenigen eingeladen,*] die **3821** nicht zum sichtbaren Gefüge der katholischen Kirche gehören, sie mögen ... bestrebt sein, sich aus jener Lage zu befreien, in der sie ihres jeweils eigenen ewigen Heiles nicht sicher sein können; denn wenn sie auch durch ein unbewußtes Sehnen und Verlangen auf den mystischen Leib des Erlösers ausgerichtet sind, entbehren sie dennoch so vieler und so großer himmlischer Gaben und Hil-

tur igitur catholicam unitatem, et nobiscum omnes in una Iesu Christi Corporis compagine coniuncti, ad unum Caput in gloriosissimae dilectionis societate concurrant[1]. ...

**3822**  At si cupimus non intermissam eiusmodi totius mystici Corporis comprecationem admoveri Deo, ut aberrantes omnes in unum Iesu Christi ovile quam primum ingrediantur, profitemur tamen, omnino necessarium esse, id sponte libenterque fieri, cum nemo credat nisi volens[1]. Quam ob rem si qui, non credentes, eo reapse compelluntur, ut Ecclesiae aedificium intrent, ut ad altare accedant sacramentaque suscipiant, ii procul dubio veri christifideles non fiunt[2]; fides enim, sine qua "impossibile est placere Deo" [*Hbr 11,6*] liberrimum esse debet obsequium intellectus et voluntatis [*cf. *3008*].

Si igitur aliquando contingat, ut, contra constantem Apostolicae huius Sedis doctrinam [*cf. *3176*], ad amplexandam catholicam fidem aliquis adigatur invitus, id Nos facere non possumus quin, pro officii Nostri conscientia, reprobemus. ...

fen, deren man sich lediglich in der katholischen Kirche erfreuen kann. Sie mögen also in die katholische Einheit eintreten und alle – mit uns in dem einen Gefüge des Leibes Jesu Christi verbunden – in der Gemeinschaft der herrlichsten Liebe zu dem einen Haupt hinstreben[1]. ...

Wenn wir auch wünschen, daß das unablässige gemeinsame Beten dieses ganzen mystischen Leibes vor Gott gebracht werde, damit alle, die in die Irre gehen, möglichst bald in den einen Schafstall Jesu Christi eintreten, so betonen wir dennoch, daß dies unbedingt aus eigenem Antrieb und gerne geschehen muß, weil niemand glaubt, ohne zu wollen[1]. Wer deshalb, ohne zu glauben, tatsächlich dazu genötigt wird, das Gebäude der Kirche zu betreten, zum Altar zu treten und die Sakramente zu empfangen, der wird zweifellos kein wahrer Christgläubiger[2]; der Glaube nämlich, ohne den "es unmöglich ist, Gott zu gefallen" [*Hebr 11,6*], muß die völlig freie Hingabe des Verstandes und des Willens sein [*vgl. *3008*].

Sollte es also irgendwann einmal geschehen, daß – entgegen der beständigen Lehre dieses Apostolischen Stuhles [*vgl. *3176*] – irgendjemand gegen seinen Willen zur Annahme des katholischen Glaubens gezwungen wird, so können Wir nicht umhin, dies im Bewußtsein Unserer Pflicht zu mißbilligen. ...

**3825-3831: Enzyklika "Divino afflante Spiritu", 30. Sept. 1943**

Nach den voraufgegangenen leidvollen Auseinandersetzungen bejaht die Enzyklika die theologisch angemessene historisch-kritische Erforschung der Hl. Schrift. Sie gibt damit der modernen Exegese ein Heimatrecht in der katholischen Kirche.
*Ausg.:* AAS 35 (1943) 309–319 / EnchB Nr. 549–553 557–561 564f.

## Die Authentizität der Vulgata

**3825**  Quod autem Vulgatam Tridentina Synodus [*cf. *1506*] esse voluit latinam conversionem, "qua omnes pro authentica uterentur", id quidem, ut omnes norunt, latinam solummodo respicit Ecclesiam, eiusdemque publicum Scripturae usum, ac nequaquam, procul dubio, primigeniorum textuum auctoritatem et vim minuit. Neque enim de primigeniis

... Wenn aber das Konzil von Trient [*vgl. *1506*] wollte, daß die Vulgata die lateinische Übersetzung sei, "die alle als authentisch gebrauchen sollen", so betrifft dies, wie alle wissen, lediglich die lateinische Kirche sowie ihren öffentlichen Gebrauch der Schrift und mindert ohne Zweifel keineswegs die Autorität und Bedeutung der Urtexte. Es ging da-

---

*3821  [1]  Vgl. Gelasius I., Brief 14 bzw. Traktat II (PL 59,89C / Thiel 529).
*3822  [1]  Vgl. Augustinus, *In evangelium Iohannis*, tract. 26,2 (zu Joh 6,44; CpChL 36,260f / PL 35,1607).
       [2]  Vgl. ebd.

textibus tunc agebatur, sed de latinis quae illa aetate circumferebantur conversionibus, inter quas idem Concilium illam iure praeferendam edixit, quae "longo tot saeculorum usu in ipsa Ecclesia probata est".

Haec igitur praecellens Vulgatae auctoritas seu, ut aiunt, *authentia* non ob criticas praesertim rationes a Concilio statuta est, sed ob illius potius legitimum in Ecclesiis usum, per tot saeculorum decursum habitum; quo quidem usu demonstratur eamdem, prout intellexit et intelligit Ecclesia, in rebus fidei ac morum ab omni prorsus esse errore immunem; ita ut, ipsa Ecclesia testante et confirmante, in disputationibus, lectionibus concionibusque tuto ac sine errandi periculo proferri possit; atque adeo eiusmodi *authentia* non primario nomine *critica,* sed *iuridica* potius vocatur.

Quapropter haec Vulgatae in rebus doctrinae auctoritas minime vetat – immo id hodie fere postulat –, quominus eadem haec doctrina ex primigeniis etiam textibus comprobetur et confirmetur, atque etiam quominus passim in auxilium iidem textus vocentur, quibus recta Sacrarum Litterarum significatio ubique magis in dies patefiat atque explanetur.

Ac ne id quidem Tridentini Concilii decreto prohibetur, quominus nempe ad christifidelium usum et bonum et ad faciliorem divini eloquii intellegentiam, conversiones in vulgatas linguas conficiantur, eaeque etiam ex ipsis primige*[310]*niis textibus, ut iam multis in regionibus, approbante Ecclesiae auctoritate, laudabiliter factum esse novimus.

mals nämlich nicht um die Urtexte, sondern um die lateinischen Übersetzungen, die zu jener Zeit im Umlauf waren, unter denen, wie dasselbe Konzil zurecht verkündete, jene vorzuziehen ist, die "durch den langen Gebrauch so vieler Jahrhunderte in der Kirche anerkannt ist".

Diese hervorragende Autorität bzw., wie man sagt, Authentizität der Vulgata wurde vom Konzil also nicht in erster Linie aus kritischen Gründen festgelegt, sondern vielmehr wegen ihres über den Ablauf so vieler Jahrhunderte hinweg üblichen rechtmäßigen Gebrauchs in den Kirchen; durch diesen Gebrauch wird nämlich bewiesen, daß sie, so wie sie die Kirche verstanden hat und versteht, in Fragen des Glaubens und der Sitten von jeglichem Irrtum völlig frei ist, so daß sie gemäß dem Zeugnis und der Bestätigung der Kirche selbst bei Disputationen, Vorlesungen und Predigten sicher und ohne die Gefahr eines Irrtums angeführt werden kann; und daher wird eine solche *Authentizität* nicht in erster Linie eine *kritische*, sondern vielmehr eine *juridische* genannt.

Diese Autorität der Vulgata in Fragen der Lehre verbietet deswegen keineswegs – ja, sie erfordert es heutzutage sogar fast –, daß ebendiese Lehre auch aus den Urtexten bestätigt und bekräftigt werde, und auch daß ebendiese Texte allenthalben zu Hilfe gerufen werden, damit durch sie die richtige Bedeutung der Heiligen Schrift überall von Tag zu Tag mehr erschlossen und erklärt werde.

Und nicht einmal das wird durch das Dekret des Trienter Konzils untersagt, daß nämlich zum Gebrauch und Nutzen der Christgläubigen und zum leichteren Verständnis des göttlichen Wortes Übersetzungen in die Volkssprachen angefertigt werden, und zwar auch aus den Urtexten selbst, wie es, wie wir wissen, schon in vielen Gegenden mit Zustimmung der Autorität der Kirche lobenswerterweise geschehen ist.

### *Der wörtliche und geistliche Sinn der Schrift*

Linguarum antiquarum cognitione et criticae artis subsidiis egregie instructus, exegeta catholicus ad illud accedat munus, quod ex omnibus ei impositis summum est, ut nempe germanam ipsam Sacrorum Librorum

Durch die Kenntnis der alten Sprachen **3826** und mit den Hilfsmitteln der Kritik vortrefflich gerüstet, soll der katholische Exeget an jene Aufgabe herangehen, die von allen ihm auferlegten die höchste ist, nämlich den ech-

sententiam reperiat atque exponat. Quo in opere exsequendo ante oculos habeant interpretes sibi illud omnium maximum curandum esse, ut clare dispiciant ac definiant, quis sit verborum biblicorum sensus, quem *litteralem* vocant. Hanc *litteralem* verborum significationem omni cum diligentia per linguarum cognitionem iidem eruant, ope adhibita contextus, comparationisque cum assimilibus locis; quae quidem omnia in profanorum quoque scriptorum interpretatione in auxilium vocari solent, ut auctoris mens luculenter patescat.

Sacrarum autem Litterarum exegetae, memores de verbo divinitus inspirato heic agi, cuius custodia et interpretatio ab ipso Deo Ecclesiae commissa est, non minus diligenter rationem habeant explanationum et declarationum magisterii Ecclesiae, itemque explicationis a sanctis Patribus datae, atque etiam "analogiae fidei", ut Leo XIII in Encyclicis Litteris *"Providentissimus Deus"* [\*3283] sapientissime animadvertit.

... Non tantum ... eas res exponant, quae ad historiam, archaeologiam, philologiam, ad aliasque huiusmodi disciplinas spectent; sed, illis quidem opportune allatis, quantum ad exegesin conferre possint, ostendant potissimum, quae sit singulorum librorum vel textuum theologica doctrina de rebus fidei et morum, ita ut haec eorum explanatio non modo theologos doctores adiuvet ad fidei dogmata proponenda confirmandaque, sed sacerdotibus etiam adiumento sit ad doctrinam christianam coram populo enucleandam, ac fidelibus denique omnibus ad vitam sanctam homineque christiano dignam agendam adserviat.

**3827** *[311]* Talem cum dederint interpretationem, imprimis, ut diximus, theologicam, efficaciter illos ad silentium redigent, qui, asseverantes se vix quidquam in biblicis commentariis invenire, quod mentem ad Deum extollat, animum enutriat, interiorem vitam promoveat, ad spiritualem quamdam et my-

ten Sinn der Heiligen Bücher ausfindig zu machen und darzulegen. Bei der Ausführung dieses Werkes sollen die Ausleger vor Augen haben, daß sie am meisten von allen darauf bedacht sein müssen, klar zu erkennen und zu bestimmen, welches der Sinn der biblischen Worte ist, den man den *wörtlichen* nennt. Diese *wörtliche* Bedeutung der Worte sollen sie mit ganzer Sorgfalt durch die Kenntnis der Sprachen mit Hilfe des Textzusammenhanges und des Vergleiches mit ähnlichen Stellen ermitteln; dies alles pflegt man nämlich auch bei der Auslegung profaner Schriftsteller zu Hilfe zu rufen, damit sich die Absicht des Verfassers deutlich offenbare.

Die Exegeten der Heiligen Schrift aber sollen, eingedenk ⟨der Tatsache⟩, daß es sich hier um das von Gott inspirierte Wort handelt, dessen Bewahrung und Auslegung von Gott selbst der Kirche anvertraut wurde, nicht weniger sorgfältig die Ausführungen und Erklärungen des Lehramts der Kirche und ebenso die von den heiligen Vätern gegebene Erläuterung sowie auch die "Analogie des Glaubens" berücksichtigen, wie Leo XIII. in der Enzyklika *"Providentissimus Deus"* [\*3283] sehr weise bemerkt hat.

... Sie sollen nicht nur ... jene Dinge darlegen, die zur Geschichte, Archäologie, Philologie und zu anderen derartigen Disziplinen gehören; sondern sie sollen – wenn auch unter geeigneter Anführung jener Dinge, insoweit sie zur Exegese beitragen können – vor allem zeigen, welches die theologische Lehre der einzelnen Bücher oder Texte in bezug auf die Fragen des Glaubens und der Sitten ist, so daß diese ihre Erläuterung nicht nur den theologischen Lehrern nützt, um die Glaubenslehren darzulegen und zu bestätigen, sondern auch den Priestern von Nutzen ist, um die christliche Lehre vor dem Volke näher zu erklären, und schließlich allen Gläubigen hilft, ein heiliges und eines Christenmenschen würdiges Leben zu führen.

Wenn sie eine solche vor allem, wie Wir gesagt haben, theologische Auslegung gegeben haben, werden sie jene wirksam zum Schweigen bringen, die versichern, sie fänden in den Bibelkommentaren kaum etwas, was den Geist zu Gott erhebe, die Seele nähre und das innere Leben fördere, und deshalb

sticam, ut aiunt, interpretationem confugiendum esse dictitant [*cf. *3792-3796*]. ...

Non omnis sane spiritualis sensus a Sacra Scriptura excluditur. Quae enim in Vetere Testamento dicta vel facta sunt, ita a Deo sapientissime sunt ordinata atque disposita, ut praeterita spirituali modo ea praesignificarent, quae in novo gratiae foedere essent futura. Quare exegeta, sicut *litteralem,* ut aiunt, verborum significationem, quam hagiographus intenderit atque expresserit, reperire atque exponere debet, ita spiritualem etiam, dummodo rite constet illam a Deo fuisse datam. Deus enim solummodo spiritualem hanc significationem et novisse potuit, et nobis revelare.

Iamvero eiusmodi sensum in Sanctis Evangeliis nobis indicat, nosque edocet divinus ipse Servator; hunc etiam, Magistri exemplum imitati, Apostoli loquendo scribendoque profitentur; hunc perpetuo tradita ab Ecclesia doctrina ostendit; hunc denique antiquissimus liturgiae usus declarat, ubicumque rite adhiberi potest notum illud pronuntiatum: Lex precandi lex credendi est [*cf. *246: Legem credendi ...*].

Hunc igitur spiritualem sensum, a Deo ipso intentum et ordinatum, exegetae catholici ea diligentia patefaciant ac proponant, quam divini verbi dignitas exposcit; alias autem translatas rerum significationes ne tamquam genuinum Sacrae Scripturae sensum proferant, religiose caveant.

Non jeder geistliche Sinn ist freilich von **3828** der Heiligen Schrift ausgeschlossen. Was nämlich im Alten Testament gesagt und getan wurde, wurde von Gott in höchster Weisheit so angeordnet und eingerichtet, daß das Vergangene auf geistliche Weise das vorauszeichnete, was im neuen Bund der Gnade geschehen sollte. Wie daher der Exeget die sogenannte *wörtliche* Bedeutung der Worte, die der heilige Schriftsteller beabsichtigte und zum Ausdruck brachte, ausfindig machen und darlegen muß, so auch die geistliche, sofern nur gebührend feststeht, daß sie von Gott gegeben wurde. Denn lediglich Gott konnte diese geistliche Bedeutung sowohl kennen als auch uns offenbaren.

Nun zeigt und lehrt uns aber der göttliche Erlöser selbst diesen Sinn in den heiligen Evangelien; ihn verkünden auch, das Beispiel des Meisters nachahmend, die Apostel mündlich und schriftlich; ihn zeigt die von der Kirche immerdar überlieferte Lehre; ihn offenbart schließlich der uralte Brauch der Liturgie, wo immer jenes bekannte Wort gebührend angewandt werden kann: Die Regel des Betens ist die Regel des Glaubens [*vgl. *246: Die Regel des Glaubens ...*].

Diesen geistlichen Sinn also, der von Gott selbst beabsichtigt und angeordnet wurde, sollen die katholischen Exegeten mit jener Sorgfalt erschließen und darlegen, die die Würde des göttlichen Wortes erfordert; andere übertragene Bedeutungen der Dinge aber als echten Sinn der Heiligen Schrift vorzutragen, sollen sie sich sorgsam hüten.

*Die literarischen Gattungen innerhalb der Schrift*

*[314]* ... Interpres igitur omni cum cura, ac nulla quam recentiores pervestigationes attulerint luce neglecta dispicere enitatur, quae propria fuerit sacri scriptoris indoles ac vitae condicio, qua floruerit aetate, quos fontes adhibuerit sive scriptos sive ore traditos, quibusque sit usus formis dicendi. Sic enim satius cognoscere poterit, quis hagiographus fuerit, quidque scribendo significare voluerit. Neque enim quemquam latet summam interpretandi normam eam esse, qua perspiciatur

... Der Ausleger soll also mit ganzer Sorg- **3829** falt und unter Vernachlässigung keines Lichtes, das neuere Untersuchungen beigetragen haben, zu erkennen versuchen, welches die besondere Eigenart und Lebenslage des heiligen Schriftstellers war, zu welcher Zeit er lebte, welche Quellen – ob schriftlich oder mündlich überliefert – er benutzte und welche Redeformen er gebrauchte. So wird er nämlich noch besser erkennen können, wer der heilige Schriftsteller war und was er beim

et definiatur quid scriptor dicere intenderit ...[1].

**3830**    Quisnam autem sit *litteralis* sensus, in veterum orientalium auctoram verbis et scriptis
saepenumero non ita in aperto est ut apud
nostrae aetatis scriptores. ... *[315]* ... Veteres
enim Orientales, ut quod in mente haberent
exprimerent, non semper iisdem formis iisdemque dicendi modis utebantur, quibus nos
hodie, sed illis potius, qui apud suorum temporum et locorum homines usu erant recepti.
Hi quinam fuerint, exegeta non quasi in an-
tecessum statuere potest, sed accurata
tantummodo antiquarum Orientis litterarum
pervestigatione. ...

Haec eadem pervestigatio id quoque iam
lucide comprobavit, israeliticum populum inter ceteras Orientis veteres nationes in historia rite scribenda, tam ob antiquitatem, quam
ob fidelem rerum gestarum relationem singulariter praestitisse; quod quidem ex divinae
inspirationis charismate atque ex peculiari
historiae biblicae fine, qui ad religionem pertinet, profecto eruitur.

Nihilominus etiam apud Sacros Scriptores, sicut apud ceteros antiquos, certas quasdam inveniri exponendi narrandique artes,
certos quosdam idiotismos, linguis praesertim
semiticis proprios, *approximationes* quae dicuntur, ac certos loquendi modos hyperboli-
cos, immo interdum etiam paradoxa, quibus
res menti firmius imprimantur, nemo sane
miretur, qui de inspiratione biblica recte sentiat. A Libris enim Sacris nulla aliena est illarum loquendi rationum, quibus apud veteres gentes, praesertim apud Orientales, humanus sermo ad sententiam exprimendam
uti solebat, ea tamen condicione, ut adhibitum dicendi genus Dei sanctitati et veritati
haudquaquam repugnet, quemadmodum, pro
sagacitate sua, iam ipse Angelicus Doctor hisce verbis animadvertit: "In Scriptura divina
tra[*316*]duntur nobis per modum, quo homi-

Schreiben bezeichnen wollte. Es ist nämlich
keinem verborgen, daß die höchste Regel für
die Auslegung die ist, daß man durchschaut
und bestimmt, was der Schriftsteller zu sagen
beabsichtigte ...[1].

Welches aber der *wörtliche* Sinn ist, ist bei
den Worten und Schriften altorientalischer
Autoren oftmals nicht so offensichtlich wie
bei den Schriftstellern unserer Zeit. ... Die alten Orientalen gebrauchten nämlich, um auszudrücken, was sie im Sinn hatten, nicht immer dieselben Formen und dieselben Redeweisen wie wir heute, sondern vielmehr jene,
die bei den Menschen ihrer Zeiten und Länder allgemein in Gebrauch waren. Welche
diese nun waren, kann der Exeget nicht
gleichsam im voraus festlegen, sondern lediglich aufgrund einer genauen Untersuchung
der alten Literatur des Orients. ...

Eben diese Untersuchung hat auch schon
jenes deutlich bestätigt, daß das israelitische
Volk unter den übrigen alten Nationen des
Orients hinsichtlich der zuverlässigen Geschichtsschreibung sowohl aufgrund des Alters als auch aufgrund der treuen Wiedergabe
der Ereignisse in einzigartiger Weise hervorragte; und zwar ergibt sich dies mit Sicherheit aus der Gnadengabe der göttlichen Inspiration und aus der besonderen Zielsetzung
der biblischen Geschichte, welche die Religion betrifft.

Daß sich nichtsdestoweniger auch bei den
heiligen Schriftstellern, wie auch bei den
übrigen alten ⟨Autoren⟩, gewisse Darlegungs-
und Erzählweisen, gewisse vor allem für die
semitischen Sprachen charakteristische Ei-
genheiten, die *Annäherungen* genannt werden, und gewisse übertreibende Redeweisen,
ja, bisweilen sogar Widersprüche finden, mit
deren Hilfe Sachverhalte dem Geist fester
eingeprägt werden sollen, verwundert sicherlich niemanden, der ein richtiges Verständnis
von der biblischen Inspiration hat. Den Heiligen Büchern ist nämlich keine jener Redeweisen fremd, die die menschliche Sprache
bei den alten Völkern, zumal bei den
Orientalen, zu gebrauchen pflegte, um einen
Gedanken auszudrücken, jedoch unter der
Bedingung, daß die verwendete Redeweise
der Heiligkeit und Wahrheit Gottes in keiner

---

*3829 [1]   Zitiert wird Athanasius von Alexandrien, *Contra Arianos* I 54 (PG 26,123).

nes solent uti"[1].

... Non raro enim, ... cum sacros Auctores ab historiae fide aberrasse, aut res minus accurate rettulisse obiurgando nonnulli iactant, nulla alia de re agi comperitur, nisi de suetis illis nativis antiquorum dicendi narrandique modis, qui in mutuo hominum inter se commercio passim adhiberi solebant, ac reapse licito communique more adhibebantur. ...

Weise widerstreitet, wie schon der Engelgleiche Lehrer in seiner Scharfsinnigkeit mit folgenden Worten bemerkt hat: "In der Schrift wird uns das Göttliche auf die Weise überliefert, die die Menschen zu gebrauchen pflegen"[1].

... Nicht selten nämlich ... stellt sich heraus, wenn manche tadelnd einwerfen, die heiligen Autoren seien von der geschichtlichen Zuverlässigkeit abgeirrt oder hätten die Dinge zu ungenau wiedergegeben, daß es sich um nichts anderes handelt als um jene üblichen, den Alten eigenen Rede- und Erzählweisen, die beim gegenseitigen Umgang der Menschen untereinander allenthalben verwendet zu werden pflegten und tatsächlich erlaubtermaßen und nach allgemeiner Sitte verwendet wurden. ...

### Die Freiheit der wissenschaftlichen Bibelforschung

*[317]* Nostri igitur rerum biblicarum cultores in hanc quoque rem animum debita diligentia intendant neque quidquam omittant, quod novitatis attulerint cum archaeologia tum antiqua rerum gestarum historia priscarumque litterarum scientia quodque aptum sit, quo melius veterum scriptorum mens eorumque ratiocinandi, narrandi scribendique modus, forma et ars cognoscatur. ... Omnis enim humana cognitio etiamsi non sacra ut suam habet quasi insitam dignitatem et excellentiam - quippe quae sit quaedam finita participatio infinitae cognitionis Dei - ita novam altioremque dignitatem et quasi consecrationem assequitur, cum ad res ipsas divinas clariore luce collustrandas adhibetur. ...

*[319]* ... Catholicus interpres actuoso fortique suae disciplinae amore actus ac sanctae matri Ecclesiae sincere devotus neutiquam retineri debet, quominus difficiles quaestiones hucusque nondum enodatas iteram atque iterum aggrediatur ..., ut ... certis quoque profanarum disciplinarum conclusionibus debito modo satisfaciat.

Unsere Vertreter der Bibelwissenschaft **3831** sollen ihr Augenmerk also auch darauf mit der gebührenden Sorgfalt richten und nichts außer acht lassen, was sowohl die Archäologie als auch die Alte Geschichte und Alte Literaturwissenschaft an Neuem beigetragen haben und was geeignet ist, die Absicht der alten Schriftsteller und ihre Weise, Form und Kunst zu denken, zu erzählen und zu schreiben besser kennenzulernen. ... Wie nämlich jede menschliche Erkenntnis, auch wenn ⟨sie⟩ nicht heilig ⟨ist⟩, gleichsam eine eingepflanzte Würde und Erhabenheit zu eigen hat - da sie ja eine begrenzte Teilhabe an der unbegrenzten Erkenntnis Gottes ist -, so erlangt sie eine neue und höhere Würde und gleichsam Weihe, wenn sie angewandt wird, um die göttlichen Dinge selbst in hellerem Lichte erstrahlen zu lassen. ...

Der katholische Ausleger, der von leidenschaftlicher und starker Liebe zu seiner Wissenschaft getrieben und der heiligen Mutter Kirche aufrichtig ergeben ist, darf sich keinesfalls davon abhalten lassen, schwierige Fragen, die bisher noch nicht gelöst sind, wieder und wieder in Angriff zu nehmen ..., um ... auch gewissen Schlußfolgerungen der Profanwissenschaften in gebührender Weise zu genügen.

---

*3830 [1]    Thomas von Aquin, *In Hebr*, c. 1 lect. 4 (Parmaer Ausg. 13,678a).

Horum autem strenuorum in vinea Domini operariorum conatus non solummodo aequo iustoque animo, sed summa etiam cum caritate iudicandos esse ceteri omnes Ecclesiae filii meminerint; qui quidem ab illo haud satis prudenti studio abhorrere debent, quo quidquid novum est, ob hoc ipsum censetur esse impugnandum aut in suspicionem adducendum. Illud enim imprimis ante oculos habeant, in normis ac legibus ab Ecclesia datis de fidei morumque doctrina agi; atque inter multa illa, quae in sacris libris, legalibus, historicis, sapientialibus et propheticis proponuntur, pauca tantum esse, quorum sensus ab Ecclesiae auctoritate declaratus sit, neque plura ea esse, de quibus unanimis sanctorum Patrum sit sententia.

Multa igitur remanent, eaque gravissima, in quibus edisserendis et explanandis catholicorum interpretum acumen et ingenium libere exerceri potest ac debet, ut ad omnium utilitatem, ad maiorem in dies doctrinae sacrae profectum et ad Ecclesiae defensionem et honorem ex suo quisque viritim conferat.

Daß aber die Bemühungen dieser tüchtigen Arbeiter im Weinberg des Herrn nicht nur mit Billigkeit und Gerechtigkeit, sondern auch mit höchster Liebe zu beurteilen sind, sollen sich alle übrigen Söhne der Kirche bewußt sein; sie sollen nämlich jenem nicht sehr klugen Eifer abhold sein, daß man meint, alles, was neu ist, müsse eben deswegen angegriffen oder in Verdacht gezogen werden. Sie sollen nämlich insbesondere jenes vor Augen haben, daß es sich bei den von der Kirche gegebenen Normen und Gesetzen um die Glaubens- und Sittenlehre handelt; und daß unter dem vielen, was in den heiligen Gesetz-, Geschichts-, Weisheits- und Prophetenbüchern dargelegt wird, nur weniges ist, dessen Sinn von der Autorität der Kirche erklärt wurde, und daß jenes nicht mehr ist, worüber es ein einmütiges Urteil der heiligen Väter gibt.

Es bleibt also vieles, und zwar äußerst Wichtiges, übrig, bei dessen Erörterung und Erklärung sich der Scharfsinn und Verstand der katholischen Exegeten frei betätigen kann und soll, damit ein jeder nach seinen Kräften zum Nutzen aller, zum tagtäglich größeren Fortschritt der heiligen Lehre und zur Verteidigung und Ehre der Kirche beitrage.

## 3832-3837: Instruktion der Hl. Pönitentiarie, 25. März 1944

*Ausg.:* AAS 36 (1944) 155f.

### Die Generalabsolution

3832    [*Ad dubia removenda quoad facultatem*] impertiendi in quibusdam rerum adiunctis absolutionem sacramentalem generali formula seu communi absolutione, sine praevia peccatorum confessione a singulis Christi fidelibus peracta, S. Paenitentiaria [*declarat*]:

[*Um Zweifel zu beseitigen, die die Möglichkeit betreffen,*] unter bestimmten Umständen die sakramentale Lossprechung durch eine allgemeine Formel bzw. durch eine gemeinsame Lossprechung zu erteilen, ohne daß von den einzelnen Christgläubigen eine vorhergehende Beichte der Sünden abgelegt wurde, [*erklärt*] die Hl. Pönitentiarie:

3833    1. Sacerdotes, licet ad confessiones sacramentales excipiendas adprobati non sint, facultate fruuntur absolvendi generali modo atque una simul:

*a)* Milites imminenti aut commisso proelio, prout in mortis periculo constitutos, quando, sive prae militum multitudine sive prae temporis angustia, singuli audiri ne-

1. Priester genießen – auch wenn sie nicht befugt sind, sakramentale Beichten entgegenzunehmen – die Möglichkeit, in allgemeiner Weise und zusammen loszusprechen:

*a)* Soldaten bei drohender oder begonnener Schlacht als in Todesgefahr Befindliche, wenn sie – sei es wegen der Vielzahl der Soldaten oder wegen der Knappheit der Zeit –

queunt. Si tamen rerum adiuncta eiusmodi
sint, ut vel moraliter impossibile vel admodum difficile videatur, milites absolvere imminenti aut commisso proelio, tunc licet eos
absolvere statim ac necessarium iudicabitur.

*b)* Cives et milites instante mortis periculo, durantibus hostilibus incursionibus.

2. Praeter casus, in quibus agitur de mortis periculo, non licet sacramentaliter absolvere plures una simul, aut singulos dimidiate
tantum confessos, ratione tantum magni concursus paenitentium, qualis verbi gratia potest contingere in die magnae alicuius festivitatis aut indulgentiae (cf. prop. 59 ex damnatis ab Innocentio XI die 2 Martii 1679
[*2159*]): licet vero, si accedat alia gravis omnino et urgens necessitas, gravitati praecepti
divini integritatis confessionis proportionata,
verbi gratia si paenitentes – secus nulla sua
culpa – diu gratia sacramentali et sacra communione carere cogantur. ... *[156]*

4. [*Inter alia, paenitentes monendi sunt*]
omnino necesse esse, ut qui absolutionem
turmatim acceperint, in primo deinceps sus-
cipiendo paenitentiae sacramento, gravia singula peccata sua rite confiteantur, quae non
antea confessi fuerint.

5. Sacerdotes aperte fideles doceant, eos
graviter prohiberi, ne quamvis sibi conscii
sint culpae mortalis, nondum in confessione
recte accusatae et remissae, et obligatio integre lethalia peccata confitendi urgeat ex
lege sive divina sive ecclesiastica, de industria
declinent huic obligationi satisfacere, occasionem exspectantes, qua absolutio turmatim
detur.

7. Si tempus suppetat, haec absolutio sue-
ta atque integra formula in plurali numero
impertienda est; secus vero haec brevior formula adhiberi potest: "Ego vos absolvo ab

nicht einzeln gehört werden können. Wenn
jedoch die Umstände derart sind, daß es sich
als entweder moralisch unmöglich oder
höchst schwierig erweist, die Soldaten bei
drohender oder begonnener Schlacht loszusprechen, dann ist es erlaubt, sie sogleich,
wenn man es als notwendig beurteilt, loszusprechen.

*b)* Bürger und Soldaten bei drohender Todesgefahr während feindlicher Angriffe.

2. Außer den Fällen, in denen es sich um **3834**
Todesgefahr handelt, ist es nicht erlaubt,
mehrere zugleich sakramental loszusprechen, oder ⟨auch⟩ einzelne, die nur aufgrund
eines großen Aufkommens an Beichtenden,
wie es zum Beispiel am Tage irgendeines großen Festes oder eines Ablasses auftreten
kann, nur halb gebeichtet haben (vgl. Satz 59
aus den von Innozenz XI. am 2. März 1679
verurteilten ⟨Sätzen⟩ [*2159*]): es ist aber erlaubt, wenn eine andere sehr wichtige und
dringende Notwendigkeit hinzutritt, die
ebenso wichtig ist wie das göttliche Gebot
von der Vollständigkeit der Beichte, z. B.
wenn Pönitenten – ohne eigene Schuld – lange der sakramentalen Gnade und der heiligen Kommunion zu entbehren gezwungen
sind. ...

4. [*Unter anderem sind die Pönitenten dar-* **3835**
*auf hinzuweisen,*] daß es durchaus notwendig
ist, daß diejenigen, die die Lossprechung
gruppenweise empfangen haben, beim ersten
künftigen Empfang des Bußsakramentes ihre
einzelnen schweren Sünden ordnungsgemäß
bekennen, die sie zuvor nicht bekannt haben.

5. Die Priester sollen die Gläubigen deut- **3836**
lich belehren, daß es ihnen nachdrücklich
verboten ist, obwohl sie sich einer tödlichen
Schuld bewußt sind, die noch in keiner
Beichte in rechter Weise angeklagt und vergeben wurde, und die Verpflichtung, Todsünden vollständig zu bekennen, aufgrund sowohl göttlichen als auch kirchlichen Gesetzes drängt, vorsätzlich auszuweichen, dieser
Verpflichtung Genüge zu tun, indem sie nach
einer Gelegenheit Ausschau halten, bei der
die Lossprechung gruppenweise erteilt wird.

7. Wenn die Zeit reicht, ist diese Lospre- **3837**
chung mit der gewohnten und vollständigen
Formel in der Mehrzahl zu erteilen; andernfalls aber kann folgende kürzere Formel ver-

omnibus censuris et peccatis in nomine Patris et Filii et Spiritus Sancti."

wendet werden: "Ich spreche euch los von allen Kirchenstrafen und Sünden im Namen des Vaters und des Sohnes und des Heiligen Geistes."

### 3838: Dekret des Hl. Offiziums, 29. März (1. April) 1944

Vgl. Pius XI., Enzyklika "*Casti connubii*" (*3707), der sich auf den Römischen Katechismus (*Catechismus Romanus Concilii Tridentini*) II 8,13 beruft. Zur weiteren Entwicklung der Lehre von den Ehezwecken: Enzyklika "*Humanae vitae*" (AAS 60 [1968] 486–492; *4470–4479) und Enzyklika "*Familiaris consortio*" (AAS 74 [1982] 92–149; *4700–4716).
*Ausg.:* AAS 36 (1944) 103.

#### Die Zwecke der Ehe

3838    *Expos.:* [*In nonnullis scriptis asseritur*] finem primarium matrimonii non esse prolis generationem, vel fines secundarios non esse fini primario subordinatos, sed ab eo independentes.

Hisce in elucubrationibus primarius coniugii finis alius ab aliis designatur, ut ex. gr.: coniugum per omnimodam vitae actionisque communionem complementum ac personalis perfectio; coniugum mutuus amor atque unio fovenda ac perficienda per psychicam et somaticam propriae personae traditionem; et huiusmodi alia plura.

In iisdem scriptis interdum verbis in documentis Ecclesiae occurrentibus (uti sunt v. gr. *finis, primarius, secundarius*) sensus tribuitur, qui cum his vocibus, secundum communem theologorum usum, non congruit.

*Qu.:* An admitti possit quorundam recentiorum sententia, qui vel negant finem primarium matrimonii esse prolis generationem et educationem, vel docent fines secundarios fini primario non esse essentialiter subordinatos, sed esse aeque principales et independentes?

*Resp. (confirmata a Summo Pontifice, 30. Mart.):* Negative.

*Darlegung:* [*In manchen Schriften wird behauptet,*] der vornehmliche Zweck der Ehe sei nicht die Zeugung von Nachkommenschaft oder die zweitrangigen Zwecke seien nicht dem vornehmlichen Zweck untergeordnet, sondern von ihm unabhängig.

In diesen Ausarbeitungen wird als vornehmlicher Zweck der Ehe von den verschiedenen ⟨Autoren⟩ ein ⟨jeweils⟩ anderer bezeichnet, wie z. B.: die Ergänzung und persönliche Vervollkommnung der Gatten durch eine allseitige Lebens- und Handlungsgemeinschaft; die gegenseitige Liebe und die Förderung und Vervollkommnung der Einheit der Gatten durch die seelische und leibliche Hingabe der eigenen Person; und noch mehreres von dieser Art.

In denselben Schriften wird bisweilen den in den Dokumenten der Kirche vorkommenden Worten (als da sind z. B. *Zweck, erstrangig, zweitrangig*) ein Sinn beigelegt, der mit diesen Begriffen – gemäß dem allgemeinen Gebrauch der Theologen – nicht übereinstimmt.

*Frage:* Kann die Auffassung einiger neuerer ⟨Autoren⟩ zugelassen werden, die entweder leugnen, daß der vornehmliche Zweck der Ehe die Zeugung und Erziehung von Nachkommenschaft ist, oder lehren, daß die zweitrangigen Zwecke dem erstrangigen Zweck nicht wesenhaft untergeordnet, sondern gleich vorrangig und unabhängig seien?

*Antwort (vom Papst am 30. März bestätigt):* Nein.

### 3839: Dekret des Hl. Offiziums, 19. (21.) Juli 1944

Der Priester Manuel de Lacunza y Díaz hatte unter dem Pseudonym Juan Josafat Ben-Ezra um 1810 das Werk *Venida del Mesías en gloria y majestad* geschrieben, das vom Hl. Offizium am 6. Sept. 1824 verboten wurde. Er vertrat einen gemäßigten Chiliasmus. Gegen diese im 20. Jh. erneut vorgetragene Lehre hatte das

Hl. Offizium am 11. Juli 1941 in einem Brief an Erzbischof José M. Caro Rodríguez von Santiago/Chile (PerRMor 31 [1942] 167) eine dem folgenden Dekret entsprechende Entscheidung getroffen.
*Ausg.:* AAS 36 (1944) 212.

### Millenarismus (Chiliasmus)

*Qu.:* Quid sentiendum de systemate Millenarismi mitigati, docentis scilicet Christum Dominum ante finale iudicium, sive praevia sive non praevia plurium iustorum resurrectione, visibiliter in hanc terram regnandi causa esse venturum.

*Frage:* Was ist von dem System des ge- 3839 mäßigten Chiliasmus zu halten, der nämlich lehrt, Christus, der Herr, werde vor dem Endgericht – ob nach vorhergehender oder nicht vorhergehender Auferstehung mehrerer Gerechter – sichtbar auf diese Erde kommen, um zu herrschen?

*Resp. (confirmata a Summo Pontifice, 20. Iul.):* Systema Millenarismi mitigati tuto doceri non posse.

*Antwort (vom Papst am 20. Juli bestätigt):* Das System des gemäßigten Chiliasmus kann nicht sicher gelehrt werden.

**3840-3855: Enzyklika "Mediator Dei", 20. Nov. 1947**

Die Enzyklika bietet erstmals eine lehramtliche Darstellung des Wesens der Liturgie. Sie nahm die wichtigsten Einsichten der liturgischen Bewegungen seit dem Ende des 19. Jahrhunderts auf und bereitete so der liturgischen Erneuerung durch das 2. Vatikanische Konzil den Weg.
*Ausg.:* AAS 39 (1947) 528–580.

### Die wesentlichen Bestandteile der Liturgie

In omni actione liturgica una cum Ecclesia praesens adest divinus eius Conditor; praesens adest Christus in augusto altaris sacrificio, cum in administri sui persona, tum maxime sub eucharisticis speciebus; praesens adest in sacramentis virtute sua, quam in eadem transfundit utpote efficiendae sanctitatis instrumenta; praesens adest denique in Deo admotis laudibus ac supplicationibus, secundum illud: "Ubi enim sunt duo vel tres congregati in nomine meo, ibi sum in medio eorum" [*Mt 18,20*].

In jeder liturgischen Handlung ist zu- 3840 gleich mit der Kirche ihr göttlicher Gründer gegenwärtig; gegenwärtig ist Christus im erhabenen Altarsakrament, sowohl in der Person seines Dieners als auch vor allem unter den eucharistischen Gestalten; er ist gegenwärtig in den Sakramenten durch seine Kraft, die er auf diese als Werkzeuge der zu erwirkenden Heiligung überströmen läßt; er ist schließlich gegenwärtig in den an Gott gerichteten Preisungen und Bitten, gemäß jenem ⟨Wort⟩: "Wo nämlich zwei oder drei in meinem Namen versammelt sind, da bin ich in ihrer Mitte" [*Mt 18,20*].

Sacra igitur Liturgia cultum publicum constituit, quem Redemptor noster, Ecclesiae Caput, caelesti Patri habet, quemque christifidelium societas Conditori suo et per ipsum aeterno Patri tribuit; utque omnia breviter perstringamus, integrum constituit publicum cultum *[529]* mystici Iesu Christi Corporis, Capitis nempe membrorumque eius. ...

Die heilige Liturgie stellt also die öffent- 3841 liche Verehrung dar, die unser Erlöser, das Haupt der Kirche, dem himmlischen Vater erweist und die die Gemeinschaft der Christgläubigen ihrem Gründer und durch ihn dem ewigen Vater zollt; und um alles kurz zusammenzufassen: sie stellt die vollständige öffentliche Verehrung des mystischen Leibes Jesu Christi dar, nämlich des Hauptes und seiner Glieder. ...

*[530]* ... Universus autem, quem Ecclesia Deo adhibet, cultus, ut externus, ita internus esse debet. Externus quidem; nam id natura postulat hominis, qui ex animo corporeque

... Die gesamte Verehrung aber, die die 3842 Kirche Gott erweist, muß, wie eine äußere, so eine innere sein. Eine äußere gewiß; denn dies erfordert die Natur des Menschen, der

constat ...; ac divinus cultus non tantum ad singulos pertinet, sed ad humanam etiam consortionem, atque adeo [531] socialis sit oportet, quod profecto esse nequit, nisi in religionis etiam rebus externa habeantur vincula externaeque significationes. Id denique Mystici Corporis unitatem peculiari modo patefacit ...

At praecipuum divini cultus elementum internum esse debet: oportet enim semper in Christo vivere eidemque se totum dedere, ut in eo, cum eo et per eum debita caelesti Patri attribuatur gloria. ...

**3843**   [532] ... Quamobrem a vera ac germana sacrae Liturgiae notione ac sententia omnino ii aberrant, qui eam utpote divini cultus partem iudicent externam solummodo ac sensibus obiectam, vel quasi decorum quemdam caerimoniarum apparatum; nec minus ii aberrant, qui eam veluti meram legum praeceptorumque summam reputent, quibus ecclesiastica hierarchia iubeat sacros instrui ordinarique ritus. ...

aus Geist und Leib besteht ...; und die göttliche Verehrung geht nicht nur die einzelnen an, sondern auch die menschliche Gemeinschaft, und muß deshalb gemeinschaftlich sein, was sie freilich nicht sein kann, wenn es in Angelegenheiten der Religion nicht auch äußerliche Bindungen und äußerliche Bekundungen gibt. Dies erschließt endlich in besonderer Weise die Einheit des Mystischen Leibes ...

Hauptbestandteil der göttlichen Verehrung muß aber der innere sein: man soll nämlich immer in Christus leben und sich ihm ganz hingeben, damit in ihm, mit ihm und durch ihn dem himmlischen Vater die schuldige Ehre erwiesen werde. ...

... Deshalb irren diejenigen vom wahren und echten Verständnis und Sinn der heiligen Liturgie völlig ab, die sie für einen lediglich äußeren und den Sinnen dargebotenen Teil der göttlichen Verehrung oder gewissermaßen für ein glänzendes Gepränge von Zeremonien halten; nicht weniger irren diejenigen ab, die sie für eine reine Zusammenfassung von Gesetzen und Vorschriften halten, durch die die kirchliche Hierarchie die heiligen Riten einzurichten und zu ordnen heißt. ...

### Wirksamkeit der liturgischen Handlungen in der Gnadenordnung

**3844**   Efficacitas, si de eucharistico sacrificio ac de sacramentis agitur, *ex opere operato* potius ac primo loco oritur. Si vero vel actionem illam consideramus intaminatae Iesu Christi Sponsae, qua eadem precibus sacrisque caerimoniis eucharisticum adornat sacrificium et sacramenta, vel si de "sacramentalibus" ac de ceteris ritibus agitur, quae ab ecclesiastica instituta sunt hierarchia, tum efficacitas habetur potius *ex opere operantis Ecclesiae,* quatenus ea sancta est atque arctissime cum suo Capite coniuncta operatur.

Die Wirksamkeit stammt, wenn es sich um das eucharistische Opfer und um die Sakramente handelt, vor allem und an erster Stelle *aus der vollzogenen ⟨sakramentalen⟩ Handlung.* Wenn wir aber entweder jene Handlung der unbefleckten Braut Jesu Christi betrachten, in der sie mit Gebeten und heiligen Zeremonien das eucharistische Opfer und die Sakramente ausstattet, oder wenn es sich um die "Sakramentalien" und um die übrigen Riten handelt, die von der kirchlichen Hierarchie eingerichtet worden sind, dann rührt die Wirksamkeit vor allem *aus der Handlung der vollziehenden Kirche* her, insofern sie heilig ist und in engster Verbindung mit ihrem Haupte wirkt.

**3845**   Quam ad rem cupimus, Venerabiles Fratres, ut animum intendatis vestrum ad novas illas cogitandi iudicandique rationes de christiana pietate, quam "obiectivam" vocant; quae quidem rationes, dum mystici Cor-

Was das betrifft, so wünschen Wir, Ehrwürdige Brüder, daß ihr eure Aufmerksamkeit auf jene neuen Formen, über die christliche Frömmigkeit zu denken und zu urteilen, richtet, die man "objektiv" nennt; wäh-

poris mysterium itemque veracem gratiae actionem sanctitatis effectricem divinosque sacramentorum et eucharistici sacrificii actus in perspicuo po/533/nere conantur, eo tamen contendere videntur, ut "subiectivam" seu "personalem" quam dicunt pietatem vel imminuant vel omnino praetermittant.

... Christus [*per sacramenta et per sacrificium suum*] nullo non tempore humanum genus expiat Deoque consecrat. Ea igitur "obiectiva", quae dicitur, virtute pollent, quae reapse animos nostros divinae Iesu Christi vitae facit participes. Ideo non ex nostra, sed ex divina virtute eis effectrix illa vis inest, quae membrorum pietatem cum Capitis pietate coniungit eamdemque quodammodo reddit totius communitatis actionem.

Quibus ex acutis argumentis nonnulli concludunt, christiana omnis pietas in mystici Corporis Christi mysterio consistat oportere, nulla habita "personali" seu "subiectiva" ut aiunt ratione, atque adeo cetera religionis opera neglegenda reputant, quae cum sacra Liturgia arcte non devinciantur et extra cultum publicum absolvantur.

Quas tamen circa duplicis pietatis genera conclusiones, quamvis optima sint quae supra proponuntur principia, fallaces omnino esse, insidiosas ac perniciosissimas nemo est qui non videat.

Utique retinendum est sacramenta altarisque sacrificium intimam habere in semet ipsis virtutem, utpote quae sint ipsius Christi actiones ...; verumtamen ut eadem debitam efficaciam habeant, opus est prorsus, ut rectae animi nostri dispositiones accedant. ...

[537] ... In spirituali igitur vita nulla intercedere potest discrepantia vel repugnantia inter divinam illam actionem, quae ad perpetuandam redemptionem nostram gratiam in animos infundit, ac sociam laboriosamque hominis operam, quae donum Dei vacuum non reddat oportet [*cf. 2 Cor 6,1*]; itemque

rend diese Formen zwar das Geheimnis des mystischen Leibes und ebenso die wahrhaft Heiligung bewirkende Tätigkeit der Gnade und die göttlichen Akte der Sakramente und des eucharistischen Opfers klar herauszustellen versuchen, scheinen sie dennoch dahin zu zielen, die sogenannte "subjektive" bzw. "persönliche" Frömmigkeit entweder zu vermindern oder überhaupt zu übergehen.

... Christus entsühnt das Menschengeschlecht jederzeit [*durch die Sakramente und durch sein Opfer*] und weiht es Gott. Sie verfügen also über diese sogenannte "objektive" Kraft, die unsere Herzen wirklich des göttlichen Lebens Jesu Christi teilhaft macht. Daher wohnt ihnen nicht aus unserem, sondern aus göttlichem Vermögen jene wirksame Kraft inne, die die Frömmigkeit der Glieder mit der Frömmigkeit des Hauptes verbindet und sie gewissermaßen zu einer Handlung der ganzen Gemeinschaft macht.

Aus diesen scharfsinnigen Beweisen schließen manche, daß die ganze christliche Frömmigkeit im Geheimnis des mystischen Leibes Christi bestehen solle, ohne daß auf die sogenannte "persönliche" bzw. "subjektive" ⟨Frömmigkeit⟩ Rücksicht genommen wird, und sie halten deshalb die übrigen Werke der Religion für vernachlässigenswert, die nicht in enger Verknüpfung mit der heiligen Liturgie stehen und außerhalb des öffentlichen Kultes verrichtet werden.

Daß diese Folgerungen hinsichtlich der Arten der doppelten Frömmigkeit jedoch, auch wenn die oben vorgestellten Grundsätze noch so trefflich sein mögen, ganz und gar trügerisch, hinterhältig und äußerst verderblich sind, sieht jeder.

Es ist durchaus festzuhalten, daß die Sakramente und das Opfer des Altares in sich selbst eine innerste Kraft haben, da sie ja Handlungen Christi selbst sind ...; damit sie jedoch die nötige Wirksamkeit haben, ist es unbedingt notwendig, daß die rechten Einstellungen unseres Herzens hinzukommen. ...

... Im geistlichen Leben kann es also keinen Widerspruch oder Widerstreit zwischen jenem göttlichen Handeln, das zur Fortsetzung unserer Erlösung Gnade in die Herzen eingießt, und dem ⟨damit⟩ verbundenen tätigen Wirken des Menschen geben, welches das Geschenk Gottes nicht zum vergeblichen **3846**

inter externi sacramentorum ritus efficacitatem, quae ex *opere operato* oritur, atque eorum bene merentem actum, qui eadem impertiunt vel suscipiunt, quem quidem actum *opus operantis* vocamus; ac pari modo publicas supplicationes inter privatasque preces; inter rectam agendi rationem supernarumque contemplationem rerum; inter vitam asceticam ac Liturgiae pietatem; ac denique inter ecclesiasticae hierarchiae iurisdictionem legitimumque magisterium ac potestatem illam, quae proprie sacerdotalis dicitur, quaeque in sacro excercetur ministerio. ...

Procul dubio liturgica precatio, cum publica sit inclitae Iesu Christi Sponsae supplicatio, privatis precibus potiore excellentia praestat[1]. Quae tamen potior excellentia neutiquam significat duo haec precandi genera inter se discrepare vel repugnare. Uno enim eodemque cum sint studio animata, una simul etiam confluunt ac componuntur secundum illud "omnia et in omnibus Christus" [*Col 3,11*], ad idemque contendunt propositum, donec in nobis formetur Christus [*cf. Gal 4,19*].

machen soll [*vgl. 2 Kor 6,1*]; genausowenig zwischen der Wirksamkeit des äußeren Ritus der Sakramente, die *aus der vollzogenen ⟨sakramentalen⟩ Handlung* entspringt, und dem verdienstvollen Akt derer, die sie austeilen oder empfangen, dem Akt nämlich, den wir *Handlung des Vollziehenden* nennen; und ebensowenig zwischen öffentlichen Fürbitten und privaten Gebeten, zwischen einer rechten Handlungsweise und der Betrachtung der himmlischen Dinge, zwischen einem aszetischen Leben und der Frömmigkeit der Liturgie und schließlich zwischen der Jurisdiktion sowie dem rechtmäßigen Lehramt der kirchlichen Hierarchie und jener Vollmacht, die im eigentlichen Sinne priesterlich genannt wird und die im heiligen Dienste ausgeübt wird. ...

Zweifellos zeichnet sich das liturgische Beten, da es die öffentliche Fürbitte der ruhmreichen Braut Jesu Christi ist, vor den privaten Gebeten durch einen größeren Vorrang aus[1]. Diese reichere Erhabenheit jedoch bedeutet keineswegs, daß diese zwei Weisen des Betens sich untereinander widersprechen oder widerstreiten. Da sie nämlich von ein und demselben Eifer beseelt sind, fließen sie auch allesamt zusammen und vereinigen sich gemäß jenem "alles und in allem Christus" [*Kol 3,11*] und verfolgen denselben Zweck, bis daß Christus in uns Gestalt gewinne [*vgl. Gal 4,19*].

## Das Wesen des eucharistischen Opfers

**3847**   *[547]* ... Christianae religionis caput ac veluti centrum sanctissimae Eucharistiae mysterium est, quam olim Summus Sacerdos Christus instituit, quamque per suos administros perpetuo in Ecclesia renovari iubet. ...

*[548]* ... Altaris sacrificium non mera est ac simplex Iesu Christi cruciatuum ac mortis commemoratio, sed vera ac propria sacrificatio, qua quidem per incruentam immolationem Summus Sacerdos id agit, quod iam in cruce fecit, semet ipsum aeterno Patri hostiam offerens acceptissimam. ...

... Hauptstück und gleichsam Mittelpunkt der christlichen Religion ist das Geheimnis der heiligsten Eucharistie, die einst der Hohepriester Christus eingesetzt hat und die er durch seine Diener beständig in der Kirche zu erneuern gebietet. ...

Das Opfer des Altares ist kein bloßes und einfaches Gedächtnis der Leiden und des Todes Jesu Christi, sondern ein wahres und eigentliches Hinopfern, in dem nämlich der Hohepriester durch eine unblutige Opferung das vollzieht, was er schon am Kreuze getan hat, indem er sich selbst dem ewigen Vater als wohlgefälligste Opfergabe darbrachte. ...

---

*3846 [1]   Vgl. Pius XI., Enzyklika "*Ad catholici Sacerdotii*", 20. Dez. 1935 (AAS 28 [1936] 18f).

Dissimilis tamen ratio est, qua Christus offertur. In cruce enim totum semet ipsum suosque Deo obtulit dolores; victimae vero immolatio per cruentam mortem libera voluntate obitam effecta est. In ara autem, ob gloriosum humanae naturae suae statum, "mors illi ultra non dominabitur" [*Rm 6,9*], ideoque sanguinis effusio haud possibilis est; verumtamen ex divinae sapientiae consilio Redemptoris nostri sacrificatio per externa signa, quae sunt mortis indices, mirando quodam modo ostenditur. Siquidem per panis "transsubstantiationem" in corpus vinique in sanguinem Christi, ut eius corpus reapse praesens habetur, ita eius cruor: eucharisticae autem species, sub quibus adest, cruentam corporis et sanguinis separationem figurant.

Itaque memorialis demonstratio eius mortis, *[549]* quae reapse in Calvariae loco accidit, in singulis altaris sacrificiis iteratur, quandoquidem per distinctos indices Christus Iesus in statu victimae significatur atque ostenditur.

Verschieden ist jedoch die Weise, in der 3848 Christus dargebracht wird. Am Kreuze brachte er nämlich sich selbst und seine Schmerzen Gott ganz dar; die Opferung der Opfergabe aber geschah durch den blutigen Tod, den er freiwillig auf sich genommen hatte. Auf dem Altar aber "wird" wegen des verklärten Zustandes seiner menschlichen Natur "der Tod nicht mehr über ihn herrschen" [*Röm 6,9*], und deshalb ist das Vergießen von Blut nicht möglich; nach dem Ratschluß der göttlichen Weisheit wird jedoch die Opferung unseres Erlösers in einer wunderbaren Weise durch äußere Zeichen gezeigt, die Verweise auf den Tod sind. Denn durch die "Wesensverwandlung" des Brotes in den Leib und des Weines in das Blut Christi sind sowohl sein Leib als auch sein Blut wirklich gegenwärtig: die eucharistischen Gestalten aber, unter denen er anwesend ist, versinnbilden die Trennung von Leib und Blut.

Deshalb wird die gedächtnishafte Darstellung seines Todes, der sich wirklich auf dem Kalvarienberg zutrug, in den einzelnen Opfern des Altares wiederholt, wenn durch deutliche Verweise Christus Jesus im Zustand der Opfergabe bezeichnet und gezeigt wird.

### *Das Priestertum der Gläubigen*

*[552]* ... Expedit ... christifideles omnes animadvertant, summo sibi officio esse summaeque dignitati, eucharisticum participare sacrificium. ... *[553]* Tamen ... non idcirco sacerdotali etiam potestate fruuntur. ...

[*Falsus conceptus sacerdotii fidelium:*] Sunt enim, Venerabiles Fratres, qui ... doceant [*cf.* *1767*], in Novo Testamento sacerdotii nomine id solummodo venire, quod ad omnes spectet, qui sacri fontis lavacro expiati fuerint; itemque praeceptum illud, quo Iesus Christus in novissima cena id Apostolis commiserat faciendum, quod ipse fecerat, ad cunctam directo pertinere christifidelium Ecclesiam; atque exinde, deinceps tantum, hierarchicum consecutum esse sacerdotium.

Quapropter populum autumant vera perfrui sacerdotali potestate, sacerdotem autem

... Es ist gut ..., wenn alle Christgläubigen 3849 beachten, daß es höchste Pflicht und höchste Würde für sie ist, am eucharistischen Opfer teilzunehmen. ... Jedoch ... genießen sie deswegen nicht auch die priesterliche Vollmacht. ...

[*Falsche Auffassung vom Priestertum* 3850 *der Gläubigen:*] Es gibt nämlich welche, Ehrwürdige Brüder, die ... lehren [*vgl.* *1767*], im Neuen Testament käme unter dem Namen "Priestertum" nur dasjenige vor, das sich auf alle erstreckt, die durch das Bad der heiligen Taufe entsühnt worden sind; desgleichen beziehe sich auch jenes Gebot, in dem Jesus Christus beim Letzten Abendmahle den Aposteln aufgetragen hatte, das zu tun, was er selbst getan hatte, geradezu auf die gesamte Kirche der Christgläubigen; und daraus, nur hernach, sei das hierarchische Priestertum gefolgt.

Deswegen genieße das Volk, wie sie behaupten, die wahre priesterliche Vollmacht,

solummodo agere ex delegato a communitate munere. Quamobrem Eucharisticum Sacrificium veri nominis "concelebrationem" existimant, ac reputant expedire potius ut sacerdotes una cum populo adstantes "concelebrent", quam ut privatim Sacrificium offerant absente populo.

[*Contra haec*] in memoriam revocandum esse ducimus, sacerdotem nempe idcirco tantum populi vices agere, quia personam gerit Domini nostri Iesu Christi, quatenus membrorum omnium Caput est, pro iisdemque semet ipsum offert, ideoque ad altare accedere ut ministrum Christi, Christo inferiorem, superiorem autem populo[1].

Populum contra, quippe *[554]* qui nulla ratione divini Redemptoris personam sustineat neque conciliator sit inter seipsum et Deum, nullo modo iure sacerdotali frui posse.

Quae quidem fidei certitudine constant; at praeterea christifideles etiam divinam offerre hostiam, diversa tamen ratione, dicendi sunt.

**3851**    [*Verus conceptus sacerdotii fidelium:*] "Non solum ... offerunt sacerdotes, sed et universi fideles: nam quod specialiter adimpletur ministerio sacerdotum, hoc universaliter agitur voto fidelium"[1]. Ac ... [*Robertus Bellarminus:*] "Sacrificium" inquit "in persona Christi principaliter offertur. Itaque ista oblatio, consecrationem subsequens, est quaedam testificatio, quod tota Ecclesia consentiat in oblationem a Christo factam, et simul cum illo offerat"[2].

Eucharistici quoque Sacrificii ritus ac preces haud minus clare significant atque ostendunt victimae oblationem una cum populo a sacerdotibus fieri. ...

*[555]* Nec mirum est christifideles ad huiusmodi dignitatem elevari. Baptismatis

---

der Priester aber handle lediglich kraft eines von der Gemeinschaft übertragenen Amtes. Deshalb halten sie das Eucharistische Opfer im wahren Sinne des Wortes für eine "Konzelebration" und erachten es für angebrachter, daß die Priester gemeinsam mit dem anwesenden Volk "konzelebrieren", als daß sie in Abwesenheit des Volkes privat das Opfer darbringen.

[*Dagegen*] meinen Wir [*folgendes*] ins Gedächtnis zurückrufen zu sollen, daß nämlich der Priester nur deshalb an Stelle des Volkes handelt, weil er die Person unseres Herrn Jesus Christus vertritt, insofern dieser das Haupt aller Glieder ist und sich selbst für sie darbringt, und daß er deshalb als Diener Christi an den Altar tritt, niedriger als Christus, aber höher als das Volk[1].

Dagegen kann das Volk, da es ja in keiner Weise die Person des göttlichen Erlösers verkörpert und nicht Versöhner zwischen sich selbst und Gott ist, keinesfalls priesterliches Recht genießen.

Dies steht unstreitig mit der Sicherheit des Glaubens fest; daneben ist aber zu sagen, daß die Christgläubigen auch das göttliche Opfer darbringen, jedoch auf eine andere Weise.

[*Wahre Auffassung vom Priestertum der Gläubigen:*] "Nicht nur ... die Priester opfern, sondern auch alle Gläubigen: denn was im besonderen durch den Dienst der Priester vollzogen wird, das geschieht allgemein durch das Verlangen der Gläubigen"[1]. Und ... [*Robert Bellarmin*] sagt: "Das Opfer wird grundsätzlich in der Person Christi dargebracht. Deshalb ist jene Opferung, die auf die Konsekration folgt, gewissermaßen die Bezeugung, daß die ganze Kirche mit dem von Christus vollzogenen Opfer übereinstimmt und zugleich mit ihm opfert"[2].

Auch die Riten und Gebete des eucharistischen Opfers bekunden und zeigen nicht weniger deutlich, daß die Darbringung der Opfergabe von den Priestern zusammen mit dem Volk geschieht. ...

Es ist auch nicht verwunderlich, daß die Christgläubigen zu solcher Würde erhoben

---

**\*3850**  [1]    Vgl. Robert Bellarmin, *Controversiae de sacramento Eucharistiae* VI ( = *De sacrificio Missae* II) 4 (hrsg. von J. Fèvre, *Opera omnia* 4 [Paris 1873] 373a).
**\*3851** [1]    Innozenz III., *De sacro Altaris mysterio* III 6 (PL 217,845D).
      [2]    Robert Bellarmin, a. oben a.O. V ( = *De sacrificio Missae* I) 27 (Fèvre, ebd. 4,366a).

enim lavacro, generali titulo christiani in mystico Corpore membra efficiuntur Christi sacerdotis, et "charactere" qui eorum in animo quasi insculpitur, ad cultum divinum deputantur; atque adeo ipsius Christi sacerdotium pro sua condicione participant. ...

At est etiam intima ratio, cur christiani omnes, ii praesertim qui altari adsunt, offerre dicantur.

Qua in re gravissima ne perniciosus oriatur error, offerendi vocem propriae significationis terminis circumscribamus oportet. Incruenta enim illa immolatio, qua consecrationis verbis prolatis Christus in statu victimae super altare praesens redditur, ab ipso solo sacerdote perficitur, prout Christi personam sustinet, non vero prout christifidelium personam gerit. At idcirco quod sacerdos divinam victimam altari superponit, eamdem Deo Patri qua oblationem defert ad gloriam Sanctissimae Trinitatis et in bonum totius Ecclesiae.

Hanc autem restricti nominis oblationem christifideles suo modo duplicique ratione participant: quia nempe non tantum per sacerdotis manus, sed etiam una cum ipso quodammodo Sacrificium *[556]* offerunt: qua quidem participatione, populi quoque oblatio ad ipsum liturgicum refertur cultum.

[*Redarguuntur dein tamquam* "superlationes traiectionesque" *opiniones eorum, qui*] illa omnino sacrificia reprobant, quae privatim ac non adstante populo offerantur ... [*item quae eodem tempore pluribus in altaribus offerantur.*]

*[557]* Perperam hac in re ad socialem eucharistici sacrificii indolem provocatur. Quotiescumque enim sacerdos id renovat, quod divinus Redemptor in novissima cena peregit, reapse sacrificium consummatur: quod quidem sacrificium semper et ubique item-

werden. Durch das Bad der Taufe werden die Christen nämlich unter einem allgemeinen Titel zu Gliedern im mystischen Leibe Christi, des Priesters, und werden durch den "⟨sakramentalen⟩ Charakter", der in ihre Herzen gleichsam eingemeißelt wird, zur göttlichen Verehrung bestimmt; und insofern nehmen sie nach ihrem Stand am Priestertum Christi selbst teil. ...

Es gibt aber auch einen innersten Grund, **3852** warum man von allen Christen – vor allem von denen, die am Altar stehen – sagt, daß sie opfern.

Damit in dieser äußerst wichtigen Sache kein verderblicher Irrtum entsteht, müssen wir den Ausdruck "opfern" in den Grenzen seiner eigentlichen Bedeutung umschreiben. Jene unblutige Opferung nämlich, in der Christus durch das Aussprechen der Konsekrationsworte im Zustand der Opfergabe auf dem Altar gegenwärtig wird, wird nur vom Priester selbst vollzogen, insofern er die Person Christi verkörpert, nicht aber, insofern er die Person der Christgläubigen vertritt. Dadurch aber, daß der Priester die göttliche Opfergabe auf den Altar legt, bringt er sie Gott, dem Vater, als Opfer dar zum Ruhme der Heiligsten Dreifaltigkeit und zum Heile der ganzen Kirche.

An dieser Opferung im eingeschränkten Sinne aber nehmen die Christgläubigen auf ihre Weise und in zweifacher Hinsicht teil: weil sie nämlich nicht nur durch die Hände des Priesters, sondern auch zusammen mit ihm gewissermaßen das Opfer darbringen: und zwar gehört aufgrund dieser Teilnahme auch das Opfer des Volkes zum liturgischen Kult selbst.

[*Als* "Übertreibungen und Überspitzun- **3853** gen" *werden danach die Meinungen derer zurückgewiesen, die*] jene Opfer völlig verwerfen, die privat und ohne Beisein des Volkes dargebracht werden ... [*desgleichen jene, die zur selben Zeit an mehreren Altären dargebracht werden.*]

Man beruft sich dabei fälschlicherweise auf die soziale Beschaffenheit des eucharistischen Opfers. Sooft nämlich der Priester das erneuert, was der göttliche Erlöser beim letzten Abendmahl vollzog, wird wirklich das Opfer vollbracht: und zwar erfüllt dieses Op-

que necessario ac suapte natura publico et so-ciali munere fruitur; quandoquidem is, qui illud immolat, et Christi et christifidelium, cuius divinus Redemptor est Caput, nomine agit, atque illud Deo offert pro Ecclesia sancta catholica, ac pro vivis et defunctis.

fer immer und überall sowie notwendiger-weise und seiner Natur nach einen öffentli-chen und sozialen Dienst; denn derjenige, der es opfert, handelt im Namen sowohl Christi als auch der Christgläubigen, deren Haupt der göttliche Erlöser ist, und bringt es Gott für die heilige katholische Kirche sowie für die Lebenden und Verstorbenen dar.

### Die Kommunion als Vervollständigung des eucharistischen Opfers

3854    [562] ... Augustum altaris sacrificium divinae dapis communione concluditur. Attamen, ut omnes norunt, ad eius sacrificii integritatem habendam requiritur solummodo, ut *sacerdos* caelesti pabulo reficiatur, non autem, ut populus etiam – quod ceteroquin summopere optandum est – ad sacram synaxim accedat.

[*Recoluntur errores in hac re iam reiecti*[1]; *refelluntur deinde asserentes*] *[563]* ... heic agi non de sacrificio solummodo, sed de sacrificio ac cena fraternae communitatis, atque sacram synaxim ponant, communiter actam, quasi totius celebrationis culmen.

Etenim etiam atque etiam animadvertendum est, eucharisticum sacrificium suapte natura incruentam esse divinae victimae immolationem, quae quidem mystico modo ex sacrarum specierum separatione patet, ex earumque oblatione aeterno Patri peracta. Sacra autem synaxis ad idem integrandum ad idemque augusti sacramenti communione participandum pertinet; dumque administro sacrificanti omnino necessaria est, christifidelibus est tantummodo enixe commendanda.

... Das erhabene Altarsakrament wird mit der Kommunion der göttlichen Speise be-schlossen. Um jedoch die Vollständigkeit die-ses Opfers zu erreichen, ist, wie alle wissen, lediglich erforderlich, daß sich der Priester an der himmlischen Nahrung erquickt, nicht aber, daß auch das Volk – was im übrigen höchst wünschenswert ist – zur heiligen Kommunion hinzutritt.

[*Es wird an schon verworfene Irrtümer in dieser Sache erinnert*[1]; *zurückgewiesen werden dann diejenigen, die behaupten,*] ... hier handle es sich nicht lediglich um ein Opfer, sondern um Opfer und Abendmahl brüder-licher Gemeinschaft, und die das gemeinsam vollzogene heilige Mahl gleichsam zum Hö-hepunkt der ganzen Feier machen.

Es muß nämlich immer wieder beachtet werden, daß das eucharistische Opfer seiner Natur nach eine unblutige Opferung der gött-lichen Opfergabe ist, die nämlich auf geheim-nisvolle Weise aus der Trennung der heiligen Gestalten und aus dem Vollzug ihrer Dar-bringung an den ewigen Vater ersichtlich wird. Das heilige Mahl aber gehört zu seiner Vervollständigung und zur Teilhabe ⟨am Op-fer⟩ durch die Vereinigung mit dem erhabe-nen Sakrament; und während sie für den Diener, der das Opfer darbringt, ganz und gar notwendig ist, ist sie den Christgläubigen lediglich nachdrücklich zu empfehlen.

### Die Gegenwart Christi in den Geheimnissen der Kirche

3855    [580] ... Liturgicus annus ... non frigida atque iners earum rerum repraesentatio est, quae ad praeterita tempora pertinent, vel simplex ac nuda superioris aetatis rerum recordatio. Sed potius est Christus ipse, qui in

... Das liturgische Jahr ... ist keine kalte und unwirksame Vergegenwärtigung jener Dinge, die zu vergangenen Zeiten gehören, oder eine einfache und bloße Erinnerung an Dinge einer früheren Zeit. Sondern es ist

---

\*3854  [1]   Vgl. Benedikt XIV., Ezyklika "*Certiores effecti*", 13. Nov. 1742, § 1 (*Bullarium* [Mecheln 1826] 1,439f); Konzil von Trient, 22. Sitzung, Kan. 8 (\*1758).

sua Ecclesia perseverat, quique immensae misericordiae suae iter pergit, quod quidem in hac mortali vita, cum pertransiit benefaciendo [*cf. Act 10,38*], ipse pientissimo eo consilio incepit, ut hominum animi mysteria sua attingerent ac per eadem quodammodo viverent; quae profecto mysteria non incerto ac subobscuro eo modo, quo recentiores quidam scriptores effutiunt[1], sed quo modo catholica doctrina nos docet, praesentia continenter adsunt atque operantur; quandoquidem, ex Ecclesiae Doctorum sententia, et eximia sunt christianae perfectionis exempla, et divinae gratiae sunt fontes ob merita deprecationesque Christi, et effectu suo in nobis perdurant, cum singnla secundum indolem cuiusque suam salutis nostrae causa suo modo exsistant.

vielmehr Christus selbst, der in seiner Kirche verharrt und der den Weg seiner unermeßlichen Barmherzigkeit fortsetzt, den er nämlich in diesem sterblichen Leben, indem er Wohltaten spendend umherzog [*vgl. Apg 10,38*], selbst mit der liebevollsten Absicht begonnen hat, daß die Herzen der Menschen mit seinen Geheimnissen in Berührung kämen und durch sie gewissermaßen lebten; diese Geheimnisse sind gewiß nicht auf jene unsichere und sehr nebelhafte Weise, wie bestimmte jüngere Schreiber daherschwatzen[1], sondern auf die Weise, wie es die katholische Lehre uns lehrt, beständig gegenwärtig und wirken; denn sie sind nach der Auffassung der Kirchenlehrer sowohl herausragende Beispiele christlicher Vollkommenheit als auch Quellen der göttlichen Gnade wegen der Verdienste und Fürbitten Christi, und sie dauern in ihrer Wirkung in uns fort, da sie gemäß ihrer jeweiligen Beschaffenheit je auf ihre Weise Ursache unseres Heiles sind.

## 3857-3861: Apostolische Konstitution "Sacramentum Ordinis", 30. Nov. 1947

*Ausg.:* AAS 40 (1948) 5-7.

### *Materie und Form des Weihesakramentes*

1. Sacramentum Ordinis a Christo Domino institutum, quo traditur spiritualis potestas et confertur gratia ad rite obeunda munia ecclesiastica, unum esse idemque pro universa Ecclesia, catholica fides profitetur. ...

Neque his a Christo Domino institutis Sacramentis Ecclesia saeculorum cursu alia Sacramenta substituit vel substituere potuit, cum, ut Concilium Tridentinum [*cf. \*1601 1728*] docet, septem Novae Legis Sacramenta sint omnia a Iesu Christo Domino Nostro instituta et Ecclesiae nulla competat potestas in "substantiam Sacramentorum", idest in ea quae, testibus divinae revelationis fontibus, ipse Christus Dominus in

1. Der katholische Glaube bekennt, daß **3857** das von Christus, dem Herrn, eingesetzte Sakrament der Weihe, durch das die geistliche Vollmacht übergeben und die Gnade verliehen wird, die kirchlichen Amtspflichten in gehöriger Weise zu verrichten, ein und dasselbe für die gesamte Kirche ist. ...

Die Kirche hat diese von Christus, dem Herrn, eingesetzten Sakramente auch nicht im Laufe der Zeiten durch andere Sakramente ersetzt oder ersetzen können, da, wie das Trienter Konzil [*vgl. \*1601 1728*] lehrt, die sieben Sakramente des Neuen Bundes alle von Unserem Herrn Jesus Christus eingesetzt sind und der Kirche keine Vollmacht über das "Wesen der Sakramente" zusteht, das heißt, über das, was nach dem

---

**\*3855** [1]   Mit diesen Worten wird wohl auf bestimmte Vorstellungen der "Mysterientheologie" über die Gegenwart Christi in der Verehrung der Kirche und der Feier des liturgischen Jahres angespielt. Vgl. auch den Brief des Sekretärs des Hl. Offiziums an den Erzbischof von Salzburg vom 25. Nov. 1948 (Klerusblatt [Salzburg] 25. Dez. 1948), in dem er erklärt, mit dieser Enzyklika werde nicht die Lehre derer gebilligt, "die lehren, die Geheimnisse seien in der liturgischen Verehrung nicht geschichtlich, sondern geheimnisvoll und sakramental, jedoch real gegenwärtig" ("qui docent, mysteria in cultu liturgico praesentia esse non historice, sed mystice ac sacramentaliter, tamen realiter").

signo sacramentali servanda statuit. ... *[6]*

Zeugnis der Quellen der göttlichen Offenbarung Christus, der Herr, selbst im sakramentalen Zeichen zu bewahren hieß. ...

**3858**    3. Constat autem inter omnes Sacramenta Novae Legis, utpote signa sensibilia atque gratiae invisibilis efficientia, debere gratiam et significare quam efficiunt et efficere quam significant. Iamvero effectus, qui sacra Diaconatus, Presbyteratus et Episcopatus Ordinatione produci ideoque significari debent, potestas scilicet et gratia, in omnibus Ecclesiae universalis diversorum temporum et regionum ritibus sufficienter significati inveniuntur manuum impositione et verbis eam determinantibus.

3. Es ist aber allgemein bekannt, daß die Sakramente des Neuen Bundes als sinnfällige und wirksame Zeichen der unsichtbaren Gnade sowohl die Gnade, die sie bewirken, bezeichnen als auch ⟨die Gnade⟩, die sie bezeichnen, bewirken müssen. Nun finden sich aber die Wirkungen, die durch die heilige Weihe des Diakonates, Presbyterates und Episkopates hervorgebracht und deshalb bezeichnet werden müssen, nämlich die Vollmacht und die Gnade, in allen Riten der allgemeinen Kirche der verschiedenen Zeiten und Gegenden hinlänglich bezeichnet durch die Auflegung der Hände und die sie bestimmenden Worte.

Insuper nemo est qui ignoret Ecclesiam Romanam semper validas habuisse Ordinationes graeco ritu collatas absque instrumentorum traditione, ita ut in ipso Concilio Florentino, in quo Graecorum cum Ecclesia Romana unio peracta est, minime Graecis impositum sit, ut ritum Ordinationis mutarent vel illi instrumentorum traditionem insererent: immo voluit Ecclesia ut in ipsa Urbe Graeci secundum proprium ritum ordinarentur. Quibus colligitur, etiam secundum mentem ipsius Concilii Florentini [*cf. *1326*], traditionem instrumentorum non ex ipsius Domini Nostri Iesu Christi voluntate ad substantiam et ad validitatem huius Sacramenti requiri. Quod si ex Ecclesiae voluntate et praescripto eadem aliquando fuerit necessaria ad valorem quoque, omnes norunt Ecclesiam quod statuit etiam mutare et abrogare valere.

Zudem gibt es niemanden, der nicht wüßte, daß die Römische Kirche die nach griechischem Ritus ohne Übergabe der Geräte gespendeten Weihen stets für gültig gehalten hat, so daß selbst auf dem Konzil von Florenz, auf dem die Union der Griechen mit der Römischen Kirche vollzogen wurde, den Griechen keineswegs auferlegt wurde, den Weiheritus zu ändern oder ihm die Übergabe der Geräte einzufügen: ja, die Kirche wollte sogar, daß die Griechen selbst in der Stadt ⟨Rom⟩ nach ihrem eigenen Ritus geweiht würden. Daraus folgt, auch im Sinne des Konzils von Florenz selbst [*vgl. *1326*], daß die Übergabe der Geräte nach dem Willen Unseres Herrn Jesu Christi selbst nicht zum Wesen und zur Gültigkeit dieses Sakramentes erforderlich ist. Wenn ebendiese aber nach dem Willen und der Vorschrift der Kirche einmal auch zur Gültigkeit notwendig war, so wissen alle, daß die Kirche, was sie festgelegt hat, auch verändern und abschaffen kann.

**3859**    4. Quae cum ita sint, divino lumine invocato, suprema Nostra Apostolica Auctoritate et certa scientia declaramus et, quatenus opus sit, decernimus et disponimus: Sacrorum Ordinum Diaconatus, Presbyteratus et Episcopatus materiam eamque unam esse manuum impositionem: formam vero itemque unam esse verba applicationem huius materiae determinantia, quibus univoce significantur effectus sacramentales – sci-

4. Da dies so ist, erklären und, insofern es nötig ist, entscheiden und bestimmen Wir nach Anrufung des göttlichen Lichtes kraft Unserer höchsten Apostolischen Autorität und mit sicherem Wissen: die Materie der Heiligen Weihen des Diakonates, Presbyterates und Episkopates – und zwar die einzige – ist die Auflegung der Hände; die Form aber – und zwar ebenso die einzige – sind die die Anwendung dieser Materie be-

licet potestas Ordinis et gratia Spiritus Sancti -, quaeque ab Ecclesia qua talia accipiuntur et usurpantur.

Hinc consequitur ut declaremus, sicut revera ad omnem controversiam auferendam et ad conscientiarum anxietatibus viam praecludendam Apostolica Nostra Auctoritate declaramus, et, si umquam aliter legitime dispositum fuerit, statuimus instrumentorum traditionem saltem in posterum non esse necessariam ad Sacrorum Diaconatus, Presbyteratus et Episcopatus Ordinum validitatem.

5. De materia autem et forma in uniuscuiusque Ordinis collatione, eadem suprema Nostra Apostolica auctoritate, quae sequuntur decernimus et constituimus:

In Ordinatione Diaconali materia est Episcopi manus impositio quae in ritu istius Ordinationis una occurrit. Forma autem constat verbis "Praefationis" quorum haec sunt essentialia ideoque ad valorem requisita: "Emitte in eum, quaesumus, Domine, Spiritum Sanctum, quo in opus ministerii tui fideliter exsequendi septiformis gratiae tuae munere roboretur".

In Ordinatione Presbyterali materia est Episcopi prima manuum impositio quae silentio fit, non autem eiusdem impositionis per manus dexterae extensionem continuatio, nec ultima cui coniunguntur verba: "Accipe Spiritum Sanctum: quorum remiseris peccata, etcetera." Forma *[7]* autem constat verbis "Praefationis" quorum haec sunt essentialia ideoque ad valorem requisita: "Da, quaesumus, omnipotens Pater, in hunc famulum tuum Presbyterii dignitatem; innova in visceribus eius spiritum sanctitatis, ut acceptum a Te, Deus, secundi meriti munus obtineat censuramque morum exemplo suae conversationis insinuet".

stimmenden Worte, durch die die sakramentalen Wirkungen – nämlich die Weihevollmacht und die Gnade des Heiligen Geistes – eindeutig bezeichnet werden und die von der Kirche als solche aufgefaßt und gebraucht werden.

Daraus folgt, daß Wir erklären, wie Wir ⟨auch⟩ tatsächlich, um jeden Streit zu beseitigen und um Ängstlichkeiten des Gewissens den Weg zu verschließen, kraft Unserer Apostolischen Autorität erklären und, falls jemals rechtmäßig eine andere Anordnung getroffen wurde, festlegen, daß die Übergabe der Geräte wenigstens künftig nicht notwendig ist zur Gültigkeit der Heiligen Weihen des Diakonates, Presbyterates und Episkopates.

5. In bezug auf die Materie und die Form **3860** bei der Spendung einer jeden Weihe aber entscheiden und bestimmen Wir kraft ebendieser Unserer höchsten Apostolischen Autorität folgendes:

Bei der Diakonenweihe ist die Materie die Handauflegung des Bischofs, die im Ritus dieser Weihe ein einziges Mal vorkommt. Die Form aber besteht in den Worten der "Präfation", von denen die folgenden wesentlich und deshalb zur Gültigkeit erforderlich sind: "Sende auf ihn, so bitten wir, Herr, den Heiligen Geist, damit er für die Aufgabe, deinen Dienst treu zu erfüllen, mit dem Geschenk deiner siebenförmigen Gnade gestärkt werde".

Bei der Priesterweihe ist die Materie die erste Auflegung der Hände des Bischofs, die schweigend geschieht, nicht aber die Fortsetzung ebendieser Auflegung durch die Ausstreckung der rechten Hand, und auch nicht die letzte, mit der die Worte verbunden werden: "Empfange den Heiligen Geist: denen du die Sünden vergibst, usw." Die Form aber besteht in den Worten der "Präfation", von denen die folgenden wesentlich und deshalb zur Gültigkeit erforderlich sind: "Verleihe, so bitten wir, allmächtiger Vater, diesem deinem Diener die Würde des Priestertums; erneuere in seinem Herzen den Geist der Heiligkeit, damit er das von Dir, Gott, empfangene Amt des zweiten Ranges festhalte und durch das Beispiel seines Lebenswandels die Zucht der Sitten fördere".

Denique in Ordinatione seu Consecratione Episcopali materia est manuum
impositio quae ab Episcopo consecratore fit.
Forma autem constat verbis "Praefationis",
quorum haec sunt essentialia ideoque ad valorem requisita: "Comple in Sacerdote tuo
ministerii tui summam, et ornamentis totius
glorificationis instructum caelestis unguenti
rore sanctifica". ...

Schließlich ist bei der Bischofsweihe
bzw. -konsekration die Materie die Auflegung der Hände, die vom konsekrierenden
Bischof geschieht. Die Form aber besteht in
den Worten der "Präfation", von denen die
folgenden wesentlich und deshalb zur Gültigkeit erforderlich sind: "Vollende in deinem
Priester die Fülle deines Dienstes und heilige
den mit den Kostbarkeiten der ganzen Verherrlichung Ausgestatteten mit dem Tau
himmlischen Salböls". ...

**3861**     6. Ne vero dubitandi praebeatur occasio,
praecipimus ut impositio manuum in quolibet Ordine conferendo caput Ordinandi physice tangendo fiat, quamvis etiam tactus moralis ad Sacramentum valide conficiendum
sufficiat. ...

6. Damit aber keine Gelegenheit zum
Zweifeln geboten werde, gebieten Wir, daß
die Auflegung der Hände bei der Spendung
jedweder Weihe dadurch geschehe, daß man
das Haupt des zu Weihenden physisch berührt, obwohl auch die moralische Berührung genügte, um das Sakrament gültig zu
vollziehen. ...

Huius Nostrae Constitutionis dispositiones vim retroactivam non habent.

Die Bestimmungen dieser Unserer Konstitution haben keine rückwirkende Kraft.

### 3862-3864: Brief des Sekretärs der Bibelkommission an den Erzbischof von Paris, Kardinal Suhard, 16. Jan. 1948

*Ausg.*: AAS 40 (1948) 45-47 / EnchB Nr. 578-581.

*Kritische Fragen des Pentateuchs*

**3862**     *[45]* La Commission Pontificale Biblique
... désire y [*au sentiment de filiale confiance*]
correspondre par un effort sincère de pro-
mouvoir les études bibliques en leur assurant,
dans les limites de l'enseignement tradition-
nel de l'Église, la plus entière liberté. Cette
liberté a été affirmée en termes explicites par
l'Encyclique [*Pii XII*] ... *"Divino afflante Spi-*
*ritu"* en ces termes: "L'exégète catholique ..."
[*citatur francogallice textus *3831*].

Die Päpstliche Bibelkommission ...
wünscht ihm [*dem Gefühl kindlichen Ver-*
*trauens*] zu entsprechen durch eine aufrichtige Bemühung, die biblischen Studien voran-
zutreiben, indem sie ihnen – innerhalb der
Grenzen der traditionellen Lehre der Kirche –
die vollständige Freiheit zusichert. Diese
Freiheit wurde in deutlichen Worten durch
die Enzyklika [*Pius' XII.*] ... *"Divino afflante*
*Spiritu"* in folgenden Worten bestätigt: "Der
katholische Exeget ..." [*es wird auf franzö-*
*sisch der Text *3831* angeführt*].

*[46]* ... Qu'on veuille bien comprendre et
interpréter, à la lumière de cette recom-
mandation du Souverain Pontife, les trois réponses officielles données jadis par la Commission Biblique à propos des questions sus-
mentionnées, à savoir le 23 juin 1905 sur les
récits qui n'auraient d'historique que l'appa-
rence dans les livres historiques de la Sainte
Écriture [*3373*], le 27 juin 1906 sur l'authenticité mosaïque du Pentateuque
[*3394-3397*], et le 30 juin 1909 sur le caractère historique des trois premiers chapitres de

... Wenn man die drei offiziellen Antworten, die von der Bibelkommission früher in
bezug auf die oben erwähnten Fragen gegeben wurden – nämlich vom 23. Juni 1905
über die Erzählungen in den geschichtlichen
Büchern der Heiligen Schrift, die nur den
Anschein von Geschichtlichem haben
[*3373*], vom 27. Juni 1906 über die mosaische Urheberschaft des Pentateuchs [*3394-*
*3397*] und vom 30. Juni 1909 über den historischen Charakter der drei ersten Kapitel der
Genesis [*3512-3519*] –, im Lichte dieser

la Genèse [ *3512-3519], et l'on concédera que ces réponses ne s'opposent nullement à un examen ultérieur vraiment scientifique de ces problèmes d'après les resultats acquis pendant ces quarante dernières années. En conséquence, la Commission Biblique ne croit pas qu'il y a lieu de promulguer, du moins pour le moment, de nouveaux décrets à propos de ces questions.

En ce qui concerne la composition du Pentateuque, dans le décret susmentionné du 27 juin 1906 la Commission Biblique reconnaissait déjà que l'on pouvait affirmer que Moïse, "pour composer son ouvrage, s'est servi de documents écrits ou de traditions orales" et admettre aussi des modifications et additions postérieures à Moïse [ *3396s]. Il n'est plus personne aujourd'hui qui mette en doute l'existence de ces sources et n'admette un accroissement progressif des lois mosaïques dû aux conditions sociales et religieuses des temps postérieurs, progression qui se manifeste aussi dans les récits historiques.

Cependant, même dans le camp des exégètes non-catholiques, des opinions très divergentes sont professées aujourd'hui touchant la nature et le nombre de ces documents, leur dénomination et leur date. Il ne manque même pas d'auteurs, en différents pays, qui pour des raisons purement critiques et historiques, sans aucune intention apologétique, rejettent résolument les théories les plus en vogue jusqu'ici et cherchent l'explication de certaines particularités rédactionnelles du Pentateuque, non pas tant dans la diversité des documents supposés, que dans la psychologie spéciale, dans les procédés particuliers, mieux connus aujourd'hui, de la pensée et de l'expression des anciens Orientaux, ou encore dans le genre littéraire différent postulé par la diversité des matières.

C'est pourquoi nous in/47/vitons les savants catholiques à étudier ces problèmes sans parti-pris, à la lumière d'une saine critique et des résultats des autres sciences intéressées dans ces matières, et une telle étude établira sans doute la grande part et la pro-

Empfehlung des Papstes richtig verstehen und auslegen will, so wird man zugeben, daß diese Antworten keineswegs einer weiteren echt wissenschaftlichen Überprüfung dieser Probleme gemäß den während dieser letzten vierzig Jahre erhaltenen Ergebnisse widersprechen. Folglich glaubt die Bibelkommission nicht, daß – zumindest für den Augenblick – Grund dafür besteht, in bezug auf diese Fragen neue Dekrete zu veröffentlichen.

Was die Abfassung des Pentateuchs  **3863** anbelangt, hat die Bibelkommission im oben erwähnten Dekret vom 27. Juni 1906 bereits anerkannt, daß man behaupten kann, daß Mose "zur Abfassung seines Werkes schriftliche Urkunden oder mündliche Überlieferungen verwendet hat", und ⟨man⟩ auch Änderungen und Zusätze nach Mose einräumen ⟨kann⟩ [ *3396f]. Es gibt heute niemanden mehr, der die Existenz dieser Quellen in Zweifel zöge und nicht eine allmähliche Vermehrung der mosaischen Gesetze aufgrund der sozialen und religiösen Bedingungen späterer Zeiten einräumte, eine Zunahme, die auch in den geschichtlichen Erzählungen deutlich wird.

Dennoch werden heute – auch im Lager der nicht-katholischen Exegeten – sehr verschiedene Meinungen in bezug auf die Natur und die Zahl dieser Dokumente, ihre Bezeichnung und ihr Datum geäußert. Es fehlt sogar nicht an Autoren in verschiedenen Ländern, die aus rein kritischen und historischen Gründen, ohne jegliche apologetische Absicht, die bis heute gängigsten Theorien entschieden zurückweisen und die Erklärung bestimmter redaktioneller Besonderheiten des Pentateuchs nicht so sehr in der Verschiedenheit der zugrundeliegenden Dokumente suchen, als ⟨vielmehr⟩ in der besonderen Psychologie, in den besonderen Denk- und Ausdrucksweisen der alten Orientalen, die heute besser bekannt sind, oder auch in der unterschiedlichen literarischen Gattung, die durch die Verschiedenheit der Themen erfordert wird.

Deshalb laden wir die katholischen Gelehrten ein, diese Probleme ohne Voreingenommenheit im Lichte einer gesunden Kritik und der Ergebnisse der anderen Wissenschaften, die an diesen Themen interessiert sind, zu untersuchen, und eine solche

fonde influence de Moïse comme auteur et comme législateur.

3864    La question des formes littéraires des onze premiers chapitres de la Genèse est bien plus obscure et complexe. Ces formes littéraires ne répondent à aucune de nos catégories classiques et ne peuvent pas être jugées à la lumière des genres littéraires grécolatins ou modernes. On ne peut donc en nier ni affirmer l'historicité en bloc sans leur appliquer indûment les normes d'un genre littéraire sous lequel ils ne peuvent pas être classés. Si l'on s'accorde à ne pas voir dans ces chapitres de l'histoire au sens classique et moderne, on doit avouer aussi que les données scientifiques actuelles ne permettent pas de donner une solution positive à tous les problèmes qu'ils posent.

Le premier devoir qui incombe ici à l'exégèse scientifique consiste tout d'abord dans l'étude attentive de tous les problèmes littéraires, scientifiques, historiques, culturels et religieux connexes avec ces chapitres; il faudrait ensuite examiner de près les procédés littéraires des anciens peuples orientaux, leur psychologie, leur manière de s'exprimer et leur notion même de la vérité historique; il faudrait, en un mot, rassembler sans préjugés tout le matériel des sciences paléontologique et historique, épigraphique et littéraire. C'est ainsi seulement, qu'on peut espérer voir plus clair dans la vraie nature de certains récits des premiers chapitres de la Genèse.

Déclarer a priori que leurs récits ne contiennent pas de l'histoire au sens moderne du mot, laisserait facilement entendre qu'ils n'en contiennent en aucun sens, tandis qu'ils relatent en un langage simple et figuré, adapté aux intelligences d'une humanité moins développée, les vérités fondamentales présupposées à l'économie du salut, en même temps que la description populaire des origines du genre humain et du peuple élu.

Untersuchung wird zweifellos die große Rolle und den bedeutenden Einfluß des Mose als Verfasser und als Gesetzgeber erweisen.

Die Frage der literarischen Formen der elf ersten Kapitel der Genesis ist viel undurchsichtiger und umfassender. Diese literarischen Formen entsprechen keiner unserer klassischen Kategorien und können nicht im Lichte der griechisch-lateinischen oder modernen literarischen Gattungen beurteilt werden. Man kann folglich ihre Historizität als ganze weder verneinen noch bejahen, ohne auf sie die Gesetze einer literarischen Gattung ungerechtfertigterweise anzuwenden, unter die sie nicht eingeordnet werden können. Wenn man sich darauf einigt, in diesen Kapiteln nicht Geschichte im klassischen oder modernen Sinne zu sehen, so muß man auch zugeben, daß die gegenwärtigen wissenschaftlichen Gegebenheiten es nicht erlauben, allen Problemen, die sie stellen, eine positive Lösung zu geben.

Die erste Pflicht, die hier der wissenschaftlichen Exegese obliegt, besteht zuallererst in der aufmerksamen Untersuchung aller literarischen, wissenschaftlichen, geschichtlichen, kulturellen und religiösen Probleme, die mit diesen Kapiteln verbunden sind; man müßte sodann die literarischen Vorgehensweisen der alten orientalischen Völker, ihre Psychologie, ihre Ausdrucksweise und ihren Begriff von geschichtlicher Wahrheit genau überprüfen; man müßte, in einem Wort, ohne Vorurteile das ganze Material der paläontologischen und historischen, epigraphischen und literarischen Wissenschaften sammeln. Nur auf diese Weise kann man darauf hoffen, klarer zu sehen, was die wirkliche Natur bestimmter Erzählungen der ersten Kapitel der Genesis angeht.

A priori zu erklären, ihre Erzählungen enthielten nicht Geschichte im modernen Sinne des Wortes, ließe leicht heraushören, daß sie in keinem Sinne des Wortes Geschichte enthielten, wohingegen sie in einer einfachen und bilderreichen Sprache, die dem Fassungsvermögen einer weniger entwickelten Menschheit angepaßt ist, die grundlegenden Wahrheiten berichten, die der Heilsordnung zugrundeliegen, gleichzeitig mit der volkstümlichen Beschreibung der Anfänge des Menschengeschlechts und des auserwählten Volkes.

**3865: Dekret des Hl. Offiziums, 28. Juni (1. Juli) 1949**

*Ausg.:* AAS 41 (1949) 334.

### Dekret gegen den Kommunismus

*Qu.:* 1. Utrum licitum sit, partibus communistarum nomen dare vel eisdem favorem praestare [*cf. \*3930*].

2. Utrum licitum sit edere, propagare vel legere libros, periodica, diaria vel folia, quae doctrinae vel actioni communistarum patrocinantur, vel in eis scribere;

3. Utrum christifideles, qui actus, de quibus in n. 1 et 2, scienter et libere posuerint, ad sacramenta admitti possint;

4. Utrum christifideles, qui communistarum doctrinam materialisticam et antichristianam profitentur, et in primis qui eam defendunt vel propagant, ipso facto, tamquam apostatae a fide catholica, incurrant in excommunicationem speciali modo Sedi Apostolicae reservatam.

*Resp. (confirmata a Summo Pontifice, 30. Iun.):* Ad 1. Negative: Communismus enim est materialisticus et antichristianus; communistarum autem duces, etsi verbis quandoque profitentur se religionem non oppugnare, re tamen, sive doctrina sive actione, Deo veraeque religioni et Ecclesiae Christi sese infensos esse ostendunt.

Ad 2. Negative: Prohibentur enim ipso iure (cf. CIC, can. 1399).

Ad 3. Negative, secundum ordinaria principia de sacramentis denegandis iis, qui non sunt dispositi.

Ad 4. Affirmative.

*Fragen:* 1. Ist es erlaubt, der Kommuni- **3865** stischen Partei beizutreten oder ihr Unterstützung zu leisten [*vgl. \*3930*]?

2. Ist es erlaubt, Bücher, Zeitschriften, Zeitungen oder Blätter herauszugeben, zu verbreiten oder zu lesen, die der Lehre oder dem Vorgehen der Kommunisten Vorschub leisten, oder in ihnen zu schreiben?

3. Können Christgläubige, die wissentlich und frei Akte gesetzt haben, von denen unter Nr. 1 und 2 ⟨die Rede ist⟩, zu den Sakramenten zugelassen werden?

4. Ziehen sich Christgläubige, die die materialistische und antichristliche Lehre der Kommunisten vertreten und insbesondere die sie verteidigen und verbreiten, durch die Tat selbst als vom katholischen Glauben Abgefallene die in besonderer Weise dem Apostolischen Stuhl vorbehaltene Exkommunikation zu?

*Antwort (vom Papst am 30. Juni bestätigt):* Zu 1. Nein: Der Kommunismus ist nämlich materialistisch und antichristlich; die Führer der Kommunisten aber verkünden zwar bisweilen in Worten, sie bekämpften die Religion nicht, tatsächlich jedoch zeigen sie – ob in der Lehre oder im Vorgehen –, daß sie Gott, der wahren Religion und der Kirche Christi feind sind.

Zu 2. Nein: Sie werden nämlich durch das Recht selbst verboten (vgl. CIC[/1917], Kan. 1399).

Zu 3. Nein, gemäß den gewöhnlichen Prinzipien über die Sakramentenverweigerung für jene, die nicht disponiert sind.

Zu 4. Ja.

**3866–3873: Brief des Hl. Offiziums an den Erzbischof von Boston, 8. Aug. 1949**

Der Brief richtet sich gegen Mitglieder des "St. Benedict's Center" und des "Boston College", die den Satz "Außerhalb der Kirche kein Heil" ("Extra Ecclesiam nulla salus"; vgl. \*802, Anm. 1) rigoristisch auslegten: alle Menschen sind vom ewigen Heil ausgeschlossen, ausgenommen Katholiken und Katechumenen. Einer der Rigoristen, Leonard Feeney, wurde am 4. Febr. 1953 exkommuniziert.
*Ausg.:* AmER 127 (Okt. 1952) 308–310.

### Die Notwendigkeit der Kirche zum Heil

Inter ea autem, quae semper Ecclesia praedicavit et praedicare numquam desinet

... Unter dem aber, was die Kirche immer **3866** verkündet hat und zu verkünden niemals

illud quoque infallibile effatum continetur, quo edocemur "extra Ecclesiam nullam esse salutem".

Est tamen hoc dogma intelligendum eo sensu, quo id intelligit Ecclesia ipsa. Non enim privatis iudiciis explicanda dedit Salvator noster ea, quae in fidei deposito continentur, sed ecclesiastico magisterio

3867     Et primum quidem Ecclesia docet, hac in re agi de severissimo praecepto Iesu Christi. Ipse enim expressis verbis Apostolis suis imposuit, ut docerent omnes gentes, servare omnia quae ipse mandaverat. Inter mandata autem Christi non minimum locum illud occupat, quo baptismo iubemur incorporari in Corpus mysticum Christi, quod est Ecclesia, et adhaerere Christo eiusque vicario, per quem ipse in terra modo visibili gubernat Ecclesiam. Quare nemo salvabitur, qui sciens Ecclesiam a Christo divinitus fuisse institutam, tamen Ecclesiae sese subiicere renuit vel Romano Pontifici, Christi in terris vicario, denegat oboedientiam.

3868     Neque enim in praecepto tantummodo dedit Salvator, ut omnes gentes intrarent Ecclesiam, sed statuit quoque Ecclesiam medium esse salutis, sine quo nemo intrare valeat regnum gloriae caelestis.

3869     Infinita sua misericordia Deus voluit, ut illorum auxiliorum salutis, quae divina sola institutione, non vero intrinseca necessitate, ad finem ultimum ordinantur, tunc quoque certis in adiunctis effectus ad salutem necessarii obtineri valeant, ubi voto solummodo vel desiderio adhibeantur. Quod in sacrosancto Tridentino Concilio claris verbis enuntiatum videmus tum de sacramento regenerationis tum de sacramento paenitentiae [*1524 1543].

aufhören wird, ist auch jene unfehlbare Aussage enthalten, durch die wir belehrt werden, daß "außerhalb der Kirche kein Heil ist".

Dieses Dogma ist jedoch in dem Sinne zu verstehen, in dem es die Kirche selbst versteht. Unser Erlöser hat nämlich nicht privaten Beurteilungen übertragen, das zu erklären, was in der Hinterlassenschaft des Glaubens enthalten ist, sondern dem kirchlichen Lehramt.

Und zwar lehrt die Kirche zunächst, daß es sich bei dieser Sache um ein strengstes Gebot Jesu Christi handelt. Er selbst hat nämlich mit ausdrücklichen Worten seinen Aposteln auferlegt, sie sollten alle Völker lehren, alles zu beachten, was er selbst geboten hatte. Unter den Geboten Christi aber nimmt jenes die nicht geringste Stelle ein, durch das wir geheißen werden, in der Taufe dem mystischen Leibe Christi, der die Kirche ist, einverleibt zu werden und Christus und seinem Stellvertreter, durch den er selbst auf der Erde in sichtbarer Weise die Kirche leitet, anzuhangen. Daher wird niemand gerettet werden, der, obwohl er weiß, daß die Kirche von Christus göttlicherseits gegründet wurde, es dennoch ablehnt, sich der Kirche zu unterwerfen oder dem Römischen Bischof, dem Stellvertreter Christi auf Erden, den Gehorsam verweigert.

Der Erlöser veranlaßte aber nicht nur in einem Gebot, daß alle Völker in die Kirche eintreten sollten, sondern bestimmte auch, daß die Kirche das Mittel zum Heil sei, ohne das niemand in das Reich der himmlischen Herrlichkeit eintreten kann.

In seiner unendlichen Barmherzigkeit wollte Gott, daß die zum Heil notwendigen Wirkungen jener Hilfen zum Heil, die allein aufgrund göttlicher Einsetzung, nicht aber aus innerer Notwendigkeit auf das letzte Ziel gerichtet sind, unter bestimmten Umständen auch dann erlangt werden können, wenn sie lediglich dem Wunsch oder Verlangen nach angewandt werden. Dies sehen wir auf dem hochheiligen Trienter Konzil sowohl in bezug auf das Sakrament der Wiedergeburt als auch in bezug auf das Sakrament der Buße mit klaren Worten verkündet [*1524 1543].

Idem autem suo modo dici debet de Ecclesia, quatenus generale ipsa auxilium salutis est. Quandoquidem ut quis aeternam obtineat salutem, non semper exigitur, ut reapse Ecclesiae tamquam membrum incorporetur, sed id saltem requiritur, ut eidem voto et desiderio adhaereat.

Hoc tamen votum non semper explicitum sit oportet, prout accidit in catechumenis, sed ubi homo invincibili ignorantia laborat, Deus quoque implicitum votum acceptat, tali nomine nuncupatum, quia illud in ea bona animae dispositione continetur, qua homo voluntatem suam Dei voluntati conformem velit.

Quae clare docentur in [*Pii XII Litteris encyclicis*] ... de mystico Iesu Christi Corpore. In iisdem enim Summus Pontifex nitide distinguit inter eos, qui re Ecclesiae tamquam membra incorporantur, atque eos, qui voto tantummodo Ecclesiae adhaerent. ... "In Ecclesiae autem membris reapse ii soli adnumerandi sunt, qui regenerationis lavacrum receperunt veramque fidem profitentur neque a Corporis compage semet ipsos misere separaverunt vel, ob gravissima admissa, a legitima auctoritate seiuncti sunt" [ *3802].

Circa finem autem earundem Litterarum encyclicarum, amantissimo animo eos ad unitatem invitans, qui ad Ecclesiae catholicae compagem non pertinent, illos commemorat, "qui inscio quodam desiderio ac voto ad Mysticum Redemptoris Corpus ordinentur", quos minime a salute aeterna excludit, ex altera tamen parte in tali statu versari asserit, "in quo de sempiterna cuiusque propria salute securi esse non possunt ... quandoquidem tot tantisque caelestibus muneribus adiumentis carent, quibus in catholica solummodo Ecclesia frui licet" [ *3821].

Quibus verbis providentibus tam eos reprobat, qui omnes solo voto implicito Ecclesiae adhaerentes a salute aeterna exclu-

Dasselbe aber muß auf seine Weise von **3870** der Kirche gesagt werden, insofern sie die allgemeine Hilfe zum Heil ist. Damit einer nämlich das ewige Heil erlangt, wird nicht immer erfordert, daß er tatsächlich der Kirche als Glied einverleibt wird, sondern mindestens das wird verlangt, daß er ebendieser durch Wunsch und Verlangen anhängt.

Dieser Wunsch muß jedoch nicht immer ausdrücklich sein, wie es bei den Katechumenen der Fall ist, sondern wenn ein Mensch an unüberwindlicher Unkenntnis leidet, nimmt Gott auch den einschlußweisen Wunsch an, der mit einem solchen Namen bezeichnet wird, weil er in jener guten Verfassung der Seele enthalten ist, durch die der Mensch will, daß sein Wille dem Willen Gottes gleichförmig ⟨sei⟩.

Dies wird deutlich gelehrt in [*der Enzyklika Pius' XII.*] ... über den mystischen Leib **3871** Jesu Christi. In dieser unterscheidet der Papst nämlich ganz klar zwischen denen, die tatsächlich der Kirche als Glieder einverleibt werden, und denen, die nur dem Wunsch nach der Kirche anhängen. ... "Zu den Gliedern der Kirche sind aber in Wirklichkeit nur die zu zählen, die das Bad der Wiedergeburt empfangen haben und den wahren Glauben bekennen, die sich nicht selbst beklagenswerterweise vom Gefüge des Leibes getrennt haben oder wegen schwerster Vergehen von der rechtmäßigen Autorität abgesondert wurden" [ *3802].

Gegen Ende derselben Enzyklika aber lädt er mit liebevollstem Herzen jene zur Einheit ein, die nicht zum Gefüge der katholischen Kirche gehören, und erwähnt jene, "die durch ein unbewußtes Sehnen und Verlangen auf den mystischen Leib des Erlösers ausgerichtet sind", die er keineswegs vom ewigen Heil ausschließt, die sich andererseits jedoch, wie er sagt, in einer solchen Lage befinden, "in der sie ihres jeweils eigenen ewigen Heiles nicht sicher sein können ..., da sie ja so vieler und so großer himmlischer Gaben ⟨und⟩ Hilfen entbehren, deren man sich lediglich in der katholischen Kirche erfreuen kann" [ *3821].

Mit diesen weitsichtigen Worten verwirft **3872** er sowohl jene, welche alle vom ewigen Heile ausschließen, die nur dem inbegriffenen

dunt, quam eos, qui falso asserunt, homines in omni religione aequaliter salvari posse [cf. *2865].

Neque etiam putandum est, quodcumque votum Ecclesiae ingrediendae sufficere, ut homo salvetur. Requiritur enim, ut votum, quo quis ad Ecclesiam ordinetur, perfecta caritate informetur; nec votum implicitum effectum habere potest, nisi homo fidem habeat supernaturalem.

Wunsche nach der Kirche anhängen, als auch jene, die fälschlich behaupten, die Menschen könnten in jeder Religion in gleicher Weise gerettet werden [vgl. *2865].

Auch darf man nicht meinen, jeder beliebige Wunsch, in die Kirche einzutreten, genüge, damit ein Mensch gerettet werde. Es wird nämlich verlangt, daß der Wunsch, mit dem sich einer der Kirche zuwendet, durch vollkommene Liebe geformt werde; der inbegriffene Wunsch kann auch keine Wirkung haben, wenn der Mensch keinen übernatürlichen Glauben hat.

[Angeführt werden Hebr 11,6 und das Konzil von Trient, 6. Sitzung, Kap. 8: *1532].

**3873**    Ex praedictis clarum igitur est, ea quae in commentario "From the Housetops", fasc. III, tamquam genuina Ecclesiae catholicae doctrina proponuntur[1], ab eadem longe distare et esse valde nociva tam iis qui intra quam iis qui foris sunt. ...

Itaque intelligi non potest, quomodo Institutum "St. Benedict Center" sibi cohaereat, quod, cum se scholam catholicam profiteatur ac talem haberi velit, re tamen vera praescriptis can. 1381 et 1382 Cod. Iur. Can. non conformetur, idemque fons exsistat discordiarum et rebellionis contra auctoritatem ecclesiasticam et turbationis multarum conscientiarum causa. Item non intelligitur, quomodo religiosus vir, scl. P. Feeney, se "defensorem fidei" exhibeat simulque impugnare non dubitet catecheticam institutionem a legitimis auctoritatibus propositam ... .

Aufgrund des eben Gesagten ist also klar, daß das, was in dem Kommentar "From the Housetops", Bd. 3, als echte Lehre der katholischen Kirche vorgelegt wird[1], von ebendieser weit entfernt ist und sowohl denen, die drinnen, als auch denen, die draußen sind, sehr schädlich ist. ...

Deshalb kann man nicht verstehen, wie das Institut "St. Benedict Center" sich treu bleiben kann, da es doch, obwohl es sich eine katholische Schule nennt und als eine solche gelten will, in Wirklichkeit nicht den Vorschriften der Kanones 1381 und 1382 CIC [1917] entspricht und ebenso Quelle der Zwietracht und Auflehnung gegen die kirchliche Autorität und Ursache für die Verwirrung vieler Gewissen ist. Ebenso versteht man nicht, wie ein Ordensmann, nämlich P. Feeney, sich als "Verteidiger des Glaubens" aufführen kann und zugleich nicht zögert, die von den rechtmäßigen Autoritäten vorgelegte katechetische Unterweisung zu bekämpfen ... .

**3873a: Ansprache an den 4. internationalen Kongreß katholischer Ärzte, 29. Sept. 1949**

*Ausg.:* AAS 41 (1949) 559f.

### *Künstliche Befruchtung*

**3873a**    1. La pratique de cette fécondation artificielle, dès lors qu'il s'agit de l'homme, ne peut être considérée ni exclusivement, ni même principalement, du point de vue biologique et médical, en laissant de côté celui de la morale et du droit.

1. Die Praxis dieser künstlichen Befruchtung kann, sobald es sich um einen Menschen handelt, weder ausschließlich noch auch in erster Linie vom biologischen und medizinischen Gesichtspunkt aus betrachtet werden, wenn man dabei den der Moral und des Rechts außer acht läßt.

---

**\*3873** [1]    Es handelt sich um den Artikel von R. Karam, *Reply to a Liberal*, in: From the Housetops 3, der Zeitschrift des Institutes St. Benedict's Center.

2. La fécondation artificielle, hors du mariage, est à condamner purement et simplement comme immorale.

Telle est en effet la loi naturelle et la loi divine positive, que la procréation d'une nouvelle vie ne peut être le fruit que du mariage. Le mariage seul sauvegarde la dignité des époux (principalement de la femme dans le cas présent), leur bien personnel. De soi, seul il pourvoit au bien et à l'éducation de l'enfant.

Par conséquent, sur la condamnation d'une fécondation artificielle hors de l'union conjugale, aucune divergence d'opinions n'est possible entre catholiques. L'enfant conçu dans ces conditions serait, par le fait même, illégitime.

3. La fécondation artificielle dans le mariage, mais produite par l'élément actif d'un tiers, est également immorale et, comme telle, à réprouver sans appel.

Seuls les époux ont un droit réciproque sur leur corps pour engendrer une vie nouvelle, droit exclusif, incessible, inaliénable. Et cela doit être, en considération aussi de l'enfant. A quiconque donne la vie à un petit être, la nature impose, en vertu même de ce lien, la charge de sa conservation et de son éducation. Mais entre l'époux légitime et l'enfant, fruit de l'élement actif d'un tiers (l'époux fût-il consentant), il n'existe aucun lien d'origine, aucun lien moral et juridique de procréation conjugale.

4. Quant à la licéité de la fécondation artificielle dans le mariage, qu'il Nous suffise, pour l'instant, de rappeler ces principes de droit naturel: le simple fait que le résultat auquel on vise est atteint par cette voie, ne justifie pas l'emploi du moyen lui-même; ni le désir en soi très légitime chez les époux, d'avoir un enfant, ne suffit à prouver la légitimité du recours à la fécondation artificielle, qui réaliserait ce désir.

Il serait faux de penser que la possibilité de recourir à ce moyen pourrait rendre valide

2. Die künstliche Befruchtung außerhalb der Ehe ist schlicht und einfach als unmoralisch zu verurteilen.

Das natürliche Recht und das positive göttliche Recht sind in der Tat derart, daß die Zeugung eines neuen Lebens nur Frucht der Ehe sein kann. Die Ehe allein wahrt die Würde der Ehegatten (im vorliegenden Fall hauptsächlich der Frau), ihr persönliches Wohl. Sie allein trägt von sich aus Sorge für das Wohl und für die Erziehung des Kindes.

Folglich ist unter Katholiken eine Meinungsverschiedenheit über die Verurteilung einer künstlichen Befruchtung außerhalb der ehelichen Verbindung nicht möglich. Das unter diesen Bedingungen empfangene Kind wäre durch die Tat selbst illegitim.

3. Die künstliche Befruchtung innerhalb der Ehe, aber durch das aktive Element ⟨Samen⟩ eines dritten entstanden, ist ebenfalls unmoralisch und als solche unwiderruflich zu mißbilligen.

Allein die Eheleute haben eine gegenseitige Rechtsbefugnis über ihre Körper, um neues Leben zu zeugen, ein ausschließliches, nicht übertragbares, unveräußerliches Recht. Und das muß sein, auch mit Rücksicht auf das Kind. Jedem, der einem kleinen Wesen das Leben gibt, erlegt die Natur gerade kraft dieses Bandes die Pflicht auf, es zu schützen und es zu erziehen. Aber zwischen dem rechtmäßigen Ehegatten und dem Kind, das Frucht eines aktiven Elementes ⟨Samen⟩ eines dritten ist (auch mit Zustimmung des Ehegatten), existiert kein ursprüngliches Band, kein moralisches und rechtliches Band der ehelichen Zeugung.

4. Was die Erlaubtheit der künstlichen Befruchtung innerhalb der Ehe angeht, genügt es Uns für den Augenblick, folgende Grundsätze des natürlichen Rechts in Erinnerung zu rufen: die einfache Tatsache, daß das Ergebnis, das man beabsichtigt, auf diesem Weg erreicht wird, rechtfertigt nicht den Gebrauch des Mittels als solchem; auch der Wunsch, ein Kind zu haben, der an sich bei den Eheleuten höchst rechtmäßig ist, genügt nicht, um die Rechtmäßigkeit des Rückgriffs auf die künstliche Befruchtung, die diesen Wunsch realisieren könnte, zu rechtfertigen.

Es wäre falsch zu glauben, daß die Möglichkeit, auf dieses Mittel zurückzugreifen,

le mariage entre personnes inaptes à le contracter du fait de l'impedimentum impotentiae. – D'autre part, il est superflu d'observer que l'élément actif ne peut jamais être procuré licitement par des actes contre nature.

Bien que l'on ne puisse a priori exclure de nouvelles méthodes, pour le seul motif de leur nouveauté, néanmoins, en ce qui touche la fécondation artificielle, non seulement il y a lieu d'être extrêmement réservé, mais il faut absolument l'écarter. En parlant ainsi, on ne proscrit pas nécessairement l'emploi de certains moyens artificiels destinés uniquement soit à faciliter l'acte naturel, soit à faire atteindre sa fin à l'acte naturel normalement accompli.

die Ehe zwischen Personen gültig machen könnte, die aufgrund des "impedimentum impotentiae" ⟨= "Hindernis der Impotenz"⟩ unfähig sind, sie zu schließen. – Andererseits ist es überflüssig zu bemerken, daß das aktive Element ⟨Samen⟩ niemals erlaubterweise durch naturwidrige Akte besorgt werden darf.

Obwohl man neue Methoden nicht von vornherein nur wegen ihrer Neuigkeit ausschließen kann, besteht dennoch, was die künstliche Befruchtung angeht, nicht nur Grund, ⟨ihr gegenüber⟩ höchst reserviert zu sein, sondern man muß sie unbedingt ablehnen. Wenn man so spricht, verbietet man nicht notwendigerweise den Gebrauch bestimmter künstlicher Mittel, die einzig und allein dazu bestimmt sind, entweder den natürlichen Akt zu erleichtern, oder dem normal ausgeführten natürlichen Akt zu seinem Ziel zu verhelfen.

### 3874: Antwort des Hl. Offiziums, 28. Dez. 1949

*Ausg.:* AAS 41 (1949) 650.

#### Die Absicht des Sakramentenspenders

3874     *Qu.:* Utrum, in diiudicandis causis matrimonialibus, baptismus in sectis Discipulorum Christi, Presbyterianorum, Congregationalistarum, Baptistarum, Methodistarum collatus, posita necessaria materia et forma, praesumendus sit invalidus ob defectum requisitae in ministro intentionis faciendi quod facit Ecclesia vel quod Christus instituit, an vero praesumendus sit validus, nisi in casu particulari contrarium probetur.

*Resp.:* Negative ad primam partem; affirmative ad secundam.

*Frage:* Ist bei der Entscheidung von Eheangelegenheiten die in den Sekten der Jünger Christi, Presbyterianer, Kongregationalisten, Baptisten und Methodisten gespendete Taufe – die notwendige Materie und Form vorausgesetzt – wegen des Fehlens der beim Spender erforderlichen Absicht, zu tun, was die Kirche tut bzw. was Christus angeordnet hat, als ungültig anzusehen, oder aber ist sie als gültig anzusehen, wenn im besonderen Fall nicht das Gegenteil bewiesen wird?

*Antwort:* Nein zum ersten Teil; ja zum zweiten.

### 3875–3899: Enzyklika "Humani generis", 12. Aug. 1950

Die Enzyklika handelt von neuen Entwicklungen und Gefährdungen in der Theologie.
*Ausg.:* AAS 42 (1950) 561–577; Textverbesserungen nach AAS 42 (1950) 960.

#### Die Erkenntnis Gottes

3875     Licet humana ratio, simpliciter loquendo, veram et certam cognitionem unius Dei personalis, mundum providentia sua tuentis ac gubernantis, necnon naturalis legis a Creatore nostris animis inditae, suis naturalibus

Wenn auch die menschliche Vernunft, um es einfach zu sagen, durch ihre natürlichen Kräfte und ihr Licht tatsächlich zur wahren und sicheren Erkenntnis des einen persönlichen Gottes, der die Welt durch seine Vorse-

viribus ac lumine assequi revera possit, nihilominus non pauca obstant, quominus eadem ratio hac sua nativa facultate efficaciter fructuoseque utatur.

Quae enim ad Deum pertinent et ad rationes spectant, quae inter homines Deumque intercedunt, veritates sunt rerum sensibilium ordinem omnino *[562]* transcendentes, quae, cum in vitae actionem inducuntur eamque informant, sui devotionem suique abnegationem postulant. Humanus autem intellectus in talibus veritatibus acquirendis difficultate laborat tum ob sensuum imaginationisque impulsum, tum ob pravas cupiditates ex peccato originali ortas. Quo fit ut homines in rebus huiusmodi libenter sibi suadeant esse falsa vel saltem dubia, quae ipsi nolint esse vera.

Quapropter divina "revelatio" moraliter necessaria dicenda est, ut ea, quae in rebus religionis et morum rationi per se impervia non sunt, in praesenti quoque humani generis condicione, ab omnibus expedite, firma certitudine et nullo admixto errore cognosci possint [ *\*3005*].

Quin immo mens humana difficultates interdum pati potest etiam in certo iudicio "credibilitatis" efformando circa catholicam fidem, quamvis tam multa ac mira signa externa divinitus disposita sint quibus vel solo naturali rationis lumine divina christianae religionis origo certo probari possit. Homo enim sive praeiudicatis ductus opinionibus, sive cupidinibus ac mala voluntate instigatus, non modo externorum signorum evidentiae, quae prostat, sed etiam supernis afflatibus, quos Deus in animos ingerit nostros, renuere ac resistere potest.

hung schützt und leitet, sowie des natürlichen Gesetzes, das vom Schöpfer in unsere Herzen gelegt wurde, gelangen kann, so hindert doch nicht weniges, daß dieselbe Vernunft diese ihre angeborene Fähigkeit wirksam und fruchtbar benütze.

Was sich nämlich auf Gott erstreckt und die Beziehungen angeht, die zwischen den Menschen und Gott bestehen, das sind Wahrheiten, die die Ordnung der sinnenhaften Dinge gänzlich übersteigen; wenn sie auf die Lebensführung angewandt werden und diese gestalten, verlangen sie Selbstaufopferung und Selbstverleugnung. Der menschliche Verstand aber ist sowohl wegen des Antriebes der Sinne und der Einbildung als auch wegen der verkehrten Begierden, die aus der Ursünde herrühren, beim Erwerb solcher Wahrheiten Schwierigkeiten unterworfen. So kommt es, daß die Menschen sich in solchen Dingen gerne einreden, es sei falsch oder wenigstens zweifelhaft, von dem sie selbst nicht wollen, daß es wahr sei.

Deswegen muß die göttliche "Offenbarung" moralisch notwendig genannt werden, damit das, was in Fragen der Religion und der Sitten der Vernunft an sich nicht unzugänglich ist, auch bei der gegenwärtigen Verfaßtheit des Menschengeschlechtes von allen ohne Schwierigkeit, mit sicherer Gewißheit und ohne Beimischung eines Irrtums erkannt werden kann [ *\*3005*].    **3876**

Ja, der menschliche Geist kann zuweilen sogar Schwierigkeiten haben, sich in bezug auf den katholischen Glauben ein sicheres Urteil über die "Glaubwürdigkeit" zu bilden, obwohl von seiten Gottes so viele und wunderbare äußere Zeichen gesetzt wurden, aufgrund derer sogar allein kraft des natürlichen Lichtes der Vernunft der göttliche Ursprung der christlichen Religion sicher bewiesen werden kann. Der Mensch kann nämlich – sowohl verleitet durch vorgefaßte Meinungen als auch angestachelt von Begierden und einem bösen Willen – nicht nur der vor Augen liegenden Offensichtlichkeit äußerer Zeichen, sondern auch den Eingebungen von oben, die Gott in unsere Herzen gießt, widersprechen und widerstreiten.

## Gefährliche Tendenzen der heutigen Philosophie

**3877**  Sunt qui evolutionis, ut aiunt, systema ... absque prudentia ac discretione admissum ad omnium rerum originem pertinere contendant, atque audacter indulgeant opinationi monisticae ac pantheisticae mundi universi continuae evolutioni obnoxii. Qua quidem opinatione fautores communismi libenter fruuntur ut suum "materialismum dialecticum" efficacius propugnent et evehant, omni notione theistica ex animis avulsa.

Einige behaupten, die ohne Klugheit und Unterscheidung zugelassene sogenannte Evolutionslehre ... erstrecke sich auf den Ursprung aller Dinge, und huldigen vermessen einer monistischen und pantheistischen Auffassung eines beständiger Evolution unterworfenen Weltalls. Dieser Auffassung nun bedienen sich die dem Kommunismus Gewogenen gerne, um ihren "dialektischen Materialismus" wirksamer zu verfechten und emporzuführen, nachdem jeder Gottesbegriff aus den Herzen gerissen ist.

**3878**  *[563]* Huiusmodi evolutionis commenta, quibus omne, quod absolutum, firmum, immutabile est, repudiatur, viam straverunt novae aberranti philosophiae, quae cum "idealismo", "immanentismo" ac "pragmatismo" contendens, "existentialismi" nomen nacta est, utpote quae, immutabilibus rerum essentiis posthabitis, de singulorum "exsistentia" tantum sollicita sit.

Die Erdichtungen dieser Evolution, von denen alles, was unbedingt, fest und unveränderlich ist, zurückgewiesen wird, haben einer neuen irrigen Philosophie den Weg geebnet, die in der Auseinandersetzung mit dem "Idealismus", dem "Immanentismus" und dem "Pragmatismus" steht und den Namen "Existentialismus" erhalten hat, weil sie sich unter Hintansetzung der unveränderlichen Wesenheiten der Dinge nur um die "Existenz" des einzelnen kümmert.

Accedit falsus quidam "historicismus", qui solis humanae vitae eventibus inhaerens, cuiusvis veritatis legisque absolutae fundamenta subvertit, cum ad res philosophicas tum ad christiana etiam dogmata quod attinet. ...

Dazu kommt ein falscher "Historizismus", der, allein auf die Ereignisse des menschlichen Lebens bedacht, die Grundlagen jeder Wahrheit und jedes unbedingten Gesetzes untergräbt, sowohl was den philosophischen Bereich als auch was die christlichen Dogmen anbetrifft. ...

## Die apologetische Methode

**3879**  Iamvero theologis ac philosophis catholicis, quibus grave incumbit munus divinam humanamque veritatem tuendi animisque inserendi hominum, has opiniones plus minusve e recto itinere aberrantes neque ignorare neque neglegere licet. Quin immo ipsi easdem opiniones perspectas habeant oportet, tum quia morbi non apte curantur nisi rite praecogniti fuerint, tum quia nonnumquam in falsis ipsis commentis aliquid veritatis latet, tum denique quia eadem animum provocant ad quasdam *[564]* veritates, sive philosophicas sive theologicas, sollertius perscrutandas ac perpendendas. ...

Nun sollen aber die katholischen Theologen und Philosophen, denen die schwere Aufgabe obliegt, die göttliche und menschliche Wahrheit zu schützen und den Herzen der Menschen einzupflanzen, diese mehr oder weniger vom rechten Weg abirrenden Auffassungen weder ignorieren noch unbeachtet lassen. Ja, sie sollen diese Auffassungen sogar durchschaut haben, sowohl weil Krankheiten nicht angemessen geheilt werden, wenn sie nicht vorher richtig erkannt wurden, als auch, weil manchmal selbst in falschen Ansichten ein Körnchen Wahrheit verborgen liegt, als auch schließlich, weil diese den Geist herausfordern, bestimmte Wahrheiten, sowohl philosophische als auch theologische, genauer zu durchforschen und zu untersuchen. ...

Et quemadmodum olim fuerunt, qui rogarent num translaticia Ecclesiae apologetica ratio obstaculum constitueret potius quam auxilium ad animos Christo lucrandos, ita hodie non desunt qui eo usque procedere audeant ut serio quaestionem moveant num theologia eiusque methodus, quales in scholis ecclesiastica approbante auctoritate vigent, non modo perficiendae, verum etiam omnino reformandae sint, ut regnum Christi quocumque terrarum, inter homines cuiusvis culturae vel cuiusvis opinionis religiosae efficacius propagetur.

Quodsi iidem ad nihil aliud intenderent quam ad disciplinam ecclesiasticam eiusque methodum hodiernis condicionibus ac necessitatibus, nova quadam inducta ratione, aptius accom/*565*/modandas, nulla fere esset causa timendi; at vero imprudenti aestuantes "irenismo", nonnulli veluti obices ad fraternam unitatem restaurandam ea putare videntur, quae ipsis legibus ac principiis a Christo datis innituntur itemque institutis ab eo conditis, vel quae munimina ac fulcimina exstant integritatis fidei ...

Und wie es einst solche gab, die fragten, **3880** ob nicht die herkömmliche apologetische Methode der Kirche eher ein Hindernis als eine Hilfe darstelle, um die Herzen für Christus zu gewinnen, so fehlt es heute nicht an solchen, die so weit zu gehen wagen, daß sie ernsthaft die Frage stellen, ob nicht die Theologie und ihre Methode, wie sie mit Zustimmung der kirchlichen Autorität in den Schulen blühen, nicht nur zu vervollkommnen, sondern auch überhaupt zu reformieren seien, damit das Reich Christi überall auf Erden unter den Menschen jeglicher Kultur und jeglicher religiösen Anschauung wirksamer verbreitet werde.

Wenn diese nun nichts anderes beabsichtigen würden, als die kirchliche Lehre und ihre Methode durch die Einführung einer neuen Lehrweise mehr den heutigen Verhältnissen und Erfordernissen anzupassen, so gäbe es fast keinen Grund zur Besorgnis; in einem unklugen "Irenismus" erglühend scheinen aber manche dies als Hindernisse für die Wiederherstellung der brüderlichen Einheit zu erachten, was sich auf die von Christus gegebenen Gesetze und Grundsätze selbst und ebenso auf die von ihm gegründeten Einrichtungen stützt, oder was als Bollwerk und Pfeiler der Unversehrtheit des Glaubens hervorragt ...

*Die theologische Terminologie ist beizubehalten*

Quod autem ad theologiam spectat, quorumdam consilium est dogmatum significationem quam maxime extenuare; ipsumque dogma a loquendi ratione in Ecclesia iamdiu recepta et a philosophicis notionibus penes catholicos doctores vigentibus liberare, ut in catholica exponenda doctrina ad Sacrae Scripturae sanctorumque Patrum dicendi modum redeatur.

Spem ipsi fovent fore ut dogma elementis denudatum, quae extrinsecus a divina revelatione esse dicunt, fructuose comparetur cum eorum opinionibus dogmaticis qui ab Ecclesiae unitate seiuncti sint, utque hac via pedetemptim perveniatur ad assimilanda sibi invicem dogma catholicum et placita dissidentium.

Was aber die Theologie betrifft, so ist es **3881** die Absicht mancher, die Bedeutung des Dogmas möglichst auszudünnen und das Dogma selbst von der in der Kirche seit langem gebräuchlichen Ausdrucksweise und von den bei den katholischen Lehrern geltenden philosophischen Begriffen frei zu machen, damit in der Darlegung der katholischen Lehre zur Redeweise der Heiligen Schrift und der heiligen Väter zurückgekehrt werde.

Sie hegen die Hoffnung, daß das Dogma, der Elemente entkleidet, die nach ihren Worten der göttlichen Offenbarung fremd sind, fruchtbar mit den Lehrmeinungen derer verglichen werden könne, die von der Einheit der Kirche getrennt sind, und daß man auf diesem Wege Schritt für Schritt zu einer gegenseitigen Angleichung des katholischen Dogmas und der Ansichten der Andersgläubigen gelangen könne.

**3882**   Accedit quod, catholica doctrina ad hanc redacta condicionem, viam sterni autumant, qua, hodiernis necessitatibus satis/*566*/faciendo, hodiernae etiam philosophiae notionibus dogma exprimi possit, sive "immanentismi" sive "idealismi" sive "exsistentialismi" aliusve systematis.

Quod idcirco etiam fieri posse ac debere audaciores quidam affirmant, quia fidei mysteria numquam notionibus adaequate veris significari posse contendunt, sed tantum notionibus "approximativis", ut aiunt, ac semper mutabilibus, quibus veritas aliquatenus quidem indicetur, sed necessario quoque deformetur. Quapropter non absurdum esse putant, sed necesse omnino esse ut theologia pro variis philosophiis, quibus decursu temporum tamquam suis utitur instrumentis, novas antiquis substituat notiones, ita ut diversis quidem modis, ac vel etiam aliqua ratione oppositis, idem tamen, ut aiunt, valentibus, easdem divinas veritates humanitus reddat.

Addunt etiam historiam dogmatum consistere in reddendis variis sibique succedentibus formis, quas veritas revelata induerit, secundum diversas doctrinas et opinationes quae saeculorum decursu ortae fuerint.

**3883**   Patet autem ex iis, quae diximus, huiusmodi molimina non tantum ducere ad "relativismum" dogmaticum, quem vocant, sed illum iam reapse continere; cui quidem despectus doctrinae communiter traditae eorumque vocabulorum, quibus eadem significatur, satis superque favet.

Nemo sane est qui non videat huiusmodi notionum vocabula cum in scholis tum ab ipsius Ecclesiae Magisterio adhibita, perfici et perpoliri posse; ac notum praeterea est Ecclesiam in iisdem vocibus adhibendis non semper constantem fuisse. Liquet etiam Ecclesiam non cuilibet systemati philosophico, brevi temporis spatio vigenti, devinciri posse:

Außerdem behaupten sie, wenn die katholische Lehre in diese Verfassung gebracht sei, dann werde ein Weg geebnet, auf dem man den heutigen Erfordernissen Rechnung tragen und das Dogma auch in den Begriffen der heutigen Philosophie ausdrücken könne, sei es des "Immanentismus", des "Idealismus", des "Existentialismus" oder einer anderen Lehre.

Manche behaupten noch kühner, dies könne und müsse auch deshalb geschehen, weil die Geheimnisse des Glaubens niemals – wie sie erklären – mit wahren Begriffen angemessen bezeichnet werden könnten, sondern nur mit sogenannten "approximativen" und immer veränderlichen Begriffen, durch die die Wahrheit zwar bis zu einem bestimmten Grade angezeigt, aber notwendigerweise auch umgestaltet werde. Deswegen, meinen sie, sei es nicht abwegig, sondern ganz und gar notwendig, daß die Theologie angesichts der verschiedenen Philosophien, deren sie sich im Laufe der Zeiten als ihrer Werkzeuge bedient, alte Begriffe durch neue ersetze, so daß sie zwar auf verschiedene und sogar in gewisser Hinsicht entgegengesetzte Weisen, die jedoch – wie sie sagen – dasselbe bedeuten, dieselben göttlichen Wahrheiten auf menschliche Weise wiedergebe.

Sie fügen hinzu, daß auch die Geschichte der Dogmen in der Wiedergabe verschiedener und aufeinander folgender Gestalten bestehe, in die sich die geoffenbarte Wahrheit gehüllt habe, gemäß den verschiedenen Lehren und Auffassungen, die im Laufe der Jahrhunderte entstanden seien.

Aus dem, was Wir sagten, wird aber deutlich, daß derartige Bemühungen nicht nur zu einem sogenannten dogmatischen "Relativismus" führen, sondern diesen schon tatsächlich zum Inhalt haben; und zwar fördert diesen die Verachtung der allgemein überlieferten Lehre und jener Ausdrücke, mit denen diese bezeichnet wird, mehr als genug.

Freilich gibt es niemanden, der nicht sähe, daß die Ausdrücke für derartige Begriffe, die sowohl in den Schulen als auch vom Lehramt der Kirche selbst verwendet werden, vervollkommnet und verfeinert werden könnten; und außerdem ist es bekannt, daß die Kirche bei der Verwendung derselben Ausdrücke nicht immer beständig war. Es ist auch klar,

sed ea quae communi consensu a catholicis doctoribus composita per plura saecula fuere ad aliquam dogmatis intellegentiam attingendam, tam caduco fundamento procul dubio non nituntur. Nituntur enim principiis ac notionibus ex vera rerum creatarum cognitione deductis; in quibus quidem deducendis cognitionibus humanae menti veritas divinitus revelata, quasi stella, per Ecclesiam illuxit.

Quare mirum non est aliquas huiusmodi notiones a Conciliis Oecumenicis non solum adhi/*567*/bitas, sed etiam sancitas esse, ita ut ab eis discedere nefas sit. ...

Despectus autem vocabulorum ac notionum quibus theologi scholastici uti solent, sponte ducit ad enervandam theologiam, ut aiunt speculativam, quam, cum ratione theologica innitatur, vera certitudine carere existimant. ...

daß sich die Kirche nicht an jedes beliebige philosophische System binden kann, das nur eine kurze Zeitspanne Bedeutung hat: das aber, was in gemeinsamer Übereinstimmung von den katholischen Lehrern durch mehrere Jahrhunderte hindurch verfaßt worden ist, um zu einem Verständnis des Dogmas zu gelangen, stützt sich zweifellos nicht auf eine so hinfällige Grundlage. Es stützt sich nämlich auf die Prinzipien und Begriffe, die aus der wahren Erkenntnis der geschaffenen Dinge abgeleitet wurden; und zwar leuchtete durch die Kirche bei der Ableitung dieser Erkenntnisse dem menschlichen Geist die von Gott geoffenbarte Wahrheit wie ein Stern.

Deshalb ist es nicht verwunderlich, daß einige derartige Begriffe von den ökumenischen Konzilien nicht nur verwendet, sondern auch festgelegt wurden, so daß es nicht erlaubt ist, von ihnen abzuweichen. ...

Die Verachtung der Ausdrücke und Begriffe aber, deren sich die scholastischen Theologen zu bedienen pflegen, führt von selbst zur Schwächung der sogenannten spekulativen Theologie, die ihrer Auffassung nach, da sie sich auf eine theologische Argumentation stütze, der echten Sicherheit entbehre. ...

### Die Autorität des kirchlichen Lehramtes

Magisterium ab ipsis tamquam progressionis sufflamen ac scientiae obex exhibetur, ab acatholicis vero quibusdam iam veluti iniustum frenum consideratur quo excultiores aliqui theologi a disciplina sua innovanda detineantur. Et quamquam hoc sacrum Magisterium, in rebus fidei et morum, cuilibet theologo proxima et universalis veritatis norma esse debet, utpote cui Christus Dominus totum depositum fidei – Sacras nempe Litteras ac divinam "traditionem" et custodiendum et tuendum et interpretandum concredidit, attamen officium, quo fideles tenentur illos quoque fugere errores, qui ad haeresim plus minusve accedant, ideoque "etiam constitutiones et decreta servare, quibus pravae huiusmodi opiniones a Sancta Sede proscriptae et prohibitae sunt"[1], nonnunquam ita ignoratur ac si non habeatur. ...

Das Lehramt wird von ihnen selbst als ein **3884** Hemmschuh des Fortschritts und ein Hindernis für die Wissenschaft dargestellt, von manchen Nichtkatholiken aber schon als ungerechtfertigte Zügelung betrachtet, durch die manche gebildetere Theologen von der Erneuerung ihrer Disziplin abgehalten würden. Und obwohl dieses heilige Lehramt in Glaubens- und Sittenfragen für einen jeden Theologen die nächste und allgemeine Norm der Wahrheit sein muß (denn ihm hat Christus, der Herr, die ganze Glaubenshinterlassenschaft – nämlich die Heilige Schrift und die göttliche "Überlieferung" – anvertraut, um sie zu bewahren, zu beschützen und auszulegen), wird dennoch manchmal die Pflicht, durch die die Gläubigen gehalten sind, auch jene Irrtümer zu meiden, die sich mehr oder weniger einer Häresie nähern, und deshalb "auch die Konstitutionen und Dekrete zu beachten, in denen solche ver-

kehrten Auffassungen vom Heiligen Stuhl verworfen und verboten wurden"[1], nicht zur Kenntnis genommen, so als ob es sie nicht gäbe. ...

**3885**   *[568]* ... Neque putandum est, ea quae in Encyclicis Litteris proponuntur, assensum per se non postulare, cum in iis Pontifices supremam sui Magisterii potestatem non exerceant. Magisterio enim ordinario haec docentur, de quo illud etiam valet: "Qui vos audit, me audit" [*Lc 10,16*]; ac plerumque quae in Encyclicis Litteris proponuntur et inculcantur, iam aliunde ad doctrinam catholicam pertinent.

Quodsi Summi Pontifices in actis suis de re hactenus controversa data opera sententiam ferunt, omnibus patet rem illam, secundum mentem ac voluntatem eorumdem Pontificum, quaestionem liberae inter theologos disceptationis iam haberi non posse.

... Man darf auch nicht meinen, das, was in den Enzykliken vorgelegt wird, erfordere an sich keine Zustimmung, weil die Päpste in ihnen nicht die höchste Vollmacht ihres Lehramtes ausüben. Dies wird nämlich vom ordentlichen Lehramt gelehrt; auch von ihm gilt jenes Wort: "Wer euch hört, hört mich" [*Lk 10,16*]; und meistens gehört das, was in Enzykliken vorgelegt und eingeschärft wird, schon anderweitig zur katholischen Lehre.

Wenn aber die Päpste in ihren Akten zu einer bis dahin umstrittenen Frage vorsätzlich Stellung nehmen, dann ist allen klar, daß diese Frage nach der Absicht und dem Willen derselben Päpste nicht mehr als Gegenstand der freien Erörterung unter den Theologen angesehen werden kann.

### Gebrauch und Mißbrauch der Offenbarungsquellen

**3886**   Verum quoque est, theologis semper redeundum esse ad divinae revelationis fontes: eorum enim est indicare qua ratione ea quae a vivo Magisterio docentur, in Sacris Litteris et in divina "traditione", sive explicite, sive implicite inveniantur. Accedit quod uterque doctrinae divinitus revelatae fons tot tantosque continet thesauros veritatis, ut numquam reapse exhauriatur. Quapropter sacrorum fontium studio sacrae disciplinae semper iuvenescunt; dum contra speculatio, quae ulteriorem sacri depositi inquisitionem neglegit, ut experiundo novi*[569]*mus, sterilis evadit.

Sed hac de causa theologia etiam positiva, quam dicunt, scientiae dumtaxat historicae aequari nequit. Una enim cum sacris eiusmodi fontibus Deus Ecclesiae suae Magisterium vivum dedit, ad ea quoque illustranda et enucleanda, quae in fidei deposito nonnisi obscure ac velut implicite continentur.

Es ist auch wahr, daß die Theologen immer auf die Quellen der göttlichen Offenbarung zurückgehen müssen: denn es ist ihre Aufgabe, zu zeigen, auf welche Weise sich das, was vom lebendigen Lehramt gelehrt wird, in der Heiligen Schrift und in der göttlichen "Überlieferung" – sei es ausdrücklich, sei es einschlußweise – findet. Außerdem enthalten beide Quellen der von Gott geoffenbarten Lehre so viele und so große Schätze der Wahrheit, daß sie niemals wirklich ausgeschöpft werden. Deswegen verjüngen sich die heiligen Disziplinen immer im Studium der heiligen Quellen, während dagegen die Spekulation, die die weitere Untersuchung der heiligen Hinterlassenschaft vernachlässigt, wie Wir aus Erfahrung wissen, unfruchtbar wird.

Aus diesem Grund kann aber auch die sogenannte positive Theologie nicht einfach der Geschichtswissenschaft gleichgestellt werden. Denn zusammen mit diesen heiligen Quellen hat Gott seiner Kirche das lebendige Lehramt verliehen, um auch das zu beleuchten und zu entfalten, was in der Glaubenshinterlassenschaft nur dunkel und gleichsam einschlußweise enthalten ist.

---

**\*3884** [1]   Vgl. \*3045.

Quod quidem depositum nec singulis christifidelibus nec ipsis theologis divinus Redemptor concredidit authentice interpretandum, sed soli Ecclesiae Magisterio. Si autem hoc suum munus Ecclesia exercet, sicut saeculorum decursu saepenumero factum est, sive ordinario sive extraordinario eiusdem muneris exercitio, patet omnino falsam esse methodum, qua ex obscuris clara explicentur, quin immo contrarium omnes sequi ordinem necesse esse. Quare Decessor Noster imm. mem. Pius IX, docens nobilissimum theologiae munus illud esse, quod ostendat quomodo ab Ecclesia definita doctrina contineatur in fontibus, non absque gravi causa illa addidit verba: "eo ipso sensu, quo definita est"[1]. ...

Plura etiam a nonnullis proponuntur vel mentibus instillantur in detrimentum divinae auctoritatis Sacrae Scripturae. Etenim sensum definitionis Conoilii Vaticani de Deo Sacrae Scripturae auctore audacter quidam pervertunt; atque sententiam, iam pluries reprobatam, renovant, secundum quam Sacrarum Litterarum immunitas errorum ad ea solummodo, quae de Deo ac de rebus moralibus et religiosis traduntur, pertineat. Immo perperam loquuntur de sensu humano Sacrorum Librorum sub quo sensus eorum divinus lateat, quem solum infallibilem declarant.

In Sacra Scriptura interpretanda nullam haberi volunt rationem analogiae fidei ac "traditionis" Ecclesiae; ita ut Sanctorum Patrum et sacri Magisterii doctrina quasi ad trutinam Sacrae Scripturae, ratione mere humana ab exegetis explicatae, sit revocanda, potius quam eadem Sacra Scriptura exponenda sit ad mentem Ecclesiae, quae a Christo Domino totius depositi veritatis divinitus revelatae custos ac interpres constituta est.

Diese Glaubenshinterlassenschaft nun hat der göttliche Erlöser weder einzelnen Christgläubigen noch selbst den Theologen zur authentischen Auslegung anvertraut, sondern allein dem Lehramt der Kirche. Wenn die Kirche aber dieses ihr Amt ausübt, wie es im Laufe der Jahrhunderte – sei es durch ordentliche, sei es durch außerordentliche Ausübung desselben Amtes – oftmals geschehen ist, so ist klar, daß die Methode ganz und gar falsch ist, mit der aus Dunklem Klares entwickelt wird, ja, daß sogar alle der entgegengesetzten Ordnung folgen müssen. Deshalb hat Unser Vorgänger unsterblichen Angedenkens, Pius IX., als er lehrte, daß es die vornehmste Aufgabe der Theologie sei, zu zeigen, wie die von der Kirche definierte Lehre in den Quellen enthalten ist, nicht ohne gewichtigen Grund jene Worte hinzugefügt: "in eben diesem Sinne, in dem sie definiert wurde"[1]. ...

Mehreres wird auch von manchen vorgebracht bzw. den Herzen eingeträufelt zum Schaden der göttlichen Autorität der Heiligen Schrift. Einige verdrehen nämlich kühn den Sinn der Definition des Vatikanischen Konzils über Gott als den Urheber der Heiligen Schrift; und sie erneuern die schon mehrfach verworfene Auffassung, nach der die Irrtumslosigkeit der Heiligen Schrift sich lediglich darauf erstreckt, was über Gott und über Fragen der Moral und Religion ausgesagt wird. Ja, sie reden sogar fälschlicherweise von einem menschlichen Sinn der Heiligen Bücher, unter dem ihr göttlicher Sinn verborgen sei, den sie allein für unfehlbar erklären. **3887**

Bei der Auslegung der Heiligen Schrift wollen sie, daß man keine Rücksicht nehme auf die Analogie des Glaubens und der "Überlieferung" der Kirche, so daß eher die Lehre der heiligen Väter und des heiligen Lehramtes gleichsam an der Waage der – in rein menschlicher Weise von den Exegeten erklärten – Heiligen Schrift zu beurteilen ist, als daß dieselbe Heilige Schrift im Geiste der Kirche zu erläutern ist, die von Christus, dem Herrn, als Hüterin und Auslegerin der ganzen Hinterlassenschaft der von Gott geoffenbarten Wahrheit eingesetzt wurde.

---

*3886 [1] Pius IX., Brief "*Inter gravissimas*", 26. Okt. 1870 (Pius IX., *Acta* 1/V, 260).

**3888**   *[570]* Ac praeterea sensus litteralis Sacrae Scripturae eiusque expositio a tot tantisque exegetis, vigilante Ecclesia, elaborata, ex commenticiis eorum placitis, novae cedere debent exegesi, quam symbolicam ac spiritualem appellant; et qua Sacra Biblia Veteris Testamenti, quae hodie in Ecclesia tamquam fons clausus lateant, tandem aliquando omnibus aperiantur. Hac ratione asseverant difficultates omnes evanescere, quibus ii tantummodo praepediantur, qui sensui litterali Scripturarum adhaereant.

Und außerdem müssen nach ihren erdichteten Ansichten der wörtliche Sinn der Heiligen Schrift und seine von so vielen und so bedeutenden Exegeten unter der Aufsicht der Kirche erarbeitete Erklärung einer neuen Exegese weichen, die sie symbolisch und geistig nennen; und mit ihr würden die Heiligen Bücher des Alten Testamentes, die heute in der Kirche wie eine verschlossene Quelle verborgen lägen, endlich einmal allen erschlossen. Mit dieser Methode, versichern sie, würden alle Schwierigkeiten verschwinden, von denen lediglich diejenigen behindert würden, die an einem wörtlichen Sinn der Schriften festhielten.

**3889**   Quae quidem omnia quam aliena sint a principiis ac normis hermeneuticis a decessoribus Nostris fel. rec. Leone XIII in Encyclicis Litteris *"Providentissimus"*, et a Benedicto XV in Enc. Litt. *"Spiritus Paraclitus"*, itemque a Nobis ipsis in Enc. Litt. *"Divino afflante Spiritu"* rite statutis nemo est qui non videat.

Es gibt nun niemanden, der nicht sähe, wie wenig dies alles mit den hermeneutischen Prinzipien und Normen zu tun hat, die von Unseren Vorgängern seligen Angedenkens Leo XIII., in der Enzyklika *"Providentissimus"*, von Benedikt XV. in der Enzyklika *"Spiritus Paraclitus"* und ebenso von Uns selbst in der Enzyklika *"Divino afflante Spiritu"* zurecht aufgestellt wurden.

*Folgerungen aus den neuen theologischen Tendenzen*

**3890**   Ac mirum non est huiusmodi novitates, ad omnes fere theologiae partes quod attinet, iam venenosos peperisse fructus. In dubium revocatur humanam rationem, absque divinae "revelationis" divinaeque gratiae auxilio, argumentis ex creatis rebus deductis demonstrare posse Deum personalem exsistere; negatur mundum initium habuisse, atque contenditur creationem mundi necessariam esse, cum ex necessaria liberalitate divini amoris procedat; aeterna et infallibilis liberarum actionum hominum praescientia Deo item denegatur; quae quidem Vaticani Concilii declarationibus adversantur [*3001–3003].

Und es ist nicht verwunderlich, daß solche Neuerungen in bezug auf fast alle Teile der Theologie schon giftige Früchte erzeugt haben. Es wird in Zweifel gezogen, daß die menschliche Vernunft ohne die Hilfe der göttlichen "Offenbarung" und göttlichen Gnade mit Argumenten, die aus den geschaffenen Dingen abgeleitet wurden, beweisen kann, daß ein persönlicher Gott existiert; es wird geleugnet, daß die Welt einen Anfang gehabt hat, und behauptet, die Erschaffung der Welt sei notwendig, da sie aus der notwendigen Freigebigkeit der göttlichen Liebe hervorgehe; ebenso wird Gott das ewige und unfehlbare Vorherwissen der freien Taten der Menschen abgesprochen; dies widerstreitet freilich den Erklärungen des Vatikanischen Konzils [*3001–3003].

**3891**   Quaestio etiam a nonnullis agitur num Angeli creaturae personales sint; numque materia a spiritu essentialiter differat.

Von manchen wird auch die Frage aufgeworfen, ob die Engel persönliche Geschöpfe seien und ob sich die Materie wesenhaft vom Geist unterscheide.

Alii veram "gratuitatem" ordinis supernaturalis corrumpunt, cum autument Deum entia intellectu praedita condere non

Andere machen die wahre "Gnadenhaftigkeit" der übernatürlichen Ordnung zunichte, da sie behaupten, Gott

posse, quin eadem ad beatificam visionem ordinet et vocet.

Nec satis; nam peccati originalis notio, definitionibus Tridentinis posthabitis, pervertitur, unaque simul peccati in universum, prout est Dei offensa, itemque satisfactionis a Christo pro nobis exhibitae.

Nec desunt qui contendant transsubstantiationis do[571]ctrinam, utpote antiquata notione philosophica substantiae innixam, ita emendandam esse ut realis Christi praesentia in Ss. Eucharistia ad quemdam symbolismum reducatur, quatenus consecratae species, nonnisi signa efficacia sint spiritualis praesentiae Christi eiusque intimae coniunctionis cum fidelibus membris in Corpore mystico. ...

könne keine vernunftbegabten Wesen schaffen, ohne diese auf die seligmachende Schau hinzuordnen und dazu zu berufen.

Doch ⟨damit⟩ nicht genug; denn der Begriff der Ursünde wird unter Hintansetzung der Definitionen von Trient verkehrt, zugleich auch ⟨der Begriff⟩ der Sünde im allgemeinen, insofern sie eine Beleidigung Gottes ist, und ebenso ⟨der Begriff⟩ der von Christus für uns geleisteten Genugtuung.

Es fehlen auch nicht solche, die behaupten, die Lehre von der Transsubstantiation müsse, da sie sich auf einen veralteten philosophischen Begriff von Substanz stütze, so verbessert werden, daß die wirkliche Gegenwart Christi in der heiligsten Eucharistie auf einen gewissen Symbolismus zurückgeführt werde, da ja die konsekrierten Gestalten nur wirksame Zeichen der geistigen Gegenwart Christi und seiner innigsten Verbindung mit den gläubigen Gliedern im mystischen Leibe seien. ...

## Die Prinzipien einer gesunden Philosophie

In comperto est quanti Ecclesia humanam rationem faciat, quod pertinet ad exsistentiam unius Dei personalis certo demonstrandam, itemque ad ipsius christianae fidei fundamenta signis divinis invicte comprobanda; parique modo ad legem, quam Creator animis hominum indidit, rite exprimendam; ac denique ad aliquam mysteriorum intellegentiam assequendam eamque fructuosissimam[1].

Hoc tamen munus ratio tum solum apte ac tuto absolvere poterit, cum debito modo exculta fuerit; nempe cum fuerit sana illa philosophia imbuta, quae veluti patrimonium iamdudum exstat a superioribus christianis aetatibus traditum, atque adeo altioris etiam ordinis auctoritatem habet, quia ipsum Magisterium Ecclesiae, eius principia ac praecipua asserta, a viris magni ingenii paulatim patefacta ac defi[572]nita, ad ipsius divinae "revelationis" trutinam vocavit. Quae quidem philosophia in Ecclesia agnita ac recepta, et verum sincerumque cognitionis humanae valorem tuetur, et metaphysica inconcus-

Es ist bekannt, wie hoch die Kirche die **3892** menschliche Vernunft schätzt in bezug auf ihre Fähigkeit, die Existenz des einen persönlichen Gottes sicher zu beweisen, desgleichen, die Grundlagen des christlichen Glaubens selbst durch göttliche Zeichen unwiderlegbar zu bestätigen, ebenso, dem Gesetz, das der Schöpfer in die Herzen der Menschen gelegt hat, richtig Ausdruck zu verleihen, und schließlich, irgendeine – und zwar eine äußerst fruchtbare – Erkenntnis der Geheimnisse zu erlangen[1].

Diese Aufgabe jedoch wird die Vernunft nur dann angemessen und sicher lösen können, wenn sie auf die gehörige Weise ausgebildet wurde; dann nämlich, wenn sie in jener gesunden Philosophie unterwiesen wurde, die, als ein Erbgut von früheren christlichen Zeiten überliefert, seit langem herausragt und auch deshalb eine Autorität höheren Ranges genießt, weil das Lehramt der Kirche selbst deren Grundsätze und vorzügliche Behauptungen, die von Männern großen Geistes allmählich erschlossen und definiert wurden, zur Abwägung der göttlichen "Offenbarung" selbst herangezogen hat. Diese in

---

*3892 [1]   Vgl. 1. Vatikanisches Konzil, 3. Sitzung, Kap. 4 (*3016).

sa principia – rationis nempe sufficientis, causalitatis, et finalitatis – ac demum certae et immutabilis veritatis assecutionem.

**3893**     In hac philosophia plura sane exponuntur, quibus res fidei et morum neque directe nec indirecte attinguntur, quaeque propterea Ecclesia liberae peritorum disceptationi permittit; at quoad alia plura, praesertim quoad principia assertaque praecipua, quae supra memoravimus, eadem libertas non viget.

Etiam in huiusmodi essentialibus quaestionibus, philosophiam quidem aptiore ac ditiore veste induere licet, efficacioribus dictionibus communire, quibusdam scholarum adminiculis minus aptis exuere, sanis quoque quibusdam elementis progredientis humanae lucubrationis caute locupletare; numquam tamen eam subvertere fas est, vel falsis principiis contaminare, vel quasi magnum quidem, sed obsoletum existimare monumentum. Non enim veritas omnisque eius philosophica declaratio in dies mutari possunt, cum potissimum agatur de principiis humanae menti per se notis, vel de sententiis illis, quae tum saeculorum sapientia, tum etiam divinae "revelationis" consensu ac fulcimine innituntur. ...

**3894**     *[573]* Quae si bene perspecta fuerint, facile patebit cur Ecclesia exigat ut futuri sacerdotes philosophicis disciplinis instruantur "ad Angelici Doctoris rationem, doctrinam et principia", quandoquidem plurium saeculorum experientia probe noscit Aquinatis methodum ac rationem sive in tironibus erudiendis, sive in absconditis veritatibus pervestigandis, singulari praestantia eminere. ...

der Kirche anerkannte und gebräuchliche Philosophie nun schützt sowohl den wahren und echten Wert der menschlichen Erkenntnis als auch die unerschütterlichen Prinzipien der Metaphysik – nämlich die des zureichenden Grundes, der Kausalität und der Finalität – und schließlich das Erlangen der sicheren und unveränderlichen Wahrheit.

In dieser Philosophie wird freilich mehreres dargelegt, durch das Glaubens- und Sittenfragen weder direkt noch indirekt berührt werden und das deswegen die Kirche der freien Erörterung der Gelehrten überläßt; für vieles andere aber, vor allem für die Grundsätze und vorzüglichen Behauptungen, die Wir oben erwähnt haben, gilt diese Freiheit nicht.

Zwar darf man die Philosophie auch in solchen wesentlichen Fragen in ein angemesseneres und reicheres Gewand kleiden, mit zweckdienlicheren Ausdrücken stärken, sie gewisser weniger geeigneter Hilfsmittel der Schulen entkleiden, sie auch mit gewissen gesunden Elementen der fortschreitenden menschlichen Denkarbeit vorsichtig bereichern; niemals jedoch darf man sie untergraben, mit falschen Grundsätzen verunreinigen oder sie gleichsam für ein zwar großes, aber veraltetes Denkmal erachten. Die Wahrheit und ihre ganze philosophische Erklärung können nämlich nicht von Tag zu Tag verändert werden, vor allem dann nicht, wenn es sich um Prinzipien, die dem menschlichen Geist durch sich bekannt sind, oder um jene Auffassungen handelt, die sich sowohl auf die Weisheit von Jahrhunderten als auch auf die Zustimmung und den Pfeiler der göttlichen "Offenbarung" stützen. ...

Wenn dies gut durchschaut worden ist, dann wird es leicht klar werden, warum die Kirche fordert, daß die künftigen Priester in den philosophischen Disziplinen "nach der Methode, der Lehre und den Grundsätzen des Engelgleichen Lehrers" unterrichtet werden sollen; denn sie weiß aus der Erfahrung mehrerer Jahrhunderte genau, daß die Methode und Vorgehensweise des Aquinaten sowohl bei der Ausbildung der Anfänger als auch beim Aufspüren verborgener Wahrheiten in einzigartiger Vortrefflichkeit herausragt. ...

Hac de causa quam maxime deplorandum est, philosophiam in Ecclesia receptam ac agnitam hodie a nonnullis despectui haberi, ita ut antiquata quoad formam, rationalistica, ut aiunt, quoad cogitandi processum, impudenter renuntietur. Dictitant enim, hanc nostram philosophiam perperam opinionem tueri, metaphysicam absolute veram exsistere posse; dum contra asseverant, res, praesertim transcendentes, non aptius exprimi posse quam disparatis doctrinis, quae sese mutuo compleant, quamvis sibi invicem quodammodo opponantur.

Aus diesem Grunde ist es höchst bedauerlich, daß die in der Kirche gebräuchliche und anerkannte Philosophie heute von manchen der Verachtung preisgegeben wird, so daß sie schamlos als veraltet in der Form und rationalistisch – wie sie sagen – in der Denkweise erklärt wird. Sie behaupten nämlich, diese unsere Philosophie vertrete fälschlicherweise die Auffassung, es könne eine absolut wahre Metaphysik geben, während sie dagegen versichern, die Sachverhalte, vor allem die transzendenten, könnten nicht angemessener zum Ausdruck gebracht werden als durch verschiedenartige Lehren, die sich wechselseitig ergänzen, obwohl sie in gewisser Weise einander entgegengesetzt sind.

### Die Anwendung positiver Wissenschaften auf die Religion

[575] ... Non pauci expostulant ut catholica religio earumdem disciplinarum quam plurimum rationem habeat. Quod sane laude dignum est ubi de factis agitur reapse demonstratis; caute tamen accipiendum est ubi potius de "hypothesibus" sit quaestio, etsi aliquo modo humana scientia innixis, quibus doctrina attingitur in Sacris Litteris vel in "traditione" contenta. Quodsi tales coniecturales opiniones doctrinae a Deo revelatae directe vel indirecte adversentur, tum huiusmodi postulatum nullo modo admitti potest.

... Nicht wenige fordern, die katholische 3895 Religion solle möglichst viel Rücksicht auf diese Disziplinen nehmen. Dies ist freilich lobenswert, wo es sich um wirklich erwiesene Tatsachen handelt; mit Vorsicht aber ist es aufzunehmen, wo es sich eher um "Hypothesen" handelt – auch wenn sie sich irgendwie auf die menschliche Wissenschaft stützen –, von denen die in der Heiligen Schrift oder in der "Überlieferung" enthaltene Lehre berührt wird. Wenn solche auf Vermutung gründenden Ansichten aber der von Gott geoffenbarten Lehre direkt oder indirekt entgegengesetzt sind, dann kann eine solche Forderung in keiner Weise zugelassen werden.

Quamobrem Ecclesiae Magisterium non prohibet quominus "evolutionismi" doctrina, quatenus nempe de humani corporis origine inquirit ex iam exsistente ac vivente materia oriundi – animas enim a Deo immediate creari catholica fides nos retinere iubet – pro hodierno humanarum disciplinarum et sacrae theologiae statu, investigationibus ac disputationibus peritorum in utroque campo hominum pertractetur, ita qui[576]dem ut rationes utriusque opinionis, faventium nempe, vel obstantium, debita cum gravitate, moderatione ac temperantia perpendantur ac diiudicentur; dummodo omnes parati sint ad Ecclesiae iudicio obtemperandum, cui a Christo munus demandatum est et Sacras Scripturas authentice interpretandi et fidei dog-

Deshalb verbietet das Lehramt der Kirche 3896 nicht, daß die "Evolutionslehre" (insofern sie nämlich den Ursprung des menschlichen Leibes aus schon existierender und lebender Materie erforscht – daß nämlich die Seelen unmittelbar von Gott geschaffen werden, heißt uns der katholische Glaube festzuhalten –) gemäß dem heutigen Stand der menschlichen Wissenschaften und der heiligen Theologie in Forschungen und Erörterungen von Gelehrten in beiden Feldern behandelt werde, und zwar so, daß die Gründe beider Auffassungen, nämlich der Befürworter und der Gegner, mit der nötigen Ernsthaftigkeit, Mäßigung und Besonnenheit erwogen und beurteilt werden; dabei sollen alle bereit sein, dem Urteil der Kirche zu gehor-

mata tuendi[1].

Hanc tamen disceptandi libertatem nonnulli temerario ausu transgrediuntur, cum ita
sese gerant quasi si ipsa humani corporis origo ex iam exsistente ac vivente materia per
indicia hucusque reperta ac per ratiocinia ex
iisdem indiciis deducta, iam certa omnino sit
ac demonstrata; atque ex divinae revelationis
fontibus nihil habeatur, quod in hac re maximam moderationem et cautelam exigat.

3897    Cum vero de alia coniecturali opinione
agitur, videlicet de polygenismo, quem vocant, tum Ecclesiae filii eiusmodi libertate
minime fruuntur. Non enim christifideles
eam sententiam amplecti possunt, quam qui
retinent asseverant vel post Adam hisce in
terris veros homines exstitisse, qui non ab eodem prouti omnium protoparente, naturali
generatione originem duxerint, vel Adam significare multitudinem quamdam protoparentum; cum nequaquam appareat quomodo
huiusmodi sententia componi queat cum iis
quae fontes revelatae veritatis et acta Magisterii Ecclesiae proponunt de peccato originali, quod procedit ex peccato vere commisso
ab uno Adamo, quodque generatione in omnes transfusum, inest unicuique proprium
[cf. Rm 5,12-19; *1511-1514].

3898    Quemadmodum autem in biologicis et an-
thropologicis disciplinis, ita etiam in historicis sunt qui limites et cautelas ab Ecclesia statuta audacter transgrediantur. Ac peculiari
modo deploranda est quaedam nimio libe-
rior libros historicos Veteris Testamenti interpretandi ratio, cuius fautores Epistulam haud ita multo ante a Pontificio Consilio de re biblica Archiepiscopo Pa-
risiensi datam ad suam defendendam causam
immerito referunt [*3862-3864]. Haec enim
Epistula aperte monet undecim priora

chen, der von Christus die Aufgabe übertragen wurde, sowohl die Heiligen Schriften authentisch auszulegen als auch die Lehren des
Glaubens zu schützen[1].

Diese Freiheit der Erörterung überschreiten jedoch manche in leichtfertiger Vermessenheit, wenn sie sich so benehmen, als ob
dieser Ursprung des menschlichen Leibes aus
schon existierender und lebender Materie
durch bis jetzt gefundene Hinweise und
durch aus ebendiesen Hinweisen abgeleitete
Vernunftschlüsse schon ganz und gar sicher
und bewiesen sei und es aufgrund der Quellen der göttlichen Offenbarung nichts gebe,
was in dieser Sache größte Mäßigung und
Vorsicht erfordert.

Wenn es sich aber um eine andere auf Vermutung gründende Ansicht handelt, nämlich
um den sogenannten Polygenismus, dann
genießen die Kinder der Kirche keineswegs
eine solche Freiheit. Die Christgläubigen
können diese Auffassung nämlich nicht gutheißen, deren Anhänger behaupten, entweder habe es nach Adam hier auf Erden wahre
Menschen gegeben, die nicht von demselben
als dem Stammvater aller durch natürliche
Zeugung abstammten, oder "Adam" bezeichne eine Menge von Stammvätern; es ist nämlich keineswegs ersichtlich, wie eine solche
Auffassung mit dem in Übereinstimmung gebracht werden könnte, was die Quellen der
geoffenbarten Wahrheit und die Akten des
Lehramtes der Kirche über die Ursünde vorlegen, die aus der wahrhaft von dem einen
Adam begangenen Sünde hervorgeht und
die, durch Zeugung auf alle übertragen, einem jeden als ihm eigen innewohnt [vgl.
Röm 5,12-19; *1511-1514].

Wie aber in den biologischen und anthropologischen Disziplinen, so gibt es auch in
den historischen Leute, die die von der Kirche festgesetzten Grenzen und Vorsichtsmaßnahmen verwegen übertreten. Und in
besonderer Weise beklagenswert ist eine gewisse allzu freie Interpretationsweise
der geschichtlichen Bücher des Alten Testamentes, deren Befürworter zu
Unrecht den vor nicht so langer Zeit von der
Päpstlichen Bibelkommission an den Erzbischof von Paris gerichteten Brief zur Vertei-

---

*3896 [1]    Vgl. Pius XII., Ansprache an die Akademie der Wissenschaften, 30. Nov. 1941 (AAS 33 [1941] 506).

ca*[577]*pita Geneseos, quamvis cum historicae compositionis rationibus proprie non conveniant, quibus eximii rerum gestarum scriptores graeci et latini, vel nostrae aetatis periti usi fuerint, nihilominus quodam vero sensu, exegetis amplius investigando ac determinando, ad genus historiae pertinere; eademque capita, oratione simplici ac figurata mentique populi parum exculti accomodata, tum praecipuas veritates referre, quibus aeterna nostra procuranda salus innititur, tum etiam popularem descriptionem originis generis humani populique electi.

Si quid autem hagiographi antiqui ex narrationibus popularibus hauserint (quod quidem concedi potest), numquam obliviscendum est eos ita egisse divinae inspirationis afflatu adiutos, quo in seligendis ac diiudicandis documentis illis ab omni errore immunes praemuniebantur.

Quae autem ex popularibus narrationibus in Sacris Litteris recepta sunt, ea cum mythologiis aliisve id genus minime aequanda sunt, quae magis ex effusa imaginatione procedunt quam ex illo veritatis ac simplicitatis studio, quod in Sacris Libris Veteris etiam Testamenti adeo elucet ut hagiographi nostri antiquos profanos scriptores aperte praecellere dicendi sint.

digung ihrer Sache anführen [*\*3862-3864*]. Dieser Brief macht nämlich ausdrücklich darauf aufmerksam, daß die ersten elf Kapitel der Genesis, wenn sie auch eigentlich nicht mit den Verfahren der Geschichtsschreibung zusammenstimmen, deren sich die herausragenden griechischen und lateinischen Geschichtsschreiber oder die Gelehrten unserer Zeit bedienten, nichtsdestoweniger doch in einem gewissen Sinne, der von den Exegeten noch näher erforscht und bestimmt werden muß, zur Gattung der Geschichte gehören, und daß dieselben Kapitel in einfacher und bildhafter Sprache, die dem Verständnis eines wenig gebildeten Volkes angemessen ist, sowohl die hauptsächlichen Wahrheiten berichten, auf die sich die Sorge um unser ewiges Heil stützt, als auch eine volkstümliche Beschreibung des Ursprungs des Menschengeschlechtes und des erwählten Volkes bieten.

Wenn die alten Verfasser der heiligen Bücher aber etwas aus volkstümlichen Erzählungen geschöpft haben (was man durchaus einräumen kann), so darf man niemals vergessen, daß sie unterstützt vom Hauch der göttlichen Eingebung so gehandelt haben, durch den sie bei der Auswahl und Beurteilung jener Dokumente von jeglichem Irrtum rein bewahrt wurden.

Was aber aus volkstümlichen Erzählungen **3899** in die Heilige Schrift übernommen wurde, das darf keineswegs mit Mythologien oder anderem Derartigem gleichgestellt werden, das mehr aus einer weitschweifenden Einbildungskraft herrührt als aus jenem Streben nach Wahrheit und Einfachheit, das in den Heiligen Büchern auch des Alten Testamentes so sehr aufstrahlt, daß man von unseren Verfassern der heiligen Bücher sagen muß, daß sie die alten Profanschriftsteller klar überragen.

### 3900-3904: Apostolische Konstitution "Munificentissimus Deus", 1. Nov. 1950

Die Konstitution enthält das von Pius XII. am 1. Nov. 1950 verkündete Dogma von der Aufnahme Mariens in den Himmel. Der Dogmatisierung ging eine Befragung des Weltepiskopates voraus. Vgl. den Brief Pius' XII. *"Deiparae virginis"* vom 1. Mai 1946 (AAS 42 [1950] 782f). Seit der zweiten Hälfte des 19. Jahrhunderts waren Bittschriften zugunsten der Dogmatisierung eingereicht worden. Auf dem 1. Vatikanischen Konzil hatten 204 Synodalen vorgeschlagen, die Aufnahme Mariens in den Himmel zu definieren. In der ersten Hälfte des 20. Jahrhunderts war diese Bewegung erstarkt. Vgl. W. Hentrich – R. Walter von Moos, *Petitiones de Assumptione corporea B.V. Mariae in caelum definienda ad S. Sedem delatae, propositae sec. ordinem hierarchicum, dogmaticum, geographicum, chronologicum, ad consensum Ecclesiae manifestandum*, 2 Bde. (Vatikan 1942).
*Ausg.:* AAS 42 (1950) 767-770.

### Definition der Aufnahme Mariens in den Himmel

3900     Haec omnia Sanctorum Patrum ac theologorum argumenta considerationesque Sacris Litteris tamquam ultimo fundamento nituntur; quae quidem almam Dei Matrem nobis veluti *[768]* ante oculos proponunt divino Filio suo coniunctissimam, eiusque semper participantem sortem. Quamobrem quasi impossibile videtur eam cernere, quae Christum concepit, peperit, suo lacte aluit, eumque inter ulnas habuit pectorique obstrinxit suo, ab eodem post terrestrem hanc vitam, etsi non anima, corpore tamen separatam.

Cum Redemptor noster Mariae Filius sit, haud poterat profecto, utpote divinae legis observator perfectissimus, praeter Aeternum Patrem, Matrem quoque suam dilectissimam non honorare. Atqui, cum eam posset tam magno honore exornare, ut eam a sepulcri corruptione servaret incolumem, id reapse fecisse credendum est.

3901     Maxime autem illud memorandum est, inde a saeculo II, Mariam Virginem a Sanctis Patribus veluti novam Hevam proponi novo Adae, etsi subiectam, arctissime coniunctam in certamine illo adversus inferorum hostem, quod, quemadmodum in protoevangelio *[Gn 3,15]* praesignificatur, ad plenissimam deventurum erat victoriam de peccato ac de morte, quae semper in gentium Apostoli scriptis inter se copulantur *[Rm 5 et 6; 1 Cor 15,21-26 54-57]*.

Quamobrem, sicut gloriosa Christi anastasis essentialis pars fuit ac postremum huius victoriae tropaeum, ita Beatae Virginis commune cum Filio suo certamen virginei corporis "glorificatione" concludendum erat; ut enim idem Apostolus ait, "cum ... mortale hoc induerit immortalitatem, tunc fiet sermo, qui scriptus est: absorpta est mors in victoria" *[1 Cor 15,54]*.

3902     Idcirco augusta Dei Mater,

Iesu Christo, inde ab omni aeternitate, "uno eodemque decreto"[1] praedestinatio-

Alle diese Beweise und Überlegungen der Heiligen Väter und Theologen stützen sich auf die Heilige Schrift als letzte Grundlage; diese stellt uns nämlich die gütige Mutter Gottes gleichsam vor Augen als mit ihrem göttlichen Sohne innigst verbunden und sein Los immer teilend. Deswegen scheint es beinahe unmöglich, sie, die Christus empfing, gebar, mit ihrer Milch nährte und ihn in ihren Armen hielt und an ihre Brust drückte, von demselben nach diesem irdischen Leben, wenn nicht der Seele, so doch dem Leibe nach getrennt zu sehen.

Da unser Erlöser der Sohn Mariens ist, konnte er in der Tat, als vollkommenster Beobachter des göttlichen Gesetzes, außer dem Ewigen Vater auch seine geliebteste Mutter keinesfalls nicht ehren. Da er sie nun aber mit so großer Ehre auszeichnen konnte, sie vor der Verwesung des Grabes unversehrt zu bewahren, muß man glauben, daß er dies wirklich tat.

Am meisten aber ist daran zu erinnern, daß vom 2. Jahrhundert an die Jungfrau Maria von den Heiligen Vätern als neue Eva vorgestellt wird, die dem neuen Adam – wenn auch untergeordnet – aufs engste verbunden ist in jenem Kampfe wider den Feind aus der Hölle, der, wie im Protoevangelium *[Gen 3,15]* vorausgesagt wird, zum völligen Sieg über die Sünde und über den Tod führen sollte, die in den Schriften des Völkerapostels immer miteinander verknüpft werden *[Röm 5 und 6; 1 Kor 15,21-26; 54-57]*.

Wie deshalb die glorreiche Auferstehung Christi ein wesentlicher Teil und die letzte Trophäe dieses Sieges war, so mußte der gemeinsame Kampf der Seligen Jungfrau mit ihrem Sohne mit der "Verherrlichung" des jungfräulichen Leibes abgeschlossen werden; denn, so sagt derselbe Apostel, "wenn ... dieses Sterbliche Unsterblichkeit angezogen hat, dann wird sich das Wort erfüllen, das geschrieben steht: verschlungen ist der Tod im Sieg" *[1 Kor 15,54]*.

Deshalb hat es die erhabene Mutter Gottes,

mit Jesus Christus von aller Ewigkeit her "durch ein und denselben Ratschluß"[1] der

---

*3902 [1]   Pius IX., Enzyklika *"Ineffabilis Deus"*, 8. Dez. 1854 (Pius IX, *Acta* 1/I, 599).

nis, arcano modo coniuncta,

immaculata in suo conceptu, in divina maternitate sua integerrima virgo, generosa Divini Redemptoris socia, qui plenum de peccato eiusque consectariis deportavit triumphum, id tandem assecuta est, quasi supremam suorum privilegiorum coronam, ut a sepulcri corruptione servaretur immunis, utque, quemadmodum iam Filius suus, devicta morte, corpore *[769]* et anima ad supernam Caeli gloriam eveheretur, ubi Regina refulgeret ad eiusdem sui Filii dexteram, immortalis saeculorum Regis [*cf. 1 Tim 1,17*]. ...

*[770]* ... Quapropter ... ad Omnipotentis Dei gloriam, qui peculiarem benevolentiam suam Mariae Virgini dilargitus est, ad sui Filii honorem, immortalis saeculorum Regis ac peccati mortisque victoris, ad eiusdem augustae Matris augendam gloriam et ad totius Ecclesiae gaudium exsultationemque,

auctoritate Domini Nostri Iesu Christi, Beatorum Apostolorum Petri et Pauli ac Nostra

pronuntiamus, declaramus et definimus

divinitus revelatum dogma esse: Immaculatam Deiparam semper Virginem Mariam, expleto terrestris vitae cursu, fuisse corpore et anima ad caelestem gloriam assumptam.

Quamobrem, si quis, quod Deus avertat, id vel negare, vel in dubium vocare voluntarie ausus fuerit, quod a Nobis definitum est, noverit se a divina ac catholica fide prorsus defecisse.

Vorherbestimmung auf geheimnisvolle Weise verbunden, unbefleckt in ihrer Empfängnis, in ihrer göttlichen Mutterschaft völlig unversehrte Jungfrau, die edle Gefährtin des göttlichen Erlösers, der den völligen Triumph über die Sünde und ihre Folgen davongetragen hat, schließlich als höchste Krone ihrer Vorrechte erlangt, daß sie von der Verwesung des Grabes unversehrt bewahrt wurde und daß sie, wie schon ihr Sohn, nach dem völligen Sieg über den Tod mit Leib und Seele zur erhabenen Herrlichkeit des Himmels emporgehoben wurde, wo sie zur Rechten eben dieses ihres Sohnes, des unsterblichen Königs der Zeiten [*vgl. 1 Tim 1,17*], als Königin erstrahlen sollte. ...

... Zur Ehre des Allmächtigen Gottes, welcher der Jungfrau Maria sein besonderes Wohlwollen schenkte, zur Ehre seines Sohnes, des unsterblichen Königs der Zeiten und Siegers über Sünde und Tod, zur Vermehrung der Herrlichkeit seiner erhabenen Mutter und zur Freude und Begeisterung der ganzen Kirche, **3903**
kraft der Autorität unseres Herrn Jesus Christus, der seligen Apostel Petrus und Paulus und Unserer ⟨eigenen⟩, verkünden, erklären und definieren Wir deshalb ... :
Es ist von Gott geoffenbarte Glaubenslehre, daß die Unbefleckte Gottesgebärerin und immerwährende Jungfrau Maria nach Vollendung des irdischen Lebenslaufes mit Leib und Seele in die himmlische Herrlichkeit aufgenommen wurde.

Sollte daher, was Gott verhüte, einer wagen, das entweder zu leugnen oder absichtlich in Zweifel zu ziehen, was von Uns definiert wurde, so soll er wissen, daß er vom göttlichen und katholischen Glauben völlig abgefallen ist. **3904**

---

**3905: Enzyklika "Sempiternus Rex", 8. Sept. 1951**

Die Enzyklika wurde anläßlich des 1500jährigen Jubiläums des Konzils von Chalkedon herausgegeben. *Ausg.:* AAS 43 (1951) 638.

## Die Menschheit Christi

3905     Quamvis nihil prohibeat quominus humanitas Christi, etiam psychologica via ac ratione, altius investigetur, tamen in arduis huius generis studiis non desunt qui plus aequo vetera linquant, ut nova astruant et auctoritate ac definitione Chalcedonensis Concilii perperam utantur, ut a se elucubrata suffulciant.

Hi humanae Christi naturae statum et condicionem ita provehunt ut eadem reputari videatur subiectum quoddam sui iuris, quasi in ipsius Verbi persona non subsistat. At Chalcedonense Concilium, Ephesino prorsus congruens, lucide asserit utramque Redemptoris nostri naturam "in unam personam atque subsistentiam" convenire vetatque duo in Christo poni individua, ita ut aliquis "homo assumptus", integrae autonomiae compos, penes Verbum collocetur.

Obwohl nichts hindert, die Menschheit Christi – auch mit psychologischer Methode – noch tiefer zu erforschen, so gibt es bei diesen schwierigen Forschungen doch manche, die mehr als billig das Alte verlassen, um Neues zu errichten und sich fälschlicherweise der Autorität und der Definition des Konzils von Chalkedon zu bedienen, um das von ihnen Verfaßte zu stützen.

Diese rücken den Zustand und die Verfaßtheit der menschlichen Natur Christi so sehr in den Vordergrund, daß sie als ein Subjekt eigenen Rechtes angesehen zu werden scheint, so als ob sie nicht in der Person des Wortes selbst existiere. Aber das Konzil von Chalkedon sagt in völliger Übereinstimmung mit dem von Ephesus klar, daß beide Naturen unseres Erlösers "in e i n e Person und Hypostase " zusammenkommen, und verbietet, zwei Einzelwesen in Christus anzunehmen, so daß irgendein "angenommener Mensch", im Besitz der uneingeschränkten Selbständigkeit, dem Wort zur Seite gestellt würde.

## 3907: Monitum des Hl. Offiziums, 30. Juni 1952

*Ausg.:* AAS 44 (1952) 546.

### Geschlechtsverkehr unter Vermeidung des Orgasmus

3907     Gravi cum sollicitudine Apostolica Sedes animadvertit non paucos scriptores his ultimis temporibus, de vita coniugali agentes, passim palam et minute ad singula eam spectantia inverecunde descendere; praeterea nonnullos actum quemdam, *amplexum reservatum* nuncupatum, describere, laudare et suadere.

Ne in re tanti momenti, quae matrimonii sanctitatem et animarum salutem respicit, munere suo deficiat, ... Congregatio S. Officii, de expresso mandato ... Pii XII, omnes praedictos scriptores graviter monet, ut ab huiusmodi agendi ratione desistant. ...

Sacerdotes autem, in cura animarum et in conscientiis dirigendis, numquam, sive sponte sive interrogati, ita loqui praesumant, quasi ex parte legis christianae contra "ample-

Mit schwerer Sorge beobachtet der Apostolische Stuhl, daß in letzter Zeit nicht wenige Autoren, die vom ehelichen Leben handeln, allenthalben öffentlich und bis ins Detail ehrfurchtslos auf seine einzelnen Gesichtspunkte eingehen und daß außerdem einige einen bestimmten "*amplexus reservatus*" genannten Akt beschreiben, gutheißen und anraten.

Um in einer Sache von solch großer Bedeutung, die die Heiligkeit der Ehe und das Heil der Seelen betrifft, nicht ihre Pflicht zu vernachlässigen, ermahnt die ... Kongregation des Hl. Offiziums auf ausdrückliches Geheiß ... Pius' XII. hin alle vorgenannten Autoren nachdrücklich, von einer solchen Handlungsweise abzulassen. ...

Die Priester aber sollen bei der Seelsorge und bei der Gewissensführung niemals – ob von sich aus oder gefragt – so zu reden wagen, als ob von seiten des christlichen Geset-

xum reservatum" nihil esset obiiciendum.

zes nichts gegen den "amplexus reservatus" einzuwenden wäre.

## 3908-3910: Enzyklika "Fulgens corona", 8. Sept. 1953

Mit der Enzyklika wurde ein "marianisches Jahr" zur Erinnerung an die Definition der Unbefleckten Empfängnis Mariens (1854) angekündigt.
*Ausg.:* AAS 45 (1953) 581f.

### Die Erlösung Mariens

Si incensissimum suavissimumque consideramus amorem, quo Deus Matrem Filii sui unigeniti procul dubio prosecutus est ac prosequitur, qua ratione vel solummodo arbitrari possumus eam fuisse, etsi brevissimo temporis spatio, peccato obnoxiam divinaque gratia privatam?

Poterat certe Deus, Redemptoris meritorum intuitu, hoc praeclarissimo privilegio eam donare; id igitur factum non esse ne opinari quidem possumus. Decebat siquidem Redemptoris Matrem talem esse, ut exstaret, quantum fieri posset, ipso digna; atqui digna non fuisset, si hereditaria labe infecta, etsi primo tantum conceptionis suae momento, teterrimae fuisset Satanae dominationi subiecta.

Neque asseverari potest hac de causa minui redemptionem Christi, quasi iam non ad universam pertineat Adami subolem; atque adeo aliquid de ipsius divini Redemptoris munere ac dignitate detrahi.

Etenim si rem funditus diligenterque perspicimus, facile cernimus Christum Dominum perfectissimo quodam modo divinam Matrem suam revera redemisse, cum, ipsius meritorum intuitu, eadem a Deo praeservata esset a quavis hereditaria peccati labe immunis. Quamobrem infinita Iesu Christi dignitas eiusque universalis redemptionis munus hoc doctrinae capite non extenuatur vel remittitur, sed augetur quam maxime.

Wenn wir die überaus brennende und **3908** herzliche Liebe betrachten, mit der Gott die Mutter seines einziggeborenen Sohnes zweifellos umfing und umfängt, wie können wir da auch nur vermuten, sie sei – wenn auch nur den kürzesten Zeitraum – der Sünde verfallen und ohne die göttliche Gnade gewesen?

Gott konnte sie sicherlich angesichts der Verdienste des Erlösers mit diesem höchst glänzenden Vorrecht beschenken; daß dies nun nicht geschehen sei, können wir nicht einmal vermuten. Denn die Mutter des Erlösers sollte so beschaffen sein, daß sie so weit wie möglich seiner würdig sei; dagegen wäre sie nicht würdig gewesen, wenn sie, mit der Ursünde behaftet – wenn auch nur im ersten Augenblick ihrer Empfängnis –, der abscheulichen Herrschaft des Satans unterworfen gewesen wäre.

Man kann auch nicht im Ernst behaupten, **3909** die Erlösung Christi werde aus diesem Grunde gemindert, so als ob sie sich nicht mehr auf die gesamte Nachkommenschaft Adams erstreckte; und es werde gar etwas von der Aufgabe und der Würde des göttlichen Erlösers selbst abgezogen.

Wenn wir nämlich die Sache gründlich und sorgfältig in Augenschein nehmen, so sehen wir leicht, daß Christus, der Herr, gewissermaßen in vollkommenster Weise seine göttliche Mutter tatsächlich erlöst hat, obwohl sie angesichts seiner Verdienste ebenso von Gott vor jeglichem erblichen Makel der Sünde im voraus unversehrt bewahrt worden war. Deshalb wird die unendliche Würde Jesu Christi und seine Aufgabe der allgemeinen Erlösung durch dieses Lehrkapitel nicht abgeschwächt oder vermindert, sondern so sehr wie möglich vermehrt.

3910     Immerito igitur acatholici et novatores non pauci hac etiam de causa nostram reprehendunt atque improbant erga Deiparam Virginem pietatem, quasi nos aliquid ex cultu uni Deo ac Iesu Christo debito subducamus; cum contra, quidquid honoris venerationisque caelesti Matri nostrae tribuimus, id procul dubio in divini eius Filii decus redundet, non modo quod ex ipso *[582]* omnes gratiae omniaque dona, vel excelsa, ut e primo fonte oriuntur, sed etiam quod "gloria filiorum patres eorum" [*Prv 17,6*].

Zu Unrecht also tadeln und mißbilligen nicht wenige Nichtkatholiken und Neuerer auch aus diesem Grund unsere Frömmigkeit gegenüber der Gottesgebärerin und Jungfrau, so als ob wir etwas aus der Verehrung, die dem einen Gott und Jesus Christus geschuldet ist, hinwegnähmen; dabei mündet doch alles, was wir unserer himmlischen Mutter an Ehrerbietung und Verehrung zollen, zweifellos in den Ruhm ihres göttlichen Sohnes, nicht nur, weil alle Gnaden und alle Geschenke bzw. alles Erhabene aus ihm wie aus einer ersten Quelle entspringt, sondern auch, weil "der Ruhm der Söhne ihre Väter" [*Spr 17,6*] sind.

## 3911-3912: Enzyklika "Sacra virginitas", 25. März 1954

*Ausg.:* AAS 46 (1954) 175f.

### *Die Wertschätzung von Ehe und Jungfräulichkeit*

3911     Recentius autem eorum sententiam maerenti animo reprobavimus, qui eo usque procedunt ut coniugium asseverent unum *[176]* esse, quod naturale personae humanae incrementum debitamque perfectionem tueri possit[1]. Nonnulli enim affirmant divinam gratiam, a matrimonii sacramento *ex opere operato* impertitam, ita coniugii usum sanctum reddere, ut instrumentum evadat ad singulos animos cum Deo coniungendos efficacius quam virginitas ipsa, quandoquidem matrimonium christianum, non autem virginitas, sacramentum est.

Unlängst aber haben Wir traurigen Herzens die Auffassung derer verworfen, die so weit gehen, zu behaupten, die Ehe sei das einzige, was für das natürliche Wachstum und die gebührende Vervollkommnung der menschlichen Person sorgen könne[1]. Manche beteuern nämlich, die vom Sakrament der Ehe *aufgrund der vollzogenen Handlung* gewährte göttliche Gnade mache den Gebrauch der Ehe so heilig, daß sie zu einem wirksameren Instrument werde, die einzelnen Herzen mit Gott zu verbinden, als selbst die Jungfräulichkeit, da ja die christliche Ehe, nicht aber die Jungfräulichkeit, ein Sakrament ist.

Quam quidem doctrinam utpote falsam ac detrimentosam denuntiamus. Utique enim hoc sacramentum divinam sponsis impertit gratiam ad coniugale officium sancte obeundum; utique mutui amoris nexus confirmat, quibus iidem una invicem continentur; verumtamen non ad id institutum est ut coniugii usum veluti instrumentum reddat per se magis aptum ad sponsorum animos caritatis vinculo cum Deo ipso coniungendos [*cf. \*3838*]. Nonne potius Apostolus Paulus coniugibus ius agnoscit a matrimonii usu se abstinendi ad tempus, ut vacent orationi [*cf. 1 Cor 7,5*], idcirco quia eiusmodi abstinentia liberiorem reddit animum, qui velit caelestibus rebus

Diese Lehre nun erklären Wir für falsch und schädlich. Gewiß nämlich gewährt dieses Sakrament den Eheleuten göttliche Gnade, um sich der ehelichen Pflicht heilig zu unterziehen; gewiß stärkt es die Bande gegenseitiger Liebe, durch die sie untereinander zusammengehalten werden; jedoch wurde es nicht dazu eingesetzt, den Gebrauch der Ehe gleichsam zu einem Instrument zu machen, das durch sich mehr geeignet wäre, die Herzen der Eheleute durch das Band der Liebe mit Gott selbst zu verknüpfen [*vgl. \*3838*]. Erkennt nicht vielmehr der Apostel Paulus den Gatten deshalb das Recht zu, sich eine Zeitlang vom Gebrauch der Ehe zu ent-

---

**\*3911** [1]  Vgl. Pius XII., Ansprache an die obersten Leiterinnen der Orden und Religiösen Institute, 15. Sept. 1952 (AAS 44 [1952] 824).

Deique supplicationibus se dedere?

Deinde asseverari non potest – ut quidam faciunt – "mutuum adiutorium", quod sponsi in christianis nuptiis quaerunt, opem esse perfectiorem quam *solitudinem,* ut aiunt, *cordis* virginum et caelibum, ad propriam sanctitatem assequendam. Nam, quamquam ii omnes, qui perfectae castitatis institutum amplexi sunt, humano huiusmodi amore se abdicaverunt, nihilo secius hac de causa affirmari non potest eos ob hanc eandem privationem suam reddidisse humanam personam quasi imminutam ac despoliatam. Ii enim a caelestium ipso munerum Datore spirituale aliquid accipiunt, quod quidem illud in immensum exsuperat "mutuum adiutorium", a coniugibus sibi invicem impertitum.

halten, um frei zu sein für das Gebet [*vgl. 1 Kor 7,5*], weil eine derartige Enthaltsamkeit das Herz freier macht, das sich den himmlischen Dingen und den Gebeten zu Gott widmen will?

Sodann kann man nicht behaupten – wie **3912** es einige tun –, daß die "gegenseitige Hilfe", die die Eheleute in christlichen Ehen zu erlangen suchen, eine vollkommenere Hilfe sei, um die eigene Heiligkeit zu erlangen, als die – wie sie sagen – *Einsamkeit des Herzens* von Jungfrauen und Unverheirateten. Denn obwohl all jene, die die Lebensform vollkommener Keuschheit ergriffen haben, sich von einer solchen menschlichen Liebe losgesagt haben, kann man dennoch nicht aus diesem Grunde behaupten, daß sie wegen ebendieser ihrer Entbehrung die menschliche Person gleichsam vermindert und beraubt hätten. Sie empfangen nämlich vom Geber der himmlischen Geschenke selbst ein geistliches ⟨Geschenk⟩, das freilich jene von den Gatten untereinander gewährte "gegenseitige Hilfe" unermeßlich übersteigt.

## 3913–3917: Enzyklika "Ad caeli Reginam", 11. Okt. 1954

Mit dieser Enzyklika führte Pius XII. das Fest Maria Königin ein.
*Ausg.:* AAS 46 (1954) 633–636.

### Die königliche Würde Mariens

Praecipuum, quo regalis Mariae dignitas innititur, principium procul dubio est divina eius maternitas. Quandoquidem enim in Sacris Litteris de Filio, quem Virgo concipiet, haec sententia legitur: "Filius Altissimi vocabitur, et dabit illi Dominus Deus sedem David patris eius et regnabit in domo Iacob in aeternum et regni eius non erit finis" [*Lc 1,32s*], ac praeterea Maria "mater Domini" [*Lc 1,43*] nuncupatur, inde facile eruitur, ipsam quoque esse reginam, quippe quae Filium genuerit, qui eodem momento quo conceptus est, propter hypostaticam humanae naturae cum Verbo unionem, rex, etiam ut homo, erat et rerum omnium Dominus.

Itaque iure meritoque S. Iohannes Damascenus haec scribere potuit: "Vere omnis creaturae Domina facta est, cum Creatoris

Der Hauptgrund, auf den sich die könig- **3913** liche Würde Mariens stützt, ist zweifellos ihre göttliche Mutterschaft. Da man nämlich in der Heiligen Schrift vom Sohn, den die Jungfrau empfangen wird, den Satz liest: "Er wird Sohn des Höchsten genannt werden, und Gott, der Herr, wird ihm den Thron seines Vaters David geben, und er wird herrschen im Hause Jakob in Ewigkeit, und sein Reich wird kein Ende haben" [*Lk 1,32f*], und außerdem Maria "Mutter des Herrn" [*Lk 1,43*] genannt wird, läßt sich daraus leicht ersehen, daß auch sie selbst Königin ist, da sie ja den Sohn gebar, der in demselben Augenblick, in dem er empfangen wurde, wegen der hypostatischen Union der menschlichen Natur mit dem Wort auch als Mensch König und Herr über alle Dinge war.

Deshalb konnte der Hl. Johannes von Damaskus mit Fug und Recht dies schreiben: "Sie wurde wahrhaft Herrin über jedes Ge-

Mater exstitit"[1]; parique modo affirmari potest, primum qui regium Mariae munus caelesti ore nuntiavit, ipsum fuisse Gabrielem archangelum.

schöpf, indem sie Mutter des Schöpfers ward"[1]; und auf gleiche Weise kann man behaupten, daß es der Erzengel Gabriel selbst gewesen ist, der zum erstenmal das königliche Amt Mariens mit himmlischem Munde verkündete.

**3914**    Attamen beatissima Virgo Maria non tantum ob divinam suam maternitatem Regina est dicenda, sed etiam, quia ex Dei voluntate in aeternae salutis nostrae opere eximias habuit partes. "Quid possit iucundius nobis suaviusque ad cogitandum accidere ... quam Christum nobis iure non tantum nativo, sed etiam acqui*[634]*sito, scilicet redemptionis imperare?" [ *3676] ...

Dennoch muß man die seligste Jungfrau Maria nicht nur wegen ihrer göttlichen Mutterschaft Königin nennen, sondern auch, weil sie nach Gottes Willen außerordentlichen Anteil am Werk unseres ewigen Heiles hatte. "Was kann unserem Denken Angenehmeres und Lieblicheres widerfahren ..., als daß Christus über uns nicht nur kraft angeborenen Rechtes, sondern auch kraft des erworbenen, nämlich der Erlösung, herrscht?" [ *3676] ...

Iamvero in hoc perficiendo redemptionis opere beatissima Virgo Maria profecto fuit cum Christo intime consociata ... . Etenim, "sicut Christus eo quod nos redemit, speciali titulo Dominus est ac Rex noster, ita et beata Virgo, propter singularem modum, quo ad nostram redemptionem concurrit, et substantiam suam ministrando, et illum pro nobis voluntarie offerendo, nostramque salutem singulariter desiderando, petendo, procurando"[1].

Nun war aber bei der Vollendung dieses Erlösungswerkes die seligste Jungfrau Maria in der Tat innigst Christus zugesellt ... . Denn "so wie Christus deshalb, weil er uns erlöste, mit einem besonderen Ehrentitel unser Herr und König ist, so ⟨ist es⟩ auch die selige Jungfrau wegen der einzigartigen Weise, in der sie zu unserer Erlösung beitrug, indem sie ihr Dasein zur Verfügung stellte, ihn für uns freiwillig darbrachte und auf einzigartige Weise unser Heil ersehnte, erbat und besorgte"[1].

**3915**    Quibus ex rationibus huiusmodi argumentum eruitur: si Maria, in spirituali procuranda salute, cum Iesu Christo, ipsius salutis principio, ex Dei placito sociata fuit, et quidem simili quodam modo, quo Heva fuit cum Adam, mortis principio, consociata, ita ut asseverari possit, nostrae salutis opus secundum quandam "recapitulationem"[1] peractum fuisse, in qua genus *[635]* humanum, sicut per virginem morti adstrictum fuit, ita per virginem salvatur; si praeterea asseverari itidem potest, hanc gloriosissimam Dominam ideo fuisse Christi matrem delectam, "ut redimendi generis humani consors efficeretur"[2], et si reapse "ipsa fuit, quae vel propriae vel hereditariae labis expers, arctissime semper cum Filio suo coniuncta, eundem in Gol-

Aus diesen Überlegungen ergibt sich folgender Beweisgang: Wenn Maria nach Gottes Beschluß beim Besorgen des geistlichen Heiles Jesus Christus, dem Ursprung des Heiles selbst, zugesellt war, und zwar auf eine ähnliche Weise, wie Eva dem Adam, dem Ursprung des Todes, zugesellt war, so daß man behaupten kann, das Werk unseres Heiles sei gemäß einer gewissen "Wiederholung"[1] vollbracht worden, in der das Menschengeschlecht, so wie es durch eine Jungfrau in den Tod verstrickt wurde, so durch eine Jungfrau gerettet wird; wenn man außerdem ebenso behaupten kann, diese glorreichste Herrin sei deshalb die auserwählte Mutter Christi gewesen, "damit sie zur Gefährtin bei der Erlösung des Menschengeschlechtes werde"[2],

---

*3913 [1]    Johannes von Damaskus, *De fide orthodoxa* IV 14 (PG 94,1158B–1159A / B. Kotter: PTS 12 [Schriften 2] 200$_{50–52}$).

*3914 [1]    Francisco Suárez SJ, *Commentarii et disputationes in III. partem D. Thomae*, disp. XXII, sect. 2 (*Opera omnia*, hrsg. von C. Berton, 19 [Paris 1860] 327a).

*3915 [1]    Irenäus von Lyon, *Adversus haereses* V 9, n. 1 (hrsg. von W.W. Harvey [Cambridge 1857] 2,375 / PG 7,1175B / SouChr 153 [1969],248$_3$).

[2]    Pius XI., Brief *"Auspicatus profecto"* (AAS 25 [1933] 80).

gotha, una cum maternorum iurium maternique amoris sui holocausto, nova veluti Heva, pro omnibus Adae filiis, miserando eius lapsu foedatis, aeterno Patri obtulit"[3], inde procul dubio concludere licet, quemadmodum Christus, novus Adam, non tantum quia Dei Filius est, Rex dici debet, sed etiam, quia Redemptor noster est, ita quodam analogiae modo, beatissimam Virginem esse Reginam non tantummodo, quia mater Dei est, verum etiam, quod nova veluti Heva cum novo Adam consociata fuit.

Iamvero plena, propria et absoluta significatione, unus Iesus Christus, Deus et homo, Rex est; attamen Maria quoque, quamvis temperato modo et analogiae ratione, utpote Christi Dei mater, socia in divini Redemptoris opera, et in eius cum hostibus pugna in eiusque super omnes adepta victoria, regalem participat dignitatem.

Ex hac enim cum Christo Rege coniunctione splendorem celsitudinemque attingit, qua creatarum rerum omnium excellentiam exsuperat; ex hac cum Christo coniunctione regalis facultas oritur, qua ipsa potest divini Redemptoris regni dispensare thesauros; ex hac denique cum Christo coniunctione materni eius patrocinii apud Filium et Patrem elicitur exhausta numquam efficacia.

Nullum igitur dubium est, Mariam sanctissimam dignitate sua super omnes res creatas excellere itemque super omnes post Filium suum obtinere primatum. ...

*[636]* ... Ad hunc excellentissimum intellegendum dignitatis gradum, quem Deiparens super creata omnia adepta est, considerare iuvat, sanctam Dei Genetricem iam in primo temporis momento quo concepta fuit, tali gratiarum abundantia repletam fuisse, ut

und wenn wirklich "sie es war, die, frei von eigener bzw. ererbter Schuld, immer aufs engste mit ihrem Sohne verbunden, ebendiesen auf Golgotha zusammen mit dem Ganzopfer ihrer mütterlichen Rechte und ihrer mütterlichen Liebe als neue Eva für alle Kinder Adams, die durch seinen bejammernswerten Fall verunstaltet waren, dem ewigen Vater darbrachte"[3], dann kann man daraus zweifellos schließen, daß, wie Christus, der neue Adam, nicht nur weil er Sohn Gottes ist, König genannt werden muß, sondern auch weil er unser Erlöser ist, so gewissermaßen in Analogie die seligste Jungfrau Königin ist, nicht nur weil sie die Mutter Gottes ist, sondern auch weil sie als neue Eva dem neuen Adam zugesellt war.

Nun ist aber in voller, eigentlicher und **3916** absoluter Bedeutung der eine Jesus Christus, Gott und Mensch, König; jedoch hat auch Maria – wenn auch in gemäßigter Weise und aufgrund von Analogie – als Mutter Christi Gottes und als Gefährtin beim Wirken des göttlichen Erlösers sowohl in seinem Kampf mit den Feinden als auch in seinem Sieg, den er über alle erlangte, teil an der königlichen Würde.

Aus dieser Verbindung mit Christus, dem König, erlangt sie nämlich den Glanz und die Erhabenheit, durch die sie die Vorzüglichkeit aller geschaffenen Dinge übertrifft; aus dieser Verbindung mit Christus erwächst die königliche Vollmacht, mit der sie selbst die Schätze des Reiches des göttlichen Erlösers austeilen kann; aus dieser Verbindung mit Christus schließlich rührt die niemals erschöpfte Wirksamkeit ihrer mütterlichen Schirmherrschaft bei Sohn und Vater her.

Es besteht also kein Zweifel, daß die hei- **3917** ligste Maria in ihrer Würde über alle geschaffenen Dinge hinausragt und ebenso über alle – nach ihrem Sohn – den ersten Rang innehat. ...

... Um diesen ganz hervorragenden Grad an Würde zu verstehen, den die Gottesgebärerin über alles Geschaffene erlangt hat, hilft es zu erwägen, daß die heilige Gottesgebärerin schon im ersten Augenblick, in dem sie empfangen wurde, von einem solchen Über-

---

[3]   Pius XII., Enzyklika *"Mystici corporis"* (AAS 35 [1943] 247).

Sanctorum omnium gratiam superaret. ...

Praeterea beata Virgo non solummodo supremum, post Christum, excellentiae ac perfectionis gradum obtinuit, verum etiam aliquam illius efficacitatis participationem, qua eius Filius ac Redemptor noster in mentes et in voluntates hominum regnare iure meritoque dicitur.

maß an Gnaden erfüllt war, daß sie die Gnade aller Heiligen übertraf. ...

Außerdem hatte die selige Jungfrau nicht nur den – nach Christus – höchsten Grad an Vorzüglichkeit und Vollkommenheit inne, sondern sie hatte auch einen gewissen Anteil an jener Wirksamkeit, mit der ihr Sohn und unser Erlöser – wie man mit Fug und Recht sagt – über Geist und Willen der Menschen herrscht.

## 3917a: Dekret des Hl. Offiziums, 2. April 1955

Das Dekret über das Okklusivpessar ist an einige Bischöfe Nordamerikas gerichtet.
*Ausg.:* The Clergy Review 21 (Ranchi [Indien]: St. Mary's Theological College, Kurseong, 1957) 26 / The Priest (Huntington [Indiana, U.S.A.] 1956) 760. Nicht herausgegeben in den AAS.

### *Empfängnisverhütung*

3917a    The Sacred Congregation particularly raises its voice utterly to condemn and reject as intrinsically evil the application of pessaries (sterilet, diaphragm) by married couples in the exercise of their marital rights.

Furthermore, Ordinaries shall not permit the faithful to be told or taught that no serious objection may be made according to the principles of Christian law, if a husband cooperates materially only with his wife who uses such a device.

Confessors and spiritual directors who hold the contrary and thus guide the consciences of the faithful are straying far from the paths of truth and moral righteousness.

Die Heilige Kongregation erhebt ihre Stimme insbesondere nachdrücklich, um die Anwendung von Pessaren (Sterilet, Diaphragma) durch Ehepaare bei der Ausübung ihrer ehelichen Rechte als in sich böse zu verurteilen und zu verwerfen.

Außerdem dürfen Ordinarien nicht erlauben, daß man den Gläubigen sagt oder lehrt, daß hinsichtlich der Prinzipien des christlichen Gesetzes kein ernsthafter Einwand gemacht werden könne, wenn ein Ehemann mit seiner Frau, die ein solches Mittel gebraucht, nur materiell mitwirkt.

Beichtväter und Seelenführer, die das Gegenteil vertreten und die Gewissen der Gläubigen so führen, irren von den Pfaden der Wahrheit und sittlichen Rechtschaffenheit weit ab.

## 3918-3921: Instruktion des Hl. Offiziums, 2. Febr. 1956

Vgl. dazu die Ansprachen Pius' XII. vom 23. März und 18. April 1952 (AAS 44 [1952] 270-278; 413-419).
*Ausg.:* AAS 48 (1956) 144f / PerRMor 45 (1956) 137-139.

### *Situationsethik*

3918    Contra doctrinam moralem eiusque applicationem in Ecclesia catholica traditam multis in regionibus etiam inter catholicos spargi coepit systema ethicum, quod plerumque nomine cuiusdam "Ethicae situationis" venit ... .

Auctores, qui hoc systema sequuntur, decisivam et ultimam agendi normam statuunt non esse ordinem obiectivum rectum, naturae lege determinatum et ex hac lege certo

Gegen die in der katholischen Kirche überlieferte Morallehre und ihre Anwendung begann sich in vielen Gegenden auch unter Katholiken ein ethisches System zu verbreiten, das meist unter dem Namen einer "Situationsethik" auftritt ... .

Die Autoren, die diesem System folgen, behaupten, daß die entscheidende und letzte Handlungsnorm nicht die rechte objektive Ordnung sei, die durch das Naturgesetz fest-

cognitum, sed intimum aliquod mentis uniuscuiusque individui iudicium ac lumen, quo ei in concreta situatione posito innotescit quid sibi agendum sit.

Haec igitur hominis ultima decisio secundum eos non est, sicut ethica obiectiva apud auctores maioris momenti tradita docet, legis obiectivae ad particularem casum applicatio, attentis simul ac ponderatis secundum regulas prudentiae particularibus "situationis" adiunctis, sed immediatum illud internum lumen et iudicium. Hoc iudicium saltem multis in rebus ultimatim nulla norma obiectiva extra hominem posita atque ab eius persuasione subiectiva independente, quoad suam obiectivam rectitudinem ac veritatem est mensuratum neque mensurandum neque mensurabile, sed sibi ipsi plene sufficit.

Secundum hos auctores "naturae humanae" conceptus traditionalis non sufficit, sed recurrendum est ad conceptum naturae humanae "exsistentis", qui quoad plurima non habet valorem obiectivum absolutum, sed relativum tantum ideoque mutabilem, exceptis fortasse illis paucis elementis atque principiis, quae ad humanam naturam metaphysicam (absolutam *[145]* et immutabilem) spectant.

Eiusdem valoris tantum relativi est traditionalis conceptus "legis naturae". Perplura autem, quae hodie circumferuntur tamquam legis naturae postulata absoluta, nituntur secundum eorum opinionem et doctrinam in dicto conceptu naturae exsistentis, ideoque non sunt nisi relativa et mutabilia atque omni semper situationi adaptari queunt.

Acceptis atque ad rem deductis his principiis dicunt atque docent homines in sua quisque conscientia non imprimis secundum leges obiectivas, sed mediante lumine illo interno individuali secundum intuitionem personalem iudicantes, quid ipsis in praesenti situatione agendum sit, a multis conflictibus ethicis aliter insolubilibus praeservari vel facile liberari.

gelegt und aus diesem Gesetz sicher erkannt ist, sondern ein gewisses innerstes Geistesurteil und -licht eines jeden Individuums, durch das ihm, wenn es sich in der konkreten Situation befindet, klar wird, was es tun soll.

Diese letzte Entscheidung des Menschen ist nach ihnen also nicht, wie die bei den Autoren von größerer Bedeutung überlieferte objektive Ethik lehrt, eine Anwendung des objektiven Gesetzes auf den besonderen Fall unter gleichzeitiger Berücksichtigung und Gewichtung der besonderen Umstände der "Situation" nach den Regeln der Klugheit, sondern unmittelbar jenes innere Licht und Urteil. Dieses Urteil ist – wenigstens in vielen Dingen – letztendlich in bezug auf seine objektive Richtigkeit und Wahrheit an keiner außerhalb des Menschen befindlichen und von seiner subjektiven Überzeugung unabhängigen objektiven Norm gemessen noch zu messen noch meßbar, sondern genügt sich selbst völlig.

**3919**   Nach diesen Autoren genügt der traditionelle Begriff von "menschlicher Natur" nicht, sondern man muß Zuflucht nehmen zu einem Begriff "existierender" menschlicher Natur, der in bezug auf das meiste keine absolute objektive Gültigkeit hat, sondern nur eine relative und deshalb wandelbare, ausgenommen vielleicht jene wenigen Elemente und Prinzipien, die sich auf die (absolute und unwandelbare) metaphysische menschliche Natur beziehen.

Eine solche nur relative Gültigkeit besitzt der traditionelle Begriff des "Naturgesetzes". Sehr viele Dinge aber, die heute als absolute Forderungen des Naturgesetzes verbreitet sind, beruhen ihrer Meinung und Lehre nach auf dem besagten Begriff der existierenden Natur und sind deshalb nur relativ und wandelbar und können stets jeder Situation angepaßt werden.

**3920**   Unter Annahme dieser Prinzipien und ihrer Anwendung auf die Sache sagen und lehren sie, daß die Menschen, in ihrem jeweiligen Gewissen nicht in erster Linie nach objektiven Gesetzen, sondern mittels jenes individuellen inneren Lichtes nach persönlicher Intuition urteilend, was sie in der gegenwärtigen Situation zu tun haben, von vielen ansonsten unlösbaren ethischen Konflikten bewahrt oder leicht befreit werden.

**3921**    Multa, quae in huius "Ethicae situationis" systemate statuuntur, rei veritati sanaeque rationis dictamini contraria sunt, relativismi et modernismi vestigia produnt, a doctrina catholica per saecula tradita longe aberrant.

[*Es folgt das Verbot, jene Lehre zu vertreten.*]

Vieles, was im System dieser "Situationsethik" festgelegt wird, ist der Wahrheit der Sache und dem Spruch der gesunden Vernunft entgegengesetzt, verrät Spuren des Relativismus und Modernismus und irrt von der durch Jahrhunderte hindurch überlieferten katholischen Lehre weit ab.

### 3922-3926: Enzyklika "Haurietis aquas", 15. Mai 1956

*Ausg.:* AAS 48 (1956) 316-352.

*Die Verehrung des Herzens Jesu*

**3922**    [*Constat*] causam illam, qua Ecclesia cultum latriae tribuit, Divini Redemptoris Cordi, ... duplicem esse: Altera nempe, quae ad cetera quoque pertinet sacrosancta Iesu Christi corporis membra, eo principio innititur, quo novimus eius Cor, utpote nobilissimam humanae naturae partem, divini Verbi personae hypostatice coniungi; ideoque ei tribuendum esse eundem adorationis cultum, quo Ecclesia personam ipsius Filii Dei incarnati honorat. ...

Altera vero, quae peculiari modo ad divini Redemptoris Cor pertinet ac peculiari itidem ratione postulat latriae cultum eidem tribuendum, ex eo oritur quod Cor eius, magis quam cetera omnia eius corporis membra, immensae eius caritatis erga hominum genus naturalis index seu symbolus est. "Inest *[317]* in sacro Corde ... symbolum atque expressa imago infinitae Iesu Christi caritatis, quae movet ipsa nos ad amandum mutuo"[1]. ...

**3923**    *[323]* [*Christus*] reapse humanam naturam, individuam, integram et perfectam, quae in purissimo Mariae Virginis sinu ex Spiritus Sancti virtute concepta est, divinae personae suae coniunxit. Nihil igitur ei defuit humanae naturae, quam sibi Dei Verbum copulavit; eam ipse profecto assumpsit nullo modo imminutam, nullo modo immutatam ad spiritualia et ad corporea quod attinet: hoc est intelligentia ac voluntate ditatam ceteris-

[*Es ist bekannt,*] daß der Grund, warum die Kirche dem Herzen des göttlichen Erlösers die Verehrung der Anbetung erweist, ... ein doppelter ist: Der eine nämlich, der auch auf die anderen hochheiligen Glieder des Leibes Jesu Christi zutrifft, stützt sich auf den Grundsatz, durch den wir wissen, daß sein Herz als edelster Teil der menschlichen Natur mit der Person des göttlichen Wortes hypostatisch verbunden ist, und daß ihm deshalb dieselbe Verehrung der Anbetung erwiesen werden muß, mit der die Kirche die Person des fleischgewordenen Sohnes Gottes selbst ehrt. ...

Der andere aber, der in besonderer Weise auf das Herz des göttlichen Erlösers zutrifft und in ebenso besonderem Sinne verlangt, ihm die Verehrung der Anbetung zu erweisen, ergibt sich daraus, daß sein Herz mehr als alle anderen Glieder seines Leibes ein natürliches Kennzeichen bzw. Symbol für seine unermeßliche Liebe zum Menschengeschlecht ist. "Im heiligen Herzen liegt ... das Symbol und das ausgeprägte Bild der unbegrenzten Liebe Jesu Christi vor, die uns zur gegenseitigen Liebe bewegt"[1]. ...

[*Christus*] hat wirklich die ungeteilte, unversehrte und vollkommene menschliche Natur, die im reinsten Schoß der Jungfrau Maria aus der Kraft des Heiligen Geistes empfangen wurde, mit seiner göttlichen Person verbunden. Es fehlte ihm also nichts von der menschlichen Natur, die das Wort Gottes mit sich verknüpfte; er hat sie wirklich angenommen, in keiner Weise vermindert, in keiner Weise verändert, was das Geistige und das

---

*3922 [1] Leo XIII., Enzyklika "*Annum sacrum*", 25. Mai 1899 (Leo XIII., *Acta* 19 [Rom] 76; *3353).

que internis externisque cognoscendi facultatibus, itemque sensuum appetitu omnibusque naturalibus impulsionibus [*allegantur documenta *293 301 355*].

Quapropter cum nullo modo dubitari possit Iesum Christum *[324]* verum adeptum esse corpus omnibus qui eidem proprii sunt affectibus pollens, in quibus quidem ceteris omnibus amor praestat, nullum pari modo dubium esse potest eum physico nostroque simili corde praeditum fuisse, cum sine excellentissimo hoc corporis membro hominum vita, ad affectus etiam quod attinet, haberi non possit. ...

*[327]* Quamobrem iure meritoque Incarnati Verbi Cor praecipuus consideratur index et symbolus triplicis illius amoris, quo divinus Redemptor aeternum Patrem hominesque universos continenter adamat. Symbolus nempe est divini illius amoris, quem cum Patre et Spiritu Sancto communicat, sed qui tamen in ipso tantum, utpote in Verbo, quod caro factum est, per caducum et fragile humanum corpus nobis manifestatur. ...

Symbolus praeterea est incensissimae illius caritatis, quae, eius in animum infusa, humanam ditat Christi *[328]* voluntatem, et cuius actus duplici scientia perfectissima collustratur et dirigitur, hoc est beata et indita vel infusa[1].

Ac denique - idque modo magis naturali ac directo - sensibilis quoque affectus symbolus est, cum Iesu Christi corpus, in sinu Virginis Mariae Spiritus Sancti opera formatum, sentiendi percipiendique vi polleat perfectissima, magis utique quam cetera omnia hominum corpora[2]. ...

*[343]* ... Itaque a re corporali, quae est Cor Christi Iesu, eiusque naturali significatione, nobis licet ... ascendere non solum ad con-

Leibliche anbelangt: d. h. mit Verstand und Wille begabt und mit den übrigen inneren und äußeren Erkenntnisfähigkeiten, und ebenso mit dem Begehren der Sinne und allen natürlichen Antrieben [*Es werden die Dokumente *293 301 355 angeführt*].

Da man in keiner Weise daran zweifeln kann, daß Jesus Christus einen wahren Leib angenommen hat, der über alle Regungen verfügt, die ebendiesem eigentümlich sind, unter denen freilich die Liebe alle anderen übertrifft, deswegen kann in gleicher Weise kein Zweifel daran bestehen, daß er mit einem physischen und dem unseren ähnlichen Herzen begabt war, da man ohne dieses herausragendste Glied des Leibes kein Menschenleben, auch was die Regungen anbelangt, haben kann. ...

Deswegen wird mit Fug und Recht das **3924** Herz des fleischgewordenen Wortes als vorzügliches Kennzeichen und Symbol für jene dreifache Liebe angesehen, mit der der göttliche Erlöser den ewigen Vater und alle Menschen beständig liebt. Es ist nämlich Symbol für jene göttliche Liebe, die er mit dem Vater und dem Heiligen Geist gemeinsam hat, die uns aber dennoch nur in ihm selbst als in dem Wort, das Fleisch geworden ist, durch den hinfälligen und gebrechlichen menschlichen Leib offenbar wird. ...

Es ist außerdem Symbol für jene brennende Liebe, die, in sein Herz eingegossen, den menschlichen Willen Christi reich macht und deren Handeln durch ein zweifaches vollkommenes Wissen erleuchtet und geleitet wird, nämlich das selige und das eingegebene bzw. eingegossene ⟨Wissen⟩[1].

Und schließlich - und zwar auf eine mehr natürliche und unmittelbare Weise - ist es auch Symbol für die sinnenhafte Regung, weil der Leib Jesu Christi, im Schoß der Jungfrau Maria durch das Wirken des Heiligen Geistes geformt, über ein vollkommenes Sinnes- und Empfindungsvermögen verfügt, und zwar mehr als alle anderen Leiber von Menschen[2]. ...

... Deshalb ist es uns erlaubt, von einer **3925** körperlichen Wirklichkeit, wie es das Herz Christi Jesu ist, und seiner natürlichen Be-

---

**\*3924** [1]   Vgl. Thomas von Aquin, *Summa theologiae* III, q. 9, a. 1-3 (Editio Leonina 11,138-142).
       [2]   Vgl. ebd. III, q. 33, a. 2 ad 3; q. 36, a. 6 (Editio Leonina 11,342 443).

templandum eius amorem qui sensibus percipiatur, sed altius etiam ad considerandum
et adorandum celsissimum amorem infusum;
ac denique ... ad meditandum et adorandum
amorem divinum Verbi incarnati; quandoquidem e fide, qua credimus utramque naturam, huma*[344]*nam ac divinam, in persona
Christi esse unitam, mente concipere possumus necessitudines illas arctissimas, quae inter sensibilem amorem physici Cordis Iesu
intercedunt, et duplicem amorem, spiritualem quidem, humanum scilicet ac divinum.
Hi enim amores non tantum una simul exsistentes dicendi sunt in adorabili persona divini Redemptoris, sed etiam inter se naturali
nexu coniuncti, quatenus divino humanus
sensibilisque subiiciuntur, atque illius analo-
gicam similitudinem referunt.

Non autem contendimus Cor Iesu ita esse
intellegendum, ut in eo habeatur et adoretur
imago formalis quae dicitur, seu signum perfectum et absolutum eius amoris divini, cum
intima huius essentia nullo modo adaequari
possit quavis creata imagine; sed christifidelis, Cor Iesu excolens, una cum Ecclesia signum adorat et quasi vestigium caritatis divinae. ...

Necesse est ergo, ut in hoc doctrinae capite tanti momenti tantaeque prudentiae unusquisque animo semper teneat veritatem naturalis symboli, quo physicum Cor Iesu ad
personam Verbi refertur, totam niti in veritate primaria hypostaticae unionis; si quis autem verum esse hoc negaverit, falsas opiniones, ab Ecclesia non semel reiectas, restauret,
utpote quae uni personae in Christo, utraque
tamen natura distincta manente et integra,
adversentur.

deutung ... emporzusteigen nicht nur zur Betrachtung seiner Liebe, die mit den Sinnen
empfunden wird, sondern sogar noch höher
zur Betrachtung und Anbetung der erhabensten Liebe, die ⟨ihm⟩ eingegossen ist; und
schließlich ... zur Betrachtung und Anbetung
der göttlichen Liebe des fleischgewordenen
Wortes; denn wir können ja aufgrund des
Glaubens, in dem wir glauben, daß beide Naturen, die menschliche und die göttliche, in
der Person Christi geeint sind, im Geiste jene
engsten Verbindungen erfassen, die zwischen
der sinnenhaften Liebe des physischen Herzens Jesu und der doppelten, d. h. geistigen
Liebe, nämlich der menschlichen und göttlichen, bestehen. Man muß nämlich nicht nur
sagen, daß diese Weisen von Liebe sich zugleich in der anbetungswürdigen Person des
göttlichen Erlösers befinden, sondern auch,
daß sie durch ein natürliches Band untereinander verbunden sind, insofern die menschliche und die sinnenhafte sich der göttlichen
unterordnen und eine jener entsprechende
Ähnlichkeit wiedergeben.

Wir behaupten aber nicht, daß das Herz
Jesu so zu verstehen sei, daß man in ihm ein
sogenanntes formales Abbild bzw. ein vollkommenes und absolutes Zeichen seiner göttlichen Liebe besitzt und anbetet, da ihr innerstes Wesen in keiner Weise durch irgendein geschaffenes Abbild erreicht werden
kann; vielmehr betet ein Christgläubiger,
wenn er das Herz Jesu verehrt, zusammen
mit der Kirche ein Zeichen und gleichsam
die Spur der göttlichen Liebe an. ...

Es ist also notwendig, daß in diesem Lehrkapitel von so großer Bedeutung und so großer Weisheit ein jeder immer im Herzen festhält, daß die Wahrheit des natürlichen Sym-
bols, wodurch das physische Herz Jesu auf
die Person des Wortes bezogen wird, sich
ganz auf die grundlegende Wahrheit der hypostatischen Union stützt; wer aber leugnet,
daß dies wahr ist, der wird falsche Auffassungen, die von der Kirche nicht nur einmal verworfen wurden, erneuern, die nämlich zu der
einen Person in Christus, jedoch unter Fortdauer der beiden unterschiedenen und unversehrten Naturen, im Widerspruch stehen.

### Die Mutterschaft Mariens

*[352]* ... Curent christifideles, ut eidem [*cultui Cordis Iesu*] cultus etiam erga Immaculatum Dei Genitricis Cor arcte copuletur. Cum enim ex Dei voluntate in humanae redemptionis peragendo opere Beatissima Virgo Maria cum Christo fuerit indivulse coniuncta, adeo ut ex Iesu Christi caritate eiusque cruciatibus cum amore doloribusque ipsius Matris intime consociatis sit nostra salus profecta, congruit omnino, ut a christiano populo, quippe qui a Christo per Mariam divinam vitam sit adeptus, post debita erga Sacratissimum Cor Iesu exhibita obsequia, etiam Cordi amantissimo caelestis Matris adiuncta pietatis, amoris, grati expiantisque animi studia praestentur.

... Die Christgläubigen sollen sorgen, daß **3926** man mit ebendieser [*Verehrung des Herzens Jesu*] auch die Verehrung gegenüber dem Unbefleckten Herzen der Gottesgebärerin eng verknüpfe. Weil nämlich nach Gottes Willen beim Vollzug des Werkes der menschlichen Erlösung die Seligste Jungfrau Maria so sehr mit Christus untrennbar verbunden war, daß unser Heil aus der Liebe Jesu Christi und seinen Qualen, die mit der Liebe und den Schmerzen eben der Mutter innig verbunden waren, herrührte, ist es durchaus angemessen, daß vom christlichen Volk, das ja von Christus durch Maria das göttliche Leben erlangte, nach Bezeugung der schuldigen Ehren gegenüber dem heiligsten Herzen Jesu auch dem liebevollen Herzen der himmlischen Mutter Erweise der Frömmigkeit, Liebe und einer dankbaren und sühnenden Gesinnung dargebracht werden.

### 3928: Dekret des Hl. Offiziums, 8. März (23. Mai) 1957

Vgl. die Ansprache Pius' XII. an den Internationalen pastoralliturgischen Kongreß, 22. Sept. 1956 (AAS 48 [1956] 716–725).
    *Ausg.:* AAS 49 (1957) 370.

### Gültigkeit der Konzelebration

*Qu.:* An plures sacerdotes valide Missae sacrificium concelebrent, si unus tantum eorum verba "Hoc est corpus meum" et "Hic est sanguis meus" super panem et vinum proferat, ceteri vero verba Domini non proferant, sed, celebrante sciente et consentiente, intentionem habeant et manifestent sua faciendi verba et actiones eiusdem.

*Resp. (confirmata a Summo Pontifice, 18. Mart.):* Negative; nam ex institutione Christi ille solus valide celebrat, qui verba consecratoria pronuntiat.

*Frage:* Feiern mehrere Priester zusammen **3928** gültig das Meßopfer, wenn nur einer von ihnen die Worte "Das ist mein Leib" und "Das ist mein Blut" über Brot und Wein vorträgt, die übrigen aber die Worte des Herrn nicht vortragen, sondern – mit Wissen und Zustimmung des Zelebranten – die Absicht haben und offenbaren, die Worte und Handlungen desselben sich zu eigen zu machen?

*Antwort (vom Papst am 18. März bestätigt):* Nein; denn nach der Einsetzung Christi zelebriert allein jener gültig, der die Konsekrationsworte ausspricht.

## JOHANNES XXIII.: 28. Okt. 1958 – 3. Juni 1963

### 3930: Antwort des Hl. Offiziums, 25. März (4. April) 1959

*Ausg.:* AAS 51 (1959) 271f.

## Wahl von Abgeordneten, die den Kommunismus unterstützen

3930  *Qu.*: Utrum catholicis civibus in eligendis populi oratoribus liceat suffragium dare iis partibus vel candidatis, qui, etsi principia catholicae doctrinae opposita non pro*[272]*fiteantur, immo etiam christianum nomen sibi assumant, re tamen communistis sociantur et sua agendi ratione iisdem favent.

*Frage:* Ist es katholischen Bürgern erlaubt, bei der Wahl von Volksvertretern ihre Stimme solchen Parteien oder Kandidaten zu geben, die zwar keine der katholischen Lehre entgegengesetzten Prinzipien verkünden, ja sogar den christlichen Namen für sich beanspruchen, tatsächlich jedoch sich mit den Kommunisten verbinden und sie mit ihrer Handlungsweise unterstützen?

*Resp. (confirmata a Summo Pontifice, 2. Apr.):* Negative, ad normam *Decreti S. Officii* 1. Iul. 1949, n. 1 [*3865].

*Antwort (vom Papst am 2. April bestätigt):* Nein, nach der Richtlinie des Dekretes des Hl. Offiziums vom 1. Juli 1949, Nr. 1 [*3865].

## 3935-3953: Enzyklika "Mater et Magistra", 15. Mai 1961

Die Enzyklika zum 70. Jahrestag von *"Rerum novarum"* faßt die Soziallehre der vorhergegangenen Päpste zusammen und entwickelt sie im Hinblick auf die neue gesellschaftliche Situation nach dem 2. Weltkrieg weiter. Zum erstenmal werden die Problematik der unterentwickelten Länder und die Frage eines menschheitlichen Gemeinwohls aufgegriffen. Die Veröffentlichung mußte wegen Schwierigkeiten bei der Übersetzung des ursprünglichen italienischen Textes auf den 14. Juli verschoben werden. Zwar ist allein der lateinische Text authentisch, wegen sprachlicher Mängel der Enzyklika ist es jedoch unvermeidlich, den italienischen Text, der zusammen mit dem lateinischen Text im *Osservatore Romano*, 15. Juli 1961, herausgegeben wurde, heranzuziehen. (Der italienische Text wurde bei der hier vorliegenden Übersetzung berücksichtigt.)

*Ausg.:* AAS 53 (1961) 405-447.

## Zusammenfassung der Soziallehre Leos XIII.

3935  *[405]* ... Leo XIII ... initio de labore docet, hunc nullo modo posse pro merce quapiam duci, utpote qui ab humana persona proxime procedat. Nam cum ex eo, veluti ab unico capite, plerique hominum sumant suum victum cultumque, eius idcirco modus non ex mercatorum more pendendus est, sed verius ex iustitiae et aequitatis legibus; quod nisi fit, conficitur porro ut de *[406]* locando opere pactionibus, quamvis libere initis utrimque, iustitia prorsus laedatur [cf. *3270].

... Leo XIII. ... lehrt zu Beginn über die Arbeit, daß diese auf keine Weise für irgendeine Ware gehalten werden könne, da sie ja unmittelbar aus der menschlichen Person hervorgeht. Denn da die meisten Menschen aus ihr als der einzigen Quelle ihren Lebensunterhalt gewinnen, ist ihre Art nicht nach Weise der Kaufleute abzuwägen, sondern vielmehr nach den Gesetzen von Gerechtigkeit und Billigkeit; geschieht dies nicht, so ergibt sich weiter, daß bei Arbeitsverträgen auch dann die Gerechtigkeit durchaus verletzt wird, wenn sie von beiden Seiten frei eingegangen wurden [vgl. *3270].

Accedit quod a natura in singulos proficiscitur ius bona privatim possidendi, ne iis quidem deductis quae instrumenti loco sunt; quod ius delere nequaquam integrum est reipublicae. Verum quia in privato bonorum dominio naturaliter sociale inest munus, ob eam causam qui istiusmodi fruatur iure, is necesse est, non solum cum suo ipsius commodo, sed cum aliorum etiam utilitate fruatur.

Außerdem kommt den einzelnen von Natur das Recht zu, privat Güter zu besitzen, auch solche nicht ausgenommen, die zu den Produktionsgütern gehören; dieses Recht zu tilgen, ist dem Gemeinwesen keinesfalls erlaubt. Da dem Privateigentum an Gütern aber von Natur aus eine soziale Verpflichtung innewohnt, ist es notwendig, daß der, welcher ein derartiges Recht genießt, es nicht nur zu seinem eigenen Vorteil, sondern auch ⟨verbunden⟩ mit dem Nutzen für andere genießt.

Quod autem ad rempublicam attinet, cuius finis est, ut, in terrestrium bonorum genere, communi omnium utilitati prospiciat, res civium oeconomicas ea nullo pacto potest neglegere; immo vero opportune curare debet praesens, ut primum ex iisdem ea gignatur bonorum copia, "quorum usus est necessarius ad actum virtutis"[1]; ut deinde iura vindicentur civium universorum, in primis scilicet tenuiorum, cuiusmodi opifices sunt, mulieres puerique. Neque civitati fas est umquam se ex officio exuere, quo iubetur operariorum rationes in melius data opera mutare.

Ad haec, reipublicae partes sunt prospicere, ut simul de locandis operis pactiones ad iustitiae aequitatisque normam conflentur; ut simul, ubi impendantur operae, ibi ne labefactetur, neque quantum ad corpus, neque quantum ad animum, humanae personae dignitas. Quam ad causam in Leonianis Litteris summa exponuntur iusti verique elementa de humani convictus rationibus, quae nostro hoc tempore civitates aliter atque aliter ad suas traduxerunt leges, quaeque – ut ... Pius XI ... declarat – non parum contulerunt ad condendam atque provehendam novam illam iuris disciplinae partem, quam 'Laboris Ius' appellant.

In iisdem praeterea Litteris ius a natura datum esse operariis affirmatur, non tantum ut corporati in societates coeant, sive ex solis opificibus, sive ex opificum et dominorum ordinibus conflatas, easdemque in illam formam redigant quam opinentur magis suae artis rationibus idoneam, sed ut etiam ipsi opifices in societatibus, quas diximus, ita se, nemine prae *[407]* cludente, libere ac sua sponte movere possint, prouti suae utilitates ferant.

Was aber das Gemeinwesen anbelangt, 3936 dessen Zweck es ist, auf dem Gebiet der irdischen Güter Vorsorge für den gemeinsamen Nutzen aller zu treffen, so kann es keineswegs die wirtschaftlichen Belange der Bürger vernachlässigen; vielmehr muß es angemessen und wirksam dafür sorgen, daß erstens aus ihnen jene Fülle an Gütern erwachse, "deren Gebrauch für den Vollzug der Tugend notwendig ist"[1], und daß ferner die Rechte aller Bürger geschützt werden, vor allem freilich der schwächeren, zu denen die Arbeiter, Frauen und Kinder gehören. Auch ist es dem Staat niemals erlaubt, sich der Pflicht zu entziehen, durch die er geheißen ist, die Belange der Arbeiter mit Eifer zum Besseren zu verändern.

Zudem ist es Aufgabe des Gemeinwesens, dafür Vorsorge zu treffen, daß einerseits Arbeitsverträge nach der Richtschnur von Gerechtigkeit und Billigkeit geschlossen werden, und daß andererseits dort, wo die Arbeiten geleistet werden, die Würde der menschlichen Person weder in bezug auf den Leib noch in bezug auf die Seele verletzt werde. Was das betrifft, so wurden in dem Schreiben Leos die wichtigsten Elemente in bezug auf die Formen eines gerechten und wahren menschlichen Zusammenlebens dargelegt, die die Staaten in dieser unserer Zeit auf jeweils andere Weise in ihre Gesetze übernommen haben, und die – wie ... Pius XI. ... erklärt – nicht wenig dazu beigetragen haben, jenen neuen Zweig der Rechtswissenschaft zu begründen und zu befördern, den man "Arbeitsrecht" nennt.

In demselben Schreiben wird außerdem 3937 bekräftigt, daß den Arbeitern von Natur aus das Recht gegeben ist, nicht nur daß sie sich körperschaftlich zu Verbänden zusammenschließen – sei es, daß diese sich allein aus Arbeitern, sei es, daß sie sich aus den Ständen der Arbeiter und Besitzer zusammensetzen – und diesen jene Gestalt verleihen, von der sie meinen, daß sie für die Belange ihres Berufes am geeignetsten sei, sondern daß auch die Arbeiter selbst in den Verbänden, die Wir erwähnten, ohne daß es jemand hindert, frei und aus eigener Initiative

---

**\*3936** [1]   Thomas von Aquin, *De regimine principum* I 15 (Parmaer Ausg. 16 [1865] 238a / R. Busa, *Opera* 3 [1980] 600 [= I 16]).

Postremum operarii operumque conductores, in mutuis componendis rationibus, sese gerant ad principia humanae coniunctionis, atque ad christianae fraternaeque necessitudinis normam: quandoquidem sive immoderata ea aemulatio, quam liberales, qui vocantur, praedicant, sive alterius ordinis in alterum, pro marxianis placitis, dimicatio, non minus a christiana doctrina quam ab hominum ipsorum natura sunt sane alienissimae.

so vorgehen können, wie es ihre Interessen erfordern.

Schließlich sollen sich Arbeiter und Arbeitgeber bei der Regelung der beiderseitigen Beziehungen an den Prinzipien der menschlichen Verbindung und an der Richtschnur christlicher und brüderlicher Gemeinschaft ausrichten: deshalb sind sowohl jener ungezügelte Wettbewerb, den die sogenannten Liberalen predigen, als auch der Kampf der einen Klasse gegen die andere im Sinne der marxistischen Lehren nicht weniger der christlichen Lehre als der Natur der Menschen selbst ganz und gar fremd.

## Zusammenfassung der Soziallehre Pius' XI.

**3938**     [*Pius XI Litteris encyclicis "Quadragesimo anno"*] tum catholicae Ecclesiae iuris et officii esse confirmat, in id praecipuam conferre operam ut de re sociali causae gravissimae, ut oportet, expediantur, quae tantopere civium coniunctionem sollicitant, tum deinde tradita in Leonianis Litteris principia et praeceptiones temporum condicionibus apta inculcando conservat; tum denique, per huiusmodi occasionem, non tantum aliquot doctrinae capita declarat, in quibus vel catholici homines haerebant, sed docet etiam qua ratione principia praeceptionesque eadem, quoad socialium rerum ordinem, sint ad mutatum temporum statum componenda.

[*408*] Eo enim tempore subdubitabant nonnulli quid vere de privata possessione, quid de manuum mercede opificibus tribuenda, quid postremo de temperata quadam socialismi ratione catholicis esset sentiendum.

Quod nunc ad primum attinet, iterum pronuntiat Decessor ille Noster privatae possessionis ius ab ipsa oriri natura; quin etiam socialem eiusdem privati dominii rationem et munus enucleat atque illustrat.

De altera autem causa, postquam augustus Pontifex sententiam eorum movit, qui salarii disciplinam opinarentur esse natura ipsa iniustam, simul queritur quod eadem non semel constituta vel inhumane vel iniuste sit;

[*Pius XI.*] bekräftigt [*in der Enzyklika "Quadragesimo anno"*], daß es zum Recht und zur Pflicht der katholischen Kirche gehört, besondere Mühe darauf zu verwenden, daß auf sozialem Gebiet die drückendsten Probleme, wie es sich gehört, gelöst werden, die die Gemeinschaft der Bürger so sehr beunruhigen; ferner betont und bestätigt er die in dem Schreiben Leos überlieferten Grundsätze und Vorschriften, angepaßt an die Zeitumstände; schließlich klärt er bei dieser Gelegenheit nicht nur einige Lehrkapitel, in denen selbst Katholiken unsicher waren, sondern lehrt auch, auf welche Weise diese Grundsätze und Vorschriften in bezug auf die Ordnung des Sozialwesens an den veränderten Stand der Zeiten anzupassen sind.

In dieser Zeit waren nämlich manche unschlüssig, was die Katholiken wirklich über den Privatbesitz, was sie über den Lohn, der den Arbeitern für ihrer Hände ⟨Arbeit⟩ gezahlt werden muß, was sie schließlich über eine gemäßigte Weise des Sozialismus denken sollten.

Was nun das erste anbelangt, so verkündet jener Unser Vorgänger wiederum, daß das Recht auf Privatbesitz von der Natur selbst herrühre; er entwickelt und erläutert jedoch auch die soziale Beschaffenheit und Verpflichtung dieses Privateigentums.

In bezug auf das zweite Problem aber erschüttert der ehrwürdige Papst zunächst die Auffassung derer, die meinen, das Lohnsystem sei aufgrund seiner Natur selbst ungerecht; danach beklagt er, daß dieses nicht

simul accurate monet quae rationes quaeve condiciones sint servandae, ne a iustitia neve ab aequitate hac in re discedatur.

In quo rerum genere ... in praesenti expedit, pactiones operariorum cum pactionibus societatis secundum aliqua temperari; ita nempe, ut "operarii officialesque consortes fiant dominii vel curationis, aut de lucris perceptis aliqua ratione participent"[1].

Grave quoque et ratione et usu illud existimandum est, Pium XI confirmavisse "hominum efficientiam nec iuste aestimari neque ad aequalitatem rependi posse, eius natura sociali et individuali posthabita"[2]. Quam ob rem, cum de dimetienda opificum mercede agitur, iustitia nimirum postulat ut, praeter ipsius opificis eiusque familiae necessitates, ex altera parte status respiciatur consociationum opibus gignendis, quibus opifices laborem impendant, ex altera generatim "publici boni oeconomici"[3] ratio habeatur.

Prae se fert praeterea Antistes sacrorum Maximus *communistarum*, qui dicuntur, et christianorum placita inter se repugnare vehementer. Neque posse ullo pacto catholicis hominibus praecepta probari *socialistarum*, qui leniorem videantur profiteri sententiam; ex horum enim opinione effici primum ut, cum socialis vitae ordo occiduo hoc tempore finiatur, idem ad solius mortalis huius vitae commoda ordinetur; effici deinde ut, cum hominum convictus et societas ad externa bona pa[409]rienda dumtaxat pertineat, humana idcirco libertas nimis imminuatur, vera socialis auctoritatis notione neglecta.

⟨nur⟩ im Einzelfall unmenschlich oder ungerecht festgelegt worden sei, und weist ausführlich darauf hin, welche Überlegungen und welche Bedingungen zu beachten seien, um in dieser Sache nicht von der Gerechtigkeit oder von der Billigkeit abzuweichen.

In diesem Sachbereich ... ist es gegenwärtig nützlich, daß Arbeitsverträge in einigen Punkten durch Gesellschaftsverträge reguliert werden, und zwar so, daß "Arbeiter und Angestellte am Besitz bzw. an der Verwaltung Anteil erhalten oder in irgendeiner Weise an den erzielten Gewinnen teilhaben"[1].

Sowohl in der Theorie als auch in der Praxis ist es auch für gewichtig zu erachten, daß Pius XI. bekräftigt hat: "Die Tätigkeit der Menschen kann weder gerecht bewertet noch nach Billigkeit vergolten werden, wenn ihre soziale und individuelle Natur hintangestellt wird"[2]. Wenn es deshalb um die Bemessung des Lohnes für die Arbeiter geht, erfordert die Gerechtigkeit offensichtlich, daß außer den notwendigen Bedürfnissen des Arbeiters selbst und seiner Familie einerseits der Zustand der Produktionsgesellschaften berücksichtigt wird, bei denen die Arbeiter ihre Arbeit leisten, und andererseits allgemein dem "öffentlichen wirtschaftlichen Gut"[3] Rechnung getragen wird.

Außerdem betont der oberste Bischof, daß **3939** die Lehren der sogenannten *Kommunisten* und der Christen heftig untereinander widerstreiten. Auch könnten die Gebote der *Sozialisten*, die eine gemäßigtere Auffassung zu vertreten scheinen, in keiner Weise von Katholiken gebilligt werden. Aus deren Ansicht ergebe sich nämlich erstens, daß die Ordnung des gesellschaftlichen Lebens, da sie in dieser vergänglichen Zeit ende, allein an den Vorteilen dieses sterblichen Lebens ausgerichtet werde; ferner ergebe sich, daß die menschliche Freiheit allzusehr herabgewürdigt werde, weil das Zusammenleben und die Gemeinschaft der Menschen sich lediglich auf die Erzeugung äußerer Güter erstrecke, wobei die Kenntnis der wahren gesellschaftlichen Autorität unberücksichtigt bleibe.

---

**\*3938**   [1]   Vgl. Pius XI., Enzyklika *"Quadragesimo anno"* (AAS 23 [1931] 199; \*3733).
        [2]   Vgl. ebd. (200).
        [3]   Vgl. ebd. (201).

**3940**    Non fugit tamen Pium XI, post datas, quadraginta ante annos, Leonianas Litteras illas, temporum rationem rerumque faciem esse funditus mutatas, idque, ut ex reliquis rebus, ita etiam ex hoc patere, quod libera competitorum aemulatio, ob insitam sibi ac veluti innatam vim, eo demum evaserit, ut seipsam fere dissolverit, et ingentes divitias ex iisdemque ortam dominandi immoderatam facultatem in paucorum congesserit manus, "qui plerumque non domini, sed depositae rei custodes tantum et administratores sint, eamque nutu suo arbitrioque regant"[1].

Quam ob causam ... "libero mercatui oeconomicus potentatus suffectus erat; lucri cupiditati proinde effrenata potentatus ambitio successerat; tota oeconomia horrendum in modum dura, immitis, atrox erat facta"[2]. Ex quo sane fiebat, ut vel reipublicae munera hominum opulentiorum emolumentis inservirent, atque ita congestae divitiae gentibus omnibus quodammodo imperarent.

Cui rerum inclinationi convenienter obsistendi causa, Summus ille Pontifex praecipuas has tradit normas: scilicet rerum oeconomicarum rationem ad moralis vitae rationem esse revocandam, itemque sive singulorum civium sive societatum utilitates cum universorum utilitatibus esse potissimum temperandas.

Quod quidem ... utique poscit, ut primum nempe humanus convictus ordinatim restituatur, societatibus minoribus ad res oeconomicas et ad professiones pertinentibus constitutis, quas respublica pro imperio suo non iniunxerit, sed sui sint iuris; ut deinde civitatum magistratus, suum redintegrantes munus, neutiquam neglegant communibus omnium utilitatibus prospicere; ut postremo, si hominum societatem universam spectemus, respublicae, mutuam inter se operam mutuaque consilia conferentes, bonum etiam po-

Es entgeht Pius XI. jedoch nicht, daß sich nach jenem vor vierzig Jahren herausgegebenen Schreiben Leos die Beschaffenheit der Zeiten und das Gesicht der Verhältnisse grundlegend geändert haben; und zwar sei dies unter anderem auch daraus ersichtlich, daß der freie Wettbewerb der Konkurrenten wegen der ihm innewohnenden und gleichsam eingeborenen Kraft schließlich dahin gelangt sei, daß er sich selbst fast aufgelöst und gewaltige Reichtümer sowie die daraus erwachsene ungezügelte Herrschaftsgewalt in den Händen weniger aufgehäuft hat, "die meistens nicht Eigentümer, sondern nur Wächter und Verwalter eines anvertrauten Gutes sind und über dieses nach ihrem Gutdünken und ihrer Willkür verfügen"[1].

Aus diesem Grunde ... "war an die Stelle der freien Marktwirtschaft wirtschaftliche Vorherrschaft getreten; der Begierde nach Gewinn war ebenso ungezügeltes Machtstreben nachgefolgt; die ganze Wirtschaft war in furchterregender Weise hart, rücksichtslos und schrecklich geworden"[2]. Aufgrund dessen geschah es nun, daß selbst die Leistungen des Staates den Vorteilen der reicheren Menschen dienten und so gewissermaßen aufgehäufter Reichtum über alle Völker herrschte.

Um dieser Wendung der Dinge angemessen zu begegnen, trägt jener Papst folgende Hauptrichtlinien vor: nämlich die Ordnung der wirtschaftlichen Angelegenheiten müsse an der Ordnung des moralischen Lebens ausgerichtet werden, und desgleichen sei der Nutzen sowohl der einzelnen Bürger als auch der Gemeinschaften vornehmlich mit dem Nutzen aller in Einklang zu bringen.

Dies ... erfordert nun unter allen Umständen, daß erstens sicherlich das menschliche Zusammenleben ordnungsgemäß wiederhergestellt wird, indem kleinere Verbände gegründet werden, die sich auf den wirtschaftlichen Bereich und die Berufe beziehen und die nicht das Gemeinwesen vermöge seiner Befehlsgewalt einsetzt, sondern die eigenen Rechts sind; daß ferner die Staatsbehörden sich wieder auf ihre Aufgabe besinnen und es keinesfalls versäumen, Vorsorge für den gemeinsamen Nutzen aller zu treffen; daß

---

**\*3940** [1]    Vgl. ebd. (210f).
[2]    Vgl. ebd. (211).

pulorum oeconomicum consectentur.

Sed doctrinae capita, quae Pianarum Litterarum videntur esse propria, ad duo haec potissimum redigi possunt. Quorum *[410]* alterum prohibet omnino, ne in re oeconomica pro suprema lege habeantur aut singulorum consociatorumve hominum commoda aut effrenata competitorum aemulatio aut immodica opulentorum potestas aut reipublicae ambitiosus honor dominandive cupido aut huius generis alia.

Immo vero quaelibet in rebus oeconomicis incepta necesse est iustitia et caritate, tamquam principibus rei socialis legibus, gubernari.

Alterum vero, quod Litterarum Pii XI esse proprium censemus, praecipit, ut, institutis sive publicis sive liberis conditis, tam in singulis civitatibus quam inter nationes, sociali iustitia auspice, is iuris instauretur ordo, in quo, qui rebus oeconomicis operentur, suas ipsorum commoditates cum communibus omnium utilitatibus apte componere possint.

schließlich, wenn wir die gesamte Gemeinschaft der Menschen betrachten, die Gemeinwesen durch die Aufnahme wechselseitiger Anstrengung und wechselseitiger Beratungen auch nach dem wirtschaftlichen Wohl der Völker streben.

Die Lehrkapitel, die dem Schreiben Pius' **3941** eigen zu sein scheinen, können jedoch vornehmlich auf folgende zwei zurückgeführt werden. Von diesen verbietet das eine ganz und gar, daß auf wirtschaftlichem Gebiet entweder die Vorteile einzelner bzw. miteinander verbundener Menschen oder der ungezügelte Wettbewerb der Konkurrenten oder die maßlose Macht der Reichen oder der Ehrgeiz bzw. die Herrschgier des Gemeinwesens oder anderes derartiges für das oberste Gesetz gehalten werde.

Vielmehr ist es notwendig, daß alle Unternehmungen auf wirtschaftlichem Gebiet von Gerechtigkeit und Liebe als den Hauptgesetzen auf sozialem Gebiet geleitet werden.

Das andere ⟨Lehrkapitel⟩ aber, von dem Wir meinen, daß es dem Schreiben Pius' XI. eigen ist, gebietet, daß durch Gründung öffentlicher und freier Einrichtungen sowohl in den einzelnen Staaten als auch unter den Nationen unter dem Vorzeichen sozialer Gerechtigkeit eine solche Rechtsordnung errichtet werde, in der die im wirtschaftlichen Bereich Arbeitenden ihre eigenen Interessen mit dem gemeinsamen Nutzen aller angemessen verbinden können.

*Die Soziallehre Pius' XII.*

*[411]* ... *[Pio XII in animo fuit]* "explicare enodatius quae catholica Ecclesia praecipiat de tribus vitae socialis reique oeconomicae causis praecipuis: de usu videlicet aspectibilium bonorum, de labore, de familia: quarum profecto rerum alia cum alia copuletur atque conectatur, altera subveniat alteri"[1].

Quod pertinet ad primum, prae se fert Decessor Noster, cuiusvis hominis ius, externa nimirum bona ad victum cultumque suum referendi, pluris quidem faciendum esse quam alia quaecumque iura, quae in re oe-

... *[Pius XII. beabsichtigte,]* "deutlicher zu **3942** erklären, was die katholische Kirche über die drei Hauptprobleme des sozialen Lebens und des wirtschaftlichen Bereichs vorschreibt, nämlich über die Nutzung der sichtbaren Güter, über die Arbeit und über die Familie; von diesen Dingen ist in der Tat das eine mit dem anderen verbunden und verknüpft, das eine fördert das andere"[1].

Was das erste anbelangt, so betont Unser Vorgänger, daß das Recht eines jeden Menschen, nämlich die äußeren Güter für seinen Lebensunterhalt zu verwenden, sicherlich höher zu schätzen sei als alle anderen Rech-

---

**\*3942** [1]  Pius XII., Radiobotschaft, 1. Juni 1941 (AAS 33 [1941] 198f).

conomica versentur, atque adeo pluris etiam quam ius privatim possidendi. Situm est certe quidem, quemadmodum Decessor Noster monet, ius possidendi bona privatim in ipsius iure naturae, sed, Creatore Deo sic volente, ius idem nullo pacto officere potest, "quominus corporea haec bona, a Deo utilitati omnium hominum creata, ad omnes aequa parte pertineant, perinde ut iustitia pariter et caritas postulant"[2].

De labore autem Pius XII ea iterans quae in Leonianis Litteris insunt, docet eum loco officii simul et iuris esse habendum, quoad singulos homines; atque propterea eorundem in primis esse potestatis mutuas statuere rationes, quae laborem contingant; si autem iidem vel nolint vel nequeant hoc praestare, tum tantum "reipublicae esse, laborem partiri et aeque attribuere, modis finibusque servatis, quos communes verique nominis poscant utilitates"[3].

Ad familiae vero causam Summus Pontifex transgressus, in medio ponit privatam bonorum externorum possessionem ad ipsius familiae vitam tuendam ac fovendam plurimum conferre; quippe quae "patrifamilias de ea germana libertate opportune polliceatur, qua is officiis satisfacere possit a Deo sibi mandatis, cumque commodis ipsius familiae coniunctis, quae vel ad corpus vel ad animum vel ad religionem attineant"[4].

Ex quo cum ius etiam familiae nascatur de suis in alia demigrandi loca, admonet idem Decessor Noster civitatum moderatores, quae vel suos cives abire sinant vel alienos venientes [412] accipiant, "ne quid umquam admittant, quo mutua sinceraque earundem civitatum consensio imminuatur atque labefactetur"[5].

te, die es auf wirtschaftlichem Gebiet gibt, und insofern auch höher als das Recht auf Privatbesitz. Zwar ist, wie Unser Vorgänger zu bedenken gibt, das Recht, privat Güter zu besitzen, sicherlich im Naturrecht selbst begründet; aber dieses Recht kann – so der Wille des Schöpfergottes – keinesfalls verhindern, "daß diese leiblichen Güter, die von Gott für den Nutzen aller Menschen geschaffen wurden, für alle zu gleichem Anteil da sind, ebenso, wie ⟨dies⟩ gleichermaßen Gerechtigkeit und Liebe fordern"[2].

In bezug auf die Arbeit aber wiederholt Pius XII. das, was im Schreiben Leos steht, und lehrt, daß sie im Hinblick auf die Einzelmenschen zugleich als Pflicht und als Recht anzusehen ist; und deswegen stehe es vor allem in deren Macht, die gegenseitigen Beziehungen festzusetzen, die die Arbeit betreffen; nur dann aber, wenn sie dies entweder nicht leisten wollen oder nicht können, "ist es Aufgabe des Gemeinwesens, unter Wahrung der Weisen und Grenzen, die der gemeinsame und wahrhaft so bezeichnete Nutzen erfordert, die Arbeit aufzuteilen und gleichmäßig zuzuweisen"[3].

Nachdem er aber auf das Problem der Familie übergegangen ist, hebt der Papst hervor, daß der Privatbesitz an äußeren Gütern sehr viel zum Schutz und zur Förderung des Familienlebens beitrage; denn er "gewährleistet dem Familienvater in angemessener Weise jene echte Freiheit, aufgrund derer er den Pflichten Genüge tun kann, die ihm von Gott übertragen sind und mit dem Wohlergehen der Familie selbst verbunden sind, und die den Leib, die Seele oder die Religion anbelangen"[4].

Da daraus auch das Recht der Familie erwächst, von ihrem in ein anderes Gebiet auszuwandern, ermahnt Unser selber Vorgänger die Lenker der Staaten, die ihre Bürger weggehen lassen oder fremde Ankömmlinge aufnehmen, "niemals etwas zuzulassen, durch das das wechselseitige und aufrichtige Einverständnis dieser Staaten geschmälert wird oder ins Wanken gerät"[5].

---

2    Vgl. ebd. (199).
3    Vgl. ebd. (201).
4    Vgl. ebd. (202).
5    Vgl. ebd. (203).

*Subsidiaritätsprinzip*

*[413]* ... Statuendum est in rerum oeconomicarum provincia priores tribuendas esse
partes privatae singularium hominum industriae, qui quidem vel soli agant vel cum aliis
*[414]* multiplici ratione consocientur, ad
communia commoda sibi comparanda.

Verum, ob causas a Decessoribus Nostris
explanatas, hac in re praesens etiam accedat
civilis potestatis opera necesse est, ut recte
bonorum externorum incrementum provehatur, idque conducat ad socialis vitae progressum, atque ideo ad civium omnium utilitatem.

Haec autem reipublicae providentia, quae
fovet, excitat, ordinat, supplet atque complet,
illo *subsidiarii officii principio* innititur,
quod Pius XI in Encyclicis Litteris *"Quadragesimo anno"* ita proponit: "Fixum tamen
immotumque manet in philosophia sociali
gravissimum illud principium ...: sicut quae a
singularibus hominibus proprio marte et propria industria possunt perfici, nefas est eisdem eripere et communitati demandare, ita
quae a minoribus et inferioribus communitatibus effici praestarique possunt, ea ad
maiorem et altiorem societatem avocare iniuria est simulque grave damnum et recti ordinis perturbatio; cum socialis quaevis opera vi
naturaque sua subsidium afferre membris
corporis socialis debeat, numquam vero eadem destruere et absorbere" [ *3738*].

... A publicae rei moderatoribus, quorum
est communi bono consulere, etiam atque
etiam postulatur, ut multiplicem in rem oeconomicam impendant operam, eamque ampliorem quam antea ordinatioremque, utque
instituta, officia, instrumenta, agendique rationes huic efficiendo proposito congruenter
accommodent.

*[415]* At semper illud maneat, publicarum
auctoritatum providentiam de re oeconomica, etiamsi late pateat atque intimas communitatis partes attingat, eiusmodi tamen esse

... Festzustellen ist, daß auf dem Gebiet **3943**
der Wirtschaft die vorrangige Rolle dem privaten Fleiß einzelner Menschen zuzuerkennen ist, die nämlich entweder allein handeln
oder sich auf vielfältige Weise mit anderen
verbinden, um sich gemeinsame Vorteile zu
verschaffen.

Aus den von Unseren Vorgängern ausgeführten Gründen ist es in diesem Bereich
aber notwendig, daß auch die wirksame Tätigkeit der staatlichen Gewalt hinzukommt,
damit das Wachstum der äußeren Güter in
rechter Weise gefördert wird und es zu einem
Fortschritt des sozialen Lebens und deshalb
zum Nutzen für alle Bürger führt.

Diese Vorsorge des Gemeinwesens aber,
die fördert, anregt, ordnet, ergänzt und vervollständigt, stützt sich auf jenes *Prinzip des
subsidiären Handelns*, das Pius XI. in der Enzyklika *"Quadragesimo anno"* so vorstellt:
"Fest und unverrückbar bleibt jedoch in der
Sozialphilosophie jener äußerst gewichtige
Grundsatz ...: wie das, was von einzelnen
Menschen auf eigene Faust und in eigener
Tätigkeit vollbracht werden kann, diesen
nicht entrissen und der Gemeinschaft übertragen werden darf, so ist es ein Unrecht und
zugleich ein schwerer Schaden und eine Störung der rechten Ordnung, das auf eine größere und höhere Gemeinschaft zu übertragen, was von kleineren und niedrigeren Gemeinschaften erreicht und geleistet werden
kann; denn jede gesellschaftliche Tätigkeit
muß ihrem Wesen und ihrer Natur nach den
Gliedern des gesellschaftlichen Leibes Unterstützung leisten, darf sie aber niemals zerstören und aufsaugen" [ *3738*].
... Von den Lenkern des Gemeinwesens,
deren Aufgabe es ist, für das Gemeinwohl
Sorge zu tragen, wird immer wieder gefordert, vielfältige Mühe auf den wirtschaftlichen Bereich zu verwenden – und zwar um-
fangreicher und planmäßiger als früher –
und in angemessener Weise Einrichtungen,
Ämter, Werkzeuge und Verfahrensweisen zur
Erreichung dieses Zwecks zu entwickeln.

Aber immer muß dabei jener ⟨Grundsatz⟩
Bestand haben, daß die Vorsorge der öffentlichen Autoritäten auf wirtschaftlichem Gebiet, auch wenn sie sich weit erstreckt und

oportere, ut privatorum libertatem in agendo non solum non coerceat, sed etiam augeat, modo praecipua cuiusvis humanae personae iura sarta tecta serventur.

die innersten Bereiche der Gemeinschaft berührt, dennoch derart sein muß, daß sie die Freiheit der Privatleute in ihrem Handeln nicht nur nicht einschränkt, sondern sogar vermehrt, sofern nur die wichtigsten Rechte einer jeden menschlichen Person unerschütterlich gewahrt werden.

### Richtlinien für einen gerechten Lohn

**3944**    *[419]* ... [*Iterum admonemus*] mercedis modum, sicuti liberae competitorum aemulationi prorsus relinquere fas non esse, ita etiam ad arbitrium potentiorum decerni non licere; sed hac in re iustitiae et aequitatis normas esse omnino servandas. Quod sane postulat, ut opifici merces tanta solvatur, quanta ad vitam degendam homine dignam et ad familiae onera convenienter ferenda par sit.

Sed in aequa laboris constituenda remuneratione haec etiam opus est perpendantur: quantum primum singuli ad bona oeconomica gignenda conferant; qui deinde sit fortunae status consociationum, quibus opifices operam suam tribuunt; quid tum poscant cuiusque civitatis utilitates, praesertim ad locandas universas operas quod attinet; quid postremo exigat commune cunctarum gentium bonum, hoc est plurium civitatum inter se consociatarum, natura et latitudine dissimilium.

Quas modo attigimus normas, manifestum est, eas omni tempore et ubique locorum valere; qua vero ratione ad peculiaria rerum adiuncta easdem accommodari oporteat, hoc certe statui nequit, nisi opum, quae praesto sunt, congrua ratio habeatur, quae nimirum opes penes varios populos copia et natura differre possunt et reapse differunt, atque etiam in eadem saepe natione pro mutatis temporibus immutantur.

Dum nostra hac aetate oeconomicae civitatum res tam prompte procedunt, ... opportunum ducimus de gravissimo iustitiae so-

... [*Wiederum mahnen Wir,*] daß das Maß des Lohnes, so wie es nicht völlig dem freien Wettbewerb der Konkurrenten überlassen werden darf, so auch nicht nach dem Gutdünken der ⟨wirtschaftlich⟩ Übermächtigen festgesetzt werden darf; vielmehr sind auf alle Fälle in diesem Bereich die Richtlinien der Gerechtigkeit und Billigkeit zu beachten. Dies erfordert nun, daß dem Arbeiter ein so großer Lohn gezahlt wird, wie er angemessen ist, um ein menschenwürdiges Leben zu führen und die Familienlasten in angemessener Weise zu bestreiten.

Bei der gerechten Festsetzung des Arbeitsentgelts muß aber auch folgendes erwogen werden: wieviel erstens die einzelnen zur Erzeugung der wirtschaftlichen Güter beitragen; wie ferner der Vermögensstand der Betriebe ist, denen die Arbeiter ihre Arbeit leisten; was alsdann der Nutzen eines jeden Staates erfordert, vor allem was die allgemeine Beschäftigungslage anbelangt; was schließlich das gemeinsame Wohl aller Völker erfordert, das heißt, mehrerer untereinander verbundener Staaten, die ihrer Natur und Ausdehnung nach unähnlich sind.

Es ist offensichtlich, daß die Richtlinien, die Wir eben berührten, zu jeder Zeit und allerorten gelten; auf welche Weise diese aber an die besonderen Umstände angepaßt werden sollen, das kann man sicherlich nicht festlegen, ohne die zur Verfügung stehenden Mittel angemessen zu berücksichtigen; diese Mittel können sich nämlich bei den verschiedenen Völkern ihrer Fülle und Natur nach unterscheiden und unterscheiden sich tatsächlich; und oft verändern sie sich sogar in derselben Nation je nach den veränderten Zeiten.

Da in dieser unserer Zeit die Wirtschaft der Staaten so schnell fortschreitet, ... halten Wir es für dienlich, alle an das ganz wichtige

cialis praecepto omnes admonere, quod nominatim poscit, ut ad rei oeconomicae incrementa semper rei socialis incrementa simul adiungantur simul accommodentur; ita quidem, ut ex aucta divitiarum copia in republica omnes prorsus civium ordines aequa percipiant emolumenta.

*[420]* ... Animadvertendum est, hodie in multis civitatibus rerum oeconomicarum rationem eiusmodi esse, ut societates bonis gignendis, quae vel magni vel medii ordinis sint, maximis auctibus propterea crescant, quod sibimetipsis ex reditibus suis numerent pecuniam ad suae industriae instrumenta renovanda ac perficienda. Quod ubi contingat, hoc statui posse putamus, ut hac de causa societates eaedem nomen[1] aliquod a se solvendum opificibus agnoscant, si maxime eam mercedem ipsis persolvant, cuius modus modum salarii infimum non excedat.

In hoc rerum genere praeceptum illud obversetur animo oportet a Decessore Nostro f. rec. Pio XI per Encyclicas Litteras *"Quadragesimo anno"* hisce verbis traditum: "falsum prorsus est sive uni rei sive uni operae quidquid ex earundem collata efficientia obtentum est adscribere; iniustumque omnino, alterutrum, alterius efficacitate negata, quidquid effectum est sibi arrogare"[2].

Cui quidem iustitiae officio non uno modo, ut rerum usus docet, satis fit. Ceteris missis, hodie magnopere optandum est, ut, rationibus quae magis consentaneae videantur, opifices in partem possessionis sensim veniant suae cuiusque societatis; nam hodie magis etiam quam Decessoris Nostri diebus: *[421]* "omni vi ac contentione enitendum est, ut saltem in posterum partae rerum copiae aequa proportione coacerventur apud eos, qui opibus valent, satisque ample profundantur in eos qui operam conferunt"[1].

Gebot der sozialen Gerechtigkeit zu erinnern, das namentlich fordert, daß sich an Wirtschaftswachstum immer zugleich Wachstum des Sozialwesens anschließe und anfüge, und zwar so, daß aus der vermehrten Fülle an Reichtum im Gemeinwesen alle Bürgerstände ohne Ausnahme die gleichen Vorteile erlangen.

... Es ist zu bemerken, daß heute in vielen **3945** Staaten die Beschaffenheit der wirtschaftlichen Lage derart ist, daß Betriebe zur Gütererzeugung, die der großen oder mittleren Kategorie angehören, deswegen höchste Wachstumsraten haben, weil sie sich selbst aus ihren Einkünften die Erneuerung und Vervollkommnung ihrer Werksanlagen finanzieren. Wo dies geschieht, kann man Unseres Erachtens festlegen, daß diese Betriebe deshalb den Arbeitern einen von ihnen einzulösenden Anteilschein[1] zuerkennen sollen, vor allem wenn sie ihnen einen Lohn zahlen, dessen Maß das Lohnmindestmaß nicht überschreitet.

Bei diesem Sachbereich sollte dem Herzen jenes Gebot vorschweben, das von Unserem Vorgänger seligen Angedenkens, Pius XI., in der Enzyklika *"Quadragesimo anno"* mit folgenden Worten vorgetragen wurde: "es ist völlig falsch, entweder allein dem Kapital oder allein der Arbeit alles, was aus ihrer vereinten Wirksamkeit erlangt wurde, zuzuschreiben; und ⟨es ist⟩ gänzlich ungerecht, wenn eines von beiden unter Leugnung der Wirksamkeit des anderen alles, was erzielt wurde, für sich beansprucht"[2].

Dieser Pflicht der Gerechtigkeit wird frei- **3946** lich – wie die Erfahrung lehrt – nicht ⟨nur⟩ auf e i n e Weise Genüge getan. Um die anderen zu übergehen, ist es heute sehr wünschenswert, daß die Arbeiter – auf Weisen, die am angemessensten erscheinen – allmählich Anteil am Besitz ihres jeweiligen Betriebes erhalten; denn heute sogar noch mehr als in den Tagen Unseres Vorgängers: "muß man sich mit aller Kraft und Anstrengung darum bemühen, daß wenigstens künftig die erzeugte Güterfülle ⟨nur⟩ in einem angemessenen Verhältnis bei denen angehäuft werde, die über Geldmittel verfügen, und in genügen-

---

**\*3945** [1]   Im italienischen Text (L'Osservatore Romano): "titolo di credito" ( = Kreditpapier).
        [2]   AAS 23 (1931) 195.

At animadvertendum quoque est, aequationem mercedis cum reditibus ita definiri oportere, ut communis boni ratio habeatur sive civitatis sive consortionis hominum universae.

dem Umfang auf die überfließe, die ihre Arbeit beitragen"[1].

Es ist aber auch darauf zu achten, daß der Ausgleich des Lohnes mit den Einkünften so festgelegt werden soll, daß Rücksicht auf das Gemeinwohl sowohl des Staates als auch der gesamten Menschengemeinschaft genommen wird.

### Betriebliche Mitbestimmung

**3947**  ... Ad iustitiae praecepta non modo conformanda est ratio, qua bona labore quaesita partiuntur, verum etiam earum re*[422]*rum condiciones, in quibus homines eadem efficiunt bona. Sita enim in ipsius hominis natura necessitas est, ut qui aliquid operando efficiat, eidem liceat et gerendarum rerum praestare rationem et seipsum operam dando perficere.

Ex quo consequitur, ut, si ad parandas opes tales rerum oeconomicarum disciplina et apparatus adhibeantur, quibus eorum, quotquot impendunt operam, vel dignitas humana in discrimen adducatur, vel praestandae rationis sensus debilitetur, vel sua sponte agendi facultas eripiatur, hunc idcirco oeconomicarum rerum ordinem ab iustitia alienum arbitremur; licet ponatur ingentem ex eo gigni bonorum copiam eorumque partitionem ad iustitiae aequitatisque conformari normas.

Nequit profecto in oeconomica disciplina una comprehensione definiri, quaenam rationes magis cum hominum dignitate congruant, quaeve in iisdem hominibus suscepti officii magis convenienter stimulent conscientiam. Nihilominus Decessor Noster f. rec. Pius XII has agendi normas opportune tradit: "Parvae vel mediae bonorum possessiones quae ad agricolas, ad artifices, ad mercatores et ad operis conductores pertineant, tutandae ac promovendae sunt; iidem praeterea in adiutrices coeant societates, ut commoda utilitatesque maximarum administrationum propria sibi capiant; ad has autem administrationes quod attinet, efficiendum est,

... Nach den Geboten der Gerechtigkeit sind nicht nur die Verteilungsweise der durch die Arbeit erworbenen Güter zu gestalten, sondern auch die Bedingungen jener Verhältnisse, in denen die Menschen diese Güter erzeugen. In der Natur des Menschen selbst ist nämlich die Notwendigkeit begründet, daß es demjenigen, der etwas durch sein Arbeiten erzeugt, erlaubt ist, auch für die Ausführung der Dinge Verantwortung zu zeigen und sich selbst durch die Verrichtung seiner Arbeit zu vervollkommnen.

Daraus folgt: Wenn zum Erwerb von Gütern eine solche Wirtschaftsordnung und solche Verfahren angewandt werden, durch die die Menschenwürde derer, die ihre Arbeit leisten, in Gefahr gebracht oder ihr Verantwortungsgefühl geschwächt oder die Fähigkeit, aus eigenem Antrieb zu handeln, ausgetilgt wird, so erachten Wir deshalb diese Wirtschaftsordnung als der Gerechtigkeit fremd, auch gesetzt den Fall, daß eine gewaltige Güterfülle aus ihr entsteht und ihre Verteilung nach den Richtlinien von Gerechtigkeit und Billigkeit gestaltet wird.

In der Tat kann im wirtschaftlichen Bereich nicht mit einer einzigen Zusammenfassung festgelegt werden, welche Weisen mehr mit der Würde der Menschen übereinstimmen und welche bei diesen Menschen angemessener das Verantwortungsbewußtsein für die übernommene Aufgabe wecken. Nichtsdestoweniger trägt Unser Vorgänger seligen Angedenkens, Pius XII., in geeigneter Weise folgende Handlungsnormen vor: "Kleine und mittlere Besitzstände, die Bauern, Handwerkern, Kaufleuten und Arbeitgebern gehören, sind zu schützen und zu fördern; diese sollen sich außerdem in Hilfsgenossenschaften zusammenschließen, um sich die sehr großen

---

**\*3946** [1]  Ebd., 198.

ut pactiones operarum cum pactionibus societatis secundum aliqua temperentur"[1].

*[423]* ... Persuasum habemus, opifices merito expetere, ut in partem vocentur vitae societatis bonis procreandis, cui addicti sint et in qua suam ponant operam. Quas partes, quales esse oporteat, decerni certis definitisque regulis non opinamur posse, cum id potius ex singularum societatum bonis gignendis statu sit constituendum ... . Non dubitamus tamen, quin opificibus actuosae partes sint attribuendae in negotiis societatis cui navent operam. ...

*[424]* ... [*Hac in re*] Pius XII monebat: "Partes, quas in rebus oeconomicis atque socialibus unusquisque appetit, vetant quominus singulorum industria alieno arbitrio prorsus regatur"[1].

Nemo sane dubitat quin societas, quae hominis dignitati apprime consulat, tueri quidem debeat necessariam efficientemque sui regiminis unitatem; sed exinde nullo modo sequitur, ut qui in eam cotidie suam conferant operam, ii solummodo administrorum loco ducantur, ad iussa tacite exsequenda natorum, quibus optata sua rerumque usum interponere non liceat, sed inertes se gerere debeant, cum de ipsorum locanda moderandaque opera consilia sint capienda.

Verwaltungen eigenen Vorteile und Erleichterungen zu sichern; was aber diese Verwaltungen anbelangt, so ist zu bewirken, daß Arbeitsverträge in einigen Punkten durch Gesellschaftsverträge reguliert werden"[1].

... Wir sind überzeugt, daß die Arbeiter zurecht fordern, zur Teilnahme am Leben des gütererzeugenden Betriebs berufen zu werden, bei dem sie angestellt sind und in dem sie ihre Arbeit verrichten. Wie diese Rolle beschaffen sein soll, kann Unseres Erachtens nicht nach sicheren und bestimmten Regeln entschieden werden, da dies eher aufgrund der Lage der einzelnen gütererzeugenden Betriebe festzulegen ist ... . Wir zweifeln jedoch nicht daran, daß den Arbeitern eine aktive Rolle in den Geschäften des Betriebes zuzuweisen ist, dem sie ihre Arbeit leisten. ... **3948**

... [*In dieser Sache*] gab Pius XII. zu bedenken: "Die Rolle, die ein jeder auf wirtschaftlichem und sozialem Gebiet anstrebt, verbietet, daß die Tätigkeit der einzelnen völlig von fremdem Gutdünken geleitet wird"[1].

Niemand zweifelt wohl daran, daß ein Betrieb, der sich vorzüglich um die Würde des Menschen kümmern will, zwar die notwendige und wirksame Einheit seiner Leitung schützen muß; aber daraus folgt keineswegs, daß diejenigen, die täglich ihre Arbeit in ihn einbringen, lediglich für Helfer gehalten werden, die dazu geboren sind, schweigend Befehle auszuführen, und denen es nicht erlaubt ist, ihre Wünsche und ⟨ihre⟩ Erfahrung geltend zu machen, sondern die sich untätig verhalten müssen, wenn über den Einsatz und die Ausgestaltung ihrer eigenen Arbeit Beschlüsse zu fassen sind.

## *Das Recht auf Eigentum und seine Beschaffenheit*

*[427]* ... [*Hodie homines pluris aestimant*] reditus, qui ex labore vel ex iuribus cum labore coniunctis oriantur, quam reditus, qui ex pecuniarum capite vel ex iuribus cum hoc coniunctis exsistant.

... [*Heute schätzen die Menschen*] Einkünfte, die aus der Arbeit oder aus mit der Arbeit verbundenen Rechten entspringen, [*höher ein*] als Einkünfte, die aufgrund von Kapital oder aus damit verbundenen Rechten entstehen. **3949**

---

**\*3947** [1]   Pius XII., Radiobotschaft, 1. Sept. 1944 (AAS 36 [1944] 254); vgl. auch Pius XI., Enzyklika *"Quadragesimo anno"* (AAS 23 [1931] 199; *\*3733*).

**\*3948** [1]   Pius XII., Ansprache an die Internationale Versammlung der katholischen Organisationen kleinerer und mittelständischer Unternehmer (Associacion Catholique de petites et moyennes entreprises), 8. Okt. 1956 (AAS 48 [1956] 799f).

Quod quidem plane congruit cum nativa laboris indole, qui, cum a persona humana proxime procedat, anteferendus est externorum bonorum copiae, quae suapte natura instrumentorum loco habenda sunt; idque progredientis humanitatis indicium profecto est.

[*Quaeritur, num inde labefactetur principium*] ... quo statuitur hominibus ius esse a natura datum privatim res possidendi, etiam bonis edendis aptas.

Quod dubium inane prorsus est putandum. Siquidem ius privati dominii, etiam quod ad res attinet gignendis bonis tributas, per omne tempus valet, utpote quod in ipsa contineatur rerum natura, qua docemur singulares homines priores esse civili societate, atque adeo civilem societatem ad hominem tamquam ad terminum dirigi oportere.

Ceterum nequiquam privatis hominibus ius agendi cum libertate in re oeconomica agnoscitur, nisi ipsis pariter facultas permittitur libere deligendi adhibendique res ad illud ius exercendum necessarias. Praeterea rerum usus temporumque momenta testantur, ubi populorum regimina privatis hominibus etiam bonorum fructuosorum possessionem non agnoscant, ibi aut violari aut omnino deleri, in praecipuis rebus, humanae libertatis usum; ex quo utique patet libertatis usum a dominii iure pariter tutelam pariter incitamentum repetere.

**3950**    Hinc causa est quaerenda, cur coetus et consociationes in re sociali et politica versantes, qui libertatem cum iustitia in hominum consortione componere student quique fere ad hunc diem ius privatim possidendi res gignendis opibus aptas non ponebant, hodie iidem ... *[428]* ... opinionem suam nonnihil emendaverint atque ita se habeant, ut ius illud reapse probent[1].

Dies stimmt freilich völlig mit dem natürlichen Charakter der Arbeit überein, die, da sie unmittelbar aus der menschlichen Person hervorgeht, dem Vermögen an äußeren Gütern vorzuziehen ist, die ihrer Natur nach für Werkzeuge gehalten werden müssen; und dies ist in der Tat ein Anzeichen für den Fortschritt der Menschheit.

[*Es fragt sich, ob von da nicht der Grundsatz ins Wanken gerät*] ..., durch den bestimmt wird, daß die Menschen das von der Natur verliehene Recht auf Privatbesitz – auch an Produktionsmitteln – haben.

Dieser Zweifel ist für völlig unbegründet zu erachten. Denn das Recht auf Privateigentum – auch was die Produktionsmittel betrifft – gilt zu jeder Zeit, da es ja in der Natur der Dinge selbst enthalten ist, durch die wir belehrt werden, daß die einzelnen Menschen früher sind als die bürgerliche Gesellschaft und sich die bürgerliche Gesellschaft deshalb am Menschen als an ⟨ihrem⟩ Zweck ausrichten muß.

Im übrigen wird Privatleuten vergeblich das Recht zugestanden, auf wirtschaftlichem Gebiet in Freiheit tätig zu werden, wenn ihnen nicht zugleich die Möglichkeit eingeräumt wird, die zur Ausübung jenes Rechtes notwendigen Mittel frei auszuwählen und anzuwenden. Außerdem bezeugen die Erfahrung und die Zeitläufe, daß dort, wo die Regierungen der Völker Privatleuten den Besitz auch ertragbringender Güter nicht zugestehen, die Ausübung der menschlichen Freiheit in wesentlichen Dingen entweder eingeschränkt oder überhaupt aufgehoben wird; daraus ist klar ersichtlich, daß die Ausübung der Freiheit vom Recht auf Eigentum in gleicher Weise ihren Schutz und Anreiz herleitet.

Darin ist auch die Ursache zu suchen, warum diejenigen Verbände und Organisationen auf gesellschaftlichem und politischem Gebiet, die im Zusammenleben der Menschen die Freiheit mit der Gerechtigkeit zu verbinden suchen und die fast bis auf den heutigen Tag das Recht auf Privatbesitz an Produktionsmitteln nicht annahmen, heute ... ihre Auffassung merklich korrigiert haben und sich so verhalten, daß sie jenes Recht tatsächlich anerkennen[1].

---

*3950 [1]    Eine solche Annäherung an die Auffassung der Kirche über das Recht auf Privateigentum drückt sich z. B. in dem Grundsatz aus, der von der SPD auf dem Godesberger Kongreß vom 13.–15. Nov.

Placet igitur Nobis monitis uti, quae de hac re Decessor Noster f. rec. Pius XII dedit: "Ecclesia ius privati dominii tuendo, ad optimum spectat finem moralem in re sociali; scilicet per se minime contendit praesentem rerum servare ordinem, quasi divinae voluntatis imperium in eo agnoscat; neque magis data opera opulentorum ac praedivitum patrocinium suscipit, pauperum et egenorum iuribus neglectis ... . Verum Ecclesiae propositum est, ut privatae possessionis institutum tale habeatur, quale et divinae sapientiae consilium et naturae lex iubeant"[2]. Scilicet privata possessio humanae personae libertatis iura in tuto ponat oportet, simulque necessariam suam conferat operam ad rectum instaurandum societatis ordinem. ...

Attamen parum est statuere, ius esse homini a natura datum res ut suas privatim possidendi easque etiam quae ad bona gignenda valeant, nisi pariter omni contentione elaboretur, ut eiusdem iuris usus per omnes civium ordines propagetur.

Quemadmodum enim praeclare monet Decessor Noster f. rec. Pius XII, ex una parte ipsa humanae personae dignitas "ad vivendum secundum rectas naturae normas necessario poscit ius externis bonis utendi; cui quidem iuri officium respondet sane gravissimum, quod requirit, ut, quantum fieri potest, om/429/nibus copia detur privata bona possidendi"[1]; ex altera parte, ipsi labori insita nobilitas praeter alia postulat: "tuitionem ac perfectionem illius socialis ordinis, qui omnibus cuiusvis classis civibus tutam, etsi modicam, bonorum possessionem permittat"[2]. ...

Wir möchten sonach Mahnungen anführen, die Unser Vorgänger seligen Angedenkens, Pius XII., in dieser Sache gegeben hat: "Die Kirche verfolgt, indem sie das Recht auf Privateigentum schützt, ein sehr hohes moralisches Ziel auf sozialem Gebiet; sie ist nämlich keineswegs schlechthin bestrebt, die gegenwärtige Ordnung der Dinge zu bewahren, so als ob sie in ihr den Befehl des göttlichen Willens erkenne; auch macht sie sich nicht mehr als unbedingt nötig zum Anwalt der Wohlhabenden und Überreichen und vernachlässigt darüber die Rechte der Armen und Bedürftigen ... . Es ist vielmehr die Absicht der Kirche, daß die Einrichtung des Privatbesitzes so gehandhabt werde, wie es sowohl der Plan der göttlichen Weisheit als auch das Naturgesetz gebieten"[2]. Der Privatbesitz soll nämlich die Freiheitsrechte der menschlichen Person sichern und zugleich seinen notwendigen Beitrag zur Herstellung der rechten gesellschaftlichen Ordnung leisten. ...

Es ist jedoch zu wenig, festzulegen, daß **3951** der Mensch das von der Natur verliehene Recht auf eigenen Privatbesitz – auch an Produktionsmitteln – hat, wenn man sich nicht zugleich mit ganzer Anstrengung darum bemüht, daß sich die Ausübung dieses Rechtes in allen Bevölkerungsschichten verbreitet.

Wie nämlich Unser Vorgänger seligen Angedenkens, Pius XII., sehr klar zu bedenken gibt, erfordert einerseits die Würde der menschlichen Person selbst, "um gemäß den rechten Normen der Natur zu leben, notwendig das Recht auf den Gebrauch äußerer Güter; diesem Recht entspricht freilich die in der Tat äußerst wichtige Pflicht, die verlangt, daß, soweit möglich, allen die Möglichkeit gegeben wird, private Güter zu besitzen"[1]; andererseits erfordert der der Arbeit selbst innewohnende Adel unter anderem: "den Schutz und die Vervollkommnung jener sozialen Ordnung, die allen Bürgern jeder Klasse einen sicheren – wenn auch beschei-

---

1959 aufgestellt wurde (Grundsatzprogramm, S.15): "Das private Eigentum an Produktionsmitteln hat Anspruch auf Schutz und Förderung, soweit es nicht den Ausbau einer gerechten Sozialordnung hindert. Leistungsfähige mittlere und kleinere Unternehmungen sind zu stärken, damit sie die wirtschaftliche Auseinandersetzung mit den Großunternehmen bestehen können."

[2]　Vgl. Pius XII., Radiobotschaft, 1. Sept. 1944 (AAS 36 [1944] 253).
**3951** [1]　Vgl. Pius XII., Radiobotschaft, 24. Dez. 1942 (AAS 35 [1943] 17).

denen – Besitz an Gütern erlaubt"[2]. ...

Manifestum omnino est, quae exposuimus, ea minime prohibere, quominus etiam civitates ceteraque publica instituta res possideant, quae ad opes parandas pertineant; si praesertim "tam magnum secum ferant potentatum, quantus privatis hominibus, salva re publica, permitti non possit"[3].

Es ist völlig klar, daß das, was Wir dargelegt haben, keineswegs verbietet, daß auch Staaten und andere öffentliche Einrichtungen Produktionsmittel besitzen, zumal dann, wenn "sie eine so große Macht mit sich führen, wie sie Privatleuten unbeschadet des Gemeinwesens nicht zugestanden werden kann"[3].

Nostrae huius aetatis ea esse indoles videtur, ut ampliores usque bonorum possessiones tum civitati tum ceteris publicis institutis attribuantur. ... Attamen hac etiam in re *subsidiarii officii principium* ... omnino servandum est; scilicet tum tantum licere civitatibus ac publicis institutis dominii sui fines amplificare, cum manifesta ac vera communis boni necessitas id postulat, depulso periculo, ne privatorum possessiones praeter modum extenuentur aut, quod deterius est, plane evertantur.

Es scheint eine Eigenart dieser unserer Zeit zu sein, daß sowohl dem Staat als auch den anderen öffentlichen Einrichtungen immer umfangreichere Besitztümer zugewiesen werden. ... Jedoch ist auch hierbei ganz *das Prinzip des subsidiären Handelns* ... zu beachten; den Staaten und öffentlichen Einrichtungen ist es nämich nur dann erlaubt, den Umfang ihres Besitzes zu erweitern, wenn die offensichtliche und wirkliche Notwendigkeit des Gemeinwohles dies erfordert und die Gefahr gebannt ist, daß private Besitztümer über Maß ausgedünnt oder – was noch schlechter ist – völlig aufgehoben werden.

**3952**  *[430]* ... Sed Decessores Nostri illud etiam nullo non tempore docuerunt, in privati dominii iure penitus munus inesse sociale. Re enim vera, ex Dei Creatoris consilio, cunctorum bonorum copia omnium hominum vitae honeste degendae in primis attribuitur; quemadmodum praeclare monet Decessor Noster f. rec. Leo XIII in Encyclicis Litteris *"Rerum novarum"*, ubi haec legimus: "quarum rerum summa haec est: quicumque maiorem copiam bonorum Dei munere accepit, sive corporis et externa sint, sive animi, [*eam*] ob hanc causam accepisse, ut ad perfectionem sui pariterque, velut minister providentiae divinae, ad utilitates adhibeat ceterorum. ..."[1].

... Unsere Vorgänger haben jedoch zu jeder Zeit auch jenes gelehrt, daß dem Recht auf Privateigentum zutiefst eine soziale Verpflichtung innewohnt. Tatsächlich nämlich ist die Fülle aller Güter nach dem Ratschluß Gottes, des Schöpfers, vor allem für eine ehrenvolle Lebensführung aller Menschen bestimmt; so mahnt Unser Vorgänger seligen Angedenkens, Leo XIII., in der Enzyklika *"Rerum novarum"* ganz klar, wo wir lesen: "Die Summe dieser Dinge ist folgende: jeder, der durch Gottes Geschenk eine größere Fülle an Gütern – seien es ⟨Güter⟩ des Leibes und äußere ⟨Güter⟩, seien es ⟨solche⟩ des Geistes – empfangen hat, hat [*sie*] aus dem Grund empfangen, daß er ⟨sie⟩ zur Vervollkommnung seiner selbst und in gleicher Weise – gleichsam als Diener der göttlichen Vorsehung – zum Nutzen der anderen verwende. ..."[1].

### Künstliche Befruchtung

**3953**  *[447]* ... Graviter pronuntiamus, hominis vitam tradi atque propagari opera familiae, in

... Wir verkünden nachdrücklich, daß das Leben des Menschen durch den Dienst der

---

² Vgl. ebd. (20).
³ Pius XI., Enzyklika *"Quadragesimo anno"* (AAS 23 [1931] 214).
*3952 ¹ Leo XIII., Enzyklika *"Rerum novarum"* (*Acta* 11 [Rom 1891] 114).

uno eodemque indissolubili nixae matrimonio, quod sacramenti dignitate, ad christianos quod attinet, auctum est. Quoniamque hominis vita aliis hominibus consulto et cogitate traditur, sequitur idcirco, ut hoc agatur ad Dei praescriptiones sanctissimas, firmissimas, inviolatas; quas scilicet nemo non agnoscere, non servare debet. Quocirca in hac re nemini omnium licet iis uti viis rationibusque, quibus vel arborum vel animantium vitam prorogare licet.

Etenim hominum vita pro sacra re est omnibus ducenda: quippe quae inde a suo exordio Creatoris actionem Dei postulet. Itaque qui ab his Dei constitutis discedit, non solum Dei ipsius laedit maiestatem, et sibi humanoque generi imprimit dedecus, sed etiam civitatis suae vires intimas debilitat.

Familie weitergegeben und fortgepflanzt wird, die in der einen und selben unauflöslichen Ehe begründet ist, welche, was die Christen anbelangt, durch die Würde des Sakramentes bereichert ist. Und weil das Leben des Menschen anderen Menschen planmäßig und überlegt weitergegeben wird, so folgt daraus, daß dies an den heiligsten, festesten und unverletzlichen Geboten Gottes ausgerichtet werde, die ja niemand mißachten oder übertreten darf. Deshalb ist es in dieser Sache überhaupt niemandem erlaubt, solche Mittel zu gebrauchen und Methoden zu folgen, die bei der pflanzlichen und tierischen Fortpflanzung erlaubt sein können.

Das Leben der Menschen muß nämlich von allen für etwas Heiliges gehalten werden: denn es erfordert von seinem Anbeginn an das Wirken Gottes, des Schöpfers. Wer deshalb von diesen Geboten Gottes abweicht, verletzt nicht nur die Majestät Gottes selbst und drückt sich und dem Menschengeschlecht ein Schandmal auf, sondern schwächt auch die innersten Kräfte seines Staates.

## 3955-3997: Enzyklika "Pacem in terris", 11. April 1963

Am 10. Dez. 1948 proklamierte die Organisation der Vereinten Nationen die "Charta der Menschenrechte" (der Text dieser *Allgemeinen Menschenrechtsdeklaration* [*Universal Declaration of Human Rights*] in: Generalversammlung der Vereinten Nationen, 3. Sitzung, 1. Teil, Official Records: resolutions, 71-77; vgl. auch das von den Vereinten Nationen herausgegebene *Yearbook of Human Rights* für 1948 [Lake Success, N.Y.]). Papst Johannes XXIII. bezeichnete die Deklaration als "Stufe und Zugang zur Errichtung einer rechtlichen und politischen Ordnung aller Völker, die in der Welt sind" ("gradum atque aditum ad iuridicialem politicamque ordinationem constituendam omnium populorum qui in mundo sunt"; AAS 55 [1963] 295). Mit der vorliegenden Enzyklika werden erstmals die Menschenrechte insgesamt vom kirchlichen Lehramt aus christlichen Prinzipien begründet und anerkannt. Der Papst überreichte die Enzyklika den Mitgliedern der UNO zum Zeichen der Verbundenheit. Vgl. auch die *Europäische Menschenrechtskonvention* vom 4. Nov. 1950. (*L'Europe et la Défense des Droits de l'Homme*, hrsg. vom Europarat, Informationsdirektion [Straßburg 1961] 59-78.)
*Ausg.:* AAS 55 (1963) 257-301.

### Die von Gott den Menschen auferlegte Ordnung

Pacem in terris, quam homines universi cupidissime quovis tempore appetiverunt, condi confirmarique non posse constat, nisi ordine, quem Deus constituit sancte servato.

Nam ex doctrinarum processibus ac technicorum inventis plane discimus, simul in animantibus et in naturae viribus dominari ordinem mirificum, simul in homine eiusmodi inesse dignitatem, qua possit sive ordinem ipsum deprehendere sive instrumenta

Der Friede auf Erden, den alle Menschen **3955** zu jeder Zeit mit größter Leidenschaft begehrten, kann – dies steht fest – nur dann begründet und gefestigt werden, wenn die Ordnung, die Gott festsetzte, unversehrt bewahrt wird.

Denn aus den Fortschritten der Wissenschaften und den Erfindungen der Techniker ersehen wir deutlich, daß sowohl in den Lebewesen und in den Kräften der Natur eine wunderbare Ordnung herrscht, als auch dem Menschen eine solche Würde innewohnt, daß

apta sibi parare, ad easdem occupandas vires et ad sua commoda transferendas.

Sed scientiarum progressiones ac technicorum inventa primum omnium infinitam Dei magnitudinem ostendunt, qui et rerum universitatem et hominem ipsum creavit. Rerum, dici*[258]*mus, universitatem de nihilo fecit, in eamque sapientiae et bonitatis suae copiam profudit ... . Hominem item Deus "ad imaginem et similitudinem suam" [*cf. Gn 1,26*] creavit, intellegentia et libertate praeditum, dominumque constituit rerum universarum ... [*allegatur Ps 8,5s*].

**3956**    Nunc autem cum optimo universitatis ordine mirum quantum pugnat tum singulorum hominum, tum populorum perturbatio; quasi si rationes, quibus inter se continentur, nonnisi vi regi queant.

Attamen in intimo homine mundi Creator ordinem impressit, quem eius conscientia et patefacit et magnopere servari iubet: "Qui ostendunt opus legis scriptum in cordibus suis, testimonium reddente illis conscientia ipsorum" [*Rm 2,15*]. Ceterum quemadmodum potest fieri secus? Etenim quaecumque fecit Deus, haec infinitam eius referunt sapientiam, referuntque eo clarius quo absolutiore eadem perfectione gaudent [*cf. Ps 18,8-11*].

Verum opinionis error praebet frequenter errorem quod multi censeant rationes, quae singulis hominibus cum sua cuiusque re publica intercedant, iisdem legibus, quibus vires et elementa mentis expertia universitatis, posse gubernari; cum huiusmodi leges, alius quidem generis, illinc dumtaxat petendae sint ubi Parens rerum omnium inscripsit, hoc est in hominis natura.

*[259]* His enim legibus praeclare erudiuntur homines, quibus primum modis mutua sua commercia in humano convictu moderentur; quibus deinde modis rationes componendae sint, quae civibus cum publicis

er die Ordnung selbst begreifen und sich geeignete Werkzeuge verschaffen kann, um ebendiese Kräfte in Anspruch zu nehmen und zu seinem Vorteil zu verwenden.

Aber die Fortschritte der Wissenschaften und die Erfindungen der Techniker zeigen vor allem die unbegrenzte Größe Gottes, der sowohl das All der Dinge als auch den Menschen selbst erschuf. Das All der Dinge, sagen Wir, machte er aus nichts und goß in es die Fülle seiner Weisheit und Güte aus ... . Desgleichen erschuf Gott den Menschen "nach seinem Bild und Gleichnis" [*vgl. Gen 1,26*], mit Verstand und Freiheit begabt, und setzte ihn zum Herren über alle Dinge ein ... [*angeführt wird Ps 8,5f*].

Nun widerstreitet aber der vortrefflichen Ordnung der Gesamtheit die Verwirrung der einzelnen Menschen und Völker in einem erstaunlichen Ausmaß, so als ob die Beziehungen, durch die sie untereinander verbunden werden, nur mit Gewalt geregelt werden könnten.

Dennoch hat der Schöpfer der Welt ins Innerste des Menschen eine Ordnung eingeprägt, die sein Gewissen sowohl erschließt als auch nachdrücklich zu bewahren heißt: "Sie zeigen, daß das Werk des Gesetzes in ihre Herzen geschrieben ist, indem ihr Gewissen ihnen Zeugnis ablegt" [*Röm 2,15*]. Wie könnte es im übrigen auch anders geschehen? Denn alles, was Gott gemacht hat, zeugt von seiner unbegrenzten Weisheit und zeugt umso klarer, je uneingeschränkter die Vollkommenheit ist, deren es sich erfreut [*vgl. Ps 19,8-11*].

Ein Irrtum in der Auffassung verursacht aber oft den Irrtum, daß viele meinen, die Beziehungen, die zwischen den einzelnen Menschen und ihrem jeweiligen Gemeinwesen bestehen, könnten nach denselben Gesetzen wie die vernunftlosen Kräfte und Elemente des Alls geregelt werden, während solche Gesetze, die ja von einer anderen Art sind, doch nur von dort herzuholen sind, wo sie der Vater aller Dinge eingeschrieben hat, nämlich in der Natur des Menschen.

Durch diese Gesetze werden die Menschen nämlich deutlich belehrt, erstens, auf welche Weise sie ihre wechselseitigen Verbindungen im menschlichen Zusammenleben einrichten sollen, dann, auf welche Weise die

suae cuiusque civitatis magistratibus intercedunt; quibus tum modis mutuo contingantur
respublicae; quibus postremo modis inter se
contineantur hinc singuli homines et civitates, illinc universarum gentium societas; quae
societas, ut tandem condatur, communis omnium utilitas vehementer requirit.

Beziehungen zu gestalten sind, die zwischen
den Bürgern und den öffentlichen Behörden
ihres jeweiligen Staates bestehen, ferner, auf
welche Weise die Gemeinwesen einander begegnen sollen, schließlich, auf welche Weise
einerseits die einzelnen Menschen und Staaten, andererseits die Gemeinschaft aller Völker untereinander in Verbindung stehen soll;
daß diese Gemeinschaft endlich gegründet
werde, erfordert dringend der gemeinsame
Nutzen aller.

### *Die menschliche Person als Subjekt von Rechten und Pflichten*

Porro in quovis humano convictu, quem
bene compositum et commodum esse velimus, illud principium pro fundamento ponendum est, omnem hominem personae induere proprietatem; hoc est, naturam esse, intellegentia et voluntatis libertate praeditam;
atque adeo, ipsum per se iura et officia habere, a sua ipsius natura directo et una simul
profluentia. Quae propterea, ut generalia et
inviolabilia sunt, ita mancipari nullo modo
possunt[1].

Ferner ist in jedem menschlichen Zusam-   3957
menleben, von dem wir wollen, daß es gut
verfaßt und vorteilhaft sei, das Prinzip zugrunde zu legen, daß jedem Menschen die
Eigenart der Person zukommt, das heißt, daß
er eine mit Verstand und Willensfreiheit begabte Natur ist und daß er insofern durch
sich selbst Rechte und Pflichten hat, die unmittelbar und gleichzeitig aus seiner eigenen
Natur hervorgehen. Diese können deswegen,
da sie allgemein und unverletzlich sind, auf
keine Weise veräußert werden[1].

---

**\*3957** [1]   Vgl. Pius XII., Radiobotschaft vom 24. Dez. 1942 (AAS 35 [1943] 9-24). Schon hier wird eine
bestimmte Anzahl grundlegender Rechte von der Würde der menschlichen Person abgeleitet:
"Wer will, daß der Stern des Friedens über der Gesellschaft aufgehe und bleibe, trage von seiner
Seite dazu bei, der menschlichen Person die Würde wiederzugeben, die ihr von Gott schon von
Anfang an verliehen wurde; er widersetze sich der übertriebenen Zusammenballung der Menschen gleichsam als Massen ohne Seele, ihrem Mangel an beständigen Prinzipien und an festen
Überzeugungen, ihrem Übermaß an triebhaften und sinnlichen Reizen und ihrer Unbeständigkeit; er fördere mit allen erlaubten Mitteln in allen Gebieten des Lebens gesellschaftliche Formen, in denen eine volle persönliche Verantwortlichkeit möglich und garantiert ist, sowohl in
bezug auf die irdische Ordnung als auch in bezug auf die ewige; er unterstütze die Achtung und
praktische Verwirklichung der folgenden grundlegenden Rechte der Person: das Recht, das leibliche und geistige und moralische Leben zu erhalten und zu entwickeln, und insbesondere das
Recht auf eine religiöse Bildung und Erziehung; das Recht zum privaten und öffentlichen Gottesdienst, einschließlich der religiösen karitativen Tätigkeit; das Recht vor allem auf Ehe und auf
Erlangung ihres Zwecks, das Recht auf eheliche und häusliche Gemeinschaft; das Recht auf freie
Wahl des Standes, also auch des Priester- und Ordensstandes; das Recht auf den Gebrauch materieller Güter, im Bewußtsein seiner Verpflichtung und der gesellschaftlichen Einschränkungen"
("Chi vuole che la stella della pace spunti e si fermi sulla società, concorra da parte sua a ridonare
alla persona humana la dignità concessale da Dio fin dal principio; si opponga all'eccessivo
aggruppamento degli uomini, quasi come masse senz'anima; alla loro mancanza di solidi principi
e di forti convinzioni; alla loro sovrabbondanza di eccitazioni istintive e sensibili, e alla loro
volubilità; favorisca, con tutti i mezzi leciti, in tutti i campi della vita, forme sociali, in cui sia resa
possibile et garantita una piena responsabilità personale, cosi quanto all'ordine terreno come
quanto all'eterno; sostenga il rispetto e la pratica attuazione dei seguenti fondamentali diritti della
persona: il diritto a mantenere e sviluppare la vita corporale, intellettuale e morale, e particolar-
mente il diritto ad una formazione ed educazione religiosa; il diritto al culto di Dio privato e
pubblico, compresa l'azione caritativa religiosa; il diritto, in massima, al matrimonio e al conse-
guimento del suo scopo, il diritto alla società coniugale e domestica; il diritto alla libera scelta
dello stato, quindi anche dello stato sacerdotale e religioso; il diritto ad un uso dei beni materiali,
cosciente dei suoi doveri e delle limitazioni sociali": AAS 35 [1943] 19). Vgl. auch: Johannes
XXIII., Ansprache an die Versammlung der Genossenschaft *"Movimiento Laureati di Azione
Cattolica"*, 4. Jan. 1963 (AAS 55 [1963] 89-91).

Quodsi humanae personae dignitatem ex veritatibus divinitus traditis intuemur, tunc fieri non potest quin eam longe maiorem aestimemus; quippe homines sanguine Christi Iesu redempti sunt, superna gratia filii et amici Dei sunt facti, aeternae gloriae instituti heredes sunt.

Wenn wir die Würde der menschlichen Person aber aufgrund der von Gott geoffenbarten Wahrheiten betrachten, dann kommen wir nicht umhin, sie noch weit höher zu achten; denn die Menschen sind ja durch das Blut Christi Jesu erlöst, sind durch die Gnade von oben Söhne und Freunde Gottes geworden und sind zu Erben der ewigen Herrlichkeit eingesetzt.

### Die Grundrechte des Menschen im einzelnen

**3958**    Atque initio de hominis iuribus sermonem instituturi, animadvertimus hominem vitae habere ius, habere integritatis corporis, habere instrumentorum ad honestum vitae cultum aptorum: cuiusmodi praesertim sunt victus, vestimenta, do*[260]*mus, requies, medicorum curationes, necessaria denique ministeria a civitate impendenda in singulos. Ex quo sequitur, eo etiam iure hominem gaudere, ut sibi consulatur, si adversa corripiatur valetudine, si opere et labore debilitetur, si relinquatur in viduitate, si senio conficiatur, si vacare cogatur ab opere, si postremo sine ulla sua noxa rebus deturbetur ad victum utcumque necessariis[1].

Und da Wir im Begriffe sind, über die Rechte des Menschen zu reden, stellen Wir zu Beginn fest, daß der Mensch das Recht auf Leben, auf Unversehrtheit des Leibes und auf Mittel hat, die eines ehrenhaften Lebensunterhaltes angemessen sind: dazu gehören vor allem Nahrung, Kleidung, Wohnung, Erholung, ärztliche Versorgung und schließlich die vom Staat für die einzelnen zu leistenden notwendigen Dienste. Daraus folgt, daß sich der Mensch auch des Rechtes erfreut, daß für ihn gesorgt wird, wenn er von Krankheit befallen wird, wenn er durch Arbeit und Mühe geschwächt wird, wenn er verwitwet zurückbleibt, wenn er vom Alter aufgerieben wird, wenn er zur Arbeitslosigkeit gezwungen wird, wenn er schließlich ohne jegliches eigenes Verschulden der für den Unterhalt wie auch immer notwendigen Dinge beraubt wird[1].

**3959**    Homo praeterea iure naturae postulat, ut in debito habeatur honore; ut bona existimatione afficiatur; ut libere possit veram inquirere, et, morali ordine communique omnium utilitate servatis, opinionem suam declarare, vulgare, et artem qualemcumque colere; ut denique ex veritate de publicis eventibus certior fiat[1].

Der Mensch fordert außerdem kraft des Naturrechts, daß er in gebührender Ehre gehalten werde, daß sein guter Ruf gewahrt werde, daß er frei nach der Wahrheit forschen und unter Wahrung der moralischen Ordnung und des gemeinsamen Nutzens aller seine Meinung erklären, veröffentlichen und jedweden Beruf ausüben könne, daß er schließlich wahrheitsgemäß über öffentliche Ereignisse informiert werde[1].

**3960**    Naturae simul iure cum homini in partem scientiarum venire liceat, ei idcirco necesse etiam est liceat sive ad praecipuas communesque disciplinas, sive ad technicorum artes, sive ad professiones institui, pro suae cuius-

Aufgrund der Tatsache, daß es dem Menschen zugleich kraft des Naturrechts zusteht, Anteil an den Wissenschaften zu nehmen, steht es ihm auch notwendigerweise zu, in den hauptsächlichen und allgemeinen Dis-

---

*3958 [1]   Vgl. Pius XI., Enzyklika *"Divini Redemptoris"*, 19. März 1937 (AAS 29 [1937] 78); Pius XII., Radiobotschaft, 1. Juni 1941 (AAS 33 [1941] 195–205; in deutscher Sprache: ebd., 237–249); *Universal Declaration of Human Rights*, Art. 3 22 und vor allem 25.

*3959 [1]   Vgl. *Universal Declaration of Human Rights*, Art. 12 19 27; *Europäische Menschenrechtskonvention*, Art. 10 über die Redefreiheit (mit Einschränkungen in § 2).

que civitatis in doctrinis progressibus. Ad haec contendendum est et elaborandum, ut homines possint, si sui ingenii vires id ferant, ad altiores studiorum ordines ascendere; ita quidem ut iidem, quoad fieri possit, in humana societate ad munera et officia emergant, tum suo ingenio consentanea, tum peritiae, quam ipsi sibi pepererint[1].

In hominis iuribus hoc quoque numerandum est, ut et Deum, ad rectam conscientiae suae normam, venerari possit, et religionem privatim et publice profiteri[1].

Etenim, quemadmodum praeclare docet Lactantius, "hac condicione gignimur, ut generanti nos Deo iusta et debita obsequia praebeamus, hunc solum noverimus, hunc sequamur. Hoc vinculo pietatis ob/261/stricti Deo et religati sumus, unde ipsa religio nomen accepit"[2].

Qua de eadem re Decessor Noster imm. mem. Leo XIII haec asseverat: "Haec quidem vera, haec digna filiis Dei libertas, quae humanae dignitatem personae honestissime tuetur, est omni vi iniuriaque maior: eademque Ecclesiae semper optata ac praecipue cara. Huius generis libertatem sibi constanter vindicavere Apostoli, sanxere scriptis Apolo-

ziplinen sowie technischen Fertigkeiten unterrichtet zu werden und eine Berufsausbildung zu erhalten, entsprechend den Entwicklungsstufen in den Wissenschaften seines jeweiligen Staates. Es ist darauf hinzuzielen und hinzuarbeiten, daß die Menschen, wenn ihre Geisteskräfte dies ermöglichen, zu höherrangigen Studien aufsteigen können, und zwar so, daß sie, soweit möglich, in der menschlichen Gesellschaft zu Aufgaben und Ämtern emporsteigen, die sowohl ihrer Begabung als auch der Erfahrung, die sie sich selbst erworben haben, entsprechen[1].

Zu den Rechten des Menschen ist auch **3961** dies zu zählen, daß er sowohl Gott nach der rechten Norm seines Gewissens verehren als auch seine Religion privat und öffentlich bekennen kann[1].

Wie nämlich Laktanz deutlich lehrt, "werden wir unter der Bedingung geboren, daß wir Gott, der uns erschafft, den gerechten und schuldigen Gehorsam leisten, ihn allein kennen, ihm folgen. Durch dieses Band der Frömmigkeit sind wir Gott verpflichtet und verbunden, woher die Religion selbst ihren Namen empfangen hat"[2].

Über eben diese Sache hatte Unser Vorgänger unsterblichen Angedenkens, Leo XIII., folgendes gesagt: "Diese wahre, diese der Söhne Gottes würdige Freiheit nun, die die Würde der menschlichen Person auf ehrenvollste Weise schützt, ist größer als alle Gewalt und alles Unrecht: und sie ist der Kirche immer erwünscht und besonders teuer.

---

**\*3960** [1]   Vgl. Pius XII., Radiobotschaft, 24. Dez. 1942 (AAS 35 [1943] 9–24); *Universal Declaration of Human Rights*, Art. 26; *Europäische Menschenrechtskonvention*, Zusatzprotokoll, Art. 2.

**\*3961** [1]   Vgl. *Universal Declaration of Human Rights*, Art. 18: "Jeder hat das Recht auf Gedanken-, Gewissens- und Religionsfreiheit; dieses Recht schließt die Freiheit ein, seine Religion oder seinen Glauben zu ändern, und die Freiheit, entweder allein oder in Gemeinschaft mit anderen und öffentlich oder privat seine Religion und seinen Glauben in Lehre, Praxis, Kult und Feier kundzutun" ("Everyone has the right to freedom of thought, conscience and religion; this right includes freedom to change his religion or belief, and freedom, either alone or in community with others and in public or private, to manifest his religion or belief in teaching, practice, worship and observance"). Ganz ähnlich die *"Europäische Menschenrechtskonvention"*, Art. 9, allerdings unter Beifügung folgender Einschränkung (§ 2): "Die Freiheit, seinen Glauben oder seine Überzeugungen öffentlich zu zeigen, kann nur Gegenstand solcher Einschränkungen sein, die, vom Gesetz vorgesehen, in einer demokratischen Gesellschaft notwendige Maßnahmen für die öffentliche Sicherheit, für den Schutz der öffentlichen Ordnung, der allgemeinen öffentlichen Gesundheit oder der öffentlichen Moral oder für den Schutz der Rechte und Freiheiten des anderen darstellen" ("La liberté de manifester sa religion ou ses convictions ne peut faire l'objet d'autres restrictions que celles qui, prévues par la loi, constituent des mesures nécessaires, dans une société démocratique, à la sécurité publique, à la protection de l'ordre, de la santé ou de la morale publiques, ou à la protection des droits et libertés d'autrui").

[2]   L. Caelius Firmianus Lactantius, *Divinae Institutiones* IV 28,2 (CSEL 19,388$_{20}$–389$_3$ / PL 6,535BC).

getae, Martyres ingenti numero sanguine suo consecravere"[3].

**3962**    Insuper hominibus iure integrum est vitae genus eligere, quod praeoptent: adeoque aut sibi condere familiam, in qua condenda vir et mulier paribus fruantur iuribus et officiis, aut sacerdotium vel religiosae vitae disciplinam capessere[1].

Quod ad familiam attinet, quae in matrimonio nititur, libere nimirum contracto, uno indissolubili, ipsam existimari opus est tamquam humanae societatis primum et naturale semen. Ex quo oritur, ut eidem sit diligentissime consulendum, cum in re oeconomica et sociali, tum in provincia doctrinarum et morum; quae scilicet omnia eo pertinent, ut familia firmetur et ad munus suum tenendum adiuvetur.

In parentibus vero potissimum ius residet alendi et educandi filios[2].

**3963**    Si autem animum ad regionem rerum oeconomicarum referamus, liquet iure naturae datum esse homini, non solum ut operis faciendi sibi copia tribuatur, sed etiam ut opus libere ipse obeat[1].

Sed cum huius generis iuribus ius certe coniungitur exigen*[262]*di, ut homo in eiusmodi condicionibus opus navet, quibus neque corporis vires debilitentur, neque morum labefactetur integritas, neque iustis adulescentium auctibus noceatur. Quod vero ad mulieres spectat, concedenda iisdem est facultas peragendi operis in talibus rerum adiunctis, quae sive cum uxorum sive cum matrum ne-

Eine derartige Freiheit haben die Apostel beständig für sich in Anspruch genommen, die Apologeten in ihren Schriften bekräftigt und die Martyrer in gewaltiger Zahl durch ihr Blut geheiligt"[3].

Darüber hinaus ist es den Menschen zurecht unbenommen, die Lebensart zu erwählen, der sie den Vorzug geben, und daher entweder sich eine Familie zu gründen, bei deren Gründung Mann und Frau gleiche Rechte und Pflichten haben, oder die Lebensweise von Priestern oder eines Ordenslebens zu ergreifen[1].

Was die Familie anbelangt, die in der Ehe gründet, die selbstverständlich als eine einzige unauflösliche frei geschlossen wurde, so muß man diese ⟨= die Familie⟩ gleichsam als ersten und natürlichen Samen der menschlichen Gesellschaft erachten. Daraus ergibt sich, daß für sie sowohl auf ökonomischem und sozialem Gebiet als auch auf dem Gebiet der Bildung und Moral mit größter Gewissenhaftigkeit Sorge zu tragen ist; dies alles trägt nämlich dazu bei, daß die Familie gestärkt und bei der Erfüllung ihrer Aufgabe unterstützt wird.

Bei den Eltern aber liegt in erster Linie das Recht, ihre Kinder zu ernähren und zu erziehen[2].

Wenn wir uns aber dem Gebiet der Wirtschaft zuwenden, so ist klar, daß dem Menschen kraft des Naturrechtes nicht nur gegeben ist, daß ihm die Möglichkeit, Arbeit zu verrichten, eingeräumt wird, sondern auch, daß er die Arbeit selbst frei antreten kann[1].

Mit derartigen Rechten ist aber sicherlich das Recht auf die Forderung verbunden, daß der Mensch seiner Arbeit unter solchen Bedingungen nachgehe, unter denen weder die Kräfte des Leibes geschwächt werden, noch die Unversehrtheit der Sitten ins Wanken gerät, noch dem rechten Gedeihen der Jugendlichen geschadet wird. Was aber die Frauen betrifft, so ist ihnen die Möglichkeit einzu-

3    Leo XIII., Enzyklika "*Libertas praestantissimum*" (Leo XIII., *Acta*, Rom 8,237f; vgl. *3250).
*3962 1    Vgl. Pius XII., Radiobotschaft, 24. Dez. 1942 (AAS 35 [1943] 9-24; vgl. auch *3957¹). Vgl. *Universal Declaration of Human Rights*, Art. 16; *Europäische Menschenrechtskonvention*, Art. 12, teilweise auch Art. 8.
2    Vgl. Pius XI., Enzyklika "*Casti connubii*" (AAS 22 [1930] 539-592); Pius XII., Radiobotschaft, 24. Dez. 1942 (AAS 35 [1943] 9-24).
*3963 1    Vgl. Pius XII., Radiobotschaft, 1. Juni 1941 (AAS 33 [1941] 201); *Universal Declaration of Human Rights*, Art. 23, § 1.

cessitatibus et officiis congruant[2].

Ab humanae personae dignitate ius quoque nascitur oeconomica factitandi negotia, convenienter cum reddendae rationis sensu[1].

Exinde et illud non est tacendum, operario mercedem deberi, ad iustitiae praecepta statutam; quae idcirco, pro administrationis facultatibus, operario eiusque familiae vitae genus permittat, cum hominis dignitate conveniens: Qua de re Decessor Noster fel. rec. Pius XII haec habet: "Cum officio operis faciendi, in natura posito, ius pariter naturale congruit; cuius vi homo poscere potest, ut ex impenso opere sibi suisque filiis necessaria ad vitam proveniant: tam penitus natura iubet hominis conservationem"[2].

Ab hominis natura adhuc ducitur ius privatim bona possidendi, vel gignendis opibus apta; quod videlicet ius, uti alias professi sumus, "efficaciter ad humanae dignitatem personae tuendam, et ad liberam sui cuiusque muneris perfunctionem in omnibus navitatis campis adiuvat; quod postremo domestici convictus compaginem tranquillitatemque confirmat, non sine pacis et prosperitatis in re publica incremento"[1].

Ad ultimum et hoc opportune animadvertendum est, in privati dominii iure munus inesse sociale[2].

Ex eo autem quod homines sunt natura sociabiles illud oritur, ut iure iidem possint et in unum locum se congregare, et *[263]* societatem cum aliis inire; ut initas societates ea induant forma, quam existiment ad proposi-

räumen, ihre Arbeit in solchen Umständen zu verrichten, die mit den Verpflichtungen und Aufgaben von Ehefrauen und Müttern im Einklang stehen[2].

Aus der Würde der menschlichen Person 3964 entsteht auch das Recht, wirtschaftliche Geschäfte zu betreiben, ⟨allerdings⟩ im Einklang mit dem Bewußtsein der Verantwortlichkeit[1].

Hierbei darf auch jenes nicht verschwiegen werden, daß dem Arbeiter ein nach den Geboten der Gerechtigkeit festgesetzter Lohn geschuldet wird; er muß deshalb dem Arbeiter und seiner Familie im Hinblick auf die aufzuwendenden Mittel eine Lebensweise ermöglichen, die mit der Würde des Menschen im Einklang steht. Darüber äußert Unser Vorgänger seligen Angedenkens, Pius XII., folgendes: "Mit der in der Natur begründeten Pflicht, eine Arbeit zu verrichten, stimmt gleichermaßen das natürliche Recht überein, kraft dessen der Mensch fordern kann, daß aus der geleisteten Arbeit das für ihn und für seine Kinder Lebensnotwendige hervorgehe: so grundlegend gebietet die Natur die Erhaltung des Menschen"[2].

Aus der Natur des Menschen leitet sich 3965 weiterhin das Recht ab, privat Güter zu besitzen, sogar Produktionsmittel; dieses Recht nämlich, wie Wir an anderer Stelle verkündet haben, "trägt wirksam zum Schutz der Würde der menschlichen Person und zur freien Ausübung ihrer jeweiligen Aufgabe in allen Tätigkeitsbereichen bei; es festigt schließlich das Gefüge und die Ausgeglichenheit des häuslichen Zusammenlebens, nicht ohne Wachstum des Friedens und Wohlstandes im Gemeinwesen"[1].

Endlich ist es auch angebracht, darauf hinzuweisen, daß dem Recht auf Privateigentum eine soziale Verpflichtung innewohnt[2].

Daraus aber, daß die Menschen von Natur 3966 gesellig sind, entsteht jenes Recht, daß sie sich an einem Ort versammeln und eine Vereinigung mit anderen gründen können, daß sie der gegründeten Vereinigung die Ge-

---

[2]  Vgl. Leo XIII., Enzyklika *"Rerum novarum"* (*Acta* 11 [Rom 1891] 128f).
*3964 [1]  Vgl. Johannes XXIII., Enzyklika *"Mater et Magistra"* (AAS 53 [1961] 422; vgl. auch *3947).
[2]  Pius XII., Radiobotschaft, 1. Juni 1941 (AAS 33 [1941] 201).
*3965 [1]  Johannes XXIII., Enzyklika *"Mater et Magistra"* (AAS 53 [1961] 428).
[2]  Ebd. (430); vgl. Pius XI., *Quadragesimo anno* (AAS 23 [1931] 191 193; *3726 3728).

tum assequendum magis idoneam; ut in societatibus iisdem sua sponte suoque periculo agant, easque ad optatos exitus pervehant[1].

Atque, ut Nosmetipsi datis Litteris encyclicis *"Mater et Magistra"* magnopere monuimus, omnino opus est, ut bene multa collegia seu corpora interiecta condantur, ad finem paria, ad quem homo singulus non potest tendere efficienter. Haec enim collegia et corpora veluti instrumenta longe pernecessaria sunt habenda ad tuendam humanae personae dignitatem et libertatem, incolumi praestandae rationis sensu[2].

**3967**  Tum etiam homini cuilibet iure integrum esse debet in civitatis suae finibus vel tenere vel mutare locum; quin etiam, si iustae id suadeant causae, eidem liceat necesse est, alias civitates petere in iisque domicilium suum collocare[1]. Neque ex eo quod quis certae cuiusdam reipublicae est civis, is ullo modo vetatur esse membrum humanae familiae, neque civis universalis illius societatis et coniunctionis omnium hominum communis.

**3968**  De reliquo illud accedit, quod cum dignitate humanae personae ius cohaeret in partem publicae rei actuose veniendi, atque ad commune civium bonum conferendi. Nam, quemadmodum Decessor Noster fel. rec. Pius XII ait, "tantum abest ut homo, uti talis,

stalt geben können, von der sie meinen, daß sie zur Erreichung des Vorhabens am geeignetsten ist, und daß sie in ebendiesen Vereinigungen aus eigenem Antrieb und auf eigene Verantwortung handeln und sie zu den gewünschten Zielen hinbringen[1].

Und es ist, wie Wir selbst in der Enzyklika *"Mater et Magistra"* nachdrücklich mahnten, durchaus notwendig, daß sehr viele Gemeinschaften bzw. Körperschaften auf mittlerer Ebene gegründet werden, die im Hinblick auf das Ziel gleich sind, das der Mensch als einzelner nicht wirksam anstreben kann. Diese Gemeinschaften und Körperschaften müssen nämlich für äußerst notwendige Mittel gehalten werden, die Würde und Freiheit der menschlichen Person unbeschadet des Bewußtseins der Verantwortlichkeit zu schützen[2].

Dann muß es auch einem jeden Menschen zurecht unbenommen sein, innerhalb der Grenzen seines Staates den Aufenthaltsort zu behalten oder zu verändern, ja, es muß ihm sogar, wenn gerechte Gründe dazu raten, erlaubt sein, andere Staaten aufzusuchen und in ihnen seinen Wohnsitz zu nehmen[1]. Aufgrund der Tatsache, daß einer Bürger eines bestimmten Gemeinwesens ist, kann ihm in keiner Weise verboten werden, Glied der Menschenfamilie oder Bürger jener allgemeinen Gemeinschaft und gemeinsamen Verbindung aller Menschen zu sein.

Im übrigen kommt noch hinzu, daß mit der Würde der menschlichen Person das Recht zusammenhängt, aktiv am Gemeinwesen Anteil zu nehmen und zum Gemeinwohl der Bürger beizutragen. Denn, wie Unser Vorgänger seligen Angedenkens,

---

**\*3966** [1]  Vgl. Leo XIII., Enzyklika *"Rerum novarum"* (Acta 11 [Rom 1891] 134–142); Pius XI., Enzyklika *"Quadragesimo anno"* (AAS 23 [1931] 199f); Pius XII., Enzyklika *"Sertum laetitiae"* an die Bischöfe der Vereinigten Staaten von Amerika, 1. Nov. 1939 (AAS 31 [1939] 635–644); vgl. auch *Universal Declaration of Human Rights*, Art. 20; *Europäische Menschenrechtskonvention*, Art. 11, mit ähnlichen Einschränkungen, wie \*3961[1].

[2]  Vgl. Enzyklika *"Mater et Magistra"* (AAS 53 [1961] 430).

**\*3967** [1]  Vgl. Pius XII., Radiobotschaft, 24. Dez. 1952 (AAS 45 [1953] 33–46); vgl. auch *Universal Declaration of Human Rights*, Art. 13 (Recht auf Bewegungs- und Wohnungsfreiheit innerhalb der Grenzen jedes Staates); Art. 14 (Recht, in anderen Ländern Asyl vor Verfolgung zu begehren und zu genießen), jedoch mit der Einschränkung: "Auf dieses Recht kann man sich nicht berufen im Falle von Verfolgungen, die in Wahrheit von nichtpolitischen Verbrechen oder von Taten herrühren, die den Zielen und Prinzipien der Vereinten Nationen entgegengesetzt sind" ("This right may not be invoked in the case of prosecutions genuinely arising from nonpolitical crimes or from acts contrary to the purposes and principles of the United Nations").

sit habendus tamquam vitae socialis obiectum vel iners quoddam elementum, ut magis eiusdem sit existimandus subiectum, fundamentum, finis"[1].

Pius XII., sagt, "weit gefehlt, daß der Mensch als solcher gleichsam für ein Objekt oder ein untätiges Element des gesellschaftlichen Lebens gehalten werden darf, muß er vielmehr als dessen Subjekt, Grundlage und Zweck erachtet werden"[1].

[264] Ad humanam personam quoque pertinet legitima suorum iurium tuitio: eademque ad effectum valens, aequalis, ad veras iustitiae normas conformata; uti Decessor Noster fel. rec. Pius XII monet hisce dictis: "Ordinem iuridicialem, quem Deus voluit, ius illud hominis proprium et perpetuum consequitur, quo cuique iuridicialis securitas asseritur, atque certa definitaque iuris provincia eidem assignatur, ab omni precaria impugnatione tuta"[1].

Zur menschlichen Person gehört auch der **3969** legitime Schutz ihrer Rechte; und zwar muß dieser wirksam, unparteiisch und an den wahren Normen der Gerechtigkeit ausgerichtet sein, wie Unser Vorgänger seligen Angedenkens, Pius XII., mit folgenden Worten mahnt: "Der Rechtsordnung, die Gott wollte, folgt jenes dem Menschen eigene und beständige Recht, durch das jedem Rechtssicherheit gewährleistet und ein sicher umgrenzter Rechtsbereich zugewiesen wird, der vor jeder willkürlichen Anfechtung sicher ist"[1].

### Naturgesetzliche Pflichten der Menschen

Quae hactenus commemoravimus iura, a natura profecta, in eodem homine, cui competunt, cum totidem coniunguntur officiis; eademque iura et officia a lege naturae, qua vel tribuuntur vel imperantur, et originem et alimentum et firmissimam vim ducunt.

Die aus der Natur hervorgegangenen **3970** Rechte, an die Wir bisher erinnert haben, sind in demselben Menschen, dem sie zukommen, mit ebensovielen Pflichten verbunden; und zwar führen diese Rechte und Pflichten ihren Ursprung, ihre Nahrung und ihre unzerstörbare Kraft auf das Naturgesetz zurück, durch das sie zugestanden oder auferlegt werden.

Itaque, ut nonnullis utamur exemplis, hominis ius in vitam cum illius cohaeret officio suae vitae conservandae; ius in dignum vitae genus cum officio decore vivendi; ius veritatem libere vestigandi cum officio veritatem altius latiusque in dies quaerendi.

Deshalb hängt, um einige Beispiele anzuführen, das Recht des Menschen auf Leben mit seiner Pflicht zusammen, sein Leben zu erhalten, das Recht auf eine würdige Lebensweise mit der Pflicht zu einem ehrenhaften Lebenswandel, das Recht, frei nach der Wahrheit zu forschen, mit der Pflicht, Tag für Tag tiefer und umfassender nach der Wahrheit zu suchen.

Quibus probatis, consequens est etiam, ut in hominum consortione unius hominis naturali cuidam iuri officium aliorum hominum respondeat: officium videlicet ius illud agnoscendi et colendi. Nam quodvis praecipuum hominis ius vim auctoritatemque suam a naturali lege repetit, quae illud tribuit, et conveniens iniungit officium. Qui igitur, dum iura sua vindicant, officia sua vel omnino obliviscuntur, vel aequo minus praestant, iidem sunt cum iis veluti comparandi,

Ist dies anerkannt, so folgt daraus auch, daß in der Gemeinschaft der Menschen einem bestimmten natürlichen Recht eines Menschen eine Pflicht der anderen Menschen entspricht, die Pflicht nämlich, jenes Recht anzuerkennen und zu achten. Denn jedwedes Grundrecht des Menschen leitet seine Kraft und Autorität vom Naturgesetz her, das jenes zuteilt und eine entsprechende Pflicht auferlegt. Die also ihre Rechte beanspruchen, während sie ihre Pflichten entwe-

---

**\*3968** [1]   Pius XII., Radiobotschaft, 24. Dez. 1944 (AAS 37 [1945] 12).
**\*3969** [1]   Pius XII., Radiobotschaft, 24. Dez. 1942 (AAS 35 [1943] 21).

qui altera manu aedem exstruunt, altera ever-
tunt.

**3971**    Cum homines sint natura congregabiles,
ii oportet alii cum aliis vivant, atque alii aliorum quaerant bonum. Hanc ob [265] causam
recte compositus hominum convictus postulat, ut iidem pariter iura pariter officia mutuo
fateantur et faciant. Ex quo etiam nascitur, ut
quisque magno amimo sociam praebeat operam ad eiusmodi civium consuetudinem
parandam, in qua iura et officia diligentius
usque et fructuosius colantur.

Cuius rei ut ponamus exemplum, non satis est hominis ius in necessaria vitae tribuere, nisi pro viribus elaboremus, ut eidem
quae ad victum pertinent satis suppetant.

Huc accedit quod hominum societas, non
modo ordinata esse debet, sed multos etiam
ipsis utilitatis fructus afferre. Quod flagitat,
ut ii quidem iura et officia mutuo agnoscant
et exsequantur, at vero etiam, ut coniunctim
omnes in plurimis inceptis intersint, quae
huius aetatis civilis cultus vel sinat vel suadeat vel poscat.

**3972**    Illud praeterea humanae dignitas personae exigit, ut in agendo homo proprio consilio et libertate fruatur. Quocirca, si de civium
coniunctione agitur, est profecto cur ipse iura
colat, officia servet, atque in innumeris operibus exercendis, aliis sociam tribuat operam,
suo praesertim impulsu et consulto; ita scilicet ut suo quisque instituto, iudicio, officiique
conscientia agat, iam non commotus coerci-
tione vel sollicitatione extrinsecus plerumque
adductis; quandoquidem, si qua hominum societas una ratione virium est instituta, ea nihil humani in se habere dicenda est, utpote in
qua homines a libertate cohibeantur, qui contra ad vitae progressus, ad perfectionemque
assequendam apte ipsi incitandi sunt.

der völlig vergessen oder weniger als billig
erfüllen, die sind beispielsweise mit jenen zu
vergleichen, die mit der einen Hand ein Haus
aufbauen und es mit der anderen einreißen.

Da die Menschen von Natur gesellig sind,
müssen die einen mit den anderen leben und
wechselseitig das Wohl der anderen erstreben. Aus diesem Grunde erfordert ein recht
geordnetes Zusammenleben der Menschen,
daß diese einander in gleicher Weise Rechte
wie Pflichten zugestehen und erfüllen. Daraus ergibt sich auch, daß jeder großherzig seinen gemeinsamen Beitrag dazu leisten muß,
eine solche Umgangsweise unter den Bürgern
zu schaffen, in der die Rechte und Pflichten
immer sorgfältiger und fruchtbringender gepflegt werden.

Um dafür ein Beispiel anzuführen: Es genügt nicht, das Recht des Menschen auf das
Lebensnotwendige anzuerkennen, wenn wir
uns nicht nach Kräften darum bemühen, daß
ihm das, was zum Lebensunterhalt gehört, in
genügendem Maße zur Verfügung steht.

Hinzu kommt, daß die Gesellschaft der
Menschen nicht nur geordnet sein, sondern
auch reiche Früchte des Nutzens bringen
muß. Dies erfordert, daß sie zwar ihre Rechte
und Pflichten gegenseitig anerkennen und erfüllen, aber auch, daß alle gemeinsam an
sehr vielen Unternehmungen teilnehmen,
die die heutige Zivilisation zuläßt, anrät oder
erfordert.

Die Würde der menschlichen Person erfordert es außerdem, daß der Mensch in seinem Tun sich des eigenen Entschlusses und
der Freiheit erfreut. Wenn es sich deshalb um
die Gemeinschaft der Bürger dreht, gibt es in
der Tat Grund, daß er selbst die Rechte achtet, die Pflichten wahrt und bei der Ausführung unzähliger Arbeiten den anderen vor
allem durch seine Initiative und seinen Entschluß seinen gemeinsamen Beitrag zukommen läßt, und zwar so, daß jeder nach seiner
Überzeugung, seinem Urteil und Pflichtbewußtsein handelt, nicht mehr auf Veranlassung von Strafandrohung und Aufforderung,
die meist von außen kommen; denn wenn
eine Gemeinschaft von Menschen allein
nach dem Prinzip von Gewalt eingerichtet
ist, dann ist zu sagen, daß sie nichts Menschliches in sich birgt, da in ihr ja die Menschen

*[266]* ... Ordo autem, qui in hominum consortione viget, totus incorporali est natura; siquidem in veritate idem nititur, secundum iustitiae praecepta ad effectum perducendus est, mutuo amore animari perficique poscit, postremo, libertate integra, ad aequabilitatem cotidie humaniorem est componendus.

At huius generis ordo – cuius principia cum ad omnes attinent, tum absoluta atque immutabilia sunt – a Deo vero, *[267]* et eo quidem personali atque humanam naturam transcendente, initium omnino repetit. Deus enim, cum sit veritas omnium prima, summumque bonum, tum vero fons est praealtus, unde vitam vere haurire hominum coniunctio potest, quae nimirum recte constituta sit et frugifera, ad hominumque dignitatem apta[1].

Quam ad rem illud S. Thomae Aquinatis pertinet: "Quod autem ratio humana sit regula voluntatis humanae, ex qua eius bonitas mensuretur, habet ex lege aeterna, quae est ratio divina. ... Unde manifestum est, quod multo magis dependet bonitas voluntatis humanae a lege aeterna, quam a ratione humana"[2].

von der Freiheit ferngehalten werden, während sie doch gerade zu Fortschritten des Lebens und zur Erreichung der Vollkommenheit in geeigneter Weise anzuspornen sind.

... Die Ordnung aber, die in der Gemeinschaft der Menschen gilt, ist ganz immaterieller Natur; denn wenn sie in der Wahrheit gründet, muß sie gemäß den Geboten der Gerechtigkeit zur Wirkung gebracht werden; sie verlangt danach, durch gegenseitige Liebe beseelt und vollendet zu werden, und ist schließlich, unbeschadet der Freiheit, zu einem täglich menschlicheren Gleichmaß auszuformen.    3973

Die Ordnung dieser Art – deren Prinzipien sowohl alle betreffen, als auch unbedingt und unveränderlich sind – leitet ihren Ursprung aber ganz und gar vom wahren, und zwar vom persönlichen und die menschliche Natur übersteigenden Gott her. Wenn Gott nämlich die erste Wahrheit von allem und das höchste Gut ist, dann ist er wahrhaft die abgrundtiefe Quelle, aus der die Gemeinschaft der Menschen wahrhaft das Leben schöpfen kann, das ⟨dann⟩ zweifellos richtig geordnet und fruchtbringend ist, der Würde der Menschen angepaßt[1].

Darauf bezieht sich auch jenes ⟨Wort⟩ des hl. Thomas von Aquin: "Daß aber die menschliche Vernunft der Maßstab des menschlichen Willens ist, nach dem seine Güte bemessen wird, das hat sie aus dem ewigen Gesetz, welches die göttliche Vernunft ist. ... Daher ist es offensichtlich, daß die Güte des menschlichen Willens viel mehr vom ewigen Gesetz als von der menschlichen Vernunft abhängt"[2].

*Charakteristiken heutigen gesellschaftlichen Lebens*

Ante omnia opificum classes videmus in re oeconomica et sociali gradatim profecisse. Initium enim iidem capientes a suorum iurium vindicatione maxime in ordine rerum oeconomicarum et socialium, deinde ad vindicationem gradum fecerunt rerum politicarum, tum demum ad politioris humanitatis commoda adipiscenda animum intenderunt.

Vor allem sehen Wir, daß die Arbeiterklassen auf wirtschaftlichem und sozialem Gebiet Schritt für Schritt vorwärts gekommen sind. Den Anfang machten sie nämlich durch die Inanspruchnahme ihrer Rechte vor allem im wirtschaftlichen und sozialen Bereich; danach taten sie den Schritt zur Inanspruchnahme im politischen Bereich; dann schließlich richteten sie ihren Sinn auf die Erlangung der Güter kultureller Bildung.    3974

---

**\*3973** [1]    Vgl. Pius XII., Radiobotschaft, 24. Dez. 1942 (AAS 35 [1943] 14).
     [2]    Thomas von Aquin, *Summa theologiae* I-II, q. 19, a. 4; vgl. a. 9 (Editio Leonina 6,144; vgl. 149f).

Quam ob rem in praesentia opifices, qui ubique sunt, illud vehementer exquirunt, ne umquam ducantur quasi quaedam res rationis et libertatis expers, qua alii arbitrio suo utantur, sed tamquam homines in quibuslibet humanae societatis partibus: hoc est in regione oeconomica et sociali, in re publica, in campo denique doctrinarum et disciplinarum.

Deshalb fordern heute die Arbeiter überall nachdrücklich, daß sie nicht mehr gleichsam als eine Sache ohne Vernunft und Freiheit, deren sich andere nach ihrem Gutdünken bedienen können, sondern in allen Teilbereichen der menschlichen Gesellschaft als Menschen angesehen werden, das heißt, im wirtschaftlichen und sozialen Bereich, im Gemeinwesen und schließlich auf dem Feld der Wissenschaft und Bildung.

**3975** Quod deinde mulieres in re publica intersunt, nemo profecto est, cui non pateat; quod fortasse celerius apud populos fit christianam fidem profitentes, et tardius quidem, sed late apud gentes aliarum memoriarum heredes alioque vitae cultu imbutas. Mulieres enim, cum cotidie magis sint suae humanae *[268]* dignitatis consciae, tantum abest ut patiantur se vel pro re quadam inanima vel pro instrumento quodam haberi, ut potius sive intra domesticos parietes, sive in civitate iura et officia humana persona digna postulent[1].

Dann gibt es sicherlich niemanden, dem nicht offen vor Augen läge, daß sich die Frauen am Gemeinwesen beteiligen; dies geschieht vielleicht schneller bei den Völkern, die den christlichen Glauben bekennen, und langsamer zwar, aber doch weit verbreitet, bei den Völkern, die Erben anderer Überlieferungen sind und einen anderen Lebensstil pflegen. Da sich die Frauen nämlich täglich mehr ihrer menschlichen Würde bewußt werden, erdulden sie es so wenig, für eine unbeseelte Sache oder für ein Werkzeug gehalten zu werden, daß sie vielmehr sowohl innerhalb der häuslichen Wände als auch im Staate Rechte und Pflichten einfordern, die der menschlichen Person würdig sind[1].

**3976** Animadvertimus denique nostris hisce diebus, hominum coniunctionem in novam prorsus rei et socialis et publicae transisse conformationem. Etenim, cum omnes populi sese in libertatem vel vindicaverint, vel sint vindicaturi, ob eam causam futurum est, ut brevi neque iam populi exstent, qui in alteros dominentur, neque qui alienae pareant potestati.

Schließlich stellen Wir in diesen unseren Tagen fest, daß die Gemeinschaft der Menschen sowohl im sozialen als auch im öffentlichen Bereich in eine völlig neue Gestalt übergegangen ist. Denn aufgrund der Tatsache, daß sich alle Völker entweder befreit haben oder im Begriffe sind, sich zu befreien, wird es bald keine Völker mehr geben, die über andere herrschen, und keine, die einer fremden Gewalt untertan sind.

---

*3975 [1] Vgl. *Universal Declaration of Human Rights*, Art. 21 ("Jeder hat das Recht, an der Regierung teilzunehmen ... Jeder hat das Recht auf gleichen Zugang zum öffentlichen Dienst in seinem Land") in Verbindung mit Art. 2 ("Jeder hat Anspruch auf alle in dieser Deklaration dargelegten Rechte und Freiheiten, ohne irgendeinen Unterschied, sei es der Rasse, der Farbe, des Geschlechts, der Sprache, der Religion, der politischen oder anderer Meinung, der nationalen oder sozialen Herkunft, des Reichtums, der Geburt oder eines anderen Standes"). Diese Formulierung erregte bei einigen Völkern des Orients Widerstand. Die christliche Religion stellte zwar die Gleichheit zwischen Frau und Mann innerhalb der Grenzen des persönlichen religiösen Lebens (vgl. Gal 3,28 über die Getauften: "Es gibt weder Mann noch Frau, denn ihr seid alle eins in Christus Jesus") und der Familie wieder her, indem sie von der Unterwerfung unter den Mann absah (vgl. Leo XIII.: "Die Rechte von Mann und Frau ⟨sind⟩ gleich"; *3144). Es gelang ihr aber bis zum letzten Jahrhundert nicht, die Tendenz zum Ausschluß der Frau von jedem öffentlichen Amt zu überwinden (vgl. das römische Recht: *Digesta* L 17, Rechtsregel 2). Bemerkenswert ist der Fortschritt von Pius XI. (Enzyklika "*Casti connubii*": AAS 22 [1930] 567f) zu Pius XII. (Ansprache an von christlichen Gemeinschaften Italiens delegierte Frauen, 21. Okt. 1945: AAS 37 [1945] 284–295), vor allem aber zu Johannes XXIII., der an dieser Stelle entfaltet, was er im Prinzip schon in dem *3968 aufgestellten Grundsatz betont.

Homines enim, qui ubique sunt gentium, vel in civium ordine liberae cuiusdam civitatis iam censentur, vel in eo est ut censeantur; neque ullius stirpis communitas alienae dicioni iam esse vult obnoxia. Nam nostro hoc tempore opiniones consenuerunt, tot saecula inhaerentes, ex quibus scilicet hinc aliae hominum classes inferiorem sibi locum accipiebant, illinc primas partes aliae postulabant, sive ob statum rerum oeconomicarum et socialium, sive ob sexum, sive ob suum cuiusque in civitate gradum.

Latissime e contrario ea opinio pervasit et obtinuit, omnes homines esse naturae dignitate inter se aequales[1]. Quam ob rem, saltem in ratione disciplinaque, nullo modo probatur hominum discrimen, generis causa; quod quidem maximi momenti est et ponderis ad humanum convictum conflandum ex principiis, quae commemoravimus.

Quod si in homine aliquo conscientia nascitur suorum iurium, in eo etiam conscientia officiorum suorum necesse est nascatur: ita ut qui iura quaedam habeat, in eo pariter officium insit sua iura, tamquam suae dignitatis significationes, reposcendi; in reliquis vero officium insit iura eadem agnoscendi et colendi.

Atque cum civium disciplina ad ium officiaque informatur, tunc homines continuo res ad animum mentemque pertinentes deprehendunt, plane quid veritas sit, quid iustitia, quid caritas, quid libertas intellegunt, iidem conscii fiunt se huius[269]modi societatis esse membra.

Neque id satis; nam huius generis causis commoti homines ad verum Deum melius

Die Menschen aller Völker werden nämlich entweder schon zu den Bürgern eines freien Staates gerechnet oder es ist bald soweit, daß sie ⟨dazu⟩ gerechnet werden; und die Gemeinschaft keines Stammes will mehr fremder Botmäßigkeit unterworfen sein. Denn in dieser unserer Zeit veralteten die Auffassungen, die so viele Jahrhunderte Bestand hatten, nach denen nämlich einerseits die einen Menschenklassen einen niedrigeren Stand für sich akzeptierten, die anderen dagegen die führende Rolle beanspruchten, sei es wegen ihrer Stellung auf wirtschaftlichem und sozialem Gebiet, sei es wegen ihres Geschlechts oder wegen ihres jeweiligen Ranges im Staat.

Sehr weit hat sich im Gegenteil die Auffassung verbreitet und behauptet, daß alle Menschen aufgrund der Würde der Natur untereinander gleich sind[1]. Deshalb wird, wenigstens gedanklich und theoretisch, in keiner Weise ein Unterschied zwischen den Menschen aufgrund des Geschlechtes anerkannt; dies ist nun von größter Bedeutung und größtem Gewicht für das Zustandekommen menschlichen Zusammenlebens aus Prinzipien, wie Wir sie erwähnt haben. **3977**

Wenn aber in einem Menschen das Bewußtsein seiner Rechte erwacht, so ist es notwendig, daß in ihm auch das Bewußtsein seiner Pflichten erwacht, so daß dem, der gewisse Rechte hat, in gleicher Weise die Pflicht innewohnt, seine Rechte als Zeichen seiner Würde einzufordern; den anderen aber wohnt die Pflicht inne, diese Rechte anzuerkennen und zu achten.

Und dadurch, daß die Ordnung der Bürger nach Rechten und Pflichten gebildet wird, erfassen die Menschen unverzüglich Gehalte, die Geist und Gemüt betreffen, verstehen klar, was Wahrheit, was Gerechtigkeit, was Liebe und was Freiheit ist, und sie werden sich bewußt, daß sie Glieder dieser Gesellschaft sind. **3978**

Doch damit nicht genug; denn durch derartige Gründe veranlaßt, werden die Men-

---

**\*3977** [1]   Vgl. *Universal Declaration of Human Rights*, Präambel ("Anerkennung der angeborenen Würde und der gleichen und unveräußerlichen Rechte aller Glieder der Menschenfamilie"); Art. 1 ("Alle Menschen sind frei geboren und gleich in Würde und Rechten"); Art. 2; weniger deutlich Art. 14 der *Europäischen Menschenrechtskonvention*, der Art. 2 der UNO-Charta (zitiert in \*3975[1]) entspricht.

cognoscendum feruntur, nempe supra humanam naturam positum personaque praeditum. Quam ob rem rationes, quae iis cum Deo intercedunt, quasi fundamentum suae vitae existimant: id est vitae, quam vel intus in animo suo vivunt, vel cum reliquis hominibus consociaverunt.

schen dazu gebracht, den wahren Gott noch besser zu erkennen, nämlich daß er über der menschlichen Natur steht und Personsein besitzt. Deshalb erachten sie die Beziehungen, die zwischen ihnen und Gott bestehen, gleichsam als Grundlage ihres Lebens, das heißt des Lebens, das sie entweder inwendig in ihrem Herzen leben oder mit den übrigen Menschen gemeinsam haben.

## Notwendigkeit der Autorität und ihr göttlicher Ursprung

**3979**     ... Hominum societas neque bene composita neque bonorum fecunda esse potest, nisi ei adsint qui, auctoritate legitima decorati, instituta servent et, quantum est satis, in omnium commoda operam curamque impendant suam. Iidem vero auctoritatem omnem a Deo ducunt, uti S. Paulus hisce docet verbis: "Non est enim potestas, nisi a Deo" [*Rm 13,1; cf. et 13,2-6*].

... Die Gemeinschaft der Menschen kann weder gut verfaßt noch an Gütern fruchtbar sein, wenn es bei ihr nicht welche gibt, die, mit rechtmäßiger Autorität ausgestattet, die Einrichtungen erhalten und, soweit dienlich, ihre Mühe und Sorge zum Nutzen aller aufwenden. Diese aber leiten ihre ganze Autorität von Gott her, wie der hl. Paulus mit folgenden Worten lehrt: "Es gibt nämlich keine Vollmacht, außer von Gott" [*Röm 13,1; vgl. auch 13,2-6*].

Quam Apostoli sententiam S. Ioannes Chrysostomus explanans haec scribit: "Quid dicis? Omnisne princeps a Deo ordinatus est? Non hoc dico, inquit: neque enim de singulis principibus mihi nunc sermo est, sed de re ipsa. Nam quod principatus sint, et quod alii imperent, alii subiecti sint, neque omnia casu ac temere ferantur, divinae esse sapientiae dico"[1].

Der hl. Johannes Chrysostomus schreibt folgendes, um diese Aussage des Apostels zu erläutern: "Was sagst du? Jeder Fürst ist von Gott eingesetzt? Das sage ich nicht, antwortet er: ich rede jetzt nämlich nicht von den einzelnen Fürsten, sondern von der Sache selbst. Denn daß es Herrschaften gibt, und daß die einen herrschen, die anderen Untergebene sind, und daß sich überhaupt nichts zufällig oder blindlings zuträgt, rührt von der göttlichen Weisheit her, sage ich"[1].

Enimvero, quoniam Deus homines sua natura sociabiles creavit, quoniamque nulla societas potest "consistere, nisi si aliquis omnibus praesit, efficaci similique movens singulos ad commune propositum impulsione, efficitur, civili hominum communitati necessariam esse auctoritatem, qua regatur: quae non secus ac societas, a natura proptereaque a Deo ipso oriatur auctore" [*3165*].

Weil aber Gott die Menschen ihrer Natur nach gesellig erschuf, und weil keine Gemeinschaft "bestehen" kann, "ohne daß irgendeiner allen vorsteht, der die einzelnen mit wirksamem und gleichbleibendem Anstoß zum gemeinsamen Zweck bewegt, ergibt sich, daß für die bürgerliche Gemeinschaft der Menschen eine Autorität notwendig ist, von der sie regiert wird: sie stammt – nicht anders als die Gemeinschaft – von der Natur und deswegen von Gott selbst als ⟨deren⟩ Urheber" [*3165*].

## Die Autorität staatlicher Gewalt

**3980**     Haud tamen auctoritas a cuiuslibet imperio vacua putanda est; immo cum eadem

Man darf jedoch nicht meinen, die Autorität entbehre jeglicher Befehlsgewalt; da

---

*3979 [1]     Johannes Chrysostomus, *In Epistulam ad Romanos* 13,1f, Hom. 23 (PG 60,615).

ex facultate imperandi ad rectam rationem proficiscatur, illud sane cogitur, ut vim obligandi ex ordi*/270/*ne morum ipsa repetat, qui vicissim Deum tamquam principium et finem habet.

Qua de causa Decessor Noster fel. rec. Pius XII haec monet: "Absolutus animantium ordo, et finis ipse hominis (hominem dicimus liberum, officiis obstrictum, iuribus inviolabilibus instructum, societatisque humanae originem et finem) civitatem quoque, quasi quandam communitatem necessariam, auctoritateque ornatam attingunt, qua sublata, neque esse neque vivere ipsa posset. ... Qui rerum omnium ordo, quoniam iuxta rectam rationem et maxime iuxta christianam fidem initium non potest quin ducat a Deo, omnium nostrum Creatore, eodemque persona praedito, idcirco magistratus ex eo dignitatem accipiunt, quod Dei ipsius auctoritatem quodammodo participant"[1].

Quocirca quae imperandi facultas sive in minis metuque poenarum, sive in praemiorum pollicitationibus posita unice vel praecipue est, nullo pacto ad commune omnium bonum quaerendum efficienter incitat; quod si forte fiat, id profecto cum hominum dignitate, qui libertatis rationisque sunt compotes et participes, haudquaquam sit consentaneum. Auctoritas enim cum maxime vi contineatur incorporali, propterea reipublicae curatores sese ad cuiusvis civis agendi conscientiam referre debent, hoc est ad officium, quo quisque obstringitur, in communes omnium utilitates promptam impendendi operam: Sed quoniam omnes homines in naturali dignitate sunt inter se pares, tum nemo valet alium ad aliquid intimis animi sensibus efficiendum cogere: quod quidem unus Deus potest, utpote qui unus arcana pectoris consilia scrutetur ac iudicet.

Qui igitur personam civitatis gerunt, tunc tantum homines ex animi conscientia obli-

sie aus dem Vermögen, gemäß der rechten Vernunft zu befehlen, hervorgeht, ergibt sich vielmehr zwingend, daß sie selbst das Vermögen, Verpflichtungen aufzuerlegen, aus der sittlichen Ordnung herleitet, die wiederum Gott als Ursprung und Ziel hat.

Aus diesem Grunde mahnt Unser Vorgänger seligen Angedenkens, Pius XII., folgendermaßen: "Die unbedingte Ordnung der Lebewesen und der Zweck des Menschen selbst (Mensch nennen wir den freien, an Pflichten gebundenen und mit unverletzlichen Rechten ausgestatteten Ursprung und Zweck der menschlichen Gemeinschaft) betreffen auch den Staat als eine gleichsam notwendige Gemeinschaft, die mit Autorität ausgestattet ist, ohne die er selbst weder sein noch leben könnte. ... Da diese Ordnung aller Dinge gemäß der rechten Vernunft und vor allem gemäß dem christlichen Glauben ihren Ursprung nur von Gott herleiten kann, dem Schöpfer unser aller, der auch ein Personsein besitzt, deswegen empfangen die Obrigkeiten ihre Würde daraus, daß sie gewissermaßen an der Autorität Gottes selbst teilhaben"[1].

Wenn deshalb eine Befehlsgewalt einzig oder vornehmlich auf Drohungen und Furcht vor Strafen oder auf Versprechungen von Belohnungen gegründet ist, so regt sie in keiner Weise wirksam dazu an, das Gemeinwohl aller zu erstreben; sollte dies geschehen, so ist dies in der Tat keineswegs in Übereinstimmung mit der Würde der Menschen, die der Freiheit und der Vernunft mächtig und teilhaftig sind. Deswegen nämlich, weil Autorität vornehmlich auf immaterieller Gewalt beruht, müssen sich die Staatslenker an die Gewissenhaftigkeit eines jeden Bürgers im Handeln wenden, das heißt, an die Pflicht, durch die jeder gebunden ist, bereitwillig seinen Beitrag zum gemeinsamen Nutzen aller zu leisten. Da aber alle Menschen ihrer natürlichen Würde nach untereinander gleich sind, kann niemand einen anderen dazu zwingen, etwas mit der tiefsten Regung seines Herzens zu tun; denn dies vermag allein Gott, da er ja allein die geheimen Ratschlüsse des Herzens erforscht und beurteilt.

Die Repräsentanten des Staates können also nur dann Menschen im Gewissen ihres

---

**\*3980** [1]    Pius XII., Radiobotschaft, 24. Dez. 1944 (AAS 37 [1945] 15).

gare possunt, si eorum auctoritas cum Dei auctoritate coniungitur eiusque est particeps[2].

3981    *[271]* Quo principio posito, civium quoque dignitati consulitur: siquidem qui magistratibus parent, neutiquam iis uti hominibus parent, sed re ipsa Deum, providum omnium rerum Creatorem, colunt, qui mutuas hominum rationes, iuxta ordinem a semetipso statutum, administrari iussit; neque vero, quod debitam Deo reverentiam adhibemus, eapropter animos comprimimus nostros, sed magis erigimus et nobilitamus[1]; quoniam "servire Deo regnare est"[2].

Quandoquidem imperii facultas ex ordine rerum incorporalium exigitur atque a Deo manat, si forte rei publicae moderatores contra eundem ordinem atque adeo contra Dei voluntatem vel leges ferunt vel aliquid praecipiunt, tunc neque latae leges neque datae facultates civium animos obstringere possunt; cum "oboedire oporteat Deo magis quam hominibus" [*Act 5,29*]; immo vero tunc auctoritas ipsa plane corruit, et foeda sequitur iniuria, docente S. Thoma Aquinate: "... lex humana in tantum habet rationem legis, in quantum est secundum rationem rectam; et secundum hoc manifestum est quod a lege aeterna derivatur. In quantum vero a ratione recedit, sic dicitur lex iniqua, et sic non habet rationem legis, sed magis violentiae cuiusdam"[3].

3982    Atqui ex eo quod auctoritas a Deo nascitur, inde haudquaquam concluditur, nullam in hominibus inesse facultatem eos eligendi qui civitati praesint, et rerum publicarum formam statuendi, et describendi auctoritatis exercendae rationes et terminos. Ex quo est

Herzens verpflichten, wenn ihre Autorität mit der Autorität Gottes in Verbindung steht und an ihr teil hat[2].

Ist dieses Prinzip anerkannt, so wird auch für die Würde der Bürger gesorgt: denn wer Obrigkeiten gehorcht, gehorcht ihnen keineswegs als Menschen, sondern achtet in Wirklichkeit Gott, den fürsorglichen Schöpfer aller Dinge, der befahl, daß die wechselseitigen Beziehungen der Menschen gemäß der von ihm selbst aufgestellten Ordnung verwaltet werden; dadurch aber, daß wir Gott die schuldige Ehrfurcht erweisen, legen wir unserem Geist keinen Zwang auf, sondern richten ihn vielmehr empor und adeln ihn[1]; denn "Gott dienen, ist herrschen"[2].

Die Befehlsgewalt wird also von der Ordnung der immateriellen Dinge erfordert und geht von Gott aus; falls daher Staatslenker entgegen dieser Ordnung und insofern entgegen dem Willen Gottes Gesetze erlassen oder etwas gebieten, dann können weder die erlassenen Gesetze noch die gewährten Vollmachten die Herzen der Bürger verpflichten; denn "man muß Gott mehr gehorchen als den Menschen" [*Apg 5,29*]; vielmehr bricht dann die Autorität selbst völlig zusammen, und es folgt scheußliches Unrecht, wie der hl. Thomas von Aquin lehrt: "... das menschliche Gesetz hat nur insoweit den Charakter eines Gesetzes, insoweit es der rechten Vernunft gemäß ist; und insofern ist es offensichtlich, daß es vom ewigen Gesetz abgeleitet wird. Insoweit es aber von der Vernunft abweicht, wird es ungerechtes Gesetz genannt und hat nicht den Charakter eines Gesetzes, sondern vielmehr den einer Gewalttätigkeit"[3].

Aus der Tatsache, daß die Autorität von Gott ausgeht, wird nun aber keineswegs geschlossen, daß den Menschen nicht die Vollmacht innewohne, die zu wählen, die dem Staate vorstehen sollen, die Form der Gemeinwesen zu bestimmen und die Weisen

---

2    Vgl. Leo XIII., Enzyklika "*Diuturnum illud*" (*Acta* 2 [Rom 1881] 274).
*3981 [1]    Vgl. ebd. (278), und Leo XIII., Enzyklika "*Immortale Dei*" (*Acta*, Rom 5,130).
2    Vgl. das *Sacramentarium Gelasianum* (vor Mitte 8. Jh.; hrsg. von H.A. Wilson [Oxford 1894] 272); Gregor I. der Große, *Liber sacramentorum* (PL 78,206) und das *Missale Romanum* (1962), Messe für den Frieden (auch am Fest des hl. Irenäus am 3. Juli), Postcommunio; von da wurde der Satz übernommen in das *Pontificale Romanum*, Weihe des Subdiakons, Ermahnung vor der Litanei.
3    Thomas von Aquin, *Summa theologiae* I-II, q. 93, a. 3 ad 2 (Editio Leonina 7,164). Vgl. Pius XII., Radiobotschaft, 24. Dez. 1944 (AAS 37 [1945] 5-23).

ut, quam doctrinam exposuimus, ea cum quolibet veri nominis populari civitatis regimine congruere possit[1].

und Grenzen der Machtausübung festzuschreiben. Daraus folgt, daß die Lehre, die Wir dargelegt haben, mit jeder Art von Herrschaft des Volkes in einem Staat, die diesen Namen zurecht trägt, zusammenstimmen kann[1].

## Der Beitrag zum Gemeinwohl

*[272]* ... Cum in communi omnium bono ratio tota sit posita civitatis rectorum, inde plane cogitur, ut hi bonum idem ita quaerant, ut simul eius naturam observent, simul sua praecepta cum praesenti rerum statu componant[1].

Sine dubio in bono communi insita ducenda sunt, quae sunt propria cuiusvis gentis singulatim[2]; sed haec bonum commune omni ex parte minime definiunt. Nam commune bonum, propterea quod cum humana natura penitus cohaeret, idcirco totum et in integro nequit consistere nisi, spectatis boni communis intima natura et effectione, semper humanae personae ratio habeatur[3].

Quin et illud accedit, quod hoc bonum, ex sua ipsius natura, omnia membra civitatis participent necesse est, quamquam diversa ratione, pro cuiusque nimirum civis muneribus, meritis et condicionibus. Quam ob causam cunctis rei publicae principibus eo est contendendum, ut nullo quidem cive nullove civium ordine praeposito, huius generis bonum ad omnium utilitatem provehant, quemadmodum confirmat Decessor Noster *[273]* imm. mem. Leo XIII hisce verbis: "Neque ullo pacto committendum, unius ut vel paucorum commodo serviat civilis auctoritas, cum ad commune omnium bonum constituta sit"[1].

At vero iustitiae aequitatisque rationes illud aliquando poscere possunt, ut qui res

... Da die Legitimation der Staatslenker **3983** ganz im Gemeinwohl aller gründet, läßt sich daraus offenbar schließen, daß sie dieses Gut so erstreben sollen, daß sie zugleich seine Natur beachten und ihre Gebote an den gegenwärtigen Verhältnissen ausrichten[1].

Zweifellos sind beim Gemeinwohl auch die Eigenschaften zu berücksichtigen, die jedem Volk im einzelnen innewohnen[2]; diese bestimmen das Gemeinwohl jedoch keineswegs vollständig. Denn weil das Gemeinwohl durch und durch mit der menschlichen Natur zusammenhängt, kann es nur dann ganz und unversehrt bestehen, wenn im Hinblick auf die innerste Natur und Bewirkung des Gemeinwohles immer auf die menschliche Person Rücksicht genommen wird[3].

Ja, es kommt auch noch hinzu, daß an die- **3984** sem Gut aufgrund seiner eigenen Natur alle Glieder des Staates teilhaben müssen, wenn auch auf verschiedene Weise, nämlich je nach den Aufgaben, Verdiensten und Verhältnissen eines jeden Bürgers. Aus diesem Grunde müssen sich alle Leiter des Gemeinwesens darum bemühen, diese Art von Gut ohne Bevorzugung irgendeines Bürgers oder irgendeiner Bürgerschicht zum Nutzen aller zu fördern, wie Unser Vorgänger unsterblichen Angedenkens, Leo XIII., mit folgenden Worten betont: "Und auf keine Weise darf man erlauben, daß die Staatsgewalt dem Vorteil eines einzigen oder einiger weniger dient, während sie doch zum Gemeinwohl aller eingerichtet ist"[1].

Gründe der Gerechtigkeit und Billigkeit können es jedoch hin und wieder erfordern,

---

**\*3982** [1] Vgl. Leo XIII., Enzyklika *"Diuturnum illud"* (*Acta*, Rom 2,271f); Pius XII., Radiobotschaft, a. oben a.O.
**\*3983** [1] Vgl. Pius XII., Radiobotschaft, 24. Dez. 1942 (AAS 35 [1943] 13); Leo XIII., Enzyklika *"Immortale Dei"* (*Acta* 5 [Rom 1885] 120.
    [2] Vgl. Pius XII., Enzyklika *"Summi pontificatus"*, 20. Okt. 1939 (AAS 31 [1939] 412-453).
    [3] Vgl. Pius XI., Enzyklika *"Mit brennender Sorge"*, 14. März 1937 (AAS 29 [1937] 159); Enzyklika *"Divini Redemptoris"* (AAS 29 [1937] 65-106).
**\*3984** [1] Leo XIII., Enzyklika *"Immortale Dei"* (*Acta* 5 [Rom 1885] 121).

publicas gerant, plus studii civibus humilio-
ribus navent, quippe qui ad sua vindicanda
iura et ad legitima commoda sua asserenda
minus ipsi valeant[2]. ...

Quae sane principia definite concludere
haec sententia videtur Nostrarum Litterarum
encyclicarum *"Mater et Magistra",* qua in
medio posuimus, commune omnium bonum
"summam complecti earum vitae socialis
condicionum, quibus homines suam ipsorum
perfectionem possent plenius atque expeditius consequi"[3]. ...

**3985**     Verum cum nostra hac aetate commune
bonum maxime in humanae personae servatis iuribus et officiis consistere putetur, *[274]*
tum praecipue in eo sint oportet curatorum
rei publicae partes, ut hinc iura agnoscantur,
colantur, inter se componantur, defendantur,
provehantur, illinc suis quisque officiis facilius fungi possit. Etenim "inviolabilia iura
tueri, hominum propria, atque curare, ut facilius quisque suis muneribus defungatur,
hoc cuiusvis publicae potestatis officium est
praecipuum"[1].

Quam ob causam, si qui magistratus iura
hominis vel non agnoscant vel violent, non
tantum ab officio ipsi suo discedant, sed
etiam quae ab ipsis sint imperata, omni obligandi vi careant[2].

daß sich die Staatslenker mehr um die sozial
schwächeren Bürger bemühen, da diese ja
selbst weniger dazu in der Lage sind, ihre
Rechte in Anspruch zu nehmen und ihre
rechtmäßigen Vorteile zu erlangen[2]. ...

Diese Grundsätze nun faßt offenbar der
folgende Satz aus Unserer Enzyklika *"Mater
et Magistra"* eindeutig zusammen, in dem
Wir ausgeführt haben, daß das Gemeinwohl
aller "die Summe jener Bedingungen des gesellschaftlichen Lebens umfaßt, durch die die
Menschen ihre eigene Vervollkommnung reicher und leichter erreichen können"[3]. ...

Da man in dieser unserer Zeit aber annimmt, das Gemeinwohl bestehe vor allem
in der Wahrung der Rechte und Pflichten der
menschlichen Person, so muß die Aufgabe
der Staatslenker vor allem darin bestehen,
daß einerseits die Rechte anerkannt, geachtet, untereinander in Einklang gebracht, verteidigt und gefördert werden, und andererseits jeder seine Pflichten leichter erfüllen
kann. Denn "die den Menschen eigenen unverletzlichen Rechte zu schützen und dafür
zu sorgen, daß jeder seine Aufgaben leichter
erfülle, das ist die vornehmliche Pflicht jeder
öffentlichen Gewalt"[1].

Wenn deshalb Behörden die Rechte des
Menschen entweder nicht anerkennen oder
verletzen, so weichen sie nicht nur selbst von
ihrer Pflicht ab, sondern es entbehrt auch
das, was von ihnen befohlen wurde, jeder
Verbindlichkeit[2].

### *Festlegung und Quelle der bürgerlichen Rechte und Pflichten*

**3986**     *[278]* ... Quibus ex propositis rebus plane
nascitur, nostra hac aetate in iuridiciali civitatum compositione postulari primum, ut iurium praecipuorum, quae hominum sint propria, summa quaedam, sententiis nimirum
concisis et perspicuis conclusa, exaretur, inque universa reipublicae disciplina intexatur.

Postulatur deinde, ut, verbis adhibitis ad
iuris doctrinam accommodatis, uniuscuiusque civitatis publica constitutio adornetur;

... Aus den erwähnten Sachverhalten ergibt sich deutlich, daß in dieser unserer Zeit
im Bereich der Rechtsordnung der Staaten
zunächst gefordert wird, daß ein in präzise
und klare Sätze gefaßter Abriß der vornehmlichen Rechte, die den Menschen eigen sind,
ausgearbeitet und in die allgemeine Verfassung des Gemeinwesens eingefügt werde.

Ferner wird gefordert, daß die öffentliche
Verfassung eines jeden Staates unter Verwendung von Formeln, die der Rechtsgelehrsam-

---

[2]     Vgl. Leo XIII., Enzyklika *"Rerum novarum"* (*Acta* 11 [Rom 1891] 133f).
[3]     AAS 53 (1961) 417.
**\*3985** [1]  Vgl. Pius XII., Radiobotschaft, 1. Juni 1941 (AAS 33 [1941] 200).
[2]     Vgl. Pius XI., Enzyklika *"Mit brennender Sorge"* (AAS 29 [1937] 159); Enzyklika *"Divini Redemptoris"* (AAS 29 [1937] 79); Pius XII., Radiobotschaft, 24. Dez. 1942 (AAS 35 [1943] 9–24).

qua scilicet definiatur quibus modis reipublicae rectores designentur, quo vinculo hi
coniungi alii cum aliis debeant, quaenam eorum sint singulae diciones, denique qua via
rationeque ad agendum ipsi obstringantur.

Postulatur denique, ut in specie iuris et
officii rationes descri/279/bantur, quibus cives cum reipublicae moderatoribus contineantur; utque distincte decernatur praecipuum eorumdem esse munus, civium iura et
munera agnoscere, colere, invicem componere, tueri, ad processus provehere.

Probari tamen eorum placitum nequit,
qui profitentur, sive e singulorum hominum,
sive e quarundam societatum voluntate, tamquam a primo et unico fonte, cum civium
iura et officia oriri, tum publicae constitutionis obligandi vim manare, tum postremo civitatis principum imperandi potestatem proficisci[1].

keit angemessen sind, ausgestaltet werde; in
ihr soll nämlich festgelegt werden, wie die
Lenker des Gemeinwesens bestimmt werden,
durch welches Band sie untereinander verbunden sein sollen, welches ihre einzelnen
Amtsbereiche sind, und schließlich, auf welche Art und Weise sie zum Handeln verpflichtet sind.

Schließlich wird gefordert, daß im Hinblick auf Recht und Pflicht die Beziehungen
umschrieben werden, durch die die Bürger
mit den Lenkern des Gemeinwesens verbunden sind, und daß klar bestimmt wird, daß es
ihre vornehmliche Aufgabe ist, die Rechte
und Aufgaben der Bürger anzuerkennen, zu
achten, gegenseitig in Einklang zu bringen,
zu schützen und zu Fortschritten zu bringen.

Jedoch kann die Ansicht derer nicht gebil-    3987
ligt werden, die behaupten, aus dem Willen
einzelner Menschen oder bestimmter Gesellschaften entstünden als erster und einziger
Quelle sowohl die Rechte und Pflichten der
Bürger, rühre auch die Verbindlichkeit der öffentlichen Verfassung her und gehe schließlich
die Befehlsgewalt der Staatslenker hervor[1].

### Die Überwindung der kulturellen Ungleichheiten

[281] ... Hoc nos docuit usus, homines saepissime inter se discrepare, et quidem valde,
scientia, virtute, ingenii vi, bonorumque externorum copia. Exinde tamen numquam iusta causa nascitur, cur ii, qui ceteris praestent,
alios sibi obnoxios quoquo modo faciant;
quin potius iidem graviore obligantur officio,
ad singulos universos pertinente, alios iuvan-
di ad perfectionem mutua opera adipiscendam.

Similiter contingere potest, ut inter nationes aliae aliis praestent scientiarum incrementis, humanitatis cultu ac rationum oeconomicarum progressu. At tantum abest ut ob
hanc excellentiam iis liceat iniuste dominari
in alias, ut eaedem maiorem conferre operam
debeant ad communem populorum profectum.

... Die Erfahrung lehrte uns, daß sich die    3988
Menschen sehr oft – und zwar in hohem
Maße – voneinander unterscheiden durch
Wissen, Tugend, Geisteskraft und Besitz äußerer Güter. Daraus kann jedoch niemals ein
gerechter Grund herrühren, daß diejenigen,
die den anderen überlegen sind, sich andere
in irgendeiner Weise unterwerfen; vielmehr
sind sie durch eine noch schwerere Pflicht,
die sich auf alle einzelnen erstreckt, gehalten,
anderen zu helfen, daß sie durch gegenseitige
Bemühung Vollkommenheit erlangen.

In gleicher Weise kann es geschehen, daß
unter den Nationen die einen den anderen
durch Wachstum in den Wissenschaften,
durch kulturelle Bildung oder den Fortschritt
auf wirtschaftlichem Gebiet überlegen sind.
Keineswegs aber ist es ihnen wegen dieser
Überlegenheit erlaubt, ungerecht über andere zu herrschen; vielmehr müssen sie einen
noch größeren Beitrag zum gemeinsamen
Fortschritt der Völker leisten.

---

**\*3987** [1]   Vgl. Leo XIII., Apostolisches Schreiben "*Annum ingressi*" (*Acta* 22 [Rom 1902/03] 52–80). Vgl.
\*2890 2939.

Ac re vera nequeunt homines natura aliis superiores esse, cum omnes pari excellant naturali dignitate. Ex quo consequitur, civiles quoque communitates nihil inter se differre, si ipsarum dignitas a natura orta spectetur; singulae enim republicae cuiusdam corporis similitudinem gerunt, cuius mem*[282]*bra sunt homines. Ceterum, ut usu cognitum habemus, iis omnibus rebus, quae ad sui nominis dignitatem quoquo modo attinent, populi tangi solent, nec immerito sane, quam maxime.

In Wirklichkeit ist es unmöglich, daß Menschen anderen von Natur aus überlegen sind, da alle durch die gleiche natürliche Würde ausgezeichnet sind. Daraus folgt, daß sich auch die bürgerlichen Gemeinschaften in nichts voneinander unterscheiden, wenn man ihre aus der Natur stammende Würde betrachtet; die einzelnen Staaten haben nämlich Ähnlichkeit mit einem Leib, dessen Glieder die Menschen sind. Im übrigen pflegen die Völker, wie wir aus Erfahrung wissen, durch all jene Dinge, die sich in irgendeiner Weise auf die Würde ihres Namens beziehen, in höchstem Maße berührt zu werden, und zwar sicher nicht zu Unrecht.

## Das Recht nationaler Minderheiten

**3989**     *[283] ... Quam ad rem [scilicet ad dissidia mediis pacificis dirimenda]* peculiari modo pertinet ille publicarum rerum cursus, qui inde a saeculo XIX ubique terrarum increbruit passim atque invaluit, quo fit ut homines eiusdem stirpis sui iuris esse velint atque in unam nationem coire. Quod cum plurimis de causis non semper effici possit, illud exinde oritur, ut gentes pauciores numero intra fines nationis alius stirpis saepe contineantur, atque ex hoc quaestiones magnae gravitatis exsistant.

Hac in re aperte profitendum est, quidquid contra has gentes agatur ad coercendum stirpis vigorem atque incrementum, iustitiae officiis graviter adversari; idque multo magis, si prava huiusmodi molimina ad ipsam gentis internecionem spectent.

Immo vero iustitiae praeceptis apprime respondet, a reipublicae moderatoribus efficacem dari operam provehendis humanis condicionibus civium stirpis numero inferioris, nominatim quod attinet ad eorum linguam, ingenii cultum, avitas consuetudines, opera et incepta in re oeconomica[1]. ...

*[284]* ... Ante oculos habeamus necesse est, publicam potestatem suapte natura non

... Dazu [*nämlich zur Beilegung von Streitigkeiten mit friedlichen Mitteln*] gehört in besonderer Weise jene Tendenz in den Gemeinwesen, die sich seit dem 19. Jahrhundert in allen Ländern ständig verbreitet und verstärkt hat, nämlich daß Menschen desselben Stammes unter eigenem Recht stehen und sich zu e i n e r Nation verbinden wollen. Daß dies aus sehr vielen Gründen nicht immer erreicht werden kann, rührt daraus her, daß sich zahlenmäßig geringere Völker oft innerhalb der Grenzen der Nation eines anderen Stammes befinden und sich daraus Fragen von großem Gewicht ergeben.

In dieser Sache muß offen gesagt werden, daß alles, was gegen diese Völker unternommen wird, um die Kraft und das Wachstum des Stammes zu beeinträchtigen, in schwerem Widerspruch zu den Pflichten der Gerechtigkeit steht; und dies umso mehr, wenn solche ungerechten Unternehmungen gar auf die Ausrottung des Volkes abzielen.

Hingegen entspricht es aber durchaus den Geboten der Gerechtigkeit, wenn sich die Staatslenker tatkräftig darum bemühen, die menschlichen Bedingungen der Bürger des zahlenmäßig schwächeren Stammes zu fördern, namentlich was ihre Sprache, Geisteskultur, althergebrachten Gewohnheiten und ihre Arbeiten und Unternehmungen auf wirtschaftlichem Gebiet betrifft[1]. ...

... Wir müssen vor Augen haben, daß die öffentliche Gewalt ihrer Natur nach nicht

---

*3989 [1]   Vgl. Pius XII., Radiobotschaft, 24. Dez. 1941 (AAS 34 [1942] 10–21).

ad id constitutam esse, ut homines intra fines dumtaxat suae cuiusque nationis coerceat, sed ut tueatur in primis commune civitatis bonum, quod quidem a bono totius humanae familiae secerni certo nequit.

dazu bestimmt ist, die Menschen lediglich innerhalb der Grenzen ihrer jeweiligen Nation zusammenzuzwingen, sondern vor allem das Gemeinwohl des Staates zu schützen, das freilich vom Wohl der gesamten Menschenfamilie sicher nicht getrennt werden kann.

### Das Recht der politischen Flüchtlinge

[286] ... Abs re non erit hoc loco homines ad illud revocare, huiusmodi profugos [scilicet politicarum rerum causa depulsos] personae dignitate ornatos esse, iisque personae iura esse agnoscenda. Quae iura profugi amittere non potuerunt propterea quod nationis suae civitate sint destituti.

... An dieser Stelle wird es nicht unangebracht sein, die Menschen darauf hinzuweisen, daß solche Flüchtlinge [nämlich aus politischen Gründen vertriebene] mit der Würde der Person ausgestattet sind und ihnen die Rechte der Person zuzuerkennen sind. Diese Rechte konnten die Flüchtlinge nicht deswegen, weil sie des Bürgerrechtes ihrer Nation beraubt wurden, verlieren.     3990

Iamvero inter humanae personae iura illud etiam recensendum est, licere cuique se in eam nationem conferre, ubi aptius se posse speret sibi atque suis necessariis prospicere. Quare rei publicae moderatorum officium est alienos venientes excipere, et, quantum suae communitatis sinit non fucatum bonum, eorum proposito favere, qui forte novae societati sese velint aggregare.

Nun ist aber unter die Rechte der menschlichen Person auch jenes zu rechnen, daß es jedem erlaubt ist, sich in die Nation zu begeben, wo er hofft, angemessener für sich und seine Angehörigen sorgen zu können. Deshalb ist es Pflicht der Staatslenker, fremde Ankömmlinge aufzunehmen und, soweit es das unverfälschte Wohl ihrer Gemeinschaft zuläßt, dem Vorhaben derer gewogen zu sein, die sich vielleicht einer neuen Gesellschaft anschließen wollen.

### Das Bemühen um Abrüstung

[287] ... Iustitia, recta ratio humanaeque dignitatis sensus instanter requirunt, ut desinant aemula rei militaris augendae studia; ut bellica instrumenta, quae variis civitatibus praesto sunt, hinc inde, per idemque tempus minuantur; ut atomica arma interdicantur; ut tandem ad congruentem ab armis discessum omnes ex condicto deveniant, mutua efficacique cautione adhibita.

... Die Gerechtigkeit, die rechte Vernunft und der Sinn für die menschliche Würde erfordern dringend, daß der Rüstungswettlauf aufhöre; daß die Kriegsgeräte, die den verschiedenen Staaten zur Verfügung stehen, auf beiden Seiten gleichzeitig verringert werden; daß Atomwaffen untersagt werden; daß endlich alle infolge von Abmachung zu einer gleichmäßigen Abrüstung unter Gewährleistung der gegenseitigen wirksamen Kontrolle gelangen.     3991

### Die Notwendigkeit einer universalen politischen Autorität

[292] ... Humanae unitatem consortionis nulla delebit aetas, cum ex hominibus eadem constet, naturalem dignitatem aequo iure participantibus. Hac de causa flagitabit semper necessitas ex ipsa hominis natura orta, ut convenienter bono universali studiatur, quod scilicet cunctae hominum familiae interest. ...

... Kein Zeitalter wird die Einheit der menschlichen Gemeinschaft zerstören, da diese aus Menschen besteht, die mit gleichem Recht an der natürlichen Würde teilhaben. Aus diesem Grunde wird es die aus der Natur des Menschen selbst erwachsene Notwendigkeit immer erfordern, daß man sich ange-     3992

[*Nostris diebus ex una parte*] bonum omnium gentium commune quaestiones proponit summae gravitatis, arduas et quam primum solvendas, quod praesertim attinet ad totius orbis securitatem pacemque tuendam; ex altera, singularum nationum moderatores, utpote qui inter se eodem sint iure, quantumvis conventus studiaque multiplicent ad aptiora iuris instrumenta reperienda, id tamen satis non assequuntur; non quo sincera voluntate et alacritate ipsi careant, sed quia ipsorum auctoritas idonea caret potestate.

In hodiernis igitur humanae societatis adiunctis, tum rerum [293] publicarum constitutio ac forma, tum vis, qua in universis terrarum orbis nationibus pollet publica auctoritas, bono omnium populorum communi provehendo sunt impares habendae.

Iamvero, si diligenter perpendantur hinc intima boni communis ratio, illinc publicae auctoritatis natura atque perfunctio, nemo est quin videat, inter utramque rem necessariam intercedere convenientiam. Etenim moralis ordo, quemadmodum publicam auctoritatem postulat ad bonum commune in civili societate promovendum, similiter requirit, ut eadem auctoritas id reapse efficere possit. Ex quo fit, ut civilia instituta – in quibus publica auctoritas vertitur, operatur suumque finem consequitur – tali forma ac tali efficacitate sint praedita, ut ad commune bonum conducere valeant viis ac rationibus, quae variis rerum momentis apte respondeant.

3993     Cum autem hodie commune omnium gentium bonum quaestiones proponat omnes contingentes populos, cumque huiusmodi quaestiones nonnisi publica quaedam auctoritas explicare possit, cuius et potestas et forma et instrumenta aequa sint amplitudine, cuiusque actio tam late pateat quantum terrarum orbis: tum exinde sequitur, ut, ipso

messen um das allgemeine Wohl bemüht, das nämlich der ganzen Menschenfamilie wichtig ist. ...

[*In unseren Tagen*] wirft [*einerseits*] das Gemeinwohl aller Völker Fragen von höchstem Gewicht auf, die schwierig und möglichst bald zu lösen sind, vor allem was die Bewahrung der Sicherheit und des Friedens des gesamten Erdkreises angeht; andererseits erreichen die Lenker der einzelnen Nationen, die ja untereinander gleichberechtigt sind, auch wenn sie ihre Kongresse und Bemühungen noch so sehr vervielfältigen, um geeignetere Rechtsmittel zu finden, dies dennoch nicht hinlänglich; nicht weil sie selbst des aufrichtigen Willens und Eifers entbehrten, sondern weil ihre Autorität der nötigen Vollmacht entbehrt.

In den heutigen Verhältnissen der menschlichen Gesellschaft also muß sowohl die Verfassung und Form der Gemeinwesen als auch die Macht, über die die öffentliche Autorität in allen Nationen des Erdkreises verfügt, für ungeeignet zur Beförderung des Gemeinwohles aller Völker gehalten werden.

Wenn nun aber einerseits die innerste Beschaffenheit des Gemeinwohles, andererseits die Natur und Wirkweise der öffentlichen Autorität erwogen werden, so sieht jeder, daß zwischen den beiden Seiten eine notwendige Übereinstimmung besteht. Denn ebenso wie die moralische Ordnung eine öffentliche Autorität fordert, um das Gemeinwohl in der bürgerlichen Gesellschaft zu fördern, fordert sie auch, daß ebendiese Autorität dies tatsächlich bewerkstelligen kann. Daraus folgt, daß die bürgerlichen Einrichtungen – in denen die öffentliche Autorität sich bewegt, wirkt und ihr Ziel verfolgt – mit einer solchen Form und einer solchen Wirksamkeit ausgestattet sein müssen, daß sie zum Gemeinwohl mit Methoden hinzuführen vermögen, die den unterschiedlichen Situationen in geeigneter Weise entsprechen.

Da aber heute das Gemeinwohl aller Völker Fragen aufwirft, die alle Völker betreffen, und da solche Fragen nur eine öffentliche Autorität lösen kann, deren Vollmacht, Form und Mittel von gleichem Ausmaß sind, und deren Aktionsradius sich so weit erstreckt wie der Erdkreis: so folgt daraus, daß aufgrund der Nötigung der moralischen Ord-

morali ordine cogente, publica quaedam generalis auctoritas constituenda sit.

Haec autem generalis auctoritas, cuius imperium ubique terrarum vim habeat, idoneisque instrumentis ad commune bonum universale conducat, omnium utique populorum consensione condenda est, non vero vi imponenda. Quod ex eo nascitur, quod, cum huiusmodi auctoritas efficaciter munere suo perfungi debeat, idcirco aequabilis in omnes, a studio partium prorsus aliena, atque ad commune omnium gentium bonum intenta sit oportet.

*[294]* ... Ut de singularum civitatum communi bono, ita de generalibus omnium civitatum utilitatibus iudicari non potest, nisi ratione habita humanae personae; quapropter publica universalisque auctoritas eo maxime spectare debet, ut humanae personae iura agnoscantur, in debito habeantur honore, innoxia serventur, in re augeantur; quod efficere potest vel ipsa per se, si res ferat, vel in universo terrarum orbe rerum condicionibus institutis, quibus iuvantibus singularum civitatum principes sua possint commodius munera sustinere.

Ad haec, sicut in singulis civitatibus rationes, quae publicae auctoritati sunt cum civibus, familiis interpositisque societatibus, regi ac temperari opus est subsidiarii officii principio: eodem aequum est necessitudines componi, quibus publica auctoritas universalis cum publicis auctoritatibus singularum nationum continetur. Nempe proprium huius auctoritatis universalis est quaestiones perpendere ac dirimere, quae boni communis universalisque causa exsistant, et vel res oeconomicas, sociales, politicas attingant, vel ingenii cultum; quaestiones, dicimus, quae, cum summae sint gravitatis, latissime pateant atque acriter urgeant, difficiliores sunt habendae quam ut a moderatoribus singularum civitatum feliciter expediantur.

nung selbst eine allgemeine öffentliche Autorität eingesetzt werden muß.

Diese allgemeine Autorität aber, deren Herrschaft überall auf Erden Gültigkeit haben und mit geeigneten Mitteln zum universalen Gemeinwohl hinführen soll, muß freilich durch das Einverständnis aller Völker gegründet werden, nicht aber durch die Anwendung von Gewalt. Dies kommt daher, daß eine solche Autorität, weil sie ihre Aufgabe wirksam erfüllen soll, gerecht gegenüber allen, völlig frei von Parteilichkeit und auf das Gemeinwohl aller Völker gerichtet sein muß.

... Wie über das Gemeinwohl der einzel- **3994** nen Staaten, so kann auch über den allgemeinen Nutzen aller Staaten nicht geurteilt werden, ohne die menschliche Person zu berücksichtigen; deswegen muß die öffentliche und allgemeine Autorität ihren Blick vor allem darauf richten, daß die Rechte der menschlichen Person anerkannt, in schuldiger Ehre gehalten, ohne Schaden bewahrt und tatsächlich vermehrt werden; dies kann sie entweder selbst durch sich bewirken, wenn es die Umstände zulassen, oder indem sie auf dem gesamten Erdkreis Verhältnisse schafft, mit deren Hilfe die Leiter der einzelnen Staaten ihre Aufgaben angemessener erfüllen können.

Zudem: Wie es in den einzelnen Staaten **3995** nötig ist, daß die Beziehungen, die zwischen der öffentlichen Autorität und den Bürgern, Familien und dazwischen angesiedelten Gesellschaften bestehen, nach dem Prinzip des subsidiären Handelns geregelt und geordnet werden, so müssen nach demselben ⟨Prinzip⟩ die Beziehungen gestaltet werden, durch die die allgemeine öffentliche Autorität mit den öffentlichen Autoritäten der einzelnen Nationen in Verbindung steht. Denn es ist die eigentümliche Aufgabe dieser allgemeinen Autorität, Fragen zu erwägen und zu entscheiden, die wegen des universalen Gemeinwohles auftreten und entweder wirtschaftliche, soziale und politische Dinge oder die Geisteskultur betreffen; Wir reden von Fragen, die – da sie von höchstem Gewicht sind, sich sehr weit erstrecken und heftig drängen – für schwieriger gehalten werden müssen, als daß sie von den Lenkern einzelner Staaten glücklich gelöst werden könnten.

Scilicet eiusdem auctoritatis universalis non est neque coercere neque ad se revocare acta quae sunt publicae potestatis propria aliarum civitatum. Ex contrario ea contendat opus est, ut in toto terrarum orbe eiusmodi rerum status condatur, in quo non solum publica cuiusque nationis potestas, sed *[295]* etiam singuli homines et interpositi coetus possint tutius sua munera obire, sua praestare officia, sua iura vindicare[1].

Natürlich ist es nicht Aufgabe dieser allgemeinen Autorität, die Tätigkeiten, die der öffentlichen Gewalt anderer Staaten eigentümlich sind, einzuschränken oder an sich zu ziehen. Sie muß im Gegenteil darum bemüht sein, daß auf dem ganzen Erdkreis ein solcher Zustand geschaffen wird, in dem nicht nur die öffentliche Gewalt jeder Nation, sondern auch die einzelnen Menschen und dazwischen angesiedelten Gemeinschaften sicherer ihre Aufgaben erfüllen, ihre Pflichten leisten und ihre Rechte in Anspruch nehmen können[1].

## Die Zusammenarbeit der Katholiken mit andersgläubigen Menschen auf sozialem Gebiet

**3996**　*[299]* ... [*In principiis socialibus*] efficiendis contingit crebro, ut catholici homines operam multimodis socient vel cum christianis ab hac Sede Apostolica seiunctis, vel cum hominibus christianae quidem fidei omnino expertibus, sed rationis participibus et naturali morum integritate ornatis. "Quod cum evenit, ii qui catholicum profitentur nomen, maximopere prospiciant, ut sibimetipsis semper constent, neve ad ea media consilia descendant, e quibus aut religionis aut morum integritas aliquid detrimenti capiat. Pariter tamen se tales praebeant, qui et aliorum sententiam aequa perpendant benignitate, et omnia ad utilitates suas non referant, et parati sint ad ea cum fide coniunctisque viribus efficienda, quae vel suapte natura sint bona vel ad bonum conducibilia"[1].

... [*Bei der Verwirklichung der sozialen Prinzipien*] kommt es häufig vor, daß Katholiken auf vielfache Weise entweder mit Christen, die von diesem Apostolischen Stuhl getrennt sind, oder mit Menschen zusammenarbeiten, die zwar des christlichen Glaubens völlig entbehren, aber der Vernunft teilhaftig und mit der natürlichen Integrität der Sitten ausgezeichnet sind. "Wenn dies geschieht, so sollen diejenigen, die den katholischen Namen bekennen, sorgfältigst darauf achten, sich selbst immer treu zu bleiben und nicht zu jenen halben Ratschlägen herabzusteigen, aufgrund derer die Unversehrtheit entweder der Religion oder der Sitten einen Schaden nimmt. Ebenso sollen sie sich jedoch als solche erweisen, die die Auffassung anderer mit gebührendem Wohlwollen erwägen, nicht alles an ihrem eigenen Nutzen bemessen und bereit sind, in Treue und mit vereinten Kräften das zu verwirklichen, was entweder seiner eigenen Natur nach gut ist oder sich zum Guten hinführen läßt"[1].

Omnino errores ab iis qui opinione labuntur semper distinguere aequum est, quamvis de hominibus agatur, qui aut errore veritatis aut impari rerum cognitione capti sint, vel ad sacra vel ad optimam vitae actionem attinentium. Nam homo ad errorem lapsus iam non humanitate instructus esse desinit, neque suam umquam personae dignitatem amittit, cuius nempe ratio est semper habenda.

Überhaupt muß man immer die Irrtümer von denen unterscheiden, die in ihrer Meinung fehlgehen, auch wenn es sich um Menschen handelt, die entweder im Irrtum über die Wahrheit oder in ungenügender Kenntnis jener Dinge gefangen sind, die das Heilige oder die beste Lebensführung betreffen. Denn ein in Irrtum gefallener Mensch hört deswegen nicht auf, mit dem Menschsein ausgestattet zu sein, und verliert niemals sei-

---

\*3995 [1]　Vgl. Pius XII., Ansprache an die Jugend der Katholischen Aktion Italiens, 12. Sept. 1948 (AAS 40 [1948] 412).

\*3996 [1]　Johannes XXIII., Enzyklika "*Mater et Magistra*" (AAS 53 [1961] 456f).

Praeterea in hominis natura numquam facultas perit et refragendi erroribus et viam ad veritatem quaerendi. Neque umquam hac in re providentissimi Dei auxilia hominem deficiunt. Ex quo fieri potest, ut, si quis hodie *[300]* vel fidei perspicuitate egeat vel in falsas discesserit sententias, possit postmodum, Dei collustratus lumine, veritatem amplecti. ...

Inde deinceps par omnino est, a falsis philosophorum placitis de natura, de origine, de fine mundi et hominis plane incepta distinguere, quae sive res oeconomicas et sociales, sive ingenii cultum, sive civitatis temperationem contingunt, etiamsi incepta hoc genus ab illis placitis originem et incitamentum ducant; quoniam, dum formula disciplinae, postquam definite descripta est, iam non mutatur, incepta illa utpote quae in mutabilibus rerum condicionibus versentur, his non possunt quin sint admodum sane obnoxia. De reliquo quis eat infitias, in hisce inceptis, quatenus videlicet cum rectae rationis praeceptis congruant, et iustas hominis appetitiones referant, posse aliquid boni et probandi inesse?[1]

Has ob causas cadere aliquando potest, ut quae congressiones de rerum usu antehac ad nullam partem utiles visae sint, nunc vero fructuosae aut iam re vera sint aut futurae prospiciantur. Sed diiudicare utrum eo perventum sit necne, ... una docere potest prudentia, virtutum cunctarum moderatrix ... .

ne persönliche Würde, die ja immer zu berücksichtigen ist.

Außerdem geht in der Natur des Menschen niemals die Möglichkeit verloren, sich Irrtümern zu widersetzen und den Weg zur Wahrheit zu suchen. Und niemals fehlen dabei dem Menschen die Hilfen des überaus vorsorgenden Gottes. Daher kann es geschehen, daß einer, der heute der Klarheit des Glaubens ermangelt oder zu falschen Auffassungen abgewichen ist, hernach, durch Gottes Licht erleuchtet, die Wahrheit umfassen kann. ...

Daher ist es ferner durchaus angemessen, **3997** von den falschen Lehren der Philosophie über Natur, über Ursprung und über Zweck der Welt und des Menschen deutlich die Unternehmungen zu unterscheiden, die die wirtschaftlichen und sozialen Verhältnisse, die Geisteskultur oder die Ordnung des Staates berühren, auch wenn derartige Unternehmungen von jenen Lehren ihren Ursprung und ihre Anregung herleiten; denn während eine Formulierung in der Wissenschaft, nachdem sie endgültig niedergeschrieben wurde, nicht mehr verändert wird, können jene Unternehmungen, da sie ja in wandelbare Verhältnisse verflochten sind, gar nicht anders als diesen ganz und gar unterworfen zu sein. Wer könnte im übrigen in Abrede stellen, daß diesen Unternehmungen, insofern sie nämlich mit den Geboten der rechten Vernunft übereinstimmen und gerechte Bestrebungen des Menschen widerspiegeln, etwas Gutes und Billigenswertes innewohnen kann?[1]

Deshalb kann es einmal geschehen, daß ein Zusammenwirken in praktischen Dingen zuvor in keiner Hinsicht nützlich schien, jetzt aber entweder schon wirklich fruchtbar ist oder es in Zukunft erwarten läßt. Aber zu entscheiden, ob man dahin gelangt ist oder nicht, ... kann allein die Klugheit lehren, die Lenkerin aller Tugenden ... .

---

**\*3997** [1]  Mit diesen Worten legt Johannes XXIII. den Satz des Apostels Paulus (1 Thess 5,21) aus: "Alles aber prüft; was gut ist, behaltet", der auch auf alles Gute anzuwenden ist, das den Sozialbewegungen innewohnt; zugleich rechtfertigt der Papst in diesem Abschnitt seine in der Enzyklika "*Mater et Magistra*" zum Ausdruck gebrachte vorsichtige Öffnung gegenüber den Fortschritten des sozialen Lebens, wobei er zwischen den gerechten Bestrebungen einer Bewegung und ihrem Ursprung bzw. ihrer Vorgehensweise unterscheidet, die aus verschiedenen Gründen (Gewalt, Maßlosigkeit, Irreligiosität) manchmal zu mißbilligen ist.

Quare si res catholicorum hominum agitur, de huius exempli causis decernere ad eos viros potissimum pertinet, qui in civium communitate inque harum rerum provincia primas agunt; dummodo tamen praeterquam principia iuris naturalis servent, doctrinae etiam de rebus socialibus, quam tradit Ecclesia, obsequantur, *[301]* auctoritatumque ecclesiasticarum monitis pareant. Neminem enim praetereat oportet, Ecclesiae ius itemque officium esse, non solum fidei morumque doctrinam tutari, sed etiam auctoritatem suam apud filios suos in regione rerum externarum interponere, cum diiudicare opus est quomodo doctrina eadem sit ad effectum adducenda[2].

Wenn es sich deshalb um eine Angelegenheit katholischer Menschen handelt, so liegt die Entscheidung über derartige Fragen vor allem bei den Männern, die in der Gemeinschaft der Bürger und im Bereich dieser Dinge die Führung innehaben; jedoch nur, solange sie, außer daß sie Prinzipien des Naturrechts beachten, auch der Soziallehre, die die Kirche überliefert, folgen und den Mahnungen der kirchlichen Autoritäten gehorchen. Denn niemandem soll es entgehen, daß es Recht und desgleichen Pflicht der Kirche ist, nicht nur die Glaubens- und Sittenlehre zu schützen, sondern auch im Bereich der äußeren Angelegenheiten ihre Autorität bei ihren Kindern einzusetzen, wenn es zu entscheiden gilt, auf welche Weise diese Lehre zur Verwirklichung gebracht werden soll[2].

## 2. VATIKANISCHES Konzil (21. ökum.): 11. Okt. 1962 - 8. Dez. 1965

Bereits Pius XI. und sein Nachfolger Pius XII. hatten Vorbereitungen zur Wiederaufnahme des 1. Vatikanischen Konzils unternommen. Am 25. Jan. 1959 unterrichtete Johannes XXIII. in Rom 17 Kardinäle über seine Absicht, ein ökumenisches Konzil einzuberufen. Mit der Apostolischen Konstitution "Humanae salutis" vom 25. Dez. 1961 (AAS 54 [1962] 7-10 / CoDeDe 839-853) wurde die Einberufung für Okt. 1962 angekündigt. Das Motu Proprio "Consilium" vom 2. Febr. 1962 (AAS 54 [1962] 65f) legte den Konzilsbeginn auf den 11. Okt. 1962 fest. Wenngleich das Konzil selbst keine Dogmen in Fragen des Glaubens- oder der Sittenlehre definiert hat, besitzen seine Dokumente gleichwohl dogmatischen Charakter (vgl. die "Notificationes" vom 16. Nov. 1964: AAS 57 [1965] 72; *4350-4352). Dies gilt selbstverständlich für die dogmatischen Konstitutionen über die Kirche "Lumen gentium" (*4101-4179) und über die Offenbarung "Dei verbum" (*4201-4235), aber auch von Teilen der übrigen Dokumente. Das 2. Vatikanische Konzil war ein Pastoralkonzil, das zum *aggiornamento* des kirchlichen Lebens führen sollte. Das Programm formulierte Johannes XXIII. in seiner Antrittsenzyklika "Ad Petri Cathedram" vom 29. Juni 1959 (AAS 51 [1959] 497-531), das Konzil selbst zu Beginn der Konstitution "Sacrosanctum Concilium" (vgl. *4001): Es geht um die Vertiefung des christlichen Lebens, die Anpassung der kirchlichen Institutionen an die Notwendigkeiten der Zeit, die Förderung der Einheit der Christen und die Stärkung der missionarischen Kraft der Kirche. In 9 Sitzungen wurden 16 Dokumente (4 Konstitutionen, 9 Dekrete und 3 Erklärungen) verabschiedet.

**1. Sitzungsperiode: 1. Sitzung, 11. Okt. 1962 - 8. Dez. 1962**

Fortsetzung des 2. VATIKANISCHEN Konzils unter PAUL VI.

## PAUL VI.: 21. Juni 1963 - 6. Aug. 1978

**2. Sitzungsperiode: 2. - 3. Sitzung, 29. Sept. 1963 - 4. Dez. 1963**

**3. Sitzungsperiode: 4. - 5. Sitzung, 14. Sept. 1964 - 21. Nov. 1964**

---

[2]    Vgl. Johannes XXIII., Enzyklika "Mater et Magistra" (AAS 53 [1961] 456) und die Ankündigungsbulle des 2. Vatikanischen Konzils, 25. Dez. 1961 (AAS 54 [1962] 10); vgl. auch Leo XIII., Enzyklika "Immortale Dei" (Acta, Rom 5,128); Pius XI., Enzyklika "Ubi arcano", 23. Dez. 1922 (AAS 14 [1922] 698); Pius XII., Ansprache an den Internationalen katholischen Frauenkongreß, 11. Sept. 1947 (AAS 39 [1947] 486).

## 4. Sitzungsperiode: 6. – 9. Sitzung, 14. Sept. 1965 – 7. Dez. 1965

### Schlußfeier des Konzils: 8. Dez. 1965

**4001-4048: 3. öffentliche Sitzung, 4. Dez. 1963: Konstitution über die heilige Liturgie "Sacrosanctum Concilium"**

Schon vor Eröffnung des Konzils hatte es weltweit Bestrebungen zur Reform der katholischen Liturgie gegeben. Pius XII. hatte sich in der Enzyklika "*Mediator Dei*" vom 20. Nov. 1947 (*3840-3855) die Anliegen der Liturgischen Bewegung zu eigen gemacht und die Reform des Stundengebets und der Osterliturgie eingeleitet (vgl. A. Bugnini, *Documenta pontificia ad instaurationem liturgicam spectantia* 1903-53 [Rom 1953], 1953-1959 [Rom 1959]). Die "*Instructio de musica sacra*" vom 3. Sept. 1958 (AAS 50 [1958] 630-663) ermutigte die Gläubigen zur "aktiven Teilnahme" an der Liturgie. Über das von der Vorbereitenden Kommission entworfene Schema wurde vom 22. Okt. 1962 an diskutiert. Am 4. März 1964 übertrug Paul VI. die Verwirklichung der Konstitution und die damit verbundene Liturgiereform dem "Consilium ad exsequendam Constitutionem de sacra Liturgia" (vgl. AAS 56 [1964] 993-996).

*Ausg.:* AAS 56 (1964) 97-113 / COeD³ 820-830 / ASyn 2/VI, 409-421 / CoDeDe 3-29.

PROOEMIUM

*[97]* 1. Sacrosanctum Concilium, cum sibi proponat vitam christianam inter fideles in dies augere; eas institutiones quae mutationibus obnoxiae sunt, ad nostrae aetatis necessitates melius accommodare; quidquid ad unionem omnium in Christum credentium conferre potest, fovere; et quidquid ad omnes in sinum Ecclesiae vocandos conducit, roborare; suum esse arbitratur peculiari ratione etiam instaurandam atque fovendam Liturgiam curare.

2. Liturgia enim, per quam, maxime in divino Eucharistiae Sacrificio, "opus nostrae Redemptionis exercetur"¹ summe eo confert ut fideles vivendo exprimant et aliis manifestent mysterium Christi et genuinam *[98]* verae Ecclesiae naturam, cuius proprium est esse humanam simul ac divinam, visibilem invisibilibus praeditam, actione ferventem et contemplationi vacantem, in mundo praesentem et tamen peregrinam; et ita quidem ut in ea quod humanum est ordinetur ad divinum eique subordinetur, quod visibile ad invisibile, quod actionis ad contemplationem, et quod praesens ad futuram civitatem quam inquirimus².

VORWORT

1. Da sich das Hochheilige Konzil vornimmt, das christliche Leben unter den Gläubigen von Tag zu Tag wachsen zu lassen, die Einrichtungen, die Veränderungen unterworfen sind, den Notwendigkeiten unserer Zeit besser anzupassen, was immer zur Einheit aller an Christus Glaubenden beitragen kann, zu fördern und, was immer dazu führt, alle in den Schoß der Kirche zu rufen, zu stärken, ⟨deshalb⟩ glaubt es, daß es in besonderer Weise seine Aufgabe sei, sich auch um Erneuerung und Pflege der Liturgie zu sorgen.   **4001**

2. Die Liturgie, durch die sich, besonders im göttlichen Opfer der Eucharistie, "das Werk unserer Erlösung vollzieht"¹, trägt nämlich in höchstem Maße dazu bei, daß die Gläubigen das Geheimnis Christi und die eigentliche Natur der wahren Kirche zum Ausdruck bringen und anderen offenbar machen; ihre Eigentümlichkeit ist es, zugleich menschlich und göttlich zu sein, sichtbar mit Unsichtbarem ausgestattet, glühend im Handeln und frei für die Betrachtung, in der Welt gegenwärtig und doch unterwegs; und zwar so, daß in ihr das, was menschlich ist, auf das Göttliche hingeordnet und ihm untergeordnet wird, was sichtbar ist, auf das Unsichtbare, was zur Tätigkeit gehört, auf die Betrachtung, was gegenwärtig ist, auf die künftige Stadt, die wir suchen².   **4002**

---

**\*4002** ¹   *Missale Romanum* (1962), Sekret des 9. Sonntags nach Pfingsten.
    ²   Vgl. Hebr 13,14.

Unde cum Liturgia eos qui intus sunt cotidie aedificet in templum sanctum in Domino, in habitaculum Dei in Spiritu[3], usque ad mensuram aetatis plenitudinis Christi[4], miro modo simul vires eorum ad praedicandum Christum roborat, et sic Ecclesiam iis qui sunt foris ostendit ut signum levatum in nationes[5], sub quo filii Dei dispersi congregentur in unum[6] quousque unum ovile fiat et unus pastor[7].

**4003**    3. Quare Sacrosanctum Concilium, de fovenda atque instauranda Liturgia quae sequuntur principia censet in mentem revocanda et practicas normas statuendas esse.

Inter haec principia et normas nonnulla habentur quae tum ad ritum romanum tum ad omnes alios ritus applicari possunt ac debent, licet normae practicae quae sequuntur solum ritum romanum spectare intellegendae sint, nisi agatur de iis quae ex ipsa rei natura alios quoque ritus afficiant.

**4004**    4. Traditioni denique fideliter obsequens, Sacrosanctum Concilium declarat Sanctam Matrem Ecclesiam omnes ritus legitime agnitos aequo iure atque honore habere, eosque in posterum servari et omnimode foveri velle, atque optat ut, ubi opus sit, caute ex integro ad mentem sanae traditionis recognoscantur et novo vigore, pro hodiernis adiunctis et necessitatibus, donentur. *[99]*

CAPUT I: DE PRINCIPIIS GENERALIBUS AD SACRAM LITURGIAM INSTAURANDAM ATQUE FOVENDAM

*I. De sacrae Liturgiae natura eiusque momento in vita ecclesiae*

**4005**    5. Deus, qui "omnes homines vult salvos fieri et ad agnitionem veritatis venire" [*1 Tim*

Daher baut die Liturgie täglich die, welche drinnen sind, zum heiligen Tempel im Herrn auf, zur Wohnung Gottes im Geist[3] bis zum Maße des Vollalters Christi[4]; zugleich stärkt sie in wunderbarer Weise ihre Kräfte, um Christus zu verkünden und stellt so denen, die draußen sind, die Kirche vor Augen als Zeichen, das aufgerichtet ist unter den Völkern[5]; unter diesem sollen sich die zerstreuten Kinder Gottes zur Einheit sammeln[6], bis eine Herde und ein Hirt wird[7].

3. Darum beschließt das Hochheilige Konzil, für die Förderung und Erneuerung der Liturgie folgende Grundsätze ins Gedächtnis zu rufen und praktische Richtlinien aufzustellen.

Unter diesen Grundsätzen und Richtlinien gibt es manche, die sowohl auf den römischen Ritus wie auf alle anderen Riten angewandt werden können und müssen, auch wenn die folgenden praktischen Richtlinien so zu verstehen sind, daß sie nur den römischen Ritus betreffen, es sei denn, es handle sich um solche, die aus der Natur der Sache selbst auch die anderen Riten angehen.

4. Der Überlieferung treu folgend, erklärt das Hochheilige Konzil schließlich, daß die heilige Mutter Kirche allen rechtlich anerkannten Riten gleiches Recht und gleiche Ehre zuerkennt und will, daß sie in Zukunft erhalten und in jeder Weise gefördert werden; und sie wünscht, daß sie, soweit es nötig ist, in ihrem ganzen Umfang gemäß dem Geist gesunder Überlieferung behutsam überprüft und im Hinblick auf die heutigen Umstände und Erfordernisse mit neuer Kraft ausgestattet werden.

ERSTES KAPITEL: ALLGEMEINE GRUNDSÄTZE ZUR ERNEUERUNG UND FÖRDERUNG DER HEILIGEN LITURGIE

*I. Das Wesen der heiligen Liturgie und ihre Bedeutung im Leben der Kirche*

5. Gott, der "will, daß alle Menschen gerettet werden und zur Erkenntnis der Wahr-

---

3    Vgl. Eph 2,21f.
4    Vgl. Eph 4,13.
5    Vgl. Jes 11,12.
6    Vgl. Joh 11,52.
7    Vgl. Joh 10,16.

*2,4*], "multifariam multisque modis olim loquens patribus in prophetis" [*Hbr 1,1*], ubi venit plenitudo temporis, misit Filium suum, Verbum carnem factum, Spiritu Sancto unctum, ad evangelizandum pauperibus, ad sanandos contritos corde[1], "medicum carnalem et spiritualem"[2], Mediatorem Dei et hominum[3]. Ipsius namque humanitas, in unitate personae Verbi, fuit instrumentum nostrae salutis. Quare in Christo "nostrae reconciliationis processit perfecta placatio, et divini cultus nobis est indita plenitudo"[4].

Hoc autem humanae Redemptionis et perfectae Dei glorificationis opus, cui divina magnalia in populo Veteris Testamenti praeluserant, adimplevit Christus Dominus, praecipue per suae beatae Passionis, ab inferis Resurrectionis et gloriosae Ascensionis paschale mysterium, quo "mortem nostram moriendo destruxit, et vitam resurgendo reparavit"[5]. Nam de latere Christi in cruce dormientis ortum est totius Ecclesiae mirabile sacramentum[6]. *[100]*

6. Ideoque, sicut Christus missus est a Patre, ita et ipse Apostolos, repletos Spiritu Sancto, misit, non solum ut, praedicantes Evangelium omni creaturae[1], annuntiarent Filium Dei morte sua et resurrectione nos a potestate satanae[2] et a morte liberasse et in regnum Patris transtulisse, sed etiam ut, quod annuntiabant, opus salutis per Sacrificium et Sacramenta, circa quae tota vita liturgica vertit, exercerent. Sic per Baptismum homines paschali Christi mysterio inseruntur: commortui, consepulti, conresuscitati[3]; spiritum accipiunt adoptionis filiorum, "in quo cla-

heit gelangen" [*1 Tim 2,4*], "und einst vielfach und auf vielerlei Weise in den Propheten zu den Vätern gesprochen hat" [*Hebr 1,1*], sandte, als die Fülle der Zeit kam, seinen Sohn, das Wort, das Fleisch geworden und mit dem Heiligen Geist gesalbt worden ist, den Armen das Evangelium zu verkünden und die im Herzen Zerbrochenen zu heilen[1], "den Arzt für Leib und Seele"[2], den Mittler zwischen Gott und den Menschen[3]. Denn seine Menschheit war in der Einheit mit der Person des Wortes Werkzeug unseres Heils. Daher ist in Christus "die vollendete Versöhnung unserer Wiedergutmachung hervorgetreten, und ⟨in ihm⟩ ist uns die Fülle des göttlichen Dienstes geschenkt"[4].

Dieses Werk der menschlichen Erlösung und der vollkommenen Verherrlichung Gottes, dessen Vorspiel die göttlichen Großtaten am Volk des Alten Bundes waren, hat Christus, der Herr, erfüllt, besonders durch das österliche Geheimnis seines seligen Leidens, seiner Auferstehung von den Toten und seiner glorreichen Himmelfahrt, in dem er "durch sein Sterben unseren Tod vernichtet und durch sein Auferstehen das Leben neugeschaffen hat"[5]. Denn aus der Seite des am Kreuz entschlafenen Christus ist das wunderbare Sakrament der ganzen Kirche hervorgegangen[6].

6. Und wie daher Christus vom Vater ge- **4006** sandt wurde, so hat er auch selbst die vom Heiligen Geist erfüllten Apostel gesandt, nicht nur, um der ganzen Schöpfung das Evangelium zu verkünden[1] und die Botschaft zu bringen, daß der Sohn Gottes uns durch seinen Tod und seine Auferstehung von der Macht des Satans[2] und vom Tod befreit und in das Reich des Vaters versetzt hat, sondern auch, um das Heilswerk, das sie verkündeten, durch das Opfer und die Sakramente zu vollziehen, um die das ganze liturgische Leben kreist. So werden die Menschen durch die

---

**\*4005**  [1]   Vgl. Jes 61,1; Lk 4,18.
     [2]   Ignatius von Antiochien, Brief an die Gemeinde von Ephesus, Nr. 7,2 (Funk 1,218 / SouChr 10 [1968] 68).
     [3]   Vgl. 1 Tim 2,5.
     [4]   *Sacramentarium Veronense (Leonianum)* (L.C. Mohlberg [Rerum Ecclesiasticarum Documenta 1; Rom 1956], Nr. 1265, S. 162).
     [5]   *Missale Romanum* (1962), Osterpräfation.
     [6]   Vgl. *Missale Romanum* (1962), Oration nach der zweiten Lesung am Karsamstag.
**\*4006**  [1]   Vgl. Mk 16,15.
     [2]   Vgl. Apg 26,18.

mamus: Abba, Pater" [*Rm 8,15*], et ita fiunt veri adoratores, quos Pater quaerit[4].

Similiter quotiescumque dominicam cenam manducant, mortem Domini annuntiant donec veniat[5]. Idcirco, ipso die Pentecostes, quo Ecclesia mundo apparuit, "qui receperunt sermonem" Petri "baptizati sunt". Et erant "perseverantes in doctrina Apostolorum et communicatione fractionis panis et orationibus ... collaudantes Deum et habentes gratiam ad omnem plebem" [*Act 2,41-47*].

Numquam exinde omisit Ecclesia quin in unum conveniret ad paschale mysterium celebrandum: legendo ea "in omnibus Scripturis quae de ipso erant" [*Lc 24,27*], Eucharistiam celebrando in qua "mortis eius victoria et triumphus repraesentatur"[6], et simul gratias agendo "Deo super inenarrabili dono" [*2 Cor 9,15*] in Christo Iesu, "in laudem gloriae eius" [*Eph 1,12*], per virtutem Spiritus Sancti.

**4007**   7. Ad tantum vero opus perficiendum, Christus Ecclesiae suae semper adest, praesertim in actionibus liturgicis. Praesens adest in Missae Sacrificio cum in ministri persona, "idem nunc offerens sacerdotum ministerio, qui seipsum tunc in cruce obtulit"[1], tum maxime sub speciebus *[101]* eucharisticis. Praesens adest virtute sua in Sacramentis, ita ut cum aliquis baptizat, Christus ipse baptizet[2]. Praesens adest in verbo suo, siquidem ipse loquitur dum sacrae Scripturae in Ecclesia leguntur. Praesens adest denique dum supplicat et psallit Ecclesia, ipse qui promisit: "Ubi sunt duo vel tres congregati in nomine meo, ibi sum in medio eorum" [*Mt 18,20*].

Taufe dem österlichen Geheimnis Christi eingefügt: mitgestorben, mitbegraben, mitauferweckt[3]; sie empfangen den Geist der Annahme an Kindes Statt, "in dem wir rufen: Abba, Vater" [*Röm 8,15*], und werden so zu wahren Anbetern, wie der Vater sie sucht[4].

Ebenso verkünden sie, sooft sie das Herrenmahl essen, den Tod des Herrn, bis er kommt[5]. Deswegen wurden am Pfingsttag, an dem die Kirche der Welt offenbar wurde, "diejenigen getauft, die das Wort" des Petrus "annahmen". Und "sie verharrten in der Lehre der Apostel, der Gemeinschaft des Brotbrechens und den Gebeten ... sie lobten Gott und waren beim ganzen Volk beliebt" [*Apg 2,41-47*].

Seither hat die Kirche niemals aufgehört, sich zur Feier des österlichen Geheimnisses zu versammeln und dabei das zu lesen, "was in allen Schriften von ihm ⟨geschrieben⟩ war" [*Lk 24,27*], die Eucharistie zu feiern, in der "Sieg und Triumph seines Todes vergegenwärtigt werden"[6], und zugleich "Gott für die unaussprechliche Gabe" Dank zu sagen [*2 Kor 9,15*], in Christus Jesus "zum Lob seiner Herrlichkeit" [*Eph 1,12*], durch die Kraft des Heiligen Geistes.

7. Um aber dieses so große Werk zu vollenden, ist Christus immer bei seiner Kirche, besonders in den liturgischen Handlungen. Gegenwärtig ist er im Opfer der Messe sowohl in der Person des Dieners – denn "derselbe bringt das Opfer jetzt durch den Dienst der Priester dar, der sich selbst einst am Kreuz dargebracht hat"[1] –, als auch vor allem unter den eucharistischen Gestalten. Gegenwärtig ist er mit seiner Kraft in den Sakramenten, so daß, wenn einer tauft, Christus selbst tauft[2]. Gegenwärtig ist er in seinem Wort, da er ja selbst spricht, wenn die heiligen Schriften in der Kirche gelesen werden. Gegenwärtig ist er schließlich, wenn die Kirche betet und singt, er, der versprochen hat:

---

[3]   Vgl. Röm 6,4; Eph 2,6; Kol 3,1; 2 Tim 2,11.
[4]   Vgl. Joh 4,23.
[5]   Vgl. 1 Kor 11,26.
[6]   Konzil von Trient, 13. Sitzung, 11. Okt. 1551, Dekret über das Sakrament der Eucharistie, Kap. 5 (SGTr 7,202; *1644).

**\*4007** [1]   Konzil von Trient, 22. Sitzung, 17. Sept. 1562, Lehre über das Meßopfer, Kap. 2 (SGTr 8,960; *1743).
[2]   Vgl. Augustinus, *In Evangelium Iohannis*, tract. 6,1, n. 7 (PL 35,1428 / R. Willems: CpChL 36 [1954] 56f).

"Wo zwei oder drei in meinem Namen versammelt sind, da bin ich in ihrer Mitte" [*Mt 18,20*].

Reapse tanto in opere, quo Deus perfecte glorificatur, et homines sanctificantur, Christus Ecclesiam, sponsam suam dilectissimam, sibi semper consociat, quae Dominum suum invocat et per ipsum Aeterno Patri cultum tribuit.

In der Tat gesellt sich Christus in diesem so großen Werk, in dem Gott vollkommen verherrlicht wird und die Menschen geheiligt werden, immer die Kirche zu, seine hochgeliebte Braut, die ihren Herrn anruft und durch ihn dem ewigen Vater Verehrung erweist.

Merito igitur Liturgia habetur veluti Iesu Christi sacerdotalis muneris exercitatio, in qua per signa sensibilia significatur et modo singulis proprio efficitur sanctificatio hominis, et a mystico Iesu Christi Corpore, Capite nempe eiusque membris, integer cultus publicus exercetur.

Mit Recht gilt also die Liturgie als Vollzug des priesterlichen Amtes Jesu Christi; in ihr wird durch sinnenfällige Zeichen die Heiligung des Menschen bezeichnet und in je eigener Weise bewirkt und vom mystischen Leib Jesu Christi, nämlich dem Haupt und seinen Gliedern, der gesamte öffentliche Kult vollzogen.

Proinde omnis liturgica celebratio, utpote opus Christi sacerdotis, eiusque Corporis, quod est Ecclesia, est actio sacra praecellenter, cuius efficacitatem eodem titulo eodemque gradu nulla alia actio Ecclesiae adaequat.

Infolgedessen ist jede liturgische Feier als Werk Christi, des Priesters, und seines Leibes, der die Kirche ist, in vorzüglichem Sinn heilige Handlung, deren Wirksamkeit keine andere Handlung der Kirche durch dieselbe Bedeutung und denselben Rang gleichkommt.

8. In terrena Liturgia caelestem illam praegustando participamus, quae in sancta civitate Ierusalem, ad quam peregrini tendimus, celebratur, ubi Christus est in dextera Dei sedens, sanctorum minister et tabernaculi veri[1]; cum omni militia caelestis exercitus hymnum gloriae Domino canimus; memoriam Sanctorum venerantes partem aliquam et societatem cum iis speramus; Salvatorem expectamus Dominum nostrum Iesum Christum, donec ipse apparebit vita nostra, et nos apparebimus cum ipso in gloria[2].

8. In der irdischen Liturgie nehmen wir **4008** vorauskostend an jener himmlischen teil, die in der heiligen Stadt Jerusalem, zu der wir pilgernd unterwegs sind, gefeiert wird, wo Christus zur Rechten Gottes sitzt, der Diener des Heiligtums und des wahren Zeltes[1]; ⟨in der irdischen Liturgie⟩ singen wir dem Herrn mit der ganzen Schar des himmlischen Heeres den Lobgesang der Herrlichkeit; ⟨in ihr⟩ verehren wir das Gedächtnis der Heiligen und erhoffen eine Teilhabe und Gemeinschaft mit ihnen; ⟨in ihr⟩ erwarten wir den Erlöser, unseren Herrn Jesus Christus, bis er selbst, unser Leben, erscheinen wird und wir mit ihm erscheinen werden in Herrlichkeit[2].

9. Sacra Liturgia non explet totam actionem Ecclesiae; nam antequam homines ad Liturgiam accedere possint, necesse est ut ad fidem [102] et conversionem vocentur: "Quomodo invocabunt in quem non crediderunt? Aut quomodo credent ei quem non audierunt? Quomodo autem audient sine praedicante? Quomodo vero praedicabunt nisi mittantur?" [*Rm 10,14s*].

9. Die heilige Liturgie füllt nicht das ganze **4009** Tun der Kirche aus; denn ehe die Menschen zur Liturgie hintreten können, ist es nötig, daß sie zu Glauben und Bekehrung gerufen werden: "Wie sollen sie den anrufen, an den sie nicht geglaubt haben? Oder wie sollen sie dem glauben, den sie nicht gehört haben? Wie sollen sie aber hören ohne Prediger? Doch wie sollen sie predigen, wenn sie nicht gesandt werden?" [*Röm 10,14f*].

---

**\*4008** [1]  Vgl. Offb 21,2; Kol 3,1; Hebr 8,2.
      [2]  Vgl. Phil 3,20; Kol 3,4.

Quare Ecclesia non credentibus praeconium salutis annuntiat, ut omnes homines solum Deum verum et quem misit Iesum Christum cognoscant et a viis suis convertantur, paenitentiam agentes[1]. Credentibus vero semper fidem et paenitentiam praedicare debet, eos praeterea debet ad Sacramenta disponere, docere servare omnia quaecumque mandavit Christus[2], et allicere ad omnia opera caritatis, pietatis et apostolatus, quibus operibus manifestum fiat christifideles de hoc mundo quidem non esse, sed tamen esse lucem mundi eosdemque Patrem glorificare coram hominibus.

Darum verkündet die Kirche denen, die nicht glauben, die Botschaft des Heils, damit alle Menschen den allein wahren Gott und den, den er gesandt hat, Jesus Christus, erkennen und sich von ihren Wegen bekehren, indem sie Buße tun[1]. Denen aber, die glauben, muß sie immer wieder Glauben und Buße verkünden und sie muß sie überdies für die Sakramente bereiten, lehren, alles zu halten, was immer Christus aufgetragen hat[2], und zu allen Werken der Liebe, der Frömmigkeit und des Apostolates ermuntern; durch solche Werke soll offenbar werden, daß die Christgläubigen zwar nicht von dieser Welt sind, aber dennoch Licht der Welt sind, und daß dieselben den Vater vor den Menschen verherrlichen.

**4010**  10. Attamen Liturgia est culmen ad quod actio Ecclesiae tendit et simul fons unde omnis eius virtus emanat. Nam labores apostolici ad id ordinantur ut omnes, per fidem et Baptismum filii Dei facti, in unum conveniant, in medio Ecclesiae Deum laudent, Sacrificium participent et cenam dominicam manducent.

10. Dennoch ist die Liturgie der Höhepunkt, dem das Tun der Kirche zustrebt, und zugleich die Quelle, aus der all ihre Kraft strömt. Denn die apostolischen Bemühungen sind darauf hingeordnet, daß alle, durch Glauben und Taufe Kinder Gottes geworden, sich versammeln, inmitten der Kirche Gott loben, am Opfer teilnehmen und das Herrenmahl essen.

Vicissim, ipsa Liturgia impellit fideles ut "sacramentis paschalibus" satiati fiant "pietate concordes"[1]; orat ut "vivendo teneant quod fide perceperunt"[2]; renovatio vero foederis Domini cum hominibus in Eucharistia fideles in urgentem caritatem Christi trahit et accendit. Ex Liturgia ergo, praecipue ex Eucharistia, ut e fonte, gratia in nos derivatur et maxima cum efficacia obtinetur illa in Christo hominum sanctificatio et Dei glorificatio, ad quam, uti ad finem, omnia alia Ecclesiae opera contendunt.

Andererseits sporrt eben die Liturgie die Gläubigen an, daß sie, mit den "österlichen Sakramenten" gesättigt, "in Liebe eines Herzens"[1] werden; sie betet, daß sie "im Leben festhalten, was sie im Glauben empfangen haben"[2]; die Erneuerung des Bundes des Herrn mit den Menschen in der Eucharistie zieht die Gläubigen zur drängenden Liebe Christi und entzündet sie. Aus der Liturgie also, besonders aus der Eucharistie, fließt uns wie aus einer Quelle die Gnade zu, und mit größter Wirksamkeit werden jene Heiligung der Menschen in Christus und die Verherrlichung Gottes erlangt, auf die alle anderen Werke der Kirche als auf ihr Ziel hinstreben.

**4011**  11. Ut haec tamen plena efficacitas habeatur, necessarium est ut fideles cum recti animi dispositionibus ad sacram Liturgiam accedant, *[103]* mentem suam voci accommodent, et supernae gratiae cooperentur, ne eam in vacuum recipiant[1]. Ideo sacris pasto-

11. Damit jedoch diese volle Wirksamkeit erreicht wird, ist es notwendig, daß die Gläubigen mit recht bereiteter Seele zur heiligen Liturgie hinzutreten, ihr Herz mit der Stimme in Einklang bringen und mit der himmlischen Gnade zusammenwirken, um sie

---

\*4009  [1]  Vgl. Joh 17,3; Lk 24,27; Apg 2,38.
  [2]  Vgl. Mt 28,20.
\*4010  [1]  *Missale Romanum* (1962), Postcommunio der Ostervigil und des Ostersonntags.
  [2]  *Missale Romanum* (1962), Oration der Messe am Dienstag in der Osterwoche.

ribus advigilandum est ut in actione liturgica non solum observentur leges ad validam et licitam celebrationem, sed ut fideles scienter, actuose et fructuose eandem participent.

12. Vita tamen spiritualis non unius sacrae Liturgiae participatione continetur. Christianus enim ad communiter orandum vocatus, nihilominus debet etiam intrare in cubiculum suum ut Patrem in abscondito oret[1], immo, docente Apostolo, sine intermissione orare[2]. Et ab eodem Apostolo docemur mortificationem Iesu semper circumferre in corpore nostro, ut et vita Iesu manifestetur in carne nostra mortali[3]. Quapropter Dominum in Missae Sacrificio precamur ut, "hostiae spiritualis oblatione suscepta, nosmetipsos" sibi perficiat "munus aeternum"[4].

13. Pia populi christiani exercitia, dummodo legibus et normis Ecclesiae conformia sint, valde commendantur, praesertim cum de mandato Apostolicae Sedis fiunt.

Speciali quoque dignitate gaudent sacra Ecclesiarum particularium exercitia, quae de mandato Episcoporum celebrantur, secundum consuetudines aut libros legitime approbatos.
Ita vero, ratione habita temporum liturgicorum, eadem exercitia ordinentur oportet, ut sacrae Liturgiae congruant, ab ea quodammodo deriventur, ad eam populum manuducant, utpote quae natura sua iisdem longe antecellat. [104]

II. De liturgica institutione et de actuosa participatione prosequendis

14. Valde cupit Mater Ecclesia ut fideles universi ad plenam illam, consciam atque actuosam liturgicarum celebrationum participationem ducantur, quae ab ipsius Liturgiae

nicht vergeblich zu empfangen[1]. Darum sollen die heiligen Hirten wachen, daß bei der liturgischen Handlung nicht nur die Gesetze für die gültige und erlaubte Feier beachtet werden, sondern daß die Gläubigen bewußt, tätig und mit Gewinn daran teilnehmen.

12. Das geistliche Leben beschränkt sich **4012** jedoch nicht allein auf die Teilnahme an der heiligen Liturgie. Der Christ ist sicherlich dazu berufen, in Gemeinschaft zu beten, doch muß er auch in sein Kämmerlein gehen, um den Vater im Verborgenen anzubeten[1], ja, wie der Apostel lehrt, ohne Unterlaß beten[2]. Und von demselben Apostel werden wir gelehrt, das Sterben Jesu immer an unserem Leibe zu tragen, auf daß auch das Leben Jesu offenbar werde an unserem sterblichen Fleische[3]. Deshalb bitten wir den Herrn beim Meßopfer, daß er "die Darbringung der geistlichen Opfergabe annehme und sich uns selbst zu einer ewigen Gabe" vollende[4].

13. Die frommen Übungen des christli- **4013** chen Volkes werden sehr empfohlen, sofern sie den Gesetzen und Normen der Kirche entsprechen, insbesondere, wenn sie auf Anordnung des Apostolischen Stuhles verrichtet werden.

Besonderer Würde erfreuen sich auch die heiligen Übungen der Teilkirchen, die gemäß den Gewohnheiten oder rechtlich anerkannten Büchern auf Anordnung der Bischöfe gefeiert werden.
Diese Übungen sollen aber unter Berücksichtigung der liturgischen Zeiten so geordnet werden, daß sie mit der heiligen Liturgie zusammenstimmen, gewissermaßen aus ihr herausfließen und das Volk zu ihr hinführen, da sie ihrer Natur nach ja weit über diesen steht.

II. Liturgische Ausbildung und tätige Teilnahme

14. Die Mutter Kirche wünscht sehr, daß **4014** alle Gläubigen zu jener vollen, bewußten und tätigen Teilnahme an den liturgischen Feiern geführt werden, die vom Wesen der

---

**\*4011** [1]   Vgl. 2 Kor 6,1.
**\*4012** [1]   Vgl. Mt 6,6.
          [2]   Vgl. 1 Thess 5,17.
          [3]   Vgl. 2 Kor 4,10f.
          [4]   *Missale Romanum* (1962), Sekret am Pfingstmontag.

natura postulatur et ad quam populus christianus, "genus electum, regale sacerdotium, gens sancta, populus adquisitionis" [*1 Pt 2,9; cf. 2,4s*], vi Baptismatis ius habet et officium.

Quae totius populi plena et actuosa participatio, in instauranda et fovenda sacra Liturgia, summopere est attendenda: est enim primus, isque necessarius fons, e quo spiritum vere christianum fideles hauriant; et ideo in tota actione pastorali, per debitam institutionem, ab animarum pastoribus est sedulo adpetenda.

Sed quia, ut hoc evenire possit, nulla spes effulget nisi prius ipsi animarum pastores spiritu et virtute Liturgiae penitus imbuantur in eaque efficiantur magistri, ideo pernecesse est ut institutioni liturgicae cleri apprime consulatur. Quapropter Sacrosanctum Concilium ea quae sequuntur statuere decrevit.

**4015**      15. Magistri, qui sacrae Liturgiae disciplinae in seminariis, studiorum domibus religiosis et facultatibus theologicis docendae praeficiuntur, ad munus suum in institutis ad hoc speciali cura destinatis probe instituendi sunt.

**4016**      16. Disciplina de sacra Liturgia in seminariis et studiorum domibus religiosis inter disciplinas necessarias et potiores, in facultatibus autem theologicis inter disciplinas principales est habenda, et sub aspectu cum theologico et historico, tum spirituali, pastorali et iuridico tradenda. Curent insuper aliarum disciplinarum magistri, imprimis theologiae dogmaticae, sacrae Scripturae, theologiae spiritualis et pastoralis ita, ex intrinsecis exigentiis proprii uniuscuiusque obiecti, mysterium Christi *[105]* et historiam salutis excolere, ut exinde earum connexio cum Liturgia et unitas sacerdotalis institutionis aperte clarescant.

Liturgie selbst erfordert wird und zu der das christliche Volk, "das auserwählte Geschlecht, das königliche Priestertum, der heilige Stamm, das Eigentumsvolk" [*1 Petr 2,9; vgl. 2,4f*], kraft der Taufe das Recht und die Pflicht hat.

Diese volle und tätige Teilnahme des ganzen Volkes ist bei der Erneuerung und Förderung der heiligen Liturgie aufs stärkste zu beachten: sie ist nämlich die erste, und zwar notwendige Quelle, aus der die Gläubigen wahrhaft christlichen Geist schöpfen sollen; und darum ist sie in der ganzen seelsorglichen Arbeit durch gebührende Unterweisung von den Seelsorgern gewissenhaft anzustreben.

Weil aber keine Hoffnung aufleuchtet, daß dies geschehen kann, wenn nicht zuerst die Seelsorger selbst vom Geist und von der Kraft der Liturgie tief erfüllt sind und in ihr zu Lehrern werden, darum ist es dringend notwendig, daß für die liturgische Unterweisung des Klerus gründlich gesorgt wird. Deswegen hat das Hochheilige Konzil beschlossen, folgende Bestimmungen zu treffen.

15. Die Lehrer, denen die Lehre des Faches Liturgiewissenschaft an den Seminarien, den Studienhäusern der Orden und den Theologischen Fakultäten anvertraut ist, sollen für ihr Amt in Einrichtungen, die eigens dazu bestimmt sind, gehörig ausgebildet werden.

16. Das Lehrfach Liturgiewissenschaft ist an den Seminarien und den Studienhäusern der Orden zu den notwendigen und wichtigeren Fächern, an den Theologischen Fakultäten aber zu den Hauptfächern zu rechnen und sowohl unter theologischem und historischem wie auch unter geistlichem, pastoralem und rechtlichem Gesichtspunkt zu behandeln. Darüber hinaus mögen sich die Lehrer der anderen Fächer, insbesondere die der dogmatischen Theologie, der Heiligen Schrift, der Theologie des geistlichen Lebens und der Pastoraltheologie, bemühen, von den inneren Erfordernissen ihres je eigenen Gegenstandes aus das Mysterium Christi und die Heilsgeschichte so herauszuarbeiten, daß von da aus ihr Zusammenhang mit der Liturgie und die Einheit der priesterlichen Ausbildung deutlich aufleuchtet.

17. Clerici, in seminariis domibusque religiosis, formationem vitae spiritualis liturgicam acquirant, cum apta manuductione qua sacros ritus intellegere et toto animo participare queant, tum ipsa sacrorum mysteriorum celebratione, necnon aliis pietatis exercitiis spiritu sacrae Liturgiae imbutis; pariter observantiam legum liturgicarum addiscant, ita ut vita in seminariis et religiosorum institutis liturgico spiritu penitus informetur.

18. Sacerdotes, sive saeculares sive religiosi, in vinea Domini iam operantes, omnibus mediis opportunis iuventur ut plenius semper quae in functionibus sacris agunt intellegant, vitam liturgicam vivant, eamque cum fidelibus sibi commissis communicent.

19. Liturgicam institutionem necnon actuosam fidelium participationem, internam et externam, iuxta ipsorum aetatem, condicionem, vitae genus et religiosae culturae gradum, animarum pastores sedulo ac patienter prosequantur, unum e praecipuis fidelis mysteriorum Dei dispensatoris muneribus absolventes; et gregem suum hac in re non verbo tantum, sed etiam exemplo ducant.

20. Transmissiones actionum sacrarum ope radiophonica et televisifica, praesertim si agatur de Sacro faciendo, discrete ac decore fiant, ductu et sponsione personae idoneae, ad hoc munus ab Episcopis destinatae.

### III. De sacrae liturgiae instauratione

21. Pia Mater Ecclesia, ut populus christianus in sacra Liturgia abundantiam gratiarum securius assequatur, ipsius Liturgiae generalem instaurationem sedulo curare cupit. Nam Liturgia constat parte immutabili, utpote divinitus instituta, et partibus mutationi obnoxiis, quae *[106]* decursu temporum variare possunt vel etiam debent, si in eas forte irrepserint quae minus bene ipsius Liturgiae intimae naturae respondeant, vel minus ap-

17. Die Kleriker in den Seminarien und **4017** Ordenshäusern sollen eine liturgische Formung des geistlichen Lebens erhalten, sowohl durch eine geeignete Anleitung, damit sie die heiligen Riten verstehen und aus ganzem Herzen ⟨an ihnen⟩ teilnehmen können, als auch durch die Feier der heiligen Geheimnisse selbst sowie durch andere vom Geist der heiligen Liturgie erfüllte Übungen der Frömmigkeit; ebenso sollen sie die Beobachtung der liturgischen Gesetze lernen, so daß das Leben in den Seminarien und Ordensinstituten durch und durch von liturgischem Geist geformt wird.

18. Welt- und Ordenspriester, die schon im **4018** Weinberg des Herrn arbeiten, sollen mit allen geeigneten Mitteln Hilfe erhalten, damit sie immer voller erkennen, was sie in den heiligen Handlungen tun, ein liturgisches Leben führen und es mit den ihnen anvertrauten Gläubigen teilen.

19. Die Seelsorger sollen eifrig und gedul- **4019** dig bemüht sein um die liturgische Unterweisung sowie die tätige Teilnahme der Gläubigen, die innere und die äußere, je nach deren Alter, Verhältnissen, Art des Lebens und Grad der religiösen Kultur; damit erfüllen sie eine der Hauptaufgaben des treuen Spenders der Geheimnisse Gottes; und sie sollen ihre Herde dabei nicht bloß durch das Wort, sondern auch durch das Beispiel führen.

20. Übertragungen heiliger Handlungen **4020** mit Hilfe des Rundfunks und Fernsehens sollen, besonders wenn es sich um den Vollzug der heiligen Eucharistie handelt, taktvoll und geziemend geschehen, unter der Leitung und Verantwortung einer geeigneten Person, die für diese Aufgabe von den Bischöfen bestimmt ist.

### III. Die Erneuerung der heiligen Liturgie

21. Damit das christliche Volk in der hei- **4021** ligen Liturgie die Fülle der Gnaden mit größerer Sicherheit erlange, wünscht die heilige Mutter Kirche, eine allgemeine Erneuerung der Liturgie sorgfältig in die Wege zu leiten. Denn die Liturgie besteht in einem – da von Gott eingesetzt – unveränderlichen Teil und Teilen, die dem Wandel unterworfen sind; diese können sich im Laufe der Zeit ändern, bzw. sie müssen es sogar, wenn sich etwas in

tae factae sint.

Qua quidem instauratione, textus et ritus ita ordinari oportet, ut sancta, quae significant, clarius exprimant, eaque populus christianus, in quantum fieri potest, facile percipere atque plena, actuosa et communitatis propria celebratione participare possit.

Quare Sacrosanctum Concilium generaliores has normas statuit.

### A) Normae generales

**4022**    22. § 1. Sacrae Liturgiae moderatio ab Ecclesiae auctoritate unice pendet: quae quidem est apud Apostolicam Sedem et, ad normam iuris, apud Episcopum.

§ 2. Ex potestate a iure concessa, rei liturgicae moderatio inter limites statutos pertinet quoque ad competentes varii generis territoriales Episcoporum coetus legitime constitutos.

§ 3. Quapropter nemo omnino alius, etiamsi sit sacerdos, quidquam proprio marte in Liturgia addat, demat, aut mutet.

**4023**    23. Ut sana traditio retineatur et tamen via legitimae progressioni aperiatur, de singulis Liturgiae partibus recognoscendis accurata investigatio theologica, historica, pastoralis semper praecedat. Insuper considerentur cum leges generales structurae et mentis Liturgiae, tum experientia ex recentiore instauratione liturgica et ex indultis passim concessis promanans. Innovationes, demum, ne fiant nisi vera et certa utilitas Ecclesiae id exigat, et adhibita cautela ut novae formae ex formis iam exstantibus organice quodammodo crescant.

Caveatur etiam, in quantum fieri potest, ne notabiles differentiae rituum inter finitimas regiones habeantur.

---

sie eingeschlichen haben sollte, was dem innersten Wesen der Liturgie weniger gut entspricht oder weniger geeignet geworden ist.

Und zwar sollen bei dieser Erneuerung Texte und Riten so geordnet werden, daß sie das Heilige, das sie bezeichnen, klarer ausdrücken, und daß das christliche Volk sie möglichst leicht erfassen und an ihnen in voller, tätiger und gemeinschaftlicher Feier teilnehmen kann.

Deshalb hat das Hochheilige Konzil folgende allgemeinere Normen aufgestellt.

### A) Allgemeine Normen

22. § 1. Die Regelung der heiligen Liturgie hängt einzig von der Autorität der Kirche ab; und zwar liegt diese beim Apostolischen Stuhl und nach Maßgabe des Rechtes beim Bischof.

§ 2. Auch den rechtmäßig konstituierten, für bestimmte Gebiete zuständigen Bischofsversammlungen verschiedener Art steht aufgrund einer vom Recht gewährten Vollmacht innerhalb festgelegter Grenzen die Regelung des liturgischen Bereiches zu.

§ 3. Deswegen darf überhaupt niemand sonst, auch wenn er Priester wäre, auf eigene Faust in der Liturgie etwas hinzufügen, wegnehmen oder ändern.

23. Damit die gesunde Überlieferung gewahrt und dennoch einem berechtigten Fortschritt der Weg erschlossen werde, soll bei der Überarbeitung einzelner Teile der Liturgie stets eine gründliche theologische, historische und pastorale Untersuchung vorausgehen. Darüber hinaus sollen sowohl die allgemeinen Strukturen und Sinngesetze der Liturgie beachtet werden als auch die Erfahrungen, die sich aus der jüngsten Liturgiereform und den weithin gewährten Indulten ergeben haben. Schließlich sollen Neuerungen nur eingeführt werden, wenn es der wahre und sichere Nutzen der Kirche erfordert und wenn dafür Sorge getragen ist, daß die neuen Formen aus den schon bestehenden Formen gewissermaßen organisch wachsen.

Auch soll nach Möglichkeit verhütet werden, daß es zwischen benachbarten Gebieten auffallende Unterschiede in den Riten gibt.

24. Maximum est sacrae Scripturae momentum in Liturgia celebranda. Ex ea enim lectiones leguntur et in homilia explicantur, psalmi canuntur, atque ex eius afflatu instinctuque preces, orationes et carmina *[107]* liturgica effusa sunt, et ex ea significationem suam actiones et signa accipiunt. Unde ad procurandam sacrae Liturgiae instaurationem, progressum et aptationem, oportet ut promoveatur ille suavis et vivus sacrae Scripturae affectus, quem testatur venerabilis rituum cum orientalium tum occidentalium traditio.

25. Libri liturgici quam primum recognoscantur, peritis adhibitis et Episcopis consultis ex diversis orbis regionibus.

*B) Normae ex idole Liturgiae utpote actionis hierarchicae et communitatis propriae*

26. Actiones liturgicae non sunt actiones privatae, sed celebrationes Ecclesiae, quae est "unitatis sacramentum", scilicet plebs sancta sub Episcopis adunata et ordinata[1].

Quare ad universum Corpus Ecclesiae pertinent illudque manifestant et afficiunt; singula vero membra ipsius diverso modo, pro diversitate ordinum, munerum et actualis participationis attingunt.

27. Quoties ritus, iuxta propriam cuiusque naturam, secum ferunt celebrationem communem, cum frequentia et actuosa participatione fidelium, inculcetur hanc, in quantum fieri potest, esse praeferendam celebrationi eorundem singulari et quasi privatae.

Quod valet praesertim pro Missae celebratione, salva semper natura publica et sociali cuiusvis Missae, et pro Sacramentorum administratione.

24. Von größtem Gewicht in der Feier der **4024** Liturgie ist die Heilige Schrift. Aus ihr werden nämlich Lesungen gelesen und in der Homilie ausgedeutet, Psalmen gesungen, aufgrund ihres Anhauchs und Antriebs sind liturgische Gebete, Orationen und Gesänge verrichtet worden, und aus ihr empfangen Handlungen und Zeichen ihre Bedeutung. Um daher für Erneuerung, Fortschritt und Anpassung der heiligen Liturgie zu sorgen, muß jenes innige und lebendige Ergriffensein von der Heiligen Schrift gefördert werden, das die ehrwürdige Überlieferung sowohl östlicher als auch westlicher Riten bezeugt.

25. Die liturgischen Bücher sollen mög- **4025** lichst bald überarbeitet werden; dazu sollen aus den verschiedenen Gebieten des Erdkreises Fachleute herangezogen und Bischöfe befragt werden.

*B) Normen aus dem Charakter der Liturgie als einer hierarchischen und gemeinschaftlichen Handlung*

26. Die liturgischen Handlungen sind kei- **4026** ne privaten Handlungen, sondern Feiern der Kirche, die das "Sakrament der Einheit" ist, nämlich das heilige Volk, unter den Bischöfen geeint und geordnet[1].
Daher gehen sie den ganzen Leib der Kirche an, machen ihn sichtbar und wirken auf ihn ein; seine einzelnen Glieder aber berühren sie auf verschiedene Weise, entsprechend der Verschiedenheit von Stand, Aufgabe und tätiger Teilnahme.

27. Jedesmal, wenn Riten gemäß ihrer je- **4027** weiligen Eigenart eine gemeinschaftliche Feier mit Beteiligung und tätiger Teilnahme der Gläubigen mit sich bringen, soll betont werden, daß diese soweit wie möglich einer einzelnen und gleichsam privaten Feier dieser ⟨Riten⟩ vorzuziehen ist.
Das gilt insbesondere für die Feier der Messe – immer unbeschadet der öffentlichen und sozialen Natur einer jeden Messe – und für die Spendung der Sakramente.

---

**\*4026** [1] Cyprian, *De ecclesiae catholicae unitate* 7 (CSEL 3/I, 215f / M. Bévenot: CpChL 3 [1972] 254f). Vgl. Brief 66, Nr. 8,3 (CSEL 3/II, 732f).

**4028**    28. In celebrationibus liturgicis quisque, sive minister sive fidelis, munere suo fungens, solum et totum id agat, quod ad ipsum ex rei natura et normis liturgicis pertinet.

28. Bei den liturgischen Feiern soll jeder, ob Amtsträger oder Gläubiger, in der Ausübung seiner Aufgabe nur das und all das tun, was ihm aufgrund der Natur der Sache und ⟨aufgrund⟩ der liturgischen Normen zukommt.

**4029**    29. Etiam ministrantes, lectores, commentatores et ii qui ad scholam cantorum pertinent, vero ministerio liturgico funguntur. Propterea munus *[108]* suum tali sincera pietate et ordine exerceant, quae tantum ministerium decent quaeque populus Dei ab eis iure exigit.

29. Auch die Ministranten, Lektoren, Kommentatoren und diejenigen, die zum Kirchenchor gehören, versehen einen wahrhaft liturgischen Dienst. Deswegen sollen sie ihr Amt in solch aufrichtiger Frömmigkeit und Ordnung vollziehen, wie es einem so bedeutenden Dienst ziemen und wie sie das Volk Gottes mit Recht von ihnen verlangt.

Ideo oportet eos spiritu Liturgiae, suo cuiusque modo, sedulo imbui, et ad partes suas rite et ordinate obeundas institui.

Deshalb muß man sie, jeden auf seine Weise, sorgfältig in den Geist der Liturgie einführen und unterweisen, auf daß sie sich in rechter Art und Ordnung ihrer Aufgabe unterziehen.

**4030**    30. Ad actuosam participationem promovendam, populi acclamationes, responsiones, psalmodia, antiphonae, cantica, necnon actiones seu gestus et corporis habitus foveantur. Sacrum quoque silentium suo tempore servetur.

30. Um die tätige Teilnahme zu fördern, soll man den Akklamationen des Volkes, den Antworten, dem Psalmengesang, den Antiphonen, den Liedern sowie den Handlungen bzw. Gesten und den Körperhaltungen Aufmerksamkeit zuwenden. Auch das heilige Schweigen soll zu seiner Zeit gewahrt werden.

**4031**    31. In libris liturgicis recognoscendis, sedulo attendatur ut rubricae etiam partes fidelium praevideant.

31. Bei der Überarbeitung der liturgischen Bücher soll sorgfältig darauf geachtet werden, daß die Rubriken auch den Anteil der Gläubigen vorsehen.

**4032**    32. In Liturgia, praeter distinctionem ex munere liturgico et Ordine sacro manantem, et praeter honores ad normam legum liturgicarum auctoritatibus civilibus debitos, nulla privatarum personarum aut condicionum, sive in caerimoniis, sive in exterioribus pompis, habeatur acceptio.

32. In der Liturgie soll es außer dem Unterschied, der sich aus dem liturgischen Amt und der heiligen Weihe ergibt, und außer den Ehrungen, die aufgrund liturgischer Gesetze den staatlichen Autoritäten gebühren, weder bei Feiern noch im äußeren Aufwand ein Ansehen von Privatpersonen oder Rängen geben.

*C) Normae ex idole didactica et pastorali Liturgiae*

*C) Normen aus dem belehrenden und pastoralen Charakter der Liturgie*

**4033**    33. Etsi sacra Liturgia est praecipue cultus divinae maiestatis, magnam etiam continet populi fidelis eruditionem[1]. In Liturgia enim Deus ad populum suum loquitur; Christus adhuc Evangelium annuntiat. Populus vero Deo respondet tum cantibus tum oratione.

33. Auch wenn die heilige Liturgie vor allem Anbetung der göttlichen Majestät ist, enthält sie doch auch viel Belehrung für das gläubige Volk[1]. Denn in der Liturgie spricht Gott zu seinem Volk; ⟨in ihr⟩ verkündet Christus noch immer das Evangelium. Das

---

*4033 [1]  Vgl. Konzil von Trient, 22. Sitzung, 17. Sept. 1562, Lehre über das Meßopfer, Kap. 8 (SGTr 8,961; *1749).

Immo, preces a sacerdote, qui coetui in persona Christi praeest, ad Deum directae, nomine totius plebis sanctae et omnium circumstantium dicuntur. Signa tandem visibilia, quibus utitur sacra Liturgia ad res divinas invisibiles significandas, a Christo vel Ecclesia delecta sunt. Unde non solum quando leguntur ea "quae ad nostram doctrinam scripta sunt" [*Rm 15,4*], sed etiam dum Ecclesia vel orat vel canit vel agit, participantium fides alitur, mentes in Deum excitantur ut rationabile obsequium Ei praestent, gratiamque Eius abundantius recipiant. *[109]*

Exinde in instauratione facienda generales normae quae sequuntur observari debent.

34. Ritus nobili simplicitate fulgeant, sint brevitate perspicui et repetitiones inutiles evitent, sint fidelium captui accommodati, neque generatim multis indigeant explanationibus.

35. Ut clare appareat in Liturgia ritum et verbum intime coniungi:

1) In celebrationibus sacris abundantior, varior et aptior lectio sacrae Scripturae instauretur.

2) Locus aptior sermonis, utpote partis actionis liturgicae, prout ritus patitur, etiam in rubricis notetur; et fidelissime ac rite adimpleatur ministerium praedicationis. Haec vero imprimis ex fonte sacrae Scripturae et Liturgiae hauriatur, quasi annuntiatio mirabilium Dei in historia salutis seu mysterio Christi, quod in nobis praesens semper adest et operatur, praesertim in celebrationibus liturgicis.

3) Etiam catechesis directius liturgica omnibus modis inculcetur; et in ipsis ritibus, si necessariae sint, breves admonitiones, a sacerdote vel competenti ministro, opportunioribus tantum momentis, praescriptis vel similibus verbis, dicendae, praevideantur.

Volk aber antwortet Gott mit Gesang und Gebet.

Ja, die Gebete, die vom Priester, der in der Person Christi der Gemeinde vorsteht, an Gott gerichtet werden, werden im Namen des ganzen heiligen Volkes und aller Umstehenden gesprochen. Die sichtbaren Zeichen endlich, welche die heilige Liturgie gebraucht, um die unsichtbaren göttlichen Dinge zu bezeichnen, sind von Christus oder der Kirche ausgewählt. Daher wird nicht nur, wenn das gelesen wird, "was zu unserer Belehrung geschrieben ist" [*Röm 15,4*], sondern auch, wenn die Kirche betet, singt oder handelt, der Glaube der Teilnehmer genährt und ihr Herz zu Gott hin erweckt, auf daß sie ihm vernunftgemäßen Gehorsam leisten und Seine Gnade reichlicher empfangen.

Daher sollen bei der Erneuerung folgende allgemeine Normen beachtet werden.

34. Die Riten sollen in edler Einfachheit **4034** erstrahlen, knapp und durchschaubar sein und unnütze Wiederholungen vermeiden; sie sollen dem Fassungsvermögen der Gläubigen angepaßt sein und im allgemeinen nicht vieler Erklärungen bedürfen.

35. Damit deutlich hervortrete, daß in der **4035** Liturgie Ritus und Wort aufs engste verbunden sind⟨, ist zu beachten⟩:

1) Bei den heiligen Feiern soll ein reicheres, mannigfaltigeres und passenderes Lesen der Heiligen Schrift eingeführt werden.

2) Da die Predigt ein Teil der liturgischen Handlung ist, soll ihr auch, soweit es der Ritus zuläßt, in den Rubriken ein passender Ort zugewiesen werden; und der Dienst der Predigt soll getreulich und in rechter Weise erfüllt werden. Sie soll aber vor allem aus dem Quell der Heiligen Schrift und der Liturgie geschöpft werden, da sie ja gleichsam die Botschaft von den Wundertaten Gottes in der Geschichte des Heils bzw. im Geheimnis Christi ist, das stets in uns zugegen ist und wirkt, insbesondere bei den liturgischen Feiern.

3) Auch die unmittelbar liturgische Katechese soll in jeder Weise betont werden; und in den Riten selbst sollen, wenn es notwendig ist, kurze Hinweise vorgesehen werden, die vom Priester oder von dem, der für diesen Dienst zuständig ist, ⟨jedoch⟩ nur in

4) Foveatur sacra Verbi Dei celebratio in solemniorum festorum pervigiliis, in aliquibus feriis Adventus et Quadragesimae, atque in dominicis et diebus festis, maxime in locis quae sacerdote carent: quo in casu celebrationem diaconus vel alius ab Episcopo delegatus dirigat.

**4036**    36. § 1. Linguae latinae usus, salvo particulari iure, in Ritibus latinis servetur.

§ 2. Cum tamen, sive in Missa, sive in Sacramentorum administratione, sive in aliis Liturgiae partibus, haud raro linguae vernaculae usurpatio valde utilis apud populum exsistere possit, amplior locus ipsi tribui valeat, imprimis autem in lectionibus et admonitionibus, in nonnullis orationibus et cantibus, iuxta normas quae de hac re in sequentibus capitibus singillatim statuuntur.

§ 3. Huiusmodi normis servatis, est competentis auctoritatis ecclesiasticae *[110]* territorialis, de qua in art. 22 § 2, etiam, si casus ferat, consilio habito cum Episcopis finitimarum regionum eiusdem linguae, de usu et modo linguae vernaculae statuere, actis ab Apostolica Sede probatis seu confirmatis.

§ 4. Conversio textus latini in linguam vernaculam in Liturgia adhibenda, a competenti auctoritate ecclesiastica territoriali, de qua supra, approbari debet.

*D) Normae ad aptationem ingenio et traditionibus populorum perficiendam*

**4037**    37. Ecclesia, in iis quae fidem aut bonum totius communitatis non tangunt, rigidam unius tenoris formam ne in Liturgia quidem imponere cupit; quinimmo, variarum gentium populorumque animi ornamenta ac dotes colit et provehit; quidquid vero in populorum moribus indissolubili vinculo superstitionibus erroribusque non adstipulatur, be-

den geeigneten Augenblicken, mit vorgeschriebenen oder ähnlichen Worten zu sprechen sind.

4) Gefördert werden soll auch die heilige Feier des Wortes Gottes an den Vorabenden der höheren Feste, an Wochentagen im Advent oder in der Fastenzeit sowie an den Sonn- und Feiertagen, besonders an Orten, die keinen Priester haben; in diesem Fall soll ein Diakon oder ein anderer vom Bischof Beauftragter die Feier leiten.

36. § 1. Der Gebrauch der lateinischen Sprache soll, soweit nicht Sonderrecht entgegensteht, in den lateinischen Riten erhalten bleiben.

§ 2. Da jedoch bei der Messe, bei der Sakramentenspendung und in anderen Bereichen der Liturgie nicht selten der Gebrauch der Muttersprache für das Volk sehr nützlich sein kann, soll es gestattet sein, ihr einen weiteren Raum zuzubilligen, vor allem aber in den Lesungen und Hinweisen und in einigen Orationen und Gesängen gemäß den Normen, die hierüber in den folgenden Kapiteln im einzelnen aufgestellt werden.

§ 3. Unbeschadet dieser Normen steht es der für ein bestimmtes Gebiet zuständigen kirchlichen Autorität – vgl. Art. 22 § 2 – zu, gegebenenfalls auch nach Beratung mit den Bischöfen der angrenzenden Gebiete derselben Sprache, Bestimmungen über den Gebrauch und das Ausmaß der Muttersprache zu treffen, nachdem die Beschlüsse vom Apostolischen Stuhl gebilligt bzw. bestätigt wurden.

§ 4. Die in der Liturgie verwendete Übersetzung des lateinischen Textes in die Muttersprache muß von der obengenannten für das Gebiet zuständigen kirchlichen Autorität approbiert werden.

*D) Normen zur Anpassung an die Eigenart und Überlieferung der Völker*

37. In den Dingen, die den Glauben oder das Wohl der ganzen Gemeinschaft nicht berühren, wünscht die Kirche nicht einmal in der Liturgie eine starre Einheitlichkeit der Form aufzuerlegen; im Gegenteil pflegt und fördert sie das glanzvolle geistige Erbe der verschiedenen Stämme und Völker; was aber im Brauchtum der Völker nicht in unlösbarer

nevole perpendit ac, si potest, sartum tectumque servat, immo quandoque in ipsam Liturgiam admittit, dummodo cum rationibus veri et authentici spiritus liturgici congruat.

38. Servata substantiali unitate ritus romani, legitimis varietatibus et aptationibus ad diversos coetus, regiones, populos, praesertim in Missionibus, locus relinquatur, etiam cum libri liturgici recognoscuntur; et hoc in structura rituum et in rubricis instituendis opportune prae oculis habeatur.

39. Intra limites in editionibus typicis librorum liturgicorum statutos, erit competentis auctoritatis ecclesiasticae territorialis, de qua in art. 22 § 2, aptationes definire, praesertim quoad administrationem Sacramentorum, quoad Sacramentalia, processiones, linguam liturgicam, musicam sacram et artes, iuxta tamen normas fundamentales quae hac in Constitutione habentur. *[111]*

40. Cum tamen variis in locis et adiunctis, profundior Liturgiae aptatio urgeat, et ideo difficilior evadat:

1) A competenti auctoritate ecclesiastica territoriali, de qua in art. 22 § 2, sedulo et prudenter consideretur quid, hoc in negotio, ex traditionibus ingenioque singulorum populorum opportune in cultum divinum admitti possit. Aptationes, quae utiles vel necessariae existimantur, Apostolicae Sedi proponantur, de ipsius consensu introducendae.

2) Ut autem aptatio cum necessaria circumspectione fiat, eidem auctoritati ecclesiasticae territoriali ab Apostolica Sede facultas tribuetur, si casus ferat, ut in quibusdam coetibus ad id aptis et per determinatum tempus necessaria praevia experimenta permittat et dirigat.

Verbindung mit Aberglauben und Irrtümern übereinstimmt, das wägt sie wohlwollend ab und erhält es – wenn möglich – voll und ganz, ja, zuweilen gewährt sie ihm sogar Einlaß in die Liturgie selbst, sofern es nur mit den Grundlinien eines wahren und echten liturgischen Geistes vereinbar ist.

38. Unbeschadet der substantiellen Einheit des römischen Ritus soll berechtigter Vielfalt und Anpassungen an die verschiedenen Gemeinschaften, Gegenden und Völker, besonders in den Missionen, Raum gelassen werden, auch dann, wenn die liturgischen Bücher überarbeitet werden; dies soll man auch entsprechend vor Augen haben, wenn die Gestalt der Riten und die Rubriken festgelegt werden. **4038**

39. Innerhalb der Grenzen, die in den Musterausgaben der liturgischen Bücher bestimmt sind, wird es Sache der im Sinne von Art. 22 § 2 für ein Gebiet zuständigen kirchlichen Autorität sein, Anpassungen festzulegen, besonders hinsichtlich der Sakramentenspendung, hinsichtlich der Sakramentalien, der Prozessionen, der liturgischen Sprache, der Kirchenmusik und der Kunst, jedoch gemäß den Grundnormen, die in dieser Konstitution enthalten sind. **4039**

40. Da jedoch an verschiedenen Orten und unter verschiedenen Umständen eine tiefer greifende Anpassung der Liturgie dringlich ist und deshalb schwieriger wird⟨, soll beachtet werden⟩: **4040**

1) Die im Sinne von Art. 22 § 2 für ein Gebiet zuständige kirchliche Autorität möge sorgfältig und klug erwägen, was in dieser Sache aus den Überlieferungen und der Eigenart der einzelnen Völker in geeigneter Weise zum Gottesdienst zugelassen werden kann. Anpassungen, die für nützlich oder notwendig gehalten werden, sollen dem Apostolischen Stuhl vorgelegt und dann mit dessen Einverständnis eingeführt werden.

2) Damit die Anpassung aber mit der nötigen Umsicht geschehe, wird der kirchlichen Autorität des betreffenden Gebietes vom Apostolischen Stuhl die Vollmacht erteilt werden, gegebenenfalls in gewissen dazu geeigneten Gemeinschaften und über eine bestimmte Zeit hinweg die notwendigen Vorversuche zu gestatten und zu leiten.

3) Quia leges liturgicae difficultates speciales, quoad aptationem, praesertim in Missionibus, secum ferre solent, in illis condendis praesto sint viri, in re de qua agitur, periti.

3) Weil – insbesondere in den Missionsländern – die liturgischen Gesetze besondere Schwierigkeiten hinsichtlich der Anpassung mit sich zu bringen pflegen, sollen bei ihrer Abfassung Sachverständige aus dem betreffenden Fachgebiet zugegen sein.

### IV. De vita liturgica in dioecesi et in paroecia fovenda

### IV. Förderung des liturgischen Lebens in der Diözese und in der Pfarrei

**4041**    41. Episcopus ut sacerdos magnus sui gregis habendus est, a quo vita suorum fidelium in Christo quodammodo derivatur et pendet.

41. Der Bischof ist als der Hohepriester seiner Herde anzusehen, von dem das Leben seiner Gläubigen in Christus gewissermaßen ausgeht und abhängt.

Quare omnes vitam liturgicam dioeceseos circa Episcopum, praesertim in ecclesia cathedrali, maximi faciant oportet: sibi persuasum habentes praecipuam manifestationem Ecclesiae haberi in plenaria et actuosa participatione totius plebis sanctae Dei in iisdem celebrationibus liturgicis, praesertim in eadem Eucharistia, in una oratione, ad unum altare cui praeest Episcopus a suo presbyterio et ministris circumdatus[1].

Daher sollen alle das liturgische Leben der Diözese um den Bischof herum, besonders in der Kathedralkirche, aufs höchste wertschätzen; sie sollen überzeugt sein, daß es sich bei der vollen und tätigen Teilnahme des ganzen heiligen Volkes Gottes an denselben liturgischen Feiern, besonders an derselben Eucharistiefeier, um eine vorrangige Offenbarung der Kirche handelt: in einem Gebet, an einem Altar, dem der Bischof vorsteht, umgeben von seinem Presbyterium und den Dienern ⟨des Altars⟩[1].

**4042**    42. Cum Episcopus in Ecclesia sua ipsemet nec semper nec ubique universo gregi praeesse possit, necessario constituere debet fidelium *[112]* coetus, inter quos paroeciae, localiter sub pastore vices gerente Episcopi ordinatae, eminent: nam quodammodo repraesentant Ecclesiam visibilem per orbem terrarum constitutam.

42. Da der Bischof in seiner Kirche nicht immer und nicht überall selbst der gesamten Herde vorstehen kann, muß er notwendig Gemeinden von Gläubigen bilden, unter denen die Pfarreien hervorragen, die örtlich geordnet sind unter einem Hirten, der die Stelle des Bischofs vertritt; denn sie stellen gewissermaßen die über den ganzen Erdkreis hin verbreitete sichtbare Kirche dar.

Quare vita liturgica paroeciae eiusque relatio ad Episcopum in mente et praxi fidelium et cleri fovenda est; et adlaborandum ut sensus communitatis paroecialis, imprimis vero in communi celebratione Missae dominicalis, floreat.

Daher ist das liturgische Leben der Pfarrei und seine Beziehung zum Bischof im Denken und Tun der Gläubigen und des Klerus zu fördern; und es ist darauf hinzuarbeiten, daß der Sinn für die Pfarrgemeinschaft, vor allem aber in der gemeinsamen Feier der Sonntagsmesse, blühe.

### V. De actione pastorali liturgica promovenda

### V. Förderung der pastoralliturgischen Bewegung

**4043**    43. Sacrae Liturgiae fovendae atque instaurandae studium merito habetur veluti signum providentialium dispositionum Dei su-

43. Der Eifer für die Förderung und Erneuerung der heiligen Liturgie gilt mit Recht als ein Zeichen für die Fügungen der Vorse-

---

**\*4041** [1]    Vgl. Ignatius von Antiochien, Brief an die Gemeinde von Magnesia, Nr. 7; An die Gemeinde von Philadelphia, Nr. 4; An die Gemeinde von Smyrna, Nr. 8 (Funk 1,236 266 281 / SouChr 10,84–86 122 138–140).

per nostra aetate, veluti transitus Spiritus Sancti in sua Ecclesia; et vitam ipsius, immo huius nostri temporis universam rationem religiose sentiendi et agendi, nota propria distinguit.

Quapropter, ad hanc actionem pastoralem liturgicam ulterius in Ecclesia fovendam, Sacrosanctum Concilium decernit:

44. A competenti auctoritate ecclesiastica territoriali, de qua in art. 22 § 2, expedit ut instituatur Commissio liturgica, a viris in scientia liturgica, Musica, Arte sacra ac re pastorali peritis iuvanda. Cui Commissioni, in quantum fieri potest, opem ferat quoddam Institutum Liturgiae Pastoralis, constans sodalibus, non exclusis, si res ita ferat, laicis in hac materia praestantibus. Ipsius Commissionis erit, ductu auctoritatis ecclesiasticae territorialis, de qua supra, et actionem pastoralem liturgicam in sua dicione moderari, et studia atque necessaria experimenta promovere, quoties agatur de aptationibus Apostolicae Sedi proponendis.

45. Eadem ratione, in singulis dioecesibus Commissio de sacra Liturgia habeatur, ad actionem liturgicam, moderante Episcopo, promovendam.

Opportunum aliquando evadere potest ut plures dioeceses unam *[113]* Commissionem constituant, quae, collatis consiliis, rem liturgicam provehat.

46. Praeter Commissionem de sacra Liturgia, in quavis dioecesi constituantur, quantum fieri potest, etiam Commissiones de Musica sacra et de Arte sacra.

Necessarium est ut hae tres Commissiones consociatis viribus adlaborent; immo non raro congruum erit ut in unam Commissionem coalescant. ...

## Caput II: De sacrosancto eucharistiae mysterio

47. Salvator noster, in Cena novissima, qua nocte tradebatur, Sacrificium Eucharisticum Corporis et Sanguinis sui instituit, quo

---

hung Gottes über unserer Zeit, als ein Hindurchgehen des Heiligen Geistes in seiner Kirche; und er zeichnet ihr Leben, ja, das gesamte religiöse Fühlen und Handeln dieser unserer Zeit mit einer eigenen Note aus.

Deshalb beschließt das Hochheilige Konzil zur weiteren Förderung dieser pastoralliturgischen Bewegung in der Kirche:

44. Es ist zweckmäßig, daß von der im Sinne von Art. 22 § 2 für ein Gebiet zuständigen kirchlichen Autorität eine Liturgische Kommission eingerichtet wird, die von Fachleuten für Liturgiewissenschaft, Kirchenmusik, sakrale Kunst und pastorale Fragen unterstützt werden soll. Dieser Kommission soll, soweit möglich, ein Pastoralliturgisches Institut Hilfe leisten, das aus sachverständigen Mitgliedern, gegebenenfalls auch Laien nicht ausgeschlossen, besteht. Sache dieser Kommission wird es sein, unter Führung der obengenannten kirchlichen Autorität des jeweiligen Gebietes sowohl die pastoralliturgische Bewegung in dem betreffenden Amtsbereich zu leiten als auch die Studien und nötigen Experimente zu fördern, wenn immer es um Anpassungen geht, die dem Apostolischen Stuhl vorzulegen sind.   **4044**

45. Aus demselben Grund soll es in den einzelnen Diözesen eine Kommission für die heilige Liturgie geben, um unter der Leitung des Bischofs die Liturgische Bewegung zu fördern.   **4045**

Es kann sich manchmal als förderlich erweisen, daß mehrere Diözesen eine einzige Kommission gründen, die durch gemeinsame Beratung die liturgische Sache vorantreibt.

46. Außer der Kommission für die heilige Liturgie sollen, soweit möglich, in jeder Diözese auch Kommissionen für Kirchenmusik und für sakrale Kunst gegründet werden.   **4046**

Es ist notwendig, daß diese drei Kommissionen mit vereinten Kräften arbeiten; ja, nicht selten wird es angebracht sein, daß sie sich zu einer einzigen Kommission zusammenschließen. ...

## Zweites Kapitel: Das heilige Geheimnis der Eucharistie

47. Unser Erlöser hat beim letzten Abendmahl in der Nacht, in der er verraten wurde, das eucharistische Opfer seines Leibes und   **4047**

Sacrificium Crucis in saecula, donec veniret, perpetuaret, atque adeo Ecclesiae dilectae Sponsae memoriale concrederet Mortis et Resurrectionis suae: sacramentum pietatis, signum unitatis, vinculum caritatis[1], convivium paschale, in quo Christus sumitur, mens impletur gratia et futurae gloriae nobis pignus datur[2].

Blutes eingesetzt, damit dadurch das Opfer des Kreuzes durch die Zeiten hindurch bis zu seiner Wiederkunft fortdauere und er so der Kirche, der geliebten Braut, das Gedächtnis seines Todes und seiner Auferstehung anvertraue: als Sakrament des Erbarmens und Zeichen der Einheit, als Band der Liebe[1] und österliches Mahl, in dem Christus genossen, das Herz mit Gnade erfüllt und uns das Unterpfand der künftigen Herrlichkeit gegeben wird[2].

**4048**     48. Itaque Ecclesia sollicitas curas eo intendit ne christifideles huic fidei mysterio tamquam extranei vel muti spectatores intersint, sed per ritus et preces id bene intellegentes, sacram actionem conscie, pie et actuose participent, verbo Dei instituantur, mensa Corporis Domini reficiantur, gratias Deo agant, immaculatam hostiam, non tantum per sacerdotis manus, sed etiam una cum ipso offerentes, seipsos offerre discant, et de die in diem consummentur, Christo mediatore[2], in unitatem cum Deo et inter se, ut sit tandem Deus omnia in omnibus.

48. So richtet die Kirche ihre ganze Sorge darauf hin, daß die Christgläubigen diesem Geheimnis des Glaubens nicht wie Außenstehende oder stumme Zuschauer beiwohnen. Sie sollen es vielmehr durch Riten und Gebete wohl verstehen und an der heiligen Handlung bewußt, fromm und tätig teilnehmen. Sie sollen sich durch das Wort Gottes formen und am Tisch des Leibes des Herrn stärken lassen. Sie sollen Gott Dank sagen und die makellose Opfergabe nicht allein durch die Hände des Priesters, sondern auch gemeinsam mit ihm darbringen. Dadurch sollen sie lernen, sich selbst darzubringen und durch Christus, den Mittler[1], von Tag zu Tag zu immer vollerer Einheit mit Gott und untereinander gelangen, damit schließlich Gott alles in allem sei.

**4101-4179: 5. öffentliche Sitzung, 21. Nov. 1964: Dogmatische Konstitution über die Kirche "Lumen gentium"**

Wegen seines vorzeitigen Endes vermochte das 1. Vatikanische Konzil das vorbereitete Schema "De ecclesia Christi" nicht abschließend zu behandeln und beschränkte sich auf die Definition des Primates und der Unfehlbarkeit des Papstes (vgl. *3000° 3050°). Im Anschluß an seitherige lehramtliche Entfaltungen der Ekklesiologie (vgl. *3800-3822) wurde am Ende der ersten Sitzungsperiode ein unter der Leitung von Kardinal Ottaviani und S. Tromp SJ erarbeitetes erstes Schema von der überwiegenden Mehrheit der Konzilsväter verworfen.

Die Theologische Kommission legte einen überarbeiteten Entwurf vor, aus dem nach lebhafter Diskussion eine dritte und endgültige Fassung hervorging. Am 16. Nov. 1964 wurden den Konzilsvätern hierzu "Bekanntmachungen" ("Notificationes") des Generalsekretärs und eine "Erläuternde Vorbemerkung" ("Nota explicativa praevia") mitgeteilt, welche die dogmatische Verbindlichkeit der Konzilsaussagen und den Status des Bischofskollegiums präzisieren (AAS 57 [1965] 72-75; vgl. *4350-4359). Ausführungsbestimmungen für die in Art. 29 ausgesprochene Erneuerung des ständigen Diakonats erließ Paul VI. in seinem Motu Proprio "Sacrum diaconatus ordinem" vom 18. Juni 1967 (AAS 59 [1967] 697-704).

Ausg.: AAS 57 (1965) 5-64 / COeD³ 849-898 / ASyn 3/VIII, 784-836 / CoDeDe 93-206.

---

**\*4047** [1]     Vgl. Augustinus, *In Evangelium Iohannis,* tract. 26,6, n. 13 (PL 35,1613 / R. Willems: CpChL 36 [1954] 266).

[2]     Vgl. *Breviarium Romanum,* Antiphon zum Magnifikat in der 2. Vesper des Fronleichnamsfestes.

**\*4048** [1]     Vgl. Kyrill von Alexandrien, *Commentarium in Iohannis Evangelium* XI 11-12 (PG 74,557-564).

| CAPUT I: DE ECCLESIAE MYSTERIO | ERSTES KAPITEL: DAS MYSTERIUM DER KIRCHE |

1. Lumen gentium cum sit Christus, haec Sacrosancta Synodus, in Spiritu Sancto congregata, omnes homines claritate Eius, super faciem Ecclesiae resplendente, illuminare vehementer exoptat, omni creaturae Evangelium annuntiando [*cf. Mc 16,15*]. Cum autem Ecclesia sit in Christo veluti sacramentum seu signum et instrumentum intimae cum Deo unionis totiusque generis humani unitatis, naturam missionemque suam universalem, praecedentium Conciliorum argumento instans, pressius fidelibus suis et mundo universo declarare intendit.

Condiciones huius temporis huic Ecclesiae officio urgentiorem vim addunt, ut nempe homines cuncti, variis hodie vinculis socialibus, technicis, culturalibus arctius coniuncti, plenam etiam unitatem in Christo consequantur.

2. Aeternus Pater, liberrimo et arcano sapientiae ac bonitatis suae consilio, mundum universum creavit, homines ad participandam vitam *[6]* dívinam elevare decrevit, eosque lapsos in Adamo non dereliquit, semper eis auxilia ad salutem praebens, intuitu Christi, Redemptoris, "qui est imago Dei invisibilis, primogenitus omnis creaturae" [*Col 1,15*]. Omnes autem electos Pater ante saecula "praescivit et praedestinavit conformes fieri imaginis Filii sui, ut sit Ipse primogenitus in multis fratribus" [*Rm 8,29*].

Credentes autem in Christum convocare statuit in sancta Ecclesia, quae iam ab origine mundi praefigurata, in historia populi Israel ac foedere antiquo mirabiliter praeparata[1], in novissimis temporibus constituta, effuso Spiritu est manifestata, et in fine saeculorum gloriose consummabitur. Tunc autem, sicut apud sanctos Patres legitur, omnes iusti inde ab Adam, "ab Abel iusto usque ad ultimum

1. Da Christus das Licht der Völker ist, **4101** wünscht dieses im Heiligen Geist versammelte Hochheilige Konzil dringend, alle Menschen durch seine Herrlichkeit, die auf dem Antlitz der Kirche widerscheint, zu erleuchten, indem sie der ganzen Schöpfung das Evangelium verkündet [*vgl. Mk 16,15*]. Da aber die Kirche in Christus gleichsam das Sakrament bzw. Zeichen und Werkzeug für die innigste Vereinigung mit Gott und für die Einheit des ganzen Menschengeschlechts ist, möchte sie sich dem Thema der vorausgehenden Konzilien widmen und ihr Wesen und ihre universale Sendung ihren Gläubigen und der gesamten Welt eingehender erklären.

Die heutigen Zeitverhältnisse geben dieser Aufgabe der Kirche eine noch dringlichere Bedeutung, damit nämlich alle Menschen, die heute durch vielfältige soziale, technische und kulturelle Bande enger miteinander verbunden sind, auch die volle Einheit in Christus erlangen.

2. Der ewige Vater hat die gesamte Welt **4102** nach dem völlig freien und verborgenen Ratschluß seiner Weisheit und Güte erschaffen; er hat beschlossen, die Menschen zur Teilhabe am göttlichen Leben zu erheben, und als sie in Adam gefallen waren, verließ er sie nicht, sondern gewährte ihnen stets Hilfen zum Heil im Hinblick auf Christus, den Erlöser, "der das Bild des unsichtbaren Gottes ist, der Erstgeborene aller Schöpfung" [*Kol 1,15*]. Alle Erwählten aber hat der Vater vor den Zeiten "vorhergewußt und vorherbestimmt, gleichförmig zu werden dem Bild seines Sohnes, auf daß dieser der Erstgeborene sei unter vielen Brüdern" [*Röm 8,29*].

Die aber an Christus glauben, beschloß er in der heiligen Kirche zusammenzurufen, die, schon seit dem Ursprung der Welt vorausgestaltet, in der Geschichte des Volkes Israel und im Alten Bund auf wunderbare Weise vorbereitet[1], in den letzten Zeiten gegründet und durch die Ausgießung des Geistes offenbart wurde und am Ende der Zeiten in Herrlichkeit vollendet werden wird. Dann

---

**\*4102** [1]    Vgl. Cyprian, Brief 64,4 (PL 3,1017 / CSEL 3/II, 720); Hilarius von Poitiers, *In Matthaeum* 23,6 (PL 9,1047); Augustinus, passim; Kyrill von Alexandrien, *Glaphyra in Genesim* 2,10 (PG 69,110A).

electum"[2] in Ecclesia universali apud Patrem congregabuntur.

aber werden, wie man bei den heiligen Vätern liest, alle Gerechten von Adam an, "von dem gerechten Abel bis zum letzten Erwählten"[2], in der allgemeinen Kirche beim Vater versammelt werden.

**4103**     3. Venit igitur Filius, missus a Patre, qui nos in Eo ante mundi constitutionem elegit ac in adoptionem filiorum praedestinavit, quia in Eo omnia instaurare sibi complacuit [*cf. Eph 1,4s 10*]. Christus ideo, ut voluntatem Patris impleret, regnum caelorum in terris inauguravit nobisque Eius mysterium revelavit, atque oboedientia sua redemptionem effecit. Ecclesia, seu regnum Christi iam praesens in mysterio, ex virtute Dei in mundo visibiliter crescit. Quod exordium et incrementum significantur sanguine et aqua ex aperto latere Iesu crucifixi exeuntibus [*cf. Io 19,34*], ac praenuntiantur verbis Domini de morte sua in cruce: "Et Ego, si exaltatus fuero a terra, omnes traham ad Meipsum" [*Io 12,32 gr.*].

3. Es kam also der Sohn, gesandt vom Vater, der uns in ihm vor Grundlegung der Welt erwählt und zur Annahme an Kindes Statt vorherbestimmt hat, weil es ihm gefallen hat, in ihm alles zu erneuern [*vgl. Eph 1,4f 10*]. Christus hat deshalb, um den Willen des Vaters zu erfüllen, das Reich der Himmel auf Erden begründet, uns sein Geheimnis offenbart und durch seinen Gehorsam die Erlösung erwirkt. Die Kirche bzw. das im Geheimnis schon gegenwärtige Reich Christi wächst aufgrund der Kraft Gottes sichtbar in der Welt. Dieser Anfang und dieses Wachstum werden zeichenhaft angedeutet durch Blut und Wasser, die aus der geöffneten Seite des gekreuzigten Jesus heraustreten [*vgl. Joh 19,34*], und vorherverkündet durch die Worte des Herrn über seinen Tod am Kreuz: "Und wenn ich von der Erde erhöht bin, werde ich alle an mich ziehen" [*Joh 12,32 griech.*].

Quoties sacrificium crucis, quo "Pascha nostrum immolatus est Christus" [*1 Cor 5,7*], in altari celebratur, opus nostrae redemptionis exercetur. Simul sacramento panis eucharistici repraesentatur et efficitur unitas fidelium, qui unum corpus in Christo constituunt [*cf. 1 Cor 10,17*]. Omnes homines ad hanc vocantur unionem cum Christo, qui est lux mundi, a quo procedimus, per quem vivimus, ad quem tendimus.

Sooft das Kreuzesopfer, in dem "Christus, unser Osterlamm, geopfert wurde" [*1 Kor 5,7*], auf dem Altar gefeiert wird, vollzieht sich das Werk unserer Erlösung. Zugleich wird durch das Sakrament des eucharistischen Brotes die Einheit der Gläubigen, die einen Leib in Christus bilden, dargestellt und verwirklicht [*vgl. 1 Kor 10,17*]. Alle Menschen werden zu dieser Einheit mit Christus gerufen, der das Licht der Welt ist: Von ihm kommen wir, durch ihn leben wir, zu ihm streben wir hin.

**4104**     4. Opere autem consummato, quod Pater Filio commisit in terra faciendum [*cf. Io 17,4*], missus est Spiritus Sanctus die Pentecostes, ut Ecclesiam iugiter sanctificaret, atque ita credentes per Christum in *[7]* uno Spiritu accessum haberent ad Patrem [*cf. Eph 2,18*]. Ipse est Spiritus vitae seu fons aquae salientis in vitam aeternam [*cf. Io 4,14; 7,38s*], per quem Pater homines, peccato mortuos, vivificat, donec eorum mortalia corpora in Christo resuscitet [*cf. Rm 8,10s*].

4. Als aber das Werk vollendet war, das der Vater dem Sohn auf Erden zu tun aufgetragen hat [*vgl. Joh 17,4*], wurde am Pfingsttag der Heilige Geist gesandt, auf daß er die Kirche immerfort heilige und die Glaubenden so durch Christus in einem Geiste Zugang hätten zum Vater [*vgl. Eph 2,18*]. Er ist der Geist des Lebens bzw. die Quelle des Wassers, das zu ewigem Leben aufsprudelt [*vgl. Joh 4,14; 7,38f*]; durch ihn macht der Vater die durch die Sünde gestorbenen Men-

---

    [2]  Vgl. Gregor I. der Große, *In Evangelia homiliae* 19,1 (PL 76,1154B); Augustinus, *Sermones* 341,9, n. 11 (PL 39,1499f); Johannes von Damaskus, *Adversus Iconoclastes* 11 (PG 96,1357BC).

Spiritus in Ecclesia et in cordibus fidelium tamquam in templo habitat [*cf. 1 Cor 3,16; 6,19*], in eisque orat et testimonium adoptionis filiorum reddit [*cf. Gal 4,6; Rm 8,15s 26*]. Ecclesiam, quam in omnem veritatem inducit [*cf. Io 16,13*] et in communione et ministratione unificat, diversis donis hierarchicis et charismaticis instruit ac dirigit, et fructibus suis adornat [*cf. Eph 4,11s; 1 Cor 12,4; Gal 5,22*]. Virtute Evangelii iuvenescere facit Ecclesiam eamque perpetuo renovat et ad consummatam cum Sponso suo unionem perducit[1]. Nam Spiritus et Sponsa ad Dominum Iesum dicunt "Veni!" [*cf. Apc 22,17*].

Sic apparet universa Ecclesia sicuti "de unitate Patris et Filii et Spiritus Sancti plebs adunata"[2].

5. Ecclesiae sanctae mysterium in eiusdem fundatione manifestatur. Dominus enim Iesus Ecclesiae suae initium fecit praedicando faustum nuntium, adventum scilicet Regni Dei a saeculis in Scripturis promissi: "Quoniam impletum est tempus, et appropinquavit Regnum Dei" [*Mc 1,15; cf. Mt 4,17*]. Hoc vero Regnum in verbo, operibus et praesentia Christi hominibus elucescit. Verbum nempe Domini comparatur semini, quod in agro seminatur [*Mc 4,14*]: qui illud cum fide audiunt et Christi pusillo gregi [*Lc 12,32*] adnumerantur, Regnum ipsum susceperunt; propria dein virtute semen germinat et increscit usque ad tempus messis [*cf. Mc 4,26-29*].

Miracula etiam Iesu Regnum iam in terris pervenisse comprobant: "Si in digito Dei eiicio daemonia, profecto pervenit in vos Regnum Dei" [*Lc 11,20; cf. Mt 12,28*]. Ante omnia tamen Regnum manifestatur in ipsa Persona Christi, Filii Dei et Filii hominis, qui venit "ut ministraret, et daret animam suam

schen lebendig, bis er ihre sterblichen Leiber in Christus auferweckt [*vgl. Röm 8,10f*].

Der Geist wohnt in der Kirche und in den Herzen der Gläubigen wie in einem Tempel [*1 Kor 3,16; 6,19*], in ihnen betet er und gibt Zeugnis von ihrer Annahme an Kindes Statt [*vgl. Gal 4,6; Röm 8,15f 26*]. Die Kirche, die er in alle Wahrheit einführt [*vgl. Joh 16,13*] und in Gemeinschaft und Dienstleistung eint, bereitet und lenkt er durch die verschiedenen hierarchischen und charismatischen Gaben und stattet sie mit seinen Früchten aus [*vgl. Eph 4,11f; 1 Kor 12,4; Gal 5,22*]. Durch die Kraft des Evangeliums läßt er die Kirche sich verjüngen, erneuert sie immerfort und führt sie zur vollkommenen Vereinigung mit ihrem Bräutigam[1]. Denn der Geist und die Braut sagen zum Herrn Jesus: "Komm" [*vgl. Offb 22,17*].

So erscheint die gesamte Kirche als "das von der Einheit des Vaters und des Sohnes und des Heiligen Geistes her geeinte Volk"[2].

5. Das Geheimnis der heiligen Kirche **4105** wird in ihrer Gründung offenbar. Denn der Herr Jesus machte den Anfang seiner Kirche, indem er frohe Botschaft verkündete, nämlich die Ankunft des Reiches Gottes, das von alters her in den Schriften verheißen war: "Denn erfüllt ist die Zeit, und genaht hat sich das Reich Gottes" [*Mk 1,15; vgl. Mt 4,17*]. Dieses Reich aber leuchtet im Wort, in den Werken und in der Gegenwart Christi den Menschen auf. Denn das Wort des Herrn wird mit einem Samen verglichen, der auf dem Acker gesät wird [*Mk 4,14*]: die es im Glauben hören und der kleinen Herde Christi [*Lk 12,32*] zugezählt werden, haben das Reich selbst angenommen; aus eigener Kraft keimt dann der Same und wächst bis zur Zeit der Ernte [*vgl. Mk 4,26-29*].

Auch die Wunder Jesu erweisen, daß das Reich schon auf Erden angekommen ist: "Wenn ich durch den Finger Gottes Dämonen austreibe, ist wahrlich das Reich Gottes zu euch gekommen" [*Lk 11,20; vgl. Mt 12,28*]. Vor allem jedoch wird das Reich offenbar in der Person Christi selbst, des Soh-

---

*4104 [1]   Vgl. Irenäus von Lyon, *Adversus haereses* III 24, n. 1 (PG 7,966B / W.W. Harvey [Cambridge 1857] 2,131 / SouChr 211,470-472).

[2]   Cyprian, *De dominica oratione* 23 (PL 4,553 / CSEL 3/I, 285 / C. Moreschini: CpChL 3A [1976] 105); Augustinus, *Sermones* 71,20, n. 33 (PL 38,463f); Johannes von Damaskus, *Adversus Iconoclastes* 12 (PG 96,1358D).

redemptionem pro multis" [*Mc 10,45*].

nes Gottes und des Menschensohnes, der gekommen ist, "um zu dienen und sein Leben hinzugeben als Lösegeld für viele" [*Mk 10,45*].

**4106**    Cum autem Iesus, mortem crucis pro hominibus passus, resurrexerit, tamquam Dominus et Christus Sacerdosque in aeternum constitutus apparuit [*cf. Act 2,36; Hbr 5,6; 7,17-21*], atque Spiritum a Patre *[8]* promissum in discipulos suos effudit [*cf. Act 2,33*]. Unde Ecclesia, donis sui Fundatoris instructa fideliterque eiusdem praecepta caritatis, humilitatis et abnegationis servans, missionem accipit Regnum Christi et Dei annuntiandi et in omnibus gentibus instaurandi, huiusque Regni in terris germen et initium constituit. Ipsa interea, dum paulatim increscit, ad Regnum consummatum anhelat, ac totis viribus sperat et exoptat cum Rege suo in gloria coniungi.

Als aber Jesus nach seinem für die Menschen erlittenen Kreuzestod auferstanden war, ist er als Herr, Gesalbter und auf ewig zum Priester Bestellter erschienen [*Apg 2,36; Hebr 5,6; 7,17-21*] und hat den vom Vater verheißenen Geist auf seine Jünger ausgegossen [*vgl. Apg 2,33*]. Von daher empfängt die Kirche, die mit den Gaben ihres Gründers ausgestattet ist und seine Gebote der Liebe, der Demut und der Selbstverleugnung treulich hält, die Sendung, das Reich Christi und Gottes anzukündigen und in allen Völkern zu begründen, und sie stellt Keim und Anfang dieses Reiches auf Erden dar. Während sie allmählich wächst, lechzt sie inzwischen nach dem vollendeten Reich und hofft und sehnt sich mit allen Kräften danach, sich mit ihrem König in Herrlichkeit zu verbinden.

**4107**    6. Sicut in Vetere Testamento revelatio Regni saepe sub figuris proponitur, ita nunc quoque variis imaginibus intima Ecclesiae natura nobis innotescit, quae sive a vita pastorali vel ab agricultura, sive ab aedificatione aut etiam a familia et sponsalibus desumptae, in libris Prophetarum praeparantur.

6. Wie im Alten Testament die Offenbarung des Reiches häufig in Gleichnissen vor Augen gestellt wird, so erschließt sich auch uns jetzt das innerste Wesen der Kirche in verschiedenen Bildern, die, vom Hirtenleben und Ackerbau, vom Hausbau oder auch von der Familie und vom Verlöbnis genommen, in den Büchern der Propheten vorbereitet werden.

**4108**    Est enim Ecclesia *ovile,* cuius ostium unicum et necessarium Christus est [*Io 10,1-10*]. Est etiam grex, cuius ipse Deus pastorem se fore praenuntiavit [*cf. Is 40,11; Ez 34,11-22*], et cuius oves, etsi a pastoribus humanis gubernantur, indesinenter tamen deducuntur et nutriuntur ab ipso Christo, bono Pastore Principeque pastorum [*cf. Io 10,11; 1 Pt 5,4*], qui vitam suam dedit pro ovibus [*cf. Io 10,11-15*].

Die Kirche ist nämlich der *Schafstall,* dessen einzige und notwendige Tür Christus ist [*Joh 10,1-10*]. Sie ist auch die Herde, als deren künftigen Hirten Gott selbst sich vorherverkündigt hat [*vgl. Jes 40,11; Ez 34,11-22*] und deren Schafe, auch wenn sie von menschlichen Hirten geleitet werden, dennoch unaufhörlich von Christus selbst geführt und genährt werden, dem guten Hirten und dem Ersten der Hirten [*vgl. Joh 10,11; 1 Petr 5,4*], der sein Leben hingegeben hat für die Schafe [*vgl. Joh 10,11-15*].

**4109**    Est Ecclesia *agricultura* seu ager Dei [*1 Cor 3,9*]. In illo agro crescit antiqua oliva, cuius radix sancta fuerunt Patriarchae, et in qua Iudaeorum et Gentium reconciliatio facta est et fiet [*Rm 11,13-26*]. Ipsa plantata est a caelesti Agricola tamquam vinea electa [*Mt 21,33-43 par; cf. Is 5,1-7*]. Vitis vera Christus est, vitam et fecunditatem tribuens palmiti-

Die Kirche ist das *Ackerfeld* bzw. der Acker Gottes [*1 Kor 3,9*]. Auf jenem Acker wächst der alte Ölbaum, dessen heilige Wurzel die Patriarchen waren und in dem die Versöhnung von Juden und Heiden geschehen ist und geschehen wird [*Röm 11,13-26*]. Sie wurde vom himmlischen Ackerherrn als auserlesener Weinberg gepflanzt [*Mt 21,33-43*

bus, scilicet nobis, qui per Ecclesiam in ipso manemus, et sine quo nihil possumus facere [*Io 15,1–5*].

Saepius quoque Ecclesia dicitur *aediifcatio* Dei [*1 Cor 3,9*]. Dominus ipse se comparavit lapidi, quem reprobaverunt aedificantes, sed qui factus est in caput anguli [*Mt 21,42 par; cf. Act 4,11; 1 Pt 2,7; Ps 117,22*]. Super illud fundamentum Ecclesia ab Apostolis exstruitur [*cf. 1 Cor 3,11*], ab eoque firmitatem et cohaesionem accipit.

Quae constructio variis appellationibus decoratur: domus Dei [*1 Tim 3,15*], in qua nempe habitat eius *familia,* habitaculum Dei in Spiritu [*Eph 2,19–22*], tabernaculum Dei cum hominibus [*Apc 21,3*], et praesertim *templum* sanctum, quod in lapideis sanctuariis repraesentatum a Sanctis Patribus laudatur, et in Liturgia non immerito assimilatur Civitati sanctae, novae Ierusalem[1]. In ipsa enim tamquam lapides vivi *[9]* his in terris aedificamur [*1 Pt 2,5*]. Quam sanctam civitatem Ioannes contemplatur, in renovatione mundi descendentem de caelis a Deo, paratam sicut sponsam ornatam viro suo [*Apc 21,1s*].

Ecclesia etiam, "quae sursum est Ierusalem" et "mater nostra" appellatur [*Gal 4,26; cf. Apc 12,17*], describitur ut *sponsa* immaculata Agni immaculati [*Apc 19,7; 21,2 9; 22,17*], quam Christus "dilexit, et seipsum tradidit pro ea, ut illam sanctificaret" [*Eph 5,26*], quam sibi foedere indissolubili sociavit et indesinenter "nutrit et fovet" [*Eph 5,29*], et quam mundatam sibi voluit coniunctam et in dilectione ac fidelitate subditam [*cf. Eph 5,24*], quam tandem bonis caelestibus in aeternum cumulavit, ut Dei et Christi erga nos caritatem, quae omnem scientiam superat, comprehendamus [*cf. Eph 3,19*].

*par.; vgl. Jes 5,1–7*]. Der wahre Weinstock ist Christus, der den Rebzweigen Leben und Fruchtbarkeit verleiht, uns nämlich, die wir durch die Kirche in ihm bleiben, und ohne den wir nichts tun können [*Joh 15,1–5*].

Des öfteren wird die Kirche auch *Bauwerk* **4110** Gottes genannt [*1 Kor 3,9*]. Der Herr selbst hat sich mit dem Stein verglichen, den die Bauleute verworfen haben, der aber zum Eckstein geworden ist [*Mt 21,42 par.; vgl. Apg 4,11; 1 Petr 2,7; Ps 118,22*]. Auf diesem Fundament wird die Kirche von den Aposteln errichtet [*vgl. 1 Kor 3,11*] und von ihm empfängt sie Festigkeit und Zusammenhalt.

Dieser Bau wird durch verschiedene Bezeichnungen geziert: Haus Gottes [*1 Tim 3,15*], in dem nämlich seine *Familie* wohnt, Wohnstatt Gottes im Geiste [*Eph 2,19–22*], Zelt Gottes unter den Menschen [*Offb 21,3*] und insbesondere heiliger *Tempel*, der von den heiligen Vätern, in den steinernen Heiligtümern dargestellt, gepriesen und in der Liturgie nicht zu Unrecht mit der heiligen Stadt verglichen wird, dem neuen Jerusalem[1]. In ihn werden wir nämlich hier auf Erden als lebendige Steine eingebaut [*1 Petr 2,5*]. Diese heilige Stadt schaut Johannes bei der Erneuerung der Welt aus den Himmeln von Gott herabsteigen, bereitet wie eine Braut, die geschmückt ist für ihren Mann [*Offb 21,1f*].

Die Kirche wird auch "das Jerusalem droben" und "unsere Mutter" genannt [*Gal 4,26; vgl. Offb 12,17*]; sie wird beschrieben als die makellose *Braut* des makellosen Lammes [*Offb 19,7; 21,2 9; 22,17*]; Christus hat sie "geliebt und sich für sie hingegeben, um sie zu heiligen" [*Eph 5,26*]; in unauflöslichem Bund hat er sie sich zugesellt; er "nährt und hegt" sie unaufhörlich [*Eph 5,29*] und wollte, daß sie gereinigt ihm verbunden und in Liebe und Treue untertan sei [*vgl. Eph 5,24*]; er hat sie schließlich auf ewig mit himmlischen Gütern überhäuft, damit wir Gottes und Christi Liebe zu uns begreifen, die alle Erkenntnis übersteigt [*vgl. Eph 3,19*].

---

**\*4110** [1]  Vgl. Origenes, *In Matthaeum* 16,21 (PG 13,1443C / E. Klostermann: GChSch 40,546); Tertullian, *Adversus Marcionem* III 7 (PL 2,357C / CSEL 47/III, 386 / E. Kroymann: CpChL 1 [1954] 516). Für die liturgischen Dokumente vgl. *Sacramentarium Gregorianum*: "Gott, der du dir aus der ganzen Versammlung der Heiligen eine ewige Wohnstatt gründest ..." ("Deus, qui ex omni coaptatione sanctorum aeternum tibi condis habitaculum ...": PL 78,160B / L.C. Mohlberg, *Liber Sacramentorum Romanae Ecclesiae* [Rom 1960] 111, XC); Hymnus *"Urbs Ierusalem beata"* im monastischen Brevier und *"Coelestis urbs Ierusalem"* im Römischen Brevier.

Dum vero his in terris Ecclesia peregri-
natur a Domino [cf. 2 Cor 5,6], tamquam
exsulem se habet, ita ut quae sursum sunt
quaerat et sapiat, ubi Christus est in dextera
Dei sedens, ubi vita Ecclesiae abscondita est
cum Christo in Deo, donec cum Sponso suo
appareat in gloria [cf. Col 3,1-4].

**4112**    7. Dei Filius, in natura humana Sibi unita, morte et resurrectione sua mortem supe-
rando, hominem redemit et in novam creaturam transformavit [cf. Gal 6,15; 2 Cor
5,17]. Communicando enim Spiritum suum,
fratres suos, ex omnibus gentibus convocatos,
tamquam corpus suum mystice constituit.

In corpore illo vita Christi in credentes
diffunditur, qui Christo passo atque glorificato, per sacramenta arcano ac reali modo
uniuntur[1]. Per baptismum enim Christo con-
formamur: "Etenim in uno Spiritu omnes
nos in unum corpus baptizati sumus" [1 Cor
12,13]. Quo sacro ritu consociatio cum morte
et resurrectione Christi repraesentatur et efficitur: "Consepulti enim sumus cum Illo per
baptismum in mortem"; si autem "com-
plantati facti sumus similitudini mortis Eius:
simul et resurrectionis erimus" [Rm 6,4s]. In
fractione panis eucharistici de Corpore Domini realiter participantes, ad communionem
cum Eo ac inter nos elevamur. "Quoniam
unus panis, unum corpus multi sumus, omnes, qui de uno pane participamus" [1 Cor
10,17]. Ita nos omnes [10] membra illius Corporis efficimur [cf. 1 Cor 12,27], "singuli autem alter alterius membra" [Rm 12,5].

**4113**    Sicut vero omnia corporis humani membra, licet multa sint, unum tamen corpus efformant, ita fideles in Christo [cf. 1 Cor
12,12]. Etiam in aedificatione corporis Christi diversitas viget membrorum et officiorum.
Unus est Spiritus, qui varia sua dona, secundum divitias suas atque ministeriorum necessitates, ad Ecclesiae utilitatem dispertit [cf.

Solange aber die Kirche hier auf Erden in
Pilgerschaft fern vom Herrn lebt [vgl. 2 Kor
5,6], weiß sie sich in der Fremde, so daß sie
nach dem sucht und sinnt, was oben ist, wo
Christus zur Rechten des Vaters sitzt, wo das
Leben der Kirche mit Christus in Gott ver-
borgen ist, bis sie mit ihrem Bräutigam in
Herrlichkeit erscheint [vgl. Kol 3,1-4].

7. Gottes Sohn hat in der mit ihm geeinten
menschlichen Natur durch seinen Tod und
seine Auferstehung den Tod überwunden
und so den Menschen erlöst und ihn zu einer
neuen Schöpfung umgestaltet [vgl. Gal 6,15;
2 Kor 5,17]. Indem er nämlich seinen Geist
mitteilte, hat er seine Brüder, die er aus allen
Völkern zusammenrief, in geheimnisvoller
Weise gleichsam zu seinem Leib gemacht.

In jenem Leibe strömt Christi Leben auf
die Glaubenden über, die durch die Sakramente auf geheimnisvolle und wirkliche
Weise mit Christus, der gelitten hat und verherrlicht ist, vereint werden[1]. Durch die Taufe werden wir nämlich Christus gleichgestaltet: "Denn in einem Geiste sind wir alle getauft in einen Leib hinein" [1 Kor 12,13].
Durch diesen heiligen Ritus wird die Vereinigung mit Tod und Auferstehung Christi
dargestellt und bewirkt: "Wir sind nämlich
mit ihm durch die Taufe mitbegraben in den
Tod"; wenn wir aber "dem Gleichbild seines
Todes eingepflanzt worden sind, so werden
wir es zugleich auch dem seiner Auferstehung sein" [Röm 6,4f]. Beim Brechen des eucharistischen Brotes erhalten wir wirklich
Anteil am Leib des Herrn und werden zur
Gemeinschaft mit ihm und untereinander erhoben. "Denn ein Brot, ein Leib sind wir,
die vielen, alle, die wir an dem einen Brote
teilhaben" [1 Kor 10,17]. So werden wir alle
zu Gliedern jenes Leibes [vgl. 1 Kor 12,27],
"die einzelnen aber untereinander Glieder"
[Röm 12,5].

Wie aber alle Glieder des menschlichen
Leibes, obschon sie viele sind, dennoch den
einen Leib bilden, so ⟨auch⟩ die Gläubigen in
Christus [vgl. 1 Kor 12,12]. Auch bei der Auf-
erbauung des Leibes Christi waltet die Ver-
schiedenheit der Glieder und der Aufgaben.
Der eine Geist ist es, der seine vielfältigen
Gaben gemäß seinem Reichtum und den Er-

---

*4112 [1]  Vgl. Thomas von Aquin, *Summa theologiae* III, q. 62, a. 5 ad 1 (Editio Leonina 12,27a).

*1 Cor 12,1-11*].

Inter quae dona praestat gratia Apostolorum, quorum auctoritati ipse Spiritus etiam charismaticos subdit [*cf. 1 Cor 14*]. Idem Spiritus per se suaque virtute atque interna membrorum connexione corpus unificans, caritatem inter fideles producit et urget. Unde, si quid patitur unum membrum, compatiuntur omnia membra; sive si unum membrum honoratur, congaudent omnia membra [*cf. 1 Cor 12,26*].

Huius corporis Caput est Christus. Ipse est imago Dei invisibilis, in Eoque condita sunt universa. Ipse est ante omnes et omnia in Ipso constant. Ipse est caput corporis quod est Ecclesia. Ipse est principium, primogenitus ex mortuis, ut sit in omnibus primatum tenens [*cf. Col 1,15-18*]. Magnitudine virtutis suae caelestibus et terrestribus dominatur, et supereminenti perfectione et operatione sua totum corpus gloriae suae divitiis replet [*cf. Eph 1,18-23*][1].

Omnia membra Ei conformari oportet, donec Christus formetur in eis [*cf. Gal 4,19*]. Quapropter in vitae Eius mysteria adsumimur, cum Eo configurati, commortui et conresuscitati, donec cum Eo conregnemus [*cf. Phil 3,21; 2 Tim 2,11; Eph 2,6; Col 2,12; etc.*]. In terris adhuc peregrinantes, Eiusque vestigia in tribulatione et persecutione prementes, Eius passionibus tamquam corpus Capiti consociamur, Ei compatientes, ut cum Eo conglorificemur [*cf. Rm 8,17*].

Ex Eo "totum corpus, per nexus et coniunctiones subministratum et constructum, crescit in augmentum Dei" [*Col 2,19*]. Ipse in corpore suo, scilicet Ecclesia, dona ministrationum iugiter disponit, quibus Ipsius virtute nobis invicem ad salutem servitia praestamus, ut veritatem facientes in caritate, crescamus in Illum per omnia, qui est Caput nostrum [*cf. Eph 4,11-16 gr.*].

fordernissen der Dienste zum Nutzen der Kirche austeilt [*vgl. 1 Kor 12,1-11*].

Unter diesen Gaben ragt die Gnade der Apostel hervor, deren Autorität der Geist selbst auch die Charismatiker unterstellt [*vgl. 1 Kor 14*]. Derselbe Geist eint durch sich und durch seine Kraft sowie die innere Verbindung der Glieder den Leib, bringt die Liebe unter den Gläubigen hervor und treibt sie an. Daher leiden, wenn ein Glied etwas erleidet, alle Glieder mit, und wenn ein Glied geehrt wird, freuen sich alle Glieder mit [*vgl. 1 Kor 12,26*].

Das Haupt dieses Leibes ist Christus. Er **4114** ist das Bild des unsichtbaren Gottes, und in ihm ist alles geschaffen. Er ist vor allen, und alles hat in ihm Bestand. Er ist das Haupt des Leibes, welcher die Kirche ist. Er ist der Anfang, der Erstgeborene aus den Toten, auf daß er in allem den Vorrang habe [*vgl. Kol 1,15-18*]. Durch die Größe seiner Kraft herrscht er über Himmlisches und Irdisches, und durch seine alles überragende Vollkommenheit und Wirksamkeit erfüllt er den ganzen Leib mit dem Reichtum seiner Herrlichkeit [*vgl. Eph 1,18-23*][1].

Alle Glieder müssen ihm gleichgestaltet **4115** werden, bis Christus in ihnen Gestalt gewinnt [*vgl. Gal 4,19*]. Deswegen werden wir aufgenommen in die Geheimnisse seines Lebens, mit ihm gleichgestaltet, mitgestorben und mitauferweckt, bis wir mit ihm mitherrschen [*vgl. Phil 3,21; 2 Tim 2,11; Eph 2,6; Kol 2,12 usw.*]. Solange wir auf Erden pilgern und in Bedrängnis und Verfolgung seinen Spuren folgen, werden wir seinen Leiden – als Leib dem Haupt – zugesellt; wir leiden mit ihm, um mit ihm verherrlicht zu werden [*vgl. Röm 8,17*].

Aus ihm "wächst der ganze Leib, durch Gelenke und Bänder unterstützt und zusammengehalten, im Wachstum auf Gott zu" [*Kol 2,19*]. Er selbst verfügt in seinem Leib, nämlich der Kirche, die Dienstgaben immerfort, vermöge deren wir durch seine Kraft uns gegenseitig Dienste leisten zum Heil, so daß wir, die Wahrheit in Liebe vollbringend, in allem auf ihn hin wachsen, der unser Haupt ist [*vgl. Eph 4,11-16 griech.*].

---

**\*4114** [1]   Vgl. Pius XII., Enzyklika "*Mystici corporis*", 29. Juni 1943 (AAS 35 [1943] 208).

**4116**     Ut autem in Illo incessanter renovemur [*cf. Eph 4,23*], dedit nobis de Spiritu suo, qui unus et idem in Capite et in membris exsistens, totum corpus ita vivificat, unificat et movet, ut Eius officium a *[11]* sanctis Patribus comparari potuerit cum munere, quod principium vitae seu anima in corpore humano adimplet[1].

**4117**     Christus vero diligit Ecclesiam ut sponsam suam, exemplar factus viri diligentis uxorem suam ut corpus suum [*cf. Eph 5,25-28*]; ipsa vero Ecclesia subiecta est Capiti suo [*ib. 23s*]. "Quia in Ipso inhabitat omnis plenitudo divinitatis corporaliter" [*Col 2,9*], Ecclesiam, quae corpus et plenitudo Eius est, divinis suis donis replet [*cf. Eph 1,22s*], ut ipsa protendat et perveniat ad omnem plenitudinem Dei [*cf. Eph 3,19*].

**4118**     8. Unicus Mediator Christus Ecclesiam suam sanctam, fidei, spei et caritatis communitatem his in terris ut compaginem visibilem constituit et indesinenter sustentat[1], qua veritatem et gratiam ad omnes diffundit. Societas autem organis hierarchicis instructa et mysticum Christi Corpus, coetus adspectabilis et communitas spiritualis, Ecclesia terrestris et Ecclesia caelestibus bonis ditata, non ut duae res considerandae sunt, sed unam realitatem complexam efformant, quae humano et divino coalescit elemento[2].

Ideo ob non mediocrem analogiam incarnati Verbi mysterio assimilatur. Sicut enim natura assumpta Verbo divino ut vivum organum salutis, Ei indissolubiliter unitum, inservit, non dissimili modo socialis compago Ecclesiae Spiritui Christi, eam vivificanti, ad

Damit wir aber in ihm unablässig erneuert werden [*vgl. Eph 4,23*], gab er uns von seinem Geist, der als ein und derselbe im Haupt und in den Gliedern wohnt und den ganzen Leib so lebendig macht, eint und bewegt, daß sein Wirken von den Vätern mit der Aufgabe verglichen werden konnte, die das Lebensprinzip bzw. die Seele im menschlichen Leib erfüllt[1].

Christus aber liebt die Kirche als seine Braut; er ist zum Urbild des Mannes geworden, der seine Gattin liebt wie seinen eigenen Leib [*vgl. Eph 5,25-28*]; die Kirche ihrerseits aber ist ihrem Haupte untertan [*ebd. 23f*]. "Denn in ihm wohnt die ganze Fülle der Gottheit leibhaftig" [*Kol 2,9*]. Die Kirche, die sein Leib und seine Fülle ist, erfüllt er mit seinen göttlichen Gaben [*vgl. Eph 1,22f*], damit sie sich ausdehne und zu der ganzen Fülle Gottes gelange [*vgl. Eph 3,19*].

8. Der einzige Mittler Christus hat seine heilige Kirche, die Gemeinschaft des Glaubens, der Hoffnung und der Liebe, hier auf Erden als sichtbares Gefüge verfaßt und erhält sie als solches unablässig[1]; so gießt er durch sie Wahrheit und Gnade auf alle aus. Die mit hierarchischen Organen ausgestattete Gesellschaft aber und der geheimnisvolle Leib Christi, die sichtbare Versammlung und die geistliche Gemeinschaft, die irdische Kirche und die mit himmlischen Gaben beschenkte Kirche sind nicht als zwei Dinge zu betrachten, sondern bilden eine einzige komplexe Wirklichkeit, die aus menschlichem und göttlichem Element zusammenwächst[2].

Deshalb wird sie in einer nicht unbedeutenden Analogie mit dem Geheimnis des fleischgewordenen Wortes verglichen. Wie nämlich die angenommene Natur dem göttlichen Wort als lebendiges, ihm unlöslich geeintes Heilsorgan dient, so dient auf eine

---

**\*4116** [1]   Vgl. Leo XIII., Enzyklika *"Divinum illud"*, 9. Mai 1897 (ASS 29 [1896/97] 650; \*3328); Pius XII., Enzyklika *"Mystici corporis"* (AAS 35 [1943] 219f; \*3808); Augustinus, *Sermones* 268,2 (PL 38,1232) u. ö.; Johannes Chrysostomus, *In Ephes*, hom. 9,3 (PG 62,72); Didymus von Alexandrien, *De trinitate* II 1 (PG 39,449f); Thomas von Aquin, *In Col 1,18*, lectio 5: "Wie der eine Leib aufgrund der Einheit der Seele gebildet wird, so die Kirche aufgrund der Einheit des Geistes ..." ("Sicut constituitur unum corpus ex unitate animae, ita Ecclesia ex unitate Spiritus ...": Editio Vivès 4 [Paris 1876] 387a).

**\*4118** [1]   Leo XIII., Enzyklika *"Sapientiae christianae"*, 10. Jan. 1890 (ASS 22 [1889/90] 392); Enzyklika *"Satis cognitum"*, 29. Juni 1896 (ASS 28 [1895/96] 710 724-727; \*3300); Pius XII., Enzyklika *"Mystici corporis"* (AAS 35 [1943] 199f).

    [2]   Vgl. Pius XII., Enzyklika *"Mystici corporis"* (AAS 35 [1943] 221f; \*3809-3811); Enzyklika *"Humani generis"*, 12. Aug. 1950 (AAS 42 [1950] 571).

augmentum corporis inservit [*cf. Eph 4,16*]³.

Haec est unica Christi Ecclesia, quam in Symbolo unam, sanctam, catholicam et apostolicam profitemur¹, quam Salvator noster, post resurrectionem suam Petro pascendam tradidit [*Io 21,17*], eique ac ceteris Apostolis diffundendam et regendam commisit [*cf. Mt 28,18-20*], et in perpetuum ut "columnam et firmamentum veritatis" *[12]* erexit [*1 Tim 3,15*].

Haec Ecclesia, in hoc mundo ut societas constituta et ordinata, subsistit in Ecclesia catholica, a successore Petri et Episcopis in eius communione gubernata², licet extra eius compaginem elementa plura sanctificationis et veritatis inveniantur, quae ut dona Ecclesiae Christi propria, ad unitatem catholicam impellunt.

Sicut autem Christus opus redemptionis in paupertate et persecutione perfecit, ita Ecclesia ad eamdem viam ingrediendam vocatur, ut fructus salutis hominibus communicet. Christus Iesus, "cum in forma Dei esset, ... semetipsum exinanivit, formam servi accipiens" [*Phil 2,6*] et propter nos "egenus factus est, cum esset dives" [*2 Cor 8,9*]: ita Ecclesia, licet ad missionem suam exsequendam humanis opibus indigeat, non ad gloriam terrestrem quaerendam erigitur, sed ad humilitatem et abnegationem etiam exemplo suo divulgandas.

Christus a Patre missus est "evangelizare pauperibus, ... sanare contritos corde" [*Lc 4,18*], "quaerere et salvum facere quod perierat" [*Lc 19,10*]: similiter Ecclesia omnes infirmitate humana afflictos amore circumdat, imo in pauperibus et patientibus imaginem Fundatoris sui pauperis et patientis agnoscit, eorum inopiam sublevare satagit, et Christo in eis inservire intendit. Dum vero Christus,

ganz ähnliche Weise das gesellschaftliche Gefüge der Kirche dem Geist Christi, der es belebt, zum Wachstum seines Leibes [*vgl. Eph 4,16*]³.

Dies ist die einzige Kirche Christi, die wir **4119** im Glaubensbekenntnis als die eine, heilige, katholische und apostolische bekennen¹; sie zu weiden, hat unser Erlöser nach seiner Auferstehung dem Petrus übertragen [*Joh 21,17*], ihm und den übrigen Aposteln hat er ihre Ausbreitung und Leitung anvertraut [*vgl. Mt 28,18-20*], und für immer hat er sie als "Säule und Feste der Wahrheit" errichtet [*1 Tim 3,15*].

Diese Kirche, in dieser Welt als Gesellschaft verfaßt und geordnet, ist verwirklicht in der katholischen Kirche, die vom Nachfolger des Petrus und von den Bischöfen in Gemeinschaft mit ihm geleitet wird², auch wenn sich außerhalb ihres Gefüges mehrere Elemente der Heiligung und der Wahrheit finden, die als der Kirche Christi eigene Gaben auf die katholische Einheit hindrängen.

Wie aber Christus das Werk der Erlösung **4120** in Armut und Verfolgung vollbrachte, so ist ⟨auch⟩ die Kirche berufen, denselben Weg einzuschlagen, um den Menschen die Früchte des Heiles mitzuteilen. Christus Jesus "hat, obwohl er in Gottesgestalt war, ... sich selbst entäußert, indem er Knechtsgestalt annahm" [*Phil 2,6*], und ist unsertwegen "arm geworden, obwohl er reich war" [*2 Kor 8,9*]: So ist die Kirche, auch wenn sie zur Erfüllung ihrer Sendung menschlicher Mittel bedarf, nicht errichtet, um irdische Ehre zu suchen, sondern um Demut und Selbstverleugnung auch durch ihr Beispiel auszubreiten.

Christus wurde vom Vater gesandt, "den Armen frohe Botschaft zu bringen, ... die im Herzen Zerknirschten zu heilen" [*Lk 4,18*], "zu suchen und zu retten, was verloren war" [*Lk 19,10*]: In ähnlicher Weise umgibt die Kirche alle mit ihrer Liebe, die von menschlicher Schwachheit angefochten sind, ja, in den Armen und Leidenden erkennt sie das Bild ihres armen und leidenden Gründers;

---

³    Leo XIII., Enzyklika *"Satis cognitum"* (ASS 28 [1895/96] 713; \*3304).
**\*4119** ¹   Vgl. das Apostolische Glaubensbekenntnis (\*10–13); das nizäno-konstantinopolitanische Glaubensbekenntnis (\*150); aufgenommen in das Glaubensbekenntnis von Trient (\*1862 1868).
²    Die Formel "Sancta (catholica apostolica) Romana Ecclesia" findet sich im Glaubensbekenntnis von Trient (a. oben a.O.) und im 1. Vatikanischen Konzil, 3. Sitzung, 24. April 1870, Dogmatische Konstitution über den katholischen Glauben *"Dei Filius"*, Kap. 1 (\*3001).

"sanctus, innocens, impollutus" [*Hbr 7,26*], peccatum non novit [*2 Cor 5,21*], sed sola delicta populi repropitiare venit [*cf. Hbr 2,17*], Ecclesia in proprio sinu peccatores complectens, sancta simul et semper purificanda, poenitentiam et renovationem continuo prosequitur.

4121    "Inter persecutiones mundi et consolationes Dei peregrinando procurrit"[1] Ecclesia, crucem et mortem Domini annuntians, donec veniat [*cf. 1 Cor 11,26*]. Virtute autem Domini resuscitati roboratur, ut afflictiones et difficultates suas, internas pariter et extrinsecas, patientia et caritate devincat, et mysterium Eius, licet sub umbris, fideliter tamen in mundo revelet, donec in fine lumine pleno manifestabitur.

CAPUT II: DE POPULO DEI

4122    9. In omni quidem tempore et in omni gente Deo acceptus est quicumque timet Eum et operatur iustitiam [*cf. Act 10,35*]. Placuit tamen Deo homines non singulatim, quavis mutua connexione seclusa, *[13]* sanctificare et salvare, sed eos in populum constituere, qui in veritate Ipsum agnosceret Ipsique sancte serviret. Plebem igitur israeliticam Sibi in populum elegit, quocum foedus instituit et quem gradatim instruxit, Sese atque propositum voluntatis suae in eius historia manifestando eumque Sibi sanctificando.

Haec tamen omnia in praeparationem et figuram contigerunt foederis illius novi et perfecti, in Christo feriendi, et plenioris revelationis per Ipsum Dei Verbum carnem factum tradendae. "Ecce dies veniunt, dicit Dominus, et feriam domui Israel et domui Iuda foedus novum ... Dabo legem meam in visceribus eorum, et in corde eorum scribam eam, et ero eis in Deum, et ipsi erunt Mihi in populum ... Omnes enim cognoscent Me, a minimo usque ad maximum, ait Domi-

sie müht sich, ihre Not zu lindern, und sucht Christus in ihnen zu dienen. Während aber Christus, "heilig, schuldlos, unbefleckt" [*Hebr 7,26*], die Sünde nicht kannte [*2 Kor 5,21*], sondern allein die Vergehen des Volkes zu sühnen kam [*vgl. Hebr 2,17*], umfaßt die Kirche in ihrem eigenen Schoß Sünder, ist zugleich heilig und stets reinigungsbedürftig und geht so immerfort den Weg der Buße und Erneuerung.

Die Kirche "schreitet zwischen den Verfolgungen der Welt und den Tröstungen Gottes auf ihrem Pilgerweg dahin"[1] und verkündet das Kreuz und den Tod des Herrn, bis er kommt [*vgl. 1 Kor 11,26*]. Durch die Kraft des auferweckten Herrn aber wird sie gestärkt, um ihre Trübsale und Schwierigkeiten, innere gleichermaßen wie äußere, durch Geduld und Liebe zu besiegen und sein Mysterium, wenn auch schattenhaft, so doch getreu in der Welt zu enthüllen, bis es am Ende im vollen Lichte offenbar werden wird.

ZWEITES KAPITEL: DAS VOLK GOTTES

9. Zu jeder Zeit und in jedem Volk ist Gott jeder willkommen, der ihn fürchtet und Gerechtigkeit übt [*vgl. Apg 10,35*]. Gott hat es jedoch gefallen, die Menschen nicht einzeln, unabhängig von aller wechselseitigen Verbindung, zu heiligen und zu retten, sondern sie zu einem Volke zu machen, das ihn in Wahrheit anerkennen und ihm in Heiligkeit dienen sollte. So hat er das israelitische Volk sich zum Volk erwählt und hat mit ihm einen Bund geschlossen und es Stufe für Stufe unterwiesen, indem er sich und den Ratschluß seines Willens in dessen Geschichte offenbarte und es für sich heiligte.

Dies alles jedoch wurde zur Vorbereitung und zum Vorbild jenes neuen und vollkommenen Bundes, der in Christus geschlossen, und der volleren Offenbarung, die durch das Fleisch gewordene Wort Gottes selbst übermittelt werden sollte. "Siehe, es kommen Tage, spricht der Herr, da werde ich mit dem Hause Israel und dem Hause Juda einen neuen Bund schließen ... Ich werde mein Gesetz in ihr Inneres legen, und ihrem Herzen werde ich es einschreiben, und ich werde ih-

---

*4121 [1]    Augustinus, *De civitate Dei* XVIII 51,2 (PL 41,614 / B. Dombart – A. Kalb: CpChL 48 [1955] 650).

nus" [*Ier 31,31–34*].

Quod foedus novum Christus instituit, novum scilicet testamentum in suo sanguine [*cf. 1 Cor 11,25*], ex Iudaeis ac gentibus plebem vocans, quae non secundum carnem sed in Spiritu ad unitatem coalesceret, essetque novus Populus Dei. Credentes enim in Christum, renati non ex semine corruptibili, sed incorruptibili per verbum Dei vivi [*cf. 1 Pt 1,23*], non ex carne sed ex aqua et Spiritu Sancto [*cf. Io 3,5s*], constituuntur tandem "genus electum, regale sacerdotium, gens sancta, populus acquisitionis ... qui aliquando non populus, nunc autem populus Dei" [*1 Pt 2,9s*].

Populus ille messianicus habet pro capite Christum, "qui traditus est propter delicta nostra et resurrexit propter iustificationem nostram" [*Rm 4,25*], et nunc nomen quod est super omne nomen adeptus, gloriose regnat in caelis. Habet pro conditione dignitatem libertatemque filiorum Dei, in quorum cordibus Spiritus Sanctus sicut in templo inhabitat. Habet pro lege mandatum novum diligendi sicut ipse Christus dilexit nos [*cf. Io 13,34*]. Habet tandem pro fine Regnum Dei, ab ipso Deo in terris inchoatum, ulterius dilatandum, donec in fine saeculorum ab Ipso etiam consummetur, cum Christus apparuerit, vita nostra [*cf. Col 3,4*], et "ipsa creatura liberabitur a servitute corruptionis in libertatem gloriae filiorum Dei" [*Rm 8,21*].

Itaque populus ille messianicus, quamvis universos homines actu non comprehendat, et non semel ut pusillus grex appareat, pro toto tamen genere humano firmissimum est germen unitatis, spei et salutis. A Christo in communionem vitae, caritatis et veritatis constitutus, ab Eo etiam ut instrumentum redemptionis omnium adsumitur, et tamquam lux mundi et sal terrae [*cf. Mt 5,13–16*], ad universum mundum emittitur.

nen zum Gott sein, und sie werden mir zum Volke sein ... Alle nämlich werden mich erkennen, vom Kleinsten bis zum Größten, spricht der Herr" [*Jer 31,31–34*].

Diesen neuen Bund hat Christus gestiftet, nämlich das Neue Testament in seinem Blute [*vgl. 1 Kor 11,25*], indem er sich aus Juden und Heiden ein Volk berief, das nicht dem Fleische nach, sondern im Geiste zur Einheit zusammenwachsen und das neue Volk Gottes sein sollte. Die an Christus Glaubenden werden nämlich, wiedergeboren nicht aus vergänglichem, sondern aus unvergänglichem Samen durch das Wort des lebendigen Gottes [*vgl. 1 Petr 1,23*], nicht aus dem Fleische, sondern aus Wasser und Heiligem Geist [*vgl. Joh 3,5f*], schließlich gemacht zu "einem auserwählten Geschlecht, einem königlichen Priestertum, einem heiligen Stamm, einem Volk der Erwerbung ... die einst nicht ein Volk waren, jetzt aber Gottes Volk sind" [*1 Petr 2,9f*].

Dieses messianische Volk hat als Haupt **4123** Christus, "der hingegeben wurde wegen unserer Vergehen und auferstanden ist um unserer Rechtfertigung willen" [*Röm 4,25*] und jetzt voll Herrlichkeit in den Himmeln herrscht, da er den Namen erlangt hat, der über jedem Namen ist. Es hat als Stand die Würde und die Freiheit der Kinder Gottes, in deren Herzen der Heilige Geist wie in einem Tempel wohnt. Es hat als Gesetz das neue Gebot, zu lieben, wie Christus selbst uns geliebt hat [*vgl. Joh 13,34*]. Es hat schließlich als Ziel das Reich Gottes, das von Gott selbst auf Erden grundgelegt wurde und weiter ausgedehnt werden muß, bis es am Ende der Zeiten von ihm auch vollendet wird, wenn Christus erschienen ist, unser Leben [*vgl. Kol 3,4*], und "die Schöpfung selbst von der Knechtschaft der Vergänglichkeit zur Freiheit der Herrlichkeit der Kinder Gottes befreit werden wird" [*Röm 8,21*].

So ist denn dieses messianische Volk, auch wenn es tatsächlich nicht alle Menschen umfaßt und gar oft als kleine Herde erscheint, dennoch für das ganze Menschengeschlecht die unzerstörbare Keimzelle der Einheit, der Hoffnung und des Heils. Von Christus zu einer Gemeinschaft des Lebens, der Liebe und der Wahrheit gegründet, wird es von ihm auch als Werkzeug der Erlösung aller in Anspruch genommen und als Licht der Welt

und Salz der Erde [*vgl. Mt 5,13-16*] in alle Welt gesandt.

**4124**  Sicut vero Israel secundum carnem, qui in deserto peregrinabatur, Dei Ecclesia iam appellatur [*2 Esr 13,1; cf. Nm 20,4; Dt 23,1-8*] *[14]*, ita novus Israel qui in praesenti saeculo incedens, futuram eamque manentem civitatem inquirit [*cf. Hbr 13,14*], etiam Ecclesia Christi nuncupatur [*cf. Mt 16,18*], quippe quam Ipse sanguine suo acquisivit [*cf. Act 20,28*], suo Spiritu replevit, aptisque mediis unionis visibilis et socialis instruxit.

Deus congregationem eorum qui in Iesum, salutis auctorem et unitatis pacisque principium, credentes aspiciunt, convocavit et constituit Ecclesiam, ut sit universis et singulis sacramentum visibile huius salutiferae unitatis[1]. Ad universas regiones extendenda, in historiam hominum intrat, dum tamen simul tempora et fines populorum transcendit. Per tentationes vero et tribulationes procedens Ecclesia virtute gratiae Dei sibi a Domino promissae confortatur, ut in infirmitate carnis a perfecta fidelitate non deficiat, sed Domini sui digna sponsa remaneat, et sub actione Spiritus Sancti, seipsam renovare non desinat, donec per crucem perveniat ad lucem, quae nescit occasum.

**4125**  10. Christus Dominus, Pontifex ex hominibus assumptus [*cf. Hbr 5,1-5*] novum populum "fecit regnum et sacerdotes Deo et Patri suo" [*Apc 1,6; cf. 5,9s*]. Baptizati enim, per regenerationem et Spiritus Sancti unctionem consecrantur in domum spiritualem et sacerdotium sanctum, ut per omnia opera hominis christiani spirituales offerant hostias, et virtutes annuntient Eius qui de tenebris eos vocavit in admirabile lumen suum [*cf. 1 Pt 2,4-10*]. Ideo universi discipuli Christi, in oratione perseverantes et collaudantes Deum [*cf. Act 2,42-47*], seipsos hostiam viventem, sanctam, Deo placentem exhibeant [*cf. Rm 12,1*], ubique terrarum de Christo tes-

Wie aber schon Israel dem Fleische nach auf seiner Wüstenwanderung Kirche Gottes genannt wird [*Neh 13,1; vgl. Num 20,4; Dtn 23,1-8*], so wird auch das neue Israel, das, in der gegenwärtigen Zeit einherziehend, die kommende, und zwar bleibende Stadt sucht [*vgl. Hebr 13,14*], Kirche Christi genannt [*vgl. Mt 16,18*], da er selbst sie ja mit seinem Blut erworben [*vgl. Apg 20,28*], mit seinem Geist erfüllt und mit geeigneten Mitteln sichtbarer und gesellschaftlicher Einheit ausgerüstet hat.

Gott hat die Versammlung derer, die glaubend auf Jesus, den Urheber des Heils und den Ursprung der Einheit und des Friedens, schauen, als Kirche zusammengerufen und gegründet, damit sie allen und jedem das sichtbare Sakrament dieser heilbringenden Einheit sei[1]. Bestimmt zur Verbreitung über alle Landstriche, tritt sie in die Geschichte der Menschen ein und übersteigt doch zugleich Zeiten und Grenzen der Völker. Auf ihrem Weg durch Versuchungen und Trübsale aber wird die Kirche durch die Kraft der ihr vom Herrn verheißenen Gnade Gottes gestärkt, damit sie in der Schwachheit des Fleisches nicht von der vollkommenen Treue abfalle, sondern eine ihres Herrn würdige Braut bleibe und unter dem Wirken des Heiligen Geistes nicht aufhöre, sich selbst zu erneuern, bis sie durch das Kreuz zum Lichte gelangt, das keinen Untergang kennt.

10. Christus, der Herr, als Hoherpriester aus den Menschen genommen [*vgl. Hebr 5,1-5*], hat das neue Volk "zum Königreich und zu Priestern für Gott und seinen Vater gemacht" [*Offb 1,6; vgl. 5,9f*]. Durch die Wiedergeburt und die Salbung mit dem Heiligen Geist werden die Getauften nämlich zu einem geistigen Haus und einem heiligen Priestertum geweiht, damit sie in allen Werken eines christlichen Menschen geistige Opfer darbringen und die Machttaten dessen verkünden, der sie aus der Finsternis in sein wunderbares Licht gerufen hat [*vgl. 1 Petr 2,4-10*]. So sollen alle Jünger Christi, im Gebet ausharrend und Gott lobend [*vgl. Apg*

---

\*4124  [1]  Vgl. Cyprian, Brief 69,6: "Das unauflösliche Sakrament der Einheit" ("inseparabile unitatis sacramentum": PL 3,1142B / CSEL 3/II, 754).

timonium perhibeant, atque poscentibus rationem reddant de ea, quae in eis est, spe vitae aeternae [cf. 1 Pt 3,15].

2,42–47], sich als lebendige, heilige, Gott wohlgefällige Opfergabe darbringen [vgl. Röm 12,1], überall auf Erden für Christus Zeugnis ablegen und denen, die es fordern, Rechenschaft geben von der Hoffnung auf das ewige Leben, die in ihnen ist [vgl. 1 Petr 3,15].

Sacerdotium autem commune fidelium et sacerdotium ministeriale seu hierarchicum, licet essentia et non gradu tantum differant, ad invicem tamen ordinantur; unum enim et alterum suo peculiari modo de uno Christi sacerdotio participant[1]. Sacerdos quidem ministerialis, potestate sacra qua gaudet, populum sacerdotalem efformat ac regit, sacrificium eucharisticum in persona Christi conficit illudque nomine totius populi Deo offert; fideles vero, vi regalis sui sacerdotii, in [15] oblationem Eucharistiae concurrunt[2], illudque in sacramentis suscipiendis, in oratione et gratiarum actione, testimonio vitae sanctae, abnegatione et actuosa caritate exercent.

Das gemeinsame Priestertum der Gläubigen aber und das amtliche bzw. hierarchische Priestertum unterscheiden sich zwar dem Wesen und nicht bloß dem Grade nach; dennoch sind sie einander zugeordnet: das eine wie das andere nämlich nimmt auf je besondere Weise am einen Priestertum Christi teil[1]. Der Amtspriester nämlich bildet kraft der heiligen Vollmacht, derer er sich erfreut, das priesterliche Volk heran und leitet es; er vollzieht in der Person Christi das eucharistische Opfer und bringt es im Namen des ganzen Volkes Gott dar; die Gläubigen aber wirken kraft ihres königlichen Priestertums an der Darbringung der Eucharistie mit[2] und üben es aus im Empfang der Sakramente, im Gebet und in der Danksagung, durch das Zeugnis eines heiligen Lebens, durch Selbstverleugnung und tätige Liebe. **4126**

11. Indoles sacra et organice exstructa communitatis sacerdotalis et per sacramenta et per virtutes ad actum deducitur. Fideles per baptismum in Ecclesia incorporati, ad cultum religionis christianae charactere deputantur et, in filios Dei regenerati, fidem quam a Deo per Ecclesiam acceperunt coram hominibus profiteri tenentur[1].

11. Der heilige und organisch verfaßte Charakter der priesterlichen Gemeinschaft wird sowohl durch die Sakramente als auch durch ein tugendhaftes Leben in die Tat umgesetzt. Durch die Taufe der Kirche einverleibt, werden die Gläubigen durch die Prägung zur christlichen Gottesverehrung bestellt und sind wiedergeboren zu Kindern Gottes, gehalten, den Glauben, den sie von Gott durch die Kirche empfangen haben, vor den Menschen zu bekennen[1]. **4127**

Sacramento confirmationis perfectius Ecclesiae vinculantur, speciali Spiritus Sancti robore ditantur, sicque ad fidem tamquam veri testes Christi verbo et opere simul diffundendam et defendendam arctius obligantur[2].

Durch das Sakrament der Firmung werden sie vollkommener der Kirche verbunden und mit der besonderen Kraft des Heiligen Geistes ausgestattet; so sind sie noch strenger verpflichtet, den Glauben als wahre Zeugen Christi in Wort und Tat zugleich zu verbreiten und zu verteidigen[2].

---

*4126 [1] Vgl. Pius XII., Ansprache "Magnificate Dominum", 2. Nov. 1954 (AAS 46 [1954] 669); Enzyklika "Mediator Dei", 20. Nov. 1947 (AAS 39 [1947] 555; *3851).
[2] Vgl. Pius XI., Enzyklika "Miserentissimus Redemptor", 8. Mai 1928 (AAS 20 [1928] 171f); Pius XII., Ansprache "Vous nous avez", 22. Sept. 1956 (AAS 48 [1956] 714).
*4127 [1] Vgl. Thomas von Aquin, Summa theologiae III, q. 63, a. 2 (Editio Leonina 12,31–34).
[2] Vgl. Kyrill von Jerusalem, Katechesen 17: Über den Heiligen Geist, II 35–37 (PG 33,1009–1012); Nikolaus Kabasilas, Über das Leben in Christus III: Über den Nutzen des Chrisam (PG 150,569–580); Thomas von Aquin, Summa theologiae III, q. 65, a. 3; q. 72, a. 1; a. 5 (Editio Leonina 12,59f 125f 130f).

Sacrificium eucharisticum, totius vitae christianae fontem et culmen, participantes, divinam Victimam Deo offerunt atque seipsos cum Ea[3]; ita tum oblatione tum sacra communione, non promiscue sed alii aliter, omnes in liturgica actione partem propriam agunt. Porro corpore Christi in sacra synaxi refecti, unitatem Populi Dei, quae hoc augustissimo sacramento apte significatur et mirabiliter efficitur, modo concreto exhibent.

In der Teilnahme am eucharistischen Opfer, der Quelle und dem Höhepunkt des ganzen christlichen Lebens, bringen sie das göttliche Opferlamm Gott dar und sich selbst mit ihm[3]; so verrichten alle bei der liturgischen Handlung ihre je eigene Aufgabe, sowohl bei der Darbringung als auch bei der heiligen Kommunion, nicht unterschiedslos, sondern jeder auf seine Art. Durch den Leib Christi in der heiligen Eucharistie erquickt, stellen sie sodann die Einheit des Volkes Gottes, die durch dieses hocherhabene Sakrament angemessen bezeichnet und wunderbar bewirkt wird, auf konkrete Weise dar.

**4128**     Qui vero ad sacramentum poenitentiae accedunt, veniam offensionis Deo illatae ab Eius misericordia obtinent et simul reconciliantur cum Ecclesia, quam peccando vulneraverunt, et quae eorum conversioni caritate, exemplo, precibus adlaborat.

Die aber zum Sakrament der Buße hinzutreten, erlangen für die Gott zugefügte Beleidigung von seiner Barmherzigkeit Verzeihung und werden zugleich mit der Kirche wiederversöhnt, die sie durch ihr Sündigen verwundet haben und die zu ihrer Bekehrung durch Liebe, Beispiel und Gebete mitwirkt.

Sacra infirmorum unctione atque oratione presbyterorum Ecclesia tota aegrotantes Domino patienti et glorificato commendat, ut eos alleviet et salvet [cf. Iac 5,14-16], immo eos hortatur ut sese Christi passioni et morti libere sociantes [cf. Rm 8,17; Col 1,24; 2 Tim 2,11s; 1 Pt 4,13], ad bonum Populi Dei conferant.

Durch die heilige Krankensalbung und das Gebet der Priester empfiehlt die ganze Kirche die Kranken dem leidenden und verherrlichten Herrn, daß er sie aufrichte und rette [vgl. Jak 5,14-16], ja sie ermahnt sie, sich aus freien Stücken mit dem Leiden und dem Tode Christi zu vereinigen [vgl. Röm 8,17; Kol 1,24; 2 Tim 2,11f; 1 Petr 4,13] und so zum Wohle des Gottesvolkes beizutragen.

Iterum, qui inter fideles sacro Ordine insigniuntur, ad Ecclesiam verbo et gratia Dei pascendam, Christi nomine instituuntur.

Wer sodann unter den Gläubigen mit der heiligen Weihe bezeichnet wird, wird im Namen Christi dazu bestellt, die Kirche durch das Wort und die Gnade Gottes zu weiden.

Tandem coniuges christiani, virtute matrimonii sacramenti, quo mysterium unitatis et fecundi amoris inter Christum et Ecclesiam significant atque participant [cf. Eph 5,32], se invicem in vita coniugali necnon [16] prolis susceptione et educatione ad sanctitatem adiuvant, adeoque in suo vitae statu et ordine proprium suum in Populo Dei donum habent [cf. 1 Cor 7,7][1]. Ex hoc enim connubio procedit familia, in qua nascuntur novi societatis humanae cives, qui per Spiritus Sancti gratiam, ad Populum Dei saeculorum decursu perpetuandum, baptismo in filios Dei consti-

Kraft des Sakramentes der Ehe schließlich, durch das sie das Geheimnis der Einheit und der fruchtbaren Liebe zwischen Christus und der Kirche bezeichnen und daran Anteil bekommen [vgl. Eph 5,32], fördern sich die christlichen Gatten gegenseitig im ehelichen Leben sowie der Annahme und Erziehung der Nachkommenschaft zur Heiligung und haben so in ihrem Lebensstand und in ihrer Ordnung ihre eigene Gabe im Volk Gottes [vgl. 1 Kor 7,7][1]. Aus diesem Ehebund nämlich geht die Familie hervor, in der die neuen Mitbürger der menschlichen Gesellschaft ge-

---

[3]     Vgl. Pius XII., Enzyklika "*Mediator Dei*", 20. Nov. 1947 (AAS 39 [1947] bes. 552f).
**\*4128** [1]     1 Kor 7,7: "Jeder hat seine eigene Gnadengabe (ἴδιον χάρισμα) von Gott: der eine so, der andere aber so." Vgl. Augustinus, *De dono perseverantiae* 14, n. 37: "Nicht nur die Enthaltsamkeit ist eine Gabe Gottes, sondern auch die Keuschheit der Verheirateten" ("Non tantum continentia Dei donum est, sed coniugatorum etiam castitas": PL 45,1015f).

tuuntur. In hac velut Ecclesia domestica parentes verbo et exemplo sint pro filiis suis primi fidei praecones, et vocationem unicuique propriam, sacram vero peculiari cura, foveant oportet.

Tot ac tantis salutaribus mediis muniti, christifideles omnes, cuiusvis conditionis ac status, ad perfectionem sanctitatis qua Pater ipse perfectus est, sua quisque via, a Domino vocantur.

12. Populus Dei sanctus de munere quoque prophetico Christi participat, vivum Eius testimonium maxime per vitam fidei ac caritatis diffundendo, et Deo hostiam laudis offerendo, fructum labiorum confitentium nomini Eius [cf. Hbr 13,15].

Universitas fidelium, qui unctionem habent a Sancto [cf. 1 Io 2,20 27], in credendo falli nequit, atque hanc suam peculiarem proprietatem mediante supernaturali sensu fidei totius populi manifestat, cum "ab Episcopis usque ad extremos laicos fideles"[1] universalem suum consensum de rebus fidei et morum exhibet. Illo enim sensu fidei, qui a Spiritu veritatis excitatur et sustentatur, Populus Dei sub ductu sacri magisterii, cui fideliter obsequens, iam non verbum hominum, sed vere accipit verbum Dei [cf. 1 Th 2,13], semel traditae sanctis fidei [cf. Iud 3], indefectibiliter adhaeret, recto iudicio in eam profundius penetrat eamque in vita plenius applicat.

Idem praeterea Spiritus Sanctus non tantum per sacramenta et ministeria Populum Dei sanctificat et ducit eumque virtutibus ornat, sed dona sua "dividens singulis prout vult" [1 Cor 12,11], inter omnis ordinis fideles distribuit gratias quoque speciales, quibus illos aptos et promptos reddit ad suscipienda

boren werden, die durch die Gnade des Heiligen Geistes in der Taufe zu Kindern Gottes gemacht werden, um dem Volk Gottes im Lauf der Zeiten Dauer zu verleihen. In solch einer Art Hauskirche sollen die Eltern durch Wort und Beispiel für ihre Kinder die ersten Glaubensboten sein und die einem jeden eigene Berufung fördern, die geistliche aber mit besonderer Sorgfalt.

**4129** Mit so vielen und so großen Mitteln zum Heile ausgerüstet, sind alle Christgläubigen jedweden Berufs und Standes auf ihrem jeweiligen Weg vom Herrn zu der Vollkommenheit der Heiligkeit berufen, in der der Vater selbst vollkommen ist.

**4130** 12. Das heilige Volk Gottes nimmt auch teil am prophetischen Amt Christi, indem es sein lebendiges Zeugnis vor allem durch ein Leben in Glauben und Liebe verbreitet und Gott das Lobopfer darbringt, die Frucht der Lippen, die sich zu seinem Namen bekennen [vgl. Hebr 13,15].

Die Gesamtheit der Gläubigen, welche die Salbung von dem Heiligen haben [vgl. 1 Joh 2,20 27], kann im Glauben nicht fehlgehen, und diese ihre besondere Eigenschaft macht sie mittels des übernatürlichen Glaubenssinns des ganzen Volkes dann kund, wenn sie "von den Bischöfen bis zu den letzten gläubigen Laien"[1] ihre allgemeine Übereinstimmung in Sachen des Glaubens und der Sitten äußert. Durch jenen Glaubenssinn nämlich, der vom Geist der Wahrheit geweckt und erhalten wird, hängt das Volk Gottes unter der Leitung des heiligen Lehramtes, in dessen treuer Gefolgschaft es nicht mehr das Wort von Menschen, sondern wahrhaft das Wort Gottes empfängt [vgl. 1 Thess 2,13], dem einmal den Heiligen übergebenen Glauben [vgl. Jud 3] unwiderruflich an, dringt mit rechtem Urteil immer tiefer in ihn ein und wendet ihn im Leben voller an.

**4131** Derselbe Heilige Geist heiligt außerdem nicht nur das Volk Gottes durch die Sakramente und die Dienstleistungen, er führt es nicht nur und stattet es mit Tugenden aus, sondern "teilt den Einzelnen, wie er will" [1 Kor 12,11], seine Gaben aus und verteilt unter den Gläubigen jeglichen Standes auch

---

**\*4130** [1]  Vgl. Augustinus, *De praedestinatione sanctorum* 14, n. 27 (PL 44,980).

varia opera vel officia, pro renovatione et ampliore aedificatione Ecclesiae proficua, secundum illud: "Unicuique datur manifestatio Spiritus ad utilitatem" [*1 Cor 12,7*]. Quae charismata, sive clarissima, sive etiam simpliciora et latius diffusa, cum sint necessitatibus Ecclesiae apprime accommodata et utilia, cum gratiarum *[17]* actione ac consolatione accipienda sunt.

Dona autem extraordinaria non sunt temere expetenda, neque praesumptuose ab eis speranda sunt fructus operarum apostolicarum; sed iudicium de eorum genuinitate et ordinato exercitio ad eos pertinet, qui in Ecclesia praesunt, et quibus speciatim competit, non Spiritum exstinguere, sed omnia probare et quod bonum est tenere [*cf. 1 Th 5,12 19-21*].

**4132**  13. Ad novum Populum Dei cuncti vocantur homines. Quapropter hic populus, unus et unicus manens, ad universum mundum et per omnia saecula est dilatandus, ut propositum adimpleatur voluntatis Dei, qui naturam humanam in initio condidit unam, filiosque suos, qui erant dispersi, in unum tandem congregare statuit [*cf. Io 11,52*]. Ad hoc enim misit Deus Filium suum, quem constituit heredem universorum [*cf. Hbr 1,2*], ut sit Magister, Rex et Sacerdos omnium, Caput novi et universalis populi filiorum Dei. Ad hoc tandem misit Deus Spiritum Filii sui, Dominum et Vivificantem, qui pro tota Ecclesia et singulis universisque credentibus principium est congregationis et unitatis in doctrina Apostolorum et communione, fractione panis et orationibus [*cf. Act 2,42, gr.*].

**4133**  Omnibus itaque gentibus terrae inest unus Populus Dei, cum ex omnibus gentibus mutuetur suos cives, Regni quidem indolis non terrestris, sed caelestis. Cuncti enim per orbem sparsi fideles cum ceteris in Spiritu Sancto communicant, et sic "qui Romae sedet, Indos scit membrum suum esse"[1].

besondere Gnaden, durch die er sie geeignet und bereit macht, verschiedene für die Erneuerung und den weiteren Aufbau der Kirche nützliche Werke und Dienste zu übernehmen gemäß dem Wort: "Einem jeden wird der Erweis des Geistes zum Nutzen gegeben" [*1 Kor 12,7*]. Solche Gnadengaben, ob sie nun von besonderer Leuchtkraft oder auch schlichter und allgemeiner verbreitet sind, sind mit Danksagung und Trost anzunehmen, da sie den Erfordernissen der Kirche besonders angepaßt und nützlich sind.

Außerordentliche Gaben aber soll man nicht leichtfertig erstreben, noch soll man vermessen von ihnen Früchte für die apostolischen Bemühungen erwarten; vielmehr steht das Urteil über ihre Echtheit und geordnete Ausübung denen zu, die in der Kirche die Leitung haben und denen es in besonderer Weise zukommt, den Geist nicht auszulöschen, sondern alles zu prüfen und, was gut ist, zu behalten [*vgl. 1 Thess 5,12 19-21*].

13. Zum neuen Volk Gottes werden alle Menschen gerufen. Deswegen muß dieses Volk eines und ein einziges bleiben und sich über die ganze Welt und durch alle Zeiten hin ausbreiten, auf daß sich die Absicht des Willens Gottes erfülle, der die Menschennatur am Anfang als eine gegründet und beschlossen hat, seine Kinder, die zerstreut waren, schließlich zur Einheit zu versammeln [*vgl. Joh 11,52*]. Dazu sandte nämlich Gott seinen Sohn, den er zum Erben des Alls eingesetzt hat [*vgl. Hebr 1,2*], daß er Lehrer, König und Priester aller sei, das Haupt des neuen und allumfassenden Volkes der Kinder Gottes. Dazu sandte Gott schließlich den Geist seines Sohnes, den Herrn und Lebenspender, der für die ganze Kirche und die Glaubenden einzeln und insgesamt der Urgrund der Verbindung und Einheit in der Lehre der Apostel und in der Gemeinschaft, im Brotbrechen und in den Gebeten ist [*vgl. Apg 2,42 griech.*].

In allen Völkern der Erde wohnt also das eine Volk Gottes, da es aus allen Völkern seine Bürger nimmt, ⟨Bürger⟩ eines Reiches freilich nicht irdischer, sondern himmlischer Natur. Alle über den Erdkreis hin verstreuten Gläubigen stehen nämlich mit den übrigen im Heiligen Geiste in Gemeinschaft, und

Cum autem Regnum Christi de hoc mundo non sit [cf. *Io 18,36*], ideo Ecclesia seu Populus Dei, hoc Regnum inducens, nihil bono temporali cuiusvis populi subtrahit, sed e contra facultates et copias moresque populorum, quantum bona sunt, fovet et assumit, assumendo vero purificat, roborat et elevat. Memor est enim se cum illo Rege colligere debere, Cui gentes in hereditatem datae sunt [cf. *Ps 2,8*], et in Cuius civitatem dona et munera adducunt [cf. *Ps 71,10; Is 60,4-7; Apc 21,24*]. Hic universalitatis character, qui Populum Dei condecorat, ipsius Domini donum est, quo catholica Ecclesia efficaciter et perpetuo tendit ad recapitulandam totam humanitatem cum omnibus bonis eius, sub Capite Christo, in unitate Spiritus Eius[2].

Vi huius catholicitatis, singulae partes propria dona ceteris partibus et toti Ecclesiae afferunt, ita ut totum et singulae partes augeantur ex *[18]* omnibus invicem communicantibus et ad plenitudinem in unitate conspirantibus. Inde fit ut Populus Dei non tantum ex diversis populis congregetur, sed etiam in seipso ex variis ordinibus confletur. Adest enim inter membra eius diversitas, sive secundum officia, dum aliqui sacro ministerio in bonum fratrum suorum funguntur, sive secundum condicionem et vitae ordinationem, dum plures in statu religioso, arctiore via ad sanctitatem tendentes, fratres exemplo suo stimulant.

Inde etiam in ecclesiastica communione legitime adsunt Ecclesiae particulares, propriis traditionibus fruentes, integro manente primatu Petri Cathedrae, quae universo caritatis coetui praesidet[1], legitimas varietates tuetur et simul invigilat ut particularia, ne-

so "weiß der, welcher in Rom wohnt, daß die Inder ein Glied von ihm sind"[1].

Da aber das Reich Christi nicht von dieser Welt ist [vgl. *Joh 18,36*], so entzieht die Kirche bzw. das Volk Gottes mit der Verwirklichung dieses Reiches nichts dem zeitlichen Wohl irgendeines Volkes, sondern fördert und übernimmt im Gegenteil Anlagen, Fähigkeiten und Sitten der Völker, soweit sie gut sind; bei der Übernahme aber reinigt, kräftigt und erhebt sie diese. Sie ist sich nämlich bewußt, daß sie mit jenem König sammeln muß, dem die Völker zum Erbe gegeben sind [vgl. *Ps 2,8*] und in dessen Stadt sie Gaben und Geschenke herbeibringen [vgl. *Ps 72,10; Jes 60,4-7; Offb 21,24*]. Diese Eigenschaft der Universalität, die das Volk Gottes auszeichnet, ist eine Gabe des Herrn selbst, mit deren Hilfe die katholische Kirche tatkräftig und stetig danach strebt, die ganze Menschheit mit all ihren Gütern unter dem Haupt Christus zusammenzufassen in der Einheit seines Geistes[2].

**4134** Kraft dieser Katholizität bringen die einzelnen Teile ihre eigenen Gaben den übrigen Teilen und der ganzen Kirche hinzu, so daß das Ganze und die einzelnen Teile aus allen zunehmen, die Gemeinschaft miteinander halten und zur Fülle in Einheit zusammenwirken. So kommt es, daß sich das Volk Gottes nicht nur aus den verschiedenen Völkern sammelt, sondern auch in sich selbst aus vielfältigen Ordnungen gebildet wird. Unter seinen Gliedern herrscht nämlich eine Verschiedenheit, sei es in den Ämtern, da manche den heiligen Dienst zum Nutzen ihrer Brüder versehen, sei es in Stand und Lebensordnung, da viele im Ordensstand auf einem engeren Weg nach Heiligkeit trachten und so die Brüder durch ihr Beispiel anspornen.

Daher gibt es auch in der kirchlichen Gemeinschaft zu Recht Teilkirchen, die über eigene Überlieferungen verfügen, unbeschadet des Primats des Stuhles Petri, welcher der gesamten Liebesgemeinschaft vorsteht[1], die rechtmäßigen Verschiedenheiten schützt und

---

**\*4133** [1] Vgl. Johannes Chrysostomus, *In Johannem*, hom. 65,1 (PG 59,361).
[2] Vgl. Irenäus von Lyon, *Adversus haereses* III 16, n. 6; III 22, n. 1–3 (PG 7,925C–926A 955C–958A / W.W. Harvey [Cambridge 1857] 2,87f 121–123 / SouChr 211,310–314 430–438).
**\*4134** [1] Vgl. Ignatius von Antiochien, Brief an die Gemeinde von Rom, Vorwort (Funk 1,252 / SouChr 10, 106–108).

dum unitati noceant, ei potius inserviant.

Inde denique inter diversas Ecclesiae partes vincula intimae communionis quoad divitias spirituales, operarios apostolicos et temporalia subsidia. Ad communicandum enim bona vocantur membra Populi Dei, et de singulis etiam Ecclesiis valent verba Apostoli: "Unusquisque, sicut accepit gratiam, in alterutrum illam administrantes, sicut boni dispensatores multiformis gratiae Dei" [*1 Pt 4,10*].

4135      Ad hanc igitur catholicam Populi Dei unitatem, quae pacem universalem praesignat et promovet, omnes vocantur homines, ad eamque variis modis pertinent vel ordinantur sive fideles catholici, sive alii credentes in Christo, sive denique omnes universaliter homines, gratia Dei ad salutem vocati.

4136      14. Ad fideles ergo catholicos imprimis Sancta Synodus animum vertit. Docet autem, Sacra Scriptura et Traditione innixa, Ecclesiam hanc peregrinantem necessariam esse ad salutem. Unus enim Christus est Mediator ac via salutis, qui in Corpore suo, quod est Ecclesia, praesens nobis fit; Ipse autem necessitatem fidei et baptismi expressis verbis inculcando [*cf. Mc 16,16; Io 3,5*], necessitatem Ecclesiae, in quam homines per baptismum tamquam per ianuam intrant, simul confirmavit. Quare illi homines salvari non possent, qui Ecclesiam Catholicam a Deo per Iesum Christum ut necessariam esse conditam non ignorantes, tamen vel in eam intrare, vel in eadem perseverare noluerint.

4137      Illi plene Ecclesiae societati incorporantur, qui Spiritum Christi habentes, integram eius ordinationem omniaque media salutis in ea instituta accipiunt, et in eiusdem compage visibili cum Christo, eam per Summum Pontificem atque Episcopos regente, iunguntur, vinculis *[19]* nempe professionis fidei, sa-

zugleich darüber wacht, daß die Besonderheiten der Einheit nicht nur nicht schaden, sondern ihr vielmehr dienen.

Daher schließlich zwischen den verschiedenen Teilen der Kirche die Bande innigster Gemeinschaft in bezug auf die geistigen Reichtümer, die apostolischen Arbeiten und die zeitlichen Hilfsmittel. Die Glieder des Volkes Gottes sind nämlich dazu aufgerufen, die Güter gemeinsam zu haben, und auch von den Einzelkirchen gelten die Worte des Apostels: "Dienet einander, ein jeder mit der Gnade, wie er sie empfangen hat, als gute Verwalter der vielgestaltigen Gnade Gottes" [*1 Petr 4,10*].

Zu dieser katholischen Einheit des Gottesvolkes, die den allumfassenden Frieden vorzeichnet und fördert, sind also alle Menschen berufen, und auf verschiedene Weise gehören ihr zu oder sind ihr zugeordnet die katholischen Gläubigen, die anderen an Christus Glaubenden und schließlich alle Menschen überhaupt, die durch die Gnade Gottes zum Heile berufen sind.

14. Den katholischen Gläubigen also wendet das Heilige Konzil vor allem seine Aufmerksamkeit zu. Gestützt auf die Heilige Schrift und die Überlieferung, lehrt es aber, daß diese pilgernde Kirche zum Heile notwendig sei. Der eine Christus nämlich ist Mittler und Weg zum Heil, der in seinem Leib, der die Kirche ist, uns gegenwärtig wird; indem er aber selbst mit ausdrücklichen Worten die Notwendigkeit des Glaubens und der Taufe betont hat [*vgl. Mk 16,16; Joh 3,5*], hat er zugleich die Notwendigkeit der Kirche, in die die Menschen durch die Taufe wie durch eine Tür eintreten, bekräftigt. Darum könnten jene Menschen nicht gerettet werden, die sehr wohl wissen, daß die katholische Kirche von Gott durch Jesus Christus als eine notwendige gegründet wurde, jedoch nicht in sie eintreten oder in ihr ausharren wollten.

Jene werden der Gemeinschaft der Kirche voll eingegliedert, die, im Besitz des Geistes Christi, ihre ganze Ordnung und alle in ihr eingerichteten Mittel zum Heil annehmen und sich in ihrem sichtbaren Gefüge mit Christus, der sie durch den Papst und die Bischöfe leitet, verbinden, nämlich durch die

cramentorum et ecclesiastici regiminis ac communionis. Non salvatur tamen, licet Ecclesiae incorporetur, qui in caritate non perseverans, in Ecclesiae sinu "corpore" quidem, sed non "corde" remanet[1].

Memores autem sint omnes Ecclesiae filii condicionem suam eximiam non propriis meritis, sed peculiari gratia Christi esse adscribendam; cui si cogitatione, verbo et opere non respondent, nedum salventur, severius iudicabuntur[2].

Catechumeni qui, Spiritu Sancto movente, explicita voluntate ut Ecclesiae incorporentur expetunt, hoc ipso voto cum ea coniunguntur; quos iam ut suos dilectione curaque complectitur Mater Ecclesia.

15. Cum illis qui, baptizati, christiano nomine decorantur, integram autem fidem non profitentur vel unitatem communionis sub Successore Petri non servant, Ecclesia semetipsam novit plures ob rationes coniunctam[1].

Sunt enim multi, qui sacram Scripturam ut normam credendi et vivendi in honore habent sincerumque zelum religiosum ostendunt, amanter credunt in Deum Patrem omnipotentem et in Christum, Filium Dei Salvatorem[2], baptismo signantur, quo Christo coniunguntur, imo et alia sacramenta in propriis Ecclesiis vel communitatibus ecclesiasticis agnoscunt et recipiunt. Plures inter illos et episcopatu gaudent, Sacram Eucharistiam celebrant necnon pietatem erga Deiparam Virginem fovent[3]. Accedit orationum alio-

Bande des Glaubensbekenntnisses, der Sakramente und der kirchlichen Leitung und Gemeinschaft. Nicht gerettet wird jedoch, auch wenn er der Kirche eingegliedert wird, wer, in der Liebe nicht verharrend, im Schoße der Kirche zwar "dem Leibe", aber nicht "dem Herzen" nach verbleibt[1].

Alle Kinder der Kirche sollen sich aber bewußt sein, daß ihre ausgezeichnete Stellung nicht den eigenen Verdiensten, sondern der besonderen Gnade Christi zuzuschreiben ist; wenn sie ihr im Denken, Reden und Handeln nicht entsprechen, werden sie nicht gerettet, sondern noch strenger gerichtet werden[2].

**4138** Die Katechumenen, die aus Antrieb des Heiligen Geistes mit ausdrücklicher Willensäußerung darum bitten, der Kirche einverleibt zu werden, werden durch eben dieses Begehren mit ihr verbunden; die Mutter Kirche umfaßt sie schon in Liebe und Sorge als die Ihrigen.

**4139** 15. Mit jenen, die als Getaufte mit dem christlichen Namen geziert sind, den vollständigen Glauben aber nicht bekennen oder die Einheit der Gemeinschaft unter dem Nachfolger des Petrus nicht wahren, weiß sich die Kirche aus mehreren Gründen verbunden[1].

Es gibt nämlich viele, die die heilige Schrift als Glaubens- und Lebensnorm in Ehren halten, einen aufrichtigen religiösen Eifer zeigen, in Liebe an Gott, den allmächtigen Vater, und an Christus, den Sohn Gottes und Erlöser, glauben[2], mit der Taufe bezeichnet werden, wodurch sie sich mit Christus verbinden, ja, auch andere Sakramente in ihren eigenen Kirchen oder kirchlichen Gemeinschaften anerkennen und empfangen. Mehrere unter ihnen besitzen auch einen Episkopat, feiern die heilige Eucharistie und

---

**\*4137** [1] Vgl. Augustinus, *De baptismo contra Donatistas* V 28, n. 39: "Ganz offenbar ist die Redeweise 'in der Kirche drinnen und draußen' vom Herzen, nicht vom Leibe zu verstehen" ("Certe manifestum est, id quod dicitur, in Ecclesia intus est et foris, in corde, non in corpore cogitandum": PL 43,197 / CSEL 51,296₂₄₋₂₆). Vgl. ebd. III 19, n. 26; V 18, n. 24 (PL 43,152 189 / CSEL 51,218 283); *In Evangelium Iohannis*, tract. 61, n. 2 (PL 35,1800 / R. Willems: CpChL 36 [1954] 481) u. ö.

[2] Vgl. Lk 12,48: "Von jedem aber, dem viel gegeben ist, wird viel verlangt werden" («παντὶ δὲ ᾧ ἐδόθη πολύ, πολὺ ζητηθήσεται»). Vgl. auch Mt 5,19f; 7,21f; 25,41-46; Jak 2,14.

**\*4139** [1] Vgl. Leo XIII., Apostolisches Schreiben *"Praeclara gratulationis"*, 20. Juni 1894 (ASS 26 [1893/94] 707).

[2] Vgl. Leo XIII. Enzyklika *"Satis cognitum"*, 29. Juni 1896 (ASS 28 [1895/96] 738); Enzyklika *"Caritatis studium"*, 25. Juli 1898 (ASS 31 [1898/99] 11); Pius XII., Radiobotschaft *"Nell' alba"*, 24. Dez. 1941 (AAS 34 [1942] 21).

rumque beneficiorum spiritualium communio; imo vera quaedam in Spiritu Sancto coniunctio, quippe qui donis et gratiis etiam in illis sua virtute sanctificante operatur, et quosdam illorum usque ad sanguinis effusionem roboravit.

Ita Spiritus in cunctis Christi discipulis desiderium actionemque suscitat, ut omnes, modo a Christo statuto, in uno grege sub uno Pastore pacifice uniantur[4]. *[20]* Quod ut obtineat, Ecclesia Mater precari, sperare et agere non desinit, filiosque ad purificationem et renovationem exhortatur, ut signum Christi super faciem Ecclesiae clarius effulgeat.

**4140**     16. Ii tandem qui Evangelium nondum acceperunt, ad Populum Dei diversis rationibus ordinantur[1].

In primis quidem populus ille cui data fuerunt testamenta et promissa et ex quo Christus ortus est secundum carnem [*cf. Rm 9,4s*], populus secundum electionem carissimus propter patres: sine poenitentia enim sunt dona et vocatio Dei [*cf. Rm 11,28s*].

Sed propositum salutis et eos amplectitur, qui Creatorem agnoscunt, inter quos imprimis Musulmanos, qui fidem Abrahae se tenere profitentes, nobiscum Deum adorant unicum, misericordem, homines die novissimo iudicaturum.

Neque ab aliis, qui in umbris et imaginibus Deum ignotum quaerunt, ab huiusmodi Deus ipse longe est, cum det omnibus vitam et inspirationem et omnia [*cf. Act 17,25-28*], et Salvator velit omnes homines salvos fieri [*cf. 1 Tim 2,4*]. Qui enim Evangelium Christi Eiusque Ecclesiam sine culpa ignorantes, Deum tamen sincero corde quaerunt, Eiusque voluntatem per conscientiae dictamen agnitam, operibus adimplere, sub gratiae influxu, conantur, aeternam salutem consequi

hegen Ehrfurcht gegenüber der jungfräulichen Gottesgebärerin[3]. Dazu kommt die Gemeinschaft im Gebet und in anderen geistlichen Gütern; ja sogar eine wahre Verbindung im Heiligen Geiste, der ja durch Gaben und Gnaden auch in ihnen mit seiner heiligenden Kraft wirkt und manche von ihnen bis zur Vergießung des Blutes gestärkt hat.

So erweckt der Geist in allen Jüngern Christi Sehnsucht und Tat, daß alle in der von Christus bestimmten Weise in der einen Herde unter dem einen Hirten sich in Frieden einen mögen[4]. Um dies zu erlangen, betet, hofft und wirkt die Mutter Kirche unaufhörlich und ermahnt ihre Kinder zur Läuterung und Erneuerung, damit das Zeichen Christi auf dem Antlitz der Kirche klarer erstrahle.

16. Diejenigen endlich, die das Evangelium noch nicht empfangen haben, sind auf das Volk Gottes auf verschiedene Weisen hingeordnet[1].

In erster Linie freilich jenes Volk, dem der Bund und die Verheißungen gegeben worden sind und aus dem Christus dem Fleische nach geboren ist [*vgl. Röm 9,4f*], das seiner Erwählung nach um der Väter willen so teure Volk: ohne Reue nämlich sind die Gaben und die Berufung Gottes [*vgl. Röm 11,28f*].

Die Heilsabsicht umfaßt aber auch die, welche den Schöpfer anerkennen, unter ihnen besonders die Muslim, die sich zum Festhalten am Glauben Abrahams bekennen und mit uns den einzigen Gott anbeten, den barmherzigen, der die Menschen am Jüngsten Tag richten wird.

Aber auch den anderen, die in Schatten und Bildern den unbekannten Gott suchen, auch solchen ist Gott selbst nicht ferne, da er allen Leben und Atem und alles gibt [*vgl. Apg 17,25-28*] und als Erlöser will, daß alle Menschen gerettet werden [*vgl. 1 Tim 2,4*]. Wer nämlich das Evangelium Christi und seine Kirche ohne Schuld nicht kennt, Gott jedoch aufrichtigen Herzens sucht und seinen durch den Anruf des Gewissens erkannten Willen unter dem Einfluß der Gnade in den

---

³     Vgl. Pius XI., Enzyklika "*Rerum orientalium*", 8. Sept. 1928 (AAS 20 [1928] 287); Pius XII., Enzyklika "*Orientalis ecclesiae*", 9. April 1944 (AAS 36 [1944] 137).
⁴     Vgl. Instruktion des Hl. Offiziums vom 20. Dez. 1949 (AAS 42 [1950] 142).
*4140 ¹     Vgl. Thomas von Aquin, *Summa theologiae* III, q. 8, a. 3 ad 1 (Editio Leonina 11,129b).

possunt[2].

Nec divina Providentia auxilia ad salutem necessaria denegat his qui sine culpa ad expressam agnitionem Dei nondum pervenerunt et rectam vitam non sine divina gratia assequi nituntur. Quidquid enim boni et veri apud illos invenitur, ab Ecclesia tamquam praeparatio evangelica aestimatur[3] et ab Illo datum qui illuminat omnem hominem, ut tandem vitam habeat.

At saepius homines, a Maligno decepti, evanuerunt in cogitationibus suis, et commutaverunt veritatem Dei in mendacium, servientes creaturae magis quam Creatori [*cf. Rm 1,21 25*] vel sine Deo viventes ac morientes in hoc mundo, extremae desperationi exponuntur. Quapropter ad gloriam Dei et salutem istorum omnium promovendam, Ecclesia, memor mandati Domini dicentis: "Praedicate Evangelium omni creaturae" [*Mc 16,16*], missiones fovere sedulo curat.

17. Sicut enim Filius missus est a Patre, et Ipse Apostolos misit [*cf. Io 20,21*], dicens: "Euntes ergo docete omnes gentes, baptizantes eos in nomine Patris et Filii et Spiritus Sancti, docentes eos servare *[21]* omnia quaecumque mandavi vobis. Et ecce Ego vobiscum sum omnibus diebus usque ad consummationem saeculi" [*Mt 28,18-20*]. Quod solemne Christi mandatum annuntiandi veritatem salutarem Ecclesia ab Apostolis recepit adimplendum usque ad ultimum terrae [*cf. Act 1,8*]. Unde sua facit verba Apostoli: "Vae ... mihi est si non evangelizavero!" [*1 Cor 9,16*], ideoque in mittendis praeconibus indesinenter pergit, usquedum novellae Ecclesiae plene constituantur atque opus evangelizandi et ipsae continuent.

A Spiritu Sancto enim ad cooperandum compellitur, ut propositum Dei, qui Chri-

---

Taten zu erfüllen versucht, kann das ewige Heil erlangen[2].

Die göttliche Vorsehung verweigert auch denen die zum Heil notwendigen Hilfen nicht, die ohne Schuld noch nicht zur ausdrücklichen Anerkennung Gottes gelangt sind und nicht ohne die göttliche Gnade ein rechtes Leben zu führen sich bemühen. Was sich nämlich an Gutem und Wahrem bei ihnen findet, wird von der Kirche als Vorbereitung für die Frohbotschaft[3] und als von dem gegeben geschätzt, der jeden Menschen erleuchtet, damit er schließlich das Leben habe.

Vom Bösen getäuscht, wurden aber die Menschen oft eitel in ihren Gedanken und verwandelten die Wahrheit Gottes in Lüge, indem sie der Schöpfung mehr dienten als dem Schöpfer [*vgl. Röm 1,21 25*], oder sie sind, ohne Gott in dieser Welt lebend und sterbend, der äußersten Verzweiflung ausgesetzt. Deswegen ist die Kirche eifrig bestrebt, zur Förderung der Ehre Gottes und des Heils all dieser ⟨Menschen⟩ die Missionen zu unterstützen, eingedenk des Auftrags des Herrn, der gesagt hat: "Predigt das Evangelium der ganzen Schöpfung" [*Mk 16,16*].

17. Wie nämlich der Sohn vom Vater gesandt wurde, so hat er selbst die Apostel gesandt [*vgl. Joh 20,21*], indem er sagte: "Gehet also hin und lehret alle Völker, taufet sie im Namen des Vaters und des Sohnes und des Heiligen Geistes, lehrt sie alles halten, was ich euch geboten habe. Und siehe, ich bin bei euch alle Tage bis zur Vollendung der Welt" [*Mt 28,18-20*]. Diesen feierlichen Auftrag Christi zur Verkündigung der Heilswahrheit hat die Kirche von den Aposteln erhalten, um ihn bis ans Ende der Erde zu erfüllen [*vgl. Apg 1,8*]. Daher macht sie sich die Worte des Apostels zu eigen: "Weh ... mir, wenn ich die Frohbotschaft nicht verkünde!" [*1 Kor 9,16*], und darum fährt sie unablässig fort, Verkünder auszusenden, bis die neuen Kirchen voll errichtet sind und auch selbst das Werk der Verkündigung des Evangeliums fortsetzen können.

Sie wird nämlich vom Heiligen Geiste angetrieben, mitzuwirken, daß der Ratschluß

**4141**

---

²   Vgl. Brief des Hl. Offiziums an den Erzbischof von Boston, 8. Aug. 1949 (\*3869–3872).
³   Vgl. Eusebius von Cäsarea, *Praeparatio Evangelica* 1,1 (PG 21,28AB / K. Mras – E. des Places: GChSch 43/I [1982] 8).

stum principium salutis pro universo mundo constituit, effectu compleatur. Praedicando Evangelium, Ecclesia audientes ad fidem confessionemque fidei allicit, ad baptismum disponit, a servitute erroris eripit, eosque Christo incorporat, ut per caritatem in Illum usque ad plenitudinem crescant. Opera autem sua efficit ut quidquid boni in corde menteque hominum vel in propriis ritibus et culturis populorum seminatum invenitur, non tantum non pereat, sed sanetur, elevetur et consummetur ad gloriam Dei, confusionem daemonis et beatitudinem hominis.

Cuilibet discipulo Christi onus fidei disseminandae pro parte sua incumbit[1]. Sed si quilibet credentes baptizare potest, sacerdotis tamen est aedificationem Corporis sacrificio eucharistico perficere, adimplendo verba Dei per prophetam: "Ab ortu solis usque ad occasum magnum est nomen meum in gentibus, et in omni loco sacrificatur et offertur nomini meo oblatio munda" [Mal 1,11][2].

Ita autem simul orat et laborat Ecclesia, ut in Populum Dei, Corpus Domini et Templum Spiritus Sancti, totius mundi transeat plenitudo, et in Christo, omnium Capite, reddatur universorum Creatori ac Patri omnis honor et gloria.

CAPUT III: DE CONSTITUTIONE HIERARCHICA ECCLESIAE ET IN SPECIE DE EPISCOPATU

**4142**     18. Christus Dominus, ad Populum Dei pascendum semperque augendum, in Ecclesia sua varia ministeria instituit, quae ad bonum totius Corporis tendunt. Ministri enim, qui sacra potestate pollent, fratribus *[22]* suis inserviunt, ut omnes qui de Populo Dei sunt,

Gottes, der Christus zum Ursprung des Heils für die gesamte Welt bestellt hat, tatsächlich erfüllt werde. In der Verkündigung des Evangeliums sucht die Kirche die Hörer zum Glauben und zum Bekenntnis des Glaubens zu bringen, bereitet sie für die Taufe vor, entreißt sie der Knechtschaft des Irrtums und verleibt sie Christus ein, damit sie durch die Liebe bis zur Fülle in ihn hineinwachsen. Ihre Mühe aber bewirkt, daß alles, was sich an Gutem in Herz und Geist der Menschen oder in den eigenen Riten und Kulturen der Völker gesät findet, nicht nur nicht untergeht, sondern geheilt, erhoben und vollendet wird zur Ehre Gottes, zur Beschämung des Teufels und zur Seligkeit des Menschen.

Jedwedem Jünger Christi obliegt die Pflicht, für seinen Teil den Glauben auszusäen[1]. Wenn auch jeder die Glaubenden taufen kann, so ist es doch Sache des Priesters, die Auferbauung des Leibes durch das eucharistische Opfer zu vollenden und so die Worte Gottes durch den Propheten zu erfüllen: "Vom Aufgang der Sonne bis zum Untergang ist mein Name groß unter den Völkern, und an jedem Ort wird geopfert und meinem Namen eine reine Opfergabe dargebracht" [Mal 1,11][2].

So aber betet und arbeitet die Kirche zugleich, daß die Fülle der ganzen Welt in das Volk Gottes, den Leib des Herrn und den Tempel des Heiligen Geistes eingehe und in Christus, dem Haupte aller, dem Schöpfer und Vater des Alls alle Ehre und Herrlichkeit erwiesen werde.

DRITTES KAPITEL: DIE HIERARCHISCHE VERFASSUNG DER KIRCHE UND INSBESONDERE DAS BISCHOFSAMT

18. Christus, der Herr, hat, um das Volk Gottes zu weiden und ständig zu mehren, in seiner Kirche verschiedene Dienste eingesetzt, die auf das Wohl des ganzen Leibes ausgerichtet sind. Denn die Diener, die über heilige Vollmacht verfügen, dienen ihren

---

**\*4141** [1] Vgl. Benedikt XV., Apostolisches Schreiben *"Maximum illud"* (AAS 11 [1919] 440, bes. 451–454); Pius XI., Enzyklika *"Rerum ecclesiae"* (AAS 18 [1926] 68f); Pius XII., Enzyklika *"Fidei donum"*, 21. April 1957 (AAS 49 [1957] 236f).
[2] Vgl. *Didache* 14 (Funk 1,32 / SouChr 248,192); Justin, *Dialog mit dem Juden Tryphon* 41 (PG 6,564); Irenäus von Lyon, *Adversus haereses* IV 17, n. 5 (PG 7,1023 / W.W. Harvey [Cambridge 1857] 2,199f / SouChr 100/II, 590–594); Konzil von Trient, 22. Sitzung, 17. Sept. 1562, Lehre über das Meßopfer, Kap. 1 (\*1742).

ideoque vera dignitate christina gaudent, ad eumdem finem libere et ordinatim conspirantes, ad salutem perveniant.

Haec Sacrosancta Synodus, Concilii Vaticani primi vestigia premens, cum eo docet et declarat Iesum Christum Pastorem aeternum sanctam aedificasse Ecclesiam, missis Apostolis sicut Ipse missus erat a Patre [*cf. Io 20,21*]; quorum successores, videlicet Episcopos, in Ecclesia sua usque ad consummationem saeculi pastores esse voluit. Ut vero Episcopatus ipse unus et indivisus esset, beatum Petrum ceteris Apostolis praeposuit in ipsoque instituit perpetuum ac visibile unitatis fidei et communionis principium et fundamentum[1]. Quam doctrinam de institutione, perpetuitate, vi ac ratione sacri Primatus Romani Pontificis deque eius infallibili Magisterio, Sacra Synodus cunctis fidelibus firmiter credendam rursus proponit, et in eodem incepto pergens, doctrinam de Episcopis, successoribus Apostolorum, qui cum successore Petri, Christi Vicario[2] ac totius Ecclesiae visibili Capite, domum Dei viventis regunt, coram omnibus profiteri et declarare constituit.

19. Dominus Iesus, precibus ad Patrem fusis, vocans ad Se quos voluit Ipse, duodecim constituit ut essent cum Illo et ut mitteret eos praedicare Regnum Dei [*cf. Mc 3,13-19; Mt 10,1-42*]; quos Apostolos [*cf. Lc 6,13*] ad modum collegii seu coetus stabilis instituit, cui ex iisdem electum Petrum praefecit [*cf. Io 21,15-17*]. Eos ad filios Israel primum et ad omnes gentes misit [*cf. Rm 1,16*], ut suae participes potestatis, omnes populos discipulos Ipsius facerent, eosque sanctificarent et gubernarent [*cf. Mt 28,16-20; Mc 16,15; Lc 24,45-48; Io 20,21-23*], sicque Ecclesiam propagarent, eamque sub ductu Domini minis-

Brüdern, damit alle, die zum Volk Gottes gehören und sich daher der wahren christlichen Würde erfreuen, zum Heil gelangen, indem sie frei und geordnet auf dasselbe Ziel hin zusammenwirken.

Indem dieses Hochheilige Konzil den Spuren des ersten Vatikanischen Konzils folgt, lehrt und erklärt es mit ihm, daß Jesus Christus, der ewige Hirte, die heilige Kirche dadurch erbaut hat, daß er die Apostel sandte, so wie er selbst vom Vater gesandt war [*vgl. Joh 20,21*]; er wollte, daß deren Nachfolger, nämlich die Bischöfe, in seiner Kirche bis zur Vollendung der Welt Hirten seien. Damit aber der Episkopat selbst einer und ungeteilt sei, hat er den seligen Petrus den übrigen Aposteln vorangestellt und in ihm ein immerwährendes und sichtbares Prinzip und Fundament der Einheit des Glaubens und der Gemeinschaft eingesetzt[1]. Diese Lehre über Einsetzung, Fortdauer, Bedeutung und Beschaffenheit des heiligen Primates des Römischen Bischofs und über sein unfehlbares Lehramt legt das Heilige Konzil abermals allen Gläubigen fest zu glauben vor, und indem es in eben dem Begonnenen fortfährt, hat es beschlossen, die Lehre von den Bischöfen, den Nachfolgern der Apostel, die zusammen mit dem Nachfolger des Petrus, dem Stellvertreter Christi[2] und sichtbaren Haupt der ganzen Kirche, das Haus des lebendigen Gottes leiten, vor allen zu bekennen und kundzutun.

19. Als der Herr Jesus, nachdem er Gebete **4143** an den Vater gerichtet hatte, die zu sich rief, die er selbst wollte, bestimmte er die Zwölf, daß sie mit ihm seien und er sie sende, das Reich Gottes zu verkünden [*vgl. Mk 3,13-19; Mt 10,1-42*]; diese Apostel [*vgl. Lk 6,13*] setzte er nach Art eines Kollegiums oder eines beständigen Zusammenschlusses ein, an dessen Spitze er den aus ihrer Mitte erwählten Petrus stellte [*vgl. Joh 21,15-17*]. Er sandte sie zuerst zu den Kindern Israels und ⟨dann⟩ zu allen Völkern [*vgl. Röm 1,16*], damit sie als Teilhaber seiner Vollmacht alle Völker zu seinen Jüngern machten und sie heiligten

---

**\*4142** [1]   Vgl. 1. Vatikanisches Konzil, 4. Sitzung, Dogmatische Konstitution über die Kirche Christi "*Pastor aeternus*", Vorwort (\*3050f).

[2]   Vgl. Konzil von Florenz (1439), Dekret für die Griechen "*Laetentur caeli*" (\*1307); 1. Vatikanisches Konzil, Dogmatische Konstitution über die Kirche Christi "*Pastor aeternus*", Kap. 3 (\*3059).

trando pascerent, omnibus diebus usque ad consummationem saeculi [*cf. Mt 28,20*]. In qua missione die Pentecostes plene confirmati sunt [*cf. Act 2,1–26*] secundum promissum Domini: "Accipietis virtutem supervenientis Spiritus Sancti in vos, et eritis Mihi testes in Ierusalem, et in omni Iudaea et Samaria, et usque ad ultimum terrae" [*Act 1,8*]. Apostoli autem praedicando ubique Evangelium [*cf. Mc 16,20*], ab audientibus Spiritu Sancto operante acceptum, Ecclesiam congregant universalem, quam Dominus in Apostolis condidit *[23]* et supra beatum Petrum, eorum principem, aedificavit, ipso summo angulari lapide Christo Iesu [*cf. Apc 21,14; Mt 16,18; Eph 2,20*][1].

und lenkten [*vgl. Mt 28,16–20; Mk 16,15; Lk 24,45–48; Joh 20,21–23*] und sie so die Kirche fortpflanzten und sie unter Führung des Herrn durch ihr Dienen weideten alle Tage bis zur Vollendung der Welt [*vgl. Mt 28,20*]. In dieser Sendung wurden sie am Pfingsttag voll bekräftigt [*vgl. Apg 2,1–26*] nach der Verheißung des Herrn: "Ihr werdet die Kraft des Heiligen Geistes empfangen, der über euch kommen wird, und werdet mir Zeugen sein in Jerusalem, in ganz Judäa und Samaria und bis ans Ende der Erde" [*Apg 1,8*]. Indem die Apostel aber überall das Evangelium verkünden [*vgl. Mk 16,20*], das von seinen Hörern durch das Wirken des Heiligen Geistes angenommen worden ist, scharen sie die gesamte Kirche zusammen, die der Herr in den Aposteln begründet und auf den seligen Petrus, ihren Fürsten, gebaut hat, wobei Christus Jesus selbst der wichtigste Eckstein ist [*vgl. Offb 21,14; Mt 16,18; Eph 2,20*][1].

**4144**    20. Missio illa divina, a Christo Apostolis concredita, ad finem saeculi erit duratura [*cf. Mt 28,20*], cum Evangelium, ab eis tradendum, sit in omne tempus pro Ecclesia totius vitae principium. Quapropter Apostoli, in hac societate hierachice ordinata, de instituendis successoribus curam egerunt.

Non solum enim varios adiutores in ministerio habuerunt[1], sed ut missio ipsis concredita post eorum mortem continuaretur, cooperatoribus suis immediatis, quasi per modum testamenti, demandaverunt munus perficiendi et confirmandi opus ab ipsis inceptum[2], commendantes illis ut attenderent universo gregi, in quo Spiritus Sanctus eos posuit pascere Ecclesiam Dei [*cf. Act 20,28*]. Constituerunt itaque huius modi viros ac deinceps ordinationem dederunt, ut cum decessissent, ministerium eorum alii viri probati exciperent[3]. Inter varia illa ministeria

20. Jene göttliche Sendung, die von Christus den Aposteln anvertraut worden ist, wird bis zum Ende der Welt dauern [*vgl. Mt 28,20*], da das Evangelium, das von ihnen zu überliefern ist, für alle Zeit für die Kirche Grundlage ihres ganzen Lebens ist. Deshalb haben die Apostel in dieser hierarchisch geordneten Gesellschaft für die Einsetzung von Nachfolgern Sorge getragen.

Sie hatten nämlich nicht nur verschiedene Helfer bei ihrem Dienst[1], sondern übertrugen, damit die ihnen anvertraute Sendung nach ihrem Tod fortgesetzt werde, ihren unmittelbaren Mitarbeitern gleichsam auf die Art eines Testaments die Aufgabe, das von ihnen begonnene Werk zu vollenden und zu festigen[2], wobei sie ihnen ans Herz legten, auf die gesamte Herde achtzuhaben, in die sie der Heilige Geist hineinstellte, die Kirche Gottes zu weiden [*vgl. Apg 20, 28*]. Daher setzten sie derartige Männer ein und gaben dann die Anordnung, daß, wenn sie verschie-

---

**\*4143** [1]    Vgl. *Liber Sacramentorum S. Gregorii*, Präfationen zu den Festen des hl. Matthias und des hl. Thomas (PL 78,51 152); vgl. Cod. Vat. lat. 3548, Fol. 18; Hilarius von Poitiers, *In Psalmos* 67,10 (PL 9,450 / CSEL 22,286); Hieronymus, *Adversus Jovinianum* I 26 (PL 23,247A); Augustinus, *In Psalmos* 86,4 (PL 37,1103); Gregor I. der Große, *Moralia in Iob* XXVIII 5 (PL 76,455f); Primasius, *In Apocalypsim* V 21 (PL 68,924BC / W. Adams: CpChL 92 [1985] 290); Paschasius Radbertus, *In Matheo* VIII 16 (PL 120,561 / B. Paulus: CpChL.CM 56 [1984] 805f). Vgl. Leo XIII., Brief "*Et sane*", 17. Dez. 1888 (ASS 21 [1888] 321).

**\*4144** [1]    Vgl. Apg 6,2–6; 11,30; 13,1; 14,23; 20,17; 1 Thess 5,12f; Phil 1,1; Kol 4,11 u. ö.

[2]    Vgl. Apg 20,25–27; 2 Tim 4,6f vgl. mit 1 Tim 5,22; 2 Tim 2,2; Tit 1,5; Clemens von Rom, Brief an die Gemeinde von Korinth, Nr. 44,3 (Funk 1,156 / SouChr 167,172).

quae inde a primis temporibus in Ecclesia exercentur, teste traditione, praecipuum locum tenet munus illorum qui, in episcopatum constituti, per successionem ab initio decurrentem[4], apostolici seminis traduces habent[5]. Ita, ut testatur S. Irenaeus, per eos qui ab Apostolis instituti sunt Episcopi et successores eorum usque ad nos, traditio apostolica in toto mundo manifestatur[6] et custoditur[7].



Episcopi igitur communitatis ministerium cum adiutoribus *[24]* presbyteris et diaconis susceperunt[8], loco Dei praesidentes gregi[9], cuius sunt pastores, ut doctrinae magistri, sacri cultus sacerdotes, gubernationis ministri[10]. Sicut autem permanet munus a Domino singulariter Petro, primo Apostolorum, concessum et successoribus eius transmittendum, ita permanet munus apostolorum pascendi Ecclesiam, ab ordine sacrato Episcoporum iugiter exercendum[11]. Proinde docet Sacra Synodos Episcopos ex divina Institutione in locum Apostolorum successisse[12], tamquam Ecclesiae pastores, quos qui audit, Christum audit, qui vero spernit, Christum spernit et Eum qui Christum misit [*cf. Lc 10,16*][13].

den seien, andere bewährte Männer ihren Dienst aufnähmen[3]. Unter jenen verschiedenen Diensten, die von den ersten Zeiten her in der Kirche ausgeübt werden, nimmt nach dem Zeugnis der Überlieferung das Amt jener einen hervorragenden Platz ein, die, zum Bischofsamt bestellt, durch die von Anfang an fortlaufende Nachfolge[4] Sprossen apostolischer Saat besitzen[5]. So wird, wie der heilige Irenäus bezeugt, durch diejenigen, die von den Aposteln als Bischöfe eingesetzt worden sind, und ihre Nachfolger bis zu uns hin die apostolische Überlieferung in der ganzen Welt offenbar gemacht[6] und bewahrt[7].

Die Bischöfe haben also den Dienst an der Gemeinschaft zusammen mit ihren Helfern, den Priestern und den Diakonen, übernommen[8], wobei sie an Gottes Stelle der Herde vorstehen[9], deren Hirten sie sind, als Lehrer in der Unterweisung, Priester im heiligen Kult und Diener in der Leitung[10]. Wie aber das Amt fortdauert, das vom Herrn in einzigartiger Weise Petrus, dem ersten der Apostel, gewährt wurde und seinen Nachfolgern übertragen werden sollte, so dauert auch das Amt der Apostel, die Kirche zu weiden, fort, das von der geheiligten Ordnung der Bischöfe immerwährend ausgeübt werden muß[11]. Daher lehrt das Heilige Konzil, daß die Bischöfe aufgrund göttlicher Einsetzung an die Stelle der Apostel nachgerückt sind, gleichsam als Hirten der Kirche[12]; wer sie hört, hört Christus, wer ⟨sie⟩ aber verachtet, verachtet Chri-

---

[3]   Clemens von Rom, Brief an die Gemeinde von Korinth, Nr. 44,2 (Funk 1,154f / SouChr 167,172).
[4]   Vgl. Tertullian, *De praescriptione haereticorum* 32 (PL 2,52f / R.F. Refoulé: CpChL 1 [1954] 212 / CSEL 70,39f); häufig auch bei Ignatius von Antiochien.
[5]   Vgl. Tertullian, ebd. (PL 2,53 / CpChL 1,213 / CSEL 70,40f).
[6]   Irenäus von Lyon, *Adversus haereses* III 3,1: "manifestatam" (PG 7,848A / W.W. Harvey [Cambridge 1857] 2,8 / SouChr 211,30).
[7]   Irenäus von Lyon, ebd.: "custoditur"; vgl. IV 26,2; IV 33,8 (PG 7,847 1053 1077 / W.W. Harvey 2,7 236 262 / SouChr 211,26; 100/II,718 818-820).
[8]   Ignatius von Antiochien, Brief an die Gemeinde von Philadelphia, Vorrede (Funk 1,264 / SouChr 10,120).
[9]   Ignatius von Antiochien, Brief an die Gemeinde von Philadelphia, Nr. 1,1; An die Gemeinde von Magnesia, Nr. 6,1 (Funk 1,264 234 / SouChr 10,120 84).
[10]  Clemens von Rom, Brief an die Gemeinde von Korinth, Nr. 42,3-4; 44,3-4; 57,1-2 (Funk 1,152 156 171f / SouChr 167,168-170 172 190); Ignatius von Antiochien, Brief an die Gemeinde von Philadelphia, Nr. 1,1; An die Gemeinde von Smyrna, Nr. 8; An die Gemeinde von Magnesia, Nr. 3; An die Gemeinde von Tralles, Nr. 7 (Funk 1,265f 282 232 246f / SouChr 10,120 138 82 100) u. a.; Justin, *Apologie* I 65 (PG 6,428); Cyprian, *Briefe* passim.
[11]  Vgl. Leo XIII., Enzyklika "*Satis cognitum*", 29. Juni 1896 (ASS 28 [1895/96] 732).
[12]  Vgl. Konzil von Trient, 23. Sitzung, Lehre über das Weihesakrament, Kap. 4 (*1768); 1. Vatikanisches Konzil, 4. Sitzung, Dogmatische Konstitution über die Kirche Christi "*Pastor aeternus*", Kap. 3 (*3061); Pius XII., Enzyklika "*Mystici corporis*", 29. Juni 1943 (AAS 35 [1943] 209 212; *3804).

stus und den, der Christus gesandt hat [*vgl. Lk 10,16*][13].

**4145**    21. In Episcopis igitur, quibus presbyteri assistunt, adest in medio credentium Dominus Iesus Christus, Pontifex Summus. Sedens enim ad dexteram Dei Patris, non deest a suorum congregatione pontificum[1], sed imprimis per eorum eximium servitium verum Dei omnibus gentibus praedicat et credentibus sacramenta fidei continuo administrat, eorum paterno munere [*cf. 1 Cor 4,15*] nova membra Corpori suo regeneratione superna incorporat, eorum denique sapientia et prudentia Populum Novi Testamenti in sua ad aeternam beatitudinem peregrinatione dirigit et ordinat. Hi pastores ad pascendum dominicum gregem electi, ministri Christi sunt et dispensatores mysteriorum Dei [*cf. 1 Cor 4,1*], quibus concredita est testificatio Evangelii gratiae Dei [*cf. Rm 15,16; Act 20,24*], atque ministratio Spiritus et iustitiae in gloria [*cf. 2 Cor 3,8s*].

Ad tanta munera explenda, Apostoli speciali effusione supervenientis Spiritus Sancti a Christo ditati sunt [*cf. Act 1,8; 2,4; Io 20,22s*], et ipsi adiutoribus suis per impositionem manuum donum spirituale *[25]* tradiderunt [*cf. 1 Tim 4,14; 2 Tim 1,6s*], quod usque ad nos in episcopali consecratione transmissum est[2]. Docet autem Sancta Synodus episcopali consecratione plenitudinem conferri sacramenti Ordinis, quae nimirum et liturgica Ecclesiae consuetudine et voce Sanctorum Patrum summum sacerdotium, sacri ministerii summa nuncupatur[3]. Episcopalis autem consecratio, cum munere sanctificandi, munera quoque confert docendi et regendi, quae

21. In den Bischöfen, denen die Priester zur Seite stehen, ist also inmitten der Glaubenden der Herr Jesus Christus, der Hohepriester, anwesend. Denn zur Rechten Gottes, des Vaters, sitzend, ist er nicht fern von der Versammlung seiner Bischöfe[1], sondern besonders durch ihren erhabenen Dienst verkündet er das Wort Gottes allen Völkern und spendet den Glaubenden beständig die Sakramente des Glaubens, verleibt durch ihr väterliches Amt [*vgl. 1 Kor 4,15*] seinem Leib durch die Wiedergeburt von oben neue Glieder ein und lenkt und ordnet schließlich durch ihre Weisheit und Klugheit das Volk des Neuen Bundes auf seiner Pilgerschaft zur ewigen Seligkeit. Diese Hirten, die erwählt sind, die Herde des Herrn zu weiden, sind Diener Christi und Verwalter der Geheimnisse Gottes [*vgl. 1 Kor 4,1*], denen die Bezeugung des Evangeliums von der Gnade Gottes [*vgl. Röm 15,16; Apg 20,24*] und der Dienst des Geistes und der Gerechtigkeit in Herrlichkeit [*vgl. 2 Kor 3,8f*] anvertraut ist.

Um so große Dinge vollbringen zu können, wurden die Apostel mit einer besonderen Ausgießung des Heiligen Geistes, der über ⟨sie⟩ kam, von Christus beschenkt [*vgl. Apg 1,8; 2,4; Joh 20,22f*], und sie selbst übergaben ihren Helfern durch Auflegung der Hände die geistliche Gabe [*vgl. 1 Tim 4,14; 2 Tim 1,6f*], die in der Bischofsweihe bis auf uns übermittelt worden ist[2]. Das Heilige Konzil lehrt aber, daß durch die Bischofsweihe die Fülle des Weihesakraments übertragen wird, die ja sowohl im liturgischen Brauch der Kirche als auch mit der Stimme der Heiligen Väter das Hohepriestertum, die Höchstform des heiligen Dienstes genannt wird[3].

---

13   Vgl. Leo XIII., Brief *"Et sane"*, 17. Dez. 1888 (ASS [1888] 321f).
*4145 1   Leo I. der Große, *Sermones* 5,3 (PL 54,154).
2   Das Konzil von Trient (23. Sitzung, 15. Juli 1563, Kap. 3) zitiert 2 Tim 1,6f, um zu beweisen, daß das Weihesakrament ein wirkliches Sakrament ist (vgl. *1766).
3   Hippolyt von Rom, *Traditio Apostolica* 3: Dem Bischof wird "der erste Rang des Priestertums" ("primatus sacerdotii": SouChr 11 [1984] 44) zugeteilt. Vgl. *Sacramentarium Veronense (Leonianum)*: "zum Dienstamt des Hohenpriestertums ... vollende in Deinen Priestern die Ganzheit des Mysteriums" ("ad summi sacerdotii ministerium ... comple in sacerdotibus tuis mysterii tui summam": L.C. Mohlberg, *Sacramentarium Veronense* [Rerum Ecclesiastica Documenta 1; Rom 1955] 119); vgl. *Liber Sacramentorum Romanae Ecclesiae*: "übergib ihnen, Herr, den bischöflichen Stuhl zur Leitung deiner Kirche und des gesamten Volkes" ("Tribuas eis, Domine, cathedram episcopalem ad regendam Ecclesiam tuam et plebem universam": L.C. Mohlberg [Rom 1960] 121f; vgl. PL 78,224).

tamen natura sua nonnisi in hierarchica communione cum Collegii Capite et membris exerceri possunt. Ex traditione enim, quae praesertim liturgicis ritibus et Ecclesiae tum Orientis tum Occidentis usu declaratur, perspicuum est manuum impositione et verbis consecrationis gratiam Spiritus Sancti ita conferri[4] et sacrum characterem ita imprimi[5], ut Episcopi, eminenti ac adspectabili modo, ipsius Christi Magistri, Pastoris et Pontificis partes sustineant et in Eius persona agant[6]. Episcoporum est per sacramentum Ordinis novos electos in corpus episcopale assumere.

Die Bischofsweihe aber überträgt mit dem Amt der Heiligung auch die Ämter des Lehrens und des Leitens, die jedoch ihrer Natur nach nur in der hierarchischen Gemeinschaft mit dem Haupt und den Gliedern des Kollegiums ausgeübt werden können. Aufgrund der Überlieferung nämlich, die vornehmlich in den liturgischen Riten und im Brauch sowohl der Kirche des Ostens wie des Westens deutlich wird, ist es offensichtlich, daß durch das Auflegen der Hände und die Worte der Weihe die Gnade des Heiligen Geistes so übertragen[4] und die heilige Prägung so aufgedrückt wird[5], daß die Bischöfe in hervorragender und sichtbarer Weise die Aufgaben Christi selbst, des Lehrers, Hirten und Priesters, übernehmen und in seiner Person handeln[6]. Sache der Bischöfe ist es, durch das Sakrament der Weihe neue Erwählte in die Körperschaft der Bischöfe aufzunehmen.

22. Sicut, statuente Domino, sanctus Petrus et ceteri Apostoli unum Collegium apostolicum constituunt, pari ratione Romanus Pontifex, successor Petri, et Episcopi, successores Apostolorum, inter se coniunguntur. Iam perantiqua disciplina, qua Episcopi in universo orbe constituti ad invicem et cum Romani Episcopo communicabant in vinculo *[26]* unitatis, caritatis et pacis[1], itemque concilia coadunata[2], per quae et altiora quaeque in commune statuerentur[3], sententia multorum consilio ponderata[4], ordinis episcopalis indolem et rationem collegialem significant; quam manifeste comprobant Concilia Oecumenica decursu saeculorum celebrata. Eandem vero iam innuit ipse usus, antiquitus in-

22. Wie nach der Bestimmung des Herrn **4146** der heilige Petrus und die übrigen Apostel e i n apostolisches Kollegium bilden, so sind in gleicher Weise der Römische Bischof, der Nachfolger des Petrus, und die Bischöfe, die Nachfolger der Apostel, untereinander verbunden. Schon die uralte Regelung, nach der die auf dem ganzen Erdkreis eingesetzten Bischöfe wechselseitig und mit dem Römischen Bischof im Band der Einheit, der Liebe und des Friedens Gemeinschaft hielten[1], und ebenso das Zusammentreten von Konzilien[2], durch die gerade die jeweils wichtigeren Angelegenheiten[3] in einer durch den Rat vieler abgewogenen Entscheidung[4] gemeinschaftlich festgelegt werden sollten, weisen

---

[4] Hippolyt von Rom, *Traditio Apostolica* 2 (B. Botte: SouChr 11 [1984] 40–42).

[5] Das Konzil von Trient, 23. Sitzung, Kap. 4 lehrt, daß das Weihesakrament ein unauslöschliches Prägemal verleiht (vgl. \*1767). Vgl. Johannes XXIII., Ansprache *"Jubilate Deo"*, 8. Mai 1960 (AAS 52 [1960] 466); Paul VI., Homilie in der Vatikanbasilika, 20. Okt. 1963 (AAS 55 [1963] 1014).

[6] Cyprian, Brief 63,14: "Der Priester waltet an Christi Statt" ("Sacerdos vice Christi vere fungitur": PL 4,386 / CSEL 3/II, 716); Johannes Chrysostomus, *In 2 Tim* hom. 2,4: Der Priester ist "Symbol" Christi (PG 62,612); Ambrosius, *In Psalmos* 38,25–26 (PL 14,1051f / CSEL 64,203f); Ambrosiaster, *In 1 Tim* 5,19 (PL 17,479C); *In Ephes* 4,11f (PL 17,387C); Theodor von Mopsuestia, *Homiliae Catecheticae* XV 21 24 (R. Tonneau – R. Devresse: ST 145 [Vatikan 1949] 497 503); Hesychius von Jerusalem, *In Leviticum* II 9, n. 23 (PG 93,894B).

**\*4146** [1] Vgl. Eusebius, *Historia Ecclesiae* V 24,10 (E. Schwartz: GChSch 9/I,495 / SouChr 41 [1955] 69); Dionysius, bei Eusebius, *Historia Ecclesiae* VII 5,2 (GChSch 9/I,638f / SouChr 41,169).

[2] Vgl. über die alten Konzilien Eusebius, *Historia Ecclesiae* V 23-24 (E. Schwartz: GChSch 9/I, 488–496 / SouChr 41,66–71) u. ö.; Konzil von Nikaia, Kan. 5 (COeD[2] 7; COeD[3] 8 / Turner 1/I/II, 196–198).

[3] Tertullian, *De Ieiunio* 13 (PL 2,972B / CSEL 20,292$_{13-16}$ / A. Reifferscheid – G. Wissowa: CpChL 1 [1954] 1272).

[4] Cyprian, Brief 56,3 (CSEL 3/II, 650).

ductus, plures advocandi Episcopos qui in novo electo ad summi sacerdotii ministerium elevando partem haberent. Membrum Corporis episcopalis aliquis constituitur vi sacramentalis consecrationis et hierarchica communione cum Collegii Capite atque membris.

Collegium autem seu corpus Episcoporum auctoritatem non habet, nisi simul cum Pontifice Romano, successore Petri, ut capite eius intellegatur, huiusque integre manente potestate Primatus in omnes sive Pastores sive fideles. Romanus enim Pontifex habet in Ecclesiam, vi muneris sui, Vicarii scilicet Christi et totius Ecclesiae Pastoris, plenam, supremam et universalem potestatem, quam semper libere exercere valet. Ordo autem Episcoporum, qui collegio Apostolorum in magisterio et regimine pastorali succedit, immo in quo corpus apostolicum continuo perseverat, una cum Capite suo Romano Pontifice, et numquam sine hoc Capite subiectum quoque supremae ac plenae potestatis in universam Ecclesiam exsistit[5], quae quidem potestas nonnisi consentiente Romano Pontifice exerceri potest. Dominus unum Simonem ut petram et clavigerum Ecclesiae posuit [cf. Mt 16,18-19], eumque Pastorem totius sui gregis constituit [cf. Io 21,15-19]; illud autem ligandi ac solvendi munus, quod Petro datum est [Mt 16,19], collegio quoque Apostolorum, suo Capiti coniuncto, tributum esse constat [Mt 18,18; 28,16-20][6]. Collegium hoc quatenus ex multis compositum, varietatem et universalitatem Populi Dei, quatenus vero sub uno capite collectum unitatem gregis Christi exprimit. In ipso, Episcopi, primatum et principatum Capitis sui fideliter servantes, propria potestate in bonum [27] fidelium suorum, immo totius Ecclesiae funguntur, Spiritu Sancto organicam structuram eiusque concordiam continenter roborante.

auf die kollegiale Natur und Beschaffenheit des bischöflichen Standes hin. Diese bestätigen deutlich die im Lauf der Jahrhunderte gefeierten Ökumenischen Konzilien. Eben darauf deutet aber schon der in alten Zeiten eingeführte Brauch hin, mehrere Bischöfe beizuziehen, die an der Erhebung eines neu Erwählten zum Dienst des Hohenpriesters teilhaben sollten. Glied der Körperschaft der Bischöfe wird man kraft der sakramentalen Weihe und der hierarchischen Gemeinschaft mit Haupt und Gliedern des Kollegiums.

Das Kollegium beziehungsweise die Körperschaft der Bischöfe hat aber nur Autorität, wenn es zusammen mit dem Römischen Bischof, dem Nachfolger des Petrus, als seinem Haupt verstanden wird, und unbeschadet der bleibenden Vollmacht seines Primats gegenüber allen Hirten und Gläubigen. Denn der römische Bischof hat kraft seines Amtes, nämlich des Stellvertreters Christi und des Hirten der ganzen Kirche, die volle, höchste und allgemeine Vollmacht über die Kirche, die er immer frei ausüben kann. Der Stand der Bischöfe aber, der dem Kollegium der Apostel im Lehramt und in der Hirtenleitung nachfolgt, ja, in dem die Körperschaft der Apostel beständig fortdauert, tritt zusammen mit seinem Haupt, dem Römischen Bischof, und niemals ohne dieses Haupt, gleichfalls als Träger der höchsten und ganzen Vollmacht gegenüber der ganzen Kirche[5] auf, und freilich kann diese Vollmacht nur mit Zustimmung des Römischen Bischofs ausgeübt werden. Der Herr hat allein Simon zum Fels und Schlüsselträger der Kirche bestellt [vgl. Mt 16,18-19] und ihn als Hirten seiner ganzen Herde eingesetzt [vgl. Joh 21,15-19.]; es steht aber fest, daß jenes Amt des Bindens und Lösens, das Petrus gegeben wurde [Mt 16,19], auch dem mit seinem Haupt verbundenen Apostelkollegium zugeteilt worden ist [Mt 18,18; 28,16-20][6]. Insofern dieses Kollegium aus vielen zusammengesetzt ist, bringt es die Vielfalt und Universalität des Volkes Gottes, insofern es aber unter einem Haupt gesammelt ist, die Einheit

---

[5]    Vgl. die Relatio von F.M. Zinelli auf dem 1. Vatikanischen Konzil (MaC 52,1109C).
[6]    Vgl. 1. Vatikanisches Konzil, Schema II der dogmatischen Konstitution De Ecclesia Christi, Kap. 4 (MaC 53,310). Vgl. die Relatio von J. Kleutgen über das umgearbeitete Schema (MaC 53,321B-322B) und die Erklärung von F.M. Zinelli (MaC 52,1110A); vgl. auch Leo I. der Große, Sermones 4, n. 3 (PL 54,151A).

Suprema in universam Ecclesiam potestas, qua istud Collegium pollet, sollemni modo in Concilio Oecumenico exercetur. Concilium Oecumenicum numquam datur, quod a Successore Petri non sit ut tale confirmatum vel saltem receptum; et Romani Pontificis praerogativa est haec Concilia convocare, iisdem praesidere et eadem confirmare. Eadem potestas collegialis una cum Papa exerceri potest ab Episcopis in orbe terrarum degentibus, dummodo Caput Collegii eos ad actionem collegialem vocet, vel saltem Episcoporum dispersorum unitam actionem approbet vel libere recipiat, ita ut verus actus collegialis efficiatur.

23. Collegialis unio etiam in mutuis relationibus singulorum Episcoporum cum particularibus Ecclesiis Ecclesiaque universali apparet. Romanus Pontifex, ut successor Petri, est unitatis, tum Episcoporum tum fidelium multitudinis, perpetuum ac visibile principium et fundamentum[1]. Episcopi autem singuli visibile principium et fundamentum sunt unitatis in suis Ecclesiis particularibus[2], ad imaginem Ecclesiae universalis formatis, in quibus et ex quibus una et unica Ecclesia catholica exsistit[3]. Qua de causa singuli Episcopi suam Ecclesiam, omnes autem simul cum Papa totam Ecclesiam repraesentant in vinculo pacis, amoris et unitatis.

Singuli Episcopi, qui particularibus Ecclesiis praeficiuntur, regimen suum pastorale

der Herde Christi zum Ausdruck. In ihm üben die Bischöfe unter treuer Beachtung des Primates und des Vorrangs ihres Hauptes ihre eigene Vollmacht zum Nutzen ihrer Gläubigen, ja, der ganzen Kirche aus, wobei der Heilige Geist deren organische Struktur und Eintracht fortwährend stärkt. Die höchste Gewalt gegenüber der ganzen Kirche, über die dieses Kollegium verfügt, wird in feierlicher Weise im Ökumenischen Konzil ausgeübt. Ein Ökumenisches Konzil gibt es niemals, wenn es vom Nachfolger des Petrus nicht als solches bestätigt oder wenigstens angenommen worden ist; und es ist Vorrecht des Römischen Bischofs, diese Konzilien einzuberufen, auf ihnen den Vorsitz zu führen und sie zu bestätigen. Dieselbe kollegiale Vollmacht kann zusammmen mit dem Papst von den auf dem Erdkreis lebenden Bischöfen ausgeübt werden, sofern das Haupt des Kollegiums sie zu einer kollegialen Handlung ruft oder wenigstens die einhellige Handlung der ⟨über verschiedene Orte⟩ verstreuten Bischöfe billigt oder frei annimmt, so daß ein wahrhaft kollegialer Akt zustandekommt.

23. Die kollegiale Einheit zeigt sich auch **4147** in den wechselseitigen Beziehungen der einzelnen Bischöfe zu den Teilkirchen und zur Gesamtkirche. Der Römische Bischof ist als Nachfolger des Petrus das immerwährende und sichtbare Prinzip und Fundament für die Einheit der Vielheit sowohl von Bischöfen als auch von Gläubigen[1]. Die einzelnen Bischöfe aber sind sichtbares Prinzip und Fundament der Einheit in ihren nach dem Bild der Gesamtkirche gestalteten Teilkirchen[2], in denen und aus denen die eine und einzige katholische Kirche besteht[3]. Aus diesem Grund stellen die einzelnen Bischöfe ihre Kirche, alle zusammen aber mit dem Papst die ganze Kirche im Band des Friedens, der Liebe und der Einheit dar.

Die einzelnen Bischöfe, die den Teilkirchen vorstehen, üben ihre pastorale Leitung

---

**\*4147**   [1]   Vgl. 1. Vatikanisches Konzil, Dogmatische Konstitution über die Kirche Christi "*Pastor aeternus*", Vorwort (\*3050f).

[2]   Vgl. Cyprian, Brief 66,8: "Der Bischof ist in der Kirche und die Kirche im Bischof" ("Episcopus in Ecclesia et Ecclesia in Episcopo": CSEL 3/II, 733).

[3]   Vgl. Cyprian, Brief 55,24: "Die eine Kirche ist über die ganze Welt hin in vielen Gliedern verteilt" ("Una Ecclesia per totum mundum in multa membra divisa": CSEL 3/II, 642$_{33}$); Brief 36,4 (CSEL 3/II, 575$_{20f}$).

super portionem Populi Dei sibi commissam, non super alias Ecclesias neque super Ecclesiam universalem exercent. Sed qua membra Collegii episcopalis et legitimi Apostolorum successores singuli ea sollicitudine pro universa Ecclesia ex Christi institutione et praecepto tenentur[4], quae, etiamsi per actum iurisdictionis non exerceatur, summopere tamen confert ad Ecclesiae universalis emolumentum. Debent enim omnes Episcopi promovere et tueri unitatem fidei et disciplinam cunctae Ecclesiae communem, fideles edocere ad amorem totius Corporis mystici Christi, praesertim membrorum pauperum, *[28]* dolentium et eorum qui persecutionem patiuntur propter iustitiam [*cf. Mt 5,10*], tandem promovere omnem actuositatem quae toti Ecclesiae communis est, praesertim ut fides incrementum capiat et lux plenae veritatis omnibus hominibus oriatur. Ceterum hoc sanctum est quod, bene regendo propriam Ecclesiam ut portionem Ecclesiae universalis, ipsi efficaciter conferunt ad bonum totius mystici Corporis, quod est etiam corpus Ecclesiarum[5].

Cura Evangelium ubique terrarum annuntiandi ad corpus Pastorum pertinet, quibus omnibus in commune Christus mandatum dedit imponendo commune officium, ut iam Papa Coelstinus Patribus Ephesini Concilii commendavit[6]. Unde singuli Episcopi, quantum propria eorum perfunctio muneris sinit, in laborum societate venire tenentur inter se et cum successore Petri, cui grande munus christiani nominis propagandi singulari modo demandatum est[7]. Quare missionibus tum messis operarios, tum etiam auxilia spiritualia et materialia, tam per se directe, quam suscitando fidelium ardentem cooperationem, suppeditare omnibus viribus debent. Episcopi denique, in universali caritatis

über den ihnen anvertrauten Anteil des Volkes Gottes, nicht über andere Kirchen und nicht über die Gesamtkirche aus. Aber als Glieder des Bischofskollegiums und rechtmäßige Nachfolger der Apostel sind sie aufgrund von Christi Einrichtung und Vorschrift als einzelne zu einer solchen Sorge für die Gesamtkirche gehalten[4], die, wenn sie auch nicht durch einen Akt der Jurisdiktion ausgeübt wird, dennoch im höchsten Maß zum Nutzen der Gesamtkirche beiträgt. Alle Bischöfe müssen nämlich die Einheit des Glaubens und die der ganzen Kirche gemeinsame Ordnung fördern und schützen, die Gläubigen zur Liebe des ganzen mystischen Leibes Christi anleiten, besonders der armen und leidenden Glieder und derer, die Verfolgung erdulden um der Gerechtigkeit willen [*vgl. Mt 5,10*], und endlich ⟨müssen sie⟩ jedes Wirken fördern, das der ganzen Kirche gemeinsam ist, vor allem, daß der Glaube Wachstum gewinne und das Licht der vollen Wahrheit allen Menschen aufgehe. Im übrigen ist dies unantastbar, daß sie, indem sie ihre eigene Kirche als Teil der Gesamtkirche gut leiten, wirksam zum Wohl des ganzen mystischen Leibes, der auch der Leib der Kirchen ist[5], beitragen.

Die Sorge, das Evangelium überall auf Erden zu verkündigen, betrifft die Körperschaft der Hirten, denen allen gemeinschaftlich Christus durch Auferlegen der gemeinsamen Amtspflicht den Auftrag gegeben hat, wie schon Papst Coelestin den Vätern des Konzils von Ephesus ins Bewußtsein gerufen hat[6]. Deshalb sind die einzelnen Bischöfe gehalten, soweit es die eigene Ausübung ihres Amtes zuläßt, untereinander und mit dem Nachfolger des Petrus, dem das hohe Amt, den christlichen Namen fortzupflanzen, in einzigartiger Weise übertragen ist[7], in Arbeitsgemeinschaft zu treten. Daher müssen sie mit allen Kräften den Missionen Arbeiter für die Ernte wie auch geistliche und materielle Hil-

---

4    Vgl. Pius XII., Enzyklika "*Fidei donum*", 21. April 1957 (AAS 49 [1957] 237).
5    Vgl. Hilarius von Poitiers, *In Psalmos* 14,3 (PL 9,206 / CSEL 22,86); Gregor I. der Große, *Moralia in Iob* IV 7,12 (PL 75,643C / M. Adriaen: CpChL 143 [1979] 170f); Ps.-Basilius, *In Isaiam* 15,296 (PG 30,637C).
6    Coelestin, Brief 18,1-2 an das Konzil von Ephesus (PL 50,505AB / ACOe 1/I/I, 22). Vgl. Benedikt XV., Apostolischer Brief "*Maximum illud*" (AAS 11 [1919] 440); Pius XI., Enzyklika "*Rerum Ecclesiae*", 28. Febr. 1926 (AAS 18 [1926] 69); Pius XII., Enzyklika "*Fidei donum*", 21. April 1957 (AAS 49 [1957] 237).
7    Leo XIII., Enzyklika "*Grande munus*", 30. Sept. 1880 (AAS 13 [1880] 145).

societate, fraternum adiutorium aliis Ecclesiis, praesertim finitimis et egentioribus, secundum venerandum antiquitatis exemplum,
libenter praebeant.

Divina autem Providentia factum est ut
variae variis in locis ab Apostolis eorumque
successoribus institutae Ecclesiae decursu
temporum in plures coaluerint coetus, organice coniunctos, qui, salva fidei unitate et
unica divina constitutione universalis Ecclesiae, gaudent propria disciplina, proprio liturgico usu, theologico spiritualique patrimonio. Inter quas aliquae, notatim antiquae
Patriarchales Ecclesiae, veluti matrices fidei,
alias pepererunt quasi filias, quibuscum arctiore vinculo caritatis in vita sacramentali atque in mutua iurium et officiorum reverentia
ad nostra usque tempora connectuntur[8].
Quae Ecclesiarum localium in unum conspi-
rans varietas indivisae Ecclesiae catholicita-
tem luculentius demonstrat. Simili ratione
Coetus Episcopales hodie multiplicem atque
fecundam opem conferre possunt, ut collegialis affectus ad concretam applicationem perducatur.

24. Episcopi, utpote Apostolorum successores, a Domino, cui omnis potestas in caelo
et in terra data est, missionem accipiunt docendi omnes gentes et praedicandi Evangelium omni creaturae, ut homines universi,
per fidem, baptismum et adimpletionem
mandatorum salutem consequantur [cf. Mt
28,18; Mc 16,15s; Act 26,17s]. Ad hanc missionem implendam, Christus Dominus Spiritum Sanctum promisit Apostolis et die
Pentecostes e caelo misit, cuius virtute testes
Eidem essent usque ad ultimum terrae, co-

fen verschaffen, sowohl unmittelbar durch
sich selbst wie durch Erweckung der glühenden Mitarbeit der Gläubigen. Schließlich sollen die Bischöfe nach dem verehrungswürdigen Beispiel der alten Zeit in allumfassender
Gemeinschaft der Liebe anderen Kirchen,
besonders benachbarten und bedürftigeren,
gern brüderliche Hilfe gewähren.

Durch die göttliche Vorsehung aber geschah es, daß die verschiedenen von den
Aposteln und ihren Nachfolgern an verschiedenen Orten eingerichteten Kirchen im Lauf
der Zeiten zu mehreren organisch verbundenen Zusammenschlüssen zusammenwuch-
sen, die sich, unbeschadet der Einheit des
Glaubens und der einen göttlichen Verfassung der Gesamtkirche, einer eigenen Ordnung, eines eigenen liturgischen Brauches
und eines eigenen theologischen und geistlichen Erbes erfreuen. Unter ihnen haben einige, vornehmlich die alten Patriarchalkirchen,
wie Stammütter des Glaubens andere Kirchen gleichsam als Töchter geboren, mit denen sie durch ein engeres Band der Liebe im
sakramentalen Leben und in der wechselseitigen Achtung von Rechten und Pflichten bis
auf unsere Zeiten verbunden sind[8]. Diese in
eins zusammenstrebende Unterschiedlichkeit
der Ortskirchen zeigt die Katholizität der ungeteilten Kirche in besonders hellem Licht.
In ähnlicher Weise können die Zusammenschlüsse der Bischöfe heute vielfältige
und fruchtbare Hilfe leisten, damit die kollegiale Gesinnung zur konkreten Anwendung geführt wird.

24. Die Bischöfe empfangen als Nachfol- **4148**
ger der Apostel vom Herrn, dem alle Gewalt
im Himmel und auf der Erde gegeben ist, die
Sendung, alle Völker zu lehren und jedem
Geschöpf das Evangelium zu verkündigen,
damit alle Menschen durch Glaube, Taufe
und Erfüllung der Gebote das Heil erlangen
[vgl. Mt 28,18; Mk 16,15f; Apg 26,17f]. Zur
Erfüllung dieser Sendung verhieß Christus,
der Herr, den Aposteln den Heiligen Geist
und sandte ihn am Pfingsttag vom Himmel
her, damit sie durch seine Kraft für ihn Zeu-

---

[8]   Über die Rechte der Patriarchatssitze vgl. das Konzil von Nikaia, Kan. 6 bezüglich Alexandrien
und Antiochien sowie Kan. 7 bezüglich Jerusalem (COeD[2] 8; COeD[3] 8f); 4. Konzil im Lateran
(1215), Konstitution V: *De dignitate Patriarcharum* (COeD[2] 212; COeD[3] 236); Konzil von Fer-
rara-Florenz, 6. Sitzung, 6. Juli 1439, Definition (COeD[2] 504; COeD[3] 528).

ram gentibus et populis et regibus [cf. Act 1,8; 2,1-13; 9,15]. Munus autem illud, quod Dominus pastoribus populi sui commisit, verum est servitium quod in sacris Litteris "diakonia" seu ministerium significanter nuncupatur [Act 1,17 25; 21,19; Rm 11,13; 1 Tim 1,12].

Episcoporum autem missio canonica fieri potest per legitimas consuetudines, a suprema et universali potestate Ecclesiae non revocatas, vel per leges ab eadem auctoritate latas aut agnitas, vel directe per ipsum Successorem Petri; quo renuente seu communionem Apostolicam denegante, Episcopi in officium assumi nequeunt[1].

**4149**    25. Inter praecipua Episcoporum munera eminet praedicatio Evangelii[1]. Episcopi enim sunt fidei praecones, qui novos discipulos ad Christum adducunt, et doctores authentici seu auctoritate Christi praediti, qui populo sibi commisso fidem credendam et moribus applicandam praedicant, et sub lumine Sancti Spiritus illustrant, ex thesauro Revelationis nova et vetera proferentes [cf. Mt 13,52], eam fructificare faciunt erroresque gregi suo impendentes vigilanter arcent [cf. 2 Tim 4,1-4]. Episcopi in communione cum Romano Pontifice docentes ab omnibus tamquam divinae et catholicae veritatis testes venerandi sunt; fideles autem in sui Episcopi sententiam de fide et moribus nomine Christi prolatam concurrere, eique religioso animi obsequio adhaerere [30] debent. Hoc vero religiosum voluntatis et intellectus obsequium singulari ratione praestandum est Romani Pontificis authentico magisterio etiam cum non ex cathedra loquitur; ita nempe ut magisterium eius supremum reverenter agnoscatur, et sententiis ab eo prolatis sincere adhaereatur, iuxta mentem et voluntatem manifestatam ipsius, quae se prodit praecipue sive indole documentorum, sive ex frequenti

gen bis ans Ende der Erde seien, vor Stämmen, Völkern und Königen [Apg 1,8; 2,1-13; 9,15]. Jenes Amt aber, das der Herr den Hirten seines Volkes anvertraute, ist ein wahres Diensttun, das in der Heiligen Schrift bezeichnenderweise "diakonia" oder Dienst genannt wird [vgl. Apg 1,17 25; 21,19; Röm 11,13; 1 Tim 1,12].

Die kanonische Sendung der Bischöfe aber kann durch rechtmäßige, von der höchsten und allgemeinen Vollmacht der Kirche nicht widerrufene Gewohnheiten, durch Gesetze, die von der nämlichen Autorität erlassen oder anerkannt worden sind, oder unmittelbar durch den Nachfolger des Petrus selbst erfolgen; falls er Einspruch erhebt oder die apostolische Gemeinschaft verweigert, können Bischöfe nicht in ihr Amt aufgenommen werden[1].

25. Unter den hauptsächlichen Aufgaben der Bischöfe ragt die Verkündigung des Evangeliums heraus[1]. Die Bischöfe sind nämlich Herolde des Glaubens, die neue Jünger zu Christus führen, und authentische, das heißt mit der Autorität Christi versehene Lehrer, die dem ihnen anvertrauten Volk den Glauben verkündigen, der geglaubt und auf die Sitten angewandt werden soll, und sie erklären ihn im Licht des Heiligen Geistes, indem sie aus dem Schatz der Offenbarung Neues und Altes vorbringen [vgl. Mt 13,52], lassen ihn ⟨so⟩ Früchte tragen und halten die ihrer Herde drohenden Irrtümer wachsam fern [vgl. 2 Tim 4,1-4]. Wenn Bischöfe in Gemeinschaft mit dem Römischen Bischof lehren, sind sie von allen als Zeugen der göttlichen und katholischen Wahrheit zu verehren; die Gläubigen aber müssen mit einer im Namen Christi vorgetragenen Entscheidung ihres Bischofs über den Glauben und die Sitten übereinkommen und ihr mit dem religiösen Gehorsam ihres Herzens anhangen. Dieser religiöse Gehorsam des Willens und des Verstandes ist aber in besonderer Weise dem authentischen Lehramt des Römischen Bischofs zu leisten, auch wenn er nicht ex ca-

---

**\*4148** [1]    Vgl. den ⟨alten⟩ Codex für die Ostkirchen, Kan. 216-314 (über die Patriarchen); Kan. 324-339 (über die Großerzbischöfe); Kan. 362-391 (über die anderen Würdenträger); bes. Kan. 238 § 3; 216 240 251 255 (über die Ernennung der Bischöfe durch die Patriarchen).
**\*4149** [1]    Vgl. Konzil von Trient, 5. Sitzung, 17. Juni 1546, 2. Dekret (über Lesung und Predigt), Nr. 9 (COeD[2] 645; COeD[3] 669); 24. Sitzung, 11. Nov. 1563, Dekret über die Reformation, Kan. 4 (COeD[2] 739; COeD[3] 763).

propositione eiusdem doctrinae, sive ex dicendi ratione.

Licet singuli praesules infallibilitatis praerogativa non polleant, quando tamen, etiam per orbem dispersi, sed communionis nexum inter se et cum Successore Petri servantes, authentice res fidei et morum docentes in unam sententiam tamquam definitive tenendam conveniunt, doctrinam Christi infallibiliter enuntiant[2]. Quod adhuc manifestius habetur quando, in Concilio Oecumenico coadunati, pro universa Ecclesia fidei et morum doctores et iudices sunt, quorum definitionibus fidei obsequio est adhaerendum.

Haec autem infallibilitas, qua Divinus Redemptor Ecclesiam suam in definienda doctrina de fide vel moribus instructam esse voluit, tantum patet quantum divinae Revelationis patet depositum, sancte custodiendum et fideliter exponendum. Qua quidem infallibilitate Romanus Pontifex, Collegii Episcoporum Caput vi muneris sui gaudet, quando, ut supremus omnium christifidelium pastor et doctor, qui fratres suos in fide confirmat [cf. Lc 22,32], doctrinam de fide vel moribus definitivo actu proclamat[3]. Quare definitiones eius ex sese, et non ex consensu Ecclesiae, irreformabiles merito dicuntur, quippe quae sub assistentia Spiritus Sancti, ipsi in beato Petro promissa, prolatae sint, ideoque nulla indigeant aliorum approbatione, nec ullam ad aliud iudicium appellationem patiantur. Tunc enim Romanus Pontifex non ut persona privata sententiam profert, sed ut universalis Ecclesiae magister supre-

thedra spricht; nämlich so, daß sein oberstes Lehramt ehrfürchtig anerkannt und den von ihm vorgetragenen Entscheidungen aufrichtig angehangen wird entsprechend der von ihm kundgetanen Meinung und Absicht, die sich vornehmlich aus der Beschaffenheit der Dokumente, der Häufigkeit der Vorlage derselben Lehre und der Sprechweise ergibt.

Auch wenn die einzelnen Vorsteher nicht über den Vorzug der Unfehlbarkeit verfügen, so verkünden sie dennoch, immer wenn sie – auch wenn sie über den Erdkreis verstreut sind, aber das Band der Gemeinschaft untereinander und mit dem Nachfolger des Petrus beachten – authentisch Sachen des Glaubens und der Sitten lehren und dabei auf eine Aussage als endgültig verbindliche übereinkommen, die Lehre Christi auf unfehlbare Weise[2]. Dies ist noch offenkundiger der Fall, wenn sie, auf einem Ökumenischen Konzil vereint, für die ganze Kirche Lehrer und Richter des Glaubens und der Sitten sind, deren Bestimmungen mit dem Gehorsam des Glaubens anzuhangen ist.

Diese Unfehlbarkeit aber, mit der der göttliche Erlöser seine Kirche bei der Bestimmung einer Lehre über den Glauben oder die Sitten ausgestattet sehen wollte, reicht so weit, wie die Hinterlassenschaft der göttlichen Offenbarung reicht, die unantastbar bewahrt und getreulich ausgelegt werden muß. Dieser Unfehlbarkeit jedoch erfreut sich der Römische Bischof, das Haupt des Kollegiums der Bischöfe, kraft seines Amtes, wenn er als oberster Hirt und Lehrer aller Christgläubigen, der seine Brüder im Glauben stärkt [vgl. Lk 22,32], eine Lehre über den Glauben oder die Sitten in einem endgültigen Akt verkündet[3]. Daher heißen seine Bestimmungen zu Recht aus sich und nicht aus der Zustimmung der Kirche heraus unveränderlich, da sie ja unter dem Beistand des Heiligen Geistes, der ihm im seligen Petrus verheißen wurde, vorgebracht sind, und deshalb keiner Bestätigung durch andere bedürfen noch ir-

---

[2] Vgl. 1. Vatikanisches Konzil, Dogmatische Konstitution "*Dei Filius*", Kap. 3 (\*3011). Vgl. die dem Schema I über die katholische Kirche beigefügte Anmerkung (entnommen aus Robert Bellarmin: MaC 51,579C) sowie das umgearbeitete Schema II der dogmatischen Konstitution *De Ecclesia Christi* mit dem Kommentar von J. Kleutgen (MaC 53,313AB); Pius IX., Brief "*Tuas libenter*" (\*2879).

[3] Vgl. 1. Vatikanisches Konzil, Dogmatische Konstitution über die Kirche Christi "*Pastor aeternus*", Kap. 4 (\*3074).

mus, in quo charisma infallibilitatis ipsius Ecclesiae singulariter inest, doctrinam fidei catholicae exponit vel tuetur[4]. Infallibilitas Ecclesiae promissa in corpore Episcoporum quoque inest, quando supremum magisterium cum Petri Successore exercet. Istis autem *[31]* definitionibus assensus Ecclesiae numquam deesse potest propter actionem eiusdem Spiritus Sancti, qua universus Christi grex in unitate fidei servatur et proficit[5].

**4150**    Cum autem sive Romanus Pontifex sive Corpus Episcoporum cum eo sententiam definiunt, eam proferunt secundum ipsam Revelationem, cui omnes stare et conformari tenentur et quae scripta vel tradita per legitimam Episcoporum successionem et imprimis ipsius Romani Pontificis cura integre transmittitur, atque praelucente Spiritu veritatis in Ecclesia sancte servatur et fideliter exponitur[1]. Ad quam rite indagandam et apte enuntiandam, Romanus Pontifex et Episcopi, pro officio suo et rei gravitate, per media apta, sedulo operam navant[2]; novam vero revelationem publicam tamquam ad divinum fidei depositum pertinentem non accipiunt[3].

**4151**    26. Episcopus, plenitudine sacramenti ordinis insignitus, est "oeconomus gratiae supremi sacerdotii"[1], praesertim in Eucharistia, quam ipse offert vel offerri curat[2], et qua continuo vivit et crescit Ecclesia. Haec Chri-

gendeine Berufung an ein anderes Urteil zulassen. In diesem Fall trägt nämlich der Römische Bischof seine Entscheidung nicht als Privatperson vor, sondern legt als oberster Lehrer der gesamten Kirche, dem auf einzigartige Weise die Gnadengabe der Unfehlbarkeit der Kirche selbst innewohnt, die Lehre des katholischen Glaubens aus und schützt sie[4]. Die der Kirche verheißene Unfehlbarkeit wohnt auch der Körperschaft der Bischöfe inne, wenn sie das oberste Lehramt zusammen mit dem Nachfolger des Petrus ausübt. Diesen Bestimmungen aber kann wegen der Wirksamkeit desselben Heiligen Geistes, durch welche die gesamte Herde Christi in der Einheit des Glaubens bewahrt wird und fortschreitet, die Zustimmung der Kirche niemals fehlen[5].

Wenn aber der Römische Bischof oder die Körperschaft der Bischöfe in Verbindung mit ihm einen Satz definieren, legen sie ihn gemäß der Offenbarung selbst vor, zu der zu stehen und nach der sich zu richten alle gehalten sind, und die in Schrift oder Überlieferung durch die rechtmäßige Nachfolge der Bischöfe und insbesondere durch die Sorge des Römischen Bischofs selbst unversehrt weitergegeben und im Lichte des Geistes der Wahrheit in der Kirche unantastbar bewahrt und getreu ausgelegt wird[1]. Um sie recht zu erforschen und geeignet zu verkündigen, mühen sich der Römische Bischof und die Bischöfe eifrig mit geeigneten Mitteln entsprechend ihrer Pflicht und dem Gewicht der Sache[2]; eine neue öffentliche Offenbarung aber, die gleichsam zur göttlichen Hinterlassenschaft des Glaubens gehörte, empfangen sie nicht[3].

26. Der Bischof ist, mit der Fülle des Sakraments der Weihe ausgezeichnet, "Verwalter der Gnade des höchsten Priestertums"[1], besonders in der Eucharistie, die er selbst darbringt oder darbringen läßt[2] und

---

⁴    Vgl. die Erläuterungen von V. Gasser auf dem 1. Vatikanischen Konzil (MaC 52,1213A-C).
⁵    V. Gasser, ebd. (MaC 52,1214A).
**\*4150** ¹    V. Gasser, ebd. (MaC 52,1215CD 1216–1217A).
² V. Gasser, ebd. (MaC 52,1213).
³ 1. Vatikanisches Konzil, Dogmatische Konstitution über die Kirche Christi "*Pastor aeternus*", Kap. 4 (\*3070).
**\*4151** ¹ Gebet zur Bischofsweihe im byzantinischen Ritus: «*Εὐχολόγιον τὸ μέγα*» (Rom 1873) 139.
² Vgl. Ignatius von Antiochien, Brief an die Gemeinde von Smyrna, Nr. 8,1 (Funk 1,282 / SouChr 10,138–140).

sti Ecclesia vere adest in omnibus legitimis fidelium congregationibus localibus, quae, pastoribus suis adhaerentes, et ipsae in Novo Testamento ecclesiae vocantur[3]. Hae sunt enim loco suo Populus novus a Deo vocatus, in Spiritu Sancto et in plenitudine multa [cf. 1 Th 1,5]. In eis praedicatione Evangelii Christi congregantur fideles et celebratur mysterium Coenae Domini, "ut per escam et sanguinem Domini corporis fraternitas cuncta copuletur"[4]. In quavis altaris communitate, sub Episcopi sacro ministerio[5], exhibetur symbolum illius caritatis et "unitatis Corporis mystici, sine qua non potest salus"[6]. In his communitatibus, licet saepe exiguis et pauperibus, vel in dispersione degentibus, praesens est Christus, cuius virtute consociatur una, sancta, catholica et apostolica Ecclesia[7]. [32] Etenim "non aliud agit participatio corporis et sanguinis Christi, quam ut in id quod sumimus transeamus"[8].

Omnis autem legitima Eucharistiae celebratio dirigitur ab Episcopo, cui officium commissum est cultum christianae religionis Divinae Maiestati deferendi atque administrandi secundum praecepta Domini et Ecclesiae leges, eius particulari iudicio ulterius pro dioecesi determinatas.

Ita Episcopi, orando pro populo et laborando, de plenitudine sanctitatis Christi multiformiter et abundanter effundunt. Per ministerium verbi virtutem Dei credentibus in salutem communicant [cf. Rm 1,16], et per sacramenta, quorum regularem et fructuosam distributionem auctoritate sua ordinant[9], fideles sanctificant. Ipsi regunt collationem baptismi, quo regalis sacerdotii Christi participatio conceditur. Ipsi sunt ministri originarii confirmationis, dispensatores sa-

durch die die Kirche beständig lebt und wächst. Diese Kirche Christi ist wahrhaft in allen rechtmäßigen örtlichen Gemeinden der Gläubigen anwesend, die in der Verbindung mit ihren Hirten auch selbst im Neuen Testament Kirchen genannt werden[3]. Sie sind nämlich an ihrem Ort das von Gott gerufene neue Volk, im Heiligen Geist und in großer Fülle [vgl. 1 Thess 1,5]. In ihnen werden durch die Verkündigung des Evangeliums Christi die Gläubigen versammelt und wird das Geheimnis des Herrenmahls gefeiert, "damit durch Speise und Blut des Leibes des Herrn die ganze Bruderschaft verknüpft werde"[4]. In jedweder Gemeinschaft des Altars erscheint unter dem heiligen Dienst des Bischofs[5] das Symbol jener Liebe und "Einheit des mystischen Leibes, ohne die es kein Heil geben kann"[6]. In diesen Gemeinschaften ist, auch wenn sie oft klein und arm sind oder in der Zerstreuung leben, Christus gegenwärtig, durch dessen Kraft die eine, heilige, katholische und apostolische Kirche versammelt wird[7]. Denn "nichts anderes bewirkt die Teilhabe an Leib und Blut Christi, als daß wir in das übergehen, was wir empfangen"[8].

Jede rechtmäßige Feier der Eucharistie aber wird vom Bischof geleitet, dem die Pflicht übertragen ist, den Gottesdienst der christlichen Religion der göttlichen Hoheit darzubringen und gemäß den Geboten des Herrn und den Gesetzen der Kirche, die durch seine besondere Entscheidung für die Diözese näher bestimmt werden, zu leiten.

So spenden die Bischöfe durch Beten und Arbeiten für das Volk vielfältig und reichlich von der Fülle der Heiligkeit Christi aus. Durch den Dienst des Wortes teilen sie die Kraft Gottes den Glaubenden zum Heil mit [vgl. Röm 1,16] und durch die Sakramente, deren geregelte und fruchtbringende Verteilung sie kraft ihrer Autorität ordnen[9], heiligen sie die Gläubigen. Sie selbst leiten die Spendung der Taufe, durch die Anteil am königlichen Priestertum Christi gewährt wird.

---

[3]   Vgl. Apg 8,1; 14,22f; 20,17 u. ö.
[4]   Mozarabische Oration (PL 96,759B).
[5]   Vgl. Ignatius von Antiochien, Brief an die Gemeinde von Smyrna, Nr. 8,1 (Funk 1,282 / SouChr 10,138-140).
[6]   Thomas von Aquin, Summa Theologiae III, q. 73, a. 3 (Editio Leonina 12,14f).
[7]   Vgl. Augustinus, Contra Faustum 12,20 (PL 42,265); Sermones 57,7 (PL 38,389 u. a.).
[8]   Leo I. der Große, Sermones 63,7 (PL 54,357C).
[9]   Hippolyt von Rom, Traditio Apostolica 2-3 (B. Botte: SouChr 11 [1984] 40-46).

crorum ordinum et moderatores disciplinae poenitentialis, atque populos suos, ut in liturgia et praesertim in sacro Missa sacrificio partes suas fide et reverentia impleant, sollicite exhortantur et instruunt. Eis denique quibus praesunt exemplo conversationis suae proficere debent, mores suos ab omni malo temperantes et quantum poterint, Domino adiuvante, ad bonum commutando, ut ad vitam, una cum grege sibi credito, perveniant sempiternam[10].

Sie selbst sind die ursprünglichen Diener der Firmung, die Spender der heiligen Weihen und Regler der Bußordnung, und sie ermahnen und unterweisen sorgsam ihre Völker, daß sie in der Liturgie und vornehmlich im heiligen Opfer der Messe ihren Anteil mit Glaube und Ehrfurcht erfüllen. Schließlich müssen sie denen, denen sie vorstehen, mit dem Beispiel ihres Lebenswandels helfen, indem sie ihr eigenes sittliches Verhalten von allem Bösen zurückhalten und, soweit möglich, mit Hilfe des Herrn zum Guten hin wandeln, um zusammen mit der ihnen anvertrauten Herde zum ewigen Leben zu gelangen[10].

**4152**    27. Episcopi Ecclesias particulares sibi commissas ut vicarii et legati Christi regunt[1], consiliis, suasionibus, exemplis, verum etiam auctoritate et sacra potestate, qua quidem nonnisi ad gregem suum in veritate et sanctitate aedificandum utuntur, memores quod qui maior est fiat sicut minor et qui praecessor est sicut ministrator [*Lc 22,26s*]. Haec potestas qua nomine Christi personaliter funguntur, est propria, ordinaria et immediata, licet a suprema Ecclesiae auctoritate exercitium eiusdem ultimatim regatur et certis limitibus, intuitu utilitatis Ecclesiae vel fidelium, circumscribi possit. Vi huius potestatis Episcopi sacrum ius et coram Domino officium habent in suos subditos leges *[33]* ferendi, iudicium faciendi, atque omnia, quae ad cultus apostolatusque ordinem pertinent, moderandi.

Ipsis munus pastorale seu habitualis et cotidiana cura ovium suarum plene committitur, neque vicarii Romanorum Pontificum putandi sunt, quia potestatem gerunt sibi propriam verissimeque populorum quos regunt Antistites dicuntur[2]. Eorum itaque potestas a suprema et universali potestate non eliditur,

27. Die Bischöfe leiten die Teilkirchen, die ihnen anvertraut worden sind, als Stellvertreter und Gesandte Christi[1] durch Rat, Zuspruch und Beispiel, aber auch mit Autorität und heiliger Vollmacht, die sie freilich nur zum Aufbau ihrer Herde in Wahrheit und Heiligkeit gebrauchen, eingedenk, daß der, der größer ist, werden soll wie der Geringere, und der, der Vorsteher ist, wie der Diener [*vgl. Lk 22,26f*]. Diese Vollmacht, die sie im Namen Christi persönlich ausüben, ist die eigene, ordentliche und unmittelbare, auch wenn ihr Vollzug letztlich von der höchsten Autorität der Kirche geregelt wird und im Hinblick auf den Nutzen der Kirche oder der Gläubigen mit bestimmten Grenzen umschrieben werden kann. Kraft dieser Vollmacht haben die Bischöfe das heilige Recht und angesichts des Herrn die Pflicht, Gesetze für ihre Untergebenen zu erlassen, Urteile zu fällen und alles, was zur Ordnung des Gottesdienstes und des Apostolats gehört, zu regeln.

Ihnen ist das Hirtenamt, das heißt die beständige und tägliche Sorge für ihre Schafe, voll anvertraut, und sie sind nicht als Stellvertreter der Römischen Bischöfe zu betrachten, da sie eine ihnen eigene Vollmacht innehaben und in voller Wahrheit Vorsteher der Völker, die sie leiten, heißen[2]. Deshalb

---

[10]    Vgl. den Text des sog. "Examens" am Anfang der Bischofsweihe und die Oration am Schluß der Weihemesse nach dem "Te Deum".

*4152 [1]    Benedikt XIV., Brief *"Romana Ecclesia"*, 5. Okt. 1752, Nr. 1: "Der Bischof stellt den Typus Christi dar und waltet Seines Amtes" ("Episcopus Christi typum gerit, eiusque munere fungitur": Benedikt XIV., *Bullarium* 4 [Rom 1758] 21); vgl. Pius XII., Enzyklika *"Mystici corporis"*: "Die einzelnen (Bischöfe) weiden und leiten die jeweils ihnen zugewiesene Herde im Namen Christi" ("Assignatos sibi greges singuli singulos Christi nomine pascunt et regunt": AAS 35 [1943] 211).

[2]    Leo XIII., Enzyklika *"Satis cognitum"*, 29. Juni 1896 (ASS 28 [1895/96] 732); Brief *"Officio sanctissimo"*, 22. Dez. 1887 (ASS 20 [1887] 264); Pius IX., Apostolischer Brief an die deutschen Bischöfe, 12. März 1875; Ansprache an die Kardinäle, 15. März 1875 (vgl. *3112-3117).

sed e contra asseritur, roboratur et vindica-tur[3], Spiritu Sancto constitutam a Christo Domino in sua Ecclesia regiminis formam indefectibiliter servante.

Episcopus, missus a Patrefamilias ad gubernandam familiam suam, ante oculos teneat exemplum Boni Pastoris, qui venit non ministrari sed ministrare [cf. Mt 20,28; Mc 10,45] et animam suam pro ovibus ponere [cf. Io 10,11]. Assumptus ex hominibus et circumdatus infirmitate, condolere potest iis qui ignorant et errant [cf. Hbr 5,1s]. Subditos, quos ut veros filios suos fovet et ad alacriter secum cooperandum exhortatur, audire ne renuat. Pro animabus eorum rationem redditurus Deo [cf. Hbr 13,17] oratione, praedicatione omnibusque operibus caritatis curam habeat tum eorumdem, tum etiam illorum qui de uno grege nondum sunt, quos in Domino commendatos sibi habeat. Ipse, cum sicut Paulus Apostolus cunctis debitor sit, promptus sit omnibus evangelizare [cf. Rm 1,14s], fidelesque suos ad operositatem apostolicam et missionalem exhortari. Fideles autem Episcopo adhaerere debent sicut Ecclesia Jesu Christo, et sicut Iesus Christus Patri, ut omnia per unitatem consentiant[4], et abundent in gloriam Dei [cf. 2 Cor 4,15].

28. Christus, quem Pater sanctificavit et misit in mundum [cf. Io 10,36], consecrationis missionisque suae per Apostolos suos, eorum successores, videlicet Episcopos, participes effecit[1], qui munus ministerii sui, vario gradu, variis subiectis in Ecclesia legitime tradiderunt. Sic ministerium ecclesiasticum divinitus institutum diversis ordinibus exerce-

wird ihre Vollmacht von der obersten und allgemeinen Vollmacht nicht ausgeschaltet, sondern im Gegenteil bestätigt, gestärkt und in Schutz genommen[3], wobei der Heilige Geist die Form der Leitung, die von Christus, dem Herrn, in seiner Kirche festgesetzt wurde, ohne Minderung bewahrt.

Der Bischof, der vom Hausvater gesandt ist, seine Familie zu lenken, soll sich das Beispiel des guten Hirten vor Augen halten, der gekommen ist, nicht um sich bedienen zu lassen, sondern um zu dienen [vgl. Mt 20,28; Mk 10,45] und sein Leben für die Schafe hinzugeben [vgl. Joh 10,11]. Aus den Menschen genommen und von Schwachheit umgeben, kann er mit denen leiden, die unwissend sind und irren [vgl. Hebr 5,1f]. Er soll sich nicht weigern, seine Untergebenen zu hören, die er wie seine wahren Kinder hegt und zum eifrigen Mitarbeiten mit ihm ermahnt. Da er für ihre Seelen Gott Rechenschaft ablegen wird [vgl. Hebr 13,17], soll er für sie durch Gebet, Predigt und alle Werke der Liebe Sorge tragen, aber auch für jene, die noch nicht von der einen Herde sind ⟨und⟩ die er ⟨doch⟩ im Herrn als ihm anvertraut betrachten soll. Da er wie der Apostel Paulus allen Schuldner ist, sei er bereit, allen das Evangelium zu predigen [vgl. Röm 1,14f] und seine Gläubigen zu apostolischer und missionarischer Bemühung zu ermahnen. Die Gläubigen aber müssen dem Bischof anhangen wie die Kirche Jesus Christus und wie Jesus Christus dem Vater, damit alles durch die Einheit zusammenstimme[4] und überströme zum Ruhm Gottes [vgl. 2 Kor 4,15].

28. Christus, den der Vater geheiligt und in   **4153** die Welt gesandt hat [vgl. Joh 10,36], machte durch seine Apostel deren Nachfolger, nämlich die Bischöfe, seiner Weihe und Sendung teilhaftig[1], die ⟨wiederum⟩ die Aufgabe ihres Dienstes in verschiedener Abstufung verschiedenen Trägern in der Kirche rechtmäßig weitergaben. So wird der von Gott eingesetz-

---

³  1. Vatikanisches Konzil, Dogmatische Konstitution über die Kirche Christi "Pastor aeternus", Kap. 3 (*3061). Vgl. die Relatio von F.M. Zinelli (MaC 52,1114D).
⁴  Vgl. Ignatius von Antiochien, Brief an die Gemeinde von Ephesus, Nr. 5,1 (Funk 1,216 / SouChr 10,60–62).
*4153 ¹  Vgl. Ignatius von Antiochien, Brief an die Gemeinde von Ephesus, Nr. 6,1 (Funk 1,218 / SouChr 10,62).

tur ab illis *[34]* qui iam ab antiquo Episcopi, Presbyteri, Diaconi vocantur[2]. Presbyteri, quamvis pontificatus apicem non habeant et in exercenda sua potestate ab Episcopis pendeant, cum eis tamen sacerdotali honore coniuncti sunt[3] et vi sacramenti Ordinis[4], ad imaginem Christi, summi atque aeternis Sacerdotis [*cf. Hbr 5,1-10; 7,24; 9,11-28*], ad Evangelium praedicandum fidelesque pascendos et ad divinum cultum celebrandum censecrantur, ut veri sacerdotes Novi Testamenti[5]. Muneris unici Mediatoris Christi [*cf. 1 Tim 2,5*] participes in suo gradu ministerii, omnibus verbum divinum annuntiant. Suum vero munus sacrum maxime exercent in eucharistico cultu vel synaxi, qua in persona Christi agentes[6] Eiusque mysterium proclamantes, vota fidelium sacrificio Capitis ipsorum coniungunt, et unicum sacrificium Novi Testamenti, Christi scilicet Sese Patri immaculatam hostiam semel offerentis [*cf. Hbr 9,11-28*], in sacrificio Missae usque ad adventum Domini [*cf. 1 Cor 11,26*] repraesentant et applicant[7]. Pro fidelibus autem poenitentibus vel aegrotantibus ministerio reconciliationis et alleviationis summe funguntur, et necessitates ac preces fidelium ad Deum patrem afferunt [*cf. Hbr 5,1-4*]. Munus Christi Pastoris et Capitis pro sua parte auctoritatis exercentes[8], familiam Dei, ut fraternitatem in unum animatam[9], colligunt et per Christum in Spiritu ad Deum Patrem adducunt. In medio gregis Eum in spiritu et veritate adorant [*cf. Io 4,24*]. In verbo demum et doctrina laborant [*cf. 1 Tim 5,17*], credentes quod in lege Domini meditantes legerint, docentes quod crediderint, imitantes quod docuerint[10]. *[35]*

te kirchliche Dienst in verschiedenen Ständen von jenen ausgeübt, die schon von alters her Bischöfe, Priester und Diakone heißen[2]. Die Priester sind, obwohl sie die Bischofswürde nicht haben und in der Ausübung ihrer Vollmacht von den Bischöfen abhängen, dennoch mit ihnen in der priesterlichen Ehre verbunden[3] und werden kraft des Sakraments der Weihe[4] nach dem Bilde Christi, des höchsten und ewigen Priesters [*vgl. Hebr 5,1-10; 7,24; 9,11-28*], zum Verkündigen des Evangeliums, zum Weiden der Gläubigen und zur Feier des Gottesdienstes geweiht als wahre Priester des Neuen Bundes[5]. Am Amt des einzigen Mittlers Christi [*vgl. 1 Tim 2,5*] haben sie auf ihrer Stufe des Dienstes teil und verkündigen allen das göttliche Wort. Ihr heiliges Amt aber üben sie am meisten in der eucharistischen Feier oder Zusammenkunft aus, bei der sie in der Person Christi handeln[6] und sein Geheimnis verkünden, die Gebete der Gläubigen mit dem Opfer ihres Hauptes verbinden und das einzige Opfer des Neuen Bundes, Christi nämlich, der sich ein für allemal dem Vater als unbefleckte Opfergabe darbrachte [*vgl. Hebr 9,11-28*], im Opfer der Messe bis zur Ankunft des Herrn [*vgl. 1 Kor 11,26*] vergegenwärtigen und zuwenden[7]. Für die büßenden oder kranken Gläubigen aber versehen sie vollmächtig den Dienst der Versöhnung und Aufrichtung, und die Nöte und Bitten der Gläubigen tragen sie zu Gott, dem Vater, hin [*vgl. Hebr 5,1-4*]. Indem sie das Amt Christi, des Hirten und Hauptes, entsprechend ihrem Anteil an der Autorität ausüben[8], sammeln sie die Familie Gottes als eine Bruderschaft, die auf eins hin beseelt ist[9], und führen sie durch Christus im Geist

---

2    Vgl. Konzil von Trient, 23. Sitzung, 15. Juli 1563, Lehre über das Weihesakrament, Kap. 2 (*1765); Kan. 4 (*1776).

3    Vgl. Innozenz I., Brief an Decentius: "Die Presbyter haben als Priester zweiter Ordnung nicht die volle Höhe des geistlichen Amtes inne" ("Presbyteri, licet secundi sint sacerdotes, pontificatus tamen apicem non habent": PL 20,554A / MaC 3,1029; *215); Cyprian, Brief 61,3 (CSEL 3/II, 696).

4    Vgl. Konzil von Trient, 23. Sitzung, Lehre über das Weihesakrament (*1763-1778), bes. Kan. 7 (*1777); Pius XII., Apostolische Konstitution "*Sacramentum Ordinis*" (*3857-3861).

5    Vgl. Innozenz I., Brief an Decentius (a.a.O.); Gregor von Nazianz, *Apologeticus de fuga* II 22 (PG 35,432B); Ps.-Dionysius, *De ecclesiastica hierarchia* I 2 (PG 3,372D).

6    Vgl. Konzil von Trient, 22. Sitzung, Lehre über das Meßopfer (*1743); Pius XII., Enzyklika "*Mediator Dei*", 20. Nov. 1947 (AAS 39 [1947] 553; *3850).

7    Vgl. Konzil von Trient, 22. Sitzung, 17. Sept. 1562, Lehre über das Meßopfer (*1739f); 2. Vatikanisches Konzil, Konstitution über die Heilige Liturgie "*Sacrosanctum Concilium*", Nr. 7 47 (AAS 56 [1964] 100f 113; *4007 4047).

8    Vgl. Pius XII., Enzyklika "*Mediator Dei*" (AAS 39 [1947], unter Nr. 67).

9    Vgl. Cyprian, Brief 11,3 (PL 4,242B / CSEL 3/II, 497).

zu Gott, dem Vater. Inmitten der Herde beten sie ihn im Geist und in der Wahrheit an [*vgl. Joh 4,24*]. Endlich mühen sie sich im Wort und in der Lehre [*vgl. 1 Tim 5,17*], indem sie glauben, was sie nachsinnend im Gesetz des Herrn gelesen haben, lehren, was sie geglaubt haben, und nachahmen, was sie gelehrt haben[10].

Presbyteri, ordinis Episcopalis providi cooperatores[1] eiusque adiutorium et organum, ad Populo Dei inserviendum vocati, unum presbyterium[2] cum suo Episcopo constituunt, diversis quidem officiis mancipatum. In singulis localibus fidelium congregationibus Episcopum, quocum fidenti et magno animo consociantur, quodammodo praesentem reddunt eiusque munera et sollicitudinem pro parte suscipiunt et cura cotidiana exercent. Qui sub auctoritate Episcopi portionem gregis dominici sibi addictam sanctificant et regunt, Ecclesiam universalem in suo loco visibilem faciunt et in aedificando toto corpore Christi [*cf. Eph 4,12*] validam opem afferunt. Ad bonum autem filiorum Dei semper intenti operam suam ad opus pastorale totius dioeceseos, immo totius Ecclesiae conferre studeant. Propter hanc in sacerdotio et missione participationem Presbyteri Episcopum vere ut patrem suum agnoscant eique reverenter oboediant. Episcopus vero Sacerdotes cooperatores suos ut filios et amicos consideret, sicut Christus discipulos suos iam non servos, sed amicos vocat [*cf. Io 15,15*]. Corpori igitur Episcoporum, ratione Ordinis et ministerii, omnes Sacerdotes, tum dioecesani tum religiosi coaptantur et bono totius Ecclesiae pro sua vocatione et gratia inserviunt.

Vi communis sacrae ordinationis et missionis Presbyteri omnes inter se intima fraternitate nectuntur, quae sponte ac libenter

Die Priester bilden, als vorsorgende Mitarbeiter[1] des bischöflichen Standes und als dessen Hilfe und Werkzeug, zum Dienst am Volk Gottes gerufen, zusammen mit ihrem Bischof ein Presbyterium[2], dem freilich verschiedene Pflichten aufgetragen sind. In den einzelnen örtlichen Gemeinden der Gläubigen machen sie den Bischof, mit dem sie in vertrauensvoller und hochherziger Gesinnung verbunden sind, gewissermaßen gegenwärtig, nehmen entsprechend ihrem Anteil seine Aufgaben und seine Sorgen auf sich und vollziehen sie in täglicher Sorge. Unter der Autorität des Bischofs heiligen und leiten sie den ihnen zugewiesenen Anteil der Herde des Herrn, machen die Gesamtkirche an ihrem Ort sichtbar und tragen bei der Auferbauung des ganzen Leibes Christi [*vgl. Eph 4,12*] eine kräftige Hilfe bei. Auf das Wohl der Kinder Gottes aber immerzu bedacht, sollen sie bestrebt sein, ihre Mühe der Hirtenarbeit an der ganzen Diözese, ja, an der ganzen Kirche zuzuwenden. Wegen dieser Teilhabe an Priestertum und Sendung sollen die Priester den Bischof wahrhaft als ihren Vater anerkennen und ihm ehrfürchtig gehorchen. Der Bischof aber soll die Priester, seine Mitarbeiter, als Söhne und Freunde betrachten, so wie Christus seine Jünger nicht mehr Knechte, sondern Freunde nennt [*vgl. Joh 15,15*]. Der Körperschaft der Bischöfe sind also aufgrund ihrer Weihe und ihres Dienstes alle Priester, Diözesan- wie Ordenspriester, zugefügt und sie dienen entsprechend ihrer Berufung und Gnade dem Wohl der ganzen Kirche.

Kraft der gemeinsamen heiligen Weihe und Sendung sind alle Priester untereinander durch innige Brüderlichkeit verbunden, die

**4154**

---

10  Liturgie der Priesterweihe, beim Anlegen der Gewänder.
**\*4154** 1  Liturgie der Priesterweihe, Präfation.
2  Vgl. Ignatius von Antiochien, Brief an die Gemeinde von Philadelphia, Nr. 4 (Funk 1,266 / SouChr 10,122); Cornelius I., bei Cyprian, Brief 49, n. 2 (CSEL 3/II, 610).

sese manifestet in mutuo auxilio, tam spirituali quam materiali, tam pastorali quam personali, in conventibus et communione vitae, laboris et caritatis.

Fidelium vero, quos spiritualiter baptismate et doctrina genuerunt [cf. *1 Cor 4,15; 1 Pt 1,23*], curam tamquam patres in Christo agant. Forma facti gregis ex animo [*1 Pt 5,3*] suae communitati locali ita praesint et inserviant, ut ista digne vocari possit illo nomine, quo unus et totus Populus Dei insignitur, Ecclesiae scilicet Dei [*cf. 1 Cor 1,2; 2 Cor 1,1; et passim*]. Memores sint se sua cotidiana conversatione et sollicitudine fidelibus et infidelibus, catholicis et non catholicis, faciem ministerii vere sacerdotalis et pastoralis exhibere, omnibusque testimonium veritatis et vitae reddere debere, et ut boni pastores illos quoque quaerere [*cf. Lc 15,4-7*], qui baptizati quidem in Ecclesia catholica a praxi sacramentorum, vel imo a fide defecerunt.

Quia genus humanum hodie magis magisque in unitatem civilem, *[36]* oeconomicam et socialem coalescit, eo magis oportet ut Sacerdotes, coniuncta cura et ope sub ductu Episcoporum et Summi Pontificis, omnem rationem dispersionis elidant, ut in unitatem familiae Dei totum genus humanum adducatur.

**4155**     29. In gradu inferiori hierarchiae sistunt Diaconi, quibus "non ad sacerdotium, sed ad ministerium" manus imponuntur[1]. Gratia etenim sacramentali roborati, in diaconia liturgiae, verbi et caritatis Populo Dei, in communione cum Episcopo eiusque presbyterio, inserviunt. Diaconi est, prout ei a competenti auctoritate assignatum fuerit, solemniter baptismum administrare, Eucharistiam servare et distribuere, matrimonio Ecclesiae nomine adsistere et benedicere, Viaticum moribundis deferre, fidelibus sacram legere Scripturam,

sich freiwillig und gern in wechselseitiger geistlicher wie materieller, pastoraler wie persönlicher Hilfe äußern soll, in Zusammenkünften und in der Gemeinschaft des Lebens, der Arbeit und der Nächstenliebe.

Die Sorge für die Gläubigen aber, die sie geistlich in Taufe und Lehre gezeugt haben [*vgl. 1 Kor 4,15; 1 Petr 1,23*], sollen sie wie Väter in Christus wahrnehmen. Aus Überzeugung zum Vorbild ihrer Herde geworden [*1 Petr 5,3*], sollen sie ihrer örtlichen Gemeinschaft so vorstehen und dienen, daß diese zurecht mit jenem Namen benannt werden kann, mit dem das eine und ganze Volk Gottes ausgezeichnet wird, nämlich dem der Kirche Gottes [*vgl. 1 Kor 1,2; 2 Kor 1,1; und öfter*]. Sie sollen daran denken, daß sie in ihrer täglichen Lebensführung und ihrer Sorge für Gläubige und Ungläubige, Katholiken und Nichtkatholiken das Antlitz eines wahrhaft priesterlichen und hirtenmäßigen Dienstes zeigen und allen das Zeugnis der Wahrheit und des Lebens geben müssen und als gute Hirten auch jene suchen [*vgl. Lk 15,4-7*], die sich, obwohl sie in der katholischen Kirche getauft sind, vom Empfang der Sakramente oder gar vom Glauben entfernt haben.

Weil das Menschengeschlecht heute mehr und mehr zur bürgerlichen, wirtschaftlichen und gesellschaftlichen Einheit zusammenwächst, sollen die Priester umso mehr in vereinter Sorge und Anstrengung unter Leitung der Bischöfe und des Papstes jede Art von Trennung beseitigen, damit das ganze Menschengeschlecht in die Einheit der Familie Gottes geführt werde.

29. Auf einer tieferen Stufe der Hierarchie stehen die Diakone, denen die Hände "nicht zum Priestertum, sondern zum Dienst"[1] aufgelegt werden. Denn mit sakramentaler Gnade gestärkt, dienen sie dem Volk Gottes in der Diakonie der Liturgie, des Wortes und der Liebe in Gemeinschaft mit dem Bischof und seinem Presbyterium. Es ist Sache des Diakons, soweit es ihm von der zuständigen Autorität zugewiesen wurde, feierlich die Taufe zu spenden, die Eucharistie zu verwahren und auszuteilen, der Eheschließung im

---

**\*4155** [1]  *Constitutiones Ecclesiae Aegypticae* III 2 (F.X. Funk, *Didascalia et Constitutiones Apostolorum* 2 [Paderborn 1905] 103$_{20}$); *Statuta Ecclesiae Antiquae* 37-41 (MaC 3,954 / Ch. Munier: CpChL 148 [1963] 175 [= Nr. 57-61]).

populum instruere et exhortari, fidelium cultui et orationi praesidere, sacramentalia ministrare, ritui funeris ac sepulturae praeesse. Caritatis et administrationis officii dediti, meminerint Diaconi moniti Beati Polycarpi: "Misericordes, seduli, incedentes iuxta veritatem Domini, qui omnium minister factus est"[2].

Cum vero haec munera, ad vitam Ecclesiae summopere necessaria, in disciplina Ecclesiae latinae hodie vigenti in pluribus regionibus adimpleri difficulter possint, diaconatus in futurum tamquam proprius ac permanens gradus hierarchiae restitui poterit. Ad competentes autem varii generis territoriales Episcoporum coetus, approbante ipso Summo Pontifice, spectat decernere, utrum et ubinam pro cura animarum huiusmodi Diaconos institui opportunum sit. De consensu Romani Pontificis hic Diaconatus viris maturioris aetatis etiam in matrimonio viventibus conferri poterit, necnon iuvenibus idoneis, pro quibus tamen lex coelibatus firma remanere debet. *[37]*

Namen der Kirche zu assistieren und sie zu segnen, den Sterbenden die Wegzehrung zu bringen, den Gläubigen die heilige Schrift vorzulesen, das Volk zu unterweisen und zu ermahnen, dem Gottesdienst und Gebet der Gläubigen vorzustehen, Sakramentalien zu spenden und den Ritus des Leichenbegängnisses und Begräbnisses zu leiten. Den Pflichten der Liebe und der Verwaltung hingegeben, sollen sich die Diakone an die Mahnung des Seligen Polykarp erinnern: "Barmherzig, eifrig, wandelnd gemäß der Wahrheit des Herrn, der aller Diener geworden ist"[2].

Weil aber diese für das Leben der Kirche in höchstem Maß notwendigen Aufgaben bei der heute geltenden Ordnung der lateinischen Kirche in mehreren Gebieten ⟨nur⟩ mit Schwierigkeit erfüllt werden können, wird in Zukunft der Diakonat als eigene und beständige Stufe der Hierarchie wiederhergestellt werden können. An den zuständigen verschiedenartigen örtlichen Zusammenschlüssen der Bischöfe aber liegt es, mit Billigung des Papstes zu entscheiden, ob und wo es für die Seelsorge angebracht ist, daß derartige Diakone eingesetzt werden. Mit Zustimmung des Römischen Bischofs wird dieser Diakonat auch verheirateten Männern reiferen Alters übertragen werden können, ferner geeigneten jungen Männern, für die jedoch das Gesetz des Zölibats in Kraft bleiben muß.

CAPUT IV: DE LAICIS

30. Sancta Synodus, muneribus Hierarchiae declaratis, libenter animum advertit statui illorum christifidelium qui laici nuncupantur. Quodsi omnia quae de Populo Dei dicta sunt, ad laicos, religiosos et clericos aequaliter diriguntur, laicis tamen, viris et mulieribus, ratione condicionis et missionis, quaedam particulariter pertinent, quorum fundamenta ob specialia rerum adiuncta nostri temporis magis expendenda sunt. Pastores enim sacri probe norunt quantum laici ad bonum totius Ecclesiae conferant. Sciunt

VIERTES KAPITEL: DIE LAIEN

30. Das Heilige Konzil wendet nach der **4156** Darstellung der hierarchischen Ämter bereitwillig seine Aufmerksamkeit dem Stand jener Christgläubigen zu, die man Laien nennt. Wenn auch alles, was über das Volk Gottes gesagt worden ist, sich in gleicher Weise an Laien, Ordensleute und Kleriker richtet, betrifft dennoch die Laien, Männer und Frauen, aufgrund ihrer Stellung und Sendung einiges in besonderer Weise; die Grundlagen dafür müssen wegen der besonderen Verhältnisse unserer Zeit näher erwogen wer-

---

[2]   Polykarp von Smyrna, Brief an die Gemeinde von Philippi, Nr. 5,2: Von Christus wird gesagt, er sei "aller Diener geworden" ("ἐγένετο διάκονος πάντων": Funk 1,300 / SouChr 10 [1969] 182). Vgl. *Didache* 15,1 (Funk 1,32 / SouChr 248,192); Ignatius von Antiochien, Brief an die Gemeinde von Tralles, Nr. 2,3 (Funk 1,242 / SouChr 10,96); *Constitutiones Apostolorum* VIII 28,4 (F.X. Funk, *Didascalia et Constitutiones Apostolorum* 1,530 / SouChr 336,230).

enim Pastores se a Christo non esse institutos, ut totam missionem salvificam Ecclesiae
versus mundum in se solos suscipiant, sed
praeclarum munus suum esse ita pascere fideles eorumque ministrationes et charismata
ita recognoscere, ut cuncti suo modo ad commune opus unanimiter cooperentur. Oportet
enim, ut omnes "veritatem facientes in caritate, crescamus in Illo per omnia, qui est caput Christus: ex quo totum corpus compactum et connexum per omnem iuncturam subministrationis, secundum operationem in
mensuram uniuscuique membri, augmentum
corporis facit in aedificationem sui in caritate" [*Eph 4,15s*].

den. Die heiligen Hirten wissen nämlich gut,
wieviel die Laien zum Wohl der ganzen Kirche beitragen. Die Hirten wissen nämlich,
daß sie von Christus nicht eingesetzt sind,
um die ganze heilbringende Sendung der Kirche gegenüber der Welt alleine auf sich zu
nehmen, sondern daß es ihre vornehmliche
Aufgabe ist, die Gläubigen so zu weiden und
ihre Dienste und Gnadengaben so zu prüfen,
daß alle auf ihre Weise zum gemeinsamen
Werk einmütig zusammenwirken. Denn wir
alle müssen, "indem wir die Wahrheit in Liebe tun, durch alles in jenem wachsen, der das
Haupt ist, Christus: von ihm aus schafft der
ganze Leib, zusammengefügt und verknüpft
durch jedes Band der Dienstbarkeit, entsprechend der einem jeden Glied angemessenen Tätigkeit das Wachstum des Leibes
zum Aufbau seiner selbst in Liebe" [*Eph
4,15f*].

**4157**     31. Nomine laicorum hic intellegentur
omnes christifideles praeter membra ordinis
sacri et status religiosi in Ecclesia sanciti,
christifideles scilicet qui, utpote baptismate
Christo concorporati, in Populum Dei constituti, et de munere Christi sacerdotali, prophetico et regali suo modo participes facti,
pro parte sua missionem totius populi christiani in Ecclesia et in mundo exercent.

31. Unter der Bezeichnung Laien werden
hier alle Christgläubigen verstanden außer
den Gliedern des heiligen Standes und des in
der Kirche anerkannten Ordensstandes, die
Christgläubigen also, die, als durch die Taufe
Christus Einverleibte zum Volk Gottes gemacht und des priesterlichen, prophetischen
und königlichen Amtes Christi auf ihre Weise teilhaftig geworden, entsprechend ihrem
Anteil die Sendung des ganzen christlichen
Volkes in der Kirche und in der Welt ausüben.

Laicis indoles saecularis propria et peculiaris est. Membra enim ordinis sacri, quamquam aliquando in saecularibus versari possunt, etiam saecularem professionem exercendo, ratione suae particularis vocationis
praecipue et ex professo ad sacrum ministerium ordinantur, dum religiosi sui statu praeclarum et eximium testimonium reddunt,
mundum transfigurari Deoque offerri non
posse sine spiritu beatitudinum. Laicorum
est, ex vocatione propria, res temporales ge-
rendo et secundum Deum ordinando, regnum Dei quaerere. In saeculo vivunt, scilicet
in omnibus et singulis mundi officiis et operibus et in ordinariis vitae familiaris et socialis condicionibus, quibus eorum existentia
quasi contexitur. Ibi a Deo vocantur, ut suum
proprio munus exercendo, spiritu evangelico
ducti, fermenti instar ad mundi sanctificationem velut ab *[38]* intra conferant, sicque

Den Laien ist der Weltcharakter ganz besonders zu eigen. Denn die Glieder des heiligen Standes sind, obwohl sie bisweilen mit
weltlichen Dingen zu tun haben können, sogar in Ausübung eines weltlichen Berufes,
vor allem aufgrund ihrer besonderen Berufung und ihrer Entscheidung wegen dem heiligen Dienst zugeordnet, während die
Ordensleute durch ihren Stand ein hervor-
stechendes und herausragendes Zeugnis dafür geben, daß die Welt ohne den Geist der
Seligpreisungen nicht verwandelt und Gott
dargebracht werden kann. Aufgabe der Laien
ist es, kraft der ihnen eigenen Berufung das
Reich Gottes zu suchen, indem sie die zeitlichen Dinge besorgen und Gott gemäß ordnen. Sie leben in der Welt, nämlich in all den
einzelnen Verpflichtungen und Tätigkeiten
der Welt und in den normalen Verhältnissen
des familiären und gesellschaftlichen Lebens,

praeprimis testimonio vitae suae, fide, spe et caritate fulgentes, Christum aliis manifestent. Ad illos ergo peculiari modo spectat res temporales omnes, quibus arcte coniunguntur, ita illuminare et ordinare, ut secundum Christum iugiter fiant et crescant et sint in laudem Creatoris et Redemptoris.

mit denen ihr Dasein gleichsam verwoben ist. Dort werden sie von Gott dazu berufen, daß sie, indem sie ihre eigene Aufgabe erfüllen, vom Geist des Evangeliums geführt, nach Art des Sauerteigs zur Heiligung der Welt gleichsam von innen her beitragen und so vor allem durch das Zeugnis ihres Lebens, hervorleuchtend durch Glaube, Hoffnung und Liebe, Christus anderen kundmachen. Sie geht es also in besonderer Weise an, alle zeitlichen Dinge, mit denen sie eng verbunden sind, so zu erleuchten und zu ordnen, daß sie immer Christus gemäß geschehen, gedeihen und zum Lob des Schöpfers und Erlösers gereichen.

32. Ecclesia sancta, ex divina institutione, mira varietate ordinatur et regitur. "Sicut enim in uno corpore multa membra habemus, omnia autem membra non eundem actum habent: ita multi unum corpus sumus in Christo, singuli autem alter alterius membra" [*Rm 12,4-5*].

Unus est ergo Populus Dei electus: "unus Dominus, una fides, unum baptisma" [*Eph 4,5*]; communis dignitas membrorum ex eorum in Christo regeneratione, communis filiorum gratia, communis ad perfectionem vocatio, una salus, una spes indivisaque caritas. Nulla igitur in Christo et in Ecclesia inaequalitas, spectata stirpe vel natione, condicione sociali vel sexu, quia "non est Iudaeus neque Graecus: non est servus neque liber: non est masculus neque femina. Omnes enim vos 'unus' estis in Christo Iesu" [*Gal 3,28; cf. Col 3,11*].

Si igitur in Ecclesia non omnes eadem via incedunt, omnes tamen ad sanctitatem vocantur et coaequalem sortiti sunt fidem in iustitia Dei [*cf. 2 Pt 1,1*]. Etsi quidam ex voluntate Christi ut doctores, mysteriorum dispensatores et pastores pro aliis constituuntur, vera tamen inter omnes viget aequalitas quoad dignitatem et actionem cunctis fidelibus communem circa aedificationem Corporis Christi. Distinctio enim quam Dominus posuit inter sacros ministros et reliquum Populum Dei, secumfert coniunctionem, cum Pastores et alii fideles inter se communi necessitudine devinciantur; Ecclesiae Pastores, exemplum

32. Die heilige Kirche wird aufgrund göttlicher Einrichtung in wunderbarer Verschiedenheit geordnet und geleitet. "Denn so wie wir an dem e i n e n Leib viele Glieder haben, die Glieder aber nicht alle dieselbe Tätigkeit haben, so sind wir als viele e i n Leib in Christus, als einzelne aber untereinander Glieder" [*Röm 12,4-5*].    **4158**

E i n e s ist also das auserwählte Volk Gottes: "E i n Herr, e i n Glaube und e i n e Taufe" [*Eph 4,5*]; gemeinsam die Würde der Glieder aufgrund ihrer Wiedergeburt in Christus, gemeinsam die Gnade der Kindschaft, gemeinsam die Berufung zur Vollkommenheit, e i n Heil, e i n e Hoffnung und ungeteilte Liebe. Es gibt also in Christus und in der Kirche keine Ungleichheit in bezug auf die Rasse oder die Nation, die soziale Stellung oder das Geschlecht; denn "es gibt nicht Juden noch Griechen; es gibt nicht Sklaven noch Freien; es gibt nicht Mann noch Frau. Alle nämlich seid ihr "e i n e r in Christus Jesus" [*Gal 3,28; vgl. Kol 3,11*].

Wenn also in der Kirche nicht alle auf demselben Weg gehen, sind dennoch alle zur Heiligkeit berufen und haben den gleichen Glauben erlangt in der Gerechtigkeit Gottes [*vgl. 2 Petr 1,1*]. Wenn auch einige nach dem Willen Christi als Lehrer, Spender der Geheimnisse und Hirten für andere eingesetzt werden, waltet dennoch unter allen wahre Gleichheit hinsichtlich der Würde und dem Tun, das allen Gläubigen in bezug auf den Aufbau des Leibes Christi gemeinsam ist. Denn der Unterschied, den der Herr zwischen den heiligen Dienern und dem übrigen Volk Gottes gesetzt hat, bringt Verbunden-

Dei secuti, sibi invicem aliisque fidelibus ministrent, hi autem alacriter Pastoribus et doctoribus sociam operam praestent. Sic in varietate omnes testimonium perhibent de mirabili unitate in Corpore Christi: ipsa enim diversitas gratiarum, ministrationum et oprationum filios Dei in unum colligit, quia "haec omnia operatur unus atque idem Spiritus" [*1 Cor 12,11*].

Laici igitur sicut ex divina dignatione fratrem habent Christum, qui cum sit Dominus omnium, venit tamen non ministrari sed ministrare [*cf. Mt 20,28*], ita etiam fratres habent eos, qui in sacro ministerio positi, auctoritate Christi docendo et sanctificando et regendo familiam Dei ita pascunt, ut mandatum novum caritatis ab omnibus impleatur. Quocirca pulcherrime dicit S. Augustinus: "Ubi me terret *[39]* quod vobis sum, ibi me consolatur quod vobiscum sum. Vobis enim sum episcopus, vobiscum sum christianus. Illud est nomen officii, hoc gratiae; illud periculi est, hoc salutis"[1].

**4159**     33. Laici in Populo Dei congregati et in uno Corpore Christi sub uno capite constituti, quicumque sunt, vocantur, ut tamquam viva membra ad Ecclesiae incrementum eiusque iugem sanctificationem vires suas omnes, beneficio Creatoris et gratia Redemptoris acceptas, conferant.

Apostolatus autem laicorum est participatio ipsius salvificae missionis Ecclesiae, ad quem apostolatum omnes ab ipso Domino per baptismum et confirmationem deputantur. Sacramentis autem, praesertim sacra Eucharistia, communicatur et alitur illa caritas erga Deum et homines, quae anima est totius apostulatus. Laici autem speciatim ad hoc vocantur, ut praesentem et actuosam reddant Ecclesiam in eis locis et rerum adiunctis, ubi

heit mit sich, da ja die Hirten und die anderen Gläubigen durch gemeinsame Bezogenheit aneinandergebunden sind. Die Hirten der Kirche sollen, dem Beispiel des Herrn folgend, sich gegenseitig und den anderen Gläubigen dienen, diese aber sollen eifrig den Hirten und Lehrern ihre gemeinsame Bemühung zur Verfügung stellen. So geben alle in der Vielfalt Zeugnis von der wunderbaren Einheit im Leibe Christi: denn gerade die Verschiedenheit der Gnadengaben, Dienste und Tätigkeiten sammelt die Kinder Gottes in e i n s, weil "dies alles e i n und derselbe Geist wirkt" [*1 Kor 12,11*].

Wie also die Laien aufgrund göttlicher Herablassung Christus zum Bruder haben, der, obwohl er der Herr aller ist, dennoch gekommen ist, nicht um sich bedienen zu lassen, sondern um zu dienen [*vgl. Mt 20,28*], so haben sie auch die zu Brüdern, die, in den heiligen Dienst gestellt, mit der Autorität Christi durch Lehre, Heiligung und Leitung die Familie Gottes so weiden, daß das neue Gebot der Liebe von allen erfüllt wird. Daher sagt der heilige Augustinus sehr schön: "Wo mich erschreckt, was ich für euch bin, da tröstet mich, was ich mit euch bin. Denn für euch bin ich Bischof, mit euch bin ich Christ. Jener ist der Name für das Amt, dieser für die Gnade; jener für die Gefährdung, dieser für das Heil"[1].

33. Die Laien, im Volk Gottes versammelt und in dem e i n e n Leibe Christi unter das e i n e Haupt gestellt, sind, wer auch immer sie sein mögen, dazu berufen, als lebendige Glieder zum Wachstum der Kirche und zu deren beständiger Heiligung alle ihre Kräfte, die sie durch das Geschenk des Schöpfers und die Gnade des Erlösers empfangen haben, beizutragen.

Das Apostolat der Laien aber ist Teilhabe an der heilbringenden Sendung der Kirche selbst; zu diesem Apostolat werden alle vom Herrn selbst durch Taufe und Firmung bestimmt. Durch die Sakramente aber, vor allem durch die heilige Eucharistie, wird jene Liebe zu Gott und den Menschen mitgeteilt und genährt, die die Seele des ganzen Apostolates ist. Die Laien aber sind besonders dazu berufen, die Kirche an den Stellen und

---

**\*4158** [1]  Augustinus, *Sermones* 340,1 (PL 38,1483).

ipsa nonnisi per eos sal terrae evadere pot-est[1]. Sic omnis laicus, ex ipsis donis sibi collatis, testis simul et vivum instrumentum missionis ipsius Ecclesiae exsistit "secundum mensuram donationis Christi" [*Eph 4,7*].

Praeter hunc apostolatum, qui ad omnes omnino christifideles spectat, laici insuper diversis modis ad cooperationem magis immediatam cum apostolatu Hierarchiae vocari possunt[2], ad modum illorum virorum ac mulierum, qui Paulum apostolum in Evangelio adiuvabant, multum in Domino laborantes [*cf. Phil 4,3; Rm 16,3-23*]. Praeterea aptitudine gaudent, ut ad quaedam munera ecclesiastica, ad finem spiritualem exercenda, ab Hierarchia adsumantur.

Omnibus igitur laicis onus praeclarum incumbit adlaborandi, ut divinum salutis propositum ad universos homines omnium temporum et ubique terrarum magis magisque pertingat. Via proinde eisdem undequaque pateat, ut pro suis viribus temporumque necessitatibus opus salutare Ecclesiae naviter et ipsi participent.

34. Supremus et aeternus Sacerdos Christus Iesus, cum etiam per laicos suum testimonium suumque servitium continuare velit, eos suo Spiritu vivificat indesinenterque impellit ad omne opus bonum et perfectum. *[40]*

Illis enim, quos vitae et missioni suae intime coniungit, etiam sui muneris sacerdotalis partem tribuit ad cultum spiritualem exercendum, ut glorificetur Deus et salventur homines. Qua de causa laici, utpote Christi dicati et Spiritu Sancto uncti, mirabiliter vocantur et instruuntur, ut uberiores semper fructus Spiritus in ipsis producantur. Omnia enim eorum opera, preces et incepta apostolica, conversatio coniugalis et familiaris, labor quotidianus, animi corporisque relaxatio, si in Spiritu peragantur, imo molestiae vitae

in den Verhältnissen gegenwärtig und wirksam zu machen, wo diese nur durch sie Salz der Erde werden kann[1]. So tritt jeder Laie aufgrund der Gaben, die ihm anvertraut worden sind, zugleich als Zeuge und als lebendiges Werkzeug der Sendung der Kirche selbst "nach dem Maß der Gabe Christi" [*Eph 4,7*] auf.

Außer diesem Apostolat, der schlechthin alle Christgläubigen angeht, können die Laien darüber hinaus auf verschiedene Weisen zu einer unmittelbareren Zusammenarbeit mit dem Apostolat der Hierarchie berufen werden[2], nach der Art jener Männer und Frauen, die den Apostel Paulus beim Evangelium unterstützten, indem sie sich sehr im Herrn abmühten [*vgl. Phil 4,3; Röm 16,3-23*]. Außerdem erfreuen sie sich der Befähigung, zu bestimmten kirchlichen Ämtern, die zu einem geistlichen Zweck auszuüben sind, von der Hierarchie herangezogen zu werden.

Auf allen Laien lastet also die ehrenvolle Bürde, sich darum zu mühen, daß der göttliche Heilswille zu allen Menschen aller Zeiten und überall auf Erden mehr und mehr gelange. Daher soll ihnen in jeder Hinsicht der Weg offenstehen, daß auch sie ihren Kräften und den Erfordernissen der Zeitumstände entsprechend am Heilswerk der Kirche rege teilnehmen.

34. Da der ewige Hohepriester Christus **4160** Jesus auch durch die Laien sein Zeugnis und seinen Dienst fortsetzen will, macht er sie durch seinen Geist lebendig und treibt sie unaufhörlich zu jedem guten und vollkommenen Werk an.

Jenen nämlich, die er mit seinem Leben und seiner Sendung innigst verbindet, gewährt er auch Anteil an seinem priesterlichen Amt zur Ausübung eines geistlichen Gottesdienstes, damit Gott verherrlicht wird und die Menschen gerettet werden. Aus diesem Grund sind die Laien als Christus Geweihte und mit dem Heiligen Geist Gesalbte in wunderbarer Weise dazu berufen und ausgerüstet, daß immer reichere Früchte des Geistes in ihnen hervorgebracht werden. Denn all ihre Tätigkeiten, Gebete und apo-

---

**\*4159** [1]   Vgl. Pius XI., Enzyklika "*Quadragesimo anno*", 15. Mai 1931 (AAS 23 [1931] 221f); Pius XII., Ansprache "*De quelle consolation*", 14. Okt. 1951 (AAS 43 [1951] 790f).
   [2]   Vgl. Pius XII., Ansprache "*Six ans se sont écoulés*", 5. Okt. 1957 (AAS 49 [1957] 927).

si patienter sustineantur, fiunt spirituales hostiae, acceptabiles Deo per Iesum Christum [*cf. 1 Pt 2,5*], quae in Eucharistiae celebratione, cum dominici Corporis oblatione, Patri piissime offeruntur. Sic et laici, qua adoratores ubique sancte agentes, ipsum mundum Deo consecrant.

stolischen Unternehmungen, das Ehe- und Familienleben, die tägliche Arbeit, die Erholung von Geist und Leib, wenn sie im Geist vollzogen werden, ja sogar die Beschwernisse des Lebens, wenn sie geduldig ertragen werden, werden geistige Opfer, Gott wohlgefällig durch Jesus Christus [*vgl. 1 Petr 2,5*], die bei der Feier der Eucharistie zusammen mit der Darbringung des Herrenleibes dem Vater in höchster Ehrfurcht dargebracht werden. So weihen auch die Laien, indem sie als Anbeter überall heilig handeln, die Welt selbst Gott.

**4161**    35. Christus, Propheta magnus, qui testimonio vitae et verbi virtute Regnum proclamavit Patris, usque ad plenam manifestationem gloriae suum munus propheticum adimplet, non solum per Hierarchiam, quae nomine et potestate Eius docet, sed etiam per laicos, quos ideo et testes constituit et sensu fidei et gratia verbi instruit [*cf. Act 2,17s; Apc 19,10*], ut virtus Evangelii in vita quotidiana, familiari et sociali eluceat. Ipsi se praebent ut filios repromissionis, si fortes in fide et spe praesens momentum redimunt [*cf. Eph 5,16; Col 4,5*] et futuram gloriam per patientiam exspectant [*cf. Rm 8,25*]. Hanc autem spem non in animi interioritate abscondant, sed conversione continua et colluctatione "adversus mundi rectores tenebrarum harum, contra spiritualia nequitiae" [*Eph 6,12*] etiam per vitae saecularis structuras exprimant.

35. Christus, der große Prophet, der durch das Zeugnis seines Lebens und durch die Kraft seines Wortes das Reich des Vaters ausgerufen hat, erfüllt bis zur vollen Offenbarung der Herrlichkeit sein prophetisches Amt nicht nur durch die Hierarchie, die in seinem Namen und in seiner Vollmacht lehrt, sondern auch durch die Laien, die er daher sowohl als Zeugen einsetzt als auch mit einem Sinn für den Glauben und der Gnade des Wortes ausrüstet [*vgl. Apg 2,17f; Offb 19,10*], damit die Kraft des Evangeliums im alltäglichen familiären und gesellschaftlichen Leben aufleuchtet. Sie erweisen sich als Kinder der Verheißung, wenn sie stark im Glauben und in der Hoffnung den gegenwärtigen Augenblick erkaufen [*vgl. Eph 5,16; Kol 4,5*] und die künftige Herrlichkeit in Geduld erwarten [*vgl. Röm 8,25*]. Diese Hoffnung aber sollen sie nicht im Innern des Herzens verbergen, sondern in ständiger Bekehrung und im Kampf "gegen die Lenker der Welt dieser Finsternis, gegen die Geister der Bosheit" [*Eph 6,12*] auch durch die Strukturen des Lebens in der Welt ausdrücken.

Sicut sacramenta Novae Legis, quibus vita et apostolatus fidelium alitur, caelum novum et terram novam [*cf. Apc 21,1*] praefigurant, ita laici evadunt validi praecones fidei sperandarum rerum [*cf. Hbr 11,1*], si cum vita ex fide professionem fidei inhaesitanter coniungunt. Haec evangelizatio, nuntium Christi scilicet et testimonio vitae et verbo prolatum, notam quamdam specificam et peculiarem efficacitatem acquirit ex hoc, quod in communibus condicionibus saeculi completur.

Wie die Sakramente des Neuen Bundes, durch die das Leben und das Apostolat der Gläubigen genährt werden, einen neuen Himmel und eine neue Erde [*vgl. Offb 21,1*] vorbilden, so werden die Laien mächtige Herolde des Glaubens an die zu erhoffenden Dinge [*vgl. Hebr 11,1*], wenn sie mit dem Leben aus dem Glauben das Bekenntnis des Glaubens ohne Zögern verbinden. Diese Evangelisation, daß nämlich die Botschaft Christi durch das Zeugnis ihres Lebens und das Wort öffentlich bekanntgemacht wird, bekommt eine eigentümliche Prägung und besondere Wirksamkeit von daher, daß sie in den gewöhnlichen Verhältnissen der Welt erfüllt wird.

Quo in munere magni pretii apparet ille status vitae, qui speciali sacramento sanctificatur, scilicet vita matrimonialis et familiaris. Ibi exercitium et schola praeclara apostolatus laicorum habetur, ubi religio christiana totam vitae institutionem pervadit et in dies magis transformat. Ibi coniuges propriam habent vocationem, ut sibi invicem et filiis sint testes fidei et amoris Christi. Familia christiana tum praesentes *[41]* virtutes Regni Dei tum spem vitae beatae alta voce proclamat. Ita exemplo et testimonio suo arguit mundum de peccato et eos qui veritatem quaerunt illuminat.

Proinde laici, etiam quando curis temporalibus occupantur, pretiosam actionem ad evangelizandum mundum exercere possunt et debent. Quodsi quidam eorum, deficientibus sacris ministris, vel iisdem in regimine persecutionis impeditis, quaedam officia sacra pro facultate supplent; et si plures quidem ex eis totas vires suas in opere apostolico impendunt: universos tamen oportet ad dilatationem et incrementum Regni Christi in mundo cooperari. Quapropter laici sollerter in profundiorem cognitionem veritatis revelatae incumbant, et instanter a Deo sapientiae donum impetrent.

36. Christus, factus oboediens usque ad mortem et propter hoc a Patre exaltatus [*cf. Phil 2,8s*], in gloriam regni sui intravit. Cui omnia subiciuntur, donec Ipse se cunctaque creata Patri subiciat, ut sit Deus omnia in omnibus [*cf. 1 Cor 15,27s*]. Quam potestatem discipulis communicavit, ut et illi in regali libertate constituantur et sui abnegatione vitaque sancta regnum peccati in seipsis devincant [*cf. Rm 6,12*], immo ut Christo etiam in aliis servientes, fratres suos ad Regem, cui servire regnare est, humilitate et patientia perducant. Dominus enim regnum suum etiam per laicos fideles dilatare cupit, regnum scilicet veritatis et vitae, regnum sanctitatis et gratiae, regnum iustitiae, amoris et pacis[1]; in quo regno ipsa creatura liberabitur a servitu-

Bei dieser Aufgabe erscheint jener Lebensstand als besonders wertvoll, der durch ein besonderes Sakrament geheiligt wird, nämlich das Ehe- und Familienleben. Dort ist eine Übung und hervorragende Schule für das Laienapostolat gegeben, wo die christliche Religion die ganze Einrichtung des Lebens durchdringt und von Tag zu Tag mehr umformt. Dort haben die Eheleute ihre eigene Berufung, sich gegenseitig und den Kindern Zeugen des Glaubens und der Liebe Christi zu sein. Die christliche Familie ruft mit lauter Stimme sowohl die gegenwärtigen Wirkkräfte des Reiches Gottes als auch die Hoffnung auf das selige Leben aus. So überführt sie durch ihr Beispiel und Zeugnis die Welt der Sünde und erleuchtet diejenigen, die die Wahrheit suchen.

Daher können und müssen die Laien, auch wenn sie von zeitlichen Sorgen in Anspruch genommen werden, ihre wertvolle Wirksamkeit zur Evangelisation der Welt ausüben. Wenn nun einige von ihnen, wenn es an heiligen Dienern fehlt oder diese unter einem Verfolgungsregime behindert sind, gewisse heilige Aufgaben nach ihrer Befähigung ausfüllen; und wenn mehrere von ihnen ihre ganzen Kräfte für das apostolische Werk aufwenden, so müssen doch alle zur Ausweitung und zum Wachstum des Reiches Christi in der Welt zusammenwirken. Deswegen sollen die Laien sich schöpferisch um eine tiefere Kenntnis der geoffenbarten Wahrheit bemühen und inständig von Gott die Gabe der Weisheit erbitten.

36. Christus, gehorsam geworden bis zum **4162** Tod und deswegen vom Vater erhöht [*vgl. Phil 2,8f*], trat in die Herrlichkeit seines Reiches ein. Ihm wird alles unterworfen, bis er selbst sich und alles Geschaffene dem Vater unterwirft, damit Gott alles in allem ist [*vgl. 1 Kor 15,27f*]. Diese Vollmacht teilte er seinen Jüngern mit, damit auch jene in königliche Freiheit gestellt werden und durch Selbstverleugnung und ein heiliges Leben das Reich der Sünde in sich selbst völlig überwinden [*vgl. Röm 6,12*], ja, daß sie Christus auch in den anderen dienen und dadurch ihre Brüder zu dem König, dem zu dienen König sein bedeutet, in Demut und Geduld hinleiten. Denn der Herr möchte sein Reich auch durch die gläubigen Laien ausbreiten, nämlich das

te corruptionis in libertatem gloriae filiorum Dei [*cf. Rm 8,21*]. Magna sane promissio, magnumque mandatum discipulis datur: "Omnia enim vestra sunt, vos autem Christi, Christus autem Dei" [*1 Cor 3,23*].

Fideles igitur totius creaturae intimam naturam, valorem et ordinationem in laudem Dei agnoscere, et per opera etiam saecularia se invicem ad sanctiorem vitam adiuvare debent, ita ut mundus spiritu Christi imbuatur atque in iustitia, caritate et pace finem suum efficacius attingat. In quo officio universaliter adimplendo laici praecipuum locum obtinent. Sua igitur in profanis disciplinis competentia suaque activitate, gratia Christi intrinsecus elevata, valide conferant operam, ut bona creata secundum Creatoris ordinationem Eiusque Verbi illuminationem humano labore, arte technica, civilique cultura ad utilitatem omnium prorsus hominum excolantur, aptiusque inter illos *[42]* distribuantur, et suo modo ad universalem progressum in humana et christiana libertate conducant. Ita Christus per Ecclesiae membra totam societatem humanam suo salutari lumine magis magisque illuminabit.

Laici praeterea, collatis quoque viribus, instituta et condiciones mundi, si qua mores ad peccandum incitant, ita sanent, ut haec omnia ad iustititae normas conformentur et virtutum exercitio potius faveant quam obsint. Ita agendo culturam operaque humana valore morali imbuent. Hoc modo simul ager mundi melius pro semine verbi divini paratur, et Ecclesiae latius patent portae, quibus praeconium pacis in mundum introeat.

Reich der Wahrheit und des Lebens, das Reich der Heiligkeit und der Gnade, das Reich der Gerechtigkeit, der Liebe und des Friedens[1]; in diesem Reich wird die Schöpfung selbst von der Knechtschaft der Verderbnis befreit werden zur Freiheit der Herrlichkeit der Kinder Gottes [*vgl. Röm 8,21*]. Eine wahrlich große Verheißung und ein großer Auftrag wird den Jüngern gegeben: "Alles gehört nämlich Euch, ihr aber ⟨gehört⟩ Christus, Christus aber Gott" [*1 Kor 3,23*].

Die Gläubigen müssen also das innerste Wesen der ganzen Schöpfung, ihren Wert und ihre Hinordnung auf das Lob Gottes anerkennen und auch durch die weltlichen Tätigkeiten sich gegenseitig zu einem heiligeren Leben verhelfen, so daß die Welt vom Geist Christi erfüllt wird und in Gerechtigkeit, Liebe und Friede ihr Ziel wirksamer erreicht. Bei der allgemeinen Erfüllung dieser Pflicht haben die Laien eine besondere Stellung inne. Sie sollen also durch ihre Kompetenz in den weltlichen Fertigkeiten und durch ihre Wirksamkeit, die durch die Gnade Christi innerlich erhöht ist, ihre Arbeitsleistung wirksam hinzufügen, daß die geschaffenen Güter gemäß der Ordnung des Schöpfers und der Erleuchtung seines Wortes durch menschliche Mühe, technische Fertigkeit und gesellschaftliche Kultur zum Nutzen wirklich aller Menschen vervollkommnet und angemessener unter ihnen verteilt werden und auf ihre Weise zum allgemeinen Fortschritt in menschlicher und christlicher Freiheit beitragen. So wird Christus durch die Glieder der Kirche die ganze menschliche Gesellschaft mit seinem heilsamen Licht mehr und mehr erleuchten.

Außerdem sollen die Laien, auch mit vereinten Kräften, die Einrichtungen und Verhältnisse der Welt, wenn irgendwo Gewohnheiten zur Sünde reizen, so heilen, daß dies alles nach den Richtlinien der Gerechtigkeit gestaltet wird und der Ausübung der Tugenden eher förderlich als schädlich ist. Durch solches Tun erfüllen sie die Kultur und die menschlichen Tätigkeiten mit sittlichem Wert. Auf diese Weise wird gleichzeitig der Acker der Welt besser für den Samen des göttlichen Wortes bereitet, und für die Kirche

---

*4162 [1]   Aus der Präfation des Christkönigsfestes.

*Propter* ipsam oeconomiam salutis, fideles discant sedulo distinguere inter iura et officia quae eis incumbunt, quatenus Ecclesiae aggregantur, et ea quae eis competunt, ut sunt humanae societatis membra. Utraque inter se harmonice consociare satagent, memores se, in quavis re temporali, christiana conscientia duci debere, cum nulla humana activitas, ne in rebus temporalibus quidem, Dei imperio subtrahi possit. Nostro autem tempore maxime oportet ut distinctio haec simul et harmonia quam clarissime in modo agendi fidelium elucescant, ut missio Ecclesiae particularibus mundi hodierni condicionibus plenius respondere valeat. Sicut enim agnoscendum est terrenam civitatem, saecularibus curis iure addictam propriis regi principiis, ita infausta doctrina, quae societatem, nulla habita religionis ratione, exstruere contendit et libertatem religiosam civium impugnat et eruit, merito reicitur².

37. Laici, sicut omnes christifideles, ius habent ex spiritualibus Ecclesiae bonis, verbi Dei praesertim et sacramentorum adiumenta a sacris Pastoribus abundanter accipiendi¹, hisque necessitates et optata sua ea libertate et fiducia, quae filios Dei et fratres in Christo decet, patefaciant. Pro scientia, competentia et praestantia quibus pollent, facultatem, immo aliquando et officium habent suam sententiam de iis quae bonum Ecclesiae respiciunt declarandi². Hoc fiat, si casus ferat, per *[43]* instituta ad hoc ab Ecclesia stabilita, et semper in veracitate, fortitudine et prudentia, cum reverantia et caritate erga illos, qui

stehen die Tore weiter offen, durch die die Kunde vom Frieden in die Welt eintritt.

Wegen der Heilsökonomie selbst sollen die Gläubigen lernen, sorgfältig zwischen den Rechten und Pflichten, die ihnen obliegen, insofern sie zur Kirche gehören, und denen, die sie betreffen, sofern sie Glieder der menschlichen Gesellschaft sind, zu unterscheiden. Sie werden sich eifrig darum bemühen, beide miteinander harmonisch zu vereinigen, wobei sie daran denken werden, daß sie sich in jeder zeitlichen Angelegenheit vom christlichen Gewissen führen lassen müssen, weil keine menschliche Aktivität, auch nicht in zeitlichen Angelegenheiten, dem Befehl Gottes entzogen werden kann. In unserer Zeit aber ist es vor allem notwendig, daß diese Unterschiedenheit und Harmonie zugleich möglichst klar in der Handlungsweise der Gläubigen aufleuchten, damit die Sendung der Kirche den besonderen Verhältnissen der heutigen Welt voller zu entsprechen vermag. Denn wie man anerkennen muß, daß das irdische Gemeinwesen, mit Recht den weltlichen Sorgen zugetan, nach eigenen Grundsätzen gelenkt wird, so wird die unselige Lehre, die eine Gesellschaft ohne Rücksichtnahme auf die Religion zu errichten sucht und die Religionsfreiheit der Bürger bekämpft und austilgt, mit Recht zurückgewiesen².

37. Die Laien haben wie alle Christgläubigen das Recht, aus den geistlichen Gütern der Kirche die Hilfen besonders des Wortes Gottes und der Sakramente von den heiligen Hirten reichlich zu empfangen¹, und diesen sollen sie ihre Bedürfnisse und Wünsche mit der Freiheit und dem Vertrauen, das den Kindern Gottes und den Brüdern in Christus ansteht, eröffnen. Entsprechend dem Wissen, der Kompetenz und der hervorragenden Stellung, über die sie verfügen, haben sie die Möglichkeit, ja, manchmal sogar auch die Pflicht, ihre Meinung über das, was das Wohl der Kirche angeht, kundzutun². Gegebenen- **4163**

---

²   Vgl. Leo XIII., Enzyklika *"Immortale Dei"*, 1. Nov. 1885 (ASS 18 [1885] 166–169); Enzyklika *"Sapientiae christianae"*, 10. Jan. 1890 (ASS 22 [1889/90] 397–399); Pius XII., Ansprache *"Alla vostra filiale"*, 23. März 1958: "... die legitime gesunde Laizität des Staates" ("... la legittima sana laicità dello Stato": AAS 50 [1958] 220).

**\*4163** ¹   Vgl. CIC/1917, Kan. 682.

²   Vgl. Pius XII., Ansprache *"De quelle consolation"*, 14. Okt. 1951: "In den entscheidenden Schlachten gehen bisweilen gerade von der Front die glücklichsten Initiativen aus ..." ("Dans les batailles décisives, c'est parfois du front que partent les plus heureuses initiatives...": AAS 43 [1951] 789); Ansprache *"L'importance de la presse catholique"*, 17. Febr. 1950 (AAS 42 [1950] 256).

ratione sacri sui muneris personam Christi gerunt.

Laici, sicut omnes christifideles, illa quae sacri Pastores, utpote Christum repraesentantes, tamquam magistri et rectores in Ecclesia statuunt, christiana oboedientia prompte amplectantur, Christi exemplum secuti, qui, sua oboedientia usque ad mortem, beatam libertatis filiorum Dei viam omnibus hominibus aperuit. Neque omittant precibus suis Praepositos suos Deo commendare, quippe qui pervigilant quasi rationem pro animabus nostris reddituri, ut cum gaudio hoc faciant et non gementes [*cf. Hbr 13,17*].

Sacri vero Pastores laicorum dignitatem et responsabilitatem in Ecclesia agnoscant et promoveant; libenter eorum prudenti consilio utantur, cum confidentia eis in servitium Ecclesiae officia committant et eis agendi libertatem et spatium relinquant, immo animum eis addant, ut etiam sua sponte opera aggrediantur. Paterno cum amore coepta, vota et desideria a laicis proposita attente in Christo considerent[3]. Iustam autem libertatem, quae omnibus in civitate terrestri competit, Pastores observanter agnoscent.

Ex hoc familiari commercio inter laicos et Pastores permulta bona Ecclesiae exspectanda sunt: ita enim in laicis roboratur propriae responsabilitas sensus, fovetur alacritas, et facilius laicorum vires Pastorum operi associantur. Hi vero, laicorum experientia adiuti, tam in rebus spiritualibus quam in temporalibus, distinctius et aptius iudicare valent, ita ut tota Ecclesia, ab omnibus membris suis roborata, suam pro mundi vita missionem efficacius compleat.

falls soll dies durch die dazu von der Kirche festgesetzten Einrichtungen geschehen und zwar immer in Wahrhaftigkeit, Mut und Klugheit und mit Ehrfurcht und Liebe gegenüber denen, die aufgrund ihres heiligen Amtes die Person Christi vertreten.

Die Laien sollen wie alle Christgläubigen das, was die heiligen Hirten, die nämlich Christus repräsentieren, als Lehrer und Leiter in der Kirche festsetzen, in christlichem Gehorsam bereitwillig annehmen, indem sie dem Beispiel Christi nachfolgen, der durch seinen Gehorsam bis zum Tod den seligen Weg der Freiheit der Kinder Gottes allen Menschen eröffnet hat. Sie sollen es auch nicht unterlassen, mit ihren Gebeten ihre Vorgesetzten Gott zu empfehlen, die ja ständig wachen, um gleichsam Rechenschaft für unsere Seelen zu geben, damit sie das mit Freude tun und nicht unter Seufzen [*vgl. Hebr 13,17*].

Die heiligen Hirten aber sollen die Würde und Verantwortung der Laien in der Kirche anerkennen und fördern; sie sollen sich bereitwillig deren klugen Rat zunutze machen, ihnen mit Vertrauen Aufgaben zum Dienst an der Kirche übertragen und ihnen Freiheit und Raum im Handeln lassen, ja, ihnen Mut machen, auch von sich aus Werke in Angriff zu nehmen. Mit väterlicher Liebe sollen sie Vorhaben, Wünsche und Anliegen, die von den Laien vorgelegt werden, aufmerksam in Christus erwägen[3]. Die gerechte Freiheit aber, die allen im irdischen Gemeinwesen zusteht, sollen die Hirten sorgfältig anerkennen.

Aus diesem vertrauten Umgang zwischen Laien und Hirten darf man sehr viel Nutzen für die Kirche erwarten: Denn so werden in den Laien der Sinn für eigene Verantwortung gestärkt, der Eifer gefördert, und die Kräfte der Laien leichter dem Wirken der Hirten zugesellt. Diese aber vermögen, durch die Erfahrung der Laien unterstützt, sowohl in geistlichen als auch in zeitlichen Angelegenheiten genauer und angemessener zu urteilen, so daß die ganze Kirche, von allen ihren Gliedern gestärkt, ihre Sendung für das Leben der Welt wirksamer erfüllt.

---

[3]    Vgl. 1 Thess 5,19; 1 Joh 4,1.

38. Unusquisque laicus debet esse coram saeculo testis resurrectionis et vitae Domini Iesu atque signum Dei vivi. Omnes insimul et unusquisque pro sua parte mundum fructibus spiritualibus alere debent [*cf. Gal 5,22*], in eumque spiritum diffundere, quo animantur illi pauperes, mites et pacifici, quos Dominus in Evangelio beatos proclamavit [*cf. Mt 5,3-9*]. Uno verbo, "quod anima est in corpore, hoc sint in mundo christiani"[1]. *[44]* ...

CAPUT V: DE UNIVERSALI VOCATIONE AD SANCTITATEM IN ECCLESIA

39. Ecclesia, cuius mysterium a Sacra Synodo proponitur, indefectibiliter sancta creditur. Christus enim, Dei Filius, qui cum Patre et Spiritu "solus Sanctus" celebratur[1], Ecclesiam tamquam sponsam suam dilexit, Seipsum tradens pro ea, ut illam sanctificaret [*cf. Eph 5,25s*], eamque Sibi ut corpus suum coniunxit atque Spiritus Sancti dono cumulavit, ad gloriam Dei. Ideo in Ecclesia omnes, sive ad Hierarchiam pertinent sive ab ea pascuntur, ad sanctitatem vocantur, iuxta illud Apostoli: "Haec est enim voluntas Dei, sanctificatio vestra" [*1 Th 4,3; cf. Eph 1,4*]. Haec autem Ecclesiae sanctitas in gratiae fructibus quos Spiritus in fidelibus producit, incessanter manifestatur et manifestari debet; multiformiter exprimitur apud singulos, qui in suo vitae ordine ad perfectionem caritatis, aedificantes alios, tendunt; proprio quodam modo apparet in praxi consiliorum, quae evangelica appellari consueverunt. Quae consiliorum praxis, Spiritu Sancto impellente, a multis christianis assumpta, sive privatim sive in conditione vel statu in Ecclesia sancitis, praeclarum in mundo fert, et ferre oportet, eiusdem sanctitatis testimonium et exemplum.

38. Jeder einzelne Laie muß vor der Welt **4164** Zeuge der Auferstehung und des Lebens Jesu, des Herrn, und ein Zeichen des lebendigen Gottes sein. Alle zusammen und jeder einzelne für seinen Teil müssen die Welt mit geistlichen Früchten nähren [*vgl. Gal 5,22*] und in sie hinein den Geist ausgießen, durch den jene Armen, Sanftmütigen und Friedfertigen beseelt werden, die der Herr im Evangelium selig pries [*vgl. Mt 5,3-9*]. Mit einem Wort: "Was die Seele im Leibe ist, das sollen in der Welt die Christen sein"[1].

FÜNFTES KAPITEL: DIE ALLGEMEINE BERUFUNG ZUR HEILIGKEIT IN DER KIRCHE

39. Es wird geglaubt, daß die Kirche, de- **4165** ren Geheimnis von der Heiligen Synode vorgelegt wird, unverminderbar heilig ist. Denn Christus, der Sohn Gottes, der mit dem Vater und dem Geist als "allein Heiliger" gepriesen wird[1], hat die Kirche als seine Braut geliebt, indem er sich selbst für sie hingab, um sie zu heiligen [*vgl. Eph 5,25f*], und er hat sie als seinen Leib mit sich verbunden sowie mit der Gabe des Heiligen Geistes erfüllt zur Ehre Gottes. Daher sind in der Kirche alle, mögen sie zur Hierarchie gehören oder von ihr geweidet werden, zur Heiligkeit berufen gemäß jenem Wort des Apostels: "Denn das ist der Wille Gottes, eure Heiligung" [*1 Thess 4,3; vgl. Eph 1,4*]. Diese Heiligkeit der Kirche aber wird in den Früchten der Gnade, die der Geist in den Gläubigen hervorbringt, unaufhörlich kundgetan und muß kundgetan werden. Vielgestaltig drückt sie sich bei den einzelnen aus, die in ihrer Lebensordnung zur Vollkommenheit der Liebe streben, indem sie andere erbauen. In einer eigentümlichen Weise erscheint sie in der Übung der Räte, die gewöhnlich die evangelischen genannt werden. Diese Übung der Räte wurde auf Antrieb des Heiligen Geistes von vielen Christen angenommen, sei es privat, sei es in einer Lebensform oder einem Stand, die von der Kirche anerkannt sind, und gibt so, und soll es geben, in der Welt ein herrliches Zeugnis und Beispiel eben dieser Heiligkeit in der Welt.

---

**\*4164** [1]  *Brief an Diognet* 6 (Funk I,400). Vgl. Johannes Chrysostomus, *Homiliae in Matthaeum* 46 (47), 2 (PG 58,478) über den Sauerteig in der Masse.
**\*4165** [1]  *Missale Romanum*, Gloria in excelsis Deo. Vgl. Lk 1,35; Mk 1,24; Lk 4,34; Joh 6,69 («ὁ ἅγιος τοῦ Θεοῦ»); Apg 3,14; 4,27 30; Hebr 7,26; 1 Joh 2,20; Offb 3,7.

**4166**    40. Omnis perfectionis divinus Magister et Exemplar, Dominus Iesus, sanctitatem vitae, cuius Ipse et auctor et consummator exstat, omnibus et singulis discipulis suis cuiuscumque conditionis praedicavit: "Estote ergo vos perfecti, sicut et Pater vester caelestis perfectus est" [*Mt 5,48*][1]. In omnes enim Spiritum Sanctum misit, qui eos intus moveat, ut Deum diligant ex toto corde, ex tota anima, ex tota mente et ex tota virtute sua [*cf. Mc 12,30*], et ut invicem se diligant sicut Christus eos dilexit [*cf. Io 13,34; 15,12*]. Christi asseclae a Deo non secundum opera sua, sed secundum propositum et gratiam Eius vocati atque in Iesu Domino iustificati, in fidei baptismate vere filii Dei et consortes divinae naturae, ideoque reapse sancti effecti sunt. Eos proinde oportet sanctificationem quam acceperunt, Deo dante, vivendo tenere atque perficere. Ab Apostolo monentur, ut vivant "sicut *[45]* decet sanctos" [*Eph 5,3*], et induant "sicut electi Dei, sancti et dilecti, viscera misericordiae, benignitatem, humilitatem, modestiam, patientiam" [*Col 3,12*], fructusque Spiritus habeant in sanctificationem [*cf. Gal 5,22; Rm 6,22*]. Cum vero in multis offendimus omnes [*cf. Iac 3,2*], misericordiae Dei iugitur egemus atque orare quotidie debemus: "Et dimitte nobis debita nostra" [*Mt 6,12*][2].

Cunctis proinde perspicuum est, omnes christifideles cuiuscumque status vel ordinis ad vitae christianae plenitudinem et caritatis perfectionem vocari[3], qua sanctitate, in societate quoque terrena, humanior vivendi modus promovetur. Ad quam perfectionem adipiscendam fideles vires secundum mensuram donationis Christi acceptas adhibeant, ut Eius vestigia sequentes Eiusque imagini con-

40. Der göttliche Lehrer und das Urbild jeder Vollkommenheit, der Herr Jesus, hat die Heiligkeit des Lebens, deren Urheber und Vollender er selbst ist, allen und jedem einzelnen seiner Jünger in jeglichem Lebensverhältnis gepredigt: "Ihr sollt also vollkommen sein, wie auch euer himmlischer Vater vollkommen ist" [*Mt 5,48*][1]. Denn zu allen hat er den Heiligen Geist gesandt, daß er sie innerlich bewege, Gott aus ganzem Herzen, aus ganzer Seele, aus ganzem Gemüt und aus ihrer ganzen Kraft zu lieben [*vgl. Mk 12,30*] und sich gegenseitig zu lieben, wie Christus sie geliebt hat [*vgl. Joh 13,34; 15,12*]. Die Anhänger Christi, die von Gott nicht nach ihren Werken, sondern nach seinem Plan und seiner Gnade berufen und in Jesus, dem Herrn, gerechtfertigt sind, sind in der Taufe des Glaubens wahrhaft zu Kindern Gottes und Teilhabern an der göttlichen Natur und daher wirklich heilig gemacht worden. Sie müssen daher die Heiligung, die sie empfangen haben, wobei Gott der Gewährende ist, im Leben festhalten und vollenden. Vom Apostel werden sie ermahnt, zu leben, "wie es Heiligen geziemt" [*Eph 5,3*], "als von Gott Erwählte, Heilige und Geliebte herzliches Erbarmen, Güte, Demut, Bescheidenheit und Geduld" [*Kol 3,12*] anzuziehen und die Früchte des Geistes zur Heiligung zu tragen [*vgl. Gal 5,22; Röm 6,22*]. Da wir aber alle in vielem fehlen [*vgl. Jak 3,2*], bedürfen wir auch ständig der Barmherzigkeit Gottes und müssen täglich beten: "Und vergib uns unsere Schulden" [*Mt 6,12*][2].

Daher ist allen klar, daß alle Christgläubigen jeglichen Standes oder Ranges zur Fülle des christlichen Lebens und Vollkommenheit der Liebe berufen sind[3]; durch diese Heiligkeit wird auch in der irdischen Gesellschaft eine menschlichere Lebensweise gefördert. Zur Erreichung dieser Vollkommenheit sollen die Gläubigen die Kräfte, die sie nach dem Maß der Gabe Christi empfangen ha-

---

**\*4166** [1]    Vgl. Origenes, *Commentariorum in epistulam in Romanos series* 7,7 (PG 14,1122B); Ps.-Makarius, *De oratione* 11 (PG 34,861AB); Thomas von Aquin, *Summa theologiae* II-II, q. 184, a. 3 (Editio Leonina 10,453–455).
[2]    Vgl. Augustinus, *Retractationes* II 18 (PL 32,637f / A. Mutzenbecher: CpChL 57 [1984] 104f); Pius XII., Enzyklika *"Mystici corporis"*, 29. Juni 1943 (AAS 35 [1943] 225).
[3]    Vgl. Pius XI., Enzyklika *"Rerum omnium"*, 26. Jan. 1923 (AAS 15 [1923] 50 59f); Enzyklika *"Casti connubii"*, 31. Dez. 1930 (AAS 22 [1930] 548); Pius XII., Apostolische Konstitution *"Provida mater"*, 2. Febr. 1947 (AAS 39 [1947] 117); Ansprache *"Annus sacer"*, 8. Dez. 1950 (AAS 43 [1951] 27f]; Ansprache *"Nel darvi"*, 1. Juli 1956 (AAS 48 [1956] 574f).

formes effecti, voluntatem Patris in omnibus obsequentes, gloriae Dei et servitio proximi toto animo sese devoveant. Ita sanctitas Populi Dei in abundantes fructus excrescet, sicut in Ecclesiae historia per tot Sanctorum vitam luculenter commonstratur. ...

ben, anwenden, um, seinen Spuren folgend und seinem Bild gleichförmig geworden, indem sie dem Willen des Vaters in allem gehorchen, sich der Ehre Gottes und dem Dienst am Nächsten mit ganzem Herzen zu verschreiben. So wird die Heiligkeit des Gottesvolkes zu überreichen Früchten anwachsen, wie es in der Geschichte der Kirche durch das Leben so vieler Heiliger leuchtend aufgezeigt wird. ...

### CAPUT VI: DE RELIGIOSIS

43. Consilia evangelica castitatis Deo dicatae, paupertatis et oboedientiae, utpote in verbis ex exemplis Domini fundata et ab Apostolis et Patribus Ecclesiaeque doctoribus et pastoribus commendata, sunt donum divinum, quod Ecclesia a Domino suo accepit et gratia Eius semper conservat. Ipsa autem auctoritas Ecclesiae, duce Spiritu Sancto, ea interpretari, eorum praxim moderari et etiam stabiles inde vivendi formas constituere curavit. Quo factum est ut, quasi in arbore ex germine divinitus dato mirabiliter et multipliciter in agro Domini ramificata, variae formae vitae solitariae vel communis, variaeque familiae creverint, quae tum ad profectum sodalium, tum ad bonum totius Corporis Christi opes augent[1]. Illae enim familiae sodalibus suis adminicula conferunt stabilitatis in modo vivendi firmioris, doctrinae ad perfectionem prosequendam probatae, communionis in militia Christi fraternae, libertatis per oboedientiam roboratae, ita ut suam religiosam *[50]* professionem secure implere et fideliter custodire valeant, atque in caritatis via spiritu gaudentes progrediantur[2].

### SECHSTES KAPITEL: DIE ORDENSLEUTE

43. Die evangelischen Räte der Gott geweihten Keuschheit, der Armut und des Gehorsams, die ja in den Worten und Beispielen des Herrn begründet und von den Aposteln und den Vätern wie auch den Lehrern und Hirten der Kirche empfohlen sind, sind eine göttliche Gabe, die die Kirche von ihrem Herrn empfangen hat und in seiner Gnade immer bewahrt. Die Autorität der Kirche selbst aber hat unter der Führung des Heiligen Geistes dafür gesorgt, sie auszulegen, ihre Übung zu regeln und dementsprechend auch dauerhafte Lebensformen festzusetzen. So kam es, daß wie bei einem Baum, der aus einem von Gott gegebenen Keim wunderbar und vielfältig auf dem Acker des Herrn Zweige getrieben hat, verschiedene Gestalten des eremitischen oder gemeinschaftlichen Lebens und verschiedene Genossenschaften gewachsen sind, die die Hilfsmittel sowohl zum Fortschritt ihrer Mitglieder, als auch zum Wohl des ganzen Leibes Christi vermehren[1]. Denn jene Genossenschaften gewähren ihren Mitgliedern die Stützen einer festeren Beständigkeit in der Lebensweise, einer im Streben nach Vollkommenheit erprobten Lehre, einer brüderlichen Gemeinschaft im Kriegsdienst Christi und einer Freiheit, die durch Gehorsam gekräftigt ist, so daß sie ihr Ordensgelübde sicher zu erfüllen und getreu zu bewahren vermögen und auf dem Weg der Liebe in der Freude des Geistes voranschreiten[2].

**4167**

---

**\*4167** [1]  Vgl. Rosweydus, *Vitae Patrum* (Antwerpen 1628); *Apophthegmata Patrum* (PG 65); Palladius, *Historia Lausiaca* (PG 34,995–1260 / C. Butler [Cambridge 1898; 1904]); Pius XI., Apostolische Konstitution *"Umbratilem"*, 8. Juli 1924 (AAS 16 [1924] 386f); Pius XII., Ansprache *"Nous sommes heureux"*, 11. April 1958 (AAS 50 [1958] 283).
[2]  Vgl. Paul VI., Ansprache *"Magno gaudio"*, 23. Mai 1964 (AAS 56 [1964] 566).

Status huiusmodi, ratione habita divinae et hierarchicae Ecclesiae Constitutionis, non est intermedius inter clericalem et laicalem conditionem, sed ex utraque parte quidam christifideles a Deo vocantur, ut in vitae Ecclesiae peculiari dono fruantur et, suo quisque modo, eiusdem missioni salvificae prosint[3]. ...

Ein derartiger Stand ist in bezug auf die göttliche und hierarchische Verfassung der Kirche kein Zwischenstand zwischen der Stellung der Kleriker und der Laien, sondern aus beiden Gruppen werden bestimmte Christgläubige von Gott berufen, daß sie im Leben der Kirche aus einer besonderen Gabe Nutzen ziehen und jeder auf seine Weise ihre heilbringende Sendung fördern[3]. ...

Caput VII: De indole eschatologica Ecclesiae peregrinantis eiusque unione cum Ecclesia caelesti

SIEBTES KAPITEL: DER ENDZEITLICHE CHARAKTER DER PILGERNDEN KIRCHE UND IHRE EINHEIT MIT DER HIMMLISCHEN KIRCHE

**4168**

48. Ecclesia, ad quam in Christo Iesu vocamur omnes et in qua per gratiam Dei sanctitatem acquirimus, nonnisi in gloria caelesti consummabitur, quando adveniet tempus restitutionis omnium [*cf. Act 3,21*] atque cum genere humano universus quoque mundus, qui intime cum homine coniungitur et per eum ad finem suum accedit, perfecte in Christo instaurabitur [*cf. Eph 1,10; Col 1,20; 2 Pt 3,10-13*].

Christus quidem exaltatus a terra omnes traxit ad Seipsum [*cf. Io 12,32 gr.*]; resurgens ex mortuis [*cf. Rm 6,9*] Spiritum suum vivificantem in discipulos immisit et per eum Corpus suum quod est Ecclesia ut unversale salutis sacramentum constituit; sedens ad dexteram Patris continuo operatur in mundo ut homines ad Ecclesiam perducat arctiusque per eam Sibi coniungat ac proprio Corpore et Sanguine illos nutriendo gloriosae vitae suae faciat esse participes. Restitutio ergo quam promissam exspectamus, iam incepit in Christo, provehitur in missione Spiritus Sancti et per Eum pergit in Ecclesia in qua per fidem de sensu quoque vitae nostrae temporalis edocemur, dum opus a Patre nobis in mundo commissum cum spe futurorum bonorum ad finem perducimus et salutem nostram operamur [*cf. Phil 2,12*].

48. Die Kirche, zu der wir alle in Christus Jesus berufen sind und in der wir durch die Gnade Gottes die Heiligkeit erlangen, wird erst in der himmlischen Herrlichkeit vollendet werden, wenn die Zeit der Wiederherstellung von allem kommen wird [*vgl. Apg 3,21*] und wenn zusammen mit dem Menschengeschlecht auch die gesamte Welt, die mit dem Menschen innigst verbunden ist und durch ihn auf ihr Ziel zugeht, vollkommen in Christus erneuert werden wird [*vgl. Eph 1,10; Kol 1,20; 2 Petr 3,10-13*].

Christus hat sicher, von der Erde erhöht, alle zu sich gezogen [*vgl. Joh 12,32 griech.*]; auferstanden (eigentlich Partizip Präsens – Anm. des Übersetzers) von den Toten [*vgl. Röm 6,9*] hat er seinen lebendigmachenden Geist zu den Jüngern gesandt und durch ihn seinen Leib, der die Kirche ist, als allgemeines Sakrament des Heiles eingesetzt; zur Rechten des Vaters sitzend, wirkt er beständig in der Welt, um die Menschen zur Kirche zu führen und durch sie enger mit sich zu verbinden und um sie, indem er sie mit seinem eigenen Leib und Blut nährt, seines Lebens in Herrlichkeit teilhaftig zu machen. Die Wiederherstellung also, die wir als verheißene erwarten, hat schon in Christus begonnen, rückt vor in der Sendung des Heiligen Geistes und geht durch ihn weiter in der Kirche, in der wir durch den Glauben auch über den Sinn unseres zeitlichen Lebens belehrt werden, bis wir das vom Vater uns in der Welt übertragene Werk mit der Hoffnung auf die künftigen Güter zu Ende führen und unser Heil wirken [*vgl. Phil 2,12*].

---

[3]   Vgl. CIC/1917, Kan. 487 488,4°; Pius XII., Ansprache "*Annus sacer*", 8. Dez. 1950 (AAS 43 [1951] 27); Apostolische Konstitution "*Provida mater*", 2. Febr. 1947 (AAS 39 [1947] 120-124).

Iam ergo fines saeculorum ad nos pervenerunt [*cf. 1 Cor 10,11*] et renovatio mundi irrevocabiliter est constituta atque in hoc saeculo reali quodam modo anticipatur: etenim Ecclesia iam in terris vera sanctitate licet imperfecta insignitur. Donec tamen fuerint novi caeli et nova terra, in quibus iustitia habitat [*cf. 2 Pt 3,13*], Ecclesia peregrinans, in suis sacramentis et institutionibus, quae ad hoc aevum pertinent, portat figuram huius saeculi quae praeterit et ipsa inter creaturas degit quae ingemiscunt et parturiunt usque adhuc et exspectant revelationem filiorum Dei [*cf. Rm 8,19-22*].

Coniuncti ergo Christo in Ecclesia et signati Spiritu Sancto "qui est *[54]* pignus hereditatis nostrae" [*Eph 1,14*], vere filii Dei nominamur et sumus [*cf. 1 Io 3,1*], sed nondum apparuimus cum Christo in gloria [*cf. Kol 3,4*], in qua similes Deo erimus, quoniam videbimus Eum sicuti est [*cf. 1 Io 3,2*]. Itaque "dum sumus in corpore, peregrinamur a Domino" [*2 Cor 5,6*] et primitias Spiritus habentes intra nos gemimus [*cf. Rm 8,23*] et cupimus esse cum Christo [*cf. Phil 1,23*]. Eadem autem caritate urgemur ut magis vivamus Ei, qui pro nobis mortuus est et resurrexit [*cf. 2 Cor 5,15*]. Contendimus ergo in omnibus placere Domino [*cf. 2 Cor 5,9*] et induimus armaturam Dei, ut possimus stare adversus insidias diaboli et resistere in die malo [*cf. Eph 6,11-13*]. Cum vero nesciamus diem neque horam, monente Domino, constanter vigilemus oportet ut, expleto unico terrestris nostrae vitae cursu [*cf. Hbr 9,27*], cum Ipso ad nuptias intrare et cum benedictis connumerari mereamur [*cf. Mt 25,31-46*], neque sicut servi mali et pigri [*cf. Mt 25,26*] iubeamur discedere in ignem aeternum [*cf. Mt 25,41*], in tenebras exteriores ubi "erit fletus et stridor dentium" [*Mt 22,13 30*]. Etenim, antequam cum Christo glorioso regnemus, omnes nos manifestabimur "ante tribunal Christi, ut referat unusquisque propria corporis, prout gessit sive bonum sive malum" [*2 Cor 5,10*] et in fine mundi "procedent qui bona fecerunt in resurrectionem vitae, qui vero mala egerunt in resurrectionem iudicii" [*Io 5,29; cf. Mt 25,46*]. Existimantes proinde

Schon sind also die Enden der Zeiten zu uns gekommen [*vgl. 1 Kor 10,11*], und die Erneuerung der Welt ist unwiderruflich begründet und wird in dieser Weltzeit auf eine gewisse wirkliche Weise vorweggenommen: Denn die Kirche wird schon auf Erden durch eine wahre, wenn auch unvollkommene Heiligkeit ausgezeichnet. Bis es jedoch neue Himmel und eine neue Erde geben wird, in denen die Gerechtigkeit wohnt [*vgl. 2 Petr 3,13*], trägt die pilgernde Kirche in ihren Sakramenten und Einrichtungen, die zu dieser Zeit gehören, die Gestalt dieser Welt, die vergeht, und weilt selbst unter den Geschöpfen, die seufzen und bis jetzt noch in Wehen liegen und die Offenbarung der Kinder Gottes erwarten [*vgl. Röm 8,19-22*].

Mit Christus also in der Kirche verbunden und bezeichnet mit dem Heiligen Geist, "der das Pfand unseres Erbes ist" [*Eph 1,14*], heißen wir wahrhaft Kinder Gottes und sind es [*vgl. 1 Joh 3,1*], sind aber noch nicht mit Christus in der Herrlichkeit erschienen [*vgl. Kol 3,4*], in der wir Gott ähnlich sein werden, da wir ihn schauen werden, so wie er ist [*vgl. 1 Joh 3,2*]. Deshalb ⟨gilt⟩: "Solange wir im Leibe sind, pilgern wir ferne vom Herrn" [*2 Kor 5,6*] und im Besitz der Erstlinge des Geistes seufzen wir in uns [*vgl. Röm 8,23*] und wünschen, mit Christus zu sein [*vgl. Phil 1,23*]. Durch dieselbe Liebe aber werden wir gedrängt, daß wir mehr für den leben, der für uns gestorben und auferstanden ist [*vgl. 2 Kor 5,15*]. Wir streben also danach, in allem dem Herrn zu gefallen [*vgl. 2 Kor 5,9*], und bekleiden uns mit den Waffen Gottes, um gegen die Nachstellungen des Teufels standhalten und am bösen Tage [*vgl. Eph 6,11-13*] widerstehen zu können. Da wir aber weder den Tag noch die Stunde wissen, müssen wir auf die Ermahnung des Herrn hin standhaft wachen, damit wir, wenn unser einmaliger irdischer Lebenslauf erfüllt ist [*vgl. Hebr 9,27*], mit ihm zur Hochzeit einzutreten und den Gesegneten zugezählt zu werden verdienen [*vgl. Mt 25, 31-46*] und uns nicht wie bösen und faulen Knechten [*vgl. Mt 25,26*] geheißen wird, ins ewige Feuer zu weichen [*vgl. Mt 25,41*], in die Finsternis draußen, wo "Heulen und Zähneknirschen sein wird" [*Mt 22,13 30*]. Denn bevor wir mit dem verherrlichten Christus herrschen, werden wir alle offenbar

quod "non sunt condignae passionis huius temporis ad futuram gloriam quae revelabitur in nobis " [*Rm 8,18; cf. 2 Tim 2,11s*], fortes in fide exspectamus "beatam spem et adventum gloriae magni Dei et Salvatoris nostri Iesu Christi" [*Tit 2,13*], "qui reformabit corpus humilitatis nostrae configuratum corpori claritatis suae" [*Phil 3,21*] et qui veniet "glorificari in sanctis suis, et admirabilis fieri in omnibus qui crediderunt" [*2 Th 1,10*].

werden "vor dem Richterstuhl Christi, damit jeder einzelne Rechenschaft ablegt über das Eigene seines leiblichen Lebens, je nachdem ob er Gutes oder Böses vollführt hat" [*2 Kor 5,10*], und am Ende der Welt "werden die, die Gutes getan haben, hervorgehen zur Auferstehung des Lebens, die aber Böses begangen haben, zur Auferstehung des Gerichtes" [*Joh 5,29; vgl. Mt 25,46*]. Deswegen sind wir der Meinung, daß "die Leiden dieser Zeit der künftigen Herrlichkeit nicht entsprechen, die an uns offenbar werden wird" [*Röm 8,18; vgl. 2 Tim 2,11f*], und erwarten tapfer im Glauben "die selige Hoffnung und die Ankunft der Herrlichkeit unseres großen Gottes und Erlösers Jesus Christus" [*Tit 2,13*], "der den Leib unserer Niedrigkeit erneuern wird, gleichgestaltet mit dem Leib seiner Klarheit" [*Phil 3,21*], und der kommen wird, "um verherrlicht zu werden in seinen Heiligen und wunderbar zu werden in allen, die geglaubt haben" [*2 Thess 1,10*].

**4169**    49. Donec ergo Dominus venerit in maiestate sua et omnes Angeli cum eo [*cf. Mt 25,31*] et, destructa morte, Illi subiecta fuerint omnia [*cf. 1 Cor 15,26s*], alii e discipulis Eius in terris peregrinantur, alii hac vita functi purificantur, alii vero glorificantur intuentes "clare ipsum Deum trinum et unum, sicuti est"[1]; omnes tamen, gradu quidem modoque diverso, in eadem Dei et proximi caritate communicamus et eundem hymnum gloriae Deo nostro canimus. Universi enim *[55]* qui Christi sunt, Spiritum Eius habentes, in unam Ecclesiam coalescunt et invicem cohaerent in Ipso [*cf. Eph 4,16*]. Viatorum igitur unio cum fratribus qui in pace Christi dormierunt, minime intermittitur, immo secundum perennem Ecclesiae fidem, spiritualium bonorum communicatione roboratur[2]. Ex eo enim quod caelites intimius cum Christo uniuntur, totam Ecclesiam in sanctitatem firmius consolidant, cultum, quem ipsa hic in terris Deo exhibet, nobilitant ac multipliciter ad ampliorem eius aedificationem contribuunt [*cf. 1 Cor 12,12-27*][3]. Nam in patriam recepti et praesentes ad Dominum [*cf. 2 Cor*

49. Bis also der Herr kommt in seiner Erhabenheit und alle Engel mit ihm [*vgl. Mt 25,31*] und nach der Vernichtung des Todes ihm alles unterworfen ist [*vgl. 1 Kor 15,26f*], pilgern die einen von seinen Jüngern auf Erden, andere, die dieses Leben vollendet haben, werden gereinigt, andere aber werden verherrlicht und schauen deshalb "klar den dreifaltigen und e i n e n Gott selbst, so wie er ist"[1]; wir alle jedoch haben, wenn auch in verschiedener Abstufung und Art, Gemeinschaft in derselben Liebe Gottes und des Nächsten und singen unserem Gott denselben Lobgesang der Herrlichkeit. Alle nämlich, die zu Christus gehören, wachsen im Besitz seines Geistes zu der e i n e n Kirche zusammen und hängen in ihm zusammen [*vgl. Eph 4,16*]. Die Einheit derer auf der Wanderschaft mit den Brüdern, die im Frieden Christi entschlafen sind, wird also keineswegs unterbrochen, sie wird vielmehr nach dem beständigen Glauben der Kirche durch die Mitteilung geistlicher Güter gestärkt[2]. Denn dadurch, daß die, die im Himmel sind, inniger mit Christus vereint werden, festigen sie die

---

**\*4169** [1]    Konzil von Florenz (1439), *Dekret für die Griechen* (\*1305).
[2]    Neben den älteren Dokumenten gegen jegliche Form der Geisterbeschwörung seit Alexander IV. (27. Sept. 1258) vgl. die Enzyklika des Hl. Offiziums vom 4. Aug. 1856 über den Mißbrauch des Magnetismus (ASS 1 [1865] 177f; \*2823-2825); Antwort des Hl. Offiziums, 24. April 1917 (AAS 9 [1917] 268; \*3642).

*5,8*], per Ipsum, cum Ipso et in Ipso non desinunt apud Patrem pro nobis intercedere[4], exhibentes merita quae per unum Mediatorem Dei et hominum, Christum Iesum [*cf. 1 Tim 2,5*] in terrris sunt adepti, Domino in omnibus servientes et adimplentes ea quae desunt passionum Christi in carne sua pro Corpore Eius quod est Ecclesia [*cf. Col 1,24*][5]. Eorum proinde fraterna sollicitudine infirmitas nostra plurimum iuvatur.

ganze Kirche stärker in der Heiligkeit, adeln den Gottesdienst, den diese hier auf Erden Gott darbringt, und tragen auf vielfältige Weise zu ihrem weiteren Aufbau bei [*vgl. 1 Kor 12,12–27*][3]. Denn in die Heimat aufgenommen und beim Herrn gegenwärtig [*vgl. 2 Kor 5,8*], hören sie nicht auf, durch ihn, mit ihm und in ihm beim Vater für uns einzutreten[4], indem sie die Verdienste darbringen, die sie durch den einen Mittler zwischen Gott und den Menschen, Christus Jesus [*vgl. 1 Tim 2,5*], auf Erden erworben haben, als sie in allem dem Herrn dienten und in ihrem Fleisch für seinen Leib, der die Kirche ist, das ergänzten, was an den Leiden Christi fehlt [*vgl. Kol 1,24*][5]. Daher wird durch ihre brüderliche Sorge unserer Schwachheit sehr viel geholfen.

50. Hanc communionem totius Iesu Christi Mystici Corporis apprime agnoscens, Ecclesia viatorum inde a primaevis christianae religionis temporibus, defunctorum memoriam magna cum pietate excoluit[1] et, "quia sancta et salubris est cogitatio pro defunctis exorare ut a peccatis solvantur" [*2 Mcc 12,46*], etiam suffragia pro illis obtulit. Apostolos autem et martyres Christi, qui sui sanguinis effusione supremum fidei et caritatis testimonium dederant, in Christo arctius nobis coniunctos esse Ecclesia semper credidit, eos simul cum Beata Virgine Maria et sanctis Angelis peculiari affectu venerata est[2], eorumque intercessionis auxilium pie imploravit. Quibus mox adnumerati sunt alii quoque qui Christi virginitatem et paupertatem pressius erant imitati[3] et *[56]* tandem ceteri quos praeclarum virtutum christianarum exercitium[4] ac divina charismata piae fidelium devotioni et imitationi commendabant[5].

50. In ganz besonderer Anerkennung dieser Gemeinschaft des ganzen mystischen Leibes Jesu Christi hat die Kirche der ⟨Erden⟩pilger von den anfänglichen Zeiten der christlichen Religion an das Gedächtnis der Verstorbenen mit großer Ehrfurcht gepflegt[1] und hat, "weil es ein heiliger und heilsamer Gedanke ist, für die Verstorbenen zu beten, damit sie von ihren Sünden erlöst werden" [*2 Makk 12,46*], auch Fürbittgebete für sie dargebracht. Daß aber die Apostel und Martyrer Christi, die durch das Vergießen ihres Blutes das höchste Zeugnis des Glaubens und der Liebe gegeben hatten, in Christus enger mit uns verbunden worden sind, hat die Kirche immer geglaubt; sie hat sie zugleich mit der seligen Jungfrau Maria und den heiligen Engeln mit besonderer Zuneigung verehrt[2] und hat die Hilfe ihrer Fürbitte fromm erbeten. Bald wurden ihnen auch andere beigezählt, die die Jungfräulichkeit und Armut Christi genauer nachgeahmt[3] hatten und schließlich die übrigen, die die hervorragende Übung der christlichen Tugenden[4] und die göttlichen

4170

---

[3]   Vgl. die zusammenfassende Darlegung dieser paulinischen Lehre bei Pius XII., Enzyklika "*Mystici corporis*" (AAS 35 [1943] 200 passim).
[4]   Vgl. u. a. Augustinus, *Enarrationes in psalmos* 85, n. 24 (PL 37,1099 / E. Dekkers – J. Fraipont: CpChL 39 [1956] 1196f); Hieronymus, *Liber contra Vigilantium* 6 (PL 23,344); Thomas von Aquin, *In libros sententiarum* IV, d. 45, q. 3, a. 2 (R. Busa: Opera 1 [1980] 658); Bonaventura, *In IV libros sententiarum* IV, d. 45, a. 3, q. 2 (Quaracchi 4 [1889] 948f) u. a.
[5]   Vgl. Pius XII., Enzyklika "*Mystici corporis*" (AAS 35 [1943] 245).
*4170 [1]   Vgl. zahlreiche Inschriften in den römischen Katakomben.
[2]   Vgl. Gelasius I., Dekretale "*De libris recipiendis*" 3 (PL 59,160; *353).
[3]   Vgl. Methodius, *Symposion* VII 3 (G.N. Bonwetsch: GChSch 27,74).
[4]   Vgl. Benedikt XV., Approbationsdekret zur Seligsprechung und Kanonisierung von Johannes Nepomuk Neumann (AAS 14 [1922] 23). Mehrere Ansprachen Pius' XI. über die Heiligen: "*Inviti*

Dum enim illorum conspicimus vitam qui Christum fideliter sunt secuti, nova ratione ad futuram Civitatem inquirendam [cf. Hbr 13,14; 11,10] incitamur simulque tutissimam edocemur viam qua inter mundanas varietates, secundum statum ac condicionem unicuique propriam, ad perfectam cum Christo unionem seu sanctitatem pervenire poterimus⁶. In vita eorum qui, humanitatis nostrae consortes, ad imaginem tamen Christi perfectius transformantur [cf. 2 Cor 3,18], Deus praesentiam vultumque suum hominibus vivide manifestat. In eis Ipse nos alloquitur, signumque nobis praebet Regni sui⁷, ad quod tantam habentes impositam nubem testium [cf. Hbr 12,1], talemque contestationem veritatis Evangelii, potenter attrahimur.

Nec tamen solius exempli titulo caelitum memoriam colimus, sed magis adhuc ut totius Ecclesiae unio in Spiritu roboretur per fraternae caritatis exercitium [cf. Eph 4,1-6]. Nam sicut christiana inter viatores communio propinquius nos ad Christum adducit, ita consortium cum Sanctis nos Christo coniungit, a quo tamquam a Fonte et Capite omnis gratia et ipsius Populi Dei vita promanat⁸. Summopere ergo decet ut hos Iesu Christi amicos et coheredes, fratres quoque nostros et benefactores eximios diligamus, debitas pro ipsis Deo rependamus gratias⁹, "suppliciter eos invocemus et ob beneficia impetranda a Deo per Filium eius Iesum Christum, Dominum nostrum, qui solus noster Redemptor et Salvator est, ad eorum orationes, opem auxiliumque confugiamus"¹⁰. Omne enim genuinum amoris testimonium caelitibus a nobis

Gnadengaben der frommen Andacht und Nachahmung der Gläubigen empfahlen⁵.

Denn wenn wir auf das Leben jener blicken, die Christus in Treue nachgefolgt sind, werden wir auf neue Art angetrieben, die künftige Stadt zu suchen [vgl. Hebr 13,14; 11,10] und zugleich werden wir einen ganz sicheren Weg gewiesen, wie wir zwischen den Unbeständigkeiten der Welt gemäß dem Stand und den Lebensverhältnissen, die jedem einzelnen zu eigen sind, zur vollkommenen Einigung mit Christus oder zur Heiligkeit gelangen können⁶. Im Leben derer, die, obwohl Schicksalsgenossen unserer Menschlichkeit, dennoch vollkommener dem Bilde Christi gleichgestaltet werden [vgl. 2 Kor 3,18], tut Gott seine Gegenwart und sein Antlitz den Menschen in lebendiger Weise kund. In ihnen redet er selbst uns an und gewährt uns ein Zeichen seines Reiches⁷, zu dem wir, die wir eine so große Wolke von Zeugen über uns [vgl. Hebr 12,1] und eine solche Bezeugung der Wahrheit des Evangeliums haben, mächtig hingezogen werden.

Jedoch nicht nur um des Beispiels willen pflegen wir das Gedächtnis derer, die im Himmel sind, sondern mehr noch, damit die Einheit der ganzen Kirche im Geist durch die Übung der brüderlichen Liebe gestärkt wird [vgl. Eph 4,1-6]. Denn wie die christliche Gemeinschaft der ⟨Erden⟩pilger uns näher zu Christus hinführt, so verbindet uns die Gemeinschaft mit den Heiligen mit Christus, aus dem als Quelle und Haupt jede Gnade und das Leben des Gottesvolkes selbst hervorströmen⁸. Also ziemt es sich ganz und gar, daß wir diese Freunde und Miterben Jesu Christi, unsere Brüder auch und vortrefflichen Wohltäter, lieben, daß wir Gott für sie den gebührenden Dank abstatten⁹, "daß wir sie flehentlich anrufen und zu ihren Gebeten, ihrem Beistand und ihrer Hilfe Zuflucht nehmen, um von Gott durch seinen

---

all'eroismo" (Discorsi I-III [Rom 1941-42] passim); Pius XII., Discorsi e Radiomessaggi 10 (1949) 37-43.
⁵   Vgl. Pius XII., Enzyklika "Mediator Dei" (AAS 39 [1947] 581).
⁶   Vgl. Hebr 13,7; Sir 44-50; Hebr 11,3-40. Vgl. auch Pius XII., Enzyklika "Mediator Dei" (AAS 39 [1947] 581f).
⁷   Vgl. 1. Vatikanisches Konzil, Dogmatische Konstitution "Dei Filius", Kap. 3 (*3013).
⁸   Vgl. Pius XII., Enzyklika "Mystici corporis" (AAS 35 [1943] 216).
⁹   Bezüglich der Dankbarkeit gegenüber den Heiligen vgl. E. Diehl, Inscriptiones latinae christianae veteres I (Berlin 1925), Nr. 2008 2382 u. ö.

exhibitum, suapte natura tendit ac terminatur ad Christum qui *[57]* est "corona Sanctorum omnium"[11] et per Ipsum ad Deum qui est mirabilis in Sanctis suis et in ipsis magnificatur[12].

Nobilissima vero ratione unio nostra cum Ecclesia caelesti actuatur, cum, praesertim in sacra Liturgia, in qua virtus Spiritus Sancti per signa sacramentalia super nos agit, divinae maiestatis laudem socia exsultatione concelebramus[13], et universi, in sanguine Christi ex omni tribu et lingua et populo et natione redempti [*cf. Apc 5,9*] atque in unam Ecclesiam congregati, uno cantico laudis Deum unum et trinum magnificamus. Eucharisticum ergo sacrificium celebrantes cultui Ecclesiae caelestis vel maxime iungimur communicantes et memoriam venerantes in primis gloriosae semper Virginis Mariae, sed et beati Ioseph et beatorum Apostolorum et Martyrum et omnium Sanctorum[14].

51. Quam venerabilem maiorum nostrorum fidem circa vitale consortium cum fratribus qui in gloria caelesti sunt vel adhuc post mortem purificantur, magna cum pietate haec Sacrosancta Synodus recipit et decreta Sacrorum Conciliorum Nicaeni II[1], Florentini[2] et Tridentini[3] rursus proponit. Simul autem pro pastorali sua sollicitudine omnes ad quos spectat hortatur, ut si qui abusus, excessus vel defectus hic illicve irrepserint, eos arcere aut corrigere satagant ac omnia ad pleniorem Christi et Dei laudem instaurent. Doceant ergo fideles authenticum Sanctorum

Sohn Jesus Christus, unseren Herrn, der allein unser Erlöser und Retter ist, Wohltaten zu erlangen"[10]. Denn jedes echte Zeugnis der Liebe, das denen, die im Himmel sind, von uns erwiesen ist, strebt und zielt seiner Natur nach auf Christus, der die "Krone aller Heiligen"[11] ist, und durch ihn auf Gott, der wunderbar in seinen Heiligen ist und in ihnen gepriesen wird[12].

Auf vornehmste Weise wird aber unsere Einheit mit der himmlischen Kirche verwirklicht, wenn wir, besonders in der heiligen Liturgie, in der die Kraft des Heiligen Geistes durch die sakramentalen Zeichen auf uns einwirkt, das Lob der göttlichen Hoheit in gemeinsamem Jubel zusammen feiern[13] und alle, die wir im Blute Christi aus allen Stämmen, Sprachen, Völkern und Nationen erkauft [*vgl. Offb 5,9*] und zu der e i n e n Kirche versammelt worden sind, mit e i n e m Lobgesang den e i n e n und dreifaltigen Gott preisen. Wenn wir also das eucharistische Opfer feiern, werden wir besonders eng mit dem Gottesdienst der himmlischen Kirche verbunden, indem wir Gemeinschaft haben und das Andenken verehren vor allem der ruhmreichen, immerwährenden Jungfrau Maria, aber auch des seligen Josef, der seligen Apostel und Martyrer und aller Heiligen[14].

51. Diesen ehrwürdigen Glauben unserer **4171** Vorfahren in bezug auf die lebendige Gütergemeinschaft mit den Brüdern, die in der himmlischen Herrlichkeit sind oder nach ihrem Tode noch gereinigt werden, übernimmt dieses Hochheilige Konzil mit großer Ehrfurcht und legt die Beschlüsse der Heiligen Konzilien des zweiten Nicaenums[1], von Florenz[2] und Trient[3] wiederum vor. Zugleich aber mahnt sie angesichts ihrer Hirtensorge alle, die es angeht, wenn sich irgendwelche Mißbräuche, Übertreibungen oder Mängel hier oder dort eingeschlichen haben sollten,

---

[10] Konzil von Trient, 25. Sitzung, 3. Dez. 1563, Dekret über die Anrufung ... der Heiligen (\*1821).
[11] *Breviarium Romanum*, Invitatorium zum Fest Allerheiligen.
[12] Vgl. z.B. 2 Thess 1,10.
[13] 2. Vatikanisches Konzil, Dogmatische Konstitution über die Heilige Liturgie "*Sacrosanctum Concilium*", Nr. 104 (AAS 56 [1964] 125f).
[14] Römischer (I.) Meßkanon.
**\*4171** [1] 2. Konzil von Nikaia (787), 7. Sitzung (\*600).
     [2] Konzil von Florenz (1439), Dekret für die Griechen (\*1304).
     [3] Konzil von Trient, 25. Sitzung, 3. Dez. 1563, Dekret über die Anrufung, die Verehrung und die Reliquien der Heiligen und über die heiligen Bilder (\*1821–1824); 25. Sitzung, Dekret über den Reinigungsort (\*1820); 6. Sitzung, 13. Jan. 1547, Dekret über die Rechtfertigung, Kan. 30 (\*1580).

cultum non tam in actuum exteriorum multiplicitate quam potius in intensitate amoris nostri actuosi consistere, quo, ad maius nostrum et Ecclesiae bonum, Sanctorum quaerimus "et conversatione exemplum et communione consortium et intercessione subsidium"[4]. Ex altera vero parte instruant fideles nostram cum caelitibus conversationem, dummodo haec in pleniore fidei luce concipiatur, nequaquam extenuare latreuticum cultum, Deo Patri per Christum in Spiritu tributum, sed illum e contra impensius ditare[5]. *[58]*

Nam omnes qui filii Dei sumus et unam familiam in Christo constituimus [*cf. Hbr 3,6*], dum in mutua caritate et una Sanctissimae Trinitatis laude invicem communicamus, intimae Ecclesiae vocationi correspondemus et consummatae gloriae liturgiam praegustando participamus[6]. Quando enim Christus apparebit et gloriosa mortuorum resurrectio erit, claritas Dei illuminabit caelestem Civitatem et eius lucerna erit Agnus [*cf. Apc 21,24*]. Tunc tota Ecclesia sanctorum in summa caritatis beatitudine adorabit Deum et "Agnum qui occisus est" [*Apc 5,12*], una voce proclamans: "Sedenti in throno, et Agno: benedictio, et honor, et gloria, et potestas in saecula saeculorum" [*Apc 5,13s*].

sich eifrig zu bemühen, diese fernzuhalten oder zu beheben und alles zum volleren Lob Christi und Gottes zu erneuern. Sie sollen also die Gläubigen darüber belehren, daß echte Verehrung der Heiligen nicht so sehr in der Vielfalt äußerer Verrichtungen besteht als vielmehr in der Stärke unserer tätigen Liebe, durch die wir zum größeren Wohl für uns und die Kirche "im Wandel das Beispiel, in der Gemeinschaft die Verbundenheit und in der Fürbitte die Hilfe" der Heiligen suchen[4]. Auf der anderen Seite aber sollen sie die Gläubigen unterrichten, daß unser Umgang mit denen, die im Himmel sind, sofern dieser im volleren Licht des Glaubens verstanden wird, in keiner Weise den Kult der Anbetung mindert, die Gott, dem Vater, durch Christus im Geist erwiesen wird, sondern ihn im Gegenteil noch mehr bereichert[5].

Denn wir alle, die wir Kinder Gottes sind und e i n e Familie in Christus bilden [*vgl. Hebr 3,6*], entsprechen, sofern wir in wechselseitiger Liebe und in dem e i n e n Lob der Heiligsten Dreifaltigkeit miteinander Gemeinschaft haben, der innersten Berufung der Kirche und haben vorkostend Anteil an der Liturgie der vollendeten Herrlichkeit[6]. Denn wenn Christus erscheinen und die glorreiche Auferstehung der Toten stattfinden wird, wird der Glanz Gottes die himmlische Stadt erhellen, und ihre Leuchte wird das Lamm sein [*vgl. Offb 21,24*]. Dann wird die ganze Kirche der Heiligen in der höchsten Seligkeit der Liebe Gott und das "Lamm, das geschlachtet ist" [*Offb 5,12*], anbeten und dabei mit e i n e r Stimme ausrufen: "Dem, der auf dem Throne sitzt, und dem Lamm: Lobpreis und Ehre und Herrlichkeit und Macht für alle Zeiten" [*Offb 5,13f*].

---

[4]   Aus der Präfation, die einigen Diözesen gestattet worden ist.
[5]   Vgl. Petrus Canisius, *Catechismus maior seu Summa Doctrinae christianae*, Kap. III (hrsg. von F. Streicher), p. I, 15–16, n. 44; 100–101, n. 49.
[6]   Vgl. 2. Vatikanisches Konzil, Dogmatische Konstitution über die Heilige Liturgie "*Sacrosanctum Concilium*", Nr. 8 (*4008).

Caput VIII: De Beata Maria virgine deipara in mysterio Christi et Ecclesiae

Achtes Kapitel: Die selige Jungfrau und
Gottesgebärerin Maria im Geheimnis
Christi und der Kirche

*I. Prooemium*

52. Benignissimus et sapientissimus Deus,
mundi redemptionem complere volens, "ubi
venit plenitudo temporis, misit Filium suum,
factum ex muliere, ... ut adoptionem filiorum
reciperemus" [*Gal 4,4s*]. "Qui propter nos homines et propter nostram salutem descendit
de caelis et incarnatus est de Spiritu Sancto
ex Maria Virgine"[1]. Quod salutis divinum
mysterium nobis revelatur et continuatur in
Ecclesia, quam Dominus ut corpus suum constituit, et in qua fideles Christo Capiti adhaerentes atque cum omnibus sanctis Eius
communicantes, memoriam etiam venerentur
tur oportet "in primis gloriosae semper Virginis Mariae, Genitricis Dei et Domini nostri
Iesu Christi"[2].

53. Virgo enim Maria, quae Angelo
nuntiante Verbum Dei corde et corpore suscepit et Vitam mundo protulit, ut vera Mater
Dei ac Redemptoris agnoscitur et honoratur.
Intuitu meritorum Filii sui sublimiore modo
redempta Eique arcto et indissolubili vinculo
unita, hoc summo munere ac dignitate ditatur ut sit Genitrix Dei Filii, ideoque *[59]*
praedilecta filia Patris necnon sacrarium Spiritus Sancti, quo eximiae gratiae dono omnibus aliis creaturis, caelestibus et terrestribus,
longe antecellit. Simul autem cum omnibus
hominibus salvandis in stirpe Adam invenitur
tur coniuncta, immo "plane mater membrorum (Christi), ... quia cooperata est caritate ut
fideles in Ecclesia nascerentur, quae illius Capitis membra sunt"[1]. Quapropter etiam ut su-
pereminens prorsusque singulare membrum
Ecclesiae necnon eius in fide et caritate typus
et exemplar spectatissumum salutatur eamque Catholica Ecclesia, a Spiritu Sancto edocta, filialis pietatis affectu tamquam matrem
amantissimam prosequitur.

*I. Vorwort*

52. Als der überaus gütige und weise Gott   **4172**
die Erlösung der Welt vollenden wollte,
"sandte er, sobald die Fülle der Zeit gekommen war, seinen Sohn, von der Frau geboren, ... damit wir die Annahme zu Kindern
empfingen" [*Gal 4,4f*]. "Er ist wegen uns
Menschen und um unseres Heiles willen von
den Himmeln herabgestiegen und ist Fleisch
geworden vom Heiligen Geist aus Maria, der
Jungfrau"[1]. Dieses göttliche Mysterium des
Heils wird uns enthüllt und fortgesetzt in der
Kirche, die der Herr als seinen Leib begründet hat, und in der die Gläubigen, indem sie
Christus, dem Haupt, anhangen und mit allen seinen Heiligen Gemeinschaft haben und
dabei auch das Gedächtnis "vor allem der
ruhmreichen, immerwährenden Jungfrau
Maria, der Mutter unseres Gottes und Herrn
Jesus Christus"[2] feiern sollen.

53. Denn die Jungfrau Maria, die auf die   **4173**
Verkündigung des Engels hin das Wort Gottes mit ihrem Herzen und mit ihrem Leib
aufnahm und das Leben für die Welt hervor-
brachte, wird als wahre Mutter Gottes und
des Erlösers anerkannt und geehrt. Im Hinblick auf die Verdienste ihres Sohnes auf erhabenere Weise erlöst und mit ihm durch ein
enges und unauflösliches Band geeint, ist sie
mit dieser höchsten Aufgabe und Würde beschenkt, die Mutter des Sohnes Gottes und
daher die bevorzugt geliebte Tochter des Vaters und auch das Heiligtum des Heiligen
Geistes zu sein; durch dieses Geschenk außerordentlicher Gnade überragt sie bei weitem alle anderen Geschöpfe, die himmlischen und die irdischen. Zugleich aber findet
sie sich mit allen erlösungsbedürftigen Menschen im Stamme Adams verbunden, ja, "sie
ist ausdrücklich Mutter der Glieder (Christi),
... weil sie in Liebe mitgewirkt hat, daß die
Gläubigen in der Kirche geboren werden, die
jenes Hauptes Glieder sind"[1]. Deswegen wird

---

**\*4172** [1]  *Credo* in der Römischen Messe: Glaubensbekenntnis von Konstantinopel (MaC 3,566; \*150). Vgl.
Konzil von Ephesus (MaC 4,1138; ferner MaC 2,665; 4,1071); Konzil von Chalkedon (MaC
7,111–116); 2. Konzil von Konstantinopel (MaC 9,375–396).
          [2]  Römischer (I.) Meßkanon.
**\*4173** [1]  Augustinus, *De virginitate* 6 (PL 40,399).

sie auch als schlechthin herausragendes und geradezu einzigartiges Glied der Kirche und ebenso als ihr Urbild und ihr vortrefflichstes Vorbild im Glauben und in der Liebe gegrüßt, und die katholische Kirche folgt ihr, vom Heiligen Geist belehrt, in der Zuneigung kindlicher Anhänglichkeit als überaus geliebter Mutter.

**4174**     54. Ideo Sacrosancta Synodus, doctrinam de Ecclesia, in qua divinus Redemptor salutem operatur, exponens, illustrare sedulo intendit tum munus Beatae Virginis in mysterio Incarnati Verbi et Corporis Mystici, tum hominum redemptorum officia erga Deiparam, matrem Christi et matrem hominum, maxime fidelium, quin tamen in animo habeat completam de Maria proponere doctrinam, neque quaestiones labore theologorum nondum ad plenam lucem perductas dirimere. Servantur itaque in suo iure sententiae, quae in scholis catholicis libere proponuntur de Illa, quae in Sancta Ecclesia locum occupat post Christum altissimum nobisque maxime propinquum[1]. ...

54. Daher will das Hochheilige Konzil, wenn es die Lehre über die Kirche, in der der göttliche Erlöser das Heil wirkt, darlegt, sowohl die Aufgabe der seligen Jungfrau im Geheimnis des fleischgewordenen Wortes und mystischen Leibes wie auch die Pflichten der erlösten Menschen gegenüber der Gottesgebärerin, der Mutter Christi und der Mutter der Menschen, vor allem der Gläubigen, mit Bedacht beleuchten, ohne jedoch zu beabsichtigen, eine vollständige Lehre über Maria vorzulegen oder Fragen zu entscheiden, die durch die Arbeit der Theologen noch nicht zu einer vollständigen Klärung geführt worden sind. Deshalb werden die Auffassungen gewahrt, die in den katholischen Schulen frei vorgetragen werden über jene, die in der heiligen Kirche nach Christus den höchsten Platz einnimmt und uns besonders nahe ist[1]. ...

### II. De munere B. virginis in oeconomia salutis

### II. Die Aufgabe der seligen Jungfrau in der Heilsökonomie

**4175**     59. Cum vero Deo placuerit humanae salutis sacramentum non ante solemniter manifestare quam promissum a Christo Spiritum effunderet, Apostolos videmus ante diem Pentecostes "perseverantes unanimiter in oratione cum mulieribus, et Maria Matre Iesu et fratribus eius" [Act 1,14], Mariam quoque precibus suis implorantem donum Spiritus, qui in Annuntiatione ipsam iam obumbraverat. Denique Immaculata Virgo, ab omni originalis culpae labe praeservata immunis[1], expleto terrestris vitae cursu, corpore et anima ad caelestem gloriam assumpta est[2], ac tamquam universorum Regina a Domino exaltata, ut plenius conformaretur Filio

59. Da es aber Gott gefiel, das Sakrament des menschlichen Heils nicht eher feierlich zu offenbaren, als bis er den von Christus verheißenen Geist ausgoß, sehen wir, wie die Apostel vor dem Pfingsttag "einmütig im Gebet verharren mit den Frauen und Maria, der Mutter Jesu, und seinen Brüdern" [Apg 1,14], und wie auch Maria mit ihren Gebeten die Gabe des Geistes erfleht, der sie schon bei der Verkündigung überschattet hatte. Schließlich wurde die unbefleckte Jungfrau, von jedem Makel der Urschuld unversehrt bewahrt[1], nach Vollendung des irdischen Lebenslaufes mit Leib und Seele in die himmlische Herrlichkeit aufgenommen[2] und als

---

**\*4174** [1] Vgl. Paul VI., Ansprache im Konzil, 4. Dez. 1963 (AAS 56 [1964] 37).

**\*4175** [1] Vgl. Pius IX., Bulle "*Ineffabilis Deus*", 8. Dez. 1854 (Pius IX., *Acta* [Rom] 1/I, 616; \*2803).

[2] Vgl. Pius XII., Apostolische Konstitution "*Munificentissimus Deus*", 1. Nov. 1950 (AAS 42 [1950] 770; \*3903). Vgl. Johannes von Damaskus, Brief *In dormitionem Dei genitricis*, Hom. 2 u. 3 (PG 96,721–761, bes. 728B / B. Kotter: PTS 29 [Schriften 5] 516–555, bes. 520); Germanus von Konstantinopel, *In Sanctam Dei genitricis dormitionem*, Sermo 1 (PG 98 [6], 340–348); Sermo 3 (PG 98 [6], 361); Modestus von Jerusalem, *In dormitionem Sanctissimae Deiparae* (PG 86 [2], 3277–3312).

suo, Domino dominantium [*cf. Apc 19,16*] ac peccati mortisque victori[3].

Königin des Alls vom Herrn erhöht, um vollkommener ihrem Sohn gleichgestaltet zu werden, dem Herrn der Herren [*vgl. Offb 19,16*] und dem Sieger über Sünde und Tod[3].

### III. De Beata virgine et ecclesia

60. Unicus est Mediator noster secundum verba Apostoli: "Unus enim Deus, unus et Mediator Dei et hominum, homo Christus Iesus, qui dedit redemptionem semetipsum pro omnibus" [*1 Tim 2,5s*]. Mariae autem maternum munus erga homines hanc Christi unicam mediationem nullo modo obscurat nec minuit, sed virtutem eius ostendit. Omnis enim salutaris Beatae Virginis influxus in homines non ex aliqua rei necessitate, sed ex beneplacito divino exoritur et ex superabundantia meritorum Christi profluit, Eius mediationi innititur, ab illa omnino dependet, ex eademque totam virtutem haurit; unionem autem immediatam credentium cum Christo nullo modo impedit sed fovet. *[63]*

61. Beata Virgo, ab aeterno una cum divini Verbi incarnatione tamquam Mater Dei praedestinata, divinae Providentiae consilio, his in terris exstitit alma divini Redemptoris Mater, singulariter prae aliis generosa socia, et humilis ancilla Domini. Christum concipiens, generans, alens, in templo Patris sistens, Filioque suo in cruce morienti compatiens, operi Salvatoris singulari prorsus modo cooperata est, oboedientia, fide, spe et flagrante caritate, ad vitam animarum supernaturalem restaurandam. Quam ob causam mater nobis in ordine gratiae exstitit.

### III. Die selige Jungfrau und die Kirche

60. Ein einziger ist unser Mittler nach den **4176** Worten des Apostels: "Denn e i n e r ist Gott, e i n e r ist auch der Mittler zwischen Gott und den Menschen, der Mensch Christus Jesus, der sich selbst als Erlösung für alle gegeben hat" [*1 Tim 2,5f*]. Marias mütterliche Aufgabe aber gegenüber den Menschen verdunkelt oder vermindert diese einzige Mittlerschaft Christi in keiner Weise, sondern zeigt deren Kraft. Denn jeder heilsame Einfluß der seligen Jungfrau auf die Menschen entspringt nicht aus irgendeiner sachlichen Notwendigkeit, sondern aus dem göttlichen Wohlgefallen und fließt aus dem Überfluß der Verdienste Christi hervor, stützt sich auf seine Mittlerschaft, hängt ganz und gar von ihr ab und schöpft aus ihr seine ganze Kraft; die unmittelbare Vereinigung der Glaubenden mit Christus aber behindert er in keiner Weise, sondern fördert sie.

61. Die selige Jungfrau, die von Ewigkeit her zusammen mit der Fleischwerdung des göttlichen Wortes als Mutter Gottes vorherbestimmt worden ist, trat nach dem Ratschluß der göttlichen Vorsehung hier auf Erden als erhabene Mutter des göttlichen Erlösers auf, als in einzigartiger Weise vor anderen hochherzige Gefährtin und als demütige Magd des Herrn. Indem sie Christus empfing, gebar, nährte, im Tempel dem Vater darstellte und mit ihrem am Kreuz sterbenden Sohn litt, hat sie beim Werk des Erlösers in ganz einzigartiger Weise in Gehorsam, Glaube, Hoffnung und brennender Liebe mitgewirkt, das übernatürliche Leben der Seelen wiederherzustellen. Deswegen tritt sie für uns in der Ordnung der Gnade als Mutter auf.

---

[3] Vgl. Pius XII., Enzyklika "*Ad caeli Reginam*", 11. Okt. 1954 (AAS 46 [1954] 633-636; *3913-3917); Vgl. Andreas von Kreta, *Homiliae tres in dormitionem Sanctissimae Deiparae* (PG 97,1089-1109); Johannes von Damaskus, *De fide orthodoxa* IV 14 (PG 94,1153-1161 / B. Kotter: PTS 12 [Schriften 2] 198-202).

4177    62. Haec autem in gratiae oeconomia maternitas Mariae indesinenter perdurat, inde a consensu quem in Annuntiatione fideliter praebuit, quemque sub cruce incunctanter sustinuit, usque ad perpetuam omnium electorum consummationem. In caelis enim assumpta salutiferum hoc munus non deposuit, sed multiplici intercessione sua pergit in aeternae salutis donis nobis conciliandis[1]. Materna sua caritate de fratribus Filii sui adhuc peregrinantibus necnon in periculis et angustiis versantibus curat, donec ad felicem patriam perducantur. Propterea B. Virgo in Ecclesia titulis Advocatae, Auxiliatricis, Adiutricis, Mediatricis invocatur[2]. Quod tamen ita intelligitur, ut dignitati et efficacitati Christi unius Mediatoris nihil deroget, nihil superaddat[3].

Nulla enim creatura cum Verbo incarnato ac Redemptore connumerari umquam potest; sed sicut sacerdotium Christi variis modis tum a ministris tum a fideli populo participatur, et sicut una bonitas Dei in creaturis modis diversis realiter diffunditur, ita etiam unica mediatio Redemptoris non excludit, sed suscitat variam apud creaturas participatam ex unico fonte cooperationem.

Tale autem munus subordinatum Mariae Ecclesia profiteri non dubitat, iugiter experitur et fidelium cordi commendat, ut hoc materno fulti praesidio Mediatori ac Salvatori intimius adhaereant. [64]

63. Beata autem Virgo divinae maternitatis dono et munere, quo cum Filio Redemp-

62. Diese Mutterschaft Marias in der Gnadenökonomie dauert unaufhörlich fort, von der Zustimmung an, die sie bei der Verkündigung gläubig gewährte und an der sie unter dem Kreuz ohne Zögern festhielt, bis zur immerwährenden Vollendung aller Auserwählten. Denn nach ihrer Aufnahme in die Himmel hat sie diese heilbringende Aufgabe nicht niedergelegt, sondern fährt durch ihre vielfältige Fürbitte fort, uns die Gaben des ewigen Heils zu verschaffen[1]. In ihrer mütterlichen Liebe sorgt sie für die Brüder ihres Sohnes, die noch auf der Pilgerschaft sind und in Gefahren und Bedrängnissen weilen, bis sie zur seligen Heimat geleitet werden. Deswegen wird die selige Jungfrau in der Kirche unter den Titeln der Anwältin, der Helferin, des Beistandes und der Mittlerin angerufen[2]. Dies wird jedoch so verstanden, daß es der Würde und Wirksamkeit Christi, des einen Mittlers, nichts wegnimmt und nichts hinzufügt[3].

Denn kein Geschöpf kann mit dem fleischgewordenen Wort und Erlöser jemals zusammengezählt werden; sondern wie am Priestertum Christi auf mannigfaltige Weisen einerseits von seinen Dienern, andererseits vom gläubigen Volk teilgenommen wird, und wie die eine Gutheit Gottes in den Geschöpfen auf verschiedene Weisen wirklich ausgegossen wird, so schließt auch die einzige Mittlerschaft des Erlösers bei den Geschöpfen eine unterschiedliche Mitwirkung, die an der einzigen Quelle Anteil hat, nicht aus, sondern erweckt sie.

Eine solche untergeordnete Aufgabe Marias aber zu bekennen, zögert die Kirche nicht, sie erfährt sie ständig und legt sie den Gläubigen ans Herz, damit sie, durch diesen mütterlichen Schutz gestärkt, dem Mittler und Erlöser inniger anhangen.

63. Die selige Jungfrau aber wird durch das Geschenk und die Aufgabe der göttlichen

---

*4177 [1]  Vgl. J. Kleutgen, neugefaßter Text *De Mysterio Verbi incarnati*, Kap. IV (MaC 53,290). Vgl. Andreas von Kreta, *In nativitatem Mariae*, Sermo 4 (PG 97,865A); Germanus von Konstantinopel, *In annuntiationem Deiparae* (PG 98,321BC); *In dormitionem Deiparae* III (PG 98,361); Johannes von Damaskus, *In dormitionem Beatae Virginis Mariae*, hom. 1,8 (PG 96,712BC–713A / B. Kotter: PTS 29 [Schriften 5] 492f).
[2]  Vgl. Leo XIII., Enzyklika "*Adiutricem populi*", 5. Sept. 1895 (ASS 1895/96) 303; Pius X., Enzyklika "*Ad diem illum*", 2. Febr. 1904 (*Acta* 1,154; *3370); Pius XI., Enzyklika "*Miserentissimus*", 8. Mai 1928 (AAS 20 [1928] 178); Pius XII., Radiobotschaft vom 13. Mai 1946 (AAS 38 [1946] 266).
[3]  Ambrosius, Brief 63 (PL 16,1218).

toris unitur, suisque singularibus gratiis et muneribus, etiam cum Ecclesia intime coniungitur: Deipara est Ecclesiae typus, ut iam docebat S. Ambrosius, in ordine scilicet fidei, caritatis et perfectae cum Christo unionis[4]. In mysterio enim Ecclesiae, quae et ipsa iure mater vocatur et virgo, Beata Virgo Maria praecessit, eminenter et singulariter tum virginis tum matris exemplar praebens[5]. Credens enim et oboediens, ipsum Filium Patris in terris genuit, et quidem viri nescia, Spiritu Sancto obumbrata, tamquam nova Heva, non serpenti antiquo, sed Dei nuntio praestans fidem, nullo dubio adulteratam. Filium autem peperit, quem Deus posuit primogenitum in multis fratribus [*cf. Rm 8,29*], fidelibus nempe, ad quos gignendos et educandos materno amore cooperatur.

Mutterschaft, durch die sie mit ihrem Sohn, dem Erlöser, vereint wird, und durch ihre einzigartigen Gnaden und Gaben auch mit der Kirche auf das innigste verbunden: Die Gottesgebärerin ist, wie schon der heilige Ambrosius lehrte, das Urbild der Kirche, nämlich in bezug auf den Glauben, die Liebe und die vollkommene Einheit mit Christus[4]. Denn im Geheimnis der Kirche, die auch selbst mit Recht Mutter und Jungfrau genannt wird, ist die selige Jungfrau Maria vorangegangen, da sie in hervorragender und einzigartiger Weise das Urbild sowohl der Jungfrau wie der Mutter darbietet[5]. Denn glaubend und gehorchend gebar sie den Sohn des Vaters selbst auf Erden, und zwar ohne einen Mann zu erkennen, vom Heiligen Geist überschattet, als neue Eva, die nicht der alten Schlange, sondern dem Boten Gottes einen Glauben schenkte, der durch keinen Zweifel verfälscht war. Sie gebar aber den Sohn, den Gott zum Erstgeborenen unter vielen Brüdern gesetzt hat [*vgl. Röm 8,29*], den Gläubigen nämlich, bei deren Geburt und Erziehung sie in mütterlicher Liebe mitwirkt.

64. Iamvero Ecclesia, eius arcanam sanctitatem contemplans et caritatem imitans, voluntatemque Patris fideliter adimplens, per verbum Dei fideliter susceptum et ipsa fit mater: praedicatione enim ac baptismo filios, de Spiritu Sancto conceptos et ex Deo natos, ad vitam novam et immortalem generat. Et ipsa est virgo, quae fidem Sponso datam integre et pure custodit, et imitans Domini sui Matrem, virtute Spiritus Sancti, virginaliter servat integram fidem, solidam spem, sinceram caritatem[1].

64. Nun aber wird die Kirche, indem sie **4178** ihre geheimnisvolle Heiligkeit betrachtet, ihre Liebe nachahmt und den Willen des Vaters durch die gläubige Annahme des Wortes Gottes getreu erfüllt auch selbst Mutter: Denn durch Predigt und Taufe gebiert sie Kinder, die vom Heiligen Geist empfangen und aus Gott geboren sind, zu neuem und unsterblichem Leben. Auch sie selbst ist Jungfrau, die das Treuewort, das sie dem Bräutigam gegeben hat, unversehrt und rein hält und in der Nachahmung der Mutter ihres Herrn in der Kraft des Heiligen Geistes jungfräulich einen unversehrten Glauben, eine feste Hoffnung und eine aufrichtige Liebe bewahrt[1].

65. Dum autem Ecclesia in Beatissima Virgine ad perfectionem iam pertingit, qua sine macula et ruga existit [*cf. Eph 5,27*],

65. Während aber die Kirche in der seligsten Jungfrau schon zur Vollkommenheit gelangt ist, in der sie ohne Makel und Runzel

---

[4]   Ambrosius, *Expositio evangelii secundum Lucam* II 7 (PL 15,1555).
[5]   Vgl. Ps.-Petrus Damaszenus, *Sermones* 63 (PL 144,861AB); Godefrid von St. Viktor, *In nativitatem Beatae Mariae* (Ms. Paris: Mazarine 1002, Fol. 109r); Gerhoh von Reichersberg, *De gloria et honore Filii hominis* 10 (PL 194,1105AB).
**\*4178** [1]   Ambrosius, *Expositio evangelii secundum Lucam* II 7; X 24-25 (PL 15,1555 1810); Augustinus, *In Evangelium Iohannis*, tract. 13,12 (PL 35,1499 / R. Willems: CpChL 36 [1954] 137); vgl. *Sermo* 191, 2,3 (PL 38,1010) u.a. Vgl. auch Beda Venerabilis, *In Lucam expositionem* I 2 (PL 92,330); Isaak von Stella, *Sermones* 51 (PL 194,1863A).

christifideles adhuc nituntur, ut devincentes peccatum in sanctitate crescant; ideoque oculos suos ad Mariam attollunt, quae toti electorum cummunitati tamquam exemplar virtutum praefulget. Ecclesia de Ea pie recogitans Eamque in lumine Verbi hominis facti contemplans, in summum incarnationis mysterium venerabunda penitius intrat, Sponsoque suo magis magisque conformatur. Maria enim, quae, in historiam salutis intime ingressa, maxime fidei placita in se quodammodo unit et reverberat, dum praedicatur et colitur, ad Filium suum Eiusque sacrificium atque *[65]* ad amorem Patris credentes advocat. Ecclesia vero, gloriam Christi prosequens, praecelso suo Typo similior efficitur, continuo progrediens in fide, spe et caritate, ac divinam voluntatem in omnibus quaerens et obsequens. Unde etiam in opere suo apostolico Ecclesia ad Eam merito respicit, quae genuit Christum, ideo de Spiritu Sancto conceptum et de Virgine natum, ut per Ecclesiam in cordibus quoque fidelium nascatur et crescat. Quae Virgo in sua vita exemplum exstitit materni illius affectus, quo cuncti in misisione apostolica Ecclesiae cooperantes ad regenerandos homines animentur oportet.

ist [*vgl. Eph 5,27*], bemühen sich die Christgläubigen noch, die Sünde völlig zu besiegen und so in der Heiligkeit zu wachsen; und daher erheben sie ihre Augen zu Maria, die der ganzen Gemeinschaft der Auserwählten als Urbild der Tugenden voranleuchtet. Indem die Kirche über Sie in frommer Weise nachdenkt und Sie im Licht des menschgewordenen Wortes betrachtet, dringt sie ehrfurchtsvoll tiefer in das höchste Geheimnis der Fleischwerdung ein und wird ihrem Bräutigam mehr und mehr gleichgestaltet. Denn Maria, die, weil sie zuinnerst in die Heilsgeschichte eingegangen ist, die bedeutendsten Lehrsätze des Glaubens gewissermaßen auf sich vereinigt und widerstrahlt, ruft, wenn sie verkündet und verehrt wird, die Glaubenden hin zu ihrem Sohn und zu Seinem Opfer sowie zur Liebe des Vaters. Die Kirche aber wird, der Herrlichkeit Christi nachfolgend, ihrem hervorragenden Urbild ähnlicher gemacht, indem sie fortwährend in Glaube, Hoffnung und Liebe fortschreitet und den göttlichen Willen in allem sucht und befolgt. Daher blickt die Kirche auch in ihrem apostolischen Wirken mit Recht auf Sie, die Christus geboren hat, der deswegen vom Heiligen Geist empfangen und von der Jungfrau geboren wurde, damit er durch die Kirche auch in den Herzen der Gläubigen geboren werde und wachse. Diese Jungfrau trat in ihrem Leben als Beispiel jener mütterlichen Liebe auf, von der alle, die in der apostolischen Sendung der Kirche zur Wiedergeburt der Menschen mitwirken, beseelt werden sollen.

*V. Maria, signum certae spei et solatii peregrinanti populo Dei*

*V. Maria, das Zeichen der sicheren Hoffnung und des Trostes für das pilgernde Volk Gottes*

**4179**    68. Interim autem Mater Iesu, quemadmodum in caelis corpore et anima iam glorificata, imago et initium est Ecclesiae in futuro saeculo consummandae, ita his in terris, quoadusque advenerit dies Domini [*cf. 2 Pt 3,10*], tamquam signum certae spei et solatii peregrinanti Populo Dei praelucet.

68. Inzwischen aber leuchtet die Mutter Jesu – wie sie im Himmel, schon mit Leib und Seele verherrlicht, Bild und Anfang der in der kommenden Welt zu vollendenden Kirche ist, so hier auf Erden, bis der Tag des Herrn gekommen ist [*vgl. 2 Petr 3,10*] – dem pilgernden Volk Gottes als Zeichen der sicheren Hoffnung und des Trostes voran.

69. Sacrosanctae huic Synodo magnum affert gaudium et solatium, etiam inter fratres seiunctos non deesse, qui Matri Domini ac Salvatoris debitum afferunt hono-

69. Diesem Hochheiligen Konzil bereitet es große Freude und Trost, daß auch unter den getrennten Brüdern solche nicht fehlen, die der Mutter des Herrn und Erlösers die

rem, speciatim apud Orientales, qui ad cultum Deiparae semper Virginis fervido impulso ac devoto animo concurrunt[1]. Universi christifideles supplicationes instantes ad Matrem Dei et Matrem hominum effundant, ut Ipsa, quae primitiis Ecclesiae precibus suis adstitit, nunc quoque in caelo super omnes Beatos et Angelos exaltata, in omnium Sanctorum Communione apud Filium suum intercedat, donec cunctae familiae populorum, sive quae christiano *[67]* nomine decorantur, sive quae Salvatorem suum adhuc ignorant, cum pace et concordia in unum Populum Dei feliciter congregentur, ad gloriam Sanctissimae et individuae Trinitatis.

gebührende Ehre erweisen, besonders bei den Orientalen, die zur Verehrung der allzeit jungfräulichen Gottesgebärerin mit glühendem Eifer und andächtiger Gesinnung zusammenkommen[1]. Alle Christgläubigen mögen inständige Bittgebete an die Mutter Gottes und Mutter der Menschen richten, damit Sie, die den Anfängen der Kirche mit ihren Gebeten zur Seite gestanden ist, auch jetzt, im Himmel über alle Seligen und Engel erhöht, in Gemeinschaft mit allen Heiligen bei ihrem Sohn Fürbitte einlege, bis alle Völkerfamilien, mögen sie mit dem christlichen Namen geschmückt sein oder ihren Erlöser noch nicht kennen, in Friede und Eintracht glückselig zum e i n e n Volk Gottes versammelt werden, zur Ehre der heiligsten und ungeteilten Dreifaltigkeit.

---

**4180-4183: 5. öffentliche Sitzung, 21. Nov. 1964: Dekret über die katholischen Ostkirchen "Orientalium Ecclesiarum"**

Das im Blick auf die orthodoxen Kirchen umstrittene Dekret betrifft die unierten Ostkirchen. Es handelt sich um 16 Kirchen des orientalischen Ritus, die seit der Union der Maroniten im Jahre 1181 und dem Unionskonzil von Ferrara/Florenz (1438/39) in voller Gemeinschaft mit dem Apostolischen Stuhl stehen. Vertreter aller größeren unierten Kirchen waren an der Erstellung des Dekrets beteiligt. Zugrunde lagen 14 kleinere Entwürfe sowie Teile des von der Kommission für die orientalischen Kirchen erstellten Schemas über die Einheit der Kirche "Ut omnes unum sint" (vgl. \*4185°).
*Ausg.:* AAS 57 (1965) 78-84 / COeD[3] 902-907 / ASyn 3/VIII, 839-844 / CoDeDe 227-238.

*De spirituali ecclesiarum orientalium patrimonio servando*

5. ... [*Sancta Synodus*] sollemniter declarat, Ecclesias Orientis sicut et Occidentis iure pollere et officio teneri se secundum proprias disciplinas peculiares regendi, utpote quae veneranda antiquitate commendentur, moribus suorum fidelium magis sint congruae atque ad bonum animarum consulendum aptiores videantur.

*Das geistige Erbgut der Ostkirchen soll bewahrt werden*

5. ... [*Das Heilige Konzil*] erklärt feierlich: **4180** Die Kirchen des Ostens wie auch des Westens verfügen über das Recht und sind verpflichtet, sich jeweils nach ihren eigenen Ordnungen zu richten, die sich ja durch ihr ehrwürdiges Alter empfehlen, den Gewohnheiten ihrer Gläubigen besser entsprechen und der Sorge um das Wohl der Seelen angemessener erscheinen.

*De conversatione cum fratribus ecclesiarum seiunctarum*

*[84]* 26. Communicatio in sacris, quae unitatem Ecclesiae offendit aut formalem errori adhaesionem vel periculum aberrationis in fide, scandali et indifferentismi includit, lege divina prohibetur[1]. Praxis vero pastoralis demonstrat, ad fratres orientales quod spec-

*Umgang mit den Brüdern aus den getrennten Kirchen*

26. Eine Gemeinschaft in heiligen Hand- **4181** lungen, die die Einheit der Kirche verletzt oder einen formalen Anschluß an einen Irrtum, die Gefahr eines Glaubensabfalles, eines Ärgernisses und ⟨religiöser⟩ Gleichgültigkeit in sich schließt, ist durch göttliches Ge-

---

**\*4179** [1]　Vgl. Pius XI., Enzyklika *"Ecclesiam Dei"*, 12. Nov. 1923 (AAS 15 [1923] 581); Pius XII., Enzyklika *"Fulgens corona"*, 8. Sept. 1953 (AAS 45 [1953] 590f).

tat, varia considerari posse et debere singularum personarum adiuncta, in quibus nec unitas Ecclesiae laeditur, nec pericula vitanda adsunt, sed necessitas salutis et bonum spirituale animarum urgent. Ideo Ecclesia catholica, pro temporum, locorum et personarum adiunctis, mitiorem saepe adhibuit et adhibet rationem agendi, salutis media et testimonium caritatis inter christianos omnibus praebens, per participationem in sacramentis aliisque in functionibus et rebus sacris.

His attentis, Sancta Synodus, "ne impedimento propter sententiae severitatem simus iis qui salvantur"[2] et ad magis fovendam unionem cum Ecclesiis Orientalibus a nobis seiunctis, sequentem agendi rationem statuit.

**4182**    27. Positis memoratis principiis, Orientalibus, qui bona fide seiuncti inveniuntur ab Ecclesia catholica, si sponte petant et rite sint dispositi, sacramenta Poenitentiae, Eucharistiae et Unctionis Infirmorum conferri possunt; imo, etiam catholicis eadem sacramenta licet petere ab iis ministris acatholicis, in quorum Ecclesia habentur valida sacramenta, quotiescumque id necessitas aut vera spiritualis utilitas suadeat, et accessus ad sacerdotem catholicum physice vel moraliter impossibilis evadat[1].

**4183**    28. Item, positis iisdem principiis, communicatio in sacris functionibus, rebus et locis inter catholicos et fratres seiunctos orientales iusta de causa permittitur[1].

setz verboten[1]. Die pastorale Praxis zeigt aber, was die ostkirchlichen Brüder betrifft, daß verschiedene Umstände der einzelnen Personen in Betracht gezogen werden können und müssen, unter denen weder die Einheit der Kirche verletzt wird noch irgendwelche zu vermeidenden Gefahren gegeben sind, sondern ein Heilsnotstand und das geistliche Wohl der Seelen drängen. Daher hat die katholische Kirche je nach zeitlichen, örtlichen und persönlichen Umständen in Vergangenheit und Gegenwart oft eine mildere Handlungsweise angewandt, indem sie allen die Mittel zum Heil und das Zeugnis der Liebe unter Christen durch Teilnahme an Sakramenten und anderen heiligen Handlungen und Sachen gewährte.

Unter Berücksichtigung dieses Sachverhaltes hat das Heilige Konzil, "damit wir nicht durch die Strenge des Urteils denen, die gerettet werden, zum Hindernis werden"[2], und zur immer stärkeren Förderung der Einheit mit den von uns getrennten Ostkirchen folgende Handlungsweise festgelegt:

27. Unter Wahrung der erwähnten Grundsätze kann man Ostchristen, die guten Glaubens von der katholischen Kirche getrennt sind, wenn sie von sich aus darum bitten und recht vorbereitet sind, die Sakramente der Buße, der Eucharistie und der Krankensalbung spenden; ja es ist sogar Katholiken erlaubt, dieselben Sakramente von solchen nichtkatholischen Spendern zu erbitten, in deren Kirche die Sakramente gültig sind, sooft dazu eine Notlage oder ein wirklicher geistlicher Nutzen rät und der Zugang zu einem katholischen Priester sich als physisch oder moralisch unmöglich herausstellt[1].

28. Unter Wahrung derselben Grundsätze wird ebenso die Gemeinschaft in heiligen Handlungen, Sachen und Stätten zwischen Katholiken und getrennten ostkirchlichen Brüdern aus triftigem Grund gestattet[1].

---

*4181   [1]   Diese Lehre gilt auch in den getrennten Kirchen.
           [2]   Basilius der Große, *Epistula canonica ad Amphilochium* (PG 32,669B).
*4182   [1]   Als Grundlage der Erleichterung wird angesehen: 1. die Gültigkeit der Sakramente; 2. der gute Glaube und die Disposition; 3. die Notwendigkeit für das ewige Heil; 4. die Abwesenheit eines eigenen Priesters; 5. der Ausschluß zu vermeidender Gefahren und formellen Anschlusses an einen Irrtum.
*4183   [1]   Es handelt sich um die obengenannte "außersakramentale communicatio in sacris". Es ist das Konzil, das die Erleichterungen gewährt, wobei die Vorschriften einzuhalten sind.

**4185–4192: 5. öffentliche Sitzung, 21. Nov. 1964: Dekret über den Ökumenismus "Unitatis redintegratio"**

Die Grundlage des Dekrets bildet das von der Kommission für die orientalischen Kirchen erarbeitete Schema über die Einheit der Kirche "Ut omnes unum sint". Entsprechend einem Beschluß des Konzils vom 1. Dez. 1962 wurden der vom Sekretariat für die Förderung der Einheit der Christen erarbeitete Entwurf über den Ökumenismus und Kap. XI des ersten Schemas der Kirchenkonstitution (De oecumenismo) eingearbeitet. Die ursprünglichen Kap. IV und V des Schemas "Ut omnes unum sint" (über das Verhältnis zu den nichtchristlichen Religionen und über die Religionsfreiheit) wurden zunächst in den Anhang des Dekrets verwiesen und schließlich zu eigenen Konzilserklärungen ausgestaltet ("*Nostra aetate*" und "*Dignitatis humanae*"; vgl. *4195–4199 4240–4245). Nachdem über das Schema bereits detailliert abgestimmt worden war, wurden vom Einheitssekretariat auf Veranlassung Pauls VI. noch 19 Änderungen in den Text eingearbeitet, um in der Schlußabstimmung eine breitere Zustimmung zu erreichen. Das Dekret eröffnete den Weg für die in Rom und Konstantinopel gleichzeitig vollzogene Rücknahme des 1054 verhängten gegenseitigen Bannes von Ost- und Westkirche (9. Sitzung, 7. Dez. 1965; vgl. *4430–4435).

*Ausg.*: AAS 57 (1965) 90–99 / COeD³ 908–915 / ASyn 3/VIII, 845–853 / CoDeDe 243–260.

PROOEMIUM

1. Unitatis redintegratio inter universos Christianos promovenda unum est ex praecipuis Sacrae Oecumenicae Synodi Vaticanae Secundae propositis. Una enim atque unica a Christo Domino condita est Ecclesia, plures tamen christianae Communiones sese ut Iesu Christi veram haereditatem hominibus proponunt; discipulos quidem Domini omnes se esse profitentur at diversa sentiunt et per diversas ambulant vias, ac si Christus Ipse divisus sit[1]. Quae sane divisio et aperte voluntati Christi contradicit et scandalo est mundo atque sanctissimae causae praedicandi Evangelium omni creaturae affert detrimentum.

Dominus vero saeculorum, qui propositum gratiae suae erga nos peccatores sapienter et patienter prosequitur, novissime in Christianos inter se disiunctos animi compunctionem et desiderium unionis abundantius effundere incepit. Qua gratia permulti ubique homines permoti sunt atque inter fratres quoque nostros seiunctos amplior in dies motus, Spiritus Sancti fovente gratia, exortus est ad omnium Christianorum unitatem restaurandam.

Hunc autem unitatis motum, oecumenicum nuncupatum, participant qui Deum Trinum invocant atque Iesum confitentur Dominum et Salvatorem, nec modo singuli

VORWORT

1. Die Wiederherstellung der Einheit unter **4185** allen Christen zu fördern ist eines der Hauptziele des Heiligen Ökumenischen Zweiten Vatikanischen Konzils. Denn als eine einige und einzige ist die Kirche von Christus, dem Herrn, gegründet worden, und doch stellen sich mehrere christliche Gemeinschaften den Menschen als das wahre Erbe Jesu Christi dar; sie alle bekennen zwar, daß sie Jünger des Herrn seien, aber sie denken Verschiedenes und gehen auf verschiedenen Wegen, als ob Christus selber geteilt wäre[1]. Eine solche Trennung widerspricht aber ganz offenbar dem Willen Christi, ist ein Ärgernis für die Welt und fügt der heiligsten Sache, der ganzen Schöpfung das Evangelium zu verkünden, Schaden zu.

Der Herr der Zeiten aber, der die Absicht **4186** seiner Gnade gegenüber uns Sündern weise und geduldig verfolgt, hat in jüngster Zeit begonnen, in die voneinander getrennten Christen in reicherem Maße Reue des Herzens und Sehnsucht nach Einheit auszugießen. Von dieser Gnade sind überall sehr viele Menschen bewegt, und auch unter unseren getrennten Brüdern ist unter der Einwirkung der Gnade des Heiligen Geistes eine sich von Tag zu Tag ausbreitende Bewegung zur Wiederherstellung der Einheit aller Christen entstanden.

An dieser ökumenisch genannten Einheitsbewegung aber haben Menschen teil, die den dreifaltigen Gott anrufen und Jesus als Herrn und Erlöser bekennen, und zwar nicht

---

**\*4185** [1]   Vgl. 1 Kor 1,13.

seiunctim, sed etiam in coetibus congregati, in quibus Evangelium audierunt quosque singuli Ecclesiam dicunt esse suam et Dei. Fere omnes tamen, etsi diverso modo, ad Ecclesiam Dei unam et visibilem adspirant, quae sit vere universalis *[91]* et ad universum mundum missa ut mundus ad Evangelium convertatur et sic salvus fiat ad gloriam Dei. ...

nur einzeln für sich, sondern auch in ihren Gemeinschaften versammelt, in denen sie das Evangelium gehört haben und die sie jeweils ihre Kirche und Gottes ⟨Kirche⟩ nennen. Fast alle jedoch streben, wenn auch auf verschiedene Weise, zu einer einen und sichtbaren Kirche Gottes hin, die wahrhaft allgemein und zur gesamten Welt gesandt sein soll, damit sich die Welt zum Evangelium bekehre und so gerettet werde zur Ehre Gottes. ...

### CAPUT I: DE CATHOLICIS OECUMENISMI PRINCIPIIS

### ERSTES KAPITEL: DIE KATHOLISCHEN PRINZIPIEN DES ÖKUMENISMUS

**4187**     2. ... *[92]* Iesus Christus per Apostolorum eorumque successorum, nempe episcoporum cum Petri successore capite, fidelem Evangelii praedicationem sacramentorumque administrationem, et per gubernationem in dilectione, Spiritu Sancto operante, populum suum crescere vult eiusque communionem perficit in unitate: in confessione unius fidei, in divini cultus communi celebratione, necnon in familiae Dei fraterna concordia. ...

2. ... Jesus Christus will, daß sein Volk durch die gläubige Verkündigung des Evangeliums und die Verwaltung der Sakramente durch die Apostel und ihre Nachfolger, nämlich die Bischöfe mit dem Nachfolger des Petrus als Haupt, sowie durch ihre Leitung in Liebe mit dem Wirken des Heiligen Geistes wachse, und er vollendet seine Gemeinschaft in der Einheit: im Bekenntnis des einen Glaubens, in der gemeinsamen Feier des Gottesdienstes sowie in der brüderlichen Eintracht der Familie Gottes. ...

**4188**     3. In hac una et unica Dei Ecclesia iam a primordiis scissurae quaedam exortae sunt[1], quas ut damnandas graviter vituperat Apostolus[2]; posterioribus vero saeculis ampliores natae sunt dissensiones, et *[93]* Communitates haud exiguae a plena communione Ecclesiae catholicae seiunctae sunt, quandoque non sine hominum utriusque partis culpa.

Qui autem nunc in talibus Communitatibus nascuntur et fide Christi imbuuntur, de separationis peccato argui nequeunt, eosque fraterna reverentia et dilectione amplectitur Ecclesia catholica. Hi enim qui in Christum credunt et baptismum rite receperunt, in quadam cum Ecclesia catholica communione, etsi non perfecta, constituuntur.

Profecto, ob discrepantias variis modis vigentes inter eos et Ecclesiam catholicam tum

3. In dieser einen und einzigen Kirche Gottes sind schon von den ersten Zeiten an Spaltungen aufgekommen[1], die der Apostel schwer als verwerflich tadelt[2]; in den späteren Jahrhunderten aber sind ausgedehntere Uneinigkeiten entstanden, und es trennten sich nicht unbedeutende Gemeinschaften von der vollen Gemeinschaft der katholischen Kirche, bisweilen nicht ohne Schuld der Menschen auf beiden Seiten.

Denen aber, die jetzt in solchen Gemeinschaften geboren und mit dem Glauben an Christus erfüllt werden, können keine Vorwürfe wegen der Sünde der Trennung gemacht werden, und die katholische Kirche begegnet ihnen in brüderlicher Achtung und Liebe. Denn wer an Christus glaubt und in der rechten Weise die Taufe empfangen hat, steht dadurch in einer gewissen, wenn auch nicht vollkommenen Gemeinschaft mit der katholischen Kirche.

Da es zwischen ihnen und der katholischen Kirche sowohl in der Lehre und bis-

---

**\*4188** [1]     Vgl. 1 Kor 11,18f; Gal 1,6–9; 1 Joh 2,18f.
[2]     Vgl. 1 Kor 1,11–13; 11,22.

in re doctrinali et quandoque etiam disciplinari tum circa structuram Ecclesiae, plenae ecclesiasticae communioni opponuntur impedimenta non pauca, quandoque graviora, ad quae superanda tendit motus oecumenicus. Nihilominus, iustificati ex fide in baptismate, Christo incorporantur[3], ideoque christiano nomine iure decorantur et a filiis Ecclesiae catholicae ut fratres in Domino merito agnoscuntur[4].

Insuper ex elementis seu bonis, quibus simul sumptis ipsa Ecclesia aedificatur et vivificatur, quaedam immo plurima et eximia exstare possunt extra visibilia Ecclesiae catholicae saepta: Verbum Dei scriptum, vita gratiae, fides, spes et caritas, aliaque interiora Spiritus Sancti dona ac visibilia elementa: haec omnia, quae a Christo proveniunt et ad Ipsum conducunt, ad unicam Christi Ecclesiam iure pertinent.

Non paucae etiam christianae religonis actiones sacrae apud fratres a nobis seiunctos peraguntur, quae variis modis secundum diversam condicionem uniuscuiusque Ecclesiae vel Communitatis procul dubio vitam gratiae reapse generare possunt atque aptae dicendae sunt quae ingressum in salutis communionem pandant.

Proinde ipsae Ecclesiae[1] et Communitates seiunctae, etsi defectus illas pati credimus, nequaquam in mysterio salutis significatione et pondere exutae sunt. Iis enim Spiritus Christi uti non renuit tamquam salutis mediis, quorum virtus derivatur ab ipsa plenitudine gratiae et veritatis quae Ecclesiae catholicae concredita est.

weilen auch in der Disziplin wie auch bezüglich der Struktur der Kirche Unstimmigkeiten verschiedener Art gibt, stehen sicherlich nicht wenige Hindernisse der vollen kirchlichen Gemeinschaft entgegen, bisweilen recht schwerwiegende, um deren Überwindung die ökumenische Bewegung bemüht ist. Nichtsdestoweniger werden sie, aufgrund des Glaubens in der Taufe gerechtfertigt, Christus einverleibt[3], und darum gebührt ihnen der Ehrenname des Christen, und mit Recht werden sie von den Kindern der katholischen Kirche als Brüder im Herrn anerkannt[4].

Überdies können einige, ja sogar sehr viele und bedeutende von den Elementen oder Gütern, aus denen insgesamt die Kirche selbst erbaut und lebendig gemacht wird, ⟨auch⟩ außerhalb der sichtbaren Grenzen der katholischen Kirche existieren: das geschriebene Wort Gottes, das Leben der Gnade, Glaube, Hoffnung und Liebe und andere innere Gaben des Heiligen Geistes und sichtbare Elemente: all dieses, das von Christus ausgeht und zu ihm hinführt, gehört zurecht zu der einzigen Kirche Christi.

Auch nicht wenige heilige Handlungen der christlichen Religion werden bei den von uns getrennten Brüdern vollzogen, die auf unterschiedliche Weisen je nach der verschiedenen Verfaßtheit einer jeden Kirche oder Gemeinschaft ohne Zweifel tatsächlich das Leben der Gnade zeugen können und als geeignet anzusehen sind, den Zutritt zur Gemeinschaft des Heiles zu öffnen.

Daher sind diese getrennten Kirchen[1] und Gemeinschaften, auch wenn sie, wir wir glauben, mit jenen Mängeln behaftet sind, keineswegs ohne Bedeutung und Gewicht im Geheimnis des Heiles. Denn der Geist Christi weigert sich nicht, sie als Mittel des Heiles zu gebrauchen, deren Kraft sich von der Fülle der Gnade und Wahrheit herleitet, die der katholischen Kirche anvertraut ist.

**4189**

---

3    Vgl. Konzil von Florenz, 8. Sitzung, 22. Nov. 1439, Dekret für die Armenier *"Exsultate Deo"* (MaC 31,1055A; *1314-1316).

4    Vgl. Augustinus, *Ennarationes in Psalmos* 32, II 29 (PL 36,299 / E. Dekkers – J. Fraipont: CpChL 38 [1956] 272).

**\*4189** 1   Vgl. 4. Konzil im Lateran (1215), Konstitution IV (MaC 22,990 / COeD[2] 211f; COeD[3] 235f); 2. Konzil von Lyon (1274), Glaubensbekenntnis des Michael Palaiologos (MaC 24,71E); Konzil von Florenz, 6. Sitzung, 6. Juli 1439, Dekret für die Griechen *"Laetentur caeli"* (COeD[2] 500-504; COeD[3] 524-527 / MaC 31,1026E; vgl. *1300-1308).

**4190**     Attamen fratres a nobis seiuncti, sive singuli sive Communitates et Ecclesiae eorum, unitate illa non fruuntur, quam Iesus Christus iis *[94]* omnibus dilargiri voluit quos in unum corpus et in novitatem vitae regeneravit et convivificavit, quamque Sacrae Scripturae et veneranda Ecclesiae Traditio profitentur. Per solam enim catholicam Christi Ecclesiam, quae generale auxilium salutis est, omnis salutarium mediorum plenitudo attingi potest. Uni nempe Collegio apostolico cui Petrus praeest credimus Dominum commisisse omnia bona Foederis Novi, ad constituendum unum Christi corpus in terris, cui plene incorporentur oportet omnes, qui ad populum Dei iam aliquo modo pertinent. Qui populus, durante sua terrestri peregrinatione, quamvis in membris suis peccato obnoxius remaneat, in Christo crescit et a Deo, secundum Eius arcana consilia, suaviter ducitur, usquedum ad totam aeternae gloriae plenitudinem in caelesti Ierusalem laetus perveniat.

Dennoch erfreuen sich die von uns getrennten Brüder, sei es als einzelne oder als deren Gemeinschaften und Kirchen, nicht jener Einheit, die Jesus Christus all denen schenken wollte, die er zu e i n e m Leibe und zur Neuheit des Lebens wiedergeboren und lebendig gemacht hat, ⟨jener Einheit,⟩ die die Heiligen Schriften und die verehrungswürdige Tradition der Kirche bekennen. Denn nur durch die katholische Kirche Christi, die die allgemeine Hilfe zum Heil ist, kann man die ganze Fülle der Heilsmittel erlangen. Denn einzig dem Apostelkollegium, dem Petrus vorsteht, hat der Herr, so glauben wir, alle Güter des Neuen Bundes anvertraut, um den einen Leib Christi auf Erden zu bilden, dem alle völlig einverleibt werden müssen, die schon auf irgendeine Weise zum Volke Gottes gehören. Dieses Volk bleibt zwar während seiner irdischen Pilgerschaft in seinen Gliedern der Sünde verhaftet, aber es wächst in Christus und wird von Gott nach seinen verborgenen Ratschlüssen sanft geführt, bis es freudig zur ganzen Fülle der ewigen Herrlichkeit im himmlischen Jerusalem gelangt.

### Caput II: De oecumenismi exercitio

### Zweites Kapitel: Die praktische Verwirklichung des Ökumenismus

**4191**     *[96]* 5. Ad totam Ecclesiam sollicitudo unionis instaurandae spectat, tam ad fideles quam ad pastores et unumquemque secundum propriam virtutem afficit, sive in vita christiana quotidiana sive in theologicis et historicis investigationibus. Haec cura fraternam coniunctionem inter omnes Christianos existentem iam quodammodo manifestat, atque ad plenam perfectamque unitatem secundum Dei benevolentiam conducit. ...

5. Die Sorge um die Wiederherstellung der Einheit geht die ganze Kirche an, sowohl die Gläubigen wie auch die Hirten, und betrifft jeden einzelnen, je nach seiner Fähigkeit, sei es in seinem täglichen christlichen Leben oder bei theologischen und historischen Untersuchungen. Diese Sorge macht schon einigermaßen deutlich, daß eine brüderliche Verbindung zwischen allen Christen vorhanden ist, und führt schließlich nach dem Wohlwollen Gottes zur vollen und vollkommenen Einheit hin. ...

**4192**     *[99]* 11. Modus ac ratio fidem catholicam exprimendi nullatenus obstaculum fieri debet dialogo cum fratribus. Integra doctrina lucide exponatur omnino oportet. Nil ab oecumenismo tam alienum est quam ille falsus irenismus, quo puritas doctrinae catholicae detrimentum patitur et eius sensus genuinus et certus obscuratur.

11. Die Art und Weise, den katholischen Glauben auszudrücken, darf keineswegs zu einem Hindernis für den Dialog mit den Brüdern werden. Die gesamte Lehre muß unbedingt klar vorgelegt werden. Nichts ist dem Ökumenismus so fremd wie jener falsche Irenismus, durch den die Reinheit der katholischen Lehre Schaden leidet und ihr ursprünglicher und sicherer Sinn verdunkelt wird.

Simul fides catholica et profundius et rectius explicanda est, modo et sermone qui etiam a fratribus seiunctis possit vere comprehendi.

Insuper in dialogo oecumenico theologi catholici, doctrinae Ecclesiae inhaerentes, una cum fratribus seiunctis investigationem peragentes de divinis mysteriis, cum veritatis amore, caritate et humilitate progredi debent. In comparandis doctrinis meminerint existere ordinem seu "hierarchiam" veritatum doctrinae catholicae, cum diversus sit earum nexus cum fundamento fidei christianae. Sic via sternetur qua per fraternam hanc aemulationem omnes incitentur ad profundiorem cozgnitionem et clariorem manifestationem investigabilium divitiarum Christi[1].

Zugleich ist der katholische Glaube tiefer und richtiger zu entfalten, auf eine Weise und in einer Sprache, die auch von den getrennten Brüdern wahrhaft verstanden werden kann.

Überdies müssen beim ökumenischen Dialog die katholischen Theologen, wenn sie in Treue zur Lehre der Kirche gemeinsam mit den getrennten Brüdern Forschungen über die göttlichen Geheimnisse anstellen, mit Wahrheitsliebe, Liebe und Demut vorgehen. Beim Vergleich der Lehren sollen sie daran denken, daß es eine Ordnung bzw. "Hierarchie" der Wahrheiten der katholischen Lehre gibt, da ihr Zusammenhang mit dem Fundament des christlichen Glaubens verschieden ist. So wird der Weg bereitet werden, auf dem alle durch diesen brüderlichen Wettstreit zur tieferen Erkenntnis und klareren Darstellung der unerforschlichen Reichtümer Christi angeregt werden[1].

**4195-4199: 7. öffentliche Sitzung, 28. Okt. 1965: Erklärung über das Verhältnis der Kirche zu den nichtchristlichen Religionen "Nostra aetate"**

Ursprünglich hatte das Konzil ein eigenes Dokument über das Verhältnis der Kirche zu den Juden geplant. Das erste Schema war auf unmittelbare Veranlassung Johannes XXIII. durch das Sekretariat für die Förderung der Einheit der Christen unter Kardinal A. Bea entworfen und im Juni 1962 der Zentralkommission vorgelegt worden. Es mußte jedoch aufgrund des massiven Protestes der arabischen Welt zurückgezogen werden. Nachdem seine Einfügung als Kapitel IV in das Schema des Ökumenismusdekrets gescheitert war, wurde der Entwurf zusammen mit einem Text über die Religionsfreiheit als "Declaratio altera" in dessen Anhang versetzt. Hieraus erwuchs im November 1964 als vierte und endgültige Fassung eine eigene Erklärung, in der die Kirche nicht nur den jüdischen Heilsweg, sondern auch die Erfahrungen, Werte und Wahrheiten in den nichtchristlichen Religionen anerkannte.
*Ausg.:* AAS 58 (1966) 740-744 / COeD[3] 968-971 / ASyn 4/V, 616-619 / CoDeDe 411-418.

1. Nostra aetate, in qua genus humanum in dies arctius unitur et necessitudines inter varios populos augentur, Ecclesia attentius considerat quae sit sua habitudo ad religiones non-christianas. In suo munere unitatem et caritatem inter homines, immo et inter gentes, fovendi, ea imprimis hic considerat quae hominibus sunt communia et ad mutuum consortium ducunt.

Una enim communitas sunt omnes gentes, unam habent originem, cum Deus omne genus hominum inhabitare fecerit super universam faciem terrae[1], unum etiam habent

1. In unserer Zeit, in der sich das Menschengeschlecht von Tag zu Tag enger zusammenschließt und die Beziehungen unter den verschiedenen Völkern sich mehren, erwägt die Kirche mit noch größerer Aufmerksamkeit, welches ihre Haltung zu den nichtchristlichen Religionen ist. Bei ihrer Aufgabe, Einheit und Liebe unter den Menschen, ja sogar unter den Völkern zu fördern, erwägt sie hier vor allem das, was den Menschen gemeinsam ist und sie zur Gemeinschaft untereinander führt.

Alle Völker sind nämlich e i n e Gemeinschaft und haben e i n e n Ursprung, da Gott das ganze Menschengeschlecht auf dem gesamten Antlitz der Erde hat wohnen lassen[1];

**4195**

---

**\*4192** [1]  Vgl. Eph 3,8.
**\*4195** [1]  Vgl. Apg 17,26.

finem ultimum, Deum, cuius providentia ac bonitatis testimonium et consilia salutis ad omnes se extendunt[2], donec uniantur electi in Civitate Sancta, quam claritas Dei illuminabit, ubi gentes ambulabunt in lumine eius[3]. ...

**4196**    2. Iam ab antiquo usque ad tempus hodiernum apud diversas gentes invenitur quaedam perceptio illius arcanae virtutis, quae cursui rerum et eventibus vitae humanae praesens est, immo aliquando agnitio *[741]* Summi Numinis vel etiam Patris. Quae perceptio atque agnitio vitam earum intimo sensu religioso penetrant. Religiones vero cum progressu culturae connexae subtilioribus notionibus et lingua magis exculta ad easdem quaestiones respondere satagunt. Ita in Hinduismo homines mysterium divinum scrutantur et exprimunt inexhausta fecunditate mythorum et acutis conatibus philosophiae, atque liberationem quaerunt ab angustiis nostrae condicionis vel per formas vitae asceticae vel per profundam meditationem vel per refugium ad Deum cum amore et confidentia. In Buddhismo secundum varias eius formas radicalis insufficientia mundi huius mutabilis agnoscitur et via docetur qua homines, animo devoto et confidente, sive statum perfectae liberationis acquirere, sive, vel propriis conatibus vel superiore auxilio innixi, ad summam illuminationem pertingere valeant. Sic ceterae quoque religiones, quae per totum mundum inveniuntur, inquietudini cordis hominum variis modis occurrere nituntur proponendo vias, doctrinas scilicet ac praecepta vitae, necnon ritus sacros.

Ecclesia catholica nihil eorum, quae in his religionibus vera et sancta sunt, reicit. Sincera cum observantia considerat illos modos agendi et vivendi, illa praecepta et doctrinas,

auch haben sie e i n letztes Ziel, Gott, dessen Vorsehung, Zeugnis der Güte und Heilsratschlüsse sich auf alle erstrecken[2], bis die Erwählten in der Heiligen Stadt, welche die Herrlichkeit Gottes erleuchten wird, vereint sein werden, wo die Völker in ihrem Licht wandeln werden[3]. ...

2. Schon von alters her bis zur heutigen Zeit findet sich bei den verschiedenen Völkern eine gewisse Wahrnehmung jener verborgenen Kraft, die dem Lauf der Dinge und den Ereignissen des menschlichen Lebens gegenwärtig ist, bisweilen sogar die Anerkennung einer höchsten Gottheit oder auch eines Vaters. Diese Wahrnehmung und Anerkennung durchdringt ihr Leben mit einem tiefen religiösen Sinn. Im Zusammenhang mit dem Fortschreiten der Kultur bemühen sich die Religionen aber mit genaueren Begriffen und in einer mehr ausgebildeten Sprache, auf dieselben Fragen zu antworten. So suchen im Hinduismus die Menschen das göttliche Geheimnis zu erforschen und drücken es in einer unerschöpflichen Fülle von Mythen und durch scharfsinnige Anstrengungen der Philosophie aus, und sie suchen durch aszetische Lebensformen, durch tiefe Meditation oder durch die Zuflucht zu Gott mit Liebe und Vertrauen Befreiung aus der Beschränktheit unserer Lage. Im Buddhismus in seinen verschiedenen Formen wird das radikale Ungenügen dieser veränderlichen Welt anerkannt und ein Weg gelehrt, auf dem die Menschen mit andächtigem und vertrauendem Sinn einen Zustand vollkommener Befreiung zu erreichen oder, sowohl durch eigene Anstrengungen als auch gestützt auf höhere Hilfe, zu höchster Erleuchtung zu gelangen vermögen. So bemühen sich auch die übrigen Religionen, die man auf der ganzen Welt findet, der Unruhe des menschlichen Herzens auf verschiedene Weisen zu begegnen, indem sie Wege angeben, nämlich Lehren und Lebensregeln und auch heilige Riten.

Die katholische Kirche verwirft nichts von dem, was in diesen Religionen wahr und heilig ist. Mit aufrichtigem Ernst betrachtet sie jene Handlungs- und Lebensweisen, jene

---

[2]    Vgl. Weish 8,1; Apg 14,17; Röm 2,6f; 1 Tim 2,4.
[3]    Vgl. Offb 21,23f.

quae, quamvis ab iis quae ipsa tenet et proponit in multis discrepent, haud raro referunt tamen radium illius Veritatis, quae illuminat omnes homines. Annuntiat vero et annuntiare tenetur indesinenter Christum, qui est "via, veritas et vita" [*Io 14,6*], in quo homines plenitudinem vitae religiosae inveniunt, in quo Deus omnia Sibi reconciliavit[1].

Filios suos igitur hortatur, ut cum prudentia et caritate per colloquia et collaborationem cum asseclis aliarum religionum, fidem et vitam christianam testantes, illa bona spiritualia et moralia necnon illos valores socioculturales, quae apud eos inveniuntur, agnoscant, servent et promoveant.

3. Ecclesia cum aestimatione quoque Muslimos respicit qui unicum Deum adorant, viventem et subsistentem, misericordem et omnipotentem, Creatorem caeli et terrae[1], homines allocutum, cuius occultis etiam decretis toto animo se submittere student, sicut Deo se submisit Abraham ad quem fides islamica libenter sese refert. Iesum, quem quidem ut Deum non agnoscunt, ut prophetam tamen venerantur, *[742]* matremque eius virginalem honorant Mariam et aliquando eam devote etiam invocant. Diem insuper iudicii expectant cum Deus omnes homines resuscitatos remunerabit. Exinde vitam moralem aestimant et Deum maxime in oratione, eleemosynis et ieiunio colunt.

Quodsi in decursu saeculorum inter Christianos et Muslimos non paucae dissensiones et inimicitiae exortae sint, Sacrosancta Synodus omnes exhortatur, ut, praeterita obliviscentes, se ad comprehensionem mutuam sincere exerceant et pro omnibus hominibus iustitiam socialem, bona moralia necnon pacem et libertatem communiter tueantur et promoveant.

Gebote und Lehren, die zwar in vielem von dem abweichen, was sie selber festhält und lehrt, jedoch nicht selten einen Strahl jener Wahrheit wiedergeben, die alle Menschen erleuchtet. Unablässig aber verkündet sie und muß sie verkünden Christus, der "der Weg, die Wahrheit und das Leben" [*Joh 14,6*] ist, in dem die Menschen die Fülle des religiösen Lebens finden, in dem Gott alles mit sich versöhnt hat[1].

Deshalb fordert sie ihre Kinder auf, mit Klugheit und Liebe, durch Gespräche und Zusammenarbeit mit den Anhängern anderer Religionen sowie durch ihr Zeugnis des christlichen Glaubens und Lebens jene geistlichen und sittlichen Güter sowie jene soziokulturellen Werte, die sich bei ihnen finden, anzuerkennen, zu wahren und zu fördern.

3. Mit Wertschätzung betrachtet die Kirche auch die Muslime, die den einzigen Gott anbeten, den lebendigen und für sich seienden, barmherzigen und allmächtigen, den Schöpfer des Himmels und der Erde[1], der zu den Menschen gesprochen hat, dessen auch verborgenen Ratschlüssen mit ganzem Herzen sich zu unterwerfen sie bemüht sind, so wie Abraham sich Gott unterworfen hat, auf den sich der islamische Glaube gern bezieht. Jesus, den sie freilich nicht als Gott anerkennen, verehren sie doch als Propheten, und sie ehren seine jungfräuliche Mutter Maria und rufen sie manchmal auch andächtig an. Überdies erwarten sie den Tag des Gerichts, da Gott allen Menschen vergilt, nachdem sie auferweckt sind. Daher legen sie auf ein sittliches Leben Wert und verehren Gott besonders durch Gebet, Almosen und Fasten.

Da es aber im Lauf der Jahrhunderte zu nicht wenigen Mißhelligkeiten und Feindschaften zwischen Christen und Muslimen gekommen ist, fordert das Hochheilige Konzil alle auf, daß sie sich, indem sie das Vergangene vergessen, aufrichtig um wechselseitiges Verstehen mühen und gemeinsam soziale Gerechtigkeit, sittliche Güter und auch Frieden und Freiheit für alle Menschen schützen und fördern.

**4197**

---

**\*4196** [1]    Vgl. 2 Kor 5,18f.
**\*4197** [1]    Vgl. Gregor VII., *Briefe* III 21 an Anazir (Al-Nāṣir), den König von Mauretanien (E. Caspar: MGH, *Epistulae selectae* 2 [1920] I 288_{11-15} / PL 148,451A).

**4198**   4. Mysterium Ecclesiae perscrutans, Sacra haec Synodus meminit vinculi, quo populus Novi Testamenti cum stirpe Abrahae spiritualiter coniunctus est.

Ecclesia enim Christi agnoscit fidei et electionis suae initia iam apud Patriarchas, Moysen et Prophetas, iuxta salutare Dei mysterium, inveniri. Confitetur omnes Christifideles, Abrahae filios secundum fidem[1], in eiusdem Patriarchae vocatione includi et salutem Ecclesiae in populi electi exitu de terra servitutis mystice praesignari. Quare nequit Ecclesia oblivisci se per populum illum, quocum Deus ex ineffabili misericordia sua Antiquum Foedus inire dignatus est, revelationem Veteris Testamenti accepisse et nutriri radice bonae olivae, in quam inserti sunt rami oleastri Gentium[2]. Credit enim Ecclesia Christum, Pacem nostram, per crucem Iudaeos et Gentes reconciliasse et utraque in Semetipso fecisse unum[3]. ...

Teste Sacra Scriptura, Ierusalem tempus visitationis suae non cognovit[4] atque Iudaei magna parte Evangelium non acceperunt, immo non pauci diffusioni eius se opposuerunt[5]. Nihilominus, secundum *[743]* Apostolum, Iudaei Deo, cuius dona et vocatio sine paenitentia sunt, adhuc carissimi manent propter Patres[6]. Una cum Prophetis eodemque Apostolo Ecclesia diem Deo soli notum expectat, quo populi omnes una voce Dominum invocabunt et "servient ei humero uno" [*So 3,9*][7]. ...

Etsi auctoritates Iudaeorum cum suis asseclis mortem Christi urserunt[8], tamen ea quae in passione Eius perpetrata sunt nec om-

4. Indem es das Geheimnis der Kirche untersucht, erinnert sich dieses Heilige Konzil des Bandes, durch das das Volk des Neuen Bundes mit dem Stamm Abrahams geistlich verbunden ist.

Die Kirche Christi anerkennt nämlich, daß sich nach dem Heilsgeheimnis Gottes die Anfänge ihres Glaubens und ihrer Erwählung schon bei den Patriarchen, bei Mose und den Propheten finden. Sie bekennt, daß alle Christgläubigen als Söhne Abrahams dem Glauben nach[1] in der Berufung eben dieses Patriarchen eingeschlossen sind und das Heil der Kirche im Auszug des erwählten Volkes aus dem Land der Knechtschaft in geheimnisvoller Weise vorgebildet ist. Deshalb kann die Kirche nicht vergessen, daß sie durch jenes Volk, mit dem den Alten Bund zu schließen Gott aufgrund seines unsagbaren Erbarmens geruht hat, die Offenbarung des Alten Testament empfangen hat und genährt wird von der Wurzel des guten Ölbaums, in den die Zweige des wilden Ölbaums der Heiden eingepfropft sind[2]. Die Kirche glaubt nämlich, daß Christus, unser Friede, durch das Kreuz Juden und Heiden versöhnt und aus beiden in sich selbst e i n s gemacht hat[3]. ...

Wie die Heilige Schrift bezeugt, hat Jerusalem die Zeit seiner Heimsuchung nicht erkannt[4], und die Juden haben zu einem großen Teil das Evangelium nicht angenommen, ja, nicht wenige haben sich seiner Ausbreitung widersetzt[5]. Dennoch sind die Juden gemäß dem Apostel noch von Gott, dessen Gaben und Berufung ohne Reue sind, geliebt um der Väter willen[6]. Zusammen mit den Propheten und demselben Apostel erwartet die Kirche den Tag, der nur Gott bekannt ist, an dem alle Völker mit e i n e r Stimme den Herrn anrufen und "ihm Schulter an Schulter dienen werden" [*Zef 3,9*][7]. ...

Auch wenn die Autoritäten der Juden mit ihren Anhängern auf den Tod Jesu gedrungen haben[8], kann dennoch das, was bei sei-

---

**\*4198**  [1]  Vgl. Gal 3,7.
  [2]  Vgl. Röm 11,17–24.
  [3]  Vgl. Eph 2,14–16.
  [4]  Vgl. Lk 19,44.
  [5]  Vgl. Röm 11,28.
  [6]  Vgl. Röm 11,28f; 2. Vatikanisches Konzil, Dogmatische Konstitution über die Kirche "*Lumen gentium*", Nr. 16 (AAS 57 [1965] 20; vgl. *4140).
  [7]  Vgl. Jes 66,23; Ps 66 [65], 4; Röm 11,11–32.
  [8]  Vgl. Joh 19,6.

nibus indistincte Iudaeis tunc viventibus, nec Iudaeis hodiernis imputari possunt. Licet autem Ecclesia sit novus populus Dei, Iudaei tamen neque ut a Deo reprobati neque ut maledicti exhibeantur, quasi hoc ex Sacris Litteris sequatur. ...

Praeterea, Ecclesia, quae omnes persecutiones in quosvis homines reprobat, memor communionis cum Iudaeis patrimonii, nec rationibus politicis sed religiosa caritate evangelica impulsa, odia, persecutiones, antisemitismi manifestationes, quovis tempore et a quibusvis in Iudaeos habita, deplorat. ...

5. Nequimus vero Deum omnium Patrem invocare, si erga quosdam homines, ad imaginem Dei creatos, fraterne nos gerere renuimus. Habitudo hominis ad Deum Patrem et habitudo hominis ad homines fratres adeo connectuntur, ut Scriptura dicat: "qui non diligit, non novit Deum" [*1 Io 4,8*].

Fundamentum ergo tollitur omni theoriae vel praxi quae inter hominem et hominem, inter gentem et gentem, discrimen quoad humanam dignitatem et iura exinde dimanantia inducit. *[744]*

Ecclesia igitur quamvis hominum discriminationem aut vexationem stirpis vel coloris, condicionis vel religionis causa factam tamquam a Christi mente alienam reprobat. ...

nem Leiden vollzogen worden ist, weder allen damals lebenden Juden ohne Unterschied noch den heutigen Juden zur Last gelegt werden. Ist die Kirche aber auch das neue Volk Gottes, sind die Juden dennoch weder als von Gott verworfen noch als verflucht darzustellen, als ergäbe sich dies aus der Heiligen Schrift. ...

Außerdem beklagt die Kirche, die alle Verfolgungen gegen jegliche Menschen verwirft, im Bewußtsein des gemeinsamen Erbes mit den Juden, nicht aus politischen Gründen, sondern angetrieben von der religiösen Liebe des Evangeliums, Haß, Vefolgungen und Manifestationen des Antisemitismus, die sich, zu welcher Zeit auch immer und durch wen auch immer, gegen Juden gerichtet haben. ...

**4199** 5. Wir können aber Gott, den Vater aller, nicht anrufen, wenn wir es ablehnen, uns gegenüber bestimmten Menschen, die doch nach dem Ebenbild Gottes geschaffen sind, brüderlich zu verhalten. Das Verhalten des Menschen zu Gott, dem Vater, und sein Verhalten zu den Menschen als seinen Brüdern sind so eng verbunden, daß die Schrift sagt: "Wer nicht liebt, kennt Gott nicht" [*1 Joh 4,8*].

Also wird jeder Theorie oder Praxis das Fundament entzogen, die zwischen Mensch und Mensch, zwischen Volk und Volk bezüglich der menschlichen Würde und der Rechte, die sich daraus ergeben, einen Unterschied macht.

Also verwirft die Kirche jegliche Diskriminierung oder Mißhandlung von Menschen um ihrer Rasse oder Farbe, ihres Standes oder ihrer Religion willen als im Widerspruch zum Geist Christi geschehen. ...

## 4201–4235: 8. öffentliche Sitzung, 18. Nov. 1965: Dogmatische Konstitution über die göttliche Offenbarung "Dei verbum"

Drei Problemkreise führten zur Konstitution über die göttliche Offenbarung: die Klärung des Traditionsverständnisses und der Schriftsuffizienz, die durch die Ergebnisse der historisch-kritischen Methode erforderlich gewordene Neufassung des Inspirationsbegriffs und die Rezeption der vorkonziliaren Bibelbewegung. Das von der Theologischen Vorbereitungskommission vorgelegte Schema "De fontibus revelationis", das im wesentlichen auf eine Kanonisierung der römischen Schultheologie hinauslief, stieß bei den Konzilsvätern auf breiten Widerstand. Eine in ihrer Form umstrittene Abstimmung vom 14. Nov. 1962 ergab zwar eine Mehrheit gegen die Fortsetzung der Diskussion, vefehlte aber die für eine Verwerfung erforderliche Zweidrittelmehrheit. Papst Johannes XXIII. setzte daraufhin den Text von der Tagesordnung ab und berief eine neue "Gemischte Kommision", die ein Schema "De divina revelatione" erarbeiten sollte. Diese Kommission erstellte im Frühjahr 1963 den neuen Text. Aufgrund der Änderungsvorschläge entstand eine überarbeitete Fassung, die dem Konzil Ende September 1964 vorgelegt wurde. Das Ergebnis der Diskussionen war eine weitere Fassung, über die nochmals beraten wurde.

*Ausg.:* AAS 58 (1966) 817–830 / COeD[3] 971–981 / ASyn 4/VI, 597–608 / CoDeDe 423–446.

<table>
<tr><td>

PROOEMIUM

**4201**     1. Dei verbum religiose audiens et fidenter proclamans, Sacrosancta Synodus verbis S. Ioannis obsequitur dicentis: "Adnuntiamus vobis vitam aeternam, quae erat apud Patrem et apparuit nobis: quod vidimus et audivimus adnuntiamus vobis, ut et vos societatem habeatis nobiscum, et societas nostra sit cum Patre et cum Filio eius Iesu Christo" [*1 Io 1,2s*]. Propterea, Conciliorum Tridentini et Vaticani I inhaerens vestigiis, genuinam de divina revelatione ac de eius transmissione doctrinam proponere intendit, ut salutis praeconio mundus universus audiendo credat, credendo speret, sperando amet[1]. *[818]*

</td><td>

VORWORT

1. Gottes Wort ehrfürchtig hörend und getreu verkündigend, folgt das Hochheilige Konzil den Worten des heiligen Johannes, der sagt: "Wir künden euch das ewige Leben, das beim Vater war und uns erschienen ist. Was wir gesehen und gehört haben, künden wir euch, damit auch ihr Gemeinschaft mit uns habt und unsere Gemeinschaft mit dem Vater und mit seinem Sohn Jesus Christus sei" [*1 Joh 1,2f*]. Deswegen beabsichtigt es, den Spuren des Trienter und des Ersten Vatikanischen Konzils folgend, die echte Lehre über die göttliche Offenbarung und deren Weitergabe vorzulegen, damit die gesamte Welt im Hören auf die Botschaft des Heiles glaubt, im Glauben hofft und im Hoffen liebt[1].

</td></tr>
</table>

<table>
<tr><td>

CAPUT I: DE IPSA REVELATIONE

**4202**     2. Placuit Deo in sua bonitate et sapientia Seipsum revelare et notum facere sacramentum voluntatis suae [*cf. Eph 1,9*], quo homines per Christum, Verbum carnem factum, in Spiritu Sancto accessum habent ad Patrem et divinae naturae consortes efficiuntur [*cf. Eph 2,18; 2 Pt 1,4*]. Hac itaque revelatione Deus invisibilis [*cf. Col 1,15; 1 Tim 1,17*] ex abundantia caritatis suae homines tamquam amicos alloquitur [*cf. Ex 33,11; Io 15,14s*] et cum eis conversatur [*cf. Bar 3,38*], ut eos ad societatem Secum invitet in eamque suscipiat.

Haec revelationis oeconomia fit gestis verbisque intrinsece inter se connexis, ita ut opera, in historia salutis a Deo patrata, doctrinam et res verbis significatas manifestent ac corroborent, verba autem opera proclament et mysterium in eis contentum elucident. Intima autem per hanc revelationem tam de Deo quam de hominis salute veritas nobis in Christo illucescit, qui mediator simul et plenitudo totius revelationis exsistit[1].

</td><td>

ERSTES KAPITEL: DIE OFFENBARUNG SELBST

2. Es hat Gott in seiner Güte und Weisheit gefallen, sich selbst zu offenbaren und das Geheimnis seines Willens bekannt zu machen [*vgl. Eph 1,9*], daß die Menschen durch Christus, das Fleisch gewordene Wort, im Heiligen Geist Zugang zum Vater haben und der göttlichen Natur teilhaftig werden [*vgl. Eph 2,18; 2 Petr 1,4*]. In dieser Offenbarung redet also der unsichtbare Gott [*vgl. Kol 1,15; 1 Tim 1,17*] aus dem Übermaß seiner Liebe die Menschen wie Freunde an [*vgl. Ex 33,11; Joh 15,14f*] und verkehrt mit ihnen [*vgl. Bar 3,38*], um sie in die Gemeinschaft mit sich einzuladen und in sie aufzunehmen.

Dieses Offenbarungsgeschehen ereignet sich in Taten und Worten, die innerlich miteinander verknüpft sind, so daß die Werke, die in der Heilsgeschichte von Gott vollbracht wurden, die Lehre und die durch die Worte bezeichneten Dinge offenbaren und bekräftigen, die Worte aber die Werke verkünden und das in ihnen enthaltene Geheimnis ans Licht treten lassen. Die durch diese Offenbarung sowohl über Gott als auch über das Heil des Menschen ⟨erschlossene⟩ innerste Wahrheit aber leuchtet uns in Christus auf, der zugleich der Mittler und die Fülle der ganzen Offenbarung ist[1].

</td></tr>
</table>

---

*4201 [1]  Vgl. Augustinus, *De catechizandis rudibus* 4, n. 8 (PL 40,316 / J.B. Bauer: CpChL 46 [1969] 129).
*4202 [1]  Vgl. Mt 11,27; Joh 1,14 17; 14,6; 17,1–3; 2 Kor 3,16; 4,6; Eph 1,3–14.

3. Deus, per Verbum omnia creans [*cf. Io 1,3*] et conservans, in rebus creatis perenne sui testimonium hominibus praebet [*cf. Rm 1,19s*] et, viam salutis supernae aperire intendens, insuper protoparentibus inde ab initio Semetipsum manifestavit. Post eorum autem lapsum eos, redemptione promissa, in spem salutis erexit [*cf. Gn 3,15*] et sine intermissione generis humani curam egit, ut omnibus qui secundum patientiam boni operis salutem quaerunt, vitam aeternam daret [*cf. Rm 2,6s*].

Suo autem tempore Abraham vocavit, ut faceret eum in gentem magnam [*cf. Gn 12,2s*], quam post Patriarchas per Moysen et Prophetas erudivit ad Se solum Deum vivum et verum, providum Patrem et iudicem iustum agnoscendum, et ad promissum Salvatorem expectandum, atque ita per saecula viam Evangelio praeparavit.

4. Postquam vero multifariam multisque modis Deus locutus est in Prophetis, "novissime diebus istis locutus est nobis in Filio" [*Hbr 1,1s*]. Misit enim Filium suum, aeternum scilicet Verbum, qui omnes *[819]* homines illuminat, ut inter homines habitaret iisque intima Dei enarraret [*cf. Io 1,1–18*]. Iesus Christus ergo, Verbum caro factum, "homo ad homines" missus[1], "verba Dei loquitur" [*Io 3,34*], et opus salutare consummat quod dedit ei Pater faciendum [*cf. Io 5,36; 17,4*].

Quapropter Ipse, quem qui videt, videt et Patrem [*cf. Io 14,9*], tota Sui ipsius praesentia ac manifestatione, verbis et operibus, signis et miraculis, praesertim autem morte sua et gloriosa ex mortuis resurrectione, misso tandem Spiritu veritatis, revelationem complendo perficit ac testimonio divino confirmat, Deum nempe nobiscum esse ad nos ex peccati mortisque tenebris liberandos et in aeternam vitam resuscitandos.

3. Gott, der durch das Wort alles erschafft **4203** [*vgl. Joh 1,3*] und erhält, gewährt den Menschen in den geschaffenen Dingen ein ständiges Zeugnis von sich [*vgl. Röm 1,19f*] und hat, weil er den Weg des übernatürlichen Heiles eröffnen wollte, darüber hinaus sich selbst schon von Anfang an den Stammeltern kundgetan. Nach ihrem Fall aber hat er sie durch die Verheißung der Erlösung zur Hoffnung auf das Heil ⟨wieder⟩aufgerichtet [*vgl. Gen 3,15*] und ohne Unterlaß für das Menschengeschlecht gesorgt, um allen das ewige Leben zu geben, die in der Beharrlichkeit des guten Werkes nach dem Heil streben [*vgl. Röm 2,6f*].

Zu seiner Zeit aber hat er Abraham berufen, um ihn zu einem großen Volk zu machen [*vgl. Gen 12,2f*], das er nach den Patriarchen durch Mose und die Propheten dazu erzog, ihn allein als lebendigen und wahren Gott, als fürsorgenden Vater und gerechten Richter anzuerkennen und den verheißenen Erlöser zu erwarten; so hat er dem Evangelium den Weg durch die Zeiten bereitet.

4. Nachdem Gott aber oftmals und auf **4204** viele Weisen in den Propheten gesprochen hatte, "hat er zuletzt in diesen Tagen zu uns gesprochen im Sohn" [*Hebr 1,1f*]. Denn er hat seinen Sohn, das ewige Wort, das alle Menschen erleuchtet, gesandt, damit er unter den Menschen wohne und ihnen das Innerste Gottes mitteile [*vgl. Joh 1,1–18*]. Jesus Christus also, das Fleisch gewordene Wort, als "Mensch zu den Menschen" gesandt[1], "redet die Worte Gottes" [*Joh 3,34*] und vollendet das Heilswerk, dessen Durchführung der Vater ihm aufgetragen hat [*vgl. Joh 5,36; 17,4*].

Wer ihn sieht, sieht auch den Vater [*vgl. Joh 14,9*]; er ist es also, der durch seine ganze Gegenwart und Verkündigung, durch Worte und Werke, durch Zeichen und Wunder, vor allem aber durch seinen Tod und seine glorreiche Auferstehung von den Toten, schließlich durch die Sendung des Geistes der Wahrheit die Offenbarung erfüllt und somit abschließt und durch göttliches Zeugnis bekräftigt, daß Gott wirklich mit uns ist, um uns aus der Finsternis der Sünde und des Todes zu befreien und zu ewigem Leben zu erwecken.

---

**\*4204** [1]   Vgl. *Brief an Diognet* VII 4 (Funk 1,403 / SouChr 33,68–70).

Oeconomia ergo christiana, utpote foedus novum et definitivum, numquam praeteribit, et nulla iam nova revelatio publica expectanda est ante gloriosam manifestationem Domini nostri Iesu Christi [*cf. 1 Tim 6,14; Tit 2,13*].

Daher wird die christliche Heilsordnung, nämlich der neue und nun endgültige Bund, niemals vorübergehen, und es ist keine neue öffentliche Offenbarung mehr zu erwarten vor der glorreichen Kundwerdung unseres Herrn Jesus Christus [*vgl. 1 Tim 6,14; Tit 2,13*].

**4205**    5. Deo revelanti praestanda est *oboeditio fidei* [*cf. Rm 16,26; coll. Rm 1,5; 2 Cor 10,5s*], qua homo se totum libere Deo committit "plenum revelanti Deo intellectus et voluntatis obsequium" praestando[1] et voluntarie revelationi ab Eo datae assentiendo.

5. Dem offenbarenden Gott ist der *Gehorsam des Glaubens* [*vgl. Röm 16,26; vgl. Röm 1,5; 2 Kor 10,5f*] zu leisten, durch den der Mensch sich ganz Gott frei anvertraut, indem er "dem offenbarenden Gott vollen Gehorsam des Verstandes und des Willens" leistet[1] und der von ihm gegebenen Offenbarung freiwillig zustimmt.

Quae fides ut praebeatur, opus est praeveniente et adiuvante gratia Dei et internis Spiritus Sancti auxiliis, qui cor moveat et in Deum convertat, mentis oculos aperiat, et det "omnibus suavitatem in consentiendo et credendo veritati"[2]. Quo vero profundior usque evadat revelationis intelligentia, idem Spiritus Sanctus fidem iugiter per dona sua perficit.

Damit dieser Glaube geleistet wird, bedarf es der zuvorkommenden und helfenden Gnade Gottes und der inneren Hilfen des Heiligen Geistes, der das Herz bewegen und zu Gott umkehren, die Augen des Verstandes öffnen und "allen die Freude verleihen soll, der Wahrheit zuzustimmen und zu glauben"[2]. Damit das Verständnis der Offenbarung aber immer tiefer werde, vervollkommnet derselbe Heilige Geist den Glauben ständig durch seine Gaben.

**4206**    6. Divina revelatione Deus Seipsum atque aeterna voluntatis suae decreta circa hominum salutem manifestare ac communicare voluit, "ad participanda scilicet bona divina, quae humanae mentis intelligentiam omnino superant"[1].

6. Durch die göttliche Offenbarung wollte Gott sich selbst und die ewigen Beschlüsse seines Willens über das Heil der Menschen kundtun und mitteilen, "um nämlich Anteil zu geben an den göttlichen Gütern, die das Erkenntnisvermögen des menschlichen Geistes völlig übersteigen"[1].

Confitetur Sacra Synodus, "Deum, rerum omnium principium et finem, naturali humanae rationis lumine e rebus creatis certo cognosci posse" [*cf. Rm 1,20*]; eius vero revelationi tribuendum esse docet, *[820]* "ut ea, quae in rebus divinis humanae rationi per se impervia non sunt, in praesenti quoque generis humani conditione ab omnibus expedite, firma certitudine et nullo admixto errore cognosci possint"[2].

Das heilige Konzil bekennt, "daß Gott, der Ursprung und das Ziel aller Dinge, mit dem natürlichen Licht der menschlichen Vernunft aus den geschaffenen Dingen sicher erkannt werden kann" [*vgl. Röm 1,20*]; doch lehrt es, seiner Offenbarung sei es zuzuschreiben, "daß das, was an den göttlichen Dingen der menschlichen Vernunft an sich nicht unzugänglich ist, auch bei der gegenwärtigen Verfaßtheit des Menschengeschlechtes von allen ohne Schwierigkeit, mit sicherer Gewißheit und ohne Beimischung eines Irrtums erkannt werden kann"[2].

---

*4205 [1]    1. Vatikanisches Konzil, Dogmatische Konstitution über den katholischen Glauben "*Dei Filius*", Kap. 3 (*3008).
[2]    2. Konzil von Orange, Kan. 7 (*377); 1. Vatikanisches Konzil, Dogmatische Konstitution "*Dei Filius*", Kap. 3 (*3010).
*4206 [1]    1. Vatikanisches Konzil, Dogmatische Konstitution "*Dei Filius*", Kap. 2 (*3005).
[2]    Ebd. (*3004f).

CAPUT II: DE DIVINAE REVELATIONIS TRANS-
MISSIONE

7. Quae Deus ad salutem cunctarum gentium revelaverat, eadem benignissime disposuit ut in aevum integra permanerent omnibusque generationibus transmitterentur. Ideo
Christus Dominus, in quo summi Dei tota revelatio consummatur [*cf. 2 Cor 1,20;
3,16-4,6*], mandatum dedit Apostolis ut
Evangelium, quod promissum ante per Prophetas Ipse adimplevit et proprio ore promulgavit, tamquam fontem omnis et salutaris
veritatis et morum disciplinae omnibus praedicarent[1], eis dona divina communicantes.

Quod quidem fideliter factum est, tum ab
Apostolis, qui in praedicatione orali, exemplis et institutionibus ea tradiderunt quae
sive ex ore, conversatione et operibus Christi
acceperant, sive a Spiritu Sancto suggerente
didicerant, tum ab illis Apostolis virisque
apostolicis, qui, sub inspiratione eiusdem Spiritus Sancti, nuntium salutis scriptis manda-
verunt[2].

Ut autem Evangelium integrum et vivum
iugiter in Ecclesia servaretur, Apostoli successores reliquerunt Episcopos, ipsis "suum
ipsorum locum magisterii tradentes"[1]. Haec
igitur Sacra Traditio et Sacra utriusque Testamenti Scriptura veluti speculum sunt in
quo Ecclesia in terris peregrinans contemplatur Deum, a quo omnia accipit, usquedum
ad Eum videndum facie ad faciem sicuti est
perducatur [*cf. 1 Io 3,2*].

8. Itaque praedicatio apostolica, quae in
inspiratis libris speciali modo exprimitur,
continua successione usque ad consummationem temporum conservari debebat.

ZWEITES KAPITEL: DIE WEITERGABE DER
GÖTTLICHEN OFFENBARUNG

7. Was Gott zum Heil aller Völker geof-　**4207**
fenbart hatte, das sollte – so hat er in seiner
großen Güte verfügt – auf ewig unversehrt
fortdauern und allen Geschlechtern weitergegeben werden. Darum hat Christus, der
Herr, in dem die ganze Offenbarung des
höchsten Gottes sich vollendet [*vgl. 2 Kor
1,20; 3,16-4,6*], den Aposteln den Auftrag gegeben, das Evangelium, das, vordem durch
die Propheten verheißen, er selbst erfüllt und
mit eigenem Munde verkündet hat, als die
Quelle aller heilsamen Wahrheit und Sittenlehre allen zu predigen[1] und ihnen so göttliche Gaben mitzuteilen.

Das ist gewiß treu getan worden, sowohl
von den Aposteln, die in mündlicher Predigt,
durch Beispiel und Einrichtungen das weitergaben, was sie entweder aus Christi Mund,
im Umgang mit ihm und durch seine Werke
empfangen oder unter der Eingebung des
Heiligen Geistes gelernt hatten, als auch von
jenen Aposteln und apostolischen Männern,
die unter der Inspiration desselben Heiligen
Geistes die Botschaft vom Heil niederschrie-
ben[2].

Damit aber das Evangelium in der Kirche　**4208**
stets unversehrt und lebendig bewahrt werde,
haben die Apostel als ihre Nachfolger Bischöfe zurückgelassen, denen sie "ihr eigenes
Lehramt übergaben"[1]. Diese Heilige Überlieferung und die Heilige Schrift beider Testamente sind daher gleichsam ein Spiegel, in
dem die Kirche während ihrer Pilgerschaft
auf Erden Gott, von dem sie alles empfängt,
anschaut, bis sie hingeführt wird, ihn von
Angesicht zu Angesicht zu sehen, wie er ist
[*vgl. 1 Joh 3,2*].

8. Daher mußte die apostolische Predigt,　**4209**
die in den inspirierten Büchern in besonderer
Weise ausgedrückt wird, in ununterbrochener Folge bis zur Vollendung der Zeiten bewahrt werden.

---

**\*4207** [1]　Vgl. Mt 28,19f; Mk 16,15; Konzil von Trient, 4. Sitzung, 8. April 1546, Dekret über die kanoni-
　　　　schen Schriften (\*1501).
　　　[2]　Vgl. Konzil von Trient, ebd.; 1. Vatikanisches Konzil, Dogmatische Konstitution über den katho-
　　　　lischen Glauben "*Dei Filius*", Kap. 2 (\*3006).
**\*4208** [1]　Irenäus von Lyon, *Adversus haereses* III 3, n. 1 (PG 7,848 / W.W. Harvey [Cambridge 1857] 2,9 /
　　　　SouChr 211,30).

Unde Apostoli, tradentes quod et ipsi acceperunt, fideles monent ut teneant traditiones quas sive per sermonem sive per epistulam didicerint [*cf. 2 Th 2,15*], utque pro semel sibi tradita fide decertent *[821]* [*cf. Iud 3*][1]. Quod vero ab Apostolis traditum est, ea omnia complectitur quae ad Populi Dei vitam sancte ducendam fidemque augendam conferunt, sicque Ecclesia, in sua doctrina, vita et cultu, perpetuat cunctisque generationibus transmittit omne quod ipsa est, omne quod credit.

Wenn daher die Apostel das, was sie auch selbst empfangen haben, überliefern, mahnen sie die Gläubigen, die Überlieferungen, die sie mündlich oder brieflich kennengelernt haben [*vgl. 2 Thess 2,15*], festzuhalten und für den Glauben zu kämpfen, der ihnen ein für allemal überliefert wurde [*vgl. Jud 3*][1]. Was aber von den Aposteln überliefert wurde, das umfaßt alles, was zu einer heiligen Lebensführung des Volkes Gottes und zur Mehrung des Glaubens beiträgt; und so setzt die Kirche in ihrer Lehre, ihrem Leben und ihrem Kult fort und übermittelt allen Geschlechtern alles, was sie selber ist, alles, was sie glaubt.

**4210**    Haec quae est ab Apostolis Traditio sub assistentia Spiritus Sancti in Ecclesia proficit:[1] crescit enim tam rerum quam verborum traditorum perceptio, tum ex contemplatione et studio credentium qui ea conferunt in corde suo [*cf. Lc 2,19 51*], tum ex intima spiritualium rerum quam experiuntur intelligentia, tum ex praeconio eorum qui cum episcopatus successione charisma veritatis certum acceperunt. Ecclesia scilicet, volventibus saeculis, ad plenitudinem divinae veritatis iugiter tendit, donec in ipsa consummentur verba Dei.

Diese Überlieferung, die von den Aposteln stammt, entwickelt sich in der Kirche unter dem Beistand des Heiligen Geistes weiter[1]: Es wächst nämlich das Verständnis der überlieferten Dinge und Worte sowohl aufgrund des Nachsinnens und des Studiums der Gläubigen, die sie in ihrem Herzen erwägen [*vgl. Lk 2,19 51*], als auch aufgrund der inneren Einsicht in die geistlichen Dinge, die sie erfahren, sowie aufgrund der Verkündigung derer, die mit der Nachfolge im Bischofsamt die sichere Gnadengabe der Wahrheit empfangen haben. Denn die Kirche strebt im Lauf der Jahrhunderte ständig der Fülle der göttlichen Wahrheit entgegen, bis sich an ihr die Worte Gottes erfüllen.

**4211**    Sanctorum Patrum dicta huius Traditionis vivificam testificantur praesentiam, cuius divitiae in praxim vitamque credentis et orantis Ecclesiae transfunduntur. Per eandem Traditionem integer Sacrorum Librorum canon Ecclesiae innotescit, ipsaeque Sacrae Litterae in ea penitius intelliguntur et indesinenter actuosae redduntur; sicque Deus, qui olim locutus est, sine intermissione cum dilecti Filii sui Sponsa colloquitur, et Spiritus Sanctus, per quem viva vox Evangelii in Ecclesia, et per ipsam in mundo resonat, credentes in omnem veritatem inducit, verbumque Christi in eis abundanter inhabitare facit [*cf. Col 3,16*].

Die Aussagen der heiligen Väter bezeugen die lebendigmachende Gegenwart dieser Überlieferung, deren Reichtümer sich in Tun und Leben der glaubenden und betenden Kirche ergießen. Durch dieselbe Überlieferung wird der Kirche der vollständige Kanon der Heiligen Bücher bekannt, in ihr werden die Heiligen Schriften selbst tiefer verstanden und unaufhörlich wirksam gemacht; und so ist Gott, der einst gesprochen hat, ohne Unterlaß im Gespräch mit der Braut seines geliebten Sohnes, und der Heilige Geist, durch den die lebendige Stimme des Evangeliums in der Kirche und durch sie in der Welt widerhallt, führt die Gläubigen in alle Wahrheit ein und läßt das Wort Christi in Überfülle unter ihnen wohnen [*vgl. Kol 3,16*].

---

*4209 [1]    Vgl. 2. Konzil von Nikaia (*602); 4. Konzil von Konstantinopel, 10. Sitzung, Kan. 1 (*650–652).
*4210 [1]    Vgl. 1. Vatikanisches Konzil, Dogmatische Konstitution über den katholischen Glauben "*Dei Filius*", Kap. 4 (*3020).

9. Sacra Traditio ergo et Sacra Scriptura arcte inter se connectuntur atque communicant. Nam ambae, ex eadem divina scaturigine promanantes, in unum quodammodo coalescunt et in eundem finem tendunt. Etenim Sacra Scriptura est locutio Dei quatenus divino afflante Spiritu scripto consignatur; Sacra autem Traditio verbum Dei, a Christo Domino et a Spiritu Sancto Apostolis concreditum, successoribus eorum integre transmittit, ut illud, praelucente Spiritu veritatis, praeconio suo fideliter servent, exponant atque diffundant; quo fit ut Ecclesia certitudinem suam de omnibus revelatis non per solam Sacram Scripturam hauriat. Quapropter utraque pari pietatis affectu ac reverentia suscipienda et veneranda est[1]. *[822]*

10. Sacra Traditio et Sacra Scriptura unum verbi Dei sacrum depositum constituunt Ecclesiae commissum, cui inhaerens tota plebs sancta Pastoribus suis adunata in doctrina Apostolorum et communione, fractione panis et orationibus iugiter perseverat [*cf. Act 2,42 gr.*], ita ut in tradita fide tenenda, exercenda profitendaque singularis fiat Antistitum et fidelium conspiratio[1].

Munus autem authentice interpretandi verbum Dei scriptum vel traditum[1] soli vivo Ecclesiae Magisterio concreditum est[2], cuius auctoritas in nomine Iesu Christi exercetur. Quod quidem Magisterium non supra verbum Dei est, sed eidem ministrat, docens nonnisi quod traditum est, quatenus illud, ex divino mandato et Spiritu Sancto assistente, pie audit, sancte custodit et fideliter exponit, ac ea omnia ex hoc uno fidei deposito haurit

9. Die heilige Überlieferung und die Heilige Schrift sind also eng miteinander verbunden und haben aneinander Anteil. Demselben göttlichen Quell entspringend, fließen beide nämlich gewissermaßen in eins zusammen und streben demselben Ziel zu. Denn die Heilige Schrift ist Gottes Rede, insofern sie unter dem Anhauch des göttlichen Geistes schriftlich aufgezeichnet wird; die Heilige Überlieferung aber gibt das Wort Gottes, das von Christus, dem Herrn, und vom Heiligen Geist den Aposteln anvertraut wurde, unversehrt an deren Nachfolger weiter, damit sie es unter der erleuchtenden Führung des Geistes der Wahrheit in ihrer Verkündigung treu bewahren, erklären und ausbreiten; so ergibt sich, daß die Kirche ihre Gewißheit über alles Geoffenbarte nicht aus der Heiligen Schrift allein schöpft. Daher sind beide mit dem gleichen Gefühl der Dankbarkeit und der gleichen Ehrfurcht anzunehmen und zu verehren[1]. **4212**

10. Die Heilige Überlieferung und die Heilige Schrift bilden die eine der Kirche anvertraute heilige Hinterlassenschaft des Wortes Gottes; ihr anhängend verharrt das ganze heilige Volk, mit seinen Hirten vereint, ständig in der Lehre und Gemeinschaft der Apostel, bei Brotbrechen und Gebeten [*vgl. Apg 2,42 griech.*], so daß im Festhalten am überlieferten Glauben, in seiner Verwirklichung und seinem Bekenntnis ein einzigartiger Einklang zwischen Vorstehern und Gläubigen zustande kommt[1]. **4213**

Die Aufgabe aber, das geschriebene oder überlieferte Wort Gottes[1] authentisch auszulegen, ist allein dem lebendigen Lehramt der Kirche anvertraut[2], dessen Vollmacht im Namen Jesu Christi ausgeübt wird. Das Lehramt steht also nicht über dem Wort Gottes, sondern dient ihm, indem es nur lehrt, was überliefert ist, da es ja dieses ⟨Wort Gottes⟩ nach göttlichem Auftrag und mit dem Beistand des Heiligen Geistes ehrfürchtig hört, **4214**

---

*4212 [1] Vgl. Konzil von Trient, Dekret über die kanonischen Schriften (*1501).
*4213 [1] Vgl. Pius XII., Apostolische Konstitution "*Munificentissimus Deus*", 1. Nov. 1950 (AAS 42 [1950] 756); vgl. Cyprian, Brief 66,8: "Die Kirche, das mit dem Priester vereinte Volk und die ihrem Hirten anhängende Herde" ("Ecclesia plebs Sacerdoti adunata et Pastori suo grex adhaerens": CSEL 3/II, 733).
*4214 [1] Vgl. 1. Vatikanisches Konzil, Dogmatische Konstitution über den katholischen Glauben "*Dei Filius*", Kap. 3 (*3011).
[2] Vgl. Pius XII., Enzyklika "*Humani generis*", 12. Aug. 1950 (AAS 42 [1950] 568f; *3886).

quae tamquam divinitus revelata credenda proponit.

Patet igitur Sacram Traditionem, Sacram Scripturam et Ecclesiae Magisterium, iuxta sapientissimum Dei consilium, ita inter se connecti et consociari, ut unum sine aliis non consistat, omniaque simul, singula suo modo sub actione unius Spiritus Sancti, ad animarum salutem efficaciter conferant.

## CAPUT III: DE SACRAE SCRIPTURAE DIVINA INSPIRATIONE ET DE EIUS INTERPRETATIONE

**4215**    11. Divinitus revelata, quae in Sacra Scriptura litteris continentur et prostant, Spiritu Sancto afflante consignata sunt. Libros enim integros tam Veteris quam Novi Testamenti, cum omnibus eorum partibus, sancta Mater Ecclesia ex apostolica fide pro sacris et canonicis habet, propterea quod, Spiritu Sancto inspirante conscripti [*cf. Io 20,31; 2 Tim 3,16; 2 Pt 1,19-21; 3,15s*], Deum habent auctorem, atque ut *[823]* tales ipsi Ecclesiae traditi sunt[1]. In sacris vero libris conficiendis Deus homines elegit, quos facultatibus ac viribus suis utentes adhibuit[2], ut Ipso in illis et per illos agente[3], ea omnia eaque sola, quae Ipse vellet, ut veri auctores scripto traderent[4].

**4216**    Cum ergo omne id, quod auctores inspirati seu hagiographi asserunt, retineri debeat assertum a Spiritu Sancto, inde Scripturae libri veritatem, quam Deus nostrae salutis causa Litteris Sacris consignari voluit, firmiter, fideliter et sine errore docere profitendi

heilig bewahrt und treu erklärt und all das, was es als von Gott geoffenbart zu glauben vorlegt, aus dieser einen Hinterlassenschaft des Glaubens schöpft.

Es zeigt sich also, daß die Heilige Überlieferung, die Heilige Schrift und das Lehramt der Kirche gemäß dem überaus weisen Ratschluß Gottes so miteinander verknüpft und einander zugesellt sind, daß das eine nicht ohne die anderen besteht und alle zusammen, jedes auf seine Weise, durch das Tätigsein des einen Heiligen Geistes wirksam zum Heil der Seelen beitragen.

## DRITTES KAPITEL: DIE GÖTTLICHE INSPIRATION DER HEILIGEN SCHRIFT UND IHRE AUSLEGUNG

11. Das von Gott Geoffenbarte, das in der Heiligen Schrift schriftlich enthalten ist und vorliegt, ist unter dem Anhauch des Heiligen Geistes aufgezeichnet worden. Denn die heilige Mutter Kirche hält aufgrund apostolischen Glaubens die Bücher sowohl des Alten wie des Neuen Testamentes in ihrer Ganzheit mit allen ihren Teilen für heilig und kanonisch ⟨und zwar⟩ deswegen, weil sie, auf Eingebung des Heiligen Geistes geschrieben [*vgl. Joh 20,31; 2 Tim 3,16; 2 Petr 1,19-21; 3,15f*], Gott zum Urheber haben und als solche der Kirche selbst übergeben worden sind[1]. Zur Abfassung der Heiligen Bücher aber hat Gott Menschen erwählt, die ihm durch den Gebrauch ihrer eigenen Fähigkeiten und Kräfte dazu dienen sollten[2], all das und nur das, was er – in ihnen und durch sie wirksam[3] – selbst wollte, als wahre Verfasser schriftlich zu überliefern[4].

Da also all das, was die inspirierten Verfasser bzw. Hagiographen aussagen, als vom Heiligen Geist ausgesagt gelten muß, ist von den Büchern der Schrift zu bekennen, daß sie sicher, getreu und ohne Irrtum die Wahrheit lehren, die Gott um unseres Heiles willen in

---

**\*4215** [1]    Vgl. 1. Vatikanisches Konzil, Dogmatische Konstitution über den Glauben "*Dei Filius*", Kap. 2 (*3006); Päpstliche Bibelkommission, Dekret vom 18. Juni 1915 (EnchB Nr. 420; *3629); Hl. Offizium, Brief vom 22. Dez. 1923 (EnchB Nr. 499).

[2]    Vgl. Pius XII., Enzyklika "*Divino afflante spiritu*", 30. Sept. 1943 (AAS 35 [1943] 314 / EnchB Nr. 556).

[3]    "*In*" und "*durch*" den Menschen: vgl. Hebr 1,1; 4,7 ("*in*"); 2 Sam 23,2; Mt 1,22 und passim ("*durch*"); 1. Vatikanisches Konzil, Schema über die katholische Lehre, Anm. 9 (CollLac VII 522).

[4]    Leo XIII., Enzyklika "*Providentissimus Deus*", 18. Nov. 1893 (ASS 26 [1893/94] 288f / EnchB Nr. 125; *3293).

sunt[1]. Itaque "omnis Scriptura divinitus inspirata et utilis ad docendum, ad arguendum, ad corripiendum, ad erudiendum in iustitia: ut perfectus sit homo Dei, ad omne opus bonum instructus" [*2 Tim 3,16s gr.*].

12. Cum autem Deus in Sacra Scriptura per homines more hominum locutus sit[1], interpres Sacrae Scripturae, ut perspiciat, quid Ipse nobiscum communicare voluerit, attente investigare debet, quid hagiographi reapse significare intenderint et eorum verbis manifestare Deo placuerit.

Ad hagiographorum intentionem eruendam inter alia etiam *genera litteraria* respicienda sunt.

Aliter enim atque aliter veritas in textibus vario modo historicis, vel propheticis, vel poeticis, vel in aliis dicendi generibus proponitur et exprimitur.

Oportet porro ut interpres sensum inquirat, quem in determinatis adiunctis hagiographus, pro sui temporis et suae culturae condicione, ope generum litterariorum illo tempore adhibitorum exprimere *[824]* intenderit et expresserit[1].

Ad recte enim intelligendum id quod sacer auctor scripto asserere voluerit, rite attendendum est tum ad suetos illos nativos sentiendi, dicendi, narrandive modos, qui temporibus hagiographi vigebant, tum ad illos qui illo aevo in mutuo hominum commercio passim adhiberi solebant[2].

heiligen Schriften aufgezeichnet haben wollte[1]. Daher ⟨ist⟩ "jede von Gott inspirierte Schrift auch nützlich zur Belehrung, zur Beweisführung, zur Zurechtweisung und zur Erziehung in der Gerechtigkeit, damit der Mensch Gottes vollkommen sei, wohlgerüstet zu jedem guten Werk" [*2 Tim 3,16f griech.*].

12. Da aber Gott in der Heiligen Schrift **4217** durch Menschen nach Menschenart gesprochen hat[1], muß der Ausleger der Heiligen Schrift, um zu durchschauen, was er uns mitteilen wollte, sorgfältig erforschen, was die Hagiographen wirklich zu sagen beabsichtigten und ⟨was⟩ Gott mit ihren Worten kundtun wollte.

Um die ⟨Aussage⟩absicht der Hagiographen zu ermitteln, sind unter anderem auch die *literarischen Gattungen* zu berücksichtigen.

Denn die Wahrheit wird in Texten, die auf verschiedene Weise geschichtlich, prophetisch oder poetisch sind, oder in anderen Redegattungen jeweils anders dargelegt und ausgedrückt.

Ferner muß der Ausleger nach dem Sinn **4218** forschen, den der Hagiograph in einer bestimmten Situation den Bedingungen seiner Zeit und Kultur entsprechend mit Hilfe der damals verwendeten literarischen Gattungen auszudrücken beabsichtigte und ausgedrückt hat[1].

Will man nämlich richtig verstehen, was der heilige Verfasser in seiner Schrift aussagen wollte, so ist genau sowohl auf jene gewohnten angeborenen Denk-, Sprach- und Erzählformen zu achten, die zu Zeiten des Hagiographen herrschten, als auch auf jene Formen, die damals beim Umgang der Menschen untereinander allenthalben verwendet zu werden pflegten[2].

---

**\*4216** [1]   Vgl. Augustinus, *De Genesi ad litteram* II 9, n. 20 (PL 34,270f / CSEL 28/I, 46f); Brief 82,3 (PL 33,277 / CSEL 34/II, 354); Thomas von Aquin, *De veritate*, q. 12, a. 2, resp. (Editio Leonina 22/II, 371b–372b); Konzil von Trient, Dekret über die kanonischen Schriften (\*1501); Leo XIII., Enzyklika "*Providentissimus Deus*" (ASS 26 [1893/94] 286f 288 289 / EnchB Nr. 121 124 126f); Pius XII., Enzyklika "*Divino afflante spiritu*" (AAS 35 [1943] 299f / EnchB Nr. 539).

**\*4217** [1]   Vgl. Augustinus, *De civitate Dei* XVII 6,2 (PL 41,537 / CSEL 40/II, 228 / B. Dombart – A. Kalb: CpChL 48 [1955] 567).

**\*4218** [1]   Vgl. Augustinus, *De doctrina christiana* III 18, n. 26 (PL 34,75f / CSEL 80,95 / J. Martin: CpChL 32 [1962] 93).

     [2]   Vgl. Pius XII., Enzyklika "*Divino afflante spiritu*" (AAS 35 [1943] 314–318 / EnchB Nr. 557–562; \*3829f).

**4219**    Sed, cum Sacra Scriptura eodem Spiritu quo scripta est etiam legenda et interpretanda sit[1], ad recte sacrorum textuum sensum eruendum, non minus diligenter respiciendum est ad contentum et unitatem totius Scripturae, ratione habita vivae totius Ecclesiae Traditionis et analogiae fidei.

Exegetarum autem est secundum has regulas adlaborare ad Sacrae Scripturae sensum penitius intelligendum et exponendum, ut quasi praeparato studio, iudicium Ecclesiae maturetur. Cuncta enim haec, de ratione interpretandi Scripturam, Ecclesiae iudicio ultime subsunt, quae verbi Dei servandi et interpretandi divino fungitur mandato et ministerio[2].

**4220**    13. In Sacra Scriptura ergo manifestatur, salva semper Dei veritate et sanctitate, aeternae Sapientiae admirabilis *condescensio,* "ut discamus ineffabilem Dei benignitatem, et quanta sermonis attemperatione usus sit, nostrae naturae providentiam et curam habens"[1]. Dei enim verba, humanis linguis expressa, humano sermoni assimilia facta sunt, sicut olim Aeterni Patris Verbum, humanae infirmitatis assumpta carne, hominibus simile factum est.

CAPUT IV: DE VETERE TESTAMENTO

**4221**    14. Amantissimus Deus totius humani generis salutem sollicite intendens et praeparans, singulari dispensatione populum sibi elegit, cui promissiones concrederet. Foedere enim cum Abraham [*cf. Gn 15,18*] et cum plebe Israel per Moysen [*cf. Ex 24,8*] inito, populo sibi acquisito *[825]* ita Se tamquam unicum Deum verum et vivum verbis ac gestis revelavit, ut Israel, quae divinae essent cum hominibus viae experiretur, easque, ipso Deo per os Prophetarum loquente, penitius et

Weil aber die Heilige Schrift in demselben Geist, in dem sie geschrieben wurde, auch zu lesen und auszulegen ist[1], erfordert die rechte Ermittlung des Sinnes der heiligen Texte, daß man nicht weniger sorgfältig auf den Inhalt und die Einheit der ganzen Schrift achtet, unter Berücksichtigung der lebendigen Überlieferung der ganzen Kirche und der Analogie des Glaubens.

Aufgabe der Exegeten aber ist es, nach diesen Regeln auf ein tieferes Verstehen und Erklären des Sinnes der Heiligen Schrift hinzuarbeiten, damit so gleichsam aufgrund wissenschaftlicher Vorarbeit das Urteil der Kirche reife. All das nämlich, was die Art der Schrifterklärung betrifft, untersteht letztlich dem Urteil der Kirche, die den göttlichen Auftrag und Dienst verrichtet, das Wort Gottes zu bewahren und auszulegen[2].

13. In der Heiligen Schrift also offenbart sich, stets unbeschadet der Wahrheit und Heiligkeit Gottes, eine wunderbare *Herablassung* der ewigen Weisheit, "damit wir die unaussprechliche Güte Gottes kennenlernen und ⟨erfahren⟩, zu welch großer Herablassung in seinem Wort er sich aus Sorge und Bemühung um unsere Natur bereitgefunden hat"[1]. Denn Gottes Worte, durch Menschenzunge ausgedrückt, sind menschlicher Rede ähnlich geworden, wie einst des Ewigen Vaters Wort durch die Annahme des Fleisches menschlicher Schwachheit den Menschen ähnlich geworden ist.

VIERTES KAPITEL: DAS ALTE TESTAMENT

14. Der überaus liebende Gott, der voll Sorge das Heil des ganzen Menschengeschlechtes beabsichtigte und vorbereitete, erwählte sich nach seinem einzigartigen Heilsplan ein Volk, um ihm Verheißungen anzuvertrauen. Nachdem er nämlich mit Abraham [*vgl. Gen 15,18*] und durch Mose mit dem Volke Israel [*vgl. Ex 24,8*] einen Bund eingegangen war, hat er sich dem Volk, das er sich erworben hatte, durch Worte und Taten als einzigen, wahren und lebendigen Gott so

---

**\*4219** [1]    Vgl. Benedikt XV., Enzyklika "*Spiritus Paraclitus*", 15. Sept. 1920 (AAS 12 [1920] 402 / EnchB Nr. 469); Hieronymus, *In Gal* 5,19-21 (PL 26,417A).
     [2]    Vgl. 1. Vatikanisches Konzil, Dogmatische Konstitution über den katholischen Glauben "*Dei Filius*", Kap. 2 (\*3007).
**\*4220** [1]    Johannes Chrysostomus, *In Gen* 3,8 (hom. 17,1): "Herablassung" («συγκατάβασις»: PG 53,134).

clarius in dies intelligeret atque latius in gentes exhiberet [*cf. Ps 21,28s; 95,1-3; Is 2,1-4; Ier 3,17*]. Oeconomia autem salutis ab auctoribus sacris praenuntiata, enarrata atque explicata, ut verum Dei verbum in libris Veteris Testamenti exstat; quapropter hi libri divinitus inspirati perennem valorem servant: "Quaecumque enim scripta sunt, ad nostram doctrinam scripta sunt, ut per patientiam et consolationem Scripturarum spem habeamus" [*Rm 15,4*].

geoffenbart, daß Israel erfuhr, welches die göttlichen Wege mit den Menschen sind, und sie, da Gott selbst durch den Mund der Propheten redete, tagtäglich tiefer und klarer erkannte und unter den Völkern immer mehr sichtbar machte [*vgl. Ps 22,28f; 96,1-3; Jes 2,1-4; Jer 3,17*]. Der Heilsplan aber liegt, von heiligen Verfassern vorausverkündet, berichtet und erklärt, als wahres Wort Gottes in den Büchern des Alten Testamentes vor; darum behalten diese von Gott inspirierten Bücher ihren unvergänglichen Wert: "Alles nämlich, was geschrieben ist, ist zu unserer Belehrung geschrieben, damit wir durch die Geduld und den Trost der Schriften Hoffnung haben" [*Röm 15,4*].

15. Veteris Testamenti oeconomia ad hoc potissimum disposita erat, ut Christi universorum redemptoris Regnique Messianici adventum praepararet, prophetice nuntiaret [*cf. Lc 24,44; Io 5,39; 1 Pt 1,10*] et variis typis significaret [*cf. 1 Cor 10,11*].

Veteris autem Testamenti libri, pro condicione humani generis ante tempora instauratae a Christo salutis, Dei et hominis cognitionem ac modos quibus Deus iustus et misericors cum hominibus agit, omnibus manifestant. Qui libri, quamvis etiam imperfecta et temporaria contineant, veram tamen paedagogiam divinam demonstrant[1]. Unde iidem libri, qui vivum sensum Dei exprimunt, in quibus sublimes de Deo doctrinae ac salutaris de vita hominis sapientia mirabilesque precum thesauri reconduntur, in quibus tandem latet mysterium salutis nostrae, a Christifidelibus devote accipiendi sunt.

15. Der Heilsplan des Alten Testamentes **4222** war vor allem darauf ausgerichtet, die Ankunft Christi, des Erlösers von allem, und des messianischen Reiches vorzubereiten, prophetisch anzukündigen [*vgl. Lk 24,44; Joh 5,39; 1 Petr 1,10*] und in verschiedenen Vorbildern anzuzeigen [*vgl. 1 Kor 10,11*].

Die Bücher des Alten Testamentes aber erschließen allen – entsprechend der Daseinsbedingung des Menschengeschlechts vor den Zeiten der Wiederherstellung des Heils durch Christus – Erkenntnis über Gott und Mensch und die Weisen, wie der gerechte und barmherzige Gott mit den Menschen umgeht. Obgleich diese Bücher auch Unvollkommenes und Zeitbedingtes enthalten, zeigen sie doch eine wahre göttliche Erziehungskunst[1]. Daher sind diese Bücher, die einen lebendigen Sinn für Gott ausdrücken, in denen erhabene Lehren über Gott, heilbringende Weisheit über das Leben des Menschen und wunderbare Gebetsschätze aufbewahrt werden, in denen schließlich das Geheimnis unseres Heils verborgen ist, von den Christgläubigen ehrfürchtig anzunehmen.

16. Deus igitur librorum utriusque Testamenti inspirator et auctor, ita sapienter disposuit, ut Novum in Vetere lateret et in Novo Vetus pateret[1]. Nam, etsi Christus in sanguine suo Novum Foedus condidit [*cf. Lc 22,20; 1 Cor 11,25*], libri tamen Veteris Testamenti integri in praeconio evangelico assumpti[2], in

16. Gott, der Inspirator und Urheber der **4223** Bücher beider Testamente, hat also in Weisheit angeordnet, daß das Neue im Alten verborgen und das Alte im Neuen erschlossen sei[1]. Denn wenn auch Christus in seinem Blut einen Neuen Bund gestiftet hat [*vgl. Lk 22,20; 1 Kor 11,25*], erhalten und zeigen die

---

**\*4222** [1]   Vgl. Pius XI., Enzyklika "*Mit brennender Sorge*", 14. März 1937 (AAS 29 [1937] 151).
**\*4223** [1]   Vgl. Augustinus, *Quaestiones in Heptateuchum* 2, q. 73 (PL 34,623 / J. Fraipont: CpChL 33 [1958] 106).

Novo Testamento significationem suam completam acquirunt et ostendunt [*cf. Mt 5,17; Lc 24,27; Rm 16,25s; 2 Cor 3,14-16*], illudque vicissim illuminant et explicant. *[826]*

Bücher des Alten Testamentes, die vollständig in die Verkündigung des Evangeliums aufgenommen wurden[2], doch erst im Neuen Testament ihre vollständige Bedeutung [*vgl. Mt 5,17; Lk 24,27; Röm 16,25f; 2 Kor 3,14-16*] und beleuchten und erklären wiederum dieses.

### CAPUT V: DE NOVO TESTAMENTO

**4224**   17. Verbum Dei, quod virtus Dei est in salutem omni credenti [*cf. Rm 1,16*], in scriptis Novi Testamenti praecellenti modo praesentatur et vim suam exhibet. Ubi enim venit plenitudo temporis [*cf. Gal 4,4*], Verbum caro factum est et habitavit in nobis plenum gratiae et veritatis [*cf. Io 1,14*]. Christus Regnum Dei in terris instauravit, factis et verbis Patrem suum ac Seipsum manifestavit, atque morte, resurrectione et gloriosa ascensione missioneque Spiritus Sancti opus suum complevit. Exaltatus a terra omnes ad Seipsum trahit [*cf. Io 12,32 gr.*], Ipse qui solus verba vitae aeternae habet [*cf. Io 6,68*].

Hoc autem mysterium aliis generationibus non est patefactum, sicut nunc revelatum est sanctis Apostolis Eius et Prophetis in Spiritu Sancto [*cf. Eph 3,4-6 gr.*], ut Evangelium praedicarent, fidem in Iesum Christum ac Dominum excitarent et Ecclesiam congregarent. Quarum rerum scripta Novi Testamenti exstant testimonium perenne atque divinum.

**4225**   18. Neminem fugit inter omnes, etiam Novi Testamenti Scripturas, Evangelia merito excellere, quippe quae praecipuum testimonium sint de Verbi Incarnati, Salvatoris nostri, vita atque doctrina.

Quattuor Evangelia originem apostolicam habere Ecclesia semper et ubique tenuit ac tenet. Quae enim Apostoli ex mandato Christi praedicaverunt, postea divino afflante Spiritu, in scriptis, ipsi et apostolici viri nobis tradiderunt, fidei fundamentum, quadrifor-

### FÜNFTES KAPITEL: DAS NEUE TESTAMENT

17. Das Wort Gottes, das Gottes Kraft zum Heil für jeden, der glaubt, ist [*vgl. Röm 1,16*], zeigt sich und entfaltet seine Kraft auf vorzügliche Weise in den Schriften des Neuen Testamentes. Sobald nämlich die Fülle der Zeit kam [*vgl. Gal 4,4*], ist das Wort Fleisch geworden und hat unter uns gewohnt, voll Gnade und Wahrheit [*vgl. Joh 1,14*]. Christus hat das Reich Gottes auf Erden wiederhergestellt, in Taten und Worten seinen Vater und sich selbst geoffenbart und sein Werk durch Tod, Auferstehung und glorreiche Himmelfahrt sowie die Sendung des Heiligen Geistes vollendet. Von der Erde erhöht, zieht er alle an sich [*vgl. Joh 12,32 griech.*], er, der allein Worte des ewigen Lebens hat [*vgl. Joh 6,68*].

Dieses Geheimnis aber wurde anderen Geschlechtern nicht kundgetan, wie es nun seinen heiligen Aposteln und Propheten im Heiligen Geist geoffenbart worden ist [*vgl. Eph 3,4-6 griech.*], damit sie das Evangelium verkünden, den Glauben an Jesus, den Christus und Herrn, wecken und die Kirche sammeln. Dafür sind die Schriften des Neuen Testamentes das unvergängliche und göttliche Zeugnis.

18. Niemandem entgeht, daß unter allen Schriften, auch des Neuen Testamentes, die Evangelien zurecht hervorragen; denn sie sind das Hauptzeugnis für Leben und Lehre des fleischgewordenen Wortes, unseres Erlösers.

Daß die vier Evangelien apostolischen Ursprung haben, hielt und hält die Kirche immer und überall fest. Denn was die Apostel nach Christi Gebot gepredigt haben, das haben später unter dem Anhauch des göttlichen Geistes sie selbst und apostolische Männer

---

[2]   Vgl. Irenäus von Lyon, *Adversus haereses* III 21, n. 3 (PG 7,950 / W.W. Harvey [Cambridge 1857] 2,115 [= 25, n. 1] / SouChr 211,406-408); Kyrill von Jerusalem, *Katechesen* 4,35 (PG 33,497); Theodor von Mopsuestia, *In Soph* 1,4-6 (PG 66,452D-453A).

me nempe Evangelium, secundum Matthaeum, Marcum, Lucam et Ioannem[1].

19. Sancta Mater Ecclesia firmiter et constantissime tenuit ac tenet quattuor recensita Evangelia, quorum historicitatem incunctanter affirmat, fideliter tradere quae Iesus Dei Filius, vitam inter homines degens, ad aeternam eorum salutem reapse fecit et docuit, usque in diem qua assumptus est [cf. Act 1,1s].

Apostoli quidem post ascensionem Domini, illa quae Ipse dixerat et fecerat, auditoribus ea pleniore intelligentia tradiderunt, qua ipsi, eventibus gloriosis Christi instructi et lumine [827] Spiritus veritatis[1] edocti, fruebantur[2].

Auctores autem sacri quattuor Evangelia conscripserunt, quaedam e multis aut ore aut iam scripto traditis seligentes, quaedam in synthesim redigentes, vel statui ecclesiarum attendendo explanantes, formam denique praeconii retinentes, ita semper ut vera et sincera de Iesu nobiscum communicarent[3]. Illa enim intentione scripserunt, sive ex sua propria memoria et recordatione, sive ex testimonio illorum "qui ab initio ipsi viderunt et ministri fuerunt sermonis", ut cognoscamus eorum verborum de quibus eruditi sumus, "veritatem" [cf. Lc 1,2-4].

20. Novi Testamenti canon praeter quattuor Evangelia etiam epistulas sancti Pauli aliaque scripta apostolica Spiritu Sancto inspirante exarata continet, quibus, ex sapienti Dei consilio, ea quae sunt de Christo Domino confirmantur, genuina Eius doctrina magis magisque declaratur, salutifera virtus divini operis Christi praedicatur, Ecclesiae initia ac

uns als Fundament des Glaubens schriftlich überliefert, nämlich das viergestaltige Evangelium nach Matthäus, Markus, Lukas und Johannes[1].

19. Die heilige Mutter Kirche hielt und   **4226** hält entschieden und unentwegt daran fest, daß die vier aufgezählten Evangelien, deren Geschichtlichkeit sie ohne Bedenken bejaht, zuverlässig überliefern, was Jesus, der Sohn Gottes, in seinem Leben unter den Menschen zu deren ewigem Heil wirklich getan und gelehrt hat bis zu dem Tag, da er aufgenommen wurde [vgl. Apg 1,1f].

Und zwar haben die Apostel nach dem Aufstieg des Herrn das, was er selbst gesagt und getan hatte, ihren Hörern mit jenem volleren Verständnis überliefert, über das sie, durch die wunderbaren Ereignisse um Christus unterwiesen und durch das Licht des Geistes der Wahrheit[1] belehrt, verfügten[2].

Die heiligen Verfasser aber haben die vier Evangelien geschrieben, indem sie manches aus dem vielen auswählten, das entweder mündlich oder schon schriftlich überliefert war, indem sie anderes zusammenfaßten oder mit Rücksicht auf den Stand der Kirchen erklärten, indem sie schließlich die Form der Verkündigung beibehielten, ⟨doch⟩ immer so, daß sie uns Wahres und Aufrichtiges über Jesus mitteilten[3]. Denn ob sie nun aus eigenem Gedächtnis und Erinnern schrieben oder aufgrund des Zeugnisses jener, "die von Anfang an ⟨alles⟩ selbst gesehen haben und Diener des Wortes waren", ⟨sie schrieben stets⟩ in der Absicht, daß wir die "Wahrheit" der Worte erkennen sollten, von denen wir Kunde erhalten haben [vgl. Lk 1,2-4].

20. Der Kanon des Neuen Testamentes   **4227** enthält außer den vier Evangelien auch die Briefe des heiligen Paulus und andere apostolische Schriften, die unter der Eingebung des Heiligen Geistes verfaßt sind; in ihnen wird nach Gottes weisem Ratschluß die Botschaft von Christus, dem Herrn, bestätigt, seine echte Lehre mehr und mehr erklärt, die

---

*4225 [1]   Vgl. Irenäus von Lyon, *Adversus haereses* III 11, n. 8 (PG 7,885 / W.W. Harvey [Cambridge 1857] 47-50 / SouChr 211,160-170).
*4226 [1]   Vgl. Joh 14,26; 16,13.
     [2]   Vgl. Joh 2,22; 12,16; vgl. 14,26; 16,12f; 7,39.
     [3]   Vgl. Päpstliche Bibelkommission, Instruktion *"Sancta Mater Ecclesia"* (AAS 56 [1964] 715; *4405f).

admirabilis diffusio narrantur eiusque consummatio gloriosa praenuntiatur.

Apostolis enim suis Dominus Iesus sicut promiserat affuit [cf. Mt 28,20] et iis Paraclitum Spiritum misit, qui eos in plenitudinem veritatis induceret [cf. Io 16,13].

### Caput VI: De sacra scriptura in vita Ecclesiae

**4228**     21. Divinas Scripturas sicut et ipsum Corpus dominicum semper venerata est Ecclesia, cum, maxime in sacra Liturgia, non desinat ex mensa tam verbi Dei quam Corporis Christi panem vitae sumere atque fidelibus porrigere. Eas una cum Sacra Traditione semper ut supremam fidei suae regulam habuit et habet, cum a Deo inspiratae et semel pro semper litteris consignatae, verbum ipsius Dei immutabiliter impertiant, atque in verbis Prophetarum Apostolorumque vocem Spiritus Sancti personare faciant.

Omnis ergo praedicatio ecclesiastica sicut ipsa religio christiana Sacra Scriptura nutriatur et regatur oportet. In sacris enim libris Pater qui in caelis est filiis suis peramanter occurrit et cum eis *[828]* sermonem confert; tanta autem verbo Dei vis ac virtus inest, ut Ecclesiae sustentaculum ac vigor, et Ecclesiae filiis fidei robur, animae cibus, vitae spiritualis fons purus et perennis exstet. Unde de Sacra Scriptura excellenter valent dicta: "Vivus est enim sermo Dei et efficax" [Hbr 4,12], "qui potens est aedificare et dare hereditatem in sanctificatis omnibus" [Act 20,32; cf. 1 Th 2,13].

**4229**     22. Christifidelibus aditus ad Sacram Scripturam late pateat oportet. Qua de causa Ecclesia inde ab initiis graecam illam antiquissimam Veteris Testamenti versionem a LXX viris nuncupatam ut suam suscepit;

heilbringende Kraft des göttlichen Werkes Christi verkündet, werden die Anfänge und die wunderbare Ausbreitung der Kirche erzählt und ihre glorreiche Vollendung vorausverkündet.

Denn der Herr Jesus ist bei seinen Aposteln geblieben, wie er verheißen hatte [vgl. Mt 28,20], und hat ihnen als Beistand den Geist gesandt, der sie in die Fülle der Wahrheit einführen sollte [vgl. Joh 16,13].

### Sechstes Kapitel: Die Heilige Schrift im Leben der Kirche

21. Die Kirche hat die göttlichen Schriften wie auch den Herrenleib selbst immer verehrt, weil sie, vor allem in der heiligen Liturgie, nicht aufhört, vom Tisch sowohl des Wortes Gottes als auch des Leibes Christi das Brot des Lebens zu nehmen und den Gläubigen zu reichen. In ihnen zusammen mit der Heiligen Überlieferung sah sie immer und sieht sie die höchste Richtschnur ihres Glaubens, weil sie, von Gott inspiriert und ein für allemal schriftlich aufgezeichnet, das Wort Gottes selbst unwandelbar vermitteln und in den Worten der Propheten und der Apostel die Stimme des Heiligen Geistes widerhallen lassen.

Jede kirchliche Verkündigung muß sich also wie die christliche Religion selbst von der Heiligen Schrift nähren und sich an ihr ausrichten. In den Heiligen Büchern kommt nämlich der Vater, der in den Himmeln ist, seinen Kindern liebevoll entgegen und hält mit ihnen Zwiesprache; dem Wort Gottes aber wohnt eine so große Macht und Kraft inne, daß es für die Kirche Stütze und Leben und für die Kinder der Kirche Glaubensstärke, Seelenspeise und reiner, unversiegbarer Quell des geistlichen Lebens ist. Darum gelten von der Heiligen Schrift in besonderer Weise die Worte: "Lebendig und wirksam ist nämlich Gottes Wort" [Hebr 4,12], "das mächtig ist, aufzubauen und das Erbe unter allen Geheiligten auszuteilen" [Apg 20,32; vgl. 1 Thess 2,13].

22. Der Zugang zur Heiligen Schrift muß für die Christgläubigen weit offenstehen. Aus diesem Grunde hat die Kirche schon in ihren Anfängen die griechische älteste Übersetzung des Alten Testamentes, die nach den

alias vero versiones orientales et versiones latinas, praecipue illam quam Vulgatam vocant, semper in honore habet.

Cum autem verbum Dei omnibus temporibus praesto esse debeat, Ecclesia materna sollicitudine curat, ut aptae ac rectae exarentur in varias linguas versiones, praesertim ex primigeniis Sacrorum Librorum textibus. Quae si, data opportunitate et annuente Ecclesiae auctoritate, conficiantur communi etiam cum fratribus seiunctis nisu, ab omnibus christianis adhiberi poterunt.

23. Verbi incarnati Sponsa, Ecclesia nempe, a Sancto Spiritu edocta, ad profundiorem in dies Scripturarum Sacrarum intelligentiam assequendam accedere satagit, ut filios suos divinis eloquiis indesinenter pascat; quapropter etiam studium sanctorum Patrum tum Orientis tum Occidentis et sacrarum Liturgiarum rite fovet.

Exegetae autem catholici, aliique Sacrae Theologiae cultores, collatis sedulo viribus, operam dent oportet, ut sub vigilantia Sacri Magisterii, aptis subsidiis divinas Litteras ita investigent et proponant, ut quam plurimi divini verbi administri possint plebi Dei Scripturarum pabulum fructuose suppeditare, quod mentem illuminet, firmet voluntates, hominum corda ad Dei amorem accendat[1]. Sacra Synodus Ecclesiae filiis, biblicarum rerum cultoribus, animum addit, ut opus feliciter susceptum, renovatis in dies viribus, omni studio secundum sensum Ecclesiae exsequi pergant[2].

24. Sacra Theologia in verbo Dei scripto, una cum Sacra Traditione, tamquam in perenni fundamento innititur, in eoque ipsa fir-

siebzig Männern benannt ist, als die ihre angenommen; die anderen orientalischen Übersetzungen aber und die lateinischen Übersetzungen, besonders die sogenannte Vulgata, hält sie immer in Ehren.

Da aber das Wort Gottes allen Zeiten zur Verfügung stehen muß, bemüht sich die Kirche in mütterlicher Sorge, daß brauchbare und richtige Übersetzungen in die verschiedenen Sprachen erarbeitet werden, vor allem aus den Urtexten der Heiligen Bücher. Wenn diese ⟨Übersetzungen⟩ bei sich bietender Gelegenheit und mit Zustimmung der Autorität der Kirche in Zusammenarbeit auch mit den getrennten Brüdern zustande kommen, dann können sie von allen Christen benutzt werden.

23. Die Braut des fleischgewordenen Wortes, d. h. die Kirche, bemüht sich, vom Heiligen Geist belehrt, zu einem immer tieferen Verständnis der Heiligen Schriften zu gelangen, um ihre Kinder unablässig mit göttlichen Aussagen zu nähren; darum fördert sie auch in gebührender Weise das Studium der heiligen Väter sowohl des Ostens wie des Westens und der heiligen Liturgien.    **4230**

Die katholischen Exegeten aber und die anderen Vertreter der heiligen Theologie müssen sich mit vereinten Kräften eifrig darum bemühen, unter Aufsicht des heiligen Lehramts mit geeigneten Hilfsmitteln die göttlichen Schriften so zu erforschen und auszulegen, daß möglichst viele Diener des göttlichen Wortes dem Volke Gottes fruchtbringend die Nahrung der Schriften reichen können, die den Geist erleuchtet, den Willen stärkt und die Herzen der Menschen zur Gottesliebe entflammt[1]. Das Heilige Konzil ermutigt die Kinder der Kirche, die Bibelwissenschaft treiben, das glücklich begonnene Werk mit täglich erneuerten Kräften und ganzem Eifer im Sinne der Kirche fortzuführen[2].

24. Die heilige Theologie stützt sich auf das geschriebene Wort Gottes, zusammen mit der Heiligen Überlieferung, wie auf ein im-    **4231**

---

**\*4230** [1]   Vgl. Pius XII., Enzyklika *"Divino afflante spiritu"*, 30. Sept. 1943 (AAS 35 [1943] 310 311f 321f / EnchB Nr. 551 553 567); Päpstliche Bibelkommission, Instruktion über die rechte Art, in Klerikerseminaren und Ordenskollegien die Hl. Schrift zu lehren, 30. Mai 1950 (AAS 42 [1950] 495-505).
     [2]   Vgl. Pius XII., Enzyklika *"Divino afflante spiritu"* (AAS 35 [1943] 324f / EnchB Nr. 569).

missime *[829]* roboratur semperque iuvenescit, omnem veritatem in mysterio Christi conditam sub lumine fidei perscrutando. Sacrae autem Scripturae verbum Dei continent et, quia inspiratae, vere verbum Dei sunt; ideoque Sacrae Paginae studium sit veluti anima Sacrae Theologiae[1].

Eodem autem Scripturae verbo etiam ministerium verbi, pastoralis nempe praedicatio, catechesis omnisque instructio christiana, in qua homilia liturgica eximium locum habeat oportet, salubriter nutritur sancteque virescit.

**4232**  25. Quapropter clericos omnes, imprimis Christi sacerdotes ceterosque qui ut diaconi vel catechistae ministerio verbi legitime instant, assidua lectione sacra atque exquisito studio in Scripturis haerere necesse est, ne quis eorum fiat "verbi Dei inanis forinsecus praedicator, qui non est intus auditor"[1], dum verbi divini amplissimas divitias, speciatim in sacra Liturgia, cum fidelibus sibi commissis communicare debet.

Pariter Sancta Synodus christifideles omnes, praesertim sodales religiosos, vehementer peculiariterque exhortatur, ut frequenti divinarum Scripturarum lectione "eminentem scientiam Iesu Christi" *[Phil 3,8]* ediscant. "Ignoratio enim Scripturarum ignoratio Christi est"[2]. Libenter igitur ad sacrum textum ipsum accedant, sive per sacram Liturgiam divinis eloquiis confertam, sive per piam lectionem, sive per institutiones ad id aptas aliaque subsidia, quae approbantibus et curantibus Pastoribus Ecclesiae ubique nostro tempore laudabiliter diffunduntur. Meminerint autem orationem concomitari debere Sacrae Scripturae lectionem, ut fiat colloquium inter Deum et hominem; nam "illum alloquimur, cum oramus; illum audi-

merwährendes Fundament; in ihm wird sie aufs kräftigste gestärkt und verjüngt sich ständig, indem sie alle im Geheimnis Christi verborgene Wahrheit im Lichte des Glaubens durchforscht. Die Heiligen Schriften aber enthalten das Wort Gottes, und weil inspiriert, sind sie wahrhaft Wort Gottes; deshalb sei das Studium der Heiligen Schrift gleichsam die Seele der heiligen Theologie[1].

Aber auch der Dienst des Wortes, nämlich die pastorale Verkündigung, die Katechese und alle christliche Unterweisung, in der die liturgische Homilie einen hervorragenden Platz haben muß, holt aus demselben Wort der Schrift gesunde Nahrung und heilige Kraft.

25. Deswegen müssen sich alle Kleriker, besonders Christi Priester und die anderen, die sich als Diakone oder Katecheten rechtmäßig dem Dienst des Wortes widmen, in beständiger heiliger Lesung und gründlichem Studium mit der Schrift befassen, damit keiner von ihnen zu "einem hohlen Prediger des Wortes Gottes nach außen" werde, "ohne dessen innerer Hörer zu sein"[1], während er doch die reichsten Schätze des göttlichen Wortes, insbesondere in der heiligen Liturgie, den ihm anvertrauten Gläubigen mitteilen soll.

Ebenso ermahnt das Heilige Konzil alle Christgläubigen, zumal die Glieder religiöser Gemeinschaften, besonders eindringlich, durch häufige Lesung der göttlichen Schriften die "überragende Erkenntnis Jesu Christi" *[Phil 3,8]* zu erlangen. "Unkenntnis der Schriften ist nämlich Unkenntnis Christi"[2]. Sie mögen deshalb gern an den heiligen Text selbst herantreten, sei es durch die mit göttlichen Worten gesättigte heilige Liturgie, sei es durch fromme Lesung oder auch durch dazu geeignete Institutionen und andere Hilfsmittel, die heute mit Billigung und auf Veranlassung der Hirten der Kirche lobenswerterweise überall verbreitet werden. Sie sollen aber daran denken, daß Gebet die Lesung der heiligen Schrift begleiten muß, da-

---

**\*4231** [1]  Vgl. Leo XIII., Enzyklika *"Providentissimus Deus"*, 18. Nov. 1893 (ASS 26 [1893/94] 283 / EnchB Nr. 114); Benedikt XV., Enzyklika *"Spiritus Paraclitus"*, 15. Sept. 1920 (AAS 12 [1920] 409 / EnchB Nr. 483).

**\*4232** [1]  Augustinus, *Sermones* 179,1 (PL 38,966).
　　　　 [2]  Hieronymus, *Commentarii in Esaiam*, Vorwort (PL 24,17 / M. Adriaen: CpChL 73 [1963] 1); vgl. Benedikt XV., Enzyklika *"Spiritus Paraclitus"* (AAS 12 [1920] 404-407 / EnchB Nr. 475-480); Pius XII., Enzyklika *"Divino afflante spiritu"* (AAS 35 [1943] 303f / EnchB Nr. 544).

mus, cum divina legimus oracula"[3].

Sacris autem Antistitibus, "apud quos est apostolica doctrina"[1], fideles sibi commissos ad rectum divinorum librorum usum, praesertim Novi Testamenti et imprimis Evangeliorum, opportune instituere competit per sacrorum textuum versiones, quae necessariis et vere sufficientibus *[830]* explicationibus instructae sint, ut tuto ac utiliter Ecclesiae filii cum Scripturis Sacris conversentur earumque spiritu imbuantur.

Insuper editiones Sacrae Scripturae, aptis instructae adnotationibus, ad usum etiam non-christianorum eorundemque conditionibus accommodatae, conficiantur, quas quoquomodo sive animarum Pastores sive Christiani cuiuscumque status spargere sapienter curent.

26. Ita ergo lectione et studio Sacrorum Librorum "sermo Dei currat et clarificetur" *[2 Th 3,1]*, thesaurusque revelationis, Ecclesiae concreditus, magis magisque corda hominum impleat. Sicut ex assidua frequentatione mysterii Eucharistici Ecclesiae vita incrementum suscipit, ita novum spiritualis vitae impulsum sperare licet ex adaucta veneratione verbi Dei, quod "manet in aeternum" *[Is 40,8; cf. 1 Pt 1,23-25]*.

mit sie zu einem Gespräch zwischen Gott und Mensch werde; denn "ihn reden wir an, wenn wir beten; ihn hören wir, wenn wir die göttlichen Aussagen lesen"[3].

Den heiligen Vorstehern aber, "bei denen **4233** die apostolische Lehre ist"[1], obliegt es, die ihnen anvertrauten Gläubigen zum rechten Gebrauch der göttlichen Bücher, insbesondere des Neuen Testamentes und in erster Linie der Evangelien, in geeigneter Weise anzuleiten durch Übersetzungen der heiligen Texte, die mit den notwendigen und wirklich ausreichenden Erklärungen versehen sind, damit die Kinder der Kirche sicher und mit Nutzen mit den Heiligen Schriften umgehen und von ihrem Geist erfüllt werden.

Darüber hinaus sollen mit geeigneten An- **4234** merkungen versehene Ausgaben der Heiligen Schrift geschaffen werden, die auch Nichtchristen gebrauchen können und die ihren Verhältnissen angepaßt sind; die Seelsorger und die Christen jedes Standes sollen auf jede Weise klug für ihre Verbreitung sorgen.

26. So möge also durch Lesung und Stu- **4235** dium der Heiligen Bücher "Gottes Wort seinen Lauf nehmen und verherrlicht werden" *[2 Thess 3,1]* und der Schatz der Offenbarung, der der Kirche anvertraut ist, mehr und mehr die Herzen der Menschen erfüllen. Wie das Leben der Kirche durch die ständige Teilnahme am eucharistischen Geheimnis Wachstum erfährt, so darf man neuen Antrieb für das geistliche Leben erhoffen aus der gesteigerten Verehrung des Wortes Gottes, das "in Ewigkeit bleibt" *[Jes 40,8; vgl. 1 Petr 1,23-25]*.

---

**4240-4245: 9. öffentliche Sitzung, 7. Dez. 1965: Erkl. über die Religionsfreiheit "Dignitatis humanae"**

Gegenstand der Erklärung ist "das Recht der Person und der Gemeinschaften auf gesellschaftliche und bürgerliche Freiheit in religiösen Dingen" ("ius personae et communitatum ad libertatem socialem et civilem in re religiosa" [Untertitel]), nicht die Frage nach der Wahrheit der christlichen Religion, dem Gottesverhältnis des Einzelnen oder der Freiheit in der Kirche. Ursprünglich vom Sekretariat für die Förderung der Einheit der Christen als Kapitel V des Schemas über den Ökumenismus entworfen, gelangte der Text zunächst als "Declaratio prior" (vgl. *4185°) in dessen Anhang, bevor er hiervon abgetrennt und nach sechs aufeinanderfolgenden Bearbeitungen zu einer eigenen Erklärung wurde.
*Ausg.:* AAS 58 (1966) 930-936 / COeD[3] 1002-1007 / ASyn 4/VII, 664-668 / CoDeDe 513-524.

---

   [3]    Ambrosius, *De officiis ministrorum* I 20, n. 88 (PL 16,50).
*4233 [1]    Irenäus von Lyon, *Adversus haereses* IV 32, n. 1 (PG 7,1071 / W.W. Harvey [Cambridge 1857] 2,255 [= 49, n. 2] / SouChr 100/II, 798).

### I. Libertatis religiosae ratio generalis

### I. Allgemeine Grundlegung der Religionsfreiheit

**4240**  2. Haec Vaticana Synodus declarat personam humanam ius habere ad libertatem religiosam. Huiusmodi libertas in eo consistit, quod omnes homines debent immunes esse a coërcitione ex parte sive singulorum sive coetuum socialium et cuiusvis potestatis humanae, et ita quidem ut in re religiosa neque aliquis cogatur ad agendum contra suam conscientiam neque impediatur, quominus iuxta suam conscientiam agat privatim et publice, vel solus vel aliis consociatus, intra debitos limites.

Insuper declarat ius ad libertatem religiosam esse revera fundatum in ipsa dignitate *[931]* personae humanae, qualis et verbo Dei revelato et ipsa ratione cognoscitur[1]. Hoc ius personae humanae ad libertatem religiosam in iuridica societatis ordinatione ita est agnoscendum, ut ius civile evadat.

**4241**  Secundum dignitatem suam homines cuncti, quia personae sunt, ratione scilicet et libera voluntate praediti ideoque personali responsabilitate aucti, sua ipsorum natura impelluntur necnon morali tenentur obligatione ad veritatem quaerendam, illam imprimis quae religionem spectat. Tenentur quoque veritati cognitae adhaerere atque totam vitam suam iuxta exigentias veritatis ordinare.

Huic autem obligationi satisfacere homines, modo suae propriae naturae consentaneo, non possunt nisi libertate psychologica simul atque immunitate a coërcitione externa fruantur. Non ergo in subiectiva personae dispositione, sed in ipsa eius natura ius ad libertatem religiosam fundatur. Quamobrem ius ad hanc immunitatem perseverat etiam in iis qui obligationi quaerendi veritatem eique adhaerendi non satisfaciunt; eiusque exerci-

2. Dieses Vatikanische Konzil erklärt, daß die menschliche Person das Recht auf religiöse Freiheit hat. Diese Freiheit besteht darin, daß alle Menschen frei sein müssen von Zwang sowohl von seiten einzelner wie gesellschaftlicher Gruppen und jeglicher menschlichen Macht, und zwar so, daß im religiösen Bereich niemand gezwungen wird, gegen sein Gewissen zu handeln, noch daran gehindert wird, privat und öffentlich, als einzelner oder in Verbindung mit anderen innerhalb der gebührenden Grenzen nach seinem Gewissen zu handeln.

Ferner erklärt ⟨das Konzil⟩, das Recht auf religiöse Freiheit sei in Wahrheit in der Würde der menschlichen Person selbst gegründet, so wie sie sowohl durch das geoffenbarte Wort Gottes als auch durch die Vernunft selbst erkannt wird[1]. Dieses Recht der menschlichen Person auf religiöse Freiheit muß in der rechtlichen Ordnung der Gesellschaft so anerkannt werden, daß es zum bürgerlichen Recht wird.

Weil die Menschen Personen sind, d. h. mit Vernunft und freiem Willen begabt und daher durch persönliche Verantwortung herausgehoben, werden alle ihrer Würde gemäß durch ihre eigene Natur gedrängt sowie durch eine moralische Verpflichtung gehalten, die Wahrheit zu suchen, vor allem jene Wahrheit, welche die Religion betrifft. Sie sind auch dazu verpflichtet, an der erkannten Wahrheit festzuhalten und ihr ganzes Leben an den Erfordernissen der Wahrheit auszurichten.

Dieser Verpflichtung aber können die Menschen auf die ihrer eigenen Natur entsprechende Weise nicht nachkommen, wenn sie nicht im Genuß der psychologischen Freiheit und zugleich der Freiheit von äußerem Zwang stehen. Demnach gründet das Recht auf religiöse Freiheit nicht in einer subjektiven Verfassung der Person, sondern in ihrer Natur selbst. Deshalb bleibt das Recht auf diese Freiheit auch denjenigen erhalten, die

---

*4240 [1]  Vgl. Johannes XXIII., Enzyklika *"Pacem in terris"*, 11. April 1963 (AAS 55 [1963] 260f; *3961); Pius XII., Radiobotschaft, 24. Dez. 1942 (AAS 35 [1943] 19); Pius XI., Enzyklika *"Mit brennender Sorge"*, 14. März 1937 (AAS 29 [1937] 160); Leo XIII., Enzyklika *"Libertas praestantissimum"*, 20. Juni 1888 (Leo XIII., *Acta*, Rom 8,237f).

tium impediri nequit dummodo iustus ordo publicus servetur.

3. Quae clarius adhuc patent consideranti supremam humanae vitae normam esse ipsam legem divinam, aeternam, obiectivam atque universalem, qua Deus consilio sapientiae et dilectionis suae mundum universum viasque communitatis humanae ordinat, dirigit, gubernat. Huius suae legis Deus hominem participem reddit, ita ut homo, providentia divina suaviter disponente, veritatem incommutabilem magis magisque agnoscere possit[1]. Quapropter unusquisque officium ideoque et ius habet veritatem in re religiosa quaerendi ut sibi, mediis adhibitis idoneis, recta et vera conscientiae iudicia prudenter efformet. ...

[932] 4. Libertas seu immunitas a coërcitione in re religiosa, quae singulis personis competit, etiam ipsis in communi agentibus agnoscenda est. Communitates enim religiosae a sociali natura tum hominis tum ipsius religionis requiruntur.

His igitur communitatibus, dummodo iustae exigentiae ordinis publici non violentur, iure debetur immunitas, ut secundum proprias normas sese regant, Numen supremum cultu publico honorent, membra sua in vita religiosa exercenda adiuvent et doctrina sustentent atque eas institutiones promoveant, in quibus membra cooperentur ad vitam propriam secundum sua principia religiosa ordinandam. ...

*II. Libertas religiosa sub luce Revelationis*

[935] 9. Quae de iure hominis ad libertatem religiosam declarat haec Vaticana Synodus, fundamentum habent in dignitate personae, cuius exigentiae rationi humanae ple-

der Verpflichtung, die Wahrheit zu suchen und an ihr festzuhalten, nicht nachkommen, und ihre Ausübung darf nicht behindert werden, solange nur die gerechte öffentliche Ordnung gewahrt bleibt.

3. Dies wird noch klarer, wenn man erwägt, daß die höchste Norm des menschlichen Lebens das ewige, objektive und universale göttliche Gesetz selber ist, durch das Gott nach dem Ratschluß seiner Weisheit und Liebe die gesamte Welt und die Wege der menschlichen Gemeinschaft ordnet, leitet und regiert. Gott macht den Menschen dieses seines Gesetzes teilhaftig, so daß der Mensch unter der sanften Führung der göttlichen Vorsehung die unveränderliche Wahrheit mehr und mehr erkennen kann[1]. Deshalb hat ein jeder die Pflicht und also auch das Recht, die Wahrheit im religiösen Bereich zu suchen, um sich in Klugheit unter Anwendung geeigneter Mittel rechte und wahre Gewissensurteile zu bilden. ... **4242**

4. Die Freiheit bzw. das Freisein von Zwang im religiösen Bereich, das den einzelnen Personen zukommt, ist ihnen auch dann zuzuerkennen, wenn sie in Gemeinschaft handeln. Denn religiöse Gemeinschaften werden von der Sozialnatur sowohl des Menschen als auch der Religion selbst verlangt. **4243**

Deshalb wird diesen Gemeinschaften, sofern nur die gerechten Erfordernisse der öffentlichen Ordnung nicht verletzt werden, zurecht die Freiheit geschuldet, daß sie sich gemäß ihren eigenen Normen leiten, die höchste Gottheit in öffentlichem Kult verehren, ihren Gliedern bei der Ausübung ihres religiösen Lebens helfen, sie durch Belehrung unterstützen und jene Einrichtungen fördern, in denen die Glieder zusammenarbeiten, um das eigene Leben nach ihren religiösen Grundsätzen zu ordnen. ...

*II. Die Religionsfreiheit im Licht der Offenbarung*

9. Was dieses Vatikanische Konzil über das Recht des Menschen auf religiöse Freiheit erklärt, hat seine Grundlage in der Würde der Person, deren Erfordernisse der menschli- **4244**

---

**\*4242** [1] Vgl. Thomas von Aquin, *Summa theologiae* I-II, q. 91, a. 1; q. 93, a. 1-2 (Editio Leonina 7,153 162f).

nius innotuerunt per saeculorum experientiam. Immo haec doctrina de libertate radices habet in divina Revelatione, quapropter eo magis a Christianis sancte servanda est. ...

chen Vernunft durch die Erfahrung der Jahrhunderte vollständiger bekannt wurden. Jedoch hat diese Lehre von der Freiheit ihre Wurzeln in der göttlichen Offenbarung, weshalb sie von Christen um so gewissenhafter zu beachten ist. ...

**4245**    *[936]* 10. Caput est ex praecipuis doctrinae catholicae, in verbo Dei contentum et a Patribus constanter praedicatum[1], hominem debere Deo voluntarie respondere credendo; invitum proinde neminem esse cogendum ad amplectendam fidem[2]. Etenim actus fidei ipsa sua natura voluntarius est, cum homo, a Christo Salvatore redemptus et in adoptionem filiorum per Iesum Christum vocatus[3], Deo Sese revelanti adhaerere non possit, nisi Patre eum trahente[4] rationabile liberumque Deo praestiterit fidei obsequium.

10. Es gehört zu den Hauptbestandteilen der katholischen Lehre, im Wort Gottes enthalten und von den Vätern ständig verkündet[1], daß der Mensch freiwillig durch seinen Glauben Gott antworten soll, daß dementsprechend niemand gegen seinen Willen zur Annahme des Glaubens gezwungen werden darf[2]. Denn der Glaubensakt ist seiner eigenen Natur nach freiwillig, da der Mensch, von Christus, dem Erlöser, losgekauft und zur Annahme an Kindes Statt durch Jesus Christus berufen[3], dem sich offenbarenden Gott nicht anhangen kann, wenn er nicht, indem der Vater ihn zieht[4], Gott einen vernunftgemäßen und freien Glaubensgehorsam geleistet hat.

Indoli ergo fidei plene consonum est ut, in re religiosa, quodvis genus coërcitionis ex parte hominum excludatur. Ac proinde ratio libertatis religiosae haud parum confert ad illum rerum statum fovendum, in quo homines expedite possint invitari ad fidem christianam, illam sponte amplecti atque eam in tota vitae ratione actuose confiteri.

Es entspricht also völlig der Wesensart des Glaubens, daß im religiösen Bereich jede Art von Zwang von seiten der Menschen ausgeschlossen wird. Und deshalb trägt der Grundsatz der Religionsfreiheit nicht wenig bei zur Begünstigung solcher Verhältnisse, in denen die Menschen ungehindert zum christlichen Glauben eingeladen werden, ihn freiwillig annehmen und ihn in ihrer ganzen Lebensführung tatkräftig bekennen können.

---

**4301–4345: 9. öffentliche Sitzung, 7. Dez. 1965: Pastoralkonstitution über die Kirche in der Welt von heute "Gaudium et spes"**

Ein Grundanliegen Johannes' XXIII. war die Öffnung der Kirche zur Welt (vgl. die Einberufungskonstitution "*Humanae salutis*" vom 25. Dez. 1961: AAS 54 [1962] 7–10). In einer Rede vom 11. Sept. 1962 hatte der Papst Angelegenheiten der Kirche "ad intra" und "ad extra" unterschieden (Civiltà Cattolica III [1962]

---

**\*4245** [1]   Vgl. Laktanz, *De divinis institutionibus* V 19 (CSEL 19,463f 465 / PL 6,614 616 [= V 20]); Ambrosius, Brief 21, an Kaiser Valentinian (PL 16,1005); Augustinus, *Contra litteras Petiliani* II 83 (CSEL 52,112 / PL 43,315); vgl. *Decretales*, cs. 23, q. 5, c. 33 (Frdb 1,939); Augustinus, Brief 23 (PL 33,98); Brief 34 (PL 33,132); Brief 35 (PL 33,135); Gregor I. der Große, Brief an die Bischöfe Virgilius und Theodor von Marseille: *Registrum epistolarum* I 45 (PL 77,510f [= I 47] / MGH Epistulae I 72 / D. Norberg: CpChL 140 [1982] 59); Brief an Bischof Johannes von Konstantinopel: *Registrum epistolarum* III 52 (PL 77,649 [= III 53] / MGH Epistulae I 210 / CpChL 140,197–199); vgl. *Decretales*, dist. XLV, c. 1 (Frdb 1,160); 4. Synode von Toledo, Kap. 57 (MaC 10,633); vgl. *Decretales*, dist. XLV, c. 5 (Frdb 1,161f); Clemens III., Bulle "*Sicut Iudaei*": Gregor IX., *Decretales*, l. V, tit. VI, c. 9 (Frdb 2,774); Innozenz III., Brief an den Erzbischof von Arles: *Decretales*, l. III, tit. XLII, c. 3 (Frdb 2,646; \*781).

[2]   Vgl. CIC/1917, Kan. 1351; Pius XII., Ansprache an die Untersuchungsrichter und die übrigen Offizialen und Bediensteten des Gerichtshofes der Hl. Römischen Rota, 6. Okt. 1946 (AAS 38 [1946] 394); Enzyklika "*Mystici corporis*", 29. Juni 1943 (AAS 35 [1943] 243; \*3822).

[3]   Vgl. Eph 1,5.

[4]   Vgl. Joh 6,44.

522f). Diese Unterscheidung wurde nach einer Intervention von Kardinal Suenens (Mecheln) am 4. Dez. 1963 für den Aufbau der Konstitution bestimmend. Die Konstitution wird "pastoral" genannt, "weil sie, gestützt auf Prinzipien der Lehre, das Verhältnis der Kirche zur Welt und zu den Menschen von heute darzustellen beabsichtigt" ("Pastoralis autem dicitur Constitutio ex eo quod, principiis doctrinalibus innixa, habitudinem Ecclesiae ad mundum et ad homines hodiernos exprimere intendit" [erklärende Note zum Titel]). Die Konstitution ging aus insgesamt 8 Textfassungen hervor. Die Titel der einzelnen Nummern gehören entsprechend einer eigenen Abstimmung zum Konzilstext.

*Ausg.:* AAS 58 (1966) 1025–1115 / COeD³ 1069–1099 / ASyn 4/VIII, 733–764 / CoDeDe 681–751.

## PROOEMIUM

1. *(De intima coniunctione Ecclesiae cum tota familia gentium).* Gaudium et spes, luctus et angor hominum huius temporis, pauperum praesertim et quorumvis afflictorum, gaudium sunt et spes, luctus et angor etiam Christi discipulorum, nihilque vere humanum invenitur, *[1026]* quod in corde eorum non resonet. Ipsorum enim communitas ex hominibus coalescit, qui, in Christo coadunati, a Spiritu Sancto diriguntur in sua ad Regnum Patris peregrinatione et nuntium salutis omnibus proponendum acceperunt. Quapropter ipsa cum genere humano eiusque historia se revera intime coniunctam experitur.

2. *(Ad quosnam Concilium sermonem dirigat).* Ideo Concilium Vaticanum Secundum, mysterio Ecclesiae penitius investigato, iam non ad solos Ecclesiae filios omnesque Christi nomen invocantes, sed ad universos homines incunctanter sermonem convertit, omnibus exponere cupiens quomodo Ecclesiae praesentiam ac navitatem in mundo hodierno concipiat.

Mundum igitur hominum prae oculis habet seu universam familiam humanam cum universitate rerum inter quas vivit; mundum, theatrum historiae generis humani, eiusque industria, cladibus ac victoriis signatum; mundum, quem christifideles credunt ex amore Creatoris conditum et conservatum, sub peccati quidem servitute positum, sed a Christo crucifixo et resurgente, fracta potestate Maligni, liberatum, ut secundum propositum Dei transformetur et ad consummationem perveniat.

## VORWORT

1. (*Die innigste Verbundenheit der Kirche* **4301** *mit der ganzen Völkerfamilie*). Freude und Hoffnung, Trauer und Angst der Menschen von heute, besonders der Armen und Bedrängten aller Art, sind auch Freude und Hoffnung, Trauer und Angst der Jünger Christi, und es findet sich nichts wahrhaft Menschliches, das nicht in ihrem Herz seinen Widerhall fände. Ihre eigene Gemeinschaft setzt sich nämlich aus Menschen zusammen, die, in Christus geeint, vom Heiligen Geist auf ihrer Pilgerschaft zum Reich des Vaters geleitet werden und eine Heilsbotschaft empfangen haben, die allen vorzulegen ist. Darum erfährt sie sich mit dem Menschengeschlecht und seiner Geschichte wirklich innigst verbunden.

2. (*Wen das Konzil anspricht*). Daher richtet **4302** das Zweite Vatikanische Konzil nach der tieferen Ergründung des Geheimnisses der Kirche ihr Wort ohne Zaudern nicht mehr bloß an die Kinder der Kirche und an alle, die Christi Namen anrufen, sondern an alle Menschen in der Absicht, allen darzulegen, wie es Gegenwart und Wirken der Kirche in der Welt von heute auffaßt.

Es hat also die Welt der Menschen vor Augen, das heißt die gesamte Menschheitsfamilie mit der Gesamtheit der Wirklichkeiten, in denen sie lebt; die Welt, den Schauplatz der Geschichte des Menschengeschlechtes, von seiner Tätigkeit, seinen Niederlagen und Siegen gezeichnet; die Welt, die nach dem Glauben der Christgläubigen, von der Liebe des Schöpfers begründet und erhalten, zwar unter der Knechtschaft der Sünde steht, von Christus aber, dem Gekreuzigten und Auferstandenen, durch Brechung der Macht des Bösen befreit wurde, um nach Gottes Ratschluß umgestaltet zu werden und zur Vollendung zu gelangen.

**4303**      3. *(De ministerio homini praebendo)*. Nostris autem diebus, genus humanum, de propriis inventis propriaque potentia admiratione commotum, saepe tamen anxias agitat quaestiones de hodierna mundi evolutione, de loco et munere hominis in orbe universo, de sui individualis et collectivi conaminis sensu, denique de ultimo rerum hominumque fine.

Quapropter Concilium, fidem universi populi Dei, a Christo congregati, testificans et exponens, ipsius coniunctionem, observantiam ac dilectionem erga totam hominum familiam, cui inseritur, eloquentius demonstrare non valet quam instituendo cum ea de variis illis problematibus colloquium, lumen afferendo ex Evangelio depromptum, atque humano generi salutares vires suppeditando, quas ipsa Ecclesia, Spiritu Sancto ducente, a Fundatore suo accipit. Hominis enim persona salvanda est humanaque societas instauranda. Homo igitur, et quidem unus ac totus, cum corpore et anima, corde et conscientia, mente et voluntate, totius nostrae explanationis cardo erit.

Ideo Sacra Synodus, altissimam vocationem hominis profitens et *[1027]* divinum quoddam semen in eo insertum asseverans, generi humano sinceram cooperationem Ecclesiae offert ad instituendam eam omnium fraternitatem quae huic vocationi respondeat. Nulla ambitione terrestri movetur Ecclesia, sed unum tantum intendit: nempe, Spiritus Paracliti ductu, opus ipsius continuare Christi, qui in mundum venit ut testimonium perhiberet veritati[1], ut salvaret, non ut iudicaret, ut ministraret, non ut sibi ministraretur[2].

3. (*Der dem Menschen zu leistende Dienst*). Obwohl das Menschengeschlecht aber in unseren Tagen von Bewunderung für die eigenen Erfindungen und die eigene Macht ergriffen ist, beschäftigt es sich dennoch oft mit ängstlichen Fragen nach der heutigen Entwicklung der Welt, nach Stellung und Aufgabe des Menschen im Universum, nach dem Sinn seines individuellen und kollektiven Mühens, schließlich nach dem letzten Ziel der Dinge und Menschen.

Den Glauben des gesamten von Christus versammelten Volkes Gottes bezeugend und bekundend, kann daher das Konzil seine Verbundenheit, Achtung und Liebe gegenüber der ganzen Menschenfamilie, deren Glied es ist, nicht beredter beweisen als dadurch, daß es mit ihr ein Gespräch über diese verschiedenen Probleme beginnt, das aus dem Evangelium gewonnene Licht beibringt und dem Menschengeschlecht jene Heilskräfte darreicht, die die Kirche selbst unter der Führung des Heiligen Geistes von ihrem Gründer empfängt. Denn es gilt, die Person des Menschen zu retten und die menschliche Gesellschaft zu erneuern. Der Mensch also, und zwar der eine und ganze Mensch, mit Leib und Seele, Herz und Gewissen, Geist und Willen, wird der Angelpunkt unserer ganzen Darlegung sein.

Weil also das Heilige Konzil die überaus hohe Berufung des Menschen bekennt und erklärt, daß gewissermaßen ein göttlicher Same in ihn eingesenkt ist, bietet es dem Menschengeschlecht die aufrichtige Mitarbeit der Kirche an, um jene brüderliche Gemeinschaft aller zu errichten, die dieser Berufung entspricht. Die Kirche läßt sich von keinem irdischen Machtstreben leiten, sondern beabsichtigt nur dies eine: nämlich unter Führung des Geistes, des Beistands, das Werk Christi selbst weiterzuführen, der in die Welt kam, um Zeugnis für die Wahrheit abzulegen[1], um zu retten, nicht um zu richten, um zu dienen, nicht um sich bedienen zu lassen[2].

---

**\*4303**   [1]   Vgl. Joh 18,37.
        [2]   Vgl. Joh 3,17; Mt 20,28; Mk 10,45.

*Expositio introductiva*
*De hominis condicione in mundo hodierno*

*Einführung*
*Die Situation des Menschen in der
heutigen Welt*

4. *(De spe et angore).* Ad tale munus exsequendum, per omne tempus Ecclesiae officium incumbit signa temporum perscrutandi et sub Evangelii luce interpretandi; ita ut, modo unicuique generationi accommodato ad perennes hominum interrogationes de sensu vitae praesentis et futurae deque earum mutua relatione respondere possit. Oportet itaque ut mundus in quo vivimus necnon eius exspectationes, appetitiones et indoles saepe dramatica cognoscantur et intelligantur. Quaedam autem principaliores mundi hodierni notae sequenti modo delineari possunt.

Hodie genus humanum in nova historiae suae aetate versatur in qua profundae et celeres mutationes ad universum orbem gradatim extenduntur. Ab hominis intelligentia et creativa industria excitatae, in ipsum hominem recidunt, in eius iudicia et desideria individualia et collectiva, in eius modum cogitandi et agendi tum circa res tum circa homines. Ita iam de vera sociali et culturali transformatione loqui possumus, quae etiam in vitam religiosam redundat.

Ut in quavis accretionis crisi contingit, haec transformatio non leves secumfert difficultates. Ita, dum homo potentiam suam tam late extendit, eam tamen non semper ad suum servitium redigere valet. Proprii animi intimiora altius penetrare satagens, saepe de seipso magis incertus apparet. Leges vitae socialis pedetemptim clarius detegens, de directione ei imprimenda anceps haeret.

Numquam genus humanum tantis divitiis, facultatibus et potentia *[1028]* oeconomica abundavit, et tamen adhuc ingens pars incolarum orbis fame et egestate torquetur atque innumeri litterarum ignorantia plane laborant. Numquam homines tam acutum ut

4. (*Hoffnung und Angst*). Zur Erfüllung **4304** dieser Aufgabe obliegt der Kirche allzeit die Pflicht, die Zeichen der Zeit zu erforschen und im Licht des Evangeliums zu deuten, so daß sie in einer der jeweiligen Generation angemessenen Weise auf die bleibenden Fragen der Menschen nach dem Sinn des gegenwärtigen und des zukünftigen Lebens und nach dem Verhältnis beider zueinander Antwort geben kann. Es gilt also, die Welt, in der wir leben, ihre Erwartungen, Bestrebungen und ihren oft dramatischen Charakter zu erkennen und zu verstehen. Einige Hauptmerkmale der heutigen Welt können folgendermaßen skizziert werden.

Heute befindet sich das Menschengeschlecht in einer neuen Epoche seiner Geschichte, in der sich tiefgehende und rasche Veränderungen Schritt um Schritt über den gesamten Erdkreis ausbreiten. Vom Verstand und schöpferischen Fleiß des Menschen hervorgerufen, fallen sie auf den Menschen selbst zurück, auf seine individuellen und kollektiven Urteile und Wünsche, auf seine Art und Weise, sowohl in bezug auf die Dinge als auch in bezug auf die Menschen zu denken und zu handeln. So können wir schon von einer wirklichen sozialen und kulturellen Umgestaltung sprechen, die sich auch auf das religiöse Leben auswirkt.

Wie es bei jeder Wachstumskrise geschieht, bringt auch diese Umgestaltung nicht geringe Schwierigkeiten mit sich. So vermag der Mensch, während er seine Macht so weit ausdehnt, sie doch nicht immer sich zu Diensten zu machen. Er unternimmt es, immer tiefer in das Innere seiner Seele einzudringen, und scheint doch oft noch ratloser über sich selbst. Schritt für Schritt entdeckt er klarer die Gesetze des gesellschaftlichen Lebens und ist sich doch unschlüssig darüber, welche Ausrichtung er ihm geben soll.

Noch niemals verfügte das Menschengeschlecht über so viel Reichtum, Möglichkeiten und wirtschaftliche Macht, und doch wird immer noch ein ungeheurer Teil der Bewohner des Erdkreises von Hunger und Not gequält und leiden noch unzählige an Anal-

hodie sensum libertatis habuerunt, dum nova interea genera socialis et psychicae servitutis exsurgunt.

Dum mundus suam unitatem necnon singulorum ab invicem dependentiam in necessaria solidarietate tam vivide persentit, viribus tamen inter se pugnantibus gravissime in opposita distrahitur; etenim acres dissensiones politicae, sociales, oeconomicae, *raciales* et ideologicae adhuc perseverant, nec periculum deest belli omnia usque ad ima destructuri.

Dum idearum communicatio augetur, verba ipsa quibus magni momenti conceptus exprimuntur sensus sat diversos in distinctis ideologiis induunt. Tandem sedulo perfectior quaeritur temporalis ordinatio, quin spirituale incrementum pariter progrediatur.

Tot implexis condicionibus affecti, plurimi coaevi nostri impediuntur quominus valores perennes vere dignoscant et simul cum noviter inventis rite componant; exinde, inter spem et angorem agitati, de praesenti rerum cursu sese interrogantes, inquietudine premuntur. Qui rerum cursus homines ad respondendum provocat, immo et constringit.

**4305**    5. *(De profunde mutatis condicionibus)*. Hodierna animorum commotio et in vitae condicionibus immutatio cum ampliori rerum transmutatione connectuntur, qua efficitur ut in mentibus efformandis scientiae mathematicae et naturales vel de ipso homine tractantes, in ordine vero agendi technicae artes ex illis scientiis profluentes, crescens pondus acquirant. Haec mens scientifica rationem culturalem modosque cogitandi aliter quam antea fingit. Technicae artes eo progrediuntur ut faciem terrae transforment et iam spatium ultraterrestre subigere conentur.

phabetentum. Niemals hatten die Menschen einen so geschärften Sinn für die Freiheit wie heute, während gleichzeitig neue Arten von gesellschaftlicher und psychischer Knechtung entstehen.

Während die Welt ihre Einheit und die wechselseitige Abhängigkeit der einen von den anderen in notwendiger Solidarität so lebhaft spürt, wird sie dennoch heftig von einander widerstreitenden Kräften in gegensätzliche Richtungen auseinandergerissen; denn scharfe politische, soziale, wirtschaftliche, *rassische* und ideologische Spannungen dauern immer noch an; selbst die Gefahr eines Krieges besteht weiter, der alles bis zum Letzten zerstören würde.

Während der Meinungsaustausch zunimmt, nehmen die Worte selbst, in denen Auffassungen von großer Bedeutung ausgedrückt werden, in den unterschiedlichen Ideologien ziemlich verschiedene Sinngehalte an. Man strebt schließlich unermüdlich nach einer vollkommeneren zeitlichen Ordnung, ohne daß das geistliche Wachstum in gleicher Weise vorankommt.

Betroffen von einer so komplexen Situation, tun sich sehr viele unserer Zeitgenossen schwer, die bleibenden Werte recht zu erkennen und zugleich mit dem, was neu aufkommt, in einen rechten Einklang zu bringen; daher werden sie, zwischen Hoffnung und Angst hin- und hergetrieben, wenn sie sich die Frage nach dem heutigen Lauf der Dinge stellen, von Unruhe ergriffen. Dieser Lauf der Dinge fordert die Menschen zu einer Antwort heraus, ja er zwingt ⟨sie⟩ sogar ⟨dazu⟩.

5. (*Der tiefgehende Wandel der Situation*). Die heutige innere Unruhe und Veränderung in den Lebensbedingungen hängen mit einem umfassenden Wandel der Dinge zusammen, durch den bewirkt wird, daß im Bildungsbereich die mathematischen und naturwissenschaftlichen bzw. die vom Menschen selbst handelnden Disziplinen, im praktischen Bereich aber die aus diesen Disziplinen hervorgehende Technik ein wachsendes Gewicht erlangen. Diese wissenschaftliche Geisteshaltung formt die Kultur und die Denkweisen anders als früher. Die Technik geht so weit, daß sie das Antlitz der Erde umformt und sich schon den außerirdischen Raum dienstbar zu machen versucht.

Super tempora quoque humanus intellectus dominium suum quodammodo dilatat: in praeteritum ope cognitionis historicae, in futurum arte prospectiva et planificatione. Progredientes scientiae biologicae, psychologicae et sociales non solum homini ad meliorem sui cognitionem opem ferunt, sed ipsum etiam adiuvant ut, technicis methodis adhibitis, in vitam societatum directe influxum exerceat. Insimul genus humanum de proprio demographico incremento iam praevidendo et ordinando magis magisque cogitat. *[1029]*

Ipsa historia tam rapido cursu acceleratur ut singuli eam vix prosequi valeant. Consortionis humanae sors una efficitur et non amplius inter varias velut historias dispergitur. Ita genus humanum a notione magis statica ordinis rerum ad notionem magis dynamicam atque evolutivam transit, unde quam maxima nascitur problematum nova complexio, quae ad novas analyses et syntheses provocat.

6. *(Mutationes in ordine sociali).* Eo ipso communitates locales traditionales, uti sunt familiae patriarchales, "clans", tribus, pagi, varii coetus et consortionis sociales necessitudines, pleniores in dies immutationes experiuntur.

Typus industrialis societatis paulatim diffunditur, quasdam nationes ad oeconomicam opulentiam adducens, et notiones et condiciones vitae socialis a saeculis constitutas penitus transformans. Similiter vitae urbanae cultus ac studium augentur sive per urbium earumque incolarum augmentum, sive per motum quo vita urbana ad ruricolas dilatatur.

Nova et aptiora communicationis socialis instrumenta ad eventus cognoscendos et ad modos cogitandi et sentiendi quam citissime latissimeque diffundendos conferunt, plures connexas repercussiones excitando.

Auch über die Zeiten weitet der menschliche Geist gewissermaßen seine Herrschaft aus: über die Vergangenheit mit Hilfe der Geschichtswissenschaft, über die Zukunft durch Zukunftsforschung und Planung. In ihrem Fortschritt verhelfen Biologie, Psychologie und Sozialwissenschaften dem Menschen nicht nur zu einem besseren Wissen um sich selbst, sondern sie helfen ihm auch, unter Anwendung technischer Methoden auf das Leben der Gesellschaften unmittelbar Einfluß auszuüben. Gleichzeitig befaßt sich das Menschengeschlecht mehr und mehr mit der Vorausberechnung und Steuerung seines eigenen demographischen Wachstums.

Die Geschichte selbst erfährt eine so rasche Beschleunigung, daß die einzelnen ihr kaum mehr zu folgen vermögen. Das Schicksal der menschlichen Gemeinschaft wird eines und spaltet sich nicht mehr in gleichsam verschiedene Geschichten auf. So geht das Menschengeschlecht von einem mehr statischen Verständnis der Ordnung der Dinge zu einem mehr dynamischen und evolutionären Verständnis über, woraus sich eine neue, denkbar große Komplexheit der Probleme ergibt, die zu neuen Analysen und Synthesen herausfordert.

6. (*Wandlungen in der gesellschaftlichen* **4306** *Ordnung*). Dadurch erfahren die traditionellen örtlichen Gemeinschaften, wie patriarchalische Familien, "Clans", Stämme, Dörfer, die verschiedenen Gruppen und Beziehungen des sozialen Gefüges täglich tiefer greifende Wandlungen.

Es breitet sich allmählich der Typ der Industriegesellschaft aus, der einige Nationen zu wirtschaftlichem Wohlstand führt und in Jahrhunderten gewordene Vorstellungen und Formen des gesellschaftlichen Lebens völlig umgestaltet. Entsprechend nimmt die Verstädterung zu, teils durch das Wachstum der Städte und ihrer Einwohner, teils dadurch, daß sich die städtische Lebensart auf die Landbewohner ausdehnt.

Neue und verfeinerte soziale Kommunikationsmittel tragen dazu bei, daß man Ereignisse erfährt und daß sich Denk- und Verstehensweisen überaus rasch und weit verbreiten, wobei sie recht viele damit verbundene Reaktionen hervorrufen.

Nec parvipendendum est quot homines, ex variis causis, ad migrandum inducti, vitae suae rationem immutent.

Sic necessitudines hominis cum similibus suis indesinenter multiplicantur ac simul ipsa *socializatio* novas necessitudines inducit, quin tamen congruentem personae maturationem et relationes vere personales *(personalizationem)* semper promoveat.

Huiusmodi quidem evolutio clarius apparet in nationibus quae commodis progressus oeconomici et technici iam gaudent, sed populos quoque movet adhuc ad progressionem nitentes qui, pro suis regionibus, beneficia industrializationis et urbanizationis obtinere cupiunt. Qui populi, praesertim antiquioribus traditionibus addicti, simul motum experiuntur ad maturius magisque personale libertatis exercitium.

**4307**    7. *(Mutationes psychologicae, morales et religiosae).* Mutatio mentis et structurarum bona recepta frequenter in controversiam vocat, *[1030]* maxime apud iuvenes qui non semel impatientes, immo angore rebelles fiunt, et conscii de proprio momento in vita sociali, citius in eadem partes habere cupiunt. Exinde non raro parentes et educatores in muneribus suis adimplendis in dies maiores difficultates experiuntur.

Instituta vero, leges atque modi cogitandi et sentiendi a maioribus tradita non semper statui rerum hodierno bene aptari videntur; inde gravis perturbatio in modo et in ipsis agendi normis.

Ipsam denique vitam religiosam novae condiciones afficiunt. Ex una parte acrior diiudicandi facultas eam a magico mundi conceptu et a superstitionibus adhuc vagantibus purificat atque magis personalem et actuosam adhaesionem fidei in dies exigit; quo fit ut non pauci ad vividiorem Dei sensum accedant.

Ex altera vero parte crebriores turbae a religione practice discedunt. Secus ac transac-

Nicht gering zu schätzen ist auch, wieviele Menschen, aus verschiedenen Gründen zur Wanderung veranlaßt, ihre Lebensweise ändern.

So vermehren sich unablässig die Verflechtungen des Menschen mit seinesgleichen und führt zugleich die *Sozialisation* zu neuen Verflechtungen, ohne jedoch immer eine entsprechende Reifung der Person und wirklich personale Beziehungen (*Personalisation*) zu fördern.

Diese Entwicklung zeigt sich zwar klarer in den Nationen, die sich schon der Vorteile des wirtschaftlichen und technischen Fortschritts erfreuen, wirkt sich aber auch auf Völker aus, die sich noch um Fortschritt bemühen und die für ihre Gegenden die Vorteile der Industrialisierung und Verstädterung erlangen möchten. Gleichzeitig erfahren diese Völker, besonders wenn sie älteren Überlieferungen verpflichtet sind, eine Bewegung hin zu einer entwickelteren und persönlicheren Ausübung der Freiheit.

7. (*Psychologische, sittliche und religiöse Wandlungen*). Die Wandlung von Denkweise und Strukturen stellt häufig überkommene Werte in Frage, vor allem bei den jüngeren Menschen, die nicht selten ungeduldig, ja sogar in ihrer Unruhe rebellisch werden und im Bewußtsein der eigenen Bedeutung im gesellschaftlichen Leben rascher daran teilhaben möchten. Von daher erfahren Eltern und Erzieher nicht selten bei der Erfüllung ihrer Aufgaben täglich größere Schwierigkeiten.

Die von den Vorfahren überlieferten Institutionen, Gesetze, Denk- und Verstehensweisen scheinen aber nicht immer der heutigen Situation wohlangemessen zu sein; daher kommt es zu einer schweren Verwirrung in der ⟨Verhaltens⟩weise und sogar in den Verhaltensnormen.

Die neuen Verhältnisse wirken sich schließlich auf das religiöse Leben selbst aus. Einerseits läutert das schärfere Urteilsvermögen es von einem magischen Weltverständnis und von noch vorhandenen abergläubischen Elementen und fordert täglich einen mehr personalen und tätigen Glaubensvollzug, so daß nicht wenige zu einer lebendigeren Gotteserfahrung kommen.

Andererseits aber entfernen sich breite Volksmassen praktisch von der Religion. An-

tis temporibus, Deum religionemve negare, aut ab iisdem abstrahere, non amplius quid insolitum et individuale sunt: hodie enim non raro quasi exigentia progressus scientifici vel cuiusdam novi humanismi exhibentur. Haec omnia in pluribus regionibus non tantum in philosophorum placitis exprimuntur, sed latissime litteras, artes, scientiarum humanarum et historiae interpretationem, ipsasque leges civiles afficiunt ita ut exinde multi perturbentur.

8. *(De inaequilibriis in mundo hodierno).* Tam rapida rerum mutatio inordinate saepe progrediens, immo et ipsa discrepantiarum in mundo vigentium acrior conscientia, contradictiones et inaequilibria gignunt vel augent.

In ipsa persona frequentius oritur inaequilibrium inter modernum intellectum practicum et theoreticam cogitandi rationem, quae summam cognitionum suarum neque sibi subigere neque in syntheses apte ordinare valet.

Oritur pariter inaequilibrium inter sollicitudinem efficientiae practicae et exigentias conscientiae moralis, necnon multoties inter condiciones vitae collectivas et requisita cogitationis personalis, immo et contemplationis.

Oritur tandem inaequilibrium inter activitatis humanae specializationem et universalem rerum visionem.

In familia autem discrepantiae oriuntur, sive ex prementibus condicionibus demographicis, oeconomicis et socialibus, sive ex difficultatibus inter generationes quae sibi subsequuntur exsurgentibus, sive ex novis necessitudinibus socialibus inter viros ac mulieres. *[1031]*

Magnae oriuntur etiam discrepantiae inter stirpes, immo inter varii generis societatis ordines; inter nationes opulentas et minus valentes egentesque; denique, inter instituta internationalia, ex pacis desiderio populorum exorta, et ambitionem propriae ideologiae

ders als in vergangenen Zeiten sind die Leugnung Gottes oder der Religion oder die Gleichgültigkeit ihnen gegenüber nichts Ungewöhnliches oder ⟨nur⟩ Individuelles mehr: Heute wird ⟨dies⟩ nämlich nicht selten als Erfordernis des wissenschaftlichen Fortschritts oder eines sogenannten neuen Humanismus dargestellt. Das alles kommt in recht vielen Ländern nicht nur in Theorien von Philosophen zum Ausdruck, sondern wirkt sich weithin auf die Literatur, die Künste, die Deutung der Humanwissenschaften und der Geschichte und sogar die bürgerlichen Gesetze aus, so daß dadurch viele verwirrt werden.

8. (*Die Ungleichgewichte in der heutigen*    **4308** *Welt*). Ein so rascher Wandel der Dinge, der oft ungeordnet vor sich geht, und andererseits das schärfere Bewußtsein für die in der Welt bestehenden Spannungen erzeugen oder vermehren Widersprüche und Ungleichgewichte.

⟨Schon⟩ in der Person selbst entsteht öfters ein Ungleichgewicht zwischen dem modernen praktischen Verstand und einem theoretischen Denken, das nicht vermag, die Summe seiner Erkenntnisse entweder sich zu Diensten zu machen oder sie hinlänglich in Synthesen zu ordnen.

Ein Ungleichgewicht entsteht gleichfalls zwischen dem Bemühen um praktische Effizienz und den Erfordernissen des sittlichen Gewissens sowie oftmals zwischen den kollektiven Lebensbedingungen und den Voraussetzungen für ein persönliches Denken oder sogar ein besinnliches Leben.

Endlich entsteht ein Ungleichgewicht zwischen der Spezialisierung des menschlichen Tuns und einer umfassenden Sicht der Dinge.

In der Familie aber entstehen Spannungen aus dem Druck der demographischen, wirtschaftlichen und sozialen Verhältnisse, aus den Schwierigkeiten, die sich zwischen den aufeinanderfolgenden Generationen ergeben, und aus den neuen gesellschaftlichen Beziehungen zwischen Männern und Frauen.

Große Spannungen entstehen auch zwischen den Rassen, sogar zwischen den verschiedenartigen Schichten einer Gesellschaft, zwischen reichen und schwächeren sowie notleidenden Völkern, schließlich zwischen den internationalen Institutionen, die aus der

disseminandae nec non cupiditates collectivas in nationibus aliisve coetibus exsistentes.

Friedenssehnsucht der Völker entstanden sind, und dem Bestreben, die eigene Ideologie auszubreiten, sowie den in den Nationen und anderen Gruppen vorhandenen Kollektivegoismen.

Inde mutuae diffidentiae et inimicitiae, conflictationes et aerumnae, quarum ipse homo simul causa est et victima.

Die Folge davon ⟨sind⟩ gegenseitiges Mißtrauen und Feindschaft, Konflikte und Notlagen, deren Ursache und Opfer zugleich der Mensch ist.

**4309**    9. *(De appetitionibus universalioribus generis humani)*. Interea crescit persuasio genus humanum non tantum imperium suum super res creatas in dies magis roborare posse ac debere; sed insuper eius esse ordinem politicum, socialem et oeconomicum statuere qui in dies melius homini inserviat et singulos ac coetus adiuvet ad dignitatem sibi propriam affirmandam et excolendam.

9. (*Umfassendere Bestrebungen des Menschengeschlechts*). Gleichzeitig wächst die Überzeugung, daß das Menschengeschlecht nicht nur seine Herrschaft über die geschaffenen Dinge täglich mehr verstärken kann und muß, sondern daß es darüber hinaus seine Pflicht ist, eine politische, soziale und wirtschaftliche Ordnung zu schaffen, die täglich besser dem Menschen dient und den einzelnen wie den Gruppen dazu hilft, die ihnen eigene Würde zu behaupten und zu entfalten.

Hinc plurimi acerrime exigunt illa bona quibus, per iniustitiam vel non aequam distributionem, orbatos se esse vivida conscientia iudicant. Nationes in via progressus sicut illae recenter sui iuris factae, bona civilizationis hodiernae non tantum in campo politico sed etiam oeconomico participare et libere partibus suis in mundo fungi cupiunt, dum tamen in dies augetur earumdem distantia simul ac persaepe dependentia etiam oeconomica ab aliis ditioribus nationibus citius progredientibus. Populi fame pressi populos opulentiores interpellant. Mulieres sibi vindicant, ubi eam nondum sunt consecutae, paritatem de iure et de facto cum viris. Opifices et ruricolae non solum victui necessaria comparare, sed laborando dotes suae personae excolere, immo in ordinanda vita oeconomica, sociali, politica et culturali suas partes agere volunt. Nunc primum in historia humana universi populi iam persuasum sibi habent culturae beneficia reapse ad cunctos extendi posse ac debere.

Daher erheben sehr viele heftig Anspruch auf jene Güter, derer sie nach ihrer tief empfundenen Überzeugung durch Ungerechtigkeit oder unbillige Verteilung beraubt wurden. Die Völker auf dem Weg des Fortschritts, wie jene, die erst jüngst unabhängig geworden sind, wollen an den Gütern der heutigen Zivilisation nicht nur auf politischem, sondern auch wirtschaftlichem Gebiet teilhaben und frei ihre Rolle in der Welt spielen, während jedoch zugleich täglich ihr Abstand und sehr häufig auch ihre wirtschaftliche Abhängigkeit von anderen, reicheren Völkern wächst, die schneller voranschreiten. Die vom Hunger heimgesuchten Völker fordern Rechenschaft von den reicheren Völkern. Die Frauen verlangen für sich die rechtliche und faktische Gleichstellung mit den Männern, wo sie diese noch nicht erlangt haben. Die Arbeiter und Bauern wollen nicht nur das zum Lebensunterhalt Notwendige erwerben, sondern durch ihre Arbeit ihre Persönlichkeitswerte entfalten und überdies an der Gestaltung des wirtschaftlichen, gesellschaftlichen, politischen und kulturellen Lebens ihren Anteil haben. Zum erstenmal in der menschlichen Geschichte sind heute alle Völker davon überzeugt, daß die Vorteile der Kultur wirklich auf alle ausgedehnt werden können und müssen.

Sub omnibus autem istis exigentiis latet profundior et universalior appetitio: perso-

Unter allen diesen Ansprüchen ist aber ein tieferes und umfassenderes Verlangen

nae scilicet atque coetus plenam atque liberam vitam, homine dignam, sitiunt, omnia quae hodiernus mundus eis tam abundanter praebere potest proprio servitio subicientes. Nationes praeterea in dies fortius enituntur ut universalem quandam communitatem assequantur. *[1032]*

Quae cum ita sint, mundus hodiernus simul potentem ac debilem se exhibet, capacem optima vel pessima patrandi, dum ipsi ad libertatem aut servitutem, ad progressum aut regressum, ad fraternitatem aut odium prostat via. Praeterea, homo conscius fit ipsius esse recte dirigere vires, quas ipse suscitavit et quae eum opprimere aut ei servire possunt. Unde seipsum interrogat.

10. *(De profundioribus interrogationibus generis humani)*. Revera inaequilibria quibus laborat mundus hodiernus cum inaequilibrio illo fundamentaliori connectuntur, quod in hominis corde radicatur. In ipso enim homine plura elementa sibi invicem oppugnant. Dum enim una ex parte, utpote creatura, multipliciter sese limitatum experitur, ex altera vero in desideriis suis illimitatum et ad superiorem vitam vocatum se sentit. Multis sollicitationibus attractus, iugiter inter eas seligere et quibusdam renuntiare cogitur. Immo, infirmus ac peccator, non raro illud quod non vult facit et illud quod facere vellet non facit[1]. Unde in seipso divisionem patitur, ex qua etiam tot ac tantae discordiae in societate oriuntur.

Plurimi sane, quorum vita materialismo practico inficitur, a clara huiusmodi dramatici status perceptione avertuntur, vel autem, miseria oppressi, impediuntur quominus illum considerent. Multi in interpretatione rerum multifarie proposita quietem se invenire existimant. Quidam vero a solo conatu humano veram plenamque generis humani liberationem exspectant, sibique persuasum habent futurum regnum hominis super ter-

verborgen: die Personen und Gruppen dürsten nämlich nach einem erfüllten und freien Leben, das des Menschen würdig ist, indem sie sich selbst alles, was die heutige Welt ihnen in so großem Überfluß darbieten kann, dienstbar machen. Die Völker bemühen sich außerdem täglich stärker darum, zu einer gewissermaßen allumfassenden Gemeinschaft zu gelangen.

Unter diesen Umständen zeigt sich die heutige Welt zugleich stark und schwach, in der Lage, das Beste oder das Schlimmste zu tun, während für sie der Weg zu Freiheit oder Knechtschaft, zu Fortschritt oder Rückschritt, zu Brüderlichkeit oder Haß offensteht. Außerdem wird sich der Mensch bewußt, daß es seine eigene Aufgabe ist, die Kräfte, die er selbst geweckt hat und die ihn unterdrücken oder ihm dienen können, richtig zu lenken. Daher fragt er nach sich selber.

10. (*Die tieferen Fragen des Menschengeschlechts*). In Wahrheit hängen die Ungleichgewichte, an denen die heutige Welt leidet, mit jenem grundlegenderen Ungleichgewicht zusammen, das im Herzen des Menschen wurzelt. Denn im Menschen selbst widerstreiten sich mehrere Elemente gegenseitig. Während er sich nämlich einerseits als Geschöpf vielfältig begrenzt erfährt, empfindet er sich andererseits aber in seinem Verlangen unbegrenzt und zu einem höheren Leben berufen. Von vielen Möglichkeiten angezogen, wird er gezwungen, dauernd unter ihnen zu wählen und auf manche zu verzichten. Als schwacher Mensch und Sünder tut er sogar nicht selten das, was er nicht will, und das, was er tun wollte, tut er nicht[1]. Daher erleidet er in sich eine Zwiespältigkeit, aus der auch die so zahlreichen und schweren Zerwürfnisse in der Gesellschaft entstehen.

Freilich werden sehr viele, deren Leben durch einen praktischen Materialismus vergiftet wird, von einer klaren Erfassung dieses dramatischen Zustands abgelenkt, oder aber sie werden durch den Druck ihrer Verelendung gehindert, sich mit ihm zu beschäftigen. Viele meinen, sie fänden in einer der vielfältig vorgelegten Weltdeutungen ihren Frieden. Manche wiederum erwarten vom bloßen menschlichen Bemühen die wahre

**4310**

---

**\*4310** [1]  Vgl. Röm 7,14–25.

ram omnia vota cordis eius expleturum esse. Nec desunt qui, de sensu vitae desperantes, audaciam laudant eorum qui, exsistentiam humanam omnis significationis propriae expertem existimantes, ei totam significationem ex solo proprio ingenio conferre nituntur.

Attamen, coram hodierna mundi evolutione, in dies numerosiores fiunt qui quaestiones maxime fundamentales vel ponunt vel nova acuitate persentiunt: quid est homo? Quinam est sensus doloris, mali, mortis, quae, quamquam tantus progressus factus est, subsistere pergunt? Ad quid victoriae illae tanto pretio acquisitae? Quid societati homo afferre, quid ab ea exspectare potest? Quid post vitam hanc terrestrem subsequetur? *[1033]*

Credit autem Ecclesia Christum, pro omnibus mortuum et resuscitatum[2], homini lucem et vires per Spiritum suum praebere ut ille summae suae vocationi respondere possit; nec aliud nomen sub caelo datum esse hominibus, in quo oporteat eos salvos fieri[3]. Similiter credit clavem, centrum et finem totius humanae historiae in Domino ac Magistro suo inveniri. Affirmat insuper Ecclesia omnibus mutationibus multa subesse quae non mutantur, quaeque fundamentum suum ultimum in Christo habent, qui est heri, hodie, Ipse et in saecula[4].

Sub lumine ergo Christi, Imaginis Dei invisibilis, Primogeniti omnis creaturae[5], Concilium, ad mysterium hominis illustrandum atque ad cooperandum in solutionem praecipuarum quaestionum nostri temporis inveniendam, omnes alloqui intendit.

und volle Befreiung des Menschengeschlechts und sind davon überzeugt, daß die künftige Herrschaft des Menschen über die Erde alle Wünsche seines Herzens erfüllen wird. Es gibt auch welche, die, am Sinn des Lebens verzweifelnd, den Mut derer loben, die die menschliche Existenz für bar jeder eigenen Bedeutung halten und ihr deshalb die ganze Bedeutung ausschließlich aufgrund der ihr eigenen Anlage zuzuschreiben versuchen.

Dennoch wächst angesichts der heutigen Weltentwicklung täglich die Zahl derer, die die grundlegendsten Fragen stellen oder mit neuer Schärfe spüren: Was ist der Mensch? Was ist der Sinn des Schmerzes, des Bösen, des Todes, die, obwohl ein solch großer Fortschritt erzielt wurde, noch immer weiterbestehen? Wozu jene um einen so hohen Preis erkauften Siege? Was kann der Mensch der Gesellschaft geben, was von ihr erwarten? Was wird nach diesem irdischen Leben kommen?

Die Kirche aber glaubt: Christus, der für alle starb und auferweckt wurde[2], gewährt dem Menschen Licht und Kraft durch seinen Geist, damit er seiner höchsten Berufung nachkommen kann; und es ist den Menschen kein anderer Name unter dem Himmel gegeben, in dem sie gerettet werden sollen[3]. Sie glaubt ebenso, daß in ihrem Herrn und Meister der Schlüssel, der Mittelpunkt und das Ziel der ganzen Menschheitsgeschichte zu finden ist. Die Kirche bekräftigt überdies, daß allen Wandlungen vieles zugrunde liegt, was sich nicht wandelt und was seinen letzten Grund in Christus hat, der derselbe gestern, heute und in Ewigkeit ist[4].

Im Licht Christi also, des Bildes des unsichtbaren Gottes, des Erstgeborenen aller Schöpfung[5], beabsichtigt das Konzil, alle anzusprechen, um das Geheimnis des Menschen zu erhellen und um dabei mitzuwirken, daß für die dringlichsten Fragen unserer Zeit eine Lösung gefunden wird.

---

[2]    Vgl. 2 Kor 5,15.
[3]    Vgl. Apg 4,12.
[4]    Vgl. Hebr 13,8.
[5]    Vgl. Kol 1,15.

*Pars I*
*De Ecclesia et vocatione hominis*

11. (*Impulsionibus Spiritus respondendum*). Populus Dei, fide motus, qua credit se a Spiritu Domini duci qui replet orbem terrarum, in eventibus, exigentiis atque optatis, quorum una cum ceteris nostrae aetatis hominibus partem habet, quaenam in illis sint vera signa praesentiae vel consilii Dei, discernere satagit. Fides enim omnia novo lumine illustrat et divinum propositum de integra hominis vocatione manifestat, ideoque ad solutiones plene humanas mentem dirigit.

Concilium imprimis illos valores, qui hodie maxime aestimantur, sub hoc lumine diiudicare et ad fontem suum divinum referre intendit. Hi enim valores, prout ex hominis ingenio eidem divinitus collato procedunt, valde boni sunt; sed ex corruptione humani cordis a sua debita ordinatione non raro detorquentur, ita ut purificatione indigeant.

Quid Ecclesia de homine sentit? Quaenam ad societatem hodiernam aedificandam commendanda videntur? Quaenam est significatio ultima humanae navitatis in universo mundo? Ad has quaestiones responsio *[1034]* exspectatur. Exinde luculentius apparebit populum Dei et genus humanum, cui ille inseritur, servitium sibi mutuo praestare, ita ut Ecclesiae missio religiosam et ex hoc ipso summe humanam se exhibeat.

CAPUT I: DE HUMANAE PERSONAE DIGNITATE

12. *(De homine ad imaginem Dei).* Secundum credentium et non credentium fere concordem sententiam, omnia quae in terra sunt ad hominem, tamquam ad centrum suum et culmen, ordinanda sunt.

Quid est autem homo? Multas opiniones de seipso protulit et profert, varias et etiam contrarias, quibus saepe vel se tamquam absolutam regulam exaltat vel usque ad desperationem deprimit, exinde anceps et an-

*Erster Teil*
*Die Kirche und die Berufung des Menschen*

11. (*Antworten auf die Antriebe des Geistes*). Vom Glauben bewegt, in dem es glaubt, daß es vom Geist des Herrn geführt wird, der den Erdkreis erfüllt, bemüht sich das Volk Gottes, in den Ereignissen, Bedürfnissen und Wünschen, die es zusammen mit den übrigen Menschen unserer Zeit teilt, zu unterscheiden, was darin wahre Zeichen der Gegenwart oder des Ratschlusses Gottes sind. Der Glaube erhellt nämlich alles mit einem neuen Licht, offenbart die göttliche Absicht in bezug auf die ganzheitliche Berufung des Menschen und lenkt daher den Geist auf wirklich humane Lösungen hin. **4311**

Das Konzil beabsichtigt, vor allem jene Werte, die heute besonders geschätzt werden, in diesem Licht zu beurteilen und auf ihren göttlichen Ursprung zurückzuführen. Insofern diese Werte nämlich aus der Anlage des Menschen, die ihm von Gott verliehen wurde, hervorgehen, sind sie sehr gut; infolge der Verderbtheit des menschlichen Herzens aber werden sie nicht selten von ihrer gebührenden Ausrichtung abgelenkt, so daß sie einer Läuterung bedürfen.

Was denkt die Kirche vom Menschen? Was scheint für den Aufbau der heutigen Gesellschaft empfehlenswert? Was ist die letzte Bedeutung des menschlichen Schaffens in der gesamten Welt? Auf diese Fragen erwartet man Antwort. Von da wird klarer in Erscheinung treten, daß das Volk Gottes und das Menschengeschlecht, dem es eingefügt ist, sich gegenseitig dienen, so daß die Sendung der Kirche sich als eine religiöse und gerade deswegen höchst menschliche erweist.

ERSTES KAPITEL: DIE WÜRDE DER MENSCHLICHEN PERSON

12. (*Der Mensch nach dem Bild Gottes*). **4312**
Nach der fast einhelligen Auffassung der Gläubigen und der Nichtgläubigen ist alles, was auf der Erde ist, am Menschen als ihrem Mittel- und Höhepunkt auszurichten.

Was ist aber der Mensch? Viele verschiedene und auch gegensätzliche Auffassungen über sich selbst hat er vorgetragen und trägt er vor, in denen er sich oft entweder selbst zum absoluten Maßstab erhebt oder bis zur

xius. Quas quidem difficultates Ecclesia persentiens, a Deo revelante instructa eisdem responsum afferre potest, quo vera hominis condicio delineetur, explanentur eius infirmitates, simulque eius dignitas et vocatio recte agnosci possint.

Sacrae enim Litterae docent hominem "ad imaginem Dei" creatum esse, capacem suum Creatorem cognoscendi et amandi, ab eo tamquam dominum super omnes creaturas terrenas constitutum[1], ut eas regeret, eisque uteretur, glorificans Deum[2]. "Quid est homo quod memor es eius? aut filius hominis, quoniam visitas eum? Minuisti eum paulo minus ab angelis, gloria et honore coronasti eum, et constituisti eum super opera manuum tuarum. Omnia subiecisti sum pedibus eius" [Ps 8,5–7].

At Deus non creavit hominem solum: nam inde a primordiis "masculum et feminam creavit eos" [Gn 1,27], quorum consociatio primam formam efficit communionis personarum. Homo etenim ex intima sua natura ens sociale est, atque sine relationibus cum aliis nec vivere nec suas dotes expandere potest.

Deus igitur, sicut iterum in sacra Pagina legimus, vidit "cuncta quae fecerat, ut erant valde bona" [Gn 1,31].

**4313**    13. *(De peccato).* In iustitia a Deo constitutus, homo tamen, suadente Maligno, inde ab exordio historiae, libertate sua abusus est, seipsum *[1035]* contra Deum erigens et finem suum extra Deum attingere cupiens. Cum cognovissent Deum, non sicut Deum glorificaverunt, sed obscuratum est insipiens cor eorum et servierunt creaturae potius quam Creatori[1]. Quod Revelatione divina nobis innotescit, cum ipsa experientia concordat. Nam homo, cor suum inspiciens, etiam ad malum inclinatum se comperit et in multiplicibus malis demersum, quae a bono suo Creatore provenire non possunt. Deum tamquam

Hoffnungslosigkeit abwertet, und ist so unschlüssig und voll Angst. In eigener Erfahrung dieser Schwierigkeiten kann die Kirche jedoch, von der Offenbarung Gottes unterwiesen, auf sie eine Antwort geben, mit der die wahre Verfassung des Menschen skizziert, seine Schwächen erklärt und zugleich seine Würde und Berufung richtig anerkannt werden können.

Die Heilige Schrift lehrt nämlich, daß der Mensch "nach dem Bild Gottes" geschaffen ist, fähig, seinen Schöpfer zu erkennen und zu lieben, von ihm zum Herrn über alle irdischen Geschöpfe gesetzt[1], um sie in Verherrlichung Gottes zu beherrschen und sie zu nutzen[2]. "Was ist der Mensch, daß du seiner gedenkst? Oder des Menschen Kind, daß du nach ihm siehst? Wenig geringer als Engel hast du ihn gemacht, mit Herrlichkeit und Ehre ihn gekrönt und ihn über die Werke deiner Hände gesetzt. Alles hast du unter seine Füße gelegt" [Ps 8,5–7].

Aber Gott hat den Menschen nicht allein geschaffen: denn von Anfang an "hat er sie als Mann und Frau geschaffen" [Gen 1,27], deren Verbindung die erste Form von Gemeinschaft unter Personen bewirkt. Der Mensch ist nämlich aus seiner innersten Natur ein gesellschaftliches Wesen und ohne Beziehungen zu anderen kann er weder leben noch seine Anlagen zur Entfaltung bringen.

Gott sah also, wie wir wiederum in der Heiligen Schrift lesen, "alles, was er gemacht hatte, wie es sehr gut war" [Gen 1,31].

13. (*Die Sünde*). Obwohl in Gerechtigkeit von Gott begründet, hat der Mensch dennoch auf Anraten des Bösen gleich von Anfang der Geschichte an seine Freiheit mißbraucht, indem er sich gegen Gott erhob und sein Ziel außerhalb Gottes erreichen wollte. Obwohl sie Gott erkannt hatten, haben sie ihn nicht als Gott verherrlicht, sondern ihr unverständiges Herz verfinsterte sich, und sie dienten der Schöpfung mehr als dem Schöpfer[1]. Was uns aufgrund der göttlichen Offenbarung bekannt wird, stimmt mit der Erfahrung selbst überein. Denn der Mensch erfährt sich, wenn er in sein Herz schaut, auch

---

\*4312 [1]  Vgl. Gen 1,26; Weish 2,23.
      [2]  Vgl. Sir 17,3–10.
\*4313 [1]  Vgl. Röm 1,21–25.

principium suum saepe agnoscere renuens, etiam debitum ordinem ad finem suum ultimum, simul ac totam suam sive erga seipsum sive erga alios homines et omnes res creatas ordinationem disrupit.

Ideo in seipso divisus est homo. Quapropter tota vita hominum, sive singularis sive collectiva, ut luctationem et quidem dramaticam se exhibet inter bonum et malum, inter lucem et tenebras. Immo incapacem se invenit homo per seipsum mali impugnationes efficaciter debellandi, ita ut unusquisque se quasi catenis vinctum sentiat. At ipse Dominus venit ut hominem liberaret et confortaret, eum interius renovans ac principem huius mundi [*cf. Io 12,31*] foras eiiciens qui eum in servitute peccati retinebat[2]. Peccatum autem minuit ipsum hominem, a plenitudine consequenda eum repellens.

In lumine huius Revelationis simul sublimis vocatio et profunda miseria, quas homines experiuntur, rationem suam ultimam inveniunt.

14. *(De hominis constitutione).* Corpore et anima unus, homo per ipsam suam corporalem condicionem elementa mundi materialis in se colligit, ita ut, per ipsum, fastigium suum attingant et ad liberam Creatoris laudem vocem attollant[1]. Vitam ergo corporalem homini despicere non licet, sed e contra ipse corpus suum, utpote a Deo creatum et ultima die resuscitandum, bonum et honore dignum habere tenetur. Peccato tamen vulneratus, corporis rebelliones experitur. Ipsa igitur dignitas hominis postulat ut Deum glorificet in corpore suo[2], neve illud pravis cordis sui inclinationibus inservire sinat. *[1036]*

zum Bösen geneigt und in vielfältige Übel verstrickt, die nicht von einem guten Schöpfer herkommen können. Oft weigert er sich, Gott als seinen Ursprung anzuerkennen und durchbricht dadurch auch die gebührende Ausrichtung auf sein letztes Ziel, zugleich aber auch seine ganze Ordnung gegenüber sich selbst wie gegenüber den anderen Menschen und allen geschaffenen Dingen.

So ist der Mensch in sich selbst zwiespältig. Deshalb stellt sich das ganze Leben der Menschen, das einzelne wie das kollektive, als Kampf dar, und zwar als ein dramatischer, zwischen Gut und Böse, zwischen Licht und Finsternis. Ja, der Mensch findet sich unfähig, durch sich selbst die Angriffe des Bösen wirksam zu bekämpfen, so daß ein jeder sich wie in Ketten gefesselt fühlt. Der Herr selbst aber ist gekommen, um den Menschen zu befreien und zu stärken, indem er ihn innerlich erneuerte und den Fürsten dieser Welt [*vgl. Joh 12,31*] hinauswarf, der ihn in der Knechtschaft der Sünde festhielt[2]. Die Sünde mindert aber den Menschen selbst, weil sie ihn davon abhält, seine Erfüllung zu erlangen.

Im Licht dieser Offenbarung finden zugleich die erhabene Berufung und das tiefe Elend, die die Menschen erfahren, ihre letzte Begründung.

14. (*Die Bestimmung des Menschen*). In **4314** Leib und Seele einer, vereint der Mensch durch seine leibliche Verfaßtheit die Elemente der stofflichen Welt in sich, so daß sie durch ihn ihren Höhepunkt erreichen und ihre Stimme zum freien Lob des Schöpfers erheben[1]. Das leibliche Leben darf also der Mensch nicht geringachten, sondern er muß im Gegenteil seinen Leib als von Gott geschaffen und zur Auferweckung am Jüngsten Tag bestimmt für gut und der Ehre würdig halten. Durch die Sünde aber verwundet, erfährt er die Widerstände des Leibes. Daher verlangt die Würde des Menschen selbst, daß er Gott in seinem Leibe verherrliche[2] und ihn nicht den verkehrten Neigungen seines Herzens dienen lasse.

---

　　　[2] 　Vgl. Joh 8,34.
**\*4314** [1] 　Vgl. Dan 3,57-90.
　　　[2] 　Vgl. 1 Kor 6,13-20.

Homo vero non fallitur, cum se rebus corporalibus superiorem agnoscit, et non tantum ut particulam naturae aut anonymum elementum civitatis humanae seipsum considerat. Interioritate enim sua universitatem rerum excedit: ad hanc profundam interioritatem redit, quando convertitur ad cor, ubi Deus eum exspectat, qui corda scrutatur[3], et ubi ipse sub oculis Dei de propria sorte decernit. Itaque, animam spiritualem et immortalem in seipso agnoscens, non fallaci figmento illuditur, a phisicis tantum et socialibus condicionibus fluente, sed e contra ipsam profundam rei veritatem attingit.

Der Mensch täuscht sich aber nicht, wenn er seinen Vorrang vor den körperlichen Dingen bejaht und sich selbst nicht nur als Teilchen der Natur oder anonymes Element der menschlichen Gesellschaft betrachtet. Denn in seiner Innerlichkeit übersteigt er die Gesamtheit der Dinge: zu dieser tiefen Innerlichkeit geht er zurück, wenn er in sein Herz einkehrt, wo Gott ihn erwartet, der die Herzen erforscht[3], und wo er selbst unter den Augen Gottes über sein eigenes Geschick entscheidet. Wenn er daher die geistige und unsterbliche Seele in sich anerkennt, wird er nicht durch trügerische Einbildung verspottet, die sich von bloß physischen und gesellschaftlichen Voraussetzungen herleitet, sondern erreicht im Gegenteil die tiefe Wahrheit der Wirklichkeit selbst.

**4315**  15. *(De dignitate intellectus, de veritate et de sapientia).* Recte iudicat homo, divinae mentis lumen participans, se intellectu suo universitatem rerum superare. Ingenium suum per saecula impigre exercendo ipse in scientiis empiricis, artibus technicis et liberalibus sane profecit. Nostris autem temporibus in mundo materiali praesertim investigando et sibi subiiciendo egregios obtinuit successus. Semper tamen profundiorem veritatem quaesivit et invenit. Intelligentia enim non ad sola phaenomena coarctatur, sed realitatem intelligibilem cum vera certitudine adipisci valet, etiamsi, ex sequela peccati, ex parte obscuratur et debilitatur.

15. (*Die Würde der Vernunft, die Wahrheit und die Weisheit*). Am Licht des göttlichen Geistes teilhabend, urteilt der Mensch richtig, daß er durch seine Vernunft das All der Dinge überragt. Indem er seine Geisteskraft durch Jahrhunderte hindurch unermüdlich anwandte, hat er fürwahr Fortschritte in den empirischen Wissenschaften, der Technik und seiner geistigen Bildung gemacht. In unserer Zeit aber hat er hervorragende Erfolge erzielt, indem er besonders die materielle Welt erforscht und ⟨sie⟩ sich unterworfen hat. Immer jedoch suchte und fand er eine tiefere Wahrheit. Die Vernunft beschränkt sich nämlich nicht auf die bloßen Phänomene, sondern vermag die geistig erkennbare Wirklichkeit mit wahrer Sicherheit zu erreichen, auch wenn sie infolge der Sünde zum Teil verdunkelt und geschwächt wird.

Humanae tandem personae intellectualis natura per sapientiam perficitur et perficienda est, quae mentem hominis ad vera bonaque inquirenda ac diligenda suaviter attrahit, et qua imbutus homo per visibilia ad invisibilia adducitur.

Die Vernunftnatur der menschlichen Person wird schließlich vollendet und ist zu vollenden durch die Weisheit, die den Geist des Menschen sanft zur Suche und Liebe des Wahren und Guten hinzieht; von ihr erfüllt, wird der Mensch durch das Sichtbare zum Unsichtbaren geführt.

Aetas autem nostra, magis quam saecula anteacta, tali sapientia indiget ut humaniora fiant quaecumque nova ab homine deteguntur. Periclitatur enim sors futura mundi nisi sapientiores suscitentur homines. Insuper notandum est plures nationes, bonis quidem oe-

Unsere Zeit bedarf aber mehr als die vergangenen Jahrhunderte einer solchen Weisheit, damit all das Neue, was vom Menschen entdeckt wird, humaner wird. Es gerät nämlich das künftige Geschick der Welt in Gefahr, wenn nicht weisere Menschen entste-

---

[3]    Vgl. 1 Sam 16,7; Jer 17,10.

conomicis pauperiores, sapientia vero ditiores, ceteris eximium emolumentum praestare posse.

Spiritus Sancti dono, homo ad mysterium consilii divini contemplandum et sapiendum fide accedit[1]. *[1037]*

16. *(De dignitate conscientiae moralis).* In imo conscientiae legem homo detegit, quam ipse sibi non dat, sed cui obedire debet, et cuius vox, semper ad bonum amandum et faciendum ac malum vitandum eum advocans, ubi oportet auribus cordis sonat: fac hoc, illud devita. Nam homo legem in corde suo a Deo inscriptam habet, cui parere ipsa dignitas eius est et secundum quam ipse iudicabitur[1]. Conscientia est nucleus secretissimus atque sacrarium hominis, in quo solus est cum Deo, cuius vox resonat in intimo eius[2].

Conscientia modo mirabili illa lex innotescit, quae in Dei et proximi dilectione adimpletur[3]. Fidelitate erga conscientiam christiani cum ceteris hominibus coniunguntur ad veritatem inquirendam et tot problemata moralia, quae tam in vita singulorum quam in sociali consortione exsurgunt, in veritate solvenda.

Quo magis ergo conscientia recta praevalet, eo magis personae et coetus a caeco arbitrio recedunt et normis obiectivis moralitatis conformari satagunt. Non raro tamen evenit ex ignorantia invincibili conscientiam errare, quin inde suam dignitatem amittat. Quod autem dici nequit cum homo de vero ac bono inquirendo parum curat, et conscientia ex peccati consuetudine paulatim fere obcaecatur.

hen. Zudem ist zu bemerken, daß recht viele Völker, die zwar an wirtschaftlichen Gütern verhältnismäßig arm, an Weisheit aber reicher sind, den übrigen hervorragende Hilfe leisten können.

Dank der Gabe des Heiligen Geistes kommt der Mensch im Glauben zur Betrachtung und zur Erkenntnis des Geheimnisses des göttlichen Ratschlusses[1].

16. (*Die Würde des sittlichen Gewissens*).     4316
Im Innersten seines Gewissens entdeckt der Mensch ein Gesetz, das er sich nicht selbst gibt, sondern dem er gehorchen muß und dessen Stimme ihn immer anruft, das Gute zu lieben und zu tun und das Böse zu meiden und so, wo nötig, in den Ohren des Herzens tönt: Tu dies, meide jenes. Denn der Mensch hat ein Gesetz, das von Gott seinem Herzen eingeschrieben ist, dem zu gehorchen eben seine Würde ist und gemäß dem er gerichtet werden wird[1]. Das Gewissen ist der verborgenste Kern und das Heiligtum des Menschen, in dem er allein ist mit Gott, dessen Stimme in seinem Innersten widerhallt[2].

Im Gewissen erkennt man auf wunderbare Weise jenes Gesetz, das in der Liebe zu Gott und dem Nächsten erfüllt wird[3]. Durch die Treue gegenüber dem Gewissen verbinden sich die Christen mit den übrigen Menschen, um die Wahrheit zu suchen und all die vielen sittlichen Probleme, die sowohl im Leben der einzelnen wie im gesellschaftlichen Zusammenleben entstehen, in der Wahrheit zu lösen.

Je mehr also das rechte Gewissen sich durchsetzt, desto mehr lassen die Personen und Gruppen von der blinden Willkür ab und suchen sich nach den objektiven Normen der Sittlichkeit zu richten. Nicht selten jedoch geschieht es, daß das Gewissen aus unüberwindlicher Unkenntnis irrt, ohne daß es dadurch seine Würde verliert. Das kann man aber nicht sagen, wenn der Mensch sich zu wenig darum bemüht, nach dem Wahren und Guten zu suchen, und das Gewissen aufgrund der Gewöhnung an die Sünde allmählich fast blind wird.

---

**\*4315** [1]  Vgl. Sir 17,7f.
**\*4316** [1]  Vgl. Röm 2,14–16.
          [2]  Vgl. Pius XII., Radiobotschaft über die rechte Ausbildung des christlichen Gewissens in den Jugendlichen, 23. März 1952 (AAS 44 [1952] 271).
          [3]  Vgl. Mt 22,37–40; Gal 5,14.

**4317**  17. *(De praestantia libertatis)*. At nonnisi libere homo ad bonum se convertere potest, quam libertatem coaevi nostri magni faciunt ardenterque prosequuntur: et recte sane. Saepe tamen eam pravo modo fovent, tamquam licentiam quidquid faciendi dummodo delectet, etiam malum. Vera autem libertas eximium est divinae imaginis in homine signum. Voluit enim Deus hominem relinquere in manu consilii sui[1], ita ut Creatorem suum sponte quaerat et libere ad plenam et beatam perfectionem ei inhaerendo perveniat. Dignitas igitur hominis requirit ut secundum consciam et liberam electionem agat; personaliter scilicet ab intra motus et inductus, et non sub caeco impulsu interno vel sub mera externa coactione.

Talem vero dignitatem obtinet homo cum, sese ab omni passionum captivitate liberans, finem suum in boni libera *[1038]* electione persequitur et apta subsidia efficaciter ac sollerti industria sibi procurat. Quam ordinationem ad Deum libertas hominis, a peccato vulnerata, nonnisi gratia Dei adiuvante, plene actuosam efficere potest. Unicuique autem ante tribunal Dei propriae vitae ratio reddenda erit, prout ipse sive bonum sive malum gesserit[2].

**4318**  18. *(De mysterio mortis)*. Coram morte aenigma condicionis humanae maximum evadit. Non tantum cruciatur homo dolore et corporis dissolutione progrediente, sed etiam, immo magis, perpetuae extinctionis timore. Recte autem instinctu cordis sui iudicat, cum totalem ruinam et definitivum exitum suae personae abhorret et respuit. Semen aeternitatis quod in se gerit, ad solam materiam cum irreductibile sit, contra mortem insurgit. Omnia technicae artis molimina, licet perutilia, anxietatem hominis sedare non valent: prorogata enim biologica longaevitas illi ulterioris vitae desiderio satisfacere nequit, quod cordi eius ineluctabiliter inest.

17. (*Die hohe Bedeutung der Freiheit*). Aber nur frei kann der Mensch sich zum Guten hinwenden; diese Freiheit schätzen unsere Zeitgenossen hoch und erstreben sie leidenschaftlich: und zwar mit Recht. Oft jedoch vertreten sie sie in verkehrter Weise, als Berechtigung, alles zu tun, wenn es nur gefällt, auch das Böse. Die wahre Freiheit aber ist ein erhabenes Kennzeichen des göttlichen Bildes im Menschen: Gott wollte nämlich den Menschen in der Hand seines Ratschlusses lassen[1], so daß er seinen Schöpfer aus eigenem Entscheid suche und frei zur vollen und seligen Vollendung gelange, indem er ihm anhängt. Die Würde des Menschen erfordert also, daß er in bewußter und freier Wahl handelt, das heißt personal, von innen her bewegt und geführt und nicht unter blindem inneren Drang oder unter bloßem äußeren Zwang.

Eine solche Würde aber erlangt der Mensch, wenn er sich aus aller Knechtschaft der Leidenschaften befreit und so sein Ziel in freier Wahl des Guten verfolgt und sich die geeigneten Hilfsmittel wirksam und in schöpferischem Bemühen verschafft. Die Freiheit des Menschen, die von der Sünde verwundet ist, kann nur mit Hilfe der Gnade Gottes diese Ausrichtung auf Gott hin zur vollen Wirksamkeit bringen. Jeder aber wird vor dem Richterstuhl Gottes Rechenschaft ablegen müssen für sein eigenes Leben, je nachdem, ob er Gutes oder Böses getan hat[2].

18. (*Das Geheimnis des Todes*). Angesichts des Todes wird das Rätsel des menschlichen Daseins am größten. Der Mensch wird nicht nur von Schmerz und fortschreitender Auflösung des Leibes gequält, sondern auch, ja noch mehr, von Furcht vor immerwährendem Verlöschen. Er urteilt aber im Instinkt seines Herzens richtig, wenn er die völlige Zerstörung und den endgültigen Untergang seiner Person mit Entsetzen ablehnt. Da sich der Keim der Ewigkeit, den er in sich trägt, nicht auf bloße Materie zurückführen läßt, lehnt er sich gegen den Tod auf. Alle Anstrengungen der Technik, so nützlich sie sein mögen, können die Angst des Menschen nicht beschwichtigen: die Verlängerung der

---

*4317 [1]  Vgl. Sir 15,14.
[2]  Vgl. 2 Kor 5,10.

Dum coram morte omnis imaginatio deficit, Ecclesia tamen, Revelatione divina edocta, hominem ad beatum finem, ultra terrestris miseriae limites, a Deo creatum esse affirmat. Mors insuper corporalis, a qua homo si non peccasset subtractus fuisset[1], fides christiana docet fore ut vincatur, cum homo in salutem, culpa sua perditam, ab omnipotente et miserante Salvatore restituetur. Deus enim hominem vocavit et vocat ut Ei in perpetua incorruptibilis vitae divinae communione tota sua natura adhaereat. Quam victoriam Christus, hominem a morte per mortem suam liberando, ad vitam resurgens adeptus est[2].

Cuicumque igitur recogitanti homini, fides, cum solidis argumentis oblata, in eius anxietate de sorte futura responsum offert; simulque facultatem praebet cum dilectis fratribus iam morte praereptis in Christo communicandi, spem conferens eos veram vitam apud Deum adeptos esse.

19. *(De formis et radicibus atheismi)*. Dignitatis humanae eximia ratio in vocatione hominis ad communionem cum Deo consistit. Ad colloquium cum Deo iam inde ab ortu suo invitatur homo: non enim exsistit, *[1039]* nisi quia, a Deo ex amore creatus, semper ex amore conservatur; nec plene secundum veritatem vivit, nisi amorem illum libere agnoscat et Creatori suo se committat. Multi tamen ex coaevis nostris hanc intimam ac vitalem cum Deo coniunctionem nequaquam perspiciunt aut explicite reiiciunt, ita ut atheismus inter gravissimas huius temporis res adnumerandus sit ac diligentiori examini subiiciendus.

biologischen Lebensdauer kann nämlich jenem Verlangen nach einem weiteren Leben nicht genügen, das unüberwindlich in seinem Herzen lebt.

Während angesichts des Todes jede Einbildung schwindet, bekräftigt die Kirche gleichwohl, belehrt durch die göttliche Offenbarung, daß der Mensch von Gott zu einem seligen Ziel jenseits der Grenzen des irdischen Elends geschaffen ist. Überdies lehrt der christliche Glaube, daß der leibliche Tod, dem der Mensch, hätte er nicht gesündigt, entzogen gewesen wäre[1], besiegt wird, wenn der Mensch vom allmächtigen und erbarmungsvollen Erlöser in das Heil, das durch seine Schuld verlorenging, wiedereingesetzt wird. Gott rief und ruft nämlich den Menschen, daß er ihm in der ewigen Gemeinschaft unzerstörbaren göttlichen Lebens mit seiner ganzen Natur anhange. Diesen Sieg hat Christus, indem er den Menschen durch seinen Tod vom Tod befreite, durch seine Auferstehung zum Leben errungen[2].

Jedem Menschen also, der ernsthaft nachdenkt, bietet der Glaube, mit stichhaltigen Argumenten vorgelegt, in seiner Angst vor dem künftigen Geschick eine Antwort an; und zugleich bietet er die Möglichkeit, mit den geliebten Brüdern, die schon früher vom Tod dahingerafft wurden, in Christus Gemeinschaft zu haben in der Hoffnung, daß sie das wahre Leben bei Gott erlangt haben.

19. *(Formen und Wurzeln des Atheismus)*. **4319** Ein besonderer Grund für die menschliche Würde liegt in der Berufung des Menschen zur Gemeinschaft mit Gott. Zum Dialog mit Gott wird der Mensch schon von seinem Ursprung her eingeladen: er existiert nämlich nur, weil er, von Gott aus Liebe geschaffen, immer aus Liebe erhalten wird; und er lebt nicht voll gemäß der Wahrheit, wenn er diese Liebe nicht frei anerkennt und sich seinem Schöpfer anheimgibt. Viele von unseren Zeitgenossen erkennen jedoch diese innigste und lebenskräftige Verbindung mit Gott überhaupt nicht oder verwerfen sie ausdrücklich, so daß der Atheismus zu den ernstesten Gegebenheiten dieser Zeit zu rechnen und einer sorgfältigeren Prüfung zu unterziehen ist.

---

**\*4318** [1]   Vgl. Weish 1,13; 2,23f; Röm 5,21; 6,23; Jak 1,15.
          [2]   Vgl. 1 Kor 15,56f.

Voce atheismi phaenomena inter se valde diversa designantur. Dum enim a quibusdam Deus expresse negatur, alii censent hominem nihil omnino de Eo asserere posse; alii vero quaestionem de Deo tali methodo examini subiiciunt, ut illa sensu carere videatur.

Multi, scientiarum positivarum limites indebite praetergressi, aut omnia hac sola scientifica ratione explicari contendunt aut e contra nullam omnino veritatem absolutam iam admittunt. Quidam hominem tantopere exaltant, ut fides in Deum quasi enervis fiat, magis proclives, ut videntur, ad affirmationem hominis quam ad Dei negationem. Alii Deum sibi ita effingunt, ut illud figmentum, quod repudiant, nullo modo Deus sit Evangelii. Alii quaestiones de Deo ne aggrediuntur quidem, quippe qui inquietudinem religiosam non experiri videantur nec percipiant quare de religione iam sibi curandum sit.

Atheismus praeterea non raro oritur sive ex violenta contra malum in mundo protestatione, sive ex nota ipsius absoluti quibusdam humanis bonis indebite adiudicata, ita ut ista iam loco Dei habeantur. Ipsa civilizatio hodierna, non ex se, sed utpote nimis rebus terrestribus intricata accessum ad Deum saepe difficiliorem reddere potest.

Sane qui voluntarie Deum a corde suo arcere et quaestiones religiosas devitare conantur, dictamen conscientiae suae non secuti, culpae expertes non sunt; attamen et ipsi credentes quamdam de hoc responsabilitatem saepe ferunt. Atheismus enim, integre consideratus, non est quid originarium, sed potius ex diversis causis oritur, inter quas adnumeratur etiam reactio critica contra religiones et quidem, in nonnullis regionibus, praesertim contra religionem christianam. Quapropter in hac atheismi genesi partem non parvam habere possunt credentes, quatenus neglecta fidei educatione, vel fallaci

Mit dem Wort "Atheismus" werden voneinander sehr verschiedene Phänomene bezeichnet. Während nämlich von manchen Gott ausdrücklich geleugnet wird, meinen andere, der Mensch könne überhaupt nichts über ihn aussagen; wieder andere unterziehen die Frage nach Gott unter solchen methodischen Voraussetzungen der Prüfung, daß sie ⟨von vornherein⟩ sinnlos zu sein scheint.

Viele überschreiten ungebührlich die Grenzen der positiven Wissenschaften und behaupten, alles werde nur durch diese wissenschaftliche Methode erklärt, oder sie gestehen umgekehrt überhaupt keine absolute Wahrheit mehr zu. Manche sind, wie es scheint, mehr interessiert an der Bejahung des Menschen als an der Leugnung Gottes, und erhöhen deshalb den Menschen so sehr, daß ihr Glaube an Gott gleichsam kraftlos wird. Andere machen sich ein solches Bild von Gott, daß jenes Gebilde, das sie ablehnen, keineswegs der Gott des Evangeliums ist. Andere nehmen die Fragen nach Gott nicht einmal in Angriff, da sie keine religiöse Unruhe zu erfahren scheinen und nicht begreifen, warum sie sich um Religion kümmern sollten.

Der Atheismus entsteht außerdem nicht selten aus dem heftigen Protest gegen das Böse in der Welt oder aus der unberechtigten Übertragung des Erkennungszeichens des Absoluten selbst auf gewisse menschliche Werte, so daß diese dann an die Stelle Gottes treten. Selbst die heutige Zivilisation kann oft, ⟨zwar⟩ nicht aus sich, aber durch ihre allzu große Verwicklung in irdische Dinge, den Zugang zu Gott erschweren.

Gewiß sind die, welche, dem Spruch ihres Gewissens nicht gehorchend, Gott von ihrem Herzen fernzuhalten und religiöse Fragen zu vermeiden suchen, nicht ohne Schuld; aber auch die Gläubigen selbst tragen daran oft eine gewisse Verantwortung. Denn der Atheismus ist, umfassend betrachtet, nichts Ursprüngliches, sondern er entsteht vielmehr aus verschiedenen Ursachen, zu denen auch die kritische Reaktion gegen die Religionen, und zwar in einigen Gebieten vor allem gegen die christliche Religion, zählt. Deshalb können an dieser Entstehung des Atheismus die Gläubigen einen nicht geringen Anteil

doctrinae expositione, vel etiam vitae suae religiosae, moralis ac socialis defectibus, Dei et
religionis genuinum vultum potius velare
quam revelare dicendi sint. *[1040]*

20. *(De atheismo systematico).* Atheismus
modernus formam etiam systematicam saepe
praebet, quae, praeter alias causas, optatum
autonomiae hominis eo usque perducit ut
contra qualemcumque a Deo dependentiam
difficultatem suscitet. Qui talem atheismum
profitentur, libertatem in eo esse contendunt
quod homo sibi ipse sit finis, propriae suae
historiae solus artifex et demiurgus: quod
componi non posse autumant cum agnitione
Domini, omnium rerum auctoris et finis, vel
saltem talem affirmationem plane super-
fluam reddere. Cui doctrinae favere potest
sensus potentiae quem hodiernus progressus
technicus homini confert.

Inter formas hodierni atheismi illa non
praetermittenda est, quae liberationem hominis praesertim ex eius liberatione oeconomica et sociali exspectat. Huic autem libera-
tioni religionem natura sua obstare contendit, quatenus, in futuram fallacemque vitam
spem hominis erigens, ipsum a civitatis terrestris aedificatione deterreret. Unde fautores
talis doctrinae, ubi ad regimen reipublicae accedunt, religionem vehementer oppugnant,
atheismum diffundentes etiam adhibitis,
praesertim in iuvenum educatione, illis pres-
sionis mediis, quibus potestas publica pollet.

21. *(De habitudine Ecclesiae ad atheismum).* Ecclesia, fideliter tum Deo tum hominibus addicta, desistere non potest quin
dolenter perniciosas illas doctrinas actiones-
que, quae rationi et communi experientiae
humanae contradicunt hominemque ab in-
nata eius excellentia deiiciunt, omni firmitate
reprobet, sicut antehac reprobavit[1].

haben, insofern man sagen muß, daß sie
durch Vernachlässigung der Glaubenserziehung, durch mißverständliche Darstellung
der Lehre oder auch durch die Mängel ihres
religiösen, sittlichen und gesellschaftlichen
Lebens das echte Antlitz Gottes und der Religion eher verhüllen als offenbaren.

20. *(Der systematische Atheismus).* Der **4320**
moderne Atheismus zeigt oft auch eine systematische Form, die, neben anderen Ursachen, das Verlangen des Menschen nach Autonomie so weit treibt, daß er Abneigung gegen jedwede Abhängigkeit von Gott erzeugt.
Die Vertreter eines solchen Atheismus behaupten, die Freiheit bestehe darin, daß der
Mensch sich selbst Ziel und alleiniger Gestalter und Schöpfer seiner eigenen Geschichte sei. Das aber, so behaupten sie, könne nicht vereinbart werden mit der Anerkennung des Herrn, des Urhebers und Ziels aller
Dinge, oder mache wenigstens eine solche
Bejahung völlig überflüssig. Diese Lehre
kann begünstigt werden durch das Erlebnis
der Macht, das der heutige technische Fortschritt dem Menschen verleiht.

Unter den Formen des heutigen Atheismus darf jene nicht übergangen werden, die
die Befreiung des Menschen vor allem von
seiner wirtschaftlichen und gesellschaftlichen Befreiung erwartet. Dieser Befreiung
aber steht, so behauptet er, die Religion ihrer
Natur nach im Wege, insofern sie die Hoffnung des Menschen auf ein künftiges und
trügerisches Leben richte und ihn dadurch
vom Aufbau der irdischen Gesellschaft ab-
schrecke. Daher bekämpfen die Anhänger
dieser Lehre, wo sie an die Regierung eines
Gemeinwesens kommen, die Religion heftig,
indem sie den Atheismus ausbreiten, auch
unter Anwendung – vor allem in der Erziehung der Jugend – jener Druckmittel, über
die die öffentliche Gewalt verfügt.

21. *(Die Haltung der Kirche zum Atheis-* **4321**
*mus).* Die Kirche kann, sowohl Gott als auch
den Menschen treu zugetan, nicht aufhören,
voll Schmerz jene verderblichen Lehren und
Maßnahmen, die der Vernunft und der allgemein menschlichen Erfahrung widersprechen und den Menschen seiner angeborenen
Erhabenheit berauben, mit aller Festigkeit zu

Abditas tamen in atheorum mente negationis Dei causas deprehendere conatur et, de gravitate quaestionum quas atheismus excitat conscia necnon caritate erga omnes homines ducta, eas serio ac profundiori examini subiiciendas esse censet.

Tenet Ecclesia agnitionem Dei dignitati hominis nequaquam opponi, cum huiusmodi dignitas in ipso Deo fundetur et perficiatur: homo enim *[1041]* a Deo creante intelligens ac liber in societate constituitur; sed praesertim ad ipsam Dei communionem ut filius vocatur et ad Ipsius felicitatem participandam.

Docet praeterea per spem eschatologicam momentum munerum terrestrium non minui, sed potius eorum adimpletionem novis motivis fulciri. Deficientibus e contra fundamento divino et spe vitae aeternae, hominis dignitas gravissime laeditur, ut saepe hodie constat, atque vitae et mortis, culpae et doloris aenigmata sine solutione manent, ita ut homines in desperationem non raro deiiciantur.

Omnis homo interea sibi ipsi remanet quaestio insoluta, subobscure percepta. Nemo enim quibusdam momentis, praecipue in maioribus vitae eventibus, praefatam interrogationem omnino effugere valet. Cui quaestioni solus Deus plene et omni certitudine responsum affert, qui ad altiorem cogitationem et humiliorem inquisitionem hominem vocat.

Remedium autem atheismo afferendum, cum a doctrina apte exposita, tum ab integra Ecclesiae eiusque membrorum vita exspectandum est. Ecclesiae enim est Deum Patrem eiusque Filium incarnatum praesentem et quasi visibilem reddere, ductu Spiritus Sancti sese indesinenter renovando et purificando[2].

verwerfen, wie sie sie auch bisher verworfen hat[1].

Jedoch versucht sie, die in der Geisteshaltung der Atheisten verborgenen Gründe für die Leugnung Gottes zu erfassen, und ist im Bewußtsein des Gewichts der Fragen, die der Atheismus aufwirft, wie auch um der Liebe zu allen Menschen willen der Meinung, daß diese ⟨Gründe⟩ einer ernsten und gründlicheren Prüfung unterzogen werden müssen.

Die Kirche hält daran fest, daß die Anerkennung Gottes der Würde des Menschen keineswegs widerstreitet, da diese Würde in Gott selbst gründet und vollendet wird: der Mensch wird nämlich vom Schöpfergott vernunftbegabt und frei in die Gesellschaft gestellt; vor allem aber ist er als sein Kind zur Gemeinschaft mit Gott selbst und zur Teilhabe an seiner Seligkeit berufen.

Sie lehrt außerdem, daß durch die eschatologische Hoffnung die Bedeutung der irdischen Aufgaben nicht gemindert, sondern vielmehr ihre Erfüllung durch neue Motive gestützt wird. Wenn dagegen das göttliche Fundament und die Hoffnung auf das ewige Leben schwinden, wird die Würde des Menschen aufs schwerste verletzt, wie sich heute oft bestätigt, und die Rätsel von Leben und Tod, Schuld und Schmerz bleiben ohne Lösung, so daß die Menschen nicht selten in Verzweiflung gestürzt werden.

Jeder Mensch bleibt sich selbst indessen eine ungelöste Frage, die er dunkel spürt. Denn niemand vermag in gewissen Augenblicken, besonders in den bedeutenderen Ereignissen des Lebens, der vorgenannten Frage gänzlich zu entfliehen. Auf diese Frage kann allein Gott vollständig und mit ganzer Sicherheit Antwort geben, der den Menschen zu tieferem Nachdenken und demütigerem Suchen aufruft.

Das Heilmittel gegen den Atheismus aber ist sowohl von einer geeigneten Darlegung der Lehre als auch vom integren Leben der Kirche und ihrer Glieder zu erwarten. Denn es ist Aufgabe der Kirche, Gott, den Vater, und seinen fleischgewordenen Sohn gegenwärtig und gleichsam sichtbar zu machen, in-

---

*4321 [1]   Vgl. Pius XI., Enzyklika *"Divini Redemptoris"*, 19. März 1937 (AAS 29 [1937] 65–106); Pius XII., Enzyklika *"Ad Apostolorum Principis"*, 29. Juni 1958 (AAS 50 [1958] 601–614); Johannes XXIII., Enzyklika *"Mater et Magistra"*, 15. Mai 1961 (AAS 53 [1961] 451–453); Paul VI., Enzyklika *"Ecclesiam suam"*, 6. Aug. 1964 (AAS 56 [1964] 651–653).

Id imprimis obtinetur testimonio fidei vivae et maturae, ad hoc scilicet educatae ut difficultates lucide perspicere valeat easque superare. Huius fidei testimonium praeclarum plurimi martyres reddiderunt et reddunt. Quae fides suam fecunditatem manifestare debet, credentium integram vitam, etiam profanam, penetrando, eosque ad iustitiam et amorem, praesertim erga egentes, movendo. Ad praesentiam Dei manifestandam maxime denique confert caritas fraterna fidelium, qui spiritu unanimes collaborant fidei Evangelii[3], et signum unitatis se exhibent.

Ecclesia vero, etiamsi atheismum omnino reiicit, sincere tamen profitetur homines omnes, credentes et non credentes, ad hunc mundum, in quo communiter vivunt, recte aedificandum opem conferre debere: quod certe fieri non potest sine sincero et prudenti colloquio. Conqueritur igitur de discrimine inter credentes et non credentes, quod quidam civitatum rectores, personae humanae iura fundamentalia non agnoscentes, iniuste inducunt. Pro credentibus vero actuosam libertatem *[1042]* expostulat ut in hoc mundo etiam Dei templum exstruere sinantur. Atheos autem humaniter invitat ut Evangelium Christi corde aperto considerent.

Apprime etenim novit Ecclesia nuntium suum cum secretissimis humani cordis desideriis concordare, cum vocationis humanae dignitatem vindicat, illis qui iam de altiore sua sorte desperant spem restituens. Nuntium eius, nedum hominem minuat, lucem, vitam et libertatem ad eius profectum fundit; atque praeter illud nihil cordi hominis satisfacere valet: "Fecisti nos ad Te", Domine, "et inquietum est cor nostrum, donec requiescat in Te"[4].

dem sie sich unter der Führung des Heiligen Geistes unaufhörlich erneuert und reinigt[2].

Das wird vor allem erreicht durch das Zeugnis eines lebendigen und reifen Glaubens, der nämlich so weit ausgebildet ist, daß er die Schwierigkeiten klar zu durchschauen und sie zu überwinden vermag. Ein leuchtendes Zeugnis dieses Glaubens gaben und geben all die vielen Märtyrer. Dieser Glaube muß seine Fruchtbarkeit bekunden, indem er das gesamte Leben der Gläubigen, auch das profane, durchdringt und sie zu Gerechtigkeit und Liebe, vor allem gegenüber den Bedürftigen, bewegt. Dazu, daß Gottes Gegenwart offenbar werde, trägt schließlich besonders die brüderliche Liebe der Gläubigen bei, die im Geist einmütig zusammenarbeiten für den Glauben an das Evangelium[3] und sich als Zeichen der Einheit erweisen.

Auch wenn die Kirche aber den Atheismus uneingeschränkt verwirft, so bekennt sie doch aufrichtig, daß alle Menschen, Glaubende und Nichtglaubende, zum richtigen Aufbau dieser Welt, in der sie gemeinsam leben, beitragen müssen: das kann gewiß nicht geschehen ohne einen aufrichtigen und klugen Dialog. Deshalb klagt sie über die Diskriminierung zwischen Glaubenden und Nichtglaubenden, die manche Staatslenker in Nichtachtung der Grundrechte der menschlichen Person ungerechterweise einführen. Für die Glaubenden aber verlangt die Kirche Handlungsfreiheit, damit man sie in dieser Welt auch den Tempel Gottes errichten läßt. Die Atheisten aber lädt sie herzlich ein, das Evangelium Christi mit offenem Herzen zu betrachten.

Denn die Kirche weiß sehr genau, daß ihre Botschaft mit den verborgensten Wünschen des menschlichen Herzens übereinstimmt, wenn sie die Würde der menschlichen Berufung verteidigt und denen, die schon an ihrer höheren Bestimmung verzweifeln, die Hoffnung wiedergibt. Ihre Botschaft mindert nicht nur den Menschen nicht, sondern verbreitet, um ihn zu fördern, Licht, Leben und Freiheit; und außer ihr vermag nichts dem Menschenherzen zu genügen: "Du hast uns auf dich hin gemacht", o

---

[2]   Vgl. 2. Vatikanisches Konzil, Dogmatische Konstitution über die Kirche "*Lumen gentium*", Nr. 8 (AAS 57 [1965] 12; \*4120).
[3]   Vgl. Phil 1,27.

Herr, "und unruhig ist unser Herz, bis es ruht in dir"[4].

**4322**    22. *(De Christo novo Homine).* Reapse nonnisi in mysterio Verbi incarnati mysterium hominis vere clarescit. Adam enim, primus homo, erat figura futuri[1], scilicet Christi Domini. Christus, novissimus Adam, in ipsa revelatione mysterii Patris Eiusque amoris, hominem ipsi homini plene manifestat eique altissimam eius vocationem patefacit. Nil igitur mirum in Eo praedictas veritates suum invenire fontem atque attingere fastigium.

Qui est "imago Dei invisibilis" [*Col 1,15*][2], Ipse est homo perfectus, qui Adae filiis similitudinem divinam, inde a primo peccato deformatam, restituit. Cum in Eo natura humana assumpta, non perempta sit[3], eo ipso etiam in nobis ad sublimem dignitatem evecta est. Ipse enim, Filius Dei, incarnatione sua cum omni homine quodammodo Se univit. Humanis manibus opus fecit, humana mente cogitavit, humana voluntate egit[4], humano corde dilexit. Natus de Maria *[1043]* Virgine, vere unus ex nostris factus est, in omnibus nobis similis excepto peccato[5].

Agnus innocens, sanguine suo libere effuso, vitam nobis meruit, in Ipsoque Deus nos Sibi et inter nos reconciliavit[6] et a servitute diaboli ac peccati eripuit, ita ut unusquisque nostrum cum Apostolo dicere possit: Filius Dei "dilexit me et tradidit semetipsum

22. (*Christus, der neue Mensch*). Tatsächlich klärt sich nur im Geheimnis des fleischgewordenen Wortes das Geheimnis des Menschen wahrhaft auf. Denn Adam, der erste Mensch, war das Urbild des künftigen[1], nämlich Christi, des Herrn. Christus, der schlechthin neue Adam, macht eben in der Offenbarung des Geheimnisses des Vaters und seiner Liebe dem Menschen selbst den Menschen voll kund und erschließt ihm seine höchste Berufung. ⟨Es ist⟩ also nicht verwunderlich, daß in ihm die vorgenannten Wahrheiten ihren Ursprung finden und ihren Gipfelpunkt erreichen.

Der "das Bild des unsichtbaren Gottes" [*Kol 1,15*][2] ist, ist zugleich der vollkommene Mensch, der den Kindern Adams die Gottebenbildlichkeit wiederherstellte, die von der ersten Sünde her verunstaltet war. Da in ihm die menschliche Natur angenommen, nicht aufgehoben wurde[3], ist sie eben dadurch auch in uns zu erhabener Würde erhöht worden. Denn er, der Sohn Gottes, hat sich in seiner Fleischwerdung gewissermaßen mit jedem Menschen vereinigt. Mit menschlichen Händen hat er gearbeitet, mit menschlichem Geist gedacht, mit einem menschlichen Willen gehandelt[4], mit einem menschlichen Herzen geliebt. Geboren von Maria, der Jungfrau, ist er in Wahrheit einer aus uns geworden, in allem uns gleich außer der Sünde[5].

Als unschuldiges Lamm hat er freiwillig sein Blut vergossen und uns Leben erworben; in ihm hat Gott uns mit sich und untereinander versöhnt[6] und der Knechtschaft des Teufels und der Sünde entrissen, so daß jeder von uns mit dem Apostel sagen kann: Der

---

⁴    Augustinus, *Confessiones* I 1 (PL 32,661 / L. Verheijen: CpChL 27 [1981] 1).
**\*4322** ¹  Vgl. Röm 5,14. Vgl. Tertullian, *De carnis resurrectione* 6: "Als was auch immer nämlich der Lehm geformt wurde, es war auf Christus hin gedacht, den künftigen Menschen" ("Quodcumque enim limus exprimebatur, Christus cogitabatur homo futurus": PL 2,802 / CSEL 47,33₁₂f / J.G.Ph. Borleffs: CpChL 2 [1954] 928₁₂f).
   ²   Vgl. 2 Kor 4,4.
   ³   Vgl. 2. Konzil von Konstantinopel (553), Kan. 7: "... ohne daß das Wort in die Natur des Fleisches verwandelt wurde oder das Fleisch in die Natur des Wortes überging" (\*428); vgl. auch 3. Konzil von Konstantinopel (681): "... denn wie sein ganzheiliges und makelloses beseeltes Fleisch trotz seiner Vergöttlichung nicht aufgehoben wurde, sondern in der ihm eigenen Abgrenzung und dem ihm eigenen Begriff verblieb" (\*556). – Vgl. Konzil von Chalkedon (451): "... der in zwei Naturen unvermischt, unveränderlich, ungetrennt und unteilbar erkannt wird" (\*302).
   ⁴   Vgl. 3. Konzil von Konstantinopel: "... so wurde auch sein menschlicher Wille trotz seiner Vergöttlichung nicht aufgehoben" (\*556).
   ⁵   Vgl. Hebr 4,15.
   ⁶   Vgl. 2 Kor 5,18f; Kol 1,20–22.

pro me" [*Gal 2,20*]. Pro nobis patiendo non solummodo exemplum praebuit ut sequamur vestigia Eius[7], sed et viam instauravit, quam dum sequimur, vita et mors sanctificantur novumque sensum accipiunt.

Christianus autem homo, conformis imagini Filii factus qui est Primogenitus in multis fratribus[8], "primitias Spiritus" [*Rm 8,23*] accipit, quibus capax fit legem novam amoris adimplendi[9]. Per hunc Spiritum, qui est "pignus hereditatis" [*Eph 1,14*], totus homo interius restauratur, usque ad "redemptionem corporis" [*Rm 8,23*]: "Si Spiritus Eius, qui suscitavit Iesum a mortuis, habitat in vobis: qui suscitavit Iesum Christum a mortuis, vivificabit et mortalia corpora vestra, propter inhabitantem Spiritum eius in vobis" [*Rm 8,11*][10].

Christianum certe urgent necessitas et officium contra malum per multas tribulationes certandi necnon mortem patiendi; sed mysterio paschali consociatus, Christi morti configuratus, ad resurrectionem spe roboratus occurret[11].

Quod non tantum pro christifidelibus valet, sed et pro omnibus hominibus bonae voluntatis in quorum corde gratia invisibili modo operatur[12]. Cum enim pro omnibus mortuus sit Christus[13] cumque vocatio hominis ultima revera una sit, scilicet divina, tenere debemus Spiritum Sanctum cunctis possibilitatem offerre ut, modo Deo cognito, huic paschali mysterio consocientur. *[1044]*

Tale et tantum est hominis mysterium, quod per Revelationem christianam credentibus illucescit. Per Christum et in Christo, igitur, illuminatur aenigma doloris et

Sohn Gottes "hat mich geliebt und sich selbst für mich dahingegeben" [*Gal 2,20*]. Durch sein Leiden für uns hat er nicht nur ein Beispiel gegeben, daß wir seinen Spuren folgen[7], sondern er hat auch den Weg gebahnt, dem wir folgen müssen, damit Leben und Tod geheiligt werden und neue Bedeutung erhalten.

Der christliche Mensch aber empfängt, gleichförmig geworden dem Bild des Sohnes, der der Erstgeborene unter vielen Brüdern ist[8], "die Erstlingsgaben des Geistes" [*Röm 8,23*], durch die er fähig wird, das neue Gesetz der Liebe zu erfüllen[9]. Durch diesen Geist, der das "Pfand des Erbes" [*Eph 1,14*] ist, wird der ganze Mensch innerlich erneuert bis zur "Erlösung des Leibes" [*Röm 8,23*]: "Wenn der Geist dessen, der Jesus von den Toten erweckt hat, in euch wohnt, wird er, der Jesus Christus von den Toten erweckt hat, auch eure sterblichen Leiber lebendig machen wegen seines in euch wohnenden Geistes" [*Röm 8,11*][10].

Auf dem Christen liegen gewiß die Notwendigkeit und die Pflicht, gegen das Böse durch viele Anfechtungen hindurch anzukämpfen sowie den Tod zu ertragen; aber dem österlichen Geheimnis verbunden und dem Tod Christi gleichgestaltet, geht er, durch Hoffnung gestärkt, der Auferstehung entgegen[11].

Das gilt nicht nur für die Christgläubigen, sondern auch für alle Menschen guten Willens, in deren Herz die Gnade auf unsichtbare Weise wirkt[12]. Da nämlich Christus für alle gestorben ist[13] und da es in Wahrheit nur eine letzte Berufung des Menschen gibt, nämlich die göttliche, müssen wir festhalten, daß der Heilige Geist allen die Möglichkeit anbietet, sich mit diesem österlichen Geheimnis in einer Gott bekannten Weise zu verbinden.

Solcher Art und so groß ist das Geheimnis des Menschen, das durch die christliche Offenbarung den Glaubenden aufleuchtet. Durch Christus und in Christus also wird das

---

[7] Vgl. 1 Petr 2,21; Mt 16,24; Lk 14,27.
[8] Vgl. Röm 8,29; Kol 1,18.
[9] Vgl. Röm 8,1-11.
[10] Vgl. 2 Kor 4,14.
[11] Vgl. Phil 3,10; Röm 8,17.
[12] Vgl. 2. Vatikanisches Konzil, Dogmatische Konstitution über die Kirche "*Lumen gentium*", Nr. 16 (AAS 57 [1965] 20; *4140).
[13] Vgl. Röm 8,32.

mortis, quod extra Eius Evangelium nos obruit. Christus resurrexit, morte sua mortem destruens, vitamque nobis largitus est[14] ut, filii in Filio, clamemus in Spiritu: Abba, Pater![15]

Rätsel von Schmerz und Tod erhellt, das uns außerhalb seines Evangeliums zugrunde richtet. Christus ist auferstanden, hat durch seinen Tod den Tod vernichtet und uns das Leben geschenkt[14], auf daß wir, Söhne im Sohn, im Geist rufen: Abba, Vater![15]

CAPUT II: DE HOMINUM COMMUNITATE

ZWEITES KAPITEL: DIE GEMEINSCHAFT DER MENSCHEN

**4323**     23. *(Quid Concilium intendat).* Inter praecipuos mundi hodierni aspectus, mutuarum inter homines necessitudinum multiplicatio adnumeratur, ad quam evolvendam hodierni technici progressus plurimum conferunt. Tamen fraternum hominum colloquium non in istis progressibus, sed profundius in personarum communitate perficitur, quae mutuam reverentiam erga plenam earum dignitatem spiritualem exigit. Ad hanc vero communionem inter personas promovendam, Revelatio christiana magnum subsidium affert, simulque ad altiorem vitae socialis legum intelligentiam nos perducit quas Creator in natura spirituali ac morali hominis inscripsit.

23. (*Was das Konzil beabsichtigt*). Zu den wichtigsten Aspekten der heutigen Welt zählt die Vermehrung der Beziehungen unter den Menschen, zu deren Entwicklung die heutigen technischen Fortschritte ungemein viel beitragen. Doch das brüderliche Gespräch der Menschen verwirklicht sich nicht in diesen Fortschritten, sondern grundlegender in der Gemeinschaft von Personen, die die gegenseitige Ehrfurcht vor ihrer ganzen geistigen Würde erfordert. Zur Förderung dieser Gemeinschaft unter den Personen aber bietet die christliche Offenbarung eine große Hilfe, und gleichzeitig führt sie uns zu einem tieferen Verständnis der Gesetze des gesellschaftlichen Lebens, die der Schöpfer in die geistliche und sittliche Natur des Menschen eingeschrieben hat.

Quoniam autem recentiora Ecclesiae Magisterii documenta christianam de societate humana doctrinam fusius exposuerunt[1], Concilium quasdam tantum principaliores veritates in memoriam revocat earumque fundamenta sub luce Revelationis exponit. Deinde in quaedam consectaria insistit quae nostris diebus maioris sunt momenti.

Weil aber neuere Dokumente des Lehramts der Kirche die christliche Lehre über die menschliche Gesellschaft ziemlich ausführlich dargelegt haben[1], ruft das Konzil nur einige Hauptwahrheiten wieder in Erinnerung und stellt deren Grundlagen im Licht der Offenbarung dar. Sodann legt es Nachdruck auf einige Folgerungen, die in unseren Tagen von größerer Bedeutung sind.

**4324**     24. *(De indole communitaria vocationis humanae in consilio Dei).* Deus, qui paternam curam omnium habet, voluit ut cuncti homines unam efficerent familiam fraternoque animo se invicem tractarent. Omnes *[1045]* enim creati ad imaginem Dei, qui fecit "ex uno omne genus hominum inhabitare super universam faciem terrae" [*Act 17,26*], ad unum eumdemque finem, id est ad Deum ipsum, vocantur.

24. (*Der Gemeinschaftscharakter der menschlichen Berufung im Ratschluß Gottes*). Gott, der für alle väterliche Sorge trägt, wollte, daß alle Menschen e i n e Familie bilden und in brüderlicher Gesinnung miteinander umgehen. Weil nämlich alle nach dem Bild Gottes geschaffen sind, der gemacht hat, daß "aus einem das ganze Menschengeschlecht auf dem gesamten Antlitz der Erde wohnt" [*Apg 17,26*], sind alle zu ein und demselben Ziel, das heißt zu Gott selbst, berufen.

---

[14]  Vgl. die byzantinische Osterliturgie.
[15]  Vgl. Röm 8,15; Gal 4,6; Joh 1,12; 1 Joh 3,1.
**\*4323** [1]  Vgl. Johannes XXIII., Enzyklika "*Mater et Magistra*", 15. Mai 1961 (AAS 53 [1961] 401–464; *3935–3953); Enzyklika "*Pacem in terris*", 11. April 1963 (AAS 55 [1963] 257–304; *3955–3997); Paul VI., Enzyklika "*Ecclesiam suam*", 6. Aug. 1964 (AAS 56 [1964] 609–659).

Quapropter dilectio Dei et proximi primum et maximum mandatum est. A Sacra autem Scriptura docemur Dei amorem a proximi amore seiungi non posse: "... si quod est aliud mandatum, in hoc verbo instauratur: Diliges proximum tuum sicut teipsum ... Plenitudo ergo legis est dilectio" [*Rm 13,9s; cf. 1 Io 4,20*]. Quod vero hominibus magis in dies ab invicem dependentibus atque mundo magis in dies unificato maximi comprobatur esse momenti.

Immo Dominus Iesus, quando Patrem orat ut "omnes unum sint ...", sicut et nos unum sumus" [*Io 17,21s*], prospectus praebens humanae rationi impervios, aliquam similitudinem innuit inter unionem personarum divinarum et unionem filiorum Dei in veritate et caritate. Haec similitudo manifestat hominem, qui in terris sola creatura est quam Deus propter seipsam voluerit, plene seipsum invenire non posse nisi per sincerum sui ipsius donum[1].

25. (*De interdependentia humanae personae et humanae societatis*). Ex sociali hominis indole apparet humanae personae profectum et ipsius societatis incrementum ab invicem pendere. Etenim principium, subiectum et finis omnium institutorum socialium est et esse debet humana persona, quippe quae, suapte natura, vita sociali omnino indigeat[1]. Cum igitur vita socialis non sit homini quid adventicium, ideo commercio cum aliis, mutuis officiis, colloquio cum fratribus, quoad omnes suas dotes grandescit homo, et suae vocationi respondere potest.

Ex socialibus vinculis, quae homini excolendo necessaria sunt, alia, uti familia et communitas politica, intimae eius naturae immediatius congruunt; alia potius ex eius li-

Deswegen ist die Liebe zu Gott und zum Nächsten das erste und größte Gebot. Von der Heiligen Schrift aber werden wir belehrt, daß die Liebe zu Gott nicht von der Liebe zum Nächsten getrennt werden kann: "... wenn es ein anderes Gebot gibt, so ist es in diesem Wort enthalten: Du sollst deinen Nächsten lieben wie dich selbst. ... Die Fülle des Gesetzes also ist die Liebe" [*Röm 13,9f; vgl. 1 Joh 4,20*]. Das ist aber offenkundig von größter Bedeutung für die täglich mehr voneinander abhängig werdenden Menschen und für eine täglich mehr eins werdende Welt.

Ja, wenn der Herr Jesus den Vater bittet, daß "alle eins seien ...", wie auch wir eins sind" [*Joh 17,21f*], und damit Ausblicke gewährt, die der menschlichen Vernunft unzugänglich sind, deutet er eine gewisse Ähnlichkeit an zwischen der Einheit der göttlichen Personen und der Einheit der Kinder Gottes in der Wahrheit und der Liebe. Diese Ähnlichkeit macht offenbar, daß der Mensch, der auf Erden das einzige Geschöpf ist, das Gott um seiner selbst willen gewollt hat, sich selbst nur durch die aufrichtige Hingabe seiner selbst vollkommen finden kann[1].

25. (*Die gegenseitige Abhängigkeit von menschlicher Person und menschlicher Gesellschaft*). Aus der gesellschaftlichen Natur des Menschen wird deutlich, daß der Fortschritt der menschlichen Person und das Wachstum der Gesellschaft als solcher voneinander abhängen. Grund, Träger und Ziel aller gesellschaftlichen Institutionen ist nämlich und muß sein die menschliche Person, die ja ihrer Natur nach des gesellschaftlichen Lebens durchaus bedarf[1]. Da also das gesellschaftliche Leben für den Menschen nicht etwas ⟨äußerlich⟩ Hinzukommendes ist, wächst der Mensch in bezug auf alle seine Anlagen und kann seiner Berufung entsprechen durch den Umgang mit anderen, durch gegenseitige Dienstleistungen und durch das Gespräch mit den Brüdern.

Von den gesellschaftlichen Bindungen, die für die Entwicklung des Menschen notwendig sind, hängen die einen, wie die Familie und die politische Gemeinschaft, unmittel-

4325

---

*4324 [1] Vgl. Lk 17,33.
*4325 [1] Vgl. Thomas von Aquin, *Sententiae I libri Ethicorum*, lectio 1 (Editio Leonina 47,3–6).

bera voluntate procedunt. Nostra hac aetate, variis de causis, mutuae necessitudines et interdependentiae in dies multiplicantur; unde diversa oriuntur consociationes et instituta sive publici sive privati iuris. Hoc autem factum, quod socializatio nuncupatur, licet periculis sane non careat, multa tamen secum *[1046]* emolumenta affert ad confirmandas et augendas humanae personae qualitates eiusque iura tuenda[2].

Sed si personae humanae ad suam vocationem adimplendam, etiam religiosam, ex hac vita sociali multum accipiunt, negari tamen nequit homines ex adiunctis socialibus in quibus vivunt et, inde ab infantia, immerguntur, saepe a bono faciendo averti et ad malum impelli. Certum est perturbationes, tam frequenter in ordine sociali occurrentes, ex ipsa formarum oeconomicarum, politicarum et socialium tensione pro parte provenire. Sed penitius ex hominum superbia et egoismo oriuntur, quae etiam ambitum socialem pervertunt. Ubi autem ordo rerum sequelis peccati afficitur, homo, proclivis ad malum natus, nova deinde ad peccatum incitamenta invenit, quae, sine strenuis gratia adiuvante conatibus, superari nequeunt.

**4326**    26. *(De bono communi promovendo).* Ex interdependentia in dies strictiore et paulatim ad mundum universum diffusa sequitur bonum commune – seu summam eorum vitae socialis condicionum quae tum coetibus, tum singulis membris permittunt ut propriam perfectionem plenius atque expeditius consequantur – hodie magis magisque universale evadere, et exinde iura officiaque implicare, quae totum humanum genus respiciunt. Quilibet coetus necessitatum et legitimarum appetitionum aliorum coetuum,

barer mit seiner innersten Natur zusammen; andere gehen eher aus seinem freien Willen hervor. In dieser unserer Zeit mehren sich täglich aus mannigfachen Gründen die gegenseitigen Beziehungen und Abhängigkeiten; daraus entstehen verschiedene Verbindungen und Institutionen öffentlichen oder privaten Rechts. Obschon aber diese Tatsache, die man als Sozialisation bezeichnet, gewiß nicht ohne Gefahren ist, bringt sie doch viele Vorteile für die Festigung und Förderung der Eigenschaften der menschlichen Person und den Schutz ihrer Rechte mit sich[2].

Wenn aber die menschlichen Personen zur Erfüllung ihrer Berufung, auch der religiösen, von diesem gesellschaftlichen Leben viel empfangen, so kann dennoch nicht geleugnet werden, daß die Menschen aus den gesellschaftlichen Verhältnissen heraus, in denen sie leben und in die sie von Kindheit an eingetaucht sind, oft vom Tun des Guten abgelenkt und zum Bösen angetrieben werden. Sicher stammen die so häufig in der gesellschaftlichen Ordnung vorkommenden Störungen zum Teil aus der Spannung in den wirtschaftlichen, politischen und gesellschaftlichen Gebilden selbst. Doch ihre tiefere Wurzel haben sie im Stolz und Egoismus der Menschen, die auch das gesellschaftliche Umfeld verderben. Sobald aber die Ordnung der Dinge von den Folgen der Sünde betroffen wird, findet der mit Neigung zum Bösen geborene Mensch wieder neue Antriebe zur Sünde, die ohne ernsthafte Bemühungen mit Hilfe der Gnade nicht überwunden werden können.

26. (*Förderung des Gemeinwohls*). Aus der täglich engeren und allmählich über die gesamte Welt verbreiteten gegenseitigen Abhängigkeit folgt, daß das Gemeinwohl – bzw. die Gesamtheit jener Bedingungen des gesellschaftlichen Lebens, die sowohl den Gruppen als auch den einzelnen Gliedern ermöglichen, die eigene Vollendung voller und leichter zu erreichen – heute mehr und mehr allumfassend wird und deshalb Rechte und Pflichten in sich begreift, die das ganze Menschengeschlecht betreffen. Jede Gruppe muß

---

[2]    Vgl. Johannes XXIII., Enzyklika "*Mater et Magistra*" (AAS 53 [1961] 418); Pius XI., Enzyklika "*Quadragesimo anno*", 15. Mai 1931 (AAS 23 [1931] 222-224).

immo boni communis totius familiae humanae, rationem habere debet[1].

Simul vero conscientia crescit eximiae
dignitatis quae personae humanae competit,
cum ipsa rebus omnibus praestet, et eius iura
officiaque universalia sint atque inviolabilia.
Oportet ergo ut ea omnia homini pervia reddantur, quibus ad vitam vere humanam ge-
rendam indiget, ut sunt victus, vestitus, ha-
bitatio, ius ad statum vitae libere eligendum
et ad familiam condendam, ad educationem,
ad laborem, ad bonam famam, ad reverentiam, ad congruam informationem, ad agendum iuxta rectam suae conscientiae normam,
ad vitae privatae protectionem atque ad iustam libertatem etiam in re religiosa.

Ordo socialis igitur eiusque progressus in
bonum personarum *[1047]* indesinenter cedere debent, siquidem rerum ordinatio ordini
personarum subiicienda est et non e converso, ipso Domino id innuente cum dixerit sabbatum propter hominem factum esse et non
hominem propter sabbatum[2].

Ordo ille in dies evolvendus, in veritate
fundandus, in iustitia aedificandus, amore vi-
vificandus est; in libertate autem aequi-
librium in dies humanius invenire debet[3]. Ad
haec autem implenda mentis renovatio atque
amplae societatis immutationes inducendae
sunt.

Spiritus Dei, qui mirabili providentia
temporum cursum dirigit et faciem terrae renovat, huic evolutioni adest. Evangelicum autem fermentum in corde hominis irrefrena-
bilem dignitatis exigentiam excitavit atque
excitat.

27. *(De reverentia erga personam humanam).* Ad practica urgentioraque consectaria
descendens, Concilium reverentiam inculcat
erga hominem, ita ut singuli proximum, nul-

auf die Bedürfnisse und berechtigten Ansprüche anderer Gruppen, ja auf das Gemeinwohl der ganzen Menschheitsfamilie
Rücksicht nehmen[1].

Zugleich wächst aber das Bewußtsein der
erhabenen Würde, die der menschlichen Person zukommt, da sie alle Dinge überragt und
ihre Rechte und Pflichten allgemein und unverletzlich sind. Es muß also all das dem
Menschen zugänglich gemacht werden, was
er für eine wahrhaft menschliche Lebensführung braucht, wie Nahrung, Kleidung, Wohnung, das Recht auf eine freie Wahl des Le-
bensstandes und auf Familiengründung, auf
Erziehung, auf Arbeit, auf guten Ruf, auf
Achtung und auf angemessene Information,
⟨das Recht⟩ zum Handeln nach der rechten
Norm seines Gewissens, ⟨das Recht⟩ auf
Schutz des Privatlebens und auf die rechte
Freiheit auch im religiösen Bereich.

Die gesellschaftliche Ordnung und ihr
Fortschreiten müssen sich unaufhörlich am
Wohl der Personen ausrichten; denn die Ordnung der Dinge ist der Ordnung der Personen zu unterwerfen und nicht umgekehrt,
wie der Herr selbst es andeutete, als er sagte,
der Sabbat sei um des Menschen willen geschaffen und nicht der Mensch um des Sab-
bats willen[2].

Diese Ordnung gilt es täglich zu entwik-
keln, in Wahrheit zu gründen, in Gerechtigkeit aufzubauen und durch Liebe lebendig zu
machen; in Freiheit aber muß sie ein täglich
menschlicheres Gleichgewicht finden[3]. Um
dies zu erfüllen, sind aber eine Erneuerung
der Gesinnung und weitreichende Änderungen der Gesellschaft zu veranlassen.

Der Geist Gottes, der in wunderbarer Vorsehung den Lauf der Zeiten leitet und das
Antlitz der Erde erneuert, steht dieser Entwicklung bei. Der Sauerteig des Evangeliums
aber hat im Herzen des Menschen die unbe-
zwingbare Forderung nach Würde erweckt
und erweckt ⟨sie auch weiter⟩.

27. *(Achtung vor der menschlichen Person).*  **4327**
Zu praktischen und dringlicheren Folgerungen übergehend, schärft das Konzil die Achtung vor dem Menschen ein, ⟨und zwar⟩ so,

---

**\*4326** [1]   Vgl. Johannes XXIII., Enzyklika *"Mater et Magistra"* (AAS 53 [1961] 417).
          [2]   Vgl. Mk 2,27.
          [3]   Vgl. Johannes XXIII., Enzyklika *"Pacem in terris"* (AAS 55 [1963] 266; \*3973).

lo excepto, tamquam *alterum seipsum* considerare debeant, de eius vita et de mediis ad illam digne degendam necessariis rationem imprimis habentes[1], ne divitem illum imitentur, qui pauperis Lazari nullam curam egit[2].

Nostris praesertim diebus urget obligatio nosmetipsos cuiuslibet omnino hominis proximos efficiendi et illi occurrenti actuose inserviendi, sive sit senex ab omnibus derelictus, sive alienigena operarius iniuste despectus, sive exsul, sive infans ex illegitima unione natus, immerito patiens propter peccatum a se non commissum, vel esuriens qui conscientiam nostram interpellat Domini vocem revocans: "Quamdiu fecistis uni ex his fratribus meis minimis, mihi fecistis" [*Mt 25,40*].

Quaecumque insuper ipsi vitae adversantur, ut cuiusvis generis homicidia, genocidia, abortus, euthanasia et ipsum voluntarium suicidium; quaecumque humanae personae integritatem violant, ut mutilationes, tormenta corpori mentive inflicta, conatus ipsos animos coërcendi; quaecumque humanam dignitatem offendunt, ut infrahumanae vivendi condiciones, arbitrariae incarcerationes, deportationes, servitus, prostitutio, mercatus mulierum et iuvenum; condiciones quoque laboris *[1048]* ignominiosae, quibus operarii ut mera quaestus instrumenta, non ut liberae et responsabiles personae tractantur: haec omnia et alia huiusmodi probra quidem sunt, ac dum civilizationem humanam inficiunt, magis eos inquinant qui sic se gerunt, quam eos qui iniuriam patiuntur et Creatoris honori maxime contradicunt.

**4328**    28. *(De reverentia et amore erga adversarios)*. Ad illos etiam qui in rebus socialibus, politicis vel etiam religiosis aliter ac nos sentiunt aut faciunt, reverentia et caritas extendi debent; quo magis quidem humanitate et ca-

daß alle ihren Nächsten ohne Ausnahme als ein *anderes Ich* ansehen müssen, indem sie vor allem auf sein Leben und die notwendigen Mittel, um es würdig zu führen, bedacht sind[1], damit sie nicht jenem Reichen gleichen, der sich um den armen Lazarus gar nicht kümmerte[2].

In unseren Tagen ganz besonders obliegt uns die Verpflichtung, uns zum Nächsten schlechthin eines jeden Menschen zu machen und ihm, wenn er ⟨uns⟩ begegnet, tatkräftig zu helfen, ob es sich nun um einen von allen verlassenen alten Menschen handelt oder um einen zu Unrecht verachteten Gastarbeiter, um einen Heimatvertriebenen oder um ein uneheliches Kind, das unverdienterweise für eine von ihm nicht begangene Sünde leidet, oder um einen Hungernden, der unser Gewissen aufrüttelt durch die Erinnerung an das Wort des Herrn: "Was ihr einem dieser meiner geringsten Brüder getan habt, habt ihr mir getan" [*Mt 25,40*].

Was ferner zum Leben selbst in Gegensatz steht, wie jede Art Mord, Völkermord, Abtreibung, Euthanasie und auch der freiwillige Selbstmord; was immer die Unantastbarkeit der menschlichen Person verletzt, wie Verstümmelung, dem Leib oder der Seele auferlegte Foltern und der Versuch, psychischen Zwang auszuüben; was immer die menschliche Würde angreift, wie untermenschliche Lebensbedingungen, willkürliche Verhaftung, Verschleppung, Sklaverei, Prostitution, Mädchenhandel und Handel mit Jugendlichen, sodann auch unwürdige Arbeitsbedingungen, bei denen die Arbeiter als bloßes Erwerbsmittel, nicht als freie und verantwortliche Personen behandelt werden: all dies und anderes Derartiges ist ohne Frage eine Schande, und indem es die menschliche Zivilisation zersetzt, entwürdigt es mehr jene, die sich so verhalten, als jene, die das Unrecht erleiden, und widerspricht in höchstem Maße der Ehre des Schöpfers.

28. *(Achtung und Liebe gegenüber den Gegnern)*. Achtung und Liebe müssen sich auch auf jene erstrecken, die in gesellschaftlichen, politischen oder auch religiösen Fragen anders denken oder handeln als wir; je

---

[1]    Vgl. Jak 2,15f.
[2]    Vgl. Lk 16,19–31.

ritate modos sentiendi eorum intimius comprehendemus, eo facilius cum ipsis colloquium inire poterimus.

Haec sane caritas et benignitas nequaquam indifferentes erga veritatem et bonum nos reddere debent. Immo caritas ipsa discipulos Christi urget ad veritatem salutarem omnibus hominibus annuntiandam. Sed distinguere oportet inter errorem, semper reiciendum, et errantem, qui dignitatem personae iugiter servat, etiam ubi falsis minusve accuratis notionibus religiosis inquinatur[1]. Deus solus iudex est et scrutator cordium: unde nos vetat de interiore cuiusvis culpa iudicare[2].

Doctrina Christi ut etiam iniuriis ignoscamus postulat praeceptumque amoris ad inimicos omnes extendit, quod est Novae Legis mandatum: "Audistis quia dictum est: Diliges proximum tuum, et odio habebis inimicum tuum. Ego autem dico vobis: Diligite inimicos vestros, benefacite his qui oderunt vos: et orate pro persequentibus et calumniantibus vos" [*Mt 5,43s*][3].

29. (*De essentiali inter omnes homines aequalitate et de iustitia sociali*). Cum omnes homines, anima rationali pollentes et ad imaginem Dei creati, eamdem naturam eamdemque originem habeant, cumque, a Christo redempti, eadem vocatione et destinatione divina fruantur, fundamentalis aequalitas inter omnes magis magisque agnoscenda est.

Sane varia capacitate physica viriumque intellectualium et moralium diversitate non omnes homines aequiparantur. Omnis tamen discriminandi modus in iuribus personae fundamentalibus, sive socialis sive *[1049]* culturalis, ob sexum, stirpem, colorem, socialem condicionem, linguam aut religionem, superandus et removendus est, utpote Dei proposito contrarius. Vere enim dolendum est iura illa fundamentalia personae adhuc non ubique sarta tecta servari. Ut si mulieri de-

mehr wir nämlich in Menschlichkeit und Liebe ihre Denkweisen tiefer verstehen, desto leichter werden wir mit ihnen ins Gespräch kommen können.

Diese Liebe und Güte dürfen uns freilich keineswegs gleichgültig gegenüber der Wahrheit und dem Guten machen. Vielmehr drängt die Liebe selbst die Jünger Christi, allen Menschen die Heilswahrheit zu verkünden. Man muß jedoch unterscheiden zwischen dem Irrtum, der immer zu verwerfen ist, und dem Irrenden, der die Würde der Person stets behält, auch wenn er von falschen oder weniger richtigen religiösen Auffassungen befleckt wird[1]. Gott allein ist der Richter und Prüfer der Herzen; darum verbietet er uns, über die innere Schuld von irgend jemandem zu urteilen[2].

Christi Lehre fordert, daß wir auch die Beleidigungen verzeihen, und dehnt das Gebot der Liebe, das der Auftrag des Neuen Bundes ist, auf alle Feinde aus: "Ihr habt gehört, daß gesagt wurde: Du sollst deinen Nächsten lieben und deinen Feind hassen. Ich aber sage euch: Liebet eure Feinde, tut Gutes denen, die euch hassen, und betet für die, die euch verfolgen und verleumden" [*Mt 5,43f*][3].

29. (*Die wesenhafte Gleichheit aller Menschen und die soziale Gerechtigkeit*). **4329** Da alle Menschen, über eine vernunftbegabte Seele verfügend und nach Gottes Bild geschaffen, dieselbe Natur und denselben Ursprung haben, und da sie, von Christus erlöst, sich derselben göttlichen Berufung und Bestimmung erfreuen, muß die grundlegende Gleichheit aller mehr und mehr anerkannt werden.

Gewiß stehen in bezug auf die unterschiedliche physische Fähigkeit und die Verschiedenheit der geistigen und sittlichen Kräfte nicht alle Menschen auf gleicher Stufe. Doch jede Form einer gesellschaftlichen oder kulturellen Diskriminierung in den Grundrechten der Person, sei es wegen des Geschlechts oder der Rasse, der Farbe, der gesellschaftlichen Stellung, der Sprache oder der Religion, muß überwunden und beseitigt werden, da sie dem Plan Gottes widerspricht.

---

**\*4328** [1]   Vgl. Johannes XXIII., Enzyklika "*Pacem in terris*" (AAS 55 [1963] 299f; *3996).
[2]   Vgl. Lk 6,37f; Mt 7,1f; Röm 2,1-11; 14,10-12.
[3]   Vgl. Mt 5,45-47.

negetur facultas libere sponsum eligendi et vitae statum amplectendi, vel ad parem educationem et culturam quae viro agnoscitur accedendi.

Insuper, quamquam inter homines iustae diversitates adsunt, aequalis personarum dignitas postulat ut ad humaniorem et aequam vitae condicionem deveniatur. Etenim nimiae inter membra vel populos unius familiae humanae inaequalitates oeconomicae et sociales scandalum movent, atque iustitiae sociali, aequitati personae humanae dignitati, necnon paci sociali et internationali adversantur.

Humanae autem institutiones, sive privatae sive publicae, dignitati ac fini hominis subservire nitantur, simul adversus quamlibet servitutem tum socialem tum politicam strenue decertantes, et iura hominum fundamentalia sub omni regimine politico servantes. Immo, huiusmodi institutiones spiritualibus rebus, omnium altissimis, paulatim congruant oportet, etiamsi interdum sat longo tempore opus sit ut ad optatum finem perveniant.

**4330**    30. *(Quod ultra individualisticam ethicam progrediendum sit)*. Profunda et velox rerum immutatio urgentius postulat ut nemo sit qui, ad rerum cursum non attendens vel inertia torpens, ethicae mere individualisticae indulgeat. Iustitiae ac caritatis officium magis ac magis adimpletur per hoc quod unusquisque, ad bonum commune iuxta proprias capacitates et aliorum necessitates conferens, etiam institutiones sive publicas sive privatas promovet et adiuvat quae hominum vitae condicionibus in melius mutandis inserviunt.

Sunt autem qui, largas generosioresque opiniones profitentes, ita tamen semper reapse vivunt ac si nullam societatis necessitatum curam habeant. Immo, plures, in variis regio-

Es ist nämlich wirklich beklagenswert, daß jene Grundrechte der Person noch immer nicht überall unverletzlich gewahrt werden; wenn man etwa der Frau die Möglichkeit verweigert, frei den Gatten zu wählen und den Lebensstand zu ergreifen oder zu derselben Bildung und Kultur zu gelangen, die dem Mann zuerkannt wird.

Obwohl zwischen den Menschen berechtigte Unterschiede bestehen, fordert die gleiche Würde der Personen überdies, daß man zu humaneren und gerechten Lebensbedingungen gelangt. Allzu große wirtschaftliche und gesellschaftliche Ungleichheiten zwischen den Gliedern oder Völkern der einen menschlichen Familie erregen nämlich Ärgernis und widersprechen der sozialen Gerechtigkeit, der Billigkeit, der Würde der menschlichen Person sowie dem gesellschaftlichen und internationalen Frieden.

Die privaten und öffentlichen menschlichen Institutionen aber sollen sich darum bemühen, der Würde und dem Ziel des Menschen zu dienen, indem sie zugleich gegen jedwede sowohl gesellschaftliche als auch politische Knechtung entschieden ankämpfen und die Grundrechte der Menschen unter jeder politischen Regierung wahren. Ja, die Institutionen dieser Art müssen allmählich mit geistigen Dingen, die die höchsten von allen sind, harmonieren, auch wenn manchmal eine ziemlich lange Zeit nötig sein wird, um das gewünschte Ziel zu erreichen.

30. (*Man muß über die individualistische Ethik hinausschreiten*). Der tiefe und rasche Wandel der Verhältnisse erfordert besonders dringend, daß es niemand gebe, der, weil er den Lauf der Dinge nicht beachtet oder durch Trägheit gelähmt ist, einer rein individualistischen Ethik frönt. Die Pflicht der Gerechtigkeit und der Liebe wird mehr und mehr dadurch erfüllt, daß ein jeder gemäß seinen eigenen Fähigkeiten und den Bedürfnissen der anderen zum Gemeinwohl beiträgt und auch die öffentlichen oder privaten Institutionen fördert und unterstützt, die dazu dienen, die Lebensverhältnisse der Menschen zum Besseren zu wenden.

Es gibt aber auch solche, die zwar großzügige und recht hochherzige Auffassungen im Munde führen, in Wirklichkeit jedoch immer so leben, als ob sie sich nicht um die

nibus, leges et praescriptiones sociales mini-mi faciunt. Non pauci, variis fraudibus ac do-lis, iusta vectigalia vel alia quae societati de-bentur effugere non verentur. Alii normas quasdam vitae socialis, e. gr., ad valetudinem tuendam, aut ad vehiculorum ductum mode-randum statutas, parvi aestimant, non anim-advertentes se tali incuria vitae suae et alio-rum periculum inferre. *[1050]*

Sanctum sit omnibus necessitudines socia-les inter praecipua hominis hodierni officia recensere easque observare. Quo magis enim mundus unitur, eo apertius hominum mune-ra particulares coetus superant et ad univer-sum mundum paulatim extenduntur. Quod fieri nequit nisi et singuli homines et ipsorum coetus virtutes morales et sociales in seipsis colant et in societate diffundant, ita ut vere novi homines et artifices novae humanitatis exsistant cum necessario auxilio divinae gra-tiae.

31. *(De responsabilitate et participatione).* Ut singuli homines suum conscientiae offi-cium accuratius impleant tum erga seipsos, tum erga varios coetus quorum membra sunt, diligenter ad ampliorem animi culturam edu-candi sunt, ingentibus adhibitis subsidiis quae hodie generi humano praesto sunt. Praeprimis educatio iuvenum cuiuslibet so-cialis originis ita instituenda est, ut viri mu-lieresque suscitentur qui non tantum exculti ingenii sed et magni animi sint, utpote qui a nostro tempore vehementer postulentur.

Sed ad hunc responsabilitatis sensum homo vix pervenit, nisi vitae condiciones ei permittant ut suae dignitatis conscius fiat, et vocationi suae, seipsum pro Deo et pro aliis impendendo, respondeat. Humana vero liber-tas saepe debilior fit, ubi homo in extremam incidit egestatem, sicut vilescit, ubi ipse, ni-

Bedürfnisse der Gesellschaft bekümmerten. Ja, in verschiedenen Gebieten achten viele die sozialen Gesetze und Vorschriften äu-ßerst gering. Nicht wenige scheuen sich nicht, durch mannigfache Betrügereien und Schliche sich gerechten Steuern oder ande-rem, was der Gesellschaft geschuldet wird, zu entziehen. Andere haben wenig Achtung vor gewissen Vorschriften des gesellschaftlichen Lebens, z. B. ⟨vor solchen⟩, die zum Schutz der Gesundheit oder zur Verkehrsregelung aufgestellt wurden, und beachten nicht, daß sie durch solche Fahrlässigkeit ihr eigenes Leben und das der anderen gefährden.

Allen sei es heilig, die gesellschaftlichen Erfordernisse unter die Hauptpflichten des heutigen Menschen zu rechnen und sie zu beachten. Je mehr nämlich die Welt eins wird, desto offenkundiger greifen die Aufga-ben der Menschen über besondere Gruppen hinaus und weiten sich allmählich auf die ge-samte Welt aus. Das kann nur dann gesche-hen, wenn sowohl die einzelnen Menschen als auch ihre Gruppen die sittlichen und ge-sellschaftlichen Tugenden bei sich selbst pfle-gen und in der Gesellschaft verbreiten, so daß sie mit der notwendigen Hilfe der gött-lichen Gnade wahrhaft neue Menschen und Erbauer einer neuen Menschheit werden.

31. (*Verantwortung und Beteiligung*). Da-   **4331** mit die einzelnen Menschen ihre Gewissens-pflicht sowohl gegenüber sich selbst als auch gegenüber den verschiedenen Gruppen, de-ren Glieder sie sind, genauer erfüllen, muß man sie unter Verwendung der reichen Hil-fen, die dem Menschengeschlecht heute zur Verfügung stehen, sorgfältig zu einer umfas-senderen Kultur des Herzens erziehen. Vor allem ist die Erziehung der Jugendlichen jed-weder gesellschaftlichen Herkunft so zu ge-stalten, daß Männer und Frauen geformt werden, die nicht nur einen ausgebildeten Verstand, sondern auch ein großes Herz be-sitzen, Menschen, wie sie von unserer Zeit dringend gefordert werden.

Doch zu diesem Verantwortungsgefühl ge-langt der Mensch kaum, wenn die Lebens-bedingungen ihm nicht erlauben, sich seiner Würde bewußt zu werden und seiner Beru-fung durch die Hingabe seiner selbst für Gott und für die anderen zu entsprechen. Die menschliche Freiheit wird aber oft schwä-

miis vitae facilitatibus indulgens, in aurea veluti solitudine seipsum includit. E contra roboratur, cum homo inevitabiles vitae socialis necessitates accipit [*AAS:* accipit], multiformes exigentias humanae coniunctionis assumit atque humanae communitatis servitio se obstringit.

Ideo omnium extimulanda est voluntas inceptorum communium suas partes assumendi. Laudanda est autem ratio agendi nationum, in quibus pars quam maxima civium in vera libertate rerum publicarum particeps fit. Ratio tamen habenda est condicionis realis uniuscuiusque gentis et necessarii vigoris publicae auctoritatis. Ut vero omnes cives proni sint ad participandam vitam variorum coetuum, quibus corpus sociale constat, necesse est ut his in coetibus bona inveniant, quae ipsos attrahant eosque ad aliorum servitium disponant. Iure arbitrari possumus futuram humanitatis sortem in illorum manibus reponi, qui posteris generationibus vivendi et sperandi rationes tradere valent. *[1051]*

**4332**    32. *(Verbum Incarnatum et solidarietas humana).* Sicut Deus homines non ad singulatim vivendum, sed ad socialem unionem efformandam creavit, ita Ipsi etiam "placuit ... homines non singulatim, quavis mutua connexione seclusa, sanctificare et salvare, sed eos in populum constituere, qui in veritate Ipsum agnosceret Ipsique sancte serviret"[1]. Inde ab initio historiae salutis Ipse homines elegit non ut individuos tantum sed ut membra cuiusdam communitatis. Illos enim electos Deus, suum aperiens consilium, vocavit "populum suum" [*Ex 3,7–12*], quocum insuper in Sinai foedus pepigit[2].

cher, wenn der Mensch in äußerste Armut verfällt, wie sie ⟨umgekehrt⟩ wertlos wird, wenn er sich den überaus großen Möglichkeiten des Lebens hingibt und sich so in einer gleichsam goldenen Einsamkeit einschließt. Umgekehrt wird sie gestärkt, wenn der Mensch die unvermeidlichen Notwendigkeiten des gesellschaftlichen Lebens annimmt und sich dem Dienst an der menschlichen Gemeinschaft verpflichtet.

Dabei ist bei allen der Wille anzuspornen, daß sie bei gemeinsamen Werken ihre Aufgabe übernehmen. Lobenswert ist aber die Handlungsweise jener Nationen, in denen ein möglichst großer Teil der Bürger in wahrer Freiheit am Gemeinwesen beteiligt wird. Zu berücksichtigen ist jedoch die konkrete Lage jedes einzelnen Volkes und die notwendige Stärke der öffentlichen Autorität. Damit aber alle Bürger bereit sind, sich am Leben der verschiedenen Gruppen, aus denen der Gesellschaftskörper besteht, zu beteiligen, ist es notwendig, daß sie in diesen Gruppen Werte finden, die sie anziehen und sie zum Dienst für andere befähigen. Mit Recht können wir annehmen, daß das künftige Schicksal der Menschheit in den Händen jener ruht, die imstande sind, den kommenden Generationen Gründe des Lebens und der Hoffnung zu vermitteln.

32. (*Das fleischgewordene Wort und die menschliche Solidarität*). So wie Gott die Menschen nicht zu einem Leben in Vereinzelung, sondern zur Bildung einer gesellschaftlichen Einheit erschuf, so hat es ihm auch "... gefallen, die Menschen nicht einzeln, unabhängig von aller wechselseitigen Verbindung, zu heiligen und zu retten, sondern sie zu einem Volke zu machen, das ihn in Wahrheit anerkennen und ihm in Heiligkeit dienen sollte"[1]. Seit Beginn der Heilsgeschichte erwählte er Menschen nicht nur als Einzelwesen, sondern als Glieder einer bestimmten Gemeinschaft. Denn jene Erwählten nannte Gott, als er seinen Ratschluß offenbarte, "sein Volk" [*Ex 3,7–12*], mit dem er überdies den Bund am Sinai schloß[2].

---

*4332  [1]  2. Vatikanisches Konzil, Dogmatische Konstitution über die Kirche "*Lumen gentium*", Nr. 9 (AAS 57 [1965] 12f; *4122).
       [2]  Vgl. Ex 24,1–8.

Quae indoles communitaria opere Iesu Christi perficitur et consummatur. Ipsum enim Verbum incarnatum humanae consortionis particeps esse voluit. Canae nuptiis interfuit, in domum Zachaei descendit, cum publicanis et peccatoribus manducavit. Patris amorem hominumque eximiam vocationem, communissimas res sociales commemorando et locutiones figurasque vitae plane cotidianae adhibendo, revelavit. Necessitudines humanas, imprimis familiares, ex quibus rationes sociales oriuntur, sanctificavit, legibus suae patriae voluntarie subditus. Vitam opificis sui temporis et regionis propriam ducere voluit.

In sua praedicatione clare mandavit filiis Dei ut tamquam fratres ad invicem se gererent. In sua oratione rogavit ut omnes discipuli sui *unum* essent. Immo Ipse usque ad mortem sese pro omnibus obtulit, omnium Redemptor. "Maiorem hac dilectionem nemo habet, ut animam suam ponat quis pro amicis suis" [*Io 15,13*]. Apostolos autem iussit praedicare omnibus gentibus nuntium evangelicum ut genus humanum familia Dei fieret, in qua plenitudo legis esset dilectio.

Primogenitus in multis fratribus, inter omnes qui Eum fide ac caritate recipiunt, post mortem et resurrectionem suam, dono sui Spiritus novam fraternam communionem instituit, in Corpore scilicet suo, quod est Ecclesia, in quo omnes, inter se invicem membra, secundum dona diversa concessa, mutua sibi praestarent servitia.

Quae solidarietas semper augenda erit, usque ad illam diem qua consummabitur, et qua homines, gratia salvati, tamquam familia a Deo et Christo Fratre dilecta, perfectam gloriam Deo praestabunt. *[1052]*

Dieser Gemeinschaftscharakter wird im Werk Jesu Christi vollendet und erfüllt. Als fleischgewordenes Wort wollte er nämlich selbst an der menschlichen Gemeinschaft teilhaben. Er hat an einer Hochzeit in Kana teilgenommen, er ist in das Haus des Zachäus eingekehrt und hat mit Zöllnern und Sündern gegessen. Indem er auf die allergewöhnlichsten gesellschaftlichen Dinge hinwies und Redewendungen und Bilder aus dem ganz alltäglichen Leben verwendete, offenbarte er die Liebe des Vaters und die herausragende Berufung der Menschen. Die menschlichen, besonders die familiären Bindungen, aus denen die gesellschaftlichen Beziehungen entstehen, hat er geheiligt, indem er den Gesetzen seines Heimatlandes freiwillig untertan war. Er hat das Leben eines Arbeiters, wie es seiner Zeit und Gegend eigen war, führen wollen.

In seiner Verkündigung gebot er den Kindern Gottes klar, einander wie Brüder zu begegnen. In seinem Gebet bat er darum, daß alle seine Jünger *eins* seien. Er selbst hat sich sogar als der Erlöser aller bis zum Tod für alle dahingegeben. "Eine größere Liebe hat niemand als die, daß einer sein Leben für seine Freunde hingibt" [*Joh 15,13*]. Den Aposteln aber befahl er, allen Völkern die Frohbotschaft zu verkünden, damit das Menschengeschlecht zur Familie Gottes werde, in der die Liebe die Fülle des Gesetzes sein soll.

Erstgeborener unter vielen Brüdern, errichtete er nach seinem Tode und seiner Auferstehung unter allen, die ihn im Glauben und in der Liebe annehmen, durch das Geschenk seines Geistes eine neue brüderliche Gemeinschaft, nämlich in seinem Leib, der die Kirche ist, in dem alle, untereinander Glieder, sich entsprechend der Verschiedenheit der gewährten Gaben gegenseitig Dienste erweisen sollen.

Diese Solidarität wird stets wachsen müssen bis zu jenem Tag, an dem sie vollendet sein wird und an dem die aus Gnade geretteten Menschen als eine von Gott und Christus, ihrem Bruder, geliebte Familie Gott vollkommene Ehre erweisen werden.

CAPUT III: DE HUMANA NAVITATE IN UNIVERSO MUNDO

DRITTES KAPITEL: DAS MENSCHLICHE SCHAFFEN IN DER GESAMTEN WELT

**4333** 33. *(Ponitur problema).* Suo labore atque ingenio homo suam vitam amplius evolvere semper conatus est; hodie autem, praesertim ope scientiae et artis technicae, suum dominium in universam fere naturam dilatavit ac iugiter dilatat, et adiuvantibus imprimis auctis inter nationes multimodi commercii mediis, familia humana paulatim tamquam unam in universo mundo communitatem sese agnoscit atque constituit. Quo fit, ut multa bona, quae olim homo a supernis viribus praesertim exspectabat, hodie iam propria industria sibi procuret.

Coram immenso hoc conamine, quod totum humanum genus iam pervadit, multae exsurgunt inter homines interrogationes. Quinam est illius operositatis sensus et valor? Quomodo omnibus his rebus utendum est? Ad quem finem assequendum nisus sive singulorum sive societatum tendunt? Ecclesia, quae depositum verbi Dei custodit, ex quo principia in ordine religioso et morali hauriuntur, quin semper de singulis quaestionibus responsum in promptu habeat, lumen revelationis cum omnium peritia coniungere cupit, ut iter illuminetur, quod humanitas nuper ingressa est.

**4334** 34. *(De valore humanae navitatis).* Hoc credentibus ratum est, navitatem humanam individualem et collectivam, seu ingens illud conamen, quo homines decursu saeculorum suae vitae condiciones in melius mutare satagunt, in seipso consideratum, Dei proposito respondere. Homo enim, ad imaginem Dei creatus, mandatum accepit ut, terram cum omnibus quae in ea continentur sibi subiciens, mundum in iustitia et sanctitate regeret[1] utque, Deum omnium Creatorem agnoscens, seipsum ac rerum universitatem ad Ipsum referret, ita ut rebus omnibus homini subiectis, admirabile sit nomen Dei in universa terra[2].

33. (*Darlegung des Problems*). Durch seine Arbeit und Geisteskraft hat der Mensch immer versucht, sein Leben reicher zu entfalten; heute aber hat er, vor allem mit Hilfe der Wissenschaft und der Technik, seine Herrschaft über beinahe die gesamte Natur ausgedehnt und dehnt sie beständig weiter aus; vor allem dank den vermehrten Möglichkeiten des vielfältigen Austausches zwischen den Völkern erfährt und gestaltet sich die menschliche Familie allmählich als e i n e Gemeinschaft in der gesamten Welt. Die Folge davon ist, daß sich der Mensch heute schon viele Güter, die er einst vor allem von höheren Mächten erwartete, durch sein eigenes Bemühen beschafft.

Angesichts dieses unermeßlichen Unterfangens, das schon das ganze Menschengeschlecht erfaßt, erheben sich unter den Menschen viele Fragen: Was ist der Sinn und der Wert dieser Geschäftigkeit? Wie sind all diese Güter zu nutzen? Welches Ziel versuchen die Anstrengungen der einzelnen wie der Gesellschaft zu erreichen? Die Kirche, die die Hinterlassenschaft des Wortes Gottes hütet, aus dem die Grundsätze in der religiösen und sittlichen Ordnung geschöpft werden, ohne daß sie immer auf alle einzelnen Fragen eine Antwort bereit hätte, wünscht, das Licht der Offenbarung mit der Erfahrung aller zu verbinden, damit der Weg erhellt werde, den die Menschheit neuerdings eingeschlagen hat.

34. (*Der Wert des menschlichen Schaffens*). Eines steht für die Glaubenden fest: das persönliche und gemeinsame menschliche Schaffen, dieses gewaltige Bemühen, mit dem die Menschen im Lauf der Jahrhunderte ihre Lebensbedingungen zu verbessern suchen, entspricht, in sich betrachtet, der Absicht Gottes. Der nach Gottes Bild geschaffene Mensch hat ja den Auftrag erhalten, durch die Unterwerfung der Erde mit allem, was in ihr enthalten ist, die Welt in Gerechtigkeit und Heiligkeit zu regieren[1] und durch die Anerkennung Gottes als des Schöpfers von allem sich selbst und die Gesamtheit der Dinge auf ihn zu beziehen, so daß alle Dinge

---

*4334 [1] Vgl. Gen 1,26f; 9,2f; Weish 9,2f.

Quod etiam opera penitus quotidiana respicit. Viri namque et mulieres qui, dum vitae sustentationem sibi et familiae comparant, navitates *[1053]* suas ita exercent ut societati opportune ministrent, iure existimare possunt se suo labore opus Creatoris evolvere, commodis fratrum suorum consulere, et ad consilium divinum in historia adimplendum personali industria conferre[3].

Christiani itaque, nedum arbitrentur opera, quae homines suo ingenio et virtute pepererunt, Dei potentiae opponi, creaturamque rationalem quasi aemulam Creatoris exsistere, potius persuasum habent humani generis victorias signum esse magnitudinis Dei et fructus ineffabilis Ipsius consilii. Quo magis vero hominum potentia crescit, eo latius ipsorum responsabilitas, sive singulorum sive communitatum extenditur. Unde apparet christiano nuntio homines ab exstruendo mundo non averti, nec ad bonum sui similium negligendum impelli, sed potius officio haec operandi arctius obstringi[4].

35. *(De humana navitate ordinanda).* Humana vero navitas, sicut ex homine procedit, ita ad hominem ordinatur. Homo enim, cum operatur, non tantum res et societatem immutat, sed et seipsum perficit. Multa discit, facultates suas excolit, extra se et supra se procedit. Huiusmodi incrementum, si recte intelligatur, maioris pretii est quam externae quae colligi possunt divitiae. Magis valet homo propter id quod est quam propter id quod habet[1].

dem Menschen unterworfen seien und Gottes Name wunderbar sei auf der gesamten Erde[2].

Das gilt auch für die ganz alltäglichen Arbeiten; denn Männer und Frauen, die, indem sie den Lebensunterhalt für sich und ihre Familie erwerben, ihre Tätigkeiten so ausüben, daß sie der Gesellschaft in angemessener Weise dienen, können zurecht überzeugt sein, daß sie durch ihre Arbeit das Werk des Schöpfers weiterentwickeln, für das Wohlergehen ihrer Brüder sorgen und durch ihre persönliche Bemühung zur Erfüllung des göttlichen Plans in der Geschichte beitragen[3].

Die Christen glauben deshalb nicht nur nicht, daß die Werke, die die Menschen durch ihre Geisteskraft hervorgebracht haben, einen Gegensatz zur Macht Gottes bilden oder daß das vernunftbegabte Geschöpf sozusagen ein Rivale des Schöpfers sei, sondern sie sind vielmehr überzeugt, daß die Siege des Menschengeschlechts Zeichen der Größe Gottes und Frucht seines unaussprechlichen Ratschlusses sind. Je mehr aber die Macht der Menschen wächst, desto mehr weitet sich ihre Verantwortung aus, sowohl die der einzelnen wie die der Gemeinschaften. Daraus wird klar, daß die Menschen durch die christliche Botschaft nicht vom Aufbau der Welt abgelenkt oder zur Vernachlässigung des Wohls ihrer Mitmenschen veranlaßt, sondern vielmehr noch strenger durch die Pflicht, dies zu tun, gebunden werden[4].

35. (*Die Ordnung des menschlichen Schaffens*). So wie das menschliche Schaffen aber aus dem Menschen hervorgeht, so richtet es sich auch am Menschen aus. Indem er arbeitet, verändert der Mensch nämlich nicht nur die Dinge und die Gesellschaft, sondern vervollkommnet auch sich selbst. Er lernt vieles, bildet seine Fähigkeiten aus, überschreitet sich und wächst über sich empor. Ein solches Wachstum ist, wenn es richtig verstanden wird, mehr wert als äußerer Reichtum, der gesammelt werden kann. Der Mensch ist mehr wert aufgrund dessen, was er ist, als    **4335**

---

[2]  Vgl. Ps 8,7 10.
[3]  Vgl. Johannes XXIII., Enzyklika *"Pacem in terris"* (AAS 55 [1963] 297).
[4]  Vgl. Botschaft der Konzilsväter an alle Menschen zu Beginn des 2. Vatikanischen Konzils, 20. Okt. 1962 (AAS 54 [1962] 822f).

Pariter, omnia quae homines, ad maiorem iustitiam, ampliorem fraternitatem, humanioremque ordinationem in socialibus necessitudinibus obtinendam agunt, plus quam progressus technici valent. Hi enim progressus quasi materiam humanae promotioni praebere possunt, illam autem per se solos ad actum nequaquam deducunt.

Unde haec est humanae navitatis norma, quod iuxta consilium et voluntatem divinam cum genuino humani generis bono congruat, et homini individuo vel in societate posito integrae suae vocationis cultum et impletionem permittat.

**4336**       36. *(De iusta rerum terrenarum autonomia).* Multi tamen coaevi nostri timere videntur, ne ex arctiore humanae navitatis et religionis *[1054]* coniunctione autonomia hominum vel societatum vel scientiarum impediatur.

Si per terrenarum rerum autonomiam intelligimus res creatas et ipsas societates propriis legibus valoribusque gaudere, ab homine gradatim dignoscendis, adhibendis et ordinandis, eamdem exigere omnino fas est: quod non solum postulatur ab hominibus nostrae aetatis, sed etiam cum Creatoris voluntate congruit. Ex ipsa enim creationis condicione res universae propria firmitate, veritate, bonitate propriisque legibus ac ordine instruuntur, quae homo revereri debet, propriis singularum scientiarum artiumve methodis agnitis. Ideo inquisitio methodica in omnibus disciplinis, si modo vere scientifico et iuxta normas morales procedit, numquam fidei revera adversabitur, quia res profanae et res fidei ab eodem Deo originem ducunt[1]. Immo, qui humili et constanti animo abscondita rerum perscrutari conatur, etsi inscius quasi manu Dei ducitur qui, res omnes sustinens, facit ut sint id quod sunt.

aufgrund dessen, was er hat[1].

Ebenso ist alles, was die Menschen zur Erreichung einer größeren Gerechtigkeit, einer umfassenderen Brüderlichkeit und einer humaneren Ordnung in den gesellschaftlichen Beziehungen tun, wertvoller als technische Fortschritte. Diese Fortschritte können nämlich gewissermaßen die Materie für die menschliche Fortentwicklung bieten; sie selbst werden sie durch sich allein keineswegs verwirklichen.

Richtschnur für das menschliche Schaffen ist daher, daß es gemäß dem göttlichen Plan und Willen mit dem echten Wohl des Menschengeschlechts übereinstimme und dem Menschen als Einzelwesen und als Glied der Gesellschaft die Pflege und Erfüllung seiner ganzen Berufung gestatte.

36. (*Die richtige Autonomie der irdischen Dinge*). Viele unserer Zeitgenossen scheinen jedoch zu befürchten, daß aufgrund einer engeren Verbindung des menschlichen Schaffens und der Religion die Autonomie der Menschen, der Gesellschaften und der Wissenschaften bedroht werde.

Wenn wir unter Autonomie der irdischen Dinge verstehen, daß die geschaffenen Dinge und auch die Gesellschaften über eigene Gesetze und Werte verfügen, die vom Menschen schrittweise zu erkennen, zu gebrauchen und zu gestalten sind, dann ist es durchaus berechtigt, diese ⟨Autonomie⟩ zu fordern: dies wird nicht nur von den Menschen unserer Zeit gefordert, sondern entspricht auch dem Willen des Schöpfers. Aufgrund ihres Geschaffenseins selbst nämlich werden alle Dinge mit einer eigenen Beständigkeit, Wahrheit, Gutheit sowie mit eigenen Gesetzen und ⟨einer eigenen⟩ Ordnung ausgestattet, die der Mensch unter Anerkennung der den einzelnen Wissenschaften und Techniken eigenen Methoden achten muß. Deshalb wird die methodische Forschung in allen Disziplinen, wenn sie in einer wirklich wissenschaftlichen Weise und gemäß den sittlichen Normen vorgeht, niemals dem Glauben wahrhaft widerstreiten, weil die profanen Dinge und die Dinge des Glaubens sich von demselben Gott herleiten[1]. Ja, wer beschei-

---

*4335 [1]   Vgl. Paul VI., Ansprache an das Diplomatische Corps, 7. Jan. 1965 (AAS 57 [1965] 232).
*4336 [1]   Vgl. 1. Vatikanisches Konzil, Dogmatische Konstitution über den katholischen Glauben "*Dei Filius*", Kap. 2 (*3004f).

Hinc deplorare liceat quosdam animi habitus, qui aliquando inter christianos ipsos, ob non satis perspectam legitimam scientiae autonomiam, non defuerunt et, contentionibus controversiisque exinde suscitatis, plurium animos eo perduxerunt ut fidem et scientiam inter se opponi censerent[2].

At si verbis *rerum temporalium autonomia* intelligitur res creatas a Deo non pendere, eisque hominem sic uti posse ut easdem ad Creatorem non referat, nemo qui Deum agnoscit non sentit quam falsa huiusmodi placita sint. Creatura enim sine Creatore evanescit. Ceterum, omnes credentes, cuiuscumque sint religionis, vocem et manifestationem Eius in creaturarum loquela semper audierunt. Immo, per oblivionem Dei ipsa creatura obscuratur.

37. *(De humana navitate a peccato corrupta).* Sacra vero Scriptura, cui saeculorum consentit experientia, humanam familiam edocet progressum humanum, qui magnum hominis bonum est, magnam tamen tentationem secumferre: ordine enim valorum turbato et malo cum bono *[1055]* permixto, singuli homines ac coetus solummodo quae propria sunt considerant, non vero aliorum. Quo fit ut mundus non iam spatium verae fraternitatis exsistat, dum aucta humanitatis potentia iam ipsum genus humanum destruere minatur.

Universam enim hominum historiam ardua colluctatio contra potestates tenebrarum pervadit, quae inde ab origine mundi incepta, usque ad ultimum diem, dicente Domino[1], perseverabit. In hanc pugnam insertus, homo

den und ausdauernd die Geheimnisse der Dinge zu erforschen versucht, wird, auch wenn er sich dessen nicht bewußt ist, gleichsam an der Hand Gottes geführt, der alle Dinge trägt und macht, daß sie das sind, was sie sind.

Deshalb sind gewisse Geisteshaltungen zu bedauern, die einst selbst unter Christen wegen eines unzulänglichen Verständnisses für die legitime Autonomie der Wissenschaft vorkamen und durch die dadurch entfachten Streitigkeiten und Auseinandersetzungen in der Mentalität vieler die Überzeugung schufen, daß Glauben und Wissenschaft einander entgegengesetzt seien[2].

Wenn aber unter den Worten "Autonomie der zeitlichen Dinge" verstanden wird, daß die geschaffenen Dinge nicht von Gott abhängen und der Mensch sie so gebrauchen kann, daß er sie nicht auf den Schöpfer bezieht, so spürt jeder, der Gott anerkennt, wie falsch solche Auffassungen sind. Denn das Geschöpf sinkt ohne den Schöpfer ins Nichts. Im übrigen haben alle Glaubenden, gleich, welcher Religion sie zugehören, seine Stimme und Bekundung immer in der Sprache der Geschöpfe gehört. Überdies wird das Geschöpf selbst durch das Vergessen Gottes verdunkelt.

37. (*Das von der Sünde verdorbene menschliche Schaffen*).  **4337** Die Heilige Schrift aber, mit der die Erfahrung von Jahrhunderten übereinstimmt, belehrt die Menschheitsfamilie, daß der menschliche Fortschritt, der ein großes Gut für den Menschen ist, dennoch eine große Versuchung mit sich bringt: Dadurch, daß die Wertordnung verzerrt und Böses mit Gutem vermischt ist, beachten die einzelnen Menschen und Gruppen nur das, was ihnen, nicht aber was den anderen zukommt. Daher ist die Welt nicht mehr der Raum der wahren Brüderlichkeit, während die gesteigerte Macht der Menschheit schon das Menschengeschlecht selbst zu vernichten droht.

Die gesamte Geschichte der Menschen durchzieht nämlich ein hartes Ringen gegen die Mächte der Finsternis, ein Ringen, das schon am Anfang der Welt begann und nach dem Wort des Herrn[1] bis zum letzten Tag an-

---

   [2]  Vgl. Pio Paschini, *Vita e opere di Galileo Galilei*, 2 Bde. (Vatikan 1964).
**\*4337** [1]  Vgl. Mt 24,13; 13,24–30 36–43.

ut bono adhaereat iugiter certare debet, nec sine magnis laboribus, Dei gratia adiuvante, in seipso unitatem obtinere valet.

Quapropter Ecclesia Christi, Creatoris consilio fidens, dum agnoscit progressum humanum verae hominum felicitati inservire posse, non potest tamen quin illud Apostoli resonare faciat: "Nolite conformari huic saeculo" [*Rm 12,2*], illi scilicet vanitatis et malitiae spiritui qui humanam navitatem, ad servitium Dei et hominis ordinatam, in instrumentum peccati transmutat.

Si quis ergo quaerit, qua ratione miseria illa superari possit, christiani profitentur, omnes hominis navitates, quae per superbiam et inordinatum sui ipsius amorem cotidie in discrimine versantur, Christi cruce et resurrectione purificandas et ad perfectionem deducendas esse. A Christo enim redemptus et in Spiritu Sancto nova creatura effectus, homo ipsas res a Deo creatas amare potest et debet. A Deo enim illas accipit et quasi de manu Dei fluentes respicit et reveretur. Pro illis Benefactori gratias agens et in paupertate et libertate spiritus creaturis utens ac fruens, in veram mundi possessionem introducitur, tamquam nihil habens et omnia possidens[2]. "Omnia enim vestra sunt: vos autem Christi, Christus autem Dei" [*1 Cor 3,22s*].

**4338**     38. *(De humana navitate in paschali mysterio ad perfectionem adducta).* Verbum enim Dei, per quod omnia facta sunt, Ipsum caro factum et in hominum terra habitans[1], perfectus homo in historiam mundi intravit, eam in Se assumens et recapitulans[2]. Ipse nobis revelat, "quoniam Deus caritas est" [*1 Io 4,8*], simulque nos docet legem fundamentalem *[1056]* perfectionis humanae, ac proinde transformationis mundi, novum dilectionis

dauern wird. In diesen Streit hineingezogen, muß sich der Mensch beständig darum bemühen, dem Guten anzuhangen, und er kann nicht ohne große Anstrengung in sich mit Gottes Gnadenhilfe die Einheit erlangen.

Deshalb kann die Kirche Christi, obwohl sie im Vertrauen auf den Plan des Schöpfers anerkennt, daß der menschliche Fortschritt dem wahren Glück der Menschen dienen kann, dennoch nicht umhin, das Wort des Apostels erschallen zu lassen: "Laßt euch nicht dieser Welt gleichförmig machen" [*Röm 12,2*], nämlich jenem Geist der Eitelkeit und der Bosheit, der das auf den Dienst Gottes und des Menschen hingeordnete menschliche Schaffen in ein Werkzeug der Sünde verkehrt.

Wenn also einer fragt, auf welche Weise dieses Elend überwunden werden kann, bekennen die Christen, daß alle Tätigkeiten des Menschen, die durch Stolz und ungeordnete Selbstliebe täglich in Gefahr schweben, durch Christi Kreuz und Auferstehung gereinigt und zur Vollendung gebracht werden müssen. Als von Christus erlöst und im Heiligen Geist zu einem neuen Geschöpf gemacht, kann und muß der Mensch nämlich gerade die von Gott geschaffenen Dinge lieben. Von Gott nämlich empfängt er sie, und er achtet und schätzt sie, als ob sie aus Gottes Hand hervorgingen. Indem er seinem Wohltäter für sie dankt und in Armut und Freiheit des Geistes das Geschaffene gebraucht und genießt, wird er in den wahren Besitz der Welt eingeführt als einer, der nichts hat und alles besitzt[2]. "Alles gehört nämlich euch: ihr aber ⟨gehört⟩ Christus, Christus aber Gott" [*1 Kor 3,22f*].

38. (*Das im Ostergeheimnis zur Vollendung geführte menschliche Schaffen*). Das Wort Gottes, durch das alles geworden ist, ist nämlich selbst Fleisch geworden und ist, auf der Erde der Menschen wohnend[1], als vollkommener Mensch in die Geschichte der Welt eingetreten, indem er sie in sich aufnahm und zusammenfaßte[2]. Er offenbart uns, "daß Gott die Liebe ist" [*1 Joh 4,8*], und belehrt uns zugleich, daß das Grundgesetz der

---

²     Vgl. 2 Kor 6,10.
**\*4338** ¹     Vgl. Joh 1,3 14.
²     Vgl. Eph 1,10.

esse mandatum.

Eos igitur, qui divinae credunt caritati, certos facit, viam dilectionis omnibus hominibus aperiri et conamen fraternitatem universalem instaurandi non esse inane. Simul monet, hanc caritatem non in solis magnis rebus sectandam esse, sed et imprimis in ordinariis vitae adiunctis.

Pro nobis omnibus peccatoribus mortem sustinens[3], suo exemplo nos docet crucem etiam baiulandam esse, quam caro et mundus pacem et iustitiam sectantium humeris imponunt. Sua resurrectione Dominus constitutus, Christus, cui omnis potestas in caelo et in terra data est[4], per virtutem Spiritus Sui in cordibus hominum iam operatur, non solum venturi saeculi desiderium suscitans, sed eo ipso illa etiam generosa vota animans, purificans et roborans, quibus familia humana suam ipsius vitam humaniorem reddere et totam terram huic fini subiicere satagit.

Diversa autem sunt Spiritus dona: dum alios vocat ut caelestis habitationis desiderio manifestum testimonium reddant illudque in humana familia vividum conservent, alios vocat ut terreno hominum servitio se dedicent, hoc suo ministerio materiam regni caelestis parantes. Omnes tamen liberat ut, proprio amore abnegato omnibusque terrenis viribus in vitam humanam assumptis, ad futura se extendant, quando humanitas ipsa fiet oblatio accepta Deo[5].

Cuius spei arrham et itineris viaticum Dominus suis reliquit in illo sacramento fidei, in quo naturae elementa, ab hominibus exculta, in Corpus et Sanguinem gloriosum convertuntur, coena communionis fraternae et caelestis convivii praelibatione.

menschlichen Vervollkommnung und deshalb der Umwandlung der Welt das neue Gebot der Liebe ist.

Denen also, die der göttlichen Liebe glauben, gibt er die Sicherheit, daß allen Menschen der Weg der Liebe offensteht und daß der Versuch, eine allumfassende Brüderlichkeit herzustellen, nicht vergeblich ist. Zugleich mahnt er, dieser Liebe nicht nur in großen Dingen nachzustreben, sondern auch besonders in den gewöhnlichen Lebensverhältnissen.

Für uns Sünder alle nahm er den Tod auf sich[3] und belehrt uns so durch sein Beispiel, daß auch das Kreuz getragen werden muß, das Fleisch und Welt denen auf die Schultern legen, die nach Frieden und Gerechtigkeit streben. Durch seine Auferstehung zum Herrn bestellt, wirkt Christus, dem alle Macht im Himmel und auf der Erde verliehen ist[4], schon durch die Kraft seines Geistes in den Herzen der Menschen dadurch, daß er nicht nur das Verlangen nach der zukünftigen Welt in ihnen weckt, sondern eben dadurch auch jene edlen Bestrebungen belebt, reinigt und stärkt, durch die die Menschheitsfamilie sich bemüht, ihr eigenes Leben humaner zu gestalten und die ganze Erde diesem Ziel dienstbar zu machen.

Verschieden sind aber die Gaben des Geistes: während er die einen dazu beruft, sichtbares Zeugnis für das Verlangen nach der himmlischen Wohnung abzulegen und es in der Menschheitsfamilie lebendig zu erhalten, beruft er andere, sich dem irdischen Dienst an den Menschen zu widmen und so durch diesen ihren Dienst die Voraussetzung für das Himmelreich zu schaffen. Alle jedoch befreit er, damit sie durch Absage an ihre Eigenliebe und unter Hinzuziehung aller irdischen Kräfte für das menschliche Leben nach einer Zukunft streben, in der die Menschheit selbst eine Gott angenehme Opfergabe wird[5].

Ein Unterpfand dieser Hoffnung und eine Wegzehrung hinterließ der Herr den Seinen in jenem Sakrament des Glaubens, in dem Elemente der Natur, die von Menschen angebaut wurden, in den Leib und das glorreiche Blut ⟨des Herrn⟩ verwandelt werden, im

---

[3]   Vgl. Joh 3,14–16; Röm 5,8–10.
[4]   Vgl. Apg 2,36; Mt 28,18.
[5]   Vgl. Röm 15,16.

Mahl brüderlicher Gemeinschaft und im Vorkosten des himmlischen Gastmahls.

**4339**     39. *(Terra nova et caelum novum).* Terrae ac humanitatis consummandae tempus ignoramus[1], nec universi transformandi modum novimus. Transit quidem figura huius mundi per peccatum deformata[2], sed docemur Deum novam habitationem novamque terram parare in qua iustitia habitat[3], et cuius beatitudo omnia pacis desideria, quae in *[1057]* cordibus hominum ascendunt, implebit ac superabit[4]. Tunc, morte devicta, filii Dei in Christo resuscitabuntur, et id quod seminatum fuit in infirmitate ac corruptione, incorruptionem induet[5]; et, manente caritate eiusque opere[6], a servitute vanitatis liberabitur tota creatura illa[7], quam Deus propter hominem creavit.

Monemur sane nihil prodesse homini, si universum mundum lucretur, seipsum autem perdat[8]. Exspectatio tamen novae terrae extenuare non debet, sed potius excitare, sollicitudinem hanc terram excolendi, ubi Corpus illud novae familiae humanae crescit quod aliqualem novi saeculi adumbrationem iam praebere valet. Ideo, licet progressus terrenus a Regni Christi augmento sedulo distinguendus sit, inquantum tamen ad societatem humanam melius ordinandam conferre potest, Regni Dei magnopere interest[9].

Bona enim humanae dignitatis, communionis fraternae et libertatis, hos omnes scilicet bonos naturae ac industriae nostrae fructus, postquam in Spiritu Domini et iuxta Eius mandatum in terris propagaverimus, postea

39. (*Die neue Erde und der neue Himmel*). Den Zeitpunkt der Vollendung der Erde und der Menschheit kennen wir nicht[1], und auch die Weise wissen wir nicht, wie das Universum umgestaltet werden soll. Es vergeht zwar die Gestalt dieser Welt, die durch die Sünde mißgestaltet ist[2], aber wir werden belehrt, daß Gott eine neue Wohnstätte und eine neue Erde bereitet, auf der die Gerechtigkeit wohnt[3] und deren Seligkeit alle Friedenssehnsüchte, die in den Herzen der Menschen emporsteigen, erfüllen und übertreffen wird[4]. Dann werden wir, nachdem der Tod besiegt ist, als Kinder Gottes in Christus auferweckt werden, und was in Schwachheit und Verweslichkeit gesät wurde, wird Unverweslichkeit anziehen[5]; die Liebe und ihr Werk werden bleiben[6], und die ganze Schöpfung, die Gott um des Menschen willen schuf, wird von der Knechtschaft der Vergänglichkeit befreit werden[7].

Zwar werden wir gemahnt, daß es dem Menschen nichts nütze, wenn er die ganze Welt gewinnt, sich selbst aber verliert[8]. Dennoch darf die Erwartung der neuen Erde die Sorge für die Gestaltung dieser Erde nicht abschwächen, wo der Leib der neuen Menschheitsfamilie wächst, der schon eine umrißhafte Vorstellung von der neuen Welt bieten kann, sondern muß sie vielmehr ermutigen. Deshalb hat der irdische Fortschritt, obwohl er eindeutig vom Wachstum des Reiches Christi zu unterscheiden ist, dennoch große Bedeutung für das Reich Gottes, insofern er zu einer besseren Ordnung der menschlichen Gesellschaft beitragen kann[9].

Wenn wir nämlich die Güter der menschlichen Würde, brüderlichen Gemeinschaft und Freiheit – dies alles ⟨sind⟩ ja Güter der Natur und Früchte unseres Bemühens – im Geist des Herrn und gemäß seinem Gebot

---

**\*4339** [1]   Vgl. Apg 1,7.
      [2]   Vgl. 1 Kor 7,31; Irenäus von Lyon, *Adversus haereses* V 36, n. 1 (PG 7,1222 / W.W. Harvey [Cambridge 1857] 427f / SouChr 153,454–456).
      [3]   Vgl. 2 Kor 5,2; 2 Petr 3,13.
      [4]   Vgl. 1 Kor 2,9; Offb 21,4f.
      [5]   Vgl. 1 Kor 15,42 53.
      [6]   Vgl. 1 Kor 13,8; 3,14.
      [7]   Vgl. Röm 8,19–21.
      [8]   Vgl. Lk 9,25.
      [9]   Vgl. Pius XI., Enzyklika *"Quadragesimo anno"* (AAS 23 [1931] 207).

denuo inveniemus, mundata tamen ab omni sorde, illuminata ac transfigurata, cum Christus Patri reddet regnum aeternum et universale: "regnum veritatis et vitae, regnum sanctitatis et gratiae, regnum iustitiae, amoris et pacis"[10]. His in terris Regnum iam in mysterio adest; adveniente autem Domino consummabitur.

auf Erden gemehrt haben, werden wir sie später wiederfinden, jedoch gereinigt von jedem Makel, lichtvoll und verklärt, ⟨dann nämlich,⟩ wenn Christus dem Vater ein ewiges und allumfassendes Reich übergeben wird: "das Reich der Wahrheit und des Lebens, das Reich der Heiligkeit und der Gnade, das Reich der Gerechtigkeit, der Liebe und des Friedens"[10]. Hier auf Erden ist das Reich schon im Geheimnis da; mit der Ankunft des Herrn aber wird es vollendet werden.

## Caput IV: De munere Ecclesiae in mundo huius temporis

40. *(De Ecclesiae et mundi mutua relatione).* Omnia quae a nobis dicta sunt de dignitate personae humanae, de hominum communitate, de profundo sensu navitatis humanae, fundamentum relationis Ecclesiam *[1058]* inter et mundum necnon basim eorum mutui dialogi[1] constituunt. Ideo in hoc capite, omnibus praesuppositis ab hoc Concilio de mysterio Ecclesiae iam edictis, eadem Ecclesia nunc consideranda venit prout ipsa, in hoc mundo exsistit et cum eo vivit atque agit.

Procedens ex amore Patris aeterni[2], in tempore fundata a Christo Redemptore, coadunata in Spiritu Sancto[3], Ecclesia finem salutarem et eschatologicum habet, qui nonnisi in futuro saeculo plene attingi potest. Ipsa autem iam hic in terris adest, ex hominibus collecta, terrestris nempe civitatis membris quae ad hoc vocantur ut iam in generis humani historia familiam filiorum Dei, usque ad adventum Domini semper augendam, efforment.

Unita quidem propter bona caelestia iisque ditata, haec familia a Christo "in hoc mundo ut societas constituta et ordinata"[4] est, atque "aptis mediis unionis visibilis et socialis"[5] instructa. Ita Ecclesia, insimul "coetus adspectabilis et communitas spiritualis"[6], una

## Viertes Kapitel: Die Aufgabe der Kirche in der Welt von heute

40. (*Die gegenseitige Beziehung von Kirche und Welt*). Alles, was von uns über die Würde der menschlichen Person, über die Gemeinschaft der Menschen und über den tiefen Sinn des menschlichen Schaffens gesagt wurde, bildet das Fundament für die Beziehung zwischen Kirche und Welt sowie die Grundlage ihres gegenseitigen Dialogs[1]. Deshalb ist in diesem Kapitel unter Voraussetzung aller bisherigen Aussagen dieses Konzils über das Geheimnis der Kirche nun ebendiese Kirche selbst zu betrachten, insofern sie in dieser Welt besteht und mit ihr lebt und wirkt.

**4340**

Hervorgehend aus der Liebe des ewigen Vaters[2], in der Zeit gegründet von Christus, dem Erlöser, geeint im Heiligen Geist[3], hat die Kirche ein eschatologisches Heilsziel, das erst in der künftigen Weltzeit voll erreicht werden kann. Sie ist aber schon hier auf Erden anwesend, gesammelt aus Menschen, d. h. Gliedern der irdischen Bürgerschaft, die dazu berufen sind, schon in der Geschichte des Menschengeschlechts die Familie der Kinder Gottes zu bilden, die bis zur Ankunft des Herrn stetig wachsen soll.

Um der himmlischen Güter willen geeint und mit ihnen beschenkt, ist diese Familie von Christus "in dieser Welt als Gesellschaft verfaßt und geordnet"[4] und "mit geeigneten Mitteln sichtbarer und gesellschaftlicher Einheit"[5] ausgestattet. So geht die Kirche, zu-

---

[10] *Missale Romanum* (1962), Präfation vom Christkönigsfest.

**\*4340** [1] Vgl. Paul VI., Enzyklika *"Ecclesiam suam"*, 6. Aug. 1964 (AAS 56 [1964] 637–659).

[2] Vgl. Tit 3,4: φιλανθρωπία.

[3] Vgl. Eph 1,3 5f 13f 23.

[4] 2. Vatikanisches Konzil, Dogmatische Konstitution über die Kirche *"Lumen gentium"*, Nr. 8 (AAS 57 [1965] 12; *4119).

[5] Ebd., Nr. 9 (AAS 57 [1965] 14; *4124); vgl. Nr. 8 (AAS 57 [1965] 11; *4118).

cum tota humanitate incedit eamdemque cum mundo sortem terrenam experitur, ac tamquam fermentum et veluti anima societatis humanae[7] in Christo renovandae et in familiam Dei transformandae exsistit.

Haec quidem terrestris et caelestis civitatis compenetratio nonnisi fide percipi potest, immo mysterium manet historiae humanae, quae usque ad plenam revelationem claritatis filiorum Dei peccato perturbatur. Ecclesia quidem, proprium suum finem salutarem persequens, non solum vitam divinam cum homine communicat, sed etiam lumen eius repercussum quodammodo super universum mundum fundit, potissimum per hoc quod personae humanae dignitatem sanat et elevat, humanae societatis compaginem firmat, atque cotidianam hominum navitatem profundiori sensu et significatione imbuit. Ita Ecclesia per singula sua membra et totam suam communitatem multa se conferre posse credit ad hominum familiam eiusque historiam humaniorem reddendam. *[1059]*

Libenter insuper Ecclesia Catholica ea magni aestimat quae ad idem munus adimplendum aliae Ecclesiae christianae vel communitates ecclesiasticae socia opera contulerunt ac conferunt. Simul sibi firmiter persuasum habet se multum varioque modo a mundo, sive a singulis hominibus sive ab humana societate, eorum dotibus ac navitate, in praeparatione Evangelii iuvari posse. Mutui huius commercii atque adiutorii, in illis quae Ecclesiae et mundo quodammodo sunt communia, rite promovendi, principia quaedam generalia exponuntur.

**4341**      41. *(De adiutorio quod Ecclesia singulis hominibus praestare satagit).* Homo hodiernus in via est ad personalitatem suam plenius evolvendam iuraque sua in dies magis dete-

gleich "sichtbare Versammlung und geistliche Gemeinschaft"[6], den Weg mit der ganzen Menschheit gemeinsam und erfährt das gleiche irdische Geschick wie die Welt und ist gewissermaßen der Sauerteig und gleichsam die Seele der in Christus zu erneuernden und in die Familie Gottes umzugestaltenden menschlichen Gesellschaft[7].

Dieses Ineinander der irdischen und himmlischen Bürgerschaft kann freilich nur im Glauben begriffen werden, ja es bleibt ein Geheimnis der menschlichen Geschichte, die bis zur vollen Offenbarung der Herrlichkeit der Kinder Gottes durch die Sünde in Unordnung gerät. In Verfolgung ihres eigenen Heilszieles teilt nun die Kirche dem Menschen nicht nur das göttliche Leben mit, sondern gießt auch seinen Widerschein gewissermaßen über die ganze Welt aus, vor allem dadurch, daß sie die Würde der menschlichen Person heilt und erhöht, das Gefüge der menschlichen Gesellschaft festigt und das alltägliche Schaffen der Menschen mit tieferer Sinnhaftigkeit und Bedeutung erfüllt. So glaubt die Kirche, daß sie durch ihre einzelnen Glieder und ihre ganze Gemeinschaft viel zu einer humaneren Gestaltung der Menschenfamilie und ihrer Geschichte beitragen kann.

Gern schätzt die katholische Kirche überdies das hoch, was zur Erfüllung ebendieser Aufgabe die anderen christlichen Kirchen und kirchlichen Gemeinschaften in gemeinsamer Bemühung beigetragen haben und beitragen. Zugleich ist sie der festen Überzeugung, daß sie von der Welt, sei es von einzelnen Menschen, sei es von der menschlichen Gesellschaft, durch deren Möglichkeiten und Schaffen viele und mannigfache Hilfe bei der Ausbreitung des Evangeliums erfahren kann. Zur sachgemäßen Förderung dieser gegenseitigen Beziehung und Hilfe in jenem Bereich, der Kirche und Welt gewissermaßen gemeinsam ist, werden einige allgemeine Grundsätze vorgelegt.

41. (*Die Hilfe, die die Kirche den einzelnen Menschen leisten möchte*). Der heutige Mensch ist unterwegs zur volleren Entwicklung seiner Persönlichkeit und zu einer im-

---

6      Ebd., Nr. 8 (AAS 57 [1965] 11; *4118).
7      Vgl. ebd., Nr. 38 (AAS 57 [1965] 43, mit Anm. 120; *4164, Anm. 1).

genda et affirmanda. Cum autem Ecclesiae concreditum sit manifestare mysterium Dei, qui est ultimus finis hominis, ipsa homini simul aperit sensum propriae eius exsistentiae, intimam scilicet de homine veritatem.

Vere novit Ecclesia solum Deum, cui ipsa inservit, profundissimis respondere desideriis humani cordis, quod nutrimentis terrestribus numquam plene satiatur. Novit praeterea hominem, incessanter a Spiritu Dei incitatum, numquam circa problema religionis prorsus indifferentem fore, sicut non solum experientia saeculorum anteactorum, sed multiplici etiam testimonio nostrorum temporum comprobatur. Semper enim homo scire desiderabit, saltem confuse, quae sit significatio suae vitae, suae navitatis ac suae mortis. Ipsa praesentia Ecclesiae haec problemata in eius mentem revocat.

Solus autem Deus, qui hominem ad imaginem suam creavit atque a peccato redemit, his quaestionibus plenissimum responsum praebet, idque per revelationem in Filio suo qui homo factus est. Quicumque Christum sequitur, Hominem perfectum, et ipse magis homo fit.

Ex hac fide Ecclesia dignitatem naturae humanae omnibus opinionum mutationibus subtrahere potest, quae, exempli gratia, corpus humanum aut nimis deprimunt aut immoderate extollunt. Nulla lege humana personalis dignitas atque libertas hominis tam apte in tuto collocari possunt quam Evangelio Christi Ecclesiae concredito. Hoc enim Evangelium libertatem filiorum Dei annuntiat et proclamat, omnem servitutem ex peccato ultimatim fluentem respuit[1], dignitatem *[1060]* conscientiae eiusque liberam decisionem sancte veretur, omnia talenta humana in Dei servitium hominumque bonum reduplicare indesinenter monet, omnes denique omnium commendans caritati[2].

mer tieferen Entdeckung und Betonung seiner Rechte. Da es aber der Kirche anvertraut ist, das Geheimnis Gottes, der das letzte Ziel des Menschen ist, offenkundig zu machen, erschließt sie dem Menschen gleichzeitig das Verständnis seiner eigenen Existenz, das heißt die innerste Wahrheit über den Menschen.

Die Kirche weiß sehr wohl, daß Gott, dem sie dient, allein Antwort gibt auf die tiefsten Sehnsüchte des menschlichen Herzens, das durch irdische Nahrungsmittel nie völlig gesättigt wird. Sie weiß außerdem, daß der Mensch unter dem unaufhörlichen Antrieb des Geistes Gottes niemals dem Problem der Religion gegenüber ganz gleichgültig sein wird, wie nicht nur durch die Erfahrung vergangener Jahrhunderte, sondern auch durch das vielfältige Zeugnis unserer Zeiten bewiesen wird. Denn immer wird der Mensch wenigstens verworren danach verlangen, zu wissen, was die Bedeutung seines Lebens, seines Schaffens und seines Todes ist. Schon das Dasein der Kirche selbst erinnert ihn an diese Probleme.

Gott allein aber, der den Menschen nach seinem Bild geschaffen und von der Sünde erlöst hat, gibt auf diese Fragen die erschöpfende Antwort, und zwar durch die Offenbarung in seinem Sohn, der Mensch geworden ist. Wer immer Christus, dem vollkommenen Menschen, folgt, wird auch selbst mehr Mensch.

Aus diesem Glauben heraus kann die Kirche die Würde der menschlichen Natur allen Meinungsschwankungen entziehen, die zum Beispiel den menschlichen Leib entweder zu sehr abwerten oder über die Maßen emporheben. Durch kein menschliches Gesetz können die personale Würde und die Freiheit des Menschen so angemessen geschützt werden wie durch das Evangelium Christi, das der Kirche anvertraut ist. Dieses Evangelium nämlich verkündet und proklamiert die Freiheit der Kinder Gottes, verwirft jede Knechtschaft, die letztlich aus der Sünde stammt[1], achtet die Würde des Gewissens und seine freie Entscheidung heilig, mahnt unablässig dazu, alle menschlichen Talente zum Dienst an Gott und zum Wohl der Menschen zu ver-

---

**\*4341** [1]   Vgl. Röm 8,14–17.

Quod legi fundamentali oeconomiae christianae correspondet. Etsi enim idem Deus sit Salvator qui et Creator, idem quoque Dominus et historiae humanae et historiae salutis, tamen in hoc ipso ordine divino iusta creaturae autonomia et praesertim hominis nedum auferatur, potius in suam dignitatem restituitur atque in ipsa firmatur.

Ecclesia ergo, vi Evangelii sibi concrediti, iura hominum proclamat et hodierni temporis dynamismum, quo haec iura undique promoventur, agnoscit et magni aestimat. Qui motus tamen spiritu Evangelii imbuendus et adversus omnem speciem falsae autonomiae tutandus est. Tentationi enim subiicimur, iudicandi nostra iura personalia tunc tantum plene servari, cum ab omni norma Legis divinae solvimur. Hac autem via, personae humanae dignitas, nedum salvetur, potius perit.

**4342**    42. (*De adiutorio quod Ecclesia societati humanae afferre satagit*). Unio familiae humanae unitate familiae filiorum Dei in Christo fundata[1] multum roboratur et completur.

Missio quidem propria, quam Christus Ecclesiae suae concredidit, non est ordinis politici, oeconomici vel socialis: finis enim quem ei praefixit ordinis religiosi[2] est. At sane ex hac ipsa missione religiosa munus, lux et vires fluunt quae communitati homi-

mehren und empfiehlt schließlich alle der Liebe aller[2].

Dies entspricht dem grundlegenden Gesetz der christlichen Heilsordnung. Auch wenn nämlich derselbe Gott Schöpfer und Erlöser ist, derselbe auch Herr der menschlichen Geschichte und der Heilsgeschichte, so wird doch in eben dieser göttlichen Ordnung die richtige Autonomie der Schöpfung und besonders des Menschen nicht nur nicht aufgehoben, sondern vielmehr in ihre eigene Würde eingesetzt und in ihr befestigt.

Kraft des ihr anvertrauten Evangeliums verkündet die Kirche also die Rechte der Menschen, und sie anerkennt und schätzt die Dynamik der heutigen Zeit, durch die diese Rechte überall gefördert werden. Diese Bewegung muß jedoch vom Geist des Evangeliums erfüllt und gegen jede Art falscher Autonomie geschützt werden. Wir sind nämlich der Versuchung unterworfen, unsere persönlichen Rechte nur dann für voll gewahrt zu halten, wenn wir von jeder Norm des göttlichen Gesetzes entbunden werden. Auf diesem Wege aber wird die Würde der menschlichen Person nicht nur nicht gewahrt, sondern sie geht vielmehr verloren.

42. (*Die Hilfe, die die Kirche der menschlichen Gesellschaft bringen möchte*). Die Einheit der menschlichen Familie wird durch die Einheit der Familie der Kinder Gottes, die in Christus begründet ist[1], in vieler Hinsicht gestärkt und erfüllt.

Die ihr eigene Sendung, die Christus seiner Kirche anvertraut hat, bezieht sich zwar nicht auf die politische, wirtschaftliche oder soziale Ordnung: das Ziel, das er ihr vorgegeben hat, gehört nämlich der religiösen Ordnung an[2]. Doch fließen sicherlich aus eben

---

[2]   Vgl. Mt 22,39.
*4342 [1]   Vgl. 2. Vatikanisches Konzil, Dogmatische Konstitution über die Kirche "*Lumen gentium*", Nr. 9 (AAS 57 [1965] 12-14; *4122-4124).
[2]   Vgl. Pius XII., Ansprache an Historiker und Archäologen, 9. März 1956: "Ihr göttlicher Gründer Jesus Christus gab ihr weder einen Auftrag noch eine Zielsetzung auf der Ebene der Kultur. Das Ziel, das Christus ihr anweist, ist streng religiös ... Die Kirche muß die Menschen zu Gott führen, damit sie sich ihm vorbehaltlos hingeben ... Die Kirche kann dieses streng religiöse, übernatürliche Ziel nie aus dem Auge verlieren. Der Sinn all ihrer Tätigkeiten, bis zum letzten Artikel ihres Rechtsbuches, kann nur sein, direkt oder indirekt dazu beizutragen" ("Son Divin Fondateur, Jésus-Christ, ne lui a donné aucun mandat ni fixé aucune fin d'ordre culturel. Le but que le Christ lui assigne est strictement religieux ... L'Église doit conduire les hommes à Dieu afin qu'ils se livrent à lui sans réserve ... L'église ne peut jamais perdre de vue ce but strictement religieux, surnaturel. Le sens de toutes ses activités, jusqu'au dernier canon de son Code, ne peut être d'y concourir directement au indirectement": AAS 48 [1956] 212).

num secundum Legem divinam constituen-
dae et firmandae inservire possunt. Item, ubi
opus fuerit, secundum temporum et locorum
circumstantias, et ipsa suscitare potest, immo
et debet, opera in servitium omnium, praesertim vero egentium destinata, uti opera misericordiae vel alia huiusmodi. *[1061]*

Ecclesia insuper agnoscit quidquid boni
in dynamismo sociali hodierno invenitur:
praesertim evolutionem versus unitatem,
processum sanae socializationis et consociationis civilis et oeconomicae. Promotio enim
unitatis cum intima Ecclesiae missione cohaeret, cum ipsa sit "in Christo veluti sacramentum seu signum et instrumentum intimae cum Deo unionis totiusque generis humani unitatis"³.

Ita ipsa mundo ostendit veram unionem
socialem externam ex unione mentium et
cordium fluere, ex illa scilicet fide et caritate,
quibus in Spiritu Sancto eius unitas indissolubiliter condita est. Vis enim, quam Ecclesia
hodiernae hominum societati iniicere valet,
in illa fide et caritate, ad effectum vitae adductis, consistit, non autem in dominio aliquo externo mediis mere humanis exercendo.

Cum insuper vi suae missionis et naturae
ad nullam alligetur particularem culturae humanae formam aut systema politicum, oeconomicum vel sociale, Ecclesia ex hac sua uni-
versalitate ligamen arctissimum inter diversas hominum communitates et nationes exsistere potest, dummodo ipsae ei fidant eiusque
veram libertatem ad hanc suam missionem
adimplendam reapse agnoscant. Qua de causa Ecclesia filios suos, sed etiam omnes homines monet, ut in hoc familiali spiritu filiorum Dei, omnes dissensiones inter nationes
et stirpes superent et iustis associationibus
humanis internam firmitatem praebeant.

dieser religiösen Sendung Auftrag, Licht und
Kräfte, die dazu dienen können, die Gemeinschaft der Menschen nach göttlichem Gesetz
aufzubauen und zu festigen. Ebenso kann, ja
muß sie sogar, wo es nötig ist, je nach den
Umständen von Zeit und Ort auch selbst
Werke in die Wege leiten, die zum Dienst an
allen, besonders aber an den Bedürftigen bestimmt sind, wie z. B. Werke der Barmherzigkeit oder andere dieser Art.

Die Kirche anerkennt überdies alles, was
sich an Gutem in der heutigen gesellschaftlichen Dynamik findet: besonders die Entwicklung hin zur Einheit, den Prozeß einer
gesunden bürgerlichen und wirtschaftlichen
Sozialisation und Vergesellschaftung. Förderung von Einheit hängt ja mit der ureigenen
Sendung der Kirche zusammen, da sie "in
Christus gleichsam das Sakrament bzw. Zeichen und Werkzeug für die innigste Vereinigung mit Gott und für die Einheit des ganzen
Menschengeschlechts"³ ist.

So zeigt sie der Welt, daß die wahre äußere
gesellschaftliche Einheit aus einer Einheit
der Gesinnungen und Herzen erwächst, aus
jenem Glauben und jener Liebe nämlich, auf
denen im Heiligen Geist ihre Einheit unauflöslich beruht. Die Kraft nämlich, die die
Kirche der heutigen Gesellschaft der Menschen zu verleihen vermag, besteht in jenem
Glauben und jener Liebe, die zum Gelingen
des Lebens beitragen, nicht aber in irgendeiner äußeren, mit rein menschlichen Mitteln
ausgeübten Herrschaft.

Da sie überdies kraft ihrer Sendung und
Natur an keine besondere Form menschlicher Kultur und an kein politisches, wirtschaftliches oder gesellschaftliches System
gebunden ist, kann die Kirche kraft dieser ihrer Universalität ein ganz enges Band zwischen den verschiedenen menschlichen Gemeinschaften und Nationen bilden, solange
diese ihr vertrauen und ihre wahre Freiheit
zur Erfüllung dieser ihrer Sendung wirklich
anerkennen. Aus diesem Grund mahnt die
Kirche ihre Kinder, aber auch alle Menschen, in diesem Familiengeist der Gottes-
kinder alle Zwistigkeiten zwischen den Nationen und Rassen zu überwinden und den

---

³   2. Vatikanisches Konzil, Dogmatische Konstitution über die Kirche *"Lumen gentium"*, Nr. 1 (AAS
57 [1965] 5; *4101).

Quaecumque igitur vera, bona, iustaque inveniuntur in diversissimis institutionibus, quae genus humanum sibi condidit incessanterque condit, eadem Concilium magna cum reverentia considerat. Declarat insuper Ecclesiam omnes tales institutiones adiuvare et promovere velle, quatenus hoc ab ea dependet et cum eius missione coniungi potest. Ipsa nihil ardentius desiderat quam ut omnium bono inserviens, se libere sub quovis regimine evolvere possit, quod iura fundamentalia personae ac familiae et boni communis necessitates agnoscat.

**4343**    43. *(De adiutorio quod Ecclesia per christianos navitati humanae conferre satagit).* Concilium christianos, cives utriusque civitatis, adhortatur ut sua terrestria officia fideliter implere studeant, idque spiritu *[1062]* Evangelii ducti. A veritate discedunt qui, scientes nos non habere hic manentem civitatem sed futuram inquirere[1], putent se proinde officia sua terrestria negligere posse, non attendentes se per ipsam fidem ad eadem implenda magis teneri, secundum vocationem qua quisque vocatus est[2].

At non minus errant qui, e contrario, opinentur se ita seipsos negotiis terrestribus immergere posse, quasi ista omnino aliena sint a vita religiosa, quippe quia ipsam in solius cultus actibus et officiis quibusdam moralibus implendis consistere arbitrentur.

Discidium illud inter fidem quam profitentur et vitam quotidianam multorum, inter graviores nostri temporis errores recensendum est. Scandalum hoc iam in Vetere Testamento Prophetae vehementer redarguebant[3] et multo magis in Novo Testamento ipse Iesus Christus gravibus poenis minabatur[4].

gerechtfertigten menschlichen Vereinigungen innere Festigkeit zu verleihen.

Mit großer Achtung blickt das Konzil also auf alles Wahre, Gute und Gerechte, das sich in den unterschiedlichsten Einrichtungen findet und das sich das Menschengeschlecht geschaffen hat und unablässig neu schafft. Es erklärt überdies, daß die Kirche alle diese Einrichtungen unterstützen und fördern will, soweit es von ihr abhängt und sich mit ihrer Sendung vereinbaren läßt. Sie selbst ersehnt nichts glühender, als sich im Dienst am Wohle aller unter jeglicher Regierung frei entfalten zu können, die die Grundrechte der Person und der Familie und die Erfordernisse des Gemeinwohls anerkennt.

43. (*Die Hilfe, mit der die Kirche durch die Christen das menschliche Schaffen unterstützen möchte*). Das Konzil fordert die Christen, die Bürger beider Bürgerschaften, auf, nach treuer Erfüllung ihrer irdischen Pflichten zu streben, und dies im Geist des Evangeliums. Von der Wahrheit weichen die ab, die, weil sie wissen, daß wir hier keine bleibende Stadt haben, sondern die künftige suchen[1], meinen, sie könnten deswegen ihre irdischen Pflichten vernachlässigen, und dabei nicht beachten, daß sie, gemäß der Berufung, mit der ein jeder berufen wurde, gerade durch den Glauben um so mehr zu deren Erfüllung verpflichtet sind[2].

Nicht weniger aber irren die, die umgekehrt meinen, sich so in irdische Geschäfte versenken zu können, als ob diese überhaupt nichts mit dem religiösen Leben zu tun hätten, weil dieses nach ihrer Meinung in bloßen Kultakten und in der Erfüllung bestimmter moralischer Pflichten bestehe.

Diese Spaltung bei vielen zwischen dem Glauben, den sie bekennen, und dem täglichen Leben ist unter die schweren Verirrungen unserer Zeit zu zählen. Dieses Ärgernis haben schon die Propheten im Alten Testament heftig zurückgewiesen[3], und noch viel mehr hat es Jesus Christus selbst im Neuen Testament mit schweren Strafen bedroht[4].

---

*4343  [1]  Vgl. Hebr 13,14.
       [2]  Vgl. 2 Thess 3,6-13; Eph 4,28.
       [3]  Vgl. Jes 58,1-12.
       [4]  Vgl. Mt 23,3-33; Mk 7,10-13.

Ne igitur perperam inter se opponantur activitates professionales et sociales ex una parte, vita religiosa ex altera. Christianus, officia sua temporalia negligens, officia sua erga proximum, immo et ipsum Deum negligit suamque aeternam salutem in discrimen adducit. Gaudeant potius christiani, exemplum Christi secuti, qui fabrilem artem exercuit, se omnes suas navitates terrestres exercere posse, conatus humanos, domesticos, professionales, scientificos vel technicos in unam synthesim vitalem cum bonis religiosis colligendo, sub quorum altissima ordinatione omnia in Dei gloriam coordinantur.

Laicis proprie, etsi non exclusive, saecularia officia et navitates competunt. Cum igitur, sive singuli sive consociati, ut cives mundi agunt, non solum leges proprias uniuscuiusque disciplinae servabunt, sed veram peritiam in illis campis sibi comparare studebunt. Libenter cum hominibus eosdem fines prosequentibus cooperabuntur. Agnoscentes exigentias fidei eiusque virtute praediti, incunctanter, ubi oportet, nova incepta excogitent atque ad effectum deducant. Ad ipsorum conscientiam iam apte formatam spectat, ut lex divina in civitatis terrenae vita inscribatur.

A sacerdotibus vero laici lucem ac vim spiritualem exspectent. Neque tamen ipsi censeant pastores suos semper adeo peritos esse ut, in omni quaestione exsurgente, etiam gravi, solutionem *[1063]* concretam in promptu habere queant, aut illos ad hoc missos esse: ipsi potius, sapientia christiana illustrati et ad doctrinam Magisterii observanter attendentes[5], partes suas proprias assumant.

Pluries ipsa visio christiana rerum eos ad aliquam determinatam solutionem in quibusdam rerum adiunctis inclinabit. Alii tamen fideles, non minore sinceritate ducti, ut sae-

Man darf also nicht berufliche und gesellschaftliche Tätigkeiten auf der einen Seite und das religiöse Leben auf der anderen fälschlicherweise einander entgegensetzen. Ein Christ, der seine zeitlichen Pflichten vernachlässigt, vernachlässigt damit seine Pflichten gegenüber dem Nächsten, ja sogar ⟨gegen⟩ Gott selbst und bringt sein ewiges Heil in Gefahr. Die Christen sollen sich vielmehr freuen, daß sie, dem Beispiel Christi folgend, der ein Handwerk ausgeübt hat, alle ihre irdischen Tätigkeiten so ausüben können, daß sie ihre menschlichen, häuslichen, beruflichen, wissenschaftlichen oder technischen Anstrengungen zu einer lebendigen Synthese mit den religiösen Werten verbinden, unter deren höchster Anordnung alles auf Gottes Ehre hingeordnet wird.

Den Laien obliegen eigentlich, wenn auch nicht ausschließlich, die weltlichen Pflichten und Tätigkeiten. Wenn sie also, sei es einzeln oder in Gruppen, als Bürger der Welt handeln, werden sie nicht nur die jedem einzelnen Bereich eigenen Gesetze beachten, sondern sich ⟨auch⟩ darum bemühen, gutes fachliches Können in diesen Gebieten zu erwerben. Sie werden gern mit den Menschen, die dieselben Ziele verfolgen, zusammenarbeiten. In Anerkennung der Erfordernisse des Glaubens und in seiner Kraft sollen sie, wo es geboten ist, ohne zu zögern Neues planen und ausführen. Ihrem schon in gehöriger Weise ausgebildeten Gewissen kommt es zu, das göttliche Gesetz dem Leben der irdischen Bürgerschaft einzuprägen.

Von den Priestern aber dürfen die Laien Licht und geistliche Kraft erwarten. Sie sollen jedoch nicht meinen, ihre Hirten seien immer so sachkundig, daß sie bei jeder, ⟨zuweilen⟩ auch schweren Frage, die gerade auftaucht, eine konkrete Lösung bereit haben könnten oder daß sie dazu gesandt seien: sie selbst sollen vielmehr im Licht christlicher Weisheit und unter gewissenhafter Berücksichtigung der Lehre des Lehramtes[5] ⟨darin⟩ ihre eigene Aufgabe wahrnehmen.

Oftmals wird gerade eine christliche Schau der Dinge ihnen eine bestimmte Lösung in einer konkreten Situation nahelegen. Andere Gläubige werden jedoch, wie es häu-

---

[5]   Vgl. Johannes XXIII., Enzyklika *"Mater et Magistra"* (AAS 53 [1961] 456f 407 410f).

pius et quidem legitime accidit, aliter de eadem re iudicabunt. Quodsi solutiones hinc inde propositae, etiam praeter partium intentionem, a multis facile connectantur cum nuntio evangelico, meminerint oportet nemini licere in praefatis casibus pro sua sententia auctoritatem Ecclesiae sibi exclusive vindicare. Semper autem colloquio sincero se invicem illuminare satagant, mutuam caritatem servantes et boni communis imprimis solliciti.

Laici vero, qui in tota vita Ecclesiae actuosas partes gerendas habent, non solum mundum spiritu christiano imbuere tenentur, sed etiam ad hoc vocantur ut in omnibus, in media quidem humana consortione, Christi sint testes.

Episcopi vero, quibus munus moderandi Ecclesiam Dei commissum est, cum presbyteris suis nuntium Christi ita praedicent, ut omnes fidelium terrestres activitates Evangelii luce perfundantur.

Insuper pastores omnes memores sint se sua cotidiana conversatione et sollicitudine[6] mundo faciem Ecclesiae exhibere, ex qua homines vim et veritatem nuntii christiani iudicant. Vita et verbo, una cum religiosis atque suis fidelibus, demonstrent Ecclesiam sola sua praesentia, cum omnibus quae continet donis, inexhaustum fontem esse illarum virtutum, quibus mundus hodiernus maxime indiget. Studiis assiduis se ita aptos reddant, ut in dialogo cum mundo et hominibus cuiuscumque opinionis instituendo partes suas agere possint.

Imprimis vero in corde verba huius Concilii habeant: "Quia genus humanum hodie magis magisque in unitatem civilem, oeconomicam et socialem coalescit, eo magis

figer, und zwar legitim, der Fall ist, bei nicht geringerer Gewissenhaftigkeit über dieselbe Sache anders urteilen. Wenn aber die von beiden Seiten vorgelegten Lösungen, auch gegen den Willen der Parteien, von vielen leicht mit der Botschaft des Evangeliums verknüpft werden, so muß man daran denken, daß es niemandem erlaubt ist, in den vorgenannten Fällen die Autorität der Kirche ausschließlich für sich und seine eigene Meinung in Anspruch zu nehmen. Immer aber sollen sie in einem aufrichtigen Dialog sich gegenseitig zur Klärung der Frage zu helfen suchen; dabei sollen sie die gegenseitige Liebe bewahren und vor allem auf das Gemeinwohl bedacht sein.

Die Laien aber, die im ganzen Leben der Kirche eine aktive Rolle zu spielen haben, sind nicht nur gehalten, die Welt mit christlichem Geist zu erfüllen, sondern sie sind auch dazu berufen, in allem, und zwar inmitten der menschlichen Gemeinschaft, Christi Zeugen zu sein.

Die Bischöfe aber, denen das Amt, die Kirche Gottes zu leiten, übertragen ist, sollen mit ihren Priestern die Botschaft Christi so verkünden, daß alle irdischen Tätigkeiten der Gläubigen vom Licht des Evangeliums durchströmt werden.

Überdies sollen sich alle Hirten bewußt sein, daß sie in ihrem alltäglichen Lebenswandel und Bemühen[6] der Welt das Antlitz der Kirche zeigen, nach dem die Menschen die Kraft und Wahrheit der christlichen Botschaft beurteilen. In Leben und Wort sollen sie zusammen mit den Ordensleuten und ihren Gläubigen beweisen, daß die Kirche mit allen Gaben, die sie besitzt, schon durch ihre bloße Gegenwart ein unerschöpflicher Quell jener sittlichen Kräfte ist, deren die heutige Welt so sehr bedarf. Durch beharrliches Studium sollen sie sich so fähig machen, daß sie im Dialog mit der Welt und mit Menschen jedweder Anschauung ihren Beitrag leisten können.

Besonders aber sollen sie die Worte dieses Konzils beherzigen: "Weil das Menschengeschlecht heute mehr und mehr zur bürgerlichen, wirtschaftlichen und sozialen Einheit

---

[6]    Vgl. 2. Vatikanisches Konzil, Dogmatische Konstitution über die Kirche *Lumen gentium*", Nr. 28 (AAS 57 [1965] 34f; *4153).

oportet ut Sacerdotes, coniuncta cura et ope sub ductu Episcoporum et Summi Pontificis, omnem rationem dispersionis elidant, ut in unitatem familiae Dei totum genus humanum adducatur"[7]. *[1064]*

Quamvis Ecclesia ex virtute Spiritus Sancti fidelis sponsa Domini sui manserit et numquam cessaverit esse signum salutis in mundo, ipsa tamen minime ignorat inter membra sua[8], sive clericos sive laicos, decurrente multorum saeculorum serie, non defuisse qui Spiritui Dei infideles exstiterint. Etiam hac nostra aetate Ecclesiam non fugit, quantum inter se distent nuntius a se prolatus et humana debilitas eorum quibus Evangelium concreditur.

Quidquid de istis defectibus historia iudicet, eorum conscii esse debemus eosdemque strenue impugnare, ne Evangelio diffundendo detrimentum afferant. Pariter novit Ecclesia quantopere ipsa, in sua cum mundo relatione excolenda, ex saeculorum experientia iugiter maturescere debeat. A Spiritu Sancto ducta [*AAS:* ducto], Ecclesia Mater indesinenter filios suos "ad purificationem et renovationem exhortatur, ut signum Christi super faciem Ecclesiae clarius effulgeat"[9].

44. *(De adiutorio quod Ecclesia a mundo hodierno accipit).* Sicut autem mundi interest Ecclesiam ut socialem realitatem historiae eiusque fermentum agnoscere, ita ipsa Ecclesia non ignorat, quantum ex humani generis historia et evolutione acceperit.

Praeteritorum saeculorum experientia, scientiarum profectus, thesauri in variis culturae humanae formis absconditi, quibus ipsius hominis natura plenius manifestatur novaeque viae ad veritatem aperiuntur, Ecclesiae quoque prosunt. Ipsa enim, inde ab initio suae historiae, nuntium Christi, ope conceptuum et linguarum diversorum popu-

zusammenwächst, sollen die Priester um so mehr in vereinter Sorge und Anstrengung unter Leitung der Bischöfe und des Papstes jede Art von Trennung beseitigen, damit das ganze Menschengeschlecht in die Einheit der Familie Gottes geführt werde"[7].

Obwohl die Kirche aus der Kraft des Heiligen Geistes die treue Braut ihres Herrn geblieben ist und niemals aufgehört hat, das Zeichen des Heils in der Welt zu sein, so verkennt sie doch keineswegs, daß es unter ihren Gliedern[8], ob Klerikern oder Laien, im Lauf vieler Jahrhunderte ⟨auch⟩ an solchen nicht fehlte, die dem Geist Gottes untreu waren. Auch in unserer Zeit weiß die Kirche, wie groß der Abstand ist zwischen der von ihr verkündeten Botschaft und der menschlichen Schwäche derer, denen das Evangelium anvertraut ist.

Wie immer auch die Geschichte über diese Fehler urteilen mag, wir müssen uns ihrer bewußt sein und sie unerbittlich bekämpfen, damit sie der Verbreitung des Evangeliums keinen Schaden zufügen. Ebenso weiß die Kirche, wie sehr sie selbst bei der Pflege ihrer Beziehung zur Welt aufgrund der Erfahrung der Zeiten immerfort reifen muß. Vom Heiligen Geist geführt, ermahnt die Mutter Kirche ihre Kinder unaufhörlich "zur Läuterung und Erneuerung, damit das Zeichen Christi auf dem Antlitz der Kirche klarer erstrahle"[9].

44. (*Die Hilfe, die die Kirche von der heutigen Welt empfängt*). Wie es aber im Interesse der Welt liegt, die Kirche als gesellschaftliche Wirklichkeit der Geschichte und als deren Sauerteig anzuerkennen, so verkennt auch die Kirche nicht, wieviel sie selbst aufgrund der Geschichte und Entwicklung des Menschengeschlechts empfangen hat.    **4344**

Die Erfahrung vergangener Zeiten, der Fortschritt der Wissenschaften, die Schätze, die in den verschiedenen Formen der menschlichen Kultur verborgen liegen, durch die die Menschennatur in größerer Fülle offenbar wird und neue Wege zur Wahrheit aufgetan werden, nützen auch der Kirche. Von Beginn ihrer Geschichte an hat

---

[7]   Ebd., Nr. 28 (AAS 57 [1965] 35f; \*4154).

[8]   Vgl. Ambrosius, *De virginitate* VIII, n. 48 (PL 16,278).

[9]   2. Vatikanisches Konzil, Dogmatische Konstitution über die Kirche "*Lumen gentium*", Nr. 15 (AAS 57 [1965] 20; \*4139).

lorum exprimere didicit, eumdemque sapientia insuper philosophorum illustrare conata est: in hunc finem nempe ut Evangelium tum omnium captui tum sapientium exigentiis, in quantum par erat, aptaret.

Quae quidem verbi revelati accommodata praedicatio lex omnis evangelizationis permanere debet. Ita enim in omni natione facultas nuntium Christi suo modo exprimendi excitatur simulque vivum commercium inter Ecclesiam et diversas populorum culturas promovetur[1]. Ad tale *[1065]* commercium augendum Ecclesia, imprimis nostris temporibus, in quibus res celerrime mutantur et cogitandi modi valde variantur, peculiariter eorum auxilio indiget qui, viventes in mundo, varias institutiones et disciplinas callent earumque intimam mentem intelligunt, sive de credentibus sive de non credentibus agatur.

Totius Populi Dei est, praesertim pastorum et theologorum, adiuvante Spiritu Sancto, varias loquelas nostri temporis auscultare, discernere et interpretari easque sub lumine verbi divini diiudicare, ut revelata Veritas semper penitius percipi, melius intelligi aptiusque proponi possit.

Ecclesia, cum visibilem structuram socialem habeat, signum quidem suae unitatis in Christo, etiam evolutione vitae socialis humanae ditari potest et ditatur, non quasi aliquid in constitutione a Christo sibi data deesset, sed ad eamdem profundius cognoscendam, melius exprimendam atque temporibus nostris felicius accommodandam.

Ipsa grato animo percipit se, in sua communitate non minus quam in singulis suis filiis, varium adiutorium ab hominibus cuiusvis gradus vel condicionis accipere. Quicum-

sie nämlich gelernt, die Botschaft Christi mit Hilfe der Begriffe und Sprachen der verschiedenen Völker auszudrücken, und hat überdies versucht, sie mit Hilfe der Weisheit der Philosophen zu verdeutlichen: zu dem Zweck nämlich, um das Evangelium sowohl dem Fassungsvermögen aller als auch den Ansprüchen der Gebildeten, soweit es angemessen war, anzupassen.

Diese angepaßte Verkündigung des geoffenbarten Wortes muß ein Gesetz aller Evangelisation bleiben. Denn so wird in jedem Volk die Fähigkeit, die Botschaft Christi auf eigene Weise auszudrücken, geweckt und zugleich der lebhafte Austausch zwischen der Kirche und den verschiedenen Kulturen der Völker gefördert[1]. Zur Steigerung dieses Austauschs bedarf die Kirche vor allem in unseren Zeiten, in denen sich die Verhältnisse sehr schnell wandeln und die Denkweisen sehr vielfältig sind, in besonderer Weise der Hilfe derer, die, in der Welt lebend, die verschiedenen Institutionen und Fachgebiete kennen und die Mentalität, die ihnen innewohnt, verstehen, gleichgültig, ob es sich um Gläubige oder Ungläubige handelt.

Aufgabe des ganzen Gottesvolkes, vor allem der Hirten und Theologen, ist es, unter dem Beistand des Heiligen Geistes die verschiedenen Sprachen unserer Zeit zu hören, zu unterscheiden und zu deuten und sie im Licht des göttlichen Wortes zu beurteilen, damit die geoffenbarte Wahrheit immer tiefer erfaßt, besser verstanden und passender vorgelegt werden kann.

Da die Kirche eine sichtbare gesellschaftliche Struktur hat, nämlich das Zeichen ihrer Einheit in Christus, kann sie auch durch die Entwicklung des menschlichen gesellschaftlichen Lebens bereichert werden und wird durch sie bereichert, nicht als ob in der von Christus ihr gegebenen Verfassung etwas fehlte, sondern um sie tiefer zu erkennen, besser auszudrücken und zeitgemäßer zu gestalten.

Sie erfährt auch dankbaren Herzens, daß sie, in ihrer Gemeinschaft nicht weniger als in ihren einzelnen Kindern, mannigfaltige Hilfe von Menschen jedweden Ranges und

---

**\*4344** [1]    Vgl. 2. Vatikanisches Konzil, Dogmatische Konstitution über die Kirche *"Lumen gentium"*, Nr. 13 (AAS 57 [1965] 17; *4133).

que enim communitatem humanam in ordine familiae, culturae, vitae oeconomicae et socialis, necnon politicae tam nationalis quam internationalis, promovent, secundum consilium Dei communitati quoque ecclesiali, in quantum haec ab externis dependet, adiutorium non parvum afferunt. Immo Ecclesia, ex ipsa oppositione eorum qui ei adversantur vel eam persequuntur, se multum profecisse et proficere posse fatetur[2].

45. *(De Christo, alpha et omega).* Ecclesia, dum ipsa mundum adiuvat et ab eo multa accipit, ad hoc unum tendit ut Regnum Dei adveniat et totius humani generis salus instauretur.

Omne vero bonum, quod Populus Dei in suae peregrinationis terrestris tempore hominum familiae praebere potest, ex hoc profluit quod Ecclesia est "universale salutis *[1066]* sacramentum"[1], mysterium amoris Dei erga hominem manifestans simul et operans.

Verbum enim Dei, per quod omnia facta sunt, Ipsum caro factum est, ita ut, perfectus Homo, omnes salvaret et universa recapitularet. Dominus finis est humanae historiae, punctum in quod historiae et civilizationis desideria vergunt, humani generis centrum, omnium cordium gaudium eorumque appetitionum plenitudo[2]. Ille est quem Pater a mortuis suscitavit, exaltavit et a dextris suis collocavit, Eum vivorum atque mortuorum iudicem constituens. In Eius Spiritu vivificati et coadunati, versus historiae humanae peregrinamur consummationem, quae cum consilio Eius dilectionis plene congruit: "Instaurare omnia in Christo, quae in caelis et quae in terra sunt" *[Eph 1,10]*.

Standes empfängt. Wer immer nämlich die menschliche Gemeinschaft auf der Ebene der Familie, der Kultur, des wirtschaftlichen und sozialen Lebens sowie der nationalen und internationalen Politik voranbringt, leistet nach dem Ratschluß Gottes auch der kirchlichen Gemeinschaft, soweit diese von äußeren Bedingungen abhängt, eine nicht geringe Hilfe. Die Kirche bekennt sogar, daß sie selbst aus der Feindschaft derer, die sich ihr widersetzen oder sie verfolgen, großen Nutzen gezogen hat und ziehen kann[2].

45. *(Christus, Alpha und Omega).* Während die Kirche der Welt hilft und von ihr viel empfängt, strebt sie einzig danach, daß das Reich Gottes komme und das Heil des ganzen Menschengeschlechts verwirklicht werde. **4345**

Alles aber, was das Volk Gottes in der Zeit seiner irdischen Pilgerschaft der Menschenfamilie an Gutem bieten kann, kommt daher, daß die Kirche das "allumfassende Sakrament des Heiles"[1] ist, das das Geheimnis der Liebe Gottes zum Menschen zugleich offenbart und verwirklicht.

Das Wort Gottes, durch das alles gemacht ist, ist nämlich selbst Fleisch geworden, um als vollkommener Mensch alle zu retten und alles zusammenzufassen. Der Herr ist das Ziel der menschlichen Geschichte, der Punkt, auf den alle Sehnsüchte der Geschichte und der Zivilisation zulaufen, der Mittelpunkt des Menschengeschlechts, die Freude aller Herzen und die Erfüllung ihrer Bestrebungen[2]. Er ist es, den der Vater von den Toten auferweckt, erhöht und zu seiner Rechten gesetzt hat; ihn hat er zum Richter der Lebenden und Toten bestellt. In seinem Geist belebt und geeint, pilgern wir der Vollendung der menschlichen Geschichte entgegen, die mit dem Plan seiner Liebe voll übereinstimmt: "alles in Christus zu erneuern, was in

---

[2]  Vgl. Justin, *Dialog mit dem Juden Tryphon*, 110: "... je mehr uns aber solches zugefügt wird, um so mehr entstehen andere Gläubige und Fromme durch den Namen Jesu" ("... sed quanto magis talia nobis infliguntur, tanto plures alii fideles et pii per nomen Iesu fiunt": PG 6,729 / Otto [1897] 391–393). Vgl. Tertullian, *Apologeticum* 50,13: "Auch werden wir mehr, sooft wir von euch niedergemäht werden: der Samen ist das Blut der Christen" ("Etiam plures efficimur, quoties metimur [*AAS*: metimus] a vobis: semen est sanguis christianorum": PL 1,534 / E. Dekkers: CpChL 1 [1954] 171). Vgl. 2. Vatikanisches Konzil, Dogmatische Konstitution über die Kirche "*Lumen gentium*", Nr. 9 (AAS 57 [1965] 14; \*4124).

**\*4345** [1]  2. Vatikanisches Konzil, Dogmatische Konstitution über die Kirche "*Lumen gentium*", Nr. 48 (AAS 57 [1965] 53; \*4168).

[2]  Vgl. Paul VI., Ansprache am 3. Febr. 1965 (L'Osservatore Romano, 4. Febr. 1965).

Dicit Ipse Dominus: "Ecce venio cito, et merces mea mecum est, reddere unicuique secundum opera sua. Ego sum alpha et omega, primus et novissimus, principium et finis" [*Apc 22,12s*]. ...

den Himmeln und was auf der Erde ist" [*Eph 1,10*].

Der Herr selbst sagt: "Siehe, ich komme bald, und mein Lohn ist mit mir, einem jeden zu vergelten nach seinen Werken. Ich bin das Alpha und das Omega, der Erste und der Letzte, Anfang und Ende" [*Offb 22,12f*]. ...

### 4350-4359: 123. Generalkongregation, 16. Nov. 1964: "Bekanntmachungen" und "Erläuternde Vorbemerkung"

In der Konzilsaula und bei der Beratung der Modi zum dritten Kapitel von "*Lumen Gentium*" (Nr. 18-29; vgl. *4142-4155) wurden Meinungsunterschiede hinsichtlich der Kollegialität der Bischöfe und der dogmatischen Verbindlichkeit der Konzilsdekrete deutlich. Um eine möglichst große Zustimmung bei der Schlußabstimmung zu ermöglichen, beschloß die Theologische Kommission, ihren Einzelantworten eine zusammenfassende "*Erläuternde Vorbemerkung*" ("*Nota explicativa praevia*") voranzustellen. Paul VI. machte sich dieses Anliegen zu eigen (vgl. *4352). Der Verlesung der "*Vorbemerkung*" stellte der Generalsekretär des Konzils "*Bekanntmachungen*" ("*Notificationes*") voran, die den dogmatischen Verbindlichkeitsgrad der Konzilsdokumente präzisieren. Auf Veranlassung Pauls VI. wurden beide Texte den Konzilsakten hinzugefügt. Vgl. auch die "*Bekanntmachung*" ("*Notificatio*") des Generalsekretärs des Konzils vom 15. Nov. 1965 (171. Generalkongregation: AAS 58 [1966] 836).

*Ausg.*: AAS 57 (1965) 72-75 / ASyn 3/VIII, 10-13.

*Notificationes factae ab Exc.mo Secretario generalis Concilii in congregatione generali CXXIII diei XVI nov. MCMLXIV*

*Bekanntmachungen, die der Generalsekretär des Konzils in der 123. Generalkongregation am 16. Nov. 1964 mitgeteilt hat*

4350    Quaesitum est quaenam esse debeat *qualificatio theologica* doctrinae, quae in Schemate *de Ecclesia* exponitur et suffragationi subicitur.

Commissio Doctrinalis quaesito responsionem dedit, in expendendis *Modis* spectantibus ad caput tertium Schematis *de Ecclesia*, hisce verbis:

"Ut de se patet, textus Concilii semper secundum regulas generales, ab omnibus cognitas, interpretandus est."

4351    Qua occasione Commissio Doctrinalis remittit ad suam *Declarationem* 6 martii 1964, cuius textum hic transcribimus:

"Ratione habita moris conciliaris ac praesentis Concilii finis pastoralis, haec S. Synodus ea tantum de rebus fidei vel morum ab Ecclesia tenenda definit, quae ut talia aperte ipsa declaraverit.

Cetera autem, quae S. Synodus proponit, utpote Supremi Ecclesiae Magisterii doctrinam, omnes ac singuli christifideles excipere et amplecti debent iuxta ipsius S. Synodi mentem, quae sive ex subiecta materia sive

Es ist gefragt worden, welchen *theologischen Verbindlichkeitsgrad* die Lehre haben solle, die im Schema *über die Kirche* ausgeführt und der Abstimmung unterbreitet wird.

Die Theologische Kommission hat auf diese Frage bei der Prüfung der *Änderungsvorschläge* zum dritten Kapitel des Schemas *über die Kirche* mit diesen Worten Antwort gegeben:

"Wie es sich von selbst versteht, ist ein Text des Konzils immer nach den allgemeinen, allen bekannten Regeln auszulegen."

Bei dieser Gelegenheit verweist die Theologische Kommission auf ihre *Erklärung* vom 6. März 1964, deren Wortlaut wir hier wiedergeben:

"Unter Berücksichtigung des konziliaren Verfahrens und des pastoralen Ziels des gegenwärtigen Konzils definiert das heilige Konzil nur das im Bereich des Glaubens oder der Sitten als für die Kirche verbindlich, was es selbst offen als solches erklären sollte.

Das übrige aber, was das Heilige Konzil vorlegt, müssen alle und jeder einzelne Christgläubige als Lehre des obersten Lehramtes der Kirche annehmen und festhalten entsprechend der Absicht des heiligen Kon-

ex dicendi ratione innotescit, secundum normas theologicae interpretationis."

Superiore dein Auctoritate communicatur Patribus nota explicativa praevia ad Modos circa caput tertium Schematis *de Ecclesia*, ad cuius notae mentem atque sententiam explicari et intelligi debet doctrina in eodem capite tertio exposita.

### Nota explicativa praevia

"Commissio statuit expensioni *Modorum* sequentes observationes generales praemittere.

1. *Collegium* non intelligitur sensu *stricte iuridico*, scilicet de coetu aequalium, qui potestatem suam praesidi suo demandarent, sed de coetu *[73]* stabili, cuius structura et auctoritas ex Revelatione deduci debent. Quapropter in Responsione ad Modum 12 explicite de Duodecim dicitur quod Dominus eos constituit 'ad modum collegii seu *coetus stabilis*'. Cf. etiam Modum 53,c. – Ob eandem rationem, de Collegio Episcoporum passim etiam adhibentur vocabula *Ordo* vel *Corpus*. Parallelismus inter Petrum ceterosque Apostolos ex una parte, et Summum Pontificem et Episcopos ex altera parte, non implicat transmissionem potestatis extraordinariae Apostolorum ad successores eorum, neque, uti patet, *aequalitatem* inter Caput et membra Collegii, sed solam *proportionalitatem* inter primam relationem (Petrus – Apostoli) et alteram (Papa – Episcopi). Unde Commissio statuit scribere in n. 22 non *eadem* sed *pari* ratione. Cf. Modum 57.

2. Aliquis fit *membrum Collegii* vi consecrationis episcopalis et communione hierarchica cum Collegii Capite atque membris. Cf. n. 22, § 1 in fine.

---

zils selbst, wie sie nach den Grundsätzen der theologischen Interpretation aus dem behandelten Gegenstand oder aus der Aussageweise deutlich wird."

Seitens der höheren Autorität wird den **4352** Vätern ferner eine erläuternde Vorbemerkung zu den Änderungsvorschlägen des dritten Kapitels des Schemas *über die Kirche* mitgeteilt, nach deren Absicht und Sinn die Lehre, die in diesem dritten Kapitel dargelegt wird, erklärt und verstanden werden muß.

### Erläuternde Vorbemerkung

"Die Kommission hat beschlossen, der **4353** Prüfung der *Änderungsvorschläge* folgende allgemeinen Hinweise vorauszuschicken:

1. *Kollegium* wird nicht im *streng juridischen* Sinne verstanden, das heißt, von einem Zusammenschluß von Gleichrangigen, die ihre Vollmacht auf ihren Vorsitzenden übertrügen, sondern von einem festen Zusammenschluß, dessen Struktur und Autorität aus der Offenbarung abgeleitet werden müssen. Darum wird in der Antwort auf den Änderungsvorschlag 12 ausdrücklich von den Zwölfen gesagt, daß der Herr sie bestellt hat 'nach Art eines Kollegiums oder eines *festen Zusammenschlusses*'. Vgl. auch Änderungsvorschlag 53c. – Aus demselben Grunde werden immer wieder auf das Bischofskollegium auch die Ausdrücke *Stand* oder *Körperschaft* angewandt. Der Parallelismus zwischen Petrus und den übrigen Aposteln auf der einen Seite und Papst und Bischöfen auf der anderen schließt nicht die Übertragung der außerordentlichen Vollmacht der Apostel auf ihre Nachfolger und selbstverständlich auch nicht eine *Gleichheit* zwischen Haupt und Gliedern des Kollegiums ein, sondern nur eine *Verhältnisgleichheit* zwischen der ersten Beziehung (Petrus - Apostel) und der zweiten (Papst - Bischöfe). Daher hat die Kommission beschlossen, in Nr. 22 nicht *in derselben*, sondern *in entsprechender Weise* zu schreiben. Vgl. Änderungsvorschlag 57.

2. *Glied des Kollegiums* wird man kraft **4354** der Bischofsweihe und durch die hierarchische Gemeinschaft mit Haupt und Gliedern des Kollegiums. Vgl. Nr. 22, Absatz 1, am Schluß.

In *consecratione* datur *ontologica* participatio *sacrorum* munerum, ut indubie constat ex Traditione, etiam liturgica. Consulto adhibetur vocabulum *munerum*, non vero *potestatum*, quia haec ultima vox de potestate *ad actum expedita* intelligi posset. Ut vero talis expedita potestas habeatur, accedere debet *canonica* seu *iuridica determinatio* per auctoritatem hierarchicam. Quae determinatio potestatis consistere potest in concessione particularis officii vel in assignatione subditorum, ex datur iuxta *normas* a suprema auctoritate adprobatas. Huiusmodi ulterior norma *ex natura rei* requiritur, quia agitur de muneribus quae *a pluribus subiectis*, hierarchice ex voluntate Christi cooperantibus, exerceri debent. Evidens est quod haec "communio" *in vita* Ecclesiae, secundum adiuncta temporum, applicata est, priusquam *in iure* velut codificata fuerit.

**4355**      Quapropter signanter dicitur, requiri *hierarchicam* communionem cum Ecclesiae Capite atque membris. *Communio* est notio quae in antiqua Ecclesia (sicut etiam hodie praesertim in Oriente) in magno honore habetur. Non intelligitur autem de vago quodam *affectu*, sed de *realitate organica*, quae iuridicam formam exigit et simul caritate animatur. Unde Commissio, fere unanimi consensu, scribendum esse statuit: 'in *hierarchica* communione'. Cf. Modum 40 et etiam illa quae dicuntur de *missione canonica*, sub n. 24.

Documenta recentiorum Summorum Pontificum circa iurisdictionem *[74]* Episcoporum interpretanda sunt de hac necessaria determinatione potestatum.

**4356**      3. Collegium, quod sine Capite non datur, dicitur: '*subiectum quoque supremae ac plenae potestatis* in universam Ecclesiam existere'. Quod necessario admittendum est, ne plenitudo potestatis Romani Pontificis in dis-

In der *Weihe* wird die *seinsmäßige* Teilnahme an den *heiligen* Ämtern verliehen, wie unbestreitbar aus der Überlieferung, auch der liturgischen, feststeht. Mit Absicht ist der Ausdruck *Ämter* verwendet und nicht *Vollmachten*, weil das letztgenannte Wort von der Vollmacht, die *zum Vollzug völlig freigegebenen* ist, verstanden werden könnte. Damit aber eine solche freigegebene Vollmacht vorhanden sei, muß die *kanonische* oder *rechtliche Bestimmung* durch die hierarchische Autorität hinzukommen. Diese Bestimmung der Vollmacht kann in der Zuweisung einer besonderen Dienstpflicht oder in der Zuordnung von Untergebenen bestehen, und sie wird nach den von der höchsten Obrigkeit gebilligten *Richtlinien* erteilt. Eine derartige weitere Richtlinie ist *aus der Natur der Sache* gefordert, weil es sich um Ämter handelt, die *von mehreren Trägern*, die nach Christi Willen hierarchisch zusammenwirken, ausgeübt werden müssen. Es ist offenkundig, daß diese 'Gemeinschaft' *im Leben* der Kirche den Zeitumständen gemäß schon in Übung gewesen ist, bevor sie *im Recht* gleichsam kodifiziert worden ist.

Darum wird bezeichnenderweise gesagt, es sei eine *hierarchische* Gemeinschaft mit Haupt und Gliedern der Kirche erfordert. *Gemeinschaft* ist ein Begriff, der in der alten Kirche (wie auch heute noch vor allem im Osten) hoch in Ehren steht. Man versteht darunter nicht irgendein unbestimmtes *Gefühl*, sondern eine *organische Wirklichkeit*, die eine rechtliche Gestalt verlangt und zugleich von der Liebe beseelt ist. Daher hat die Kommission in beinaher einmütiger Übereinstimmung beschlossen, daß geschrieben werden soll: 'in *hierarchischer* Gemeinschaft'. Vgl. Änderungsvorschlag 40 sowie auch das, was unter Nr. 24 über die *Missio canonica* gesagt wird.

Die Dokumente der letzten Päpste über die Jurisdiktion der Bischöfe sind von dieser notwendigen Bestimmung der Vollmacht her zu deuten.

3. Von dem Kollegium, das es ohne Haupt nicht gibt, wird gesagt: 'Es besteht *ebenfalls als Träger der höchsten und vollen Vollmacht* über die ganze Kirche'. Das ist notwendigerweise zuzugeben, damit die Fülle der Voll-

crimen poneretur. Collegium enim necessario et semper Caput suum cointelligit, *quod in Collegio integrum servat suum munus Vicarii Christi et Pastoris Ecclesiae universalis.* A. v. distinctio non est inter Romanum Pontificem et Episcopos collectiva sumptos, sed inter Romanum Pontificem seorsim et Romanum Pontificem simul cum Episcopis. Quia vero Summus Pontifex est *Caput* Collegii, ipse solus quosdam actus facere potest, qui Episcopis nullo modo competunt, v. gr. Collegium convocare et dirigere, normas actionis approbare, etc. Cf. Modum 81. Ad iudicium Summi Pontificis, cui cura totius gregis Christi commissa est, spectat, secundum necessitates Ecclesiae decursu temporum variantes, determinare modum quo haec cura actuari conveniat, sive modo personali, sive modo collegiali. Romanus Pontifex ad collegiale exercitium ordinandum, promovendum, approbandum, intuitu boni Ecclesiae, secundum propriam discretionem procedit.

macht des Römischen Bischofs nicht in Frage gestellt wird. Denn das Kollegium versteht notwendigerweise und immer sein Haupt mit, *das im Kollegium sein Amt als Stellvertreter Christi und Hirt der Gesamtkirche unverkürzt bewahrt.* Mit anderen Worten: Die Unterscheidung waltet nicht zwischen dem Römischen Bischof einerseits und den Bischöfen zusammengenommen andererseits, sondern zwischen dem Römischen Bischof für sich und dem Römischen Bischof zusammen mit den Bischöfen. Da aber der Papst das *Haupt* des Kollegiums ist, kann er allein bestimmte Handlungen vollziehen, die den Bischöfen in keiner Weise zustehen, z.B. das Kollegium einberufen und leiten, die Richtlinien für das Verfahren approbieren usw. Vgl. Änderungsvorschlag 81. Dem Urteil des Papstes, dem die Sorge über die ganze Herde Christi anvertraut ist, unterliegt es, nach den Erfordernissen der Kirche, die sich im Lauf der Zeit verändern, die Weise festzulegen, wie diese Sorge passend ins Werk gesetzt wird, sei es persönlich, sei es kollegial. Der Bischof von Rom geht bei der Regelung, Förderung und Billigung der kollegialen Bestätigung in Ausrichtung auf das Wohl der Kirche nach eigenem Urteil vor.

4. Summus Pontifex, utpote Pastor Supremus Ecclesiae, suam potestatem omni tempore ad placitum exercere potest, sicut ab ipso suo munere requiritur. Collegium vero, licet semper existat, non propterea permanenter actione *stricte* collegiali agit, sicut ex Traditione Ecclesiae constat. A. v. non semper est 'in actu pleno', immo nonnisi per intervalla actu stricte collegiali agit et nonnisi *consentiente Capite.* Dicitur autem '*consentiente Capite*', ne cogitetur de *dependentia* velut ab aliquo *extraneo*; terminus 'consentiens' evocat e contra *communionem* inter Caput et membra, et implicat necessitatem *actus* qui Capiti proprie competit. Res affirmatur explicite in n. 22, § 2 et explicatur ibid., in fine. Formula negativa '*nonnisi*' omnes casus comprehendit: unde evidens est quod *normae* a suprema Auctoritate approbatae semper observari debent. Cf. Modum 84.

4. Der Papst als höchster Hirte der Kirche **4357** kann seine Vollmacht jederzeit nach Gutdünken ausüben, wie es von seinem Amt her gefordert wird. Das Kollegium aber handelt, wenn es auch immer besteht, darum nicht ⟨auch schon⟩ beständig in *streng* kollegialem Tun, wie es aufgrund der Überlieferung der Kirche feststeht. Mit anderen Worten: Das Kollegium ist nicht immer 'in voller Tätigkeit', vielmehr handelt es nur von Zeit zu Zeit in streng kollegialem Akt und nicht ohne *Zustimmung des Hauptes.* Es heißt aber mit '*Zustimmung des Hauptes*', damit man nicht an eine *Abhängigkeit* wie von einem *Außenstehenden* denke. Der Ausdruck 'Zustimmung' erinnert im Gegenteil an die *Gemeinschaft* zwischen Haupt und Gliedern und schließt die Notwendigkeit des *Aktes*, der dem Haupt als solchem zusteht, mit ein. Der Sachverhalt wird ausdrücklich bekräftigt in Nr. 22, Absatz 2, und wird ebenda am Ende erklärt. Die negative Formulierung mit '*nicht ohne*' umfaßt alle Fälle; so ist deutlich, daß die von der höchsten Autorität gebillig-

**4358** In omnibus autem apparet quod agitur de *coniunctione* Episcoporum *cum Capite suo*, numquam vero de actione Episcoporum *independenter* a Papa. In quo casu, deficiente actione Capitis, Episcopi agere ut Collegium nequeunt, sicut ex notione 'Collegii' patet. Haec hierarchica *[75]* communio omnium Episcoporum cum Summo Pontifice in Traditione certe solemnis est.

ten *Richtlinien* immer beobachtet werden müssen. Vgl. Änderungsvorschlag 84.

In allem aber zeigt sich, daß es sich um die *Verbundenheit* der Bischöfe *mit ihrem Haupt* handelt, niemals jedoch um die Betätigung der Bischöfe *unabhängig* vom Papst. In diesem Falle, wenn die Tätigkeit des Hauptes fehlt, können die Bischöfe als Kollegium nicht handeln, wie aus dem Begriff 'Kollegium' ersichtlich ist. Diese hierarchische Gemeinschaft aller Bischöfe mit dem Papst ist in der Tradition fest verwurzelt.

**4359** N. B. Sine communione hierarchica munus sacramentale-ontologicum, quod distinguendum est ab aspectu canonico-iuridico, exerceri *non potest*. Commissio autem censuit non intrandum esse in quaestiones de *liceitate* et *validitate*, quae relinquuntur disceptationi theologorum, in specie quod attinet ad potestatem quae de facto apud Orientales seiunctos exercetur, et de cuius explicatione variae exstant sententiae."

N.B. Ohne die hierarchische Gemeinschaft *kann* das sakramental seinsmäßige Amt, das von dem kanonisch-rechtlichen Gesichtspunkt zu unterscheiden ist, *nicht* ausgeübt werden. Die Kommission war aber der Auffassung, nicht eingegangen werden solle auf die Fragen der *Erlaubtheit* und *Gültigkeit*, die der Erörterung der Theologen überlassen bleiben, insbesondere was die Vollmacht betrifft, die tatsächlich bei den getrennten Orientalen ausgeübt wird und über deren Erklärung verschiedene Lehrmeinungen bestehen."

## 4400: Instruktion des Hl. Offiziums "Piam et constantem", 5. Juli 1963

Die Instruktion gestattet die Leichenverbrennung vor allem in jenen Gegenden, wo es schwierig ist, Orte zu finden, die den hygienischen Vorschriften für die Einrichtung von Begräbnisstätten genügen, oder wo eine Erdbestattung dem jeweiligen religiösen Empfinden widerstreitet (z.B. in Indien).
*Ausg.:* AAS 56 (1964) 822f.

### Leichenverbrennung

**4400** Piam et constantem christianorum consuetudinem fidelium cadavera humandi Ecclesia semper fovere studuit sive ipsam communiendo opportunis ritibus, quibus inhumationis symbolica et religiosa significatio clarior appareret, sive etiam poenas comminando contra eos, qui tam salutarem praxim impeterent; quod praesertim praestitit Ecclesia, quoties impugnatio fiebat ex infenso animo adversus christianos mores et ecclesiasticas traditiones ab iis, qui sectario spiritu imbuti, humationi cremationem substituere conabantur in signum violentae negationis christianorum dogmatum, maxime vero mortuorum hominum resurrectionis et humanae animae immortalitatis.

Den frommen und beständigen Brauch der Christen, die Leichname der Gläubigen zu beerdigen, suchte die Kirche immer zu unterstützen, sei es, indem sie ihn durch geeignete Riten stärkte, durch die die zeichenhafte und religiöse Bedeutung der Beerdigung klarer hervortreten sollte, sei es auch, indem sie Strafen gegen diejenigen androhte, die eine so heilsame Praxis angriffen; dies tat die Kirche vor allem immer dann, wenn der Angriff aus einer gegen die christlichen Sitten und kirchlichen Überlieferungen feindseligen Gesinnung derer erfolgte, die, von sektiererischem Geiste erfüllt, die Beerdigung durch die Verbrennung zu ersetzen suchten zum Zeichen der heftigen Ablehnung christlicher Dogmen, am meisten aber der Auferstehung der toten Menschen und der Unsterblichkeit der menschlichen Seele.

Quod vero propositum, uti patet, erat quid subiective inhaerens animo cremationis fautorum, obiective autem ipsi cremationi non adhaerens; corporis enim incineratio, sicut nec animam attingit nec Dei omnipotentiam impedit a corpore restituendo, ita in se non continet illorum dogmatum obiectivam negationem.

Non ergo agitur de re intrinsece mala vel christianae religioni ex se infensa; quod semper sensit Ecclesia, quippe quae, in quibusdam adiunctis, scilicet quando certo constabat vel constat cadaverum cremationem fieri honesto animo et gravioribus ex causis, praesertim ordinis publici, tunc incinerationi non obstabat nec obstat.

Huiusmodi animi in melius mutatio et rerum adiuncta inhumationi obstantia iam frequentiora his ultimis temporibus et clariora apparent; unde crebrae porriguntur S. Sedi preces ad obtinendam disciplinae ecclesiasticae mitigationem circa cadaverum cremationem, quam constat multoties hodie promoveri, minime ex odio contra Ecclesiam vel christianos mores, sed tantum ob rationes vel hygienicas vel oeconomicas vel alius etiam generis sive publici sive privati ordinis [823].

Quas preces sancta Mater Ecclesia, spirituali quidem fidelium bono directe intenta, sed aliarum necessitatum non ignara, benigne suscipiendas censet, sequentia statuendo:

1. Curandum omnino, ut consuetudo fidelium defunctorum corpora sepeliendi sancte servetur; quapropter, opportunis instructionibus et suasionibus adhibitis, caveant Ordinarii, ut populus christianus a cadaverum crematione abstineat, nec recedat, nisi necessitate coactus, ab usu inhumationis ...

2. Ne autem difficultates ex hodiernis rerum adiunctis exsurgentes plus aequo augeantur, et ne frequentior oriatur necessitas dispensandi a legibus in hac re vigentibus,

Dieser Vorsatz aber war, wie offen vor Augen liegt, etwas, was der Gesinnung derer, die sich für die Verbrennung einsetzten, subjektiv innewohnte, objektiv aber der Verbrennung selbst nicht anhaftete; wie nämlich die Einäscherung des Leibes weder die Seele berührt noch die Allmacht Gottes daran hindert, den Leib wiederherzustellen, so enthält sie in sich keine objektive Leugnung jener Dogmen.

Es handelt sich also nicht um eine Sache, die in sich böse oder der christlichen Religion an sich feind wäre; diese Auffassung hat die Kirche immer vertreten, da sie sich ja unter gewissen Umständen – nämlich dann, wenn sicher feststand oder feststeht, daß die Leichenverbrennung in ehrenhafter Absicht oder aus wichtigeren Gründen, vor allem der öffentlichen Ordnung, erfolgt – der Einäscherung nicht widersetzte noch widersetzt.

Eine Änderung dieser Gesinnung zum Besseren und Umstände, die einer Beerdigung entgegenstehen, treten gerade in letzter Zeit immer häufiger und klarer zutage; daher werden vielfach Bitten an den Heiligen Stuhl gerichtet, um eine Milderung der kirchlichen Ordnung in bezug auf die Leichenverbrennung zu erreichen, die heute bekanntlich vielmals gefördert wird, keineswegs aus Haß gegen die Kirche oder die christlichen Sitten, sondern nur aus hygienischen, wirtschaftlichen oder auch andersartigen Gründen öffentlicher oder privater Ordnung.

Diese Bitten meint die heilige Mutter Kirche – zwar direkt auf das geistliche Wohl der Gläubigen bedacht, aber anderer Erfordernisse nicht unkundig – gütig aufnehmen zu sollen, indem sie folgendes festlegt:

1. Es ist mit Nachdruck dafür zu sorgen, daß die Gewohnheit, die Leiber der verstorbenen Gläubigen zu beerdigen, heilig gehalten werde; deswegen sollen die Ordinarien mit Hilfe geeigneter Belehrungen und Empfehlungen sicherstellen, daß sich das christliche Volk der Leichenverbrennung enthält und nicht vom Brauch der Beerdigung abweicht, wenn es nicht durch eine Notwendigkeit ⟨dazu⟩ gezwungen ist ...

2. Damit aber die aus den heutigen Umständen erwachsenden Schwierigkeiten nicht mehr als billig vermehrt würden, und damit sich nicht noch häufiger die Notwendigkeit

consultius visum est, aliquatenus mitigare iuris canonici praescripta, quae cremationem, tangunt, ita scilicet, ut quae statuuntur in can. 1203, § 2 (de non exsequendo mandato cremationis) et in can. 1240, § 1, 5° (de deneganda sepultura ecclesiastica iis qui mandaverint suum corpus cremationi tradi) non iam universaliter urgeantur, sed tunc tantum, quando constiterit cremationem electam, fuisse ex negatione christianorum dogmatum vel ex animo sectario vel ex odio in catholicam religionem et Ecclesiam.

3. Inde etiam sequitur, iis qui elegerint proprii cadaveris cremationem, non esse, ex hoc capite, deneganda sacramenta nec publica suffragia, nisi constet ipsos talem electionem fecisse ex supra indicatis rationibus christianae vitae adversis.

4. Ne autem pius christifidelium sensus erga ecclesiasticam traditionem detrimentum patiatur et ut Ecclesiae animus a crematione alienus clare pateat, ritus ecclesiasticae sepulturae et subsequentia suffragia numquam fieri poterunt in ipso loco crematonis, ne per modum quidem simplicis comitatus in translatione cadaveris.

ergebe, von in dieser Sache geltenden Gesetzen zu dispensieren, schien es ratsamer, die Vorschriften des kanonischen Rechtes, die die Verbrennung berühren, bis zu einem gewissen Grad zu mildern, und zwar so, daß auf jenes, was in Kan. 1203, § 2 (über die Nicht-Ausführung des Auftrags zur Verbrennung) und in Kan. 1240, § 1, 5° (über die Verweigerung des kirchlichen Begräbnisses für diejenigen, die bestimmt haben, daß ihr Leib der Verbrennung übergeben werde) festgelegt wird, nicht mehr allgemein bestanden wird, sondern nur noch dann, wenn feststeht, daß die Verbrennung aus Ablehnung der christlichen Dogmen, aus einer sektiererischen Gesinnung oder aus Haß gegen die katholische Religion und Kirche gewählt wurde.

3. Daraus folgt auch, daß denen, die die Verbrennung des eigenen Leichnams gewählt haben, nicht aus diesem Grunde die Sakramente oder die öffentlichen Fürbittgebete verweigert werden dürfen, wenn nicht feststeht, daß sie diese Wahl aus den oben angeführten, dem christlichen Leben entgegengesetzten Gründen getroffen haben.

4. Damit aber die fromme Empfindung der Christgläubigen gegenüber der kirchlichen Überlieferung keinen Schaden leide, und damit klar zutage trete, daß der Geist der Kirche der Verbrennung ferne steht, werden der Ritus des kirchlichen Begräbnisses und die nachfolgenden Fürbittgebete niemals an dem Ort der Verbrennung selbst erfolgen können, nicht einmal in der Weise der einfachen Begleitung bei der Überführung des Leichnams.

**4402–4407: Instruktion der Päpstlichen Bibelkommission "Sancta mater ecclesia", 21. April 1964**

Die Instruktion hebt die Bedeutung der verschiedenen Stadien der Überlieferung von Leben und Lehre Jesu hervor und empfiehlt den Exegeten die umsichtige Anwendung neuerer wissenschaftlicher Methoden.
*Ausg.:* AAS 56 (1964) 713–716.

### Die historische Wahrheit der Evangelien

**4402**     1. ... Ut [*exegeta catholicus*] Evangeliorum perennem veritatem et auctoritatem in plena luce collocet, accurate normas hermeneuticae rationalis et catholicae servans, nova exegeseos adiumenta sollerter adhibebit, praesertim ea quae historica methodus universim considerata affert. Haec sedulo fontes indagat eorumque naturam et vim definit, subsidia

1. ... Um die immerwährende Wahrheit und Autorität der Evangelien in volles Licht zu stellen, wird [*der katholische Exeget*], die Normen der vernunftgemäßen und katholischen Hermeneutik genau beachtend, neue Hilfsmittel für die Exegese geschickt anwenden, vor allem diejenigen, die die historische Methode im ganzen betrachtet bietet. Diese

per criticen textus, criticen litterariam, cognitionem linguarum sibi comparat.

Observabit interpres monitum Pii XII fel. rec., qui ei iniungit, ut "prudenter ... perquirat quid dicendi forma seu litterarum genus, ab hagiographo adhibitum, ad veram et genuinam conferat interpretationem; ac sibi persuadeat hanc officii sui partem sine magno catholicae exegeseos detrimento neglegi non posse"[1]. ...

Denique exegeta omnia media usurpabit, quibus altius indolem testimonii Evangeliorum, vitam religiosam primarum ecclesiarum, sensum et vim traditionis apostolicae perspiciat.

Ubi casus fert, interpreti investigare licet, quae sana elementa in "methodo historiae formarum" insint, quibus ad pleniorem Evangeliorum intellegentiam rite uti possit. Circumspecte tamen se gerat, quia saepe huic methodo commixta prostant principia philosophica et theologica haud probanda, quae tum methodum, tum conclusiones in re litteraria non raro depravant.

Quidam enim huius methodi fautores praeiudicatis opinionibus rationalismi abducti, supernaturalis ordinis exsistentiam et Dei personalis in mundo interventum, ope revelationis proprie dictae factum, miraculorum et prophetiarum possibilitatem et exsistentiam agnoscere renuunt.

Alii e falsa notione fidei procedunt ac si ipsa veritatem historicam non curet, immo cum eadem componi non possit.

Alii historicam vim et indolem documentorum revelationis quasi a priori negant.

erforscht sorgfältig die Quellen und legt ihre Natur und Bedeutung fest; Hilfen verschafft sie sich durch die Textkritik, Literarkritik und die Kenntnis der Sprachen.

Der Ausleger wird die Mahnung Pius' XII. seligen Angedenkens beherzigen, der ihm auferlegt, "umsichtig ... zu untersuchen, was die Redeform bzw. Literaturgattung, die vom heiligen Schriftsteller verwendet wurde, zur wahren und echten Auslegung beiträgt; und er soll überzeugt sein, daß dieser Teil seiner Aufgabe nicht ohne großen Schaden für die katholische Exegese vernachlässigt werden kann"[1]. ...

Schließlich wird der Exeget alle Mittel in Anspruch nehmen, mit deren Hilfe er die Eigenart des Zeugnisses der Evangelien, das religiöse Leben der ersten Kirchen sowie den Sinn und die Bedeutung der apostolischen Tradition noch tiefer durchschauen kann.

**4403** Wo es die Gelegenheit mit sich bringt, darf der Ausleger erforschen, welche gesunden Elemente der "formgeschichtlichen Methode" innewohnen, welcher er sich zu einem volleren Verständnis der Evangelien in gehöriger Weise bedienen kann. Er soll sich jedoch umsichtig verhalten, weil dieser Methode beigemischt oft philosophische und theologische Prinzipien zum Vorschein kommen, die nicht gebilligt werden können und die sowohl die Methode als auch die Schlußfolgerungen auf literarischem Gebiet nicht selten entstellen.

Manche Anhänger dieser Methode weigern sich nämlich, durch vorgefaßte Meinungen des Rationalismus verführt, die Existenz einer übernatürlichen Ordnung und das mit Hilfe der Offenbarung im eigentlichen Sinne erfolgte Eingreifen des persönlichen Gottes in der Welt sowie die Möglichkeit und Existenz von Wundern und Weissagungen anzuerkennen.

Andere gehen von einem falschen Begriff des Glaubens aus, als ob dieser sich nicht um die historische Wahrheit kümmere, ja sogar mit dieser nicht vereinbart werden könne.

Andere leugnen gleichsam a priori die historische Bedeutung und Eigenart der Offenbarungszeugnisse.

---

**\*4402** [1]    Pius XII., Enzyklika *"Divino afflante Spiritu"* (AAS 35 [1943] 343).

Alii denique auctoritatem Apostolorum, quatenus testes Christi sunt, eorumque munus et influxum in primaevam com munitatem parvi*[714]*pendentes, creatricem potentiam huius communitatis extollunt. ...

**4404**  2. Interpres ut de firmitate eorum quae in Evangeliis traduntur, recte statuat, sollerter ad tria tempora traditionis attendat quibus doctrina et vita Iesu ad nos pervenerunt.

*Christus Dominus* sibi discipulos selectos adiunxit [*cf. Mc 3,14; Lc 6,13*], qui eum ab initio secuti sunt [*cf. Lc 1,2; Act 1,21s*], eius opera viderunt verbaque audierunt et hoc modo apti fuerunt qui eius vitae et doctrinae testes essent [*cf. Lc 24,48; Io 15,27; Act 1,8; 10,39; 13,31*].

Dominus, cum doctrinam ore exponebat, modos ratiocinandi et exponendi tunc temporis vulgatos sequebatur, ita ad mentem auditorum se accommodans et efficiens, ut ea quae doceret firmiter menti imprimerentur et commode a discipulis memoria tenerentur. Hi miracula aliosque Iesu vitae eventus recte tamquam facta eo fine patrata vel disposita, ut eis homines in Christum crederent et doctrinam salutis fide amplecterentur, intellexerunt.

**4405**  *Apostoli* imprimis mortem et resurrectionem Domini annuntiabant, Iesu testimonium reddentes [*cf. Lc 24,44-48; Act 2,32; 3,15; 5,30-32*], eiusque vitam et verba fideliter exponebant [*cf. Act 10,36-41*], adiunctorum, in quibus auditores versabantur, in modo praedicandi rationem habentes [*cf. Act 13,16-41 cum Act 17,22-31*].

Postquam Iesus a mortuis resurrexit eiusque divinitas clare perspecta est [*Act 2,36; Io 20,28*], tantum afuit ut fides memoriam eorum quae evenerant, deleret, ut eam potius firmaret, quia fides in eis quae Iesus fecerat et docuerat [*Act 2,22; 10,37-39*] nitebatur. Nec propter cultum, quo discipuli exinde Iesum ut Dominum et Filium Dei venerabantur, hic in "mythicam" personam mutatus est eiusque doctrina deformata.

Wieder andere schließlich heben die schöpferische Kraft der Urgemeinde hervor, indem sie die Autorität der Apostel, insofern sie Zeugen Christi sind, ihr Amt und ihren Einfluß auf diese Gemeinde geringschätzen. ...

2. Um über die Zuverlässigkeit dessen, was in den Evangelien überliefert wird, richtig zu urteilen, soll der Ausleger geschickt auf die drei Zeiten der Überlieferung achten, in denen die Lehre und das Leben Jesu zu uns gelangten.

*Christus, der Herr,* hat sich ausgewählte Jünger zugesellt [*vgl. Mk 3,14; Lk 6,13*], die ihm von Anfang an folgten [*vgl. Lk 1,2; Apg 1,21f*], seine Werke sahen und Worte hörten und auf diese Weise geeignet waren, Zeugen seines Lebens und seiner Lehre zu sein [*vgl. Lk 24,48; Joh 15,27; Apg 1,8; 10,39; 13,31*].

Als der Herr die Lehre mündlich darlegte, folgte er den zu jener Zeit üblichen Denk- und Darstellungsweisen, paßte sich so dem Geist der Hörer an und erreichte, daß sich das, was er lehrte, dem Geiste fest einprägte und von den Jüngern gut im Gedächtnis behalten werden konnte. Diese haben die Wunder und die anderen Ereignisse des Lebens Jesu zu Recht als Tatsachen verstanden, die zu dem Zweck vollbracht oder gefügt wurden, daß durch sie die Menschen an Christus glauben und die Lehre des Heils im Glauben ergreifen sollten.

Die *Apostel* verkündeten, als sie für Jesus Zeugnis ablegten, in erster Linie den Tod und die Auferstehung des Herrn [*vgl. Lk 24,44-48; Apg 2,32; 3,15; 5,30-32*] und legten sein Leben und seine Worte getreu dar [*vgl. Apg 10,36-41*], wobei sie in der Weise der Verkündigung Rücksicht auf die Umstände, in denen die Hörer weilten, nahmen [*vgl. Apg 13,16-41 mit Apg 17,22-31*].

Nachdem Jesus von den Toten auferstanden und seine Gottheit klar erkannt war [*Apg 2,36; Joh 20,28*], hat der Glaube, weit davon entfernt, die Erinnerung an das, was geschehen war, zu zerstören, diese vielmehr gestärkt, da sich der Glaube auf das, was Jesus getan und gelehrt hatte [*Apg 2,22; 10,37-39*], stützte. Auch wurde wegen des Kultes, mit dem die Jünger von da an Jesus als Herrn und Sohn Gottes verehrten, dieser nicht in

Non est autem cur negetur Apostolos ea quae a Domino reapse dicta et facta sunt, auditoribus ea pleniore intellegentia tradidisse, qua ipsi eventibus gloriosis Christi instructi et lumine Spiritus veritatis [*Io 2,22; 12,16; cf. 11,51s; 14,26; 16,12s; 7,39*] edocti fruebantur. Inde est quod sicut Iesus ipse post ressurectionem "interpretabatur *[715]* illis" [*Lc 24,27*] tum Veteris Testamenti tum sui ipsius verba [*cf. Lc 24,44s; Act 1,3*], ita et illi eius verba et gesta, prout auditorum necessitates postulabant, interpretati sunt.

"Ministerio verbi instantes" [*Act 6,4*], variis dicendi modis, cum proprio proposito et auditorum mente congruentibus utentes praedicaverunt; nam "Graecis ac barbaris, sapientibus et insipientibus" debitores erant [*Rm 1,14; cf. 1 Cor 9,19-23*].

Hi vero loquendi modi quibus praecones Christum annuntiaverunt, distinguendi et perpendendi sunt: catecheses, narrationes, testimonia, hymni, doxologiae, preces aliaeque id genus formae litterariae in Sacra Scriptura et ab hominibus illius aetatis usurpari solitae.

Hanc instructionem primaevam, prius ore, deinde scripto traditam - nam mox evenit ut multi conarentur "ordinare narrationem rerum" [*cf. Lc 1,1*] quae Dominum Iesum respiciebant - *auctores sacri* methodo, peculiari fini quem quisque sibi proposuit congrua, ad utilitatem ecclesiarum quattuor evangeliis consignaverunt.

Quaedam e multis traditis selegentes, quaedam in synthesim redigentes, quaedam ad statum ecclesiarum attendendo explanantes, omni ope annisi sunt, ut lectores eorum verborum de quibus eruditi erant, cognoscerent firmitatem [*cf. Lc 1,4*]. Hagiographi enim ex eis quae acceperunt ea potissimum selegerunt, quae variis condicionibus fidelium et fini a se intento accommodata erant, eademque eo modo narrabant qui eisdem

eine "mythische" Person verändert und seine Lehre entstellt.

Es gibt aber keinen Grund, warum man leugnen sollte, daß die Apostel das, was vom Herrn wirklich gesagt und getan wurde, den Hörern mit jenem volleren Verständnis überliefert haben, dessen sie sich selbst, in den herrlichen Ereignissen Christi unterwiesen und durch das Licht des Geistes der Wahrheit [*Joh 2,22; 12,16; vgl. 11,51f; 14,26; 16,12f; 7,39*] belehrt, erfreuten. Daher kommt es, daß, wie Jesus selbst nach der Auferstehung die Worte sowohl des Alten Testamentes als auch seiner selbst [*vgl. Lk 24,44f; Apg 1,3*] "ihnen auslegte" [*Lk 24,27*], so auch jene seine Worte und Taten je nachdem, wie es die Bedürfnisse der Hörer erforderten, auslegten.

"Sich dem Dienst am Wort widmend" [*Apg 6,4*], predigten sie unter Verwendung mannigfaltiger Weisen des Redens, die ihrem eigenen Vorhaben und dem Geist der Hörer entsprachen; denn sie waren "Griechen und Barbaren, Weisen und Törichten" verpflichtet [*Röm 1,14; vgl. 1 Kor 9,19-23*].

Diese Weisen des Redens aber, in denen die Prediger Christus verkündeten, sind zu unterscheiden und zu erwägen: Katechesen, Erzählungen, Zeugnisse, Hymnen, Lobpreisungen, Gebete und andere derartige literarische Formen, die in der Heiligen Schrift und von den Menschen jener Zeit verwendet zu werden pflegten.

Diese ursprüngliche Unterweisung, zu- **4406** nächst mündlich, dann schriftlich überliefert - denn bald geschah es, daß viele versuchten, "eine Erzählung der Dinge zu verfassen" [*vgl. Lk 1,1*], die den Herrn Jesus betrafen -, haben die *heiligen Schriftsteller* mit einer Methode, die dem besonderen Ziel, das sich ein jeder setzte, entsprach, zum Nutzen der Kirchen in vier Evangelien aufgezeichnet.

Manches aus der Fülle des Überlieferten auswählend, manches zusammenfassend, manches mit Rücksicht auf den Stand der Kirchen erklärend, bemühten sie sich mit ganzer Kraft, daß die Leser die Zuverlässigkeit jener Worte, über die sie unterrichtet worden waren, erkennen möchten [*vgl. Lk 1,4*]. Die heiligen Schriftsteller haben nämlich aus dem, was sie empfangen haben, vor allem das ausgewählt, was den unterschiedli-

condicionibus eidemque fini congruebat.

Cum sensus enuntiationis etiam a consecutione rerum pendeat, Evangelistae tradentes verba vel res gestas Salvatoris, hic in alio, ille in alio contextu, ea ad utilitatem lectorum explicaverunt.

Quapropter indaget exegeta quid Evangelista, dictum vel factum hoc modo narrans vel in certo contextu ponens, intenderit. Veritati narrationis enim minime officit Evangelistas dicta vel res gestas Domini diverso ordine referre[1] eiusque sententias non ad litteram, sensu tamen retento, diversimode exprimere[2]. ... *[716]* ...

**4407**    Exegeta, nisi ad haec omnia quae ad originem et compositionem Evangeliorum spectant attenderit et quaecumque probanda recentes investigationes attulerunt, rite adhibuerit, munus suum perspiciendi quid hagiographi intenderint quidque reapse dixerint, non implebit. ...

Multa supersunt eaque gravissima in quibus edisserendis et explanandis exegeta catholicus acumen et ingenium libere exercere potest et debet, ut ad omnium utilitatem, ad maiorem in dies doctrinae sacrae profectum, ad iudicium magisterii Ecclesiae praeparandum et ulterius fulciendum, ad Ecclesiae defensionem et honorem ex suo quisque viritim conferat[1].

chen Bedingungen der Gläubigen und dem von ihnen beabsichtigten Zweck angemessen war, und zwar erzählten sie ebendies in jener Weise, die ebendiesen Bedingungen und ebendiesem Zweck entsprach.

Da der Sinn einer Aussage auch von der Reihenfolge der Dinge abhängt, überlieferten die Evangelisten die Worte oder Taten des Erlösers bald in diesem, bald in jenem Zusammenhang und erklärten sie zum Nutzen der Leser.

Deswegen soll der Exeget erforschen, was der Evangelist dadurch, daß er ein Wort oder eine Tat auf diese Weise erzählt oder in einen bestimmten Textzusammenhang setzt, beabsichtigt hat. Der Wahrheit der Erzählung tut es nämlich keineswegs Abbruch, daß die Evangelisten die Worte oder Taten des Herrn in verschiedener Reihenfolge wiedergeben[1] und seine Aussagen nicht wörtlich, sondern – unter Beibehaltung des Sinnes – auf verschiedene Weise ausdrücken[2]. ...

Wenn der Exeget nicht auf dies alles, was für den Ursprung und Aufbau der Evangelien wichtig ist, Rücksicht nimmt und alles Anerkennenswerte, das neue Untersuchungen beigetragen haben, gebührend anwendet, wird er seine Aufgabe, zu erkennen, was die heiligen Schriftsteller beabsichtigt und was sie wirklich gesagt haben, nicht erfüllen. ...

Es bleiben noch viele, und zwar äußerst wichtige Dinge übrig, bei deren Erörterung und Auslegung der katholische Exeget seinen Scharfsinn und Geist frei walten lassen kann und muß, damit jeder einzelne nach Kräften beitrage zum Nutzen aller, zum täglich größeren Fortschritt der heiligen Lehre, zur Vorbereitung und weiteren Stützung des Urteils des Lehramtes der Kirche sowie zur Verteidigung und Ehre der Kirche[1].

**4410-4413: Enzyklika "Mysterium fidei", 3. Sept. 1965**

Unter dem Einfluß der Phänomenologie und der Existenzphilosophie erwuchs Ende der fünfziger Jahre eine Diskussion um den Begriff der Transsubstantiation. An dieser Diskussion beteiligten sich u.a. B. Welte, P. Schoonenberg und E. Schillebeeckx. Die Enzyklika lehnt die neuen Begriffe "Transsignifikation" und "Transfinalisation" nicht ab. Sie stellt aber fest, daß sie zur angemessenen Erklärung der eucharistischen Wandlung nicht ausreichen und durch den Begriff der "Transsubstantiation" (vgl. *1642 1652) ergänzt werden müssen.

*Ausg.:* AAS 57 (1965) 755-766.

---

*4406 [1]  Vgl. Johannes Chrysostomus, *In Matthaeum*, hom. 1,3 (PG 57,16f).
     [2]  Vgl. Augustinus, *De consensu Evangelistarum* II 12, n. 28 (CSEL 43,127-129 / PL 34,1090f). Es folgt danach ein weiteres Zitat: II 21, n. 51f (CSEL 43,153$_{1-11}$ / PL 34,1102).
*4407 [1]  Pius XII., Enzyklika *"Divino afflante Spiritu"* (AAS 35 [1943] 346).

*Verschiedene Irrtümer in bezug auf die Eucharistie*

Compertum namque habemus inter eos, qui de hoc Sacrosancto Mysterio loquendo scribendoque disserunt, esse nonnullos qui circa Missas quae privatim celebrentur, circa dogma transsubstantiationis et cultum Eucharisticum tales vulgent opiniones, quae fidelium animos perturbent inque eorum mentes non modicam de rebus fidei ingerant confusionem, quasi cuique doctrinam semel ab Ecclesia definitam in oblivionem adducere liceat aut eam ita interpretari ut genuina verborum significatio seu probata conceptuum vis extenuetur.

Non enim fas est, ut exemplo rem confirmemus, Missam quam "communitariam" dicunt, ita extollere, ut Missis quae privatim celebrentur derogetur; aut rationi signi sacramentalis considerandae ita instare quasi symbolismus, qui nullo diffitente sanctissimae Eucharistiae certissime inest, totam exprimat et exhauriat rationem praesentiae Christi in hoc Sacramento; aut de transsubstantiationis mysterio disserere quin de mirabili conversione totius substantiae panis in corpus et totius substantiae vini in sanguinem Christi, de qua loquitur Concilium Tridentinum [*cf. \*1642*], mentio fiat, ita ut in sola "transsignificatione" et "transfinalizatione", ut aiunt, consistant; aut denique sententiam proponere et in usum deducere secundum quam in Hostiis consecratis, quae expleta celebratione sacrificii Missae supersunt, Christus Dominus praesens non amplius sit.

Wir wissen nämlich, daß es unter denen, die von diesem hochheiligen Geheimnis [*der Eucharistie*] mündlich oder schriftlich handeln, einige gibt, die in bezug auf Messen, die privat gefeiert werden, in bezug auf die Lehre von der Transsubstantiation und die eucharistische Anbetung solche Meinungen verbreiten, die die Herzen der Gläubigen beunruhigen und ihren Geistern eine nicht geringe Verwirrung in Glaubensangelegenheiten einflößen, als ob es jedem erlaubt sei, die von der Kirche einmal definierte Lehre dem Vergessen anheimzugeben oder sie so auszulegen, daß die ursprüngliche Bedeutung der Worte bzw. der bewährte Gehalt der Begriffe verblaßt.     **4410**

Denn es ist, um die Sache durch ein Beispiel zu erhärten, nicht recht, die Messe, die sie "Gemeinschafts⟨messe⟩" nennen, so herauszuheben, daß Messen, die privat gefeiert werden, in ihrer Bedeutung gemindert werden; oder darauf zu drängen, das Augenmerk auf den Bereich des sakramentalen Zeichens zu richten, als ob der Symbolismus, der, wie keiner bestreitet, der heiligsten Eucharistie ganz sicher innewohnt, die ganze Weise der Gegenwart Christi in diesem Sakrament erschöpfend zum Ausdruck bringe; oder vom Geheimnis der Transsubstantiation zu handeln, ohne daß die wunderbare Verwandlung der ganzen Substanz des Brotes in den Leib und der ganzen Substanz des Weines in das Blut Christi, von der das Trienter Konzil spricht [*vgl. \*1642*], erwähnt wird, so daß sie allein in der "Transsignifikation" und der "Transfinalisation", wie sie sagen, bestehen; oder schließlich die Meinung vorzutragen und in die Praxis umzusetzen, nach der in den konsekrierten Hostien, die nach Beendigung der Feier des Meßopfers übrig sind, Christus, der Herr, nicht mehr gegenwärtig sei.     **4411**

*Die substantielle Gegenwart Christi in der Eucharistie*

[764] Quae quidem praesentia "realis" dicitur non per exclusionem, quasi aliae "reales" non sint, sed per excellentiam, quia est substantialis, qua nimirum totus atque integer Christus, Deus et homo, fit praesens[1]. Perperam igitur hanc praesentiae rationem

Die Gegenwart [*Christi im Sakrament der Eucharistie*] wird nicht ausschlußweise "wirklich" genannt, als ob die anderen nicht "wirklich" seien, sondern vorzugsweise, weil sie substantiell ist; in ihr wird nämlich der ganze und unversehrte Christus, Gott und     **4412**

aliquis explicet fingendo naturam "pneuma-ticam", uti dicunt, corporis Christi gloriosi ubique praesentem; aut illam intra limites symbolismi coarctando, quasi hoc augustissimum Sacramentum nulla alia constet re quam signo efficaci "spiritualis praesentiae Christi eiusque intimae coniunctionis cum fidelibus membris in Corpore Mystico"[2].

Mensch, gegenwärtig[1]. Falsch also wird einer diese Weise der Gegenwart erklären, wenn er eine überall gegenwärtige "pneumatische", wie sie sagen, Natur des glorreichen Leibes Christi erfindet oder sie in die Schranken des Symbolismus zwängt, als ob dieses erhabenste Sakrament in nichts anderem bestehe als in einem wirksamen Zeichen für die "geistige Gegenwart Christi und seine innigste Verbindung mit den gläubigen Gliedern im mystischen Leib"[2].

### Die Gegenwart Christi nach der Wandlung

**4413**    *[766]* Peracta transsubstantiatione, species panis et vini novam procul dubio induunt significationem, novumque finem, cum amplius non sint communis panis et communis potus, sed signum rei sacrae signumque spiritualis alimoniae; sed ideo novam induunt significationem et novum finem, quia novam continent "realitatem", quam merito *ontologicam* dicimus. Non enim sub praedictis speciebus iam latet quod prius erat, sed aliud omnino; et quidem non tantum ob fidei Ecclesiae aestimationem, sed ipsa re, cum conversa substantia seu natura panis et vini in corpus et sanguinem Christi, nihil panis et vini maneat nisi solae species; sub quibus totus et integer Christus adest in sua physica "realitate" etiam corporaliter praesens, licet non eo modo quo corpora adsunt in loco.

Nach dem Vollzug der Wesensverwandlung nehmen die Gestalten von Brot und Wein zweifellos eine neue Bedeutung und einen neuen Zweck an; denn sie sind nicht mehr gewöhnliches Brot und gewöhnlicher Trank, sondern Zeichen für eine heilige Sache und Zeichen für eine geistige Speise; sie nehmen aber deshalb eine neue Bedeutung und einen neuen Zweck an, weil sie eine neue "Wirklichkeit" enthalten, die wir zu Recht *ontologisch* nennen. Unter den vorgenannten Gestalten ist nämlich nicht mehr verborgen, was früher war, sondern etwas völlig anderes; und zwar nicht nur in der Einschätzung des Glaubens der Kirche, sondern tatsächlich; denn nach der Verwandlung der Substanz bzw. Natur des Brotes und des Weines in den Leib und das Blut Christi bleibt nichts von Brot und Wein außer allein die Gestalten; unter diesen ist der ganze und unversehrte Christus in seiner physischen "Wirklichkeit" da, auch leiblich gegenwärtig, wenn auch nicht in der Weise, in der Leiber an einem Ort sind.

**4420-4425: Ansprache vor der Vollversammlung der Vereinten Nationen in New York "Au moment de prendre", 4. Okt. 1965**

*Ausg.:* AAS 57 (1965) 878-885.

### Die historische Bedeutung des Zusammentreffens

**4420**    Nous sommes porteur d'un message pour toute l'humanité. Et Nous le sommes non seulement en Notre Nom personnel et au nom de la grande famille catholique: mais aussi au nom des Frères chrétiens qui parta-

Wir sind Träger einer Botschaft für die ganze Menschheit. Und Wir sind es nicht nur in Unserem persönlichen Namen und im Namen der großen katholischen Familie, sondern auch im Namen der christlichen Brü-

---

*4412 [1]    Vgl. Konzil von Trient, Dekret über das Sakrament der Eucharistie, Kap. 3 (*1641).
[2]    Pius XII., Enzyklika *"Humani generis"* (AAS 42 [1950] 578).

gent les sentiments que Nous exprimons ici, et spécialement de ceux qui ont bien voulu Nous charger explicitement d'être leur interprète. Et tel le messager qui, au terme d'un long voyage, remet la lettre qui lui a été confiée: ainsi Nous avons conscience de vivre l'instant privilégié, – si bref soit-il – où s'accomplit un vœu que Nous portons dans le cœur depuis près de vingt siècles.

Oui, vous vous en souvenez. C'est depuis longtemps que sommes en route, et Nous portons avec Nous une longue histoire; Nous célébrons ici l'épilogue d'un laborieux pèlerinage à la recherche d'un colloque avec le monde entier, depuis le jour où il Nous fut commandé: "allez, portez la bonne nouvelle à toutes les nations!". Or c'est vous qui représentez toutes les nations. ...

Notre message veut être tout d'abord une ratification morale et solennelle de cette haute Institution. Ce message vient de Notre expérience historique. C'est comme "expert en humanité" que Nous apportons à cette Organisation le suffrage de Nos derniers prédécesseurs, celui de tout l'Episcopat Catholique et le Nôtre, convaincu comme Nous le sommes que cette Organisation représente le chemin obligé de la civilisation moderne et de la Paix mondiale. ...

der, die die Gefühle teilen, die Wir hier zum Ausdruck bringen, und besonders ⟨im Namen⟩ derer, die Uns gerne ausdrücklich beauftragt haben, ihr Fürsprecher zu sein. Und wie der Bote, der am Ende einer langen Reise den Brief zurückbringt, der ihm anvertraut worden ist, so sind Wir Uns bewußt, einen außergewöhnlichen Augenblick zu erleben – so kurz er auch sein mag –, in dem sich ein Wunsch erfüllt, den Wir seit fast zwanzig Jahrhunderten im Herzen tragen.

Ja, Sie erinnern sich daran. Schon seit langer Zeit sind Wir unterwegs, und Wir tragen mit Uns eine lange Geschichte: Wir feiern hier den Epilog einer mühevollen Pilgerreise auf der Suche nach einem Gespräch mit der ganzen Welt, seit dem Tag, an dem Uns aufgetragen worden ist: "Geht, bringt allen Völkern die Frohbotschaft!". Nun sind Sie diejenigen, die alle Völker repräsentieren. ...

Unsere Botschaft will zuallererst eine moralische und feierliche Bestätigung dieser hohen Institution sein. Diese Botschaft entspringt Unserer geschichtlichen Erfahrung. Als "Experte in Sachen Menschlichkeit" bringen Wir zu dieser Organisation die Stimme Unserer letzten Vorgänger, die des ganzen katholischen Episkopats und die Unsere, weil Wir davon überzeugt sind, daß diese Organisation den verbindlichen Weg der modernen Zivilisation und des Weltfriedens darstellt. ...    **4421**

## Den Frieden schaffen

[882] ... La paix, vous le savez, ne se construit pas seulement au moyen de la politique et de l'équilibre des forces et des intérêts. Elle se construit avec l'esprit, les idées, les œuvres de la paix. Vous travaillez à cette grande œuvre. Mais vous n'êtes encore qu'au début de vos peines. Le monde arrivera-t-il jamais à changer la mentalité particulariste et belliqueuse qui a tissé jusqu'ici une si grande partie de son histoire?

Il est difficile de le prévoir; mais il est facile d'affirmer qu'il faut se mettre résolument en route vers la nouvelle histoire, l'histoire pacifique, celle qui sera vraiment et pleinement humaine, celle-là même que Dieu a promise aux hommes de bonne volonté. Les voies en sont tracées devant vous: la première

... Sie wissen, daß der Friede nicht nur    **4422** durch die Politik und das Gleichgewicht der Kräfte und der Interessen aufgebaut wird. Er wird aufgebaut mit dem Geist, den Ideen, den Werken des Friedens. Sie arbeiten an diesem großen Werk. Aber Sie sind erst am Anfang Ihrer Anstrengungen. Wird es der Welt jemals gelingen, die partikularistische und kriegerische Mentalität zu ändern, die bis heute einen so großen Teil ihrer Geschichte gebildet hat?

Es ist schwierig, es vorauszusehen: aber es ist leicht zu behaupten, daß man sich entschieden auf den Weg zur neuen Geschichte machen muß, der Friedensgeschichte, der ⟨Geschichte⟩, die wahrhaft und voll menschlich sein wird, genau der ⟨Geschichte⟩, die Gott den Menschen guten Willens verspro-

est celle du désarmement.

**4423**    Si vous voulez être frères, laissez tomber les armes de vos mains. On ne peut pas aimer avec des armes offensives dans les mains. Les armes, surtout les terribles armes que la science moderne vous a données, avant même de causer des victimes et des ruines, engendrent de mauvais rêves, alimentent de mauvais sentiments, créent des cauchemars, des défiances, de sombres résolutions; elles exigent d'énormes dépenses; elles arrêtent les projets de solidarité et d'utile travail; elles faussent la psychologie des peuples. ...

**4424**    *[884]* ... Jamais comme aujourd'hui, dans une époque marquée *[885]* par un tel progrès humain, n'a été aussi nécessaire l'appel à la conscience morale de l'homme. Car le péril ne vient ni du progrès ni de la science, qui, bien utilisés, pourront au contraire résoudre un grand nombre des graves problèmes qui assaillent l'humanité. Le vrai péril se tient dans l'homme, qui dispose d'instruments toujours plus puissants, aptes aussi bien à la ruine qu'aux plus hautes conquêtes.

**4425**    En un mot, l'édifice de la civilisation moderne doit se construire sur des principes spirituels, les seuls capables non seulement de le soutenir, mais aussi de l'éclairer et de l'animer. Et ces indispensables principes de sagesse supérieure ne peuvent reposer – c'est Notre conviction, vous le savez – que sur la foi en Dieu.

chen hat. Ihre Wege sind vor Ihnen vorgezeichnet: der erste ist der der Abrüstung.

Wenn Sie Brüder sein wollen, lassen Sie die Waffen aus ihren Händen fallen. Man kann nicht lieben mit Angriffswaffen in den Händen. Die Waffen, vor allem die schrecklichen Waffen, die die moderne Wissenschaft Ihnen gegeben hat, in erster Linie um Opfer und Trümmer zu verursachen, rufen schlechte Träume hervor, nähren schlechte Gefühle, erzeugen Wahnvorstellungen, Mißtrauen, undurchsichtige Entschlüsse; sie erfordern enorme Ausgaben; sie bringen die Vorhaben der Solidarität und der nutzbringenden Arbeit zum Stillstand; sie entstellen die Psychologie der Völker. ...

... Niemals ist der Appell an das moralische Gewissen des Menschen so notwendig gewesen wie heute, in einer Epoche, die gekennzeichnet ist durch einen so großen menschlichen Fortschritt. Denn die Gefahr kommt weder vom Fortschritt noch von der Wissenschaft, die – gut angewandt – im Gegenteil eine große Zahl von ernsten Problemen lösen können werden, die auf die Menschheit zukommen. Die wirkliche Gefahr liegt im Menschen, der über immer mächtigere Mittel verfügt, die sowohl zur Zerstörung als auch zu höchsten Errungenschaften geeignet sind.

In einem Wort, das Bauwerk der modernen Zivilisation muß auf geistigen Prinzipien erbaut werden, die allein fähig sind, es nicht nur zu erhalten, sondern auch zu erleuchten und zu beleben. Und diese unerläßlichen Prinzipien der höheren Weisheit können – das ist Unsere Überzeugung, wie Sie wissen – nur auf dem Glauben an Gott beruhen.

### 4430–4435: Gemeinsame Erklärung Papst Pauls VI. und Patriarch Athenagoras' I. von Konstantinopel "Pénétrés de reconnaissance", 7. Dez. 1965

Die Erklärung, die gleichzeitig auf der 9. Sitzung des 2. Vatikanischen Konzils und in Konstantinopel abgegeben wurde, hebt den 1054 verhängten gegenseitigen Bann von Ost- und Westkirche auf. In einem Brief an Athenagoras I. vom 25. Juli 1967 verlieh Paul VI. seiner Hoffnung auf eine baldige Aufhebung der Trennung zwischen beiden Kirchen Ausdruck (AAS 59 [1967] 852–854).
*Ausg.:* AAS 58 (1966) 20f.

**4430**    4. C'est pourquoi le pape Paul VI et le patriarche Athénagoras 1er en son synode, certains d'exprimer le désir commun de justice et le *[21]* sentiment unanime de charité de leurs fidèles et se rappelant le précepte du

4. In der Gewißheit, den gemeinsamen Wunsch nach Gerechtigkeit und das einmütige Gefühl der Liebe ihrer Gläubigen auszudrücken, und in der Erinnerung an das Gebot des Herrn: "Wenn du deine Opfergabe

Seigneur: "Quand tu présentes ton offrande à l'autel, si là tu te souviens d'un grief que ton frère a contre toi, laisse là ton offrande devant l'autel et va d'abord te réconcilier avec ton frère"[1], déclarent d'un commun accord:

*a)* regretter les paroles offensantes, les reproches sans fondement, et les gestes condamnables qui, de part et d'autre, ont marqué ou accompagné les tristes événements de cette époque;

*b)* regretter également et enlever de la mémoire et du milieu de l'Eglise les sentences d'excommunication qui les ont suivis, et dont le souvenir opère jusqu'à nos jours comme un obstacle au raprochement dans la charité, et les vouer à l'oubli;

*c)* déplorer, enfin, les fâcheux précédents et les événements ultérieurs qui, sous l'influence de divers facteurs, parmi lesquels l'incompréhension et la méfiance mutuelles, ont finalement conduit à la rupture effective de la communion ecclésiastique.

Ce geste de justice et de pardon réciproque, le pape Paul VI et le patriarche Athénagoras 1⟨ser⟩s avec son synode sont conscients qu'il ne peut suffire à mettre fin aux différends, anciens ou plus récents, qui subsistent entre l'Eglise Catholique Romaine et l'Eglise Orthodoxe et qui, par l'action de l'Esprit-Saint, seront surmontés grâce à la purification des cœurs, au regret des torts historiques ainsi qu'à une volonté efficace de parvenir à une intelligence et une expression commune de la foi apostolique et de ses exigences.

En accomplissant ce geste, cependant, ils espèrent qu'il sera agréé de Dieu, prompt à nous pardonner lorsque nous nous pardonnons les uns les autres, et apprécié par le monde chrétien tout entier, mais surtout par l'ensemble de l'Eglise Catholique Romaine et

zum Altar bringst und du dich dort daran erinnerst, daß dein Bruder dir etwas vorzuwerfen hat, dann lasse deine Opfergabe dort vor dem Altar und geh und versöhne dich mit deinem Bruder"[1], erklären Papst Paul VI. und Patriarch Athenagoras I. in seiner Synode übereinstimmend, ⟨daß sie⟩

*a)* die verletzenden Worte, die unbegründeten Vorwürfe und die verwerflichen Gesten, die von der einen wie von der anderen Seite die traurigen Ereignisse dieser Epoche gekennzeichnet oder begleitet haben, bedauern;    **4431**

*b)* die Exkommunikationsurteile, die ihnen gefolgt sind, und deren Andenken bis in unsere Tage ein Hindernis für die Annäherung in der Liebe darstellt, in gleicher Weise bedauern, aus dem Gedächtnis und aus der Mitte der Kirche tilgen und sie dem Vergessen anheimgeben;    **4432**

*c)* schließlich die schlimmen früheren und die späteren Vorkommnisse beklagen, die unter dem Einfluß verschiedener Faktoren – darunter gegenseitiges Unverständnis und Mißtrauen – schließlich zum tatsächlichen Bruch der kirchlichen Gemeinschaft geführt haben.    **4433**

Papst Paul VI. und Patriarch Athenagoras I. mit seiner Synode sind sich bewußt, daß diese Geste der Gerechtigkeit und des gegenseitigen Verzeihens nicht genügen kann, um den alten oder neueren Meinungsverschiedenheiten ein Ende zu setzen, die zwischen der Römisch-Katholischen Kirche und der Orthodoxen Kirche bestehen und die durch das Wirken des Heiligen Geistes dank der Läuterung der Herzen, dem Bedauern über geschichtliche Ungerechtigkeiten sowie einem wirksamen Willen, zu einer Einsicht und zu einem gemeinsamen Ausdruck des apostolischen Glaubens und seiner Forderungen zu gelangen, überwunden werden können.    **4434**

Wenn sie nun diese Geste vollziehen, hoffen sie, daß Gott ihr zustimmen wird, der bereit ist, uns zu verzeihen, wenn wir uns gegenseitig verzeihen, und daß sie von der ganzen christlichen Welt, vor allem aber von der Gesamtheit der Römisch-Katholischen und    **4435**

---

**\*4430** [1]    Mt 5,23f.

l'Eglise Orthodoxe comme l'expression d'une sincère volonté réciproque de réconciliation et comme une invitation à poursuivre, dans un esprit de confiance, d'estime et de charité mutuelles, le dialogue qui les amènera, Dieu aidant,à vivre de nouveau, pour le plus grand bien des âmes et l'avènement du règne de Dieu, dans la pleine communion de foi, de concorde fraternelle et de vie sacramentelle qui exista entre elles au cours du premier millénaire de la vie de l'Eglise.

der Orthodoxen Kirche, gewürdigt wird als Ausdruck eines aufrichtigen gegenseitigen Willens zur Wiederversöhnung und als eine Einladung, im Geist des gegenseitigen Vertrauens, der gegenseitigen Achtung und der gegenseitigen Liebe den Dialog fortzuführen, der sie mit Gottes Hilfe dazu bringen wird, von neuem für das größtmögliche Heil der Seelen und die Ausbreitung des Reiches Gottes zu leben, in der vollen Gemeinschaft des Glaubens, der brüderlichen Eintracht und des sakramentalen Lebens, die zwischen ihnen während des ersten Jahrtausends des Lebens der Kirche bestanden hat.

## 4440-4469: Enzyklika "Populorum progressio", 26. Mai 1967

Die Enzyklika knüpft an die bereits in "Mater et magistra" angesprochene Hilfe für die Entwicklungsländer an. Gegenstand des Lehrschreibens ist das Konzept des "développement intégral", der vollen menschlichen Entfaltung der Völker. In seiner Bedeutung ist es den Enzykliken "Rerum novarum" und "Quadragesimo anno" zu vergleichen. Wie keine Sozialenzyklika vorher betont "Populorum progressio" die universale Dimension der sozialen Fragen und den Zusammenhang von Entwicklung und Frieden. Aufsehen haben vor allem der Hinweis auf die Sozialgebundenheit des Eigentums und das deutliche Urteil über den Manchesterkapitalismus in einigen Entwicklungsländern gefunden.
*Ausg.:* AAS 59 (1967) 257–296.

### *Notwendigkeit der Entwicklung der Völker*

**4440**    1. Populorum progressio, qui maxime ab iniuria famis, egestatis, morborum domesticorum, ignorationis rerum abesse nituntur; qui largiorem bonorum societatem ab humanitate vitae profectorum expetunt, atque humanas suas proprietates postulant in opere ipso pluris aestimari; qui denique ad maiora incrementa constanter mentes intendunt: horum videlicet populorum progressio a catholica Ecclesia alacri et erecto animo spectatur.

Cum enim, post Concilium Oecumenicum Vaticanum II conclusum, Ecclesia clarius etiam altiusque iudicavisset et expendisset quid hac de re Christi Iesu Evangelium flagitaret, suum esse duxit hominibus magis etiam egregiam navare operam, *[258]* ut non modo gravissimae huius quaestionis ii momenta omnibus vestigiis indagarent, sed etiam sibi persuaderent, hac summi discriminis hora, communi omnium actione vehementer opus esse. ...

1. Der Fortschritt der Völker, die sich am meisten darum bemühen, dem Unrecht des Hungers, des Elends, der im Lande herrschenden Krankheiten und der Unwissenheit zu entrinnen; die eine reichere Teilhabe an den Gütern erstreben, die von der Zivilisation ausgehen, und fordern, daß ihre menschlichen Eigentümlichkeiten bei der Arbeit höher bewertet werden: die schließlich beharrlich nach vollerer Entfaltung trachten: der Fortschritt dieser Völker also wird von der katholischen Kirche mit freudigem und aufrechtem Herzen betrachtet.

Nachdem die Kirche nämlich nach Abschluß des 2. ökumenischen Vatikanischen Konzils noch klarer und tiefer erkannt und erwogen hatte, was das Evangelium Christi Jesu diesbezüglich fordert, hielt sie es für ihre Pflicht, den Menschen noch mehr mit größtem Eifer zu dienen, damit diese nicht nur die Tragweite dieses äußerst schwierigen Problems in allen Einzelheiten erfassen, sondern auch zur Überzeugung gelangen, daß in diesem höchst entscheidenden Augenblick das gemeinsame Handeln aller dringend vonnöten ist. ...

*[260]* 6. Nostris hisce diebus dum homines id appetere videmus, ut exploratius inveniant quo alantur, quo aegroti curentur, quo firmiter occupati teneantur; ut ab omni vexatione tuti, ab omnique liberi deformitate, hominis dignitatem labefactante, maiora in dies de se praestare possint; ut se doctrina magis expoliant: hoc est, ut magis operentur, discant, possideant, ut ideo pluris valeant; interea magnam eorum partem videmus in eiusmodi vitae condicionibus versari, quae iustas eorum appetitiones frustrentur.

Ceterum populi, qui recens suis legibus suisque iudiciis uti coeperunt, quasi necessitate cupiunt ad civilem adeptam libertatem sociales et oeconomicos processus addi, homine dignos suisque viribus sibi partos, ut primum cives iusta incrementa, uti homines, capiant, ut deinde ipsi in nationum consortione debitum sibi locum consequantur.

6. Während wir in diesen unseren Tagen **4441** sehen, daß die Menschen danach streben, zu einer Sicherung der Ernährung, der Krankenversorgung und einer festen Beschäftigung zu gelangen, vor jeder Mißhandlung sicher und, von jeder die Würde des Menschen erschütternden Schmach frei, von sich aus tagtäglich Größeres leisten zu können, sich besser auszubilden, das heißt, mehr zu arbeiten, zu lernen und zu besitzen, um dadurch mehr zu gelten: derweil sehen wir, daß sich ein großer Teil von ihnen in solchen Lebensbedingungen befindet, die ihre gerechten Bestrebungen vereiteln.

Im übrigen wünschen die Völker, die erst vor kurzem begonnen haben, über eine eigene Gesetzgebung und eine eigene Rechtsprechung zu verfügen, gleichsam natürlicherweise, daß zu der erlangten bürgerlichen Freiheit menschenwürdige und aus eigenen Kräften erzielte soziale und wirtschaftliche Fortschritte hinzukommen, damit die Bürger zunächst zu einer gerechten Entfaltung als Menschen kommen und sodann in der Gemeinschaft der Völker den ihnen angemessenen Platz einnehmen.

*Wachsendes Ungleichgewicht*

*[261]* 8. ... Nisi enim machinalis, quae hodie obtinet, civilium rerum ratio consilio quodam temperetur, necessario sequitur, ut populorum inaequalitates, quod ad bonorum incrementa, nedum tollantur, potius ingravescant: atque idcirco ditiores nationes festinatos habeant processus, egentiores vero populi nonnisi lente proficiant. Quae civitatum inaequalitates cotidie magis augentur, cum aliae esculentas merces copiosiores quam pro numero civium fundant, aliae vero vel iis indigne egeant, vel, quas ipsae paucas fuderint, in incerto habeant, an ad reliquas nationes exportare possint.

8. ... Wenn nämlich die technischen Möglichkeiten der Zivilisation, die heute zur Verfügung stehen, nicht sinnvoll genutzt werden, dann folgt notwendig, daß die Ungleichheiten unter den Völkern, was das Güterwachstum betrifft, nicht nur nicht aufgehoben, sondern sogar vertieft werden und deshalb die reicheren Völker beschleunigte Fortschritte machen, die ärmeren Völker aber sich nur langsam entwickeln. Diese Ungleichheiten unter den Staaten werden täglich größer; denn die einen erzeugen mehr Nahrungsmittel, als sie für die Zahl der Bürger ⟨bräuchten⟩, andere aber leiden selbst daran erbärmlichen Mangel oder wissen nicht, ob sie ihre wenigen Überschüsse an die übrigen Völker ausführen können.

9. Eodem autem tempore de rebus socialibus contentiones per universum fere mundum serpserunt. Atque perturbationes, quae in regionibus ad artes operosas spectantibus pauperiores civium classes circumvaserunt, etiam in regiones mearunt, quarum res oe-

9. Gleichzeitig aber haben sich die Konflikte im sozialen Bereich über fast die gesamte Welt hin ausgebreitet. Und die Unruhen, die in Gebieten an der Schwelle zur Industrialisierung die ärmeren Bevölkerungsschichten erfaßt haben, haben auch auf Ge-

conomicae in agrorum cultura fere unice positae sunt; ita ut ipsi ruricolae hodie "miserae
calamitosaeque fortunae"[1] suae conscii sint.

Adde eodem et illud, quod indignae illae
atque invidiosae inaequalitates, de quibus loquimur, non solum ad bonorum possessionem, sed magis etiam ad imperii functionem
attinent. Fit enim in quibusdam territoriis ut,
dum pauci et optimates cultu mollissimo
fruuntur, interea egentes ac dissipati per
agros incolae "omni paene possibilitate careant" *[262]* "propria initiativa ac responsabilitate agendi, saepe etiam in condicionibus
vitae et laboris persona humana indignis versantes"[2].

biete übergegriffen, deren Wirtschaft fast einzig im Ackerbau besteht, so daß selbst die
ländlichen Bewohner sich heute ihres "elenden und unheilvollen Schicksals"[1] bewußt
sind.

Hinzu kommt auch noch, daß jene unwürdigen und skandalösen Ungleichheiten,
von denen wir reden, nicht nur den Güter-
besitz, sondern vielmehr auch die Machtausübung betreffen. In manchen Ländern geschieht es nämlich, daß, während sich eine
kleine Oberschicht des angenehmsten Lebens
erfreut, derweil die armen und ländlichen
Bewohner "fast jeder Möglichkeit entbehren,
in eigener Initiative und Verantwortlichkeit
zu handeln, und sich auch oft in Lebens- und
Arbeitsbedingungen    befinden,    die    der
menschlichen Person unwürdig sind"[2].

## Zusammenprall der Kulturen

**4444**    10. De reliquo quoniam traditus humanitatis cultus cum humano cultu pugnat novissime in artificia meritoria inducto, utique accidit, ut sociales structurae ab horum dierum
necessitatibus discrepantes fere comminuan-
tur. Quare dum adultae aetatis homines in illius humani cultus quasi provincia, saepe saepius angusta, sive singulorum sive familiarum vitam esse collocandam putant, ab eaque
nunc non esse discedendum opinantur, interim iuvenes se ab eadem removent, quam uti
vanum quendam obicem iudicant, ne sitien-
ter ad novas vitae socialis rationes progrediantur.

Ex qua quidem inter duas aetates conflic-
tione tristis ea civibus fertur condicio, ut aut
instituta et opiniones maiorum servent, et vitae socialis auctus missos faciant; aut technicorum artes excultioresque consuetudines
peregre invectas amplexentur, et maiorum
instituta relinquant, humanitate uberrima.
Re autem vera saepenumero videmus morales, spirituales, religiosas quorundam provectioris aetatis hominum vires difficultatibus
inflecti, neque eos illud consequi, ut in no-

10. Weil im übrigen die überlieferte Kultur im Widerspruch zu der erst in jüngster
Zeit aufgekommenen industriellen Lebensweise steht, kommt es zwangsläufig dazu, daß
die von den heutigen Erfordernissen abweichenden sozialen Strukturen in der Regel
zerschlagen werden. Während daher die
Menschen vorgerückten Alters glauben, das
Leben sowohl der einzelnen als auch der Familien sei in dem – oftmals recht engen –
gleichsam abgesteckten Kreis jener Kultur
anzusiedeln, und meinen, man dürfe aus ihm
jetzt nicht heraustreten, entfernen sich die
Jungen derweil von ebendiesem, den sie als
ein nutzloses Hindernis ansehen, begierig zu
neuen Formen des sozialen Lebens fortzu-
schreiten.

Aus diesem Generationenkonflikt ergibt
sich nun für die Bürger die traurige Lage,
entweder die Gebräuche und Auffassungen
der Vorfahren zu bewahren und auf Fortschritte im sozialen Leben zu verzichten oder
die von außen eingeführte Technik und Zivilisation anzunehmen und die an menschlicher Tiefe überreichen Gebräuche der Vorfahren aufzugeben. Tatsächlich aber sehen
wir oftmals, daß die sittlichen, geistigen und
religiösen Kräfte mancher Menschen vorge-

---

**\*4443** [1]    Vgl. Leo XIII., Enzyklika "*Rerum novarum*", 15. Mai 1891 (Leo XIII., *Acta* 11 [1892] 98).
    [2]    2. Vatikanisches Konzil, Pastoralkonstitution über die Kirche in der Welt von heute "*Gaudium et spes*", Nr. 63 (AAS 58 [1966] 1085).

vum huiusmodi mundum se insinuent.

rückteren Alters von Schwierigkeiten gebeugt werden, sie es aber nicht schaffen, sich in diese neue Welt einzugliedern.

### Umfassende Entwicklung

*[263]* 13. ... Sed quae hodie in illis terris cum a singulis tum a plurimis suscipiuntur incepta, iam satis ad rem non sunt, cum praesens mundi status communem omnium operam postulet, quibus universae rerum oeconomicarum, socialium, spiritualium atque doctrinarum facies sint dilucide perspectae. Quapropter Christi Ecclesia, iam rerum humanarum peritissima, iam ab omni civitatum administrandarum parte longissime aliena, *[264]* "unum tantum intendit: nempe, Spiritus Paracliti ductu, opus ipsius continuare Christi, qui in mundum venit, ut testimonium perhiberet veritati [*cf. Io 18,37*], ut salvaret, non ut iudicaret, ut ministraret, non ut sibi ministraretur" [*cf. Io 3,17; Mt 20,28; Mc 10,45*][1]. ...

14. Progressio, de qua loquimur, non unice ad rei oeconomicae incrementum contendit. Nam, ut vera dici possit, eadem integra sit oportet: scilicet cuiuslibet hominis ac totius hominis profectui consulere debet. ...

*[267]* 20. Quodsi ad progressionem promovendam necessarii sunt technici viri in dies numero crebriores, multo magis requiruntur viri sapientes, ad cogitandum acuti, qui ad novum *humanismum* investigandum se conferant, vi cuius nostrae aetatis homines, praestantissima bona amoris, amicitiae, precationis et contemplationis in se recipientes[1], se ipsos quasi invenire possint. Quae si praestita erunt, plane atque integre perfici poterit veri nominis progressio, quae scilicet in eo sita est, ut sive singuli sive universi homines a minus humanis vitae condicionibus in humaniores transeant.

13. ... Die Anstrengungen, die heute in jenen Ländern sowohl von einzelnen als auch von sehr vielen ⟨zusammen⟩ unternommen werden, genügen dafür nicht mehr; denn die gegenwärtige Lage der Welt erfordert das gemeinsame Handeln aller, denen sämtliche Aspekte des wirtschaftlichen, sozialen und geistigen Bereiches sowie des Bereiches der Bildung klar vor Augen liegen. Deswegen beabsichtigt die Kirche Christi, überaus erfahren in den menschlichen Belangen und von jeder Einmischung in staatliche Belange weit entfernt, "nur dies eine: nämlich unter Führung des Geistes, des Beistands, das Werk Christi selbst weiterzuführen, der in die Welt kam, um Zeugnis für die Wahrheit abzulegen [*vgl. Joh 18,37*], um zu retten, nicht um zu richten, um zu dienen, nicht um sich bedienen zu lassen" [*vgl. Joh 3,17; Mt 20,28; Mk 10,45*][1]. ... **4445**

14. Der Fortschritt, von dem wir reden, zielt nicht einzig auf das Wachstum der Wirtschaft. Denn, damit er wahrer ⟨Fortschritt⟩ genannt werden kann, muß er unverkürzt sein: er muß nämlich für das Wohl jedes Menschen und des ganzen Menschen Sorge tragen. ... **4446**

20. Wenn auch zur Förderung des Fortschritts tagtäglich zahlreichere Techniker notwendig sind, so sind noch viel mehr weise Menschen mit scharfem Verstand erforderlich, die sich dem Aufspüren eines neuen *Humanismus* zuwenden, mit dessen Hilfe die Menschen unserer Zeit, indem sie die vorzüglichsten Güter der Liebe, der Freundschaft, des Gebetes und der Betrachtung in sich aufnehmen[1], gleichsam zu sich selbst finden können. Wenn dies gewährleistet ist, wird sich der Fortschritt im wahren Sinne des Wortes voll und unverkürzt erfüllen können, der nämlich darin besteht, daß sowohl die einzelnen als auch alle Menschen von weni- **4447**

---

*4445* [1]    2. Vatikanisches Konzil, Pastoralkonstitution über die Kirche in der Welt von heute "*Gaudium et spes*", Nr. 3 (AAS 58 [1966] 1026; *4303).

*4447* [1]    Vgl. z. B. J. Maritain, *Les conditions spirituelles du progrès et de la paix*, in: Rencontre des cultures à l'UNESCO sous le signe du Concile œcuménique Vatican II (Paris 1966) 66.

ger menschlichen Lebensbedingungen zu menschlicheren gelangen.

## Die Güter der Welt sind für alle bestimmt

**4448**  [268] 22. Iam in prima Sacrarum Scripturarum pagina haec verba legimus: *Replete terram et subicite eam;*[1] quibus docemur, res mundi universas pro homine creatas esse, eique id muneris esse concreditum, ut ingenii sui viribus earum momentum proferat, easdemque suo labore suaeque utilitatis causa absolvat atque perficiat. At si terra eo fine condita est, ut singulis hominibus sive necessaria ad victum sive progressionis instrumenta suppeditet, hinc sequitur, cuilibet homini ius esse, ut quae sibi necessaria sint, ex ea percipiat.

Cuius rei memoriam Concilium Oecumenicum Vaticanum II hac sententia redintegravit: "Deus terram cum omnibus quae in ea continentur in usum universorum hominum et populorum destinavit, ita ut bona creata aequa ratione ad omnes affluere debeant, iustitia duce, caritate comite"[2]. Huic normae cetera iura omnia, quaecumque ea sunt, ne proprietatis quidem et liberi commercii iuribus exceptis, sunt postponenda, quin immo tantum abest ut eius effectionem impedire debeant, ut eam potius expedire teneantur; ea autem iura revocare ad suum primigenium finem, grave atque urgens sociale officium censendum est.

**4449**  23. ... [269] ... Quae verba declarant, privatam bonorum proprietatem nemini ius tale concedere, quod supremum sit nullique condicioni obnoxium. Nemini licet bona, quae sibi superent, unice ad privata commoda seponere, cum alii rebus careant vitae necessariis. ...

**4450**  24. Bonum igitur commune quandoque deiectionem de fundi possessione postulat, si

22. Schon auf der ersten Seite der Heiligen Schrift lesen wir folgende Worte: "Erfüllt die Erde und macht sie untertan"[1]; dadurch werden wir belehrt, daß alle Dinge der Welt für den Menschen geschaffen sind und ihm die Aufgabe anvertraut ist, mit den Kräften seines Geistes ihren Wert zu erschließen und sie durch seine Arbeit und zu seinem Nutzen zu vollenden und zu vervollkommnen. Wenn aber die Erde zu dem Zweck geschaffen ist, den einzelnen Menschen sowohl das zum Lebensunterhalt Notwendige als auch die Mittel zum Fortschritt darzureichen, so folgt daraus, daß jeder Mensch das Recht hat, von ihr zu empfangen, was für ihn notwendig ist.

Das 2. Ökumenische Vatikanische Konzil hat die Erinnerung daran durch folgenden Satz wiederhergestellt: "Gott hat die Erde mit allem, was in ihr enthalten ist, zum Nutzen aller Menschen und Völker bestimmt, so daß die geschaffenen Güter in einem angemessenen Verhältnis allen zugute kommen müssen, wobei die Gerechtigkeit führt und die Liebe sie begleitet"[2]. Dieser Norm sind alle übrigen Rechte, welche auch immer es sein mögen, nicht einmal die Rechte auf Eigentum und freien Handel ausgenommen, nachzuordnen; ja, sie dürfen sogar nicht nur ihre Wirksamkeit nicht behindern, sondern müssen sie vielmehr unterstützen; diese Rechte aber auf ihren ursprünglichen Zweck zurückzuführen, ist als eine schwere und drängende soziale Aufgabe anzusehen.

23. ... [Auch die Kirchenväter lehren,] daß das Privateigentum niemandem ein solches Recht einräume, daß es das höchste und keiner Bedingung unterworfen wäre. Niemandem ist es erlaubt, Güter, die er im Überfluß hat, einzig zu privaten Zwecken in Beschlag zu nehmen, während andere lebensnotwendiger Dinge entbehren. ...

24. Das Gemeinwohl erfordert also bisweilen eine Enteignung von Grundbesitz, so-

---

**\*4448** [1]  Gen 1,28.
[2]  2. Vatikanisches Konzil, Pastoralkonstitution über die Kirche in der Welt von heute "*Gaudium et spes*", Nr. 69 (AAS 58 [1966] 1090).

forte contingat, ut fundi quidam communem impediant prosperitatem, quia vel nimis patent, vel parum aut nihil excoluntur, vel egestatem gignunt incolis, vel civitati gravia inferunt nocumenta.

Concilium Vaticanum II dum id, missis ambagibus, declarat[1], non minus clare docet, tum fructus inde perceptos non esse libero hominum arbitrio relinquendos, tum nimii quaestus consilia, in suam dumtaxat utilitatem capta, prohibenda esse. Quare nullo modo licet, cives reditibus abundantes, sibi ex opibus et labore nationis suae provenientibus, magnam eorum partem apud exteras gentes collocare, ad privatas utilitates unice spectantes, nulla suae patriae ratione habita, in quam hoc agendi modo manifestam contumeliam iaciunt[2].

fern es geschieht, daß bestimmte Ländereien das allgemeine Wohlergehen beeinträchtigen, weil sie entweder allzu groß sind, zu wenig oder überhaupt nicht bebaut werden, den Bewohnern Armut erzeugen oder dem Staat schwere Schäden zufügen.

Während das 2. Vatikanische Konzil dies ohne Umschweife erklärt[1], lehrt es nicht weniger klar, daß einerseits die daraus erzielten Früchte nicht dem freien Gutdünken der Menschen überlassen werden dürfen, andererseits allzugroße, lediglich zum eigenen Vorteil angestellte Gewinnspekulationen verboten werden müssen. Deshalb ist es in keiner Weise erlaubt, daß Bürger mit übergroßen Einkünften, die ihnen aus Mitteln und der Arbeit ihres Volkes entstehen, einen großen Teil von ihnen im Ausland anlegen, wobei sie einzig ihre privaten Vorteile im Auge haben und keine Rücksicht auf ihr Vaterland nehmen, dem sie durch diese Handlungsweise ein offensichtliches Unrecht zufügen[2].

## Wirtschaftsliberalismus

*[270]* 26. Sed ex novis huiusmodi condicionibus in hominum societatem, nescimus quo pacto, opiniones irrepserunt, iuxta quas emolumentum ducebatur pro praecipuo incitamento ad fovendam oeconomicam progressionem, libera competitorum aemulatio pro suprema rerum oeconomicarum norma, privata possessio instrumentorum bonis gignendis pro iure absoluto, quod nec fines nec conexum sociale munus acciperet. Huiusmodi effreni *liberalismi* forma ad quoddam tyrannidis genus viam muniebat, a Decessore Nostro Pio XI iure merito improbatum, utpote ex quo "rei nummariae internationalismus seu imperialismus internationalis"[1] originem duceret. ...

26. Aber im Gefolge dieser neuen Daseinsbedingungen haben sich unversehens Vorstellungen in die menschliche Gesellschaft eingeschlichen, nach denen der Profit für den Hauptantrieb zur Förderung des wirtschaftlichen Fortschritts, der freie Wettbewerb für die oberste Norm der Wirtschaft und der Privatbesitz an Produktionsmitteln für ein absolutes Recht gehalten wurde, das weder Grenzen noch eine ⟨damit⟩ verbundene soziale Aufgabe zuließe. Die Form dieses zügellosen *Liberalismus* ebnete den Weg zu einer Art Tyrannei, die von Unserem Vorgänger Pius XI. mit Fug und Recht verworfen wurde, da aus ihm "der Internationalismus bzw. internationale Imperialismus des Finanzkapitals"[1] entstehe. ... **4451**

## Gewaltanwendung und Revolution

*[272]* 30. Sunt sine dubio rerum condiciones quae, utpote iniustae, Dei animadversionem acerrime petant. Cum enim populi toti, necessariis ad vivendum destituti, ita sint sub aliorum dicione, ut quodvis inceptum sua

30. Es gibt ohne Zweifel Situationen, die ob ihrer Ungerechtigkeit mit aller Schärfe nach einem Einschreiten Gottes verlangen. Wenn nämlich ganze Völker, des Lebensnotwendigen beraubt, so unter der Herrschaft **4452**

---

**\*4450** [1] 2. Vatikanisches Konzil, Pastoralkonstitution *"Gaudium et spes"*, Nr. 71 (AAS 58 [1966] 1093).
  [2] Vgl. ebd., Nr. 65 (AAS 58 [1966] 1086).
**\*4451** [1] Enzyklika *"Quadragesimo anno"*, 15. Mai 1931 (AAS 23 [1931] 212).

sponte inire, munera cum onere suscipere, ad altiores etiam humani cultus gradus ascendere, vitam socialem et publicam participare vetentur, facile homines sollicitantur, ut humanae dignitati iniuriam allatam vi repellant.

anderer stehen, daß sie daran gehindert werden, irgendein Unternehmen aus eigener Initiative anzugehen, Aufgaben mit Verantwortung zu übernehmen oder auch zu höheren Stufen der Bildung emporzusteigen und am sozialen und öffentlichen Leben teilzuhaben, dann werden die Menschen leicht verführt, das der menschlichen Würde zugefügte Unrecht mit Gewalt zu beseitigen.

**4453**     31. Est quidem res pernota, seditiones et motus – nisi agatur de tyrannide aperta ac diuturna, qua primaria iura personae humanae laedantur et bono communi alicuius civitatis grave iniungatur detrimentum – novas parere iniurias, novas ingerere inaequalitates, ad novas strages homines accendere. Malum *[273]* autem, quod revera est, non ea licet condicione propulsari, ut maior inducatur calamitas.

31. Es ist freilich eine allseits bekannte Sache, daß revolutionäre Umtriebe – sofern es sich nicht um eine offensichtliche und lange dauernde Gewaltherrschaft handelt, durch die die Grundrechte der menschlichen Person verletzt werden und dem Gemeinwohl eines Staates schwerer Schaden zugefügt wird – neue Ungerechtigkeiten gebären, neue Ungleichheiten mit sich bringen und die Menschen zu neuen Blutbädern anstacheln. Einem Übel, das tatsächlich existiert, darf man aber nicht unter der Bedingung wehren, daß ein noch größeres Unheil angerichtet wird.

### Gemeinsames Handeln aller

**4454**     33. Incepta vero unius cuiusvis et aemulationis vices progressionem ad felicem exitum non perducent. Non enim eo licet procedere, ut divitum opes et potentia etiam augeantur, miseriae vero egentium confirmentur et servitus aggravetur oppressorum. Itaque rerum agendarum rationes sunt necessariae, "quae foveant, excitent, ordinent, suppleant atque compleant"[1] actionem singulorum et institutorum se interponentium.

Publicarum vero potestatum est statuere et iniungere fines expetendos, proposita assequenda, vias quibus eo perveniatur; earum scilicet est vires omnium stimulare, ad quos communis haec actio pertinet.

Sed curent oportet, ut eiusmodi operi privatorum iungant incepta et instituta interposita. Sic enim absoluta rerum *[274]* communio ac temere praestituta rerum oeconomi-

33. Die Anstrengungen eines einzelnen und das freie Spiel des Wettbewerbs aber werden den Fortschritt nicht zum Erfolg führen. Man darf nämlich nicht dahin kommen, daß die Mittel und die Macht der Reichen noch größer werden, das Elend der Armen aber zementiert und die Knechtschaft der Unterdrückten noch härter wird. Deshalb sind Handlungsprogramme notwendig, die das Handeln der einzelnen und der Organisationen, die sich daran beteiligen, "fördern, anregen, ordnen, ergänzen und vervollständigen"[1].

Aufgabe der öffentlichen Gewalten aber ist es, die zu erstrebenden Ziele, die zu verwirklichenden Vorhaben und die Wege, auf denen man dahin gelangen soll, festzusetzen und aufzuerlegen; ihre Aufgabe ist es nämlich, die Kräfte aller anzuspornen, die dieses gemeinsame Handeln betrifft.

Sie sollen sich aber bemühen, für dieses Werk Privatunternehmen und Verbände heranzuziehen. So werden nämlich eine uneingeschränkte Vergesellschaftung der Güter

---

**\*4454** [1]  Vgl. Johannes XXIII., Enzyklika *"Mater et Magistra"*, 15. Mai 1961 (AAS 53 [1961] 414; \*3943).

carum dispensatio devitantur, quae, cum libertati refragentur, usum primariorum personae humanae iurium auferunt.

und eine leichtfertige Festlegung der Wirtschaftsplanung vermieden, die, da sie der Freiheit widerstreiten, die Ausübung grundlegender Rechte der menschlichen Person unmöglich machen.

### Bevölkerungswachstum

*[275]* 37. Non est diffitendum, maturata natorum incrementa nimis crebro difficultates addere ad progressionis rationes, quod multitudo celerius augetur quam opes, quae sunt in promptu, ita *[276]* ut omnes viae intercludi videantur. Tunc facile quis ad consilium descendit incrementum natorum minuendi, gravissimis adhibitis remediis.

Non est dubium quin potestates publicae, quantum ad eas pertinet, in haec se queant interponere, cives hac de re docentes et accommodata rei consilia capientes, dummodo haec praescriptis legis moralis congruant, et iusta coniugum libertas absolutissime servetur. Cum vero ius firmissimum matrimonii et procreationis demitur, actum est de humana dignitate. Est denique parentum, re plane perspecta, de numero liberorum statuere; quod munus illi in se recipiunt coram Deo, coram se ipsis, coram liberis iam genitis, coram communitate ad quam pertinent, praecepta secuti conscientiae suae, de lege divina, authentice interpretata, edoctae et fiducia Dei roboratae[1].

37. Es ist nicht zu leugnen, daß ein beschleunigtes Geburtenwachstum allzu häufig zusätzliche Schwierigkeiten hinsichtlich des Fortschritts bringt, weil sich die Anzahl der Bevölkerung schneller vermehrt als die Mittel, die zur Verfügung stehen, so daß alle Wege verschlossen zu sein scheinen. Da verfällt man leicht auf den Gedanken, das Geburtenwachstum unter Anwendung radikaler Maßnahmen zu vermindern.

Es besteht kein Zweifel, daß die öffentlichen Gewalten, soweit es sie betrifft, sich hier einschalten können, indem sie die Bürger darüber aufklären und sachgerechte Maßnahmen ergreifen, sofern diese nur mit den Vorschriften des Sittengesetzes übereinstimmen und die berechtigte Freiheit der Gatten völlig uneingeschränkt gewahrt wird. Wenn aber das unabdingbare Recht auf Ehe und Zeugung entzogen wird, ist es um die menschliche Würde geschehen. Letztlich liegt es nämlich bei den Eltern, nach reiflicher Überlegung über die Zahl der Kinder zu entscheiden; diese Verantwortung nehmen sie vor Gott, vor sich selbst, vor ihren schon gezeugten Kindern und vor der Gemeinschaft, zu der sie gehören, auf sich, indem sie den Geboten ihres gemäß dem authentisch interpretierten göttlichen Gesetz unterwiesenen und im Vertrauen auf Gott gestärkten Gewissens folgen[1]. **4455**

### Wahre Humanität

41. ... *[278]* ... Itaque ex rebus sibi propositis populi ad progressionem nitentes probe eligant: coarguant et abiciant falsa bona, quibus optima forma vitae humanae deminuitur, accipiant vero munera egregia et utilia, quae una cum rebus praeclaris sibi propriis secundum indolem suam provehere studeant.

41. ... Die sich um Fortschritt bemühenden Völker sollen aus dem, was ihnen angeboten wird, sorgfältig auswählen: als schlecht erweisen und verwerfen sollen sie die falschen Güter, durch die die beste Form des menschlichen Lebens beeinträchtigt wird, annehmen sollen sie aber die auserlesenen und nützlichen Gaben, die sie zusammen mit **4456**

---

**\*4455** [1]  Vgl. 2. Vatikanisches Konzil, Pastoralkonstitution über die Kirche in der Welt von heute "*Gaudium et spes*", Nr. 50f (mit Anm. 14); vgl. auch Nr. 87 (AAS 58 [1966] 1070-1073 1110).

dem Vortrefflichen, das ihnen selbst eigen ist, ihrer Eigenart gemäß weiterentwickeln sollen.

**4457**    42. Haec est humanitatis ratio perfecta, quae promoveatur oportet;[1] numquid aliud est quam omnimodo profectui totius hominis et cunctorum hominum consulere? Humanitatis vero ratio artioribus finibus circumscripta, a bonis animi atque a Deo aliena, qui illorum est fons et origo, specie tantum potior esse potest. ...

42. Dies ist das vollkommene Wesen der Humanität, das gefördert werden muß[1]; ist dies denn etwas anderes als für einen allseitigen Fortschritt des ganzen Menschen und aller Menschen zu sorgen? Ein durch engere Grenzen umschriebener Begriff von Humanität aber, der von den Gütern des Geistes und von Gott absieht, der ihre Quelle und ihr Ursprung ist, kann nur scheinbar richtiger sein. ...

### Brüderlichkeit

**4458**    43. Omnimoda singuli hominis progressio coniungi debet cum progressione generis humani, mutuo peragenda conatu. ...

43. Der allseitige Fortschritt des einzelnen Menschen muß sich mit dem Fortschritt des Menschengeschlechts verbinden und ist in wechselseitiger Anstrengung zu vollziehen. ...

**4459**    *[279]* 44. Locupletiores primum hisce devinciuntur officiis, quorum partes fraternitate humana et supernaturali continentur, triplicem exhibente rationem: prius est officium mutuae necessitudinis, auxilium nempe a divitioribus nationibus afferendi iis, quae ad progressionem adhuc nituntur; deinde occurrit officium iustitiae socialis, quae in eo est posita, ut rationes mercatoriae, populis fortunatioribus cum infirmioribus intercedentes, in melius restituantur; denique officium caritatis universalis, qua pro omnibus consortio humanior promovetur, in qua cuncti dare debeant et accipere, neque aliorum processus progressionem praepediat aliorum. Gravis sane est haec causa, cum ex ea cunctorum hominum cultus civilis, qui futuris erit temporibus, pendeat. ...

44. In erster Linie werden die Wohlhabenderen von diesen Pflichten betroffen, deren Verbindlichkeit durch die menschliche und übernatürliche Brüderlichkeit bedingt ist, die sich in einer dreifachen Weise äußert: zunächst ist es die Pflicht zur Solidarität, daß nämlich von den reicheren Völkern denen Hilfe geleistet wird, die sich noch um Fortschritt bemühen; sodann stellt sich die Pflicht zur sozialen Gerechtigkeit, die darin besteht, daß die zwischen den vermögenderen und den schwächeren Völkern bestehenden Wirtschaftsbeziehungen zum Besseren gewendet werden; schließlich die Pflicht zur allgemeinen Liebe, durch die eine menschlichere Gemeinschaft für alle gefördert wird, in der alle geben und empfangen sollen und der Fortschritt der einen nicht den Fortschritt der anderen behindert. Diese Angelegenheit ist überaus wichtig, da von ihr die Zivilisation aller Menschen, die es in künftigen Zeiten geben wird, abhängt. ...

**4460**    *[280]* 47. ... Non satis est contra miseriam niti, licet res urgeat et necessaria sit; agitur de hominum consortione stabilienda, in qua quivis, nullo discrimine stirpis, religionis, nationis, vitam vere humanam vivere possit, liberam a servitute, cuius auctores sunt homines et natura non satis domita; de consortione dicimus, in qua libertas non sit inane nomen,

47. ... Es genügt nicht, Anstrengungen gegen das Elend zu unternehmen, auch wenn die Sache drängt und notwendig ist; es geht darum, eine Gemeinschaft von Menschen zu errichten, in der jeder ohne Unterschied der Rasse, der Religion oder der Nation ein wahrhaft menschliches Leben leben kann, frei von Knechtschaft, deren Urheber Men-

---

*4457 [1]    Vgl. z. B. J. Maritain, *L'humanisme intégral* (Paris 1936).

et Lazarus vir indigens ad eandem mensam possit considere ac dives[1]. ...

schen oder eine nicht hinreichend gebändigte Natur sind; wir reden von einer Gemeinschaft, in der die Freiheit kein leerer Begriff ist und der arme Lazarus sich an denselben Tisch setzen kann wie der Reiche[1]. ...

*[281]* 48. Cum officium coniunctionis inter homines etiam inter populos obtineat, "gentium ... progressarum officium gravissimum est progredientes populos adiuvandi"[1]. Hoc sane documentum Concilii ad effectum est adducendum. Quodsi consentaneum est, ut gens aliqua ante ceteras donis fruatur a providenti Deo sibi concessis quasi operae suae proventu, nullus tamen populus audeat ad suum tantum usum divitias sibi seponere. ...

48. Da die Pflicht zur Solidarität unter den **4461** Menschen auch unter den Völkern gilt, ist es "eine schwere Pflicht der entwickelten Völker, den aufstrebenden Völkern zu helfen"[1]. Diese Lehre des Konzils ist nun in die Tat umzusetzen. Wenn es auch natürlich ist, daß ein Volk die Gaben, die ihm vom vorsehenden Gott gleichsam als Ertrag seiner Arbeit gewährt wurden, vor den anderen genießt, so soll dennoch kein Volk wagen, Reichtümer nur zum eigenen Nutzen für sich in Beschlag zu nehmen. ...

*Wirtschaftsbeziehungen*

*[285]* 56. Omnes autem conatus, sane non mediocres, qui ad iuvandas civitates gradatim progredientes sive pecuniariis sive technicis auxiliis capiuntur, fallaces inanesque plane evadant, si ab his comparata remedia magna ex parte irrita fiant ob mutabiles negotiationum rationes, quae inter ditiores et tenuiores populos intercedant. Etenim alteri omni expectatione et fiducia destituantur, ubi metuant, ne alteri id ab ipsis repetant, quod iam dederint. ...

56. Alle – sicherlich nicht unbedeutenden – **4462** Initiativen aber, die ergriffen werden, um die sich allmählich entwickelnden Staaten mit finanziellen und technischen Hilfen zu unterstützen, werden sich als völlig trügerisch und wertlos erweisen, wenn die von diesen bereitgestellten Mittel wegen der wechselhaften Handelsbeziehungen, die zwischen den reicheren und den schwächeren Völkern bestehen, großenteils wieder zunichte gemacht werden. Denn die einen werden wohl jeder Hoffnung und jedes Vertrauens beraubt, wenn sie fürchten müssen, daß die anderen das von ihnen zurückfordern, was sie soeben gegeben haben. ...

58. Patet igitur, liberae negotiationis normam iam non sufficere, si sola adhibeatur in publicis regendis omnium populorum necessitudinibus. Ea ex contrario prodest, quotiescumque partes inter se opibus non nimium differunt; immo ad ultra progrediendum exstimulat, atque conatus merito afficit praemio. Hanc ob causam civitates, quae in operosis artificiis plurimum profecerunt, in hac liberae negotiationis norma quandam iustitiae legem inesse iudicant.

58. Es ist also klar, daß die Norm des **4463** freien Handels nicht mehr genügt, wenn sie allein bei der Regelung der staatlichen Beziehungen zwischen allen Völkern angewandt wird. Sie ist dagegen von Nutzen, wenn die Partner sich in ihrer wirtschaftlichen Lage nicht allzusehr voneinander unterscheiden; ja, sie spornt zu weiterem Fortschritt an und läßt den Anstrengungen den verdienten Lohn zukommen. Aus diesem Grund meinen Staaten, die in der Industrialisierung schon sehr weite Fortschritte gemacht haben, dieser Norm des freien Handels wohne gewissermaßen ein Gesetz der Gerechtigkeit inne.

---

**\*4460** [1] Vgl. Lk 16,19–31.
**\*4461** [1] 2. Vatikanisches Konzil, Pastoralkonstitution über die Kirche in der Welt von heute "*Gaudium et spes*", Nr. 86 (AAS 58 [1966] 1109).

Aliter tamen dicendum est, cum rerum condiciones inter nationes nimis impares fiunt: pretia enim, *[286]* de quibus inter negotiatores *libero pacto* convenit, exitus prorsus iniquos habere possunt. Fatendum quidem est, in hac rerum provincia praecipuum caput *liberalismi,* quem appellant, uti negotiationum normam in dubium vocari.

**4464**     59. Iamvero doctrina, quam Decessor Noster imm. mem. Leo XIII per Encyclicas Litteras tradidit, quibus initium *Rerum Novarum,* hoc etiam tempore est in pretio, secundum quam partium consensus, rerum condicionibus inter se nimis distantium, haud quaquam sufficit ad tuendam pactionum aequitatem, ac liberae consensionis lex ad ius naturale dirigenda est[1]. ...

**4465**     *[287]* 61. ... Competitorum aemulatio a mercatura non est quidem pellenda, sed iis continenda modis, quibus reapse iusta et honesta, atque adeo homine digna efficiatur. In negotiationibus autem exercendis inter oeconomicas procurationes ditiores et procurationes egentiores, rerum condiciones nimis dissimiles, atque agendi facultates nimis dispares sunt. Iustitiae ratio, ut sit homine digna et honesta, postulat, ut in commerciis, quae inter varias mundi nationes exercentur, competitoribus aliqua saltem emendi ac vendendi aequa et par condicio tribuatur. ...

Anders ist jedoch zu reden, wenn die materiellen Voraussetzungen zwischen den Völkern allzu ungleich werden: denn Preise, die zwischen Handelspartnern *in freier Übereinkunft* zustande kommen, können ganz ungerechte Folgen haben. Man muß sicher gestehen, daß in diesem Sachbereich ein Hauptprinzip des sogenannten *Liberalismus* als Norm des Handels fragwürdig wird.

59. Nun ist aber die Lehre, die Unser Vorgänger unsterblichen Angedenkens Leo XIII. in der Enzyklika überliefert hat, deren Anfang *"Rerum novarum"* (lautet), auch heute noch gültig, nach der das Einverständnis von Partnern, die sich in ihren materiellen Voraussetzungen allzusehr voneinander unterscheiden, keineswegs genügt, um die Billigkeit von Verträgen zu gewährleisten, und das Gesetz des freien Einverständnisses am Naturrecht auszurichten ist[1]. ...

61. ... Der Wettbewerb soll zwar nicht aus der Wirtschaft verbannt, jedoch durch solche Maßnahmen eingeschränkt werden, durch die er wirklich gerecht und sittlich und deshalb menschenwürdig wird. Bei Handelsbeziehungen zwischen reicheren Wirtschaften und ärmeren Wirtschaften aber sind die materiellen Voraussetzungen allzu unähnlich und ist der Handlungsspielraum allzu ungleich. Um menschenwürdig und sittlich zu sein, erfordert das Wesen der Gerechtigkeit, daß bei Handelsbeziehungen, die zwischen den verschiedenen Völkern der Welt bestehen, den Wettbewerbern wenigstens einigermaßen gleiche und gerechte Voraussetzungen bei Kauf und Verkauf eingeräumt werden. ...

*Rassismus*

**4466**     62. Sed alia quoque obstant et impediunt, quominus humana societas, quae nunc vivit, aequior efficiatur, eademque firmius pleniusque in mutua universorum hominum necessitudine consistat: obstant videlicet cum propriae civitatis gloriatio tum suae cuiusque stirpis veluti cultus. ...

62. Aber auch noch anderes steht im Wege und ist hinderlich, daß die menschliche Gesellschaft, die heute lebt, gerechter wird und sich noch stärker und umfassender in der wechselseitigen Solidarität aller Menschen gründet: es stehen nämlich im Weg sowohl die Verherrlichung des eigenen Staates als auch eine Art von Kult der jeweils eigenen Rasse. ...

---

*4464 [1]     Vgl. Leo XIII., Enzyklika *"Rerum novarum"*, 15. Mai 1891 (Leo XIII., *Acta* 11 [1892] 131; *3270).

*[288]* 63. Nunc studium suae cuiusque stirpis non est proprium earum nationum tantum, quae recens sui iuris factae sunt, ubi huiusmodi cultus post odia vel tribuum vel politicarum partium se abdit, non solum iustitiae maxime officiens, sed etiam civium tranquillitatem salutemque periclitans. Quod studium, cum colonicae vigerent diciones, saepe discidia inter colonos et autochthones concitavit, pariter impediens ne iidem ad mutuam fructuosamque animorum concordiam pervenirent, pariter animos ad acerbam invidiam ob veras acceptas iniurias inflammans. Idem plurimum obstat, quominus populi a fortunis inopes mutuam adiutricem operam sibi volentes navent, atque discidiorum et inimicitiarum semen in mediis civitatibus serit, quotiescumque, contemptis hominum iuribus, quae remitti nequeunt, sive singuli sive familiae, stirpis vel coloris causa, a praecipuis ceterorum civium iuribus iniuste sese exclusos animadvertunt.

63. Nun ist aber der begeisterte Eifer für **4467** die jeweils eigene Rasse nicht nur eine Eigenart jener Völker, die erst vor kurzem unabhängig wurden, wo sich ein derartiger Kult hinter den Feindseligkeiten der Stämme oder der politischen Parteien verbirgt und dabei nicht nur der Gerechtigkeit größten Schaden zufügt, sondern auch die Ruhe und das Wohlergehen der Bürger aufs Spiel setzt. Dieser Eifer erregte zu Zeiten der Kolonialherrschaften oftmals Zerwürfnisse zwischen Kolonisten und Eingeborenen, wodurch er einerseits verhinderte, daß sie zu einem gegenseitigen und fruchtbaren herzlichen Einvernehmen gelangten, und andererseits die Herzen aufgrund der tatsächlich erlittenen Ungerechtigkeiten zu bitterem Haß entflammte. Derselbe ⟨Eifer⟩ verhindert meistenteils, daß die mittellosen Völker sich bereitwillig gegenseitige Hilfe leisten, und legt den Samen für Zerwürfnisse und Feindseligkeiten inmitten der Staaten, wenn sich unter Mißachtung der Menschenrechte, die nicht aufgegeben werden können, einzelne oder Familien ihrer Rasse oder Hautfarbe wegen von den grundlegenden Rechten der übrigen Bürger ungerecht ausgeschlossen sehen.

### Hoffnung auf eine bessere Welt

*[294]* 76. ... Cum ergo miseriae obsistimus et contra iniquam rerum condicionem contendimus, non solum prosperae hominum fortunae consulimus, sed eorundem etiam animorum morumque progressioni atque adeo totius humani generis utilitati favemus. Siquidem pax non est prorsus ad belli omnis privationem dumtaxat revocanda, tamquam si in quadam virium aequilibritate et inconstantia consistat. Pax diem de die assiduo perficitur *[295]* labore, modo is rerum spectetur ordo, qui a Deo statutus perfectiorem iustitiae formam inter homines flagitat[1]. ...

76. ... Wenn wir also dem Elend entgegen- **4468** treten und gegen ungerechte Lebensbedingungen kämpfen, dann kümmern wir uns nicht nur um den Wohlstand der Menschen, sondern tragen auch zu ihrem geistigen und sittlichen Fortschritt und somit zum Nutzen des ganzen Menschengeschlechtes bei. Denn der Friede ist keineswegs einfach auf ein Freisein von jeglichem Krieg einzuschränken, so als ob er in einem Gleichgewicht und Schwanken der Kräfte bestünde. Der Friede wird Tag für Tag durch beharrliche Arbeit verwirklicht, sofern nur jene Ordnung der Dinge im Auge behalten wird, die, von Gott festgesetzt, auf eine vollkommenere Form der Gerechtigkeit unter den Menschen dringt[1]. ...

79. Nonnulli fortasse huiusmodi exspectationes quasi vana opinionum commenta censeant. Fieri enim potest, ut eorum consue-

79. Manche werden solche Hoffnungen **4469** vielleicht für eitle Gedankenspielereien halten. Es kann allerdings sein, daß ihre Ge-

---

**\*4468** [1]      Vgl. Johannes XXIII., Enzyklika *"Pacem in terris"* (AAS 55 [1963] 301).

tudo res ipsas ut sunt spectandi aliquid vitii habeat, quod nondum animadverterint citatissimum huius aetatis cursum, in qua homines artiore fratrum necessitudine vivere cupiunt *[296]* atque, licet ignorantiis, erroribus noxisque detineantur ac saepe in efferatos recidant mores vel longe a salutis via aberrent, lente tamen ac vel etiam sine sensu ad suum accedunt Creatorem.

Atqui huiusmodi contentio ad humaniorem vitae rationem labores quidem postulat, incommoda iniungit; sed ipsae res adversae, amoris erga fratres eorumque utilitatis causa susceptae, quam maxime ad humani generis progressionem conducere possunt. Nam christifideles compertum perspectumque habent se, pro eo quod cum piaculari divini Servatoris immolatione coniungantur, plurimum conferre "in aedificationem Corporis Christi,"[1] ut suam nempe plenitudinem accipiat, in populi Dei congregatione.

wohnheit, die Dinge zu betrachten, wie sie sind, einen Fehler in sich birgt, weil sie noch nicht die Dynamik dieser Zeit bemerkt haben, in der die Menschen in einer engeren Beziehung zu ihren Brüdern leben wollen und, auch wenn sie von Unwissenheit, Irrtümern und Fehlern gefesselt werden und oft in verwilderte Sitten zurückfallen oder weit vom Weg des Heils abirren, dennoch langsam und sogar – ohne es zu merken – sich ihrem Schöpfer nähern.

Ein solches Streben nach einer menschlicheren Lebensweise erfordert zwar Mühen und verursacht Unannehmlichkeiten; aber selbst die Widrigkeiten, die man aus Liebe zu den Brüdern und um ihres Nutzens willen auf sich genommen hat, können in höchstem Maße zum Fortschritt des Menschengeschlechtes beitragen. Denn die Christgläubigen wissen sehr wohl, daß sie dadurch, daß sie sich mit dem Sühnopfer des göttlichen Erlösers verbinden, sehr viel "zur Erbauung des Leibes Christi"[1] beitragen, damit er nämlich seine Fülle erlangt in der Gemeinschaft des Volkes Gottes.

## 4470-4479: Enzyklika "Humanae vitae", 25. Juli 1968

Das 2. Vatikanische Konzil hatte vor allem im Zusammenhang mit den Beratungen über Art. 47–52 der Pastoralkonstitution ("De dignitate matrimonii et familiae fovendae") Fragen der Familienplanung und der Geburtenregelung diskutiert. Am 23. Okt. 1964 hatte sich Paul VI. eine abschließende lehramtliche Stellungnahme vorbehalten (vgl. "*Gaudium et spes*", Art. 53 Anm. 14). Die hiermit verbundenen Fragen übertrug er der bereits von Johannes XXIII. im März 1963 eingesetzten "Commissio pro studio populationis, familiae et natalitatis". Am 23. Juni 1964 äußerte sich der Papst im Rahmen einer Ansprache an die Kardinäle erstmals öffentlich zur Arbeit dieser Kommission (AAS 56 [1964] 588f) und unterstrich ihre Dringlichkeit. Die Beratungen der am 7. März 1966 in den Rang einer Kardinalskommission unter dem Vorsitz Ottavianis erhobenen Kommission dauerten bis zum 24. Juni 1966 an. Am 28. Juni 1966 übergab der Vizepräsident der Kommission, Kardinal J. Döpfner, dem Papst den vom 26. Juni 1966 datierten und von den inzwischen 60 Mitgliedern der Kommission nahezu einstimmig angenommenen offiziellen Schlußbericht. Dieses "Schema documenti de responsabili paternitate" empfiehlt die bedingte Freigabe "künstlicher" Methoden der Empfängnisregelung. Wenige Tage später überreichte Kardinal Ottaviani dem Papst ein vom 25. Mai 1966 datiertes und von 4 Mitgliedern der Kommission unterzeichnetes Votum, das vor allem im Blick auf die kirchliche Lehrtradition lediglich die Zeitwahlmethode (Knaus-Ogino) zuläßt. Als drittes Dokument erwuchs aus den Beratungen der Kommission ein moraltheologisches Fachgutachten ("Documentum syntheticum de moralitate regulationis nativitatum"), das sich kritisch mit der Argumentation der Minderheit auseinandersetzt. In einer Ansprache vor Teilnehmern des "Italienischen Nationalkongresses für Gynäkologie und Geburtshilfe" nahm Paul VI. am 29. Okt. 1966 erstmals wieder öffentlich und mit Bezug auf seine Ansprache vom 23. Juni 1964 zur Problematik der Geburtenregelung Stellung. Er verwies auf die Tragweite dieser Frage, welche die Veröffentlichung einer lehramtlichen Entscheidung hinauszögere (AAS 56 [1966] 1166–1170). Von 1967 bis Febr. 1968 beriet eine "Geheime Kommission" über die Frage und erstellte mehrere Entwürfe für den Text der Enzyklika; hinzu kamen beratende Stellungnahmen des Staatssekretariates unter Kardinal A. Casaroli. Die Endgestalt des Textes geht im wesentlichen auf den Papst selbst zurück.
*Ausg.:* AAS 60 (1968) 486–492.

---

*4469 [1]     Eph 4,12; vgl. 2. Vatikanisches Konzil, Dogmatische Konstitution über die Kirche "*Lumen gentium*", Nr. 13 (AAS 57 [1965] 17; *4132).

## Die eheliche Liebe

9. ... Quibus rebus in sua luce positis, perspicue et notae et necessitates coniugalis amoris propriae patent, quas maximi est ponderis iustis aestimare momentis.

Est ante omnia amor plane *humanus,* hoc est sensibilis et spiritualis. Quare non agitur solum de mero vel naturae vel affectuum impetu, sed etiam ac praesertim de liberae voluntatis actu, eo scilicet tendente, ut per cotidianae vitae gaudia et dolores non modo perseveret, sed praeterea augeatur; ita nimirum ut coniuges veluti cor unum et anima una fiant, suamque humanam perfectionem una simul adipiscantur.

Agitur deinde de amore *pleno,* id est de peculiari illa personalis amicitiae forma, in qua coniuges omnia magno animo inter se partiuntur, neque iniustas exceptiones admittunt, vel suis dumtaxat commodis student. Qui coniugem suum re vera amat, eum profecto non tantum ob id quod ab eo accipit, sed propter eum ipsum amat; idque libens facit, ut eum dono sui ditet.

Ad hoc, coniugalis amor et *fidelis* et *exclusorius* est, usque ad vitae extremum; qualem scilicet sponsus et sponsa eo die cogitatione comprehenderunt, quo liberi planeque conscii matrimoniali se vinculo devinxerunt. Quae coniugum fidelitas etsi interdum habeat difficultates, nemini tamen asseverare licet, eam non esse possibilem, cum contra quovis tempore nobilis sit meritisque uber. Posita enim volventibus saeculis a tot coniugibus exempla non tantum probant, eam esse matrimonii naturae consentaneam, sed insuper ex ea, veluti e fonte, intimam diuturnamque felicitatem fluere.

Hic denique amor *fecundus* est, quippe qui non totus in *[487]* coniugum communione contineatur, sed eo etiam spectet ut pergat, novasque exsuscitet vitas. "Matrimonium et amor coniugalis indole sua ad prolem procreandam et educandam ordinantur. Filii

9. ... Die der ehelichen Liebe eigentümli-  **4470** chen Merkmale und Notwendigkeiten liegen klar vor Augen; sie in ihrer rechten Bedeutung zu würdigen, ist von größter Wichtigkeit.

Vor allem ist sie eine im vollen Sinne *menschliche* Liebe, das heißt sinnenhaft und geistig. Daher handelt es sich nicht nur um einen bloßen Trieb der Natur oder der Leidenschaften, sondern auch und vor allem um einen Akt des freien Willens, der nämlich dahin zielt, daß sie in den Freuden und Schmerzen des täglichen Lebens nicht nur fortdauert, sondern außerdem noch wächst, und zwar so, daß die Gatten gleichsam ein Herz und eine Seele werden und gemeinsam ihre menschliche Vollendung erlangen.

Es handelt sich sodann um eine *ganzheit-*  **4471** *liche* Liebe, das heißt, um jene besondere Form personaler Freundschaft, in der die Gatten alles großherzig miteinander teilen und keine unberechtigten Ausnahmen zulassen oder lediglich ihre eigenen Vorteile suchen. Wer seinen Gatten wirklich liebt, liebt ihn in der Tat nicht nur wegen dessen, was er von ihm empfängt, sondern um seiner selbst willen; und dies tut er gern, um ihn durch die Hingabe seiner selbst zu bereichern.

Zudem ist die eheliche Liebe sowohl *treu*  **4472** als auch *ausschließlich* bis zum Lebensende; und zwar so, wie sie Bräutigam und Braut an jenem Tag verstanden haben, an dem sie sich frei und bei klarem Bewußtsein durch das eheliche Band gebunden haben. Auch wenn diese Treue der Gatten bisweilen Schwierigkeiten mit sich bringt, darf dennoch niemand behaupten, sie sei nicht möglich, da sie im Gegenteil zu jeder Zeit edel und reich an Verdiensten ist. Die im Lauf der Jahrhunderte von so vielen Gatten gegebenen Beispiele beweisen nämlich nicht nur, daß sie der Natur der Ehe entspricht, sondern überdies, daß aus ihr, wie aus einem Quell, innigstes und dauerndes Glück fließt.

Diese Liebe ist schließlich *fruchtbar,* da  **4473** sie nicht ganz in der Gemeinschaft der Gatten besteht, sondern auch danach trachtet, fortzudauern und neues Leben zu erwecken. "Ehe und eheliche Liebe sind ihrem Charakter nach auf die Zeugung und Erziehung von

sane sunt praestantissimum matrimonii donum, et ad ipsorum parentum bonum maxime conferunt"[1].

Nachkommenschaft hingeordnet. Kinder sind gewiß das vorzüglichste Geschenk für die Ehe und tragen in höchstem Maße zum Wohl der Eltern selbst bei"[1].

**4474**      10. Quas ob causas amor coniugum ab ipsis exigit, ut munus suum probe noverint, paternitatem consciam attingens, quae, cum hodie optimo iure tantopere urgeatur, est idcirco recte intellegenda. ...

10. Aus diesen Gründen erfordert die Liebe der Gatten von ihnen, daß sie ihre Aufgabe in bezug auf eine verantwortete Elternschaft genau kennen; weil auf sie heute mit gutem Recht so großer Wert gelegt wird, darum muß sie richtig verstanden werden. ...

### Der eheliche Akt

**4475**      *[488]* ... 11. Hi actus, quibus coniuges intime et caste copulantur, et per quos vita humana propagatur, quemadmodum recens Concilium admonuit, "honesti ac digni sunt";[1] iidemque legitimi esse non desinunt, etsi infecundi praevideantur propter causas a coniugum voluntate nequaquam manantes, cum non cesset eorum destinatio ad coniugum coniunctionem significandam roborandamque.

Revera, ut usu noscitur, non ex unaquaque coniugali congressione nova exoritur vita. Deus enim naturales leges ac tempora fecunditatis ita sapienter disposuit, ut eadem iam per se ipsa generationes subsequentes intervallent.

Verumtamen Ecclesia, dum homines commonet de observandis praeceptis legis naturalis, quam constanti sua doctrina interpretatur, id docet necessarium esse, ut *quilibet matrimonii usus* ad vitam humanam procreandam per se destinatus permaneat[2].

... 11. Jene Akte, in denen sich die Gatten intim und keusch verbinden und durch die das menschliche Leben weitergegeben wird, sind, wie das jüngste Konzil betont hat, "sittlich gut und würdevoll"[1]; und sie hören nicht auf, rechtmäßig zu sein, auch wenn ihre Unfruchtbarkeit voraussehbar ist aus Gründen, die keineswegs dem Willen der Gatten entspringen; denn ihre Bestimmung, die Verbundenheit der Gatten zum Ausdruck zu bringen und zu stärken, hört nicht auf.

Wie man aus Erfahrung weiß, entsteht tatsächlich nicht aus jedem ehelichen Verkehr neues Leben. Gott hat nämlich die natürlichen Gesetze und Zeiten der Fruchtbarkeit so weise festgelegt, daß diese schon von sich selbst aus für Abstände zwischen den aufeinanderfolgenden Zeugungen sorgen.

Indem die Kirche die Menschen ermahnt, die Gebote des natürlichen Gesetzes zu beachten, das sie in ihrer beständigen Lehre auslegt, lehrt sie nun aber, daß es notwendig ist, daß *jeglicher Vollzug der Ehe* von sich aus auf die Erzeugung menschlichen Lebens ausgerichtet bleibt[2].

### Unerlaubte Weisen der Geburtenregelung

**4476**      *[490]* 14. Quare primariis hisce principiis humanae et christianae doctrinae de matrimonio nixi, iterum debemus edicere, omnino respuendam esse, ut legitimum modum numeri liberorum temperandi, directam generationis iam coeptae interruptionem, ac

14. Gestützt auf diese grundlegenden Prinzipien der menschlichen und christlichen Lehre über die Ehe, müssen wir daher wiederum verkünden: Als rechtmäßige Weise, die Zahl der Kinder zu beschränken, sind die direkte Unterbrechung einer schon begon-

---

**\*4473** [1]   2. Vatikanisches Konzil, Pastoralkonstitution über die Kirche in der Welt von heute "*Gaudium et spes*", Nr. 50 (AAS 58 [1966] 1070f).
**\*4475** [1]   2. Vatikanisches Konzil, Pastoralkonstitution "*Gaudium et spes*", Nr. 49 (AAS 58 [1966] 1070).
     [2]   Vgl. Pius XI., Enzyklika "*Casti connubii*", 31. Dez. 1930 (AAS 22 [1930] 560; *3717); Pius XII., Ansprache an die Teilnehmer des Kongresses des Katholischen Hebammenverbandes Italiens (AAS 43 [1951] 843).

praesertim abortum directum, quamvis curationis causa factum¹.


Pariter, sicut Ecclesiae Magisterium pluries docuit, damnandum est seu viros seu mulieres directo sterilitate, vel perpetuo vel ad
tempus, afficere².

Item quivis respuendus est actus, qui, cum
coniugale commercium vel praevidetur vel
efficitur vel ad suos naturales exitus ducit, id
tamquam finem obtinendum aut viam adhibendam intendat, ut procreatio impediatur³.

nenen Zeugung und insbesondere die direkte
Abtreibung – auch wenn zu Heilzwecken
vorgenommen – uneingeschränkt zu verwer-
fen¹.

In gleicher Weise ist, wie das Lehramt der
Kirche des öfteren gelehrt hat, die direkte
Sterilisierung – sowohl dauernd als auch auf
Zeit – des Mannes oder der Frau zu verurtei-
len².

Ebenso ist jegliche Handlung zu verwerfen, die, wenn der eheliche Verkehr ins Auge
gefaßt wird, vollzogen wird oder zu seinen
natürlichen Folgen führt, als zu erlangenden
Zweck oder anzuwendendes Mittel darauf
abzielt, daß die Zeugung verhindert wird³.

## Erlaubte Geburtenregelung

16. ... *[492]* ... Si igitur iustae adsint causae
generationes subsequentes intervallandi,
quae a coniugum corporis vel animi condicionibus, aut ab externis rerum adiunctis proficiscantur, Ecclesia docet, tunc licere coniugibus sequi vices naturales, generandi facultatibus immanentes, in maritali commercio ha-
bendo iis dumtaxat temporibus, quae conceptione vacent, atque adeo nasciturae proli ita
consulere, ut morum doctrina, quam modo
exposuimus, haudquaquam laedatur¹.


Ecclesia sibi suaeque doctrinae constat,
sive cum iudicat, coniugibus licere rationem
habere temporum, quae fecunditate careant,

16. ... Wenn es also triftige Gründe gibt, **4477**
für Abstände zwischen den aufeinanderfolgenden Zeugungen zu sorgen – ⟨Gründe,⟩ die
sich aus der körperlichen oder seelischen
Verfassung der Gatten oder aus äußeren Umständen ergeben –, so lehrt die Kirche, daß es
dann den Gatten erlaubt ist, dem natürlichen
Zyklus, der den Anlagen zur Zeugung innewohnt, zu folgen, indem sie lediglich zu den
Zeiten ehelichen Verkehr haben, die von
Empfängnis frei sind, und damit die Geburt
der Nachkommenschaft so zu planen, daß die
Sittenlehre, die wir eben dargestellt haben,
keineswegs verletzt wird¹.

Die Kirche bleibt sich und ihrer Lehre **4478**
treu, sowohl wenn sie urteilt, daß es Gatten
erlaubt ist, die Zeiten zu berücksichtigen, die

---

*4476 ¹ Vgl. *Catechismus Romanus Concilii Tridentini* II 8; Pius XI., Enzyklika *"Casti connubii"* (AAS 22
[1930] 562–564; *3719–3721); Pius XII., Ansprache an die medizinisch-biologische Gesellschaft
vom hl. Lukas (*Discorsi e Radiomessaggi di S. S. Pio XII* 6 [1944] 191f); Ansprache an die Teilnehmer des Kongresses des Katholischen Hebammenverbandes Italiens (AAS 43 [1951] 842f);
Ansprache an die Teilnehmer des Kongresses der Vereinigung *Fronte della Famiglia* und an den
Verband Fruchtbarer Familien (AAS 43 [1951] 857–859); Johannes XXIII., Enzyklika *"Pacem in
terris"* (AAS 55 [1963] 259f; *3958); 2. Vatikanisches Konzil, Pastoralkonstitution über die Kirche
in der Welt von heute *"Gaudium et spes"*, Nr. 51 (AAS 58 [1966] 1072).
² Vgl. Pius XI., Enzyklika *"Casti connubii"*, 31. Dez. 1930 (AAS 22 [1930] 565; *3722f); Dekret des
Hl. Offiziums vom 22. Febr. 1940 (AAS 32 [1940] 73; *3788); Pius XII., Ansprache an die Teilnehmer des Kongresses des Katholischen Hebammenverbandes Italiens (AAS 43 [1951] 843f);
Ansprache an den 7. Kongreß der Internationalen Gesellschaft für Hämatologie (AAS 50 [1958]
734f).
³ Vgl. *Catechismus Romanus Concilii Tridentini* II 8; Pius XI., Enzyklika *"Casti connubii"*, 31. Dez.
1930 (AAS 22 [1930] 559–561; *3716–3718); Pius XII., Ansprache an die Teilnehmer des Kongresses des Katholischen Hebammenverbandes Italiens (AAS 43 [1951] 843); Ansprache an den 7.
Kongreß der Internationalen Gesellschaft für Hämatologie (AAS 50 [1958] 734f); Johannes XXIII., Enzyklika *"Mater et Magistra"*, 15. Mai 1961 (AAS 53 [1961] 447; *3953).
*4477 ¹ Vgl. Pius XII., Ansprache an die Teilnehmer des Kongresses des Katholischen Hebammenverban-
des Italiens (AAS 43 [1951] 846).

sive cum usum earum rerum ut semper illicitum improbat, quae conceptioni directo officiant, etiamsi haec altera agendi ratio argumenta repetat, quae honesta et gravia videantur. Etenim hae duae causae inter se maxime discrepant: in priore, coniuges legitime facultate utuntur, sibi a natura data; in altera vero, iidem impediunt, quominus generationis ordo suos habeat naturae processus.

von Empfängnis frei sind, als auch wenn sie den Gebrauch solcher Mittel als stets unerlaubt mißbilligt, die eine Empfängnis direkt verhindern, auch wenn für diese andere Handlungsweise immer wieder Argumente angeführt werden, die ehrbar und schwerwiegend zu sein scheinen. Diese beiden Fälle unterscheiden sich nämlich völlig voneinander: im ersten bedienen sich die Gatten rechtmäßig einer ihnen von der Natur gegebenen Möglichkeit; im zweiten aber verhindern sie, daß der Zeugungsvorgang seinen natürlichen Verlauf nimmt.

**4479**    Si infitiandum non est, coniuges in utroque casu mutua certaque consensione prolem ob probabiles rationes vitare velle, atque pro explorato habere liberos minime esse nascituros, attamen fatendum pariter est, in priore tantum casu fieri, ut ipsi coniuges se a maritali amplexu temporibus fecunditatem invehentibus abstinere valeant, quotiescumque ob iustas rationes liberorum procreatio optanda non sit; cum autem tempora conceptibus non apta redierint, fieri ut ipsi utantur commercio ad mutuum testandum amorem atque ad promissam sibi fidem servandam. Iidem sane, haec agentes, vere et omnino recti amoris testimonium praebent.

Wenn ⟨auch⟩ nicht in Abrede gestellt werden kann, daß die Gatten in beiden Fällen in gegenseitigem und unzweifelhaftem Einverständnis aus anerkennenswerten Gründen Nachkommenschaft vermeiden und sicher sein wollen, daß keine Kinder geboren werden, so ist dennoch gleichfalls zu sagen, daß nur im ersten Fall die Gatten sich in Zeiten, die Fruchtbarkeit mit sich bringen, des ehelichen Verkehrs enthalten können, wenn die Zeugung von Kindern aus triftigen Gründen nicht wünschenswert ist; wenn aber die Zeiten wiederkehren, die für eine Empfängnis nicht geeignet sind, können sie den Verkehr vollziehen, um die gegenseitige Liebe zu bezeugen und die einander versprochene Treue zu wahren. Wenn sie dies tun, geben sie in der Tat wahrhaft und in jeder Hinsicht ein Zeugnis rechter Liebe.

**4480-4496: Dokumente der 2. Generalversammlung des lateinamerikanischen Episkopats in Medellín (Kolumbien) "Presencia de la Iglesia", 6. Sept. 1968**

Die 1. Generalversammlung des lateinamerikanischen Episkopats fand 1955 in Rio de Janeiro statt. Die 2. Generalversammlung in Medellín, die Paul VI. eröffnete, brachte die Rezeption des 2. Vatikanischen Konzils auf dem lateinamerikanischen Kontinent und signalisierte den epochalen Aufbruch der lateinamerikanischen Kirche. Theologisch bedeutsam wurde die von den Bischöfen getroffene "Option für die Armen". Die Dokumente der Versammlung, zu deren Erarbeitung die theologischen Experten entscheidend beigetragen haben, wurden vom Papst am 24. Okt. 1968 approbiert.

*Ausg.:* II. Conferencía General del Episcopado Latinoamericano (Medellín), *Presencia de la Iglesia en la actual transformación de América Latina a la luz de Concilio Vaticano II* (Buenos Aires 1969).

### I. Gerechtigkeit

**4480**    3. La Iglesia Latinoamericana tiene un mensaje para todos los hombres que, en este continente, tienen "hambre y sed de justicia". El mismo Dios que crea al hombre a su imagen y semejanza, crea la "tierra y todo lo que en ella se contiene para uso de todos los hombres y de todos los pueblos de modo que los

3. Die lateinamerikanische Kirche hat eine Botschaft für alle Menschen, die in diesem Kontinent "Hunger und Durst nach Gerechtigkeit" haben. Derselbe Gott, der den Menschen nach seinem Bild und Gleichnis schafft, schafft die "Erde und alles, was sich in ihr befindet, zum Nutzen aller Menschen

bienes creados puedan llegar a todos, en forma más justa"[1], y le da poder para que solidariamente transforme y perfeccione el mundo[2].

Es el mismo Dios quien, en la plenitud de los tiempos, envía a su Hijo para que hecho carne, venga a liberar a todos los hombres de todas las esclavitudes a que los tiene sujetos el pecado[3], la ignorancia, el hambre, la miseria y la opresión, en una palabra, la injusticia y el odio que tienen su origen en el egoísmo humano.

Por eso, para nuestra verdadera liberación, todos los hombres necesitamos una profunda conversión a fin de que llegue a nosotros el "Reino de justicia, de amor y de paz". El origen de todo menosprecio del hombre, de toda injusticia, debe ser buscado en el desequilibrio interior de la libertad humana, que necesitará siempre, en la historia, una permanente labor de rectificación.

La originalidad del mensaje cristiano no consiste directamente en la afirmación de la necesidad de un cambio de estructuras, sino en la insistencia en la conversión del hombre, que exige luego este cambio. No tendremos un continente nuevo sin nuevas y renovadas estructuras; sobre todo, no habrá continente nuevo sin hombres nuevos, que a la luz del Evangelio sepan ser verdaderamente libres y responsables. ...

5. ... La búsqueda cristiana de la justicia es una exigencia de la enseñanza bíblica. Todos los hombres somos humildes administradores de los bienes. En la búsqueda de la salvación debemos evitar el dualismo que separa las tareas temporales de la santificación.

A pesar de que estamos rodeados de imperfecciones, somos hombres de esperanza. Creemos que el amor a Cristo y a nuestros hermanos será no solo la gran fuerza liberadora de la injusticia y la opresión, sino la in-

und aller Völker, so daß die geschaffenen Güter allen in der gerechtesten Form zugute kommen können"[1], und er gibt ihm die Macht, die Welt mitverantwortlich umzugestalten und zu vervollkommnen[2].

Es ist derselbe Gott, der in der Fülle der Zeiten seinen Sohn sendet, damit er, Fleisch geworden, komme, um alle Menschen von allen Formen der Knechtschaft zu befreien, der sie unterworfen sind durch die Sünde[3], die Unwissenheit, den Hunger, das Elend und die Unterdrückung, mit einem Wort, die Ungerechtigkeit und den Haß, die ihren Ursprung im menschlichen Egoismus haben.

Deswegen bedürfen wir Menschen für unsere wahrhafte Befreiung alle einer tiefen Bekehrung mit dem Ziel, daß das "Reich der Gerechtigkeit, der Liebe und des Friedens" zu uns komme. Der Ursprung aller Geringschätzung des Menschen, aller Ungerechtigkeit, muß im inneren Ungleichgewicht der menschlichen Freiheit gesucht werden, die in der Geschichte stets eines fortwährenden Bemühens um Verbesserung bedürfen wird.    **4481**

Die Originalität der christlichen Botschaft besteht nicht direkt in der Bejahung der Notwendigkeit eines Strukturwandels, sondern im Drängen auf die Bekehrung des Menschen, die sodann diesen Wandel erfordert. Wir werden keinen neuen Kontinent haben ohne neue und erneuerte Strukturen; vor allem wird es keinen neuen Kontinent geben ohne neue Menschen, die im Licht des Evangeliums wahrhaft frei und verantwortlich zu sein wissen. ...

5. ... Die christliche Suche nach der Gerechtigkeit ist eine Forderung der biblischen Botschaft. Wir Menschen sind alle demütige Verwalter der Güter. Auf der Suche nach der Erlösung müssen wir den Dualismus vermeiden, der die zeitlichen Aufgaben von der Heiligung trennt.    **4482**

Obwohl wir von Unvollkommenheiten umgeben sind, sind wir Menschen der Hoffnung. Wir glauben, daß die Liebe zu Christus und zu unseren Brüdern nicht nur die große Kraft sein wird, die von der Ungerechtigkeit

---

**\*4480** [1]   2. Vatikanisches Konzil, Pastoralkonstitution *"Gaudium et spes"*, Nr. 69 (AAS 58 [1966] 1090).
     [2]   Vgl. Gen 1,26; 2. Vatikanisches Konzil, Pastoralkonstitution *"Gaudium et spes"*, Nr. 34 (AAS 58 [1966] 1052; \*4334).
     [3]   Vgl. Joh 8,32-35.

spiradora de la justicia social, entendida como concepción de vida y como impulso hacia el desarrollo integral de nuestros pueblos. ...

**4483**    16. Ante la necesidad de un cambio global en las estructuras latinoamericanas, juzgamos que dicho cambio tiene como requisito, la reforma política.

El ejercicio de la autoridad política y sus decisiones tienen como única finalidad el bien común. En Latinoamérica tal ejercicio y decisiones con frecuencia aparecen apoyando sistemas que atentan contra el bien común o favorecen a grupos privilegiados. La autoridad deberá asegurar eficaz y permanentemente a través de normas jurídicas, los derechos y libertades inalienables de los ciudadanos y el libre funcionamiento de las estructuras intermedias.

**4484**    La autoridad pública tiene la misión de propiciar y fortalecer la creación de mecanismos de participación y de legítima representación de la población, o si fuera necesario, la creación de nuevas formas. Queremos insistir en la necesidad de vitalizar y fortalecer la organización municipal y comunal, como punto de partida hacia la vida departamental, provincial, regional y nacional.

La carencia de una conciencia política en nuestros países hace imprescindible la acción educadora de la Iglesia, con objeto de que los cristianos consideren su participación en la vida política de la Nación como un deber de conciencia y como el ejercicio de la caridad, en su sentido más noble y eficaz para la vida de la comunidad.

und der Unterdrückung befreit, sondern die, welche die soziale Gerechtigkeit inspiriert, verstanden als Lebenskonzept und als Impuls zur ganzheitlichen Entwicklung unserer Völker. ...

16. Angesichts der Notwendigkeit eines umfassenden Wandels in den lateinamerikanischen Strukturen glauben wir, daß besagter Wandel als Bedingung die politische Reform hat.

Die Ausübung der politischen Autorität und ihre Entscheidungen haben als einzige Zielsetzung das Gemeinwohl. In Lateinamerika stützen diese Ausübung und diese Entscheidungen offensichtlich häufig Systeme, die sich gegen das Gemeinwohl vergehen oder privilegierte Gruppen begünstigen. Die Autorität sollte die unveräußerlichen Rechte und Freiheiten der Bürger und die freie Tätigkeit der Zwischenstrukturen durch rechtliche Normen wirksam und beständig sichern.

Die öffentliche Autorität hat die Aufgabe, die Schaffung von Mechanismen für die Beteiligung und die rechtmäßige Vertretung der Bevölkerung oder, falls es notwendig sein sollte, die Schaffung neuer Formen zu fördern und zu stärken. Wir möchten die Notwendigkeit betonen, die städtische und kommunale Organisation als Ausgangspunkt für das Leben im Bezirk, in der Provinz, in der Region und auf nationaler Ebene zu beleben und zu stärken.

Das Fehlen eines politischen Bewußtseins in unseren Ländern macht die erzieherische Tätigkeit der Kirche unentbehrlich; sie hat zum Ziel, daß die Christen ihre Beteiligung am politischen Leben der Nation als eine Gewissenspflicht und als die Ausübung der Nächstenliebe in ihrem edelsten und wirksamsten Sinn für das Leben der Gemeinschaft ansehen.

## II. Frieden

**4485**    1. Si "el desarrollo es el nuevo nombre de la paz"[1], el subdesarrollo latinoamericano, con características propias en los diversos países, es una injusta situación promotora de tensiones que conspiran contra la paz. ...

1. Wenn "die Entwicklung der neue Name für den Frieden ist"[1], ist die lateinamerikanische Unterentwicklung mit ihren in den verschiedenen Ländern je eigenen Charakteristiken eine ungerechte Situation, die

---

**\*4485**  [1]    Paul VI., Enzyklika *"Populorum progressio"*, Nr. 87 (AAS 59 [1967] 299).

Tensiones entre clases y colonialismo interno:

2. Diversas formas de marginalidad ...

3. Desigualdades excesivas entre las clases sociales ...

4. Frustaciones crecientes ...

5. Formas de opresión de grupos y sectores dominantes ...

6. Poder ejercido, injustamente por ciertos sectores dominantes ...

7. Creciente toma de conciencia de los sectores oprimidos ...

Tensiones internacionales y neocolonialismo externo:

9. Aspecto económico ...

a) Distorsión creciente del comercio internacional ...

b) Fuga de capitales económicos y humanos ...

c) Evasión de impuestos y fuga de ganancias y dividendos ...

d) Endeudamiento progresivo ...

e) Monopolios internacionales e imperialismo internacional del dinero ...

10) Aspecto politico ...

Tensiones entre los países de América Latina: ...

12) Un nacionalismo exacerbado ...

13) Armamentismo ...

14. La realidad descrita constituye una negación de la paz, tal como la entiende la tradición cristiana.

Tres notas caracterizan, en efecto, la concepción cristiana de la paz.

a) La paz es, ante todo, obra de justicia[1]. Supone y exige la instauración de un orden justo[2] en el que los hombres puedan realizarse como hombres, en donde su dignidad sea respetada, sus legítimas aspiraciones satisfechas, su acceso a la verdad reconocida, su li-

Spannungen fördert, die sich gegen den Frieden verschwören. ...

Spannungen zwischen Klassen und interner Kolonialismus:

2. Verschiedene Formen von Marginalität ...

3. Übermäßige Ungleichheiten zwischen den sozialen Klassen ...

4. Wachsende Frustrationen ...

5. Formen der Unterdrückung durch herrschende Gruppen und Schichten ...

6. Von bestimmten herrschenden Schichten ungerecht ausgeübte Macht ...

7. Wachsende Bewußtwerdung der unterdrückten Schichten ...

Internationale Spannungen und externer Neokolonialismus: ...

9. Wirtschaftlicher Aspekt ...

a) Wachsende Verzerrung des internationalen Handels ...

b) Flucht von wirtschaftlichem und menschlichem Kapital ...

c) Steuerflucht und Abfluß von Gewinnen und Dividenden ...

d) Fortschreitende Verschuldung ...

e) Internationale Monopole und internationaler Geldimperialismus ...

10. Politischer Aspekt ...

Spannungen zwischen den Ländern Lateinamerikas: ...

12. Ein übersteigerter Nationalismus ...

13. Rüstung ...

14. Die beschriebene Realität stellt eine **4486** Verneinung des Friedens dar, wie ihn die christliche Tradition versteht.

Drei Merkmale kennzeichnen tatsächlich das christliche Verständnis vom Frieden.

a) Der Friede ist vor allem Werk der Gerechtigkeit[1]. Er setzt voraus und erfordert die Errichtung einer gerechten Ordnung[2], in der sich die Menschen als Menschen verwirklichen können, in ihrer Würde respektiert, ihre berechtigten Ansprüche befriedigt, ihr

---

**\*4486**  [1]  Vgl. 2. Vatikanisches Konzil, Pastoralkonstitution *"Gaudium et spes"*, Nr. 78 (AAS 58 [1966] 1101).
      [2]  Vgl. Johannes XXIII., Enzyklika *"Pacem in terris"*, Nr. 167 (AAS 55 [1963] 303); Paul VI., Enzyklika *"Populorum progressio"*, Nr. 76 (AAS 59 [1967] 295; \*4468).

bertad personal garantizada. Un orden en el que los hombres no sean objetos, sino agentes de su propia historia. Allí, pues, donde existen injustas desigualdades entre hombres y naciones se atenta contra la paz[3].

La paz en América Latina no es, por lo tanto, la simple ausencia de violencias y derramamientos de sangre. La opresión ejercida por los grupos de poder puede dar la impresión de mantener la paz y el orden, pero en realodad no es sino "el germen continuo e inevitable de rebeliones y guerras"[4].

La paz solo se obtiene creando un orden nuevo que "comporta una justicia más perfecta entre los hombres"[5]. En este sentido, el desarrollo integral del hombre, el paso de condiciones menos humanas a condiciones más humanas, es el nombre nuevo de la paz.

**4487**    b) La paz, en segundo lugar, es un quehacer permanente[1]. La comunidad humana se realiza en el tiempo y está sujeta a un movimiento que implica constatemente cambio de estructuras transformación de actitudes, conversión de corazones.

La "tranquilidad del orden", según la definición agustiniana de la paz, no es, pues, pasividad ni conformismo. No es, tampoco, algo que se adquiera una vez por todas; es el resultado de un continuo esfuerzo de adaptación a las nuevas circunstancias, a las exigencias y desafíos de una historia cambiante. Una paz estática y aparente puede obtenerse con el empleo de la fuerza; una paz auténtica implica lucha, capacidad inventiva, conquista permantente[2].

La paz no se encuentra, se construye. El cristiano es un artesano de la paz[3]. Esta tarea, dada la situación descrita anteriormente, re-

Zugang zur Wahrheit anerkannt und ihre persönliche Freiheit garantiert wird. Eine Ordnung, in der die Menschen nicht Gegenstand, sondern Träger ihrer eigenen Geschichte sind. Denn dort, wo ungerechte Ungleichheiten zwischen Menschen und Nationen bestehen, wird gegen den Frieden verstoßen[3].

Der Frieden in Lateinamerika ist deswegen nicht die einfache Abwesenheit von Gewalt und Blutvergießen. Die von den Machtgruppen ausgeübte Unterdrückung kann den Eindruck vermitteln, den Frieden und die Ordnung aufrechtzuerhalten; in Wirklichkeit ist sie aber nur "der ständige und unvermeidliche Keim zu Rebellionen und Kriegen"[4].

Man kann den Frieden nur erlangen, wenn man eine neue Ordnung schafft, die "eine vollkommenere Gerechtigkeit unter den Menschen mit sich bringt"[5]. In diesem Sinne ist die ganzheitliche Entwicklung des Menschen, der Schritt von weniger menschlichen Bedingungen zu menschlicheren Bedingungen der neue Name des Friedens.

b) Der Friede ist zweitens eine dauernde Aufgabe[1]. Die menschliche Gemeinschaft verwirklicht sich in der Zeit und ist einer Bewegung unterworfen, die ständig Wandel von Strukturen, Umformung von Haltungen und Bekehrung der Herzen einschließt.

Die "Ruhe der Ordnung" nach der augustinischen Definition des Friedens ist also weder Passivität noch Konformismus. Sie ist auch nicht etwas, das man ein für allemal erwirbt; sie ist das Ergebnis eines ständigen Bemühens um Anpassung an die neuen Umstände, an die Bedürfnisse und Herausforderungen einer sich wandelnden Geschichte. Einen statischen und scheinbaren Frieden kann man durch Gewaltanwendung erlangen; ein authentischer Frieden schließt Kampf, Einfallsreichtum und fortwährende Eroberung ein[2].

Den Frieden findet man nicht, man errichtet ⟨ihn⟩. Der Christ ist ein Baumeister des Friedens[3]. Diese Aufgabe zeigt in unse-

---

[3]    Vgl. Paul VI., Neujahrsbotschaft, 1. Jan. 1968 (AAS 60 [1968] 36–39).
[4]    Paul VI., Neujahrsbotschaft, 1. Jan. 1968 (AAS 60 [1968] 39).
[5]    Paul VI., Enzyklika "Populorum progressio", Nr. 76 (AAS 59 [1967] 295; *4468).
*4487 [1]    2. Vatikanisches Konzil, Pastoralkonstitution "Gaudium et spes", Nr. 78 (AAS 58 [1966] 1101).
[2]    Vgl. Paul VI., Weihnachtsbotschaft, 25. Jan. 1967 (AAS 60 [1968] 44–46).
[3]    Vgl. Mt 5,9.

viste un carácter especial en nuestro continente; para ello, el Pueblo de Dios en América Latina, siguiendo el ejemplo de Cristo deberá hacer frente con audacia y valentía al egoísmo, al la injusticia personal y colectiva.

c) La paz es, finalmente, fruto del amor[1], expresión de una real fraternidad entre los hombres: fraternidad aportada por Cristo, Príncipe de la Paz, al reconciliar a todos los hombres con el Padre. La solidaridad humana no puede realizarse verdaderamente sino en Cristo quien da la Paz que el mundo no puede dar[2]. El amor es el alma de la justicia. El cristiano que trabaja por la justicia social debe cultivar siempre la paz y el amor en su corazón.

La paz con Dios es el fundamento último de la paz interior y de la paz social. Por lo mismo, allí donde dicha paz social no existe; allí donde se encuentran injustas desigualdades sociales, políticas, económicas y culturales, hay un rechazo del don de la paz del Señor; más aún, un rechazo del Señor mismo[3].

15. ... "La violencia no es ni cristiana ni evangélica"[1]. El cristiano es pacífico y no se ruboriza de ello. No es simplemente pacifista, porque es capaz de combatir[2]. Pero prefiere la paz a la guerra. Sabe que "los cambios bruscos o violentos de las estructuras serían falaces, ineficaces en sí mismos y no conformes ciertamente a la dignidad del pueblo, la cual reclama que las transformaciones necesarias se realicen desde dentro, es decir, mediante una conveniente toma de conciencia, una adecuada preparación y esa efectiva participación de todos, que la ignorancia y las condiciones de vida, a veces infrahumanas, impiden hoy que sea asegurada"[3].

rem Kontinent angesichts der vorher beschriebenen Situation einen besonderen Charakter; dazu wird das Volk Gottes in Lateinamerika, dem Beispiel Christi folgend, dem Egoismus, der persönlichen und kollektiven Ungerechtigkeit die Stirn bieten müssen.

c) Der Frieden ist schließlich Frucht der **4488** Liebe[1], Ausdruck einer wirklichen Brüderlichkeit unter den Menschen: einer Brüderlichkeit, die von Christus, dem Friedensfürst, gebracht wurde, um alle Menschen mit dem Vater zu versöhnen. Die menschliche Solidarität kann sich wahrhaft nur in Christus verwirklichen, der den Frieden gibt, den die Welt nicht geben kann[2]. Die Liebe ist die Seele der Gerechtigkeit. Der Christ, der für die soziale Gerechtigkeit arbeitet, muß stets den Frieden und die Liebe in seinem Herzen pflegen.

Der Frieden mit Gott ist die letzte Grundlage des inneren Friedens und des sozialen Friedens. Deswegen liegt dort, wo besagter sozialer Frieden nicht existiert, dort, wo sich ungerechte soziale, politische, wirtschaftliche und kulturelle Ungleichheiten finden, eine Zurückweisung der Gabe des Friedens des Herrn, ja sogar eine Zurückweisung des Herrn selbst vor[3].

15. ... "Die Gewalt ist weder christlich **4489** noch dem Evangelium gemäß"[1]. Der Christ ist friedfertig und schämt sich dessen nicht. Er ist nicht schlechthin Pazifist, weil er fähig ist zu kämpfen[2]. Aber er zieht dem Krieg den Frieden vor. Er weiß, daß "die jähen und gewaltsamen Strukturwandlungen trügerisch, in sich selbst unwirksam und sicherlich nicht in Übereinstimmung mit der Würde des Volkes wären, die erfordert, daß sich die notwendigen Umgestaltungen von innen heraus verwirklichen, das heißt, mittels einer entsprechenden Bewußtwerdung, einer geeigneten Vorbereitung und dieser wirksamen Beteiligung aller, deren Gewährleistung heute die Unwissenheit und die manchmal men-

---

**4488** [1] Vgl. 2. Vatikanisches Konzil, Pastoralkonstitution *"Gaudium et spes"*, Nr. 78 (AAS 58 [1966] 1101).
[2] Vgl. Joh 14,27.
[3] Vgl. Mt 25,31–46.
**4489** [1] Paul VI., Ansprache in der Messe am "Tag der Entwicklung", Bogotá (Kolumbien), 23. Aug. 1968 (AAS 60 [1968] 627); Ansprache zur Eröffnung der 2. Generalversammlung des lateinamerikanischen Episkopats, Bogotá, 24. Aug. 1968 (AAS 60 [1968] 648).
[2] Paul VI., Neujahrsbotschaft, 1. Jan. 1968 (AAS 60 [1968] 36–39).

schenunwürdigen Lebensbedingungen verhindern"[3].

## V. Jugend

**4490**    10. ... La Iglesia ve en la juventud la constante renovación de la vida de la humanidad y descubre en ella un signo de sí misma: "La Iglesia es la verdadera juventud del mundo"[1].

**4491**    11. Ve en efecto en la juventud el renovado comienzo y la persistencia de la vida, o sea, una forma de superación de la muerte.

Esto no tiene sólo un sentido biológico sino también socio-cultural, sicológico y espiritual.

En efecto, frente a las culturas que muestran signos de vejez y caducidad, la juventud está llamada a aportar una revitalización; a mantener una "fe en la vida"[1], a conservar su "facultad de alegrarse con lo que comienza"[2]. Ella tiene la tarea de reintroducir permanentemente el "sentido de la vida"[3]. Renovar las culturas y el espíritu, significa aportar y mantener vivos nuevos sentidos de la existencia. La juventud está, pues, llamada a ser como una perenne "reactualización de la vida".

**4492**    12. En la juventud así entendida, descubre también la Iglesia un signo de sí misma.

Un signo de su fe, pues la fe es la interpretación escatológica de la existencia, su sentido pascual, y por ello, la "novedad" que encierra el Evangelio. La fe, anuncio del nuevo sentido de las cosas, es la renovación y rejuvenecimiento de la humanidad. Desde esta perspectiva la Iglesia invita a los jóvenes "a sumergirse en las claridades de la fe"[1] y de este modo a introducir la fe en el mundo para vencer las formas espirituales de muerte, es decir "las filosofías del egoísmo, del placer, de la desesperanza y de la nada"[2], filosofías

10. ... Die Kirche sieht in der Jugend die beständige Erneuerung des Lebens der Menschheit und entdeckt in ihr ein Zeichen ihrer selbst: "Die Kirche ist die wahre Jugend der Welt"[1].

11. In der Tat sieht sie in der Jugend den erneuerten Anfang und die Fortdauer des Lebens bzw. eine Form der Überwindung des Todes.

Das hat nicht nur einen biologischen, sondern auch einen sozio-kulturellen, psychologischen und geistigen Sinn.

In der Tat ist die Jugend angesichts der Kulturen, die Zeichen von Alter und Hinfälligkeit aufweisen, aufgerufen, eine Wiederbelebung zu bringen, einen "Glauben an das Leben"[1] aufrechtzuerhalten und ihre "Fähigkeit, sich an dem zu freuen, was beginnt"[2], zu erhalten. Sie hat die Aufgabe, ständig den "Sinn des Lebens"[3] wiedereinzuführen. Die Kulturen und den Geist zu erneuern, bedeutet neue Sinngehalte der Existenz beizubringen und lebendig zu erhalten. Die Jugend ist also aufgerufen, gleichsam eine immerwährende "Reaktualisierung des Lebens" zu sein.

12. In der so verstandenen Jugend entdeckt die Kirche auch ein Zeichen ihrer selbst.

Ein Zeichen ihres Glaubens, denn der Glaube ist die eschatologische Interpretation der Existenz, ihr österlicher Sinngehalt und deshalb die "Neuheit", die das Evangelium in sich birgt. Der Glaube, Bote des neuen Sinngehalts der Dinge, ist die Erneuerung und Verjüngung der Menschheit. Aus dieser Perspektive heraus lädt die Kirche die Jugend ein, "sich in die Klarheiten des Glaubens zu versenken"[1] und auf diese Weise den Glauben in die Welt zu tragen, um die geistigen Formen des Todes zu besiegen, das heißt, "die

---

[3]    Paul VI., Ansprache in der Messe am "Tag der Entwicklung", Bogotá, 23. Aug. 1968 (AAS 60 [1968] 627).

**\*4490** [1]    Botschaft des Konzils an die Jugend vom 8. Dez. 1965 (AAS 58 [1966] 18).
**\*4491** [1]    Ebd.
[2]    Ebd.
[3]    Ebd.
**\*4492** [1]    Ebd.

que implantan en la cultura formas viejas y caducas.

Es la juventud un símbolo de la iglesia, llamada a una constante renovación de sí misma, o sea a un incesante rejuvenecimiento[3].

Philosophien des Egoismus, der Lust, der Verzweiflung und des Nichts"[2], Philosophien, die in die Kultur alte und hinfällige Formen einpflanzen.

Die Jugend ist ein Symbol der Kirche, aufgerufen zu einer ständigen Erneuerung ihrer selbst bzw. zu einer unablässigen Verjüngung[3].

### XIV. Armut der Kirche

1. El Episcopado Latinoamericano no puede quedar indiferente ante las tremendas injusticias sociales existentes en América Latina, que mantienen a la mayoría de nuestros pueblos en una dolorosa pobreza cercana en muchísimos casos a la inhumana miseria. ...

4. Debemos distinguir:

a) La pobreza como carencia de los bienes de este mundo es, en cuanto tal, un mal. Los profetas la denuncian como contraria a la voluntad del Señor y las más de las veces como el fruto de la injusticia y el pecado de los hombres;

b) La pobreza espiritual, es el tema de los pobres de Yavé[1]. La pobreza espiritual es la actitud de apertura a Dios, la disponibilidad de quien todo lo espera del Señor[2]. Aunque valoriza los bienes de este mundo no se apega a ellos y reconoce el valor superior de los bienes del Reino;[3]

c) La pobreza como compromiso, que asume, voluntariamente y por amor, la condición de los necesitados de este mundo para testimoniar el mal que ella representa y la libertad espiritual frente a los bienes, sigue en esto el ejemplo de Cristo que hizo suyas todas las consecuencias de la condición pecadora de los hombres[4] y que "siendo rico se hizo pobre"[5], para salvarnos.

5. En este contexto una Iglesia pobre:

1. Der Lateinamerikanische Episkopat **4493** kann nicht gleichgültig bleiben angesichts der in Lateinamerika bestehenden furchtbaren sozialen Ungerechtigkeiten, die die Mehrzahl unserer Völker in einer schmerzhaften Armut halten, die in sehr vielen Fällen an unmenschliches Elend grenzt. ...

4. Wir müssen unterscheiden: **4494**

a) Die Armut als Mangel an den Gütern dieser Welt ist als solche ein Übel. Die Propheten klagen sie an als dem Willen des Herrn entgegengesetzt und meistenteils als Frucht der Ungerechtigkeit und der Sünde der Menschen.

b) Die geistige Armut ist das Thema der Armen Jahwes[1]. Die geistige Armut ist die Haltung der Offenheit gegenüber Gott, die Verfügbarkeit dessen, der alles vom Herrn erwartet[2]. Obwohl er die Güter dieser Welt schätzt, hängt er sich nicht an sie und erkennt den höheren Wert der Güter des Reiches ⟨Gottes⟩ an[3].

c) Die Armut als Verpflichtung, die freiwillig und aus Liebe die Daseinsbedingung der Notleidenden dieser Welt auf sich nimmt, um das Übel, das sie darstellt, und die geistige Freiheit gegenüber den Gütern zu bezeugen, folgt darin dem Beispiel Christi, der alle Konsequenzen der sündhaften Daseinsbedingung der Menschen zu den seinigen gemacht hat[4] und der, "obwohl er reich war, arm geworden ist"[5], um uns zu retten.

5. In diesem Zusammenhang ⟨nimmt⟩ **4495** eine arme Kirche ⟨folgende Haltung ein⟩:

---

[2]   Ebd.
[3]   Johannes XXIII., Apostolische Konstitution "*Humanae salutis*" (AAS 54 [1962] 5–13).
**\*4494** [1]   Vgl. Zef 2,3; Lk 1,46–55.
[2]   Vgl. Mt 5,3.
[3]   Am 2,6f; 4,1; 5,7; Jer 5,28; Mi 6,12f; Jes 10,2 und öfter.
[4]   Vgl. Phil 2,5–8.
[5]   2 Kor 8,9.

- Denuncia la carencia injusta de los bienes de este mundo y el pecado que la engendra;

- Predica y vive la pobreza espiritual, como actitud de infancia espiritual y apertura al Señor;

- Se compromete ella misma en la pobreza material. La pobreza de la Iglesia es, en efecto, una constante de la Historia de la Salvación. ...

**4496** 8. Por todo eso queremos que la Iglesia de América Latina sea evangelizadora de los pobres y solidaria con ellos, testigo del valor de los bienes des Reino y humilde servidora de todos los hombres de nuestros pueblos. Sus pastores y demás miembros del Pueblo de Dios han de dar a su vida y sus palabras, a sus actitudes y su acción, la coherencia necesaria con las exigencias evangélicas y las necesidades de los hombres latinoamericanos.

- Sie prangert den ungerechten Mangel an den Gütern dieser Welt und die Sünde an, die ihn verursacht.

- Sie verkündet und lebt die geistige Armut als Haltung der geistigen Kindschaft und Offenheit gegenüber dem Herrn.

- Sie verpflichtet sich selbst zur materiellen Armut. Die Armut der Kirche ist in der Tat eine Konstante der Heilsgeschichte. ...

8. Deshalb wollen wir, daß die Kirche Lateinamerikas den Armen das Evangelium verkündet und mit ihnen solidarisch ist, Zeugin des Werts der Güter des Reiches ⟨Gottes⟩ und demütige Dienerin aller Menschen unserer Völker. Ihre Hirten und die übrigen Glieder des Volkes Gottes müssen ihrem Leben und ihren Worten, ihren Haltungen und ihrem Handeln den notwendigen Zusammenhang mit den Forderungen des Evangeliums und den Bedürfnissen der lateinamerikanischen Menschen geben.

## 4500-4512: Apostolisches Schreiben "Octogesima adveniens" an Kardinal Maurice Roy, 14. Mai 1971

Das Schreiben ist zum achtzigsten Jahrestag der Sozialenzyklika "Rerum novarum" (*3265-3271) entstanden. Besonders hervorgehoben wird die Bedeutung der Soziallehre der Kirche gegenüber den Ideologien des Marxismus, Sozialismus und Liberalismus. Der Marximus wird sowohl hinsichtlich seiner Doktrin als auch seiner Methode strikt abgelehnt. Sozialismus und Liberalismus werden differenzierter beurteilt, in ihren radikalen Spielarten aber gleichfalls zurückgewiesen.
*Ausg.:* AAS 63 (1971) 403-429.

**4500** 4. Si tam diversae condiciones rerum considerantur, arduum profecto Nobis est unam enuntiare sententiam, qua solutio, omnibus locis congruens, proponatur. Verumtamen eiusmodi studio minime ducimur neque hoc est officii Nostri. Etenim ipsae christianae communitates id agere debent, ut propriae regionis statum ex rei veritate perscrutentur, ut eum luce immutabilium Evangelii verborum illustrent, ut principia cogitandi, iudicandi normas, regulas operandi e sociali doctrina Ecclesiae hauriant; doctrinam dicimus eam, quae temporum cursu est confecta, maxime vero hac machinaria aetate, ex illo scilicet die, historia digno, quo Leo XIII "de opificum conditione" nuntium edidit, cuius anniversariam memoriam recolere est Nobis hodie et honoris et laetitiae causa. ...

4. Wenn man so unterschiedliche sachliche Voraussetzungen betrachtet, ist es in der Tat schwierig für Uns, eine Lehrentscheidung zu verkünden, durch die eine allerorts passende Lösung vorgelegt werden könnte. Wir werden jedoch keineswegs von einem derartigen Bemühen geleitet noch gehört dies zu Unserer Aufgabe. Denn die christlichen Gemeinden müssen es selbst besorgen, den Zustand ihres jeweiligen Gebietes aus der sachlichen Wahrheit heraus zu untersuchen, ihn im Licht der unwandelbaren Worte des Evangeliums zu erhellen und die Grundsätze des Denkens, Richtlinien des Urteilens und Regeln des Handelns aus der Soziallehre der Kirche zu schöpfen; Wir sprechen von derjenigen Lehre, die im Lauf der Zeiten ausgearbeitet worden ist, vor allem aber in diesem Maschinenzeitalter, von jenem geschichtswürdigen Tag an nämlich, an dem Leo XIII. seine Botschaft "über die Lage der Arbeiter"

herausgab, deren Jahresgedächtnis zu begehen Uns heute Grund zur Ehre und Freude ist. ...

*[417]* ... 22. Dum doctrinarum technicarumque artium progressus faciem terrestris hominum sedis maximopere permutat ac novas affert rationes cognoscendi, operandi, rebus utendi mutuasque ineundi necessitudines, homo in hodiernis hisce vitae condicionibus duplici se moveri studio demonstrat, et quidem eo vehementius quo magis ipsius rerum cognitio atque educatio proficiunt: studium scilicet aequalitatis assequendae et studium officia participandi; quae sunt duae formae dignitatis ac libertatis humanae.

22. Während der Fortschritt der Wissenschaften und technischen Fertigkeiten das Antlitz des irdischen Wohnsitzes der Menschen in höchstem Grade umwandelt und neue Weisen des Erkennens, Handelns, des Umgangs mit den Dingen und des Eingehens wechselseitiger Bindungen mit sich bringt, zeigt der Mensch, daß er unter diesen heutigen Lebensbedingungen von einem doppelten Bestreben bewegt wird, und zwar umso heftiger, je mehr seine Erkenntnis der Sachverhalte und seine Bildung fortschreitet: nämlich das Bestreben, Gleichheit zu erlangen, und das Bestreben, an den Leitungsaufgaben teilzuhaben; dies sind zwei Formen der menschlichen Würde und Freiheit. **4501**

24. Duplex, quod diximus, studium assequendae aequalitatis et munerum participationis ad promovendum sane quoddam popularis societatis genus spectat. Varia autem huiusce proponuntur exempla, quorum aliqua iam sunt in usum traducta; sed eorum nullum omni numero probatur, adeo ut hac de re investigationes inter opiniones doctrinales et experiendi rationes adhuc esse pergant. Christianorum vero officium est *[419]* in huiusmodi inquisitione partem habere, haud secus atque in ordinatione et in vita civilis societatis. ...

24. Das doppelte Bestreben, das Wir erwähnt haben, Gleichheit und Teilhabe an den Leitungsfunktionen zu erlangen, zielt zweifellos darauf, eine gewisse Art von demokratischer Gesellschaft zu fördern. Dafür aber werden verschiedene Modelle vorgelegt, von denen einige schon in die Praxis überführt wurden; doch keines von ihnen wird in jeder Einzelheit gebilligt, so daß in dieser Angelegenheit die Forschungen zwischen Lehrmeinungen und Erfahrungswerten weitergehen. Aufgabe der Christen aber ist es, an einer derartigen Suche teilzuhaben, nicht anders als bei der Ordnung und beim Leben der bürgerlichen Gesellschaft. ... **4502**

25. Politica actio – estne opus animadvertere hic de actione, non autem de composita quadam doctrina agi? – per adumbratam societatis figuram est suffulcienda, quae plane sibi constet in certis subsidiis adhibendis et in capiendis consiliis, e plenaria profluentibus notitia vocationis humanae et dissimilium pariter formarum, quas eadem vocatio in societate obtinet. Nunc autem neque ad civitates, neque ad politicas quidem factiones, quae in seipsas tantum omnem curam intendant, pertinet dare operam ad aliquam doctrinam imperandam, iis adhibitis, quae duram secumferant in animos dominationem, omnium sane pessimam. Illorum tantum coetuum, qui animi cultus et religionis vinculis coniunguntur, proprium est – salva, ut patet,

25. Die politische Tätigkeit – ist es nötig zu bemerken, daß es hier um eine Tätigkeit, nicht aber um irgendeine erdachte Lehre geht? – muß durch das angedeutete Gesellschaftsbild unterstützt werden, das in sich völlig konsistent ist bei der Anwendung bestimmter Hilfsmittel und beim Fassen von Entschlüssen, die aus einer vollständigen Kenntnis der menschlichen Berufung und der zugleich ungleichartigen Formen, die ebendiese Berufung in der Gesellschaft erhält, hervorgehen. Nun aber ist es weder Sache der Staaten noch der politischen Parteien, die ihre ganze Sorge nur auf sich selbst richten sollten, sich zu bemühen, irgendeine Lehre zu verordnen, wobei Mittel angewendet würden, die eine harte Tyrannei gegen- **4503**

libertate sodalium – alere ac fovere, sine sui studio propriasque tenendo vias, in medio societatis corpore *[420]* hasce certas ac definitas persuasiones, quae hominis societatisque naturam, originem ac finem respiciant. ...

**4504**     29. Si autem in praesenti studiosi viri de huiusmodi doctrinarum regressione loqui coeperunt, id fortasse opportunitatem afferre potest, ut ad transcendentem solidamque christianae religionis praestantiam aditus aperiatur; simul tamen id contingere potest, ut mentes vehementiore motu in novam positivismi, ut aiunt, formam prolabantur: technicam dicimus artem, quae tam longe lateque est pervulgata, ut videatur quasi ratio praecipua humanae navitatis atque praeponderans vivendi consuetudo, immo etiam modus quidam loquendi; verumtamen reapse non quaeritur, quid ipsa significet.

**4505**     31. Hisce temporibus christifideles alliciuntur doctrinis socialismi eiusque variis formis, quae temporis decursu ortae sunt. In quibus studia aliqua ac proposita reperire conantur, quae in ipsorum animis, vi suae christianae fidei, insident. Existimant enim se in hanc historiae viam dirigi atque illuc cupiunt suam conferre operam. Illa autem historiae via, aliis in continentibus terris generibusque civilis cultus, alias prae se fert rationes sub eodem nomine, tametsi hic motus excitatus est atque excitatur saepius doctrinis, quae cum christiana fide componi nequeunt. Peracre igitur subtileque postulatur iudicium, quoniam crebrius christiani, socialismo allecti, eo inclinant, ut generatim quidem et universe illum sibi fingant tamquam aliquid omni ex parte perfectum: ex quo socialismus fit voluntas servandae iustitiae, mutuae necessitudinis et aequali*[423]*tatis. Ipsi praeterea agnoscere recusant violentas coerciones motuum socialismi historicorum, qui ex iis

über den Gesinnungen – die wirklich schlimmste aller ⟨Tyranneien⟩ – mit sich brächten. Nur jenen Gemeinschaften, die durch die Bande der Geisteskultur und der Religion verbunden sind, steht es zu – natürlich unbeschadet der Freiheit ihrer Mitglieder – ohne Eigennutz und die eigenen Wege einhaltend inmitten des Leibes der Gesellschaft diese festen und bestimmten Überzeugungen zu nähren und zu hegen, die Natur, Ursprung und Ziel des Menschen und der Gesellschaft betreffen...

29. Wenn aber gegenwärtig gelehrte Männer begonnen haben, von der Rückentwicklung solcher Lehren zu sprechen, kann dies vielleicht die Gelegenheit mit sich bringen, daß zur transzendenten und soliden Vortrefflichkeit der christlichen Religion ein Zugang eröffnet wird; gleichzeitig jedoch kann es geschehen, daß die Geister in einer noch heftigeren Bewegung zu einer neuen Gestalt des sogenannten Positivismus abgleiten: wir meinen die Technik, die so allgemein verbreitet ist, daß sie gleichsam als hauptsächliche Weise menschlichen Schaffens und überwiegende Lebensgewohnheit erscheint, ja, sogar gewissermaßen als Sprechweise; jedoch wird in Wirklichkeit nicht danach gefragt, was sie selbst bedeutet.

31. In diesen Zeiten werden die Christgläubigen durch die Lehren des Sozialismus und durch seine verschiedenen Formen, die im Lauf der Zeiten entstanden sind, angelockt. Darin versuchen sie einige Anliegen und Themen zu finden, die aufgrund ihres christlichen Glaubens in ihrem Herzen einen Platz haben. Sie glauben nämlich, sie würden auf diesen Weg der Geschichte gelenkt, und möchten dafür ihren Beitrag leisten. Jener Weg der Geschichte aber nimmt auf den verschiedenen Kontinenten und in den verschiedenen Arten von bürgerlicher Kultur verschiedene Bedeutungen unter demselben Namen an, auch wenn diese Bewegung öfter durch Lehren hervorgerufen worden ist und hervorgerufen wird, die nicht mit dem christlichen Glauben in Einklang gebracht werden können. Es wird also ein scharfes und genaues Urteil erfordert, da Christen ja recht häufig, vom Sozialismus angelockt, dazu neigen, sich ihn durchweg und allgemein als et-

doctrinis, unde exorti sunt, pendere pergunt. Inter varios illos modos, quibus socialismus declaratur – huius generis sunt magnanima cupiditas et inquisitio aequioris societatis, motus historici cum ordinatione ac proposito rei politicae, composita doctrina, quae se profitetur hominis considerationem exhibere integram liberamque prorsus – discrimina sunt instituenda, quibus ipsis rerum in adiunctis certa selectio fiat. Verumtamen discrimina haec efficere non debent, ut modi illi putentur inter se omnino separati ac seorsum consistentes. Vinculum definitum. quod pro re nata iis intercurrit, liquido denotari oportet; quae quidem perspicientia christianos comprehendere sinet, quousque liceat sese immiscere atque implicare his consiliis, iis servatis bonis praesertim libertatis et officiorum conscientiae et spatii vitae spiritus tribuendi, quae omnia plenum spondent hominis progressum ad perfectionem.

was allseitig Vollkommenes zurechtzulegen: von daher wird der Sozialismus Wille zur Wahrung von Gerechtigkeit, gegenseitiger Bindung und Gleichheit. Außerdem weigern sie sich, die Gewaltmaßnahmen der geschichtlichen Bewegungen des Sozialismus wahrzunehmen, die weiterhin von den Lehren abhängen, von denen sie ausgegangen sind. Zwischen jenen verschiedenen Formen, in denen sich der Sozialismus ausdrückt – dazu gehören hochherziges Streben und Suchen nach einer gerechteren Gesellschaft, geschichtliche Bewegungen mit politischer Organisation und Ausrichtung, systematische Lehre, die vorgibt, eine vollständige und gänzlich freie Anschauung vom Menschen zu liefern – sind Unterscheidungen vorzunehmen, mit deren Hilfe in den jeweiligen Verhältnissen eine sichere Auswahl getroffen werden kann. Diese Unterscheidungen dürfen jedoch nicht dahin führen, daß man jene Erscheinungsweisen als vollkommen voneinander getrennt und für sich bestehend betrachtet. Das bestimmte Band, das je nach gegebener Sachlage zwischen ihnen besteht, muß deutlich kenntlich gemacht werden; dieser Durchblick nämlich läßt die Christen erkennen, wie weit sie sich auf diese Vorhaben einlassen und an ihnen beteiligen dürfen, sofern vor allem die Werte der Freiheit, der Verpflichtungen des Gewissens und des Raums, den man dem Leben des Geistes zugestehen muß, bewahrt werden, die alle ein umfassendes Fortschreiten des Menschen zur Vollkommenheit versprechen.

32. Alii autem christiani ex se exquirunt, utrum historica marxianae doctrinae explicatio iam permittat certum aliquem ad eam accessum. ...

32. Andere Christen aber fragen sich, ob **4506** die geschichtliche Entfaltung der marxistischen Lehre schon eine gewisse Annäherung an sie erlaube. ...

33. Alii scilicet existimant marxismum potissimum manere actuosam exsecutionem illius pugnae, quae inter varias sociales classes pugnetur. Quoniam perpetuam vim semperque recrudescentem acerbitatem dominationis atque iniqui quae*[424]*stus ex hominibus facti experiuntur, nihil aliud marxismum esse arbitrantur nisi pugnam, interdum sine ullo alio consilio, certationem nempe, quam necesse sit ali et etiam continenter excitari. Aliis vero ipse in primis est exercitatio communis politicae atque oeconomicae potestatis

33. Andere freilich glauben, der Marxismus bleibe hauptsächlich die tätige Vollstreckung jenes Kampfes, der zwischen den verschiedenen sozialen Klassen gekämpft werde. Da sie die fortwährende Gewalt und sich ständig verschlimmernde Drangsal der Herrschaft und des ungerechten, aus Menschen bezogenen Gewinns erfahren, glauben sie, der Marxismus sei nichts anderes als Kampf, manchmal ohne irgendeine andere Absicht, eine Auseinandersetzung freilich, die genährt und auch beständig geschürt werden müsse.

sub unius factionis moderatione, quae se solam asseverat exprimere ac despondere bonum omnium, adempta sive singulis sive ceteris coetibus universa agendi eligendique potestate. Iuxta alios, tertio, marxismus – sive rerum potitus est sive minus – refertur ad doctrinam socialisticam, innixam in materialismo historico, quem vocant, atque in negatione omnium naturam transcendentium. Aliis demum is apparet formam praeferens magis extenuatam, quae nostrorum temporum homines magis allicit: nempe habetur opera aliqua ad scientiae normas exacta, accuratissima via investigandarum rerum socialium ac politicarum, rationabile idemque iam historia probatum vinculum inter meram mentis notionem atque usum turbulentae rerum conversionis. Quamvis hic explicandi modus commendet nonnullas rei ipsius facies, ceteris neglectis, easdemque interpretetur secundum doctrinae placita, tamen idem quibusdam suppeditat, una cum operandi subsidio, firmam mentis persuasionem praeviam actioni, dum sibi sumit *scientifico* se modo dispicere impulsiones progredientis hominum societatis.

**4508**      34. Si autem in illa marxiana doctrina, qualis in ipsius vitae actionem traducitur, hae variae distingui possunt facies atque quaestiones, quae inde christifidelibus proponuntur tum ad deliberandum tum etiam ad agendum, vanum profecto est atque periculosum eam ob causam oblivisci arctissimi illius vinculi, quod penitus easdem coniungit; item diversa amplecti elementa marxianae investigationis, nulla habita ratione necessitudinis, quae cum doctrina ipsis intercedit; denique ingredi in mediam illam classium contentionem eius[425]que marxianam interpretationem, dum perspicere omittitur genus societatis violentae atque imperii absoluti, ad quae paulatim actio illa perducit.

Für andere aber ist er vor allem die Ausübung der allgemeinen politischen und wirtschaftlichen Macht unter der Leitung einer einzigen Partei, die versichert, daß sie allein das Wohl aller ausdrücke und verbürge, wobei sämtliche Macht, zu handeln und eine Wahl zu treffen, für die einzelnen wie für die übrigen Gemeinschaften, beseitigt wird. Nach anderen wird der Marxismus drittens – ob er die Macht erlangt hat oder nicht – auf eine sozialistische Lehre bezogen, die sich auf den sogenannten historischen Materialismus stützt, und auf die Leugnung von allem, was die Natur transzendiert. Anderen erscheint er schließlich als solcher, der eine eher ausgedünnte Form vorzieht, wie sie die Menschen unserer Zeiten eher anlockt: er wird nämlich für irgendeine nach den Regeln der Wissenschaft ausgeübte Arbeitsweise gehalten, für einen überaus genauen Weg zur Erforschung der sozialen und politischen Verhältnisse und für die vernunftgemäße, auch durch die Geschichte bereits erprobte Verknüpfung zwischen bloß verstandesmäßiger Erkenntnis und der Praxis eines revolutionären Umsturzes. Obgleich diese Erklärungsweise einige Züge der Sache selbst empfiehlt und sie nach den Lehrsätzen der Theorie interpretiert, wobei andere vernachlässigt werden, verschafft sie doch manchen zusammen mit einem Arbeitsinstrument die vorausgehende feste Überzeugung der Gesinnung zum Handeln, indem sie für sich beansprucht, auf *wissenschaftliche* Weise die Antriebe der fortschreitenden Gesellschaft der Menschen zu ermitteln.

34. Wenn aber bei jener marxistischen Lehre, wie sie in die Lebensführung selbst umgesetzt wird, diese verschiedenen Gesichter und die Fragen unterschieden werden können, die sich von daher den Christgläubigen sowohl im Hinblick auf ihr Überlegen als auch auf ihr Handeln stellen, ist es in der Tat eitel und gefahrvoll, deswegen jenes überaus enge Band zu vergessen, das sie innerlich verbindet; ebenso, verschiedene Elemente der marxistischen Forschung gutzuheißen, ohne daß auf die Verbindung Rücksicht genommen wird, die zwischen ihnen und der Lehre besteht; und schließlich, mitten in jenen Klassenkampf und seine marxistische Deutung einzutreten, während es unterlassen

wird, die Art der gewalttätigen Gesellschaft und der unbedingten Herrschaft zu durchschauen, zu der jene Tätigkeit allmählich hinführt.

35. Ex altera vero parte conspicitur renovatio doctrinarum liberalismi, quem vocant. Hic enim motus vigescit tum nomine oeconomicae efficacitatis, tum voluntate tuendi uniuscuiusque adversus dominatum magis magisque pervagatum institutorum atque etiam adversus proclivitates imperiosas publicarum auctoritatum. Incepta singulorum sunt quidem sustinenda atque provehenda; sed christiani, qui hanc ingrediuntur viam, nonne ita sibi fingunt liberalismum omni ex parte perfectum, qui ideo fit tamquam pro libertatis causa pronuntiatio? Ii exoptant novum huiusce doctrinae genus ad nostram aetatem accommodatius, attamen facile obliviscuntur liberalismum philosophicum, suapte origine et ortu, falsam esse asseverationem singulorum hominum autonomiae, quod attinet ad eorum navitatem, ad agendarum rerum causas atque ad libertatis exercitationem. Quod profecto significat liberalium doctrinam prudens iudicium a christianis pariter postulare.

35. Auf der anderen Seite aber ist eine Erneuerung der Lehren des sogenannten Liberalismus zu sehen. Diese Bewegung nämlich wird lebenskräftig sowohl im Namen wirtschaftlicher Wirksamkeit als auch aufgrund des Willens jedes einzelnen, sich gegen die mehr und mehr verbreitete Herrschaft der Institutionen und auch die herrscherlichen Neigungen der öffentlichen Autoritäten zu schützen. Die Initiativen der einzelnen sind sicherlich zu unterstützen und zu fördern; aber legen sich die Christen, die diesen Weg beschreiten, so nicht den Liberalismus als etwas allseitig Vollkommenes zurecht, der deshalb gleichsam zu einem Ausdruck für die Sache der Freiheit wird? Sie wünschen sich eine neue Art dieser Lehre, die für unsere Zeit geeigneter ist, doch vergessen sie leicht, daß der philosophische Liberalismus nach seinem Ursprung und Herkommen die falsche Beteuerung der Autonomie der einzelnen Menschen ist, was ihr Schaffen, die Beweggründe für das, was getan werden soll, und die Ausübung der Freiheit anbelangt. Dies bedeutet auf alle Fälle, daß die Lehre der Liberalen von den Christen in gleicher Weise ein sorgsames Urteil erfordert.    **4509**

37. His ceteroqui temporibus clarius deprehenditur doctrinarum debilitas per ipsa scilicet systemata, quibus ad effectum deduci nituntur. Etenim graphiocraticus socialismus, capitalismus, qui dicitur, technocraticus, imperiosum democratiae genus plane declarant, quam aegre ac difficulter magna illa hominum quaestio una simul vivendi solvi possit secundum iustitiam et aequalitatem. Quonam pacto poterunt illi revera effugere materialismum, nimium suarum utilitatum studium, vel crudelem etiam oppressionem, quam ea secum necessario inferunt? ... *[427]*

37. Abgesehen davon wird in diesen Zeiten die Schwäche der Lehren deutlicher durch die Systeme selbst bemerkt, auf die sie sich stützen, um in die Tat umgesetzt zu werden. Denn der bürokratische Sozialismus, der sogenannte technokratische Kapitalismus und die tyrannische Art von Demokratie zeigen deutlich, wie jene große Frage der Menschen nach Zusammenleben in Gerechtigkeit und Gleichheit ⟨nur⟩ mühsam und unter Schwierigkeiten gelöst werden kann. Auf welche Weise denn werden sie wirklich dem Materialismus, dem allzu großen Bemühen um die eigenen Vorteile oder auch grausamer Unterdrückung entgehen können, die diese ⟨Systeme⟩ notwendig mit sich bringen? ...    **4510**

38. Hoc in mundo, qui est obnoxius mutationi, disciplinis technicisque artibus invectae, quae eum in novam positivismi formam adducere potest, en alia movetur quaestio ea-

38. In dieser Welt, die dem Wandel unterworfen ist, der durch die Fachwissenschaften und technischen Fertigkeiten herbeigeführt worden ist ⟨und⟩ der sie zu einer neuen Form    **4511**

que multo maioris ponderis. Etenim, postquam rationis ope rerum naturam sibi subicere contendit, statim homo sese veluti inclusum deprehendit intra suae ipsius ratiocinationis limites: tum ipse vicissim scientiae materia fit. ...

Qui nisus omnia scientiarum ope in unum redigendi, *[428]* consilium quoddam prodit, periculorum plenum. Nam primarias partes investigationi seu analysi tribuere, idem est atque hominem detruncare et, specie alicuius viae *scientificae*, efficere, ut ipse non amplius se totum comprehendat.

**4512**    40. *[429]* ... Profecto unaquaeque *scientifica* disciplina, vi particularis indolis suae, attingere non poterit nisi partem tantum, quamvis veram, hominis; at cunctarum comprehensio partium atque significatio eam praeterit. Verumtamen intra hos fines, scientiae humanae utile ac solidum explent officium, quod Ecclesia libenter agnoscit. Ipsae etiam possunt terminos ac modos libertatis humanae latius producere, quam iam cognitae condiciones prospicere sinunt. Eaedem insuper prodesse poterunt christianae de moribus socialibus doctrinae, quae provinciam suam tum certe definiri et coarctari intelleget, cum de aliquibus exemplis socialibus proponendis agitur; contra, eius munus res diiudicandi et ad altiorem ordinem revocandi valde confirmabitur, cum demonstrabit, quam incertae ac finitae illae regulae et bona sint, quae eadem illa societas exhibebat tamquam perfecta atque ipsi hominis naturae ingenita. ...

des Positivismus verleiten kann, stellt sich noch eine andere Frage von viel größerem Gewicht. Denn nachdem sich der Mensch angestrengt hat, sich kraft seiner Vernunft die Natur der Dinge zu unterwerfen, bemerkt er sogleich, daß er gleichsam in den Schranken seines eigenen Vernunftdenkens eingeschlossen ist: dann wird er selbst seinerseits Gegenstand der Wissenschaft. ...

Dieses Bemühen, mit Hilfe der Wissenschaften alles auf eines zurückzuführen, verrät eine bestimmte Absicht, die voller Gefahren ist. Denn der Forschung oder Analyse die Hauptrolle zuzuerkennen ist dasselbe wie den Menschen zu verstümmeln und unter dem Schein einer *wissenschaftlichen* Methode zu bewirken, daß er sich selbst nicht mehr vollständig versteht.

40. ...In der Tat wird jede *wissenschaftliche* Disziplin kraft ihrer besonderen Beschaffenheit nur einen Teil des Menschen – wenn auch einen wirklichen – erreichen können; doch Verständnis und Bedeutung aller Teile entziehen sich ihr. Jedoch erfüllen innerhalb dieser Grenzen die Humanwissenschaften einen nützlichen und bleibenden Dienst, den die Kirche gern anerkennt. Sie können auch die Grenzen und den Umfang der menschlichen Freiheit weiter ausdehnen, als die schon bekannten Bedingungen dies sehen lassen. Sie werden darüber hinaus der christlichen Soziallehre nützlich sein können, die erkennen wird, daß ihre Zuständigkeit ohne Zweifel dann begrenzt und eingeschränkt wird, wenn es darum geht, irgendwelche sozialen Modelle vorzulegen; wogegen ihre Aufgabe, die Verhältnisse zu beurteilen und auf eine höhere Ordnung zu verweisen, sehr bestätigt werden wird, indem sie aufzeigen wird, wie ungewiß und begrenzt jene Regeln und Werte sind, die eben jene Gesellschaft als vollkommen und der Menschennatur selbst eingeboren dargestellt hat. ...

**4520-4522: Erklärung der Glaubenskongregation "Mysterium filii Dei", 21. Febr. 1972**

Aus philosophischen Ansätzen zur Überwindung des substanzmetaphysischen Denkens erwuchsen theologische Bemühungen um eine Neuformulierung des Personbegriffs, die vor allem die Christologie und die Trinitätslehre berührten (vgl. P. Schoonenberg, Hij is een God van mensen; dt.: Ein Gott der Menschen [Zürich 1969]). Die Erklärung richtet sich gegen namentlich nicht genannte Autoren, die nicht von der Existenz der menschlichen Natur Christi in der göttlichen Person (Enhypostasie, Anhypostasie), sondern vom Präsenz Gottes in der menschlichen Person Jesu Christi ausgehen und die Lehre von der Personalität des Hl. Geistes in Frage stellen.
*Ausg.:* AAS 64 (1972) 238-240.

## Neuere christologische und trinitarische Irrtümer

*3. Recentes errores circa fidem in Filium Dei hominem factum.* – Huic fidei aperte adversantur opiniones iuxta quas nobis revelatum notumque non esset Filium Dei ab aeterno in mysterio Deitatis subsistere distinctum a Patre et Spiritu Sancto; itemque opiniones secundum quas evacuanda esset notio unius personae Iesu Christi, genitae a Patre ante saecula secundum divinam naturam et in tempore ex Maria Virgine secundum naturam humanam; ac denique assertio secundum quam humanitas Iesu existeret, non ut assumpta in personam aeternam Filii Dei, sed potius in seipsa ut persona humana, ideoque mysterium Iesu Christi in eo consisteret quod Deus se revelans summo modo praesens esset in persona humana Iesu.

Qui ita sentiunt, a vera fide in Christum longe remanent, etiam cum asserunt singularem Dei praesentiam in Iesu efficere ut ipse summum ultimumque culmen sit divinae Revelationis; neque veram fidem in Christi divinitatem recuperant, cum addunt Iesum dici posse Deum, eo quod, in eius humana, quam dicunt, persona, Deus summe praesens sit.

*[239] ... 5. Recentes errores de Sanctissima Trinitate ac speciatim de Spiritu Sancto.* – A fide igitur deerrat opinio secundum quam Revelatio nos incertos relinqueret de aeternitate Trinitatis et speciatim de aeterna existentia Spiritus Sancti ut personae, in Deo, a Patre Filioque distinctae. Verum est Sanctissimae Trinitatis mysterium nobis revelatum esse in *[240]* oeconomia salutis, maxime in Christo, qui a Patre in mundum missus est et qui cum Patre mittit in Populum Dei Spiritum vivificantem. Sed hac Revelatione credentibus aliqua cognitio data est etiam vitae intimae Dei, in qua "Pater generans, Filius nascens et Spiritus Sanctus procedens" sunt "consubstantiales et coaequales, coomnipotentes et coaeterni"[1].

**3. Neuere Irrtümer in bezug auf den Glauben an den Mensch gewordenen Sohn Gottes.** **4520**
– Diesem Glauben widerstreiten offensichtlich Meinungen, nach denen uns nicht geoffenbart und bekannt wäre, daß der Sohn Gottes von Ewigkeit im Geheimnis der Gottheit unterschieden vom Vater und Heiligen Geist besteht; und ebenso Meinungen, nach denen der Begriff der einen Person Jesu Christi zu entleeren wäre, die der göttlichen Natur nach vor den Zeiten vom Vater und der menschlichen Natur nach in der Zeit aus Maria, der Jungfrau, gezeugt wurde; und schließlich die Behauptung, nach der die Menschheit Jesu nicht als eine in die ewige Person des Sohnes Gottes aufgenommene existierte, sondern vielmehr in sich selbst als menschliche Person, und daher das Geheimnis Jesu Christi darin bestünde, daß der sich offenbarende Gott in höchster Weise in der menschlichen Person Jesu gegenwärtig wäre.

Die so denken, sind vom wahren Glauben **4521** an Christus weit entfernt, auch wenn sie behaupten, die einzigartige Gegenwart Gottes in Jesus bewirke, daß er selbst der höchste und äußerste Gipfel der göttlichen Offenbarung sei; sie kommen auch nicht wieder zum wahren Glauben an die Göttlichkeit Christi, wenn sie hinzufügen, Jesus könne deswegen Gott genannt werden, weil in seiner, wie sie sagen, menschlichen Person Gott in höchster Weise gegenwärtig sei.

**... 5. Neuere Irrtümer über die Heiligste** **4522** **Dreifaltigkeit und insbesondere über den Heiligen Geist.** – Vom Glauben irrt also die Meinung ab, nach der uns die Offenbarung im Ungewissen ließe über die Ewigkeit der Dreifaltigkeit und insbesondere über die ewige Existenz des Heiligen Geistes als einer in Gott vom Vater und Sohn unterschiedenen Person. Wahr ist, daß uns das Geheimnis der Heiligsten Dreifaltigkeit in der Heilsgeschichte geoffenbart wurde, vor allem in Christus, der vom Vater in die Welt gesandt wurde und der mit dem Vater den lebendigmachenden Geist zum Volk Gottes sendet. Durch diese Offenbarung wurde den Glaubenden aber auch eine Erkenntnis des innersten Lebens Gottes geschenkt, in dem "der Vater zeugt, der Sohn geboren wird und der

Heilige Geist hervorgeht: wesensgleich und
gleichartig, gleich allmächtig und gleich
ewig"[1].

## 4530–4541: Erklärung der Glaubenskongregation "Mysterium ecclesiae", 24. Juni 1973

Die Erklärung handelt in den Abschnitten 2–5 von der Unfehlbarkeit der Kirche und des Papstes. Sie richtet sich gegen Lehrmeinungen des Tübinger Theologen Hans Küng, die sich in seinen Schriften "Die Kirche" (Freiburg 1967) und "Unfehlbar? Eine Anfrage" (Zürich 1970) finden. Beide Schriften waren Gegenstand eines römischen Lehrverfahrens, das am 18. Dez. 1979 nach vorübergehender Einstellung (vgl. die Erklärung der Glaubenskongregation "De duobus operibus Professoris Ioannis Küng" vom 15. Febr. 1975: AAS 67 [1975] 203f) mit dem Entzug der kirchlichen Lehrbefugnis von H. Küng endete (AAS 72 [1980] 385–393). Zwar wird sein Name in der Erklärung nicht genannt, wohl aber in der Anmerkung zu "*Mysterium ecclesiae*", die Erzbischof J. Schröffer im Auftrag der Glaubenskongregation am Tag ihrer Veröffentlichung (5. Juli 1973) auf einer Pressekonferenz verlas. Vgl. auch die Erklärungen, die das Sekretariat der Deutschen Bischofskonferenz und Hans Küng am gleichen Tage abgaben (NKD 43,178–183 184–188). Unsicher ist, ob in den Abschnitten 1 und 6 Küngs Vorstellungen zur Einheit der Kirche und zum Priestertum getroffen werden sollen.

*Ausg.:* AAS 65 (1973) 397–407.

### 1. De unitate Christi ecclesiae

**4530**     ... "Necessarium est catholicos cum gaudio agnoscere et aestimare bona vere christiana, a communi patrimonio promananta, quae apud fratres a nobis seiunctos inveniuntur"[1], atque studiosos esse redintegrandae unitatis inter universos christianos, communi conatu purificationis atque renovationis[2], ut voluntas Christi adimpleatur et christianorum divisio desinat officere Evangelio per orbem proclamando[3].

Confiteri tamen iidem catholici debent se divinae misericordiae dono ad illam Ecclesiam pertinere, quam Christus condidit et quae a successoribus Petri ceterorumque Apostolorum dirigitur, penes quos integra ac viva perstat primigenia communitatis apostolicae institutio atque doctrina, perenne eiusdem Ecclesiae veritatis *[398]* et sanctitatis patrimonium[4].

Quare christifidelibus sibi fingere non licet Ecclesiam Christi nihil aliud esse quam summam quamdam – divisam quidem, sed adhuc aliqualiter unam – Ecclesiarum et communitatum ecclesialium; ac minime iis liberum est tenere Christi Ecclesiam hodie

### 1. Die Einzigkeit der Kirche

... "Es ist notwendig, daß die Katholiken die wahrhaft christlichen, aus dem gemeinsamen Erbe hervorgehenden Güter, die sich bei den von uns getrennten Brüdern finden, mit Freude anerkennen und schätzen"[1] und darauf bedacht sind, die Einheit unter allen Christen im gemeinsamen Bemühen um Läuterung und Erneuerung[2] wiederherzustellen, damit der Wille Christi erfüllt wird und die Trennung der Christen aufhört, die Verkündigung des Evangeliums auf dem Erdkreis zu beeinträchtigen[3].

Dieselben Katholiken müssen jedoch bekennen, daß sie durch das Geschenk der göttlichen Barmherzigkeit zu jener Kirche gehören, die Christus gegründet hat und die von den Nachfolgern des Petrus und der übrigen Apostel geleitet wird, bei denen die ursprüngliche Einrichtung und Lehre der apostolischen Gemeinschaft, das beständige Erbe an Wahrheit und Heiligkeit ebendieser Kirche unversehrt und lebendig fortdauert[4].

Daher dürfen die Christgläubigen sich nicht vorstellen, die Kirche Christi sei nichts anderes als eine gewisse – zwar getrennte, aber immer noch irgendwie eine – Summe von Kirchen und kirchlichen Gemeinschaften; und es steht ihnen keineswegs frei zu be-

---

*4522 [1]   4. Konzil im Lateran (1215), Konstitution "*Firmiter credimus*" (COeD[2] 206; COeD[3] 230; *800).
*4530 [1]   2. Vatikanisches Konzil, Dekret über den Ökumenismus "*Unitatis redintegratio*", Nr. 4 (AAS 57 [1965] 96 / CoDeDe 253).
[2]   Vgl. ebd., Nr. 6–8 (AAS 57 [1965] 96–98 / CoDeDe 255–258).
[3]   Vgl. ebd., Nr. 1 (AAS 57 [1965] 90 / CoDeDe 243; *4185).
[4]   Vgl. Paul VI., Enzyklika "*Ecclesiam suam*", 6. Aug. 1964 (AAS 56 [1964] 629).

iam nullibi vere subsistere, ita ut nonnisi finis existimanda sit, quem omnes Ecclesiae et communitates quaerere debeant.

haupten, die Kirche Christi bestehe heute nirgendwo mehr wahrhaft, so daß sie nur als ein Ziel anzusehen sei, das alle Kirchen und Gemeinschaften erstreben müßten.

### 2. De infallibilitate ecclesiae universae

... Ipse igitur omnimode infallibilis Deus Populum suum novum, qui est Ecclesia, dignatus est participata quadam infallibilitate donare, quae intra limites continetur rerum fidei et morum, quaeque valet cum universus ille populus aliquod caput doctrinae, ad eas res pertinens, indubitanter tenet; quae demum iugiter pendet e sapienti providentia et unctione gratiae Sancti Spiritus, qui Ecclesiam usque ad gloriosum Domini eius adventum, in omnem inducit veritatem[1]. ...

[399] ... Profecto christifideles, muneris prophetici Christi suo modo participes[1], multifarie ad id operam conferunt, ut intellegentia fidei in Ecclesia incrementum capiat. "Crescit enim – ita ait Concilium Vaticanum II – tam rerum quam verborum traditorum perceptio, tum ex contemplatione et studio credentium, qui ea conferunt in corde suo [cf. Lc 2,19 51], tum ex intima rerum spiritualium quam experiuntur intelligentia, tum ex praeconio eorum qui cum episcopatus successione charisma veritatis certum acceperunt"[2]. ...

Sed ad solos ... Pastores, Petri ceterorumque Apostolorum successores, ex divina institutione pertinet authentice, id est auctoritate Christi diversis modis participata, docere fideles; quibus satis habere non licet eos audire velut doctrinae catholicae peritos, sed qui iis nomine Christi docentibus obsequi debent adhaesione congrua mensurae auctoritatis, qua pollent et qua uti intendunt[1]. ... [400]

### 2. Die Unfehlbarkeit der Kirche

... Der in jeder Hinsicht unfehlbare Gott selbst also hat sich herabgelassen, sein neues Volk, das die Kirche ist, mit einer gewissermaßen anteiligen Unfehlbarkeit zu beschenken, die sich innerhalb der Grenzen von Glaubens- und Sittenfragen hält und die gilt, wenn jenes Volk in seiner Gesamtheit ein Lehrkapitel, das zu diesen Dingen gehört, unzweifelhaft festhält; die schließlich stets von der weisen Vorsehung und der Salbung durch die Gnade des heiligen Geistes abhängt, der die Kirche bis zur glorreichen Ankunft ihres Herrn in die ganze Wahrheit einführt[1]. ... **4531**

... In der Tat tragen die Christgläubigen, des prophetischen Amtes Christi auf ihre Weise teilhaftig[1], mannigfaltig dazu bei, daß die Glaubenserkenntnis in der Kirche eine Zunahme erfährt. "Es wächst nämlich" – so sagt das 2. Vatikanische Konzil – "das Verständnis der überlieferten Dinge und Worte sowohl aufgrund des Nachsinnens und des Studiums der Gläubigen, die sie in ihrem Herzen erwägen [vgl. Lk 2,19 51], als auch aufgrund der innersten Erkenntnis der geistlichen Dinge, die sie erfahren, sowie aufgrund der Verkündigung derer, die mit der Nachfolge im Bischofsamt die sichere Gnadengabe der Wahrheit empfangen haben"[2]. ... **4532**

Aber allein ... den Hirten, den Nachfolgern des Petrus und der übrigen Apostel, steht es nach göttlicher Anordnung zu, authentisch, das heißt, mit der auf verschiedene Weisen mitgeteilten Autorität Christi, die Gläubigen zu lehren; diese dürfen sich nicht damit begnügen, sie als der katholischen Lehre Kundige anzuhören, sondern sie müssen ihnen, wenn sie im Namen Christi lehren, mit der Ergebenheit gehorchen, die dem Maß an Autorität entspricht, über die sie verfügen **4533**

---

*4531 [1] Vgl. 2. Vatikanisches Konzil, Dogmatische Konstitution über die göttliche Offenbarung "Dei verbum", Nr. 8 (AAS 58 [1966] 821 / CoDeDe 430; *4209–4211).

*4532 [1] Vgl. 2. Vatikanisches Konzil, Dogmatische Konstitution über die Kirche "Lumen gentium", Nr. 35 (AAS 57 [1965] 40 / CoDeDe 157; *4161).

[2] 2. Vatikanisches Konzil, Dogmatische Konstitution über die göttliche Offenbarung "Dei verbum", Nr. 8 (AAS 58 [1966] 821 / CoDeDe 430; *4210).

und die sie zu gebrauchen beabsichtigen[1]. ...

### 3. De infallibilitate magisterii ecclesiae

### 3. Die Unfehlbarkeit des Lehramtes der Kirche

**4534** Iesus Christus autem Magisterium Pastorum, quibus munus commisit docendi Evangelium universo Populo suo totique familiae humanae, congruo infallibilitatis charismate circa res fidei et morum instructum esse voluit. Quod, cum non procedat ex novis revelationibus, quibus Successor Petri Collegiumque Episcoporum fruantur[1], ipsos non eximit a cura perscrutandi, aptis mediis adhibitis, divinae revelationis thesaurum in Sacris Litteris, quibus veritas incorrupte docetur, quam Deus salutis nostrae causa conscribi voluit[2], atque in viva, quae est ab Apostolis, Traditione[3].

In munere autem suo adimplendo, Ecclesiae Pastores assistentia Spiritus Sancti gaudent, quae apicem suum attingit, quando Populum Dei tali modo erudiunt, ut, ex promissionibus Christi in Petro ceterisque Apostolis datis, doctrinam necessario immunem ab errore tradant.

**4535** Quod quidem evenit, cum Episcopi per orbem dispersi, sed in communione cum Successore Petri docentes, in unam sententiam tamquam definitive tenendam conveniunt[1]. Quod manifestius etiam habetur, et quando Episcopi actu collegiali - sicut in Conciliis Oecumenicis una cum visibili eorum Capite, doctrinam tenendam definiunt[2], et *[401]* quando Romanus Pontifex "ex cathedra loquitur, id est, cum omnium christianorum

Jesus Christus aber wollte, daß das Lehramt der Hirten, denen er die Aufgabe übertragen hat, seinem gesamten Volk und der ganzen Menschheitsfamilie das Evangelium zu lehren, in Fragen des Glaubens und der Sitten mit dem entsprechenden Charisma der Unfehlbarkeit ausgestattet sei. Da dieses nicht aus neuen Offenbarungen hervorgeht, über die der Nachfolger des Petrus und das Kollegium der Bischöfe verfügen[1], enthebt es sie nicht der Sorge, unter Anwendung geeigneter Mittel den Schatz der göttlichen Offenbarung in der Heiligen Schrift, in der die Wahrheit, die Gott um unseres Heiles willen aufgeschrieben wissen wollte[2], unverfälscht gelehrt wird, und in der lebendigen Überlieferung, die von den Aposteln stammt[3], zu durchforschen.

Bei der Erfüllung ihrer Aufgabe aber erfreuen sich die Hirten der Kirche des Beistandes des Heiligen Geistes, der seinen Höhepunkt erreicht, wenn sie das Volk Gottes in einer solchen Weise unterrichten, daß sie aufgrund der in Petrus und den übrigen Aposteln gegebenen Verheißungen Christi eine von Irrtum notwendigerweise freie Lehre vortragen.

Dies geschieht nun, wenn sich die über den Erdkreis verstreuten, aber in Gemeinschaft mit dem Nachfolger des Petrus lehrenden Bischöfe auf eine Auffassung als definitiv verbindlich einigen[1]. Dies wird noch handgreiflicher einerseits, wenn die Bischöfe in einem kollegialen Akt - wie bei den ökumenischen Konzilien - zusammen mit ihrem sichtbaren Haupt eine Lehre als verbindlich definieren[2], und andererseits, wenn der Rö-

---

**\*4533** [1] Vgl. 2. Vatikanisches Konzil, Dogmatische Konstitution über die Kirche "*Lumen gentium*", Nr. 25 (AAS 57 [1965] 29-31 / CoDeDe 138f; *4149).

**\*4534** [1] 1. Vatikanisches Konzil, Dogmatische Konstitution über die Kirche Christi "*Pastor aeternus*", Kap. 4 (*3070). Vgl. 2. Vatikanisches Konzil, Dogmatische Konstitution über die Kirche "*Lumen gentium*", Nr. 25 (AAS 57 [1965] 31 / CoDeDe 141; *4150); Dogmatische Konstitution über die göttliche Offenbarung "*Dei verbum*", Nr. 4 (AAS 58 [1966] 819 / CoDeDe 426; *4204).

[2] Vgl. 2. Vatikanisches Konzil, Dogmatische Konstitution über die göttliche Offenbarung "*Dei verbum*", Nr. 11 (AAS 58 [1966] 823 / CoDeDe 434; *4216).

[3] Vgl. ebd., Nr. 9-10 (AAS 58 [1966] 821f / CoDeDe 430-432; *4212-4214).

**\*4535** [1] Vgl. 2. Vatikanisches Konzil, Dogmatische Konstitution über die Kirche "*Lumen gentium*", Nr. 25 (AAS 57 [1965] 30 / CoDeDe 139; *4149).

[2] Vgl. ebd., Nr. 25 22 (AAS 57 [1965] 30 26 / CoDeDe 139 133; *4149 4146).

Pastoris et Doctoris munere fungens, pro suprema sua apostolica auctoritate doctrinam de fide vel moribus ab universa Ecclesia tenendam definit"[3].

Secundum autem catholicam doctrinam, infallibilitas Magisterii Ecclesiae non solum ad fidei depositum se extendit, sed etiam ad ea, sine quibus hoc depositum rite nequit custodiri et exponi[1]. Extensio vero illius infallibilitatis ad ipsum fidei depositum, est veritas quam Ecclesia inde ab initiis pro comperto habuit in promissionibus Christi esse revelatam.

Qua nixum veritate, Concilium Vaticanum I materiam fidei catholicae definivit: "Fide divina et catholica ea omnia credenda sunt, quae in verbo Dei scripto vel tradito continentur et ab Ecclesia sive sollemni iudicio, sive ordinario et universali magisterio tamquam divinitus revelata credenda proponuntur"[2]. Ea ergo fidei catholicae obiecta – quae dogmatum nomine nuncupantur – necessario sunt et quovis tempore fuerunt incommutabilis norma, sicut pro fide, ita etiam pro scientia theologica.

### 4. De dono infallibilitatis ecclesiae non extenuando

Ex iis quae dicta sunt de extensione et condicionibus infallibilitatis Populi Dei ac Magisterii Ecclesiae, consequitur nequaquam christifidelibus fas esse agnoscere in Ecclesia fundamentalem tantum, ut quidam contendunt, in vero permanentiam, quae componi possit cum erroribus passim diffusis in sententiis, quas Ecclesiae Magisterium defi-

mische Bischof 'ex cathedra' spricht, das heißt, wenn er in Ausübung seines Amtes als Hirte und Lehrer aller Christen kraft seiner höchsten apostolischen Autorität entscheidet, daß eine Glaubens- oder Sittenlehre von der gesamten Kirche festzuhalten ist"[3].

Nach der katholischen Lehre erstreckt **4536** sich die Unfehlbarkeit des Lehramtes der Kirche aber nicht nur auf die Hinterlassenschaft des Glaubens, sondern auch auf jenes, ohne das diese Hinterlassenschaft nicht richtig bewahrt und dargestellt werden kann[1]. Die Erstreckung dieser Unfehlbarkeit auf die Hinterlassenschaft des Glaubens selbst aber ist eine Wahrheit, von der die Kirche schon von den Anfängen an für sicher hielt, daß sie in den Verheißungen Christi geoffenbart sei.

Auf diese Wahrheit gestützt, definierte das 1. Vatikanische Konzil als Materie des katholischen Glaubens: "Mit göttlichem und katholischem Glauben ist all das zu glauben, was im geschriebenen oder überlieferten Wort Gottes enthalten ist und von der Kirche – sei es in feierlicher Entscheidung oder kraft ihres gewöhnlichen und allgemeinen Lehramtes – als von Gott geoffenbart zu glauben vorgelegt wird"[2]. Diese Gegenstände des katholischen Glaubens also – die mit dem Namen "Dogmen" bezeichnet werden – sind und waren zu jeder Zeit notwendigerweise die unveränderliche Norm, wie für den Glauben, so auch für die theologische Wissenschaft.

### 4. Die Unfehlbarkeit darf nicht eingeschränkt werden

Aus dem, was über die Erstreckung und **4537** die Bedingungen der Unfehlbarkeit des Volkes Gottes und des Lehramtes der Kirche gesagt wurde, folgt, daß es den Christgläubigen keineswegs erlaubt ist, in der Kirche, wie manche behaupten, nur ein grundsätzliches Bleiben in der Wahrheit anzuerkennen, das mit Irrtümern vereinbart werden könne, die

---

[3]    1. Vatikanisches Konzil, Dogmatische Konstitution über die Kirche Christi "*Pastor aeternus*", Kap. 4 (\*3074). Vgl. 2. Vatikanisches Konzil, Dogmatische Konstitution über die Kirche "*Lumen gentium*", Nr. 25 (AAS 57 [1965] 29–31 / CoDeDe 139–141; \*4149f).

**\*4536** [1]  Vgl. 2. Vatikanisches Konzil, Dogmatische Konstitution über die Kirche "*Lumen gentium*", Nr. 25 (AAS 57 [1965] 29 / CoDeDe 139; \*4149).

[2]    1. Vatikanisches Konzil, Dogmatische Konstitution "*Dei Filius*", Kap. 3 (\*3011); vgl. CIC/1917, Kan. 1323.

nitive tenendas docet, aut in Populi Dei in-
dubitanti consensu de rebus fidei et morum. ...

**4538**   *[402]* ... Exsistit profecto ordo ac veluti
hierarchia dogmatum Ecclesiae, cum diver-
sus sit eorum nexus cum fundamento fidei[1].
Haec autem hierarchia significat quaedam ex
dogmatibus inniti aliis tamquam principalio-
ribus iisdemque illuminari. Omnia autem
dogmata, quippe quae revelata sint, eadem
fide divina credenda sunt[2].

### 5. De notione infallibilitatis ecclesiae non corrumpenda

**4539**   ... Ad ... historicam condicionem quod attinet, initio observandum est sensum, quem
enuntiationes fidei continent, partim pendere
e linguae adhibitae vi significandi certo quodam tempore certisque rerum adiunctis.

Praeterea, nonnumquam contingit, ut veritas aliqua dogmatica primum modo incom-
pleto, non falso tamen, exprimatur, ac *[403]*
postea, in ampliore contextu fidei aut humanarum cognitionum considerata, plenius et
perfectius significetur.

Deinde, Ecclesia novis suis enuntiationi-
bus, ea quae in Sacra Scriptura aut in praeteritis Traditionis expressionibus iam aliquomodo continentur, confirmare aut dilucidare
intendit, sed simul de certis quaestionibus
solvendis erroribusve removendis cogitare solet; quarum omnium rerum ratio habenda
est, ut illae enuntiationes recte explanentur.

Denique, etsi veritates, quas Ecclesia suis
formulis dogmaticis reapse docere intendit, a
mutabilibus alicuius temporis cogitationibus
distinguuntur et sine iis exprimi possunt, nihilominus interdum fieri potest, ut illae ve-

in den Sätzen, die das Lehramt der Kirche als
definitiv verbindlich lehrt, oder bei der unzweifelhaften Übereinstimmung des Volkes
Gottes in Fragen des Glaubens und der Sitten allenthalben verbreitet seien. ...

... Es besteht in der Tat eine Ordnung und
gleichsam eine Hierarchie der Dogmen der
Kirche, da ihr Zusammenhang mit dem
Fundament des Glaubens verschieden
ist[1]. Diese Hierarchie aber macht deutlich,
daß sich einige von den Dogmen auf andere
als die grundlegenderen stützen und von
ebendiesen erhellt werden. Alle Dogmen
aber sind, da sie ja geoffenbart wurden, mit
demselben göttlichen Glauben zu glauben[2].

### 5. Der Begriff der Unfehlbarkeit darf nicht verfälscht werden

... Was ... *[die]* historische Bedingtheit anbelangt, so ist zunächst zu beachten, daß der
Sinn, den die Glaubensaussagen enthalten,
teilweise von dem zu einer bestimmten Zeit
und unter bestimmten Umständen ⟨gegebe-
nen⟩ Bedeutungsgehalt der verwendeten
Sprache abhängt.

Außerdem geschieht es manchmal, daß
eine dogmatische Wahrheit zuerst auf unvollkommene, jedoch nicht falsche Weise ausgedrückt wird und hernach, im weiteren Zusammenhang des Glaubens oder der menschlichen Erkenntnisse betrachtet, vollständiger
und vollkommener verdeutlicht wird.

Sodann beabsichtigt die Kirche mit ihren
neuen Aussagen, das, was in der Heiligen
Schrift oder in vorangegangenen Ausführungen der Überlieferung schon irgendwie enthalten ist, zu bestätigen oder zu erhellen,
pflegt aber zugleich an die Lösung bestimmter Fragen oder die Beseitigung von Irrtümern zu denken; alle diese Dinge sind zu berücksichtigen, damit diese Aussagen richtig
gedeutet werden.

Schließlich unterscheiden sich zwar die
Wahrheiten, die die Kirche in ihren dogmatischen Formeln wirklich zu lehren beabsichtigt, von den wandelbaren Vorstellungen einer Zeit und können ohne diese ausgedrückt

---

*4538 [1]   Vgl. 2. Vatikanisches Konzil, Dekret über den Ökumenismus *"Unitatis redintegratio"*, Nr. 11
           (AAS 57 [1965] 99 / CoDeDe 260; *4192).
      [2]   Sekretariat für die Einheit der Christen, *Überlegungen und Vorschläge für den ökumenischen Dia-
           log* IV 4b (Informationsdienst, Nr. 12 [Dez. 1970] 7f).

ritates etiam a Sacro Magisterio proferantur verbis, quae huiusmodi cogitationum vestigia secumferant. ...

Ipse autem *sensus* formularum dogmaticarum semper verus ac secum constans in Ecclesia manet, etiam cum magis dilucidatur et plenius intellegitur.

Christifideles ergo se avertant oportet ab opinione secundum quam: primum quidem formulae dogmaticae (aut quaedam earum genera) non possint significare determinate veritatem, sed tantum eius commutabiles approximationes, ipsam quodammodo deformantes seu alterantes; deinde eaedem formulae veritatem indeterminate *[404]* tantum significent iugiter quaerendam per supradictas approximationes. Qui talem opinionem amplectantur, relativismum dogmaticum non effugiunt et infallibilitatis Ecclesiae conceptum corrumpunt, qui ad veritatem determinate docendam et tenendam refertur. ...

werden; trotzdem kann es aber bisweilen geschehen, daß jene Wahrheiten auch vom Heiligen Lehramt mit Worten vorgetragen werden, die Spuren solcher Vorstellungen an sich tragen. ...

Der *Sinn* der dogmatischen Formeln **4540** selbst aber bleibt in der Kirche immer wahr und in sich stimmig, auch wenn er mehr erhellt und vollständiger erkannt wird.

Die Christgläubigen müssen sich also von der Meinung abwenden, nach der erstens die dogmatischen Formeln (oder bestimmte Arten von ihnen) die Wahrheit nicht in bestimmter Weise bezeichnen könnten, sondern nur ihre veränderlichen Annäherungen, die sie gewissermaßen deformierten bzw. veränderten, und zweitens ebendiese Formeln die Wahrheit, die stets durch die obengenannten Annäherungen zu suchen sei, nur in unbestimmter Weise zum Ausdruck brächten. Wer eine solche Meinung gutheißt, entgeht nicht einem dogmatischen Relativismus und verfälscht den Begriff der Unfehlbarkeit der Kirche, der sich darauf bezieht, daß die Wahrheit in bestimmter Weise zu lehren und festzuhalten ist. ...

### 6. De ecclesia cum sacerdotio Christi consociata

*[407]* ... Sacrae autem Traditioni et pluribus Magisterii documentis inhaerens, Concilium Vaticanum II de potestate, quae sacerdotii ministerialis est propria, haec docuit: "Si quilibet credentes baptizare potest, sacerdotis tamen est aedificationem Corporis sacrificio eucharistico perficere";[1] atque: "Idem vero Dominus, inter fideles, ut in unum coalescerent corpus in quo "omnia membra non eundem actum habent" [*Rm 12,4*], quosdam instituit ministros qui, in societate fidelium, sacra Ordinis potestate pollerent Sacrificium offerendi et peccata remittendi"[2].

### 6. Die Verbindung von Kirche und Priestertum Christi

... Im Anschluß aber an die Heilige Über- **4541** lieferung und mehrere Dokumente des Lehramts hat das 2. Vatikanische Konzil über die Vollmacht, die dem Amtspriestertum eigen ist, folgendes gelehrt: "Wenn ⟨auch⟩ jeder Beliebige die Glaubenden taufen kann, so ist es doch Sache des Priesters, die Erbauung des Leibes durch das eucharistische Opfer zu vollenden"[1]; und: "Derselbe Herr aber hat unter den Gläubigen, damit sie zu einem Leib zusammenwüchsen, in dem «nicht alle Glieder dieselbe Tätigkeit verrichten» [*Röm 12,4*], einige zu Dienern eingesetzt, die in der Gemeinschaft der Gläubigen über die heilige Weihevollmacht verfügen sollten, das Opfer darzubringen und Sünden zu vergeben"[2].

---

**\*4541** [1]   2. Vatikanisches Konzil, Dogmatische Konstitution über die Kirche "*Lumen gentium*", Nr. 17 (AAS 57 [1965] 21 / CoDeDe 123; *4141).
    [2]   2. Vatikanisches Konzil, Dekret über Dienst und Leben der Priester "*Presbyterorum ordinis*", Nr. 2 (AAS 58 [1966] 992 / CoDeDe 621f). – Vgl. Innozenz III., Brief "*Eius exemplo*" mit dem Glaubensbekenntnis für die Waldenser (PL 215,1510; *794); 4. Konzil im Lateran, Konstitution "*Firmiter credimus*", Kap. 1: Über den katholischen Glauben (*802); die zitierte Stelle über das Altarssakrament ist im Zusammenhang mit dem folgenden Text über das Sakrament der Taufe zu lesen; Konzil von Florenz, Dekret für die Armenier "*Exsultate Deo*" (*1321); die zitierte Stelle

Haud dissimili modo secundus Generalis Coetus Synodi Episcoporum iure asseruit solum sacerdotem valere personam Christi agere ad praesidendum sacrificali convivio idque perficiendum, in quo Populus Dei oblationi Christi consociatur[3].

Praetermissis nunc quaestionibus de singulorum sacramentorum ministris, e Sacrae Traditionis et Sacri Magisterii testificatione constat christifideles qui, ordinatione sacerdotali non suscepta, proprio ausu munus sibi sumant eucharistiam conficiendi, id non solum prorsus illicite, sed etiam invalide tentare. Huiusmodi autem abusus, sicubi irrepserint, a Pastoribus Ecclesiae reprimendos esse patet.

In ganz ähnlicher Weise hat die zweite Generalversammlung der Bischofssynode zu Recht betont, daß allein der Priester die Rolle Christi übernehmen könne, um dem Opfermahl vorzustehen und das auszuführen, worin das Volk Gottes dem Opfer Christi zugesellt wird[3].

Ohne hier auf die Fragen nach den Spendern der einzelnen Sakramente einzugehen, steht aufgrund der Bezeugung der Heiligen Überlieferung und des Heiligen Lehramtes fest, daß die Christgläubigen, die, ohne die Priesterweihe empfangen zu haben, sich auf eigene Faust das Amt anmaßen, die Eucharistie zu vollziehen, dies nicht nur völlig unerlaubt, sondern auch ungültig unternehmen. Daß aber solche Mißbräuche, wo sie sich eingeschlichen haben, von den Hirten der Kirche zu unterdrücken sind, ist klar.

**4550-4552: Erklärung der Glaubenskongregation zur Abtreibung "Quaestio de abortu procurato", 18. Nov. 1974**

*Ausg.:* AAS 66 (1974) 730-737.

### Abtreibung

**4550**

1. Quaestio de abortu procurato deque lege quae abortus libertatem forte concedat, fere ubique acrium disceptationum argumentum evasit. Quae disceptationes minoris gravitatis profecto essent, si de vitae humanae causa non ageretur, quae primordiale bonum est, necessario tuendum ac promovendum. Id cuique patet, quamquam multi rationes quaerere conantur, ut, contra manifestam rei veritatem, etiam abortus huic causae inservire possit. Ac mirum non videri non potest, quod dum ex una parte gliscere cernimus apertam reclamationem adversus poenam capitis et quodlibet belli genus, ex altera vero parte animadvertimus magis magisque abortus libertatem vindicari, sive absolutam sive certis limitibus circumscriptam, qui quidem laxiores usque fiunt.

1. Das Problem der vorsätzlichen Abtreibung und einer Gesetzgebung, die vielleicht die Freiheit der Abtreibung einräumt, hat sich fast überall zum Gegenstand heftiger Auseinandersetzungen entwickelt. Diese Auseinandersetzungen wären freilich von geringerer Bedeutung, wenn es sich nicht um die Sache des menschlichen Lebens handelte, welches ein grundlegendes Gut ist, das unbedingt beschützt und gefördert werden muß. Dies ist jedem klar, obwohl viele dafür Gründe anzuführen versuchen, daß - entgegen der offensichtlichen Wahrheit der Sache - auch eine Abtreibung diesem Zweck dienen könne. Und es muß doch verwunderlich erscheinen, daß, während wir auf der einen Seite sehen, daß der offene Widerspruch gegen die Todesstrafe und jede Art von Krieg zunimmt, wir auf der anderen Seite aber wahrnehmen, daß mehr und mehr die Freiheit der Abtreibung gefordert wird, sei es eine unein-

---

über den Spender der Eucharistie ist mit den benachbarten Stellen über die Spender der anderen Sakramente zu vergleichen; Konzil von Trient, 23. Sitzung, Lehre über das Weihesakrament, Kap. 4 (*1767); Pius XII., Enzyklika *"Mediator Dei"* (AAS 39 [1947] 552-556; *3849-3852).

3  Dokument der Bischofssynode (1971) *De Sacerdotio ministeriali* I 4 (AAS 63 [1971] 906).

Ecclesia autem, utpote quae plane sit conscia ad muneris sui partes pertinere hominis defensionem contra ea omnia, quae illum destruere vel dehonestare possint, hanc quaestionem silentio praeterire nequit: cum Dei Filius homo factus sit, iam nemo est, qui, ob communem naturam humanam, frater eius non sit, nec vocetur ut christianus fiat, ad salutem ab ipso accipiendam.

*[737]* ... 10. Circa mutua iura et officia personae atque societatis, ad moralem disciplinam spectat conscientias illuminare, ad ius vero definire atque ordinare quae sint officia praestanda. Iamvero, complura quidem iura sunt, quae humana societas tribuere per se nequit, utpote quae ei praecedant, quae tamen et tutari et efficacia reddere debet: huiusmodi sunt, maxima ex parte, ea quae hodie "iura hominis" appellantur, quaeque nostra haec aetas se plane declaravisse gloriatur.

11. Primum personae humanae est ius vivendi. Ei alia quidem sunt bona, quorum nonnulla sane pretiosiora sunt, at ius ad vitam fundamentum est atque condicio ceterorum, ac proinde magis quam cetera protegendum est. Ad societatem vel publicam auctoritatem, quaecumque est eius forma, nullo modo spectat illud ius aliis reservare, aliis autem auferre: quodlibet huius generis discrimen, tum nomine stirpis vel sexus, tum nomine coloris corporis vel religionis factum, semper iniquum est. Illud enim est ius non ex gratia aliena profluens, sed cuilibet gratiae antecedens, ac postulat proinde, ut agnoscatur; si denegatur, stricta iustitia violatur.

geschränkte oder eine durch bestimmte Grenzen umschriebene, die allerdings immer lockerer werden.

Da die Kirche sich aber voll bewußt ist, daß zu ihrer Aufgabe die Verteidigung des Menschen gegen all das gehört, was ihn zerstören und entehren kann, kann sie dieses Problem nicht schweigend übergehen: nachdem der Sohn Gottes Mensch geworden ist, gibt es niemanden mehr, der wegen seiner gemeinsamen menschlichen Natur nicht sein Bruder und nicht berufen wäre, Christ zu werden, um von ihm das Heil zu empfangen.

... 10. In bezug auf die gegenseitigen Rechte und Pflichten der Person und der Gesellschaft kommt es der Morallehre zu, das Gewissen zu erleuchten, der Rechtsprechung aber, festzulegen und anzuordnen, welches die zu leistenden Pflichten sind. Nun gibt es aber mehrere Rechte, die die menschliche Gesellschaft nicht von sich aus gewähren kann, da sie ihr vorangehen, die sie jedoch sowohl schützen als auch wirksam machen muß: dazu gehören vor allem diejenigen, die heute "Menschenrechte" genannt werden und von denen sich diese unsere Zeit rühmt, daß sie sie deutlich erklärt hat.    **4551**

11. Das erste ⟨Recht⟩ der menschlichen Person ist das Recht auf Leben. Es gibt für sie zwar noch andere Güter, von denen manche gewiß wertvoller sind, aber das Recht auf Leben ist Grundlage und Bedingung der übrigen und daher mehr als die übrigen zu schützen. Der Gesellschaft oder der öffentlichen Autorität, welches auch immer ihre Form ist, steht es in keiner Weise zu, dieses Recht den einen vorzubehalten, den anderen aber zu entziehen: jeder derartige sowohl aufgrund der Rasse oder des Geschlechts als auch aufgrund der Hautfarbe oder der Religion gemachte Unterschied ist immer ungerecht. Dieses Recht geht nämlich nicht aus einem fremden Gnadenerweis hervor, sondern es geht jedem Gnadenerweis voran und fordert daher, daß es anerkannt wird; wenn es verweigert wird, wird die strenge Gerechtigkeit verletzt.    **4552**

**4560-4561: Antworten der Glaubenskongregation an die Nordamerikanische Bischofskonferenz "Haec Sacra Congregatio", 13. März 1975**

*Ausg.:* AAS 68 (1976) 738f.

*Sterilisierung*

**4560**　1. Quaecumque sterilizatio quae ex seipsa, seu ex natura et conditione propria, immediate hoc solummodo efficit ut facultas generativa incapax reddatur ad consequendam procreationem, habenda est pro sterilizatione directa, prout haec intelligitur in declarationibus Magisterii Pontificii, speciatim Pii XII[1].

Absolute, ergo, interdicta manet iuxta doctrinam Ecclesiae, non obstante quacumque recta intentione subiectiva agentium consulendi curae vel praeventioni mali sive physici sive psychici, quod ex praegnatione praevidetur vel timetur eventurum. Et quidem graviore ratione interdicitur sterilizatio ipsius facultatis, quam sterilizatio singulorum actuum, cum illa statum sterilitatis in personam inducat, fere semper irreversibilem.

Neque invocari potest ullum mandatum publicae auctoritatis, quae ex titulo necessarii boni communis velit imponere sterilizationem directam, quippe quae laederet dignitatem et inviolabilitatem personae humanae[2]. Pariter invocari non potest in casu principium totalitatis, quo iustificantur interventus in organa propter maius bonum personae; sterilitas enim in se intenta non dirigitur ad personae bonum integrale recte intentum "rerum bonorumque ordine servato"[3], *[739]* si quidem eius bono ethico, quod est supremum, nocet, cum ex proposito privet essentiali elemento praevisam libereque electam activitatem sexualem. Hinc articulus 20 Codicis ethicae medicalis a Conferentia a. 1971 promulgati reddit fideliter doctrinam tenendam, eiusque observantia urgeri debet.

1. Jede Sterilisierung, die aufgrund ihrer selbst bzw. aufgrund der ihr eigenen Natur und Verfaßtheit unmittelbar lediglich dies bewirkt, daß das Zeugungsvermögen unfähig wird, Nachkommenschaft zu erzielen, ist für eine direkte Sterilisierung zu halten, wie sie in den Erklärungen des Päpstlichen Lehramtes, besonders Pius' XII., verstanden wird[1].

Sie bleibt also nach der Lehre der Kirche uneingeschränkt untersagt, unbeschadet einer etwaigen rechten subjektiven Absicht der Handelnden, für die Heilung oder Vorbeugung eines physischen oder psychischen Leidens zu sorgen, dessen Eintreten aufgrund einer Schwangerschaft vorauszusehen oder zu fürchten ist. Und zwar wird die Sterilisierung des ⟨Zeugungs⟩vermögens selbst noch strenger untersagt als die Sterilisierung einzelner Akte, da jene für die Person den fast immer unwiderruflichen Zustand der Sterilität mit sich bringt.

Man kann sich auch nicht auf irgendein Gebot der öffentlichen Autorität berufen, die unter dem Vorwand des notwendigen Gemeinwohles eine direkte Sterilisierung auferlegen will, da diese ja die Würde und Unverletzlichkeit der menschlichen Person beeinträchtigte[2]. Genausowenig kann man sich in diesem Fall auf das Prinzip der Totalität berufen, durch das Eingriffe in Organe wegen des größeren Gutes der Person gerechtfertigt werden; eine in sich beabsichtigte Sterilität nämlich richtet sich nicht "unter Wahrung der Ordnung der Dinge und Güter"[3] auf das in rechter Weise beabsichtigte umfassende Gut der Person; denn sie schadet ihrem ethischen Gut, welches das höchste ist, da sie die vorherbedachte und frei erwählte sexuelle Aktivität vorsätzlich ihres wesentlichen Elementes beraubt. Daher gibt Artikel 20 des von der Konferenz i. J. 1971 veröffentlichten Codex ärztlicher Ethik getreu die verbindliche Lehre wieder, und auf seine Beachtung muß gedrängt werden.

---

**\*4560** [1]　Vgl. vor allem die zwei Ansprachen an den Katholischen Hebammenverband und an die Internationale Gesellschaft für Hämatologie (AAS 43 [1951] 843f; 50 [1958] 734-737); Paul VI., Enzyklika "*Humanae vitae*", 25. Juli 1968, Nr. 14 (AAS 60 [1968] 490f; \*4476).

[2]　Vgl. Pius XI., Enzyklika "*Casti connubii*", 31. Dez. 1930 (AAS 22 [1930] 565; \*3722).

[3]　Paul VI., Enzyklika "*Humanae vitae*", Nr. 10 (AAS 60 [1968] 487).

2. Congregatio, dum confirmat traditionalem hanc Ecclesiae doctrinam, non ignorat factum dissensus ex parte plurium theologorum adversus eam existens. Negat, tamen, significationem doctrinalem huic facto, ut tali, attribui posse ad constituendum "locum theologicum" quem invocare valeant fideles ut, derelicto Magisterio authentico, adhaereant sententiis privatorum theologorum ab eo dissentientibus[1].

2. Indem die Kongregation diese traditionelle Lehre der Kirche bestätigt, verkennt sie nicht die Tatsache, daß von seiten mehrerer Theologen eine von dieser abweichende Auffassung vertreten wird. Sie betont jedoch, daß man dieser Tatsache als solcher keine Bedeutung hinsichtlich der Lehre beimessen kann, um einen "locus theologicus" anzusetzen, auf den sich die Gläubigen berufen könnten, um sich unter Nichtbeachtung des authentischen Lehramts Auffassungen von einzelnen Theologen anzuschließen, die von diesem abweichen[1]. **4561**

### 4570–4579: Apostolisches Mahnschreiben "Evangelii nuntiandi", 8. Dez. 1975

Die Entfaltung der katholischen Kirche zur multikulturellen Weltkirche ernötigte die Neuformulierung des Begriffs der Evangelisierung. Zehn Jahre nach Abschluß des 2. Vatikanischen Konzils und als Zusammenfassung der Beratungen der römischen Bischofssynode von 1974 über "Die Evangelisation in der Welt von heute" veröffentlichte Paul VI. das Apostolische Mahnschreiben, das in Anknüpfung an das Missionsdekret "*Ad gentes*" (AAS 58 [1966] 947–990) die Orts- und Teilkirchen als Gestaltwerdungen der universalen Kirche hervorhebt, von der Evangelisierung der Kulturen spricht und sich die lateinamerikanische "Option für die Armen" zu eigen macht (vgl. \*4493–4496).

*Ausg.:* AAS 68 (1976) 9–26.

## *Die Botschaft Jesu*

6. Quod testimonium Christus Dominus de se ipse perhibuit et S. Lucas rettulit in Evangelio suo – "Oportet me evangelizare verbum [*regnum*] Dei"[1] – magnum sane momentum habet, quippe quod uno vocabulo totum Iesu munus ac mandatum definiat: "Quia ideo missus sum"[2]. Quae quidem verba plenam suam significationem prae se ferunt, si cum superioribus textus evangelici locis comparantur, ubi Christus sibi attribuit sententiam Isaiae prophetae: "Spiritus Domini super me; propter quod unxit me, evangelizare pauperibus misit me"[3].

Laetum nuntium de civitate in civitatem afferre, pauperioribus in primis, qui saepe ad illud accipiendum sunt animo propensiores, ut declaretur impletas esse promissiones Foe-

6. Das Zeugnis, das Christus, der Herr, von sich selbst abgelegt und der heilige Lukas in seinem Evangelium wiedergegeben hat – "Ich muß die frohe Botschaft vom Wort [*Reich*] Gottes verkünden"[1] –, hat gewiß eine große Bedeutung, da es die ganze Aufgabe und Bestimmung Jesu mit einem Wort umreißt: "Denn dazu bin ich gesandt"[2]. Und zwar geben diese Worte ihre volle Bedeutung zu erkennen, wenn man sie mit den vorangehenden Stellen des Evangelientextes vergleicht, wo Christus den Satz des Propheten Jesaja auf sich anwendet: "Der Geist des Herrn ⟨ist⟩ über mir, weil er mich gesalbt hat; er hat mich gesandt, den Armen frohe Botschaft zu bringen"[3]. **4570**

Die frohe Botschaft von Stadt zu Stadt bringen, vor allem den Ärmeren, die oftmals im Herzen geneigter sind, sie anzunehmen, damit verkündet wird, daß die Verheißungen

---

**\*4561** [1] Vgl. 2. Vatikanisches Konzil, Dogmatische Konstitution über die Kirche "*Lumen gentium*", Nr. 25 (AAS 57 [1965] 29f; \*4149); Pius XII., Ansprache an die Kardinäle vom 2. Nov. 1954 (AAS 46 [1954] 672); Enzyklika "*Humani generis*" (AAS 42 [1950] 568; \*3885); Paul VI., Ansprache an den Kongreß über die Theologie des 2. Vatikanischen Konzils (AAS 58 [1966] 889–896, bes. 890–894); Ansprache an Mitglieder des Redemptoristenordens (CSSR) (AAS 59 [1967] 960–963, bes. 962).

**\*4570** [1] Lk 4,43.
[2] Ebd.
[3] Lk 4,18; vgl. Jes 61,1.

deris, a Deo oblati: hoc proprium munus est, ad quod exsequendum Iesus se esse a Patre missum profitetur. Omnes quoque Christi mysterii partes – Incarnatio ipsa, miracula, doctrina, discipulorum vocatio, missio duodecim Apostolorum, crux et Resurrectio, perpetua inter suos praesentia – spectaverunt ad ipsam Evangelii nuntiandi actionem. ...

des von Gott angebotenen Bundes erfüllt sind: das ist die eigentliche Aufgabe, zu deren Ausführung Jesus, wie er bekennt, vom Vater gesandt wurde. Auch alle Bestandteile des Geheimnisses Christi – die Fleischwerdung selbst, die Wunder, die Lehre, die Berufung der Jünger, die Aussendung der zwölf Apostel, das Kreuz und die Auferstehung, die immerwährende Gegenwart unter den Seinen – zielten auf ebendiese Tätigkeit der Verkündigung des Evangeliums. ...

**4571**    *[10]* ... 9. Tamquam Boni sui Nuntii caput et veluti centrum, Christus salutem annuntiat, scilicet magnum Dei donum, quod habendum est non solum liberatio ab iis omnibus, quibus homo opprimitur, sed potissimum a peccato et a Maligno liberatio cum gaudio coniuncta, quo quis fruitur, cum Deum cognoscit et ab Eo cognoscitur, Eum videt, in Eo fidenter quiescit. Haec omnia fieri incipiunt per Christi vitae decursum atque eius morte ac resurrectione perpetuo comparantur, sed inter historiae *[11]* vices in patientia sunt provehenda, donec explete perficiantur die supremi illius Christi adventus, qui quando venturus sit nemo novit praeter Patrem[1].

... 9. Als Hauptpunkt und gleichsam Zentrum seiner Frohbotschaft verkündet Christus das Heil, nämlich das große Geschenk Gottes, das nicht nur als Befreiung von all dem anzusehen ist, von dem der Mensch niedergedrückt wird, sondern vor allem als Befreiung von der Sünde und vom Bösen, die mit der Freude verbunden ist, die einer spürt, wenn er Gott erkennt und von ihm erkannt wird, ihn sieht und in ihm getrost ruht. Dies alles beginnt sich im Laufe des Lebens Christi zu ereignen und wird durch seinen Tod und seine Auferstehung für immer erworben, muß aber in den Wechselfällen der Geschichte mit Geduld fortgeführt werden, bis es vollständig erfüllt wird am Tage der letzten Ankunft jenes Christus, von dem niemand weiß, wann er kommen wird, außer dem Vater[1].

**4572**    10. Hoc *Regnum* atque haec *Salus* – quae verba quaedam quasi claves sunt ad intellegendam Iesu Christi evangelizationem – a quolibet homine ut gratia ac misericordia accipi possunt; eadem tamen unusquisque simul consequi debet per vim – ea, ut ait Dominus, violenti rapiunt –[1] per laborem et dolorem, per vitam ad Evangelii normas traductam, per sui abnegationem et crucem, per spiritum evangelicarum Beatitudinum. At in primis eadem bona quisque consequi potest per plenam sui ipsius spiritualem renovationem, quae in Evangelio *metánoia* appellatur, scilicet per totius hominis conversionem, quo ipsius mens et cor penitus immutantur[2].

10. Dieses *Reich* und dieses *Heil* – diese Worte sind gewissermaßen die Schlüssel zum Verständnis der Evangelisierung Jesu Christi – können von jedem beliebigen Menschen als Gnade und Barmherzigkeit empfangen werden; jedoch muß sie ein jeder zugleich mit Gewalt erlangen – die Gewalttätigen reißen sie, wie der Herr sagt, an sich[1] –, durch Mühe und Schmerz, durch ein nach den Normen des Evangeliums geführtes Leben, durch die Verleugnung seiner selbst und das Kreuz, durch den Geist der Seligpreisungen des Evangeliums. Vor allem aber kann ein jeder diese Güter erlangen durch eine vollständige geistige Erneuerung seiner selbst, die im Evangelium *metánoia* genannt wird, nämlich durch die Umkehr des ganzen Menschen, durch die sein Geist und sein Herz bis ins Innerste umgewandelt werden[2].

---

**\*4571** [1]    Vgl. Mt 24,36; Apg 1,7; 1 Thess 5,1f.
**\*4572** [1]    Vgl. Mt 11,12; Lk 16,16.
[2]    Vgl. Mt 4,17.

### Evangelisierung als Hauptaufgabe der Kirche

*[13]* 14. ... Hoc Ecclesia probe novit, cum prorsus sibi sit conscia verbum Salvatoris – "oportet me evangelizare Regnum Dei" –[1] verissime in se ipsam cadere. Ac libenter quidem cum S. Paulo addit: "Si evangelizavero non est mihi gloria; necessitas enim mihi incumbit; vae mihi, si non evangelizavero"[2]. ...

Siquidem evangelizandi munus habendum est gratia ac vocatio Ecclesiae propria, verissimamque eius indolem exprimit. Ecclesia evangelizandi causa exstat, id est ut praedicet ac doceat verbum Dei, ut per eam donum gratiae ad nos perveniat, ut peccatores cum Deo reconcilientur, ut denique Christi sacrificium in perpetuum repraesentet in Missa celebranda, quae eius mortis eiusque gloriosae Resurrectionis memoriale est.

14. ... Die Kirche weiß sehr wohl [, *daß sie das Evangelium weitergeben muß*]; denn sie ist sich klar bewußt, daß das Wort des Erlösers – "Ich muß die frohe Botschaft vom Reich Gottes verkünden"[1] – voll und ganz auch auf sie selbst zutrifft. Und zwar fügt sie mit dem heiligen Paulus gerne hinzu: "Wenn ich die Frohbotschaft verkünde, steht mir kein Ruhm zu; denn mir obliegt die Pflicht ⟨dazu⟩; weh mir, wenn ich die Frohbotschaft nicht verkünde"[2]. ...    **4573**

Die Aufgabe der Evangelisierung ist als eigentliche Gnade und Berufung der Kirche anzusehen und bringt ihren wahrsten Charakter zum Ausdruck. Die Kirche besteht um der Evangelisierung willen, das heißt, damit sie das Wort Gottes verkündet und lehrt, damit durch sie das Geschenk der Gnade zu uns gelangt, damit die Sünder mit Gott wiederversöhnt werden, damit sie schließlich das Opfer Christi auf immer in der Meßfeier vergegenwärtigt, die die Gedächtnisfeier seines Todes und seiner glorreichen Auferstehung ist.

### Evangelisierung und Kultur

*[17]* 18. Ecclesia sentit evangelizare idem revera esse ac Bonum Nuntium exportare in omnes usque coetus generis humani, ut, dum hoc propria vi intrinsecus penetrat, humanitatem ipsam novam efficiat: "Ecce nova facio omnia"[1]. ...

*[18]* 19. ... non solum quidem Ecclesiae interest Evangelium praedicare in latioribus semper locorum finibus illudve hominum multitudinibus usque maioribus, sed ipsius etiam Evangelii potentia tangere et quasi evertere normas iudicandi, bona quae plus momenti habent, studia ac rationes cogitandi, motus impulsores et vitae exemplaria generis humani, quae cum Dei verbo salutisque consilio repugnant.

18. Die Kirche ist sich bewußt, daß Evangelisieren in Wirklichkeit dasselbe ist wie die Frohe Botschaft zu gar allen Kreisen des Menschengeschlechtes zu tragen, damit sie, indem sie dieses mit der ihr eigenen Kraft innerlich durchdringt, die Menschheit selbst neu macht: "Siehe, ich mache alles neu"[1]. ...    **4574**

19. ... Der Kirche liegt ja nicht nur daran, das Evangelium in immer weiteren Landstrichen oder stets größeren Mengen von Menschen zu verkünden, sondern auch daran, durch die Macht des Evangeliums selbst Urteilskriterien, Werte, die eine größere Bedeutung haben, Denkgewohnheiten, Antriebskräfte und Lebensmodelle, die mit dem Wort und Heilsplan Gottes im Widerspruch stehen, zu erreichen und gleichsam umzustürzen.    **4575**

---

**\*4573** [1]   Lk 4,43.
      [2]   1 Kor 9,16.
**\*4574** [1]   Offb 21,5; vgl. 2 Kor 5,17; Gal 6,15.

4576    20. ... evangelizare oportere – non foris, tamquam si ornamentum aliquod vel exterior color addatur, sed intus, ex vitae centro et ad vitae radices – seu Evangelio perfundere culturas atque etiam culturam hominis, secundum latissimum illum ac plenissimum sensum, quem hae voces accipiunt in Constitutione *Gaudium et spes*[1], cum inde proceditur semper ab ipsa persona humana, semperque reditur ad necessitudinem inter personas atque coniunctionem earum cum Deo.

20. ... Es ist nötig, die Kulturen und auch die Kultur des Menschen – nicht nur äußerlich, so als ob irgendein Schmuckwerk oder ein äußerer Anstrich hinzugefügt würde, sondern innerlich, aus dem Zentrum des Lebens und bis zu den Wurzeln des Lebens – zu evangelisieren bzw. mit dem Evangelium zu erfüllen, in jenem sehr weiten und umfassenden Sinn, den diese Begriffe in der Konstitution *"Gaudium et spes"*[1] annehmen, wobei man stets von der menschlichen Person selbst ausgeht und stets zu der Beziehung zwischen den Personen und ihrer Verbindung mit Gott zurückkehrt.

4577    Evangelium, ac proinde evangelizatio, aequari sane non possunt cum aliqua cultura, cum soluta sint ab omnibus culturis. Nihilominus Regnum, quod Evangelio nuntiatur, in vitae usum deducitur ab hominibus, qui sua certa cultura imbuti sunt, atque in Regno aedificando necessario usurpanda sunt quaedam elementa culturae et culturarum humanarum. Etsi *[19]* Evangelium et evangelizatio ad nullam proprie culturam pertinent, tamen non eiusmodi sunt plane, ut cum iis componi nequeant, sed contra valent easdem penetrare, neque ulli deserviunt.

Das Evangelium und daher die Evangelisierung können freilich nicht mit irgendeiner Kultur gleichgestellt werden, da sie von allen Kulturen losgelöst sind. Nichtsdestoweniger wird das Reich, das im Evangelium verkündet wird, von Menschen, die von ihrer bestimmten Kultur erfüllt sind, in die Praxis des Lebens überführt, und beim Aufbau des Reiches muß man sich notgedrungen gewisser Elemente der Kultur und der menschlichen Kulturen bedienen. Auch wenn das Evangelium und die Evangelisierung eigentlich zu keiner Kultur gehören, so sind sie dennoch nicht völlig derartig, daß sie mit ihnen nicht vereinbart werden könnten, sondern, im Gegenteil, sie vermögen ebendiese zu durchdringen und sind keiner untertan.

4578    Discidium inter Evangelium et culturam sine dubio detrimentosus nostri temporis casus est, sicut etiam aliis aetatibus fuit. Proinde, oportet omnem opem operamque impendere, ut sedulo studio humana cultura, sive potius ipsae culturae evangelizentur. Renasci eas necesse est ex sua cum Bono Nuntio coniunctione. Verumtamen, huiusmodi coniunctio non eveniet, nisi Bonus Nuntius proclamabitur.

Der Bruch zwischen Evangelium und Kultur ist ohne Zweifel ein verhängnisvoller Vorfall unserer Zeit, wie er es auch zu anderen Zeiten war. Daher muß man alle Kraft und Mühe aufwenden, damit die menschliche Kultur oder vielmehr die Kulturen selbst in eifrigem Bestreben evangelisiert werden. Es ist nötig, daß sie aus ihrer Verbindung mit der Frohen Botschaft wiedergeboren werden. Eine solche Verbindung wird aber nicht eintreten, wenn die Frohe Botschaft nicht verkündet wird.

## Evangelisierung und Förderung des Menschen

4579    *[26]* 31. Revera inter evangelizationem et promotionem humanam, seu progressionem et liberationem, interveniunt intima vincula

31. In der Tat bestehen zwischen Evangelisierung und menschlicher Förderung bzw. Fortschritt und Befreiung engste Bande

---

*4576* [1]    Vgl. 2. Vatikanisches Konzil, Pastoralkonstitution über die Kirche in der Welt von heute *"Gaudium et spes"*, Nr. 53 (AAS 58 [1966] 1075).

coniunctionis: vincula sunt ordinis anthropologici, quia homo evangelizandus non est aliquid a rebus abstractum, sed persona obnoxia quaestionibus socialibus et oeconomicis; vincula sunt etiam ordinis theologici, quia consilium creationis segregari non potest a consilio redemptionis, quae pertingit usque ad condiciones valde concretas iniustitiae evincendae itemque iustitiae reparandae; vincula sunt etiam ordinis summe evangelici, qui est ordo caritatis: quo modo, enim, mandatum novum proclamari potest, nisi cum iustitia et pace promovetur vera ac germana progressio hominis?

Istud voluimus afferre, cum monuimus non esse admittendum, in evangelizatione neglegi "posse vel debere gravitatem maximam ... illarum quaestionum, quae hodie tantopere agitantur et quae respiciunt iustitiam, liberationem, progressionem et pacem in mundo. Si enim istud fiat, etiam ignoretur doctrina Evangelii de amore erga proximum patientem et egentem"[1].

der Verflechtung: es sind Bande anthropologischer Ordnung, weil der Mensch, der evangelisiert werden soll, nicht etwas Abstraktes, sondern eine sozialen und wirtschaftlichen Problemen unterworfene Person ist; es sind auch Bande theologischer Ordnung, weil der Plan der Schöpfung nicht vom Plan der Erlösung getrennt werden kann, die sich bis zu sehr konkreten Situationen des Unrechts, das zu überwinden, und desgleichen der Gerechtigkeit, die wiederherzustellen ist, erstreckt; es sind auch Bande einer in höchstem Maße evangelischen Ordnung, die die Ordnung der Liebe ist: Wie könnte man nämlich das neue Gebot verkünden, ohne mit Gerechtigkeit und Frieden den wahren und echten Fortschritt des Menschen zu fördern?

Dies wollten Wir betonen, als Wir ermahnten, man dürfe nicht zulassen, daß bei der Evangelisierung "das sehr große Gewicht jener Probleme vernachlässigt werden könne oder dürfe, die heute so sehr erörtert werden und die die Gerechtigkeit, die Befreiung, den Fortschritt und den Frieden in der Welt betreffen. Wenn nämlich dies geschähe, nähme man auch die Lehre des Evangeliums von der Liebe zum leidenden und bedürftigen Nächsten nicht zur Kenntnis"[1].

**4580-4584: Erklärung der Glaubenskongregation zu einigen Fragen der Sexualethik "Persona humana", 29. Dez. 1975**

*Ausg.:* AAS 68 (1976) 78-86.

### Menschenwürde und göttliches Gesetz

3. Nostrae aetatis homines magis in dies sibi persuasum habent personae humanae dignitatem vocationemque id postulare, ut ipsi, rationis lumine ducti, bona virtutesque naturae suae insita detegant, continenter promoveant, in vitaeque suae *[79]* actionem traducant, eo quidem consilio, ut magis in dies progredi possint.

Attamen in re morali aestimanda homo nequaquam arbitrio suo procedere potest: "In imo conscientiae legem detegit, quam ipse sibi non dat, sed cui oboedire debet ... Nam homo legem in corde scriptam habet, cui parere dignitas eius est et secundum quam ipse

3. Die Menschen unserer Zeit sind von **4580** Tag zu Tag mehr davon überzeugt, daß die Würde und Berufung der menschlichen Person es erfordern, daß sie, vom Licht der Vernunft geführt, die Werte und Kräfte, die ihrer Natur eingepflanzt sind, entdecken, unablässig fördern und in ihre Lebenspraxis überführen, und zwar in der Absicht, von Tag zu Tag mehr fortschreiten zu können.

Doch bei der Frage der Moral kann der Mensch keineswegs nach seinem Gutdünken verfahren: Im Innersten seines Gewissens entdeckt der Mensch ein Gesetz, das er sich nicht selbst gibt, sondern dem er gehorchen muß...Denn der Mensch hat ein Gesetz, das

---

*4579 [1]  Paul VI., Ansprache vom 27. Sept. 1974 zur Eröffnung der dritten Bischofssynode (AAS 66 [1974] 562).

iudicabitur"[1].

Praeterea nobis christianis Deus per revelationem suam notum fecit suum salutis consilium, ac proposuit tamquam supremam atque immutabilem vitae normam, Christum, Salvatorem et Sanctificatorem, per doctrinam et exempla Ipsius, qui dixit: "Ego sum lux mundi: qui sequitur me non ambulat in tenebris, sed habebit lumen vitae"[2].

Hominis, igitur, dignitas vere promoveri nequit, nisi ordo essentialis eius naturae servatur. Fatendum quidem est, per civilis cultus decursum bene multas rerum condiciones vitaeque humanae necessitates mutatas esse atque in posterum etiam mutatum iri; at quilibet morum profectus et quodlibet vivendi genus contineri debent intra fines, quos statuunt immutabilia principia, quae innituntur in elementis constitutivis et relationibus essentialibus cuiusque humanae personae; quae elementa ac relationes historica adiuncta transcendunt.

Haec principia fundamentalia, quae humana ratio percipere potest, continentur in "lege divina, aeterna, obiectiva et universali, qua Deus consilio sapientiae et dilectionis suae mundum universum viasque communitatis ordinat, dirigit, gubernat. Huius suae legis Deus hominem participem reddit, ita ut providentia divina suaviter disponente, veritatem incommutabilem magis magisque cognoscere possit"[3]. Haec autem lex divina nostrae cognitioni pervia est. *[80]*

seinem Herzen eingeschrieben ist, dem zu gehorchen seine Würde ist und gemäß dem er gerichtet werden wird[1].

Außerdem hat Gott uns Christen durch seine Offenbarung seinen Heilsplan bekannt gemacht und uns Christus, den Erlöser und Heiligmacher, durch Seine Lehre und Seine Beispiele als höchste und unveränderliche Richtschnur des Lebens hingestellt, ⟨Ihn⟩, der gesagt hat: "Ich bin das Licht der Welt. Wer mir nachfolgt, wandelt nicht im Finstern, sondern wird das Licht des Lebens haben"[2].

Die Würde des Menschen kann also nicht wahrhaft gefördert werden, wenn nicht die wesenhafte Ordnung seiner Natur gewahrt wird. Freilich ist zuzugeben, daß sich durch den Verlauf der bürgerlichen Kultur recht viele Bedingungen und Bedürfnisse des menschlichen Lebens geändert haben und sich auch in Zukunft ändern werden; doch jeder Fortschritt der Sitten und jede Lebensweise muß innerhalb der Grenzen gehalten werden, welche die unveränderlichen Prinzipien festlegen, die sich auf die konstitutiven Elemente und wesenhaften Beziehungen jeder menschlichen Person stützen; diese Elemente und Beziehungen übersteigen die geschichtlichen Umstände.

Diese fundamentalen Prinzipien, die die menschliche Vernunft erfassen kann, sind enthalten im "ewigen, objektiven und universalen göttlichen Gesetz, durch das Gott nach dem Ratschluß seiner Weisheit und Liebe die gesamte Welt und die Wege der menschlichen Gemeinschaft ordnet, leitet und lenkt. Gott macht den Menschen dieses seines Gesetzes teilhaftig, so daß der Mensch unter der sanften Führung der göttlichen Vorsehung die unveränderliche Wahrheit mehr und mehr erkennen kann"[3]. Dieses göttliche Gesetz aber ist unserer Erkenntnis zugänglich.

---

*4580  [1]  2. Vatikanisches Konzil, Pastoralkonstitution *"Gaudium et spes"*, Nr. 16 (AAS 58 [1966] 1037; *4316).
    [2]  Joh 8,12.
    [3]  2. Vatikanisches Konzil, Erklärung über die Religionsfreiheit *"Dignitatis humanae"*, Nr. 3 (AAS 58 [1966] 931; *4242).

## Kirchliche Lehre und Naturgesetz

4. Perperam, igitur, multi hodie negant sive in natura humana sive in lege revelata ullam aliam inveniri posse normam absolutam atque immutabilem de actionibus particularibus praeter eam, quae exprimitur per generalem legem caritatis et observantiae dignitatis humanae. Ad quod quidem probandum iidem hanc afferunt rationem: ea quae normae legis naturalis vel Sacrarum Scripturarum praecepta vocari solent, potius formae cuiusdam humani cultus particularis, certo historiae tempore expressae, habenda sunt.

At vero revelatio divina atque etiam, in rerum ordine sibi proprio, naturalis rationis sapientia, cum germanas attingunt humani generis necessitates, simul necessario in luce ponunt leges immutabiles in elementis constitutivis naturae hominis insitas, quae eaedem apparent in omnibus viventibus qui ratione praediti sunt.

Accedit, quod a Christo Ecclesia instituta est tamquam "columna et firmamentum veritatis"[1]. Ipsa, auxiliante Spiritu Sancto, sine intermissione custodit et sine errore tradit veritates ordinis moralis, atque authentice interpretatur non solum legem positivam revelatam, "sed etiam principia ordinis moralis ex ipsa natura humana profluentia"[2], quae spectant ad plenum hominis profectum eiusque sanctificationem. Ecclesia reapse per totum suae historiae decursum semper retinuit certa legis naturalis praecepta vim habere absolutam atque immutabilem, eorumque violationem censuit doctrinae et spiritui Evangelii repugnare.

4. Zu Unrecht leugnen also heute viele, **4581** daß in der menschlichen Natur oder im geoffenbarten Gesetz irgendeine andere unbedingte und unveränderliche Richtschnur für die einzelnen Handlungen gefunden werden könne außer der, die durch das allgemeine Gesetz der Liebe und die Achtung vor der menschlichen Würde zum Ausdruck kommt. Um dies jedoch zu beweisen, führen sie folgende Überlegung an: Das, was man Normen des Naturgesetzes oder Gebote der Heiligen Schriften zu nennen pflegt, sind vielmehr als Form einer besonderen menschlichen Kultur, wie sie sich zu einer bestimmten Zeit in der Geschichte ausgedrückt hat, anzusehen.

Doch in Wirklichkeit bringen die göttliche Offenbarung und auch, in der ihr eigenen Ordnung, die Weisheit der natürlichen Vernunft, indem sie die echten Bedürfnisse des Menschengeschlechts berühren, zugleich notwendigerweise die unveränderlichen Gesetze ans Licht, die in den konstitutiven Elemente der menschlichen Natur eingepflanzt sind und die als die gleichen in allen Lebewesen, die vernunftbegabt sind, zum Vorschein kommen.

Es kommt hinzu, daß die Kirche von Christus als "Säule und Feste der Wahrheit"[1] eingerichtet worden ist. Mit der Hilfe des Heiligen Geistes hütet sie ohne Unterlaß und überliefert sie ohne Irrtum die Wahrheiten der sittlichen Ordnung und interpretiert authentisch nicht nur das geoffenbarte positive Gesetz, sondern "auch die Prinzipien der sittlichen Ordnung, die aus der Natur des Menschen selbst hervorgehen"[2] und auf das umfassende Fortschreiten des Menschen und auf seine Heiligung zielen. Die Kirche hat in der Tat im gesamten Verlauf ihrer Geschichte immer festgehalten, daß bestimmte Gebote des Naturgesetzes unbedingte und unveränderliche Geltung haben, und sie war der Ansicht, daß deren Verletzung der Lehre und dem Geist des Evangeliums widerspricht.

---

**\*4581** [1] 1 Tim 3,15.
    [2] 2. Vatikanisches Konzil, Erklärung über die Religionsfreiheit "*Dignitatis humanae*", Nr. 14 (AAS 58 [1966] 940); vgl. Pius XI., Enzyklika "*Casti connubii*", 31. Dez. 1930 (AAS 22 [1930] 579f); Pius XII., Ansprache vom 2. Nov. 1954 (AAS 46 [1954] 671f); Johannes XIII., Enzyklika "*Mater et Magistra*", 15. Mai 1961 (AAS 53 [1961] 457); Paul VI., Enzyklika "*Humanae vitae*", 25. Juli 1968, Nr. 4 (AAS 60 [1968] 483).

**4582**    *[82]* ... 7. Multi his diebus ius vindicant ad sexualem iunctionem ante initum matrimonium, saltem ubi firma voluntas nubendi atque affectio iam quodammodo coniugalis in amborum animis postulant illud complementum, quod ipsi connaturale esse arbitrantur; idque praesertim, quoties matrimonii celebratio externis rerum adiunctis impeditur, vel haec intima coniunctio necessaria iudicatur, ut amor ipse permaneat.

Huiusmodi opinio christianae doctrinae adversatur, quae statuit qualemcumque genitalem hominis actionem matrimonii terminis contineri debere. Quantumvis enim firmum est eorum propositum, qui praematuris hisce iunctionibus sese vinciunt, nihilominus hae iunctiones haud sinunt, ut sinceritas ac fi- delitas mutuae necessitudinis inter viri ac mulieris personas in tuto ponantur, nec praesertim ut haec necessitudo a cupiditatum et arbitrii mobilitate protegatur. ...

... 7. Viele beanspruchen in diesen Tagen das Recht zur geschlechtlichen Vereinigung vor Beginn der Ehe, wenigstens ⟨in den Fällen⟩, wo ein fester Wille zur Heirat und eine gewissermaßen schon eheliche Zuneigung in den Herzen beider jene Ergänzung fordern, die sie als naturgemäß betrachten; und dies vor allem dann, wenn die Feier der Hochzeit durch äußere Umstände verhindert oder diese innigste Vereinigung als notwendig erachtet wird, damit die Liebe selbst Bestand hat.

Eine derartige Auffassung steht im Gegensatz zur christlichen Lehre, die festsetzt, daß jeder Geschlechtsakt des Menschen sich in den Grenzen der Ehe halten muß. Denn wie fest auch immer das Vorhaben derer ist, die sich durch diese verfrühten Vereinigungen binden, lassen es doch diese Vereinigungen keineswegs zu, daß die Aufrichtigkeit und Treue der wechselseitigen Beziehung zwischen den Personen des Mannes und der Frau sichergestellt werden, vor allem auch nicht, daß diese Beziehung vor der Unbeständigkeit der Begierden und der Willkür geschützt wird. ...

### Seelsorge und Homosexualität

**4583**    *[84]* ... 8. Nostra aetate, contra perpetuam Magisterii doctrinam ac moralem populi christiani sensum, aliqui – secuti indicia psychologicae naturae – coeperunt indulgenter iudicare, immo etiam prorsus excusare relationes homosexuales quarundam personarum. ...

*[85]* ... Etenim, secundum obiectivum rerum ordinem moralem iunctiones homosexuales sunt actus, qui sua necessaria et essentiali ordinatione privantur. In Sacris Scripturis reprobantur uti graves depravationes, immo exhibentur tamquam funesta repudiationis Dei consecutio[1]. Haec quidem Divinarum Scripturam sententia non sinit, ut concludatur eos omnes, qui ista deformitate laborent, hac de causa iam in personali culpa esse; nihilominus testatur actus homosexualitatis suapte intrinseca natura esse inordinatos, neque unquam ullo modo approbari posse.

... 8. In unserer Zeit haben einige – im Anschluß an Anzeichen psychologischer Natur – gegen die beständige Lehre des Lehramts und das sittliche Empfinden des christlichen Volkes begonnen, homosexuelle Beziehungen bestimmter Personen mit Nachsicht zu beurteilen, ja, sie sogar geradezu zu entschuldigen. ...

Denn nach der objektiven sittlichen Ordnung sind homosexuelle Verbindungen Handlungen, die ihrer notwendigen und wesenhaften Zuordnung beraubt werden. In den Heiligen Schriften werden sie als schwere Abirrungen mißbilligt, ja, sie werden sogar als verderbliche Folge der Verschmähung Gottes dargestellt[1]. Diese Auffassung der Göttlichen Schriften läßt freilich nicht zu, daß gefolgert wird, daß alle, die an dieser Abnormität leiden, sich aus diesem Grund schon in persönlicher Schuld befinden; dennoch bezeugt sie, daß die Handlungen der Homosexualität ihrer inneren Natur nach nicht in Ordnung sind und niemals auf irgendeine Weise gebilligt werden können.

---

*4583 [1]   Vgl. Röm 1,24–27; 1 Kor 6,10; 1 Tim 1,10.

*Seelsorge und Masturbation*

9. Saepe hodie in dubium vocatur vel aperte negatur tradita catholicae Ecclesiae doctrina, secundum quam masturbatio gravem in re morali deordinationem constituit. Psychologia et sociologia, uti aiunt, ostendunt illam, praesertim in adulescentibus, ad maturescentem sexualitatem communiter pertinere, ac nihil propterea verae et gravis culpae in ea contineri, nisi quatenus consulto quis se dederit solitariae voluptati in eo ipso circumclusae ("ipsatio"); quo in casu actum utique omnino op*[86]*poni communioni amoris inter diversi sexus personas, quam quidem contendunt praecipuum esse propositum usus sexualis facultatis.

Haec tamen opinio et doctrinae et consuetudini pastorali Ecclesiae catholicae adversatur. Qualiscumque vis est aliquarum argumentationum indolis biologicae vel philosophicae, quibus interdum usi fuerunt theologi, revera tum Ecclesiae Magisterum – per decursum constantis traditionis – tum moralis christifidelium sensus sine dubitatione firmiter tenent masturbationem esse actum intrinsece graviterque inordinatum[1].

9. Heute wird oft die überlieferte Lehre **4584** der katholischen Kirche in Zweifel gezogen oder offen geleugnet, wonach die Masturbation einen schweren Verstoß gegen die Ordnung im Bereich des Sittlichen darstellt. Psychologie und Soziologie zeigen, wie man sagt, daß sie vor allem bei Heranwachsenden allgemein zur reifenden Geschlechtlichkeit gehöre, und deshalb sei nichts von einer wirklichen und schweren Schuld in ihr enthalten, außer wenn sich jemand absichtlich einer nur um sich selbst kreisenden einsamen Wollust ("Ipsation") hingeben sollte; in diesem Fall stelle sich die Handlung jedenfalls ganz der Gemeinschaft der Liebe zwischen Personen verschiedenen Geschlechts entgegen, die, wie sie behaupten, vornehmliches Ziel des Gebrauchs der Geschlechtskraft sei.

Doch diese Auffassung ist sowohl der Lehre als auch der pastoralen Praxis der katholischen Kirche entgegengesetzt. Wie es auch immer um die Kraft irgendwelcher Beweisführungen biologischer oder philosophischer Natur bestellt sein mag, deren sich die Theologen mitunter bedient haben – in Wirklichkeit halten sowohl das Lehramt der Kirche im Lauf seiner beständigen Überlieferung wie das sittliche Empfinden der Gläubigen ohne Zweifel unerschütterlich daran fest, daß die Masturbation eine innerlich und schwerwiegend ungeordnete Handlung ist[1].

**4590–4606: Erklärung der Glaubenskongregation "Inter insigniores" zur Frage der Zulassung von Frauen zum Priestertum, 15. Okt. 1976**

Die anglikanischen Kirchen von Kanada und England hatten 1975 der Zulassung von Frauen zum Priesteramt grundsätzlich zugestimmt. In zwei Briefen an den Erzbischof von Canterbury F.D. Coggan (30. Nov. 1975 und 23. März 1976: AAS 68 [1976] 599–601) hatte Paul VI. erläutert, warum die römisch-katholische Kirche die Priesterweihe der Frau ablehne. Die im Auftrag des Papstes erstellte Erklärung der Glaubenskongregation schreibt der bis auf Christus zurückreichenden Tradition der Ordination normative Kraft zu und argumentiert positiv mit der "naturalis similitudo" (\*4600), die zwischen Christus und seinem Diener, der "in persona Christi" handelt, bestehen muß. Bei dieser Argumentation handelt es sich nicht um einen "zwingenden Beweis", sondern um eine Erhellung der Lehre durch eine "Analogie des Glaubens" (\*4598). Zur Frage des Diakonates der Frau äußert sich die Erklärung nicht.
*Ausg.:* AAS 69 (1977) 101–115.

---

**\*4584** [1]  Vgl. Leo IX., Brief *"Ad splendidum nitentis"* (\*687f); Dekret des Hl. Offiziums, 2. März 1679 (\*2149); Pius XII., Ansprache vom 8. Okt. 1953 (AAS 45 [1953] 678); Ansprache vom 19. Mai 1956 (AAS 48 [1956] 472f).

| *I. Traditio perpetua ab Ecclesia servata* | *I. Die Tradition der Kirche* |

4590    Numquam Ecclesia catholica sensit presbyteralem vel episcopalem ordinationem mulieribus valide conferri posse. ...

*[102]* Ecclesiae ergo hac de re traditio per saecula tam firma fuit, ut magisterium numquam necesse habuerit edisserere principium, cui nulla labes inferebatur, seu legem defendere, quae nullo infitiante vigebat. At quotiescumque traditio illa, occasione data, manifestabatur, ea testimonio erat Ecclesiam in id intentam esse, ut ad exemplar sibi a Domino traditum se conformaret.

4591    Eandem traditionem religiose custodierunt Orientales Ecclesiae, quarum unanimis hac de re consensus eo magis conspicuus est, quod de multis aliis rebus varium esse suum cuiusque ius libenter accipiant; atque etiam hodie quidquam commune habere recusant cum iis postulationibus, quibus mulierum sacerdotalis ordinatio intenditur.

## II. Quomodo Christus se gesserit

4592    Christus Iesus nullam mulierem inter Duodecim adscivit. Si ita se gessit, id non propterea evenit, quod sui temporis moribus cedebat, nam ipsius cum mulieribus agendi ratio modo civium suorum prorsus dissimilis erat, et ab eorum observantia ille voluntarie audacterque se removebat. ...

4593    *[103]* ... Haec vero omnia – id fatendum est – non quidem talem evidentiam afferunt, ut cuique proxime perspicua sint, quod quidem mirandum non est, siquidem quaestiones, quas movet Verbum Dei, altiores sunt quam ut responsa pateant; nam ad intellegendum tam Iesu missionis, quam Scripturae ipsius ultimum sensum, non satis est mere historicam textuum enarrationem instruere. Hac tamen in re agnoscendus est velut fascis colligatus factorum, quae in idem indicandum vergunt, magisque admirationem movent quod Iesus munus apostolicum[1] mu-

## I. Die Tradition der Kirche

Niemals ist die katholische Kirche der Auffassung gewesen, man könne Frauen die Priester- oder Bischofsweihe gültig spenden. ...

Die Überlieferung der Kirche ist also in diesem Punkt durch die Jahrhunderte hindurch so beständig gewesen, daß es das Lehramt niemals nötig hatte, einen Grundsatz ausführlich darzulegen, auf den kein Angriff gerichtet wurde, oder ein Gesetz zu verteidigen, das galt, ohne daß es jemand in Frage stellte. Sooft aber diese Überlieferung aus gegebenem Anlaß ⟨ausdrücklich⟩ in Erscheinung trat, diente sie zum Zeugnis, daß die Kirche darauf bedacht ist, sich dem ihr vom Herrn überlieferten Urbild gleichförmig zu machen.

Dieselbe Überlieferung haben die Ostkirchen gewissenhaft bewahrt, deren einmütige Übereinstimmung in diesem Punkt umso auffälliger ist, da sie in vielen anderen Punkten bereitwillig zulassen, daß ihr jeweiliges Recht verschieden ist; und auch heute weisen sie es von sich, irgend etwas mit jenen Forderungen gemein zu haben, in denen die Priesterweihe für Frauen angestrebt wird.

## II. Das Verhalten Christi

Christus Jesus hat keine Frau unter die Zwölf aufgenommen. Wenn er sich so verhalten hat, so ist das nicht deswegen geschehen, weil er vor den Sitten seiner Zeit zurückwich, denn seine Umgangsweise mit Frauen war von der Art seiner Mitbürger völlig verschieden, und er entfernte sich absichtlich und kühn von ihrer Gewohnheit. ...

... Dies alles aber – das ist zu gestehen – bietet freilich keine solche Evidenz, daß es jedem unmittelbar offensichtlich wäre; dies ist freilich nicht verwunderlich, da ja die Fragen, die das Wort Gottes aufwirft, tiefer sind, als daß die Antworten klar vor Augen lägen; denn um den letzten Sinn sowohl der Sendung Jesu als auch der Schrift selbst zu verstehen, genügt es nicht, eine rein historische Auslegung der Texte vorzunehmen. In dieser Sache ist jedoch gleichsam ein miteinander verknüpftes Bündel von Tatsachen anzuerkennen, die zu derselben Aussage neigen und

lieribus non concredidit. ...

noch mehr Verwunderung erregen, daß Jesus das apostolische Amt[1] keinen Frauen anvertraut hat. ...

### III. Apostoli quomodo se gesserint

*[104]* Hunc Christi modum cum mulieribus agendi Apostolica communitas fideliter observavit. Etsi B. Maria insignem locum obtinebat inter illos paucos, qui in Cenaculum post Domini ascensionem congregabantur [*cf. Act 1,14*], non tamen ipsa in Collegium duodecim Apostolorum est cooptata, cum de electione ageretur, cuius exitus fuit designatio Matthiae; duo enim discipuli propositi erant, de quorum nominibus Evangelia ne mentionem quidem faciunt.

### III. Das Verhalten der Apostel

Diese Weise Christi, mit Frauen umzugehen, hat die Apostelgemeinschaft treu beachtet. Auch wenn die selige Maria unter jenen wenigen, die sich nach der Himmelfahrt des Herrn im Abendmahlssaal versammelten, einen hervorragenden Platz einnahm [*vgl. Apg 1,14*], wurde sie dennoch nicht selbst in das Kollegium der zwölf Apostel aufgenommen, als es um die Wahl ging, deren Ausgang die Bestimmung des Matthias war; zwei Jünger waren nämlich vorgeschlagen worden, deren Namen die Evangelien nicht einmal erwähnen.  **4594**

Die autem Pentecostes, Spiritu Sancto repleti sunt omnes, viri ac mulieres [*cf. Act 2,1; 1,14*], attamen nonnisi "Petrus cum undecim levavit vocem suam", ut nuntiaret in Iesu adimpletas esse prophetias [*Act 2,14*].

Am Pfingsttag aber wurden alle vom Heiligen Geist erfüllt, Männer und Frauen [*vgl. Apg 2,1; 1,14*], jedoch nur "Petrus mit den Elf erhob seine Stimme", um zu verkünden, daß in Jesus die Weissagungen erfüllt seien [*Apg 2,14*].  **4595**

### IV. Quae Christus et apostoli fecerunt, norma sunt perpetua

*[105]* ... Etsi hic Christi et Apostolorum modus se gerendi a tota persaecula usque ad nos firma traditione ut norma habitus est, quaestio tamen oritur, num hodie aliter se gerere Ecclesiae liceat. Sunt qui affirmative respondeant, pluribus rationibus fulti, quas pervestigare oportet.

### IV. Die bleibende Bedeutung des Verhaltens Christi und der Apostel

... Auch wenn diese Verhaltensweise Christi und der Apostel von der ganzen durch Jahrhunderte hindurch bis zu uns ungebrochenen Überlieferung als Richtschnur angesehen wurde, erhebt sich dennoch die Frage, ob sich die Kirche heute nicht anders verhalten darf. Es gibt manche, die mit Ja antworten, auf mehrere Gründe gestützt, die es zu überprüfen gilt.  **4596**

Asseverant praesertim Iesum et Apostolos sic egisse, quia mores illius temporis regionisque necessario observabant, nec aliam causam fuisse, cur Christus ministerium neque mulieribus neque ipsi Matri suae committeret, nisi quod aliter agere prohiberent eiusdem temporis adiuncta. Nemo tamen probavit, ac reapse probari non potest, eiusmodi

Sie behaupten vor allem, Jesus und die Apostel hätten so gehandelt, weil sie notgedrungen die Sitten jener Zeit und Gegend beachteten, und es habe keinen anderen Grund gegeben, warum Christus weder den Frauen noch selbst seiner Mutter ein Amt anvertraute, als daß die Verhältnisse ebendieser Zeit verboten, anders zu handeln. Niemand  **4597**

---

*4593 [1]  Manche werfen ein, Jesus habe deshalb zwölf Männer erwählt, um ein allegorisches Zeichen zu erfüllen; denn er habe bildhaft kundtun wollen, daß die Zwölf die Rolle derer spielen sollten, die die zwölf Stämme Israels gezeugt hatten (vgl. Mt 19,28; Lk 22,30). In den dazu angeführten Texten wird aber nur behauptet, daß die Zwölf am eschatologischen Gericht teilnehmen werden. Der eigentliche Grund, warum die Zwölf erwählt wurden, wird vielmehr aus ihrer ganzen Aufgabe ersichtlich, zu der sie berufen wurden (vgl. Mk 3,14), nämlich Christus im Volk zu vergegenwärtigen und sein Werk fortzusetzen.

agendi modum solum a rationibus socialibus et cultus humani propriis esse profectum. Revera, cum Evangelia supra examinaremus, Iesum *[106]* contra conspeximus ab opinionibus suorum coaetaneorum se longe distraxisse, ea auferendo discrimina, quibus mulieres a viris separabantur. Asseverari ergo non potest Iesum opportunitatis tantum rationem habuisse, cum mulieres in apostolicum coetum non adnumeraret. Eo minus Apostoli ad hunc morem observandum societatis cultusque adiunctis coacti sunt apud Graecos, quod illi haec discrimina ignorabant. ...

hat jedoch bewiesen und in Wirklichkeit kann nicht bewiesen werden, daß diese Handlungsweise nur gesellschaftlichen Gründen und den Eigentümlichkeiten der Kultur entsprungen ist. In Wirklichkeit haben wir, als wir oben die Evangelien überprüften, gesehen, daß Jesus sich im Gegenteil von den Meinungen seiner Zeitgenossen weit entfernt hat, als er die Unterschiede aufhob, durch die die Frauen von den Männern getrennt wurden. Man kann also nicht behaupten, Jesus habe nur den Grund der Opportunität gehabt, als er keine Frauen zur Apostelschar hinzuzählte. Noch weniger wären die Apostel bei den Griechen durch die soziokulturellen Verhältnisse gezwungen gewesen, diese Sitte beizubehalten, da jene diese Unterschiede nicht kannten. ...

### V. Ministeriae sacerdotium mysterii Christi luce contemplandum est

**4598**    *[108]* ... Postquam haec Ecclesiae norma huiusque fundamentum in mentem revocata sunt, utile et opportunum videtur eandem normam illustrare ostendendo eius, quam theologica cogitatio dignoscit, convenientiam: quod enim nonnisi viri ad ordinationem sacerdotalem accipiendam vocati sunt, hoc arcte convenit cum Sacramenti genuina indole eiusque specifica ad Christi mysterium relatione. Tunc vero non intenditur, ut argumentum *[109]* demonstrativum afferatur, sed ut doctrina per analogiam fidei illustretur.

**4599**    Constans Ecclesiae doctrina est, quam denuo fusiusque declaravit Concilium Vaticanum II, revocavit etiam Synodus Episcoporum anno 1971 habita, iteravit denique Sacra haec Congregatio pro Doctrina Fidei in sua die 24 Iunii anno 1973 data Declaratione, Episcopum vel Presbyterum, suo quemque munere fungentem, in persona propria non agere, sed Christum repraesentare, qui per eum agit: "sacerdos vice Christi vere fungitur", ut scripsit iam saeculo III S. Cyprianus[1]. Christum ipsum repraesentare posse, hoc Paulus proprium esse affirmavit apostolici sui muneris [*cf. 2 Cor 5,20; Gal 4,14*].

### V. Das Priesteramt im Lichte des Geheimnisses Christi

... Nachdem diese Norm der Kirche und ihre Grundlage ins Gedächtnis zurückgerufen worden sind, scheint es nützlich und angebracht, ebendiese Norm zu erhellen, indem wir ihre Angemessenheit zeigen, die die theologische Überlegung erkennt: daß nämlich nur Männer zum Empfang der Priesterweihe berufen sind, das hängt eng zusammen mit dem ursprünglichen Charakter des Sakramentes und seiner besonderen Beziehung zum Geheimnis Christi. Dabei wird aber nicht beabsichtigt, einen zwingenden Beweis anzuführen, sondern die Lehre durch die Analogie des Glaubens zu erhellen.

Es ist beständige Lehre der Kirche, die das 2. Vatikanische Konzil erneut und ziemlich ausführlich erklärt, auch die im Jahre 1971 abgehaltene Bischofssynode wieder ⟨ins Gedächtnis⟩ zurückgerufen und schließlich diese Heilige Kongregation für die Glaubenslehre in ihrer am 24. Juni 1973 gegebenen Erklärung wiederholt hat, daß der Bischof oder der Priester bei der Ausübung seines jeweiligen Amtes nicht in eigener Person handelt, sondern Christus vergegenwärtigt, der durch ihn handelt: "Der Priester waltet wahrhaft an Christi Statt", wie der heilige Cyprian schon im 3. Jahrhundert geschrieben hat[1]. Christus

---

*4599 [1]    Cyprian, Brief 63,14 (PL 4,397B / CSEL 3/II, 713).

Quae Christi repraesentatio tunc altissimam sui significationem ac peculiarem prorsus modum assequitur, cum eucharistica celebratur synaxis, fons et centrum Ecclesiae unitatis, convivium sacrificale, quo populus Dei sacrificio Christi coniungitur: sacerdos, qui solus potestatem habet id perficiendi, agit non tantum virtute, quae ei a Christo confertur, sed in persona Christi[2], huius partes sustinens, ita ut ipsam eius imaginem gerat, cum verba consecrationis enuntiat[3].

[110] Christianum ergo sacerdotium est sacramentalis indolis, sacerdos est signum, cuius quidem supernaturalis efficacitas ordinatione accepta obtinetur, at signum, quod percipi oportet[1], cuiusque significationem fideles facile dignoscant. Tota enim sacra-

selbst vergegenwärtigen zu können, das ist, wie Paulus betont hat, die Eigentümlichkeit seines apostolischen Amtes [*vgl. 2 Kor 5,20; Gal 4,14*].

Diese Vergegenwärtigung Christi erreicht dann ihren tiefsten Ausdruck und ihre ganz besondere Bestimmung, wenn die eucharistische Versammlung gefeiert wird, die Quelle und das Zentrum der Einheit der Kirche, das Opfermahl, in dem sich das Volk Gottes mit dem Opfer Christi verbindet; der Priester, der allein die Vollmacht hat, es zu vollziehen, handelt nicht nur in der Kraft, die ihm von Christus verliehen wird, sondern in der Person Christi[2], indem er seine Stelle einnimmt, so daß er sogar sein Abbild ist, wenn er die Worte der Konsekration ausspricht[3].

Das christliche Priestertum hat also sakramentalen Charakter; der Priester ist ein Zeichen, dessen übernatürliche Wirksamkeit zwar aufgrund des Empfangs der Weihe erlangt wird, aber ein Zeichen, das wahrgenommen werden muß[1] und dessen Bedeutung die    **4600**

---

[2]   Vgl. 2. Vatikanisches Konzil, Konstitution über die heilige Liturgie "*Sacrosanctum Concilium*", Nr. 33: "... vom Priester, der in der Person Christi der Gemeinde vorsteht ..." ("... a sacerdote, qui coetui in persona Christi praeest": AAS 56 [1964] 108; *4033); Dogmatische Konstitution über die Kirche "*Lumen gentium*", Nr. 10: "Der Amtspriester nämlich bildet kraft der heiligen Vollmacht, derer er sich erfreut, das priesterliche Volk heran und leitet es; er vollzieht in der Person Christi das eucharistische Opfer und bringt es im Namen des ganzen Volkes Gott dar ..." ("Sacerdos quidem ministerialis, potestate sacra qua gaudet, populum sacerdotalem efformat ac regit, sacrificium eucharisticum in persona Christi conficit illudque nomine totius populi Dei offert": AAS 57 [1965] 14; *4126); ebd., Nr. 28: "Kraft des Sakramentes der Weihe, nach dem Bilde Christi, des höchsten und ewigen Priesters, ... üben sie ihr heiliges Amt am meisten in der eucharistischen Feier oder Versammlung aus, bei der sie in der Person Christi handeln ..." ("Vi sacramenti ordinis, ad imaginem Christi, summi atque aeterni Sacerdotis ... suum vero munus sacrum exercent in eucharistico cultu vel synaxi, qua in persona Christi agentes ...": AAS 57 [1965] 34; *4153); Dekret über Dienst und Leben der Priester "*Presbyterorum ordinis*", Nr. 2: "Die Priester werden durch die Salbung des Heiligen Geistes mit einer besonderen Prägung bezeichnet und so Christus, dem Erlöser, gleichförmig gemacht, so daß sie in der Person Christi, des Hauptes, handeln können" ("Presbyteri, unctione Spiritus Sancti, speciali charactere signantur et sic Christo Sacerdoti configurantur, ita ut in persona Christi Capitis agere valeant": AAS 58 [1966] 992); ebd., Nr. 13: "Als Diener des Heiligtums, vor allem im Meßopfer, vertreten die Priester in besonderer Weise die Person Christi ..." ("Ut sacrorum ministri, praesertim in Sacrificio Missae, Presbyteri personam specialiter gerunt Christi": AAS 58 [1966] 1011); vgl. das Dokument der Bischofssynode (1971), *De sacerdotio ministeriali* I 4 (AAS 63 [1971] 906); Erklärung der Glaubenskongregation zur katholischen Lehre über die Kirche "*Mysterium ecclesiae*", 24. Juni 1973, Nr. 6 (AAS 65 [1973] 407; *4541).

[3]   Thomas von Aquin, *Summa theologiae* III, q. 83, a. 1 ad 3: "Es ist zu sagen, daß [wie die Feier dieses Sakramentes das vergegenwärtigende Abbild seines Leidens ist: ebd., ad 2] aus demselben Grund auch der Priester das Abbild Christi ist, in dessen Person und Kraft er die Worte zur Konsekration ausspricht" ("Dicendum quod, per eandem rationem [sicut celebratio huius sacramenti est imago repraesentativa passionis Christi: ibid., ad 2] etiam sacerdos gerit imaginem Christi, in cuius persona et virtute verba pronuntiat ad consecrandum": Editio Leonina 12,271b).

**\*4600**   [1]   "Denn da das Sakrament ein Zeichen ist, ist bei dem, worum es sich im Sakrament handelt, nicht nur die Sache, sondern 〈auch〉 die Bedeutung der Sache erforderlich" ("Quia cum sacramentum sit signum et in eis quae in sacramento aguntur, requiritur non solum res, sed significatio rei"), sagt der hl. Thomas ausdrücklich, um die Weihe von Frauen zurückzuweisen: *Super IV libros Sententiarum* IV, d. 25, q. 2, a. 1, qc. 1 c (R. Busa: Opera 1 [1980] 578).

mentorum oeconomia in signis naturalibus fundatur, quae vim significandi habent cum hominum animo concinentem: "signa sacramentalia", ut ait S. Thomas, "ex naturali similitudine repraesentant"[2].

Eadem autem naturalis similitudo exigitur circa personas, quae circa res: cum enim repraesentare oportet sacramentaliter Christi agendi modum in Eucharistia, non haberetur haec naturalis similitudo, quae inter Christum eiusque ministrum postulatur, nisi partes a viro agerentur: secus difficile in eodem ministro imago Christi perspiceretur; siquidem Christus ipse fuit et permanet vir.

**4601**     Sine dubio totius generis humani mulierum aeque ac virorum primogenitus est Christus: unitatem peccato fractam ita reparavit, ut iam non sit Iudaeus neque Graecus, non sit servus neque liber, non masculus et femina: omnes enim unus sunt in Christo Iesu [*cf. Gal 3,28*]. Attamen Verbum incarnatum est secundum sexum virilem; quae quidem res in facto innititur, quod, nedum excellentiam quandam viri super mulierem importet, ab oeconomia salutis seiungi non potest: etenim id cum universo consilio Dei consonat – sicut a Deo est revelatum – cuius nucleus est Foederis mysterium. ...

**4602**     *[113]* Quicumque praedictis rationibus obsequi voluerit, melius intelleget, quam iustis de causis Ecclesia hoc modo se gesserit; ex iis denique controversiis, quae nostra aetate ortae sunt, utrum mulieres ordinationem recipere valeant necne, christiani incitari se sentiant, ut mysterium Ecclesiae perscrutentur, naturam et significationem episcopatus et presbyteratus pressius investigent, item genuinum insignemque discernant locum sacerdotis in baptizatorum communitate, cuius

Gläubigen leicht erkennen sollen. Die ganze Beschaffenheit der Sakramente gründet nämlich in natürlichen Zeichen, die eine mit der Seele der Menschen zusammenstimmende Fähigkeit zur Zeichenhaftigkeit haben: "Die sakramentalen Zeichen vergegenwärtigen", wie der hl. Thomas sagt, "aufgrund einer natürlichen Ähnlichkeit"[2].

Ebendiese natürliche Ähnlichkeit aber, die in bezug auf die Sachen 〈erfordert wird〉, wird 〈auch〉 in bezug auf die Personen erfordert; wenn sie nämlich die Handlungsweise Christi in der Eucharistie sakramental vergegenwärtigen sollen, läge diese natürliche Ähnlichkeit, die zwischen Christus und seinem Diener erfordert wird, nicht vor, wenn 〈seine〉 Stelle nicht von einem Mann eingenommen würde; andernfalls würde man in ebendiesem Diener schwerlich das Abbild Christi erblicken; denn Christus selbst war und bleibt ein Mann.

Ohne Zweifel ist Christus der Erstgeborene des ganzen Menschengeschlechtes, der Frauen ebenso wie der Männer: die durch die Sünde zerbrochene Einheit hat er so wiederhergestellt, daß es nicht mehr Juden noch Griechen, nicht Sklaven noch Freien, nicht Mann und Frau gibt: alle sind nämlich einer in Christus Jesus [*vgl. Gal 3,28*]. Jedoch ist das fleischgewordene Wort dem Geschlecht nach männlich; dieser Umstand beruht freilich auf einer Tatsache, die, ohne daß sie eine vorrangige Stellung des Mannes gegenüber der Frau mit sich brächte, vom Heilsplan nicht getrennt werden kann: denn sie steht im Einklang mit dem Gesamtplan Gottes – wie er von Gott geoffenbart wurde –, dessen Kern das Geheimnis des Bundes ist. ...

Wer den vorgenannten Überlegungen folgen will, wird besser verstehen, aus welch triftigen Gründen sich die Kirche auf diese Weise verhalten hat; schließlich sollen sich die Christen aufgrund dieser Auseinandersetzungen, die in unserer Zeit entstanden sind, ob Frauen die Weihe empfangen können oder nicht, dazu aufgefordert fühlen, das Geheimnis der Kirche zu ergründen, die Natur und Bedeutung des Bischofs- und Priesteramtes genauer zu erforschen sowie den ange-

---

[2]    Thomas von Aquin, *Super IV libros Sententiarum* IV, d. 25, q. 2, a. 2, qc. 1 ad 4 (R. Busa: Opera 1 [1980] 578).

membrum quidem est, a qua tamen secernitur, quia in iis actionibus, in quibus ordinationis character requiritur, sacerdos, cum illa
efficacia, quae sacramentorum est propria,
imago est ac signum ipsius Christi, qui con-
vocat, absolvit, Foederis sacrificium conficit.

stammten und herausragenden Platz des
Priesters in der Gemeinschaft der Getauften
zu erkennen, deren Glied er zwar ist, von der
er sich jedoch unterscheidet, weil der Priester
in den Handlungen, bei denen die Prägung
der Weihe erfordert wird, mit jener
Wirksamkeit, die den Sakramenten eigen ist,
ein Abbild und Zeichen Christi selbst ist, der
zusammenruft, lossspricht und das Opfer des
Bundes vollzieht.

### VI. Ministeriae sacerdotium in ecclesiae mysterio

### VI. Das Priesteramt im Geheimnis der Kirche

[114] Quapropter non patet, quomodo
proponi possit mulierum ad sacerdotium accessus ob eam, quae hominibus agnoscitur,
iurium aequabilitatem, quaeque etiam christianis contingit. Ad quod probandum, nonnumquam ut argumento utuntur verbis supra
allatis Epistulae ad Galatas [3,28], quibus declaratur nullam esse iam in Christo distinctionem viri et mulieris. His tamen verbis non
agitur de ministeriis Ecclesiae, sed tantum asseritur omnes aequaliter vocari, ut adoptionem filiorum Dei accipiant.

Es ist nicht klar, wie man den Zugang der **4603**
Frauen zum Priestertum wegen jener Gleichheit der Rechte vorschlagen kann, die den
Menschen zuerkannt wird und die auch für
Christen gilt. Um dies zu erhärten, gebraucht
man bisweilen als Beweis die oben angeführten Worte des Briefes an die Galater [3,28], in
denen erklärt wird, daß es in Christus keinen
Unterschied mehr zwischen Mann und Frau
gebe. Bei diesen Worten handelt es sich jedoch nicht um die Diener der Kirche, sondern es wird nur ausgesagt, daß alle in gleicher Weise berufen sind, die Gotteskindschaft zu empfangen.

Praeterea ac potissimum, in ipsa ministerialis sacerdotii natura vehementer erraret,
qui illud inter humana iura ascriberet, cum
baptismus nemini ullum ius conferat ad
publicum ministerium in Ecclesia adipiscen-
dum. Sacerdotium enim alicui confertur, non
ut ei honori sit vel commodo, sed ut Deo et
Ecclesiae serviat; immo respondet vocationi
peculiari et omnino gratuitae: "Non vos me
elegistis, sed ego elegi vos et posui vos" [Io
15,16; cf. Hebr 5,4]. ...

Außerdem und vornehmlich würde sich
in der Natur des Amtspriestertums selbst gewaltig irren, wer es unter die menschlichen
Rechte zählte; denn die Taufe erteilt niemand-
dem irgendein Recht, ein öffentliches Amt in
der Kirche zu erlangen. Das Priestertum wird
einem nämlich nicht übertragen, damit es
ihm zur Ehre und zum Vorteil gereiche, sondern damit er Gott und der Kirche diene; ja,
er antwortet auf eine besondere und gänzlich
gnadenhafte Berufung: "Nicht ihr habt mich
erwählt, sondern ich habe euch erwählt und
euch bestellt" [Joh 15,16; vgl. Hebr 5,4]. ...

[115] Cum enim sacerdotium peculiare
ministerium sit, cuius Ecclesia officium et custodiam acceperit, pro vocatione ad illud Ecclesiae auctoritas atque fides adeo expetenda
est, ut eius sit pars constitutiva, nam Christus
elegit "quos voluit ipse" [Mc 3,13]. Rursus
universalis est vocatio omnium baptizatorum
ad regale sacerdotium exercendum, suam
Deo offerendo vitam, atque testimonium red-
dendo in laudem Dei.

Da nämlich das Priestertum ein besonde- **4604**
res Amt ist, dessen Ausübung und Verwaltung die Kirche empfangen hat, ist für die
Berufung zu ihm die Autorität und Beglaubigung der Kirche so sehr erforderlich, daß
sie ein grundlegender Bestandteil von ihr ist;
denn Christus hat die erwählt, "die er selbst
wollte" [Mk 3,13]. Allgemein dagegen ist die
Berufung aller Getauften zur Ausübung des
königlichen Priestertums, indem sie Gott ihr
Leben darbringen und Zeugnis ablegen zum
Lobpreis Gottes.

**4605**    Mulieres, quae ministeriale sacerdotium se ambire profitentur, serviendi Christo Ecclesiaeque desiderio sane impelluntur. Nec mirum est quod, simul ac ipsae consciae fiunt olim discrimina se passas esse in civitate, ad id adducuntur, ut ipsum ministeriale sacerdotium sibi exoptent. Praetermittendum tamen non est sacerdotalem ordinem in humanae personae iuribus non contineri, sed e mysterii Christi et Ecclesiae oeconomia pendere. ...

Die Frauen, die bekennen, daß sie das Priesteramt erstreben, werden sicherlich von der Sehnsucht getrieben, Christus und der Kirche zu dienen. Es ist auch nicht verwunderlich, daß sie, sobald sie sich bewußt werden, daß sie einst im Staat Diskriminierungen erlitten haben, dazu verleitet werden, sich selbst das Priesteramt zu wünschen. Man darf jedoch nicht außer Acht lassen, daß die Priesterweihe nicht zu den Rechten der menschlichen Person gehört, sondern vom Heilsplan des Geheimnisses Christi und der Kirche abhängt. ...

**4606**    Restat ergo, ut profundius meditemur inter maxima christianae professionis asserta genuinam illam baptizatorum aequabilitatem, quae ideo non est uniformitas, quia Ecclesia est corpus varietate membrorum distinctum, in quo suum cuique membro munus assignatur. Munera ergo distinguenda, non permiscenda sunt, nulli alterius in alterum exsuperantiae favent, aemulationis nomen non praebent.

Es bleibt uns also, unter den wichtigsten Aussagen des christlichen Bekenntnisses noch tiefer über jene echte Gleichheit der Getauften nachzusinnen, die deshalb keine Einförmigkeit ist, weil die Kirche ein durch die Mannigfaltigkeit der Glieder unterschiedener Leib ist, in dem jedem Glied seine Aufgabe zugewiesen wird. Die Aufgaben sind also zu unterscheiden, nicht zu vermischen; sie begünstigen keine Überlegenheit des einen über den anderen und bieten keinen Grund zur Eifersucht.

JOHANNES PAUL I.: 26. Aug. - 28. Sept. 1978

## JOHANNES PAUL II.: seit 16. Okt. 1978

**4610-4635: Dokument der 3. Generalversammlung des lateinamerikanischen Episkopats in Puebla (Mexiko) "La evangelización", 13. Febr. 1979**

Die 3. Generalversammlung des lateinamerikanischen Episkopats wurde am 28. Jan. 1979 durch Johannes Paul II. eröffnet, der vom 25. Jan. – 1. Febr. d. J. seine erste Lateinamerikareise unternahm. Das Dokument wurde nach zweijähriger Vorbereitung in 21 Arbeitskommissionen und mehreren Plenar- und Semiplenarsitzungen erarbeitet. Der mit 179 Ja-Stimmen bei einer Stimmenthaltung verabschiedete Text wurde vom Papst am 23. März 1979 approbiert (AAS 71 [1979] 527f). Nach der eher politisch-gesellschaftlichen Akzentsetzung der Dokumente von Medellín berücksichtigt das Dokument von Puebla stärker die Fragen der Volksfrömmigkeit und Kultur. Es bekräftigt die "Option für die Armen" (vgl. *4493-4496).

*Ausg.:* III. Conferencía General del Episcopado Latinoamericano (Puebla), *La evangelización en el presente y el futuro de América Latina* (Biblioteca de Autores Cristianos; Madrid 1979).

### Die unverkürzte Wahrheit über Jesus Christus

**4610**    174. ... Entre los esfuerzos por presentar a Cristo como Señor de nuestra historia e inspirador de un verdadero cambio social y los intentos por limitarlo al campo de la conciencia individual, creemos necesario clarificar lo siguiente:

174. ... Zwischen den Anstrengungen, Christus als Herrn unserer Geschichte und Anreger eines wahrhaften gesellschaftlichen Wandels darzustellen, und den Versuchen, ihn auf das Gebiet des individuellen Gewissens einzugrenzen, halten wir es für notwendig, folgendes klarzustellen:

175. Es nuestro deber anunciar claramente, sin dejar lugar a dudas o equívocos, el misterio de la Encarnación: tanto la divinidad de Jesucristo tal como la profesa la fe de la Iglesia, como la realidad y la fuerza de su dimensión humana e histórica.

176. Debemos presentar a Jesús de Nazaret compartiendo la vida, las esperanzas y las angustias de su pueblo y mostrar que El es el Cristo creído, proclamado y celebrado por la Iglesia.

177. A Jesús de Nazaret, consciente de su misión: anunciador y realizador del Reino, fundador de su Iglesia, que tiene a Pedro por cimiento visible; a Jesucristo vivo, presente y actuante en su Iglesia y en la historia.

178. No podemos desfigurar, parcializar o ideologizar la persona de Jesucristo, ya sea convirtiéndolo en un político, un líder, un revolucionario o un simple profeta, ya sea reduciendo al campo de lo meramente privado a quien es el Señor de la Historia. ...

192. ... Con amor y obediencia totales a su Padre, expresión humana de su carácter eterno de Hijo, emprende su camino de donación abnegada, rechazando la tentación del poder político y todo recurso a la violencia. Agrupa en torno a sí unos cuantos hombres tomados de diversas categorías sociales y políticas de su tiempo. Aunque confusos y a veces infieles, los mueven el amor y el poder que de él irradian: ellos son constituidos en cimiento de su Iglesia; atraídos por el Padre[1], inician el camino del seguimiento de Jesús. Camino que no es el de la autoafirmación arrogante de la sabiduría o del poder del hombre, ni el del odio o la violencia, sino el de la donación desinteresada y sacrificada del amor. Amor que abraza a todos los hombres. Amor que privilegia a los pequeños, los débiles, los pobres. Amor que congrega e integra a todos en una fraternidad capaz de abrir la ruta de una nueva historia.

175. Es ist unsere Pflicht, klar, ohne für **4611** Zweifel oder Irrtümer Raum zu lassen, das Geheimnis der Fleischwerdung zu verkünden: sowohl die Göttlichkeit Jesu Christi, wie sie der Glaube der Kirche bekennt, als auch die Realität und die Kraft seiner menschlichen und historischen Dimension.

176. Wir müssen Jesus von Nazaret darstellen, wie er das Leben, die Hoffnungen und die Ängste seines Volkes teilt, und zeigen, daß er der von der Kirche geglaubte, verkündete und gefeierte Christus ist.

177. ⟨Wir müssen⟩ Jesus von Nazaret ⟨darstellen⟩, wie er sich seiner Sendung bewußt ist: Verkünder und Verwirklicher des Reiches, Gründer seiner Kirche, die Petrus als sichtbares Fundament hat; den lebendigen Jesus Christus, in seiner Kirche und in der Geschichte gegenwärtig und handelnd.

178. Wir können die Person Jesu Christi **4612** nicht verzerren, teilen oder ideologisieren, indem wir ihn in einen Politiker, einen Führer, einen Revolutionär oder einen einfachen Propheten umwandeln, indem wir ihn auf das Gebiet des rein Privaten reduzieren, ihn, der der Herr der Geschichte ist. ...

192. ... In vollkommener Liebe und vollkommenem Gehorsam gegenüber seinem **4613** Vater, dem menschlichen Ausdruck seines ewigen Charakters als Sohn, begibt er sich auf seinen Weg der selbstlosen Hingabe, auf dem er die Versuchung der politischen Macht und jeden Rückgriff auf Gewalt zurückweist. Er versammelt einige wenige Menschen um sich, die aus verschiedenen gesellschaftlichen und politischen Schichten seiner Zeit genommen sind. Obgleich verwirrt und zuweilen untreu, bewegen sie die Liebe und die Macht, die von ihm ausstrahlen: Sie werden zum Fundament seiner Kirche gemacht; vom Vater angezogen[1], beginnen sie den Weg der Nachfolge Jesu. Ein Weg, der nicht der ⟨Weg⟩ der anmaßenden Selbstbestätigung des Wissens oder der Macht des Menschen ist, auch nicht der des Hasses oder der Gewalt, sondern der ⟨Weg⟩ der uneigennützigen und opferbereiten Hingabe der Liebe. Eine Liebe, die alle Menschen umfaßt. Eine Liebe, die die Kleinen, die Schwachen, die Armen be-

---

**\*4613** [1]   Vgl. Joh 6,44.

vorzugt. Eine Liebe, die alle in einer Brüderlichkeit versammelt und integriert, die fähig ist, den Weg zu einer neuen Geschichte zu eröffnen.

**4614**    193. Así Jesús, de modo original, propio, incomparable, exige un seguimiento radical que abarca todo el hombre, a todos los hombres y envuelve a todo el mundo y a todo el cosmos. Esta radicalidad hace que la conversión sea un proceso nunca acabado, tanto a nivel personal como social. Porque, si el Reino de Dios pasa por realizaciones históricas, no se agota ni se identifica con ellas.

193. So fordert Jesus auf eine ursprüngliche Weise eine radikale Nachfolge, die den ganzen Menschen, alle Menschen umfaßt und die ganze Welt und den ganzen Kosmos einschließt. Diese Radikalität bewirkt, daß die Umkehr sowohl auf persönlicher als auch auf gesellschaftlicher Ebene ein niemals abgeschlossener Prozeß ist. Denn wenn ⟨auch⟩ das Reich Gottes sich in geschichtlichen Verwirklichungen ereignet, ⟨so⟩ erschöpft es sich ⟨doch⟩ nicht in ihnen, noch identifiziert es sich mit ihnen.

**4615**    194. Cumpliendo el mandato recibido de su Padre, Jesús se entregó libremente a la muerte en la cruz, meta del camino de su existencia. El portador de la libertad y del gozo del reino de Dios quiso ser la víctima decisiva de la injusticia y del mal de este mundo. El dolor de la creación es asumido por el Crucificado que ofrece su vida en sacrificio por todos: Sumo Sacerdote que puede compartir nuestras debilidades, Víctima Pascual que nos redime de nuestros pecados; Hijo obediente que encarna ante la justicia salvadora de su Padre el clamor de liberación y redención de todos los hombres.

194. In Erfüllung des von seinem Vater empfangenen Auftrags überantwortete sich Jesus frei dem Tod am Kreuze, dem Ziel des Weges seiner Existenz. Der Überbringer der Freiheit und der Freude des Gottesreiches wollte das entscheidende Opfer der Ungerechtigkeit und des Bösen dieser Welt sein. Der Schmerz der Schöpfung wird vom Gekreuzigten auf sich genommen, der sein Leben im Opfer für alle darbringt; der Hohepriester, der unsere Schwächen teilen kann, das österliche Opfer, das uns von unseren Sünden erlöst; der gehorsame Sohn, der angesichts der erlösenden Gerechtigkeit seines Vaters den Schrei nach Befreiung und Erlösung aller Menschen verkörpert.

**4616**    195. Por eso, el Padre resucita a su Hijo de entre los muertos. Lo exalta gloriosamente a su derecha. Lo colma de la fuerza vivificante de su Espíritu. Lo establece como Cabeza de su Cuerpo que es la Iglesia. Lo constituye Señor del mundo y de la historia. Su resurrección es signo y prenda de la resurrección a la que todos estamos llamados y de la transformación final del universo. Por El y en El ha querido el Padre recrear lo que ya había creado.

195. Deswegen erweckt der Vater seinen Sohn von den Toten auf. Er erhöht ihn glorreich zu seiner Rechten. Er erfüllt ihn mit der lebendigmachenden Kraft seines Geistes. Er setzt ihn als Haupt seines Leibes ein, der die Kirche ist. Er bestellt ihn zum Herrn der Welt und der Geschichte. Seine Auferstehung ist Zeichen und Unterpfand der Auferstehung, zu der wir alle berufen sind, und der letztendlichen Umgestaltung des Universum. Durch ihn und in ihm wollte der Vater wiedererschaffen, was er schon erschaffen hatte.

### Der Dienst der Evangelisierung

**4617**    270. El Pueblo de Dios, como Sacramento universal de salvación, está enteramente al servicio de la comunión de los hombres con Dios y del género humano entre sí[1]. La Igle-

270. Das Volk Gottes steht als universales Heilssakrament völlig im Dienst der Gemeinschaft der Menschen mit Gott und des Menschengeschlechtes untereinander[1]. Die

---

*4617 [1]    Vgl. 2. Vatikanisches Konzil, Dogmatische Konstitution über die Kirche "*Lumen gentium*", Nr. 1 (AAS 57 [1965] 5; *4101).

sia es, por lo tanto, un pueblo de servidores. Su modo propio de servir es evangelizar; es un servicio que sólo ella puede prestar. Determina su identidad y la originalidad de su aporte. Dicho servicio evangelizador de la Iglesia se dirige a todos los hombres, sin distinción. Pero debe reflejarse siempre en él la especial predilección de Jesús por los más pobres y los que sufren.

271. Dentro del Pueblo de Dios, todos – jerarquía, laicos, religiosos – son servidores del Evangelio. Cada uno según su papel y carisma propios. La Iglesia, como servidora del Evangelio, sirve a la vez a Dios y a los hombres. Pero para conducir a éstos hacia el Reino de su Señor, el único de quien ella, junto con la Virgen María, se proclama esclava y a quien subordina todo su servicio humano. ...

281. La realización histórica de este servicio evangelizador resultará siempre ardua y dramática, porque el pecado, fuerza de ruptura, obstaculizará permanentemente el crecimiento en el amor y la comunión, tanto desde el corazón de los hombres, como desde las diversas estructuras por ellos creadas, en las cuales el pecado de sus autores ha impreso su huella destructora. En este sentido, la situación de miseria, marginación, injusticia y corrupción que hiere a nuestro continente, exige del Pueblo de Dios y de cada cristiano un auténtico heroísmo en su compromiso evangelizador, a fin de poder superar semejantes obstáculos. Ante tal desafío, la Iglesia se sabe limitada y pequeña, pero se siente animada por el Espíritu y protegida por María. Su intercesión poderosa le permitirá superar las "estructuras de pecado" en la vida personal y social y le obtendrá la "verdadera liberación" que viene de Cristo Jesús[1]. ...

Kirche ist deswegen ein Volk von Dienenden. Ihre eigentümliche Weise des Dienens ist die Evangelisierung; es ist ein Dienst, den nur sie leisten kann. Er bestimmt ihre Identität und die Originalität ihres Beitrags. Besagter Dienst der Evangelisierung der Kirche richtet sich an alle Menschen ohne Unterschied. Doch muß sich in ihm immer die besondere Vorliebe Jesu für die Ärmsten und die Leidenden widerspiegeln.

271. Innerhalb des Volkes Gottes sind alle **4618** – Hierarchie, Laien, Ordensleute – Diener des Evangeliums, ein jeder nach seiner Rolle und seinem Charisma, die ihm eigen sind. Die Kirche als Dienerin des Evangeliums dient zugleich Gott und den Menschen. Um diese aber zum Reich ihres Herrn zu führen, ⟨ist er⟩ der einzige, zu dessen Magd sie sich, zusammen mit der Jungfrau Maria, erklärt und dem sie ihren ganzen menschlichen Dienst unterordnet. ...

281. Die geschichtliche Verwirklichung **4619** dieses Dienstes der Evangelisierung wird sich immer als schwierig und dramatisch erweisen; denn die Sünde, die Kraft der Spaltung, wird stets das Wachsen in der Liebe und der Gemeinschaft behindern, sowohl vom Herzen der Menschen aus als auch von den unterschiedlichen, von ihnen geschaffenen Strukturen aus, in denen die Sünde ihrer Urheber ihre zerstörerische Spur eingeprägt hat. In diesem Sinn erfordert die Situation des Elends, der Diskriminierung, des Unrechts und der Korruption, die die Wunde unseres Kontinents ist, vom Volk Gottes und von jedem Christen einen echten Heroismus in ihrer Verpflichtung für die Evangelisierung, um solche Hindernisse überwinden zu können. Angesichts einer solchen Herausforderung weiß sich die Kirche begrenzt und klein, aber sie spürt sich durch den Geist ermutigt und von Maria beschützt. Ihre mächtige Fürbitte wird es ihr ermöglichen, die "Strukturen der Sünde" im persönlichen und gesellschaftlichen Leben zu überwinden, und ihr die "wahre Befreiung" erwirken, die von Christus Jesus kommt[1]. ...

---

**\*4619** [1]   Vgl. Johannes Paul II., Predigt in Zapopán (Kolumbien), 30. Jan. 1979, Nr.3, § 11 (*Insegnamenti di Giovanni Paolo II*, II 1 [Rom 1979] 290).

**4620**     362. La Evangelización ha de calar hondo en el corazón del hombre y de los pueblos; por eso, su dinámica busca la conversión personal y la transformación social. La Evangelización ha de extenderse a todas las gentes; por eso, su dinámica busca la universalidad del género humano. Ambos aspectos son de actualidad para evangelizar hoy y mañana en América Latina.

362. Die Evangelisierung muß tief in das Herz des Menschen und der Völker dringen; deswegen sucht ihre Dynamik die persönliche Umkehr und die gesellschaftliche Umgestaltung. Die Evangelisierung muß sich auf alle Völker erstrecken; deswegen sucht ihre Dynamik die Universalität des Menschengeschlechts. Beide Aspekte sind von Aktualität, um heute und morgen in Lateinamerika zu evangelisieren.

### Evangelisierung und Volksreligiosität

**4621**     444. Por religión del pueblo, religiosidad popular o piedad popular[1], entendemos el conjunto de hondas creencias selladas por Dios, de las actitudes básicas que de esas convicciones derivan y las expresiones que las manifiestan. Se trata de la forma o de la existencia cultural que la religión adopta en un pueblo determinado. La religión del pueblo latinoamericano, en su forma cultural más característica, es expresión de la fe católica. Es un catolicismo popular.

444. Unter Religion des Volkes, Volksreligiosität oder Volksfrömmigkeit[1] verstehen wir die Gesamtheit der von Gott geprägten tiefen Glaubensüberzeugungen, der Grundhaltungen, die sich aus diesen Überzeugungen ableiten, und der Ausdrucksformen, die diese bekunden. Es handelt sich um die Form oder um die kulturelle Existenz, die die Religion in einem bestimmten Volk annimmt. Die Religion des lateinamerikanischen Volkes in ihrer charakteristischsten kulturellen Form ist Ausdruck des katholischen Glaubens. Sie ist ein Volkskatholizismus.

**4622**     445. Con deficiencias y a pesar del pecado siempre presente, la fe de la Iglesia ha sellado el alma de América Latina[1], marcando su identidad histórica esencial y constituyéndose en la matriz cultural del continente, de la cual nacieron los nuevos pueblos.

445. Bei ⟨allen⟩ Unzulänglichkeiten und trotz der immer gegenwärtigen Sünde hat der Glaube der Kirche der Seele Lateinamerikas sein Siegel aufgedrückt[1], indem er seine wesentliche geschichtliche Identität prägte und zur kulturellen Urform des Kontinents wurde, aus der die neuen Völker hervorgingen.

446. El Evangelio encarnado en nuestros pueblos los congrega en una originalidad histórica cultural que llamamos América Latina. Esa identidad se simboliza muy luminosamente en el rostro mestizo de María de Guadalupe que se yergue al inicio de la Evangelización.

446. Das Evangelium, das in unseren Völkern Fleisch wurde, verbindet sie in einer historisch-kulturellen Originalität, die wir Lateinamerika nennen. Diese Identität wird ungemein leuchtend versinnbildlicht im Mestizenantlitz der Maria von Guadalupe, das am Beginn der Evangelisierung errichtet wird.

447. Esta religión del pueblo es vivida preferentemente por los "pobres y sencillos"[2], pero abarca todos los sectores sociales y es, a veces, uno de los pocos vínculos que reúne a los hombres en nuestras naciones políticamente tan divididas. Eso sí, debe sostenerse que esa unidad contiene diversidades múlti-

447. Diese Religion des Volkes wird insbesondere von den "Armen und Einfachen"[2] gelebt, umschließt aber alle gesellschaftlichen Bereiche und ist zuweilen eines der wenigen Bande, das die Menschen in unseren politisch so gespaltenen Nationen vereint. Dennoch muß festgehalten werden, daß diese

---

*4621 [1]   Vgl. Paul VI., Apostolisches Mahnschreiben *"Evangelii nuntiandi"*, 8. Dez. 1975, Nr. 48 (AAS 68 [1976] 37f).
*4622 [1]   Vgl. Johannes Paul II., Predigt in Zapopán, Nr. 1, § 2 (*Insegnamenti* II 1, 288).
      [2]   Vgl. Paul VI., Apostolisches Mahnschreiben *"Evangelii nuntiandi"*, 8. Dez. 1975, Nr. 48 (AAS 68 [1976] 37f)

ples según los grupos sociales, étnicos e, incluso, las generaciones.

448. La religiosidad del pueblo, en su núcleo, es un acervo de valores que responde con sabiduría cristiana a los grandes interrogantes de la existencia. La sapiencia popular católica tiene una capacidad de síntesis vital; así conlleva creadoramente lo divino y lo humano; Cristo y María, espíritu y cuerpo; comunión e institución; persona y comunidad; fe y patria, inteligencia y afecto. Esa sabiduría es un humanismo cristiano que afirma radicalmente la dignidad de toda persona como hijo de Dios, establece una fraternidad fundamental, enseña a encontrar la naturaleza y a comprender el trabajo y proporciona las razones para la alegría y el humor, aun en medio de una vida muy dura. ...

450. La religiosidad popular no solamente es objeto de evangelización, sino que, en cuanto contiene encarnada la Palabra de Dios, es una forma activa con la cual el pueblo se evangeliza continuamente a sí mismo. ...

453. Por falta de atención de los agentes de pastoral y por otros complejos factores, la religión del pueblo muestra en ciertos casos signos de desgaste y deformación: aparecen sustitutos aberrantes y sincretismos regresivos. Además, se ciernen en algunas partes sobre ella serias y extrañas amenazas que se presentan exacerbando la fantasía con tonos apocalípticos. ...

457. Como toda la Iglesia, la religión del pueblo debe ser evangelizada siempre de nuevo. ...

*Evangelisierung als Befreiung*

480. En Medellín se despliega un proceso dinámico de liberación integral cuyos ecos positivos recoge la *Evangelii Nuntiandi* y el Papa Juan Pablo II en su Mensaje a esta Conferencia. Es un anuncio que urge a la Iglesia y que pertenece a la entraña misma de una evangelización que tiende hacia la realización auténtica del hombre.

Einheit vielfältige Verschiedenartigkeiten in den gesellschaftlichen und ethnischen Gruppen und sogar den Generationen umfaßt.

448. Die Religiosität des Volkes ist in ihrem Kern eine Ansammlung von Werten, die mit christlicher Weisheit Antwort auf die großen Existenzfragen gibt. Die katholische Volksweisheit hat eine Fähigkeit zur Lebenssynthese; so führt sie in schöpferischer Weise das Göttliche und das Menschliche, Christus und Maria, Geist und Leib, Gemeinschaft und Institution, Person und Gemeinschaft, Glauben und Vaterland, Verstand und Gefühl zusammen. Diese Weisheit ist ein christlicher Humanismus, der von Grund auf die Würde jeder Person als Kind Gottes bejaht, eine grundsätzliche Brüderlichkeit begründet, lehrt, der Natur zu begegnen und die Arbeit zu verstehen, und Gründe zur Freude und zum Humor auch inmitten eines sehr harten Lebens bereitstellt. ...  **4623**

450. Die Volksreligiosität ist nicht nur Gegenstand der Evangelisierung, sondern sie ist, insofern sie das Wort Gottes in sich verkörpert enthält, eine aktive Form, mit der sich das Volk ständig selbst evangelisiert. ...  **4624**

453. Aufgrund mangelnder Aufmerksamkeit der Pastoralträger und aufgrund anderer komplexer Faktoren zeigt die Religion des Volkes in gewissen Fällen Anzeichen von Abnutzung und Verformung: es treten abwegige Ersatzphänomene und rückschrittliche Synkretismen auf. Außerdem ziehen sich mancherorts über ihr ernsthafte und seltsame Bedrohungen zusammen, die sich darin äußern, daß sie die Einbildungskraft mit apokalyptischen Tönen reizen. ...  **4625**

457. Wie die ganze Kirche, ⟨so⟩ muß ⟨auch⟩ die Religion des Volkes immer von neuem evangelisiert werden. ...

480. In Medellín entfaltet sich ein dynamischer Prozeß umfassender Befreiung, dessen positives Echo "*Evangelii nuntiandi*" und Papst Johannes Paul II. in seiner Botschaft an diese Versammlung aufgreifen. Es ist eine Ankündigung, die die Kirche drängt und die zum Innersten selbst einer Evangelisierung gehört, die auf die echte Verwirklichung des Menschen abzielt.  **4626**

481. Hay, sin embargo, distintas concepciones y aplicaciones de la liberación. Aunque entre ellas se descubren rasgos comunes, hay enfoques difíciles de llevar a una adecuada convergencia. Por ello, lo mejor es dar criterios que emanan del Magisterio y que sirven para el necesario discernimiento acerca de la original concepción de la liberación cristiana.

**4627**    482. Aparecen dos elementos complementarios e inseparables: la liberación de todas las servidumbres del pecado personal y social, de todo lo que desgarra al hombre y a la sociedad y que tiene su fuente en el egoísmo, en el misterio de iniquidad y la liberación para el crecimiento progresivo en el ser, por la comunión con Dios y con los hombres que culmina en la perfecta comunión del cielo, donde Dios es todo en todos y no habrá más lágrimas. ...

**4628**    485. Así, si no llegamos a la liberación del pecado con todas sus seducciones e idolatrías; si no ayudamos a concretar la liberación que Cristo conquistó en la Cruz, mutilamos la liberación de modo irreparable; también la mutilamos si olvidamos el eje de la evangelización liberadora, que es la que transforma al hombre en sujeto de su propio desarrollo individual y comunitario. La mutilamos igualmente, si olvidamos la dependencia y las esclavitudes que hieren derechos fundamentales que no son otorgados por gobiernos o instituciones por poderosas que sean, sino que tienen como autor al propio Creador y Padre.

486. Es una liberación que sabe utilizar medios evangélicos, con su peculiar eficacia y que no acude a ninguna clase de violencia ni a la dialéctica de la lucha de clases, sino a la vigorosa energía y acción de los cristianos, que movidos por el Espíritu, acuden a responder al clamor de millones y millones de her-

481. Es gibt jedoch verschiedene Auffassungen und Anwendungen der Befreiung. Auch wenn sich unter ihnen gemeinsame Züge finden, ⟨so⟩ gibt es ⟨doch auch⟩ Einstellungen, die schwer zu einer angemessenen Konvergenz zu führen sind. Deswegen ist es das Beste, Kriterien aufzuzeigen, die vom Lehramt herrühren und die zur notwendigen Unterscheidung hinsichtlich der ursprünglichen Auffassung von der christlichen Befreiung dienen.

482. Es kommen zwei ⟨einander⟩ ergänzende und untrennbare Elemente zum Vorschein: die Befreiung von allen Arten von Knechtschaft der persönlichen und gesellschaftlichen Sünde, von all dem, was den Menschen und die Gesellschaft zerreißt und was seinen Ursprung im Egoismus, im Geheimnis der Ungerechtigkeit hat, und die Befreiung für das fortschreitende Wachstum im Sein, im Hinblick auf die Gemeinschaft mit Gott und mit den Menschen, die in der vollkommenen Gemeinschaft des Himmels gipfelt, wo Gott alles in allem ist und es keine Tränen mehr geben wird. ...

485. Wenn wir also nicht zur Befreiung von der Sünde mit all ihren Verführungen und Götzendiensten gelangen, wenn wir nicht helfen, die Befreiung greifbar werden zu lassen, die Christus am Kreuz errungen hat, dann verstümmeln wir die Befreiung auf nicht wieder gutzumachende Weise. Wir verstümmeln sie auch, wenn wir die Achse der befreienden Evangelisierung vergessen, die darin besteht, daß sie den Menschen zum Subjekt seiner eigenen individuellen und gemeinschaftlichen Entwicklung umgestaltet. Wir verstümmeln sie ebenso, wenn wir die Abhängigkeit und die Formen der Sklaverei nicht sehen, welche die Grundrechte verletzen, die nicht durch noch so mächtige Regierungen oder Institutionen verliehen werden, sondern die als Urheber den Schöpfer und Vater selbst haben.

486. Es ist eine Befreiung, die sich der Mittel des Evangeliums mit ihrer besonderen Wirksamkeit zu bedienen weiß und die zu keiner Art von Gewalt greift, auch nicht zur Dialektik des Klassenkampfes, sondern ⟨sich⟩ auf die kraftvolle Energie und das Handeln der Christen ⟨stützt⟩, die, vom Geist

manos.

bewegt, herbeieilen, um auf den Schrei von Millionen und Abermillionen Brüdern Antwort zu geben.

### Politisch motivierte Gewalt

531. Ante la deplorable realidad de violencia en América Latina, queremos pronunciarnos con claridad. La tortura física y sicológica, los secuestros, la persecución de disidentes políticos o de sospechosos y la exclusión de la vida pública por causas de las ideas, son siempre condenables. Si dichos crímenes son realizados por la autoridad encargada de tutelar el bien común, envilecen a quienes los practican, independientemente de las razones aducidas.

531. Angesichts der beklagenswerten Realität der Gewalt in Lateinamerika wollen wir uns mit Klarheit äußern. Die physische und psychologische Folter, die Entführungen, die Verfolgung von politisch Andersdenkenden oder von Verdächtigen und der Ausschluß aus dem öffentlichen Leben aus ideologischen Gründen sind immer zu verurteilen. Wenn besagte Verbrechen von der mit dem Schutz des Gemeinwohls beauftragten Autorität verübt werden, so erniedrigen sie jene, die sie begehen, unabhängig von den angeführten Gründen. **4629**

532. Con igual decisión la Iglesia rechaza la violencia terrorista y guerrillera, cruel e incontrolable cuando se desata. De ningún modo se justifica el crimen como camino de liberación. La violencia engendra inexorablemente nuevas formas de opresión y esclavitud, de ordinario más graves que aquellas de las que se pretende liberar. Pero, sobre todo, es un atentado contra la vida que sólo depende del Creador. Debemos recalcar también que cuando una ideología apela a la violencia, reconoce con ello su propia insuficiencia y debilidad.

532. Mit der gleichen Entschiedenheit verwirft die Kirche die grausame und, wenn sie entfesselt wird, unkontrollierbare Gewalt von Terroristen und Guerilleros. Auf keine Weise ist das Verbrechen als Weg der Befreiung zu rechtfertigen. Die Gewalt erzeugt unerbittliche neue Formen der Unterdrückung und Versklavung, die gewöhnlich noch schwerer sind als jene, von denen man befreien will. Vor allem aber ist sie ein Anschlag auf das Leben, das allein vom Schöpfer abhängt. Wir müssen auch betonen, daß eine Ideologie, wenn sie zur Gewalt greift, damit ihre eigene Unzulänglichkeit und Schwäche anerkennt. **4630**

533. Nuestra responsabilidad de cristianos es promover de todas maneras los medios no violentos para restablecer la justicia en las relaciones socio-políticas y económicas, según la enseñanza del Concilio, que vale tanto para la vida nacional como para la vida internacional...

533. Unsere Verantwortung als Christen ist es, auf jede Weise die nicht gewaltsamen Mittel zu fördern, um gemäß der Lehre des Konzils, die sowohl für das nationale Leben als auch für das internationale Leben gilt, die Gerechtigkeit in den sozio-politischen und wirtschaftlichen Beziehungen wiederherzustellen. ... **4631**

### Option für die Armen

1153. La opción preferencial por los pobres tiene como objetivo el anuncio de Cristo Salvador que los iluminará sobre su dignidad, los ayudará en sus esfuerzos de liberación de todas sus carencias y los llevará a la comunión con el Padre y los hermanos, mediante la vivencia de la pobreza evangéli-

1153. Die vorrangige Option für die Armen hat als Ziel die Verkündigung Christi, des Erlösers, der sie über ihre Würde aufklären, ihnen in ihren Bemühungen um Befreiung von allen ihren Nöten helfen und sie durch das Erleben der evangelischen Armut zur Gemeinschaft mit dem Vater und den **4632**

ca. "Jesucristo vino a compartir nuestra condición humana con sus sufrimientos, sus dificultades, su muerte. Antes de transformar la existencia cotidiana, él supo hablar al corazón de los pobres, liberarlos del pecado, abrir sus ojos a un horizonte de luz y colmarlos de alegría y esperanza. Lo mismo hace hoy Jesucristo. Está presente en vuestras Iglesias, en vuestras familias, en vuestros corazones"[1].

**4633**     1154. Esta opción, exigida por la realidad escandalosa de los desequilibrios económicos en América Latina, debe llevar a establecer una convivencia humana digna y fraterna y a construir una sociedad justa y libre.

1155. El cambio necesario de las estructuras sociales, políticas y económicas injustas no será verdadero y pleno si no va acompañado por el cambio de mentalidad personal y colectiva respecto al ideal de una vida humana digna y feliz que a su vez dispone a la conversión[1].

**4634**     1156. La exigencia evangélica de la pobreza, como solidaridad con el pobre y como rechazo de la situación en que vive la mayoría del continente, libra al pobre de ser individualista en su vida y de ser atraído y seducido por los falsos ideales de una sociedad de consumo. De la misma manera, el testimonio de una Iglesia pobre puede evangelizar a los ricos que tienen su corazón apegado a las riquezas, convirtiéndolos y liberándolos de esta esclavitud y de su egoísmo.

Brüdern führen wird. "Jesus Christus ist gekommen, um unsere menschliche Daseinsbedingung mit ihren Leiden, ihren Mühen und ihrem Tod zu teilen. Vor der Umgestaltung des täglichen Lebens verstand er es, zu den Herzen der Armen zu sprechen, sie von der Sünde zu befreien, ihre Augen für einen lichtvollen Horizont zu öffnen und sie mit Freude und Hoffnung zu erfüllen. Dasselbe tut Jesus Christus heute. Er ist gegenwärtig in euren Kirchen, in euren Familien, in euren Herzen"[1].

1154. Diese Option, die durch die ärgerniserregende Realität des wirtschaftlichen Ungleichgewichts in Lateinamerika erfordert wird, muß dazu führen, ein würdiges und brüderliches menschliches Zusammenleben zu begründen und eine gerechte und freie Gesellschaft aufzubauen.

1155. Der notwendige Wandel der ungerechten gesellschaftlichen, politischen und wirtschaftlichen Strukturen wird nicht wahrhaft und vollständig sein, wenn er nicht von einem Wandel der persönlichen und kollektiven Mentalität hinsichtlich des Ideals eines würdigen und glücklichen menschlichen Lebens begleitet wird, das seinerseits zur Umkehr bereit macht[1].

1156. Die Forderung des Evangeliums nach Armut als Solidarität mit dem Armen und als Ablehnung der Situation, in der die Mehrheit des Kontinents lebt, rettet den Armen davor, in seinem Leben Individualist zu sein und von den falschen Idealen einer Konsumgesellschaft angezogen und verführt zu werden. Auf die gleiche Weise kann das Zeugnis einer armen Kirche die Reichen evangelisieren, die ihr Herz an die Reichtümer gehängt haben, indem es sie bekehrt und sie von dieser Sklaverei und von ihrem Egoismus befreit.

### Option für die Jugendlichen

**4635**     1186. La Iglesia confía en los jóvenes[1]. Son para ella su esperanza. La Iglesia ve en la juventud de América Latina un verdadero

1186. Die Kirche vertraut auf die Jugendlichen[1]. Sie sind für sie ihre Hoffnung. Die Kirche sieht in der Jugend Lateinamerikas

---

*4632 [1]   Vgl. Johannes Paul II., Ansprache vor Arbeitern in Monterrey, Nr. 8 (AAS 71 [1979] 244).
*4633 [1]   Vgl. 2. Generalversammlung des lateinamerikanischen Episkopats in Medellín, Dokument "Gerechtigkeit", Nr. 3 (*4481); Paul VI., Apostolisches Mahnschreiben "Evangelii nuntiandi", Nr. 30 (AAS 68 [1976] 25f).
*4635 [1]   Vgl. Paul VI., Apostolisches Mahnschreiben "Evangelii nuntiandi", Nr. 72 (AAS 68 [1976] 61).

potencial para el presente y el futuro de su evangelización. Por ser verdadera dinamizadora del cuerpo social y especialmente del cuerpo eclesial, la Iglesia hace una opción preferencial por los jóvenes en orden a su misión evangelizadora en el Continente[2].

ein wahrhaftes Potential für die Gegenwart und die Zukunft ihrer Evangelisierung. Da sie dem gesellschaftlichen Gefüge und insbesondere dem kirchlichen Gefüge wahre Dynamik verleiht, trifft die Kirche eine vorrangige Option für die Jugendlichen hinsichtlich ihrer evangelisatorischen Sendung auf dem Kontinent[2].

## 4640-4645: Enzyklika "Redemptor hominis", 4. März 1979

Es handelt sich um die erste Enzyklika Papst Johannes Pauls II. – *Ausg.:* AAS 71 (1979) 274-286.

### *Die menschliche Dimension der Erlösung*

10. Homo sine amore vivere nequit. Sibimet manet quiddam, quod incomprehensibile est, eiusque vita sensu privatur, nisi amor ei praebetur, nisi invenit amorem, nisi amorem experitur suumque efficit, nisi penitus amorem participat. Ob hanc omnino causam Christus Redemptor, ... hominem ipsi homini plene manifestat. Et illa est – si ita quidem loqui licet – humana ratio et proprietas mysterii Redemptionis.

In ea vicissim homo magnitudinem suae humanitatis et dignitatem et pretium proprium denuo detegit. In Redemptionis mysterio homo iterum "exprimitur" et aliquo pacto iterum creatur. Profecto ipse iterum creatur! "Non est Iudaeus neque Graecus, non est servus neque liber, non est masculus et femina: omnes enim vos unus estis in Christo Iesu"[1].

Homo igitur, qui funditus se perspicere cupit – non tantum secundum quasdam subitarias, imperfectas, saepe exteriores, immo etiam specie sola apparentes rationes vel regulas suae vitae – debet sese ad Christum conferre cum sua anxietate et dubitatione, cum sua infirmitate et improbitate, cum vita sua et morte. Is debet quasi cum toto, quod ipse est, intrare in eum; debet "asciscere" atque assumere sibi omnem veritatem Incarnationis et Redemptionis, ut rursus se repe-

10. Der Mensch kann nicht ohne Liebe leben. Er bleibt sich etwas, das unbegreiflich ist und dessen Leben des Sinnes beraubt wird, wenn ihm keine Liebe zuteil wird, wenn er keine Liebe findet, wenn er keine Liebe erfährt und sich zu eigen macht, wenn er nicht bis ins Innerste Anteil an der Liebe hat. Aus eben diesem Grund macht Christus, der Erlöser, ... dem Menschen selbst den Menschen voll kund. Und dies ist – wenn man so sagen darf – die menschliche Begründung und Eigentümlichkeit des Geheimnisses der Erlösung.

In ihr wiederum entdeckt der Mensch von neuem die Größe und Würde seiner Menschheit und den ihr eigenen Wert. Im Geheimnis der Erlösung wird der Mensch nochmals "ausgedrückt" und in gewisser Weise nochmals geschaffen. Er wird in der Tat nochmals geschaffen! "Es gibt nicht Juden noch Griechen, es gibt nicht Sklaven noch Freien, es gibt nicht Mann und Frau: alle nämlich seid ihr einer in Christus Jesus"[1].

Der Mensch also, der sich von Grund auf durchschauen will – nicht nur nach irgendwelchen eilig zusammengesuchten, unvollkommenen, oftmals äußerlichen, ja sogar nur scheinbaren Maßstäben und Kriterien seines Lebens –, muß mit seiner Angst und seinem Zweifel, mit seiner Schwäche und Sündhaftigkeit, mit seinem Leben und seinem Tod zu Christus seine Zuflucht nehmen. Er muß gleichsam mit allem, was er selbst ist, in ihn eintreten; er muß sich die ganze Wahr-

**4640**

**4641**

---

[2]   Vgl. 2. Generalversammmlung des lateinamerikanischen Episkopats in Medellín, Dokument "*Jugend*", Nr. 13.
**\*4640** [1]   Gal 3,28.

riat.

Qui intimus processus si in illo perficitur, homo fructus edit non sola Dei adoratione, verum etiam magna sui ipsius admiratione. Quantum enim momentum ac pretium habere debet homo in conspectu Creatoris, si "talem ac tantum meruit habere Redemptorem"[1], si Deus dedit "Filium suum Unigenitum", ut homo "non pereat sed habeat vitam aeternam"?[2]

**4642**    *[275]* Re quidem vera miratio maxima illa de pretio ac dignitate hominis nuncupatur Evangelium, id est Bonus Nuntius. Vocatur item Christianismus. Ex eadem ipsa admiratione proficiscitur Ecclesiae munus in hoc mundo, immo ac fortasse etiam magis "in mundo huius temporis". Haec porro miratio simulque persuasio et certitudo – quae suapte intima natura est ipsa certitudo fidei, sed quae abscondito et arcano modo vivificat omnem partem veri *humanismi* – coniungitur arcte cum Christo. ...

heit der Fleischwerdung und der Erlösung "aneignen" und erwerben, um sich wieder zu finden.

Wenn sich dieser tiefgreifende Prozeß in ihm vollzieht, bringt der Mensch Früchte nicht nur in der Anbetung Gottes, sondern auch im tiefen Staunen über sich selbst. Welch große Bedeutung und welch großen Wert muß der Mensch nämlich in den Augen des Schöpfers haben, wenn "er verdient hat, einen solchen und so großen Erlöser zu haben"[1], wenn Gott "seinen Einziggeborenen Sohn hingegeben hat", damit der Mensch "nicht verlorengehe, sondern das ewige Leben habe"?[2]

Dieses tiefste Staunen über den Wert und die Würde des Menschen nennt sich nun in Wahrheit Evangelium, das heißt: Frohe Botschaft. Es heißt ebenso Christentum. Aus genau diesem Staunen rührt die Aufgabe der Kirche in dieser Welt her, ja und vielleicht sogar noch mehr "in der Welt von heute". Sodann ist dieses Staunen und zugleich die Überzeugung und die Gewißheit – die ihrer innersten Natur nach Glaubensgewißheit ist, die aber auf verborgene und geheimnisvolle Weise jeden Teil des wahren *Humanismus* belebt – eng mit Christus verbunden. ...

### Der Mensch als erster Weg der Kirche

**4643**    *[282]* 13. ... Praecipua Ecclesiae via est Iesus Christus. Idem nostra est via "ad Patrem"[1] et est ad quemlibet hominem via. In hac autem via, quae de Christo ducit ad hominem, in hac via, *[283]* in qua Christus singulis hominibus iungitur, Ecclesia a nullo potest cohiberi. Hoc postulat bonum temporale hominis et bonum eius sempiternum. Christi eiusque mysterii causa, quo ipsa vita Ecclesiae constat, iis omnibus Ecclesia neque moveri non potest, quae vero hominis bono conducunt, neque eidem bono nocentia neglegere. ...

13. ... Der Hauptweg der Kirche ist Jesus Christus. Derselbe ist unser Weg "zum Vater"[1] und ist der Weg zu jedem Menschen. Auf diesem Weg aber, der von Christus zum Menschen führt, auf diesem Weg, auf dem Christus mit den einzelnen Menschen verbunden ist, kann die Kirche von niemandem aufgehalten werden. Dies erfordert das zeitliche Heil des Menschen und sein ewiges Heil. Um Christi und seines Geheimnisses willen, in dem das Leben der Kirche selbst besteht, kann die Kirche weder von all dem unbewegt bleiben, was zum wahren Wohl des Menschen beiträgt, noch außer acht lassen, was ebendiesem Wohl schadet. ...

**4644**    *[284]* 14. ... Homo totus in plena veritate exsistentiae suae, eius, quod est ut persona, et

14. ... Der ganze Mensch in der vollen Wahrheit seiner Existenz, dessen, was er als

---

**\*4641** [1]   *Missale Romanum*, aus dem *Exsultet* der Osternacht.
      [2]   Vgl. Joh 3,16.
**\*4643** [1]   Vgl. Joh 14,1–4.

vitae suae communitariae et socialis – nempe intra familiam suam, societatem et in tam dissimilibus condicionibus necnon intra nationem suam vel populum (et fortasse solum intra peculiarem nexum familiarum vel tribum), intra universum genus humanum – hic ipse homo est prima veluti via, quam Ecclesia in suo munere implendo emetiatur oportet, ille est prima et praecipua Ecclesiae via, quam ipse Christus ape*[285]*ruit, quaeque per mysterium Incarnationis et Redemptionis constanter transit. ...

Cum ergo hic homo sit via Ecclesiae, eius cotidianae vitae et experientiae, eius missionis et laboris via, necesse est Ecclesia nostrae aetatis semper renovetur, memor condicionis, in qua ille versetur; cognitas scilicet habeat eius facultates, quae, ut novo semper cursu diriguntur, ita ostenduntur. Oportet item Ecclesia pericula animadvertat homini impendentia. Noscere *[286]* pariter debet ea omnia, quae obsistunt, ne "vita hominis in dies humanior reddatur"[1], neve omnia, ex quibus haec vita constat, verae hominis dignitati conformentur. Paucis: omnia sciat illi cursui repugnantia.

Person ist, und seines gesellschaftlichen und sozialen Lebens – nämlich innerhalb seiner Familie, seiner Gesellschaft und in so unterschiedlichen Verhältnissen sowie innerhalb seiner Nation bzw. seines Volkes (und vielleicht nur innerhalb des besonderen Familienverbandes oder Stammes), innerhalb des gesamten Menschengeschlechts –, eben dieser Mensch ist gleichsam der erste Weg, den die Kirche bei der Erfüllung ihrer Aufgabe beschreiten muß, er ist der erste und vorzügliche Weg der Kirche, den Christus selbst erschlossen hat und der ständig durch das Geheimnis der Fleischwerdung und der Erlösung hindurchführt. ...

Da also dieser Mensch der Weg der Kirche **4645** ist, der Weg ihres täglichen Lebens und Erlebens, ihrer Sendung und Arbeit, ist es nötig, daß sich die Kirche unserer Zeit stets erneuert, eingedenk der Situation, in der sich jener befindet; sie soll nämlich seine Möglichkeiten kennen, die sich je nachdem, welche stets neue Richtung sie einschlagen, so ⟨auch⟩ zeigen. Die Kirche muß ebenso die Gefahren wahrnehmen, die dem Menschen drohen. Sie muß in gleicher Weise all das erkennen, was hinderlich ist, daß "das Leben des Menschen von Tag zu Tag menschlicher wird"[1] und daß alles, woraus dieses Leben besteht, der wahren Würde des Menschen angepaßt wird. Kurz: sie soll alles kennen, was diesem Prozeß widerstreitet.

**4650–4659: Schreiben der Glaubenskongregation an alle Bischöfe "Recentiores episcoporum synodi", 17. Mai 1979**

*Ausg.:* AAS 71 (1979) 940–942.

### *Eschatologische Fragen*

Sacra autem haec Congregatio, cuius est doctrinam fidei promovere *[941]* ac tutari, hic sibi proponit ea recolere quae Ecclesia, nomine Christi, docet, praesertim, quae inter christiani hominis mortem et resurrectionem universalem intercedunt.

1) Ecclesia credit[1] mortuorum resurrectionem.

Diese Heilige Kongregation aber, deren **4650** Aufgabe es ist, die Glaubenslehre zu fördern und zu schützen, setzt sich hier zum Ziel, das in Erinnerung zu rufen, was die Kirche im Namen Christi lehrt, vor allem, was zwischen dem Tod des Christen und der allgemeinen Auferstehung geschieht.

1) Die Kirche glaubt[1] an die Auferstehung **4651** der Toten.

---

**\*4645** [1]   2. Vatikanisches Konzil, Pastoralkonstitution *"Gaudium et spes"*, Nr. 38 (AAS 58 [1966] 1056; \*4338); Paul VI., Enzyklika *"Populorum progressio"*, Nr. 21 (AAS 59 [1967] 267f).
**\*4651** [1]   Vgl. das Apostolische Glaubensbekenntnis.

**4652**    2) Ecclesia hanc resurrectionem ita intellegit ut ad *totum hominem* referatur; haec autem pro electis nihil aliud est quam ipsius Resurrectionis Christi ad homines extensio.

2) Die Kirche versteht diese Auferstehung so, daß sie sich auf den *ganzen Menschen* bezieht; diese ist aber für die Erwählten nichts anderes als die Ausweitung der Auferstehung Christi selbst auf die Menschen.

**4653**    3) Ecclesia affirmat continuationem et subsistentiam, post mortem, elementi spiritualis, conscientia et voluntate praediti, ita ut ipsum "ego humanum", interim tamen complemento sui corporis carens, subsistat. Ad huiusmodi elementum designandum Ecclesia utitur voce "anima", quae Sacrarum Scripturarum et Traditionis usu recepta est. Quamquam non ignorat in Scripturis Sacris huic voci diversas subici significationes, nihilominus ipsa censet nullam validam rationem adesse, cur vox reiciatur, ac iudicat praeterea prorsus necessarium esse verbale instrumentum ad christianorum fidem sustinendam.

3) Die Kirche behauptet die Fortdauer und das Fortbestehen eines geistigen Elementes nach dem Tod, das mit Bewußtsein und Wille begabt ist, so daß das "menschliche Ich" selbst, in der Zwischenzeit jedoch ohne die Ergänzung seines Leibes, fortbesteht. Um dieses Element zu bezeichnen, verwendet die Kirche den Ausdruck "Seele", der durch den Gebrauch in den Heiligen Schriften und in der Überlieferung eingebürgert ist. Obwohl sie nicht verkennt, daß diesem Ausdruck in den Heiligen Schriften verschiedene Bedeutungen zugrunde liegen, glaubt sie nichtsdestoweniger, daß es keinen triftigen Grund gibt, warum der Ausdruck verworfen werden sollte, und sie ist außerdem der Meinung, daß ein sprachliches ⟨Ausdrucks⟩mittel zur Aufrechterhaltung des Glaubens der Christen durchaus notwendig ist.

**4654**    4) Ecclesia excludit quoslibet cogitandi aut dicendi modos, quibus absurda fiant vel intellegi nequeant eius precatio, funebres ritus, cultus mortuorum: quae omnia, quoad suam substantiam, locos theologicos constituunt.

4) Die Kirche schließt Denk- und Redeweisen aus, durch die ihr Beten, ihre Begräbnisriten und ihre Totenverehrung unsinnig würden oder nicht verstanden werden könnten: alle diese Dinge stellen in bezug auf ihre Substanz loci theologici dar.

**4655**    5) Ecclesia, secundum Sacras Scripturas, exspectat "gloriosam manifestationem Domini nostri Iesu Christi"[1], quam tamen distinctam et dilatam credit, respectu habito hominum condicionis statim post mortem.

5) Die Kirche erwartet gemäß den heiligen Schriften "die glorreiche Kundwerdung unseres Herrn Jesus Christus"[1], die sie jedoch als eine im Hinblick auf die Lage der Menschen sogleich nach dem Tod unterschiedene und spätere glaubt.

**4656**    6) Ecclesia, in sua doctrina proponenda de sorte hominis post mortem, excludit quamlibet explicationem, qua prorsus evanesceret significatio Virginis Mariae Assumptionis circa id quod ad ipsam unice pertinet; hoc scilicet sensu, quod corporea Virginis glorificatio eam glorificationem anticipat, quae ceteris omnibus electis destinatur.

6) Die Kirche schließt bei der Vorlage ihrer Lehre über das Los des Menschen nach dem Tod jede Erklärung aus, durch die die Bedeutung der Aufnahme der Jungfrau Maria in bezug auf das völlig verblassen würde, was einzig ihr selbst zukommt; in dem Sinne nämlich, daß die leibliche Verherrlichung der Jungfrau jene Verherrlichung vorwegnimmt, die allen übrigen Erwählten bestimmt ist.

**4657**    7) Ecclesia, Novo Testamento ac Traditioni fideliter adhaerens, credit beatitudinem iustorum, qui aliquando cum Christo erunt.

7) Die Kirche glaubt, indem sie sich treu an das Neue Testament und die Überlieferung anschließt, an die Seligkeit der Gerech-

---

*4655 [1]    2. Vatikanisches Konzil, Konstitution über die göttliche Offenbarung *Dei verbum*, Nr. 4 (AAS 58 [1966] 819; *4204).

1404

Item ipsa credit poena aeterna plectendum fore peccatorem, qui Dei visione pri*[942]*vabitur, nec non huius poenae repercussionem in totum ipsius peccatoris "esse". Ad electos autem quod attinet, credit etiam haberi posse purificationem visioni Dei praeviam, quae tamen prorsus diversa est a damnatorum poena. Id Ecclesia intellegit, cum de Inferno ac de Purgatorio loquitur.

Cum autem agitur de hominis condicione post mortem, peculiari modo cavendum est a repraesentationibus, quae mentis fictione et arbitrio unice nituntur; huiusmodi enim immoderatio haud modica causa est difficultatum, in quas saepe christiana fides incurrit. Attamen imaginibus, quarum usus apud Sacras Scripturas invenitur, reverentia praestanda est. Necessarium est arcanum earum sensum percipere, remoto periculo eas nimis extenuandi, cum hoc saepe inanes reddat *realitates,* quae per has imagines indicantur.

Nec Scripturae Sacrae nec theologi satis luminum suppeditant ad futuram vitam post mortem rite describendam. Christifideles haec duo essentialia capita firmiter tenere debent: ex una parte credant oportet fundamentalem continuationem quae, virtute Spiritus Sancti, inter praesentem vitam in Christo et futuram vitam intercedit (nam caritas est lex Regni Dei, atque ipsa nostra in terris caritate metienda erit nostra in caelis divinae gloriae participatio); ex altera vero parte probe noscere debent rationes praesentis vitae et futurae valde inter se differre, nam oeconomiae fidei succedit oeconomia plenae lucis, ac nos cum Christo erimus et "Deum videbimus"[1]; quibus in promissionibus ac mirandis mysteriis essentialiter spes nostra consistit. Quod si nostra imaginandi vis eo accedere non valet, illuc cor nostrum sponte sua ac penitus pervenit.

ten, die einmal bei Christus sein werden. Ebenso glaubt sie, daß der Sünder, der der Anschauung Gottes beraubt wird, mit einer ewigen Strafe zu belegen sein wird und daß diese Strafe sich auf das ganze "Sein" des Sünders niederschlägt. Was aber die Erwählten betrifft, so glaubt sie, daß es auch eine der Anschauung Gottes vorgängige Reinigung geben kann, die jedoch völlig verschieden ist von der Strafe der Verdammten. Das versteht die Kirche, wenn sie von Hölle und von Reinigungsort spricht.

**4658** Wenn es sich aber um die Lage des Menschen nach dem Tod handelt, muß man sich in besonderer Weise vor Vorstellungen hüten, die sich einzig auf die Erdichtung und Willkür der Einbildungskraft stützen; solche Maßlosigkeit ist nämlich ein nicht unwesentlicher Grund für Schwierigkeiten, auf die der christliche Glaube oft stößt. Jedoch ist Bildern, deren Verwendung sich in den Heiligen Schriften findet, Ehrfurcht entgegenzubringen. Es ist notwendig, ihren verborgenen Sinn zu erfassen und dabei der Gefahr zu entgehen, sie allzusehr auszudünnen, da dies oft die *Wirklichkeiten* entleert, die durch diese Bilder ausgesagt werden.

**4659** Weder die Heiligen Schriften noch die Theologen bieten genügend Licht, um das künftige Leben nach dem Tod richtig zu beschreiben. Die Christgläubigen müssen die beiden folgenden wesentlichen Punkte getreu festhalten: einerseits müssen sie an einen grundsätzlichen Zusammenhang glauben, der kraft des Heiligen Geistes zwischen dem gegenwärtigen Leben in Christus und dem künftigen Leben besteht (denn die Liebe ist das Gesetz des Reiches Gottes und nach unserer Liebe auf Erden wird unsere Teilhabe an der göttlichen Herrlichkeit in den Himmeln zu bemessen sein); andererseits aber müssen sie recht erkennen, daß die Beschaffenheit des gegenwärtigen und des künftigen Lebens sich sehr voneinander unterscheidet, denn der Ordnung des Glaubens folgt die Ordnung des vollen Lichtes nach, und wir werden bei Christus sein und "Gott schauen"[1]; in diesen Verheißungen und wunderbaren Geheimnissen besteht wesentlich unsere Hoffnung. Wenn aber unsere Vor-

---

**\*4659** [1]   Vgl. 1 Joh 3,2.

stellungskraft nicht bis dahin vorzudringen vermag, so gelangt unser Herz aus eigenem Antrieb und zuinnerst dorthin.

**4660-4666: Erklärung der Glaubenskongregation "Iura et bona", 5. Mai 1980**

*Ausg.:* AAS 72 (1980) 546-551.

## Euthanasie

**4660**　Nomine euthanasiae significatur actio vel omissio quae suapte natura vel consilio mentis mortem affert, ut hoc modo omnis dolor removeatur. Euthanasia igitur in voluntatis proposito et in procedendi rationibus, quae adhibentur, continetur.

Mit dem Namen "Euthanasie" wird eine Handlung oder Unterlassung bezeichnet, die ihrer Natur nach oder aus bewußter Absicht den Tod herbeiführt, um auf diese Weise jeden Schmerz zu beenden. Bei Euthanasie dreht es sich also wesentlich um den Vorsatz des Willens und um die Vorgehensweisen, die angewandt werden.

**4661**　Iamvero, denuo firmiter declarandum est neminem nihilque ullo modo sinere posse ut vivens humanum innocens occidatur, sive sit fetus vel embryon, sive infans vel adultus, sive senex, sive morbo insanabili affectus, sive in mortis agone constitutus. Praeterea nemini licet mortiferam hanc actionem petere sibi aut alii, qui sit ipsius responsabilitati commissus, immo in eadem ne consentire quidem potest explicite vel implicite. Nec auctoritas ulla potest eam legitime iniungere vel permittere. Agitur enim de legis divinae violatione, de offensione dignitatis personae humanae, de crimine contra vitam, de facinore in hominum genus.

Nun ist aber erneut nachdrücklich zu erklären, daß niemand und nichts in irgendeiner Weise zulassen kann, daß ein unschuldiges menschliches Lebewesen getötet wird, sei es ein Fötus oder ein Embryo, ein Kind oder ein Erwachsener, ein Greis, ein von einer unheilbaren Krankheit Befallener oder ein im Todeskampf Befindlicher. Außerdem ist es niemandem erlaubt, diese todbringende Handlung für sich oder für einen anderen, der seiner Verantwortung anvertraut ist, zu erbitten, ja man darf in eine solche 〈Handlung〉 nicht einmal explizit oder implizit einwilligen. Auch kann sie keine Autorität rechtmäßig auferlegen oder erlauben. Es handelt sich nämlich um die Verletzung eines göttlichen Gesetzes, um die Beleidigung der Würde der menschlichen Person, um ein Verbrechen gegen das Leben, um einen Anschlag auf das Menschengeschlecht.

**4662**　Fieri potest ut ob diuturnos ac vix tolerandos dolores, ob rationes in animi affectibus innixas, vel ob alterius generis causas, aliqui ad persuasionem adducantur se legitime posse mortem sibi petere aut aliis afferre. Quamquam hisce in casibus hominis culpa imminui aut omnino deesse potest, nihilominus error iudicii in quem conscientia, bona fide fortasse, incidit, naturam huius actus mortiferi non mutat, qui per se repudiandus semper erit.

Es kann vorkommen, daß wegen langanhaltender und kaum erträglicher Schmerzen, aus Gründen, die auf Affekten der Seele beruhen, oder aus andersartigen Gründen manche zur Überzeugung gelangen, sie könnten rechtmäßig den Tod für sich fordern oder anderen zufügen. Obwohl sich in diesen Fällen die Schuld des Menschen verringern oder überhaupt fehlen kann, so ändert doch der Irrtum im Urteil, in den das Gewissen - vielleicht guten Glaubens - gerät, nicht die Natur dieses todbringenden Aktes, der seiner selbst wegen stets zu verwerfen sein wird.

Gravissime aegrotantium implorationes, quandoque mortem invocantium, haud intel-

Die flehentlichen Bitten von Schwerstkranken, die bisweilen den Tod erbitten, sind

ligendae sunt quasi veram euthanasiae voluntatem significent; etenim fere semper agitur de anxiis invocationibus auxilii et amoris. Praeter medicas curas, id quo aegrotus indiget, est amor, est fervidus animi affectus humanus et supernaturalis, quo proximi omnes, parentes et filii, medici et aegrotorum ministri eum complecti possunt ac debent. ...

*[550]* ... Si alia remedia non suppetunt, licet, ex consensu aegroti, media adhibere, quae novissima medicae artis inventa protulerunt, etiamsi haud satis adhuc experimentis probata sint nec aliquo periculo careant. ...

Pariter licet horum mediorum usum abrumpere, quotiescumque exitus spem in eis repositam fallit. At in hoc capiendo consilio, ratio habeatur iusti desiderii aegroti eiusque familiarium, nec non sententiae medicorum, qui vere periti sint ...

Semper licet satis habere communia remedia, quae ars medica suppeditare potest. Quapropter nemini obligatio imponenda est genus curationis adhibendi quod, etsi in usu iam est, adhuc tamen non caret periculo vel nimis est onerosum. Quae remedii recusatio comparanda non est cum suicidio: verius habenda est vel simplex acceptatio condicionis humanae ...

*[551]* ... Imminente morte, quae remediis adhibitis nullo modo impediri potest, licet ex conscientia consilium inire curationibus renuntiandi, quae nonnisi precariam et doloris plenam vitae dilationem afferre valent, haud intermissis tamen ordinariis curis, quae in similibus casibus aegroto debentur.

nicht so zu verstehen, als ob sie den wirklichen Willen zur Euthanasie zum Ausdruck brächten; es handelt sich nämlich fast immer um ängstliche Bitten um Hilfe und Liebe. Außer den ärztlichen Bemühungen ist das, wessen der Kranke bedarf, Liebe, ist glühende menschliche und übernatürliche Zuneigung des Herzens, mit der ihn alle Nahestehenden, Eltern und Kinder, Ärzte und Krankenpfleger, umfangen können und müssen. ...

**4663** ... Wenn andere Mittel nicht zur Verfügung stehen, ist es erlaubt, mit Zustimmung des Kranken Mittel anzuwenden, die die neuesten Erkenntnisse der Medizin hervorgebracht haben, auch wenn sie noch nicht genügend durch Experimente erprobt und nicht ohne jede Gefahr sind. ...

**4664** Ebenso ist es immer dann erlaubt, die Anwendung dieser Mittel abzubrechen, wenn das Ergebnis die in diese gesetzte Hoffnung nicht erfüllt. Beim Treffen einer solchen Entscheidung soll aber Rücksicht genommen werden auf den berechtigten Wunsch des Kranken und seiner Angehörigen sowie auf das Urteil von Ärzten, die wahrhaft erfahren sind ...

**4665** Immer erlaubt ist es, sich mit den gewöhnlichen Heilmitteln zu begnügen, die die Medizin zur Verfügung stellen kann. Deswegen kann keinem die Verpflichtung auferlegt werden, ein Heilverfahren anzuwenden, das, auch wenn es schon in Gebrauch ist, trotzdem noch nicht ohne Gefahr oder allzu beschwerlich ist. Eine solche Verweigerung eines Heilmittels ist nicht mit Selbstmord gleichzusetzen: vielmehr ist sie sogar für eine schlichte Annahme der menschlichen Daseinsbedingung zu halten ...

**4666** ... Bei drohendem Tod, der trotz der Anwendung von Heilmitteln auf keine Weise verhindert werden kann, ist es erlaubt, aus Gewissensgründen den Entschluß zu fassen, auf ⟨weitere⟩ Heilversuche zu verzichten, die nur eine ungewisse und schmerzvolle Verlängerung des Lebens bewirken könnten, ohne daß man jedoch die normalen Bemühungen unterläßt, die in ähnlichen Fällen dem Kranken geschuldet werden.

**4670-4674: Instruktion der Glaubenskongregation "Pastoralis actio", 20. Okt. 1980**

*Ausg.:* AAS 72 (1980) 1143-1151.

## Kindertaufe

**4670**　　12. ... Verba ... quae Iesus Nicodemo dixerat[1], Ecclesia semper ita intellexit scilicet "parvulos baptismate non esse privandos"[2]. Haec verba revera habebant formam adeo universalem atque absolutam ut a Patribus apta retinerentur ad necessitatem baptismi statuendam et a Magisterio expresse ad parvulos applicarentur:[3] pro eis quoque hoc sacramentum habendum est introitus in populum Dei[4] et propriae salutis ianua.

12. ... Die Worte ..., die Jesus dem Nikodemus gesagt hatte[1], hat die Kirche stets so verstanden, daß nämlich "Kindern die Taufe nicht vorenthalten werden darf"[2]. Diese Worte hatten in der Tat eine so allgemeine und absolute Form, daß sie von den Vätern für geeignet gehalten wurden, die Notwendigkeit der Taufe festzustellen, und vom Lehramt ausdrücklich auf die kleinen Kinder angewandt wurden[3]: auch für sie muß dieses Sakrament als Eintritt in das Volk Gottes[4] und Tor zum eigenen Heil gelten.

**4671**　　13. Sua itaque docendi et agendi ratione Ecclesia ostendit se nullam aliam novisse viam, praeter baptismum, ad certo *[1144]* procurandum parvulis ingressum in aeternam beatitudinem ...

13. Die Kirche hat daher durch ihre Lehr- und Handlungsweise gezeigt, daß sie keinen anderen Weg außer der Taufe kennt, um den kleinen Kindern mit Gewißheit den Zugang zur ewigen Seligkeit zu eröffnen ...

**4672**　　14. Quod infantes fidem suam nondum per se profiteri queunt, minime impedit quominus Ecclesia eis hoc sacramentum conferat, cum revera in sua ipsius fide eos baptizet. ...

14. Daß die Kinder ihren Glauben noch nicht von sich aus bekennen können, hindert keineswegs, daß die Kirche ihnen dieses Sakrament spendet, weil diese sie ja in Wirklichkeit in ihrem eigenen Glauben tauft. ...

**4673**　　*[1151]* 28. Magni interest in primis in memoriam revocare baptismum parvulorum habendum esse grave officium; quaestiones quae de eo pastoribus ponuntur, non aliter solvendae sunt nisi fideliter attendendo ad doctrinam et perpetuam praxim Ecclesiae.

28. Insbesondere ist es von großer Bedeutung, ins Gedächtnis zurückzurufen, daß die Taufe der kleinen Kinder für eine schwerwiegende Verpflichtung zu halten ist; Fragen, die sich darüber den Hirten stellen, sind nicht anders zu lösen als im treuen Achten auf die Lehre und fortwährende Praxis der Kirche.

**4674**　　Actio pastoralis circa parvulorum baptisma concrete regenda est duobus principiis, quorum alterum priori subicitur.

Die Pastoral in bezug auf die Taufe kleiner Kinder ist konkret an zwei Prinzipien auszurichten, deren zweites dem ersten untergeordnet ist.

---

**\*4670** [1]　Vgl. Joh 3,5.

[2]　Taufordnung für kleine Kinder, Vorbemerkungen, Nr. 2 (*Die Feier der Taufe* [Deutschsprachiges Rituale] 15 / AAS 72 [1980] 1138).

[3]　Vgl. Origenes, *In Leviticum hom.* 8,3 (PG 12,496 / W.A. Baehrens: GChSch 29 [Origenes 6] 398); *In Lucam hom.* 14,5 (PG 13,1835 / M. Rauer: GChSch 49 (35) [Origenes IX] 87f); Cyprian, Brief 59,5 (PL 3,1018B / CSEL 3/II,720); Augustinus, *De peccatorum meritis et remissione et de baptismo parvulorum* I 17-19 22-24 (PL 44,121f); *De gratia Christi et de peccato originali* I 32, n. 35 (ebd., 377); *De praedestinatione sanctorum* 13, n. 25 (ebd., 978); *Opus imperfectum contra Iulianum* V 9 (ebd., 1439); vgl. auch \*184 219 223 903f 1349. Hinzufügen kann man das Glaubensbekenntnis des Patriarchen Dositheus von Jerusalem aus dem Jahr 1672 (MaC 34,1746).

[4]　"Wenn kleine Kinder getauft werden, geschieht nichts anderes, als daß sie der Kirche einverleibt werden, das heißt, dem Leib Christi und seinen Gliedern" ("Nihil agitur aliud, cum parvuli baptizantur, nisi ut incorporentur Ecclesiae, id est, Christi corpori membrisque socientur"), schreibt der hl. Augustinus in *De peccatorum meritis et remissione et de baptismo parvulorum* III 4, n. 7 (PL 44,189); vgl. I 26, n. 38 (ebd., 131).

1) Baptismus, ad salutem necessarius, signum est et instrumentum praevenientis amoris Dei, qui ab originali peccato liberat, atque vitae divinae consortium communicat: ex se, horum bonorum donum pro parvulis differendum non est.

2) Cautiones praestandae sunt, ut hoc donum per genuinam fidei et vitae christianae educationem ita crescere possit, ut sacramentum totam suam "veritatem" attingat[1]. Istae cautiones regulariter praestantur a parentibus vel propinquis, etsi suppleri possunt variis modis in christiana communitate. Si tamen istae cautiones revera seriae non sunt, id causa esse poterit cur sacramentum differatur; si denique certo nullae sunt, sacramentum denegandum est.

1) Die zum Heil notwendige Taufe ist Zeichen und Werkzeug der zuvorkommenden Liebe Gottes, der von der Ursünde befreit und Anteil am göttlichen Leben verleiht: aufgrund seiner selbst ist das Geschenk dieser Güter für die kleinen Kinder nicht hinauszuschieben.

2) Es ist zu gewährleisten, daß dieses Geschenk durch eine echte Erziehung im Glauben und zum christlichen Leben so wachsen kann, daß das Sakrament seine ganze "Wahrheit" erlangt[1]. Diese Gewähr wird in der Regel von den Eltern oder Verwandten geleistet, auch wenn sie in der christlichen Gemeinschaft auf vielerlei Weisen ergänzt werden kann. Wenn jedoch diese Gewähr tatsächlich nicht ernsthaft ⟨gegeben⟩ ist, wird dies ein Grund sein können, weshalb das Sakrament aufgeschoben wird; wenn es schließlich mit Sicherheit keine ⟨Gewähr⟩ gibt, ist das Sakrament zu verweigern.

**4680-4685: Enzyklika "Dives in misericordia", 30. Nov. 1980**

*Ausg.:* AAS 72 (1980) 1199-1217.

### Das Wesen der Barmherzigkeit

IV. 6. ... *[1199]* ... Vis propria ac vera misericordiae non in eo solum consistit quod oculi forte vel acerrimi etiam atque clementes coniciuntur in malum morale aut physicum aut corporale; nam ex germana sua peculiarique natura comprobatur misericordia, cum aestimat, iterum fovet, extrahit bonum de omnibus mali formis in orbe terrarum atque in homine exstantibus. Ita quidem comprehensa defigit ipsa principalem doctrinam messianici nuntii Christi constitutivamque operis eius virtutem.

Eodem insuper hoc pacto intellegebant misericordiam et exercebant discipuli ipsius ac sectatores, quorum profecto in animis actisque misericordia numquam se praestare desinebat velut comprobationem apprime creatricem amoris, qui "vinci a malo" se non patitur sed qui vincit "in bono malum"[1].

IV. 6. ... Die eigentliche und wahre Bedeu-  **4680** tung der Barmherzigkeit besteht nicht nur darin, daß die Augen - auch wenn sie noch so scharf und mild sein sollten - sich auf das moralische, physische und materielle Übel richten; denn ihrer wirklichen und besonderen Natur nach zeigt sich die Barmherzigkeit, wenn sie hochschätzt, immer wieder fördert und aus allen Formen des Übels, die in der Welt und im Menschen auftreten, das Gute herauszieht. So verstanden stellt sie nämlich die Hauptlehre der messianischen Botschaft Christi und die unabdingbare Kraft seines Wirkens dar.

In eben derselben Weise haben die Barmherzigkeit überdies seine Jünger und Anhänger verstanden und geübt; in ihren Gedanken und Handlungen hörte die Barmherzigkeit ja niemals auf, sich als einen besonders schöpferischen Erweis der Liebe zu zeigen, die nicht duldet, daß sie "vom Bösen besiegt wird", sondern die "im Guten das Böse" besiegt[1].

---

**\*4674** [1]  Vgl. die Taufordnung für kleine Kinder, Vorbemerkungen, Nr. 3 (*Die Feier der Taufe* [Deutschsprachiges Rituale] 15 / AAS 72 [1980] 1138).
**\*4680** [1]  Röm 12,21.

Necesse ideo est verus misericordiae vultus ab integro semper discooperiatur. Quamquam praeiudicia varia obstant, videtur ea nostris summe necessaria temporibus.

Es ist deshalb nötig, daß das wahre Antlitz der Barmherzigkeit immer wieder von neuem enthüllt wird. Obwohl mannigfach Vorurteile entgegenstehen, scheint sie für unsere Zeiten höchst notwendig zu sein.

## Die Liebe ist stärker als der Tod

**4681**    7. ... *[1206]* ... Sua quidem in resurrectione Christus commonstravit Deum misericordis amoris idcirco plane, quod crucem in se receperat ut viam ad resurrectionem. Quam ob rem, cum crucis Christi meminimus eiusque passionis ac mortis, fides nostra et spes collineantur in Resuscitatum; in ipsum *[1207]* nominatim Christum, qui, "cum esset ... sero die illa prima sabbatorum ... stetit in medio", in Cenaculo, "ubi erant discipuli ... insufflavit et dicit eis: 'Accipite Spiritum Sanctum. Quorum remiseritis peccata, remissa sunt eis; quorum retinueritis, retenta sunt' "[1].

7. ... In seiner Auferstehung hat Christus ja gerade deshalb den Gott der barmherzigen Liebe geoffenbart, weil er als Weg zur Auferstehung das Kreuz auf sich genommen hatte. Wenn wir deshalb des Kreuzes Christi sowie seines Leidens und Todes gedenken, richten sich unser Glaube und unsere Hoffnung auf den Auferweckten, namentlich auf Christus selbst, der, "als es ... an jenem ersten Tag der Woche ⟨schon⟩ spät war", im Abendmahlssaal, "wo die Jünger waren ..., in ⟨ihre⟩ Mitte trat, ... sie anhauchte und ihnen sagt: 'Empfanget den Heiligen Geist. Denen ihr die Sünden vergebt, denen sind sie vergeben; denen ihr sie behaltet, sind sie behalten' "[1].

**4682**    Ecce Dei Filium, qui sua in resurrectione funditus persensit super se misericordiam, Patris hoc est amorem, qui morte efficacior est.

Verum idem quoque Christus Filius Dei est, qui ad terminum, immo quadamtenus ultra terminum operis messianici sui, praebet se ipse inexhaustum fontem misericordiae, eiusdem nempe amoris, quem deinceps in longiore prospectu historiae salutis in Ecclesia numquam non confirmari oportet peccato ipso potentiorem. Christus paschalis ultima ac sempiterna misericordiae quasi quaedam corporatio est illiusque vivens signum: historicum-salvificum una et eschatologicum. Hoc sane cum eodem affectu liturgia sacra paschalis temporis ponit in ore nostro Psalmi verba: "Misericordias Domini in aeternum cantabo"[1].

Siehe den Sohn Gottes, der in seiner Auferstehung von Grund aus die Barmherzigkeit über sich erfahren hat, nämlich die Liebe des Vaters, die wirkmächtiger als der Tod ist.

Derselbe Christus, der Sohn Gottes, ist es aber auch, der sich bis zum Ende, ja, in gewisser Hinsicht sogar über das Ende seines messianischen Wirkens hinaus, selbst als unerschöpfliche Quelle der Barmherzigkeit zeigt, derselben Liebe nämlich, die sich später in der weiteren Perspektive der Heilsgeschichte in der Kirche stets als mächtiger als selbst die Sünde erweisen sollte. Der österliche Christus ist gleichsam die letzte und ewige Verkörperung der Barmherzigkeit und ihr lebendes Zeichen: zugleich heilsgeschichtlich und eschatologisch. In ebendiesem Sinne legt ja die heilige Liturgie der Osterzeit die Worte des Psalms in unseren Mund: "Die Erbarmungen des Herrn will ich auf ewig besingen"[1].

## Gerechtigkeit allein genügt nicht

**4683**    *[1215]* ... 12. Proclive quidem statuere est iustitiae sensum longe lateque experrectum esse in huius temporis societate; quem sine

... 12. Es ist ja leicht festzustellen, daß in der Gesellschaft von heute weit und breit der Sinn für die Gerechtigkeit erwacht ist; dieses

---

**\*4681** [1]    Joh 20,19–23.
**\*4682** [1]    Ps 89 [88],2.

dubio affectum magis efferre omnia iustitiae adversantia, in rationibus videlicet tum inter homines coetus sociales vel "classes", tum singulas inter gentes et civitates ac tandem politicas constitutiones integras, quin inter totos etiam, ut dicunt, mundos. Altus vero ille ac multiformis animi habitus, cui hominum conscientia istius aetatis iustitiam assignavit, testatur ethicam indolem dimicationum ac pugnarum, quae orbem permeant.

Cum hominibus autem nostrorum dierum communicat Ecclesia profundum hoc fervidumque desiderium vitae iustae secundum omnes eius partes neque intermittit ponderandas proponere diversas iustitiae illius rationes, qualem postulat hominum societatumque vita. ...

Attamen intellectu haud difficile est consilia et opera, quae proficiscantur a notione iustitiae quaeque conducere debeant efficiendae iustitiae in convictu hominum coetuum societatum humanarum, saepius quidem in re ipsa deformari. Quamvis deinceps ea pergant ad eundem iustitiae conceptum sese referre, experientia nihilo minus probat iustitiam superari aliis viribus negativis uti simultate odio vel etiam crudelitate. ...

*[1216]* ... Prioris ac nostri temporis experimentum docet iustitiam ex se non sufficere solam, immo vero perducere ipsam posse ad negationem exstinctionemque sui, nisi permittat virtuti altiori illi, quae amor est, vitam humanam variis rationibus propriis confingere. ...

### Das Zeugnis der Kirche

*[1217]* ... VII. Hic ipse nostrae aetatis conspectus, qui non potest quin pariat intimam anxietatem, in mentem revocat verba, quae ob Filii Dei incarnationem exsonuerunt in Mariae cantu "Magnificat" quaeque misericordiam celebrant "in progenies et progenies".

Bewußtsein hebt zweifellos alles, was der Gerechtigkeit widerstreitet, mehr hervor, nämlich in den Beziehungen sowohl unter den Menschen, den sozialen Gruppierungen oder den "Klassen", als auch unter den einzelnen Völkern und Staaten und schließlich ganzen politischen Systemen, ja sogar unter allen sogenannten Welten. Jene tiefgehende und vielförmige Geisteshaltung aber, der das Bewußtsein der Menschen von heute die Gerechtigkeit zugewiesen hat, bezeugt den ethischen Charakter der Spannungen und Kämpfe, die den Erdkreis durchdringen.

Die Kirche aber teilt mit den Menschen **4684** unserer Tage diese tiefe und brennende Sehnsucht nach einem in all seinen Teilen gerechten Leben und hört nicht auf, die verschiedenen Aspekte jener Gerechtigkeit zu erwägen, wie sie das Leben der Menschen und Gesellschaften erfordert. ...

Es ist jedoch nicht schwer zu erkennen, daß die Pläne und Werke, die von der Vorstellung der Gerechtigkeit ausgehen und die dazu führen müssen, im Zusammenleben der Menschen und der menschlichen Gruppierungen und Gesellschaften Gerechtigkeit zu bewirken, ziemlich oft in der Wirklichkeit selbst entstellt werden. So sehr sie nun auch in der Folge fortfahren mögen, sich auf ebendiesen Begriff von Gerechtigkeit zu beziehen, so beweist die Erfahrung dennoch, daß die Gerechtigkeit durch andere, negative Kräfte, wie Eifersucht, Haß oder auch Grausamkeit überwunden wird. ...

... Die Erfahrung der Vergangenheit und der Gegenwart lehrt, daß die Gerechtigkeit aus sich allein nicht genügt, ja, daß sie sogar zur Verneinung und Auslöschung ihrer selbst führen kann, wenn sie nicht jener tieferen Kraft, welche die Liebe ist, ermöglicht, das menschliche Leben in seinen verschiedenen Bereichen zu prägen. ...

... VII. Dieser Anblick unserer Zeit, der **4685** unweigerlich innerste Betroffenheit erzeugt, ruft die Worte in Erinnerung, die anläßlich der Fleischwerdung des Sohnes Gottes im "Magnificat" Mariens ertönten und die die Barmherzigkeit "von Geschlecht zu Geschlecht" preisen.

Conservando porro eorundem verborum caelitus datorum eloquentiam in animo adhibendoque ea ad experientias ac dolores immensae hominum familiae proprios oportet Ecclesiam huius temporis induere sibi altiorem subtilioremque simul conscientiam ipsius necessitatis reddendi universo in suo opere testimonii de misericordia Dei secundum viam traditionis in Vetere ac Novo Foedere at maxime ipsius Iesu Christi eiusque Apostolorum.

Impertiat Ecclesia necesse est testimonium misericordiae Dei in Christo patefactae per totum illius munus uti Messiae; immo profiteatur eam primo loco velut salvificam fidei veritatem ac necessariam ad vitam cum illa fide congruentem; deinde enitatur inducere ipsam et quasi corporare in vita tum suorum fidelium tum, quantum fieri possit, in vita omnium bonae voluntatis hominum. Ad extremum, dum misericordiam profitetur Ecclesia fidaque permanet ei semper, ius habet atque officium invocandae Dei misericordiae, scilicet implorandae coram singulis casibus physici ac moralis mali et ante cunctas minationes, quae obscurant totum venturum vitae tempus hodierni generis humani.

Indem die Kirche von heute nun die Ausdruckskraft ebendieser vom Himmel her gewährten Worte im Herzen bewahrt und sie auf die Erfahrungen und Schmerzen, die der unermeßlichen Menschenfamilie eigen sind, anwendet, muß sie sich ein tieferes und zugleich gründlicheres Bewußtsein von der Notwendigkeit zulegen, auf den Spuren der Überlieferung im Alten und Neuen Bund und vor allem ⟨auf den Spuren⟩ Jesu Christi selbst und seiner Apostel in ihrem Wirken Zeugnis für die Barmherzigkeit Gottes zu geben.

Die Kirche muß Zeugnis für die in Christus durch seine ganze Sendung als Messias geoffenbarte Barmherzigkeit Gottes ablegen; ja, sie muß sie an erster Stelle als eine heilbringende Glaubenswahrheit und notwendig für ein mit diesem Glauben übereinstimmendes Leben bekennen; sodann muß sie sich darum bemühen, sie in das Leben sowohl ihrer Gläubigen als auch, soweit möglich, in das Leben aller Menschen guten Willens einzuführen und gleichsam Fleisch werden zu lassen. Schließlich hat die Kirche, indem sie die Barmherzigkeit bekennt und ihr stets treu bleibt, das Recht und die Pflicht, die Barmherzigkeit Gottes anzurufen, das heißt, sie angesichts der einzelnen Fälle von physischem und moralischem Übel und in Anbetracht aller Bedrohungen, welche die ganze künftige Lebenszeit des heutigen Menschengeschlechts überschatten, zu erflehen.

## 4690–4699: Enzyklika "Laborem exercens", 14. Sept. 1981

Die Enzyklika ist zum neunzigsten Jahrestag der Sozialenzyklika *Rerum novarum* entstanden und führt deren Gedanken weiter. Sie hebt die Bedeutung der Arbeit für den Menschen hervor und betont den Vorrang der Arbeit vor dem Kapital.
*Ausg.:* AAS 73 (1981) 591–616.

### Die Arbeit im Dienst des Menschen

**4690**    6. ... *[591]* ... Fontes igitur dignitatis laboris ante omnia in eius ratione non obiectiva sed subiectiva sunt exquirendi.

Si de hac re ita sentitur, fundamentum ipsum paene evanescit, cui inhaerentes veteres in varios ordines homines secundum genus laboris ab iis patrati dividebant. Inde tamen non consequitur ut opus humanum, obiectiva ipsius ratione spectata, non possit neque debeat ullo modo comprobari atque

6. ... Die Quellen der Würde der Arbeit sind also vor allem nicht in ihrer objektiven, sondern in ihrer subjektiven Beschaffenheit zu suchen.

Wenn man darüber so denkt, verschwindet förmlich die Grundlage selbst, auf der aufbauend die Alten die Menschen entsprechend der Art der von ihnen verrichteten Arbeit in verschiedene Klassen einteilten. Daraus folgt jedoch nicht, daß die menschliche Arbeit im Hinblick auf ihre objektive

extolli. Id solum est dicendum *primarium fundamentum momenti laboris esse hominem ipsum,* qui eius est subiectum. ...

Quocum ilico haec conclusio magni ponderis et indolem prae se ferens ethicam conectitur: quamvis verum sit hominem ad opus faciendum natum esse vocatumque, tamen prae primis "labor inservit homini, non homo labori". Hac ipsa conclusione merito adducimur ut praestantissimam significationem subiectivam, sensui obiectivo antecellentem, agnoscamus.

Rem ita animo concipientes atque ponentes in variis operibus ab homine factis maiorem aut minorem inesse vim obiectivam, volumus tamen aperte affirmare unumquemque laborem *aestimandum esse pro dignitate,* quae propria sit ipsius subiecti eiusdem laboris, id est personae seu *hominis opus illud facientis.*

Beschaffenheit nicht in irgendeiner Weise bewertet oder ausgezeichnet werden könnte oder sollte. Dies nur ist zu sagen, daß *die erste Grundlage für die Bedeutung der Arbeit der Mensch selbst ist,* der ihr Subjekt ist. ...

Hiermit ist sogleich die folgende sehr wichtige Schlußfolgerung ethischen Charakters verbunden: obwohl es wahr ist, daß der Mensch zur Verrichtung der Arbeit geboren und berufen ist, so "dient" dennoch in erster Linie "die Arbeit dem Menschen, nicht der Mensch der Arbeit". Durch eben diese Schlußfolgerung werden wir zu Recht veranlaßt, die ganz vorzügliche subjektive Bedeutung, welche den objektiven Sinn überragt, anzuerkennen.

Indem wir die Sache so im Geiste auffassen und voraussetzen, daß den verschiedenen vom Menschen verrichteten Arbeiten eine größere oder geringere objektive Bedeutung innewohnt, wollen wir dennoch offen betonen, daß jede einzelne Arbeit *aufgrund der Würde,* die dem Subjekt ebendieser Arbeit selbst eigen ist, das heißt, der Person bzw. *des Menschen, der diese Arbeit verrichtet, hochzuschätzen ist.*

*Kapitalismus*

7. ... *[593]* ... Notum est quidem *capitalismo* definitam significationem historicam inesse, utpote systemati, videlicet systemati oeconomico-sociali, prout socialismo vel communismo opponatur. Tamen, si ad vestigationem fundamentalis veritatis attenditur, ex qua totus cursus rerum oeconomicarum atque imprimis structurae ad bona parienda pertinentes – cuius generis est ipse labor – aestimantur, oportet agnoscere errorem *capitalismi* primigenii posse iterari, ubicumque homo, perinde ac universitas subsidiorum materialium ad bona gignenda destinatorum, quodammodo ut instrumentum, non secundum veram dignitatem laboris sui, id est non ut subiectum et auctor *[594]* atque adeo ut verus finis, ad quem totus cursus bonorum pariendorum contendit, tractetur.

7. ... Zwar ist bekannt, daß dem *Kapitalismus* als System, nämlich einem wirtschaftlich-sozialen System, eine bestimmte historische Bedeutung innewohnt, insofern er den Gegensatz zum Sozialismus oder Kommunismus bildet. Wenn man sich jedoch um die Erforschung der grundlegenden Wahrheit bemüht, nach der der ganze Wirtschaftsprozeß und insbesondere die Produktionsstrukturen – wozu die Arbeit selbst gehört – bemessen werden, so muß man anerkennen, daß sich der Irrtum eines primitiven *Kapitalismus* überall dort wiederholen kann, wo der Mensch ebenso wie die Gesamtheit der materiellen Produktionsmittel gewissermaßen als Instrument, nicht entsprechend der wahren Würde seiner Arbeit behandelt wird, das heißt, nicht als Subjekt und Urheber und deshalb als wahrer Zweck, an dem sich der ganze Produktionsprozeß ausrichtet.

**4691**

*Die Arbeit - ein Gut*

**4692**    9. ... *[599]* ... Si quis ergo significationem ethicam laboris accuratius velit describere, ad haec imprimis animum intendat oportet. Est autem labor hominis bonum - ac quidem bonum *[600]* humanitatis eius - quia per eum homo *non solum mutat naturam,* suis necessitatibus eam accommodans, sed etiam *se ipsum ut hominem perficit,* immo quodammodo "magis homo evadit".

9. ... Wer also die ethische Bedeutung der Arbeit genauer beschreiben will, muß vor allem darauf [*daß nämlich die Arbeit ein Gut für den Menschen ist*] achten. Die Arbeit ist aber ein Gut für den Menschen - und zwar ein Gut für sein Menschsein -, weil der Mensch durch sie *nicht nur die Natur umwandelt,* indem er sie seinen Bedürfnissen anpaßt, sondern auch *sich selbst als Mensch vervollkommnet,* ja gewissermaßen "mehr Mensch wird".

*Der Vorrang der Arbeit*

**4693**    *[605]* ... 12. Si hic temporis nostri status, ut est reapse, aspicitur, in cuius veluti compage tot conflictationes, ab homine excitatae, reperiuntur et instrumenta technica - fructus laboris humani praecipuas obtinent partes (monendum est hic etiam de timore cladis universalis, si forte bellum atomicum confletur vim delendi habens, quae mente fingi nullatenus potest), *[606]* imprimis oportet principium in memoriam revocetur, quod Ecclesia iugiter docuit. Quod quidem in eo est positum ut *labori priores partes deferantur quam opibus "capitalibus";* quod quidem principium ad cursum bona pariendi proxime pertinet, cuius si ratio habetur, labor semper est primaria *causa efficiens,* cum opes "capitales", quae sunt summa subsidiorum ad bona parienda, solummodo *instrumentum* sint seu causa instrumentalis. Hoc principium profecto est veritas perspicua, ex tota hominis experientia historica fluens. ... *[608]*

12. Wenn man die gegenwärtige Lage unserer Zeit, wie sie wirklich ist, betrachtet, die einem Gefüge gleicht, in dem sich so viele vom Menschen verursachte Konflikte finden und die technischen Mittel - Frucht menschlicher Arbeit - eine vorrangige Rolle spielen (zu erinnern ist hier auch an die Furcht vor einer allgemeinen Verheerung, wenn ein Atomkrieg entfacht würde, der eine Zerstörungskraft hat, die man sich in keiner Weise geistig vorstellen kann), muß man vor allem ein Prinzip ins Gedächtnis zurückrufen, das die Kirche stets gelehrt hat. Und zwar besteht es darin, daß *der Arbeit eine größere Bedeutung zukommt als dem Kapital;* und zwar betrifft dieses Prinzip unmittelbar den Produktionsprozeß; wenn es sich um ihn handelt, so ist die Arbeit stets die vorrangige *Wirkursache,* während das Kapital, das die Summe der Produktionsmittel ist, lediglich *Instrument* bzw. Instrumentalursache ist. Dieses Prinzip ist in der Tat eine offenkundige Wahrheit, die sich aus der ganzen geschichtlichen Erfahrung des Menschen ergibt. ...

**4694**    Primae partes homini in effectione bonorum tribuendae, primatus hominis respectu rerum oportet illustrentur et extollantur. Ea omnia, quae notione opum "capitalium" comprehenduntur - si haec verba valere angustius volumus - tantummodo sunt congeries rerum. Homo, prout est subiectum laboris, et nulla ratione habita operis, quod facit, solus est persona. Consecutiones, quas haec veritas affert, magni sunt momenti et vim habent decretoriam.

Die dem Menschen bei der Güterproduktion einzuräumende vorrangige Bedeutung, der Primat des Menschen gegenüber den Dingen, muß deutlich gemacht und herausgehoben werden. All das, was unter dem Begriff "Kapital" zusammengefaßt wird - wenn wir dieses Wort in seiner engeren Bedeutung nehmen wollen -, ist lediglich eine Anhäufung von Dingen. Der Mensch allein, insofern er Subjekt der Arbeit ist und ohne Rücksicht auf die Arbeit, die er verrichtet, ist Person. Die Folgerungen, die diese Wahrheit mit sich bringt, sind von großem Gewicht und haben entscheidende Bedeutung.

13. Imprimis, hac veritate menti obversante, facile intellegitur opes "capitales" non seiungi posse a labore, neque ullo modo laborem obici contra opes "capitales", neque has contra laborem; nedum ... homines certos ac definitos, qui hisce notionibus indicentur, liceat opponi alios aliis. Rectum, id est ipsi naturae quaestionis consentaneum, rectum, dicimus, id est intrinsecus verum simulque secundum mora*[609]*lem doctrinam legitimum tantum illud esse potest systema operis faciendi, quod *antinomiam inter laborem opesque "capitales"* in ipsis radicibus suis *evincat*, eo contendens, ut fingatur secundum principium supra expositum, ex quo labori partes priores eaeque essentiales et solidae sunt deferendae, ex quo indoles subiectiva labori inest humano, ex quo totum cursum bonorum gignendorum is efficienter participet, nulla habita ratione naturae operarum ab opificibus praestitarum.

13. Insbesondere wird, wenn diese Wahr- **4695** heit dem Geiste vorschwebt, leicht erkannt, daß das Kapital nicht von der Arbeit getrennt und weder die Arbeit in irgendeiner Weise in einen Gegensatz zum Kapital noch dieses in einen Gegensatz zur Arbeit gebracht werden kann; noch viel weniger ... ist es erlaubt, bestimmte und festumrissene Menschen, die mit diesen Begriffen bezeichnet werden, in einen Gegensatz zueinander zu bringen. Richtig, das heißt, der Natur des Problems selbst angemessen, richtig, sagen Wir, das heißt, innerlich wahr und gemäß der Sittenlehre rechtmäßig kann nur ein solches System der Arbeitsgestaltung sein, das schon in seinen Wurzeln die *Antinomie zwischen Arbeit und "Kapital" überwindet*, indem es darauf ausgerichtet ist, entsprechend dem oben dargelegten Prinzip gestaltet zu werden, nach dem der Arbeit die vorrangige Bedeutung, und zwar wesentlich und bleibend, einzuräumen ist, nach dem der menschlichen Arbeit ein subjektiver Charakter innewohnt, nach dem diese am ganzen Produktionsprozeß wirksam teilhat, ohne Berücksichtigung der Natur der von den Arbeitern erbrachten Leistungen.

### Das Recht auf Eigentum

14. ... *[613]* ... Numquam traditio christiana ius illud affirmavit veluti absolutum et inviolabile. Contra vero id accepit semper latiore in ambitu communis omnium iuris ad bona totius creationis adhibenda: videlicet *ius privati dominii, quatenus iuri usus communis* destinationique bonorum universali subicitur.

14. ... Niemals hat die christliche Überlie- **4696** ferung dieses Recht *[auf Besitz]* als absolut und unantastbar angesehen. Vielmehr hat sie es im Gegenteil stets im weiteren Rahmen des gemeinsamen Rechtes aller aufgefaßt, die Güter der ganzen Schöpfung zu verwenden: nämlich als *Recht auf Privateigentum, insofern es dem Recht auf gemeinsamen Gebrauch* und der allgemeinen Bestimmung der Güter unterworfen ist.

Praeterea possessio numquam secundum Ecclesiae praecepta ita est intellecta ut causam inferre secum posset socialis contentionis in opere ipso faciendo. Sicut iam est prius hisce in paginis monitum, comparatur possessio ante omnia per laborem ut serviat labori. Respicitur hic particulatim dominium instrumentorum ad bona parienda. Si autem ea seiunctim considerantur tamquam universitas possessionum circumscripta, quae, formam praeferens opum "capitalium, opponatur labori, vel etiam ut opus quaestui habe-

Außerdem wurde der Besitz nach den **4697** Lehren der Kirche niemals so verstanden, daß er einen Anlaß für einen sozialen Konflikt im Arbeitsprozeß mit sich bringen könnte. Wie schon zuvor auf diesen Seiten betont wurde, wird der Besitz vor allem durch Arbeit erworben, um der Arbeit zu dienen. Dabei wird insbesondere das Eigentum an Produktionsmitteln berücksichtigt. Wenn diese aber für sich getrennt betrachtet werden als festumschriebene Gesamtheit von Besitztümern, die in der Form des Kapitals der

atur, hoc adversatur naturae ipsi horum instrumentorum eorumque possessioni.

Etenim non possunt illa *possideri contra opus*; nec possunt quidem *possideri ut possideantur,* quoniam una ratio legitima eorum possessionis – tum sub forma privati dominii tum sub *[614]* possessionis publicae vel collectivae figura – ea *est ut labori deserviant.* Ideoque, dum operi proficiunt, efficere debent ut primum huius ordinis principium compleatur, quod est universalis destinatio bonorum iusque communis usus eorum. Ex hac igitur iudicandi ratione, nempe in consideratione operis humani communisque accessus ad bona hominibus destinata, non excludenda est, opportunis servatis condicionibus, socialis illa in commune collatio instrumentorum ad bona gignenda. ...

**4698**    *[615]* Si igitur sententiam oporteat *capitalismi rigidi* perpetuo recognosci ut, ratione habita iurium hominis, latissimo sensu intellectorum et coniunctorum cum eiusdem hominis opere, emendetur, itidem propterea est affirmandum multiplices has ac tantopere optatas reformationes non posse ad effectum adduci per abolitionem, ex antecapto iudicio factam, possessionis privatae instrumentorum ad bona gignenda. Nam necesse animadverti est solam amotionem illorum effectionis bonorum instrumentorum (opum "capitalium") a dominis ipsorum privatis haud sufficere ut in commune collatio eorum debito modo eveniat. Etenim cessant iam ad certum quendam hominum numerum pertinere, id est ad dominos privatos, ut possessio fiant constitutae societatis, dum administrationi subiacent gubernationique proximae alte*[616]*rius hominum manipuli, eorum videlicet, qui, etsi dominium iis deest, sed in societate ipsa imperium adest, *utuntur* illo imperio ad regendam omnem nationis oeconomiam vel loci alicuius.

Arbeit gegenübersteht oder auch als notwendig für die Gewinnschöpfung betrachtet wird, so widerstreitet dies der Natur dieser Mittel selbst und ihrem Besitz.

Man kann sie nämlich nicht *gegen die Arbeit besitzen*; man kann sie freilich auch nicht *besitzen, um sie zu besitzen*, weil der einzige rechtmäßige Grund für ihren Besitz – sowohl in der Form des Privateigentums als auch in der Gestalt des öffentlichen oder kollektiven Besitzes – der *ist, daß sie der Arbeit dienen*. Und deshalb müssen sie, indem sie der Arbeit nützen, bewirken, daß das erste Prinzip dieser Ordnung erfüllt wird, welches die allgemeine Bestimmung der Güter und das gemeinsame Recht auf ihren Gebrauch ist. Nach diesem Urteilskriterium also, nämlich in Anbetracht der menschlichen Arbeit und des gemeinsamen Zugangs zu den für die Menschen bestimmten Gütern, ist unter Beachtung angemessener Bedingungen die Vergesellschaftung von Produktionsmitteln nicht auszuschließen. ...

Wenn man also die Auffassung des *strengen Kapitalismus* ständig überarbeiten muß, damit sie unter Berücksichtigung der Menschenrechte – im weitesten Sinne verstanden und verbunden mit der Arbeit ebendieses Menschen – verbessert wird, so ist deswegen gleichfalls zu betonen, daß diese vielfältigen und so sehr erwünschten Reformen nicht durch die aufgrund eines vorgefaßten Urteils erfolgte Abschaffung des Privatbesitzes an Produktionsmitteln verwirklicht werden kann. Denn man muß beachten, daß der bloße Entzug jener Produktionsmittel (des Kapitals) von ihren privaten Eigentümern weg nicht genügt, damit ihre Vergesellschaftung in gebührender Weise erfolgt. Sie hören nun nämlich auf, einer bestimmten Zahl von Menschen zu gehören, das heißt, den Privateigentümern, so daß sie zum Besitz einer fest bestimmten Gesellschaft werden, wobei sie der Verwaltung und unmittelbaren Kontrolle einer anderen Handvoll Menschen unterliegen, denen nämlich, die zwar kein Eigentum besitzen, aber in der Gesellschaft selbst die Herrschaft innehaben und so diese Herrschaft *gebrauchen*, um die ganze Wirtschaft einer Nation oder eines Ortes zu lenken.

Hic porro coetus moderatorum auctorumque potest consentanea ratione propria exsequi munera, ad laboris primatum quod attinet; atqui potest illa perperam quoque procurare, si sibi eodem tempore vindicat *unam auctoritatem administrandi* instrumenta bonorum effectionis iisque utendi, neque abstinet se offensione quidem primariorum hominis iurium. Sic profecto sola translatio instrumentorum effectionis bonorum ad possessionem Civitatis secundum *collectivismi* placitum nequaquam respondet collationi in commune illius dominii.

Loqui enim de eiusmodi collatione in commune tum solum licebit, cum subiectiva societatis condicio praestita erit, id est cum unusquisque suo pro opere proprio habere se simul iure pleno poterit compossessorem ingentis illius quasi sedis operis faciendi, in qua una ipse cum ceteris elaborat.

Diese Gruppe verantwortlicher Führungs- **4699** kräfte kann nun die ihr eigenen Aufgaben, was den Primat der Arbeit anbelangt, in angemessener Weise erfüllen; sie kann diese aber auch schlecht besorgen, wenn sie gleichzeitig für sich die *alleinige Autorität* beansprucht, die Produktionsmittel *zu verwalten* und sie zu gebrauchen, und sich nicht einmal der Verletzung grundlegender Menschenrechte enthält. So entspricht in der Tat die bloße Überführung von Produktionsmitteln in Staatsbesitz gemäß der Lehre des *Kollektivismus* keineswegs einer Vergesellschaftung dieses Eigentums.

Von einer solchen Vergesellschaftung wird man nämlich nur dann reden dürfen, wenn die subjektive Verfaßtheit der Gesellschaft gewährleistet sein wird, das heißt, wenn ein jeder sich aufgrund seiner eigenen Arbeit zugleich mit vollem Recht für den Mitbesitzer jenes gewaltigen "Arbeitsplatzes" halten kann, an dem er selbst zusammen mit den anderen arbeitet.

**4700-4716: Apostolisches Mahnschreiben "Familiaris consortio", 22. Nov. 1981**

*Ausg.:* AAS 74 (1982) 92-149.

### *Die Berufung des Menschen zur Liebe*

11. ... *[92]* ... Cognoscit revelatio christiana proprios modos duos implendi hanc ad amorem vocationem personae humanae omnibus ex eius partibus: matrimonium ac virginitatem. Utrumque sub forma propria est solida quaedam declaratio veritatis altissimae de homine, veritatis scilicet, ex qua "est ad Dei imaginem".

Sexualitas ideo, per quam vir ac femina se dedunt vicissim actibus coniugum propriis sibi ac peculiaribus, minime quiddam est dumtaxat biologicum, sed tangit personae humanae ut talis veluti nucleum intimum. Sexualitas modo vere humano expletur tantummodo, si est pars complens amoris, quo vir et femina sese totos mutuo usque ad mortem obstringunt.

Tota physica corporum donatio mendacium esset, nisi signum fructusque esset totius donationis personalis, in qua universa

11. ... Die christliche Offenbarung kennt **4700** zwei eigentümliche Weisen, diese Berufung der menschlichen Person zur Liebe in all ihren Teilen zu erfüllen: die Ehe und die Jungfräulichkeit. Beides ist in seiner je eigenen Form eine konkrete Verwirklichung der höchsten Wahrheit vom Menschen, der Wahrheit nämlich, gemäß der er "nach dem Bilde Gottes ist".

Deshalb ist die Sexualität, in der sich **4701** Mann und Frau in den ihnen eigenen und vorbehaltenen Akten der Ehegatten gegenseitig hingeben, keineswegs etwas lediglich Biologisches, sondern sie berührt gleichsam den innersten Kern der menschlichen Person als solcher. In wahrhaft menschlicher Weise wird Sexualität nur vollzogen, wenn sie ein Bestandteil der Liebe ist, mit der sich Mann und Frau bis zum Tod ganz aneinander binden.

Die physische Ganzhingabe der Leiber wäre eine Lüge, wenn sie nicht Zeichen und Frucht einer personalen Ganzhingabe wäre,

persona, etiam secundum temporalem rationem, praesens adest: si enim aliquid homo sibi retineret vel facultatem aliud postea statuendi, iam idcirco se non totum donaret.

in der die gesamte Person, auch in zeitlicher Hinsicht, gegenwärtig ist: wenn sich nämlich der Mensch etwas vorbehielte, und wäre es auch nur die Möglichkeit, sich später anders zu entscheiden, gäbe er sich schon deswegen nicht ganz hin.

**4702**    Haec universalitas amore coniugali postulata convenit etiam consciae fecunditatis postulationibus, quae, cum ad hominem generandum dirigatur, superat natura sua ordinem simpliciter biologicum ac complectitur bonorum personalium summam, quae ut convenienter crescat, necessariae sunt continuae concordesque amborum coniugum partes.

Diese in der ehelichen Liebe erforderte Ganzheit entspricht auch den Forderungen einer verantworteten Fruchtbarkeit, die, da sie sich auf die Zeugung eines Menschen richtet, ihrer Natur nach die rein biologische Ordnung übersteigt und eine Fülle personaler Werte umgreift, zu deren angemessenem Wachstum die beständigen und einträchtigen Beiträge der beiden Ehegatten notwendig sind.

**4703**    Unicus autem "locus", ubi haec donatio accidere potest ex omni sua veritate, matrimonium est sive amoris coniugalis foedus vel conscia ac libera electio, qua vir ac mulier in se recipiunt vitae amorisque communitatem intimam, a Deo ipso *[93]* praestitutam[1], quae hac tantum ratione germanam suam ostendit significationem.

Der einzige "Ort" aber, wo sich diese Hingabe in ihrer ganzen Wahrheit ereignen kann, ist die Ehe bzw. der Bund der ehelichen Liebe oder die bewußte und freie Wahl, in der Mann und Frau die von Gott selbst vorherbestimmte innigste Lebens- und Liebesgemeinschaft in sich aufnehmen[1], die nur auf diese Weise ihre wahre Bedeutung offenbart.

Coniugale institutum non est illegitimus quidam interventus societatis vel auctoritatis neque exterior formae impositio, verum interior necessitas ipsius foederis amoris coniugalis, qui palam affirmatur tamquam unicus et peculiaris omnino ut ex fidelitate erga Dei conditoris consilium vivatur. Haec fidelitas tantum abest ut personae libertatem restinguat ut tuto eam defendat ab omni subiectiva et relativa ratione eamque Sapientiae creatricis reddat participem.

Die Institution der Ehe ist weder ein ungerechtfertigter Eingriff der Gesellschaft oder einer Autorität noch ein äußerliches Auferlegen einer Form, sondern eine innere Notwendigkeit des Bundes der ehelichen Liebe selbst, die in der Öffentlichkeit als etwas Einziges und in jeder Hinsicht Besonderes bekräftigt wird, um in Treue gegenüber dem Plan des Schöpfergottes zu leben. Weit davon entfernt, die Freiheit der Person auszulöschen, schützt diese Treue sie vielmehr vor jedem Subjektivismus und Relativismus und macht sie zur Teilhaberin an der schöpferischen Weisheit.

*Die Ehegatten als Zeugen des Heils*

**4704**    13. ... *[95]* Nam per baptismum vir et femina semel et in perpetuum inseruntur in Novum Aeternumque Foedus, in sponsale Foedus Christi cum Ecclesia; et ob hanc indelebilem insertionem extollitur intima vitae amorisque coniugalis communitas condita a Creatore[1] assumiturque in sponsalem Christi

13. ... Denn durch die Taufe werden Mann und Frau ein für allemal in den Neuen und Ewigen Bund, in den bräutlichen Bund Christi mit der Kirche, eingefügt; und aufgrund dieser untilgbaren Einfügung wird die vom Schöpfer begründete innigste eheliche Lebens- und Liebesgemeinschaft[1] erhöht und in

---

*4703 [1]    Vgl. 2. Vatikanisches Konzil, Pastoralkonstitution über die Kirche in der Welt von heute "Gaudium et spes", Nr. 48 (AAS 58 [1966] 1067f).
*4704 [1]    Vgl. ebd., Nr. 48 (AAS 58,1067).

caritatem, firmatam ac ditatam redemptrice Ipsius virtute.

Propter sacramentalem matrimonii sui indolem coniuges inter se vinciuntur maxime indissolubili ratione. Quoniam mutuo ad se pertinent, iam revera per signum sacramentale commonstrant ipsam Christi coniunctionem cum Ecclesia.

Coniuges igitur sunt pro Ecclesia recordatio perpetua illius rei, quae in Cruce evenit; sibi vicissim et filiis sunt testes salutis, cuius eos efficit consortes sacramentum. Illius salutiferi eventus matrimonium, sicut quodvis sacramentum, est memoriale et exsecutio et vaticinium: "hoc in memoriali sacramentum illis gratiam tribuit et officium memoriae agendae magnorum Dei operum ac de illis testimonii reddendi coram filiis; uti salutis exsecutio tribuit iis gratiam et officium implendi iam nunc inter se et erga filios postulata amoris ignoscentis redimentisque; uti vaticinium gratiam tribuit iis et officium vivendi e spe futurae congressionis cum Christo eamque testandi"[1].

die bräutliche Liebe Christi aufgenommen, die durch seine erlösende Kraft bestärkt und bereichert ist.

Wegen des sakramentalen Charakters ihrer Ehe binden sich die Ehegatten auf zutiefst unauflösbare Weise aneinander. Weil sie sich gegenseitig gehören, bekunden sie durch das sakramentale Zeichen wirklich die Verbindung Christi mit der Kirche. **4705**

Die Ehegatten sind daher für die Kirche eine ständige Erinnerung an das, was am Kreuz geschehen ist; sie sind füreinander und für ihre Kinder Zeugen des Heils, zu dessen Teilhabern sie das Sakrament macht. Wie jedes Sakrament ist die Ehe Gedächtnis, Vollzug und Weissagung jenes heilbringenden Geschehens: "In diesem Gedächtnis verleiht ihnen das Sakrament die Gnade und die Pflicht, der Großtaten Gottes zu gedenken und vor ihren Kindern von ihnen Zeugnis abzulegen; als Vollzug des Heils verleiht es ihnen die Gnade und die Pflicht, schon jetzt untereinander und gegenüber ihren Kindern die Forderungen einer verzeihenden und erlösenden Liebe zu erfüllen; als Weissagung verleiht es ihnen die Gnade und die Pflicht, aus der Hoffnung auf die künftige Begegnung mit Christus zu leben und sie zu bezeugen"[1]. **4706**

## Die Kirche als Anwältin des Lebens

*[114]* ... 29. Idcirco omnino quod coniugum amor participatio singularis est vitae mysterii atque ipsius Dei amoris, se scit *[115]* Ecclesia peculiare recepisse officium custodiendae et tuendae excelsae dignitatis matrimonii necnon gravissimum munus vitae humanae tradendae.

Ideo traditionem vivam ecclesialis communitatis per historiae aetates persecutum, tum recens Concilium Vaticanum Secundum tum Decessoris nostri Pauli VI magisterium, enuntiatum maxime in Encyclicis Litteris *Humanae vitae,* aperuerunt nostris temporibus propheticum vere nuntium, qui affirmat rursus et inculcat luculenter Ecclesiae doctrinam ac normam semper antiquas semperque

... 29. Gerade deshalb, weil die Liebe der Ehegatten eine einzigartige Teilhabe am Geheimnis des Lebens und an der Liebe Gottes selbst ist, ist sich die Kirche bewußt, daß sie die besondere Pflicht, die erhabene Würde der Ehe zu wahren und zu schützen, sowie die äußerst schwere Aufgabe, das menschliche Leben weiterzugeben, übernommen hat. **4707**

Deshalb haben im Anschluß an die lebendige Überlieferung der kirchlichen Gemeinschaft durch die Zeiten der Geschichte hindurch sowohl das jüngste 2. Vatikanische Konzil als auch das Lehramt unseres Vorgängers Pauls VI., ausgedrückt vor allem in der Enzyklika "*Humanae vitae*", unseren Zeiten eine wahrhaft prophetische Botschaft erschlossen, welche die stets alte und stets neue **4708**

---

**\*4706** [1] Johannes Paul II., Ansprache an die Delegierten des "Centre de Liaison des Equipes de Recherche", 3. Nov. 1979, Nr. 3 (*Insegnamenti di Giovanni Paolo II*, II 2 [Rom 1979] 1032).

novas de matrimonio humanaeque vitae transmissione.

**4709**    Hac de causa Synodi Patres in ultimo Coetu haec ipsa verba sunt elocuti: "Haec Sacra Synodus in unitate fidei cum Successore Petri congregata firmiter tenet quae in Concilio Vaticano II[1] et postea in Encyclica *Humanae vitae* proponuntur et in specie quod amor coniugalis debet esse plene humanus, exclusivus et apertus ad novam vitam"[2]. ...

**4710**    30. ... *[116]* ... Ecclesia destinatur ad omnibus iterum significandam – clariore quidem et firmiore persuasione – voluntatem suam promovendi omnibus viribus ac tuendi contra insidias cunctas vitam humanam, quacumque in condicione aut gradu progressionis reperitur.

**4711**    Idcirco Ecclesia damnat velut gravem dignitatis humanae *[117]* iustitiaeque offensionem illa opera omnia regiminum vel aliarum auctoritatum publicarum, quae eo spectant ut quovis modo libertatem coniugum circumscribant decernendi de filiis.

Proinde quaelibet vis talibus a magistratibus illata pro conceptionis impedimento, immo etiam pro ipsa *sterilizatione,* quae dicitur, et abortu procurato, prorsus damnanda est et vehementer repellenda.

Pariter tamquam aliquid graviter iniustum exsecrari oportet, quod in rationibus publicis inter nationes intercedentibus subsidia oeconomica adiuvandis populis concessa temperantur secundum consilia adversus conceptionem et *sterilizationi* necnon abortui procurato faventia[1].

Lehre und Norm der Kirche über die Ehe und die Weitergabe des menschlichen Lebens wieder bestätigt und nachdrücklich einschärft.

Aus diesem Grund haben die Väter der Synode auf ihrer letzten Versammlung wörtlich erklärt: "Diese in der Einheit des Glaubens mit dem Nachfolger des Petrus versammelte Heilige Synode hält an dem fest, was auf dem 2. Vatikanischen Konzil[1] und später in der Enzyklika *"Humanae vitae"* vorgelegt wird, und zwar insbesondere, daß die eheliche Liebe voll menschlich, ausschließlich und auf neues Leben hin offen sein muß"[2]. ...

30. ... Die Kirche ist verpflichtet, von neuem – und zwar mit klarerer und festerer Überzeugung – allen ihre Entschlossenheit zu bekunden, das menschliche Leben mit allen Kräften gegen alle Nachstellungen zu fördern und zu schützen, ganz gleich, in welchem Zustand oder Entwicklungsstadium es sich befindet.

Deshalb verurteilt die Kirche als schweren Verstoß gegen die menschliche Würde und die Gerechtigkeit all jene Handlungen von Regierungen oder anderen öffentlichen Autoritäten, die darauf abzielen, die Freiheit der Ehegatten, über Kinder zu entscheiden, in irgendeiner Weise einzuschränken.

Folglich ist jede von solchen Behörden verhängte gewaltsame Maßnahme zugunsten der Empfängnisverhütung oder gar zugunsten der sogenannten *Sterilisation* und des Vollzugs der Abtreibung völlig zu verurteilen und scharf zurückzuweisen.

In gleicher Weise muß als ein schweres Unrecht verdammt werden, daß in den internationalen Beziehungen Wirtschaftshilfen, die zur Unterstützung der Völker gewährt werden, von Programmen gegen die Empfängnis und für die *Sterilisation* sowie den Vollzug der Abtreibung abhängig gemacht werden[1].

---

**\*4709** [1]    Vgl. 2. Vatikanisches Konzil, Pastoralkonstitution über die Kirche in der Welt von heute *"Gaudium et spes"*, Nr. 50 (AAS 58 [1966] 1070f).

[2]    Propositio 22. Der Schluß von Nr. 11 der Enzyklika *"Humanae vitae"* lautet: "Indem die Kirche die Menschen ermahnt, die Gebote des natürlichen Gesetzes zu beachten, das sie in ihrer beständigen Lehre auslegt, lehrt sie nun aber, daß es notwendig ist, daß *jedweder Vollzug der Ehe* von sich aus auf die Erzeugung menschlichen Lebens ausgerichtet bleibt" ("Verumtamen Ecclesia, dum homines commonet de observandis praeceptis legis naturalis, quam constanti sua doctrina interpretatur, id docet necessarium esse, ut *quilibet matrimonii usus* ad vitam humanam procreandam per se destinatus permaneat": AAS 60 [1968] 488; \*4475).

**\*4711** [1]    Vgl. die Botschaft der 6. Bischofssynode an die christlichen Familien von heute, 24. Okt. 1980, Nr. 5.

## Charta der Familienrechte

*[137]* ... 46. ... palam fortiterque Ecclesia defendit familiae iura ab intolerabilibus societatis et Civitatis abusibus. Parti*[138]*culatim vero Synodi Patres haec, quae sequuntur, familiae iura, inter alia, memorarunt:

– Existendi et progrediendi ut familia, i.e. ius omnis hominis, praesertim etiam pauperum ad familiam condendam et aptis subsidiis sustentandam.

– Exercendi suum munus in vita transmittenda atque filios educandi.

– Intimitatis vitae et coniugalis et familiaris.
– Stabilitatis vinculi atque institutionis matrimonialis.
– Credendi et profitendi propriam fidem, eamque propagandi.

– Educandi filios iuxta proprias traditiones et valores religiosos, necnon culturales, instrumentis, mediis atque institutionibus necessariis.

– Obtinendi securitatem physicam, socialem, politicam, oeconomicam, praesertim pauperum et infirmorum.
– Ius ad habitationem aptam vitae familiae rite ducendae.

– Expressionis et repraesentationis coram publicis auctoritatibus oeconomicis, socialibus et culturalibus eisque subiacentibus, sive per se, sive ope consociationum.

– Consociationes creandi cum aliis familiis et institutionibus, ut apte et sollerter suum munus adimpleat.

– Protegendi minorennes ope adaequatarum institutionum et legislationum, contra nociva pharmaca, pornographiam, alcoholismum, etc.
– Honesti otii quod simul valores familiae foveat.
– Ius senum ad dignam vitam et dignam mortem.

46. ... Offen und nachdrücklich verteidigt **4712** die Kirche die Rechte der Familie vor den unerträglichen Mißbräuchen der Gesellschaft und des Staates. Im einzelnen haben die Väter der Synode aber unter anderem diese folgenden Rechte der Familie erwähnt:

– ⟨Das Recht,⟩ als Familie zu leben und sich zu entwickeln, d. h. das Recht jedes Menschen, besonders auch der Armen, eine Familie zu gründen und mit angemessenen Mitteln zu unterhalten.

– ⟨Das Recht,⟩ seine Aufgabe bei der Weitergabe des Lebens und der Erziehung der Kinder zu erfüllen.

– ⟨Das Recht⟩ auf Intimität für das Ehe- und Familienleben.
– ⟨Das Recht⟩ auf Beständigkeit der ehelichen Bindung und Institution.
– ⟨Das Recht,⟩ seinen eigenen Glauben zu glauben und zu bekennen und ihn zu verbreiten.

– ⟨Das Recht,⟩ seine Kinder nach den eigenen religiösen sowie kulturellen Überlieferungen und Werten mit den notwendigen Hilfen, Mitteln und Einrichtungen zu erziehen.

– ⟨Das Recht⟩ auf physische, soziale, politische und wirtschaftliche Sicherheit, besonders der Armen und der Kranken.
– Das Recht auf eine Wohnung, die geeignet ist, das Familienleben angemessen zu führen.

– ⟨Das Recht, seine Ansprüche⟩ vor den wirtschaftlichen, gesellschaftlichen und kulturellen öffentlichen Autoritäten und den ihnen untergeordneten Stellen auszudrücken und zu vertreten, sei es persönlich oder mit Hilfe von Verbänden.

– ⟨Das Recht,⟩ zusammen mit anderen Familien und Institutionen Verbände zu gründen, um seine Aufgabe angemessen und gebührend zu erfüllen.

– ⟨Das Recht,⟩ Minderjährige mit Hilfe angemessener Einrichtungen und Gesetzgebungen vor schädlichen Medikamenten, Pornographie, Alkoholismus usw. zu schützen.

– ⟨Das Recht⟩ auf eine sinnvolle Freizeit, die zugleich die Werte der Familie fördert.
– Das Recht der Alten auf ein würdiges Leben und einen würdigen Tod.

- Ius emigrandi tamquam familia ad meliorem vitam quaerendam[1].

- Das Recht, als Familie auszuwandern, um bessere Lebensbedingungen zu suchen[1].

*Die Ehe als Quelle der Heiligkeit*

**4713**  *[148]* ... 56. Proprius fons et singulare instrumentum sanctificationis coniugum familiaeque christianae est matrimonii sacramentum, quod sanctificantem baptismi gratiam resumit et perficit. Propter mortis et resurrectionis Christi mysterium, in quod christianum matrimonium homines denuo immittit, purificatur coniugalis amor et sanctificatur: "Hunc amorem Dominus, speciali gratiae et caritatis dono, sanare, perficere elevare dignatus est"[1].

Iesu Christi donum minime totum positum est in sacramenti matrimonii celebratione, verum coniuges fulcit in vitae eorum perpetuitate. ...

**4714**  *[149]* ... Universalis ad sanctitatem vocatio ad coniuges similiter et ad christianos pertinet parentes: pro illis definitur e sacramento celebrato et modo *concreto* transfertur in res ipsas coniugalis ac familiaris vitae proprias[1]. Hinc gratia enascitur et necessitas verae altaeque *spiritualitatis coniugalis et familiaris,* quae ad argumenta revocatur creationis, foederis, Crucis, resurrectionis necnon signi, in quibus saepenumero Synodus est immorata.

**4715**  Christianum matrimonium, perinde ac sacramenta cuncta, quae "ordinantur ad sanctificationem hominum, ad aedificationem Corporis Christi, ad cultum denique Deo reddendum"[1], in se ipso est liturgicus actus glorificationis Dei in Christo Iesu et in Ecclesia: eo celebrando profitentur coniuges christiani gratum erga Deum animum suum de praecelso dono sibi concesso ut iterum vivere valeant sua in exsistentia coniugali ac familiari ex ipso Dei amore in omnes homines et in Domini Iesu Ecclesiam, ipsius Sponsam.

... 56. Die eigentliche Quelle und das einzigartige Mittel zur Heiligung der Ehegatten und der christlichen Familie ist das Sakrament der Ehe, das die heiligmachende Gnade der Taufe aufgreift und vollendet. Durch das Geheimnis des Todes und der Auferstehung Christi, in das die christliche Ehe die Menschen von neuem einsenkt, wird die eheliche Liebe gereinigt und geheiligt: "Der Herr hat sich herabgelassen, diese Liebe mit der besonderen Gabe seiner Gnade und Liebe zu heilen, zu vollenden und zu erhöhen"[1].

Die Gabe Jesu Christi besteht keineswegs ganz in der Feier des Ehesakramentes, sondern stärkt die Ehegatten in ihrem gesamten Leben. ...

... Die allgemeine Berufung zur Heiligkeit erstreckt sich ebenso auf die Ehegatten und auf die christlichen Eltern: sie bestimmt sich für sie aus dem gefeierten Sakrament und wird *konkret* auf die dem Ehe- und Familienleben eigenen Angelegenheiten übertragen[1]. Daraus erwächst die Gnade und die Verpflichtung zu einer wahren und tiefen *Ehe- und Familienspiritualität,* die sich an den Themen Schöpfung, Bund, Kreuz, Auferstehung sowie Zeichen ausrichtet, bei denen die Synode oftmals verweilte.

Die christliche Ehe ist wie alle Sakramente, die "auf die Heiligung der Menschen, auf den Aufbau des Leibes Christi und schließlich auf die Gott geschuldete Verehrung hingeordnet sind"[1], in sich selbst ein liturgischer Akt der Verherrlichung Gottes in Christus Jesus und in der Kirche: indem sie sie feiern, bekunden die christlichen Ehegatten ihre dankbare Gesinnung gegenüber Gott wegen des ihnen gewährten erhabenen Geschenkes, daß sie in ihrem Ehe- und Familienleben wiederum aus der Liebe Gottes selbst gegen-

---

*4712 [1]  Vgl. Propositio 42.
*4713 [1]  2. Vatikanisches Konzil, Pastoralkonstitution über die Kirche in der Welt von heute *"Gaudium et spes"*, Nr. 49 (AAS 58 [1966] 1070).
*4714 [1]  Vgl. 2. Vatikanisches Konzil, Dogmatische Konstitution über die Kirche *"Lumen gentium"*, Nr. 41 (AAS 57 [1965] 47).
*4715 [1]  2. Vatikanisches Konzil, Konstitution über die heilige Liturgie *"Sacrosanctum Concilium"*, Nr. 59 (AAS 56 [1964] 116).

über allen Menschen und gegenüber der Kirche des Herrn Jesus, seiner Braut, leben können.

Et sicut ex sacramento in coniuges derivatur donum et obligatio, unde sanctificationem acceptam vivendo cotidie experiantur, ita eodem ex sacramento gratia profluit et morale officium universae eorum vitae transformandae in perpetuas "spiritales hostias"[1].

Etiam ad coniuges et parentes christianos, praesertim in terrenis his temporariisque rebus, quae eos denotant, verba Concilii adhibentur: "Sic et laici, qua adoratores ubique sancte agentes, ipsum mundum Deo consecrant"[2].

Und wie sich aus dem Sakrament für die **4716** Ehegatten die Gabe und Aufgabe ergeben, die empfangene Heiligung im täglichen Leben in die Tat umzusetzen, so entspringt aus demselben Sakrament die Gnade und die moralische Verpflichtung, ihr ganzes Leben zu beständigen "geistlichen Opfern"[1] umzugestalten.

Auch für die christlichen Ehegatten und Eltern gelten, vor allem in diesen irdischen und zeitlichen Dingen, die sie prägen, die Worte des Konzils: "So weihen auch die Laien, indem sie als Anbeter überall heilig handeln, die Welt selbst Gott"[2].

---

**4720-4723: Instruktion der Glaubenskongregation "Sacerdotium ministeriale", 6. Aug. 1983**

In der nachkonziliaren Amtsdiskussion wurde auf dem Hintergrund des wachsenden Priestermangels verstärkt vom "Recht der Gemeinde auf Eucharistie" bzw. vom "Recht der Gemeinde auf einen Priester" gesprochen (vgl. E. Schillebeeckx, *Kerkelijk Ambt. Voorgangers in de gemeente van Jezus Christus* [Bloemendaal 1980²]; dt. Ausg.: *Das kirchliche Amt* [Düsseldorf 1981]). Dabei wurde auch vereinzelt der Zusammenhang von Weihesakrament und Eucharistie in Frage gestellt, etwa in der Eucharistiepraxis einzelner italienischer und holländischer Basisgemeinden. Das Schreiben der Glaubenskongregation wendet sich gegen "irrige Meinungen" namentlich nicht genannter Theologen über die Apostolizität der Kirche, das Verhältnis von Amt und Gemeinde und das Verständnis der Eucharistie.
*Ausg.:* AAS 75 (1983) 1002–1004.

*Der Diener der Eucharistie*

1. Novarum opinionum fautores affirmant quamlibet christianam communitatem, eo ipso quod adunatur in nomine Christi ac proinde indivisa Eius praesentia fruitur [*cf. Mt 18,20*], omnibus gaudere potestatibus, quas Dominus Ecclesiae suae concedere voluit.

Praeterea existimant Ecclesiam esse apostolicam hoc sensu, quod omnes, qui per sacrum Baptisma abluti sunt eidemque aggregati et muneris Christi sacerdotalis, prophetici et regalis participes facti revera etiam Apostolorum successores habendi sunt. Quoniam vero in Apostolis Ecclesia tota praefiguratur, inde sequeretur ut verba quoque institutionis Eucharistiae, ad eos quidem directa, omnibus destinata essent.

1. Die Förderer der neuen Meinungen behaupten, jede beliebige christliche Gemeinde **4720** erfreue sich schon aufgrund dessen, daß sie sich im Namen Christi versammelt und daher seine ungeteilte Gegenwart genießt [*vgl. Mt 18,20*], aller Vollmachten, die der Herr seiner Kirche zugestehen wollte.

Außerdem meinen sie, die Kirche sei in dem Sinn apostolisch, daß alle, die durch die heilige Taufe abgewaschen, ihr angegliedert und des priesterlichen, prophetischen und königlichen Amtes Christi teilhaftig geworden sind, auch tatsächlich für Nachfolger der Apostel zu halten seien. Weil aber in den Aposteln die ganze Kirche vorgebildet wird, folge daraus, daß auch die Einsetzungsworte der Eucharistie, die ja an sie gerichtet waren, für alle bestimmt seien.

---

**\*4716** [1]   1 Petr 2,5; vgl. 2. Vatikanisches Konzil, Dogmatische Konstitution über die Kirche "*Lumen gentium*", Nr. 34 (AAS 57 [1965] 40; \*4160).
     [2]   Ebd.

**4721**     *[1003]* 2. Inde fit etiam ut ministerium Episcoporum et Presbyterorum, quantumvis necessarium ad rectum Ecclesiae ordinem, a communi fidelium sacerdotio non differat ratione participationis sacerdotii Christi sensu quidem stricto, sed ratione tantum exercitii.

Quam ob rem munus moderandi, uti aiunt, communitatem - quod coniunctum habet munus verbi Dei praedicandi et sacrae Synaxi praesidendi - nonnisi mandatum esset ad rectum tuendum communitatis ordinem collatum, ac proinde "sacrum effici" non deberet. Vocatio ad tale ministerium novam capacitatem "sacerdotalem" non adderet sensu stricto - idque est causa cur plerumque ipsa vox "sacerdotii" vitetur - nec characterem imprimeret, quo quis ontologice constitueretur in condicione ministrorum, sed dumtaxat exprimeret coram communitate capacitatem initialem, quae per Baptismum collata est, ad effectum deduci.

**4722**     3. Vi autem apostolicitatis singularum communitatum localium, in quibus non minus quam in structura episcopali Christus praesens adesset, quaelibet communitas, quantumvis exigua, si forte diu privaretur constitutivo illo suo elemento quod est Eucharistia, tunc posset "resumere" originariam suam potestatem ac iure gauderet suum praesidem atque animatorem designandi eique conferendi omnes facultates ad ipsam communitatem moderandam necessarias, ea non excepta quae ad praesidendum Eucharistiae eamque consecrandam spectat. Affirmatur etiam Deum ipsum renuere non posse, in iisdem rerum adiunctis, illam potestatem etiam sine sacramento concedere, quam per sacramentalem Ordinationem conferre solet.

Ad huiusmodi conclusionem hoc etiam conducit, quod Eucharistiae celebratio saepe intelligitur tamquam simplex actus communitatis localis, quae adunatur ad ultimam Cenam Domini commemorandam per fractionem panis. Quare ageretur de convivio fraterno in quo communitas adunatur et exprimitur, potius quam de renovatione sacra-

2. Demgemäß unterscheide sich der Dienst der Bischöfe und Priester, so notwendig er auch für die rechte Ordnung der Kirche sein möge, vom allgemeinen Priestertum der Gläubigen im strengen Sinne nicht hinsichtlich der Teilhabe am Priestertum Christi, sondern nur hinsichtlich der Ausübung.

Deshalb sei das Amt der sogenannten Gemeindeleitung - das verbunden ist mit dem Amt, das Wort Gottes zu verkünden und der heiligen Eucharistie vorzustehen - lediglich ein Auftrag, der erteilt wurde, um die rechte Ordnung der Gemeinde aufrechtzuerhalten, und es dürfe daher nicht "sakralisiert" werden. Die Berufung zu einem solchen Dienst füge im strengen Sinne keine neue "priesterliche" Fähigkeit hinzu - und zwar ist dies der Grund, warum das Wort "Priestertum" selbst meist vermieden wird - noch präge sie eine Prägung ein, durch die einer ontologisch in den Stand der Diener versetzt würde, sondern sie drücke lediglich vor der Gemeinde aus, daß die von Anfang an vorhandene Fähigkeit, die durch die Taufe verliehen wurde, zur Geltung komme.

3. Kraft der Apostolizität der einzelnen Ortsgemeinden aber, in denen Christus nicht weniger als in der bischöflichen Struktur gegenwärtig sei, könne jede Gemeinde, sei sie auch noch so klein, dann, wenn sie längere Zeit ihres konstitutiven Elementes, welches die Eucharistie ist, entbehre, ihre ursprüngliche Vollmacht "in Anspruch nehmen", und sie habe das Recht, ihren Vorsteher und Seelsorger zu bestimmen und ihm alle für die Gemeindeleitung notwendigen Fähigkeiten zu übertragen, jene nicht ausgenommen, die sich darauf bezieht, der Eucharistie vorzustehen und sie zu konsekrieren. Es wird auch behauptet, Gott selbst könne sich unter solchen Umständen nicht weigern, jene Vollmacht auch ohne Sakrament zu gewähren, die er durch die sakramentale Weihe zu übertragen pflegt.

Zu dieser Schlußfolgerung trägt auch die Tatsache bei, daß die Feier der Eucharistie oft als ein einfacher Akt der Ortsgemeinde verstanden wird, die sich versammelt, um durch das Brechen des Brotes des Letzten Abendmahles des Herrn zu gedenken. Daher handle es sich eher um ein brüderliches Mahl, in dem sich die Gemeinde versammle und aus-

mentali sacrificii Christi *[1004]*, cuius salvifica efficacia ad universos homines extenditur, praesentes vel absentes, sive vivos sive defunctos. ...

Opiniones supra memoratae, etsi formis sat variis atque extenuatis proponuntur, omnes tamen ad eandem conclusionem conspirant: scilicet potestatem conficiendi Sacramentum Eucharistiae non necessario conexam esse cum Ordinatione sacramentali. Manifesto patet hanc conclusionem componi nullo modo posse cum tradita fide, quia non solum hoc modo respuitur potestas sacerdotibus collata, sed etiam tota apostolica Ecclesiae structura laeditur, atque ipsa oeconomia sacramentaria salutis subvertitur.

drücke, als um die sakramentale Erneuerung des Opfers Christi, dessen heilbringende Wirksamkeit sich auf alle Menschen erstreckt, Anwesende und Abwesende, Lebende und Verstorbene. ...

Auch wenn die Meinungen, die oben erwähnt worden sind, in hinlänglich verschiedenen und abgeschwächten Formen vorgetragen werden, wirken sie doch alle zu derselben Schlußfolgerung zusammen: die Vollmacht, das Sakrament der Eucharistie zu vollziehen, sei nicht notwendigerweise mit der sakramentalen Weihe verknüpft. Es liegt auf der Hand, daß diese Schlußfolgerung in keiner Weise mit dem überlieferten Glauben vereinbart werden kann, weil auf diese Weise nicht nur die den Priestern anvertraute Vollmacht verworfen wird, sondern auch die ganze apostolische Struktur der Kirche verletzt und die sakramentale Heilsordnung selbst umgestürzt wird. **4723**

## 4730-4741: Instruktion der Glaubenskongregation "Libertatis nuntius", 6. Aug. 1984

Diese und die folgende Instruktion "*Libertatis conscientia*" (*4750-4776) beziehen sich auf die lateinamerikanische Befreiungstheologie. Der zweiten Instruktion voraus ging eine Notifikation der Glaubenskongregation zu dem Buch des Theologen Leonardo Boff OFM "Igreja - Carisma e Poder. Ensaios de Eclesiologia Militante" (Petrópolis 1981; dt. Ausg.: Kirche - Charisma und Macht. Studien zu einer streitbaren Ekklesiologie" [Düsseldorf 1981]) vom 11. März 1985 (AAS 77 [1985] 756-762). Die erste Instruktion äußerst sich kritisch zu einigen Aspekten der "Theologie der Befreiung", die zweite stellt die "grundlegenden Elemente der christlichen Lehre über Freiheit und Befreiung" vor.
*Ausg.:* AAS 76 (1984) 890-899.

### VII. Marxistische Analyse

1. Impatientia voluntasque efficientiae quosdam christianos adduxerunt ut, alios modos penitus desperantes, se converterent ad illud quod "analysim marxistam" appellant.

1. Die Ungeduld und der Wille zur Effizienz haben manche Christen, die an anderen Methoden völlig verzweifelten, dazu geführt, sich dem zuzuwenden, was sie "marxistische Analyse" nennen. **4730**

2. In hanc videlicet sententiam ratiocinantur: intolerabilis rerum displodensque condicio *actionem efficacem* deposcit quae diutius differri non potest. At efficax talis actio pro concesso sumit aliquam *analysim scientificam* causarum miseriae ex structuris fluentium. Verum eius generis explicationem iam perfecit marxismus. Eam igitur satis est adhibere ad tertii mundi condicionem ac praesertim ad Americae Latinae statum. ...

2. Sie vertreten nämlich folgende Auffassung: Eine unerträgliche und explosive Situation erfordert ein *wirksames Handeln*, das nicht länger aufgeschoben werden kann. Ein solches wirksames Handeln aber setzt eine *wissenschaftliche Analyse* der sich aus den Strukturen ergebenden Ursachen des Elends voraus. Eine derartige Erklärung aber hat schon der Marxismus geleistet. Es genügt also, sie auf die Situation der Dritten Welt und insbesondere auf die Lage Lateinamerikas anzuwenden. ... **4731**

**4732**    *[891]* ... 8. Nemo quidem negat suis ab originibus, at multo magis proximis hisce annis, marxianam doctrinam sic variatam esse ut plura sententiarum corpora pepererit insigniter inter sese distantia. Quatenus autem vere persistunt esse marxianae, eatenus opiniones illae haud desinunt, cum principiis quibusdam principalibus conspirare quae cum christiana hominis societatisque conceptione dissentiunt.

**4733**    *[892]* Hinc ideo formulae nonnullae iam non sunt omnino neutrius partis, sed retinent eam significationem quam secundum primigeniam marxistarum opinationem receperant. Quod ita valet de "contentione classium". Locutio illa etiam nunc abundat ea vi quam Carolus Marx ipsi indidit neque ergo existimari potest secundum rerum experientiam eadem ac "acris contentio socialis".

Quicumque proin similes adhibent formulas, fingentes se aliquot tantum conservare marxianae explicationis elementa quae aliunde in summa refutabitur, saltem gravem fovent ambiguitatem in propriorum lectorum animis.

**4734**    9. In memoriam rursus vocamus atheismum ac negationem personae humanae eiusque libertatis et iurium locum quidem medium obtinere totius mentis marxianae. In se ideo ea errores continent qui recta via minitantur fidei veritatibus de sorte hominum aeterna.

Praeterea si theologiam quis perficere velit aliqua "analysi", cuius normae interpretandi ex hac athea conceptione pendeant, se necessario concludat in repugnantias exitiales. Ceterum falsus intellectus indolis spiritalis personae faciet ut haec tota submittatur communitati ipsi sicque principia negentur vitae socialis ac politicae dignitati humanae respondentis.

8. Zwar leugnet niemand, daß sich die marxistische Lehre seit ihren Ursprüngen, noch viel mehr aber in den letzten Jahren, so verschieden gestaltet hat, daß sie mehrere Denksysteme hervorgebracht hat, die sich beträchtlich voneinander unterscheiden. Insofern jene Auffassungen aber wirklich marxistisch bleiben, hören sie nicht auf, mit einigen Grundprinzipien übereinzustimmen, die im Widerspruch zur christlichen Auffassung vom Menschen und von der Gesellschaft stehen.

Daher sind manche Formeln nicht mehr völlig neutral, sondern behalten die Bedeutung bei, die sie in der ursprünglichen Auffassung der Marxisten erhalten haben. So verhält es sich mit dem "Klassenkampf". Dieser Ausdruck besitzt auch heute noch die Bedeutung, die Karl Marx in ihn hineingelegt hat, und kann deshalb nicht für in der Praxis gleichbedeutend mit "zugespitztem Sozialkonflikt" gehalten werden.

Wer folglich ähnliche Formeln verwendet und dabei vorgibt, nur einige Elemente der marxistischen Erklärung beizubehalten, die man anderweitig in ihrer Gesamtheit zurückweisen wird, fördert im Herzen seiner Leser zumindest eine große Zweideutigkeit.

9. Wir rufen wiederum ins Gedächtnis, daß der Atheismus und die Negation der menschlichen Person, ihrer Freiheit und ihrer Rechte im Zentrum der ganzen marxistischen Anschauung stehen. Diese enthalten daher in sich die Irrtümer, die die Wahrheiten des Glaubens über die ewige Bestimmung der Menschen direkt bedrohen.

Wer ferner die Theologie durch irgendeine "Analyse" vervollkommnen will, deren Interpretationsnormen von dieser gottlosen Konzeption abhängen, verstrickt sich notwendig in verhängnisvolle Widersprüche. Im übrigen wird ein falsches Verständnis von der geistigen Natur der Person bewirken, daß sich diese ganz der Gemeinschaft unterordnet und so die Prinzipien eines der Menschenwürde verpflichteten sozialen und politischen Lebens verneint werden.

## IX. Klassenkampf

*[897]* ... 6. Novo autem ex hoc conceptu consequitur necessario extrema interpretatio politica ipsarum affirmationum fidei iudiciorumque theologicorum. Iam nihil refert ut animus intendatur in consectaria effectaque politica fidei veritatum quae praesertim observentur secundum earum vim transcendentem. Tota enim fidei doctrina aut theologiae subditur cuidam politicae regulae, quae ipsa vicissim pendet ex sententia de classium contentione uti historiae incitatrice.

7. Qua de causa ostenditur ingressus ipse in classium contentionem tamquam caritatis ipsius necessitas; reicitur uti animus impediens contrariusque pauperum amori ipsa voluntas diligendi iam nunc omnem hominem, ad quemcumque ordinem pertinet, ac studium succurrendi ei per non violentas colloquii persuasionisque vias. Si autem quis affirmat hominem iam non odio esse debere, item simul asseverat, eo quod re vera pertineat ad orbem divitum, iam *a principio* eum inimicum classis esse debellandum. Quapropter universalis natura amoris proximi ac fraternitas fiunt eschatologicum principium quod soli "novo homini" valebit qui ex eversionis victoria exorietur.

8. Quod ad Ecclesiam vero spectat, inclinant ad eam putandam tantummodo rem historiae inhaerentem oboedientemque etiam illis legibus quae regere creduntur venturam aetatem historicam in eius immanentia. Haec autem imminutio propriam vacuefacit Ecclesiae veritatem, quae donum gratiae divinae est ac fidei mysterium. Pariter infitiantur christianorum, ad op*[898]*positos ceteroquin ordines pertinentium, participationem eiusdem mensae eucharisticae quidquam significare. ...

10. Attamen "theologiae liberationis", quarum merito loci insignes prophetarum et Evangelii de pauperibus tuendis proprium

... 6. Aus diesem neuen Konzept folgt aber **4735** notwendig eine extreme politische Auslegung der Glaubensaussagen und theologischen Urteile selbst. Es ist überhaupt nicht mehr wichtig, daß sich die Aufmerksamkeit auf die politischen Folgen und Auswirkungen der Glaubenswahrheiten richtet, die insbesondere in ihrer transzendenten Bedeutung beachtet werden. Denn jede Lehre des Glaubens oder der Theologie wird einem bestimmten politischen Maßstab unterworfen, der selbst wiederum von der Theorie des Klassenkampfes als der Triebfeder der Geschichte abhängt.

7. Aus diesem Grund wird das Eintreten **4736** in den Klassenkampf als ein Erfordernis der Liebe selbst hingestellt; als hinderliche und der Liebe zu den Armen entgegengesetzte Gesinnung verworfen wird der Wille, schon jetzt jeden Menschen zu lieben, welchem Stand auch immer er angehört, sowie das Bestreben, ihm auf den gewaltlosen Wegen des Gesprächs und der Überzeugung zu Hilfe zu eilen. Wenn man aber behauptet, der Mensch dürfe nicht mehr Gegenstand des Hasses sein, so betont man zugleich auch, daß er deswegen, weil er tatsächlich zur Welt der Reichen gehört, schon *prinzipiell* als Klassenfeind zu bekämpfen sei. Deswegen werden die allgemeine Natur der Nächstenliebe und die Brüderlichkeit zu einem eschatologischen Prinzip, das nur für den "neuen Menschen" gelten wird, der aus dem Sieg der Revolution hervorgeht.

8. Was aber die Kirche betrifft, so neigen **4737** sie dazu, sie lediglich als etwas anzusehen, das der Geschichte innewohnt und auch jenen Gesetzen gehorcht, die, wie man glaubt, die kommende Geschichte in ihrer Immanenz lenken. Diese Einschränkung aber entleert die eigentliche Wahrheit der Kirche, die eine Gabe der göttlichen Gnade und ein Geheimnis des Glaubens ist. In gleicher Weise bestreiten sie, daß für Christen, die im übrigen entgegengesetzten Ständen angehören, die Teilnahme an demselben eucharistischen Mahl irgendeinen Sinn habe. ...

10. Jedoch bringen die "Befreiungstheolo- **4738** gien", durch deren Verdienst die bedeutenden Stellen der Propheten und des Evangeliums

momentum recuperaverunt, confusionem moliuntur calamitosam inter *pauperem* Sacrae Scripturae ac *proletariatum* Caroli Marx. Quocirca *christianus* sensus pauperis corrumpitur et certatio pro pauperum iuribus fit classis certamen ad ideologicam contentionis classium normam. Sed tunc Ecclesiam classis significat *Ecclesia pauperum,* quae necessitates perspexit eversivae certationis ut gressum ad liberationem quaeque liberationem liturgicis suis ritibus concelebrat.

**4739**    11. Aliquid porro simile animadvertendum est quod attinet ad dictionem *Ecclesiae populi.* Pastorali quidem ratione intellegi possunt per illam vocem ei, ad quos potissimum evangelizatio dirigitur, nempe ei in quos ob propriam eorum condicionem pastoralis Ecclesiae amor praesertim intenditur. Potest etiam ea vox pertinere ad ecclesiam tamquam "populum Dei", populum scilicet Novi Foederis in Christo pacti[1].

**4740**    12. Verumtamen "theologiae liberationis", de quibus hic agitur, *Ecclesiam populi* intellegunt esse Ecclesiam classis, Ecclesiam populi oppressi, Ecclesiam cuius "conscientiam" oportet excitare constitutae contentionis liberatricis causa. Sic au/899/tem sumptus populus, nonnullis opinantibus, fit etiam fidei argumentum.

**4741**    13. Tali imagine Ecclesiae populi censura exoritur ipsarum Ecclesiae structurarum. Hinc iam non agitur tantum de fraterna correctione Ecclesiae pastorum, quorum agendi ratio non evangelicum animum ministerii reddit sed obsoletis signis adhaeret auctoritatis quae pauperes offendunt. Verum etiam in controversiam adducitur *sacramentalis et hierarchica compages Ecclesiae* qualem Dominus ipse voluit. In hierarchia enim ac magisterio incusantur ii qui vere classis dominantis, quam devinci oportet, personam gerunt. Theologica ratione haec sententia defendit populum esse ministeriorum originem eumque ergo suo arbitrio sibi eligere posse minis-

über den Schutz der Armen die ihnen eigene Bedeutung wiedererlangt haben, den *Armen* der Heiligen Schrift und das *Proletariat* von Karl Marx heillos durcheinander. Dadurch wird die *christliche* Auffassung vom Armen entstellt, und das Eintreten für die Rechte der Armen wird zur Klassenauseinandersetzung nach dem ideologischen Maßstab des Klassenkampfes. Dann aber bezeichnet die *Kirche der Armen* eine Klassenkirche, die die Erfordernisse des revolutionären Kampfes als Schritt zur Befreiung erkannt hat und die die Befreiung in ihren liturgischen Riten mitfeiert.

11. Etwas Ähnliches ist ferner bezüglich des Begriffs *Volkskirche* zu bemerken. Zwar können in pastoraler Hinsicht unter diesem Ausdruck diejenigen verstanden werden, an die sich die Evangelisation in erster Linie richtet, nämlich diejenigen, auf die sich die pastorale Liebe der Kirche wegen der ihnen eigenen Situation vor allem richtet. Dieser Ausdruck kann sich auch auf die Kirche als "Volk Gottes" beziehen, nämlich als Volk des in Christus geschlossenen Neuen Bundes[1].

12. Die "Befreiungstheologien" jedoch, um die es sich hier handelt, verstehen unter *Volkskirche* eine Klassenkirche, die Kirche des unterdrückten Volkes, dessen "Bewußtsein" die Kirche um des organisierten Befreiungskampfes willen erwecken muß. Das so verstandene Volk aber wird nach der Meinung mancher sogar zum Glaubensinhalt.

13. Aus einer solchen Vorstellung von Volkskirche erwächst Kritik an den Kirchenstrukturen selbst. Hierbei handelt es sich nicht mehr nur um eine brüderliche Zurechtweisung jener Hirten der Kirche, deren Handlungsweise nicht die evangelische Gesinnung des Dienens widerspiegelt, sondern sich an überholte Autoritätszeichen klammert, die die Armen verletzen. Vielmehr wird auch das *sakramentale und hierarchische Gefüge der Kirche*, wie der Herr selbst es gewollt hat, in Frage gestellt. In der Hierarchie und im Lehramt werden nämlich diejenigen angeklagt, die in Wirklichkeit die Rolle der herrschenden Klasse spielen, die es zu besie-

---

*4739 [1] Vgl. 2. Vatikanisches Konzil, Pastoralkonstitution über die Kirche in der Welt von heute "*Gaudium et spes*", Nr. 39 (AAS 58 [1966] 1056f; *4339).

tros secundum necessitates sui muneris historici et eversivi.

gen gilt. In theologischer Hinsicht vertritt diese Auffassung, daß das Volk Quelle der Ämter sei und daß es sich deshalb gemäß den Erfordernissen seiner geschichtlichen und revolutionären Aufgabe nach seinem Gutdünken Diener wählen könne.

**4750–4776: Instruktion der Glaubenskongregation "Libertatis conscientia", 22. März 1986**

Vgl. \*4730°. – *Ausg.:* AAS 79 (1987) 554–591.

### Sehnsucht nach Befreiung

1. Libertatis conscientia et dignitatis humanae, una cum affirmatione iurium inalienabilium personae et populorum, recensetur inter notas maxime insignes nostrae aetatis. Libertas autem exigit condiciones ordinis oeconomici, socialis, politici et culturalis quae possibile reddant eius plenum exercitium. Ex viva perceptione difficultatum, quae *[555]* impediunt eius manifestationem, quaeque offendunt dignitatem humanam, originem sumunt vota vehementia ad liberationem, quibus mundus hodiernus laborat.

1. Das Bewußtsein von Freiheit und Menschenwürde, verbunden mit der Bejahung der unveräußerlichen Rechte der Person und der Völker, wird unter die wichtigsten Kennzeichen unserer Zeit gerechnet. Die Freiheit aber erfordert Bedingungen wirtschaftlicher, sozialer, politischer und kultureller Art, die ihre volle Ausübung möglich machen. Aus der lebendigen Erfahrung der Schwierigkeiten, die ihre Verwirklichung behindern und die die Menschenwürde verletzen, entspringt das heftige Verlangen nach Befreiung, an dem die heutige Welt leidet. **4750**

Ecclesia Christi sua facit haec vota, iudicans sub Evangelii lumine, quod suapte natura est libertatis et liberationis nuntius. Revera huiusmodi aspirationes, sive ad theoriam sive ad praxim quod attinet, nonnumquam quasdam secumferunt notas, quae non semper congruunt cum hominis veritate, qualis manifestatur sub lumine eius creationis et redemptionis. Ideoque Congregatio pro Doctrina Fidei necessarium duxit animos fidelium intentos facere "in errores vel pericula erroris, qui fidei tantopere nocent vitaeque christianae"[1]. Quae admonitiones, nedum sint obsoletae, in dies opportuniores et ad rem pertinentes videntur.

Die Kirche Christi macht dieses Verlangen zu dem ihrigen, wobei sie es im Lichte des Evangeliums beurteilt, das seiner Natur nach eine Botschaft der Freiheit und der Befreiung ist. Tatsächlich tragen solche Sehnsüchte, was sowohl die Theorie als auch die Praxis betrifft, manchmal bestimmte Merkmale an sich, die nicht immer mit der Wahrheit vom Menschen übereinstimmen, wie sie im Lichte seiner Schöpfung und Erlösung deutlich wird. Und deshalb hielt es die Kongregation für die Glaubenslehre für notwendig, die Herzen der Gläubigen "auf Irrtümer oder Gefahren von Irrtümern, die dem Glauben und dem christlichen Leben so sehr schaden"[1], aufmerksam zu machen. Diese Ermahnungen sind nicht nur nicht veraltet, sondern erscheinen von Tag zu Tag angebrachter und sachgerecht. **4751**

### Die wahre Freiheit

*[566]* 30. Homo decursu temporis evolvitur super fundamentum naturae, quam ipse a Deo accepit, libere ad effectum deducendo fi-

30. Der Mensch entwickelt sich im Lauf der Zeit auf der Grundlage der Natur, die er von Gott empfangen hat, indem er die Ziele **4752**

---

**\*4751** [1]   Glaubenskongregation, Instruktion über einige Aspekte der Theologie der Befreiung "*Libertatis nuntius*", 6. Aug. 1984, Vorwort (AAS 76 [1984] 876f).

nes in quos eum inclinant feruntque cum eiusdem naturae, tum gratiae divinae propensiones.

At cum hominis libertas finita sit et errori obnoxia, eius appetitus in id, quod solum boni speciem prae se fert, potest verti: si vero falsum bonum homo eligit, vocationi suae libertatis ipse minime respondet. Homo per liberum arbitrium sui iuris est: at libere agens potest aut bonum aliquod efficere aut destruere.

**4753**   Legi divinae oboediens quam in corde suo sculptam habet et tamquam Spiritus Sancti impulsum accepit, homo exercet verum dominium in semetipsum et regalem suam vocationem filii Dei adimplet. "Deum serviendo, regnat"[1]. Veri nominis libertas est "servitium iustitiae", cum contra transgressionis et mali electio "servitus sit peccati"[2].

**4754**   31. Ex libertatis notione clarius intellegitur quid contineat liberatio temporalis: scilicet agitur de summa processuum qui spectant ad procurandas et in tuto ponendas condiciones, quas exercitium verae libertatis humanae requirit.

Non ergo liberatio per se gignit libertatem hominis. Sensus communis, cui et christianus sensus consentit, scit libertatem, etiamsi condicionibus astrictam, non omnino tolli. Etiam homines gravissime coerciti valent suam libertatem declarare et ad sui liberationem procedere. Liberationis processus, qui peractus est, potest tantum inducere aptiores condiciones ad effectivum exercitium libertatis. Hac sane de causa liberatio, quae parvi faciat libertatem personalem eorum qui pro ipsa pugnent, suapte natura successu carebit.

frei verwirklicht, auf die ihn die Neigungen sowohl ebendieser Natur als auch der göttlichen Gnade ausrichten und hinführen.

Weil aber die Freiheit des Menschen begrenzt und dem Irrtum unterworfen ist, kann sich sein Begehren auf das richten, was nur den Anschein eines Gutes an sich trägt: wenn der Mensch aber ein falsches Gut erwählt, wird er seiner Berufung zur Freiheit keineswegs gerecht. Der Mensch ist aufgrund des freien Willens selbständig: indem er aber frei handelt, kann er entweder ein Gut bewirken oder zerstören.

Wenn der Mensch dem göttlichen Gesetz gehorcht, das er in sein Herz eingemeißelt besitzt und als Antrieb des Heiligen Geistes empfangen hat, übt er die wahre Herrschaft über sich selbst aus und erfüllt seine königliche Berufung als Kind Gottes. "Indem er Gott dient, herrscht er"[1]. Freiheit im wahren Sinne des Wortes ist "Dienst an der Gerechtigkeit", während dagegen die Wahl der Übertretung und des Bösen "Knechtschaft der Sünde ist"[2].

31. Aus dem Begriff der Freiheit wird klarer ersichtlich, was die zeitliche Befreiung zum Inhalt hat: Es handelt sich ⟨hierbei⟩ nämlich um die Gesamtheit der Vorgänge, die darauf abzielen, die Bedingungen zu schaffen und zu sichern, die die Ausübung der wahren menschlichen Freiheit erfordert.

Die Befreiung erzeugt also nicht durch sich die Freiheit des Menschen. Die allgemeine Erfahrung, mit der auch die christliche Erfahrung übereinstimmt, weiß, daß die Freiheit, auch wenn sie durch die Verhältnisse eingeschränkt ist, nicht gänzlich aufgehoben wird. Auch Menschen, die schwersten Zwangsmaßnahmen unterliegen, vermögen ihre Freiheit zu bekunden und zu ihrer Befreiung voranzuschreiten. Ein Befreiungsprozeß, der abgeschlossen ist, kann nur geeignetere Bedingungen für eine wirksame Ausübung der Freiheit herbeiführen. Gerade deswegen wird eine Befreiung, die die persönliche Freiheit derer, die für sie kämpfen, gering achtet, ihrer Natur nach keinen Erfolg haben.

---

*4753  [1]  Vgl. Johannes Paul II., Enzyklika "*Redemptor hominis*", 4. März 1979, Nr. 21 (AAS 71 [1979] 316).
      [2]  Vgl. Röm 6,6; 7,23.

## Evangelium und Gerechtigkeit

*[581]* 63. Missio propria Ecclesiae, Christi exemplum sequentis, est missio evangelium praedicandi et salutem hominibus afferendi[1]. Ipsa e divina caritate impetum suum sumit. Evangelizatio est annuntiatio salutis, quae Dei est donum. Per eius Verbum et Sacramenta homo liberatur ante omnia a potestate peccati et Maligni, quibus opprimitur, et introducitur in communionem caritatis cum Deo. Ecclesia sequens dominum suum, qui "venit in mundum peccatores salvos facere" [*1 Tim 1,15*], vult ut omnes homines salvi fiant.

Hac missione fungens, Ecclesia docet viam, quam homo sequatur in hoc mundo ut in Dei Regnum ingrediatur. Eius igitur doctrina extenditur ad universum ordinem morum et praesertim ad iustitiam, cui competit mutuas inter homines relationes ordinare. Et haec ad Evangelii praedicationem pertinent.

Sed eadem caritas, quae impellit Ecclesiam ut omnibus communicet participationem vitae divinae per gratiam, efficit etiam, efficaci membrorum eius opere, ut verum bonum temporale hominum expetatur, eorum necessitudinibus consulatur, culturae provideatur, et promoveatur integra liberatio ab omnibus rebus, quae personarum perfectioni obstant. Ecclesia vult hominis bonum iuxta omnes eius aspectus, prius quidem quatenus pertinet ad civitatem Dei, deinde vero quatenus ad terrestrem civitatem pertinet.

64. Cum igitur doctrinam suam proponit de promovenda iustitia in hominum societatibus, vel fideles laicos hortatur ut secundum vocationem propriam adlaborent, Ecclesia extra fines suos non egreditur, sed est etiam sollicita ne missio, sui ipsius et laicorum, absorbeatur curis *[582]* ad ordinem temporalem

63. Die eigentliche Sendung der Kirche, **4755** die dem Beispiel Christi folgt, ist die Sendung, das Evangelium zu verkünden und den Menschen das Heil zu bringen[1]. Sie empfängt ihren Elan aus der göttlichen Liebe. Evangelisierung ist Verkündigung des Heils, das ein Geschenk Gottes ist. Durch sein Wort und die Sakramente wird der Mensch vor allem von der Macht der Sünde und des Bösen, durch die er zu Boden gedrückt wird, befreit und in die Gemeinschaft der Liebe mit Gott hineingeführt. Die Kirche, die ihrem Herrn folgt, der "in die Welt gekommen ist, um die Sünder zu retten" [*1 Tim 1,15*], will, daß alle Menschen gerettet werden.

In Erfüllung dieser Sendung lehrt die Kir- **4756** che den Weg, dem der Mensch in dieser Welt folgen soll, um in das Reich Gottes einzutreten. Ihre Lehre erstreckt sich deshalb auf die gesamte Moralordnung und insbesondere auf die Gerechtigkeit, der es zukommt, die gegenseitigen Beziehungen unter den Menschen zu ordnen. Auch dies gehört zur Verkündigung des Evangeliums.

Dieselbe Liebe, die die Kirche drängt, al- **4757** len die Teilhabe am göttlichen Leben durch die Gnade zu vermitteln, bewirkt aber auch durch das wirksame Handeln ihrer Glieder, daß das wahre zeitliche Wohl der Menschen erstrebt, ihren Bedürfnissen Rechnung getragen, für ihre Kultur gesorgt und eine ganzheitliche Befreiung von allem, was der Vervollkommnung der Personen im Wege steht, gefördert wird. Die Kirche will das Heil des Menschen in jeder Hinsicht, und zwar zuerst, insofern er zur Bürgerschaft Gottes gehört, sodann aber, insofern er zur irdischen Bürgerschaft gehört.

64. Wenn die Kirche also ihre Lehre von **4758** der Förderung der Gerechtigkeit in den Gesellschaften der Menschen vorlegt oder die gläubigen Laien ermahnt, ihrer eigenen Berufung gemäß zu handeln, überschreitet sie ihre Grenzen nicht; sie ist aber auch darauf bedacht, daß ihre eigene Sendung und die der

---

**\*4755** [1]  Vgl. 2. Vatikanisches Konzil, Dogmatische Konstitution über die Kirche "*Lumen gentium*", Nr. 17 (AAS 57 [1965] 20; \*4141); Dekret über die Missionstätigkeit der Kirche "*Ad gentes*", Nr. 1 (AAS 58 [1966] 947); Paul VI., Apostolisches Mahnschreiben "*Evangelii nuntiandi*", 8. Dez. 1975, Nr. 14 (AAS 68 [1976] 13; \*4583).

spectantibus, aut eisdem tantum circumscribatur.

Propter quod maxima afficitur sollicitudine, ut clare et firmiter servetur unitas et distinctio evangelizationem inter et promotionem humanam: unitatem scilicet, quia quaerit bonum hominis in integritate eius personae, distinctionem vero, quia munera haec duo diverso titulo suae competunt missioni.

**4759**        65. Prosequens ergo suos fines Ecclesia effundit Evangelii lumen super res terrestres, ut persona humana sanetur a miseriis suis et dignitate sua proficiat. Societatis compago secundum iustitiam et pacem hoc modo promovetur et firmatur[1].

Item Ecclesia est fidelis suae missioni cum denuntiat errores, servitudines et oppressiones, quibus homines subsunt, cumque resistit conatibus instaurandi ordinem vitae socialis, a quo Deus abest, sive id contingat conscia oppositione sive culpanda neglegentia[2], cumque demum iudicium suum fert de politicis motibus qui contra miseriam et oppressionem eluctare se dicunt, sed inficiuntur theoriis et methodis agendi Evangelio contrariis et ipsi homini oppositis[3].

Sine dubio gratiae viribus, ordo moralis evangelicus homini affert novos prospectus novasque exigentias; at ipse perficit et elevat rationem moralem, quae iam ad naturam humanam pertinet et de qua Ecclesia est sollicita, agnoscens ibi adesse patrimonium commune omnibus hominibus, quatenus homines sunt.

Laien nicht von den Sorgen um die zeitliche Ordnung aufgesogen wird oder sich nur in ihnen erschöpft.

Deswegen ist sie sehr darauf bedacht, daß die Einheit und die Unterscheidung zwischen Evangelisierung und menschlicher Förderung klar und fest beibehalten wird: die Einheit nämlich, weil sie das Wohl des Menschen in der Ganzheit seiner Person sucht, die Unterscheidung aber, weil diese zwei Aufgaben aus verschiedenem Grund zu ihrer Sendung gehören.

65. In Verfolgung ihrer Ziele gießt die Kirche also das Licht des Evangeliums über die irdischen Dinge aus, damit die menschliche Person von ihren Unzulänglichkeiten geheilt werde und in ihrer Würde Fortschritte mache. Das Gefüge der Gesellschaft in Gerechtigkeit und Frieden wird auf diese Weise gefördert und gestärkt[1].

Ebenso ist die Kirche ihrer Sendung treu, wenn sie Irrtümer, Sklavereien und Unterdrückungen anprangert, denen Menschen unterliegen, wenn sie sich Versuchen widersetzt, eine Ordnung des gesellschaftlichen Lebens zu errichten, von der Gott entfernt ist, ob dies aus bewußtem Widerspruch oder aus sträflicher Nachlässigkeit geschieht[2], und wenn sie schließlich ihr Urteil über politische Bewegungen fällt, die sagen, sie kämpften gegen Elend und Unterdrückung, aber von Theorien und Handlungsweisen durchsetzt sind, die dem Evangelium widersprechen und dem Menschen selbst entgegengesetzt sind[3].

Zweifellos bringt die moralische Ordnung des Evangeliums dem Menschen durch die Kräfte der Gnade neue Perspektiven und neue Anforderungen; aber sie vervollkommnet und erhöht das moralische Gesetz, das schon zur menschlichen Natur gehört und um das sich die Kirche sorgt, da sie erkennt, daß es sich hierbei um ein Erbe handelt, das allen Menschen, insofern sie Menschen sind, gemeinsam ist.

---

*4759 [1]    Vgl. 2. Vatikanisches Konzil, Pastoralkonstitution *"Gaudium et spes"*, Nr. 40 (AAS 58 [1966] 1058; *4340).

[2]    Vgl. Johannes Paul II., Apostolisches Schreiben *"Reconciliatio et paenitentia"*, Nr. 14 (AAS 77 [1985] 211f).

[3]    Vgl. die Instruktion der Glaubenskongregation *"Libertatis nuntius"* XI [*AAS:* XII] 10 (AAS 76 [1984] 901).

## Option für die Armen

*[584]* 68. ... Pauperes diligendo Ecclesia demum testificatur dignitatem hominis, quem aperte asserit pluris esse propter id quod est, quam propter id quod habet. Quam profecto dignitatem Ecclesia affirmat destrui non posse, ne in infimo quidem gradu miseriae, contemptionis, reiectionis, impotentiae, in quo homo versari contingat.

Solidarietatem suam demonstrat cum hominibus, qui nihil valere videntur in societate, a qua spiritualiter et nonnumquam physice reiciuntur, quos econtra in humana fraternitate et in communione filiorum Dei ipsa redintegrat.

Ecclesia peculiari modo convertitur materno cum affectu ad infantes, qui propter humanam malitiam numquam in lucem edentur, atque etiam ad provectos aetate, qui soli sunt ac derelicti.

Optio praecipua pauperum tantum abest, ut significet voluntatem colendi solum hominum partem vel factionem, ut potius patefaciat universalitatem naturae et missionis Ecclesiae; e qua optione nemo excluditur.

Haec est ratio cur Ecclesia hanc optionem exprimere non possit categoriis sociologicis vel ideologicis particularibus, quippe quae reddant hanc propensionem veluti selectionem factiosam et contentiosam.

68. ... Indem die Kirche die Armen liebt, **4760** bezeugt sie schließlich die Würde des Menschen; sie erklärt offen, daß er mehr wert ist durch das, was er ist, als durch das, was er hat. Die Kirche betont, daß diese Würde keinesfalls zerstört werden kann, nicht einmal auf der untersten Stufe des Elends, der Verachtung, der Ablehnung und der Ohnmacht, auf der sich ein Mensch befinden kann.

Sie beweist ihre Solidarität mit den Menschen, die nichts wert zu sein scheinen in einer Gesellschaft, von der sie geistig und manchmal physisch ausgestoßen werden; sie nimmt sie im Gegensatz dazu wieder in die menschliche Brüderlichkeit und in die Gemeinschaft der Kinder Gottes auf.

In besonderer Weise wendet sich die Kirche mit mütterlicher Zuneigung den Kindern zu, die aufgrund menschlicher Bosheit niemals das Licht der Welt erblicken werden, und auch den im Alter Vorgerückten, die allein und verlassen sind.

Weit davon entfernt, den Willen zu bekun- **4761** den, sich nur um einen Teil oder Bereich der Menschen zu sorgen, erschließt die vorzügliche Option für die Armen vielmehr die Universalität des Wesens und der Sendung der Kirche; von dieser Option wird niemand ausgeschlossen.

Dies ist der Grund, warum die Kirche diese Option nicht durch besondere soziologische oder ideologische Kategorien ausdrükken kann, die diese Zuneigung ja zu einer parteiischen und konfliktträchtigen Auswahl machen würden.

## Prinzipien der Soziallehre der Kirche

*[585]* 72. Doctrina socialis Ecclesiae orta est ex concurrentibus evangelico nuntio eiusque exigentiis, quae in maximo mandato amoris Dei et proximorum et in iustitia ut in summa comprehenduntur[1], et problematibus quae ex societatis vita promanant. Ea autem ut doctrinae corpus *[586]* est constituta, adhibitis sapientiae humanarumque scientiarum subsidiis; refertur ad aspectum ethicum vitae, et considerat etiam aspectus technicos

72. Die Soziallehre der Kirche ist entstan- **4762** den aus dem Aufeinanderprallen der Botschaft des Evangeliums und ihrer Forderungen, die im Hauptgebot der Gottes- und Nächstenliebe und in der Gerechtigkeit gleichsam summarisch zusammengefaßt werden[1], und den Problemen, die sich aus dem Leben der Gesellschaft ergeben. Als Lehrgebäude ausgebildet hat sie sich aber, indem sie sich der Hilfen der Weisheit und der Human-

---

**\*4762** [1]   Vgl. Mt 22,37–40; Röm 13,8–10.

problematum, at semper ut morale iudicium de his proferat.

**4763**    Cum per se dirigatur ad res agendas, doctrina haec progreditur, pro mutatis rerum adiunctis decursu temporum. Propterea, firmis semper manentibus principiis, iudicia quoque proferenda sunt circa particularia facta contingentia. Attamen haec doctrina tantum abest ut systema quoddam in se clausum constituat, ut iugiter sit aperta novis quaestionibus, quae semper proponuntur, subsidiaque ex omnibus charismatibus, experientiis et competentiis requirat.

**4764**    Ecclesia, rerum humanarum experta, propria doctrina sociali affert summam *principiorum doctrinalium, criteriorum iudicandi,*[1] et etiam regulas et impulsiones ad agendum[2], ut immutationes ab imo, quas condiciones miseriae et iniustitiae postulant, ad effectum deducantur, eo tamen modo ut vero hominum bono consulatur.

**4765**    73. Maximum amoris mandatum ducit ad plenam agnitionem dignitatis cuiusque hominis ad imaginem Dei creati. Ex hac dignitate oriuntur iura et officia naturalia. Sub lumine imaginis Dei, libertas, quae est qualitas essentialis personae humanae, manifestatur in tota sua excellentia. Personae sunt subiecta activa et responsabilia vitae socialis[1].

**4766**    Hominis dignitati veluti fundamento intime coniunguntur principium solidarietatis et principium subsidiarietatis, quae dicuntur. Prioris principii causa, homini opera danda est ad consequendum bonum commune societatis, in omnibus eius gradibus[1]; Ecclesiae igitur doctrina opponitur omnibus formis

wissenschaften bediente; sie bezieht sich auf den ethischen Aspekt des Lebens und berücksichtigt auch die technischen Aspekte der Probleme, aber stets, um ein moralisches Urteil über sie zu fällen.

Da sich diese Lehre ihrem Wesen nach auf Handlungen richtet, entwickelt sie sich entsprechend den veränderten Umständen im Laufe der Zeit weiter. Deswegen sind bei stets gleich bleibenden Prinzipien auch Urteile über besondere zeitbedingte Angelegenheiten zu fällen. Weit davon entfernt, ein in sich geschlossenes System darzustellen, ist diese Lehre jedoch ständig offen für neue Fragestellungen, die sich stets ergeben, und sucht nach Hilfen aus allen Arten von Begabung, Erfahrung und Sachverstand.

In menschlichen Angelegenheiten erfahren, bringt die Kirche in ihrer Soziallehre eine Zusammenfassung von *Lehrprinzipien* und *Urteilskriterien*[1] sowie auch Handlungsnormen und -anregungen[2] bei, damit die tiefgreifenden Veränderungen, die die Situationen des Elends und der Ungerechtigkeit erfordern, verwirklicht werden, jedoch in der Weise, daß dem wahren Wohl der Menschen Rechnung getragen wird.

73. Das Hauptgebot der Liebe führt zur vollen Anerkennung der Würde eines jeden nach dem Bilde Gottes geschaffenen Menschen. Aus dieser Würde ergeben sich natürliche Rechte und Pflichten. Im Licht der Ebenbildlichkeit mit Gott wird die Freiheit, die eine wesenhafte Eigenschaft der menschlichen Person ist, in ihrer ganzen Erhabenheit deutlich. Die Personen sind die aktiven und verantwortlichen Subjekte des gesellschaftlichen Lebens[1].

Mit der Würde des Menschen als Fundament sind das Prinzip der "Solidarität" und das Prinzip der "Subsidiarität" eng verbunden. Aufgrund des ersten Prinzips muß sich der Mensch bemühen, zum Gemeinwohl der Gesellschaft auf all ihren Ebenen beizutragen[1]; die Lehre der Kirche richtet sich also

---

**\*4764** [1]    Vgl. Paul VI., Apostolisches Schreiben *"Octogesima adveniens"*, Nr. 4 (AAS 63 [1971] 403f; *4500); Johannes Paul II., Ansprache zur Eröffnung der 3. Generalversammlung des lateinamerikanischen Episkopats in Puebla, Nr. III 7 (AAS 71 [1979] 203).
[2]    Vgl. Johannes XXIII. Enzyklika *"Mater et Magistra"*, 15. Mai 1961, Nr. 235 (AAS 53 [1961] 461).
**\*4765** [1]    Vgl. 2. Vatikanisches Konzil, Pastoralkonstitution über die Kirche in der Welt von heute *"Gaudium et spes"*, Nr. 25 (AAS 58 [1966] 1045; *4325).
**\*4766** [1]    Vgl. Johannes XXIII., Enzyklika *"Mater et Magistra"*, Nr. 132f (AAS 53 [1961] 437).

"individualismi" socialis vel politici.

Vi autem alterius principii, nec Rei Publicae nec ulli societati licet se substituere pro inceptis et responsabilitate personarum et communitatum interpositarum in eo gradu quo operari possint, nec destruere spatium plane necessarium eorum libertati;[2] quamobrem Ecclesiae doctrina socialis opponitur omnibus formis "collectivismi".

[587] 74. Haec principia sunt fundamentum, in quo *criteria* innituntur ad iudicium ferendum de rerum condicionibus, structuris et *systematibus* socialibus. Ita Ecclesia non dubitat denuntiare condiciones vitae, quae praeiudicium afferunt hominis dignitati et libertati.

Quae criteria apta sunt etiam ad aestimandum valorem structurarum, quae nihil aliud sunt nisi summa institutionum et usuum, quae homines aut iam existentia inveniunt aut ipsi gignunt in campo nationali vel internationali, quaeque vitam oeconomicam, socialem et politicam dirigunt vel ordinant. Per se sunt necessariae huiusmodi structurae, saepe tamen eo tendunt ut torpescant et durescant fiantque veluti machinamenta ab humana voluntate quodammodo soluta, ideoque impediunt vel pervertunt progressum socialem, generantque iniustitiam. Attamen pendent ab hominis responsabilitate, qui potest eas immutare, et non a quodam historiae "determinismo".

Institutiones et leges quae conformes sint legi naturali et ad bonum commune ordinentur, muniunt libertatem personarum et eius promotionem. Non damnari possunt omnes legis coactiones, nec stabilitas Rei Publicae, quae, in iure innixa, hoc nomine digna est. Sermo igitur fieri quidem potest de structuris peccato signatis, sed nemo potest damnare structuras uti tales.

gegen alle Formen eines sozialen oder politischen "Individualismus".

Kraft des zweiten Prinzips aber ist es weder dem Gemeinwesen noch irgendeiner Gesellschaft erlaubt, sich auf *der* Ebene an die Stelle der Initiativen und der Verantwortlichkeit von Personen und zwischengeschalteten Gemeinschaften zu setzen, auf der sie tätig werden können, oder ihren unbedingt notwendigen Freiheitsraum zu zerstören[2]; deswegen richtet sich die Soziallehre der Kirche gegen alle Formen des "Kollektivismus".

74. Diese Prinzipien sind das Fundament, **4767** auf das sich die *Kriterien* stützen, um über soziale Situationen, Strukturen und *Systeme* ein Urteil zu fällen. So zögert die Kirche nicht, Lebensbedingungen anzuprangern, die die Würde und Freiheit des Menschen beeinträchtigen.

Diese Kriterien sind auch geeignet, den **4768** Wert von Strukturen einzuschätzen, die nichts anderes sind als die Gesamtheit von Institutionen und Bräuchen, die die Menschen auf nationaler oder internationaler Ebene entweder als schon existierend vorfinden oder selbst schaffen und die das wirtschaftliche, soziale und politische Leben leiten und ordnen. Solche Strukturen sind an sich notwendig, neigen jedoch oft dazu, sich zu verfestigen, zu erstarren und zu vom menschlichen Willen gewissermaßen losgelösten Mechanismen zu werden, behindern oder verkehren deshalb den sozialen Fortschritt und erzeugen Ungerechtigkeit. Sie hängen jedoch von der Verantwortung des Menschen ab, der sie verändern kann, und nicht von einem "Determinismus" der Geschichte.

Institutionen und Gesetze, die mit dem **4769** Naturgesetz übereinstimmen und sich am Gemeinwohl ausrichten, garantieren die Freiheit der Personen und ihre Förderung. Weder können alle Gesetzeszwänge noch die Festigkeit eines Gemeinwesens verurteilt werden, das, auf das Recht gestützt, dieses Namens würdig ist. Man kann also zwar von Strukturen reden, die durch die Sünde gezeichnet sind, aber niemand kann Strukturen als solche verurteilen.

---

[2]   Vgl. Pius XI., Enzyklika "*Quadragesimo anno*", Nr. 79f (AAS 23 [1931] 203; *3738); Johannes XXIII., Enzyklika "*Mater et Magistra*", Nr. 138 (AAS 53 [1961] 439); Enzyklika "*Pacem in terris*", Nr. 74 (AAS 55 [1963] 294f; *3995).

**4770**    Criteria iudicii respiciunt etiam *systemata* oeconomica, socialia et politica. Doctrina socialis Ecclesiae nullum eorum nominatim proponit, tamen ex eiusdem fundamentalibus principiis quivis lumen accipere potest ad discernendum utrum huiusmodi systemata humanae cum dignitatis exigentiis congruant necne. ...

**4771**    *[588]* 76. E fundamentalibus principiis et criteriis iudicii procedere debent regulae et impulsiones ad agendum; cum bonum commune societatis humanae sit in servitium personarum, instrumenta operandi conformia esse debent hominum dignitati, et per eadem favendum est libertatis educationi.

Hoc est criterium firmum recte iudicandi et agendi: non datur veri nominis liberatio, nisi ipsa libertatis iura inde ab initio sarta tectaque serventur.

**4772**    Cum constanter recursus fit ad violentiam propositam tamquam viam necessariam ad liberationem obtinendam, alte edicendum est hunc esse perniciosum errorem, ex quo novae oriuntur servitutes. Pariter damnanda est violentia locupletum pauperibus illata, arbitrium biocolytarum in cives exercitum, itemque quaelibet violentiae forma adhibita *[589]* ut ratio regendae rei publicae. Ad rem quod attinet, memoria semper tenenda sunt, ut inde moneamur, calamitosa illa experimenta, quae saeculum hoc nostrum passum est et adhuc patitur.

Itidem amplius admitti non licet culpabilis desidia rei publicae moderatorum in civitatibus democraticis, ubi longe abest ut socialis condicio perplurium virorum et mulierum respondeat exigentiis iurium individualium et socialium, lege fundamentali rei publicae statutorum.

**4773**    77. Dum favet erectioni et actioni associationum, cuiusmodi sunt syndacatus quae contendunt pro defensione iurium et utilitatum legitimarum opificum et pro iustitia sociali, Ecclesia minime recipit eorum theoriam, qui asseverant in classium socialium contentione dynamismum inesse structuralem vitae socia-

Die Urteilskriterien berücksichtigen auch die wirtschaftlichen, sozialen und politischen *Systeme*. Die Soziallehre der Kirche legt keines von ihnen namentlich vor; jeder kann jedoch aus ihren Grundprinzipien Klarheit erlangen, um zu unterscheiden, ob solche Systeme mit den Erfordernissen der menschlichen Würde übereinstimmen oder nicht. ...

76. Aus den Grundprinzipien und Urteilskriterien müssen Handlungsnormen und -anregungen hervorgehen; da das Gemeinwohl der menschlichen Gesellschaft im Dienste der Personen steht, müssen die Mittel des Handelns der Menschenwürde entsprechen, und durch diese muß die Erziehung zur Freiheit gefördert werden.

Dies ist ein sicheres Kriterium für rechtes Urteilen und Handeln: Es gibt keine Befreiung im wahren Sinne des Wortes, wenn nicht die Freiheitsrechte selbst von Anfang an unversehrt gewahrt werden.

Wenn man sich ständig auf die Gewalt beruft, die als notwendiger Weg, um die Befreiung zu erlangen, dargestellt wird, so muß nachdrücklich betont werden, daß dies ein verhängnisvoller Irrtum ist, aus dem neue Formen von Knechtschaft entstehen. In gleicher Weise zu verurteilen ist die den Armen zugefügte Gewalt Wohlhabender, Willkür der Polizei gegenüber Bürgern und ebenso jede Form von Gewaltanwendung als Maßnahme zur Regierung eines Gemeinwesens. Was das betrifft, so muß man stets als Warnung jene unheilvollen Erfahrungen im Gedächtnis behalten, die dieses unser Jahrhundert erlitten hat und immer noch erleidet.

Ebenso darf man nicht länger die schuldhafte Untätigkeit der Staatslenker in demokratischen Staaten hinnehmen, wo man weit davon entfernt ist, daß die soziale Lage sehr vieler Männer und Frauen den Erfordernissen der durch das Grundgesetz des Gemeinwesens festgelegten individuellen und sozialen Rechte entspricht.

77. Wenn die Kirche die Errichtung und die Handlungsweise von Vereinigungen wie etwa der Gewerkschaften begrüßt, die sich für die Verteidigung der Rechte und legitimen Interessen der Arbeiter und für die soziale Gerechtigkeit einsetzen, so übernimmt sie keineswegs die Theorie derer, die behaup-

lis. Actio, quam Ecclesia commendat, non est contentio classium inter se, ad tollendum adversarium, neque procedit ab aberrante submissione legi, quae dicitur historiae, cum contentio nobilis et rationalis sit ad iustitiam et solidarietatem socialem assequendam[1]. Ceterum christifidelis semper eliget viam dialogi et partium consensus.

Christus nobis mandatum dedit, ut diligamus inimicos[2]. Liberatio igitur iuxta Evangelii mentem non congruit cum odio proximi, sive individualiter sive collective sumpti, odio inimicorum non excepto.

78. Quaedam condiciones gravis iniustitiae magnam requirunt vim animi penitus reformandi et abolendi privilegia, quarum nulla est iusta causa. Sed qui viam reformationum spernunt et "mythum revolutionis" fovent, non solum inanem spem colunt abolitionem iniquae condicionis fore per se aptam ad efficiendam societatem humaniorem, sed etiam favent adventui regiminum "totalitariorum"[1].

Contentio contra iniustitias tunc solum rationi respondet, si suscipitur ad instaurandum novum ordinem socialem et politicum conformem exigentiis iustitiae, quae quidem notet oportet omnes gradus suae instaurationis, nam etiam media adhibenda moralem notam induere debent[2]. ...

ten, im Kampf der sozialen Klassen liege die strukturelle Dynamik des sozialen Lebens. Die Handlungsweise, die die Kirche empfiehlt, ist nicht der Kampf der Klassen untereinander, um den Gegner zu vernichten, und geht auch nicht von der abwegigen Unterwerfung unter ein sogenanntes Gesetz der Geschichte aus; vielmehr ist sie ein aufrichtiger und ehrlicher Kampf, um soziale Gerechtigkeit und Solidarität zu erlangen[1]. Im übrigen wird der Christgläubige stets den Weg des Dialogs und der Übereinstimmung der Parteien wählen.

Christus hat uns das Gebot gegeben, unsere Feinde zu lieben[2]. Befreiung im Sinne des Evangeliums ist daher unvereinbar mit dem Haß gegen den Nächsten, ob individuell oder kollektiv verstanden, den Haß gegen die Feinde nicht ausgenommen.

78. Bestimmte Situationen schwerer Ungerechtigkeit erfordern großen Mut zu tiefgreifender Reform und Abschaffung von Privilegien, für die es keinen triftigen Grund gibt. Wer aber den Weg der Reformen verschmäht und den "Mythos der Revolution" begünstigt, hat nicht nur die nichtige Hoffnung, die Abschaffung einer ungerechten Situation werde schon an sich hinreichend sein, eine menschlichere Gesellschaft aufzubauen, sondern fördert auch das Aufkommen von "totalitären" Regimen[1].    **4774**

Der Kampf gegen Ungerechtigkeiten hat nur dann einen Sinn, wenn er aufgenommen wird, um eine neue soziale und politische Ordnung zu errichten, die mit den Erfordernissen der Gerechtigkeit übereinstimmt, die ja alle Stufen ihrer Errichtung prägen muß; denn auch die Mittel, die angewandt werden, müssen moralisch einwandfrei sein[2]. ...

### Die Aufgabe der Laien

[590] 80. Non competit Ecclesiae Pastoribus activas partes habere in politica aedifi-

80. Es steht den Hirten der Kirche nicht zu, an der politischen Errichtung und Ord-    **4775**

---

**\*4773** [1]   Vgl. Johannes Paul II., Enzyklika "*Laborem exercens*", Nr. 20 (AAS 73 [1981] 629–632); Instruktion der Glaubenskongregation "*Libertatis nuntius*", 6. Aug. 1984, VII 8; VIII 5–9; XI [*AAS:* XII] 11–14 (AAS 76 [1984] 891f [\*4732f] 894f 901f).

       [2]   Vgl. Mt 5,44; Lk 6,27f 35.

**\*4774** [1]   Vgl. die Instruktion der Glaubenskongregation "*Libertatis nuntius*" XI [*AAS:* XII] 10 (AAS 76 [1984] 905f).

       [2]   Vgl. 3. Generalversammlung des lateinamerikanischen Episkopats in Puebla, Schlußdokument, Nr. 533f (\*4631); Johannes Paul II., Predigt in Drogheda, 30. Sept. 1979 (AAS 71 [1979] 1076–1085).

catione et ordinatione vitae socialis. Id vocationis laicorum munus est ultro operantium cum concivibus[1], ipsisque ad effectum est deducendum, sibi consciis finem Ecclesiae esse Regnum Christi extendere, ut omnes homines salvi fiant et mundus revera ordinetur ad Christum[2]. ...

**4776**  *[591]* 81. Opus hodie peragendum incumbit christianis, quod vix simile habet retroactis temporibus, cum nimirum debeant deducere in actum illum "civilem amoris cultum", qui compendium est totius patrimonii ethico-culturalis Evangelii.

Hoc munus exigit ut iterum et penitus consideretur, quaenam relatio intercedat inter summum mandatum dilectionis et ordinem socialem in tota sua complexitate perspectum.

Altior huiusmodi consideratio eo directe spectat, ut accurate conficiantur et ad actum deducantur audacia programmata actionis ad liberationem consequendam socio-oeconomicam pluries centenorum milium virorum et mulierum, quorum status oppressionis oeconomicae, socialis et politicae est intolerabilis.

Primus autem gressus ad haec efficienda, est immensum educationis opus: scilicet promoveri debet educatio ad civilem laboris cultum, educatio ad solidarietatem et aditus omnium ad mentis culturam.

nung des sozialen Lebens aktiv teilzuhaben. Diese Aufgabe gehört zur Berufung der Laien, die von sich aus mit ihren Mitbürgern zusammenarbeiten[1], und sie müssen sie erfüllen, indem sie sich bewußt sind, daß es das Ziel der Kirche ist, das Reich Christi auszudehnen, damit alle Menschen gerettet werden und die Welt tatsächlich auf Christus hingeordnet wird[2]. ...

81. Den Christen obliegt es, heute ein Werk zu vollenden, das in vergangenen Zeiten kaum etwas Ähnliches hat: Sie müssen nämlich jene "Zivilisation der Liebe" verwirklichen, die eine Zusammenfassung des ganzen ethisch-kulturellen Erbes des Evangeliums ist.

Diese Aufgabe erfordert, immer wieder gründlich zu überlegen, welche Beziehung zwischen dem Hauptgebot der Liebe und der in ihrer ganzen Komplexität betrachteten sozialen Ordnung besteht.

Eine solche tiefergehende Überlegung richtet sich direkt darauf, daß mutige Aktionsprogramme sorgfältig ausgearbeitet und verwirklicht werden, um die sozio-ökonomische Befreiung von Hunderttausenden Männern und Frauen zu erreichen, deren Lage der wirtschaftlichen, sozialen und politischen Unterdrückung unerträglich ist.

Der erste Schritt aber, um dies zu bewirken, ist eine immense Erziehungsarbeit: gefördert werden muß nämlich die Erziehung zur öffentlichen Kultur der Arbeit, die Erziehung zur Solidarität und der Zugang aller zur Geisteskultur.

## 4780-4781: Enzyklika "Dominum et vivificantem", 18. Mai 1986

*Ausg.:* AAS 78 (1986) 819.

### Der Heilige Geist als personaler Ausdruck der Liebe Gottes

**4780**  10. Deus in vita sua intima "caritas est"[1], amor essentialis, tribus Personis divinis communis: amor personalis est Spiritus Sanctus ut Spiritus Patris et Filii. Quocirca is ut *increatus amor-donum* "scrutatur profunda

10. Gott "ist" in seinem innersten Leben "Liebe"[1], wesenhafte Liebe, die den drei göttlichen Personen gemeinsam ist: Die personale Liebe ist der Heilige Geist als Geist des Vaters und des Sohnes. Deshalb "erforscht er

---

*4775 [1]  Vgl. 2. Vatikanisches Konzil, Pastoralkonstitution *"Gaudium et spes"*, Nr. 76, § 3 (AAS 58 [1966] 1099); Dekret *"Apostolicam actuositatem"*, Nr. 7 (AAS 58 [1966] 844).
[2]  Vgl. ebd., Nr. 20 (AAS 58 [1966] 854f).
*4780 [1]  1 Joh 4,8 16.

Dei"[2]. Affirmari licet vitam intimam Dei, unius et trini, in Spiritu Sancto esse prorsus donum, mutuum amoris commercium inter Personas divinas, atque per Spiritum Sanctum Deum in modum doni "exsistere". Spiritus Sanctus est *expressio personalis* huiusmodi donationis, huiusce, ut dicimus, esse amorem[3]. Persona-amor est, Persona-donum est: est inscrutabilis ubertas veritatis et ineffabilis perspicientiae notionis personae in Deo, quas sola Revelatione cognoscimus.

Simul autem Spiritus Sanctus, prout Patri et Filio in divinitate est consubstantialis, est amor ac donum (increatum), unde ut e *fonte vivo* emanat *omnis largitio* data creaturis (donum creatum): donum exsistentiae, tributum cunctis rebus per creationem, donum gratiae hominibus impertitum per oeconomiam salutis. Ut scripsit Paulus Apostolus, "caritas Dei diffusa est in cordibus nostris per Spiritum Sanctum, qui datus est nobis"[1].

die Tiefen Gottes"[2] als *ungeschaffenes Liebe-Geschenk*. Man kann sagen, daß das innerste Leben des einen und dreifaltigen Gottes im Heiligen Geist ganz Geschenk ist, gegenseitiger Liebesaustausch unter den göttlichen Personen, und daß durch den Heiligen Geist Gott in der Weise eines Geschenkes "existiert". Der Heilige Geist ist der *personale Ausdruck* dieser Schenkung, dieses, wie wir sagen, Liebe-Seins[3]. Er ist Person-Liebe, ist Person-Geschenk; unergründlich ist die Fülle der Wahrheit und unaussprechlichen Klarheit des Personbegriffs in Gott, die wir allein durch die Offenbarung erkennen.

Zugleich aber ist der Heilige Geist, da er dem Vater und dem Sohn in der Göttlichkeit wesensgleich ist, Liebe und (ungeschaffenes) Geschenk, aus dem wie aus einem *lebendigen Quell jede Gabe* entspringt, die den Geschöpfen verliehen wurde (geschaffenes Geschenk): das Geschenk der Existenz, das allen Dingen durch die Schöpfung gewährt wurde, das Geschenk der Gnade, das den Menschen durch die Heilsökonomie verliehen wurde. Wie der Apostel Paulus geschrieben hat, "ist die Liebe Gottes ausgegossen in unsere Herzen durch den heiligen Geist, der uns gegeben ist"[1]. **4781**

---

**4790–4807: Instruktion der Glaubenskongregation "Donum vitae" über die Achtung vor dem beginnenden menschlichen Leben und die Würde der Fortpflanzung, 22. Febr. 1987**

Bereits Ende des 19. Jahrhunderts hatte das Heilige Offizium die Übertragung männlichen Samens in die weibliche Keimbahn (künstliche Insemination) für unerlaubt erklärt (Entscheidung vom 17. März 1897; *3323). Dieses Verbot bestätigten Pius XII. am 29. Sept. 1949 vor dem 4. Internationalen Kongreß Katholischer Ärzte (AAS 41 [1949] 557–561) und Johannes XXIII. am 15. Mai 1961 in der Enzyklika "*Mater et Magistra*" (AAS 53 [1961] 447; *3963). Gegenüber den Stellungnahmen der Katholischen Universitäten von Lille, Nijmwegen, Leuven und Louvain-la-Neuve sowie verschiedener europäischer Bischofssynoden verurteilt die Instruktion "*Donum vitae*" im Anschluß an die Argumentation der Enzyklika "*Humanae vitae*", Nr. 12 (die Sittlichkeit der menschlichen Fortpflanzung setzt die biologische Integrität des Geschlechtsaktes voraus) nicht nur die heterologe, sondern auch die homologe Fertilisation in vitro mit Embryo-Transfer (FIVET). – Auf die Wiedergabe der zahlreichen im Original kursiv hervorgehobenen Textpassagen wurde in dieser Auswahl verzichtet.
*Ausg.:* AAS 80 (1988) 72–100.

---

[2]   1 Kor 2,10.
[3]   Vgl. Thomas von Aquin, *Summa theologiae* I, q. 37–38 (Editio Leonina 4,387a–395b).
**\*4781** [1]   Röm 5,5.

INTRODUCTIO

EINLEITUNG

### 1. Investigatio biomedica et ecclesiae doctrina

### 1. Die biomedizinische Forschung und die Lehre der Kirche

**4790**    *[72]* ... Ecclesia Magisterii sui auctoritatem non interponit vi peculiaris competentiae in regione scientiarum quae in experimentis nituntur; sed postquam comperta habet elementa, quae investigationibus scientificis et re technica suppeditantur, ipsa, vi muneris evangelici officiique apostolici, moralem intendit doctrinam proponere, quae personae dignitati eiusque integrae vocationi congruat, criteria iudicii moralis exponendo circa investigationum scientificarum et rei technicae applicationes, peculiarique modo circa ea omnia quae ad humanam vitam eiusque exordia attineant. Quae quidem criteria sunt: observantia, defensio et promotio hominis, eius "primarium et fundamentale" ius ad vitam[1], eius dignitas personae quae animo spirituali ac morali responsabilitate ditatur[2] et ad beatificam cum Deo communionem vocatur. ...

... Die Kirche macht die Autorität ihres Lehramts nicht aufgrund einer besonderen Zuständigkeit im Bereich der Wissenschaften, die sich auf Experimente stützen, geltend; sondern sie beabsichtigt, nachdem sie die Elemente in Erfahrung gebracht hat, die durch wissenschaftliche Forschungen und die Technik bereitgestellt werden, selbst kraft ihres evangelischen Amtes und ihrer apostolischen Pflicht, die Morallehre vorzulegen, die der Würde der Person und ihrer ganzheitlichen Berufung entspricht, indem sie die Kriterien des moralischen Urteils in bezug auf die Anwendungen der wissenschaftlichen Forschungen und der Technik darlegt, und zwar in besonderer Weise in bezug auf all das, was das menschliche Leben und seine Anfänge betrifft. Diese Kriterien jedoch sind: die Achtung, die Verteidigung und die Förderung des Menschen, sein "ursprüngliches und grundlegendes" Recht auf Leben[1] und seine Würde als Person, die mit einer Geistseele und mit sittlicher Verantwortung ausgestattet[2] und zur seligmachenden Gemeinschaft mit Gott berufen ist. ...

### 4. Criteria fundamentalia ad morale iudicium ferendum

### 4. Grundlegende Kriterien für das Fällen eines sittliches Urteils

**4791**    *[75]* ... Bona fundamentalia quae cum methodis procreationis artificialis humanae conectuntur, duo numerantur: vita creaturae humanae ad exsistendum vocatae, et singularis indoles transmissionis huius vitae in matrimonio. Horum igitur bonorum congrua ratio habeatur necesse est, cum morale iudicium est ferendum de huiusmodi methodis procreationis humanae artificialis.

Vita phisica, unde in mundo humanarum vicissitudinum cursus incipit, nullo modo totam explet personae praestantiam, neque habenda est pro supremo bono hominis qui ad

Als grundlegende Güter, die mit den Methoden der künstlichen menschlichen Fortpflanzung verbunden sind, werden zwei aufgezählt: das Leben des menschlichen Geschöpfs, das ins Dasein gerufen ist, und der einzigartige Charakter der Weitergabe dieses Lebens in der Ehe. Also ist es notwendig, daß entsprechende Rücksicht auf diese Güter genommen wird, wenn ein sittliches Urteil über derartige Methoden der künstlichen menschlichen Fortpflanzung zu fällen ist.

Das physische Leben, mit dem der wechselvolle menschliche Lebensweg in der Welt beginnt, tut auf keine Weise der ganzen Vortrefflichkeit der Person Genüge und ist nicht

---

*4790 [1]    Johannes Paul II., Ansprache an die Teilnehmer der 35. Generalversammlung des Weltärztebundes, 29. Okt. 1983 (AAS 76 [1984] 390).
[2]    Vgl. 2. Vatikanisches Konzil, Erklärung über die Religionsfreiheit *Dignitatis humanae*, Nr. 2 (AAS 58 [1966] 931; *4241).

vitam sempiternam vocatur. Ipsa tamen ad hominis structuram pertinet quodammodo tamquam bonum "fundamentale", propterea quod in ipsa vita phisica cetera omnia personae bona nituntur atque explicantur[1]. Indoles inviolabilis iuris *[76]* ad vitam, quo creatura humana innocens gaudet "a conceptus momento usque ad mortem"[2], signum atque postulatum est ipsius inviolabilis indolis personae, cui Creator vitae donum largitus est.

Respectu habito ad vitae transmissionem qualis apud cetera animantia in mundo universo animadvertitur, transmissio vitae humanae singularem indolem prae se fert, quae ab ipsa singulari personae humanae indole promanat. "Quoniamque hominis vita aliis hominibus consulto et cogitate traditur, sequitur idcirco, ut hoc agatur ad Dei praescriptiones firmissimas, sanctissimas, inviolatas; quas scilicet nemo non agnoscere, non servare debet. Quocirca hac in re nemini omnium licet iis uti viis rationibusque, quibus vel arborum vel animantium vitam prorogare licet"[3].

Hodierni rei technicae progressus effecerunt ut procreatio haberi possit absque sexuali coniunctione, per concursum in tubulo vitreo seu in vitro, uti aiunt, cellularum germinalium, quae a viro et muliere antea sumptae sunt. At, quod arte technica fieri potest, non eo ipso lex moralis admittit. ...

als das höchste Gut des Menschen anzusehen, der zum immerwährenden Leben berufen ist. Dennoch gehört es zur Struktur des Menschen gewissermaßen als "grundlegendes" Gut, deshalb, weil sich gerade auf das physische Leben alle übrigen Güter der Person stützen und sich ⟨von da aus⟩ entfalten[1]. Die Tatsache des unverletzlichen Rechts auf Leben, dessen sich das unschuldige menschliche Geschöpf "vom Augenblick der Empfängnis an bis zum Tod"[2] erfreut, ist Zeichen und Erfordernis des unverletzlichen Charakters der Person selbst, der der Schöpfer das Geschenk des Lebens mitgeteilt hat.

Wenn man die Weitergabe des Lebens, wie sie bei den übrigen Lebewesen auf der ganzen Welt wahrgenommen wird, berücksichtigt, weist die Weitergabe des menschlichen Lebens einen einzigartigen Charakter auf, der aus dem einzigartigen Charakter der menschlichen Person selbst hervorströmt. "Und da ja das Leben des Menschen anderen Menschen bewußt und überlegt weitergegeben wird, folgt deshalb, daß dies nach Gottes beständigsten, heiligsten und unverletzlichen Gesetzen getan wird; niemand darf sie mißachten oder übertreten. Darum ist es in diesem Bereich überhaupt niemand erlaubt, solche Methoden zu verwenden, mit denen das Leben der Gewächse oder Tiere fortzupflanzen erlaubt ist"[3].

Die heutigen Fortschritte der Technik haben es bewirkt, daß eine Fortpflanzung ohne geschlechtliche Vereinigung stattfinden kann durch Zusammenführen der Keimzellen, die von Mann und Frau vorher gewonnen worden sind, in einem Reagenzglas bzw. in vitro, wie man sagt. Doch das, was durch technische Fertigkeit bewerkstelligt werden kann, gestattet das Sittengesetz nicht auch deshalb schon. ...

---

**\*4791** [1]  Erklärung der Glaubenskongregation zur Abtreibung *"Quaestio de abortu procurato"*, Nr. 9 (AAS 66 [1974] 736f).

[2]  Johannes Paul II., Ansprache an die Teilnehmer der 35. Generalversammlung des Weltärztebundes, 29. Okt. 1983 (AAS 76 [1984] 390).

[3]  Johannes XXIII., Enzyklika *"Mater et Magistra"*, 15. Mai 1961, Kap. III (AAS 53 [1961] 447; \*3953).

## 5. Nonnulla ecclesiae magisterii doctrinae capita

## 5. Einige Gesichtspunkte der Lehre des kirchlichen Lehramtes

**4792** ... Inde a conceptionis momento, vita cuiusvis humanae creaturae omnino est observanda, cum in terris homo sola creatura sit, quam Deus "propter seipsam voluerit"[1] et anima spiritualis uniuscuiusque hominis immediate creata a Deo sit[2]; homo in se totus Creatoris refert imaginem. Humana vita pro re sacra habenda est, quippe quae inde a suo exordio "Creatoris actionem postulet"[3] ac semper pecu[77]liari necessitudine cum Creatore, unico fine suo, perstet conexa[4]. Solus Deus vitae Dominus est ab exordio usque ad exitum: nemo, in nullis rerum adiunctis, sibi vindicare potest ius mortem humanae creaturae innocenti directe afferendi[5].

... Vom Augenblick der Empfängnis an muß das Leben eines jeglichen menschlichen Geschöpfes uneingeschränkt geachtet werden, weil der Mensch auf Erden das einzige Geschöpf ist, das Gott "um seiner selbst willen gewollt hat"[1], und die Geistseele jedes Menschen von Gott unmittelbar geschaffen ist[2]; der Mensch trägt an sich als ganzer das Bild des Schöpfers. Das menschliche Leben ist als etwas Heiliges anzusehen, da es ja schon von seinem Anfang an "das Handeln des Schöpfers erfordert"[3] und immer in einer besonderen Beziehung mit dem Schöpfer, seinem einzigen Ziel, verbunden bleibt[4]. Einzig Gott ist der Herr des Lebens vom Anfang bis zum Ende: Niemand kann sich – unter keinen Umständen – das Recht anmaßen, einem unschuldigen menschlichen Geschöpf direkt den Tod zuzufügen[5].

Procreatio humana consciam coniugum cooperationem postulat cum fecundo amore Dei[6]; donum vitae humanae fieri debet in matrimonio per actus proprios atque exclusivos coniugum, iuxta normas in eorum personis in eorumque coniugali vinculo inscriptas[7]. ...

Die menschliche Fortpflanzung erfordert eine bewußte Mitwirkung der Eheleute mit der fruchtbaren Liebe Gottes[6]; das Geschenk des menschlichen Lebens muß in der Ehe durch eigentümliche und ausschließliche Akte der Eheleute geschehen, gemäß den Normen, die ihren Personen und ihrem ehelichen Band eingeschrieben sind[7]. ...

---

**\*4792** [1]   2. Vatikanisches Konzil, Pastoralkonstitution über die Kirche in der Welt von heute "*Gaudium et spes*", Nr. 24 (AAS 58 [1966] 1045; \*4324).

[2]   Vgl. Pius XII., Enzyklika "*Humani generis*" (AAS 42 [1950] 575; \*3896); Paul VI., *Professio fidei*, 30. Juni 1968 (AAS 60 [1968] 436).

[3]   Johannes XXIII., Enzyklika "*Mater et Magistra*", 15. Mai 1961, Kap. III (AAS 53 [1961] 447; \*3953); vgl. Johannes Paul II., Ansprache an die an einem Studienseminar "Über die verantwortliche Elternschaft" teilnehmenden Priester, 17. Sept. 1983: "Am Anfang jeder menschlichen Person steht ein schöpferischer Akt Gottes: Kein Mensch kommt durch Zufall ins Dasein; er ist immer der Zielpunkt der schöpferischen Liebe Gottes" ("In cuiusvis humanae personae ortu est actus creativus Dei: nullus homo in hunc mundum venit fortuito; ipse semper est terminus amoris creativi Dei": *Insegnamenti di Giovanni Paolo II*, VI 2 [Rom 1983] 562).

[4]   Vgl. 2. Vatikanisches Konzil, Pastoralkonstitution über die Kirche in der Welt von heute "*Gaudium et spes*", Nr. 24 (AAS 58 [1966] 1045; \*4324).

[5]   Vgl. Pius XII., Ansprache an die Medizinisch-Biologische Vereinigung vom hl. Lukas, 12. Nov. 1944 (Discorsi e Radiomessaggi IV [1944–1945] 191f).

[6]   Vgl. 2. Vatikanisches Konzil, Pastoralkonstitution "*Gaudium et spes*", Nr. 24 (AAS 58 [1966] 1044; \*4324).

[7]   Vgl. 2. Vatikanisches Konzil, Pastoralkonstitution "*Gaudium et spes*", Nr. 51: "Wenn es sich daher um das Zusammengehen von ehelicher Liebe und verantwortlicher Weitergabe des Lebens handelt, hängt die sittliche Qualität der Handlungsweise nicht allein von der guten Absicht und Bewertung der Motive ab, sondern auch von objektiven Kriterien, die sich aus dem Wesen der menschlichen Person und ihrer Akte ergeben und die sowohl den vollen Sinn gegenseitiger Hingabe als auch den einer wirklich humanen Zeugung in wirklicher Liebe wahren" ("Moralis igitur indoles rationis agendi, ubi de componendo amore coniugali cum responsabili vitae transmissione agitur, non a sola sincera intentione et aestimatione motivorum pendet, sed obiectivis criteriis, ex personae eiusdemque actuum natura desumptis, determinari debet, quae integrum sensum mutuae donationis ac humanae procreationis in contextu veri amoris observant": AAS 58 [1966] 1072).

I. Observantia erga embryones humanos

I. Die Achtung vor den menschlichen Embryonen

*1. Quaenam observantia humano embryoni debetur, ratione habita eius naturae eiusque identitatis?*

*1. Welche Achtung schuldet man dem menschlichen Embryo unter Berücksichtigung seiner Natur und seiner Identität?*

Viventi humano, uti personae, observantia debetur inde a primo eius vitae momento. ...

Jedem menschlichen Lebewesen wird als **4793** Person vom ersten Augenblick seines Lebens an Achtung geschuldet. ...

*[79]* ... Quare fructus generationis humanae, inde a primo temporis momento quo exsistere incipit, hoc est a momento quo formatio zygoti inchoatur, absolutam illam exigit observantiam, quae ex lege morali homini debetur quoad totam suam rationem corporalem atque spiritualem. Creatura humana ut persona observanda atque tractanda est inde ab eius conceptione, ac propterea inde ab illo temporis momento ipsi agnoscenda sunt iura personae, quorum primum recensetur ius inviolabile ad vitam, quo unusquisque creatura humana innocens gaudet. ...

Deshalb verlangt die Frucht der menschlichen Zeugung vom ersten Augenblick an, an dem sie zu existieren beginnt, das heißt von dem Augenblick an, in dem die Bildung der Zygote ihren Anfang nimmt, jene unbedingte Achtung, die dem Menschen aufgrund des Sittengesetzes hinsichtlich seiner ganzen leiblichen und geistigen Eigenart geschuldet wird. Ein menschliches Geschöpf ist von seiner Empfängnis an als Person zu achten und zu behandeln, und deshalb sind ihm von jenem Augenblick an die Rechte einer Person zuzuerkennen, als deren erstes das unverletzliche Recht auf Leben angesehen wird, dessen sich jedwedes unschuldige menschliche Geschöpf erfreut. ...

*2. Estne moraliter licita diagnosis praenatalis?*

*2. Ist die vorgeburtliche Diagnostik sittlich erlaubt?*

Si diagnosis praenatalis tuetur vitam et integritatem embryonis et fetus humani atque spectat ad singulum embryonem servandum et curandum, responsio est affirmativa. ...

Wenn die vorgeburtliche Diagnostik auf **4794** das Leben und die Unversehrtheit des Embryos und des menschlichen Fötus achtet und auf den Schutz und die Sorge für den einzelnen Embryo ausgerichtet ist, ist die Antwort zustimmend. ...

*[80]* ... Denique damnanda sunt ... illae directoriae normae vel programmata suscepta a civilibus auctoritatibus et a scientificis consociationibus, qui quoquo modo faveant conexioni inter diagnosim praenatalem et abortum, immo etiam impellant mulieres praegnantes ad se subiciendas diagnosi praenatali iam praestitutae, ut fetus de medio tollantur, qui corporis deformationibus vel morbis hereditariis sint affecti.

Zu verurteilen sind ... jene Direktiven oder Programme, die von staatlichen Autoritäten und von wissenschaftlichen Vereinigungen übernommen worden sind, die auf irgendeine Weise die Verbindung zwischen vorgeburtlicher Diagnostik und Abtreibung begünstigen, ja sogar schwangere Frauen veranlassen, sich einer bereits vorgeschriebenen vorgeburtlichen Diagnose zu unterwerfen, damit Föten beseitigt werden, die von körperlichen Mißbildungen oder Erbkrankheiten betroffen sind.

### 3. Licetne therapeutici interventus in humano embryone?

4795 Sicut quilibet artis medicae interventus in aegrotis, ita interventus in humano embryone liciti habendi sunt hac condicione, ut embryones vitam integritatemque observent, ne secumferant pericula haud proportionata sed spectent ad morbi curationem, ad salutis statum in *[81]* melius mutandum et ad ipsius singularis fetus superstitem vitam in tuto ponendam. ...

### 3. Sind therapeutische Eingriffe am menschlichen Embryo erlaubt?

Wie jeder Eingriff ärztlicher Kunst bei Kranken, so müssen die Eingriffe am menschlichen Embryo unter der Bedingung als erlaubt angesehen werden, daß sie das Leben und die Unversehrtheit des Embryos achten und daß sie nicht Gefahren mit sich bringen, die nicht verhältnismäßig sind, sondern daß sie auf die Heilung der Krankheit, auf die Wandlung des Gesundheitszustands zum besseren hin und auf die Sicherstellung des Überlebens des einzelnen Fötus ausgerichtet sind. ...

### 4. Quomodo ad normam legis moralis aestimanda sunt investigationes atque experimenta[1] in embryonibus et in fetibus humanis?

4796 Medica investigatio abstinere debet ab interventibus in embryonibus viventibus, nisi certitudine morali constet nullum damnum neque vitae neque integritati nascituri ac matris inde oriturum, itemque cautum esse, ut parentes liberum et conscium assensum praestiterint interventui in embryone. ...

*[82]* ... Si embryones vivunt, vitae autonomae capaces vel non, illa observantia eis adhibenda est, quae humanis personis debetur; experimenta non directe therapeutica in embryonibus illicita sunt[2]. ...

### 4. Wie sind Forschungen und Experimente[1] an menschlichen Embryonen und Föten nach der Norm des Sittengesetzes einzuschätzen?

Die medizinische Forschung muß sich der Eingriffe an lebenden Embryonen enthalten, wenn nicht mit sittlicher Gewißheit feststeht, daß von daher weder dem Leben noch der Unversehrtheit des Ungeborenen und der Mutter ein Schaden entstehen wird, und ebenso sichergestellt ist, daß die Eltern ihre freie und bewußte Zustimmung zum Eingriff am Embryo gegeben haben. ...

Wenn die Embryonen leben, ist ihnen, ob sie autonomen Lebens fähig sind oder nicht, jene Achtung entgegenzubringen, die menschlichen Personen geschuldet wird; nicht unmittelbar therapeutische Eingriffe an Embryonen sind unerlaubt[2]. ...

---

*4796 [1] Da die Ausdrücke "Forschung" und "Versuch" häufig äquivalent und zweideutig benutzt werden, erscheint es notwendig, die ihnen im vorliegenden Dokument beigelegte Bedeutung zu präzisieren. 1) Unter *Forschung* (investigatio) wird jede induktiv-deduktive Vorgehensweise verstanden, die darauf zielt, die systematische Untersuchung eines vorliegenden Phänomens im menschlichen Bereich zu fördern oder eine aus früheren Untersuchungen hervorgegangene Hypothese zu überprüfen. 2) Unter *Experiment* (experimentum) wird jede Forschung verstanden, in der das menschliche Wesen [in den verschiedenen Abschnitten seiner Existenz: als Embryo, Fötus, Kind oder Erwachsener] den Gegenstand darstellt, mittels dessen oder an dem die Wirkung einer gegebenen Behandlungsmethode (z.B. eine pharmakologische, theratogene, chirurgische etc.), sei sie nun bekannt oder noch nicht bekannt, geprüft werden soll. (Quoniam voces "investigatio" et "experimentum" saepe usurpantur significatione aequali et ambiguae, necessarium videtur explicare quaenam significatio tribuenda sit hisce vocibus in hos documento. 1) Voce *investigationis* intelligitur quivis procedendi modus inductivus-deductivus eo spectans, ut promoveatur observatio systematica alicuius facti in campo humano, vel ut verificetur hypothesis orta ex praecedentibus observationibus. 2) Voce *experimenti* intelligitur quaevis investigatio, in qua creatura humana [in variis temporibus eius exsistentiae: embryon, fetus, puer vel adultus] est id per quod vel super quo dignosci intenditur effectus, adhuc ignotus, vel nondum bene cognitus, alicuius procedendi modi [e. gr. pharmacologici, theratogeni, chirurgici, etc.]).

[2] Vgl. Johannes Paul II., Ansprache an die Teilnehmer eines Kongresses der Päpstlichen Akademie der Wissenschaften, 23. Okt. 1982: "Ich verurteile klar und ausdrücklich experimentelle Eingriffe am menschlichen Embryo, da ein menschliches Wesen vom Augenblick der Zeugung bis zum Tod für keinen wie immer gearteten Zweck mißbraucht werden darf" ("Modo quam maxime aperto atque expresso ego reprobo artificiosas tractationes embryonis humani experimenti causa perac-

*[83]* ... Ad embryonum vel fetuum cadavera, voluntarie abortiva vel non, eadem spectat observantia, quae ceterorum mortuorum hominum exuviis adhibetur. ...

Im Hinblick auf die Leichen von Embryonen oder Föten, seien sie vorsätzlich abgetrieben oder nicht, ist dieselbe Achtung geboten, die den Überresten der übrigen toten Menschen entgegengebracht wird. ...

*5. Quaenam esse debet aestimatio moralis de usu embryonum qui, investigationis causa, habentur ope fecundationis in vitro?*

*5. Wie ist die Verwendung von Embryonen, die zu Forschungszwecken mit Hilfe der In-vitro-Befruchtung gewonnen werden, sittlich zu bewerten?*

Embryones humani in vitro producti habendi sunt creaturae humanae et iuris capaces: eorum dignitas eorumque ius ad vitam observanda sunt inde a primo eorum vitae momento. Morum igitur honestati contrarium est embryones humanos gignere ad abutendum, scilicet ut efficiantur "materia biologica", quae praesto sit ad usum. ... *[84]* ...

Die in vitro erzeugten menschlichen **4797** Embryonen sind als menschliche Geschöpfe und rechtsfähige ⟨Wesen⟩ zu betrachten: Ihre Würde und ihr Recht auf Leben sind vom ersten Augenblick ihres Lebens an zu achten. Es widerspricht der Ehrenhaftigkeit der Sitten, menschliche Embryonen zum Mißbrauch zu erzeugen, das heißt, daß sie als "biologisches Material" hergestellt werden, damit es zur Benutzung zur Verfügung steht. ...

*6. Quomodo iudicandae sunt ceterae formae artificiosae tractationis embryonum, quae conectuntur cum "technicis rationibus humanae procreationis"?*

*6. Wie sind die übrigen Formen der künstlichen Behandlung von Embryonen, die mit den "technischen Verfahren menschlicher Fortpflanzung" verbunden sind, zu beurteilen?*

Rationes technicae fecundationis in vitro aditum patefacere possunt ad alias formas artificiosae tractationis biologicae vel geneticae embryonum humanorum, cuiusmodi sunt: conatus vel proposita fecundationis inter hominum et animalium gametes, et gestationis embryonum humanorum in uteris animalium; coniecturae vel consilia artificiales uteros fabricandi ad embryones excipiendos. Huiusmodi procedendi rationes repugnant creaturae humanae dignitati quae ad embryonem spectat, simulque ius laedunt uniuscuiusque personae ut concipiatur et nascatur in matrimonio et ex matrimonio[1]. Conatus quoque vel coniecturae eo spectantes ut creatura humana gignatur absque ulla colligatione cum sexualitate per "fixionem gemel-

Die technischen Verfahren der In-vitro- **4798** Befruchtung können einen Zugang zu anderen Formen der künstlichen biologischen oder genetischen Behandlung menschlicher Embryonen eröffnen, als da sind: Versuche oder Vorhaben der Befruchtung zwischen Keimzellen von Menschen und Tieren und der Austragung menschlicher Embryonen in den Gebärmüttern von Tieren; Überlegungen oder Pläne, künstliche Gebärmütter zur Aufnahme von Embryonen herzustellen. Derartige Vorgehensweisen widerstreiten der Würde des menschlichen Geschöpfes, die den Embryo auszeichnet, und verletzen zugleich das Recht einer jeden Person, in der Ehe und aus der Ehe heraus empfangen und geboren zu werden[1]. Auch die Versuche oder

---

tas, quia creatura humana, a momento conceptionis usque ad mortem, nullam ob causam abusui obnoxia fieri potest": AAS 75 [1983] 37).

**\*4798** [1]   Niemand kann vor seinem Dasein ein subjektives Recht auf Beginn seiner Existenz geltend machen; es ist jedoch legitim, das Recht des Kindes zu bejahen, einen ganz und gar menschlichen Ursprung durch die der personalen Natur des menschlichen Wesens entsprechende Empfängnis zu haben. Das Leben ist ein Geschenk, dem sowohl das Subjekt, das es empfängt, als auch die Subjekte, die es weitergeben, in würdiger Weise entsprechen müssen. Diese Präzisierung muß man auch für das, was zur künstlichen menschlichen Fortpflanzung gesagt werden wird, vor Augen haben. (Nemo vindicare potest, antequam exsistat, ius subiectivum ad existentiam inchoandam; nihilominus, legitimum est affirmare ius pueri ad originem habendam plene huma-

larem", clonationem, parthenogenesim, uti aiunt, habenda sunt pro re morum honestati contraria, quippe quae cum dignitate sive procreationis humanae sive coniugalis coniunctionis nullo modo cohaereant.

Ipsa embryonum congelatio, etsi peragatur ad embryones in vita conservandos – quod "crioconservationem" vocant – observantiam violat viventibus humanis debitam, cum eorum phisicam integritatem in gravia mortis vel damni pericula adducat, eos privet saltem ad tem*/85/*pus materna receptione ac gestatione, eosdemque constituat talibus in adiunctis, ut inde via pateat ad novas violationes novasque artificiosas tractationes.

Nonnulli conatus interveniendi in patrimonio cromosomico vel genetico non sunt therapeutici, sed spectant ad viventes humanos gignendos, selectos secundum sexum vel alias proprietates iam antea praestitutas. Huiusmodi artificiosae tractationes adversantur personali humanae creaturae dignitati eiusque integritati atque identitati. Eaedem igitur nullo modo comprobari possunt ob commoda, quae in societatis humanae bonum forte inde obvenire posse praevideantur[2]. Quaelibet humana persona per se ipsam observanda est: in hoc dignitas et ius consistunt uniuscuiusque creaturae humanae inde ab ipsius initio.

Überlegungen, die sich darauf richten, daß ein menschliches Geschöpf ohne jede Verbindung mit der Geschlechtlichkeit durch sogenannte "Zwillingsspaltung", Klonierung und Parthenogenese erzeugt wird, sind als eine Sache, die der Ehrenhaftigkeit der Sitten widerspricht, zu betrachten, da sie ja mit der Würde sowohl der menschlichen Fortpflanzung wie der ehelichen Vereinigung auf keine Weise zusammenstimmen.

Das Einfrieren von Embryonen verletzt die Achtung, die menschlichen Lebewesen geschuldet wird, auch wenn es durchgeführt wird, um die Embryonen am Leben zu erhalten (was man "Kryokonservierung" nennt), da es ihre physische Unversehrtheit in schwere Gefahren des Todes oder der Schädigung bringt, sie wenigstens zeitweise der mütterlichen Aufnahme und Austragung beraubt und sie solchen Umständen aussetzt, daß von daher der Weg für neue Verletzungen und neue künstliche Behandlungen offensteht.

Einige Versuche, in das chromosomale oder genetische Erbgut einzugreifen, sind nicht therapeutisch, sondern zielen auf die Erzeugung von menschlichen Lebewesen, die nach Geschlecht oder anderen Eigenschaften, die schon vorher festgelegt worden sind, ausgewählt sind. Derartige künstliche Behandlungen widerstreiten der personalen Würde des menschlichen Geschöpfes und seiner Unversehrtheit und Identität. Sie können also auf keine Weise wegen der Vorteile gebilligt werden, die der Voraussicht nach dem Wohl der menschlichen Gesellschaft vielleicht von daher zuteil werden können[2]. Jede menschliche Person ist um ihrer selbst willen zu achten: Darin bestehen Würde und Recht eines jeden menschlichen Geschöpfes von seinem Anfang an.

---

nam per conceptionem convenientem indoli personali creaturae humanae. Vita est donum tali dandum ratione, quae addeceat sive eum qui vitam accipit, sive illos qui eandem transmittunt. Haec explicatio prae oculis habeatur etiam quod attinet ad artificialem procreationem humanam, de qua subinde agendum erit.)

[2]    Vgl. Johannes Paul II., Ansprache an die Teilnehmer der 35. Generalversammlung des Weltärztebundes, 29. Okt. 1983 (AAS 76 [1984] 391).

## II. INTERVENTUS IN HUMANA PROCREATIONE

### 1. Cur humana procreatio in matrimonio fieri debeat?

*[87]* Quaevis humana creatura est semper tamquam Dei donum ac benedictio accipienda. Attamen, si ad moralia principia spectetur, dicendum est procreationem vere consciam erga nasciturum e solo matrimonio oriri posse. ...

Coniugum autem fidelitas, in unitate matrimonii, secumfert mutuam observantiam erga ius utriuslibet, ad hoc ut alter pater aut mater fiat solummodo per alterum.

Filius ius habet ut concipiatur, alvo contineatur, nascatur, educetur in matrimonio: is solummodo ad suos parentes referendo, certa atque publica ratione identitatem suam cognoscere potest, atque suam hominis formationem ad maturitatem perducere. ... *[88]*

### 2. Fecundatio artificialis heterologa congruitne cum dignitate coniugum cumque matrimonii veritate?

... At fecundatio artificialis heterologa tum unitati matrimonii, tum coniugum dignitati, tum vocationi parentum propriae aperte contradicit, itemque iuri filii ad quem spectat ut et concipiatur et enascatur in matrimonio et per matrimonium[1]. ... *[89]* ...

## II. EINGRIFFE IN DIE MENSCHLICHE FORTPFLANZUNG

### 1. Warum muß die menschliche Fortpflanzung in der Ehe stattfinden?

Jedes menschliche Geschöpf muß immer **4799** als Geschenk und Segen Gottes angenommen werden. Im Blick auf sittliche Prinzipien muß jedoch gesagt werden, daß eine gegenüber dem Ungeborenen wahrhaft verantwortliche Fortpflanzung einzig aus der Ehe entspringen kann. ...

Die Treue der Eheleute in der Einheit der Ehe bringt die wechselseitige Achtung für das Recht beider mit sich, daß dabei der eine nur durch den anderen Vater oder Mutter wird.

Das Kind hat das Recht, in der Ehe empfangen, vom Mutterleib umschlossen, geboren und erzogen zu werden: Nur dadurch, daß es sich auf seine Eltern bezieht, kann es auf sichere und öffentliche Weise seine Identität erkennen und seine Menschenbildung zur Reife bringen. ...

### 2. Steht die heterologe künstliche Befruchtung mit der Würde der Eheleute und der Wahrheit der Ehe im Einklang?

... Doch die heterologe künstliche Befruch- **4800** tung widerspricht offensichtlich sowohl der Einheit der Ehe als auch der Würde der Eheleute und der eigentlichen Berufung der Eltern und ebenso dem Recht des Kindes, dem es zukommt, in der Ehe und durch die Ehe sowohl empfangen als auch geboren zu werden[1]. ...

---

**\*4800** [1] Vgl. Pius XII., Ansprache an die Teilnehmer des IV. Internationalen Kongresses katholischer Ärzte, 29. Sept. 1949 (AAS 41 [1949] 559). Nach dem Plan des Schöpfers "verläßt der Mann Vater und Mutter und bindet sich an seine Frau, und sie werden ein Fleisch" (Gen 2,24). Die Einheit der Ehe, die an die Schöpfungsordnung gebunden ist, ist eine Wahrheit, die der natürlichen Vernunft zugänglich ist. Die Tradition und das Lehramt der Kirche beziehen sich häufig auf das Buch Genesis, sowohl direkt als auch über das Neue Testament: Mt 19,4–6; Mk 10,5–8; Eph 5,31. Vgl. Athenagoras, *Legatio pro christianis*, 33 (PG 6,965–967); Johannes Chrysostomus, *In Matthaeum homiliae* LXII 19,1 (PG 58,597); Leo I. der Große, *Epistula ad Rusticum* 4 (PL 54,1204); Innozenz III., Brief *"Gaudemus in Domino"* (\*778); Konzil von Lyon, 4. Sitzung (\*860); Konzil von Trient, 24. Sitzung, Dekret über das Ehesakrament (\*1798 1802); Leo XIII., Enzyklika *"Arcanum divinae sapientiae"*, 10. Febr. 1880 (ASS 12 [1879/80] 388–391; \*3142f); Pius XI., Enzyklika *"Casti connubii"*, 31. Dez. 1930 (AAS 22 [1939] 546f); 2. Vatikanisches Konzil, Pastoralkonstitution über die Kirche in der Welt von heute *"Gaudium et spes"*, Nr. 48 (AAS 58[1966] 1067–1069); Johannes Paul II., Apostolisches Mahnschreiben *"Familiaris consortio"*, 22. Nov. 1982, Nr. 19 (AAS 74 [1982] 101f); vgl. CIC/1983, Kan. 1056.

### 3. Maternitas "substitutiva"[1] estne moraliter licita?

**4801**     Nullatenus; et id quidem iisdem de causis, quibus est fecundatio artificialis heterologa reicienda: opponitur enim tum unitati matrimonii, tum etiam dignitati procreationis personae humanae. ... *[90]* ...

### 4. Qui nexus intercedere debeat, ad morum leges, inter procreationem et actum coniugum proprium?

**4802**     ... Fecundatio vero artificialis homologa, procreationem persequens quae non ex actu proprio unionis *[91]* coniugalis consequitur, obiective separationem analogam operatur inter bona atque significationes matrimonii.

Quare, ea fecundatio licite appetitur, quae manat ex actu coniugali qui natura sua aptus sit "ad prolis generationem, ad quem natura sua ordinatur matrimonium, et quo coniuges fiunt una caro"[1]. Eadem vero procreatio tunc debita sua perfectione destituitur sub aspectu morali, cum animo non intenditur ut fructus coniugalis actus seu illius gestus qui est proprius unionis coniugum. ... *[92]* ...

### 3. Ist die "Ersatzmutterschaft"[1] sittlich erlaubt?

Keineswegs; und dies freilich aus denselben Gründen, aus denen die heterologe künstliche Befruchtung zurückzuweisen ist: Sie steht nämlich im Gegensatz sowohl zur Einheit der Ehe als auch der Würde der Fortpflanzung der menschlichen Person. ...

### 4. Welche Verbindung muß nach den Sittengesetzen zwischen der Fortpflanzung und dem eigenen Akt der Eheleute bestehen?

... Die homologe künstliche Befruchtung bewirkt, indem sie eine Fortpflanzung zu erlangen sucht, die nicht aus dem eigentümlichen Akt der ehelichen Vereinigung erfolgt, objektiv eine Trennung zwischen den Gütern und den Bedeutungen der Ehe.

Deshalb wird diejenige Befruchtung erlaubterweise erstrebt, die aus dem ehelichen Akt hervorgeht, der seiner Natur nach geeignet ist "zur Zeugung von Nachkommenschaft, auf den die Ehe ihrer Natur nach hingeordnet ist und durch den die Ehegatten ein Fleisch werden"[1]. Dieselbe Fortpflanzung wird aber unter sittlichem Aspekt dann ihrer nötigen Vollkommenheit beraubt, wenn sie nicht im Herzen als Frucht des ehelichen Aktes bzw. jener Bewegung, die der Vereinigung der Eheleute eigentümlich ist, beabsichtigt wird. ...

---

**\*4801** [1]     Unter der Bezeichnung *Ersatzmutter* versteht die Instruktion: a) die Frau, die einen in ihre Gebärmutter eingepflanzten Embryo austrägt, der ihr genetisch fremd ist, weil er durch die Vereinigung der Keimzellen von *Spendern* erlangt wurde mit der Verpflichtung, das Kind nach seiner Geburt demjenigen zu übergeben, der eine solche Austragung in Auftrag gegeben oder vereinbart hat; b) die Frau, die einen Embryo austrägt, zu dessen Zeugung sie mit der Spende ihrer eigenen Eizelle beigetragen hat, die durch Besamung mit dem Samen eines von ihrem Gatten verschiedenen Mannes befruchtet wurde mit der Verpflichtung, das Kind nach seiner Geburt demjenigen zu übergeben, der die Austragung in Auftrag gegeben oder vereinbart hat. (Coniunctis verbis *mater substitutiva* Instructio intendit: a) mulierem, embryonem gestantem, qui arte in eius sinu collocatus est, quique proinde, spectatis geneticae legibus, ei extraneus est, cum obtentus fuerit per concursum gametum donatorum extraneorum, et ea quidem lege, ut puer qui nascetur ei tradatur qui talem pregnationem commiserit vel pacto mandaverit. b) mulierem, embryonem gestantem, cuius procreationi ipsa proprio contulit ovulo, et quidem per seminationem spermatis viri fecundato, qui est alius a marito, ea item lege, ut puer, cum natus fuerit, ei tradatur qui pregnationem commiserit vel pacto mandaverit.)

**\*4802** [1]     CIC/1983, Kan. 1061. Gemäß diesem Kanon ist der eheliche Akt jener, durch den die Ehe vollzogen wird, wenn ihn die Ehegatten "auf menschliche Weise miteinander gesetzt haben". (Iuxta huius canonis tenorem, actus coniugalis ille est per quem matrimonium consummatur, si illum coniuges "inter se humano modo posuerunt".)

### 5. *Fecundatio homologa in vitro estne moraliter licita?*

... *[93]* ... Conceptio in vitro est effectus actionis technicae, per quem evenit fecundatio; ea autem neque re vera obtinetur, neque consulto appetitur tamquam manifestatio ac fructus actus qui est proprius coniunctionis coniugalis. In methodo FIVET homologa, igitur, etsi consideretur in contextu actuum coniugalium qui reapse exsistunt, nihilominus generatio personae humanae obiective destituitur perfectione sibi propria, qua scilicet illa est terminus et fructus actus coniugalis, per quem coniuges fieri possunt "Dei cooperatores tradendo vitae donum novo alicui homini"[1]. ... *[94]* ...

Fatendum sane est in methodum FIVET homologam non cadere omnia admissa contra morum honestatem, quae deprehenduntur in procreatione extra matrimonium effecta; familia enim et matrimonium pergunt esse ambitus, in quo filiorum nativitas et educatio continentur. Attamen, iuxta traditam doctrinam de matrimonii bonis et de personae humanae dignitate, morale Ecclesiae iudicium perstat contrarium fecundationi homologae in vitro: haec est intrinsecus illicita, ac dignitati procreationis et coniunctionis coniugalis tunc etiam repugnat, cum nihil omittitur ut embryonis mors praecaveatur. ...

### 6. *Quomodo secundum legem moralem aestimanda est seminatio artificialis homologa?*

Seminatio artificialis homologa intra ambitum matrimonii admitti nequit, excepto casu in quo apparatus technicus non sit substitutivus actus coniugalis, sed se praebeat ut adiumentum ad naturalem eius finem facilius assequendum. ... *[95]* ...

### 5. *Ist die homologe In-vitro-Befruchtung sittlich erlaubt?*

... Die Empfängnis in vitro ist Ergebnis einer technischen Handlung, durch das die Befruchtung zustande kommt; diese aber wird weder tatsächlich erreicht noch absichtlich erstrebt als Ausdruck und Frucht eines Aktes, der der ehelichen Vereinigung eigentümlich ist. Bei der homologen FIVET-Methode wird also, auch wenn sie im Zusammenhang der ehelichen Akte, die wirklich bestehen, betrachtet wird, trotzdem die Zeugung der menschlichen Person objektiv der ihr eigentümlichen Vollkommenheit beraubt, durch die sie nämlich Ziel und Frucht des ehelichcn Aktes ist, durch den die Eheleute "Mitarbeiter Gottes werden können, indem sie das Geschenk des Lebens an einen neuen Menschen weitergeben"[1]. ... **4803**

Man muß allerdings zugeben, daß auf die homologe FIVET-Methode nicht alle Vergehen gegen die Ehrenhaftigkeit der Sitten zutreffen, die bei einer außerhalb der Ehe erfolgten Fortpflanzung angetroffen werden; denn Familie und Ehe bleiben weiterhin der Raum, in dem Geburt und Erziehung der Kinder enthalten sind. Dennoch: gemäß der überlieferten Lehre über die Güter der Ehe und die Würde der menschlichen Person bleibt das sittliche Urteil der Kirche der homologen In-vitro-Befruchtung entgegengesetzt: Diese ist in sich unerlaubt und widerstreitet der Würde der Fortpflanzung und der ehelichen Verbindung auch dann, wenn nichts unterlassen wird, um den Tod des Embryos zu verhüten. ...

### 6. *Wie ist die künstliche homologe Besamung nach dem Sittengesetz zu bewerten?*

Die homologe künstliche Besamung innerhalb des Raums der Ehe kann nicht zugelassen werden, mit Ausnahme des Falls, in dem das technische Mittel nicht einen Ersatz für den ehelichen Akt darstellt, sondern sich als Hilfsmittel zum leichteren Erreichen seines natürlichen Zieles erweisen würde. ... **4804**

---

**\*4803** [1]   Johannes Paul II., Apostolisches Mahnschreiben *"Familiaris consortio"*, Nr. 14 (AAS 74 [1982] 96).

### 7. Quodnam criterium morale adhibendum est circa medici interventum in humana procreatione?

### 7. Welches sittliche Kriterium ist bezüglich des Eingriffs des Arztes in die menschliche Fortpflanzung anzuwenden?

**4805**    ... Ars medica, cui propositum sit integro personae humanae bono *[96]* deservire, bona proprie humana sexualitatis tueri debet[1]. Medicus munere fungitur deserviendi bono personarum et humanae procreationi; quoad haec, ille nec disponendi nec decernendi potestatem habet. Medicus interventus tunc personarum dignitatem tuetur, cum actum coniugalem adiuvare studet, sive ut facilius expleatur, sive ut idem, iam rite expletus, finem suum assequi possit[2]. ...

... Die medizinische Kunst, der es bestimmt ist, dem unversehrten Wohl der menschlichen Person zu dienen, muß die eigentümlich menschlichen Güter der Geschlechtlichkeit achten[1]. Der Arzt erfüllt die Aufgabe, dem Wohl der Personen und der menschlichen Fortpflanzung zu dienen; in dieser Hinsicht hat er weder eine Vollmacht zu verfügen noch zu entscheiden. Der medizinische Eingriff achtet die Würde der Personen dann, wenn er sich bemüht, den ehelichen Akt zu unterstützen, sei es, damit er leichter vollzogen wird, sei es, damit er, wenn er schon auf rechte Weise vollzogen worden ist, sein Ziel erreichen kann[2]. ...

### 8. Dolor ex coniugali sterilitate.

### 8. Das Leid aufgrund ehelicher Unfruchtbarkeit

**4806**    Coniuges, qui procreare prolem non valent, vel timent ne liberos gignant impeditos, dolore anguntur, qui ab omnibus intellegi et adaequate perpendi debet. ...

Eheleute, die nicht in der Lage sind, Nachkommenschaft zu zeugen, oder die befürchten, behinderte Kinder hervorzubringen, werden durch ein Leid gequält, das von allen verstanden und angemessen berücksichtigt werden muß. ...

*[97]* ... Verum ac proprium ius ad filium, ipsius filii dignitati atque naturae adversatur. Filius nullo modo aliquid est quod debetur, neque considerari potest ut obiectum proprietatis; ipse potius est donum, et quidem "praestantissimum"[1] et maxime gratuitum matrimonii, idemque vivens est testimonium mutuae donationis eius parentum. Qua de causa, filius – ut supra memoratum est – ius habet ad exsistendum tamquam fructus proveniens ex actu coniugalis amoris proprio suorum parentum, idemque ius habet ad observantiam sibi tamquam personae tribuendam inde a momento conceptionis. ... *[98]*

Ein wahres und eigentliches Recht auf ein Kind ist der Würde und Natur gerade des Kindes entgegengesetzt. Ein Kind ist in keiner Weise etwas, was geschuldet wird, und es kann nicht als Gegenstand des Eigentums betrachtet werden; es ist vielmehr ein Geschenk, und zwar "das vorzüglichste"[1] und am freiesten gegebene der Ehe, und es ist lebendiges Zeugnis der wechselseitigen Hingabe seiner Eltern. Aus diesem Grund hat das Kind – wie oben in Erinnerung gerufen worden ist – das Recht, als Frucht, die aus dem eigentlichen Akt ehelicher Liebe seiner Eltern hervorgeht, zu existieren, und hat ebenso ein Recht auf Achtung, die ihm vom Augenblick der Empfängnis an als Person zu erweisen ist. ...

---

\***4805** [1]   Johannes XXIII., Enzyklika *"Mater et Magistra"*, 15. Mai 1961, Kap. III (AAS 53 [1961] 447; \*3953).

[2]   Vgl. Pius XII., Ansprache an die Teilnehmer des IV. Internationalen Kongresses katholischer Ärzte, 29. Sept. 1949 (AAS 41 [1949] 560).

\***4806** [1]   2. Vatikanisches Konzil, Pastoralkonstitution über die Kirche in der Welt von heute *"Gaudium et spes"*, Nr. 50 (AAS 58 [1966] 1070).

III. DE RE MORALI AC CIVILI LEGE

*Bona atque obligationes moralia lege civili observanda ac sancienda in hac materia*

Ius inviolabile ad vitam uniuscuiusque hominis innocentis atque iura familiae institutique matrimonialis, bona moralia fundamentalia censenda sunt, quippe quae condicionem naturalem et integram vocationem personae humanae respiciant; suntque simul elementa quae pertinent ad ipsam civilis societatis structuram atque ordinationem.

Hac de causa, nova quae progrediens res technica portendit fieri posse in campo scientiae biomedicae, requirunt ut ii, penes quos sunt civilia munera et potestas leges ferendi, auctoritatem suam interponant, quia harum technicarum rationum usus, vigilantiae non obnoxius, perducere poterit ad consectaria, quae praevideri nequeunt, et detrimentum afferre civili societati. Appellatio ad uniuscuiusque conscientiam et ad normas sibi voluntarie impositas, a scientiae investigatoribus satis non sunt ad personalia iura et reipublicae ordinem tuenda. ...

*[100]* ... Inter propria publicae auctoritatis officia, hoc etiam recensendum est, quod ipsa ita operari debet, ut lex civilis conformetur normis fundamentalibus legis moralis in iis quae attinent ad iura hominis, humanae vitae et instituti familiaris. Viri publicae rei addicti oportebit dent operam ut, populi opinionem permovendo, de his rebus summi momenti quam latissimus societatis consensus obtineatur, idemque solidetur, ubi debilitari aut deficere videatur. ...

Leges civiles plurium Nationum hodie, secundum multorum opinionem, certis rei technicae methodis approbationem concedunt, quae non debetur; eaedem ineptas se

III. SITTLICHKEIT UND STAATLICHES GESETZ

*Die sittlichen Güter und Verpflichtungen, die in dieser Sache durch das staatliche Gesetz zu achten und zu bestätigen sind*

Das unverletzliche Recht auf Leben eines **4807** jeden unschuldigen Menschen und die Rechte der Familie und der ehelichen Institution sind als grundlegende sittliche Güter zu betrachten, da sie ja die natürliche Verfassung und die ganzheitliche Berufung der menschlichen Person betreffen; und zugleich sind sie Elemente, die sich auf Struktur und Ordnung des Staates selbst beziehen.

Aus diesem Grund erfordert das Neue, das die fortschreitende Technik auf dem Feld der biomedizinischen Wissenschaft als möglich ankündigt, daß die, bei denen sich die staatlichen Ämter und die Gesetzgebungsvollmacht befinden, ihre Autorität geltend machen, weil ein Gebrauch dieser technischen Verfahrensweisen, der keiner Kontrolle unterworfen ist, zu Folgen führen kann, die nicht vorhergesehen werden können und dem Staat Schaden bringen. Die Berufung auf das Gewissen eines jeden einzelnen und auf die Normen, die sich die wissenschaftlichen Forscher freiwillig auferlegt haben, sind nicht ausreichend für den Schutz der personalen Rechte und der Ordnung des Gemeinwesens. ...

Unter die eigentlichen Pflichten der öffentlichen Autorität ist auch diese zu rechnen, daß sie so wirken muß, daß das staatliche Gesetz entsprechend den grundlegenden Normen des Sittengesetzes gestaltet wird in dem, was die Rechte des Menschen, des menschlichen Lebens und der Institution der Familie betrifft. Die Männer, die sich dem Gemeinwesen widmen, werden sich Mühe geben müssen, daß durch Einwirken auf die Meinung des Volkes über diese Sachverhalte von höchster Bedeutung eine möglichst breite Übereinstimmung der Gesellschaft erreicht und diese gestärkt wird, wo sie geschwächt zu werden oder abzunehmen scheint. ...

Die staatlichen Gesetze ziemlich vieler Völker gewähren heute nach Auffassung vieler ⟨Menschen⟩ bestimmten Verfahrensweisen der Technik eine Billigung, die ⟨ihnen⟩

praebent ad tuendam eam morum honestatem, quae respondet naturalibus postulatis personae humanae ac "legibus non scriptis", quae a Creatore in corde hominis inditae sunt. Omnes bonae voluntatis homines operam praestare debent, peculiari modo in suae quisque professionis sede et in suorum civilium iurium exercitio, ut civiles leges moraliter improbandae reformentur, et illiciti technicarum artium usus emendetur. Praeterea, contra huiusmodi leges proponenda atque agnoscenda est "obiectio conscientiae", quam vocant. Acrius etiam a multis, praesertim a scientiarum biomedicarum peritis, persentiri coepta est instantia moralis conscientiae quae poscit, ut per "resistentiam passivam", uti dicunt, obsistatur iuridicae approbationi earum technicarum rationum, quae hominis vitae ac dignitati adversantur.

nicht gebührt; sie erweisen sich als unfähig, diejenige Ehrenhaftigkeit der Sitten zu schützen, die den natürlichen Erfordernissen der menschlichen Person und den "ungeschriebenen Gesetzen" entspricht, die vom Schöpfer in das Herz des Menschen eingesenkt worden sind. Alle Menschen guten Willens müssen ihre Mühe einsetzen, jeder auf besondere Weise im Bereich seines Berufs und in der Ausübung seiner bürgerlichen Rechte, damit sittlich unannehmbare staatlichen Gesetze abgeändert und unerlaubte Anwendungen von Technik berichtigt werden. Zudem muß der sogenannte "Einwand des Gewissens" gegen derartige Gesetze vorgetragen und anerkannt werden. Von vielen, besonders Sachverständigen der biomedizinischen Wissenschaften, wurde begonnen, auch die sittliche Instanz des Gewissens schärfer wahrzunehmen, die fordert, daß man durch sogenannten "passiven Widerstand" der juridischen Billigung derjenigen Techniken entgegentritt, die dem Leben und der Würde des Menschen widerstreiten.

## 4810–4819: Enzyklika "Sollicitudo rei socialis", 30. Dez. 1987

Die Enzyklika ist zum 20. Jahrestag des Apostolischen Mahnschreibens *"Populorum progressio"* (*4440–4469) entstanden. Sie soll einerseits die Bedeutung der Enzyklika Pauls VI. würdigen, andererseits die neuen Fragen der Entwicklung aufgreifen. Die neue Sozialenzyklika enthält u. a. eine eindringliche Kritik des Konsumismus und fordert für Frieden und Entwicklung eine Überwindung der Blockpolitik. Theologisch bedeutsam sind die Begriffe "Struktur der Sünde" und "Solidarität". Eine Kurzfassung der Sozialenzyklika enthält die Ansprache, die Johannes Paul II. am 24. März 1987 im Rahmen einer Gedenkfeier vor Vertretern des öffentlichen Lebens hielt (*Insegnamenti di Giovanni Paolo II* X/1 [Rom 1988] 669–677).
*Ausg.:* AAS 80 (1988) 547–568.

**4810**    27. Quod Litterae Encyclicae nobis suaserunt inspiciendum in mundo huius temporis, nobis ostendit progressionem hominum *non esse* rectilineam, seu rem fere *automatariam* ac *per se ipsam sine fine*, perinde ac si genus humanum quibusdam sub condicionibus expedite ad aliquam veluti non definitam tendat perfectionem[1].

Haec notio, quae notioni progressionis, *illuminismi* notis philosophicis potius signatae coniungitur, quam progressionis[2] significatione oeconomica-sociali acceptae, nunc aperte

27. Was Uns die Enzyklika ⟨Populorum progressio⟩ angeraten hat, in der Welt von heute genau zu untersuchen, zeigt Uns, daß der Fortschritt der Menschen *nicht geradlinig* oder beinahe *automatisch* und *von sich selbst aus grenzenlos ist*, geradeso, als ob das Menschengeschlecht unter bestimmten Bedingungen ungehindert auf eine gleichsam nicht begrenzte Vollkommenheit zustrebte[1].

Dieser Begriff, der eher mit einem Begriff von "Fortschritt", der durch die philosophischen Merkmale *der Aufklärung* geprägt worden ist, verbunden wird, als von "Fort-

---

*4810 [1]    Vgl. Apostolisches Mahnschreiben *"Familiaris consortio"*, 22. Nov. 1981, Nr. 6: "Die Geschichte ist nicht einfach ein notwendiger Fortschritt zum Besseren, sondern vielmehr ein Ereignis der Freiheit, ja ein Kampf zwischen Freiheiten" ("Hoc ipsum ostendit historiam non esse simpliciter progressionem necessariam ad meliora, sed eventum libertatis, quin immo luctationem inter libertates": AAS 74 [1982] 88).

in dubium revocari videtur, praesertim post cognitas calamitates postremi utriusque belli pancosmii, post praestitutam ratio[548]nem, et partim ad effectum deductam, excidendi integros populos, necnon ipso instante periculo atomico. Stultam *bonam spem irrationalem* iactatio animi de ultimo hominis exitu secuta est non sine causa.

28. Eodem tamen tempore in discrimen etiam ratio adducta est, quae "oeconomica" vel "oeconomistica" nuncupatur et cum verbo "progressionis" conectitur. Hodie re vera melius intellegi potest *merum congestum* bonorum ac ministeriorum, quamvis plerisque is faveat hominibus, non satis esse ad humanam felicitatem persequendam. Proindeque facultas mutiplicium *beneficiorum realium*, quae his proxime actis temporibus scientia et technica disciplina effecerunt, re addita, quae "informatica" dicitur, non homines ex omni eripit servitute. Ex contrario, postremorum annorum usus docet opes et potestates, quae homini ad nutum praesto sunt, in eum vertere ut opprimant, nisi regantur *iudicio morali* ac propensione ad verum generis humani bonum.

*Trepida cognitio* recentissimi temporis perquam idonea ad docendum videtur: prope miserias tardatae progressionis, quae accipi non possunt, *nimia quaedam progressio* adest, eademque pariter reicienda, quia, sicut prior, ita et altera est bono veraeque felicitati adversa. Nimia enim eiusmodi progressio, quae in *supervacanea* consistit abundantia omnis generis rerum corporearum pro quibusdam hominum coetibus, facile efficit ut homines et "possessioni" et *immediatae* voluptati serviant neque alio spectent, nisi ad

schritt"[2], der in ökonomisch-sozialer Bedeutung verwendet ist, scheint jetzt offensichtlich in Zweifel gezogen zu werden, zumal nach dem Unheil, das in den beiden letzten Weltkriegen erfahren worden ist, nach dem vorgefaßten und teilweise verwirklichten Plan, ganze Völker zu vernichten, und auch gerade durch die drohende atomare Gefahr. An die Stelle eines einfältigen *irrationalen Optimismus* ist nicht ohne Grund Beunruhigung in bezug auf den letzten Untergang des Menschen getreten.

28. Doch gleichzeitig ist auch die Theorie **4811** in eine Krise geraten, die "ökonomische" oder "ökonomistische" genannt und mit dem Wort "Fortschritt" verbunden wird. Heute kann tatsächlich besser erkannt werden, daß *die bloße Anhäufung* von Gütern und Dienstleistungen, auch wenn sie sehr vielen Menschen zugute kommt, nicht genügt, um das menschliche Glück zu erreichen. Deswegen entreißt auch nicht die Verfügbarkeit vielfältiger *echter Errungenschaften*, die in diesen jüngst vergangenen Zeiten Wissenschaft und Technik hervorgebracht haben, wobei die sogenannte "Informatik" hinzugefügt worden ist, die Menschen aller Knechtschaft. Im Gegenteil, die Erfahrung der letzten Jahre lehrt, daß die Mittel und Möglichkeiten, die dem Menschen auf einen Wink hin zu Gebote stehen, sich gegen ihn wenden, um ⟨ihn⟩ zu unterdrücken, wenn sie nicht durch *ein sittliches Urteil* und die Hinneigung zum wahren Wohl des Menschengeschlechts geleitet werden.

Eine *erschreckende Erkenntnis* aus allerjüngster Zeit scheint überaus lehrreich zu sein: Neben dem Elend eines verzögerten Fortschritts, das nicht hingenommen werden kann, findet sich ein *gewissermaßen unmäßiger Fortschritt*, der gleichermaßen zurückzuweisen ist, da der zweite so wie der erste dem Wohl und wahren Glück entgegengesetzt ist. Denn ein derartiger maßloser Fortschritt, der in einem *unnötigen* Überfluß an materiellen Gütern aller Art für gewisse Gruppen von Menschen besteht, führt leicht dazu, daß die

---

[2]  Aus diesem Grunde wurde es vorgezogen, im lateinischen Text dieser Enzyklika statt des Wortes "profectus" das Wort "progressio" zu gebrauchen, wobei aber versucht wurde, dem Wort "progressio" einen umfassenderen Sinn zu geben. (Hac de causa in textu harum Litterarum Encyclicarum maluimus uti verbo "progressione" potius quam verbo "profectu" id vero curantes ut verbo "progressioni" plenissime detur sensus.)

res multiplicandas aliasve vel perfectiores pro iis, quas iam possederint, substituendas. Is est qui dicitur civilis cultus *rerum consumendarum* cupidus, qui idem et "reiciendorum" et "purgamentorum" est cultus. Res, quae possidetur, directo seponitur simul atque nova aut perfectiore superatur, neglecta utilitate perenni fortasse illius propria aut in commodum egentioris hominis convertenda. ...

**4812**    *[550]* ... 29. Progressio *non tantummodo oeconomica* aestimatur ac dirigitur secundum naturam et vocationem *hominis ad omnem rationem perpensi*, seu etiam in eius *animi partibus*. Qui sine dubio bonis indiget creatis rebusque machinali industria perfectis, quae frequenti augetur profectu scientiarum et artium technicarum. Semper autem novus usus bonorum corporeorum, dum necessitatibus subvenit, novos etiam aperit prospectus. Periculum pravi consumendarum rerum usus atque supervenientes artificiosae necessitates haudquaquam obstare debent aestimationi et usui novorum bonorum et opum, quae in promptu nobis sunt; quin etiam habenda sunt tamquam donum Dei, necnon responsum humanae vocationi, quae in Christo plene perficitur. *[551]*

Ad veram tamen hominis progressionem ut perveniatur, necesse est ne illae *animi partes* neglegantur, in quibus *propria ipsius hominis* consistit *natura*, quem scilicet creavit Deus ad imaginem et similitudinem suam [*cf. Gn 1,26*]. Natura corporea et spiritalis, cuius imago ex altera *Genesis* narratione [*Gn 2,7*] duobus efficitur elementis: *terra*, qua Deus format corpus hominis, atque *spiritu vitae*, quem ei ipse inhalat.

Ita homo aliquam habet similitudinem cum ceteris creaturis: ipse invitatur ad commoditatem ex iis percipiendam, ad curamque earum agendam atque, sicut ipsa in Genesi

Menschen sowohl "dem Besitz" als auch dem *unmittelbaren* Genuß dienen und auf nichts anderes schauen als darauf, die Dinge zu vermehren oder andere bzw. vollkommenere an die Stelle derjenigen, die sie schon besitzen, zu setzen. Dies ist die sogenannte *Konsum*kultur, die auch eine "Wegwerf"- und "Abfall"-Kultur ist. Eine Sache, die man besitzt, wird ohne Umschweife beiseitegelegt, sobald sie durch eine neue oder vollkommenere übertroffen wird, ohne den bleibenden Nutzen, der ihr vielleicht zu eigen ist oder zum Vorteil eines bedürftigeren Menschen verwendet werden kann, zu berücksichtigen. ...

29. Ein *nicht nur wirtschaftlicher* Fortschritt wird gemäß der Natur und Berufung *des Menschen* bewertet und ausgerichtet, *der nach jeder Hinsicht betrachtet wird*, und zwar auch nach den *Teilen seiner Seele*. Er bedarf ohne Zweifel der geschaffenen Güter und der durch die Industrie gefertigten Dinge, die durch den ständigen Fortschritt der Wissenschaften und der technischen Fertigkeiten immer bedeutender wird. Der immer neue Gebrauch von materiellen Gütern aber eröffnet, während er dringende Bedürfnisse befriedigt, auch neue Aussichten. Die Gefahr der verkehrten Nutzung der Konsumgüter und überflüssige Bedürfnisse dürfen keinesfalls der Wertschätzung und dem Gebrauch neuer Güter und Hilfsmittel hinderlich sein, die uns zur Verfügung stehen; ja, sie sind sogar als ein Geschenk Gottes zu betrachten und auch als eine Antwort auf die menschliche Berufung, die in Christus voll verwirklicht wird.

Doch damit man zum wahren Fortschritt des Menschen gelangt, ist es notwendig, daß nicht jene *Teile der Seele* vernachlässigt werden, in denen *die eigentliche Natur des Menschen selbst* besteht, den ja Gott nach seinem Bild und Gleichnis geschaffen hat [*vgl. Gen 1,26*]. Seine leibliche und geistige Natur, deren Bild nach dem zweiten *Schöpfungs*bericht [*Gen 2,7*] aus zwei Elementen geschaffen wird: aus der *Erde,* aus der Gott den Leib des Menschen formt, und aus dem *Lebensatem*, den er ihm selbst einhaucht.

So hat der Mensch eine gewisse Ähnlichkeit mit den übrigen Geschöpfen: Er wird dazu eingeladen, Vorteil aus ihnen zu beziehen, sich um sie zu kümmern und er wird,

narrantur res [*Gn 2,15*], in horto collocatur ut colat atque tueatur, idemque constituitur supra omnia animantia, quae Deus in eius potestate posuit [*Gn 1,26*]. Uno vero eodemque tempore homo manere debet Dei voluntati subditus, qui in usu ac potestate rerum limites imponit ei [*Gn 2,16s*], quemadmodum immortalitatem ei promittit [*Gn 2,9; Sap 2,23*]. Homo igitur, cum sit imago Dei, et aliquam cum eo similitudinem habet.

Secundum eiusmodi doctrinae principia progressio hominis nequit tantummodo consistere in usu et in potestate et *omnimoda* in possessione bonorum creatorum necnon rerum artibus et artificiis hominis perfectarum, sed potius in subicienda possessione, potestate, tractatione rerum sub similitudinem hominis cum Deo et sub eius vocationem ad immortalitatem assequendam. ...

30. ... *[552]* ... Ex quibus effici cogique potest, saltem ab omnibus, qui credunt in Verbum Dei, hodiernam "hominis progressionem" habendam esse historiae momentum inceptae in creatione orbis terrarum perpetuoque in discrimen adductae ob neglectam quidem Dei voluntatem in primisque ob libidinem ido*[553]*lolatriae; sed ea fundamentali ratione cum promissionibus initio factis congruit. Qui, causam interponens durum esse certare vel assidue contendere vires ad assequendam victoriam, aut, nomine cognitae ipsius iacturae necnon reversionis ad caput, se *difficili sed excitante* abdicaret *munere* meliorem reddendi sortem totius hominis omniumque hominum, voluntatem Dei Creatoris is non observaret. ...

31. ... *[554]* ... Huic Dei consilio, quod initium ducit ab aeternitate in Christo - perfecta "imagine" Patris - quodque fastigium in eo habet, "qui est principium, primogenitus ex

wie die Geschehnisse im ⟨Buch⟩ Genesis selbst erzählt werden [*Gen 2,15*], in den Garten gestellt, um ⟨ihn⟩ zu bebauen und zu hegen, und er wird auch über alle Lebewesen gesetzt, die Gott in seine Vollmacht gegeben hat [*Gen 1,26*]. Gleichzeitig aber muß der Mensch dem Willen Gottes unterworfen bleiben, der ihm bei der Verwendung und Beherrschung der Dinge Grenzen auferlegt [*Gen 2,16f*], so wie er ihm auch die Unsterblichkeit verheißt [*Gen 2,9; Weish 2,23*]. Der Mensch besitzt also, da er Abbild Gottes ist, auch eine gewisse Ähnlichkeit mit ihm.

Gemäß den Prinzipien dieser Lehre kann der Fortschritt des Menschen nicht nur in der Verwendung, in der Beherrschung und in *jeglichem* Besitz der geschaffenen Güter sowie der Dinge, die durch Wissenschaften und technische Fertigkeiten des Menschen zustande gekommen sind, bestehen, sondern vielmehr in der Unterwerfung des Besitzes, der Beherrschung und der Bearbeitung der Dinge unter die Ebenbildlichkeit des Menschen mit Gott und unter seine Berufung, die Unsterblichkeit zu erlangen. ...

30. ... Daraus kann gefolgert und geschlossen werden, wenigstens von allen, die an das Wort Gottes glauben, daß der heutige "Fortschritt des Menschen" als ein Moment der Geschichte betrachtet werden muß, die mit der Schöpfung des Erdkreises begonnen hat und wegen der Vernachlässigung des Willens Gottes, vor allem wegen des Verlangens nach Götzendienst, fortwährend gefährdet ist; sie stimmt aber doch auf grundlegende Weise mit den am Anfang ergangenen Verheißungen überein. Derjenige, der als Grund geltend macht, es sei hart, zu kämpfen oder beständig die Kräfte zum Erreichen des Sieges anzuspannen, oder unter dem Vorwand eines erfahrenen Mißerfolgs sowie des Rückfalls auf den Ausgangspunkt, würde sich der *schwierigen, aber reizvollen Aufgabe* entziehen, das Los des ganzen Menschen und aller Menschen zu verbessern, ⟨und⟩ er würde den Willen Gottes, des Schöpfers, nicht beachten. ... **4813**

31. ... In diesem Plan Gottes, der von Ewigkeit her in Christus, dem vollkommenen "Abbild" des Vaters, beginnt und der in ihm, "der der Anfang ist, der Erstgeborene aus den **4814**

mortuis" [*Col 1,15*], *nostra includitur historia*, quae nostro privato et publico denotatur labore, ut hominum condicio melior reddatur, necnon difficultates vincantur in itinere frequenter nobis occurrentes, ita ut ad plenitudinem nos comparemus participandam, quae "habitat in Domino" [*Col 1,19*], quamque ipse tradit "Corpori suo, quod est Ecclesia" [*Col 1,18; cf. Eph 1,22s*], dum peccatum, quod nobis semper insidiatur nostraque laedit opera, vincitur ac redimitur "reconciliatione", quam operatus est Christus [*cf. Col 1,20*].

Rerum prospectus hic amplior fit. Optatum infinitae cuiusdam "progressionis" recuperatur, in aliud tamen penitus mutatum *nova quadam visione* christiana fide patefacta, unde accipimus eiusmodi progressionem haberi tantummodo posse, quod Deus Pater inde a principio voluerit suam gloriam cum homine communicare in Christo Iesu a mortuis excitato, "in quo habemus redemptionem per sanguinem eius, remissionem peccatorum" [*cf. Eph 1,7*], in eoque voluerit peccatum vinci nostrumque maximum in bonum converti[1], quod infinite superat quidquid progressio assequi potest. ...

**4815**   33. ... *[559]* ... Christianus insuper, educatus ad videndam in homine Dei imaginem, vocatam ad plenam participandam libertatem plenumque bonum, quod *Deus Ipse* est, studium progressus eiusque effectionis sensu carens putat sine observantia et obsequio dignitatis unicae huius "imaginis". Ut alia utamur locutione, verus progressus ponendus est in *Dei proximique amore* debetque usui favere personarum cum societate. Ecce "civilis cultus amoris", de quo tam frequenter Paulus PP. VI. loquebatur.

Toten" [*Kol 1,15*], seinen Höhepunkt hat, *wird unsere Geschichte eingeschlossen*, die durch unser privates und öffentliches Bemühen gekennzeichnet ist, die Lage der Menschen zu verbessern sowie die Schwierigkeiten, die uns auf dem Weg häufig begegnen, zu besiegen, so daß wir uns vorbereiten, an der Fülle teilzuhaben, die "im Herrn wohnt" [*Kol 1,19*] und die er selbst "seinem Leib, welcher die Kirche ist" [*Kol 1,18; vgl. Eph 1,22f*] übergibt, während die Sünde, die uns immer zusetzt und unsere Werke beeinträchtigt, durch die "Versöhnung", die Christus gewirkt hat [*vgl. Kol 1,20*], besiegt und ausgeglichen wird.

Hier wird der Ausblick auf die Dinge weiter. Der Wunsch nach einem gewissermaßen unbegrenzten "Fortschritt" wird wiedergewonnen, doch zutiefst *durch eine neue Sicht*, die durch den christlichen Glauben eröffnet worden ist, in etwas anderes verwandelt, woher wir entnehmen, daß es einen derartigen Fortschritt nur deshalb geben kann, weil Gott, der Vater, von Anfang an seine Herrlichkeit mit dem Menschen teilen wollte in Christus Jesus, der von den Toten auferweckt worden ist, "in dem wir durch sein Blut die Erlösung, die Vergebung der Sünden haben" [*Eph 1,7*], und er wollte, daß in ihm die Sünde besiegt und zu unserem höchsten Wohl gewendet werde[1], das unendlich übertrifft, was auch immer der Fortschritt erreichen kann. ...

33. ... Überdies erachtet ein Christ, der dazu erzogen worden ist, im Menschen das Abbild Gottes zu sehen, das zur Teilhabe an der vollen Freiheit und am vollen Guten berufen ist, das *Gott selbst* ist, den Eifer für den Fortschritt und seine Verwirklichung ohne Achtung und Ehrfurcht gegenüber der Würde dieses einzigartigen "Abbildes" für sinnlos. Um es mit anderen Worten zu sagen, der wahre Fortschritt hat sich auf *die Liebe zu Gott und zum Nächsten* zu gründen und muß den Umgang der Personen mit der Gesellschaft begünstigen. Das ist die "Zivilisation der Liebe", von der Papst Paul VI. so oft sprach.

---

*4814 [1]   Vgl. *Missale Romanum*, Exsultet: "O wahrhaft heilbringende Sünde des Adam, du wurdest uns zum Segen, da Christi Tod dich vernichtet hat. O glückliche Schuld, welch großen Erlöser hast du gefunden!" ("O certe necessarium Adae peccatum, quod Christi morte deletum est. O felix culpa, quae talem ac tantum meruit habere Redemptorem!": Vatikan, Ed. typ. 1975[2], 272).

34. Progressus indóles moralis discedere ne potest quidem ab obsequio erga *entia*, quae naturam visibilem *efficiunt*, quamque Graeci, significantes sane ordinem, quo illud eminet, "cosmum" vocabant. ... *[564]* ...

34. ... Der sittliche Charakter des Fort- **4816** schritts kann auch nicht von seiner Ehrfurcht gegenüber den *seienden Dingen* abgehen, welche die sichtbare Natur *bilden*, die die Griechen, indem sie die Ordnung bezeichneten, durch die jene sich auszeichnet, "Kosmos" nannten. Auf ihre Weise fordern auch diese Dinge Achtung ...

38. ... *[565]* ... Quod ad *christianos* attinet, sicut et ad omnes, qui vocis "peccati" expressam significationem theologicam agnoscunt, mutatio rationis vivendi et mentis vel modi, quo quis est, sermone biblico vocatur "conversio" [*cf. Mc 1,15; Lc 13,35; Is 30,15*]. ...

38. ...Was die *Christen* betrifft, sowie auch **4817** alle, die die ausdrückliche theologische Bedeutung des Wortes "Sünde" anerkennen, wird die Änderung der Lebensweise und der Gesinnung oder des Zustandes, in dem sich einer befindet, in biblischer Sprache "Umkehr" genannt [*vgl. Mk 1,15; Lk 13,35; Jes 30,15*]. ...

In itinere optatae conversionis versus superationem moralium impedimentorum, quae progressioni obstant, iam indicari potest ut bonum *definitum* et *morale* maior intellegentia homines et nationes copulari inter se. Quod viri et mulieres, in variis mundi partibus, tamquam proprias sentiunt iniustitias et violationes iurium humanorum longinquis in regionibus actas, quas numquam fortasse visent, aliud est signum quendam eventum esse mutatum in conscientiam et notam *moralem* esse consecutum.

Auf dem Weg der ersehnten Umkehr hin zur Überwindung der sittlichen Hindernisse, die dem Fortschritt im Wege stehen, kann man das größere Verständnis dafür, daß Menschen und Völker miteinander verbunden sind, schon als *bestimmten* und *sittlichen* Wert feststellen. Daß Männer und Frauen in den verschiedenen Teilen der Welt Ungerechtigkeiten und Verletzungen der Menschenrechte, die in weit entfernten Gegenden, die sie vielleicht niemals sehen werden, begangen worden sind, als sie selbst betreffend empfinden, ist ein anderes Zeichen dafür, daß ein bestimmtes Ereignis sich in Bewußtsein verwandelt und eine *sittliche* Qualität gewonnen hat.

Agitur ante omnia de mutua copulatione, quae recipitur uti systema praeponderans rationum in mundo nostri temporis, in eius partibus, seu oeconomia, cultura, res publicas administrandi scientia, religione, et ut *genus morale* assumitur. Cum ita mutua copulatio agnoscitur et assumitur, ei respondet, tamquam habitus moralis et socialis, tamquam "virtus", *consensio*; quae igitur non simplex est et vagus misericordiae sensus vel levis miseratio tot personarum malis tributa, vicinarum aut longinquarum; sed est contra *voluntas [566] firma et constans bonum* curandi *commune*, seu bonum uniuscuiusque et omnium, quia *omnes* vere recipimus in nos. ...

Es handelt sich vor allem um die wechselseitige Verknüpfung, die als vorherrschendes System von Werten in der Welt von heute, in ihren Teilbereichen, das heißt der Wirtschaft, der Kultur, der Wissenschaft von der Verwaltung der öffentlichen Angelegenheiten und der Religion, aufgefaßt und als *sittliche Kategorie* angenommen wird. Wenn die wechselseitige Verknüpfung so anerkannt und angenommen wird, entspricht ihr als sittliche und soziale Anlage, als "Tugend", das *Mitfühlen ⟨Solidarität⟩*; dies ist nun aber nicht ein einfaches und unbestimmtes Empfinden von Mitleid oder flüchtiges Mitgefühl, das man den Leiden so vieler Menschen, benachbarter oder weit entfernter, entgegenbringt; sondern sie ist im Gegenteil *der feste und beständige Wille*, für das *Gemeinwohl* zu sorgen, das heißt, für das Wohl eines jeden und aller, weil wir *alle* wahrhaft in uns aufnehmen. ...

**4818**    39. Consensionis exercitium *in omni societate* efficax est, cum eius participes se vicissim agnoscunt ut personas. Qui plus pollent, quia maiora habent bona et communes apparatus, sentiant se esse humiliorum *cautores* et paratos ad ea communicanda cum iis, quae possident; debiliores vero, eandem sequentes consensionem, non desidi agendi modo se gerant vel ordinis societatis destructivo, sed, quamvis legitima sua vindicent iura, id faciant, quod ad eos spectet, pro omnium bono. Coetus autem interpositi ne contendant solummodo de sua peculiari utilitate, sed aliorum causas observent. ...

Eadem regula per similitudinem adhibetur in consuetudinibus gentium. Mutua copulatio mutanda est in concordiam, positam in principio omnia naturae bona *esse omnibus desti[567]nata*. Quae humana industria edit materias primas elaborando, bono omnium debent, labore iuvante, prodesse. ...

*[568]* Consensio ita, quam Nos proponimus, est simul *via ad pacem et ad progressionem.* Pax mundi namque ne in cogitationem quidem cadit, nisi ii, qui in haec incumbunt, agnoscunt mutuam copulationem exigere superationem rationis politicae "adversarum nationum compagum", reiectionem cuiuslibet formae dominandi, ad oeconomiam, militiam vel politicam artem pertinentis, et mutationem mutuae diffidentiae in *consociatam operam,* quae sane *actus proprius* est consensionis inter homines et Nationes. ...

**4819**    40. Non est dubium quin solida hominum coniunctio virtus sit *christiana.* ...

Lumine fidei praefulgente, coniunctio illa se ipsam nititur superare, nititur rationes *speciali modo* christianas plenae donationis gratuitae induere, veniae et reconciliationis. ...

39. Die Übung von Mitfühlen ⟨Solidarität⟩ ist *in jeder* Gesellschaft erfolgreich, wenn sich ihre Mitglieder wechselseitig als Personen anerkennen. Diejenigen, die mehr ausrichten können, weil sie über mehr Güter und öffentliche Einrichtungen verfügen, sollen sich als *Beschützer* der Schwächeren fühlen und bereit sein, ihren Besitz mit ihnen zu teilen; die Schwächeren aber sollen sich, indem sie sich von demselben Mitfühlen ⟨Solidarität⟩ leiten lassen, nicht auf eine passive oder für die Gesellschaftsordnung destruktive Weise verhalten, sondern, wie sehr sie auch ihre legitimen Rechte beanspruchen mögen, zum Wohl aller das tun, was sie ⟨selbst⟩ betrifft. Die Gruppen aber, die dazwischen angesiedelt sind, sollen sich nicht nur für ihren besonderen Vorteil anstrengen, sondern auch die Interessen der anderen beachten. ...

Derselbe Maßstab wird in entsprechender Weise auf den Umgang der Völker angewandt. Die wechselseitige Verknüpfung muß sich in Eintracht verwandeln, die auf das Prinzip gegründet ist, daß alle Güter der Natur *für alle bestimmt sind.* Was menschlicher Fleiß durch Bearbeitung von Rohstoffen hervorbringt, muß mit Hilfe der Arbeit dem Wohl aller nutzen. ...

So ist Mitfühlen ⟨Solidarität⟩, wie Wir es vorschlagen, zugleich *Weg zum Frieden und zum Fortschritt.* Denn der Friede der Welt ist nicht einmal denkbar, wenn nicht diejenigen, die dafür verantwortlich sind, anerkennen, daß die wechselseitige Verknüpfung die Überwindung der Politik der "feindlichen Nationenblöcke", die Zurückweisung jeder Form von Tyrannei, die sich auf Wirtschaft, Militär oder Politik erstreckt, und die Verwandlung des wechselseitigen Mißtrauens in *Zusammenarbeit* erfordert, die in der Tat der *eigentliche Akt* des Mitfühlens ⟨Solidarität⟩ zwischen Menschen und Völkern ist. ...

40. Es besteht kein Zweifel, daß die feste Verbindung der Menschen eine *christliche Tugend* ist. ...

Im hellen Licht des Glaubens ist jene Verbindung bemüht, sich selbst zu übertreffen, ist bemüht, sich mit den in *besonderer Weise* christlichen Grundsätzen des vollkommen gnadenhaften Geschenkseins zu überkleiden, der Vergebung und Versöhnung. ...

**4820-4823: Motu Proprio "Ecclesia Dei", 2. Juli 1988**

Wegen seines Traditionalismus und Widerstandes gegen Ökumene, Gewissens- und Religionsfreiheit wurde Erzbischof Marcel Lefebvre i. J. 1976 von Paul VI. seines Amtes enthoben (vgl. Ansprache vor den Kardinälen vom 24. Mai 1976: AAS 68 [1976] 373f). Ein Indult der Ritenkongregation vom 3. Okt. 1984 (AAS 76 [1984] 1088f) gestattete unter bestimmten Bedingungen die Meßfeier nach dem tridentinischen Ritus. Gleichzeitig beharrten Lefebvre und seine Anhänger auf ihrer Ablehnung des 2. Vatikanischen Konzils. Nach mehreren fehlgeschlagenen Einigungsversuchen weihte Lefebvre am 30. Juni 1988 in Ecône (Wallis) ohne päpstlichen Auftrag (vgl. CIC/1983, Kan. 1013, 1382) vier Priester seiner Bruderschaft "Pius X." zu Bischöfen. Das Motu Proprio stellt das durch diesen Akt geschaffene Schisma und die damit verbundene Exkommunikation Lefebvres und seiner Anhänger fest, bietet ihnen jedoch gleichzeitig die Rückkehr zur katholischen Kirche an.

*Ausg.:* AAS 80 (1988) 1495-1497.

1. Ecclesia Dei adflicta illegitimam cognovit episcopalem ordinationem ab Achiepiscopo Marcello Lefebvre die tricesimo mensis Iunii collatam, unde ad nihilum sunt omnes conatus redacti horum superiorum annorum ut nempe in tuto collocaretur ipsa cum Ecclesia communio Fraternitatis Sacerdotalis a Sancto Pio Decimo quam idem condidit Reverendissimus Dominus Lefebvre. Nulli enim rei profuerunt eius modi conamina, quae prioribus mensibus fervidius usque fiebant quibusque Apostolica Sedes patientiam adhibebat et indulgentiam, quantam quidem ullo modo fieri licebat[1]. ... *[1496]* ...

**4820**   1. Bestürzt hat Gottes Kirche die Bischofsweihe als unrechtmäßig erkannt, die von Erzbischof Marcel Lefebvre am 30. Juni gespendet worden ist. Dadurch sind alle Versuche der voraufgegangenen Jahre zunichte gemacht worden, die Gemeinschaft der Priesterbruderschaft vom Heiligen Pius X., die derselbe Hochwürdigste Herr Lefebvre gegründet hat, mit der Kirche sicherzustellen. Denn nutzlos waren die Bemühungen von der Art, wie sie in den vorigen Monaten unaufhörlich mit wachsendem Eifer unternommen wurden, und in denen der Apostolische Stuhl Geduld und Nachsicht übte, soweit es nur irgendwie möglich war[1]. ...

3. In semetipso talis actus fuit *inoboedientia* adversus Romanum Pontificem in causa quadam gravissima summique omnino ponderis pro Ecclesiae unitate, cuius generis est episcoporum ordinatio per quam nempe sacramentaliter sustinetur apostolica successio. Quam ob rem talis inoboedientia – secum quae infert veram repudiationem Primatus Romani – actum *schismaticum*[1] efficit. ...

**4821**   3. In sich selbst ist ein derartiger Akt *Ungehorsam* gegenüber dem Römischen Bischof in einem äußerst schwerwiegenden Fall von höchstem Gewicht für die Einheit der Kirche gewesen; von dieser Art ist die Bischofsweihe, durch die ja die apostolische Nachfolge sakramental bewahrt wird. Deshalb bewirkt ein derartiger Ungehorsam, der eine tatsächliche Zurückweisung des Römischen Primats mit sich bringt, einen *schismatischen* Akt[1]. ...

4. Huius autem schismatici actus *radix* dignosci potest in ipsa aliqua imperfecta et pugnanti sibi notione Traditionis: imperfecta, quandoquidem non satis respicit indolem *vivam* eiusdem Traditionis, quae – uti clarissime docet Concilium Vaticanum Secundum – "... sub assistentia Spiritus Sancti in Ecclesia proficit ..."[1].

**4822**   4. Die *Wurzel* dieses schismatischen Akts aber kann in einem unvollkommenen und sich widerstreitenden Begriff von Überlieferung selbst erkannt werden: unvollkommen, da er nicht ausreichend den *lebendigen* Charakter derselben Überlieferung berücksichtigt, die, wie es das 2. Vatikanische Konzil aufs deutlichste lehrt, "... sich unter dem Beistand des Heiligen Geistes in der Kirche weiterentwickelt ..."[1].

---

*\*4820* [1]   Vgl. die *Nota informativa*, 16. Juni 1988 (L'Osservatore Romano, 17. Juni 1988, 1f).
*\*4821* [1]   Vgl. CIC/1983, Kan. 751.
*\*4822* [1]   Vgl. 2. Vatikanisches Konzil, Dogmatische Konstitution über die göttliche Offenbarung "*Dei verbum*", Nr. 8 (AAS 58 [1966] 821; \*4210); vgl. 1. Vatikanisches Konzil, Dogmatische Konstitution "*Dei Filius*", Kap. 4 (\*3020).

... Sed omnino discors est pugnans Traditionis notio quae universali Ecclesiae Magisterio opponitur, quod quidem pertinet ad Romanum Episcopum Episcoporumque coetum. Nemo profecto traditioni fidelis haberi potest qui ligamina nempe recidit ac vincula ab eo cui Christus ipsa in persona Apostoli Petri, ministerium commisit unitatis in Ecclesiam suam². *[1497]*

**4823**    5. Facinore modo patrato ante oculos obversante, nos debere intelligimus cunctos fideles conscios reddere quarundam rerum quas tristis eventus hic prae se omnino fert.

*a*) Exitus reapse quem Episcopi Lefebvre motus nuper habuit omnibus fidelibus potest dare ansam debetque aperte ac penitus cogitandi de propria erga Traditionem Ecclesiae fidelitate, sincere a Magisterio sive ordinario, sive extraordinario, a Conciliis praesertim, a Nicaeno ad Vaticanum II. Ex hac quidem meditatione, omnibus persuadendum est reiterato efficacique modo, oportere sane adhuc dilatare et fidelitatem augere, amotis omnino falsis interpretationibus ac arbitrariis et non legitimis amplificationibus de rebus ad doctrinam, liturgiam disciplinamque pertinentibus. ...

*b*) Velimus praeterea, et theologos viros et alios scientiarum ecclesiasticarum peritos admonere, ut et eorum sententia hisce in adiunctis exquiratur. Amplitudo, enim, et altitudo praeceptorum Concilii Vaticani II renovatum postulant investigationis studium, quo Concilii perpetuitas una cum Traditione omnino illustretur, in iis potissimum doctrinae partibus, quae, cum fortasse novae sint, nondum bene a quibusdam Ecclesiae portionibus intellectae sunt.

... Durchaus abwegig aber ist der widerstreitende Begriff von Überlieferung, der dem universalen Lehramt der Kirche entgegengesetzt wird, das dem Römischen Bischof und der Gemeinschaft der Bischöfe zukommt. In der Tat kann niemand für treu gegenüber der Überlieferung gehalten werden, der wirklich die Verknüpfungen und Bindungen zu dem abschneidet, dem Christus in der Person des Apostels Petrus selbst den Dienst für die Einheit in seiner Kirche anvertraut hat².

5. Durch die eben vollbrachte Untat, die vor aller Augen schwebt, sehen wir uns gezwungen, allen Gläubigen bestimmte Sachverhalte bewußt zu machen, welche dieses betrübliche Ereignis durchaus mit sich bringt.

*a*) Tatsächlich kann und muß der Ausgang, den die Bewegung des Erzbischofs Lefebvre unlängst genommen hat, allen Gläubigen Anlaß geben, offen und gründlich über die eigene Treue zu der Überlieferung der Kirche nachzudenken, aufrichtig gegenüber dem ordentlichen wie dem außerordentlichen Lehramt, besonders den Konzilien, vom Nizänum bis zum 2. Vatikanum. Aus diesem Nachdenken heraus nämlich sind alle auf wiederholte und wirksame Weise davon zu überzeugen, daß der Glaube durchaus noch weiter entfaltet und gemehrt werden muß, nachdem falsche Auslegungen sowie willkürliche und unrechtmäßige Erweiterungen in Angelegenheiten, die die Lehre, die Liturgie und die ⟨Lebens⟩ordnung betreffen, völlig beseitigt worden sind. ...

*b*) Außerdem wollen wir die Theologen und andere der kirchlichen Wissenschaften Kundige auffordern, daß unter diesen Umständen auch ihre Auffassung erforscht werde. Denn die Weite und Höhe der Vorschriften des 2. Vatikanischen Konzils fordern einen erneuerten Eifer des Erforschens, durch den der ununterbrochene Zusammenhang des Konzils mit der Überlieferung völlig erhellt wird, vor allem in den Stücken der Lehre, die, weil sie vielleicht neu sind, von einigen Teilen der Kirche noch nicht gut verstanden worden sind.

---

²    Vgl. Mt 16,18; Lk 10,16; 1. Vatikanisches Konzil, Dogmatische Konstitution über die Kirche Christi *"Pastor aeternus"*, Kap. 3 (\*3060).

*c*) ... Omnes scire debent formalem schismati adhaesionem gravem esse in Deum iniuriam atque excommunicationem prae se ferre lege Ecclesiae rite statutam[1].

*c*) ... Alle müssen wissen, daß das förmliche Anhängen am Schisma ein großes Unrecht gegenüber Gott darstellt und die Exkommunikation mit sich bringt, wie sie durch das Gesetz der Kirche auf gehörige Weise festgesetzt ist[1].

## 4830-4841: Apostolisches Schreiben "Mulieris dignitatem", 15. Aug. 1988

*Ausg.:* AAS 80 (1988) 1667-1718.

### Person - Gemeinschaft - Hingabe

7. ... *Homo* - sive vir sive mulier - *unica est creaturarum* mundi visibilis, *quam Deus Creator* "propter seipsam voluit": est ergo persona. Personam esse significat contendere ad se perficiendum ...; quod fieri non potest nisi "per sincerum sui ipsius donum". Exemplum eiusmodi interpretationis personae ipse Deus est ut Trinitas, ut Personarum communio. Dicere hominem creatum esse ad imaginem et similitudinem huius Dei idem est ac dicere etiam hominem vocatum esse ut "pro" ceteris sit, ut donum fiat.

Id spectat ad omnem humanum, sive mulierem sive virum, qui illud efficiunt quisque pro sua proprietate. ... *[1674]*

7. ... *Der Mensch* - sowohl der Mann wie   **4830** die Frau - *ist von den Geschöpfen* der sichtbaren Welt *das einzige, das Gott, der Schöpfer,* "um seiner selbst willen gewollt hat": er ist also Person. Person zu sein bedeutet, danach zu streben, sich selbst zu vervollkommnen. ... Dies kann nur "durch eine aufrichtige Hingabe seiner selbst" geschehen. Beispiel einer derartigen Deutung der Person ist Gott selbst als Dreifaltigkeit, als Gemeinschaft von Personen. Zu sagen, der Mensch sei nach dem Bild und Gleichnis dieses Gottes geschaffen, ist dasselbe, wie zu sagen, daß auch der Mensch dazu berufen ist, "für" die anderen zu sein, Gabe zu werden.

Dies bezieht sich auf jedes Menschenwesen, Frau wie Mann, die dies verwirklichen, jeder entsprechend seiner Eigenart. ...

### "Er wird über dich herrschen"

10. Biblica *Libri Genesis* descriptio veritatem delineat de consecutionibus peccati hominis, sicut etiam indicat *conturbationem* eius primigeniae *necessitudinis inter virum et mulierem,* quae personali utriusque dignitati respondet. ... Cum igitur in descriptione biblica verba legimus mulieri dicta: "Ad virum tuum erit appetitus tuus, ipse autem dominabitur tui" [*Gn 3,16*], abruptionem perspicimus et constans periculum attinens ad hanc "duorum unitatem", quae respondet dignitati imaginis et similitudinis Dei in utroque. Hoc tamen periculum est mulieri gravius. Namque illud donum sincerum esse indeque illud "pro" altero vivere dominium sequitur: "ipse dominabitur tui". Id "dominium" conturbationem indicat et *amissionem stabilitatis* eius *fundamentalis aequalitatis,* quam vir et mu-

10. Die biblische Beschreibung des *Buches*   **4831** *Genesis* skizziert die Wahrheit über die Folgen der Sünde des Menschen, so wie sie auch die Störung der ursprünglichen *Beziehung zwischen Mann und Frau,* die der personalen Würde beider entspricht, anzeigt. ... Wenn wir also in der biblischen Beschreibung die zu der Frau gesagten Worte lesen: "Nach deinem Mann wirst du Verlangen haben, er aber wird über dich herrschen" [*Gen 3,16*], nehmen wir einen Bruch und eine ständige Gefahr wahr, die diese "Einheit der zwei" betrifft, die der Würde des Bildes und Gleichnisses Gottes in jedem der beiden entspricht. Diese Gefahr ist jedoch schwerwiegender für die Frau. Denn jenem aufrichtige-Hingabe-Sein und von daher "für"-den-anderen-Leben folgt die Herrschaft: "Er wird über dich herr-

---

**\*4823** [1]   Vgl. CIC/1983, Kan. 1364.

lier habent in "unitate duorum": hocque est detrimento praesertim mulieri, cum solum aequalitas, quae ex amborum dignitate, qua personarum, oritur, possit mutuas necessitudines instruere indole verae "communionis personarum". Sed si huius aequalitatis violatio, quae quidem donum simul et ius est ab ipso Deo Creatore proficiscens, detrimento est mulieri, uno tempore minuit etiam veram viri dignitatem. ...

**4832**  *[1676]* ... Mulier – nomine liberationis abviri "dominio" – contendere non potest ad suas faciendas proprietates masculinas contra suam "proprietatem" femininam. Certus est timor ut hac ratione mulier "se perficiat" et ne, contra, detorqueat et amittat id, quod est eius fundamentalis amplitudo. ... *[1692]* ...

schen". Dieses "Herrschen" zeigt die Störung und *den Verlust der Beständigkeit* dieser *grundlegenden Gleichheit* an, die Mann und Frau in der "Einheit der zwei" besitzen: Und dies gereicht vor allem der Frau zum Nachteil, während nur die Gleichheit, die sich aus der Würde beider als Personen ergibt, die wechselseitigen Beziehungen mit dem Charakter einer wahren "Personengemeinschaft" versehen kann. Wenn aber die Verletzung dieser Gleichheit, die ja zugleich ein Geschenk und ein Recht ist, das von Gott, dem Schöpfer, selbst stammt, die Frau benachteiligt, mindert sie zugleich auch die wahre Würde des Mannes. ...

Die Frau kann nicht – im Namen der Befreiung von der "Herrschaft" des Mannes – danach streben, gegen ihre weibliche "Eigenart" männliche Eigenarten zu den ihren zu machen. Die Furcht ist begründet, daß sich die Frau auf diese Weise nicht "vervollkommnet", und daß sie im Gegenteil das entstellt und verliert, was ihre grundlegende Erhabenheit ausmacht. ...

### Zwei Dimensionen der Berufung der Frau

**4833**  17. ... Ad ipsum Evangelii lumen plenitudinem illae proprii momenti ac ponderis in Maria adsequuntur ... Hae vero *binae vocationis femininae rationes* sic in ipsa admirabiliter conveniunt coniungunturque ut alteram haud altera excluserit, verum insigniter perfecerit. ... *[1693]* ...

17. ... Eben im Licht des Evangeliums erlangen sie ⟨Mutterschaft und Jungfräulichkeit⟩ in Maria die Fülle ihrer eigentlichen Bedeutung und Gewichtigkeit. ...Diese *zwei Arten der weiblichen Berufung* aber begegnen und verbinden sich in ihr so wunderbar, daß die eine die andere nicht ausgeschlossen, sondern auf einzigartige Weise vollendet hat. ...

### Mutterschaft

**4834**  18. ... *[1694]* ... De persona porro veritas haec *viam* pariter recludit *plenam ad comprehensionem mulieris maternitatis.* Fructus enim maternitas est conubialis viri mulierisque copulae ...

*Mutua porro personae in conubio donatio* ad munus sese recludit alicuius vitae novae, *novi hominis*, qui persona pariter est ad suorum parentum similitudinem. Iam inde ab initio secum maternitas infert ad novam personam apertionem quandam: haec omnino est propria mulieris "pars". Nam tali in apertione, dum concipit nempe filium paritque, se ipsam mulier "per sincerum sui ipsius donum" reperit. ...

18. ... Ferner eröffnet diese Wahrheit über die Person zugleich *den Weg zu einem vollen Verständnis der Mutterschaft der Frau.* Denn die Frucht der ehelichen Verbindung von Mann und Frau ist die Mutterschaft ...

*Die wechselseitige Hingabe der Person in der Ehe* eröffnet sich ferner für das Geschenk eines neuen Lebens, *eines neuen Menschen*, der gleichfalls eine Person nach dem Abbild seiner Eltern ist. Schon von Anfang an bringt die Mutterschaft eine bestimmte Öffnung für eine neue Person mit sich: dies ist gänzlich der eigentümliche "Anteil" der Frau. Denn in einer solchen Öffnung, während sie nämlich ein Kind empfängt und ge-

*[1696]* ... Verum licet ambo sui sint filii parentes, *"partem" praecipuam maternitas mulieris efficit illius quod communiter sunt ipsi genitores*, tum etiam partem magis obstringentem. Illud quidem "esse parentes", quantumvis ad utrumque pertineat, multo impletur in muliere amplius praesertim ipso tempore ante filii ortum. Mulier enim directo pretium "solvit" communis huius generationis, quae corporis eius vires revera exhaurit animique. Quocirca penitus sibi conscius *vir* sit oportet, in illo communi ipsorum munere genitorum, contrahere se *peculiare erga mulierem debitum*. ... *[1697]* ...

biert, findet die Frau "durch aufrichtige Hingabe ihrer selbst" sich selbst. ...

Doch obwohl beide die Eltern ihres Kindes sind, *stellt die Mutterschaft der Frau den vorzüglichen "Anteil" daran, daß sie gemeinsam Eltern sind*, ja, sogar den mehr verpflichtenden Anteil dar. Jenes "Elternsein" nämlich, wie sehr es auch zu beiden gehört, erfüllt sich viel umfassender in der Frau, vor allem gerade in der Zeit vor der Geburt des Kindes. Die Frau "bezahlt" nämlich unmittelbar den Preis dieser gemeinsamen Fortpflanzung, die die Kräfte ihres Leibes und ihrer Seele buchstäblich erschöpft. Der Mann muß sich daher zutiefst bewußt sein, daß ihm in ihrer gemeinsamen Aufgabe als Eltern *eine besondere Verpflichtung gegenüber der Frau* erwächst. ...

### Die Mutterschaft in Beziehung zum Bund

19. ... Biblicum "mulieris" paradigma cumulatur ac veluti coronatur ipsa *Matris Dei maternitate*, uti verbis Protoevangelii "Inimicitias ponam inter te et mulierem" [*Gn 3,15*] confirmatur. En ergo Deus in ea in ipsiusque materno responso "fiat" ("Fiat *[1698]* mihi secundum verbum tuum"), *Novo cum hominum genere Foederi principium* ponit ... *[1700]* ...

19. ... Das biblische Beispiel der "Frau"   **4835** findet seinen Höhepunkt und gleichsam seine Krönung *in der Mutterschaft der Mutter Gottes*, wie durch die Worte des Protoevangeliums "Feindschaft setze ich zwischen dich und die Frau" [*Gen 3,15*] bestätigt wird. Ja, in ihr und in ihrer mütterlichen Antwort "es geschehe" ("Mir geschehe nach deinem Wort") also setzt Gott *den Anfang für einen Neuen Bund mit dem Menschengeschlecht*. ...

### Die Jungfräulichkeit um des Himmelreiches willen

20. ... Quapropter non fructus modo liberae *electionis* ab homine factae est *caelibatus propter Regnum caelorum* sed peculiaris etiam *gratiae* a Deo datae, qui certum quendam vocat hominem ut caelibatum vivendo impleat. Quod si hoc praecipuum quoddam signum Regni Dei est venturi, eodem id tempore adiuvat ut omnes animi corporisque vires *[1701]* in vita hac terrestri ac temporali devoveantur uni solique eschatologico regno. ...

*In Maria* autem prima sese haec *nova* commonstravit *conscientia*, quandoquidem ex Angelo quaerit: "Quomodo fiet istud, quoniam virum non cognosco?" [*Lc 1,34*]. Quantumvis Scriptura Sacra eam praebeat "virginem desponsatam viro, cui nomen erat

20. ... Der *Zölibat um des Himmelreiches*   **4836** *willen* ist deswegen nicht nur Frucht einer vom Menschen frei getroffenen Wahl, sondern auch einer besonderen *Gnade*, die von Gott gegeben ist, der einen bestimmten Menschen beruft, den Zölibat durch sein Leben zu erfüllen. Wenn nun dies aber ein herausragendes Zeichen des Reiches Gottes, das kommen wird, darstellt, trägt es gleichzeitig dazu bei, daß alle Kräfte der Seele und des Leibes in diesem irdischen und zeitlichen Leben dem einen und einzigen eschatologischen Reich gewidmet werden. ...

*In Maria* aber hat sich dieses *neue Bewußtsein* zuerst gezeigt, als sie nämlich den Engel fragt: "Wie wird das geschehen, da ich keinen Mann erkenne?" [*Lk 1,34*]. Obwohl sie die Heilige Schrift als "Jungfrau, die mit einem Mann verlobt war, der Josef hieß" [*Lk 1,27*],

Ioseph" [*Lc 1,27*], firmiter tamen ipsa perseverat in virginitatis proposito ac maternitas, quam in illa dumtaxat efficit "virtus Altissimi", effectus Spiritus Sancti descensionis in eam est [*cf. Lc 1,35*]. Haec ideo divina maternitas nequaquam exspectationibus humanis respondet mulierum Israel: ad Mariam enim defertur veluti Dei ipsius munus. ...

*[1702]* ... Virginitatis porro sensus ex Evangelio est enucleatus altiusque pervestigatus, prout est etiam pro feminis vocatio, in qua nempe earum confirmatur dignitas secundum Virginis Nazarethanae similitudinem. *Praeclaram speciem personarum consecrationis* proponit Evangelium quae illarum importat totam solamque Deo ipsi deditionem ob consiliorum evangelicorum virtutem, nominatim castitatis, paupertatis, oboedientiae. Eorundem vero consiliorum perfecta incarnatio ipse est Iesus Christus. Quicumque eum consectari voluit radicali quidem modo, vitam transigere statuit secundum haec consilia. Quae profecto a mandatis separantur et Christiano viam indicant radicalis evangelici moris. Iam inde a primis christiani nominis principiis hanc pariter viam tum viri ingrediuntur tum mulieres, cum, omni dempto sexus discrimine, propositum evangelicum universis patescat hominibus.

Hoc in ampliore rerum conspectu consideretur *virginitas* oportet *pro muliere via*, qua nempe via aliter atque in coniugio ipsa suam uti mulieris personam complet. ... *[1703]* ...

vorstellt, hält sie dennoch unerschütterlich am Vorsatz der Jungfräulichkeit fest, und die Mutterschaft, die in ihr nur die "Kraft des Höchsten" bewirkt, ist Wirkung der Herabkunft des Heiligen Geistes auf sie [*vgl. Lk 1,35*]. Darum entspricht diese göttliche Mutterschaft keineswegs den menschlichen Erwartungen der Frauen Israels: Sie wird nämlich Maria gleichsam als Gabe Gottes selbst überbracht. ...

Ferner ist der Sinn der Jungfräulichkeit aufgrund des Evangeliums entwickelt und tiefer erforscht worden, dementsprechend sie auch eine Berufung für Frauen darstellt, in der offensichtlich ihre Würde nach dem Vorbild der Jungfrau von Nazareth bestätigt wird. Das Evangelium legt das *erhabene Ideal von der Weihe der Personen* vor, die ihre ganze und alleinige Hingabe an Gott selbst mit sich bringt wegen der Kraft der evangelischen Räte, namentlich der Keuschheit, der Armut und des Gehorsams. Die vollkommene Verkörperung dieser Räte aber ist Jesus Christus selbst. Wer immer ihm auf eine radikale Weise nachfolgen wollte, hat beschlossen, ein Leben nach diesen Räten zu führen. Sie sind in der Tat von den Geboten getrennt und zeigen dem Christen den Weg radikaler evangelischer Lebensart. Schon von den ersten Anfängen des Christentums an beschreiten gleichermaßen sowohl Männer als auch Frauen diesen Weg, da sich ohnejeden Unterschied des Geschlechts die evangelische Zielsetzung allen Menschen öffnet.

In dieser weiteren Sicht der Dinge muß die *Jungfräulichkeit als Weg für die Frau* angesehen werden, auf welchem (Weg) sie anders als in der Ehe ihre Persönlichkeit als Frau verwirklicht. ...

### Geistige Mutterschaft

**4837**    21. Evangelico sensu percepta virginitas secum *detrectationem connubii* infert *proindeque etiam maternitatis physicae.*

Verum huius modi renuntiatio maternitatis, quae in mulieris animo gignere potest magnum quoddam sacrificium, recludit simul eam ad alterius generis maternitatem experiendam: quae est maternitas "secundum Spiritum" [*cf. Rm 8,4*]. ...

21. Die im Sinn des Evangeliums aufgefaßte Jungfräulichkeit bringt *den Verzicht auf die Ehe und von daher auch auf die leibliche Mutterschaft* mit sich.

Doch der Verzicht auf diese Art der Mutterschaft, der im Herzen der Frau ein großes Opfer hervorbringen kann, macht sie zugleich offen für die Erfahrung einer Mutterschaft anderer Art: diese ist die Mutterschaft "nach dem Geist" [*vgl. Röm 8,4*]. ...

22. ... *[1707]* ... Nobis igitur persuadent Biblia nec plenam explicationem haberi posse hominis ipsius, vel eius potius quod "humanum" est, nisi convenienter simul ad id recurratur quod "femineum" est. Simile vero quiddam in oeconomia salutifera Dei evenit: quam scilicet si funditus perspicere voluerimus cum hominis nempe historia tota coniunctam, praetermitti minime licebit in fidei nostrae prospectu mysterium "mulieris": virginis – matris – sponsae.

24. ... *[1712]* ... Sed *provocatio ipsius "ethos" redemptionis* clara est ac decretoria. Cunctae enim rationes pro "submissione" mulieris in matrimonio viro intellegendae potius sunt cum intellectu "mutuae subditionis" utriusque "in timore Christi". ... *[1715]* ...

22. ... Die Bibel überzeugt uns also davon, **4838** daß man keine vollständige Erklärung des Menschen selbst oder vielmehr dessen, was das "Menschliche" ist, haben kann, wenn man nicht entsprechend zugleich das berücksichtigt, was das "Weibliche" ist. Etwas Ähnliches aber geschieht beim Heilsplan Gottes: Wenn wir diesen nämlich, der ja mit der ganzen Geschichte des Menschen verbunden ist, von Grund aus durchschauen wollen, darf man das Geheimnis der "Frau" – Jungfrau, Mutter und Braut – nicht im geringsten im Anblick unseres Glaubens auslassen.

24. ... Aber die *Herausforderung des* **4839** *"Ethos" der Erlösung* ist klar und entschieden. Denn alle Gründe für die "Unterwerfung" der Frau unter den Mann in der Ehe sind vielmehr im Sinne einer "wechselseitigen Unterordnung" beider "in der Furcht Christi" zu verstehen. ...

### Die Eucharistie

26. Amplissimo in "mysterii magni" prospectu, quod necessitudine sponsali inter Christum atque Ecclesiam significatur, fieri quoque potest ut veritas congruenter percipiatur ipsius vocationis "Duodecim". *Advocans enim solos viros uti apostolos suos Christus sese ratione gessit prorsus libera suique iuris.* ...

Ipsi cum Christo adsunt in ultima illa cena; soli praeterea ipsi praeceptionem excipiunt sacramentalem: "Hoc facite in meam commemorationem" [*Lc 22,19; 1 Cor 11,24*], cum Eucharistiae institutione consociatam. Vesperi vero diei resurrectionis Spiritum Sanctum ipsi recipiunt ut peccata hominibus condonent. ...

In medio ipso iam versamur paschali mysterio quod funditus Dei sponsalem recludit amorem. ...

*[1716]* ... Ecclesiae Sponsus est Christus uti servator mundi. *Nostrae sacramentum est Eucharistia redemptionis. Sponsi sacramentum est Sponsaeque.* Praesentem enim reddit rationeque sacramentali Eucharistia denuo implet actum Christi redimentem, qui suum corpus Ecclesiam "creat". Hoc cum "corpore" Christus coniungitur veluti cum sponsa

26. Vor dem äußerst weiten Hintergrund **4840** des "großen Geheimnisses", das in der bräutlichen Beziehung zwischen Christus und der Kirche zum Ausdruck kommt, kann es auch geschehen, daß die Wahrheit der Berufung der "Zwölf" entsprechend begriffen wird. *Wenn Christus nämlich nur Männer als seine Apostel berief, verhielt er sich auf gänzlich freie Weise und nach eigenem Recht.* ...

Sie sind bei jenem letzten Abendmahl mit Christus zusammen; außerdem empfangen sie allein die sakramentale Weisung "Tut dies zu meinem Gedächtnis" [*Lk 22,19; 1 Kor 11,24*], die mit der Einsetzung der Eucharistie verbunden ist. Am Abend des Tages der Auferstehung aber empfangen sie den Heiligen Geist, um den Menschen die Sünden nachzulassen. ...

Wir befinden uns ⟨hier⟩ schon mitten im österlichen Geheimnis, das Gottes bräutliche Liebe von Grund aus erschließt. ...

... Christus ist als Retter der Welt der Bräutigam der Kirche. *Die Eucharistie ist das Sakrament unserer Erlösung. Sie ist das Sakrament des Bräutigams und der Braut.* Die Eucharistie macht nämlich den Erlösungsakt Christi, der die Kirche als seinen Leib "erschafft", gegenwärtig und erfüllt ihn auf sakramentale Weise aufs neue. Mit die-

sponsus. ...

Si Eucharistiam instituens Christus tam explicato ita modo eam cum ministerio apostolorum sacerdotali iunxit, aestimari simul licet ea ratione voluisse ipsum etiam proferre necessitudinem a Deo decretam inter virum ac mulierem, inter id quod "femininum" est atque id quod "masculinum" tum in creationis mysterio tum redemptionis. Ante omnia vero *in Eucharistia* exprimitur via sacramentali *redimens Christi Sponsi actus pro Ecclesia Sponsa.* Quod elucet omnino et univocum redditur, cum sacramentale Eucharistiae ministerium, ubi se gerit sacerdos *"in persona Christi"*, a viro perficitur. ... *[1717]* ...

sem "Leib" ist Christus verbunden wie der Bräutigam mit der Braut. ...

Wenn Christus, als er die Eucharistie einsetzte, sie auf so ausdrückliche Weise mit dem priesterlichen Dienst der Apostel verbunden hat, darf man zugleich annehmen, daß er auf diese Weise auch die Beziehung zwischen Mann und Frau, die von Gott bestimmt ist, zwischen dem, was "weiblich" und dem, was "männlich" ist, sowohl im Geheimnis der Schöpfung wie der Erlösung vor Augen stellen wollte. Vor allem aber *in der Eucharistie* wird auf sakramentale Weise *der Erlösungsakt Christi, des Bräutigams, für seine Braut, die Kirche,* ausgedrückt. Dies wird vollständig sichtbar und eindeutig wiedergegeben, wenn der sakramentale Dienst der Eucharistie, wo der Priester *"in der Person Christi"* handelt, von einem Mann vollzogen wird. ...

### Die Hingabe der Braut

**4841**    27. ... *[1718]* ... Doctrinam autem totius confirmans traditionis Concilium Vaticanum II memoravit in hierarchia ipsa sanctitatis *"mulierem" ipsam,* Mariam Nazarethanam Ecclesiae esse "figuram" eamque reliquos in via ad sanctimoniam "praecedere". Nam "in Beatissima Virgine ad perfectionem iam pertingit, qua sine macula et ruga exsistit" [*cf. Eph 5,27*][1]. Hoc sensu Ecclesia dici potest esse simul "mariana" et "apostolicopetrina"[2].

27. ... Das 2. Vatikanische Konzil hat, indem es die Lehre der ganzen Überlieferung bestätigte, daran erinnert, daß in der Hierarchie der Heiligkeit *gerade "die Frau"*, Maria aus Nazaret, "das Abbild" der Kirche ist, und daß sie den übrigen auf dem Weg der Heiligkeit "vorangeht". Denn "in der Seligsten Jungfrau gelangt ⟨die Kirche⟩ schon zur Vollendung, in der sie ohne Makel und Runzel ist [*vgl. Eph 5,27*]"[1]. In diesem Sinn kann die Kirche zugleich "marianisch" und "apostolisch-petrinisch"[2] genannt werden.

---

**\*4841**  [1]  Vgl. 2. Vatikanisches Konzil, Dogmatische Konstitution über die Kirche *"Lumen gentium"*, Nr. 65 63 (AAS 57 [1965] 64f); Johannes Paul II., Enzyklika *"Redemptoris Mater"*, Nr. 2-6 (AAS 79 [1987] 362-367).

[2]  "Dieses marianische Profil ist ebenso – wenn nicht noch mehr – grundlegend und charakteristisch für die Kirche wie das *apostolische* und *von Petrus* geprägte Profil, mit dem es zutiefst verbunden ist ... In diesem Sinn geht die marianische Dimension der Kirche der Petrusdimension voraus, wenn sie mit dieser auch eng verbunden ist und sie ergänzt. Maria, die Makellose, hat den Vortritt vor jedem anderen, selbstverständlich auch vor Petrus und den Aposteln: nicht nur, weil Petrus und die Apostel der unter der Sünde geborenen Schar des Menschengeschlechtes entstammen und zur Kirche gehören, die 'aus Sündern geheiligt ist', sondern auch, weil ihr dreifaches Amt auf nichts anderes abzielt als darauf, die Kirche nach jenem Ideal der Heiligkeit zu formen, das in Maria bereits vorgeformt und vorgestaltet ist. Ein zeitgenössischer Theologe hat es gut ausgedrückt, wenn er sagt: 'Maria ist *Königin der Apostel*, ohne apostolische Vollmachten für sich in Anspruch zu nehmen. Sie hat anderes und mehr' " (H.U. von Balthasar, Neue Klarstellungen [Einsiedeln 1979] 114). ("Hic marianus aspectus est tantundem – si non magis – fundamentalis ac praecipuus Ecclesiae quantum aspectus *apostolicus* et *petrinus*, cum quo arctissime coniungitur ... mariana ratio Ecclesiae petrinam praecedit rationem, etiamsi sit cum ea penitus coniuncta et complementaris. Maria, Immaculata, omnem alium praecedit, et, ut patet, ipsum Petrum et apostolos: non solum quod Petrus et Apostoli, orti e multitudine humani generis quod nascitur sub peccato, membra sunt Ecclesiae, quae est 'sancta ex peccatoribus', sed etiam quia triplex eorum *munus* ad nil aliud spectat quam ut efformet Ecclesiam ad illam perfectam formam sanctitatis, quae iam praeformata et praefigurata est in Maria. Sicut probe dixit quidam theologus nostrae

**4850-4858: Nachsynodales Apostolisches Mahnschreiben "Christifideles laici", 30. Dez. 1988**

Das Schreiben entstand im Anschluß an die Beratungen der römischen Bischofssynode vom 1.-30. Okt. 1987 über die "Berufung und Sendung der Laien in Kirche und Welt zwanzig Jahre nach dem 2. Vatikanischen Konzil" (vgl. AAS 80 [1988] 597-602 603 606-611).
*Ausg.:* AAS 81 (1989) 396-431.

### Berufung und Sendung der Laien in Kirche und Welt

2. ... Patres synodales, tempora post Concilium conspicientes, plane agnoverunt Spiritum vigorem iuvenilem nunc quoque Ecclesiae tribuere novamque sanctitatis et participationis virtutem in multis christifidelibus laicis suscitare, Quod, in aliis multis, ex renovata et mutua agendi et collaborandi ratione sacerdotum, religiosorum et christifidelium laicorum comprobatur; ex actuosa in liturgia participatione, in modo verbi Dei nuntiandi, in catechesi tradenda; ex multis pensis et operis christifidelibus laicis concreditis et ab his susceptis; ex florentibus coetibus, consociationibus, motibus spiritualibus atque ex laicorum in haec deditione; ex ampliore et perspicua participatione mulierum in vita Ecclesiae atque in societatis hodiernae progressu.

At Synodus simul animadvertit hanc christifidelium laicorum viam postconciliarem difficultatibus et periculis minime fuisse immunem. Ex quibus duas illas memoramus tentationes a quibus non semper se ipsi subduxerunt: eam in primis qua tam acre tribuerunt studium in ministeria et munera ecclesialia, ut saepe a sua et propria in responsabilitate in campo professionis, societatis, oeconomiae, culturae ac rei politicae recederent; eam deinde tentationem qua iniusta fidei a vita seiunctio atque evangelii receptionis ab actuosa opera in diversis huius temporis huiusque terrae rebus rata omnino fit. ...

2. ...Bei der Betrachtung der Zeiten nach **4850** dem Konzil haben die Synodenväter deutlich wahrgenommen, daß der Geist seine jugendliche Lebenskraft auch heute der Kirche schenkt und in vielen christgläubigen Laien eine neue Kraft der Heiligkeit und Teilnahme erweckt. Dies wird unter vielem anderem aus der erneuerten und wechselseitigen Art des Handelns und Zusammenarbeitens von Priestern, Ordensleuten und christgläubigen Laien erwiesen; aus der tätigen Teilnahme an der Liturgie, durch die Verkündigung des Wortes Gottes und bei der Übermittlung der Katechese; aus den vielen Aufgaben und Tätigkeiten, die den christgläubigen Laien anvertraut und von ihnen übernommen worden sind; aus blühenden Gruppen, Vereinigungen und geistlichen Bewegungen, und aufgrund des Engagements von Laien dafür; aus der umfassenderen und sichtbaren Teilnahme von Frauen am Leben der Kirche und am Fortschritt der heutigen Gesellschaft.

Doch die Synode hat zugleich wahrgenommen, daß dieser nachkonziliare Weg der christgläubigen Laien ganz und gar nicht frei von Schwierigkeiten und Gefahren war. Von diesen erwähnen wir jene zwei Versuchungen, denen sie sich nicht immer entzogen haben: vor allem die, daß sie für die kirchlichen Dienste und Aufgaben so heftigen Eifer aufgebracht haben, daß sie oft von ihrer eigenen und eigentlichen Verantwortung im Bereich des Berufs, der Gesellschaft, der Wirtschaft, Kultur und Politik zurückwichen; sodann die Versuchung, daß die ungerechtfertigte Trennung des Glaubens vom Leben und der Annahme des Evangeliums vom tätigen Bemühen in den verschiedenen Angelegenheiten dieser Zeit und dieser Erde durchaus gerechtfertigt wird. ...

---

aetatis: 'Maria est *regina Apostolorum* neque sibi apostolicas petivit potestates. Ipsa aliud et plus habet' "; Johannes Paul II., Ansprache an die Kardinäle und Prälaten der Römischen Kurie, 22. Dez. 1987 (AAS 80 [1988] 1028).

**4851**    *[397]* 3. Primarius huius Synodi sensus, et inde ab ipsa optatus praestantissimus fructus, in eo constat quod *christifideles laici cupide aures praebeant ut ex appellatione a Christo Domino [398] facta in eius vinea laborent*, ut partes suas alacri, sapienti, conscio animo sumant, quibus, *in hac magnifica et dramatica historiae hora*, dum tertium annorum millenarium instat, in missionem Ecclesiae penetrent.

Christifidelium laicorum actio, quadam singulari prorsus virtute excitata, ex novis adiunctis tum ecclesialibus tum socialibus, oeconomicis, politicis et culturalibus requiritur. Quod si desidia numquam probabilis est, hoc tempore in culpa potius erit maiore. *Esse in otio nemini prorsus licet.* ...

**4852**    14. ... *[410]* ... Christifideles laici, ex parte sua, participes efficiuntur triplicis muneris sacerdotalis, prophetici et regalis Iesu Christi. ...

*[411]* Christifideles laici participes sunt *muneris sacerdotalis* per quod Iesus ad gloriam Patris et in salutem omnium gentium se ipse in cruce obtulit et in sacra Eucharistiae celebratione perpetuo se offert. Baptizati, in Christum Dominum incorporati, cum eo et cum eius sacrificio coniunguntur, se ipsos suaque opera offerendo [*cf. Rm 12,1s*]. ...

Praeterea, cum *munus propheticum* Christi participant, "qui et testimonio vitae et verbi virtute Regnum proclamavit Patris"[1], christifideles laici idonei fiunt et obstringuntur ut Evangelium ex fide suscipiant idque verbis et operibus nuntient, atque quod in mundo malum est fortiter indicare minime haesitent. Cum Christo, "propheta magno" [*cf. Lc 7,16*], concorporati, atque, in Spiritu, Christi resuscitati "testes" effecti, christifideles laici tum sensum fidei supernaturalis Ecclesiae participant, quae "in credendo falli nequit"[2], tum

3. Der vornehmliche Sinn dieser Synode und von daher die von ihr gewünschte vorzüglichste Frucht besteht darin, daß *die christgläubigen Laien begierig ihre Aufmerksamkeit darauf richten, aufgrund des von Christus, dem Herrn, ergangenen Rufs in seinem Weinberg zu arbeiten*, um ihre Rolle mit lebendigem, verständigem und bewußtem Herzen zu übernehmen, um dadurch *in dieser großartigen und dramatischen Stunde der Geschichte*, da das dritte Jahrtausend bevorsteht, in die Sendung der Kirche einzudringen.

Das durch eine geradezu einzigartige Kraft erweckte Handeln der christgläubigen Laien wird aufgrund der neuen sowohl kirchlichen als auch gesellschaftlichen, wirtschaftlichen, politischen und kulturellen Verhältnisse erfordert. Wenn auch Untätigkeit niemals zu billigen ist, so wird sie in dieser Zeit eher mit ⟨noch⟩ größerer Schuld behaftet sein. *Müßig zu bleiben ist überhaupt niemand erlaubt.* ...

14. ... Die christgläubigen Laien werden auf ihre Weise des dreifachen Amtes Jesu Christi, des priesterlichen, prophetischen und königlichen, teilhaftig. ...

Die christgläubigen Laien nehmen teil am *priesterlichen Amt*, durch das Jesus zur Ehre des Vaters und zum Heil aller Völker sich selbst am Kreuz dargebracht hat und sich in der heiligen Feier der Eucharistie ständig darbringt. In Christus, den Herrn, eingegliedert, werden die Getauften mit ihm und mit seinem Opfer verbunden, indem sie sich selbst und ihre Werke darbringen [*vgl. Röm 12,1f*]. ...

Außerdem nehmen die christgläubigen Laien am *prophetischen Amt* Christi teil, "der sowohl durch das Zeugnis seines Lebens als auch durch die Kraft seines Wortes das Reich des Vaters ausgerufen hat"[1]; dadurch werden sie befähigt und verpflichtet, das Evangelium aufgrund des Glaubens anzunehmen, es durch ihre Worte und Werke zu verkündigen und nicht im geringsten zu zögern, unerschrocken auf das hinzuweisen, was in der Welt schlecht ist. Mit Christus, dem "großen Propheten"[*vgl. Lk 7,16*], zu einem Leib ge-

---

*4852 [1]    2. Vatikanisches Konzil, Dogmatische Konstitution über die Kirche "*Lumen gentium*", Nr. 35 (AAS 57 [1965] 40; *4161).

gratiae verbi fiunt participes [*cf. Act 2,17s; Apc 19,10*]. Advocantur etiam ut novitatem et virtutem Evangelii in vita quotidiana, familiari et sociali manifestent et illustrent, ac *[412]* simul in contradictionibus huius aetatis patienti et forti animo spem gloriae "etiam per vitae saecularis structuras exprimant"[3].

Cum a Christo, Domino et Rege universi mundi, christifideles laici plene possideantur, participant de eius *munere regali*, atque ab eo in servitium Regni Dei et in huius diffusionem per generis humani historiam convocantur. Hanc christianam "regalitatem" vivunt praecipue ex pugna spirituali ut ipsi in se regnum peccati vincant ac superent [*cf. Rm 6,12*] ac deinde sese offerendo ad serviendum, in caritate et iustitia, ipsi Iesu Christo qui in omnibus fratribus, praesertim in minimis, praesens perpetuo inest [*cf. Mt 25,40*]. ...

*[413]* 15. ... Ex ipsa communi dignitate Baptismi christifidelis laicus corresponsabilis est, una cum ministris ordinatis, religiosis viris et mulieribus, missionis Ecclesiae. ...

*[414] Omnia membra* Ecclesiae profecto hanc indolem saecularem participant, sed *forma diversa*. Speciatim participatio *Christifidelium laicorum* modum agendi et exercendi habet proprium, qui, ex verbis Concilii, ipsorum est "proprius et peculiaris"; hic autem modus locutione "indoles saecularis" significatur[1]. ...

worden und im Geist zu "Zeugen" Christi, des Auferweckten, gemacht, nehmen die christgläubigen Laien sowohl am übernatürlichen Glaubenssinn der Kirche, die "im Glauben nicht fehlgehen kann"[2], teil und werden auch der Gnade des Wortes teilhaftig [*vgl. Apg 2,17f; Offb 19,10*]. Sie sind auch dazu berufen, die Neuheit und Kraft des Evangeliums in ihrem alltäglichen familiären und gesellschaftlichen Leben offenbar werden zu lassen und zu zeigen und zugleich inmitten der Widersprüche dieser Zeit mit geduldigem und unverzagtem Herzen die Hoffnung auf die Herrlichkeit "auch durch die Strukturen des Lebens in der Welt auszudrükken"[3].

Da die christgläubigen Laien von Christus, dem Herrn und König der ganzen Welt, vollkommen in Besitz genommen sind, nehmen sie an seinem *königlichen Amt* teil und werden von ihm zum Dienst am Reich Gottes und dessen Ausbreitung durch die Geschichte des Menschengeschlechts berufen. Dieses christliche "Königtum" leben sie vornehmlich durch ihren geistlichen Kampf, um selbst in sich das Reich der Sünde zu besiegen und zu überwinden [*vgl. Röm 6,12*], und sodann durch ihre Selbsthingabe zum Dienst in Liebe und Gerechtigkeit an Jesus Christus selbst, der in allen Brüdern, vor allem in den geringsten, ständig gegenwärtig ist [*vgl. Mt 25,40*]. ...

15. ... Aufgrund der gemeinsamen Würde **4853** der Taufe ist der christgläubige Laie zusammen mit den geweihten Dienern, den Ordensmännern und -frauen für die Sendung der Kirche mitverantwortlich. ...

*Alle Glieder* der Kirche haben in der Tat an diesem Weltcharakter Anteil, aber in *verschiedener Form*. Insbesondere die Teilhabe der *christgläubigen Laien* besitzt eine besondere Weise des Handelns und Mühens, die ihnen nach den Worten des Konzils "ganz besonders zu eigen" ist; diese Weise aber wird mit dem Ausdruck "Weltcharakter" bezeichnet[1]. ...

---

[2]   Ebd., Nr. 12 (16; *4130).
[3]   Ebd., Nr. 35 (40; *4161).
**\*4853** [1]   2. Vatikanisches Konzil, Dogmatische Konstitution über die Kirche *"Lumen gentium"*, Nr. 31 (AAS 57 [1965] 37; *4157).

**4854**   17. ... *[419]* ... Vocatio pariter ad sanctitatem *penitus cum missione conectitur* et cum officio conscie explendo, quae fidelibus laicis in Ecclesia et in mundo concredita sunt. Etenim ipsa sanctitas, qua vivunt et quae a participatione vitae sanctitatis Ecclesiae derivat, primam et fundamentalem operam affert ad Ecclesiam aedificandam quatenus est "Communio Sanctorum". ...

*[425]* 20. Communio ecclesialis ... praelu-
**4855** cet enim vel maxime ex simul praesentibus *diversitate* et *complementarietate*, sive charismatum, sive responsabilitatum. Per hanc igitur diversitatem et complementarietatem quilibet laicus christifidelis *in relationem venit cum toto corpore,* cui proinde *propriam* exhibet *contribuendi vim.* ...

**4856**   *[427]* 21. ... Ecclesia enim ducitur atque gubernatur a Spiritu, qui diversa dona hierarchica et charismatica inter baptizatos omnes dispergit, singulos advocans ut, sua quisque ratione, et activi et corresponsabiles fiant. ...

**4857**   *[428]* 22. Reperiuntur primum in Ecclesia quaedam *ministeria ordinata,* id est, ministeria *quae ex Ordinis sacramento derivantur.* ...
Ministri itaque hoc Spiritus Sancti charisma, et quidem in non interrupta successione apostolica et per ordinis sacramentum, a Christo Resuscitato recipiunt; accipiunt pariter et auctoritatem et sacram potestatem agendi "in persona Christi Capitis"[1], ad serviendum Ecclesiae et ad eam in Spiritu Sancto per Evangelium et per sacramenta coadunandam.

Ministeria ergo ordinata, ante quam in beneficium evadant eorum qui ea recipiunt, gratia sunt pro vita et missione totius Ecclesiae. Exprimunt et efficiunt participationem quandam in *[429]* sacerdotio Iesu Christi, quae alia atque diversa est, non gradu tantum sed essentia, ab illa participatione quae omnibus christifidelibus per baptismum et con-

17. ... Ebenso ist die Berufung zur Heiligkeit *zutiefst mit der Sendung* und der bewußt wahrzunehmenden Verantwortung *verknüpft,* die den gläubigen Laien in der Kirche und in der Welt anvertraut sind. Denn die Heiligkeit, in der sie leben und die aus der Teilnahme am Leben der Heiligkeit der Kirche fließt, leistet den ersten und grundlegenden Beitrag zum Aufbau der Kirche, insofern sie "Gemeinschaft der Heiligen" ist. ...

20. Die kirchliche Gemeinschaft ... zeichnet sich nämlich in höchstem Grad durch gleichzeitige *Verschiedenheit* und *Komplementarität* aus – sei es der Gnadengaben, sei es der Verantwortlichkeiten. Aufgrund dieser Verschiedenheit und Komplementarität also *kommt* jeder christgläubige Laie *in Beziehung zum ganzen Leib,* dem er daher die *Kraft seines eigenen Beitrags* zukommen läßt. ...

21. ... Die Kirche wird nämlich vom Geist geführt und geleitet, der verschiedene hierarchische und gnadenhafte Gaben unter allen Getauften verteilt, wobei er die einzelnen ⟨dazu⟩ beruft, daß sie, jeder auf seine Weise, sowohl tätig als auch mitverantwortlich werden. ...

22. In der Kirche finden sich zunächst gewisse *Weiheämter,* das heißt, Ämter, *die sich aus dem Weihesakrament ableiten.* ...
Deshalb empfangen die Amtsträger diese Gnadengabe des Heiligen Geistes, und zwar in ununterbrochener apostolischer Nachfolge und durch das Weihesakrament von Christus, dem Auferweckten; ebenso empfangen sie sowohl die Autorität als auch die heilige Vollmacht, "in der Person Christi, des Hauptes"[1], zu handeln, um der Kirche zu dienen und um sie im Heiligen Geist durch das Evangelium und durch die Sakramente zu einen.

Also sind die Weiheämter, bevor sie denen, die sie empfangen, als Wohltat zukommen, eine Gnade für das Leben und die Sendung der ganzen Kirche. Sie drücken aus und bewirken eine bestimmte Teilhabe am Priestertum Jesu Christi, die nicht bloß dem Grade, sondern dem Wesen nach anders und unterschieden von jener Teilhabe ist, die allen

---

**\*4857** [1]   2. Vatikanisches Konzil, Dekret über Dienst und Leben der Priester "*Presbyterorum Ordinis*", Nr. 2 (AAS 58 [1966] 992); Dogmatische Konstitution über die Kirche "*Lumen gentium*", Nr. 10 (AAS 57 [1965] 14; \*4126).

firmationem donatur. Ceterum sacerdotium hoc ministeriale, ut admonuit Concilium Vaticanum II, essentialiter ad regale omnium christifidelium sacerdotium intenditur atque ordinatur². ...

23. Salvifica Ecclesiae missio in mundum peragitur non a ministris dumtaxat, vi Ordinis sacramenti, sed ab omnibus quoque christifidelibus laicis; hi enim, propter propriam condicionem baptizatorum et specificatam vocationem, ea qua quisque valet mensura, partem habent in Christi muneribus sacerdotali, prophetico et regali.

Pastores igitur debent christifidelium laicorum ministeria, officia et munera agnoscere et promovere, cum eadem *sacramentale fundamentum* habeant *in Baptismo et Confirmatione* et pro eorum pluribus etiam *in Matrimonio.*

Quoties ergo Ecclesiae vel necessitas vel utilitas id exigit, pastores, iuxta normas iure universali constitutas, possunt christifidelibus laicis concredere quasdam functiones, quae sunt cum proprio pastorum munere conexa, non tamen exigunt characterem Ordinis. ...

*[430]* ... Nihilominus *exercitium huiusmodi munerum non efficit ex christifideli laico pastorem*: nam ministerium non munus efficit sed sacramentalis ordinatio. ...

Novissimus Synodalis Coetus protulit amplam et eloquentem varietatem casuum qui manifestant quomodo ministeria, officia et munera baptizatorum in Ecclesia considerentur. Patres valde aestimasse visi sunt auxilium in apostolatu ex parte christifidelium laicorum, virorum et feminarum, pro evangelizatione, pro sanctificatione et pro christiana animatione realitatum temporalium itemque eorum in casibus ermergentibus et in permanentibus necessitatibus generosa disponibilitas ad partes supplendas¹.

Christgläubigen durch Taufe und Firmung geschenkt wird. Im übrigen ist dieses Amtspriestertum, wie das 2. Vatikanische Konzil in Erinnerung gerufen hat, wesentlich auf das königliche Priestertum aller Christgläubigen ausgerichtet und hingeordnet². ...

23. Die heilbringende Sendung der Kirche **4858** für die Welt wird nicht nur von den Amtsträgern kraft des Weihesakraments, sondern auch von allen christgläubigen Laien vollzogen; diese haben nämlich wegen der eigentümlichen Bestimmung der Getauften und ⟨ihrer⟩ besonderen Berufung in dem Maß, in dem es ein jeder vermag, Anteil am priesterlichen, prophetischen und königlichen Amt Christi.

Die Hirten müssen also die Dienste, Pflichten und Aufgaben der christgläubigen Laien anerkennen und fördern, da sie *in der Taufe und Firmung* und bei vielen von ihnen auch *in der Ehe* eine *sakramentale Grundlage* haben.

Sooft es also die Notwendigkeit oder der Nutzen der Kirche erfordert, können die Hirten gemäß den vom allgemeinen Recht festgesetzten Normen den christgläubigen Laien bestimmte Funktionen anvertrauen, die ⟨zwar⟩ mit dem eigenen Hirtenamt verknüpft sind, jedoch nicht die Prägung der Weihe erfordern. ...

Keineswegs *macht die Ausübung derartiger Aufgaben aus einem christgläubigen Laien einen Hirten*: denn nicht der Dienst bewirkt das Amt, sondern die sakramentale Weihe. ...

Die letzte synodale Zusammenkunft hat eine ansehnliche und beredte Mannigfaltigkeit von Fällen vor Augen gestellt, die offenkundig machen, wie die Dienste, Pflichten und Aufgaben der Getauften in der Kirche betrachtet werden. Es wurde ersichtlich, daß die Väter die Hilfe beim Apostolat von seiten der christgläubigen Laien, Männer und Frauen, für die Evangelisierung, für die Heiligung und für die christliche Beseelung der zeitlichen Wirklichkeiten, und ebenso ihre großzügige Verfügbarkeit, um in Notfällen, die sich plötzlich ergeben, oder bei andauernden Nöten einzuspringen, sehr gewürdigt haben¹.

---

² Vgl. 2. Vatikanisches Konzil, Dogmatische Konstitution über die Kirche "*Lumen gentium*", Nr. 10 (AAS 57 [1965] 14f; *4126).

*4858 ¹ Der *Codex Iuris Canonici* führt eine Reihe von Diensten und Aufgaben an, die den geweihten Amtsträgern zukommen, aber aus besonderen und schwerwiegenden Gründen, konkret wegen eines Mangels an Priestern und Diakonen, zeitweise von Laien ausgeübt werden können, voraus-

Sic igitur postquam promota a Concilio est sic dicta renovatio liturgica, ipsi christifideles laici, perspicue animadvertentes quam maiora sibi munera competant in coetu liturgico et eius praeparatione, paratiores sese in dies exhibent hisce *[431]* partibus suscipiendis; celebratio enim liturgica censenda est non cleri dumtaxat sed totius coetus actio sacra. Aequum proinde visum est ut munera, quae non sunt ministrorum ordinatorum propria, per christifideles laicos absolvantur[2]. Inde spontanea fere ratione effectum est ut, cum christifideles re participes facti fuerint in actione liturgica, participes quoque fiant in nuntiando Dei verbo atque in ipsa cura pastorali[3].

Nihilominus non defuerant in ipso Coetu Synodali qui, iuxta positiva iudicia, alia negativa obtruderent circa usum haud satis cautum vocabuli "ministerium", circa confusionem et, interdum, exaequationem commune inter et sacerdotium ministeriale, circa id quod aliquae ecclesiasticae leges et normae parum observentur; quod ad arbitrium fiat interpretatio de conceptu "subsidiaritatis"; quod christifideles laici quodammodo "clericalizentur"; quod periculum adsit re constituendi structuram quamdam ecclesialem servitii quae parallela exsistat illi quae Ordinis sacramento fundatur.

Ad subveniendum igitur hisce periculis locuti sunt Patres de necessitate exprimendi

Nachdem so also vom Konzil die sogenannte liturgische Erneuerung gefördert worden ist, zeigen sich die christgläubigen Laien selbst, da sie deutlich erkennen, welch große Aufgaben in der liturgischen Versammlung und deren Vorbereitung ihnen zukommen, von Tag zu Tag mehr bereit, diese Aufgaben zu übernehmen; denn die liturgische Feier ist als eine heilige Handlung nicht nur des Klerus, sondern der ganzen Versammlung zu betrachten. Es erscheint daher billig, daß die Aufgaben, die nicht den geweihten Amtsträgern eigentümlich sind, durch die christgläubigen Laien erfüllt werden[2]. Von daher ist es auf beinahe spontane Art dazu gekommen, daß die Christgläubigen, nachdem sie der Sache nach Teilnehmer an der liturgischen Handlung geworden sind, auch Teilhaber an der Verkündigung des Wortes Gottes und an der Hirtensorge selbst werden[3].

Bei der Synodenversammlung hat es jedoch auch solche gegeben, die, neben positiven Urteilen, andere negative brachten: über den nicht genügend vorsichtigen Gebrauch des Wortes "Dienst", über Vermischung und manchmal Gleichstellung von allgemeinem und Amtspriestertum und darüber, daß manche kirchlichen Gesetze und Normen zu wenig beachtet würden; daß die Deutung des Konzepts der "Subsidiarität" willkürlich erfolge; daß die christgläubigen Laien auf gewisse Weise "klerikalisiert" würden; daß die Gefahr bestehe, daß eine gewisse kirchliche Dienststruktur tatsächlich festgelegt werde, die parallel zu der ist, die im Sakrament der Weihe gründet.

Um nun diesen Gefahren zu begegnen, haben die Väter von der Notwendigkeit ge-

---

gesetzt, daß diese von der zuständigen kirchlichen Autorität dafür die juridische Vollmacht und das Mandat erhalten haben: vgl. CIC/1983, Kan. 230 § 3; 517 § 2; 776; 861 § 2; 910 § 2; 943; 1112 usw.

[2]    Vgl. 2. Vatikanisches Konzil, Konstitution über die heilige Liturgie *"Sacrosanctum Concilium"*, Nr. 28 (AAS 56 [1964] 107; *4028); vgl. CIC/1983, Kan. 230 § 2: "Laien können aufgrund einer zeitlich begrenzten Beauftragung bei liturgischen Handlungen die Aufgabe des Lektors erfüllen; ebenso können alle Laien die Aufgabe des Kommentators, des Kantors oder andere Aufgaben nach Maßgabe des Rechtes wahrnehmen" ("Laici ex temporanea deputatione in actionibus liturgicis munus lectoris implere possunt; item omnes laici muneribus commentatoris, cantoris aliisve ad normam iuris fungi possunt").

[3]    Der CIC/1983 führt verschiedene Dienste und Aufgaben auf, die Laien in den organisatorischen Strukturen der Kirche erfüllen können: vgl. Kan. 228, 229 § 3, 317 § 3, 463 § 1 Nr. 5 und § 2, 483, 494, 537, 759, 776, 784, 785, 1282, 1421 § 2, 1424, 1428 § 2, 1435 usw.

quam dilucide, et quidem accuratioribus vo-
calibus[4], tum *missionis unitatem* in Ecclesia,
cui missioni baptizati omnes accedunt, tum
pariter substantialem Pastorum *diversitatem
ministerii*, quod, cum in Ordinis sacramento
fundetur, differat necesse est ab aliis ministeriis, officiis et muneribus ecclesialibus,
quae in sacramentis Baptismi et Confirmationis radicantur. ...

sprochen, möglichst deutlich, und zwar
durch genauere Sprechweise[4], sowohl die *Einheit der Sendung* in der Kirche auszudrükken, die alle Getauften übernehmen, als auch
ebenso die wesenhafte *Verschiedenheit des
Dienstes* der Hirten, das sich, da es im Sakrament der Weihe gründet, notwendigerweise
von den anderen kirchlichen Diensten,
Pflichten und Aufgaben, die in den Sakramenten der Taufe und der Firmung wurzeln,
unterscheidet. ...

---

[4]   Vgl. Propositio 18.

# SYSTEMATISCHER INDEX

## *Erläuterungen*

| | |
|---|---|
| **1500** | Stelle von größerer dogmatischer Bedeutung |
| *2001* | Verweis auf eine verurteilte Lehre |
| (355) | Stelle, die nur implizit oder andeutungsweise die vorgenannte Aussage bietet |
| 41//51 | Reihe von Stellen, die mit Ausnahme nur sehr weniger Nummern die vorgenannte Aussage bieten |
| ᵃ... ᵇ... | Wesentliche Elemente einer Aussage, die nicht bei allen angeführten Nummern vorkommen, sondern nur bei denen, die mit solchen hochgestellten Buchstaben gekennzeichnet sind; wo nötig, werden solche zusätzlich angeführten oder auch alternativen Bestandteile von der allgemeinen Aussage durch Kursivstellung unterschieden. Beispiele: Die Materie der Taufe ist ᵃ*natürliches* Wasser 802 903 1082 ᵃ1314 ᵃ1615; Jesus Christus ist ᵃ*aus zwei* und ᵇ*in zwei* Naturen ᵇ302 ᵃᵇ414 ᵃᵇ420 usw. Eine solche Zitationsweise soll sowohl einer genaueren Bezeichnung des Sachverhalts als auch dem logischen Zusammenhang (bei Sachverhalten, die sich nur schwer voneinander unterscheiden lassen) und der Prägnanz des Index dienen. [ ... ] Sofern eine verurteilte Lehre wörtlich oder sinngemäß angeführt wird, erscheint sie – in der Regel nach einem Hinweis auf ihre Verurteilung – in eckigen Klammern. Beispiel: Verworfen wird: [Dem Chrisam ist keine Kraft zuzuschreiben] 1629. |

## *Überblick über die einzelnen Abschnitte*

### A. – GOTT OFFENBART SICH

1. Das Wesen der Offenbarung *(a: Begriffliche Bestimmungen des Offenbarungsgeschehens. – b: Eigentümlichkeiten der Offenbarung. – c: Etappen der Offenbarung. – d: Ausgrenzungen). – 2. Die gläubige Annahme der Offenbarung (a: Die Wahrheitsfähigkeit der menschlichen Vernunft. – b: Der Glaube – Antwort auf die Offenbarung Gottes). – 3. Die Überlieferung der Offenbarung Gottes (a: Das Wesen der Überlieferung. – b: Die Heiligen Schriften. – c: Überlieferung und Heilige Schriften). – 4. Die Vernunft des Glaubens (a: Vernunft und Glauben im allgemeinen. – b: Die theologische Wissenschaft).*

### B. – DER LEBENDIGE GOTT

1. Der Gott und Vater unseres Herrn Jesus Christus *(a: Der Gott des Glaubens. – b: Gott, der eine Urgrund des Lebens, der Wahrheit, der Güte. – c: Gott, erhaben über alles Endliche. – d: Anfangslos zeugt Gott den Sohn. – e: Durch und mit dem Sohn haucht Gott den Geist. – f: Gott schafft und lenkt die Welt. – g: Gott sendet Sohn und Geist. – h: Gott richtet und vollendet die Welt. – i: Die begriffliche Fassung des göttlichen Wesens. – j: Die begriffliche Fassung der Vaterschaft Gottes). – 2. Jesus Christus, der eingeborene Sohn Gottes (a: Der Glaube an Jesus Christus als den Sohn des Vaters. – b: Der Sohn des Vaters, Mittler der Schöpfung und des Heils. – c: Die begriffliche Fassung der Göttlichkeit des Sohnes). – 3. Der Geist Gottes (a: Der Glaube an den Geist Gottes. – b: Der Geist Gottes in Schöpfung und Heilsgeschichte. – c: Die begriffliche Fassung der Göttlichkeit des Hl. Geistes). – 4. Der dreifaltige Gott (a: Der Glaube an den dreifaltigen Gott. – b: Die trinitarische Begriffsbildung. – c: Das Wirken des einen und dreifaltigen Gottes).*

### C. – GOTT SCHAFFT UND BEGNADET DIE WELT

1. Der Glaube an Gott, den Schöpfer des Himmels und der Erde *(a: Gott, der Schöpfer aller Dinge. – b: Gott, der alleinige Schöpfer. – c: Der Sohn Gottes als Schöpfungsmittler. – d: Das Wirken des Hl. Geistes in der Schöpfung. – e: Gott schafft die Geschöpfe gut. – f: Gott läßt das Böse zu. – g: Gott lenkt alles nach seiner Vorsehung. – h: Gott ist das Ziel der Welt. – i: Die begriffliche Fassung des göttlichen Schaffens und der Differenz von Schöpfer und Geschöpf). – 2. Die himmlische Welt: Die Engel (a: Die Engel als Boten Gottes. – b: Die Sünde der Engel und ihre Auswirkung). – 3. Die sichtbare Welt. – 4. Der Mensch (a: Der Ursprung des Menschengeschlechts. – b: Der Mensch, von Gott gut geschaffen. – c: Der Mensch hat gesündigt und steht unter der Macht der Sünde. – d: Gott will das Heil des Menschen und gewährt ihm Gemeinschaft. – e: Die leib-seelische Natur des Menschen. – f: Die personale Würde des Menschen. – g: Die soziale Natur des Menschen. – h: Der Mensch und die Schöpfung. – i: Das Schaffen des Menschen. – j: Die Berufung des Menschen. – k: Die geschichtliche Verfaßtheit des Menschen. – l: Die modernen Gesellschaftslehren und die Soziallehre der Kirche). – 5. Ziel und Vollendung der Geschichte (a: Gott und das Ziel der Geschichte. – b: Jesus Christus und das Ziel der Geschichte. – c: Das Menschengeschlecht und das Ziel der Geschichte. – d: Das Reich Gottes und Christi als Ziel der Geschichte. – e: Die Kirche und das Ziel der Geschichte. – f: Die Christen und das Ziel der Geschichte).*

*barkeit. – e: Die Annahme von Lehrentscheidungen. – f: Auslegungsregeln. – g: Die Freiheit von Forschung und Lehre. – h: Exkurs: Beispiele für widerstreitende Lehrentscheidungen. – i: Das Volk Gottes und der Verkündigungsdienst der Bischöfe.* – 4. Der Heiligungsdienst der Bischöfe. – 5. Das Dienstamt der Priester. – 6. Das Dienstamt der Diakone.

## J. – GOTT BEGEGNET SEINEM VOLK IN DER LITURGIE

1. Das Wesen und die Bedeutung der Liturgie *(a: Das Wesen der Liturgie. – b: Die Liturgie als öffentliche Verehrung Gottes. – c: Die Wirkung der Liturgie. – d: Die Subjekte der Liturgie. – e: Liturgien und Frömmigkeitsformen).* – 2. Die Erneuerung und Förderung der Liturgie *(a: Ziel der Erneuerung und Förderung der Liturgie. – b: Maßnahmen zur Erreichung dieses Zieles).*

## K. – GOTT HEILIGT DURCH DIE SAKRAMENTE

1. Die sakramentale Heilsökonomie Gottes *(a: Gott schenkt Gnade durch sakramentale Zeichen im Alten Bund. – b: Die Kirche ist Sakrament des Heiles).* – 2. Die begriffliche Fassung der Einzelsakramente des Neuen Bundes *(a: Das Wesen der Sakramente. – b: Spender der Sakramente. – c: Empfänger der Sakramente. – d: Wirkung der Sakramente. – e: Ordnung der Sakramente. – f: Die Würde und Notwendigkeit der Sakramente und der Anspruch der Glaubenden auf sie).* – 3. Das Sakrament der Taufe *(a: Die Taufe in den Bekenntnissen. – b: Die Wesensmomente der Taufe. – c: Der Spender der Taufe. – d: Der Empfänger der Taufe. – e: Die Wirkung der Taufe. – f: Würde und Notwendigkeit der Taufe).* – 4. Das Sakrament der Firmung *(a: Die Sakramentalität der Firmung und ihr Ursprung. – b: Die Wesensmomente der Firmung. – c: Der Spender der Firmung. – d: Die Wirkung der Firmung).* – 5. Das Sakrament der Eucharistie *(a: Das Abendmahl Jesu Christi. – b: Das kirchliche Herrenmahl. – c: Die Kirche bringt das Herrenmahl dar. – d: Die Elemente der Feier und die Empfänger des Herrenmahls. – e: Die Eucharistie – Fundament und Höhepunkt kirchlichen Lebens).* – 6. Das Sakrament der Buße *(a: Die Sakramentalität der Buße und ihr Ursprung. – b: Zur frühen Bußordnung der Kirche. – c: Wesensmomente der Buße. – d: Spender. – e: Empfänger. – f: Wirkung. – g: Notwendigkeit).* – 7. Krankensalbung *(a: Die Sakramentalität der Krankensalbung und ihr Ursprung. – b: Wesensmomente der Krankensalbung. – c: Spender. – d: Empfänger. – e: Wirkung).* – 8. Das Sakrament der Weihe *(a: Das Priestertum des Neuen Bundes. – b: Die Stufen des sakramentalen Dienstamts. – c: Wesentliche Momente des Sakraments. – d: Spender. – e: Wirkung).* – 9. Das Sakrament der Ehe *(a: Die Sakramentalität der Ehe und ihr Ursprung. – b: Der Begriff der Ehe. – c: Wesensmomente des Sakraments. – d: Spender und Empfänger. – e: Wirkungen. – f: Rechtliche Regelungen).* – 10. Sakramentalien *(a: Sakramentalien im allgemeinen. – b: Ablässe).*

## L. – GOTT BERUFT DEN MENSCHEN ZUM SITTLICHEN LEBEN IN GEMEINSCHAFT

1. Grundbestimmungen personalen sittlichen Lebens *(a: Die Person. – b: Die kontingente, zum Guten verpflichtete Freiheit. – c: Das Vernunftgebot als Naturgesetz. – d: Die Gründung des Naturgesetzes in Gott. – e: Das Gewissen. – f: Der sittliche Akt. – g: Die sittliche Haltung).* – 2. Das persönliche Verhältnis zu Gott *(a: Die Verehrung Gottes. – b: Die Ehrfurcht vor Gott. – c: Die Tugend des Glaubens. – d: Die Tugend der Hoffnung. – e: Die Tugend der Liebe. – f: Die Vereinigung mit Gott).* – 3. Das Verhältnis zu sich selbst *(a: Die Selbstliebe als Grundverpflichtung. – b: Pflichten und Rechte in bezug auf Geist und Herz des Menschen. – c: Pflichten und Rechte in bezug auf Leib und leibliche Wohlfahrt. – d: Pflichten und Rechte in bezug auf die Arbeit und die materiellen Güter).* – 4. Das Verhältnis zum Nächsten *(a: Die Nächstenliebe als Grundverpflichtung. – b: Pflichten und Rechte in bezug auf den Nächsten als von Gott geschaffene Person. – c: Pflichten und Rechte in bezug auf Geist und Herz des Nächsten. – d: Pflichten und Rechte in bezug auf Leib und leibliche Wohlfahrt des Nächsten. – e: Pflichten und Rechte in bezug auf die Arbeit und die materiellen Güter. – f: Pflichten und Rechte in bezug auf den verantwortlichen Umgang mit der Welt).* – 5. Grundbestimmungen sozialen sittlichen Lebens *(a: Die soziale Natur des Menschen. – b: Die Gesellschaft und ihre Verantwortung. – c: Das Gemeinwohl. – d: Institutionen und ihre Verwurzelung in der Natur des Menschen. – e: Das Solidaritätsprinzip als soziales Grundgesetz. – f: Das Subsidiaritätsprinzip als soziales Grundgesetz. – g: Die Menschenrechte. – h: Die Gründung der Sozialnormen in Gott).* – 6. Die Ordnung von Ehe und Familie *(a: Das Recht auf Ehe und Familie und die Rechte der Familie. – b: Eheliche Liebe und menschliche Sexualität. – c: Die Weitergabe des menschlichen Lebens in der Ehe).* – 7. Die Ordnung der Gesellschaft. – 8. Die Ordnung des Staates. – 9. Die Ordnung der Menschheitsfamilie. – 10. Die Ordnung der Arbeit *(a: Der Mensch als Subjekt der Arbeit. – b: Das Kapital im Dienst der Arbeit. – c: Lohnarbeit).* – 11. Die Ordnung des Eigentums. – 12. Die Ordnung der Wirtschaft. – 13. Die Ordnung der Kultur. – 14. Die Ordnung der Kirche.

## M. – GOTT VOLLENDET WELT UND MENSCH IN SEINEM REICH

1. Der Anbruch des Reiches Gottes in der Geschichte *(a: Das Reich Gottes ist in Christus angebrochen. – b: Der endzeitliche Charakter der pilgernden Kirche).* – 2. Die Vollendung der Herrschaft Gottes *(a: Der universale Aspekt: Die Wiederkunft Christi und das allgemeine Gericht. – b: Der individuelle Aspekt: Der Tod als Tor zum Leben und das individuelle Gericht).* – 3. Das Leben der zukünftigen Welt *(a: Die Auferstehung von den Toten. – b: Die ewige Seligkeit. – c: Die Seligkeit – Gnade und Lohn. – d: Die Verwerfung des Menschen).*

# A. – GOTT OFFENBART SICH

## 1. Das Wesen der Offenbarung

A 1a

### a. –BEGRIFFLICHE BESTIMMUNGEN DES OFFENBARUNGSGESCHEHENS

Es hat Gott gefallen, sich selbst zu offenbaren und das Geheimnis seines Willens bekannt zu machen **4202** **4206**; die Offenbarung ist eine Mitteilung seiner selbst und seiner Beschlüsse **3004**; dabei redet Gott – : die Menschen wie Freunde an **4202**; – : verbindlich zu den Menschen 2778; die Offenbarung ist eine geschichtsüberlegene Lehre (800) *3459*.

Die Absicht Gottes ist es – : daß die Menschen durch Christus im Hl. Geist Zugang zum Vater haben und der göttlichen Natur teilhaftig werden **4202**; – : die Menschen in die Gemeinschaft mit sich aufzunehmen **4202**; – : die innerste Wahrheit Gottes und die Heilsbestimmung des Menschen mitzuteilen **4202** **4204** **4322**; – : die Erhöhung und übernatürliche Gemeinschaft des Menschen mit Gott zu offenbaren **2854f**; – : an den göttlichen Gütern Anteil zu geben **3005** **4206**; Gott hat den Christen durch seine Offenbarung seinen Heilsplan bekannt gemacht und ihnen Christus, den Erlöser und Heiligmacher, als Richtschnur hingestellt **4580**; vgl. E 3bb (Prophetentum Christi und Christus als Lehrer); Gott, der Vater, wollte von Anfang an seine Herrlichkeit in Christus Jesus mit dem Menschen teilen **4814**; das Geheimnis Christi wurde den Aposteln und Propheten im Hl. Geist geoffenbart, damit sie das Evangelium verkünden, den Glauben wecken und die Kirche sammeln **4224**; Gottes Heilsabsicht umfaßt auch die – : welche den Schöpfer anerkennen, besonders die Muslime **4140**; – : die in Schatten und Bildern den unbekannten Gott suchen **4140**; vgl. F 1b (Gottes allgemeiner Heilswille).

Die Offenbarung ist – : absolut notwendig im Hinblick auf das übernatürliche Ziel des Menschen (378) **3005**; – : moralisch notwendig, um die Erkenntnis der religiösen Wahrheiten zu erleichtern, die der Vernunft an sich zugänglich sind **3005** 3876; im Licht der Offenbarung – : finden Berufung und Elend der Menschen ihre letzte Begründung **4313**; – : leuchtet das Geheimnis des Menschen auf **4322** **4341**; durch und in Christus wird das Rätsel von Schmerz und Tod erhellt **4322** **4341**; vgl. C 4fh (Christus, der vollkommene Mensch); C 4fb (Würde des Menschen); C 4jl (Christus und die menschliche Berufung); die Offenbarung unterweist die Kirche für das Gespräch mit den fragenden Menschen **4303** **4312**; vgl. G 7a (Verhältnis der Kirche zu Welt, Gesellschaft und Kultur).

Die Tatsache der Offenbarung wird feierlich bezeugt **800** **3004f**.

Die Offenbarung ist mit den Aposteln beendet und vollständig (1501 3070) *3421* **4201**; vgl. A 1bb (Geschichtlichkeit und Endgültigkeit der Offenbarung); Papst und Bischöfe empfangen keine neue öffentliche Offenbarung 4150f (4534); vgl. H 3 (Verkündigungsdienst der Bischöfe).

A 1b

### b. – EIGENTÜMLICHKEITEN DER OFFENBARUNG

1ba **Übernatürlichkeit der Offenbarung.** Die Offenbarung (im strengen Sinne) ist übernatürlich (2854) **3004-3006** (3547); sie kann nicht mit rein natürlichen Kräften ersehnt werden *2618*; der Glaube an die Offenbarung ist vom natürlichen Glauben verschieden **3032**; der Glaube steht über der Vernunft 2776 2811 3017; er befreit die Vernunft von Irrtümern und stattet sie mit vielfältiger Erkenntnis aus 2776 3019; vgl. A 4a (Vernunft und Glauben im allgemeinen).

1bb **Geschichtlichkeit und Endgültigkeit der Offenbarung.** Die Offenbarung (und der Glaube an sie) ist unveränderlich 2802 2829 3020 **3043** 3541 3549 (3626 3893); die christliche Heilsordnung wird niemals vorübergehen **4204**; vor der Wiederkunft Christi ist keine neue öffentliche Offenbarung zu erwarten **4204**; Gott hat die unversehrte Fortdauer und Weitergabe seiner Heilsoffenbarung verfügt **4207**; die Hl. Schrift, von Gott inspiriert, vermittelt das Wort Gottes selbst unwandelbar **4228**; vgl. A 3b (Hl. Schriften); das Wort Gottes bleibt in Ewigkeit 3235; die Unveränderlichkeit der geoffenbarten Lehre schließt die Entwicklung von Glaubenslehren nicht aus: A 3ab (Weisen der Überlieferung); A 4b (Theologische Wissenschaft); H 3b (Amtliche Lehrentscheidungen); zur historischen Bedingtheit von Glaubensaussagen vgl. 4539f; der Beistand des Hl. Geistes wird nicht gewährt, um neue Lehren ans Licht zu bringen 3070; verworfen werden – : Anpassungen von Glaubenslehren an den Zeitgeist 3340-3342 *3458-3465*; – : [Die Fortschrittsidee in bezug auf die Offenbarung] *2905*.

1bc **Geheimnischarakter der Offenbarung.** Die Offenbarung vermittelt auch Erkenntnisse über göttliche Dinge, die der menschlichen Vernunft an sich zugänglich sind **3005** 3876 **4206**; die natürliche Vernunft teilt diese Lehren mit dem Glauben 2851 2853 3136.

Taten und Worte des Offenbarungsgeschehens erhellen wechselseitig das in ihnen enthaltene Geheimnis **4202**.

Geheimnisse im eigentlichen Sinne sind solche, die allein durch die Offenbarung (bzw. den Glauben) erfaßt werden können 2853f **3015** **3041**.

Sie übersteigen die menschliche Vernunft 824 2851f 2856 **3016 3041 4206**; sie bleiben auch nach der Offenbarung dunkel und verhüllt 2856 **3016**; sie übersteigen auch die Vernunft der Engel 2856.
Sie widerstreiten nicht – : der Vernunft 2776 2811 **3017–3019** (3287); – : der Historie 3544f; – : den Naturwissenschaften 3287; die sittlich verantwortete methodische Forschung widerstreitet niemals dem Glauben, weil die profanen Dinge und die Dinge des Glaubens sich von demselben Gott herleiten **4336**; folglich ist jede dem Glauben entgegengesetzte Behauptung falsch 1441 3017 (3895); Ursachen des scheinbaren Widerspruchs 3017 (3287); Verständnislosigkeit für die legitime Autonomie der Wissenschaft ist zu bedauern 4336.
Die Offenbarung ist der Leitstern der Wissenschaft 2877.
Vgl. A 4a (Vernunft und Glauben im allgemeinen); C 4id (Menschliches Forschen und Wissenschaften).

### c. – Etappen der Offenbarung

A 1c

Gott hat sich selbst schon den Stammeltern kundgetan 4203; er hat der Menschheit durch Mose, die Propheten und andere Diener die Heilslehre verliehen 800 4203; er hat sich Israel so geoffenbart, daß es seine Wege mit den Menschen erfuhr und unter den Völkern sichtbar machte 4221f; Gott selbst sprach durch die Propheten 4221; die alttestamentliche Offenbarung war Vorbereitung und Vorbild der Offenbarung durch Christus 4122; vgl. E 1b (Verheißung Jesu Christi im Alten Bund); E 1c (Die Rettung der Heiden und alttestamentlichen Glaubenden durch die Hoffnung auf den Verheißenen); durch Israel hat die Kirche die Offenbarung des Alten Testamentes empfangen 4198; vgl. G 1bb (Kirche, vorgebildet im Alten Testament); G 3ce (Verhältnis der Kirche zu den Religionen).
Gott hat zuletzt seinen Sohn gesandt 4204; in Jesus Christus leuchtet Gottes Selbstoffenbarung auf **4202**; er vollendet die Offenbarung 4204 4207; in Taten und Worten hat er seinen Vater und sich selbst geoffenbart 4224; er redet die Worte Gottes, teilt den Menschen das Innerste Gottes mit, vollendet das Heilswerk des Vaters durch Worte und Werke, Tod, Auferstehung und die Sendung des Geistes **4204**; Christus macht in der Offenbarung des Vaters und dessen Liebe dem Menschen selbst den Menschen kund und erschließt ihm seine Berufung 4322; vgl. C 4fh (Christus, der vollkommene Mensch); E 2 (Leben, Sterben und Erhöhung Christi); E 3a (Jesus Christus, Mittler des Heils); E 3bb (Prophetentum Christi und Christus als Lehrer).
Erst im Ausgießen des von Christus verheißenen Geistes hat Gott das Sakrament des menschlichen Heils feierlich offenbart 4175; vgl. B 3b (Der Geist Gottes in Schöpfung und Heilsgeschichte).
Christus wählte Jünger aus, Zeugen seines Lebens und seiner Lehre zu sein 4404; vgl. E 2bb (Wirken Christi unter den Menschen); G 3cd (Kirche und Evangelisation/Mission); G 3da (Apostolizität der Kirche); in den Heiligen tut Gott seine Gegenwart kund 4170; vgl. G 3bb (Heiligkeit der Kirche); M 1b (Gemeinschaft der Heiligen).

### d. – Ausgrenzungen

A 1d

Verworfen wird: [Die Offenbarung ist ein rein menschliches Werk, eine philosophische Erfindung] 2777 2781 *2904 2907* 3541; [Die Offenbarung ist lediglich das Bewußtsein des Menschen von seiner Beziehung zu Gott] *3420 3464* 3541.
Verworfen wird: [Die Offenbarung – : ist unmöglich 3027f; – : beeinträchtigt die Vernunft und ist schädlich] *2906* **3028**; [Die menschliche Vernunft ist autark und völlig selbstgenügsam] *2903*.
Die historische Tatsache der Offenbarung im strengen Wortsinn wird von den [a]*Rationalisten* und [b]*Modernisten* geleugnet ([a]*2904*) [b]3475 [b]3477f; verurteilt wird – : die Auffassung, der Glaube kümmere sich nicht um die historische Wahrheit 4403; – : die Leugnung der historischen Bedeutung der Offenbarungszeugnisse 4403; vgl. A 3be (Auslegung der Hl. Schriften).

## 2. Die gläubige Annahme der Offenbarung

### a. – Die Wahrheitsfähigkeit der menschlichen Vernunft

A 2a

**Die menschliche Wahrheitsfähigkeit allgemein.** Die menschliche Erkenntnis hat einen doppelten Ursprung: **2aa** die Erkenntnis in der natürlichen Vernunft und im Glauben 2856 **3015**; die göttliche Offenbarung und die Weisheit der natürlichen Vernunft bringen die unveränderlichen Gesetze ans Licht, die in den konstitutiven Elementen der menschlichen Natur eingepflanzt sind und die als die gleichen in allen vernunftbegabten Lebewesen zum Vorschein kommen 4581.
Das natürliche Wissen, dessen Freiheit anerkannt wird 3019 *(3457)* 4336, – : darf der Offenbarungslehre nicht widersprechen 2859; – : hat die Offenbarungslehre zu beachten *2914 (3405)*.

Mit der Vernunft allein – : kann man Wissen über jede natürliche, vernünftige und moralische Wahrheit erwerben, das sich vom geoffenbarten übernatürlichen Wissen unterscheidet *2766*; die Weise, in der dieses Wissen nach dem Thomismus erworben wird 3618–3620; die Vernunft beschränkt sich nicht auf die reinen Phänomene, sondern vermag die geistig erkennbare Wirklichkeit sicher zu erreichen 4315;

– : kann die Gültigkeit der natürlichen Erkenntnis des Menschen im allgemeinen und der metaphysischen Prinzipien dargelegt werden *2767* 3892; insbesondere die Gültigkeit der Prinzipien des zureichenden Grundes, der Kausalität und der Finalität 3892; zurückgewiesen werden gegenläufige Behauptungen *1028–1042 1048*;

– : kann die [a]*Geistigkeit*, [b]*Unsterblichkeit* und [c]*Freiheit* der menschlichen Seele bewiesen werden [ab]*2766* [ac]2812.

Das Wissen um Verborgenes und Künftiges kann nicht aus Astrologie, Zaubereien u.ä. erworben werden; vgl. J 1ek (Aberglaube); Bücher, die davon handeln, sind deswegen verboten 1859; verworfen werden Magnetismus und Spiritismus 2825 3642.

Vgl. A 4a (Vernunft und Glauben im allgemeinen); C 4ee (Geist und Vernunft des Menschen).

**2ab**  **Die menschliche Fähigkeit, religiöse Wahrheiten zu erkennen.** Die Existenz Gottes kann auf natürlichem Wege mit Gewißheit erkannt werden **4206**, ja sogar [a]*ohne Offenbarung* und [b]*ohne Hilfe der Gnade* [c]*bewiesen werden* [b]*2441* [c]2751 2756 [ac]*2765* [ac]2812 [c]2853 2855 **3004** 3538 3875 [abc]3890 [c]3892.

Der Beweis ist [a]*nicht a priori*, sondern a posteriori zu führen: von den Wirkungen zur Ursache 3538 [a]3622 (dort verschiedene Beispiele); die Erkenntnis Gottes aus der sittlichen Ordnung 3978; gegen einen Atheisten kann der Glaube nicht angeführt werden (2754) 2812.

Man kann sich nicht auf eine unmittelbare Erkenntnis bzw. Schau Gottes berufen *2841f 3201 3205*.

Das Wesen Gottes kann hinsichtlich bestimmter Eigenschaften mit Hilfe der menschlichen Vernunft erkannt werden *(2441)* 2853 3875; dazu gehören – : die Personalität Gottes 3890 3892 3979; – : die Unendlichkeit der Vollkommenheiten Gottes 2751; – : Gott als Ursprung und Ziel aller Dinge **3004 4206**; bei den verschiedenen nichtchristlichen Völkern findet sich eine Wahrnehmung einer verborgenen Kraft, bisweilen die Anerkennung einer höchsten Gottheit oder eines Vaters **4196**; vgl. G 3ce (Kirche und Religionen).

Das Wirken Gottes kann mit Hilfe der natürlichen Vernunft sicher erkannt werden; dazu gehören – : die Schöpfung als solche **3004** 3875 **4203 4206**; – : das Sittengesetz 2866 3875 3892; – : die Göttlichkeit der mosaischen und christlichen Offenbarung 27 52 2756; – : die Existenz Jesu Christi, gegen die Behauptung: [Christus ist eine mythische Erfindung] 2907 (3540) (4405); – : [a]*Wunder* und [b]*Weissagungen* [a]*2753* [ab]*2768* [ab]*2907* [ab]*3009* [a]*3034* [a]*3428* [a]*3436f*; das Wunder der Auferstehung Christi kann aus der Überlieferung bewiesen werden 2754 *(2768)*.

Glaubende aller Religionen haben Gottes Stimme und Bekundung immer in der Sprache der Geschöpfe gehört **4336**; die Religionen bemühen sich, der Unruhe des menschlichen Herzens auf verschiedene Weisen zu begegnen **4196**; im Hinduismus suchen die Menschen das göttliche Geheimnis zu erforschen und drücken es in Mythen und Philosophie aus **4196**; im Buddhismus wird das Ungenügen der veränderlichen Welt anerkannt und ein Weg zur Befreiung und Erleuchtung gelehrt **4196**; die Muslime beten den einzigen Gott an, den lebendigen, barmherzigen und allmächtigen, den Schöpfer des Himmels und der Erde, der zu den Menschen gesprochen hat **4197**; vgl. G 3ce (Kirche und Religionen).

Gründe für das Nichterkennen Gottes und verschiedene Formen des Atheismus: C 4kh (Atheismus); G 3cf (Kirche und Atheismus).

Verworfen werden der [a]*Atheismus*, der [b]*Agnostizismus* und die [c]*Bestreitung einer natürlichen Theologie* [a]*3021f* [b]*3026* [c]*3475* [a]*4321*.

Vgl. A 4a (Vernunft und Glauben im allgemeinen); C 4ee (Geist und Vernunft des Menschen).

**A 2b**  b. – DER GLAUBE – ANTWORT AUF DIE OFFENBARUNG GOTTES

**2ba**  **Gott als Grund des Glaubens.** Der Glaube ist eine übernatürliche Tugend, durch die das Geoffenbarte aufgrund der Autorität des offenbarenden Gottes geglaubt wird **3008** 3542; Glaube ist freie Zustimmung, die der Gnade folgt [a]*und nicht notwendig durch Beweise veranlaßt wird* [a]*3010* [a]*3035* **4205**; durch die Offenbarung der Dreifaltigkeit in der Heilsgeschichte, vor allem in Christus, wurde den Glaubenden eine Erkenntnis des innersten Lebens Gottes geschenkt **4522**; der Hl. Geist vertieft mit dem Glauben das Verständnis der Offenbarung **4205** 4315; vgl. B 3b (Der Geist Gottes in Schöpfung und Heilsgeschichte); Glaube ist keine blinde Zustimmung 3010 3542; durch den übernatürlichen Glaubenssinn hängt das Volk Gottes dem Glauben unwiderruflich an, dringt tiefer in ihn ein und wendet ihn voller an **4130**; vgl. H 3db (Unfehlbarkeit der Kirche); der Glaube offenbart die göttliche Absicht in bezug auf die ganzheitliche Berufung des Menschen **4311**; vgl. C 4j (Berufung des Menschen); der Glaube ermöglicht die Gemeinschaft mit den Verstorbenen **4318**; vgl. M 1b (Gemeinschaft der Heiligen).

Von seiten Gottes ist Gnade (die Erleuchtung des Hl. Geistes) erforderlich 375 378 396–400 1553 2813 3010 3014 3035.

Der Glaube als Geschenk der G n a d e und Voraussetzung zur Rechtfertigung: F 2a 2b.

Verworfen wird das Glaubenskonzept des M o d e r n i s m u s *3484–3486* 3542.

**Der Glaube, vom Menschen verantwortet.** Von seiten der m e n s c h l i c h e n V e r n u n f t ist das Urteil über  **2bb**
Möglichkeit und Verpflichtung zum Glauben erforderlich: Die sichere Kenntnis von den Voraussetzungen des Glaubens (bzw. von der Tatsache der Offenbarung) ([a]ist zu erstreben und) kann tatsächlich erworben werden 2121 2752–2754 2756 *2768* [a]*2778* 2853 **3009** 3019 3539 3892; dem Glauben ([a]als dem mit der Vernunft übereinstimmenden Gehorsam) muß die Vernunft vorausgehen 2751 (2754) 2755 *2765f* 2812f [a]**3009** (3019); jedem ernsthaft nachdenkenden Menschen bietet der Glaube eine letzte Antwort an 4318; der Glaube als eschatologische Interpretation der Existenz 4492.

Von seiten des W i l l e n s ist das Freisein von Zwang bei der Annahme des Glaubens erforderlich: L 5g (Menschenrechte).

Verpflichtung zum Glauben: G 4bg (Glaubende und Autorität der Kirche); H 3e (Annahme von Lehrentscheidungen); L 2c (Tugend des Glaubens); L 2f (Anerkennung der Gebote Gottes und der Kirche); alle Dogmen sind offenbart und deshalb mit demselben göttlichen Glauben zu glauben 4538.

Glaube ist auf V e r k ü n d i g u n g angewiesen: Das Geheimnis Christi wurde seinen Aposteln und Propheten im Hl. Geist geoffenbart, damit sie [a]*der ganzen Schöpfung das Evangelium verkünden,* [b]*den Glauben an Jesus Christus wecken und die Kirche sammeln* [a]**4006** [b]**4224**; die Kirche muß den Nichtglaubenden die Heilsbotschaft und den Glaubenden immer wieder Glaube und Buße verkünden 4009; in der Verkündigung des Evangeliums sucht die Kirche die Hörer zu Glaube und Bekenntnis zu bringen, bereitet sie für die Taufe vor und verleibt sie Christus ein 4141; alle Verkündigung muß sich an der Hl. Schrift ausrichten **4228** 4231; vgl. A 3 (Überlieferung der Offenbarung); zu Kirche und Evangelisation bzw. Mission vgl. G 3cd; durch die Verkündigung des Evangeliums werden die Glaubenden versammelt 4151; zum Verkündigungsdienst der Bischöfe, Priester und Diakone vgl. H 3; 5; 6; die Laien sollen den Acker der Welt für den Samen des göttlichen Wortes bereiten 4162; vgl. G 6ca (Apostolat der Laien); die Eltern sollen für ihre Kinder die ersten Glaubensboten sein 4128; vgl. G 6cc (Sendung und Aufgabe der Laien in Ehe und Familie).

**Die Glaubwürdigkeit des Glaubens.** Die Existenz äußerer Zeichen der Glaubwürdigkeit muß anerkannt  **2bc**
werden 3033f *3475 3477* 3539; Motive der Glaubwürdigkeit sind: [a]*Weissagungen,* [b]*Wunder* (darunter [c]*die Auferstehung Christi*), [d]*der Heroismus der Martyrer,* [e]*die wunderbare Verbreitung der christlichen Religion,* [f]*die Kirche* in sich betrachtet (als herausgehobenes Zeichen) [a]772 [b]2753 [bc]2754 [abc]*2768* [abcde]2779 ([a]*2907*) [ab]**3009** [ef]**3012–3014** [b]**3034** [ab]3539; eine bloße private Inspiration oder eine innere Erfahrung genügen nicht 3033.

Getrübt werden kann das Urteil über die Glaubwürdigkeit durch äußere Einflüsse 3876; der Mensch kann sich in bezug auf die wahre Religion in einem unüberwindbaren Irrtum befinden 2865° 2866.

## 3. Die Überlieferung der Offenbarung Gottes

### a. – Das Wesen der Überlieferung  A 3a

**Der Anfang der Überlieferung.** Die Überlieferung der Offenbarung verdankt sich – : Christus, der sie den  **3aa**
Aposteln offenbarte **1501 3006 4207 4212**; – : dem Hl. Geist, der [a]*in der Kirche wohnt* und [b]*den Aposteln die Offenbarung diktierte* [a]**600** [b]**1501** [b]**3006**, *anvertraute* [b]**4212** 4224.

Bei der Überlieferung des Lebens und der Lehre Christi werden drei Zeitabschnitte unterschieden 4404–4406.

Verworfen wird: [Die Überlieferung enthält nichts Göttliches] 3548.

**Weisen der Überlieferung.** Die Offenbarung ist in den schriftlichen und mündlichen Überlieferungen der  **3ab**
Kirche enthalten 609 **1501 3006 4207–4214**.

Die lebendige Überlieferung stammt von den Aposteln 4212f 4534; die Apostel gaben in Predigt, Beispiel und Einrichtungen das weiter, was sie entweder von Christus empfangen oder unter der Eingebung des Hl. Geistes gelernt hatten **4207**; ihre Predigt wird in den inspirierten Büchern in besonderer Weise ausgedrückt **4209**; vgl. A 3bb (Inspiration).

Die apostolische Überlieferung entwickelt sich in der Kirche unter dem Beistand des Hl. Geistes weiter **4210**; durch die Überlieferung ist Gott ohne Unterlaß im Gespräch mit der Kirche **4211**; der Glaube muß (immmer) weiter entfaltet und gemehrt werden 4823.

Um das Evangelium in der Kirche unversehrt und lebendig zu bewahren, haben die Apostel ihr eigenes Lehramt an die Bischöfe als ihre Nachfolger übergeben, [a]*damit sie das Evangelium in ihrer Verkündigung treu bewahren, erklären und ausbreiten* (4144 [a]4150) 4208 [a]4212; vgl. A 3ac (Kriterien der Überlieferung); G 3db (Apostolische Überlieferung); H 3 (Verkündigungsdienst der Bischöfe).

**Kriterien der Überlieferung.** Die Ü b e r e i n s t i m m u n g d e r g e s a m t e n K i r c h e [a]*im Festhalten am über-*  **3ac**
*lieferten Glauben* 1637 [a]**4209** [a]**4213**; mittels des übernatürlichen Glaubenssinns **4130**.

Die Hl. S c h r i f t e n als höchste Richtschnur des Glaubens **4228**.

Die unversehrte Weitergabe des Wortes Gottes in der Verkündigung und Auslegung durch die Bischöfe, denen die Apostel ihr eigenes L e h r a m t übergeben haben (4144) 4150 4208 (4209) 4212; das Lehramt steht nicht über dem Wort Gottes, sondern dient ihm **4214**.

Die Praxis der Kirche in Liturgie, Gebet und Verwirklichung des Glaubens **4209 4213**; was von den Aposteln überliefert wurde, umfaßt alles, was zu einer heiligen Lebensführung des Volkes Gottes und zur Mehrung des Glaubens beiträgt 4209.

Die Übereinstimmung der Väter: Berufung auf die Überlieferung der Väter 271 370 396 399 485 501//520 548 550 575 635 710 824 850 1510 1542 1600 1692 1750 1766 1800 1820f 2090 2830 2855f 3284 3541; insbesondere als Richtschnur zur Auslegung der Hl. Schrift 1507 1863 2771 2784.

Die Übereinstimmung der Theologen: sie repräsentiert die Überlieferung 824; daher muß sie berücksichtigt werden 1407 2879.

Überlieferung, Hl. Schrift und Lehramt der Kirche sind so miteinander verknüpft, daß das eine nicht ohne die anderen besteht 4212; ein Begriff von Überlieferung, der ihren lebendigen Charakter verkennt und dem universalen Lehramt der Kirche und dem Römischen Bischof entgegengesetzt wird, ist unvollkommen und sich widerstreitend 4822.

Vgl. A 3be (Auslegung der Hl. Schriften); A 3c (Überlieferung und Hl. Schriften).

**3ad**   **Anerkennung der Überlieferung** – : von der Kirche gefordert 110° 110 186° **1501 1504** 1863 2537 2738f 2771 2784 2879 (3012 3540) 3626 4150; – : geleistet 542 548 600 602f **609 650–652** 654 657 705 1510 1600 1637 1648 1750 1764 1766 1800 1820f 3069 4150.

**A 3b**                b. – Die Heiligen Schriften

**3ba**   **Die Heiligen Schriften als Gottes- und Menschenwort.** Zu ihrer Abfassung hat Gott Menschen erwählt, um das, was er selbst wollte, zu überliefern **4215**; die Hl. Schrift ist Gottes Rede, insofern sie unter dem Anhauch des göttlichen Geistes schriftlich aufgezeichnet wurde 4212 4231; vgl. A 3bb (Inspiration); Gott hat in der Hl. Schrift durch Menschen nach Menschenart gesprochen 4217 4220; mit der Hl. Schrift stimmt die menschliche Erfahrung von Jahrhunderten überein 4337.

Die Bücher des Alten Testaments enthalten auch Zeitbedingtes und Unvollkommenes 4222.

Was die Apostel nach Christi Gebot gepredigt haben, haben später unter dem Anhauch des göttlichen Geistes sie selbst und apostolische Männer schriftlich überliefert 4225.

**3bb**   **Die Inspiration.** Die Tatsache der Inspiration. Die Hl. Schriften enthalten und sind das Wort Gottes, weil inspiriert **4231**; die kanonischen Bücher haben Gott zum Urheber (800) **3006** 3293 **4215** 4217 4220 4223 4228; vor allem gegen die Manichäer wird betont, daß derselbe Gott Urheber des Alten und des Neuen Testamentes ist 198 325 685 790 854 1334 1336 1501; vgl. B 1b (Gott, der eine Urgrund des Lebens, der Wahrheit, der Güte).

Der Heilsplan Gottes wurde in den Büchern des Alten Testamentes vorausverkündet 4221; die Bücher des Alten Testaments – : erschließen Gott und den Menschen sowie die Weisen, wie Gott mit den Menschen umgeht 4222; – : zeigen eine wahre göttliche Erziehungskunst 4222; – : bergen das Geheimnis unseres Heils 4222; – : wurden vollständig in die Verkündigung des Evangeliums aufgenommen 4223; – : zeigen erst im Neuen Testament ihre volle Bedeutung und erklären dieses wiederum 4223.

Das Wort Gottes zeigt sich auf vorzügliche Weise in den Schriften des Neuen Testaments 4224.

Unter allen Schriften ragen die Evangelien hervor 4225; sie sind – : das Hauptzeugnis für Leben und Lehre des Erlösers 4225f (4406); – : apostolischen Ursprungs 4225; – : Fundament des Glaubens 4225.

Zugeschrieben wird die Inspiration dem Wirken des Hl. Geistes 1334 1501 3292 3593 4215f; der Hl. Geist redet [a]*aus dem mosaischen Gesetz*, [b]*durch die Propheten (bzw. in den Propheten)*, [c]*aus den Aposteln*, [d]*durch die Evangelisten (bzw. in den Evangelien)* [b]41f [bc]44 [abcd]46 [abcd]48 [c]60 [b]150 [b]682 [c]4209 [b]4221 [c]4225 [cd]4227 [bc]4228.

Der Geist wirkt durch die Hagiographen 3293 3650f 4207 4215–4220; verworfen werden Erklärungen des Modernismus *3409-3411 3413 3491*.

Umfang der Inspiration: Er erstreckt sich auf alle von der Kirche anerkannten Bücher mit allen ihren Teilen (1504 3006 3029) 3291f **4215** 4221 4227.

Irrtumslosigkeit der Hl. Schrift. Die Bücher der Hl. Schrift lehren sicher, getreu und ohne Irrtum die Wahrheit, die Gott um unseres Heiles willen aufgezeichnet haben wollte **4216** 4534; die Hl. Schrift vermittelt das Wort Gottes selbst unwandelbar 4228; alle Bücher enthalten die unzweifelhafte Wahrheit 1065; sie sind [a]*wegen ihrer Inspiration* ohne Irrtum [a]3292f 3652–3654; man darf nicht einräumen, der Verfasser habe geirrt 3291.

Verworfen werden Behauptungen, die die Irrtumslosigkeit in Frage stellen und einen [a]*Mythologismus* vertreten [a]2907 [a]3034 3414 3887.

Die Hl. Schrift will nicht die Beschaffenheit sichtbarer Dinge lehren, die sie nur in ihrer sinnenfälligen Erscheinung beschreibt 3288; daher kann es keinen echten Widerstreit zwischen Theologen und Naturwissenschaftlern geben 3287.

**3bc**   **Der Kanon.** Die Kirche hält aufgrund apostolischen Glaubens die Bücher des Alten wie des Neuen Testaments in ihrer Ganzheit mit allen ihren Teilen für heilig und kanonisch **4215**.

Der Kanon wurde von der Kirche festgelegt 179f 186 213 (350°) **1335 1502f**; dieser Kanon muß [a]*ausschließlich* und [b]*mit allen Teilen* (wie sie in der Vulgata enthalten sind) anerkannt werden [a]202 [a]213 [a]354 [b]**1504** 1863 2538 [b]**3006** [b]**3029**; die Bücher des Alten Testaments sind von den Christgläubigen ehrfürchtig anzunehmen 4222.

Der innere Grund der Kanonizität liegt nicht in der kirchlichen Anerkennung eines rein menschlichen Werkes und auch nicht allein in der Irrtumslosigkeit der Hl. Schriften, sondern darin, daß sie inspiriert sind **3006** *3409 3412f 3415 3490.*

**Die Lesung der Heiligen Schriften.** In der Hl. Schrift - : offenbart sich die ewige Weisheit, damit die **3bd** Menschen die unaussprechliche Güte Gottes kennenlernen **4220**; - : kommt der Vater im Himmel seinen Kindern entgegen und hält mit ihnen Zwiesprache **4228**; - : hören die Menschen Gott **4232**; Christus selbst spricht, wenn die Hl. Schriften in der Kirche gelesen werden **4007**; durch Gottes Wort und die Sakramente wird der Mensch von der Macht der Sünde und des Bösen befreit und in die Gemeinschaft der Liebe mit Gott hineingeführt **4755**; das Wort Gottes ist für die Kirche Stütze und Leben **4228**; pastorale Verkündigung, Katechese und christliche Unterweisung schöpfen aus dem Wort der Schrift **4231**; die Hl. Schrift lehrt die Gottebenbildlichkeit des Menschen und zeigt ihm seine Stellung in der Ordnung der Schöpfung **4312**.

Der Zugang zur Hl. Schrift muß für die Glaubenden weit offenstehen **4229**; alle Christgläubigen, besonders die Glieder religiöser Gemeinschaften, werden zu häufiger Lesung ermahnt **4232**; alle Kleriker müssen sich beständig in Lesung und Studium mit der Schrift befassen **4232**; die Lektüre der Hl. Schrift wird allgemein empfohlen 770f; sie ist jedoch nicht für alle nützlich 1853f 2712 2771f; folglich ist sie nicht für alle verbindlich *2479-2485 2667*; die Lektüre darf nur in approbierten Ausgaben erfolgen: A 3be (Auslegung der Hl. Schriften).

In der Feier der Liturgie ist die Hl. Schrift von höchstem Gewicht (bei den Lesungen, der Homilie, den Psalmen, liturgischen Gebeten, Orationen, Gesängen) (4006f) 4024; vgl. J 2bb (Erneuerung der Liturgie).

Gebet muß die Lesung der Hl. Schrift begleiten, damit sie zu einem Gespräch zwischen Gott und Mensch werde **4232**; vgl. J 1ed (Gebet); J 2bb (Erneuerung der Liturgie).

**Die Auslegung der Heiligen Schriften.** Wörtlicher und geistlicher Sinn 325 3792f 3826-3828 3888f; **3be** der Ausleger hat auf den Inhalt und die Einheit der ganzen Schrift zu achten **4219**.

Originaltext und Übersetzungen der Hl. Schrift. Der Exeget soll vor allem die ältesten Handschriften heranziehen 3280.

Übersetzungen in andere Sprachen bergen die Gefahr des Irrtums und des Mißbrauchs 770f 1853f 2710f; deshalb wurde die Vulgata für authentisch erklärt **1506** 1853 2710 3280; diese Authentizität ist jedoch nur eine juridische, die Fehler bei der Übersetzung nicht ausschließt 3280 3794f 3825; der Exeget soll auch andere Übersetzungen heranziehen 3280.

Die Kirche bemüht sich um brauchbare Übersetzungen, vor allem aus den Urtexten **4229**; Übersetzungen der Hl. Bücher, die mit Zustimmung der Autorität der Kirche in Zusammenarbeit mit den getrennten Brüdern zustande kommen, können von allen Christen benutzt werden **4229**; die Glaubenden sind durch kommentierte Übersetzungen zum rechten Gebrauch der göttlichen Bücher anzuleiten **4233**; den Glaubenden werden nur Übersetzungen mit Anmerkungen und mit kirchlicher Approbation erlaubt 1508 1863 2772; verboten werden Übersetzungen nichtkatholischer Bibelgesellschaften 2771 2784.

Mit Anmerkungen versehene Ausgaben der Hl. Schrift sind zu schaffen, die auch Nichtchristen gebrauchen können **4234**.

Literarische Gattungen, Historizität. Der Ausleger hat - : die Aussageabsicht der Hagiographen zu erforschen, unter Berücksichtigung der literarischen Gattungen 3829f 4402f 4405f 4217 (4402) 4406f; - : auf einstmals herrschende Denk-, Sprach-, Erzähl- und Umgangsformen zu achten 4218 (4402) 4406; Jesus folgte den zu seiner Zeit üblichen Denk- und Darstellungsweisen 4404; vgl. E 3bb (Prophetentum Jesu Christi und Christus als Lehrer); die Apostel haben die Worte des Herrn, durch die Ereignisse und den Geist belehrt, mit vollerem Verständnis und den Bedürfnissen der Hörer entsprechend überliefert 4405; sie predigten unter Verwendung mannigfacher Redeweisen: Katechesen, Erzählungen, Zeugnisse, Hymnen, Lobpreisungen, Gebete und andere literarische Formen 4405; vgl. A 3bb (Inspiration); G 3d (Apostolische Überlieferung); die Hagiographen haben ausgewählt, was den Bedingungen der Glaubenden und dem beabsichtigten Zweck angemessen war, und erzählten es diesen Bedingungen und Zwecken entsprechend 4406; die Evangelisten drücken die Aussagen des Herrn nicht wörtlich, sondern - unter Beibehaltung des Sinnes - auf verschiedene Weisen aus 4406; die Jünger haben die Wunder und die anderen Ereignisse des Lebens Jesu zu Recht als Tatsachen verstanden, durch die die Menschen an Christus glauben sollten 4404.

Die historische Methode bietet Hilfsmittel für die Exegese 4402; sie erforscht sorgfältig die Quellen 4402; ihre Anwendung auf die Hl. Schrift 3290 (4218) 4402f; der Ausleger soll auf die drei Zeiten der Überlieferung achten 4404; vgl. A 3aa (Anfang der Überlieferung); nur scheinbar historische Teile der Schrift 3373; Genesis Kap. 1-11: 3898; Ps 16,10f: 3750; Evangelien allgemein 4402-4407; Geschichtlichkeit der vier Evangelien 4226; Mt 16,26 und Lk 9,25: 3751; Evangelium nach Johannes *3416-3418*; Wiederkunft Christi in den Paulinischen Briefen 3628-3630; der Charakter wahrer Prophetie *(2907)* 3505f 3528 3563 3573; mythologische Quellen 3899; verurteilt wird - : die Auffassung, der Glaube kümmere sich nicht um die historische Wahrheit 4403; - : die Leugnung der historischen Bedeutung der Offenbarungszeugnisse 4403; - : die Hervorhebung der "schöpferischen Kraft der Urgemeinde" unter Vernachlässigung der Autorität der Apostel als Zeugen Christi 4403.

Nur die gesunden Elemente der formgeschichtlichen Methode sind zu verwenden 4403; ihre Anwendung darf nicht dazu führen, die Existenz einer übernatürlichen Ordnung, das Eingreifen des

persönlichen Gottes in der Welt und die Möglichkeit und Existenz von Wundern und Weissagungen zu leugnen 4403; Jesus wurde wegen seiner Verehrung als Sohn Gottes im Kult nicht in eine "mythische" Person verändert und seine Lehre wurde deshalb nicht entstellt 4405; der Glaube hat die Erinnerung an Jesu Handeln und Lehre gestärkt 4405.

Als Hilfen werden die historische Kritik – mehr als die innere Kritik – und die Naturkenntnisse empfohlen 3286f; die historische Methode verschafft sich Hilfen durch Textkritik, Literarkritik und Kenntnis der Sprachen 4402.

Richtschnur der Auslegung ist – : die lebendige Überlieferung der ganzen Kirche 4219; die Kirche verrichtet den göttlichen Auftrag, das Wort Gottes zu bewahren und auszulegen **4219**; die Arbeit der Exegeten hilft ihr dabei 4219;

– : die Analogie des Glaubens 3283 3515 3546 3887 4219;

– : die einmütige Überlieferung der Väter und der Theologen 1507 1863 2771 2784 **3007** 3284 3546 3887; es müssen jedoch nicht alle Meinungen der einzelnen übernommen werden 3289;

– : das Urteil des kirchlichen Lehramtes **1507** 1863 2538 **3007** 3281 *3401–3408* 4150 **4214** 4219; unter Aufsicht des Lehramtes sind die göttlichen Schriften so zu erforschen und auszulegen, daß möglichst viele Diener des göttlichen Wortes dem Volke Gottes die Nahrung der Schriften reichen können 4230.

Der freien Forschung und Auslegung bleibt trotz der obengenannten Richtschnur ein weites Feld 3282 3289 3831 4407; dort (nicht in Fragen des Glaubens und der Sitten) ist eine Verbesserung und Berichtigung der kirchlichen Auslegung möglich 3294; vgl. H 3g (Freiheit von Forschung und Lehre).

Allgemein verworfen wird die Interpretationsmethode der Rationalisten, Modernisten und nichtkatholischen Bibelgesellschaften 2784 3546f 4403; der Gefahr des Irrtums sind bei der Auslegung vor allem Laien ausgesetzt 770f.

Zurückgewiesen wird die Behauptung der Manichäer, es gebe Widersprüche zwischen dem Alten und dem Neuen Testament 198 790 854 1334 1336.

**3bf**  **Einzelfragen.** Fragen zu Kanonizität, Urheber und Abfassungszeit bestimmter Bücher und Teile: implizite Zitationen 3372 3654; Pentateuch 3394–3397 3862–3864; Genesis 3512–3519; Psalmen 3521–3528; Jesaja 3505–3509; die synoptische Frage 3577f; Evangelium nach Matthäus 3561–3567; Evangelien nach Markus und Lukas 3568–3576; Evangelium nach Johannes 3398–3400; Apostelgeschichte 3581–3586; Pastoralbriefe 3587–3590; Brief an die Hebräer 3591–3593; Johannesbriefe 180 180[1]; Comma Iohanneum 3681f; Offenbarung des Johannes 486 1501°; andere Bücher 1501°.

**A 3c**  ## c. – ÜBERLIEFERUNG UND HEILIGE SCHRIFTEN

Die göttlichen Schriften und die Hl. Überlieferung – : sind die höchste Richtschnur des Glaubens der Kirche **4228**; – : bilden die eine hl. Hinterlassenschaft des Wortes Gottes **4213**; – : stehen in enger Verbindung miteinander und teilen denselben Ursprung und dasselbe Ziel 4212; in ihnen schaut die Kirche auf Erden Gott, bis sie ihn von Angesicht zu Angesicht sehen wird **4208**; sie sind gleich verehrungswürdig 1501 4212.

Durch die Überlieferung – : wird der Kirche der vollständige Kanon der Hl. Bücher bekannt 4211; – : wird die Schrift tiefer verstanden und wirksam gemacht 4211.

Die Aufgabe, das geschriebene oder überlieferte Wort Gottes authentisch auszulegen, ist allein dem Lehramt der Kirche anvertraut 4214; vgl. A 3be (Auslegung der Hl. Schriften); H 3a (Verkündigungsdienst der Bischöfe: generelle Bestimmungen); Hl. Überlieferung, Hl. Schrift und Lehramt der Kirche sind so miteinander verknüpft, daß das eine nicht ohne die anderen besteht und sie zusammen zum Heil beitragen **4214**; vgl. A 3ac (Kriterien der Überlieferung); zur Aufgabe der Theologie vgl. A 4ba.

# 4. Die Vernunft des Glaubens

**A 4a**  ## a. – VERNUNFT UND GLAUBEN IM ALLGEMEINEN

Die Vernunft beweist und verteidigt den Glauben 2776 **3019** 3135–3138; sie gewährt bis zu einem gewissen Grade Einsicht in die Geheimnisse 2853 **3016** 3137 3892; die Vernunft beschränkt sich nicht auf reine Phänomene, sondern vermag die geistig erkennbare Wirklichkeit sicher zu erreichen 4315; immer hat die Kirche die Botschaft Christi mit Hilfe der Begriffe und Sprachen der verschiedenen Völker auszudrücken und mit Hilfe der Philosophie zu verdeutlichen versucht 4344; vgl. G 3cd (Kirche und Evangelisation).

Der Vernunft sind aufgrund des übernatürlichen und geheimnisvollen Charakters der Gegenstände der Offenbarung Grenzen gesetzt: A 1bc (Geheimnischarakter der Offenbarung); Christus gewährt in seiner Verkündigung Ausblicke, die der menschlichen Vernunft unzugänglich sind 4324; die Geheimnisse können nicht wie Gegenstände der Naturwissenschaft behandelt werden 2854 2856f; die Phi-

losophie ist nicht frei von Irrtum 2829; es gibt tiefergehende Fragen, die von der Vernunft fast nicht gelöst werden können 249.

Die menschliche Vernunft (bzw. die Philosophie) muß den geoffenbarten Wahrheiten (bzw. der Theologie) dienen und darf nicht über sie herrschen 824 2829.

Getadelt wird eine zu hohe Einschätzung der menschlichen Vernunft (Rationalismus) 2732 2775-2777 2828f 2850f 2858-2861 2878 *2901-2914*; verworfen werden Lehren von der Autarkie der Vernunft und ihrer Unabhängigkeit von der Religion 2860 *2903f 2911 2914* 3031f; verworfen wird die Tendenz, Glaubensfragen allein mit Hilfe der Vernunft zu lösen 824 2732 (2738) 2851f *2908f*; dadurch wird das Verdienst des Glaubens aufgehoben 824.

Vgl. A 1b (Eigentümlichkeiten der Offenbarung); A 2a (Wahrheitsfähigkeit der menschlichen Vernunft); C 4ee (Geist und Vernunft des Menschen).

## b. – DIE THEOLOGISCHE WISSENSCHAFT  A 4b

**Die Aufgabe der Theologie.** Die Theologie ist die wissenschaftliche Behandlung der Offenbarung im Licht **4ba** des Glaubens 3135-3138; alle Mittel sind in Anspruch zu nehmen, mit deren Hilfe die Eigenart des Zeugnisses der Evangelien, das religiöse Leben der ersten Kirchen und Sinn und Bedeutung der apostolischen Tradition tiefer durchschaut werden können **4402**; vgl. A 3be (Auslegung der Hl. Schriften); die Kirche fördert das Studium der Hl. Väter des Ostens wie des Westens und der Hl. Liturgie 4230; der Stand der Lehrer ist gleichsam der wichtigste in der Kirche 771; es ist Aufgabe der Theologen, die verschiedenen Sprachen der heutigen Zeit zu hören, zu unterscheiden und im Licht des göttlichen Wortes zu beurteilen, damit die geoffenbarte Wahrheit tiefer erfaßt und passender vorgelegt werden kann **4344**; die Theologen und andere der kirchlichen Wissenschaften Kundige werden aufgefordert, den ununterbrochenen Zusammenhang des Zweiten Vatikanischen Konzils mit der Überlieferung zu erhellen 4823.

Das Wesen des theologischen Fortschritts liegt in der Vertiefung, nicht in der Änderung 2802 **3020 3043** 3541 (3626) 3886; verworfen wird das (vor allem von den Modernisten vertretene) Konzept vom Fortschritt der Theologie *2905* **3020 3043** *3422-3424 3426 3458-3465* 3483 3488 3541; zurückgewiesen wird die Klage, der Fortschritt der Theologie werde vom kirchlichen Lehramt behindert *2912 3457*; es gibt keine Verdunklung der Wahrheiten in der Kirche *2495 2601*.

**Die Methoden der Theologie.** Die Vernunft ist nicht erste Norm und einziges Mittel, um die übernatürlichen **4bb** Wahrheiten zu erkennen 2738; der Theologe darf nicht vom übernatürlichen Charakter des Geoffenbarten absehen (2854 2856f) 3547; die Theologie soll vom klaren, definierten Lehrgut ausgehen, um das Dunkle zu erklären 3886.

Die Theologie stützt sich auf das Fundament des geschriebenen Wortes Gottes und der Überlieferung **4231**; Dogmen sind und waren zu jeder Zeit die unveränderliche Norm für den Glauben und die theologische Wissenschaft 4536; beim Vergleich der Lehren im ökumenischen Dialog sollen die Theologen daran denken, daß es eine Ordnung bzw. "Hierarchie" der Wahrheiten der katholischen Lehre gibt **4192** 4538; nicht richtig sind die Auffassungen – :[Die dogmatischen Formeln können die Wahrheit nicht in bestimmter Weise bezeichnen, sondern nur ihre veränderlichen Annäherungen] 4540; – :[Die dogmatischen Formeln bringen die Wahrheit nur in unbestimmter Weise zum Ausdruck] 4540; vgl. H 3bb (Gegenstände und Arten von Lehrentscheidungen).

Die scholastische Methode wird, ([a]wenn auch mit Einschränkungen,) gegen den Fideismus und den Modernismus verteidigt und empfohlen 2814 2876 2913 3139 [a]3140 3894.

Die apologetische Methode wird verteidigt 3499f 3879f.

Der positive Zweifel wird als Forschungsprinzip der Theologie verworfen 2738.

Die überlieferte theologische Terminologie soll beibehalten werden 824 2831 3881-3883.

Die Verwiesenheit der Theologie auf das kirchliche Lehramt. Zur Anerkennung des Lehramts allgemein vgl. H 3e (Annahme von Lehrentscheidungen); zur Übereinstimmung mit der Überlieferung A 3 (Überlieferung der Offenbarung); zur Lehrfreiheit H 3g (Freiheit von Forschung und Lehre).

Die Anerkennung der Autorität bestimmter Theologen wird allgemein gefordert 1328 2876.

Moderne Autoren werden vom Lehramt manchmal älteren vorgezogen 904; sie sind jedoch nicht deswegen, weil sie vom Apostolischen Stuhl nicht verworfen werden, als von ihm bestätigt anzusehen *2047* 3154f.

**Die Theologie und die anderen Wissenschaften.** Der Vorrang der Theologie vor den anderen Wissen- **4bc** schaften 824 (2829); es kann keinen echten Widerstreit zwischen Theologen und Naturwissenschaftlern geben 3287.

Zum Verhältnis von Glaube und Wissenschaft vgl. A 1bc (Geheimnischarakter der Offenbarung); A 4a (Vernunft und Glauben im allgemeinen); C 4id (Menschliches Forschen und Wissenschaften).

# B. – DER LEBENDIGE GOTT

## 1. Der Gott und Vater unseres Herrn Jesus Christus

**B 1a**

### a. – DER GOTT DES GLAUBENS

**1aa**    **Das Geheimnis Gottes in der Menschheitsgeschichte.** Vgl. A (Gott offenbart sich); bes. A 1a (Begriffliche Bestimmungen des Offenbarungsgeschehens); A 1c (Etappen der Offenbarung); C (Gott schafft und begnadet die Welt); bes. C 1 (Gott als Schöpfer des Himmels und der Erde); C 5 (Ziel und Vollendung der Geschichte); E (Gott rettet die Menschen durch Jesus Christus); F 1 (Gottes Barmherzigkeit und universaler Heilswille); G (Gott sammelt sein Volk); M (Gott vollendet Welt und Mensch in seinem Reich).

**1ab**    **Der Gott des auserwählten Volkes.** Vgl. A 1c (Etappen der Offenbarung); E 1a und 1b (Verheißung Christi im Alten Bund); G 1b (Kirche als Werk Gottes).

**1ac**    **Der Gott und Vater Jesu Christi.** Vgl. B 1d (Anfanglos zeugt Gott den Sohn); B 1j (Begriffliche Fassung der Vaterschaft Gottes); E 4 (Sendung Jesu Christi).

**B 1b**

### b. – GOTT, DER EINE URGRUND DES LEBENS, DER WAHRHEIT, DER GÜTE

Die Einzigkeit Gottes: Der Glaube an den einen Gott 40–42 44 46 48 50f 55 60 73 75 108 125 **150 800 3001** 3021 3875; Gott ist eine einzige Substanz **3001**; der Gott des Alten und des Neuen Testamentes ist ein und derselbe 198 325 790 854 1334 1336.

Das Leben Gottes: Der Glaube an den lebendigen Gott 40 (173) **3001** 4197; Gott ist in seinem innersten Leben wesenhafte Liebe, die den drei göttlichen Personen gemeinsam ist **4780**; vgl. B 4bb (Gleichheit der Personen unter sich).

Die Wahrheit Gottes: Der Glaube an den wahren Gott 3 42 44 46 48 50 60 125 150 800 1862 **3001 3021** 3026; Gott ist die Quelle aller Wahrheit 2811; Gott kann nicht täuschen 3008; Gott ist die erste Wahrheit von allem 3973.

Die Gutheit Gottes: Gott ist [a]*unendlich gut* bzw. [b]*das höchste Gut* (62) 240 [b]285 470 621 [b]1333 (3002) [a]**3004f** [a]3251 [b]3973; er ist das volle Gute selbst 4815; verworfen wird ein von jeder Gutheit absehender Gottesbegriff 978.

Das Wissen Gottes: Gott ist (unendlich) weise *2901* **3001** 3004 3009 3781; allwissend 164 169 3009 3646. Gott kennt die Herzen und das Verborgene 670 2866 4314 4328; er kennt die Zukunft der Geschöpfe (333 419) 621 625–629 646 685 3003 3646 3890; diese Zukunft hat daher eine bestimmte Wahrheit *1391-1395*; Gott kann nicht getäuscht werden 3008.

Das Wollen Gottes: Gott ist – : unendlich vollkommen **3001**;

– : frei von Notwendigkeit 526 3890;

– : gerecht 285 621 1547 1549 1672 2216 3781;

– : gut und barmherzig gegen die Menschen 62 236 248 309 1534 1548f 1562 1576 1668 1696 4166 (4197) 4318 4685; er trägt für alle väterliche Sorge 4324; er ist der Vater aller 4199; in Christus als Messias ist die Barmherzigkeit Gottes geoffenbart 4685; vgl. D 7a (Gottes Versöhnungswille); E 3a (Christus, der Mittler des Heils); F 1 (Gottes Barmherzigkeit und universaler Heilswille);

– : allmächtig (angegeben werden nur wichtigere Stellen) 2//64 71 115 125 150 191 290 297 441 680 683 685 **800** 851 1330 1880 **3001** 4522; die einzelnen Personen werden allmächtig genannt 29 75 164 169 173 441 490 4522; dem Willen Gottes kann nichts widerstehen 647; zu Gott als Herrn des Alls und der Geschichte vgl. C 1ga; verworfen werden Behauptungen, die die Macht Gottes einschränken *410 721 726f*; [Zum Vater gehört im eigentlichen Sinne die Allmacht, nicht auch die Weisheit und die Güte] *734*;

– : heilig 4165; vgl. E 5dd (Sündenlosigkeit und Heiligkeit Christi); G 3b (Der göttliche Grund kirchlicher Heiligkeit);

– : ([a]in und aus sich) glückselig 415 441f [a]**3001**;

– : leidensunfähig (impassibilis) bzw. unverletzlich ([a]gegen die Theopaschiten, die das Leiden des fleischgewordenen Sohnes dem Wesen Gottes zuschreiben) 16 166 [a]196f 284 293f 297 [a]300 318 358 [a]359 [a]367 504 635f 681 801 852 2529; (aufgrund der Idiomenkommunikation) kann man aber sagen: "Gott hat im Fleisch gelitten": E 5ea (Idiomenkommunikation).

**B 1c**

### c. – GOTT, ERHABEN ÜBER ALLES ENDLICHE

Gott ist – : ungeschaffen (increatus, inconditus) 75 501;

– : **unendlich vollkommen** (perfectus) 2751 **3001** 3623; außerdem unendlich gut: B 1b (Gott als Urgrund des Lebens, der Wahrheit, der Güte); in ihm ist nichts Unvollkommenes 569; er bedarf keiner Teilhabe an etwas 285 358; er wird in bezug auf die Substanz, nicht durch die Zahl erfaßt 530;

– : über alles **erhaben 3001**; seine Erhabenheit 73 75 293 529 1331; seine unendliche Größe 3955; vgl. C 1b (Differenz von Schöpfer und Geschöpf);

– : **herrlich** 4814;

– : **unbegreiflich** (incomprehensibilis) und unaussprechlich (ineffabilis) 294 501 525 **800** 804 **3001**;

– : **einfach** (simplex), [a]*unzusammengesetzt* (incompositus), [b]*ungeteilt* (indivisus) 297 **800** [b]805 [ab]1880 **3001**;

– : **persönlich** 3542 3875 3890 3973 3978 3980 (**4780**); er existiert in drei Personen: B 4 (Der dreifaltige Gott);

– : **unveränderlich** (immutabilis:) 285 294 297 501 569 683 **800** 853 1330 2901 **3001**; (inconvertibilis:) 197 358 416; in Gott gibt es keine Emanation oder Evolution 285 3024; ihm tritt nichts hinzu und geht nichts verloren 285 569;

– : **eine geistige Substanz 3001**; deshalb ist Gott ([a]*Vater*; [b]*Sohn*) **unsichtbar** (invisibilis) [a]16 [a]21 [a]22 [a]29 [b]293f 683 853 **3001** 4114; er kann nicht durch Farben oder Figuren dargestellt werden 1825.

– : **unermeßlich** (immensus) 75 **800** 1330 **3001**; unumschrieben (incircumscriptus) und unfaßbar (incapabilis) 504; es gibt nichts außerhalb Gottes *204*; deshalb ist Gott **überall** und allgegenwärtig ([a]durch seine Kraft, seine Gegenwart und sein Wesen) 2185 [a]3330;

– : **ewig** (aeternus, sempiternus) 27 71 74f 147 173 284f 291 293 441 683 **800** 853 1330 1337 2828 **3001** 4522; er ist ohne Anfang 501; Gott ([a]*Vater*; [b]*Sohn*) ist **unsterblich** (immortalis) [a]21f [b]294 [b]297 [b]358 [b]681 [b]801 [b]852 [b]1337; Gott (Vater) ist der König der Zeiten 21f; der Irrtum der Theopaschiten: [Gott Sohn ist seiner Gottheit nach sterblich] 359; vgl. E 5a (Jesus Christus ist eines Wesens mit dem Vater).

## d. – ANFANGLOS ZEUGT GOTT DEN SOHN                                  B 1d

Der Vater ist ohne Anfang 1331; er ist von keinem anderen [a]*gemacht* (factus), [b]*geschaffen* (creatus) oder [c]*gezeugt* (genitus) [c]60 [abc]75 [c]441 [ac]485 [bc]490 [bc]525 [c]527 569 [c]572 [c]683 800 1330f; alles, was er hat, hat er aus sich **1331**.

Er ist der Anfang, der den Sohn zeugt 71 284 526; er ist [a]*Quelle und Ursprung* bzw. [b]*Anfang* der ganzen Gottheit [a]490 [a]525 [a]568 [b]3326.

Verurteilt wird: [Das Kreuz des Sohnes ist das Leiden des Vaters] 284; [Die Ankunft am Ende der Welt kann dem Vater zugeschrieben werden] *737*.

Vgl. B 1b (Gott als Urgrund des Lebens, der Wahrheit, der Güte); B 1c (Gott, erhaben über alles Endliche); B 1j (Begriffliche Fassung der Vaterschaft Gottes).

## e. – DURCH UND MIT DEM SOHN HAUCHT GOTT DEN GEIST                    B 1e

Vgl. B 3c (Göttlichkeit des Geistes).

## f. – GOTT SCHAFFT UND LENKT DIE WELT                                 B 1f

Gott ist der Schöpfer (creator, conditor) von allem 19 21f 27–30 36 40//51 60 **125 150 3001f 3025** 3538 3955 4102 4197 4334; "aus ihm ist alles" 60 421 680 (851) 3326; er hat alles durch den Sohn und den Hl. Geist gemacht 171; er ist der Herrscher über das All 1 5; vgl. B 4c (Wirken der Dreifaltigkeit in Schöpfung und Heilsgeschichte); C 1 (Gott, der Schöpfer des Himmels und der Erde); C 1g (Gott lenkt alles nach seiner Vorsehung); C 5a (Gott und das Ziel der Geschichte).

## g. – GOTT SENDET SOHN UND GEIST                                      B 1g

Die Sendung Jesu Christi 101 145 527 538 1522 3806 4005 4103 4132 4120 4141 4153 4172 4204 4480 4522.

Die Sendung des Hl. Geistes: Er ist gesandt vom Vater und vom Sohn 60 145 527 681 3325 3327f (4132) (4145) (4168) 4522 (4780); der erhöhte Herr hat – : den Jüngern den Geist gesandt 4148 4168 4204 4227; – : die Kirche mit seinem Geist erfüllt 4112 4116 4124 (4165f) 4332; die Sendung des Hl. Geistes ist eine doppelte: offenbar in der Kirche, verborgen in der Seele des Gerechten 3327; er ist gesandt zur steten Heiligung der Kirche 4104; das Fest seiner Aussendung ist Pfingsten 3325.

Vgl. E 2dd (Sendung des Geistes); E 2e (Wirken des Erhöhten durch den Geist); E 4 (Sendung Christi); G 1be (Die Kirche bleibt durch die Zeiten das Werk der Hl. Dreifaltigkeit).

**B 1h**

## h. – GOTT RICHTET UND VOLLENDET DIE WELT

Vgl. M 2 (Vollendung der Herrschaft Gottes); M 3be (Vollendung der Welt).

**B 1i**

## i. – DIE BEGRIFFLICHE FASSUNG DES GÖTTLICHEN WESENS

Das metaphysische Wesen Gottes wird (nach den Thomisten) als subsistierendes Sein definiert 3603 3623f.

Die Identität zwischen dem Wesen und den Vollkommenheiten Gottes: jede Vollkommenheit gehört zum Wesen Gottes: Gott *ist* Wahrheit, Weisheit usw., er hat nicht nur Anteil daran 285; für Gott ist Sein und Wollen, Wollen und Wissen dasselbe 566; vgl. B 1b (Gott, der eine Urgrund des Lebens, der Wahrheit, der Güte); B 1c (Gott, erhaben über alles Endliche); verworfen werden übersteigerte Behauptungen der Einfachheit Gottes *973f.*

**B 1j**

## j. – DIE BEGRIFFLICHE FASSUNG DER VATERSCHAFT GOTTES

Der Vater zeugte den Sohn nicht dem Willen oder der Notwendigkeit nach, sondern [a]*der Natur nach* [a]71 526; der Vater zeugte den Sohn aus sich, das heißt, aus seiner Substanz 470 485 525f 571 617 805 **1330**; ohne Verminderung seiner selbst übertrug er seine Substanz auf den Sohn 805; deswegen ist jedoch nicht (nach Arius) allein der Vater "Gott" zu nennen 176 1332; vgl. B 2 (Jesus Christus, der eingeborene Sohn Gottes).

## 2. Jesus Christus, der eingeborene Sohn Gottes

**B 2a**

## a. – DER GLAUBE AN JESUS CHRISTUS ALS DEN SOHN DES VATERS

Der Glaube an Jesus Christus, den Sohn 2//30 36 40//51 55 60–64 71–76 105 **125f** 144 146 **150** 188f 300–302 325 367–369 421–426 428–432 434 441f 451 453 470 485 487 490f 501 525–538 542f 546–548 680f 790f 851f **1330f**; vgl. B 4a (Der Glaube an den dreifaltigen Gott).

**B 2b**

## b. – DER SOHN DES VATERS, MITTLER DER SCHÖPFUNG UND DES HEILS

Der Sohn ist Anfang vom Anfang 1331; er ist ([a]wahrhaft und im eigentlichen Sinne) vom (aus dem) Vater gezeugt (genitus) bzw. geboren (natus) 40//51 71 75 113 125 144 150 163 [a]168 188f 272 284 485 490 503 526f 547 554 564 568f 572 681 851 **1330** 1337 2526.

Der Sohn ist kein Teil des Vaters 526 805; er ist nicht eine Ausdehnung (extensio) oder Zusammenziehung (collectio) des Vaters 160.

Der Sohn ist nicht [a]*aus nichts* gemacht (factus) bzw. geschaffen (creatus) [a]42//50 60 75 113f 125 [a]126 [a]130 **150** 155 209 485 490 [a]526 536 1332 [a]2526; in welchem Sinne der Sohn nach Spr 8,22 "geschaffen" genannt wird 114; er ist nicht substanzlos *160.*

Der Sohn ist der einzige (unicus, unus) Sohn ([a]außer dem es keinen anderen gibt) 4f 12//30 36 62f [a]105 502; also einziggeboren (unigenitus) 2f 11 25 27 40//51 60 **125 150** 178 258 266 272 291 300 302 318 357 538 683 900 2526 3350 3352; allein der Sohn ist allein vom Vater 75 800 1330.

Der Sohn ist vom Vater nicht dem Willen oder der Notwendigkeit nach, sondern [a]*der Natur nach* gezeugt [a]71 526.

Der Sohn ist ohne Anfang (principium, initium) gezeugt 357 470 526 536 572 617 **1331**; ewig ([a]zeitlos) [a]490 504 (611) [a]617 681 852 900 1300f 1331 (3274); er ist von Anfang an zugleich mit dem Vater 61; er ist von Ewigkeit zu Ewigkeit (126) 147; er war vor allen Zeiten ([a]vor allem Anfang, [b]von ewig) 40–42 48 50f 60 76 [b]126 [b]147 **150** [a]189 272 294 [a]297 301 357 427 [a]441 485 [a]490 503f 526 538 547 554 568 571 (611) 617 681; er existiert von Ewigkeit im Geheimnis der Gottheit, unterschieden vom Vater und Hl. Geist 4520; verworfen werden Lehren, die die Ewigkeit des Sohnes leugnen: [[a]*Er wird ein Ende haben;* [b]*er ist sterblich*] und seine Wandelbarkeit behaupten 43 45 47 49 113 126 130 [a]160 [b]359 2526.

Bezeichnungen (außer dem sehr häufigen Namen "Sohn Gottes"): "Wort Gottes" (Verbum Dei, Logos) 40 55 113 144 147 178 250//263 427 502f 852 3326 4338; "ewiges Wort" 4204; dies darf aber nicht im Sinne eines geäußerten Wortes aufgefaßt werden 144 147; "Weisheit" (sapientia) (113) 148 476; "Wort" (sermo) 148; "Kraft" (δύναμις) 113; verworfen wird die Behauptung, "Verbum" sei die eigentlich richtige Bezeichnung für den Sohn *2698.*

Der Schöpfungsmittler: Der Sohn ist der, "durch den alles" ist 40//51 60 125 150 421 680 3326 4338 4345; "durch den die Zeiten geordnet worden sind" 50f; er wird "Schöpfer von allem" genannt 485; in Christus ist alles geschaffen und hat alles Bestand 4114; er hat die Welt in sich aufgenommen und zusammengefaßt 4338 (4345); vgl. C 1c (Der Sohn Gottes als Schöpfungsmittler).

Der Heilsmittler: Der Sohn ist - : der Erlöser (salvator) 1 3f 4176 4332 4580; - : *um des Heiles der Menschen willen* bzw. *zum Nachlaß der Sünden* herabgestiegen [a]40 [a]42 [a]44 [a]46 [a]48 [a]51 [b]55 [a]62 [a]64 [a]72 [a]76 [a]125 [b]144 [b]146 [a]150 [a]272 [a]301 [b]485 [b]491f [a]500 [b]533 [a]681 ([a]801) [a]901 ([a]1337) [b]1400 [a]2529 [a]4172 ([a]4303 [a]4310) [b]4313 ([a]4345 [a]4445 [a]4494); vgl. E 3 (Jesus Christus, der Erlöser); E 4c (Sendung Jesu Christi).

Der Sohn ist - : der Erstgeborene aller Schöpfung 40 50f 60 (490) 4310; - : vor allen 4114; - : der Anfang 4114; - : derselbe in Ewigkeit 4310; - : der vollkommene Mensch 4338 4345; vgl. C 1c (Der Sohn Gottes als Schöpfungsmittler); C 4fh (Christus, der vollkommene Mensch).

### c. - Die begriffliche Fassung der Göttlichkeit des Sohnes      B 2c

Der Sohn ist von der [a]*Substanz* bzw. [b]*Natur* des Vaters ([c]*nicht aus einer anderen Substanz*) [c]43 [a]44 [c]45 [a]48 [c]49 [a]76 [a]125 [c]126 [a]144 [a]163 [ab]441 [c]526 [c]900 [a]2526; alles, was der Sohn hat, hat er vom Vater 1331; der Vater hat alles Seinige dem Sohn gegeben [a]*außer dem Vatersein* (900) [a]1301 [a]1986 3675; Christus ist das Bild des unsichtbaren Gottes 4114; er ist dem Vater wesensgleich: B 2b (Der Sohn als Mittler der Schöpfung und des Heils); B 4bb (Gleichheit der Personen); E 5a (Jesus Christus ist eines Wesens mit dem Vater).

# 3. Der Geist Gottes

### a. - Der Glaube an den Geist Gottes      B 3a

Der Glaube an den Heiligen Geist 1//30 36 40//51 55 60-64 71 73 75 **125** 144f 147 **150** 188 300 325 367 421 441 451 470 485 490 501 525 527 542 546 680 682 790 851 853 **1330**.

### b. - Der Geist Gottes in Schöpfung und Heilsgeschichte      B 3b

**Bezeichnungen des Hl. Geistes**: Liebe, vor allem zwischen dem Vater und dem Sohn 3326 3331 **4780**; Beistand (paraclitus) 1 41 44 46 60 64 188; Gabe 570 1522 **1529f** 1561 1690 3330 **4780**; Wille 573; Herr und Lebensspender 4132.    3ba

**Der Hl. Geist in der Schöpfung**: Der Hl. Geist ist der, "in dem alles" ist 421 680 3326; er erfüllt den Erdkreis 4311; er erneuert das Antlitz der Erde 4326; aus dem Hl. Geist entspringt jede Gabe, die den Geschöpfen verliehen wurde: das Geschenk der Existenz und der Gnade 4781; verworfen wird: [Der Hl. Geist ist die Seele der Welt] 722.    3bb

**Das Wirken des Hl. Geistes in den Menschen**: Der Hl. Geist - : leitet den Lauf der Zeiten 4326; - : bietet allen die Möglichkeit, sich mit dem österlichen Geheimnis zu verbinden 4322; - : steht der Entwicklung der gesellschaftlichen Ordnung in Wahrheit, Gerechtigkeit, Liebe und Freiheit bei 4326; im Hl. Geist wird der Mensch zu einem neuen Geschöpf gemacht 4337.    3bc

**Das Wirken des Hl. Geistes in der Heilsgeschichte**: In der Heilsgeschichte werden dem Hl. Geist zugeschrieben - : die Inspiration und das Reden durch das Gesetz, die Propheten und die Apostel 41//48 150 682 790; - : die Fleischwerdung des Wortes: E 2a (Empfängnis und Geburt Jesu Christi); deswegen ist er aber nicht der Vater des Sohnes 533; - : das Hinabsteigen zur Taufe Christi 44 46 48; - : das Opfer Christi 3327; - : das Ruhen auf Christus 178; in besonderer Weise wird er "Geist Christi" genannt 3807; zur Erfüllung ihrer Sendung sandte Christus den Aposteln den Hl. Geist am Pfingsttag (4143) 4145 4148; der Geist hat die Apostel belehrt 4405.    3bd

**Der Hl. Geist im Leben der Kirche**: Im Leben der Kirche ist der Hl. Geist - : Seele der Kirche 3328; - : ihr Lebensprinzip 4116; - : Urgrund der Einheit in der Lehre der Apostel und in der Gemeinschaft im Brotbrechen und in den Gebeten 4132; er wohnt der Kirche ein 600 4104 4116 4141; er verbindet ihre Glieder 3808 4104 4113 4132f 4340 4342; er eint die Kirche in Gemeinschaft und [a]*Dienstleistung* (3808) [a]4104 4113 4133 4340 4342; er ist Beistand bei der Deutung der verschiedenen Sprachen der heutigen Zeit 4344; die in Christus begonnene Wiederherstellung geht in der Sendung des Hl. Geistes weiter in der Kirche 4168; die Kirche ist der Tempel des Hl. Geistes (4104) 4141; der Hl. Geist - : wurde an Pfingsten zur Heiligung der Kirche gesandt 4104; - : heiligt durch Sakramente und Dienstleistungen 4131; - : führt die Kirche [a]*zur vollkommenen Einigung mit ihrem Bräutigam*, [b]*auf ihrer Pilgerschaft zum Reich des Vaters* [a]4104 4131 [b]4301 4303 4311 4321 4343 4856; - : führt die    3be

Kirche in alle Wahrheit ein 4104 4530; - : teilt seine vielfältigen Gaben zum Nutzen der Kirche aus 4113; - : wirkt die Verschiedenheit der Gnadengaben, Dienste und Tätigkeiten 4158 (4856); vgl. F 2cd (Gaben des Hl. Geistes); G 3ac (Kirche, erbaut durch die Vielzahl der Charismen); - : weckt den übernatürlichen Glaubenssinn des Volkes Gottes 4130; - : stattet das Volk Gottes mit Tugenden aus 4131; - : stärkt fortwährend die organische Struktur und Eintracht der Kirche 4146; - : belebt ihr gesellschaftliches Gefüge 4118; - : wirkt die Selbsterneuerung der Kirche (4104 4116) 4124 4321; - : treibt die Kirche zur Mitwirkung an der Erfüllung des Ratschlusses Gottes für das Heil der Welt 4141 (4303); - : schenkt der Kirche seine Lebenskraft auch heute 4850; - : ermutigt die Kirche 4619; - : bewahrt die von Christus in der Kirche festgesetzte Form der Leitung ohne Minderung 4152; - : unterstellt die Charismatiker der Autorität der Apostel 4113; der Beistand des Hl. Geistes wurde dem Papst in Petrus verheißen 4150; der Hl. Geist steht bei - : den Konzilien und den Päpsten in ihren Entscheidungen 102 265 444 631 1500f 1600 1635 1667 1726 1738 1820 (4150); - : den Hirten in der Erfüllung ihrer Lehrfunktion und beim Vortragen einer von Irrtum freien Lehre 4534; vgl. H 3a (Verkündigungsdienst der Bischöfe: generelle Bestimmungen).

Zur Kirche als Werk des Hl. Geistes: G 1be (Die Kirche bleibt Werk der Hl. Dreifaltigkeit); G 2a (Bezeichnungen der Kirche); G 3aa (Das göttliche Fundament kirchlicher Einheit); 3ac (Kirche, erbaut durch die Vielzahl der Charismen); G 3ba (Göttlicher Grund kirchlicher Heiligkeit); G 3ca (Begründung der Katholizität der Kirche in Gott); G 3d (Apostolizität der Kirche).

**3bf**  **Der Hl. Geist im Leben der Glaubenden.** Er ist Quelle jeder geschaffenen Gnade 3807 4165; wegen seiner Gaben wird er siebengestaltiger Geist, Geist der Weisheit usw. genannt 178 183 1726; ihm werden die Charismen zugeschrieben 575 3328 3342 4104 4113 4131 (4159); seine verschiedenen Gaben zeigen sich in verschiedenen Berufungen 4338; der Hl. Geist - : macht lebendig 3f 42 51 62 150 546 4160; - : ist der Geist des Lebens 4104; - : reinigt 62f; - : erneuert 4116 4322 4337; - : befreit 4338; - : trägt zur Rechtfertigung bei, indem er erleuchtet und anregt 374-378 387 1525 1552 1678 3009f (4205); - : ist dem Glauben innere Hilfe 4205 4315; - : bewegt zur Umkehr und öffnet die Augen des Verstandes 4205; - : vertieft das Verständnis der Offenbarung 4205; - : führt die Glaubenden in alle Wahrheit ein und läßt das Wort Christi unter ihnen wohnen 4211; - : ist die Gabe für die Gerechtfertigten 1527 **1529f** 1561 1690 3330; - : wirkt in den Heiligen seit ewigen Zeiten 60; - : wohnt in den Heiligen und Gerechten 44 46 48 1962 3329-3331 3814f; ihre Leiber sind der Tempel des Hl. Geistes 1822; - : bewegt zur Liebe Gottes 4166; - : bringt die Liebe unter den Glaubenden hervor und treibt sie an 4113 4166 4322; - : wirkt in der Liturgie durch die sakramentalen Zeichen auf die Glaubenden ein 4170; - : wirkt mit bei den Sakramenten 123 183 320 793 1774 4170; - : bildet die Tugenden aus 3343; - : wohnt in den Herzen der Glaubenden wie in einem Tempel 4104 4123; - : salbt die Glaubenden 4130; - : ist für die Glaubenden der Urgrund der Einheit in der Lehre der Apostel und in der Gemeinschaft im Brotbrechen und in den Gebeten 4132; - : erweckt in allen Jüngern Christi Sehnsucht und Tat, daß alle in der einen Herde unter dem einen Hirten sich in Frieden einen mögen 4139.

Die Sünde wider den Hl. Geist und die Vollmacht der Kirche, alle Sünden zu vergeben 349.

Vgl. F 2c (Einwohnung und gnädiges Wirken Gottes im Gerechtfertigten); G 1be (Die Kirche bleibt Werk der Hl. Dreifaltigkeit); G 3ac (Kirche, erbaut durch die Vielzahl der Charismen).

**B 3c**  **c. – DIE BEGRIFFLICHE FASSUNG DER GÖTTLICHKEIT DES HEILIGEN GEISTES**

Der Hl. Geist ist ᵃ*weder ungezeugt* ᵇ*noch gezeugt* ᵃᵇ71 ᵃᵇ75 ᵇ485 ᵇ490 ᵇ527 ᵇ617 ᵃᵇ683; er geht vom Vater ᵃ*und vom Sohn* hervor 42 44 ᵃ48° 51 64 (ᵃ64) 71 (ᵃ71°) ᵃ75 (147) **150** (gr.) ᵃ**150** (lat.) 178 (188) ᵃ284 441 ᵃ470 ᵃ485 ᵃ490 ᵃ527 546 ᵃ568f ᵃ617 ᵃ682f ᵃ**800** ᵃ850 ᵃ853 ᵃ1072 ᵃ**1300** ᵃ**1330** ᵃ1986 ᵃ3807; er ist der Geist des Vaters und des Sohnes 178 527f 441 490 4780; das "Filioque" wurde dem Bekenntnis vernünftigerweise beigefügt, (weil ᵃ*es durch Zeugnisse der Väter belegt werden kann*) 1302 1986 ᵃ*3553*.

Der Hl. Geist geht ᵃ*aus einem einzigen Prinzip* bzw. einer einzigen Hauchung hervor, ᵇ*nicht aus zwei Prinzipien* ᵃᵇ850 ᵃ**1300** ᵃᵇ**1331** ᵃ1986; man kann sagen: Der Hl. Geist geht aus dem Vater *durch den Sohn* hervor 1300; der Sohn wird bei den Griechen als *Ursache (causa)*, bei den Lateinern als *Prinzip* des Daseins des Hl. Geistes aufgefaßt 1301 1986; eben dies, daß der Hl. Geist vom Sohn hervorgeht, hat der Sohn selbst vom Vater 1301.

Es ist nur ein einziger Geist, der ᵃ*allein* hervorgeht 40f 51 71 108 ᵃ**1330**.

Der Hl. Geist ist ohne Anfang 568 800 1331; er geht von Ewigkeit her (zeitlos) hervor 441 617 850 1300 1331 1986; er ist immer und ohne Ende 800 4522.

Der Hl. Geist ist von göttlicher Substanz 168; verworfen wird: [Er ist nicht von der Substanz des Vaters] 722; betont wird seine ungeschaffene Gottheit gegen die Irrtümer: [Der Hl. Geist ist Knecht, ᵃ*durch den Sohn gemachtes* Geschöpf] 44-49 71 75 145 ᵃ152 155 ᵃ170 485 490 527 617 1332 2527.

Der Hl. Geist ist als Geist des Vaters und des Sohnes die personale Liebe Gottes und "erforscht" "die Tiefen Gottes" (3326 3331) **4780**; er ist der "personale Ausdruck" des Liebesaustauschs unter den göttlichen Personen; er ist "Person-Liebe", "Person-Geschenk" 4780; Irrtum über die Person des Geistes 4522.

## 4. Der dreifaltige Gott

### a. – Der Glaube an den dreifaltigen Gott      B 4a

Zeugnisse des Glaubens an die einzelnen göttlichen P e r s o n e n, an den Vater, den Sohn und den Heiligen Geist 1//30 36 40//51 55 60–64 71 73 75 105 **125** 144f **150** 188 300 325 367 421 441 451 470 485 490 501 525 542 546 680 790 851 **1330**; vgl. auch die Form der Taufe: K 3b.
Der Glaube an die göttliche D r e i f a l t i g k e i t 3f 6 71 73 75 112 115 177 188 325 367 421 525 528f 546 568–570 680 790 **800 851 1330** *1880*.
Es sind ausschließlich d r e i P e r s o n e n : Außer der Hl. Dreifaltigkeit gibt es keine andere göttliche Natur 188 851; verworfen werden die Priscillianisten, die außer der Dreifaltigkeit auch noch andere Namen der Gottheit einführen 452; diese Dreifaltigkeit wird durch die Zahl nicht vervielfältigt 367; diese drei Personen kehren nicht in sich zurück oder werden vermindert, sondern sie bleiben 144; das Wort Gottes hat also kein Ende 160.
Die menschliche Vernunft und die göttliche Dreifaltigkeit: Sie ist ein für den Verstand unfaßbares, unaussprechliches Geheimnis 167 367 525 616 619 2669; vgl. A 1bc (Geheimnischarakter der Offenbarung); A 4a (Vernunft und Glaube); in der Dreifaltigkeit gibt es eine unaussprechliche Zeugung 114; verworfen werden Behauptungen über die Beweisbarkeit der Dreifaltigkeit und über ihre Identifizierung mit Realität, Idealität und Moralität *3225f*; neuere Irrtümer über die Hl. Dreifaltigkeit und insbesondere die von Vater und Sohn unterschiedene Person des Hl. Geistes 4522.

### b. – Die trinitarische Begriffsbildung      B 4b

**Die Verschiedenheit der göttlichen Personen.** Die Existenz eines U n t e r s c h i e d s (gegen die Modalisten):   **4ba** Obwohl Gott einer ist, ist er dennoch nicht für sich allein 71 451 490; die göttliche Dreifaltigkeit ist keine Hypostase dreier Namen 284 546; die Personen sind nicht so gleichzusetzen, als ob derselbe Gott bald Vater, bald Sohn, bald Hl. Geist genannt würde 73 75 112 154 188 192–194 284 451 530 569 1330; nicht der Vater ist fleischgeworden und gestorben 105; einer nur ist der Vater, nicht drei, usw. 75 421; der Sohn Gottes existiert von Ewigkeit im Geheimnis der Gottheit unterschieden vom Vater und Hl. Geist 4520; der Hl. Geist existiert ewig als eine in Gott vom Vater und Sohn unterschiedene Person 4522.
Das W e s e n d e s U n t e r s c h i e d s : Vater, Sohn und Hl. Geist sind Namen der Beziehung 528 532 570; der Beziehung nach kann man die Eigentümlichkeiten der drei Personen unterscheiden 570 573 **800**; man kann sagen: Ein anderer ist der Vater, ein anderer der Sohn usw., jedoch nicht: Etwas anderes ist der Vater, etwas anderes der Sohn usw. 573 **805**; im relativen Namen wird auch die andere Person bezeichnet 532 570; an die Stelle des Namens "Hl. Geist", der die Beziehung nicht genügend zum Ausdruck bringt, kann man den Namen "Gabe" ("Donum") setzen 570 **4780**.
Die Eigentümlichkeiten der Personen im gegenseitigen Vergleich: Dem Vater kommt Ewigkeit ohne Geburt zu, dem Sohn Ewigkeit mit Geburt, dem Hl. Geist Hervorgehen ohne Geburt mit Ewigkeit 532; oder: Der Vater ist zeugend, der Sohn gezeugt bzw. geboren, der Hl. Geist hervorgehend 71 188 284 367 470 (526) **800 4522**.
L o g i s c h e F o l g e r u n g e n aus dem Unterschied der Personen: Man darf nicht auf das göttliche Wesen übertragen, was den Personen eigen ist 367; daher ist nicht die göttliche Substanz zeugend, gezeugt, hervorgehend, sondern der Vater ist zeugend, der Sohn gezeugt usw. 803f.
**Die Gleichheit der göttlichen Personen unter sich.** V e r g l e i c h d e s S o h n e s m i t d e m V a t e r : Der Vater   **4bb** hat nichts anderes gezeugt als was er selbst ist 525; er gab dem Sohn ([a]ohne Einschränkung) alles Seinige außer dem Vatersein [a]470 [b]526 [a]805 1301 1986; der Sohn ist also dem Vater [a]*in allem gleich* (coaequalis), [b]*in nichts ungleich* 74 (76) [ab]144 164 [b]290 441 470 485 [a]490 491 [a]526 536f 572 617 [a]681 [a]852 1337; er ist von derselben Natur 144 297 470; er ist dem Vater wesensgleich (consubstantialis) 42//51 55 **125** 138 **150** 272 301 357 430 441f 504 526 547 554 617 619 681 852 1337 (1880) 2526 2529 3350 3675.
Insbesondere wird diese Gleichheit ausgesagt von – : der Gottheit 74 144 149 168 295 318 357; der Sohn ist also Gott von Gott 40//51 125 144 150 490 (525); Licht vom Licht 40//48 125 144 150 525; Leben vom Leben 40; – : der Ehre, dem Ruhm, der Erhabenheit 74 290 318; – : der Ewigkeit (coaeternus) 27 74 290f 297 357 441 526 (611) 617 1337 (4522); – : der Weisheit und dem Wissen 164 169 566 573; – : dem Willen und der (All)macht 144 164 169 290 566 573 681 852; Jesus Christus als vollkommener Gott: E 5a (Jesus Christus ist eines Wesens mit dem Vater).
V e r g l e i c h d e s H l. G e i s t e s m i t d e m V a t e r u n d d e m S o h n : Der Hl. Geist ist wahrhaft vom Vater wie vom Sohn 168; er ist dem Vater und dem Sohn – : wesensgleich (consubstantialis) 29 46 55 (152) 441 853 4781; – : gleichartig (coaequalis) 71 175 441 527 569 853; und zwar an Ehre und Erhabenheit; deshalb wird er [a]*mitangebetet (coadoratur)* und [b]*mitverherrlicht (conglorificatur)* [ab]42 147 [ab]150 [a]174 [ab]546; – : gleich ewig (coaeternus, cosempiternus) 71 441; – : gleich an Macht und Kraft (potentia, virtus) (29) 145 147 152; er ist wie der Vater und der Sohn überall 169; er ist als Geist des Vaters und des Sohnes die personale Liebe Gottes und "erforscht" "die Tiefen Gottes" (3326 3331) **4780**.

Vergleich der drei Personen zugleich: Vater, Sohn und Hl. Geist sind von ein und derselben Natur 297; deshalb sind sie wesensgleich ([a]*consubstantiales* bzw. [b]*coessentiales*) [a]3 [ab]325 [a]415 421 [a]442 [a]501 502 [a]516 [a]542 [b]547 554 [a]616–618 [ab]680 [b]682 [ab]790 [a]800 [a]805 [ab]851 [a]4522 [a]4781; gleichartig (coaequales) 4 75 169 173 415 441 537 616–618 682 800 4522; so gibt es in der Dreifaltigkeit nichts Niedrigeres, Höheres, Größeres oder Geringeres 75 569 618.

Insbesondere sind Vater, Sohn und Hl. Geist gleich –: in der Gottheit (sie sind vollkommener [[a]plenus, [b]perfectus] Gott) 4 73 75 176 [a]325 [b]441 [a]529 [a]790 [ab]851 4781; –: in der Ehre und Erhabenheit 73 75 501 529 1331; –: in der Ewigkeit ([a]in der Dreifaltigkeit ist nichts früher oder später) [a]75 [a]144 162 173 284 [a]618 1331 (4522); sie sind gleich ewig 75 147 325 546 616–618 680 682 790 800f 853 4522; keiner ist vor oder nach dem anderen oder ohne den anderen 531; –: in der Unermeßlichkeit (sie sind überall und enthalten alles) 75 169 173; –: in der Macht 75 173 325 529 680 790 800 853 4522; es gibt keine Abstufungen der Macht in der Dreifaltigkeit 144 *721* 1331; Gott "ist" in seinem innersten Leben wesenhafte "Liebe", die den drei göttlichen Personen gemeinsam ist **4780**.

Verworfen werden Irrtümer in bezug auf die Gleichheit der Personen [[a]Der Sohn und der Hl. Geist sind Geschöpfe] [a]155 721f 734 [a]1332.

**4bc**    **Die wechselseitige Einwohnung der göttlichen Personen.** Der Sohn ist immer im Vater (und umgekehrt) 113 115; das Wort ist notwendig mit Gott geeint 112 115; der Hl. Geist bleibt und wohnt in Gott 112; der Vater ist ganz im Sohn, ganz im Hl. Geist – der Sohn ist ganz im Vater, ganz im Hl. Geist, usw. **1331**; eben dies, daß der Hl. Geist aus dem Sohn hervorgeht, hat der Sohn selbst vom Vater 1301; das innerste Leben des einen und dreifaltigen Gottes ist Liebesaustausch unter den göttlichen Personen **4780**; der Hl. Geist ist der "personale Ausdruck" des Liebesaustauschs unter den göttlichen Personen; er ist "Person-Liebe", ist "Person-Geschenk" 4780; vgl. B 3c (Göttlichkeit des Hl. Geistes).

**4bd**    **Die drei göttlichen Personen sind ein Gott.** Prinzipien: Die drei Personen sind ein Gott 71 73 75 112 325 530 546 680 683 853 1330; eine Zahl gibt es in Gott nur in bezug auf die Personen 530; den drei Personen kommt ein einziger Name der Gottheit zu 188 441; dreifaltige Einheit – eine Dreifaltigkeit 441 501 546.

In den drei Personen ist eine ([a]*und dieselbe* [b]*gemeinsame* [c]*einzigartige*) göttliche Substanz (substantia, essentia, natura) 3 71 73 75 144f 147 153 172 177 188 [a]284 [c]367 415 421 441 451 [b]470 485 490 501 525 527–529 535 542 546 616 683 800 804f 806 1330 2527; der Vater ist dasselbe, was der Sohn ist, der Vater und der Sohn sind dasselbe, was der Hl. Geist ist, das heißt: von Natur ein Gott 573 805; der Hl. Geist ist dem Vater und dem Sohn in der Göttlichkeit wesensgleich 4781; von Gott als "göttlichem Wesen" ist nicht nur im Sinne eines Ablativs, sondern auch im Sinne eines Nominativs zu reden 745.

Aufgrund der Einheit des göttlichen Wesens wird in Gott eine Vierfaltigkeit ausgeschlossen 804.

Die Substanz der Dreifaltigkeit ist nicht größer in allen als in den einzelnen Personen (441) 490 529.

Den drei Personen kommt zu – : eine Ehre 73 172 542 546; – : eine Erhabenheit 144f 172 177 490 525 542 618 680 851; – : eine Wahrheit 172; – : ein Wille 172 501 542 545f 572f 680 851; – : eine Kraft 73 144f 415 421 441 451 490 501 525 542; – : eine Macht (potestas, potentia) 3 71 73 (144) 153 172 177 415 421 441 451 490 501 546 680 851; – : ein Wirken 415 441 501 531 542 545f; – : eine Herrschaft, ein Reich 172 501 542 546 3350; – : eine Seligkeit 415 441; vgl. B 1b (Gott, der eine Urgrund des Lebens, der Wahrheit, der Güte); B 1c (Gott, erhaben über alles Endliche).

Alles in Gott ist eins, sofern sich keine Gegensätzlichkeit der Beziehung entgegenstellt **1330**; allein die göttliche Natur ist Ursprung vor allem 804.

Die Dreifaltigkeit ist eine wesensgleiche Gottheit 284f 415.

In den drei göttlichen Personen ist das göttliche Wesen ungeteilt, ununterschieden und untrennbar [[a]*individua*, [b]*indivisa (indivisibilis)*, [c]*inseparabilis*, [d]*indistincta (indiscreta)*] [bc]73 [c]144f [b]188 [b]284 [b]290 [d]318 [d]367 [bd]415 [d]490 [c]505 [b]529 [c]531f [c]538 [c]542 [c]545f [c]561 [c]569 [c]571 [c]616 [c]683 [a]800 [c]805 [d]2697 [bc]3326 [b]3815.

Logische Folgerungen aus dem einen identischen Wesen in jeder göttlichen Person: "Gott" ist kein relativer Name oder der Name einer Eigentümlichkeit, sondern der Name einer Macht, der nicht in einer Relation ausgesagt wird 71 528.

Alles, was von der Dreifaltigkeit wesenhaft gesagt wird, ist auch einzeln von der einen Natur der drei Personen auszusagen 542; deshalb ist einzeln zu sagen: Gott Vater, Gott Sohn usw. 529; nicht "drei Götter" 71 73 75 176 529 546 683 853 1330; nicht: "drei Allmächtige, Ungeschaffene, Unermeßliche usw." 75 529 (gegen diese Regel verstößt 173: "omnia potentes"); Gott ist nicht dreifach (triplex), sondern dreifaltig (trinus) 528; Gott ist nicht in drei Personen unterschieden, sondern in drei unterschiedenen Personen (2696) 2697 2830; es wird nicht in den Namen des Vaters usw. getauft, sondern im Namen des Vaters usw. 415 441.

Folgerungen für die Verehrung: Die ununterschiedene Substanz der Dreifaltigkeit ist auf verschiedene Weise anzubeten 367; es ist nicht angebracht, jede einzelne Person der Dreifaltigkeit zu verehren, sondern man soll der Dreifaltigkeit eine gemeinsame Verehrung zollen 3325; deshalb gibt es keine eigenen Feste für Vater, Sohn und Hl. Geist, sondern heilsgeschichtliche Feste 3325.

Es darf keine Trennung zwischen der göttlichen Natur und den Personen vorgenommen werden 745 803; verworfen wird ein Tritheismus, der die eine Natur der Personen trennt und drei persönliche Götter, Willen und Tätigkeiten einführt 112 115 367 545 1880 3325; doch nicht jeder Unterschied in Gott ist zu leugnen *973f*.

## c. – Das Wirken des einen und dreifaltigen Gottes     B 4c

**Die Einheit des Wirkens der göttlichen Personen in Schöpfung und Heilsgeschichte.** Vater, Sohn und Hl.     4ca
Geist kommt ein einziges Wirken zu (171 325) 415 441 501 531 542 545f; aufgrund des Prinzips: Alles in Gott ist eins, sofern sich nicht die Gegensätzlichkeit der Beziehung entgegenstellt **1330**.
Die Werke der Dreifaltigkeit sind untrennbar, ungeteilt, gemeinsam 491 531 535 538 571 618 3326; keine Person wirkt vor oder nach der anderen oder ohne die andere 531; die göttlichen Personen [a]*sind nicht drei Ursprünge* der Schöpfung, sondern nur *einer*, nämlich [b]*allein die göttliche Natur* 800 [b]**804** [a]**1331**.
Deshalb wurde die Fleischwerdung von der ganzen Dreifaltigkeit gemeinsam gewirkt 491 535 571 801 3327; die Sendung Jesu Christi als Werk der Hl. Dreifaltigkeit: E 4a.
Die Kirche erscheint als das von der Einheit des Vaters und des Sohnes und des Hl. Geistes her geeinte Volk 4104; es besteht eine gewisse Ähnlichkeit zwischen der Einheit der göttlichen Personen und der Einheit der Kinder Gottes in der Wahrheit und Liebe 4324; der Hl. Geist ist im Wirken und in der Vergebung der Sünden mit dem Vater und dem Sohn verbunden 145; obwohl die Einwohnung und die Heilswerke in den Seelen der Gerechten dem Hl. Geist zugeschrieben werden, sind sie der Dreifaltigkeit gemeinsam 3331 3814; die Kirche in den Zeiten bleibt das Werk der Hl. Dreifaltigkeit: G 1cc; G 3aa (Das göttliche Fundament kirchlicher Einheit).
**Die Eigentümlichkeiten des Wirkens der göttlichen Personen in Schöpfung und Heilsgeschichte.** Grund-     4cb
lage: eine gewisse Ähnlichkeit zwischen dem Werk und der Eigentümlichkeit der jeweiligen göttlichen Person 573 3326.
Daher wird die Schöpfung auf die einzelnen Personen bezogen nach der Formel: der Vater, aus dem alles ist; der Sohn, durch den alles ist; der Hl. Geist, in dem alles ist 421 680 (851) 3326; bzw.: der Vater hat alles durch den Sohn und den Hl. Geist gemacht 171.
Geistige Fähigkeiten, die der Dreifaltigkeit zugeschrieben werden: dem Vater Gedächtnis, dem Sohn Verstand, dem Hl. Geist Wille 573.
Dem Vater werden die Werke zugeschrieben, in denen die Macht hervorragt 3326; die Schöpfung des Alls 171 3326; vgl. C 1 (Gott, der Schöpfer des Himmels und der Erde); zum dem Vater zugeschriebenen Prädikat "allmächtig" vgl. B 1b; die Sendung Jesu Christi als Werk des Vaters: E 4b.
Dem Sohn werden die Werke zugeschrieben, in denen die Weisheit hervorragt 3326; die Versöhnung der Menschen mit Gott 3326; das Geheimnis der Dreifaltigkeit wurde in der Heilsgeschichte vor allem in Christus geoffenbart 4522: B 2b (Der Sohn, Mittler der Schöpfung und des Heils); C 1c (Der Sohn Gottes als Schöpfungsmittler); E 3 (Jesus Christus, der Erlöser); E 4c (Sendung Jesu Christi).
Dem Hl. Geist werden die Werke zugeschrieben, in denen die Liebe und die göttliche Güte hervorragen 3326; die Fleischwerdung des Wortes: E 2a (Empfängnis und Geburt Jesu Christi); E 4d (Die Sendung Christi als Werk des Hl. Geistes); seine Hilfe bei der Heiligung der Seele, sein Wohnen in den Gerechten: B 3b (Der Geist Gottes in Schöpfung und Heilsgeschichte).

## C. – GOTT SCHAFFT UND BEGNADET DIE WELT

### 1. Der Glaube an Gott, den Schöpfer des Himmels und der Erde

#### a. – Gott, der Schöpfer aller Dinge     C 1a

Gott ist der Schöpfer ([a]*Urheber*; [b]*Ursprung*) aller Dinge, des Himmels und der Erde, des Sichtbaren und des Unsichtbaren, der Zeiten 19 21f 27–30 36 40//51 55 60 **125 150** 188 191 **800 3001f** [b]**3004 3025** 3538 3955 4102 [b]4206 [a]4320 4334; "aus ihm ist alles" 60 421 680 (851) 3326; er hat die Welt begründet und erhält sie 4203 4302; er trägt alle Dinge und macht, daß sie sind, was sie sind 4336; Gott gibt allen Leben, Atem und alles 4140; er ist der Herrscher über das All 1 5.
Die Schöpfung wird auf die einzelnen göttlichen Personen bezogen: den Vater, aus dem alles ist, den Sohn, durch den alles ist, den Hl. Geist, in dem alles ist 421 680 (851) 3326; der Vater hat alles durch den Sohn und den Hl. Geist gemacht 171; vgl. B 4c (Wirken des einen und dreifaltigen Gottes in der Schöpfung); C 1c (Der Sohn Gottes als Schöpfungsmittler); C 1d (Wirken des Hl. Geistes in der Schöpfung).
Außer der Dreifaltigkeit gibt es nichts, was nicht geschaffen wurde 285.
Vgl. B 1f (Gott schafft und lenkt die Welt); B 4c (Wirken des einen und dreifaltigen Gottes in der Schöpfung).

**C 1b**                    b. – GOTT, DER ALLEINIGE SCHÖPFER

Es gibt keine zwei Wirkursachen der Welt oder zwei Götter, [a]*den Gott des Sichtbaren und den Gott des Unsichtbaren,* [b]*den Urheber des Alten und den Urheber des Neuen Bundes* [b]198 [a]199 [b]325 ([b]685) [b]790 [b]854 [b]1334 [a]1336 ([b]1501); vgl. A 3bb (Inspiration); auch der Teufel ist ein Geschöpf Gottes, kein ungeschaffenes Prinzip (des Bösen) 286 457f 800 (1078); der Teufel hat keine Schöpfungskraft 458.
Die Schöpfungskraft (bzw. [a]Allmacht) kann auf kein Geschöpf übertragen werden [a]*2170f* 3624.
Vgl. B 4c (Wirken des einen und dreifaltigen Gottes in der Schöpfung).


**C 1c**                  c. – DER SOHN GOTTES ALS SCHÖPFUNGSMITTLER

Der Sohn Gottes, das Abbild Gottes, ist die urbildliche Ursache der Form, Schönheit und Ordnung aller Dinge 3326; Gott erschafft und erhält alles durch das Wort 4203; Christus hat die Welt in sich aufgenommen und zusammengefaßt 4338 (4345); in ihm ist alles geschaffen und hat alles Bestand 4114; allen Wandlungen liegt zugrunde, was sich nicht wandelt und seinen letzten Grund in Christus hat 4310; Christus ist derselbe gestern, heute und in Ewigkeit 4310; Christus, der Anfang, ist vor allen 4114; er ist der Anfang vom Anfang 1331; der Plan Gottes beginnt von Ewigkeit her in Christus 4814; durch Christus und in ihm wollte der Vater wiedererschaffen, was er schon erschaffen hatte 4616.
Christus ist – : das Bild des unsichtbaren Gottes 3326 4310 4322 4814; – : der Erstgeborene aller Schöpfung 40 50f 60 (490) 4310; – : der Sohn ([a]das Wort Gottes), durch den ([a]das) alles ([a]geworden) ist 40//51 60 125 150 421 680 [a]4338 [a]4345; "durch den die Zeiten geordnet worden sind" 50f; – : der Schöpfer von allem 485; – : der Herr aller Dinge ([a]aller) 3913 4114 [a]4158; vgl. E 3bd (Königtum Jesu Christi).
Christus ist der vollkommene Mensch 4322 4338 4345; vgl. C 4fh (Christus, der vollkommene Mensch); C 4fi (Christus, das Heil des Menschen); C 4jl (Christus und die menschliche Berufung); E 3a (Christus, der Mittler des Heils); E 5b (Christus ist eines Wesens mit den Menschen).
Christus ist Ziel und Mittelpunkt der Geschichte: C 5b; M 3bf (Ewiges Leben und Herrschen mit Christus).
Christi Wirken in der Welt: C 4de (Wirken Christi unter den Menschen und in der Geschichte); E 2 (Die Geheimnisse des Lebens, Sterbens und der Erhöhung Jesu Christi); E 3 (Jesus Christus, der Erlöser).
Schöpfungsplan Gottes und Erlösung in Christus: C 1ga (Gott als Herr des Alls und der Geschichte); E 3a (Jesus Christus, der Mittler des Heils).
Vgl. B 2b (Der Sohn des Vaters, Mittler der Schöpfung und des Heils); B 4c (Wirken des einen und dreifaltigen Gottes in der Schöpfung).


**C 1d**           d. DAS WIRKEN DES HEILIGEN GEISTES IN DER SCHÖPFUNG

Der Hl. Geist ist der, "in dem alles" ist 421 680 3326; er erfüllt den Erdkreis 4311; er erneuert das Antlitz der Erde 4326; er leitet den Lauf der Zeiten 4326; verworfen wird: [Der Hl. Geist ist die Seele der Welt] 722.
Der Hl. Geist ist der Quell der Gaben, die den Geschöpfen verliehen werden: der Existenz und der Gnade 4781; vgl. F 2cd (Gaben des Hl. Geistes).
Vgl. B 3b (Hl. Geist in Schöpfung und Heilsgeschichte); C 4df (Wirken des Hl. Geistes unter den Menschen und in der Geschichte); B 4c (Wirken des einen und dreifaltigen Gottes in der Schöpfung).


**C 1e**                   e. – GOTT SCHAFFT DIE GESCHÖPFE GUT

Alle Geschöpfe sind von Gott gut geschaffen 285 470 685 1333 1350 4336; jedoch werden zu optimistische Behauptungen verworfen *1044f 1047*.
Vgl. C 4b (Der Mensch, von Gott gut geschaffen).


**C 1f**                    f. – GOTT LÄSST DAS BÖSE ZU

**1fa**  **Der Ursprung des Bösen.** Das Böse ist Mangel an Gutem 3251; das Böse ist keine Substanz oder Natur, sondern [a]*Strafe für die Substanz* [a]286 1333; vgl. D 1a (Versuchung durch den bösen Geist).
Verworfen werden Irrtümer (der Manichäer und Priscillianisten) über den Ursprung des Bösen: [Prinzip und Substanz des Bösen ist der Teufel] 286 457 874; vgl. C 1b (Gott, der alleinige Schöpfer).

Die Freiheit der Geschöpfe als Ursprung des Bösen: Freiheit bedeutet nicht die Berechtigung, alles zu tun, auch das Böse 4317; C 1ic (Autonomie der irdischen Dinge); C 2b (Die Sünde der Engel und ihre Auswirkung); C 4fc (Freiheit des Menschen); D 1a (Versuchung durch den bösen Geist); D 1b (Grund menschlicher Sünde).

**Gott läßt das Böse zu** 3251; Gott weiß das Böse vorher, bestimmt es aber nicht vorher 628 685; das Vorherwissen bewirkt nicht, daß das Böse notwendig folgt *333* 627.  **1fb**

Verworfen wird: [Gott wirkt die schlechten Werke des Menschen] **1556**; [Gott kann das Böse nicht verhindern] *727*.

Verworfene Interpretationen des Bösen: [Böses zu tun wurde dem Teufel von Gott als Amt aufgetragen] *1223*; [Die Anfechtungen der Menschen sind stets Strafen für eine Sünde – : [a]*auch bei Maria und bei den Martyrern*; – : sie sind eine [b]*Reinigung des Sünders*] [a]*1972f* [b]*2470*.

Vgl. D 1ad (Gott läßt das Böse zu); F 1d (Gottes gnädige Erwählung).

## g. – GOTT LENKT ALLES NACH SEINER VORSEHUNG C 1g

**Gott als Herr des Alls und der Geschichte.** Gott ist – : der Herrscher bzw. Lenker des Alls 1 5 *3003* 3875;  **1ga** – : der König der Zeiten 21f; – : der Herr der menschlichen Geschichte und der Heilsgeschichte 4341; er hat die gesamte Welt nach dem freien und verborgenen Ratschluß seiner Weisheit und Güte erschaffen 4102; er lenkt die Welt mit seiner Vorsehung 629 *2901* **3003** 3251 3875; Gottes Vorsehung und Heilsratschlüsse erstrecken sich auf alle bis zum Ende der Zeiten 4195; die Welt wird nach seinem Ratschluß umgestaltet werden und zur Vollendung gelangen 4302; vgl. C 1h (Gott ist das Ziel der Welt); C 5a (Gott und das Ziel der Geschichte); M (Gott vollendet Welt und Mensch in seinem Reich).

Gott ist allwissend und allmächtig: B 1b (Wollen Gottes); er kennt die Zukunft der Geschöpfe (333 419) 621 625–629 646 685 3003 3646; vgl. B 1b (Wissen Gottes).

Der Plan der Schöpfung kann nicht vom Plan der Erlösung getrennt werden 4579; Gottes Plan beginnt in Christus und hat in ihm seinen Höhepunkt 4814; Fortschritt kann es nur geben, weil Gott, der Vater, von Anfang an seine Herrlichkeit in Christus mit dem Menschen teilen wollte 4814; vgl. A 1a (Begriffliche Bestimmungen des Offenbarungsgeschehens: die Absicht Gottes); A 1c (Etappen der Offenbarung); C 1c (Der Sohn Gottes als Schöpfungsmittler); C 4d (Gott will das Heil des Menschen und gewährt ihm Gemeinschaft); C 4fh (Christus, der vollkommene Mensch); C 4ie (Fortschritt); C 4jl (Christus und die menschliche Berufung); C 5 (Ziel und Vollendung der Geschichte); E 3 (Jesus Christus, der Erlöser); E 4 (Sendung Jesu Christi); F 1 (Gottes Barmherzigkeit und universaler Heilswille).

Die Geschichte stimmt mit den am Anfang ergangenen Verheißungen überein 4813; vgl. C 5 (Ziel und Vollendung der Geschichte).

Gott erwählt Menschen: E 6c (Erwählung Mariens); F 1d (Gottes gnädige Erwählung). Werke der Menschen und Gnade Gottes: F 3d (Der gerechtfertigte Mensch wird vollendet, indem Gott seine Verdienste aus Gnade belohnt); F 5a (Gnadenhaftigkeit der Gnade); F 5c (Gnade Gottes und die Freiheit des Menschen); jede Bewegung des guten Willens ist aus Gott 244.

Vgl. C 1gc (Mitwirken der Menschen am Werke Gottes); C 1ic (Autonomie der irdischen Dinge); C 4fc und L 1b (Freiheit des Menschen).

**Die Geschichtlichkeit und Vollendung der Welt.** Die Gestalt dieser Welt, von der Sünde verunstaltet, vergeht  **1gb** 4339; vgl. C 5 (Ziel und Vollendung der Geschichte); D 6 (Welt und Geschichte unter der Knechtschaft der Sünde); (Gott vollendet Welt und Mensch in seinem Reich); bes. M 3be (Vollendung der Welt).

**Mitwirken der Menschen am Werke Gottes.** Im Plan Gottes ist die menschliche Geschichte eingeschlossen,  **1gc** in der der Mensch seine Lage zu verbessern sucht 4334 (4813) 4814; Gott gibt den Menschen die Macht, die Welt umzugestalten und zu vervollkommnen 4480; durch ihren Dienst in der Gesellschaft entwickeln sie das Werk des Schöpfers weiter und tragen zur Erfüllung des göttlichen Plans bei **4334**; ihre Werke bilden keinen Gegensatz zur Macht Gottes, sondern ihre Siege sind Zeichen der Größe Gottes und Frucht seines Ratschlusses **4334**; vgl. C 4ie (Fortschritt).

Die Kirche soll an der Erfüllung des Ratschlusses Gottes für das Heil der Welt mitwirken 4141; vgl. G 2bb (Sakramentaler Charakter der Kirche); G 7aa (Kirche, Welt und Menschengeschlecht).

Teilhabe der Menschen am Werk Jesu Christi: E 6d.

Der Mensch in Freiheit, seine Werke und die Gnade Gottes: F 3d (Der gerechtfertigte Mensch wird vollendet, indem Gott seine Verdienste aus Gnade belohnt); vgl. F 5c (Gnade Gottes und Freiheit des Menschen).

Wer bescheiden die Geheimnisse der Dinge zu erforschen sucht, wird an der Hand Gottes geführt 4336; vgl. C 4id (Menschliches Forschen und Wissenschaften).

In den menschlichen Ereignissen, Bedürfnissen und Wünschen gibt es Zeichen der Gegenwart oder des Ratschlusses Gottes 4311; jede Bewegung des guten Willens ist aus Gott 244.

Auch in der gesellschaftlichen Ordnung ist das Abbild der göttlichen Vollkommenheit zu erkennen 3772 (3978); die Spuren der göttlichen Liebe kommen im Gerechten, die der göttlichen Macht und Weisheit sogar im Ungerechten zum Vorschein 3331.

Verworfen werden Behauptungen, die Wert und Notwendigkeit des menschlichen Tuns in Frage stellen *2201//2255* 3817 3846.

1gd **Verwerfungen.** Verworfen wird der Deismus, der das Handeln Gottes an den Menschen und der Welt leugnet *2902*; verworfen werden fatalistische Behauptungen: [Die Seelen und Leiber der Menschen, [a]*Christus eingeschlossen*, werden [b]*vom Schicksal*, [c]*von den Sternen*, [d]*von absoluter Notwendigkeit* gelenkt] [c]283 [abc]459f [d]*1177* [ac]*1364*.

## C 1h
### h. – GOTT IST DAS ZIEL DER WELT

Gott ist das Ziel aller Dinge 3004 3538 4206 (4313) 4320.

Die Welt wurde zur Ehre Gottes geschaffen **3025**; die Schöpfung ist auf das Lob Gottes hingeordnet 4162; die Werke und Verdienste der Menschen (der Heiligen) sind auf die Ehre Gottes zu beziehen 243 (675 1824f) 3325 3743; der Mensch soll sich selbst und die Gesamtheit der Dinge auf Gott beziehen 4334; verworfen wird: [Die Herrlichkeit Gottes offenbart sich in gleicher Weise im guten und im schlechten Werk, auch in der Lästerung] *954-956*.

Nicht um seine Seligkeit zu vermehren oder um Vollkommenheit zu erwerben, sondern um seine Vollkommenheit zu offenbaren, hat Gott die Welt erschaffen **3002**; vgl. A 1a (Begriffliche Bestimmungen des Offenbarungsgeschehens); A 1c (Etappen der Offenbarung).

Fragen des Menschen nach dem letzten Ziel der Dinge 4303; vgl. C ja (Berufung des Menschen zu einem höheren Leben).

Gott als Ziel des Menschen: C 4jb (Berufung des Menschen zur Gemeinschaft mit Gott).

Vgl. C 5 (Ziel und Vollendung der Geschichte); M (Gott vollendet Welt und Mensch in seinem Reich); bes. M 3be (Vollendung der Welt).

## C 1i
### i. – DIE BEGRIFFLICHE FASSUNG DES GÖTTLICHEN SCHAFFENS UND DER DIFFERENZ VON SCHÖPFER UND GESCHÖPF

1ia **Die begriffliche Fassung des göttlichen Schaffens.** Die Dinge wurden ([a]ihrem ganzen Wesen nach) aus nichts hervorgebracht 285 790 **800 1333** [a]**3025** 3955; verworfen werden entgegengesetzte Aussagen des Pantheismus und Ontologismus 2846f **3024** *3214-3219*.

Die Schöpfung ist frei von jeder Notwendigkeit **1333** 2828 **3002 3025** *3218* 3890 (4102).

Die Schöpfung ist nicht von Ewigkeit her, sondern ein Willensakt Gottes, [a]*vom Anfang der Zeit an* ([b]gegen diejenigen, die eine ewige Welt ohne Anfang behaupten) [b]*410* [b]*951-953* 1333 [a]**3002** [b]3890.

Der Begriff "Schöpfung": Seine vom Modernismus geforderte Neufassung wird abgelehnt 3464; uneigentlicher Gebrauch: ([a]*Der Vater "schuf" den Sohn*; [b]*Jesus wurde von Maria "geschaffen"*) [a]114 [b]536.

1ib **Die Differenz von Schöpfer und Geschöpf.** Gott ist über alles Geschaffene erhaben 3001; er übersteigt die menschliche Natur 3973 3978; es gibt kein Geschöpf, für das Gott die eigene Natur ist 285; Gott ist ungeschaffen, unendlich vollkommen, über alles erhaben, unbegreiflich, einfach, unveränderlich, eine geistige Substanz, unsichtbar, unermeßlich, ewig: B 1c (Gott, erhaben über alles Endliche); der Vater ist ohne Anfang: B 1d.

Gott ist von der Welt ([a]real und dem Wesen nach) verschieden *2901* [a]**3001**.

Zwischen Schöpfer und Geschöpf besteht bei aller Ähnlichkeit eine je größere Unähnlichkeit **806**; thomistische Thesen über das metaphysische Wesen des geschaffenen Seienden und seine Verschiedenheit vom Schöpfer, über die analogia entis sowie über Potenz und Akt 3601-3604 3608 3622 3624; der Mensch hängt von Gott, seinem Schöpfer, ab 3008.

1ic **Die Autonomie der irdischen Dinge** wird durch ihre Geschöpflichkeit nicht aufgehoben. Alle geschaffenen Dinge und die Gesellschaften sind mit eigenen Gesetzen und Werten und einer eigenen Ordnung ausgestattet, die der Mensch achten und gestalten muß **4336** (4343).

Ein falsches Autonomieverständnis ist gegeben, wenn "Autonomie der zeitlichen Dinge" bedeutet, daß die geschaffenen Dinge nicht von Gott abhängen und der Mensch sie gebrauchen kann, ohne sie auf den Schöpfer zu beziehen 4336; die Bewegung zur Förderung der Rechte der Menschen muß gegen falsche Autonomie geschützt werden 4341.

In der göttlichen Ordnung wird die richtige Autonomie der Schöpfung und besonders des Menschen nicht nur nicht aufgehoben, sondern in ihre eigene Würde eingesetzt **4341**; das Geschöpf sinkt ohne den Schöpfer ins Nichts 4336; das vernunftbegabte Geschöpf ist kein Rivale des Schöpfers 4334.

Alle Glaubenden, gleich welcher Religion, haben Gottes Bekundung in der Sprache der Geschöpfe gehört 4336; Gott bezeugt sich in den geschaffenen Dingen ständig den Menschen 4203; vgl. A 2ab (Menschliche Fähigkeit, religiöse Wahrheiten zu erkennen).

Autonomie des Menschen: C 4fc und L 1b (Freiheit des Menschen).

Der Mensch und die Autonomie der irdischen Dinge: C 4hb.

**Verworfen werden Irrtümer des Pantheismus und Ontologismus** in bezug auf die Unterscheidung zwischen **1id** Gott und Schöpfung; insbesondere: [*a Gott und Natur sind identisch*; *b der Hl. Geist ist die Seele der Welt*; *c die Universalien unterscheiden sich der Sache nach nicht von Gott*; *d die menschliche Natur bzw. Seele ist etwas Ungeschaffenes*; *e die Schöpfung ist ein reines Nichts*] *d285* *b722* *e976* *d977* *1043* *c2843* *a2901* *a3023 3201-3216*.

**Umfang und Verschiedenheit der Geschöpfe.** U m f a n g : Verworfen wird: [Gott hat soviel geschaffen, wie er **1ie** erdenken konnte] 410.

V e r s c h i e d e n h e i t : Unterschieden werden zwei Arten (*a*"utraque creatura") von Geschöpfen, nämlich die geistigen (unsichtbaren, der Himmel) und die leiblichen (sichtbaren, die Erde) 19 27-30 36 40//51 125 150 *a800* *a3002 3021*; zwischen Materie und Geist gibt es einen wesenhaften Unterschied (keine *a*Identität) *a2901 3891*.

## 2. Die Himmlische Welt: die Engel

### a. – DIE ENGEL ALS BOTEN GOTTES      C 2a

**Das Wesen der Engel.** Die Engel sind von Gott geschaffen 800 (1078); sie sind nicht aus der Substanz Gottes **2aa** 455; sie sind personale Geschöpfe 3891; sie verfügen über natürliche Erhabenheit 286; sie sind vernunftbegabt 475 2856; thomistische Thesen über das geistige Geschöpf 3607 3611; Irrtum über die Fortpflanzung der Engel *1077*.

**Die Engel als Mittler zwischen Gott und den Menschen.** Gott schenkt den Engeln Gnade, himmlische **2ab** Gnadengaben und die Einwohnung Gottes (633 2800 3815); ihre Verdienste werden zurecht Gnade genannt *1901//1905*; sie sind in gewisser Weise Mittler zwischen Gott und den Menschen 3320.

V e r e h r u n g d e r E n g e l : J 1eg (Heiligenverehrung); M 3bd (Gemeinschaft der Engel und Heiligen).

### b. – DIE SÜNDE DER ENGEL UND IHRE AUSWIRKUNG      C 2b

Vgl. C 1f (Gott läßt das Böse zu); D 1a (Versuchung durch den bösen Geist).

## 3. Die sichtbare Welt      C 3

Gott schuf die sichtbare Welt 800 3002; nicht der Teufel hat sie geschaffen: C 1b (Gott, der alleinige Schöpfer); C 1fa (Ursprung des Bösen); thomistische Thesen über das körperliche Geschöpf 3608-3613.

Gott b e z e u g t s i c h in den geschaffenen Dingen ständig den Menschen 4203; vgl. A 2ab (Menschliche Fähigkeit, religiöse Wahrheiten zu erkennen).

Die A u t o n o m i e der irdischen Dinge: C 1ic.

Die A u s r i c h t u n g der irdischen Dinge auf Gott: C 1h (Gott ist das Ziel der Welt); C 5a (Gott und das Ziel der Geschichte).

Die Welt steht unter der Knechtschaft der S ü n d e 4302 4339; ihre Gestalt, von der Sünde verunstaltet, vergeht 4339; der Mensch durchbricht die Ordnung zwischen sich und den geschaffenen Dingen 4313; vgl. C 4kb (Auswirkungen der Sündhaftigkeit des Menschen auf Welt und Geschichte); D 6 (Welt und Geschichte unter der Knechtschaft der Sünde).

Die G e s c h i c h t l i c h k e i t und V o l l e n d u n g der Welt: C 1gb; C 5 (Ziel und Vollendung der Geschichte); M (Gott vollendet Welt und Mensch in seinem Reich); bes. M 3be (Vollendung der Welt).

Welt und M e n s c h : Die Welt ist der Schauplatz der Geschichte des Menschengeschlechtes, von seiner Tätigkeit geprägt 4302; die Elemente der Welt erreichen im Menschen durch seine Vernunft ihren Höhepunkt und erheben ihre Stimme zum freien Lob des Schöpfers 4314; der Primat des Menschen gegenüber den Dingen 4694; der Mensch steht über allen Lebewesen 4812; er ist ihnen ähnlich 4812; alles Irdische ist an ihm als Mittel- und Höhepunkt auszurichten 4312; Gott schuf alles um des Menschen willen 4339; der Mensch beherrscht und nutzt die irdischen Geschöpfe zur Verherrlichung Gottes 4312 4334 (4337) 4448 4812; Ehrfurcht gegenüber den Dingen der Natur, dem Kosmos 4816; die Ordnung zwischen den Menschen und allen geschaffenen Dingen 4313; Mensch und Schöpfung: C 4fb (Würde des Menschen); C 4h (Mensch und Schöpfung); L 4f (Verantwortlicher Umgang mit der Welt).

Verworfen werden die Behauptungen: [Der Himmel und die Sterne haben eine Seele und sind vernunftbegabte Kräfte] 408; [Das Vergänglich-Sein der Geschöpfe birgt einen Widerspruch in sich] *1047*.

## 4. Der Mensch

C 4a          a. – DER URSPRUNG DES MENSCHENGESCHLECHTS

Gott hat den Menschen erschaffen 800 3002 3008 3955 4314 (4341); er wurde von Gott aus Liebe geschaffen und wird aus Liebe erhalten 4319; Gott als Ursprung der Völker 4195; Gott hat den Menschen um seiner selbst willen gewollt 4324; Plan und Wille Gottes: das echte Wohl des Menschen 4335.
Verworfen wird: [Die menschliche Natur unterscheidet sich nicht von der Natur des Schöpfers] 285.
Adam und Eva sind die ersten von Gott geschaffenen Menschen 443 *1363*; verworfen wird der Polygenismus: [Es gibt Menschen, die nicht von Adam durch natürliche Zeugung abstammen] 3897.
Der Mensch weigert sich oft, Gott als seinen Ursprung anzuerkennen. Dadurch gerät die Beziehung des Menschen zu Gott, zu sich selbst, zu seinen Mitmenschen und zu allen geschaffenen Dingen in Unordnung **4313**; vgl. D 1c (Wesen der Sünde).
Der Mensch hängt von Gott, seinem Schöpfer, ab 3008.
Vgl. C 1 (Gott, der Schöpfer des Himmels und der Erde).

C 4b          b. – DER MENSCH, VON GOTT GUT GESCHAFFEN

4ba    **Freiheit von Sünden.** Gott hat den Menschen unversehrt, ohne Sünden geschaffen 239 389 621; Adam [a]*besaß einen freien Willen* und [b]*die Kraft zu lieben, zu glauben und zu wirken, wie es sich gebührt* [a]239 [b]396 ([a]398) [a]621 ([a]1521 [a]1555) [a]3955 ([b]400).
      Vgl. C 1e (Gott schafft die Geschöpfe gut).

4bb    **Heiligkeit und Gerechtigkeit.** Der Mensch wurde in Heiligkeit und Gerechtigkeit geschaffen 621 (633) **1511** 4313; die ursprüngliche Gerechtigkeit und Heiligkeit waren für Adam ein gnadenhaftes Geschenk (389) *2616* 3891; Adam als Urbild Christi 4322; Gottebenbildlichkeit 4322.
      Verworfen werden gegen die Gnadenhaftigkeit des unversehrten Naturzustandes gerichtete Behauptungen: [[a]*Die guten Werke Adams waren ihrer Natur nach für das ewige Leben verdienstvoll*; [b]*seine Verdienste und seine Seligkeit werden zu Unrecht Gnade genannt*; [c]*Gott hätte nicht von Anfang an den Menschen so schaffen können, wie er jetzt geboren wird, nämlich ohne natürliche Gerechtigkeit*] [ab]*1901//1926* [c]*1955* [c]*1979 2434-2437*.
      Die Werte, die aus der von Gott verliehenen Anlage des Menschen hervorgehen, sind gut 4311.
      Vgl. F 3 (Der gerechtfertigte Mensch).

4bc    **Unsterblichkeit.** Adam war unsterblich 222 (1511); die Unsterblichkeit war für Adam ein gnadenhaftes Geschenk, keine natürliche Verfaßtheit *1978 2617*.

C 4c          c. – DER MENSCH HAT GESÜNDIGT UND STEHT UNTER DER MACHT DER SÜNDE

Vgl. C 4fg (Sündhaftigkeit des Menschen und ihre Folgen); C 4gl (Störungen in der Gesellschaft aufgrund menschlicher Sünde); C 4ha (Ordnung zwischen Gott, den Menschen und der Schöpfung); C 4if (Das von der Sünde verdorbene menschliche Schaffen); C 4jk (Sündhaftigkeit des Menschen als Hindernis für die Erfüllung seiner Berufung); C 4kb (Auswirkungen der Sündhaftigkeit des Menschen in Welt und Geschichte); C 4kd (Bedrohungen und Probleme des Menschengeschlechts); C 4ke (Arme); C 4kg (Suche des Menschen nach Sinn); D (Die Sünde der Geschöpfe, die Gott verzeiht).

C 4d          d. – GOTT WILL DAS HEIL DES MENSCHEN UND GEWÄHRT IHM GEMEINSCHAFT

4da    **Gott will in seiner Gnade das Heil des Menschen.** Das Heil als Befreiung von dem, was den Menschen niederdrückt, von der Sünde und vom Bösen, und die Freude, Gott zu erkennen und von ihm erkannt zu werden. Dies beginnt im Leben Christi, wird durch Tod und Auferstehung für immer erworben und muß in der Geschichte fortgeführt werden bis zu Christi Ankunft 4571; vgl. C 4fi (Christus, das Heil des Menschen); C 4jc (Berufung aller Menschen zum Heil); E 3a (Jesus Christus, der Erlöser).
      Zur göttlichen Gnade und zum universalen Heilswillen Gottes vgl. F (Gott rechtfertigt und heiligt den Menschen); bes. F 1 (Gottes Barmherzigkeit und universaler Heilswille).

4db    **Gott hat den Menschen erwählt und ihn erlöst.** Gott ist gut und barmherzig gegen die Menschen 62 236 248 309 1534 1548f 1562 1576 1608 1696 4166 (4197) 4318 4685; er trägt für alle väterliche Sorge 4324; er ist der Vater aller 4199; in Christus als Messias ist die Barmherzigkeit Gottes geoffenbart 4685; B 1b (Wollen Gottes: Gott ist barmherzig); F 1 (Gottes Barmherzigkeit und universaler Heilswille).

Der Vater hat die Menschen im Sohn vor Grundlegung der Welt erwählt und zur Annahme an Kindes Statt vorherbestimmt 621 4103; er hat beschlossen, die Menschen zur Teilhabe am göttlichen Leben zu erheben 4102; er wollte von Anfang an seine Herrlichkeit in Christus mit dem Menschen teilen 4814; Berufung des Menschen zur Gemeinschaft und zum Dialog mit Gott: A 1a (Begriffliche Bestimmungen des Offenbarungsgeschehens); A 1c (Etappen der Offenbarung); C 4fb (Würde des Menschen).

Nach dem Fall Adams verließ der Vater die Menschen nicht, sondern gewährte ihnen Hilfen zum Heil im Hinblick auf Christus, den Erlöser 4102 (4203); er hat sich Israel zum Volk erwählt und mit ihm einen Bund geschlossen 4122 (4140) 4332 4198 4221; vgl. A 1c (Etappen der Offenbarung); E 1b (Verheißung Jesu Christi im Alten Bund); E 1c (Rettung der Heiden und alttestamentlichen Glaubenden durch die Hoffnung auf den Verheißenen); G 1bb (Kirche, vorgebildet im Alten Testament); G 3ce (Kirche und Religionen); K 1a (Sakramentale Zeichen im Alten Bund).

Gott hat die Menschen in Christus erlöst: C 4fh (Christus, der vollkommene Mensch); C 4fi (Christus, das Heil des Menschen); C 5b (Christus und das Ziel der Geschichte); E (Gott rettet die Menschen durch Jesus Christus); bes. E 3 (Jesus Christus, der Erlöser).

Gott wird die Menschen richten und die Welt vollenden: M 2 (Vollendung der Herrschaft Gottes).

Gott wird die Menschen in sein ewiges Reich führen: M 3 (Leben der zukünftigen Welt).

**Gott hat sich den Menschen offenbart.** Gott hat sich von Beginn und im Verlauf der Geschichte den Menschen offenbart – in den geschaffenen Dingen, den Stammeltern, den Patriarchen, Mose, den Propheten und in Christus, seinem Sohn 800 4203; vgl. A 1c (Etappen der Offenbarung); A 2a (Menschliche Fähigkeit, religiöse Wahrheiten zu erkennen). **4dc**

**Gott und die Religionen.** Gott zeigt sich den Menschen in den Religionen und läßt sie in Beziehung zu sich treten: A 1a (Begriffliche Bestimmungen des Offenbarungsgeschehens); A 1c (Etappen der Offenbarung); A 2ab (Menschliche Fähigkeit, religiöse Wahrheiten zu erkennen); G 3ce (Verhältnis der Kirche zu den Religionen). **4dd**

**Das Wirken Christi unter den Menschen und in der Geschichte.** Vgl. C 4fh (Christus, der vollkommene Mensch); C 4fi (Christus, das Heil des Menschen); C 5b (Christus und das Ziel der Geschichte); E 2 (Die Geheimnisse des Lebens, Sterbens und der Erhöhung Jesu Christi; sein Wirken durch den Geist in der Geschichte); E 3 (Jesus Christus, der Erlöser); G 1be (Kirche bleibt das Werk der Hl. Dreifaltigkeit). **4de**

**Das Wirken des Hl. Geistes unter den Menschen und in der Geschichte.** Der Hl. Geist – : leitet den Lauf der Zeiten 4326; – : bietet allen die Möglichkeit an, sich mit dem österlichen Geheimnis zu verbinden 4322; – : steht der Entwicklung der gesellschaftlichen Ordnung in Wahrheit, Gerechtigkeit, Liebe und Freiheit bei 4326; im Hl. Geist wird der Mensch zu einem neuen Geschöpf gemacht 4337; vgl. B 3b (Hl. Geist in Schöpfung und Heilsgeschichte); G 1be (Kirche bleibt das Werk der Hl. Dreifaltigkeit). **4df**

### e. – DIE LEIB-SEELISCHE NATUR DES MENSCHEN    C 4e

**Die komplexe Natur des Menschen.** Gott hat die Menschennatur am Anfang als *eine* gegründet und die Menschen zur Einheit bestimmt 4132; die menschliche Natur besteht [a]*gewissermaßen zugleich aus Geist* bzw. [b]*vernunftbegabter Seele* und Leib 250 [b]272 [a]800 [b]900 [a]3002 4314 (4812); der *eine* und ganze Mensch aus Leib und Seele, Herz und Gewissen, Geist und Willen 4303; der Mensch ist ein Mikrokosmos 3771; vgl. die menschliche Natur Christi: E 5b (Jesus Christus ist eines Wesens mit den Menschen). **4ea**

**Die Seele des Menschen.** Sie ist das Lebensprinzip des Menschen 2833; die [a]*vernunftbegabte* Seele ist wahrhaft, durch sich, [b]*wesenhaft* die [c]*unmittelbare* Form des menschlichen Leibes [b]900 [a]902 [ab]1440 [ac]2828; Teile der Seele, in denen die eigentliche Natur des Menschen besteht 4812. **4eb**

Die Seele ist geistig ([a]*spiritualis*) bzw. vernunftbegabt ([b]*rationalis/intellectualis*) [b]657 [b]902 [b]1440 [a]2828 [a]3771 [a]4314; sie ist mit Bewußtheit und Wille begabt 4653; die Seele ist unsterblich **1440** 2766 3771 4400 4314; sie ist wertvoller als der Leib 815; vgl. die vernunftbegabte Seele Christi: E 5b (Jesus Christus ist eines Wesens mit den Menschen).

Der Mensch soll die geistige und unsterbliche Seele in sich anerkennen 4314; sie besteht nach dem Tod des Menschen fort, so daß das "menschliche Ich" – ohne die Ergänzung seines Leibes – in der Zwischenzeit fortbesteht 4653.

Es gibt nur *eine* Seele im Menschen, nicht zwei 657f; entsprechend der Vielzahl der Leiber, denen sie eingegossen werden, gibt es viele Seelen, womit der Irrtum verworfen wird: [Die Seele ist eine einzige in allen Menschen] **1440**.

Thomistische Thesen über die Seele und ihre Fähigkeiten 3613-3622; verworfen werden Irrtümer über ihre Verfaßtheit *977 3220-3224.*

Ursprung der Seele: Sie ist von Gott [a]*unmittelbar* [b]*aus nichts* geschaffen (190 360) [b]685 [a]3896 (3953); die Seele wird nicht durch natürliche Zeugung hervorgebracht 360f *1007 3220*; sie entwickelt sich nicht aus einem rein sinnenhaften Prinzip *3220f*; sie ist nicht [a]*aus der göttlichen Substanz* oder [b]*ein Teil Gottes* [ab]190 [ab]201 [a]285 [a]455 [b]685.

Verworfen wird: [Die Seelen der Menschen haben im Himmel präexistiert und wurden zur Strafe für ihre Sünden in Leiber verbannt] 403 456.

Die Seele darf nicht nur von physischen und gesellschaftlichen Voraussetzungen hergeleitet werden **4314**.

Die Seele (und der Leib) in der ewigen Seligkeit: M 3b (Ewige Seligkeit); bes. M 3ba (Voraussetzungen der Seligkeit); M 3bb (Schau Gottes).

**4ec**   **Der Leib des Menschen**. Der Mensch vereint durch seine leibliche Verfaßtheit die Elemente der stofflichen Welt in sich, so daß sie durch ihn ihren Höhepunkt erreichen **4314**; seinen Leib muß er wegen der Erschaffung durch Gott und seiner Auferweckung am Jüngsten Tag für gut und würdig halten und darf ihn nicht geringachten **4314**; er darf seinen Leib, in dem er Gott verherrlichen muß, nicht verkehrten Neigungen dienen lassen **4314**.

Der Ursprung des Leibes aus schon existierender lebender Materie kann behauptet werden 3896; verworfen wird der Irrtum der Manichäer: [Die Bildung des Leibes ist ein Werk des Teufels] 462f.

Das physische Leben ist ein grundlegendes Gut, weil sich alle übrigen Güter der Person darauf stützen und von da aus entfalten (4552) 4791; vgl. L 4d (Pflichten und Rechte in bezug auf den Leib des Nächsten); L 5g (Menschenrechte).

Recht auf Leben, Unversehrtheit des Leibes und anständige Lebensführung: L 3c; L 4d; L 5g (Menschenrechte); Pflichten gegenüber dem eigenen Leib und dem des Nächsten: L 3c; 4d.

Sexualität des Menschen: L 3c (Pflichten und Rechte in bezug auf den Leib); L 6b (Menschliche Sexualität).

Weitergabe des menschlichen Lebens: L 6c.

Sorge um die Leiber der Verstorbenen: L 4d (Pflichten und Rechte in bezug auf den Leib des Nächsten).

Durch die Sünde verwundet, erfährt der Mensch die Widerstände des Leibes 4314; vgl. D 2bc (Auswirkung der Ursünde); D 3be (Folgen der Sünde).

Auferstehung und Verklärung des Leibes: M 3a; M 3bc.

Leiden und Tod: C 4ef; M 2ba.

Die Kirche wendet sich gegen zu große Auf- oder Abwertung des menschlichen Leibes 4341.

**4ed**   **Das Herz des Menschen**. In seinem Herzen findet der Mensch zu seiner Innerlichkeit und erwartet ihn Gott 4314; im Herzen entscheidet der Mensch über sein Geschick 4314; von Gott ist dem Herzen ein inneres Gesetz eingeschrieben 3247f (3272) 3780f 3956 4316 4580; vgl. C 4ff (Gewissen); L 1c (Vernunftgebot als Naturgesetz); L 1e (Gewissen).

Gott erforscht die Herzen 4314; er kennt die Herzen und das Verborgene 670 2866; er allein ist ihr Richter und Prüfer 4328; B 1b (Wissen Gottes).

Ungleichgewicht und Verderbtheit des menschlichen Herzens und ihre Auswirkungen auf Mensch und Welt 4310f; vgl. D 1b (Grund menschlicher Sünde); D 4a (Sünde in gesellschaftlichen Verhältnissen: Anlässe und Ursachen).

Christus wirkt durch die Kraft seines Geistes in den Herzen der Menschen 4338.

Übereinstimmung der Botschaft der Kirche mit den Wünschen des menschlichen Herzens **4321** 4326; außer ihr vermag nichts dem Menschenherz zu genügen 4321.

Erziehung der Menschen zu einer Kultur des Herzens 4331; vgl. L 13 (Ordnung der Kultur).

Vgl. L 3b und L 4c (Pflichten und Rechte in bezug auf Geist und Herz).

**4ee**   **Der Geist und die Vernunft des Menschen**. Der Mensch hat am göttlichen Geist Anteil. Daher überragt er durch seine Vernunft das All der Dinge **4315**; er wird vom Schöpfer vernunftbegabt in die Gesellschaft gestellt 4321; vgl. die vernunftbegabte Seele Christi: E 5b (Jesus Christus ist eines Wesens mit den Menschen); vgl. C 4fb (Würde des Menschen); C 4h (Mensch und Schöpfung).

Die Wahrheitsfähigkeit der menschlichen Vernunft – : allgemein: A 2aa; zur Erkenntnis religiöser Wahrheiten: A 2ab; Erkenntnis des göttlichen Ratschlusses im Glauben durch die Gabe des Hl. Geistes 4315.

Recht des Menschen auf Wahrheit und Pflicht zur Wahrheitssuche: L 3b; L 4c; Pflicht, anderen zu helfen, ihre Unterlegenheit in bezug auf die Geisteskraft zu überwinden 3988.

Vernunftgebot als Naturgesetz: L 1c; Gründung des Naturgesetzes in Gott: L 1d.

Vernunft und Offenbarung: A 1b (Eigentümlichkeiten der Offenbarung); A 2a (Wahrheitsfähigkeit der menschlichen Vernunft).

Menschliche Vernunft und göttliche Dreifaltigkeit: B 4a (Glaube an den dreifaltigen Gott).

Verdunklung der Vernunft durch die Sünde 4315; vgl. D 2bc (Auswirkung der Ursünde); D 3be (Folgen der Sünde).

Grenzen der Vernunft; Vernunft und Glauben: A 4 (Vernunft des Glaubens); bes. A 4a (Vernunft und Glauben); L 2c (Tugend des Glaubens); es gibt tiefergehende Fragen, die von der Vernunft fast nicht gelöst werden können 249.

Die Menschen sollen unter der Führung der Vernunft ihre natürlichen Kräfte entdecken, fördern und gebrauchen 4580; vgl. C 4i (Menschliches Schaffen); C 4jj (Berufung des menschlichen Schaffens).

Anwendung der menschlichen Geisteskraft für Fortschritte in den empirischen Wissenschaften, der Technik und in der geistigen Bildung zur Erforschung und Unterwerfung der materiellen Welt 4315; vgl. C 4id (Forschen und Wissenschaften); C 4e (Fortschritt).

Die Vollendung der Vernunft durch die Weisheit 4315; sie leitet den Geist des Menschen zum Wahren und Guten hin und führt ihn durch das Sichtbare zum Unsichtbaren 4315; die göttliche Offenbarung

und die Weisheit der natürlichen Vernunft bringen die unveränderlichen Gesetze ans Licht, die in der menschlichen Natur eingepflanzt und in allen vernunftbegabten Lebewesen gleich sind 4581; Einsatz der Weisheit der Menschen zur Humanisierung der menschlichen Erkenntnisse 4315; Notwendigkeit der Weisheit zur Lösung der Menschheitsprobleme 4315; die Laien sollen ihre Aufgaben unter Berücksichtigung der christlichen Weisheit wahrnehmen 4343; vgl. C 4ki (Christlicher Humanismus als wahrer Humanismus).

Pflichten und Rechte in bezug auf Geist und Herz des Menschen: L 3b; L 4c.

Gott ist die Quelle aller Wahrheit 2811; er ist wahr: B 1b (Wahrheit Gottes); er ist (unendlich) weise *2901* 3001 3004 3009 3781; vgl. B 1b (Wissen Gottes); Gründung des Naturgesetzes in Gott: L 1d; Christus –: als Weisheit (113) 148 476; – : als Wort, Logos: B 2b (Bezeichnungen des Sohnes Gottes); Wissen Christi: E 5dc; der Hl. Geist öffnet die Augen des Verstandes 4205; der Hl. Geist als Geist der Wahrheit, der in die Wahrheit einführt 4104 4211 4326 4530; der Hl. Geist als Geist der Weisheit 178 183 1726; vgl. B 3b (Der Geist Gottes in Schöpfung und Heilsgeschichte); G 1be (Kirche bleibt das Werk der Hl. Dreifaltigkeit).

**Leiden und Tod des Menschen.** Das Rätsel des menschlichen Daseins angesichts des Todes 4318; der Mensch fürchtet und lehnt zurecht die völlige Zerstörung und den endgültigen Untergang seiner Person ab wegen des Keimes der Ewigkeit, den er in sich trägt 4318; die Verlängerung der biologischen Lebensdauer kann dem Verlangen nach einem weiteren Leben nicht genügen 4318. **4ef**

Der Glaube bietet dem Menschen in seiner Angst vor dem künftigen Geschick eine Antwort an 4318; vgl. A 2b und L 2c (Glaube).

Gott allein beantwortet die Frage nach der Bedeutung des Lebens und des Todes des Menschen durch die Offenbarung in seinem Sohn 4322; durch und in Christus wird das Rätsel von Schmerz und Tod erhellt, das außerhalb des Evangeliums den Menschen zugrunde richtet **4322**; der Mensch muß mit seiner Angst und seinem Zweifel, seiner Schwäche und Sündhaftigkeit, seinem Leben und Tod zu Christus seine Zuflucht nehmen 4641; durch sein Leiden für die Menschen hat Christus den Weg gebahnt, dem die Menschen folgen müssen, damit Leben und Tod geheiligt werden 4322; vgl. C 4fh (Christus, der vollkommene Mensch); E 3bb (Prophetentum Jesu Christi und Christus als Lehrer); Christus hat das Leiden und den Tod mit den Menschen geteilt: E 2ba (Gemeinschaft mit den Menschen); E 2c (Leiden und Tod Jesu Christi).

Ohne das göttliche Fundament und die Hoffnung auf das ewige Leben bleiben die Rätsel von Leben und Tod, Schuld und Schmerz ohne Lösung, so daß die Menschen in Verzweiflung gestürzt werden 4321; vgl. L 2d (Tugend der Hoffnung).

Das Dasein der Kirche erinnert den Menschen an das Problem der Bedeutung seines Lebens und seines Todes 4341; innigste Verbundenheit der Jünger Christi mit Freude, Hoffnung, Trauer und Angst der Menschen von heute, besonders mit den Armen und Bedrängten aller Art **4301**; vgl. G 7aa (Kirche, Welt und Menschengeschlecht); Spendung des Sakramentes der Krankensalbung an Kranke und Sterbende: K 7; bes. K 7d und K 7e (Empfänger und Wirkung der Krankensalbung).

Der Tod des Menschen: M 2ba.

Auftreten des leiblichen Todes mit der Sünde des (ersten) Menschen: vgl. D 2bc (Auswirkung der Ursünde).

Überwindung des Todes durch Tod und das Leiden Christi: E 2c und E 2d (Leiden, Tod und Erhöhung Jesu Christi); E 3 (Jesus Christus, der Erlöser).

Berufung des Menschen zur Unsterblichkeit 4812; vgl. M 3 (Das Leben der zukünftigen Welt); Unsterblichkeit der menschlichen Seele: C 4eb (Menschliche Seele).

Berufung des Menschen durch Gott zu einem seligen Ziel jenseits der Grenzen des irdischen Elends 4318; vgl. C 4jb (Berufung der Menschen zur Gemeinschaft mit Gott); C 4jc (Berufung aller Menschen zum Heil); M 3 (Das Leben der zukünftigen Welt).

Auferstehung von den Toten: M 3a.

Verantwortung des Menschen für sein Leben im Tod und dessen Lohn: F 3d (Der gerechtfertigte Mensch wird vollendet, indem Gott seine Verdienste aus Gnade belohnt); M 2ab (Gericht); M 2bb (Individuelles Gericht); M 2bc (Läuterung des Menschen); M 3a (Auferstehung von den Toten); M 3b (Ewige Seligkeit); M 3c (Seligkeit als Gnade und Lohn); M 3d (Verwerfung des Menschen).

Gemeinschaft mit den schon verstorbenen Brüdern im Glauben: J 1eg (Heiligenverehrung); M 1b und M 3bd (Gemeinschaft der Heiligen).

## f. – DIE PERSONALE WÜRDE DES MENSCHEN — C 4f

**Die menschliche Person.** Die Würde der menschlichen Person: C 4fb. **4fa**

Gott, der Schöpfer, hat den Menschen um seiner selbst willen gewollt: Der Mensch ist Person 4830; die konstitutiven Momente und wesenhaften Beziehungen jeder menschlichen Person übersteigen die geschichtlichen Umstände 4580f; Person, Beziehung zwischen den Personen, ihre Verbindung mit Gott 4576.

Jedem Menschen kommt die Eigenart der Person zu, das heißt, er ist seiner Natur nach mit Verstand und Willensfreiheit begabt (3709) 3957; als Person ist der Mensch Träger von Rechten und Pflichten 3957; vgl. L (Gott beruft den Menschen zum sittlichen Leben in Gemeinschaft).

Personsein bedeutet Streben nach eigener Vervollkommnung durch Hingabe seiner selbst 4830; vgl. C 4jf (Berufung des Menschen zur Selbsthingabe); L 2e (Tugend der Liebe); L 2f (Vereinigung mit Gott).

Die menschliche Person muß gerettet werden 4303; der Fortschritt der menschlichen Person und das Wachstum der Gesellschaft hängen voneinander ab 4325; Grund, Träger und Ziel aller gesellschaftlichen Institutionen ist und muß sein die menschliche Person **4325**; vgl. C 4ge und 4gf (Zweck und Wesen der bürgerlichen Gemeinschaft); C 4gi und L 5d (Institutionen); L 5 (Grundbestimmungen sozialen sittlichen Lebens).

Die menschliche Person bedarf ihrer Natur nach des gesellschaftlichen Lebens 4325; vgl. C 4ga (Bestimmung des Menschen zum gesellschaftlichen Leben).

Freiheits- und Grundrechte der menschlichen Person: L 5g (Menschenrechte); L 6a (Familienrechte); das erste Recht der menschlichen Person ist das Recht auf Leben 4552 4791; vgl. L 4d (Pflichten und Rechte in bezug auf den Leib des Nächsten).

Vgl. L 1 (Grundbestimmungen personalen sittlichen Lebens); bes. L 1a (Person).

**4fb  Die Würde des Menschen.** Das Bewußtsein von Menschenwürde ist eines der wichtigsten Kennzeichen der heutigen Zeit 4750; vgl. C 4kc (Zeitgenössische Wandlungen).

In den Menschen ist ein göttlicher Same eingesenkt 4303; er trägt einen Keim der Ewigkeit in sich, der sich nicht auf bloße Materie zurückführen läßt 4318; er hat am göttlichen Geist Anteil. Daher überragt er durch seine Vernunft das All der Dinge **4315**; vgl. C 4ee (Geist und Vernunft des Menschen); er ist nach dem Bilde ᵃ*und Gleichnis* Gottes geschaffen 4199 4312 4322 4324 4329 4334 4341 ᵃ4480 4765 ᵃ4812 4815 ᵃ4830; als Abbild Gottes besitzt der Mensch auch Ähnlichkeit mit ihm 4812; das menschliche Leben ist als etwas Heiliges anzusehen, da es in einer besonderen Beziehung zu seinem Schöpfer steht 4792; der Mensch kann seinen Schöpfer erkennen und lieben und ist zum Herrn über alle irdischen Geschöpfe gesetzt **4312**; vgl. C 3 (Sichtbare Welt); C 4h (Mensch und Schöpfung); Gottes Stimme hallt in seinem Innersten wider 4316; vgl. C 4ff und L 1e (Gewissen).

Gott hat den Menschen erwählt und sich ihm offenbart: A (Gott offenbart sich); bes. A 1c (Etappen der Offenbarung); C 4d (Gott will das Heil des Menschen und gewährt ihm Gemeinschaft); F (Gott rechtfertigt und heiligt den Menschen); das Geheimnis des Menschen leuchtet den Glaubenden durch die christliche Offenbarung auf 4322; die Würde des Menschen entspricht dem grundlegenden Gesetz der christlichen Heilsordnung 4341; die Hl. Schrift lehrt die Gottebenbildlichkeit des Menschen und zeigt ihm seine Stellung in der Ordnung der Schöpfung 4312; das Evangelium erweckt die Forderung nach Würde 4326; durch kein menschliches Gesetz kann die personale Würde des Menschen so geschützt werden wie durch das Evangelium **4341**.

Gott hat den Menschen erlöst: E (Gott rettet die Menschen durch Jesus Christus); bes. E 3a (Jesus Christus der Erlöser); der Wert und die Bedeutung des Menschen für den Schöpfer wird in der Erlösung und in der Hingabe seines Sohnes deutlich 4641; der Mensch entdeckt darin von neuem Größe, Würde und Wert seiner Menschheit 4640; das tiefste Staunen über Wert und Würde des Menschen heißt Evangelium und Christentum 4642.

Die Kirche heilt und erhöht die Würde der menschlichen Person **4340**; aus ihrem Glauben an Christus, den vollkommenen Menschen, entzieht sie die Würde der menschlichen Natur allen Meinungsschwankungen 4341; ihre Aufgabe ist die Verteidigung des Menschen gegen das, was ihn zerstören und entehren kann 4550; sie prangert Lebensbedingungen an, die die Würde und Freiheit des Menschen beeinträchtigen 4767; kraft des Evangeliums verkündet sie die Rechte der Menschen und schätzt deren Förderung 4341; das Zweite Vatikanische Konzil schärft die Achtung vor dem Menschen ein 4327; in der Liebe zu den Armen bezeugt die Kirche die Würde des Menschen 4760; vgl. G 7aa (Kirche, Welt und Menschengeschlecht); G 7ad (Kirche und Arme).

Ein besonderer Grund für die menschliche Würde liegt in der Berufung des Menschen zur Gemeinschaft mit Gott 4319; ohne das göttliche Fundament und die Hoffnung auf ewiges Leben wird die Würde des Menschen verletzt 4321; die Anerkennung Gottes widerstreitet der Würde des Menschen nicht, da diese Würde in Gott selbst gründet und vollendet wird **4321**; Erhöhung der menschlichen Natur zu erhabener Würde, weil Christus sie angenommen hat 4322; vgl. C 4jb (Berufung des Menschen zur Gemeinschaft mit Gott); C 4jd (Berufung und Würde des Menschen).

Die Würde des Menschen und seiner Person als Mittel- und Höhepunkt alles Irdischen 4312 4314 4326; er ist nicht nur ein Teilchen der Natur oder ein anonymes Element der menschlichen Gesellschaft **4314**; er ist auf Erden das einzige Geschöpf, das Gott um seiner selbst willen gewollt hat 4324 4792 4830; vgl. C 3 (Sichtbare Welt); C 4h (Mensch und Schöpfung).

Die Würde des Menschen und seine Vernunftbegabung 4315 4329; vgl. C 4ee (Geist und Vernunft des Menschen).

Die Freiheit ist ein Zeichen des göttlichen Bildes im Menschen **4317**; die Würde des Menschen erfordert, daß er in bewußter und freier Wahl handelt, das heißt personal 4317; sie geht verloren, wenn sie zur Wahrung der persönlichen Rechte von der Norm des göttlichen Gesetzes gelöst wird 4341; vgl. C 4fc (Freiheit des Menschen); L 1b (Die kontingente, zum Guten verpflichtete Freiheit); L 1f (Sittlicher Akt).

Folgerungen, die sich aus der Würde der Person ergeben: Zurecht lehnt der Mensch die völlige Zerstörung und den endgültigen Untergang seiner Person ab 4318; vgl. C 4ef (Leiden und Tod des Menschen); C 4ja-jc (Berufung des Menschen zu einem höheren Leben, zur Gemeinschaft mit Gott, zum Heil).

Die Würde der menschlichen Person erfordert, daß die Menschen ihre natürlichen Kräfte entdecken, fördern und gebrauchen 4580; die Würde des Menschen kann nur unter Wahrung der Ordnung seiner Natur gefördert werden 4580; der Mensch ist mehr wert aufgrund dessen, was er ist, als aufgrund dessen, was er hat **4335** 4760; vgl. 4ia (Sinn und Ziel menschlichen Schaffens); C 4jj (Berufung des menschlichen Schaffens).

Zur Erlangung seiner Würde soll sich der Mensch aus der Knechtschaft der Leidenschaften befreien und sein Ziel in freier Wahl des Guten verfolgen 4317; vgl. C 4ji (Berufung menschlichen Handelns).

G r u n d l e g e n d e   G l e i c h h e i t aller Menschen aufgrund gleicher Würde **4329**; Gleichheit und Teilhabe an den Leitungsaufgaben als Formen der menschlichen Würde 4501; vgl. C 4gg (Gleichheit und Ungleichheit in der Gesellschaft); L 7 (Ordnung der Gesellschaft: Gleichheit).

Die R e c h t e   u n d   P f l i c h t e n, die aus der Würde der menschlichen Person hervorgehen, sind allgemein und unverletzlich 3957 4326 (4765); das Hauptgebot der Liebe führt zur vollen Anerkennung der Würde eines jeden Menschen 4765; die menschliche Würde und die sich aus ihr ergebenden Rechte kommen allen Menschen und Völkern gleichermaßen zu 4199; all das muß dem Menschen zugänglich gemacht werden, was er für eine wahrhaft menschliche Lebensführung braucht 3165 **4326**; Menschenrechte: L 5g; Familienrechte: L 6a; vgl. L 5b (Die Gesellschaft und ihre Verantwortung).

Achtung vor dem Menschen heißt, daß alle ihren N ä c h s t e n als ein anderes Ich ansehen, indem sie auf sein Leben und die notwendigen Mittel, um es würdig zu führen, bedacht sind 4327; Achtung und Liebe auch gegenüber denen, die in gesellschaftlichen, politischen oder religiösen Fragen anders denken oder handeln 4328; der Irrende behält die Würde der Person 3996 4316 4328; vgl. C 4ff (Gewissen); L 2e (Tugend der Liebe); L 4 (Verhältnis zum Nächsten).

Auf die Würde der Person muß in den verschiedenen Bereichen des g e s e l l s c h a f t l i c h e n   L e b e n s Rücksicht genommen werden: C 4gf (Wesen der bürgerlichen Gemeinschaft); C 4gi und L 5d (Institutionen); L 5b (Die Gesellschaft und ihre Verantwortung); L 7 (Ordnung der Gesellschaft: Zweck); L 8 (Ordnung des Staates); zum Schutz dieser Würde tragen bei – : das Recht, Gott nach seinem Gewissen frei zu verehren 3250 3961; – : das Recht auf Privatbesitz (3949) 3950 3965; die Prinzipien der Solidarität und Subsidiarität sind mit der Würde des Menschen als Fundament verbunden 4766; vgl. L 5e; L 5f (Solidaritäts- und Subsidiaritätsprinzip).

Die p r i v a t e n   u n d   ö f f e n t l i c h e n   I n s t i t u t i o n e n sollen der Würde des Menschen im Kampf gegen gesellschaftliche und politische Knechtung und in der Wahrung der Grundrechte dienen 4329; vgl. C 4gi und L 5d (Institutionen).

Die gleiche Würde der Personen fordert, daß man zu h u m a n e r e n   u n d   g e r e c h t e n   L e b e n s b e d i n g u n g e n und zum Abbau wirtschaftlicher und gesellschaftlicher Ungleichheiten zwischen den Völkern gelangt **4329**; vgl. C 4gd (Gemeinwohl); C 4gg (Gleichheit und Ungleichheit in der Gesellschaft); C 4gj (Universale Gemeinschaft der Völker); L 9 (Ordnung der Menschheitsfamilie); es gibt Lebensbedingungen, die dem Menschen nicht erlauben, sich seiner Würde bewußt zu werden 4331; vgl. C 4ke (Arme); was in Widerspruch steht – : zum Leben (Mord, Völkermord, Abtreibung, Euthanasie, freiwilliger Selbstmord); – : zur Unantastbarkeit der menschlichen Person (Verstümmelung, Folter, psychischer Zwang); – : zur menschlichen Würde (unmenschliche Lebensbedingungen, unwürdige Arbeitsbedingungen, willkürliche Verhaftung, Verschleppung, Sklaverei, Prostitution, Mädchenhandel, Handel mit Jugendlichen) ist eine Schande und entwürdigt mehr jene, die sich so verhalten, als jene, die das Unrecht erleiden, und widerspricht der Ehre des Schöpfers **4327**; vgl. L 5g (Menschenrechte); die Verbrechen der öffentlichen Autoritäten erniedrigen jene, die sie begehen 462 9; die Würde des Menschen kann nicht zerstört werden, nicht auf der untersten Stufe des Elends, der Verachtung, Ablehnung und Ohnmacht 4760; vgl. C 4ke (Arme).

Der nach dem Bild Gottes geschaffene Mensch soll die i r d i s c h e n   G e s c h ö p f e zur Verherrlichung Gottes nutzen 4312 **4334** (4337) 4480; die O r d n u n g   d e r   D i n g e ist der Ordnung der Personen zu unterwerfen und nicht umgekehrt 4326; vgl. C 4h (Mensch und Schöpfung); L 4f (Verantwortlicher Umgang mit der Welt).

**Die Freiheit des Menschen.** Vgl. C 1ic (Autonomie der irdischen Dinge). **4fc**

Das Bewußtsein von Freiheit und Menschenwürde als wichtige Kennzeichen der heutigen Zeit 4750; vgl. C 4kc (Zeitgenössische Wandlungen); der Wert der Freiheit verspricht ein Fortschreiten des Menschen zur Vollkommenheit 4505; vgl. C 4ie (Fortschritt).

Der Mensch besitzt Freiheit auch im Stand der g e f a l l e n e n   N a t u r : D 2bc (Auswirkung der Ursünde); wenn es eine schicksalhafte Notwendigkeit gäbe, würde diese die Zurechnungsfähigkeit der menschlichen Handlungen sowie Lohn und Strafe aufheben 283.

Der Mensch ist aufgrund des f r e i e n   W i l l e n s selbständig und kann frei handeln 4752; die Freiheit verleiht ihm die Würde, die Vollmacht über seine Handlungen innezuhaben 3245 4752; seine W ü r d e erfordert, daß er in bewußter und freier Wahl handelt, das heißt personal 4317; nur frei kann der Mensch sich zum Guten hinwenden 4317; er ist gehalten, die Gebote Gottes aus freiem Willen zu erfüllen 227 245; Freiheit als wesenhafte Eigenschaft der menschlichen P e r s o n 4765; Berufung des Menschen zur vollen Freiheit (4752) 4815; Freiheit, auch wenn sie durch die Verhältnisse eingeschränkt ist, wird nicht gänzlich aufgehoben 4754; vgl. L 1b (Die kontingente, zum Guten verpflichtete Freiheit); L 1f (Sittlicher Akt).

F r e i h e i t s r e c h t e : L 5g (Menschenrechte).

Der Mensch wird vom Schöpfer frei in die Gesellschaft gestellt 4321; allen im irdischen Gemeinwesen steht Freiheit zu 4163; Gleichheit und Teilhabe an den Leitungsaufgaben als Formen der menschlichen Würde und Freiheit 4501; vgl. C 4gg (Gleichheit und Ungleichheit in der Gesellschaft); Demokratie und freie Partizipation der Bürger an der Machtausübung: C 4gh (Autorität in der Gesellschaft); L 8 (Ordnung des Staates); Verantwortlichkeit und freie Initiativen von Personen und Gemeinschaften in der Gesellschaft: L 5f (Subsidiaritätsprinzip).

Autonomie und Geschöpflichkeit des Menschen: Die Freiheit ist ein Kennzeichen des göttlichen Bildes im Menschen, [a]*was ihre Erhabenheit ausmacht* 4317 [a]4765; auch wenn derselbe Gott Schöpfer und Erlöser, Herr der Geschichte und Heilsgeschichte ist, wird doch die rechte Autonomie der Schöpfung und des Menschen nicht aufgehoben, sondern in ihre eigene Würde eingesetzt und darin befestigt **4341**; das vernunftbegabte Geschöpf ist kein Rivale des Schöpfers 4334; der Mensch hängt von Gott, seinem Schöpfer, ab 3008; vgl. C 1ic (Autonomie der irdischen Dinge).

Die Freiheit des Menschen kann ihre Ausrichtung auf Gott nur mit Hilfe der Gnade Gottes voll verwirklichen 4317; Freiheit aus sich allein genügt nicht, um Gutes zu tun *725*; der Vorrang der Gnade vor der Mitwirkung des freien Willens 243; jede Bewegung des guten Willens ist aus Gott 244; niemand gebraucht seinen freien Willen recht ohne Christus 242; menschliche Freiheit und Gnade Gottes: F 5c; die Gnade Gottes hebt den freien Willen des Menschen nicht auf: F 5ca (Vorrang der Gnade vor dem mitwirkenden freien Willen); Gnade Gottes und Werke des Menschen: F 3d (Der gerechtfertigte Mensch wird vollendet, indem Gott seine Verdienste aus Gnade belohnt); F 5a (Gnadenhaftigkeit der Gnade); Vorsehung Gottes und menschliche Freiheit: C 1gc (Mitwirken der Menschen am Werke Gottes); E 6d (Teilhabe der Menschen am Werk Jesu Christi).

Jeder wird vor dem Richterstuhl Gottes Rechenschaft ablegen müssen für sein eigenes Leben, ob er Gutes oder Böses getan hat 4317; im Herzen entscheidet der Mensch unter den Augen Gottes über sein eigenes Geschick 4314; vgl. M 2bb (Individuelles Gericht).

Aufgaben der menschlichen Freiheit: Gott wollte dem Menschen seinen eigenen Ratschluß belassen, so daß er seinen Schöpfer aus eigenem Entscheid suche und frei zur Vollendung gelange 4317; der Mensch soll sich aus aller Knechtschaft der Leidenschaften befreien und sein Ziel in freier Wahl des Guten verfolgen 4317; wahre Freiheit ist Dienst an der Gerechtigkeit 4753; wahre Nutzung des Geschaffenen in Armut und Freiheit im Dank gegen den Schöpfer 4337; vgl. L 1b (Die kontingente, zum Guten verpflichtete Freiheit).

Bedrohung und Stärkung der Freiheit: Schwächung der menschlichen Freiheit bei Armut, bei Hingabe an die übergroßen Möglichkeiten des Lebens; Stärkung bei Annahme der Notwendigkeiten des gesellschaftlichen Lebens und Verpflichtung zum Dienst an der menschlichen Gemeinschaft 4331; die Freiheit des Menschen ist begrenzt und dem Irrtum unterworfen 4752; freies Handeln kann ein Gut bewirken oder zerstören 4752; das innere Ungleichgewicht der menschlichen Freiheit als Ursprung der Geringschätzung des Menschen 4481; die Freiheit ist von der Sünde verwundet 4317; vgl. C 4gl (Störungen in der Gesellschaft aufgrund menschlicher Sünde); D 2bc (Auswirkung der Ursünde); D 3be (Folgen der Sünde); D 4c (Sündhafte Strukturen der Gesellschaft); D 6 (Welt und Geschichte unter der Knechtschaft der Sünde).

Die volle Ausübung der Freiheit erfordert entsprechende wirtschaftliche, politische und kulturelle Bedingungen 4750 (4767); vgl. C 4gm (Befreiung und Strukturwandel); Bedrohung der Freiheit durch Armut: C 4ke (Arme); Erziehung zur Freiheit 4771.

Die Bewegung zur Förderung der Rechte der Menschen muß gegen falsche Autonomie geschützt werden 4341.

Die Freiheit Christi: Christus vollbrachte sein Heilswerk in vollkommener Freiheit: E 2b (Christi Leben mit den Menschen); E 2ca (Leiden und Tod Christi); E 4c (Sendung Christi: Werk des Sohnes); E 5cb (Die beiden Naturen Christi in der Einheit).

Evangelium und menschliche Freiheit: Die Lehre von der Freiheit hat ihre Wurzeln in der göttlichen Offenbarung 4244; Christus hat durch seinen Gehorsam bis zum Tod den Weg der Freiheit der Kinder Gottes allen Menschen eröffnet 4163; die Freiheit des Menschen entspricht dem grundlegenden Gesetz der christlichen Heilsordnung 4341; das Evangeliums ist eine Botschaft der Freiheit und Befreiung 4751; es verkündet die Freiheit der Kinder Gottes und verwirft jede Knechtschaft, die letztlich aus der Sünde stammt 4341; durch kein menschliches Gesetz kann die Freiheit so geschützt werden wie durch das Evangelium **4341**; die Freiheit der Glaubenden 4123 4162 4167.

Kirche und menschliche Freiheit: Die Botschaft der Kirche verbreitet Freiheit 4321; sie schützt die Freiheit des Menschen 4341; die Kirche prangert Lebensbedingungen an, die Würde und Freiheit des Menschen beeinträchtigen 4767; sie macht das Verlangen der Menschen nach Befreiung zu dem ihrigen 4751; die Laien sollen zum Fortschritt in menschlicher und christlicher Freiheit beitragen 4162; vgl. C 4gm (Befreiung und Strukturwandel); G 6cb (Sendung und Aufgabe der Laien in der Welt); G 7aa (Kirche, Welt und Menschengeschlecht); G 7ab (Kirche und Gesellschaft).

Mißbrauch von Freiheit: Der Mensch hat auf Anraten des Bösen von Anfang der Geschichte an seine Freiheit mißbraucht, indem er sich gegen Gott erhob und sein Ziel außerhalb Gottes erreichen wollte **4313**; die menschliche Freiheit ist von der Sünde verwundet 4317; der Ursprung aller Geringschätzung des Menschen muß im inneren Ungleichgewicht der menschlichen Freiheit gesucht werden 4481; die Menschen sind versucht, ihre persönlichen Rechte nur dann für gewahrt zu halten, wenn sie von jeder Norm des göttlichen Gesetzes gelöst sind; so geht die Würde der menschlichen Person

verloren 4341; wenn der Mensch ein falsches Gut wählt, wird er seiner Berufung zur Freiheit nicht gerecht 4752; vgl. D 1c (Wesen der Sünde); D 2ba (Natur der Ursünde).

Die Freiheit bedeutet nicht die Berechtigung, alles zu tun, auch das Böse 4317; vgl. D 1b (Grund menschlicher Sünde).

Atheistisches Autonomieverständnis: Der systematische Atheismus treibt das Verlangen des Menschen nach Autonomie soweit, daß er jede Abhängigkeit von Gott ablehnt: [Menschliche Freiheit bestehe darin, daß der Mensch selbst Ziel und alleiniger Gestalter und Schöpfer seiner Geschichte sei] 4320; vgl. C 4kh (Atheismus).

Der philosophische Liberalismus ist nach seinem Ursprung die falsche Beteuerung der Autonomie 4509; vgl. C 4lc (Liberalismus).

**Verwiesenheit des Menschen auf Liebe.** Der Mensch wurde von Gott aus Liebe geschaffen und wird aus **4fd** Liebe erhalten 4318f; vgl. C 4a (Ursprung des Menschengeschlechts).

Der Mensch kann nicht ohne Liebe leben 4640.

Die Liebe ist das Grundgesetz der menschlichen Vervollkommnung und deshalb der Umwandlung der Welt 4338; der Mensch lebt nicht voll gemäß der Wahrheit der Liebe, wenn er die Liebe Gottes, die ihn erhält, nicht frei anerkennt und sich seinem Schöpfer anheimgibt 4318; er kann sich selbst nur durch die aufrichtige Hingabe seiner selbst an Gott [a]*und die anderen Menschen* vollkommen finden 4319 [a]4324 [a]4331; Personsein bedeutet Streben nach eigener Vervollkommnung durch Hingabe seiner selbst 4830; C 4jf (Berufung zur Selbsthingabe); G 4bb (Wege der Heiligung); L 2f (Vereinigung mit Gott).

Tugend der Liebe: L 2e; L 2f (Vereinigung mit Gott); L 3a (Selbstliebe als Grundverpflichtung); L 4a (Nächstenliebe); L 5e (Solidaritätsprinzip).

Brüderlichkeit, Solidarität und Liebe unter den Menschen: C 4gb.

Die Berufung der menschlichen Person zur Liebe erfüllt sich in Ehe und Jungfräulichkeit 4700; diese sind konkrete Verwirklichungen der höchsten Wahrheit vom Menschen 4700; Jungfräulichkeit, Ehe: C 4fe (Der Mensch als Mann und Frau); G 4bb (Wege der Heiligung); K 9 (Sakrament der Ehe); L 6 (Ordnung von Ehe und Familie).

Menschliche Liebe ist sinnenhaft und geistig 4470; bei der ehelichen Liebe handelt es sich um eine ganzheitliche Liebe 4471 4701f 4709; die Sexualität berührt den innersten Kern der menschlichen Persönlichkeit und ist nicht etwas nur Biologisches 4701; vgl. L 6b (Eheliche Liebe und menschliche Sexualität).

Vgl. C 4gb (Brüderlichkeit, Solidarität und Liebe unter den Menschen); C 4jf (Berufung zur Selbsthingabe); G 4bb (Wege der Heiligung); L 2e (Tugend der Liebe); L 3a (Selbstliebe als Grundverpflichtung); L 4a (Nächstenliebe); L 2f (Vereinigung mit Gott: Selbsthingabe).

**Der Mensch als Frau oder Mann.** Gott hat den Menschen von Anfang an als Mann und Frau geschaffen; **4fe** ihre Verbindung bewirkt die erste Form von Gemeinschaft unter den Personen 4312.

Die ursprüngliche Beziehung zwischen Mann und Frau ist durch die Sünde gestört 4831; die Beständigkeit der grundlegenden Gleichheit von Mann und Frau in der "Einheit der zwei" ist durch die Sünde verloren 4831; vgl. D 2bc (Auswirkung der Ursünde); D 4c (Sündhafte Strukturen der Gesellschaft); die Frau kann nicht – im Namen der Befreiung von der Herrschaft des Mannes – danach streben, gegen ihre weibliche Eigenart männliche Eigenarten zu den ihren zu machen 4832; die Mutterschaft der Frau stellt den vorzüglichen Anteil der gemeinsamen Elternschaft der Gatten dar, woraus dem Mann eine besondere Verpflichtung gegenüber der Frau erwächst 4834.

Mutterschaft und Jungfräulichkeit sind zwei Arten der weiblichen Berufung 4833; die Mutterschaft der Frau bringt eine Öffnung für eine neue Person mit sich 4834; das Geheimnis der Frau – Jungfrau, Mutter und Braut – ist in der Perspektive des Ethos der Erlösung zu sehen 4838f.

Gleichberechtigung von Mann und Frau 3962 3975f 4199 4329 4460 4467; vgl. C 4gg (Gleichheit und Ungleichheit in der Gesellschaft); L 5g (Menschenrechte).

Die menschliche Ehe: C 4fd (Verwiesenheit des Menschen auf Liebe); G 4bb (Wege der Heiligung); G 6cc (Sendung und Aufgabe der Laien in Ehe und Familie); K 9 (Sakrament der Ehe); L 6 (Ordnung von Ehe und Familie).

Liebe und Sexualität des Menschen: C 4fd (Verwiesenheit des Menschen auf Liebe); L 2e (Tugend der Liebe); L 3c (Pflichten und Rechte in bezug auf den Leib); L 6b (Eheliche Liebe und menschliche Sexualität).

**Das Gewissen des Menschen.** Das Gewissen ist der Kern und das Heiligtum des Menschen, in dem er allein **4ff** mit Gott ist 4316; im Gewissen entdeckt der Mensch jenes Gesetz, das in der Liebe zu Gott und dem Nächsten erfüllt wird: Er gibt sich dieses Gesetz nicht selbst, sondern muß ihm gehorchen; es ruft ihn auf, das Gute zu lieben und das Böse zu meiden 4316; vgl. L 1c (Vernunftgebot als Naturgesetz).

Durch die Treue gegenüber dem Gewissen verbinden sich die Christen mit den übrigen Menschen zur Suche der Wahrheit und zur Lösung der sittlichen Probleme der einzelnen und der Gesellschaft 4316; je mehr sich das rechte Gewissen durchsetzt, um so mehr lassen die Personen und Gruppen von Willkür ab und orientieren sich an den objektiven Normen der Sittlichkeit 4316; der Wert der Verpflichtung des Gewissens verspricht ein Fortschreiten des Menschen zur Vollkommenheit 4505; vgl. C 4ie (Fortschritt).

Das aus Unkenntnis irrende Gewissen verliert seine Würde nicht. Dies gilt nicht bei Gewöhnung des Gewissens an die Sünde und bei zu geringer Bemühung um das Wahre und Gute 4316.

Das Evangelium achtet die Würde des Gewissens und seine freie Entscheidung als heilig 4341. Vgl. L 1e (Gewissen).

**4fg** **Die Sündhaftigkeit des Menschen und ihre Folgen.** Vgl. D (Die Sünde der Geschöpfe, die Gott verzeiht). Der Mensch durchbricht oft die Ausrichtung an seinem letzten Ziel und damit seine Ordnung gegenüber sich selbst, den anderen Menschen und allen geschaffenen Dingen 4313; er ist in sich zwiespältig; sein ganzes Leben, das einzelne wie das kollektive, stellt sich als Kampf zwischen Gut und Böse dar. Dabei ist er auf die helfende Gnade Gottes angewiesen 4313 (4325) 4337; vgl. C 4kg (Suche des Menschen nach Sinn); D 2bd (Erfahrung der Zwiespältigkeit); F 3b (Der gerechtfertigte Mensch bleibt gefährdet); F 5cb (Notwendigkeit der Gnade).

**4fh** **Jesus Christus, der vollkommene Mensch.** Vgl. E 5b (Jesus Christus ist eines Wesens mit den Menschen). Christus ist ([a]das Bild des unsichtbaren Gottes und ist zugleich) als vollkommener Mensch in die Geschichte eingetreten [a]4322 4338 4341 4345; der Herr ist das Ziel der menschlichen Geschichte, der Punkt, auf den alle Sehnsüchte der Geschichte und der Zivilisation zulaufen, der Mittelpunkt des Menschengeschlechts 4345; Christus als das Alpha und Omega, der erste und letzte, Anfang und Ende 4345; vgl. C 5b (Christus und das Ziel der Geschichte); E 3a (Jesus Christus, der Mittler des Heils). Nur in Christus klärt sich das Geheimnis des Menschen wahrhaft auf 4322; in ihm wird das Rätsel von Schmerz und Tod erhellt, das außerhalb des Evangeliums den Menschen zugrunde richtet 4322; der Mensch muß zur Erkenntnis seiner selbst mit seiner Angst und seinem Zweifel, seiner Schwäche und Sündhaftigkeit, seinem Leben und Tod zu Christus Zuflucht nehmen 4641; in Christus – : finden die Wahrheiten über den Menschen ihren Ursprung und erreichen ihren Gipfelpunkt 4322; – : findet sich die Fülle des religiösen Lebens 4197; Adam als Urbild des künftigen Menschen, nämlich Christi 4322; Christus macht in der Offenbarung des Vaters und dessen Liebe dem Menschen den Menschen kund und erschließt ihm seine höchste Berufung 4322 (4640); vgl. A 1c (Etappen der Offenbarung); E 3bb (Prophetentum Jesu Christi und Jesus Christus als Lehrer). Christus will als vollkommener Mensch alle retten 4345; er nahm die Welt in sich auf und faßte alles zusammen 4338 4345; er hat sich in seiner Fleischwerdung mit jedem Menschen vereinigt 4322; da in Christus die menschliche Natur angenommen wurde, ist sie auch in den übrigen Menschen zu erhabener Würde erhöht worden 4322; die Menschen sind Söhne im Sohn 4322; Christus ist Erstgeborener unter vielen Brüdern 4322 4332; vgl. E 3a (Jesus Christus, der Mittler des Heils). Durch sein Leiden für die Menschen hat Christus den Weg gebahnt, dem die Menschen folgen müssen, damit Leben und Tod geheiligt werden 4322; er fordert eine Nachfolge in seiner Hingabe, die den ganzen Menschen, alle Menschen und den ganzen Kosmos umfaßt 4613f; er zeigt durch sein Beispiel, daß das Kreuz getragen werden muß, das Fleisch und Welt denen auferlegen, die nach Frieden und Gerechtigkeit streben 4338; wer Christus, dem vollkommenen Menschen, folgt, wird selbst mehr Mensch 4341; der Mensch muß sich die Wahrheit der Fleischwerdung und der Erlösung erwerben, um sich wieder zu finden 4641; vgl. E 3bb (Prophetentum Jesu Christi und Jesus Christus als Lehrer). Christus, der Erlöser, machte dem Menschen den Menschen noch kund. Dies ist die menschliche Begründung und Eigentümlichkeit der Erlösung 4640; der Mensch entdeckt in ihr von neuem Größe, Würde und Wert seiner Menschheit 4640; der Mensch wird nochmals "ausgedrückt", geschaffen 4640; vgl. E 3bb (Prophetentum Jesu Christi und Jesus Christus als Lehrer). In vollkommener Liebe und vollkommenem Gehorsam gegenüber seinem Vater gibt Christus sich hin 4613; vgl. E 2bb (Christi Wirken unter den Menschen). Christus als König aller Menschen: E 3bd (Königtum Jesu Christi).

**4fi** **Christus, das Heil des Menschen.** Gottes Ratschluß hat Christus zum Ursprung des Heils für die Welt bestimmt 4141; Gott, der Vater, wollte von Anfang an seine Herrlichkeit mit den Menschen teilen in Christus Jesus 4814; das Heil beginnt im Leben Christi, wird durch Tod und Auferstehung für immer erworben und muß in der Geschichte fortgeführt werden bis zu Christi Ankunft 4571; nach der Menschwerdung Christi ist jeder Mensch sein Bruder und dazu berufen, Christ zu werden, um von ihm das Heil zu empfangen 4550; der Hl. Geist bietet allen die Möglichkeit, sich mit dem österlichen Geheimnis zu verbinden 4322; durch Gottes Wort und die Sakramente wird der Mensch von der Macht der Sünde und des Bösen befreit und in die Gemeinschaft der Liebe mit Gott hineingeführt 4755; Christi Reich und Heil können von jedem Menschen als Gnade durch Selbstverleugnung, Erneuerung und Umkehr empfangen werden 4572; vgl. B 3b (Der Geist Gottes in Schöpfung und Heilsgeschichte); C 4da (Gott will in seiner Gnade das Heil des Menschen); C 4fh (Christus, der vollkommene Mensch); C 4jc (Berufung aller Menschen zum Heil); C 5d (Reich Gottes und Christi als Ziel der Geschichte); E 2bb (Christi Wirken unter den Menschen); E 3 (Jesus Christus, der Erlöser); E 4 (Sendung Jesu Christi); F 1 (Gottes universaler Heilswille); bes. F 1c (Gottes universaler Heilswille in Jesus Christus); F 2 (Rechtfertigung des Sünders durch die Gnade Gottes). Mitwirkung der Menschen, besonders Mariens an der Erlösung: E 6d. Umkehr und Rechtfertigung bzw. Heil: F 2b (Umkehr und Rechtfertigung aus Glauben). Verkündigung des Heils: A 2bb (Glaube, vom Menschen verantwortet); G 3cd (Kirche und Evangelisation bzw. Mission); G 6ca (Apostolat der Laien); H 2f (Bischöfe und Welt); H 3a (Generelle Bestimmungen zum Verkündigungsdienst der Bischöfe); H 5 (Dienstamt der Priester). Glaube als Anfang des Heils 1532 3008; vgl. A 2b (Glaube als Antwort auf die Offenbarung Gottes); F 2ba (Grundlage der Rechtfertigung); L 2c (Tugend des Glaubens).

Das Heil wird durch die K i r c h e und ihre S a k r a m e n t e vermittelt: G 2bb (Sakramentaler Charakter der Kirche); G 2bc (Heilsnotwendigkeit der Kirche); G 7a (Verhältnis der Kirche zu Welt, Gesellschaft und Kultur); die Sakramente und ihre Wirkung: K (Gott heiligt durch die Sakramente); bes. K 2f (Würde und Notwendigkeit der Sakramente); K 3f (Würde und Notwendigkeit der Taufe).

Der g e r e c h t f e r t i g t e M e n s c h : F 3a.

Bleibende Verwiesenheit des Menschen auf die göttliche G n a d e : F (Gott rechtfertigt und heiligt den Menschen); bes. F 3b (Der gerechtfertigte Mensch bleibt gefährdet); F 5cb (Notwendigkeit der Gnade).

**Der Mensch und die Kirche.** Der Mensch ist der Weg der Kirche 4645; innigste Verbundenheit – : der **4fj** Kirche mit dem Menschengeschlecht und seiner Geschichte **4301** 4303; – : der Jünger Christi mit Freude, Hoffnung, Trauer und Angst der Menschen von heute, besonders der Armen und Bedrängten **4301**; die Sendung der Kirche ist eine religiöse und daher eine zutiefst menschliche 4311; die Kirche ist den Menschen treu zugetan 4321; vgl. G 2bb (Sakramentaler Charakter der Kirche); G 2bc (Heilsnotwendigkeit der Kirche); G 2bd (Sendung der Kirche); G 3c (Katholizität der Kirche); G 3cd (Kirche und Evangelisation bzw. Mission); G 7a (Verhältnis der Kirche zu Welt, Gesellschaft und Kultur).

Die Kirche gibt eine Antwort auf die Fragen des Menschen: C 4jm (Kirche und menschliche Berufung).

**Der christliche Mensch** empfängt die Erstlingsgaben des Geistes, durch die er fähig wird, das neue Gesetz **4fk** der Liebe zu erfüllen 4322; im Hl. Geist wird der Mensch zu einem neuen Geschöpf gemacht 4337; vgl. B 3bf (Hl. Geist im Leben der Glaubenden); F 2cd (Gaben des Hl. Geistes); G 3ac (Die e i n e Kirche, erbaut durch die Vielzahl der Charismen).

Auf dem Christen liegt die Notwendigkeit und die Pflicht, gegen das Böse anzukämpfen und den Tod zu ertragen, aber dem österlichen Geheimnis verbunden und dem Tod Christi gleichgestaltet, geht er voll Hoffnung der Auferstehung entgegen 4322; vgl. L 2d (Tugend der Hoffnung); M 3 (Das Leben der zukünftigen Welt).

Aufgaben, Pflichten und Rechte des christlichen Menschen: G 4b (Berufung und Sendung der Gemeinschaft der Glaubenden); G 6c (Sendung und Aufgabe der Laien); H (Gott leitet, unterweist und heiligt die Kirche durch seine Diener); L (Gott beruft den Menschen zum sittlichen Leben in Gemeinschaft).

**Ehrfurcht des Menschen vor Gott.** Vgl. A 2b (Der Glaube als Antwort auf die Offenbarung Gottes); G 4bb **4fl** (Wege der Heiligung); J (Gott begegnet seinem Volk in der Liturgie); J 1e (Liturgien und Frömmigkeitsformen); L 2 (Das persönliche Verhältnis zu Gott).

**Die Berufung des Menschen:** C 4j. **4fm**

## g. – D IE SOZIALE N ATUR DES M ENSCHEN   C 4g

**Die Bestimmung des Menschen zum gesellschaftlichen Leben.** Die Gemeinschaft in der T r i n i t ä t als **4ga** Grund und Basis der menschlichen Gemeinschaft **4324**; in der gesellschaftlichen Ordnung muß der Mensch das Abbild der göttlichen Vollkommenheit erkennen 3772 (3978); vgl. B 4bd (Die drei göttlichen Personen sind ein Gott); B 4ca (Einheit des Wirkens der göttlichen Personen in Schöpfung und Heilsgeschichte).

Der Mensch lebt seiner Natur nach, [a]*aufgrund der Anordnung Gottes,* [b]*nicht nur freiwillig* oder [c]*durch Übereinkunft der Menschen* in Gemeinschaft [ac]3151 [ab]3165 (3168) [a]3170–3173 3743 3971 [a]3973 [a]3979f 4312 4325; Gott erschuf ihn nicht zu einem Leben in Vereinzelung, sondern zur Bildung einer gesellschaftlichen Einheit 4332; der Mensch wird vom Schöpfer vernunftbegabt und frei in die Gesellschaft gestellt 4321; der Schöpfer hat die Gesetze des gesellschaftlichen Leben in die geistige und sittliche Natur des Menschen eingeschrieben 4323; Gott hat die Sorge um das Menschengeschlecht unter die kirchliche und staatliche Gewalt aufgeteilt 3168.

Die menschliche Person bedarf ihrer N a t u r nach des gesellschaftlichen Lebens und ist zur Erfüllung ihrer B e r u f u n g auf den Umgang mit anderen, deren Dienste und auf das Gespräch angewiesen 4312 4325; ohne Beziehung zu anderen kann der Mensch weder leben noch seine Anlagen entfalten 4312.

O r d n u n g d e s M e n s c h e n gegenüber Gott, sich selbst, den Mitmenschen und allen geschaffenen Dingen **4313**; Person, Beziehung zwischen den Personen, ihre Verbindung mit Gott 4576.

Der Mensch gehört der H a u s g e m e i n s c h a f t, der b ü r g e r l i c h e n G e m e i n s c h a f t, [a]*der Kirche* an 3165 [a]3685; es existieren gesellschaftliche Bindungen, die für den Menschen notwendig sind und mit seiner Natur zusammenhängen, wie Familie und politische Gemeinschaft, und andere, die aus seinem freien Willen hervorgehen 4325; vgl. G 6cc (Sendung und Aufgabe der Laien in Ehe und Familie); G 4a (Zugehörigkeit zur Kirche); L 6 (Ordnung von Ehe und Familie).

Gott hat den Menschen von Anfang an als M a n n u n d F r a u geschaffen; ihre Verbindung bewirkt die erste Form von Gemeinschaft unter den Personen **4312**; aus den familiären Bindungen entstehen die gesellschaftlichen Beziehungen (4332); vgl. C 4fe (Der Mensch als Mann oder Frau); K 9 (Sakrament der Ehe); L 6a (Recht auf Ehe und Familie).

Alle sollen ihren N ä c h s t e n als ein anderes Ich ansehen, indem sie auf sein Leben und die notwendigen Mittel, um es würdig zu führen, bedacht sind 4327; die äußeren Güter und die Güter der Seele sind

dem Menschen zur eigenen Vervollkommnung und zum Nutzen der anderen verliehen worden 3267 3952; anderen zu helfen, ihre Unterlegenheit in bezug auf Wissen, Tugend, Geisteskraft und äußere Güter zu überwinden, ist eine schwerwiegende Verpflichtung 3988; vgl. L 4 (Verhältnis zum Nächsten); L 5a (Soziale Natur des Menschen).

Die gesellschaftliche Ordnung als ständige Aufgabe; sie muß täglich neu begründet werden 4326; die Personen sind die aktiven und verantwortlichen Subjekte des gesellschaftlichen Lebens 4765; die gesellschaftlichen Erfordernisse sind unter die Hauptpflichten des heutigen Menschen zu rechnen 4330; der Mensch ist kein anonymes Element der Gesellschaft 4314; vgl. L 5b (Die Gesellschaft und ihre Verantwortung); L 5e (Solidaritätsprinzip); L 5f (Subsidiaritätsprinzip); L 7 (Ordnung der Gesellschaft).

Die menschlichen Personen empfangen zur Erfüllung ihrer Berufung, auch der religiösen, vom gesellschaftlichen Leben viel 4325.

Vgl. L 4 (Verhältnis zum Nächsten); L 5 (Grundbestimmungen sozialen sittlichen Lebens); bes. L 5a (Soziale Natur des Menschen).

**4gb  Brüderlichkeit, Solidarität und Liebe unter den Menschen.** Die menschliche und übernatürliche Brüderlichkeit zeigt sich in der Pflicht zur Solidarität, zur sozialen Gerechtigkeit, zur allgemeinen Liebe 4459; die Pflicht zur Solidarität gilt auch unter den Völkern 4461; vgl. C 4gc (Gerechtigkeit und Friede); L 5e (Solidaritätsprinzip); L 9 (Ordnung der Menschheitsfamilie).

Die Bemühungen um Gerechtigkeit, Brüderlichkeit und eine humane Ordnung sind wertvoller als technische Fortschritte **4335**; der Friede ist Frucht der Liebe und Ausdruck wahrer Brüderlichkeit 4488; vgl. C 4gc (Gerechtigkeit und Friede); C 4ie (Fortschritt); C 4gm (Befreiung und Strukturwandel); L 7 (Ordnung der Gesellschaft: Fortschritt; Friede).

Die Welt ist nicht mehr der Raum der Brüderlichkeit, die Macht der Menschheit droht das Menschengeschlecht zu vernichten 4337; vgl. C 4kd (Bedrohungen und Probleme des Menschengeschlechts); C 4ke (Arme).

Gott wollte, daß alle Menschen *eine* Familie bilden und in brüderlicher Gesinnung miteinander umgehen 4324; die brüderliche Gemeinschaft entspricht der Berufung des Menschen 4303.

Christus als Bruder der Menschen: E 2ba (Christi Gemeinschaft mit den Menschen).

Christus brachte den Menschen die Brüderlichkeit, um sie mit dem Vater zu versöhnen 4488; er gibt die Zuversicht, daß der Versuch, eine allumfassende Brüderlichkeit herzustellen, nicht vergeblich ist 4338; vgl. E 3a (Jesus Christus, der Mittler des Heils).

Die christliche Liebe versammelt alle in einer Brüderlichkeit, die fähig ist, den Weg zu einer neuen Geschichte zu eröffnen 4613; vgl. L 2e (Tugend der Liebe).

Die Kirche als brüderliche Gemeinschaft 4332; vgl. G 3a (Einheit der Kirche).

Option der Kirche für die Armen mit dem Ziel eines würdigen und brüderlichen menschlichen Zusammenlebens 4633; vgl. G 7ad (Kirche und Arme).

Das Zweite Vatikanische Konzil bietet den Menschen die Mitarbeit an, um die brüderliche Gemeinschaft aller zu errichten 4303.

Solidarität: Das Mitfühlen (Solidarität) ist der feste und beständige Wille, für das Gemeinwohl zu sorgen 4817; Zusammenarbeit als Akt des Mitfühlens zwischen Menschen und Völkern (4461) 4817f; Mitfühlen ist für die Völker Weg zum Frieden und zum Fortschritt 4818; vgl. L 7 (Ordnung der Gesellschaft: Friede); L 9 (Ordnung der Menschheitsfamilie).

Handlungsprinzip der Solidarität: L 5e.

Erziehung zur Solidarität 4776.

Die menschliche Solidarität kann sich nur in Christus verwirklichen 4488; vgl. C 4fh (Christus, der vollkommene Mensch); E 3a (Jesus Christus, der Mittler des Heils).

Die Kirche zeigt Solidarität mit den Menschen, die in der Gesellschaft nichts wert zu sein scheinen, indem sie sie in die menschliche Brüderlichkeit und in die Gemeinschaft der Kinder Gottes aufnimmt 4760; sie legt den aufrichtigen Kampf um soziale Gerechtigkeit und Solidarität nahe 4773; vgl. G 7ab (Kirche und Gesellschaft); G 7ad (Kirche und Arme).

Liebe: Das Hauptgebot der Liebe führt zur vollen Anerkennung der Würde eines jeden nach dem Bilde Gottes geschaffenen Menschen 4765; Achtung und Liebe müssen sich auch auf jene erstrecken, die in gesellschaftlichen, politischen oder religiösen Fragen anders denken oder handeln 4328; die Hauptgesetze des sozialen Lebens sind Gerechtigkeit und Liebe 3941 3973 (3978); die gesellschaftliche Ordnung muß durch Liebe lebendig gemacht werden 4326; Erfüllung der Pflicht zur Gerechtigkeit und Liebe – : durch Beitrag zum Gemeinwohl 4330 (4766) (4818); – : wenn sich die Mitglieder jeder Gesellschaft wechselseitig als Personen anerkennen 4818; zur Gerechtigkeit muß die Liebe hinzutreten, um das menschliche Leben in seinen verschiedenen Bereichen zu prägen 4684.

Handlungsprinzip der Liebe gegenüber Gott, unter den Menschen und in der Gesellschaft: L 2e (Tugend der Liebe); L 2f (Vereinigung mit Gott); L 3a (Selbstliebe als Grundverpflichtung); L 4a (Nächstenliebe); L 5b (Gesellschaft und ihre Verantwortung); L 5e (Solidaritätsprinzip).

Zivilisation der Liebe 4776 4815; vgl. C 4gp (Christen und menschliche Gesellschaft); G 4bf (Aufgaben der Glaubenden in der Welt); G 7ab (Kirche und Gesellschaft); L 13 (Ordnung der Kultur).

Verwiesenheit des Menschen auf Liebe: C 4fd; C 4jf (Berufung des Menschen zur Selbsthingabe).

Gott ist in seinem innersten Leben wesenhafte Liebe 4780; vgl. B 1b (Gott als Urgrund des Lebens, der Wahrheit, der Güte); das Reich Christi ist das Reich der Liebe und des Friedens 4162 (4339 4481);

vgl. E 3bd (Königtum Jesu Christi); M 3bf (Ewiges Leben und Herrschen mit Christus); der Hl. Geist als die personale Liebe Gottes 4780; vgl. B 3c (Göttlichkeit des Hl. Geistes); der Hl. Geist steht der Entwicklung der gesellschaftlichen Ordnung in Wahrheit, Gerechtigkeit, Liebe und Freiheit bei 4326; vgl. B 1b (Wollen Gottes: Gott ist barmherzig); F 1 (Gottes Barmherzigkeit und universaler Heilswille).

In vollkommener Liebe und vollkommenem Gehorsam gegenüber seinem Vater gibt Christus sich hin 4613; er dehnt das Gebot der Liebe auf alle Feinde aus 4328 (4773); Christus hat zu allen den Hl. Geist gesandt, daß er sie bewege, Gott aus ganzem Herzen zu lieben und sich gegenseitig zu lieben 4166; die Liebe als [a]*Auftrag des Neuen Bundes*, [b]*als Fülle des Gesetzes* [a]4328 [b]4332; die evangelische Ordnung ist die Ordnung der Liebe 4579; die Barmherzigkeit als Hauptlehre der messianischen Botschaft Christi und Kraft seines Wirkens 4680; vgl. E 2bb (Christi Wirken unter den Menschen); E 3bb (Prophetentum Jesu Christi und Christus als Lehrer); E 4 (Sendung Jesu Christi).

Alle Glaubenden sind zur Vollkommenheit in der Liebe berufen 4166; sie sollen lieben wie Christus 4123 4166 4613f; Hingabe als Weg der Nachfolge Jesu in einer Liebe, die alle Menschen umfaßt (4338) 4613; der göttlichen Liebe ist besonders in den gewöhnlichen Lebensverhältnissen nachzustreben 4338; vgl. C 4jf (Berufung des Menschen zur Selbsthingabe); G 4bb (Wege der Heiligung); G 4bf (Aufgaben der Glaubenden in der Welt); G 6cb (Sendung und Aufgabe der Laien in der Welt); G 7aa (Kirche, Welt und Menschengeschlecht).

**Gerechtigkeit und Friede.** Streben nach Gerechtigkeit in der heutigen Welt: C 4kf; ein großer Teil der Menschen befindet sich in Lebensbedingungen, die ihre gerechten Bestrebungen vereiteln 4441; vgl. C 4kd (Bedrohungen und Probleme der Menschengeschlechts); C 4ke (Arme).    **4gc**

Die Gerechtigkeit ordnet die Beziehungen unter den Menschen 4756; die Hauptgesetze des sozialen Lebens sind Gerechtigkeit und Liebe 3941 3973 (3978); die gesellschaftliche Ordnung gilt es in Gerechtigkeit aufzubauen 4326; die menschliche und übernatürliche Brüderlichkeit zeigt sich in der Pflicht zur Solidarität, zur sozialen Gerechtigkeit, zur allgemeinen Liebe 4459; Erfüllung der Pflicht zur Gerechtigkeit und Liebe –: durch Beitrag zum Gemeinwohl 4330 (4766) (4818); –: wenn sich die Mitglieder jeder Gesellschaft wechselseitig als Personen anerkennen 4818; in einer gerechten Ordnung kann sich der Mensch als Mensch verwirklichen, werden seine Würde respektiert, seine berechtigten Ansprüche befriedigt, sein Zugang zur Wahrheit anerkannt und seine persönliche Freiheit garantiert 4486; er ist dann nicht Gegenstand, sondern Träger seiner eigenen Geschichte 4486; eine neue soziale und politische Ordnung nach den Erfordernissen der Gerechtigkeit als Ziel des Kampfes gegen Ungerechtigkeiten 4774; Friede kann nur mit einer neuen Ordnung erlangt werden, die eine vollkommenere Gerechtigkeit unter den Menschen mit sich bringt 4486; vgl. C 4gm (Befreiung und Strukturwandel); die Pläne und Werke, die von der Vorstellung der Gerechtigkeit ausgehen, werden oft in der Wirklichkeit entstellt 4684; vgl. C 4if (Das von der Sünde verdorbene menschliche Schaffen); D 5 (Menschliches Schaffen und Fortschritt unter der Macht der Sünde); zur Gerechtigkeit muß die Liebe hinzutreten, um das menschliche Leben in seinen verschiedenen Bereichen zu prägen 4684.

Soziale Gerechtigkeit: L 5e (Solidaritätsprinzip); L 7 (Ordnung der Gesellschaft: soziale Gerechtigkeit); L 9 (Ordnung der Menschheitsfamilie).

Gerechtigkeit bei Erwerb und Besitz: L 11 und L 12 (Ordnung des Eigentums/der Wirtschaft). ([a]Die christliche Suche nach) Gerechtigkeit als Forderung des Evangeliums [a]4482 4762; wahre Freiheit ist Dienst an der Gerechtigkeit 4753.

Merkmale für das christliche Verständnis vom Frieden: Friede als –: Werk der Gerechtigkeit 4486; –: ist eine dauernde Aufgabe 4487; –: ist Frucht der Liebe, Ausdruck einer wahren Brüderlichkeit unter den Menschen 4488; –: ist nicht einfach Freisein von Krieg 4468.

Wege zum Frieden: Der Friede wird nicht vorgefunden, sondern [a]*durch beharrliche Arbeit* [b]*mit dem Geist, den Ideen und den Werken des Friedens* errichtet [b]4422 [a]4468 4487; ein authentischer Frieden schließt Kampf, Einfallsreichtum und fortwährende Eroberung ein 4487.

Die Gewalt ist weder christlich noch dem Evangelium gemäß 4489; die von Machtgruppen ausgeübte Unterdrückung ist der ständige und unvermeidliche Keim zu Rebellionen und Kriegen 4486; revolutionäre Umtriebe gebären neue Ungerechtigkeiten 4453 4774; denn Gewaltanwendung läßt sich nur einen statischer und scheinbarer Frieden erlangen 4487; die Kirche empfiehlt nicht den Kampf der Klassen untereinander, sondern einen aufrichtigen Kampf um soziale Gerechtigkeit und Solidarität 4773; vgl. C 4gm (Befreiung und Strukturwandel); L 7 (Ordnung der Gesellschaft: Gewalt).

Wo sozialer Friede bei ungerechten sozialen, politischen, wirtschaftlichen und kulturellen Ungleichheiten nicht existiert, liegt eine Zurückweisung des Friedens des Herrn, ja eine Zurückweisung des Herrn selbst vor 4488; wo ungerechte Ungleichheiten zwischen Menschen und Nationen bestehen, wird gegen den Frieden verstoßen 4486; vgl. C 4gg (Gleichheit und Ungleichheit in der Gesellschaft); L 7 (Ordnung der Gesellschaft: Gleichheit und Ungleichheit); L 9 (Ordnung der Menschheitsfamilie).

Friede und Fortschritt: Die ganzheitliche Entwicklung des Menschen ([a]der Schritt von weniger menschlichen Bedingungen zu menschlicheren Bedingungen) ist der neue Name für den Frieden 4485 [a]4486; der wahre und echte Fortschritt des Menschen besteht in Friede und Gerechtigkeit 4579; Friede kann nur mit einer neuen Ordnung erlangt werden, die eine vollkommenere Gerechtigkeit unter den Menschen mit sich bringt 4486; vgl. C 4ie (Fortschritt); L 7 (Ordnung der Gesellschaft: Fortschritt und Friede).

Friede und Brüderlichkeit: Friede ist Ausdruck einer wahren Brüderlichkeit unter den Menschen 4488; Mitfühlen (Solidarität) ist zugleich der Weg zum Frieden und zum Fortschritt 4818; vgl. C 4gb (Brüderlichkeit und Solidarität); L 5e (Solidaritätsprinzip).

Der Friede mit Gott ist die Grundlage des inneren und des sozialen Friedens 4488; vgl. L 2e (Tugend der Liebe: Einheit von Gottes- und Nächstenliebe); L 2f (Vereinigung mit Gott); Gott hat den Menschen eine wahrhafte und menschliche Friedensgeschichte versprochen 4422; Ähnlichkeit der Einheit der Menschen mit der Einheit der göttlichen Personen 4324; die Menschen wurden von Gott in Heiligkeit und Gerechtigkeit erschaffen: C 4bb; Gott ist gerecht 285 621 1547 1549 1672 2216 3781; vgl. B 1b (Wollen Gottes); die erlösende Gerechtigkeit des Vaters 4615; Gott rechtfertigt die Sünder in Gnade: F 2b; Gott wird eine neue Wohnstätte und eine neue Erde bereiten, auf der Gerechtigkeit und Friede wohnen 4339; vgl. M 3be (Vollendung der Welt).

Christus ist – : der Ursprung [a]der Einheit und des Friedens [a]4124 4198; – : der Friedensfürst, der den Frieden gibt, den die Welt nicht geben kann 4488; – : die Kraft, die von Ungerechtigkeit und Unterdrückung befreit und soziale Gerechtigkeit inspiriert 4482; er ist die einzige Quelle (der Gerechtigkeit) und Mittler aller Gnaden 1526 3370 (3820); er zeigt durch sein Beispiel, daß das Kreuz getragen werden muß, das Fleisch und Welt denen auferlegt, die nach Frieden und Gerechtigkeit streben 4338; der Plan der Erlösung erstreckt sich bis zu konkreten Situationen des Unrechts, das zu überwinden, und der Gerechtigkeit, die wiederherzustellen ist 4579; das Reich Christi ist das Reich der Gerechtigkeit, der Liebe und des Friedens 4162 (4339 4481); vgl. E 3a (Jesus Christus, der Mittler des Heiles); E 3bb (Prophetentum Jesu Christi und Christus als Lehrer); E 3bd (Königtum Jesu Christi); M 3bf (Ewiges Leben und Herrschen mit Christus).

Der Hl. Geist steht der Entwicklung der gesellschaftlichen Ordnung in Wahrheit, Gerechtigkeit, Liebe und Freiheit bei 4326; vgl. B 3bc (Wirken des Hl. Geistes in den Menschen).

Die Kirche als Zeichen der Einheit für die Welt 4101 4124 4135 4321 4342 4343; sie verkündet den Frieden in der Welt 4162; sie fördert ihn 4135; ihre Einheit stärkt und erfüllt die Einheit der Menschenfamilie 4342; durch die Laien soll die Welt ihr Ziel in Gerechtigkeit, Liebe und Friede wirksamer erreichen 4162; die Kirche festigt das Gefüge der menschlichen Gesellschaft in Gerechtigkeit und Friede 4340; Option für die Armen mit dem Ziel einer gerechten und freien Gesellschaft 4633; Christen und Muslime sollen gemeinsam soziale Gerechtigkeit, Frieden und Freiheit für alle Menschen schützen und fördern 4197; Kirche und Einheit des Menschengeschlechts bzw. Friede unter den Menschen: G 2bb (Sakramentaler Charakter der Kirche); G 3a (Einheit der Kirche); G 7aa und 7ab (Kirche und Menschengeschlecht/Gesellschaft); Option der Kirche für die Armen mit einer gerechten und freien Gesellschaft als Ziel 4633; vgl. G 7ad (Kirche und Arme); die Lehre der Kirche erstreckt sich insbesondere auf die Gerechtigkeit 4756.

Evangelisierung bedeutet keine Vernachlässigung, sondern Förderung von Gerechtigkeit, Befreiung, Fortschritt und Frieden in der Welt 4579; vgl. G 3cd (Kirche und Evangelisation bzw. Mission).

Der Christ ist ein Baumeister des Friedens 4487; durch die Christen soll die Welt ihr Ziel in Gerechtigkeit, Liebe und Friede wirksamer erreichen 4162; der Christ soll den Weg des Dialogs und der Übereinstimmung der Parteien wählen 4773; er ist friedfertig, aber nicht schlechthin Pazifist, weil er fähig ist zu kämpfen; aber er zieht dem Krieg den Frieden vor 4489; vgl. G 4bf (Aufgaben der Glaubenden in der Welt).

Die Christen erwarten das Reich Christi der Gerechtigkeit, der Liebe und des Friedens 4162 4339 4481; vgl. M 3be (Vollendung der Welt); M 3bf (Herrschen mit Christus).

Unfriede und Ungerechtigkeit: C 4gl (Störungen in der Gesellschaft); C 4kd (Bedrohungen und Probleme des Menschengeschlechts); C 4ke (Arme); D 4c (Sündhafte Strukturen der Gesellschaft).

Vgl. C 4gg (Gleichheit und Ungleichheit in der Gesellschaft); L 5e (Solidaritätsprinzip); L 7 (Ordnung der Gesellschaft: soziale Gerechtigkeit; Friede); L 9 (Ordnung der Menschheitsfamilie).

**4gd** **Das Gemeinwohl** umfaßt die Summe jener Bedingungen des gesellschaftlichen Lebens, durch die die Menschen, [a]die Einzelnen und die Gruppen, ihre Vervollkommnung reicher und leichter erreichen können 3984 [a]4326; es steht im Dienste der Personen [a]und bewahrt ihre Rechte [a]3983 [a]3985 4771; gesorgt werden muß für alle Glieder der Gesellschaft, wenn auch auf unterschiedliche Weise 3984.

Wegen der wachsenden gegenseitigen weltweiten Abhängigkeit umfaßt das Gemeinwohl mehr Rechte und Pflichten, die das ganze Menschengeschlecht betreffen 4326 4330; die Sorge für das Gemeinwohl muß sich ([a]über das eigene Volk hinaus) auf die ganze Welt erstrecken 3732 3940 3956 [a]3983 [a]3989 3992–3994 4326 4330; die Gruppen müssen die Bedürfnisse und Ansprüche anderer Gruppen und das Gemeinwohl der ganzen Menschheit berücksichtigen 4326; die geschaffenen Güter müssen allen zugute kommen 4448; vgl. C 4gj (Universale Gemeinschaft der Völker und internationale Institutionen); L 9 (Ordnung der Menschheitsfamilie).

Jeder soll nach seinen Fähigkeiten und den Bedürfnissen der anderen zum Gemeinwohl beitragen 4330; vgl. L 5e (Solidaritätsprinzip).

Die dem Gemeinwohl geschuldeten Pflichten: L 5c (Gemeinwohl).

Vgl. C 4ge (Zweck der bürgerlichen Gesellschaft); C 4gh (Autorität in der Gesellschaft); C 4gi (Institutionen); C 4gj (Universale Gemeinschaft der Völker und internationale Institutionen); L 5c (Gemeinwohl); L 5e (Solidaritätsprinzip); L 7–11 (Ordnung von Gesellschaft, Staat, Menschheitsfamilie, Arbeit, Eigentum).

**Der Zweck der bürgerlichen Gemeinschaft** ist – : volles Genügen für das Leben zu verschaffen, das der **4ge** Mensch allein nicht erlangen kann 3165 (4326); – : die natürliche Vervollkommnung (ᵃdas Wohl) des Menschen zu fördern 3772 3782 ᵃ4326; – : für das Gemeinwohl zu sorgen, (ᵃindem sie einen Rahmen für die Tätigkeiten der einzelnen setzt) 3772 ᵃ3782 3936 (4342 4438 4629); vgl. L 7 (Ordnung der Gesellschaft: Zweck).

Die M e n s c h e n r e c h t e kann die menschliche Gesellschaft nicht von sich aus gewähren, da sie ihr vorangehen, sie muß sie jedoch schützen und wirksam machen 4551; die Grundrechte werden nicht durch Regierungen oder Institutionen verliehen, sondern haben Gott, den Schöpfer und Vater, zum Urheber 4628; die wichtigsten Menschenrechte müssen Eingang in die Staatsverfassungen finden 3986; vgl. L 5g (Menschenrechte); Rechte und Pflichten der Bürger: L 7 (Ordnung der Gesellschaft: Menschenrechte); L 8 (Ordnung des Staates).

Nur den Gemeinschaften, die durch die Bande der Geisteskultur und der Religion verbunden sind, steht es zu – unbeschadet der Freiheit ihrer Mitglieder – die Überzeugungen zu nähren, die Natur, Ursprung und Ziel des Menschen und der Gesellschaft betreffen 4503; vgl. L 5d (Institutionen und ihre Verwurzelung in der Natur des Menschen).

Zurückgewiesen wird die Lehre, die eine Gesellschaft ohne Religion zu errichten sucht und die Religionsfreiheit der Bürger bekämpft 4162; vgl. L 7 (Ordnung der Gesellschaft: Gesellschaftslehren und -systeme).

Vgl. L 5b (Die Gesellschaft und ihre Verantwortung); L 7 (Ordnung der Gesellschaft: Zweck; Menschenrechte).

**Das Wesen der bürgerlichen Gemeinschaft.** Die bürgerliche Gesellschaft ist eine der Art wie auch dem **4gf** Recht nach vollkommene Gesellschaft 3168 3170 3685; dennoch ist der Mensch älter als der Staat, weshalb nicht der Mensch für den Staat, sondern der Staat für den Menschen da ist, (ᵃwobei eine zu liberale Auslegung dieses Prinzips verworfen wird) 3265 3728 ᵃ3772 3949; die gesellschaftliche Ordnung und ihr Fortschreiten müssen sich am Wohl der Personen ausrichten. Denn die Ordnung der Dinge ist der Ordnung der Personen zu unterwerfen **4326** (4446f 4457 4580 4812 4815).

Die gesellschaftliche Ordnung gilt es täglich zu e n t w i c k e l n, in Wahrheit zu gründen, in Gerechtigkeit aufzubauen und durch Liebe lebendig zu machen; in Freiheit muß sie ein täglich menschlicheres Gleichgewicht finden **4326**.

Der Fortschritt der menschlichen P e r s o n und das Wachstum der Gesellschaft hängen voneinander ab 4325; allen im irdischen Gemeinwesen steht Freiheit zu 4163; der Mensch wird vom Schöpfer frei in die Gesellschaft gestellt 4321.

Die moderne Zivilisation muß auf g e i s t i g e n P r i n z i p i e n, die auf dem Glauben an Gott beruhen, erbaut werden, die sie allein erhalten, erleuchten und beleben 4425.

Das irdische Gemeinwesen, mit Recht den weltlichen Sorgen zugetan, wird nach e i g e n e n G r u n d s ä t z e n gelenkt 4162.

Damit alle B ü r g e r bereit sind, sich an den verschiedenen G r u p p e n der Gesellschaft zu beteiligen, müssen sie in diesen Gruppen Werte finden 4331; Solidaritätsprinzip: L 5e; Subsidiaritätsprinzip: L 5f; vgl. L 5d (Institutionen und ihre Verwurzelung in der Natur des Menschen).

Vgl. L 5b (Die Gesellschaft und ihre Verantwortung); L 7 und L 8 (Ordnung der Gesellschaft/des Staates).

**Gleichheit und Ungleichheit in der Gesellschaft.** Die grundlegende G l e i c h h e i t der Menschen in der **4gg** Gesellschaft aufgrund ihrer Würde (ᵃaufgrund ihrer Gottesebenbildlichkeit, derselben Natur und desselben Ursprungs) und ᵇihrer göttlichen Berufung (ᶜtrotz rassischer Unterschiede) ᵇ3130 ᶜ3977 3980 3988 ᵃᵇ4329; die menschliche Würde und die sich aus ihr ergebenden Rechte ᵃund Pflichten kommen allen Menschen gleichermaßen zu ᵃ3957 4199 ᵃ4326.

Gesellschaftliche oder kulturelle Diskriminierung in den Grundrechten der Person wegen des Geschlechts, der Rasse, Farbe, gesellschaftlichen Stellung, Sprache oder Religion muß beseitigt werden, da sie dem Plan Gottes widerspricht 4199 (4321) **4329** 4460 4467.

In der menschlichen Gemeinschaft entspricht dem natürlichen Recht die einen Menschen die Pflicht der anderen, dieses Recht anzuerkennen 3970f 3977.

Die U n g l e i c h h e i t der Vollmachten in der Gesellschaft geht von Gott aus 3131; die soziale Ordnung muß zu einem stets menschlichen Gleichmaß ausgeformt werden 3973.

Gleichheit und Teilhabe an den Leitungsaufgaben als Formen der menschlichen Würde und Freiheit 4501.

Vgl. L 5g (Menschenrechte); L 7 (Ordnung der Gesellschaft: Gleichheit).

**Autorität in der Gesellschaft.** B e f e h l s g e w a l t ist für jede menschliche Gesellschaft notwendig 3150 3165 **4gh** 3979f; diese stammt ᵃnicht aus dem Willen des Volkes, sondern ᵇaus der Natur und deshalb ᶜvon Gott ᵃ3150f ᵇᶜ3165 ᵃᶜ3170 ᶜ3743 ᵇᶜ3979 ᶜ3981f ᵃ3987.

Die R e c h t m ä ß i g k e i t der Autorität wird verteidigt gegen die Behauptungen: [Der vollkommene Mensch ist vom Gehorsam befreit] 893 2265; [Ein Volk, das ein Gesetz ablehnt, sündigt nicht] 2048; [Ein Volk kann nach Belieben Herren, die sich verfehlen, zurechtweisen] 1167; verworfen wird eine materialistische Vorstellung von Autorität 2960; das Recht auf Herrschaft erlischt bei einem sündigen Menschen nicht 1121 1165 1230.

Jede menschliche Autorität hat ihre G r e n z e n im ewigen Gesetz 3248f; ihre Dekrete haben keine Gültigkeit, wenn sie Gesetze Gottes oder Rechte der Menschen verletzen 3981 3985; bei der Herrschaftsausübung muß die Würde der menschlichen Person berücksichtigt werden 3980f; jede Regierung hat die Grundrechte der Person und der Familie und die Erfordernisse des Gemeinwohls

anzuerkennen 4342; vgl. L 1c und L 1d (Naturgesetz); C 4gd und L 5c (Gemeinwohl); L 5g (Menschenrechte).

Wichtigste Aufgabe des Staates ist es, den Bürgern die Wahrnehmung ihrer Rechte und Pflichten zu ermöglichen 3985.

Der göttliche Ursprung der Autorität steht dem Recht der Bürger nicht entgegen, die Form des Gemeinwesens und der Machtausübung selbst zu bestimmen 3982; das Vermögen der Autorität, Verpflichtungen aufzuerlegen, leitet sich ᵃ*aus der sittlichen Ordnung* und ᵇ*aus dem Erfordernis des Gemeinwohls* ᵃ3980 ᵇ3983f her; die Ausübung der politischen Autorität hat als einzige Zielsetzung das Gemeinwohl 3940 3983 (4342) 4483 (4629); vgl. C 4gd und L 5c (Gemeinwohl).

Partizipation der Bürger an der Machtausübung und Demokratie: Dafür werden verschiedene Modelle vorgelegt 4502; Gleichheit und Teilhabe an den Leitungsaufgaben als Formen der menschlichen Würde und Freiheit 4501; ein möglichst großer Teil der Bürger ist in wahrer Freiheit am Gemeinwesen zu beteiligen 4331; den Bürgern steht es zu – : die Form ihres Gemeinwesens zu wählen und zu regeln 3173 3253f; – : ihre Staatslenker zu wählen 3982; – : bei Angelegenheiten des Gemeinwesens tätig mitzuwirken 3174 3968 3975f; vgl. L 8 (Ordnung des Staates).

Das Recht auf Ausübung von Herrschaft ist an keine bestimmte Regierungsform gebunden, weswegen die Kirche auch keine von ihnen tadelt *2769* 3150 3165 3173f 3254 3982; vgl. L 7 (Ordnung der Gesellschaft: Gesellschaftslehren und -systeme).

Gewissen und Autorität: L 1ef.

Prinzip der Solidarität: L 5e.

Prinzip der Subsidiarität: L 5f.

Vgl. L 8 (Ordnung des Staates).

**4gi** **Die Institutionen der Gesellschaft.** Grund, Träger und Ziel aller gesellschaftlichen Institutionen ist und muß sein die menschliche Person (ᵃim Kampf gegen gesellschaftliche und politische Knechtung und in der Wahrung der Grundrechte) 4325 4326 ᵃ4329; Institutionen und Gesetze, die mit dem Naturgesetz übereinstimmen und sich am Gemeinwohl ausrichten, garantieren die Freiheit der Personen und ihre Förderung 4769.

Unterstützung öffentlicher oder privater Institutionen, die die Lebensverhältnisse der Menschen verbessern wollen, durch die einzelnen 4330.

Die Kirche achtet und fördert das Wahre, Gute und Gerechte in den Einrichtungen der Menschen 4343; vgl. G 7ab (Kirche und Gesellschaft).

Vgl. L 5d (Institutionen).

**4gj** **Universale Gemeinschaft der Völker und internationale Institutionen.** Alle Völker sind *eine* Gemeinschaft, haben *einen* Ursprung und *ein* letztes Ziel: Gott 4195; die menschliche Würde und die sich aus ihr ergebenden Rechte kommen allen Völkern gleichermaßen zu 4199; aus der weltweiten gegenseitigen Abhängigkeit folgt, daß das Gemeinwohl heute mehr Rechte und Pflichten beinhaltet, die das ganze Menschengeschlecht betreffen 4326; die Gruppen müssen auf das Gemeinwohl der ganzen Menschheitsfamilie Rücksicht nehmen 4326.

Im Interesse aller wird die Forderung nach einer Weltgesellschaft erhoben 3956 3992f.

Das allgemeine Wohl der ganzen Menschenfamilie erfordert eine Weltautorität 3992f 3995; die Organisation der Vereinten Nationen als verbindlicher Weg der modernen Zivilisation und des Weltfriedens 4421.

Kirche, Völkergemeinschaft und internationale Institutionen: G 7aa (Kirche, Welt und Menschengeschlecht); G 7bb (Kirche und internationale Institutionen).

Vgl. C 4gd und L 5c (Das Gemeinwohl); L 5e (Solidaritätsprinzip); L 9 (Ordnung der Menschheitsfamilie).

**4gk** **Das Völkerrecht** ist ein natürliches Recht göttlichen Ursprungs 3783–3785; ein Volk kann für sich politische Unabhängigkeit fordern 3255 3976.

**4gl** **Störungen in der Gesellschaft aufgrund menschlicher Sünde.** Gesellschaftliche Strukturen – an sich notwendig – neigen dazu, zu erstarren, den sozialen Fortschritt zu behindern und Ungerechtigkeit zu erzeugen 4768; Strukturen können von Sünde gekennzeichnet sein, sind aber nicht als solche zu verurteilen 4769; gesellschaftliche Strukturen hängen von der Verantwortung des Menschen ab 4768; die häufig vorkommenden Störungen stammen zum Teil aus der Spannung in den wirtschaftlichen, politischen und gesellschaftlichen Gebilden selbst; ihre tiefere Wurzeln sind Stolz und Egoismus der Menschen **4325**; der Sünder erleidet in sich eine Zwiespältigkeit, aus der auch die Zerwürfnisse in der Gesellschaft entstehen 4310; er durchbricht die Ausrichtung an seinem letzten Ziel, zugleich aber seine Ordnung gegenüber sich selbst und den anderen Menschen **4313**; vgl. D 1b (Grund menschlicher Sünde); D 4a (Anlässe und Ursachen für Sünde in gesellschaftlichen Verhältnissen); D 4c (Sündhafte Strukturen der Gesellschaft).

Folgen der Sünde für die gesellschaftlichen Strukturen: Einprägung der zerstörerischen Spur der Sünde 4619; Knechtschaft durch Sünde, Unwissenheit, Hunger, Elend, Unterdrückung, Ungerechtigkeit, Haß 4480; die Ordnung einer Gesellschaft, die von Gott entfernt ist, erzeugt Irrtümer, Sklavereien und Unterdrückungen 4759; Störung der ursprünglichen Beziehung zwischen Mann und Frau 4831; die großen Probleme der Menschheit und Armut als Folge: C 4kd (Bedrohungen und Probleme des Menschengeschlechts); C 4ke (Arme); D 4c (Sündhafte Strukturen der Gesellschaft).

Folgen für die Einzelnen: Die Menschen werden aus den gesellschaftlichen Verhältnissen vom Tun des Guten abgelenkt und zum Bösen angetrieben **4325**; das ganze Leben, das einzelne wie das kollektive, stellt sich als Kampf zwischen Gut und Böse dar 4313 4337; vgl. D 4c (Sündhafte Strukturen der Gesellschaft).

Überwindung sündhafter Strukturen: Die Menschen sind bei der Überwindung des Bösen auf die helfende Gnade Gottes angewiesen 4313 4325 4337; vgl. F 3b (Der gerechtfertigte Mensch bleibt gefährdet); F 5cb (Notwendigkeit der Gnade); der Plan der Erlösung erstreckt sich bis zu konkreten Situationen des Unrechts, das zu überwinden, und der Gerechtigkeit, die wiederherzustellen ist 4579; vgl. E 3a (Jesus Christus, der Mittler des Heils); Überwindung der "Strukturen der Sünde" im persönlichen und gesellschaftlichen Leben und Befreiung durch die Kirche mit der Fürbitte Mariens 4619; die Kirche stürzt durch die Macht des Evangeliums Urteilskriterien, Werte, Denkgewohnheiten, Antriebskräfte und Lebensmodelle, die Wort und Heilsplan Gottes widersprechen 4575; sie prangert Irrtümer, Sklavereien und Unterdrückungen an und widersetzt sich Versuchen, eine von Gott entfernte gesellschaftliche Ordnung zu errichten 4759; ein Wandel der Strukturen muß einhergehen mit einem Wandel der persönlichen und kollektiven Mentalität und mit Umkehr 4633; die Umkehr auf persönlicher und gesellschaftlicher Ebene ist ein niemals abgeschlossener Prozeß 4614; vgl. F 2b (Umkehr und Rechtfertigung aus Glauben); bes. F 2bb (Wesen der Rechtfertigung).

Befreiung und Strukturwandel: C 4gm.

Vgl. D 4d (Befreiung und Überwindung sündhafter Strukturen).

**Befreiung und Strukturwandel.** Erstarrte und von Sünde gezeichnete gesellschaftliche Strukturen: C 4gl **4gm** (Störungen in der Gesellschaft aufgrund menschlicher Sünde); C 4kd (Bedrohungen und Probleme des Menschengeschlechts); C 4ke (Arme); D 4c (Sündhafte Strukturen der Gesellschaft); Knechtschaft durch Sünde, Unwissenheit, Hunger, Elend, Unterdrückung, Ungerechtigkeit und Haß, die ihren Ursprung im menschlichen Egoismus haben 4480; Abhängigkeit und Formen der Sklaverei, die die Grundrechte verletzen 4628.

Verlangen nach Befreiung in der heutigen Welt 4750; vgl. C 4kc (Zeitgenössische Wandlungen).

Gesellschaftliche Strukturen hängen von der Verantwortung des Menschen ab, der sie verändern kann, und nicht von einem "Determinismus" der Geschichte 4768.

Ziel von Befreiung und Strukturwandel: Anderen zu helfen, ihre Unterlegenheit in bezug auf Wissen, Tugend, Geisteskraft und äußere Güter zu überwinden, ist eine schwerwiegende Verpflichtung 3988; die Freiheit erfordert Bedingungen wirtschaftlicher, politischer und kultureller Art, die ihre volle Ausübung ermöglichen 4750; zeitliche Befreiung schafft und sichert die Bedingungen für die Ausübung wahrer menschlicher Freiheit 4754; die gesellschaftliche Ordnung muß täglich in Wahrheit, Gerechtigkeit und Liebe entwickelt werden und in Freiheit ein menschlicheres Gleichgewicht finden. Dazu sind eine Erneuerung der Gesinnung und weitreichende Änderungen der Gesellschaft zu veranlassen **4326**; eine Gemeinschaft von Menschen ist zu errichten, in der jeder ohne Unterschied der Rasse, der Religion oder der Nation menschlich und frei leben kann 4460; eine neue soziale und politische Ordnung nach den Erfordernissen der Gerechtigkeit als Ziel des Kampfes gegen Ungerechtigkeiten 4774; vgl. C 4fc (Freiheit des Menschen); C 4ie (Fortschritt); L 7 (Ordnung der Gesellschaft: Befreiung und Strukturwandel).

Das kirchliche Lehramt unterscheidet – : die Befreiung von allen Arten von Knechtschaft der persönlichen und gesellschaftlichen Sünde 4627f; – : die Befreiung für das Wachstum im Sein, im Hinblick auf die Gemeinschaft mit Gott und mit den Menschen 4627f; wenn eines dieser beiden Elemente fehlt, greift die Befreiung zu kurz 4628; Heil ist nicht nur Befreiung von dem, was den Menschen niederdrückt, sondern vor allem Befreiung von der Sünde und vom Bösen 4571; die Menschen bedürfen für ihre wahrhafte Befreiung der Bekehrung 4481; ein Wandel der Strukturen muß einhergehen mit einem Wandel der persönlichen und kollektiven Mentalität und mit Umkehr 4633; die Originalität der christlichen Botschaft besteht nicht im Strukturwandel, sondern im Drängen auf die Bekehrung des Menschen, die dann einen Strukturwandel erfordert 4481; vgl. C 4gl und D 4d (Befreiung und Überwindung sündhafter Strukturen); F 2b (Umkehr und Rechtfertigung).

Christus hat am Kreuz die Befreiung errungen 4628; er hat die Menschen ([a]die Welt) von der Knechtschaft des Teufels und der Sünde befreit 4006 4204 [a]4302 4313 4322; die Christen müssen diese Befreiung greifbar werden lassen 4628; der gehorsame Sohn verkörpert angesichts der erlösenden Gerechtigkeit seines Vaters den Schrei aller Menschen nach Befreiung und Erlösung 4615; Christus als Überbringer der Freiheit 4615; Christus als Anreger eines wahrhaften gesellschaftlichen Wandels 4610; der Plan der Erlösung erstreckt sich bis zu konkreten Situationen des Unrechts, das zu überwinden, und der Gerechtigkeit, die wiederherzustellen ist 4579; Christus, der Erlöser, wird die Armen über ihre Würde aufklären und ihnen durch Befreiung von ihren Nöten helfen 4632; vgl. D 7ba (Gott vergibt die Sünden durch Jesus Christus); E 3a (Jesus Christus, der Mittler des Heiles); E 3bd (Königtum Jesu Christi); der Hl. Geist als Befreier zu gottgefälliger Tätigkeit 4338; er steht der Entwicklung der gesellschaftlichen Ordnung in Wahrheit, Gerechtigkeit, Liebe und Freiheit bei 4326; vgl. B 3bc (Wirken des Hl. Geistes in den Menschen); die Fürbitte Mariens wird es der Kirche ermöglichen, die "Strukturen der Sünde" im persönlichen und gesellschaftlichen Leben zu überwinden und ihr die wahre Befreiung Christi erwirken 4619; vgl. E 6dd (Gnadenvermittlung durch Maria); das Evangelium als Botschaft der Freiheit und Befreiung 4751.

Die Kirche macht das Verlangen der Menschen nach Befreiung zu dem ihrigen und beurteilt es im Lichte des Evangeliums 4751; sie sorgt für eine ganzheitliche Befreiung von allem, was der Vervollkommnung der Personen im Wege steht 4757; Evangelisierung als Befreiung mit umfassender Befreiung als Ziel 4626–4628; die Kirche sucht die persönliche Umkehr und die gesellschaftliche Umgestaltung 4620; sie macht den Menschen zum Subjekt seiner individuellen und gemeinschaftlichen Entwick-

lung 4628; sie bedient sich der Mittel des Evangeliums und greift zu keiner Gewalt, auch nicht zur Dialektik des Klassenkampfes 4628; zwischen Evangelisierung und menschlicher Förderung bzw. Fortschritt und Befreiung bestehen engste Bande 4579; Evangelisierung bedeutet keine Vernachlässigung von Gerechtigkeit, Befreiung, Fortschritt und Frieden in der Welt 4579; vgl. D 4d (Befreiung und Überwindung sündhafter Strukturen); G 3cd (Kirche und Evangelisation bzw. Mission).

Die Kirche verwirft die G e w a l t ($^a$*das Verbrechen*) als Weg der Befreiung 4628 $^a$4630 4772; aus diesem Irrtum entstehen neue Formen der Knechtschaft 4772; es gibt keine wahre Befreiung, wenn nicht die Freiheitsrechte gewahrt werden 4754 4771; Befreiung im Sinne des Evangeliums ist unvereinbar mit dem Haß gegen den Nächsten, individuell oder kollektiv, auch gegenüber den Feinden 4773; wer den Weg der Reformen verschmäht und den "Mythos der Revolution" begünstigt, fördert das Aufkommen von totalitären Regimen 4774; vgl. C 4gc (Gerechtigkeit und Friede); G 7ab (Kirche und Gesellschaft); L 7 (Ordnung der Gesellschaft: Gewalt).

Die Kirche richtet sich gegen einen A t h e i s m u s, der die Befreiung des Menschen von seiner wirtschaftlichen und gesellschaftlichen Befreiung erwartet und die Religion als Hindernis für diese Befreiung betrachtet 4320; vgl. C 4kh (Atheismus); G 3cf (Kirche und Atheismus).

**4gn** **Christus und die menschliche Gemeinschaft.** Christus wollte an der menschlichen Gemeinschaft teilhaben: Hochzeit in Kana, Einkehr bei Zachäus, Zöllner- und Sündermähler 4332; Christus hat die menschlichen, besonders die familiären Bindungen geheiligt, indem er den Gesetzen seines Landes freiwillig untertan war 4332; er teilte das Leben, die Hoffnungen und Ängste seines Volkes 4611; er wies auf die gesellschaftlichen Dinge hin 4332; vgl. E 2b (Jesu Christi Leben mit den Menschen); E 5ba (Gleichheit Jesu Christi mit den Menschen in allen Wesensmerkmalen).

Jesus, der Ursprung der Einheit und des Friedens 4124; vgl. E 3a (Jesus Christus, der Mittler des Heils).

Christus errichtete durch den Geist eine neue brüderliche Gemeinschaft, die Kirche als seinen Leib 4332; der Gemeinschaftscharakter im Volke Gottes wird im Werk Christi vollendet und erfüllt 4332; Christus gebot den Kindern Gottes, einander wie Brüdern zu begegnen 4332; vgl. G 1bc (Kirche, durch Jesus Christus erworben); G 1be (Kirche bleibt das Werk der Hl. Dreifaltigkeit); G 2a (Bezeichnungen der Kirche: Kirche als Leib Christi); G 3aa (Das göttliche Fundament kirchlicher Einheit).

Für die Sünder nahm Christus den Tod auf sich und belehrt sie so, daß das Kreuz getragen werden muß, das Fleisch und Welt denen auferlegt, die nach Frieden und Gerechtigkeit streben 4338; vgl. E 3bb (Prophetentum Jesu Christi und Christus als Lehrer).

**4go** **Die Kirche und die menschliche Gemeinschaft.** Vgl. G 2bb (Sakramentaler Charakter der Kirche); G 2bd (Sendung und Aufgabe der Kirche); G 3a (Einheit der Kirche); G 3c (Katholizität der Kirche); bes. G 3cd (Kirche und Evangelisation bzw. Mission); G 7 (Das Verhältnis der Kirche zum Menschengeschlecht, zu Gesellschaft, Kultur, Staat und internationalen Institutionen).

Die Kirche ist selbst als Gesellschaft verfaßt: G 3ae (Kirche als rechtlich verfaßte Gesellschaft); vgl. C 4gq (Christen und christliche Gemeinschaft).

**4gp** **Die Christen und die menschliche Gemeinschaft.** Verbindung der Christen mit den übrigen Menschen zur Suche der Wahrheit und zur Lösung der sittlichen Probleme 4316; die Kirche verlangt Bereitschaft der Laien zur Zusammenarbeit mit anderen Menschen 4343.

Die Christen müssen jene "Zivilisation der Liebe" verwirklichen, die eine Zusammenfassung des ganzen ethisch-kulturellen Erbes des Evangeliums ist 4776 (4815); der Weg dahin über Erziehungsarbeit: Erziehung zur öffentlichen Kultur der Arbeit und zur Solidarität, Zugang aller zur Geisteskultur 4776.

Die Beteiligung der Christen am politischen Leben ist Ausübung der Nächstenliebe 4484.

Vgl. G 4bf (Aufgaben der Glaubenden in der Welt); G 6ca (Apostolat der Laien); G 6cb (Sendung und Aufgabe der Laien in der Welt); H 2f (Bischöfe und die Welt); H 3a (Generelle Bestimmungen zum Verkündigungsdienst der Bischöfe); H 5 (Dienstamt der Priester); L 1eb (Gewissensbildung); L 13 (Ordnung der Kultur).

**4gq** **Die Christen und die christliche Gemeinschaft.** Seit Beginn der Heilsgeschichte erwählte Gott die Menschen nicht nur als Einzelwesen, sondern als Glieder einer bestimmten Gemeinschaft, als sein Volk 4332; vgl. G 1ba (Grundlage der Kirche); G 2a (Bezeichnungen der Kirche: Volk Gottes; Leib Christi); G 3a (Einheit der Kirche); G 4 (Gemeinschaft der Glaubenden und ihre Sendung); G 6 (Laien in der Kirche); H (Gott leitet, unterweist und heiligt die Kirche durch seine Diener); J (Gott begegnet seinem Volk in der Liturgie); K (Gott heiligt durch die Sakramente).

**C 4h** h. – DER MENSCH UND DIE SCHÖPFUNG

**4ha** **Die Ordnung zwischen Gott, den Menschen und der Schöpfung.** Der Mensch als Mittel- und Höhepunkt der Schöpfung, an dem sich alles Irdische ausrichtet 4312 (4314); der Primat des Menschen gegenüber den Dingen 4694; der Mensch wird über alle Lebewesen gesetzt, die Gott in seine Vollmacht gegeben hat 4812; er hat Ähnlichkeit mit den übrigen Geschöpfen 4812; vgl. C 3 (Sichtbare Welt).

Die Ordnung zwischen Gott, den Menschen und allen geschaffenen Dingen 4313; die Ordnung der Dinge ist der Ordnung der Personen zu unterwerfen und nicht umgekehrt 4326; jeder Mensch hat das Recht, von der Erde das für ihn Notwendige zu empfangen 4448.

Die ganze Schöpfung schuf Gott um des Menschen willen 4339; nach dem Bild Gottes geschaffen, soll er die irdischen Geschöpfe zur Verherrlichung Gottes beherrschen und nutzen [a]*und sich um sie kümmern* **4312 4334** (4337) 4448 [a]4812; die (materiellen) Güter sind von Gott zum Nutzen a l l e r geschaffen. Ihr Gebrauch steht allen zu 3267 3942 3951 (4448); die Nutzung der Dinge muß durch ein sittliches Urteil geleitet werden 4811; neue Güter und Hilfsmittel sind als Geschenk Gottes und Antwort auf die menschliche Berufung zu betrachten 4812; vgl. C 4fb (Würde des Menschen).

Die Erwartung der neuen Erde darf die Sorge für die Gestaltung dieser Erde nicht abschwächen, sondern muß sie bestärken **4339**; vgl. C 4ic (Ordnung menschlichen Schaffens); M 1b (Eschatologischer Glaube und irdische Realitäten).

Anwendung der menschlichen Geisteskraft zur Erforschung und Unterwerfung der materiellen Welt 4315.

Gott hat dem Menschen bei der Nutzung der Dinge Grenzen auferlegt 4812; Unterwerfung des Besitzes und der Nutzung der Dinge unter die Ebenbildlichkeit des Menschen mit Gott und unter seine Berufung 4812; im Dank gegen den Schöpfer und durch Nutzung des Geschaffenen in Armut und Freiheit gerät der Mensch in den wahren Besitz der Welt 4337; Ehrfurcht gegenüber den Dingen der sichtbaren Natur, dem Kosmos 4816.

Von Christus erlöst und im Hl. Geist zu einem neuen Geschöpf gemacht, kann und muß der Mensch die von Gott geschaffenen Dinge lieben 4337.

Fragen der Menschen nach ihrer Stellung und Aufgabe im Universum 4303; vgl. C 4kg (Suche des Menschen nach Sinn).

Die Welt steht unter der K n e c h t s c h a f t  d e r  S ü n d e 4302 4339; vgl. C 4kb (Auswirkungen der Sündhaftigkeit des Menschen in Welt und Geschichte); D 6 (Welt und Geschichte unter der Knechtschaft der Sünde); der Mensch durchbricht die Ordnung zwischen sich und den geschaffenen Dingen **4313**; die Menschen dienten in Verfinsterung der Schöpfung mehr als dem Schöpfer 4313; vgl. D 1c (Wesen der Sünde); D 2ba (Natur der Ursünde).

Vgl. C 4i (Menschliches Schaffen); L 2b (Ehrfurcht vor Gott); L 4f (Verantwortlicher Umgang mit der Welt).

**Der Mensch und die Autonomie der irdischen Dinge**. Die geschaffenenDinge verfügen über eigene Gesetze **4hb** und Werte, die vom Menschen schrittweise zu erkennen, gebrauchen und gestalten sind **4336**; vgl. C 1ic (Autonomie der irdischen Dinge); L 4f (Verantwortlicher Umgang mit der Welt).


## i. – DAS SCHAFFEN DES MENSCHEN                                                           C 4i


**Die Bedeutung des menschlichen Schaffens**. Gott gibt dem Menschen die Macht, die Welt umzugestalten **4ia** und zu vervollkommnen 4480; das persönliche und gemeinsame Schaffen, durch das die Menschen versuchen, ihre Lebensbedingungen zu verbessern, entspricht dem Plan Gottes **4334** 4813f; Menschen, die der Gesellschaft dienen, entwickeln durch ihre Arbeit das Werk des Schöpfers weiter und tragen zur Erfüllung des göttlichen Plans bei **4334**; die Werke der Menschen bilden keinen Gegensatz zur Macht Gottes 4334; vgl. C 1gc (Mitwirken der Menschen am Werke Gottes); F 3d (Der gerechtfertigte Mensch wird vollendet, indem Gott seine Verdienste aus Gnade belohnt); F 5a (Gnadenhaftigkeit der Gnade); F 5c (Gnade und Freiheit des Menschen).

Würde und Bedeutung der menschlichen Arbeit 4690; indem der Mensch arbeitet, verändert er nicht nur die Dinge und die Gesellschaft, sondern vervollkommnet auch sich selbst **4335** 4338 4692.

Verworfen werden Behauptungen, die den Wert und die Notwendigkeit des menschlichen Tuns in Frage stellen *2201//2255* 3817 3846.

Fragen der Menschen nach dem Sinn ihres individuellen und kollektiven Mühens 4303 4333.

Gott allein beantwortet die Frage nach der Bedeutung menschlichen Schaffens durch die Offenbarung in seinem menschgewordenen Sohn 4341.

**Der Sinn und das Ziel menschlichen Schaffens**. Würde und Berufung der menschlichen Person erfordern, **4ib** daß die Menschen ihre natürlichen Kräfte entdecken, fördern und nutzen 4580.

Der nach dem Bild Gottes geschaffene Mensch soll die irdischen Geschöpfe zur Verherrlichung Gottes beherrschen und nutzen **4312 4334** (4337) 4448 4812; vgl. C 4h (Mensch und Schöpfung); L 2b (Ehrfurcht vor Gott).

Was die Menschen zur Erreichung von Gerechtigkeit, Brüderlichkeit und einer humanen Ordnung tun, ist wertvoller als technische Fortschritte **4335**; vgl. C 4ie (Fortschritt); L 7 (Ordnung der Gesellschaft: Fortschritt).

Unter dem Wirken des Hl. Geistes sollen alle durch Absage an die Eigenliebe nach einer Zukunft streben, in der die Menschheit eine Gott angenehme Opfergabe wird 4338.

Wenn die Güter der menschlichen Würde, brüderlicher Gemeinschaft und Freiheit im Geist des Herrn auf Erden gemehrt worden sind, werden sie später im Reich des Vaters gereinigt und verklärt wiedergefunden 4339; vgl. F 3d (Der gerechtfertigte Mensch wird vollendet, indem Gott seine Werke aus Gnade belohnt); M 3c (Seligkeit als Gnade und Lohn).

**Die Ordnung menschlichen Schaffens**. Die Ordnung zwischen Gott, Mensch und Welt 4313; die Werke und **4ic** Verdienste der Menschen (der Heiligen) sind auf die Ehre Gottes zu beziehen 243 (675 1824f) 3325 3743; keine menschliche Aktivität kann der Herrschaft Gottes entzogen werden 4162; das mensch-

liche Schaffen richtet sich nach Gottes Plan und Willen am Wohl des Menschen und seiner ganzen Berufung aus **4335**; die geschaffenen Güter sollen gemäß der Ordnung des Schöpfers durch Arbeit, Technik und Kultur zum Nutzen aller Menschen vervollkommnet und angemessener unter ihnen verteilt werden 4162; der Mensch soll seine Talente zum Dienst an Gott und den Menschen vermehren 4341; die Liebe ist das Grundgesetz der menschlichen Vervollkommnung und deshalb der Umwandlung der Welt **4338**; der göttlichen Liebe ist in den gewöhnlichen Lebensverhältnissen nachzustreben **4338**; Untätigkeit ist schuldhaft 4851.

Die geschaffenen Dinge und die Gesellschaften verfügen über e i g e n e  G e s e t z e und Werte, die vom Menschen zu erkennen, gebrauchen und gestalten sind **4336**; vgl. C 1ic (Autonomie der irdischen Dinge); C 4hb (Der Mensch und die Autonomie der irdischen Dinge).

Die W ü r d e  d e r  m e n s c h l i c h e n  A r b e i t 4690; die erste Grundlage für die Bedeutung der Arbeit ist der Mensch als ihr Subjekt 4690; die Arbeit dient dem Menschen, nicht der Mensch der Arbeit 4690; die Arbeit ist ein Gut für den Menschen, weil der Mensch durch sie nicht nur die Natur umwandelt, sondern mehr Mensch wird 4335 4338 4692; ihre subjektive Bedeutung überragt ihren objektiven Sinn 4690; jede Arbeit ist aufgrund der Würde der Person, die diese Arbeit verrichtet, hochzuschätzen 4690; es ist Irrtum eines primitiven Kapitalismus, den Menschen als Instrument und nicht entsprechend der wahren Würde seiner Arbeit zu behandeln 4691; vgl. L 10a (Mensch als Subjekt der Arbeit).

Das K a p i t a l im Dienst der Arbeit: L 10b.

L o h n a r b e i t : L 10c.

P f l i c h t e n  und  R e c h t e in bezug auf die Arbeit: L 3d und L 4e; L 5g (Menschenrechte: Recht auf Arbeit; unwürdige Arbeitsbedingungen); L 6a (Rechte der Familie); L 11 und L 12 (Ordnung des Eigentums/der Wirtschaft).

E r z i e h u n g zur öffentlichen Kultur der Arbeit 4776.

F u r c h t vieler Zeitgenossen, daß aufgrund einer Verbindung des menschlichen Schaffens und der Religion die Autonomie der Menschen, der Gesellschaften und der Wissenschaften bedroht werde 4336.

Die Menschen werden durch die christliche Botschaft nicht vom Aufbau der Welt abgelenkt oder zur Vernachlässigung ihrer Mitmenschen veranlaßt, sondern noch strenger dazu verpflichtet **4334**; durch die eschatologische Hoffnung wird die Bedeutung der irdischen Aufgaben nicht gemindert, sondern ihre Erfüllung durch neue Motive gestützt **4321**; die Erwartung der neuen Erde darf die Sorge für die Gestaltung dieser Erde nicht abschwächen, sondern muß sie bestärken **4339**; Vermeidung des Dualismus, der die zeitlichen Aufgaben von der Heiligung ([a]der Annahme des Evangeliums) trennt 4482 [a]4850; vgl. C 4ij (Christen und menschliches Schaffen); L 2d (Tugend der Hoffnung); M 1b (Eschatologischer Glaube und irdische Realitäten).

**4id**    **Das menschliche Forschen und die Wissenschaften.** Wer bescheiden und ausdauernd die Geheimnisse der Dinge zu erforschen sucht, wird an der Hand Gottes geführt 4336; vgl. C 1gc (Mitwirken der Menschen am Plane Gottes); die Offenbarung ist der Leitstern der Wissenschaft 2877; die methodische Forschung, wenn sie in wissenschaftlicher Weise und gemäß den sittlichen Normen vorgeht, wird dem Glauben niemals wahrhaft widerstreiten, weil sich die profanen Dinge und die Dinge des Glaubens vom selben Gott herleiten **4336**; die Geheimnisse des Glaubens widerstreiten nicht – : der Historie 3544f; – : den Naturwissenschaften 3287; es kann keinen echten Widerstreit zwischen Theologen und Naturwissenschaftlern geben 3287; vgl. A 1bc (Geheimnischarakter der Offenbarung); A 4bc (Die Theologie und die anderen Wissenschaften).

Anwendung der menschlichen Geisteskraft für Fortschritte in Wissenschaften, Technik und geistiger Bildung zur Erforschung und Unterwerfung der materiellen Welt 4315; Einsatz der Weisheit der Menschen zur Humanisierung der menschlichen Erkenntnisse und Lösung der Menschheitsprobleme 4315.

Alle geschaffenen Dinge sind mit eigener Beständigkeit, Wahrheit, Gutheit, eigenen Gesetzen und eigener Ordnung ausgestattet, die der Mensch unter Anerkennung der den einzelnen Wissenschaften und Techniken eigenen Methoden achten muß **4336**; gewisse Geisteshaltungen sind zu bedauern, die einst unter Christen wegen eines unzulänglichen Verständnisses für die legitime Autonomie der Wissenschaft vorkamen und durch so entfachte Streitigkeiten die Überzeugung schufen, Glaube und Wissenschaft seien einander entgegengesetzt **4336**; vgl. C 1ic (Autonomie der irdischen Dinge).

Gefahr kommt nicht von der Wissenschaft, die – gut angewandt – viele Probleme der Menschheit lösen kann, sondern vom Menschen, der über immer mächtigere Mittel verfügt 4424.

Die K i r c h e anerkennt den Dienst der Humanwissenschaften 4512.

K i r c h l i c h e s  L e h r a m t und F r e i h e i t von Forschung und Lehre: H 3g; die wissenschaftliche Forschung soll nicht im Geist des Argwohns und der blinden Opposition gegen alles Neue, sondern mit höchster Liebe beurteilt werden 3831.

T h e o l o g i s c h e  W i s s e n s c h a f t : A 4b.

F a l s c h e  F o r m e n des Glaubens an die Wissenschaft: C 4lf (Positivismus, Wissenschafts- und Fortschrittsgläubigkeit).

**4ie**    **Der menschliche Fortschritt.** Die gesellschaftliche Ordnung und ihr Fortschreiten müssen sich am Wohl der Personen ausrichten 4326; der allseitige, ([a]nicht nur wirtschaftliche) Fortschritt richtet sich am Wohl des ganzen ([b]und aller) Menschen ([c]in jeder Hinsicht und nach allen Teilen der Seele) aus [ab]4446f [b]4457 [ac]4812; der Fortschritt des einzelnen Menschen muß sich mit dem Fortschritt des Menschen-

geschlechts verbinden, ([a]damit alle Menschen zu menschlicheren Lebensbedingungen gelangen) [a]4447 4458; dafür ist ein neuer Humanismus aufzuspüren 4447 4457; vgl. C 4ki (Christlicher Humanismus als wahrer Humanismus); der Fortschritt des Menschen darf nicht nur in Verwendung, Beherrschung und Besitz der geschaffenen Güter bestehen, sondern vielmehr in der Unterwerfung von Besitz, Beherrschung und Bearbeitung der Dinge unter die Ebenbildlichkeit des Menschen mit Gott und seine Berufung 4812; vgl. C 4fb (Würde des Menschen); C 4j (Berufung des Menschen); was die Menschen für Gerechtigkeit, Brüderlichkeit und humane Ordnung in den gesellschaftlichen Beziehungen tun, ist wertvoller als technische Fortschritte **4335**.

Der wahre Fortschritt hat sich auf die Liebe zu Gott und zum Nächsten zu gründen 4815; vgl. L 2e (Tugend der Liebe); L 4a (Nächstenliebe); die Werte der Freiheit, die Verpflichtungen des Gewissens und das Leben des Geistes versprechen ein Fortschreiten des Menschen zur Vollkommenheit 4505; der Eifer für den Fortschritt und seine Verwirklichung ohne Ehrfurcht gegenüber der Würde des Menschen ist sinnlos 4815; jeder Fortschritt der Sitten muß die Grenzen achten, die durch die konstitutiven Momente und wesenhaften Beziehungen der menschlichen Person vorgegeben sind 4580; vgl. C 4f (Personale Würde des Menschen); der sittliche Charakter des Fortschritts gebietet Ehrfurcht gegenüber Natur und Kosmos 4816; vgl. C 4h (Mensch und Schöpfung).

Fortschritt der Völker im Kampf gegen [a]*Hunger*, [ab]*Elend*, [a]*Krankheiten*, [a]*Unwissenheit* und [b]*ungerechte Lebensbedingungen* [a]4440 [b]4468; als Folge Wohlstand der Menschen, geistiger und sittlicher Fortschritt und somit der Nutzen des ganzen Menschengeschlechts 4468; die gesellschaftliche Ordnung muß täglich in Wahrheit, Gerechtigkeit und Liebe entwickelt werden und in Freiheit ein menschlicheres Gleichgewicht finden 4326; vgl. C 4gm (Befreiung und Strukturwandel); C 4kd (Bedrohungen und Probleme des Menschengeschlechts); C 4ke (Arme); L 7 (Ordnung der Gesellschaft: Fortschritt); L 9 (Ordnung der Menschheitsfamilie).

Fortschritt und F r i e d e : Die ganzheitliche Entwicklung des Menschen, ([a]der Schritt von weniger menschlichen Bedingungen zu menschlicheren Bedingungen), ist der neue Name für den Frieden 4485 [a]4486; der wahre und echte Fortschritt des Menschen besteht in Friede und Gerechtigkeit 4579; Mitfühlen (Solidarität) ist zugleich der Weg zum Frieden und zum Fortschritt 4818; vgl. C 4gb (Brüderlichkeit, Solidarität und Liebe unter den Menschen); C 4gc (Gerechtigkeit und Friede); L 5e (Solidaritätsprinzip); L 7 (Ordnung der Gesellschaft: Fortschritt und Friede).

F a l s c h e Auffassungen von Fortschritt: Der Fortschritt der Menschen ist nicht geradlinig, automatisch und grenzenlos 4810; Fortschritt heißt nicht nur Wachstum der Wirtschaft 4447; die bloße Anhäufung von Gütern und Dienstleistungen bewirkt nicht das menschliche Glück 4811; neben dem Elend eines verzögerten Fortschritts ein unmäßiger Fortschritt: Ablehnung beider 4811; unnötiger Überfluß an materiellen Gütern für gewisse Gruppen 4811; Konsumkultur als "Wegwerf"- und "Abfall"-Kultur 4812; das freie Spiel des Wettbewerbs wird den Fortschritt nicht zum Erfolg führen 4454; vgl. C 4lc (Liberalismus); L 12 (Ordnung der Wirtschaft); falsche Formen des G l a u b e n s an den Fortschritt: C 4lf (Positivismus, Wissenschafts- und Fortschrittsgläubigkeit).

Der Wunsch nach einem unbegrenzten "Fortschritt" wird durch die c h r i s t l i c h e Sicht verwandelt wiedergewonnen 4814.

Der Fortschritt muß als ein Moment der G e s c h i c h t e betrachtet werden, die durch die S ü n d e gefährdet ist 4813; Fortschritt als Quelle der Versuchung durch Verzerrung der Werteordnung aufgrund von Eigensucht, Eitelkeit und Bosheit 4337; Gefahr kommt nicht vom Fortschritt, sondern vom Menschen, der über immer mächtigere Mittel auch zu seiner Selbstzerstörung verfügt 4424; vgl. C 4kb (Auswirkungen der Sündhaftigkeit des Menschen auf Welt und Geschichte); C 5 (Ziel und Vollendung der Geschichte); D 5 (Menschliches Schaffen und Fortschritt unter der Knechtschaft der Sünde).

Der irdische Fortschritt ist vom Wachstum des R e i c h e s C h r i s t i zu unterscheiden. Dennoch hat er große Bedeutung für das Reich Gottes, insofern er zu einer besseren Ordnung der menschlichen Gesellschaft beitragen kann **4339**; vgl. C 5d (Reich Gottes und Christi als Ziel der Geschichte).

Fortschritt gibt es, weil G o t t , der Vater, von Anfang an seine Herrlichkeit mit dem Menschen teilen wollte in Christus Jesus 4814; Gott wollte, daß in Christus die Sünde besiegt und zum Wohl der Menschen gewendet werde, das allen Fortschritt übertrifft 4814; vgl. C 4d (Gott will das Heil des Menschen und gewährt ihm Gemeinschaft); C 4fh (Christus, der vollkommene Mensch); C 4fi (Christus, das Heil des Menschen); C 4jc (Berufung aller Menschen zum Heil); C 5b (Christus und das Ziel der Geschichte); E 3a (Jesus Christus, der Mittler des Heils); F 1 (Gottes universaler Heilswille); die geistigen Prinzipien für das Bauwerk der modernen Zivilisation können nur auf dem Glauben an Gott beruhen 4424; vgl. L 5h (Gründung der Sozialnormen in Gott).

Im P l a n G o t t e s ist die menschliche Geschichte eingeschlossen, in der die Menschen ihre Lage zu verbessern suchen 4334 (4813) 4814; Gott gibt den Menschen die Macht, die Welt umzugestalten und zu vervollkommnen 4480; durch ihren Dienst in der Gesellschaft entwickeln die Menschen das Werk des Schöpfers weiter und tragen zur Erfüllung des göttlichen Plans bei **4334**; ihre Werke bilden keinen Gegensatz zur Macht Gottes, sondern ihre Siege sind Zeichen der Größe Gottes und Frucht seines Ratschlusses **4334**; vgl. C 1gc (Mitwirken der Menschen am Plane Gottes).

Der Hl. G e i s t steht der Entwicklung der gesellschaftlichen Ordnung in Wahrheit, Gerechtigkeit, Liebe und Freiheit bei 4326.

Die Kirche erkennt im Vertrauen auf den Plan des Schöpfers an, daß der Fortschritt dem wahren Glück der Menschen dienen kann **4337**; der Fortschritt der Völker liegt der Kirche am Herzen 4440; geistgewirktes Wirken der Kirche und Fortschritt der Gesellschaft 4850; die Laien sollen auf ihre Weise zum allgemeinen Fortschritt beitragen 4162; vgl. G 6cb (Sendung und Aufgabe der Laien in der Welt); G 7a (Verhältnis der Kirche zu Welt, Gesellschaft und Kultur).

Zwischen Evangelisierung und menschlicher Förderung bzw. Fortschritt und Befreiung bestehen engste Bande 4579; Evangelisierung bedeutet keine Vernachlässigung von Gerechtigkeit, Befreiung, Fortschritt und Frieden, sondern ihre Förderung 4579; vgl. G 3cd (Kirche und Evangelisation bzw. Mission).

Vgl. L 7 (Ordnung der Gesellschaft: Fortschritt); L 9 (Ordnung der Menschheitsfamilie); L 12 (Ordnung der Wirtschaft).

**4if** **Das von der Sünde verdorbene menschliche Schaffen.** Die Sünde beeinträchtigt die Werke der Menschen 4814; Pläne und Werke, die von der Vorstellung der Gerechtigkeit ausgehen, werden in der Wirklichkeit oft entstellt 4684; alle Tätigkeiten des Menschen schweben durch Stolz und Selbstliebe in Gefahr 4337; der Geist der Bosheit verkehrt das menschliche Schaffen in ein Werkzeug der Sünde 4337; Bedrohung des menschlichen Fortschrittes durch eigensüchtiges Handeln, Eitelkeit und Bosheit 4337; Gefährdung der Wissenschaften und des Fortschrittes durch die wachsende Macht des Menschen 4424; der Mensch durchbricht oft die Ordnung in bezug auf Gott, sich selbst, seine Mitmenschen und alle geschaffenen Dinge 4313; der Sünder tut nicht selten, was er nicht will, und was er tun wollte, tut er nicht 4310.

Die Menschen dienten in Verfinsterung der Schöpfung mehr als dem Schöpfer 4313; ihr ganzes Leben stellt sich als Kampf zwischen Gut und Böse dar, den sie nur mit der helfenden Gnade Gottes bestehen können 4313 4337; vgl. F 3b (Der gerechtfertigte Mensch bleibt gefährdet); F 5cb (Notwendigkeit der Gnade).

Der Mensch ist mehr wert aufgrund dessen, was er ist, als aufgrund dessen, was er hat 4335 4760.

Vgl. C 4kb (Auswirkungen der Sündhaftigkeit des Menschen auf Welt und Geschichte); D 6 (Welt und Geschichte unter der Knechtschaft der Sünde).

**4ig** **Das menschliche Schaffen, im Ostergeheimnis zur Vollendung geführt.** Alle Tätigkeiten des Menschen werden durch Christi Kreuz und Auferstehung gereinigt und zur Vollendung gebracht **4337**; Christus belebt und stärkt durch die Kraft seines Geistes die Menschen, ihr eigenes Leben und die Erde humaner zu gestalten 4338.

Christus gibt ein Beispiel, daß das Kreuz getragen werden muß, das die Welt den nach Frieden und Gerechtigkeit Strebenden auferlegt 4338; das Wort Gottes offenbart, daß das Grundgesetz der menschlichen Vervollkommnung und Umwandlung der Welt das neue Gebot der Liebe ist 4338; vgl. E 3bb (Prophetentum Jesu Christi und Christus als Lehrer); L 2e (Tugend der Liebe).

Christus wirkt durch die Kraft seines Geistes in den Herzen der Menschen, indem er das Verlangen nach der zukünftigen Welt in ihnen weckt und die Bestrebungen nach mehr Humanität in der Welt belebt, reinigt und stärkt 4338; er gibt den Glaubenden die Zuversicht, daß das Streben nach allumfassender Brüderlichkeit nicht vergeblich ist 4338.

Vgl. E 3a (Jesus Christus, der Mittler des Heiles); E 3bc (Priestertum Jesu Christi).

**4ih** **Christus und das menschliche Schaffen.** Beispiel Christi, der ein Handwerk ausgeübt hat 4343; Christus hat das Leben eines Arbeiters führen wollen 4332.

Vgl. E 2ba (Gemeinschaft Jesu Christi mit den Menschen).

**4ii** **Die Kirche und das menschliche Schaffen.** Die Kirche erfüllt das alltägliche Schaffen der Menschen mit tieferer Sinnhaftigkeit 4340; das Dasein der Kirche erinnert den Menschen an das Problem der Bedeutung seines Schaffens 4341.

Die Erfahrung vergangener Zeiten, der Fortschritt der Wissenschaften, die Schätze der menschlichen Kultur nützen auch der Kirche **4344**; vgl. G 7ae (Kirche und Kultur).

**4ij** **Die Christen und das menschliche Schaffen.** Das Zweite Vatikanische Konzil fordert die Christen auf, nach Erfüllung ihrer irdischen Pflichten im Geist des Evangeliums zu streben 4343.

Die Christen sollen alle Tätigkeiten so ausüben, daß sie ihre menschlichen, häuslichen, beruflichen, wissenschaftlichen oder technischen Anstrengungen mit den religiösen Werten verbinden 4343; sie sollen durch die weltlichen Tätigkeiten zu einem heiligeren Leben gelangen, so daß die Welt in Gerechtigkeit, Liebe und Friede ihr Ziel wirksamer erreicht 4162.

Die Laien empfangen ihre Kräfte durch das Geschenk des Schöpfers und die Gnade des Erlösers 4159; die Wirksamkeit der Laien ist durch die Gnade Christi innerlich erhöht 4162.

Die Christen sind gemäß ihrer Berufung durch den Glauben um so mehr zur Erfüllung ihrer irdischen Pflichten verpflichtet **4343**; ein Christ, der seine zeitlichen Pflichten vernachlässigt, vernachlässigt seine Pflichten gegenüber dem Nächsten und Gott und gefährdet sein ewiges Heil **4343**.

Die Spaltung zwischen Glauben und täglichem Leben, zwischen irdischen Geschäften und religiösem Leben ist eine schwere Verirrung **4343**; Vermeidung des Dualismus, der die zeitlichen Aufgaben von der Heiligung ([a]der Annahme des Evangeliums) trennt 4482 [a]4850; die Christen, die wegen des künftigen Lebens ihre irdischen Pflichten vernachlässigen, weichen von der Wahrheit ab **4343**; die Erwartung der neuen Erde darf die Sorge für die Gestaltung dieser Erde nicht abschwächen, sondern muß sie bestärken **4339**; vgl. C 4ic (Ordnung menschlichen Schaffens); M 1b (Eschatologischer Glaube und irdische Realitäten).

Vgl. G 4bf; G 6cb; H 2f; H 5 (Aufgaben der Glaubenden, Laien, Bischöfe und Priester in der Welt).

1518

## j. – DIE BERUFUNG DES MENSCHEN    C 4j

**Berufung des Menschen zu einem höheren Leben.** Der Mensch erfährt sich einerseits als Geschöpf be-    **4ja**
grenzt, andererseits empfindet er sich in seinem Verlangen unbegrenzt und zu einem höheren Leben
berufen 4310; Fragen nach seinem letzten Ziel 4303; vgl. C 4kg (Suche des Menschen nach Sinn).

**Berufung des Menschen zur Gemeinschaft mit Gott.** Die ganzheitliche Berufung des Menschen ist Absicht    **4jb**
Gottes 4311; der Mensch ist von Gott zu einem seligen Ziel jenseits der Grenzen des irdischen
Elends geschaffen 4318; vgl. M 3b (Ewige Seligkeit).

Das oberste Ziel des Menschen ist einzig Gott 3771 4313 4322 4324 4341 4792; Gott als letztes Ziel der
Völker 4195; Berufung des Menschen zu einem seligen Ziel 4318; Berufung des Menschen zur Teil-
habe am vollen Guten, das Gott selbst ist 4815; Gott hat den Menschen auf ein übernatürliches Ziel
hingeordnet **3005**; dieses Ziel besteht in der Teilhabe an den göttlichen Gütern **3005**; Berufung des
Menschen zur Unsterblichkeit 4812; vgl. C 1h (Gott als Ziel der Welt); M 3bb (Schau Gottes als
Grund der Seligkeit); M 3bf (Ewiges Leben und Herrschen mit Christus).

Berufung des Menschen zur Gemeinschaft und zum Dialog mit Gott [a]*und zur Teilhabe an seiner Seligkeit*
4319 [a]4321; der ewige Vater hat beschlossen, die Menschen zur Teilhabe am göttlichen Leben zu
erheben 4102; die Gemeinschaft mit Gott und den Menschen, die in der vollkommenen Gemeinschaft des Himmels gipfelt, als Ziel 4627; jeder Mensch bleibt sich eine ungelöste Frage, die allein
Gott vollständig beantworten kann 4321; Gott beantwortet die tiefsten Sehnsüchte des menschlichen
Herzens 4341; indem der Mensch Gott dient, herrscht er 4753; vgl. A 1a (Begriffliche Bestimmungen
des Offenbarungsgeschehens); A 3bd (Lesung der Hl. Schriften); J (Gott begegnet seinem Volk in der
Liturgie); M 3b (Ewige Seligkeit); M 3c (Seligkeit als Gnade und Lohn).

Der gerechtfertigte Mensch als [a]*Freund,* [b]*Hausgenosse, (*[c]*Adoptiv)kind,* [d]*Erbe* Gottes [cd]1515 [c]1522 [c]1524
[ad]1528 [a]1535 ([c]*1913*) [c]*1942* [c]*2623* [c]3012 [c]3771 [acd]3957 [b]1535; vgl. F 3a (Der gerechtfertigte Mensch ist
Freund Gottes).

Gottes Berufung ist frei und gnadenhaft: Niemand auf Erden kann wissen, daß er erwählt ist 1540 1565
**1566**; verworfen wird: [Gott konnte keine vernunftbegabten Wesen schaffen, ohne sie auf die seligmachende Schau hinzuordnen] *3891*; vgl. F 1d (Gottes gnädige Erwählung).

Übersteigerte Aussagen in bezug auf die auf Erden erreichbare Vereinigung mit Gott: L 2f (Vereinigung mit
Gott).

Vgl. L 2f (Vereinigung mit Gott).

**Berufung aller Menschen zum Heil.** Da Christus für alle gestorben ist, bietet der Hl. Geist allen die Mög-    **4jc**
lichkeit, sich mit dem österlichen Geheimnis zu verbinden **4322**; nach der Menschwerdung Christi
ist jeder Mensch Christi Bruder und dazu berufen, Christ zu werden, um von ihm das Heil zu
empfangen 4550; Christi Auferstehung ist Zeichen und Unterpfand der Auferstehung, zu der alle
berufen sind 4616; Christus verfolgt die Absicht seiner Gnade gegenüber den Sündern weise und
geduldig 4186; das Reich und das Heil können von jedem Menschen durch Umkehr als Gnade
empfangen werden 4572; vgl. B 3bc (Wirken des Hl. Geistes in den Menschen); C 4d (Gott will das
Heil des Menschen und gewährt ihm Gemeinschaft); C 4fi (Christus, das Heil des Menschen); E 2bb
(Christi Wirken unter den Menschen); E 3a (Jesus Christus, der Mittler des Heils); E 3bb (Prophetentum Jesu Christi und Christus als Lehrer); E 4 (Sendung Jesu Christi); F 1 (Gottes Barmherzigkeit
und universaler Heilswille); F 2b (Umkehr und Rechtfertigung aus Glauben); G 3c (Katholizität der
Kirche).

**Berufung und Würde des Menschen.** Ein besonderer Grund für die menschliche Würde liegt in der Beru-    **4jd**
fung des Menschen zur Gemeinschaft mit Gott 4319 4321; vgl. C 4fb (Würde des Menschen).

**Berufung des Menschen zur Freiheit** (4752) 4815; vgl. C 4fc und L 1b (Freiheit des Menschen); C 4gm    **4je**
(Befreiung und Strukturwandel).

**Berufung des Menschen zur Selbsthingabe.** Der Mensch kann sich [a]*wegen der Ähnlichkeit mit den göttlichen*    **4jf**
*Personen* nur durch die Hingabe seiner selbst [b]*an Gott* und [c]*die anderen Menschen* vollkommen
finden [b]4319 [a]**4324** [bc]4331; Personsein bedeutet Streben nach eigener Vervollkommnung durch Hingabe seiner selbst 4830; Berufung des Menschen, Gabe zu werden 4830; Hingabe als Weg der Nachfolge Jesu 4613; Selbstverleugnung 4571; der Mensch lebt nicht voll gemäß der Wahrheit der Liebe,
wenn er die Liebe Gottes, die ihn erhält, nicht frei anerkennt und sich seinem Schöpfer anheimgibt
4318; vgl. C 4gb (Brüderlichkeit, Solidarität und Liebe unter den Menschen); C 4fd (Verwiesenheit
des Menschen auf Liebe); L 2e (Tugend der Liebe); L 2f (Vereinigung mit Gott: Selbsthingabe); L 4a
(Nächstenliebe); der Mensch soll seine Talente zum Dienst an Gott und zum Wohl der Menschen
vermehren; 4341; vgl. C 4ic (Ordnung menschlichen Schaffens).

Die Berufung der menschlichen Person zur Liebe erfüllt sich in Ehe und Jungfräulichkeit, die konkrete
Verwirklichungen der höchsten Wahrheit vom Menschen sind 4700; Mutterschaft und Jungfräulich-
keit sind zwei Arten der weiblichen Berufung 4833; vgl. C 4fe (Der Mensch als Mann und Frau);
G 4bb (Wege der Heiligung); K 9 (Sakrament der Ehe).

Alle Glaubenden sind zur Vollkommenheit in der Liebe berufen 4166; der göttlichen Liebe ist besonders in
den gewöhnlichen Lebensverhältnissen nachzustreben 4338; vgl. G 4bb (Wege der Heiligung).

Es gibt Lebensbedingungen, die dem Menschen nicht erlauben, der Berufung zur Selbsthingabe zu entsprechen 4331; vgl. C 4ke (Arme); L 1f und L 1g (Sittlicher Akt/sittliche Haltung).

**4jg** **Menschliche Gemeinschaft als Berufung des Menschen.** Die brüderliche Gemeinschaft als Berufung des Menschen 4303 (4627); vgl C 4gb (Brüderlichkeit); Bestimmung des Menschen zum gesellschaftlichen Leben: C 4ga; L 5a (Soziale Natur des Menschen).

Der Mensch kann seiner Berufung besser entsprechen durch den Umgang mit anderen, durch gegenseitige Dienstleistungen und durch das Gespräch mit den Brüdern 4325; er empfängt zur Erfüllung seiner Berufung, auch zur religiösen, vom gesellschaftlichen Leben viel 4325.

Da alle Menschen sich derselben göttlichen Berufung und Bestimmung erfreuen, muß die grundlegende Gleichheit aller anerkannt werden 4329; vgl. C 4gg (Gleichheit und Ungleichheit in der Gesellschaft); L 7 (Ordnung der Gesellschaft: Gleichheit).

**4jh** **Berufung des Menschen zu irdischer Entfaltung.** Die Menschen sollen die Fähigkeiten der Seele und des Leibes ausbilden und durch die Erfüllung ihrer Berufung das zeitliche Glück erlangen 3743 (4580); sie dürfen den Leib nicht geringachten, sondern müssen ihn für gut und würdig halten 4314; vgl. C 4ec (Menschlicher Leib); C 4i (Menschliches Schaffen); L 3c (Leib und leibliche Wohlfahrt).

**4ji** **Berufung des menschlichen Handelns.** Im Streit gegen die Finsternis muß sich der Mensch ständig bemühen, Gutes zu tun; dabei ist er auf die Gnade Gottes angewiesen 4337; vgl. F 3b (Der gerechtfertigte Mensch bleibt gefährdet); F 5cb (Notwendigkeit der Gnade); L 1b (Die kontingente, zum Guten verpflichtete Freiheit).

**4jj** **Berufung des menschlichen Schaffens.** Der nach dem Bild Gottes geschaffene Mensch soll die irdischen Geschöpfe zur Verherrlichung Gottes nutzen 4312 4334 (4337) 4448 4812; die Berufung des Menschen erfordert, daß er seine natürlichen Kräfte entdeckt, fördert und nutzt (3743) 4580; vgl. C 4h (Mensch und Schöpfung); C 4ib (Sinn und Ziel des menschlichen Schaffens); C 4ie (Fortschritt).

**4jk** **Die Sündhaftigkeit des Menschen als Hindernis für die Erfüllung seiner Berufung.** Die Sünde mindert den Menschen, weil sie ihn davon abhält, seine Erfüllung zu erlangen 4313.

Der Mensch weigert sich oft, Gott als seinen Ursprung anzuerkennen. So durchbricht er die Ausrichtung an seinem letzten Ziel und die Ordnung gegenüber sich selbst, den anderen Menschen und allen geschaffenen Dingen. Er sucht sein Ziel außerhalb Gottes 4313; die Menschen haben Gott nicht verherrlicht. Sie dienten in Verfinsterung der Schöpfung mehr als dem Schöpfer 4313; vgl. D 1c (Wesen der Sünde); D 2ba (Natur der Ursünde); D 2bc (Auswirkung der Ursünde); D 3be (Folgen der Sünde).

**4jl** **Christus und menschliche Berufung.** Christus erschließt dem Menschen seine höchste Berufung 4332 4812; im Licht der Offenbarung finden zugleich Berufung und Elend der Menschen ihre letzte Begründung (4312) 4313 4322; vgl. A 1c (Etappen der Offenbarung); C 4fh (Christus, der vollkommene Mensch); C 5b (Christus und das Ziel der Geschichte); E 3bb (Prophetentum Jesu Christi und Christus als Lehrer).

Christus gewährt dem Menschen Kraft durch seinen Geist, damit er seiner höchsten Berufung nachkommen kann 4310; vgl. E 3a (Jesus Christus, der Mittler des Heiles).

**4jm** **Kirche und menschliche Berufung 4311–4345;** die Kirche bekräftigt die Berufung des Menschen zu einem seligen Ziel 4318; sie verteidigt die Würde der menschlichen Berufung und gibt denen, die an ihrer höheren Bestimmung verzweifeln, die Hoffnung wieder 4321; das Zweite Vatikanische Konzil bekennt die hohe Berufung des Menschen 4303; vgl. G 7aa (Kirche, Welt und Menschengeschlecht).

Von der Offenbarung unterwiesen, kann die Kirche eine Antwort auf die Frage nach dem Menschen geben. Der Schwierigkeiten bei der Beantwortung dieser Frage ist sie sich bewußt 4321; sie erschließt dem Menschen das Verständnis seiner Existenz und innersten Wahrheit 4341; die Botschaft der Kirche stimmt mit den verborgensten Wünschen des menschlichen Herzens überein 4321; das Dasein der Kirche erinnert den Menschen an das Problem der Bedeutung seines Lebens, Schaffens und Todes 4341; vgl. G 7aa (Kirche, Welt und Menschengeschlecht).

Die Menschen sind dazu berufen, schon im Lauf der Geschichte des Menschengeschlechts die Familie der Kinder Gottes zu bilden 4332 4340; vgl. G (Gott sammelt sein Volk); bes. G 2a (Bezeichnungen der Kirche: Kirche als Volk Gottes).

**4jn** **Berufung der Christen und der Kirche.** Der Weg der Nachfolge Jesu ist der Weg der uneigennützigen und opferbereiten Hingabe der Liebe 4613; vgl. C 4jf (Berufung des Menschen zur Selbsthingabe); L 2f (Vereinigung mit Gott: Selbsthingabe); L 2e (Tugend der Liebe); L 4a (Nächstenliebe).

Die Christen sind gemäß ihrer Berufung durch den Glauben um so mehr zur Erfüllung ihrer irdischen Pflichten verpflichtet 4343; vgl. C 4ij (Christen und menschliches Schaffen); G 4bf und 6cb (Aufgaben der Glaubenden/Laien in der Welt); M 1b (Eschatologischer Glaube und irdische Realitäten).

Berufung der Kirche: G 2bd (Sendung und Aufgabe der Kirche).

## C 4k    k. – DIE GESCHICHTLICHE VERFASSTHEIT DES MENSCHEN

**4ka** **Die Welt ist Schauplatz menschlicher Geschichte,** von Tätigkeit, Niederlagen und Siegen des Menschengeschlechts gezeichnet 4302; die menschliche Gemeinschaft verwirklicht sich in der Zeit und ist einer Bewegung unterworfen, die ständig Wandel von Strukturen, Umformung von Haltungen und Bekehrung der Herzen einschließt 4487; der Fortschritt des Menschen als ein Moment der Geschichte 4813; vgl. C 4ie (Fortschritt).

**Unmittelbare Auswirkungen der Sündhaftigkeit des Menschen in Welt und Geschichte.** Die Menschen **4kb** haben Gott nicht verherrlicht. Sie dienten in Verfinsterung der Schöpfung mehr als dem Schöpfer 4313; der Mensch erfährt sich zum Bösen geneigt und in Übel verstrickt 4313.

Die Gestalt dieser Welt, durch die Sünde verunstaltet, vergeht 4339; die menschliche Geschichte gerät bis zur vollen Offenbarung der Herrlichkeit durch die Sünde in Unordnung 4340 4813.

Das ganze Leben der Menschen stellt sich als Kampf zwischen Gut und Böse dar, in dem die Menschen auf die helfende Gnade Gottes angewiesen sind 4313 4337; vgl. F 3b (Der gerechtfertigte Mensch bleibt gefährdet); F 5cb (Notwendigkeit der Gnade); dieses Ringen gegen die Mächte der Finsternis durchzieht die Geschichte vom Anfang der Welt bis zum letzten Tag **4337**.

Der Mensch weigert sich oft, Gott als seinen Ursprung anzuerkennen. So durchbricht er die Ausrichtung auf sein letztes Ziel, zugleich aber auch seine Ordnung gegenüber sich selbst, den anderen Menschen und allen geschaffenen Dingen 4313.

Die Werte aus der Anlage des Menschen sind göttlichen Ursprungs; infolge der Verderbtheit des menschlichen Herzens werden sie oft verzerrt und läuterungsbedürftig 4311; Fortschritt als Quelle der Versuchung durch Verzerrung der Werteordnung aufgrund von Eigensucht, Eitelkeit und Bosheit 4337; die Pläne und Werke, die von der Vorstellung der Gerechtigkeit ausgehen, werden in der Wirklichkeit oft entstellt 4684.

Die Kirche warnt davor, sich dem Geist der Welt gleichförmig zu machen, dem Geist der Eitelkeit und Bosheit 4337.

Die Sündhaftigkeit des Menschen und ihre Folgen: C 4fg; D (Die Sünde der Geschöpfe, die Gott verzeiht); D 2bc (Auswirkung der Ursünde); D 3be (Folgen der Sünde).

Die Sünde und – : der menschliche Leib: C 4ec; – : die Vernunft des Menschen: C 4ee; – : Leiden und Tod des Menschen: C 4ef.

Mißbrauch von Freiheit: C 4fc.

Sündhafte Strukturen in der Gesellschaft: C 4gl; D 4c.

Die Sünde und die geschaffenen Dinge: C 3 (Sichtbare Welt); C 4h (Mensch und Schöpfung); D 6 (Welt und Geschichte unter der Knechtschaft der Sünde).

Menschliches Schaffen und Fortschritt, verdorben von der Sünde: C 4ie; C 4if; D 5.

Die Sündhaftigkeit und die Berufung des Menschen: C 4jk.

Erlösung von der Sünde durch Christus: Der Herr ist gekommen, um den Menschen zu befreien und zu stärken, indem er ihn innerlich erneuerte und den Fürsten dieser Welt hinauswarf, der den Menschen in der Knechtschaft der Sünde festhielt 4313; vgl. C 4fi (Christus, das Heil des Menschen); E 3a (Jesus Christus, der Mittler des Heiles); E 4c (Sendung des Sohnes); D 7ba (Gott vergibt die Sünden durch Jesus Christus).

**Zeitgenössische Wandlungen.** Der Mensch unter den heutigen Lebensbedingungen, angesichts der Veränderungen der Welt, des Menschen, seines Handelns und seiner Beziehungen 4501; die heutige Zeit: **4kc** Umbrüche, Krisen, Chancen, Hoffnung und Angst 4304.

Psychische, sittliche und religiöse Wandlungen: Infragestellung überkommener Werte, Institutionen, Gesetze und Denkweisen; Läuterung der Religion von magischem Weltverständnis; personalerer und tätigerer Glaubensvollzug; Leugnung Gottes in Wissenschaft, Philosophie, Literatur, Kunst, Humanwissenschaften, Geschichte und Gesetzen 4307.

Bewußtwerdung bestimmter Werte: Freiheit, Menschenwürde, Bejahung der unveräußerlichen Rechte der Person und der Völker 4750; Sinn für Gerechtigkeit in der Gesellschaft 4683; Streben der Menschen nach Gleichheit und Teilhabe an den Leitungsaufgaben 4501; Förderung von demokratischer Gesellschaft in verschiedenen Modellen 4502; heftiges Verlangen nach Befreiung 4750.

Wandlungen in der gesellschaftlichen Ordnung: Abbau traditioneller örtlicher Gemeinschaften; Industriegesellschaft; verfeinerte soziale Kommunikationsmittel; Sozialisation; weltweite Verflechtung der Menschen und Völker und Entwicklung zur bürgerlichen, wirtschaftlichen und sozialen Einheit des Menschengeschlechtes; Gefahren und Chancen 4154 4306 4325 4343.

Umfassender Wandel der Ordnung durch die modernen Wissenschaften und die Technik. Menschliche Herrschaft über die Natur 4305 4333 4501.

**Bedrohungen und Probleme des Menschengeschlechts.** Der Mensch, der evangelisiert werden soll, ist nicht **4kd** etwas Abstraktes, sondern eine sozialen und wirtschaftlichen Problemen unterworfene Person 4579.

Politische, soziale, wirtschaftliche, rassische und ideologische Spannungen 4304; Spannungen zwischen den Rassen, den reichen und notleidenden Völkern, den internationalen Institutionen, den Schichten der Gesellschaft, den Geschlechtern, in den Familien, zwischen den Generationen, in der Person (4307) 4308; Antisemitismus 4198.

Ideologisierung, Kollektivegoismen in Gruppen und Nationen 4308; Mißtrauen, Feindschaft und Notlagen, deren Ursache und Opfer der Mensch ist 4308; die gesteigerte Macht der Menschheit droht das Menschengeschlecht selbst zu vernichten 4337; Mißtrauen unter Völkern, feindliche Nationenblökke, Tyrannei in Wirtschaft, Militär, Politik 4818; Unterdrückung von Völkern 4452; Krieg, der alles zerstören würde 4304; Unglück der beiden Weltkriege, Völkervernichtung, atomare Gefahr 4810; schreckliche Angriffswaffen und ihre Folgen 4423; vorrangige Rolle technischer Mittel bei Konflikten, Gefahr eines Atomkrieges 4693.

Arme Völker 4442; sie sind von den reicheren wirtschaftlich abhängig 4309; verzögerter Fortschritt neben unmäßigem Fortschritt und Überfluß 4811; wachsende Ungleichheiten bei Güterwachstum

4442; Handelsbeziehungen zum Nachteil der ärmeren Länder 4462; Hunger, Not und Verelendung eines großen Teiles der Weltbevölkerung 4304 4310; Unwissenheit, Hunger, Elend, Unterdrückung, Ungerechtigkeit 4440 4480; vgl. C 4ke (Arme).

Wirtschaftliche, soziale und politische Unterdrückung großer Massen 4776; Ungleichheiten bei der Machtausübung, Gegensatz zwischen kleinen Oberschichten und restlicher Bevölkerung 4443; Macht der Reichen und Elend der Armen, Unterdrückung 4454; Armut wegen Großgrundbesitz 4450; arme Schichten 4443; arme Landbevölkerung 4443; neue Arten gesellschaftlicher und psychischer Knechtung 4304; Konflikte im sozialen Bereich, auch bei den Landbewohnern 4443; beschleunigtes Bevölkerungswachstum 4455; Analphabetentum 4304; Gewinnspekulationen 4450; Konsumkultur als "Wegwerf"- und "Abfall"-Kultur 4812; Untätigkeit von Staatslenkern demokratischer Staaten gegenüber sozialen Mißständen 4772; vgl. C 4ke (Arme).

Infragestellung und Verlust überkommener Werte, Institutionen, Gesetze und Denkweisen; schwere Verwirrung in Verhaltensweisen und Verhaltensnormen; breite Massen entfernen sich von der Religion (4304) 4307; Widerspruch zwischen Tradition und Fortschritt in Technik und Zivilisation 4444; Generationenkonflikt 4444; Probleme der Alten 4444.

Die Situation in Lateinamerika: Systeme, die sich gegen das Gemeinwohl vergehen oder privilegierte Gruppen begünstigen 4483; Unterentwicklung, eine ungerechte Situation, die Spannungen fördert, Verweigerung des Friedens 4485; soziale Ungerechtigkeiten, die die Völker in Armut und Elend halten 4493; wirtschaftliches Ungleichgewicht 4633; Situation des Elends, der Diskriminierung, des Unrechts und der Korruption 4619.

Spannungen zwischen Klassen und interner Kolonialismus; Marginalität; Unterdrückung durch herrschende Gruppen und Schichten; externer Neokolonialismus; Flucht von Kapital; Steuerflucht und Abfluß von Gewinnen; Verschuldung; Monopole und Geldimperialismus; übersteigerter Nationalismus; Spannungen zwischen den lateinamerikanischen Ländern; Rüstung 4485; Rebellionen und Kriege 4486; Gewalt von Terroristen und Guerilleros 4630; Folter, Entführungen, Verfolgung von politisch Andersdenkenden oder Verdächtigen, Ausschluß aus dem öffentlichen Leben aus ideologischen Gründen 4629.

Fehlen eines politischen Bewußtseins 4484.

Sündhafte Strukturen in der Gesellschaft: C 4gl; D 4c.

**4ke**  **Arme.** Arme Völker 4304 4309 4310 4440 4442 4462 4480; Armut wegen – : sozialer Ungerechtigkeit 4493; – : Großgrundbesitz 4450; arme Schichten 4443; arme Landbevölkerung 4443; Macht der Reichen und Elend der Armen 4454; Unterdrückung und Gewaltmaßnahmen der Wohlhabenden 4454 4772; vgl. C 4kd (Probleme des Menschengeschlechts).

Hilfsbedürftige sind alte, verlassene Menschen, Gastarbeiter, Heimatvertriebene, uneheliche Kinder, Hungernde 4327.

Verschiedene Formen der Armut: Armut als Mangel an Gütern 4494; geistige Armut 4494; Armut als Verpflichtung, die freiwillig und aus Liebe die Daseinsbedingungen der Notleidenden auf sich nimmt 4494; vgl. G 4bb (Wege der Heiligung); wahre Nutzung des Geschaffenen in Armut und Freiheit im Dank gegen den Schöpfer 4337.

Folgen von Armut: Schwächung der menschlichen Freiheit 4331; abnehmende Beschäftigung mit den letzten Fragen aufgrund des Drucks materieller Verelendung 4310; Verhinderung von Verantwortungsgefühl, wenn die Lebensbedingungen dem Menschen nicht erlauben, sich seiner Würde und Berufung bewußt zu werden 4331; Unwissenheit und menschenunwürdige Lebensbedingungen verhindern Bewußtwerdung und Beteiligung aller beim Strukturwandel 4441 4489.

Die Würde des Menschen kann nicht zerstört werden, auch nicht auf der untersten Stufe des Elends, der Verachtung, Ablehnung und Ohnmacht 4760; vgl. C 4fb (Würde des Menschen).

Anderen zu helfen, ihre Unterlegenheit in bezug auf Wissen, Tugend, Geisteskraft und äußere Güter zu überwinden, ist eine schwerwiegende Verpflichtung 3988; die Reichen als Beschützer der Schwächeren sollen bereit sein, ihren Besitz mit ihnen zu teilen 4818; Pflicht der Reichen zu Almosen *2112* 3729; L 4e (Pflichten und Rechte in bezug auf materielle Güter: Almosen).

Armut ist nach den Propheten dem Willen des Herrn entgegengesetzt 4494; Armut als Frucht der Ungerechtigkeit und der Sünde 4494f; vgl. C 4gl und D 4c (Sündhafte Strukturen in der Gesellschaft).

Christus und die Armen: Er hat zu den Armen gesprochen, die vom Sünde befreit und mit Freude und Hoffnung erfüllt 4632; er verkündete den Armen das Evangelium, (ᵃdie dieses oft bereitwilliger annehmen), ᵇ*und heilte die im Herzen Zerbrochenen* ᵇ4005 4120 ᵃ4570; Vorliebe Jesu für die Ärmsten und die Leidenden 4617; Christus ist vor allem in den geringsten Brüdern ständig gegenwärtig 4852; vgl. E 2bb (Christi Wirken unter den Menschen).

Die Armut Christi 930 1087–1094; Christus vollbrachte das Werk der Erlösung in Armut und Verfolgung 4120; obwohl er reich war, ist er arm geworden, um die Menschen zu retten 4494; vgl. E 2ba (Christi Gemeinschaft mit den Menschen).

Forderung des Evangeliums nach Armut als Solidarität mit den Armen 4634; diese Forderung behütet den Armen vor den falschen Idealen des Individualismus und der Konsumgesellschaft 4634; Armut ist nach den Propheten dem Willen des Herrn entgegengesetzt, Frucht der Ungerechtigkeit und der Sünde 4494; die christliche Liebe bevorzugt die Kleinen, Schwachen und Armen 4613.

Die Ansicht von Befreiungstheologien bringt den Armen der Hl. Schrift und das Proletariat nach Karl Marx durcheinander 4738; das Eintreten für die Armen wird zum Klassenkampf 4738; vgl. C 4lb (Marxismus).

Die Kirche fühlt sich mit den Armen innigst verbunden 4120 **4301** 4342; Engagement und Option der Kirche für die Armen: G 7ad (Kirche und Arme).
Vgl. L 7 (Ordnung der Gesellschaft: Mittel und Macht der Reichen); L 11 (Ordnung des Eigentums).
**Streben der Menschen nach Gerechtigkeit.** Ungleichgewichte in der heutigen Welt: in Person und Familie, **4kf** zwischen Generationen, Gesellschaftsschichten und den Geschlechtern, zwischen Rassen, Völkern, Nationen und internationalen Institutionen 4308.
Bestrebungen der Menschen zur Erreichung – : politischer, sozialer, wirtschaftlicher Gerechtigkeit und Gleichheit unter den Völkern und sozialen Gruppen; – : von Gleichberechtigung zwischen Männern und Frauen; – : persönlich sinnvoller Arbeit und Teilhabe am wirtschaftlichen, gesellschaftlichen und kulturellen Leben; Bemühung der Völker um eine allumfassende Gemeinschaft 4309; in den zeitgenössischen Spannungen und Kämpfen zeigt sich ein in der Gesellschaft erwachter Sinn für Gerechtigkeit 4683.
Vgl. C 4gc (Gerechtigkeit und Friede); L 7 (Ordnung der Gesellschaft: soziale Gerechtigkeit); L 9 (Ordnung der Menschheitsfamilie).
**Suche der Menschen nach Sinn.** Gefühl der Gespaltenheit, Zwiespältigkeit und Begrenzung, Verlangen **4kg** nach höherem Leben; Wahl zwischen verschiedenen Möglichkeiten und Notwendigkeit des Verzichtes; Erfahrung der Zerwürfnisse in der Gesellschaft und der eigenen Sündhaftigkeit 4310; der Mensch erfährt sich zum Bösen geneigt und in Übel verstrickt, die nicht vom guten Schöpfer kommen können 4313; vgl. D 2bd (Erfahrung der Zwiespältigkeit).
Fragen der Menschen nach der Entwicklung der Welt, ihrer Stellung und Aufgabe im Universum, dem Sinn ihres individuellen und kollektiven Mühens und dem letzten Ziel der Dinge und Menschen 4303 4310 4333; Beantwortung dieser Fragen durch Überhebung oder Abwertung des Menschen 4312; der Mensch bleibt sich eine ungelöste Frage 4321; Verzweiflung der Menschen ohne göttliches Fundament und Hoffnung auf ewiges Leben 4140 4321; vgl. L 2d (Tugend der Hoffnung).
Verschiedene Religionen (Judentum, Islam, Hinduismus, Buddhismus und andere Religionen): A 2ab (Menschliche Fähigkeit zur Erkenntnis religiöser Wahrheiten); G 3ce (Kirche und Religionen).
Verschiedene Weltdeutungen: Materialismus, Atheismus, Nihilismus mit dem Menschen als ausschließlichem Ziel; Verzweiflung als Folge; viele stellen dennoch die grundlegenden Fragen nach dem Menschen und dem Sinn des Lebens 4310.
**Atheismus** als ernste Gegebenheit dieser Zeit 4319; er ist gekennzeichnet durch die Ablehnung oder Ver- **4kh** werfung der Verbindung mit Gott 4319.
Als Atheismus werden verschiedene Phänomene bezeichnet: Ausdrücklicher Atheismus, Agnostizismus oder Atheismus aufgrund methodischer Voraussetzungen 4319; die systematische Form des Atheismus lehnt im Streben nach Autonomie jede Abhängigkeit von Gott ab 4320; Atheismus, der die Befreiung des Menschen von seiner wirtschaftlichen und gesellschaftlichen Befreiung erwartet und die Religion als Hindernis für diese Befreiung sieht 4320.
Atheistische Autonomievorstellung: C 4fc (Freiheit des Menschen).
Atheistische Ethik: L 1d (Gründung der Naturgesetzes in Gott).
Gründe des Atheismus: Atheismus infolge – : von Wissenschaftsgläubigkeit 4319; – : der Kraftlosigkeit des Glaubens aufgrund übermäßiger Erhöhung des Menschen 4319; – : der Ablehnung eines Gottesbildes, das aber nicht den Gott des Evangeliums darstellt 4319; – : der Vernachlässigung der Gottesfrage aufgrund fehlender religiöser Unruhe 4319; Atheismus als – : Protest gegen das Böse in der Welt oder gegen die Übertragung des Absoluten auf menschliche Werte 4319; – : kritische Reaktion gegen die Religionen und gegen die christliche Religion **4319**; Erschwerung des Zugangs zu Gott durch die heutige Zivilisation 4319.
Die gegen ihr Gewissen Gott fernhalten und die religiöse Frage vermeiden, sind nicht ohne Schuld. Aber auch die Glaubenden tragen Verantwortung für den Atheismus, wenn sie das Antlitz der Religion durch verkehrte Glaubenserziehung, Lehre oder Praxis verhüllen **4319**.
Kirche und Atheismus: G 3cf.
**Christlicher Humanismus als wahrer Humanismus.** Ein neuer Humanismus zur Selbstfindung des Menschen ist aufzuspüren 4447. **4ki**
Wahrer Humanismus – : ist offen für Glaubensgewißheit 4642; – : kann von den Gütern des Geistes und von Gott nicht absehen 4457; – : sorgt für einen allseitigen Fortschritt des ganzen Menschen und aller Menschen 4457.
Die Weisheit des lateinamerikanischen Volkskatholizismus ist ein christlicher Humanismus 4623.
Vgl. C 4fh (Christus, der vollkommene Mensch); C 5b (Christus und das Ziel der Geschichte); E 3bb (Prophetentum Jesu Christi und Christus als Lehrer).
**Die geschichtliche Verfaßtheit der Kirche.** Vgl. G 2bb (Sakramentalität der Kirche: Erkennbarkeit der Kir- **4kj** che); G 3ad (Kirche aus und in Kirchen); G 3ae (Kirche als rechtlich verfaßte Gesellschaft); G 4 (Gemeinschaft der Glaubenden); G 6 (Laien); H (Gott leitet, unterweist und heiligt die Kirche durch seine Diener); M 1b (Endzeitlicher Charakter der pilgernden Kirche).
**Kirche und gegenwärtige Welt.** Der Mensch, der evangelisiert werden soll, ist eine sozialen und wirtschaft- **4kk** lichen Problemen unterworfene Person 4579; die Kirche hat das Recht und die Pflicht, die Barmherzigkeit Gottes angesichts der einzelnen Fälle physischen und moralischen Übels und aller Bedrohungen des heutigen Menschengeschlechts anzurufen und zu erflehen 4685; die Kirche erneuert mit ihrer Kraft die Menschheit 4574; vgl. C 4l (Gesellschaftslehren und Soziallehre der Kirche);

G 2bb (Sakramentaler Charakter der Kirche); G 2bc (Heilsnotwendigkeit der Kirche); G 2bd (Sendung und Aufgabe der Kirche); G 3c (Katholizität der Kirche); G 3cd (Kirche und Evangelisation bzw. Mission); G 4bf und 6cb (Aufgaben der Glaubenden/Laien in der Welt); G 7 (Verhältnis der Kirche zum Menschengeschlecht, zu Gesellschaft, Kultur, Staat und internationalen Institutionen); H 2f (Bischöfe und Welt); H 3a (Generelle Bestimmungen zum Verkündigungsdienst der Bischöfe); H 5 (Priester).

## C 4l  1. – Die modernen Gesellschaftslehren und die Soziallehre der Kirche

**4la**   **Die Soziallehre der Kirche** ist entstanden aus dem Aufeinanderprallen des Evangeliums und der Probleme, die sich aus dem Leben der Gesellschaft ergeben 4762; sie bezieht sich auf den ethischen Aspekt des Lebens und die technischen Aspekte der Probleme, um ein moralisches Urteil über sie zu fällen 4762; sie ist kein in sich geschlossenes System, sondern offen für neue Fragestellungen 4763; sie ist eine Zusammenfassung von Lehrprinzipien und Urteilskriterien sowie Handlungsnormen und -anregungen 4764; sie richtet sich gegen alle Formen des "Kollektivismus" und eines sozialen oder politischen "Individualismus" 4766.
Folgerungen aus der kichlichen Soziallehre: L 5 (Grundbestimmungen sozialen sittlichen Lebens); L 6–13 (Ordnung von Ehe und Familie, Gesellschaft, Staat, Menschheitsfamilie, Arbeit, Eigentum, Wirtschaft, Kultur).

**4lb**   **Marxismus und Sozialismus.** Verschiedene von Christen vertretene Sichtweisen von Marxismus – : Sozialismus als Wille zur Wahrung von Gerechtigkeit und Gleichheit, ohne die Gewaltausübung des geschichtlichen Sozialismus wahrzunehmen 4505; – : Annäherung an den Marxismus aufgrund seiner geschichtlichen Entfaltung 4506; – : Marxismus als Vollstreckung des Klassenkampfes 4507; – : Marxismus als Ausübung der politischen und wirtschaftlichen Macht unter der Leitung einer einzigen Partei, die das Wohl aller zu verbürgen versichert 4507; – : Marxismus als sozialistische Lehre, die sich auf den historischen Materialismus stützt und alles Transzendente leugnet 4507; – : Marxismus als wis senschaftlicheMethode zur Erforschung sozialer und politischer Verhältnisse und der Verknüpfung von Erkenntnis und Praxis eines revolutionären Umsturzes 4507; – : Zuwendung zur "marxistischen Ana lyse": Anwendung der marxistischen Methode auf die Situation der Dritten Welt und besonders Lateinamerikas 4730f.
Die christliche Lehre und der Marxismus: Gefahr, daß Christen sich den Sozialismus als etwas Vollkommenes zurechtlegen. Erfordernis eines genauen Urteils 4505.
Gefahrvoll ist – : das Band zu vergessen, das die verschiedenen Formen des Marxismus verbindet (4505) 4508; – : verschiedene Elemente der marxistischen Forschung gutzuheißen, ohne ihre Verbindung zur Lehre zu berücksichtigen 4508; – : in den Klassenkampf und seine marxistische Deutung einzutreten 4508.
Übereinstimmung neomarxistischer Systeme in Grundprinzipien, die im Widerspruch zur christlichen Auffassung vom Menschen und von der Gesellschaft stehen 4732; solche Prinzipien sind – : der "Klassenkampf" 4733; – : der Atheismus und die Negation der menschlichen Person, ihrer Freiheit und ihrer Rechte 4734; vgl. C 4fc (Freiheit); C 4kh (Atheismus); G 3cf (Kirche und Atheismus); – : falsches Verständnis von der geistigen Natur der Person, Verneinung der Prinzipien eines der Menschenwürde verpflichteten sozialen und politischen Lebens, Forderung nach völliger Unterordnung unter die Gemeinschaft 4734; – : extreme politische Auslegung der Glaubensaussagen und theologischen Urteile 4735; durch die Aufnahme der marxistischen Analyse in die Theologie werden/wird – : die Lehre des Glaubens oder die Theologie der Theorie des Klassenkampfes unterworfen 4735; – : das Eintreten in den Klassenkampf zum Erfordernis der Liebe selbst 4736; – : Nächstenliebe und Brüderlichkeit zu einem eschatologischen Prinzip für die Zeit nach der Revolution 4736; – : die Reichen zum prinzipiellen Klassenfeind 4736; – : der gewaltlose Weg des Gesprächs abgelehnt 4736; – : Kirche rein immanent betrachtet 4737; – : die Armen der Hl. Schrift und das Proletariat von Karl Marx durch "Befreiungstheologien" durcheinandergebracht 4738; vgl. C 4ke (Arme); – : das Eintreten für die Rechte der Armen zum Klassenkampf 4738; – : unter Volkskirche eine Klassenkirche verstanden, die Kirche des unterdrückten Volkes, dessen "Bewußtsein" die Kirche erwecken muß 4740.
Die Kirche übernimmt nicht die Theorie des Klassenkampfes (3170) 3973 4508 (4628) 4735f 4773; sie empfiehlt einen aufrichtigen und ehrlichen Kampf um soziale Gerechtigkeit und Solidarität 4773; vgl. C 4gc (Gerechtigkeit und Friede); C 4gm (Befreiung und Strukturwandel); L 5e (Solidaritätsprinzip); L 7 (Ordnung der Gesellschaft: Gewalt).
Lehre des Kollektivismus : Überführung von Produktionsmitteln in Staatsbesitz 4698f; der Kollektivismus in all seinen Formen steht der Soziallehre der Kirche entgegen 3726 4766; Überführung von Produktionsmitteln in Staatsbesitz gemäß der Lehre des Kollektivismus entspricht keineswegs einer Vergesellschaftung dieses Eigentums 4698f; vgl. L 11 (Ordnung des Eigentums).
Der Kommunismus – : verkehrt das Verhältnis zwischen Bürgern und Gesellschaft 2786 3773 3939; – : untergräbt das Recht auf Eigentum 2786; es ist verboten, ihn zu unterstützen 3865 3930.

Der Sozialismus (auch [a]der gemäßigte) steht im Widerspruch zu den christlichen Prinzipien 2892 2918 3742-3744 [a]3939; das Recht auf Vereinigungsfreiheit wird bei den Sozialisten eingeschränkt 3939.

**Liberalismus.** Erneuerung der Lehren des Liberalismus 4509; zügelloser Liberalismus 4451; freier Handel als Norm 4463; freies Spiel des Wettbewerbs 4454.    **4lc**

Die christliche Lehre und der Liberalismus: Gefahr, daß sich Christen den Liberalismus als etwas Vollkommenes zurechtlegen: als Ausdruck für die Sache der Freiheit 4510; die Lehre der Liberalen erfordert von den Christen ein sorgfältiges Urteil 4509.

Der philosophische Liberalismus ist nach seinem Herkommen die falsche Beteuerung der Autonomie 4509; vgl. C 4fc (Freiheit: Mißbrauch von Freiheit).

Dem freien Handel wohnt nicht aus sich heraus ein Gesetz der Gerechtigkeit inne: In freier Übereinkunft ausgehandelte Preise können ungerechte Folgen haben. Ein Hauptprinzip des Liberalismus wird so fragwürdig 4463; verworfen werden die Auffassungen: [Der Hauptantrieb zur Förderung des wirtschaftlichen Fortschritts ist der Profit, der freie Wettbewerb ist die oberste Norm der Wirtschaft, der Privatbesitz an Produktionsmitteln ist ein absolutes Recht ohne Grenzen und eine damit verbundene soziale Aufgabe] 4451; vgl. L 12 (Ordnung der Wirtschaft).

Die Kirche tadelt den Liberalismus und seinen Individualismus 3772 3937 3940f 4451 (4454) (4330) 4463 4509 4766; vgl. L 7 (Ordnung der Gesellschaft: Gesellschaftslehren und -systeme).

Die Lehre der Kirche richtet sich gegen alle Formen eines sozialen oder politischen Individualismus 4766; der Individualismus in bezug auf das Eigentum ist zu vermeiden 3726 3741 4330 4766; Ablehnung einer rein individualistischen Ethik 4330.

**Kapitalismus** – : als System 4691; – : als Gegensatz zum Sozialismus oder Kommunismus 4691.    **4ld**

Die christliche Lehre und der Kapitalismus: Der Irrtum eines primitiven Kapitalismus liegt vor, wenn der Mensch als Instrument, nicht entsprechend der wahren Würde seiner Arbeit behandelt wird 4691; die Auffassung des strengen Kapitalismus muß ständig überarbeitet werden, damit sie unter Berücksichtigung der Menschenrechte verbessert wird 4698; vgl. C 4ic (Ordnung menschlichen Schaffens); L 10-12 (Ordnung der Arbeit, des Eigentums, der Wirtschaft).

**Materialismus.** Bürokratischer Sozialismus, technokratischer Kapitalismus, tyrannische Art von Demokratie und ihre Mühe bei der Beantwortung der großen Fragen nach Gerechtigkeit und Gleichheit 4510; Gefahr dieser Systeme: Materialismus, Bemühen um die eigenen Vorteile, Unterdrückung 4510.    **4le**

Konsumkultur als "Wegwerf"- und "Abfall"-Kultur 4812; die bloße Anhäufung von Gütern und Dienstleistungen bewirkt nicht das menschliche Glück 4811.

Geistige Formen des Todes: die Philosophien des Egoismus, der Lust, der Verzweiflung und des Nichts 4492.

**Positivismus, Wissenschafts- und Fortschrittsgläubigkeit.** Neue Gestalt des Positivismus: [a]*Technik als Weise des Schaffens, Lebensform und Sprechweise* [a]4504 4511; der Mensch selbst als Gegenstand der positivistischen Wissenschaft 4511.    **4lf**

Die christliche Lehre und der Positivismus: Das Bemühen, mit Hilfe der Wissenschaften alles auf eines zurückzuführen, verrät eine gefahrvolle Absicht 4512; Selbstverstümmelung des Menschen und Unverständnis seiner selbst als Folge 4511; jede wissenschaftliche Disziplin kann nur einen – jedoch wirklichen – Teil des Menschen erreichen; das Verständnis und die Bedeutung aller Teile entziehen sich ihr 4512; innerhalb dieser Grenzen erfüllen die Humanwissenschaften einen nützlichen und bleibenden Dienst 4512.

Der Fortschritt der Menschen ist nicht geradlinig, automatisch oder grenzenlos 4810; dieser Begriff von "Fortschritt" ist durch die Aufklärung geprägt 4810; er wird jetzt in Zweifel gezogen 4810; an die Stelle eines irrationalen Optimismus ist Beunruhigung getreten 4810; Krise der ökonomischen Theorie, die mit dem Wort "Fortschritt" verbunden ist 4811; Fortschritt heißt nicht nur Wachstum der Wirtschaft 4447.

Vgl. C 4id (Menschliches Forschen und die Wissenschaften); A 2a (Wahrheitsfähigkeit der menschlichen Vernunft); A 4a (Vernunft und Glauben); C 4ie (Fortschritt); L 7 (Ordnung der Gesellschaft: Fortschritt); L 12 (Ordnung der Wirtschaft).

**Nationalismus und Rassismus.** Kult der eigenen Rasse in der Gegenwart und der Zeit der Kolonialherrschaften 4467.    **4lg**

Die christliche Lehre und der Nationalismus bzw. Rassismus: Der Solidarität aller Menschen steht die Verherrlichung des eigenen Staates und der jeweils eigenen Rasse entgegen 4466; die Kirche beklagt jede Form des Antisemitismus 4198; sie verwirft jede Diskriminierung oder Mißhandlung von Menschen um ihrer Rasse oder Farbe, ihres Standes oder ihrer Religion willen als im Widerspruch zum Geist Christi geschehen 4199; vgl. C 4gg (Gleichheit und Ungleichheit in der Gesellschaft); G 3c (Katholizität der Kirche); G 7aa (Kirche, Welt und Menschengeschlecht); L 5g (Menschenrechte).

## 5. Ziel und Vollendung der Geschichte

### a. – Gott und das Ziel der Geschichte    C 5a

Gottes Ratschluß und Plan mit der Welt: A 1a (Begriffliche Bestimmungen des Offenbarungsgeschehens); A 1c (Etappen der Offenbarung); C 1g (Gott lenkt alles nach seiner Vorsehung); F 1 (Gottes Barm-

herzigkeit und universaler Heilswille); die Welt wird nach Gottes Ratschluß umgestaltet werden und zur Vollendung gelangen 4302.

Gott als Herr des Alls und der Geschichte, der alles mit seiner Vorsehung lenkt: C 1ga.

Gott als Ziel der Welt: C 1h.

Gott kennt die Zukunft der Geschöpfe (333 419) 621 625–629 646 685 3003 3646; vgl. B 1b (Wissen Gottes).

Gott wird eine neue Wohnstätte und eine neue Erde bereiten, auf der Gerechtigkeit und Frieden wohnen **4339**; nach der Auferweckung der Kinder Gottes, wird die ganze Schöpfung von der Knechtschaft der Vergänglichkeit befreit werden. Die Liebe und ihr Werk werden bleiben **4339**.

Am Tag der Vollendung werden die aus Gnade geretteten Menschen Gott vollkommene Ehre erweisen 4332.

Verworfen wird eine materialistische Erklärung des Weltuntergangs *1361*.

Vgl. M 3be (Vollendung der Welt); M 3bf (Ewiges Leben und Herrschen mit Christus).

**C 5b**                b. – Jesus Christus und das Ziel der Geschichte

Der Sohn Gottes als Schöpfungsmittler: B 2b; B 4c; C 1c.

Erlösung in Christus und Schöpfungsplan Gottes: C 1ga (Gott als Herrscher des Alls und der Geschichte).

Der Sohn Gottes als Heilsmittler: B 2b; B 4c (Wirken des dreifaltigen Gottes); C 4fi (Christus, das Heil des Menschen); E 3 (Jesus Christus, der Erlöser).

Christus wußte den Tag des letzten Gerichts vermöge seiner Gottheit 419 474–476); vgl. E 5dc (Wissen Christi).

Christus ist das Ziel der menschlichen Geschichte, der Punkt, auf den alle Sehnsüchte der Geschichte und der Zivilisation zulaufen, der Mittelpunkt des Menschengeschlechts 4310 **4345**; der Plan Gottes beginnt in Christus und hat in ihm seinen Höhepunkt 4814; Christus ist in der Geschichte handelnd gegenwärtig 4611; Christus ist – : das Alpha und Omega, Anfang und Ende 4345; – : Herr der menschlichen Geschichte und der Heilsgeschichte 4341; – : Herr der Geschichte [a]*und Anreger eines wahrhaften gesellschaftlichen Wandels* [a]4610 4612; – : Herr der Zeiten 4186; der erhöhte Christus zieht alle an sich 4224; der Schmerz der Schöpfung wird vom Gekreuzigten aufgenommen, der sein Leben für alle darbringt 4615; der gehorsame Sohn verkörpert angesichts der erlösenden Gerechtigkeit seines Vaters den Schrei aller Menschen nach Befreiung und Erlösung 4615; vgl. E 3a (Jesus Christus, der Mittler der Erlösung); E 3bd (Königtum Jesu Christi).

Christus ist der vollkommene Mensch: Das Wort Gottes hat als vollkommener Mensch die Geschichte der Welt in sich aufgenommen und zusammengefaßt 4338; vgl. C 4fh (Christus, der vollkommene Mensch); E 3bb (Prophetentum Jesu Christi und Christus als Lehrer); E 5b (Jesus Christus, eines Wesens mit den Menschen).

Wirken des erhöhten Herrn durch den Geist in Welt und Geschichte: E 2e.

Der Plan der Liebe Christi ist, alles im Himmel und auf Erden zu erneuern 4345; Christus fordert eine radikale Nachfolge seiner Hingabe, die alle Menschen und den ganzen Kosmos einschließt 4613f; die Welt wurde durch Christus von der Knechtschaft der Sünde befreit, um nach Gottes Ratschluß umgestaltet zu werden und zur Vollendung zu gelangen 4302; Christi Auferstehung ist Zeichen und Unterpfand der Auferstehung und letzten Umgestaltung des Universums 4616; Mensch und Welt werden am Ende der Zeit vollkommen in Christus erneuert 4168; vgl. M 3be (Vollendung der Welt).

Christi Wiederkunft und Gericht am Ende der Zeiten: E 2f; M 2a (Wiederkunft Christi und Gericht); M 2bb (Gericht); M 3bf (Ewiges Leben und Herrschen mit Christus).

**C 5c**                c. – Das Menschengeschlecht und das Ziel der Geschichte

Fragen der Menschen nach der Entwicklung der Welt 4303; die Menschen kennen den Zeitpunkt der Vollendung der Erde und der Menschheit und die Art der Umgestaltung des Universums nicht 4339; vgl. C 4kg (Suche nach Sinn); M 3be (Vollendung der Welt).

Auf der Erde wächst der Leib der neuen Menschheitsfamilie, der schon eine umrißhafte Vorstellung von der neuen Welt bieten kann (4330) 4339; vgl. M 3be (Vollendung der Welt).

Notwendigkeit der Gnade zum Erbauen einer neuen Menschheit 4330; vgl. F 5cb (Notwendigkeit der Gnade).

Die Berufung des Menschen: C 4j.

**C 5d**                d. – Das Reich Gottes und Christi als Ziel der Geschichte

Auf Erden ist das Reich Gottes schon im Geheimnis da; mit der Ankunft des Herrn wird es vollendet werden 4339; es wurde von Gott selbst auf Erden grundgelegt, es muß wachsen, bis es am Ende der Zeiten bei der Erscheinung Christi von ihm auch vollendet wird **4123**.

Das Reich Christi ist das Reich der Wahrheit und des Lebens, der Heiligkeit und Gnade, der Gerechtigkeit, der Liebe und des Friedens 4162 (4339 4481).

Das Reich Gottes ereignet sich in geschichtlichen Verwirklichungen, ohne sich in ihnen zu erschöpfen oder mit ihnen zu identifizieren 4614.

Das im Evangelium verkündete Reich wird von Menschen, die von ihrer jeweiligen K u l t u r erfüllt sind, in die Praxis des Lebens überführt 4577; beim Aufbau des Reiches muß auf Elemente der Kultur und der Kulturen zurückgegriffen werden 4577.

Das Reich und das Heil können von j e d e m   M e n s c h e n als Gnade durch Selbstverleugnung, Erneuerung und Umkehr des ganzen Menschen empfangen werden 4572; vgl. F 1 (Gottes universaler Heilswille).

Vgl. B 3b (Der Geist Gottes in Schöpfung und Heilsgeschichte), E 2bb (Christi Wirken unter den Menschen); E 2fc (Vollendung und Übergabe des Reiches Gottes durch Christus); E 3bd (Königtum Jesu Christi); C 4jc (Berufung aller Menschen zum Heil); F 2b (Umkehr und Rechtfertigung aus Glauben); G 2bb (Sakramentalität der Kirche: Kirche und Reich Gottes); M 1 (Anbruch des Reiches Gottes in der Geschichte); M 3be (Vollendung der Welt); M 3bf (Ewiges Leben und Herrschen mit Christus).

## e. – Die Kirche und das Ziel der Geschichte C 5e

Vgl. G 1bf (Vollendung der Kirche); G 2bb (Sakramentaler Charakter der Kirche); G 2bc (Heilsnotwendigkeit der Kirche); G 2bd (Sendung und Aufgabe der Kirche); G 3b (Heiligkeit der Kirche); G 3c (Katholizität der Kirche); G 3cd (Kirche und Evangelisation bzw. Mission); G 7 (Verhältnis der Kirche zu Welt, Gesellschaft und Kultur); M 1b (Endzeitlicher Charakter der pilgernden Kirche).

## f. – Die Christen und das Ziel der Geschichte C 5f

Im Geiste Christi pilgern die Christen der Vollendung der menschlichen Geschichte entgegen 4345.

Die Glaubenden sind Bürger eines Reiches nicht irdischer, sondern himmlischer Natur 4133; das Ineinander der irdischen und himmlischen Bürgerschaft bleibt ein Geheimnis der menschlichen Geschichte 4340; vgl. G 2bb (Sakramentalität der Kirche: Kirche und Reich Gottes); G 3b (Heiligkeit der Kirche).

Vgl. C 4j (Berufung des Menschen); G 4 (Gemeinschaft der Glaubenden und ihre Sendung); G 6 (Laien); H 2f (Bischöfe und Welt); H 3a (Generelle Bestimmungen zum Verkündigungsdienst der Bischöfe); H 5 (Dienstamt der Priester); J 1a (Wesen der Liturgie); M 1b (Endzeitlicher Charakter der pilgernden Kirche).

# D. DIE SÜNDE DER GESCHÖPFE, DIE GOTT VERZEIHT

## 1. Grund und Wesen der Sünde

### a. – Versuchung durch den bösen Geist D 1a

**Der Fall der Engel.** Der Teufel (die Dämonen) war von Gott gut geschaffen (ein Engel) 286 457 800 1078; er ist vom höchsten Gut abgefallen 286; der Teufel und die anderen Dämonen sind durch sich selbst (aus freiem Willen) böse geworden 325 794 800; er ist dennoch nicht in eine entgegengesetzte Substanz übergegangen 286.     1aa

**Verwerfung der gefallenen Engel.** Die Strafe für den Teufel war die [a]ewige Verdammung (286) [a]411 [a]801.     1ab
Verworfen wird: [In der Zukunft wird es [a]*durch die Kreuzigung Christi* eine Wiederherstellung der Dämonen geben] [a]409 411.

**Wirken der gefallenen Engel.** D i e   V e r s u c h u n g : Der Teufel sucht Gelegenheiten zum Schaden, vor allem  1ac
in der Stunde des Todes 1694; auf Veranlassung des Teufels hat der Mensch gesündigt 800; der Teufel hat dazu angeraten 4313; er ist gewissermaßen der Urheber der Sünde und des Todes des Menschengeschlechts 291; der Mensch wird durch ihn getäuscht 4140; die Sünde mit ihren Verführungen und Götzendiensten 4628.

Der Geist der Bosheit verkehrt das auf den Dienst Gottes und des Menschen hingeordnete menschliche Schaffen in ein Werkzeug der Sünde 4337.

Durch die Sünde übt der Teufel Herrschaft über die Menschen aus 1347 1349 1521 1668; er herrscht über den Tod 291 1511; die Welt steht unter der Knechtschaft der Sünde: D 6; der Geist der Welt ist der Geist der Eitelkeit und der Bosheit 4337.

Verurteilte Erklärungen über den Einfluß (bzw. die Gewalt) der Dämonen auf die Sünde des Menschen *736* 2192 *2241-2253 3233f.*

Dem Teufel fälschlicherweise als Übel zugeschriebene Werke sind – : die Bildung des Leibes 462f; – : die Ehe 461 718 802 1012; ihre Gutheit wird betont 206 321 461–463 761 794; – : Fleischspeisen 464; ihre Zulässigkeit wird betont 207 325 795 1350.

**1ad**    **Gott läßt das Böse zu** 3251; Gott weiß das Böse vorher, bestimmt es aber nicht vorher 628 685; das Vorherwissen bewirkt nicht, daß das Böse notwendig folgt *333* 627; verworfen wird: [Gott wirkt die schlechten Werke des Menschen im eigentlichen Sinne und durch sich] **1556**; [Gott kann das Böse nicht verhindern] *727*; vgl. C 1f (Gott läßt das Böse zu); F 1d (Gottes gnädige Erwählung).

Verworfene Interpretationen des Bösen: [Böses zu tun wurde dem Teufel von Gott als Amt aufgetragen] *1223*; [Die Anfechtungen des Menschen sind stets Strafen für eine Sünde [a]*auch bei Maria und bei den Martyrern*; sie sind eine [b]*Reinigung des Sünders*] [a]*1972f* [b]*2470*.

Vgl. C 1c (Autonomie der irdischen Dinge); C 4fc (Freiheit des Menschen); D 1b (Grund menschlicher Sünde).

**D 1b**                    **b. – DER GRUND MENSCHLICHER SÜNDE**

Der W i l l e des sündigenden Menschen ist Ursache der Sünde: Nur wer der Begierde, die ihn in Versuchung führt, zustimmt, sündigt 1515 *1950 1966f.*

Zu einer tathaften Sünde ist Z u s t i m m u n g erforderlich 780; deshalb können kleine Kinder keine tathaften Sünden begehen 223 780 1514; verworfen wird: [Der Willensakt gehört nicht zum Wesen der Sünde] *1946-1949 (1950-1953)*; [Der Mensch sündigt auch in dem, was er notwendigerweise tut] *1967*; die Unkenntnis kann unüberwindlich sein und deshalb von der Sünde entschuldigen (*1485*) *1968* 2865° 2866; nicht jede Unkenntnis entschuldigt *729f*; Gewalt entschuldigt von der Sünde: Anwendungen (762) 2715 2758 3634 3718; Furcht beseitigt nicht die Freiwilligkeit und Zurechnungsfähigkeit: Anwendungen 1678 1705 2070 2129 2151 2573 3273; die U m s t ä n d e der Sünden sind vom Beichtvater zu erfragen 813; die Umstände, welche die Art der Sünde verändern, sind in der Beichte darzulegen 1681 1707 (*1962*); vgl. L 1f (Sittlicher Akt).

[a]*Zwiespältigkeit,* [b]*Stolz,* [c]*Egoismus und Ungerechtigkeit,* [d]*der Versuch der Errichtung einer gesellschaftlichen Ordnung ohne Gott* als Urprung gesellschaftlicher Sünde [a]4310 [bc]4325 [c]4480 [c]4627 [d]4759; die Ungleichgewichte, an denen die heutige Welt leidet, hängen mit dem grundlegenderen Unleichgewicht in den Herzen der Menschen zusammen 4310.

Bedingungen der Sünde: Die F r e i h e i t des Menschen ist begrenzt und dem Irrtum unterworfen; daher kann er begehren, was nur den Anschein eines Gutes an sich trägt 4752; der Mensch ist aufgrund des freien Willens selbständig, indem er aber frei handelt, kann er ein Gut bewirken oder zerstören 4752; die menschliche Freiheit ist von der Sünde verwundet 4317; der Ursprung aller Geringschätzung des Menschen muß im inneren Ungleichgewicht der menschlichen Freiheit gesucht werden 4481; Freiheit bedeutet nicht die Berechtigung, alles zu tun, auch das Böse 4317; Mißbrauch der menschlichen Freiheit: C 4fc; die kontingente, zum Guten verpflichtete Freiheit: L 1b.

Nicht G o t t ist die Ursache der Sünde. Verworfen wird: [Gott wirkt das Böse nicht nur, indem er es zuläßt, sondern im eigentlichen Sinn] 1556; Gott gebietet nichts Unmögliches (397) **1536 1568** (1572) *1954 2001 1406 2619* (3718); vgl. D 1ad (Gott läßt das Böse zu).

Nicht der T e u f e l ist die Ursache der Sünde, es sei denn durch sein Zuraten: D 1ac (Wirken des bösen Geistes).

**D 1c**                    **c. – DAS WESEN DER SÜNDE**

Der Ursprung des Bösen: Das Böse ist Mangel an Gutem 3251; das Böse ist keine Substanz oder Natur, sondern [a]*Strafe für die Substanz* [a]286 1333; vgl. C 1fa (Ursprung des Bösen).

Die Sünde ist – : Abkehr von Gott 1525; – : Auflehnung gegen Gott 4140 4313; – : Beleidigung Gottes 3891 4128; – : freie Übertretung des Gesetzes Gottes 2291; – : Wahl der Übertretung und des Bösen 4753; – : Vernachlässigung des Willens Gottes und Verlangen nach Götzendienst 4813; – : Mißbrauch von Freiheit 4313; – : Dienst an der Schöpfung unter Vernachlässigung des Schöpfers 4140 4313; – : Kraft der Spaltung, die das Wachsen in Liebe und Gemeinschaft behindert 4619; – : Errichtung einer gesellschaftlichen Ordnung fern von Gott 4759.

Der Sünder ist Feind Gottes 1528; der Wahrheit Gottes wird in Lüge verwandelt 4140; der Mensch sucht sein Ziel außerhalb Gottes 4313.

Der Mensch weigert sich oft, Gott als seinen Ursprung anzuerkennen, und durchbricht so die gebührende Ausrichtung auf sein letztes Ziel und die Ordnung gegenüber sich selbst, den anderen Menschen und allen geschaffenen Dingen **4313**.

Ein irriger Begriff von Sünde liegt zugrunde in den verurteilten Behauptungen – : über die Begierde, die im eigentlichen Sinne keine Sünde ist, sondern aus der Sünde ist und zu ihr geneigt macht *1012 1452*

**1515** *1950f 1974–1976*; – :[Gott kann Haß auf Gott gebieten] *1049*; – :[Weder das Werk noch der Wille noch die Begierde noch die Lust sind Sünde, noch dürfen wir wollen, daß sie ausgelöscht wird] *739*; – : über die philosophische Sünde *2291* (4492).

## 2. Die Sünde Adams

### a. – Die Ursünde Adams – Typus menschlicher Sünde     D 2a

**Die sündhafte Tat Adams.** Adam hat ᵃ*durch den schlechten Gebrauch seines freien Willens* und ᵇ*durch*   **2aa**
*Übertretung des göttlichen Gebotes* gesündigt ᵃ621 ᵇ1511.
**Die Folgen der Sünde Adams.** Adam hat den edlen Urzustand des ersten Ebenbildes verloren 496; er hat die   **2ab**
Heiligkeit und Gerechtigkeit verloren 1511f; er hat sich den Zorn Gottes zugezogen 1511; er wurde
der Seele und dem Leibe nach zum Schlechteren gewandt 371f 385 1511; er verfiel der Knechtschaft
des Teufels 1511; sein freier Wille wurde geschwächt 383; er mußte den Tod und die Strafe für die
Sünde auf sich nehmen 222 231 413 1511.

### b. – Das Menschengeschlecht unter der Erblast der Sünde     D 2b

**Die Natur der Ursünde.** Die Existenz einer von Adam übertragenen Sünde wird betont (allgemein) 223   **2ba**
239 341 361 371f 391 470 491 621f 1073 **1512** 1865 2538.
**Wesen:** Die Ursünde ist ihrem Ursprung nach eine einzige **1513**; die Menschen ziehen sich, wenn sie
empfangen werden, aufgrund des Sündenfalls Adams die eigene Ungerechtigkeit zu (239) **1523**.
Obwohl die Menschen Gott erkannt hatten, haben sie ihn nicht als Gott verherrlicht, sondern sie dienten in
Verfinsterung der Schöpfung mehr als dem Schöpfer 4140 **4313**; sie haben auf Anraten des Bösen
gleich von Anfang der Geschichte an ihre Freiheit mißbraucht **4313**; zur Natur der Ursünde vgl.
auch D 1c (Wesen der Sünde).
Man zieht sich die Ursünde ohne eigene Zustimmung zu 780; sie ist jedem eigen **1513**; verworfen werden
Irrtümer über die Willentlichkeit *1948f 2319*; verworfen wird: [Aus Adam ziehen sich die Nachkommen die Strafe zu, nicht die Schuld] *728 (1006) 1011*.
Verworfen wird eine falsche Auffassung über die unbefleckte Empfängnis Mariens *3234*; vgl. E 6cc (Bewahrung Mariens vor der Ursünde).
Der Begriff der Ursünde wurde verkehrt 3891.
**Die Weitergabe der Ursünde.** Die Übertragung geschieht ᵃ*nicht durch Nachahmung*, sondern durch Fort-   **2bb**
pflanzung von Adam her 223 231 ᵃ1513 1523 3705; die Ursünde erstreckt sich daher auf alle Menschen, auch ᵃ*auf die Kinder* ᵃ223 ᵃ231 239 ᵃ1514; jedoch ist nicht Christus allein frei von der Ursünde, sondern auch Maria 1973; vgl. E 6cc (Bewahrung Mariens vor der Ursünde).
**Die Auswirkung der Ursünde.** Der Zustand der gefallenen Natur: Adam hat für seine Nachkommen   **2bc**
Heiligkeit, Unschuld und Gerechtigkeit verloren 239 **1512 1521**; das Gut der Natur wurde verdorben
400; vgl. C 4b (Der Mensch, von Gott gut geschaffen); der Mensch wurde der Seele und dem Leibe
nach zum Schlechteren gewandt 371; Verminderung des Menschen, weil er davon abgehalten wird,
seine Erfüllung zu erlangen 4313; er verfiel der Knechtschaft des Teufels (ᵃder Sünde) 1347 1349 1521
ᵃ4313 (4341) ᵃ4753; Verunstaltung der Gottebenbildlichkeit 4322; Verlust des Heiles 4318; Geburt mit
Neigung zum Bösen 4325; der Tod als Auswirkung der Ursünde 146 222 231 371f 1400 **1512 1521**
2617; der Mensch wäre dem leiblichen Tod entzogen gewesen, wenn er nicht gesündigt hätte 4318;
vgl. M 2ba (Tod des Menschen); der Zunder der Sünde bzw. die Begierde macht zur Sünde geneigt
1515.
Erfahrung der Widerstände des Leibes 4314.
Verdunklung und Schwächung der Vernunft 4315.
Die religiöse Erkenntnis wurde schwieriger 2756 2853 3875.
Die Beachtung des göttlichen Gesetzes wurde schwieriger, denn der freie Wille wurde in seinen Kräften geschwächt (146) 339 378 383 396 622 633 **1521**.
Verwundung der Freiheit des Menschen 4317.
Der Mensch ist nicht so sehr geschwächt, daß ihm ein moralisches Leben unmöglich wäre: Es bleibt
ihm die Freiheit des Willens, verstanden als Freiheit von Notwendigkeit: nicht nur von ᵃ*Gewalt* oder
ᵇ*Zwang*, auch keine ᶜ*solche Notwendigkeit, die nur in der Ursünde als ihrem Grunde (Adam) willentlich war 1939 1941 1952 ᵃ1966f ᵇ2003 ᶜ2301*; die Freiheit des Willens taugt nicht nur zum Sündigen
*1927–1930 1965 2438–2440*; verteidigt wird der Wert des freien Willens gegen die Behauptungen: [Er
ist gänzlich ᵃ*ausgelöscht*, ᵇ*es handelt sich bei ihm um eine bloße Bezeichnung*, ᶜ*er ist eine Erdichtung
des Satans*] ᵃ331 ᵃ336 ᵃ339 ᵇ1486 ᵃᵇᶜ1555 3245f; vgl. L 1b (Die kontingente, zum Guten verpflichtete
Freiheit); L 1f (Der sittliche Akt).

Verteidigt wird die Fähigkeit des Menschen zu guten Werken und zu einem sittlichen Leben gegen die Behauptung: [Der Mensch sündigt in jedem Werk] *1481f 1486* 1539 **1557 1575** *1916 1922 1925 1935-1937 (1940) 1961//1968 2308 2311 2401-2407 (2408-2425) 2439 2459* 2866.

Die ursprüngliche Beziehung zwischen M a n n u n d F r a u ist durch die Sünde gestört 4831; ihre Gleichheit in der Einheit ist durch die Sünde verloren 4831.

Folgen der Ursünde für das menschliche S c h a f f e n und den F o r t s c h r i t t : Alle Tätigkeiten des Menschen schweben durch Stolz und ungeordnete Selbstliebe in Gefahr 4337; vgl. D 5 (Menschliches Schaffen und Fortschritt unter der Macht der Sünde).

Es gibt auch eine sittlich gute natürliche L i e b e ; verworfen wird die Unterscheidung: [Es gibt nur eine zweifache Liebe, nämlich die gute Liebe aus der Gnade und die sündige Liebe aus der Begierde] *1934 1938 2307 2444-2448 (2449//2458) 2619 2623f*.

Die B e g i e r d e kann einem Menschen, der nicht zustimmt, nicht schaden 1515; verworfen werden Behauptungen über die Sündhaftigkeit der Begierde bzw. des Zunders zur Sünde 1012 1453 **1515** 1950f 1974-1976.

Das k ü n f t i g e S c h i c k s a l des mit der Ursünde behafteten Menschen: Tod [a]*des Leibes* und [b]*der Seele* 222 231 [ab]371f ([b]1400) [ab]**1512 1521**; Entbehrung der [a]*Schau Gottes* und [b]*des Himmelreiches* ([b]184 [a]219) [b]224 [a]780 [b]1347; Strafe der Verdammung, (aber [a]*verschieden* von der Strafe des aufgrund eigener Schuld Verdammten) [a]858 [a]1306 *2626*; der Mensch wurde zu einer "Masse des Verderbens" 621; vgl. M 3d (Verwerfung des Menschen: Theorie des Limbus).

Vergebung der Ursünde durch die Taufe: K 3e (Wirkung der Taufe).

**2bd**  **Erfahrung der Zwiespältigkeit.** Der Mensch erfährt Gespaltenheit und Zwiespältigkeit, Begrenzung und Verlangen nach höherem Leben, Wahlmöglichkeiten und Notwendigkeit des Verzichtes, Zerwürfnisse in der Gesellschaft und die eigene Sündhaftigkeit 4310; er erfährt sich zum Bösen geneigt und in vielfältige Übel verstrickt, die nicht vom guten Schöpfer herkommen können 4313; er findet sich unfähig, selbst die Angriffe des Bösen wirksam zu bekämpfen 4313; er tut, was er nicht will, und was er tun wollte, tut er nicht 4310; vgl. C 4kg (Suche des Menschen nach Sinn); F 3b (Der gerechtfertigte Mensch bleibt gefährdet).

Des Menschen ganzes Leben, das einzelne wie das kollektive, stellt sich als Kampf zwischen Gut und Böse dar. Dabei ist der Mensch auf die helfende Gnade Gottes angewiesen 4313 4325 4337; vgl. F (Gott rechtfertigt und heiligt den Menschen); bes. F 3b (Der gerechtfertigte Mensch bleibt gefährdet); F 5cb (Notwendigkeit der Gnade); göttliche Gnade und menschliche Werke: F 3d (Gnade und menschliche Verdienste); F 5c (Gnade und menschliche Freiheit); die Hilfe Gottes aufgrund von – : Gebet: J 1ee; 1ef; – : frommen Übungen: J 1e; – : den Sakramenten: K (Gott heiligt durch die Sakramente).

### 3. Die Sünden des einzelnen Menschen

**D 3a**  <center>a. – ANLÄSSE ZUR SÜNDE</center>

Der Mensch weigert sich oft, Gott als seinen Ursprung anzuerkennen. So durchbricht er die gebührende Ausrichtung an seinem letzten Ziel und die Ordnung gegenüber sich selbst, den anderen Menschen und allen geschaffenen Dingen **4313**.

Das Begehren nach B e s i t z : Die bloße Anhäufung von Gütern und Dienstleistungen genügt nicht, um das menschliche Glück zu erreichen 4811; der Mensch ist mehr wert, durch das, was er ist, als durch das, was er hat 4335 4760.

Gelegenheiten zur Sünde muß man meiden: Verworfen werden laxistische Behauptungen *2061 2161-2163*.

Versuchungen muß man Widerstand leisten: Es genügt nicht ein rein negativer, quietistischer Widerstand 2192 *2217 2224 2237 2241-2253*.

**D 3b**  <center>b. – SCHWERE SÜNDEN UND VERZEIHLICHE SÜNDEN</center>

**3ba**  **Unterschied zwischen den Sünden.** Schwere (capitalia/criminalia/gravia) bzw. Todsünden ([a]*mortalia*) und leichte (parva/minuta/[b]*levia*) bzw. verzeihliche ([c]*venialia*) Sünden [a]795 [a]835 [a]838f [a]858 [a]897 [a]913 [a]926 [a]965 [a]1002 [a]1306 [bc]1537 [a]1577 [a]1638 [ac]1680 [b]1920 [ac]2257 [b]3375 [ac]3381.

**3bb**  **Schwere Sünden bzw. Todsünden.** Verworfen wird: [Die einzige Todsünde ist der Unglaube] **1544 1577**.

Wirkung der Todsünde: Feindschaft mit Gott: 1680; Verlust der Rechtfertigungsgnade **1705**; Ausschluß aus dem Reich Gottes 835; Überführung in die Gewalt des Teufels 1347 1349 **1521** 1668; ewige Verdammung, Hölle 780 839 858 **1002** 1075 1306; vgl. M 3d (Ursachen der Verdammung).

Außer der ewigen Strafe zieht man sich auch eine zeitliche Strafe zu (1543) **1715**.

Durch die Todsünde wird nicht unbedingt der Glaube verloren **1544 1578**.

Die Seelen der in einer aktuellen Todsünde Verstorbenen kommen in die Hölle (338 342) 839 858 926 **1002** 1075 **1306**; vgl. M 3d (Verwerfung des Menschen).

Vergebung der Sünden: D 7.

**Verzeihliche Sünden.** Die verzeihliche Sünde ist derart, daß auch noch so heilige Menschen in sie fallen  **3bc** 1537 **1680**; der Mensch kann nicht ohne besonderes Vorrecht von Gott in seinem ganzen Leben alle verzeihlichen Sünden meiden **1573**; stets kann der Mensch wahrheitsgemäß sagen, er sei sündig 228-230; verworfen wird: [Durch den inneren Weg des Quietismus gelangt man zu einem solchen Seelenzustand, daß nicht einmal mehr verzeihliche Sünden begangen werden] *2256-2258*.

Durch die verzeihliche Sünde wird der Mensch nicht von der Gnade (der Rechtfertigung) ausgeschlossen 1537 **1680**; aber es kann eine Reinigung auch nach dem Tode notwendig werden 838; vgl. M 2bc (Läuterung des Menschen); verworfen wird: [Keine Sünde ist ihrer Natur nach verzeihlich, jede Sünde verdient ewige Strafe] *1920*; Vergebung verzeihlicher Sünden: D 7 (Vergebung der Sünde); K 5ec (Auswirkung der Eucharistie auf die Glaubenden).

**Verwerfung laxistischer Behauptungen** über [a]*die Freude am Übel eines anderen,* [b]*die Traurigkeit über das* **3bd** *Wohlergehen eines anderen,* [c]*das Ersehnen eines Übels für einen anderen* [abc]*2113* [c]*2114* [a]*2115*.

**Folgen der Sünde.** Erfahrung der Widerstände des Leibes 4314; Verdunklung und Schwächung der Vernunft  **3be** 4315; Verwundung der Freiheit 4317; Knechtschaft [a]*als Folge der persönlichen Sünde* 4341 [a]4627 4753 (4772); die Macht der Sünde und des Bösen, durch die der Mensch zu Boden gedrückt wird 4755.

Die Sünde mindert den Menschen, weil sie ihn davon abhält, seine Erfüllung zu erlangen 4313.

Verdammung des Sünders wegen eines Todes [a]*ohne Buße* im Stand der [b]*Todsünde* ([c]*aktuellen Sünde*) ([b]338 [a]*342*) [c]627 [c]780 [ab]839 [c]**1002** [b]1075 [bc]**1306**; die Kirche glaubt, daß der der Anschauung Gottes beraubte Sünder mit ewiger Strafe belegt sein wird und nennt dies Hölle 4657; vgl. M 3d (Verwerfung des Menschen).

Folgen für das menschliche S c h a f f e n : C 4if; D 5.

Folgen der Sünde in gesellschaftlichen Verhältnissen : C 4gl; D 4c.

## 4. Sünde in gesellschaftlichen Verhältnissen

### a. – Anlässe und Ursachen
**D 4a**

Die Sünde als die Kraft der Spaltung, die das Wachsen in der Liebe und der Gemeinschaft behindert 4619.

Der Mensch weigert sich oft, Gott als seinen Ursprung anzuerkennen. So durchbricht er die gebührende Ausrichtung an seinem letzten Ziel und die Ordnung gegenüber sich selbst, den anderen Menschen und allen geschaffenen Dingen **4313**.

Die Menschen werden oft durch gesellschaftliche Verhältnisse vom Guten abgelenkt und zum Bösen angetrieben 4325; Gewohnheiten in den Einrichtungen und Verhältnissen der Welt, die zur Sünde reizen 4162.

Der menschliche Fortschritt, der ein großes Gut für den Menschen ist, bringt Versuchungen mit sich 4337.

Aus der Zwiespältigkeit der Sünder entstehen die Zerwürfnisse in der Gesellschaft 4310; die Ungleichgewichte, an denen die heutige Welt leidet, hängen mit dem grundlegenderen Unleichgewicht in den Herzen der Menschen zusammen 4310; die Knechtschaft der gesellschaftlichen Sünde hat ihren Ursprung [a]*im Stolz, im Egoismus,* [b]*im Geheimnis der Ungerechtigkeit* [a]4325 [b]4480 [b]4627; Irrtümer, Sklavereien und Unterdrückungen, denen Menschen unterliegen, wenn sie versuchen, eine gesellschaftliche Ordnung zu errichten, von der Gott entfernt ist 4759.

### b. – Gemeinsame Sünden
**D 4b**

Das ganze menschliche Leben, das einzelne wie das kollektive, stellt sich als Kampf zwischen Gut und Böse dar 4313 4337.

Dadurch, daß die Werteordnung verzerrt und Böses mit Gutem vermischt ist, beachten die einzelnen Menschen und Gruppen nur das, was ihnen, nicht aber, was den anderen zukommt 4337.

Die Welt ist nicht mehr der Raum der Brüderlichkeit; die gesteigerte Macht der Menschheit droht das Menschengeschlecht selbst zu vernichten 4337.

Wegen der Verderbtheit des menschlichen Herzens werden die menschlichen Werte oft entstellt 4311.

Folgen gemeinsamer Sünden: D 4c.

Die K i r c h e und die Sünder: Sie wird durch die Sünden der Glaubenden verwundet 4128; vgl. G 3bb (Heiligkeit und Sünde in der Kirche).

Die Kirche wirkt zur Bekehrung der Sünder durch Liebe, Beispiel und Gebet mit 4128; Vollmacht der Kirche, alle Sünden zu vergeben 349; die zum Sakrament der Buße hinzutretenden Sünder werden mit der Kirche wiederversöhnt 1674 4128; vgl. D 7bb (Kirche als Mittlerin der Vergebung); G 3b (Heiligkeit der Kirche); K 6 (Sakrament der Buße).

**D 4c**

## c. – SÜNDHAFTE STRUKTUREN DER GESELLSCHAFT

Vgl. C 4gl (Störungen in der Gesellschaft aufgrund menschlicher Sünde).

Gesellschaftliche Strukturen – an sich notwendig – neigen zum Erstarren; sie behindern oder verkehren so den sozialen Fortschritt oder erzeugen Ungerechtigkeit 4768; Strukturen können von Sünde gekennzeichnet sein, sind aber nicht als solche zu verurteilen 4769; gesellschaftliche Strukturen hängen von der Verantwortung des Menschen ab 4768; die in der gesellschaftlichen Ordnung vorkommenden Störungen stammen zum Teil aus der Spannung in den wirtschaftlichen, politischen und gesellschaftlichen Gebilden **4325**; sie haben ihre tiefere Wurzel im Stolz und Egoismus der Menschen, die auch das gesellschaftliche Umfeld verderben **4325**; von Menschen geschaffene Strukturen, denen die Sünde ihrer Urheber ihre zerstörerische Spur eingeprägt hat 4619; sobald die Ordnung der Dinge von den Folgen der Sünde betroffen wird, findet der Mensch neue Antriebe zur Sünde **4325**; Gewohnheiten in den Einrichtungen und Verhältnissen der Welt, die zur Sünde reizen 4162; Knechtschaft, deren Urheber Menschen oder die nicht hinreichend gebändigte Natur sind 4460.

Die ursprüngliche Beziehung zwischen Mann und Frau ist durch die Sünde gestört 4831; ihre Gleichheit in der Einheit ist durch die Sünde verloren 4831.

Wo sozialer Friede nicht existiert und sich ungerechte soziale, politische, wirtschaftliche und kulturelle Ungleichheiten finden, liegt eine Zurückweisung der Gabe des Friedens des Herrn, ja des Herrn selbst vor 4488.

Gesellschaftliche Folgen von Sünde: Knechtschaft 4341 4460 4480 4627; Unterdrückung des Menschen 4480 4755; Unwissenheit, Hunger, Elend, Unterdrückung, Ungerechtigkeit und Haß, die ihren Ursprung im menschlichen Egoismus haben 4480; Irrtümer, Sklavereien und Unterdrückungen, denen Menschen unterliegen, wenn sie versuchen, eine gesellschaftliche Ordnung ohne Gott zu errichten 4759; Abhängigkeit und Formen der Sklaverei, die die Grundrechte verletzen 4628; Gewalt, aus der neue Formen der Knechtschaft entstehen 4772; die Mittel und Möglichkeiten des Menschen wenden sich gegen ihn, um ihn zu unterdrücken 4811; Armut, die nach den Propheten dem Willen des Herrn entgegengesetzt ist 4494; Armut als Frucht der Ungerechtigkeit und der Sünde 4494f.

Unterdrückung, Ungerechtigkeit zwischen Völkern und in der Gesellschaft, Unfreiheit, Ausbeutung, Hunger, Elend, Armut, Unwissenheit, Haß, Spannungen zwischen Völkern und in der Gesellschaft, Kriege, Gefahr der Selbstvernichtung der Menschheit, Wertverlust; zu den Problemen der heutigen Menschheit und zu Armut: C 4kd; C 4ke.

Folgen für das menschliche Schaffen und den Fortschritt: C 4if; D 5.

Kirche und Sünde: die Kirche ist in der Welt und trägt deren Gestalt: G 2bb (Sakramentaler Charakter der Kirche); G 7aa (Kirche, Welt und Menschengeschlecht).

Die Kirche erfährt auf ihrem Pilgerweg [a]*Leiden*, [b]*Versuchungen und Trübsal*, [c]*die Verfolgungen der Welt* [a]4115 [c]4121 [b]4124 [ac]4147 [c]4344; in der Kirche gibt es Martyrer 4321; G 3bb (Heiligkeit der Kirche).

Die Kirche ist zugleich heilig und reinigungsbedürftig, sie geht den Weg der Buße und Erneuerung 4120 4321; ihre Heiligkeit ist unvollkommen 4168; sie umfaßt ([a]*in ihrer irdischen Pilgerschaft*) Sünder 4120 [a]4190; unter Klerikern und Laien fehlte es nicht an solchen, die dem Geist Gottes untreu waren 4343; Abstand zwischen verkündeter Botschaft und der menschlichen Schwäche derer, denen das Evangelium anvertraut ist 4343; die Kirche ist von Irrtümern zu reinigen 1510 1520 1763; die Fehler unter ihren Gliedern muß sie bekämpfen 4343; vgl. G 3bb (Heiligkeit und Sünde in der Kirche).

Erschwerung des Dienstes der Evangelisierung durch die Sünde 4619.

**D 4d**

## d. – BEFREIUNG UND ÜBERWINDUNG SÜNDHAFTER STRUKTUREN

Überwindung und Befreiung sündhafter Strukturen: Die Menschen sind bei der Überwindung des Bösen auf die helfende Gnade Gottes angewiesen 4313 4325 4337; vgl. F 3b (Der gerechtfertigte Mensch bleibt gefährdet); F 5cb (Notwendigkeit der Gnade); der Plan der Schöpfung kann nicht vom Plan der Erlösung getrennt werden; die Erlösung erstreckt sich auf konkrete Situationen des Unrechts, das zu überwinden, und der Gerechtigkeit, die wiederherzustellen ist 4579; Überwindung der "Strukturen der Sünde" im persönlichen und gesellschaftlichen Leben und ihre Befreiung durch die Kirche auf die Fürbitte Mariens 4619; Wandel der Strukturen muß einhergehen mit einem Wandel der persönlichen und kollektiven Mentalität und Umkehr 4633; die Umkehr auf persönlicher und gesellschaftlicher Ebene ist ein niemals abgeschlossener Prozeß 4614; die Originalität der christlichen Botschaft besteht nicht im Strukturwandel, sondern im Drängen auf die Bekehrung des Menschen, die dann einen Strukturwandel erfordert 4481; vgl. F 2b (Umkehr und Rechtfertigung aus Glauben); christliches Verständnis von Befreiung: Befreiung von allen Arten von Knechtschaft der persönlichen und gesellschaftlichen Sünde 4627f; Befreiung und Strukturwandel: C 4gm; L 7.

Die Kirche prangert Irrtümer, Sklaverei und Unterdrückung an, denen Menschen unterliegen, wenn sie sich Versuchen widersetzt, eine gesellschaftliche Ordnung zu errichten, von der Gott entfernt ist 4759; sie stürzt durch das Evangelium Urteilskriterien, Werte, Denkgewohnheiten, Antriebskräfte

und Lebensmodelle um, die Wort und Heilsplan Gottes widersprechen 4575; vgl. G 7a (Verhältnis der Kirche zu Welt, Gesellschaft und Kultur).

## 5. Das menschliche Schaffen und der Fortschritt unter der Macht der Sünde — D 5

Die Sünde beeinträchtigt die Werke der Menschen 4814; Pläne und Werke, die von der Vorstellung der Gerechtigkeit ausgehen, werden oft in der Wirklichkeit entstellt 4684; durch Stolz und ungeordnete Selbstliebe schweben alle Tätigkeiten des Menschen in Gefahr 4337; der Geist der Bosheit verkehrt das auf den Dienst Gottes und des Menschen hingeordnete menschliche Schaffen in ein Werkzeug der Sünde 4337; vgl. C 4i (Schaffen des Menschen); bes. C 4if (Das von der Sünde verdorbene menschliche Schaffen).

Fortschritt als Versuchung durch Verzerrung der Werteordnung aufgrund eigensüchtigen Denkens der Einzelnen und Gruppen und durch Eitelkeit und Bosheit **4337**; Gefährdung der Wissenschaften und des Fortschrittes durch die wachsende Macht des Menschen 4424; erstarrte und verfestigte gesellschaftliche Strukturen, die den sozialen Fortschritt behindern oder verkehren 4768; vgl. C 4ie (Menschlicher Fortschritt).

## 6. Welt und Geschichte unter der Knechtschaft der Sünde — D 6

Der Mensch weigert sich oft, Gott als seinen Ursprung anzuerkennen. So durchbricht er die gebührende Ausrichtung an seinem letzten Ziel und die Ordnung gegenüber sich selbst, den anderen Menschen und allen geschaffenen Dingen **4313**; obwohl die Menschen Gott erkannt hatten, haben sie ihn nicht als Gott verherrlicht, sondern dienten der Schöpfung mehr als dem Schöpfer 4313.

Die Welt steht unter der Knechtschaft der Sünde 4302; sie ist durch die Sünde verunstaltet und vergeht 4339; sie ist durch die Sünde gefährdet 4813.

Die menschliche Geschichte gerät bis zur vollen Offenbarung der Herrlichkeit durch die Sünde in Unordnung 4340; sie ist durch die Sünde gefährdet 4813; ein Ringen gegen die Mächte der Finsternis vom Anfang der Welt bis zum letzten Tag durchzieht sie 4337.

Der Geist der Welt ist der Geist der Eitelkeit und der Bosheit 4337.

Vgl. C 4kb (Auswirkungen der Sündhaftigkeit des Menschen in Welt und Geschichte).

## 7. Die Vergebung der Sünde

### a. –GOTTES VERSÖHNUNGSWILLE — D 7a

**Die Vergebung der Sünden.** Der Glaube an die Vergebung [a]*aller* Sünden 1 11–22 [a]23 26–30 36 50f (62f 71) 72 **7aa** [a]540 [a]684 [a]854; wie die unverzeihliche Sünde wider den Hl. Geist zu verstehen ist 349.

Gott in seiner zuvorkommenden Liebe befreit die Menschen von der Ursünde und verleiht ihnen Anteil am göttlichen Leben; vgl. C 4jb (Berufung des Menschen zur Gemeinschaft mit Gott); F 1 (Gottes Barmherzigkeit und universaler Heilswille).

Die Glaubenden bedürfen ständig der Barmherzigkeit Gottes und müssen täglich um die Vergebung ihrer Schuld beten 4166; die erlösende Gerechtigkeit des Vaters 4615; vgl. B 1b (Wollen Gottes: Gott ist barmherzig); F 1 (Gottes Barmherzigkeit und universaler Heilswille).

Gott allein ist der Richter und Prüfer der Herzen; darum verbietet er, daß über die innere Schuld von irgend jemandem geurteilt wird 4328; er kennt die Herzen und das Verborgene 670 2866 4314; vgl. B 1b (Wissen Gottes).

Der Hl. Geist ist in der Vergebung der Sünden mit dem Vater und dem Sohn verbunden 145.

**Die göttliche Gnade.** Das vollkommen gnadenhafte Geschenktsein der Vergebung und Versöhnung 4819; **7ab** vgl. F (Gott rechtfertigt und heiligt den Menschen); bes. F 1 (Gottes Barmherzigkeit und universaler Heilswille); F 5 (Begriffliche Fassung der Gnade).

### b. – GOTT VERGIBT DIE SÜNDEN DURCH JESUS CHRISTUS UND DEN DIENST DER KIRCHE — D 7b

**Gott vergibt die Sünden durch Jesus Christus.** Gott wollte, daß in Christus die Sünde besiegt und zum **7ba** höchsten Wohl der Menschen gewendet werde 4814; in Christus hat Gott alles mit sich [a]*und die Menschen untereinander* versöhnt 4005 4196 [a]4322; Heil ist Befreiung von dem, was den Menschen niederdrückt, von der Sünde und vom Bösen, und die Freude, Gott zu erkennen und von ihm

erkannt zu werden; dieses Heil beginnt im Leben Christi, wird durch Tod und Auferstehung für immer erworben und muß in der Geschichte fortgeführt werden bis zur Vollendung bei Christi Ankunft 4571; Heil in und durch Jesus Christus: C 4fi (Christus, das Heil des Menschen); E 3 (Jesus Christus, der Erlöser); F 1 (Gottes Barmherzigkeit und universaler Heilswille); bes. F 1c (Gottes allgemeiner Heilswille in Jesus Christus).

Christus hat durch sein Leiden die Vergebung der Sünden erlangt 485 1523 1530 1741 3370 *3438* 3805 4005 4318; er hat durch das Kreuz die Befreiung von der Sünde errungen 4628; Christus wollte das Opfer der Ungerechtigkeit und des Bösen der Welt sein 4615; Christus, der Hohepriester, kann die menschlichen Schwächen teilen; er ist das österliche Opfer, das von den Sünden erlöst 4615; nicht menschliche Kräfte beseitigen die Ursünde, sondern das Verdienst (das Eintreten) Christi 341 1514; verworfen wird: [Das Leiden Christi allein ohne jede andere Gabe Gottes genügt] *1014*; vgl. E 3a (Jesus Christus, der Mittler des Heiles); E 3bc (Priestertum Jesu Christi).

Christus ist für alle (Sünder) gestorben 4310 4322 4338; er kam für die Erlösung (Befreiung) der Menschen ([a]*Armen*) von den Sünden 55 144 146 485 491f 533 1400 4313 4615 [a]4632; die Sünde wird durch die Versöhnung, die Christus gewirkt hat, besiegt und ausgeglichen 4814; Christus wollte alle Menschen mit dem Vater versöhnen 4488; er hat die Menschen ([a]*die Welt*) von der Knechtschaft des Teufels und der Sünde befreit 4006 4204 [a]4302 4313 4322; Christus stellte den Kindern Adams die Gottebenbildlichkeit wieder her, die von der ersten Sünde her verunstaltet war 4322; der Mensch wird vom Erlöser in das verlorengegangene Heil wiedereingesetzt 4318; die von der Sünde bedrohten Tätigkeiten des Menschen werden durch Christi Kreuz und Auferstehung gereinigt 4337; die Erlösung hat genugtuende bzw. sühnende Wirkung 1529 3339 *3438* 3891 4120; vgl. E 3a (Jesus Christus, der Mittler des Heiles); E 4c (Sendung Jesu Christi).

Christus war den Menschen hinsichtlich der Sünde ungleich: E 5bb.

Rechtfertigung des Sünders durch die Gnade Gottes: F 2.

Mitwirkung der Menschen und besonders Mariens an der Erlösung: E 6d.

**7bb**    **Die Kirche als Mittlerin der Vergebung** [a]*aller* Sünden 348 [a]349 [a]684 794 802 [a]854; Vollmacht der Kirche, alle Sünden zu vergeben 348f; durch die Kirche soll das Geschenk der Gnade zu den Menschen gelangen, damit die Sünder mit Gott wiederversöhnt werden 4573; sie wirkt zur Bekehrung der Sünder durch Liebe, Beispiel und Gebet mit 4128; durch Gottes Wort und die Sakramente wird der Mensch von der Macht der Sünde und des Bösen befreit und in die Gemeinschaft der Liebe mit Gott geführt 4755; mit der Fürbitte Mariens wird die Kirche die "Strukturen der Sünde" im persönlichen und gesellschaftlichen Leben überwinden und die "wahre Befreiung" Christi erlangen 4619.

Vergebung der Sünden durch den Empfang der Taufe: K 3e (Wirkung der Taufe).

Vergebung der Sünden durch die Buße: K 6f (Wirkung der Buße).

Vergebung der (leichten) Sünden durch den Empfang der Eucharistie: K 5ec (Auswirkung der Eucharistie auf die Glaubenden).

Vergebung der Sünden und Tilgung der Reste der Sünde durch die Krankensalbung: K 7e.

Ablässe als Nachlaß der zeitlichen Strafe, die für Sünden geschuldet wird, in bezug auf die Schuld jedoch bereits getilgt sind 1448; vgl. K 10b (Ablässe).

Vgl. F 1c (Gottes allgemeiner Heilswille, vermittelt durch die Kirche); G 2bb (Sakramentaler Charakter der Kirche).

**7bc**    **Vergebung und individuelle bzw. kollektive Umkehr.** Vgl. F 2b (Umkehr und Rechtfertigung); bes. F 2bb (Wesen der Rechtfertigung); Mitwirkung der Menschen und besonders Mariens an der Erlösung: E 6d.

**7bd**    **Überwindung sündhafter Strukturen.** Vgl. C 4gl (Störungen in der Gesellschaft); 4gm (Befreiung und Strukturwandel); D 4d (Befreiung und Überwindung sündhafter Strukturen).

**7be**    **Der gerechtfertigte Mensch bleibt gefährdet.** Vgl. F 3b; F 5cb (Notwendigkeit der Gnade).

 

**D 7c**            c. – DIE GESCHICHTLICHE FORM DER VERGEBUNG

**7ca**    **Sündenvergebung im Alten Bund.** Die Ursünde wurde durch die Beschneidung getilgt 780; K 1a (Sakramentale Zeichen im Alten Bund).

**7cb**    **Sündenvergebung im Neuen Bund.** Die Ursünde wird durch die Taufe getilgt: vgl. K 3e und K 3f (Wirkung und Notwendigkeit der Taufe).

Verworfen wird die Auffassung, daß die Ursünde durch eine nach der Taufe begangene Sünde wiederhergestellt werde 3341.

Die Taufe als Mittel zur Vergebung der persönlichen Sünden: K 3e und K 3f (Wirkung und Notwendigkeit der Taufe).

Das Sakrament der Buße als Mittel der Vergebung für die nach der Taufe begangenen Sünden: K 6f und K 6g (Wirkung und Notwendigkeit der Buße); vollkommene Reue vor dem Empfang des Sakramentes der Buße bewirkt Vergebung, muß jedoch den Wunsch nach dem Sakrament einschließen: K 6cb (Reue).

Vergebung der (leichten) Sünden durch den Empfang der Eucharistie: K 5ec (Auswirkung der Eucharistie auf die Glaubenden).

Vergebung der Sünden und Tilgung der Reste der Sünde durch die Krankensalbung: K 7e.

Mißfallen allein genügt nicht, um verkehrte Gedanken zu vergeben *1413*.

Das Vergießen von Tierblut bewirkt keine Vergebung 1079.

Allein die Erinnerung an die Taufe bewirkt keine Vergebung oder Umänderung schwerer Sünden in verzeihliche *1623*.

Verzeihliche Sünden können auf vielerlei Weise (außerhalb der sakramentalen Beichte) gesühnt werden 1680; die Eucharistie wird als Gegenmittel gegen sie empfohlen 1638 3375 (3380).

**Verworfene Meinungen zur Sündenvergebung.** Verworfen werden die Behauptungen: [Die Vergebung ge-  **7cc** schieht kraft des Glaubens, daß die Sünden vergeben sind] *1460-1462* **1533 1563f 1709**; [Bestimmte Sünden werden nur zugedeckt] *3235*; [Nach der Vergebung der Schuld und der Aufhebung der ewigen Strafe bleibt auch keine zeitliche Strafe mehr zu verbüßen] *1580*; [Vollkommene Liebe ist nicht notwendig mit der Vergebung der Sünden verbunden] *1918 1932f 1943*; [Bei der Vergebung handelt es sich nur um die Befreiung von der Strafwürdigkeit der Sünde bzw. von der Verpflichtung zur Strafe] *1956-1958*.


## E. – GOTT RETTET DIE MENSCHEN DURCH JESUS CHRISTUS

### 1. Der Glaube an Jesus Christus, den Sohn Gottes und Erlöser


#### a. DER GLAUBE AN JESUS CHRISTUS NACH DEN KIRCHLICHEN BEKENNTNISSEN  E 1a

Jesus Christus, der Sohn Gottes 2-5 10-30 36 41//51 60-64 71 76 125 150.

Jesus Christus, der Erlöser 1 3f; [a]*um unseres Heiles willen*, [b]*um zu erlösen* [a]40 [a]42 [a]44 [a]46 [a]48 [a]51 (55) [b]72 [a]76.

Christus stieg vom Himmel herab 41//51 60 72 125 150.

Christus ist Mensch geworden [a]*vom Hl. Geist* [b]*aus der Jungfrau* 6 [ab]10//23 [ab]25-30 36 40 [ab]42 [b]44 44//48 [b]46//51 50 51 [b]55 [b]60 [ab]61 [ab]62f ([ab]64) [ab]72 **125** [b]144 [ab]**150**.

Christus hat gelitten 6 13f 19 23-30 36 40 42 44 46 48 60 76 125 150; er wurde gekreuzigt 6 10-12 14-30 41f 46 48 50 55 60-64 150; er ist gestorben 10 13 19 21 27f 30 55 60-64 72; er wurde begraben 6 10-17 21-30 41f 46 48 50 55 150.

Christus ist in die Unterwelt hinabgestiegen 16 27-30 76.

Christus ist von den Toten auferstanden 6 10-30 40//64 72 76 125 150 189.

Christus ist in den Himmel aufgefahren 6 10-30 40//64 72 76 125 150 189.

Christus sitzt zur Rechten des Vaters 6 10-30 41//64 72 76 150.

Christus wird wiederkommen am Ende der Welt 6 10-30 40-42 44 46 48 50f 55 60 61-64 76 125 150.

Christi Herrschaft wird kein Ende haben 41f 44 46 48 60 150.


#### b. – DIE VERHEISSUNG JESU CHRISTI IM ALTEN BUND  E 1b

Christus wurde sowohl vor dem Gesetz als auch zur Zeit des Gesetzes vielen kundgetan und verheißen 1522 (4203); er wurde durch die Propheten verheißen 302 4007 (4198); der Heilsplan des Alten Testaments sollte die Ankunft Christi und des messianischen Reichs vorbereiten, prophetisch ankündigen und in verschiedenen Vorbildern anzeigen 4222; der alte Bund war Vorbereitung und Vorbild des neuen und vollkommenen Bundes in Christus 4122.

Gott hat der Menschheit durch Moses, die Propheten und andere Diener die Heilslehre geschenkt 800 4203 (4221).

Die Zeremonien, Opfer und Sakramente des Alten Testamentes deuteten auf die Ankunft Christi hin 1347; die Opfer deuteten hin - : auf das Kreuzesopfer 3339; – : auf das eucharistische Opfer 1742.

Vgl. A 1c (Etappen der Offenbarung); G 1bb (Kirche, vorgebildet im Alten Testament); K 1a (Sakramentale Zeichen im Alten Bund).


#### c.– DIE RETTUNG DER HEIDEN UND ALTTESTAMENTLICHEN GLAUBENDEN  E 1c
####     DURCH DIE HOFFNUNG AUF DEN VERHEISSENEN

Nach dem Fall Adams verließ der Vater die Menschen nicht, sondern gewährte ihnen Hilfen zum Heil im Hinblick auf Christus, den Erlöser 4102 (4203); vor Christus wurden die Menschen teils durch das Gesetz der Natur, teils durch das Gesetz des Mose in der Hoffnung auf die Ankunft Christi gerettet 341; es gab niemanden, der zur Beachtung des Gesetzes nicht fähig gewesen wäre *2619*; sie bedurften aber für [a]*die Sehnsucht nach dem übernatürlichen Heil* und für ihre Rechtfertigung der Gnade Christi

(1521) **1551** <sup>a</sup>*2618* <sup>a</sup>*2620*; ihre Rechtfertigung verdankte sich den Verdiensten Christi 3329; verworfen wird: [Niemand von den Heidenvölkern von Adam bis Christus wurde durch das Gesetz der Natur, d. h. durch die erste Gnade Gottes, gerettet] 336.

Die Urschuld wurde im Alten Bund durch die Beschneidung vergeben 780; dennoch war das Himmelreich bis zum Tod Christi verschlossen 780.

Christus vollendet das alttestamentliche Opferwesen und Priestertum 1739; nach der Ankunft Christi hörten die Gesetzesbräuche des Alten Testamentes auf, so daß sie nicht mehr für heilsnotwendig gehalten werden dürfen 1348.

Verworfen wird: [Das christliche Gesetz wird durch ein nachfolgendes Gesetz ebenso ein Ende haben, wie das Gesetz des Mose durch das Gesetz Christi beendet worden ist] 1369.

Vgl. K 1a (Sakramentale Zeichen im Alten Bund).

## 2. Die Geheimnisse des Lebens, Sterbens und der Erhöhung Jesu Christi

E 2a
### a. EMPFÄNGNIS UND GEBURT JESU CHRISTI

Glaube der Bekenntnisse: Der Sohn Gottes stieg vom Himmel herab 41//51 60 72 125 150 (4172).

Das Wort ist – : <sup>a</sup>*Mensch geworden,* <sup>b</sup>*Fleisch geworden,* <sup>c</sup>*empfangen worden,* <sup>d</sup>*geboren worden* <sup>d</sup>6 <sup>d</sup>10//23 <sup>c</sup>25–30 <sup>d</sup>36 <sup>b</sup>40 <sup>ab</sup>42 <sup>abd</sup>44//48 <sup>d</sup>50 <sup>ab</sup>51 <sup>b</sup>55 <sup>b</sup>60 <sup>d</sup>61 <sup>a</sup>62f (<sup>d</sup>64) <sup>cd</sup>72 <sup>ab</sup>**125** <sup>ab</sup>**150** (<sup>b</sup>4005 <sup>b</sup>4122 <sup>b</sup>4172 <sup>b</sup>4220 <sup>b</sup>4224 <sup>a</sup>4338 <sup>a</sup>4550); – : vom Hl. Geist (Fleisch geworden) 10//30 42 61–64 72 150 (291 442 571 801 3923 4172 4178); der Hl.Geist ist nicht der Vater des fleischgewordenen Sohnes 533; – : aus der Jungfrau (geboren) (<sup>a</sup>ohne Samen des Mannes) 10–30 42 <sup>a</sup>44 46//51 55 60f <sup>a</sup>62f 64 72 150 <sup>a</sup>144 150 <sup>a</sup>189 (4172 4178 4322 4520); – : aus Maria (geboren) : E 6b (Mutterschaft Mariens).

Der Sohn Gottes wollte die Menschennatur annehmen 3274.

Neuere Irrtümer in bezug auf den Glauben an den Mensch gewordenen Sohn Gottes 4520.

E 2b
### b. – JESU CHRISTI LEBEN MIT DEN MENSCHEN

2ba **Gemeinschaft mit den Menschen.** Christus weilte unter den Menschen 44 55 60 4224; er hat alle Konsequenzen der sündhaften Daseinsbedingung der Menschen zu den seinigen gemacht 4494; er hat die menschlichen Daseinsbedingungen (mit ihren Leiden, Mühen und dem Tod) geteilt 4632; er aß, trank und schlief 791; er hungerte, dürstete und ertrug alle Unbilden des Leibes 189 791; er kann die menschlichen Schwächen teilen 4615; er war leidensfähig (<sup>a</sup>gegen entgegengesetzte Irrtümer) 105 166 189 <sup>a</sup>197 <sup>a</sup>293 297 442 492 504; aufgrund seiner Menschheit prägte ihn das Sterben-Können wie auch das Nicht-Sterben-Wollen 564.

Christus wurde erzogen 4177; er hat gearbeitet, gedacht, gehandelt, geliebt 4322; er hat das Leben eines Arbeiters geführt 4332; er hat ein Handwerk ausgeübt 4343; er wollte an der menschlichen Gemeinschaft teilhaben: Hochzeit in Kana, Einkehr bei Zachäus, Zöllner- und Sündermähler 4332; er war den Gesetzen seines Landes freiwillig untertan 4332; er teilte das Leben, die Hoffnungen und die Ängste seines Volkes 4611.

Vom Heilsplan kann nicht getrennt werden, daß Christus männlich ist 4601.

Die Armut Christi (gegen Übertreibungen der Spiritualen) 930 1087–1094; Christus vollbrachte das Werk der Erlösung in Armut und Verfolgung 4120; obwohl er reich war, ist er arm geworden, um die Menschen zu retten 4494.

Christus ist der Bruder der Menschen 4158 4177 4322 4332 4550.

Vgl. E 5bb (Christus ist eines Wesens mit den Menschen).

2bb **Christi Wirken unter den Menschen.** Christus wirkte Machttaten und prophezeite (178) 2753 3009 (3034) *3428 3485*; in vollkommener Liebe und vollkommenem Gehorsam gegenüber seinem Vater gibt er sich hin 4613; seine Aufgabe und Sendung, die er selbst bezeugt, ist die Verkündigung der frohen Botschaft 4570; Fleischwerdung, Wunder, Lehre, Berufung und Aussendung der Jünger, Kreuz, Auferstehung und Gegenwart unter den Seinen zielen auf die Verkündigung des Evangeliums 4570; Verkündigung, Worte und Werke, Zeichen und Wunder 4204; er hat das Evangelium selbst erfüllt und verkündet 4207; in Taten und Worten hat er seinen Vater und sich selbst geoffenbart 4224; er hat seinen Jüngern die Heiligkeit des Lebens gepredigt 4166; er hat den Menschen sein Geheimnis offenbart 4103; er zeigte den Weg des Lebens 801; die Barmherzigkeit stellt die Hauptlehre der messianischen Botschaft Christi und die Kraft seines Wirkens dar 4680; vgl. B 1b (Wollen Gottes: Gott ist barmherzig); er dehnt das Gebot der Liebe auf alle Feinde aus 4328 (4773); er hat sein Werk (<sup>a</sup>das Heilswerk des Vaters) durch Tod, Auferstehung und Himmelfahrt sowie die Sendung des Hl. Geistes vollendet <sup>a</sup>4204 4224.

Christus wies in seiner Verkündigung auf die gewöhnlichsten gesellschaftlichen Dinge hin und verwendete Redewendungen und Bilder aus dem alltäglichen Leben 4332; er folgte den zu seiner Zeit

üblichen Denk- und Darstellungsweisen 4404; vgl. E 3bb (Prophetentum Christi und Christus als Lehrer).

Christus und die A r m e n : Christus heilte die im Herzen Zerbrochenen 4005; er brachte den Armen die frohe Botschaft 4005 4120 4570; er hat zu den Armen gesprochen, sie von der Sünde befreit und sie mit Freude und Hoffnung erfüllt 4632; Jesu Vorliebe für die Ärmsten und die Leidenden 4617.

Christus wies die Versuchung der politischen M a c h t und Gewalt zurück 4613.

Christus hat das R e i c h G o t t e s auf Erden [a]*verkündet* und [b]*wiederhergestellt* [a]4105 [b]4224 [a]4571f; Jesus von Nazareth, der Verkünder und Verwirklicher des Reiches 4611; er hat nach dem Willen des Vaters das Reich der Himmel auf Erden begründet 4103; das Reich Gottes wurde von Gott auf Erden grundgelegt und muß weiter ausgedehnt werden 4123; das verkündete Reich Gottes leuchtet in Wort, Werken, Wundern, Gegenwart und Person Christi den Menschen auf 4105; Christus hat durch das Zeugnis seines Lebens und die Kraft seines Wortes das Reich des Vaters ausgerufen 4161 4852; vgl. C 5bd (Reich Gottes und Christi als Ziel der Geschichte); E 2fc (Vollendung und Übergabe des Reiches Gottes); E 3bd (Königtum Jesu Christi); G 2bb (Sakramentalität der Kirche: Kirche und Reich Gottes); M 1 (Anbruch des Reiches Gottes in der Geschichte); M 3bf (Ewiges Leben und Herrschen mit Christus).

Als Hauptpunkt und Zentrum seiner Frohbotschaft verkündet Christus das Reich und das H e i l 4571f; das Heil beginnt im Laufe des Lebens Christi, wird durch seinen Tod und seine Auferstehung für immer erworben, muß aber in der Geschichte fortgeführt werden, bis es vollständig erfüllt wird am Tage der Wiederkunft Christi 4571.

Christus wählte J ü n g e r aus, Zeugen seines Lebens und seiner Lehre zu sein 4404 4570; Christus berief frei und nach eigenem Recht nur Männer als Apostel 4840.

Christus hat die K i r c h e begründet: Christus versammelt Menschen aus den verschiedenen gesellschaftlichen und politischen Schichten seiner Zeit um sich. Diese werden zum Fundament seiner Kirche gemacht und gehen den Weg der Nachfolge Jesu 4613; vgl. G 1bc (Kirche, durch Christus erworben); G 2a (Bezeichnungen der Kirche); G 2ba (Kirche aus Juden und Heiden); G 3da (Christus gründet die Kirche auf die Apostel).

A u s s e n d u n g d e r A p o s t e l : Christus gab den Aposteln den Auftrag, das Evangelium überall und allen ([a]der ganzen Schöpfung) zu verkünden [a]4006 4141 4147 4148 [a]4185 4207 4332 (4570).

Christus gibt seinen L e i b und sein B l u t unter den Gestalten von Brot und Wein den Jüngern 1637 1642 1740; vgl. K 5a (Abendmahl Christi).

## c. – Leiden und Tod Jesu Christi                    E 2c

**Leiden und Tod** (Glaube der Bekenntnisse). Christus hat gelitten 6 13f 19 23–30 36 40 42 44 46 48 60 76 125      **2ca** 150 (4005 4006); er wurde gekreuzigt 6 10–12 14–30 41f 46 48 50 55 60–64 150; er ist gestorben 10 13 19 21 27f 30 55 60–64 72 (4006 4106 4112 4204 4224 4310 4322 4332); er wurde begraben 6 10–17 21–30 41f 46 48 50 55 150.

Christus hat freiwillig gelitten 6 62f 423 442 502 *1364*; gegen die Doketen wird das wahre Leiden betont 325; der Sohn Gottes fühlte im Fleisch mit der Seele den Schmerz 166; die Seitenwunde wurde ihm erst nach dem Tode zugefügt 901; verworfen werden Behauptungen über die Entsagung Christi im Tod *1095-1097*.

In Erfüllung des vom Vater empfangenen Auftrags überantwortete sich Jesus frei dem Tod am Kreuz, dem Ziel seiner Existenz 4615; Sinn des Kreuzes Jesu 4615.

**Hinabstieg in die Unterwelt**. Christus ist [a]*mit seiner Seele* in die Unterwelt hinabgestiegen ([b]*durch sich*      **2cb** *selbst, nicht nur durch seine Macht*) 16 27–30 76 369 587 [b]*738* [a]801 852.

Er ist hinabgestiegen, um die ([a]dort gefesselten) Heiligen zu befreien [a]62f 485; er hat nicht auch die Gottlosen befreit oder die Hölle zerstört 587 *1011* 1077.

## d. – Die Erhöhung des Gekreuzigten                    E 2d

**Auferstehung** (Glaube der Bekenntnisse). Christus ist von den Toten auferstanden 6 10–30 40//64 72 76 125      **2da** 150 189 (4005 4006 4106 4112 4204 4224 4310 4322 4345 4814); der Vater erweckt seinen Sohn von den Toten 4616; er ist aus eigener Kraft auferstanden, ([a]ohne der Erweckung durch den Vater zu bedürfen) [a]359 539; in der Auferstehung hat er seine Seele wiederangenommen 325 369 791; der Sohn Gottes hat in seiner Auferstehung die Barmherzigkeit und Liebe des Vaters erfahren, die wirkmächtiger als der Tod ist 4682; vgl. B 1b (Wollen Gottes: Gott ist barmherzig).

Durch seine Auferstehung hat das Wort in sich die Auferstehung unserer Natur bewirkt 358 (414 485); vgl. E 3a (Jesus Christus, der Mittler des Heils).

**Aufstieg in den Himmel** (Glaube der Bekenntnisse). 6 10–30 40//64 72 76 125 150 189 (4005 4224); er wurde      **2db** in den Himmel aufgenommen 22.

**2dc**    **Sitzen zur Rechten des Vaters** (Glaube der Bekenntnisse). 6 10–30 41//64 72 76 150 (4111 4168); er sitzt in Herrlichkeit 44 46 72 (4112 4123 4162 4345); er sitzt im menschlichen Fleisch 167; der Vater hat ihn zum Richter der Lebenden und Toten bestellt 4345; der Vater erhöht Christus zu seiner Rechten, erfüllt ihn mit der Kraft seines Geistes, setzt ihn als Haupt seines Leibes, der Kirche, ein und bestellt ihn zum Herrn der Welt und der Geschichte 4616.

**2dd**    **Sendung des Hl. Geistes.** Der erhöhte Herr ist bei den Aposteln geblieben 4227; er hat den Jüngern den Hl. Geist verheißen und ihn ([a]*an Pfingsten*; [b]*als Beistand*) gesandt [a]4148 4168 4204 [ab]4227; zur Erfüllung ihrer Sendung sandte Christus den Aposteln den Hl. Geist am Pfingsttag (4143) 4145 4148; er hat zu allen den Hl. Geist gesandt, daß er sie bewege, Gott aus ganzem Herzen zu lieben und sich gegenseitig zu lieben 4166; er hat die Kirche mit seinem Geist erfüllt 4112 4116 4124 (4165f) 4332; der Hl. Geist ist vom Vater und vom Sohn gesandt 60 145 527 681 3325 3327f (4132 4145 4168) 4522 (4780); seine Sendung ist eine doppelte: offenbar in der Kirche, verborgen in der Seele des Gerechten 3327; er ist gesandt zur steten Heiligung der Kirche 4104; das Fest seiner Aussendung ist Pfingsten 3325; vgl. B 1g (Sendung des Hl. Geistes).
Der Herr hat der Kirche die Gnade Gottes verheißen 4124.

**E 2e**        e. – DAS WIRKEN DES ERHÖHTEN HERRN DURCH DEN GEIST

**2ea**    **Das Wirken des Erhöhten in der Kirche.** Christus hat die Kirche begründet, wirkt in ihr und erhält sie: G 1bc (Kirche, durch Christus erworben); G 1be (Kirche bleibt durch die Zeiten das Werk der Hl. Dreifaltigkeit); G 2bb (Sakramentaler Charakter der Kirche); er ist Herr der Kirche: E 3bd (Königtum Jesu Christi); Christus ist das Haupt der Kirche, diese sein mystischer Leib; sie ist seine Braut, Fülle oder Herde: G 2a (Bezeichnungen der Kirche).
Christus als Grund der kirchlichen – : Einheit: G 3aa; – : Heiligkeit: G 3ba; – : Katholizität: G 3ca; Apostolizität: G 3da; Christus und das Fortbestehen und Wachstum der Kirche: G 2bb (Sakramentaler Charakter der Kirche).
Anwesenheit Christi in der Kirche: Christus ist in der Kirche gegenwärtig [a]*und handelt in ihr* 3806 4007 4136 4321 4151 4035 [a]4611 4632; Christus ist immer bei seiner Kirche, besonders in den liturgischen Handlungen: im Meßopfer, in den Sakramenten, bei der Lektüre der Hl. Schriften, bei Gebet und Gesang der Kirche 4007 (4036); in der Liturgie verkündet Christus das Evangelium 4033; vgl. E 3b (Prophetentum, Priestertum, Königtum Jesu Christi); G 1be (Kirche bleibt durch die Zeiten das Werk der Hl. Dreifaltigkeit).
Die Kirche führt das Werk Christi weiter 4303 4445; vgl. G 2bd (Sendung und Aufgabe der Kirche).
Das Opfer Christi wurde nach seinem Tod fortgesetzt 4153; Christus hat beim letzten Abendmahl das eucharistische Opfer seines Leibes und Blutes eingesetzt, damit dadurch das Opfer des Kreuzes bis zu seiner Wiederkunft fortdauere 4047; sein Heilswerk wird im Opfer und den Sakramenten vollzogen 4006 4103; sakramentale Erneuerung des Opfers Christi [a]*in der Eucharistie* 1740 3339 [a]4722; Vergegenwärtigung des Opfers Christi in der Meßfeier durch die Kirche 4153 4573 (4852); das eucharistische Opfer ist die unblutige Vergegenwärtigung des blutigen Kreuzesopfers und sein Gedächtnis **1740f** 1743 3339 3847f 4006; Christus ist im Meßopfer gegenwärtig in der Person des Dieners und unter den eucharistischen Gestalten 4007; vgl. E 3bc (Priestertum Christi); J 1c (Wirkung der Liturgie); K 5ba (Gegenwart Christi im Herrenmahl).
Christi Wirken durch die Sakramente: Alle Sakramente sind Akte der Verherrlichung Gottes in Christus und in der Kirche 4715; vgl. K 1b (Kirche als Sakrament des Heils); bes. K 1bb (Die Sakramente des Neuen Bundes gründen im Christusereignis); K 2b (Spender der Sakramente); K 2d (Wirkung der Sakramente); K 3e (Wirkung der Taufe); K 3f (Würde und Notwendigkeit der Taufe); K 5a (Abendmahl Christi); K 5b (Das kirchliche Herrenmahl); K 5bb (Vergegenwärtigung und Mitvollzug des Opfers Jesu beim Herrenmahl) und K 5bd (Wirkmächtige Gegenwart des Herrn beim Herrenmahl); K 5cb (Kompetenz der ordinierten Priester und Bischöfe bei der Darbringung des Herrenmahles); K 5ea (Eucharistie als Verehrung Gottes); K 5eb (Auswirkung der Eucharistie auf die Kirche); K 6a (Sakramentalität der Buße und ihr Ursprung); K 7a (Sakramentalität der Krankensalbung und ihr Ursprung); K 8a (Priestertum des Neuen Bundes); K 8c (Wesentliche Momente des Weihesakraments); K 9a (Sakramentalität der Ehe und ihr Ursprung); K 9ba (Natur der Ehe, christliche Ehe); K 10a (Sakramentalien im allgemeinen).
Die Anwesenheit und das Wirken Christi in den Bischöfen: In den Bischöfen ist inmitten der Glaubenden Christus anwesend 4145 4163; der Bischof oder Priester vergegenwärtigt bei seiner Amtsausübung Christus 4599; er ist dann Abbild und Zeichen Christi selbst 4602; Christus leitet die Kirche durch den Papst und die Bischöfe 4119 4137 4145; er verkündet besonders durch die Bischöfe das Wort Gottes allen Völkern, spendet die Sakramente, verleibt seinem Leib neue Glieder ein und lenkt die pilgernde Kirche 4145; vgl. G 3cd (Kirche und Evangelisation bzw. Mission); G 3dc (Das kirchliche Amt in der Nachfolge der Apostel); H 1a (Gründung des Dienstamtes in der Sendung Jesu Christi und der Apostel); H 2a (Generelle Bestimmungen zum Hirtendienst der Bischöfe); H 2b (Hirtendienst des Papstes); H 2c (Hirtendienst der Bischöfe); H 3a (Generelle Bestimmungen zum Verkündigungsdienst der Bischöfe); H 3ca (Bischöfe als Organe amtlicher Lehrentscheidungen); H 4

(Heiligungsdienst der Bischöfe); H 5 (Dienstamt der Priester); K 5cb (Kompetenz der ordinierten Priester und Bischöfe bei der Darbringung des Herrenmahles).

Die Laien empfangen ihre Kräfte durch das Geschenk des Schöpfers und die Gnade des Erlösers 4159; die Wirksamkeit der Laien ist durch die Gnade Christi innerlich erhöht 4162.

**Das Wirken des Erhöhten in den Glaubenden.** Immerwährende Gegenwart Christi unter den Seinen 4570; **2eb** Christus ist in der Verkündigung an die Armen gegenwärtig 4632; er ist in allen Brüdern, vor allem den geringsten, ständig gegenwärtig 4852; der christliche Mensch wird dem Bild des Sohnes gleichförmig 4322; dem österlichen Geheimnis verbunden und dem Tod Christi gleichgestaltet, geht er hoffend der Auferstehung entgegen 4322; Christus soll - wie in der Jungfrau - in den Herzen der Glaubenden geboren werden und wachsen 4178; er macht die Laien durch seinen Geist lebendig und treibt sie zu jedem guten und vollkommenen Werk an 4160; er bestimmt die Laien durch Taufe und Firmung zum Apostolat 4159; vgl. C 4fk (Der christliche Mensch); E 3b (Prophetentum, Priestertum, Königtum Christi); G 3cd (Kirche und Evangelisation bzw. Mission); G 4bc-4be und G 6b (Teilhabe der Glaubenden/der Laien am priesterlichen, königlichen und prophetischen Amt Christi); G 6ca (Apostolat der Laien); G 4b und G 6c (Sendung und Aufgabe der Glaubenden/Laien).

Die Anwesenheit und das Wirken Christi in den Bischöfen und Priestern der Kirche: E 2ea.

**Das Wirken des Erhöhten in der Welt.** Der lebendige Jesus Christus ist in der Geschichte gegenwärtig und **2ec** handelt in ihr 4611; allen Wandlungen liegt zugrunde, was sich nicht wandelt und was seinen letzten Grund in Christus hat 4310; vgl. B 2b und C 1c (Der Sohn Gottes als Schöpfungsmittler).

Der Erhöhte wirkt beständig in der Welt, um die Menschen zur Kirche zu führen, sie enger mit sich zu verbinden und seines Lebens in Herrlichkeit teilhaftig zu machen 4168; von der Erde erhöht, zieht Christus alle an sich 4224; vgl. C 4jl (Christus und die menschliche Berufung); C 5b (Christus und das Ziel der Geschichte); E 3bd (Königtum Jesu Christi); M 1a (Das Reich Gottes ist in Christus angebrochen).

Christus wirkt durch die Kraft seines Geistes in den Herzen der Menschen, indem er das Verlangen nach der zukünftigen Welt in ihnen weckt und die Bestrebungen nach mehr Humanität in der Welt belebt, reinigt und stärkt 4338; Christus gewährt dem Menschen Licht und Kraft durch seinen Geist, damit er seiner höchsten Berufung nachkommen kann 4310; niemand gebraucht seinen freien Willen recht ohne Christus 242; vgl. C 4jl (Christus und die menschliche Berufung).

Christus, der vollkommene Mensch: C 4fh; Christus das Heil des Menschen: C 4fi; Christus und Leiden und Tod der Menschen: C 4ef; Christus und die Sünde der Menschen: D 7ba (Gott vergibt die Sünden durch Jesus Christus); E 3a (Jesus Christus, der Mittler des Heils).

Christus und - : die menschliche Gemeinschaft: C 4gp; - : Brüderlichkeit/Solidarität unter den Menschen: C 4gb; - : Friede und Gerechtigkeit unter den Menschen: C 4gc; - : Befreiung und Strukturwandel in der Gesellschaft: C 4gm; - : das menschliche Schaffen: C 4ig; C 4ih.

Vgl. E 3a (Jesus Christus, der Mittler des Heils); E 3b (Prophetentum, Priestertum, Königtum Christi).

## f. - Die Wiederkunft des Herrn       E 2f

**Wiederkunft Christi.** Die *herrliche* Wiederkunft Christi *in seinem Fleisch* 6 10-30 40-42 44 46 48 50f **2fa** 55 60 61-64 76 125 150 167 325 414 443 485 492 681 791 801 852 (4047) 4123 4168 (4530) 4571; er wird kommen, um in seinen Heiligen und allen Glaubenden verherrlicht zu werden 4168; das Mysterium Christi wird am Ende in vollem Lichte offenbar werden 4121; Vollendung des Heils bei der Wiederkunft Christi 4571; vgl. M 2aa (Wiederkunft Christi).

Christus, *der Lebendigmacher der Verstorbenen*, erweckt die Toten 72 369 485; vgl. M 3a (Auferstehung von den Toten).

**Das Gericht Christi** 10-30 40//51 55 60-64 76 125 150 325 414 443 485 492 540 574 681 791 801 852 859 1549. **2fb** Der Tag des Gerichtes ist Engeln und Menschen unbekannt, auch *dem Apostel Paulus* 474f 3629; Christus kennt diesen Tag nur aufgrund seiner Gottheit 474-476.

Vgl. M 2ab (Gericht); M 2bb (Individuelles Gericht).

**Vollendung und Übergabe des Reiches Gottes.** Christus wird das Reich am Ende der Zeiten *vollenden* und **2fc** *dem Vater übergeben* 4123 4339; ihm wird alles unterworfen, bis er sich selbst und alles Geschaffene dem Vater unterwirft 4162; die Herrschaft Christi wird kein Ende haben 41f 44 46 48 60 150.

Mensch und Welt werden am Ende der Zeit vollkommen in Christus erneuert 4168; Christus wird unseren Leib dem Leib seiner Klarheit gleichgestalten 4168; er gibt den Menschen Anteil an seiner Unsterblichkeit 413; er läßt die Glaubenden an seinem Reich teilhaben 540 4162 (4339); er wird in seinen Heiligen und allen, die geglaubt haben, verherrlicht werden 4168.

Vgl. M 1a (Anbruch des Reiches Gottes in Christus); M 3bc (Verklärung des Leibes); M 3be (Vollendung der Welt); M 3bf (Ewiges Leben und Herrschen mit Christus).

## 3. Jesus Christus, der Erlöser

### a. – Jesus Christus, der Mittler des Heiles

Bekenntnisse: Jesus Christus, der Erlöser 1 3f; $^a$*um unseres Heiles willen,* $^b$*um zu erlösen* $^a$40 $^a$42 $^a$44 $^a$46 $^a$48 $^a$51 (55) $^b$72 $^a$76.

Gottes Ratschluß hat Christus zum Ursprung des Heils für die Welt bestimmt 4141; Gott, der Vater, wollte von Anfang an seine Herrlichkeit mit dem Menschen in Christus teilen 4814; vgl. C 4fi (Christus, das Heil des Menschen); F 1 (Gottes universaler Heilswille); bes. F 1c (Gottes allgemeiner Heilswille in Jesus Christus).

Einzig und allein Christus kommt der Name des vollkommenen Mittlers zu 1821 3320; er ist der *eine* Mittler zwischen Gott und den Menschen 4048 4118 4136 4153 4169 4176 4177; er ist die einzige Quelle (der Gerechtigkeit) und Mittler aller Gnaden 1526 3370 (3820); er ist der Mittler und die Fülle der ganzen Offenbarung 4202; Christus ist der Schöpfungsmittler: B 2b; C 1c.

Christus ist der – : Erlöser aller 4176 4332 4580; – : der Heiligmacher 4580; der Urheber und Vollender der Heiligkeit des Lebens 4166; – : der Mittelpunkt und das Ziel der ganzen Menschheitsgeschichte 4310 4345; das Alpha und Omega, der erste und letzte, Anfang und Ende 4345; vgl. C 5b (Christus und das Ziel der Geschichte); – : der Erstgeborene unter vielen Brüdern 4177 4322; – : der vollkommene Mensch: C 4fh; E 5b; – : die Selbstoffenbarung Gottes: A 1c (Etappen der Offenbarung); E 3bb (Prophetentum Christi und Christus als Lehrer).

Der Sohn Gottes hat die menschliche Natur zur Ehre des Menschen angenommen und ist eine geheimnisvolle Ehe mit dem gesamten Menschengeschlecht eingegangen 3274; er hat sich in seiner Fleischwerdung mit jedem Menschen vereinigt 4322; der Wert und die Bedeutung des Menschen in den Augen des Schöpfers wird in der Erlösung und in der Hingabe seines Sohnes deutlich 4641.

Der Sohn Gottes kam um des Heiles $^a$*aller* Menschen willen, ($^b$*um das Menschengeschlecht zu erretten,* $^c$*nicht um zu richten*) 40//63 $^b$64 $^b$72 76 **125 150** 272 301 $^b$442 500 681 $^b$801 $^a$901 $^b$1337 2529 4172 $^{bc}$4303 $^b$4310 $^b$4345 $^{bc}$4445 $^b$4494; er wurde gesandt, damit alle zu Kindern Gottes würden 1522; er kam – : für die Erlösung (Befreiung) der Menschen ($^a$*Armen*) von den Sünden 55 144 146 485 491f 533 1400 4313 4615 $^a$4632; – : die Vergehen des Volkes zu sühnen 4120; – : um alle Menschen von allen Formen der Knechtschaft zu befreien 4480; verworfen werden Behauptungen, die die Erlösung als Zweck der Menschwerdung leugnen *723* 1880; vgl. D 7b (Vergebung der Sünden durch Jesus Christus); E 4c (Sendung Jesu Christi); F 1c (Gottes allgemeiner Heilswille in Jesus Christus).

Das Geschenk der Erlösung Christi bezieht sich auf das gesamte Menschengeschlecht, auch auf Maria 3903; es kommt allen zugute 624; nach der Menschwerdung Christi ist jeder Mensch sein Bruder und dazu berufen, Christ zu werden, um von ihm das Heil zu empfangen 4550; Christus hat für alle gelitten, ($^a$*was seine Güte anbelangt*) *332* $^a$340 624 630 1522f *2005 2304f*; er ist für alle (Sünder) gestorben $^a$*und auferweckt worden* $^a$4310 4322 4332 4338; er bringt sein Leben als Opfer für alle dar: E 3bc (Priestertum Jesu Christi); daraus folgt nicht, daß alle ($^a$*Christen*) gerettet werden 623f 630 $^a$*1362*; wenn nicht alle gerettet werden, so ist dies nicht der Begrenztheit des von Christus dargebrachten Lösegeldes, sondern der Mangelhaftigkeit der Menschen zuzuschreiben 624; verworfen wird: [Alle vor Christus verdammten Menschen wurden aus der Hölle befreit] 587 630 (*1011* 1077); vgl. F 1 (Gottes universaler Heilswille); bes. F 1c (Gottes allgemeiner Heilswille in Jesus Christus).

Die Rettung der Heiden und alttestamentlichen Glaubenden durch die Hoffnung auf den Verheißenen: E 1c.

Christus ist der Ursprung des Heiles 3915 4124 4141; er schenkte das Heil in reichster Fülle 149; der Mensch wird vom Erlöser in das Heil, das durch seine Schuld verloren ging, wiedereingesetzt 4318 nach dem Fall Adams gewährte der Vater den Menschen Hilfen zum Heil im Hinblick auf Christus 4102; Christus vollendet das Heilswerk des Vaters 4204; aller Ruhm der Menschen ist in Christus 1691; vgl. F 2bc (Ursachen der Rechtfertigung).

Das Heil ist Befreiung von dem, was den Menschen niederdrückt, von der Sünde und vom Bösen, und die Freude, Gott zu erkennen und von ihm erkannt zu werden; dieses Heil beginnt im Laufe des Lebens Christi, wird durch Tod und Auferstehung für immer erworben und muß in der Geschichte fortgeführt werden, bis es bei der letzten Ankunft Christi vollständig erfüllt wird 4571; vgl. C 4d (Gott will das Heil des Menschen und gewährt ihm Gemeinschaft); C 4fi (Christus, das Heil des Menschen); C 4jc (Berufung aller Menschen zum Heil); F 1b (Gottes allgemeiner Heilswille).

Die Erlösung wurde gemäß einer gewissen "Wiederholung" vollzogen 3915; daher die Parallele: erster (alter) Adam – zweiter (neuer) Adam 901 1524 3328 3915 4322; irdischer Mensch – himmlischer Mensch 413.

Die Kraft der Erlösung wird hauptsächlich auf das Leiden und den Tod Christi zurückgeführt 485 904 1523 1529f 1741 3370 *3438* 3805 3957 4005 4006 4318 4322 4628.

Das Mysterium paschale als Ursprung des Heiles: Das Werk der Erlösung hat Christus durch das österliche Geheimnis (mysterium paschale) seines Leidens erfüllt 4005; Christus, der Hohepriester, ist das österliche Opfer, das von den Sünden erlöst 4615; alle Tätigkeiten des Menschen werden durch Christi Kreuz und Auferstehung gereinigt und zur Vollendung gebracht 4337; vgl. C 4ig (Das menschliche Schaffen, im Ostergeheimnis vollendet); der Hl. Geist ermöglicht allen, sich mit dem

österlichen Geheimnis zu verbinden 4322; die Menschen werden durch die Taufe dem österlichen Geheimnis Christi eingefügt 4006; dem österlichen Geheimnis verbunden und dem Tod Christi gleichgestaltet, geht der Glaubende hoffend der Auferstehung entgegen 4332.
Durch seinen Gehorsam (bis zum Tod) hat Christus die Erlösung erwirkt ªund den Weg der Freiheit der Kinder Gottes allen Menschen eröffnet) 4103 ª4163; der gehorsame Sohn verkörpert angesichts der erlösenden Gerechtigkeit seines Vaters den Schrei aller Menschen nach Befreiung und Erlösung 4615; in ihm ist die vollendete Versöhnung hervorgetreten und die Fülle des göttlichen Dienstes geleistet 4005; in Christus hat Gott alles (ªdie Menschen untereinander und) mit sich versöhnt 4196 ª4322; Christus brachte Brüderlichkeit, um alle Menschen mit dem Vater zu versöhnen 4488; Christus als unerschöpfliche Quelle der Barmherzigkeit 4682; die Menschen sind Söhne im Sohn 4322; Christus hat den Menschen Leben erworben 4322; in Christus ist die menschliche Natur in erhabener Würde erhöht 4322; er stellte den Kindern Adams die Gottebenbildlichkeit wieder her, die von der ersten Sünde her verunstaltet war 4322; in ihm wird die Sünde besiegt und zum höchsten Wohl der Menschen gewendet 4814; er kam für die Erlösung (Befreiung) der Menschen (ªArmen) von den Sünden, ᵇindem er den Menschen innerlich erneuerte und den Fürsten dieser Welt hinauswarf 55 144 146 485 491f 533 1400 ᵇ4313 4615 ª4632; in Christus hat Gott die Menschen (ªdie Welt) der Knechtschaft des Teufels und der Sünde entrissen 4204 ª4302 4322; Christus bewirkt durch ªTod und Auferstehung die Befreiung ᵇvon der Macht Satans und vom Tod ᵇund versetzt in das Reich des Vaters 485 ᵃᵇ4006 ª4318 ª4322; er hat die Macht des Todes besiegt 72 3901; in Christus hat Gott die Menschen vom Tod befreit und zu ewigem Leben erweckt 4204; Christus gibt den Menschen Anteil an seiner Unsterblichkeit 413; er hat am Kreuz die Befreiung errungen 4628; er ist der Überbringer der Freiheit und der Freude des Gottesreiches 4615; der Sohn Gottes kam, um alle Menschen von allen Formen der Knechtschaft zu befreien 4480; die Erlösung erstreckt sich bis zu sehr konkreten Situationen des Unrechts, das zu überwinden, und der Gerechtigkeit, die wiederherzustellen ist 4579; Christus, der Erlöser, der die Armen über ihre Würde aufklären, ihnen in der Befreiung von allen ihren Nöten helfen und sie durch die evangelische Armut zur Gemeinschaft mit dem Vater und den Brüdern führen wird 4632; vgl. C 4gl (Störungen in der Gesellschaft aufgrund von Sünde); C 4gm (Befreiung und Strukturwandel); D 4d (Befreiung und Überwindung sündhafter Strukturen); Christus wird unseren Leib dem Leib seiner Klarheit gleichgestalten 4168; Christi Auferstehung ist Zeichen und Unterpfand der Auferstehung, zu der alle Menschen berufen sind, und der letztendlichen Umgestaltung des Universums. Durch ihn und in ihm wollte der Vater wiedererschaffen, was er schon erschaffen hatte 4616; im Geheimnis der Erlösung wird der Mensch nochmals "ausgedrückt" und in gewisser Weise nochmals geschaffen 4640; vgl. C 4fh (Christus, der vollkommene Mensch); C 5b (Christus und das Ziel der Geschichte); M 3 (Das Leben der zukünftigen Welt); Christus gewährt dem Menschen Kraft durch seinen Geist, damit er seiner höchsten Berufung nachkommen kann 4310; vgl. C 4jl (Christus und menschliche Berufung).
Der Gemeinschaftscharakter wird im Werk Christi vollendet und erfüllt 4332; Christus hat die menschlichen, besonders die familiären Bindungen geheiligt 4332; Christus ist der Ursprung ªder Einheit und des Friedens ª4124 4198; in Christus verwirklicht sich die menschliche Solidarität 4488; Christus bringt den Frieden, den die Welt nicht geben kann 4488; er brachte Brüderlichkeit 4488; vgl. C 4gb (Brüderlichkeit, Solidarität, Liebe unter den Menschen); C 4gc (Gerechtigkeit und Friede); C 4gn (Christus und die menschliche Gemeinschaft).
Christus ist die Verdienstursache (causa meritoria) der Rechtfertigung der Menschen 1529 (1534); die Anhänger Christi sind in Jesus gerechtfertigt 4166; Christus erlangte durch eigenes Verdienst alle Gnaden 3370; niemand wird gerecht, ohne daß ihm Anteil an den Verdiensten Christi geschenkt wird **1523 1530 1560**; die ausgezeichnete Stellung der Kinder der Kirche ist nicht den eigenen Verdiensten, sondern der besonderen Gnade Christi zuzuschreiben 4137; die katholische Lehre über die Rechtfertigung tut den Verdiensten Christi keinen Abbruch 1583; verworfen wird die Behauptung, es gebe kein besonderes Verdienst, das aus der Würde Christi entspringt *1919*; die Verdienste Christi wurden auch den Menschen vor Christus zugewendet 3329; vgl. F 2 (Rechtfertigung des Sünders durch die Gnade Gottes).
Das Erlösungswerk Christi ist ein ªüberströmender, unermeßlicher Schatz ª1025 1027 (1406) 3805; die Verdienste Christi sind unbegrenzt 1027; an ihrer Wirksamkeit ist nicht zu zweifeln 1534.
Die Verdienste Christi für ihn selbst: Nur die Menschheit Christi konnte einen Zuwachs an Verherrlichung erfahren 318.
Die Erlösung hat genugtuende bzw. sühnende Wirkung 1529 3339 *3438* 3891 (4120).
Christus kommt aufgrund seines Wirkens als Erlöser unendliche Würde zu 3909.
Mitwirkung der Menschen und besonders Mariens an der Erlösung: E 6d.

b. – Gestalten der Vermittlung E 3b

**Die drei Ämter Jesu Christi**. Gott sandte seinen Sohn, daß er Lehrer, König und Priester aller sei 4132; die **3ba** Aufgaben Christi des Lehrers, Hirten und Priesters 4145; das priesterliche, prophetische und königliche Amt Christi 4157; Teilhabe der Glaubenden am priesterlichen, prophetischen und königlichen

Amt Christi [a]*aufgrund der Taufe* 4157 (4158) [a]4720 4852 [a]4858; die Bischöfe übernehmen die Aufgaben Christi, des Lehrers, Hirten und Priesters, und handeln in seiner Person 4145; vgl. G 4a (Zugehörigkeit zur Kirche); G 4bc–4be (Teilhabe der Glaubenden an den drei Ämtern Christi); G 6a (Grundsätzliches zu den Laien); G 6b (Teilhabe der Laien an den drei Ämtern Christi); H 1a (Gründung des Dienstamtes in der Sendung Jesu Christi und der Apostel).

Die Person Christi darf nicht ideologisiert werden, indem er in einen Politiker, Führer, Revolutionär oder einfachen Propheten umgewandelt wird 4612; verworfen wird die Gleichsetzung Christi und seiner Macht mit Moses und Mohammed *1365*; Christus läßt sich nicht auf das Gebiet des rein Privaten oder des individuellen Gewissens reduzieren 4610 4612.

**3bb**   **Das Prophetentum Jesu Christi und Jesus Christus als Lehrer.** Christus ist der große Prophet 4161 4852; Gott sandte den Sohn, um den Armen das Evangelium zu verkünden und die im Herzen Zerbrochenen zu heilen 4005; Christus verkündete das Evangelium, das Reich, das Heil, die Barmherzigkeit, die Liebe: E 2bb (Christi Wirken unter den Menschen); Sendung Christi: E 3a (Jesus Christus, der Mittler des Heils); E 4 (Sendung Jesu Christi).

Christus ist der göttliche Lehrer und das Urbild jeder Vollkommenheit 4166; er redet die Worte Gottes und teilt den Menschen das Innerste Gottes mit 4204; in Taten und Worten hat er seinen Vater und sich selbst geoffenbart 4224; er hat Worte ewigen Lebens 4224; er kam in die Welt, um Zeugnis für die Wahrheit abzulegen 4445; er erleuchtet alle Menschen 4204; er ist durch seine Lehre und sein Beispiel höchste und unveränderliche Richtschnur 4580; er ist die Verkörperung der evangelischen Räte 4836; er belehrt die Menschen über das Gebot der Liebe 4338; er hat das Gebot gegeben, die Feinde zu lieben 4328 4773; die Glaubenden sollen lieben wie Christus 4123 4166 4613f; in seiner Auferstehung hat Christus den Gott der barmherzigen Liebe geoffenbart 4681; das Wort Gottes offenbart und belehrt, daß das Grundgesetz der menschlichen Vervollkommnung und deshalb der Umwandlung der Welt das neue Gebot der Liebe ist 4338; Tugend der Liebe: L 2e; L 3a (Selbstliebe als Grundverpflichtung); L 4a (Nächstenliebe); L 5f (Solidaritätsprinzip); vgl. A 1c (Etappen der Offenbarung).

Das Geheimnis der Dreifaltigkeit wurde in der Heilsgeschichte vor allem in Christus geoffenbart 4522; in Christus – : leuchtet Gottes Selbstoffenbarung auf 4202; – : vollendet sich die Offenbarung Gottes 4207; – : klärt sich das Geheimnis des Menschen auf 4322; – : finden die Wahrheiten über den Menschen ihren Ursprung und erreichen ihren Gipfelpunkt 4322; – : finden die Menschen die Fülle des religiösen Lebens 4197; – : wird das Rätsel von Schmerz und Tod erhellt 4322; Christus macht in der Offenbarung des Vaters und dessen Liebe den Menschen sich selbst kund und erschließt ihm seine Berufung 4322 4332; Gottes Selbstoffenbarung in Christus erschließt die innerste Wahrheit Gottes und der Heilsbestimmung des Menschen 4202; durch die Offenbarung in seinem Sohn gibt Gott auf die Frage nach der Bedeutung des menschlichen Lebens, Schaffens und Todes eine Antwort 4341; vgl. A 1a (Begriffliche Bestimmungen des Offenbarungsgeschehens); A 1c (Etappen der Offenbarung); C 4fh (Christus, der vollkommene Mensch).

Christus macht dem Menschen den Menschen kund 4640; dies ist die menschliche Begründung und Eigentümlichkeit der Erlösung 4640; in der Erlösung entdeckt der Mensch von neuem Größe, Würde und Wert seiner Menschheit 4640; der Mensch, der sich von Grund auf durchschauen will, muß mit seiner Angst, seinem Zweifel, seiner Schwäche und Sündhaftigkeit, seinem Leben und Tod zu Christus seine Zuflucht nehmen 4641; er muß sich die ganze Wahrheit der Fleischwerdung und der Erlösung aneignen, um sich wieder zu finden 4641; dieses tiefste Staunen über Wert und Würde des Menschen nennt sich Evangelium und Christentum 4642; vgl. C 4fh (Christus, der vollkommene Mensch).

Christus zeigte den Weg des Lebens 801; er ist der Weg zum Heil 4136 4197; durch sein Leiden hat er ein Beispiel gegeben und den Weg gebahnt, dem die Menschen folgen müssen, damit Leben und Tod geheilt werden und neue Bedeutung erhalten 4322; Christi Weg ist nicht der Weg der Selbstbestätigung, des Hasses oder der Gewalt, sondern der selbstlosen Hingabe. Er fordert eine radikale Nachfolge, den ganzen Menschen, alle Menschen, den ganzen Kosmos umfaßt 4613f; er belehrt die Menschen durch sein Beispiel, daß das Kreuz getragen werden muß, das Fleisch und Welt denen auferlegen, die nach Frieden und Gerechtigkeit streben 4338; wer Christus, dem vollkommenen Menschen, folgt, wird selbst mehr Mensch 4341; vgl. C 4jf (Berufung des Menschen zur Selbsthingabe); L 2e (Tugend der Liebe); L 2f (Vereinigung mit Gott: Selbsthingabe); L 4a (Nächstenliebe).

Der Hauptweg der Kirche ist Jesus Christus 4643; Christus hat den ganzen Menschen als Weg der Kirche erschlossen. Dieser Weg führt durch das Geheimnis der Fleischwerdung und der Erlösung hindurch 4644; er ist der Weg zum Vater und der Weg zu jedem Menschen 4643; der Weg von Christus zu den Menschen 4643; vgl. G 2bd (Sendung und Aufgabe der Kirche); G 7aa (Kirche, Welt und Menschengeschlecht).

Christus ist das Licht der Völker 4101; er ist der Weg, die Wahrheit und das Leben 4197.

Christus hatte immer messianisches Bewußtsein *(3432) 3435*; er wirkte Wunder und Weissagungen, um zu beweisen, daß er der Messias sei (178) 2753 (3006) **3009** (3034) *3428 3485*.

Christus lehrt durch die Kirche 3806; er verkündet besonders durch den Dienst der Bischöfe das Wort Gottes allen Völkern 4145; vgl. G 3cd (Kirche und Evangelisation bzw. Mission); G 4bc und 6ba (Teilhabe der Glaubenden/Laien am prophetischen Amt Jesu Christi); H 3 (Verkündigungsdienst der Bischöfe); bes. H 3a (Generelle Bestimmungen zum Verkündigungsdienst der Bischöfe); H 5 (Dienstamt der Priester); H 6 (Dienstamt der Diakone).

**Das Priestertum Jesu Christi**. Christus ist der höchste und ewige Priester ([a]Hoherpriester) 4106 [a]4125 4153   **3bc**
4160 [a]4615; er ist [a]*mit dem Hl. Geist* Gesalbter [a]4005 4106; er vollendet das alttestamentliche Opfer-
wesen und Priestertum 1739; vgl. E 1c (Rettung der Heiden und alttestamentlich Glaubenden).
Christus gewährt [a]*den Dienern und dem Volk* Anteil an seinem priesterlichen Amt [a]4160; das gemeinsame
Priestertum aller Glaubenden und das amtliche Priestertum nehmen beide am *einen* Priestertum
Christi teil 4126.
Die Liturgie ist Vollzug des priesterlichen Amtes Jesu Christi 4007; Christus ist in der Kirche Priester und
Opfergabe 802; er ist im Meßopfer in der Person des Dieners und unter den eucharistischen Gestal-
ten gegenwärtig 4007; vgl. K 5b (Das kirchliche Herrenmahl).
Der Tod am Kreuz war ein Opfer 1083 **1740f 1743 1753f** (3316) 3339 3847f; Christus, der Hohepriester, ist
das österliche Opfer, das von den Sünden erlöst 4615; das einzige Opfer des Neuen Bundes ist das
Opfer Christi 4153; er hat sich selbst als Opfergabe dargebracht (1983) **1740** 3678 3847; er hat als
unschuldiges Lamm freiwillig sein Blut vergossen 4322; er brachte sich ein für allemal dem Vater als
unbefleckte Opfergabe dar 4153; er hat [a]*in seinem Blut* einen Neuen Bund gestiftet 4122 [a]4223; er hat
sein Opfer nicht für sich, sondern für die Menschen dargebracht 261; diese sind im Blut Christi
erkauft und zu der *einen* Kirche versammelt worden 4170; Christus hat die Kirche mit seinem Blute
erworben 540 575 4124; er gab sich für sie hin, um sie zu heiligen 4165; der Schmerz der Schöpfung
wird vom Gekreuzigten auf sich genommen, der sein Leben im Opfer für alle darbringt 4615.
Das Opfer Christi bleibt, auch wenn es [a]*ein für allemal am Kreuze vollzogen wurde*, nach seinem Tod in
Geltung und wird sakramental erneuert ([b]in der Eucharistie) 1740 [a]3339 [b]4722; es wurde nach seinem
Tod fortgesetzt 4153; Vergegenwärtigung des Opfers Christi in der Meßfeier durch die Kirche 4153
4573; das eucharistische Opfer ist die unblutige Vergegenwärtigung des blutigen Kreuzesopfers und
sein Gedächtnis **1740f** 1743 3339 3847f 4006; Christus hat sich selbst zur Ehre des Vaters und zum
Heil aller Völker am Kreuz dargebracht und bringt sich in der Feier der Eucharistie ständig dar 4852;
im eucharistischen Opfer dauert das Kreuzesopfer bis zu Christi Wiederkunft fort 4047; indem Chri-
stus die Menschen mit seinem Blut nährt, macht er sie seines Lebens teilhaftig 4168; vgl. E 2ea
(Wirken des Erhöhten in der Kirche; J 1c (Wirkung der Liturgie); K 5bb (Vergegenwärtigung und
Mitvollzug des Opfers Jesu beim Herrenmahl).
Christus tauft, heiligt und opfert durch die Kirche 3806 4007; er spendet durch den Dienst der Bischöfe den
Glaubenden die Sakramente des Glaubens 4145 vgl. G 4bd; 6bb (Teilhabe der Glaubenden/Laien am
priesterlichen Amt Jesu Christi); H 1b (Hierarchische Gliederung des Dienstamtes); H 4 (Heiligungsdienst der Bischöfe); H 5 (Dienstamt der Priester); H 6 (Dienstamt der Diakone); K 5cb (Kompetenz
der ordinierten Priester und Bischöfe bei der Darbringung des Herrenmahles); K 8a (Das Priestertum
des Neuen Bundes).
**Das Königtum Jesu Christi**. Der Glaube der Bekenntnisse an Christus, den König und sein Königreich 3f;   **3bd**
vgl. M 3bf (Ewiges Leben und Herrschen mit Christus).
([a]Einzig) Christus ist ([a]im eigentlichen und uneingeschränkten Sinne) König [a]3916 4133 4853; er ist König
auch als Mensch 3250–3252 3675; Grundlage seiner königlichen Würde ist die hypostatische Union
und sein Verdienst als Erlöser 3250–3252 3676 3913–3915.
Bedeutung und Wesen seiner königlichen Vollmacht 3677; Christus ist alle Macht im Himmel und auf
Erden verliehen 4148 4338; seine königliche Vollmacht erstreckt sich auf die gesamte Menschheit 791
3350f 3678f; Christus ist der König, dem zu dienen König sein bedeutet 4162; er kam in die Welt, um
zu retten, nicht um zu richten, um zu dienen, nicht, um sich dienen zu lassen 4303 4445.
Das Reich Christi ist das Reich der Wahrheit, des Lebens, der Heiligkeit, der Gnade, der Gerechtigkeit, der
Liebe und des Friedens, wo die Schöpfung zur Freiheit der Herrlichkeit der Kinder Gottes befreit
werden wird 4162 (4339 4481); Christus läßt die Glaubenden an seinem Reich teilhaben 540 4162
(4339); vgl. C 5d (Reich Gottes und Christi als Ziel der Geschichte); E 2bb (Christi Wirken unter den
Menschen); E 2fc (Vollendung und Übergabe des Reiches Gottes durch Christus); G 2bb (Sakra-
mentalität der Kirche: Kirche und Reich Gottes); M 1 (Anbruch des Reiches Gottes in der Geschichte); M 3be (Vollendung der Welt); M 3bf (Ewiges Leben und Herrschen mit Christus).
Christus, der Friedensfürst 4488; Christus als der Ursprung [a]*der Einheit* und des Friedens [a]4124 4198; er
gibt den Frieden, den die Welt nicht geben kann 4488; vgl. C 4gc (Gerechtigkeit und Friede).
Christus ist nicht nur Erlöser, sondern auch Gesetzgeber **1571**.
Christus wird in den Bekenntnissen der [a]*eine* Herr genannt 2f [a]4 5 11//30 36 [a]40//51 60 62f [a]71 76 [a]125
[a]150.
Christus ist – : durch seine Auferstehung zum Herrn bestellt 4338; – : Herr aller Dinge ([a]aller) 3913 [a]4158;
– : Herr und König der ganzen Welt 4853; – : Herr der menschlichen Geschichte und [a]*der Heilsgeschichte* [a]4341 4610 4612; – : Herr der Zeiten 4186; – : das Haupt aller 4141; der Vater bestellt Chri-
stus zum Herrn der Welt und Geschichte 4616; vgl. C 5b (Christus und das Ziel der Geschichte);
Christus herrscht über Himmlisches und Irdisches 4114; seine Herrschaft wird kein Ende haben 41f
44 46 48 60 150; er ist Anreger wahrhaften gesellschaftlichen Wandels 4610.
Christus ist – : Herr und Meister der Kirche 4310 (4530); – : das Haupt der Kirche, [a]*dem diese untertan ist*
[a]4114 4117 4123 4132 4133 4170 4616; die Kirche hangt ihm an 4152; vgl. G 1be (Kirche bleibt das
Werk der Hl. Dreifaltigkeit); G 2a (Bezeichnungen der Kirche).
Christus leitet durch die Kirche 3806; er leitet die Kirche durch den Papst und die Bischöfe 4119 4137 4145;
vgl. G 4be und 6bc (Teilhabe der Glaubenden/Laien am königlichen Amt Jesu Christi); H 2 (Hirten-

dienst der Bischöfe); bes. H 2a und H 2c (Generelle Bestimmungen zum Hirtendienst der Bischöfe); H 5 (Dienstamt der Priester); H 6 (Dienstamt der Diakone).

## 4. Die Sendung Jesu Christi: das Werk des dreifaltigen Gottes

E 4a
### a. – WERK DER HL. DREIFALTIGKEIT

Die göttliche Dreifaltigkeit hat als ganze gemeinsam die Fleischwerdung gewirkt 491 535 571 801 3327.
Vgl. B 4ca (Einheit des Wirkens der göttlichen Personen in Schöpfung und Heilsgeschichte).

E 4b
### b. – WERK DES VATERS

Die Sendung Jesu Christi vom Vater 101 145 527 538 1522 3806 4005 4103 4120 4132 4141 4153 4172 4204 4480 4522; vgl. B 1g (Gott sendet seinen Sohn).
Der Plan der Schöpfung kann nicht vom Plan der Erlösung getrennt werden 4579; Gott, der Vater, wollte von Anfang an in Christus seine Herrlichkeit mit dem Menschen teilen 4814; der Plan Gottes beginnt in Christus und hat in ihm seinen Höhepunkt 4814; Gottes Ratschluß hat Christus zum Ursprung des Heils für die Welt bestimmt 4141; vgl. F 1 (Gottes Barmherzigkeit und universaler Heilswille); bes. F 1c (Gottes allgemeiner Heilswille in Jesus Christus).
Vgl. A 1a (Begriffliche Bestimmungen des Offenbarungsgeschehens: die Absicht Gottes); A 1c (Etappen der Offenbarung); B 4cb (Eigentümlichkeiten des Wirkens der göttlichen Personen in Schöpfung und Heilsgeschichte); C 1ga (Gott als Herr des Alls und der Geschichte).

E 4c
### c. – WERK DES SOHNES

Der Sohn Gottes wollte die Menschennatur annehmen 3274; er hat willentlich, ([a]nicht schicksalsbedingt) gelitten 6 62f 423 442 502 [a]*1364*; in Erfüllung des vom Vater empfangenen Auftrags überantwortete sich Jesus frei dem Tod am Kreuz, dem Ziel seiner Existenz 4615.
Der Sohn Gottes hat die menschliche Natur zur Ehre des Menschen angenommen, er ist eine geheimnisvolle Ehe mit dem gesamten Menschengeschlecht eingegangen 3274.
Der Plan der Liebe Christi ist, alles im Himmel und auf Erden zu erneuern 4345.
Der Sohn Gottes kam um des Heiles [a]*aller* Menschen willen, ([b]*um das Menschengeschlecht zu erretten*, [c]*nicht um zu richten*) 40//63 [b]64 [b]72 76 125 150 272 301 [b]442 500 681 [b]801 [a]901 [b]1337 2529 4172 [bc]4303 [b]4310 [b]4345 [bc]4445 [b]4494; er wurde gesandt, damit alle zu Kindern Gottes würden 1522; er kam für die Erlösung (Befreiung) der Menschen ([a]*Armen*) von den Sünden 55 144 146 485 491f 533 1400 4313 4615 [a]4632; er kam, um alle Menschen von allen Formen der Knechtschaft zu befreien 4480; er kam, die Vergehen des Volkes zu sühnen 4120; er ist für alle (Sünder) gestorben und [a]*auferweckt worden* [a]4310 4322 4332 4338; Christus verfolgt die Absicht seiner Gnade gegenüber den Sündern weise und geduldig 4186; verworfen werden Behauptungen, die die Erlösung als Zweck leugnen 723 1880; vgl. E 3a (Christus als Mittler des Heils).
Der Umstand, daß das fleischgewordene Wort dem Geschlecht nach männlich ist, kann vom Heilsplan nicht getrennt werden 4601.
Das Werk Christi: E 2 (Die Geheimnisse des Lebens, Sterbens und der Erhöhung Christi); E 3 (Jesus Christus, der Erlöser).
Vgl. B 4cb (Eigentümlichkeiten des Wirkens der göttlichen Personen in Schöpfung und Heilsgeschichte).

E 4d
### d. – WERK DES HEILIGEN GEISTES

Dem Hl. Geist wird die Fleischwerdung zugeschrieben 10//30 42 61–64 72 150 291 442 485 571 801 3923 (4172 4178); der Hl. Geist verlieh der Jungfrau Fruchtbarkeit 292 533; er bildete den Leib Christi im Schoß der Jungfrau 3924.
Der Hl. Geist bietet allen die Möglichkeit an, sich mit dem österlichen Geheimnis zu verbinden 4322.
Das Wirken des Hl. Geistes bei Geburt, Leben, Tod und Auferstehung Christi und das Wirken des Erhöhten durch den Geist: E 2; bes. E 2a (Empfängnis und Geburt Jesu Christi).
Vgl. B 3bd (Wirken des Hl. Geistes in der Heilsgeschichte); B 4cb (Eigentümlichkeiten des Wirkens der göttlichen Personen in Schöpfung und Heilsgeschichte).

## 5. Die begriffliche Fassung des Geheimnisses Jesu Christi

### a. – JESUS CHRISTUS IST EINES WESENS MIT DEM VATER     E 5a

Der Glaube der Bekenntnisse an Jesus Christus, den Sohn Gottes 2–5 10–30 36 41//51 60–64 71 76 **125 150**; weitere Stellen in B 2a (Der Glaube an Jesus Christus als den Sohn des Vaters).
Jesus Christus ist wahrer (verus) Gott 29 41//51 72 74 105 **125** 142 **150** 189 209 252f 256 272 **293f 301** 317f 325 402 427 431 442 547 **554** 619 681 852 2529; Christus wird als Gott nicht nur mitbezeichnet 259; verworfen werden Behauptungen, die seine Gottheit leugnen: [Das Wort ist den himmlischen Ordnungen ähnlich geworden] 406; [Der Sohn Gottes war nicht vor der Geburt aus Maria] 157 453; Christus wird fälschlicherweise mit Platon, Manichäus, Epikur und Markion gleichgesetzt 435.
Jesus Christus ist vollkommener (perfectus) Gott 72 76 272 **301** 402 442 491 496 500 534 545 **554** 561 564 681 852 2529; vollständiger (plenus) Gott 564; ganzer (totus) Gott 355 413 442; verworfen wird: [Christus hatte einen geringeren Anteil an der Gottheit] 149.
Jesus Christus wird [a]Wort, [b]Kraft, [c]Weisheit genannt [abc]113 [a]178 [a]250.
Jesus Christus ist (als Sohn Gottes) dem Vater gleichartig, wesensgleich usw.: B 2c (Begriffliche Fassung der Göttlichkeit des Sohnes); B 4bb (Gleichheit der Personen unter sich); verworfen wird die entgegengesetzte Behauptung 1880.
Jesus Christus war seiner Gottheit nach nicht leidensfähig (verletztlich) ([a]gegen die Theopaschiten) 166 [a]196f 293f 297 [a]300 318 [a]358f [a]367 442 492 504 635f 681 801 852 [a]2529; seine Entäußerung war kein Mangel an Macht 293.
Die Gottheit Christi kann aus den Wundern bewiesen werden *3428*; Christus vollbrachte die Wunder nicht aus fremder Kraft 260.
Als Gott war Jesus Christus nicht vorherbestimmt 536.
Vgl. B 2 (Jesus Christus, der eingeborene Sohn Gottes); B 4b (Trinitarische Begriffsbildung).

### b. – JESUS CHRISTUS IST EINES WESENS MIT DEN MENSCHEN     E 5b

**Gleichheit in allen Wesensmerkmalen der menschlichen Natur.** Jesus Christus ist wahrer Mensch 72 74 189  **5ba**
**293f 301** 325 (401) 402 414 442 454 533 547 **554** 619 681 852 1337 2529; er wird "Menschensohn" genannt 189 250 317 368 420 442 491 535 619 791; die Wahrheit des Leibes wurde angenommen aus dem Leib der Mutter Maria 292; geboren aus der Jungfrau Maria, ist er in Wahrheit einer aus uns geworden 4322; Jesus Christus ist aus der Substanz der Mutter 76; er ist als Mensch zu den Menschen gesandt 4204; er ist aus den Menschen genommen 4125; er besitzt eine mit den Menschen gemeinsame menschliche Natur 4550.
Die angenommene Natur war keine himmlische Substanz 300; verworfen werden Irrtümer der Doketen: [Der Sohn Gottes hat nichts von Maria empfangen, sondern ging mit einem himmlischem Leib durch sie hindurch] 1341; [Der Sohn nahm einen nur scheinbaren Leib an] 46 48 189 357 359 401 1340; gegen solche Irrtümer wird betont: Christus wurde w a h r h a f t geboren, er hat w a h r h a f t gelitten usw. 1338.
Jesus Christus ist vollkommener Mensch 44 46 48 72 76 144 146 272 **293** 301 357 402 442 485 491 500 534 **554** 561 564 852 2529 3923 4322 4338 4341 4345; vgl. C 4fh (Christus, der vollkommene Mensch); vollständiger Mensch 564; ganzer Mensch 148 355 413; unvermindert Mensch 505 3923; er hat den vollständigen Adam angenommen 147f; in ihm ist die menschliche Natur angenommen, nicht aufgehoben worden 4322; verworfen werden entgegengesetzte Behauptungen: [Der Sohn Gottes hat eine nur unvollständige Menschennatur angenommen] 74 146 149; [Der Leib Christi hatte keine (sinnenhafte) Seele, sie wurde durch die Gottheit ersetzt] 148 159 195 359 534 1342f; [Christus ist, insofern er Mensch ist, kein Etwas] 749f.
Christus als Bruder der Menschen 4158 4177 4322 4332 4550; vgl. E 2ba (Gemeinschaft Christi mit den Menschen).
Jesus Christus ist den Menschen ([a]der Mutter) wesensgleich 272 **301** 357 430 442 504 547 [a]619 2529 (4220).
Jesus Christus hat eine (vernunftbegabte) menschliche Seele ([a]anima),Verstand ([b]intellectus), Geistigkeit ([c]sensus), Leib ([d]corpus), Fleisch ([e]caro) angenommen [abd]44 [abd]46 [abde]48 [e]60 [ace]72 [abc]148 [a]159 [ae]166 [ae]250 [ad]272 [ad]299 [ad]301 [ae]325 [ad]357 [ae]485 [ae]547 [ad]554 [ae]791 [ae]801 [ad]900 [ad]2529.
Jesus Christus hat die in keiner Weise veränderte menschliche Natur angenommen, mitsamt dem Begehren der Sinne und allen natürlichen Regungen 3923; sein Leib verfügte über ein vollkommenes Sinnes- und Empfindungsvermögen, und zwar mehr als alle anderen Leiber von Menschen 3924.
Als Mensch unterlag Christus menschlichen Bedürfnissen: Er hat alle Konsequenzen der sündhaften Daseinsbedingung der Menschen zu den seinigen gemacht 4494; er hat die menschlichen Daeinsbedingungen – Leiden, Mühen, Tod – geteilt 4632; er hungerte, dürstete, weinte, ertrug alle Unbilden des Leibes 189 791 4322; mit menschlichen Händen hat er gearbeitet, mit menschlichem Geist gedacht, mit menschlichen Willen gehandelt, mit menschlichen Herzen geliebt 4322; er kann die menschlichen Schwächen teilen 4615; insbesondere war er leidensfähig ([a]gegen entgegengesetzte Irrtümer) 105

166 189 ᵃ197 ᵃ**293** 297 442 492 504; aufgrund seiner Menschheit prägte ihn das Sterben-Können als auch das Nicht-Sterben-Wollen 564; er hat an der Gemeinschaft der Menschen teilgehabt: E 2ba (Christi Gemeinschaft mit den Menschen).

Vom Heilsplan kann nicht getrennt werden, daß Christus männlich ist 4601.

Als Mensch ist Christus begrenzt 606.

Als Mensch war Christus vorherbestimmt 536.

Der Geburtstag Christi und die Sonntage werden im Glauben an die wahre Menschheit Christi gefeiert 454.

**5bb**    **Ungleichheit hinsichtlich der Sünde.** Der Sohn Gottes nahm den Menschen ohne die Sünde an 44 46 48 74 148 159 **293 301** 442 487 490 496 505 533 539 547 **554** 561 564 619 1347 2529 4322; er kannte die Sünde nicht 261 4120; die Sünde konnte ihn nicht beflecken 291 ; von der Mutter des Herrn wurde die Natur, nicht die Schuld angenommen 294.

In Christus gab es keine Laster menschlicher Leidenschaften 130 148; keine Uneinigkeit der Begierden, keinen Widerstreit der Willen, keine Versuchungen der Verlockungen 299; seine Affekte standen unter der Leitung der Gottheit und des Geistes 299.

Erklärt wird der Satz "Christus wurde für uns zur Sünde" 539.

**E 5c**

    c. – Die Einheit der göttlichen und menschlichen Natur in Jesus Christus

**5ca**    **Tatsache der Einheit.** Christus ist zugleich Gott und Mensch 76 253 272 292–295 402 534.

Der Begriff der e i n e n Person Christi, die der göttlichen Natur nach vor den Zeiten vom Vater und der menschlichen Natur nach in der Zeit aus Maria, der Jungfrau, gezeugt wurde 4520; zum Geheimnis der Fleischwerdung gehört sowohl die Göttlichkeit Christi als auch die Realität und die Kraft seiner menschlichen und historischen Dimension 4611.

Christus ist ᵃ*aus zwei* und ᵇ*in zwei* Naturen ᵇ**302** ᵃᵇ414 ᵃᵇ420 ᵃᵇ442 ᵃᵇ**506** (ᵃᵇ543) ᵃᵇ545 ᵃᵇ548 ᵃᵇ**555** ᵇ681 ᵃᵇ852 ᵇ2529.

Die ungewöhnliche Ausdrucksweise Julians von Toledo (ᵃwird verworfen): Christus ist in den drei Substanzen des Wortes, des Leibes und der Seele 535 567 ᵃ613.

Jesus Christus ist, obwohl Gott und Mensch, e i n e r, nicht zwei (Personen) 76 272 302 555; Gottes Sohn besitzt eine mit ihm geeinte menschliche Natur 4112; die Naturen kommen zu einer wahren Einheit zusammen 250; diese Einheit wird mit der Einheit von Seele und Leib im Menschen verglichen 76.

Die Frage, ob das Blut Christi in den drei Tagen des Todes von der Gottheit getrennt war, wird erörtert 1385 (vgl. 2663).

**5cb**    **Die beiden Naturen in der Einheit.** Diese Einung kam zustande unter Wahrung der Eigentümlichkeiten beider Naturen **293 302** (317) 402 413 442 **509** 543 548 **555** 561 (564) 1337 2529; der Unterschied der Naturen ist wegen der Einheit nicht aufgehoben **250 302** 507 548 **555** 2529.

Der Sohn Gottes ist ganz im Seinigen und ganz im Unsrigen **293** 413 442.

In Christus sind die Handlungen gemeinsam: Das Fleisch handelt nicht ohne das Wort, das Wort nicht ohne das Fleisch 317f; die gemeinsame Tätigkeit wird gottmenschlich genannt **515**.

Die Handlungen Christi behalten ihre natürlichen Eigentümlichkeiten: Jede der beiden, die göttliche und menschliche, wirkt in Gemeinschaft mit der anderen, was ihr eigen ist **294** (317 488) 548 **557** (558); deshalb ist die gottmenschliche Tätigkeit eine zweifache: eine göttliche und eine menschliche **515**.

Zwei natürliche Willen und Tätigkeiten in Christus werden betont gegen die Monotheleten 498 **500 510f** 512–516 543–545 548 **553 556f** 558 561 564 572 681 1346 2531; die Willen in Christus sind einander nicht entgegengesetzt; (ᵃnur als solche hat sie Papst Honorius I. verstanden und verworfen) ᵃ487 496–498 544 556 (564) 572 2531.

Die Naturen in Christus sind unvermischt (inconfuse) geeint (gegen die Monophysiten) 76 272 (300) **302** 359 368 402 413f 425 428 430 442 488 500 506–508 543 548 555–557 561 564 619 2529; Christus ist e i n e r ohne Vermischung 297 317 358f 681.

Das Wort ist unwandelbar (ᵃ*immutabiliter*, ᵇ*inconvertibiliter*), das heißt ᶜ*ohne Veränderung oder Umwandlung des Wortes und der Natur des Fleisches* Mensch geworden ᵃ**302** ᵃᵇ357f ᶜ402 ᵇ413 ᶜ442 ᵃ488 ᵃ543 ᵇ**555–557** ᵇ564 1345 ᵃ2529; das Fleisch wurde nicht in die Natur des Wortes umgestaltet (294) 428 548; das Wort wurde nicht in Fleisch oder Seele (ᵃauch nicht teilweise) verwandelt 76 250 ᵃ297 357–359 428 534 548; es wurde nicht aus zwei Naturen *eine* Natur oder Substanz der Gottheit und des Fleisches 203 300 (359) 429.

Der Sohn Gottes verlor in seiner Fleischwerdung nicht, was er war 72; er hat weder Verlust ᵃ*noch Zunahme* in sich erfahren 72 ᵃ291 ᵃ297 318; obwohl er im Fleisch weilte, hat er sich dennoch niemals vom Vater entfernt 165 294 369 442 485 540 619; sein Thron war niemals leer *1097*.

Die Naturen in Christus sind untrennbar (inseparabiliter) geeint; (sie können nicht getrennt werden) 302 317 420 534 543 **555–557** 561 564 619 (1337) 2529; ebenso die Willen und Tätigkeiten 544; Wort und Fleisch bleiben in e i n e m, und e i n e r ist in beiden 297.

Die Naturen in Christus sind ungeteilt (indivise) geeint 297 **302** 317 413f 420 (430) 442 488 506–508 548 **555–557** 561–564 681 133 7 2529; nach den Kyrillianern einen sich die Naturen im Sinne einer natürlichen Einung oder Zusammensetzung bzw. der Substanz nach 254 424–426 430 436 508; daher ist nach ihnen in Christus "e i n e fleischgewordene Natur Gottes, des Wortes" 505; der Unterschied der Naturen wird "nur durch den Verstand" erkannt 428 543 548.

Verworfen werden Behauptungen der Nestorianer über die Einheit der Naturen, insbesondere: [[a]Sie sind nur in einer Verbindung der Würde, Macht oder Herrschaft nach verbunden; [b]Christus ist bloßer Mensch, der aufgrund der größeren Gnade göttlich genannt wird; [c]die Bezeichnungen "Mensch, der Gott in sich trägt", "gotterfüllter Mensch"] 251a-e 252–263 [a]254 [c]256 [a]262 [a]401 [ab]424 [a]425f [c]613 [b]1339.

**Die Einheit der beiden Naturen in der einen Person.** Die Fleischwerdung geschah [a]*allein im Sohn*, nicht im   **5cc** [b]*Vater oder Hl. Geist* óder in der [c]*gesamten Dreifaltigkeit* [ab]325 [a]491 [a]533 [ac]535 [ac]571 [ab]791.

Der Sohn Gottes hat den Menschen in das aufgenommen, was dem Sohne eigen ist, nicht in das, was der Dreifaltigkeit gemeinsam ist 491 535; das Wort Gottes macht sich die Geburt seines Fleisches zu eigen 251 (355).

Das Wort wurde Mensch, indem es zur Einheit seiner Hypostase einen Leib und eine vernunftbegabte Seele (bzw. mit einer vernunftbegabten Seele beseeltes Fleisch) hinzunahm (44) **250f** 253 413 (442) **900**; die Menschheit Jesu existiert als eine in die ewige Person aufgenommene 4520; die Einheit in Christus ist eine Einheit der Naturen in der Hypostase (76) 416f; die Gottheit und die Menschheit bilden in der Person des Sohnes den e i n e n Christus 2528; Christus hat dieselbe Person in der Gottheit des Wortes 299.

Die angenommene Natur dient dem göttlichen Wort als lebendiges, ihm unlöslich geeintes Heilsorgan 4118; die Menschheit Christi war in der Einheit mit der Person des Wortes Werkzeug unseres Heils 4005.

Die Eigentümlichkeiten der beiden Naturen Christi kommen in der e i n e n Person und Hypostase zusammen 189 **302** 317f 325 359 413 485 2529 3905.

Die menschliche Natur wurde nicht zuerst geschaffen und dann angenommen, sondern in der Annahme selbst geschaffen 251 298f 402 405 416f 419 442 479; die Seele Christi existierte vor der Fleischwerdung nicht 404; das Wort hat keinen Leib vom Himmel herabgebracht 359; das Fleisch Christi war nicht aus nichts geschaffen 299.

In Christus sind nicht zwei Söhne, der eine vor, der andere nach der Fleischwerdung, sondern in ihm ist ein und derselbe Sohn 148 158 272 **301f** 325 359 420 485.

Christus ist nicht in zwei Personen geteilt 302 402 423//428 500 548 555 1344 2529; bei einer solchen Teilung würde der Dreifaltigkeit eine Vierfaltigkeit der Personen zur Seite treten 402 (426) 491 534.

Christus ist kein reiner ([a]der Gottheit entblößter) Mensch, auf den sich das Wort herabließ, um in ihm zu wohnen 251 251c-e 262 [a]420 1344; er ist keine menschliche Person, die mit Gott nur der Gnade nach geeint ist 401 (424 1339) 1344; verworfen werden die Bezeichnungen "Mensch, der Gott in sich trägt" und "gotterfüllter Mensch" 256 613.

Das Wort Gottes ist Menschensohn weder aufgrund der Annahme einer Person noch allein durch den Willen **250**; verworfen wird der Ausdruck "angenommener Mensch" ("homo assumptus") im Sinne einer Selbständigkeit der menschlichen Natur neben dem Wort 3905; ebenso der Ausdruck "vermenschlichter Gott" ("deus humanatus") 613.

Verworfen werden gewisse Aussagen über die hypostatische Union *3227 3427–3431*.

Neuere Irrtümer in bezug auf den Glauben an den Mensch gewordenen Sohn Gottes: Der Begriff der e i n e n Person Christi wird entleert 4520; die Behauptung: [Die Menschheit Jesu existiert nicht als eine in die ewige Person des Sohnes Gottes aufgenommene, sondern vielmehr in sich selbst als menschliche Person] 4520; nicht ausreichend sind die Aussagen: [Die einzigartige Gegenwart Gottes in Jesus bewirkt, daß er selbst der äußerste Gipfel der göttlichen Offenbarung ist] 4520f; [Jesus kann deshalb Gott genannt werden, weil in seiner menschlichen Person Gott in höchster Weise gegenwärtig ist] 4521.

**Fortbestand der Einheit.** Die Einheit der Naturen in Christus besteht [a]*unauflöslich* fort [a]355 358 414; auch   **5cd** im verherrlichten Christus, der im selben Fleisch in den Himmel hinaufgestiegen ist, zur Rechten des Vaters sitzt und zum Gericht kommen wird 46 48 167 297 502 791.

**Geheimnisvolle Beschaffenheit der hypostatischen Union.** Die Fleischwerdung ist als [a]"*wunderbar einzig-*   **5ce** *artige Zeugung*" unbegreiflich und unerklärbar 250 [a]292.


## d. – Folgerungen aus der hypostatischen Union      E 5d

**Natürliche Sohnschaft.** Der Glaube an Jesus Christus, den Sohn Gottes: B 2a; E 1a; E 5a.   **5da**
Jesus Christus ist nicht aufgrund von Adoption oder Gnade, sondern der Natur nach und im eigentlichen Sinne Sohn des Vaters 526 595 610–615 619 681 852; verworfen wird: [Christus ist der Annahme an Kindes Statt für würdig befunden worden] 434.

**Seligmachende Schau.** Sie kam Christus vom ersten Augenblick der Fleischwerdung an zu 3812.   **5db**

**Wissen.** Die Seele Christi verfügte schon von der Fleischwerdung an über Wissen 3812.   **5dc**
Christus ist allwissend 476; er wußte auch den Tag des letzten Gerichts, ([a]aber nur vermöge seiner Gottheit) 419 [a]476–476; verworfen werden Irrtümer über das Wissen und das Bewußtsein Christi 419 *3428 3432–3435 3645–3647*.

**Sündenlosigkeit und Heiligkeit.** Das fleischgewordene Wort unterscheidet sich von den Menschen nur   **5dd** hinsichtlich der Sünde: E 5bb (Ungleichheit hinsichtlich der Sünde); Christi Wollen ist Gott nicht entgegengesetzt, sondern ganz vergöttlicht 556; verworfen wird: [Christus mußte sich vervollkommnen und wurde erst nach der Auferstehung völlig sündenlos] 434; [In Christus war nicht der Geist der Furcht des Herrn] 731; vgl. B 1b (Wollen Gottes: Gott ist heilig).

**5de** **Anbetung und Verehrung.** Christus ist von Engeln und Menschen [a]*in den zwei ungeteilten Naturen* anzubeten [a]420 1823 3676; er muß in *einer* Anbetung mitsamt seinem Fleisch, (*[a]da es mit der Gottheit geeint ist*), angebetet werden, nicht aber in *zwei* (nämlich in einer für das Wort und in einer anderen für den Menschen) [b]*noch durch Mitanbetung des angenommenen Menschen* [b]259 431 [a]2661; verworfen wird: [Christus ist in der Person des Wortes gleich dem Bilde eines Kaisers zu verehren] 434.
Man darf Gebete an die Person Christi richten, (auch wenn er Mittler ist) 3820.
Jesus wurde wegen seiner Verehrung als Sohn Gottes im Kult nicht in eine "mythische" Person verändert, und seine Lehre wurde deshalb nicht entstellt 4405.
Verwerflich ist eine Anbetung, in der die Menschheit Christi und sein Fleisch unabhängig von der Gottheit um ihrer selbst willen angebetet werden 431 2661 2663; das Problem der Anbetung des Leibes Christi in den drei Tagen des Todes wird erörtert 2663; die Anbetung des im Leiden vergossenen Blutes hängt von der noch nicht entschiedenen Frage ab, ob das Blut von der Gottheit getrennt war 1385.
Die Verehrung des Herzens Jesu ist rechtmäßig, sofern sie von der Kirche anerkannt wird 2661; sie bezieht sich nämlich auf Christus selbst 3353; das Herz Jesu wird angebetet, weil es mit der Person des Wortes untrennbar geeint ist 2663 3922f; im Herzen Jesu wird ein Symbol und Bild der Liebe Christi verehrt 3353 3922-3925.
Vgl. J 1ef (Anbetung und Verehrung Christi).

**E 5e** e. – DIE CHRISTOLOGISCHEN SPRACHREGELN

**5ea** **Idiomenkommunikation.** Man kann sagen – : "Das Wort ist dem Fleische nach geboren worden" **251**;
– : "Christus ist einer von (bzw.: aus) der Dreifaltigkeit" (bzw. "eine von den drei Personen") 401f 432 485 561; – : "einer aus der Dreifaltigkeit hat gelitten" 401; – : "[a]Gott ([b]das Wort Gottes) hat im Fleische gelitten" [b]263 [a]401; – : "Der Sohn Gottes war leidensfähig, ist gestorben" 105; verworfen wird: [Gott, das Wort, ist sterblich] 359.
In der Idiomenkommunikation gründen die Titel "Gottesmutter" und "Gottesgebärerin" **251** 401; vgl. E 6ba (Tatsache und Wesen der Mutterschaft Mariens).

**5eb** **Aufteilung der Aussagen über Christus.** Manchmal ist mit den Aussagen über Christus die *eine* Person gemeint, manchmal sind sie auf die einzelnen Naturen zu beziehen 273 **295**; die Bezeichnungen sind nicht den getrennten Naturen oder zwei Personen zuzuschreiben 255 418.

## 6. Maria, die Mutter Jesu Christi

**E 6a** a. – MARIA IN DEN GLAUBENSBEKENNTNISSEN DER KIRCHE

Der Glaube der Bekenntnisse 10–30 42//64 72 150.

**E 6b** b. – DIE MUTTERSCHAFT MARIENS

**6ba** **Tatsache und Wesen der Mutterschaft.** Das Wort Gottes nahm aus Maria einen vernünftig beseelten Leib an, mit dem es sich in der Hypostase einte **251** 442; Maria gebar dem Fleisch nach das Fleisch gewordene göttliche Wort 252; die göttliche Natur des Wortes hat aber nicht aus Maria den Anfang ihres Seins genommen **251**; das Wort Gottes hat von der Empfängnis an den Tempel, den es aus Maria empfing, mit sich geeint 272; die Jungfrau Maria nahm das Wort Gottes in ihrem Herzen und in ihrem Leib auf und brachte das Leben für die Welt hervor 4173; verworfen werden Behauptungen, die die wahre Mutterschaft Mariens leugnen: [[a]Der Sohn Gottes ist mit einem himmlischen Leib durch Maria hindurchgegangen, ohne etwas von ihr zu empfangen; [b]Maria hat einen bloßen Menschen geboren] [b]427 [b]437 [a]1341 1880.
Maria wird deshalb (aufgrund der Idiomenkommunikation) [a]*wahrhaft* und [b]*im eigentlichen Sinne* Gottesgebärerin (Deipara, Dei genitrix, Θεοτόκος) genannt **251** 271f 300 416 427 442 485 [ab]547 [ab]555 [a]2528f; verworfen wird die Verweigerung dieses Titels: [Maria ist nur im uneigentlichen Sinne oder der Beziehung nach Gottesgebärerin; ihr können nur die Bezeichnungen "Menschengebärerin" oder "Christusgebärerin" zugesprochen werden] (251d) 427 437.

**6bb** **Jungfräulichkeit der Mutterschaft.** Allgemein 10–30 42//64 72 144 150 251f 271f 291f 299 442 533 571 748 1880; ohne männlichen Samen, [a]"unbefleckt") 44 62f 189 368 [a]503 [a]533 [a]547 [a]619 [a]1337 [a]1400 (dort doppeldeutig) 4177; Maria war immer Jungfrau, auch [a]*in der Geburt* und [b]*nach der Geburt*, bzw.: Christus allein wurde von ihr geboren 44 46 [b]291 [ab]299 [a]368 [ab]442 [b]485 491 502 [b]503 547 [ab]571 572 619 681 801 852 [b]1400 1425 [ab]1880; verworfen wird die Behauptung einer Empfängnis aus dem Samen Josephs 1880.

Keine [a]*Begierde*, keine [b]*Geburtswehen* als Folgen der Erbsünde [a]294 [a]299 [b]748.
Freie Zustimmung Mariens zur Fleischwerdung Jesu Christi 357 3274 4177.
Vgl. D 2b (Menschengeschlecht unter der Erblast der Sünde).
**Würde der Mutterschaft.** Maria hält am Vorsatz der Jungfräulichkeit fest und wird durch Gottes Gabe **6bc**
Mutter 4836; als Mutter Christi, des Gott-Menschen, überragt Maria alle anderen Geschöpfe 3260
3917 4173; in dieser Würde gründet ihre Ehre 3900; im Hinblick auf die Verdienste ihres Sohnes auf
erhabenere Weise erlöst, ist sie die Mutter des Sohnes Gottes und daher die bevorzugt geliebte Tochter des Vaters und das Heiligtum des Hl. Geistes 4173; Maria nimmt in der Kirche nach Christus den
höchsten Platz ein 4174; vgl. G 3bb (Heiligkeit der Kirche).
Maria ist geistige Mutter der Glaubenden: E 6de.

## c. – Die Erwählung Mariens E 6c

**Die göttliche Vorsehung erwählte Maria** und bestimmte sie vorher 1400 2800 3902 4173 4178; Maria ist **6ca**
zuinnerst in die Heilsgeschichte eingegangen 4178.
Vgl. F 1d (Gottes gnädige Erwählung).
**Vollkommene Erlösung Mariens.** Auch Maria ist unter die in der allgemeinen Erlösung Christi erfaßten **6cb**
Nachkommen Adams zu rechnen (3903) 3909f; Maria wurde – : in vollkommenster Weise erlöst
3909; – : im Hinblick auf die Verdienste ihres Sohnes auf erhabenere Weise erlöst 4173.
Vgl. E 3a (Jesus Christus, der Mittler des Heiles); F 1 (Gottes Barmherzigkeit und gnädige Erwählung).
**Bewahrung vor der Ursünde.** Die Ausnahme vom allgemeinen Gesetz der Ursünde kommt bei Leo I. nicht **6cc**
zum Ausdruck: Christus hat von seiner Mutter die Natur, nicht die Schuld angenommen, (womit auf
die Ursünde angespielt wird) 294; aus der freien Auffassung entwickelte sich das [a]*definierte Dogma*:
Maria wurde im ersten Augenblick ihrer Empfängnis im Hinblick auf die Verdienste Christi vor der
Ursünde unversehrt bewahrt 1400 1425f 1516 *1973* 2015–2017 *2324* [a]2800f [a]**2803f** [a]3554 [a]3908f [a]3915
4175; verworfen wird eine falsche Erklärung des Dogmas *3234*.
Vgl. D 2b (Menschengeschlecht unter der Erblast der Sünde).
**Freiheit von der persönlichen (bzw. aktuellen) Sünde.** Maria war niemals der Sünde unterworfen **2800** 3908 **6cd**
3915; Maria genoß das besondere Vorrecht, auch allen verzeihlichen Sünden zu entgehen 1573.
Vgl. D 3b (Schwere Sünden und verzeihliche Sünden).
**Heiligkeit Mariens.** Maria übertrifft alle Heiligen an Heiligkeit, Unschuld und Fülle der himmlischen **6ce**
Gnadengaben **2800f** 3370 3917; die Kirche ist in Maria schon zur Vollkommenheit gelangt 4178; vgl.
G 3bb (Heiligkeit der Kirche).

## d. – Die Teilhabe der Menschen, besonders Mariens am Werk Jesu Christi E 6d

**Die Mitwirkung der Menschen an der Erlösung.** Die einzige Mittlerschaft des Erlösers schließt eine **6da**
unterschiedliche Mitwirkung der Menschen an der Erlösung als Teilhabe an der einzigen Quelle
nicht aus, sondern erweckt sie **4177**.
Gott wollte dem Menschen seinen eigenen Ratschluß belassen, so daß er seinen Schöpfer aus eigenem
Entscheid suche und frei zur Vollendung gelange 4317; vgl. C 4fc und L 1b (Freiheit des Menschen).
Die Menschen bringen sich und die ganze Welt mit Christus in der Eucharistie und in ihren Tätigkeiten
Gott zum Opfer dar: G 4bd und 6bb (Teilhabe der Glaubenden/Laien am priesterlichen Amt Chri-
sti); H 4 (Heiligungsdienst der Bischöfe); H 5 (Dienstamt der Priester); H 6 (Dienstamt der Diakone);
J 1d (Subjekte der Liturgie); K 5c (Die Kirche bringt das Herrenmahl dar).
Das Heil beginnt im Laufe des Lebens Christi, wird durch Tod und Auferstehung für immer erworben und
muß in der Geschichte fortgeführt werden bis zu seiner Vollendung bei Christi Wiederkunft 4571; die
Menschen müssen helfen, die Befreiung greifbar werden zu lassen, die Christus am Kreuz errungen
hat 4628; das Reich und das Heil können von jedem Menschen als Gnade und Barmherzigkeit
empfangen werden; jedoch muß sie in jeder zugleich mit Gewalt erlangen: durch Mühe und
Schmerz, ein nach dem Evangelium geführtes Leben, Selbstverleugnung, das Kreuz, den Geist der
Seligpreisungen, eine vollständige geistige Erneuerung und die Umkehr des ganzen Menschen 4572;
die Gnade der Taufe für sich allein reicht nicht zur Erlangung des Heils, sondern es ist darüber
hinaus die Hilfe der Gnade und die menschliche Mitwirkung erforderlich 241 397; das im Evangelium verkündete Reich wird von Menschen, die von ihrer jeweiligen Kultur erfüllt sind, in die Praxis
des Lebens überführt 4577; F1b (Der allgemeine Heilswille Gottes); C 4da; C 4fi und C 4jc (Heil des
Menschen); E 3a (Jesus Christus, der Mittler des Heiles).
Die Rechtfertigung ist sowohl "Gerechtigkeit Gottes" als auch "unsere Gerechtigkeit" 1529 1547; Umkehr
des Sünders und seine Rechtfertigung durch die Gnade Gottes: F 2; menschliche Werke und Gnade
Gottes: F 3d (Der gerechtfertigte Mensch wird vollendet, indem Gott seine Verdienste aus Gnade
belohnt); F 5a (Die Gnadenhaftigkeit der Gnade); F 5c (Gnade Gottes und Freiheit des Menschen).

Die im Himmel sind, legen durch Christus, mit Ihm und in Ihm beim Vater Fürbitte ein, indem sie die Verdienste darbringen, die sie durch Christus auf Erden erworben haben, als sie für die Kirche ergänzten, was an den Leiden Christi fehlt *4169*; durch die Hilfe der Heiligen erwirken die Glaubenden von Gott durch Christus Wohltaten *4170*; die Heiligen festigen aufgrund ihrer innigeren Einheit mit Christus die ganze Kirche stärker in der Heiligkeit und tragen zum Aufbau der Kirche bei *4169*; vgl. M 1b (Gemeinschaft der Heiligen).

Vgl. C 1gc (Mitwirken der Menschen am Werke Gottes); C 4i (Schaffen des Menschen).

**6db**  **Mitwirkung Josefs an der Erlösung.** Jesus Christus ist nicht aus dem Samen Josefs *1880*; vgl. E 6bb (Jungfräulichkeit der Mutterschaft Mariens).

Die Bedeutung Josefs liegt darin, daß er der Bräutigam Mariens und Pflegevater Jesu Christi war *3260*; durch seine Ehe mit der Gottesgebärerin reichte er an die Würde seiner Braut wie sonst niemand mehr heran *3260*.

Josef ist der Schutzpatron der Kirche, weil er der Hl. Familie vorstand *3262f*; vgl. G 3bb (Heiligkeit der Kirche).

**6dc**  **Mitwirkung Mariens an der Erlösung.** Maria hat [a]*als Gefährtin des göttlichen Erlösers* teil an seinem Werk, [b]*wenn auch in gemäßigter Weise und aufgrund von Analogie* [a]*3902* *3914f* [ab]*3916* *3926* [a]*4176*; sie leistet einen Beitrag zum Schatz der Verdienste Christi (wie auch die anderen Heiligen) *1027*; indem Maria Christus empfing, gebar, nährte, im Tempel dem Vater darstellte und mit ihm litt, hat sie beim Werk des Erlösers in einzigartiger Weise mitgewirkt *4176*; jeder heilsame Einfluß Mariens ist durch Christus vermittelt *4176*; ihr Einfluß fördert die unmittelbare Vereinigung der Glaubenden mit Christus *4176*; die mütterliche Aufgabe Mariens gegenüber den Menschen vermindert die einzige Mittlerschaft Christi in keiner Weise, sondern zeigt deren Kraft *4176f*.

Diese Teilhabe gründet [a]*in der Zustimmung Mariens zu ihrer Erwählung*; [b]*in ihrer Leidens- und Willensgemeinschaft mit dem Erlöser* [a]*3274f* [b]*3370* [b]*3926* [ab]*4177*; Maria ist die neue Eva *3901* *3915* *4177*.

**6dd**  **Gnadenvermittlung durch Maria.** Fürsprache Mariens für die Glaubenden *1400* *2187* *3274f* *3370* *3926* *4176f*; die Kirche sucht ihre Fürbitte *4170*; Maria wird in der Kirche unter den Titeln der Anwältin, der Helferin, des Beistandes und der Mittlerin angerufen *4177*; unter den "Mittlern in bestimmter Hinsicht" kommt Maria in besonderer Weise ein solcher Titel zu *3320f*; sie kann "Mittlerin zum Mittler" genannt werden *3321*; sie ist Mittlerin der Angemessenheit nach (de congruo) *3370*; sie teilt [a]*als Mittlerin aller Gnaden* den Schatz der Gnade Christi aus [a]*3274f* *3370* *3916*.

Bittgebete aller Christgläubigen an die Mutter Gottes und der Menschen um Fürbitte für die Einung der Völker im *einen* Volk *4179*.

Mariens Schutz und Fürbitte wird der Kirche, die "Strukturen der Sünde" im persönlichen und gesellschaftlichen Leben überwinden und ihr die "wahre Befreiung" Christi erwirken helfen *4619*.

Maria kann keine Gnaden bewirken *3370*.

**6de**  **Geistige Mutterschaft Mariens,** ([a]indem sie die Christen unter den Qualen des Erlösers gebar) [a]*3262* *3275* *4173f* *4177*; Maria ist Mutter der Glieder Christi, weil sie in Liebe mitgewirkt hat, daß die Glaubenden in der Kirche geboren werden *4173* *4177*; sie wirkt bei der Erziehung der Glaubenden mit *4177*; Maria tritt für die Glaubenden in der Ordnung der Gnade als Mutter auf *4176f*.

Vgl. E 6b (Mutterschaft Mariens); E 6f (Maria als Inbild der Kirche und der Glaubenden); G 2a (Bezeichnungen der Kirche: Mutterschaft der Kirche); G 3bb (Heiligkeit der Kirche).

**E 6e**  e. – DIE VERHERRLICHUNG MARIENS

**6ea**  **Aufnahme Mariens in den Himmel** mit Leib und Seele *3903* *3900–3904* *4175* *4179*; sie schied ohne Verwesung aus dem Leben *748*.

**6eb**  **Königliche Würde Mariens.** Maria ist – : die Herrin der Glaubenden *547*; – : Königin *1400* *3902* *3913–3917*; – : Königin des Alls *4175*; – : im Himmel über alle Seligen und Engel erhöht *4179*.

**6ec**  **Verehrung Mariens.** Verehrung Mariens durch die Kirche [a]*als wahre Mutter Gottes und des Erlösers* *4170* *4172* [a]*4173* (*4178*); verworfen wird: [Das Maria dargebrachte Lob ist eitel] *2326*.

Maria steht die Verehrung durch Bilder zu ([a]Verwerfung ungebührlicher Einschränkungen) *1823* [a]*2187* [a]*2236* *2532* [a]*2671*; verworfen werden Bilder, die Maria in priesterlichen Gewändern darstellen *3632*.

Verehrung Mariens in den getrennten Kirchen, vor allem bei den Orientalen *4139* *4179*.

**E 6f**  f. – MARIA – INBILD DER KIRCHE UND DER GLAUBENDEN

Maria als überragendes Glied der Kirche, als Urbild und Vorbild im Glauben und in der Liebe ([a]und in bezug auf die vollkommene Einheit mit Christus) *4173* [a]*4177* (*4178*); im Geheimnis der Kirche ist Maria als Urbild der Jungfrau und Mutter vorangegangen *4177*; indem die Kirche Maria im Licht des Mensch gewordenen Wortes betrachtet, dringt sie tiefer in das Geheimnis der Fleischwerdung ein und wird ihrem Bräutigam mehr und mehr gleichgestaltet *4178*.

Die Kirche als Magd des Herrn zusammen mit der Jungfrau Maria 4618. Maria – : vereinigt die bedeutendsten Lehrsätze des Glaubens auf sich **4178**; – : ruft, wenn von ihr gekündet und sie verehrt wird, die Glaubenden zu ihrem Sohn und zu seinem Opfer sowie zur Liebe des Vaters **4178**; – : Maria als Beispiel jener mütterlichen Liebe, die die apostolische Sendung der Kirche beseelen soll **4178**.

Maria ist Bild und Anfang der in der kommenden Welt zu vollendenden Kirche **4179**; die Kirche ist in ihr schon zur Vollkommenheit gelangt, ([a]in der sie ohne Makel und Runzel ist) **4178** [a]**4841**; in der Hierarchie der Heiligkeit ist gerade die Frau, Maria aus Nazareth, das Abbild der Kirche **4841**; vgl. G 1bf (Vollendung der Kirche); G 3bb (Heiligkeit der Kirche); M 1b (Endzeilicher Charakter der pilgernden Kirche).

Maria leuchtet dem pilgernden Volk Gottes als Zeichen der sicheren Hoffnung und des Trostes voran **4179**; sie geht den übrigen auf dem Weg der Heiligkeit voran 4841; die leibliche Verherrlichung der Jungfrau Maria nimmt die allen übrigen Erwählten bestimmte Verherrlichung vorweg 4656; vgl. M 3bc (Verklärung des Leibes).

Mit der Fürbitte Mariens wird die Kirche die "Strukturen der Sünde" im persönlichen und gesellschaftlichen Leben überwinden und die "wahre Befreiung" Christi erlangen 4619.

Vgl. E 6dd (Gnadenvermittlung durch die Fürbitte Mariens); E 6de (Geistige Mutterschaft Mariens); G 2a (Bezeichnungen der Kirche); G 3b (Heiligkeit der Kirche); M 1b und M 3d (Gemeinschaft der Heiligen).

## F. – GOTT RECHTFERTIGT UND HEILIGT DEN MENSCHEN

### 1. Gottes Barmherzigkeit und universaler Heilswille

#### a. – IN DEN BEKENNTNISSEN        F 1a

Jesus Christus, der Erlöser 1 3f; [a]*um unseres Heiles willen,* [b]*um zu erlösen* [a]40 [a]42 [a]44 [a]46 [a]48 [a]51 (55) [b]72 [a]76.

#### b. – DER ALLGEMEINE HEILSWILLE GOTTES        F 1b

Gott will, daß alle Menschen ohne Ausnahme gerettet werden 623 4140; Gott (Christus) will, daß niemand zugrunde geht 340 780; alle Menschen sind durch die Gnade Gottes zum Heil berufen 4135 4572; nach der Ursünde hat Gott die Verheißung der Erlösung gegeben und ohne Unterlaß für das Menschengeschlecht gesorgt, um allen Heilsuchenden das ewige Leben zu geben 4203.

Gott ist jeder, der ihn fürchtet und Gerechtigkeit übt, zu jeder Zeit und in jedem Volk willkommen 4122; in allen Menschen guten Willens wirkt die Gnade auf unsichtbare Weise 4322; die Heilsabsicht umfaßt auch die, welche den Schöpfer anerkennen, besonders die Muslime 4140; Gott ist auch denen nicht fern, die in Schatten und Bildern den unbekannten Gott suchen 4140; wer das Evangelium Christi und seine Kirche ohne Schuld nicht kennt, Gott jedoch aufrichtig sucht und seinen Willen zu erfüllen versucht, kann das ewige Heil erlangen 4140; die göttliche Vorsehung verweigert auch denen die zum Heil notwendigen Hilfen nicht, die ohne Schuld noch nicht zur ausdrücklichen Anerkennung Gottes gelangt sind und nicht ohne die göttliche Gnade ein rechtes Leben zu führen sich bemühen 4140.

Das Heil ist Befreiung von dem, was den Menschen niederdrückt, von der Sünde, vom Bösen, und die Freude, Gott zu erkennen und von ihm erkannt zu werden 4571; vgl. C 4da (Gott will in seiner Gnade das Heil des Menschen); E 3a (Jesus Christus, der Mittler des Heils).

Vgl. A 1a (Begriffliche Bestimmungen des Offenbarungsgeschehens: die Absicht Gottes); C 4d (Gott will das Heil des Menschen und gewährt ihm Gemeinschaft); C 4jb (Berufung des Menschen zur Gemeinschaft mit Gott); E 3 (Jesus Christus, der Erlöser); E 4 (Sendung Jesu Christi); E 6d (Teilhabe der Menschen, besonders Mariens, am Werk Jesu Christi).

#### c. – DER ALLGEMEINE HEILSWILLE GOTTES IN JESUS CHRISTUS, VERMITTELT DURCH DIE KIRCHE   F 1c

Christus wurde gesandt, damit alle zu Kindern Gottes würden 1522; er hat für alle gelitten ([a]was seine Güte anbelangt) *332* [a]340 624 630 1522f *2005 2304f*; Gottes Ratschluß hat Christus zum Ursprung des Heils für die Welt bestimmt 4141; Gott, der Vater, wollte von Anfang an seine Herrlichkeit mit dem Menschen teilen in Christus Jesus 4814; die Jünger Christi werden von Gott nicht nach ihren Werken, sondern nach seinem Plan und seiner Gnade berufen und sind in Jesus gerechtfertigt 4166; der Hl. Geist bietet allen die Möglichkeit an, sich mit dem österlichen Geheimnis zu verbinden

4322; nach der Menschwerdung Christi ist jeder Mensch sein Bruder und dazu berufen, Christ zu werden, um von ihm das Heil zu empfangen 4550; Christus verfolgt die Absicht seiner Gnade gegenüber den Sündern weise und geduldig 4186.

Durch die Kirche soll das Geschenk der Gnade zu den Menschen gelangen, damit die Sünder mit Gott wiederversöhnt werden 4573; die Kirche vermittelt den Menschen durch die Gnade Teilhabe am göttlichen Leben 4757; Zeichen und Werkzeug der zuvorkommenden Liebe Gottes, der von der Ursünde befreit und Anteil am göttlichen Leben verleiht, ist die zum Heil notwendige Taufe 4674; vgl. K 3f (Würde und Notwendigkeit der Taufe); in der Eucharistie wird das Herz mit Gnade erfüllt und das Unterpfand der ewigen Herrlichkeit gegeben 4047; die Eucharistie als Quelle der Gnade 4010; vgl. J 1c (Wirkung der Liturgie); K 5ec (Eucharistie – Auswirkung auf die Glaubenden); Notwendigkeit der Sakramente: K 2f.

Daraus folgt nicht, daß alle ([a]Christen) gerettet werden 623f 630 [a]*1362*; nicht gerettet wird, wer, in der Liebe nicht verharrend, im Schoße der Kirche zwar dem Leibe, aber nicht dem Herzen nach verbleibt 4137; vgl. M 3d (Verwerfung des Menschen); Christus brachte die Gnade auch denen, die zugrunde gehen 340; wer zugrunde geht, geht [a]*nicht nach dem Willen Gottes (Christi)*, sondern [b]*aus eigener Schuld* zugrunde, [c]*da er hätte gerettet werden können* [a]333 [c]339 [a]340 [b]623 [b]626f.

Gnade wird auch außerhalb der Kirche gewährt *2305 2429* 3014; vgl. F 1b (Allgemeiner Heilswille); G 2bc (Heilsnotwendigkeit der Kirche).

Die Gnade fehlt den Gerechtfertigten niemals, wenn Gott sie nicht verläßt 1537 1546.

Vgl. A 1a (Die Absicht Gottes); D 7b (Gott vergibt die Sünden durch Jesus Christus und den Dienst der Kirche); E 3 (Jesus Christus, der Erlöser); E 4 (Sendung Jesu Christi); G 2bb (Sakramentaler Charakter der Kirche); G 2bc (Heilsnotwendigkeit der Kirche); G 3c (Katholizität der Kirche); G 7aa (Kirche, Welt und Menschengeschlecht); K 1b (Kirche als Sakrament des Heils); K 2d (Wirkung der Sakramente); K 2f (Würde und Notwendigkeit der Sakramente).

**F 1d** <center>d. – GOTTES GNÄDIGE ERWÄHLUNG</center>

Gott erwählte in seinem Vorherwissen Menschen, die er aus Gnade zum Leben vorherbestimmte 621; die Jünger Christi werden von Gott nicht nach ihren Werken, sondern nach seinem Plan und seiner Gnade berufen 4166; seit Beginn der Heilsgeschichte erwählte Gott die Menschen nicht nur als Einzelwesen, sondern als Glieder einer bestimmten Gemeinschaft, als sein Volk 4332; vgl. G 1ba (Grundlage der Kirche); G 2a (Bezeichnungen der Kirche); aus dem Hl. Geist entspringt wie aus einem lebendigen Quell jede Gabe, die den Geschöpfen verliehen wurde: das Geschenk der Existenz und das Geschenk der Gnade 4781; vgl. B 3b (Der Geist Gottes in Schöpfung und Heilsgeschichte); F 2cd (Gaben des Hl. Geistes); Erwählung Mariens: E 6c.

Gottes Gaben und Berufung sind ohne Reue 4140 4198.

Gott hat nur das Gute vorherbestimmt 685; er bestimmt nicht die Bosheit der Bösen vorher *335 397 596 621 628* **1567**; es gibt keine Vorherbestimmung zum Tun von Bösem, sondern zur Strafe 621 628f.

Gott weiß das Böse nur voraus, bestimmt es aber nicht voraus 628 685; das Vorherwissen bewirkt nicht, daß das Böse notwendig folgt *333* 627.

Niemand auf Erden kann [a]*ohne besondere Offenbarung* wissen, daß er erwählt ist [a]**1540** 1565 [a]**1566**.

Verworfen werden die Behauptungen: [Die einen sind zum Tod, die anderen zum Leben vorherbestimmt] *335*; [Die Gnade der Rechtfertigung wird nur den Vorherbestimmten zuteil] **1567**.

**2. Die Rechtfertigung des Sünders durch die Gnade Gottes**

**F 2a** <center>a. – DIE VORBEREITUNG DER RECHTFERTIGUNG UND DER ANFANG DES GLAUBENS</center>

**2aa** **Die Vorbereitung der Rechtfertigung.** Erforderlich ist eine gewisse Vorbereitung bzw. Voraussetzung 1525 **1529**.

Unter die Akte der Vorbereitung werden gerechnet – : der Glaube 1526f (1531) 3012; der Glaube ist Grundlage und Wurzel jeder Rechtfertigung 1532; er ist die Voraussetzung für die Taufe eines Menschen 2836–2838; der Glaube besteht nicht im Vertrauen darauf, daß die Sünden vergeben sind 1533f 1562; Christus hat die Notwendigkeit des Glaubens betont 4136; verworfen werden laxistische Behauptungen über den Glauben an die Rechtfertigung *2119–2123*; vgl. L 2c (Tugend des Glaubens);

– : die Hoffnung auf die Barmherzigkeit Gottes 1526; vgl. L 2d (Tugend der Hoffnung);

– : eine beginnende Liebe Gottes 1526; vgl. L 2e (Tugend der Liebe);

– : Bußgesinnung (die vollkommene Reue oder Furchtreue bzw. Abscheu vor der Sünde enthält, [a]*nicht nur den Vorsatz eines neuen Lebens*) [a]*1457* 1526f 1669 [a]*1692* [a]*1713* 2836–2838; vgl. K 6cb (Reue);

– : Furcht vor der göttlichen Gerechtigkeit, (die eine gute übernatürliche Regung sein kann) (*1456*) 1526f 1558 *2314 2460–2467 2625*;

– : der Anfang eines neuen Lebens und die Beachtung der Gebote Gottes 1526f (1531 1964).

**Die Vorbereitung der Rechtfertigung und der Anfang des Glaubens sind Geschenke der Gnade.** Niemand ist **2ab** durch sich gut 240; niemand gebraucht seinen freien Willen recht ohne Christus 242; jede Bewegung des guten Willens ist aus Gott 244; die Freiheit des Menschen kann ihre Ausrichtung auf Gott nur mit Hilfe der Gnade Gottes voll verwirklichen 4317; vgl. L 1b (Die kontingente, zum Guten verpflichtete Freiheit).

Gott ist Urheber des Anfangs des Glaubens 248 375 378 396f 3010 3015; der Anfang des Glaubens ist durch zuvorkommende Gnade vermittelt 1525 1553; in der Vorbereitung der Rechtfertigung stimmt der Mensch der Gnade zu 1525f; die Gnade vermittelt Rechtfertigung und Buße 374 1553; vgl. A 2ba (Gott als Grund des Glaubens); L 2c (Tugend des Glaubens).

## b. – DIE UMKEHR UND RECHTFERTIGUNG AUS GLAUBEN  F 2b

**Die Grundlage der Rechtfertigung.** Der Glaube ist der Anfang des Heils, die Grundlage und Wurzel der **2ba** Rechtfertigung **1532 3008**; kraft des Glaubens, mit dem er glaubt, kann der Mensch, auch wenn er vor dem Empfang des Sakramentes stirbt, gerechtfertigt werden 121.

Verschiedene Irrtümer über den Glauben als Gnade *2351f 2426–2428 2442 2448 2468f.*

**Das Wesen der Rechtfertigung.** Die Rechtfertigung ist die Einsetzung in den Stand der Gnade und die **2bb** Annahme an Kindes Statt **1524**.

Die Rechtfertigung ist sowohl "Gerechtigkeit Gottes" als auch "unsere Gerechtigkeit" 1529 1547; der Mensch wirkt an der Erlösung mit: E 6d.

Die Menschen bedürfen für ihre wahrhafte Befreiung einer tiefen B e k e h r u n g 4481; das Reich und das Heil können von jedem beliebigen Menschen als Gnade und Barmherzigkeit empfangen werden durch Erneuerung, durch die Umkehr des ganzen Menschen, durch die sein Geist und sein Herz bis ins Innerste umgewandelt werden **4572**; in ständiger Bekehrung drückt sich die Hoffnung der Christen aus 4161; Umkehr ist die Änderung der Lebensweise und der Gesinnung oder des Zustandes, in dem sich ein Mensch befindet 4817; persönliche und kollektive Umkehrbereitschaft muß den notwendigen Wandel der ungerechten gesellschaftlichen, politischen und wirtschaftlichen Strukturen begleiten 4633; das Zeugnis einer armen Kirche bekehrt die Reichen, die ihr Herz an die Reichtümer gehängt haben 4634; im Drängen auf die Bekehrung des Menschen besteht die Originalität der christlichen Botschaft 4481; die Kirche wirkt zur Bekehrung der Sünder durch Liebe, Beispiel und Gebet mit 4128; die Evangelisierung sucht die persönliche Umkehr und die gesellschaftliche Umgestaltung 4620; vgl. C 4gm (Befreiung und Strukturwandel); D 7 (Vergebung der Sünde); G 3cd (Kirche und Evangelisation).

Die Gnade der Rechtfertigung bzw. die Liebe ist nicht nur ein (äußerer) Gunsterweis Gottes, sondern wohnt dem Gerechtfertigten selbst inne 1530 1547 **1561**.

Verworfen wird: [Die Menschen werden ohne die Gerechtigkeit Christi oder allein durch die Gerechtigkeit Christi formal gerechtfertigt] **1560f**; [Die Rechtfertigung besteht im Gehorsam gegenüber den Geboten] *1942 1969f.*

Die A n e r k e n n u n g d e r L e h r e v o n T r i e n t über die Rechtfertigung wird gefordert ([a]gegen den Vorwurf, mit ihr werde der Ehre Gottes und den Verdiensten Christi Abbruch getan) **1550** [a]**1583** 1863.

**Die Ursachen der Rechtfertigung.** V e r d i e n s t u r s a c h e : Jesus Christus ([a]durch sein Leiden) [a]1529 1546f **2bc** (1582); vgl. E 3a (Jesus Christus, der Mittler des Heiles).

W i r k u r s a c h e : der barmherzige Gott 1529; vgl. B 1b (Das Wollen Gottes: Gott ist gut und barmherzig).

I n s t r u m e n t a l u r s a c h e : die Taufe (bzw. der Wunsch danach) 1524 1529; für die in Sünde Gefallenen das Sakrament der Buße 1542; vgl. K 3f (Würde und Notwendigkeit der Taufe); K 6g (Notwendigkeit des Bußsakraments); verworfen wird: [Die Rechtfertigung geschieht allein durch den Glauben [a]*ohne die Sakramente*] (1559) [a]**1579** [a]1604f 1608.

F o r m a l u r s a c h e : die Gerechtigkeit Gottes, mit deren Hilfe der Mensch die Gerechtigkeit in sich aufnimmt nach dem Maß, das Gott geben will, und nach der eigenen Vorbereitung und Mitwirkung eines jeden 1529; zur Notwendigkeit der Umkehr vgl. F 2bb (Wesen der Rechtfertigung); vgl. B 1b (Das Wollen Gottes: Gott ist gerecht).

Z w e c k u r s a c h e : die Ehre Gottes und Christi sowie das ewige Leben 1529 (1583); vgl. L 2b (Ehrfurcht vor Gott); M 3c (Die Seligkeit – Gnade und Lohn).

## c. – EINWOHNUNG UND GNÄDIGES WIRKEN GOTTES IM GERECHTFERTIGTEN  F 2c

**Einwohnung.** Die göttliche Einwohnung in der Seele des Gerechten wie in einem Tempel 3330f; sie unter- **2ca** scheidet sich nur der Verfassung bzw. dem Zustand nach von der himmlischen Einwohnung 3331 3815; in ihr ist die ganze Dreifaltigkeit gegenwärtig 3331 3814f; sie wird besonders vom Hl. Geist ausgesagt 44 46 48 1913 1963 3329–3331 3814f; der Hl. Geist ist das [a]*höchste* Geschenk für die Gerechtfertigten 1522 **1529f** 1561 1690 [a]3330; der Hl. Geist wirkt in den Heiligen 60; er reinigt und macht lebendig 62f 150.

**2cb** **Heiligmachende Gnade.** Die Rechtfertigungsgnade – : beseitigt alles, was die Beschaffenheit von Sünde hat 225 245 **1515** 1528; verworfen wird: [Die Sünde wird nur zugedeckt oder nicht angerechnet] 1515 (1575) 3235; die Rechtfertigung besteht aber nicht bloß in der Vergebung der Sünden 1528 **1561**; – : bewirkt die Heiligung des inneren Menschen 1528 *1942*; dem Menschen werden die Tugenden des Glaubens, der Hoffnung und der Liebe eingegossen (780 904) **1530f 1561**; vgl. L 2c-e (Tugenden des Glaubens, der Hoffnung und der Liebe).
Die heiligmachende Gnade ist die bleibende Grundlage des übernatürlichen Lebens 3714; die Rechtfertigung geschieht nur mittels der Gnade *1014*.
Den gerechtfertigten Menschen hindert nichts am Eintritt in den Himmel *1453* **1515**.
Vgl. C 4bb (Heiligkeit und Gerechtigkeit des von Gott gut geschaffenen Menschen); G 4ba (Berufung der Glaubenden zur Heiligkeit); G 4bb (Wege der Heiligung); M 3ba (Voraussetzungen der Seligkeit).

**2cc** **Eingegossene Tugenden.** In der Rechtfertigung werden dem Menschen Glaube, Hoffnung und Liebe eingegossen (780 904) **1530 1561**.
Wachstum der Tugenden kann durch gute Werke erreicht werden *1944*.
Man kann die Gnade und die Liebe verlieren, ohne den Glauben und die Hoffnung zu verlieren 1544 1578 *1963f 2312* 3803.
Glaube und Hoffnung als theologische Tugenden verschwinden in der Schau des göttlichen Wesens 1001.
Der Glaube ist eine übernatürliche Tugend (375) **3008 3032**; sein Wesen: A 2ba (Gott als Grund des Glaubens).
Der Glaube ist ein Geschenk der Gnade, ([a]auch wenn er nicht durch die Liebe wirkt) 443 824 [a]**3010 3035**; der Glaube, der der Offenbarung freiwillig zustimmt, bedarf der zuvorkommenden und helfenden Gnade Gottes und der inneren Hilfe des Hl. Geistes **4205**; vgl. A 2ba (Gott als Grund des Glaubens).
Die Hoffnung auf ewigen Lohn für die guten Werke wird verteidigt gegen die Irrtümer: [[a]*Es sündigt, wer im Hinblick auf den ewigen Lohn handelt*; [b]*die völlige Selbsthingabe erfordert, daß die Hoffnung ausgemerzt wird*] [a]*1539* [a]*1576* [a]*1581* [b]*2207* [b]*2212*; verworfen wird: [Alles fehlt dem Sünder, wenn ihm die Hoffnung fehlt, und diese ist nicht, wo nicht die Liebe zu Gott ist] *2457*.
Die Liebe wird durch die Furcht Gottes vorbereitet 1526 *2625*; Irrtümer über die theologische Tugend der Liebe *1454 2453-2456 2458*.
Moralische Verpflichtung, die theologischen Tugenden zu üben: L 2c-e (Tugenden des Glaubens, der Hoffnung und der Liebe).

**2cd** **Gaben des Heiligen Geistes.** Der Hl. Geist wird wegen seiner Gaben siebenförmiger Geist genannt, Geist der Weisheit usw. ([a]mit Aufzählung der einzelnen Gaben) [a]*178* 183 1726.
Er teilt den Einzelnen seine Gaben und auch besondere Gnaden für die Erneuerung der Kirche aus 4131; die Glaubenden empfangen Kräfte nach dem Maß der Gabe Christi 4166; die Autorität der Apostel ist eine besondere Gabe des Hl. Geistes 4113; außerordentliche Gaben sollen die Glaubenden nicht leichtfertig erstreben, noch sollen sie vermessen von ihnen Früchte für die apostolischen Bemühungen erwarten 4131; Echtheit und geordnete Ausübung der außerordentlichen Gaben der Glaubenden werden vom kirchlichen Amt beurteilt 4131; vgl. H 2a (Bestimmungen zum Hirtendienst der Bischöfe).
Vgl. B 3b (Der Geist Gottes in Schöpfung und Heilsgeschichte); G 3ac (Kirche, erbaut durch die Vielzahl der Charismen).

**2ce** **Gott kommt allem guten Denken, Wollen und Tun des Menschen zuvor, begleitet und vollendet es.** Die Beharrlichkeit bis zum Ende ist ein besonderes Geschenk Gottes **1541**; vgl. F 5c (Gnade Gottes und Freiheit des Menschen).

### 3. Der gerechtfertigte Mensch

**F 3a** a. – Der gerechtfertigte Mensch ist Freund Gottes

Die Rechtfertigungsgnade – : macht [a]*aus einem Feind* einen Freund Gottes [a]1528 1535 3957;
– : bewirkt Wiedergeburt und Erneuerung 632 **1523 1528f** (1565) 1942; der Mensch wird [a]*Adoptiv*kind Gottes **1515** [a]**1522** [a]**1524** (1913) [a]*1942 2623* 3012 3771 3957; er wird Hausgenosse Gottes 1535; er wird Erbe Gottes (und seiner Herrlichkeit) 1515 1528 3957; er wird Christus eingefügt (394) 1530.

**F 3b** b. – Der gerechtfertigte Mensch bleibt gefährdet

Der Mensch kann auch nach der Rechtfertigung sündigen 241 339 1540 (1542) 1573; der mit Neigung zum Bösen geborene Mensch findet in der von den Folgen der Sünde betroffenen Ordnung der Dinge immer wieder neue Antriebe zur Sünde, die ohne ernsthafte Bemühungen mit Hilfe der Gnade nicht überwunden werden können 4325; vgl. C 4g l (Störungen in der Gesellschaft aufgrund menschlicher Sünde); D 4c (Sündhafte Strukturen der Gesellschaft); in den Streit gegen die Finsternis hineinge-

zogen, muß sich der Mensch beständig mit Gottes Gnadenhilfe um das Gute bemühen 4337; die Umkehr auf persönlicher wie auf gesellschaftlicher Ebene ist ein niemals abgeschlossener Prozeß 4614; wenn die Glaubenden im Denken, Reden und Handeln nicht der Gnade Christi entsprechen, werden sie nicht gerettet, sondern noch strenger gerichtet werden 4137; vgl. M 2bb (Individuelles Gericht); verworfen wird: [Wer nach der Rechtfertigung sündigt, wurde niemals wahrhaft gerechtfertigt] 1573; [Die Rechtfertigungsgnade wird nur durch die Sünde des Unglaubens verloren] 1544 1577.

Im Hinblick auf seine eigene Schwäche und Unzulänglichkeit kann der Mensch um seine Gnade fürchten 1534; der Mensch darf nicht auf seine guten Werke oder auf sein gutes Gewissen vertrauen 1548f; niemand kann sich absolut sicher sein, daß er im Stande der Gnade ausharren wird **1541 1566 1572**; keiner, der gefallen ist, darf sich einen sicheren Sinneswandel versprechen **1540**.

Der Gerechtfertigte ist nicht frei von verzeihlichen Sünden, ([a]es sei denn aufgrund eines besonderen Gnadenprivilegs) 1537 [a]1573.

Ein in Sünde Gefallener kann wiederum gerechtfertigt werden ([a]durch das Sakrament der Buße) [a]**1542 1579** (1668 1670).

Niemand kann mit der Sicherheit des Glaubens wissen, daß er Gnade erlangt hat 1534; niemand auf Erden kann [a]*ohne besondere Offenbarung* wissen, daß er erwählt ist [a]**1540** 1565 [a]**1566**.

Die Gnade der Gerechtigkeit kann durch gute Werke bewahrt und vermehrt werden **1535** 1545-1547 **1574**; die guten Werke sind nicht nur Früchte oder Zeichen der Rechtfertigung **1574**; vgl. die Vermehrung der Gnade durch die Sakramente: K 2d (Wirkung der Sakramente); Hilfe durch Gebet und fromme Übungen: J 1e.

Zwar wird die Schuld vergeben und die ewige Strafe nachgelassen, aber es bleibt dennoch die Strafwürdigkeit für eine zeitliche Strafe, (die entweder auf Erden oder am Reinigungsort zu bezahlen ist) **1580**; vgl. M 2bc (Läuterung des Menschen); es bleibt der Zunder der Sünde und die Begierde **1515**.

Vgl. C 4if (Das von der Sünde verdorbene menschliche Schaffen); C 4kg (Suche der Menschen nach Sinn); D (Die Sünde der Geschöpfe, die Gott verzeiht); bes. D 2bd (Erfahrung der Zwiespältigkeit).

c. – DER GERECHTFERTIGTE MENSCH BLEIBT ZUR BEACHTUNG DER GEBOTE VERPFLICHTET   F 3c

Der Gerechtfertigte ist nicht von der Beachtung der Gebote befreit, was betont wird gegen die Behauptungen: [[a]*Die Gebote Gottes berühren die Christen nicht*; [b]*das Evangelium ist das bloße Versprechen des ewigen Lebens ohne Verpflichtung, die Gebote zu halten*; [c]*das Evangelium gebietet nur den Glauben, alles andere ist frei*] 1535-1539 **1568** [ac]**1569** [abc]**1570** [c]**1571** **1572** *2471*]; die Beachtung der Gebote ist jedoch für den Gerechtfertigten nicht unmöglich (397) **1536 1568** (1572) *1954 2001 2406 2619* (3718); vgl. G 4bb (Wege der Heiligung: Gehorsam); L 2c (Tugend des Glaubens); L 2f (Vereinigung mit Gott).

d. – DER GERECHTFERTIGTE MENSCH WIRD VOLLENDET, INDEM GOTT SEINE   F 3d
VERDIENSTE AUS GNADE BELOHNT

Die guten Werke des gerechtfertigten Menschen sind so Gaben Gottes, daß sie auch Verdienste des Gerechtfertigten selbst sind 243 248 1546 **1548 1582** (3846); verworfen werden Irrtümer in bezug auf die menschlichen Verdienste *1908//1918*.

Verdienst der guten Werke (bzw. ihr Lohn) ist [a]*die Vermehrung der Gnade,* [b]*das ewige Leben,* [c]*der Eintritt ins ewige Leben,* [d]*die Vermehrung der Herrlichkeit* [b]*72* [b]*443* [b]*485* [b]*802* [b]**1545** [a]**1574** [abcd]**1582** [b]*4168*; vgl. M 3c (Die Seligkeit – Gnade und Lohn).

Je nach der Verschiedenheit der Verdienste ist die Schau Gottes verschieden (1305).

Wer sich in Todsünde befindet, ist eines übernatürlichen Verdienstes nicht mehr fähig 3803.

Verdienste leben kraft der Buße wieder auf 3670.

4. Die Sendung der gerechtfertigten Menschen   F 4

Vgl. C 4j (Berufung des Menschen); G 2bd (Sendung und Aufgabe der Kirche); G 4 (Die Gemeinschaft der Glaubenden und ihre Sendung); G 6c (Sendung und Aufgabe der Laien).

## 5. Zur begrifflichen Fassung der Gnade Gottes

F 5a

a. – Die Gnadenhaftigkeit der Gnade

Die Gnade Christi ist ein Geschenk Gottes 226 245 248 376 379 382 395 397–400 623 626 632f **1541 1566** 3014; die übernatürliche Ordnung ist gnadenhaft 3891.

Aus dem Hl. Geist entspringt wie aus einem lebendigen Quell jede Gabe, die den Geschöpfen verliehen wurde: das Geschenk der Existenz und das Geschenk der Gnade 4781; vgl. B 3b (Der Geist Gottes in Schöpfung und Heilsgeschichte); F 2cd (Gaben des Hl. Geistes).

Die Gnade kommt allen menschlichen Verdiensten zuvor (246) 248 373–379 388 396–400 **1525f 1532 1553**; die Anhänger Christi werden von Gott nicht nach ihren Werken, sondern nach seinem Plan und seiner Gnade berufen und sind in Jesus gerechtfertigt 4166; vgl. E 3a (Christus, der Mittler des Heils); der Mensch kann aufgrund (naturbedingten) Flehens keine Gnade erlangen 373 376.

Die Sünden werden unentgeltlich vergeben 1529 1533; nichts von dem, was der Rechtfertigung vorausgeht, verdient diese 1525 **1532**.

Die Güte Gottes will, daß unsere Verdienste seien, was in Wirklichkeit seine Geschenke sind 248 **1548 1582**.

F 5b

b. – Die Übernatürlichkeit der Gnade

Die Gnade ist die Grundlage des übernatürlichen Lebens 3714; dasselbe wird indirekt dadurch ausgesagt, daß die Gnade als höheres Wirkprinzip dem machtlosen, rein natürlichen Wirkprinzip entgegengesetzt wird 373 377 (383//395) 396–400.

F 5c

c. – Die Gnade Gottes und die Freiheit des Menschen

5ca **Der Vorrang der Gnade vor dem mitwirkenden freien Willen**. Gott wirkt in uns durch die Gnade 244 248; daher der Vorrang der Gnade vor der Mitwirkung des freien Willens 243; aufgrund ihrer Verwundung durch die Sünde kann die Freiheit des Menschen ihre Ausrichtung auf Gott hin nur mit Hilfe der Gnade Gottes zur wirksamen Wirksamkeit bringen 4317.

Die Gnade besteht nicht nur in der Erkenntnis der Gebote, sondern auch in den Kräften, mit denen wir das Erkannte lieben und tun 226 245; die Gnade verleiht das Können schlechthin, nicht nur das Leichter-Können 227 245 **1552**; wer sich um die Führung eines rechten Lebens bemüht, ist nicht ohne die Gnade Gottes 4140; Gottes Wille kann unter dem Einfluß der Gnade in Taten erfüllt werden 4140; die Laien empfangen ihre Kräfte durch das Geschenk des Schöpfers und die Gnade des Erlösers 4159; die Wirksamkeit der Laien ist durch die Gnade Christi innerlich erhöht 4162.

Die Gnade [a]erleuchtet, [b]inspiriert, [c]bewegt den Willen [b]243 [b]375–377 [abc]1525 [b]1553 [ab]3010.

Die Gnade [a]geht den Heilshandlungen voran, [b]begleitet sie, [c]folgt ihnen nach, (indem sie sie vollendet) [a]243 [a]245f [ab]248 [a]373//400 [abc]399 [ab]685 [a]1525f [abc]1546.

Die Gnade erfordert eine freie Mitwirkung, [a]gegen die Behauptung: [Der freie Wille muß sich rein passiv verhalten] 243–245 248 [a]330 [a]339 397 **1525f** 1529 1541 [a]1554 2201–2217 (2224//2253) 3846.

Die Gnade hebt den freien Willen nicht auf: [a]Der Mensch kann der Gnade widerstehen (so daß [b]die Gnade bloß hinreichend wird) 248 685 [a]1525 2002 2004 [b]2305f [a]2401–2425 2430f [a]2621 [a]3010.

Verworfen wird eine unangemessene Erklärung des Zusammenwirkens der Gnade mit dem freien Willen: [Gott schenkt uns seine Allmacht] 2170f.

Vgl. C 4fc und L 1b (Freiheit); L 1f (Sittlicher Akt).

5cb **Die Notwendigkeit der Gnade**. Das ganze Leben des Menschen, das einzelne wie das kollektive, ist bei der Überwindung des Bösen auf die helfende Gnade Gottes angewiesen **4313 4325 4337**; die Gnade ist dem Menschen notwendig – : zum (übernatürlichen) Heil allgemein 376//395 1691; – : um sich aus der Ursünde zu erheben 239; – : um den freien Willen gut zu gebrauchen 242 246 248 (622); – : für die Ausrichtung der menschlichen Freiheit auf Gott 4317; – : für alle Heilshandlungen, indem sie ihnen zuvorkommt, sie begleitet und ihnen nachfolgt: F 5ca (Vorrang der Gnade vor dem freien Willen); – : zur Vorbereitung der Rechtfertigung **1525f 1551 1553**; vgl. F 2aa; – : für die Sehnsucht nach der erleuchtenden und erweckenden Gnade 1525 1553 2618 2620; – : zum Glauben ([a]auch für den Anfang des Glaubens und die Neigung zur Gläubigkeit) [a]375 378 396f 1526 1553 3010 3035 **4205**; vgl. A 2ba (Gott als Grund des Glaubens); F 2ab (Der Anfang des Glaubens als Geschenk der Gnade); – : zum Gebet 373 376; – : zur Reinigung bzw. zur Buße 374 1553; – : zur Hoffnung 1553 – : zur Liebe (1526) 1553; – : zur Erfüllung der Gebote Gottes, ([a]und zwar nicht nur, um sie leichter zu erfüllen) 226 [a]227 [a]245 239//248 [a]1552. Mit Hilfe der Gnade kann der Mensch die Gebote beachten und [a]sich schwerer Sünden enthalten (397) 1536 [a]1537 1544 1568 (1572); – : zum täglichen Widerstand gegen die Nachstellungen des Teufels und die Begierde 240f (248) 1515; – um die Neigung zum Bösen immer wieder zu überwinden 4325; – : um Verdienste zu erwerben 243 246 248 **1546**; – : um bis ans

Lebensende auszuharren 241 246 380 623 626 632f **1541 1566 1572** *1911* 3014; – um die Kirche bis ans Ende der Zeiten zu stärken 4124; – : zum Erbauen einer neuen Menschheit 4330; vgl. C 5c (Das Menschengeschlecht und das Ziel der Geschichte).

Vgl. C 4fg (Die Sündhaftigkeit des Menschen und ihre Folgen); C 4if (Das von der Sünde verdorbene menschliche Schaffen); C 4gl (Störungen in der Gesellschaft aufgrund menschlicher Sünde); C 4jk (Die Sündhaftigkeit des Menschen als Hindernis für die Erfüllung seiner Berufung); C 4kb (Unmittelbare Auswirkungen der Sündhaftigkeit des Menschen in Welt und Geschichte); D (Die Sünde der Geschöpfe, die Gott verzeiht).

# G. – GOTT SAMMELT SEIN VOLK

## 1. Die Kirche – das Werk Gottes

### a. – Die Kirche in den Bekenntnissen                        G 1a

Der Glaube an die Kirche 1 5 10–30 36 41//51 60–63 126 150; der Glaube an das ewige Leben (Heil) – : *durch* die Kirche 21f; – : *in* der Kirche 2–4; vgl. G 2bb (Sakramentalität der Kirche).
Der Glaube an die "eine und einzige" Kirche: G 3ab.
"Heilige" Kirche: G 3bb.
"Katholische" Kirche: G 3cb.
"Apostolische" Kirche: G 3da.

### b. – Die Kirche – das Werk des Vaters, des Sohnes und des Heiligen Geistes        G 1b

**Grundlage der Kirche.** Der allgemeine Heilswille Gottes: F 1; vgl. G 3c (Katholizität der Kirche).    **1ba**
Ewiger Ratschluß des Vaters: Die Kirche ist seit dem Ursprung der Welt vorausgestaltet 4102; der Vater beschloß, die Christgläubigen in der Kirche zusammenzurufen 4102 4124 (4170); die Kirche geht aus der Liebe des ewigen Vaters hervor 4340.
Gott wollte die Menschen nicht einzeln heiligen und retten, sondern sie [a]*seit Beginn der Heilsgeschichte* zu einem Volke machen 4122 [a]4332; er will seine zerstreuten Kinder zur Einheit versammeln 4132.
Gott setzte durch seinen Sohn die Kirche ein, damit die Menschen den wahren Glauben annehmen und in ihm beständig ausharren 3012.
**Die Kirche, vorgebildet im Alten Testament.** Gott hat sich Israel zum Volk erwählt und mit ihm einen Bund    **1bb**
geschlossen 4122 (4140) 4198 4221 4332.
Die Kirche, der neue Bund in Christus, ist in der Geschichte des Volkes Israel und im Alten Bund vorbereitet worden 4102 4122 4198.
Schon Israel auf seiner Wüstenwanderung wird Kirche Gottes genannt 4124.
Die Kirche und das Volk Israel: A 1c (Etappen der Offenbarung); E 1b (Verheißung Jesu Christi im Alten Bund); E 1c (Rettung der alttestamentlich Glaubenden); G 2ba (Kirche aus Juden und Heiden); G 3ce (Kirche und Religionen); K 1a (Sakramentale Zeichen im Alten Bund).
**Die Kirche, durch Jesus Christus erworben.** Gott setzte durch seinen Sohn die Kirche ein 3012.    **1bc**
Christus hat den neuen Bund gestiftet 4122 4223 4739; er hat die Kirche ([a]*in den letzten Zeiten*) gegründet [a]4102 4120 4172 4185 4303 4340 4530 4611; er errichtete in der Kirche eine neue brüderliche Gemeinschaft 4332; er berief sich aus Juden und Heiden das neue Volk Gottes 4122; er versammelte um sich Menschen aus den verschiedenen gesellschaftlichen und politischen Schichten als Fundament seiner Kirche 4613; durch die Mitteilung seines Geistes hat er seine Brüder aus allen Völkern zu seinem Leib gemacht 4112; er hat die Kirche als Sakrament des Heils eingesetzt 4168.
Das Geheimnis der Kirche wird in ihrer Gründung offenbar 4105; Christus hat die Kirche mit seinem Blute erworben 540 575 4124 4170; er gab sich für sie hin, um sie zu heiligen 4165; Erlösungsakt Christi, des Bräutigams, für seine Braut, die Kirche 4840.
Die Kirche ist aus dem freien Willen Christi entstanden 3302f.
Die Kirche ist aus der Seite des am Kreuze sterbenden Christus ([a]des zweiten Adam) entstanden [a]3328 4005; der Anfang der Kirche und ihr Wachstum werden bezeichnet durch Blut und Wasser aus der Seite des Gekreuzigten 4103; das Sakrament der Kirche ging am Kreuz hervor 4005.
Christus machte den Anfang seiner Kirche, indem er das Reich Gottes verkündete 4105.
Christus hat die Kirche durch die Sendung der Apostel erbaut 4142; sie ist von Christus in den Aposteln begründet und auf Petrus gebaut. Dabei ist er selbst der Eckstein 4143; vgl. G 3da (Christus gründet die Kirche auf die Apostel).
**Pfingsten: öffentliche Darstellung der Kirche.** Die Kirche trat an Pfingsten in die Öffentlichkeit 3328 4006;    **1bd**
der Hl. Geist wurde zur Heiligung der Kirche gesandt 4104.

Die Kirche wurde durch die Ausgießung des Hl. Geistes offenbart 4102.

**1be** **Die Kirche bleibt durch die Zeiten das Werk der Hl. Dreifaltigkeit.** Die Namen der Kirche bezeichnen die Kirche als Werk der Hl. Dreifaltigkeit: G 2a (Bezeichnungen der Kirche).

Das Werk Gottes: [a]*Stärkung* und [b]*Wachstum* der Kirche durch die Kraft ([a]der Gnade) Gottes [a]*bis ans Ende der Zeiten* [b]4103 [a]4124; die Kirche wird von Gott nach seinen verborgenen Ratschlüssen geführt 4190.

Kirche als das – : von der Einheit des Vaters, des Sohnes und des Hl. Geistes her geeinte Volk 4104; – : das Werk der Hl. Dreifaltigkeit 4340; Kirche ist das von Gott gerufene neue Volk 4151.

Die drei göttlichen Personen als Grund – : des Fortbestehens und des Wachstums der Kirche: G 2bb; – : der Einheit der Kirche: G 3aa; – : der Heiligkeit der Kirche: G 3ba; – : der Katholizität der Kirche: G 3ca; – : der Apostolizität der Kirche: G 3d.

Gottes Gegenwart wird in der Kirche offenbar 4321; in den Heiligen tut Gott seine Gegenwart kund 4170.

Das Werk Christi: Christus ist erstes und vorzügliches Fundament der Kirche 774; er ist das Haupt der Kirche, [a]*dem diese untertan ist* [a]4114 4117 4123 4132 4133 4170 4616; die Kirche hangt ihm an 4152; sie ordnet ihm ihren ganzen Dienst unter 4618; er ist der Bruder der Kirche 4332; er ist ihr Bräutigam 4178 4704 4840; vgl. Kirche als Braut Christi in G 2a (Bezeichnungen der Kirche).

Christus lebt in der Kirche 3806; er wird in der Kirche gegenwärtig [a]*und handelt in ihr* 4007 4136 4321 [a]4611 4632; in den Gemeinschaften des Altars ist Christus gegenwärtig 4151; Christus ist immer bei seiner Kirche, besonders in den liturgischen Handlungen: im Meßopfer, in den Sakramenten, bei der Lektüre der Hl. Schriften, bei Gebet und Gesang der Kirche **4007** (4035); immerwährende Gegenwart Christi unter den Seinen 4570; er ist in allen Brüdern, vor allem den geringsten, ständig gegenwärtig 4852; wirkmächtige Gegenwart Christi in der Eucharistie: K 5bd.

Christi [a]*Herrlichkeit* bzw. [b]*Zeichen* scheint auf dem Antlitz der Kirche wider [a]4101 [b]4139 [b]4343.

Christus hat die Kirche verfaßt und erhält sie unablässig 4118; sie wächst in Christus 4190; durch die Kraft des Auferweckten wird die Kirche gestärkt 4121; durch Christi Kraft wird die Kirche verbunden 4151; er eint sie 4301; das Werk Christi vollendet und erfüllt die Gemeinschaft im Volke Gottes 4332; er führt die Menschen zur Kirche, verbindet sie durch die Kirche mit sich und macht sie seiner Herrlichkeit teilhaftig 4168; die geheimnisvolle Verbindung Christi mit der Kirche wird in der christlichen Ehe versinnbildlicht 1327 3712 4128 4704f; vgl. G 2bb (Sakramentalität der Kirche: Fortbestehen und Wachstum der Kirche); vgl. K 9ba (Natur der Ehe).

Aus Christus als Quelle strömen Gnade und Leben des Gottesvolkes 4170; er hat die Kirche mit seinen göttlichen Gaben ausgestattet 4106 4117 (4166 4303); er erfüllt sie mit der Gabe des Hl. Geistes ([a]und hat seine Brüder so zu seinem Leib gemacht) [a]4112 4116 4124 4165; er hat ihr die Gnade Gottes verheißen 4124; er hat beim letzten Abendmahl das eucharistische Opfer seines Leibes und Blutes eingesetzt, um der Kirche das Gedächtnis seines Todes und seiner Auferstehung anzuvertrauen 4047; Christus wirkt in der Kirche durch die Sakramente: E 2ea (Wirken des erhöhten Herrn in der Kirche).

Christus selbst ist es, der vermittels einer rechtlichen Sendung durch die Kirche tauft, heiligt, lehrt, leitet und opfert 3806.

Christus leitet die Kirche durch den Papst und die Bischöfe 4137; in den Bischöfen ist inmitten der Glaubenden Christus anwesend 4145 4163; der Bischof oder Priester vergegenwärtigt bei seiner Amtsausübung Christus 4599; er ist dann Abbild und Zeichen Christi selbst 4602; Christus verkündet besonders durch die Bischöfe das Wort Gottes allen Völkern, spendet die Sakramente, verleibt seinem Leib neue Glieder ein und lenkt die pilgernde Kirche 4145; der Priester steht in der Person Christi der Gemeinde vor 4033 (4153); der konsekrierende Priester [a]*spricht,* [b]*handelt* in der Person Christi [c]*und ist sein Abbild* [a]1321 [b]4153 [bc]4599 [b]4840; Christus verfügt in der Kirche immerfort über die Dienstgaben für den gegenseitigen Dienst der Glaubenden 4115; vgl. E 2ea (Wirken des erhöhten Herrn in der Kirche); G 3cd (Kirche und Evangelisation bzw. Mission); G 3dc (Kirchliches Amt in der Nachfolge der Apostel); H 1a (Gründung des Dienstamtes in der Sendung Jesu Christi und der Apostel); H 2a (Generelle Bestimmungen zum Hirtendienst der Bischöfe); H 2b (Hirtendienst des Papstes); H 2c (Hirtendienst der Bischöfe); H 3a (Generelle Bestimmungen zum Verkündigungsdienst der Bischöfe); H 3ca (Bischöfe als Organe amtlicher Lehrentscheidungen); H 4 (Heiligungsdienst der Bischöfe); H 5 (Dienstamt der Priester); K 5cb (Kompetenz der ordinierten Priester und Bischöfe bei der Darbringung des Herrenmahles).

Christus macht die Glaubenden durch seinen Geist lebendig und treibt sie zu guten Werken an 4160; Teilhabe der – : Glaubenden am prophetischen, priesterlichen und königlichen Amt Christi: G 4bc; G 4bd; G 4be; – : der Laien am prophetischen, priesterlichen und königlichen Amt Christi: G 6b.

Die Kirche erkennt in den Armen und Leidenden das Bild ihres armen und leidenden Gründers 4120.

Vgl. E 2ea und E 2eb (Wirken des Erhöhten in der Kirche/in den Glaubenden).

Das Werk des Hl. Geistes: Der Hl. Geist wohnt in der Kirche [a]*wie in einem Tempel* 600 [a]1822 [a]4104 4116 [a]4141; [a]*er macht die Kirche lebendig* und [b]*belebt ihr gesellschaftliches Gefüge* [a]4116 [b]4118; er ist die Seele und [a]*das Lebensprinzip* der Kirche [a]3328 3807f [a]4116; die in Christus begonnene Wiederherstellung geht in der Sendung des Hl. Geistes weiter in der Kirche 4168; der Hl. Geist schenkt seine Lebenskraft auch heute der Kirche: Dies verdeutlichen die tätige Teilnahme der Laien an der Liturgie und deren Tätigkeiten 4850; er ermutigt die Kirche 4619; seine Sendung ist in der Kirche offenbar 3327.

Der Hl. Geist eint die Kirche in Gemeinschaft und [a]*Dienstleistung* (3808) [a]4104 4113 4133 4340 4342; er verbindet ihre Glieder 3808; er läßt die Stimme des Evangeliums in der Kirche widerhallen 4211; er führt sie in alle Wahrheit ein 4104 4530; er wirkt als Beistand bei der Deutung der verschiedenen Sprachen der heutigen Zeit 4344; er steht den Konzilien und Päpsten in ihren Entscheidungen bei 102 265 444 631 1500f 1600 1635 1667 1726 1738 1820; er steht den Bischöfen in der Erfüllung ihrer Lehrfunktion bei 4534; Assistenz des Hl. Geistes bei Päpsten, Bischöfen und Konzilien: H 3da; der Hl. Geist bringt die Liebe unter den Glaubenden hervor und treibt diese an 4113 4166 4322; er führt und leitet die Kirche 4131 4303 4311 4343 4445 4856; er lenkt sie durch die hierarchischen und charismatischen Gaben 4104; er stärkt fortwährend die organische Struktur und Eintracht der Kirche 4146 (4152); er erneuert die Kirche immerfort 4104 (4116) 4124 4321; er bewahrt die Kirche in der Einheit des Glaubens und läßt sie fortschreiten 4150 (4343); er leitet die Kirche zum Reich des Vaters 4301; er führt sie zur vollkommenen Einung mit Christus 4104; er treibt die Kirche zur Mitwirkung an der Erfüllung des Ratschlusses Gottes für das Heil der Welt 4141 (4303); die in Christus und in der Sendung des Hl. Geistes begonnene Wiederherstellung wird durch den Geist in der Kirche fortgesetzt 4168.

Der Hl. Geist heiligt das Volk Gottes durch die Sakramente und die Dienstleistungen 4131; er stattet die Kirche mit [a]*seinen Früchten* und [b]*Tugenden* aus [a]4104 [b]4131; die Kirche verfügt über Gaben des Hl. Geistes bzw. Charismen: F 2cd; G 3ac.

Vgl. B 3be und B 3bf (Wirken des Hl. Geistes in der Kirche und in den Glaubenden).

**Die Vollendung der Kirche** [a]*am Ende der Zeiten* [b]*in der himmlischen Herrlichkeit,* [c]*in der kommenden Welt*   **1bf** [a]4102 [b]4168 [c]4179 [b]4190 [a]4332 [a]4340; dann werden alle Gerechten von Adam an in der allgemeinen Kirche beim Vater versammelt werden 4102; zusammen mit den Propheten erwartet die Kirche den Tag der Vollendung 4198; in Maria ist die Kirche schon zur Vollendung gelangt 4841; sie wird in das himmlische Reich eingehen 493.

Vgl. G 2bb (Sakramentalität der Kirche: Fortbestehen und Wachstum der Kirche); G 3bb (Heiligkeit der Kirche); M 1b (Endzeitlicher Charakter der pilgernden Kirche).

## 2. Das geschichtlich-eschatologische Wesen der Kirche

### a. – Bezeichnungen und begriffliche Bestimmungen der Kirche     G 2a

Das innerste Wesen der Kirche erschließt sich in verschiedenen Bildern 4107-4111.

Kirche als die Versammlung der Glaubenden, von Gott zusammengerufen und gegründet 4124; alle rechtmäßigen örtlichen Versammlungen werden in Verbindung mit ihren Hirten Kirchen genannt. Sie sind an ihrem Ort das von Gott gerufene neue Volk 4151 4154; das neue Israel wird Kirche Christi genannt 4124 4186; auch die von der katholischen Kirche getrennten Christen nennen ihre Gemeinschaften Kirchen Gottes 4186; der Begriff der Volkskirche 4739; die Kirche der Armen als Klassenkirche mißverstanden 4738.

Kirche als Volk Gottes **4122-4141**; Kirche als neues Volk Gottes 4122 4198 4531; Gott wollte die Menschen nicht einzeln heiligen und retten, sondern sie zu einem Volke machen 4122; Christus berief sich aus Juden und Heiden ein Volk, das das neue Volk Gottes sein sollte 4122; er ist das Haupt dieses messianischen Volkes 4123.

Das eine Volk Gottes sammelt sich aus den verschiedenen Völkern 4133 4134; es nimmt aus allen Völkern seine Bürger 4133; es bildet sich aus verschiedenen Ordnungen 4134; es ist ein gegliedertes in bezug auf Ämter, Stände und Lebensordnungen 4134; die das Evangelium noch nicht empfangen haben, sind auf das Volk Gottes hingeordnet 4140.

Das messianische Volk hat als Stand die Würde und die Freiheit der Kinder Gottes 4123; es hat als Gesetz das neue Gebot, zu lieben wie Christus 4123; es hat als Ziel das Reich Gottes 4123; es dient als Werkzeug der Erlösung aller 4123.

Kirche als Sakrament des Heils und der Einheit: G 2bb (Sakramentaler Charakter der Kirche).

Die Kirche ist Gottes – : "Schafstall" 4108; – : "Herde" 4108; – : "Ackerfeld" 4109; – : "Bauwerk" 4110; – : "Familie" 4110 4153 4154 4158 4187 4332 4340 4342 4343.

Die Kirche ist "die Braut Christi" ("Gemahlin Christi") 901 3805 4047 4111 4117 4124 4165 (4178) 4211 4230 4343 4704 4840; die "Fülle Christi" 3813 4117; die "Herde Christi" 4146 4150 4152 4154.

Die Kirche ist der "mystische Leib" Christi, dessen "Haupt" Christus ist 493 575 870 3300f **3800-3816** 4112-4118 4141 4147 4154 4165 4169 4172 4190 4332 4616 4840; durch die Mitteilung seines Geistes hat Christus seine Brüder aus allen Völkern zu seinem Leib gemacht 4172; Erklärung dieses Begriffs (gegen Irrtümer) 3300f 3800 3809-3811 3816; der Leib und die Glieder 4113 4332 4506; einmütiges Zusammenwirken der Glaubenden 4506; das Zusammenwirken der Glieder mit dem Haupt 3805 4112-4118; vgl. G 3ab (Kirchliche Einheit als Einheit in der Vielfalt); allein der Glaube macht noch nicht ein lebendiges Glied des Leibes Christi 1531; in der Teilhabe an der Eucharistie gehen die Glaubenden in das über, was sie empfangen 4151.

Die Kirche ist der "Tempel" des Hl. Geistes 1822 4104 4141.

Die Kirche wird "Mutter" der Glaubenden genannt 45 47 478 807 1507 1863 4111 4138 4139 4343 4177f; sie wird Mutter und Jungfrau genannt mit Maria als Urbild, das die Kirche nachahmt 4177f; die Kirche wird Mutter, indem sie Mariens Heiligkeit betrachtet, ihre Liebe nachahmt und das Wort Gottes erfüllt. Durch Predigt und Taufe gebiert sie Kinder, vom Hl. Geist empfangen und aus Gott geboren 4178; Kirche als Jungfrau mit Christus als Bräutigam 4178; die Kirche zusammen mit der Jungfrau Maria als Magd des Herrn 4618.

Die Kirche ist "der heilige Tempel" 3051 4110, "das neue Jerusalem" 4110 4111; das "neue Israel" 4124; das "Volk des Neuen Bundes" 4198 4739.

Die Kirche ist die Gemeinschaft des Glaubens, der Hoffnung und der Liebe 4118.

Die Kirche als Herde 4146 4152 4154.

## G 2b                                 b. – Grundzüge der Kirche

**2ba**  **Kirche aus Juden und Heiden.** Christus berief sich aus Juden und Heiden das neue Volk Gottes 4122; er hat die Glaubenden aus allen Völkern zusammengerufen 4112; Christus hat durch das Kreuz Juden und Heiden versöhnt und aus beiden eins gemacht 4198.

Kirche und Israel: Die Juden sind zum christlichen Glauben einzuladen 480 698 772f.

Das alttestamentliche Bundesvolk, seine Sakramente und Gesetze verweisen auf die Kirche: A 1c (Etappen der Offenbarung); E 1b (Verheißung Jesu Christi im Alten Bund); E 1c (Rettung der alttestamentlich Glaubenden); G 1bb (Kirche, vorgebildet im Alten Testament); G 3ce (Verhältnis der Kirche zu den Religionen); K 1a (Sakramentale Zeichen im Alten Bund).

Kirche und die Heiden: G 3c (Katholizität der Kirche); G 7aa (Kirche, Welt und Menschengeschlecht).

**2bb**  **Der sakramentale Charakter der Kirche.** Vgl. K 1b (Kirche als Sakrament des Heils).

Christus hat durch seinen Geist die Kirche als allgemeines Sakrament des Heiles eingesetzt 4168; das Sakrament der Kirche ging am Kreuz hervor 4005; vgl. G 1bc (Kirche, durch Jesus Christus erworben).

Die Kirche ist in Christus das Sakrament bzw. Zeichen und Werkzeug für die Vereinigung mit Gott und für die Einheit des ganzen Menschengeschlechtes 4026 **4101** 4124 (4321) 4342f 4617f; sie ist das allumfassende Sakrament des Heils 4343 4345 4617f; vgl. K 1ba (Kirche als Ur- und Universalsakrament); Gott setzte durch seinen Sohn die Kirche ein, damit die Menschen den wahren Glauben annehmen und in ihm beständig ausharren 3012; die Kirche wird mit dem fleischgewordenen Wort verglichen: Ihr gesellschaftliches Gefüge dient dem Geist zum Wachstum seines Leibes 4118; das messianische Volk dient als Werkzeug der Erlösung aller 4123; die Kirche ist der Sauerteig ᵃ*und die Seele* der in die Familie Gottes umzugestaltenden menschlichen Gesellschaft ᵃ4340 4344; sie trägt zu einer humaneren Menschenfamilie und ihrer Geschichte bei 4340; ihre Einheit stärkt und erfüllt die Einheit der Menschen 4342; sie macht mit ihrer Kraft die Menschheit neu 4574; sie nimmt die Erneuerung der Welt vorweg 4168; vgl. G 2bd (Sendung und Aufgabe der Kirche); G 4bf (Aufgaben der Glaubenden in der Welt); G 6ca (Apostolat der Laien); G 6cb (Sendung und Aufgabe der Laien in der Welt); G 7aa (Kirche, Welt und Menschengeschlecht); G 7ab (Kirche und Gesellschaft); G 7ad (Kirche und Arme); G 7ae (Kirche und Kultur); H 2f; H 5 (Bischöfe/Priester und Welt).

Die Kirche als Heilsmittel: Der Glaube der Bekenntnisse an das Heil – : in der Kirche 2–4; – : durch die Kirche 21f; Christus gießt durch die Kirche Wahrheit und Gnade auf alle aus 4118; die Täuflinge empfangen den Glauben von Gott durch die Kirche 4127; sie teilt dem Menschen (ᵃdurch die Gnade) das göttliche Leben mit ᵃ*und bewirkt das wahre zeitliche Wohl der Menschen* 4340 ᵃ4757; durch die Kirche soll das Geschenk der Gnade zu den Menschen gelangen, damit die Sünder mit Gott wiederversöhnt werden 4573; vgl. F 1c (Allgemeiner Heilswille Gottes, vermittelt durch die Kirche).

Die Kirche hat eine heilbringende Sendung gegenüber der Welt (4120) 4156 (4186) 4755 4858; sie will das Heil des Menschen in jeder Hinsicht, insofern er zur Bürgerschaft Gottes und insofern er zur irdischen Bürgerschaft gehört 4757; sie strebt nach dem Heil des ganzen Menschengeschlechts und bietet den Menschen Gutes an 4345; sie ist die Keimzelle der Hoffnung und des Heils 4123; sie soll mitwirken, daß der Ratschluß Gottes für das Heil der Welt erfüllt werde 4141; sie vermittelt jene Heilskräfte, die sie selbst empfängt 4303; das göttliche Mysterium des Heils und der Inkarnation wird in der Kirche enthüllt und fortgesetzt 4172; vgl. G 3cc (Sendung zu allen Menschen und Völkern); G 7aa (Kirche, Welt und Menschengeschlecht).

Zweck der Kirche ist das Heil der Seelen 3166 3168.

Heiligkeit der Kirche: G 3b.

Universalität der Kirche: G 3c.

Die Anwesenheit und das Wirken der Hl. Dreifaltigkeit in der Kirche: G 1be.

Das Evangelium ist für alle Zeit Grundlage des Lebens der Kirche 4144; vgl. A 3b und A 3bb (Hl. Schriften).

Die Kirche ist Zeichen und Anbruch des Reiches Gottes: Die Kirche ist das im Geheimnis schon gegenwärtige Reich Christi **4103**; sie ist Keim und Anfang des Reiches Gottes **4106**; die Glaubenden sind Bürger eines Reiches nicht irdischer, sondern himmlischer Natur 4133; das Ineinander der irdischen und himmlischen Bürgerschaft kann nur im Glauben begriffen werden 4340.

Das Reich Gottes wurde von Gott selbst auf Erden grundgelegt, es muß wachsen, bis es am Ende der Zeiten bei der Erscheinung Christi von ihm auch vollendet wird **4123**; während die Kirche [a]*wächst* und der Welt hilft, strebt sie nach dem Reich Gottes [b]*als ihrem Ziel* [a]4106 [b]4123 (4124) 4345; sie kündigt es an und begründet es in allen Völkern 4106; sie führt die Menschen zu ihm hin 4618; die Kirche lehrt den Weg, um in das Reich Gottes einzutreten 4756; sie wird in das himmlische Reich eingehen 493; vgl. C 5e (Reich Gottes und Christi als Ziel der Geschichte); E 2bb (Christi Wirken unter den Menschen); E 2fc (Vollendung und Übergabe des Reiches Gottes); E 3bd (Königtum Jesu Christi); M 1 (Anbruch des Reiches Gottes in der Geschichte); M 3be (Vollendung der Welt); M 3bf (Ewiges Leben und Herrschen mit Christus).

Fortbestehen und Wachstum der Kirche: Die Kirche ist stetig bzw. immerwährend 2997 3303f; sie ist ein ewiger Tempel 3051; sie wurde gegründet, um dem Werk Christi Stetigkeit zu verleihen **3050**; die in Christus und in der Sendung des Hl. Geistes begonnene Wiederherstellung geht durch den Geist in der Kirche weiter 4168; das Heil der Völker erfordert eine immerwährende Kirche 3328; sie soll sich ausdehnen und zu der Fülle Gottes gelangen 4117; sie soll bis zur Ankunft des Herrn stetig wachsen 4340; sie strebt im Lauf der Jahrhunderte der Fülle der göttlichen Wahrheit entgegen 4210; sie muß reifen 4343; sie wird durch die Gnade Gottes gestärkt bis ans Ende der Zeiten 4124; sie schaut in den Hl. Schriften und der Überlieferung Gott, bis sie ihn von Angesicht zu Angesicht sehen wird 4208; Christus erhält sie unablässig 4118; sie wächst in Christus 4190; Christus will, daß sein Volk durch die pastorale Leitung, die bischöfliche Verkündigung des Evangeliums und die Verwaltung der Sakramente durch die Bischöfe wachse (4145) 4187; aufgrund des Wirkens des Hl. Geistes schreitet die Kirche fort 4150 4187; sie hört nicht auf, vom Tisch des Wortes Gottes und des Leibes Christi das Brot des Lebens zu nehmen und den Glaubenden zu reichen 4228; sie erfährt durch die ständige Teilnahme an der Eucharistie Wachstum und Leben 4151 4235; Christi den Aposteln anvertraute Sendung wird bis zum Ende der Welt dauern 4144; vgl. G 3dc (Kirchliches Amt in der Nachfolge der Apostel); Christus verleibt durch den Dienst der Bischöfe seinem Leib neue Glieder ein 4145; die Kirche übermittelt in Lehre, Leben und Kult allen Geschlechtern, was sie selber ist und glaubt 4209; vgl. G 3db (Apostolische Überlieferung in Schrift und Tradition); vgl. G 1bf (Vollendung der Kirche); G 3bb (Heiligkeit der Kirche); M 1b (Endzeitlicher Charakter der pilgernden Kirche).

Kirche in der Welt: Die Kirche besteht in der Welt und lebt und wirkt mit ihr. Sie erfährt das geiche irdische Geschick 4340; sie trägt in ihren Sakramenten und Einrichtungen die Gestalt der Welt 4168; sie ist in das Menschengeschlecht eingefügt 4311 4340; Kirche als gesellschaftliche Wirklichkeit der Geschichte 4344; sie bedarf zur Erfüllung ihrer Sendung menschlicher Mittel (4120); trotz ihres eschatologischen Heilszieles ist die Kirche schon auf Erden anwesend, gesammelt aus Menschen 4340; sie lebt unter den Geschöpfen 4168; vgl. G 7aa (Kirche, Welt und Menschengeschlecht); die Kirche ist nicht nur der Geschichte immanent, sondern in ihrer eigentlichen Wahrheit eine Gabe der göttlichen Gnade und ein Geheimnis des Glaubens 4737; vgl. G 3bb (Heiligkeit der Kirche).

Die Sichtbarkeit der Kirche: Die Kirche ist äußerlich und sichtbar 3300 4103; Gott hat die Kirche mit offensichtlichen Kennzeichen ausgestattet, damit sie von allen erkannt werden kann 3012; Christus hat sie als sichtbares Gefüge verfaßt [a]*und erhält sie als solches* [a]4118 (4119) 4124 4340 4344; vgl. G 3ae (Kirche als rechtlich verfaßte Gesellschaft).

Die mit hierarchischen Organen ausgestattete Gesellschaft und der geheimnisvolle Leib Christi, die sichtbare und die geistliche Gemeinschaft, die irdische und die mit himmlischen Gaben beschenkte Kirche sind nicht zwei Dinge, sondern bilden eine einzige Wirklichkeit **4118** 4340.

Verschiedene Motive für die Glaubwürdigkeit der Kirche 2779 **3013f**; die vier wichtigsten Merkmale der Kirche sind Katholizität, Einheit, Heiligkeit und apostolische Nachfolge 42 **150** 684 792 2888 2997 4119; dennoch kann der Mensch an unüberwindlicher Unkenntnis der wahren Kirche leiden 2865° 2866.

Kirche und Liturgie: Die wahre Natur der Kirche kommt in der Liturgie, besonders in der Eucharistiefeier [a]*des ganzen Volkes zusammen mit dem Bischof*, zum Ausdruck **4002** [a]4041; die Liturgie ([a]*das eucharistische Opfer*) ist Höhepunkt und Quelle kirchlichen Lebens 4010 [a]4127 ([a]3847); die Liturgie ist wirksamer als andere Handlungen der Kirche 4007; das Leben der Kirche erfährt durch die ständige Teilnahme an der Eucharistie Wachstum 4235; die Teilhabe an Leib und Blut Christi bewirkt, daß die Glaubenden in das übergehen, was sie empfangen 4151; Christus ist besonders in den liturgischen Handlungen bei der Kirche 4007 (4035); die Kirche vollzieht in der Liturgie den gesamten öffentlichen Kult 4007; vgl. G 4bd und G 6bb (Teilhabe der Glaubenden/der Laien am priesterlichen Amt Christi); H 4 (Heiligungsdienst der Bischöfe); H 5 (Dienstamt der Priester); J (Gott begegnet seinem Volk in der Liturgie: ausgegliedert wegen der Fülle der Aussagen); bes. J 1 (Wesen und Bedeutung der Liturgie); K 5e (Eucharistie als Fundament und Höhepunkt kirchlichen Lebens).

Die feiernde Kirche bringt (durch die Hände der Priester) das Herrenmahl dar **1740f**; sie nimmt vom Tisch des Wortes Gottes und des Leibes Christi das Brot des Lebens und reicht es den Glaubenden 4228; vgl. K 5ca (Die feiernde Kirche bringt das Herrenmahl dar).

Kirche und Sakramente: Alle Sakramente sind Akte der Verherrlichung Gottes in Christus und in der Kirche 4715; die Absicht des Spenders, zu tun, was die Kirche tut, ist notwendig für den Vollzug der Sakramente 1262 1312 1315 **1611** 1617 *2328* (2536) 3126 3318 3874; vgl. K (Gott heiligt durch die Sakramente); bes. K 1b (Kirche als Sakrament des Heils); K 1bc (Die Sakramente des Neuen Bundes wurzeln in der Kirche); K 2 (Begriffliche Fassung der Einzelsakramente des Neuen Bundes).

Durch die Taufe gebiert die Kirche Kinder, die vom Hl. Geist empfangen und aus Gott geboren sind, zu unsterblichem Leben 4178; die Taufe ist die Tür zum Eintritt in die Kirche 1671 3658 4136; Zugehörigkeit zur Kirche durch die Taufe: G 4a (Zugehörigkeit zur Kirche); K 3e (Wirkung der Taufe).

Vollkommenere Verbindung mit der Kirche durch die Firmung 4127; vgl. G 4a (Zugehörigkeit zur Kirche); K 4d (Wirkung der Firmung).

Die Eucharistie wird "Seele der Kirche" genannt 3364; in der Eucharistiefeier kommt die wahre Natur der Kirche zum Ausdruck 4002 4041; das eucharistische Opfer ist Höhepunkt und Quelle kirchlichen Lebens 3847 4127; aus der Eucharistie hat die Kirche alle ihre Güter, ihre Kraft und ihre Herrlichkeit 3364; durch die Eucharistie – : wird der Erlösungsakt Christi, des Bräutigams, für seine Braut, die Kirche, ausgedrückt 4840; – : lebt und wächst die Kirche 4151 4235; – : wird die Einheit des Volkes Gottes dargestellt und verwirklicht 4047 4103 4112 4127 4151 4338; – : wird Einheit und Liebe unter den Glaubenden bewirkt 783 1635 (1638 1649) 3362 (4112); die Teilhabe an Leib und Blut Christi bewirkt, daß die Glaubenden in das übergehen, was sie empfangen 4151; im eucharistischen Opfer werden die Glaubenden mit dem Gottesdienst der himmlischen Kirche verbunden 4170; vgl. G 3aa (Göttliches Fundament kirchlicher Einheit); K 5e (Eucharistie als Fundament und Höhepunkt kirchlichen Lebens).

Wiederversöhnung mit der Kirche durch die Buße 1674 4128; vgl. D 7bb (Kirche als Mittlerin der Vergebung); G 3b (Heiligkeit der Kirche); K 6f (Wirkung der Buße).

Durch die Krankensalbung und das Gebet der Priester empfiehlt die Kirche die Kranken zu ihrer Rettung dem Herrn und ermahnt sie, sich mit dem Leiden und dem Tode Christi zu vereinigen 4128; vgl. K 7e (Wirkung der Krankensalbung).

Der Zweck des Weihesakraments ist – : die geistliche Leitung und Mehrung der Kirche 1311; – : das Weiden der Kirche durch das Wort und die Gnade Gottes 4126 4128; die Weiheämter sind eine Gnade für Leben und Sendung der Kirche 4857; vgl. K 8a (Priesterum des Neuen Bundes); K 8e (Wirkung des Weihesakraments).

Die christliche Ehe versinnbildlicht die geheimnisvolle Verbindung Christi und der Kirche 1327 3712 4128 4704f; aufgrund der Einfügung von Mann und Frau in den ewigen, bräutlichen Bund Christi mit der Kirche wird die eheliche Lebens- und Liebesgemeinschaft erhöht 4704; durch die Kinder aus dem Ehebund wird dem Volk Gottes im Laufe der Zeiten Dauer verliehen 1311 3143 3705 4128; vgl. G 4bb (Wege der Heiligung); G 6cc (Sendung und Aufgabe der Laien in Ehe und Familie); K 9ba (Natur der Ehe, christliche Ehe); rechtliche Regelungen der Kirche zur Ehe: K 9f.

Die Wirksamkeit der Sakramentalien erwächst aus der Handlung der Kirche, die mit ihrem Haupt verbunden ist 3844; vgl. K 10a (Sakramentalien im allgemeinen); Ablässe und ihr Ursprung in der Kirche: K 10bb.

**2bc**  **Die Heilsnotwendigkeit der Kirche** 575 792 **802** 870 1191 1351 2720 2730f 2785 2865 2867 2917 2997–2999 3304 3821f 3866–3873 **4136** (4140 4151); nur durch die katholische Kirche, der allgemeinen Hilfe zum Heil, kann die ganze Fülle der Heilsmittel erlangt werden **4190**; unter bestimmten Umständen genügt der (auch implizite) Wunsch, in die Kirche einzutreten 3821 3869–3872; auch außerhalb der Kirche wird Gnade gewährt *2305 2429* 3014.

Das messianische Volk ist für das ganze Menschengeschlecht die Keimzelle der Hoffnung und des Heils 4123; die Kirche und das zeitliche und ewige Heil des Menschen 4643; heilbringende Sendung der Kirche gegenüber der Welt: G 2bb (Sakramentaler Charakter der Kirche).

Außerhalb der Kirche finden sich Elemente der Heiligung und Wahrheit, die auf die katholische Einheit hindrängen **4119** (4135) **4189**; der Geist Christi gebraucht die getrennten Kirchen als Mittel des Heiles 4189; der Hl. Geist wirkt durch Gaben und Gnaden auch in den nichtkatholisch Getauften 4139 4189; die getrennten Kirchen und Gemeinschaften sind Mittel des Heiles, deren Kraft sich von der Fülle der Gnade und Wahrheit der katholischen Kirche herleitet **4189**; heilige Handlungen werden bei ihnen vollzogen, die das Leben der Gnade zeugen können und den Zutritt zur Gemeinschaft des Heiles eröffnen **4189**; vgl. G 3ag (Katholische Kirche, die anderen Kirchen und kirchlichen Gemeinschaften); G 7ae (Kirche und Kultur).

Wer das Evangelium Christi und seine Kirche ohne Schuld nicht kennt, Gott jedoch aufrichtig sucht und seinen Willen zu erfüllen versucht, kann das ewige Heil erlangen und erhält die heilsnotwendigen Hilfen **4140**; vgl. F 1b (Allgemeiner Heilswille Gottes); G 3c (Katholizität der Kirche).

Verworfen wird der Indifferentismus bzw. der Latitudinarismus 2720 2730f 2785 2865–2867 2915–2918 (2921 2977–2979).

Vgl. F 5cb (Notwendigkeit der Gnade); K 2f (Notwendigkeit der Sakramente); K 3f (Notwendigkeit der Taufe).

**2bd**  **Die Sendung und Aufgabe der Kirche.** Das Volk Gottes soll Gott anerkennen und ihm in Heiligkeit dienen 4122 4332; Berufung der Kirche zur Gemeinschaft im einen Lob der Dreifaltigkeit 4171; sie muß Zeugnis von der Barmherzigkeit Gottes geben, sie muß sie anrufen und angesichts der Bedrohungen des Menschengeschlechts erflehen 4685; sie muß Gott, den Vater, und seinen fleischgewordenen Sohn gegenwärtig und sichtbar machen 4321; in Erfüllung ihrer Sendung lehrt die Kirche den Weg, um in das Reich Gottes einzutreten 4756.

Christus ist der Hauptweg der Kirche 4643; diese folgt Christi Beispiel 4755; sie hält seine Gebote: Liebe, Demut und Selbstverleugnung 4106 4120; sie wurde von ihm als Gemeinschaft des Lebens, der Liebe und der Wahrheit gegründet (4118) 4123; sie erklärt sich zusammen mit der Jungfrau Maria zur

Magd des Herrn, dem sie ihren ganzen Dienst unterordnet 4618; sie ist dazu berufen, wie Christus den Weg der Armut und Verfolgung zu wählen 4120; sie müht sich, die Not der Armen und Leidenden zu lindern und Christus in ihnen zu dienen 4120; sie will das Werk Christi weiterführen 4303 4445.

Die Kirche soll keine irdische Ehre suchen 4123; sie läßt sich von keinem irdischen Machtstreben leiten 4303; ihre Sendung bezieht sich nicht auf die politische, wirtschaftliche oder soziale, sondern die religiöse Ordnung 4342; sie ist darauf bedacht, daß ihre Sendung nicht von den Sorgen um die zeitliche Ordnung aufgesogen wird oder sich nur in ihnen erschöpft 4758; Gott hat die Sorge um das Menschengeschlecht unter die kirchliche und staatliche Gewalt aufgeteilt 3168.

Die Kirche ist sowohl Gott als auch den Menschen treu zugetan 4321; Wirken der Kirche in der Welt vom Staunen über den Menschen, d.h. dem Evangelium, gespeist 4642.

Die Kirche hat eine heilbringende Sendung gegenüber der Welt und dem Menschen als ihrem ersten Weg: G 2bb (Sakramentaler Charakter der Kirche); G 3cc (Sendung der Kirche zu allen Völkern und allen Menschen); G3cd (Kirche und Evangelisation bzw. Mission); G 4bf; 6cb (Sendung und Aufgabe der Glaubenden/Laien in der Welt); G 7a (Verhältnis der Kirche zu Welt, Gesellschaft und Kultur).

Die Kirche ist ihrer Sendung treu - : wenn sie Irrtümer, Sklavereien und Unterdrückungen anprangert 4759; - : wenn sie ihr Urteil über politische Bewegungen fällt 4759.

Der Dienst der Evangelisierung bestimmt die Identität der Kirche und die Originalität ihres Beitrages 4617; Verkündigung des Evangeliums als ihre Sendung 4755; die Aufgabe der Evangelisierung ist die Gnade, Berufung und Eigentümlichkeit der Kirche 4573; Evangelisierung und ganzheitliche Förderung des menschlichen Wohls als die zwei Aufgaben der Kirche: ihre Einheit und ihre Unterscheidung 4758; die Kirche hütet die Hinterlassenschaft des Wortes Gottes 4333; vgl. G 3cd (Kirche und Evangelisation bzw. Mission).

Die Kirche besteht um der Evangelisierung willen, damit sie das Wort Gottes verkündet und lehrt, durch sie das Geschenk der Gnade zu den Menschen gelangt, die Sünder mit Gott wiederversöhnt werden und sie das Opfer Christi in der Meßfeier vergegenwärtigt 4573; sie nimmt vom Tisch des Wortes Gottes und des Leibes Christi das Brot des Lebens und reicht es den Glaubenden 4228.

Die Förderung von Einheit hängt mit der Sendung der Kirche zusammen 4342.

**Die Unfehlbarkeit der Kirche.** Der Kirche wird (allgemein) Unfehlbarkeit zugeschrieben 2922 3020 4130 **2be** 4531 4852.

Vgl. G 4bc und 6ba (Teilhabe der Glaubenden/Laien) am prophetischen Amt Christi); H 3d (Charisma der Unfehlbarkeit).

## 3. Die wesentlichen Merkmale der Kirche

### a. –DIE KIRCHE IST EINE                                                              G 3a

**Das göttliche Fundament kirchlicher Einheit.** Kirche als das von der Einheit des Vaters und des Sohnes und **3aa** des Hl. Geistes her geeinte Volk **4104**; die Einheit der göttlichen Personen und die Einheit der Kinder Gottes 4324.

Es ist die Absicht Gottes, seine zerstreuten Kinder zur Einheit zu versammeln 4132.

Die Einheit der Kirche ist in Christus ([a]im Geiste Christi) begründet [a]4133 [a]4169 4301 4342 (4344) [a]4345; er hat sie als einige und einzige begründet 4185; durch Christi Kraft wird die Kirche verbunden 4151; Christus ([a]das Werk Christi) vollendet [a]und erfüllt die Gemeinschaft des Volkes Gottes in der Einheit 4187 [a]4332; die Kirche ist der mystische Leib Christi 3300–3304; die Glaubenden bilden einen Leib in Christus 4103; vgl. G 2a (Bezeichnungen der Kirche); Christus bat im Gebet um die Einheit seiner Jünger 4332; er gebot den Glaubenden, einander wie Brüder zu begegnen 4332; in jeder Gemeinschaft des Altars ist Christus gegenwärtig 4151.

Der Hl. Geist eint die Kirche [a]in Gemeinschaft und Dienstleistung (3808) [a]4104 4113 4133 4340 4342; er verbindet ihre Glieder 3808; er ist für die Kirche in der Lehre der Apostel, im Brotbrechen und in den Gebeten der Urgrund der Einheit 4132f; er bewahrt die Kirche in der Einheit des Glaubens 4150; er stärkt die Eintracht der Kirche 4146 (4152).

Vgl. G 1b (Kirche als Werk des Vaters, des Sohnes und des Hl. Geistes).

Durch das Sakrament der Eucharistie wird die Einheit des Volkes Gottes bezeichnet und bewirkt 4103 4112 4127 4151; sie ist Sakrament und Zeichen der Einheit, Band der Liebe 4047; die Glaubenden stellen dabei die Einheit des Volkes Gottes auf konkrete Weise dar 4127; sie ist das Sakrament des Bräutigams und der Braut 4840; die Eucharistie als Mahl brüderlicher Gemeinschaft und Vorkosten des himmlischen Gastmahls 4338; Einheit und Liebe als Wirkung der Eucharistie bei den Glaubenden 783 1635 (1638 1649) 3362 (4112); im eucharistischen Opfer werden die Glaubenden mit dem Gottesdienst der himmlischen Kirche verbunden 4170; vgl. G 2bb (Sakramentalität der Kirche: Kirche und Eucharistie); K 5e (Eucharistie als Fundament und Höhepunkt kirchlichen Lebens).

Der einen Hinterlassenschaft des Wortes Gottes anhängend, verharrt das ganze Volk, mit seinen Hirten vereint, in der Lehre und Gemeinschaft der Apostel, bei Brotbrechen und Gebeten 4213; die

Kirche ist eine einzige wegen der Einheit des Bräutigams, des Glaubens, der Sakramente und der Liebe 871; Einheit im Bekenntnis des e i n e n Glaubens, in der gemeinsamen Feier des Gottesdienstes und in der brüderlichen Eintracht der Familie Gottes 4187; im Festhalten am überlieferten Glauben kommt Einklang zwischen Vorstehern und Glaubenden zustande 4213; die Glaubenden müssen dem Bischof anhangen wie die Kirche Christus und Christus dem Vater, damit alles durch die Einheit zusammenstimme 4152; vgl. G 3ag (Katholische Kirche, die anderen Kirchen und kirchlichen Gemeinschaften); G 3cg (Gefährdungen und Bedingungen der Katholizität); G 4a (Zugehörigkeit zur Kirche).

**3ab**  **Die kirchliche Einheit als Einheit in der Vielfalt.** Der Glaube an die e i n e und [a]*einzige* Kirche (Verwerfung von Aussagen, die ein [b]*Schisma* bzw. die [c]*Zweigtheorie* begünstigen) 5 41f 44 46 [a]47f 51 150 350 [b]446 [b]468f 802 [a]870f 872 1050 [b]1159 [ca]2885–2888 [b]2937f 2997–2999 3300–3304 4119 (4151).

Gemeinschaft der Heiligen und derer, die noch auf Erden pilgern 3363 4469–4471; alle, die i r d i s c h e und die h i m m l i s c h e Kirche, – : haben Gemeinschaft in der Liebe Gottes und des Nächsten und singen Gott denselben Lobgesang 4169; – : sind in der Liturgie im e i n e n Lobgesang Gottes vereint 4170; – : wachsen im Geist Christi zu der e i n e n Kirche zusammen und sind in Ihm miteinander verbunden 4169; die Gemeinschaft mit den Heiligen verbindet mit Christus 4170; vgl. J 1a (Wesen der Liturgie); K 5ed (Eucharistie - Sakrament der Gemeinschaft mit Lebenden und Verstorbenen); M 1b (Endzeitlicher Charakter der pilgernden Kirche).

Christus hat die Kirche nicht als mehrere Gemeinschaften geformt, die ihrer Art nach ähnlich, aber unterschieden sind 3303; die Einheit besteht darin, daß aufgrund der Gemeinschaft mit dem P a p s t und dem Glaubensbekenntnis e i n e Herde unter e i n e m Hirten ist **3060**; Petrus [a]*und damit der Römische Bischof als sein Nachfolger* ist das Prinzip und [a]*sichtbare* Fundament der Einheit des Glaubens und der Gemeinschaft 4142 [a]**4147**; dem Römischen Bischof hat Christus in der Person des Apostels Petrus den Dienst für die Einheit in der Kirche anvertraut 4822; Prinzip (Wurzel, Fundament) der Einheit ist [a]*der Primat* und [b]*das Lehramt* [a]2888 [a]3113 [ba]3305–3310 ([a]4134); dem Papst ist die Sorge für die ganze Herde Christi anvertraut 4356; Sehnsucht der Glaubenden nach der Einung in der e i n e n Herde unter dem e i n e n Hirten 4139; vgl. H 2ba (Leitungsvollmacht und Primat des Papstes).

Der S t u h l  P e t r i schützt die rechtmäßigen Verschiedenheiten in der Kirche und wacht, daß die Besonderheiten der Einheit nicht schaden, sondern dienen 4134.

Die sichtbare gesellschaftliche Struktur als Zeichen der Einheit der Kirche 4344; vgl. G 3ae (Kirche als rechtlich verfaßte Gesellschaft).

Das V o l k  G o t t e s muß e i n e s und ein einziges bleiben 4132 4158; es nimmt aus allen Völkern seine Bürger 4133; es wird in sich aus vielfältigen Ordnungen gebildet 4134; seine Einheit zeichnet den allumfassenden Frieden vor und fördert ihn 4135; die Kirche ist Sakrament bzw. Zeichen und Werkzeug der Vereinigung mit Gott und für die Einheit des ganzen Menschengeschlechtes 4026 **4101** 4124 (4321) 4342 4343; die Einheit der Menschen wird durch die Einheit der Kirche gestärkt und erfüllt 4342; das ganze Menschengeschlecht soll zur Einheit der Familie Gottes geführt werden 4154 4343.

Kraft der Katholizität der Kirche bringen die Teile ihre Gaben den übrigen Teilen und der ganzen Kirche hinzu, um in Einheit zusammenzuwirken 4133; die Teile und Glieder der Kirche sollen die Güter (d.h. die geistigen Reichtümer, die apostolischen Arbeiten und die zeitlichen Hilfsmittel) gemeinsam haben 4134; der e i n e Leib und die vielen Glieder 4113 4332 4506; vgl. G 2a (Bezeichnungen der Kirche); einmütiges Zusammenwirken der Glaubenden 4321; Zusammenarbeit der Laien mit dem hierarchischen Dienstamt: G 6ce; H 2e (Volk Gottes und Hirtendienst der Bischöfe); H 3i (Volk Gottes und Verkündigungsdienst der Bischöfe); Wachstum der Solidarität in der Kirche bis zu ihrer Vollendung 4332.

Verschiedenheit und Einheit [a]*in den Ämtern, in Stand und Lebensordnung,* [b]*in den Gnadengaben, Diensten und Tätigkeiten* [a]4134 [b]4158; Verschiedenheit und Komplementarität der Gnadengaben und Verantwortlichkeiten 4855; wahre Gleichheit in Würde und Handeln beim Aufbau des Leibes Christi 4158; echte Gleichheit der Glaubenden bei verschiedenen Aufgaben, die keine Überlegenheit des einen über den anderen bewirken 4506; e i n Heil, e i n e Hoffnung, ungeteilte Liebe 4158; in Christus und in der Kirche keine Ungleichheit in bezug auf die Rasse oder die Nation, das soziale Stellung oder das Geschlecht 4158; e i n Glaube und Berufung aller zur Heiligkeit 4158; vgl. H 1a (Gründung des Dienstamtes); H 1b (Hierarchische Gliederung des Dienstamtes).

Der k a t h o l i s c h e n  E i n h e i t gehören auf verschiedene Weise zu die katholischen Christen, die anderen Christgläubigen und alle zum Heil berufenen Menschen 4135; alle, die schon auf irgendeine Weise zum Volk Gottes gehören, müssen dem e i n e n Leib Christi völlig einverleibt werden 4190; vgl. G 3cg (Gefährdungen und Bedingungen der Katholizität); G 4a (Zugehörigkeit zur Kirche).

**3ac**  **Die eine Kirche, erbaut durch die Vielzahl der Charismen.** Die Kirche verfügt über Gaben des Hl. Geistes bzw. Charismen [a]178 575 3328 4104 4113 4131 (4159) ([a]mit Aufzählung der einzelnen Gaben); sie wurde mit himmlischen Gütern beschenkt, [a]*die sie erbauen und lebendig machen* 4340 [a]4189; diese Gaben sind das Leben der Gnade, Glaube, Hoffnung und Liebe und andere Gaben 4189; der Hl. Geist stattet das Volk Gottes mit Tugenden aus 4131; der Hl. Geist lenkt die Kirche durch hierarchische und charismatische Gaben und schenkt ihr seine Früchte 4104; der Christ empfängt die Erstlingsgaben des Hl. Geistes 4322; besondere Gnaden unter den Glaubenden jeden Standes dienen der Erneuerung und dem Aufbau der Kirche (4113) 4131; der Hl. Geist verteilt verschiedene hierar-

chische und gnadenhafte Gaben unter allen Glaubenden 4856; ihre Verschiedenheit und Komplementarität 4855; die Autorität der Apostel ist eine besondere Gabe des Hl. Geistes 4113; die Amtsträger empfangen ihr Amt als Gnadengabe des Hl. Geistes 4857; die im Bischofsamt haben die sichere Gnadengabe der Wahrheit empfangen 4532; die Gaben des Hl. Geistes sind verschieden. Er beruft zum sichtbaren Zeugnis für das himmlische Verlangen oder zum irdischen Dienst an den Menschen 4338; der Hl. Geist wirkt durch Gaben und Gnaden auch in den nichtkatholisch Getauften 4139; vgl. B 3be und B 3bf (Hl. Geist im Leben der Kirche und der Glaubenden); F 2cd (Gaben des Hl. Geistes).

Die Kirche empfängt Heilskräfte ($^a$Gaben) von ihrem Gründer $^a$4106 $^a$4117 (4166) 4303; Christus gewährt dem Menschen Licht und Kraft durch seinen Geist 4310.

Die Glaubenden der irdischen und himmlischen Kirche werden in ihrer Einheit durch die Mitteilung geistlicher Güter gestärkt 4169; vgl. M 1b (Gemeinschaft der Heiligen).

In der Kirche gibt es immer charismatische Menschen 3801; sie sind der Autorität der Apostel unterstellt 4113; außerordentliche Gaben sollen die Glaubenden nicht leichtfertig erstreben 4131; das Urteil über ihre Echtheit und geordnete Ausübung steht den Hirten zu 4131 4113.

**Kirche aus und in Kirchen.** Die e i n e und einzige katholische Kirche besteht in und aus T e i l k i r c h e n    **3ad** 4134 **4147**; der mystische Leib Christi ist auch der Leib der Kirchen 4147; diese sind nach dem Bild der Gesamtkirche gestaltet 4147; sie verfügen über eine eigene Überlieferung, unbeschadet des Primats des Stuhles Petri 4134; sie besitzen, unbeschadet der Einheit des Glaubens und der e i n e n Verfasung der Gesamtkirche, eine eigene Ordnung, einen eigenen liturgischen Brauch und ein eigenes theologisches und geistliches Erbe **4147**; die heiligen Übungen der Teilkirche erfreuen sich besonderer Würde 4013; ihre Liturgien werden anerkannt 4013; vgl. J 1eb (Liturgien der Teilkirchen); die Teilkirchen sollen alle Güter gemeinsam haben 4134; einige Ortskirchen, vornehmlich die alten Patriarchalkirchen, haben andere Kirchen hervorgebracht, mit denen sie im sakramentalen Leben und durch Rechte und Pflichten verbunden sind 4147.

Die P a t r i a r c h a t e (von $^a$Konstantinopel, $^b$Alexandrien, $^c$Antiochien, $^d$Jerusalem) sowie $^e$*alle ihre Rechte und Privilegien* werden bestätigt $^{bc}$351 $^{abcd}$**661** $^{abcd}$**811** 861 $^{abcde}$**1308**; vgl. H 2c (Hirtendienst der Bischöfe).

Die in eins zusammenwirkende Vielheit der O r t s k i r c h e n zeigt die Katholizität der ungeteilten Kirche 4147; die Kirche Christi ist in allen rechtmäßigen örtlichen Versammlungen der Glaubenden anwesend; diese werden in der Verbindung mit ihren Hirten wie im Neuen Testament Kirchen genannt werden: Sie sind an ihrem Ort das von Gott gerufene neue Volk **4151**; die Einheit erscheint in jeder Gemeinschaft des Altars unter dem Dienst des Bischofs 4151.

Das K o l l e g i u m  d e r  B i s c h ö f e drückt in seinen Gliedern die Vielfalt und Universalität des Volkes Gottes, unter dem e i n e n Haupt dessen Einheit aus 4146; die kollegiale Einheit der Bischöfe zeigt sich in den wechselseitigen Beziehungen der einzelnen Bischöfe zu den Teilkirchen und zur Gesamtkirche 4147; kollegiale Gesinnung und Zusammenschlüsse der Bischöfe 4147; alle Bischöfe stellen zusammen mit dem Papst die ganze Kirche dar **4147**; vgl. H 1c (Kollegialer Charakter des Dienstamtes und hierarchische Gemeinschaft); H 2c (Hirtendienst der Bischöfe); H 2d (Kollegiale Vollzüge des Hirtendienstes); H 3ca (Bischöfe als Organe amtlicher Lehrentscheidungen); H 3cc (Konzilien und Synoden); H 3cd (Nichtkonziliares, allgemeines Lehren); H 3dc (Unfehlbarkeit der Bischöfe).

Verbundenheit zwischen dem R ö m i s c h e n  B i s c h o f und den Bischöfen 4146; der Römische Bischof ist als Nachfolger des Petrus das immerwährende und sichtbare Prinzip und Fundament für die Einheit der Vielheit von Bischöfen 4147; der Römische Stuhl wird wegen des Primats "Mutter" bzw. "Lehrerin" aller (Teil-)Kirchen genannt 774 1616 1868 2781; zur Bedeutung des Begriffs "hierarchische Gemeinschaft" 4355; die hierarchische Gemeinschaft aller Bischöfe mit dem Papst ist in der Überlieferung sicher verwurzelt 4358; vgl G 3ab (Kirchliche Einheit als Einheit in der Vielfalt); H 1c (Kollegialer Charakter des Dienstamtes und hierarchische Gemeinschaft); H 2bc (Papst und Bischöfe).

Die einzelnen B i s c h ö f e sind sichtbares Prinzip und Fundament der Einheit in ihren Teilkirchen **4147**; die Kirche ist unter den Bischöfen geeint und geordnet 4026; sie stellen ihre Kirche dar **4147**; sie müssen die Einheit des Glaubens und die der ganzen Kirche gemeinsame Ordnung fördern und schützen, die Glaubenden zur Liebe des ganzen mystischen Leibes Christi anleiten und jede der ganzen Kirche gemeinsame Bestrebung fördern 4147; in der guten Leitung ihrer eigenen Kirche tragen die Bischöfe zum Wohl des ganzen mystischen Leibes Christi bei 4147; die Vollmachten der Bischöfe in ihren Teilkirchen: H 2c (Hirtendienst der Bischöfe); H 3ca (Bischöfe als Organe amtlicher Lehrentscheidungen).

Zusammenarbeit der einzelnen Bischöfe untereinander und mit dem Nachfolger des Petrus 4147; vgl. H 1c (Kollegialer Charakter des Dienstamtes und die hierarchische Gemeinschaft); H 2d (Kollegiale Vollzüge des Hirtendienstes); H 3cc (Konzilien und Synoden); H 3cd (Nichtkonziliares, allgemeines Lehren); sie sollen anderen Kirchen Hilfe gewähren 4147.

Auch die ö r t l i c h e  G e m e i n d e, der der Priester vorsteht, wird Kirche Gottes genannt **4154**; in den örtlichen Gemeinden werden die Glaubenden durch die Verkündigung des Evangeliums Christi versammelt und wird das Geheimnis des Herrenmahls gefeiert 4151; in jeder Gemeinschaft des Altars ist Christus gegenwärtig 4151; die P r i e s t e r machen in den örtlichen Gemeinden den Bischof, an dessen Aufgaben sie Anteil haben und mit dem sie verbunden sind, gegenwärtig 4042 **4154**; sie machen die Gesamtkirche sichtbar 4042 **4154**; vgl. H 5 (Dienstamt der Priester).

Die Gemeinden müssen selbst den Zustand ihrer Umgebung untersuchen, ihn im Licht des Evangeliums erhellen und die Richtlinien des Denkens, Urteilens und Handelns aus der Soziallehre der Kirche schöpfen 4500.

Verurteilte Meinungen: [Jede beliebige christliche Gemeinde erfreut sich schon deshalb, weil sie sich im Namen Christi versammelt, aller Vollmachten, die der Herr seiner Kirche zugestehen wollte] 4720; [Kraft der Apostolizität der einzelnen Ortsgemeinden kann jede Ortsgemeinde, wenn sie längere Zeit der Eucharistie als ihres konstitutiven Elements entbehrt, ihre Vollmacht "in Anspruch nehmen" und ihren Vorsteher und Seelsorger bestimmen; Gott selbst kann sich unter solchen Umständen nicht weigern, jene Vollmacht auch ohne Weihesakrament zu gewähren] 4722.

Die Priester sammeln die Familie Gottes als eine Bruderschaft 4153; sie sollen ihre Mühe für die Hirtenarbeit der ganzen Diözese und der ganzen Kirche aufwenden 4154; sie bilden zusammen mit ihrem Bischof ein Presbyterium 4154; vgl. H 5 (Dienstamt der Priester).

Der Begriff Volkskirche 4739; Mißverständnis der Kirche der Armen als Klassenkirche 4738; gewisse Befreiungstheologien verstehen unter Volkskirche eine Klassenkirche, die Kirche des unterdrückten Volkes 4740; dabei werden die Kirchenstrukturen selbst kritisiert und das sakramentale und hierarchische Gefüge der Kirche in Frage gestellt 4741.

Die Familie ist eine Art Hauskirche 4128.

**3ae**  **Die Kirche als rechtlich verfaßte Gesellschaft.** Die Kirche ist in der Welt als Gesellschaft verfaßt und geordnet 4118f 4124 4340 4344; sie ist mit hierarchischen Organen ausgestattet 4118; die sichtbare gesellschaftliche Struktur als Zeichen der Einheit der Kirche 4344.

Die Kirche ist eine ihrer Art und rechtlichen Verfassung nach vollkommene Gesellschaft, ([a]weil sie alle Mittel zur Erfüllung ihres Zwecks besitzt) *2919* [a]*3167 3171 3685*; deshalb ist sie in ihrer Ordnung die höchste Gemeinschaft 3167f 3171 3685; sie ist nicht geringer als die bürgerliche Gewalt 3167; sie ist eine der zwei höchsten Gewalten, von denen die Welt regiert wird **347 362** (642) **767 873**.

Wegen ihrer gesellschaftlichen Struktur kann die Kirche auch durch die menschliche Gesellschaft bereichert werden; nicht als ob in der ihr von Christus gegebenen Verfassung etwas fehlte, sondern um sie besser zu erkennen, auszudrücken und zeitgemäßer zu gestalten **4344**.

In allem Wesentlichen geht die Verfassung der Kirche auf göttliche Anordnung zurück und ist deshalb der Willkür der Menschen entzogen 3114; ihre Verfassung ([a]ihr sakramentales und hierarchisches Gefüge) ist von Christus gegeben (4344) [a]4741; verworfen werden Irrtümer des Modernismus über die Verfassung der Kirche *3452-3456 3492f*.

Zum Gebrauch der Begriffe "Kollegium", "fester Zusammenschluß" (coetus stabilis), "Stand" (ordo) oder "Körperschaft"(corpus) 4353.

Gewisse Befreiungstheologien verstehen unter Volkskirche eine Klassenkirche 4740; dabei werden die Kirchenstrukturen selbst kritisiert und das sakramentale und hierarchische Gefüge der Kirche in Frage gestellt 4741.

Dir Kirche besitzt das Recht auf Erziehung und religiöse Unterweisung 2892 *2945-2948* 3685-3689.

Die Kirche beansprucht für sich das ausschließliche Recht, den Klerus einzusetzen 604 659 712 1063 1769 1777.

Die Kirche beansprucht für sich das Recht auf zeitliche Güter *941 1126f 1137f 1160 1166 1168 1181//1189* 1194 1274-1276 *1491 2281 2924-2927 2975f*.

Kirche aus und in Teilkirchen: G 3ad.

Einheit und Vielfalt in der Kirche: G 3ab.

Die Zugehörigkeit zur Kirche und die Gemeinschaft der Glaubenden: G 4.

Der amtliche Dienst in der Kirche: G 5; bzw. H (Gott leitet, unterweist und heiligt die Kirche durch seine Diener).

Die Stellung der Laien in der Kirche: G 6.

Verhältnis der Kirche zum Staat und den internationalen Institutionen: G 7b.

Die Ordnung der Kirche: L 14.

**3af**  **Bedrohung der Einheit in der Kirche und ihre Erneuerung.** [a]*Streit,* [b]*Häresien* in der Kirche, [c]*Zerrissenheit der Kirche* und deren Überwindung [a]1510 [a]1520 [b]1600 [c]1635 [c]1725 [b]1738; Irrtümer oder Gefahren von Irrtümern und ihr Schaden für den Glauben und das christliche Leben 4751; die Kirche ist von Irrtümern zu reinigen 1510 1520 1763.

Als eine einige und einzige ist die Kirche von Christus gegründet worden; dennoch es es mehrere christliche Gemeinschaften 4185; Spaltungen von den ersten Zeiten der Kirche an; bedeutende Gemeinschaften trennten sich von der vollen Gemeinschaft der katholischen Kirche (mit Schuld der Menschen auf beiden Seiten) 4188; dies widerspricht dem Willen Christi, ist ein Ärgernis für die Welt und fügt der Verkündigung des Evangeliums Schaden zu 4185 (4530).

Meinungsverschiedenheiten unter Christen und deren Klärung in Dialog, Liebe und mit Blick auf die Gemeinschaft 4343.

Stärkung der Kirche durch die Kraft des Auferweckten zur Überwindung ihrer Schwierigkeiten 4121; der Hl. Geist ([a]*der Geist Christi*) wirkt die Erneuerung der Kirche ([b]*durch die Kraft des Evangeliums*; [c]*durch besondere Gnaden unter den Glaubenden jeden Standes*) [b]4104 [a]4116 ([c]4113) 4124 [c]4131.

Die Katholiken sollen sich bemühen, im gemeinsamen Bemühen um Läuterung und Erneuerung die Einheit unter allen Christen wiederherzustellen 4530.

Vgl. G 3cg (Gefährdungen und Bedingungen der Katholizität).

**Die katholische Kirche, die anderen Kirchen und kirchlichen Gemeinschaften.** Die Katholiken gehören zu **3ag** jener Kirche, die Christus gegründet hat und die von den Nachfolgern des Petrus und der übrigen Apostel geleitet wird, bei denen die ursprüngliche Einrichtung und Lehre der apostolischen Gemeinschaft, das Erbe an Wahrheit und Heiligkeit eben dieser Kirche unversehrt und lebendig fortdauern 4530; die Kirche, als Gesellschaft verfaßt und geordnet, ist verwirklicht in der katholischen Kirche **4119**; alle streben zu der e i n e n und sichtbaren Kirche Gottes hin 4186; der katholischen Einheit gehören auf verschiedene Weise zu die katholischen Christen, die anderen Christgläubigen und alle zum Heil berufenen Menschen **4135**; wer an Christus glaubt und in der rechten Weise die Taufe empfangen hat, steht dadurch in einer gewissen, wenn auch nicht vollkommenen Gemeinschaft mit der katholischen Kirche **4188**; außerhalb der katholischen Kirche finden sich bedeutende Elemente und Güter ([a]das geschriebene Wort Gottes, innere Gaben des Hl. Geistes und sichtbare Elemente, die die Kirche aufbauen und lebendig machen), die auf die katholische Einheit hindrängen, [a]*da sie von Christus ausgehen und zu ihm hinführen* 4119 [a]4189; bei den getrennten Brüdern finden sich wahrhaft christliche, aus dem gemeinsamen Erbe hervorgehende Güter 4530; Verbundenheit im Hl. Geiste mit den Getauften, die den vollständigen Glauben oder die Einheit unter dem Nachfolger des Petrus nicht wahren, aufgrund der Hl. Schrift als Glaubens- und Lebensnorm, der Taufe, der Sakramente in ihren eigenen Kirchen, des religiösen Eifers und des Glaubens, der Gemeinschaft im Gebet und in anderen geistlichen Gütern **4139**; mehrere besitzen auch einen Episkopat, feiern die Eucharistie, verehren die Gottesgebärerin **4139** (4179); sie nennen sich mit Recht "Christen" und werden als Brüder im Herrn anerkannt, weil sie durch die Taufe gerechtfertigt und Christus einverleibt wurden 4188; sie nennen ihre Gemeinschaften "Kirchen Gottes" 4186; die katholische Kirche schätzt hoch, was die anderen christlichen Kirchen und Gemeinschaften zu mehr Humanität in der menschlichen Geschichte beigetragen haben und beitragen 4340.

Der Geist Christi gebraucht die getrennten Kirchen als Mittel des Heiles 4189;[a]der Hl. Geist wirkt durch Gaben und Gnaden auch in den nichtkatholisch Getauften 4139 4189; die getrennten Kirchen und Gemeinschaften sind Mittel des Heils, deren Kraft sich von der Fülle der Gnade und Wahrheit der katholischen Kirche herleitet **4189**; heilige Handlungen werden bei ihnen vollzogen, die das Leben der Gnade zeugen können und den Zutritt zur Gemeinschaft des Heiles eröffnen **4189**; vgl. G 2bc (Heilsnotwendigkeit der Kirche).

Die Kirche Christi ist nicht eine Summe von Kirchen und kirchlichen Gemeinschaften 4530; es darf nicht behauptet werden: [Die Kirche Christi besteht nirgendwo mehr wahrhaft, so daß sie nur als Ziel anzusehen ist, das alle Kirchen und Gemeinschaften erstreben müssen] 4530.

Es gibt zwischen den anderen christlichen Kirchen und Gemeinschaften und der katholischen Kirche Unstimmigkeiten in der Lehre, in der Disziplin und in der Struktur. Daher gibt es Hindernisse, die der vollen kirchlichen Gemeinschaft entgegenstehen 4188; die getrennten Christen als einzelne, als Gemeinschaften oder Kirchen erfreuen sich nicht jener Einheit, die Christus den Glaubenden schenken wollte und die die Hl. Schriften und die Tradition der Kirche bekennen 4190; nur durch die katholische Kirche, die allgemeine Hilfe zum Heil, kann die ganze Fülle der Heilsmittel erlangt werden **4190**; vgl. G 2bc (Heilsnotwendigkeit der Kirche).

Denen, die in andere Kirchen und kirchliche Gemeinschaften hineingeboren sind, dürfen wegen der Sünde der Trennung keine Vorwürfe gemacht werden; ihnen wird mit Achtung und Liebe begegnet 4188.

Eine G e m e i n s c h a f t in h e i l i g e n H a n d l u n g e n (communicatio in sacris), die die Einheit der Kirche verletzt oder einen Irrtum, Glaubensabfall, ein Ärgernis und Gleichgültigkeit in sich schließt, ist durch göttliches Gesetz verboten 4181.

Die Mutter Kirche hofft und wirkt unaufhörlich auf die Einheit unter allen Christen hin 4139 4185; die Katholiken sollen sich bemühen, die Einheit unter allen Christen im gemeinsamen Bemühen um Läuterung und Erneuerung wiederherzustellen 4530; die Katholiken sollen die wahrhaft christlichen, aus dem gemeinsamen Erbe hervorgehenden Güter, die sich bei den getrennten Brüdern finden, anerkennen und schätzen 4530; die ökumenisch genannte Bewegung zur Wiederherstellung der Einheit aller Christen wurde von der Gnade des Hl. Geistes und Christi erwirkt **4186**; die Sorge um die Wiederherstellung der Einheit geht die ganze Kirche an: die Glaubenden und die Hirten 4191; der Ausdruck des katholischen Glaubens darf kein Hindernis für den ökumenischen Dialog werden 4192; die gesamte Lehre muß klar vorgelegt werden und darf dabei keinen Schaden nehmen 4192; der katholische Glaube ist tiefer und richtiger zu entfalten, in einer Sprache, die von den getrennten Christen verstanden wird 4192; katholische Theologen und ökumenischer Dialog 4192; beim Vergleich der Lehren Berücksichtigung der Ordnung bzw. Hierarchie der Wahrheiten der katholischen Lehre 4192; zur Hierarchie der Wahrheiten vgl. A 4bb (Methoden der Theologie); H 3bb (Gegenstände und Arten von Lehrentscheidungen).

Katholische Kirche und die von ihr g e t r e n n t e n O s t k i r c h e n : Förderung der Einheit mit den getrennten Ostkirchen 4181; die Kirchen des Ostens und des Westens haben das Recht und die Pflicht, sich nach ihren eigenen Ordnungen zu richten 4180.

Versöhnung mit der Kirche von Konstantinopel 4430-4435; Wille zur Wiederversöhnung, Fortführung des Dialogs mit dem Ziel der vollen Gemeinschaft des Glaubens, der brüderlichen Eintracht und des sakramentalen Lebens 4434f.

Christen der getrennten Ostkirchen können, wenn sie darum bitten und recht vorbereitet sind, die S a k r a -
m e n t e der Buße, der Eucharistie und der Krankensalbung gespendet werden **4182**; dies entspricht
der Praxis der katholischen Kirche gegenüber den Ostkirchen aufgrund des Heilsnotstandes und des
geistlichen Wohls der Seelen 4181.

Katholiken dürfen die Sakramente der Buße, der Eucharistie und der Krankensalbung von einem Spender
der getrennten Ostkirchen erbitten, wenn die Sakramente gültig sind, eine Notlage oder ein geistiger
Nutzen dazu rät und der Zugang zu einem katholischen Priester physisch oder moralisch unmöglich
ist **4182**.

Die Gemeinschaft in heiligen Handlungen, Sachen und Stätten zwischen Katholiken und getrennten ostkirchlichen Brüdern aus triftigem Grund wird gestattet 4183; vgl. J 1ec (Liturgische Gemeinschaft
mit den Ostkirchen).

Das Schisma von Erzbischof L e f e b v r e und sein Grund: der falsche Überlieferungsbegriff 4820–4823.

<br>

**G 3b**                          b. – DIE KIRCHE IST HEILIG

**3ba**   **Der göttliche Grund kirchlicher Heiligkeit.** Die Kirche ist [a]*wegen ihres Zieles und der Mittel zum Ziel*
*übernatürlich* [a]3167 3300f 3685; sie ist geistlich 3167 3300f.

Durch die Gnade G o t t e s wird in der Kirche die Heiligkeit erlangt 4168.

C h r i s t u s gab sich selbst für die Kirche hin, um sie zu heiligen 4165.

Der H l. G e i s t wurde zur Heiligung der Kirche gesandt 4104; die Heiligkeit der Kirche wird in den
Früchten der Gnade, die der Hl. Geist in den Glaubenden hervorbringt, kundgetan 4165; der Hl.
Geist wirkt die Erneuerung der Kirche 4104 4116 (4113) 4124 4131; Gaben und Charismen des Hl.
Geistes in der Kirche: F 2cd und G 3ac.

Vgl. G 1b (Kirche als Werk des Vaters, des Sohnes und des Hl. Geistes).

**3bb**   **Heiligkeit und Sünde in der pilgernden Kirche und ihre Erneuerung.** Die Kirche wird in den Bekenntnissen
"heilig" genannt 1–5 11–30 36 41f 47 51 60–63 150 4119 (4151) 4165; sie ist ohne Makel und Runzel
493 575 (4841); in ihrer eigentlichen Wahrheit ist sie eine Gabe der göttlichen Gnade und ein Geheimnis des Glaubens 4737.

Abgelehnt wird die Ansicht: [Die Kirche wohnt nur der Geschichte inne und gehorcht jenen Gesetzen, die
die kommende Geschichte in ihrer Immanenz lenken] 4737.

Die H e i l s n o t w e n d i g k e i t der Kirche: G 2bc; die h e i l b r i n g e n d e Sendung der Kirche: G 2bb (Sakramentaler Charakter der Kirche); G 7aa (Kirche, Welt und Menschengeschlecht).

Die H e i l i g k e i t der Kirche drückt sich vielgestaltig bei den Einzelnen aus 4165; die Kirche nimmt durch
ihre Heiligkeit die Erneuerung der Welt vorweg 4168; Kirche als Gemeinschaft der Heiligen 4854;
Gaben und Charismen des Hl. Geistes in der Kirche: G 3ac; Berufung aller Glaubenden zur Heiligkeit und verschiedene Wege zur Heiligung: G 4ba; G 4bb.

Die Kirche ist wegen ihrer wunderbaren Ausbreitung, ihrer Heiligkeit, Fruchtbarkeit, Einheit und Beständigkeit ein fortwährendes Motiv für die Glaubwürdigkeit des Glaubens 3012; vgl. A 2bc (Glaubwürdigkeit des Glaubens).

Die Früchte der Heiligkeit werden in der Geschichte der Kirche durch das Leben der H e i l i g e n aufgezeigt
4166; die Heiligen sind Wegweiser zur vollkommenen Einigung mit Christus und zur Heiligkeit
4170; die im Himmel sind, festigen aufgrund ihrer innigeren Einheit mit Christus die ganze Kirche
in der Heiligkeit und tragen zu deren Aufbau bei 4169; in den Heiligen tut Gott seine Gegenwart
kund 4170; vgl. M 1b und M 3bd (Gemeinschaft der Heiligen).

M a r i a ist Urbild der Kirche in bezug auf Glaube, Liebe und vollkommene Einheit mit Christus **4177f**; in
der Hierarchie der Heiligkeit ist die Frau, Maria aus Nazareth, das Abbild der Kirche 4841; im
Fortschreiten in Glaube, Hoffnung und Liebe und in der Befolgung des göttlichen Willens wird die
Kirche ihrem Urbild ähnlicher gemacht 4178; Maria als Vorbild der Mutterschaft der Kirche 4177;
Christus soll – wie in Maria – durch die Kirche auch in den Herzen der Glaubenden geboren werden
und wachsen 4178; Maria als Beispiel der mütterlichen Liebe, die die apostolische Sendung der
Kirche beseelen soll 4178; in Maria erkennt die Kirche tiefer das Geheimnis der Fleischwerdung und
wird ihrem Bräutigam mehr und mehr gleichgestaltet 4178; Kirche als Mutter der Glaubenden oder
Braut Christi: G 2a (Bezeichnungen der Kirche).

In Maria ist die Kirche schon zur Vollkommenheit gelangt **4178**; in der seligen Jungfrau gelangt die Kirche
schon zur Vollendung ohne Makel und Runzel 4841; Maria ist Bild und Anfang der in der kommenden Welt zu vollendeten Kirche und leuchtet auf Erden der pilgernden Kirche als Zeichen der
Hoffnung und des Trostes voran **4179**; sie geht ihr auf dem Weg der Heiligkeit voran 4841; Maria
beschützt die Kirche 4619; mit dem Schutz und der Fürbitte Mariens wird die Kirche die "Strukturen
der Sünde" im persönlichen und gesellschaftlichen Leben überwinden und die "wahre Befreiung"
Christi erlangen 4619; vgl. E 6 (Maria, die Mutter Jesu Christi); bes. E 6f (Maria als Inbild der Kirche
und der Glaubenden).

J o s e f ist der Schutzpatron der Kirche, weil er der Hl. Familie vorstand 3262f; vgl. E 6db (Mitwirkung
Josefs an der Erlösung).

Die pilgernde Kirche weilt in der Fremde und sucht das Himmlische 4111; sie sucht die kommende und bleibende Stadt 4124; die Glaubenden sind pilgernd unterwegs zur hl. Stadt Jerusalem 4008; die christliche Gemeinschaft der Erdenpilger führt näher zu Christus hin 4170; im Geiste Christi pilgern die Christen der Vollendung der menschlichen Geschichte entgegen 4345; die Glaubenden sind Bürger eines Reiches nicht irdischer, sondern himmlischer Natur 4133; das Ineinander der irdischen und himmlischen Bürgerschaft kann nur im Glauben begriffen werden 4340; vgl. G 1bf (Vollendung der Kirche); G 2bb (Sakramentalität der Kirche: Kirche und Reich Gottes; Wachstum und Fortbestehen der Kirche); M 1b (Endzeitlicher Charakter der pilgernden Kirche).

Die Kirche ist in der Welt und trägt deren Gestalt: G 2bb (Sakramentaler Charakter der Kirche); G 7aa (Kirche, Welt und Menschengeschlecht).

Die Kirche erfährt auf ihrem Pilgerweg [a]*Leiden*, [b]*Versuchungen und Trübsal*, [c]*Verfolgungen der Welt* und [d]*Tröstungen Gottes* [a]4115 [dc]4121 [b]4124 [ca]4147 [c]4344; sie weiß sich begrenzt und klein 4619; die Altargemeinschaften sind oft klein und arm oder leben in der Zerstreuung 4151; in der Kirche gibt es Martyrer 1822 2779 4321; die Kirche ist dazu berufen, wie Christus den Weg der Armut und Verfolgung zu wählen 4120.

Die Kirche ist zugleich heilig und reinigungsbedürftig, sie geht den Weg der Buße und Erneuerung 4120 4321; ihre Heiligkeit ist unvollkommen 4168; sie muß immerfort reifen 4343; die ganze Kirche muß immer von neuem evangelisiert werden 4625; Stärkung der Kirche durch die Kraft der Gnade zu Treue und beständiger Erneuerung 4124; durch die Kraft des auferweckten Herrn wird die Kirche gestärkt zur Überwindung ihrer Trübsale und Schwierigkeiten 4121; der Hl. Geist ([a]*der Geist Christi*) wirkt die Erneuerung der Kirche ([b]*durch die Kraft des Evangeliums*; [c]*durch besondere Gnaden unter den Glaubenden jeden Standes*) [b]4104 [a]4116 ([c]4113) 4124 [c]4131; die Jugend ist ein Symbol der Kirche, die zu einer ständigen Erneuerung ihrer selbst bzw. zu einer unablässigen Verjüngung aufgerufen ist 4492.

Die Kirche besteht nicht nur aus Prädestinierten und Heiligen 1201 1203 1205f 1221 2408 2463 2472–1278 3803.

Die Kirche umfaßt [a]*in ihrer irdischen Pilgerschaft* Sünder 4120 [a]4190; unter Klerikern und Laien fehlte es in der Geschichte der Kirche nicht an solchen, die dem Geist Gottes untreu waren 4343; die Kirche wird durch die Sünden der Glaubenden verwundet 4128; sie wirkt zur Bekehrung der Sünder durch Liebe, Beispiel und Gebet mit 1674 4128; durch Gottes Wort und die Sakramente wird der Mensch von der Macht der Sünde und des Bösen befreit und in die Gemeinschaft der Liebe mit Gott hineingeführt 4755; die zum Sakrament der Buße hinzutretenden Sünder werden mit der Kirche wiederversöhnt 4128; Vollmacht der Kirche, alle Sünden zu vergeben 349; Kirche als Mittlerin der Vergebung der Sünden: D 4b (Gemeinsame Sünden: Kirche und Sünder); D 4c (Sündhafte Strukturen der Gesellschaft: Kirche und Sünde); D 7bb (Kirche als Mittlerin der Vergebung); K 3 (Sakrament der Taufe); K 6 (Sakrament der Buße).

Abstand zwischen verkündeter Botschaft und der menschlichen Schwäche derer, denen das Evangelium anvertraut ist 4343; als schwacher Mensch kann der Bischof mit denen leiden, die unwissend sind und irren 4152.

Die Kirche ist von Irrtümern zu reinigen 1510 1520 1763; die Fehler unter ihren Gliedern muß sie bekämpfen 4343; Wiederherstellung der Einheit unter allen Christen im gemeinsamen Bemühen um Läuterung und Erneuerung 4530; vgl. G 3af (Bedrohung der Einheit in der Kirche und ihre Erneuerung).

Vollendung der Kirche [a]*am Ende der Zeiten*, [b]*in der himmlischen Herrlichkeit*, [c]*in der kommenden Welt* [a]4102 [b]4168 [c]4179 [b]4190 [a]4198 [a]4332 [a]4340; vgl. G 1bf (Vollendung der Kirche); M 1b (Endzeitlicher Charakter der pilgernden Kirche).

## c. – DIE KIRCHE IST KATHOLISCH                                                             G 3c

**Die Begründung der Katholizität in Gott.** Die Kirche soll sich ausdehnen und zu der ganzen Fülle Gottes **3ca** gelangen 4117; am Ende der Zeiten werden alle Gerechten von Adam an in der allgemeinen Kirche beim Vater versammelt werden 4102; die Universalität der Kirche ist eine Gabe des Herrn 4133; Christus hat die Glaubenden aus allen Völkern durch die Mitteilung seines Geistes zusammengerufen und zu seinem Leib gemacht 4112.

Der Hl. Geist bietet allen die Möglichkeit, sich mit dem österlichen Geheimnis zu verbinden 4322.

Vgl. F 1 (Gottes Barmherzigkeit und universaler Heilswille).

**Die Universalität der Kirche.** Der Glaube der Bekenntnisse an die "katholische" Kirche 3–5 12 15 19 21 23 **3cb** 27–30 36 41//51 60 126 150 4119 (4133 4151 4186).

Katholizität der Kirche, die Gemeinschaft und Einheit ihrer einzelnen Teile 4133 4147.

Das Volk Gottes sammelt sich aus den verschiedenen Völkern 4133f.

Die Option für die Armen, von der niemand ausgeschlossen ist, erschließt die Universalität des Wesens und der Sendung der Kirche 4761.

**Die Sendung der Kirche zu allen Völkern und allen Menschen.** Die Kirche ist bestimmt, die ganze Mensch- **3cc** heit zu umfassen [a]*ohne örtliche oder zeitliche Schranken* 350 [a]3166 3685 4103 4124 4132f 4135 4141

4154 <sup>a</sup>4159 4301 4332 4343; sie tritt in die Geschichte der Menschen ein und übersteigt doch zugleich Zeiten und Grenzen der Völker 4124 4135; sie ist in ihrer Universalität an keine besondere Form menschlicher Kultur und an kein politisches, wirtschaftliches oder gesellschaftliches System gebunden 4342; sie ist gesandt, das Reich Christi und Gottes anzukündigen und in allen Völkern zu begründen 4106.

Das messianische Volk ist für das ganze Menschengeschlecht die Keimzelle der Einheit, der Hoffnung und des Heils 4123; es dient als Werkzeug der Erlösung aller 4123; es wird in alle Welt gesandt 4123 4186.

Der katholischen Einheit gehören die katholischen Christen, die anderen an Christus Glaubenden und alle zum Heil berufenen Menschen zu 4135. Vgl. G 2bd (Sendung und Aufgabe der Kirche).

**3cd**     **Kirche und Evangelisation bzw. Mission.** Glaube ist auf Verkündigung angewiesen: A 2bb.

Die Kirche muß wie Christus das Evangelium weitergeben 4573; Verkündigung Jesu: E 2bb; E 3bb; Christus selbst lehrt durch die Kirche 3806; er will, daß sein Volk durch die bischöfliche Verkündigung des Evangeliums wachse 4187; die Kirche hat das Recht und die Pflicht, die geoffenbarte Lehre darzulegen, da sie ihre Hüterin und Lehrerin ist 807 **3012** 3020 3540; durch die Predigt und Taufe gebiert die Kirche Kinder, die vom Hl. Geist empfangen und aus Gott geboren sind, zu unsterblichem Leben 4178.

Den Auftrag Christi zur Verkündigung der Heilswahrheit hat die Kirche von den Aposteln erhalten 4141; ihnen hat Christus den Auftrag gegeben, das Evangelium überall (<sup>a</sup>der ganzen Schöpfung) zu verkünden <sup>a</sup>4006 4147 4207 4332 <sup>a</sup>4185; er sandte ihnen an Pfingsten den Hl. Geist, damit sie durch seine Kraft für Ihn Zeugen bis ans Ende der Erde seien 4145 4148; sie verkündeten den Tod und die Auferstehung des Herrn 4405; sie predigten unter Verwendung mannigfacher Weisen des Redens: Katechesen, Erzählungen, Zeugnisse, Hymnen, Lobpreisungen, Gebete und andere literarische Formen der damaligen Zeit 4405; durch ihre Verkündigung wurde die Kirche zusammengeschart 4143.

Die Aufgabe der Evangelisierung ist Gnade, Berufung und Eigentümlichkeit der Kirche 4573; sie bestimmt ihre Identität und die Originalität ihres Beitrages 4617; die Verkündigung des Evangeliums als eigentliche Sendung der Kirche 4755; die Kirche besteht um der Evangelisierung willen 4573; ihr liegt daran, das Evangelium immer weiter und immer mehr Menschen zu verkünden 4575.

Evangelisierung ist Verkündigung (<sup>a</sup>und Lehre) des Heils (<sup>a</sup>des Wortes Gottes) <sup>a</sup>4573 4755; sie muß sich auf alle Völker (<sup>a</sup>alle Menschen ohne Unterschied) erstrecken <sup>a</sup>4617 4620; Evangelisieren heißt für die Kirche, die Frohe Botschaft zu allen Kreisen des Menschengeschlechts zu tragen, um dieses innerlich zu durchdringen und neu zu machen 4574; die besondere Vorliebe Jesu für die Ärmsten und die Leidenden muß sich darin widerspiegeln 4617; die Kirche muß Christus als Fülle des religiösen Lebens verkünden 4197; sie fährt fort, Verkünder auszusenden, bis die neuen Kirchen errichtet sind und selbst das Evangelium verkünden können 4141; in der Verkündigung des Evangeliums sucht die Kirche die Hörer zum Glauben und zum Bekenntnis des Glaubens zu bringen, bereitet sie für die Taufe vor, entreißt sie der Knechtschaft des Irrtums und verleibt sie Christus ein 4141; sie unterstützt die Missionen 4140.

Die Christen haben eine Heilsbotschaft empfangen, die allen vorzulegen ist 4159 4301; die Liebe drängt sie dazu 4328; jeder Jünger Christi hat die Pflicht, den Glauben auszusäen 4141; innerhalb des Evangeliums sind alle nach ihrer Rolle und ihrem Charisma Diener des Evangeliums 4618; die Jugend soll den Glauben in die Welt tragen 4492 4635; in den örtlichen Gemeinden werden die Glaubenden durch die Verkündigung des Evangeliums Christi versammelt 4151; vgl. A 2bb (Glaube und Verkündigung).

Die Bischöfe empfangen als Nachfolger der Apostel vom Herrn die Sendung, alle Völker zu lehren und jedem Geschöpf das Evangelium zu verkündigen (4145) 4147f 4152; die Hirten haben die Aufgabe, dem gesamten Volk und der ganzen Menschheitsfamilie das Evangelium zu lehren (4149) 4534; sie sollen durch Gebet, Predigt und Werke der Liebe auch für jene Sorge tragen, die noch nicht zur einen Herde gehören 4152; sie sollen ihre Glaubenden zu apostolischer und missionarischer Bemühung ermahnen 4152; sie müssen den Missionen Arbeiter, geistliche und materielle Hilfen verschaffen 4147; dem Nachfolger des Petrus ist übertragen, den christlichen Namen fortzupflanzen 4147; vgl. H 2f (Bischöfe und Welt); H 3a (Generelle Bestimmungen zum Verkündigungsdienst der Bischöfe); H 3ca und H 3cb (Bischöfe und Papst als Organe amtlicher Lehrentscheidungen).

Die Priester sollen sich darum sorgen, daß das ganze Menschengeschlecht zur Einheit der Kirche geführt wird 4154; vgl. H 5 (Dienstamt der Priester).

Die Evangelisation durch die Laien bekommt ihre Prägung und Wirksamkeit von daher, daß sie in den gewöhnlichen Verhältnissen der Welt erfüllt wird 4161; die Laien sollen sich mühen, daß der göttliche Heilsplan zu allen Menschen aller Zeiten hingelangt 4159; sie können und müssen, wenn auch von zeitlichen Sorgen beansprucht, die Welt evangelisieren und zum Wachstum des Reiches Christi in der Welt zusammenwirken 4161; Evangelisierung durch die Laien: G 6ca (Apostolat der Laien).

Bei der Aufgabe der Evangelisation durch die Laien erscheinen der Lebensstand der Ehe und die Familie als besonders wertvoll 4161; die Eltern sollen für ihre Kinder die ersten Glaubensboten sein 4128; vgl. G 6cc (Sendung und Aufgabe der Laien in Ehe und Familie).

Hilfe der Welt, der Einzelnen und der menschlichen Gemeinschaft, bei der Ausbreitung des Evangeliums 4340.

Erschwerung des Dienstes der Evangelisierung durch die Sünde 4619; Beeinträchtigung der Verkündigung des Evangeliums auf dem Erdkreis durch die Uneinheit der Christen 4185 4530.

Der Mensch, der evangelisiert werden soll, ist eine sozialen und wirtschaftlichen Problemen unterworfene Person 4579; vgl. C 4kd (Bedrohungen und Probleme des Menschengeschlechts); C 4ke (Arme); Evangelisierung zielt auf – : umfassende Befreiung des Menschen 4626; – : echte Verwirklichung des Menschen 4626; – : persönliche Umkehr und gesellschaftliche Umgestaltung 4620; sie gestaltet den Menschen zum Subjekt seiner eigenen individuellen und gemeinschaftlichen Entwicklung um 4628; Evangelisierung bedeutet – : keine Vernachlässigung von Gerechtigkeit, Befreiung, Fortschritt und Frieden in der Welt, sondern ihre Förderung 4579; – : Förderung des Menschen 4579; Einheit und Unterscheidung zwischen Evangelisierung und menschlicher Förderung 4758; die Kirche will durch die Macht des Evangeliums Urteilskriterien, Werte, Denkgewohnheiten, Antriebskräfte und Lebensmodelle, die Wort und Heilsplan Gottes widersprechen, umstürzen 4575; Verpflichtung des Volkes Gottes und jedes Christen zur Evangelisierung angesichts des Elends und des Unrechts in Lateinamerika 4619; die Kirche Lateinamerikas soll den Armen das Evangelium verkünden und mit ihnen solidarisch sein 4496; vgl. C 4gm (Befreiung und Strukturwandel), D 4d (Befreiung und Überwindung sündhafter Strukturen).

Das Zeugnis einer armen Kirche evangelisiert die Reichen, indem es sie bekehrt 4634; Volksreligiosität ist nicht nur Gegenstand der Evangelisierung, sondern eine aktive Form, mit der sich das Volk ständig selbst evangelisiert 4624; wie die ganze Kirche muß auch die Religion des Volkes immer von neuem evangelisiert werden 4625; vgl. G 7ae (Kirche und Kultur: Volksreligion).

Evangelisierung und Kultur: Evangelium und Evangelisierung gehören zu keiner Kultur, aber sie lassen sich mit ihnen vereinbaren, vermögen sie zu durchdringen und sind keiner untertan 4577; das Evangelium wird von Menschen, die von ihrer Kultur erfüllt sind, in die Praxis des Lebens überführt 4577; der Bruch zwischen Evangelium und Kultur ist verhängnisvoll 4578; die Kultur oder die Kulturen müssen evangelisiert und so wiedergeboren werden 4576 4578.

Die angepaßte Verkündigung als Gesetz aller Evangelisation – : die Kirche hat die Botschaft Christi mit Hilfe der Begriffe und Sprachen der verschiedenen Völker ausgedrückt und sie mit Hilfe der Philosophie verdeutlicht, um das Evangelium dem Fassungsvermögen aller und den Ansprüchen der Gebildeten anzupassen 4344; – : jedes Volk kann so die Botschaft Christi auf eigene Weise ausdrücken 4344; Förderung des Austausches zwischen der Kirche und den verschiedenen Kulturen; die Kirche braucht für diesen Austausch auch Fachleute – Glaubende und Ungläubige 4344; die Sendung der Kirche soll den Verhältnissen der heutigen Welt entsprechen 4162; vgl. G 7ae (Kirche und Kultur: Volksreligion).

Der Grundsatz der Religionsfreiheit begünstigt die Einladung der Menschen zum christlichen Glauben **4245**; Freiheit von Zwang bei Annahme des Glaubens: L 5g (Menschenrechte).

**Das Verhältnis der Kirche zu den Religionen.** Bei den nichtchristlichen Völkern findet sich die Wahrnehmung einer verborgenen Kraft, bisweilen die Anerkennung einer höchsten Gottheit oder eines Vaters 4196; geistliche und sittliche Güter, die sich bei Anhängern anderer Religionen finden, sind von den Christen anzuerkennen, zu wahren und zu fördern 4196; außerhalb der Kirche befinden sich Elemente der Heiligung und der Wahrheit, die als Christi Gaben auf die katholische Einheit hindrängen **4119**; die das Evangelium noch nicht empfangen haben, sind auf das Volk Gottes auf verschiedene Weisen hingeordnet 4140; vgl. C 4dd (Gott und die Religionen); F 1b (Allgemeiner Heilswille Gottes); G 2bb (Sakramentalität der Kirche); G 2bc (Heilsnotwendigkeit der Kirche). **3ce**

Dem Volk der Juden ist die Kirche geistlich verbunden ([a]*aufgrund des Bundes Gottes und seiner Erwählung, der Verheißungen, der Herkunft Jesu Christi*; [b]*aufgrund des gemeinsamen Erbes*) [a]**4140** [b]**4198**; die Kirche, der neue Bund in Christus, ist in der Geschichte des Volkes Israel und im Alten Bund vorbereitet worden 4102 4122; die Anfänge des Glaubens und der Erwählung der Kirche finden sich bei den Patriarchen, bei Mose und den Propheten 800 4198 (4221); alle Christgläubigen sind in der Berufung Abrahams eingeschlossen 4198; das Heil der Kirche ist im Auszug des erwählten Volkes aus dem Land der Knechtschaft vorgebildet 4198; durch Israel hat die Kirche die Offenbarung des Alten Testamentes empfangen 4198; vgl. A 1c (Etappen der Offenbarung); E 1b und 1c (Verheißung Jesu Christi im Alten Bund und Rettung der alttestamentlich Glaubenden); G 1bb (Kirche, vorgebildet im Alten Testament); G 2ba (Kirche aus Juden und Heiden); K 1a (Sakramentale Zeichen im Alten Bund).

Trotz der Nichtannahme des Evangeliums sind die Juden um der Väter willen von Gott geliebt; die Kirche erwartet den Tag, an dem alle Völker den Herrn mit einer Stimme anrufen 4198; zusammen mit den Propheten erwartet die Kirche den Tag der Vollendung 4198.

Das Leiden Jesu kann weder allen damals lebenden Juden ohne Unterschied noch den heutigen Juden zur Last gelegt werden **4198**; trotz der Existenz der Kirche als dem neuen Volk Gottes sind die Juden weder als von Gott verworfen noch als verflucht darzustellen **4198**; die Kirche beklagt die Verfolgungen und Manifestationen des Antisemitismus gegenüber Juden zu welchen Zeiten und durch wen auch immer **4198**.

Die Heilsabsicht Gottes umfaßt die, welche den Schöpfer anerkennen, besonders die Muslime **4140** (4197); die Kirche betrachtet diese mit Wertschätzung: Sie halten fest am Glauben Abrahams, an der Anbetung des einzigen Gottes, verehren Jesus und Maria, erwarten das Gericht und legen Wert auf ein sittliches Leben, Gebet, Almosen, Fasten (4140) **4197**; Feindschaften und Mißhelligkeiten zwischen Christen und Muslimen in der Vergangenheit 4197; beide sollen das Vergangene vergessen, sich um gegenseitiges Verstehen mühen und gemeinsam soziale Gerechtigkeit, sittliche Güter, Frieden

und Freiheit für alle Menschen schützen und fördern 4197; vgl. A 2ab (Menschliche Fähigkeit, religiöse Wahrheiten zu erkennen).

Die Wahrnehmung und Anerkennung einer höchsten Gottheit und eines Vaters durchdringt das Leben der Anhänger anderer Religionen mit religiösem Sinn 4196; Beispiel des – : Hinduismus : Ausdruck des göttlichen Geheimnisses in Mythen und Philosophie 4196; – : Buddhismus : Erkenntnis des Ungenügens der Welt und Lehre eines Wegs zu vollkommener Befreiung und höchster Erleuchtung 4196; die Religionen bemühen sich, der Unruhe des menschlichen Herzens zu begegnen, indem sie Lehren, Lebensregeln und heilige Riten als Wege angeben 4196; nicht selten geben diese einen Strahl jener Wahrheit wieder, die alle Menschen erleuchtet 4196; die katholische Kirche verwirft nichts von dem, was in den Religionen, besonders in Hinduismus und Buddhismus, wahr und heilig ist **4196**; Gespräch und Zusammenarbeit der Christen mit den Anhängern anderer Religionen, wobei sie deren geistliche und sittliche Güter und soziokulturellen Werte anerkennen, wahren und fördern sollen 4196; vgl. A 2ab (Menschliche Fähigkeit, religiöse Wahrheiten zu erkennen).

Gott ist denen nicht fern, die in Schatten und Bildern den unbekannten Gott suchen **4140**.

Die Kirche muß unablässig Christus verkünden, der der Weg, die Wahrheit und das Leben ist; in ihm finden die Menschen die Fülle des religiösen Lebens 4196; vgl. G 3cd (Kirche und Evangelisation bzw. Mission).

**3cf**  **Das Verhältnis der Kirche zu den Nicht-Glaubenden und zum Atheismus.** Außerhalb der Kirche befinden sich Elemente der Heiligung und Wahrheit, die als Christi Gaben auf die katholische Einheit hindrängen **4119**.

Die das Evangelium noch nicht empfangen haben, sind auf das Volk Gottes auf verschiedene Weisen hingeordnet 4140; wer das Evangelium Christi und seine Kirche ohne Schuld nicht kennt, Gott jedoch aufrichtig sucht und seinen Willen zu erfüllen versucht, kann das ewige Heil erlangen und erhält die heilsnotwendigen Hilfen **4140**; was sich bei ihnen an Gutem und Wahrem findet, wird von der Kirche als Vorbereitung für die Frohbotschaft und als von Gott gegeben geschätzt **4140**; vgl. A 2ab (Menschliche Fähigkeit, religiöse Wahrheiten zu erkennen); F 1b (Allgemeiner Heilswille Gottes); G 2bc (Heilsnotwendigkeit der Kirche).

Formen und Gründe des Atheismus : C 4kh.

Die Kirche und der Atheismus: Die Kirche verwirft die Lehren und Maßnahmen des Atheismus [a]*als der Vernunft und der menschlichen Erfahrung widersprechend* 3021f [a]**4321**; Verantwortung der Glaubenden für den Atheismus, (wenn sie das Antlitz der Religion durch verkehrte Glaubenserziehung, Lehre oder Praxis verhüllen) **4319**; die Kirche nimmt die Gründe für den Atheismus ernst und prüft sie **4321**; Zusammenarbeit und Dialog von Glaubenden und Nichtglaubenden beim Aufbau der Welt 4321; die Kirche lädt die Atheisten ein, das Evangelium Christi zu betrachten 4321.

Geeignete Darlegung der Lehre und integres Leben der Kirche und ihrer Glieder als Heilmittel gegen den Atheismus (4319) 4321; Verletzung der Würde des Menschen und Verzweiflung ohne das göttliche Fundament und die Hoffnung auf ewiges Leben 4321.

Die eschatologische Hoffnung verhindert nicht die Erfüllung der weltlichen Aufgaben, sondern motiviert sie: C 4ic (Ordnung des menschlichen Schaffens); C 4ij (Christen und menschliches Schaffen); G 4bf (Aufgaben der Glaubenden in der Welt); M 1b (Eschatologische Hoffnung und irdische Realitäten).

**3cg**  **Gefährdungen und Bedingungen der Katholizität.** Die Katholiken gehören zu jener Kirche, die Christus gegründet hat und von den Nachfolgern des Petrus und der übrigen Apostel geleitet wird, bei denen die ursprüngliche Einrichtung und Lehre der apostolischen Gemeinschaft, das Erbe an Wahrheit und Heiligkeit eben dieser Kirche unversehrt und lebendig fortdauert 4530; Sehnsucht der Glaubenden nach der Einung in der *einen* Herde unter dem einen Hirten 4139; vgl. G 4a (Zugehörigkeit zur Kirche).

Zur Katholizität gehören Momente, die nicht in allen Kirchen gegeben sind: Anerkennung des Glaubensbekenntnisses, der Sakramente, der kirchlichen Leitung und Gemeinschaft (3802) **4137 4139**; es gibt zwischen den anderen christlichen Kirchen und Gemeinschaften und der katholischen Kirche Unstimmigkeiten in der Lehre, in der Disziplin und der Struktur 4188; Dialog mit der Kirche von Konstantinopel mit dem Ziel der vollen Gemeinschaft im Glauben und den Sakramenten 4435; vgl. G 3af (Bedrohung der Einheit in der Kirche und ihre Erneuerung); G 3ag (Katholische Kirche, die anderen Kirchen und kirchlichen Gemeinschaften).

Irrtümer in der Kirche hinsichtlich der katholischen Wahrheit 1667.

Der Donatismus als Typus einer nicht-katholischen Kirchenauffassung 705 912.

Hierarchie der Wahrheiten: A 4bb (Methoden der Theologie); H 3bb (Gegenstände und Arten von Lehrentscheidungen).

**G 3d**  d. – DIE KIRCHE IST APOSTOLISCH

**3da**  **Christus gründet die Kirche auf die Apostel.** Der Glaube der Bekenntnisse an die apostolische Kirche 42–49 60 150 4119 (4151).

Gegründet auf die Apostel : Christus hat die Kirche durch die Sendung der Apostel erbaut **4142**; er hat sie in den Aposteln begründet und auf Petrus gebaut **4143**; er hat Petrus und den Aposteln die

Ausbreitung und Leitung der Kirche anvertraut **4119** 4141 **4143** (4144); in ihrer Verkündigung des Evangeliums wurde die Kirche zusammengeschart 4143; Verkündigung des Evangeliums durch die Apostel: G 3cd (Kirche und Evangelisation bzw. Mission); die Apostel und ihre Nachfolger haben Kirchen eingerichtet 4147; die Sendung der Apostel wurde an Pfingsten bekräftigt 4143; sie wird bis zum Ende der Welt dauern 4144.

Christus setzte die Apostel nach Art eines Kollegiums oder beständigen Zusammenschlusses mit Petrus an der Spitze ein 4143; diesem Kollegium hat Christus alle Güter des Neuen Bundes anvertraut 4190; die Apostel bildeten nach der Bestimmung des Herrn *ein* apostolisches Kollegium 4146; sie sind Teilhaber der Vollmacht Christi 4143; die Würde der Apostel ist gleich, aber es gibt einen Unterschied in der Vollmacht 282 2594.

Das Amt des Bindens und Lösens ist neben Petrus auch dem Apostelkollegium zugeteilt worden 4146; vgl. K 6d (Spender des Bußsakraments).

Begabung der Apostel mit dem Hl. Geist durch Christus zur Erfüllung ihrer Aufgaben [a]*am Pfingsttag* 4145 [a]4148; die Autorität der Apostel ist eine besondere Gabe des Hl. Geistes 4113; ihr sind die Charismatiker unterstellt 4113.

Christus hat – : keine Frau unter die Zwölf aufgenommen 4592; – : das apostolische Amt keinen Frauen anvertraut 4593; auch Maria wurde nicht in das Kollegium der zwölf Apostel aufgenommen 4594; Christus berief nur Männer als seine Apostel 4840; die Apostel (also Männer) sind beim letzten Abendmahl mit Christus zusammen und empfangen am Tag der Auferstehung den Geist 4840.

Gegründet auf Petrus: Christus hat die Kirche auf Petrus gebaut 4143; Petrus wurde übertragen, die Kirche zu weiden 4119; Christus setzte Petrus als Apostelfürst ein 3055; er bestellte ihn zum Fels und Schlüsselträger der Kirche und zum Hirten seiner ganzen Herde 4146; er steht an der Spitze des Kollegiums der Apostel 4143 4190; daher der Primat des Petrus 350f 446 640 774f 3053f **3055** 3308 (4144); verschiedene Bezeichnungen des Petrus wegen seines Primats 3308.

Petrus ist [a]*zweitrangiges* und [b]*sichtbares* Fundament der Kirche [a]774 ([a]3051) [b]4611; er ist das sichtbare Haupt der ganzen Kirche *942* (*944*) *1207* 3055; als Prinzip und Fundament der Einheit des Glaubens und der Gemeinschaft wurde er den anderen Aposteln vorangestellt 3051 **4142**; Petrus hat seine Rechtsvollmacht unmittelbar von Christus empfangen, nicht auf Vermittlung ([a]*durch Synodalbeschlüsse*) der Kirche [a]350 [a]640 3054 **3055**; er war Stellvertreter Christi *942* 1263.

Petrus hat die vollständige Jurisdiktionsvollmacht empfangen 1052; nicht nur den Ehrenprimat **3055**; die Apostel haben ihre Vollmacht nicht ohne Petrus oder gegen Petrus empfangen 3309; ihre Rechtsvollmacht war der Petrus unterworfen 1052; auch Paulus war Petrus nicht gleich (gegen den Irrtum vom zweifachen Haupt der Kirche) *1999* 3555; verworfen wird: [Petrus war sich niemals seines Primats bewußt] *3455*.

Petrus empfing das Amt des Bindens und Lösens 4146.

**Die apostolische Überlieferung in Schrift und Tradition.** Vgl. A 3a (Wesen der Überlieferung); A 3c (Überlieferung und Hl. Schriften); H 3a (Generelle Bestimmungen zum Verkündigungsdienst der Bischöfe). **3db**

Das Wort Gottes wurde von [a]*Christus* und vom [b]*Hl. Geist* den Aposteln anvertraut [a]1501 [a]3006 [a]4207 [b][a]4212 [b]4224; der Hl. Geist hat die Apostel belehrt 4405; die lebendige Überlieferung stammt von den Aposteln 4212f 4534; diese gaben in Predigt, Beispiel und Einrichtungen weiter, was sie von Christus empfangen oder unter der Eingebung des Hl. Geistes gelernt hatten 4207; sie haben die Worte des Herrn mit vollerem Verständnis und den Bedürfnissen der Hörer entsprechend überliefert 4405; vgl. Verkündigung der Apostel: G 3cd (Kirche und Evangelisation bzw. Mission); die Apostel haben das Evangelium als Grundlage der Kirche zu überliefern 4144; was sie nach Christi Gebot gepredigt haben, haben später unter dem Anhauch des göttlichen Geistes sie selbst und apostolische Männer schriftlich überliefert 4225; vgl. A 3b (Hl. Schriften); durch die von den Aposteln eingesetzten Bischöfe und ihre Nachfolger wird die apostolische Überlieferung bewahrt 4144 4208; vgl. K 8 (Sakrament der Weihe); der Glaube hat die Erinnerung an Jesu Handeln und Lehre gestärkt 4405; vgl. A 2b (Glaube); L 2c (Tugend des Glaubens); die Kirche verrichtet den göttlichen Auftrag, das Wort Gottes zu bewahren und auszulegen 4219; vgl. A 3be (Auslegung der Hl. Schriften).

Die apostolische Überlieferung entwickelt sich in der Kirche unter dem Beistand des Hl. Geistes weiter **4210**; durch die Überlieferung ist Gott ohne Unterlaß im Gespräch mit der Kirche **4211**; die Kirche übermittelt in Lehre, Leben und Kult allen Geschlechtern, was sie selber ist und glaubt 4209.

Die apostolische Überlieferung umfaßt alles, was zu einer heiligen Lebensführung des Volkes Gottes und zur Mehrung des Glaubens beiträgt 4209; die Praxis der Kirche in Liturgie, Gebet und Verwirklichung des Glaubens als Kriterium der Überlieferung 4209 4213.

Überlieferung besitzt einen lebendigen Charakter und ist dem universalen Lehramt der Kirche und dem Römischen Bischof nicht entgegengesetzt 4822; die Offenbarung wird durch die rechtmäßige Nachfolge der Bischöfe und die Sorge des Römischen Bischofs (das Lehramt) unversehrt weitergegeben, bewahrt und getreu ausgelegt 4214 **4150** 4534; vgl. H 3a (Generelle Bestimmungen zum Verkündigungsdienst der Bischöfe).

Die Katholiken gehören zu jener Kirche, die Christus gegründet hat und die von den Nachfolgern des Petrus und der übrigen Apostel geleitet wird, bei denen die ursprüngliche Einrichtung und Lehre der apostolischen Gemeinschaft, das Erbe an Wahrheit und Heiligkeit eben dieser Kirche unversehrt und lebendig fortdauert 4530.

**3dc**     **Das kirchliche Amt in der Nachfolge der Apostel.** Die Amtsträger empfangen die Gnadengabe des Hl.
Geistes in ununterbrochener apostolischer Nachfolge und durch das Weihesakrament von Christus
4857; die Apostel gaben durch Auflegung der Hände die geistliche Gabe weiter, die in der Bischofsweihe weitervermittelt wurde 4145; durch die Bischofsweihe wird die apostolische Nachfolge sakramental bewahrt 4821; vgl. K 8c (Bischofsweihe).
Verurteilt wird: [Die Kirche ist in dem Sinn apostolisch, daß alle Getauften für Nachfolger der Apostel zu
halten sind] 4720; [Das Sakrament der Eucharistie ist nicht notwendigerweise mit der sakramentalen
Weihe verknüpft]. Diese Auffassung verletzt die apostolische Struktur der Kirche 4723.
Die Bischöfe: Die Apostel übertrugen ihre Sendung ihren Mitarbeitern und ordneten an, daß danach
bewährte Männer deren Dienst aufnehmen sollten **4144**; die Apostel setzten Bischöfe und Diakone
ein 101; zur Bewahrung des Evangeliums hinterließen sie Bischöfe und übergaben ihnen ihr Lehramt
4208; die Bischöfe sind [a]*aufgrund göttlicher Einsetzung* Nachfolger der Apostel 101 1318 **1768 3061**
3307 3804 4142 [a]4144 4147f 4153 4187 4208 4533; durch sie dauert das Amt der Apostel, die Kirche zu
weiden, fort 4144; vgl. G 2bb (Sakramentalität der Kirche: Fortbestehen und Wachstum der Kirche);
besondere Würde des Bischofsamtes aufgrund der von Anfang an fortlaufenden apostolischen Nachfolge 4144; Christus hat durch seine Apostel die Bischöfe seiner Weihe und Sendung teilhaftig gemacht 4153; die im Bischofsamt Nachfolgenden haben die sichere Gnadengabe der Wahrheit empfangen haben 4532; verworfen wird: [Die Vollmacht, zu binden und zu lösen, wurde nur den Aposteln
verliehen, nicht aber ihren Nachfolgern] *732* (1476).
Den Aposteln und ihren Nachfolgern im Priestertum wurde die Vollmacht übertragen, den Leib und das
Blut Christi zu konsekrieren, darzubringen und auszuteilen (1740 1752) **1764 1771**; die Vollmacht,
Sünden zu vergeben, wurde den Aposteln und ihren Nachfolgern im priesterlichen Amt übertragen
308 348 **1670** 1679 1764 **1771**; vgl. K 6d (Spender des Bußsakraments); K 8a (Priestertum des Neuen
Bundes).
Vom Hl. Geist werden Bischöfe eingesetzt, durch deren Dienst auch Priester zur Leitung der Kirche bestellt
werden 3328.
Vgl. G 3ad (Kirche aus und in Kirchen); H 1a (Gründung des Dienstamtes in der Sendung Jesu Christi und
der Apostel); H 2 (Hirtendienst der Bischöfe); H 3 (Verkündigungsdienst der Bischöfe); H 4 (Heiligungsdienst der Bischöfe).
Das Bischofskollegium: Der Stand der Bischöfe folgt dem Kollegium der Apostel im Lehramt und in
der Hirtenleitung nach 4146 (4187); die Körperschaft der Apostel dauert in ihm beständig fort 4146;
vgl. G 2bb (Sakramentalität der Kirche: Fortbestehen und Wachstum der Kirche); der Parallelismus
zwischen Petrus und den übrigen Aposteln einerseits und Papst und Bischöfen andererseits schließt
weder die Übertragung der außerordentlichen Vollmacht der Apostel auf ihre Nachfolger noch eine
Gleichheit zwischen Haupt und Gliedern des Kollegiums ein 4353; die hierarchische Gemeinschaft
aller Bischöfe mit dem Papst ist in der Überlieferung sicher verwurzelt 4358.
Bischofskollegium und hierarchischen Gemeinschaft des Dienstamtes: G 3ad; H 1c; H 2d; H 3a; H 3ca;
H 3cc; H 3cd; H 3dc.
Der Petrusdienst des Römischen Bischofs: Fortdauer des Amtes Petri in seinen Nachfolgern 4144; vgl.
G 2bb (Sakramentalität der Kirche: Fortbestehen und Wachstum der Kirche); der Römische Bischof
ist der Nachfolger des Apostels Petrus 111 133 136 181 233–235 861 1053 1264 1307 1868 2540 2593
3056f **3058** 3059 3067 (3555) 4146f 4187; deshalb wird der Stuhl des Papstes "Apostolischer Stuhl",
"Stuhl des Apostels Petrus", "Apostolische Quelle" genannt 136 149 217f 238 und passim.
Als Nachfolger des Petrus ist der Römische Bischof das immerwährende und sichtbare Prinzip und Funda-
ment für die Einheit der Vielheit der Bischöfe und Glaubenden **4147**; der Nachfolger des Petrus als
Prinzip und Fundament der Einheit in der Kirche: G 3ab (Kirchliche Einheit als Einheit in der
Vielfalt); ihm ist es in einzigartiger Weise übertragen, den christlichen Namen fortzupflanzen 4147.
Die Päpste sind Petrus in derselben Fülle der Vollmacht nachgefolgt 1053.
Der Beistand des Hl. Geistes wurde dem Papst in Petrus verheißen 4150.
Der Primat des Römischen Stuhles verdankt sich keinen Synodalbeschlüssen 350 640 874.
Zum Dienst des Nachfolgers Petri in der Kirche vgl. G 3ab; G 3ad; H 1c; H 2b; H 2d; H 3a; H 3cb; H 3cc;
H 3cd; H 3dd.

## 4. Die Gemeinschaft der Glaubenden und ihre Sendung

**G 4a**     a. – DIE ZUGEHÖRIGKEIT ZUR KIRCHE

Das messianische Volk ist geprägt von der Würde und Freiheit der Kinder Gottes 4123.
Die Glaubenden – : werden durch die Taufe der Kirche eingegliedert 1314 1671 2567–2570 3685 3802 4127
4136 4157 4720 4852; – : bekommen durch die Taufe Anteil am priesterlichen, prophetischen und
königlichen Amt Christi **4125** 4151 **4157** 4720 4852 4858; vgl. E 3b (Gestalten der Vermittlung); K 3e
(Wirkung der Taufe); vollkommenere Verbindung mit der Kirche durch die Firmung 4127; vgl. K 4d
(Wirkung der Firmung).

Die Taufe erteilt niemandem irgendein Recht, ein öffentliches Amt in der Kirche zu erlangen 4603.

Die Kirche umfaßt auch die Katechumenen 4138; sie werden der Kirche durch ihr Begehren einverleibt 4138.

Die Katholiken gehören zu jener Kirche, die Christus gegründet hat und die von den Nachfolgern des Petrus und der übrigen Apostel geleitet wird, bei denen die ursprüngliche Einrichtung und Lehre der apostolischen Gemeinschaft, das Erbe an Wahrheit und Heiligkeit eben dieser Kirche unversehrt und lebendig fortdauert 4530.

Der Gemeinschaft der Kirche werden voll eingegliedert, die die Bande des Glaubensbekenntnisses, der Sakramente und der kirchlichen Leitung und Gemeinschaft anerkennen 3802 **4137**; nicht gerettet wird, wer sich in die Kirche ohne Liebe eingegliedert hat 4137.

Der katholischen Einheit gehören auf verschiedene Weise zu die katholischen Christen, die anderen Christgläubigen und alle zum Heil berufenen Menschen 4135; wer an Christus glaubt und in der rechten Weise die Taufe empfangen hat, steht in einer gewissen, wenn auch nicht vollkommenen Gemeinschaft mit der katholischen Kirche **4188**.

Die echte Gleichheit der Glaubenden bei verschiedenen Aufgaben 4506; vgl. G 2a (Kirche als Leib und ihre Glieder); G 3ab (Kirchliche Einheit in der Vielfalt).

Verworfen werden Behauptungen, die den Umfang der Glieder einschränken – : auf die geistliche Kirche, die nach dem Evangelium lebt und von der leiblichen Kirche des Papstes verschieden ist *911* – : allein auf die zur Seligkeit Vorherbestimmten *1201-1206 1220-1224 2476* 3803; – : allein auf die Gerechten, die in der Gnade leben *2474-2478 2615*.

Verworfen werden Behauptungen, die den Umfang der Glieder auf die rechtmäßig Exkommunizierten ausdehnen *1128//1139 1151//1163 1180 1217-1219* 1271-1273 *1473f 2491-2493*.

Vgl. G 3ag (Katholische Kirche, die anderen Kirchen und kirchlichenGemeinschaften); G 3cg (Gefährdungen und Bedingungen der Katholizität).

## b. – Berufung und Sendung der Gemeinschaft der Glaubenden G 4b

**Die Berufung der Glaubenden zur Heiligkeit.** Vgl. G 3b (Heiligkeit der Kirche); L 2f (Vereinigung mit Gott); **4ba** M 1b (Endzeitlicher Charakter der pilgernden Kirche).

Gott gewährt den Glaubenden die Heiligung 4166; Christus ist der Urheber und Vollender der Heiligkeit des Lebens **4166**; Christus hat die Heiligkeit des Lebens allen gepredigt 4166; er hat zu allen den Hl. Geist gesandt 4166; vgl. E 2dd (Sendung des Hl. Geistes); der christliche Mensch empfängt die Erstlingsgaben des Geistes, durch die er fähig wird, das neue Gesetz der Liebe zu erfüllen 4322.

Alle Glieder müssen Christus gleichgestaltet werden, bis er in ihnen Gestalt gewinnt 4115 4166; die Glaubenden bekommen durch die Taufe Anteil am priesterlichen, prophetischen und königlichen Amt Christi **4125** 4151 **4157** 4720 4852 4858; vgl. E 3b (Gestalten der Vermittlung).

Berufung der Glaubenden ([a]*jeden Berufes und Standes*; [b]*ob sie zur Hierarchie gehören oder von ihr geweidet werden*; [c]*in allen Lebensverhältnissen*) zur Heiligkeit 4122 [a]4129 4158 4162 [b]**4165** [ca]**4166**.

Die Glaubenden sind in der Taufe zu Kindern Gottes und Teilhabern an der göttlichen Natur und daher heilig gemacht worden **4166**; sie müssen die empfangene Heiligung im Leben festhalten, vollenden und Früchte des Geistes der Heiligung bringen 4166; die Heiligkeit der Kirche drückt sich vielgestaltig aus 4165.

In den Heiligen wird jedem ein Weg zur vollkommenen Einigung mit Christus oder zur Heiligkeit gewiesen 4170; vgl. M 1b (Gemeinschaft der Heiligen).

Falsche Auffassungen von der Frucht der Heiligung des Lebens: L 2f (Vereinigung mit Gott); der gerechtfertigte Mensch bleibt gefährdet: F 3b.

Die Glaubenden sündigen, bedürfen daher ständig der Barmherzigkeit Gottes und müssen um die Vergebung ihrer Schuld beten 4166; Sünde und Vergebung: D (Sünde der Geschöpfe, die Gott verzeiht).

**Wege der Heiligung.** Auf dem C h r i s t e n liegt die Notwendigkeit und die Pflicht, gegen das Böse an- **4bb** zukämpfen und den Tod zu ertragen, aber dem österlichen Geheimnis verbunden und dem Tod Christi gleichgestaltet, geht er voll Hoffnung der Auferstehung entgegen 4322; vgl. L 2d (Tugend der Hoffnung); M 3b (Ewige Seligkeit).

Bedeutung guter Werke: L 2f; gute Werke und Gnade Gottes: F 3d; F 5a; F 5c; Bedeutung der Ausübung der Tugenden: L 2f; Selbsthingabe und Selbstverleugnung: C 4jf; L 2e; L 2f; L 4a; Almosen: L 4e; Werke der Buße und Abtötung: J 1ej; L 2f; Bedeutung des Gebets: J 1ee; L 2f.

Alle G l a u b e n d e n sind zur Fülle des christlichen Lebens und zur Vollkommenheit in der Liebe berufen 4166; zur Erreichung der Vollkommenheit in der Liebe sollen sie dem Willen des Vaters in allem gehorchen, sich der Ehre Gottes und dem Dienst am Nächsten mit ganzem Herzen verschreiben 4166; sie sollen lieben wie Christus 4123 4166 4613f; Hingabe als Weg der Nachfolge Jesu in einer Liebe, die alle Menschen umfaßt (4338) 4613; der göttlichen Liebe ist besonders in den gewöhnlichen Lebensverhältnissen nachzustreben 4338; vgl. C 4gb (Brüderlichkeit, Solidarität, Liebe); C 4jf (Berufung zur Selbsthingabe); L 2e (Tugend der Liebe); L 2f (Vereinigung mit Gott); L 3a (Selbstliebe als Grundverpflichtung); L 4a (Nächstenliebe); L 5e (Solidaritätsprinzip).

Die Laien sollen durch die weltlichen Tätigkeiten zu einem heiligeren Leben gelangen 4162; die Berufung der Laien zur Heiligkeit ist mit ihrer Sendung in Kirche und Welt verknüpft 4854; vgl. G 6cb (Sendung und Aufgabe der Laien in der Welt).

Ehe und Familie als Form der Heiligung des Lebens: G 6cc (Sendung und Aufgabe der Laien in Ehe und Familie); K 9 (Sakrament der Ehe); L 2f (Vereinigung mit Gott); L 6 (Ordnung von Ehe und Familie).

Ehe und Jungfräulichkeit sind in je eigener Form eine konkrete Verwirklichung der höchsten Wahrheit vom Menschen 4700; die Berufung zur Heiligkeit erstreckt sich auch auf Ehegatten und Eltern 4714; sie haben in ihrem Lebensstand ihre eigene Gabe im Volk Gottes **4128**; die christliche Ehe ist Akt der Verherrlichung Gottes in Christus und in der Kirche 4715; aus dem Ehesakrament ergeben sich für die Gatten die Gabe und Aufgabe, die empfangene Heiligung im Leben in die Tat umzusetzen 4716; sie sind Zeugen des Heils, zu dessen Teilhabern sie das Sakrament macht 4706; sie fördern sich gegenseitig zur Heiligung **4128**; Verpflichtung zu Ehe- und Familienspiritualität 4714.

Die Kirche hat die besondere Pflicht, die erhabene Würde der Ehe zu wahren 4707.

Die evangelischen Räte: L 2f (Vereinigung mit Gott).

Die Heiligkeit der Kirche erscheint in der Übung der evangelischen Räte **4165**; die sie befolgen, legen sichtbares Zeugnis für das Verlangen nach der himmlischen Wohnung ab und halten es in der Menschheitsfamilie lebendig 4338.

Die evangelischen Räte der Keuschheit, der Armut und des Gehorsams sind eine göttliche Gabe **4167**; die Verkörperung der evangelischen Räte ist Jesus Christus 4836; ihre Übung geschieht auf Antrieb des Hl. Geistes **4165**; sie sind von den Geboten unterschieden 4836; sie sind in den Worten und Beispielen des Herrn begründet und von den Aposteln, den Vätern, den Lehrern und Hirten der Kirche empfohlen **4167**; sie stellen die Ganzhingabe an Gott dar 4836.

Die Rechtmäßigkeit der evangelischen Räte wird betont 321 (381) 797 3345; sie stehen der Vervollkommnung nicht im Weg *2203*.

Die Übung der evangelischen Räte wird privat oder in einer Lebensform bzw. in einem Stand, die von der Kirche anerkannt sind, vollzogen **4165**.

Die Autorität der Kirche legt die evangelischen Räte aus, regelt ihre Übung und setzt dauerhafte Lebensformen fest **4167**.

Jungfräulichkeit und Zölibat: Verpflichtung für die Kleriker ([a]in den höheren Weihen) 117° 118f 185 711 711[2] [a]**1809** 2972.

Der Zölibat um des Himmelreiches willen ist freie Wahl des Menschen und besondere Gnade, ein herausragendes Zeichen des Reiches Gottes 4836; Maria als Beispiel dafür 4836; Jungfräulichkeit und Mutterschaft "nach dem Geist" 4837; Jungfräulichkeit als Weg für die Frau 4836.

Jungfräulichkeit und Zölibat überragen die Ehe (802) (1353) **1810** 3911f; die gegenseitige Hilfe der Gatten ist kein vollkommeneres Mittel zur Heiligkeit als die Jungfräulichkeit 3912; Ehe und Jungfräulichkeit sind in je eigener Form eine konkrete Verwirklichung der höchsten Wahrheit vom Menschen 4700; vgl. L 2f (Vereinigung mit Gott).

Armut: Geistige Armut bedeutet Offenheit und Verfügbarkeit gegenüber Gott, Wertschätzung der weltlichen Güter ohne Abhängigkeit von ihnen, Anerkennung des höheren Wertes der Güter des Reiches Gottes 4494; Armut als Verpflichtung, die in der Nachfolge Christi die Daseinsbedingungen der Notleidenden dieser Welt auf sich nimmt, um die Übel, die sie darstellt, und die geistige Freiheit gegenüber den Gütern zu bezeugen 4494; vgl. L 2f (Vereinigung mit Gott).

Verworfen werden übersteigerte Aussagen über die Armut – : Christi und der Apostel 930f *1087//1097*; – : aufgrund des Gelübdes 908 *1087-1097*; vgl. E 2ba (Gemeinschaft Christi mit den Menschen: Armut Christi).

Christlicher Gehorsam gegenüber den Geboten Gottes und der Kirche: Auch kontemplative Menschen sind an sie gebunden 893 2189f; auch der Gerechtfertigte bleibt zur Beachtung der Gebote verpflichtet: F 3c; vgl. G 4bg (Die Glaubenden und die Autorität der Kirche); L 2f (Vereinigung mit Gott).

Wesen und Zweck des Ordenslebens: L 2f (Vereinigung mit Gott).

Der Stand der Ordensleute ist kein Zwischenstand zwischen den Klerikern und Laien, sondern aus beiden Gruppen werden Glaubende von Gott berufen **4167**; der Ordensstand unterscheidet sich vom Stand der Laien und vom Stand der Kleriker 4157.

Der Ordensstand wird verteidigt 844 *1169-1174 1181 1184f 1194f* 1270; verworfen werden Thesen über eine Reform des Ordenswesens 2680-2692; als rechtmäßig verteidigt werden Bettelorden 841-844 *1170 1174 1184 1491*.

Die Gestalten des eremitischen oder gemeinschaftlichen Lebens bieten Hilfsmittel zum Fortschritt ihrer Mitglieder und zum Wohl der ganzen Kirche 4167; sie gewähren ihren Mitgliedern eine beständige Lebensweise, eine erprobte Lehre, brüderliche Gemeinschaft und Freiheit, die durch Gehorsam gefestigt ist, zur Erfüllung der Ordensgelübde und zum Fortschritt auf dem Weg der Liebe 4167.

Die Ordensleute streben auf einem engeren Weg nach Heiligkeit und geben so ein Beispiel 4134; sie bezeugen, daß die Welt ohne den Geist der Seligpreisungen nicht verwandelt und Gott dargebracht werden kann 4157.

Ordensgelübde können nicht ohne Sünde aufgegeben werden 321f; verworfen wird: [Ein Gelübde steht der Vollkommenheit im Weg] *2203*; vgl. L 2b (Ehrfurcht vor Gott).

**Teilhabe der Glaubenden am prophetischen Amt Jesu Christi.** Das Volk Gottes nimmt am prophetischen **4bc**
Amt Christi teil 4130; Christus erfüllt sein prophetisches Amt nicht nur durch die Hierarchie, son-
dern auch durch die Laien **4161**; die Christgläubigen haben auf ihre Weise am prophetischen Amt
Christi teil **4532**; sie tragen dazu bei, daß die Glaubenserkenntnis in der Kirche zunimmt **4532**.
Der übernatürliche Glaubenssinn des ganzen Volkes 4130; wenn die Gesamtheit der Glaubenden ihre
allgemeine Übereinstimmung in Sachen des Glaubens und der Sitten äußert, kann sie im Glauben
nicht fehlgehen **4130**; vgl. H 3db (Unfehlbarkeit der Kirche).
Vgl. E 3bb (Prophetentum Jesu Christi); G 6ba (Teilhabe der Laien am prophetischen Amt Jesu Christi);
H 1a (Gründung des kirchlichen Dienstamtes); H 2f (Bischöfe und Welt); H 3 (Verkündigungsdienst
der Bischöfe); H 5 (Dienstamt der Priester); H 6 (Dienstamt der Diakone).

**Teilhabe der Glaubenden am priesterlichen Amt Jesu Christi.** Teilhabe der Diener und der Glaubenden am **4bd**
Priestertum Christi 4177; Christus gewährt dem Volke Gottes Anteil an seinem priesterlichen Amt:
der Verherrlichung Gottes und der Rettung der Menschen 4160; durch die Taufe ªund die Firmung
wird Anteil am Priestertum Christi gewährt 4125 4151 (ª4857); die Weiheämter drücken eine Teilhabe am Priestertum Jesu Christi aus 4857.
Das allgemeine Priestertum der Glaubenden: Begriff und Folgerungen 3849-3853; das Priestertum
wird durch die Sakramente und durch ein tugendhaftes Leben verwirklicht **4127f**; die Glaubenden
werden durch die Taufe zu einem heiligen Priestertum geweiht, damit sie in allen Werken geistige
Opfer darbringen und die Machttaten Christi verkünden **4125**; durch die Prägung in der Taufe
werden sie zur christlichen Gottesverehrung bestellt **4127**; die Getauften sind gehalten, den Glauben
vor den Menschen zu bekennen; die gefirmten Glaubenden sind noch strenger verpflichtet, den
Glauben in Wort und Tat zu verbreiten und zu verteidigen **4127**; beim eucharistischen Opfer bringen
die Glaubenden das göttliche Opferlamm Gott dar und sich selbst mit ihm **4127**; vgl. J 1d (Subjekte
der Liturgie); K 5c (Darbringung des Herrenmahles); allgemeines Priestertum und die Sakramente
der Buße, Krankensalbung, Priesterweihe, Ehe 4128; jeder Glaubende kann taufen 1315 2536 4141;
vgl. K 3c (Spender der Taufe); die Jünger Christi sollen im Gebet ausharren und Gott loben, sich als
lebendige, Gott wohlgefällige Opfergabe darbringen, für Christus Zeugnis ablegen und Rechenschaft
für ihren Glauben geben 4125 (4127); der Christ ist dazu berufen, den Vater im Verborgenen anzubeten und das Sterben Jesu immer am Leibe zu tragen 4012; vgl. J 1ee (Gebet); L 2f (Vereinigung mit
Gott).
Nicht alle Glaubenden sind mit der gleichen geistlichen Vollmacht ausgestattet 1767; das gemeinsame
Priestertum der Glaubenden und das amtliche bzw. hierarchische Priestertum unterscheiden sich
dem Wesen, nicht bloß dem Grade nach **4126** 4857; beide nehmen auf je besondere Weise am einen
Priestertum Christi teil **4126**; sie sind einander zugeordnet **4126** 4587; verurteilt wird: [Der Dienst der
Bischöfe und Priester unterscheidet sich im strengen Sinne nicht vom allgemeinen Priestertum der
Glaubenden] 4721.
Die Teilhabe der Glaubenden am priesterlichen Amt Christi verwirklicht sich in der Liturgie: J (Gott
begegnet seinem Volk in der Liturgie).
Alle Glaubenden verrichten bei der liturgischen Handlung ihre je eigene Aufgabe, sowohl bei der Dar-
bringung als auch bei der Kommunion, nicht unterschiedslos, sondern jeder auf seine Art **4028**
(4029) **4127**; vgl. J 1d (Subjekte der Liturgie).
Vgl. E 3bc (Priestertum Christi); G 6bb (Teilhabe der Laien am priesterlichen Amt Jesu Christi); H 1a
(Gründung des kirchlichen Dienstamtes); H 1b (Hierarchische Gliederung des Dienstamtes); H 4
(Heiligungsdienst der Bischöfe); H 5 (Dienstamt der Priester); H 6 (Dienstamt der Diakone); K 5c
(Darbringung des Herrenmahles); K 8a (Priestertum des Neuen Bundes).

**Teilhabe der Glaubenden am königlichen Amt Jesu Christi.** Teilhabe der Glaubenden am königlichen Amt **4be**
Christi 4157; Christus ist der Herrscher, dem zu dienen herrschen bedeutet 4162.
Seine königliche Vollmacht teilte Christus seinen Jüngern mit, damit auch sie in königliche Freiheit gestellt
würden zur Selbstverleugnung und Überwindung der Sünde. So sollen sie Christus in den anderen
dienen und diese zu ihm hingeleiten 4162.
Vgl. E 3bd (Königtum Jesu Christi); G 6bc (Teilhabe der Laien am königlichen Amt Jesu Christi); H 1a
(Gründung des kirchlichen Dienstamtes); H 2 (Hirtendienst der Bischöfe); H 5 (Dienstamt der Priester); H 6 (Dienstamt der Diakone).

**Aufgaben der Glaubenden in der Welt.** Alle Glieder der Kirche haben am Weltcharakter Anteil, aber in **4bf**
verschiedener Form 4853; vgl. G 3cd (Kirche und Evangelisation bzw. Mission); G 6ca (Apostolat der
Laien); G 6cb (Sendung und Aufgabe der Laien in der Welt); G 7aa (Kirche, Welt und Menschen-
geschlecht); H 2f (Bischöfe und Welt); H 3a (Generelle Bestimmungen zum Verkündigungsdienst der
Bischöfe); H 5 (Priester und Welt).
Verbindung der Christen mit den übrigen Menschen zur Suche der Wahrheit und zur Lösung der sittlichen
Probleme 4316.
Die Beteiligung der Christen am politischen Leben ist Ausübung der Nächstenliebe 4484; vgl. G 6a (Grund-
sätzliches zu den Laien); G 6cb (Sendung und Aufgabe der Laien in der Welt); G 7aa (Kirche, Welt
und Menschengeschlecht); G 7ab (Kirche und Gesellschaft); G 7ad (Kirche und Arme).
Die Christen müssen jene "Zivilisation der Liebe" verwirklichen, die eine Zusammenfassung des ganzen
ethisch-kulturellen Erbes des Evangeliums ist 4776 (4815); vgl. C 4gb (Brüderlichkeit, Solidarität);
C 4gp (Christen und menschliche Gemeinschaft); L 13 (Ordnung der Kultur).

Der Christ ist ein Baumeister des Friedens 4487; durch die Christen soll die Welt ihr Ziel in Gerechtigkeit, Liebe und Frieden wirksamer erreichen 4162; der Christ soll den Weg des Dialogs und der Übereinstimmung der Parteien wählen 4773; er ist friedfertig, aber nicht schlechthin Pazifist, weil er fähig ist zu kämpfen. Aber er zieht dem Krieg den Frieden vor 4489; vgl. C 4gc (Gerechtigkeit und Friede).

Das Zweite Vatikanische Konzil fordert die Christen zur Erfüllung ihrer irdischen Pflichten im Geist des Evangeliums auf 4343.

Die Christen sollen ihre menschlichen, häuslichen, beruflichen, wissenschaftlichen oder technischen Tätigkeiten mit den religiösen Werten verbinden 4343; sie sollen durch die weltlichen Tätigkeiten zu einem heiligeren Leben gelangen, so daß die Welt in Gerechtigkeit, Liebe und Friede ihr Ziel wirksamer erreicht 4162.

Die Christen sind gemäß ihrer Berufung durch den Glauben um so mehr zur Erfüllung ihrer irdischen Pflichten verpflichtet **4343**; Christen, die ihre zeitlichen Pflichten vernachlässigen, weichen von der Wahrheit ab, vernachlässigen ihre Pflichten gegenüber dem Nächsten, gegen Gott und gefährden ihr ewiges Heil **4343**; die Spaltung zwischen Glauben und täglichem Leben, zwischen irdischen Geschäften und religiösem Leben ist eine schwere Verirrung **4343**; die Erwartung der neuen Erde darf die Sorge für die Gestaltung der Erde nicht abschwächen, sondern muß sie ermutigen **4339**.

Vgl. C 4ic und C 4ij (Christen und menschliches Schaffen); M 1b (Eschatologischer Glaube und irdische Realitäten).

**4bg**    **Die Glaubenden und die Autorität der Kirche.** Die Anerkennung der Autorität der Kirche wird gefordert 102 161 704 1215 2895; die Glaubenden müssen den Hirten gehorchen, wenn sie im Namen Christi lehren 4533; weder der [a]*gerechtfertigte* noch der [b]*vollkommene* (bzw. kontemplative) Mensch ist von den Geboten der Kirche befreit [b]893 [a]1570 [b]2189f; wer sich weigert, dem Papst untertan zu sein und mit den Gliedern der Kirche zu verkehren, ist schismatisch 446 468f; vgl. L 14 (Ordnung der Kirche).

Die Taufe befreit nicht von den Verpflichtungen, die das Gesetz Gottes, die Kirche und eventuelle Gelübde auferlegen 1620–1622.

Anerkennung kirchlicher Lehrentscheidungen: H 3e; vgl. H 3i (Volk Gottes und Verkündigungsdienst der Bischöfe); Annahme von Glaubenswahrheiten: L 2c (Tugend des Glaubens).

Anerkennung des Primats des Papstes: H 2ba (Leitungsvollmacht und Primat des Papstes).

Anerkennung der Gebote Gottes und der Kirche: F 3c (Der gerechtfertigte Mensch bleibt zur Beachtung der Gebote verpflichtet); G 4bb (Wege der Heiligung: Gehorsam); L 2f (Vereinigung mit Gott).

Recht der Kirche, Ungehorsam zu bestrafen: H 2a (Generelle Bestimmungen zum Hirtendienst der Bischöfe).

**G 5**    **5. Der amtliche Dienst in der Kirche**

Wegen der Fülle der Aussagen ausgegliedert: H (Gott leitet, unterweist und heiligt die Kirche durch seine Diener).

**6. Die Laien in der Kirche**

**G 6a**    a. – GRUNDSÄTZLICHES ZU DEN LAIEN

Die Laien – : sind alle Christgläubigen außer den Gliedern des heiligen Standes und des Ordensstandes **4157**; – : sind durch die Taufe Christus einverleibt und haben [a]*auf ihre Weise* Teil am priesterlichen, prophetischen und königlichen Amt Christi **4157** [a]4852 4858; – : üben entsprechend ihrem Anteil die Sendung des ganzen christlichen Volkes in der Kirche und in der Welt aus **4157**; die Pflichten und Aufgaben der Laien haben in Taufe, Firmung und Ehe eine sakramentale Grundlage 4858; die Laien sollen unter Berücksichtigung der christlichen Weisheit und der Lehren des Lehramtes ihre eigenen Aufgaben wahrnehmen 4343.

Die Laien sind im Volk Gottes versammelt, in dem *einen* Leib Christi unter das *eine* Haupt gestellt 4159; sie werden vom Geist des Evangeliums geführt 4157.

Den Laien ist der Weltcharakter ([a]als eine besondere Weise des Handelns und Mühens) besonders zu eigen 4156f [a]4853; sie leben in der Welt, eingebunden in die weltlichen Verpflichtungen, Tätigkeiten und das familiäre und gesellschaftliche Leben 4157; es ist Aufgabe der Laien und nicht der Hirten, an der politischen Errichtung und Ordnung des sozialen Lebens aktiv teilzunehmen 4775; den Laien obliegen eigentlich, wenn auch nicht ausschließlich, die weltlichen Pflichten und Tätigkeiten 4343; die Glaubenden sollen zwischen ihren Rechten und Pflichten gegenüber der Kirche und denen gegenüber der Gesellschaft unterscheiden und sich um deren harmonische Vereinigung mühen 4162.

Die Berufung der Laien zur Heiligkeit ist mit ihrer Sendung in Kirche und Welt verknüpft 4854; vgl. G 4ba (Berufung der Glaubenden zur Heiligkeit); G 4bb (Wege der Heiligung); G 6cb (Sendung der Laien in der Welt); G 6cd (Sendung der Laien in der Kirche).

Die Laien empfangen ihre Kräfte durch das Geschenk des Schöpfers und die Gnade des Erlösers 4159; die Wirksamkeit der Laien ist durch die Gnade Christi innerlich erhöht 4162.

### b. – DIE TEILHABE DER LAIEN AM PROPHETISCHEN, PRIESTERLICHEN UND KÖNIGLICHEN AMT JESU CHRISTI

G 6b

**Teilhabe der Laien am prophetischen Amt Jesu Christi.** Die Laien nehmen teil – : am prophetischen Amt Christi 4852; – : am übernatürlichen Glaubenssinn der Kirche 4852; Christus erfüllt sein prophetisches Amt nicht nur durch die Hierarchie, sondern auch durch die Laien **4161**; vgl. H 3db (Unfehlbarkeit der Kirche).
  **6ba**
Christus setzt die Laien als Zeugen ein und rüstet sie mit einem Sinn für den Glauben und mit der Gnade des Wortes aus 4161 4852; sie verkündigen das Evangelium durch Worte und Werke und weisen auf das Schlechte in der Welt hin 4852; sie sollen ihre Hoffnung auf die künftige Herrlichkeit in ständiger Bekehrung und im Kampf gegen das Böse auch in den Strukturen der Welt ausdrücken 4161.
Vgl. E 3bb (Prophetentum Christi); G 4bc (Teilhabe der Glaubenden am prophetischen Amt Christi); G 6ca (Apostolat der Laien).
**Teilhabe der Laien am priesterlichen Amt Jesu Christi.** Christus, der ewige Hohepriester, setzt durch die Laien sein Zeugnis und seinen Dienst fort **4160**; die Laien sind Christus geweiht, mit dem Hl. Geist gesalbt und zum geistlichen Gottesdienst bevollmächtigt **4160**.
  **6bb**
Die Laien üben das königliche Priestertum im Empfang der Sakramente, in Gebet, Danksagung, durch das Zeugnis eines heiligen Lebens, durch Selbstverleugnung und tätige Liebe aus **4126**; sie weihen, indem sie als Anbeter überall heilig handeln, die Welt selbst Gott **4339 4716**; sie nehmen teil am priesterlichen Amt Christi, indem sie sich selbst und ihre Werke darbringen 4852; sie wirken kraft des königlichen Priestertums an der Darbringung der Eucharistie mit **4126**; ihre Tätigkeiten – im Geist vollzogen – sind geistige Opfer, die bei der Feier der Eucharistie zusammen mit dem Herrenleib dem Vater dargebracht werden; so weihen sie die Welt Gott **4160**; vgl. J 1d und K 5cc (Aktive Teilhabe der Laien an der Darbringung des Herrenmahles/an der Liturgie).
Die Laien als Spender der Taufe 120 1315 1349 2536 4141; vgl. K 3c (Spender der Taufe).
Laien benötigen zum Predigen die kirchliche Sendung (missio canonica) 760f (770f) 796 **809** 866 *1163f 1217f* 1277 **1777**; Sünden dürfen Laien nicht gebeichtet werden 866 1260 *1463* **1684 1700**.
Verwirklichung des Priestertums der Laien in der Liturgie: J (Gott begegnet seinem Volk in der Liturgie).
Vgl. E 3bc (Priestertum Christi); G 4bd (Teilhabe der Glaubenden am priesterlichen Amt Christi); J 1d (Subjekte der Liturgie); K 5cc (Aktive Teilhabe der Laien an der Darbringung des Herrenmahles); K 8a (Priestertum des Neuen Bundes).
**Teilhabe der Laien am königlichen Amt Jesu Christi.** Die Laien nehmen am königlichen Amt Christi teil 4852; Christus breitet sein Reich auch durch die Laien aus **4162**; dieses "Königtum" leben sie vornehmlich durch geistlichen Kampf, um in sich das Reich der Sünde zu besiegen, und durch Selbsthingabe im Dienst an Christus 4852; ständige Bekehrung der Laien und Kampf gegen das Böse 4161; Berufung zum Dienst am Reiche Gottes und dessen Ausbreitung 4852.
  **6bc**
Vgl. E 3bd (Königtum Christi); G 4be (Teilhabe der Glaubenden am königlichen Amt Christi).

### c. – DIE SENDUNG UND AUFGABE DER LAIEN

G 6c

**Das Apostolat der Laien.** Vgl. G 3cd (Kirche und Evangelisation bzw. Mission); G 6ba (Teilhabe der Laien am prophetischen Amt Christi).
  **6ca**
Zum Apostolat werden die Laien vom Herrn selbst durch Taufe und Firmung bestimmt **4159** (4858); es geht alle Christgläubigen an **4159**; es ist Teilhabe an der heilbringenden Sendung der Kirche selbst **4159**.
Durch die Sakramente, vor allem die Eucharistie, wird die Liebe vermittelt, die die Seele des ganzen Apostolats ist 4159; durch die Sakramente wird das Apostolat der Glaubenden genährt 4161.
Die Evangelisation durch die Laien bekommt ihre Prägung und Wirksamkeit von daher, daß sie in den gewöhnlichen Verhältnissen der Welt erfüllt wird 4161; die Laien sollen sich mühen, daß der göttliche Heilsplan zu allen Menschen aller Zeiten und überall hingelangt 4159; sie können und müssen, wenn auch von zeitlichen Sorgen beansprucht, die Welt evangelisieren und zum Wachstum des Reiches Christi in der Welt zusammenwirken 4161; sie sollen den Acker der Welt für den Samen des göttlichen Wortes bereiten 4162; sie sollen die Welt von innen her heiligen ([a]*mit christlichem Geist erfüllen*) und ([a]*inmitten der Welt* [b]*durch ihr Leben*) Christus bezeugen [b]4157 [a]4343; sie sind Herolde des Glaubens, wenn sie mit dem Leben aus dem Glauben das Bekenntnis verbinden 4161; sie müssen Zeugen der Auferstehung und des Lebens Jesu und Zeichen des lebendigen Gottes sein, die Welt mit geistlichen Früchten nähren und in sie hinein den Geist ausgießen 4164; sie sind dazu berufen, die Neuheit und Kraft des Evangeliums in ihrem alltäglichen familiären und gesellschaftlichen Leben offenbar werden zu lassen 4852; sie sollen die Hoffnung auf die Herrlichkeit auch durch die Strukturen des Lebens in der Welt ausdrücken 4161 4852.

Wert von Ehe und Familie für das Apostolat der Laien: G 6cc.

**6cb** **Die Sendung und Aufgabe der Laien in der Welt.** Ihre Aufgabe ist es, kraft ihrer Berufung in der Ausführung und gottgemäßen Ordnung der zeitlichen Dinge das Reich Gottes zu suchen **4157**; sie sollen alle zeitlichen Dinge so ordnen, daß sie Christus gemäß und zum Lob des Schöpfers und Erlösers geschehen 4157; der Hl. Geist beruft sie dazu, sich dem irdischen Dienst an den Menschen zu widmen und so die Voraussetzung für das Himmelreich zu schaffen 4338; sie sollen das göttliche Gesetz dem Leben der irdischen Bürgerschaft einprägen 4343.

Bei der Erfüllung der Welt durch den Geist Christi haben die Laien eine besondere Stellung inne; sie sollen – : durch die weltlichen Tätigkeiten zu einem heiligeren Leben gelangen, so daß die Welt in Gerechtigkeit, Liebe und Friede ihr Ziel wirksamer erreicht 4162; – : dazu beitragen, daß die geschaffenen Güter durch Arbeit, Technik und Kultur zum Nutzen aller Menschen vervollkommnet und angemessener verteilt werden 4162; – : die Einrichtungen und Verhältnisse der Welt, wenn Gewohnheiten zur Sünde reizen, so heilen, daß alles gerecht gestaltet wird und der Ausübung der Tugenden eher förderlich als schädlich ist 4162; – : zum Fortschritt in menschlicher und christlicher Freiheit beitragen 4162; – : den Acker der Welt für den Samen des göttlichen Wortes bereiten 4162.

Das Handeln der Laien wird aufgrund der neuen kirchlichen, gesellschaftlichen, wirtschaftlichen, politischen und kulturellen Verhältnisse erfordert; den Laien ist es nicht erlaubt, untätig zu bleiben 4851; vgl. C 4k (Geschichtliche Verfaßtheit des Menschen).

Von den Laien, als einzelnen oder als Gruppen, wird erwartet – : Beachtung der eigenen Gesetze der Welt 4343; – : fachliches Können 4343; – : Zusammenarbeit mit anderen Menschen 4343; – : wo es geboten ist, Planung und Durchführung von Neuem 4343.

Schwierigkeiten und Gefahren des (nachkonziliaren) Wegs der Laien: – : Zurückweichen vor ihrer eigenen und eigentlichen Verantwortung im Bereich des Berufs, der Gesellschaft, der Wirtschaft, Kultur und Politik wegen der kirchlichen Dienste 4850; – : Trennung des Glaubens vom Leben und tätigen Bemühen 4850; die Kirche ist darauf bedacht, daß die Sendung der Laien nicht von den Sorgen um die zeitliche Ordnung aufgesogen wird oder sich nur in ihnen erschöpft 4758.

Vgl. C 4i (Schaffen des Menschen); bes. C 4ij (Christen und menschliches Schaffen); G 4bf (Aufgaben der Glaubenden in der Welt).

**6cc** **Die Sendung und Aufgabe der Laien in Ehe und Familie.** Die Familie ist eine Art Hauskirche **4128**; die christlichen Gatten fördern sich und ihre Kinder zur Heiligung 4128; sie sollen durch Wort und Beispiel für ihre Kinder die ersten Glaubensboten sein und deren eigene Berufung fördern 4128.

Bei der Aufgabe der Evangelisation durch die Laien erscheint der Stand der Ehe- und Familie als besonders wertvoll **4161**; denn in ihm ist eine hervorragende Übung und Schule für das Laienapostolat gegeben 4161; Berufung der christlichen Familie zum Glaubenszeugnis untereinander und gegenüber der Welt 4161 4706; die Taufe von Kindern verlangt Erziehung im Glauben und zum christlichen Leben 4674; vgl. G 3cd (Kirche und Evangelisation); G 6ca (Apostolat der Laien).

Durch die Kinder aus dem Ehebund wird dem Volk Gottes im Laufe der Zeiten Dauer verliehen 1311 3143 3705 4128.

Vgl. G 4bb (Wege der Heiligung); K 9 (Sakrament der Ehe); L 2f (Vereinigung mit Gott); L 6 (Ordnung von Ehe und Familie).

**6cd** **Die Sendung und Aufgabe der Laien in der Kirche.** Die Laien sollen in der Kirche eine aktive Rolle spielen 4343; Teilnahme der Laien an der Heiligkeit der Kirche 4854; ihr Handeln wird aufgrund der neuen kirchlichen Verhältnisse erfordert 4851; sie sind Zeugen und Werkzeuge der Sendung der Kirche **4159**; sie sind mitverantwortlich für die Sendung der Kirche 4853; die Sendung der Kirche für die Welt wird nicht nur von den Amtsträgern, sondern auch von allen Laien vollzogen 4858; sie sollen ihren Kräften und den Erfordernissen der Zeitumstände entsprechend am Heilswerk der Kirche teilnehmen **4159**; sie machen die Kirche in Verhältnissen gegenwärtig, wo diese nur durch sie Salz der Erde werden kann **4159**.

Die Laien sind dazu berufen, zum Wachstum der Kirche und deren Heiligung beizutragen 4159; geistgewirkt – : sind die tätige Teilnahme der Laien an der Liturgie, die Verkündigung und Übermittlung der Katechese, die Aufgaben und Tätigkeiten der Laien 4850; – : sind die Gruppen, Vereinigungen und geistlichen Bewegungen der Laien 4850; – : ist die Teilnahme von Frauen am Leben der Kirche 4850; entsprechend ihrem Wissen, ihrer Kompetenz und ihrer Stellung haben die Laien die Möglichkeit und manchmal die Pflicht, ihre Meinung über das Wohl der Kirche kundzutun **4163**.

Die Aufgaben bei liturgischen Handlungen, Verkündigung und Hirtensorge, die nicht den geweihten Amtsträgern eigentümlich sind, sollen durch die Laien erfüllt werden 4858; Dienste, Pflichten und Aufgaben der Getauften in der Kirche: Hilfe beim Apostolat, Evangelisierung, Heiligung und christliche Beseelung der zeitlichen Wirklichkeiten, Verfügbarkeit in Notfällen 4858; den Laien kommen große Aufgaben in der liturgischen Versammlung und deren Vorbereitung zu 4858.

Tätige Teilnahme der Laien an der Liturgie: J 1d (Subjekte der Liturgie); J 2a (Ziel der Erneuerung der Liturgie); K 5cc (Aktive Teilhabe der Laien bei der Darbringung des Herrenmahles).

Jeder Laie tritt aufgrund der Verschiedenheit und Komplementarität der Gnadengaben und Verantwortlichkeiten in Beziehung zum ganzen Leib der Kirche 4855.

Die Laien sollen mit ihren Gebeten ihre kirchlichen Vorgesetzten Gott empfehlen 4163.

Zusammenarbeit der Laien mit dem hierarchischen Dienstamt: G 6ce; H 2e (Volk Gottes und Hirtendienst der Bischöfe).

**Zusammenarbeit der Laien mit dem hierarchischen Dienstamt.** Die heiligen Diener und das Volk Gottes **6ce** **4158;** die Laien und die Hirten sind Brüder 4158; das Zusammenarbeiten von Priestern, Ordensleuten und Laien ist geistgewirkt 4850.

Die Hirten sollen die Sendung der Kirche gegenüber der Welt nicht allein auf sich nehmen, sondern alle sollen auf ihre Weise zum gemeinsamen Werk zusammenwirken **4156;** die Hirten müssen die Pflichten und Aufgaben der Laien anerkennen und fördern, da sie eine sakramentale Grundlage haben 4858; sie können den Laien bestimmte Funktionen anvertrauen 4858; diese Aufgaben machen aus einem Laien keinen Hirten 4858; die Laien können auf verschiedene Weisen zu einer unmittelbareren Zusammenarbeit mit der Hierarchie berufen werden **4159;** sie haben die Befähigung, von der Hierarchie zu bestimmten kirchlichen Ämtern herangezogen zu werden **4159;** einige Laien üben, wenn es an heiligen Dienern fehlt oder diese unter einem Verfolgungsregime behindert sind, heilige Aufgaben nach ihrer Befähigung stellvertretend aus **4161.**

Gefahr der Rede vom "Dienst": Vermischung, Gleichstellung von allgemeinem und Amtspriestertum, willkürliche Deutung der "Subsidiarität", Klerikalisierung der Laien; Notwendigkeit einer genaueren Sprechweise 4858.

Die Laien sollen – : den Hirten und Lehrern ihre gemeinsame Bemühung zur Verfügung stellen **4156;** – : den Hirten ihre Bedürfnisse und Wünsche eröffnen 4163; – : was die Hirten als Lehrer und Leiter in der Kirche festsetzen, gehorsam annehmen 4163 (4343).

Die Laien haben die Möglichkeit, manchmal auch die Pflicht, ihre Meinung über das Wohl der Kirche einzeln oder vermittels bestimmter Einrichtungen kundzutun **4163.**

Bei Meinungsverschiedenheiten zwischen Christen kann keine Seite die kirchliche Autorität für sich allein in Anspruch nehmen 4343; von den Priestern dürfen die Laien Licht und geistliche Kraft erwarten, nicht aber eine konkrete Lösung in allen Fragen 4343.

Vgl. H 2e (Volk Gottes und Hirtendienst der Bischöfe).

**Rechte und Pflichten der Laien.** Die Laien haben das Recht, geistliche Güter der Kirche, besonders das **6cf** Wort Gottes und die Sakramente, von den Hirten zu empfangen **4163.**

Die Laien haben die Möglichkeit, manchmal die Pflicht, ihre Meinung über das Wohl der Kirche kundzutun **4163.**

Die Glaubenden und die Autorität der Kirche: G 4bg.

# 7. Das Verhältnis der Kirche zum Menschengeschlecht, zu Gesellschaft, Kultur, Staat und internationalen Institutionen

### a. – Das Verhältnis der Kirche zu Welt, Gesellschaft und Kultur   G 7a

**Kirche, Welt und Menschengeschlecht.** Vgl. C 4fh und C 4fi (Christus, der vollkommene Mensch; Christus, **7aa** das Heil des Menschen); C 4k (Geschichtliche Verfaßtheit des Menschen); E 2bb (Christi Wirken unter den Menschen); E 3 (Jesus Christus, der Erlöser); F 1 (Gottes universaler Heilswille); G 2bb (Sakramentaler Charakter der Kirche); G 2bc (Heilsnotwendigkeit der Kirche); G 3c (Katholizität der Kirche); L 9 (Ordnung der Menschheitsfamilie).

Die Kirche ist in und wirkt mit der Welt und erfährt das gleiche Geschick 4340; sie trägt in ihren Sakramenten und Einrichtungen die Gestalt dieser Welt 4168; sie ist dem Menschengeschlecht eingefügt 4311 4340; sie besteht aus Menschen 4340; sie teilt die Ereignisse, Bedürfnisse und Wünsche der Menschen 4311; sie lebt unter den Geschöpfen 4168; vgl. G 2bb (Sakramentaler Charakter der Kirche).

Innigste Verbundenheit – : der Kirche mit dem Menschengeschlecht und seiner Geschichte 4301 4303; – : der Jünger Christi mit Freude, Hoffnung, Trauer und Angst der Menschen von heute, besonders mit den Armen und Bedrängten aller Art **4301;** der Weg Christi zu den Menschen ist der erste Weg der Kirche (mit dem ganzen Menschen als Person und in seinem gesellschaftlichen und sozialen Leben als Ziel) 4643–4645 (4758); die Sendung der Kirche ist eine religiöse und daher eine zutiefst menschliche 4311; die Kirche ist den Menschen zugetan 4321; sie ist "Expertin in Sachen Menschlichkeit" 4421.

Die Kirche hat eine heilbringende Sendung gegenüber der Welt (4120) 4156 (4186) 4755 4858; sie strebt nach dem Heil des ganzen Menschengeschlechts und bietet den Menschen Gutes an 4345; sie will das Heil des Menschen in jeder Hinsicht 4757; sie soll mitwirken, daß der Ratschluß Gottes für das Heil der Welt erfüllt werde 4141; sie vermittelt jene Heilskräfte, die sie selbst empfängt 4303; sie teilt dem Menschen (ᵃdurch die Gnade) das göttliche Leben mit ᵃ*und bewirkt das wahre zeitliche Wohl der Menschen* 4340 ᵃ4757; vgl. G 2bb (Sakramentaler Charakter der Kirche).

Durch die Kirche hallt das Evangelium in der Welt wider 4211; die Kirche soll Christi Mysterium der Welt enthüllen, bis es völlig offenbar werden wird 4121; sie ist gesandt, das Reich Christi und Gottes anzukündigen und in allen Völkern zu begründen 4106; sie ist Trägerin einer Botschaft für die ganze Menschheit 4420; das Menschengeschlecht soll zur Familie Gottes werden 4332; der Grundsatz der Religionsfreiheit begünstigt die Einladung der Menschen zum christlichen Glauben 4245; die Kirche

ist zu allen Menschen gesandt und soll alle Menschen umfassen: G 3cc (Sendung der Kirche zu allen Völkern und allen Menschen); G 3cd (Kirche und Evangelisation bzw. Mission); G 6ca (Apostolat der Laien); G 6cc (Sendung und Aufgabe der Laien in Ehe und Familie); H 3a (Generelle Bestimmungen zum Verkündigungsdienst der Bischöfe).

Beitrag der Kirche zu einer humaneren Menschenfamilie und ihrer Geschichte 4340; die Kirche zeichnet den Frieden vor und fördert ihn 4135 4162 (4197); Aufgabe der Kirche, Einheit und Liebe unter den Menschen und Völkern zu fördern 4195; die Einheit der menschlichen Familie wird durch die Einheit der Familie der Kinder Gottes gestärkt und erfüllt 4342; die Kirche als Zeichen der Einheit für die Welt ([a]durch die brüderliche Liebe der Glaubenden) 4026 4101 4124 [a]4321 4342 4343; vgl. C 4gc (Gerechtigkeit und Friede); L 7 (Ordnung der Gesellschaft); die Kirche wirkt die Erneuerung der Welt 4168; sie ist Quell sittlicher Kräfte, deren die Welt bedarf 4343 (4198); vgl. C 4ii und 4ij (Kirche bzw. Christen und menschliches Schaffen); G 2bb (Sakramentaler Charakter der Kirche); G 6cb (Sendung und Aufgabe der Laien in der Welt); G 7ab (Kirche und Gesellschaft).

Gespräch der Kirche mit den Menschen ([a]mit der ganzen Welt) [b]über die Probleme der Menschheit [b]4303 4340 [a]4420; Mitwirkung bei ihrer Lösung 4310; die Kirche achtet darauf, was zum wahren Wohl des Menschen beiträgt und diesem Wohl schadet 4643 (4757); ihre Sendung soll den Verhältnissen der heutigen Welt entsprechen 4162; sie will zur Erhellung des Weges der Menschen das Licht der Offenbarung mit der Erfahrung aller verbinden 4333; sie muß zum Verständnis der Welt die Zeichen der Zeit erforschen und im Licht des Evangeliums deuten, so daß sie die Fragen nach dem Sinn des Lebens beantworten kann 4304; sie bemüht sich, in den menschlichen Ereignissen, Bedürfnissen und Wünschen zu unterscheiden, was darin Zeichen der Gegenwart oder des Ratschlusses Gottes sind 4311; sie unterscheidet und deutet die verschiedenen Sprachen der Zeit zum besseren Verständnis und zur besseren Vermittlung der geoffenbarten Lehre 4344; vgl. A 2bb (Glaube und Verkündigung); G 3cd (Kirche und Evangelisation bzw. Mission); G 7ae (Kirche und Kultur).

Die Kirche fördert den Menschen und verbreitet Leben und Freiheit 4321; sie schützt seine personale Würde [a]die Rechte, die sich daraus ergeben, und [b]seine Freiheit [a]4198f [b]4341; sie prangert Lebensbedingungen an, die die Würde und Freiheit des Menschen beeinträchtigen 4767; sie heilt und erhöht die Würde der menschlichen Person 4340; sie verkündet die Rechte der Menschen und schätzt deren Förderung 4341; sie entzieht die Würde der menschlichen Person allen Meinungsschwankungen 4311; sie verwirft Diskriminierung oder Mißhandlung von Menschen um ihrer Rasse, Farbe, Standes oder Religion willen als dem Geist Christi widersprechend 4199; sie verwirft alle Verfolgungen gegen Menschen 4198; sie beklagt jede Form des Antisemitismus 4198; Aufgabe der Kirche ist die Verteidigung des Menschen gegen das, was ihn zerstören und entehren kann 4550; die Laien sollen zum Fortschritt in menschlicher und christlicher Freiheit beitragen 4162; vgl. C 4fb (Würde des Menschen); C 4fc (Freiheit des Menschen); C 4gg (Gleichheit und Ungleichheit in der Gesellschaft); L 5g (Menschenrechte).

Die Kirche und die menschliche Berufung: Aussagen darüber in 4311-4345; die Kirche bekräftigt die Berufung des Menschen zu einem seligen Ziel 4318; sie verteidigt die Würde der menschlichen Berufung und gibt denen, die an ihrer höheren Bestimmung verzweifeln, die Hoffnung wieder 4321; das Zweite Vatikanische Konzil bekennt die hohe Berufung des Menschen 4303; von der Offenbarung unterwiesen, kann die Kirche eine Antwort auf die Frage nach dem Menschen geben; der Schwierigkeiten dabei ist sie sich bewußt 4321; sie erschließt dem Menschen das Verständnis seiner Existenz und Wahrheit 4341; ihr Dasein erinnert den Menschen an das Problem der Bedeutung seines Lebens, Schaffens und Todes 4341; die Botschaft der Kirche stimmt mit den verborgensten Wünschen des menschlichen Herzens überein 4321; vgl. C 4jm (Kirche und menschliche Berufung).

Die Menschen sind dazu berufen, schon in der Geschichte des Menschengeschlechts die Familie der Kinder Gottes zu bilden 4332 4340.

Die Kirche hat das Recht und die Pflicht, angesichts der Fälle von physischem und moralischem Übel und aller Bedrohungen des Menschengeschlechts die Barmherzigkeit Gottes anzurufen 4685; vgl. B 1b (Wollen Gottes: Gott ist barmherzig); C 4kd (Bedrohungen und Probleme des Menschengeschlechts); C 4ke (Arme); F 1 (Gottes Barmherzigkeit und universaler Heilswille).

Das Volk Gottes und das Menschengeschlecht dienen sich gegenseitig 4311 4345; die Kirche ([a]als Gemeinschaft und in ihren Gliedern) hat [a]aufgrund der Geschichte und Entwicklung des Menschengeschlechts von der Welt ([a]von Menschen jeden Ranges und Standes) viel empfangen [a]4344 4345; sie kann auch aus der Feindschaft derer, die sie verfolgen, großen Nutzen ziehen 4344; sie reift durch ihre Beziehung zur Welt 4343; Hilfe der Welt, der Einzelnen und der menschlichen Gemeinschaft, bei der Ausbreitung des Evangeliums 4340; Interesse der Welt an der Kirche als Sauerteig der Geschichte 4344.

Vgl. G 3cd (Kirche und Evangelisation bzw. Mission); G 4bf (Aufgaben der Glaubenden in der Welt); G 6ca (Apostolat der Laien); G 6cb (Sendung und Aufgabe der Laien in der Welt); H 2f (Bischöfe und Welt); H 3a (Generelle Bestimmungen zum Verkündigungsdienst der Bischöfe); H 5 (Dienstamt der Priester).

**7ab** **Die Kirche und die Gesellschaft.** Vgl. C 4g (Soziale Natur des Menschen); C 4k (Geschichtliche Verfaßtheit des Menschen); G 3ae (Kirche als rechtlich verfaßte Gesellschaft); L 7 (Ordnung der Gesellschaft).

Durch die Tätigkeit der Glaubenden wird Christus die menschliche Gesellschaft mit seinem heilsamen Licht erleuchten 4162; vgl. C 4gn (Christus und die menschliche Gesellschaft); E 2ba (Gemeinschaft Christi mit den Menschen).

Die christliche Offenbarung fördert die Gemeinschaft unter den Personen und läßt die Gesetze des gesellschaftlichen Lebens tiefer verstehen 4323.

Durch die Heiligkeit des christlichen Lebens wird in der Gesellschaft eine menschlichere Lebensweise gefördert 4166; die katholische E i n h e i t des Volkes Gottes zeichnet den allumfassenden F r i e d e n vor und fördert ihn 4135 (4197); die Kirche verkündet den Frieden in der Welt 4162; sie schützt und fördert soziale Gerechtigkeit (4197); Aufgabe der Kirche, Einheit und Liebe unter den Menschen und Völkern zu fördern 4195 4342; die Kirche als Zeichen der Einheit für die Welt ([a]durch die brüderliche Liebe der Glaubenden) 4101 4124 [a]4321 4342 4343; sie zeigt der Welt, daß die wahre gesellschaftliche Einheit aus einer Einheit der Gesinnungen und Herzen erwächst 4342; vgl. C 4gc (Gerechtigkeit und Friede); G 2ba (Sakramentaler Charakter der Kirche); L 7 (Ordnung der Gesellschaft).

Die S e n d u n g der Kirche bezieht sich nicht auf die politische, wirtschaftliche oder soziale Ordnung, sondern ihr Ziel gehört der religiösen Ordnung an. Daraus erwächst der Auftrag, die Gemeinschaft der Menschen nach göttlichem Gesetz aufzubauen und zu festigen **4342**; die Kirche ist an keine besondere Form menschlicher Kultur und an kein politisches, wirtschaftliches oder gesellschaftliches System gebunden. Daher kann sie die menschlichen Gemeinschaften und Nationen verbinden **4342**; sie ist ihrer Sendung treu, wenn sie ihr Urteil über politische Bewegungen fällt, deren Theorien und Handlungsweisen dem Evangelium widersprechen 4759; die Kraft, die sie der Gesellschaft verleiht, besteht in Glaube und Liebe, nicht in äußerer Herrschaft **4342**; sie festigt ([a]durch die Ausgießung des Evangeliums) das Gefüge der menschlichen Gesellschaft 4340 [a]4759; Erneuerung der menschlichen Gesellschaft durch die Kirche 4303; Mitarbeit der Kirche, um die brüderliche Gemeinschaft aller zu errichten 4303; vgl. C 4gb (Brüderlichkeit und Solidarität); vgl. C 4go und C 4gp (Kirche/Christen und menschliche Gemeinschaft); G 2bd (Sendung und Aufgabe der Kirche); G 4bf; G 6cb (Aufgaben der Glaubenden/Laien in der Welt); G 7aa (Kirche, Welt und Menschengeschlecht); H 2f und H 5 (Bischöfe/Priester und Welt); L 7 (Ordnung der Gesellschaft).

Die Kirche macht das Verlangen der Menschen nach B e f r e i u n g zu dem ihrigen. Dabei beurteilt sie es im Lichte des Evangeliums als einer Botschaft der Freiheit und Befreiung 4751; ihr Ziel: ganzheitliche Befreiung von allem, was der Vervollkommnung der Personen im Wege steht 4757; die Kirche sucht die persönliche Umkehr und die gesellschaftliche Umgestaltung 4620; sie macht den Menschen zum Subjekt seiner individuellen und gemeinschaftlichen Entwicklung 4628; sie bedient sich der Mittel des Evangeliums und greift zu keiner Gewalt, (auch nicht zur Dialektik des Klassenkampfes) 4628; sie verwirft das Verbrechen([a]*die Gewalt*; [b]*die Gewalt von Terroristen und Guerilleros*) als Weg der Befreiung [b]4630 [a]4772; vgl. C 4gm (Befreiung und Strukturwandel).

Ü b e r w i n d u n g der "Strukturen der Sünde" im persönlichen und gesellschaftlichen Leben 4619; die Kirche stürzt durch die Macht des Evangeliums Werte, Denkgewohnheiten, Antriebskräfte und Lebensmodelle, die Wort und Heilsplan Gottes widersprechen, um 4575; sie prangert die Irrtümer, Sklavereien, Unterdrückungen an und widersetzt sich Versuchen, eine gesellschaftliche Ordnung zu errichten, von der Gott entfernt ist 4759; vgl. C 4gm und D 4d (Befreiung und Überwindung sündhafter Strukturen).

Die C h r i s t e n sollen die "Z i v i l i s a t i o n   d e r   L i e b e" verwirklichen, die eine Zusammenfassung des ganzen ethisch-kulturellen Erbes des Evangeliums ist 4776 4815; die Schritte dazu 4776; die erzieherische Tätigkeit der Kirche mit dem Ziel, daß die Christen ihre Beteiligung am politischen Leben der Nation als eine Gewissenspflicht und als die Ausübung der Nächstenliebe ansehen 4484; die L a i e n sollen die Einrichtungen und Verhältnisse der Welt so heilen, daß alles gerecht gestaltet wird und der Ausübung der Tugenden förderlich ist 4162; vgl. L 13 (Ordnung der Kultur).

Kirche und J u g e n d 4490–4492; die Jugend ist ein Symbol der Kirche, aufgerufen zu einer ständigen Erneuerung ihrer selbst bzw. zu einer unablässigen Verjüngung 4492; Option der Kirche für die Jugendlichen – als Potential für Gegenwart und Zukunft ihrer Evangelisierung 4635.

Im Bezug auf das kulturelle und gesellschaftliche Leben l e h r t die Kirche die sittliche Ordnung: H 3bb (Gegenstände und Arten von Lehrentscheidungen).

Die Kirche fördert die E i n r i c h t u n g e n, die mit ihrer Sendung vereinbar sind. Sie achtet das Wahre, Gute und Gerechte in ihnen 4342; die Laien sollen die Einrichtungen und Verhältnisse der Welt, wenn Gewohnheiten zur Sünde reizen, so heilen, daß alles gerecht gestaltet wird und die Ausübung der Tugenden fördert **4162**; vgl. C 4gi und L 5d (Institutionen der Gesellschaft).

Die Sendung der Kirche soll den Verhältnissen der h e u t i g e n  W e l t entsprechen 4162; die Kirche anerkennt alles, was sich an Gutem in der heutigen gesellschaftlichen Entwicklung findet: besonders die Entwicklung hin zur Einheit, zur gesunden Sozialisation und Vergesellschaftung 4342; wegen ihrer gesellschaftlichen Struktur kann sie durch die Entwicklung des menschlichen gesellschaftlichen Lebens bereichert werden 4344; wer die menschliche Gemeinschaft auf der Ebene der Familie, der Kultur, des wirtschaftlichen Lebens, der nationalen und internationalen Politik voranbringt, leistet auch der kirchlichen Gemeinschaft Hilfe **4344**; die menschliche Gemeinschaft kann der Kirche bei der Ausbreitung des Evangeliums helfen 4340; vgl. C 4k (Geschichtliche Verfaßtheit des Menschen).

**Die Soziallehre der Kirche** und ihre Auseinandersetzung mit Marxismus, Liberalismus, Kapitalismus, Materialismus, Positivismus, Nationalismus und Rassismus: C 4l.     **7ac**

**Kirche und Arme**. Zur S i t u a t i o n der Armen: C 4ke.     **7ad**

Innigste Verbundenheit der Jünger Christi mit Freude, Hoffnung, Trauer und Angst der Menschen von heute, besonders mit den Armen und Bedrängten aller Art 4301; die Kirche erkennt in den Armen und Leidenden das Bild ihres armen und leidenden Gründers 4120; sie müht sich, die Not der Armen und Leidenden zu lindern ᵃ*und Christus in ihnen zu dienen* ᵃ4120 4342; vgl. dazu den Umgang Christi mit den Armen: E 2bb (Christi Wirken unter den Menschen).

Die Kirche ist dazu berufen, wie Christus den Weg der Armut und Verfolgung zu wählen 4120; sie erfährt auf ihrem Pilgerweg ᵃ*Leiden*, ᵇ*Versuchungen und Trübsal*, ᶜ*die Verfolgungen der Welt* und ᵈ*die Tröstungen Gottes*ᵃ4115 ᵈᶜ4121 ᵇ4124 ᶜᵃ4147 ᶜ4344; in der Kirche gibt es Martyrer 4321; vgl. dazu die Armut Christi: E 2ba (Gemeinschaft Christi mit den Menschen); vgl. G 3bb (Heiligkeit der Kirche); M 1b (Endzeitlicher Charakter der pilgernden Kirche).

Option für die Kirche für die Armen: Die christliche Liebe bevorzugt die Kleinen, Schwachen und Armen 4613; die Glaubenden sollen vor allem die armen, leidenden und verfolgten Glieder lieben 4147; die Option für die Armen, von der niemand ausgeschlossen ist, erschließt die Universalität des Wesens und der Sendung der Kirche 4761; die Forderung des Evangeliums nach Armut – : als Solidarität mit den Armen und als Ablehnung der Situation, in der die Mehrheit der Lateinamerikaner lebt 4634; – : rettet den Armen davor, in seinem Leben Individualist zu sein und von den falschen Idealen einer Konsumgesellschaft verführt zu werden 4634; die vorrangige Option für die Armen hat als Ziel – : die Verkündigung Christi, des Erlösers, der die Armen über ihre Würde aufklären, ihnen in der Befreiung von allen ihren Nöten helfen und sie durch die evangelische Armut zur Gemeinschaft mit dem Vater und den Brüdern führen wird 4632; – : ein würdiges und brüderliches Zusammenleben und eine gerechte und freie Gesellschaft 4633; indem die Kirche die Armen liebt, bezeugt sie die Würde des Menschen 4760; die Kirche beweist Solidarität mit den Menschen, die in der Gesellschaft nichts wert zu sein scheinen, indem sie sie in die menschliche Brüderlichkeit und in die Gemeinschaft der Kinder Gottes aufnimmt 4760; das Zeugnis einer armen Kirche evangelisiert die Reichen, indem es sie bekehrt 4634.

Menschen, denen zu helfen ist, sind z.B. alte verlassene Menschen, Gastarbeiter, Heimatvertriebene, uneheliche Kinder, Hungernde 4327; die Kirche wendet sich besonders den Kindern zu, die abgetrieben werden, und den Alten, die verlassen sind 4760.

Die Option für die Armen ist durch die Realität des wirtschaftlichen Ungleichgewichts in Lateinamerika erfordert 4633; zur Situation in Lateinamerika: C 4kd (Bedrohungen und Probleme des Menschengeschlechts); C 4ke (Arme); die Kirche in Lateinamerika nimmt folgende Haltung ein: Sie prangert den ungerechten Mangel an Gütern an und die Sünde, die ihn verursacht; sie verkündet und lebt die geistige Armut; sie verpflichtet sich selbst zur materiellen Armut 4495; die Kirche Lateinamerikas soll den Armen das Evangelium verkünden und mit ihnen solidarisch sein 4496; angesichts der sozialen Ungerechtigkeiten und der Armut in Lateinamerika kann der lateinamerikanische Epi/sko/pat nicht gleichgültig bleiben 4493; die Hirten und die übrigen Glieder des Volkes Gottes müssen ihrem Leben und ihren Worten, ihren Haltungen und ihrem Handeln den Zusammenhang mit den Forderungen des Evangeliums und den Bedürfnissen des lateinamerikanischen Menschen geben 4496.

Gewisse Befreiungstheologien verstehen unter Volkskirche eine Klassenkirche, die Kirche des unterdrückten Volkes, dessen Bewußtsein zum organisierten Befreiungkampf erweckt werden muß 4740; so bezeichnet Kirche der Armen eine Klassenkirche 4738; gewisse Befreiungstheologien bringen den Armen der Hl. Schrift und das Proletariat von Karl Marx durcheinander, wodurch das Eintreten für die Rechte der Armen zur Klassenauseinandersetzung nach dem ideologischen Maßstab des Klassenkampfes wird 4738; der Reiche wird so prinzipiell zum Klassenfeind 4736; vgl. C 4lb (Marxismus).

Vgl. L 4e (Pflichten und Recht in bezug auf die materiellen Güter: Almosen); L 7 (Ordnung der Gesellschaft: Mittel und Macht der Reichen); L 11 (Ordnung des Eigentums).

**7ae**   **Kirche und Kultur**. Vgl. L 13 (Ordnung der Kultur).

Außerhalb der Kirche befinden sich Elemente, die als der Kirche Gaben auf die katholische Einheit hindrängen **4119**; die Kirche ist an keine besondere Form menschlicher Kultur gebunden 4342; sie widersetzt sich nicht der Kultur, den Errungenschaften und den (materiellen) Gütern der Menschheit *2775 2940* 3019 3178 3255; denn sie können, wenn man richtig mit ihnen umgeht, zu Gott führen 3019.

Die Kirche entzieht mit der Verwirklichung des Reiches Christi nichts dem zeitlichen Wohl irgendeines Volkes **4133**; sie übernimmt, was sich an Gutem in Herz und Geist der Menschen, in Fähigkeiten, Sitten und Kulturen der Völker findet. Sie reinigt, erhebt und vollendet diese **4133 4141** (4196); sie sorgt für die menschliche Kultur 4757; beim Aufbau des Reiches Gottes wird auf Elemente der Kultur und der Kulturen zurückgegriffen 4577; vgl. G 2bb (Sakramentaler Charakter der Kirche).

Evangelisation der Kirche und menschliche Kultur: G 3cd (Kirche und Evangelisation bzw. Mission).

Volksreligion, Religion des Volkes oder Volksfrömmigkeit als die Gesamtheit der Glaubensüberzeugungen und der daraus sich ableitenden Grundhaltungen und Ausdrucksformen, als die kulturelle Existenz der Religion in einem Volk 4621; der Volkskatholizismus des lateinamerikanischen Volkes 4621; das Evangelium verbindet die lateinamerikanischen Völker in einer historisch-kulturellen Originalität 4622; Versinnbildlichung im Mestizenantlitz der Maria von Guadalupe 4622; die Religion des Volkes – : wird insbesondere von den "Armen und Einfachen" gelebt, umschließt aber alle ge-

sellschaftlichen Bereiche, Gruppen und Generationen 4622; – : ist eine Ansammlung von Werten, die mit christlicher Weisheit Antwort auf die großen Existenzfragen gibt 4623; katholische Volksweisheit und Lebenssynthese als christlicher Humanismus 4623; die Volksreligiosität ist nicht nur Gegenstand der Evangelisierung, sondern eine aktive Form, mit der sich das Volk ständig selbst evangelisiert 4624; Abnutzung und Verformung der Religion des Volkes, Synkretismen 4625; wie die ganze Kirche muß auch die Religion des Volkes immer von neuem evangelisiert werden 4625.

Im Bezug auf das kulturelle und gesellschaftliche Leben l e h r t die Kirche die sittliche Ordnung: H 3bb (Gegenstände und Arten von Lehrentscheidungen).

Die Kirche erfüllt das alltägliche S c h a f f e n der Menschen mit tieferer Sinnhaftigkeit und Bedeutung 4340; das Dasein der Kirche erinnert den Menschen an die Bedeutung seines Schaffens 4341; vgl. C 4i (Menschliches Schaffen); bes. C 4ii (Kirche und menschliches Schaffen); L 10 (Ordnung der Arbeit).

Die Kirche erkennt an, daß der menschliche F o r t s c h r i t t dem wahren Glück der Menschen dienen kann 4337; der Fortschritt der Völker liegt der Kirche am Herzen 4440; geistgewirktes Wirken der Kirche und Fortschritt der Gesellschaft 4850; die Laien sollen auf ihre Weise zum allgemeinen Fortschritt beitragen 4162; vgl. C 4ie (Fortschritt); L 7 (Ordnung der Gesellschaft: Fortschritt).

Die L a i e n sollen dazu beitragen, daß Güter durch Arbeit, Technik und Kultur zum Nutzen aller Menschen vervollkommnet und angemessener verteilt werden 4162; vgl. L 11 (Ordnung des Eigentums); L 12 (Ordnung der Wirtschaft).

Die Kirche anerkennt den Dienst der H u m a n w i s s e n s c h a f t e n 4512; sie bedauert das unzulängliche Verständnisses für die legitime Autonomie der Wissenschaft und die Meinung, daß Glauben und Wissenschaft einander entgegengesetzt seien 4336; vgl. C 4id (Wissenschaften).

Wer die menschliche Gemeinschaft auf der Ebene der Kultur voranbringt, leistet auch der kirchlichen Gemeinschaft Hilfe 4344; die Erfahrung vergangener Zeiten, der Fortschritt der Wissenschaften und die Schätze der Kultur nützen auch der Kirche 4344.

Verworfen werden Anschuldigungen, die das Verhältnis der Kirche zur weltlichen Kultur betreffen *1179 2980 3457*.

b. – DAS VERHÄLTNIS DER KIRCHE ZUM STAAT UND ZU DEN INTERNATIONALEN INSTITUTIONEN **G 7b**

**Kirche und Staat**. Vgl. C 4gh (Autorität in der Gesellschaft); G 3ae (Kirche als rechtlich verfaßte Gesellschaft); L 8 (Ordnung des Staates). **7ba**

Gott hat die Sorge um das Menschengeschlecht unter die kirchliche und staatliche Gewalt aufgeteilt 3168; für alles, was sich auf das Seelenheil bezieht, ist allein die Kirche zuständig 345 347 362 638 642 *941–945* 1058 1063 *2919 (2934)* 3168 3171.

Die Nationen sollen die Freiheit der Kirche zur Erfüllung ihrer Sendung anerkennen 4342.

Freiheit beansprucht die Kirche insbesondere – : für die Wahl und Weihe zu kirchlichen Ämtern 604 659 712 1063 **1769 1777**; – : für die geistliche Leitung und den Austausch zwischen Papst und Glaubenden 663 *2944 2949–2953* 3062; – : für die Verwaltung kirchlicher Güter 712; – : für die Abhaltung von Konzilien 600; anerkannt wird jedoch bisweilen die Teilnahme von weltlichen Fürsten an Konzilien 343 639.

Verworfen werden Behauptungen, die die Freiheit der Kirche zugunsten der staatlichen Gewalt einschränken, insbesondere: [Der staatlichen Gewalt steht es zu, die Rechte der Kirche festzulegen. Die Gültigkeit der Kirchengesetze hängt von der Zustimmung des Staates ab. Im Falle eines Konflikts zwischen kirchlichen und staatlichen Gesetzen hat das staatliche Recht Vorrang] 2893–2896 *2919f 2928//2948 2954f* **3062**.

Beide Gewalten sollen sich auf ihr Gebiet beschränken 642.

In Angelegenheiten gemischten Rechtes ist nicht das Gegeneinander der kirchlichen und staatlichen Gewalten erstrebenswert, sondern Eintracht und [a]*geordnete Verbindung* (wie bei Leib und Seele) 2955 [a]3168 3172.

Die Kirche ist gegenüber der staatlichen Regierungsform indifferent 2769 3150 3165 3173f 4342; vgl. G 2bd (Sendung und Aufgabe der Kirche).

Die Kirche will sich zum Wohle aller unter jeder Regierung frei entfalten, die die Grundrechte der Person und der Familie und die Erfordernisse des Gemeinwohls anerkennt 4342; vgl. C 4gd und L 5c (Gemeinwohl); L 5g (Menschenrechte).

Zurückgewiesen wird die Lehre, die eine Gesellschaft ohne Religion zu errichten sucht und die Religionsfreiheit der Bürger bekämpft 4162.

**Kirche und internationale Institutionen**. Die Kirche sieht in der Organisation der Vereinten Nationen den verbindlichen Weg der modernen Zivilisation und des Weltfriedens und bestätigt sie moralisch und feierlich 4421; vgl. C 4gj und L 9 (Internationale Institutionen). **7bb**

## H. - GOTT LEITET, UNTERWEIST UND HEILIGT DIE KIRCHE DURCH SEINE DIENER

(Wegen der Vielzahl der Aussagen aus G ausgegliedert: G 5)

### 1. Die Herkunft und Eigenart des kirchlichen Dienstamtes

**H 1a**  a. - DIE GRÜNDUNG DES DIENSTAMTES IN DER SENDUNG JESU CHRISTI UND DER APOSTEL

Christus - : hat verschiedene Dienste zum Wohl der Kirche eingesetzt **4142**; - : teilt die Gaben wechselseitigen Dienstes in der Kirche aus 4115; - : hat die Kirche dadurch erbaut, daß er die Apostel sandte 4142; - : hat durch die Apostel die Bischöfe seiner Weihe und Sendung teilhaftig gemacht 4153; - : wollte, daß die Bischöfe als Nachfolger der Apostel bis zur Vollendung der Zeit Hirten seien 4142; vgl. G 1be (Die Kirche bleibt durch die Zeiten das Werk der Hl. Dreifaltigkeit); G 3d (Apostolizität der Kirche).

Die Weiheämter in der Kirche leiten sich aus dem Weihesakrament ab 4857; die mit der hl. Weihe bezeichneten Glaubenden werden im Namen Christi dazu bestellt, die Kirche durch das Wort und die Gnade Gottes zu weiden 4128 4145; sie empfangen Autorität und Vollmacht, in der Person Christi zu handeln, um der Kirche zu dienen und sie im Hl. Geist durch das Evangelium und die Sakramente zu einen 4857; die Weiheämter sind eine Gnade das Leben und die Sendung der ganzen Kirche, sie drücken eine Teilhabe am Priestertum Jesu Christi aus 4857; vgl. E 3bc (Priestertum Christi); G 4bd (Teilhabe der Glaubenden am priesterlichen Amt Christi); zum Dienst des Wortes (und ªder Sakramente) ist (ªdie Ordination und) die Sendung kraft kirchlicher Amtsvollmacht erforderlich 760f (769) 796 809 866 *1163f 1217f* 1277f ª**1777**; vgl. K 8a (Priestertum des Neuen Bundes).

Die Bischöfe - : sind Diener Christi 4145; - sind von Christus eingesetzt 4145; - : übernehmen die Aufgaben Christi als Lehrer, Hirten und Priester 4145 4158; vgl. E 3b (Gestalten der Vermittlung); - : folgen dem Apostelkollegium im Lehramt und in der pastoralen Leitung nach 4146; - : handeln in der Person Jesu Christi 4145 4163 (4857); - : handeln mit seiner Autorität 4158 (4857); vgl. H 2-4 (Hirten-, Verkündigungs- und Heiligungsdienst der Bischöfe).

Das Hirtenamt ist ein wahrer Dienst (diakonia) 4148 (4152); die Hirten sollen sich gegenseitig und den Glaubenden dienen 4158.

Die kirchliche Amtsvollmacht wird in einem sündigen Diener nicht ausgelöscht *912 1135 1158 1165 1212f (1220//1226) 1230.*

Christus hat - : keine Frau unter die Zwölf aufgenommen 4592; - : das apostolische Amt keinen Frauen anvertraut 4593.

Zum Gebrauch der Begriffe "Ämter" (munera) und "Vollmachten" (potestates) vgl. 4354.

Die Amtsvollmacht wird nicht von der Gemeinschaft der Glaubenden auf die Amtsträger übertragen *2602f*; verworfen wird: [Christus wollte, daß die Kirche nach Art eines Gemeinwesens verwaltet werde] *2595*; - : [Kraft der Apostolizität der einzelnen Ortsgemeinden kann jede Gemeinde, wenn sie längere Zeit der Eucharistie als ihres konstitutiven Elements entbehrt, ihre Vollmacht "in Anspruch nehmen" und ihren Vorsteher und Seelsorger bestimmen; Gott selbst kann sich unter solchen Umständen nicht weigern, jene Vollmacht auch ohne Weihesakrament zu gewähren] 4722.

**H 1b**  b. - DIE HIERARCHISCHE GLIEDERUNG DES DIENSTAMTES

Die Kirche - : ist mit hierarchischen Organen ausgestattet 4118; - : wird aufgrund göttlicher Einrichtung in Verschiedenheit geordnet und geleitet 4158; - : verfügt nach dem Willen Christi über Lehrer, Spender der Geheimnisse und Hirten 4158; der Hl. Geist bewahrt die von Christus in seiner Kirche festgesetzte Form der Leitung ohne Minderung 4152.

Die Glieder des hl. Standes sind vor allem aufgrund ihrer besonderen Berufung und aufgrund ihrer Entscheidung dem hl. Dienst zugeordnet 4157.

Ohne hierarchische Gemeinschaft kann das sakramental-seinsmäßige Amt nicht ausgeübt werden 4359.

In der Kirche gibt es unterschiedliche Weihestufen 282 796 1765 **1772** (1776).

Verschiedene Ränge in der Kirche: ªHoherpriester ("*ein* Bischof") - ᵇ Bischöfe - ᶜPriester (bzw. Priester "zweiten Ranges") - ᵈLeviten - ᵉDiakone - ᶠSubdiakone - ᵍAkolythen - ʰExorzisten - ⁱLektoren - ᵏOstiarier - ˡLaien - ᵐWitwen ᵃᶜᵈˡ101 und ᵇᵉ101 ᵃᶜᵉᵍʰⁱᵐ109 ᵇᶜᵉ119 ᵇᶜᵉ121 ᵇᶜᵉ187 ᵇᶜ215f ᵇᶜᵉᶠ326-329 ᶜᵉᶠᵍʰⁱᵏ1765.

Die Hierarchie besteht aus Bischöfen, Priestern und ªDienern, ᵇDiakonen ª**1776** ᵇ4153; der Diakonat wird als eigene und beständige Stufe der Hierarchie wiederhergestellt 4155; vgl. H 6 (Amt der Diakone).

1586

In der Hierarchie gibt es einen Unterschied in der Vollmacht, die gegenteilige Behauptung wird verworfen: [Alle Priester haben nach der Anordnung Christi gleiche Jurisdiktionsvollmacht] 282 944 1265 **1767 1777**.

Dem Bischofsamt eignet aufgrund der apostolischen Nachfolge besondere Würde 4144; die kanonische Sendung der Bischöfe kann durch Gewohnheiten, Gesetze oder unmittelbar durch den Nachfolger des Petrus selbst erfolgen 4148; die Bischöfe haben die Aufgabe ihres Dienstes in Abstufung verschiedenen Trägern rechtmäßig weitergegeben 4153.

Die Glieder des hl. Standes können mit weltlichen Dingen zu tun haben und weltliche Berufe ausüben 4157; vgl. G 4bf (Aufgaben der Glaubenden in der Welt); H 2f (Bischöfe und Welt); H (Dienstamt der Priester).

Das gemeinsame Priestertum der Glaubenden und das hierarchische Priestertum – : sind einander zugeordnet 4126 4857; – : nehmen beide auf je besondere Weise am einen Priestertum Christi teil 4126 4857; – : unterscheiden sich dem Wesen und nicht bloß dem Grade nach **4126** 4857; nicht alle Glaubenden sind mit der gleichen geistlichen Vollmacht ausgestattet 1767; vgl. G 6cd (Zusammenarbeit der Laien mit dem hierarchischen Dienstamt); H 2e (Volk Gottes und Hirtendienst der Bischöfe).

Verurteilt wird – : [Der Dienst der Bischöfe und Priester unterscheidet sich im strengen Sinne nicht vom allgemeinen Priestertum der Glaubenden] 4721; – : [Die Berufung zum Dienst des Priesters fügt im strengen Sinn keine neue "priesterliche" Fähigkeit hinzu und prägt keine Prägung ein, sondern drückt vor der Gemeinde nur aus, daß die von Anfang an vorhandene Fähigkeit, die durch die Taufe verliehen wurde, zur Geltung kommt] 4721.

Vgl. G 3ab (Kirchliche Einheit als Einheit in der Vielfalt); G 4bd und 6bb (Teilhabe der Glaubenden/Laien am priesterlichen Amt Christi); K 8a (Priestertum des Neuen Bundes); K 8b (Stufen des sakramentalen Dienstamtes).

c. – Der kollegiale Charakter des Dienstamtes und die hierarchische Gemeinschaft **H 1c**

Wie nach der Bestimmung Christi Petrus und die übrigen Apostel *ein* Kollegium bilden, so sind der Römische Bischof und die Bischöfe untereinander verbunden 4146; die hierarchische Gemeinschaft aller Bischöfe mit dem Papst ist in der Überlieferung sicher verwurzelt 4358; insofern das Kollegium der Bischöfe aus vielen zusammengesetzt ist, bringt es Vielfalt und Universalität, insofern es unter einem Haupt gesammelt ist, die Einheit des Volkes Gottes zum Ausdruck 4146; Glied der Körperschaft der Bischöfe wird man kraft sakramentaler Weihe und hierarchischer Gemeinschaft mit Haupt und Gliedern des Kollegiums 4146 4354; vgl. K 8c (Bischofsweihe); beim Wort "Kollegium" wird immer sein Haupt mitverstanden 4356; der Parallelismus zwischen Petrus und den übrigen Aposteln einerseits und Papst und Bischöfen andererseits schließt weder die Übertragung der außerordentlichen Vollmacht der Apostel auf ihre Nachfolger noch eine Gleichheit zwischen Haupt und Gliedern des Kollegiums ein 4353; vgl. G 3dc (Das kirchliche Amt in der Nachfolge der Apostel).

Die kollegiale Einheit der Bischöfe – : ist uralte Gewohnheit 4146; – : wird durch die ökumenischen Konzilien bzw. das Zusammentreten von Konzilien bestätigt 4146; – : zeigt sich in den wechselseitigen Beziehungen der einzelnen Bischöfe zu den Teilkirchen und zur Gesamtkirche 4147; – : wird durch den Brauch, mehrere Bischöfe zu einer Bischofsweihe beizuziehen, angedeutet 4146.

Die Zusammenschlüsse der Bischöfe können die kollegiale Gesinnung zur konkreten Anwendung führen 4147.

Zum Gebrauch der Begriffe "Kollegium", "fester Zusammenschluß" (coetus stabilis), "Stand" (ordo) oder "Körperschaft" (corpus) vgl. 4353; zur Bedeutung des Begriffs "hierarchische Gemeinschaft" vgl. 4354f.

Die Priester bilden als Mitarbeiter des Bischofs mit ihm *ein* Presbyterium 4154; sie sind aufgrund ihrer Weihe und ihres Dienstes der Körperschaft der Bischöfe zugeordnet 4154; kraft gemeinsamer Weihe und Sendung sind sich alle Priester brüderlich verbunden 4154; vgl. H 5 (Dienstamt der Priester).

Vgl. G 3ab (Kirchliche Einheit als Einheit in der Vielfalt); G 3ad (Kirche aus und in Kirchen); H 2d (Kollegiale Vollzüge des Hirtendienstes); H 3cc (Konzilien und Synoden); H 3cd (Nichtkonziliares, allgemeines Lehren).

## 2. Der Hirtendienst der Bischöfe

### a. – Generelle Bestimmungen zum Hirtendienst der Bischöfe    **H 2a**

Der erhöhte Christus – : leitet durch den Dienst der Bischöfe die Kirche auf ihrer Pilgerschaft zur ewigen Seligkeit 4145; – : leitet die Kirche durch den Papst und die Bischöfe (**4119**) 4137; – : wird durch die Hirten als [a]*seine Stellvertreter und Gesandte* in der Kirche repräsentiert [a]4152 4163; – : will, daß sein Volk durch die pastorale Leitung wachse 4187.

Die Bischöfe – : stehen an Gottes Stelle als Hirten und Diener in der Leitung ihrer Herde vor 4144; – : folgen dem Apostelkollegium in der pastoralen Leitung nach 4146 (4187); vgl. G 3dc (Das kirchliche Amt in der Nachfolge der Apostel).

Dem Urteil der kirchlichen Amtsträger unterliegt die Führung der Seelen *2265-2268*; die Vorgesetzten wachen, um Rechenschaft für die Seelen der Glaubenden zu geben 4163; Echtheit und geordnete Ausübung der außerordentlichen Gaben der Glaubenden werden vom kirchlichen Amt beurteilt 4131; die Hirten haben die Dienste und Gnadengaben der Glaubenden zu prüfen 4156; die Bischöfe – : haben darauf zu achten, daß die Glaubenden recht vorbereitet zur Liturgie hinzutreten 4011; – : ermahnen das Volk, in Liturgie und hl. Messe seinen Anteil zu erfüllen 4151; – : müssen den Glaubenden mit dem Beispiel ihres Lebenswandels helfen, um mit ihnen zum ewigen Leben zu gelangen 4151; die Kirche besitzt das Recht auf Erziehung und religiöse Unterweisung 2892 *2945-2948* 3685-3689; vgl. H 3a (Verkündigungsdienst der Bischöfe: generelle Bestimmungen).

Den kirchlichen Amtsträgern steht das Recht zu, solche, die sich verfehlt haben, mit geistlichen und zeitlichen Strafen zu maßregeln (durch Exkommunikation, Interdikt und andere Zensuren) *945 1129-1135 1161-1163 1180 1214//1219* 1271-1273 *1473f 2604f 2646-2650 2924*; die Kirche meidet zwar blutige Strafen und gibt sich mit dem priesterlichen Urteil zufrieden 283; dennoch beansprucht sie für sich das Recht, die weltliche Gewalt anzurufen *1215* 1272 *1483f*; die Hirten sollen die gerechte Freiheit, die allen im irdischen Gemeinwesen zusteht, anerkennen 4163.

Verworfen wird, daß zur rechtmäßigen Ausübung amtlicher Vollmacht moralische Würde und göttliche Vorherbestimmung notwendig seien ([a]*insbesondere beim Papst*) (*1210*) *1211-1213* [a]*1220//1226 1230*. Über Verborgenes ([a]*über Gesinnung oder Absicht*) urteilt die kirchliche Autorität nicht 1814 2266f [a]3318.

Ungetaufte sind nicht an das Kirchenrecht gebunden **1671**; Häretiker unterliegen der Autorität der Kirche, verlieren jedoch die Güter der Kirche 2568-2570.

Vgl. E 3bd (Königtum Christi); G 4be (Teilhabe der Glaubenden am königlichen Amt Christi); H 1a (Gründung des Dienstamtes in der Sendung Christi und der Apostel); H 2b und 2c (Hirtendienst des Papstes/der Bischöfe).

## H 2b     b. – DER HIRTENDIENST DES PAPSTES

**2ba**  **Leitungsvollmacht und Primat des Papstes.** Die Kirche braucht nach göttlichem Recht die Einheit der Leitung 3306; die katholische Kirche wird vom Nachfolger des Petrus und von den Bischöfen in Gemeinschaft mit ihm geleitet 4119; Christus leitet die Kirche durch den Papst und die Bischöfe 4137; die Einheit der Leitung liegt im Primat vor; der Römische Bischof ist als Nachfolger des Petrus das immerwährende und sichtbare Prinzip und Fundament für die Einheit der Vielheit von Bischöfen und Glaubenden **4147**; die Festigkeit der Kirche besteht im Primat 3052; der Römische Bischof besitzt kraft seines Amtes als Stellvertreter Christi und Hirt der ganzen Kirche die volle, höchste und allgemeine Vollmacht über die Kirche, die er immer frei ausüben kann **4146**. Vgl. G 3ab (Kirchliche Einheit als Einheit in der Vielfalt); G 3ad (Kirche aus und in Kirchen); G 3dc (Das kirchliche Amt in der Nachfolge der Apostel); H 2bc (Papst und Bischöfe).

Die Anerkennung des Vorranges, später des Primats – : wird gefordert (102) 109 132 181f 221 232-235 282 347 446 468f 638-641 774f 861 **875** 910 1051-1064 *1191* 1307f 2539 2592f 3059f **3064**; – : wird geleitet 108 133-136 181f 186° 216f 264 306 661-664; – : ist heilsnotwendig 233f 875 1051 1060 (*1191*) 3867.

Verworfen werden Einwände gegen den Vorrang bzw. Primat [unter anderem: [a]*Die päpstliche Würde erwuchs vom Kaiser*; [b]*sie leitet sich vom Teufel ab*; [c]*die Kirche braucht kein irdisches Haupt*] [b]1187 1188 [b]1190 1192 [a]1209 [c]1227-1229 1475f 2592-2597 3555.

Der Papst – : ist das sichtbare Haupt der Kirche 872 1307 2529f **3059** 3113 **4147**; – : ist Stellvertreter Christi 872 1054 (1187) 1307 1448 (*1475*) 1868 2540 2592f 2603 **3059** 4146 4356; – : hat unmittelbar von Christus seine ganze Jurisdiktionsvollmacht empfangen 1054 (1187 2592f) **3060 3064** 3113; – : ist oberster Hirt aller Christgläubigen (4134) 4150 (4356f); – : ist Haupt des Kollegiums der Bischöfe 4150 4354-4356.

Der Papst untersteht dem göttlichen Recht und ist an die von Christus für die Kirche getroffenen Anordnungen gebunden, so daß er ihre Verfassung nicht ändern kann 3114.

**2bb**  **Die Kompetenz des Papstes im einzelnen.** Die Rechtsvollmacht des Papstes – : ist bischöflich, ordentlich, unmittelbar **3060 3064**.

– : erstreckt sich auf die ganze pilgernde Kirche, auf alle Glaubenden 1053f 1307 3059 (3113).

– : ist die höchste Autorität in Glaubens- und Sittenfragen, in Fragen der kirchlichen Disziplin und Leitung 3060 3064 (3307); die Verfügungen des Papstes bedürfen nicht der Zustimmung der Kirche, um unwiderruflich zu sein 2284 *2490* **3074**.

– : ist die höchste Gesetzgebungs-, Verwaltungs- und Strafvollmacht 1057 1059 1061 1271-1273; sie besteht nicht nur aus einigen Reservatsrechten (3064) 3113; sie kann von dem dispensieren, was die allgemeine Kirche festgelegt hat *1417*. – : ist die höchste richterliche Vollmacht der Kirche 1055 *1128-1135* 2592 **3063**; den Glaubenden muß die Berufung an den Papst freistehen 133-135 639 641 861 **3063**; über sein Urteil darf nicht nochmals verhandelt werden 133 135 182 221 232 235 641 **3063**; der Papst

unterliegt dem Urteil von niemandem 638 873 *943* 1056 1058 *1139*; vom Urteil des Papstes gibt es keine Berufung an ein anderes Gericht (ª*auch nicht an ein allgemeines Konzil*) 641 1056 ª1375 (ª*2935*) ª3063.

– : ist die Fülle der Vollmacht, Ablässe zu gewähren 819 868 1026 1059 1266 1398 1416; vgl. K 10b (Ablässe).

– : ist unabhängig von menschlicher Autorität 2596 2603; er kann seine Vollmacht jederzeit nach Gutdünken ausüben 4357.

– : ist unabhängig von der moralischen Integrität und der göttlichen Vorherbestimmung des Papstes *912 914 1158 (1165)*.

Der Stuhl Petri schützt die rechtmäßigen Verschiedenheiten in der Kirche und wacht darüber, daß die Besonderheiten der Einheit dienen 4134; vgl. G 3ab (Kirchliche Einheit als Einheit in der Vielfalt).

**Papst und Bischöfe.** Die katholische Kirche wird vom Nachfolger des Petrus und von den Bischöfen in **2bc** Gemeinschaft mit ihm geleitet **4119**; Christus leitet die Kirche durch den Papst und die Bischöfe **4137**; alle Bischöfe stellen zusammen mit dem Papst die ganze Kirche dar 4147.

Das Kollegium der Bischöfe hat nur Autorität, wenn es zusammen mit dem Römischen Bischof als seinem Haupt verstanden wird 4146 (4354–4356); der Parallelismus zwischen Petrus und den übrigen Aposteln einerseits und Papst und Bischöfen andererseits schließt weder die Übertragung der außerordentlichen Vollmacht der Apostel auf ihre Nachfolger noch eine Gleichheit zwischen Haupt und Gliedern des Kollegiums ein 4353.

Vom Papst empfangen die Bischöfe ihre Autorität 2592; er überragt die übrigen Bischöfe nicht nur durch seine Ehrenstellung, sondern auch durch seine Vollmacht 661 811 861 1308 2593 **3067**; der Papst bewahrt im Bischofskollegium sein Amt als Stellvertreter Christi und Hirt der Gesamtkirche unversehrt 4356; der Papst als Haupt des Bischofskollegiums kann allein bestimmte Handlungen vollziehen, die den Bischöfen nicht zustehen, z.B. das Kollegium einberufen und leiten, die Richtlinien für das Verfahren approbieren usw. 4356; er geht bei der Regelung, Förderung und Billigung der kollegialen Betätigung im Blick auf das Wohl der Kirche nach eigenem Urteil vor 4356.

Die kanonische Sendung der Bischöfe kann durch rechtmäßige Gewohnheiten, durch von der höchsten Vollmacht der Kirche erlassene oder anerkannte Gesetze oder unmittelbar durch den Nachfolger des Petrus erfolgen 4148; falls der Papst Einspruch erhebt oder die apostolische Gemeinschaft verweigert, können Bischöfe nicht in ihr Amt aufgenommen werden 4148.

Verworfen werden Behauptungen über das Verhältnis des Papstes zu den anderen Bischöfen 2595 2597 2935 **3064**; verteidigt wird der Primat gegen den Vorwurf des Zentralismus und Absolutismus 3112–3116.

Der Römische Stuhl wird wegen des Primates "Mutter" bzw. "Lehrerin" aller (Teil)kirchen genannt 774 1616 1868 2781.

**Papst und Konzil.** Es ist Vorrecht des Römischen Bischofs, ökumenische Konzilien einzuberufen, auf ihnen **2bd** den Vorsitz zu führen und sie zu bestätigen **4146**; er hat Vollmacht über die Konzilien, die er ª*einberuft,* ᵇ*verlegt,* ᶜ*verlängert,* ᵈ*auflöst,* ᵉ*bestätigt* ᵉ398–400 447 861 ᵇᶜᵈ*1309* ᵃᵇᵈ1445 ᵉ1847–1850 2282f 2329 ᵃᵉ4146; das allgemeine Konzil steht nicht über dem Papst 233 1151°° 1309 (*2935f*).

Vgl. H 3cc (Konzilien und Synoden).

## c. – Der Hirtendienst der Bischöfe **H 2c**

Christus leitet die Kirche durch – : den Papst und die Bischöfe **4119 4137**; – : den Dienst der Bischöfe **4145**; die Bischöfe sind Stellvertreter und Gesandte Christi **4152**.

Der Stand der Bischöfe – : ist der höchste der Hierarchie, (ª*was die innere Verfassung der Kirche betrifft*) 1768 ª3307; – : ist zusammen mit seinem Haupt, dem Römischen Bischof, Träger der höchsten und ganzen Vollmacht in der Kirche **4146**; – : besteht kraft derselben göttlichen Einsetzung, kraft der das Papsttum existiert 3115; den Bischöfen ist das Hirtenamt anvertraut **4152**.

Die einzelnen Bischöfe – : sind sichtbares Prinzip und Fundament der Einheit in ihren Teilkirchen **4147**; – : stellen ihre Kirche dar 4147; – : üben die pastorale Leitung nur über die ihnen anvertraute Teilkirche aus 4147; – : leiten die Teilkirchen durch Rat, Zuspruch und Beispiel, mit Autorität und hl. Vollmacht 4152; – : tragen zum Wohl der Gesamtkirche bei, indem sie ihre eigene Kirche gut leiten 4147; – : leiten die Teilkirchen unter der Autorität des Papstes, (ª*von dem ihnen die ordentliche Rechtsvollmacht unmittelbar erteilt wird*) 1778 3308f ª3804.

Die Rechtsvollmacht der Bischöfe ist ª*unmittelbar* und ᵇ*ordentlich,* (das heißt, ᶜ*sie ist eine eigenständige Vollmacht, keine stellvertretende Vollmacht des Papstes*), (ᵈ*auch wenn ihr Vollzug von der höchsten Autorität der Kirche geregelt wird und umschrieben werden kann*) ᵃᵇ3061 ᵃᶜ3307 ᵇ3804 ᶜᵈ4146 ᵃᵇᶜᵈ4152; die Vollmacht des Papstes beeinträchtigt nicht die Jurisdiktionsvollmacht der Bischöfe und kann diese nicht aufsaugen **3061** 3112 3115 3310; die Vollmacht der Bischöfe wird von der obersten und allgemeinen Vollmacht bestätigt 4152; die kanonische Sendung der Bischöfe kann durch rechtmäßige Gewohnheiten, durch von der höchsten Vollmacht der Kirche erlassene oder anerkannte Gesetze oder unmittelbar durch den Nachfolger des Petrus erfolgen 4148; vgl. H 2bc (Papst und Bischöfe).

Die Bischöfe haben das Recht und die Pflicht, Gesetze für ihre Untergebenen zu erlassen, Urteile zu fällen und zu regeln, was zur Ordnung des Gottesdienstes und des Apostolats gehört 4152; die Gesetze der Kirche werden durch die besondere Entscheidung des Bischofs für die Diözese näher bestimmt 4151.

Verworfen werden Behauptungen, die die Rechte der Bischöfe über Gebühr ausdehnen *2594 2606-2608*.
Die Patriarchate (von [a]*Konstantinopel*, [b]*Alexandrien*, [c]*Antiochien*, [d]*Jerusalem*) sowie [e]*all ihre Rechte und Privilegien* werden bestätigt [bc]**351** [abcd]**661** [abcd]**811** 861 [abcde]**1308**.
Den Bischöfen steht es zu - : Diener der Kirche zu weihen und das Sakrament der Firmung zu spenden **1768 1777** (3328); - : durch das Sakrament der Weihe neu Erwählte in die Körperschaft der Bischöfe aufzunehmen 4145; vgl. K 8c (Bischofsweihe).
Die Bischöfe stehen höher als die Priester **1768 1777**.
Vgl. H 2a (Hirtendienst der Bischöfe: generelle Bestimmungen).

**H 2d**
## d. – Kollegiale Vollzüge des Hirtendienstes

Das Dienstamt kann nur in der hierarchischen Gemeinschaft mit dem Haupt und den Gliedern des Kollegiums ausgeübt werden 4145 (4146 4354f); das Kollegium der Bischöfe - : hat nur Autorität, wenn es zusammen mit dem Römischen Bischof als seinem Haupt verstanden wird 4146; - : handelt nur von Zeit zu Zeit in streng kollegialem Akt und nicht ohne Zustimmung des Hauptes 4357.
Die einzelnen Bischöfe sind gehalten - : untereinander und mit dem Nachfolger des Petrus in Arbeitsgemeinschaft zu treten 4147; als Glieder des Kollegiums und rechtmäßige Nachfolger der Apostel für die Gesamtkirche zu sorgen 4147; - : die Einheit des Glaubens, die Kirchenordnung und die Liebe der Glaubenden zur ganzen Kirche zu fördern 4147; - : anderen Kirchen brüderliche Hilfe zu gewähren 4147; - die Priester, ihre Mitarbeiter, als Söhne und Freunde zu betrachten 4154.

**H 2e**
## e. – Volk Gottes und Hirtendienst der Bischöfe

Die Hirten und die anderen Glaubenden sind aneinandergebunden 4158; der Unterschied, den der Herr zwischen den hl. Dienern und dem übrigen Volk gesetzt hat, bringt Verbundenheit mit sich 4158.
Die Laien - : haben mit Christus auch die zum Bruder, die zum hl. Dienst bestellt sind 4158; - : sollen den Hirten ihre Bedürfnisse und Wünsche eröffnen 4163; - : haben die Möglichkeit und manchmal die Pflicht, ihre Meinung über das, was das Wohl der Kirche angeht, kundzutun 4163; - : sollen wie alle Christgläubigen das, was die Hirten in der Kirche festsetzen, in christlichem Gehorsam annehmen 4163; - : sollen mit ihnen Gebeten ihren kirchlichen Vorgesetzten Gott empfehlen 4163; - : haben ein Recht auf Wortverkündigung und Sakramentenspendung 4163; vgl. G 6cf (Rechte und Pflichten der Laien); - : sollen im Licht christlicher Weisheit und unter Berücksichtigung der Lehre des Lehramtes ihre eigenen Aufgaben wahrnehmen 4343; vgl. G 6cd (Laien in der Kirche); die Glaubenden müssen den Hirten gehorchen, wenn sie im Namen Christi lehren 4533; vgl. G 4bg (Glaubende und Autorität der Kirche); H 3e (Annahme von Lehrentscheidungen).
Die Hirten sollen - : mit dem Beispiel ihres Lebenswandels helfen, um mit den Laien zum ewigen Leben zu gelangen 4151; - : für ihre Untergebenen Sorge tragen, da sie für deren Seelen vor Gott Rechenschaft ablegen werden 4152; - : den anderen Glaubenden dienen 4158; - : die Würde und Verantwortung der Laien in der Kirche anerkennen und fördern 4163; - : die Pflichten und Aufgaben der Laien anerkennen und fördern, da diese in Taufe und Firmung (und bei vielen auch in der Ehe) eine sakramentale Grundlage haben 4858; - : sich bereitwillig den Rat der Laien zunutze machen 4163; - : den Laien Aufgaben in der Kirche übertragen, Freiheit im Handeln lassen und ihnen Mut machen, von sich aus Werke in Angriff zu nehmen 4163; - : von den Laien vorgelegte Vorhaben, Wünsche und Anliegen aufmerksam in Christus erwägen (4152) 4163; - : die gerechte Freiheit anerkennen, die allen im irdischen Gemeinwesen zusteht 4163; alle Bischöfe müssen die Einheit des Glaubens und die Ordnung der Kirche fördern und schützen, die Glaubenden zur Liebe des mystischen Leibes Christi, besonders der armen, leidenden und verfolgten Glieder anleiten 4147; der Bischof soll - : mit den Unwissenden und Irrenden leiden 4152; - : das Volk ermahnen, in der Liturgie und in der hl. Messe seinen Anteil mit Glaube und Ehrfurcht zu erfüllen 4151.
Die Hirten können den Laien bestimmte Funktionen anvertrauen, was aber aus einem Laien keinen Hirten macht 4858; Gefahren: Der unvorsichtige Gebrauch des Wortes "Dienst", Vermischung und Gleichstellung von allgemeinem und Amtspriestertum, willkürliche Deutung des Konzeptes der "Subsidiarität", Klerikalisierung der Laien 4858; es ist notwendig, sowohl die Einheit der Sendung in der Kirche auszudrücken, die alle Getauften übernehmen, als auch die wesenhafte Verschiedenheit des Dienstes der Hirten 4858; vgl. G 6ce (Zusammenarbeit der Laien mit dem hierarchischen Dienstamt); H 1b (Hierarchische Gliederung des Dienstamtes).
Es steht den Hirten der Kirche nicht zu, an der politischen Errichtung und Ordnung des sozialen Lebens aktiv teilzuhaben; diese Aufgabe gehört zur Berufung der Laien 4775; vgl. G 6a (Grundsätzliches zu den Laien). Vgl. G 6ce (Zusammenarbeit der Laien mit dem hierarchischen Dienstamt).

## f. - Die Bischöfe und die Welt                                    H 2f

Die Hirten - : sollen die Sendung der Kirche gegenüber der Welt nicht auf sich allein nehmen, sondern alle Glaubenden zum gemeinsamen Werk beitragen lassen 4156; - : müssen jede gemeinsame kirchliche Bestrebung fördern, vor allem, daß der Glaube Wachstum gewinne und das Licht der Wahrheit den Menschen aufgehe 4147; - : müssen den Missionen Arbeiter, geistliche und materielle Hilfen verschaffen 4147; - : empfangen vom Herrn die Sendung, alle Völker zu lehren, damit alle Menschen durch Glaube, Taufe und Erfüllung der Gebote das Heil erlangen 4148; - : sollen bereit sein, allen das Evangelium zu predigen 4152 4534; - : sollen bereit sein, die Glaubenden zu apostolischer und missionarischer Bemühung zu ermahnen 4152; - : sollen auch für jene Sorge tragen, die noch nicht von der einen Herde sind 4152.

Vgl. G 3cd (Kirche und Mission); G 4bf (Aufgaben der Glaubenden in der Welt); G 6cd (Zusammenarbeit der Laien mit dem hierarchischen Dienstamt); H 3a (Verkündigungsdienst der Bischöfe: generelle Bestimmungen).

## 3. - Der Verkündigungsdienst der Bischöfe

### a. - Generelle Bestimmungen                                    H 3a

Christus hat der Kirche die Hinterlassenschaft des Glaubens anvertraut, indem er ein authentisches Lehramt einsetzte 3305; er selbst lehrt durch die Kirche 3806; die Vollmacht des lebendigen Lehramts der Kirche wird in seinem Namen ausgeübt 4149 4161 (4163) 4214; die Kirche hat das Recht und die Pflicht, die geoffenbarte Lehre darzulegen, da sie ihre Hüterin und Lehrerin ist 807 **3012 3020** 3540.

Die Hinterlassenschaft der göttlichen Offenbarung muß unantastbar bewahrt und getreulich ausgelegt werden 4150; die Offenbarung wird durch die rechtmäßige Nachfolge der Bischöfe und die Sorge des Römischen Bischofs unversehrt weitergegeben und getreu ausgelegt **4150** 4534; um Erforschung und Verkündigung der Offenbarung mühen sich der Römische Bischof und die Bischöfe mit geeigneten Mitteln 4150; die Aufgabe, das geschriebene oder überlieferte Wort Gottes authentisch auszulegen, ist allein dem Lehramt der Kirche anvertraut 4214; die Kirche besitzt das Recht auf Erziehung und religiöse Unterweisung 2892 *2945-2948* 3685-3689; vgl. H 2a (Hirtendienst der Bischöfe: generelle Bestimmungen).

Das Lehramt - : steht nicht über dem Wort Gottes, sondern dient ihm, indem es nur lehrt, was überliefert ist **4214**; - : hört das Wort Gottes ehrfürchtig, bewahrt es heilig und erklärt es treu 4214; - : empfängt keine neue öffentliche Offenbarung **4151** 4534; deshalb werden die Hirten nicht der Sorge enthoben, den Schatz der göttlichen Offenbarung in Schrift und Überlieferung zu durchforschen 4149f 4534; Überlieferung, Hl. Schrift und Lehramt der Kirche sind so miteinander verknüpft, daß das eine nicht ohne die anderen besteht 4214; vgl. A 3 (Überlieferung der Offenbarung); G 3db (Apostolische Überlieferung in Schrift und Tradition).

Der erhöhte Christus verkündet besonders durch den Dienst der Bischöfe das Wort Gottes allen Völkern 4145; Christus will, daß sein Volk durch die bischöfliche Verkündigung des Evangeliums wachse 4187; die Bischöfe sind Herolde des Glaubens, die neue Jünger zu Christus führen, und authentische Lehrer, die dem Volk den Glauben verkündigen und erklären 4149; den Bischöfen - : ist die Bezeugung des Evangeliums anvertraut 4145 4152; - : hat Christus den Auftrag gegeben, das Evangelium überall auf Erden zu verkündigen 4147; unter den hauptsächlichen Aufgaben der Bischöfe ragt die Verkündigung des Evangeliums heraus 4149; durch den Dienst des Wortes teilen die Bischöfe die Kraft Gottes den Glaubenden zum Heil mit 4151; die Verkündigung durch die Bischöfe läßt das Verständnis der apostolischen Überlieferung wachsen 4210; vgl. G 3cd (Kirche und Evangelisation/Mission).

Dem Nachfolger des Petrus ist das hohe Amt, den christlichen Namen fortzupflanzen, in einzigartiger Weise übertragen 4147; vgl. G 3cd (Kirche und Evangelisation/Mission).

Das Amt des Lehrens kann seiner Natur nach nur in der hierarchischen Gemeinschaft mit dem Haupt und den Gliedern des Kollegiums ausgeübt werden 4145; vgl. H 1c (Kollegialer Charakter des Dienstamtes und hierarchische Gemeinschaft).

Vgl. E 3bb (Prophetentum Christi und Christus als Lehrer); G 4bc (Teilhabe der Glaubenden am prophetischen Amt Christi); H 1a (Gründung des Dienstamtes in der Sendung Christi und der Apostel).

### b. - Die amtlichen Lehrentscheidungen                          H 3b

**Allgemein.** Durch das Lehramt wird der Hinterlassenschaft des Glaubens nichts Neues hinzugefügt, sondern erklärt, was bis dahin unklar scheinen konnte, oder festzuhalten bestimmt, was in Frage gestellt  **3ba**

wurde 3683 (4151 4534); Dogmen dienen der Bestätigung oder Erhellung von Aussagen aus der Hl. Schrift oder der Überlieferung, der Lösung bestimmter Fragen oder Beseitigung von Irrtümern 4539; vgl. H 3bb (Gegenstände und Arten von Lehrentscheidungen).

Papst und Bischöfe empfangen keine neue öffentliche Offenbarung **4150f** 4534; der Beistand des Hl. Geistes wird dem Papst nicht verliehen, um neue Lehren zu verkündigen 3070.

Die Kirche macht die Autorität ihres Lehramts nicht aufgrund einer besonderen Zuständigkeit im Bereich der Wissenschaften geltend, sondern kraft ihres evangelischen Amtes und ihrer apostolischen Pflicht, die Morallehre vorzulegen, die der Würde der Person und ihrer ganzheitlichen Berufung entspricht, indem sie Kriterien des moralischen Urteils darlegt 4790.

**3bb**    **Gegenstände und Arten von Lehrentscheidungen.** Gegenstand ist die geoffenbarte Lehre, die Hinterlassenschaft des Glaubens ([a]*das Urteil über ihren wahren Sinngehalt*) [a]**1507** [a]1863 3012 **3018 3070** 4214; die Kirche interpretiert authentisch auch die Prinzipien der sittlichen Ordnung, die aus der Natur des Menschen selbst hervorgehen 4581 (4790); die Lehre der Kirche erstreckt sich auf die gesamte Moralordnung und insbesondere auf die Gerechtigkeit 4756.

Lehrautorität beansprucht die Kirche auch - : im Bereich der Philosophie 2860f 2865f *2910* 3018; - : auf wirtschaftlichem und sozialem Gebiet, was den sittlichen Rahmen betrifft 3725 3938 3997.

Die Kirche urteilt über die Heiligkeit im Hinblick auf eine Kanonisation 675.

Das Lehramt bestimmt und bestätigt Glaubensbekenntnisse ([a]*als Grundlage, auf der alle Glaubenden zusammenfinden müssen*) 398 400 [a]**1500**.

Das Lehramt unterwirft Schriften über Glaubens- und Sittenfragen seiner Untersuchung und Zustimmung und verurteilt schädliche Bücher 202 213 353f 686 807 980 1851–1861 2065 2668.

Das Lehramt verwirft Aussagen, die mit der Glaubens- und Sittenlehre nicht übereinstimmen, und auferlegt bisweilen entweder im allgemeinen oder [a]*im besonderen* theologische Zensuren 721–739 840–844 891–899 [a]921–924 941–946 [a]951–979 1028–1049 [a]1087–1097 1101–1103 1110–1116 1121–1139 1151–1195 1201–1230 1361–1369 1391–1396 1411–1419 1451–1492 1901–1980 [a]2001–2006 2021–2065 2101–2166 2170f 2201–2268 2281–2285 [a]2290–2292 2301–2332 2351–2374 2400–2502 2571–2575 [a]2601–2685 [a]2791–2793 3201–3241 3401–3465.

Über die Gesinnung oder die Absicht (bzw. [a]*über Verborgenes*) urteilt die Kirche nicht, da es sich um etwas Innerliches handelt [a]1814 [a]2266f 3318; nur insofern die Gesinnung geäußert wird, darf sie urteilen 3318; in diesem Sinne urteilt die Kirche bei Autoren über den Wortsinn 2010–2012 2020 2390.

Das Urteil über die Echtheit und die geordnete Ausübung der außerordentlichen Gaben steht dem kirchlichen Leitungsamt zu 4131; vgl. F 2cd (Gaben des Hl. Geistes); G 3ac (Kirche, erbaut durch die Vielzahl der Charismen).

In außerordentlicher, feierlicher Weise geht das Lehramt vor, wenn es Irrtümern wirkungsvoller entgegentreten oder Lehrkapitel klarer und deutlicher darlegen will 3683.

Dogmen sind und waren zu jeder Zeit die unveränderliche Norm für Glauben und theologische Wissenschaft 4536; vgl. A 4bb (Methoden der Theologie); den Christgläubigen ist es keineswegs erlaubt, in der Kirche oder bei der unzweifelhaften Übereinstimmung des Volkes Gottes in Fragen des Glaubens und der Sitten nur ein grundsätzliches Bleiben in der Wahrheit anzuerkennen 4537; vgl. H 3db (Unfehlbarkeit der Kirche); bisweilen kann es geschehen, - : daß die Wahrheiten, die die Kirche lehrt, auch vom hl. Lehramt mit Worten vorgetragen werden, die Spuren wandelbarer Vorstellungen einer Zeit an sich tragen 4539; - : daß eine dogmatische Wahrheit zuerst auf unvollkommene, jedoch nicht falsche Weise ausgedrückt wird und hernach, im weiteren Zusammenhang des Glaubens oder der menschlichen Erkenntnisse betrachtet, vollständiger und vollkommener verdeutlicht wird 4539; der Sinn der dogmatischen Formeln selbst bleibt in der Kirche immer wahr und in sich stimmig, auch wenn er mehr erhellt und vollständiger erkannt wird 4540.

Nicht richtig ist die Auffassung: - : [Die dogmatischen Formeln können die Wahrheit nicht in bestimmter Weise bezeichnen, sondern nur ihre veränderlichen Annäherungen] 4540; - : [Die dogmatischen Formeln bringen die Wahrheit nur in unbestimmter Weise zum Ausdruck] 4540; diese Meinung bedeutet dogmatischen Relativismus 4540.

Es gibt Beschlüsse des Apostolischen Stuhles, die zum Besseren verändert werden können 641; es kann auch geschehen, daß dem Apostolischen Stuhl etwas entgangen ist 641.

**3bc**    **Die wichtigsten Zensuren** (Qualifikationen), dargestellt am Beispiel von Sätzen, denen sie in bestimmter Weise zuerkannt wurden: Der Satz ist - : häretisch 951–965 977f 1087 1089–1091 1093 1095f 2001–2005 2203 2213–2215 2241–2253 2290 2602–2604 2615 2659 2693; - : der Häresie nahe (haeresi proxima) 2221 2223 2257 2260f; - : nach Häresie schmeckend (haeresin sapiens) bzw. [a]der Häresie verdächtig (suspecta haeresis) 2202 2204–2210 2212 2216–2219 2231f 2235f 2255f 2258 [a]2618 [a]2620 2622 2628; - : schismatisch 2606 (2607f) 2693; - : falsch 1087–1093 1095–1097 2004f 2609–2613 2616 2619//2630 2635–2637 2640//2653 2661//2668 2673–2680 2682f 2793; - : leichtfertig (temeraria) 2001 2005 2170f 2211 2214f 2217–2220 2223f 2226f 2230–2235 2238f 2241–2268 2291 2331f 2358 2360 2365–2370 2372 2609–2614 2617 2625–2627 2630//2648 2651–2654 2662//2673 2676–2679 2683 2763; - : irrig 1087 1089–1091 1095–1097 1114f 2204–2206 2208–2210 2213–2219 2221f 2224 2232 2235 2241–2253 2258 2291 2351–2357 2360f 2363 2367–2369 2372f 2606//2612 2622 2628 2637 2646f 2664 2677f 2791; - : anstößig (scandalosa) 1092 1309 1391–1395 2021–2065 2101–2165 2206f 2209–2211 2214–2220 2224f 2230–2252 2254 2258–2260 2263f 2266 2291 2357 2360 2362 2369–2371 2619 2634

2643 2664 2668 2673f 2678 2681 2791f; – : blasphemisch 2001 2005 2210 2214f 2241-2253 2260; – : gottlos (impia) 1309 2001 2005 2619; – : für fromme Ohren anstößig (piarum aurium offensiva) 2206 2230 2258 2291 2358 2368 2633 2642f 2662 2671 2678; – : übel klingend (male sonans) 2354-2356 2373 2644 2665; – : verderblich (perniciosa) 2352 2364 2367 2612 2614 2623 2625 2629f 2637 2639 2644 2646 2649 2662 2664f 2670 2678 2680 2692.

## c. – Organe amtlicher Lehrentscheidungen    H 3c

**Die Bischöfe** – : folgen dem Kollegium der Apostel im Lehramt nach 4146; – : stehen an Gottes Stelle als    3ca
Lehrer in der Unterweisung ihrer Herde vor 4144; – : sind authentische, das heißt mit der Autorität Christi versehene Lehrer, die dem Volk den Glauben verkündigen und im Licht des Hl. Geistes erklären 4149 (4533); – : halten die ihrer Herde drohenden Irrtümer wachsam fern 4149; – : bewahren die apostolische Lehre 4233; – : sind, auch einzeln, Lehrer ihrer Untergebenen; ihnen steht ein Urteil über den Glauben zu 761; allein den Hirten steht es nach göttlicher Anordnung zu, authentisch die Glaubenden zu lehren 4533; vgl. H 3a (Verkündigungsdienst der Bischöfe: generelle Bestimmungen).

**Der Papst** ist der oberste Lehrer der Kirche 1307 **3059 3068 3074** 4149f 4534; seine Lehrautorität wird meist    3cb
zusammen mit dem Primat beansprucht; vgl. H 2b (Hirtendienst des Papstes); speziell 181f 217 221 235 343 353 365 1064 3065-3073 **3074f**; sie wird von Konzilien und Synoden anerkannt 218 306 398-400 402 (444) 664 **1848**; deswegen wird die Römische Kirche (der Römische Stuhl) "Lehrerin" genannt 774 1850 1868.

Der Papst hat das Recht, Glaubensfragen zu definieren 861 **3067** 3885; – : Konzilsbeschlüsse auszulegen 447 1849f **3067**.

Beim Papst ist zwischen dem Lehrer der allgemeinen Kirche und dem Privatgelehrten zu unterscheiden, der für eine Meinung unter den vielen erlaubten eintritt 2565.

Über Verfügungen des Papstes, (ᵃwo er ausdrücklich Stellung nimmt,) darf man nicht neu verhandeln oder frei diskutieren, noch ist ihre Ablehnung zulässig 182 217f 221 232 235 343 353 2331 ᵃ3885; gegen die Lehre des Papstes gilt die Auffassung Augustins nicht *2330*.

Die Autorität der Kongregationen der Kurie wird betont *2880* 2912 3408 3503.

**Konzilien und Synoden.** Das Lehramt gelangt vor allem mit Hilfe von Konzilien und Synoden zu einem    3cc
Urteil 3069.

Allgemeine Konzilien: Die höchste Gewalt gegenüber der ganzen Kirche, über die das Kollegium der Bischöfe verfügt, wird in feierlicher Weise im ökumenischen Konzil ausgeübt **4146**; die Autorität der Allgemeinen Konzilien – : wird betont 343 352 (364) 517f 521f 550 575 *587* 1869 2526-2539; – : wird anerkannt und man beruft sich auf sie 402 412 (433) 436-438 444 472 548 640 652 686 1986f.

Ein allgemeines bzw. ökumenisches Konzil repräsentiert die gesamte Kirche 1247f; es steht aber nicht über dem Papst, (ᵃso daß es gegen den Papst angerufen werden könnte) 233 1151°° ᵃ1375 (*2935f*) ᵃ3063; ein ökumenisches Konzil gibt es niemals, wenn es vom Nachfolger des Petrus nicht als solches bestätigt oder wenigstens angenommen worden ist 4146; vgl. H 2bd (Papst und Konzil); was ein allgemeines Konzil in Glaubens- und Sittenfragen festlegt, ist von allen festzuhalten 1248-1251; verworfen werden Behauptungen über die Möglichkeit, anderer Meinung zu sein *587 1479*.

Diözesan- und Nationalsynoden: Verworfen werden Behauptungen, die die Autorität einer Diözesan- oder Nationalsynode sowie ihrer Synodalen übersteigern *2609-2611 2693 2936*.

Eine Teilsynode kann kein Urteil über ein allgemeines Konzil fällen 447; verworfen wird: [Entscheidungen einer nationalen Synode lassen keine weitere Erörterung mehr zu] *2936*.

**Nichtkonziliares, allgemeines Lehren.** Dieselbe kollegiale Vollmacht wie auf einem ökumenischen Konzil    3cd
kann zusammmen mit dem Papst von den Bischöfen ausgeübt werden, sofern er sie zu einer kollegialen Handlung ruft oder wenigstens die einhellige Handlung der über verschiedene Orte verstreuten Bischöfe billigt oder frei annimmt **4146**.

## d. – Das Charisma der Unfehlbarkeit    H 3d

**Assistenz des Geistes.** Vgl. B 3b (Der Hl. Geist im Leben der Kirche); G 1be (Die Kirche bleibt durch die    3da
Zeiten das Werk der Hl. Dreifaltigkeit). Die Päpste und die Konzilien berufen sich auf die Erleuchtung des Hl. Geistes 102 265 444 631 702 707 1151°° **1500f** 1600 1635 1667 1726 1738 1820 1848; in der Erfüllung ihrer Lehrfunktion und beim Vortragen einer vom Irrtum freien Lehre erfreuen sich die Hirten der Kirche des Beistands des Hl. Geistes 4534.

**Unfehlbarkeit der Kirche.** Der Kirche wird (allgemein) Unfehlbarkeit zugeschrieben 2922 3020 4130 4531    3db
4852; wenn die Gesamtheit der Glaubenden ihre allgemeine Übereinstimmung in Sachen des Glaubens und der Sitten äußert, dann macht sie mittels des übernatürlichen Glaubenssinns des ganzen Volkes kund, daß sie im Glauben nicht fehlgehen kann **4130** 4531; die Unfehlbarkeit, mit der Christus die Kirche im Bereich des Glaubens oder der Sitten ausgestattet hat, reicht so weit, wie die

Hinterlassenschaft der göttlichen Offenbarung reicht **4150**; die Laien nehmen am übernatürlichen Glaubenssinn der Kirche teil (4130) 4852; vgl. G 4bc und G 6ba (Teilhabe der Glaubenden/Laien am prophetischen Amt Christi); verworfen werden Sätze, die implizit behaupten, die Kirche sei vom Glauben abgeirrt [nämlich Anschuldigungen wegen ungerechter Verurteilung von Artikeln, wegen ungerechter Exkommunikation und wegen angeblicher Verdunklung von Wahrheiten] 1225 1480 *2491-2501 2601 2612-214*.

**3dc** **Unfehlbarkeit der Bischöfe.** Die der Kirche verheißene Unfehlbarkeit wohnt auch der Körperschaft der Bischöfe inne, wenn sie das oberste Lehramt zusammen mit dem Nachfolger des Petrus ausübt **4150**.

Die Bischöfe verkünden auf unfehlbare Weise die Lehre Christi, wenn sie, [a]*auf einem ökumenischen Konzil vereint,* [b]*in einem kollegialen Akt* für die ganze Kirche Lehrer und Richter des Glaubens und der Sitten sind [a]**4149** [b]**4535**; vgl. H 1c (Kollegialer Charakter des Dienstamtes und hierarchische Gemeinschaft); H 3cc (Konzilien und Synoden); die Unfehlbarkeit des kirchlichen Lehramtes erstreckt sich nicht nur auf die Hinterlassenschaft des Glaubens, sondern auch auf jenes, ohne das diese Hinterlassenschaft nicht richtig bewahrt und dargestellt werden kann **4536** (vgl. 4149).

Auch wenn die einzelnen Bischöfe über den Erdkreis zerstreut sind, verkünden sie, immer wenn sie – unter Beachtung des Bandes der Gemeinschaft untereinander und mit dem Nachfolger des Petrus – authentisch Sachen des Glaubens und der Sitten lehren und dabei auf eine Entscheidung als endgültig verbindliche übereinkommen, die Lehre Christi auf unfehlbare Weise **4149** 4535; Christus wollte, daß das Lehramt der Hirten in Fragen des Glaubens und der Sitten mit dem entsprechenden Charisma der Unfehlbarkeit ausgestattet sei 4534; die Bischöfe haben die sichere Gnadengabe der Wahrheit empfangen 4210 4532; das Charisma der Unfehlbarkeit geht nicht aus neuen Offenbarungen hervor 4534.

**3dd** **Unfehlbarkeit des Papstes.** Für den Apostolischen Stuhl wird die unbefleckte Wahrung des Glaubens beansprucht 363 775 1064 1807f *2329 2923* 3066.

Dem Papst kommt Unfehlbarkeit zu (221 353) *2329f* 2539 2781 3069f **3074f 4150** 4534; der Beistand des Hl. Geistes wurde dem Papst in Petrus verheißen 4150.

Wesen und Bedingungen der Unfehlbarkeit: Die Gabe der Unfehlbarkeit besteht [a]*nicht in einer neuen Offenbarung,* sondern im Beistand des Hl. Geistes, damit die durch die Apostel überlieferte Offenbarung getreu ausgelegt werde [a]**3070 3074** (3116).

Der Papst ist nur dann unfehlbar, wenn er in Ausübung seiner Autorität als Lehrer aller Glaubenden bzw. "ex cathedra" in Fragen des Glaubens und der Sitten entscheidet **3074 4150** 4535; die Unfehlbarkeit des kirchlichen Lehramtes erstreckt sich nicht nur auf die Hinterlassenschaft des Glaubens, sondern auch auf jenes, ohne das diese Hinterlassenschaft nicht richtig bewahrt und dargestellt werden kann **4536** (vgl. 4149).

Die Unfehlbarkeit ist an die Lehre der Hl. Schrift und [a]*an die schon ergangenen Definitionen* gebunden 3070 **3074** [a]*3116*; wenn der Römische Bischof oder die Körperschaft der Bischöfe in Verbindung mit ihm einen Satz definieren, legen sie diesen Satz gemäß der Offenbarung selbst vor 4150; das Charisma der Unfehlbarkeit geht nicht aus neuen Offenbarungen hervor 4534; die Unfehlbarkeit bezieht sich nicht auf Regierungshandlungen des Papstes 3116.

Die feierlichen Definitionen des Papstes sind aus sich unanfechtbar, unabhängig von der Zustimmung der Kirche **3074** 4150; in diesem Fall trägt der Römische Bischof seine Entscheidung nicht als Privatperson vor, sondern als oberster Lehrer der gesamten Kirche, dem die Gnadengabe der Unfehlbarkeit der Kirche innewohnt **4150**; vgl. H 3db (Unfehlbarkeit der Kirche).

Die Gabe der Unfehlbarkeit befreit den Papst nicht von der Verpflichtung, Überlegungen und Nachforschungen anzustellen sowie den Rat anderer einzuholen 182 810 844 899 904 924 930f 1848 2011 4149f 4536.

---

**H 3e** e. – DIE ANNAHME VON LEHRENTSCHEIDUNGEN

**3ea** **Anerkennung der Lehrentscheidungen** wird gefordert – : allgemein 2020 2390 2875–2880 3020 3625 3884f 4149; – : auch für die Lehrkapitel, die in allgemeiner und beständiger Übereinstimmung der Katholiken als theologische Wahrheiten und sichere Schlüsse gelten 2880; – : für philosophische Lehren 2860f 2865f *2910* 3018; die Glaubenden müssen treu zu Überlieferung, ordentlichem und außerordentlichem Lehramt der Kirche stehen 4823.

Beispiele für Unterwerfung und Widerruf von Autoren 807 980 **990f** 2351° 2751° 2811° 2828°.

Verworfen werden Behauptungen, die der Lehrautorität der Kirche widerstreiten *1477–1480 3401–3408*.

**3eb** **Annahme unfehlbarer Beschlüsse.** Allem, was in feierlicher Entscheidung oder kraft des gewöhnlichen und allgemeinen Lehramtes als von Gott geoffenbart zu glauben vorgelegt wird, gebührt göttlicher und katholischer Glaube 2879 *2922* **3011** (3885) 4536; Dogmen sind und waren zu jeder Zeit die unveränderliche Norm für den Glauben und die theologische Wissenschaft 4536; den Festlegungen des Papstes im Bereich des Glaubens oder der Sitten kann wegen der Wirksamkeit des Hl. Geistes die Zustimmung der Kirche niemals fehlen 4150; den Lehrdekreten wird nicht mit gehorsamem Schweigen Genüge getan 2390.

Wenn Bischöfe in Gemeinschaft mit dem Römischen Bischof lehren, sind sie von allen als Zeugen der göttlichen und katholischen Wahrheit zu verehren 4149; Festlegungen der auf einem ökumenischen Konzil vereinten Bischöfe als Lehrer und Richter des Glaubens ist mit dem Gehorsam des Glaubens anzuhangen 1248-1251 4149.

Zur Verpflichtung zum Glauben vgl. G 4bb (Wege der Heiligung); G 4bg (Glaubende und Autorität der Kirche); L 2c (Tugend des Glaubens); L 2f (Vereinigung mit Gott).

**Nicht unfehlbar vorgelegte Entscheidungen.** Vgl. H 3ea (Anerkennung der Lehrentscheidungen); auch nicht **3ec** unfehlbar vorgelegten Lehrdokumenten, z. B. Enzykliken und Verurteilungen von Irrtümern, (sofern sie nicht eine anderweitig unfehlbare Materie behandeln,) gebührt Zustimmung *2922 3407* 3885; eine solche Zustimmung muß widerrufen werden können zugunsten einer nachfolgenden Entscheidung oder Entwicklung; dies wird aus historischen Beispielen deutlich; vgl. H 3h (Beispiele für widerstreitende Lehrentscheidungen); religiöser Gehorsam des Willens und der Einsicht ist dem authentischen Lehramt des Römischen Bischofs zu leisten, auch wenn er nicht "ex cathedra" spricht 4149; Verpflichtung der Glaubenden zur Annahme auch der nicht als verbindlich im Bereich des Glaubens oder der Sitten definierten Lehre des obersten Lehramtes der Kirche 4351.

## f. – AUSLEGUNGSREGELN H 3f

Meinung und Absicht von Entscheidungen des päpstlichen Lehramtes lassen sich vornehmlich aus der Beschaffenheit der Dokumente, der Häufigkeit der Vorlage derselben Lehre und der Sprechweise erkennen 4149.

Ein Lehrentscheid mit doppeldeutigem Sinn ist stets in dem Sinn zu verstehen, in dem die Aussage wahr wird 1407.

Bücher, die vom Apostolischen Stuhl nicht verworfen wurden, oder Bücher, die aus dem Verfahren entlassen wurden, sind deswegen nicht schon als irrtumsfrei zu erachten *2047* 3154f.

## g. – DIE FREIHEIT VON FORSCHUNG UND LEHRE H 3g

Schutz der Freiheit. Grundsätzliche Anerkennung der Autonomie der irdischen Dinge und der Freiheit der Wissenschaft: C 1ic; C 4ic (Die Ordnung menschlichen Schaffens); C 4id (Menschliches Forschen und Wissenschaften); die wissenschaftliche Forschung soll nicht im Geist des Argwohns und blinder Opposition gegen alles Neue, sondern mit höchster Liebe beurteilt werden 3831; Warnung vor Wissenschaftsgläubigkeit: C 4lf (Positivismus, Wissenschafts- und Fortschrittsgläubigkeit).

Geoffenbarte Lehren als Grenze 3042; Pflicht zur Respektierung lehramtlicher Urteile und Diskussionsfreiheit 3625 3667 (3885).

Diskussionsfreiheit – : beim Problem der Gnadenhilfen 1997 1997a 2008 2509f 2564f (*2679*); – : beim Problem der Furchtreue 2070; – : bei der Frage der Trennung des Blutes Christi von der Gottheit in den drei Tagen des Leidens 1385; – : beim Problem der Moralsysteme 2175-2177 (*2679*) 2726; – : bei Auffassungen der thomistischen Schule 2167[1] 2509 3601° 3667; – : bei Büchern, die von der Indexkongregation aus dem Verfahren entlassen wurden 3154f; – : bei der Bibelforschung 3831 4407.

Bei frei diskutierten Fragen ist es nicht erlaubt – : einen Gegner aus eben diesem Grund eines anrüchigen Glaubens oder einer unguten Disziplin zu bezichtigen 3625; – : über einen Gegner eine theologische Zensur zu verhängen 1426 2167 *2665 2679*.

## h. – EXKURS: BEISPIELE FÜR WIDERSTREITENDE LEHRENTSCHEIDUNGEN H 3h

Beispiele für widerstreitende Lehrentscheidungen sind – : Die Akten des Papstes Liberius in der Sache der Semiarianer (138-143), insbesondere die Verurteilung des Athanasius, konnten leicht als Ablehnung des nizänischen Glaubens verstanden werden und stehen im Widerspruch zu der Verehrung, die von allen Glaubenden dem Vorkämpfer dieses Glaubens gezollt wird; – : Die Worte Leos des Großen 294: "Angenommen wurde von der Mutter des Herrn die Natur, nicht die Schuld" schlössen, wenn sie in ihrem Wortlaut und gemäß der damals gängigen Auffassung im absoluten Sinne angenommen würden, eine Entwicklung hin zur Definition der Unbefleckten Empfängnis Mariens aus 2800-2804; – : Das Urteil über die Rechtgläubigkeit des Theodoret und Ibas geht auseinander: verurteilt werden sie (außer von der von Leo dem Großen als "Räubersynode" verworfenen Synode von Ephesus) auf dem 2. Konzil von Konstantinopel, vom Gregor dem Großen und im *Liber diurnus*, als orthodox anerkannt werden sie auf dem Konzil von Chalkedon und von Pelagius I.: 300°° 436f 444 472; – : Bei Papst Honorius I., dessen Rechtgläubigkeit nur von den Orientalen bestritten wurde, geht das Urteil über den Umgang des Honorius mit den Führern der Monotheleten

zwischen Johannes IV., der ihn wohlwollend auslegt und verteidigt, und Leo II., der dem 3. Konzil von Konstantinopel beipflichtet und ihn scharf verurteilt, weit auseinander, während Martin I. mit der Lateransynode bei der Verurteilung der Monotheleten Papst Honorius gar nicht erwähnt: 487f 496–498 518 550 552 561° 563; – : Nikolaus I. hält außer der trinitarischen Taufformel ausdrücklich auch die Formel "Im Namen Christi" für gültig, was insbesondere der späteren Lehre widerspricht: 646! (211) mit 123 176f 214 445! 478 580 589 592 644 757 802 903; – : In der Frage der Gültigkeit simonistischer Weihen stehen einige Dekrete im Widerspruch zu der gängigen Auffassung: 691–694 701f! 705 710; – : Über den Umfang des Paulinischen Privilegs sind sich Cölestin III. und Innozenz III. nicht einig: 768; – : In bezug auf die Wirkung des Ehekonsenses weicht Alexander III. von einigen seiner Vorgänger ab 756; – : Zu den offenkundigsten Fällen gehört die Auffassung Johannes' XXII. über die nur unvollkommene Seligkeit nach dem Tod bis zum Tage des allgemeinen Gerichts; dieser Auffassung stimmten die Kardinäle und der König von Frankreich nicht nur nicht zu, sondern sie widersetzten sich ihr offen, drängten den Papst zum Widerruf und erklärten danach die entgegengesetzte Auffassung für verbindlich: 990f 1000–1002.

**H 3i**
## i. – Das Volk Gottes und der Verkündigungsdienst der Bischöfe

Christus vollzieht sein prophetisches Amt nicht nur durch die Hierarchie, sondern auch durch die Laien **4161**; vgl. E 3bb (Prophetentum Christi und Christus als Lehrer); G 4bc und G 6ba (Teilhabe der Glaubenden/Laien am prophetischen Amt Christi); G 6ca (Apostolat der Laien).
In der Gefolgschaft des Lehramtes empfängt das Volk Gottes das Wort Gottes 4130; die Laien sollen das, was die Hirten als Lehrer in der Kirche festsetzen, in christlichem Gehorsam annehmen 4163 (4343); vgl. G 4bb (Wege der Heiligung); G 4bg (Glaubende und Autorität der Kirche); H 3e (Annahme von Lehrentscheidungen).

**H 4**
## 4. Der Heiligungsdienst der Bischöfe

Der Bischof ist als der Hohepriester seiner Herde anzusehen, von dem das Leben seiner Glaubenden in Christus gewissermaßen ausgeht und abhängt 4041; die Bischöfe stehen an Gottes Stelle als Priester im hl. Kult ihrer Herde vor 4144; in den Bischöfen ist inmitten der Glaubenden Christus, der Hohepriester, anwesend 4145; der erhöhte Christus spendet durch den Dienst der Bischöfe den Glaubenden die Sakramente des Glaubens und verleibt durch ihr Amt seinem Leib neue Glieder ein 4145; Christus will, daß sein Volk durch die Verwaltung der Sakramente durch die Bischöfe wachse 4187.
Der Bischof ist, mit der Fülle des Sakraments der Weihe ausgezeichnet, "Verwalter der Gnade des höchsten Priestertums", besonders in der Eucharistie, die er selbst darbringt oder darbringen läßt und durch die die Kirche beständig lebt und wächst 4151; jede rechtmäßige Feier der Eucharistie wird vom Bischof geleitet 4151; vgl. J 1d (Subjekte der Liturgie); K 5cb (Kompetenz der ordinierten Priester und Bischöfe).
Die Bischöfe – : sind Spender der Geheimnisse Gottes 4145; – : heiligen die Glaubenden durch die Sakramente 4151; – : spenden durch Beten und Arbeiten für das Volk vom Fülle der Heiligkeit Christi aus 4151; – : ordnen die Austeilung der Sakramente 4151 (4187); – : ordnen die Spendung der Taufe 4151; – : sind die ursprünglichen Diener der Firmung, spenden die Weihen und regeln die Bußordnung 4151; das Petrus gegebene Amt des Bindens und Lösens ist auch dem mit seinem Haupt verbundenen Apostelkollegium zugeteilt worden 4146; Sache der Bischöfe ist es, durch das Sakrament der Weihe neu Erwählte in die Körperschaft der Bischöfe aufzunehmen 4145; vgl. K 3c (Spender der Taufe); K 4c (Spender der Firmung); K 5cb (Kompetenz der ordinierten Priester und Bischöfe); K 6d (Spender des Bußsakraments); K 8d (Spender des Weihesakraments).
Die Auffassung, [die Darbringung der Eucharistie sei nicht notwendigerweise mit der sakramentalen Weihe verknüpft], verletzt die apostolische Struktur der Kirche und stürzt die sakramentale Heilsordnung um 4723.
Vgl. E 3bc (Priestertum Christi); G 4bd (Teilhabe der Glaubenden am priesterlichen Amt Christi); H 1a (Gründung des Dienstamtes in der Sendung Christi und der Apostel); K (Gott heiligt durch die Sakramente).

**H 5**
## 5. – Das Dienstamt der Priester

Der Priester – : steht in der Person Christi der Gemeinde vor und betet im Namen des ganzen Volkes (3755 3757 3850) 4033 (4153); – : hat auf seiner Stufe des Dienstes am Amt des einzigen Mittlers Christus teil 4153; – : sammelt die Familie Gottes und führt sie zu Gott, indem er das Amt Christi

entsprechend seinem Anteil an der Autorität ausübt 4153; die Priester werden kraft des Sakraments der Weihe nach dem Bilde Christi, des ewigen Priesters, zum Verkündigen des Evangeliums, zum Weiden der Glaubenden und zur Feier des Gottesdienstes geweiht 4153; vgl. K 8c (Wesentliche Momente des Weihesakraments); das Amt der Gemeindeleitung ist verbunden mit dem Amt, das Wort Gottes zu verkünden und der hl. Eucharistie vorzustehen 4721.

Der Seelsorger einer Pfarrei vertritt die Stelle des Bischofs 4042; die Priester – : sind, obwohl sie die Bischofswürde nicht haben und in der Ausübung ihrer Vollmacht von den Bischöfen abhängen, dennoch mit ihnen in der priesterlichen Würde verbunden 4153; – : bilden als Mitarbeiter des Bischofs mit ihm ein Presbyterium 4154; – : machen in den einzelnen Gemeinden den Bischof gegenwärtig, nehmen entsprechend ihrem Anteil seine Aufgaben und seine Sorge auf sich 4154; – : heiligen und leiten unter der Autorität des Bischofs den ihnen zugewiesenen Anteil der Herde des Herrn, machen die Gesamtkirche an ihrem Ort sichtbar und helfen bei der Auferbauung des ganzen Leibes Christi mit 4154; – : sollen wegen ihrer Teilhabe an Priestertum und Sendung den Bischof wahrhaft als ihren Vater anerkennen und ihm ehrfürchtig gehorchen 4154; alle Priester, Diözesan- wie Ordenspriester, sind aufgrund ihrer Weihe und ihres Dienstes der Körperschaft der Bischöfe zugeordnet und dienen entsprechend ihrer Berufung und Gnade dem Wohl der ganzen Kirche 4154; vgl. H 1c (Kollegialer Charakter des Dienstamtes und hierarchische Gemeinschaft).

Der Priester – : erfreut sich hl. Vollmacht 4126; – : bildet das priesterliche Volk heran und leitet es 4126; – : übt sein Amt am meisten in der eucharistischen Feier aus, bei der er in der Person Christi handelt, die Gebete der Glaubenden mit dem Opfer ihres Hauptes verbindet und das Opfer des Neuen Bundes im Opfer der Messe vergegenwärtigt und zuwendet (4126) 4153; es ist Sache des Priesters, die Auferbauung des Leibes Christi durch das eucharistische Opfer zu vollenden 4141; vgl. K 5cb (Kompetenz der ordinierten Priester und Bischöfe); die Priester – : mühen sich im Wort und in der Lehre 4153; – : zeugen die Glaubenden geistlich in Taufe und Lehre 4154; vgl. K 3c (Spender der Taufe); – : verkündigen allen das göttliche Wort 4153; – : versehen für die büßenden oder kranken Glaubenden den Dienst der Versöhnung und Aufrichtung und tragen die Nöte und Bitten der Glaubenden zu Gott hin 4153; vgl. K 6d (Spender des Bußsakraments); K 7c (Spender der Krankensalbung); – : sollen für die Glaubenden wie Väter in Christus sorgen 4154; sollen ihrer Gemeinde vorbildlich vorstehen und dienen 4154; – : sollen ihre Mühe für die Hirtenarbeit an der ganzen Diözese und der ganzen Kirche aufwenden 4154; von den Priestern dürfen die Laien geistliche Kraft erwarten 4343; die Zusammenarbeit von Priestern, Ordensleuten und Laien ist geistgewirkt 4850; vgl. G 6ce (Zusammenarbeit der Laien mit dem hierarchischen Dienstamt); H 2e (Volk Gottes und Hirtendienst der Bischöfe).

Kraft gemeinsamer Weihe und Sendung sind sich alle Priester brüderlich verbunden 4154; vgl. H 1c (Kollegialer Charakter des Dienstamtes und hierarchische Gemeinschaft).

Die Auffassung, [die Darbringung der Eucharistie sei nicht notwendigerweise mit der sakramentalen Weihe verknüpft], verletzt die apostolische Struktur der Kirche und stürzt die sakramentale Heilsordnung um 4723.

Priester und Welt. Weil das Menschengeschlecht heute mehr und mehr zur bürgerlichen, wirtschaftlichen und sozialen Einheit zusammenwächst, sollen die Priester unter Leitung der Bischöfe und des Papstes jede Art von Trennung beseitigen, damit das ganze Menschengeschlecht in die Einheit der Familie Gottes geführt werde 4154; die Priester sollen in ihrer Lebensführung und ihrer Sorge für Glaubende und Ungläubige das Antlitz eines wahrhaft priesterlichen und hirtenmäßigen Dienstes zeigen, das Zeugnis der Wahrheit und des Lebens geben, auch jene suchen, die sich – obwohl getauft – vom Empfang der Sakramente oder vom Glauben entfernt haben 4154; vgl. G 4bf (Aufgaben der Glaubenden in der Welt); H 2f (Bischöfe und Welt).

Vgl. E 3b (Gestalten der Vermittlung); G 3ad (Kirche aus und in Kirchen); H 1 (Herkunft und Eigenart des kirchlichen Dienstamtes); H 2a (Hirtendienst der Bischöfe: generelle Bestimmungen); H 3a (Verkündigungsdienst der Bischöfe: generelle Bestimmungen); H 4 (Heiligungsdienst der Bischöfe); J 1d (Subjekte der Liturgie); K 5cb (Kompetenz der ordinierten Priester); K 8a (Priestertum des Neuen Bundes); K 8b (Stufen des sakramentalen Dienstamts).

## 6. – Das Dienstamt der Diakone                                    H 6

Die Diakone – : stehen auf einer tieferen Stufe der Hierarchie als die Priester; ihnen werden die Hände "nicht zum Priestertum, sondern zum Dienst" aufgelegt 4155; – : dienen dem Volk Gottes in der Diakonie der Liturgie, des Wortes und der Liebe in Gemeinschaft mit dem Bischof und seinem Presbyterium 4155; – : sind den Pflichten der Nächstenliebe und der Verwaltung hingegeben 4155.

Es ist Sache des Diakons, soweit es ihm von der zuständigen Autorität zugewiesen wurde, – : feierlich die Taufe zu spenden, die Eucharistie zu verwahren und auszuteilen, der Eheschließung im Namen der Kirche zu assistieren und sie zu segnen, den Sterbenden die Wegzehrung zu bringen, den Glaubenden die hl. Schrift vorzulesen, das Volk zu unterweisen und zu ermahnen, dem Gottesdienst und Gebet der Glaubenden vorzustehen, Sakramentalien zu spenden und den Ritus der Leichenbegängnisse und Begräbnisse zu leiten 4155; – : priesterlose Gottesdienste zu leiten 4035; vgl. K 3c (Spender der Taufe); K 5cd (Übrige Dienste); K 10a (Sakramentalien).

Der Diakonat wird als eigene und beständige Stufe der Hierarchie wiederhergestellt 4155.

An den zuständigen verschiedenartigen örtlichen Zusammenschlüssen der Bischöfe liegt es, mit Billigung des Papstes zu entscheiden, ob und wo es für die Seelsorge angebracht ist, daß ständige Diakone eingesetzt werden 4155.

Mit Zustimmung des Römischen Bischofs kann der Diakonat auch verheirateten Männern reiferen Alters und geeigneten jungen Männern, für die jedoch das Gesetz des Zölibats in Kraft bleiben muß, übertragen werden 4155.

Vgl. H 1a (Gründung des Dienstamtes in der Sendung Christi und der Apostel); H 1b (Hierarchische Gliederung des Dienstamtes); J 1d (Subjekte der Liturgie); K 8 (Weihesakrament).

## J. – GOTT BEGEGNET SEINEM VOLK IN DER LITURGIE

Ausgegliedert aus G (Gott sammelt sein Volk) wegen der Fülle der Aussagen: G 2bb (Sakramentaler Charakter der Kirche); G 4bd (Teilhabe der Glaubenden am priesterlichen Amt Christi); G 6bb (Teilhabe der Laien am priesterlichen Amt Christi); G 6cd (Sendung und Aufgabe der Laien in der Kirche); H 4 (Heiligungsdienst der Bischöfe); H 5 (Dienstamt der Priester); H 6 (Dienstamt der Diakone).

### 1. Das Wesen und die Bedeutung der Liturgie

**J 1a**

### a. – DAS WESEN DER LITURGIE

Die Liturgie ist zugleich göttlich und menschlich, sichtbar und mit Unsichtbarem ausgestattet **4002**; Gott spricht zu seinem Volk, das Volk antwortet mit Gebet und Gesang 4033; die Messe wird allein Gott dargebracht (auch wenn sie zu Ehren von Heiligen gefeiert wird) 1744 **1755**; Christus hat sich zur Ehre des Vaters und zum Heil aller Völker selbst am Kreuz dargebracht und bringt sich in der Feier der Eucharistie ständig dar 4852; vgl. K 5ea (Eucharistie als Verherung Gottes).

Christus ist in den liturgischen Handlungen ([a]*in der Gemeinschaft des Altars*) gegenwärtig: [b]*im Meßopfer, in den Sakramenten, bei der Lektüre der Hl. Schriften, beim Gebet und beim Gesang der Kirche* 3855 [b]4007 (4035) [a]4151; die Liturgie ist Vollzug des priesterlichen Amtes Christi 4007; in der Liturgie verkündet Christus das Evangelium 4033; vgl. E 2ea (Wirken des Erhöhten in der Kirche); E 3bb (Prophetentum Jesu Christi und Christus als Lehrer); E 3bc (Priestertum Christi); K 5bb (Das Herrenmahl als Vergegenwärtigung und Mitvollzug des Opfers Jesu).

In der Liturgie wirkt die Kraft des Hl. Geistes durch die sakramentalen Zeichen 4170.

Die Liturgie ([a]*das eucharistische Opfer*) ist Höhepunkt und Quelle kirchlichen Lebens **4010** [a]4127 ([a]3847); vgl. G 2bb (Sakramentaler Charakter der Kirche: Kirche und Liturgie); sie ist heilige Handlung, öffentlicher Kult 4007; sie ist Anbetung Gottes 4033; in der Liturgie, besonders in der Eucharistie, wird das Geheimnis Christi und die Natur der Kirche ausgedrückt 4002 4041; vgl. K 5e (Eucharistie als Fundament und Höhepunkt kirchlichen Lebens); das liturgische Leben kreist um das Opfer und die Sakramente 4006.

In den örtlichen Gemeinden werden die Glaubenden durch die Verkündigung des Evangeliums Christi versammelt und das Geheimnis des Herrenmahls gefeiert 4151; die Eucharistie als Mahl brüderlicher Gemeinschaft und Vorkosten des himmlischen Gastmahls 4338; die Eucharistie ist das österliche Mahl, in dem Christus genossen, das Herz mit Gnade erfüllt und das Unterpfand der ewigen Herrlichkeit gegeben wird 4047; beim Herrenmahl wird der Tod des Herrn verkündigt 4006; die Meßfeier ist die Gedächtnisfeier des Todes Christi und seiner glorreichen Auferstehung 4573; die Kirche hört nicht auf, vor allem in der Liturgie, vom Tisch des Wortes Gottes und des Leibes Christi das Brot des Lebens zu nehmen und den Glaubenden zu reichen 4228; in jeder Gemeinschaft des Altars erscheint das Symbol jener Liebe und Einheit des mystischen Leibes, ohne die es kein Heil geben kann 4151; vgl. K 5b (Das kirchliche Herrenmahl).

Verurteilt werden die Auffassungen: [Die Messe hat keine Grundlage im Evangelium] *1155*; [Die Messe ist das bloße Gedächtnis des Kreuzesopfers] **1753** 3316 3339 3847; [Die Messe ist in derselben Weise Opfer wie jedes andere Gott geweihte Werk auch] *1945*; [Die Feier der Eucharistie ist ein einfacher Akt der Ortsgemeinde] 4722; es handelt sich bei ihr nicht nur um ein brüderliches Mahl, sondern um die sakramentale Erneuerung des Opfers Christi 4722; vgl. K 5bb (Vergegenwärtigung und Mitvollzug des Opfers Jesu im Herrenmahl).

Die sichtbaren Zeichen der Liturgie zur Bezeichnung der unsichtbaren göttlichen Dinge sind von Christus oder der Kirche ausgewählt 4033.

Riten und Kanon: Die Rechtmäßigkeit der Meßzeremonien wird verteidigt 1746 1757 1759; der Meßkanon ist frei von (dogmatischen) Irrtümern 1745 1756; der Gebrauch der lateinischen Sprache, Einschränkung der Volkssprache 1749 1759 4036; weiterer Raum für die Muttersprache in der Liturgie 4036; vgl. J 2bb (Erneuerung der Liturgie); Elemente der Meßfeier: K 5da-dd.

Die irdische Liturgie ist Teilnahme an der himmlischen Liturgie und Erwartung der Wiederkunft Christi 4008 4171; besonders wenn in der Liturgie (in der Feier des eucharistischen Opfers) das Lob Gottes gefeiert wird, wird die irdische Kirche mit der himmlischen Kirche und ihrem Gottesdienst verbunden **4170**; vgl. G 3ab (Kirchliche Einheit in der Vielfalt); K 5ed (Eucharistie – Sakrament der Gemeinschaft mit Lebenden und Verstorbenen); M 1b (Endzeitlicher Charakter der pilgernden Kirche: Gemeinschaft der Heiligen).

## b. – Die Liturgie als öffentliche Verehrung Gottes J 1b

Die liturgischen Handlungen sind keine privaten Handlungen, sondern Feiern der Kirche, die das "Sakrament der Einheit" ist 4026.

In der Liturgie wird durch den mystischen Leib Christi der gesamte öffentliche Kult vollzogen 4007.

Die Liturgie stellt die öffentliche Verehrung dar, die der Erlöser dem Vater erweist und die die Gemeinschaft der Glaubenden durch ihn dem Vater zollt (3840) 3841; die Verehrung muß äußerlich und innerlich sein 3842; daher das Recht auf öffentliches Religionsbekenntnis 3961; verworfen werden extreme Auffassungen über das Wesen der Liturgie 3843.

Der öffentliche Kult besteht im Opfer des Altars und in den Gebeten des Gottesdienstes 3757; verworfen werden unangemessene Behauptungen über die Ordnung der Liturgie *2631-2633 2664f*.

Die liturgischen Gebete, die im Namen der Kirche von Amts wegen Gott dargebracht werden, haben mehr Kraft als private 3758 3845.

Verworfen wird eine laxistische Deutung des Gebotes, die Messe zu hören 2153; eine vorgetäuschte Meßfeier ist Betrug am Volk 789.

Verworfen werden Behauptungen über die Feier von Festen *2673f*; eigene Feste der einzelnen Personen der Dreifaltigkeit zu feiern ist nicht angebracht 3325.

Unzulängliche und richtige Auffassung vom liturgischen Jahr 3855.

Verworfene Behauptungen über die liturgische Sprache *2486 2666*.

## c. – Die Wirkung der Liturgie J 1c

Die Liturgie bezeichnet und bewirkt [a]*durch sinnenfällige Zeichen* die Verherrlichung Gottes und die Heiligung des Menschen [a]4007 4010.

Die Liturgie, besonders die Eucharistie, ist eine Quelle der Gnade 4010; sie ist wirksamer als andere Handlungen der Kirche 4007; das Leben der Kirche erfährt durch die ständige Teilnahme an der Eucharistie Wachstum 4235; die Teilhabe an Leib und Blut Christi bewirkt, daß die Glaubenden in das übergehen, was sie empfangen 4151; K 5eb und K 5ec (Auswirkung der Eucharistie auf die Kirche/auf die Glaubenden).

Vergegenwärtigung des Opfers Christi in der Meßfeier durch die Kirche 4153 4573; das eucharistische Opfer ist die unblutige Vergegenwärtigung des blutigen Kreuzesopfers und sein Gedächtnis **1740f** 1743 3339 3847f 4006; sooft das Kreuzesopfer auf dem Altar gefeiert wird, vollzieht sich das Werk der Erlösung 4006 4103; Christus hat sich selbst am Kreuz dargebracht und bringt sich in der Feier der Eucharistie ständig dar 4852; vgl. E 2ea (Wirken des Erhöhten in der Kirche); E 3bc (Priestertum Christi); K 5bb (Das Herrenmahl als Vergegenwärtigung und Mitvollzug des Opfers Jesu).

Die Messe ist ein Sühnopfer für Lebende und Verstorbene 1743 **1753** 1866 2535; vgl. K 5ed (Eucharistie – Sakrament der Gemeinschaft mit Lebenden und Verstorbenen); vgl. L 2e (Tugend der Liebe).

## d. – Die Subjekte der Liturgie J 1d

Jede liturgische Feier ist Werk Christi und der Kirche, des Hauptes und des Leibes **4007**; die feiernde Kirche bringt das Herrenmahl dar 1740f; sie nimmt vom Tisch des Wortes Gottes und des Leibes Christi das Brot des Lebens und reicht es den Glaubenden 4228; an der tätigen Teilnahme der Glaubenden an der Liturgie wird das Wirken des Hl. Geistes deutlich 4850; Gegenwart und Wirken Christi und des Hl. Geistes in den liturgischen Handlungen: J 1a (Wesen der Liturgie); vgl. K 5ca (Die feiernde Kirche bringt das Herrenmahl dar).

Die im Himmel sind, adeln den Gottesdienst auf Erden 4169; vgl. M 1b (Endzeitlicher Charakter der pilgernden Kirche: Gemeinschaft der Heiligen).

Das Wesen der Liturgie erfordert die volle, bewußte und tätige Teilnahme aller Glaubenden (participatio actuosa); kraft der Taufe haben sie das Recht und die Pflicht dazu **4014** (4041); durch die Prägung in der Taufe werden sie zur christlichen Gottesverehrung bestellt 4127; die Laien sind zum geistlichen Gottesdienst bevollmächtigt **4160**; die liturgische Feier ist eine heilige Handlung nicht

nur des Klerus, sondern der ganzen Versammlung 4858; die liturgischen Handlungen sind keine privaten Handlungen, sondern Feiern der Kirche 4026; die gemeinschaftliche Feier der Messe und Sakramente mit tätiger Teilnahme der Glaubenden ist einer gleichsam privaten Feier vorzuziehen 4027; es ist nicht recht, die Messe als "Gemeinschafts(messe)" so herauszuheben, daß privat gefeierte Messen in ihrer Bedeutung gemindert werden 4411; verworfen werden Behauptungen – : über die Konzelebration der Glaubenden 3850; – : über private Messen ohne Beteiligung des Volkes 3853; vgl. K 5c (Die Kirche bringt das Herrenmahl dar).

Alle Glaubenden verrichten bei der liturgischen Handlung ihre je eigene Aufgabe, sowohl bei der Darbringung als auch bei der Kommunion, (nicht unterschiedslos, sondern jeder auf seine Art) **4127**; jeder, ob Amtsträger oder Glaubender, soll nur das und all das tun, was ihm aufgrund der Natur der Sache und der liturgischen Normen zukommt **4028**; alle Jünger Christi sollen sich als lebendige, heilige, Gott wohlgefällige Opfergabe darbringen 4125; beim eucharistischen Opfer bringen die Glaubenden das göttliche Opferlamm und sich selbst mit ihm Gott dar 4012 4127; zur Teilhabe der Glaubenden am priesterlichen Amt Christi und zum Priestertum aller Glaubenden und seiner Aufgaben: G 4bd (Teilhabe der Glaubenden am priesterlichen Amt Jesu Christi); G 6bb (Teilhabe der Laien am priesterlichen Amt Christi); H 1b (Hierarchische Gliederung des Dienstamtes); H 4 (Heiligungsdienst der Bischöfe); H 5 (Dienstamt der Priester); H 6 (Dienstamt der Diakone); K 5cc (Aktive Teilhabe der Laien an der Darbringung des Herrenmahles); K 8a (Priestertum des Neuen Bundes).

Die Hirten ([a]Bischöfe) haben darauf zu achten, daß die Glaubenden recht vorbereitet ([a]*mit Glaube und Ehrfurcht*) die Liturgie ([a]*ihren Anteil an der Liturgie und besonders am Opfer der Messe*) feiern 4011 [a]4151.

Der Bischof ist – mit der Fülle des Sakraments der Weihe ausgezeichnet – Verwalter der Gnade des höchsten Priestertums: besonders in der Eucharistie, die er selbst darbringt oder darbringen läßt 4151; jede rechtmäßige Feier der Eucharistie wird vom Bischof geleitet, dem die Pflicht übertragen ist, den Gottesdienst der göttlichen Majestät darzubringen und zu leiten 4151; zum priesterlichen Dienst des Bischofs und seinen einzelnen liturgischen Aufgaben: H 4; bzw. K 3c K 4c K 6d K 7c und K 8d (Spender der Taufe, Firmung, Buße, Krankensalbung, Weihe); K 5cb (Kompetenz der Priester und Bischöfe bei der Darbringung des Herrenmahles).

Die Priester üben ihr heiliges Amt am meisten in der eucharistischen Feier aus, bei der sie in der Person Christi handeln und sein Geheimnis verkünden, die Gebete der Glaubenden mit dem Opfer ihres Hauptes verbinden und Christus als das einzige Opfer des Neuen Bundes im Opfer der Messe bis zur Ankunft des Herrn vergegenwärtigen und zuwenden 4153; zum priesterlichen Dienst des Priesters und seinen einzelnen liturgischen Aufgaben: H 5; bzw. K 3c K 6d und K 7c (Spender der Taufe, Buße, Krankensalbung); K 5cb (Kompetenz der Priester und Bischöfe bei der Darbringung des Herrenmahles); Assistenz bei der Eheschließung: K 9d; K 9f.

Die Diakone dienen dem Volk Gottes in der Diakonie der Liturgie, des Wortes und der Liebe in Gemeinschaft mit dem Bischof und seinem Presbyterium 4155; zum Dienst des Diakons und seinen einzelnen liturgischen Aufgaben: H 6; bzw. K 3c (Spender der Taufe); K 5cd (Die übrigen Dienste bei der Darbringung der Eucharistie); K 10a (Sakramentalien).

Verworfen werden laxistische Behauptungen über die Verpflichtung der Kleriker zum Gottesdienst *2041 2053-2055 2154*.

Den Laien kommen große Aufgaben in der liturgischen Versammlung und deren Vorbereitung zu 4858; die tätige Teilnahme der Laien an der Liturgie, ist geistgewirkt 4850; sie sollen das Geheimnis der Eucharistie durch Riten und Gebete verstehen und bewußt, fromm und tätig an ihr teilnehmen 4048; sie sollen sich durch das Wort Gottes formen und am Tisch des Leibes des Herrn stärken lassen 4048; die Aufgaben, die nicht den geweihten Amtsträgern eigentümlich sind, sollen durch die Laien als Teilnehmer an der liturgischen Handlung erfüllt werden 4858; sie wirken kraft ihres königlichen Priestertums an der Darbringung der Eucharistie mit 4126; sie sollen die makellose Opfergabe gemeinsam mit dem Priester darbringen und dadurch lernen, sich selbst darzubringen und durch Christus zu immer vollerer Einheit mit Gott und untereinander zu gelangen 4048; ihre Tätigkeit sind geistige Opfer, die bei der Feier der Eucharistie zusammen mit dem Herrenleib dem Vater dargebracht werden; so weihen sie die Welt Gott **4160**; zur Teilhabe der Laien am priesterlichen Amt Christi und ihrem Priestertum: G 4bd; G 6bb; vgl. K 5cc (Aktive Teilhabe der Laien bei der Darbringung des Herrenmahles).

Die Ministranten, Lektoren, Kommentatoren und der Kirchenchor versehen einen wahrhaft liturgischen Dienst 4029.

**J 1e**

e. – LITURGIEN UND FRÖMMIGKEITSFORMEN

**1ea** **Die liturgische Ordnung der Spendung der Sakramente und Sakramentalien.**
Alle Sakramente sind Akte der Verherrlichung Gottes in Christus und in der Kirche 4715.
Die Kirche hat nicht das Recht, das zu verändern, was zur Substanz (bzw. zur [a]Vollständigkeit und Notwendigkeit) der Sakramente gehört [a]1061 1699 1728 3556 3857; bei der Spendung der Sakramente hat

die Kirche das Recht, unbeschadet der Substanz der Sakramente festzulegen und zu verändern, was ihr entsprechend den Umständen nützlich scheint **1728**; Ordnung und Ritus der Spendung der Sakramente: K 2 (Begriffliche Fassung der Einzelsakramente).

Die Ordnung und die Riten der Spendung der einzelnen Sakramente und der Sakramentalien: K 3–10.

Denk- und Redeweisen, durch die das Beten, die Begräbnisriten und die Totenverehrung der Kirche unsinnig würden, sind auszuschließen 4654; Beten, Begräbnisriten und Totenverehrung der Kirche stellen loci theologici dar 4654.

**Die Liturgien der Teilkirchen.** Die Teilkirchen besitzen einen eigenen liturgischen Brauch 4147; ihre Liturgien werden anerkannt **4013**; ihre heiligen Übungen erfreuen sich besonderer Würde 4013; gleiches Recht, gleiche Ehre, Erhalt und Förderung aller legitimen Riten 4004; vgl. G 3ad (Kirche aus und in Kirchen: Teilkirchen). **1eb**

**Liturgische Gemeinschaft mit den getrennten Ostkirchen.** Gemeinschaft in heiligen Handlungen, Sachen und Stätten zwischen Katholiken und Brüdern aus den getrennten Ostkirchen aus triftigem Grund ist gestattet (4139) 4182; die gegenseitige Spendung von Sakramenten unter besonderen Umständen ist möglich 4182; vgl. G 3ag (Katholische Kirche und die getrennten Ostkirchen); K 2b (Spender der Sakramente); K 5de (Empfänger und Disposition der Hl. Kommunion); K 6e (Empfänger der Buße); K 7d (Empfänger der Krankensalbung). **1ec**

**Fromme Übungen.** Fromme Übungen des Volkes werden anerkannt 4013; das geistliche Leben beschränkt sich nicht auf die Teilnahme an der Liturgie, sondern umfaßt auch private Gebete und Übungen 4012 4013 4017; vgl. L 2f (Vereinigung mit Gott). **1ed**

**Das Gebet zu Gott.** Das Gebet als Gespräch mit Gott 4232; Verehrung der Anbetung, die Gott dem Vater, durch Christus im Geist erwiesen wird 4171; die Jünger Christi sollen im Gebet ausharren und Gott loben 4125; die Glaubenden müssen täglich um die Vergebung ihrer Schuld beten 4166; der Christ ist dazu berufen, den Vater im Verborgenen anzubeten 4012. **1ee**

Anbetung und Verehrung Christi: J 1ef.

Der Hl. Geist wird mit dem Vater und dem Sohn ᵃ*mitangebetet* und ᵇ*mitverherrlicht* ᵃᵇ42 147 ᵃᵇ150 ᵃ174 ᵃᵇ546; vgl. B 4bb (Gleichheit der göttlichen Personen); der Hl. Geist ist Urgrund der Einheit in den Gebeten 4132.

Die ununterschiedene Substanz der Dreifaltigkeit ist auf verschiedene Weise anzubeten 367; es ist nicht angebracht, jede einzelne Person der Dreifaltigkeit zu verehren, sondern man soll der Dreifaltigkeit eine gemeinsame Verehrung zollen 3325; deshalb gibt es keine eigenen Feste für Vater, Sohn und Hl. Geist, sondern heilsgeschichtliche Feste 3325; vgl. B 4bd (Die drei Personen sind ein Gott).

Verehrung Gottes: L 2a; die Anbetungswürdigkeit Gottes: B 1c (Gott, erhaben über alles Endliche); zum Gebet vgl. L 2f (Vereinigung mit Gott).

Notwendigkeit der Gnade zum Gebet 373 376; vgl. F 5cb (Notwendigkeit der Gnade).

Die Laien im königlichen Priestertum im Gebet und in der Danksagung aus 4126; Gebete als geistige Opfer der Laien 4160; sie weihen, indem sie als Anbeter überall heilig handeln, die Welt selbst Gott 4339 4716; sie sollen mit ihren Gebeten ihre kirchlichen Vorgesetzten Gott empfehlen 4163.

Die liturgischen Gebete, die im Namen der Kirche von Amts wegen Gott dargebracht werden, haben mehr Kraft als private 3758 3845; deswegen sind private Gebete jedoch nicht geringzuschätzen 3819; der Wert der „subjektiven" Frömmigkeit wird gegen Angriffe betont 3845.

Verbindung von Gebet und Lesung der Hl. Schrift 4232; vgl. J 2bb (Erneuerung der Liturgie).

Denk- und Redeweisen, durch die das Beten unsinnig würde, sind auszuschließen 4654; das Beten als locus theologicus 4654.

Rechtmäßigkeit und Vortrefflichkeit des kontemplativen Gebets werden anerkannt 2182 2185 2188; sein Gegenstand ist nicht nur die Gegenwart Gottes 2185–2187; die Rechtmäßigkeit des meditativen Gebetes und sein Wert für das Leben der Vollkommenheit werden anerkannt 2181–2185; es ist jedoch nicht heilsnotwendig 2192; die Rechtmäßigkeit des diskursiven Gebets wird gegen Herabsetzungen verteidigt *2218–2223 2225 2229 2232 2264 2365–2368*; auch für einen vollkommenen Menschen ist das Fürbittgebet wichtig *957–959 2214*; Fürbittgebete für die Verstorbenen 4170; den Seelen am Reinigungsort kann durch Gebete geholfen werden 856 1304 1405.

Verworfen werden Behauptungen, die sich gegen jede sinnenfällige Andacht richten *(2218) 2227//2235 2263*; verworfen werden Behauptungen, die das ᵃ*mündliche Gebet* und das ᵇ*Fürbittgebet* als nicht geeignet für einen kontemplativen bzw. vollkommenen Menschen verunglimpfen ᵇ*957–959* ᵃ*2181* ᵃ*2214*; das Gebet gilt als Genugtuung für die Sünden 1713; verworfene Behauptungen über die Zuwendung eines Gebetes: [Einer bestimmten Person zugewendete Gebete nützen dieser nicht mehr als allgemeine Gebete] *1169*; [Das Gebet eines von Gott als verloren Vorhergewußten hat für niemand einen Wert] *1176*.

Gebete als Werk der Genugtuung für begangene Sünden 1323 1543; vgl. K 6cd (Genugtuung).

Öffentliche Gebete, Volksmissionen, Exerzitien: verworfene Behauptungen *2664f.*

**Anbetung und Verehrung Christi.** Christus kommt aufgrund seines Wirkens als Erlöser unendliche Würde zu 3909; er ist von Engeln und Menschen anzubeten ᵃ*in den zwei ungeteilten Naturen* ᵃ420 1823 3676; er muß in einer Anbetung mitsamt seinem Fleisch, (ᵃ*da es mit der Gottheit geeint ist*), angebetet werden, nicht aber in *zwei* (nämlich in einer für das Wort und in einer anderen für den Menschen) ᵇ*noch durch Mitanbetung des angenommenen Menschen* ᵇ259 431 ᵃ2661; verworfen wird: [Christus ist in der Person des Wortes gleich dem Bilde eines Kaisers zu verehren] 434. **1ef**

Man darf Gebete an die Person Christi richten (auch wenn er Mittler ist) 3820.

Jesus wurde wegen seiner Verehrung als Sohn Gottes im Kult nicht in eine "mythische" Person verändert, und seine Lehre wurde deshalb nicht entstellt 4405.

Verwerflich ist eine Anbetung, in der die Menschheit Christi und sein Fleisch unabhängig von der Gottheit um ihrer selbst willen angebetet werden 431 2661 2663; das Problem der Anbetung des Leibes Christi in den drei Tagen des Todes wird erörtert 2663; die Anbetung des im Leiden vergossenen Blutes hängt von der noch nicht entschiedenen Frage ab, ob das Blut von der Gottheit getrennt war oder nicht 1385.

Die Verehrung des in der Eucharistie gegenwärtigen Herrn: Dem Sakrament der Eucharistie gebührt der Kult der Anbetung 1643f 1656.

Die Verehrung des Herzens Jesu ist rechtmäßig, sofern sie von der Kirche anerkannt wird 2661; sie bezieht sich nämlich auf Christus selbst 3353; das Herz Jesu wird angebetet, weil es mit der Person des Wortes untrennbar geeint ist 2663 3922f; im Herzen Jesu wird ein Symbol und Bild der Liebe Christi verehrt 3353 3922-3925.

Zur Verehrung Christi: E 5de.

**1eg** **Heiligenverehrung** wird als erlaubt verteidigt und als nützlich empfohlen 675 1821-1825 1867; in welchem Sinne Messen zu Ehren von Heiligen erlaubt sind 1744 (1755) 3363.

In der Liturgie wird das Gedächtnis der Heiligen gefeiert und eine Teilhabe und Gemeinschaft mit ihnen erhofft 4008; die Kirche verehrt die Apostel und Martyrer zugleich mit der seligen Jungfrau Maria und den heiligen Engeln und sucht ihre Fürbitte 4170; sie verehrt auch diejenigen, die die Armut und Jungfräulichkeit Christi genauer nachgeahmt und zur Nachahmung empfohlen haben 4170; jede liturgische Verehrung von Engeln und Menschen mündet und endet in der Verehrung der Dreifaltigkeit (675 1824f) 3325 4171; die Liebe zu den Heiligen im Himmel zielt auf Christus und durch Ihn auf Gott 4170; echte Verehrung der Heiligen besteht nicht so sehr in der Vielfalt äußerer Verrichtungen als vielmehr in der Stärke tätiger Liebe 4171; der Umgang mit den Heiligen soll nicht die Ehre der Anbetung, die Gott erwiesen wird, mindern 4171; zu den Heiligen und ihrer Verehrung: M 1b und M 3bd (Gemeinschaft der Heiligen).

Verehrung Mariens durch die Kirche ᵃ*als wahrer Mutter Gottes und des Erlösers* 4170 4172 ᵃ4173 (4178); die leibliche Verherrlichung der Jungfrau Maria nimmt die allen übrigen Erwählten bestimmte Verherrlichung vorweg 4656; verworfen wird: [Das Maria dargebrachte Lob ist eitel] *2326.*

Bittgebete aller Christgläubigen an die Mutter Gottes und der Menschen um Fürbitte für die Einung der Völker im *einen* Volk 4179; vgl. E 6dd (Gnadenvermittlung durch Maria).

Maria steht die Verehrung durch Bilder zu (ᵃVerwerfung ungebührlicher Einschränkungen) 1823 ᵃ2187 ᵃ2236 2532 ᵃ2671; verworfen werden Bilder, die Maria in priesterlichen Gewändern darstellen 3632.

Verehrung Mariens in den getrennten Kirchen, vor allem bei den Orientalen 4139 4179.

Zu Maria und ihrer Verehrung: E 6ec.

Die Verehrung von Reliquien ist erlaubt 675 (818) 1269 1821-1825 **1822** 1867; getadelt wird die Unsitte des Reliquienhandels 818 1825.

Die Verehrung von Bildern ist erlaubt 477 581 **600//608** 653-656 1269 1821 **1823** 1824f 1867; der Kult der Anbetung darf nicht Bildern, sondern allein Gott erwiesen werden 477 601; Bildern wohnt keine Kraft inne, deretwegen sie zu verehren wären; die ihnen erwiesene Ehre bezieht sich auf das Dargestellte **601** 1823; verworfen wird, Bilder anzubeten ("adorare"; der Ausdruck kommt dennoch öfter vor 653-656 675; vgl. 612°) 447 581.

Die Verehrung von Bildern ist auch für kontemplative Menschen nützlich 2187; verworfen werden Behauptungen, die die Verehrung von Bildern ungebührlich einschränken *2325 2669-2672.*

Mißbräuche bei der Heiligenverehrung 818 1825; Mißbräuche, Übertreibungen, Mängel 4171; ihre Behebung und Erneuerung wird gefordert 4171.

**1eh** **Opfer** sind für jede Religion notwendig 3339.

**1ei** **Der Gebrauch der Sakramente und Sakramentalien** muß auch kontemplativen Menschen am Herzen liegen 2191; sie werden nicht ohne Sünde verachtet oder geringgeschätzt 1259 1699 1718 1775 2523; vgl. K (Gott heiligt durch die Sakramente).

**1ej** **Die gemeinsame Buße**, die in bestimmten Jahreszeiten durch Fasten und Abstinenz vollzogen wird: Der Brauch der Römischen Kirche darf nicht verurteilt werden 1080; das Gebot verpflichtet auch kontemplative Menschen 2191; verworfene laxistische Behauptungen *2043 2049-2052.*

Fasten gilt als Genugtuung für begangene Sünden 1323 1543 1713; das Fasten darf auch von vollkommenen Menschen nicht vernachlässigt werden 892.

Verworfen werden Behauptungen, die Buße und Abtötung herabsetzen. Sie haben ihren Wert auch für vollkommene Menschen *2238-2240* (3344); vgl. L 2ef (Vereinigung mit Gott); L 3c (Pflichten und Rechte in bezug auf Leib und leibliche Wohlfahrt).

Umkehr und Buße: F 2bb (Wesen der Rechtfertigung).

**1ek** **Aberglaube.** Verworfen werden verschiedene Arten des Aberglaubens 1859 2824; der Astrologie darf man keinen Glauben schenken 205 283 459f.

Abgelehnt wird ein Spiritismus, der darauf ausgerichtet ist, Seelen oder Geister mit Hilfe eines "Mediums" zu befragen 3642; ebenso ein Magnetismus, der auf übernatürliche Ziele gerichtet ist 2823-2825.

Magie, Giftmischerei: Handlungen und Bücher in diesem Bereich werden mißbilligt 283 1859.

Vgl. A 2aa (Menschliche Wahrheitsfähigkeit).

## 2. Die Erneuerung und Förderung der Liturgie

### a. – Ziel der Erneuerung und Förderung der Liturgie      J 2a

Förderung der liturgischen Erneuerung 4021 4858.
Ziel der Liturgiereform: die bewußte und tätige Teilnahme aller Glaubenden **4014** (4041).

### b. – Massnahmen zur Erreichung dieses Zieles      J 2b

**Die liturgische Ausbildung** der Seelsorger und die liturgische Unterweisung der Glaubenden **2ba** 4014–4020.

**Die Erneuerung der Liturgie.** Die Liturgie besteht aus unveränderlichen Teilen und anderen, die dem **2bb** Wandel unterworfen sind **4021**.

Texte und Riten sollen das Heilige, das sie bezeichnen, klarer ausdrücken 4021 4034.

Allgemeine Normen zur Erneuerung der Liturgie 4022–4025: Die Liturgie wird durch die kirchliche Autorität geregelt 4022 4152; von größtem Gewicht in der Feier der Liturgie ist die Hl. Schrift (4006f) 4024.

Die Kirche fördert das Studium der Liturgie 4230.

Normen für die Liturgie als einer hierarchischen und gemeinschaftlichen Handlung 4026–4032; die liturgischen Handlungen sind keine privaten Handlungen, sondern Feiern der Kirche 4026; die gemeinschaftliche Feier der Messe und Sakramente mit tätiger Teilnahme der Glaubenden ist einer gleichsam privaten Feier vorzuziehen 4027; jeder, ob Amtsträger oder Glaubender, soll nur das und all das tun, was ihm aufgrund der Natur der Sache und der liturgischen Normen zukommt **4028**; auch die Ministranten, Lektoren, Kommentatoren und der Kirchenchor versehen einen wahrhaft liturgischen Dienst 4029.

Normen aus dem belehrenden und pastoralen Charakter der Liturgie 4033 4036: In der Liturgie sind Ritus und Wort eng verbunden 4035; – : daher reicheres und passenderes Lesen der Hl. Schrift in der Liturgie (4006f) 4024 4035; die Kleriker sollen die Schätze des göttlichen Wortes in der Liturgie den Glaubenden mitteilen 4232; Gebet muß die Lesung der Hl. Schrift begleiten, damit sie zu einem Gespräch zwischen Gott und Mensch werde 4232; – : in christlicher Unterweisung muß die liturgische Homilie einen hervorragenden Platz haben 4231; die Predigt soll vor allem aus dem Quell der Hl. Schrift und der Liturgie schöpfen 4035; vgl. A 3bd (Lesung der Hl. Schrift); liturgische Katechese und Wortgottesdienste 4035; der Diakon als Leiter eines priesterlosen Gottesdienstes 4035; Gebrauch der lateinischen Sprache in der Liturgie 4036; weiterer Raum für die Muttersprache in der Liturgie **4036**.

Normen zur Anpassung der Liturgie an die Eigenart und Überlieferung der Völker 4037–4040.

Anpassungen im Bereich der Sakramentenspendung, Sakramentalien, Prozessionen, liturgischen Sprache, Kirchenmusik und sakralen Kunst 4039 4044–4046.

Experimente zur Erneuerung der Liturgie 4040 **4044**.

Förderung des liturgischen Lebens in Diözese und Pfarrei 4041–4042.

Förderung der pastoralliturgischen Bewegung 4043–4046: Errichtung von liturgischen Kommissionen in den Diözesen 4044–4046.

## K. – GOTT HEILIGT DURCH DIE SAKRAMENTE

### 1. Die sakramentale Heilsökonomie Gottes

#### a. – Gott schenkt Gnade durch sakramentale Zeichen im Alten Bund      K 1a

Unter den Gesetzesbräuchen des Alten Testamentes gab es auch Sakramente (1310) 1348 1602.

Diese Sakramente unterscheiden sich von den Sakramenten des Neuen Testamentes dadurch, daß sie keine Gnade bewirkten, sondern die künftige Gnade anzeigten 1310 **1602**.

Durch die Beschneidung als Sakrament wurde die Ursünde vergeben 780.

Nach der Ankunft Christi haben die Sakramente des Alten Testamentes aufgehört, ihre Anwendung wurde nach der Verkündigung des Evangeliums zur Sünde 1348.

Vgl. E 1c (Rettung der Heiden und alttestamentlichen Glaubenden durch die Hoffung auf den Verheißenen).

**K 1b**            b. – Die Kirche ist Sakrament des Heiles

**1ba**    **Die Kirche als Ur- und Universalsakrament**: Die Kirche ist in Christus das S a k r a m e n t bzw. Zeichen und Werkzeug für die Vereinigung mit Gott und für die Einheit des ganzen Menschengeschlechtes 4026 **4101** 4124 (4321) 4342 4343; sie ist das allumfassende Sakrament des Heiles 4343 4345; Christus hat durch seinen Geist die Kirche als allgemeines Sakrament des Heiles eingesetzt 4168; das Sakrament der Kirche ging am Kreuz hervor 4005; vgl. G 1bc (Kirche, durch Christus erworben); G 1be (Die Kirche bleibt durch die Zeiten das Werk der Hl. Dreifaltigkeit); G 2bb (Sakramentaler Charakter der Kirche); Heilsnotwendigkeit der Kirche: G 2bc.

**1bb**    **Die Sakramente des Neuen Bundes gründen im Christusereignis.** Einsetzung durch Christus. Die Sakramente des Neuen Bundes sind von Christus zum Heil der Menschen eingesetzt 1864 2536; Einsetzung der Einzelsakramente durch Christus: K 3f (Würde und Notwendigkeit der Taufe); K 5aa (Einsetzung des Altarsakraments durch Christus); K 6a (Sakramentalität und Ursprung der Buße); K 7a (Sakramentalität und Ursprung der Krankensalbung); K 8a (Priestertum des Neuen Bundes); K 9a (Sakramentalität und Ursprung der Ehe); verworfen werden – : Behauptungen der Modernisten über den Ursprung der Sakramente *3439f*; – : Irrtümer über ihren Zweck 1605 3441 3489.

Christus wirkt in den Sakramenten und durch sie. Im Opfer und den Sakramenten wird das Heilswerk Christi vollzogen 4006 4103; alle Sakramente sind Akte der Verherrlichung Gottes in Christus und in der Kirche 4715; Christus tauft, heiligt usw. durch die Kirche 3806; Christus ist mit seiner Kraft in den Sakramenten gegenwärtig, so daß, wenn einer tauft, Christus selbst tauft 4007; Wirken Christi in den einzelnen Sakramenten: K 3c (Spender der Taufe); K 3e (Wirkung der Taufe); K 4d (Wirkung der Firmung); K 5bd (Wirkmächtige Gegenwart des Herrn in der Eucharistie); K 6f (Wirkung der Buße); K 7e (Wirkung der Krankensalbung); K 8a (Priestertum des Neuen Bundes); K 9ba (Christliche Ehe); K 9e (Wirkungen des Ehesakraments); Christus ist besonders in den liturgischen Handlungen bei seiner Kirche: im Meßopfer, in den Sakramenten, bei der Lektüre der Hl. Schriften, beim Gebet und beim Gesang der Kirche 4007 (4036); der erhöhte Christus spendet die Sakramente des Glaubens besonders durch den Dienst der Bischöfe 4145; vgl. H 4 (Heiligungsdienst der Bischöfe); K 2b (Spender der Sakramente).

Vgl. E 2ea (Wirken des Erhöhten in der Kirche); E 3bc (Priestertum Christi); J 1a (Wesen der Liturgie).

**1bc**    **Die Sakramente des Neuen Bundes wurzeln in der Kirche.** Alle Sakramente sind Akte der Verherrlichung Gottes in Christus und in der Kirche 4715; der Glaube an die Vergebung der Sünden, an die Auferstehung, an das ewige Leben *durch* die Kirche 21f; vgl. G 2bb (Sakramentaler Charakter der Kirche); J 1ea (Liturgische Ordnung der Sakramentenspendung); K 3e (Wirkung der Taufe); K 4d (Wirkung der Firmung); K 5c (Die Kirche bringt das Herrenmahl dar); K 5e (Die Eucharistie – Fundament und Höhepunkt kirchlichen Lebens); K 6d (Spender des Bußsakraments); K 6f (Wirkung des Bußsakraments); K 7e (Wirkung der Krankensalbung); K 8a (Priestertum des Neuen Bundes); K 9a (Sakramentalität der Ehe); K 9ba (Natur der Ehe, christliche Ehe).

### 2. Die begriffliche Fassung der Einzelsakramente des Neuen Bundes

**K 2a**            a. – Das Wesen der Sakramente

Sakramente sind sinnenhafte Zeichen, die unsichtbare Gnade bewirken (1310 1606) 3315 3858 (4600); sie sind Symbol für eine heilige Sache und sichtbare Form der unsichtbaren Gnade **1639**; die Sakramente des Neuen Bundes bilden einen neuen Himmel und eine neue Erde vor 4161; sie sind Mittel zum Heil 1864 2536 4129; der Hl. Geist heiligt das Volk Gottes durch die Sakramente und die Dienstleistungen 4131; vgl. B 3b (Der Geist Gottes in Schöpfung und Heilsgeschichte); G 1be (Kirche als Werk der Hl. Dreifaltigkeit); durch Gottes Wort und die Sakramente wird der Mensch von der Macht der Sünde befreit und in die Gemeinschaft der Liebe mit Gott hineingeführt 4755; verworfen wird: [Die Sakramente sind bloße Symbole oder äußere Zeichen des empfangenen Glaubens] **1602 1606** 3489.

Beim Ritus der Sakramente unterscheidet man einen wesenhaften Teil (Materie und Form) und einen zeremoniellen Teil 3315.

Durch drei Dinge kommt ein Sakrament zustande: (Die Sache als) Materie, (die Worte als) Form, (die Person des Spenders und seine) Absicht, zu tun, was die Kirche tut 1262 **1312** 1998 2536 3126; das Wesen des Sakramentes besteht aus Materie und Form 1671.

Die Materie des Sakraments ist der durch sich noch nicht bestimmte Teil, der durch die Form näher zu bestimmen ist 3315; deshalb bezeichnet die Handauflegung an sich nichts Bestimmtes und wird in gleicher Weise bei den heiligen Weihen, bei der Firmung und [a]*bei der Wiederversöhnung* angewandt [a]110 [a]123 [a]127 [a]183 211 316 320 3315.

Die Form muß die sakramentale Wirkung bezeichnen 3315.

Vollmacht der Kirche: Die Kirche hat nicht das Recht, das zu verändern, was zur Substanz (bzw. zur [a]*Vollständigkeit und Notwendigkeit*) der Sakramente gehört [a]1061 1699 1728 3556 3857.

Bei der Spendung der Sakramente hat die Kirche das Recht, unbeschadet der Substanz der Sakramente festzulegen und zu verändern, was ihr entsprechend den Umständen nützlich scheint **1728**.

## b. – SPENDER DER SAKRAMENTE K 2b

Der Spender der Sakramente ist Instrumentalursache 1314.

Der erhöhte Christus spendet die Sakramente des Glaubens besonders durch den Dienst der Bischöfe 4145; vgl. E 3bc (Priestertum Christi); H 4 (Heiligungsdienst der Bischöfe).

Die Vollmacht des Spenders und die Wirkung der Sakramente hängt nicht von der (moralischen) Rechtschaffenheit des Spenders ab 580 644f 793f 912 914 1019 *1154 (1208) 1211–1213 1219//1230* 1262 **1612** 1684; vgl. die Stellen über den Spender der Taufe, der Buße und der Weihe K.3c; K 6d; K 8d.

Verworfen werden Irrtümer über den Personenkreis der Spender: [Alle Christen können die Sakramente spenden] 1610; [Jeder beliebige Priester kann jedes beliebige Sakrament spenden] *1136*; [Die Vollmacht, Sakramente zu spenden, wurde bei einfachen Priestern wegen der Gewinn- und Ehrsucht der Bischöfe eingeschränkt] *1178*.

Derselbe Spender muß die Materie anwenden und die Form verkünden 2524.

Die Absicht des Spenders, zu tun, was die Kirche tut, ist notwendig für den Vollzug der Sakramente 1262 1312 1315 **1611** 1617 (2536) 3126; verworfen wird die gegenteilige Behauptung *2328*; wer die gebührende Form und Materie anwendet, von dem wird angenommen, daß er die Absicht hat, zu tun, was die Kirche tut 3318 3874; ein ([a]*auch öffentlich geäußerter*) Irrtum über die Wirkung des Sakramentes schließt nicht schon die Absicht aus, zu tun, was die Kirche tut (3100–3102) [a]3126; auf dieses Prinzip stützt sich die Lehre von der Gültigkeit der Häretikertaufe: K 3c (Spender der Taufe); eine Veränderung des Ritus läßt an der rechten Absicht zweifeln 3318.

Katholiken und Brüder aus den getrennten Ostkirchen können sich unter bestimmten Umständen gegenseitig Sakramente spenden 4182; vgl. G 3ag (Katholische Kirche und getrennte Ostkirchen); J 1ec (Liturgische Gemeinschaft mit den getrennten Ostkirchen); K 5de (Herrenmahl: Empfänger und Disposition); K 6e (Empfänger des Bußsakraments); K 7d (Empfänger der Krankensalbung).

Verworfen werden laxistische Behauptungen über die Anwendung des Probabilismus bei der Spendung der Sakramente *2101*.

Die Riten und Zeremonien der Kirche zu verurteilen, zu verachten oder nach Belieben zu ändern, ist Sünde 1255 1613 1811; der Papst kann verschiedene Riten dulden, solange gewahrt ist, was notwendig zu den Sakramenten gehört 1061; verteidigt wird die Legitimität bestimmter Riten gegen Angriffe 1062 1864 *2631–2633*.

## c. – EMPFÄNGER DER SAKRAMENTE K 2c

Der Empfänger des Sakraments muß irgenwie die Absicht haben, das Sakrament zu empfangen. Wer sich dem Empfang nachhaltig widersetzt, empfängt weder die Sache noch die Prägung des Sakramentes 781; Schlafende und Wahnsinnige empfangen die Wirkung des Sakramentes oder sie empfangen sie nicht, je nachdem, ob sie vor diesem Zustand zustimmten oder sich widersetzten 781.

## d. – WIRKUNG DER SAKRAMENTE K 2d

Die Sakramente verleihen (bzw. vermehren) die Gnade [a]*bei denen, die keinen Riegel vorschieben* (bzw. [b]*bei denen, die sie würdig empfangen*) [b]*1310* [a]*1451* [a]*1606* 1602//1608 1864 2536 [a]*3714* ([a]*3845*); durch die Sakramente – : werden die Glaubenden auf geheimnisvolle und wirkliche Weise mit Christus vereint 4112; – : wird die Liebe zu Gott und den Menschen vermittelt, die die Seele des ganzen Apostolats ist 4159.

Die Wirksamkeit der Sakramente rührt aus der vollzogenen sakramentalen Handlung (ex opere operato) her, das heißt, die Sakramente haben als Handlungen Christi ihre Wirckraft aus sich selbst 3844–3846.

Bestimmte Sakramente, [a]*nämlich die Taufe, die Firmung und die Weihe*, prägen eine bleibende Prägung ein [b]*und können deshalb nicht wiederholt werden* 781 [ab]**1313** [a]**1609** [a]1767 [a]1864 2536; die Prägung ist ein unzerstörbares geistliches Zeichen in der Seele **1313** **1609**; sie ist aber nicht das Wort Gottes *3228*; die Prägung wird eingeprägt, wo kein gegensätzlicher Wille entgegensteht 781.

Mit den Sakramenten ausgerüstet, sind alle Christgläubigen vom Herrn zur Vollkommenheit der Heiligkeit berufen 4129; durch die Sakramente wird das Leben und das Apostolat der Glaubenden genährt (4159) 4161; vgl. G 4ba (Berufung der Glaubenden zur Heiligkeit); G 6c (Sendung und Aufgabe der Laien); G 6ca (Apostolat der Laien).

**K 2e** e. – Ordnung der Sakramente

Es gibt sieben Sakramente 860 1310 1601 1603 1864 2536.

**K 2f** f. – Die Würde und Notwendigkeit der Sakramente und der Anspruch<br>der Glaubenden auf sie

Die Sakramente sind nicht überflüssig 1604 1864; ohne Sakramente wird der Mensch nicht gerechtfertigt; verworfen wird die Behauptung: [Der Mensch wird allein durch den Glauben ohne Sakrament gerechtfertigt] **1604** 1605f 1608; unter bestimmten Umständen kann die heilsnotwendige Wirkung schon allein durch den Wunsch oder das ([a]*auch implizite*) Verlangen nach dem Sakrament [b]*bzw. durch den Glauben an das Sakrament* erzielt werden [b]121 (1524 1543) 3869 [a]3870–3872.

Für die einzelnen Menschen sind nicht alle Sakramente notwendig **1604** 1864 2536.

Die Sakramente zu verachten oder geringzuschätzen, ist Sünde 1259 1699 1718 1775 2523.

Unter den Sakramenten des Neuen Bundes gibt es eine Verschiedenheit der Würde 1603; die Eucharistie überragt die übrigen Sakramente 1639f (3847); vgl. K 3f (Würde und Notwendigkeit der Taufe); K 5e (Eucharistie – Fundament und Höhepunkt kirchlichen Lebens).

A n s p r u c h   a u f   d i e   S a k r a m e n t e. Alle Christgläubigen haben das Recht, aus den geistlichen Gütern der Kirche die Hilfen besonders des Wortes Gottes und der Sakramente reichlich von den Hirten zu empfangen 4163; vgl. G 6cf (Rechte und Pflichten der Laien); H 4 (Heiligungsdienst der Bischöfe).

Vgl. F 5cb (Notwendigkeit der Gnade); G 2bc (Heilsnotwendigkeit der Kirche); K 2a (Wesen der Sakramente); K 3f (Würde und Notwendigkeit der Taufe).

3. Das Sakrament der Taufe

**K 3a** a. – Die Taufe in den Bekenntnissen

Das Bekenntnis der einen Taufe 3f 6 41//48 51 60 150.

**K 3b** b. – Die Wesensmomente der Taufe

Die Taufe ist ein Sakrament 761 777 860 1310 1314 **1601** 1864 2536; sie ist Zeichen und Werkzeug der zuvorkommenden Liebe Gottes, der von der Ursünde befreit und Anteil am göttlichen Leben verleiht 4674; sie trat an die Stelle der Beschneidung 780.

Die Materie der Taufe ist [a]*natürliches* Wasser 802 903 1082 [a]1314 [a]1615; man darf ihm Desinfektionsmittel beimischen 3356; eine ungültige Materie ist – : Speichel 787; – : Bier 829; mit dem Wasser wird der Täufling abgewaschen 229 589 757.

Verworfen wird: [Die dreifache Materie der Taufe ist Wasser, Chrisam und die Eucharistie] *1016*.

Die Form der Taufe ist die Anrufung der göttlichen Dreifaltigkeit 111 123 176f 214 445 580 582 (588) 589 592 (637) 644 646 757 802 903.

Die Taufe "im Namen Christi" wird [a]*unentschieden gelassen*, [b]*zugelassen*, [c]*verworfen* [a]111 [a]211 [c]445 [b]646; eine Taufe im Namen der Engel ist nicht gültig 176.

Die Worte, (die die Handlung zum Ausdruck bringen) "ich taufe dich" sind notwendig zur Gültigkeit der Taufe 757; es gilt ihre aktive und passive Form 1314; falsche Aussprache der Taufformel allein aufgrund von Unkenntnis oder aufgrund eines Sprachfehlers macht die Taufe nicht ungültig 588 592; verworfene Behauptungen über die Form der Taufe *2327f 2627*.

**K 3c** c. – Der Spender der Taufe

Die Bischöfe ordnen die Spendung der Taufe 4151; vgl. H 4 (Heiligungsdienst der Bischöfe).

Der Spender muß vom Empfänger der Taufe verschieden sein 788.

(Ordentlicher) Spender der Taufe ist allein der Priester 1315; im Notfall kann Spender der Taufe sein – : der Diakon, jeder Getaufte, solange er nur die Form der Kirche beachtet und zu tun beabsichtigt, was die Kirche tut **1315** 2536; – : auch ein Laie 120 1315 1349 (2536); – : ein Schismatiker 356; – : ein Häretiker 110f 123 127f 183 211 214 305 315f 320 478 **1315 1617** (2536) 2567–2570 3126; – : ein Jude 646; – : ein Heide 646 **1315** (2536); es ist Sache des Diakons, soweit es ihm von der zuständigen Autorität

zugewiesen wurde, feierlich die Taufe zu spenden 4155; jeder Glaubende kann taufen 4141; Christus ist mit seiner Kraft in den Sakramenten gegenwärtig, so daß, wenn einer tauft, Christus selbst tauft 4007.

Die moralische Qualität des Spenders hat keinen Einfluß auf die Gültigkeit 580 644.

Ein Irrtum des Spenders über die Wirkung der Taufe schließt nicht die Absicht aus, zu tun, was die Kirche tut 3100–3102; wo an dieser Absicht Zweifel bestehen, soll die Taufe bedingungsweise wiederholt werden 2838; im Falle der in der Häresie empfangenen Taufe ist nicht immer bedingungsweise zu taufen, man muß differenzieren 3128; im Zweifel ist zu taufen 319 582; Fälle, in denen bedingungsweise zu taufen ist 2835–2839 3128; die bei der bedingungsweise gespendeten Taufe zu verwendende Formel 758.

Duldung und Verwerfung von Taufriten 830.

### d. – DER EMPFÄNGER DER TAUFE           K 3d

Gerechtfertigt wird die Kindertaufe 184 219 223 (224 247) 718 780 794 802 903 1349 1514 **1625–1627** 4670–4674; unter welchen Bedingungen die Kindertaufe gegen den Willen der nicht-katholischen Eltern erlaubt ist 2552–2562 3296.

Beim Erwachsenen ist zum gültigen Empfang die [a]*Absicht* erforderlich, zum erlaubten Empfang (als Disposition) [b]*Glaube* und [c]*Buße* [b]2380f [bc]2835–2839 [ab]3333–3335.

Die Menschen werden durch die Verkündigung des Evangeliums auf die Taufe vorbereitet 4141; die Katechumenen werden durch ihr Begehren, der Kirche einverleibt zu werden, mit der Kirche verbunden 4138; die Täuflinge empfangen den Glauben von Gott durch die Kirche 4127; vgl. A 2bb (Glaube und Verkündigung); G 3cd (Kirche und Evangelisation bzw. Mission); G 6ca (Laienapostolat); H 3 (Verkündigungsdienst der Bischöfe).

Die Taufe von Kindern verlangt Erziehung im Glauben, damit das Sakrament seine ganze "Wahrheit" erlangt 4674; ohne diese Gewähr ist es aufzuschieben oder zu verweigern 4674; vgl. G 6cc (Sendung und Aufgabe der Laien in Ehe und Familie).

### e. – DIE WIRKUNG DER TAUFE           K 3e

Durch die Taufe wird empfangen die [a]*Gnade Christi, die Tugenden* ([b]*die Anlage zum Glauben*) 111 [a]780 [a]904 [b]2567; verworfen wird: [Die Taufe Christi hat dieselbe Bedeutung wie die Taufe Johannes' des Täufers] 1614.

Die Taufe bewirkt – : eine geistige Wiedergeburt ([a]*eine neue Schöpfung*) 219 (239) **1311** [a]1672 4122 4125 4127; die Glaubenden werden in der Taufe – : zu Kindern Gottes 4127f 4166 4178; – : zu Teilhabern an der göttlichen Natur 4166 4674; – : heilig gemacht 4166; durch Predigt und Taufe gebiert die Kirche Kinder, die vom Hl. Geist empfangen und aus Gott geboren sind, zu unsterblichem Leben 4178; durch Glaube, Taufe und Erfüllung der Gebote wird das Heil erlangt 4148; vgl. K 3f (Würde und Notwendigkeit der Taufe). – : die Gliedschaft – : in der katholischen Kirche **1314 1671** 2567–2570 3685 3802 4127 4136 4157 4720; – : im mystischen Leib Christi **1314 1671** 4157 4852; durch die Taufe werden die Glaubenden – : dem österlichen Geheimnis Christi eingefügt 4006 4112; vgl. E 3a (Jesus Christus, der Mittler des Heiles: Mysterium paschale); – : Christus gleichgestaltet 4112; – : Christus einverleibt und zum Volk Gottes gemacht 4157; – : in den ewigen, bräutlichen Bund Christi mit der Kirche eingefügt 4704; wer an Christus glaubt und in der rechten Weise die Taufe empfangen hat, steht dadurch in einer gewissen, wenn auch nicht vollkommenen Gemeinschaft mit der katholischen Kirche **4188**; vgl. G 3ag (Die katholische Kirche, die anderen Kirchen und kirchlichen Gemeinschaften); G 4a (Zugehörigkeit zur Kirche).

– : Anteil am dreifachen Amt Christi **4125** 4151 **4157** 4720 4858; – : die Weihe der Glaubenden zu einem hl. Priestertum **4125**; vgl. E 3b (Gestalten der Vermittlung); G 4bc-e (Teilhabe der Glaubenden am prophetischen, priesterlichen und königlichen Amt Christi).

– : die Vergebung der Sünden ([a]*der Ursünde*, [b]*der aktuellen Sünden*) (3f) 41//48 (51) 60 150 [a]223f [a]231 [a]239 [a]247 308 [ab]325 575 [a]637 [a]685 [a]741 777 [a]780 [ab]794 [ab]1076 [ab]**1316** [a]**1514f** 1672 [a]2559 ([a]4674); diese Vergebung ist vollständig **1672**; die Sünden werden nicht nur nicht angerechnet **1515**; die Taufe wäscht alle in gleicher Weise von der Ursünde rein 637; vgl. D 7 (Vergebung der Sünde); verworfen werden Irrtümer über die Wirkung der Taufe: [Es wird nur die Strafwürdigkeit aufgehoben] 1957; [Schon allein die Erinnerung an die Taufe und der Glaube daran vergibt die nach der Taufe begangenen Sünden oder wandelt sie in leichte um] **1623**; verworfen wird die Auffassung, daß die Ursünde durch eine nach der Taufe begangene Sünde wiederhergestellt werde 3341.

– : den Nachlaß jeder Strafe, ([a]*weshalb den Getauften keine Genugtuung auferlegt zu werden braucht*) [a]**1316 1543**.

– : eine bleibende Prägung (auch bei der [a]*Häretikertaufe* und bei einer [b]*heuchlerisch empfangenen Taufe*) [b]781 1998 [a]2566 (4127); deshalb ist es nicht erlaubt, die Taufe zu wiederholen 183 316 319f (478) 580

(582) 644 758 810 855 1081 **1624 1671**; daher der Glaube an die eine Taufe 3f 41//51 150 319 684; ein Irrtum über die Prägung *3228*.

Folgen für das Leben: Die Glaubenden werden durch die Taufe geweiht, damit sie in allen Werken geistige Opfer darbringen und die Machttaten Christi verkünden **4125**; durch die Prägung in der Taufe werden die Glaubenden zur christlichen Gottesverehrung bestellt **4127**; kraft der Taufe hat das christliche Volk das Recht und die Pflicht zur vollen, bewußten und tätigen Teilnahme an der Liturgie 4014; vgl. J 1d (Subjekte der Liturgie); die Getauften sind gehalten, den Glauben vor den Menschen zu bekennen 4127; alle werden vom Herrn durch Taufe und Firmung zum Apostolat der Laien bestimmt 4159; wegen der Taufe ist der Laie für die Sendung der Kirche mitverantwortlich 4853; die Pflichten und Aufgaben der Laien haben in Taufe und Firmung eine sakramentale Grundlage 4858; vgl. G 6a (Grundsätzliches zu den Laien); G 6c (Sendung und Aufgaben der Laien).

Die Gnade der Taufe für sich allein reicht nicht zur Erlangung des Heils, sondern es ist darüber hinaus die Hilfe der Gnade und die menschliche Mitwirkung erforderlich 241 397; die Taufe befreit nicht von den Verpflichtungen, die das Gesetz Gottes, die Kirche und eventuelle Gelübde auferlegen 1620-1622; die Taufe löst Ehen von Ungläubigen nicht auf, (sondern begründet nur das Recht, aufgrund des Paulinischen Privilegs eine neue Ehe einzugehen) 777 2582 2585; die Taufe erteilt niemandem irgendein Recht, ein öffentliches Amt in der Kirche zu erlangen 4603.

## K 3f      f. – Würde und Notwendigkeit der Taufe

Die Taufe ist das erste aller Sakramente 1314; sie ist die Tür [a]*zum Eintritt in die Kirche*, [b]*zum geistlichen Leben* [b]1314 [a]1671 [a]3685 [a]4136.

Die Taufe ist ein von Christus vorgeschriebenes Heilsmittel 219; sie ist [a]*zum Heil* notwendig 4670 [a]4674; Christus hat die Notwendigkeit der Taufe betont 4136; sie ist entweder der Sache oder wenigstens [a]*dem Wunsch* bzw. der Begierde nach ([b]*baptismus flaminis*) notwendig (121) 184 231 [b]741 [a]**1524 1672** 2536 [a]3869; sie darf auch Kindern nicht vorenthalten werden 4670; die Kirche kennt keinen anderen Weg, um den kleinen Kindern mit Gewißheit den Zugang zur ewigen Seligkeit zu eröffnen 4671; ihre Taufe ist eine schwerwiegende Verpflichtung 4673; Kindertaufe: K 3d.

Im Notfall durfte die Taufe auch in der alten Kirche zu jeder Zeit gespendet werden 184; im Notfall rechtfertigt auch der Glaube ohne Sakrament 121.

Die Gnade der Taufe für sich allein reicht nicht zur Erlangung des Heils, sondern es ist darüber hinaus die Hilfe der Gnade und die menschliche Mitwirkung erforderlich 241 397.

## 4. Das Sakrament der Firmung

## K 4a      a. – Die Sakramentalität der Firmung und ihr Ursprung

Die Firmung ist ein Sakrament (785 794) 860 1310 1317 **1601 1628** 1864 2536.
Verworfen wird eine Behauptung der Modernisten über den Ursprung der Firmung *3444*.

## K 4b      b. – Die Wesensmomente der Firmung

Der Getaufte muß durch [a]*die Segnung* bzw. [b]*die Handauflegung* des Bischofs vervollkommnet werden [b]120 [a]121 [b]123; [a]*die Salbung an der Stirn* ([b]*die Handauflegung*) ist die Firmung [a]785 [ab]794 [a]831 [b]860 [a]1990 [a]2522.

Materie der Firmung ist das Chrisam ([a]*aus Balsam und Olivenöl*), [b]*das vom Bischof gesegnet wurde* [a]831 [a]1317f [b]1992.

Die Form der Firmungsworte 1317.

## K 4c      c. – Der Spender der Firmung

[a]*Ordentlicher* Spender der Firmung ist (allein) der Bischof 120 123 183 187 215 320 785 794 831 860 [a]1069 [a]1318 [a]**1630 1768 1777** [a]2588 4151; außerordentlicher Spender kann ein einfacher Priester sein ([a]*nicht aber ein Diakon*), [b]*der mit der Vollmacht des Apostolischen Stuhles ausgestattet ist* [a]187 215 [b]1070f [b]**1318** [b]2522 [b]2588; fehlt eine solche Beauftragung, ist die Firmung durch einen einfachen Priester verboten und ungültig 1990f 2522.

Chrisam weihen darf allein der Bischof; [a]*der außerordentliche Spender muß Chrisam verwenden, das von einem (katholischen) Bischof gesegnet wurde* 187 215f 1068 (1071) 1317 [a]**1318** ([a]1992) [a]2588.
Verworfen werden Behauptungen über den Spender 866 *1178* 3556.
Duldung von Riten bei der Zubereitung des Chrisams und bei der Firmung 831.

<br>

### d. – DIE WIRKUNG DER FIRMUNG

K 4d

Durch die Firmung wird der Hl. Geist gespendet 215 785 831 1318f 4125 4127; sie wird zur Vermehrung der Gnade und Stärkung des Glaubens gespendet 785 1311 **1319**; durch (Taufe und) Firmung werden die Getauften – : zu einem geistigen Haus und einem hl. Priestertum geweiht 4125; – : zum Apostolat der Laien bestimmt 4159 (4858); durch das Sakrament der Firmung werden die Glaubenden vollkommener der Kirche verbunden 4127; vgl. K 3e (Wirkung der Taufe).
Bei der Firmung wird eine Prägung eingeprägt, so daß sie [a]*nicht wiederholt werden kann* 1313 1609 **1767**; verworfen wird: [Dem Chrisam ist keine Kraft zuzuschreiben] 1629.
Die Firmung ist nicht heilsnotwendig 2523; sie zu verachten, ist jedoch Sünde 1259; die gefirmten Glaubenden sind noch strenger verpflichtet, den Glauben als wahre Zeugen Christi in Wort und Tat zu verbreiten und zu verteidigen 4127.
Vgl. G 3cd (Kirche und Evangelisation); G 4bc und G 6ba (Teilhabe der Glaubenden/Laien am prophetischen Amt Christi ); G 6ca (Apostolat der Laien).

<br>

## 5. Das Sakrament der Eucharistie

<br>

### a. – DAS ABENDMAHL JESU CHRISTI

K 5a

**Sakramentalität und Einsetzung durch Jesus Christus.** Die Eucharistie ist ein Sakrament 718 761 846 860     **5aa**
1310 1320 **1601** 1635–1637 1727 1864 2536.
Christus hat [a]*das Sakrament* bzw. [b]*das Opfer* der Eucharistie [c]*beim letzten Abendmahl* eingesetzt, [d]*damit dadurch das Opfer des Kreuzes bis zu seiner Wiederkunft vergegenwärtigt werde und das Gedächtnis seines Todes und seiner Auferstehung fortdauere* [ac]846 [ac]**1637** [ac]**1727** [bcd]**1740**–1742 [b]1752 [bcd]**4047**; verworfen wird eine Behauptung der Modernisten *3445*.
Damit führt Christus das alttestamentliche Opferwesen und Priestertum zur Vollendung 1739, wie von Propheten verheißen 1742; vgl. E 1b (Verheißung Jesu Christi im Alten Bund); E 1c (Rettung der alttestamentlichen Glaubenden durch die Hoffung auf den Verheißenen); E 3bc (Priestertum Christi).
**Jesus Christus opfert sich dem Vater für die Menschen** 1740 (4153) 4852; vgl. E 3a (Jesus Christus, der     **5ab**
Mittler des Heiles); E 3bc (Priestertum Christi).
**Jesus Christus gibt seinen Leib und sein Blut unter den Gestalten von Brot und Wein den Jüngern** 1637     **5ac**
1642 1740; vgl. E 2bb (Christi Wirken unter den Menschen).
**Jesus Christus hinterläßt der Kirche damit ein immerwährendes Opfer** 1742 4047 (4153 4852).     **5ad**
Christus selbst ist der Priester dieses Opfers und die Gabe **802** 1740–1743 (4153); er ist im Meßopfer gegenwärtig in der Person des Dieners und unter den eucharistischen Gestalten 4007; er bringt sich in der Feier der Eucharistie ständig dar 4852; vgl. E 2ea (Wirken des Erhöhten in der Kirche); E 3bc (Priestertum Christi).

<br>

### b. – DAS KIRCHLICHE HERRENMAHL

K 5b

**Gedächtnis des Todes und der Erhöhung des Herrn.** In der Eucharistie wird das Gedächtnis des Erlösers     **5ba**
gefeiert 846 1322 (1637) 1638 1740 4047 4548; beim Herrenmahl wird der Tod des Herrn verkündigt 4006; vgl. E 2 (Die Geheimnisse des Lebens, des Sterbens und der Erhöhung Jesu Christi).
**Vergegenwärtigung und Mitvollzug des Opfers Jesu.** Das eucharistische Opfer ist die unblutige Vergegen-     **5bb**
wärtigung des blutigen Kreuzesopfers und sein Gedächtnis **1740f** 1743 3339 3847f 4006; sooft das Kreuzesopfer auf dem Altar gefeiert wird, vollzieht sich das Werk der Erlösung 4103; sakramentale Erneuerung und Zuwendung des Opfers Christi in der Eucharistie 1740 3339 4153 4573 4722; Christus ist im Meßopfer gegenwärtig in der Person des Dieners und unter den eucharistischen Gestalten 4007; durch das Meßopfer wird dem Kreuzesopfer kein Abbruch getan 1743 **1754** 3339; vgl. E 2ea (Wirken des Erhöhten in der Kirche); E 3bc (Priestertum Christi); J 1c (Wirkung der Liturgie).
In der Messe wird ein [a]*wahres*, [b]*eigentliches*, [c]*sichtbares* Opfer dargebracht [a]**1740–1742** [a]**1751** [c]1764 [ab]1866 [ab]2535[b]3847.

Verworfen wird: [Die Messe hat keine Grundlage im Evangelium] *1155*; [Die Messe ist das bloße Gedächtnis des Kreuzesopfers] *1753* 3316 3339 3847; [Die Messe ist in derselben Weise Opfer wie jedes andere Gott geweihte Werk auch] *1945*; verurteilt wird die Auffassung, bei der Feier der Eucharistie [handle es sich eher um ein brüderliches Mahl, in dem sich die Gemeinde versammle und ausdrücke, als um die sakramentale Erneuerung des Opfers Christi] 4722; vgl. J 1a (Wesen der Liturgie).

**5bc**    **Mahl, in dem Leib und Blut Christi genossen werden.** Die eucharistischen Gestalten versinnbildlichen die blutige Trennung des Leibes und Blutes 3848; so wird Christus im Zustand der Opfergabe bezeichnet 3848 3852.

**5bd**    **Wirkmächtige Gegenwart des Herrn.** Die reale Präsenz unter den Gestalten von Brot und Wein. Durch die Konsekration geschieht die Verwandlung $^a$*der ganzen Substanz* des Brotes in den Leib Christi und $^a$*der ganzen Substanz* des Weines in das Blut Christi 1321 1352 $^a$**1642** $^a$**1652** $^a$1866 $^a$2535 $^a$2629 $^a$2718 4338; diese Verwandlung wird Transsubstantiation (Wesensverwandlung) genannt 782 802 860 1352 **1642 1652** 1866 2535 2629; gesehen wird nach der Konsekration die Gestalt (Form) von Brot und Wein, geglaubt wird die Wahrheit des Fleisches und Blutes Christi 782f, bzw.: im Altarsakrament sind der Leib und das Blut Christi $^a$*wahrhaft,* $^b$*wirklich,* $^c$*substanzhaft,* $^d$*wesenhaft* unter den Gestalten von Brot und Wein enthalten 690 **700** 794 $^a$802 (846) $^{abd}$849 $^{abc}$1636 **1640** $^{abc}$1651 $^{abc}$1866 $^{abc}$2535 $^{abc}$2629 4412; die Gegenwart Christi im Sakrament der Eucharistie wird vorzugsweise "wirklich" genannt, weil sie substantiell ist 4412; nach der Wandlung – : ist der unversehrte Christus in seiner physischen Wirklichkeit unter den Gestalten von Brot und Wein gegenwärtig 4412; – : nehmen die Gestalten von Brot und Wein deshalb eine neue Bedeutung und einen neuen Zweck an, weil sie tatsächlich, nicht nur im Glauben der Kirche, eine neue ontologische Wirklichkeit enthalten 4412; Christus ist im Meßopfer gegenwärtig in der Person des Dieners und unter den eucharistischen Gestalten 4007; er ist in den Gemeinschaften des Altars gegenwärtig 4151; vgl. H 5 (Dienstamt der Priester); K 5cb (Kompetenz der ordinierten Priester und Bischöfe); Gegenwart Christi in der Kirche: E 2ea (Wirken des Erhöhten in der Kirche); G 1be (Kirche als Werk der Hl. Dreifaltigkeit).

Der ganze Christus ist enthalten $^a$*unter jeder der beiden Gestalten* ($^b$*kraft natürlicher Verknüpfung und Begleitung*) und $^c$*unter jedem beliebigen Teil einer Gestalt nach der Trennung* $^a$1199 $^a$1257 $^{ac}$1321 $^{ab}$**1640** $^{ac}$**1641** $^a$**1651** $^{ac}$**1653** ($^a$1729 $^a$1733) $^a$1866 $^{ac}$2535; der ganze und unversehrte Christus wird gegenwärtig 4412.

Der eucharistisch gegenwärtige Christus ist derselbe wie der geborene und gekreuzigte Christus 1083 1256; in der Eucharistie ist der Leib und das Blut Christi ($^a$*aufgrund der hypostatischen Union*) zusammen mit der Seele und der Gottheit Christi enthalten $^a$**1640 1651** 1866 2535.

Christus ist eucharistisch gegenwärtig unter den Gestalten von Brot und Wein, dem Orte nach (entsprechend der natürlichen Daseinsweise) ist er im Himmel 849 $^a$**1636**.

Verworfen werden Behauptungen, die die Transsubstantiation leugnen 849 *1018 1151–1153* 1256 (1652) 1654 3891; verworfen werden ungebührliche Erklärungen *3121–3124 3229–3231 3891*; die "Transsignifikation" und "Transfinalisation" reichen zur Fassung der Realpräsenz nicht aus 4411; der der Eucharistie innewohnende Symbolismus kann die Gegenwart Christi in diesem Sakrament nicht erschöpfend zum Ausdruck bringen 4411; falsch ist eine Erklärung der Realpräsenz durch die "pneumatische" Natur des glorreichen Leibes Christi oder die "geistige Gegenwart Christi und seine innigste Verbindung mit den gläubigen Gliedern im mystischen Leib" 4412.

Ob das dem Meßwein beigemischte Wasser in Blut verwandelt wird, wird erörtert 784 798.

Die Verehrung des gegenwärtigen Herrn. Die eucharistische Gegenwart Christi ist nicht zeitlich begrenzt 834; er bleibt, solange die Gestalten bleiben *1101–1103*; verurteilt wird die Auffassung, in den nach Beendigung der Meßfeier übrigen Hostien sei Christus nicht mehr gegenwärtig 4411; vgl. E 5de und J 1ef (Anbetung und Verehrung Christi).

Dem Sakrament der Eucharistie gebührt der Kult der Anbetung 1643f 1656; vgl. J 1ef (Anbetung und Verehrung Christi).

Gegenwart Christi in den liturgischen Geheimnissen der Kirche: J 1a (Wesen der Liturgie).

## K 5c      c. – DIE KIRCHE BRINGT DAS HERRENMAHL DAR

**5ca**    **Die feiernde Kirche bringt das Herrenmahl dar** 1740f; durch die Hände der Priester 1741; die Kirche nimmt vom Tisch des Wortes Gottes und des Leibes Christi das Brot des Lebens und reicht es den Glaubenden 4228; vgl. J 1d (Subjekte der Liturgie).

Verurteilt wird die Auffassung: [Die Feier der Eucharistie ist ein "einfacher Akt der Ortsgemeinde"] 4722.

**5cb**    **Die Kompetenz der ordinierten Priester und Bischöfe.** Zur Konsekration von Brot und Wein erforderlich sind die Person (amtlicher Spender), die Form (Konsekrationsworte) und die Absicht dessen, der die Worte vorträgt 794.

Der Bischof ist "Verwalter der Gnade des höchsten Priestertums" besonders in der Eucharistie, die er selbst darbringt oder darbringen läßt 4151; jede rechtmäßige Feier der Eucharistie wird vom Bischof geleitet 4151.

Erforderlich zur Darbringung der Eucharistie ist der $^a$*von einem Bischof geweihte* Priester ($^b$nicht der Diakon, $^c$nicht der Laie), $^d$*der die gebührende Absicht hat* 794 $^{ab}$**802** $^c$1084 $^d$1352; es ist Sache des Priesters,

die Auferbauung des Leibes durch das eucharistische Opfer zu vollenden 4141 4541; allein der Priester kann in der Person Christi dem Opfermahl vorstehen 4541; der Erlösungsakt Christi, des Bräutigams, für seine Braut, die Kirche, wird in der Eucharistie auf sakramentale Weise ausgedrückt, wenn sie von einem Mann vollzogen wird 4840; vgl. K 8a (Priestertum des Neuen Bundes).

Ihr hl. Amt üben die Priester am meisten in der eucharistischen Feier oder Versammlung aus, bei der sie in der Person Christi handeln und sein Geheimnis verkünden, die Gebete der Glaubenden mit dem Opfer ihres Hauptes verbinden und das Opfer Christi vergegenwärtigen und zuwenden 4153; der konsekrierende Priester – : [a]*spricht*, [b]*handelt* in der Person Christi [a]1321 [b]4153 [b]4599 [b]4840; – : ist Abbild Christi 4599; Bedingungen für eine Konzelebration mehrerer Priester (3928).

Die Christgläubigen ohne Priesterweihe, die sich anmaßen, die Eucharistie zu vollziehen, tun dies unerlaubt und ungültig 4541; die Auffassung, [die Darbringung der Eucharistie sei nicht notwendigerweise mit der sakramentalen Weihe verknüpft], verletzt die apostolische Struktur der Kirche und stürzt die sakramentale Heilsordnung um 4723; verurteilt wird: [Kraft der Apostolizität der einzelnen Ortsgemeinden kann jede Gemeinde, wenn sie längere Zeit der Eucharistie als ihres konstitutiven Elements entbehrt, ihre Vollmacht "in Anspruch nehmen" und ihren Vorsteher und Seelsorger bestimmen; Gott selbst kann sich unter solchen Umständen nicht weigern, jene Vollmacht auch ohne Weihesakrament zu gewähren] 4722; vgl. G 3dc (Das kirchliche Amt in der Nachfolge der Apostel).

Zu einer gültigen Meßfeier ist der Gnadenstand erforderlich; wenn er fehlt, soll der Priester, wenn er notgedrungen eine Messe feiert, "möglichst bald" beichten **1647** *2058f.*

Messen, bei denen allein der Priester kommuniziert, sind nicht unerlaubt 1747 **1758** 2628 3854.

Vgl. G 4bd (Teilhabe der Glaubenden am priesterlichen Amt Christi); H 4 (Heiligungsdienst der Bischöfe); H 5 (Dienstamt der Priester); J 1d (Subjekte der Liturgie); K 8a (Priestertum des Neuen Bundes).

**Die aktive Teilhabe der Laien.** Beim eucharistischen Opfer bringen die Glaubenden das göttliche Opferlamm Gott dar und sich selbst mit ihm 4012 4127; sie wirken bei der Darbringung der Eucharistie mit 4126; alle Tätigkeiten der Laien, die bei der Feier der Eucharistie zusammen mit der Darbringung des Herrenleibes dem Vater dargebracht werden, werden geistige Opfer, Gott wohlgefällig durch Christus 4012 4048 4125 4160 4852. **5cc**

Alle Glaubenden verrichten bei der liturgischen Handlung ihre je eigene Aufgabe, sowohl bei der Darbringung als auch bei der hl. Kommunion **4127**; die Glaubenden bringen das Opfer ([a]*aufgrund ihres allgemeinen Priestertums*) auf andere Weise als der Priester dar 3850–3853 [a]3851; jeder, ob Amtsträger oder Glaubender, soll nur das und all das tun, was ihm aufgrund der Natur der Sache und der liturgischen Normen zukommt **4028**; die Bischöfe ermahnen ihre Völker, daß sie in der Liturgie und vornehmlich im heiligen Opfer der Messe ihren Anteil mit Glaube und Ehrfurcht erfüllen 4151; die gemeinschaftliche Meßfeier ist einer einzelnen und gleichsam privaten Feier vorzuziehen 4027.

Verworfen werden Behauptungen – : über die Konzelebration der Glaubenden 3850; – : über private Messen ohne Beteiligung des Volkes 3853; es ist nicht recht, die Messe als "Gemeinschafts(messe)" so herauszuheben, daß privat gefeierte Messen in ihrer Bedeutung gemindert werden 4411.

Vgl. G 4bd und G 6bb (Teilhabe der Glaubenden/Laien am priesterlichen Amt Christi); J 1d (Subjekte der Liturgie).

**Die übrigen Dienste.** Es ist Sache des Diakons, soweit es ihm von der zuständigen Autorität zugewiesen wurde, die Eucharistie zu verwahren, auszuteilen und den Sterbenden die Wegzehrung zu bringen 4155; vgl. H 6 (Dienstamt der Diakone). **5cd**

Ministranten, Kommentatoren und Kirchenchor versehen einen wahrhaft liturgischen Dienst 4029.

**Die Wirksamkeit des Meßopfers** – : rührt aus der vollzogenen sakramentalen Handlung (ex opere operato) her 3844; – : ist dieselbe wie beim Kreuzesopfer 3339; – : hängt nicht von der Rechtschaffenheit des Priesters ab 794. **5ce**

### d. – Die Elemente der Feier und die Empfänger des Herrenmahls   K 5d

**Wortgottesdienst und Predigt.** Vgl. J 2bb (Erneuerung der Liturgie). **5da**

**Riten und Kanon.** Die Rechtmäßigkeit der Meßzeremonien wird verteidigt 1746 1757 1759; der Meßkanon ist frei von (dogmatischen) Irrtümern 1745 1756. **5db**

Dem Meßwein ist ein wenig Wasser beizumischen 822 834 (784 798) 1320 1748 1759.

Der Gebrauch der lateinischen Sprache, Einschränkung der Volkssprache 1749 1759 4036; weiterer Raum für die Muttersprache in der Liturgie 4036; vgl. J 2bb (Erneuerung der Liturgie).

**Das eucharistische Opfer.** Die Materie der Darbringung: Brot und Wein. Die Materie ist – : Weizenbrot (783) 860 **1320** 1352; – : Wein vom Weinstock (783) **1320**; das Brot ist bei den Lateinern ungesäuert, bei den Griechen gesäuert 860 1303; Vorsichtsmaßnahmen gegen das Verderben des Meßweines 3198 3264 3312f. **5dc**

In der Eucharistie sind Brot und Wein "Sakrament und nicht Sache" (sacramentum et non res), das Fleisch und das Blut Christi "Sakrament und Sache" (sacramentum et res), die sakramentale Wirkung "Sache und nicht Sakrament" (res et non sacramentum) 783.

Die Form des eucharistischen Opfers sind die Abendmahlsworte Christi **1321** 1352; die Epiklese hat keine Wandlungskraft *1017* 2718 3556; bei einer Konzelebration mehrerer Priester ist der gemeinsame Vortrag der Abendmahlsworte erforderlich 3928.

Die Abendmahlsworte Christi haben keinen übertragenen Sinn, sondern sind in der ihnen eigenen Bedeutung zu verstehen **1637**.

**5dd**   **Die Kommunion.** Weise der Darreichung: [a]*Laien wird die Kommunion vom Priester gereicht,* [b]*sich reicht der Priester die Kommunion selbst* [ab]**1648** [b]1660.

Auch die Kommunion nur unter der einen Gestalt des Brotes (nicht nur unter beiden, [a]*wie von den Reformatoren gefordert* und [b]*auf dem Trienter Konzil erwogen,*) ist rechtmäßig **1198-1200** 1258 *1466* [a]**1731f** 1726-1734 [b]1760; dadurch wird niemand um irgendeine notwendige Gnade betrogen 1729 1733; Laien und Kleriker, die das eucharistische Opfer nicht darbringen, sind nicht zur Kommunion unter beiderlei Gestalten verpflichtet 1726f **1731f**.

Die Aufbewahrung der Eucharistie wird gerechtfertigt (jedoch unter Verwerfung eines [a]*Mißbrauchs bei den Griechen*) [a]834 1645 1657; verurteilt wird die Auffassung, in den nach Beendigung der Meßfeier übrigen Hostien sei Christus nicht mehr gegenwärtig 4411; vgl. K 5bd (Wirkmächtige Gegenwart des Herrn).

Geistliche Kommunion. Man unterscheidet zwischen dem sakramentalen, dem zugleich geistlichen und sakramentalen und dem geistlichen Empfang der Kommunion 1648 (1658); verworfen wird: [Christus wird in der Eucharistie nicht wirklich, sondern nur geistlich gegessen] 1658.

**5de**   **Empfänger und Disposition.** Das Alter für die Erstkommunion der Kinder 3530 (3533) 3535; nach der Erlangung des Vernunftgebrauchs ist Kindern auch die Wegzehrung zu reichen 3536; verworfen wird die Behauptung von der eucharistischen Kommunion Verstorbener *3232*.

Die erforderliche Disposition und Vorbereitung zur Kommunion, unter Verwerfung [a]*rigoristischer* und [b]*laxistischer* Behauptungen [b]1661 2090-2092 [b]2156 [a]2322f [a]3376-3378 3382; insbesondere setzt der erlaubte Empfang den ([a]*durch Beichte, nicht nur durch Reue zu erwerbenden*) Stand der Gnade sowie [b]*den Vorsatz, künftig nicht mehr tödlich zu sündigen,* voraus [a]1647 [a]1661 3379 [b]3381; erforderlich ist auch die rechte Absicht 3379f.

Das erforderliche religiöse Wissen bei kleinen Kindern und bei Täuflingen: Sie müssen den Leib Christi von einer gewöhnlichen Speise unterscheiden können 2382 3531f.

Christen aus den getrennten Ostkirchen können, wenn sie darum bitten und recht vorbereitet sind, das Sakrament der Eucharistie empfangen 4182; in einer Notlage kann die Kommunion von einem ostkirchlichen Spender empfangen werden 4182.

Häufigkeit. Empfohlen wird eine häufige Kommunion ([a]*auch für Kinder*) 1649 1747 2090 (2093f) 3361 3375f 3379 3383 [a]3534 3854; verworfen wird: [Die tägliche eucharistische Kommunion ist göttliches Recht] 2095 3377.

Vorgeschrieben wird die jährliche Osterkommunion ([a]*auch für herangewachsene Kinder*) 812 1659 [a]3533; dieses Gebot wird durch eine frevlerische Kommunion nicht erfüllt *2155*.

Kleine Kinder sind nicht zur Kommunion verpflichtet 1730 **1734**.

Die Kommunion soll ([a]*auch von Kindern, die ihre Vernunft gebrauchen können*) als Wegzehrung bei Todesgefahr empfangen werden 121 212 1645 1657 [a]3536.

## K 5e      e. – Die Eucharistie – Fundament und Höhepunkt kirchlichen Lebens

**5ea**   **Eucharistie – Verehrung Gottes.** Die Messe wird allein Gott dargebracht, (auch wenn sie zu Ehren von Heiligen gefeiert wird) 1744 **1755**; Christus hat sich zur Ehre des Vaters und zum Heil aller Völker selbst am Kreuz dargebracht und bringt sich in der Feier der Eucharistie ständig dar 4852; vgl. J 1a (Wesen der Liturgie).

**5eb**   **Eucharistie – Auswirkung auf die Kirche.** Die Eucharistie ist Hauptstück und gleichsam Mittelpunkt der christlichen Religion 3847; sie ist gleichsam die Seele der Kirche 3364; die wahre Natur der Kirche kommt in der Liturgie, besonders in der Eucharistiefeier, zum Ausdruck **4002 4041**; das eucharistische Opfer ist Höhepunkt und Quelle kirchlichen Lebens 3847 4127; aus der Eucharistie hat die Kirche all ihre Güter, ihre Kraft und ihre Herrlichkeit 3364; durch die Eucharistie – : lebt und wächst die Kirche 4151 4235; – : wird die Einheit des Volkes Gottes dargestellt und verwirklicht 4103 4112 4127 4151; – : wird der Erlösungsakt Christi, des Bräutigams, für seine Braut, die Kirche, ausgedrückt 4840; sie ist Sakrament des Erbarmens, Zeichen der Einheit und Band der Liebe 4047; die Eucharistie als Mahl brüderlicher Gemeinschaft und Vorkosten des himmlischen Gastmahls 4338.

Vgl. G 2bb (Sakramentaler Charakter der Kirche: Kirche und Eucharistie); G 3aa (Das göttliche Fundament kirchlicher Einheit); J 1a (Wesen der Liturgie).

**5ec**   **Eucharistie – Auswirkung auf die Glaubenden.** Der Zweck der Eucharistie ist in erster Linie die Stärkung der Glaubenden 3375-3378.

Der eucharistische Christus ist – : das Leben der Glaubenden 3360; – : Seelenspeise 847 1311 1638 3360 (4047); deshalb hat die Eucharistie für das geistliche Leben jede der Wirkung der materiellen Speise analoge Wirkung 1322; die Eucharistie als Wegzehrung 4338; beim Brechen des eucharistischen Brotes erhalten die Christen Anteil am Leib des Herrn und Gemeinschaft mit ihm und untereinander

(4047) 4112; die Eucharistie bewirkt – : daß die Glaubenden in das übergehen, was sie empfangen 4151; – : Teilhabe am Leben des Erhöhten in Herrlichkeit (4047) 4168; vgl. M 1a (Das Reich Gottes ist in Christus angebrochen).

Einzelne Wirkungen – : Sündenvergebung *1020*; (genauer:) Befreiung von alltäglichen leichten Verfehlungen **1638** 1740 3375; – : Nachlaß von Strafen *1020*; – : Bewahrung vor Todsünden (846 1322) **1638** 3375; – : Unterdrückung der Begierde 3375; – : Vermehrung der Gnade 846 *1020* 1322 4010 4047; – : Wachstum der Tugenden 846; – : Vermittlung der Liebe zu Gott und den Menschen, die die Seele des ganzen Apostolats ist 4159; – : Einheit und Liebe 783 1635 (1638 1649) 3362 (4112); – : Einung und Gleichformung mit Christus 802 847 1320 1322 (4112 4852); – : Heiligung in Christus 4010; – : Unterpfand der künftigen Herrlichkeit 1638 4047 (4168 4338).

Verworfen wird – : die Einschränkung der Wirkung allein auf die Sündenvergebung **1655**; – : eine Behauptung über die Zuwendung einer besonderen Frucht aus der Messe *2630*.

**Eucharistie – Sakrament der Gemeinschaft mit Lebenden und Verstorbenen.** Die Messe ist ein Sühnopfer **5ed** für Lebende und Verstorbene **1743 1753** 1866 2535; im eucharistischen Opfer werden die Glaubenden mit dem Gottesdienst der himmlischen Kirche verbunden 4170; die heilbringende Wirksamkeit des Opfers Christi erstreckt sich auf alle Menschen, Anwesende und Abwesende, Lebende und Verstorbene 4722; die Zuwendung für Glaubende, die ihren Leichnam verbrennen ließen 3277.

Vgl. G 3ab (Kirchliche Einheit als Einheit in der Vielfalt); J 1a (Wesen der Liturgie); zur Gemeinschaft der Heiligen vgl. M 1b (Endzeitlicher Charakter der pilgernden Kirche).

# 6. Das Sakrament der Buße

## a. – Die Sakramentalität der Busse und ihr Ursprung      K 6a

Die Buße ist ein Sakrament 761 (794) 860 1310 1323 **1601** 1667(–1693) **1701** 1864 2536; verworfen wird: [Die Vollmacht, Sünden zu vergeben, ist nur die Vollmacht, zu erklären, daß die Sünden vergeben seien, bzw. das Wort Gottes zu verkünden] 1670 1685 **1709**; [Die Buße ist, was die Verleihung der Gnade betrifft, ein Sakrament der Natur, nicht aber der Einsetzung des Neuen oder Alten Testamentes] *1418*.

Einsetzung. Vor Christus gab es kein Sakrament der Buße 1670.

Das Bußsakrament wurde von Christus [a]*nach seiner Auferstehung* eingesetzt 308 348f [a]*1542* [a]**1670** 1679 (1706); es ist ein eigenes Sakrament, unterschieden von der Taufe 1668 **1702**.

Es dient der geistlichen Heilung 1311; das Sakrament der Buße ist in gewisser Weise eine mühevolle Taufe 1672.

Verworfen werden modernistische Behauptungen über den Ursprung des Bußsakramentes *3443 3446f*.

## b. – Zur frühen Bussordnung der Kirche      K 6b

Die frühere Bußordnung der Kirche, die strenger war als die gegenwärtige (vor allem durch Verweigerung der Lossprechung vor Erfüllung der Genugtuung), soll nicht wiedereingeführt werden 129 212 *1415 2316//2322 2487–2489 2634f*.

## c. – Wesensmomente der Busse      K 6c

"Materie" der Buße sind die Akte des Büßenden selbst, nämlich Reue, Bekenntnis, Genugtuung (verworfen **6ca** wird die Behauptung, diese Lehre sei nicht in der Bibel begründet) 1323 *1455* **1673 1704**; verworfen wird: [Bestandteile der Buße sind der dem Gewissen eingejagte Schrecken und der Glaube] **1675 1704**.

**Reue** ist der Schmerz über eine begangene Sünde, verbunden mit dem Vorsatz, künftig nicht mehr zu **6cb** sündigen ([a]*mitsamt dem Abscheu vor dem bisherigen Leben*) 1323 [a]**1676**; Umkehr auf persönlicher und gesellschaftlicher Ebene ist ein niemals abgeschlossener Prozeß 4614; vgl. F 2b (Umkehr und Rechtfertigung aus Glauben).

Reue ist notwendig zur Sündenvergebung **1676f** 3334; verworfen werden Behauptungen, die der Reue Abbruch tun, unter anderem: [Die Reue macht einen noch mehr zum Sünder] *1455–1457 1461f 1464f* **1678** (1685) **1705**.

Vollkommene Reue versöhnt den Menschen schon vor dem Empfang des Bußsakramentes wieder mit Gott, muß jedoch den Wunsch nach dem Empfang einschließen (1260) **1677** *1971*; beim Fehlen eines Priesters kann die Sündenvergebung durch Reue erlangt werden 1260; verworfen wird: [Die Reue macht das äußere Bekenntnis überflüssig] *1157 1412*.

Zu unterscheiden ist die durch Liebe vollkommene Reue und die unvollkommene Reue bzw. Furchtreue 1677f; die Furchtreue ist, wenn sie den Willen zum Sündigen ausschließt und mit der Hoffnung auf Verzeihung verbunden ist, ein Geschenk Gottes, [a]*das zum Bußsakrament befähigt* 1678 [a]1705; ob die Furchtreue den Akt der Gottesliebe erfordert, kann frei diskutiert werden 2070; verworfen werden [a]*laxistische* und [b]*rigoristische* Aussagen über die Furchtreue [a]*2157* [b]*2314f* ([b]*2462-2467* [b]*2625*) [b]*2636*.

**6cc**    **Sündenbekenntnis.** Erforderlich ist ([a]*nach dem Gebot Christi*) ein vollständiges Sündenbekenntnis 1323 [a]**1679-1681** [a]**1706**; nämlich aller Todsünden, [a]*deren sich der Beichtende bewußt ist* 1085 [a]**1680** [a]**1682** [a]**1707**; zu bekennen sind auch – : die verborgenen Sünden **1680 1707**; – : nur in Gedanken begangene Todsünden, ([a]*wobei das bloße Mißfallen nicht genügt*) [a]*1413* **1680 1707**.

Die Sünden sind gesondert und im einzelnen, unter Erläuterung der ([a]*die Art verändernden*) jeweiligen Umstände zu beichten 813 1085 *1411* 1679 [a]**1707** 2158.

Aus Vergeßlichkeit ausgelassene Sünden gelten als in die Beichte eingeschlossen **1682**; sie sind jedoch bei der nächsten Beichte zu bekennen *2031* 3835.

Gründe, die von der Vollständigkeit des Bekenntnisses befreien, werden aufgezählt 3834; verworfen werden Behauptungen, die sich gegen die Vollständigkeit richten *1458f* **1682** 2192 *2247f 2259f*.

Die Beichte verzeihlicher Sünden ist [a]*erlaubt,* [b]*nützlich,* aber [c]*nicht notwendig* [ab]*1458f* [bc]**1680** [a]**1707** [b]2639 [b]**3818**.

Die wiederholte Beichte schon vergebener Sünden ist erlaubt und empfohlen, aber nicht notwendig 880.

Die Weise der Beichte: Die geheime Beichte ist rechtmäßig; die öffentliche ist zwar nicht verboten, darf aber auch nicht vorgeschrieben werden 323 *1414* 1683f 1710.

Kraft des Beichtgeheimnisses ist es dem Beichtvater verboten, Gebrauch von seinem Wissen zu machen 814 1989 *2195*; ebenso ist es verboten, den Namen eines Komplizen zu erfragen 2543f.

Im Notfall genügen Zeichen des Beichtenden oder das Zeugnis der Anwesenden 310; nicht erlaubt ist eine Beichte gegenüber einem abwesenden Priester oder eine Lossprechung aus der Ferne 1994f.

**6cd**    Eine **Genugtuung** ist aufzuerlegen und von den Beichtenden [a]*selbst* zu erbitten 308 **1689-1692** 1714f [a]*2035*; die Begründung dafür 1543 1692.

Die Genugtuung muß der Qualität und der Anzahl der Sünden entsprechen, (wobei der Brauch einer "falschen", nämlich nur teilweisen Buße verworfen wird) 717 **1692**; vorgeschlagen werden als Werke der Genugtuung (nach der Meinung des Priesters) Gebete, Fasten, Almosen und andere Werke der Frömmigkeit 1323 1543 (1713); das Vorgehen der alten Kirche bei der Genugtuung wurde gemildert und soll nicht wiedereingeführt werden 129 212 2316//2322; als Genugtuung gelten auch (außer den sakramentalen) von Gott auferlegte zeitliche Strafen 1691; ein Mißbrauch ist es, dem Büßenden statt der Genugtuung eine Salbung zu erteilen 832; Schwächung der Genugtuung durch allzu unterschiedslose und überflüssige Ablässe 819 1835; vgl. K 10bd (Nützlichkeit von Ablässen).

Verworfen werden Behauptungen, die die Wirksamkeit der menschlichen Genugtuung in Frage stellen *1959 1977*; verworfen wird (als ungenügend): [Ein neues Leben ist die beste Buße] *1457* 1692 **1713**.

**6ce**    **Die Form des Bußsakramentes** sind die Worte der Lossprechung 1323 **1673**; die Lossprechung ist ein richterlicher Akt **1671** 1679 1685 **1709**; verworfen wird der Gebrauch einer reinen Gebetsformel *1013*; verworfen wird: [Die Lossprechung ist lediglich die Erklärung, daß die Sünden vergeben seien] 1685 1703 1709; verworfen werden Behauptungen über eine Wirksamkeit der Absolution allein aufgrund des Glaubens des Beichtenden 1460-1465.

Die gleichzeitige Absolution mehrerer ist bisweilen erlaubt 3832-3837; die in einem solchen Fall zu verwendende Formel 3837; verworfen wird der Brauch, bei einem großen Aufkommen an Beichtenden nach nur halb erfolgter Beichte loszusprechen 2159.

In Todesgefahr darf die Wiederversöhnung nicht verweigert werden 129 136 212 309f (325); vgl. F 1 (Gottes Barmherzigkeit und universaler Heilswille); verworfen werden laxistische und rigoristische Behauptungen *2160f 2164 2638*.

**K 6d**                d. – SPENDER

Die Vollmacht, Sünden zu vergeben, wurde den Aposteln und ihren Nachfolgern im priesterlichen Amt übertragen 308 348 **1670** 1679 1764 **1771**; diese Vollmacht erstreckt sich auf alle Sünden: D 7aa (Vergebung der Sünden); das dem Petrus gegebene Amt des Bindens und Lösens ist auch dem mit seinem Haupt verbundenen Apostelkollegium zugeteilt worden 4146; die Bischöfe regeln die Bußordnung 4151; vgl. G 3da (Christus gründet die Kirche auf die Apostel); H 4 (Heiligungsdienst der Bischöfe).

Spender ist allein der Bischof oder der Priester 1260 1323 **1684 1706 1710**; nicht der Laie 866 1260 *1463* **1684 1710**; für die büßenden oder kranken Glaubenden ist der Priester vollmächtig den Dienst der Versöhnung und Aufrichtung 4153; vgl. K 7c (Spender der Krankensalbung); beim Fehlen eines Priesters kann die Sündenvergebung durch Reue erlangt werden 1260; vgl. K 6c (Form des Bußsakraments).

Der Spender bedarf (außer der Weihevollmacht) der Rechtsvollmacht 1323 **1686** *2637*; die Jurisdiktionsvollmacht hat entsprechend dem unterschiedlichen hierarchischen Grad verschiedenen Umfang 1261 1265.

Die Vollmacht des Spenders hängt nicht von seiner Rechtschaffenheit ab 912 914 (1019 1262) **1684 1710**.
Die Beichte, [a]*die früher nur vor dem eigenen Priester oder vor einem anderen nur mit seinem Einverständnis abgelegt werden durfte*, muß nicht mehr notwendig vor diesem abgelegt werden [a]812 *921–923* 1085; verworfen werden Behauptungen, die den Bettelorden das Recht auf Beichthören absprechen *921–924*; verworfen werden laxistische Behauptungen über die Rechtsprechung der Beichtväter *2032f 2036 (2056 2064)*.
Die Bischöfe haben das Recht, sich Fälle vorzubehalten **1687 1711**; bei Todesgefahr gibt es keine Reservation **1688**; verworfen werden Behauptungen gegen die Reservation von Fällen *1136 2023f 2032 2064* (2594) 2597 *2644f*.

## e. – EMPFÄNGER K 6e

Die Vollmacht der Kirche, Sünden zu vergeben, erstreckt sich nur auf Lebende, nicht auf Tote 348.
Schon Kinder sind zur Beichte verpflichtet 3533; über ihr erforderliches Alter und religiöses Wissen 3530f 3533.
Die Lossprechung sterbender Schismatiker ist bisweilen erlaubt 3635f.
Christen aus den getrennten Ostkirchen können, wenn sie darum bitten und recht vorbereitet sind, das Sakrament der Buße empfangen 4182; das Sakrament der Buße kann in einer Notlage von einem ostkirchlichen Spender erbeten werden 4182.

## f. – WIRKUNG K 6f

Die Wirkung der Buße ist die Wiederversöhnung mit Gott und Versöhnung mit der Kirche 1674 4128; das Bußsakrament ist Heilmittel für die nach der Taufe begangenen Sünden 308 348f 802 855 1323 1542 1579 1668 **1680 1701**; die Vergebung wird nicht allein durch den Glauben erzielt **1685 1709**.
Zusammen mit der Schuld wird auch die ewige Strafe nachgelassen **1543**; die zeitliche Strafe aber wird nicht immer ganz erlassen 838 *1010* **1543** 1580 **1689 1712 1715**; verworfen wird: [Aufgehoben wird nur die Strafwürdigkeit] *1957f*.
Vgl. D 7 (Vergebung der Sünde).

## g. – NOTWENDIGKEIT K 6g

Das Bußsakrament ist für die nach der Taufe Gefallenen [a]*kraft göttlichen Rechts* notwendig 1542f 1668f 1670 1672 [a]**1679** [a]**1706**; es ist "die zweite Rettungsplanke nach dem Schiffbruch der verlorenen Gnade" 1542; im Notfall genügt der Wunsch nach dem Bußsakrament (121) **1543** 3869.
Das Gebot der jährlichen Beichte **812** 1683 1708; dieses Gebot wird durch eine sakrilegische oder absichtlich nichtige Beichte nicht erfüllt (2033) 2034.

## 7. Krankensalbung

### a. – DIE SAKRAMENTALITÄT DER KRANKENSALBUNG UND IHR URSPRUNG K 7a

Die Krankensalbung bzw. Letzte Ölung ist ein Sakrament 794 (833) 860 1310 1324 **1601 1694 1716** 1864 2536; man darf die Krankensalbung nicht verschmähen 1259 **1718**; verworfen werden Behauptungen, die sich gegen den sakramentalen Charakter richten **1699 1716f** *3448*.
Die Krankensalbung wurde von Christus eingesetzt 1694 **1695** (1699) **1716**.

### b. – WESENSMOMENTE DER KRANKENSALBUNG K 7b

Die Materie der Krankensalbung ist die Salbung mit Olivenöl, das vom Bischof, ([a]*nicht von einem einfachen Priester,*) gesegnet wurde 216 1324 **1695** [a]*2762f*.
Die Form der Krankensalbung sind die Worte der Formel 1324 1695.
Im Notfall ist bei der Spendung der Krankensalbung eine besondere Kurzformel zulässig 3391.

**K 7c**

## c. – SPENDER

Der Spender der Krankensalbung ist der Priester 216 1325 1695 **1697 1719** 4153.

Die Salbung kann von einem einzigen oder von mehreren Spendern vollzogen werden, sofern jeder von ihnen sowohl die Materie anwendet als auch die Form ausspricht 2524.

**K 7d**

## d. – EMPFÄNGER

Empfänger der Krankensalbung ist der kranke Mensch ([a]*nach Erlangung des Verstandesgebrauchs*) in Todesgefahr 1324 **1698** [a]3536 4128.

Die Salbung kann wiederholt werden, sooft ein Mensch nach seiner Genesung wieder in Lebensgefahr gerät 1698.

Die im Empfänger erforderliche religiöse Kenntnis und Absicht 2382; die Krankensalbung setzt an sich den Stand der Gnade voraus: deshalb wurde in der alten Kirche einem noch nicht Wiederversöhnten die Krankensalbung verweigert 620.

Christen aus den getrennten Ostkirchen kann das Sakrament der Krankensalbung gespendet werden, wenn sie von sich aus darum bitten und recht vorbereitet sind 4182; Katholiken dürfen es in einer Notlage von einem ostkirchlichen Spender erbitten 4182.

Bedingungen, unter denen man sterbenden Schismatikern die Krankensalbung spenden darf 3635f.

**K 7e**

## e. – WIRKUNG

Die Krankensalbung dient – : zur geistlichen und gegebenenfalls zur leiblichen Heilung 620 1311 1325 1696 (4128); – : zur Stärkung im Tod 1694; durch die Krankensalbung und das Gebet der Priester empfiehlt die Kirche die Kranken zu ihrer Rettung dem Herrn und ermahnt sie, sich mit dem Leiden und dem Tode Christi zu vereinigen 4128.

Die Krankensalbung bewirkt [a]*Vergebung der Sünden,* [b]*Tilgung der Reste der Sünde,* [c]*Stärkung der Seele des Kranken* [a]620 [abc]**1696** [ab]1717.

## 8. Das Sakrament der Weihe

**K 8a**

## a. – DAS PRIESTERTUM DES NEUEN BUNDES

Im Neuen Testament gibt es ein – : sichtbares und äußerliches Priestertum 1764 **1771**; – : besonderes Priestertum, das vom allgemeinen Priestertum der Glaubenden zu unterscheiden ist **1767 3850–3853 4126** 4857.

Das Priestertum des Neuen Bundes bzw. die Weihe ist ein Sakrament 718 860 1310 1326 **1601** 1764 **1766 1773** 1864 2536 3857 4153; das christliche Priestertum hat sakramentalen Charakter 4600; die Aufnahme in den Klerus geschieht nicht aufgrund einer Berufung oder Zustimmung von seiten des Volkes oder einer weltlichen Gewalt, sondern aufgrund der hl. Weihe *3850*; die Weiheämter in der Kirche – : leiten sich aus dem Weihesakrament ab 4857; – : sind eine Gnade für Leben und Sendung der Kirche 4857; – : drücken eine Teilhabe am Priestertum Jesu Christi aus 4857.

Die Weihe ist wahrhaft eines von den sieben Sakramenten, ([a]*und zwar ein und dasselbe Sakrament für die gesamte Kirche*) 1766 [a]3857.

Zweck des Weihesakraments ist – : die geistliche Leitung und Mehrung der Kirche 1311; – : das Weiden der Kirche durch das Wort und die Gnade Gottes 4126 4128.

Der Priester ist von Amts wegen öffentlicher Beter und Fürsprecher bei Gott 3757 (4033 4153); ihr hl. Amt üben die Priester am meisten in der eucharistischen Feier aus 4153; der Priester ist Diener Christi, der die Person Christi vertritt, insofern dieser das Haupt aller Glieder ist 3755 3850 (4033 4153 4599 4602).

Einsetzung. Das alte Priestertum wurde in das neue überführt 1764; Christus setzte das besondere Priestertum des Neuen Bundes ein 1740 **1752 1764 1773** 3857; den Aposteln und ihren Nachfolgern im Priestertum wurde die Vollmacht übertragen, den Leib und das Blut Christi zu konsekrieren, darzubringen und auszuteilen (1740 1752) **1764 1771**.

Christus gewährt [a]*den Dienern und dem Volk,* [b]*den Laien* Anteil an seinem priesterlichen Amt [b]4160 [a]4177; das gemeinsame Priestertum aller Glaubenden und das amtliche Priestertum nehmen beide auf je besondere Weise am *einen* Priestertum Christi teil **4126**; sie sind einander zugeordnet **4126** 4857; nicht alle Glaubenden sind mit der gleichen geistlichen Vollmacht ausgestattet 1767; das gemeinsame

Priestertum der Glaubenden und das amtliche bzw. hierarchische Priestertum unterscheiden sich dem Wesen und nicht bloß dem Grade nach **4126** 4857.

F r a u e n kann die Priester- oder Bischofsweihe nicht gültig gespendet werden 4590; dieselbe Überlieferung haben die Ostkirchen bewahrt 4591; Christus hat – : keine Frau unter die Zwölf aufgenommen 4592; – : das apostolische Amt Frauen nicht anvertraut 4593; auch Maria nicht 4594; angeführte Gegengründe 4597 4603; Gründe für die Angemessenheit dessen, daß nur Männer zum Empfang der Priesterweihe berufen sind 4598–4602; der Umstand, daß das fleischgewordene Wort dem Geschlecht nach männlich ist, kann vom Heilsplan nicht getrennt werden 4601; wenn Christus nur Männer als seine Apostel berief, verhielt er sich auf gänzlich freie Weise und nach eigenem Recht 4840; vgl. E 2bb (Christi Wirken unter den Menschen: Berufung der Apostel).

Verworfen werden Behauptungen der Modernisten über die Einsetzung des Priestertums *3449f*; die Priesterweihe gehört nicht zu den Rechten der menschlichen Person 4505; die Taufe erteilt niemandem irgendein Recht, ein öffentliches Amt in der Kirche zu erlangen 4603; verurteilt wird – : [Das Amt der sogenannten Gemeindeleitung ist lediglich ein Auftrag, der erteilt wurde, um die rechte Ordnung der Gemeinde aufrechtzuerhalten, und darf nicht "sakralisiert" werden] 4721; – : [Der Dienst der Bischöfe und Priester unterscheidet sich im strengen Sinne nicht vom allgemeinen Priestertum der Glaubenden] 4721; Gefahren: Der unvorsichtige Gebrauch des Wortes "Dienst", Vermischung von allgemeinem und Amtspriestertum, Klerikalisierung der Laien 4858.

Zum Gebrauch der Begriffe "Ämter" (munera) und "Vollmachten" (potestates) vgl. 4354.

Vgl. E 3b (Gestalten der Vermittlung); bes. E 3bc (Priestertum Christi); G 4bd und 6bb (Teilhabe der Glaubenden/Laien am priesterlichen Amt Christi); H (Gott leitet, unterweist und heiligt die Kirche durch seine Diener); bes. H 1a (Gründung des Dienstamtes in der Sendung Christi und der Apostel); H 1b (Hierarchische Gliederung des Dienstamtes); H 4 (Heiligungsdienst der Bischöfe); H 5 (Dienstamt der Priester); H 6 (Dienstamt der Diakone).

## b. – DIE STUFEN DES SAKRAMENTALEN DIENSTAMTS  **K 8b**

Die Verschiedenheit der Weihestufen, auf denen man zum Priestertum emporsteigt, ist rechtmäßig **1765 1772**; es gibt eine Hierarchie göttlichen Rechts, bestehend aus Bischöfen, Priestern und Dienern **1776**; in der Römischen Kirche gibt es sieben hl. Weihen 836; nämlich Priester, Diakon, Subdiakon (höhere Weihen), Akolyth, Exorzist, Lektor, Ostiarier (niedere Weihen) 1765.

Die Bischöfe – : sind den Priestern kraft ihrer Weihe übergeordnet **1768 1777**; – : haben die Aufgabe ihres Dienstes in Abstufung verschiedenen Trägern rechtmäßig weitergegeben 4153.

Die Priester sind mit den Bischöfen in der priesterlichen Würde verbunden 4153.

Die Diakone stehen auf einer tieferen Stufe der Hierarchie als die Priester 4155.

Vgl. H 1b (Hierarchische Gliederung des Dienstamtes).

## c. – WESENTLICHE MOMENTE DES SAKRAMENTS  **K 8c**

Die ([a]*einzige*) Materie der Weihe zum Diakonat, Presbyterat und Episkopat ist (wenigstens künftig) die Auflegung der Hände 326–328 826 3325 [a]**3858–3860**; zur Gültigkeit genügt die moralische Berührung, vorgeschrieben ist aber die physische Berührung 3861; die Übergabe der Geräte war in der Römischen Kirche nur aufgrund einer Vorschrift der Kirche einst zur Gültigkeit notwendig, während in der Griechischen Kirche Ordinationen stets ohne die Übergabe der Geräte gültig waren 1326 3858.

Die Form des Weihesakraments sind die Worte, welche die zu übertragende Vollmacht (die sakramentale Gnade) bestimmen, ([a]*worin ein Defizit der anglikanischen Weihen liegt*) 1326 [a]**3316f** 3858–3860.

B i s c h o f s w e i h e : Die Apostel übergaben ihren Helfern durch Auflegung der Hände die geistliche Gabe, die in der Bischofsweihe bis heute übermittelt wurde 4145; durch die Bischofsweihe – : wird die apostolische Nachfolge sakramental bewahrt 4821; – : wird die Fülle des Weihesakraments übertragen **4145** 4151; – : übernehmen die Bischöfe in hervorragender und sichtbarer Weise die Aufgaben Christi, des Lehrers, Hirten und Priesters, und handeln in seiner Person 4145; vgl. E 3b (Gestalten der Vermittlung); die Bischofsweihe überträgt mit dem Amt der Heiligung die Ämter des Lehrens und des Leitens, die nur in der hierarchischen Gemeinschaft mit Haupt und Gliedern des Kollegiums ausgeübt werden können 4145; vgl. G 3dc (Das kirchliche Amt in der Nachfolge der Apostel); H 1a (Gründung des Dienstamtes in der Sendung Christi und der Apostel); H 1c (Kollegialer Charakter des Dienstamtes und hierarchische Gemeinschaft); H 2-4 (Hirten-, Verkündigungs- und Heiligungsdienst der Bischöfe).

Es ist Sache der Bischöfe, durch das Sakrament der Weihe neue Erwählte in die Körperschaft der Bischöfe aufzunehmen 4145; Prüfung vor der Weihe 325; Glied der Körperschaft der Bischöfe wird man kraft sakramentaler Weihe und hierarchischer Gemeinschaft mit Haupt und Gliedern des Kollegiums 4146 4354; der Brauch, mehrere Bischöfe zu einer Bischofsweihe beizuziehen, deutet auf die kollegiale Natur des bischöflichen Standes hin 4146; vgl. H 1c (Kollegialer Charakter des Dienstamtes und hierarchische Gemeinschaft).

Priesterweihe: Die Priester werden kraft des Sakraments der Weihe nach dem Bilde Christi, des höchsten und ewigen Priesters, als wahre Priester des Neuen Bundes zum Verkündigen des Evangeliums, zum Weiden der Glaubenden und zur Feier des Gottesdienstes geweiht 4153; vgl. H 5 (Dienstamt der Priester).

Diakonenweihe: Den Diakonen werden die Hände "nicht zum Priestertum, sondern zum Dienst" aufgelegt 4155; vgl. H 6 (Dienstamt der Diakone); K 5cd (Übrige Dienste).

## K 8d
### d. – SPENDER

[a]*Ordentlicher* Spender des Weihesakramentes ist der Bischof 128 [a]**1326** 1768 **1777** 4151; Privilegien, die einem einfachen Priester die Vollmacht verleihen, [a]*den Subdiakonat*, [b]*den Diakonat*, [c]*den Presbyterat*, [d]*alle heiligen Weihen* zu spenden [abc]1145f [d]1290 [ab]1435; verworfen werden die Behauptungen: [Jeder beliebige Priester kann jedes beliebige Sakrament spenden (also auch Weihen)] *1136*; [Die Weihe der Kleriker ist dem Bischof vorbehalten wegen der Begierde nach zeitlichem Gewinn und Ehre] *1178*.

Die Gültigkeit einer von einem [a]*schismatischen* oder [b]*häretischen* Spender vollzogenen Weihe – : wird anerkannt [a]356 [b]478 [a]705; – : wird verneint (verbunden mit der Forderung nach einer "Reordination") im Falle der [a]*Paulianisten* und [b]*Anglikaner* [a]128 [b]3315–3319; Entscheidungen in beide Richtungen im Fall der simonistischen Ordination 691–694 701f 705 707 710; wer nichts von seiner Weihe weiß, ist abzusetzen 592; schismatische Bischofsweihe durch Erzbischof Lefebvre 4820f.

Verworfen werden Behauptungen über die Spendung des Sakraments der Weihe *2651–2657*.

## K 8e
### e. – WIRKUNG

Das Weihesakrament verleiht die Gnade, ein geeigneter Diener Christi zu sein 1326 3857; in der Weihe wird die seinsmäßige Teilhabe an den hl. Ämtern verliehen 4354.

Bei der Weihe wird eine bleibende Prägung eingeprägt 825 **1767** **1774**; deshalb können Priester nicht wieder Laien werden **1767** (1771) **1774**; verurteilt wird: [Die Berufung zum Dienst des Priesters fügt im strengen Sinn keine neue "priesterliche" Fähigkeit hinzu und prägt keine Prägung ein, sondern drückt nur vor der Gemeinde aus, daß die von Anfang an vorhandene Fähigkeit, die durch die Taufe verliehen wurde, zur Geltung kommt] 4721.

## 9. Das Sakrament der Ehe

## K 9a
### a. – DIE SAKRAMENTALITÄT DER EHE UND IHR URSPRUNG

Die Ehe zwischen Glaubenden ist ein Sakrament 761 794 860 916 1310 1327 **1601** 1800 **1801** 1864 2536 2598 *2965 2973* 2990f 3142 3145f 3700 3710 3713f 3953 (4713–4716); verworfen werden Behauptungen gegen die Sakramentalität der Ehe *3451 3715*.

Das Sakrament der Ehe wurde von Christus eingesetzt (1799) **1801** *2965* 2990 3142 3700 3713; die christliche Ehe ist wie alle Sakramente Akt der Verherrlichung Gottes in Christus und in der Kirche 4715.

## K 9b
### b. – DER BEGRIFF DER EHE

**9ba**     **Natur der Ehe, christliche Ehe.** Die Ehe ist eine ihrer Natur nach untrennbare Gemeinschaft von Mann und Frau 3142; die Institution der Ehe ist eine innere Notwendigkeit des Bundes der ehelichen Liebe selbst, die in der Öffentlichkeit als etwas Einziges bekräftigt wird, um in Treue gegenüber dem Plan des Schöpfergottes zu leben 4703.

Grund und Sinn der Ehe im weiteren Sinn ist die gegenseitige Liebe der Gatten zu wechselseitigem Beistand und Vervollkommnung, im engeren Sinn die Zeugung und Erziehung von Nachkommenschaft 3707; sie fördern sich kraft des Sakraments gegenseitig im ehelichen Leben und in der Annahme und Erziehung der Nachkommenschaft 4128.

Die Würde der Ehe wird betont gegen die Anschuldigung der Sündhaftigkeit 206 321 461–463 718 761 794 802 (916) *1012*.

Die christliche Ehe versinnbildlicht die geheimnisvolle Verbindung Christi und der Kirche 1327 3712 4128 4704f; aufgrund der Einfügung von Mann und Frau in den ewigen, bräutlichen Bund Christi mit der Kirche wird die eheliche Lebens- und Liebesgemeinschaft erhöht 4704.

Der Vorzug der Jungfräulichkeit *wird durch den sakramentalen Charakter der Ehe nicht geschmälert* 802 1353 1810 *3911f; vgl. G 4bb (Wege der Heiligung).

Jeder Mensch hat das Recht, eine Ehe einzugehen; dieses Recht kann von keiner menschlichen Autorität aufgehoben werden 3702 3722 3771 3962 (4326 4455); zur menschlichen Würde gehört (unabdingbar) das Recht auf Ehe und Zeugung 4455; vgl. L 6a (Recht auf Ehe und Familie).

Die ehelichen Rechte von Mann und Frau sind gleich (778) 3144.

Eine gültige Ehe zwischen Nicht-Getauften wird wahr, aber nicht besiegelt (ratum) genannt 769; eine gültige Ehe zwischen Getauften wird wahr und besiegelt genannt 769.

Vgl. C 4fd (Verwiesenheit der Menschen auf Liebe); C 4fe (Der Mensch als Frau oder Mann); C 4ga (Bestimmung des Menschen zum gesellschaftlichen Leben); C 4jf (Berufung des Menschen zur Selbsthingabe); L 6b (Eheliche Liebe und menschliche Sexualität).

**Ehegüter**. Nachkommenschaft, Treue, Untrennbarkeit 1327 3703–3714 4128.                                    **9bb**

**Ehezwecke**: *Die Fortpflanzung und Erhaltung des Menschengeschlechts* durch *Erzeugung und Erziehung*   **9bc**
*der Nachkommenschaft, die leibliche Vermehrung der Kirche, gegenseitige Hilfe, gegenseitige Liebe, Befriedigung der Begierde* 1311 ac3143 abc3705 def3718 b3838 bde4128; durch die Kinder, die aus dem Ehebund hervorgehen, wird dem Volk Gottes im Laufe der Zeiten Dauer verliehen 4128; unterschieden wird zwischen dem vorrangigen Zweck (nämlich *der Erzeugung und Erziehung von Nachkommenschaft*) und zweitrangigen Zwecken, (*die dem vorrangigen untergeordnet sind*) 3718 ab3838.

Vgl. C 4fd (Verwiesenheit auf Liebe); L 6b (Eheliche Liebe und menschliche Sexualität); L 6c (Weitergabe des menschlichen Lebens in der Ehe).

**Eigentümlichkeit**. Die Ehe ist ein immerwährendes und ausschließliches Band zwischen den Gatten (3142). **9bd**

Die **Einheit** läßt nur eine Verbindung zwischen zweien zu 778 (1797) **1798 1802** 2536; es ist nicht erlaubt, *daß ein Mann mehrere Frauen zugleich hat*, (*wenn es ihm nicht durch eine besondere Offenbarung gewährt wurde*), noch *daß eine Frau mehrere Männer hat* abc778f ac860 (a1497) a**1802**; die Einheit umfaßt die eheliche Liebe, die gegenseitige innere Ausformung, die Unterwerfung der Frau unter den Mann 3706–3709.

Die **Unauflöslichkeit** bzw. unverletzliche Festigkeit ist der christlichen Ehe eigen (117) 794 **1797** 1799 2536 2705f *2967* 3142 3710f 3724 3953 3962 4705; im Fall einer vermeintlichen zweiten Ehe muß nach der Rückkehr des ersten Ehemannes die frühere Ehe wiederhergestellt werden 311–314.

Die Unauflöslichkeit gehört nicht in demselben Maß zu allen Ehen 3711; eine gültige und vollzogene Ehe kann durch keine menschliche Gewalt aufgelöst werden 754f 3712; zur Mitwirkung katholischer Beamter bei einer bürgerlichen Scheidung 3190–3193; auch eine nur gültige Ehe kann an sich nicht aufgelöst werden 769 3712; die Ehe kann jedoch wegen der Absicht eines Gatten, in einen Orden einzutreten, oder wegen eines Gelübdes aufgelöst werden 754f 786 1806.

Eine (nur) natürliche und rechtmäßige Ehe ist ebenfalls unauflöslich, (*so daß sie vom weltlichen Gesetzgeber in bezug auf das Band nicht gelöst werden kann*), *diese Unauflöslichkeit kennt jedoch aufgrund göttlichen Rechts eine Ausnahme* 779 b3712 a3724; kraft des Paulinischen Privilegs kann eine Ehe zwischen Ungläubigen aufgelöst werden 768f 779 1497 1983 1988 2580–2585 2817–2820; bei der Bekehrung eines der beiden Gatten wird jedoch nicht schon dadurch das in der Ungläubigkeit geschlossene Band der Ehe aufgelöst, sondern es ergibt sich nur das Recht, eine neue Ehe einzugehen (777) 2582 2585; das Paulinische Privileg kann nicht angewandt werden – : auf eine Ehe, die mit einem Ungläubigen geschlossen wurde, nachdem vom Apostolischen Stuhl eine Dispens wegen Verschiedenheit des Kultes eingeholt wurde 2584 2817 2819; – : auf den Fall eines Verstoßes gegen den Glauben in einer Ehe zwischen Glaubenden 769; von der (vom Kirchenrecht vorgesehenen) Befragung des ungläubigen Ehegatten *kann unter bestimmten Bedingungen dispensiert werden* a1988 a2583 2818.

Nicht aufgelöst werden kann eine Ehe wegen *Häresie*, *beschwerlichen Zusammenlebens*, *Ehebruchs* eines Gatten c756 ab**1805** c**1807** c2536; man kann aber aus diesen oder anderen Gründen eine Trennung des Bettes und der Wohnung vornehmen 1327 **1808** 2536.

Mehrere aufeinanderfolgende (zweite, dritte usw.) Ehen sind erlaubt, *vorzuziehen ist jedoch ein Leben in Keuschheit* 794 837 860 *1015* a1353.

Vgl. L 6b (Eheliche Liebe und menschliche Sexualität).

### c. – WESENSMOMENTE DES SAKRAMENTS                                                             **K 9c**

Die **Form** (bzw. **Wirkursache**) der **Ehe** ist allein der *gegenwartsbezogene* Konsens der Eheleute 643 a755f 766 a776 a1327 a1497 3701.

Der Ehekonsens wird gewöhnlich in Worten geäußert, *im Fall der Unfähigkeit genügen Zeichen* a766 1327.

Der Ehevertrag ist unlösbar mit dem Sakrament verbunden *2966 (2974)* 3145f; verworfen wird: [Das Sakrament der Ehe besteht allein im Ehesegen] *2966*.

**K 9d**

### d. – SPENDER UND EMPFÄNGER

Das Sakrament der Ehe kommt durch den Konsens der Eheschließenden zustande **1813 3701**; der Pfarrer bzw. Priester fungiert als Zeuge 1816 3385f 3469–3474.

**K 9e**

### e. – WIRKUNGEN

Die Wirkung des Ehesakraments ist das Anrecht auf aktuelle Gnaden – : für den Vollzug der ehelichen Pflicht 3911; – : für die Stärkung der gegenseitigen Liebe 1799 3142 3713; – : für die Stärkung der unauflöslichen Einheit der Ehe 1327 1799 3142 3713; – : für die Heiligung der Ehegatten 1799 3142 3713; das Sakrament der Ehe wurde aber nicht eingesetzt, um den Gebrauch der Ehe zu einem wirksamen Instrument für die Liebe der Gatten gegenüber Gott zu machen 3911; die Gabe Jesu Christi besteht keineswegs ganz in der Feier des Ehesakraments, sondern stärkt die Ehegatten in ihrem gesamten Leben 4713.

Das Sakrament der Ehe – : ist Quelle der Heiligkeit 4713; – : macht die Ehegatten zu Teilhabern und Zeugen des Heils 4706; aus dem Ehesakrament ergeben sich für die Gatten die Gabe und Aufgabe, die empfangene Heiligung im Leben in die Tat umzusetzen 4716; Pflichten und Aufgaben der Laien haben in Taufe, Firmung und Ehe eine sakramentale Grundlage 4858; vgl. G 4bb (Wege der Heiligung); G 6cc (Sendung und Aufgabe der Laien in Ehe und Familie).

**K 9f**

### f. – RECHTLICHE REGELUNGEN

Das Kirchenrecht erstreckt sich im Bereich der Ehe von Glaubenden auf alle Angelegenheiten **1812** 2598 *2967–2974* 2990 3144–3146.

Die Gesetzgebung der Kirche über die zu beachtende Form: (Insbesondere [a]*werden heimliche Ehen verboten,* [b]*wird die bürgerliche Ehe verboten,* [c]*wird die vorherige Bekanntgabe von Heiraten vorgeschrieben*) [ac]817 [ac]**1813–1816** 2515–2520 [b]2990–2993 [a]3385 [b]3386 3468–3473; verworfen wird eine Behauptung über Verlöbnisse *2658*.

Die Kirche hat das Recht, Ehehindernisse aufzustellen 817 860 **1803f** 1812 1814f *2659f 2968–2970 (2972 2974)*; sie hat das Recht, von ihnen zu dispensieren **1803**; in der Ungläubigkeit geschlossene Ehen unterliegen im Fall einer Bekehrung der Gatten keinen rein kirchlichen Hindernissen 777.

Die Assistenz des Pfarrers bei der Eheschließung wird vorgeschrieben, ([a]*ausgenommen den Fall, daß er innerhalb eines Monats nicht erreicht werden kann*) **1814–1816** [a]3471; die Vorgehensweise bei einer Mischehe 2590; vgl. K 9d (Spender und Empfänger des Ehesakraments).

Bedingungen gegen die Substanz der Ehe machen diese nichtig, schändliche und unmögliche Bedingungen werden als nicht hinzugesetzt erachtet 827.

Keuschheitsgelübde und Ungültigkeit der Ehe 1809.

Ehen, die ohne die Zustimmung der Eltern geschlossen wurden, sind an sich nicht ungültig 1813; heimliche Ehen sind an sich wahr und gültig 1813; aber sie sind durch kirchliches Gesetz verboten 817 1813–1816 3385.

Mischehen sind gültig, auch wenn die Trienter Form nicht gewahrt wurde 2518f 3387; sie werden mißbilligt, wenn nicht ein triftiger Grund vorliegt 2518 3386; Ehen unter Glaubensabtrünnigen sind gültig, sofern nicht ein Vertrag über eine etwaige Auflöslichkeit vorliegt 2340; zur Gültigkeit von Ehen zwischen Häretikern 2515 2517; Ehen von Nichtkatholiken sind gültig 3388; ihre Gültigkeit hängt nicht von der Form ab, die die Kirche festgelegt hat 3474.

## 10. Sakramentalien

**K 10a**

### a. – SAKRAMENTALIEN IM ALLGEMEINEN

Die Wirksamkeit der Sakramentalien erwächst aus der Handlung der Kirche, die mit ihrem Haupt verbunden ist 3844.

Verworfen wird die Mißachtung der Sakramentalien unter dem Vorwand der Kontemplation 2191.

Diakone als Spender von Sakramentalien: H 6.

Vgl. J 1eh (Gebrauch der Sakramente und Sakramentalien); J 2bb (Erneuerung der Liturgie).

## b. – ABLÄSSE

K 10b

**Wesen.** Ablässe sind ein Nachlaß der zeitlichen Strafe, die für Sünden geschuldet wird, die in bezug auf die   **10ba**
Schuld bereits getilgt sind 1448; sie werden aus dem Schatz der Verdienste Christi und der Heiligen
gewährt 1025-1027 1398 1406 1448 1467; vgl. D 7bb (Kirche als Mittlerin der Vergebung).

**Ursprung.** Die Kirche, <sup>a</sup>*der Papst*, <sup>b</sup>*die Bischöfe (für ihrejeweiligen Untergebenen)* können Ablässe gewähren   **10bb**
<sup>a</sup>819 (868) <sup>a</sup>1025-1027 <sup>a</sup>1059 (1192) <sup>a</sup>1266 <sup>b</sup>1268 <sup>a</sup>1398 <sup>a</sup>1416 <sup>a</sup>1447-1449 **1835** 1867 2537.

**Wirksamkeit.** Die Ablässe werden lebenden und verstorbenen Glaubenden zugewendet, die lebendige Glie-   **10bc**
der Christi sind 1266f 1448; Lebenden werden sie auf die Weise der Lossprechung zugewendet 1448;
Voraussetzung sind Reue und Beichte 1266; Verstorbenen werden sie auf die Weise der Fürbitte
zugewendet 1398 1405-1407 1448; zur Wirksamkeit des Ablasses eines privilegierten Altars 2750;
verworfene Behauptungen über die Wirksamkeit von Ablässen *1192 1416 1468f 1960*; vgl. M 1b
(Endzeitlicher Charakter der pilgernden Kirche: Gemeinschaft der Heiligen).

**Nützlichkeit.** Ablässe werden als nützlich und heilsam empfohlen **1835** 1867 2537; allzu unterschiedslose   **10bd**
und überflüssige Ablässe schwächen jedoch die mit der Buße verbundene Genugtuung 819 1835; vgl.
K 6cd (Genugtuung); verworfene Behauptungen über Gebrauch und Nutzen der Ablässe *1470-1472
2057 2216 2640-2643*.

# L. – GOTT BERUFT DEN MENSCHEN ZUM SITTLICHEN LEBEN IN GEMEINSCHAFT

## 1. Grundbestimmungen personalen sittlichen Lebens

### a. – DIE PERSON

L 1a

Zur anthropologischen Grundlegung vgl. C 4fa (Die menschliche Person); C 4fb (Die Würde des Menschen); C 4h (Mensch und Schöpfung).

Gott hat den Menschen um seiner selbst willen gewollt: Der Mensch ist Person 4830; der menschlichen
Person kommt erhabene Würde zu, da sie alle Dinge überragt und ihre Rechte und Pflichten allgemein und unverletzlich sind 4326; alles, was auf der Erde ist, ist am Menschen als ihrem Mittel- und
Höhepunkt auszurichten 4312 (4314); die konstitutiven Elemente und wesenhaften Beziehungen
jeder menschlichen Person übersteigen die geschichtlichen Umstände 4580f; die Würde des Menschen kann nur unter Wahrung der wesenhaften Ordnung seiner Natur gefördert werden 4580.

Jedem Menschen kommt die Eigenart der Person zu, das heißt, er ist seiner Natur nach mit Verstand und
Willensfreiheit begabt (3709) 3957; als Person ist der Mensch Träger von Rechten und Pflichten 3957
(4326); vgl. L 1b (Die kontingente, durch das Gebot des Guten verpflichtete Freiheit).

Personsein bedeutet Streben nach eigener Vervollkommnung durch Hingabe seiner selbst 4830.

Die menschliche Person bedarf ihrer Natur nach des gesellschaftlichen Lebens; sie muß Grund, Träger und
Ziel aller gesellschaftlichen Institutionen sein **4325**; Ablehnung einer rein individualistischen Ethik
4330; vgl. C 4g und L 5a (Soziale Natur des Menschen).

Menschenrechte: L 5g.

### b. – DIE KONTINGENTE, ZUM GUTEN VERPFLICHTETE FREIHEIT

L 1b

Die Freiheit ist ein Kennzeichen des göttlichen Bildes im Menschen **4317** 4765; Freiheit als wesenhafte
Eigenschaft der menschlichen Person 4765; Berufung des Menschen zur vollen Freiheit (4752) 4815;
die Würde des Menschen erfordert, daß er in bewußter und freier Wahl handelt, das heißt personal
4317; die Lehre von der Freiheit hat ihre Wurzeln in der göttlichen Offenbarung 4244.

Die Freiheit verleiht dem Menschen die Würde, die Vollmacht über seine Handlungen innezuhaben 3245
4752; im Herzen entscheidet der Mensch unter den Augen Gottes über sein eigenes Geschick 4314; er
ist gehalten, die Gebote Gottes aus freiem Willen zu erfüllen 227 245; nur frei kann der Mensch sich
zum Guten hinwenden 4317; Freiheit, auch wenn sie durch die Verhältnisse eingeschränkt ist, wird
nicht gänzlich aufgehoben 4754; wenn es eine schicksalhafte Notwendigkeit gäbe, würde diese die
Zurechnungsfähigkeit der menschlichen Handlungen sowie Lohn und Strafe aufheben 283; der
Mensch besitzt Freiheit auch im Stand der gefallenen Natur: D 2bc (Auswirkung der Ursünde);
Freiheit aus sich allein genügt nicht, um Gutes zu tun *725*; Freiheit bedeutet nicht die Berechtigung,
alles zu tun, auch das Böse 4317; sie geht verloren, wenn sie zur Wahrung der persönlichen Rechte
von der Norm des göttlichen Gesetzes gelöst wird 4341.

Moralische Gutheit ist nur möglich durch Teilhabe am guten Gott 240; vgl. B 1b (Gott, der eine Urgrund
des Lebens, der Wahrheit, der Güte); niemand gebraucht seinen freien Willen recht ohne Christus
242; jede Bewegung des guten Willens ist aus Gott 244; die Freiheit des Menschen kann ihre Aus-

richtung auf Gott nur mit Hilfe der Gnade Gottes voll verwirklichen 4317; vgl. F 2ab (Die Vorbereitung der Rechtfertigung als Geschenk der Gnade); es genügt nicht, auf einen vermeintlich letzten Zweck hinzuzielen *2290*; verworfen wird die Hypothese von der philosophischen Sünde *2291*; ein übernatürliches Motiv des Glaubens, der Hoffnung oder der Liebe ist nicht notwendig für einen moralisch guten Akt *1925 1934-1938 2307-2313 2444-2459*.

Aufgaben der menschlichen Freiheit: Gott wollte dem Menschen seinen eigenen Ratschluß belassen, so daß er seinen Schöpfer aus eigenem Entscheid suche und frei zur Vollendung gelange 4317; der Mensch soll sich aus aller Knechtschaft der Leidenschaften befreien und sein Ziel in freier Wahl des Guten verfolgen 4317; wahre Freiheit ist Dienst an der Gerechtigkeit 4753.

Der Mensch wird vom Schöpfer frei in die Gesellschaft gestellt 4321; allen im irdischen Gemeinwesen steht Freiheit zu 4163; Gleichheit und Teilhabe an den Leitungsaufgaben als Formen der menschlichen Würde und Freiheit 4501.

Evangelium und menschliche Freiheit: C 4fc.

Kirche und menschliche Freiheit: C 4fc.

Bedrohung, Mißbrauch und Stärkung der Freiheit: C 4fc.

Jeder wird vor dem Richterstuhl Gottes Rechenschaft ablegen müssen für sein eigenes Leben, ob er Gutes oder Böses getan hat 4317; vgl. M 2bb (Individuelles Gericht).

Vgl. C 4fb (Würde des Menschen); C 4fc (Freiheit); C 4g (Soziale Natur des Menschen); bes. C 4gm (Befreiung und Strukturwandel); F 5c (Gnade Gottes und Freiheit des Menschen); L 1f (Sittlicher Akt); L 5 (Grundbestimmungen sozialen sittlichen Lebens); bes. L 5g (Menschenrechte).

L 1c

## c. – Das Vernunftgebot als Naturgesetz

Die Prinzipien der sittlichen Ordnung gehen aus der Natur des Menschen selbst hervor 4581; bei stets gleich bleibenden Prinzipien sind auch Urteile über besondere zeitbedingte Angelegenheiten zu fällen 4763.

Das natürliche Gesetz ist das in die Herzen der Menschen eingemeißelte ewige Gesetz selbst, das das Gute zu tun heißt und zu sündigen verbietet 3247f (3272) 3780f 3956 (4316) (4580); seine Existenz und Erkennbarkeit wird gelehrt (in bezug auf [a]*das Recht auf Besitz und Eigentum,* [b]*die Notwendigkeit gesellschaftlicher Autorität,* [c]*das Recht auf angemessenen Lohn*) 2302 [b]3131 3132 [a]3133 [b]3150f 3152 [b]3165 3170 3248 [a]3265 [c]3270.

Erkenntnis des göttlichen Ratschlusses im Glauben durch die Gabe des Hl. Geistes 4315; Vermögen der Vernunft zur Erkenntnis der geistigen Wirklichkeit: A 2 (Wahrheitsfähigkeit der menschlichen Vernunft).

Die Menschen sollen unter der Führung der Vernunft ihre natürlichen Kräfte entdecken, fördern und gebrauchen 4580; Anwendung der menschlichen Geisteskraft für Fortschritte in Wissenschaften, Technik und geistiger Bildung zur Erforschung und Unterwerfung der materiellen Welt 4315.

Die Vollendung der Vernunft durch die Weisheit 4315; sie leitet den Geist des Menschen zum Wahren und Guten hin und führt ihn durch das Sichtbare zum Unsichtbaren 4315; die göttliche Offenbarung und die Weisheit der natürlichen Vernunft bringen die unveränderlichen Gesetze ans Licht, die in der menschlichen Natur eingepflanzt sind 4581; Einsatz der Weisheit der Menschen zur Humanisierung der menschlichen Erkenntnisse und Lösung der Menschheitsprobleme 4315; die Laien sollen ihre Aufgaben unter Berücksichtigung der christlichen Weisheit wahrnehmen 4343.

Verdunklung der Vernunft durch die Sünde 4315; vgl. D 2bc (Auswirkung der Ursünde); D 3be (Folgen der Sünde).

Jedes Grundrecht des Menschen leitet seine Gültigkeit aus dem Naturgesetz her 3970 (4551); das Recht auf Leben und die Rechte der Familie und der ehelichen Institution sind grundlegende sittliche Güter 4807; Grundrechte der Menschen, die sich aus dem Naturgesetz ergeben: L 5g (Menschenrechte); L 6a (Recht auf Ehe und Familie und Rechte der Familie).

Vgl. C 4ee (Geist und Vernunft des Menschen); C 4ki (Christlicher Humanismus als wahrer Humanismus).

L 1d

## d. – Die Gründung des Naturgesetzes in Gott

Gottes ewiges, objektives und universales Gesetz, nach dem er die menschliche Gemeinschaft ordnet, ist die höchste Norm menschlichen Lebens; dieses Gesetzes macht Gott den Menschen teilhaftig 4242.

Das ewige Gesetz ist die ewige Vernunft des Schöpfers 3247 3973; es ist – : Grundlage für die Gesetze der menschlichen Vernunft in bezug auf gut und böse 3248 3781 3973 (4242) (4316); – : Ursprung des gesamten Rechts 3249; die fundamentalen Prinzipien, die sich auf die konstitutiven Momente und wesenhaften Beziehungen jeder menschlichen Person stützen, sind im ewigen göttlichen Gesetz enthalten 4580.

Das Evangelium ist die Quelle aller Wahrheit und Sittenlehre 4207; aus der Hinterlassenschaft des Wortes Gottes werden die Grundsätze der religiösen und sittlichen Ordnung geschöpft 4333; Gott hat den Christen Christus, den Erlöser und Heiligmacher, durch seine Lehre und seine Beispiele als höchste und unveränderliche Richtschnur hingestellt 4580; die moralische Ordnung des Evangeliums vervollkommnet und erhöht das moralische Gesetz, das schon zur menschlichen Natur gehört 4759; die Verletzung bestimmter Gebote des Naturgesetzes mit unbedingter und unveränderlicher Geltung widerspricht der Lehre und dem Geist des Evangeliums 4581; vgl. L 5h (Gründung der Sozialnormen in Gott); Erkennbarkeit des ewigen Gesetzes: A 2a (Wahrheitsfähigkeit der menschlichen Vernunft).

Der Rechtsbegriff wird im Naturalismus verdunkelt, an seine Stelle tritt nackte Gewalt 2890; verworfen werden Behauptungen über eine atheistische Ethik [Die Moralgesetze bedürfen keines göttlichen Gesetzes als Grundlage] *2956-2961 (2962-2964)*; [Die Staatsverfassung ist Quell und Ursprung aller Rechte] *2939*; [Der Wille des Volkes ist das höchste Gesetz] 2890; verurteilt wird die Auffassung: [Normen des Naturgesetzes oder Gebote der Hl. Schriften sind als Form einer besonderen menschlichen Kultur, wie sie sich zu einer bestimmten Zeit in der Geschichte ausgedrückt hat, anzusehen] 4581.

## e. – DAS GEWISSEN L 1e

**Wesen.** Das Gewissen eröffnet dem Menschen die Moralordnung und gebietet ihre Beachtung 3956; durch **1ea** seinen Anruf kann Gottes Wille erkannt werden 4140; es ist der verborgenste Kern und das Heiligtum des Menschen, in dem er allein ist mit Gott 4316; im Gewissen entdeckt der Mensch jenes Gesetz, das in der Liebe zu Gott und dem Nächsten erfüllt wird. Er gibt sich dieses Gesetz nicht selbst, sondern muß ihm gehorchen. Es ruft ihn auf, das Gute zu lieben und das Böse zu meiden 4316 (4580); vgl. L 1c (Das Vernunftgebot als Naturgesetz).

Das Evangelium achtet die Würde des Gewissens und seine freie Entscheidung als heilig 4341. Vgl. C 4ff (Gewissen).

**Gewissensbildung.** Die Glaubenden sollen sich in jeder zeitlichen Angelegenheit vom christlichen Gewis- **1eb** sen führen lassen 4162; durch Treue gegenüber dem Gewissen verbinden sich die Christen mit den übrigen Menschen zur Suche der Wahrheit und zur Lösung der sittlichen Probleme des einzelnen und der Gesellschaft 4316; je mehr sich das rechte Gewissen durchsetzt, um so mehr orientieren sich Personen und Gruppen an den objektiven Normen der Sittlichkeit 4316.

Die Menschen, besonders die Jugendlichen, sind zu einer Kultur des Herzens zu erziehen, damit sie ihre Gewissenspflicht genauer erfüllen 4331; in bezug auf die gegenseitigen Rechte und Pflichten der Person und der Gesellschaft kommt es der Morallehre zu, das Gewissen zu erleuchten 4551; die erzieherische Tätigkeit der Kirche zielt darauf, daß die Christen ihre Beteiligung am politischen Leben als Gewissenspflicht und als Ausübung der Nächstenliebe ansehen 4484; Erziehung zur Freiheit 4771; Erziehung zur öffentlichen Kultur der Arbeit und zur Solidarität 4776; vgl. L 13 (Ordnung der Kultur).

**Urteil.** Die moralische Entscheidung muß das objektive Gesetz auf den speziellen Fall anwenden 3918; **1ec** verworfen wird eine Situationsethik, die nicht nach objektiven Gesetzen urteilt, sondern nach persönlicher Intuition 3918-3921.

Das aus Unkenntnis irrende Gewissen verliert seine Würde nicht. Dies gilt nicht bei Gewöhnung des Gewissens an die Sünde und wenn der Mensch sich zu wenig um das Wahre und Gute bemüht 4316.

**Zweifel.** Vgl. C 4kg (Suche der Menschen nach Sinn); D 2bd (Erfahrung der Zwiespältigkeit). **1ed**

**Klugheitsregeln** zum praktischen Vorgehen (moralische Systeme): Verworfen wird ein absoluter Tutioris- **1ee** mus 2303.

Man kann frei wählen zwischen dem System des Probabilismus und des Probabiliorismus 2175-2177; es wird empfohlen, in Fragen der Moral der Autorität des Alfons von Liguori zu folgen, ohne daß die Auffassungen anderer Autoritäten verworfen würden 2725-2727.

Verworfen wird der laxistische Probabilismus *2021-2065 2101-2165*.

**Gewissen und Autorität.** Eine Autorität kann nur dann im Gewissen verpflichten, wenn sie an der Autorität **1ef** Gottes teilhat 3980; jede menschliche Autorität hat ihre Grenzen im ewigen Gesetz 3248f; ihre Dekrete haben keine Gültigkeit, wenn durch sie Gesetze Gottes oder Rechte der Menschen verletzt werden 3981 3985.

Die Rechtmäßigkeit der Autorität wird verteidigt gegen die Behauptungen: [Der vollkommene Mensch ist vom Gehorsam befreit] *893 2265*; [Ein Volk, das ein Gesetz ablehnt, sündigt nicht] *2048*; [Ein Volk kann nach Belieben Herren, die sich verfehlen, zurechtweisen] *1167*; verworfen wird eine materialistische Vorstellung von Autorität *2960*; durch die Sünde verliert die öffentliche Autorität nicht ihre Weisungsbefugnis *1121 1165 1230*.

Bei der Herrschaftsausübung muß die Würde der menschlichen Person berücksichtigt werden 3980f.

Vgl. C 4gh (Autorität in der Gesellschaft); G 4bg (Glaubende und Autorität der Kirche); H 2a (Generelle Bestimmungen zum Hirtendienst der Bischöfe); L 2c (Tugend des Glaubens); L 2f (Vereinigung mit Gott); L 8 (Ordnung des Staates).

**L 1f** f. – DER SITTLICHE AKT

Der Mensch ist aufgrund des f r e i e n Willens selbständig und kann frei handeln 3245 4752; seine W ü r d e erfordert, daß er in bewußter und freier Wahl handelt, das heißt personal 4317; vgl. L 1b (Die kontingente, zum Guten verpflichtete Freiheit); L 1ec (Urteil des Gewissens); Schwächung der menschlichen Freiheit als Folge von Armut: C 4ke (Arme).

Einem Übel, das tatsächlich existiert, darf man nicht unter der Bedingung wehren, daß ein noch größeres Unheil angerichtet wird 4453.

Die Unkenntnis kann unüberwindlich sein und deshalb von der Sünde entschuldigen (*1485*) *1968* 2865° 2866; nicht jede Unkenntnis entschuldigt *729f*

Zu einer tathaften Sünde ist Zustimmung erforderlich 780; deshalb können kleine Kinder keine tathaften Sünden begehen 223 780 1514; verworfen wird: [Der Willensakt gehört nicht zum Wesen der Sünde] *1946-1949* (*1950-1953*); [Der Mensch sündigt auch in dem, was er notwendigerweise tut] *1967*.

Gewalt entschuldigt von der Sünde: Anwendungen (762) 2715 2758 3634 3718.

Furcht beseitigt nicht die Freiwilligkeit und Zurechnungsfähigkeit: Anwendungen 1678 1705 2070 2129 2151 2573 3273.

Es gibt keine zweifache Gutheit eines Werkes: Es wird gut aufgrund des Gegenstandes und der Umstände bzw. aufgrund der Christusverbundenheit *1962*.

Die U m s t ä n d e der Sünden sind vom Beichtvater zu erfragen 813; die Umstände, welche die Art der Sünde verändern, sind in der Beichte darzulegen 1681 1707 (*1962*).

Der Z w e c k rechtfertigt nicht die Mittel (ªzugunsten des Glaubens; ᵇzur Erhaltung des Leibes) ᵇ815 ᵃᵇ1254 ª1998 ᵇ3684.

Verworfen werden Behauptungen gegen den moralischen Wert und die Zurechnungsfähigkeit äußerer Handlungen *733 739 966-969 (2234) 2240*.

**L 1g** g. – DIE SITTLICHE HALTUNG

Die Existenz natürlicher Tugenden wird (gegen die Jansenisten) betont *1916 1925 1936-1938 1962 2307-2309 2444//2467*; verworfen wird andererseits die Verachtung der übernatürlichen Tugenden zugunsten der natürlichen Tugenden 3343-3345; verworfen werden Behauptungen, die die Ausübung von Tugenden als Unvollkommenheit verunglimpfen *896 2231 2368*.

Gott wird vor allem durch die Akte des Glaubens, der Hoffnung und der Liebe geehrt (*1923*) 2188; die Laien sind dazu berufen, durch das Zeugnis ihres Lebens in Glaube, Hoffnung und Liebe Christus anderen kundzumachen 4157; vgl. L 2 (Das persönliche Verhältnis zu Gott).

Der Hl. Geist stattet das Volk Gottes mit Tugenden aus 4131; die einzelnen Menschen und Gruppen müssen die sittlichen und gesellschaftlichen Tugenden pflegen und in der Gesellschaft verbreiten, so daß sie mit der notwendigen Hilfe der Gnade neue Menschen und Erbauer einer neuen Menschheit werden 4330; vgl. B 3b (Der Geist Gottes in Schöpfung und Heilsgeschichte); F 2cc (Eingegossene Tugenden); F 2cd (Gaben des Hl. Geistes); G 3ac (Kirche, erbaut durch die Charismen).

Der wechselseitigen Verknüpfung von Menschen und Völkern entspricht als sittliche und soziale Anlage, als Tugend, das Mitfühlen (Solidarität) 4817; vgl. L 5e (Solidaritätsprinzip).

Um zu einem Verantwortungsgefühl zu gelangen, bedarf der Mensch menschenwürdiger Lebensbedingungen 4331; vgl. C 4ke (Arme: Folgen von Armut).

Verworfen wird die Behauptung, daß die Tugendhaftigkeit des Handelnden jede Handlung zur guten macht *1216*.

## 2. Das persönliche Verhältnis zu Gott

**L 2a** a. – DIE VEREHRUNG GOTTES

Vgl. G 4bd und G 6bb (Teilhabe der Glaubenden/Laien am priesterlichen Amt Christi); J 1d (Subjekte der Liturgie); J 1e (Liturgien und Frömmigkeitsformen).

**L 2b** b. – DIE EHRFURCHT VOR GOTT

Die Schöpfung ist auf das Lob und die Ehre Gottes hingeordnet 3025 4162; Werke und Verdienste der Menschen (der Heiligen) sind auf die Ehre Gottes zu beziehen 243 (675 1824f) 3325 3743; der Mensch soll die irdischen Geschöpfe zur Verherrlichung Gottes beherrschen und nutzen **4312 4334**

(4337) 4448 4812; er soll sich selbst und die Gesamtheit der Dinge auf Gott beziehen 4334; unter der höchsten Anordnung der religiösen Werte werden alle menschlichen Anstrengungen auf Gottes Ehre hingeordnet 4343; verworfen wird: [Die Herrlichkeit Gottes offenbart sich in gleicher Weise im guten und im schlechten Werk, auch in der Lästerung] *954-956*.

Versuchung Gottes. Verworfen werden Gottesurteile (mit glühendem Eisen, siedendem Wasser etc.) 670 695 799 1114; Duell: L 4d (Leib und leibliche Wohlfahrt des Nächsten).

Simonie wird durch Zahlung oder Annahme von Geld begangen 304 473 586 692 707 751 820; verworfen wird Simonie bei [a]*der Spendung hl. Weihen,* [b]*kirchlichen Beförderungen,* bei der Gewährung von [c]*Taufe,* [d]*Chrisam,* [e]*Begräbnis,* [f]*Sakramentalien* und bei der [g]*Aufnahme eines Mönchs in ein Kloster* [ab]304 [a]473 [a]586 [a]691-694 [a]701f [a]705 [ab]707 [cde]708 [ab]710 [bdf]715 [g]751 [ab]820; simonistische Weihen: K 8d (Spender des Weihesakramentes).

Simonie wird betrachtet - : als Verkauf der unverkäuflichen Gnade 304; - : als Verkauf der Gabe des Hl. Geistes 473 586; verworfen werden Behauptungen, die fehlgehen - : durch Übertreibung *1175 (1178)*; - : durch Verharmlosung *2145f*.

Ordensgelübde können nicht ohne Sünde zurückgenommen werden 321f; verworfen wird: [Ein Gelübde steht der Vollkommenheit im Weg] *2203*.

Der Schwur ist erlaubt, ([a]um Zeugnis vor einem Richter abzulegen) [a]648 795 1252 [a]1253; ein Meineid - auch zugunsten des Glaubens - ist stets eine Todsünde 1254; verworfene Behauptungen, die die Erlaubtheit des Schwurs bestreiten oder mehr als billig einschränken 913 1193 (1252) 2675; Behauptungen, die durch Übertreibung fehlgehen: [Gegen einen Unschuldseid gilt kein anderes Zeugnis] *1110*; [Die Verletzung eines Eids zugunsten des Vaterlands ist erlaubt] *2964*; laxistische Behauptungen *2030 2124-2126 2128*.

Vgl. C 1gc (Mitwirken der Menschen am Werke Gottes); C 1h (Gott ist das Ziel der Welt); C 4ib (Sinn und Ziel menschlichen Schaffens); C 4j (Berufung des Menschen); menschliches Wirken und Gnade Gottes: F 3d (Der gerechtfertigte Mensch wird vollendet, indem Gott seine Verdienste aus Gnade belohnt); F 5a (Gnadenhaftigkeit der Gnade); F 5c (Gnade Gottes und Freiheit des Menschen).

## c. – DIE TUGEND DES GLAUBENS L 2c

Der Glaube ist eine übernatürliche Tugend, durch die das Geoffenbarte aufgrund der Autorität des offenbarenden Gottes geglaubt wird 3008 3542; Glaube ist freie Zustimmung, die der Gnade folgt [a]*und nicht notwendig durch Beweise veranlaßt wird* [a]*3010* [a]*3035* *4205*; Glaube ist keine blinde Zustimmung **3010** 3542; er bedarf der Entfaltung und Mehrung 4823; der Glaube als eschatologische Interpretation der Existenz 4492; vgl. A 2b (Der Glaube - Antwort auf die Offenbarung Gottes); F 2ab (Die Vorbereitung der Rechtfertigung und der Anfang des Glaubens als Geschenke der Gnade); F 2cc (Eingegossene Tugenden: Glaube).

Notwendigkeit des Glaubens. Der katholische Glaube ist heilsnotwendig 75f 485; ist ein Urteil über eine Glaubenswahrheit ergangen, ist der Mensch gebunden (2780) 2915; der Mensch ist gehalten, der Offenbarung vollen Gehorsam des Verstandes und des Willens zu leisten 3008; dem offenbarenden Gott ist der Gehorsam des Glaubens zu leisten 4205; Christus hat die Notwendigkeit des Glaubens betont 4136; in der Kirche werden die Menschen durch den Glauben über den Sinn ihres Lebens belehrt 4168; die Notwendigkeit des Glaubens bei einem erwachsenen Täufling 2836; verworfen wird: [Auch eine weniger wahrscheinliche Meinung befreit den Ungläubigen von der Verpflichtung zum Glauben] *2104*; verworfen wird der Indifferentismus bzw. eine Toleranz, die die Verpflichtung zum Glauben leugnet 2720 2730f 2785 2865-2867 *2915-2918*.

Ein Glaubender der katholischen Kirche kann niemals einen Grund haben, den Glauben zu wechseln oder in Zweifel zu ziehen **3014 3036**; verworfen wird der positive Zweifel als theologische Methode 2738.

Verworfen werden laxistische Behauptungen - : in bezug auf die Verpflichtung, Akte des Glaubens zu erwecken *2021 2116 2165*; - : in bezug auf die Festigkeit der Zustimmung zum Glauben *2119-2121*.

Die Schau des Wesens Gottes läßt die Akte des Glaubens schwinden, insofern der Glaube eine theologische Tugend ist 1001.

Glaubenswahrheiten. Mit göttlichem und katholischem Glauben ist all das zu glauben, was im geschriebenen und überlieferten Wort Gottes enthalten ist und von der Kirche - sei es in feierlicher Entscheidung oder kraft des gewöhnlichen und allgemeinen Lehramtes - als von Gott geoffenbart vorgelegt wird (1870) 3011 4536; vgl. G 4bg (Glaubende und Autorität der Kirche); H 3e (Annahme von Lehrentscheidungen).

Zum heilsnotwendigen Glaubensbestand gehören - : die Existenz Gottes, einige seiner Eigenschaften (Gott als Vergelter und Sühner), die Person Christi 2381; - : die göttliche Dreifaltigkeit 75 177 *2164* 2380; - : die Fleischwerdung des Wortes 76 *2164* 2380; verworfen werden laxistische Behauptungen in diesem Bereich *2122f 2164*.

Übernatürlicher Glaubenssinn der Glaubenden: H 3db (Unfehlbarkeit der Kirche); es ist nicht erlaubt, zwischen grundlegenden und nicht-grundlegenden Kapiteln zu unterscheiden, so daß die einen der freien Zustimmung der Glaubenden überlassen werden 3683; verworfen wird (in ähnlichem Sinn) eine Themenauswahl in kirchlichen Konferenzen *2676-2678*.

Glaubensbekenntnis. Es ist ein Grundrecht, seinen Glauben privat und öffentlich zu bekennen 3961; die Verhehlung des Glaubens kann zur Sünde werden, wenn sie zu einer impliziten Leugnung des Glaubens oder zu einem Ärgernis für den Nächsten führt 2118; die Laien sind Herolde des Glaubens, wenn sie mit dem Leben aus dem Glauben sein Bekenntnis verbinden 4161; der Glaube muß seine Fruchtbarkeit im Leben der Glaubenden bekunden; durch seine Bezeugung wird Gott vergegenwärtigt 4321.

Bewahrung des Glaubens. Bei rein negativer Ungläubigkeit handelt es sich nicht um Sünde 1968.

Verboten ist die Zugehörigkeit – : zu geheimen Gesellschaften (Freimaurer) 2511f 2783 2894 3156–3160 (3278f); – : zu Bibelgesellschaften 2771 2784; – : zu theosophischen Kreisen 3648; – : zur kommunistischen Partei 2786 3865 3930 (3939).

Man muß unterscheiden zwischen – : einem Irrtum und der irrenden Person (wegen der Würde der Person) 3996 (4316) 4328; – : Initiativen auf gesellschaftlichem und kulturellem Gebiet und philosophischen Irrtümern, die dabei auftreten 3997.

## L 2d       d. – DIE TUGEND DER HOFFNUNG

Die Hoffnung ist eine theologische Tugend, die bei der Schau Gottes schwindet 1001; vgl. F 2cc (Eingegossene Tugenden).

Dem österlichen Geheimnis verbunden und dem Tod Christi gleichgestaltet, geht der Christ voll Hoffnung der Auferstehung entgegen 4322; die Laien sollen ihre Hoffnung auf die künftige Herrlichkeit nicht im Innern verbergen, sondern auch in den Strukturen der Welt ausdrücken 4161; die eschatologische Hoffnung stützt die Erfüllung der irdischen Aufgaben durch neue Motive 4321 4334 4339 (4343); ohne die Hoffnung auf das ewige Leben wird die Würde des Menschen verletzt, und die Rätsel von Leben und Tod, Schuld und Schmerz bleiben ohne Lösung 4321; vgl. C 4ic (Die Ordnung menschlichen Schaffens); C 4ij (Die Christen und das menschliche Schaffen); G 4bf (Aufgaben der Glaubenden in der Welt); M 1b (Endzeitlicher Charakter der pilgernden Kirche).

Verworfen wird eine laxistische Behauptung in bezug auf die Verpflichtung, Akte der Hoffnung zu erwecken 2021.

## L 2e       e. – DIE TUGEND DER LIEBE

Gott ist in seinem innersten Leben wesenhafte Liebe, die den drei göttlichen Personen gemeinsam ist **4780**; das Reich Christi ist das Reich der Liebe und des Friedens 4162 (4339 4481); der Hl. Geist ist als Geist des Vaters und des Sohnes die personale Liebe Gottes (3326 3331) 4780; vgl. B 1b (Gott, der eine Urgrund des Lebens, der Wahrheit, der Güte); B 3c (Begriffliche Fassung der Göttlichkeit des Geistes); E 3bd (Königtum Christi); M 3bf (Ewiges Leben und Herrschen mit Christus).

Die Liebe zu Gott und zum Nächsten ist – : das erste und größte Gebot 4324; – : die Seele des ganzen Apostolats 4159 (4328); – : die Erfüllung des Gesetzes, das der Mensch im Gewissen entdeckt 4316; – : das Fundament des wahren Fortschritts 4815; die Liebe zu Gott kann nicht von der Liebe zum Nächsten getrennt werden (4199) 4324.

Christi Lehre dehnt das Gebot der Liebe auf alle Feinde aus 4328 (4773); Christus hat zu allen den Hl. Geist gesandt, daß er sie bewege, Gott aus ganzem Herzen zu lieben und sich gegenseitig zu lieben 4166; vgl. B 3bf (Der Hl. Geist im Leben der Glaubenden); die Liebe als [a]Auftrag des Neuen Bundes und [b]Fülle des Gesetzes [a]4328 [b]4332; die evangelische Ordnung ist die Ordnung der Liebe 4579; die Barmherzigkeit als Hauptlehre der messianischen Botschaft Christi und Kraft seines Wirkens 4680; ihrer Natur nach schätzt die Barmherzigkeit hoch, fördert immer wieder und zieht aus allen Formen des Übels, die in der Welt und im Menschen auftreten, das Gute heraus 4680.

Alle Glaubenden sind zur Vollkommenheit der Liebe berufen 4166; sie sollen lieben wie Christus 4123 4166 4613f; die Liebe ist das Grundgesetz der menschlichen Vervollkommnung und der Umwandlung der Welt 4338; die Berufung der menschlichen Person zur Liebe erfüllt sich in Ehe und Jungfräulichkeit 4700; der göttlichen Liebe ist besonders in den gewöhnlichen Lebensverhältnissen nachzustreben 4338.

Verworfen werden Irrtümer über die vollkommene Liebe Gottes und über die Selbstentsagung ([a]die auch auf begangene Sünden angewandt wird) [a]964f 975 2351–2373.

Verworfen wird: [Gott kann Haß auf Gott gebieten] 1049.

Verworfen werden laxistische Behauptungen in bezug auf die Verpflichtung, Akte der Liebe gegenüber Gott zu erwecken 2021 2105–2107.

Vgl. C 4fd (Verwiesenheit des Menschen auf Liebe); C 4gb (Brüderlichkeit, Solidarität und Liebe); C 4jf (Berufung des Menschen zur Selbsthingabe); F 2cc (Eingegossene Tugenden); G 4bb (Wege der Heiligung); L 2f (Vereinigung mit Gott); L 3a und L 4a (Selbst- und Nächstenliebe als Grundverpflichtung); L 5e (Solidaritätsprinzip).

## f. – Die Vereinigung mit Gott L 2f

Alle Glaubenden sind - : zur Heiligkeit berufen 4122 4129 4158 4162 **4165f**; – : zur Fülle des christlichen Lebens und Vollkommenheit der Liebe berufen 4166; zur Erreichung der Vollkommenheit sollen die Glaubenden dem Willen des Vaters in allem gehorchen, sich der Ehre Gottes und dem Dienst am Nächsten mit ganzem Herzen verschreiben 4166; sie sollen die in der Taufe empfangene Heiligung im Leben festhalten und vollenden 4166; sie sollen lieben wie Christus 4123 4166 4613f; Christus ist der göttliche Lehrer und das Urbild jeder Vollkommenheit 4166; vgl. E 3bb (Prophetentum Christi und Christus als Lehrer); in den Heiligen wird jedem ein Weg zur vollkommenen Einigung mit Christus oder zur Heiligkeit gewiesen 4170; vgl. C 4d (Gott will das Heil des Menschen und gewährt ihm Gemeinschaft); G 4ba (Berufung der Glaubenden zur Heiligkeit); M 1b (Gemeinschaft der Heiligen).

Mitwirken mit der göttlichen Gnade. Vgl. C 1gc (Mitwirken der Menschen am Werke Gottes); F 3d (Der gerechtfertigte Mensch empfängt Vollendung, indem Gott seine Verdienste aus Gnade belohnt); F 5c (Gnade Gottes und Freiheit des Menschen); verworfen werden Behauptungen, die den Wert und die Notwendigkeit des menschlichen Tuns in Frage stellen [z. B.: Gott will in uns ohne uns wirken; der Mensch muß seine Fähigkeiten zunichte machen; jeder Fortschritt in der Tugend ist einzig dem göttlichen Wirken zuzuschreiben] 2201//2255 3817 3846; verworfen wird: [Der Mensch kann so vollkommen werden, daß er keine Fortschritte in der Gnade mehr machen kann] 891.

Wirkung bzw. Frucht des Lebens der Vollkommenheit. Vgl. F 2c (Einwohnung und gnädiges Wirken Gottes im Gerechtfertigten); verworfen werden übersteigerte Behauptungen: [Man kann zu einer vollkommenen Freiheit von Leiden und Begierden, zum Tod der Sinnlichkeit, zu unzerstörbarem Frieden gelangen] 892 2254-2256 2262f; [Man kann sogar zur Freiheit von verzeihlicher Sünde gelangen, ja man kann sogar [a]sündenlos werden] [a]891 2256-2261.

Den Versuchungen widerstehen müssen auch kontemplative Menschen 2192 2217-2224 2237 2241-2253; vgl. F 3b (Der gerechtfertigte Mensch bleibt gefährdet); der fleischliche Akt ist auch für einen vollkommenen Menschen Sünde 897 2248 (2241-2253).

In bezug auf die auf Erden erreichbare Vereinigung mit Gott werden übersteigerte Aussagen verworfen: [[a]Der Mensch wird ganz in Gott umgeformt, [b]er wird Gott gleich, [c]er hat die gleiche unbegrenzte Seligkeit wie Gott, [d]Gott zeugt den Menschen] [b]959f [ac]961f [c]963 [bd]970-972.

Christlicher Gehorsam gegenüber den Geboten Gottes und der Kirche. Auch kontemplative Menschen sind an sie gebunden 893 2189f; sie dürfen nicht die vorgeschriebenen Akte der Ehrfurcht gegenüber der Eucharistie unterlassen 898; vgl. F 3c (Der gerechtfertigte Mensch bleibt zur Beachtung der Gebote verpflichtet); alle sind gehalten, zur Offenbarung zu stehen und sich nach ihr zu richten 4150; alle Christgläubigen sollen das, was die Hirten in der Kirche festsetzen, in christlichem Gehorsam bereitwillig annehmen 4149 4152 4163; vgl. G 4bb (Wege der Heiligung); G 4bg (Anerkennung der Autorität der Kirche); H 2e (Volk Gottes und Hirtendienst der Bischöfe); H 3e (Annahme von Lehrentscheidungen).

Ausübung der Tugenden ist auch für die nach Vollkommenheit Strebenden wichtig 896 2188 2231 2368; auch äußere Akte haben ihren Wert für das Leben der Vollkommenheit 966-969.

Gebet. Vgl. J 1ee (Gebet zu Gott); das geistliche Leben beschränkt sich nicht auf die Teilnahme an der Liturgie, sondern umfaßt auch private Gebete und Übungen 4012f 4017; die Glaubenden müssen täglich um die Vergebung ihrer Schuld beten 4166; das Gebet gilt als Genugtuung für die Sünden 1713; vgl. K 6cd (Genugtuung); Rechtmäßigkeit und Vortrefflichkeit des kontemplativen Gebetes 2182 2185 2188; sein Gegenstand ist aber nicht nur die Gegenwart Gottes 2185-2187; Rechtmäßigkeit des meditativen Gebetes und sein Wert für das Leben der Vollkommenheit 2181-2185; es ist jedoch nicht heilsnotwendig 2192; die Rechtmäßigkeit des diskursiven Gebets wird gegen Herabsetzungen verteidigt 2218-2223 2225 2229 2232 2264 2365-2368; auch für einen vollkommenen Menschen ist das Fürbittgebet wichtig 957-959 2214; verworfen werden Behauptungen, die sich gegen jede sinnenfällige Andacht richten (2218) 2227//2235 2263.

Selbsthingabe. Der Mensch kann sich selbst nur durch die Hingabe an Gott [a]und die anderen Menschen vollkommen finden 4319 [a]4324 [a]4331; er lebt nicht gemäß der Wahrheit, wenn er die Liebe Gottes, die ihn erhält, nicht frei anerkennt und sich seinem Schöpfer anheimgibt 4318; Personsein bedeutet Streben nach eigener Vervollkommnung durch Hingabe seiner selbst 4830; Hingabe als Weg der Nachfolge Jesu in einer Liebe, die alle Menschen umfaßt (4338) 4613; der Christ soll das Sterben Jesu immer am Leibe tragen 4012; Selbstverleugnung und hl. Leben als Sieg über das Reich der Sünde und Teilhabe am Königtum Christi 4162; Erwerb des Reichs und des Heiles durch ein am Evangelium ausgerichtetes Leben, Selbstverleugnung, das Kreuz, den Geist der Seligpreisungen und die Erneuerung und Umkehr des ganzen Menschen 4571; vgl. C 4jf (Berufung des Menschen zur Selbsthingabe).

Werke der Buße und Abtötung. Sie haben ihren Wert auch für vollkommene Menschen 2238-2240; vgl. L 3c (Pflichten und Rechte in bezug auf Leib und leibliche Wohlfahrt).

Die Laien sollen durch die weltlichen Tätigkeiten zu einem heiligeren Leben gelangen 4162; sie sollen sich um eine tiefere Kenntnis der geoffenbarten Wahrheit bemühen und inständig von Gott die Gabe der Weisheit erbitten 4161; vgl. G 4ba (Berufung zur Heiligkeit); G 4bb (Wege der Heiligung); G 6b (Teilhabe der Laien am prophetischen, priesterlichen und königlichen Amt Christi).

Ehe und Familie als Form der Heiligung des Lebens: G 4bb (Wege der Heiligung); G 6cc (Sendung und Aufgabe der Laien in Ehe und Familie); K 9 (Sakrament der Ehe); L 6 (Ordnung von Ehe und Familie); die Berufung der menschlichen Person zur Liebe erfüllt sich in Ehe und Jungfräulichkeit 4700.

Evangelische Räte bzw. Ordensgelübde. In ihrer Übung erscheint die Heiligkeit der Kirche **4165**; sie stellen die Ganzhingabe an Gott dar 4836; ihre Verkörperung ist Jesus Christus 4836; ihre Übung geschieht auf Antrieb des Hl. Geistes **4165**; die sie befolgen, legen Zeugnis für das Verlangen nach dem Reich Gottes ab und halten es in der Menschheitsfamilie lebendig 4338; vgl. G 4bb (Wege der Heiligung: die evangelischen Räte).

Der Ordensstand: G 4bb (Wege der Heiligung: Wesen und Zweck des Ordensstandes).

Jungfräulichkeit und Zölibat. Jungfräulichkeit und Zölibat überragen die Ehe **1810** 3911f; die gegenseitige Hilfe der Gatten ist kein vollkommeneres Mittel zur Heiligkeit als die Jungfräulichkeit 3912; Ehe und Jungfräulichkeit sind in je eigener Form eine konkrete Verwirklichung der höchsten Wahrheit vom Menschen und Erfüllung seiner Berufung zur Liebe 4700; vgl. G 4bb (Wege der Heiligung: Jungfräulichkeit und Zölibat); K 9ba (Natur der Ehe, christliche Ehe).

Vgl. C 4jb (Berufung des Menschen zur Gemeinschaft mit Gott); G 4b (Berufung und Sendung der Gemeinschaft der Glaubenden).

### 3. Das Verhältnis zu sich selbst

**L 3a**      a. – DIE SELBSTLIEBE ALS GRUNDVERPFLICHTUNG

Vgl. C 4j (Berufung des Menschen); L 2c (Tugend der Liebe); L 3c (Das Verhältnis zu sich selbst: Leib und leibliche Wohlfahrt).

In der Anerkennung Gottes als seines Ursprungs und Ziels findet der Mensch seine ganze Ordnung gegenüber sich selbst 4313; er ist als Person von Gott um seiner selbst willen gewollt 4830.

Verworfen werden übersteigerte Behauptungen vor allem über die Notwendigkeit der Lossagung von Selbstliebe, von geistlichen Gütern und vom ewigen Heil *957–959 2201–2217 2224f 2232//2253 2351//2373 2433*.

**L 3b**      b. – PFLICHTEN UND RECHTE IN BEZUG AUF GEIST UND HERZ DES MENSCHEN

Wahrheit. Es existiert das Recht und die Verpflichtung, nach der Wahrheit zu suchen 3959 3970; die Menschen sind als Personen zur Suche der Wahrheit, vor allem der religiösen, gehalten 4241; der Mensch hat ein Recht auf angemessene Information 4326.

Persönliche Freiheit. Die aus der Würde der menschlichen Person selbst hervorgehenden allgemeinen Rechte sind unverletzlich und können nicht veräußert werden 3957 4326; psychischer Zwang, untermenschliche Lebensbedingungen, willkürliche Verhaftung, Verschleppung, Sklaverei, Prostitution, Mädchenhandel, Handel mit Jugendlichen und unwürdige Arbeitsbedingungen verletzen die Unantastbarkeit der menschlichen Person 4327; vgl. C 4fc und L 1b (Freiheit); L 5g (Menschenrechte).

Persönliche Ehre und Ruf. Der Mensch hat ein Recht auf guten Ruf und Achtung 4326; verwerflich ist es, die eigene Ehre zu verteidigen – : durch ein Duell; – : durch die Tötung des Verleumders 2037f; – : durch falsche Beschuldigung 2143f; – : durch Zweideutigkeiten 2127; – : durch Abtreibung 2134; vgl. L 4d (Leib und leibliche Wohlfahrt des Nächsten).

Verworfen werden Behauptungen, die die Lossagung der Seele von geistlichen Gütern (nämlich der interessierten Liebe, Tugenden, der eigenen Vollkommenheit, der eigenen Seligkeit) als für die Vollkommenheit erforderlich ansehen *(896) 957–959 2207 2212 2351//2372*.

Verpflichtung zu guten Werken 1538f 1545f 1548.

Verpflichtung, die nächste Gelegenheit zur Sünde zu meiden: verworfene Behauptungen *2061 2162f*.

**L 3c**      c. – PFLICHTEN UND RECHTE IN BEZUG AUF LEIB UND LEIBLICHE WOHLFAHRT

Der Mensch muß seinen Leib als gut und ehrwürdig ansehen, denn er ist von Gott erschaffen und zur Auferweckung am Jüngsten Tag bestimmt 4314; seine Würde verlangt, daß er Gott in seinem Leib verherrliche und ihn nicht verkehrten Neigungen dienen lasse 4314.

Gott hat dem Menschen das Recht auf Unversehrtheit des Lebens und des Leibes (einschließlich [a]*der notwendigen Mittel zu einer ehrenhaften Lebensführung,* [b]*sozialer Hilfen in Notzeiten*) gewährt 3771 [b]3774 [ab]3958 [a]3970f; das erste Recht der menschlichen Person ist das Recht auf Leben 4552 4791; das physische Leben ist ein grundlegendes Gut, weil sich alle übrigen Güter der Person darauf stützen und von da aus entfalten 4791.

Das eigene Leben zu schützen, gebietet die Natur selbst 3268 3270 3970; das Leben leichtfertig preiszugeben, ist kraft göttlichen Gesetzes untersagt 3272; freiwilliger Selbstmord steht im Gegensatz zum Leben 4327; Duell: L 4d (Leib und leibliche Wohlfahrt des Nächsten).

Die menschliche Vollmacht über die Glieder seines Leibes wird durch die natürlichen Zwecke begrenzt 3723; dem Menschen ist nicht erlaubt, seine Glieder zu zerstören oder zu verstümmeln, es sei denn um des Wohles des ganzen Leibes willen (Anwendung des Ganzheitsprinzips) 128a 3723 3760 3763; eine absichtliche Selbstkastrierung ist verboten 128a 762.

Sexuelle Integrität: Verworfen wird die Masturbation ([a]auch zu medizinischen Zwecken) 687f [a]3684; die Überlieferung des Lehramts der Kirche und das sittliche Empfinden der Glaubenden halten daran fest, daß die Masturbation eine innerlich und schwerwiegend ungeordnete Handlung ist 4584; verworfene Behauptungen, die die Sündhaftigkeit bestimmter fleischlicher Akte in Frage stellen *897 1367 2044f 2149 2241 2247*; unzüchtige Bücher werden verboten 1857; zur menschlichen Sexualität vgl. L 6b.

Werke der Buße und Abtötung: Verworfen werden Behauptungen, die ihren Wert herabsetzen *2238-2240* (3344); Fasten gilt als Genugtuung für begangene Sünden 1713; der Fastenbrauch der lateinischen Kirche darf nicht verurteilt werden 1080; das Fasten darf auch von vollkommenen Menschen nicht vernachlässigt werden 892.

Vgl. C 4ec (Der menschliche Leib); C 4fb (Die Würde des Menschen); L 4d (Das Verhältnis zum Nächsten: Leib und leibliche Wohlfahrt); L 5g (Menschenrechte).


#### d. – PFLICHTEN UND RECHTE IN BEZUG AUF DIE ARBEIT UND DIE MATERIELLEN GÜTER   L 3d

Die Verpflichtung, für den Lebensunterhalt zu arbeiten 3268-3271; Untätigkeit ist schuldhaft 4851; der Mensch hat ein Recht auf Arbeit, Nahrung, Kleidung und Wohnung 4326; er soll seine Talente zum Dienst an Gott und zum Wohl der Menschen vermehren 4341; Rechte, die die Möglichkeit der Arbeit und der Ausbildung betreffen 3942 3963; die Arbeit von Müttern und Kindern aufgrund ungenügender Entlohnung des Vaters ist ein Mißstand 3735 3960 3963.

Die Nutzung der Dinge muß durch ein sittliches Urteil geleitet werden 4811.

Nicht jede Bettelei von Orden ist verwerflich *1174 (1491)*.

Vgl. C 4h (Mensch und Schöpfung); C 4i (Das menschliche Schaffen); L 4e (Das Verhältnis zum Nächsten: Arbeit und materielle Güter); L 4f (Verantwortlicher Umgang mit der Welt); L 10 (Ordnung der Arbeit).


### 4. Das Verhältnis zum Nächsten


#### a. – DIE NÄCHSTENLIEBE ALS GRUNDVERPFLICHTUNG   L 4a

Betont wird die Verpflichtung, den Nächsten in einem inneren und formalen Akt zu lieben *2110f*; das Hauptgebot der Liebe führt zur vollen Anerkennung der Würde eines jeden nach dem Bilde Gottes geschaffenen Menschen 4765; die Beteiligung der Christen am politischen Leben ist Ausübung der Nächstenliebe 4484; Achtung und Liebe müssen sich auch auf jene erstrecken, die in gesellschaftlichen, politischen oder religiösen Fragen anders denken oder handeln 4328; Verbindung von Gottes- und Nächstenliebe: L 2e (Tugend der Liebe); L 2f (Vereinigung mit Gott).

Sünden wider die Liebe: verworfen werden laxistische Behauptungen über [a]*die Freude am Schaden eines anderen*, [b]*die Sehnsucht nach einem Schaden für einen anderen*, [c]*die Trauer über das Wohlergehen eines anderen* [abc]2113 [b]2114 [a]*2115*.


#### b. – PFLICHTEN UND RECHTE IN BEZUG AUF DEN NÄCHSTEN ALS VON GOTT   L 4b
####         GESCHAFFENE PERSON

In der Anerkennung Gottes als seines Ursprungs und Ziels findet der Mensch seine Ordnung gegenüber den anderen Menschen 4313; das Hauptgebot der Liebe führt zur vollen Anerkennung der Würde eines jeden nach dem Bilde Gottes geschaffenen Menschen 4765; alle sollen ihren Nächsten als ein anderes Ich ansehen, indem sie auf sein Leben und die notwendigen Mittel, um es würdig zu führen, bedacht sind 4327.

Anderen zu helfen, ihre Unterlegenheit in bezug auf Wissen, Tugend, Geisteskraft und äußere Güter zu überwinden, ist eine schwerwiegende Verpflichtung 3988.

Aus einer falschen und ungesunden Weise der Verkündigung kann ein Ärgernis für den Nächsten entstehen 1405 1820.

Beihilfe zum Bösen – : bei der Empfängnisverhütung 2715 2758 3634 3917a; – : von katholischen Beamten bei einer bürgerlichen Scheidung 3190–3193; – : bei einem Duell 3162; – : als Gehilfen bei einer Sünde des Herrn *2151*; – : bei einer Leichenverbrennung 3278f; – : durch Stimmabgabe für Kommunisten 3865 3930.

Vgl. C 4fa und L 1a (Person); C 4fb (Würde des Menschen); C 4fc und L 1b (Freiheit); L 2f (Vereinigung mit Gott); L 4a (Nächstenliebe); L 4c (Geist und Herz des Nächsten); L 4d (Leib und leibliche Wohlfahrt des Nächsten); L 5g (Menschenrechte).

**L 4c**        c. – PFLICHTEN UND RECHTE IN BEZUG AUF GEIST UND HERZ DES NÄCHSTEN

Wahrheit und Wahrhaftigkeit. Dem Menschen stehen die Grundrechte der persönlichen Ehre, Wahrheitssuche, Meinungsfreiheit, künstlerischen Freiheit und Informationsfreiheit zu 3959 4326.

Verworfen werden (laxistische) Behauptungen, die – : Lüge und Zweideutigkeiten entschuldigen *(2124)* *2125–2128*; – : die richterliche Beweisführung beeinträchtigen *1112 2046 2102*; – : Verleumdung und falsche Beschuldigung verharmlosen *2143f*.

Verworfen wird die Vortäuschung von [a]*Messe*, [b]*Sakramenten*, [c]*Taufe* [a]789 [b]*2129* [c]*2560f*.

Zuverlässigkeit. Verworfen wird eine laxistische Behauptung über die notwendige Zuverlässigkeit bei einem Versprechen *2030*.

Persönliche Freiheit: C 4fc und L 1b (Freiheit); L 3b (Geist und Herz des Menschen); L 5g (Menschenrechte); Achtung und Liebe müssen sich auch auf jene erstrecken, die in gesellschaftlichen, politischen oder religiösen Fragen anders denken oder handeln 4328.

Anderen zu helfen, ihre Unterlegenheit in bezug auf Wissen, Tugend und Geisteskraft zu überwinden, ist eine schwerwiegende Verpflichtung 3988.

Verworfene Behauptungen, die der Ehre anderer abträglich sind *2143f*.

Geheime Beichte und Verpflichtung zum Beichtgeheimnis: K 6cc (Sündenbekenntnis).

Die Prinzipien der religiösen Erziehung werden dargelegt 3685–3690; Erziehung zu einer Kultur des Herzens 4331; vgl. L 1eb (Gewissensbildung); L 13 (Ordnung der Kultur); in welchem Sinne die Sexualerziehung verwerflich ist, wird dargelegt 3697f.

Vgl. C 4fc und L 1b (Freiheit); L 3b (Das Verhältnis zu sich selbst: Geist und Herz); L 5g (Menschenrechte).

**L 4d**        d. – PFLICHTEN UND RECHTE IN BEZUG AUF LEIB UND LEIBLICHE WOHLFAHRT DES NÄCHSTEN

Leben. Das erste Recht der menschlichen Person ist das Recht auf Leben 4552; es ist – : Erfordernis des unverletzlichen Charakters der Person 4791; – : ein grundlegendes sittliches Gut 4807; das physische Leben ist ein grundlegendes Gut, weil sich alle übrigen Güter der Person darauf stützen und sich von da aus entfalten 4791; vom Augenblick der Empfängnis bzw. der Bildung der Zygote an muß das Leben eines jeglichen menschlichen Geschöpfs uneingeschränkt geachtet werden 4792f (4807); unter keinen Umständen kann sich jemand das Recht anmaßen, ein unschuldiges menschliches Geschöpf zu töten 4792; der Gesellschaft oder öffentlichen Autorität steht es nicht zu, das Recht auf Leben den einen vorzubehalten; den anderen aber zu entziehen 4552; Mord, Völkermord, Abtreibung und Euthanasie stehen in Gegensatz zum Leben 4327; kraft göttlichen und natürlichen Gesetzes ist es außerhalb eines öffentlichen Verfahrens verboten, einen Menschen zu töten oder zu verwunden, es sei denn aus Notwehr 3272; ein von der weltlichen Gewalt vollstrecktes Bluturteil ist erlaubt, sofern sie nicht aufgrund von Haß, sondern aufgrund richterlichen Urteils und vorsichtig vorgeht 795; Militärdienst kann untadelig sein 321; man darf gegen Ungläubige (Türken) Krieg führen *1484*; verworfen wird die Tötung Unschuldiger auf Geheiß der öffentlichen Autorität 3790.

Menschliche Sexualität: L 6b.

Verworfen werden Behauptungen, die keine Schuld sehen in der Tötung – : eines Verleumders und falschen Richters *2037f 2130*; – : eines Tyrannen 1235; – : des Diebs eines einzigen Goldstücks *2131*; – : einer Person, die rechtmäßige Besitzansprüche bestreitet *2132f*; – : einer auf frischer Tat ertappten Ehebrecherin *2039*.

Die Tötung der Leibesfrucht (Abtreibung) wird ([a]*als Mord*) verworfen [a]670 *2134f* 3258 3298 3337 3358 3719–3721 4327 4476; auch wenn sie zu Heilzwecken vorgenommen wird 4476; zum Problem der vorsätzlichen Abtreibung und einer Gesetzgebung, die die Freiheit dazu einräumt vgl. 4550; unterschieden werden verschiedene Weisen, einen Fötus zu extrahieren: [a]*Beschleunigung der Geburt*, [b]*Abtreibung*, [c]*Kaiserschnitt*, [d]*Bauchschnitt*, [e]*Kraniotomie* [e]3258 [b]3298 [a]3336 [bc]3337 [d]3338.

Bei der Euthanasie handelt es sich um die Verletzung eines göttlichen Gesetzes, die Beleidigung der Würde der menschlichen Person, ein Verbrechen gegen das Leben, einen Anschlag auf das Menschengeschlecht 4661; entgegenstehende Meinungen 4662; zur Anwendung außergewöhnlicher Mittel vgl. 4663; zu ihrer Absetzung 4664; Beschränkung auf gewöhnliche Heilmittel 4665; Verzicht auf Heilversuche, die nur eine ungewisse und schmerzvolle Verlängerung des Lebens bewirken könnten 4666.

Verworfen werden Duelle und sogenannte [a]*Bestimmungsmensuren* 799 *1111 1113f* 1830 *2022 2571-2575* 3272f [a]*3672*; das Duell ist [a]*eine Versuchung Gottes*, [b]*eine leichtfertige Preisgabe des eigenen Lebens*, [c]*als Privatrache eine Perversion des Rechts* [a]*799* [bc]*3272f*; einem Arzt oder Beichtvater ist es nicht erlaubt, bei einem Duell zu assistieren 3162.

Unversehrtheit des Leibes. Die öffentliche Autorität hat keine direkte Gewalt über die Glieder ihrer Untergebenen (3272) 3722 3760-3765; Verstümmelung und Folter verletzen die Unantastbarkeit der menschlichen Person 4327; das Problem der Erlaubtheit von – : Kastrierung und Verstümmelung 128a 762; – : Sterilisierung 3722 3760-3765 3788; die Sterilisierung zu Heilungszwecken 3760; die direkte Sterilisierung des Mannes oder der Frau werden verurteilt (3722f) 4476 4560; jede Sterilisierung ist uneingeschränkt untersagt, auch wenn sie aufgrund öffentlicher Verordnung erfolgt 4560; von öffentlichen Autoritäten verhängte Maßnahmen zugunsten von Empfängnisverhütung, Sterilisation und Abtreibung sind zurückzuweisen 4711; die Gewährung von Wirtschaftshilfen abhängig von Programmen zur Empfängnisverhütung, Sterilisation und Abtreibung ist unsittlich 4711.

Almosen: L 4e (Pflichten in bezug auf die materiellen Güter).

Sorge um die Leiber der Verstorbenen. Leichenverbrennung wird verboten ([a]mit Begründung) 3188 3195f 3276-3279 [a]3680; sie wird unter bestimmten Umständen gestattet 3680 4400; die Einäscherung des Leibes hindert die Allmacht Gottes nicht daran, den Leib wiederherzustellen 4400; vgl. M 3a (Auferstehung von den Toten); die Erlaubtheit von Mitwirkung bei einer Leichenverbrennung 3278f; Leichen von Embryonen oder Föten ist die selbe Achtung wie den Überresten der übrigen toten Menschen entgegenzubringen 4796.

Friedhofsschändung und das Ausgraben bereits beerdigter Leichen in räuberischer Absicht werden verworfen 773.

Vgl. C 4ec (Der menschliche Leib); C 4fb (Würde des Menschen); L 3c (Das Verhältnis zu sich selbst: Leib und leibliche Wohlfahrt).

### e. – PFLICHTEN UND RECHTE IN BEZUG AUF DIE ARBEIT UND DIE MATERIELLEN GÜTER     L 4e

Die geschaffenen Güter sollen gemäß der Ordnung des Schöpfers durch menschliche Arbeit, Technik und Kultur vervollkommnet und angemessener unter den Menschen verteilt werden 4162; das menschliche Schaffen soll mit dem Wohl des Menschengeschlechts übereinstimmen und dem Menschen als Einzelwesen und als Glied der Gesellschaft die Erfüllung seiner Berufung gestatten **4335**; die geschaffenen Dinge und die Gesellschaften verfügen über eigene Gesetze und Werte, die vom Menschen zu erkennen, gebrauchen und gestalten sind **4336**; die Nutzung der Dinge muß durch ein sittliches Urteil geleitet werden 4811.

Recht auf Arbeit, Nahrung, Kleidung und Wohnung 4326.

Die Christen sollen alle Tätigkeiten so ausüben, daß sie ihre häuslichen, beruflichen, wissenschaftlichen oder technischen Anstrengungen mit den religiösen Werten verbinden 4343; ein Christ, der seine zeitlichen Pflichten vernachlässigt, vernachlässigt seine Pflichten gegenüber dem Nächsten und Gott 4343.

Anderen bei der Überwindung ihrer Unterlegenheit in bezug auf äußere Güter zu helfen, ist eine schwerwiegende Verpflichtung 3988.

Almosen werden als gutes Werk ([a]*Genugtuung für begangene Sünden*, [b]*Fürbitte für die Verstorbenen*) empfohlen [b]797 [a]*1713* [b]856 [b]1304 [b]1405; vgl. K 6cd (Genugtuung); gerechtfertigt wird die Lebensweise der Bettelorden 844 1170 1174 1184 *1491*.

Die Verpflichtung zu Almosen entspringt – außer in extremen Situationen – nicht der Gerechtigkeit, sondern der Liebe 3267; die Reichen sind verpflichtet, von ihren Einkünften Almosen zu geben *2112* 3729.

Vgl. C 4h (Mensch und Schöpfung); C 4i (Das menschliche Schaffen); L 3d (Das Verhältnis zu sich selbst: Arbeit und materielle Güter); L 5c (Gemeinwohl); L 10 (Ordnung der Arbeit); L 11 (Ordnung des Eigentums).

### f. – PFLICHTEN UND RECHTE IN BEZUG AUF DEN VERANTWORTLICHEN UMGANG MIT DER WELT    L 4f

Am Menschen als Mittel- und Höhepunkt der Schöpfung hat sich alles Irdische auszurichten 4312 (4314); die Ordnung der Dinge ist der Ordnung der Personen zu unterwerfen 4326 (4694).

Die (materiellen) Güter sind von Gott zum Nutzen aller geschaffen. Ihr Gebrauch steht allen zu 3267 3942 3951 (4448); sie müssen allen zugute kommen 4448; jeder Mensch hat das Recht, von der Erde das für ihn Notwendige zu empfangen 4448.

Der Mensch soll die irdischen Geschöpfe zur Verherrlichung Gottes beherrschen und nutzen ([a]und sich um sie kümmern) **4312 4334** (4337) 4448 [a]4812; neue Güter und Hilfsmittel sind als Geschenk Gottes und eine Antwort auf die menschliche Berufung zu betrachten 4812.

Die Nutzung der Dinge muß durch ein sittliches Urteil geleitet werden 4811; Besitz und Nutzung der Dinge bestimmen sich von der Ebenbildlichkeit des Menschen mit Gott und seiner Berufung her 4812; in der Anerkennung Gottes als seines Ursprungs und Ziels findet der Mensch seine Ordnung gegenüber allen geschaffenen Dingen 4313; im Dank gegen den Schöpfer und durch die Nutzung des Geschaffenen in Armut und Freiheit gerät der Mensch in den wahren Besitz der Welt 4337.

Von Christus erlöst und im Hl. Geist zu einem neuen Geschöpf gemacht, kann und muß der Mensch die von Gott geschaffenen Dinge lieben 4337; Ehrfurcht gegenüber den Dingen der sichtbaren Natur, dem Kosmos 4816.

Die geschaffenen Dinge verfügen über eigene Gesetze und Werte, die vom Menschen zu erkennen, zu gebrauchen und zu gestalten sind **4336**; vgl. C 4hb (Autonomie der irdischen Dinge).

Was die Menschen zur Erreichung von Gerechtigkeit, Brüderlichkeit und einer humanen Ordnung in den gesellschaftlichen Beziehungen tun, ist wertvoller als technische Fortschritte **4335**; vgl. C 4ie (Fortschritt); L 7 (Ordnung der Gesellschaft).

Die Erwartung der neuen Erde darf die Sorge für die Gestaltung dieser Erde nicht abschwächen, sondern muß sie bestärken **4339**; vgl. C 4ic (Ordnung menschlichen Schaffens); M 1b (Eschatologischer Glaube und irdische Realitäten).

Vgl. C (Gott schafft und begnadet die Welt); bes. C 3 (Sichtbare Welt); C 4h (Mensch und Schöpfung); C 4i (Das menschliche Schaffen).

## 5. Grundbestimmungen sozialen sittlichen Lebens

**L 5a**          a. – DIE SOZIALE NATUR DES MENSCHEN

Der Mensch lebt seiner Natur nach, [a]*aufgrund der Anordnung Gottes,* [b]*nicht nur freiwillig* oder [c]*durch Übereinkunft der Menschen* in Gemeinschaft [ac]3151 [ab]3165 (3168) [a]3170–3173 3743 3971 [a]3973 [a]3979f 4312 4325.

Zur Erfüllung seiner Berufung ist er auf den Umgang mit anderen, deren Dienste und auf das Gespräch angewiesen 4312 4325; ohne Beziehung zu anderen kann er weder leben noch seine Anlagen entfalten 4312; Gott erschuf ihn nicht zu einem Leben in Vereinzelung, sondern zur Bildung einer gesellschaftlichen Einheit 4332; der Schöpfer – : stellt ihn vernunftbegabt und frei in die Gesellschaft 4321; – : hat die Gesetze des gesellschaftlichen Lebens in seine geistliche und sittliche Natur eingeschrieben 4323.

Die äußeren Güter und die Güter der Seele sind dem Menschen einerseits zur eigenen Vervollkommnung und andererseits zum Nutzen der anderen verliehen worden 3267 3952; anderen zu helfen, ihre Unterlegenheit in bezug auf Wissen, Tugend, Geisteskraft und äußere Güter zu überwinden, ist eine schwerwiegende Verpflichtung 3988.

Die Personen sind die aktiven und verantwortlichen Subjekte des gesellschaftlichen Lebens 4765; die gesellschaftlichen Erfordernisse sind unter die Hauptpflichten des heutigen Menschen zu rechnen 4330.

Ablehnung einer rein individualistischen Ethik 4330.

Vgl. C 4g (Soziale Natur des Menschen), bes. C 4ga (Bestimmung des Menschen zum gesellschaftlichen Leben).

**L 5b**          b. – DIE GESELLSCHAFT UND IHRE VERANTWORTUNG

Die gesellschaftliche Ordnung und ihr Fortschreiten müssen sich unaufhörlich am Wohl der Personen ausrichten; denn die Ordnung der Dinge ist der Ordnung der Personen zu unterwerfen und nicht umgekehrt **4326** (4446f 4457 4580 4812 4815); jeder Fortschritt muß die Grenzen achten, welche die unveränderlichen Prinzipien festlegen, die sich auf die konstitutiven Momente und wesenhaften Beziehungen jeder menschlichen Person stützen 4580; die Mittel gesellschaftlichen Handelns müssen der Menschenwürde entsprechen 4771; dem Menschen muß alles zugänglich gemacht werden, was er für eine wahrhaft menschliche Lebensführung braucht 3165 4326.

Die gesellschaftliche Ordnung gilt es täglich in Wahrheit, Gerechtigkeit und Liebe zu entwickeln; in Freiheit muß sie ein täglich menschlicheres Gleichgewicht finden **4326**.

Vor allem die sogenannten Menschenrechte gehören zu den Rechten, die der menschlichen Gesellschaft vorangehen; sie muß diese Rechte schützen und wirksam machen 4551; vgl. L 1c (Das Vernunftgebot als Naturgesetz); jede Form einer gesellschaftlichen oder kulturellen Diskriminierung muß überwunden werden 4329.

Die Soziallehre der Kirche bietet eine Zusammenfassung von Lehrprinzipien, Urteilskriterien, Handlungsnormen und -anregungen 4764; vgl. C 4la (Soziallehre der Kirche).

Vgl. C 4gd und L 5c (Gemeinwohl); C 4gb (Brüderlichkeit, Solidarität und Liebe); C 4ge (Zweck der bürgerlichen Gemeinschaft); C 4gf (Wesen der bürgerlichen Gemeinschaft); C 4gg (Gleichheit und Ungleichheit in der Gesellschaft); C 4ie (Fortschritt); C 4kc (Zeitgenössische Wandlungen); L 1a (Person); L 5e und L 5f (Solidaritäts- und Subsidiaritätsprinzip); L 5g (Menschenrechte); L 7 (Ordnung der Gesellschaft); L 9 (Ordnung der Menschheitsfamilie).

### c. – Das Gemeinwohl L 5c

Das Gemeinwohl umfaßt die Gesamtheit jener Bedingungen des gesellschaftlichen Lebens, durch die die Einzelnen und die Gruppen die eigene Vollendung voller und leichter erreichen können **4326**; es besteht in der Wahrung der Rechte der menschlichen Person 3983 3985; es steht im Dienst der Personen 4771.

Jeder soll nach seinen Fähigkeiten und den Bedürfnissen der anderen zum Gemeinwohl beitragen 4330.

Wegen der wachsenden gegenseitigen weltweiten Abhängigkeit umfaßt das Gemeinwohl mehr und mehr Rechte und Pflichten, die das ganze Menschengeschlecht betreffen 4326 4330; die Gruppen müssen die Bedürfnisse und Ansprüche anderer Gruppen und das Gemeinwohl der ganzen Menschheit berücksichtigen 4326; die geschaffenen Güter müssen allen zugute kommen 4448.

Wirtschaftliches Gemeinwohl: die Verpflichtung, für das Gemeinwohl Sorge zu tragen, leitet sich aus dem sozialen Charakter des Eigentums her 3728; gesorgt werden muß für alle Glieder der Gesellschaft, wenn auch auf unterschiedliche Weise 3984; diese Sorge muß sich ([a]über das eigene Volk hinaus) auf die ganze Welt erstrecken 3732 3940 3956 [a]3983 [a]3989 3992–3994 4326 4330; besondere Fälle, bei denen die Rücksicht auf das Gemeinwohl dringlich ist 3737 3772 3938 3946 3951 3983 3988 3992.

Vgl. C 4ge (Zweck der bürgerlichen Gesellschaft); C 4gd (Gemeinwohl); C 4gh (Autorität in der Gesellschaft); C 4gi und L 5d (Institutionen); C 4gj (Universale Gemeinschaft der Völker und internationale Institutionen); L 5b (Die Gesellschaft und ihre Verantwortung); L 5e (Solidaritätsprinzip); L 7–9 (Ordnung von Gesellschaft, Staat und Menschheitsfamilie); L 11 (Ordnung des Eigentums).

### d. – Institutionen und ihre Verwurzelung in der Natur des Menschen L 5d

Grund, Träger und Ziel aller gesellschaftlichen Institutionen ist und muß sein die menschliche Person ([a]im Kampf gegen gesellschaftliche und politische Knechtung und in der Wahrung der Grundrechte) **4325** 4326 [a]**4329**; Institutionen und Gesetze, die mit dem Naturgesetz übereinstimmen und sich am Gemeinwohl ausrichten, garantieren die Freiheit der Personen und ihre Förderung 4769.

Institutionenbildung. Unterstützung öffentlicher oder privater Institutionen, die die Lebensverhältnisse der Menschen verbessern wollen, durch die einzelnen 4330; damit die Bürger bereit sind, sich an den verschiedenen Gruppen der Gesellschaft zu beteiligen, müssen sie in diesen Gruppen Werte finden 4331; diese Werte sollen zum Dienst für andere befähigen 4331; nur den Gemeinschaften, die durch die Bande der Geisteskultur und der Religion verbunden sind, steht es zu – unbeschadet der Freiheit ihrer Mitglieder – die Überzeugungen zu nähren, die Natur, Ursprung und Ziel des Menschen und der Gesellschaft betreffen 4503.

Vgl. C 4gi (Institutionen der Gesellschaft); G 7ab (Kirche und Gesellschaft); L 5a (Soziale Natur des Menschen).

### e. – Das Solidaritätsprinzip als soziales Grundgesetz L 5e

Das Prinzip der Solidarität ist mit der Würde des Menschen als Fundament verbunden 4766; zusammen mit dem Prinzip der Subsidiarität ist es selbst das Fundament, auf das sich die Kriterien eines Urteils über soziale Situationen, Strukturen und Systeme stützen 4767.

Die Hauptgesetze des sozialen Lebens sind Gerechtigkeit und Liebe 3941 3973 (3978) (4326); das Mitfühlen (die Solidarität) ist der feste und beständige Wille, für das Gemeinwohl zu sorgen 4817; die Gerechtigkeit aus sich allein genügt nicht, wenn sie nicht der Liebe ermöglicht, das menschliche Leben in seinen verschiedenen Bereichen zu prägen 4684.

Die menschliche und übernatürliche Brüderlichkeit zeigt sich in der Pflicht zur Solidarität, sozialen Gerechtigkeit und allgemeinen Liebe 4459; der Friede ist Frucht der Liebe und Ausdruck einer wahren Brüderlichkeit 4488; Mitfühlen (Solidarität) ist zugleich Weg zum Frieden und zum Fortschritt 4818.

Die Pflicht der Gerechtigkeit und Liebe wird mehr und mehr erfüllt, – : wenn ein jeder gemäß seinen eigenen Fähigkeiten und den Bedürfnissen der anderen zum Gemeinwohl beiträgt 4330 (4766) (4818); – : wenn sich die Mitglieder jeder Gesellschaft wechselseitig als Personen anerkennen 4818.

Der wechselseitigen Verknüpfung von Menschen und Völkern entspricht das Mitfühlen (Solidarität) als sittliche und soziale Anlage, als Tugend 4817; die wechselseitige Verknüpfung wird als vorherrschendes System von Werten und als sittliche Kategorie in der Welt von heute (in Wirtschaft, Kultur, Wissenschaft, Verwaltung, Religion) angenommen 4817; die Pflicht zur Solidarität gilt auch unter den Völkern **4461**; der Solidarität aller Menschen steht die Verherrlichung des eigenen Staates und der eigenen Rasse entgegen 4466.

Die Lehre der Kirche richtet sich gegen alle Formen eines sozialen oder politischen "Individualismus" 4766.

Zur sozialen Gerechtigkeit als ökonomischem Prinzip vgl. L 7 (Ordnung der Gesellschaft); L 11 (Ordnung des Eigentums).

Vgl. C 4gc (Gerechtigkeit und Friede); C 4gb (Brüderlichkeit, Solidarität und Liebe unter den Menschen); C 4kd (Bedrohungen und Probleme des Menschengeschlechts); C 4kf (Streben nach Gerechtigkeit); C 4la (Soziallehre der Kirche); L 2e (Tugend der Liebe); L 5c (Gemeinwohl); L 5f (Subsidiaritätsprinzip); L 7 (Ordnung der Gesellschaft); L 9 (Ordnung der Menschheitsfamilie).

## L 5f                    f. – Das Subsidiaritätsprinzip als soziales Grundgesetz

Das Prinzip der Subsidiarität ist mit der Würde des Menschen als Fundament verbunden 4766; zusammen mit dem Prinzip der Solidarität ist es selbst das Fundament, auf das sich die Kriterien eines Urteils über soziale Situationen, Strukturen und Systeme stützen 4767.

Am Subsidiaritätsprinzip muß sich jede gesellschaftliche Klasse ausrichten ([a]auch in der Weltgesellschaft) 3738 3943 3951 3966 [a]3995; durch das Subsidiaritätsprinzip werden Privatinitiativen und Vereinigungen auf unterer Ebene gefördert 3940 3943 3949f 3966 (4454); zur Verwirklichung der von den öffentlichen Gewalten festgesetzten Ziele sollen Privatunternehmen und Verbände herangezogen werden 4454.

Die staatliche Autorität hat die Rechte der Bürger und die freien Tätigkeiten der Zwischenstrukturen durch rechtliche Normen zu sichern 4483; weder dem Gemeinwesen noch irgendeiner Gesellschaft ist es erlaubt, sich auf der Ebene, auf der diese selbst tätig werden können, an die Stelle der Initiativen und Verantwortlichkeit von Personen und zwischengeschalteten Gemeinschaften zu setzen, oder deren unbedingt notwendigen Freiheitsraum zu zerstören 4766.

Die Soziallehre der Kirche richtet sich gegen alle Formen des "Kollektivismus" 3726 4766.

Vgl. C 4fc und L 1b (Freiheit); C 4la (Soziallehre der Kirche); L 5e (Solidaritätsprinzip); L 8 (Ordnung des Staates).

## L 5g                         g. – Die Menschenrechte

Die aus der Würde der menschlichen Person hervorgehenden allgemeinen Rechte sind unverletzlich und können nicht veräußert werden 3957 4326; die staatliche Gewalt muß die Freiheit gewährleisten, die die Würde der menschlichen Person schützt 3250 4342; ihr wird Rechnung getragen durch das [a]*Recht auf Privatbesitz* und durch die [b]*Einsetzung von Körperschaften auf mittlerer Ebene* [a]3949f [b]3966.

Das erste Recht der menschlichen Person ist das Recht auf Leben 4552 4791; vgl. L 3c und L 4d (Leib und leibliche Wohlfahrt: Leben).

Unter den Grundrechten des Menschen betreffen die persönliche Freiheit insbesondere die Freiheit,
- : [a]*seinem Gewissen zu folgen* ; – : nach Maßgabe des Gewissens [b]*privat und öffentlich seinen Glauben zu bekennen* [a]3250 [b]3961 [a]4240 [a]4326;
- : die religiöse Freiheit 4162 4240 4243 (4321) 4326 (4712); sie gilt auch für das Handeln in religiösen Gemeinschaften 4243;
- : die Freiheit von Zwang bei Annahme des Glaubens: Niemand darf gegen seinen Willen zur Taufe genötigt werden 647 698 773 781 (1998) 2552-2554 2557 3177; man darf keine Kinder gegen den Willen der Eltern taufen 1998 2552-2554 2557; Christus hat niemand gewaltsam gezwungen, sondern er versuchte alle durch demütige Ermahnung zu überzeugen 698;
- : Toleranz gegenüber der religiösen Überzeugung anderer [a]und Schutz des Kultes gegenüber solchen, die ihn stören wollen 480 698 772 [a]773 3176 (3250) 3251f 4328; verworfen wird: [Häretiker zu verbrennen ist gegen den Willen des Hl. Geistes] *1483*; man muß zwischen dem Irrtum und der irrenden Person, zwischen Initiativen auf sozialem oder kulturellem Gebiet und den dabei auftretenden Irrtümern unterscheiden 3996f 4328; an diesem Prinzip muß sich die Zusammenarbeit mit Nichtkatholiken ausrichten 3996;
- : das Recht, seine Meinung zu äußern unter Wahrung der moralischen Ordnung und des gemeinsamen Nutzens aller 3959 (4328); es gibt keine unbegrenzte Denk-, Schreib- und Lehrfreiheit 2731 2850-2859 2875 *2979* 3252;
- : das Recht, seinen Lebensstand (Ehe, Priestertum, Ordensstand) frei zu wählen 3962 4326 (4455);
- : das Recht auf Familiengründung und Erziehung 4326 (4455) 4712; die einzelnen Rechte der Familie: L 6a (Recht auf Ehe und Familie und Rechte der Familie);

– : das Recht auf Arbeit 4326;

– : das Recht, in Eigenverantwortung Aufgaben zu übernehmen 3947f 3964 3966 3972 3974;

– : das Recht auf hinreichende Ausbildung und auf wissenschaftliche Betätigung 3959f; das Recht auf angemessene Information 3959 4326;

– : das Recht, seinen Wohnsitz aufzuschlagen und zu verändern (mit den gebührenden Einschränkungen) 3967 3990;

– : das Recht auf Nahrung, Kleidung und Wohnung 4326 (4712);

– : das Recht auf Schutz des Privatlebens 4326 (4712);

– : das Recht auf guten Ruf und Achtung 4326.

Jede Form einer gesellschaftlichen oder kulturellen Diskriminierung (wegen des Geschlechts, der Rasse, der Farbe, der gesellschaftlichen Stellung, der Sprache oder der Religion) muß überwunden werden (4198f) (4321) 4329; der Ausschluß von den grundlegenden Rechten der Rasse oder Hautfarbe wegen stellt eine Mißachtung der Menschenrechte dar 4467; vgl. C 4gg (Gleichheit und Ungleichheit in der Gesellschaft).

Die Freiheit der Frau in der Ehe wird betont 3709; aufgrund der Würde der menschlichen Person stehen Frauen staatliche Ämter zu 3975f.

Freiheit von Sklaverei: Der Kauf und Verkauf von Menschen verstößt gegen die Gebote der Gerechtigkeit und der Menschlichkeit 668 1495 2745f 4327.

Die Folter bei gerichtlichen Untersuchungen wird verworfen 648; vgl. auch die Gottesurteile: L 2b (Ehrfurcht vor Gott).

Psychischer Zwang, untermenschliche Lebensbedingungen, willkürliche Verhaftung, Verschleppung, Verstümmelung, Folter, Sklaverei, Prostitution, Mädchenhandel, Handel mit Jugendlichen und unwürdige Arbeitsbedingungen verletzen die Unantastbarkeit der menschlichen Person 4327.

Das Amtspriestertum ist nicht unter die menschlichen Rechte zu zählen; die Taufe erteilt niemandem ein Recht, ein öffentliches Amt in der Kirche zu erlangen 4603; vgl. K 8a (Priestertum des Neuen Bundes).

(Die Behauptung eines) wahren und eigentlichen Rechtes auf ein Kind ist der Würde und Natur gerade des Kindes entgegengesetzt 4806.

Vgl. C 4fb (Die Würde des Menschen).

## h. – Die Gründung der Sozialnormen in Gott    L 5h

Die Gemeinschaft in der Trinität als Grund und Basis der menschlichen Gemeinschaft **4324**; in der gesellschaftlichen Ordnung muß der Mensch das Abbild der göttlichen Vollkommenheit erkennen 3772 (3978).

Die höchste Norm des menschlichen Lebens, nach dem Gott die menschliche Gemeinschaft ordnet, ist sein ewiges, objektives und universales Gesetz 4242.

Der Schöpfer hat die Gesetze des gesellschaftlichen Lebens in die geistliche und sittliche Natur des Menschen eingeschrieben 4323; die Grundrechte haben als Urheber den Schöpfer und Vater selbst 4628.

Christus ist nicht nur Erlöser, sondern auch Gesetzgeber 1571; er brachte den Menschen die Brüderlichkeit, um sie mit dem Vater zu versöhnen 4488; die menschliche Solidarität kann sich wahrhaft nur in Christus verwirklichen 4488.

Der Hl. Geist steht der Entwicklung der gesellschaftlichen Ordnung in Wahrheit, Gerechtigkeit, Liebe und Freiheit bei 4326.

Das Evangelium ist die Quelle aller Wahrheit und Sittenlehre 4207; das Evangelium Christi verkündet und proklamiert die Freiheit der Kinder Gottes, verwirft jede Knechtschaft, achtet die Würde des Gewissens und seine freie Entscheidung heilig, mahnt dazu, alle menschlichen Talente zum Dienst an Gott und zum Wohl der Menschen zu vermehren und empfiehlt alle der Liebe aller 4341; die moralische Ordnung des Evangeliums vervollkommnet und erhöht das moralische Gesetz, das schon zur menschlichen Natur gehört 4759;

Sowohl die kirchliche als auch die staatliche Autorität gehen unmittelbar von Gott hervor 3151 3170.

Die heute besonders geschätzten Werte sind göttlichen Ursprungs. Insofern sie aus der Anlage des Menschen, die ihm von Gott verliehen wurde, hervorgehen, sind sie sehr gut 4311; die geistigen Prinzipien für das Bauwerk der modernen Zivilisation können nur auf dem Glauben an Gott beruhen 4424; Urteilskriterien, Werte, Denkgewohnheiten, Antriebskräfte und Lebensmodelle müssen Wort und Heilsplan Gottes entsprechen 4575;

Der Friede mit Gott ist die letzte Grundlage des inneren Friedens und des sozialen Friedens 4488.

Vgl. C 4ga (Soziale Natur des Menschen); C 4gb (Brüderlichkeit, Solidarität und Liebe unter den Menschen); C 4gc (Gerechtigkeit und Friede); C 4gm (Befreiung und Strukturwandel); C 4gn (Christus und die menschliche Gemeinschaft); L 1d (Gründung des Naturgesetzes in Gott).

## 6. Die Ordnung von Ehe und Familie

**L 6a**    a. – DAS RECHT AUF EHE UND FAMILIE UND DIE RECHTE DER FAMILIE

Das Recht auf Ehe und Familiengründung 3702 3771 3962 4326 4455; Recht der Familie, zu leben und sich zu entwickeln 4712; die Rechte der Familie und der ehelichen Institution sind grundlegende sittliche Güter 4807.

Gott hat den Menschen von Anfang an als Mann und Frau geschaffen: deren Verbindung bewirkt die erste Form von Gemeinschaft unter den Personen 4312; die Hausgemeinschaft ist früher als der Zusammenschluß der Bürger 3728; verworfen wird: [Die Familie entlehnt ihren Daseinsgrund dem bürgerlichen Recht] 2891; die Ordnung der Liebe und Unterordnung innerhalb der Familie 3707-3709; die ehelichen Rechte von Mann und Frau sind gleich (778) 3144; vgl. K 9ba (Natur der Ehe); bei der Gründung einer Familie haben Mann und Frau die gleichen Rechte 3962.

Recht und Pflicht der Familie zur Erziehung und Ausbildung der Kinder 3685 3690 3962 4326 4712; dieses Recht geht dem Recht des Staates voran 2891f 3690 3693; Recht, Minderjährige mit Hilfe angemessener Einrichtungen zu schützen 4712; die Prinzipien der religiösen Erziehung werden dargelegt 3685-3690; Erziehung zu einer Kultur des Herzens 4331.

Weitere Familienrechte sind das Recht auf – : Intimität für Ehe- und Familienleben 4712; – : Beständigkeit der ehelichen Bindung 4712; – : Glaubensfreiheit 4712; – : physische, soziale, politische und wirtschaftliche Sicherheit 4712; – : Wohnung 4712; – : Auswanderung, um bessere Lebensbedingungen zu suchen 4712; – : Vertretung der eigenen Ansprüche vor den wirtschaftlichen, gesellschaftlichen und kulturellen öffentlichen Autoritäten 4712; – : Gründung von Verbänden mit anderen Familien und Institutionen 4712; – : sinnvolle Freizeit 4712; – : (der Alten auf) ein würdiges Leben und einen würdigen Tod 4712.

Verurteilt werden Mütter- und Kinderarbeit aufgrund unzureichender Entlohnung des Vaters 3735 3737; ein gerechter Arbeitslohn muß auch die Bedürfnisse der Familie berücksichtigen (3266) 3271 (3726) 3735 3938.

Vgl. K 9ba (Natur der Ehe); L 5g (Menschenrechte).

**L 6b**    b. – EHELICHE LIEBE UND MENSCHLICHE SEXUALITÄT

Bei der ehelichen Liebe handelt es sich – : vor allem um einen Akt des freien Willens 4470; – um eine voll menschliche, ganzheitliche Liebe 4471 4701f 4709; die Ganzheit der ehelichen Liebe entspricht den Forderungen einer verantworteten Fruchtbarkeit, die in ihrer Ausrichtung auf die Zeugung eines Menschen die rein biologische Ordnung übersteigt 4702; die eheliche Liebe soll – : treu und ausschließlich 4472 4709; – : fruchtbar sein 4473; jeglicher Vollzug der Ehe bleibt von sich aus auf die Erzeugung menschlichen Lebens ausgerichtet 3717 4475 4709; der eheliche Akt – : ist sittlich gut und würdevoll 4475; – : bleibt rechtmäßig auch bei voraussehbarer Unfruchtbarkeit, die nicht dem Willen der Gatten entspringt 3718 4475; die Mutterschaft der Frau stellt den vorzüglichen "Anteil" der gemeinsamen Elternschaft der Gatten dar, woraus dem Mann eine besondere Verpflichtung gegenüber der Frau erwächst 4834; vgl. K 9ba (Natur der Ehe); K 9bb (Ehegüter); K 9bc (Ehezwecke).

Die Sexualität wird wahrhaft menschlich nur als Bestandteil der Liebe vollzogen, mit der sich Mann und Frau bis zum Tod ganz aneinander binden 4701; die physische Ganzhingabe muß Zeichen und Frucht personaler Ganzhingabe sein 4701; ihr einziger "Ort" ist die Ehe 4582 4703; die Institution der Ehe folgt aus dem Bund der ehelichen Liebe, die in der Öffentlichkeit als etwas Einziges bekräftigt wird, um in Treue gegenüber dem Plan des Schöpfergottes zu leben 4703; aufgrund der Einfügung von Mann und Frau in den bräutlichen Bund Christi mit der Kirche wird die eheliche Lebens- und Liebesgemeinschaft erhöht 4704; vgl. K 9ba (Natur der Ehe); K 9bd (Eigentümlichkeit der Ehe).

Verworfen werden – : Ehe auf Zeit, auf Probe 3715; – : [Es besteht ein Recht zur geschlechtlichen Vereinigung vor Beginn der Ehe im Fall eines festen Willens zur Heirat und gewissermaßen schon ehelicher Zuneigung] 4582; – : Auflösung von Ehen 283; – : das Festhalten vermeintlicher Witwen an ihrem zweiten Mann nach der Rückkehr des totgeglaubten ersten Ehemannes 314; – : laxistische Auffassungen über die Sündhaftigkeit bestimmter fleischlicher Akte *2060 2109 2148-2150*; Unzucht zwischen Ledigen ist eine (ᵃ*Tod*-)sünde ᵃ835 *2148*; verworfen werden laxistische Behauptungen über die Weise, Sünden auf sexuellem Gebiet zu bekennen *2044f 2150*.

Kleriker und Ordensleute können keine gültige Ehe schließen 1809; im geschlechtlichen Bereich gibt es keine Geringfügigkeit der Materie bei einer Verführung durch den Beichtvater 2013; verworfene laxistische Auffassungen in diesem Bereich *2026f*.

Verworfen wird die nachsichtige Beurteilung und Entschuldigung von homosexuellen Beziehungen 4583; sie sind ihrer inneren Natur nach nicht in Ordnung und können auf keine Weise gebilligt werden 4583.

Masturbation: L 3c (Pflichten und Rechte in bezug auf Leib und leibliche Wohlfahrt).
Sexualerziehung. Über die rechte Weise der Sexualerziehung 3697; verworfen wird die Koedukation 3698; unzüchtige Bücher werden verboten 1857.
Vgl. C 4fd (Verwiesenheit des Menschen auf Liebe); C 4fe (Der Mensch als Frau oder Mann); C 4g (Soziale Natur des Menschen); G 4ba (Berufung der Glaubenden zur Heiligkeit); G 4bb (Wege der Heiligung); G 6cc (Sendung und Aufgabe der Laien in Ehe und Familie); K 9 (Ehesakrament); L 2e (Tugend der Liebe); L 2f (Vereinigung mit Gott).

## c. – Die Weitergabe des menschlichen Lebens in der Ehe L 6c

Das Gut der Nachkommenschaft wird erläutert 3704f; den Eltern steht die Entscheidung über die Zahl ihrer Kinder zu 4455; Anordnungen von Regierungen oder anderen öffentlichen Autoritäten, die diese Freiheit einschränken wollen, werden verurteilt 4711; vgl. L 8 (Ordnung des Staates).
Aufgrund des einzigartigen Charakters der menschlichen Person weist die Weitergabe des menschlichen Lebens einen einzigartigen Charakter auf 4791; sie erfordert eine bewußte Mitwirkung der Eheleute mit der fruchtbaren Liebe Gottes (4324) 4792.
Vom Augenblick der Empfängnis bzw. der Bildung der Zygote an muß das Leben eines jeglichen menschlichen Geschöpfs uneingeschränkt geachtet werden 4792f (4807); niemand hat das Recht, ein unschuldiges menschliches Geschöpf zu töten 4792.
Die Weitergabe des menschlichen Lebens muß in der Ehe durch eigentümliche und ausschließliche Akte der Eheleute geschehen 4792; eine verantwortliche Fortpflanzung kann einzig aus der Ehe entspringen 4799 4802; die Fortpflanzung, die nicht im Herzen als Frucht des ehelichen Aktes beabsichtigt wird, wird ihrer nötigen Vollkommenheit beraubt 4802.
Das Kind hat das Recht, in der Ehe empfangen, vom Mutterleib umschlossen, geboren und erzogen zu werden; nur so kann es seine Identität erkennen und seine Menschenbildung zur Reife bringen 4799; die Behauptung eines wahren und eigentlichen Rechtes auf ein Kind ist der Würde und Natur des Kindes entgegengesetzt 4806.
Vorgeburtliche Diagnostik ist erlaubt, wenn sie auf Leben und Unversehrtheit des Embryos und des menschlichen Fötus achtet und auf den Schutz und die Sorge für den einzelnen Embryo ausgerichtet ist 4794; zu verurteilen ist jede Begünstigung einer Verbindung von vorgeburtlicher Diagnostik und Abtreibung oder die Nötigung, sich einer vorgeburtlichen Diagnose im Interesse einer Beseitigung von Föten mit Mißbildungen oder Erbkrankheiten zu unterwerfen 4794.
Therapeutische Eingriffe an menschlichen Embryonen sind erlaubt, wenn sie das Leben und die Unversehrtheit des Embryos achten und keine unverhältnismäßigen Gefahren mit sich bringen 4795; nicht unmittelbar therapeutische Eingriffe, Forschungen und Experimente an menschlichen Embryonen sind unerlaubt 4796.
Künstliche Fortpflanzung. Grundlegende Güter, die mit den Methoden der künstlichen Fortpflanzung verbunden sind, sind das Leben des ins Dasein gerufenen menschlichen Geschöpfs und der einzigartige Charakter der Weitergabe dieses Lebens in der Ehe 4791; die Möglichkeit einer Fortpflanzung ohne geschlechtliche Vereinigung bedeutet nicht automatisch ihre sittliche Erlaubtheit 4791; künstliche Befruchtung ist nicht erlaubt 3323 3953; bei der Weitergabe menschlichen Lebens ist es niemand erlaubt, solche Methoden zu verwenden, die bei Gewächsen oder Tieren erlaubt sind 4791.
In vitro erzeugte Embryonen sind als menschliche Geschöpfe und rechtsfähige Wesen zu betrachten; sie dürfen nicht als biologisches Material für Forschungszwecke hergestellt werden 4797; Versuche oder Vorhaben der Befruchtung zwischen Keimzellen von Menschen und Tieren und der Austragung menschlicher Embryonen in den Gebärmüttern von Tieren widerstreiten der Würde des menschlichen Geschöpfes und dem Recht einer jeden Person, in der Ehe und aus der Ehe heraus empfangen und geboren zu werden 4798; der Ehrenhaftigkeit der Sitten widerspricht die Erzeugung von Embryonen durch Zwillingsspaltung, Klonierung und Parthenogenese, das Einfrieren von Embryonen (Kryokonservierung) 4798; einige Versuche, in das chromosomale oder genetische Erbgut einzugreifen, widerstreiten der Würde des menschlichen Geschöpfs und seiner Unversehrtheit und Identität 4798.
Die heterologe künstliche Befruchtung widerspricht der Einheit der Ehe, der Würde der Eheleute, der eigentlichen Berufung der Eltern und dem Recht des Kindes 4800.
Die Ersatzmutterschaft ist sittlich nicht erlaubt 4801.
Die homologe künstliche Befruchtung bewirkt objektiv eine Trennung zwischen den Gütern und den Bedeutungen der Ehe 4802; sie kann innerhalb des Raums der Ehe nur dann zugelassen werden, wenn das technische Mittel nicht den ehelichen Akt ersetzt 4803; die homologe In-vitro-Befruchtung ist in sich unerlaubt 4803; sie wird weder tatsächlich erreicht noch absichtlich erstrebt als Ausdruck und Frucht eines Aktes, der der ehelichen Vereinigung eigentümlich ist. Sie beraubt die Zeugung der menschlichen Person objektiv der ihr eigentümlichen Vollkommenheit 4803; die homologe FIVET-Methode ist sittlich von einer Fortpflanzung außerhalb der Ehe zu unterscheiden 4803.

Die medizinische Kunst muß auf die Unterstützung des ehelichen Aktes ausgerichtet sein 4805.

Die durch den biomedizinischen Fortschritt herausgeforderte staatliche Gesetzgebung hat sich an den grundlegenden Normen des Sittengesetzes auszurichten 4807; dabei ist ein breiter gesellschaftlicher Konsens anzustreben 4807; wenn staatliche Gesetze unerlaubte Verfahrensweisen der Technik billigen, ist auf Abänderung dieser Gesetze zu dringen oder passiver Widerstand zu leisten 4807.

Nachkommenschaft darf durch Enthaltsamkeit verhütet werden, wenn beide Ehegatten zustimmen 3716; die Beachtung der Zeiten der Unfruchtbarkeit als eine von der Natur gegebene Möglichkeit ist gestattet 3148 3748 4477f; Empfängnisverhütung in der Ehe ([a]*mit Hilfe eines künstlichen Instruments*) wird verworfen 2715 2758–2760 2791–2793 [a]2795 3185–3187 3634 [a]3638–3640 3716–3718 [a]3917a; Mittel, die eine Empfängnis direkt verhindern, sind stets unerlaubt, weil sie dem Zeugungsvorgang seinen natürlichen Verlauf nehmen 4478; von öffentlichen Autoritäten verhängte Maßnahmen zugunsten von Empfängnisverhütung, Sterilisation und Abtreibung sind zurückzuweisen 4711; vgl. L 8 (Ordnung des Staates); sittliches Verhalten der Frau in Konfliktlagen 2715 2758 3634 3718.

Die Frage der Erlaubtheit des – : coitus interruptus 3660–3662; – : amplexus reservatus 3907; die direkte Unterbrechung einer schon begonnenen Zeugung wird verworfen 4476.

Sterilisierung und Abtreibung werden verurteilt: L 4d (Leib und leibliche Wohlfahrt).

Vgl. K 9b (Begriff der Ehe); L 3c und L 4d (Leib und leibliche Wohlfahrt).

**L 7**           **7. Die Ordnung der Gesellschaft**

Die bürgerliche Gesellschaft ist eine der Art wie auch dem Recht nach vollkommene Gesellschaft 3168 3170 3685; vgl. C 4gf (Wesen der bürgerlichen Gemeinschaft).

Der Zweck der bürgerlichen Gemeinschaft ist – : volles Genügen für das Leben zu verschaffen, das der Mensch allein nicht erlangen kann 3165 (4326); – : die natürliche Vervollkommnung ([a]*das Wohl*) des Menschen zu fördern 3772 3782 [a]4326; – : für das Gemeinwohl zu sorgen, ([a]*indem sie einen Rahmen für die Tätigkeiten der einzelnen setzt*) 3772 [a]3782 3936 (4342) (4483 4629); die gesellschaftliche Ordnung und ihr Fortschreiten müssen sich am Wohl der Personen ausrichten **4326** (4446f 4457 4580 4812 4815); vgl. C 4ge (Zweck der bürgerlichen Gemeinschaft). Den Menschen in der Gesellschaft eignet grundlegende Gleichheit aufgrund ihrer Würde ([a]*aufgrund ihrer Gottesebenbildlichkeit, derselben Natur und desselben Ursprungs*) und [b]*ihrer göttlichen Berufung* ([c]*trotz rassischer Unterschiede*) [b]3130 [c]3977 3980 3988 [ab]4329; die menschliche Würde und die sich aus ihr ergebenden Rechte [a]*und Pflichten* kommen allen Menschen gleichermaßen zu [a]3957 4199 [a]4326; vgl. C 4gg (Gleichheit und Ungleichheit in der Gesellschaft).

In der menschlichen Gemeinschaft entspricht dem natürlichen Recht des einen Menschen die Pflicht der anderen, dieses Recht anzuerkennen 3970f 3977.

Gleichstellung der Menschen hinsichtlich der Rechte und Güter der irdischen Kultur (unter Berücksichtigung der Würde der menschlichen Person), insbesondere in bezug auf [a]*die politische Unabhängigkeit eines Volkes,* [b]*die Rechte nationaler Minderheiten,* [c]*die Rechte und Pflichten der Frauen im Staat,* [d]*die Besitzverteilung* [a]3255 [d]3946 3974 [c]3975 [a]3976 3988 [b]3989, die *Gütermehrung* 3255; vgl. L 5g (Menschenrechte).

Die Menschenrechte sind von der menschlichen Gesellschaft zu schützen und wirksam zu machen 4551; die Rechtsordnung der Gesellschaft muß die Gewissenfreiheit im religiösen Bereich anerkennen 4240; eine Gemeinschaft von Menschen ist zu errichten, in der jeder ohne Unterschied der Rasse, der Religion oder der Nation menschlich leben kann, frei von Knechtschaft 4460; gesellschaftliche oder kulturelle Diskriminierung in den Grundrechten der Person wegen des Geschlechts, der Rasse, der Farbe, der gesellschaftlichen Stellung, der Sprache oder der Religion muß beseitigt werden 4199 **4329** 4460 4467.

Die Ungleichheit der Vollmachten in der Gesellschaft geht von Gott aus 3131; die soziale Ordnung muß zu einem stets menschlicheren Gleichmaß ausgeformt werden 3973.

Gleichheit und Teilhabe an den Leitungsaufgaben als Formen der menschlichen Würde und Freiheit 4501.

Das Recht, Vereinigungen zu gründen, wurde von Gott verliehen 3739f 3771 (3937) 3966; der Mensch hat das Recht, in Vereinigungen eigenverantwortlich zu handeln 3947f 3964 3966 3972 3974; diese Freiheit wird bei den Sozialisten eingeschränkt 3939.

Institutionenbildung: L 5d (Institutionen).

Errichtung und Handlungsweise der Gewerkschaften werden begrüßt 4773.

Soziale Gerechtigkeit ist das wirtschaftliche Leitprinzip, das von den einzelnen fordert, was für das Gemeinwohl notwendig ist 3732 3737–3741 3774 3941 (4459 4776 4818); die soziale Gerechtigkeit gebietet, daß sich mit dem Wirtschaftswachstum stets auch ein Wachstum auf sozialem Gebiet verbindet 3944 (4441); soziale Gerechtigkeit als Lebenskonzept und als Impuls zur ganzheitlichen Entwicklung der (lateinamerikanischen) Völker 4482; vgl. L 11 und L 12 (Ordnung des Eigentums/der Wirtschaft).

Befreiung und Strukturwandel. Ziel des Kampfes gegen Ungerechtigkeiten muß eine neue soziale und politische Ordnung sein, die mit den Erfordernissen der Gerechtigkeit übereinstimmt 4774; die Freiheit erfordert Bedingungen wirtschaftlicher, politischer und kultureller Art, die ihre volle Aus-

übung möglich machen 4750; die Bedingungen für die Ausübung wahrer menschlicher Freiheit sind zu schaffen und zu sichern 4754; der Wandel in den lateinamerikanischen Strukturen hat als Bedingung die politische Reform 4483; ein Befreiungsprozeß ohne Achtung der persönlichen Freiheit kann keinen Erfolg haben 4754 4771; vgl. C 4gm (Befreiung und Strukturwandel).

Befreiung (im Sinne des Evangeliums) ist unvereinbar mit dem Haß gegen die Nächsten, ob individuell oder kollektiv verstanden, auch gegenüber den Feinden 4773; der notwendige Wandel ungerechter gesellschaftlicher, politischer und wirtschaftlicher Strukturen muß von einem Wandel der persönlichen und kollektiven Mentalität begleitet werden 4633; die Originalität der christlichen Botschaft besteht nicht im Strukturwandel, sondern im Drängen auf die Bekehrung des Menschen, die dann einen Strukturwandel erfordert 4481; vgl. F 2b (Umkehr und Rechtfertigung); G 3cd (Kirche und Evangelisation).

Fortschritt. Zur bürgerlichen Freiheit müssen soziale und wirtschaftliche Fortschritte hinzukommen, damit die Bürger zu einer gerechten Entfaltung als Menschen kommen und in der Gemeinschaft der Völker den ihnen angemessenen Platz einnehmen 4441; was die Menschen zur Erreichung von Gerechtigkeit, Brüderlichkeit und humaner Ordnung in den gesellschaftlichen Beziehungen tun, ist wertvoller als technische Fortschritte **4335**; die Werte der Freiheit, der Verpflichtungen des Gewissens und das Leben des Geistes versprechen ein Fortschreiten des Menschen zur Vollkommenheit 4505; die Laien sollen auf ihre Weise zum allgemeinen Fortschritt beitragen 4162; vgl. C 4ie (Fortschritt); G 6cb (Sendung und Aufgabe der Laien in der Welt).

Fortschritt (im Sinne der Kirche: Die ganzheitliche Entwicklung des Menschen, ([a]*der Schritt von weniger menschlichen Bedingungen zu menschlicheren Bedingungen*) ist der neue Name für den Frieden 4485 [a]4486; der wahre Fortschritt des Menschen besteht in Friede und Gerechtigkeit 4579; Solidarität ist der Weg zum Frieden und Fortschritt 4818; vgl. C 4gc (Gerechtigkeit und Friede); C 4ie (Fortschritt); L 5e (Solidaritätsprinzip).

Falsche Auffassungen von Fortschritt: unnötiger Überfluß an materiellen Gütern für gewisse Gruppen 4811; Konsumkultur als "Wegwerf"- und "Abfall"-Kultur 4812; das freie Spiel des Wettbewerbs wird den Fortschritt nicht zum Erfolg führen 4454; vgl. C 4ie (Fortschritt).

Insofern der Fortschritt zu einer besseren Ordnung der menschlichen Gesellschaft beitragen kann, hat er große Bedeutung für das Reich Gottes **4339**; zwischen Evangelisierung und menschlicher Förderung bzw. Fortschritt und Befreiung bestehen engste Bande 4579; Evangelisierung bedeutet keine Vernachlässigung von Gerechtigkeit, Befreiung, Fortschritt und Frieden, sondern ihre Förderung 4579; vgl. C 4ie (Fortschritt); G 3cd (Kirche und Evangelisation).

Der Friede ist – : Werk der Gerechtigkeit 4486; – : eine dauernde Aufgabe 4487; – : Frucht der Liebe, Ausdruck einer wahren Brüderlichkeit unter den Menschen 4488; er wird nicht vorgefunden, sondern – : errichtet 4487; – : durch beharrliche Arbeit verwirklicht 4468; – : mit dem Geist, den Ideen und den Werken des Friedens aufgebaut 4422; Friede ist nicht einfach Freisein von Krieg 4468; ein authentischer Frieden schließt Kampf, Einfallsreichtum und fortwährende Eroberung ein 4487; durch die Kirche soll die Kunde vom Frieden in die Welt eintreten 4162; die Kirche empfiehlt einen aufrichtigen Kampf um soziale Gerechtigkeit und Solidarität 4773; der Christ ist nicht schlechthin Pazifist, weil er fähig ist zu kämpfen; aber er zieht dem Krieg den Frieden vor 4489; er wählt den Weg des Dialogs und der Übereinstimmung der Parteien 4773; vgl. C 4gc (Gerechtigkeit und Friede); G 4bf (Aufgaben der Glaubenden in der Welt).

Wo aufgrund ungerechter sozialer, politischer, wirtschaftlicher und kultureller Ungleichheiten kein sozialer Friede existiert, liegt eine Zurückweisung des Friedens des Herrn, ja des Herrn selbst vor 4488; ungerechte Ungleichheiten zwischen Menschen und Nationen verstoßen gegen den Frieden 4486; vgl. C 4gc (Gerechtigkeit und Friede).

Mittel und Macht der Reichen dürfen nicht noch größer, Elend der Armen und Knechtschaft der Unterdrückten nicht noch härter werden 4454; Armut schwächt die menschliche Freiheit 4331.

Option der Kirche für die Armen: C 4ke (Arme); G 7ad (Kirche und Arme).

Die Gewalt ist weder christlich noch dem Evangelium gemäß 4489; sie ist kein Weg zur Befreiung 4772; wer den Weg der Reformen verschmäht und den "Mythos der Revolution" begünstigt, fördert auch das Aufkommen von "totalitären" Regimen 4774; die von Machtgruppen ausgeübte Unterdrückung ist unvermeidlicher Keim zu Rebellionen und Kriegen 4486; revolutionäre Umtriebe gebären neue Ungerechtigkeiten 4453 4774; durch Gewaltanwendung läßt sich nur ein statischer und scheinbarer Friede erlangen 4487; verworfen wird – : die marxistische Theorie vom Klassenkampf (3170) 3937 4508 (4628) (4735f); – die grausame und unkontrollierbare Gewalt von Terroristen und Guerilleros; auf keine Weise ist das Verbrechen als Weg der Befreiung zu rechtfertigen 4630; zu verurteilen ist die den Armen zugefügte Gewalt Wohlhabender, Willkür der Polizei gegenüber Bürgern und jede Form von Gewaltanwendung 4772; vgl. C 4gc (Gerechtigkeit und Friede); C 4gm (Befreiung und Strukturwandel).

Gesellschaftslehren und -systeme. Jeder kann aus den Grundprinzipien der Soziallehre der Kirche Klarheit erlangen, um zu unterscheiden, ob solche Systeme mit den Erfordernissen der menschlichen Würde übereinstimmen oder nicht 4770; vgl. C 4l (Moderne Gesellschaftslehren und Soziallehre der Kirche).

Getadelt wird der Liberalismus (und sein Individualismus) 3772 3937 3940f 4451 (4454) (4330) 4463 4509 4766; vgl. C 4lc (Liberalismus).

Kapitalismus: C 4ld.
Kollektivismus: C 4lb.
Marxismus: C 4lb.
Sozialismus: C 4lb.
Kommunismus: C 4lb.
Zurückgewiesen wird die Lehre, die eine Gesellschaft ohne Religion zu errichten sucht und die Religionsfreiheit der Bürger bekämpft 4162.
Vgl. C 4fb (Würde des Menschen); C 4gb (Brüderlichkeit, Solidarität und Liebe); C 4gc (Gerechtigkeit und Friede); C 4gd und L 5c (Gemeinwohl); C 4ge und C 4gf (Zweck und Wesen der bürgerlichen Gemeinschaft); C 4gg (Gleichheit und Ungleichheit in der Gesellschaft); C 4gl (Störungen in der Gesellschaft aufgrund menschlicher Sünde); C 4gm (Befreiung und Strukturwandel); C 4ie (Fortschritt); C 4kd (Bedrohungen und Probleme des Menschengeschlechts); C 4ke (Arme); C 4l (Moderne Gesellschaftslehren und Soziallehre der Kirche); D 4c (Sündhafte Strukturen der Gesellschaft); G 7ab (Kirche und Gesellschaft); L 5b (Die Gesellschaft und ihre Verantwortung); L 5d (Institutionen); L 5e und L 5f (Solidaritäts- und Subsidiaritätsprinzip); L 8–13 (Ordnung des Staates, der Menschheitsfamilie, der Arbeit, des Eigentums, der Wirtschaft, der Kultur).

L 8                      **8. Die Ordnung des Staates**

Der Mensch ist älter als der Staat, weshalb nicht der Mensch für den Staat, sondern der Staat für den Menschen da ist, (*ªwobei eine zu liberale Auslegung dieses Prinzips verworfen wird*) 3265 3728 ª3772 3949.
Das menschliche Gesetz bewirkt dasselbe in der Gesellschaft, was das Naturgesetz in den einzelnen Menschen bewirkt 3248; beim menschlichen Gesetz handelt es sich um Vorschriften der staatlichen Gewalt, die Angelegenheiten festlegt, die nicht unmittelbar aus dem Naturgesetz folgen 3248; vgl. L 1c (Das Vernunftgebot als Naturgesetz).
Notwendigkeit, Rechtmäßigkeit und Grenzen staatlicher Autorität: C 4gh (Autorität in der Gesellschaft).
Prinzipien für das Eingreifen des Staates in das gesellschaftliche Leben. Die Ausübung der politischen Autorität hat als einzige Zielsetzung das Gemeinwohl 3940 3983 (4342) 4483 (4629); vgl. C 4gd und L 5c (Gemeinwohl).
Wichtigste Aufgabe des Staates ist es, den Bürgern die Wahrnehmung ihrer Rechte und Pflichten zu ermöglichen 3985; ein möglichst großer Teil der Bürger ist in wahrer Freiheit am Gemeinwesen zu beteiligen 4331; die Schaffung von Mechanismen für die Beteiligung und rechtmäßige Vertretung der Bevölkerung ist zu fördern 4484; Gleichheit und Teilhabe an den Leitungsaufgaben als Formen der menschlichen Würde und Freiheit 4501; die wichtigsten Menschenrechte müssen Eingang in die Staatsverfassungen finden 3986; jede Regierung hat die Grundrechte der Person und der Familie und die Erfordernisse des Gemeinwohls anzuerkennen 4342; die unveräußerlichen Rechte und Freiheiten der Bürger sind durch rechtliche Normen wirksam und beständig zu sichern 4483; die Diskriminierung zwischen Glaubenden und Nichtglaubenden, die manche Staatslenker einführen, bedeutet Nichtachtung der Grundrechte der menschlichen Person 4321; für die Glaubenden verlangt die Kirche Handlungsfreiheit 4321; schuldhafte Untätigkeit der Staatslenker 4772.
Die bürgerliche Gesellschaft hat ein Recht auf Erziehung, jedoch kein absolutes und dem Recht der Familie vorgängiges 2891f 3685 3690–3696; sie hat nicht das Recht, das Band einer Ehe aufzulösen (*ªnicht einmal bei rechtmäßigen und natürlichen Ehen*) 2992 (3190–3193) ª3724; der Staat hat das Recht, Produktionsmittel zu besitzen 3951; er kann nicht das Recht auf Eigentum und Erbschaft beseitigen 3728.
Das Geburtenwachstum kann die öffentlichen Gewalten zur Aufklärung der Bürger und zu Maßnahmen veranlassen, wobei die Vorschriften des Sittengesetzes und die Freiheit der Ehegatten gewahrt werden müssen 4455.
Den Bürgern steht es zu – : die Form ihres Gemeinwesens zu wählen und zu regeln 3173 3253f; – : ihre Staatslenker zu wählen 3982; – : bei Angelegenheiten des Gemeinwesens tätig mitzuwirken, (*ªwas kraft der Würde der menschlichen Person auch den Frauen zusteht*) 3174 3968 ª3975f; – : Gewerkschaften beizutreten 3740 3937.
Subsidiaritätsprinzip: L 5f; die öffentlichen Gewalten haben eine uneingeschränkte Vergesellschaftung der Güter und eine leichtfertige Festlegung der Wirtschaftsplanung zu vermeiden 4454; die freien Tätigkeiten der Zwischenstrukturen sind durch rechtliche Normen wirksam und beständig zu sichern 4483.
Verworfen werden Behauptungen, die der Staatsgewalt uneingeschränkte Vollmacht einräumen *2939* 3782f 3785; die öffentliche Autorität hat keine direkte Gewalt über die Glieder ihrer Untergebenen (3272) 3722 3760–3765; es ist weder Sache der Staaten noch der politischen Parteien, irgendeine Lehre zu verordnen, wobei Mittel angewendet würden, die Gesinnungsterror bedeuteten 4503; zu verurteilen sind – : die Tötung Unschuldiger auf Geheiß der öffentlichen Autorität 3790; – : Folter, Entführungen, Verfolgung von politisch Andersdenkenden oder Verdächtigen und der Ausschluß vom öffent-

lichen Leben aus ideologischen Gründen 4629; – : Willkür der Polizei 4772; – : Zwangsmaßnahmen zugunsten von Empfängnisverhütung, Sterilisation und Abtreibung 4711; der Gesellschaft oder öffentlichen Autorität steht es nicht zu, das Recht auf Leben den einen vorzubehalten, den anderen aber zu entziehen 4552; ein von der weltlichen Gewalt vollstrecktes Bluturteil ist erlaubt, sofern sie nicht aufgrund von Haß, sondern aufgrund richterlichen Urteils und vorsichtig vorgeht 795; vgl. L 4d (Leib und leibliche Wohlfahrt des Nächsten); L 5g (Menschenrechte).

Prinzipien für den Widerstand gegen Mißbrauch der Staatsgewalt ([a]*von Aufruhr wird abgeraten*, [b]*Tyrannenmord wird verworfen*) [b]1235 [a]3132 [a]3170 3252f 3775f 4453; Gewaltanwendung angesichts offensichtlicher und lange dauernder Gewaltherrschaft, durch die die Grundrechte der menschlichen Person verletzt werden und dem Gemeinwohl eines Staates schwerer Schaden zugefügt wird 4453.

Staat und Kirche: G 7ba; die Nationen sollen die wahre Freiheit der Kirche zur Erfüllung ihrer Sendung anerkennen 4342.

Vgl. C 4gd und L 5c (Gemeinwohl); C 4gh (Autorität in der Gesellschaft); L 1ef (Gewissen und Autorität); L 5g (Menschenrechte); L 5h (Gründung der Sozialnormen in Gott); L 7 (Ordnung der Gesellschaft); L 11 (Ordnung des Eigentums).

## 9. Die Ordnung der Menschheitsfamilie    L 9

Die menschliche Würde und die sich aus ihr ergebenden Rechte kommen allen Völkern gleichermaßen zu 4199; alle Völker sind e i n e Gemeinschaft, haben e i n e n Ursprung und e i n letztes Ziel, Gott 4195; vgl. C 1h (Gott als Ziel der Welt).

Daß Menschen und Völker sich als miteinander verbunden wahrnehmen, ist als sittlicher Wert festzustellen 4817; die wechselseitige Verknüpfung wird als vorherrschendes System von Werten und als sittliche Kategorie in der Welt von heute (in Wirtschaft, Kultur, Wissenschaft, Verwaltung, Religion) angenommen 4817.

Die geschaffenen Güter müssen allen zugute kommen 4448 4818; die gleiche Würde der Personen, die soziale Gerechtigkeit und der gesellschaftliche und internationale Friede erfordern humanere und gerechte Lebensbedingungen; allzu große Ungleichheiten zwischen den Völkern müssen abgebaut werden 4329.

Aus der weltweiten gegenseitigen Abhängigkeit folgt, daß das Gemeinwohl heute mehr Rechte und Pflichten beinhaltet, die das ganze Menschengeschlecht betreffen 4326; die Gruppen der Gesellschaft müssen auf das Gemeinwohl der ganzen Menschheitsfamilie Rücksicht nehmen 4326; die Gewährung von Wirtschaftshilfen darf nicht von Programmen gegen Empfängnis und für Sterilisation und Abtreibung abhängig gemacht werden 4711.

Mitfühlen (Solidarität) ist für die Völker Weg zum Frieden und zum Fortschritt 4818; Zusammenarbeit als eigentlicher Akt des Mitfühlens (Solidarität) zwischen Menschen und Völkern 4818; der Fortschritt der einzelnen Menschen muß sich mit dem Fortschritt des Menschengeschlechts verbinden, ([a]*damit alle Menschen zu menschlicheren Lebensbedingungen gelangen*) [a]4447 4458; dafür ist ein neuer Humanismus aufzuspüren 4447 4457; alle Menschen sollen die Zwistigkeiten zwischen den Nationen und Rassen überwinden und den berechtigten menschlichen Vereinigungen innere Festigkeit verleihen 4342; Christen und Muslime sollen gemeinsam soziale Gerechtigkeit, sittliche Güter und Frieden und Freiheit für alle Menschen schützen und fördern 4197; Friede unter den Staaten durch Bemühung um Abrüstung 3991 4422.

Im Interesse aller wird die Forderung nach einer Weltgesellschaft erhoben 3956 3992f; eine Gemeinschaft von Menschen ist zu errichten, in der jeder ohne Unterschied der Rasse, der Religion oder der Nation wahrhaft menschlich leben kann 4460.

Das allgemeine Wohl der ganzen Menschenfamilie erfordert eine Weltautorität 3992f 3995; die Organisation der Vereinten Nationen als verbindlicher Weg der modernen Zivilisation und des Weltfriedens 4421.

Ein Volk kann für sich politische Unabhängigkeit fordern 3255 3976.

Vgl. C 4gb (Brüderlichkeit, Solidarität und Liebe); C 4gc (Gerechtigkeit und Friede); C 4gd und L 5c (Gemeinwohl); C 4gj (Universale Gemeinschaft der Völker und internationale Institutionen); C 4gk (Völkerrecht); C 4ie (Fortschritt); C 4kd (Bedrohungen und Probleme des Menschengeschlechts); C 4ki (Christlicher Humanismus als wahrer Humanismus); L 5e (Solidaritätsprinzip).

## 10. Die Ordnung der Arbeit

### a. – Der Mensch als Subjekt der Arbeit    L 10a

Die erste Grundlage für die Bedeutung der Arbeit ist der Mensch als ihr Subjekt 4690; die Arbeit dient dem Menschen, nicht der Mensch der Arbeit 4690f; die Arbeit ist ein Gut für den Menschen, weil der

Mensch durch sie nicht nur die Natur umwandelt, sondern mehr Mensch wird 4335 4338 4692; ihre subjektive Bedeutung überragt ihren objektiven Sinn 4690; jede Arbeit ist aufgrund der Würde der Person, die diese Arbeit verrichtet, hochzuschätzen 4690; es ist Irrtum eines primitiven Kapitalismus, den Menschen als Instrument und nicht entsprechend der wahren Würde seiner Arbeit zu behandeln 4691.
Vgl. C 4i (Das menschliche Schaffen); L 3d und L 4e (Arbeit und materielle Güter).

**L 10b**                    b. – Das Kapital im Dienst der Arbeit

Der Arbeit kommt eine größere Bedeutung zu als dem Kapital 4693 4695; dieses Prinzip betrifft unmittelbar den Produktionsprozeß: Die Arbeit ist die vorrangige Wirkursache, das Kapital nur das Instrument bzw. die Instrumentalursache 4693.
Das Kapital darf nicht von der Arbeit getrennt und weder die Arbeit in einen Gegensatz zum Kapital noch dieses in einen Gegensatz zur Arbeit gebracht werden 4695; die Antinomie zwischen Arbeit und Kapital ist zu überwinden 4695.
Der Besitz, insbesondere das Eigentum an Produktionsmitteln, wird durch Arbeit erworben, um der Arbeit zu dienen. Produktionsmittel dürfen nicht als Kapital, das der Arbeit gegenübersteht, betrachtet werden 4697.
Vgl. L 11 (Ordnung des Eigentums).

**L 10c**                         c. – Lohnarbeit

Lohnarbeit ist an sich nicht ungerecht 3733 (3938); die Arbeit darf nicht für eine Ware gehalten werden 3935; bei Arbeitsverträgen muß Rücksicht genommen werden auf die Würde der menschlichen Person 3935f; Arbeitnehmer dürfen nicht als eine Sache ohne Vernunft und Freiheit angesehen werden 3974; empfohlen wird die Regulierung von Arbeitsverträgen durch Gesellschaftsverträge sowie die Mitbestimmung der Arbeiter 3733 3938 3947f; den Bürgern steht es zu, Gewerkschaften beizutreten 3740 3937; Errichtung und Handlungsweise der Gewerkschaften werden begrüßt 4773.
Prinzipien für die gerechte Bemessung des Arbeitslohnes (darunter [a]*der Lebensunterhalt der Familie*, [b]*die wirtschaftliche Lage des Betriebs*, [c]*das Gemeinwohl*) ([a]3266) 3269f [a]3271 ([a]3726) 3733 [a]3735 3736 [c]3737 3773 3935 [abc]3938 3944f [c]3946 [a]3964.
Vgl. L 10a (Der Mensch als Subjekt der Arbeit).

**L 11**                    **11. Die Ordnung des Eigentums**

Gerechtigkeit bei Erwerb und Besitz. Das Recht auf Besitz und Eigentum gründet im göttlichen und natürlichen Gesetz 3133 3265f 3271 3726 (3728) 3771 3935 3938 3943 3949–3951 3965; Recht auf Privateigentum 4696; es dient der Würde der menschlichen Person 3950 3965; es wird als Grundrecht des Menschen insbesondere für unterdrückte Völker betont 773 1495 2746; niemals hat die christliche Überlieferung das Recht auf Eigentum als absolut und unantastbar angesehen 4696; verworfen werden Behauptungen, die einem Sünder das Recht auf Besitz und Erbschaft streitig machen *1121–1125 1154f 1165 1230*; Eigentum steht dem Heil des Menschen nicht im Wege 797.
Das Recht auf Besitz hat einen individuellen und einen sozialen Charakter (3267) 3726 3728 3773 3935 3938 3942 3952 3965 4696; Vorrang des sozialen Charakters 3942 4449f 4696; jeder Mensch hat das Recht, von der Erde zu empfangen, was für ihn notwendig ist; dieser Norm sind alle übrigen Rechte nachzuordnen, auch das Recht auf Eigentum 4448; das Privateigentum räumt niemand ein solches Recht ein, daß es das höchste und keiner Bedingung unterworfen wäre 4449; niemandem ist es erlaubt, Güter, die er im Überfluß besitzt, einzig zu privaten Zwecken in Beschlag zu nehmen, während andere lebensnotwendiger Dinge entbehren 4449; es ist in keiner Weise erlaubt, daß Bürger mit übergroßen Einkünften, die ihnen aus Mitteln und Arbeit ihres Volkes entstehen, einen großen Teil von ihnen einzig zu ihrem privaten Vorteil im Ausland anlegen 4450; die Reichen als Beschützer der Schwächeren sollen bereit sein, ihren Besitz mit ihnen zu teilen 4818; das Gemeinwohl erfordert bisweilen eine Enteignung von Grundbesitz 4450; zu vermeiden ist sowohl der [a]*Individualismus* als auch der [b]*Kollektivismus* [ab]3726 [a]3741 [a]4330 [ab]4766; der Kommunismus untergräbt das Recht auf Eigentum 2786.
Vom Besitz zu unterscheiden ist der Gebrauch der Güter 3267 3727; der Gebrauch der (materiellen) Güter, von Gott zum Nutzen aller geschaffen, steht allen zu 3267 3942 3951 (4448); durch Mißbrauch oder Nichtgebrauch geht das Recht auf Eigentum nicht verloren *1126f 1137f 1166 1168* 3727; die öffentliche Autorität kann das Recht auf Besitz nicht aufheben, sondern kann nur seine Verwendung regeln und mit dem Gemeinwohl in Einklang bringen 3271 3728 3935f.

Der Besitz, insbesondere das Eigentum an Produktionsmitteln, wird durch Arbeit erworben, um der Arbeit zu dienen. Produktionsmittel dürfen nicht als Kapital, das der Arbeit gegenübersteht, betrachtet werden 4697; die Vergesellschaftung von Produktionsmitteln ist nicht auszuschließen 4697; die bloße Enteignung der Produktionsmittel (des Kapitals) genügt nicht, damit ihre Vergesellschaftung in gebührender Weise erfolgt 4698; die Überführung von Produktionsmitteln in Staatsbesitz gemäß der Lehre des Kollektivismus bedeutet noch nicht Vergesellschaftung dieses Eigentums 4699; Vergesellschaftung setzt voraus, daß jeder sich zurecht für den Mitbesitzer jenes gewaltigen "Arbeitsplatzes" halten kann, an dem er zusammen mit den anderen arbeitet 4699.

Titel des Eigentumserwerbs – : Besitzergreifung einer Sache, die niemand gehört 3730; – : Bearbeitung (so daß der Sache ein neues Aussehen oder ein Mehrwert zukommt) 3730; – : persönliche Arbeit, ([a]*die aber nicht der einzige rechtmäßige Titel ist*) 3265 3268f 3731 [a]3732 3773 (3945); Problem des gerechten Lohnes: L 10c (Lohnarbeit); – : Erbschaftsrecht, ([a]*das vom Staat nicht aufgehoben werden kann*) *1122f* [a]3728; – : Ersitzung, vorausgesetzt, der gute Glaube ist vorhanden 816.

Verletzung des Besitzes. Diebstahl und Raub sind von Gott verboten 3133; Plünderer von Schiffbrüchigen werden als Brudermörder exkommuniziert 706; verworfen werden laxistische Behauptungen, die – : Diebstahl begünstigen *1368 2136-2138*; – : gegen die Gerechtigkeit bei der Verrichtung kirchlicher Verpflichtungen verstoßen *2028-2030 2040-2042 2053-2055 2063 2147 (2154)*; – : die Bestechung eines Richters rechtfertigen *2046*; – : die Verpflichtung zur Wiedergutmachung leugnen *1115 2040 2053 2138f*.

Gerechtigkeit bei Geschäften. Durch ein Darlehen darf kein Gewinn erzielt werden, [a]*es sei aufgrund von Titeln* 2546 [a]2548 3105; Rechtfertigung des Gewinns aus Titeln 2743 3106f; Prinzipien zur Bestimmung des erlaubten Gewinnumfangs 3108f.

Zinsnahme wird definiert als Streben nach Gewinn aus dem Gebrauch einer Sache, die keinen Ertrag bringt, ohne Arbeit, ohne Aufwand, ohne Risiko 1442 (2546); verworfen werden – : Zinsnahme [a]*und ähnliche Verträge* 280f 716 747 [a]753 [a]764 906 *2062* [a]*2140 2141f* 2722-2724; – : Wechselgeschäfte 1981f; erlaubte Geschäfte (insbesondere die [a]*Montes pietatis*) 828 1355-1357 [a]1442-1444 2548-2550.

Vgl. C 4gd und L 5c (Gemeinwohl); C 4la (Soziallehre der Kirche); L 4e (Pflichten und Rechte in bezug auf die Arbeit und die materiellen Güter); L 4f (Verantwortlicher Umgang mit der Welt); L 5e (Solidaritätsprinzip); L 10b (Das Kapital im Dienst der Arbeit); L 12 (Ordnung der Wirtschaft).

## 12. Die Ordnung der Wirtschaft                    L 12

Jeder Mensch hat das Recht, von der Erde zu empfangen, was für ihn notwendig ist; dieser Norm sind alle übrigen Rechte, auch die Rechte auf Eigentum und freien Handel, nachzuordnen 4448.

Aufgabe der öffentlichen Gewalten ist es, eine uneingeschränkte Vergesellschaftung der Güter und eine reinliche Festlegung der Wirtschaftsplanung zu vermeiden 4454.

Dem freien Handel wohnt nicht aus sich heraus ein Gesetz der Gerechtigkeit inne. Preise, die in freier Übereinkunft zustande kommen, können ungerechte Folgen haben (Liberalismus) 4463; die Norm des freien Handels genügt nicht mehr, wenn sie bei der Regelung der staatlichen Beziehungen zwischen *allen* Völkern unabhängig vom Grad der Unterschiedenheit ihrer wirtschaftlichen Lage angewandt wird 4463; sie ist dagegen von Nutzen, wenn die Partner sich in ihrer wirtschaftlichen Lage nicht allzusehr voneinander unterscheiden 4463; allzu große wirtschaftliche Ungleichheiten zwischen den Völkern müssen abgebaut werden 4329; das Einverständnis von Partnern, die sich in ihren materiellen Voraussetzungen allzusehr voneinander unterscheiden, genügt keineswegs, um die Billigkeit von Verträgen zu gewährleisten 4464; das Gesetz des freien Einverständnisses ist am Naturrecht auszurichten 4464.

Die Auffassung des strengen Kapitalismus muß ständig überarbeitet werden, damit sie unter Berücksichtigung der Menschenrechte verbessert wird 4698; das freie Spiel des Wettbewerbs wird den Fortschritt nicht ohne weiteres zum Erfolg führen 4454; der Wettbewerb soll durch solche Maßnahmen eingeschränkt werden, durch die er wirklich gerecht, sittlich und menschenwürdig wird 4465; Fortschritt heißt nicht nur Wachstum der Wirtschaft 4447; das soziale Gerechtigkeit gebietet, daß sich mit dem Wirtschaftswachstum stets auch ein Wachstum auf sozialem Gebiet verbindet 3944 (4441); die bloße Anhäufung von Gütern und Dienstleistungen bewirkt nicht das menschliche Glück 4811; es ist Irrtum eines primitiven Kapitalismus, den Menschen als Instrument und nicht entsprechend der wahren Würde seiner Arbeit zu behandeln 4691.

Verworfen werden die Auffassungen, der Hauptantrieb zur Förderung des wirtschaftlichen Fortschritts sei der Profit, der freie Wettbewerb sei die oberste Norm der Wirtschaft und der Privatbesitz an Produktionsmitteln sei ein absolutes Recht ohne Grenzen und ohne Sozialpflicht 4451; verworfen wird ein – : zügelloser Liberalismus 4451; – : "internationaler Imperialismus des Finanzkapitals" 4451.

Vgl. C 4gd und L 5c (Gemeinwohl); C 4gj (Universale Gemeinschaft der Völker und internationale Institutionen); C 4ie (Fortschritt); C 4kd (Bedrohungen und Probleme des Menschengeschlechts); C 4l (Moderne Gesellschaftslehren und Soziallehre der Kirche); L 7-11 (Ordnung der Gesellschaft, des Staates, der Menschheitsfamilie, der Arbeit, des Eigentums).

**L 13**

### 13. Die Ordnung der Kultur

Die geistigen Prinzipien für das Erbauen der modernen Zivilisation können nur auf dem Glauben an Gott beruhen 4424; Jesus fordert eine Nachfolge, die den ganzen Menschen, alle Menschen, die ganze Welt umfaßt 4614; die menschliche Kultur bzw. die Kulturen müssen evangelisiert und so wiedergeboren werden 4576 4578; der wahre Fortschritt hat sich auf die Liebe zu Gott und zum Nächsten zu gründen 4815; die Christen müssen jene Zivilisation der Liebe verwirklichen, die eine Zusammenfassung des ganzen ethisch-kulturellen Erbes des Evangeliums ist 4776 (4815); einer Konsumkultur als "Wegwerf"- und "Abfall"-Kultur liegt eine falsche Auffassung von Fortschritt zugrunde 4812.

Christlicher Humanismus als wahrer Humanismus: C 4ki.

Die Jugend hat die Aufgabe, ständig den Sinn des Lebens wiedereinzuführen, die Kulturen und den Geist zu erneuern; sie soll eine Reaktualisierung des Lebens sein 4491.

Die Menschen, besonders die Jugendlichen, sind zu einer Kultur des Herzens zu erziehen 4331; Erziehungsarbeit 4776.

Die methodische Forschung in allen Disziplinen muß gemäß den sittlichen Normen vorgehen 4336.

Vgl. C 1ic (Autonomie der irdischen Dinge); C 4i (Menschliches Schaffen); bes. C 4id (Menschliches Forschen und Wissenschaften); C 4ie (Fortschritt); C 4l (Moderne Gesellschaftslehren); G 3cd (Evangelisierung und Kultur); G 7ae (Kirche und Kultur); L 1eb (Gewissensbildung); L 2e (Tugend der Liebe); L 2f (Vereinigung mit Gott); L 5b (Die Gesellschaft und ihre Verantwortung); L 5h (Gründung der Sozialnormen in Gott); L 7 (Ordnung der Gesellschaft); L 9 (Ordnung der Menschheitsfamilie).

**L 14**

### 14. Die Ordnung der Kirche

Die Ordnungsprinzipien der Kirche und die sich daraus ergebenden Verpflichtungen werden in den Kapiteln über die Kirche (G) und das kirchliche Dienstamt (H) thematisiert.

Vgl. bes. G 3ab (Kirchliche Einheit als Einheit in der Vielfalt); G 3ad (Kirche aus und in Kirchen); G 3ae (Kirche als rechtlich verfaßte Gesellschaft); G 4a (Zugehörigkeit zur Kirche); G 4b (Berufung und Sendung der Gemeinschaft der Glaubenden); G 4bg (Glaubende und Autorität der Kirche); G 5 (Die Laien in der Kirche); G 7 (Verhältnis der Kirche zum Menschengeschlecht, zu Gesellschaft, Kultur, Staat und internationalen Institutionen); H 1 (Herkunft und Eigenart des kirchlichen Dienstamtes); H 2 (Hirtendienst der Bischöfe); H 2a (Recht der Kirche, Ungehorsam zu bestrafen); L 2c (Tugend des Glaubens); L 2f (Vereinigung mit Gott: christlicher Gehorsam gegenüber den Geboten Gottes und der Kirche).

## M. – GOTT VOLLENDET WELT UND MENSCH IN SEINEM REICH

### 1. Der Anbruch des Reiches Gottes in der Geschichte

**M 1a**

#### a. – Das Reich Gottes ist in Christus angebrochen

Das Reich Gottes – : wurde von Gott selbst auf Erden grundgelegt und muß weiter ausgebreitet werden, bis es von Christus vollendet wird 4123; – : ist auf Erden schon im Geheimnis da und wird mit der Wiederkunft des Herrn vollendet werden 4339; die Welt wurde von Christus von der Knechtschaft der Sünde befreit, um nach Gottes Ratschluß umgestaltet und vollendet zu werden 4302; die Wiederherstellung von allem hat in Christus und in der Sendung des Hl. Geistes begonnen und geht durch den Geist in der Kirche weiter 4168; vgl. B 3b (Der Geist Gottes in Schöpfung und Heilsgeschichte); G 1be (Kirche, Werk des Hl. Geistes); die christliche Gemeinschaft der Erdenpilger führt näher zu Christus hin 4170; in Christus ist der Schlüssel, der Mittelpunkt und das Ziel der ganzen Menschheitsgeschichte zu finden 4310.

Der Erhöhte – : wirkt beständig in der Welt, um die Menschen durch die Kirche seines Lebens in Herrlichkeit teilhaftig zu machen, indem er sie mit seinem Leib und Blut nährt 4168; vgl. K 5ec (Eucharistie - Auswirkung auf die Glaubenden).

Verworfen wird die Behauptung des Millenarismus bzw. Chiliasmus: [Christus wird vor dem Endgericht sichtbar in diese Welt kommen, um zu herrschen] 3839; verworfen wird: [Die Ankunft am Ende der Zeit könnte dem Vater zugeschrieben werden] *737*.

Vgl. C 4fh (Christus, der vollkommene Mensch); C 5d (Das Reich Gottes und Christi als Ziel der Geschichte); D 7ba (Der Urheber der Sündenvergebung); E 2bb (Christi Wirken unter den Menschen); E 2fc (Vollendung und Übergabe des Reiches Gottes); E 3a (Christus, Mittler des Heils); E 3bc und E 3bd (Priester- und Königtum Christi); G 2bb (Kirche und Reich Gottes).

## b. – Der endzeitliche Charakter der pilgernden Kirche      M 1b

Die Kirche ist unterwegs zum himmlischen Jerusalem und nimmt in der irdischen Liturgie vorauskostend an der himmlischen teil 4008 4171; in der Liturgie erwartet die Kirche Christi Wiederkunft 4008; in der Eucharistie wird das Unterpfand der ewigen Herrlichkeit gegeben 1638 4047 (4168 4338); vgl. G 3ab (Kirchliche Einheit in der Vielfalt); G 3b (Heiligkeit der Kirche); J 1a (Wesen der Liturgie); K 5ec (Eucharistie – Auswirkung auf die Glaubenden); die pilgernde Kirche – : wächst in Christus und wird von Gott geführt, bis sie zur Fülle der ewigen Herrlichkeit gelangt 4190; – : wird erst in der himmlischen Herrlichkeit vollendet werden 4168 (4179) 4190 (4332 4340); vgl. G 1bf (Vollendung der Kirche); – : erwartet zusammen mit den Propheten den Tag der Vollendung 4198; – : trägt bis zur Vollendung der Welt in ihren Sakramenten und Einrichtungen die Gestalt dieser Welt 4168; – : lebt selbst unter den Geschöpfen, die die Vollendung erwarten 4168; vgl. G 2bb (Sakramentalität der Kirche: Kirche in der Welt); G 3bb (Heiligkeit und Sünde in der pilgernden Kirche); bis der Herr kommt, pilgern die einen auf Erden, während die Verstorbenen gereinigt werden oder verherrlicht Gott schauen 4169; vgl. M 2bc (Läuterung des Menschen); M 3bb (Schau Gottes); der Christ geht, durch Hoffnung gestärkt, der Auferstehung entgegen 4322; vgl. L 2d (Tugend der Hoffnung).

Die Erneuerung der Welt wird durch die Heiligkeit der Kirche vorweggenommen 4168; die Früchte der Heiligkeit des Gottesvolkes werden durch das Leben vieler Heiliger aufgezeigt 4166; vgl. G 3b (Heiligkeit der Kirche).

Eschatologischer Glaube und irdische Realitäten. Die eschatologische Hoffnung stützt die Erfüllung der irdischen Aufgaben durch neue Motive 4321 4334 4339 (4343); ohne die Hoffnung auf das ewige Leben wird die Würde des Menschen verletzt, und die Rätsel von Leben und Tod, Schuld und Schmerz bleiben ohne Lösung 4321; der Glaube ist die eschatologische Interpretation der Existenz 4492; ein Christ, der wegen des künftigen Lebens seine zeitlichen Pflichten vernachlässigt, bringt sein ewiges Heil in Gefahr und weicht von der Wahrheit ab 4343; Aufgabe der Laien ist es, in der Ausführung und gottgemäßen Ordnung der zeitlichen Dinge das Reich Gottes zu suchen 4157; das Reich Gottes ereignet sich in geschichtlichen Verwirklichungen, ⟨doch⟩ erschöpft sich nicht in ihnen 4614; vgl. C 4ic (Die Ordnung menschlichen Schaffens); C 4ij (Die Christen und das menschliche Schaffen); G 4bf und G 6cb (Aufgaben der Glaubenden/der Laien in der Welt); L 2d (Tugend der Hoffnung).

Der irdische Fortschritt hat große Bedeutung für das Reich Gottes, insofern er zu einer besseren Ordnung der menschlichen Gesellschaft beitragen kann 4339; vgl. C 4ie (Menschlicher Fortschritt).

Die Gemeinschaft der Heiligen ist die gegenseitige Mitteilung von Hilfe, Sühnung, Fürbitten und Wohltaten unter den Glaubenden, die entweder die himmlische Heimat schon erreicht haben oder dem Sühnefeuer überantwortet sind oder noch auf Erden pilgern und die zu einer einzigen Bürgerschaft zusammenwachsen 3363; die Lebenden können mit den Verstorbenen in Christus Gemeinschaft haben 4318; die Gemeinschaft mit den Heiligen verbindet mit Christus 4170; die Glaubenden in irdischer und himmlischer Kirche – : haben in verschiedener Abstufung und Art Gemeinschaft in derselben Liebe Gottes und den Nächsten und singen Gott denselben Lobgesang 4169; – : wachsen im Geist Christi zu der einen Kirche zusammen und sind in Ihm miteinander verbunden 4169; – werden in ihrer Einheit durch die Mitteilung geistlicher Güter gestärkt 4169; das Ineinander von irdischer und himmlischer Bürgerschaft kann nur im Glauben begriffen werden 4340; vgl. F 2cd (Gaben des Hl. Geistes); G 2bb (Kirche und Reich Gottes); G 3ab (Kirchliche Einheit in der Vielfalt); G 3ac (Die eine Kirche, erbaut durch die Vielzahl der Charismen); G 3b (Heiligkeit der Kirche); J 1a (Wesen der Liturgie).

Der Glaube der Bekenntnisse an die Gemeinschaft der Heiligen 19 26–30; der Glauben unserer Vorfahren an die Gemeinschaft der Heiligen wird bestätigt 4171; die Kirche hat immer das Gedächtnis der Verstorbenen gepflegt und Fürbittgebete für sie dargebracht 4170; die Eucharistie als Sakrament der Gemeinschaft mit Lebenden und Verstorbenen: K 5ed.

Die Heiligen – : legen Fürsprache ein für die Menschen 1821 1867 2187 4169f; – : erwirken Wohltaten von Gott durch Christus 4169f; vgl. E 6d (Teilhabe der Menschen am Werk Jesu Christi); – : weisen einen Weg zur vollkommenen Einigung mit Christus oder zur Heiligkeit 4170; der Schutz der Heiligen 3363; die Heiligen im Himmel festigen durch ihre Vereinigung mit Christus die Kirche in der Heiligkeit, adeln den irdischen Gottesdienst und tragen zum Aufbau der Kirche bei 4169; vgl. G 3b (Heiligkeit der Kirche); G 4ba (Berufung zur Heiligkeit); J 1d (Subjekte der Liturgie); die Apostel und Martyrer sind durch ihr Zeugnis in Christus enger mit uns verbunden 4170; die verherrlichte Mutter Jesu, Bild und Anfang der zu vollendenden Kirche, leuchtet dem pilgernden Volk Gottes als Zeichen der Hoffnung und des Trostes voran 4179; vgl. E 6f (Maria, Inbild der Kirche); G 3b (Heiligkeit der Kirche); Verehrung der Heiligen: J 1eg; M 3bd.

Die Seelen in der Läuterung haben Anteil an der Gemeinschaft der Heiligen 3363; sie können selbst nichts für sich tun und sind auf die Fürbitte anderer angewiesen 1398 1405; Möglichkeiten, wie den Glaubenden helfen können: [a]Meßopfer, [b]Gebete, [c]Almosen, [d]andere Wohltaten und Werke der Frömmigkeit ([a]583) [a]741 [acd]797 [abcd]856 [abcd]1304 [bc]1405 [a]1743 [a]**1753** [a]**1820** [a]1866f [a]2535 [a]3363; vgl. J 1e (Frömmigkeitsformen), bes. J 1ee (Gebet); K 5ed (Eucharistie – Sakrament der Gemeinschaft mit Lebenden und Verstorbenen); L 4e (Almosen); M 2bc (Läuterung des Menschen).

Ablässe können den Seelen am Reinigungsort auf die Weise der Fürbitte zugewendet werden 1398 1405 1448; in welchem Maße zugewandte Ablässe wirken, wird erörtert 1448 2750; verworfen werden Behauptungen, die die Nützlichkeit von Ablässen für Verstorbene bestreiten *1010 1416 1472 1490 2642f*; verworfen wird: [Die Seelen, die durch Fürbitten anderer befreit wurden, werden weniger selig, als wenn sie durch sich selbst Genugtuung geleistet hätten] *1490*; vgl. K 10b (Ablässe).

## 2. Die Vollendung der Herrschaft Gottes

**M 2a**          a. – Der universale Aspekt: Die Wiederkunft Christi und das allgemeine Gericht

**2aa**    **Der Glaube (der Bekenntnisse) an die Wiederkunft**. Die ${}^a$*herrliche* Wiederkunft Christi ${}^b$*in seinem Fleisch* ${}^a$6 10–30 ${}^a$40–42 ${}^a$44 ${}^{ab}$46 ${}^{ab}$48 50f 55 ${}^a$60 61–64 76 125 ${}^a$150 ${}^b$167 325 414 443 485 492 681 ${}^b$791 801 852 4123 ${}^{ab}$4168 4571; das Mysterium Christi wird am Ende in vollem Lichte offenbar werden 4121; die Kirche erwartet Christi Kundwerdung als eine im Hinblick auf die Lage der Menschen sogleich nach dem Tod unterschiedene und spätere 4655; exegetische Probleme 3433 3628–3630; vgl. E 2fa (Wiederkunft Christi).

**2ab**    **Der Glaube (der Bekenntnisse) an das Gericht**. Das Gericht Christi 10–30 40//51 55 60–64 76 125 150 325 414 443 485 492 540 574 681 791 801 852 859 1549 4168; die Menschen werden über ihre Taten Rechenschaft ablegen 76 859 1002 4168; vgl. E 2fb (Gericht Christi).

Der Tag des Gerichtes ist Engeln und Menschen unbekannt, auch ${}^a$*dem Apostel Paulus* 474f ${}^a$3629; Christus kennt diesen Tag nur aufgrund seiner Gottheit 474–476; vgl. E 5dc (Wissen Christi).

(Auch) die Muslime erwarten ein Letztes Gericht 4197.

**M 2b**          b. – Der individuelle Aspekt: Der Tod als Tor zum Leben und das individuelle Gericht

**2ba**    **Der Tod des Menschen**. Der Mensch hat sich den Tod aufgrund der Sünde, nicht aufgrund von Naturnotwendigkeit zugezogen 146 222 372 **1512** 2617; nach dem Tod besteht ein geistiges Element fort, "Seele" genannt, das mit Bewußtheit und Wille begabt ist, so daß das "menschliche Ich" selbst, in der Zwischenzeit jedoch ohne die Ergänzung seines Leibes, fortbesteht 4653; geistige Formen des Todes: die Philosophien des Egoismus, der Lust, der Verzweiflung und des Nichts 4492; vgl. C 4ef (Leiden und Tod des Menschen); D 2bc (Auswirkung der Ursünde).

Das Ende dieses Lebens bedeutet für den Menschen auch das Ende der Möglichkeit, sich Verdienste zu erwerben *1488*; ein Mensch, der seine Bekehrung bis ans Lebensende aufschiebt, wird kaum Zeit zur Wiederversöhnung finden 310.

Christus hat ${}^a$*durch seine Auferstehung* die Macht des Todes besiegt 72 ${}^a$485 3901 4006 4318 4332; vgl. E 3a (Jesus Christus, Mittler des Heiles).

**2bb**    **Das individuelle Gericht**. Ein spezielles Gericht mit der Bestimmung zum Himmel, zum Reinigungsort oder zur Hölle erfolgt sogleich (mox) nach dem Tod (857f 1002 1304–1306); dasselbe ergibt sich aus der widerrufenen Behauptung Johannes' XXII.: [Die Verdammten werden ihre ewige Strafe nicht vor dem Tag des Jüngsten Gerichts antreten] 990°; bevor sie mit Christus herrschen, müssen die Menschen vor ihm über ihr leibliches Leben Rechenschaft ablegen 4168; jeder wird vor dem Richterstuhl Gottes für sein Leben Rechenschaft ablegen müssen 4317; der Mensch wird seinen Lohn empfangen für das, was er in seinem Leibe getan hat 443 574 1002 4168; vgl. M 3b (Ewige Seligkeit); M 3c (Die Seligkeit – Gnade und Lohn); M 3d (Verwerfung des Menschen).

**2bc**    **Die Läuterung des Menschen**. Am Reinigungsort (purgatorium) werden die Menschen geläutert 838 856; wenn die Kirche von Reinigungsort spricht, denkt sie an eine der Anschauung Gottes vorgängige Reinigung, die von der Strafe der Verdammten verschieden ist 4657.

Die Existenz des Reinigungsortes wird bejaht *1010 1487* **1820** 1867 3554.

In die Läuterung kommen die Seelen der Menschen, die zwar im Stande der Gnade gestorben sind, aber noch nicht vollkommen Genugtuung geleistet haben für ihre Sünden und Sündenstrafen 838 856 1066 **1304** 1398 **1580** (4169 4171).

Die Läuterung wird aufgefaßt als ein ${}^a$*vorübergehendes (zeitliches)* Feuer ${}^a$838 ${}^a$1067 1398 3363.

Verworfen werden Behauptungen über Seelen, die in der Läuterung sündigen und ihres Heiles nicht sicher sind *1488f*.

Zum Anteil der Seelen in der Läuterung an der Gemeinschaft der Heiligen vgl. M 1b.

## 3. Das Leben der zukünftigen Welt

### a. – Die Auferstehung von den Toten M 3a

Der Glaube (der Bekenntnisse) an die Auferstehung des Fleisches (bzw. der Toten) 2 5 10–30 36 41//51 55 60 63 76 150 190 200 540 574 684 797 854 (4338) 4651; alle werden auferstehen 443 493 540 801 859 1002 4168 (4339).

Die Auferstehung bezieht sich auf den ganzen Menschen 4652; der Mensch wird auferstehen – : in demselben Fleisch, das er getragen hat 23 72 76 325 485 684 797 801 854; – : nicht in irgendeinem anderen Fleisch 540 574 797; – : nicht in einem ᵃ*luftigen Schatten* oder in einem ᵇ*Schatten einer eingebildeten Erscheinung* ᵃ540 ᵃᵇ574; verworfen werden Irrtümer über die Verfassung der Leiber nach der Auferstehung *407 1046*; vgl. M 3bc (Verklärung des Leibes); Zusammenhang zwischen Leugnung der Auferstehung und Leichenverbrennung 4400.

Die Verherrlichung des Hauptes des mystischen Leibes Christi ist auch ein Hinweis auf die künftige Herrlichkeit der Glieder (358) 414 (485); Christus, (ᵃder Lebendigmacher der Verstorbenen,) erweckt die Toten 72 ᵃ369 485; verworfen wird aber: [Die Auferstehung der Toten ist nur den Verdiensten Christi zuzuschreiben] *1910*; vgl. E 3a (Jesus Christus, der Mittler des Heils).

Der Mensch wird seinen Lohn empfangen für das, was er in seinem Leibe getan hat 443 574 1002 4168; vgl. M 2bb (Individuelles Gericht); M 3bf (Ewiges Leben und Herrschen mit Christus); M 3c (Die Seligkeit – Gnade und Lohn); M 3d (Verwerfung des Menschen).

### b. – Die ewige Seligkeit M 3b

**Voraussetzungen der Seligkeit.** Der Zugang zur Seligkeit war allen bis zum Tod Christi verschlossen 780 **3ba** 1000; der Zugang stand vom Himmelfahrt Christi an offen **1000**; verworfen wird: [Die Heiligen weilten schon vor der Erlösung im Paradies] *337*.

Bedingungen von seiten des Menschen: Der Tod im Stand der Gnade bzw. in der Liebe 839 **1546 1582** (4168); die Kirche glaubt an die Seligkeit der Gerechten 4657; der Zugang steht offen für – : jene, die nach der Taufe überhaupt keine Sünde mehr begangen haben 857 925 **1305**; – : jene, die (auf Erden oder am Reinigungsort) ᵃ*vollständig* gereinigt worden sind oder genuggetan haben 857 925 ᵃ990f **1000** 1067 ᵃ1074 **1305** (4169 4171); – : die Kinder, die nach der Taufe ᵃ*noch vor dem Gebrauch des freien Willens* gestorben sind (794) 839 ᵃ**1000** 1316; die Kirche kennt keinen anderen Weg außer der Taufe, um den kleinen Kindern mit Gewißheit den Zugang zur ewigen Seligkeit zu eröffnen 4671; vgl. K 3f (Notwendigkeit der Taufe).

Die gereinigten Seelen gelangen sogleich (ᵃ*mox*/ᵇ*statim*) nach dem Tod, noch ᶜ*vor der Wiederannahme des Leibes und dem allgemeinen Gericht* zur Seligkeit ᵇ857 ᵃ925 ᵃᶜ991 ᵃᶜ**1000** ᵃᶜ1067 ᵃ**1305** ᵇ1316; verworfen wird die entgegengesetzte Behauptung: [Die vom Leib getrennte Seele hat vor der Auferstehung des Leibes nicht die seligmachende Schau] *990° 1009*.

Die endgültige Seligkeit kann nicht schon in diesem Leben erworben werden *894*.

**Die Schau Gottes – Grund der Seligkeit.** Die Seligen sehen – : das göttliche Wesen 990f **1000** 1316; – : den **3bb** einen und dreifaltigen Gott und ᵃ*die göttlichen Hervorgänge* 1305 ᵃ3815 4169; – : in einer ᵃ*unmittelbaren Schau* und ᵇ*von Angesicht zu Angesicht* ᵇ990f ᵃᵇ**1000** ᵇ1067; – : das göttliche Wesen unverhüllt, klar und offen **1000 1305**; – : unmittelbar, d. h. ohne Vermittlung eines Geschöpfs, das sich als gesehener Gegenstand darböte **1000**; auch die von den Leibern getrennten Seelen sehen das göttliche Wesen von Angesicht zu Angesicht, soweit es ihre Verfassung zuläßt 991; vgl. C 4jb (Berufung des Menschen zur Gemeinschaft mit Gott).

Charakteristik der ewigen Seligkeit. Seligkeit besteht – : ᵃ*im Genuß des göttlichen Wesens*; – : ᵇ*in der Schau* und ᶜ*Liebe* Gottes ᵃ**1000** ᵇᶜ1067 ᶜ1316; – : in der vollkommenen Gemeinschaft mit Gott und den Menschen, wo Gott alles in allem ist und es keine Tränen mehr geben wird 4627; sie wird Himmel, himmlisches Paradies, ewige Heimat genannt 839 991 1000 4627.

Die Seligen sehen Gott auf ewig ᵃ*ohne Unterbrechung* **1000** ᵃ**1001**; vgl. M 3bf (Ewiges Leben und Herrschen mit Christus).

Verworfen werden die Aussagen: [Die Seligkeit besteht in der Schau lediglich des Glanzes Gottes, der von seinem Wesen ausströmt] *1009*; [Gott kann sein Wesen begrenzten Seienden nur in einer diesen angemessenen Weise mitteilen, d. h. insofern er der Urheber der Werke nach außen ist] *(3227) 3238–3240*.

Die Schau Gottes läßt die Akte des Glaubens und der Hoffnung schwinden, insofern sie theologische Tugenden sind 1001; vgl. L 2c; 2d (Tugenden des Glaubens und der Hoffnung); sie schließt aber nicht die fromme Furcht aus *735*; verworfen werden die Behauptungen: [Im ewigen Leben sollen wir nicht unter Gott sein wie ein Knecht unter seinem Herrn] *959*; [Wir werden vollständig in Gott umgestaltet] *960*.

Die unmittelbare Erkenntnis Gottes ist der menschlichen Seele nicht angeboren oder wesentlich, noch ist sie identisch mit dem Verstandeslicht 2841 2844f 3237; verworfen wird: [Gott kann keine verstandesbegabten Wesen schaffen, ohne daß er sie auf die seligmachende Schau hinordnet] 3891.

Weder die Hl. Schriften noch die Theologen bieten genügend Licht, um das künftige Leben nach dem Tod richtig zu beschreiben 4659; zwischen dem gegenwärtigen Leben in Christus und dem künftigen Leben besteht ein grundsätzlicher Zusammenhang und ein großer Unterschied 4659.

**3bc** **Die Verklärung des Leibes.** Die Menschen werden mit ihren Leibern vor dem Richter erscheinen, um für die in ihrem Leibe begangenen Taten Rechenschaft abzulegen 574 1002; Christus wird unseren Leib dem Leib seiner Klarheit gleichgestalten 4168; vgl. E 3a (Jesus Christus, der Mittler des Heiles); die Mutter Jesu ist schon im Himmel mit Leib und Seele verherrlicht 4179; vgl. E 6ea (Mariens Aufnahme in den Himmel).

**3bd** **Die Gemeinschaft der Engel und Heiligen.** Die Seligen werden den Engeln zugesellt 443 991 **1000** (4170).

Verehrung der Heiligen: In der Liturgie wird das Gedächtnis der Heiligen verehrt und Gemeinschaft mit ihnen erhofft 4008; die Kirche verehrt die Apostel und Martyrer zugleich mit der seligen Jungfrau Maria und den hl. Engeln und sucht ihre Fürbitte 4170; Maria ist im Himmel über alle Seligen und Engel erhöht 4179; jede liturgische Verehrung, die Engeln und Menschen gezollt wird, mündet in der Verehrung der Dreifaltigkeit (675 1824f) 3325 4171; die Liebe zu den Heiligen im Himmel zielt auf Christus und durch ihn auf Gott 4170; Gott ist wunderbar in seinen Heiligen und wird in ihnen gepriesen 4170; im Leben der Heiligen tut Gott seine Gegenwart und sein Antlitz den Menschen kund, redet sie an und gewährt ein Zeichen seines Reiches 4170; echte Verehrung der Heiligen besteht in der Stärke tätiger Liebe 4171; vgl. A 1c (Etappen der Offenbarung); E 6 (Maria, die Mutter Jesu Christi); J 1eg (Heiligenverehrung); M 1b (Gemeinschaft der Heiligen).

Heiligenverehrung wird als erlaubt verteidigt und als nützlich empfohlen 675 1821–1825 1867; in welchem Sinne Messen zu Ehren von Heiligen erlaubt sind 1744 (1755) 3363; vgl. J 1eg.

**3be** **Die Vollendung der Welt.** Der wachsende Leib der neuen Menschheitsfamilie bietet eine umrißhafte Vorstellung von der neuen Welt 4339; das Reich Gottes ereignet sich in geschichtlichen Verwirklichungen, erschöpft sich aber nicht in ihnen oder identifiziert sich mit ihnen 4614; die Wiederherstellung von allem hat in Christus und in der Sendung des Hl. Geistes begonnen und geht durch den Geist in der Kirche weiter 4168; vgl. B 3b (Der Geist Gottes in Schöpfung und Heilsgeschichte); G 1be (Kirche, Werk des Hl. Geistes); Mensch und Welt werden am Ende der Zeit vollkommen in Christus erneuert 4168; Christus wird in seinen Heiligen und allen, die geglaubt haben, verherrlicht werden 4168; Gott wird eine neue Wohnstätte und eine neue Erde bereiten, auf der Gerechtigkeit und Friede wohnen 4339; die Kinder Gottes werden zu ewigem Leben auferweckt, die Liebe und ihr Werk bleiben, die ganze Schöpfung wird von der Vergänglichkeit befreit 4339.

Die Menschen kennen nicht Zeitpunkt und Weise der Vollendung der Erde und der Menschheit 4339; verworfen wird eine materialistische Erklärung des Weltuntergangs *1361*.

Vgl. C 5 (Ziel und Vollendung der Geschichte).

**3bf** **Das ewige Leben und Herrschen mit Christus.** Der Glaube der Bekenntnisse an ein ewiges Leben 3f 11° 15 19–30 36 41//51 60 72 76 150 854.

Christus – : wird dem Vater ein ewiges und allumfassendes Reich übergeben 4339; – : gibt den Menschen Anteil an seiner Unsterblichkeit 413; – läßt die Glaubenden an seinem Reich teilhaben 540 4162 (4339); das Reich Christi ist das Reich der Wahrheit, des Lebens, der Heiligkeit, Gnade, Gerechtigkeit, Liebe und des Friedens, in dem die Schöpfung zur Freiheit der Kinder Gottes befreit wird 4162 (4339); am Tag der Vollendung werden die aus Gnade geretteten Menschen als von Gott und Christus, ihrem Bruder, geliebte Familie Gott vollkommene Ehre erweisen 4332; vgl. E 2fc (Vollendung und Übergabe des Reiches Gottes); E 3bc (Königtum Christi).

Die K i r c h e wird – : in das himmlische Reich eingehen 493; – : [a]*am Ende der Zeiten* [b]*in der himmlischen Herrlichkeit* [c]*in der kommenden Welt* [a]4102 [b]4168 [c]4179 [b]4190 [a]4332 [a]4340 vollendet werden; dann werden alle Gerechten von Adam an in der allgemeinen Kirche beim Vater versammelt werden 4102; die Kirche ist in Maria schon zur Vollkommenheit gelangt 4178f 4656; ihre leibliche Verherrlichung nimmt die aller übrigen Erwählten vorweg 4656; vgl. E 6f (Maria – Inbild der Kirche und der Glaubenden); G 1bf (Vollendung der Kirche); der Glaube der Bekenntnisse an ein Himmelreich 3f 44 46 48 60 63; die Kirche, die Heiligen und die Glaubenden werden mit Christus [a]*auf ewig* herrschen [a]540 [a]575 1821 2187 3363; die Herrschaft Christi wird kein Ende haben 41f 44 46 48 60 150; das Wort Gottes bleibt in Ewigkeit 4235.

Die Seligen sehen Gott auf ewig [a]*ohne Unterbrechung* **1000** [a]**1001**; vgl. M 3bb (Die Schau Gottes – Grund der Seligkeit).

Das ewige Leben ist eine Frucht der Rechtfertigung, Gnade und Lohn für die guten Werke 72 443 485 540 (574) (801 839) 1351 **1545–1547** (1552) 1576 1582 (3957 4168); vgl. F 3d (Der gerechtfertigte Mensch wird vollendet, indem Gott seine Verdienste aus Gnade belohnt); M 3c (Die Seligkeit – Gnade und Lohn).

**M 3c**                              c. – Die Seligkeit – Gnade und Lohn

Der Mensch ist als Kind Gottes zur Gemeinschaft mit Gott und zur Teilhabe an seiner Seligkeit berufen 4321; vgl. C 4jb (Berufung des Menschen zur Gemeinschaft mit Gott); M 3b (Ewige Seligkeit).

Die Seligkeit verdankt sich der Gnade Gottes 377 443; jeder Mensch bedarf zur Seligkeit des Lichtes der Herrlichkeit, das ihn erhebt 895; verworfen wird: [Der Mensch kann schon in diesem Leben die endgültige Seligkeit nach jedem Grad der Vollkommenheit erlangen] 894.

Die immerwährende Seligkeit, das ewige Leben sind der Lohn für die guten Werke 76 377 443 485 802 1545f 1638 4168; wenn die Menschen der menschlichen Würde, brüderlichen Gemeinschaft und Freiheit im Geist des Herrn gedient haben, werden sie im Reich des Vaters verklärt 4339; die guten Menschen werden zu ewiger Herrlichkeit auferstehen 801 (4168); sie empfangen das Reich unbegrenzter Seligkeit, die ewige Heimat 574 839; sie sind Erben der ewigen Herrlichkeit 3957; vgl. M 3bf (Ewiges Leben und Herrschen mit Christus).

Angesichts der Verschiedenheit der Verdienste genießt der eine eine vollkommenere Seligkeit als der andere 1305 (1582); verworfen wird jedoch: [Seelen, die durch die Fürbitten anderer aus dem Reinigungsort befreit wurden, werden weniger selig, als wenn sie durch sich selbst Genugtuung geleistet hätten] 1490.

In der Seligkeit muß der Mensch nicht fürchten, wieder zu fallen 443; vgl. die verworfene Behauptung: [Die präexistenten Seelen wurden der Schau Gottes überdrüssig und fielen deshalb ab] 403.

Vgl. F 3d (Der gerechtfertigte Mensch wird vollendet, indem Gott seine Verdienste aus Gnade belohnt).

## d. - Die Verwerfung des Menschen          M 3d

Existenz der Hölle. Die Seelen der in einer aktuellen Todsünde Verstorbenen kommen in die Hölle (338 342) 839 858 926 **1002** 1075 **1306**; die Kirche glaubt, daß der der Anschauung Gottes beraubte Sünder mit ewiger Strafe belegt sein wird und nennt dies Hölle 4657; Christus hat durch sein Leiden nicht die untere Hölle vernichtet 1077; verworfen wird: [Er hat die Hölle vollkommen vernichtet] *1011*; vgl. E 2cb (Hinabstieg in die Unterwelt).

Wesen der Hölle. Die Strafe der Hölle wird gekennzeichnet durch [a]*Pein*, [b]*Marter* und [c]*Feuer (Glut)* [c]76 [c]338 [c]342 [a]443 [a]485 [c]575 [b]780 ([c]2626); diese Strafe ist ewig ([a]unauslöschliches Feuer) 72 76 212 342 [a]443 486 574 596 630 780 801 839 4657; verworfen werden Behauptungen über eine künftige Kreuzigung Christi für die Dämonen und die Wiederherstellung der Dämonen und Verdammten 409 411.

Ursachen der Verdammung. Für das, was er in seinem Leibe getan hat, wird der Mensch seinen Lohn empfangen 443 574 1002 4168; vgl. M 2bb (Individuelles Gericht); M 3bf (Ewiges Leben und Herrschen mit Christus); M 3c (Die Seligkeit - Gnade und Lohn); aufgrund ihrer freien Entscheidung werden die Menschen verdammt 443; - : wegen schwerer Vergehen 342; - : wegen eines Todes [a]*ohne Buße* im Stand der [b]*Todsünde* ([c]*aktuellen Sünde*) [c]627 [c]780 [ab]839 [c]1002 [b]1075 [bc]1306; nicht gerettet wird, wer - : weiß, daß die katholische Kirche von Gott als eine notwendige gegründet wurde, ohne in sie eintreten oder in ihr ausharren zu wollen 4136; - : im Schoße der Kirche zwar dem Leibe, aber nicht dem Herzen nach verbleibt 4137; - : im Denken, Reden und Handeln nicht der Gnade Christi entspricht 4137.

Theorie des Limbus. Die Strafe für die Ursünde ist das Entbehren der Schau Gottes (184 219) 780; vgl. D 2bc (Auswirkung der Ursünde); es gibt keinen im pelagianischen Sinne mittleren Ort zwischen dem Reich Gottes und der Verdammung (184) 224 *2626*; verworfen wird: [Die Seelen der Kinder, die von christlichen Eltern geboren werden und ohne Taufe sterben, kommen in ein irdisches Paradies, die Seelen der Kinder aber, die von nichtchristlichen Eltern geboren werden und ohne Taufe sterben, kommen an den Ort, an dem die Seelen der Eltern sind] 1008.

Die Seelen derer, die nur mit der Ursünde sterben, steigen in die Hölle hinab, werden jedoch mit ungleichen Strafen [a]*und Orten* bestraft 858 [a]926 *1306*; sie werden mit der Strafe der Verdammung ohne die Feuerstrafe bestraft *2626*; der Ort, an dem sie sich befinden, wird gemeinhin Limbus genannt *2626*; verworfen wird: [Ein Kind, das ohne Taufe stirbt, wird Gott hassen] *1949*.

Verweise auf Texte, in denen biblische Bücher als Ganze angeführt werden, finden sich im Personen- und Sachverzeichnis (S. 1669).

Die Zählung der Psalmen erfolgt nach der hebräischen Bibel. Dabei entsprechen sich (Vulgata / hebräische Zählung):

| | | | |
|---|---|---|---|
| 1-8 = 1-8 | 10-112 = 11-113 | 114-115 = 116 | 146-147 = 147 |
| 9 = 9-10 | 113 = 114-115 | 116-145 = 117-146 | 148-150 = 148-150 |

**Genesis**
*1,1*: 199 874
*1,1-31*: 3518f
*1,1-3,24*: 3512-3519 3862
*1,1-11,32*: 3864
*1,26*: 140 3955 4312[1] 4480[2] 4812
*1,26f*: 4334[1]
*1,27*: 4312
*1,27f*: 3700
*1,28*: 3702 3704 4448[1]
*1,31*: 4312
*2,7*: 443 4812
*2,9*: 4812
*2,15*: 4812
*2,16f*: 4812
*2,17*: 847
*2,21f*: 901
*2,22*: 443
*2,22f*: 3700
*2,23f*: 1797
*2,24*: 778 4800[1]
*3,9*: 476
*3,15*: 1696 3901 4203 4835
*3,16*: 4831
*3,16-19*: 1689
*3,22*: 401
*4,4*: 1742
*4,9*: 476
*6,6*: 824
*8,20*: 1742
*9,2f*: 4334[1]
*11,1*: 2710
*12,2f*: 4203
*12,8*: 1742
*14,18*: 642 1739
*15,8*: 4221
*17,14*: 780
*18,1-22*: 140
*19,24*: 140

*22,1-19*: 1742
*22,12*: 474
*32,25-31*: 140
*38,8f*: 2791
*38,8-10*: 3716
*49,10*: 1522
*49,18*: 1522

**Exodus**
*3,7-12*: 4332
*12*: 1741
*19,12f*: 771
*20,13*: 3720
*20,17*: 1680 1950 1975
*24,1-8*: 4332[2]
*24,8*: 4221
*33,11*: 4202

**Levitikus**
*18,6-18*: 1803
*21*: 1639[1]
*23,2*: 128a°
*24,19*: 3675
*25,10*: 3670

**Numeri**
*12,14f*: 1689
*16*: 794
*20,4*: 4124
*20,11f*: 1689

**Deuteronomium**
*5,21*: 1680
*6,4*: 367
*6,5*: 1976
*6,16*: 799
*23,1-8*: 4124
*23,21*: 321
*28,13*: 824
*28,44*: 824
*28,66*: 401
*32,6*: 114

**Richter**
*14,1-20*: 2251
*16,4-22*: 2251
*16,29f*: 2251

**Rut**
*1,16*: 803

**1 Samuel**
*2,3*: 3019
*2,9*: 2390
*7,3*: 1527
*16,7*: 4314[3]

**2 Samuel**
*12,13f*: 1689
*23,2*: 4215[3]

**1 Könige**
*8,39*: 670
*8,46*: 229
*16,7*: 4314[3]
*19,8*: 1649
*22,5*: 803

**2 Könige**
*1,10-12*: 2251
*2,24*: 2251
*5,20-27*: 820

**1 Chronik**
*29,14*: 381

**Nehemia**
*13,1*: 4124

**Judit**
*11,5-19*: 2251

**2 Makkabäer**
*12,46*: 4170

**Ijob**
*16,18*: 2249
*33,4*: 145
*37,7*: 229

**Psalmen**
*2*: 3525
*2,6-8*: 3350
*2,8*: 4133
*6,7*: 1676
*8,5f*: 3955
*8,5-7*: 4312
*8,7*: 4334[2]
*8,10*: 4334[2]
*16*: 3525
*16,10f*: 3750
*18*: 3525
*19,8-11*: 3956
*19,9*: 651
*19,13*: 1682
*22,11*: 491
*22,21*: 871
*22,28f*: 4221
*23,6*: 399
*28,7*: 647
*32*: 3525
*32,1*: 3235
*32,8*: 178
*33,6*: 71
*40,9*: 611
*45,7*: 3675
*50,14*: 321 3757
*51,6*: 1676
*51,19*: 1543
*54,8*: 647
*58,2*: 141
*59,11*: 384 399
*62,2f*: 626
*62,12f*: 626
*63,2*: 567
*64,7*: 771
*66,4*: 4198[7]

*6,15*: 1531 4112 4574[1]

**Epheser**
*1,3*: 4340[3]
*1,3–14*: 4202[1]
*1,4*: 4165
*1,4f*: 4103
*1,5*: 4245[3]
*1,5f*: 4340[3]
*1,6*: 2437
*1,7*: 4814
*1,8*: 3807
*1,9*: 4202
*1,10*: 1522 4103 4168 4338[2] 4345
*1,11*: 621
*1,12*: 4006
*1,13f*: 1529 4340[3]
*1,14*: 4168 4322
*1,18–23*: 4114
*1,22f*: 3304 4117 4814
*1,23*: 4340[3]
*2,3*: 1521 1680
*2,4*: 1529 1668
*2,6*: 4006[3] 4115
*2,8*: 375 396
*2,14–16*: 2475 4198[3]
*2,18*: 4104 4202
*2,19*: 1535 3143 3705
*2,19–22*: 4110
*2,20*: 774 4143
*2,21f*: 4002[3]
*2,22*: 2476
*3,4–6*: 4224
*3,8*: 4192[1]
*3,15*: 139 525 3131
*3,19*: 178 4111 4117
*4,1–6*: 4170
*4,3*: 2887 3776
*4,4*: 3305
*4,5*: 3 4 183 316 319 580 870 903 2886 3802 4158
*4,7*: 3807 4159
*4,8*: 247 386
*4,11*: 771 1767
*4,11f*: 4104
*4,11–16*: 4115
*4,12*: 4154 4469[1]
*4,13*: 4002[4]
*4,14*: 1510 2781
*4,15*: 1546
*4,15f*: 3304 4156

*4,16*: 2888 3370 3805 4118 4169
*4,22–24*: 1515
*4,23*: 1529 4116
*4,28*: 4343[2]
*4,30*: 1543 1690
*5,2*: 261
*5,3*: 4166
*5,8*: 2448
*5,16*: 4161
*5,22f*: 3708 3816
*5,23*: 1638
*5,23–27*: 493 575
*5,23–33*: 3700
*5,24*: 4111
*5,25*: 1799
*5,25f*: 4165
*5,25–28*: 4117
*5,26*: 4111
*5,27*: 185 351 4178 4841
*5,29*: 4111
*5,31*: 434 778 1797 4800[1]
*5,32*: 1327 1799 3712 4128
*6,11–13*: 4168
*6,12*: 244 4161

**Philipper**
*1,1*: 1765 4144[1]
*1,6*: 375 396 1541
*1,23*: 4168
*1,27*: 4321[3]
*1,29*: 375 396 399
*2,5f*: 251b
*2,5–8*: 4494[4]
*2,6*: 4120
*2,7*: 166 535
*2,8*: 251b 614 3344
*2,8f*: 4162
*2,9f*: 318
*2,9–11*: 297
*2,12*: 1541 4168
*2,13*: 248 374 1541
*3,8*: 178 4232
*3,10*: 4322[11]
*3,20*: 4008[2]
*3,21*: 4115 4168
*4,3*: 4159
*4,13*: 1691

**Kolosser**
*1,8*: 4814

*1,12*: 3014
*1,12–14*: 1523
*1,13*: 246 1741 3014 3352
*1,15*: 114 4102 4202 4310[5] 4322 4814
*1,15–18*: 4114
*1,18*: 4322[8] 4814
*1,19*: 4814
*1,20*: 4168 4814
*1,20–22*: 4322[6]
*1,24*: 4128 4169
*1,26*: 2855
*2,8*: 3018
*2,9*: 297 4117
*2,12*: 4115
*2,13f*: 413
*2,14*: 231
*2,19*: 3805 4115
*3,1*: 4006[3] 4008[1]
*3,1–4*: 4111
*3,4*: 4008[2] 4123 4168
*3,5*: 1535
*3,9f*: 1515
*3,11*: 3846 4158
*3,12*: 4166
*3,14*: 2453
*3,16*: 4211
*4,5*: 4161
*4,11*: 4144[1]

**1 Thessalonicher**
*1,5*: 4151
*2,13*: 4130 4228
*4,3*: 4165
*4,15–17*: 3630
*5,1f*: 4571[1]
*5,12*: 4131
*5,12f*: 4144[1]
*5,17*: 4012[2]
*5,19*: 4163[3]
*5,19–21*: 4131
*5,21*: 353 3997[1]

**2 Thessalonicher**
*1,1f*: 2473
*1,7–10*: 626
*1,10*: 655 4168 4170[12]
*2,15*: 602 652 4209
*3,1*: 4235
*3,6–13*: 4343[2]
*3,8–10*: 3732
*3,18*: 2440

**1 Timotheus**
*1,5*: 1931
*1,10*: 4583[1]
*1,12*: 4148
*1,13*: 396
*1,15*: 4755
*1,17*: 3902 4202
*2,4*: 623 3014 4005 4140 4195[2]
*2,5*: 293 297 308 413 487 496 545 642 1347 1821 3820 4005[3] 4153 4169
*2,5f*: 3320 4176
*2,6*: 3352
*3,8–13*: 1765
*3,15*: 1637 4110 4119 4581[1]
*3,16*: 2474
*4,4*: 1350
*4,7*: 633
*4,14*: 826 1697 1766 4145
*5,17*: 4153
*5,22*: 826 1692 4144[2]
*6,14*: 4204
*6,17f*: 3267
*6,20*: 3018
*6,20f*: 824

**2 Timotheus**
*1,6*: 826
*1,6f*: 1766 4145 4145[2]
*1,13*: 2831
*2,2*: 4144[2]
*2,4*: 642
*2,5*: 1515
*2,11*: 4006[3] 4115
*2,11f*: 4128 4168
*2,19*: 646
*3,5*: 809 1689
*3,16*: 4215 4216
*4,1–4*: 4149
*4,6f*: 4144[2]
*4,7f*: 1545

**Titus**
*1,5*: 4144[2]
*1,15*: 1350
*2,12*: 1537
*2,13*: 4168 4204
*3,1*: 362
*3,4*: 3360 4340[2]

# VERZEICHNIS DER DOKUMENTE

(soweit sie nach ihren Initien zitiert werden)

**1000-1002** (Zahlen in Fettdruck):
= dort wird das Dokument an seinem eigenen Ort angeführt

*3066 3601° 3795*[1] (Zahlen in Kursivdruck):
= dort wird aus dem Dokument zitiert

3543 2023[1] 3000°° (Zahlen in Normaldruck):
= dort wird auf das Dokument verwiesen.

Weitere Erläuterungen s. unter "III. Lesehinweise" zu Beginn dieses Werkes (S. 14).

*Ab Aegyptiis argentea*, 7. Juli 1228 (Gregor IX., Brief): **824**

*Abbates*, zwischen 1254 und 1261 (Alexander IV., Konstitution [Fragment]): 1146

*Acerbissimum*, 27. Sept. 1852 (Pius IX., Ansprache): 2901° 2931 2951 2953 2955 2967 2973f 2978

*Ad apostolicae sedis*, 22. Aug. 1851 (Pius IX., Brief): 2901° 2924f 2934-2936 2938 2941f 2965-2967 2969-2975

*Ad assiduas*, 4. März 1755 (Benedikt XIV., Breve): 2605[1]

*Ad Apostolorum Principis*, 29. Jan. 1958 (Pius XII., Enzyklika): 4321[1] 4325[2]

*Ad augustae memoriae*, nach 506 (Symmachus, Brief): **362**

*Ad beatissimi Apostolorum*, 1. Nov. 1914 (Benedikt XV., Enzyklika): **3625f**

*Ad caeli reginam*, 11. Okt. 1954 (Pius XII., Enzyklika): **3913-3917** 4175[3]

*Ad catholici sacerdocii*, 20. Dez. 1935 (Pius XI., Enzyklika): **3755-3758** 3846[1]

*Ad Christi vicarii*, 3. Jan. 1474 (Sixtus IV., Bulle): **1391-1396**

*Ad consulta vestra*, 13. Nov. 866 (Nikolaus I., Antworten): **643-648**

*Ad diem illum*, 2. Febr. 1904 (Pius X., Enzyklika): **3370** 4177[2]

*Ad ea ex debito*, 5. Febr. 1447 (Eugen IV., Brief): 1151°°

*Ad eradicandam pravum*, 28. Sept. 1746 (Benedikt XIV., Konstitution): 2543°

*Ad exstirpanda*, 15. Mai 1252 (Innozenz IV., Konstitution): *648*[1]

*Ad fructus uberes*, 13. Dez. 1281 (Martin IV., Konstitution): 880°

*Ad gentes*, 7. Dez. 1965 (2. Vatikanisches Konzil, Dekret): 4580°

*Ad gravissima avertenda*, 10. Mai 1884 (Hl. Offizium, Instruktion): **3159f**

*Adiutricem populi*, 5. Sept. 1895 (Leo XIII., Enzyklika): 4177[2]

*Ad nostrum qui*, 6. Mai 1312 (Konzil von Vienne, Konstitution): **891-899**

*Ad Petri Cathedram*, 29. Juni 1959 (Johannes XXIII., Enzyklika): 4001°°

*Ad sanctam beati Petri sedem*, 16. Okt. 1656 (Alexander VII., Konstitution): **2010-2012**

*Ad splendidum nitentis*, i. J. 1054 (Leo IX., Brief): **687f** 4576[1]

*Adeone te*, Anfang 559 (Pelagius I., Brief): **446**

*Admonemus ut*, zwischen Sept. 558 und Febr. 559 (Pelagius I., Brief): **445**

*Adorabile eucharistiae*, 8. Mai 1822 (Pius VII., Breve): **2718**

*Aeterni Patris*, 29. Juni 1868 (Pius IX., Bulle): 3000°°

*Aeterni Patris*, 4. Aug. 1879 (Leo XIII., Enzyklika): **3135-3140** 3665[1]

*Altitudo divini consilii*, 1. Juni 1537 (Paul III., Konstitution): **1497**

*Annum ingressi*, 19. März 1902 (Leo XIII., Apostolisches Schreiben): 3987[1]

*Annum sacrum*, 25. Mai 1899 (Leo XIII., Enzyklika): **3350-3353** 3922[1]

*Antiquorum habet*, 22. Febr. 1300 (Bonifatius VIII., Bulle): **868**

*Apostolicae curae*, 13. Sept. 1896 (Leo XIII., Brief): **3315-3319**

*Apostolicae providentiae officio*, 2. Okt. 1733 (Clemens XII., Bulle): **2509f**

*Apostolicae sedis praecellens*, 25. Jan. 1426 (Martin V., Konstitution): 1198°

*Apostolicae sedis primatus*, 12. Nov. 1199 (Innozenz III., Brief): **774f**

*Apostolicae sedis*, 6. Febr. 1403 (Bonifatius IX., Bulle): **1146**

*Apostolicam actuositatem*, 18. Nov. 1965 (2. Vatikanisches Konzil, Dekret): 4840°

*Apostolicam sedem*, zwischen 1130 und 1143 (Innozenz II., Brief): **741**

*Apostolici muneris*, (1. Vatikanisches Konzil, Entwurf): 3000°

*Apostolici regiminis*, 19. Dez. 1513 (5. Konzil im Lateran, Bulle): **1440f**

*Apostolici verba*, Mai 431 (Cölestin I., Brief): **237**

*Arcanum divinae sapientiae*, 10. Febr. 1880 (Leo XIII., Enzyklika): **3142-3146**

*Auctorem fidei*, 28. Aug. 1794 (Pius VI., Konstitution): 2281° **2600-2700**

*Audientes orthodoxam*, i. J. 785 (Hadrian I., Brief): 595°

*Au moment de prendre*, 4. Okt. 1965 (Paul VI., Ansprache): **4420-4425**

*Auspicatus profecto*, 28. Jan. 1933 (Pius XI., Brief): 3915[2]

*Benedictus Deus*, 29. Jan. 1336 (Benedikt XII., Konstitution): **1000-1002**

*Benedictus Deus*, 26. Jan. 1564 (Pius IV., Bulle): 1500°° **1847-1850**

*Bonum atque iucundum*, 23. Aug. 498 (Anastasius II., Brief): **360f**

*Caelestis pastor*, 20. Nov. 1687 (Innozenz XI., Konstitution): **2201-2269**

*Cantate Domino*, 4. Febr. 1442 (Konzil von Florenz, Dekret): **1330-1353**

*Caritatis studium*, 25. Juli 1898 (Leo XIII., Enzyklika): **3339** 4139[2]

*Casti connubii*, 31. Dez. 1930 (Pius XI., Enzyklika): *1807*[1] **3700-3724** 3735[1] 3788° 3838° 3962[2] 3975[1] 4166[3] *4475*[2] 4476[1-3] 4560[2] 4571[2] 4800[1]

*Certiores effecti*, 13. Nov. 1742 (Benedikt XIV., Enzyklika): 3854[1]

*Christifideles laici*, 30. Dez. 1988 (Johannes Paul II., Nachsynodales Apostolisches Mahnschreiben): **4850-4858**

*Christus Dominus*, 28. Okt. 1965 (2. Vatikanisches Konzil, Dekret): 4101°

*Clemens Trinitas*, 5. oder 6. Jh. (Bekenntnis): **73f**

*Commissi nobis divinitus*, 6. Dez. 1708 (Clemens XI., Konstitution): 1400°

*Commissum nobis*, 22. April 1639 (Urban VIII., Brief): 2745°

*Congratulamur vehementer*, 13. April 1053 (Leo IX., Brief): **680-686**

*Consideranti mihi*, Febr. 591 (Gregor I., Brief): **472**

*Consideranti mihi*, 27. März 680 (Agatho, Brief): **542-545**

*Consilium*, 2. Febr. 1962 (Johannes XXIII., Motu Proprio): 4001°°

*Constituti a Domino*, 10. Sept. 1171 oder 1172 (Alexander III., Brief): 670°

*Consueverunt Romani Pontifices*, 13. April 1536 (Paul III., Bulle): 2023[1]

*Consulenti tibi*, 20. Febr. 405 (Innozenz I., Brief): **212f**

*Consultationi tuae*, 12. Nov. 1231 (Gregor IX., Brief): **825**

*Consuluisti de infantibus*, zwischen 887 und 888 (Stephan V. [VI.], Brief): **670**

*Consuluit nos*, zwischen 1185 und 1187 (Urban III., Brief): **764**

*Cum ad aures*, 12. Febr. 1679 (Konzilskongregation, Dekret): **2090-2095**

*Cum adversus*, 22. Febr. 1244 (Innozenz IV., Konstitution): 648[1]

*Cum aeternus Dei filius*, (1. Vatikanisches Konzil, Entwurf): 3000°

*Cum alias ad apostolatus*, 12. März 1699 (Innozenz XII., Breve): **2351-2374**

*Cum apud sedem*, 15. Juli 1198 (Innozenz III., Brief): **766**

*Cum catholica Ecclesia*, 26. März 1860 (Pius IX., Apostolisches Schreiben): 2901° 2963 2976 NB.

*Cum Christus*, 18. Febr. 1177 (Alexander III., Brief): **750**

*Cum conventus esset*, 3. Febr. 993 (Johannes XV., Enzyklika): **675**

*Cum dilecti*, 3. Juni 1463 (Pius II., Dekret): 1442°

*Cum diversa sint*, i. J. 682 (Leo II., Brief): 561°

*Cum dudum*, Aug. 1341 (Benedikt XII., Schreiben): **1006-1020**

*Cum ex iniuncto*, 12. Juli 1199 (Innozenz III., Brief): **770f**

*Cum in nonnullis*, 15. Juni 1415 (Konzil von Konstanz, Dekret): **1198-1200**

*Cum in nostra*, 28. Mai 1170 (Alexander III., Brief): **749**

*Cum inter nonnullos*, 12. Nov. 1323 (Johannes XXII., Konstitution): **930f**

*Cum magnus iam*, 14. Jan. 1562 (Pius IV., Breve): 1851°

*Cum Marthae circa*, 29. Nov. 1202 (Innozenz III., Brief): **782–784**

*Cum nimis absurdum*, 14. Juli 1555 (Paul IV., Konstitution): 698[1]

*Cum non sine*, 14. Juli 1864 (Pius IX., Brief): 2901° 2947f

*Cum occasione*, 31. Mai 1653 (Innozenz X., Konstitution): **2001–2007**

*Cum postquam*, 9. Nov. 1518 (Leo X., Bulle): **1447–1449**

*Cum praeexcelsa*, 27. Febr. 1477 (Sixtus IV., Konstitution): **1400**

*Cum quorumdam hominum*, 7. Aug. 1555 (Paul IV., Konstitution): **1880**

*Cum saepe*, 26. Juli 1855 (Pius IX., Ansprache): 2901° 2953

*Cum saepe contingat*, 21. Juni 1625 (Urban VIII., Dekret): 2028[1]

*Cum semper oblatas*, 19. Aug. 1744 (Benedikt XIV., Konstitution): 2630[2]

*Cum sicut accepimus*, 14. Nov. 1459 (Pius II., Brief): **1361–1369**

*Cum sicut accepimus*, 26. Mai 1689 (Innozenz XI., Breve): 2001°

*Cum sicut ex*, 8. Juli 1241 (Gregor IX., Brief): **829**

*Cum unus exstet*, i. J. 682 (Leo II., Brief): *561°*

*Cum venisset*, 25. Febr. 1204 (Innozenz III., Brief): **785**

*Cuperemus quidem*, 26. Juli 428 (Cölestin I., Brief): **236**

*Cura dominici gregis*, 24. Jan. 1615 (Paul V., Konstitution): 1235°

*Dat mihi*, um 401 (Anastasius I., Brief): **209**

*De homine qui*, 22. Sept. 1208 (Innozenz III., Brief): **789**

*Debent subditi*, i. J. 1088 (Urban II., Brief): **701**

*Debitum officii pontificalis*, 28. Aug. 1206 (Innozenz III., Brief): **788**

*Decet Romanum Pontificem*, 3. Jan. 1521 (Leo X., Bulle): 1451°

*Deessemus nobis*, 16. Sept. 1788 (Pius VI., Brief): **2598**

*Dei Filius*, 24. April 1870 (1. Vatikanisches Konzil, Konstitution): 3000°° **3000–3045** 4119[2] 4149[2] 4170[7] 4205[1-2] *4206[1-2]* 4207[2] 4210[1] 4214[1] 4215[1] 4219[2] 4336[1] *4516[2]*

*Deiparae virginis*, 1. Mai 1946 (Pius XII., Brief): 3900°

*Dei verbum*, 18. Nov. 1965 (2. Vatikanisches Konzil, Konstitution): 4001°° **4201–4235** 4531[1] *4532[2]* 4534[1-2] 4655[1]

*Desiderabilem mihi*, 22. Nov. 726 (Gregor II., Brief): **580**

*Detestabilem*, 10. Nov. 1752 (Benedikt XIV., Konstitution): **2571–2575**

*Dignitatis humanae*, 7. Dez. 1965 (2. Vatikanisches Konzil, Erklärung): **4240–4245** *4570[3]* *4571[2]* 4790[2]

*Dilectae in Christo*, zwischen 1181 und 1185 (Lucius III., Brief): **762**

*Dilectionis vestrae*, i. J. 585 oder 586 (Pelagius II., Brief): **468f**

*Directa ad decessorem*, 10. Febr. 385 (Siricius, Brief): **181–185** 2680[2]

*Diuturnum illud*, 29. Juni 1881 (Leo XIII., Enzyklika): **3150–3152** 3980[2] 3981[1] 3982[1]

*Dives in misericordia*, 30. Nov. 1980 (Johannes Paul II., Enzyklika): **4680–4685**

*Divini illius magistri*, 31. Dez. 1929 (Pius XI., Enzyklika): **3685–3698**

*Divini redemptoris*, 19. März 1937 (Pius XI., Enzyklika): **3771–3774** 3958[1] 3983[3] 3985[2] 4321[1]

*Divino afflante Spiritu*, 30. Sept. 1943 (Pius XII., Enzyklika): **3825–3831** 3862 3889 4215[2] 4216[1] 4230[1-2] 4232[2] 4402[1] 4407[1]

*Divinum illud munus*, 9. Mai 1897 (Leo XIII., Enzyklika): **3325–3331** *3808 3815[2]* 4116[1]

*Doctoris angelici*, 29. Juni 1914 (Pius X., Motu Proprio): 3601° 3665[1]

*Doctoris gentium*, 18. Sept. 1437 (Eugen IV., Konstitution): 1300°°

*Dolore haud mediocri*, 30. April 1860 (Pius IX., Apostolisches Schreiben): **2833** 2901° 2914 NB.

*Dominici gregis custodiae*, 24. März 1564 (Pius IV., Bulle): **1851–1861** 2712[1]

*Dominici gregis divina*, 3. Febr. 1603 (Clemens VIII., Breve): 1880°

*Dominum et vivificantem*, 18. Mai 1986 (Johannes Paul II., Enzyklika): **4780–4781**

*Dominus noster et Salvator*, 23. Febr. 554 (Vigilius, Konstitution): 416°

*Dominus qui dixit*, i. J. 641 (Johannes IV., Brief): **496–498**

*Donum vitae*, 22. Febr. 1987 (Glaubenskongregation, Instruktion): **4790–4807**

*Dudum a Bonifacio*, 6. Mai 1312 (Konzil von Vienne, Dekret): 880°

*Dudum sacrum*, 15. Dez. 1433 (Eugen IV., Bulle): 1300°°

*Dum acerbissimas*, 26. Sept. 1835 (Gregor XVI., Breve): **2738-2740**

*Dum in sanctae*, 5. Febr. 552 (Vigilius, Brief an das gesamte Volk Gottes): **412-415**

*Dum praeterito*, 31. Juli 1748 (Benedikt XIV., Brief): **2564f**

*Ecclesia Dei*, 2. Juli 1988 (Johannes Paul II., Motu Proprio): **4820-4823**

*Ecclesiam a Iesu*, 13. Sept. 1821 (Pius VII., Konstitution): 2783[1] 2894[1]

*Ecclesiam suam*, 6. Aug. 1964 (Paul VI., Enzyklika): 4321[1] 4323[1] 4340[1]

*Eius exemplo*, 18. Dez. 1208 (Innozenz III., Brief): **790-797**

*Epistolas fraternitatis*, i. J. 458 oder 459 (Leo I., Brief): **321f**

*Et sane*, 17. Dez. 1888 (Leo XIII., Brief): 4144[13]

*Etsi Christus salvator*, 4. März 1443 (Eugen IV., Brief): 850°°

*Etsi fraternitatis*, 8. Okt. 1803 (Pius VII., Breve): **2705f**

*Etsi frequens*, 24. Juni 1587 (Konzilskongregation, Antwort): 2090°

*Etsi pastoralis*, 26. Mai 1742 (Benedikt XIV., Konstitution): 1300° 1310° 1990° **2522-2524**

*Etsi tibi*, 15. Febr. 404 (Innozenz I., Brief): **211**

*Evangelii nuntiandi*, 8. Dez. 1975 (Paul VI., Apostolisches Mahnschreiben): **4570-4579** 4619[1] 4633[1] 4635[1] 4755[1]

*Ex gravi ad Nos*, 6. Mai 1312 (Konzil von Vienne, Konstitution): **906**

*Ex litteris tuis*, i. J. 1169 (Alexander III., Brief): **748**

*Ex omnibus afflictionibus*, 1. Okt. 1567 (Pius V., Bulle): **1901-1980**

*Ex omnibus christiani orbis*, 16. Okt. 1756 (Benedikt XIV., Enzyklika): 2400°

*Ex parte tua*, i. J. 1200 (Innozenz III., Brief): **776**

*Ex parte tua*, 12. Jan. 1206 (Innozenz III., Brief): **786**

*Ex proximo Lateranensi*, 20. Sept. 1571 (Pius V., Konstitution): 2040[1]

*Ex publico instrumento*, zwischen 1159 und 1181 (Alexander III., Brief): **754**

*Ex quo, nono*, 26. Dez. 1910 (Pius X., Brief): **3553-3556**

*Ex supernae clementiae*, 23. Dez. 1368 (Urban V., Konstitution): **1087**

*Exiit qui seminat*, 14. Aug. 1279 (Nikolaus III., Dekret): *930°*

*Eximiam tuam*, 15. Juni 1857 (Pius IX., Breve): **2828-2831** 2901° 2914 NB.

*Exivi de paradiso*, 6. Mai 1312 (Konzil von Vienne, Konstitution): **908** 910°

*Exordium pontificatus mei*, i. J. 496 (Anastasius II., Brief): **356**

*Exposcit tuae devotionis*, 9. April 1489 (Innozenz VIII., Bulle): **1435**

*Exsecrabiblis et pristinis*, 18. Jan. 1460 (Pius II., Bulle): **1375**

*Exsequendo nunc*, 13. Juli 1782 (Pius VI., Brief): **2590**

*Exsultate Deo*, 22. Nov. 1439 (Konzil von Florenz, Dekret): **1310-1328** 4166[3]

*Exsurge Domine*, 15. Juni 1520 (Leo X., Bulle): **1451-1492**

*Familiaris consortio*, 22. Nov. 1982 (Johannes Paul II., Apostolisches Mahnschreiben): **4700-4716** 4800[1] *4803[1] 4810[1]*

*Famuli vestrae pietatis*, i. J. 494 (Gelasius I., Brief): **347**

*Fidei catholicae*, 6. Mai 1312 (Konzil von Vienne, Konstitution): **900-904**

*Fidei donum*, 21. April 1957 (Pius XII., Enzyklika): 4141[1] 4147[4] 4147[6]

*Fidentem piumque*, 20. Sept. 1896 (Leo XIII., Enzyklika): **3320f**

*Firmissimam constantiam*, 28. März 1937 (Pius XI., Enzyklika): **3775f**

*Frequens generalium conciliorum*, 9. Okt. 1417 (Konzil von Konstanz, Konstitution): 1151°° 1300°

*Frequenter quidem*, 24. Okt. 458 (Leo I., Brief): **319f**

*Fulgens corona*, 8. Sept. 1953 (Pius XII., Enzyklika): **3908-3910**

*Gaudemus filii*, 1. Febr. 1091 (Urban II., Brief): **702**

*Gaudemus in Domino*, Anfang 1201 (Innozenz III., Brief): **777-779** 4800[1]

*Gaudium et spes*, 7. Dez. 1965 (2. Vatikanisches Konzil, Konstitution): **4301-4345** *4443[2] 4445[1] 4448* *4450[1-2] 4455[1] 4461 4470° 4473 4475 4480 4480[2] 4486[1] 4487[1] 4488[1] 4570 4645* 4703[1] 4704[1] *4713* 4739[1] 4759[1] 4765[1] 4775[1] *4792 4792[4] 4792[6-7]* 4800[1] *4806*

*Gerentes ad vos*, 16. Nov. 1427 (Martin V., Bulle): **1290**

*Gloriosam Ecclesiam*, 23. Jan. 1318 (Johannes XXII., Konstitution): **910-916**

*Grande munus*, 30. Sept. 1880 (Leo XIII., Enzyklika): 4147[7]

*Grave nimis*, i. J. 1482 (Sixtus IV., Konstitution): 1400°

*Grave nimis*, 4. Sept. 1483 (Sixtus IV., Konstitution): 1400° **1425f** 2015°

*Gravissimas inter*, 11. Dez. 1862 (Pius IX., Brief): **2850-2861** 2901° 2909-2911

*Gregis nobis*, 16. Jan. 1447 (Eugen IV., Konstitution): 921°

*Haec sacra congregatio*, 13. März 1975 (Glaubenskongregation, Antwort): **4560-4561**

*Haurietis aquas*, 15. Mai 1956 (Pius XII., Enzyklika): **3922-3926**

*His ita se habentibus*, i. J. 863 (Nikolaus I., Brief): 635°

*Humanae salutis*, 25. Dez. 1961 (Johannes XXIII., Apostolische Konstitution): 4001°° 4301°

*Humanae vitae*, 25. Juli 1968 (Paul VI., Enzyklika): **4470-4479** 4560[1] *4560*[3] 4571[2] *4709*[1] 4790°

*Humani generis*, April 557 (Pelagius I., Brief): **441-443**

*Humani generis*, 12. Aug. 1950 (Pius XII., Enzyklika): **3875-3899** 4118[2] 4214[2] 4412[2] 4561[1] 4792[2]

*Humanum genus*, 20. April 1884 (Leo XIII., Enzyklika): **3156-3158**

*Iamdudum cernimus*, 18. März 1861 (Pius IX., Ansprache): 2901° 2937 2961 2976 NB. 2980

*Iam vos omnes*, 13. Sept. 1868 (Pius IX., Apostolisches Schreiben): **2997-2999**

*Immensa pastorum*, 20. Dez. 1741 (Benedikt XIV., Apostolisches Schreiben): 2745°

*Immortale Dei*, 1. Nov. 1885 (Leo XIII., Enzyklika): **3165-3179** *3979* 3981[1] 3983[1] *3984*[1] 3997[2] 4162[2]

*In agro dominico*, 27. März 1329 (Johannes XXII., Konstitution): **950-980**

*In civitate tua*, zwischen 1159 und 1181 (Alexander III., Brief): **753**

*In consistoriali*, 1. Nov. 1850 (Pius IX., Ansprache): 2901° 2943-2945

*In eam pro nostro*, 28. Jan. 1571 (Pius V., Konstitution): **1981f**

*In eminenti apostolatus specula*, 28. April 1738 (Clemens XII., Konstitution): **2511-2513** 2783[1] 2894[1]

*In eminenti*, 6. März 1642 (Urban VIII., Bulle): *2001°* 2331

*In eminentis apostolicae*, 1. Sept. 1425 (Martin V., Bulle): 1151°° 1198° 1247°

*In minoribus agentes*, 26. April 1463 (Pius II., Bulle): 1375°

*In prolixitate epistolae*, i. J. 497 (Anastasius II., Brief): **357-359**

*In quadam nostra*, 5. März 1209 (Innozenz III., Brief): **798**

*In requirendis*, 27. Jan. 417 (Innozenz I., Brief): 217 239[2] 240[1] 241[1]

*In sacrosancta beati Petri*, 13. Nov. 1564 (Pius IV., Konstitution): 1862°

*In supremo apostolatus fastigio*, 3. Dez. 1839 (Gregor XVI., Konstitution): **2745f**

*Incredibili afflictamur*, 17. Sept. 1863 (Pius IX., Enzyklika): 2901° 2926

*Ineffabilis Deus*, 8. Dez. 1854 (Pius IX., Bulle): **2800-2804** 3370[2] 3902[1] 4175[1]

*Ineffabilis summi providentia*, 1. Aug. 1464 (Pius II., Bulle): **1385**

*Infinita Dei misericordia*, 29. Mai 1924 (Pius XI., Bulle): **3670**

*Infructuosas palmites*, 2. Nov. 1460 (Pius II., Bulle): 1375°

*Iniunctum nobis*, 13. Nov. 1564 (Pius IV., Konstitution): **1862-1870** 4119[1-2]

*Institutio*, 11. März 422 (Bonifatius I., Brief): **233**

*Institutio universalis*, zwischen 785 und 791 (Hadrian I., Brief): **595f**

*Inter ceteras Ecclesiae Romanae*, 27. Jan. 417 (Innozenz I., Brief): **218f** 242[1]

*Inter claras*, 25. März 534 (Johannes II., Brief): 401°

*Inter cunctas*, 22. Febr. 1418 (Martin V., Bulle): 1151° 1201° **1247-1279**

*Inter cunctas sollicitudines*, 17. Febr. 1304 (Benedikt XI., Konstitution): **880**

*Inter ea quae*, 2. April 517 (Hormisdas, Brief): 363°

*Inter ea quae*, 26. März 521 (Hormisdas, Brief): **367-369**

*Inter eos qui*, 23. März 1871 (Pius IX., Dekret): *2725°*

*Inter gravissimas*, 26. Okt. 1870 (Pius IX., Brief): *3886*[1]

*Inter innumeras sollicitudines*, 14. Mai 553 (Vigilius, Konstitution): **416-420**

*Inter insigniores*, 15. Okt. 1976 (Glaubenskongregation, Erklärung): **4590-4606**

*Inter multiplices*, 4. Mai 1515 (5. Konzil im Lateran, Bulle): **1442-1444**

*Inter multiplices pastoralis officii*, 4. Aug. 1690 (Alexander VIII., Konstitution): 2281° **2285** 2700

*Inter praecipuas machinationes*, 8. Mai 1844 (Gregor XVI., Enzyklika): **2771f** 2784[1]

*Inter sollicitudines*, 4. Mai 1515 (5. Konzil im Lateran, Konstitution): 1860[1]

*Praeclara gratulationis*, 20. Juni 1894 (Leo XIII., Apostolisches Schreiben): 4139[1]

*Praestantia Scripturae*, 18. Nov. 1907 (Pius X., Motu Proprio): **3503**

*Presbyter et diaconus*, 9. Dez. 1232 (Gregor IX., Brief): **826**

*Presbyteri Graeci*, 30. Aug. 1595 (Clemens VIII., Instruktion): 1310° *1990-1992* 2522°

*Presbyterorum ordinis*, 7. Dez. 1965 (2. Vatikanisches Konzil, Dekret): *4541*[2] *4599*[2] *4857*[1]

*Presencia de la Iglesia*, 6. Sept. 1968 (2. Generalversammlung des lateinamerikanischen Episkopats in Medellín/Kolumbien, Dokumente): **4480-4496**

*Pro deifico*, i. J. 357 (Liberius, Brief): **141**

*Probe memineritis*, 22. Jan. 1855 (Pius. IX., Ansprache): 2901° 2953

*Promisisse me memini*, 17. Aug. 458 (Leo I., Brief): **317f**

*Proposueramus quidem*, 28. Sept. 865 (Nikolaus I., Brief): **638-642**

*Provida mater*, 2. Febr. 1947 (Pius XII., Apostolische Konstitution): 4166[3] 4167[3]

*Provida sapientique cura*, 18. Jan. 1906 (Pius X., Dekret): **3385-3388**

*Providas Romanorum Pontificum*, 18. Mai 1751 (Benedikt XIV., Konstitution): 2511° 2783[1] 2894[1]

*Providentissimus Deus*, 18. Nov. 1893 (Leo XIII., Enzyklika): **3280-3294** 3793[4] *3795* 3826 3889 4215[4] 4216[1] 4231[1]

*Provisionis nostrae*, 29. Jan. 1580 (Gregor XIII., Bulle): 1901° 2331[1]

*Quadragesimo anno*, 15. Mai 1931 (Pius XI., Enzyklika): 3265° **3725-3744** 3773[2] 3935° *3938-3941 3943 3945f 3947*[1] *3951*[3] 3965[2] 3966[1] 4159[1] 4325[2] 4339[9] 4440° 4451[1] 4766[2]

*Quae apud Constantinopolitanam urbem*, 13. Nov. 866 (Nikolaus I., Brief): 635°

*Quaestio de abortu procurato*, 18. Nov. 1974 (Glaubenskongregation, Erklärung): **4550-4552**

*Quam laudabiliter*, 21. Juli 447 (Leo I., Brief): **283-286**

*Quam singulari*, 8. Aug. 1910 (Sakramentenkongregation, Dekret): **3530-3536**

*Quamquam pluries*, 15. Aug. 1889 (Leo XIII., Enzyklika): **3260-3263**

*Quamvis Patrum*, 21. März 418 (Zosimus, Brief): **221**

*Quanta cura*, 8. Dez. 1864 (Pius IX., Enzyklika): **2890-2896** 2901°

*Quanta fraternitati*, i. J. 446 (?) (Leo I., Brief): **282**

*Quantam sollicitudinem*, i. J. 251 (Cornelius, Brief): **108**

*Quanto conficiamur moerore*, 10. Aug. 1863 (Pius IX., Enzyklika): **2865-2867** 2901° 2917 2918a 2958

*Quanto de benignitate*, 16. Nov. 1199 (Innozenz III., Brief): 785°

*Quanto sincerius*, 28. Okt. 1267 (Clemens IV., Brief): **849**

*Quanto te magis*, 1. Mai 1199 (Innozenz III., Brief): **768f**

*Quantum presbyterorum*, 10. Jan. 476 (Simplicius, Brief): **343**

*Quas primas*, 11. Dez. 1925 (Pius XI., Enzyklika): **3675-3679**

*Quemadmodum Deus Iosephum*, 8. Dez. 1870 (Pius IX., Dekret): 3260°

*Qui miseratione*, 24. Okt. 1272 (Gregor X., Brief): 850°°

*Qui pluribus*, 9. Nov. 1846 (Pius IX., Enzyklika): **2775-2786** 2811° 2901° 2904-2907 2916 2918a 2940 2963

*Qui sincera*, Nov. 602 (Gregor I., Brief): **480**

*Quia caritati nihil*, um den 22. Juni 601 (Gregor I., Brief): **478f**

*Quia quorumdam*, 10. Nov. 1324 (Johannes XXII., Bulle): 930° 1091

*Quia scio*, i. J. 357 (Liberius, Brief): **142**

*Quia vir reprobus*, 16. Nov. 1329 (Johannes XXII., Bulle): 930°

*Quibus luctuosissimis*, 5. Sept. 1851 (Pius IX., Ansprache): 2901° 2945

*Quibus quantisque*, 20. April 1849 (Pius IX., Ansprache): 2901° 2918a 2940 2964 2976

*Quicumque*, zwischen 430 und 500 (liturgisches Bekenntnis): **75f** 485° 790

*Quidam scripturae*, 21. Okt. 1256 (Alexander IV., Brief): 840°

*Quilibet tyrannus*, 6. Juli 1415 (Konzil von Konstanz, Konstitution): **1235**

*Quisque vestrum*, 4. Okt. 1847 (Pius IX., Ansprache): 2901° 2963

*Quo graviora*, 13. März 1825 (Leo XII., Konstitution): 2783[1] 2894[1]

*Quod apostolici muneris*, 28. Dez. 1878 (Leo XIII., Enzyklika): **3130-3133**

*Quod de fovenda*, 19. März 1917 (Benedikt XV., Brief): *3601°*

*Quod semper*, um 343 (Synode von Serdika, Brief): **136**

*Si condiciones*, zwischen 1227 und 1234 (Gregor IX., Dekret): **827**

*Si Dominum*, um 1312 (Clemens V., Konstitution): 846°

*Si instituta Ecclesiastica*, 19. März 416 (Innozenz I., Brief): **215f**

*Si semper antea*, 20. Mai 1850 (Pius IX., Ansprache): 2901° 2976

*Si tamen licet*, zwischen 793 und 794 (Hadrian I., Brief): **610f**

*Sicut aqua*, Aug. 600 (Gregor I., Brief): **474–476**

*Sicut ratione*, 13. Aug. 520 (Hormisdas, Brief): **366**

*Sicut universitatis*, 30. Okt. 1198 (Innozenz III., Brief): **767**

*Singulari nobis*, 9. Febr. 1749 (Benedikt XIV., Breve): **2566–2570**

*Singulari nos*, 25. Juni 1834 (Gregor XVI., Enzyklika): 2730°

*Singulari quadam*, 9. Dez. 1854 (Pius IX., Ansprache): *2865°* 2901° 2908 2917 2918a 2919

*Singulari quidem*, 17. März 1856 (Pius IX., Enzyklika): 2865° 2901° 2904 2916

*Singularis nobisque*, 29. Sept. 1864 (Pius IX., Brief): 2901° 2932

*Singularis Romanorum*, 1. Sept. 1741 (Benedikt XIV., Breve): 3556[1]

*Sollicita ac provida*, 9. Juli 1753 (Benedikt XIV., Konstitution): 2167[1] 2712[1]

*Sollicitudini meae*, etwa Juni 453 (Leo I., Brief): 317°

*Sollicitudini nostrae*, 1. Okt. 1745 (Benedikt XIV., Breve): 2669[2]

*Sollicitudinis quidem tuae*, 11. Juni 452 (Leo I., Brief): **308–310**

*Sollicitudo omnium Ecclesiarum*, 8. Dez. 1661 (Alexander VII., Breve): **2015–2017**

*Sollicitudo rei socialis*, 30. Dez. 1987 (Johannes Paul II., Enzyklika): **4810–4819**

*Spiritus Paraclitus*, 15. Sept. 1920 (Benedikt XV., Enzyklika): **3650–3654** *3793* 3889 4219[1] 4231[1] 4232[2] 4326[3] 4328[1]

*Studens paci*, i. J. 357 (Liberius, Brief): **138**

*Studiorum ducem*, 29. Juni 1923 (Pius XI., Enzyklika): **3665–3667**

*Sub catholicae professione*, 6. März 1254 (Innozenz IV., Brief): **830–839** 2522°

*Summi pontificatus*, 20. Okt. 1939 (Pius XII., Enzyklika): **3780–3786** 3983[2]

*Super cathedram*, 18. Febr. 1300 (Bonifatius VIII., Konstitution): 880°

*Super causas*, i. J. 1063 (Alexander II., Brief): **695**

*Super periculosis*, 22. Mai 1377 (Gregor XI., Brief): **1121–1139**

*Super quibusdam*, 29. Sept 1351 (Clemens VI., Brief): **1050–1085** 3556[1]

*Super soliditate petrae*, 28. Nov. 1786 (Pius VI., Breve): **2592–2597**

*Supplicaverunt*, Sept. oder Okt. 591 (Gregor I., Brief): 698[1]

*Suprema omnium Ecclesiarum*, 7. Juli 1745 (Benedikt XIV., Breve): **2543f**

*Supremi Pastoris*, 21. Jan. 1870 (1. Vatikanisches Konzil, Entwurf): 3050°

*Suscipientes sanctissimae fraternitatis*, 5. Nov. 744 (Zacharias, Brief): **586**

*Tametsi*, 11. Nov. 1563 (Konzil von Trient, Dekret): 1797° **1813–1816** 2515 3385° 3385 3387

*Testante Apostolo*, 16. Juli 1140 (Innozenz II., Brief): *721°*

*Testem benevolentiae*, 22. Jan. 1899 (Leo XIII., Brief): **3340–3346**

*Transiturus de hoc mundo*, 11. Aug. 1264 (Urban IV., Enzyklika): **846f**

*Tuas libenter*, 21. Dez. 1863 (Pius IX., Brief): **2875–2880** 2901° 2909f 2912–2914 2922 2933 4149[2]

*Ubi arcano*, 23. Dez. 1922 (Pius XI., Enzyklika): *3725[2]* 3997[2]

*Ubi primum*, 2. Juli 1746 (Benedikt XIV., Konstitution): 2543°

*Ubi primum*, 5. Mai 1824 (Leo XII., Enzyklika): **2720**

*Ubi primum*, 17. Dez. 1847 (Pius IX., Ansprache): 2901° 2916

*Ubi primum*, 2. Febr. 1849 (Pius IX., Enzyklika): 2800°

*Unam sanctam*, 18. Nov. 1302 (Bonifatius VIII., Bulle): **870–875** 1445°

*Unigenitus Dei Filius*, 27. Jan. 1343 (Clemens VI., Bulle): **1025–1027**

*Unigenitus Dei Filius*, 8. Sept. 1713 (Clemens XI., Konstitution): **2400–2502** 2509° 2712

*Unitatis redintegratio*, 21. Nov. 1964 (2. Vatikanisches Konzil, Dekret): **4185–4192** *4530[1]* 4530[2-3] 4538[1]

*Universalis Ecclesiae*, 23. Nov. 1624 (Urban VIII., Breve): 1310°

*Universi dominici gregis*, 30. Aug. 1622 (Gregor XV., Konstitution): 2026[1]

*Universi dominici gregis*, 13. Juli 1708 (Clemens XI., Breve): 2400°

# PERSONEN- UND SACHVERZEICHNIS

## *Erläuterungen*

| | |
|---|---|
| **472-480** | Texte der jeweils zuvor genannten Dokumente bzw. Texte, die in die Amtszeit des zuvor genannten Papstes fallen oder von der zuvor genannten Synode verabschiedet wurden. |
| *1361-1369* | Verworfene Sätze des jeweils zuvor genannten Autors |
| [702] | Brief (Bulle etc.), der an die zuvor genannte(n) Person(en) oder Synode gerichtet ist. Beispiel: Lanzo [702] = Bei Nr. 702 handelt es sich um einen Brief an Lanzo. |
| (S. 325) | Seite dieses Buches; sie wird nur angegeben, wenn sich der zuvor genannte Name auf keine Nummer beziehen läßt (vor allem bei Päpsten, in deren Amtszeit kein angeführtes Dokument fällt). |
| A 1a ... L 7e | Verweis auf den Systematischen Index |

Aachen, Synode (i. J. 809): 150°.

Abaelard, Peter: *721-739* 749°.

Abel: 396 476 4102.

Abendmahl: Jesu Christi G 1be E 2ea K 5a; Abendmahlsworte K 5dc.

Aberglaube: J 1ek.

Ablaß: K 10b.

Abraham: G 3ce.

Abrüstung: 3991 4422.

Absicht (Intention): Gottes A 1a G 3aa; beim Sakramentenspender K 2a 2b 2d 5cb; beim Empfänger der Sakramente K 2c 3d 5de 7d; Ehekonsens K 9bd; kein Urteil über die Absicht seitens der Kirche H 2a.

Absolution: s. Lossprechung.

Abtötung: L 2f 3c.

Abtreibung: L 3b 4d 6c 8 9.

Acerbus, Konsul von Florenz: [767].

Adam: Ursprung C 4a 4ba-c; als Urbild Christi 4322; Sünde D 2; der neue Adam Christus E 3a.

Adeodatus I., Papst: = Deusdedit (S. 219).

Adeodatus II., Papst: (S. 241).

Adoptianer: $526^2$ 595 610f $612°$ E 5da.

Advent: Wortgottesdienste im Advent 4035.

Ägypten: Glaubensbekenntnisse 55 62f.

Ärgernis: für den Nächsten L 2c 4b.

Aërius von Sebaste: $2609^2$.

Aethelstan: Psalter 11.

Äthiopier: Unionsbulle [1330-1353].

Afrika: Glaubensbekenntnisse 21f.

Afrikanische Synode (i. J. 256): 110°; – (i. J. 418): s. Karthago, Synode i. J. 418.

Agapet I., Papst: (S. 189) 444.

Agapet II., Papst: (S. 309).

Agatho, Papst: **542-559**.

Aggiornamento: $4001°°$.

Agnellus, Bischof: [$698^1$].

Agnoëten: 474-476.

Agnostizismus: 3034 3475-3477 3494f 4319; A 2ab.

Aix, Synode: (i. J. 1612) $2602^1$.

Akazius, Patriarch von Konstantinopel: [343] $348°$ 356 364; Akazianisches Schisma: $352^1$ $356^1$ $363°$.

Akoimeten: $401°$.

Akolyth: K 8b.

Albertus Magnus: $866°$.

Albigenser: $751°$ 800-802.

Aldama, José A. de, SJ: $187°$.

Alemannien: Glaubensbekenntnis 27 30.

Alexander I., Papst: (S. 54); Pseudo-A. $1320^1$.

Alexander II., Papst: **695-698** $868°$.

Alexander III., Papst: **747-758** $670°$ $716^1$ 772; Pseudo-A. $762°$.

Alexander IV., Papst: **840-844** $803°$ 1146 $4169^2$.

Alexander VI., Papst: (S. 482) 1443 $2023^1$.

Alexander VII., Papst: **2010-2070** $2390°$ 2613.

Alexander VIII., Papst: **2281-2332** 2700.

Alexandrien: Patriarchat 235 351 661 811 1308; exegetische Schule 3792.

Alfons von Liguori: 2725-2727 2759.

Allmacht Gottes: uns "geschenkt" 2170f B 1b.

Almarich bzw. Amalrich von Bena: $803°$ 808.

Almosen: moralischer Wert L 4fa; Wert als Genugtuung J 6cd; als Hilfe für Verstorbene M 1b; auch bei den Muslimen G 3ce.

Altar: Wirksamkeit des Ablasses an einem privilegierten Altar 2750; der Altar in der Eucharistiefeier 4041; Altargemeinschaft 4151.

Altes Testament: s. Testament.

Altkatholiken: $2875°$.

Altzelle in Sachsen: Kloster 1290.

Amalfi, Synode (i. J. 1089): $717^1$ $751^1$.

Ambrosiaster: $4145^6$.

Ambrosius, Bischof von Mailand: Glaubensbekenntnisse $10°°$ 13 $75°$; angeführt $646^1$ $741^2$ $824^1$ 1529¹ $2781^1$ $3057^3$ $3817^1$ $4145^6$ $4177^3$ $4177^4$ $4178^1$; Lehre über Maria als Urbild der Kirche 4177 $4232^3$ $4245^1$ $4343^8$; Autorität 353 625; Pseudo-A. $1542^1$.

Amerikanismus: 3340-3346.

Amico, Francesco, SJ: $2037^1$ $2132^1$ $2133^1$.

Amor: s. Liebe.

Amplexus reservatus: 3907 L 6c.

Amt: Ämter Christi E 3ba; das kirchliche Amt in der Nachfolge der Apostel G 3dc; der amtliche Dienst in der Kirche H 1-6; hierar-

3288¹ 3293¹ 3793 4201¹ 4216¹ 4217¹ 4218¹ 4223¹ 4232¹ 4407²; Glaube und Theologie 468 2167¹ 2731¹ 2831¹ 3137 3177¹ 3178¹ 3822¹⁻²; Dreifaltigkeit 178¹ 2325¹ 2698 3326 3328¹; Heiliger Geist 4116¹; Schöpfung und Vorsehung 360¹ 3251¹; Ursünde 222° 222¹ 239¹ 621¹ 824¹ 1515¹; Christologie 474¹ 533¹; Gnade, Vorherbestimmung, menschliche Mitwirkung 248¹ (Anm. zu:) 370–395 1529¹⁻² 1536¹ 1537¹ 1540¹ 1545¹ 1945¹ 1954 2400° 2619² 2622² 2624²⁻³ 2625²; Geheimnis/Bestimmung des Menschen 4321⁴; Freiwilligkeit des menschlichen Glaubensaktes 4245¹; Kirche 468 2646² 4102¹⁻² 4104² 4143¹ 4121¹ 4130¹ 4137¹ 4151⁷ 4158¹ 4166² 4169⁴ (Fürbitte der Seligen) 4173¹ (Maria) 4188⁴; Sakramente 356² 646² 741¹ 787¹ 1639¹ 1649¹ 1744¹ 3362³⁻⁴ 4047¹; Taufe 4670²⁻³; Ehe 3703¹⁻² 3706 3707¹ 3708 3710 3716 4128¹; Kult 2325¹ 2670²; Eschatologie 990°; Interpretation der Aussagen Augustins 1536 1954¹; Autorität 237 353 366 399 625 629 2330 2400° 2509°; hist. Anm. 127° 691° 1194; Pseudo-Augustinus 22 27° 30 73 2619² 3686.

Augustinus von Rom: 3816¹.

Ausbildung: liturgische J 2ba; Recht auf Ausbildung L 5g; Ausbildung der Kinder in der Familie L 6a; s. auch Erziehung.

Auslegung: der Hl. Schrift A 3ac 3be 3c; Auslegungsregeln in bezug auf amtliche Lehrentscheidungen H 3f.

Ausschweifung: 1367.

Aussendung: s. Sendung.

Autonomie: der irdischen Dinge C 1ic; des Menschen C 4fc; der Mensch und die Autonomie der irdischen Dinge C 4hb.

Autorität: allgemein C 4gh L 1ef; Glaubende und Autorität der Kirche G 4bg; des Papstes H 2bb; der Bischöfe H 2bc; Gewissen und Autorität L 1ef; staatliche Autorität C 4gh L 5f 5h.

Averroes, Averroismus: 1028 1440°.

Azor, Juan, SJ: 2107¹ 2130¹ 2153¹ 2155¹.

Azpilcueta, Martín de (Doctor Navarrus): 2033¹ 2130¹.

Bacaudas, Bischof: [698¹].

Baiolardus: s. Abaelard.

Bajus, Michael, Bajaner: 392¹ *1901–1980* 2101° 2316¹ 2324¹ 2325¹ 2326¹ 2331¹ 2400° 2564° 2564 2616 2619 2623.

Balsam: K 4b.

Balthasar, Hans Urs von, Kardinal: 4841².

Baltzer, Johann: *2833*.

Bandello, Vincenzo, OP: 1400°

Báñez, Domingo, OP: 2038¹ 2130¹ 2144¹.

Bangor, Antiphonale: Glaubensbekenntnis 29.

Bannwart, Clemens: (S. 4).

Barcos, Martin de: *1999*.

Bareille, G.: 646¹.

Barmherzigkeit: Gottes B 1b F 1.

Basel: Konzil von Basel – (Bologna) – Ferrara – Florenz (als Konzil von Basel ökumenisch i. J. 1431–1437; schismatisch i. J. 1437–1448) 1300°° 1309 1375° 1400° 1445° 1445 3816¹.

Basilius der Große: 125° 144° 353 601¹ 3327¹ 4181².

Basilius, Erzbischof von Tarnovo: [785].

Basisgemeinden: 4720°.

Bauchschnitt: 3338 L 4d.

Bauny, Étienne, SJ, Anm. zu: 2024f 2137–2139 2160f 2164.

Bautain, Louis-Eugène: Thesen 2751–2756 2765–2769 2811°.

Bayma, Joseph, SJ: *3121–3124*.

Bea, Augustin, Kardinal: 4195°.

Beatitudo: s. Seligkeit.

Beatus von Astorga: Glaubensbekenntnis 23.

Becanus, Martin, SJ: 2130¹.

Beckx, Pierre, SJ: 3121°.

Beda Venerabilis: 824¹.

Bedrohung: Bedrohungen und Probleme des Menschengeschlechts C 4kd; Bedrohung der Einheit in der Kirche und ihre Erneuerung G 3af.

Befreiung: und Strukturwandel C 4gm D 4d 7bd L 7; s. auch Freiheit.

Befreiungstheologie, lateinamerikanische: 4730° G 7ad.

Befruchtung: heterologe und homologe künstliche Befruchtung L 6c.

Begarden, Beginen: *891–899* 1573¹.

Begierde: als Ursache menschlicher Sünde D 1b-c; im Stand der gefallenen Natur D 2bc; die Eucharistie bewirkt Unterdrückung der Begierde 3375; die Ehe als Mittel gegen die Begierde K 9bc.

Beharrlichkeit: F 2ce.

Beichte, sakramentale: Teil der Buße K 6c; Sündenbekenntnis K 6cc; Genugtuung K 6cd; Lossprechung K 6ce; notwendig zur Wiedererlangung des Gnadenstandes K 6g; jährliche Beichte J 6g; Beichte gegenüber einem abwesenden Priester 1994f; Gebrauch von Wissen, das aus der Beichte stammt 1989 2195 2543f.

Beichtgeheimnis: 1989 2195 2543f K 6cc.

Beichtvater: Verpflichtungen K 6cc; Assistenz bei einem Duell 3162.

Bekehrung: des Menschen F 2bb.

Bekenntnis: der Sünden K 6cc.

Belgien: Form der Eheschließung 2515–2520.

Bellarmin, Robert, SJ: 1901° 1935¹ 1940¹ 1994° 3102 3850¹ 3851² 4149².

Bellesheim, Alfons: (S. 4).

Benedikt I., Papst: (S. 210).

Benedikt II., Papst: **564** 566° 566.

Benedikt III., Papst: (S. 292).

1671

Claret, Antonio M., Gründer der Claretiner: 3900°.

Clemens I., Papst: **101f** 4144² 4144³ 4144¹⁰.

Clemens II., Papst: (S. 310).

Clemens III., Papst: (S. 335) 772 4245¹.

Clemens III., Gegenpapst: 702°.

Clemens IV., Papst: **849** 850°° 860¹.

Clemens V., Papst: **891-908** 870° 910° 1440 1445°.

Clemens VI., Papst: **1025-1085** 941° 3556¹.

Clemens VII., Papst: (S. 493).

Clemens VIII., Papst: **1989-1995** 1310° 1880° 1997° 2008 2522 2712.

Clemens IX., Papst: (S. 627) 2613.

Clemens X., Papst: (S. 627).

Clemens XI., Papst: 1400° **2380-2502** 2509 2712.

Clemens XII., Papst: **2509-2513** 2783¹ 2894¹.

Clemens XIII., Papst: **2580-2585**.

Clemens XIV., Papst: **2588** 1990°.

Clemens, schottischer Priester: 587.

Clemens von Alexandrien: 3138¹.

Clermont, Synode (i. J. 1095): 868°.

Cletus: s. Anaclet I.

*Codex Carolinus*: 595°.

*Codex Laudianus*: Glaubensbekenntnis 12.

*Codex Swainson*: Glaubensbekenntnis 12.

*Codex Veronensis*: 10°.

Cölestin I., Papst: **236-268** 364 444 1997a 2638 4147⁶; Pseudo-Cölestin: Kapitel: s. *Indiculus*.

Cölestin II., Papst: (S. 327).

Cölestin III., Papst: (S. 335) 768 769¹ 772.

Cölestin IV., Papst: (S. 372).

Cölestin V., Papst: (S. 383) 910°.

Coetus episcopales: s. Bischofskollegium.

Coetus fidelium: s. Gemeinde.

Coggan, Frederick Donald, Erzbischof v. Canterbury: 4590°.

Cognitio humana: s. Erkenntnis.

Cohenel, Daim (Pseudonym): 3792°.

Coitus interruptus: 3660-3662 L 6c.

Comma Johanneum: 3681f.

Comma Pianum: 1980¹.

Communicatio idiomatum: s. Idiomenkommunikation.

Conceptio: s. Unbefleckte Empfängnis.

Concupiscentia: s. Begierde.

*Confessio Augustana*: 1600° 1704¹ 1797°.

Congar, Yves: (S. 12).

Conscientia: s. Gewissen.

Consolator: s. Mekhithar.

*Constitutiones Apostolorum*: **60** 10° 325° 4155².

*Constitutiones Ecclesiae Aegypticae*: 4155¹.

Consummatio mundi: s. Vollendung der Welt.

Contemplatio: s. Kontemplation.

Contritio: s. Reue.

*Convention de sauvegarder des droits de l'homme*: s. Europäische Menschenrechtskonvention.

Cooperatio: s. Mitwirkung.

Cornelius, Papst: **108f** 4154².

Courtenay, William, Bischof von London: 1121°.

Cyprian von Karthago: angeführt 108 110° 446 469 802¹ 3362¹ 4026¹ 4102¹ 4104² 4124¹ 4144¹⁰ 4145⁶ 4146⁴ 4147² 4147³ 4153³ 4153⁹ 4154² 4213¹ 4599¹ 4670²; Autorität 353 625.

Cyprian von Toulon: Glaubensbekenntnis 25.

Cyrus von Alexandrien: 519f 550f 563.

Dämon: sein Einfluß auf Handlungen kontemplativer Menschen 2243//2252; s. auch Teufel.

Dai[m]bert, Diakon: 701.

Dakien: Glaubensbekenntnis 19.

Dalberg, Karl Theodor von, Erzbischof von Mainz: [2705f].

Damasus I., Papst: **144-180** 701; *Decretum Damasi* **178-180** 350°; *Fides Damasi* **71f** 485°.

Damasus II., Papst: (S. 310).

Daniel, Prophetenbuch: 1501°.

Darlehen: L 11.

Davies, John Gordon: 41°.

Decentius, Bischof von Gubbio: [215f].

*Declaration (Universal) of Human Rights*: 3955°, Anm. zu 3958-3963 3966f 3975 3977.

*Decretum Damasi*: **178-180** 350°.

*Decretum Gelasianum*: **350-354** 180¹.

Defensio vitae: s. Notwehr.

Deismus: 3028 C 5.

Demokratie: C 4gh 4le.

Demut: der Kirche G 2bd.

Denifle, Heinrich, OP: 950°.

Denuntiatio: s. Anzeige.

Denzinger, Heinrich: (S. 3f).

Dêr-Balyzeh, Papyrus: Glaubensbekenntnis 2.

Determinismus: C 1gd 4gm.

Deusdedit I.: s. Adeodatus I.

Devresse, Robert: 444°.

Diabolus: s. Teufel.

Diakon: Dienstamt H 6 K 5cd; in der hierarchischen Ordnung H 1b K 8b; Weihe K 8c; Sakramentenspender K 3c 4c 5cb; als Leiter des Wortgottesdienstes 4035; innerhalb der Liturgie J 1d.

Diakonat: Erneuerung des ständigen 4101°; s. auch Diakon.

Dialog: 4773 C 4gc G 3af 4bf L 7; ökumenischer Dialog A 4bb G 3ag 3cf-g; Dialog mit Gott C 4jb.

Diana, Antonio, CCRRMM, Anm. zu: 2038 2050f 2053 2064 2112 2130 2136 2153f.

Diaphragma: 3917a.

Diasporasituation: 4035 4132.

Didache: 4141² 4155².

Didymus von Alexandrien: 519 4146¹.

Diebstahl: K 4fb.

Dienst: der amtliche Dienst in der Kirche H 1-6.

Dieringer, Franz Xaver: (S. 4).

*Digesta* Kaiser Justinians I.: 643¹ 3975¹.

Dimnet, Ernest: 3401°.

Diodor von Tarsus: 152° 519.

Diognet, Brief an: 4164[1] 4204[1].

Dionysius Areopagita (Pseudo-): 651[1].

Dionysius, Bischof von Mailand: 209.

Dionysius Exiguus: 238°.

Dionysius Foullechat (Soulechat) OFM: *1087-1097*.

Dionysius, Papst: **112-115**.

Dionysius von Alexandrien: [112] 4146[1].

Dioskur I. von Alexandrien: 343 364 472 519 661f 2529.

Diskriminierung: C 4gg 4kd 4lg L 5b 5g 7 8.

Döllinger, Joh. Jos. Ignaz: 2875°.

Döpfner, Julius, Kardinal: 4470°.

Dogma: A 4b H 3b.

Doketismus: E 2ca 5ba.

Donatisten: 123 705 912.

Dondaine, Antoine, OP: 790°.

Donus, Papst: (S. 250).

Dositheaus von Jerusalem, Patriarch: Glaubensbekenntnis 4670[2].

Dreifaltigkeit, göttliche: B 4; die Kirche als Werk der Hl. Dreifaltigkeit G 1be.

Drei Kapitel: s. Kapitel.

Duchesne, Louis: (S. 53) 117° 444°.

Duell: L 4d; Mitwirkung bei einem Duell L 4d.

Duns Skotus, Johannes: 2110[1] 2553.

Durandus von Osca (Huesca): Glaubensbekenntnis **790-797**.

Eadmer: 815° 3370[1].

Ebion: 157 1339.

*Ecclesiasticus*: s. *Jesus Sirach*.

Eck, Johannes: 1451°.

Eckhart OP: *950-980* 1980[1].

Eduard VI., König von England: *Ordinale* 3315° 3316.

Egelbert, Erzbischof von Trier: 702°.

Egila, Bischof von Elvira (Granada): [595°].

Egoismus: C 4gl-m 4le D 1b 4a 4c M 2ba.

Ehe: Sakrament K 9; Auflösung K 3e 9bd L 6b L 8; Anerkennung 3387f 4161; Zeugen der Eheschließung 1815f 3385f 3469-3471; Mischehe 305 2518f 2590 3386f K 9f; Sendung und Aufgabe der Laien in Ehe und Familie G 6cc L 2f; Ordnung von Ehe und Familie L 6; Form der Ehe (Deutschland, Holland): 2515-2520 3385-3388.

Ehebruch: 1327 2039 2150 K 9bd.

Ehehindernisse: K 9f.

Eheliche Liebe: C 4fd-e K 9ba 9bc L 3c 6b; s. auch Sexualität.

Ehescheidung: K 9bd L 6b.

Ehevertrag: K 9c.

Ehre, persönliche: L 3b.

Ehrfurcht: vor Gott L 2b.

Ehrle, Franz, SJ: 900°.

Eid: s. Schwur.

Eigentum: L 11.

Eijl, Edouard van: 1901° 1980[1].

Einehe: s. Monogamie.

Einhauchung: s. Inspiration.

Einheit: in den Ortsgemeinschaften 4151; der Menschheit L 9; der Kirche G 3a; der göttlichen und menschlichen Natur in Jesus Christus E 5c; kollegiale Einheit der Bischöfe H 1c; in der Ehe.K 9bd.

Einwohnung: wechselseitige Einwohnung der göttlichen Personen B 4bc; göttliche Einwohnung im Menschen F 2ca.

Einzigkeit: Gottes B 1b.

Eisen, glühendes: s. Gottesurteil.

Ekel: vor geistlichen Dingen 2228.

Elend: des Menschengeschlechts C 4kd.

Eleuther[i]us, Papst: (S. 55).

Elipandus, Erzbischof von Toledo: 595 612° 615.

Elliot, Walter: 3340°.

Eltern: als die ersten Glaubensboten der Kinder 4128 G 6cc; Berufung zur Heiligkeit 4714 G 4bb.

Elvira, Synode (um 300): **117-121** 711[1] 2325[1].

Embryo: Behandlung L 6c.

Empfängnis: Jesu Christi E 2a; unbefleckte Empfängnis Mariens 1400° 2015f.

Empfängnisverhütung: L 4d 6c 8.

Engel: C 2; Gemeinschaft der Menschen mit ihnen M 3bd; Verehrung J 1eg M 3bd; Fall der Engel D 1aa; Gemeinschaft der Engel und Heiligen M 3bd.

Enhypostasie: 4520°.

Enthusiasten: 250°°.

Entwicklungsländer, Problematik der: 4440° 4440-4469.

Ephesus, Konzil (i. J. 431): **250-268** 271° 343° 364 436f 444 3056[1] 3905 4147 4147[6] 4172[1]; Autorität 352 402 412 472 575 2528 3431; implizit unter "vier", "fünf" oder "sieben" Konzilien genannt 433 438 444 517f 521f 554 561 686; – "Räubersynode" (i. J. 449) 300°° 444[1].

Epiklese: 1017 2718 3556.

Epikur: 435 1367.

Epiphanius von Salamis (Konstantia): Glaubensbekenntnisse 42-45 46° 48° 150°; hist. Anm. 127°.

Erbschaft: L 8 11.

Erbsünde: D 2b.

Erfahrung, innere (Modernismus): 3033 3484.

Eriugena: s. Johannes Skotus Eriugena.

Erkenntnis des Menschen: natürliche Erkenntnis A 2aa; Erkenntnis aus dem Glauben A 1-3; unmittelbare Erkenntnis Gottes A 2ab; religiöse Erkenntnis im Stande der gefallenen Natur D 2bc; die zum Empfang der Sakramente notwendige Erkenntnis K 2c 3d 5de 7d.

Erlösung: des Menschen C 4da; Jesus Christus, der Erlöser und Mittler des Heiles E 3a; vollkommene Erlösung Mariens E 6cb; Mitwirkung der Menschen, besonders Mariens, an der Erlösung E 6d.

Erneuerung: in der Kirche G 3af 3bb; der Liturgie J 2.

Ersatzmutterschaft: L 6c.

Ersitzung (Erwerbstitel): L 11.

Ervigius, König von Spanien: [561°] 564°.

Erwählung: des Menschen C 4db F 1d; Mariens E 6c.

Erziehung: Verpflichtung L 1eb; Recht der Familie und des Staates auf Erziehung L 5g 6a 8; Prinzipien der religiösen Erziehung 3685–3690; die Taufe verlangt Erziehung im Glauben K 3d; als Aufgabe der Ehe K 9ba 9bc; Sexualerziehung L 6b; Erziehung und Gewissensbildung L 1eb; Erziehung zu einer Kultur des Herzens L 13.

Eschatologie: M 1–3.

Escobar y Mendoza, Antonio de, SJ, Anm. zu: 2033 2038 2048 2102 2106 2110 2129f 2142 2145f 2153.

Estrix, Aegidius, SJ, Anm. zu: 2112 2116f 2119–2123.

Etherius von Osma: Glaubensbekenntnis 23.

Ethik: Prinzipien einer natürlichen Ethik L 1c; Sätze gegen eine natürliche Ethik 2956–2964 L 1d; Situationsethik 3918–3921; Ablehnung einer individualistischen Ethik 4330.

Eucharistie: G 3aa J 1b K 5; Mitwirkung der Laien G 6bb K 5cc; vom Bischof dargebracht und geleitet H 3i.

Euchiten: 250°°.

Euchologion der Griechischen Kirche: 1990.

Eudoxius von Konstantinopel, Eudoxianer: 150°° 151.

Eugen I., Papst: (S. 228 und 241).

Eugen II., Papst: (S. 284).

Eugen III., Papst: 745 772.

Eugen IV., Papst: **1300–1353** 850°° 921° 1151°° 1445.

Eugippius, Presbyter: 595° 596.

Eulogius, Patriarch von Alexandrien: [474–476].

Eunomius von Kyzikos, Eunomianer: 150°° 151 155 433 472 519 1332.

Eunuch: s. Kastration.

Europäische Menschenrechtskonvention: 3955° Anm. zu 3959–3962 3966 3977.

Eusebius, Papst: (S. 61).

Eusebius von Cäsarea: 40 109° 110° 125° 127° 4140³ 4146¹ 4146².

Eusebius von Dorylaion: 50.

Eusebius von Emesa, (Pseudo-): 26°.

Eusebius von Vercelli: 209 525°.

Euthanasie: L 4d.

Eutyches von Konstantinopel, Eutychianer: 290 292 298 300°° 300 343 355 364 401f 425 433 444¹ 472 519 1345 2529.

Eutychianus, Papst: (S. 60).

Eutychius, Patriarch von Konstantinopel: 574¹.

Evagrius Ponticus: 519.

Evangelien, exegetische Fragen: allgemein 4402–4407; Mt 3561–3567; Mk 3568f 3572f 3575f; Lk 3568 3570–3576; Joh 3398–3400; Evangelienbuch: Verehrung 601 654.

Evangelisation: Kirche und Evangelisation G 3cd; Evangelisation durch die Laien G 6c; s. auch Evangelisierung, Evangelium.

Evangelische Räte: G 4bb L 2f; Christus als Verkörperung der evangelischen Räte 4836.

Evangelisierung: 4580° G 2bd 3cd; s. auch Evangelisation, Evangelium.

Evangelium: als Grundlage der Kirche A 3ba 3bb G 2bd 3cd 7aa 7ad; Verkündigung A 2bb E 2bb G 3cd 6ca 7aa 7ad H 3a; Bewahrung und Überlieferung A 3ab-c 3c G 3db H 3; Auslegung A 3be; Evangelium und menschliche Freiheit C 4fc; als Quelle aller Wahrheit und Sittenlehre L 1d 5h; Gerechtigkeitssuche als Forderung des Evangeliums 4482 4762 C 4gc.

Evaristus, Papst: (S. 54).

Evodius: s. Simon Evodius.

Exegese: der Hl. Schrift A 3be.

Existentialismus: 3878 3882.

Existenzphilosophie: 4410°.

Exkommunikation: H 2a.

Exorzist: H 1b K 8b.

Exsultet: 4814¹.

Exsuperius, Bischof von Toulouse: [212 2638].

Extrema unctio: s. Krankensalbung.

Eybel, Joseph Valentin: *2592–2597*.

Fabianus, Papst: (S. 55).

Fabius, Bischof von Antiochien: [109].

Faenus: s. Zinsnahme.

Faktum, dogmatisches: Urteil der Kirche 2010°; s. 2012 2020 2331 2390 3241.

Faller, Otto, SJ: 646¹.

Familie: Sendung und Aufgabe der Laien in Ehe und Familie G 6cc L 2f; Ordnung von Ehe und Familie L 6; Menschheitsfamilie 3992–3995.

Familienplanung: s. Empfängnisverhütung.

Farvacques, François, OESA: 2327¹ 2328¹.

Fasso, Silvio: 3632°.

Fasten: bei den Muslimen G 3ce J 1ej K 6cd L 3c.

Fatalismus: 283 1177 2812 3246 C 1gd.

Faustus von Reji: 26 330° 366° 374¹.

Febronius, Febronianismus: *2592–2597* 2592° 2600° 2602¹ 3113.

Feder, Alfred L., SJ: 141¹.

Feeney, Leonard: 3866° 3873.

Fegefeuer: s. Reinigungsort.

Felix I., Papst: (S. 60).

Felix II. (III.), Papst: **345**.

Felix III. (IV.), Papst: (S. 175).

Felix Urgel: 615.

Feminismus (der für die Rechte der Frauen im Staat eintritt): 3975; s. auch Frau.

Fénelon, F.: *2351–2374*.

Fenton, John C.: (S. 5).

Fernsehen: s. Kommunikationsmittel.

Ferrara, Konzil (i. J. 1438-1439): 1300°° 1309° 1445 4147[8] 4180°.

Feßler, Joseph, Bischof: 3050°.

Feste der Personen der Dreifaltigkeit: 3325.

Fideismus: 3033; s. 2751-2756 2765-2768.

*Fides Damasi* (Glaubensbekenntnis): 71f 485°.

*Fides Pelagii*: **441-444.**

Figliucci, Vincenzo, SJ, Anm. zu: 2047 2102 2106 2130.

"Filioque": B 3c.

Firmilian von Cäsarea (Kappadozien): 111°.

Firmung (Sakrament): K 4; Spendung durch einen einfachen Priester K 4c; Spendung unter Bedingung 1991.

Flavian, Bischof von Konstantinopel: *Tomus Leonis* [290-295] (s. auch Leo I. der Große: *Tomus*); 300°° 300.

Fleisch: Genuß ist erlaubt 464; Abstinenz J 1ej.

Fleischwerdung des Wortes: E 1-5.

Florenz: Missale, Sakramentar: Glaubenbekenntnis 17; Konzil (i. J. 1439-1445) **1300-1353;** angeführt 1986 3059 3068 3293 3858 4142[2] 4169[1] 4171 4171[2] 4180° 4183[3] 4189[1] 4541[2]; hist. Anm. 150° 1300°° 3391°.

Florus von Lyon: 625°; Anm. zu 626-628.

Flüchtling, politischer: Rechte 3990.

Foenus: s. Zinsnahme.

Fötus: Arten der Extraktion, Tötung L 4d; vorgeburtliche Diagnostik L 6c.

Folter: L 4d 5g 8.

Fomes peccati: D 2bc F 3b.

Formosus, Papst: (S. 308).

Forschung: das menschliche Forschen und die Wissenschaften C 4id; Freiheit der Forschung H 3g.

Fortpflanzung: künstliche L 6c.

Fortschritt: dogmatischer A 4ba; auf dem Gebiet der Liturgie 4023 4024; menschlicher Fortschritt C 4ie; Fortschrittsgläubigkeit C 4lf; Fortschritt unter der Macht der Sünde D 5.

Foullechat: s. Dionysius F.

Francisco de Zabarella: 2043[1].

Franckenberg, de, Erzbischof von Mecheln: 2590°.

Francs Massons: s. Freimaurer.

Frankfurt, Synode (i. J. 794): **612-615** 150° 566° 600°°.

Franz I., König von Frankreich: 1445°.

Franzelin, Johannes Baptist, SJ: (S. 4).

Franz von Assisi: 908° 910°.

Franz von Sales: 1997°.

Fratizellen: *910-916.*

Frau: der Mensch als Frau oder Mann C 4fe; Rechte L 5g 6a 7 8; eheliche Rechte K 9ba 9bd L 6a; Mutterschaft L 6b; sittliches Verhalten in Konfliktlagen L 4d 6c; Frage der Zulassung zum Priesteramt G 3da H 1a K 8a; Beteiligung am kirchlichen Leben G 6cd.

Freiheit: C 4fc L 1b; bürgerliche Freiheiten L 3b 4c 5g-h; des Denkens und Schreibens (eingeschränkt) L 5g; von Sklaverei L 5g; von Zwang bei der Annahme des Glaubens L 5g; Gewissensfreiheit L 5g; der Glaubenden C 4fc L 1b; von Sünden C 4ba; die Gnade Gottes und die Freiheit des Menschen F 5c; der Kirche G 7ba; Denk- und Lehrfreiheit der Theologen sowie Freiheit der wissenschaftlichen Forschung H 3g; freie Forschung in der Bibelexegese A 3be; Redefreiheit auf dem ökumenischen Konzil 1847; s. auch Willensfreiheit.

Freimaurer: L 2c.

Freitod: s. Selbstmord.

Freizeit: L 6a.

Friaul, Synode (i. J. 791): 150°; (i. J. 796 oder 797) **616-619.**

Friede: L 5e 5h 7 9; Gerechtigkeit und Friede C 4gc; Clementinischer Friede 2613f.

Friedhof: Schändung K 4dc.

Friedrich II., Kaiser: 648[1].

Friedrich III., Kaiser: [1151°°].

Frömmigkeitsformen: J 1e.

Frohschammer, Jakob: *2850-2861.*

Fromme Übungen: J 1ed L 2f.

Fromont (Froidmont), Libertus, Anm. zu: 2302 2309 2311.

Fronleichnamsfest: 846° 1644[1].

Fürbitten: für Verstorbene M 1b.

Fulgentius von Ruspe: Glaubensbekenntnis 22 75°; angeführt 370° 595° 596 1331[1] 1347[1] 1350[1] 1351[1-2] 1532[1].

Fullo: s. Petrus Fullo.

Furcht: vor der göttlichen Gerechtigkeit F 2aa; Einfluß auf den moralischen Akt L 1f.

Furchtreue (attritio): Teil des Bußsakraments K 6cb; ein frei diskutiertes Problem 2070; Attritionismus 2316[1].

Gaben: des Hl. Geistes F 2ca 2cd 5a.

Gabrielis, Aegidius de, TOF, Anm. zu: 2316-2318 2322f.

Galenus, Claudius: 815°.

Gallien: Glaubensbekenntnisse 25-28 30.

Gallikanismus: Artikel des gallikanischen Klerus **2281-2284;** ihre Verwerfung 2285 2699f; hist. Anm. 2301° 2602[1] 3113.

Galtier, Paul, SJ: 152° 250°°.

Gasser, Vinzenz, Bischof: 3050° 4149[4] 4149[5] 4150[1] 4150[2].

Gastarbeiter: C 4ke G 7ad.

Gaudentius, Bischof: 134.

Gaudentius, Bischof von Volterra: [445].

Gebet: öffentliches, liturgisches J 1ee-g; kontemplatives, meditatives J 1ee L 2f; Fürbittgebet J 1ee L 2f; Wert des Gebetes als Genugtuung und Fürbitte J 1ee L 2f; private Gebete und Übungen J 1ed L 2f.

Gebote: Gottes L 1–6; Verpflichtung im Stand der wiederhergestellten Natur F 3c; Verpflichtung auch für Vollkommene L 2f; Gebote der Kirche G 4bg L 2f; jährliche Beichte K 6g; Osterkommunion K 5de; Gottesdienst J 1b; Fasten, Abstinenz J 1ej.

Geburt Christi: Fest 454; Geheimnis der Geburt E 2a; jungfräuliche Geburt Christi E 6bb; zwei Geburten 442 504 536 619 681.

Geburtenregelung: s. Empfängnisverhütung.

Gefühl, religiöses (nach den Modernisten): 3481 3483f.

Gegenwart Christi: liturgische und eucharistische J 1a K 5bb 5bd; in den Bischöfen 4145; in den Ortsgemeinschaften 4151; in der Kirche, den Glaubenden und der Welt E 2ea-c.

Geheime Offenbarung: s. Apokalypse.

Geheimnisse: im weiten und strengen Sinne A 1bc; Erkennbarkeit der Geheimnisse A 4a; der Glaube an die Geheimnisse L 2c; "Mysterientheologie" 3855; Geheimnis des Menschen C 4; Geheimnischarakter der Offenbarung A 1bc; Geheimnis Gottes in der Menschheitsgeschichte B 1aa; Geheimnisse des Lebens, des Sterbens und der Auferstehung Jesu Christi E 2; begriffliche Fassung des Geheimnisses Jesu Christi E 5.

Gehorsam: Christi E 3a; religiöser Gehorsam G 4bb; als evangelischer Rat G 4bb; christlicher Gehorsam gegenüber den Geboten Gottes und der Kirche G 4bb L 2f; des Glaubens L 2c.

Geißel, Johannes, Kardinal: [2828–2831].

Geist: Pflichten und Rechte in bezug auf den Geist des Menschen L 3b; in bezug auf den Geist des Nächsten L 4c; Versuchung durch den Bösen Geist D 1a; Hl. Geist: s. Heiliger Geist.

Geisterbeschwörung: 4169[2].

Geistliche Kommunion: K 5dd.

Geistliches Leben: J 1e L 2f; der Kleriker, Seminarien und Ordensinstitute 4017.

Gelasius I., Papst: **347–355** 641[1] 3821[1] 4170[2]; Pseudo-Gelasius 357°.

Gelasius II., Papst: (S. 321).

Gelübde: s. Ordensgelübde.

Gemeinde: G 3ad J 1a.

Gemeinschaft: Zweck und Wesen der bürgerlichen Gemeinschaft C 4ge-f; universale Gemeinschaft der Völker C 4gj; Berufung des Menschen zur Gemeinschaft mit Gott C 4d 4jb; menschliche Gemeinschaft als Berufung des Menschen C 4jg; Kirche und menschliche Gemeinschaft C 4go; Christen und menschliche Gemeinschaft C 4gp; Christen und christliche Gemeinschaft C 4gq; Christus und die menschliche Gemeinschaft C 4gn E 2ba; katholische Kirche und andere kirchliche Gemeinschaften G 3ag; der

Glaubenden und ihre Sendung G 4; hierarchische Gemeinschaft des Dienstamtes H 1c; liturgische Gemeinschaft mit den getrennten Ostkirchen J 1ec; Eucharistie als Sakrament der Gemeinschaft mit Lebenden und Verstorbenen K 5ed; der Engel und Heiligen M 1b 3bd.

Gemeinwohl: C 4gd L 5c.

Generatianismus: 360f 1007 3220.

Generationen: G 7ae; Konflikt C 4kd 4kf.

*Genesis*: 3512–3519 3862–3864 3898.

Genmanipulationen: L 6c.

Gennadius von Marseille: 325°.

Gentechnik: L 6c.

Genugtuung: Christi E 3; als Wesensmoment der Buße K 6cd; Gebet, Fasten und Almosen als Genugtuung für begangene Sünden 1713; Voraussetzung zur Seligkeit M 2bc.

Gerberon, Gabriel: 2326[1].

Gerbert, Bischof von Perpignan: 2901°.

Gerdil, Hyacinthe-Sigismond, Kardinal: 2600°.

Gerechtigkeit: des Menschen 4335 C 4bb; Gerechtigkeit und Friede C 4gc; Streben nach Gerechtigkeit C 4kf; beim Erwerb und Besitz L 11 12; beim Abschluß von Verträgen L 11; soziale Gerechtigkeit C 4gb L 5b 5e 7 9; im wirtschaftlichen Wettbewerb C 4lc L 12; im Reich Christi 4162 4339; s. auch Recht, Gemeinwohl.

Gerhard von Borgo San Donnino: 803°.

Gerhoh von Reichersberg: 4177[5].

Gericht: allgemeines und individuelles Gericht über die Menschen M 2a 2bb; das Wissen um den Tag des Jüngsten Gerichtes M 2ab E 2fb; das Gericht Christi E 2fb.

Germanus von Konstantinopel: 4175[2] 4177[1].

Geschichte: Geschichtlichkeit und Endgültigkeit der Offenbarung A 1bb; und Glaube A 1bc; historische Methode in der Exegese A 3be; Gott als Herr der Geschichte C 1ga; Geschichtlichkeit und Vollendung der Welt C 1gb; das Wirken Christi in der Geschichte C 4de; das Wirken des Hl. Geistes in der Geschichte C 4df; die Welt als Schauplatz menschlicher Geschichte C 4ka; unmittelbare Auswirkungen der Sündhaftigkeit des Menschen in Welt und Geschichte C 4kb; Ziel und Vollendung der Geschichte C 5; atheistische Geschichtswissenschaft (Modernisten) 3476 3480; die menschliche Geschichte unter der Knechtschaft der Sünde D 6; Heilsgeschichte B 4ca-b E 3; der Anbruch des Reiches Gottes in der Geschichte M 1.

Geschlechtlichkeit: s. Sexualität.

Geschöpfe: C 1–5.

Gesellschaft: der Mensch als gesellschaftliches Wesen C 4ga; Zweck und Wesen C 4ge-f; Gleichheit und Ungleichheit C 4gg; Auto-

A 2ba; das Gebet zu Gott J 1ee; s. auch: Vater, Sohn.

Gottebenbildlichkeit: des Menschen A 3bd C 4bb 4fb L 7; Verunstaltung durch die Sünde D 2bc; Wiederherstellung durch Christus D 7ba E 3a.

Gottesdienst: G 3aa J 1 K 5; laxistische Auffassung über die Verpflichtung zum Gottesdienst J 1b 1d; geistlicher Gottesdienst der Laien 4160; der Diakon als Leiter eines priesterlosen Gottesdienstes 4035.

Gottesgebärerin: E 6ba.

Gotteskindschaft: 4122f 4158 4603.

Gottesurteil: L 2b.

Gottschalk von Orbais: 621°.

Gousset, Thomas-M.: 2715° 2725.

Gratry, Auguste Joseph Alphonse: 2751°.

Gregor I. der Große, Papst: **472–480** 574[1] 587° 698 698[1] 770 824[2] 3061[1] 3707[2] 3804[1] 3981[2] 4102[2] 4143[1] 4147[5] 4245[1]; Pseudo-Gregor 2052[1].

Gregor II., Papst: **580f.**

Gregor III., Papst: **582f** 581°.

Gregor IV., Papst: (S. 284).

Gregor V., Papst: (S. 310).

Gregor VI., Papst: (S. 310).

Gregor VII., Papst: **700** 690° 717[1].

Gregor VIII., Papst: (S. 335).

Gregor IX., Papst: **824–829** 772° 1830° 3144[1].

Gregor X., Papst: **850–861**.

Gregor XI., Papst: **1101–1139**.

Gregor XII., Papst: **1151–1200**.

Gregor XIII., Papst: **1985–1988** 698[1] 1901° 2331[1].

Gregor XIV., Papst: (S. 607).

Gregor XV., Papst: (S. 613) 2015° 2016 2026[1].

Gregor XVI., Papst: **2725–2772** 2784 3201°.

Gregor, Katholikos der Armenier: [774°].

Gregor von Nazianz: 353 556 805[1] 1672[1] 4153[5].

Gregor von Valencia SJ: 2145[1].

Griechen: Unionsbulle [1300–1308] 1327 1351 1986 2534; andere Dekrete für die Griechen 810 830–839 1985–1987 1990–1992 2522–2524; spezielle Lehren der Griechen 1807[1] 1986; hist. Anm. 850°° 1300°°.

Guastalla, Synode (i. J. 1106): 705.

Günther, Anton, Güntherianer: *2828–2831* 2833° 2914 3025.

Güter: irdische Güter der Kirche G 3ae; Pflichten und Rechte in bezug auf die materiellen Güter L 3d 4e.

Guezelo: s. Wezelo.

Guido II. von der Chartreuse: 2223[1].

Guimenius Amadeus (Pseudonym): s. Moya.

Guyon, Jeanne Marie Bouvier de la Motte: 2351°.

Hadrian I., Papst: **595–633**.

Hadrian II., Papst: **650–664**.

Hadrian III., Papst: (S. 307).

Hadrian IV., Papst: (S. 327).

Hadrian V., Papst: (S. 383).

Hadrian VI., Papst: (S. 493).

Häretiker: Begriff L 5g; den Kirchengesetzen unterworfen H 2a; Verbrennung von Häretikern 1483; Häretiker als Spender der Taufe K 3c.

Handauflegung: Materie der Weihe K 2a 8c.

Handlung, heilige: s. Liturgische Feier.

Haß: auf Gott 1049 1949; auf die Sünde 2309 F 2aa K 6cb.

Hauskirche: Familie als Hauskirche 4128 G 3ad 6cc.

Havermans, Macarius, Anm. zu: 2302 2307 2309f 2312 2315 2330.

Hebräer: *Brief an die Hebräer*, exegetische Fragen 1501° 3591–3593; A 3bf; s. Juden.

Hecker, Isaak-Thomas: 3340°.

Hedonismus: 2958.

Heil: Christus als Mittler des Heils B 2b E 3a; Glaube als Heilsmittel L 2c; Kirche als Heilsmittel G 2bc; Kirche als Sakrament des Heils K 1b; Sakramente K 2f 3f 4d 5de 6f-g 7e; Zuständigkeit der Kirche für das Seelenheil G 7ba; des Menschen C 4da 4fi; der Nichtchristen 4140 G 2bc.

Heilige: Verehrung J 1eg M 3bd; Gemeinschaft der Heiligen M 1b 3bd; s. auch Kanonisation.

Heiliger Geist: in der Dreifaltigkeit B 4; Sendung B 1g; in Schöpfung, Heilsgeschichte, Kirche und den Glaubenden B 3b C 1d G 1be; Gaben und Einwohnung F 2ca 2cd 5a; bei der Firmung K 4d.

Heilige Schrift: A 3b; in der Liturgie J 2bb; Glaubens- und Lebensnorm nichtkatholischer Christen 4139; Weitergabe der Offenbarung 4150.

Heiliges Offizium: Instruktionen **4400**; angeführt 4101° 4139[4] 4169[2] 4215[1] 4476[2] 4574[1] 4790°.

Heiligkeit: des Menschen C 4bb; Jesu Christi E 5dd; Mariens E 6ce; der Kirche G 3b; Berufung zur Heiligkeit G 4ba.

Heiligsprechung: s. Kanonisation.

Heiligung: durch die Liturgie J 1c; durch die rechtfertigende Gnade F 2cb; der Glaubenden G 4ba; Wege der Heiligung G 4bb L 2f; der Kirche durch den Hl. Geist B 3be G 1be; außerhalb der Kirche G 2bc 3ce-f; der Welt durch die Laien G 6cb; durch die Ehe G 6cc K 9e; Heiligungsdienst der Bischöfe und Priester H 4–5.

Heilsgeschichte: A 1c C 1 5 E 1–6 F 1 G 1–7 M 1–3; das Wirken des Geistes in der Heilsgeschichte B 3bd; die Einheit und Eigentümlichkeiten des Wirkens der göttlichen Personen in der Heilsgeschichte B 4ca-b; Maria innerhalb der Heilsgeschichte E 6.

Heilsnotwendigkeit: der Kirche G 2bc.

Heilsökonomie: die sakramentale Heilsökonomie Gottes K 1.

Heilswille: Gottes F 1b.

Heimatvertriebene: C 4ke G 7ad.

Heinrich II., Kaiser: 150°.

Heinrich IV., Kaiser: 702° 704°.

Heinrich, Bischof von Albano, Kardinallegat: 790°.

Heinrich, Bischof von Sens: [721°].

Heinrich, Bischof von Straßburg: [799].

Heinrich, Kardinal, Herzog von York: [2566–2570].

Heinrich von Virneburg, Erzbischof von Köln: 950°.

Heirat: s. Ehe.

Hentrich, Wilhelm, SJ: 3900°.

Heraklius, Kaiser: Ekthesis 519.

Hermann, Erzbischof von Metz: 702°.

*Hermeneia*, pseudo-athanasianisch: 42° **46f** 48°.

Hermes, Georg: *2738–2740* 3025 3035f.

Herrenmahl: s. Eucharistie.

Herrlichkeit: Gottes 4814 C 1h L 2b; Christi E 2dc G 1be; ewige M 3bb 3bf.

Herrschaft: Ausübung C 4gh L 1ef; menschliche Herrschaft über die Natur C 4kc; des Teufels über den Menschen D 1ac; Christi E 1a 2fc 3bd; ewiges Herrschen mit Christus M 3bf; Vollendung der Herrschaft Gottes M 2.

Herz: des Menschen C 4ed; Pflichten und Rechte L 3b; Verehrung des Herzens Jesu E 5de J 1ef.

Hessels, Jan: 1901° 2325[1].

Hesychius von Jerusalem: 4145[6].

Hetherius: s. Etherius.

Hierarchie, kirchliche: H 1b–c K 8b; Zusammenarbeit der Laien mit dem hierarchischen Dienstamt G 6ce; Hierarchie der Wahrheiten der katholischen Lehre A 4bb.

Hieronymus von Prag: 1201° 1249f.

Hieronymus von Stridon: Autorität 353 625; angeführt 1542[1] 1680[1] 3144[2] 3650 3651 3793[7] 4143[1] 4169[4] 4232[2]; hist. Anm. 71° 180[1].

Hilarius von Poitiers: 74[1] 75° 125° 138° 141 209 353 625 4102[1] 4143[1] 4147[5].

Hilarus, Papst: (S. 154).

Himerius, Bischof von Tarragona: [181–185 2680[2]].

Himmelfahrt: Christi E 1a 2bb 2db 5cd M 3ba; Aufnahme Mariens in den Himmel E 6ea.

Himmlisches Jerusalem: 4008 4111.

Hindernisse der Ehe: s. Ehehindernisse.

Hinduismus: G 3ce.

Hinkmar, Erzbischof von Reims: 621° 625°.

Hippo Regius (Afrika): Glaubensbekenntnis 14° 21; Synode (i. J. 393) 186°.

Hippolyt von Rom: Glaubensbekenntnisse 3° **10** 60° 61° **64** 328[1]; hist. Anm. 105°; Bischofsamt 4145[3] 4145[4] 4151[9].

Hirtendienst: der Bischöfe H 2; des Papstes H 2b; s. auch Seelsorger, Bischof, Papst.

Historie: s. Geschichte.

Historisch-kritische Methode (Exegese): A 3be.

Historizismus: 3878.

Historizität: der Hl. Schrift A 3be.

Hölle: M 3d.

Hoffnung: theologische Tugend F 2cc L 1g 2d; Motiv für den moralischen Akt L 1b; Verpflichtung zum Akt der Hoffnung L 2d.

Hoherpriester: Christus als Hoherpriester D 7ba E 3a 3bc G 6bb; der Bischof als Hoherpriester H 4.

Holzapfel, Heribert: 1442°.

Homilie: A 3bd J 2bb.

Homosexualität: 2044 L 6b; Seelsorge und Homosexualität 4583.

Honoratus, Bischof von Arles: 75°.

Honorius I., Papst: **485–493**; Verteidigung für Honorius 496–498; Verurteilung 550–552 561° 561 563.

Honorius II., Papst: (S. 322).

Honorius III., Papst: **822** 772° 908°.

Honorius IV., Papst: (S. 383).

Hontheim, Johannes Nikolaus von (Febronius): 2592°.

Hormisdas, Papst: **363–369**; *Libellus fidei* **363–365** 3066[1]; hist. Anm. 180[1] 350° 401°.

Houtin, Albert: 3401°.

Hugo von St. Viktor: 873[1].

Hugonin, Flavien-Abel-Antoine: 2841°.

Humangenetik: L 6c.

Humanismus: christlicher Humanismus als wahrer Humanismus C 4ki L 9.

Humanwissenschaften: C 4ke 4lf; Kirche und Humanwissenschaften C 4id; G 7ae.

Humbert von Silva Candida, Kardinal: 690° 691°.

Humiliaten (Sekte): 760.

Hunger: C 4gl-m 4il 4kd-e D 4c G 7ad.

Hurtado, Thomas, CCRRMM, Anm. zu: 2026–2028 2102 2163.

Hus, Jan, Hussiten: *1201–1230* 1247° 1249–1251 1480; Fragebogen für Hussiten 1247–1279; Gewährung des Laienkelches 1725°.

Huygens, Gommarus, Anm. zu: 2301 2306 2316.

Hyginus, Papst: (S. 55).

Hypnotismus: 2823°.

Hypostatische Union in Christus: E 5c; Folgerungen aus der hypostatischen Union E 5d.

Ibas von Edessa: 300°° 416° 437 444 472.

Idealismus, philosophischer: 3878 3882.

Idiomenkommunikation: E 5ea.

Ignatius, Patriarch von Konstantinopel: 2533.

Ignatius von Antiochien: 4005[2] 4041[1] 4134[1] 4144[4] 4144[8] 4144[9] 4144[10] 4151[2] 4151[5] 4152[4] 4153[1] 4154[2] 4155[2].

Ignorantia: s. Unwissenheit.

Ikonoklasten: s. Bilderstürmer.

Ildefons von Toledo: Glaubensbekenntnis 23.

Immanentismus: 3878 3882.

Immanenz (nach den Modernisten): 3477–3481 3487 3490.

Implizite Zitationen: s. Zitationen.

Johannes XXI., Papst: (S. 383).

Johannes XXII., Papst: **910-991** 1087° 1091 1980¹ 3325.

Johannes XXIII., Papst: **3930-3997** 3265° 4001°° 4145⁵ 4195° 4201° 4240¹ 4301° 4321¹ 4323¹ 4325² 4326¹ 4326³ 4328¹ 4334³ 4343⁵ 4454¹ 4468¹ 4470° 4476¹ 4476³ 4486² 4492³ 4571² 4764² 4766¹⁻² 4790° 4791³ 4792³ 4805¹.

Johannes XXIII., Gegenpapst: 1151°°.

Johannes, Patriarch von Konstantinopel: 363°.

Johannes Paul I., Papst: (S. 1392).

Johannes Paul II., Papst: **4610-4848**.

Josef, Bräutigam Mariens: 1880 3260-3263 4170 4836 E 6db.

Joseph II., Kaiser: 2590° 2592¹.

Josephiner (Sekte): 760.

Jovinian: 1520° 1573¹.

Judaismus: 587.

Judas: *Brief des Judas* 1501° A 3bf.

Juden (Hebräer): Toleranz gegenüber Juden 480 698 772f; Jude als Spender der Taufe 646; Jude, der sich selbst tauft 788; Taufe von Judenkindern 1998 2552-2558 2562; Verhältnis der Kirche zu den Juden 4195°; Versöhnung mit den Heiden 4109; Kirche aus Juden und Heiden G 2ba.

Judit: *Buch Judit* 178° 1501° A 3bf.

Jüngstes Gericht: s. Gericht.

Jugend: Kirche und Jugend 4490-4492 4635; Handel mit Jugendlichen 4327; s. auch Erziehung.

Julian, Erzbischof von Toledo: 566f 568°.

Julian von Kos: [296-299].

Julius I., Papst: **132-136** 11° 138 141; Pseudo-Julius 1320².

Julius II., Papst: (S. 482) 1443.

Julius III., Papst: **1635-1719** 1500°° 1998 3315°.

Jungfräulichkeit: Stand G 4bb 2f; Gelübde der Jungfräulichkeit G 4bb L 2f; Vorrang vor der Ehe G 4bb K 9ba L 2f; Jungfräulichkeit Mariens E 6bb; Jungfräulichkeit und Zölibat G 4bb L 2f.

Jungmann, Josef Andreas, SJ: 2°.

Jurisdiktionsvollmacht: der Kirche G 3ae; des Dienstamtes H 1b; des Papstes H 2ba; der Bischöfe H 2c; beim Spender des Bußsakramentes K 6d.

Justin, Apologet: 4141² 4144¹⁰ 4344².

Justin I., Kaiser: [367-369].

Justinian I., Kaiser: Edikt gegen die Origenisten **403-411** 2660 [367-369 416-420]; hist. Anm. 363° 401° 416° 421° 441°; s. *Digesta*.

Kaiserschnitt: 3337 L 4d.

Kanon: der heiligen Bücher A 3bc; Meßkanon K 5db.

Kanonisation (erste): 675; die Beurteilung der Schriften bei einer Kanonisation 2726° 2727.

Kanonizität: der Heiligen Schriften A 3bc.

Kantoren: 4029 4858² J 1d.

Kapitalismus: C 4ic 4ld L 7 10-12; Manchesterkapitalismus 4440°;

Kapitel: über die Gnade Gottes 366° 370°; pseudo-cölestinische Kapitel: s. *Indiculus*; Drei Kapitel, Anathematismen **421-438** 300°° 416° 421° 441°.

Kappadozien: Glaubensbekenntnis 48°.

Karfreitag: eucharistische Kommunion 3377.

Karl der Große, Kaiser: 612°.

Karl IV., Kaiser: 1110°.

Karl V., Kaiser: 1495° 1495 1500°°.

Karl I., König von England: 3317b.

Karl II., König von Spanien: 2301°.

Karl VII., König von Frankreich: 1445°.

Karl Borromäus, Kardinal von Mailand: 2316¹ 2655².

Karlstadt, Andreas: 1451°.

Karthago, Synode (i. J. 387): **186**; (i. J. 397) 180¹; (Pseudosynode i. J. 398) 325°; (i. J. 418) **222-230** [217 221 239] 244¹ 245 633 (Afrikanische Synode); (i. J. 419) 186°.

Karwoche: 3377¹.

Kastration: L 4d.

Kataphryger: 478.

Katechese: A 3bd-e G 3cd 6cd; liturgische 4035 J 2bb.

Katechismus, Römischer: s. Römischer Katechismus.

Katechumenen: ihre Kirchenzugehörigkeit 4138 G 4a K 3d.

Katharer: 127 (Novatianer); 760 800-802.

Kathedra: s. Cathedra.

Katholizität: der Kirche G 2bb 3ab 3ad 3c.

Kelchkommunion: K 5dd.

Kerdon: 454.

Kerinthus: 1339.

Keuschheit: G 4bb K 9bd 9f; s. L 2f.

Kinder: Taufe K 3d; Zulassung zur Seligkeit M 3ba; Kinder, die ohne Taufe sterben M 3d; eucharistische Kommunion K 5de; sakramentale Beichte K 6e.

Kirche: Werk Gottes G 1; geschichtlich-eschatologisches Wesen G 2; wesentliche Merkmale G 3; Gemeinschaft der Glaubenden G 4; Dienstämter G 5 H 1-6; Laien G 6; Verhältnis zum Menschengeschlecht, zu Gesellschaft, Kultur, Staat und internationalen Institutionen G 7; Erkennbarkeit G 2bb; Motiv der Glaubwürdigkeit A 2bc; Lehramt H 3; Vollmacht der Kirche über die Sakramente K 2a-b 3c 4c 5ca-b 5dd 6d-e 7c 8a 8d 9f; über die Sakramentalien K 10; Glaubende und Autorität der Kirche G 4bg; "Außerhalb der Kirche kein Heil" 2865° G 2bc; Irrtum über das zweifache Haupt der Kirche 1999; "schlafende" Kirche 1204¹; verherrlichte Kirche M 3bf; ihre Auferbauung durch die Liturgie J 1a; ihre

$4240^1$ $4231^1$ $4443^1$ $4464^1$ 4500 $4800^1$; hist. Anm. 1851° 2901° 3900°.

Leon I., Kaiser: [317f] 290°.

Leon III. (Ikonoklastes), Kaiser: [581] 600°°.

Leon, König der Armenier: [774°].

Leonardo von Nogarola: 1400°.

Leoni, Simone und Antonio: 2201°.

Leonianum: s. Sacramentarium Veronense.

Leonidas, Autor apokrypher Schriften: 213.

Leopold II., Großherzog von Toskana: 2600°.

Le Pappe de Trévern, Jean-François, Bischof von Straßburg: 2751°.

Le Pippre, Louis: $2321^1$.

Le Roy, Edouard: 3401°.

Lessius, Leonhard, SJ, Anm. zu: 2128 2136–2140.

Lesung: der heiligen Schriften A 3bd.

Letzte Ölung: s. Krankensalbung.

Lex credendi, lex supplicandi: 246 3317a 3792 3828.

*Liber diurnus*: 300°° 550°.

*Liber ordinum mozarabicus*: Glaubensbekenntnis 23.

*Liber pontificalis*: $638^2$.

*Liber Sacramentorum Romanae Ecclesiae*: $4145^3$.

*Liber Sacramentorum S. Gregorii*: $4143^1$.

Liberalismus: philosophischer 2977–2980 4500° C 4fc 4lc; wirtschaftlicher C 4lc L 12.

Liberatore, Matteo, SJ: 3265°.

Liberius, Papst: **138–143** 183 209.

Libertas arbitrii: s. Willensfreiheit.

Liebe: Verwiesenheit des Menschen auf Liebe C 4fd; unter den Menschen C 4gb; theologische Tugend F 2cc L 2e; als Aufgabe eines christlichen Lebens G 4bb; Motiv für moralisches Handeln L 1b; die reinste Gottesliebe 2323 2351–2373; im Stand der gefallenen Natur D 2bc; Selbstliebe als Grundverpflichtung L 3a; Nächstenliebe als Grundverpflichtung L 4a; eheliche Liebe L 6b.

Liebermann, Bruno Franz Leopold: (S. 4).

Limbus: M 3d.

Linus, Papst: (S. 53).

Literarkritik: als Hilfe bei der historisch-kritischen Exegese A 3be.

Litt, Fernand: 2600°.

Liturgie: Wesen und Bedeutung J 1; Erneuerung und Förderung J 2; öffentlicher Kult J 1a-b; Sprache in der Liturgie J 1a-b 2bb 5dd; Gegenwart Christi in den Geheimnissen der Liturgie K 5bb 5bd; Liturgie als Quelle der theologischen Erkenntnis: s. Lex credendi.

Liturgiereform: 4001° J 2bb.

Liturgische Ausbildung: der Seelsorger J 2ba.

Liturgische Bewegung: 4001°; pastoralliturgische 4043–4046 J 2bb.

Liturgische Bücher: 4025 4031 4038 4039.

Liturgische Ehrungen: 4032.

Liturgische Experimente: J 2bb.

Liturgische Feiern: J 2bb.

Liturgische Gebete: J 1b 1ee.

Liturgische Haltung: 4030.

Liturgische Handlungen: J 1b 1d 2bb.

Liturgische Kommissionen: J 2bb.

Liturgische Rubriken: 4031 4035 4038.

Liturgische Sprache: J 1b 2bb.

Liturgische Unterweisung: der Glaubenden J 2ba.

Liturgische Weiterbildung: 4018.

Liturgischer Dienst: 4029.

Liturgiewissenschaft: 4015 4016.

Liutbert: s. Ludbert.

Löwenfeld, Samuel: $446^1$.

Lo Grasso, Johannes, SJ: 870°.

Lohn: gerechter Arbeitslohn L 6a 10c; Lohn für die guten Werke M 3c.

Loisy, Alfred: 3401°.

London, Synoden (Erdbebensynode i. J. 1382 und i. J. 1396): 1151°.

Lossagung der Seele von geistlichen Gütern: L 3a.

Lossprechung, sakramentale: K 6cc 6ce 10bc; sterbender Schismatiker K 6e.

Lucidus: Unterwerfungsschreiben 330–342.

Lucius I., Papst: (S. 56).

Lucius II., Papst: (S. 327).

Lucius III., Papst: **760–762**.

Ludbert (Liutbert), Erzbischof von Mainz: [670].

Ludwig, Herzog von Orléans: 1235°.

Ludwig XII., König von Frankreich: 1440° 1445°.

Ludwig XIV., König von Frankreich: 2020° 2281° 2390° 2400° $2684^1$.

Lüge: L 4c.

Lugo, Juan de, Kardinal, SJ: $1980^1$ $2038^1$ $2155^1$.

Lukas: *Evangelium nach Lukas* 3568 3570–3576 A 3bf.

Lupus, Chrétien, OESA, Anm. zu: 2304–2306 2314f.

Lust: 2108f.

Luther, Martin: 1447° *1451–1492* 1510° 1520° 1600° $1681^1$ $1682^1$ $1706^1$ $1707^1$ $1710^1$ 1797° $1813^1$ 2640–2642 2646.

Luxuria: s. Ausschweifung.

Lyon: 1. ökum. Konzil (i. J. 1245) (S. 372); 2. ökum. Konzil (i. J. 1274) **850–861** 150° 1300 3067 $4189^1$ $4800^1$; Synode (um 473) 330°; (zwischen 1179 und 1181) 790°.

Macarius von Ägypten: *Apophthegmata* **55**.

Macarius von Antiochien (Monothelet): 1346.

Macedonius von Konstantinopel, Macedonianer: 150°° 156 352 433 472 519 1332 2527.

Machado de Chaves, Juan: $2050^1$.

Madoz, José, SJ: 525° 3681°.

Mädchenhandel: C 4fb L 3b 5g; s. auch Prostitution.

Magie: s. Zauberei.

Magisterium: s. Lehramt.

Magnetismus: 2823–2825 A 2aa J 1ek.

Magnificat: exegetische Fragen 3571.

Mahomet: s. Mohammed.

Michael III., Kaiser: [635° 638–642].

Michael VIII. Palaiologos: Glaubensbekenntnis 850°° **851–861** 925°.

Milante, Pius Th., OP: 2571° 2573[1].

Mileve (Numidien), Synode (i. J. 416): [218 242] 222°.

Militärdienst: Erlaubtheit L 4d.

Millenarismus: s. Chiliasmus.

Miltiades (Melchiades), Papst: (S. 62).

Minderheiten, nationale: Rechte 3989.

Ministranten: J 1d 2bb.

Minoritäten: s. Minderheiten.

Mischehen: K 9f.

Misenus, Gesandter des Papstes: 348°.

*Missale Bobiense (Vesontiense):* 27.

*Missale Florentinum:* 17.

*Missale Gallicanum Vetus:* 27.

*Missale Romanum:* 150° 1744[2] 3981[2] 4005[5] 4005[6] 4165[1] 4339[10] 4641[1] 4814[1].

Missio canonica: der Bischöfe 4148; der Laien G 6bb.

Missio: s. Sendung.

Mission: Aufgabe des Papstes und der Bischöfe 4147–4149 4152; Kirche und Mission G 3cd.

Mitwirkung: der Menschen am Werke Gottes C 1gc; mit der Gnade F 5ca; L 2f; zum Bösen L 4b.

Modalisten: 284°; s. auch Sabellius.

Modernisten: *3401–3466*; Enzyklika gegen die Modernisten **3475–3500**; Antimodernisteneid **3537–3550**.

Modestus von Jerusalem: 4175[2].

Mösien: Glaubensbekenntnis 19.

Mohammed: 1365.

Mohatra: 2140.

Molina, Luis de, SJ, Molinismus: 1997° 2008 2131[1] 2170° 2564.

Molinos, Miguel de: *2201–2269* 2181°; s. auch Quietismus.

Mollities: s. Päderastie.

Mommsen, Theodor: (S. 53).

Monastisches Brevier: 4110[1].

Mone, Franz-Josef: gallische Liturgie 150°.

Monogamie: J 9ce.

Monomachie: s. Duell.

Monophysiten: 150° 300°° 302[1] 421° 478°; s. auch Eutyches.

Monotheleten: 500° 550–559 (feierliche Verurteilung) 561 564° 566° 2531.

Montanus, Montanisten: 211 478.

Montes pietatis: 1442–1444.

Moos, R. Walter von, SJ: 3900°.

Moralität: Prinzipien und Normen L 1a–f.

Moralsysteme: 2175–2177 2679[1] L 1ee.

Mord: L 3b 4d 6c.

Moribundi: s. Sterbende.

Morin, Germain, OSB: 22° 75°.

Mortgage: s. Nutzungspfand.

Mortificatio: s. Abtötung.

Moses: Göttlichkeit des mosaischen Gesetzes A 2ab 3bb; Rettung kraft des mosaischen Gesetzes A 1c E 1c K 1a; mit Christus gleichgesetzt *1365*.

Motiv: der Glaubwürdigkeit der Religion A 2bc; zu moralischen Akten L 1b; der Hoffnung L 2d.

Moya, Mateo de, SJ, Anm. zu: 2022 2028f 2036 2039 2042 2045–2047 2052 2062 2113 2116 2136 2140 2144.

Mozarabisches Meßbuch: Glaubensbekenntnis 23.

Mozarabische Oration: 4151[4].

Munier, Charles: 325°.

Muratori liberi: s. Freimaurer.

Muratori, Ludovico Antonio: 75°.

Muslime: Sakramentenspendung 2340 3333–3335; Bekenntnis zum Glauben Abrahams 4140; A 1a G 3ce L 9.

Musnier, François, SJ: 2290°.

Mutterschaft: C 4fe 4jf L 6b; Mariens E 6b; ihre Verehrung J 1eg; geistige Mutterschaft Mariens E 6de G 3bb 4bb; Kirche als Mutter der Glaubenden G 2a 3bb.

Muttersprache: in der Liturgie J 1a 2bb K 5db.

Mysterium: s. Geheimnis.

Mysterium paschale (österliches Geheimnis): E 3a.

Mythos: in der Hl. Schrift A 3be.

Nachfolge: Jesu Christi C 4fh 4gb 4jf 4jn 5b E 2bb 3bb G 4bb L 2f 13; apostolische Nachfolge als Motiv der Glaubwürdigkeit der Kirche G 2bb; das kirchliche Amt in der Nachfolge der Apostel G 3dc.

Nachkommenschaft: das Gut der Nachkommenschaft L 6c; Vermeidung von Nachkommenschaft durch Ausnützung der Zeiten der Unfruchtbarkeit 3148 3748; Vermeidung von Nachkommenschaft als Bedingung des Ehevertrags 827.

Nächstenliebe: L 4a; moralische Verpflichtungen gegenüber dem Nächsten L 4.

Napoleon III., Kaiser von Frankreich: 2962[1].

Nation: s. Volk.

Nationalismus: C 4kd 4lg.

Nativitas: s. Geburt.

Natur: Stand der unversehrten, gefallenen, wiederhergestellten Natur C 4b D 2bc F 3; die leib-seelische Natur des Menschen C 4e; die soziale Natur des Menschen C 4g L 5a; die menschliche Natur Jesu Christi E 5ba; die Einheit der göttlichen und menschlichen Natur in Jesus Christus E 5c.

Naturalismus: 2812 2814 2890 2901–2907.

Naturwissenschaften: A 1bc C 4id.

Navarrus: "Doctor Navarrus": s. Azpilcueta.

Neesen, Laurentius: 2306[1].

Neger, Schutz ihrer Rechte: 2745f.

Nektarius von Konstantinopel: 235.

Ordo: s. Weihe, Ordnung, Orden.

Orientalen: Irrtümer 3553-3556.

Origenes von Alexandrien, Origenisten: Verwerfung von Irrtümern 298 353 403-411 433 519; angeführt 209° 353 403° 4110[1] 4166[1] 4670[2]; hist. Anm. 127°; Pseudo-Origenes 105°.

Ortega, Cristóbal de, SJ: 2170°.

Ortiz de Urbina, Ignacio, SJ: 302[1].

Ortskirche: G 3ad.

Osma: s. Petrus Martínez von Osma.

Ossius, Bischof: 133 135.

Osterliturgie, byzantinische: 4322[14].

Osterliturgie, Reform der: 4001°.

Ostiarier: H 1b.

Ostkirchen, unierte: 4180°; liturgische Gemeinschaft mit den getrennten Ostkirchen J 1ec; katholische Kirche und getrennte Ostkirchen G 3ag.

Osyth: Kloster St. Osyth [1145f].

Ottaviani, Alaphridus, Kardinal: 4101° 4470°.

Otto von Freising: 745°.

Ovidius Naso: 3491[1].

Pacheco: s. Pedro Pacheco.

Pacianus, Bischof von Barcelona: 1542[1].

Päderastie: 2044 2149.

Paenitentia: s. Buße.

Päpstliche Bibelkommission: Schreiben **3792-3796 3862-3864 4402-4407** 3898; Autorität 3503; Instruktionen **4402-4407**; angeführt 3898 4215[1] 4226[3].

Palästina: Glaubensbekenntnis 46° 60f.

Palecz, Stephan: 1201°.

Paleotti, Gabriel: 1776[1].

Palladius von Hellenopolis: Glaubensbekenntnis 55°.

Pallavicini, Pietro Sforza, SJ, Kardinal: 2070°.

Panchristismus: 3816[1].

Pantheismus: Ursprung der Welt C 1ia 1id; Seele C 1id.

Papst: Nachfolger Petri G 3dc; Jurisdiktion, Primat H 2b; Lehrautorität H 2b 3cb; Hirtendienst des Papstes H 2b; Recht, Ablässe zu gewähren K 10bb; Papst und Bischöfe H 2bc; Papst und Konzil H 2bd.

Papstwahl: 1190.

Papyrus Dêr-Balyzeh: Glaubensbekenntnis **2**.

Parastron, Johannes, OFM: 856.

Parteien: politische L 8; Verbot der Zugehörigkeit zu einer kommunistischen Partei L 2c.

Parthenogenese: L 6c.

Participatio actuosa (tätige Teilnahme): G 1be 6bb 6cd J 1d J 2a; J 2bb K 3e 5cc.

Parusie: s. Wiederkunft.

Paschalis I., Papst: (S. 284).

Paschalis II., Papst: **704-708**.

Paschasius Diaconus: 26°.

Paschasius, Bischof von Neapel: [480].

Paschasius Radbertus: 4143[1].

Paschini, Pio: 4336[2].

Pasqualigo, Zaccaria: 2103[1].

Passagier (Sekte): 760.

Pastor, Bischof von Palencia: 187° **188-208** (libellus).

Pastor, Ludwig von: 1375°.

Pastoralbriefe: 3587-3590.

Pastoralliturgische Bewegung: s. liturgische Bewegung.

Pastoralliturgisches Institut: 4044.

Patariner (Sekte): 760.

Patriarchen, alttestamentliche: C 4dc G 3ce.

Patriarchat: Ordnung der Patriarchatssitze G 3ad H 2c.

Patripassianer: 284.

Paul I., Papst: (S. 275).

Paul II., Papst: (S. 473) 1443.

Paul III., Papst: **1495-1630** 2023[1] 2745°.

Paul IV., Papst: (S. 557) **1880** 698[1] 1851° 3315°.

Paul V., Papst: **1997-1997a 2763**; apokryphe Bulle 2008; angeführt 1235° 2015° 2016 2057 2762; hist. Anm. 1997° 2001° 2008°.

Paul VI., Papst: **4001-4606**; angeführt 4621[1] 4633[1] 4635[1] 4645[1] 4709[1] 4755[1] 4764[1] 4810°.

Paulianisten: 128 214.

Paulinisches Privileg: K 3e 9bd.

Paulinus von Antiochien: [148 152-177].

Paulinus von Aquileja: 616°.

Paulus, Apostel: Briefe 3587-3590 A 3bf; Irrtum vom doppelten Haupt der Kirche G 3da; Unkenntnis des Tages des Gerichts E 2bf M 2ab.

Paulus, Patriarch von Konstantinopel: 519f 551.

Paulus von Samosate: 138° 453 519 1339.

Pavia, Synode (i. J. 850): **620**.

Pax Clementina: 2613f.

Pecci, Gioacchino, Kardinal (Leo XIII.): 2901°.

Pedro Pacheco von Jaen: 1510°.

Pegna, Francisco: 2008.

Pelagius, Pelagianer: 222° 238 250°° 371 596 1520° 1997a 2616; katholische Lehren, die fälschlicherweise des Pelagianismus beschuldigt wurden 1912 1917 1922 1924 1928 1937 1954 1965 2626.

Pelagius I., Papst: **441-447** 472[1].

Pelagius II., Papst: **468-470**.

Pentateuch: 3394-3397 3862-3864.

Peraudi, Raimundo: 1398°.

Perichorese, trinitarische: B 4bc.

Perron, Jacques Davy du, Kardinal: 2602[1].

Perrone, Giovanni, SJ: (S. 4).

Perseverantia: s. Beharrlichkeit.

Person: C 4fa L 1a; Begriff 4520°; persönlicher Gott B 1c; die göttlichen Personen B 4; das persönliche Verhältnis zu Gott L 2.

Pessar: 3917a.

Petit, Jean: 1235°.

Petrobrusianer: s. Petrus von Bruys.

Petrucci, Pier M., Kardinal: 2201°.

Petrus, Apostel: (S. 53) 4119 4142 4146; monarchisches Fundament der Kirche G 3da; 2. Brief 1501° A 3bf; Petrus und Paulus G 3da.

Petrus Abaelardus: s. Abaelard.

Petrus, Bischof von Pistoia: [701].

Petrus Canisius: 4171[5].

Petrus Damaszenus: s. Pseudo-Petrus Damaszenus.

Petrus de Bonageta: *1101-1103*.

Petrus von Bruys, Petrobrusianer: 715° 718[1].

Petrus Chrysologus, Bischof von Ravenna: Glaubensbekenntnis 15.

Petrus Damiani, Kardinal: [687f] 691°.

Petrus de Palude OP: 2043[1].

Petrus de Rivo: *1391-1396*.

Petrus Fullo, Patriarch von Antiochien (Monophysit): 364 401°.

Petrus Iohannis Olivi: s. Olivi.

Petrus Lombardus, Bischof von Paris: christologischer Irrtum 747° *749*; trinitarische Lehre 803f; angeführt 824[1] 1101° 1542[1].

Petrus Martínez von Osma: *1411-1419* 2635 2642.

Petrus Mongus, Patriarch von Alexandrien (Monophysit): 364.

Petrus, Patriarch von Alexandrien: 235.

Petrus, Patriarch von Antiochien: [680-686].

Petrus, Patriarch von Konstantinopel (Monothelet): 551.

Pfarrei: s. Gemeinde.

Pfarrer: Assistenz bei der Ehe K 9d 9f; Beichtvater ("eigener Priester") K 6d.

Pfingsten: B 1g 3be E 2dd G 3cd 3da; als öffentliche Darstellung der Kirche G 1bd.

Pflicht: Pflichten der Laien G 6cf; Pflichten und Rechte in bezug auf Geist und Herz des Menschen L 3b; in bezug auf Leib und leibliche Wohlfahrt L 3c; in bezug auf die Arbeit und die materiellen Güter L 3d; Pflichten und Rechte in bezug auf den Nächsten L 4.

Phänomenologie: 4410°.

Philipp IV., König von Frankreich: 870°.

Philipp VI., König von Frankreich: 990°.

Philipp III., König von Spanien: 1997a.

Philipp IV., König von Spanien: 2015°.

Philipp, päpstlicher Legat: 3056[1].

Philosophie: grundsätzliche Bedeutung A 2aa; schuldiger Respekt vor der Offenbarung A 1bc 4a; Zuständigkeit des kirchlichen Lehramts H 3bb; philosophische Sünde 2291.

Photinus von Sirmium, Photinianer: 138° 150°° 151 157 453 1339.

Photius, Patriarch von Konstantinopel, Photianisches Schisma: 638° 650° 661f 2533 2886.

Physik, theoretische: 4410°.

Piacenza, Synode (i. J. 1095): 706° 707f.

Piccolomini, Enea Silvio de': 1375°.

Pichon, Johannes, SJ: 2090°.

Pilgernde Kirche: G 3bb M 1b.

Pirmin: Glaubensbekenntnis 28.

Pistoia, Synode (i. J.1786): *2600-2700* 2281°.

Pius I., Papst: (S. 55).

Pius II., Papst: **1361-1385** 1442° 2745°.

Pius III., Papst: (S. 482).

Pius IV., Papst: **1725-1870** 1500°° 1853[1] 1901° 2712 2772.

Pius V., Papst: **1901-1983** 1880° 2040 2331[1].

Pius VI., Papst: **2590-2700** 2281° 2830.

Pius VII., Papst: **2705-2718** 2783[1] 2894[1].

Pius VIII., Papst: **2722-2724**.

Pius IX., Papst: (S. 3) **2775-3126** 2725° 3154° 3201° 3260° 3370[2] 3886[1] 3900° 3902[1] 4149[2] 4152[2] 4175[1].

Pius X., Papst: **3370-3624** 3665 4177[2].

Pius XI., Papst: **3660-3776** 1807[1] 3265° 3601° 3838° 3846[1] 3915[2] 3935° 3936 3938-3941 3943 3945f 3947[1] 3951 3958 (Anm. zu) 3962 3965f 3975 3983 3985 3997 4001°° 4001° 4126[2] 4139[3] 4141[1] 4147[6] 4159[1] 4166[3] 4167[1] 4170[4] 4177[2] 4222[1] 4240[1] 4321[1] 4325[2] 4339[9] 4451[1] 4475[2] 4476[1] 4476[2] 4476[3] 4560[2] 4571[2] 4766[2] 4792[2] 4800[1].

Pius XII., Papst: **3780-3928** 127° 1310° 3323° 3601° 3935° 3942 3947f 3950f (Anm. zu) 3957f 3960 3962-3964 3966-3969 3973 3975 3980-3983 3985 3989 3995 3997 4001°° 4114[1] 4116[1] 4118[1] 4118[2] 4126[1] 4127[3] 4139[2] 4139[4] 4140[2] 4141[1] 4144[12] 4166[3] 4147[4] 4147[6] 4152[1] 4153[4] 4153[6] 4153[8] 4159[1] 4159[2] 4162[2] 4163[2] 4166[2] 4167[1] 4167[3] 4169[3] 4169[5] 4170[4] 4170[5] 4170[6] 4170[8] 4175[2] 4175[3] 4177[2] 4213[1] 4214[2] 4215[1] 4215[2] 4216[1] 4218[2] 4230[1] 4230[2] 4232[2] 4240[1] 4245[2] 4316[1] 4321[1] 4342[2] 4402 4407 4412[2] 4475[2] 4476[1] 4476[2] 4476[3] 4477[1] 4541[2] 4560[1] 4561[1] 4571[2] 4574[1] 4790° 4792[2] 4792[5] 4800[1] 4805[2].

Platon: 435.

Pluralismus: auf dem Gebiet der Liturgie 4037; Bejahung innerhalb der katholischen Kirche 4132f 4147.

Pneumatomachen: 150°° 151 300.

Poenitentia: s. Buße.

Polemon: 519.

Politik: C 4gp G 4bf L 7-9 13; politische Spannungen und Unterdrückung C 4kd; Arbeit der Laien in der Politik G 6cb; Kirche und Politik G 7ab 7b.

Pollution: 2044; s. 2149 3684 L 3c.

Polygamie: K 9bd.

Polygenismus: 3897.

Polykarp von Smyrna: 4155[2].

Pomponazzi, Pietro: 1440°.

Ponce de León, Basilius, OESA: 2163[1].

Pontianus, Papst: (S. 55).

Pontifex Maximus: s. Papst.

*Pontificale Romanum*: 3981².
Pontius, Bischof von Clermont: [757].
Poppo, Erzdiakon von Trier: 702°.
Populus: s. Volk.
Port-Royal des Champs: 2684¹.
Positivismus: C 4lf.
Possessor, Bischof von Afrika: [366].
Postcommunio der Ostervigil und des Ostersonntags: 4010¹.
Potestas civilis: s. Staat.
Praeambula fidei: A 2ba-b.
Praecepta: s. Gebote.
Prädestinatianer: 330°.
Praedestination: s. Vorherbestimmung.
Praedetermination: s. Vorherbestimmung.
Praedicatio: s. Predigt.
Prägung, sakramentale: K 2d 3e 4d 8e.
Praescientia: s. Vorherwissen.
Pragmatische Sanktion von Bourges: 1440°° 1445.
Pragmatismus: 3878.
Predigt: des göttlichen Wortes 796 809 866 1164 1217-1219 1277f 1610 2495 4035 J 2bb K 5da; in der Verkündigung der Bischöfe 4148f 4152; der Apostel A 3ab G 3db; der Kirche 4178 G 3cd; s. auch Missio canonica.
Presbyter: s. Priester.
Preuschen, Erwin: 55°.
Priester: Glied der Hierarchie H 1b K 8b; Dienstamt H 5 J 1d; Recht, den Stand des Priesters zu erwählen 3962 L 5g; Weihe K 8c; Sakramente und Meßopfer K 2-7 9; liturgische Ausbildung J 2ba; Kompetenz der ordinierten Priester K 5cb; Presbyter als "zweitrangige Priester" 215; Priestermangel 4720°; s. auch Priestertum.
Priestertum: Frage der Zulassung von Frauen zum Priestertum 4590°; K 8a; Priestertum Christi E 3bc; des Dienstes 4126 4153f; allgemeines Priestertum der Glaubenden G 4bd 6bb H 1b J 1d K 3e 4d 5cc 8a; gemeinsames Priestertum aller Glaubenden und amtliches Priestertum G 4bd H 1b K 8a; Priestertum des Neuen Bundes K 8a; s. auch Priester.
Primasius: 4143¹.
Primat: des Papstes 4101° G 3ab 3ad 3da 3dc 4bg H 2ba 2bc 3cb; des Menschen gegenüber den Dingen 4694 C 3 4ha.
Priscillian, Priscillianisten: 187° 188-208 283-286 451-464 3681°.
Privatmesse: J 2bb.
Privilegium Paulinum: s. Paulinisches Privileg.
Probabilismus, Probabiliorismus: L 1ee.
Professio fidei: s. Glaubensbekenntnis.
Proles: s. Nachkommenschaft.
Prophet: A 3bb B 3bd.
Prophetentum: Jesu Christi E 3bb.
Prophetie: Existenz wahrer Prophezeiungen 2907

3009 3505f 3528 3539 3563 3573; Motiv der Glaubwürdigkeit A 2bc.
Propositio: verschiedene Zensuren: s. Zensuren.
Prosper von Aquitanien: 238° 246¹ 353 370° 376¹ 378-395.
Prostitution: C 4fb L 3b 5g.
Protestanten: [2997-2999] 2918.
Prudentius von Troyes: 625°.
Psalmen: exegetische Fragen 3521-3528 A 3bf; in der Liturgie 4024 4030.
Psalmist: H 1a-b.
Pseudo-Basilius: 4147⁵.
Pseudo-Dionysius: 4153⁵.
Pseudo-Makarius: 4166¹.
Pseudo-Petrus Damaszenus: 4177⁵.
Psychischer Zwang: C 4fb L 3b 5g; psychische Knechtung C 4kd.
Puebla (Mexiko), 3. Generalversammlung des lateinamerikanischen Episkopats: **4610-4635**; angeführt 4774².
Purgatorium: s. Reinigungsort.
Pyrrhus, Patriarch von Konstantinopel: 519f 550° 551 563.
Quadragesima-Wortgottesdienste: 4035.
Qualifikation, theologische: s. Zensur.
Quantenmechanik: s. Physik, theoretische.
Quentin, Henri: 487° 546°.
Quesnel, Pasquier: *2400-2502* 2616 2622 2667f.
Quiercy, Synode (i. J. 853): **621-624** 625°; Antworten 592°.
Quietismus: 866° 2181-2192 *2201-2269* 2351° 3817.
Quodvultdeus, Bischof von Karthago: 22 3686¹.
Räubersynode von Ephesus (i. J. 449): 300°° 444¹.
Rahner, Karl: (S. 5).
Rainaldus, Bischof von Como: [695].
Rassismus: C 4lg.
Ratio: s. Erkenntnis.
Rationalismus: A 4a.
Raub: L 11.
Ravenna, Glaubensbekenntnis: 15.
Rebellion: L 7.
Reccared, König: Glaubensbekenntnis 470.
Recht: Ursprung, Grundlage L 1c; Völkerrecht C 4gk; Menschenrechte L 5g; s. *Declaration of Human Rights*; Europäische Menschenrechtskonvention; – Rechte der Frauen: s. Frau; *Digesta* Justinians I. 643¹ 3975¹; *Regulae iuris* Bonifatius' VIII. 1443¹; Rechte und Pflichten der Laien G 6cf; Rechtsvollmacht des Papstes H 2b; der Bischöfe H 2c; Recht auf Ehe und Familie und die Rechte der Familie L 6a; Recht auf Besitz L 11.
Rechtfertigung: F 2.
Reconciliatio: s. Wiederversöhnung.
Reform: des Ordenswesens G 4bb; politische Reformen C 4gm L 7.
Reformatoren: K 5dd.
Regensburg, Synode (i. J. 792): 612°.

Reich Gottes: als Ziel der Geschichte C 5d; Vollendung und Übergabe E 2fc; die Kirche als Zeichen und Anbruch des Reiches Gottes G 2bb; Anbruch des Reiches Gottes in der Geschichte M 1.

Reichtum: C 4kd-e 4lb F 2bb G 3cd 7ad L 4e 11; Mittel und Macht der Reichen L 7.

Reiffenstuel, Anaklet, OMin: 2571° 2571[1].

Reims, Synode (i. J. 1148): **745**.

Reinigungsort: M 1b 2bb 2bc 3ba; s. auch Läuterung.

Relativismus, dogmatischer: 3883.

Religion: die verschiedenen Religionen A 2ab; Irrtum in bezug auf die wahre Religion A 2bc; Gott und die Religionen C 4dd; Kritik der Religion C 4kh G 7ba; das Verhältnis der Kirche zu den Religionen G 3ce; Volksreligion G 3cd 7ae; Religionsfreiheit C 4gl 4gg 4gm 4lg G 3cd 7aa 7ba; L 5g 7 9.

Reliquien von Heiligen: Verehrung J 1eg.

Remigius, Bischof von Lyon: 625°.

Reordination: K 8d.

Repgow, Eike von: 1110°.

Res publica: s. Staat.

Reservation von Fällen: K 6d; 2032.

Resignatio: s. Lossagung, Selbstentsagung.

*Responsa Carisiaca*: **592**.

Reue: K 5de 6ca-b 6d 10bc.

Revelatio: s. Offenbarung.

Revolution: L 7.

Rhegius Urbanus: s. Rieger.

Ricci, Scipione, Bischof von Pistoia: 2600°.

Richard von St. Viktor: 3305[1].

Richard, Marcel: 144°.

Richer, Edmond: 2602[1] 2609[1].

Richter: moralische Verpflichtungen L 4c 11; der Papst höchster Richter der Kirche H 2ba-b.

Rieger, Urban: 1754[1].

Rimini, Synode (i. J. 359): 183.

Ripalda, Juan Martínez de, SJ: 1980°.

Riten: bei der Spendung der Sakramente K 2b 4c; bei der Messe J 1a 1d K 5db; und Kanon K 5db; Gleichberechtigung J 1eb; möglichst keine starken Unterschiede zwischen benachbarten Gebieten 4023; innerhalb der privaten Feier 4027; Begräbnisriten 4654 J 1ea; bei der Erneuerung der Liturgie J 2bb.

*Rituale Romanum*: 1531[1-3] 3196.

Ritus: s. Riten.

Rivière, Jean: 721°.

Rivo, Petrus de: s. Petrus de Rivo.

Roberts, Colin Henderson: 2°.

Robertus Bellarminus: s. Bellarmin.

Römischer Katechismus: Glaubensbekenntnis **30** 10°°; angeführt 3533 3707[3] 3838° 4047[2] 4110[1] 4170[11] 4476[1] 4476[3].

Römisches Brevier: Glaubensbekenntnisse 10°° 30 75°.

Rohan-Chabot, L. F. Aug., Kardinal: 2725.

Rom: Glaubensbekenntnisse 10 11f 30 546-548; Synoden: Pseudo-Synode (zur Zeit Papst Silvesters I.) 638[1]; (i. J.382) **152-180**; (i. J. 495) **348**; (i. J. 680) **546-548** 561; (i. J. 745) **587**; (i. J. 862) **635-637**; (i. J. 863) 635°; (i. J. 1050) 690°; (i. J. 1059) **690**; (i. J. 1078) 717[1]; (i. J. 1079) **700**; (i. J. 1412) 1151°; (i. J. 1725) 2400°; s. auch Lateran, Vatikan.

Romanus, Papst: (S. 308).

Roos, Heinrich, SJ: 1451°.

Rosmini-Serbati, Antonio: 3154f *3201-3241*.

Rovere, Francesco della: 1391°.

Roy, Maurice, Kardinal: [4500-4512].

Rudolf: [702].

Rufinus, Tyrannius: 10°° 12° 16 209 353.

Rufus, Bischof von Thessalonich: [214 232-235].

Rundfunk: s. Kommunikationsmittel.

Ruotolo, Dolindo: 3792°.

Rusticus, Abt von Vallombrosa: [701].

Rusticus, Bischof von Narbonne: [321f].

Sá, Emanuel de, SJ: 2112[1].

Sabbat, jüdischer: Beachtung 1348.

Sabellius von Ptolemais, Sabellianer: 41° 112° 150°° 151 154 284 451 519 1332.

Sabinian, Papst: (S. 219).

Sablons, Antoine, OFM: 1901°.

Sacerdos: s. Priester.

Sachsenspiegel: *1110-1116.*

*Sacramentarium Gallicanum*: s. Bobbio.

*Sacramentarium Gelasianum*: 3981[2]; Glaubensbekenntnis 36.

*Sacramentarium Gregorianum*: 4110[1].

*Sacramentarium Veronense*: 4005[4] 4145[3].

Sacrificium: s. Opfer.

Sakramentalien: K 10; liturgische Ordnung der Spendung der Sakramentalien J 1ea; Gebrauch der Sakramentalien J 1ei.

Sakramente: K 1-9; liturgische Ordnung der Spendung der Sakramente J 1ea; Gebrauch der Sakramente J 1ei.

Salamis/Zypern: 42°.

Salas, Juan de, SJ: 2163[1].

Salus: s. Heil.

Same: des göttlichen Wortes A 2bb G 6ca-b; göttlicher Same im Menschen C 4fb; Christus, ohne Samen des Mannes geboren E 2a; Maria, nicht vom männlichen Samen befleckt E 6bb.

Sánchez, Juan, Anm. zu: 2061 2102 2104 2108-2110 2113 2117 2129 2158 2160.

Sánchez, Thomas, SJ: 2126[1] 2127[1].

Sapientia: s. Weisheit

Sardika: s. Serdika.

Satan: s. Teufel.

Satisfactio: s. Genugtuung.

Scandalum: s. Ärgernis.

Schaffen, menschliches: s. Menschliches Schaffen.

Schatz der Verdienste: K 10ba.

Schau Gottes: M 3bb A 2ab; Entbehrung der Schau Gottes M 3d.

Scheeben, Matthias Joseph: (S. 3).

Scheidung: s. Ehescheidung.

Schiffbrüchige: Recht auf verlorengegangene Güter 706.

Schillebeeckx, Edward: 4410° 4720°.

Schisma: G 3ab; von Erzbischof Lefebvre G 3ag; akazianisches Schisma: s. Akazius; photianisches Schisma: s. Photius.

Schismatiker: Begriff G 4bg; als Spender der Taufe K 3c; des Weihesakramentes K 8d; sterbender Schismatiker K 6e 7d.

Schmidt, Carl: 1°.

Schönmetzer, Adolf: (S. 5 7).

Schöpfer: Gott als Schöpfer der Welt B 1f C 1-5.

Schöpfung: begriffliche Fassung C 1ia; die Erkennbarkeit der Schöpfung als solcher A 2ab; das Wirken der göttlichen Personen in der Schöpfung B 4c C 1a-d; der Sohn Gottes als Schöpfungsmittler B 2b 4c C 1c; das Wirken des Hl. Geistes in der Schöpfung B 3bb 4c C 1d; der Mensch und die Schöpfung C 4h.

Scholastische Methode: A 4bb.

Schoonenberg, Piet: 4410° 4520°.

Schottland: Glaubensbekenntnis der reformierten Kirche Schottlands 3339°.

Schriftauslegung: A 3be.

Schrift, Hl.: s. Heilige Schrift.

Schriftinterpretation: A 3be.

Schriftlesung: A 3bd.

Schröffer, Joseph, Kardinal: 4530°.

Schuld: des Menschen C 4ef 4kh D 2bc 7bb E 3a F 1b-c G 2bc 3af 3cf; K 6f 10ba L 2d M 1b; Vergebung F 3b K 6f; Gebet um Vergebung der Schuld 4166; s. auch Sünde.

Schule: Lehrfreiheit der theologischen Schulen H 3g; freiere Schule der Schriftexegese (École large) 3280°; s. auch Erziehung.

Schwartz, Eduard: (S. 7) 125°° 133° 144° 178[1] 250° 347[1] 350°.

Schweigen, gehorsames: 2390; heiliges 4030.

Schwur: moralische Erlaubtheit L 2b; gegen die Modernisten 3537-3550.

Scientia: s. Wissen, Wissenschaft.

Scotus: s. Duns Skotus; Johannes Skotus Eriugena.

Scribonius, Johannes M., O. Min: 2328[1].

Sedes: s. Sitz.

Seele: Wesen und Ursprung C 4eb; Läuterung M 1b 2bc; Seligkeit der Seele M 3ba-b; Güter der Seele L 3b 5a.

Seelenheil: s. Heil.

Seelsorger: H 5; liturgische Ausbildung J 2ba; s. auch Priester.

Segarelli, Gerardus: 2203[1].

Segarra, Francesco: 925°.

Sekret am Pfingstmontag: 4012[2].

Sekret des 9. Sonntags nach Pfingsten: 4002[1].

Sekretariat für die Förderung der Einheit der Christen: 4185° 4240°.

Selbstbefriedigung: s. Masturbation.

Selbstentsagung: L 2e.

Selbsthingabe: Berufung des Menschen zur Selbsthingabe C 4jf L 2f.

Selbstliebe: als Grundverpflichtung L 3a; ungeordnete Selbstliebe C 4if D 2bc 5.

Selbstmitteilung Gottes: s. Offenbarung.

Selbstmord: L 3c.

Seligkeit: Gottes B 1b C 1h; des Menschen M 3b; als Gnade und Lohn M 3c.

Seligpreisungen, Geist der: E 6da G 4bb L 2f.

Sellers, Robert Victor: 302[1].

Semiarianer: 16° 138-143 151.

Semipelagianismus: 1997a 2564 2618 2620; angeblicher Semipelagianismus 2004f.

Sendung: Sendungen der göttlichen Personen B 1g; des Hl. Geistes E 2dd; Jesu Christi E 4; des gerechtfertigten Menschen F 4; der Kirche G 2bd 3cc 7ab; der Gemeinschaft der Glaubenden G 4b; Sendung und Aufgabe der Laien G 6c; die Gründung des Dienstamtes in der Sendung Jesu Christi und der Apostel H 1a.

Sens, Synoden (i. J. 1140 oder 1141): **721-739**; (i. J. 1612) 2602[1].

Sensus religiosus: s. Gefühl.

Seppelt, Franz Xaver: (S. 53).

Serdika, Synode (i. J. 343 oder 344): **133-136**.

Serenus, Bischof von Marseille: [477].

Sergius I., Papst: **566-575**.

Sergius II., Papst: (S. 284).

Sergius III., Papst: (S. 308).

Sergius IV., Papst: (S. 310).

Sergius, Patriarch von Konstantinopel: [487f] 496f 519f 550-552 563.

Serry, Jacques-Hyacinthe, OP: 2008° 2170° 2400°.

Severinus, Papst: (S. 226).

Severus, Patriarch von Antiochien (Monophysit): 519.

Sexualität: Verpflichtung zur sexuellen Integrität L 3c; eheliche Liebe und menschliche Sexualität C 4fd-e K 9ba 9bc L 3c 6b; Beichte von Sünden auf sexuellem Gebiet 2044f 2150.

Sicherheit: der natürlichen menschlichen Erkenntnis A 2aa; über den Besitz der Gnade und über die Beharrlichkeit F 3b.

Sichtbares und Unsichtbares: in der Liturgie J 1a.

Sigillum confessionis: s. Beichtgeheimnis.

Sigismund, Kaiser: 1151°°.

Sigurd, Erzbischof von Trondheim: [829].

Silentium obsequiosum: 2390.

Silva Tarouca, Carolus, SJ: 488°.

Silverius, Papst: (S. 189).

Silvester I., Papst: (S. 62) **123-130** 638[1] 1183 1320.

Silvester II., Papst: (S. 310).

Sünde: Grund und Wesen D 1; der Engel C 2b D 1aa; Sünde Adams, Ursünde und aktuelle Sünde der Menschen D 2; das von der Sünde verdorbene menschliche Schaffen C 4if; die Sünden des einzelnen Menschen D 3; Sünden in gesellschaftlichen Verhältnissen D 4; Vergebung der Sünde D 7; durch die Sakramente K 3e 5ec 6f 7e; Sündenlosigkeit Jesu Christi E 5dd; Sündenlosigkeit Mariens E 6cc-d; in der pilgernden Kirche G 3bb; Sündenbekenntnis K 6cc; Voraussetzungen zur Sünde L 1f; philosophische Sünde 2291; verzeihliche Sünde K 6cc; Sünden wider die Liebe L 4a; Todsünden D 3bb; der Tod im Stand der Ursünde oder der aktuellen Sünde M 3d.

Sünder: gute Werke der Sünder D 2bc; Recht auf Herrschaft und Besitz L 8; Vollmacht zu konsekrieren und die Sakramente zu spenden K 2b.

Sündhaftigkeit: des Menschen und ihre Folgen C 4fg; des Menschen als Hindernis für die Erfüllung seiner Berufung C 4jk; die unmittelbaren Auswirkungen der Sündhaftigkeit des Menschen C 4kb; s. auch Sünde.

Suenens, Léon-Joseph, Kardinal: 4301°.

Suhard, Kardinal von Paris: [3862-3864 3898].

Suizid: s. Selbstmord.

Sukzession, apostolische: s. Nachfolge.

Supernaturalitas: s. Übernatürlichkeit.

Syedria/Pamphylien: 42°.

Syllabus Pius' IX.: **2901-2980** 3000°°; Syllabus Pius' X. **3401-3466**; Syllabus Treverensis 370°.

Symbolismus, theologischer (nach den Modernisten): 3487.

Symbolum fidei: s. Glaubensbekenntnis.

Symmachus, Papst: **362**.

Synode: Diözesan- und Nationalsynoden H 3cc; s. auch Konzil.

Synoptiker: exegetische Fragen 3577f.

Syrer in Mesopotamien: Union 1300°°.

Syrien: Glaubensbekenntnis 46° 60f.

Systeme, moralische: s. Moralsysteme.

"Tabula secunda post naufragium": 1542.

Tamburini, Tommaso, SJ, Anm. zu: 2021 2103 2107 2113f 2116f 2125 2151 2165.

Taufe: K 3.

Taufordnung für kleine Kinder: 4670[1] 4674[1].

Tavera, Juan de, Kardinal von Toledo: [1495].

Technik: C 4ee 4ic-d 4kc-d 4lf G 6cb 7ae L 1c 4e; unerlaubte Verfahrensweisen 4807.

Teilhabe: der Glaubenden am prophetischen, priesterlichen und königlichen Amt Jesu Christi G 4bc-e; der Laien an diesen Ämtern G 6b; aktive Teilhabe: s. Participatio actuosa.

Teilkirchen: G 3ad; Liturgien der Teilkirchen J 1eb.

Teilsynode: H 3cc.

Telesphorus, Papst: (S. 55).

Templer: 891°°.

Terminologie, theologische: A 9bb.

Tertullian: 293[1] 1542[1] 2777[1] 3549[2] 4110[1] 4144[4] 4144[5] 4146[3] 4322[1] 4344[2].

Testament, Altes und Neues: A 3b; Gesetzesbräuche des Alten Testamentes E 1b-c.

*Testamentum Domini Nostri Iesu Christi*: 10° **61**.

Teufel: als Geschöpf C 1b 1fa; die Sünde des Teufels D 1a; sein Einfluß D 1ac; seine Wiedereinsetzung M 3d.

Textkritik: als Hilfe bei der historisch-kritischen Exegese A 3be.

Themistius: 519.

Theodor I., Papst: (S. 227).

Theodor II., Papst: (S. 308).

Theodor von Mopsuestia: Glaubensbekenntnis 51; Verurteilung 416° 424-426 434-437 472 519 1344; angeführt 4223[2] 4145[6].

Theodor von Pharan: 519f 551 561° 563.

Theodor, Bischof von Fréjus: [308-310 1995°].

Theodor, Bischof von Marseille: [698[1]].

Theodoret von Cyrus: 152° 300°° 416° 436 444 472.

Theodosius II., Kaiser: 250°°.

Theodosius, Patriarch von Konstantinopel (Monophysit): 519.

Theodulus, Perser: 519.

Theologe: Aufgabe, Abhängigkeit von Lehramt A 4ba; Methoden A 4bb; Konsens der Theologen A 3ac; Eignung des Theologen für die Kontemplation 2264; s. auch Theologie.

Theologie: Aufgabe A 4ba; Methoden A 4bb; im Verhältnis zu anderen Wissenschaften A 4bc; natürliche Theologie 3021f 3026 3475 4321.

Theologische Hauptfächer: in ihrer Beziehung zur Liturgiewissenschaft 4016.

Theologische Schulen: s. Schule.

Theopaschiten: 370° 401° 635f E 5a.

Theophilus von Alexandrien: 353.

Theosophie: 3648.

Thesen, thomistische: s. Thomismus.

Thomas de Lemos OP: 2008.

Thomas, Erzbischof von York: 815°.

Thomas von Aquin OP: Autorität 2167[1] 2553 2814 3135° 3139f 3601[1] 3665-3667 3894; Freiheit, anderen Auffassungen zu folgen 2509f 3601°; über die Offenbarung 3005[1] 3288[2] 3289[1-2] 3793[3] 3830[1]; Hl. Schrift 4216[1]; Gegenwart Gottes 3330[1]; das Böse 3251[2]; Dreifaltigkeit 2698[1] 3326[3] 3815[1] 4780[3]; Hl. Geist 4116[1] 4780[3]; Christologie 2698[1] 3274[1] 3321[1] 3352[1] 3924[1-2]; Gnade 3320[1] 3815[1]; Tugend und Sünde 2044[1] 2110[1] 3267[1] 3297[1] 3936[1]; Kirche 870° 3309[1] 3806[1] 3811[1] 3813[1-2] 4140[1] 4151[6] 4166[1] 4169[4] (Fürbitte der Seligen); Sakramente 1310° 1694[1] 1994° 2552 3362[2]

Verhaftung, willkürliche: C 4fb L 3b 5g.

Verheißung: Jesu Christi im Alten Bund E 1b.

Verkauf: von Menschen in die Sklaverei L 5g; unerlaubte Form des Verkaufs 753.

Verklärung: des menschlichen Leibes M 3bc.

Verknüpfung, wechselseitige: von Menschen und Völkern L 5e 9.

Verkündigung: des Glaubens und des Evangeliums A 2bb 3ac E 2bb G 2bb 2bd 6cd; der Verkündigungsdienst der Bischöfe und Priester H 3 5; s. auch Evangelisation, Predigt.

Verlobung: 2658 2974 3468 3472f.

Vermittlung der Gnade: s. Gnadenvermittlung.

Vernunft, menschliche: C 4ee; ihre Wahrheitsfähigkeit A 2a; Vernunft und Glauben A 4; das Vernunftgebot als Naturgesetz L 1c: s. auch Erkenntnis.

Verona, Synode (i. J. 1184): **760f**.

Verpflichtung: s. Pflicht.

Versammlung: Kirche als Versammlung der Glaubenden G 2a; liturgische Versammlung 4858.

Verschiedenheit: der göttlichen Personen in der Trinität B 4b; der Geschöpfe C 1ie.

Verschleppung: C 4fb L 3b 5g.

Versöhnung: Gottes universaler Versöhnungswille D 7a.

Verstand: s. Erkenntnis, Vernunft.

Verstorbene: M 2b-3d; Gemeinschaft mit den Verstorbenen M 1b; die Eucharistie als Sakrament der Gemeinschaft mit Lebenden und Verstorbenen K 5ed; Gebete für Verstorbene M 1b; Sorge um die Leiber der Verstorbenen L 4d; Auferstehung der Toten M 3a.

Verstümmelung des Leibes: C 4fb L 4d 5g.

Versuchung: Gottes L 2b; Widerstand gegen die Versuchung zum Sündigen D 3a L 2f.

Verteidigung: des Menschen als Aufgabe der Kirche 4550.

Vertrag: allgemein L 10c 11; Rentenvertrag 1355.

Verwaltung: Verwaltungsvollmacht des Papstes H 2bb; in der Kirche als Aufgabe der Diakone 4155; kirchlicher Güter 712.

Verwerfung: des Menschen M 3d.

Verzeihliche Sünden: D 3bc.

Verzweiflung: des Menschen C 4ef 4jm 4kg 4le G 3cf 7aa M 2ba.

Veuillot, Louis: 3050°.

Vianen, Franciscus van, Anm. zu: 2301f 2307-2315.

Vianen, Matthaeus van: 2302[1].

Victor I., Papst: (S. 55).

Victor II., Papst: (S. 314).

Victor III., Papst: (S. 318).

Victricius, Bischof von Rouen: [211].

Vidal, Jean-Marie: 1000°.

Vienne, Synode (i. J. 1311-1312): **891-908** 880° 1440.

Vigil, Francisco González: 2901°.

Vigilius, Papst: **403-438** 150°° 403° 421° 441° 472[1].

Vigilius von Thapsus: 526[1].

Villalobos, Enrique de, OMin: 2058[1] 2130[1].

Vinzenz von Lérins: 75° 2802[1] 3020[1] 3626[1].

Virgilius, Bischof von Arles: [473 698[1]].

Virtus: s. Tugend.

Visio beatifica: s. Schau Gottes.

Vitalian, Papst: (S. 241).

Völkerrecht: C 4gk.

Volk: Rechte 3782-3786 C 4gd L 5c; Völkerrecht C 4gk; Rechte der Minoritäten 3989: Vereinte Nationen (UNO) 3955°; Volk Gottes: Gott sammelt sein Volk G 1-7; Kirche als Volk Gottes 4122-4141 G 2a; Volk Gottes und Hirtendienst der Bischöfe H 2e; Volk Gottes und Verkündigungsdienst der Bischöfe H 3.

Volksfrömmigkeit: G 7ae.

Volksmissionen: 2664f.

Volksreligionen: G 7ae.

Vollendung: der Welt C 1gb M 3be; der Geschichte C 5; des menschlichen Schaffens im Ostergeheimnis C 4ig; des Reiches Gottes E 2fc; des gerechtfertigten Menschen F 3d; der Kirche G 1bf; der Herrschaft Gottes M 2.

Vollkommenheit, christliche: L 2f.

Vollmacht (potestas): der Kirche zur Sündenvergebung 348f D 7bb; bei der Sakramentenspendung K 2a; des Sakramentenspenders K 2b; zur Sündenvergebung K 6d; des Menschen C 4fc 4ha L 1b 3c; Ungleichheit der Vollmachten 3131 L 7; Jesu Christi E 3bd; der Apostel G 3da 3dc; des kirchlichen Dienstamtes H 1a; des Papstes H 2b; der Bischöfe G 3dc H 1a 2bc 2c 3a 3ca 3cd; der Priester H 5; der Glaubenden G 4bd; Unterschiede in der kirchlichen Vollmacht H 1b K 8a.

Voluptas: s. Lust.

Vorbehalt, geistiger: 2118; s. L 4c.

Vorherbestimmung: Christi 536; der Menschen F 1d; (angebliche) Abhängigkeit der rechtmäßigen Ausübung der kirchlichen Vollmacht von der Vorherbestimmung H 2a; physische Vorherbestimmung 1997a.

Vorherwissen (praescientia): vorhergewußter Papst 1158 1220 1222; Vorhergewußte und Kirche 1203 1205; das Gebet des Vorhergewußten 1176.

Vorsehung, göttliche: C 1g.

Vortäuschung: von Sakramenten L 4c.

Vosté, Jaques M., OP: 3792°.

Vulgata: Trienter Dekret **1506-1508** 1504 2710 3006; Auslegung 3681 3794-3796 3825.

Wahl: zu kirchlichen Ämtern G 7ba; zum Papst 1190; der staatlichen Regierung 3150.

Wahrhaftigkeit: L 3b 4c.

Wahrheit: Gottes B 1b; Recht und Pflicht zur Wahrheitssuche L 3b; Wahrheit und Wahrhaftigkeit des Menschen L 4c.

## Konkordanz der Marginalien

*der Ausgaben ab 1963[32] und der vorausgegangenen Ausgaben*

†      Ausgaben vor 1963      *      Ausgaben ab 1963

Der Text der älteren Ausgaben ist in den Ausgaben ab 1963

=    (fast) identisch übernommen      <    vermehrt      >    vermindert
×    teils vermehrt, teils vermindert      −    entfällt

| † | * | † | * | † | * |
|---|---|---|---|---|---|
| 1 | = 1-2 | 109 | = 221 | 181-190 | = 378-387 |
| 2 | = 11 | 109a | = 231 | 191-200 | = 388-397 |
| 6 | = 30 | 110 | = 232 | 200a | = 398 |
| 9 | = 41 | 111 | = 236 | 200b | = 399-400 |
| 13-14 | = 44-45 | 111a | = 250-251 | 201-202 | = 401 |
| 15-18 | = 71-74 | 112 | = 3056 cit. | 203-211 | = 403-411 |
| 19 | = 188 | 113-124 | = 252-263 | 212 | − |
| 20 | = 189-190 | 125 | = 265-266 | 213-215 | = 421-423 |
| 21-30 | = 191-200 | 126-127 | = 267-268 | 216 | = 424-425 |
| 31-38 | = 201-208 | 128-135 | = 237-244 | 217-219 | = 426-428 |
| 39-40 | = 75-76 | 136-138 | = 245 | 220 | = 429-430 |
| 41 | × 102 | 139-142 | = 246-249 | 228a | = 443 |
| 42 | < 101 | 143 | < 293 | 229 | < 445 |
| 42a | > 105 | 144 | = 294 | 230 | = 446 |
| 43 | − | 145 | = 323 | 231-244 | = 451-464 |
| 44-51 | = 108-115 | 146 | = 308 | 245-246 | − |
| 52a-e | = 117-121 | 147 | = 310 | 247 | > 468-469 |
| 53 | = 123 | 148 | = 301-303 | 248 | < 474-476 |
| 54 | = 125-126 | 149 | < 306 | 249-250 | = 478-479 |
| 55-57 | = 127-129 | 150-153 | = 326-329 | 251-252 | = 487-488 |
| 57a | = 132 | 154-158 | − | 253 | < 496-498 |
| 57b-e | = 133-136 | 159 | = 343 | 254-262 | = 501-509 |
| 58-60 | = 152-154 | 160 | − | 263-264 | = 510-511 |
| 61-70 | = 155-164 | 160a | < 330-339 | 265-270 . | = 512-517 |
| 71-81 | = 165-175 | 160b | = 340-342 | 271 | = 518-519 |
| 82 | = 176-177 | 161 | − | 272-274 | = 520-522 |
| 83 | = 178 | 162 | = 180[1] | 275-280 | = 525-530 |
| 84 | = 179-180 | 163 | = 350-351 | 281 | = 531-532 |
| 85 | = 151 | 164 | = 352 | 282-284 | = 533-535 |
| 86 | = 150 | 165 | < 353-354 I | 285 | = 536-538 |
| 87 | = 181 | 166 | = 3541 I | 286 | = 539 |
| 88 | = 183 | 167 | = 349 | 287 | = 540-541 |
| 88a | − | 168 | > 355 | 288 | = 548 |
| 89 | > 185 | 169 | = 356 | 289 | = 553 |
| 90-91 | − | 170 | = 360-361 | 290 | = 554-555 |
| 92 | = 186 | 171 | = 363-364 | 291 | = 556 |
| 93 | = 209 | 172 | = 365 | 292 | = 557-558 |
| 94-100 | = 211-217 | 173 | = 352 | 293 | = 559 |
| 101-102 | = 222-223 | 173a | = 366 | 294-295 | = 566-567 |
| 102 nt. | = 224 | 174 | = 370-371 | 296 | = 573 |
| 103-108 | = 225-230 | 175-180 | = 372-377 | 296a | = 580 |

| | | | | | | | | |
|---|---|---|---|---|---|---|---|---|
| 296b | – | | 404 I | = | 766 | 501–528 | = | 951–978 |
| 297 | = | 588 | 404 II | = | 776 | 529 | < | 979 |
| 297a | = | 589 | 405–406 | = | 768–769 | 530 | = | 1000–1001 |
| 298 | – | | 407 | = | 777 | 531 | = | 1002 |
| 299–300 | = | 595–596 | 408 | = | 778–779 | 532–534 | = | 1006–1008 |
| 301 | – | | 409 | = | 786 | 535–539 | = | 1010–1014 |
| 302 | = | 600–601 | 410–411 | = | 780–781 | 540 | – | |
| 303–307 | = | 602–606 | 412–413 | = | 787–788 | 541–542 | = | 1015–1016 |
| 308–309 | = | 609–610 | 414–416 | = | 782–784 | 543 | – | |
| 310 | – | | 417 | = | 798 | 544–546 | = | 1018–1020 |
| 311–314 | = | 612–615 | 418 | = | 789 | 547–549 | – | |
| 314a | < | 619 | 419 | = | 785 | 550–552 | = | 1025–1027 |
| 315–319 | = | 620–624 | 420–421 | = | 790 | 553–568 | = | 1028–1043 |
| 320 | > | 625 | 422–423 | = | 791–792 | 569 | = | 1045 |
| 321 | = | 626–627 | 424 | = | 793–794 | 570 | = | 1048 |
| 322 | = | 628–629 | 425–427 | = | 795–797 | 570a-r | = | 1050–1065 |
| 323 | = | 630–631 | 428–431 | = | 800–803 | 570s | = | 1066–1067. |
| 324–325 | = | 632–633 | 432 | = | 804–806 | 571–574 | = | 1068–1071 |
| 326 | – | | 433 | = | 807–808 | 574a | = | 1072–1085 |
| 327–331 | = | 635–639 | 434–436 | = | 809–811 | 575 | < | 1087 |
| 332 | < | 640 | 437 | = | 812–813 | 576 | = | 1090 |
| 333 | < | 641–642 | 438 | = | 814 | 577 | < | 1091 |
| 334 | = | 643 | 439 | = | 816 | 578–580 | = | 1101–1103 |
| 334a | = | 644 | 440 | = | 818 | 581–600 | = | 1151–1170 |
| 335 | = | 646 | 441 | = | 822 | 601–625 | = | 1171–1195 |
| 336 | = | 650–652 | 442 | × | 824 | 626 | = | 1198–1200 |
| 337 | = | 653–656 | 443–444 | – | | 627–630 | = | 1201–1204 |
| 338 | = | 657–658 | 445–446 | = | 826–827 | 631–650 | = | 1205–1224 |
| 339–340 | = | 659–660 | 447 | = | 829 | 651–656 | = | 1225–1230 |
| 341 | = | 661–664 | 448 | = | 828 | 657–660 | = | 1247–1250 |
| 342 | = | 675 | 449–450 | = | 830–831 | 661–680 | = | 1251–1270 |
| 343–349 | = | 680–686 | 451 | = | 832–833 | 681–689 | = | 1271–1279 |
| 350–353 | – | | 452–457 | = | 834–839 | 690 | = | 1235 |
| 354 | = | 691–692 | 458 | = | 840–842 | 691 | = | 1300–1302 |
| 355 | = | 700 | 459 | = | 843–844 | 692 | = | 1303 |
| 356–358 | = | 703–705 | 460–463 | = | 850–853 | 693 | = | 1304–1306 |
| 359–361 | = | 710–712 | 464 | = | 854–859 | 694 | = | 1307 |
| 362–363 | – | | 465–466 | = | 860–861 | 695 | = | 1310–1313 |
| 364–367 | = | 715–718 | 467 | = | 868 | 696 | = | 1314–1316 |
| 368 | = | 721 | 468 | = | 870–872 | 697 | = | 1317–1319 |
| 369–370 | = | 722 | 469 | = | 873–875 | 698 | = | 1320–1322 |
| 371–376 | = | 723–728 | 470 | = | 880 | 699 | < | 1323 |
| 377 | = | 729–730 | 471–477 | = | 891–897 | 700 | = | 1324–1325 |
| 378–386 | = | 731–739 | 478 | = | 898–899 | 701–702 | = | 1326–1327 |
| 387 | > | 721° | 479 | = | 906 | 703–705 | = | 1330–1332 |
| 388 | = | 741 | 480 | = | 900–901 | 706 | = | 1333–1335 |
| 389–392 | – | | 481–483 | = | 902–904 | 707–709 | = | 1336–1338 |
| 393 | = | 750 | 484–490 | = | 910–916 | 710 | = | 1339–1346 |
| 394–399 | = | 753–758 | 491–492 | = | 921–922 | 711 | = | 1347 |
| 400 | = | 751 | 493 | = | 923–924 | 712 | = | 1348–1349 |
| 401 | – | | 493a | = | 926 | 713–715 | = | 1350–1352 |
| 402 | < | 761 | 494 | = | 930 | 716 | = | 1355–1357 |
| 403 | = | 764 | 495–500 | = | 941–946 | 717 | = | 1375 |

| | | | | | | | |
|---|---|---|---|---|---|---|---|
| 717a-i | = 1361-1369 | 882 | = 1649-1650 | 1099 | = 2020 | | |
| 718 | = 1385 | 883-893 | = 1651-1661 | 1100 I | = 2015 | | |
| 719-723 | = 1391-1395 | 893a | = 1667 | 1100 II | = 2017 | | |
| 723a | = 1398 | 894 | = 1668-1670 | 1101-1145 | = 2021-2065 | | |
| 724-729 | = 1411-1416 | 895 | = 1671-1672 | 1146 | = 2070 | | |
| 731-733 | = 1417-1419 | 896 | = 1673-1675 | 1147 | = 2090-2092 | | |
| 734 | = 1400 | 897 | = 1676 | 1148-1150 | = 2093-2095 | | |
| 735 | < 1425-1426 | 898 | = 1677-1678 | 1151-1200 | = 2101-2150 | | |
| 738 | < 1440-1441 | 899 | = 1679-1681 | 1201-1215 | = 2151-2165 | | |
| 739-740 | = 1444-1445 | 900-901 | = 1682-1683 | 1216 | = 2167 | | |
| 740a | = 1447-1449 | 902 | = 1684-1685 | 1217-1218 | = 2170-2171 | | |
| 740b | = 1447° | 903 | = 1686-1688 | 1219 | = 2175-2177 | | |
| 741-770 | = 1451-1480 | 904 | = 1689-1691 | 1220 | = 2195 | | |
| 771-781 | = 1481-1491 | 905-906 | = 1692-1693 | 1221-1288 | = 2201-2268 | | |
| 782-783 | = 1500-1501 | 907-909 | = 1694-1696 | 1289-1290 | = 2290-2291 | | |
| 784 | = 1502-1505 | 910 | = 1697-1700 | 1291-1300 | = 2301-2310 | | |
| 785 | = 1506 | 911-920 | = 1701-1710 | 1301-1321 | = 2311-2331 | | |
| 786 | = 1507-1508 | 921-929 | = 1711-1719 | 1322-1326 | = 2281-2285 | | |
| 787-791 | = 1510-1514 | 929a | = 1725 | 1327-1330 | = 2351-2354 | | |
| 792 | = 1515-1516 | 930 | = 1726-1727 | 1331-1340 | = 2355-2364 | | |
| 792a | = 1520 | 931-933 | = 1728-1730 | 1341-1349 | = 2365-2373 | | |
| 793-797 | = 1521-1525 | 934-937 | = 1731-1734 | 1349a-b | = 2380-2381 | | |
| 798 | = 1526-1527 | 937a | = 1738 | 1350 | = 2390 | | |
| 799 | = 1528-1529 | 938 | = 1739-1741 | 1351-1400 | = 2401-2450 | | |
| 800 | = 1530-1531 | 939-947 | = 1742-1750 | 1401-1451 | = 2451-2501 | | |
| 801 | = 1532 | 948-956 | = 1751-1759 | 1452-1454 | = 2515-2517 | | |
| 802 | = 1533-1534 | 956a | = 1763 | 1455 | > 2518 | | |
| 803 | = 1535 | 957-959 | = 1764-1766 | 1456-1457 | = 2519-2520 | | |
| 804 | = 1536-1539 | 960 | = 1767-1770 | 1458 | = 2522 | | |
| 805-806 | = 1540-1541 | 961-968 | = 1771-1778 | 1459 | = 2525 | | |
| 807 | = 1542-1543 | 969 | = 1797-1799 | 1460-1472 | = 2526-2538 | | |
| 808 | = 1544 | 970 | = 1800 | 1473 | = 2540 | | |
| 809 | = 1545-1547 | 971-982 | = 1801-1812 | 1474 | = 2543-2544 | | |
| 810 | = 1548-1550 | 983-988 | = 1820-1825 | 1475-1479 | = 2546-2550 | | |
| 811-820 | = 1551-1560 | 989 | = 1835 | 1480 | - | | |
| 821-830 | = 1561-1570 | 990 | = 1813-1814 | 1481-1488 | = 2552-2559 | | |
| 831-840 | = 1571-1580 | 991-992 | = 1815-1816 | 1489 | = 2560-2561 | | |
| 841-843 | = 1581-1583 | 993 | = 1880 | 1490 | = 2562 | | |
| 843a | = 1600 | 994-995 | = 1862-1863 | 1491-1495 | = 2571-2575 | | |
| 844-850 | = 1601-1607 | 996 | = 1864-1865 | 1496 | - | | |
| 851-856 | = 1608-1613 | 997-999 | = 1866-1868 | 1497 | = 2590 | | |
| 857-860 | = 1614-1617 | 1000 | = 1869-1870 | 1498-1499 | - | | |
| 861-870 | = 1618-1627 | 1001-1080 | = 1901-1980 | 1500 | = 2592-2597 | | |
| 871-873 | = 1628-1630 | 1081-1082 | = 1981-1982 | 1500a | = 2598 | | |
| 873a | = 1635 | 1083-1085 | = 1985-1987 | 1501-1594 | = 2601-2694 | | |
| 874 | = 1636-1637 | 1086 | = 1992 | 1595 | = 2695-2696 | | |
| 875 | = 1638 | 1087 | - | 1596-1599 | = 2697-2700 | | |
| 876 | = 1639-1641 | 1088-1089 | = 1994-1995 | 1600-1601 | = 2705-2706 | | |
| 877 | = 1642 | 1090 | = 1997 | 1602 | - | | |
| 878 | = 1643-1644 | 1091 | = 1999 | 1603-1604 | = 2710-2711 | | |
| 879 | = 1645 | 1092-1096 | = 2001-2005 | 1605-1606 | > 2712 | | |
| 880 | = 1646-1647 | 1097 | = 2008 | 1607-1608 | - | | |
| 881 | = 1648 | 1098 | = 2012 | 1609 | = 2722-2723 | | |

| | | | | | | | | |
|---|---|---|---|---|---|---|---|---|
| 1610 | = | 2724 | 1795–1800 | = | 3015–3020 | 1938d | | – |
| 1611 | | – | 1801–1809 | = | 3021–3029 | 1939–1940 | = | 3272–3273 |
| 1612 | = | 2743 | 1810–1815 | = | 3031–3036 | 1940a | = | 3274 |
| 1613–1614 | = | 2730–2731 | 1816–1820 | = | 3041–3045 | 1940b | = | 3321 |
| 1615 | | – | 1821 | = | 3050–3052 | 1941 | > | 3280 |
| 1616 | = | 2732 | 1822 | = | 3053–3054 | 1942 | = | 3281–3282 |
| 1617–1618 | | – | 1823 | = | 3055 | 1943 | > | 3283 |
| 1619 | = | 2738 | 1824 | = | 3056–3057 | 1944 | < | 3284 |
| 1620 | = | 2739–2740 | 1825 | = | 3058 | 1945 | > | 3285 |
| 1621 | | – | 1826–1831 | = | 3059–3064 | 1946 | = | 3286 |
| 1622–1627 | = | 2751–2756 | 1832–1835 | = | 3065–3068 | 1947 | = | 3287–3288 |
| 1628 | = | 2763 | 1836 | = | 3069–3070 | 1948 | = | 3289 |
| 1629 | = | 2762 | 1837–1838 | = | 3071–3072 | 1949 | > | 3290 |
| 1630 | = | 2771 | 1839 | = | 3073–3074 | 1950 | < | 3291 |
| 1631 | | – | 1840 | = | 3075 | 1951–1953 | = | 3292–3294 |
| 1632 | = | 2772 | 1841–1842 | | – | 1954 | > | 3302 |
| 1634–1636 | = | 2775–2777 | 1843–1846 | = | 3121–3124 | 1955 | < | 3303–3304 |
| 1637–1639 | = | 2778–2780 | 1847 | | – | 1956–1957 | > | 3305 |
| 1640 | > | 2991 cit. | 1848 | = | 3128 | 1958–1959 | | – |
| 1641 | = | 2803–2804 | 1849 | = | 3130–3131 | 1960 | = | 3308 |
| 1642–1646 | | – | 1850–1851 | = | 3132–3133 | 1961 | < | 3309 |
| 1647 | > | 2865° | 1852 | | – | 1962 | = | 3310 |
| 1648 | | – | 1853 | × | 3142 | 1963–1965 | = | 3315–3317 |
| 1649–1652 | = | 2811–2814 | 1854 | = | 3145–3146 | 1966 | < | 3318–3319 |
| 1653 | = | 2823–2824 | 1855–1857 | = | 3150–3152 | 1966a | = | 3333–3335 |
| 1654–1658 | = | 2825–2831 | 1858 | | – | 1967–1968 | = | 3340–3341 |
| 1659–1665 | = | 2841–2847 | 1859 | > | 3158 | 1969 | | – |
| 1666–1667 | | – | 1860–1861 | = | 3159–3160 | 1970 | = | 3342 |
| 1668 | = | 2850 | 1862 | = | 3162 | 1971–1972 | > | 3343–3344 |
| 1669 | = | 2851–2852 | 1863 | = | 3188 | 1973 | = | 3345 |
| 1670–1672 | > | 2853–2855 | 1864 | = | 3195–3196 | 1974 | | – |
| 1673 | > | 2856–2857 | 1865 | = | 3190–3193 | 1975 | = | 3346 |
| 1674 | = | 2858–2859 | 1866–1867 | > | 3168–3169 | 1976 | | – |
| 1675 | > | 2860 | 1868–1876 | = | 3170–3178 | 1977 | = | 3356 |
| 1676 | = | 2861 | 1877 | > | 3179 | 1978 | = | 3361 |
| 1677 | = | 2865–2867 | 1878–1888 | | – | 1978a | = | 3370 |
| 1678 | | – | 1889–1890 | = | 3258 | 1979–1980 | = | 3372–3373 |
| 1679–1684 | = | 2875–2880 | 1890a | = | 3298 | 1981–1982 | = | 3375–3376 |
| 1685 | < | 2885 | 1890b | = | 3336–3338 | 1983 | = | 3378 |
| 1686 | = | 2886–2888 | 1890c | = | 3358 | 1984 | | – |
| 1687–1690 | | – | 1891–1900 | = | 3201–3210 | 1985–1989 | = | 3379–3383 |
| 1691 | = | 2890 | 1901–1930 | = | 3211–3240 | 1990 | | – |
| 1692 | | – | 1930a | = | 3241 | 1991–1994 | = | 3385–3388 |
| 1693–1694 | > | 2891 | 1931 | | – | 1995 | | – |
| 1695 | = | 2892 | 1932–1934 | = | 3252–3254 | 1996 | = | 3391 |
| 1696–1697 | = | 2893–2894 | 1935 | | – | 1997–2000 | = | 3394–3397 |
| 1698–1699 | > | 2895–2896 | 1936 | > | 3255 | 2001–2065 | = | 3401–3465 |
| 1700 | = | 2901° | 1936a-c | | – | 2065a | = | 3466 |
| 1701–1780 | = | 2901–2980 | 1937 | = | 3198 | 2066–2069 | = | 3468–3471 |
| 1781–1784 | = | 3000–3003 | 1938 | = | 3264 | 2070 | = | 3472–3474 |
| 1785–1788 | = | 3004–3007 | 1938a | > | 3265–3266 | 2071 | | – |
| 1789–1793 | = | 3008–3012 | 1938b | = | 3267 | 2072–2075 | > | 3475–3478 |
| 1794 | = | 3013–3014 | 1938c | = | 3268–3271 | 2076 | > | 3479–3480 |

| | | | | | | | | |
|---|---|---|---|---|---|---|---|---|
| 2077–2078 | > | 3481–3482 | 2199–2200 | | – | 2281 | > | 3783–3786 |
| 2079 | > | 3483 | 2201 | = | 3684 | 2282 | | – |
| 2080 | | – | 2202 | | – | 2283 | = | 3788 |
| 2081 | > | 3484 | 2203–2204 | > | 3685–3686 | 2284 | = | 3790 |
| 2082–2083 | | – | 2205 | > | 3687–3688 | 2285 | | – |
| 2084 | > | 3485 | 2206–2208 | > | 3689–3691 | 2286 | = | 3802 |
| 2085 | = | 3486 | 2209 | = | 3692–3693 | 2287 | = | 3804 |
| 2086 | | – | 2210 | × | 3694–3695 | 2288 | > | 3807–3808 |
| 2087 | > | 3487 | 2211 | > | 3696 | 2289 | = | 3812 |
| 2088 | | – | 2212–2213 | | – | 2290 | > | 3814–3815 |
| 2089 | = | 3488–3489 | 2214 | = | 3697 | 2291 | | – |
| 2090 | > | 3490–3491 | 2215 | > | 3698 | 2292 | = | 3825 |
| 2091 | > | 3492 | 2216–2224 | | – | 2293 | > | 3826–3828 |
| 2092–2093 | | – | 2225 | > | 3700–3701 | 2294 | = | 3829–3830 |
| 2094 | > | 3493 | 2226 | = | 3702 | 2295–2296 | = | 3838–3839 |
| 2095 | | – | 2227–2228 | > | 3703–3704 | 2297 I | = | 3840 |
| 2096 | > | 3494–3497 | 2229–2230 | = | 3705 | 2297 II | = | 3855 |
| 2097–2098 | > | 3498 | 2231–2232 | > | 3706–3707 | 2298 I | = | 3841 |
| 2099–2100 | | – | 2233 | > | 3708–3709 | 2298 II | = | 3843 |
| 2101 | = | 3499–3500 | 2234 | = | 3710 | 2299 | > | 3846 |
| 2102–2109 | | – | 2235 | > | 3711 | 2300 | = | 3849–3852 |
| 2110–2112 | = | 3398–3400 | 2236 | = | 3712 | 2301 | = | 3857–3861 |
| 2113 | > | 3503 | 2237 | > | 3713–3714 | 2302 | > | 3862–3864 |
| 2114 | | – | 2238 | | – | 2303 | = | 3323° |
| 2115–2119 | = | 3505–3509 | 2239–2240 | = | 3716–3717 | 2304 | = | 3874 |
| 2120 | | – | 2241 | > | 3718 | 2305 | = | 3875–3877 |
| 2121–2128 | = | 3512–3519 | 2242–2243 | = | 3719–3720 | 2306 | = | 3878 |
| 2129–2136 | = | 3521–3528 | 2244 | > | 3721 | 2307 | | – |
| 2137–2140 | = | 3530–3533 | 2245–2246 | = | 3722–3723 | 2308 | > | 3879–3880 |
| 2141 | | – | 2247–2248 | | – | 2309–2310 | = | 3881–3882 |
| 2142 | > | 3534 | 2249–2250 | = | 3724 | 2311–2312 | > | 3883 |
| 2143–2144 | = | 3535–3536 | 2251–2252 | | – | 2313 | > | 3884–3885 |
| 2145 | = | 3537–3542 | 2253 | = | 3725 | 2314–2315 | = | 3886–3887 |
| 2146 | = | 3543–3547 | 2254 | < | 3726 | 2316 | = | 3888–3889 |
| 2147 | = | 3548–3550 | 2255–2256 | = | 3727–3728 | 2317–2318 | = | 3890–3891 |
| 2147a | = | 3553–3556 | 2257–2258 | = | 3729–3730 | 2319 | | – |
| 2148–2154 | = | 3561–3567 | 2259 | > | 3731 | 2320–2321 | > | 3892–3893 |
| 2155–2165 | = | 3568–3578 | 2260 | = | 3732 | 2322–2323 | > | 3894 |
| 2166–2171 | = | 3581–3586 | 2261–2262 | = | 3733–3734 | 2324–2325 | | – |
| 2172–2178 | = | 3587–3593 | 2263 | > | 3735 | 2326–2330 | = | 3895–3899 |
| 2179–2181 | = | 3628–3630 | 2264–2265 | = | 3736–3737 | 2331 | = | 3900–3902 |
| 2181a | = | 3635–3636 | 2266–2268 | > | 3738–3740 | 2332 | | – |
| 2182 | = | 3642 | 2269 | × | 3741 | 2333 | = | 3903–3904 |
| 2183–2185 | = | 3645–3647 | 2270 | = | 3742–3744 | 2334 | = | 3905 |
| 2186–2188 | > | 3652–3654 | 2271 | | – | 2335 | = | 3907 |
| 2189 | = | 3648 | 2272–2273 | = | 3750–3751 | 2336 | = | 3911–3912 |
| 2190 | | – | 2274 | | – | | | |
| 2191 | = | 3665 | 2275 | > | 3755–3756 | 5000–5001 | > | 234–235 |
| 2192 | = | 3666–3667 | 2276 | = | 3757–3758 | 5002 | = | 271 |
| 2193 | = | 3670 | 2277 | = | 3774 | 5003 | = | 272–273 |
| 2194–2196 | = | 3676–3679 | 2278 | = | 3775–3776 | 5004 | < | 846 |
| 2197 | | – | 2279 | = | 3780–3781 | 5005 | = | 2013 |
| 2198 | = | 3681–3682 | 2280 | | – | 5006 | = | 2340 |